Heidelberger Kommentar

EStG KompaktKommentar
Einkommensteuergesetz

Herausgegeben von
Professor Dr. Dr. h.c. mult. Paul Kirchhof
Direktor des Instituts für Finanz- und Steuerrecht
Universität Heidelberg

Unter Mitarbeit von

Professor Dr. Hans-Jochem von Beckerath
Vorsitzender Richter am Finanzgericht

Professor Dr. Georg Crezelius

Dr. Thomas Eisgruber
Ministerialrat

Professor Dr. Dagmar Felix

Professor Dr. Peter Fischer
Vorsitzender Richter am Bundesfinanzhof a.D.

Professor Dr. Dietmar Gosch
Vorsitzender Richter am Bundesfinanzhof

Professor Dr. Monika Jachmann
Richterin am Bundesfinanzhof

Professor Dr. Dr. h.c. mult. Paul Kirchhof
Richter des Bundesverfassungsgerichts a.D.

Professor Dr. Hanno Kube, LL.M.

Professor Dr. Claus Lambrecht, LL.M.
Präsident des Finanzgerichts

Professor Dr. h.c. Rudolf Mellinghoff
Richter des Bundesverfassungsgerichts

Professor Dr. Wolfram Reiß

Professor Dr. Christian Seiler

8., neu bearbeitete Auflage

C. F. Müller Verlag · Heidelberg

Zitiervorschlag

Kube in *Kirchhof*[8], EStG § 14 Rn 7

Bibliografische Information der Deutschen Nationalbibliothek

Die Deutsche Nationalbibliothek verzeichnet diese Publikation in der Deutschen Nationalbibliografie; detaillierte bibliografische Daten sind im Internet über <http://dnb.d-nb.de> abrufbar.

ISBN 978-3-8114-3647-3

© 2008 C.F. Müller, Verlagsgruppe Hüthig Jehle Rehm GmbH, Heidelberg/München/Landsberg/Berlin
Jede Verwertung außerhalb der engen Grenzen des Urheberrechtsgesetzes ist ohne Zustimmung des Verlags unzulässig und strafbar. Das gilt insbesondere für Vervielfältigungen, Übersetzungen, Mikroverfilmungen und die Einspeicherung und Bearbeitung in elektronischen Systemen.

www.hjr-verlag.de

Printed in Germany
Satz: TypoScript GmbH, München
Druck und Bindung: Grafischer Großbetrieb Friedrich Pustet, Regensburg

Vorwort

Das EStG 2008 bringt Veränderungen, die deutlich in die Struktur des Einkommensteuergesetzes eingreifen. Der Gesetzgeber senkt die Tarifbelastung für Unternehmen durch Minderung des Körperschaftsteuertarifs auf 15 %, sucht dann aber durch eine Thesaurierungsbegünstigung bei transparent besteuerten Einkommen eine rechtsformneutrale Besteuerung herzustellen. Das Halbeinkünfteverfahren wird durch ein Teileinkünfteverfahren ersetzt, die Steuerbelastung damit weiter auf die Anteilseigner verlagert. Der Spitzensteuersatz gilt nunmehr auch wieder für gewerbliche Einkünfte. Die Gewerbesteuer ist auf die Einkommensteuer mit dem 3,8-fachen des Gewerbesteuermessbetrages anzurechnen, kann dann aber nicht mehr als Betriebsausgabe abgezogen werden.

Bei den Vorschriften über die Gewinnermittlung durchbricht die Zinsschranke das objektive Nettoprinzip, vollzieht einen Schritt zur Soll-Ertragsbesteuerung, weil das Gesetz der Steuergestaltungen nicht mehr Herr zu werden scheint, verändert damit die Rahmenbedingungen für die Unternehmensfinanzierung grundlegend. Die degressive Afa für bewegliche Anlagegüter entfällt, dafür werden die Sonder- und die Ansparabschreibung teilweise verbessert, der Sofortabzug bei geringwertigen Wirtschaftsgütern wird beschränkt, die Poolabschreibung neu eingeführt.

Ab dem Veranlagungszeitraum 2009 gilt nunmehr für Einkünfte aus Kapitalvermögen eine Abgeltungsteuer, die diese Einkünfte mit einem linearen Steuersatz von 25 % belastet, dabei kaum Abzüge zulässt, konzeptionell aber die Gewährung von Fremdkapital günstiger besteuert als die Eigenkapitalausstattung. Die Erläuterungen der ab VZ 2009 geltenden Abgeltungsteuer werden nach den Kommentierungen der für den VZ 2008 geltenden Regelungen dargestellt.

Diese Reform regelt eher eine punktuelle Intervention als eine Neukonzeption der Besteuerung des Einkommens. Sie sieht viele Ausnahmen vor, gestattet Ausweichungen, regt Steuergestaltungen an. Deswegen gewinnt das EStG mit diesen Änderungen keine verlässliche Struktur im Prinzipiellen, empfängt vielmehr insbesondere in der Tarifentlastung für Unternehmen und der Thesaurierungsbegünstigung sowie in der Abgeltungsteuer einen Maßstab, der dank des verfassungsrechtlichen Gleichheitssatzes und der steuerpolitischen Vernunft auf Verallgemeinerung drängt, deswegen als Durchbruch zu einem einfachen, einsichtigen und gleichheitsgerechten Steuerrecht wirken kann.

Das Gesetz zur weiteren Förderung des bürgerschaftlichen Engagements vollzieht einen ersten, gelungenen Schritt zur überfälligen Reform des Gemeinnützigkeitsrechts. Auch hier erreicht das Gesetz beachtliche Vereinfachungen und Angleichungen, die allerdings ebenfalls eher Vorboten als Inhalt einer grundlegenden Reform sind.

Heidelberg, im Februar 2008 *Paul Kirchhof*

Bearbeiterverzeichnis

Prof. Dr. Hans-Jochem von Beckerath
Finanzgericht Düsseldorf
Fachhochschule Bonn-Rhein-Sieg,
St. Augustin

§§ 2b bis 3c, 9, 9a, 15a, 20, 24c, 43 bis 45e, 50b, 50e, 50g, 50h

Prof. Dr. Georg Crezelius
Otto-Friedrich-Universität, Bamberg

§§ 4, 4g, 5

Dr. Thomas Eisgruber
Bayerisches Staatsministerium der Finanzen,
München

§§ 19, 19a, 37b bis 42f, 46

Prof. Dr. Dagmar Felix
Universität Hamburg

§§ 62 bis 78

Prof. Dr. Peter Fischer
Universität Bielefeld

§§ 6, 10, 10a, 10c, 22, 22a, 35a, 50f, 79 bis 99

Prof. Dr. Dietmar Gosch
Bundesfinanzhof, München
Christian-Albrechts-Universität, Kiel

§§ 1, 1a, 2a, 4b bis 4e, 5a, 6a, 17, 34c, 34d, 35, 36 bis 37a, 48 bis 50a, 50d

Prof. Dr. Monika Jachmann
Bundesfinanzhof, München
Ludwig-Maximilians-Universität, München

§§ 6b, 6c, 34f, 53

Prof. Dr. Dr. h.c. mult. Paul Kirchhof
Ruprecht-Karls-Universität, Heidelberg

Einleitung, §§ 2, 8, 10b, 34g, 51 bis 52a

Prof. Dr. Hanno Kube, LL.M.
Johannes-Gutenberg-Universität, Mainz

§§ 13 bis 14a, 23, 34b, 34e

Prof. Dr. Claus Lambrecht, LL.M.
Finanzgericht Berlin-Brandenburg, Cottbus
Brandenburgische Technische Universität,
Cottbus

§§ 4a, 6d bis 7a, 7c bis 7k, 10d, 10f, 10g, 11a, 11b, 18, 25, 32a bis 32d, 55

Prof. Dr. h.c. Rudolf Mellinghoff
Bundesverfassungsgericht, Karlsruhe
Eberhard-Karls-Universität, Tübingen

§§ 4f, 7b, 9b, 10e, 10h, 10i, 21, 24, 24a, 33 bis 34, 56 bis 58

Prof. Dr. Wolfram Reiß
Friedrich-Alexander-Universität,
Erlangen-Nürnberg

§§ 15, 15b, 16, 34a

Prof. Dr. Christian Seiler
Universität Erfurt

§§ 4h, 11, 12, 24b, 26 bis 32

Inhaltsverzeichnis

Vorwort	V
Bearbeiterverzeichnis	VI
Abkürzungsverzeichnis	XV
Verzeichnis der abgekürzt wiedergegebenen Literatur	XXIII
Einleitung	1

Einkommensteuergesetz (EStG)

I. Steuerpflicht

§ 1		17
§ 1a		26

II. Einkommen

1. Sachliche Voraussetzungen für die Besteuerung

§ 2	Umfang der Besteuerung, Begriffsbestimmungen	31
§ 2a	Negative Einkünfte mit Auslandsbezug	55
§ 2b	*(weggefallen)*	

2. Steuerfreie Einnahmen

§ 3		72
§ 3a	*(weggefallen)*	
§ 3b	Steuerfreiheit von Zuschlägen für Sonntags-, Feiertags- oder Nachtarbeit	131
§ 3c	Anteilige Abzüge	134

3. Gewinn

§ 4	Gewinnbegriff im Allgemeinen	150
§ 4a	Gewinnermittlungszeitraum, Wirtschaftsjahr	227
§ 4b	Direktversicherung	231
§ 4c	Zuwendungen an Pensionskassen	236
§ 4d	Zuwendungen an Unterstützungskassen	239
§ 4e	Beiträge an Pensionsfonds	252
§ 4f	Erwerbsbedingte Kinderbetreuungskosten	257
§ 4g	Bildung eines Ausgleichspostens bei Entnahme nach § 4 Abs. 1 Satz 3	264
§ 4h	Betriebsausgabenabzug für Zinsaufwendungen (Zinsschranke)	270
§ 5	Gewinn bei Kaufleuten und bei bestimmten anderen Gewerbetreibenden	283
§ 5a	Gewinnermittlung bei Handelsschiffen im internationalen Verkehr	339
§ 6	Bewertung	346
§ 6a	Pensionsrückstellung	432
§ 6b	Übertragung stiller Reserven bei der Veräußerung bestimmter Anlagegüter	448
§ 6c	Übertragung stiller Reserven bei der Veräußerung bestimmter Anlagegüter, bei der Ermittlung des Gewinns nach § 4 Abs. 3 oder nach Durchschnittssätzen	469
§ 6d	Euroumrechnungsrücklage	471
§ 7	Absetzung für Abnutzung oder Substanzverringerung	474
§ 7a	Gemeinsame Vorschriften für erhöhte Absetzungen und Sonderabschreibungen	497

§ 7b	Erhöhte Absetzungen für Einfamilienhäuser, Zweifamilienhäuser und Eigentumswohnungen	502
§ 7c	Erhöhte Absetzungen für Baumaßnahmen an Gebäuden zur Schaffung neuer Mietwohnungen	504
§ 7d	Erhöhte Absetzungen für Wirtschaftsgüter, die dem Umweltschutz dienen	508
§ 7e	*(weggefallen)*	
§ 7f	Bewertungsfreiheit für abnutzbare Wirtschaftsgüter des Anlagevermögens privater Krankenhäuser	509
§ 7g	Investitionsabzugsbeträge und Sonderabschreibungen zur Förderung kleiner und mittlerer Betriebe	512
§ 7h	Erhöhte Absetzungen bei Gebäuden in Sanierungsgebieten und städtebaulichen Entwicklungsbereichen	524
§ 7i	Erhöhte Absetzungen bei Baudenkmalen	526
§ 7k	Erhöhte Absetzungen für Wohnungen mit Sozialbindung	530

4. Überschuss der Einnahmen über die Werbungskosten

§ 8	Einnahmen	532
§ 9	Werbungskosten	549
§ 9a	Pauschbeträge für Werbungskosten	580

4a. Umsatzsteuerrechtlicher Vorsteuerabzug

§ 9b		584

5. Sonderausgaben

§ 10		589
§ 10a	Zusätzliche Altersvorsorge	616
§ 10b	Steuerbegünstigte Zwecke	621
§ 10c	Sonderausgaben-Pauschbetrag, Vorsorgepauschale	645
§ 10d	Verlustabzug	648
§ 10e	Steuerbegünstigung der zu eigenen Wohnzwecken genutzten Wohnung im eigenen Haus	655
§ 10f	Steuerbegünstigung für zu eigenen Wohnzwecken genutzte Baudenkmale und Gebäude in Sanierungsgebieten und städtebaulichen Entwicklungsbereichen	657
§ 10g	Steuerbegünstigung für schutzwürdige Kulturgüter, die weder zur Einkunftserzielung noch zu eigenen Wohnzwecken genutzt werden	660
§ 10h	Steuerbegünstigung der unentgeltlich zu Wohnzwecken überlassenen Wohnung im eigenen Haus	662
§ 10i	Vorkostenabzug bei einer nach dem Eigenheimzulagengesetz begünstigten Wohnung	663

6. Vereinnahmung und Verausgabung

§ 11		663
§ 11a	Sonderbehandlung von Erhaltungsaufwand bei Gebäuden in Sanierungsgebieten und städtebaulichen Entwicklungsbereichen	679
§ 11b	Sonderbehandlung von Erhaltungsaufwand bei Baudenkmalen	680

7. Nicht abzugsfähige Ausgaben

§ 12		681

8. Die einzelnen Einkunftsarten

a) Land- und Forstwirtschaft (§ 2 Abs. 1 Satz 1 Nr. 1)

§ 13	Einkünfte aus Land- und Forstwirtschaft	693
§ 13a	Ermittlung des Gewinns aus Land- und Forstwirtschaft nach Durchschnittssätzen	725
§ 14	Veräußerung des Betriebs	734
§ 14a	Vergünstigungen bei der Veräußerung bestimmter land- und forstwirtschaftlicher Betriebe	740

b) Gewerbebetrieb (§ 2 Abs. 1 Satz 1 Nr. 2)

§ 15	Einkünfte aus Gewerbebetrieb	746
§ 15a	Verluste bei beschränkter Haftung	886
§ 15b	Verluste im Zusammenhang mit Steuerstundungsmodellen	905
§ 16	Veräußerung des Betriebs	924
§ 17	Veräußerung von Anteilen an Kapitalgesellschaften	1009

c) Selbstständige Arbeit (§ 2 Abs. 1 Satz 1 Nr. 3)

§ 18		1057

d) Nichtselbstständige Arbeit (§ 2 Abs. 1 Satz 1 Nr. 4)

§ 19		1087
§ 19a	Überlassung von Vermögensbeteiligungen an Arbeitnehmer	1140

e) Kapitalvermögen (§ 2 Abs. 1 Satz 1 Nr. 5)

§ 20		1145

f) Vermietung und Verpachtung (§ 2 Abs. 1 Satz 1 Nr. 6)

§ 21		1216

g) Sonstige Einkünfte (§ 2 Abs. 1 Satz 1 Nr. 7)

§ 22	Arten der sonstigen Einkünfte	1248
§ 22a	Rentenbezugsmitteilungen an die zentrale Stelle	1281
§ 23	Private Veräußerungsgeschäfte	1282

h) Gemeinsame Vorschriften

§ 24		1297
§ 24a	Altersentlastungsbetrag	1317
§ 24b	Entlastungsbetrag für Alleinerziehende	1320
§ 24c	Jahresbescheinigung über Kapitalerträge und Veräußerungsgewinne aus Finanzanlagen	1323

III. Veranlagung

§ 25	Veranlagungszeitraum, Steuererklärungspflicht	1324
§ 26	Veranlagung von Ehegatten	1326
§ 26a	Getrennte Veranlagung von Ehegatten	1335
§ 26b	Zusammenveranlagung von Ehegatten	1338
§ 26c	Besondere Veranlagung für den Veranlagungszeitraum der Eheschließung	1342
§ 27	*(weggefallen)*	
§ 28	Besteuerung bei fortgesetzter Gütergemeinschaft	1344
§§ 29 und 30	*(weggefallen)*	

IV. Tarif

§ 31	Familienleistungsausgleich	1345
§ 32	Kinder, Freibeträge für Kinder	1349
§ 32a	Einkommensteuertarif	1363
§ 32b	Progressionsvorbehalt	1366
§ 32c	Tarifbegrenzung bei Gewinneinkünften	1373
§ 33	Außergewöhnliche Belastungen	1381
§ 33a	Außergewöhnliche Belastung in besonderen Fällen	1406
§ 33b	Pauschbeträge für behinderte Menschen, Hinterbliebene und Pflegepersonen	1422
§ 33c	*(weggefallen)*	
§ 34	Außerordentliche Einkünfte	1432
§ 34a	Begünstigung der nicht entnommenen Gewinne	1451
§ 34b	Steuersätze bei außerordentlichen Einkünften aus Forstwirtschaft	1489

V. Steuerermäßigungen

1. Steuerermäßigung bei ausländischen Einkünften

§ 34c		1493
§ 34d	Ausländische Einkünfte	1505

2. Steuerermäßigung bei Einkünften aus Land- und Forstwirtschaft

§ 34e		1509

2a. Steuerermäßigung für Steuerpflichtige mit Kindern bei Inanspruchnahme erhöhter Absetzungen für Wohngebäude oder der Steuerbegünstigungen für eigengenutztes Wohneigentum

§ 34f		1509

2b. Steuerermäßigung bei Zuwendungen an politische Parteien und an unabhängige Wählervereinigungen

§ 34g		1510

3. Steuerermäßigung bei Einkünften aus Gewerbebetrieb

§ 35		1516

4. Steuerermäßigung bei Aufwendungen für haushaltsnahe Beschäftigungsverhältnisse und für die Inanspruchnahme haushaltsnaher Dienstleistungen

§ 35a		1530

VI. Steuererhebung

1. Erhebung der Einkommensteuer

§ 36	Entstehung und Tilgung der Einkommensteuer	1534
§ 37	Einkommensteuer-Vorauszahlung	1542
§ 37a	Pauschalierung der Einkommensteuer durch Dritte	1549
§ 37b	Pauschalierung der Einkommensteuer bei Sachzuwendungen	1552

2. Steuerabzug vom Arbeitslohn (Lohnsteuer)

§ 38	Erhebung der Lohnsteuer	1557
§ 38a	Höhe der Lohnsteuer	1564
§ 38b	Lohnsteuerklassen	1565

§ 39	Lohnsteuerkarte	1567
§ 39a	Freibetrag und Hinzurechnungsbetrag	1570
§ 39b	Durchführung des Lohnsteuerabzugs für unbeschränkt einkommensteuerpflichtige Arbeitnehmer	1574
§ 39c	Durchführung des Lohnsteuerabzugs ohne Lohnsteuerkarte	1579
§ 39d	Durchführung des Lohnsteuerabzugs für beschränkt einkommensteuerpflichtige Arbeitnehmer	1580
§ 39e	Elektronische Lohnsteuerabzugsmerkmale	1582
§ 40	Pauschalierung der Lohnsteuer in besonderen Fällen	1584
§ 40a	Pauschalierung der Lohnsteuer für Teilzeitbeschäftigte und geringfügig Beschäftigte	1591
§ 40b	Pauschalierung der Lohnsteuer bei bestimmten Zukunftssicherungsleistungen	1596
§ 41	Aufzeichnungspflichten beim Lohnsteuerabzug	1600
§ 41a	Anmeldung und Abführung der Lohnsteuer	1602
§ 41b	Abschluss des Lohnsteuerabzugs	1605
§ 41c	Änderung des Lohnsteuerabzugs	1607
§§ 42 und 42a	*(weggefallen)*	
§ 42b	Lohnsteuer-Jahresausgleich durch den Arbeitgeber	1609
§ 42c	*(weggefallen)*	
§ 42d	Haftung des Arbeitgebers und Haftung bei Arbeitnehmerüberlassung	1611
§ 42e	Anrufungsauskunft	1627
§ 42f	Lohnsteuer-Außenprüfung	1629

3. Steuerabzug vom Kapitalertrag (Kapitalertragsteuer)

§ 43	Kapitalerträge mit Steuerabzug	1631
§ 43a	Bemessung der Kapitalertragsteuer	1640
§ 43b	Bemessung der Kapitalertragsteuer bei bestimmten Gesellschaften	1646
§ 44	Entrichtung der Kapitalertragsteuer	1651
§ 44a	Abstandnahme vom Steuerabzug	1656
§ 44b	Erstattung der Kapitalertragsteuer	1663
§ 44c	*(aufgehoben)*	
§ 45	Ausschluss der Erstattung von Kapitalertragsteuer	1664
§ 45a	Anmeldung und Bescheinigung der Kapitalertragsteuer	1665
§ 45b	Erstattung von Kapitalertragsteuer auf Grund von Sammelanträgen	1668
§ 45c	Erstattung von Kapitalertragsteuer in Sonderfällen	1670
§ 45d	Mitteilungen an das Bundeszentralamt für Steuern	1672
§ 45e	Ermächtigung für Zinsinformationsverordnung	1673

4. Veranlagung von Steuerpflichtigen mit steuerabzugspflichtigen Einkünften

§ 46	Veranlagung bei Bezug von Einkünften aus nichtselbstständiger Arbeit	1675
§ 47	*(weggefallen)*	

VII. Steuerabzug bei Bauleistungen

§ 48	Steuerabzug	1681
§ 48a	Verfahren	1689
§ 48b	Freistellungsbescheinigung	1691
§ 48c	Anrechnung	1695
§ 48d	Besonderheiten im Fall von Doppelbesteuerungsabkommen	1697

VIII. Besteuerung beschränkt Steuerpflichtiger

§ 49	Beschränkt steuerpflichtige Einkünfte	1698
§ 50	Sondervorschriften für beschränkt Steuerpflichtige	1727
§ 50a	Steuerabzug bei beschränkt Steuerpflichtigen	1736

IX. Sonstige Vorschriften, Bußgeld-, Ermächtigungs- und Schlussvorschriften

§ 50b	Prüfungsrecht	1751
§ 50c	*(weggefallen)*	
§ 50d	Besonderheiten im Fall von Doppelbesteuerungsabkommen und der §§ 43b und 50g	1752
§ 50e	Bußgeldvorschriften; Nichtverfolgung von Steuerstraftaten bei geringfügiger Beschäftigung in Privathaushalten	1778
§ 50f	Bußgeldvorschriften	1779
§ 50g	Entlastung vom Steuerabzug bei Zahlungen von Zinsen und Lizenzgebühren zwischen verbundenen Unternehmen verschiedener Mitgliedstaaten der Europäischen Union	1779
§ 50h	Bestätigung für Zwecke der Entlastung von Quellensteuern in einem anderen Mitgliedstaat der Europäischen Union oder der Schweizerischen Eidgenossenschaft	1786
§ 51	Ermächtigungen	1786
§ 51a	Festsetzung und Erhebung von Zuschlagsteuern	1809
§ 52	Anwendungsvorschriften	1813
§ 52a	Anwendungsvorschriften zur Einführung einer Abgeltungsteuer auf Kapitalerträge und Veräußerungsgewinne	1830
§ 53	Sondervorschrift zur Steuerfreistellung des Existenzminimums eines Kindes in den Veranlagungszeiträumen 1983 bis 1995	1835
§ 54	*(weggefallen)*	
§ 55	Schlussvorschriften (Sondervorschriften für die Gewinnermittlung nach § 4 oder nach Durchschnittssätzen bei vor dem 1. Juli 1970 angeschafftem Grund und Boden)	1836
§ 56	Sondervorschriften für Steuerpflichtige in dem in Artikel 3 des Einigungsvertrages genannten Gebiet	1841
§ 57	Besondere Anwendungsregeln aus Anlass der Herstellung der Einheit Deutschlands	1841
§ 58	Weitere Anwendung von Rechtsvorschriften, die vor Herstellung der Einheit Deutschlands in dem in Artikel 3 des Einigungsvertrages genannten Gebiet gegolten haben	1842
§§ 59 bis 61	*(weggefallen)*	

X. Kindergeld

§ 62	Anspruchsberechtigte	1842
§ 63	Kinder	1845
§ 64	Zusammentreffen mehrerer Ansprüche	1848
§ 65	Andere Leistungen für Kinder	1851
§ 66	Höhe des Kindergeldes, Zahlungszeitraum	1853
§ 67	Antrag	1854
§ 68	Besondere Mitwirkungspflichten	1855
§ 69	Überprüfung des Fortbestehens von Anspruchsvoraussetzungen durch Meldedaten-Übermittlung	1857

§ 70	Festsetzung und Zahlung des Kindergeldes	1857
§ 71	*(weggefallen)*	
§ 72	Festsetzung und Zahlung des Kindergeldes an Angehörige des öffentlichen Dienstes	1861
§ 73	*(weggefallen)*	
§ 74	Zahlung des Kindergeldes in Sonderfällen	1864
§ 75	Aufrechnung	1866
§ 76	Pfändung	1867
§ 76a	Kontenpfändung und Pfändung von Bargeld	1868
§ 77	Erstattung von Kosten im Vorverfahren	1870
§ 78	Übergangsregelungen	1871

XI. Altersvorsorgezulage

§ 79	Zulageberechtigte	1871
§ 80	Anbieter	1872
§ 81	Zentrale Stelle	1872
§ 81a	Zuständige Stelle	1872
§ 82	Altersvorsorgebeiträge	1873
§ 83	Altersvorsorgezulage	1874
§ 84	Grundzulage	1874
§ 85	Kinderzulage	1874
§ 86	Mindesteigenbeitrag	1875
§ 87	Zusammentreffen mehrerer Verträge	1877
§ 88	Entstehung des Anspruchs auf Zulage	1878
§ 89	Antrag	1878
§ 90	Verfahren	1879
§ 90a	*(weggefallen)*	
§ 91	Datenerhebung und Datenabgleich	1880
§ 92	Bescheinigung	1881
§ 92a	Verwendung für eine eigenen Wohnzwecken dienende Wohnung im eigenen Haus	1881
§ 92b	Verfahren bei Verwendung für eine eigenen Wohnzwecken dienende Wohnung im eigenen Haus	1883
§ 93	Schädliche Verwendung	1884
§ 94	Verfahren bei schädlicher Verwendung	1886
§ 95	Beendigung der unbeschränkten Einkommensteuerpflicht des Zulageberechtigten	1887
§ 96	Anwendung der Abgabenordnung, allgemeine Vorschriften	1888
§ 97	Übertragbarkeit	1889
§ 98	Rechtsweg	1889
§ 99	Ermächtigung	1889

Stichwortverzeichnis 1891

Abkürzungsverzeichnis

A	Abschnitt (bei Richtlinien)	Art	Artikel
aA	anderer Ansicht, auf Aktien	AStG	Außensteuergesetz
aaO	am angegebenen Ort	AsylVfG	Asylverfahrensgesetz
abl	ablehnend	AuA	Arbeit und Arbeitsrecht (Zeitschrift)
ABlEG	Amtsblatt der EG		
ABlEU	Amtsblatt der EU (ab 1.2.03)	Aufl	Auflage
Abs	Absatz	AÜG	Arbeitnehmerüberlassungsgesetz
Abschn	Abschnitt		
abw	abweichend	AUR	Agrar- und Umweltrecht (Zeitschrift)
abzgl	abzüglich		
AdV	Aussetzung der Vollziehung	ausf	ausführlich
aE	am Ende	AuslG	Ausländergesetz
AEAO	Anwendungserlass zur Abgabenordnung	AuslInvestmG	Gesetz über den Vertrieb ausländischer Investmentanteile und über die Besteuerung der Erträge aus ausländischen Investmentanteilen
aF	alte Fassung		
AfA	Absetzung für Abnutzung		
AfaA	Absetzung für außergewöhnliche Abnutzung		
		AUV	Auslandsumzugskostenverordnung
AFG	Arbeitsförderungsgesetz		
AfS	Absetzung für Substanzverringerung	AVB	Allgemeine Versicherungsbedingungen
ag Belastung	außergewöhnliche Belastung	AVKiStG Bay	Verordnung zur Ausführung des Kirchensteuergesetzes Bayern
AIG	Auslandsinvestitionsgesetz		
AK	Anschaffungskosten		
AktG	Aktiengesetz	AVmG	Altersvermögensgesetz v 26.6.01, BGBl I 01, 1310
ALB	Allgemeine Versicherungsbedingungen für die Lebensversicherung		
		Az	Aktenzeichen
ALG	Gesetz über die Alterssicherung der Landwirte	BA	Betriebsausgabe(n)
		BAFin	Bundesanstalt für Finanzdienstleistungsaufsicht
allg	allgemein		
Alt	Alternative	BAföG	Bundesausbildungsförderungsgesetz
AltEinkG	Gesetz zur Neuordnung der einkommensteuerrechtlichen Behandlung von Altersvorsorgeaufwendungen und Altersbezügen v 5.7.04, BGBl I 04, 1427		
		BAG	Bundesarbeitsgericht
		BauGB	Baugesetzbuch
		BauR	Zeitschrift für das gesamte öffentliche und zivile Baurecht
AltZertG	Gesetz über die Zertifizierung von Altersvorsorgeverträgen v 26.6.01, BGBl I 01, 1310	BAV	Bundesaufsichtsamt für das Versicherungswesen
		BaWü	Baden-Württemberg
Anm	Anmerkung	Bay	Bayern
Anspr	Anspruch, Ansprüche	BB	Betriebs-Berater (Zeitschrift)
AO	Abgabenordnung	BBiG	Berufsbildungsgesetz
AöR	Archiv des öffentlichen Rechts (Zeitschrift)	Bd	Band
		Bdbg	Brandenburg
AP	Arbeitsrechtliche Praxis (Nachschlagewerk des BAG)	BE	Betriebseinnahme(n)
		BeamtVG	Gesetz über die Versorgung der Beamten und Richter in Bund und Ländern
ArbG	Arbeitgeber		
ArbN	Arbeitnehmer		
ArbPlSchG	Arbeitsplatzschutzgesetz	Begr	Begründung
Arbverh	Arbeitsverhältnis	Beil.	Beilage
Arg	Argument	bej	bejahend
arg	argumentum	BergbauG	Bergbaugesetz

BergPDV	Verordnung zur Durchführung des Gesetzes über Bergmannsprämien
BergPG	Gesetz über Bergmannsprämien
BerlinFG	Berlinförderungsgesetz
betr	betreffend
BetrAufg	Betriebsaufgabe
BetrAufsp	Betriebsaufspaltung
BetrAV	Betriebliche Altersversorgung (Zeitschrift)
BetrAVG	Gesetz zur Verbesserung der betrieblichen Altersversorgung, seit 1.1.05 Betriebsrentengesetz
BewG	Bewertungsgesetz
BewRL	Bewertungsrichtlinien
BfF	Bundesamt für Finanzen
BFH	Bundesgerichtshof
BFHE	Sammlung der Entscheidungen des BFH (Zeitschrift)
BFH/NV	Sammlung amtlich nicht veröffentlichter Entscheidungen des BFH (Zeitschrift)
BFH-PR	Entscheidungen des BFH für die Praxis der Steuerberatung (Zeitschrift)
BFuP	Betriebswirtschaftliche Forschung und Praxis (Zeitschrift)
BGB	Bürgerliches Gesetzbuch
BGBl	Bundesgesetzblatt
BGH	Bundesgerichtshof
BiRiLiG	Bilanzrichtliniengesetz
BJagdG	Bundesjagdgesetz
BKGG	Bundeskindergeldgesetz
Bln	Berlin
BMF	Bundesminister der Finanzen
BpO	Betriebsprüfordnung
BRD	Bundesrepublik Deutschland
BR-Drs	Bundesratsdrucksache
BReg	Bundesregierung
Brem	Bremen
BRRG	Beamtenrechtsrahmengesetz
BSG	Bundessozialgericht
BStBl	Bundessteuerblatt
BT-Drs	Bundestagsdrucksache
Buchst	Buchstabe
BuW	Betrieb und Wirtschaft (Zeitschrift)
BV	Betriebsvermögen
BVG	Bundesversorgungsgesetz
BVerfG	Bundesverfassungsgericht
BVerfGE	Entscheidungen des Bundesverfassungsgerichts
BVO	Bauverordnung
BWaldG	Bundeswaldgesetz
bzgl	bezüglich
BZSt	Bundeszentralamt für Steuern
bzw	beziehungsweise
ca	circa
Chem	Chemnitz
Cottb	Cottbus
DA-FamBuStr	Dienstanweisung zur Durchführung von Steuerstraf- und Ordnungswidrigkeitenverfahren im Zusammenhang mit dem steuerlichen Familienleistungsausgleich nach dem X. Abschnitt des EStG
DA-FamEStG	Dienstanweisung zur Durchführung des Familienleistungsausgleichs nach dem X. Abschnitt des EStG
DA-FamRb	Dienstanweisung zur Durchführung von Rechtsbehelfsverfahren im Zusammenhang mit dem steuerlichen Familienleistungsausgleich nach dem X. Abschnitt des EStG
DB	Der Betrieb (Zeitschrift)
DBA	Doppelbesteuerungsabkommen
D'dorf	Düsseldorf
dementspr	dementsprechend
DepotG	Depotgesetz
ders	derselbe
dh	das heißt
dies.	dieselbe
diff	differenzierend
Dipl	Diplom
DirektVers	Direktversicherung
Diss	Dissertation
DM	Deutsche Mark
DMBilG	Gesetz über die Eröffnungsbilanz in Deutscher Mark und die Kapitalneufestsetzung
DM-EB	DM-Eröffnungsbilanz
DÖV	Die öffentliche Verwaltung (Zeitschrift)
Drs	Drucksache
DStJG	Deutsche Steuerjuristische Gesellschaft
DStR	Deutsches Steuerrecht (Zeitschrift)
DStZ	Deutsche Steuer-Zeitung
DSWR	Datenverarbeitung – Steuer – Wirtschaft – Recht (Zeitschrift)
DtJTag	Deutscher Juristentag
DVBl	Deutsches Verwaltungsblatt (Zeitschrift)
EA	Europäische Atomgemeinschaft
EB	Eröffnungsbilanz

ebd	ebenda	f, ff	folgende Seite, folgende Seiten
EFG	Entscheidungen der Finanzgerichte (Zeitschrift)	FA, FÄ	Finanzamt, Finanzämter
		FamFördG	Familienförderungsgesetz
EFH	Einfamilienhaus	FamRB	Der Familien-Rechts-Berater (Zeitschrift)
EG	Europäische Gemeinschaft		
EGAO	Einführungsgesetz zur Abgabenordnung	FamRZ	Zeitschrift für das gesamte Familienrecht
EGHGB	Einführungsgesetz zum Handelsgesetzbuch	FELEG	Gesetz zur Förderung der Einstellung landwirtschaftlicher Erwerbstätigkeit
EGKS	Europäische Gemeinschaft für Kohle und Stahl		
		Ffm	Frankfurt am Main
EGV	EG-Vertrag	FG	Finanzgericht
EigZulG	Eigenheimzulagengesetz	FGG	Gesetz über die Freiwillige Gerichtsbarkeit
Einl	Einleitung		
einschl	einschließlich	FGO	Finanzgerichtsordnung
EK	Eigenkapital	FinMin	Finanzministerium
endg	endgültig	FinSen	Finanzsenat
entspr	entsprechend	FinVerw	Finanzverwaltung
Entw	Entwurf	FlaggenrechtsG	Flaggenrechtsgesetz
EntwLStG	Entwicklungsländer-Steuergesetz		
		Fn	Fußnote
ErbSt	Erbschaft- und Schenkungsteuer	FördG	Fördergebietsgesetz
		FPR	Familie – Partnerschaft – Recht (Zeitschrift)
ErbStG	Erbschaft- und Schenkungsteuergesetz		
		FR	Finanz-Rundschau (Zeitschrift)
ErbStPfl	Erbschaftsteuerpflicht(iger)		
erbstpfl	erbschaftsteuerpflichtig	FS	Festschrift, Festgabe
Erf	Erfurt	FSchAuslG	Forstschädenausgleichsgesetz
ErgLfg	Ergänzungslieferung	FuR	Familie und Recht (Zeitschrift)
ESt	Einkommensteuer	FVG	Gesetz über die Finanzverwaltung
EStB	Der Ertrag-Steuer-Berater (Zeitschrift)		
EStDV	Einkommensteuer-Durchführungsverordnung	G	Gesetz
		GAV	Gewinnabführungsvertrag
EStG	Einkommensteuergesetz	GBl	Gesetzblatt
EStH	Amtliches Einkommensteuer-Handbuch	GbR	Gesellschaft bürgerlichen Rechts
EStPfl	Einkommensteuerpflicht(iger)	GdB	Grad der Behinderung
estpfl	einkommensteuerpflichtig	GDL	Gesetz über die Ermittlung des Gewinns aus Land- und Forstwirtschaft nach Durchschnittssätzen
EStR	Einkommensteuer-Richtlinien		
etc	et cetera		
EU	Europäische Union		
EuGH	Europäischer Gerichtshof	GebrMG	Gebrauchsmustergesetz
EuGHE	Gerichtshof der Europäischen Gemeinschaften; Sammlung der Rspr des Gerichtshofs	gem	gemäß
		GenG	Genossenschaftsgesetz
		Ges	Gesellschaft
		GeschmMG	Geschmacksmustergesetz
EURLUmsG	Richtlinien-Umsetzungsgesetz v 9.12.04, BGBl I 04, 3310	GetreideG	Getreidegesetz
		GewBetr	Gewerbebetrieb
		GewSt	Gewerbesteuer
EuZW	Europäische Zeitschrift für Wirtschaftsrecht	GewStG	Gewerbesteuergesetz
		GewStPfl	Gewerbesteuerpflicht
evtl	eventuell	gewstpfl	gewerbesteuerpflichtig
EVU	Energieversorgungsunternehmen	GewStR	Gewerbesteuer-Richtlinie
		GFlAusnVO	Geflügelfleischausnahmeverordnung
EW	Einheitswert		
EWR	Europäischer Wirtschaftsraum		
EZ	Erhebungszeitraum		

GFStRef	Gesetz zur Fortsetzung der Unternehmensteuerreform v 29.10.97, BGBl I, 2590		idR	in der Regel
			IdW	Institut der Wirtschaftsprüfer
			iErg	im Ergebnis
GG	Grundgesetz		ieS	im engeren Sinne
ggf	gegebenenfalls		IFSt	Institut Finanzen und Steuern
glA	gleicher Ansicht		iHv	in Höhe von
GmbHG	Gesetz betreffend die GmbH		Inf (INF)	Die Information über Steuer und Wirtschaft (Zeitschrift)
GmbHR	GmbH-Rundschau (Zeitschrift)			
GNOFÄ	Grundsätze zur Neuorganisation der Finanzämter und zur Änderung des Besteuerungsverfahrens		insbes	insbesondere
			InvStG	Investmentsteuergesetz
			InvZulG	Investitionszulagengesetz
			iSd	im Sinne des/der
GoB	Grundsätze ordnungsgemäßer Buchführung		IStR	Internationales Steuerrecht (Zeitschrift)
GPR	Zeitschrift für Gemeinschaftsprivatrecht		iSv	im Sinne von
			iÜ	im Übrigen
grds	grundsätzlich		iVm	in Verbindung mit
GrESt	Grunderwerbsteuer		IWB	Internationale Wirtschafts-Briefe (Zeitschrift)
GrS	Großer Senat			
GrSt	Grundsteuer		iwS	im weiteren Sinne
GRURInt	Gewerblicher Rechtsschutz und Urheberrecht, Internationaler Teil (Zeitschrift)		JArbSchG	Jugendarbeitsschutzgesetz
			JAV	Verordnung über den Lohnsteuerjahresausgleich
GS	Gedächtnisschrift			
GStB	Gestaltende Steuerberatung (Zeitschrift)		JbFfSt	Jahrbuch der Fachanwälte für Steuerrecht
			JStG	Jahressteuergesetz
G'ter	Gesellschafter		jur Pers	juristische Person(en)
GuV	Gewinn- und Verlust-Rechnung		jurisPR-SteuerR	juris PraxisReport Steuerrecht
GWG	geringwertige Wirtschaftsgüter			
H	Hinweis der obersten Finanzbehörden des Bundes und der Länder im Rahmen des Amtlichen Einkommensteuerhandbuchs		KAG	Kommunalabgabengesetz
			KAGG	Gesetz über Kapitalanlagegesellschaften
			Kap	Kapitel
			KapErhStG	Gesetz über steuerrechtliche Maßnahmen bei Erhöhung des Nennkapitals aus Gesellschaftsmitteln
ha	Hektar			
Hann	Hannover			
HB	Handelsbilanz			
HBeglG 04	Haushaltsbegleitgesetz 2004 v 29.12.03, BGBl I 03, 3076		KapESt	Kapitalertragsteuer
			KapGes	Kapitalgesellschaft
Hbg	Hamburg		KapVerm	Kapitalvermögen
Hess	Hessen		Karls	Karlsruhe
HFA	Hauptfachausschuss des Instituts der Wirtschaftsprüfer		K'dist	Kommanditist
			KFG	Krankenhausfinanzierungsgesetz
HFR	Höchstrichterliche Finanzrechtsprechung (Zeitschrift)			
			Kfm, kfm	Kaufmann, kaufmännisch
HGB	Handelsgesetzbuch		KFR	Kommentierte Finanzrechtsprechung (Zeitschrift)
HK	Herstellungskosten			
hL	herrschende Lehre		Kfz	Kraftfahrzeug
hM	herrschende Meinung		KG	Kommanditgesellschaft
HöfeO	Höfeordnung		KGaA	Kommanditgesellschaft auf Aktien
hrsg	herausgegeben			
HS	Halbsatz		KindUG	Kindesunterhaltsgesetz
HStR	Handbuch des Staatsrechts		KiSt	Kirchensteuer
idF	in der Fassung		KiStPfl	Kirchensteuerpflicht

kistpfl	kirchensteuerpflichtig		MU'anteil	Mitunternehmeranteil
Kj	Kalenderjahr		MU'er	Mitunternehmer
Kln	Köln		MU'schaft	Mitunternehmerschaft
km	Kilometer		MuSchG	Mutterschutzgesetz
Kobl	Koblenz		MV	Mecklenburg-Vorpommern
KonTraG	Gesetz zur Kontrolle und Transparenz im Unternehmensbereich		mwN	mit weiteren Nachweisen
KÖSDI	Kölner Steuerdialog (Zeitschrift)		nat Pers	natürliche Person(en)
			Nbg	Nürnberg
			Nds	Niedersachsen
krit	kritisch		nF	neue Fassung
KSt	Körperschaftsteuer		NJW-RR	Neue Juristische Wochenschrift Rechtsprechungs-Report
KStDV	Körperschaftsteuer-Durchführungsverodnung		Nr	Nummer, Nummern
KStG	Körperschaftsteuergesetz		nrkr	nicht rechtskräftig
KStPfl	Körperschaftsteuerpflicht(iger)		NRW	Nordrhein-Westfalen
kstpfl	körperschaftsteuerpflichtig		NT	Nettotonne
KuG	Kunsturhebergesetz		NV	Nichtveranlagung
KVSt	Kapitalverkehrsteuer		nv	nicht veröffentlicht
KVStDV	Kapitalverkehrsteuer-Durchführungsverordnung		NVwZ-RR	Neue Zeitschrift für Verwaltungsrecht Rechtsprechungs-Report
KVStG	Kapitalverkehrsteuergesetz			
KWG	Kreditwesengesetz		NWB	Neue Wirtschaftsbriefe
			NZB	Nichtzulassungsbeschwerde
LaFG	Gesetz zur Förderung der bäuerlichen Landwirtschaft		oä	oder ähnlich
			OECD-MA	OECD-Musterabkommen zur Vermeidung der Doppelbesteuerung auf dem Gebiet der Steuern vom Einkommen und vom Vermögen (Stand Dezember 2000)
LB	Lehrbuch			
Lifo	Last-in-first-out			
LöschG	Löschungsgesetz			
Losebl	Loseblattwerk			
LSG	Landessozialgericht			
LSt	Lohnsteuer			
LStDV	Lohnsteuer-Durchführungsverordnung		OECD-MK	Kommentar zum OECD-MA
			OFD	Oberfinanzdirektion
LStJA	Lohnsteuerjahresausgleich		OHG	Offene Handelsgesellschaft
LStPfl	Lohnsteuerpflicht		ÖStZB	Österreichische Steuerzeitung
lstpfl	lohnsteuerpflichtig		OVGSt	Preußisches Oberverwaltungsgericht in Steuersachen
LStR	Lohnsteuerrichtlinien			
LSW	Lexikon des Steuer- und Wirtschaftsrechts		öVwGH	österreichischer Verwaltungsgerichtshof
lt	laut			
LuF	Land- und Forstwirtschaft		ParlStG	Gesetz über die Rechtsverhältnisse der Parlamentarischen Staatssekretäre
luf	land- und forstwirtschaftlich			
maW	mit anderen Worten		ParteiG	Parteiengesetz
Mchn	München		PatentAO	Patentanwaltsordnung
Mgdb	Magdeburg		PatentG	Patentgesetz
MinBl	Ministerialblatt		PBefG	Personenbeförderungsgesetz
Mio	Million, Millionen		Pers	Person(en)
Mitt BayNot	Mitteilungen des Bayerischen Notarvereins		PersGes	Personengesellschaft(en)
			PersG'ter	Personengesellschafter
MoMiG	Entwurf eines Gesetzes zur Modernisierung des GmbH-Rechts und zur Bekämpfung von Missbräuchen		phG'ter	persönlich haftender Gesellschafter
			PIStB	Praxis der internationalen Steuerberatung (Zeitschrift)
M'ster	Münster		PKW	Personenkraftwagen

XIX

PreußEStG	Preußisches Einkommensteuergesetz
ProgrVorb	Progressionsvorbehalt
ProtErklG	Gesetz zur Umsetzung der Protokollerklärung der Bundesregierung zum StVergAbG v 22.12.03, BGBl I 03, 2840
PSVaG	Pensionssicherungsverein auf Gegenseitigkeit
PV	Privatvermögen
R	Richtlinie (früher Abschnitt) der Einkommensteuer-Richtlinien
RA	Rechtsanwalt(-anwälte)
RAP	Rechnungsabgrenzungsposten
RdA	Recht der Arbeit (Zeitschrift)
RdErl	Runderlass
RdVfg	Rundverfügung
Reg	Regierung
RegEntw	Regierungsentwurf
REStG	Reichseinkommensteuergesetz
Rev	Revision
RfE	Rücklage für Ersatzbeschaffung
Rhld	Rheinland
RhPf	Rheinland-Pfalz
RIW	Recht der Internationalen Wirtschaft (bis 1974 AWD) (Zeitschrift)
rkr	rechtskräftig
RL	Richtlinie
Rn	Randnummer
ROHGE	Entscheidungen des Reichsoberhandelsgerichts
Rspr	Rechtsprechung
RVOrgG	Gesetz zur Organisationsreform in der gesetzlichen Rentenversicherung v 9.12.04, BGBl I 04, 3242
S	Satz, Seite
s	siehe
SA	Sonderausgaben
Saarl	Saarland
SaatVG	Saatgutverkehrsgesetz
Sachs	Sachsen
SachsAnh	Sachsen-Anhalt
SaDV	Sammelantrags-Datenträger-Verordnung
SCE	Societas Cooperativa Europaea
SchlHol	Schleswig-Holstein
Schr	Schreiben
SchwbG	Schwerbehindertengesetz
SE	Societas Europaea
SEStEG	Gesetz über steuerliche Begleitmaßnahmen zur Einführung der Europäischen Gesellschaft und zur Änderung weiterer steuerrechtlicher Vorschriften v 7.12.06, BGBl I 06, 2782
SG	Sozialgericht
SGb	Die Sozialgerichtsbarkeit (Zeitschrift)
SGB	Sozialgesetzbuch
sj	steuer-journal.de
Slg	Sammlung
sog	so genannte(r)
SoldVersG	Soldatenversorgungsgesetz
SolZ	Solidaritätszuschlag
SolZG	Solidaritätszuschlagsgesetz
SortenschutzG	Sortenschutzgesetz
SozSich	Soziale Sicherheit (Zeitschrift)
Sp	Spalte
SparZul	Sparzulage
StADÜV	Steueranmeldungs-Datenübermittlungs-Verordnung v 21.10.98, BStBl I 98, 1292
StÄndG	Steueränderungsgesetz
StandOG	Standortsicherungsgesetz
StB	Der Steuerberater (Zeitschrift)
StBereinG	Gesetz zur Bereinigung von steuerlichen Vorschriften v 22.12.99, BGBl I 99, 2601
StBerG	Steuerberatungsgesetz
Stbg	Die Steuerberatung (Zeitschrift)
StbJb	Steuerberater-Jahrbuch
StBp	Die steuerliche Betriebsprüfung (Zeitschrift)
StEd	Steuer Eildienst (Zeitschrift)
StEK	Steuererlasse in Karteiform, herausgegeben von *Felix*
StEntlG 99/00/02	Steuerentlastungsgesetz 1999/2000/2002 v 24.3.99, BGBl I 99, 402
StGB	Strafgesetzbuch
SteuerStud	Steuer & Studium (Zeitschrift)
Steufa	Steuerfahndung
StEuGlG	Steuer-Euroglättungsgesetz v 19.12.00, BGBl I 00, 1790
stfrei	steuerfrei
StKl	Steuerklasse
StKonRep	Steuerberaterkongress-Report
StLex	Steuerlexikon
StMBG	Gesetz zur Bekämpfung des Missbrauchs und zur Bereinigung des Steuerrechts v 21.12.93, BGBl I 93, 2310

StPfl	Steuerpflicht(iger)	USt	Umsatzsteuer
stpfl	steuerpflichtig	UStDV	Umsatzsteuer-Durchführungsverordnung
str	strittig		
StraBEG	Gesetz über die strafbefreiende Erklärung	UStG	Umsatzsteuergesetz
		UStPfl	Umsatzsteuerpflicht
StRefG	Steuerreformgesetz	ustpfl	umsatzsteuerpflichtig
stRspr	ständige Rechtsprechung	usw	und so weiter
StSenkErgG	Steuersenkungsergänzungsgesetz v 19.12.00, BGBl I 00, 1812	uU	unter Umständen
		v	vom, von
		VA	Verwaltungsakt
StSenkG	Steuersenkungsgesetz v 23.10.00, BGBl I 00, 1433	VAG	Gesetz über die Beaufsichtigung der privaten Versicherungsunternehmen
StuB	Steuer und Bilanzen (Zeitschrift)		
StuW	Steuer und Wirtschaft (Zeitschrift)	vEK	verwendbares Eigenkapital
		VermBG	Vermögensbildungsgesetz
StVergAbG	Steuervergünstigungsabbaugesetz v 16.5.03, BGBl I 03, 660	VermG	Gesetz zur Regelung offener Vermögensfragen
		VersSt	Versicherungsteuer
StVj	Steuerliche Vierteljahresschrift	Vfg	Verfügung
StW	Die Steuer-Warte (Zeitschrift)	VG	Verwaltungsgericht
StWK	Steuer- und Wirtschaft-Kurzpost (Zeitschrift)	vGA	verdeckte Gewinnausschüttung
		vgl	vergleiche
subj	subjektiv	vH	von Hundert
SWI	Steuer & Wirtschaft International (Zeitschrift)	VO	Verordnung, Rechtsverordnung
		vorl	vorläufig
TB	Teilbetrieb	VorSt	Vorsteuer
teilw	teilweise	VSt	Vermögensteuer
TGV	Trennungsgeldverordnung	VStR	Vermögensteuer-Richtlinien
Thür	Thüringen	vT	von Tausend
TVG	Tarifvertragsgesetz	VuV	Vermietung und Verpachtung
Tz	Teilziffer	VVaG	Versicherungsverein auf Gegenseitigkeit
u	und		
ua	unter anderem	VVG	Gesetz über den Versicherungsvertrag
uÄ	und Ähnliches		
Ubg	Die Unternehmensbesteuerung (Zeitschrift)	VZ	Veranlagungszeitraum
		WährG	Währungsgesetz
UBGG	Gesetz über Unternehmensbeteiligungsgesellschaften	WE	Wohnungseigentum (Zeitschrift)
uE	unseres Erachtens	WEG	Gesetz über das Wohnungseigentum und das Dauerwohnrecht
UmwG	Umwandlungsgesetz		
UmwStErl	Umwandlungssteuererlass		
UmwStG	Umwandlungssteuergesetz v 28.10.94, BGBl I 94, 3267	WertV	Wertermittlungsverordnung
		WG	Wirtschaftsgut, Wirtschaftsgüter
UntStRefG	Unternehmenssteuerreformgesetz	WiGBl	Gesetzblatt der Verwaltung des Vereinigten Wirtschaftsgebietes
UntStFG	Unternehmenssteuerfortentwicklungsgesetz v 20.12.01, BGBl I 01, 3858	Wj	Wirtschaftsjahr
		WK	Werbungskosten
		WM	Wertpapiermitteilungen (Zeitschrift)
unzutr	unzutreffend		
UR	Umsatzsteuer-Rundschau (Zeitschrift)	WoBauG	Wohnungsbaugesetz
		WoFG	Wohnraumförderungsgesetz
UrhRG	Urheberrechtsgesetz	WoGG	Wohngeldgesetz
usf	und so fort	WoP	Wohnungsbauprämie
USG	Unterhaltssicherungsgesetz	WPflG	Wehrpflichtgesetz

WPg	Die Wirtschaftsprüfung (Zeitschrift)
WP-Handbuch	Wirtschaftsprüferhandbuch
WPO	Wirtschaftsprüferordnung
WÜD	Wiener Übereinkommen über diplomatische Beziehungen
WÜK	Wiener Übereinkommen über konsularische Beziehungen
WuM	Wohnungs- und Mietrecht (Zeitschrift)
WZG	Warenzeichengesetz
ZAR	Zeitschrift für Ausländerrecht und Ausländerpolitik
zB	zum Beispiel
ZDG	Zivildienstgesetz
ZErb	Zeitschrift für die Steuer- und Erbrechtspraxis
ZEV	Zeitschrift für Erbrecht und Vermögensnachfolge
ZfBR	Zeitschrift für deutsches und internationales Bau- und Vergaberecht
ZfgG	Zeitschrift für das gesamte Genossenschaftswesen
ZfIR	Zeitschrift für Immobilienrecht
ZFK	Zeitschrift für Kommunalfinanzen
ZfRV	Zeitschrift für Rechtsvergleichung, Internationales Privatrecht und Europarecht
ZG	Zeitschrift für Gesetzgebung
Ziff	Ziffer
ZIV	Zinsinformationsverordnung
ZMR	Zeitschrift für Miet- und Raumrecht
ZRFG	Zonenrandförderungsgesetz
ZRP	Zeitschrift für Rechtspolitik
ZSt	Zeitschrift zum Stiftungswesen
ZSteu	Zeitschrift für Steuern & Recht
zT	zum Teil
ZTR	Zeitschrift für Tarifrecht
zust	zustimmend
zutr	zutreffend
ZVG	Zwangsversteigerungsgesetz
zw	zwischen
zweifelh	zweifelhaft

Verzeichnis der abgekürzt wiedergegebenen Literatur

$A/D/S^6$	Adler/Düring/Schmaltz, Rechnungslegung und Prüfung der Unternehmen (Losebl)
$A/F/R$	Ahrend/Förster/Rößler, Steuerrecht der betrieblichen Altersversorgung (Losebl)
B/B	Bordewin/Brandt, Kommentar zum Einkommensteuergesetz (Losebl)
$BeBiKo^6$	Beck'scher Bilanz-Kommentar, 6. Aufl 2006
$Beermann/Gosch$	Beermann/Gosch, Abgabenordnung, Finanzgerichtsordnung (Losebl)
B/H GmbHG^{18}	Baumbach/Hueck, GmbH-Gesetz, Kommentar, 18. Aufl 2006
B/H HGB^{33}	Baumbach/Hopt, HGB, Kommentar, 33. Aufl 2007
$Biergans$ LB^6	Biergans, Einkommensteuer, 6. Aufl 1992
$Binz^{10}$	Binz, GmbH & Co KG, 10. Aufl 2005
$Blümich$	Blümich, Kommentar zu EStG, KStG, GewStG und Nebengesetzen (Losebl)
$B/R/O^4$	Blomeyer/Rolfs/Otto, Betriebsrentengesetz, Gesetz zur Verbesserung der betrieblichen Altersversorgung, 4. Aufl 2006
$Crezelius$ LB^2	Crezelius, Steuerrecht II, 2. Aufl 1994
$D/J/P/W$	Dötsch/Jost/Pung/Witt, Die Körperschaftsteuer, Kommentar zum KStG, UmwStG und zu den einkommensteuerrechtlichen Vorschriften der Anteilseignerbesteuerung (Losebl)
D/W	Debatin/Wassermeyer, Doppelbesteuerung (Losebl)
E/H	Ebling/Heuermann, Die Kindergeldauszahlung durch den Arbeitgeber, 1996
$Ernst \& Young$	Ernst & Young, Körperschaftsteuergesetz-Kommentar (Losebl) — früher AA, Arthur Andersen
E/S KStG	Erle/Sauter, Körperschaftsteuergesetz, Kommentar, 2. Aufl 2006
$F/P/G$	Felsmann/Pape/Giere/König, Einkommensbesteuerung der Land- und Forstwirte (Losebl)
F/M	Frotscher/Maas, Kommentar zum Körperschaftsteuer- und Umwandlungsteuergesetz (Losebl)
$Frotscher$	Frotscher, Kommentar zum Einkommensteuergesetz (Losebl)
$F/W/B$	Flick/Wassermeyer/Baumhoff, Kommentar zum Außensteuerrecht (Losebl)
$F/W/W/K$	Flick/Wassermeyer/Wingert/Kempermann, DBA Deutschland — Schweiz, Kommentar (Losebl)
$Gl/Gür$ GewStG^6	Glanegger/Güroff, Kommentar zum GewStG, 6. Aufl 2006
$Gl/Gür$ HGB^7	Glanegger/Güroff/Kirnberger/Kusterer/Peuker/Ruß/Selder/Stuhlfelner, Kommentar zum HGB, 7. Aufl 2007
$Gosch$	Gosch, Körperschaftsteuergesetz: KStG, 2005
$G/K/G$	Gosch/Kroppen/Grotherr, DBA-Kommentar (Losebl)
HdU^3	WP-Handbuch der Unternehmensbesteuerung, hrsg vom IdW, 3. Aufl 2001
$H/H/R$	Herrmann/Heuer/Raupach, Kommentar zum Einkommensteuer- und Körperschaftsteuergesetz (Losebl)
$H/H/Sp$	Hübschmann/Hepp/Spitaler, Kommentar zur Abgabenordnung und Finanzgerichtsordnung (Losebl)
$H/M/W$	Hartz/Meeßen/Wolf, ABC-Führer Lohnsteuer (Losebl)
$Höfer$ BetrAVG ArbR^9	Höfer, Gesetz zur Verbesserung der betrieblichen Altersversorgung, Band I Arbeitsrecht, 9. Aufl 2006 (Losebl)
$Höfer$ BetrAVG StR^4	Höfer, Gesetz zur Verbesserung der betrieblichen Altersversorgung, Band II Steuerrecht, 4. Aufl 2007 (Losebl)
H/W	Heuermann/Wagner, Lohnsteuer (Losebl)
$Jakob$ LB^3	Jakob, Einkommensteuer, 3. Aufl 2003
$Jauernig^{12}$	Jauernig, Bürgerliches Gesetzbuch, Kommentar, 12. Aufl 2007
$K/F/K^3$	Klein/Flockermann/Kühr, Handbuch des Einkommensteuerrechts (Losebl)
$Klein^9$	Klein, Kommentar zur AO, 9. Aufl 2006

Knobbe-Keuk[9]	Knobbe-Keuk, Bilanz- und Unternehmenssteuerrecht, 9. Aufl 1993
Korn	Korn, Einkommensteuergesetz, Kommentar (Losebl)
Kruse	Kruse, Lehrbuch des Steuerrechts, Band I, Allgemeiner Teil, 1991
K/S/M	Kirchhof/Söhn/Mellinghoff, Einkommensteuergesetz, Kommentar (Losebl)
K/W[5]	Küting/Weber, Handbuch der Rechnungslegung (Losebl)
Lademann	Lademann, Einkommensteuergesetz, Kommentar (Losebl)
L/B/P	Littmann/Bitz/Pust, Das Einkommensteuerrecht (Losebl)
Leingärtner	Leingärtner, Besteuerung der Landwirte, 12. Aufl 2006 (Losebl)
Meincke[14]	Meincke, Erbschaftsteuer- und Schenkungsteuergesetz, Kommentar, 14. Aufl 2004
Moxter BilRspr[5]	Moxter, Bilanzrechtsprechung, 5. Aufl 1999
Palandt[67]	Palandt, Bürgerliches Gesetzbuch, Kommentar, 67. Aufl 2008
Schaumburg[2]	Schaumburg, Internationales Steuerrecht, 2. Aufl 1998
Schlegelberger	Schlegelberger, Kommentar zum HGB, 5. Aufl 1992 HGB[5]
Schmidt[26]	Schmidt, Einkommensteuergesetz, Kommentar, 26. Aufl 2007
S/K/K	Strunk/Kaminski/Köhler, Außensteuergesetz/Doppelbesteuerungsabkommen, Kommentar (Losebl)
Streck[6]	Streck, Körperschaftsteuergesetz, Kommentar, 6. Aufl 2003
Tiedtke LB[2]	Tiedtke, Einkommensteuer- und Bilanzsteuerrecht, 2. Aufl 1995
Tipke/Lang[18]	Tipke/Lang, Steuerrecht, 18. Aufl 2005
T/K	Tipke/Kruse, Abgabenordnung/Finanzgerichtsordnung, Kommentar (Losebl)
Vogel/Lehner[4]	Vogel/Lehner, Doppelbesteuerungsabkommen, 4. Aufl 2003
W/M	Widmann/Mayer, Umwandlungsrecht (Losebl)

Einleitung

Übersicht

	Rn		Rn
A. Grundgedanken des Einkommensteuerrechts	1	II. Generelle Regel und individueller Sachverhalt	41
I. Rechtfertigung der Einkommensteuer	1	III. Eigenständige einkommensteuerliche Begriffsbildung und Auslegung	55
II. Das EStG	12	IV. Der Einfluss des europäischen Rechts auf das EStG	60
1. Die Struktur der Belastungsentscheidungen	12	**C. Das EStG in der Zeit**	64
2. Das Übermaß an Steuerlenkungen und Ausweichmöglichkeiten	18	I. Rückwirkende Gesetzgebung	64
B. Die Rechtsquellen	36	II. Rückwirkende Einzelhandlungen	79
I. Gesetz, Verordnung, Verwaltungsvorschrift	36		

A. Grundgedanken des Einkommensteuerrechts

I. Rechtfertigung der Einkommensteuer. Die Steuer ist eine Idee des Rechts. Während der Mensch, sein Lebensbedarf an Nahrung, Kleidung und Obdach, das WG eines Betriebes, ein Haus oder der Wertverzehr an diesen Gütern vom Gesetz vorgefunden werden, entsteht das Steuerschuldverhältnis zw dem StPfl und dem Staat allein durch gesetzliche Anordnung. Das Steuerrecht ist also zunächst **auf gesetzliche Grundentscheidungen angewiesen** und hat sodann in deren Rahmen die Wirklichkeit realitätsgerecht aufzunehmen. Zudem handelt das Steuerrecht von Geldzahlungspflichten, scheint also für so viele Entscheidungen und Kompromisse zugänglich, als eine Geldsumme in Euro teilbar ist. Auch deshalb braucht das Steuerrecht entwicklungsleitende Grundsätze der Belastungsgerechtigkeit, die ihm eine systematische Struktur und innere Folgerichtigkeit geben. 1

Die systemprägenden Prinzipien des Steuerrechts regelt das GG. Die Verfassung gibt die WG grds als privatnütziges Eigentum (Art 14 GG) in private Hand und belässt dem Berufstätigen die freie Verfügung über seine Arbeitskraft (Art 12 GG). Diese Grundentscheidung hat für die Finanzierung des Staates zur Folge, dass der Staat strukturell auf Staatsunternehmen verzichtet und sich auf die steuerliche Teilhabe am privatwirtschaftlichen Erfolg individuellen Erwerbsstrebens beschränkt. Die Steuer ist insoweit Ausdruck einer freiheitlichen Verfassung, einer freiheitlichen Wirtschafts- und Marktordnung. 2

Auch die Zugriffsstellen des Steuerrechts sind im GG skizziert. Die wichtigste Entscheidung über die Steuerarten treffen wiederum die Grundrechte der Berufs- und Eigentümerfreiheit, die den **Vorgang des Erwerbs** in der Rechts- und Wirtschaftsgemeinschaft eher für steuerliche Belastungen zugänglich machen als den grundrechtlich geschützten Bestand von WG. Eine freiheitliche Wirtschaftsordnung legt es nahe, den Steuerzugriff beim Vermögenserwerb (Einkommen) und bei der Vermögensverwendung (Umsatz) anzusetzen. Wenn der StPfl jeweils freiwillig seine Arbeitskraft und sein Eigentum zur Disposition des Marktes stellt, erlebt er die Steuer auf das Einkommen als eine Bedingung seiner Erwerbsmöglichkeiten. Wenn er seine Kaufkraft am Markt einsetzt, erfährt er die Steuer auf den Umsatz als Verteuerung des Preises. Zudem stützt sich die Finanzverfassung zur Verteilung des Steueraufkommens zw Bund und Ländern (Art 106 GG) auf herkömmliche Steuertypen, anerkennt damit prinzipiell deren Belastungsgründe. Die ESt ist nach Art 106 III 1 GG eine Gemeinschaftssteuer, an deren Aufkommen Bund und Länder je zur Hälfte beteiligt sind (Abs 3 Satz 2) und von dem die Gemeinden vorab einen Anteil erhalten (Abs 5 Satz 1). 3

Die ESt rechtfertigt sich aus dem Gedanken, dass jeder, der den von dieser Rechtsgemeinschaft bereit gestellten Markt – die Nachfrager, den inneren und äußeren Frieden, das Rechts- und Wirtschaftssystem, das Währungs- und Bankensystem, die gut ausgebildeten Arbeitskräfte und den gewerblichen Rechtsschutz – genutzt hat, dafür auch die Rechtsgemeinschaft an diesem Erwerbserfolg steuerlich teilhaben lassen muss. Das Einkommen ist Ausdruck des Markterfolges eines StPfl, der auf seiner Leistung beruht, zugleich aber wesentlich von der Bereitschaft der Nachfrager abhängt, das Leistungsangebot anzuerkennen und zu honorieren. Große Poeten, Künstler und Erfinder haben ökonomisch wertvolle Spitzenleistungen erbracht, sind aber in Armut verstorben, weil die damalige Rechtsgemeinschaft noch nicht bereit oder in der Lage war, diese Leistung zu erkennen und durch Honorierung anzuerkennen. Die ESt belastet grds die am Markt gewonnene 4

Einleitung

Zahlungsfähigkeit; sie ist nicht Bereicherungssteuer, sondern **Marktzuwachssteuer.** Der Leistungsempfang außerhalb des Marktes ist nicht steuerbar. Leistungen an sich selbst, insbes die Wertschöpfung für den privaten Eigenbedarf und die Nutzung privater WG bleiben stfrei. Entspr ist der Aufwand für eine nicht erwerbswirtschaftliche Betätigung (sog Liebhaberei) einkommensteuerrechtlich unerheblich.

4a Die ESt belastet das vom StPfl tatsächlich erzielte Einkommen (Ist-Besteuerung) und berücksichtigt die persönlichen Verhältnisse des StPfl (Personensteuer), erfasst nicht die Ertragsfähigkeit einer Erwerbsgrundlage, so dass ein bestimmtes Objekt (Objektsteuer) in dem durchschnittlich möglichen Ertrag (Soll-Besteuerung) belastet würde. In der liberalen Marktwirtschaft des 19. Jahrhunderts bemaß die objektive Ertragsteuer die Leistungsfähigkeit nach dem auf Dauer und im Durchschnitt erzielbaren, geschätzten Reinertrag der drei Ertragsquellen Grund und Boden, Gebäude und Gewerbebetrieb. Erzielte der jeweilige Eigentümer durch besonderes Geschick einen überdurchschnittlichen Ertrag, war dieser stfrei; die Steuer bot insoweit einen Anreiz für besondere Erwerbsanstrengungen. Blieb der Ertrag unterdurchschnittlich, musste der Steuerschuldner dennoch den erzielbaren Ertrag versteuern, hatte also durch fehlendes Geschick oder geringen Fleiß einen Steuernachteil. Die Steuer folgte dem liberalen Schlagwort „Freie Bahn dem Tüchtigen".[1] Das heutige Einkommensteuerrecht hingegen versucht nicht mehr, die Ertragsfähigkeit von Erwerbsgrundlagen hinreichend verlässlich abzuschätzen, scheut sich andererseits auch nicht, bei der Ermittlung des Einkommens in die Privat- und Persönlichkeitssphäre des StPfl vorzudringen. Das EStG besteuert das Ist-Einkommen. Allerdings versucht der Gesetzgeber gegenwärtig, einer durch Steuergestaltung erreichten gleichheitswidrigen Besteuerung mit Elementen einer Soll-Besteuerung entgegenzuwirken. Dies gilt insb für die Zinsschranke des § 4h.

5 Die **Progression** bringt zum Ausdruck, dass die Rechtsgemeinschaft dem StPfl einen überproportional hohen Erwerb von Einkommen ermöglicht hat, findet hingegen **keine Rechtfertigung in einem allg Umverteilungsanliegen.** Freiheit heißt, sich von anderen unterscheiden, also auch mehr Einkommen erwerben und behalten zu dürfen. Der Staat dürfte allenfalls umverteilen, wenn er nach den Gründen des Einkommenserwerbs, insbes der mäßigen oder fehlenden Beteiligungen an den Einkommensströmen, fragt, nicht aber, wenn das EStG ausschließlich den Erwerbserfolg im Einkommen tatbestandlich aufnimmt. Wenn § 32d nunmehr eine Einheitssteuer von 25 % für Einkünfte auf KapVerm vorsieht und § 23 KStG seit langem einen Einheitssteuersteuersatz – nunmehr von 15 % – kennt, ist der Gedanke im Vordringen, dass besteuerbare Leistungsfähigkeit jeweils mit demselben Steuersatz belastet wird, dafür aber die Bemessungsgrundlage möglichst keine Ausnahmen und Vermeidungsmöglichkeiten eröffnen soll. Kleinere Anfangseinkommen können durch Freibeträge oder auch eine verdeckte Progression – die Besteuerung nur eines Teils des Einkommens – sozial entlastet werden.

6 Der Mensch **erzielt sein Einkommen, um daraus seinen Lebensbedarf zu bestreiten, seinen zukünftigen Erwerb zu sichern und sich iÜ eine möglichst breite ökonomische Grundlage für die individuelle Lebensgestaltung zu schaffen.** Diese Funktion des Einkommens bietet die Grundlage, auf die das Verfassungsrecht die ökonomische Selbstverantwortung des Freiheitsberechtigten und die Subsidiarität des Sozialstaates stützt. Das Sozialstaatsprinzip verbietet, den Einkommensbezieher durch Besteuerung so bedürftig zu machen, dass er auf staatliche Leistungen angewiesen ist. Steuerbar ist deshalb grds das frei verfügbare Einkommen.[2] In diesen Vorgaben ist die Abziehbarkeit eines erwerbssichernden Aufwandes und eine Schranke für die Zugriffsintensität angelegt. Deswegen ist dem Einkommensteuergesetzgeber ein Zugriff auf das für den existenzsichernden Aufwand benötigte Einkommen verwehrt.[3] Darüber hinaus gewährleisten die Berufs- und Eigentümerfreiheit sowie die allg Handlungsfreiheit des Art 2 I GG, „dass dem Grundrechtsträger (StPfl) ein Kernbestand des Erfolges eigener Betätigung im wirtschaftlichen Bereich in Gestalt der grds Privatnützigkeit des Erworbenen und der grds Verfügungsbefugnis über die geschaffenen vermögenswerten Rechtspositionen erhalten" bleibt.[3]

7 Das EStG baut auf dem Grundsatz der **Individualbesteuerung** auf, erfasst also jeden StPfl als Grundrechtsträger. Bei Erwerbsgemeinschaften – insbes der GbR und der Personenhandelsgesell-

---

1 *E Schremmer* Über „gerechte" Steuern. Ein Blick zurück ins 19. Jahrhundert, 1994, S 16 f.

2 BVerfGE 115, 97 (115 f) = NJW 06, 1191 (1194); BVerfGE 116, 164 (175) = NJW 06, 2757 (2758).

3 BVerfGE 87, 153 (169) = BStBl II 93, 413 (418).

schaft – kann deren Gewinn zwar einheitlich und gesondert festgestellt werden, wird dann aber für die Zwecke der Individualbesteuerung jeweils dem einzelnen Beteiligten zugerechnet, dort in die individuelle Bemessungsgrundlage einbezogen und dem individuellen Progressionssatz unterworfen. Ähnliches gilt für die **Erwerbsgemeinschaft der Ehe**, an der dem GG besonders gelegen ist (Art 6 I): Das in der ehelichen Erwerbsgemeinschaft erzielte Einkommen wird bei jedem Ehegatten zur Hälfte besteuert, weil die Ehe eine „Gemeinschaft des Erwerbs" bildet,[1] in der die Ehegatten die Aufgaben der Haushalts- und der Erwerbstätigkeit eheintern aufteilen. Für die **Familie** hat der Unterhaltsanspruch der Kinder gegen ihre Eltern zur Folge, dass der Unterhaltsbetrag den Eltern nicht zur Verfügung steht, also auch dort nicht steuerlich erfasst werden kann.[2] Allerdings ist der Gesetzgeber berechtigt, im Rahmen seiner Typisierungsbefugnis nicht den zivilrechtlich geschuldeten Unterhalt, sondern den Unterhaltsbedarf im erforderlichen Minimum zum Abzug von der Bemessungsgrundlage vorzusehen.[3] Dabei muss auch dieses Kindesexistenzminimum realitätsgerecht bemessen werden und heute neben dem Existenzbedarf auch einen Erziehungs- und einen Betreuungsbedarf umfassen.[4] Der Sozialstaat ersetzt den Freibetrag durch ein stfreies Kindergeld, das auch die Eltern ohne oder mit kleinem Einkommen erreicht, die eine Entlastung besonders brauchen.

Der Tatbestand des **Angehörigen** (§ 15 AO) begründet eine persönliche Nähe, die zu steuererheblichen Unterhaltszahlungen verpflichtet (§ 12 Rn 2 ff, 27). Erwerbswirtschaftliche Verträge unter Ehegatten und Familienmitgliedern müssen aber steuerlich anerkannt werden, weil Art 6 I GG eine Benachteiligung allein wegen des Ehe- oder Familienverhältnisses nicht gestattet (§ 4 Rn 252 „Angehörige"). Arbeitsverträge unter Ehegatten und Familienangehörigen sind deshalb steuerlich zu berücksichtigen, wenn zu Beginn des Vertragsverhältnisses[5] in der bürgerlich-rechtlich gebotenen Form[6] die Hauptvertragsverpflichtungen vereinbart worden sind, diese Verpflichtungen über übliche Unterhaltsleistungen hinausgehen,[7] die betrieblich veranlasste Gegenleistung dem entspricht, was ein fremder Dritter erhalten würde (Fremdvergleich)[8] und der Vertrag tatsächlich durchgeführt worden ist.[9] Allerdings dienen diese Beweisanzeigen lediglich der tatbestandlichen Erfassung des „Erzielens von Einkünften", dürfen aber nicht in jedem Einzelerfordernis zu einem unwiderleglichen Indizmerkmal verselbstständigt werden, an dem die steuerrechtliche Anerkennung scheitern müsste. Deshalb darf die steuerrechtliche Anerkennung eines Arbverh zw Ehegatten nicht allein deshalb versagt werden, weil das Entgelt auf ein Gemeinschaftskonto der Ehegatten geflossen ist, über das jeder der Ehegatten allein verfügen darf (**Oder-Konto**), wenn der gesamte Sachverhalt ergibt, dass das Arbverh ernstlich vereinbart, tatsächlich erfüllt und angemessen entgolten worden ist.[10] Vielmehr ist gerade das Oder-Konto ein Indiz für eine eherechte Abwicklung wirksamer Arbeitsverträge. Wären beide Ehegatten jeweils bei anderen ArbG tätig und würden sie ihren Lohn auf ein – für Ehegatten übliches – gemeinsames Oder-Konto überweisen lassen, stünde das Erfordernis des tatsächlichen und angemessenen Entgelts schlechthin außer Zweifel. Vermietet ein Ehegatte dem anderen eine an dessen Beschäftigungsort belegene Wohnung zu fremdüblichen Bedingungen, ist dies steuerlich anzuerkennen. Ein Gestaltungsmissbrauch (§ 42 AO) liegt nicht vor, auch wenn der eine Ehegatte Verluste aus VuV erzielt, während der andere WK aus einer doppelten Haushaltsführung geltend macht.[11] Andernfalls wäre die Ehe gegenüber fremden Dritten steuerlich benachteiligt.

Das Tatbestandsmerkmal der **Ehe** (§ 26 Rn 12) begründet idR eine Zurechnung von Einnahmen, Aufwendungen oder Bedürfnissen in der ehelichen Erwerbsgemeinschaft. Die Vorschriften über die Veranlagung von Ehegatten (§§ 26 ff) und über das Splittingverfahren (§ 32a V u VI) sowie die Gemeinsamkeiten der ehelichen Erwerbs- und Lebensgemeinschaft rechnen steuererhebliche Sachverhalte den Ehegatten gemeinsam zu. § 10 I Nr 1 iVm § 22 Nr 1 regelt korrespondierend die Abziehbarkeit und Einkünftezurechnung bei Unterhaltsleistungen an den geschiedenen oder dauernd getrennt lebenden Ehegatten.

---

1 BVerfGE 61, 319 (345 ff) = BStBl II 82, 717 (726).
2 BVerfGE 87, 153 (170, 177) = BStBl II 93, 413 (418, 420); BVerfGE 99, 216 (231 ff) = BStBl II 99, 182 (191).
3 BVerfGE 82, 60 (94) = BStBl II 90, 653 (660); BVerfGE 87, 153 (170 f) = BStBl II 93, 413 (418); BVerfGE 91, 93 (111 ff) = BStBl II 94, 909 (915).
4 BVerfGE 99, 216 (233) = BStBl II 99, 182 (188).
5 BFH BStBl II 86, 250.
6 Im Einzelnen vgl BFH/NV 00, 176.
7 BFH BStBl II 79, 80.
8 BFH BStBl II 93, 604.
9 BFH/NV 97, 347.
10 BVerfG BStBl II 96, 34.
11 BFH BStBl II 03, 627.

10 Das Tatbestandsmerkmal **Kind** (§ 32 Rn 2) ist Anknüpfungspunkt für die Einkommensbesteuerung der Familie und wird in § 32 ausdrücklich geregelt. Der Anspr auf Kinderfreibetrag (§ 32 VI) oder Kindergeld besteht für Kinder iSd § 63, der in Abs 1 Nr 1 auf § 32 I verweist. Das GG gebietet, den Teil des elterlichen Einkommens, der den Kindern zusteht – ihren Existenz-, Erziehungs- und Betreuungsbedarf – von der Bemessungsgrundlage des elterlichen Einkommens auszunehmen.[1] IÜ dürfen auch an die Familienrechtsbeziehungen zw Eltern und Kind nach Art 6 I GG keine nachteiligen Steuerrechtsfolgen geknüpft werden. Deswegen begegnet es verfassungsrechtlichen Bedenken, wenn der BFH den für eine freiberufliche Tätigkeit geltenden Anscheinsbeweis für das Bestehen einer „Gewinnerzielungsabsicht" (§ 2 Rn 48, 76) für widerlegt erachtet, wenn ein Freiberufler seine Praxis trotz der Verluste weiterbetreibt, um seinem Sohn nach Abschluss der Ausbildung die Praxisübernahme zu ermöglichen. Der BFH sieht darin eine private Veranlassung für die Hinnahme der Verluste.[2]

11 Während die Entscheidung des Gesetzgebers über den Begriff des Steuerschuldners und die Zurechnungstatbestände durch die Grundrechte und insbes durch Art 6 I GG vorstrukturiert ist, erschließt der Gesetzgeber die Steuerquelle „Einkommen" in einem begrenzten (Rn 3, 4) Gestaltungsraum,[3] und muss dann die einmal getroffene Belastungsentscheidung **folgerichtig und widerspruchsfrei** ausführen.[4] Hat der Sozialgesetzgeber das jährliche Existenzminimum mit – damals – 12 000 DM bemessen, der Einkommensteuergesetzgeber jedoch mit 5 600 DM, ist diese Regelung widersprüchlich und kann so vor dem Gleichheitssatz keinen Bestand haben.[5] Hat der Gesetzgeber die Steuerbarkeit der Kapitalerträge und eine entspr Erklärungspflicht des StPfl begründet, das Verfahrensrecht (§ 30a AO) aber eine Kontrolle dieser Erklärungen weitgehend ausgeschlossen, ist die folgerichtige Verwirklichung des Steueranspr nicht gewährleistet, der Gleichheitssatz also verletzt.[3] Die Besteuerung von Spekulationsgewinnen aus Wertpapiergeschäften (§ 23) ist – jedenfalls für die VZ 97, 98 – verfassungswidrig, weil die Überprüfung an rechtlichen und tatsächlichen Kontrollhindernissen weitgehend scheitert.[6] Der Widerspruch zw dem normativen Befehl der materiell pflichtbegründenden Steuernorm und der nicht auf Durchsetzung angelegten Erhebungsregel ist mit dem GG unvereinbar.[6]

12 **II. Das EStG. – 1. Die Struktur der Belastungsentscheidungen.** Das EStG besteuert die Einnahmen, die der StPfl im Rahmen der von der Rechtsgemeinschaft bereitgestellten ökonomischen und rechtlichen Erwerbsbedingungen erzielen konnte. Von diesen **Markteinnahmen** werden die **Aufwendungen** (BA u WK) abgezogen, mit denen der StPfl seine Erwerbsgrundlage sichert und verbessert. Durch die Verstetigung der Erwerbsgrundlage erhält sich auch der Staat eine verlässliche Steuerquelle. Sodann wird die Bemessungsgrundlage um die **existenzsichernden Aufwendungen** des StPfl und seiner Familie gemindert, weil der Erwerbende sein Einkommen zunächst für den notwendigen Unterhalt benötigt, er außerdem durch diesen Einkommenserwerb dem Staat Sozialleistungen erspart. Schließlich erlaubt das Gesetz einen beschränkten Abzug der **gemeinnützigen Spenden**, bei denen der StPfl sein Einkommen zur Finanzierung von Gemeinwohlaufgaben einsetzt.

13 Diese einsichtigen und erprobten Prinzipien werden in einer eigenständigen einkommensteuerlichen Tatbestandsbildung verwirklicht. Zunächst bringt der **Zustandstatbestand** der marktbezogenen Einkunftsquelle (§ 2 I Nr 1 bis 7) den rechtfertigenden Grund der ESt zum Ausdruck: Der Erwerbende erzielt sein Einkommen durch diese Erwerbsgrundlage, die ihm der Markt erschließt und damit die von der Rechtsgemeinschaft bereit gestellten Erwerbsmöglichkeiten nutzbar macht (§ 2 Rn 2, 34 ff). Zweite Voraussetzung der Einkommensteuerschuld ist sodann der **Handlungstatbestand**: Nur wer seine Erwerbsgrundlage tatsächlich genutzt hat, kommt als Steuerschuldner in Betracht. Die ESt belastet nicht als Sollertragsteuer die Ertragsfähigkeit, sondern beansprucht nur denjenigen, der die Erwerbsgrundlage tatsächlich genutzt hat (§ 2 Rn 3, 46 ff). Dritte Voraussetzung ist schließlich der **Erfolgstatbestand** der erzielten Einkünfte, also der Vermögenszuwachs, den der StPfl durch Nutzung des Marktes erwirtschaftet hat (§ 2 Rn 4, 75 f).

---

1 BVerfGE 99, 216 (232 ff) = BStBl II 99, 182; BVerfGE 112, 268 (280) = BGBl I 05, 1622.
2 BFH BStBl II 02, 276.
3 BVerfGE 84, 239 (271) = BStBl II 91, 654 (665).
4 BVerfGE 84, 239 (271) = BStBl II 91, 654 (665); BVerfGE 87, 153 (170) = BStBl II 93, 413 (418);
BVerfGE 93, 121 (136) = BStBl II 95, 655 (656); BVerfGE 98, 106 (118) = BGBl I 98, 1526; BVerfGE 107, 27 (46) = BStBl II 03, 534 (540); BVerfGE 117, 1 (30) = BGBl I 07, 194.
5 BVerfGE 87, 153 (170 f) = BStBl II 93, 413 (418).
6 BVerfGE 110, 94 (111) = BStBl II 05, 56.

Diese Grundgedanken der Einkommenbesteuerung lassen sich in einem einfachen Besteuerungssystem erfassen: Einkommensteuerliche Bemessungsgrundlage sind die Markteinnahmen abzüglich des erwerbssichernden Aufwandes, abzüglich des existenzsichernden Aufwandes und abzüglich der gemeinnützigen Spenden bis zu einem Höchstbetrag. Die Systematik des EStG ist allerdings **deutlich komplizierter** (vgl § 2 Rn 26f): Das zu versteuernde Einkommen wird aus der Summe der Einkünfte aus den sieben Einkunftsarten gebildet, die durch eine Vielzahl von Abzugsbeträgen, insbes den SA, und einer Fülle von existenzsichernden Einzelpositionen gemindert wird und in den Zwischengrößen der Summe der Einkünfte, des Gesamtbetrags der Einkünfte und des Einkommens kaum Systematik und Plausibilität erreicht. Auffällig ist insbes, dass das Einkommen als der der Steuer den Namen gebenden Tatbestand eine Zwischensumme ist und nicht die Bemessungsgrundlage bildet, auf die dann der Steuertarif angewandt wird.

Das UntStRefG 08[1] trägt einen Vereinfachungsgedanken in das EStG, widerlegt diesen allerdings durch Ausweichmöglichkeiten. Es führt eine **Abgeltungssteuer**[2] auf Kapitaleinkünfte ein, die direkt an der Quelle erhoben wird. Eine Abgeltungssteuer mit einheitlichem Steuersatz und eingeschränkter Möglichkeit, Werbungskosten[3] und Verluste zu berücksichtigen, **objektiviert das Recht** und vereinfacht das Erhebungsverfahrens. Der richtige Gedanke einer Abgeltungssteuer wird allerdings dadurch konterkariert, dass alternativ eine Besteuerung im Veranlagungsverfahren gewählt werden kann, außerdem die betrieblichen Kapitalerträge dem Teileinkünfteverfahren unterliegen und damit zu Gestaltungen einladen, insb um Beteiligungsaufwand zumindest mit 60 % geltend machen zu können. Dadurch wird das EStG noch komplizierter. Doch politische Vernunft und der Gleichheitssatz (Art 3 I GG) werden eine Abgeltung mit 25 % allein für private Kapitalerträge nicht hinnehmen und insbes die Frage stellen, ob eine Belastung von Kapitalerträgen mit 25 %, von Arbeitseinkommen aber mit bis zu 45 % vertretbar ist. Insoweit könnte die Abgeltungssteuer Auftakt einer Fundamentalvereinfachung sein.

Auch die **Zinsschranke**[4] macht das EStG noch komplizierter.[5] Zunächst ist ein Zinssaldo aus Zinseinnahmen und Zinsausgaben zu ermitteln. Ein negativer Saldo darf lediglich in Höhe von 30 Prozent des um Zinsaufwendungen und Abschreibungen erhöhten und um Zinserträge geminderten Gewinns abgesetzt werden. Zudem gibt es Freigrenzen und Ausnahmen, wenn das Besteuerungsobjekt nicht Teil eines Konzerns ist oder der Eigenkapitalvergleich im Konzern ergibt, dass die Eigenkapitalquote beim Besteuerungsobjekt nicht geringer ist als im Konzern.[6]

Die ESt ist eine **progressive Steuer**, die einen existenznotwendigen Grundbedarf gänzlich verschont, dann linear progressiv ansteigt und schließlich bei Erreichen des Spitzensteuersatzes linear verläuft. Die gegenwärtige Gesetzgebung neigt dazu, den Anwendungsbereich der Progression immer mehr zu verkürzen und die Anwendung des Spitzensteuersatzes schon bei einem Jahreseinkommen von etwas über 52 000 € anzuordnen. Die progressive Besteuerung nähert sich so einer linearen Besteuerung mit sozialer Anfangskomponente.

2. Das Übermaß an Steuerlenkungen und Ausweichmöglichkeiten. Die Belastungsprinzipien des EStG sind durch eine **Vielzahl von Interventionstatbeständen, Steuersubventionen und gesetzlichen Formulierungsmängeln** durchbrochen. Die einsichtigen Grundgedanken des EStG werden durch Ausnahme- und Verfremdungstatbestände so überlagert, dass der Bürger die Regelbelastung kaum noch verstehen, der Planer sie kaum noch voraussehen kann. Die ESt scheint nicht mehr generell eine angemessene Teilhabe des Staates am Erwerbserfolg des privaten Wirtschaftens zu vermitteln, sondern oft zur vermeidbaren Last geworden zu sein, die nur der rechtlich Unbeholfene in Höhe der Regelbelastung trägt.

Die Steuervergünstigungen im Einkommensteuerrecht können als Lenkungsbefreiungen (zB § 3b), als Bewertungs- und Abschreibungsfreiheiten (zB §§ 7a bis 7d u 7f bis 7k), als stfreie, später gewinnerhöhend aufzulösende Rücklagen (zB §§ 6b bis 6d), als nur teilw Ermittlung des Gewinns (§ 13a), als SA-Abzug (§ 10g), als Steuersatzermäßigung (§ 34b) oder als Steuerschuldermäßigung (§ 34f) gewährt werden. Diese Durchbrechungen eines Regeltatbestands müssen vom Parlamentsgesetzgeber in einer bewussten, nach außen erkennbar verantworteten Entscheidung angeordnet,[7] als

---

1 BGBl I 07, 1912.
2 Vgl §§ 32d, 43 V 1 idF ab VZ 08.
3 Vgl § 20 IX idF ab VZ 08.
4 Vgl § 4h idF ab VZ 08.
5 Vgl ausführlich *Rödder* DStR 07, Beihefter zu Heft 40, S 1 (6 ff).
6 Vgl § 4h II 1 idF ab VZ 08.
7 BVerfGE 93, 121 (147) = BStBl II 95, 655 (664 f).

Ungleichbelastung aus dem Subventionszweck gerechtfertigt, in ihren Abstufungen nach dem freiheitsrechtlichen Verhältnismäßigkeitsprinzip bemessen und in ihren Lenkungswirkungen kontrolliert werden.[1]

24 Diese Lenkungs- und Ausweichtatbestände sind gerade im EStG **fragwürdig**:

Sie drängen den StPfl durch die Androhung von Sonderbelastungen oder das Angebot von Steuerentlastungen in Verhaltensweisen, die er allein aus ökonomischer Vernunft so nicht wählen würde.[2] Das EStG ist deswegen so zu reformieren, dass es dem StPfl **die Freiheit zur ökonomischen Vernunft** zurückgibt.

25 Die Lenkungsteuern **durchbrechen die in den Regeltatbeständen verwirklichte Belastungsgleichheit** – die Besteuerung nach dem erzielten Einkommen – und sind deshalb als gesetzlich bewusst hergestellte Ungleichheit besonders rechtfertigungsbedürftig. Dies gilt umso mehr, wenn dem StPfl ein Abzug von der Bemessungsgrundlage gestattet wird, so dass im Rahmen der progressiven ESt der gut Verdienende eine hohe Subvention, der gering Verdienende eine geringe Subvention erhält. Zudem erreicht der steuerlich überbrachte Lenkungsanreiz den Minderbemittelten idR nicht, während der gut Verdienende sich durch Zahlung die Freiheit erhalten kann, dem steuerlichen Lenkungsanreiz auszuweichen.

26 Außerdem begründet die Lenkungsteuer einen **systemimmanenten Widerspruch**, wenn sie gleichzeitig durch Steuerentlastung die Vermeidung bestimmter, zB umweltschädlicher, Verhaltensweisen anregt, dennoch aber gleich bleibende oder möglichst steigende Erträge aus der ESt sichern will. Der Umweltminister wird auf eine größtmögliche Schonung der Umwelt, also auf verminderte Erträge aus der ESt hinwirken, der Finanzminister hingegen auf zumindest gleich bleibende Erträge, deswegen auf eine stetige Umweltbelastung. Die Gegenläufigkeit derartiger Motive organisiert eine institutionelle Befangenheit im Handeln der öffentlichen Hand und wird vom Bürger als widersprüchliche, also gleichheitswidrige Verhaltensanweisung empfunden.

28 Bietet der Bundesgesetzgeber Verschonungssubventionen für die ESt an, deren Ertrag zum Teil den Ländern und Gemeinden zusteht, so gewährt er Subventionen **zulasten fremder Kassen**. Wählte er die Leistungssubvention, müsste er das Subventionsprogramm in voller Höhe aus Bundesmitteln finanzieren. Entscheidet er sich hingegen für die einkommensteuerliche Verschonungssubvention, bestimmt er den Subventionsinhalt, zwingt aber die Länder und Gemeinden zur hälftigen Mitfinanzierung. Zugleich verfremdet die Verschonungssubvention das bundesstaatliche Ertragszuteilungssystem und den Finanzausgleich: Das Aufkommen aus der ESt steht grds in voller Höhe hälftig den Ertragsberechtigten zu, die dann ihre Erträge auch für Leistungssubventionen verwenden mögen. Auch der Finanzausgleich stützt sich auf eine unzulängliche Bemessungsgrundlage, solange Ausgleichsbeteiligte (hier: der Bund) vorab Regelsteuereinnahmen durch Steuerverschonung bereits verwendet haben.

29 **Der Anteil des Staates und der Steuer am Bruttoinlandsprodukt** wird verzerrt, wenn Steuersubventionen staatliche Mindereinnahmen vorspiegeln, obwohl der Staat durch tatbestandsbedingte Lenkung bereits über ein Regelsteueraufkommen vorab verfügt hat. Die Verflechtung zw staatlichen und privaten ökonomischen Handlungsprogrammen stört zudem das grundrechtliche Teilungsmodell von freiheitsverpflichtetem Staat und freiheitsberechtigter Gesellschaft: Aus der Trennung von Staatlichkeit und Privatwirtschaft wird ein Mischsystem der Kooperation zw Staat und Wirtschaft. Dadurch werden Verantwortlichkeiten verwischt, Rechtsmaßstäbe relativiert, Staat und Markt in der Gefahr wechselseitiger Befangenheit verflochten.

30 Daneben **laden auch Regelsteuerbelastungen zu steuermindernden und steuervermeidenden Sachverhaltsgestaltungen ein**. Wenn gegenwärtig bei KapGes der gesamte Bereich der Einkunftserzielung als gewerblich qualifiziert, bei dem Einzelunternehmer hingegen streng nach Einkunftsarten unterschieden wird, bei der PersGes im Grundsatz auch nach Einkunftsarten differenziert wird, sie aber einer Abfärbung nach § 15 III Nr 1 oder einer gewerblichen Prägung nach § 15 III Nr 2 unterliegen, so veranlassen diese Regelsteuerbelastungen bewusste Entscheidungen des Freiheitsberechtigten, die Rechtsform des Einzelkaufmanns, der PersGes oder der KapGes zu wählen. Der privatrechtliche Vertrag wird zu einem Instrument, um steuerliche Ungleichheit herzustellen.[3] Weitere

---

1 BVerfGE 105, 73 (113 f) = BStBl II 02, 618.
2 Vgl BGH NJW 04, 27; BGHZ 167, 239; 168, 1 – Schrottimmobilie.
3 *P Kirchhof* FS Peter Ulmer, 2003, S 1211; *ders* FS Volker Röhricht, 2005, S 917.

Differenzierungen gelten für die Erfassung von Leistungsverhältnissen zw dem Unternehmen und seinen Anteilseignern: Während bei der KapGes sämtliche Leistungsbeziehungen – Veräußerung, Nutzungsüberlassung, Dienstleistung, Kapitalzufuhr – wahlweise auf gesellschaftsrechtlicher oder schuldrechtlicher Basis durchgeführt werden können und dementspr die jeweiligen Leistungsentgelte in den unternehmerischen Gewinn fallen oder nicht, kann der Einzelunternehmer grds seine Leistungen für das Unternehmen nicht alternativ auf betriebliche oder schuldrechtliche Grundlagen stellen; die PersGes kann zwar Rechtsgeschäfte zw Ges und G'ter steuerlich als Fremdgeschäfte abwickeln, muss jedoch die Entgelte für einzelne Leistungen nach § 15 I 1 Nr 2 HS 2 dem gewerblichen Gewinn als Sondervergütungen hinzurechnen. Hier trifft der Gewerbetreibende eine bewusste Entscheidung über eine Rechtsform, die an den regelmäßigen Belastungsgrund anknüpft, nicht das Angebot einer steuerlichen Verschonung annimmt, also nicht einer erkennbaren gesetzlichen Lenkung folgt. Auch der Umfang des dem Unternehmen gewidmeten Vermögens bestimmt sich nach der Wahl der Unternehmensform. Wesentliche Unterschiede ergeben sich auch bei der Besteuerung der thesaurierten oder reinvestierten Gewinne und bei der Gewinnausschüttung. Aus der Vielfalt der Gestaltungsmöglichkeiten sei weiter die Verlagerung von Gewinnen ins Ausland oder in spätere VZ genannt. Demgegenüber verbieten das Gleichbehandlungsgebot (Art 3 I GG)[1] und die Garantie der Vereinigungsfreiheit (Art 9 I GG) einen allein nach der Rechtsform des Unternehmens bemessenen Belastungsunterschied.

Lenkungs- und Anreiztatbestände beruhen auch auf der Unsystematik, der **Widersprüchlichkeit und der Formulierungsschwäche** des geltenden Einkommensteuerrechts. Die Unterscheidung der sieben Einkunftsarten veranlasst Belastungsunterschiede, die entspr Ausweichreaktionen der StPfl zur Folge haben. Rückstellungs- und Abschreibungsmöglichkeiten werden genutzt, um die Steuerschuld entgegen der Gleichheit in der Zeit zu stunden und aus der Stundung oft einen endgültigen Steuerverzicht werden zu lassen. Die Steuerfreiheit von Veräußerungsgewinnen des PV führt zu Gestaltungen, bei denen die Grenzen zw Vermögenssubstanz und Vermögensertrag zerfließen. Der Grundsatz der Individualbesteuerung wird in MU'schaften so akzentuiert, dass Aufwand und Ertrag, Gewinne und Verluste zur Gestaltungsmasse werden. Der StPfl in Deutschland sieht sich gedrängt, sich in den Verlustzuweisungsgesellschaften nach Verlusten zu sehnen, in den Abschreibungsgesellschaften auf größtmöglichen Wertverzehr zu hoffen, in der gesellschaftsrechtlichen Torheit einer GmbH & Co KG Rechtsvergessenheit einzuüben, in der steuerlich veranlassten Fehlleitung von Einnahmen- und Ausgabenströmen Kapital stillzulegen. Diese Entwicklung ist durch einen kategorischen Schnitt zu stoppen. Auch ein reicher Staat wie Deutschland wird sich dieses Hinwirken auf die ökonomische und rechtliche Unvernunft auf Dauer nicht leisten können. 31

B. Die Rechtsquellen

I. Gesetz, Verordnung, Verwaltungsvorschrift. Einkommensteuerrecht ist Eingriffsrecht, belastet den StPfl im Schutzbereich der Grundrechte und unterliegt deshalb dem **Gesetzesvorbehalt**.[2] Polizeiliche und steuerliche Belastungen sind der Anlass für die klassische Formel vom „Eingriff in Freiheit und Eigentum", der dem Gesetzgeber vorbehalten ist.[3] Außerdem bestimmt das EStG über die Höhe des Aufkommens einer Gemeinschaftsteuer (Art 106 III 1 GG), das zur Hälfte den Ländern (Art 106 III 2 GG) und anteilig auch den Gemeinden (Art 106 V GG) zusteht; deshalb bedarf es auch aus bundesstaatlichen Gründen einer gesetzlichen Regelung. Schließlich ist das EStG eine wesentliche Grundlage des parlamentarischen Budgetrechts (Art 110 GG) und von Haushaltskontrolle und Entlastung (Art 114 II GG), setzt deshalb ebenfalls einen generell abstrakten Maßstab der Planung und Kontrolle voraus, der zwar nicht den Rang eines Parlamentsgesetzes haben müsste, jedoch im Parlamentsgesetz seinen verlässlichsten Ausdruck findet. 36

Der Belastungsgrund für die ESt ist in der Wirklichkeit nicht konturenscharf abgebildet, der Zweck der Besteuerung scheint sich iÜ in einem allg, kaum begrenzten staatlichen Finanzbedarf zu verlieren. Deshalb zeichnet das GG die **steuerlichen Belastungsgründe** vor (Rn 3, 4); das Gesetz hat die Besteuerungstatbestände mit deutlicher Bestimmtheit zu umgrenzen. Es hat zumindest den Steuergegenstand, den Steuerschuldner, die Bemessungsgrundlage und den Steuersatz zu bestimmen. Das EStG gibt der Belastungsgleichheit im Einkommensteuerrecht in seinen generell-abstrakten Regeln eine konkrete Grundlage, dem Übermaßverbot unterhalb des allg Zwecks der Staatsfinanzierung 37

---

1 BVerfGE 101, 151 (156f) = BStBl II 00, 160 (162).
2 *P Kirchhof* HStR V, § 118 Rn 94 ff.
3 *O Mayer* Deutsches Verwaltungsrecht I, 1825, S 245; BVerfG NJW 06, 1191 (1193).

einen konkreten Inhalt: Die ESt rechtfertigt sich nicht als beliebige – auch konfiskatorische, übermäßige, willkürliche – Ertragsquelle, sondern als maßvolle und gleichmäßige Teilhabe am privaten Erfolg marktabhängigen Erwerbs.

38 Nach Art 105 II iVm Art 106 III GG hat der Bund die **konkurrierende Gesetzgebung** über die ESt. Das EStG bedarf der **Zustimmung** des Bundesrates, weil sein Aufkommen den Ländern und Gemeinden teilw zufließt (Art 105 III iVm Art 106 III u V GG). Von dem Recht, den Gemeinden ein **Hebesatzrecht** für den Gemeindeanteil an der ESt einzuräumen (Art 106 V 3 GG), hat der Bundesgesetzgeber bislang keinen Gebrauch gemacht. Es könnte jedoch – wirtschaftskraftbezogen (Art 28 II 3 GG) – eine Alternative zur fragwürdigen GewSt bieten.

39 Zu Rechtverordnungen u allg Verwaltungsanweisungen s die Kommentierung zu § 51.

41 **II. Generelle Regel und individueller Sachverhalt.** Das Erfordernis, die StPfl vom allg Belastungsgrund bis zur individuellen Steuerschuld stufenweise zu konkretisieren, hat im Einkommensteuerrecht fünf Gründe:

42 Zunächst muss jede gesetzliche Regelung **verallgemeinern**,[1] also das Rechtserhebliche tatbestandlich hervorheben und das Rechtsunerhebliche im Dunkel des nicht tatbestandlich Erfassten belassen. Das Gesetz erfasst die Realität in der Normalität. Deshalb stützt sich das EStG insbes auf die Markteinnahmen, ohne zu unterscheiden, ob diese unter großer Anstrengung erarbeitet oder leichter Hand mitgenommen, ob sie nach langem Studium in einer kurzen Lebensarbeitszeit oder bei frühem Eintritt in das Erwerbsleben in einer langen Lebensarbeitszeit erzielt worden sind. Das EStG darf sich grds am Regelfall orientieren und ist nicht gehalten, allen Besonderheiten jeweils durch Sonderregelungen Rechnung zu tragen.[2] Deshalb unterscheidet das EStG in den sieben Einkunftsarten Regelerscheinungsformen des Wirtschaftslebens, grenzt die Erwerbs- von der Privatsphäre nach Üblichkeit und Herkommen ab, anerkennt ag Belastungen, die den einzelnen mehr belasten als die überwiegende Mehrzahl der StPfl.

43 Wenn der Gesetzgeber seine Tatbestände nach sozialtypischen Befunden bildet, dabei das Individuelle im Typus erfasst, das Konkrete verallgemeinert, Unterschiedlichkeiten vergröbert,[3] so gilt diese **Typisierungsbefugnis** insbes für das EStG, weil dessen Tatbestände oft nicht in der Lebenswirklichkeit vorgefundenen Regelfall, sondern den steuerbewusst gestalteten Sachverhalt zu erfassen haben. Eine typisierende Tatbestandsbildung sichert eher materielle Gleichheit als eine immer mehr individualisierende und spezialisierende Gesetzgebung,[4] wenn sie den Kern des unausweichlichen Belastungsgrundes – den Zufluss des Markteinkommens und den erwerbs- und existenzsichernden Aufwand – erfasst, ohne an trotz gleichen Erwerbserfolgs veränderliche Einzelmerkmale anzuknüpfen. Typisierende, insoweit eher allg gehaltene Belastungsgründe sind deshalb im Einkommensteuerrecht eine Bedingung der Belastungsgleichheit. Dieses zeigt sich insbes im Zugriff auf das Markteinkommen, in den AfA-Sätzen, im Existenzminimum und im progressiven Steuertarif.

44 Der Gesetzgeber darf die **Typisierung auch in unwiderleglicher Form** ausgestalten. Dem Gleichheitssatz (Art 3 I GG) ist genügt, wenn der Gesetzgeber für bestimmte Arten erwerbssichernder[5] und existenzsichernder[6] Aufwendungen nur den Abzug eines typisiert festgelegten Betrages gestattet, in den AfA-Sätzen den Wertverzehr in Regelwerten erfasst, im progressiven Steuersatz die mit wachsendem Einkommen überproportional steigende Belastbarkeit in bestimmten Abstufungen vermutet. Der Aufwand könnte auch nach dem Kriterium der Erforderlichkeit typisiert werden.[7] Insoweit könnte der Gesetzgeber insbes für den betrieblichen Aufwand nur den Abzug des Verkehrs- und Handelsüblichen zulassen, damit dem sparsamen StPfl einen Vorteil, dem verschwenderischen einen Nachteil zuweisen. Eine allg behördliche Angemessenheitsprüfung allerdings ist nur in Ausnahmefällen zulässig (§ 4 V Nr 7, § 9 V), weil die Entscheidung über den Aufwand dem StPfl und nicht der Behörde obliegt.

---

1 BVerfGE 82, 126 (151) = BGBl I 90, 1727; BVerfGE 96, 1 (6) = BStBl II 97, 518.
2 BVerfGE 82, 159 (185 f) = BGBl I 90, 1728; BVerfGE 96, 1 (6) = BStBl II 97, 518.
3 BVerfGE 93, 121 (140) = BStBl II 95, 655 (662); BVerfGE 99, 246 (264) = BStBl II 99, 174 (180 f);
BVerfGE 105, 73 (177) = BStBl II 02, 618; BVerfGE 112, 164 (180 f) = NJW 05, 1923.
4 BVerfGE 96, 1 (6) = BStBl II 97, 518.
5 BVerfGE 96, 1 (9) = BStBl II 97, 518 (519); NJW 06, 1191 (1194).
6 BVerfGE 87, 153 (172) = BStBl II 93, 413 (419).
7 BVerfGE 101, 297 (309 f) = BStBl II 00, 162 (166 f).

Der Gesetzgeber hat vor allem bei der Ordnung von **Massenerscheinungen** und deren Abwicklung einen Raum für generalisierende, typisierende und pauschalierende Regelungen.[1] Mehr Differenzierung brächte nicht mehr Individualgerechtigkeit. Vielmehr braucht gerade das Massenverwaltungsverfahren des EStG und seine jährliche Wiederholung einfach begreifbare und beweisbare Anknüpfungspunkte. Diese müssen allerdings realitätsgerecht[2] bemessen werden und den Kern des Belastungsgrundes treffen. **45**

Daneben dient die Typisierung dem **Schutz der Privatsphäre**. Ursprünglich begegnete die ESt oder zumindest die Besteuerung des Gesamteinkommens grds Einwänden, weil sie zu einem „inquisitorischen Eindringen in die Privatsphäre" führe.[3] Heute erfassen zumindest Typisierungen an der Grenze zw Erwerbs- und Privatbereich, zw existenznotwendigem Bedarf und Lebensführungsaufwand, für die eheinterne Gestaltung von Erwerbs- und Familientätigkeit sowie die Unterhaltsrechtsbeziehung innerhalb einer Familie Sachverhalte, die insbes nach den Maßstäben des grundrechtlichen Datenschutzes[4] behördliches Beobachten und Ermitteln durch den fiskalischen Zweck der ESt nicht rechtfertigen.[5] **46**

Das rechtsstaatliche Gebot der Voraussehbarkeit und der Berechenbarkeit der Steuerlasten und die Besteuerungsgleichheit fordern somit eine Einfachheit und Klarheit der einkommensteuergesetzlichen Regelungen, die dem nicht steuerrechtskundigen Pflichtigen erlauben, **seinen Erklärungspflichten sachgerecht zu genügen**.[6] Das BVerfG regt deshalb für die Vielzahl kinderbezogener Entlastungen an, diese in einem Grundtatbestand zu erfassen, dessen Voraussetzungen allein durch die Angabe familienbezogener Daten dargelegt und deshalb auch von den nicht steuerberatenen StPfl geltend gemacht werden können. Das Erfordernis eines einfachen, verständlichen Rechts gilt für das EStG in gesteigertem Maße, weil die ESt sich auf eine Steuererklärung stützt, deren Richtigkeit der StPfl strafbewehrt verantworten muss, die strafrechtlichen Bestimmtheitsanforderungen (Art 103 II GG) sich deshalb auch auf das materielle Einkommensteuerrecht erstrecken. **47**

Diese Bestimmtheitsanforderungen verlangen den einfachen, verständlichen, im rechtfertigenden Grund der Einkommensteuerbelastung typisierenden Gesetzestatbestand, der Details und Besonderheiten sowie Übergangsregelungen dem Verordnungsgeber überlässt. Wenn allerdings § 18 I Nr 1 S 2 die Einkünfte aus freiberuflicher Tätigkeit durch beispielhafte Katalogberufe erläutert und sodann deren Verallgemeinerung im Tatbestand „und ähnliche Berufe" fordert, §§ 19 und 20 die jeweiligen Einkünfte nicht abschließend definieren, sondern nur in Schwerpunkten stichwortartig benennen, § 22 Nr 3 S 1 in den „Einkünften aus Leistungen" einen Tatbestand bildet, der als Auffangtatbestand eine Bereicherungssteuer formuliert, jedoch nur als Tatbestand der übrigen Markteinkommen gerechtfertigt ist, so enthält das EStG jeweils einen **Gesetzesauftrag zur Analogie**. Der Gesetzesadressat muss die gesetzlichen Teilregelungen so weiterdenken, dass in entspr Anwendung ein abschließender Gesamttatbestand entsteht. Diese Regelungstechnik begegnet erheblichen rechtsstaatlichen Bedenken. **48**

Soweit das EStG der Auslegung bedarf, sind verantwortlicher **Erstinterpret** des Gesetzes die Finanzbehörden, letztentscheidender **Zweitinterpret** die Finanzgerichtsbarkeit. Die Auslegung des EStG und die Fortbildung des Einkommensteuerrechts gehören zu den anerkannten Aufgaben und Befugnissen der Gerichte.[7] Die Grenze zw Gesetzesauslegung und einer allein dem Gesetzgeber vorbehaltenen Gesetzessanierung[8] verläuft dort, wo die gesuchte Rechtsfolge sich nicht mehr allein aus dem EStG und dem GG ableiten lässt. Insbes kann nur der Gesetzgeber aus rechtspolitischen Erwägungen neue Regelungen oder Rechtsinstitute schaffen. Die Gebundenheit des Richters an das Gesetz kann der Gesetzgeber wiederum vor allem dadurch verstärken, dass er die einkommensteuerlichen Belastungsgründe in einem Grundtatbestand deutlich regelt, auf eine Individualisierung und Spezialisierung jedoch verzichtet, weil diese mit Inkrafttreten bereits wieder durch die steuerplanenden Sachverhaltsgestaltungen widerlegt sind. **49**

---

1 BVerfGE 82, 126 (151) = BGBl I 90, 1727; BVerfGE 84, 348 (359 f) = BGBl I 91, 2170; BVerfGE 96, 1 (6) = BStBl II 97, 518.
2 BVerfGE 87, 153 (172) = BStBl II 93, 413; BVerfGE 99, 216 (233) = BStBl II 99, 182.
3 *K/S/M* § 2 Rn A 248 ff.
4 BVerfGE 67, 100 (142 f) = BStBl II 84, 634 (649); BVerfGE 84, 239 (279 ff) = BStBl II 91, 654 (665).
5 Vgl auch BVerfGE 101, 297 = BStBl II 00, 162.
6 BVerfGE 99, 216 (243) = BStBl II 99, 182 (191 f).
7 Vgl BVerfGE 34, 269 (287 f) = NJW 73, 1221; BVerfGE 49, 304 (318 f) = DVBl 78, 994; BVerfGE 71, 354 (362 f) = BStBl II 86, 376 (379).
8 Vgl BVerfGE 34, 269 (290) = NJW 73, 1221; BVerfGE 65, 182 (194) = DB 84, 189.

54 Die ESt **entsteht** mit Ablauf des VZ (§ 36 I 1, § 38 AO), also des Kj (§ 2 VII 2 u 3), wird aber grds erst einen Monat nach Erlass des Steuerbescheides **fällig** (§ 36 IV 1). Die Besonderheiten des von der Veranlagung getrennten Lohnsteuerverfahrens (§ 46) und die Deckung der Einkommensteuerschuld durch Vorauszahlung und andere Verrechnungsbeträge (§ 36 IV 1) bestätigen die Regel, dass das EStG zwar die Steuerschuld abschließend begründet, es aber in seinen Tatbeständen und Rechtsfolgen nicht so bestimmt ist, dass die individuelle Steuerschuld ohne ihre Verdeutlichung im Steuerbescheid unmittelbar aus dem Gesetz abgelesen werden könnte. Zudem muss die auf die Einkommensteuererklärung (§ 25 III 1) aufbauende Einkommenbesteuerung in einem förmlichen Verwaltungsverfahren nach den Grundsätzen der Amtsermittlung und Kontrolle festgesetzt werden.

55 III. Eigenständige einkommensteuerliche Begriffsbildung und Auslegung. Die Anwendung des EStG trifft oft nicht auf den gesetzlich gemeinten Regelfall, sondern auf den durch steuerbewusste Sachverhaltsgestaltung bewirkten **Grenzfall**. Finanzbeamte und Richter stehen deshalb vor der Aufgabe, den Sachverhalt mit Blick auf seinen steuerlich erheblichen Kern der individuellen Leistungsfähigkeit (des Einkommens) zu ermitteln und diesen auch bei formalen und rechtstechnischen Ablenkungen als steuerlichen Belastungsgrund zu erfassen. Dieser Auftrag wurde lange als „wirtschaftliche Betrachtungsweise" bezeichnet, findet heute in der Unbeachtlichkeit missbräuchlicher Gestaltungsmöglichkeiten des Rechts (§ 42 AO) eine Orientierungshilfe, fordert aber in der Sache eine eigenständige steuerjuristische Begriffsbildung und Sachverhaltserfassung.

56 Das EStG entwickelt **eigenständige Begriffe**, die im Binnenbereich des EStG zu verstehen und auszulegen sind. Wenn das EStG von Einnahmen, Einkünften und Einkommen handelt, BA und WK anerkennt, SA, ag Belastungen und Existenzminima regelt, so gewinnen diese Tatbestände einen originären, allein aus dem EStG abzuleitenden Gehalt.

57 Knüpft eine Regelung des EStG an eine zivilrechtliche Gestaltung an, so folgt die Auslegung der steuerrechtlichen Bestimmung nicht zwingend der zivilrechtlichen Vorgabe. Auch gilt keine Vermutung, dass dem Zivilrecht entlehnte Tatbestandsmerkmale iSd zivilrechtlichen Verständnisses zu interpretieren seien.[1] Ein Vorrang oder eine Maßgeblichkeit der zivilrechtlichen Würdigung der vom StPfl gewählten Sachverhaltsgestaltung für die Auslegung des EStG besteht nicht, weil **Zivilrecht und Steuerrecht nebengeordnete, gleichrangige Teilrechtsordnungen sind**, die denselben Sachverhalt aus einer je eigenen Perspektive u unter verschiedenen Wertungsgesichtspunkten beurteilen.[2] Der StPfl kann zwar einen Sachverhalt vertraglich gestalten, nicht aber die steuerrechtlichen Folgen dieser Gestaltung bestimmen. Insoweit gilt eine Vorherigkeit für die Anwendung des Zivilrechts, jedoch nicht ein Vorrang.[2]

58 Ob und inwieweit ein vom EStG übernommener Begriff aus einer anderen Teilrechtsordnung deren Inhalt teilt, muss jeweils durch Auslegung ermittelt werden. Wenn § 21 den Begriff der „Vermietung und Verpachtung" verwendet oder § 15 den des „Gewerbebetriebes", haben diese Begriffe eine besondere einkommensteuerrechtliche, sich vom Zivilrecht (§ 21 Rn 5) und vom Gewerberecht (§ 15 Rn 15) unterscheidende Bedeutung. Eine solche **„Relativität der Rechtsbegriffe"**[3] ist in einer widerspruchsfreien, aber je nach Sachbereichen differenzierten Rechtsordnung angelegt. Wenn andererseits § 26 den Begriff der Ehe oder § 15 I 1 Nr 2 den Begriff der OHG oder KG verwenden, so meint diese Anknüpfung an statusbegründende Rechtsvorschriften anderer Teilrechtsordnungen den jeweiligen familien- oder gesellschaftsrechtlichen Rechtsakt. Ebenso sind politische Parteien iSd § 10b II nur solche iSd § 2 ParteiG.[4] Derartige ausdrückliche Verweise nehmen die angesprochene Norm in ihrer jeweiligen Entwicklung tatbestandlich in das EStG auf (dynamische Verweisung). Im Nominalismus folgt das EStG durch Verweis auf den Euro blind den Vorgaben des Währungsrechts.

59 Das EStG ist in einer eigenständigen **steuerjuristischen Betrachtungsweise** auszulegen. Diese lockert nicht die Gebundenheit des Gesetzesadressaten durch das Gesetz, verstärkt vielmehr die Gebundenheit an die besonderen Anordnungen des EStG. Eine steuerjuristische Auslegung des EStG nach dessen Sinn und Zweck erfasst den Sachverhalt des Einkommens auch dann, wenn der StPfl einen nach der Regelung des EStG besteuerungswürdigen Sachverhalt in Form und vertragsrechtlicher Gestaltung als nicht steuerbar darzustellen sucht. Diese eigenständige steuerjuristische Auslegung erübrigt den § 42 AO,[5] wonach der Steueranspr wie bei einer den wirtschaftlichen Ver-

---

[1] BVerfG NJW 92, 1219 f (zur GrESt).
[2] BVerfG aaO.
[3] *Engisch* Einführung in das juristische Denken[10], 2005, S 95.
[4] BFH BStBl II 91, 508.
[5] So bereits *E Becker* StuW 24, 151.

hältnissen angemessenen Gestaltung entsteht. Sie macht aber insbes den § 42 II AO gegenstandslos, wonach die Regel des § 42 I AO über den Missbrauch von rechtlichen Gestaltungsmöglichkeiten immer anwendbar sein soll, „wenn seine Anwendbarkeit gesetzlich nicht ausdrücklich ausgeschlossen ist". Anlass für diese Neuregelung waren zwei Entscheidungen des BFH zum Dividendenstripping[1] und zu den Dublin-Docks,[2] in denen der BFH durch Auslegung der jeweils einschlägigen Vorschriften – dort des § 50c aF und der §§ 7 ff AStG aF – die gesetzlich gemeinte Belastungswürdigkeit bestimmt und deswegen einen weiteren Rückgriff auf § 42 AO unterlassen hatte.[3] Soweit durch eine Auslegung des EStG eine „Rechtsfolgelücke",[4] also eine ungerechtfertigte Steuerentlastung entstehen sollte, stellt sich wiederum die durch steuerjuristische Interpretation zu klärende Frage, ob das EStG Interpretationsräume öffnet, die – über die teleologische Auslegung hinausgreifend – durch die unmittelbar bindenden Vorgaben des GG zu schließen sind. Sollte das Auslegungsergebnis zu einer gleichheitswidrigen Steuerentlastung führen, wird idR eine verfassungskonforme Auslegung des EStG geboten sein. Diese Auslegung versteht die Aussagen des EStG als Belastungsentscheidungen des Gesetzgebers, der die Vorgaben des GG beachtet und konkretisiert. Die Gesetzesbindung von Verwaltung und Rspr meint im praktischen Vollzug zunächst die Bindung durch das EStG, sodann durch das GG.

IV. Der Einfluss des europäischen Rechts auf das EStG. Im Recht der Europäischen Gemeinschaften ist Steuerrecht Sache der Mitgliedstaaten, die sowohl über die Gesetzgebungs- wie auch über die Ertragshoheit verfügen. Art 93 EGV sieht eine Harmonisierung der indirekten Steuern vor. Für die direkten Steuern gilt Art 94 EGV, der zu einer – im Vergleich zur Harmonisierung einen geringeren Grad der Vereinheitlichung fordernden (str) – **Angleichung** ermächtigt. Die Angleichung beschränkt sich auf Regelungen, die für den freien Verkehr innerhalb des Binnenmarktes bei grenzüberschreitenden Tätigkeiten unerlässlich sind.[5] Die Warenverkehrsfreiheit (Art 28, 29 EG), die Arbeitnehmerfreizügigkeit (Art 39 EG), die Niederlassungsfreiheit (Art 43 EG), die Dienstleistungsfreiheit (Art 49 EG) und die Kapitalverkehrsfreiheit (Art 56 I EG) drängen für jede grenzüberschreitende Tätigkeit im Binnenmarkt auf die Beseitigung von Hindernissen des freien Wirtschaftsverkehrs „zwischen den Mitgliedstaaten":[6] Die Marktfreiheiten verbieten als Diskriminierungsverbote generell jede rechtliche Benachteiligung des zwischenstaatlichen gegenüber dem innerstaatlichen Wirtschaftsverkehr (gleichheitsrechtlicher Inhalt der Grundfreiheiten).[7] Schlechterstellungen von gebietsfremden natürlichen und jur Pers werden insbes bei der Einkünfteermittlung, beim Tarif und bei steuerlichen Nebenleistungen grds in Frage gestellt. Die Grundfreiheiten schützen gegen eine diskriminierende Ungleichbehandlung von ansässigen und nichtansässigen Personen aus verschiedenen Mitgliedstaaten.[8] Sie können verletzt sein, wenn die Früchte einer grenzüberschreitenden Tätigkeit stärker belastet werden als diejenigen einer vergleichbaren Inlandstätigkeit.[9] IÜ aber befinden sich im Inland Nichtansässige und Ansässige grds nicht in einer gleichartigen Ausgangslage, so dass eine Differenzierung zw unbeschränkter und beschränkter Steuerpflicht den Grundfreiheiten nicht widerspricht.[10] Der EuGH erkannte in der Rechtssache „Bachmann"[11] das Argument der **Kohärenz** des nationalen Steuersystems noch als Rechtfertigungsgrund für eine Ungleichbehandlung an. In der nachfolgenden Entscheidung „Wielockx"[12] stellte das Gericht einschränkend fest, dass die Kohärenz bereits auf der Ebene DBA zw den Mitgliedstaaten sicherzustellen sei.[13] Im Kern schützt der Rechtfertigungsgrund der Kohärenz vor Marktteilnehmern, die durch einseitige Vorteile zulasten des innerstaatlichen Wirtschaftsverkehrs die innerhalb eines nationalen Regelzusammenhangs bestehende Lastengleichheit und Systemgerechtigkeit stören.[14]

Art 293 EGV fordert Verhandlungen über die Gleichstellung der Staatsangehörigen, begründet also eine Rechtspflicht für die Mitgliedstaaten, Vertragsverhandlungen über die Beseitigung der Doppel-

---

1 BFH BStBl II 00, 527.
2 BFH BStBl II 01, 222.
3 Vgl *Crezelius* DB 01, 221 ff.
4 So die Gesetzesbegründung zu § 42 II AO, BT-Drs 14/6877, 52.
5 Vgl *Taschner* in: von der Groeben/Schwarze, Kommentar zum Vertrag über die Europäische Union und zur Gründung der Europäischen Gemeinschaft, Bd 2[6], Art 94 Rn 2.
6 *Cordewener* Europäische Grundfreiheiten und nationales Steuerrecht, 2002, S 39 ff mwN.
7 Vgl *Stapperfend* FR 03, 165 f; *Englisch* StuW 03, 88 f.
8 EuGH BStBl II 99, 841 – Gschwind; EuGH IStR 00, 335 – Zurstrassen; vgl EuGH IStR 98, 336 – Gilly.
9 Vgl *Cordewener* aaO, S 976.
10 EuGH NJW 95, 1207 – Schumacker; vgl *Kluge* Das Internationale Steuerrecht[4], 2000, S 137.
11 EuGHE 92, 249 – Bachmann.
12 EuGH DB 95, 2147 – Wielockx.
13 Vgl auch EuGH BStBl II 99, 851 – Eurowings.
14 *Cordewener* aaO, S 968 (981).

Einleitung

besteuerung innerhalb der Gemeinschaft einzuleiten, wenn dieses zugunsten ihrer Staatsangehörigen erforderlich ist.[1] Damit bringt der EGV deutlich zum Ausdruck, dass die Vermeidung und Beseitigung der Doppelbesteuerung von natürlichen und jur Pers ein Vertragsziel der Gemeinschaft darstellt.

61 Nutzt ein StPfl die Vorteile unterschiedlicher Steuersysteme in den Mitgliedstaaten, indem er Produktion, Kapital, Arbeitsplatz oder Wohnsitz steuerbewusst verlagert, nimmt er die in den Marktfreiheiten angelegte Chance, Steuerlasten zu senken, in Anspr. Diese Inanspruchnahme von Grundfreiheiten ist kein Freiheitsmissbrauch, rechtfertigt deshalb auch keine Ungleichbehandlung.[2] Allerdings dürfen gesetzliche Regeln Steuervermeidungsstrategien nicht durch formale Vorschriften begünstigen, die zB an die bloße Sitzverlegung anknüpfen, damit jemanden zum Steuerausländer machen, selbst wenn er seinen Gewinn weiterhin im Inland erzielt. Hier besteht ein erheblicher Reformbedarf. Die Mitgliedstaaten sind insb durch das Verbot staatlicher oder aus staatlichen Mitteln gewährter **Beihilfen** (Art 87 I EGV) gebunden. Die Steuersubvention, der Verzicht auf Steuereinnahmen, steht dabei einer direkten Gewährung öffentlicher Mittel gleich. Das Verbot wettbewerbsverfälschender Beihilfen trifft aber nur besondere, auswählend bevorzugende Regelungen, die bestimmte Unternehmen oder Produktionszweige begünstigen.[3] Die allg Befugnis eines Mitgliedstaates, seine Steuerpolitik autonom zu gestalten, bleibt unberührt. Die Festlegung von Steuersätzen, die Bestimmungen über Wertminderungen, Abschreibungen, Verlustvor- und -rücktrag stellen keine staatlichen Beihilfen dar, wenn sie für alle Unternehmen und Produktionszweige gleichermaßen gelten. Auch die Verfolgung allg politischer Ziele durch Steuerlenkung, insbes zur Förderung von Beschäftigung, Ausbildung, Forschung und Entwicklung in einem Mitgliedstaat, ist zulässig.[4] Der Einfluss des Europarechts auf das EStG wächst jedoch ständig, vgl § 1 Rn 6, 25; § 1a Rn 45e, 50g; § 2a Rn 2, 4; § 4 Rn 203; § 6b Rn 1; § 15 Rn 170 ff, 613; § 16 Rn 315; § 32 Rn 22; § 48b Rn 5 sowie die Vorauflage Einl Rn 61 ff.

C. Das EStG in der Zeit

64 **I. Rückwirkende Gesetzgebung.** Das Einkommensteuerrechtsverhältnis ist ein **Dauerschuldverhältnis**, das durch jährliche Veranlagung der Jahressteuer (§ 2 VII, § 25 I) oder durch Einbehaltung bei jeder Lohnzahlung (§ 38 III) und sonstigem Quellenabzug gegenwartsnah vollzogen wird. Dieses Dauerrechtsverhältnis setzt eine stetige, langfristig planbare Steuergesetzgebung voraus. Die Rechtswirklichkeit allerdings weist ins Gegenteil: Das EStG wird jährlich – und innerhalb eines Jahres oft vielfach – geändert, erfasst also den StPfl in einem auf ständige Erneuerung angelegten gesetzlichen Pflichtverhältnis. Damit veranlasst das EStG in besonderer Weise die Frage nach Kontinuitätsgewähr und Vertrauensschutz gegenüber dem Gesetzgeber.[5]

65 Der Gesetzgeber kann nur zukünftiges Verhalten regeln, das EStG also heute nur anordnen, dass morgen ESt gezahlt oder eine Erklärung abgegeben werden muss. Das Problem rückwirkender Steuergesetze liegt deshalb nicht in der Zeitenfolge von vorausgehendem EStG und nachfolgender Erfüllung von dessen Forderungen, sondern in der Abhängigkeit einer zukünftig zu erfüllenden Forderung von vergangenen Sachverhalten.[6] Das Rechtsstaatsprinzip, der „Vor"rang und „Vor"behalt des Gesetzes erklären rückwirkend belastende Gesetze grds für unzulässig. Nach der **Rspr des BVerfG** erlaubt das GG nur ein belastendes Gesetz, dessen Rechtsfolgen für einen frühestens mit der Verkündung beginnenden Zeitraum eintreten. Die Anordnung, eine Rechtsfolge solle schon für einen vor dem Zeitpunkt der Verkündung der Norm liegenden Zeitraum eintreten (Rückbewirkung von Rechtsfolgen, echte Rückwirkung) ist grds unzulässig.[7] Treten die Rechtsfolgen eines Gesetzes hingegen erst nach der Verkündung der Norm ein, erfassen aber tatbestandlich Sachverhalte, die bereits vor Verkündung des Gesetzes im Vertrauen auf die alte Rechtslage ins Werk gesetzt worden

---

1 Vgl *Vogel* in: Vogel/Lehner[4], Einl Rn 40, 264.
2 Vgl *Lehner* Grundfreiheiten im Steuerrecht der EU-Staaten, S 63.
3 Mitteilung der Kommission über die Anwendung der Vorschriften über staatliche Beihilfen auf Maßnahmen im Bereich der direkten Unternehmensbesteuerung, ABlEG 98 Nr C 384, 3 (4).
4 Mitteilung der Kommission über die Anwendung der Vorschriften über staatliche Beihilfen auf Maßnahmen im Bereich der direkten Unternehmensbesteuerung, ABlEG 98 Nr C 384, 3 (5).
5 *Vogel* FS Heckel, 1999, S 874 ff; *Jachmann* Thüringer Verwaltungsblätter 99, 269; *Mellinghoff* DStJG 27 (04), 27.
6 Vgl *Spindler* DStJG 27 (04), 70.
7 BVerfGE 72, 200 (241) = BStBl II 86, 628 (641); BVerfGE 97, 67 (78) = BGBl I 98, 725; *P Kirchhof* FS Kruse, 2001, S 17 (25 f); BVerfGE 105, 17 (36 ff) = NJW 02, 3009.

sind (tatbestandliche Rückanknüpfung, unechte Rückwirkung), so berührt diese Rückanknüpfung vorrangig die Grundrechte und unterliegt weniger strengen Beschränkungen als das rechtsstaatliche Verbot der Rückbewirkung von Rechtsfolgen.[1] Nach § 36 I iVm § 25 I entsteht die ESt idR mit Ablauf des Kj als Veranlagungszeitpunkt. Dies hat das BVerfG früher veranlasst, die Regeln der tatbestandlichen Rückanknüpfung auch auf steuererhebliche Dispositionen anzuwenden, die während des VZ getroffen worden sind, deren Besteuerung aber erst nach Ablauf des Kj eintritt.[2] Diese Rspr wird vom BVerfG in der Entscheidung zur Schiffsbausubvention[3] grundlegend modifiziert.[4] Wenn der StPfl nur während des VZ mit Blick auf das dann geltende EStG disponieren kann, so **schafft das EStG eine Vertrauensgrundlage** für diese Dispositionen, auf die der StPfl seine Entscheidung stützt. Das EStG wird deshalb mit dieser Disposition, nicht erst mit Eintritt der steuerlichen Belastungsfolgen nach Ablauf des VZ zu einer schutzwürdigen Vertrauensgrundlage.[5] Im Rahmen von Steuersubventionen, die nach Einschätzung der BReg nicht gerechtfertigt sind, kann allerdings schon die Ankündigung einer Gesetzesänderung den Vertrauensschutz beenden. Die gesetzliche Neuregelung braucht eine gewisse Zeit, die der StPfl nicht nutzen darf, um der ihm bekannten Gesetzesänderung zuvorzukommen.[6] Das Subventionsverhältnis verpflichtet insoweit zu einer vertragsähnlichen gegenseitigen Rücksichtnahme.

Diese Fortbildung der Rückwirkungsrechtsprechung zum EStG vollzieht einen ersten notwendigen Schritt, macht aber zugleich auch bewusst, dass die jährliche Einkommensbesteuerung idR jeweils Dauersachverhalte und Jahressachverhalte voraussetzt. Der Zustandstatbestand der Erwerbsgrundlage (die LuF, der Gewerbebetrieb usw) ist ein Dauertatbestand, der von stetigen Änderungen des EStG betroffen wird und auf diese Gesetzesänderungen abzustimmen ist. Der Handlungstatbestand – die Nutzung dieser Erwerbsgrundlage (§ 2 Rn 46 ff) – hingegen lässt sich einem Dispositionszeitpunkt zuordnen, der Erfolgstatbestand des Erzielens eines Jahresgewinns oder Jahresüberschusses (§ 2 Rn 75 ff) nur dem Zeitraum eines VZ. Auch einzelne Aufwandstatbestände wie die Anschaffung eines über Jahre oder Jahrzehnte abzuschreibenden WG, Rückstellungen oder auch Rücklagen entfalten Dauerwirkungen auf Jahre und können den Gesetzgeber deshalb kaum im Dispositionszeitpunkt fixieren.

66

Deshalb ist die Frage rückwirkender Steuergesetze gerade für das einkommensteuerliche Dauerschuldverhältnis neu zu durchdenken.[7] Der Gesetzgeber ist zur Neuregelung des EStG befugt, hat die Aufgabe, die Gesetzeslage im Wechsel der Zeiten gegenwartsgerecht zu gestalten.[8] Der Bürger darf nicht erwarten, das geltende Recht werde stets unverändert fortbestehen.[9] **Das Rechtsstaatsprinzip verhindert daher idR nicht die Rechtsänderung, sondern fordert schonende Übergänge**. Dabei kann der Gesetzgeber auch die unter Geltung des früheren Rechts entstandenen Altfälle neu regeln, etwa eine nach früherem Recht genehmigte, erst jetzt als umweltbedrohend erkannte gewerbliche Anlage mit einem Nutzungsverbot und einer Abräumpflicht belegen. Das EStG aber ist in besonderer Weise **gegenwartsgebunden**: Es soll den gegenwärtigen staatlichen Finanzbedarf durch die Teilhabe des Staates am gegenwärtigen Erwerbserfolg der StPfl finanzieren; das Jährlichkeitsprinzip (§ 2 VII, § 25 I) ist also nicht nur eine formale Veranlagungsregel, sondern ein materiell konstituierendes Merkmal der ESt: Es bestimmt die Zurechnung von Erwerbseinnahmen und Erwerbsaufwendungen, von Typisierungen und Pauschalierungen, Freibeträgen und Freigrenzen, Einkommensgrenzen und Steuerprogression gegenwartsnah, verstetigt damit das staatliche Einkommensteueraufkommen und die finanzielle Grundlage des Staatsbudgets, konkretisiert die Belastungsgleichheit in der Zeit. Die heutigen Bezieher von Einkommen sind für die gegenwärtige Finanzausstattung des Staates verantwortlich.

67

In dieser kontinuierlichen Entwicklung von Erwerbsleben und EStG wird die Zulässigkeit rückwirkender Gesetze zu einer Frage des **grundrechtlichen Vertrauensschutzes**. Für das Einkommensteuerrecht enthalten die Art 12 I (Berufsfreiheit), Art 14 I (Eigentümerfreiheit) und Art 2 I (Unter-

68

---

1 BVerfGE 72, 200 (250 ff) = BStBl II 86, 628; BVerfGE 92, 277 (344) = NJW 95, 1811; BVerfGE 97, 67 (79) = BGBl I 98, 725; BVerfGE 105, 17 (37) = NJW 02, 3009.
2 BVerfGE 72, 200 (250, 252 f) = BStBl II 86, 628 (644 f).
3 BVerfGE 97, 67 (80) = BGBl I 98, 725; 105, 17 (30) = NJW 02, 3009.
4 Vgl *Spindler* DStJG 27 (04), 79.
5 BVerfG aaO; zust *Tipke/Lang*[18] § 4 Rn 177 f; weiterführend *Spindler* DStR 01, 725.
6 BVerfGE 97, 67 (81 f) = BStBl I 98, 725.
7 *P Kirchhof* StuW 00, 221 ff.
8 Vgl *Birk* DStJG 27 (04), 11 f.
9 BVerfGE 105, 17 (40) = NJW 02, 3009 – für sog „ewige" Sozialpfandbriefe.

nehmerfreiheit) GG,[1] aber auch die Vereinigungsfreiheit des Art 9 I GG die vertrauenschützenden Regeln. Der Steuergesetzgeber darf die von der Besteuerung betroffenen grundrechtlichen Rechtspositionen nicht nachträglich entwerten oder freiheitswidrig umqualifizieren.[2]

69 Die konkreten Freiheiten des Berufs, des Eigentums, des Unternehmens, der Vereinigung bestimmen sich weitgehend nach den grundrechtskonkretisierenden und -ausgestaltenden Gesetzen der Berufsordnung, der Eigentumsordnung, des Unternehmens- und Gesellschaftsrechts. **Zu diesen freiheitskonstituierenden Gesetzesregeln gehört auch das EStG**: Das EStG bestimmt den staatlichen Anteil am Ertrag der Erwerbsanstrengung, an Gewinn und Überschuss aus dem Kapitaleinsatz, regelt Dispositionsgrundlagen für die Gestaltung von Unternehmen und Unternehmerinitiative, gerade gegenwärtig auch für die Entscheidung über die Organisationsform als Einzelkaufmann, PersGes oder Körperschaft. Insoweit gewähren die Grundrechte für das EStG einen mitschreitenden Bestandsschutz: Der Bürger ist grds bei der Wahrnehmung seiner wirtschaftserheblichen Freiheiten stpfl, muss sich also darauf einstellen, dass der Steuerstaat in seinen wechselnden Bedürfnissen und in parlamentarischen Gestaltungen das Steuerrecht ändert. Die Grundrechte schützen hier das Vertrauen des in eine Entwicklung des EStG eingebetteten StPfl. Wenn die ESt 25 vH beträgt, regelt das EStG einen Eingriff in Höhe von 25 vH, sichert aber zugleich Privatnützigkeit in Höhe von 75 vH.

70 Im Ergebnis **ist die Verlässlichkeit der Rechtsordnung „eine Grundbedingung freiheitlicher Verfassungen".**[3] Der StPfl muss sich jedoch darauf einstellen, dass die Gesetzesordnung im stetigen Wandel begriffen ist, es also ein Vertrauen in eine unabänderliche Gesetzeslage nicht gibt.[4] Deswegen muss er im Rahmen seines Pflichtverhältnisses die Gesetzgebung beobachten und sich im Zeitpunkt des Gesetzesbeschlusses, bei dringlichem Änderungsbedarf sogar schon bei der Ankündigung der Änderung, auf die Neuregelung einstellen.[5] Wenn das EStG seine allg Belastungsprinzipien (§ 2 Rn 1) fortentwickelt, in schonenden Übergängen zu einem anderen Steuersatz übergeht, die Abschreibungs- und Rückstellungsmaßstäbe der Realität anpasst oder die Familienbesteuerung in einen Gleichklang mit der Unternehmensbesteuerung bringen will, ist dieses eine dem Gesetzgeber aufgegebene und vom StPfl vorauszusehende gesetzliche Gestaltung. Soweit dabei allerdings bisher steuerunerhebliche Sachverhalte erstmals in die Steuererheblichkeit einbezogen werden, zB bisher nicht steuerbefangene Beteiligungen für steuererheblich erklärt (§ 17 Rn 79) oder bisherige Spekulationsgeschäfte in einem Paradigmenwechsel[6] als private Veräußerungsgeschäfte besteuert werden, ist jede Rückwirkung ausgeschlossen; der Gesetzesadressat steht insoweit bisher außerhalb eines Steuerpflichtverhältnisses, braucht also das Steuerrecht in seiner Entwicklung noch nicht zu beobachten.

71 In diesem Rahmen **gewähren die einzelnen Grundrechte einen unterschiedlichen Vertrauensschutz**: Art 6 I GG schützt die **Familie** gegenüber dem Steuergesetzgeber als Unterhaltsgemeinschaft, die **Ehe** als Erwerbsgemeinschaft[7] und bekräftigt in diesem besonderen Schutzauftrag die Verlässlichkeit der rechtlichen Grundlagen für familiäre und eheliche Statusentscheidungen. Die **Eigentumsgarantie** des Art 14 I GG schützt die persönliche Entfaltung im vermögensrechtlichen Bereich,[8] begrenzt also den Steuergesetzgeber insoweit, als die grds Verfügungsbefugnis über die geschaffenen vermögenswerten Rechtspositionen erhalten bleiben muss. Soweit das Steuerrecht grundrechtsprägend diesen Eigentümerverfügungen einen rechtsverbindlichen Maßstab gibt, schützt Art 14 I GG das Vertrauen des Verfügenden in diesen Rechtsbestand, erwartet aber als eine Eigentumsgarantie, deren Inhalt und Schranken durch Gesetz bestimmt werden (Art 14 I 2 GG), dass der Eigentümer sich bei Wahrnehmung seiner Freiheit inhaltlich auf eine sich wandelnde Gesetzeslage einstellt. Deswegen ist eine belastende Neuregelung für vergangene VZ unzulässig, für die Zukunft hingegen in schonenden Übergängen möglich. Hat der Eigentümer bestimmte Beteiligungen wegen der damals gewährten Sonderabschreibungen erworben, eine bestimmte Anlageform wegen der damals gewährten Steuerfreiheit für realisierte Wertzuwächse gewählt, sich auf eine bestimmte Kapitalbeteiligung wegen des einkommensteuerlichen Subventionsangebots eingelassen, so kann er den Gesetzgeber nicht auf Jahrzehnte in diesen Begünstigungstatbeständen festhalten, wohl aber wechselseitige Rücksichtnahmepflichten zw öffentlicher und privater Hand beanspruchen.[9] Auch

---

1 BVerfGE 97, 67 (79) = NJW 98, 1547.
2 Vgl *Mellinghoff* DStJG 27 (04), 29.
3 BVerfGE 97, 67 (78) = NJW 98, 1547.
4 BVerfGE 105, 17 (40) = NJW 02, 3009.
5 BVerfGE 97, 67 (82) = NJW 98, 1547; BVerfGE 105, 17 (37) = NJW 02, 3009.
6 BFH BStBl II 05, 398 (401).
7 *P Kirchhof* NJW 00, 2792.
8 BVerfGE 87, 153 (169) = BStBl II 93, 413 (418).
9 BVerfGE 97, 67 (78 ff) = NJW 98, 1547; BVerfGE 105, 17 (37) = NJW 02, 3009.

wenn das EStG heute andere, attraktivere Steuersubventionen anböte und damit die früheren Anleger in neuere Anlageformen drängte, könnte der Partner der Altverträge dieses von Verfassungs wegen nicht verhindern.

Die **Berufsausübungsfreiheit** (Art 12 I GG) ist eine besonders in die Gesetzesordnung eingebettete Freiheit, weil die Berufstätigkeit vor allem an der Leistung für die Allgemeinheit der Nachfrager gemessen wird. Wenn das Steuerrecht die allg Erwerbsbedingungen verändert, der Spezialist für die Steuerberatung in Vermögensteuersachen jetzt durch Wegfall dieser Steuer einen Erwerbsnachteil erfährt, verändern sich seine Erwerbschancen, auf deren Fortbestand er keinen Anspr hat. Hat er hingegen gerade seinen beruflichen Einkommenserwerb auf die zu erwartende Steuerbelastung abgestimmt – er seinen Arbeitsplatz im Inland oder Ausland gewählt, seinen Status als Gewerbetreibender oder als ArbN gestaltet –, so findet diese Wahrnehmung seiner Berufsfreiheit in dem freiheitsprägenden Steuergesetz eine Vertrauensgrundlage, die eine nachträgliche Gesetzesänderung für das bereits Erworbene ausschließt, iÜ im Rahmen seines Dauerrechtsverhältnisses schonende Übergänge verlangt. **72**

Die **Vereinigungsfreiheit** des Art 9 I GG hat gegenwärtig für die Besteuerung des Einkommens vor allem Lenkungsinterventionen abzuwehren. Wenn Unternehmensteuerreformen den Einzelunternehmer, die GbR und die Personenhandelsgesellschaft in die GmbH oder AG drängen, dürfte Art 9 I GG einem steuerrechtlich veranlassten Statuswechsel entgegenstehen; das Vertrauen auf die angebotene Organisationsform als Einzelperson, als PersGes oder jur Pers bleibt – für die Dauer der Geltung des Gesellschafts- und Zivilrechts – geschützt.[1] Wird innerhalb der drei Organisationsformen die steuerrechtliche Grundlage modifiziert, werden zB die Steuerrechtsfolgen der MU'schaft verändert oder das Verhältnis von KapGes und Anteilseigner steuerrechtlich neu geregelt, so müssen die ihren Status wahrenden StPfl sich auf diese kontinuitätsgebundene Änderung ihrer steuerrechtlichen Rahmenbedingungen einstellen. Eine Änderung für vergangene VZ ist ausgeschlossen,[2] eine Anpassung für die Zukunft auch für bestehende Organisationen möglich. Die Vereinigungsfreiheit ist insoweit für eine Entwicklung des sie betr Steuerrechts zugänglich. Maßstab ist die rechtsstaatliche Kontinuitätsgarantie, nicht der Grundrechtsschutz. **73**

Eine in Grenzen des verfassungsrechtlich Zulässigen[3] verbleibende Bemessung des **Steuersatzes** oder der Zahlungsmodalitäten prägt das durch den demokratischen Gesetzgeber gestaltbare Freiheitsklima, das jeder Freiheitsberechtigte vorfindet. Mag die Sonne geringer Steuersätze scheinen oder der Hagel hoher Steuersätze auf die Betroffenen niederprasseln, stets erleben sie in diesen allg freiheitsbestimmenden Regeln die Realität ihres demokratischen Rechtsstaates. Diesen zu lenken und zu erneuern, ist Aufgabe der allg Wahlen, nicht des individuellen Grundrechtsschutzes. **74**

II. Rückwirkende Einzelhandlungen. Rückwirkende Einzelhandlungen sind im Einkommensteuerrecht beachtlich, wenn sie den steuererheblichen **Sachverhalt** verändern, nicht aber, wenn sie nur die steuerrechtliche **Rechtsfolge** vermeiden wollen. Wird bei einer Betriebsveräußerung der Kaufpreis oder der Veräußerungserlös rückwirkend geändert, etwa durch Anfechtung, Kaufpreisermäßigung oder Forderungsausfall, so anerkennt auch das Einkommensteuerrecht diese rückwirkende Rechtshandlung.[4] Ähnliches gilt auch – trotz § 158 II BGB – für den Eintritt einer auflösenden Bedingung.[5] Sehen hingegen Steuerklauseln die Rückgängigmachung einer vGA vor[6] oder wird ein Gewinnverteilungsbeschluss im Hinblick auf die Steuerrechtsfolge aufgehoben und rückabgewickelt,[7] so findet diese steuerbezogene Rückbewirkung im Einkommensteuerrecht keine Anerkennung. Für die Änderung von Bilanzierungswahlrechten setzt § 4 II nunmehr ausdrückliche Grenzen. Bei einer unvorhersehbaren, besonders schwer wiegenden Steuerbelastung kommt eine niedrigere Steuerfestsetzung aus Billigkeitsgründen (§ 163 AO) oder ein Erlass (§ 227 AO), nicht eine rückwirkende Aufhebung von Geschäftsvorfällen in Betracht.[8] **79**

Die einkommensteuerliche Anerkennung rückwirkender Rechtshandlungen hat bisher noch **keine klare Grundlinie** gefunden, ist vielmehr von unterschiedlichen, teilw kasuistischen Gesichtspunkten **80**

---

1 Vgl auch BVerfGE 101, 151 = BStBl II 00, 160 – Schwarzwaldklinik.
2 P Kirchhof/Raupach DB 01, Beil Nr 3.
3 BVerfGE 93, 121 (138) = BStBl II 95, 655 (661 f) – Vermögensteuer; vgl aber BVerfGE 115, 97 (112 ff) = NJW 06, 1191 (1193 f) – Einkommen- und Gewerbesteuer.
4 BFH GrS BStBl II 93, 897.
5 BFH BStBl II 96, 399 (401).
6 BFH BStBl II 87, 733.
7 BFH/NV 89, 460.
8 BFH BStBl II 83, 736.

Einleitung

geprägt. Im Rahmen des einkommensteuerrechtlichen Dauerschuldverhältnisses könnte Rechtskontinuität je nach der Besonderheit der einkommensteuerlichen Tatbestände gewährt werden: Der Zustandstatbestand der Erwerbsgrundlage (§ 2 Rn 34 ff) ist vom StPfl auf Stetigkeit angelegt, kann deswegen nicht rückwirkend geändert, muss jedoch in der Zukunft auf Änderungen des EStG abgestimmt werden. Der Handlungstatbestand der Nutzung dieser Erwerbsgrundlage (§ 2 Rn 46 ff) baut auf die im Zeitpunkt der Disposition geltenden Aussagen des EStG, die nicht nachträglich entzogen werden dürfen. Begründet der Nutzungstatbestand allerdings Dauerwirkungen, etwa eine Rückstellung oder eine Abschreibung, so unterliegen diese Wirkungen einem kontinuitätsgebundenen Anpassungsvorbehalt. Der Erfolgstatbestand des Gewinns oder Überschusses (§ 2 Rn 75 ff) bemisst sich nach dem VZ, kann deshalb nur in dieser Jährlichkeitsfolge mit Wirkung für den jeweils nächsten VZ geändert werden. Veranlassen außersteuerrechtliche Vorschriften rückwirkend eine Änderung des Erfolgstatbestandes, so kann dieses einkommensteuerrechtlich beachtlich sein, wenn diese Änderung nach den außersteuerrechtlichen Vorschriften förmlich gestaltet und tatsächlich vollzogen ist. In dieser Differenzierung könnten die gegenseitigen Rechtspflichten eines einkommensteuerlichen Dauerrechtsverhältnisses aufeinander abgestimmt werden. In der Erwerbsgrundlage disponiert der StPfl langfristig, kann sich also gegen eine rückwirkende Durchbrechung dieser Stetigkeit wehren, wird allerdings für die Zukunft auch durch kontinuitätsgebundene Gesetzesänderungen verpflichtet. In der Nutzungshandlung darf der StPfl grds auf das EStG im Zeitpunkt der Disposition vertrauen. Im Erfolgstatbestand hat er die Einkommensteuerschuld endgültig begründet; Steuergläubiger und Steuerschuldner können sich dieser Tatbestandsverwirklichung jedenfalls nach den Regeln des EStG nicht mehr entziehen.

Einkommensteuergesetz (EStG)

i.d.F. der Bek. vom 19.10.2002 (BGBl. I S. 4210, ber. 2003 S. 179),
zuletzt geändert durch Art. 7 G vom 15.2.2008

I. Steuerpflicht

§ 1

(1) ¹Natürliche Personen, die im Inland einen Wohnsitz oder ihren gewöhnlichen Aufenthalt haben, sind unbeschränkt einkommensteuerpflichtig. ²Zum Inland im Sinne dieses Gesetzes gehört auch der der Bundesrepublik Deutschland zustehende Anteil am Festlandsockel, soweit dort Naturschätze des Meeresgrundes und des Meeresuntergrundes erforscht oder ausgebeutet werden oder dieser der Energieerzeugung unter Nutzung erneuerbarer Energien dient.

(2) ¹Unbeschränkt einkommensteuerpflichtig sind auch deutsche Staatsangehörige, die
1. im Inland weder einen Wohnsitz noch ihren gewöhnlichen Aufenthalt haben und
2. zu einer inländischen juristischen Person des öffentlichen Rechts in einem Dienstverhältnis stehen und dafür Arbeitslohn aus einer inländischen öffentlichen Kasse beziehen

sowie zu ihrem Haushalt gehörende Angehörige, die die deutsche Staatsangehörigkeit besitzen oder keine Einkünfte oder nur Einkünfte beziehen, die ausschließlich im Inland einkommensteuerpflichtig sind. ²Dies gilt nur für natürliche Personen, die in dem Staat, in dem sie ihren Wohnsitz oder ihren gewöhnlichen Aufenthalt haben, lediglich in einem der beschränkten Einkommensteuerpflicht ähnlichen Umfang zu einer Steuer vom Einkommen herangezogen werden.

(3) ¹Auf Antrag werden auch natürliche Personen als unbeschränkt einkommensteuerpflichtig behandelt, die im Inland weder einen Wohnsitz noch ihren gewöhnlichen Aufenthalt haben, soweit sie inländische Einkünfte im Sinne des § 49 haben. ²Dies gilt nur, wenn ihre Einkünfte im Kalenderjahr mindestens zu 90 Prozent der deutschen Einkommensteuer unterliegen oder die nicht der deutschen Einkommensteuer unterliegenden Einkünfte den Grundfreibetrag nach § 32a Abs. 1 Satz 2 Nr. 1 nicht übersteigen; dieser Betrag ist zu kürzen, soweit es nach den Verhältnissen im Wohnsitzstaat des Steuerpflichtigen notwendig und angemessen ist. ³Inländische Einkünfte, die nach einem Abkommen zur Vermeidung der Doppelbesteuerung nur der Höhe nach beschränkt besteuert werden dürfen, gelten hierbei als nicht der deutschen Einkommensteuer unterliegend. ⁴Unberücksichtigt bleiben bei der Ermittlung der Einkünfte nach Satz 2 nicht der deutschen Einkommensteuer unterliegende Einkünfte, die im Ausland nicht besteuert werden, soweit vergleichbare Einkünfte im Inland steuerfrei sind. ⁵Weitere Voraussetzung ist, dass die Höhe der nicht der deutschen Einkommensteuer unterliegenden Einkünfte durch eine Bescheinigung der zuständigen ausländischen Steuerbehörde nachgewiesen wird. ⁶Der Steuerabzug nach § 50a ist ungeachtet der Sätze 1 bis 4 vorzunehmen.

(4) Natürliche Personen, die im Inland weder einen Wohnsitz noch ihren gewöhnlichen Aufenthalt haben, sind vorbehaltlich der Absätze 2 und 3 und des § 1a beschränkt einkommensteuerpflichtig, wenn sie inländische Einkünfte im Sinne des § 49 haben.

BMF BStBl I 97, 1506; BStBl I 99, 990; BStBl I 00, 1502

R 1a EStR 05/H 1 EStH 05

Übersicht

	Rn		Rn
A. Grundaussagen der Vorschrift	1	III. Wohnsitz	12
I. Bedeutung, Regelungsinhalt	1	IV. Gewöhnlicher Aufenthalt	13
II. Verfassungsmäßigkeit und Gemeinschaftsrechtskonformität	5	**C. Erweiterte unbeschränkte Steuerpflicht (§ 1 II)**	16
III. Verhältnis zu anderen Vorschriften	8	I. Allgemeines	16
B. Unbeschränkte Steuerpflicht (§ 1 I)	10	II. Personenkreis (§ 1 II 1)	18
I. Natürliche Person (§ 1 I 1)	10	III. Sachvoraussetzungen (§ 1 II 2)	20
II. Inland (§ 1 I 2)	11	IV. Rechtsfolgen	22

	Rn		Rn
D. Fingierte unbeschränkte Steuerpflicht (§ 1 III)	25	3. Absolute Einschränkung gem § 1 III 2 HS 1 Alt 2 und HS 2, III 3 und 4 nF	36
I. Allgemeines	25	4. Bescheinigung der ausländischen Finanzbehörde (§ 1 III 5 nF, § 1 III 4 aF)	37
II. Erfasster Personenkreis	29	5. Steuerabzug gem § 50a (§ 1 III 6 nF, § 1 III 5 aF)	39
III. Sachvoraussetzungen	31		
1. Inländische Einkünfte iSv § 49 (§ 1 III 1)	31	IV. Verfahren	40
2. Relative Einschränkung gem § 1 III 2 HS 1 Alt 1, III 3 und 4 nF	32	V. Rechtsfolgen	42
		E. Beschränkte Steuerpflicht (§ 1 IV)	44

Literatur: *Grosse* Die Wahl der Steuerpflicht nach § 1 Abs 3 EStG, StuW 99, 357; *Haarmann* (Hrsg) Die beschränkte Steuerpflicht, 1993; *Hensel* Ertragsteuerliche Behandlung von Bediensteten an ausländischen Vertretungen im Inland, RIW 99, 659; *Kaefer* Anm zu EuGH-Urteil vom 14.9.1999, BB 00, 28; *Kaefer/Toifl* Verweigerung des Splittingtarifs für verheiratete Grenzpendler mit EG-Recht vereinbar?, IWB F 11a, 343; *Klinke* Dienen, Dienen und Verdienen: Der EG-Beamte und die direkten Steuern, IStR 95, 217; *Knobbe-Keuk* Freizügigkeit und direkte Besteuerung, EuZW 95, 167; *Koblenzer* Grundfragen der „beschränkten Steuerpflicht", BB 96, 933; *Kramer* Beschränkte Steuerpflicht und Europarecht, RIW 96, 951; *Kumpf/Roth* Wahlbesteuerung für beschränkt Einkommensteuerpflichtige?, StuW 96, 259; *Lang* Zum Inlandsbegriff des EStG 1975, StuW 74, 293 u 304; *Lüdicke* Merkwürdigkeiten bei der Umsetzung des Schumacker-Urteils des EuGH, IStR 96, 111; *Maßbaum* Die beschränkte Steuerpflicht der Künstler und Berufssportler unter Berücksichtigung des Steuerabzugsverfahrens, 1991; *Mössner* Das Welteinkommensprinzip, in Besteuerung vom Einkommen, 2000, S 253; *Rödder/Schönfeld* Meistbegünstigung und EG-Recht: Anmerkung zu EuGH vom 5.7.2005, C-376/03 („D."), IStR 05, 523; *Rodi* Das Kassenstaatsprinzip im nationalen und internationalen Steuerrecht, RIW 92, 484; *Saß* Einfluss des Europarechts auf die deutschen Ertragsteuern in der Währungsunion, StuW 99, 164; *Schmidt* Neue „Inland" und „Ausland"-Begriffe im Steuerrecht, DB 77, 186; *Schneider* Familienbezogene Steuervergünstigungen des § 1a, SteuerStud 01, 294; *Schön* Die beschränkte Steuerpflicht zwischen europäischem Gemeinschaftsrecht und deutschem Verfassungsrecht, DStR 95, 119; *ders* Das „Schumacker"-Urteil des EuGH und seine Auswirkungen auf die beschränkte Einkommensteuerpflicht, DStR 95, 585; *Schrettl* Rechtsfragen der beschränkten Steuerpflicht, 1994; *Streck* Steuerpflicht der Diplomaten, FR 75, 261; *Waterkamp* Die Problematik der Grenzgängerregelungen nach dem Schumacker-Urteil des EuGH, BB 95, 2397.

A. Grundaussagen der Vorschrift

1 **I. Bedeutung, Regelungsinhalt.** Die ESt ist eine Personensteuer. Vor diesem Hintergrund regelt § 1 als Grundlagenvorschrift die StPfl – einen Begriff, der im EStG nicht einheitlich verwendet wird: In persönlicher Hinsicht **(persönliche StPfl)** bestimmt sie, wer Schuldner der deutschen ESt ist und mit seinen Einkünften in sachlicher Hinsicht **(sachliche StPfl)** nach Maßgabe der §§ 2 ff (unbeschränkte StPfl; § 1 I–III) und der §§ 49 ff (beschränkte StPfl; § 1 IV) unterfällt. Die **unbeschränkte StPfl** (§ 1 I) knüpft zwar – als Ausdruck des sog **Territorialitätsprinzips** – an einen inländischen Wohnsitz oder gewöhnlichen Aufenthalt an. Sie erstreckt sich (vorbehaltlich begrenzender Vorschriften, insbes in den DBA, dort vorzugsweise in Gestalt der sog Freistellungsmethode) jedoch auf sämtliche (nach § 2 I der ESt unterliegende) in- und ausländischen Einkünfte **(Welteinkommens-, Totalitäts- oder Universalitätsprinzip)**. Zur verfassungsrechtlichen Einschätzung s Rn 5. § 1 II (sog **erweiterte unbeschränkte StPfl**) erweitert diesen Anwendungsbereich auf solche Pers, die zwar nicht im Inland ansässig sind, jedoch bestimmte inländische Einkünfte aus öffentlichen Kassen beziehen. § 1 III (sog **fiktive unbeschränkte StPfl**) ermöglicht es bestimmten, im Inland ebenfalls nicht ansässigen Pers, sich auf Antrag als unbeschränkt stpfl behandeln zu lassen. § 1 IV erfasst als Residualvorschrift die **beschränkte StPfl (Territorialitätsprinzip)**.

5 **II. Verfassungsmäßigkeit und Gemeinschaftsrechtskonformität.** Ungeachtet der erheblichen Schlechterstellung der beschränkt gegenüber den unbeschränkt StPfl wird § 1 und die sich hieraus ergebende Grundunterscheidung für **verfassungsrechtlich unbedenklich** gehalten, weil die Gesamtbelastung der beschränkt StPfl in keinem Fall höher ist als die der unbeschränkt StPfl. Die Tragfähigkeit dieser Begr ist zweifelh; letztlich rechtfertigt sich die Unterscheidung zw unbeschränkt und beschränkt StPfl wohl (nur) aus Gründen der Praktikabilität und der Unmöglichkeit, andernfalls drohende Mehrfachbegünstigungen bei Pers, die aus mehreren Staaten Einkünfte erzielen, zu vermeiden. Das gilt auch für das die unbeschränkte StPfl tragende Welteinkommensprinzip (s Rn 1). Gerechtfertigt wird dieses letztlich (1.) mit dem Leistungsfähigkeitsprinzip, mit dem es sich im Grds nicht vertrage, exterritorial erwirtschaftete, leistungssteigernde Einkünfte unbesteuert zu lassen, und (2.) mit dem Nutzengedanken, wonach die Steuer das „Entgelt" für den „Nutzen" darstellt, den der Bürger aus der konkreten Wirtschaftsordnung für die Einkünftezuordnung zieht.[1] Beide Argumentationsstränge sind anfechtbar. Im Grunde erweist es sich als gleichheitswidrig, ggf sogar als enteignend, wenn der Staat Zugriff auf Einkunftsbestandteile nimmt, die gänzlich unabhängig von seiner Volkswirtschaft erwirtschaftet worden sind. Auch der in diesem Zusammenhang übliche Hinweis auf den Abschluss von DBA erscheint zweifelh, weil der einzelne StPfl sich nicht dagegen wehren kann, wenn der Staat, in dem er seinen Lebensmittelpunkt hat und den Großteil seines Einkommens erwirtschaftet, mit jenem Staat, in dem er über eine Wohnung und über weitere, geringe Einkünfte verfügt, kein DBA abschließen will[2] (s auch § 49 Rn 170 zu § 49 III). Auch hier sind es deshalb letztlich nur wieder Zweckmäßigkeitsgesichtspunkte, die die Ausweitung des Besteuerungszugriffs tragen.[3]

Soweit **gemeinschaftsrechtliche** Bedenken gegenüber § 1 bestanden (Diskriminierungsverbote der Freizügigkeit, Niederlassungsfreiheit, vgl Art 12, Art 39 ff, Art 43 ff EG, s Rn 25), sind diese durch § 1 III und § 1a weitgehend ausgeräumt.[4] Ungeachtet sonstiger Regeln des internationalen Steuerrechts werden hiernach sog Grenzpendlern aus EU-Mitgliedstaaten dieselben persönlichen Abzüge und Tarifvergünstigungen (insbes der Splitting-Tarif) wie unbeschränkt StPfl gewährt, soweit sie im Ansässigkeitsstaat so geringe Einkünfte (= höchstens 10 vH oder nicht mehr als den Grundfreibetrag bzw – bis zum VZ 07 – 6 136 €, § 1 III 2, Rn 32f) haben, dass es dort nicht zu einer effektiven Berücksichtigung ihrer persönlichen Lasten kommen kann. Der EuGH[5] hat klargestellt, dass in diesen quantitativen Begrenzungen im Grundsatz kein Gemeinschaftsrechtsverstoß liegt. Ein Gebietsfremder, der einen höheren Teil seiner Gesamteinkünfte im Wohnsitzstaat erzielt, sei mit einem Gebietsansässigen insoweit nicht vergleichbar. Die persönlichen Verhältnisse und der Familienstand seien steuerlich prinzipiell im Wohnsitzstaat zu berücksichtigen.[6] Abw verhält es sich immer nur dann, wenn der beschränkt stpfl Gebietsfremde im Wohnsitzstaat keine Berücksichtigung der persönlichen Verhältnisse erreichen kann, weil seine dortigen Einkünfte stfrei sind.[7] Derzeit unbeantwortet bleibt insoweit lediglich, wie ein beschränkt StPfl zu behandeln ist, der (fast) ausschließlich Einkünfte aus Drittstaaten bezieht; seine persönlichen Verhältnisse bleiben gänzlich unberücksichtigt. Darin könnte eine Diskriminierung iSv Art 24 I OECD-MA zu sehen sein. Gleichermaßen verhält es sich bei den Vergünstigungen, die § 1a lediglich EG-Marktbürgern gewährt, Drittstaatenangehörigen jedoch nicht (s auch § 50 V 2 Nr 2, dort Rn 26).[8] Unbeschadet dessen hat der EuGH[9] aber auch klargestellt, dass dem Territorialitätsgedanken solange keine einen Gleichbehandlungsverstoß rechtfertigende Wirkung beizumessen sein kann, wie Auslands- und Inlandseinkünfte objektiv vergleichbar sind. Dem Territorialitätsgedanken kommt deswegen innerhalb der Gemeinschaft für den Ansässigkeitsstaat kaum noch Bedeutung zu, allenfalls bei der konkreten Ausgestaltung der beschränkten StPfl im Quellenstaat. Zugleich überlässt der EuGH[10] es jedoch der Freiheit der Mitgliedstaaten, in bilateralen DBA den Angehörigen des einen Vertragsstaates Steuervorteile einzuräumen, welche es dem Angehörigen eines anderen Vertragsstaates in dem mit diesem geschlossenen DBA versagt. Beide Personengruppen sollen nicht vergleichbar sein; ein vielfach befürworteter[11] Grundsatz der DBA-Meistbegünstigung wird vom EuGH damit strikt abgelehnt.

6

---

1 Vgl zB *Schaumburg*[2] Rn 5.62 ff mwN.
2 Zutr *Frick/Corino* IStR 01, 351 f.
3 Zutr *Schaumburg*[2] Rn 5.70; s auch *Mössner* Besteuerung vom Einkommen, 2000, S 253 ff.
4 Die Einfügung dieser Vorschriften erfolgte durch das JStG 96 als Folge insbes des sog Schumacker-Urteils des EuGH, EuGHE 95, 228, zu nichtselbständiger Tätigkeit; vgl ebenso EuGHE 95, 2493 – Wielockx – zu selbständiger Tätigkeit; s zur Entwicklung der EuGH-Rspr im Einzelnen *F/W/B* § 1 Rn 25 ff.
5 ZB EuGH BStBl II 99, 841 – Gschwind; bestätigt durch BFH BStBl II 02, 660 für die Gewährung des Splitting-Tarifs gem § 1a I Nr 2; EuGH IStR 05, 483 – D (zur niederländischen Vermögensteuer); **aA** zB *F/W/B* § 1 Rn 46; *H/H/R* vor §§ 1, 1a Rn 40; *Herzig/Dautzenberg* DB 97, 8 (13); *Sass* DB 98, 1607; *ders* FR 98, 1 (4).
6 StRspr des EuGH seit BB 95, 438 – Schumacker; dagegen zu Recht krit in einer eingehenden Analyse dieser Rspr *M Lang* RIW 05, 336; s auch überzeugend *Wattel* ET 00, 210; 375 (376); *Hahn* IStR 03, 59 (66): primärer Ansatz im Quellenstaat oder anteilig in beiden Staaten.
7 EuGH IStR 04, 688 – Wallentin.
8 S *Schnitger* IStR 02, 711 (713); *Fekar/Schnitger* SWI 02, 76.
9 EuGH GmbHR 04, 1346 – Manninen Tz 39.
10 EuGH IStR 05, 483 – D; krit *Rödder/Schönfeld* IStR 05, 523 mit einer angreifbaren (und bislang fremden) Unterscheidung zw der (vom EuGH ausdrücklich abgelehnten) Meistbegünstigungsgewährung im Quellenstaat und einer solchen im Ansässigkeitsstaat; s auch *Thömmes* IWB Fach 11a, 887; *M Lang* SWI 05, 365; *Cloer* EWS 05, 423.
11 ZB *Thömmes* JbFfStR 95/96, 64 ff; *Rädler* FS Debatin, 1997, S 267; *Kraft/Robra* RIW 05, 247.

8 III. Verhältnis zu anderen Vorschriften. Die Frage nach der unbeschränkten oder beschränkten StPfl iSv § 1 beantwortet sich allein nach innerstaatlichem Recht, nicht nach ggf hiervon abw Regelungen in **DBA**, die allerdings das Besteuerungsrecht einem anderen Staat zuweisen können. Spezialgesetzliche Modifikationen der unbeschränkten StPfl beinhalten das **NATO-Truppenstatut**[1] für Truppenmitglieder (Steuerfreiheit gem Art X Abs 4) sowie das hierzu ergangene **Zusatzabkommen**[2] für deren Angehörige und das zivile Gefolge (Steuerfreiheit gem Art 68 IV), das **WÜD**[3] und das **WÜK**[4] für deutsche Diplomaten und Konsuln (nicht aber Wahlkonsuln), einschl des Verwaltungs- und technischen Personals und der zum Haushalt gehörenden Familienmitglieder, wonach die Einkommensbesteuerung im Tätigkeitsstaat höchstens in dem Umfang zulässig ist, der der deutschen beschränkten StPfl entspricht (Art 34, 37 WÜD; Art 49 WÜK; vgl im Einzelnen § 26 Rn 30); das Protokoll über die Vorrechte und Befreiungen der EG[5] (Steuerfreiheit gem Art 13 EGV); das Übereinkommen über die Vorrechte und Immunitäten der Vereinten Nationen[6] (Steuerfreiheit gem Art V Abs 18b). Ergänzend zu § 1 regelt **§ 2 AStG** die sog erweiterte beschränkte StPfl (beschränkte StPfl nat Pers, die in den letzten 10 Jahren nach Beendigung ihrer mindestens 5-jährigen unbeschränkten StPfl als Deutsche nunmehr in einem Niedrigsteuerland ansässig sind oder wesentliche wirtschaftliche Interessen im Inland haben). Diese Erweiterung der StPfl ist gemeinschaftsrechtswidrig. Unabhängig davon sind im Rahmen des § 2 AStG sämtliche inländischen iSv § 49 I und nicht ausländischen Einkünfte iSv § 34d einzubeziehen, eine Ausgrenzung der beschränkt stpfl Einkünfte gem § 1 IV iVm § 49 I verträgt sich weder mit Regelungswortlaut noch -sinn; die StPfl gem § 2 AStG steht zwar als solche selbstständig neben jener gem § 1 IV und stellt hiervon keine Teilmenge dar,[7] sie baut jedoch auf der beschränkten Stpfl auf und nimmt diese in ihren Regelungsbereich mit auf.[8] – Wegen der Beziehung zw § 1 II und III zu **§ 1a** s dort Rn 1. Zum Verhältnis von § 1 III zu **§ 6 AStG** iVm § 17 s Rn 43, § 17 Rn 30.

B. Unbeschränkte Steuerpflicht (§ 1 I)

10 I. Natürliche Person (§ 1 I 1). Unbeschränkt stpfl sind nach § 1 I 1 (nur) **nat Pers** (§ 1 BGB), die im Inland einen Wohnsitz oder ihren gewöhnlichen Aufenthalt haben. Abzustellen ist stets auf jede einzelne Pers, auch bei Ehegatten, Kindern, G''ter von KapGes oder PersGes. Staatsangehörigkeit, Geschäftsfähigkeit, Verfügungsbeschränkungen ua sind unbeachtlich. Die StPfl beginnt mit der Geburt und endet mit dem Tod, wobei die Besteuerung des Erblassers und des Erben (Gesamtrechtsnachfolger, § 1922 BGB) im Todesjahr 2 getrennte Veranlagungen erfordert (s § 2 Rn 69).[9] Nach dem Tode bezogene Einkünfte des Erblassers sind solche des Erben. Zur unbeschränkten StPfl von jur Pers s § 1 I KStG.

11 II. Inland (§ 1 I 2). Inland ist das Gebiet der BRD, abgegrenzt nach den hoheitlichen Grenzen, also einschl der Drei-Meilen-Zone, der Freihäfen, Zollausschlussgebiete[10] und Handelsschiffe unter deutscher Flagge gem FlaggenrechtsG v 8.2.51,[11] solange sie sich in inländischen Gewässern oder auf hoher See[12] und nicht in ausländischen Gewässern[13] befinden. Auch Flugzeuge gelten nur so lange als Inland, wie sie deutsches Hoheitsgebiet oder völkerrechtliches Niemandsland überfliegen; die Luftsäule oberhalb der Staatsfläche gehört zu derselben des betr Staates.[14] Daraus kann ein Besteuerungsrecht für Satelliten uÄ folgen. Im Inland belegene Grundstücke ausländischer Gebietskörperschaften gehören auch im Falle ihrer Exterritorialität zum Inland, ebenso wie umgekehrt im Eigentum deutscher Gebietskörperschaften stehende Grundstücke zum Ausland gehören. Inland ist gem § 1 I 2 auch der Bundesrepublik zustehende Anteil am Festlandsockel, soweit dort Naturschätze des Meeresgrundes oder des Meeresuntergrundes erforscht oder ausgebeutet werden, vom VZ 08 an auch, soweit der Festlandsockel der Energieerzeugung unter Nutzung erneuerbarer Energien, in erster Linie also durch Offshore-Windkraftanlagen und -parks, dient. Infolge dieser Einschränkungen kann eine unbeschränkte StPfl dadurch letztlich nicht ausgelöst werden,

---

1 V 19.6.51 BGBl II 61, 1190.
2 V 3.8.59 BGBl II 61, 1218.
3 V 18.4.61 BGBl II 64, 957.
4 V 24.4.63 BGBl II 69, 1585; BGBl II 71, 1285.
5 V 8.4.65 BGBl II 65, 1482; *Koschyk* IWB Fach 11 Gr 2, 319.
6 V 13.2.46 BGBl II 80, 941; BMF StEK EStG § 1 Nr 13.
7 BFH BStBl II 95, 868.
8 HM und Verwaltungspraxis, vgl BFH v 19.12.07 I R 19/06; *S/K/K* § 2 AStG Rn 60 ff mwN; BMF BStBl Sondernummer 1/04 Tz 2.5.0.1; **aA** *F/W/B* § 2 AStG Rn 22 ff.
9 ZB BFH BStBl II 72, 621.
10 BFH BStBl II 89, 614.
11 BGBl I 51, 79.
12 BFH BStBl II 74, 361.
13 BFH BStBl II 78, 50.
14 Vgl BFH BStBl II 89, 319.

weil es insoweit zB beim Wohnen auf einer Bohrinsel an der erforderlichen Unmittelbarkeit mit Ausbeutemaßnahmen fehlt.[1]

III. Wohnsitz. Gem § 8 AO liegt der Wohnsitz dort, wo jemand **eine** Wohnung uU innehat, die darauf schließen lassen, dass er die Wohnung beibehalten oder benutzen wird. Maßgeblich für die Beurteilung nach tatsächlichen und wirtschaftlichen Gesichtspunkten sind sämtliche objektiven Umstände des Einzelfalles[2] im jeweiligen VZ.[3] Darauf, ob der Betreffende über **weitere Wohnungen** im Ausland verfügt,[4] und ob er dort seinen Lebensmittelpunkt hat,[5] kommt es nicht an (s aber auch Rn 1). **12**

IV. Gewöhnlicher Aufenthalt. Auch bezüglich des (gegenüber dem Begriff der Wohnung subsidiären[6]) Begriffs des gewöhnlichen Aufenthalts ist auf die AO (§ 9) Rückgriff zu nehmen. Gewöhnlicher Aufenthalt ist danach dort, wo sich jemand uU aufhält, die erkennen lassen, dass er an diesem Ort oder in diesem Gebiet nicht nur vorübergehend verweilt **(§ 9 S 1 AO)**. Ein zeitlich zusammenhängender und allenfalls kurzfristig[7] unterbrochener (zB infolge Dienst- oder Erholungsreisen, Wochenendheimfahrten, Heimaturlaube bei Gastarbeitern[8]) Aufenthalt im Inland von mehr als 6 Monaten ist stets und von Beginn an als gewöhnlicher Aufenthalt anzusehen **(§ 9 S 2 AO)**, es sei denn, der Aufenthalt erfolgt zu Besuchs-, Urlaubs- oä privaten Zwecken und dauert insgesamt nicht länger als 1 Jahr **(§ 9 S 3 AO)**. Ausschlaggebend für Begründung und Beendigung des gewöhnlichen Aufenthalts ist idR die körperliche An- oder Abwesenheit, nicht zB polizeiliche Anmeldungen, An- bzw Abwesenheitsgründe uÄ.[9] **13**

C. Erweiterte unbeschränkte Steuerpflicht (§ 1 II)

I. Allgemeines. In Abs 2 erweitert § 1 für einen beschränkten Personenkreis die unbeschränkte StPfl kraft Fiktion (sog erweiterte unbeschränkte StPfl). Sind die tatbestandlichen Voraussetzungen dieser Fiktion erfüllt, findet § 1 I uneingeschränkt Anwendung. Als lediglich subsidiäre, unselbständige Form der unbeschränkten StPfl knüpft die erweiterte unbeschränkte StPfl sonach an die Rechtsfolgen von § 1 I an (s Rn 22). Zweck dieser Fiktion ist es, einerseits bestimmten Pers die mit der beschränkten StPfl verbundenen Nachteile (insbes fehlende Berücksichtigung persönlicher Besteuerungsmerkmale) zu nehmen, anderseits sog weiße Einkünfte durch gänzliche Nichtbesteuerung zu vermeiden. Die erweiterte unbeschränkte StPfl steht demnach sowohl zu § 1 I als auch zu § 1 IV in einem Spezialitätsverhältnis. Sie endet in jenem Augenblick, in welchem die eine oder andere tatbestandliche Voraussetzung entfällt: Bei Begründung eines inländischen Wohnsitzes tritt StPfl gem § 1 I ein, bei anderweitigen inländischen Einkünften ohne Begründung eines solchen Wohnsitzes besteht beschränkte StPfl gem § 1 IV. Zu § 1 III steht § 1 II im Verhältnis der Gleichrangigkeit. **16**

II. Personenkreis (§ 1 II 1). Einbezogen sind **nat Pers mit deutscher Staatsangehörigkeit**, die **nicht im Inland** (und zwar tatsächlich, nicht nur kraft gesetzlicher Fiktion, zB nach NATO-Truppenstatut) ansässig (Wohnsitz, gewöhnlicher Aufenthalt) sind **(§ 1 II 1 Nr 1)**, zugleich aber **(1)** – insoweit abw zu § 50d VII (s dort Rn 52) – zu einer inländischen[10] Pers des öffentlichen Rechts (Körperschaften, Anstalten, Stiftungen des öffentlichen Rechts; nicht zB das Goethe-Institut[11]) in einem Dienstverhältnis stehen (vgl § 49 I Nr 4 Rn 90 ff, abw zur Regelung dort allerdings im Falle eines Dienstverhältnisses zu einem ausländischen Dienstherrn[12]), **und** – insoweit in Einklang mit § 50d VII – **(2)** dafür Arbeitslohn aus einer inländischen öffentlichen Kasse beziehen **(§ 1 II 1 Nr 2; Kassenstaatsprinzip**, vgl § 3 Nr 64). Arbeitslohn wird aus einer öffentlichen Kasse bezogen, wenn die betreffende Körperschaft des öffentlichen Rechts der Dienstaufsicht und ihr Finanzgebaren der Prüfung durch die öffentliche Hand unterliegt.[13] Zum Haushalt dieser hiernach unbeschränkt stpfl Pers gehörende **Angehörige** (vgl § 15 AO), die ihrerseits über die deutsche Staatsangehörigkeit verfügen **oder** aber **18**

---

1 *Schmidt*[22] § 1 Rn 3 1; **aA** *Blümich* § 1 Rn 104.
2 BFH BStBl II 70, 153.
3 BFH BStBl II 68, 439.
4 BFH BStBl II 75, 708.
5 BFH BStBl II 97, 447; IStR 01, 349 mit Anm *Frick/Corino* IStR 02, 707.
6 BFH BStBl III 60, 61; BStBl II 68, 818.
7 Vgl BFH/NV 05, 1756 zu einem mehr als 2-jährigen Auslandsstudium.
8 *T/K* § 9 AO Rn 11.
9 *T/K* § 11 AO Rn 14 ff.
10 Nicht internationale oder europäische Organisationen, BMF StEK EStG § 1 Nr 13.
11 BFH BStBl II 07, 106 – dort auch zur verfassungsrechtlichen Beurteilung dieser Unterscheidung.
12 BFH BStBl II 88, 768; BFH BStBl II 89, 351 (353); BStBl II 92, 548; BStBl II 96, 87.
13 BFH BStBl II 86, 848; BFH/NV 02, 623; *K/S/M* § 1 Rn C 55.

keine Einkünfte **oder** nur Einkünfte beziehen, die ausschließlich im Inland (gem § 2 I) estpfl[1] sind, werden in die erweiterte unbeschränkte StPfl mit einbezogen (§ 1 II 1 HS 2). Die inländische StPfl der Angehörigeneinkünfte beurteilt sich nach deutschem Steuerrecht, dies aber unter Berücksichtigung von DBA; das Besteuerungsrecht muss hiernach der Bundesrepublik zugewiesen sein. Die erforderliche **Haushaltszugehörigkeit** ist bei einheitlicher Wirtschaftsführung in gemeinsamer Wohnung gegeben (vgl § 33a III 1 Nr 1[2]). Vorübergehende und einvernehmliche häusliche Abwesenheiten schaden nicht. Um eine ausschließliche inländische Besteuerung iSv § 1 II 1 handelt es sich nur bei Steuerfreistellung im Wohnsitzstaat (nach dortigem Recht, aufgrund DBA), nicht aber bei DBA-Zuweisung der Besteuerung zum Wohnsitzstaat oder im Falle der Steueranrechnung nach DBA. – **Konkret betroffen** sind in erster Linie (deutsche) Diplomaten im Auslandsdienst, Auslandslehrer,[3] Auslandskorrespondenten, **nicht** jedoch (deutsche) Bedienstete der EU und der UNO (Rn 8) sowie ausländische Diplomaten, auch nicht, wenn sie im Inland ansässig sind.[4]

20 **III. Sachvoraussetzungen (§ 1 II 2).** Die vorerwähnten nat Pers (**Auslandsbediensteten**) dürfen in dem Staat, in dem sie ansässig sind, lediglich in einem der beschränkten StPfl ähnlichen Umfang zur Einkommenbesteuerung herangezogen werden (§ 1 II 2). Maßgebend hierfür ist das ausländische Steuerrecht,[5] allerdings unter Beachtung der nach deutschem ESt-Recht prägenden Merkmale für das Vorliegen der beschränkten StPfl (s dazu Rn 45).[6] **Inlandsbedienstete** inländischer jur Pers des öffentlichen Rechts mit ausländischem Wohnsitz sind im Wohnsitzstaat idR unbeschränkt estpfl und damit im Inland nur beschränkt und nicht erweitert unbeschränkt stpfl.[7] Zur Besteuerung (deutscher) Diplomaten und Konsuln s Rn 8. Auf die tatsächliche Heranziehung zur ESt oder auf die tatsächliche Steuerentrichtung im Wohnsitzstaat kommt es nicht an; ausschlaggebend sind die objektiven Umstände.

21 Für **Angehörige** wirkt sich die Einschränkung gem § 1 II 2 nur dann aus, wenn sie nicht deutscher Staatsangehörigkeit sind; andernfalls sind sie ohnehin nur betroffen, wenn sie keine oder nur im Inland stpfl Einkünfte haben (§ 1 II 1, Rn 18).

22 **IV. Rechtsfolgen.** Liegen die Voraussetzungen der erweiterten unbeschränkten StPfl vor, gilt (abw von § 1 III, s Rn 31) uneingeschränkt Gleiches wie bei § 1 I. Von der StPfl erfasst werden sonach nicht nur die von der öffentlichen Kasse bezogenen, vielmehr alle Einkünfte (Welteinkommensprinzip). Entspr StPfl mit ausländischen Ehepartnern können bei keinen oder ggf geringfügigen Einkünften gem § 1 III, 1a I Nr 2 Zusammenveranlagung mit Splitting-Tarif und Einreihung in die LSt-Klasse III (§ 38b Nr 3a, § 39c III) beanspruchen. Zu den Rechtsfolgen bei Entfallen der (oder einer der) Voraussetzungen des § 1 II s Rn 16.

D. Fingierte unbeschränkte Steuerpflicht (§ 1 III)

25 **I. Allgemeines.** § 1 III enthält (mit erstmaliger Anwendung vom VZ 96 an) die gesetzgeberische Reaktion auf das „Schumacker-Urteil" des EuGH (Rn 6). Betroffen hiervon waren sog Grenzpendler, die ihre wesentlichen Einkünfte im Inland erzielen, jedoch im (EU-)Ausland ansässig sind. Der EuGH sah es als unvereinbar mit den EU-rechtlichen Grundfreiheiten (Diskriminierungsverbot) an, dass solche Pers die Nachteile der beschränkten StPfl (insbes Nichtberücksichtigung persönlicher Leistungsmerkmale) zu erleiden haben und schlechter behandelt werden als Inländer unter vergleichbaren Umständen. Der Gesetzgeber hat daraufhin unter bestimmten Umständen eine unbeschränkte StPfl fingiert, um den Bedenken Rechnung zu tragen.

26 Als Spezialregelung geht § 1 III ebenso wie § 1 II der beschränkten StPfl gem § 1 IV vor, tritt aber hinter Abs 2 zurück. IÜ betrifft die Ansässigkeitsfiktion des § 1 III allein die Frage der Behandlung als unbeschränkt stpfl und strahlt nicht auf die Ansässigkeit gem Art 4 I und II OECD-MA aus.[8] Mittels eines Antrags gem § 1 III kann es gelingen, der Wegzugsbesteuerung gem § 6 AStG (iVm § 17) zu ‚entgehen', s Rn 43, § 17 Rn 30.

---

1 ErbStPfl oä schadet also nicht.
2 Dazu R 33a 3 I EStR 05, ferner BMF BStBl I 85, 189 (§ 33c); s auch BFH BStBl II 86, 344.
3 Vgl BMF BStBl I 94, 853 (USA); BStBl I 96, 688 (Ecuador, Kolumbien).
4 BFH/NV 97, 664; FinMin Nds FR 95, 241.
5 BFH BFHE 145, 44; BFH BStBl II 07, 106.
6 Insofern (iErg und losgelöst von den tatrichterlichen Feststellungen, vgl § 118 II FGO) nicht gänzlich zweifelsfrei BFH BStBl II 07, 106 zur Rechtslage in China, wo die Verwirklichung des subj Nettoprinzips weitgehend unbekannt ist (vgl *D/W* Anh China Rn 53).
7 Vgl BFH/NV 02, 623.
8 BFH IStR 07, 148 (unter Korrektur von BFH BStBl II 03, 587); *Schaumburg*[2] Rn 5.54.

II. Erfasster Personenkreis. Erfasst werden **alle nat Pers** mit **Wohnsitz** (§ 8 AO) oder **gewöhnlichem Aufenthalt** (§ 9 S 1 AO) **im Ausland**, soweit sie unter den besonderen Voraussetzungen der Abs 2–4 inländische Einkünfte iSv § 49 beziehen. Fiktiv unbeschränkt stpfl sind sonach nicht nur **Grenzpendler** im eigentlichen Sinne, sondern alle Pers, die die Voraussetzungen des § 1 III erfüllen. Welcher **Einkunftsart** die betr Einkünfte zuzuordnen sind, ist ebenso unbeachtlich wie ein persönliches Tätigwerden des StPfl im Inland. Ggf genügen zB Einkünfte aus VuV aus einem im Inland belegenen Grundstück. Gleichermaßen besteht **keine Beschränkung** auf EU-Staatsangehörige oder -Ansässige. Ehegatten, Kinder und im Haushalt lebende sonstige Angehörige werden indes nur einbezogen, wenn sie ihrerseits die Voraussetzungen des § 1 III erfüllen. Zu den Begrenzungen, die sich aus § 1a für Grenzpendler ergeben, s dort Rn 1.

III. Sachvoraussetzungen. – 1. Inländische Einkünfte iSv § 49 (§ 1 III 1). Der – einzelne – StPfl muss (inländische) Einkünfte iSv § 49 (s im Einzelnen Rn 43) erzielen (unabhängig von der Einkunftsart, s Rn 29). **Nur** mit diesen Einkünften („soweit") wird der StPfl als unbeschränkt stpfl behandelt. Die fiktive unbeschränkte StPfl gem § 1 III umfasst also ausnahmsweise nicht das Welteinkommen, sondern nur eine Teilmenge davon. Abkommensrechtliche Zuordnungen und Besteuerungsrechte ausländischer Einkünfte bleiben unberührt.

2. Relative Einschränkung gem § 1 III 2 HS 1 Alt 1, III 3 und 4 nF. Die fiktive unbeschränkte StPfl wird zum weiteren dadurch eingeschränkt, dass der StPfl mit seinen **Einkünften mindestens zu 90 vH** der deutschen ESt unterliegt **(relative Grenze)**,[1] § 1 III 2 HS 1 Alt 1. Es sind also zwei Teilbeträge zu ermitteln, die zusammen die Summe der Einkünfte iSd § 2 III ergeben (s Rn 33). Je geringer die Gesamteinkünfte hiernach sind, desto geringer ist folglich auch der Betrag, der die beschränkte StPfl auslöst, weil die 90 vH-Grenze überschritten ist (Beispiel: Bei Gesamteinkünften von 15 000 € dürfen die nicht der inländischen Besteuerung unterfallenden Einkünfte nicht mehr als 1 499,99 € betragen).

Die **Einkünftequalifikation** und die **Einkünfteermittlung** richten sich (nach **Währungsumrechnung** in €) gem § 2 I, II und III[2] unter Einschluss aller steuerbaren und stpfl (Inlands- und Auslands-) Einkünfte (mit und ohne Inlandsbezug und abw vom Gegenstand der fiktiv unbeschränkten StPfl, s Rn 32, nicht nur jener nach § 49), also den Welteinkünften,[3] nach deutschem Steuerrecht.[4] Abweichungen zw ausländischem und deutschem Steuerrecht sind nach Maßgabe des deutschen Steuerrechts aufzulösen. Aus Vereinfachungsgründen sind idR aber die nach ausländischem Recht ermittelten Beträge zu übernehmen.[5] BA und WK, SA usw. Frei- und Pauschbeträge (zB § 20 IV, § 9a) sind prozentual nach den in- und ausländischen Einnahmen aufzuteilen.

Die Einkünfte müssen der deutschen **ESt unterliegen**. Auf ein tatsächliches Unterliegen kommt es nicht an. Dennoch sollen zu den betr inländischen Einkünften (gem § 3) **stfreie** inländische Einkünfte nicht gehören.[6] Das ist nicht zweifelsfrei, weil derartige Einkünfte steuerbar sind und damit jedenfalls „abstrakt" der deutschen ESt unterliegen, auch wenn sie den StPfl nicht belasten. Die Situation ist hier vergleichbar mit jener in § 8 I iVm III AStG und dem dort verlangten Hinzurechnungserfordernis, dass die Zwischeneinkünfte im Ausland „einer niedrigen Besteuerung unterliegen"; der BFH[7] hat dazu die „abstrakte" Besteuerung (nach Maßgabe des Rechts des betr ausländischen Staates) genügen lassen. **Nicht einzubeziehen** sind ersichtlich jene inländischen Einkünfte, die nach dem einschlägigen **DBA** ausschließlich im jeweiligen Ansässigkeitsstaat zu besteuern (und deswegen im Inland stfrei) sind.[8] Denn andernfalls wäre nicht verständlich, dass inländische Einkünfte, die nach DBA im Inland nur ihrer Höhe nach beschränkt (idR im Wege des Quellensteuerabzugs)

---

1 Diese Grenze ist umstritten: Die EU-Kommission verlangt ihre Senkung auf 75 vH (ABlEG Nr L v 10.2.94, S 22); krit auch *H/H/R* § 1 Rn 264; *Kaefer* IStR 97, 758. Hingegen hat der EuGH sie als unbedenklich bestätigt (DStR 99, 1609 – Gschwind; zust *Göttsche*; s Rn 6; EuGHE 96, I-3089 – Asscher). – Offen bleibt wie vor, wie es sich bei einem Gebietsfremden nicht mit Ansässigkeitsstaats-, sondern mit Drittstaateneinkünften verhält.
2 Vgl BFH BStBl II 87, 256 zu § 2 AG-Grenzgänger Niederlande.
3 Vgl EuGH DStR 99, 1609 – Gschwind (dort Rn 29) mit Anm *Göttsche*.
4 Vgl BFH BStBl II 87, 256; BStBl II 05, 835; einschränkend FG Mchn v 21.9.07 8 K 1786/05 Rev I R 78/07 (für die Frage der Zusammenveranlagung von Eheleuten).
5 BMF DStR 95, 1470.
6 BMF BStBl I 96, 1506 zu gem § 3 stfreien Einkünften; s auch *F/W/B* § 1 Rn 153; BFH BStBl II 92, 88 und OFD D'dorf DStR 98, 1963 zu ausländischem Arbeitslosengeld; BStBl II 05, 835 zu ausländischen Lohnersatzleistungen.
7 BFH BStBl II 04, 4; IStR 03, 818 ff mit Anm *KB*; *Kraft*, *Nitzschke*.
8 Vgl BFH BStBl II 92, 88.

besteuert werden dürfen (und für die Deutschland deswegen kein ausschließliches Besteuerungsrecht zusteht), gem § 1 III 3 ausdrücklich als nicht der deutschen ESt unterliegend fingiert werden.[1] Es wäre dann aber sinnwidrig, in Deutschland vollends und nicht nur der Höhe nach unbesteuert bleibende Einkünfte in die Grenzwertberechnung des § 1 III 2 HS 1 einzubeziehen. Zur Reichweite der Ausschlussregelung in § 1 III 3 s Rn 43. Auch Einkünfte aus **Drittstaaten** (zB aus Reisetätigkeiten, vgl Art 15 I OECD-MA) gehören deshalb und vor diesem Hintergrund zu den nicht der deutschen ESt unterliegenden Auslandseinkünften;[2] sie berechtigen auch dann nicht zur Anwendung des § 1 III, wenn sie im Ansässigkeitsstaat aufgrund Abkommensrecht ebenfalls nicht berücksichtigt werden. Das ist gleichheitsrechtlich bedenklich, da Staatsangehörige von Nicht-DBA-Staaten ohne Grund bevorteilt werden.[3] Jedenfalls ist diese Situation aus gemeinschaftsrechtlicher Sicht nicht hinnehmbar, weil sie genau zu jener Konstellation führen kann, die der EuGH[4] als diskriminierend ansieht, nämlich jene, dass die personenbezogenen Steuervergünstigungen dem StPfl weder im Wohnsitz- noch im Tätigkeitsstaat gewährt werden. Um einen europarechtskonformen Rechtszustand herzustellen, wurde deswegen § 1 III um einen neuen S 4 ergänzt: Entspr im Ausland stfreie Einkünfte bleiben hiernach (vom VZ 08 an, auf Antrag für EG-/EWR-Angehörige auch früher, s § 52 Ia idF des JStG 08) unberücksichtigt, vorausgesetzt, vergleichbare Einkünfte sind auch im Inland stfrei, **§ 1 III 4 nF**. Die bisherige Sichtweise, wonach unbeachtlich sein sollte, ob die betr Einkünfte im Ausland stfrei sind, ist damit hinfällig. Davon abgesehen sollen Auslandseinkünfte aber nach wie vor nicht in gem § 3 stfreie „umzuqualifizieren" sein.[5] Eine (andere, jedoch vorrangig) in diesem Zusammenhang zu stellende Frage ist freilich jene, ob nicht die StPfl zB ausländischer Lohnersatzleistungen angesichts der Steuerfreiheit entspr Bezüge aus inländischen Sozialkassen (vgl zB § 3 Nr 1c und d, 2, 7, 17, 22, 23–25, 28, 37, 46–48, 57–59, 61, 67–69) einen Gemeinschaftsrechtsverstoß nach sich zieht.[6] Bejaht man dies, wären solche Einkünfte von vornherein (und unbeschadet der Frage der Steuerbarkeit auch stfreier Einkünfte, s oben) nicht in die Einkünfteermittlung einzubeziehen.

35 **Nicht** in die Grenzwertberechnung einzubeziehen ist auch gem §§ 40 bis 40b pauschal besteuerter Arbeitslohn; es handelt sich bei der Pauschalsteuer um eine Unternehmenssteuer eigener Art des ArbG.[7] **Negative Einkünfte** sind hingegen – allerdings unter dem Vorbehalt ihrer Abzugsfähigkeit (s aber § 2a) – mit positiven Einkünften zu verrechnen; die Beschränkungen des § 50 II bleiben unanwendbar.

36 **3. Absolute Einschränkung gem § 1 III 2 HS 1 Alt 2 und HS 2, III 3 und 4 nF.** Für den Fall, dass der Auslandsanteil an den Gesamtbezügen die Grenze von 10 vH überschreitet, sieht § 1 III 2 HS 1 Alt 2 eine alternative Begrenzung in Gestalt eines **absoluten Grenzwerts** vor. Dieser Grenzwert betrug bis zum VZ 07 6 136 € im Kj, seitdem bemisst er sich an der Höhe des Grundfreibetrags gem § 32a I 2 Nr 1 und ist durch diesen dynamisiert; er beläuft sich gegenwärtig also auf 7 664 €. Die nicht der deutschen ESt unterfallenden Einkünfte (zur Ermittlung s Rn 32 ff) dürfen den so definierten absoluten Betrag nicht überschreiten. Dieser jew absolute Grenzwert ist seinerseits zu kürzen, soweit dies nach den Verhältnissen des Wohnsitzstaates (= Lebensverhältnisse, Kaufkraft) notwendig und angemessen ist (§ 1 III 2 HS 2). Das entspricht § 32 VI 4 für die Gewährung des Kinderfreibetrages für ein nicht unbeschränkt stpfl Kind, § 33a I 5 für die Anerkennung von Aufwendungen für den Unterhalt einer nicht unbeschränkt stpfl Pers als ag Belastung. Die FinVerw orientiert sich deswegen zu Recht an der dazu ergangenen Ländergruppeneinteilung.[8] In die Berechnungen gem § 1 III 2 werden nur die von § 1 III 1 erfassten Einkünfte einbezogen, andere Einkünfte sind von vornherein auszuscheiden und unterliegen ggf dem ProgrVorb gem § 32b I Nr 5 nF, § 32b I Nr 3 aF. IÜ gilt auch hier § 1 III 3 (Rn 34).

37 **4. Bescheinigung der ausländischen Finanzbehörde (§ 1 III 5 nF, § 1 III 4 aF).** (§ 1 III 5 nF, § 1 III 4 aF). Materielle Voraussetzung (nicht bloßes Beweismittel) ist gem § 1 III 5 nF (§ 1 III 4aF) weiter-

---

1 BFH BStBl II 03, 587.
2 BFH/NV 04, 321.
3 *Lüdicke* IStR 96, 111; *Schaumburg*[2] Rn 5.56; *F/W/B* § 1 Rn 155; solche Bedenken teilt der BFH allerdings nicht; der die Existenz oder Nichtexistenz eines DBA als tauglichen Differenzierungsgrund ansieht, s BFH IStR 01, 349, 350.
4 EuGH BStBl II 99, 841 – Gschwind; Slg 00, I-3337 – Zurstrassen; IStR 07, 143 – Meindl.

5 BFH BStBl II 82, 88; DStR 98, 1963.
6 *K/S/M* § 3 Rn A 964 ff. So denn auch zu § 3 Nr 26: EuGH v 18.12.07 C-281/06 'Jundt' (auf Vorabentscheidungsersuchen BFH BStBl II 06, 685); unbeantwortet von BFH BStBl II 92, 88; BStBl II 05, 835.
7 *H/H/R* § 1 Rn 266; vgl auch BT-Drs 12/6476, 12 zu § 50a IV A.
8 BMF BStBl I 00, 1502.

hin, dass die **Höhe** der nicht der deutschen Besteuerung unterliegenden Einkünfte (§ 1 III 3) durch eine Bescheinigung der **zuständigen ausländischen Steuerbehörde nachgewiesen** wird. Die FinVerw[1] verlangt bei Einkünften aus EU- und EWR-Staaten den (in 3 aufeinander folgenden VZ nur einmaligen) Nachweis auf amtlichem Vordruck, ansonsten[2] genügt eine anderweitige Bescheinigung, in Zweifelsfällen auch der deutschen Auslandsvertretung.[3] Aus Praktikabilitätsgründen können die nach ausländischem Recht ermittelten Beträge idR übernommen werden.[4] Im LSt-Abzugsverfahren ist der Nachweis (vom VZ 04 an ausnahmslos) durch Vorlage der Anlage Grenzpendler EU/EWR zu führen; die Vorlage zB eines Steuerbescheides genügt nicht (mehr).[5]

5. Steuerabzug gem § 50a (§ 1 III 6 nF, § 1 III 5 aF). Ungeachtet der Behandlung der StPfl gem § 1 III 1 als eine unbeschränkte bleibt es – insoweit systemwidrig und nur zur Sicherung des inländischen Steueraufkommens – beim (hier allerdings entgegen § 50 V 1 nicht abgeltenden, s Rn 43) Steuerabzug gem § 50a. Das betrifft Mitglieder von Aufsichtsräten (§ 50a I) sowie Künstler, Sportler, Artisten, Schriftsteller, Journalisten, Berichterstatter usw (§ 50a IV). **39**

IV. Verfahren. Den betroffenen StPfl (Rn 29) steht ein **Wahlrecht** zu, ob sie gem § 1 III oder gem § 50 I besteuert werden wollen; die Besteuerung (durch Veranlagung, vgl § 46 II Nr 7b oder Nr 8, nach der bis zum VZ 95 geltenden Regelung bei Erreichen der dort genannten Einkunftsgrenzen auch gem § 46 I aF[6]) erfordert deshalb einen (formlosen) **Antrag** (idR im Rahmen des Veranlagungsbegehrens). Er ist vom jeweiligen StPfl (auch bei zusammenveranlagten Ehegatten) uneingeschränkt für sämtliche Einkünfte eines VZ und für jeden VZ erneut zu stellen, idR nach dessen jeweiligen Ablauf, generell nur begrenzt durch die allg Verjährungsfristen (§§ 169 ff AO). Allerdings ist im Falle der Antragsveranlagung (vorbehaltlich ihrer Verfassungsmäßigkeit)[7] die Zweijahresfrist gem § 46 II Nr 8 S 2 zu beachten.[8] IÜ kann der Antrag bis zum Eintritt der Bestandskraft eines ESt-Bescheides oder bis zum Ergehen eines FG-Urteils[9] gestellt und widerrufen werden. Zur Zuständigkeit s § 19 II 2 AO;[10] § 41a I 1 Nr 1. Die Umdeutung des Antrags gem § 1 III in ein allg Erstattungsbegehren (gem § 50 V 2 Nr 3 oder gem § 50d I 1 analog, s dort Rn 12) kommt (ebenso wie in eine anderweitige Veranlagungsmöglichkeit außerhalb von § 1 III) nur ausnahmsweise und dann in Betracht, wenn sich ein solches Begehren aus dem Antrag unmissverständlich ergibt. **40**

V. Rechtsfolgen. Fiktiv unbeschränkt stpfl ArbN haben ihrem ArbG eine LSt-Bescheinigung des Betriebsstätten-FA gem § 39c IV vorzulegen. Sie sind von Amts wegen zu veranlagen (§ 46 II Nr 7b). Zum Wegfall der Abgeltungswirkung des § 50 V 1 bei fehlenden Voraussetzungen für die fiktiv unbeschränkte Stpfl s § 50 V 2 Nr 1 (§ 50 Rn 24). Bei StPfl mit anderen Einkünften bedarf es gem § 46 II Nr 8 eines entspr Antrags (s Rn 40). Liegen zugleich die Voraussetzungen des **§ 1a** vor, ermöglicht dies die Einstufung als unbeschränkt StPfl die Zusammenveranlagung mit dem im Ausland wohnenden, nicht dauernd getrennt lebenden Ehegatten und die Gewährung des Splittingtarifs. Andernfalls bleibt es bei der Steuerklasse I (§ 38b Nr 1). **42**

In die durchzuführende Veranlagung sind **alle** beschränkt stpfl Einkünfte einzubeziehen, auch jene, für die Deutschland nach einem DBA nur **ein der Höhe nach beschränktes Besteuerungsrecht** hat. Aus § 1 III 3 ergibt sich insoweit nichts anderes, weil diese Ausschlussregelung sich nur auf die Berechnung der Einkunftsgrenzen des § 1 III 2 bezieht („hierbei", Rn 34).[11] Allerdings bleibt hinsichtlich des Besteuerungsumfanges Art 10 II OECD-MA zu beachten, wonach Deutschland als dem Quellenstaat lediglich ein beschränktes Besteuerungsrecht (idR von 15 vH) zusteht. Denn Erstattungsmöglichkeiten bestehen keine: § 50d I ist in derartigen Fällen unanwendbar, weil die veranlagte Steuer nicht im Wege des Steuerabzugs erhoben wurde; § 50 VI ist unanwendbar, weil die betr Einkünfte keine ausländischen sind.[12] Wie die Höchstbegrenzung praktisch durchzusetzen ist, ist indes umstr. Teilw wird **43**

---

1 BMF BStBl I 97, 1506 iVm BStBl I 99, 990.
2 Und für eine Übergangsfrist bis zum 31.12.06 auch für StPfl aus Mitgliedstaaten, die in 04 der EU beigetreten sind, vgl Bayerisches Landesamt für Steuern, DB 05, 2207.
3 OFD Koblenz DStR 97, 617.
4 BMF BStBl I 95, 803.
5 OFD Bln DStR 04, 1216.
6 BFH/NV 04, 321; insoweit offen gelassen von BFH BStBl II 00, 657.
7 S insoweit die Normenkontrollersuchen des BFH BStBl II 06, 820 – Az BVerfG 2 BvL 56/06; BStBl II 06, 808 – Az BVerfG 2 BvL 55/06.
8 Vgl BFH BStBl II 00, 657; BFH/NV 01, 299; 1454; BFH/NV 04, 321 (auch zur erstmaligen Anwendung von § 1 III, § 1a für VZ vor 96, s dazu § 1a Rn 3); OFD Bln DStR 96, 1973; offenbar aA *H/H/R* § 1 Rn 255.
9 Nicht aber mehr im Rev-Verfahren vor dem BFH, vgl BFH BStBl II 96, 571; BMF BStBl I 96, 1506.
10 S aber auch OFD D'dorf u M'ster DB 04, 2294 für den Fall des Weg- oder Zuzugs des StPfl.
11 BFH BStBl II 03, 587; *Saß* DB 96, 295 (296); *Benecke/Schnitger* IStR 03, 649.
12 *D/W* Art 10 MA Rn 55.

vertreten, auf die im Inland einem nur beschränkten Besteuerungsrecht unterworfenen Einkünfte sei der ProgrVorb (§ 32b I Nr 5 1. Satzteil letzter HS nF, § 32b I Nr 3 letzter HS aF) anzuwenden.[1] Teilw wird eine quotale Aufteilung der Gesamtsteuer mit anschließender Reduzierung des Steuersatzes für die betr Einkünfte befürwortet.[2] Letzteres ist richtig: Die Einkünfte bleiben inländische. StPfl und ProgrVorb schließen einander aus. Allein die quotale Reduzierung sichert den korrekten Einklang mit den abkommensrechtlichen Vorgaben.[3] – Handelt es sich bei diesen Einkünften um Dividenden, folgte aus ihrer Einbeziehung in die Veranlagung zugleich die Anrechnung von KSt gem § 36 II 2 Nr 3 aF; § 36 II 3 Nr 3 S 4e aF ist entspr einschränkend auszulegen. Will man diesen Weg nicht gehen, wäre die Nichtanrechnung auch insoweit (s § 36 Rn 24) gemeinschaftsrechtwidrig. – **Nicht** zu den inländischen beschränkt stpfl Einkünften gehören auch solche aus der Veräußerung von Beteiligungen an ausländischen KapGes iSv § 6 AStG (iVm § 17), dessen Rechtswirkungen sich folglich mittels Antrags nach § 1 III im Inland so lange ‚vermeiden' lassen, wie die die betraglichen Einschränkungen des § 1 III 3 (Rn 32, 36) nicht überschritten werden.

E. Beschränkte Steuerpflicht (§ 1 IV)

44 Nat Pers mit inländischen Einkünften iSv § 49 sind beschränkt stpfl, wenn sie im Inland weder über Wohnsitz (§ 8 AO) noch gewöhnlichen Aufenthalt (§ 9 AO) verfügen und auch nicht gem § 1 II, III sowie § 1a unbeschränkt stpfl sind. § 1 I–III gehen Abs 4 sonach vor und sperren dessen Anwendung.

45 Die beschränkte StPfl erfasst im Ausgangspunkt zwar nicht anders als die unbeschränkte StPfl die der ESt unterliegenden Einkünfte iSv § 2 I 1. Abw von der unbeschränkten StPfl erfordert die beschränkte StPfl indes den **Inlandsbezug** derjenigen Einkünfte, die dem Steuerzugriff ausgesetzt werden, und inlandsbezogene Merkmale, um die zu besteuernde Betätigung zu qualifizieren (Belegenheits-, Betriebsstätten-, Arbeitsort- und Verwertungsprinzip, s § 49 Rn 1). Das hat zum einen zur Folge, dass Steuersubjekt und Steuerobjekt nicht strikt getrennt sind. Zum anderen bedingt der Inlandsbezug eine eher zufällige und systematisch unabgestimmte Auswahl der beschränkt stpfl Einkünfte, insbes dann, wenn sich für diese eine inländische Anknüpfung nur schwer herstellen lässt, so bei den Einkünften aus KapVerm und solchen gewerblichen oder selbstständigen Tätigkeiten, die keine inländische feste Geschäftseinrichtung voraussetzen. Zu den Besonderheiten der beschränkten StPfl gehören schließlich gewisse objektsteuerartige Züge: **Persönliche Verhältnisse** des einzelnen Individuums bleiben grds ausgespart (SA, Freibeträge), bei denjenigen Einkünften, die dem abgeltenden Steuerabzug gem § 50 V 1 unterworfen sind, auch BA und WK. Zu den darin liegenden gleichheitsrechtlichen Bedenken im Hinblick auf das objektive Netto- und das Leistungsfähigkeitsprinzip s § 49 Rn 2, zur EG-rechtlichen Problematik s § 50a Rn 36.

47 Die beschränkte StPfl beginnt, sobald die betr Pers den Tatbestand des § 1 IV **verwirklicht**, also inländische Einkünfte erzielt und dabei nicht oder nicht mehr über einen inländischen Wohnsitz oder gewöhnlichen Aufenthalt verfügt. Im jeweils umgekehrten Fall endet sie. **Ob** im Inland beschränkt stpfl Einkünfte vorliegen, bestimmt sich nicht – wie bei der unbeschränkten StPfl – nach dem Zuflusszeitpunkt der betr Einkünfte, sondern nach einem **Veranlassungszusammenhang** mit entspr stpfl Tätigkeiten im Inland (s zB § 49 Rn 94).[4]

§ 1a

(1) ¹Für Staatsangehörige eines Mitgliedstaates der Europäischen Union oder eines Staates, auf den das Abkommen über den Europäischen Wirtschaftsraum anwendbar ist, die nach § 1 Abs. 1 unbeschränkt einkommensteuerpflichtig sind oder die nach § 1 Abs. 3 als unbeschränkt einkommensteuerpflichtig zu behandeln sind, gilt bei Anwendung von § 10 Abs. 1 Nr. 1 und 1a und § 26 Abs. 1 Satz 1 Folgendes:

1. Unterhaltsleistungen an den geschiedenen oder dauernd getrennt lebenden Ehegatten (§ 10 Abs. 1 Nr. 1) sind auch dann als Sonderausgaben abziehbar, wenn der Empfänger nicht unbe-

---

1 *Kaefer* BB 95, 1615 (1619); *Lüdicke* IStR 96, 111 (112).
2 *Saß* DB 96, 295 (296); *L/B/P* § 1 Rn 92g.
3 So auch BFH BStBl II 03, 587; s dazu *Benecke/Schnitger* IStR 03, 649 (653) mit Hinweis auf die entspr Verwaltungspraxis auch bei unbeschränkt StPfl.
4 Vgl BFH BStBl II 03, 302.

schränkt einkommensteuerpflichtig ist. ²Voraussetzung ist, dass der Empfänger seinen Wohnsitz oder gewöhnlichen Aufenthalt im Hoheitsgebiet eines anderen Mitgliedstaates der Europäischen Union oder eines Staates hat, auf den das Abkommen über den Europäischen Wirtschaftsraum Anwendung findet. ³Weitere Voraussetzung ist, dass die Besteuerung der Unterhaltszahlungen beim Empfänger durch eine Bescheinigung der zuständigen ausländischen Steuerbehörde nachgewiesen wird;

1a. auf besonderen Verpflichtungsgründen beruhende Versorgungsleistungen (§ 10 Abs. 1 Nr. 1a) sind auch dann als Sonderausgaben abziehbar, wenn der Empfänger nicht unbeschränkt einkommensteuerpflichtig ist. ²Nummer 1 Satz 2 und 3 gilt entsprechend;

2. der nicht dauernd getrennt lebende Ehegatte ohne Wohnsitz oder gewöhnlichen Aufenthalt im Inland wird auf Antrag für die Anwendung des § 26 Abs. 1 Satz 1 als unbeschränkt einkommensteuerpflichtig behandelt. ²Nummer 1 Satz 2 gilt entsprechend. ³Bei Anwendung des § 1 Abs. 3 Satz 2 ist auf die Einkünfte beider Ehegatten abzustellen und der Grundfreibetrag nach § 32a Abs. 1 Satz 2 Nr. 1 zu verdoppeln.

(2) Für unbeschränkt einkommensteuerpflichtige Personen im Sinne des § 1 Abs. 2, die die Voraussetzungen des § 1 Abs. 3 Satz 2 bis 5 erfüllen, und für unbeschränkt einkommensteuerpflichtige Personen im Sinne des § 1 Abs. 3, die die Voraussetzungen des § 1 Abs. 2 Satz 1 Nr. 1 und 2 erfüllen und an einem ausländischen Dienstort tätig sind, gilt die Regelung des Absatzes 1 Nr. 2 entsprechend mit der Maßgabe, dass auf Wohnsitz oder gewöhnlichen Aufenthalt im Staat des ausländischen Dienstortes abzustellen ist.

R 1a EStR 05/H 1a EStH 05

Literatur: S den Literaturnachweis zu § 1.

A. Grundaussagen der Vorschrift

§ 1a ergänzt § 1 I–III, insbes § 1 III, und ist wie diese Vorschrift (§ 1 Rn 25) eine Reaktion auf das Schumacker-Urteil des EuGH.[1] **EU-Grenzpendlern**, die im Inland nicht ansässig sind, hier aber den Großteil ihrer Einkünfte erwirtschaften, sind danach dieselben familien- und personenbezogenen Steuervergünstigungen zu gewähren wie Inländern. Das Gesetz erreicht diese gemeinschafts- und verfassungsrechtlichen Vorgaben, indem es (1) den im EU/EWR-Ausland ansässigen StPfl als unbeschränkt stpfl behandelt (**§ 1 III**) und (2) die in **§ 1a I Nr 1, 1a und 2** benannten familienbezogenen Entlastungen den jeweiligen EU/EWR-Staatsangehörigen auch dann gewährt, wenn der zugrunde liegende Sachverhalt nicht im In-, sondern im Ausland verwirklicht wird. Überdies werden diese Entlastungen aus Gründen der Gleichbehandlung auch solchen EU/EWR-Staatsangehörigen gewährt, die ohnehin im Inland ansässig und damit unbeschränkt stpfl sind (**§ 1 I**). Zu den dadurch aber zugleich bedingten, Art 24 I OECD-MA widersprechenden Diskriminierungen von Drittstaatenangehörigen s § 1 Rn 6. – In **Abs 2** enthält § 1a außerdem noch Sonderregelungen zur Sicherstellung des deutschen sog Beamtenprivilegs (für StPfl iSv § 1 II sowie § 1 III, s Rn 23 ff). 1

Seinem **sachlichen Anwendungsbereich** nach ist § 1a **abschließend**; weitere Steuervergünstigungen können hiernach nicht gewährt werden, ggf allerdings unmittelbar nach dem EG, zB § 33b V (s Rn 21). Bei Anwendung des § 1a im VZ nicht der deutschen ESt unterliegende Einkünfte unterfallen dem **ProgrVorb** des **§ 32b I Nr 5 nF**, § 32b I Nr 3 aF, s auch zu § 1 III § 1 Rn 34. In **zeitlicher Hinsicht** gilt § 1a grds vom VZ 96 an, gem § 52 II 1 idF des JStG 96 auf Antrag auch bereits für noch nicht bestandskräftig veranlagte VZ zuvor[2] (s auch § 1 Rn 40). § 1a I Nr 1a, der Wegfall der bisherigen Einkünftebegrenzung gem § 1 III 2 bis 4 in § 1a I 1 sowie die Substitution der fixen betragsmäßigen Grenze durch den Grundfreibetrag in § 1a Nr 2 S 3 finden vom VZ 08 an Anwendung. § 1a II ist für StPfl iSv § 1 II gem § 52 I idF des JStG 97 erst vom VZ 97 an anwendbar, gem Verwaltungserlass[3] jedoch bereits vom VZ 96 an. 3

---

1 IStR 95, 126.
2 Zu Einzelheiten s BFH BStBl II 00, 657; BFH/NV 01, 299; 1454 für den Fall eines fehlenden Steuerbescheides (zB bei Nicht-EU-Ausländern oder beim LSt-Abzug); s auch BMF BStBl I 96, 1506; BStBl I 95, 803; einschränkend BFH/NV 04, 321.
3 BMF BStBl I 96, 373.

B. Familienbezogene Entlastungen für EU- und EWR-Staatsangehörige (§ 1a I)

5 I. Der begünstigte Personenkreis. § 1a betrifft nur **Staatsangehörige** eines Mitgliedstaates der EU (neben Deutschland derzeit Belgien, Dänemark, Finnland, Frankreich, Griechenland, Großbritannien, Irland, Italien, Luxemburg, Niederlande, Österreich, Portugal, Spanien, Schweden, seit dem 1.5.04[1] auch Estland, Lettland, Litauen, Malta, Polen, Slowakei, Slowenien, Tschechien, Ungarn und – der griechische Teil von – Zypern, seit dem 1.1.07 überdies Bulgarien und Rumänien) oder des EWR (Island, Norwegen, Liechtenstein). StPfl mit Staatsangehörigkeiten aus anderen Staaten werden ausnahmslos nicht einbezogen, auch nicht solche aus Staaten, die mit der EU assoziiert sind (insbes die Türkei[2]). Gemeinschaftsrechtliche Bedenken bestehen insoweit nicht, auch verfassungsrechtlich soll sich die Ungleichbehandlung durch die eingegangene Verpflichtung zur Herstellung einer EU rechtfertigen lassen. Letzteres erscheint weder gleichheits- noch abkommenrechtlich unbedenklich: Die Staatsangehörigkeit taugt (auch) unter Einbeziehung der EU-Mitgliedstaaten nicht als tragfähiges Differenzierungsmerkmal;[3] überdies wirkt die Anknüpfung an die EU-Staatsangehörigkeit gegenüber Ausländern aus Drittstaaten abkommensrechtlich diskriminierend (vgl Art 24 OECD-MA). In der Praxis werden vor allem unbeschränkt stpfl türkische Staatsangehörige mit Familienangehörigen in der Türkei benachteiligt.[4]

7 II. Sachliche Voraussetzungen. Neben der Anknüpfung an die Staatsangehörigkeit erfordert § 1a I das Vorliegen der Voraussetzungen der fiktiven unbeschränkten StPfl gem **§ 1 III** oder der unbeschränkten StPfl gem **§ 1 I**, Letzteres bis zum VZ 07 aber nur dann, wenn **zusätzlich** die Voraussetzungen nach **§ 1 III 2–4** erfüllt waren; seitdem ist diese Einschränkung für den SA-Abzug aus Gründen der Gleichbehandlung der intakten und der gescheiterten Ehe bezogen auf EStpfl, die die Zusammenveranlagung mit ihrem im Ausland lebenden Ehegatten gem § 1 I Nr 2 beantragen, ersatzlos entfallen. Zuvor musste der unbeschränkt StPfl muss den in § 1 III 2–4 genannten Einkunftsgrenzen unterliegen, wenn er über ausländische Einkünfte verfügt. Diese Einschränkung sollte sicherstellen, dass die familienbezogenen Entlastungen nicht in einem Drittstaat berücksichtigt werden. Bei dem Personenkreis gem § 1a II iVm 1 II bedurfte es dessen nicht, weil die Begrenzungen gem § 1 III 2–4 hiernach ohnehin einzuhalten sind.

9 III. Die familienbezogenen Steuerentlastungen. – 1. Allgemeines. Erfüllt der StPfl die unter Rn 5 und 7 geforderten persönlichen und sachlichen Voraussetzungen, werden ihm gem § 1a I auch solche familienbezogenen Steuervergünstigungen gewährt, die ihrerseits an sich einen Inlandsbezug der Angehörigen (Ehegatten und Kinder) verlangen, der hier jedoch fehlt, weil die unterhaltsberechtigten Angehörigen weder im Inland über einen Wohnsitz noch über einen gewöhnlichen Aufenthalt verfügen. Es sind dies die Vergünstigungen gem **§ 10 I Nr 1 und § 26 I 1**, bis zum VZ 03 auch gem § 32 VII aF und bis zum VZ 00 überdies gem § 33c I aF. Erforderlich ist aber in jedem Fall, dass die betr Angehörigen über einen Wohnsitz oder einen ständigen Aufenthalt in einem EU-/EWR-Staat verfügen (Rn 5) oder zu einem Haushalt gehören, der in einem solchen Staat belegen ist (§ 1 Rn 29).

2. Unterhaltszahlungen an geschiedene und getrennt lebende Ehegatten (Realsplitting, § 1a I Nr 1).

11 **§ 1a I Nr 1 S 1** ermöglicht den SA-Abzug von **Unterhaltszahlungen** an den geschiedenen oder dauernd getrennt lebenden Ehegatten iSv § 10 I Nr 1 auch dann, wenn der Empfänger nicht unbeschränkt estpfl ist, vorausgesetzt, er ist im EU-/EWR-Bereich ansässig (**§ 1a I Nr 1 S 2**) und die Besteuerung der Unterhaltszahlungen beim Empfänger wird durch eine Bescheinigung der ausländischen Steuerbehörde nachgewiesen (**§ 1a I Nr 1 S 3**).[5] Zu den formalen Anforderungen an den Nachweis s § 1 III 4 (§ 1 Rn 37). Die Bescheinigung tritt an die Stelle der ansonsten gem § 10 I Nr 1 erforderlichen Zustimmung des empfangenden Ehegatten. Auf die Art der ausländischen Besteuerung, insbes einer tatsächlichen Steuererhebung, kommt es ebenso wenig an wie auf die Staatsangehörigkeit des unterhaltsberechtigten Ehegatten. Andererseits scheidet der SA-Abzug aus, falls die Unterhaltszahlungen im EU-Ausland stfrei sind; ein Verstoß gegen Art 12 I und 18 I

---

1 Da es sich bei der ESt um eine Jahressteuer handelt, ist betr die Einkunftsgrenzen iSd § 1 III, ggf iVm § 1a I Nr 2 auch die Zeit vom 1.1. bis 30.4.04 einzubeziehen, vgl OFD Bln DStR 04, 1216.

2 EuGHE 87, 3719, 3753 – Demirel; EuGH RIW 95, 778 – Eroglu; FG D'dorf EFG 89, 121; FG Mchn EFG 99, 167; FG Hbg EFG 00, 866.

3 *Kumpf/Roth* StuW 96, 26, 259, 261 f; *Lüdicke* IStR 96, 111 (113); **aA** *H/H/R* § 1a Rn 8; *Kuschel* IStR 95, 368 (371).

4 S auch EuGH RIW 95, 779 – Bozkurt.

5 Dieses Nachweiserfordernis könnte europarechtswidrig sein, vgl BFH BStBl II 03, 851.

EGV liegt darin nicht.[1] Wird die Bescheinigung erst nachträglich vorgelegt, greift § 175 I 1 Nr 2 AO. Fehlt es an den Voraussetzungen des § 1a I Nr 1, können die Unterhaltsaufwendungen ggf als ag Belastung (§ 33a I) abgezogen werden.

3. Auf besonderen Verpflichtungsgründen beruhende Versorgungsleistungen (§ 1a I Nr 1a). § 1a I Nr 1a bestimmt, dass der Abzug als SA für Versorgungsleistungen, die auf bes Verpflichtungsgründen beruhen (§ 10 I Nr 1a), auch dann greift, wenn der Empfänger nicht iSv § 1 I unbeschränkt stpfl ist, vorausgesetzt, er wohnt im EU/EWS-Raum und er weist die Besteuerung der Versorgungsleistungen in seinem Heimatland nach (§ 1a I Nr 1a S 2 iVm Nr 1 S 2 und 3). **13**

4. Zusammenveranlagung (Ehegatten-Splitting, § 1a I Nr 2). Gem § 1a I Nr 2 S 1 ist – aber nur auf (schriftlichen oder zu Protokoll gegebenen, vgl § 26 II 2, 3) Antrag des StPfl (zur Frist s Rn 37[2]) – die Zusammenveranlagung gem § 26 I 1 (mit Splittingvorteil, § 32a V) oder die Einreihung in die LSt-Klasse III[3] mit Pflichtveranlagung (s § 46 II Nr 7b) auch dann zu gewähren, wenn der nicht dauernd getrennt lebende Ehegatte keinen Wohnsitz oder gewöhnlichen Aufenthalt im Inland, sondern im EU-/EWR-Bereich (**§ 1a I Nr 2 iVm Nr 1 S 2**) hat (s im Einzelnen § 26 Rn 32). Zur Gewährung des Splittingtarifs auch für StPfl gem § 1 II s § 1a II (Rn 28). Dass demgegenüber StPfl mit nicht im EG-Ausland lebenden Ehegatten nicht zusammenveranlagt werden können, ist gleichheitsrechtlich unbedenklich.[4] **14**

Um **Doppelentlastungen** zu vermeiden, gelten die relativen und absoluten Einkunftsgrenzen gem § 1 III 2 nicht nur für den StPfl, sondern auch für die Einkünfte des betr Ehegatten: Zusammenveranlagt wird nur dann, wenn die (in- und ausländischen) Einkünfte beider Ehegatten gemeinsam diese Grenzen nicht überschreiten; der Grenzbetrag für nicht der deutschen ESt unterliegende Einkünfte iHd Grundfreibetrags gem § 32a I 2 Nr 1 (bis zum VZ 07: iHv 6 136 €, seitdem 7 664 €) ist dabei zu verdoppeln (bis zum VZ 07 also auf 12 272 €, seitdem 15 328 €) (§ 1a I Nr 2 S 3), wobei es nicht darauf ankommt, wie sich die ausländischen Einkünfte bis zu diesem verdoppelten Betrag auf die Ehegatten verteilen. Die quantitativen Einkünfteerfordernisse sind (nicht anders als bei § 1 III auch, s dort Rn 6) gemeinschaftsrechtlich unbedenklich.[5] Allerdings verneint der EuGH[6] die EU-Rechtsverträglichkeit, wenn die Zusammenveranlagung infolge Überschreitens der Einkünfte des im EU-Ausland lebenden Ehegatten versagt wird, obschon dessen Einkünfte (Lohnersatzleistungen) in dem betr Mitgliedstaat stfrei sind und bei dem deswegen der steuerliche Ehevorteil gänzlich leerläuft.[7] Dem ist vor dem Hintergrund beizupflichten, dass entspr Lohnersatzleistungen im Inland ebenfalls stfrei sind (s § 1 Rn 34) und der Splittingvorteil dennoch gewährt wird, darüber hinaus jedoch nicht, weil es andernfalls zu einer nicht gerechtfertigten Günstigerstellung des Gebietsfremden käme.[8] **15**

Die Bescheinigung der ausländischen Steuerbehörde über die Höhe der nicht der deutschen ESt unterliegenden Einkünfte (§ 1 III 4) muss sich auch auf die Einkünfte des Ehegatten beziehen. **16**

5. Haushaltsfreibetrag (§ 1a I Nr 3 aF). Der Haushaltsfreibetrag gem § 32 VII aF wurde bis zu seiner ersatzlosen Aufhebung durch das HBeglG 04 vom VZ 04 an gewährt, wenn das Kind (iSd § 32), für das dem StPfl ein Freibetrag nach § 32 VI oder aber Kindergeld (§§ 62 ff) „zusteht" (abw von § 32 VII 1 aF nicht tatsächlich „erhält", vgl § 11) in der Wohnung des StPfl „gemeldet" ist (**§ 1a I Nr 3 S 1 aF**), und zwar auch dann, wenn diese nicht im Inland, allerdings im EU-/EWR-Bereich (**§ 1a I Nr 3 S 2 aF iVm Nr 1 S 2**) belegen ist. Ist der StPfl verheiratet, muss er von seinem Ehegatten dauernd getrennt leben (**§ 1a I Nr 3 S 3 aF**); andernfalls wäre das Ehegatten-Splitting gem § 1a I Nr 2 zu beantragen (= Vermeidung der Doppelbegünstigung). Die Staatsangehörigkeit des Kindes und sein tatsächlicher Aufenthalt sind unbeachtlich. **18**

6. Kinderbetreuungskosten (§ 1a I Nr aF). Abw von § 33c aF behandelte § 1a I Nr 4 aF Kinderbetreuungskosten eines allein stehenden StPfl auch dann als ag Belastung, wenn das Kind nicht unbeschränkt stpfl ist (**§ 1a I Nr 4 S 1 aF**) und im EU-/EWR-Bereich lebt (**§ 1a I Nr 4 S 2 aF iVm Nr 1 S 2**). Bei einem verheirateten, aber nicht dauernd von seinem (im EU-/EWR-Bereich ansässigen) **20**

---

1 EuGH DStR 05, 1265 – Schempp.
2 BFH BStBl II 98, 21.
3 Für StPfl aus den 10 zum 1.5.04 beigetretenen neuen EG-Staaten erst ab 1.5.04, s OFD Bln DStR 04, 1216 (unter 2.2).
4 BFH BStBl II 07, 106.
5 BFH BStBl II 02, 660.
6 EuGH IStR 07, 143 – Meindl (auf Vorlage BFH BStBl II 05, 835).
7 S auch EuGH DStR 05, 1265 – Schempp.
8 **AA** FG Mchn v 21.9.07 8 K 1786/05 Rev I R 78/07.

Ehegatten getrennt lebenden StPfl war § 33c V aF anwendbar (**§ 1a I Nr 4 S 3 aF**); die Kosten waren also nur abziehbar, wenn der andere Ehegatte behindert oder krank war. – Stattdessen wurde vom VZ 00 an durch das FamFördG v 22.12.99[1] der besondere Freibetrag gem § 32 VI (s Rn 18) eingeführt, nachdem das BVerfG[2] die Vorschrift des § 33c aF als verfassungswidrig angesehen hatte.

21 Ist das nicht stpfl Kind (ohne Einkünfte[3] oder mit geringen Einkünften gem § 1 III 2) behindert und steht ihm der Behinderten-Pauschbetrag gem § 33b zu, kommt unter den Voraussetzungen von **§ 33b V** zusätzlich (über § 1a I Nr 4 aF hinaus) die Übertragung dieses Betrages auf die Eltern mit Wohnsitz oder gewöhnlichem Aufenthalt im Ausland in Betracht, allerdings nur, wenn das Kind seinerseits als unbeschränkt stpfl ist oder als solches behandelt wird.[4] Die Übertragung scheitert, wenn das Kind im Ausland außerhalb eines EU/EWR-Mitgliedstaates seinen Wohnsitz oder gewöhnlichen Aufenthalt hat und im Inland keine eigenen Einkünfte erzielt.[5]

C. Entlastungen für Angehörige des öffentlichen Dienstes (§ 1a II)

23 Die in § 1a I Nr 2–4 (nicht aber Nr 1) aufgeführten familienbezogenen Steuerentlastungen werden gem § 1a II auch solchen StPfl gewährt, die **nicht Staatsangehörige** eines EU-/EWR-Staates und deren Familienangehörige nicht im EU-/EWR-Bereich ansässig sind.

24 Der Anwendungsbereich wird aber nur für solche StPfl erweitert, die **entweder (1)** unbeschränkt stpfl iSv § 1 II sind und dabei zugleich die besonderen Voraussetzungen des § 1 III 2–4 erfüllen **oder (2)** die fiktiv beschränkt stpfl iSv § 1 III sind und dabei zugleich die Voraussetzungen von § 1 III 1 Nr 1 und 2 erfüllen **und** die **(3)** an einem ausländischen (nicht nur EU/EWR-)Dienstort tätig sind, die also **nicht nur privat** im Ausland wohnen, vielmehr dort in einem **aktiven öffentlichen Dienstverhältnis**[6] stehen und deren Einkünfte aufgrund der **Kassenstaatsklausel** der deutschen Besteuerung unterliegen (§ 1 II 1 Nr 2); Beschäftigte im inländischen öffentlichen Dienst oder Versorgungsempfänger mit bloßem Auslandswohnsitz fallen hierunter nicht. Damit deckt sich der angesprochene Personenkreis im Ausgangspunkt mit jenen StPfl, die bereits nach § 1 II im Inland unbeschränkt stpfl sind. Gleichwohl bedeutet dies nicht, dass solchen StPfl vorbehaltlos familienbezogene Steuervergünstigungen gewährt werden können; oftmals fehlt es an den tatbestandlichen Voraussetzungen (deutsche Staatsangehörigkeit; keine oder nur geringe Einkünfte des Angehörigen, vgl § 1 II 1 HS 2). Überdies besteht nach § 1 II 2 das Erfordernis einer **beschränkten** EStPfl im Ausland; § 1 II stellt insoweit die spiegelbildliche unbeschränkte StPfl im Inland sicher. Bei Pers, die mit ihren Kassenstaatseinkünften im Ausland indes **unbeschränkt** stpfl sind, greift § 1 II nicht; in Betracht kommt lediglich die erweiterte unbeschränkte StPfl gem § 1 III. Für beide Sachverhalte will der Gesetzgeber in § 1a II Abhilfe schaffen. Ihm ging es darum, bei entspr Pers eine Schlechterstellung zu vermeiden. Gelungen ist ihm dies allerdings nur um den Preis einer Vorschrift, deren Regelungszusammenhänge in rechtsstaatlich bedenklicher Weise dunkel bleiben und die sich auch einem mit der Materie einigermaßen Vertrauten nur nach Anfertigung einer Planskizze erschließen.

26 Sind die persönlichen und sachlichen Anwendungsvoraussetzungen des § 1a II erfüllt, gilt § 1a I Nr 2 und 3 entspr mit der Maßgabe, dass – anstelle der lokalen Anknüpfung im EU-/EWR-Ausland – auf Wohnsitz, gewöhnlichen Aufenthalt, Wohnung oder Haushalt im Staat des jeweiligen ausländischen Dienstortes abzustellen ist. **Beispiel**: Ein Auslandslehrer mit US-amerikanischer Staatsangehörigkeit, der in Argentinien tätig ist und der der deutschen Kassenstaatsklausel unterfällt, kann in Deutschland mit seiner ebenfalls US-amerikanischen Ehefrau zusammen zur ESt veranlagt werden, wenn beide Eheleute die Voraussetzungen in § 1 III 2–4 erfüllen, insbes die dort in S 2 genannten Einkunftsgrenzen einhalten.

---

1 BGBl I 99, 2252.
2 BVerfG BStBl II 99, 182.
3 FG Sachs EFG 04, 992 (aus anderem Grunde aufgehoben durch BFH BStBl II 05, 828) mit Anm *Wüllenkemper*; aA *Lademann* § 33b Rn 148.
4 BFH BStBl II 05, 828; ausdrücklich abgrenzend zu dem demgegenüber aus gemeinschaftsrechtlichen Gründen erweiternden Regelungsverständnis in R 33b III EStR 05, R 194 III EStR aF; BFH BStBl II 97, 20 zu § 50 IV 2 aF für den Fall, dass das Kind seinen Wohnsitz oder ständigen Aufenthalt in der EU/EWR innehat; gegen dieses Aufenthaltserfordernis sowie gegen das Erfordernis der unbeschränkten StPfl sind EU-rechtliche Bedenken geäußert worden, vgl *Kaefer* BB 95, 1615 (1618); *F/W/B* § 1a Rn 12; *Lademann* § 33b Rn 148a f.
5 BFH/NV 05, 1928; R 33b III EStR 05, R 194 III EStR aF.
6 BT-Drs 13/1558, 405.

D. Verfahren

§ 1a findet bei der **ESt-Veranlagung** gem § 1 I oder III Anwendung (s dazu § 1 Rn 40). Der gem § 1a I Nr 2 erforderliche Antrag liegt in der Geltendmachung des Ehegatten-Splittings. Für den LSt-Abzug gelten §§ 38b III, 39c IV. Beim Wechsel der Verhältnisse im VZ richten sich die Rechtsfolgen nicht nach § 1a, sondern nach den jeweilig anzuwendenden Steuervergünstigungsvorschriften. Zum Wechsel von der bisher unbeschränkten in die beschränkte StPfl infolge Wohnsitzverlegung s § 2 VII 3.

28

II. Einkommen

1. Sachliche Voraussetzungen für die Besteuerung

§ 2 Umfang der Besteuerung, Begriffsbestimmungen

(1) ¹Der Einkommensteuer unterliegen
1. Einkünfte aus Land- und Forstwirtschaft,
2. Einkünfte aus Gewerbebetrieb,
3. Einkünfte aus selbstständiger Arbeit,
4. Einkünfte aus nichtselbstständiger Arbeit,
5. Einkünfte aus Kapitalvermögen,
6. Einkünfte aus Vermietung und Verpachtung,
7. sonstige Einkünfte im Sinne des § 22,

die der Steuerpflichtige während seiner unbeschränkten Einkommensteuerpflicht oder als inländische Einkünfte während seiner beschränkten Einkommensteuerpflicht erzielt. ²Zu welcher Einkunftsart die Einkünfte im einzelnen Fall gehören, bestimmt sich nach den §§ 13 bis 24.

(2) Einkünfte sind
1. bei Land- und Forstwirtschaft, Gewerbebetrieb und selbstständiger Arbeit der Gewinn (§§ 4 bis 7k),
2. bei den anderen Einkunftsarten der Überschuss der Einnahmen über die Werbungskosten (§§ 8 bis 9a).

(3) Die Summe der Einkünfte, vermindert um den Altersentlastungsbetrag, den Entlastungsbetrag für Alleinerziehende und den Abzug nach § 13 Abs. 3, ist der Gesamtbetrag der Einkünfte.

(4) Der Gesamtbetrag der Einkünfte, vermindert um die Sonderausgaben und die außergewöhnlichen Belastungen, ist das Einkommen.

(5) ¹Das Einkommen, vermindert um die Freibeträge nach § 32 Abs. 6 und um die sonstigen vom Einkommen abzuziehenden Beträge, ist das zu versteuernde Einkommen; dieses bildet die Bemessungsgrundlage für die tarifliche Einkommensteuer. ²Knüpfen andere Gesetze an den Begriff des zu versteuernden Einkommens an, ist für deren Zweck das Einkommen in allen Fällen des § 32 um die Freibeträge nach § 32 Abs. 6 zu vermindern.

(5a) Knüpfen außersteuerliche Rechtsnormen an die in den vorstehenden Absätzen definierten Begriffe (Einkünfte, Summe der Einkünfte, Gesamtbetrag der Einkünfte, Einkommen, zu versteuerndes Einkommen) an, erhöhen sich für deren Zwecke diese Größen um die nach § 3 Nr. 40 steuerfreien Beträge und mindern sich um die nach § 3c Abs. 2 nicht abziehbaren Beträge.

(6) ¹Die tarifliche Einkommensteuer, vermindert um den Entlastungsbetrag nach § 32c, die anzurechnenden ausländischen Steuern und die Steuerermäßigungen, vermehrt um die Steuer nach § 34c Abs. 5, die Nachsteuer nach § 10 Abs. 5 und den Zuschlag nach § 3 Abs. 4 Satz 2 des Forstschäden-Ausgleichsgesetzes, ist die festzusetzende Einkommensteuer. ²Wurde der Gesamtbetrag der Einkünfte in den Fällen des § 10a Abs. 2 um Sonderausgaben nach § 10a Abs. 1 gemindert, ist für die Ermittlung der festzusetzenden Einkommensteuer der Anspruch auf Zulage nach Abschnitt XI der tariflichen Einkommensteuer hinzuzurechnen. ³Gleiches gilt für das Kindergeld, wenn das Einkommen in den Fällen des § 31 um die Freibeträge nach § 32 Abs. 6 gemindert wurde.

(7) ¹Die Einkommensteuer ist eine Jahressteuer. ²Die Grundlagen für ihre Festsetzung sind jeweils für ein Kalenderjahr zu ermitteln. ³Besteht während eines Kalenderjahres sowohl unbeschränkte als auch beschränkte Einkommensteuerpflicht, so sind die während der beschränkten Einkommensteuerpflicht erzielten inländischen Einkünfte in eine Veranlagung zur unbeschränkten Einkommensteuerpflicht einzubeziehen.

IdF ab VZ 2009:

§ 2 Umfang der Besteuerung, Begriffsbestimmungen

...

(2) ¹Einkünfte sind
1. bei Land- und Forstwirtschaft, Gewerbebetrieb und selbstständiger Arbeit der Gewinn (§§ 4 bis 7k),
2. bei den anderen Einkunftsarten der Überschuss der Einnahmen über die Werbungskosten (§§ 8 bis 9a).

²Bei Einkünften aus Kapitalvermögen tritt § 20 Abs. 9 vorbehaltlich der Regelung in § 32d Abs. 2 an die Stelle der §§ 9 und 9a.

...

(5a) Knüpfen außersteuerliche Rechtsnormen an die in den vorstehenden Absätzen definierten Begriffe (Einkünfte, Summe der Einkünfte, Gesamtbetrag der Einkünfte, Einkommen, zu versteuerndes Einkommen) an, erhöhen sich für deren Zwecke diese Größen um die nach § 32d Abs. 1 und nach § 43 Abs. 5 zu besteuernden Beträge sowie um die nach § 3 Nr. 40 steuerfreien Beträge und mindern sich um die nach § 3c Abs. 2 nicht abziehbaren Beträge.

(5b) ¹Soweit Rechtsnormen dieses Gesetzes an die in den vorstehenden Absätzen definierten Begriffe (Einkünfte, Summe der Einkünfte, Gesamtbetrag der Einkünfte, Einkommen, zu versteuerndes Einkommen) anknüpfen, sind Kapitalerträge nach § 32d Abs. 1 und § 43 Abs. 5 nicht einzubeziehen. ²Satz 1 gilt nicht in den Fällen
1. des § 10b Abs. 1, wenn der Steuerpflichtige dies beantragt, sowie
2. des § 32 Abs. 4 Satz 2, des § 32d Abs. 2 und 6, des § 33 Abs. 3 und des § 33a Abs. 1 Satz 4 und Abs. 2 Satz 2.

(6) ¹Die tarifliche Einkommensteuer, vermindert um den Entlastungsbetrag nach § 32c, die anzurechnenden ausländischen Steuern und die Steuerermäßigungen, vermehrt um die Steuer nach § 32d Abs. 3 und 4, die Steuer nach § 34c Abs. 5, die Nachsteuer nach § 10 Abs. 5 und den Zuschlag nach § 3 Abs. 4 Satz 2 des Forstschäden-Ausgleichsgesetzes, ist die festzusetzende Einkommensteuer. ²Wurde der Gesamtbetrag der Einkünfte in den Fällen des § 10a Abs. 2 um Sonderausgaben nach § 10a Abs. 1 gemindert, ist für die Ermittlung der festzusetzenden Einkommensteuer der Anspruch auf Zulage nach Abschnitt XI der tariflichen Einkommensteuer hinzuzurechnen. ³Gleiches gilt für das Kindergeld, wenn das Einkommen in den Fällen des § 31 um die Freibeträge nach § 32 Abs. 6 gemindert wurde.

...

R 2 EStR 05/H 2 EStR 05

Übersicht

	Rn		Rn
A. Grundaussage der Vorschrift	1	II. Die systemprägende Kraft des § 2	22
I. Das System einkommensteuerlicher Belastung	1	1. Vorgabe für eine widerspruchsfreie Bestimmung der Bemessungsgrundlage	22
1. Der Grundtatbestand	2	2. Gesetzestechnisches Binnensystem	26
2. Erwerbssichernder Aufwand	5	**B. Die Einkünfte**	33
3. Existenzsichernder Aufwand	8	I. Die Einkunftsarten	33
4. Tarif	16	1. Zustandstatbestand: Erwerbsgrundlage	34
5. Gegenwartsgerechte Besteuerung	17	2. Handlungstatbestand: Nutzung	46

		Rn			Rn
	a) Das Erzielen von Einkünften	47		2. Verlustausgleich im Erbfall und bei Insolvenz	110
	aa) Merkmal für alle Einkunftsarten	48		II. Gesamtbetrag der Einkünfte	118
	bb) Erwerbsgerichtetheit als Prüfungsmaßstab	49		**D. Das Einkommen**	**136**
	cc) Umfang der Prüfung	50		**E. Zu versteuerndes Einkommen**	**143**
	b) Mehrere Nutzer	55		**F. Maßstabgebung für außersteuerliche Rechtsnormen**	**145**
	c) Mehrere Rechtsgründe	64			
	d) Steuergegenstand und Steuersubjekt	67		**G. Geltung für einkommensteuerliche Rechtsnormen**	**148**
3.	Erfolgstatbestand: Gewinn und Überschuss	75			
II.	Quantifizierung der Einkünfte in der Steuerbemessungsgrundlage (§ 2 II)	78		**H. Tarifliche und festzusetzende Einkommensteuer**	**149**
C.	**Summe und Gesamtbetrag der Einkünfte**	**81**		I. Das Jahressteuerprinzip	153
I.	Summierung	81			
1.	Die Mindestbesteuerungsregelung des § 2 III 2–8 idF des StEntlG 99/00/02	82			

Literatur: *Anzinger* Anscheinsbeweis und tatsächliche Vermutung im Ertragsteuerrecht, 2006; *Bareis* Reform der Einkommensteuer vor dem Hintergrund der Tarifentwicklung seit 1934, FS Offerhaus, 1999, S 1053; *Bringewat/Waza* Insolvenzen und Steuern, 6. Aufl 2004; *Elicker* Kritik der direkt progressiven Einkommensbesteuerung, StuW 00, 3; *Escher* Steuerliche Liebhaberei und Subjektbezug der Einkünfteerzielungsabsicht, 2005; *Fleischmann* Der neue Liebhaberei-Erlass, DB 05, 67; *Frotscher* Besteuerung bei Insolvenz, 6. Aufl 2005; *Hensel* Steuerrecht, 3. Aufl 1933; *Hess/Mitlehner* Steuerrecht – Rechnungslegung – Insolvenz, 2001; *Jakob* Steuern vom Einkommen, 1980; *P Kirchhof* Einkommensteuergesetzbuch, 2003; *P Kirchhof/Birk/Lehner* Steuern im Verfassungsstaat, 1995; *P Kirchhof* Subjektive Merkmale für die Erzielung von Einkünften, DStR 07, Beihefter zu Heft 39, S 11 ff; *Lang* Die Bemessungsgrundlage der Einkommensteuer, 1988; *Paus* Steuerliche Liebhaberei bei langjährigen Verlusten, DStR 05, 668; *Pezzer* Subjektive Merkmale für das Erzielen von Einkünften, DStR 07, Beihefter zu Heft 39, S 16; *Schremmer* Über „gerechte Steuern". Ein Blick zurück ins 19. Jahrhundert, 1994; *Seeger* Die Gewinnerzielungsabsicht – ein unmögliches Tatbestandsmerkmal, FS Ludwig Schmidt, 1993, S 37; *Spindler* Einkünfteerzielungsabsicht bei Vermietung und Verpachtung, DB 07, 185; *Statkiewicz* Die Einkünftezurechnung bei der insolventen Personengesellschaft, 2004; *Tipke* Die Steuerrechtsordnung, Bd I (StRO I) 2. Aufl 2003, Bd II (StRO II) 2. Aufl 2000; *Valentin* Personenübergreifende Betrachtungsweise bei Bestimmung der Totalerfolgsperiode zur Feststellung der Einkunftserzielungsabsicht, DStR 01, 505.

A. Grundaussage der Vorschrift

I. Das System einkommensteuerlicher Belastung. § 2 regelt den Belastungsgrund der ESt, das gesetzliche System, in dem der Steuergegenstand erfasst werden soll. Diese Grundentscheidungen über den Steuergegenstand, die sachliche StPfl, geben der in der Finanzverfassung (Art 106 III GG) vorgesehenen, die privatnützige Eigentumsordnung ausformenden[1] ESt ihre konkrete Gestalt. § 2 enthält die gesetzliche Konzeption des steuerbaren Einkommens und regelt den systemprägenden Ausgangstatbestand des EStG, der – für die Dauer seiner Geltung – gem Art 3 GG folgerichtig und widerspruchsfrei[2] im EStG ausgeführt und in der Anwendung dieses Gesetzes verwirklicht werden muss. § 2 begründet damit **die systemprägenden Prinzipien**, an denen die ESt-Gesetzgebung und die Anwendung des EStG auszurichten sind.

1. Der Grundtatbestand. § 2 I regelt den Grundtatbestand des steuerbaren Einkommens in drei tatbestandsbegründenden Merkmalen: Erstes Merkmal ist der **Zustandstatbestand** der marktbezogenen Einkunftsquelle, der Erwerbsgrundlage der erwerbenden Pers. Dieser ist in sieben Einkunftsarten (LuF, GewBetr, selbstständige Arbeit, nichtselbstständige Arbeit, KapVerm, VuV, sonstige Erwerbsgrundlagen) verdeutlicht. Der Zustandstatbestand bringt den rechtfertigenden Grund für die ESt zum Ausdruck. Der Erwerbende wird estpfl, weil er durch diese marktbezogenen Erwerbsgrundlagen den Markt und damit die durch die Rechtsgemeinschaft bereitgestellten Erwerbsmöglichkeiten (Rechtsordnung und Gerichtsschutz, Frieden, Währungs- und Bankenwesen, ausgebildete Arbeitskräfte und Arbeitsteilung, inländische Nachfragekraft) nutzen konnte.[3] Die sieben Ein-

---

1 *P Kirchhof/Birk/Lehner* S 27 ff.
2 BVerfGE 84, 239 (271) = BStBl II 91, 654 ff; BVerfGE 87, 153 (170) = BStBl II 93, 413 ff; BVerfGE 93, 121 (136) = BStBl II 95, 655 (656); BVerfGE 98, 106 (118) = BStBl I 98, 1518 (1526); BVerfGE 110, 94 (111) = BStBl II 05, 56; stRspr.
3 *P Kirchhof/Birk/Lehner* aaO.

kunftsarten bringen je eine gleiche Leistungsfähigkeit zum Ausdruck; eine Ungleichbehandlung bedarf besonderer Rechtfertigung.[1]

3 Zweite Voraussetzung der ESt-Schuld ist der **Handlungstatbestand**: Nur wer tatsächlich seine Erwerbsgrundlage (Zustandstatbestand) genutzt hat, kommt als Steuerschuldner in Betracht. Wer dank seiner Erwerbsgrundlage erwerben könnte, aber auf den Erwerb verzichtet, ist nicht stpfl. Die ESt belastet nicht die berufliche Fähigkeit, erwerben zu können, sondern die finanzielle Leistungsfähigkeit dessen, der erworben hat. Das EStG misst die steuerliche Leistungsfähigkeit nicht – wie bei den Objektsteuern des 19. Jahrhunderts – an dem auf Dauer und im Durchschnitt erzielbaren, geschätzten Reinertrag der Erwerbsquellen,[2] was den überdurchschnittlich erwerbstüchtigen Bürger bevorzugen, den unterdurchschnittlich erwerbsfähigen Bürger hingegen benachteiligen würde, sondern rechtfertigt die Steuer aus der erfolgreichen Nutzung des allg Marktes.[3] Der Handlungstatbestand bestimmt subjektbezogen[4] die Pers des Einnehmenden und Aufwendenden, also das Steuersubjekt und damit grds[5] auch die Zurechnung von Einnahmen und Aufwand.

4 Dritte Voraussetzung der Steuerschuld ist der **Erfolgstatbestand**: Der ESt unterliegen die durch Nutzung der Erwerbsgrundlage erzielten Einkünfte, also der Vermögenszuwachs, den der StPfl durch Nutzung des Marktes erwirtschaftet hat. Nur die positiven Einkünfte (Gewinn, Überschuss) führen zu einer StPfl, die negativen Einkünfte (Verlust, Fehlbetrag) hingegen lösen keine Steuererstattung aus; sie können allenfalls in anderen Besteuerungszeiträumen die positiven Einkünfte mindern (Rn 7, 81f; § 10d Rn 1).

5 **2. Erwerbssichernder Aufwand.** Nach § 2 II sind nur die **Einkünfte steuerbar**, also die Erwerbseinnahmen abzüglich der Erwerbsaufwendungen. Einkünfte sind der Gewinn (§§ 4 bis 7k) oder der Überschuss der Erwerbseinnahmen über die WK (§§ 8 bis 9a). Die ESt erfasst grds im Überschuss der Einnahmen über die WK (§ 2 II Nr 2) nur den erzielten Zuwachs, nicht aber die Veränderungen im Vermögen des StPfl. Beim Einkommen der Landwirte, der Gewerbetreibenden und der selbständig Berufstätigen hingegen würde eine Einkommensbesteuerung ohne Berücksichtigung der Entwicklung des BV (Gewinn, § 4) den rechtfertigenden Grund der ESt verfehlen: Ein Kfm kann einen erheblichen Einnahmeüberschuss erzielt haben, zugleich aber einen Warenbestand als unverkäuflich aussondern müssen; ein Landwirt kann seine Ernte gut verkauft, seine Viehherde aber durch eine Seuche verloren haben. In beiden Fällen erbringt das iErg eines Geldbetrages scheinbar günstige Jahr einen wirtschaftlichen Verlust.[6] Deswegen begründet § 2 II einen **Dualismus der Einkünfteermittlung** (Rn 78f), der allerdings grds nicht zu unterschiedlichen Belastungsergebnissen führen darf. § 9 I Nr 7 (AfA und Substanzverringerung, erhöhte Absetzungen) nähert zudem die Überschussermittlung der Gewinnermittlung an, wenn er einen Wertverzehr in der Vermögenssubstanz auch bei der Überschussermittlung zulässt. Auch die Besteuerung von Gewinnen aus der Veräußerung von PV (§ 17 Rn 1; § 23 Rn 1) schwächt den Dualismus ab.

6 § 2 II verankert das **objektive Nettoprinzip**. Eine Durchbrechung des Nettoprinzips bedarf nach der gesetzlichen Ausgangsentscheidung besonderer Rechtfertigung.[1] Allerdings können beruflich ebenso wie privat veranlasste Aufwendungen pauschaliert und gekürzt werden.[7] Jede gesetzliche Regelung muss verallgemeinern. Dem Gesetzgeber steht vor allem bei der Ordnung von Massenerscheinungen und deren Abwicklung ein Gestaltungsraum für generalisierende, typisierende und pauschalierende Regelungen offen. Auch der Gleichheitssatz fordert nicht eine immer mehr individualisierende und spezialisierende Gesetzgebung, die letztlich die Gleichmäßigkeit des Gesetzesvollzugs gefährdet, sondern verlangt die Regelung eines allg verständlichen und möglichst unausweichlichen Belastungsgrundes. Deswegen darf der Gesetzgeber, wie es etwa bei der Typisierung des existenznotwendigen Mindestbedarfs,[8] bei Freibeträgen,[9] bei der AfA und im progressiven Tarif geläufig ist, einen steuererheblichen Vorgang im typischen Lebensvorgang erfassen und individuell gestaltbare Besonderheiten unberücksichtigt lassen, um die materielle Belastungsgleichheit zu gewährleisten, die Verwirklichung des Steueranspruchs verfahrensrechtlich zu erleichtern, dabei die

---

1 BVerfG NJW 06, 2757 (2758).
2 Vgl *Schremmer* S 15ff.
3 BFH BStBl II 02, 80 – „Beteiligung am allgemeinen wirtschaftlichen Verkehr" für LuF.
4 BFH BStBl II 99, 782 (784f).
5 Vgl aber BFH BStBl II 99, 774 (776); BStBl II 99, 778 (779); BStBl II 99, 782 (784f); BStBl II 99, 787 (788).
6 *Hensel* S 240f.
7 BVerfGE 101, 297 (309); BVerfG NJW 06, 1191 (1194).
8 Vgl BVerfGE 87, 153 (169ff) = BStBl II 93, 413 ff.
9 BVerfGE 96, 1 (2f) = BStBl II 97, 518 (519).

für den Staat verfügbaren personellen und finanziellen Mittel zu berücksichtigen. Schließlich hat die Typisierung auch den Zweck, Lebenssachverhalte übersichtlicher und verständlicher zu machen, um so den steuerlichen Belastungsgrund zu verdeutlichen und in das Bewusstsein zu rücken.[1]

Nach § 2 III wird sodann die **Summe der Einkünfte** gebildet. Diese ergibt, vermindert um drei – systemwidrige – Abzugstatbestände des Altersentlastungsbetrags (§ 24a), des Entlastungsbetrags für Alleinerziehende (§ 24b) und eines Landwirtschaftsfreibetrages (§ 13 III), den **Gesamtbetrag der Einkünfte**. Die Ergebnisse aus den einzelnen Einkunftsarten werden demnach zunächst zusammengerechnet. Dabei können innerhalb der einzelnen Einkunftsart wie in der Summe der Einkünfte positive Einkünfte (Gewinn, Überschuss) oder negative Einkünfte (Verlust, Unterschuss) entstehen. Negative Einkünfte werden zunächst mit positiven Einkünften derselben Einkunftsart ausgeglichen[2] (interner – horizontaler – Verlustausgleich). Sodann werden verbleibende positive und negative Einkünfte verschiedener Einkunftsarten miteinander ausgeglichen (externer – vertikaler – Verlustausgleich). Auch der grds vollständige Ausgleich unter den Einkunftsarten bestätigt, dass die sieben Einkunftsarten nicht verschiedene Belastungsgründe enthalten und nicht unterschiedliche Belastungen rechtfertigen, sondern gleichwertige Tatbestände nebeneinander stellen, die den einheitlichen Belastungsgrund des Markteinkommens erfassen sollen.

7

3. Existenzsichernder Aufwand. Der Begriff Einkommen skizziert den Belastungsgrund des EStG und gibt dem Gesetz seinen Namen, gewinnt im System des § 2 aber nur die Funktion einer technischen Zwischengröße. Nach § 2 IV ist Einkommen der Gesamtbetrag der Einkünfte, vermindert um die SA (§§ 10 ff) und die ag Belastungen (§§ 33 bis 33c). Mit der Abziehbarkeit der dem StPfl zwangsläufig erwachsenen, unvermeidbaren Privatausgaben vollzieht § 2 IV den ersten Schritt, um das existenzsichernde Nettoprinzip zur Geltung zu bringen und die ESt auf die individuelle Leistungsfähigkeit auszurichten. Das grds nicht verfügbare, also **indisponible Einkommen** kann nicht Bemessungsgrundlage der ESt sein.[3]

8

Die individuelle Leistungsfähigkeit wird in der einkommensteuerlichen Bemessungsgrundlage aber erst durch § 2 V voll berücksichtigt: Die Zwischengröße des Einkommens ist um das Familienexistenzminimum[4] zu vermindern. Nach diesem Abzug entsteht das **zu versteuernde Einkommen**, das die Bemessungsgrundlage der ESt bildet. Neben den Abzug der Erwerbsausgaben (objektive Leistungsfähigkeit) tritt der Abzug der existenzsichernden Aufwendungen (persönliche Leistungsfähigkeit). Die ESt greift nur zu, nachdem der StPfl mit seinen erwerbssichernden Aufwendungen seine Erwerbsgrundlage und mit seinen existenzsichernden Aufwendungen seine und seiner Familie Existenz gesichert hat. Im wirtschaftlichen Bedarf geht die Existenzsicherung sogar der Erwerbssicherung voraus: Der Mensch erwirbt Einkommen, um zunächst davon zu leben, danach seinen Erwerb zu sichern und dann sein Leben finanzwirtschaftlich frei zu gestalten.

9

Die existenzsichernden Aufwendungen sind in den – derzeit noch nicht vereinheitlichten[5] – Tatbeständen des Existenzminimums typisiert. Die Unterhaltsverpflichtungen des StPfl gegenüber Ehepartner und Kindern gehen oft deutlich über dieses Minimum hinaus, sind insoweit aus versteuertem Einkommen zu erfüllen. Bei den erwerbssichernden Aufwendungen hingegen lässt das EStG idR den tatsächlichen, vom StPfl willentlich bestimmten Aufwand zum Abzug zu. Diese Ungleichbehandlung bedarf der Rechtfertigung gegenüber dem Gleichheitssatz.

10

4. Tarif. Auf das zu versteuernde Einkommen ist die ESt-Tarifformel (§ 32a I oder V) anzuwenden. Die progressive Besteuerung[6] rechtfertigt sich aus der Tatsache, dass der StPfl mit steigendem Einkommen den von der Rechtsgemeinschaft organisierten und getragenen Markt überproportional nutzen konnte und dementspr zur Finanzierung der Staatsaufgaben beitragen soll. Je mehr Einkommen allerdings von der oberen Proportionalzone erfasst und die Übergänge von der unteren zur höchsten Progressionsstufe verringert werden, desto mehr wandelt sich der progressive ESt-Tarif zu einem linearen Tarif mit sozialstaatlicher Anfangskomponente. Aus der Anwendung des Tarifs auf

16

---

1 BVerfGE 81, 108 (117) = BStBl II 90, 479 (480 ff); BVerfGE 84, 348 (364) = BGBl I 91, 2170; BVerfGE 96, 1 (6 f) = BStBl II 97, 518 (519).
2 BFH BStBl II 95, 467 (470).
3 BVerfGE 107, 27 (49) = BStBl II 03, 534; BVerfGE 112, 268 (280) = BGBl I 05, 1622.
4 Vgl BVerfGE 99, 246 (247 ff) = BStBl II 99, 174 ff; BVerfGE 99, 216 (240 ff) = BStBl II 99, 182 (183 ff); BVerfGE 112, 268 (280) = BGBl I 05, 1622.
5 Vgl aber BVerfGE 99, 216 (217, LS 3b) = BStBl II 99, 182 (183 ff).
6 Vgl *P Kirchhof* EStGB, § 2 Rn 30 ff; *Tipke* StRO I², S 403 ff; *Elicker* StuW 00, 3 ff; *Bareis* FS Offerhaus, 1999, S 1053 ff.

das zu versteuernde Einkommen ergibt sich die **tarifliche ESt**. Von der tariflichen ESt werden nach § 2 VI 1 sodann bestimmte Beträge abgezogen und hinzugerechnet. Das Ergebnis ist die **festzusetzende ESt**.

17 **5. Gegenwartsgerechte Besteuerung.** Nach § 2 VII ist die ESt eine **Jahressteuer** (Rn 153 ff). Erst mit der Bemessung des Einkommens pro Zeiteinheit werden die Regelungen der Einkommensbesteuerung handhabbar.[1] Die im Jahressteuerprinzip enthaltene Relation zw Einkommen und Zeit drückt ein **materielles Prinzip der Einkommensbesteuerung** aus: Die Besteuerung des am gegenwärtigen Markt erwirtschafteten Einkommens finanziert den gegenwärtigen staatlichen Finanzbedarf in einer gegenwartsgerechten Progression. Das Einkommen befriedigt den Finanzbedarf des Einkommensbeziehers in der Gegenwart und ermöglicht dem Staat steuerliche Teilhabe zur Finanzierung seiner Gegenwartsaufgaben (Rn 154). Das Lebenseinkommen hingegen bezeichnet einen Erwerbserfolg, der im Zeitpunkt des steuerlichen Zugriffs nicht mehr verfügbar zu sein braucht, vielmehr vom jeweiligen Konsum- oder Sparverhalten des StPfl und seinem Dispositionsgeschick abhängt. Zudem würde die Belastung des noch unversteuerten Gesamteinkommens – idR der Vermögenssubstanz – mit ESt und ErbSt die Struktur des Privateigentums zerschlagen. Die Belastung des Einkommens nahe der jeweiligen Gegenwart ist damit eine Zentralforderung materieller Steuergerechtigkeit.[2]

18 Lediglich die Bemessung der ESt in der **Zeiteinheit eines Jahres** ist eine eher technische Vorschrift. Die Periodenabgrenzung und die Progression brauchen eine quantifizierte, formale Bestimmung des VZ. In der Verwirklichung gegenwartsnaher staatlicher Teilhabe am Erfolg privater Marktteilhabe ist sie Ausdruck der materiellen Belastungsgleichheit in der Zeit. Soweit die formale Zuordnung von Einkommen zu einem Veranlagungsjahr der materiellen Zugehörigkeit widerspricht, sieht das EStG Korrekturen vor (vgl insbes § 34).

II. Die systemprägende Kraft des § 2. – 1. Vorgabe für eine widerspruchsfreie Bestimmung der
22 **Bemessungsgrundlage.** § 2 beansprucht **systemprägende Kraft** für das gesamte EStG und seine Anwendung. Das EStG ist nach den Vorgaben des § 2 folgerichtig und widerspruchsfrei[3] zu gestalten und zu vollziehen. Dieses gilt zunächst für die Gleichordnung der sieben Einkunftsarten (§ 2 I), die keine Belastungsunterschiede rechtfertigen,[4] vielmehr in der Summierung der Einkünfte (§ 2 III) miteinander vermischt und ihrer Eigenständigkeit beraubt werden. Die Einkunftsarten sind lediglich Zugangstatbestände für einen einheitlichen Belastungsgrund. Arbeits- und Kapitaleinkünfte sind gleichermaßen steuerbar.

23 Sodann ordnet § 2 II den Gewinn und den Überschuss einheitlich der Zwischengröße **Einkünfte** zu. Damit kann auch der Dualismus der Einkünfteermittlung Belastungsunterschiede nicht rechtfertigen. Zutr geht der BFH deshalb einen ersten Schritt zur Überwindung dieses Dualismus und legt den Tatbestand der BA und der WK trotz unterschiedlicher Gesetzesformulierung (vgl § 4 IV und § 9 I 1) angleichend aus (§ 9 Rn 61).[5] Die Einkünfte ergeben sich aus den Erwerbseinnahmen abzüglich der Erwerbsaufwendungen. Auch ohne ausdrückliche tatbestandliche Anordnung umfasst der Begriff der Einkünfte nicht nur die positiven, sondern ebenso die negativen Einkünfte, also Verlust und WK-Überschuss.[6]

24 Schließlich fordert § 2 IV und V zusätzlich den Abzug der **existenzsichernden Aufwendungen**, anerkennt also die verfassungsrechtlich geschützte Erwerbsfreiheit des StPfl als ökonomische Grundlage individueller Existenz (Art 12 I GG) und vermeidet so eine steuerveranlasste staatliche Sozialhilfe. Das Einkommen erfüllt zunächst die Funktion, die wirtschaftliche Existenzgrundlage des Einzelnen und seiner Familie aufgrund eigener Erwerbsanstrengung zu sichern.

25 Fügt man dieses Belastungsprinzip (Markteinkommen abzüglich Erwerbsaufwendungen und abzüglich existenzsichernder Aufwendungen) in das Zeitprinzip der Jahressteuer (§ 2 VII) ein, so ergibt sich eine gesetzliche Ausprägung des Verfassungsprinzips der **Personenbesteuerung nach individueller Leistungsfähigkeit**. Der in § 2 systematisch geordnete Belastungsgrund der ESt formt diese Steuer verfassungskonform aus und ist in seinen Kernaussagen verfassungsrechtlich geboten.

---

1 Vgl BFH BStBl II 02, 75.
2 Vgl *Vogel* DStZ/A 77, 5 (8 f); *P Kirchhof* DJT 57 F 75 ff.
3 BVerfGE 84, 239 (271) = BStBl II 91, 654 ff; BVerfGE 87, 153 (170) = BStBl II 93, 413 ff; BVerfGE 93, 121 (136) = BStBl II 95, 655 (656); BVerfGE 98, 106 (118) = BStBl I 98, 1518 (1526); stRspr.
4 BVerfG NJW 06, 2757 (2758).
5 BFH BStBl II 99, 828 (832); *K/S/M* § 9 Rn B 171 ff; *Tipke/Lang*[18] § 9 Rn 230 ff.
6 BFHE 215, 144 = BStBl II 07, 45.

2. Gesetzestechnisches Binnensystem. Die Begriffe des § 2 bilden darüber hinaus ein Abzugssystem, das die Terminologie des gesamten EStG bestimmt[1] und die Anwendungsfolge der einzelnen Abzugstatbestände vorschreibt. Der BMF hat in den **EStR** zu § 2 diese Reihenfolge zur Ermittlung der festzusetzenden ESt schematisch dargestellt:

R 2. Umfang der Besteuerung

(1) Das zu versteuernde Einkommen ist wie folgt zu ermitteln:

1		Summe der Einkünfte aus den Einkunftsarten
2	+	Hinzurechnungsbetrag (§ 52 Abs 3 Satz 3 EStG sowie § 8 Abs 5 Satz 2 Auslandsinvestitionsgesetz)
3	=	Summe der Einkünfte
4	−	Altersentlastungsbetrag (§ 24a EStG)
5	−	Entlastungsbetrag für Alleinerziehende (§ 24b EStG)
6	−	Freibetrag für Land- und Forstwirte (§ 13 Abs 3 EStG)
7	=	Gesamtbetrag der Einkünfte (§ 2 Abs 3 EStG)
8	−	Verlustabzug nach § 10d EStG
9	−	Sonderausgaben (§§ 10, 10a, 10b, 10c EStG)
10	−	außergewöhnliche Belastungen (§§ 33 bis $33c^2$ EStG)
11	−	Steuerbegünstigung der zu Wohnzwecken genutzten Wohnungen, Gebäude und Baudenkmale sowie der schutzwürdigen Kulturgüter (§§ 10e bis 10i EStG; 52 Abs 21 Satz 6 EStG idF v 16.4.1997, BGBl I, 821 u § 7 FördG)
12	+	zuzurechnendes Einkommen gem § 15 Abs 1 AStG
13	=	Einkommen (§ 2 Abs 4 EStG)
14	−	Freibeträge für Kinder (§§ 31, 32 Abs 6 EStG)
15	−	Härteausgleich nach § 46 Abs 3 EStG, § 70 EStDV
16	=	zu versteuerndes Einkommen (§ 2 Abs 5 EStG).

Die festzusetzende ESt ist gem R 2 (2) nach folgendem Schema[3] zu ermitteln:

1		Steuerbetrag
		a) nach § 32a Abs 1, 5, § 50 Abs 3 EStG
		oder
		b) nach dem bei Anwendung des Progressionsvorbehalts (§ 32b EStG) oder der Steuersatzbegrenzung sich ergebenden Steuersatz
2	+	Steuer aufgrund Berechnung nach den §§ 34, 34b EStG
3	=	tarifliche Einkommensteuer (§ 32a Abs 1, 5 EStG)
4	−	Minderungsbetrag nach Punkt 11 Ziffer 2 des Schlussprotokolls zu Art 23 DBA Belgien in der durch Art 2 des Zusatzabkommens v 5.11.02 geänderten Fassung (BGBl II 03, 1615)
5	−	Entlastungsbetrag nach § 32c
6	−	ausländische Steuern nach § 34c Abs 1 und 6 EStG, § 12 AStG
7	−	Steuerermäßigung nach § 35 EStG

---

1 BFH BB 06, 2055; FG M'ster EFG 06, 1427.
2 § 33c ist mit Wirkung vom VZ 06 aufgehoben.
3 Die Änderungen durch das StÄndG 07, BGBl I 06, 1652, mit Wirkung vom VZ 07 sind bereits eingearbeitet. Das Schema ist daher nicht amtlich.

Kirchhof

8 −	Steuerermäßigung für Stpfl mit Kindern bei Inanspruchnahme erhöhter Absetzungen für Wohngebäude oder der Steuerbegünstigungen für eigengenutztes Wohneigentum (§ 34f Abs 1, 2 EStG)	
9 −	Steuerermäßigung bei Zuwendungen an politische Parteien und unabhängige Wählervereinigungen (§ 34g EStG)	
10 −	Steuermäßigung nach § 34f Abs 3 EStG	
11 −	Steuerermäßigung nach § 35a EStG	
12 +	Steuern nach § 34c Abs 5 EStG	
13 +	Nachsteuer nach § 10 Abs 5 EStG iVm den §§ 30, 31 EStDV	
14 +	Zuschlag nach § 3 Abs 4 Satz 2 Forstschäden-Ausgleichsgesetz	
15 +	Anspruch auf Zulage für Altersvorsorge nach § 10a Abs 2 EStG	
16 +	Anspruch auf Kindergeld oder vergleichbare Leistungen, soweit in den Fällen des § 31 EStG das Einkommen um Freibeträge für Kinder gemindert wurde	
17 =	festzusetzende Einkommensteuer (§ 2 Abs 6 EStG).	

B. Die Einkünfte

33   **I. Die Einkunftsarten.** Das EStG belastet nur die in § 2 I 1 aufgezählten sieben Einkunftsarten. Es folgt damit einem Kompromiss zw der Reinvermögenszugangstheorie und der Quellentheorie.[1] Der Dualismus von **Gewinneinkünften**, bei denen das Gesamtergebnis einer unternehmerischen Betätigung einschl Gewinnen und Verlusten aus der Veräußerung von WG des BV erfasst wird (Reinvermögenszugangstheorie), und von **Überschusseinkünften**, bei denen der Überschuss der Einnahmen über die WK ermittelt wird (Quellentheorie), führt zu wesentlichen Belastungsunterschieden. Innerhalb der Gewinnermittlung begründet das Gesetz einen Gegensatz zw der ermittlungstechnisch komplizierten Bilanzierung und der ermittlungstechnisch einfachen Überschussrechnung nach § 4 III wiederum mit wesentlichen Belastungsunterschieden. Bei den Überschusseinkünften sichern einzelne Vorschriften (§§ 17, 22 Nr 2 iVm § 23) die Steuerbarkeit auch der Veräußerungseinkünfte. Andere Vorschriften regeln speziell für einzelne Einkunftsarten Abschreibungsmöglichkeiten, Freibeträge und Freigrenzen, Pauschalierungen, Abzugs- und Verlustbeschränkungen, Steuersatzvergünstigungen, auch Steuerentlastungen auf der Einnahmeseite, insbes stfreie Einnahmen.[2] Die Qualifikation als gewerbliche Einkünfte hat die Gewerbesteuerbarkeit zur Folge (§ 2 I 2 GewStG).[3]

34   **1. Zustandstatbestand: Erwerbsgrundlage.** Für die Erwerbsgrundlage **LuF** (§ 13 Rn 2), regelt das EStG die Einkünfteermittlung durch Gewinnermittlung (§ 2 II Nr 1), eröffnet damit den Weg zur Gewinnermittlung durch BV-Vergleich (§ 4 I) und zur Überschussrechnung nach § 4 III, trifft dann aber verschiedene Sonderregelungen (§ 13 Rn 1).[4]

35   Die Erwerbsgrundlage **GewBetr** (§ 15 Rn 10ff), führt nach § 2 II Nr 1 zu Einkünften, die als Gewinn zu ermitteln sind, gem § 5 I durch einen Vergleich des BV, nach den handelsrechtlichen GoB oder aber als Überschussrechnung gem § 4 III. Das EStG regelt für den Gewerbebetrieb bestimmte Besonderheiten (§ 15 Rn 5f) und begründet das Subjekt der GewSt (§ 2 I 2 GewStG).

36   Die Erwerbsgrundlage der **selbstständigen Arbeit** (§ 18 Rn 1 ff), begründet nach § 2 II Nr 1 wiederum Einkünfte, die als Gewinn gem § 4 I oder § 4 III zu ermitteln sind und einzelne Sonderrechtsfolgen begründen (§ 18 Rn 6).

37   Die Erwerbsgrundlage des Arbeitsplatzes eines **ArbN** (§ 19 Rn 16) führt gem § 2 II Nr 2 zur Einkünfteermittlung nach der Überschussmethode (§§ 8 bis 9a), begründet einzelne Sondertatbestände (§ 19 Rn 1) und die Erhebung im Lohnsteuerabzugsverfahren gem §§ 38 ff.

38   Bei der Erwerbsgrundlage **KapVerm** (§ 20 Rn 5), werden die Einkünfte als Überschuss (§§ 8 bis 9a) ermittelt, ein Freibetrag eingeräumt (§ 20 IV), WK pauschaliert (§ 9a S 1 Nr 2), der Verlustausgleich

---

1 K/S/M § 2 Rn A 420 ff.
2 Vgl im Einzelnen K/S/M § 2 Rn B 96 ff.
3 Vgl BFH BStBl II 01, 449 (450 f).
4 S dazu BFH BStBl II 03, 702.

(§ 2a I Nr 5; § 20 I Nr 4 S 2, § 15a) und der Verlustabzug (§ 20 I Nr 4 S 2, § 15a, § 15b) beschränkt, bestimmte Leistungen stfrei gestellt (§ 3 Nr 21, 54) und der Quellenabzug der KapESt vorgesehen (§§ 43 ff).

Mit der Einführung der Abgeltungssteuer für Einkünfte aus KapVerm ab VZ 09 ist nur noch ein Sparer-Pauschbetrag für WK iHv 801 €, für Ehegatten 1 602 €, abziehbar, der Abzug der tatsächlichen WK ist ausgeschlossen[1] (§ 20 IX idF ab VZ 09).

Die **Erwerbsgrundlage VuV** (§ 21 Rn 5 ff) führt zur Einkünfteermittlung der Überschussrechnung (§§ 8, 9), beschränkt den Verlustausgleich und den Verlustabzug (§ 21 Rn 5). **39**

Die Erwerbsgrundlage **Sonstige Einkünfte** begründet nicht einen Auffangtatbestand, erfasst lediglich die in § 22 genannten Belastungsgründe der wiederkehrenden Leistungen (§ 22 Rn 2 ff), der privaten Veräußerungsgeschäfte des § 23, bestimmter marktoffenbarer Leistungen durch Nutzung des allg Marktes (§ 22 Rn 32) sowie der Abgeordnetenbezüge (§ 22 Rn 38). An Vorkehrungen zur Einkünfteerzielung, damit an der Steuerbarkeit, fehlt es jedoch bei Handlungen im Bereich einer privaten Lebensgemeinschaft.[2] Die sonstigen Einkünfte werden grds als Überschuss (§§ 8 bis 9a) ermittelt, die aus privaten Veräußerungsgeschäften als „Gewinn" gem § 23 III (§ 23 Rn 18). Für bestimmte sonstige Einnahmen sieht das EStG Sonderregeln vor (§ 22 Rn 1, 40). **40**

2. Handlungstatbestand: Nutzung. Aus dem Zustandstatbestand der Erwerbsgrundlage, der in § 2 I 1 Nr 1 bis 7 abschließend, wenn auch ergänzungsbedürftig[3] (§§ 13 ff) geregelt ist, leitet sich der Handlungstatbestand, die **Nutzung der vorhandenen Erwerbsgrundlage** ab. Der ESt unterliegen Einkünfte „aus" der Erwerbsgrundlage, „die der StPfl ... erzielt". Der Handlungstatbestand hat die Funktion, dem handelnden Subjekt die Erwerbseinnahmen zuzurechnen, also das Steuersubjekt zu bestimmen, den Aufwand tatbestandlich zuzuordnen, die steuererhebliche Erwerbssphäre von der Privatsphäre nach dem typischen Tätigkeits„bild" abzugrenzen,[4] schließlich die erzielten Einkünfte zeitlich zuzuordnen.[5] **46**

a) Das Erzielen von Einkünften. Einkommensteuerbar ist **nur das Markteinkommen**, das durch Nutzung der in § 2 I 1 genannten Erwerbsgrundlagen erzielt worden ist. Die in der Privatsphäre stattfindende Wertschöpfung, das Eigenverbrauchseinkommen[6] („imputed income"[7]), wird nicht vom allg Markt abgeleitet und ist deshalb, obwohl es die Leistungsfähigkeit erhöht, nicht einkommensteuerbar (zur Rechtfertigung: Einl Rn 3, 4). Nicht einkommensteuerbar sind demnach insbes die Nutzung der eigenen Wohnung oder des eigenen Hauses (§ 21 Rn 150 ff); eine Entschädigung des Straßenbauamtes für die Wertminderung eines Grundstücks wegen Verkehrslärms;[8] die Pflege eines Angehörigen in der familiären Lebensgemeinschaft;[9] die private Wertschöpfung durch eigene Arbeitskraft, zB der Bau des eigenen Heims durch den Maurer; Erlöse aus der Veräußerung von Gegenständen des PV, soweit nicht §§ 17, 23 eingreifen; Schadensersatzleistungen für private Schäden;[10] Ehrenpreise, die für das Lebenswerk oder eine bestimmte Grundhaltung, nicht für eine einzelne im Wettbewerb ausgelobte Leistung zugesprochen worden sind.[11] Keine (einkommen-)steuerbaren Einkünfte sind auch Erbschaften und Schenkungen;[12] Kapitalanfälle aus privaten Lebensversicherungen, Kapitalabfindungen von Renten, Einkünfte aus Spiel und Wette,[13] Aussteuern und Almosen sowie die Weiterleitung einer Provision des Versicherungsvertreters an den Versicherungsnehmer.[14] **47**

aa) Merkmal für alle Einkunftsarten. Einkünfte sind „aus" einer Erwerbsgrundlage „erzielt", wenn die durch objektive Vorkehrungen auf den Erwerb ausgerichtete Erwerbsgrundlage[15] genutzt worden ist. Die nach objektiven Beweisanzeichen zu ermittelnde[16] Erwerbsgerichtetheit – in § 15 II 1 unglücklich subjektivierend **Gewinnerzielungsabsicht** genannt – fehlt bei der auf private Bedürfnisbefriedigung und privates Erleben angelegten Nutzung eines WG, das nicht Erwerbsgrundlage ist **48**

---

1 Dies gilt für Einkünfte aus privatem KapVerm, die der Abgeltungssteuer unterliegen; näher *Rödder* DStR 07, Beihefter zu Heft 40, S 1 (17 ff).
2 BFH BStBl II 99, 776; FG Sachs FGReport 04, 78 – nachbarschaftliche Hilfsleistungen.
3 Einen einheitlichen Zustandstatbestand definiert § 2 III 3 EStGB in *P Kirchhof* EStGB.
4 BFH GrS BStBl II 95, 617 (619); BStBl II 02, 291 (292).
5 *K/S/M* § 2 Rn A 105 ff, B 180 ff.
6 *Lang* S 251.
7 *Lang* aaO, Fn 162.
8 FG Mchn EFG 04, 1120.
9 BFH BStBl II 99, 776.
10 BFH BStBl II 95, 121 (123 ff).
11 BFH BStBl II 85, 427 f.
12 Vgl § 1 I ErbStG.
13 BFH BStBl II 97, 399 (403).
14 BFH/NV 04, 952.
15 BFH GrS BStBl II 84, 751 (765).
16 BFH aaO, 767, *P Kirchhof* DStR 07, Beihefter zu Heft 39, S 11.

(sog „**Liebhaberei**"). Veranlasst die Liebhaberei einen Aufwand oder Verlust, so sind diese unbeachtlich.[1] Die Liebhaberei wird nicht bereits durch eine bestimmte Einkünfteermittlungsmethode ausgeschlossen.[2]

49 bb) Erwerbsgerichtetheit als Prüfungsmaßstab. Die ESt belastet das tatsächlich erzielte Einkommen, auch wenn dieses vom StPfl nicht beabsichtigt war. Ein Aktionär, der seine Bank mit der Veräußerung seiner Beteiligungen beauftragt hat, diese aber versehentlich unterblieben war, muss den Gewinn aus der Beteiligung versteuern. Ein noch willenloses Kind, das einen Gewerbebetrieb erbt, wird die Steuer auf seine Erträge nicht vermeiden, weil ihm die Gewinnerzielungsabsicht fehlt; auch eine Unzurechnungsfähigkeit seiner Vertreter wird ihm die Steuer nicht ersparen. Ebenso wird ein ungewollter Aufwand, etwa durch einen Betriebsunfall, den Gewinn mindern. Auch ein beabsichtigter Totalverlust kann steuererheblich sein, etwa wenn ein Firmengründer nach fünf Jahren bei enttäuschter Geschäftsidee seine Firma aufgibt, um höhere Verluste zu vermeiden. Die „Gewinnerzielungsabsicht" (§ 15 II 3, vgl auch § 15 II 1, III 1, § 4 V 2) bezeichnet deshalb keinen subjektiven Tatbestand, sondern die Erwerbsgerichtetheit von Zustands-, Handlungs- und Erfolgstatbestand. Steuererheblich handelt, wer eine Erwerbsgrundlage (Zustandstatbestand) nutzt (Handlungstatbestand) und dabei Vorkehrungen für Gewinn oder Überschuss (Erfolgstatbestand) trifft. Maßgeblich ist das Erwerbshandeln, nicht der Erwerbswille.[3]

49a Ob ein Handeln dem Erwerb oder der privaten Lebensführung dient, entscheidet grds der Handelnde. Hat er Erwerbsvorkehrungen getroffen, die auf Nutzung einer Erwerbsgrundlage, auf ein positives Gesamtergebnis (**Totalgewinn, Totalüberschuss**, Rn 76)[4] gerichtet sind, ist der Vorgang steuererheblich. Bei typischen Erwerbstätigkeiten wie den Katalogberufen des § 18 ist die Erwerbsgerichtetheit nicht schon durch langjährige Verluste, sondern erst widerlegt, wenn die verlustbringende Tätigkeit typischerweise bestimmt und geeignet ist, persönliche Neigungen zu befriedigen oder wirtschaftliche Vorteile außerhalb der Einkunftssphäre zu erlangen.[5] Auch für die Vermietung von Immobilien gilt die typisierende Vermutung, dass sie erwerbsgerichtet ist; die Rspr hat einen nicht abschließenden[6] Katalog von Fallgruppen gebildet, in denen wegen besonderer Umstände die Erwerbsgerichtetheit zu prüfen ist.[7] Ein Indiz bildet das Verhalten, ob und wie der StPfl auf längere Verlustphasen reagiert und durch Umstrukturierungsmaßnahmen gegensteuert.[8] Mit dem begrenzten WK-Abzug bei Einkünften aus KapVerm durch die Einführung einer Abgeltungssteuer durch das UntStRefG 08[9] ab dem VZ 09 werden Verluste aus dieser Erwerbsgrundlage unmöglich; sie ist daher immer auf ein positives Gesamtergebnis gerichtet.[10]

Die Rechtsprechung ermittelt diese „Gewinnerzielungsabsicht"[11] aus dem betätigten Willen, der in äußeren Umständen greifbar ist.[12] Maßgeblich ist also nicht die innere Vorstellung des StPfl, sondern das, was der StPfl dank seines Willens tatsächlich bewirkt hat. Erzielt er bei der Nutzung seiner Erwerbsgrundlage absichtslos einen **Zufallsgewinn**, so bleibt dieser steuerbar; verursacht er bei der Erwerbshandlung **ungewollt einen Aufwand**, bleibt dieser steuererheblich. Die Erwerbsgrundlage (**Zustandstatbestand**) grenzt sich von der Privatsphäre – der privaten Wertschöpfung, der „Liebha-

---

1 BFH GrS BStBl II 84, 751 (766).
2 BFH BStBl II 03, 702 (auch bei § 13a aF Gewinnerzielungsabsicht zu prüfen – s jetzt aber § 13a III 3; dazu § 13a Rn 18; anders noch BFH BStBl II 89, 234); Anm *v Schönberg* HFR 03, 850.
3 So ausdrücklich § 8 II 2 KStG; auch § 4 I 2 KStG.
4 BFH DStR 02, 1609 (1610); DStR 02, 1611 (1613); BStBl II 02, 1348; DStR 02, 2161 (2162).
5 Zur neueren Rspr vgl BFH/NV 05, 854; BStBl II 03, 804 u BStBl II 00, 674 – Weinbaubetrieb; DStR 02, 667 – Turnierteilnahme; BFH/NV 01, 1381 – Erfindertätigkeit; BStBl II 97, 23 – Hausgarten; BFH/NV 02, 1045 – Solarium; BStBl II 02, 276 – Steuerberater; BFH/NV 97, 115 – Universitätsassistent; BStBl II 00, 227 – Pferdezucht; BFH/NV 95, 866 – Tennishalle; DStR 02, 1949; BFH/NV 05, 1059 – Ferienwohnung; BFH/NV 02, 1025 – Bootvercharterung; BStBl II 93, 303; BFH/NV 05, 1078 – Sport; BStBl II 93, 723; BFH/NV 05, 1066 – Segeljacht; BStBl II 94, 102 – Segelsportservice; BStBl II 95, 718 – Tanzschule; BFH/NV 00, 1200 – Schriftsteller; BStBl II 95, 116 – Mietkaufmodell; BFH/NV 00, 1081 – Motorboot; BFH/NV 01, 160 – Versicherungsagentur; DStR 02, 2161 – Architekt; BStBl II 04, 455 – Arztpraxis; BFH/NV 05, 1511 – Forstbetrieb; vgl insbes *K/S/M* § 2 Rn B 400 mit detaillierten Einzelnachweisen.
6 BFH BB 07, 2221.
7 *Günther* EStB 07, 188 mit einem systematischen Überblick.
8 BFH BStBl II 85, 207; BStBl II 04, 455 (457); BStBl II 04, 1063; BStBl II 05, 336; grds zust *Paus* DStZ 05, 668 (671).
9 BGBl I 07, 1912.
10 *Streck* NWB 29/07, 2445, der Liebhaberei bei KapVerm schon in den VZ 07 und 08 wegen der positiven Totalgewinnprognose ab 1.1.09 nur noch in Ausnahmefällen für denkbar hält.
11 Zur objektivierenden Definition im EStGB *P Kirchhof* EStGB § 2 Rn 20.
12 BFH DStR 02, 1611 (1612 f); BStBl II 98, 663; GrS BStBl II 84, 751; *Escher* S 14.

berei", der häuslichen Pflege – nach dem Maßstab ab, ob die Einrichtung bestimmt und geeignet ist, Einkünfte zu erzielen oder der privaten Lebensführung zu dienen. Die private Pflege,[1] das Eigenverbrauchseinkommen (Rn 2 f) und die „Liebhaberei" (Rn 49 mit Fn 4) unterscheiden zw einem Lebenskreis, der auf private Bedürfnisbefriedigung angelegt ist, und der Erwerbsgrundlage, die der Vermögensmehrung am Markt gewidmet ist.

Wenn der **EuGH**[2] bei der Gründung einer Ges im niedrigbesteuernden Ausland prüft, ob die Niederlassungsfreiheit rechtsmissbräuchlich durch eine „rein künstliche Gestaltung" genutzt worden sei und dabei anhand eines **„Motivtestes"** ermitteln will, ob mit der Gestaltung eine Steuerminderung oder ein Erwerb beabsichtigt sei, wird dieser Test nicht weiterführen. Eine juristische Pers strebt immer nach einem möglichst hohen Nettogewinn und hat deswegen stets den Marktgewinn, aber auch die Steuerminderung im Sinn. Rechtserheblich ist allein – insoweit übereinstimmend mit der Entscheidung des EuGH –, ob im Ausland eine eigene Erwerbsgrundlage begründet worden ist, ob also Erwerbsräume, Erwerbspersonal und eine Erwerbsausrüstung objektiv erkennbar ist. Hat ein Unternehmer hingegen nur eine Tätigkeitsgrundlage – er betreibt in der Schweiz ein Pferdegestüt –, gewinnt er aber hin und wieder mit seinen Pferden auch in Deutschland Preisgelder, so beurteilt sich die Steuerpflicht dieser Preise danach, ob er in der Schweiz eine Erwerbsgrundlage oder eine „Liebhaberei" betreibt.[3] Ob er in Deutschland an den Pferderennen in Gewinnerzielungsabsicht teilnimmt, ist unerheblich, solange die Erwerbsgrundlage fehlt.[4]

Für den **Handlungstatbestand** der Nutzung unterscheidet der BFH zw gewerblichem Grundstückshandel und bloßer Vermögensverwaltung nach dem objektiven Kriterium, ob substanzielle Vermögenswerte durch Umschichtung genutzt oder aus zu erhaltenden Substanzwerten Früchte gezogen werden.[5] Die Drei-Objekt-Grenze bietet sodann im Dienste der Rechtssicherheit eine widerlegbare Typisierung, die wiederum von der Absicht der Beteiligten unabhängig ist. Veräußert ein Soldat, der in fünf Jahren an verschiedenen Orten seinen Dienst zu erfüllen hat, viermal sein Familienhaus, so handelt er jeweils in privater Abwicklung seiner dienstlichen Versetzung, nutzt aber keine ihm zustehende Erwerbsgrundlage, mag er sich auch stets bemühen, seine Grundstücke mit Gewinn zu veräußern.[6] Andererseits nutzt bereits eine Erwerbsgrundlage, wer ein Grundstück schon vor oder während seiner Bebauung verkauft.[7]

Für den **Erfolgstatbestand** von Gewinn oder Überschuss erschließt der BFH zu den Einkünften aus VuV aus § 21 I 1 die typisierende Annahme, dass die langfristige Vermietung trotz über längere Zeiträume anfallender WK-Überschüsse in der Regel letztlich zu positiven Einkünften führt.[8] Diese gesetzliche Prognose bietet einen objektiven Maßstab, der ein Erwerbshandeln kraft gesetzlicher Anordnung unterstellt, mag der StPfl auch ersichtlich zur Zeit nicht in Gewinnerzielungsabsicht handeln.

Auch bei **gescheiterten Erwerbsvorgängen** ist zu unterscheiden, ob der StPfl in der Erwerbssphäre oder in einem anderen Lebensbereich gehandelt hat. Beteiligt sich der StPfl an einem betrügerischen Schneeballsystem, setzt also sein Kapital ein, um Gewinne zu erzielen, erleidet aber tatsächliche Verluste, so will dieser Anleger nicht betrogen werden, erwartet vielmehr, sein Kapital werde am Kapitalmarkt Erträge erwirtschaften. Zwar ist das Kapital überhaupt nicht angelegt worden. Entscheidend aber ist, „wie sich das jeweilige Rechtsgeschäft aus der Sicht des [...] Leistungsempfängers bei objektiver Betrachtungsweise darstellen musste"[9], ob der StPfl also in eine Erwerbsgrundlage und deren Nutzung investiert hat. Wenn Aufwendungen – insb bei Firmengründungen, in der Forschung und Entwicklung, bei der Erschließung neuer Märkte und Kundengruppen – erfolglos bleiben, war die Nutzungshandlung dennoch auf einen Erfolg angelegt. Nichts anderes gilt, wenn das Erwerbsvorhaben des betrogenen Kapitalanlegers schon in der Erwerbsgrundlage scheitert.[10]

Die Erwerbsgerichtetheit setzt somit eine gegenwärtige Nutzung einer Erwerbsgrundlage und einen zukünftigen Erwerbserfolg voraus, verlangt also eine Erfolgsprognose, die nach den gegenwärtigen Nutzungsvorkehrungen, dem typischen „Bild" der Tätigkeit vermutet wird.[11] Die Frage der

49b

---

1 BFH BStBl II 99, 776.
2 EuGH ABlEU 06, C 281, 5 = DStR 06, 1686.
3 BFH BStBl II 02, 861.
4 BFH aaO.
5 BFH BStBl II 02, 291.
6 BFH BStBl II 91, 519; BStBl II 03, 245.
7 Vgl BFH BStBl II 02, 291 (294).
8 BFH BStBl II 98, 771.
9 BFH BStBl II 05, 739 (741).
10 Vgl im Einzelnen: *P Kirchhof* DStR 07, Beihefter zu Heft 39, S 11 (14 f).
11 BFH GrS BStBl II 02, 291; einschränkend BFH BStBl II 98, 663 (langjährige Verluste eines RA wurden anerkannt).

Erwerbsgerichtetheit („Einkünfteerzielungsabsicht") stellt sich deshalb idR nur bei **Dauersachverhalten**, bei denen zu beurteilen ist, ob ein gegenwärtiger Aufwand und Verlust unter Einbeziehung der zukünftigen Entwicklung ein positives Gesamtergebnis erwarten lässt.[1] Die **Feststellungslast** für die Erwerbsgerichtetheit trägt im Zweifel der StPfl.[2] Beweisanzeichen für die Erwerbsgerichtetheit ist die auf Dauer angelegte Erfüllung der steuerbegründenden Tatbestandsmerkmale.[3] Umgekehrt weist jeder Ausdruck einer persönlichen Lebensführung,[4] zB Tätigkeiten, die typischerweise aus persönlicher Neigung (Hobby) ausgeübt werden, auf eine private Betätigung. Kann der StPfl in der Zeit seiner nicht auf Dauer angelegten Tätigkeit kein positives Gesamtergebnis erreichen, ist dieses ein gegen die Erwerbsgerichtetheit sprechendes Beweisanzeichen.[5] Auch die Dauer der dem StPfl zuzuordnenden Erwerbsgrundlage und Nutzungshandlung erlaubt Vermutungen zur Erwerbsgerichtetheit.[6] Je kürzer der Abstand zw der Anschaffung oder Errichtung eines Objekts und einer nachfolgenden Veräußerung ist, umso mehr spricht gegen eine auf Dauer angelegte Erwerbstätigkeit und für einen von Anfang an ins Werk gesetzten Veräußerungsvorgang.[7] Dabei unterscheidet der BFH bisher allerdings – deutlich subjektivierend – zw dem bereits anfänglich gegebenen Veräußerungswillen und einer ursprünglich auf Dauer angelegten Erwerbstätigkeit, die dann aufgrund eines neugefassten Veräußerungsentschlusses unterbrochen wird.[8] Mit dieser Unterscheidung wird allerdings nur festgestellt, ob ursprünglich eine Erwerbsgrundlage eingerichtet oder eine Veräußerung vorbereitet worden ist. Bei einer Gesamtrechtsnachfolge oder unentgeltlichen Einzelrechtsnachfolge erlaubt eine personenübergreifende Betrachtungsweise (Rn 76), die Totalerfolgsprognose auf die fortgeführte Erwerbsgrundlage zu erstrecken.[9] Wird ein Betrieb zw Ehegatten wegen Beendigung ihrer Zugewinngemeinschaft übertragen, endet der Prognosezeitraum mit dem Zeitpunkt der Übertragung.[10]

49c Die Prognose über den voraussichtlichen „Totalüberschuss" aus der Nutzung einer Erwerbsgrundlage berücksichtigt negative Einkünfte aufgrund von steuerrechtlichen Subventions- und Lenkungsnormen nur, wenn ohne die Berücksichtigung der Lenkungszweck verfehlt würde. Bei einer auf Dauer angelegten Erwerbstätigkeit können **Subventions- und Lenkungsnormen** zwar grds außer Ansatz bleiben.[11] Fördert ein Gesetz eine Investitionsmaßnahme aber nicht durch eine steuerliche Leistung (Steuervergütung), die dem StPfl endgültig verbleiben soll, sondern wählt es das Instrument einer Steuerstundung, die zu einem Ausgleich in späteren Zeiträumen und damit nicht zu einem endgültig verbleibenden Steuervorteil führt, so muss diese mit der beabsichtigten Nutzung zusammenhängende Steuervergünstigung in die Prognose einbezogen werden.[12] Andernfalls könnte der StPfl insb systemwidrig Herstellungskosten geltend machen, die – bezogen auf die Gesamtdauer der Nutzung – nicht durch das Bemühen um Einkünfte, sondern durch die angestrebte Eigennutzung veranlasst sind.[13] Da Steuerbefreiungen voraussetzen, dass die begünstigten Vermögensmehrungen steuerbar sind, müssen auch steuerbefreite Erträge in die Prüfung der Erwerbsgerichtetheit einbezogen werden.[14]

50 **cc) Umfang der Prüfung.** Die Prüfung der Erwerbsgerichtetheit bezieht sich auf die Erwerbsgrundlage. Was Teil dieser Erwerbsgrundlage ist, bestimmt sich in steuerjuristischer Betrachtungsweise nach der Erwerbshandlung und den dadurch veranlassten Aufwendungen. Bei einer KapGes umfasst die Erwerbsgrundlage das gesamte Handeln der Gesellschaft; sie verfügt grds über **keine**

---

1 BFH BStBl II 98, 771; DStR 02, 1609 (1610); DStR 02, 1611 (1613); BFH/NV 04, 638 – Überschusserzielungsabsicht bei lebenslanger Rente.
2 BFH BStBl II 95, 116; DStR 02, 1611 (1613); BFH/NV 04, 170, mit dem Versuch einer Systematisierung *Adamek* EFG 05, 193.
3 Vgl BFH BStBl II 98, 771 – auf Dauer angelegte Vermietungstätigkeit.
4 Vgl BFH BStBl II 98, 663 u 727; BVerfG DStR 98, 1743; BFH/NV 99, 1204; *Schmidt*[26] § 2 Rn 22.
5 BFH BStBl II 95, 116; DStR 02, 1609 (1610).
6 BFH GrS BStBl II 02, 291 – zur Fünfjahresfrist beim gewerblichen Grundstückshandel; BFH DStR 02, 1611 (1613) – zur befristeten Vermietung und zeitnahen Veräußerung mit negativem Gesamtergebnis.
7 BFH /NV 07, 1477 mit Anm *Wendt* HFR 07, 320.
8 BFH DStR 02, 1609 (1610); DStR 02, 1611 (1612).
9 BFH DStR 01, 1475 – Verlustabzug des Erben bei wirtschaftlicher Belastung; BStBl II 02, 276 – Steuerberaterpraxis nach Pensionierung zur Vorbereitung für Berufstätigkeit des Sohnes.
10 BFH DStR 03, 457.
11 BFH BStBl II 98, 771; *Heuermann* DStZ 04, 13; s aber BFH BStBl II 03, 702 zur Gewinnermittlung nach Durchschnittssätzen in der Landwirtschaft.
12 BFH DStR 02, 1609 (1611).
13 BFH aaO.
14 *Groh* DB 84, 2424; **aA** *F/P/G* Rn A 197a (für nach §§ 14, 14a stfrei gestellte Beträge).

Privatsphäre;[1] **der Tatbestand einer Liebhaberei bedarf hier besonderer Begründung.**[2] Die Übernahme von verlustträchtigen Geschäften im Interesse des Gesellschafters führt zu vGA.[3]

Werden steuerunerhebliche Privathandlungen mit steuerbegründenden Erwerbshandlungen vermengt, zB eine Ferienwohnung in das BV eingebracht, um sie Geschäftsfreunden zur Verfügung zu stellen, so ist die einheitlich vollzogene Tätigkeit steuerrechtlich in eine Liebhaberei und eine erwerbswirtschaftliche Tätigkeit aufzuspalten (**Segmentierung**). Da oft Handlungen der persönlichen Lebensgestaltung als Erwerbshandlungen ausgegeben werden, kommt dieser Segmentierung die steuerjuristische Aufgabe zu, einen Erwerbszusammenhang anzuerkennen oder die Lebensgestaltung von der Erwerbshandlung abzugrenzen. Ob die Pferdezucht privates Hobby ist oder Bestandteil eines landwirtschaftlichen Betriebes, ob die Reisen in alle Welt durch eine Kiwizucht veranlasst waren, ob die philosophischen und naturwissenschaftlichen Publikationen eines RA Teil seiner Anwaltstätigkeit sind, bestimmt sich jeweils durch steuerjuristische Beurteilung der Erwerbshandlung und der dazu erforderlichen Aufwendungen.[4]

50a

Im Rahmen der **Vermögensverwaltung** richtet sich der Umfang der Erwerbsgrundlage nach der Natur des jeweiligen Vermögensgutes.[5] Die Veräußerung von Grundstücken bleibt Vermögensverwaltung, wenn der StPfl nicht substantielle Vermögenswerte durch Umschichten nutzt, sondern den Grundbesitz erhält, um ihn durch VuV zu nutzen (§ 15 Rn 114).[6] Bei Kapitalanlagen ist die Grenzlinie zw steuerbarer und nicht steuerbarer Sphäre in ihrem exakten Verlauf jeweils gesondert für die einzelne Kapitalanlage- und Ertragsformen des § 20 zu ermitteln. Die Ausgestaltung des einzelnen Steuertatbestandes ist maßgebend für die Frage, wie weit die steuererhebliche Sphäre reicht (§ 20 Rn 189 ff zu Verlusten des stillen G'ters; Rn 308 zu Kapitalverlusten bei § 20 I Nr 7; Rn 385, 405 zur Erfassung von Wertänderungen im Rahmen der Marktrendite). Überlässt der StPfl bei Einkünften aus VuV **mehrere Objekte** entgeltlich zur Nutzung, ist idR die Erwerbsgerichtetheit für jedes Objekt **getrennt** zu beurteilen.[7] In Ausnahmefällen ist jedoch auch eine Zusammenfassung von Immobilien möglich, wenn sie auf der Grundlage eines einheitlichen Gesamtplans des StPfl vermietet werden. Die Absicht der G'ter einer GbR, einen weiteren G'ter aufzunehmen, rechtfertigt es grds nicht, den Anteil jedes G'ters in einen zu veräußernden und einen zu haltenden Teil aufzuteilen. Die Erwerbsgerichtetheit („Überschusserzielungsabsicht") ist also für beide Anteile zu bejahen.[8]

50b

Wird ein Objekt nicht ausschließlich für Einkünftezwecke genutzt (zT selbst genutzte Ferienwohnung), ist nur der Einkünftebereich Prüfungsgegenstand. Die Aufwendungen sind dabei im Verhältnis der Nutzung aufzuteilen.[9] Zweifelh ist allerdings, ob eine fehlende Erwerbsgerichtetheit durch die Missachtung einer vorgeschriebenen Einkünfteermittlungsvorschrift beseitigt werden kann.[10] Zur Einkünfteerzielungsabsicht bei PersGes § 15 Rn 46 und § 21 Rn 48.

50c

Das erwerbswirtschaftliche Handeln ist **ein einheitlicher wirtschaftlicher Akt**, für den die Erwerbsgerichtetheit nur einheitlich geprüft werden kann.[11] Wer sich an einer KapGes beteiligt, begründet nur eine Erwerbsgrundlage. Die Erwerbsgerichtetheit kann sich dann nicht danach unterscheiden, ob die Gesellschaft sich ausschüttet, um mit entspr höherem Gewinn liquidiert zu werden, oder die Gesellschaft so hohe Ausschüttungen vornimmt, dass die Liquidation zu einem Verlust führt. Die Verlängerung der Fristen im Rahmen des § 23 hat auch für die Einkünfte aus VuV die Notwendigkeit einer Gesamtbetrachtung erhöht. Bei einer auf Dauer angelegten, unbefristeten Vermietung eines Grundstücks ist grds von einer Erwerbsgerichtetheit auszugehen,[12] mag der StPfl später auf-

51

---

1 BFH DStR 01, 2023.
2 Vgl *Pezzer* StuW 98, 76; *Weber-Grellet* DStR 98, 873 (876).
3 Die Abgrenzung zum Eigeninteresse ist anhand der Kriterien zur Liebhaberei zu prüfen (BFHE 199, 217).
4 BFH BStBl II 02, 692 – Jagd und LuF; BStBl II 86, 293 – Pferdezucht und LuF; StRK EStG, 75, § 13, allg R 11 – Fernreisen bei Kiwizucht; BStBl II 85, 515 – philosophische Publikationen eines RA; BFH/NV 07, 434 – Heilfastenklinik u Arztpraxis.
5 BFH DStR 04, 1166 – zur Abgrenzung eines gewerblichen Wertpapierhandels von privater Vermögensverwaltung.
6 BFH GrS BStBl II 02, 291 (292).
7 Vgl § 9 Rn 13; s auch *Heuermann* DStZ 04, 11 ff.
8 BFH BStBl II 99, 718.
9 BFH DStR 02, 253 (Leerstandszeiten sind im Verhältnis dieser Nutzung aufzuteilen).
10 So aber BFH FR 03, 239 (entgegen § 21 II Aufteilung in entgeltliche und unentgeltliche Überlassung bei Mietzins zw 50 und 75 % der ortüblichen Marktmiete, wenn Überschussprognose ohne Aufteilung negativ ist).
11 Vgl aber unten Rn 76u BFH BB 01, 1337 – Klärung der Einkunftsart vor der Liebhaberei, für Nutzungswert der Wohnung.
12 BFH BStBl II 98, 771.

grund eines neu gefassten Entschlusses veräußern.[1] Hingegen spricht als widerlegbares Beweisanzeichen für das Fehlen der Erwerbsgerichtetheit, dass der StPfl in der Zeit seiner nicht auf Dauer angelegten Vermietungstätigkeit kein positives Gesamtergebnis erreicht hat,[2] dass der StPfl das bebaute Grundstück innerhalb eines engen zeitlichen Zusammenhangs – von idR bis zu 5 Jahren – seit Anschaffung oder Herstellung wieder veräußert und innerhalb dieser Zeit insgesamt nur einen Werbungskostenüberschuss erzielt.[3] Je kürzer der Abstand zw der Anschaffung oder Errichtung des Objekts und der nachfolgenden Veräußerung ist, umso mehr spricht dies gegen eine auf Dauer angelegte Erwerbstätigkeit und für einen von Anfang an bestehenden Veräußerungsplan.[4]

52 Eine Erwerbsgrundlage lässt sich grds **nicht in eine verlustvermittelnde und eine erwerbsdienliche Einkunftsart aufspalten.** Vielmehr sind die Einkünfte nach dem Handlungsplan des StPfl zuzuordnen.[5] Wer aus einer nebenberuflich ausgeübten freiberuflichen Tätigkeit einen Verlust hinnimmt, um damit für den nicht selbstständig ausgeübten Hauptberuf Vorteile anzustreben, kann diesen Verlust als WK abziehen.[6] Entsprechendes muss für Verluste aus VuV oder Kapitalvermögen gelten, wenn diese mit Blick auf erwartete positive Einkünfte aus der Veräußerung in Kauf genommen werden.[7] Durch den nach § 17 und § 23 bestimmten Zeitpunkt für den Abzug dieser Aufwendungen wird auch Bedenken der FinVerw[8] gegen die Berücksichtigung des privaten Veräußerungsgeschäfts und gegen die verlässliche Nachweisbarkeit begegnet.

53 Die Erwerbsgerichtetheit setzt grds voraus, dass ein zeit**raum**bezogenes Handeln die Besteuerung begründet. Bei den §§ 17 und 23 handelt es sich um zeit**punkt**bezogene Einkünfte. Steuerbar ist nur die Veräußerung selbst, die übrigen Tatbestandsvoraussetzungen schränken den Steuertatbestand ein. Im Veräußerungszeitpunkt zielt das erwerbswirtschaftliche Handeln immer nur auf den höchstmöglichen Preis, nicht auf eine Differenz zu den bisherigen Aufwendungen. Da die Steuerbarkeit keine – schon im Erwerbszeitpunkt bestehende – Absicht der Veräußerung voraussetzt, ist dieser Zeitpunkt auch für eine Prüfung der Erwerbsgerichtetheit unmaßgeblich. Für Einkünfte nach § 23 ist seit jeher die Absicht der Spekulation – in Form der „Einkünfteerzielungsabsicht" – unerheblich. Zeitpunktbezogene Einkünfte werden daher unabhängig von einer dauernden Erwerbsgerichtetheit steuerbar.

54 Die Prüfung der Erwerbsgerichtetheit ist **auf die Erwerbsgrundlage zu beziehen, nicht auf die Person des Erwerbenden.** Die natürliche Pers ist zwar das Steuersubjekt, dem die Erwerbsgrundlage zugeordnet wird; die Erwerbsgerichtetheit ist aber durch die Grundlage geprägt. Bei unentgeltlicher Einzel- oder Gesamtrechtsnachfolge sind daher die vom Rechtsnachfolger erzielbaren Gewinne oder Überschüsse in die Beurteilung des „Totalerfolgs" beim Rechtsvorgänger einzubeziehen (Rn 76).[9] In diesem Sinne unterstellt die FinVerw[10] bei Immobilien eine Nutzungsdauer von 30 Jahren und bezieht einen unentgeltlichen Rechtsnachfolger hierin ausdrücklich ein.[11] Allerdings ist die Erwerbsgerichtetheit einer Tätigkeit, die beim Rechtsvorgänger als Liebhaberei zu qualifizieren war, für den Rechtsnachfolger selbstständig zu prüfen.[12] Bei der Einzelrechtsnachfolge ist eine privatrechtliche Gestaltung zurückzuweisen, die einem StPfl mit einem hohen Progressionssatz negative Einkünfte, sodann einem StPfl mit niedrigem Progressionssatz die Gewinne oder Überschüsse zuweist. Ein privatrechtlicher Vertrag hat nicht die Funktion, steuerliche Ungleichheit zu begründen.

55 b) Mehrere Nutzer. Nutzen **mehrere Pers gemeinsam eine Erwerbsgrundlage**, so erzielen sie Einkünfte aus dieser Erwerbsgrundlage je nach ihrem Anteil an der Leistungserbringung.[13] Bei der PersGes erfüllen den Handlungstatbestand des Nutzens der Erwerbsgrundlage (Erzielen von Einkünften) die jeweiligen G'ter, nicht die Ges, die nach § 1 kein ESt-Subjekt und nach §§ 1 bis 3 KStG

---

1 BFH DStR 02, 1609 (1610); DStR 02, 1611 (1612); BFH/NV 04, 484.
2 BFH BStBl II 95, 116 – Beteiligung an einem Bauherrenmodell mit Rückkaufsangebot oder Verkaufsgarantie.
3 BFH DStR 02, 1611 (1613) unter Hinweis auf BFH BStBl II 02, 291 – Fünfjahresfrist beim gewerblichen Grundstückshandel; BStBl II 03, 580; BFH/NV 07, 1477.
4 BFH DStR 02, 1611 (1613).
5 *Pezzer* StuW 00, 466 (§ 2 I „lediglich technischer Natur").
6 BFH BStBl II 94, 510 – Konzerttätigkeit eines Musikpädagogen; FG Hbg EFG 90, 628 – künstlerische Tätigkeit eines Professors für künstlerische Gestaltung.
7 **AA** *Wirtz* FR 03, 711.
8 OFD Rostock DStR 00, 927; OFD Ffm DB 00, 1641.
9 Im Ausgangspunkt aber anders BFH BStBl II 86, 293 (295).
10 BMF BStBl I 04, 933 (936); zur zugrunde liegenden Rspr *Spindler* DB 07, 185; näher zur Gesamtproblematik *Fleischmann* DB 05, 67.
11 Vgl Vorlage an GrS BFH BStBl II 05, 262.
12 BFH BStBl II 00, 674 (675).
13 *Jakob* Bd I, S 105.

kein Körperschaftsteuersubjekt ist (§ 15 Rn 200). Die G'ter nutzen als MU'er gemeinsam handelnd den GewBetr. Allerdings ist die PersGes zivilrechtlich und wirtschaftlich eine verselbstständigte Wirkungs- und Handlungseinheit.[1] Die gemeinsame Nutzung einer verselbstständigten Erwerbsgrundlage veranlasst ein zweistufiges Ermittlungsverfahren: Auf der ersten Stufe wird ermittelt, ob und welche Einkünfte die Ges aufgrund ihrer Tätigkeit erzielt. Sodann wird festgestellt, ob und wie sich diese Einkünfte auf die Steuer der dahinter stehenden G'ter auswirken.

Die PersGes ist damit **Zurechnungssubjekt** für die Gewinnerzielung, Gewinnermittlung und Einkünftequalifikation (partielles Steuersubjekt[2]). Nach der – für alle Gewinneinkünfte anzuwendenden – Regel der MU'schaft (§ 15 I Nr 2, § 13 V, § 18 IV) werden die Anteile am Gewinn einer PersGes aber den G'tern als Einkünfte zugerechnet und dort jeweils versteuert. Der Anteil jedes G'ters am Gewinn der PersGes wird von diesem G'ter „erzielt" (§ 15 Rn 200). Sodann wird der MU'er dem Einzelunternehmer, der keine Verträge mit sich selbst schließen kann, insoweit angenähert, als ihm nach § 15 I Nr 2 S 1 HS 2 Sondervergütungen für Leistungen an die Ges hinzugerechnet werden. Leistungen der Ges an den G'ter werden als Entnahmen behandelt, die Nutzung von WG, die im Eigentum des G'ters stehen, durch die Ges als Einlage. Vergütungen für die Tätigkeit eines G'ters gegenüber seiner gewerblich tätigen Ges zählen bei dem G'ter zu den Einkünften aus GewBetr, auch wenn diese – zB die Gebühren für die Beratung des RA an seine eigene OHG – isoliert als Einkünfte des § 18 oder § 19 zu qualifizieren wären. Die an den G'ter für Leistungen gezahlten Entgelte mindern den Ertrag der Ges, die Sondervergütung wird als Vorweggewinn des einzelnen G'ters außerhalb seiner quotenmäßigen Beteiligung erfasst. 56

Eingesetzte WG dienen als Erwerbsgrundlage des GewBetr, sind also BV, dessen Wertsteigerungen versteuert werden müssen. Da das überlassene WG aber nicht der Ges, sondern nur dem G'ter zugerechnet werden kann, spricht man insoweit von **Sonder-BV**. Veräußert die Ges ein WG an den G'ter, ist dieses keine Entnahme des erworbenen WG und keine Einlage des gezahlten Kaufpreises. Vielmehr hat der G'ter den dabei entstehenden Gewinn anteilig zu versteuern, weil sich der Jahresgewinn um die stillen Reserven des WG erhöht. Leistungsbeziehungen zw gewerblichen Schwestergesellschaften sind möglich. Auch Innengesellschaften können einen eigenen GewBetr unterhalten, PersGes ihrerseits MU'er einer anderen Ges sein (§ 15 Rn 122). Bei PersGes wird der Gewinn den G'tern nicht im Verhältnis ihrer Kapitalanteile, sondern grds nach dem vereinbarten Gewinnverteilungsschlüssel zugerechnet; die Rspr geht davon aus, dass der frei vereinbarte Gewinnverteilungsschlüssel der jeweils zur Einkünfteerzielung dienenden Nutzungsleistung entspricht.[3] Die zweistufige Einkünftezurechnung bei PersGes hat auch Folgen für die Gewinnerzielungsabsicht. Die Ges muss die Mehrung des BV anstreben, die G'ter müssen persönlich die Absicht haben, aus ihrer Beteiligung einen Gewinn zu erzielen.[4] 57

Die Erwerbsgemeinschaft der **Ehe** ist idR Zugewinngemeinschaft (Gütertrennung mit Zugewinnausgleich bei Beendigung des Güterstandes) und hat keine unmittelbaren Folgen für die Zurechnung der Einkünfte. Jedem Ehegatten werden – wie bei der Gütertrennung – die von ihm bezogenen Einkünfte zugerechnet. Der Zugewinnausgleich bleibt als Ausgleich unter Lebenden ein Vorgang in der einkommensteuerlich unerheblichen Vermögenssphäre; bei Tod eines Ehegatten treten erbschaftsteuerrechtliche Folgen ein. Allerdings findet die Erwerbsgemeinschaft der zusammenlebenden Eheleute in der Zusammenveranlagung (§ 26, § 26b) „eine an dem Schutzgebot (Art 6 I GG) und der wirtschaftlichen Leistungsfähigkeit der Ehepaare (Art 3 I GG) orientierte sachgerechte Besteuerung".[5] Dieses Verfahren entspricht der Gleichberechtigung der Ehegatten, die grds gleiche Verfügungsmacht über das in ihrer Ehe erzielte Einkommen beanspruchen; die eheliche Erwerbsgemeinschaft hat insoweit die Unterhaltsgemeinschaft abgelöst. Die Zusammenveranlagung schwächt die Progression ab, gewährt jedem Ehegatten individuelle Freibeträge und Abzugsmöglichkeiten und vermeidet eine Benachteiligung von Eheleuten mit mittleren und kleineren Einkommen gegenüber Eheleuten mit hohen Einkommen, die durch vertragliche Aufteilung ihres Gesamteinkommens die Steuerprogression wie beim Ehegattensplitting – und auch einem Familiensplitting – mindern können. 58

---

1 K/S/M § 15 Rn E 41.
2 BFH BStBl II 00, 686 (689); GrS BStBl II 91, 691 (692 ff); BStBl II 95, 617 (618 ff); BStBl II 98, 328 f.
3 BFH BStBl II 90, 565 (566); BStBl II 91, 691 (693 ff).
4 BFH/NV 99, 1336; BFH/NV 01, 895; FG Kln EFG 04, 872.
5 BVerfGE 61, 319 (347) = BStBl II 82, 717 (718 ff).

59 Grds nutzt der StPfl in Erfolg und Aufwand die ihm selber steuerjuristisch zuzurechnende Erwerbsgrundlage; ob diese zivilrechtlich in seinem Eigentum steht, ist unerheblich. Je schwächer allerdings die Qualifikationskraft der Nutzungshandlung ist (Wertpapiere, stiller G'ter), desto strenger sind die steuerjuristischen Zurechnungserfordernisse für die Erwerbsgrundlage. Werden **Erwerbsgrundlagen auf einen neuen Rechtsträger übertragen** und nutzt dieser nunmehr seine neue Erwerbsgrundlage, so werden Erwerbseinnahmen und Erwerbsaufwand künftig auch steuerrechtlich dem neuen Rechtsträger zugerechnet.[1] Mit der Übertragung der Erwerbsgrundlage und ihrer Nutzung endet die einkommensteuerliche Verantwortlichkeit des Übertragenden. Bei minderjährigen Übertragungsempfängern muss eine unentgeltlich übertragene Erwerbsgrundlage endgültig – ohne Rückforderungsvorbehalt – übertragen werden. AK und HK eines genutzten WG können bFH ohne Übergang der tatsächlichen Belastung steuerrechtlich nicht übertragen oder zugewendet werden.

60 Der **Nießbrauch**[2] (§ 21 Rn 55 f) wurde für das Steuerrecht neu entdeckt, um insbes unter unterhaltspflichtigen Angehörigen Erwerbsgrundlagen vom unterhaltspflichtigen Nießbrauchsbesteller (Eigentümer) auf den unterhaltsberechtigten Nießbraucher zu übertragen. Auch hier ist die Übertragung von Nutzungsrechten steuerwirksam, wenn der Nießbraucher selbst die Erwerbsgrundlage nutzt (§ 21 Rn 60).

64 c) Mehrere Rechtsgründe. Der einkommensteuerliche Handlungstatbestand der Nutzung einer Erwerbsgrundlage bestimmt insbes auch die Steuererheblichkeit einer Einnahme oder einer Aufwendung, der mehrere Rechtsgründe zugrunde liegen und die je nach Rechtsgrund den steuererheblichen Vorgang als Einkommen oder als Einkommensverwendung qualifizieren. Bei **Verträgen unter Familienangehörigen** (§ 15 Rn 255 ff) ist zu prüfen, ob sie eine Erwerbsgrundlage zur Nutzung übertragen oder Unterhaltspflichten erfüllen. Wesentliches Beweisanzeichen für die Übertragung oder Begründung einer Erwerbsgrundlage ist die ernstliche Vereinbarung, die tatsächliche Erfüllung und ein angemessenes Entgelt (Fremdvergleich).[3] Eine zivilrechtliche Unwirksamkeit des Vertrages etwa wegen Formmangels hat für die steuerrechtliche Anerkennung v Verträgen zw Angehörigen „nur indizielle Bedeutung".[4] Auch bei der **vGA** hat der Nutzungstatbestand das unter mehreren Rechtsgeschäftsbeziehungen steuererhebliche Rechtsverhältnis zu qualifizieren (§ 20 Rn 71 ff).

66 Die Zurechnung von Erfolg und Aufwand zunächst nach dem Handlungstatbestand der Nutzung und erst entspr der Nutzung nach dem Zustandstatbestand der Erwerbsgrundlage zeigt sich am deutlichsten beim **Drittaufwand**, bei dem ein Dritter die Kosten trägt, die durch die Nutzungshandlung des StPfl veranlasst sind. Aufwand ist grds der Einsatz eigener Mittel. Dieser eigene Aufwand ist steuerlich abziehbar. Ein Drittaufwand hingegen kann steuerrechtlich grds nicht geltend gemacht werden.[5] Zu Einzelfragen vgl § 4 Rn 145 ff.

67 d) Steuergegenstand und Steuersubjekt. § 2 bestimmt also den Steuergegenstand und das Steuersubjekt. Gegenstand der Einkommensbesteuerung ist das durch Nutzung einer Erwerbsgrundlage erzielte Einkommen. **Steuersubjekt ist die nat Pers** (§ 1), die durch Nutzung der ihr zuzurechnenden Erwerbsgrundlage das Einkommen erzielt. Das ESt-Schuldverhältnis beginnt mit der Vollendung der Geburt und endet mit dem Tod.

68 Die ESt bezieht somit nach dem Grundsatz der **Individualbesteuerung** die Bemessungsgrundlage und den progressiven Tarif auf die einzelne nat Pers. Jede Pers hat die durch Nutzung ihrer Erwerbsgrundlage erzielten Einkünfte zu versteuern und kann die in ihrer Pers entstandenen Abzugstatbestände geltend machen.

69 Der Grundsatz der Individualbesteuerung hat beim **Erbfall** zur Folge, dass das Einkommen nach dem Tode der Pers, die das Einkommen erzielt hat, von dem Rechtsnachfolger zu versteuern ist (§ 24 Nr 2); ein Verlustabzug (§ 10d) durch den Erben ist zu rechtfertigen, wenn der Erbe den übernommenen Verlust tatsächlich trägt (Rn 110); im Todesjahr sind 2 getrennte Veranlagungen des Erblassers und des Erben erforderlich. Gelegentlich sieht das EStG die Übertragung stiller Reserven zw mehreren Steuerrechtssubjekten vor (§§ 6, 6b). Eine Korrespondenz zw verschiedenen Steu-

---

1 BFH BStBl II 00, 622 (623) – Übergang des Verlustabzugs auf den Erben bei wirtschaftlicher Belastung; BStBl II 02, 487 (490); BStBl II 81, 299.
2 Vgl K/S/M § 2 Rn B 246 f.
3 BVerfG BStBl II 96, 34.
4 BFH BStBl II 07, 294 in Modifikation von BFH BStBl II 00, 386.
5 BFH GrS BStBl II 99, 782 (784 ff); BStBl II 99, 774 (776); BStBl II 99, 778 (779 ff); BStBl II 99, 787 (788).

ersubjekten, wonach der Leistende das von der Bemessungsgrundlage abziehen darf, was der Leistungsempfänger zu versteuern hat (§ 22 Nr 1 S 2 iVm § 12 Nr 2), ist eine Ausnahme und kann deshalb nicht verallgemeinert werden.

3. Erfolgstatbestand: Gewinn und Überschuss. Die ESt ist **keine Bereicherungssteuer**; nicht jeder Vermögenszuwachs begründet eine Einkommensteuerbarkeit. Vielmehr nimmt der Staat über die ESt am Erfolg individuellen Erwerbsstrebens durch Nutzung einer den Zugang zum Markt verschaffenden Erwerbsgrundlage teil. Ist die Erwerbsgrundlage nicht auf Vermögensmehrung ausgelegt oder zielt die Nutzung dieser Erwerbsgrundlage nicht auf das Erwirtschaften eines Vermögenszuwachses, so dienen Vorkehrungen und Tätigkeit nicht der Einkünfteerzielung, sondern anderen Zwecken, idR der Gestaltung des persönlichen Lebens (**Liebhaberei**, Rn 48[1]). Die nicht auf Erwerb, nicht auf den Erfolg eines Einkommens angelegte Tätigkeit ist einkommensteuerrechtlich unerheblich. 75

Das Erfordernis der Erwerbsvorkehrungen (Zustandstatbestand, Rn 2, 34 ff) und der Erwerbshandlung (Handlungstatbestand, Rn 3, 46 ff) bietet den Maßstab, um die – nur anfänglich negative Einkünfte erbringende – Erwerbsvorbereitung von den Steuersparmodellen abzugrenzen, deren wirtschaftlicher Erfolg lediglich in den ersparten Steuern liegt oder die Lebensführungskosten als Erwerbsaufwand umqualifizieren sollen. Unter § 2 II 1 Nr 1 bis 7 EStG fallen nur solche positiven oder negativen Einkünfte, die aus einer auf einen **Totalerfolg** angelegten Erwerbstätigkeit erwachsen (Rn 49).[2] Dabei bemisst sich der Totalerfolg nach steuerlichen Grundsätzen, selbst wenn Einnahmen aus Subventionsgründen nicht erfasst werden.[3] Die „Gewinnerzielungsabsicht" (Rn 48) besteht in dem Bestreben des Unternehmers, sein BV durch einen Totalgewinn über die Dauer seiner Betriebsinhaberschaft zu mehren.[4] Bei den Überschusseinkünften kommt es darauf an, dass der StPfl auf die voraussichtliche Dauer der Betätigung oder Vermögensnutzung einen Totalüberschuss der Einnahmen über die Werbungskosten erwirtschaftet.[5] Dabei machen es der Dualismus der Einkunftsarten und einkunftsspezifische Besonderheiten erforderlich, zunächst die Einkunftsart zu klären, bevor die Frage der Liebhaberei zu prüfen ist:[6] Beim Totalgewinn werden Aufwendungen in die Erwerbsgrundlage und Veräußerungsgewinne grds berücksichtigt, beim Totalüberschuss sind Veräußerungsgewinne hingegen grds unerheblich. 76

Der zeitliche Maßstab für die Beurteilung eines Totalerfolges bestimmt sich nach der jeweiligen Erwerbsgrundlage und deren Nutzung: Bei einem Firmengründer oder einem Erfinder wird man fünf Jahre Erwerbsvorbereitungszeit anerkennen, einen Totalgewinn erst danach erwarten dürfen. In der Forstwirtschaft werden dem Förster 100 Jahre zw Anpflanzung und Holzernte zugebilligt, obwohl dieser StPfl für sich keinen Gewinn zu erzielen beabsichtigt, er vielmehr seine Erben begünstigen will. Bei Leibrenten richtet sich die Totalerfolgsprognose im Regelfall nach der voraussichtlichen Laufzeit anhand der aktuellen Sterbetafel.[7] Beim ArbN hingegen, der von seinem Lohn lebt, wird man einen monatlichen, allenfalls einen jährlichen Überschuss voraussetzen dürfen, bei dem Anleger von anonymen Finanzkapital, der in Quartalen oder in Jahresergebnissen denkt, dürfen Einkünfte jedenfalls zum Ende eines Wj erwartet und danach allenfalls noch spekulative Behaltensfristen anerkannt werden.[8] Entscheidend ist stets die Totalerfolgsprognose nach den Erkenntnismöglichkeiten beim Vertragsschluss.[9]

Schwerwiegende nachträgliche Veränderungen können einen Beurteilungswechsel für spätere VZ rechtfertigen, wenn im Rahmen einer erneuten, aktualisierten Prognose ein Totalerfolg entgegen der ursprünglichen Erwartung nicht erwirtschaftet werden kann und es dem StPfl möglich und zumutbar ist, auf die veränderte Situation, zB durch Umschuldung, zu reagieren.[10] Bei der Feststellung der objektiv negativen Gewinnprognose sind die in der Vergangenheit erzielten Gewinne bedeutungslos, so dass der angestrebte Totalgewinn am Ende einer Berufstätigkeit nur noch die ver-

---

1 BFH BStBl 93, 303 (304); BStBl II 98, 727 f; BStBl II 00, 667 (670 f).
2 Vgl BFH BStBl II 00, 267 (270).
3 BFH BStBl II 03, 702 zur Durchschnittsbesteuerung nach § 13a.
4 BVerfG BStBl II 86, 293.
5 BFH BStBl II 00, 267 (270).
6 BFH BB 01, 1337.
7 BFH DStRE 05, 136 m Anm *Kulosa* HFR 05, 103.
8 Zurückhaltender BFH BStBl II 00, 267, wonach es feste zeitliche Vorgaben nicht gebe, deswegen ein Totalüberschuss bei einer Leibrentenversicherung nach 39 Jahren als ausreichend anerkannt wird.
9 BFH DStRE 05, 136 (137) mit Anm *Kulosa* HFR 05, 103.
10 BFH BStBl II 00 267 (273).

bliebenen Jahre umfasst.[1] Selbst bei einer negativen Erfolgsprognose muss hinzukommen, dass die verlustbringende Tätigkeit typischerweise dazu bestimmt und geeignet ist, persönliche Neigungen zu befriedigen oder wirtschaftliche Vorteile außerhalb der Einkunftssphäre zu erlangen.[2] Nach diesen Maßstäben hat der BFH[3] anerkannt, dass der Betrieb einer Steuerberaterkanzlei – ebenso wie der Betrieb einer Rechtsanwaltskanzlei – typischerweise auf die Erzielung von Gewinnen iSd § 18 I gerichtet ist, deshalb ein Anscheinsbeweis für das Bestehen einer „Gewinnerzielungsabsicht" bestehe,[4] dieser Beweis allerdings durch die Feststellung widerlegt werde, dass der StPfl die Praxis trotz der Verluste weiter betreiben wolle, um seinem Sohn nach Abschluss der Ausbildung die Praxisübernahme zu ermöglichen. Der BFH sieht hierin eine private Veranlassung für die Hinnahme der Verluste. Diese Rspr ist mit Blick auf Art 6 I GG fragwürdig, behält aber für die personenübergreifende Sichtweise Grundsatzbedeutung: **Der Aufwand für eine Erwerbsgrundlage** und deren Nutzung kann auch dann auf einen Totalerfolg angelegt sein, **wenn dieser erst bei dem Rechtsnachfolger eintritt**.[5] Ein Aufwand ist immer dann auf Erwerb angelegt, wenn er die Erwerbsgrundlage stärkt oder durch deren Nutzung veranlasst ist. Wäre allein die Erwerbshandlung des Aufwendenden erheblich, käme es – insbes bei den Leibrentenversicherungen – darauf an, welche alters- oder krankheitsbedingte konkrete Lebenserwartung der jeweilige StPfl noch vorzuweisen hätte.[6] Der StPfl müsste entgegen den verfassungsrechtlichen Erfordernissen des Datenschutzes[7] Tatsachen aus seiner Privatsphäre offenbaren, obwohl der Aufwand ohne Personenwechsel selbstverständlich anerkannt würde. Deshalb ist bei einer Gesamtrechtsnachfolge[8] oder unentgeltlichen Einzelrechtsnachfolge[9] in die Erwerbsgrundlage[10] eine **personenübergreifende Betrachtungsweise**[11] zugrunde zu legen.[12] Bei der entgeltlichen Übertragung der Erwerbsgrundlagen hingegen realisiert der Veräußerer einen Veräußerungserfolg, der Erwerber beginnt eine eigenständige Erfolgsrechnung. Soweit eine Rechtsnachfolge in der Erwerbsgrundlage nicht möglich ist – wie regelmäßig bei nicht selbständiger Tätigkeit –, bemisst sich der Totalüberschuss allein nach der Dauer der Erwerbstätigkeit des Aufwendenden. Maßstab aber bleibt grds die Erwerbshandlung durch Nutzung einer auf Erwerb ausgerichteten Erwerbsgrundlage (vgl auch Rn 50b). Nach diesen Kriterien gilt für Verlustzuweisungsgesellschaften die Vermutung einer fehlenden „Gewinnerzielungsabsicht".[13] Bei einem Generationenbetrieb, wie er in der LuF typisch ist, umfasst die für die Totalgewinnprognose maßgebliche Totalgewinnperiode mehr als nur eine Generation;[14] betreibt der Rechtsvorgänger einen Liebhabereibetrieb, kann der diesen Betrieb in die Erwerbstätigkeit zurückführende Rechtsnachfolger die von ihm erzielten Verluste als Anfangsverluste eines neu eröffneten Betriebs geltend machen.[15] IÜ lassen sich nach den Erfordernissen der Totalerfolgsprognose und einer Erwerbstätigkeit oft die Ferienwohnungen,[16] die Mietkaufmodelle und die Verlustzuweisungsgesellschaften[17] als nicht dem Erwerb dienende Vorkehrungen und Handlungen qualifizieren und deshalb als einkommensteuerrechtlich unbeachtlich behandeln.

77 Der Erfolg der Einkünfte wird durch eine Geldrechnung ermittelt, die dem **Nominalwertprinzip** (Grundsatz: ein Euro = ein Euro) folgt. Bei einer Geldentwertung verfälscht diese Geldrechnung die Maßgrößen der steuerbaren Einkünfte: Nominelle Vermögenswertsteigerungen bewirken bei Veräußerung Scheingewinne, verursachen andererseits als inflationsbedingte Geldwertverluste Schuldnergewinne. Der Währungsnominalismus gilt auch für Aufwand und AfA, selbst wenn diese bei steigenden Preisen die Wiederbeschaffungskosten nicht decken. Jedenfalls für die Überschussermittlung nach §§ 2 II, 11 müssen Einnahmen und Ausgaben – unabhängig von ihrer zeitlichen Zuordnung – mit derselben Maßgröße erfasst werden.[18] Das Bewertungsrecht hingegen sucht betrieblichen Aufwand und Gewinn periodengerecht zuzuordnen (§ 6 Rn 2; dort auch Rn 148 zum Abzinsungsgebot). Eine Inflation veranlasst auch eine „kalte Steuerprogression" ohne Änderung

---

1 BFH BStBl II 04, 455.
2 BFH BStBl II 02, 276; BStBl II 94, 944 (945); BStBl II 92, 328 (329); BStBl II 03, 85; BStBl II 03, 602.
3 BFH BB 01, 1723.
4 S aber für langjährige Verluste einer RA-Kanzlei BFH BStBl II 05, 392.
5 *Valentin* DStR 01, 505 (510).
6 *Valentin* DStR 01, 505 (508).
7 BVerfGE 84, 239 (279 f) = BStBl II 91, 654 – Zinsurteil.
8 Vgl BFH BStBl II 91, 729 (731) und unten Rn 110.
9 Zur entgeltlichen Übertragung im Rahmen eines Zugewinnausgleichs BFH DStR 03, 457; vgl auch Rn 49b.
10 Auch für die Auszahlung einer privaten Rente an Hinterbliebene, BFH DStR 05, 326 mit Anm *Kulosa* HFR 05, 318.
11 *Valentin* DStR 01, 505 (509); **aA** *Escher* S 191.
12 Vgl auch Vorlage an GrS BFH BStBl II 05, 262.
13 BFH BStBl II 00, 267 (271); FG Kln EFG 04, 872 (873); EFG 04, 891 (892).
14 BFH BStBl II 00, 674 (675).
15 BFH BStBl II 00, 674 (675 f).
16 BFH/NV 94, 858 (859).
17 BFH BStBl II 96, 219 (222).
18 BFH BStBl II 00, 267 (271).

des gesetzlichen Progressionssatzes, weil sie gleichbleibende Realeinkommen nominal erhöht und damit einem erhöhten Progressionssatz unterwirft. Dennoch müssen die Einkünfte nach dem Nominalwertprinzip ermittelt werden.[1] Eine Indexierung würde die Inflation beschleunigen und praktisch so kompliziert angelegt sein, dass die Steuergleichheit ernstlich gefährdet würde. Eine Berücksichtigung abgezinster Werte würde das Nominalwertprinzip unterlaufen.[2] Allerdings wäre es verfassungsrechtlich unbedenklich, die Geldwertabhängigkeit und damit die gesteigerte Inflationsanfälligkeit von Kapitaleinkünften bei der Besteuerung zu berücksichtigen und die Kapitalbildung als Quelle der Altersversorgung oder als sonstige existenzsichernde Versorgungsgrundlage gesondert zu würdigen.[3] Einkünfte in einer fremden Währung sind zum Tageskurs in Euro umzurechnen[4] (§ 8 Rn 19).

II. Quantifizierung der Einkünfte in der Steuerbemessungsgrundlage (§ 2 II). Während § 2 I den Steuergegenstand („der ESt unterliegen") bestimmt, vollzieht § 2 II den ersten Schritt, um diesen Gegenstand in der Steuerbemessungsgrundlage der **Einkünfte** in Zahlen auszudrücken. Dieser Grundtatbestand ist die Ausgangsnorm für das gesamte EStG. Einkünfte sind nach Abs 2 die Erwerbseinnahmen abzüglich der Erwerbsausgaben.[5] Steuerbar ist nicht der Zufluss, sondern der Zuwachs. Dieser Saldotatbestand der Einkünfte wird nach § 2 II als **Gewinn** oder als **Überschuss** ermittelt (vgl auch Rn 5).

78

Der Saldo von Erwerbseinnahmen (vgl §§ 4 III, 8 I, 11 I) und Aufwendungen wird demnach in der Unterscheidung zw Gewinn und Überschuss in unterschiedlichen Bemessungsgrundlagen und damit verschiedenen Belastungsergebnissen ermittelt. Bei den Gewinneinkünften werden Wertänderungen des BV und damit insbes Veräußerungsgewinne berücksichtigt, bei den Überschusseinkünften hingegen grds – mit Ausnahme der §§ 17, 23 – nicht. Auch bei der Gewinnermittlung nach § 4 III wird die Wertänderung bei der Realisierung erfasst. Wertminderungen können vor allem durch Teilwertabschreibung (§ 6 Rn 107) berücksichtigt, Verlustausweise damit vorverlagert werden. Der zweite wesentliche Unterschied besteht im Zeitpunkt, in dem die Einkünfte erzielt werden. Bei der Gewinnermittlung durch Vermögensvergleich gilt gem § 5 I – und ähnlich gem § 4 I – nach den GoB das sog Realisationsprinzip (§ 5 Rn 52), so dass nicht verwirklichte Gewinne nicht ausgewiesen und besteuert werden dürfen. Nach dem Imparitätsprinzip (§ 252 I Nr 4 HGB) sind dagegen Verluste bereits auszuweisen, wenn sie drohen. Bei Überschusseinkünften hingegen werden Einnahmen und Kosten im Zeitpunkt von Zufluss und Abfluss (§ 11 Rn 2) erfasst. Die Unterschiede zw dem Umfang der BA und der WK hingegen sind durch die Rspr im Wesentlichen einander angeglichen (§ 9 Rn 3). Dieser **Dualismus der Einkunftsarten** begründet eine Gleichheitsfrage, wenn ein einheitlicher Steuergegenstand ohne rechtfertigenden Grund unterschiedlich erfasst wird. Grds muss der Steuergegenstand folgerichtig und widerspruchsfrei in eine Bemessungsgrundlage umgesetzt werden,[6] dürfen in der Bemessungsgrundlage also keine wesentlichen Belastungsdifferenzierungen mehr entstehen.[7]

79

§ 2 II definiert Gewinn und Überschuss nicht selbst, sondern **verweist** in Nr 1 für den Gewinn auf die §§ 4 bis 7k, in Nr 2 für den Überschuss auf die §§ 8 bis 9a und damit auf die wichtigsten Einkünfteermittlungsvorschriften. Der Gewinn wird ermittelt durch Betriebsvermögensvergleich in der Normalform nach § 4 I sowie nach § 5 und als Überschussrechnung nach § 4 III. Die Überschusseinkünfte nach § 2 II Nr 2 beschränken sich auf einen Saldo von Erwerbseinnahmen abzüglich Erwerbsaufwendungen. Bei Kapitalerträgen, die nach § 32d I u § 43 V der Abgeltungssteuer unterfallen, wird ab VZ 09 nur noch ein pauschaler Abzug der Erwerbskosten zugelassen, der Abzug der tatsächlichen Aufwendungen ist ausgeschlossen, § 2 II 2 (nF).

80

C. Summe und Gesamtbetrag der Einkünfte

I. Summierung. Nach § 2 III sind die positiven und negativen Ergebnisse der einzelnen Einkunftsarten in einer Summe zusammenzufassen. Diese Zusammenfassung bestätigt die Gleichwertigkeit der einzelnen Einkunftsarten und Einkünfteermittlungsmethoden. Die Zusammenfassung bewirkt grds einen **Ausgleich zw Gewinnen und Überschüssen sowie zw Verlusten und Fehlbeträgen.** Die

81

---

1 BVerfGE 50, 57 (77 ff) = BStBl II 79, 308 ff.
2 BFH BStBl II 00, 267 (271).
3 BVerfGE 84, 239 (282) = BStBl II 91, 654 (664 ff).
4 BFH BStBl II 90, 57 (59).
5 K/S/M § 2 Rn A 52 ff.
6 BVerfGE 84, 239 (271) = BStBl II 91, 654 ff; BVerfGE 87, 153 (170) = BStBl II 93, 413 ff; stRspr.
7 BVerfGE 84, 348 (363 f); 96, 1 (6); 105, 73 (126); BVerfG NJW 06, 2757 (2758).

„Summe der Einkünfte" ist allerdings lediglich eine Zwischensumme der Einkünfte, da nach § 2 III der Gesamtbetrag der Einkünfte erst entsteht, wenn die Summe der Einkünfte um den Altersentlastungsbetrag (§ 24a), Entlastungsbetrag für Alleinerziehende (§ 24b) und den Landwirtschaftsfreibetrag nach § 13 III vermindert worden ist. Während die „Summe" und der „Gesamtbetrag" der Einkünfte sprachlich dasselbe besagen, gewinnen beide Tatbestände im § 2 ermittlungstechnisch die Funktion einer jeweils selbstständigen Zwischengröße. Bei Ehegatten, die eine Zusammenveranlagung nach § 26b gewählt haben, wird nur eine Summe der Einkünfte gebildet, die getrennt ermittelten Einkünfte beider Ehegatten werden also zusammengerechnet. Ausgenommen von dem Verlustausgleich gem § 2 III sind Verluste, deren Ausgleich nach besonderen Vorschriften (zB §§ 2a, 15 IV, 15a) weiteren Tatbestandsvoraussetzungen unterliegt oder deren Ausgleich ausdrücklich ausgenommen ist (vgl § 2b aF, § 15b).

82 **1. Die Mindestbesteuerungsregelung des § 2 III 2–8 idF des StEntlG 99/00/02.** Durch das **StEntlG 99/00/02** wurde die bis dahin uneingeschränkte Verlustverrechnung durch eine sog „**Mindestbesteuerung**" ersetzt. Damit wurde der notwendige, aber rechtsstaatlich misslungene Versuch unternommen, steuerlich nicht anerkennenswerte Verlustquellen für steuerunerheblich zu erklären oder sie zumindest einzuschränken.[1] Die dem Grundsatz der Normenklarheit nicht genügende[2] Regelung wurde ab 04[3] durch eine generelle Beschränkung des Verlustvortrags ersetzt (§ 10d Rn 3 ff u 25 ff).

110 **2. Verlustausgleich im Erbfall und bei Insolvenz.** Die Rspr lässt einen Verlustausgleich zw nicht ausgeglichenen Verlusten des Erblassers und positiven Einkünften des Erben zu[4] und geht gegenwärtig von einer „Vererblichkeit" von Verlustvorträgen aus, weil ein nicht ausgeglichener Verlustabzug nur eine überhöhte Besteuerung des Erblassers ausdrücke, die spätere Steuer aus der Erbmasse bezahlt werden,[5] iÜ Rechtsprechungskontinuität gewahrt bleiben müsse.[6] Dem folgt die Verwaltungspraxis.[7] Auf die Berücksichtigung von Verlusten des Erblassers beim Erben findet H 10d EStH (Verlustabzug im Erbfall) entspr Anwendung (§ 10d Rn 6).[8] Haftet der Erbe wegen Durchführung des **Nachlassinsolvenzverfahrens** nur beschränkt und wird der Verlust nicht von ihm, sondern von den Gläubigern getragen, ist er nicht berechtigt, Verluste des Erblassers mit eigenen positiven Einkünften zu verrechnen.[9]

111 Vor und während des Insolvenzverfahrens erlittene Verluste sind Verluste des Schuldners; er und nicht die **Insolvenzmasse** ist einkommensteuerliches Zurechnungsobjekt.[10] Die Rspr[11] lässt daher einen Verlustausgleich, darüber hinaus auch einen Verlustabzug, mit im Insolvenzverfahren erlittenen Verlusten in vollem Umfange zu. Im Falle der Zusammenveranlagung gewährt sie den Verlustausgleich und Verlustabzug auch dann, wenn die Einkünfte, auf die sich die Verluste auswirken, allein vom anderen Ehegatten erzielt worden sind.[12] Verluste, die ein nicht vollhaftender G'ter einer PersGes, beispielsweise ein K'dist, im Insolvenzverfahren erleidet, sind ausgleichsfähig, wenn und soweit der Verlustausgleich nach § 15a nicht ausgeschlossen ist.

112 Die Zurechnung von Verlusten im Insolvenzverfahren ist problematisch, weil der Insolvenzschuldner StPfl bleibt, die Steuerschuld aber nach den Vorschriften der Insolvenzordnung qualifiziert wird.[13] Mag auch nach § 36 I die ESt-Schuld einheitlich erst mit Ablauf des VZ entstehen, so bestimmt sich die Qualifikation der vor Verfahrenseröffnung angefallenen ESt als Insolvenzforderung (§ 38 InsO) und die nach Verfahrenseröffnung angefallene ESt als Masseforderung (§ 55 I Nr 1 InsO) nach den Handlungen des Schuldners oder Verwalters, nicht nach Ablauf des VZ. Hat eine PersGes hingegen nach Eröffnung des Insolvenzverfahrens Verluste erwirtschaftet, werden diese nach § 15 I – in den Grenzen des § 15a – den G'tern zugerechnet und kommen diesen steuer-

---

1 BT-Drs 14/40, 10; BT-Drs 14/443, 7; zu Einzelheiten vgl die 4. Aufl § 2 Rn 82 ff.
2 BFHE 214, 430 = BStBl II 07,167 (Vorlagebeschluss), dazu ausf *Hutter* NWB Fach 3, 14771.
3 ProtErklG, BGBl I 03, 2840.
4 BFH BStBl II 02, 487; offen gelassen in BFH BStBl II 99, 653 (655).
5 Vgl Vorlage an GrS BFH BStBl II 05, 262.
6 BFH BStBl II 02, 487; Beschl BStBl II 04, 414; **aA** (Anfragen-)Beschl BStBl II 00, 622; BStBl II 04, 400 sowie die Zustimmung anderer Senate: dazu Anm – *sch* DStR 01, 1477.
7 Vgl H 10d EStH (Verlustabzug im Erbfall) mit Beispielen.
8 Näher dazu *K/S/M* § 2 Rn D 160 ff; s auch BFH BStBl II 99, 653 (655); BStBl II 02, 487 (490).
9 H 115 ESt – „Insolvenzverfahren".
10 *K/S/M* § 10d Rn B 160 ff; BFH BStBl II 72, 946 (947); BFH/NV 96, 117.
11 BFH BStBl II 95, 692.
12 BFH BStBl II 69, 726 f.
13 BFH BStBl II 95, 297 (299).

lich zugute. Wirtschaftlich wurden die Verluste auch in der Insolvenz von den G'tern getragen.[1] Die Zurechnung der Verluste zu den G'tern einer insolventen PersGes findet aber dann ihre Grenze, wenn der Geschäftsbetrieb eingestellt wird und auch die G'ter ihren Haftungsverpflichtungen aus § 128 HGB dauerhaft nicht nachkommen können.[2]

II. Gesamtbetrag der Einkünfte. Der „Gesamtbetrag der Einkünfte" bildet eine **Zwischengröße** zur Ermittlung der Bemessungsgrundlage der ESt (§ 2 III u IV). Die Summe der Einkünfte wird um den Altersentlastungsbetrag (§ 24a), den Entlastungsbetrag für Alleinerziehende (§ 24b) und den Freibetrag für Land- und Forstwirte (§ 13 III) vermindert.

118

Mit der Berücksichtigung des Altersentlastungsbetrags, des Entlastungsbetrags für Alleinerziehende und des Abzugs gem § 13 III wird aus der Größe „Summe der Einkünfte" die Größe „Gesamtbetrag der Einkünfte" gebildet. Eine **einheitliche Zwischengröße**, auf der weitere Normen des EStG anknüpfen und aufbauen, ist aber letztlich erst gefunden und quantifiziert, wenn der Verlustabzug durchgeführt worden ist.

123

D. Das Einkommen

Nach § 2 IV ist das **Einkommen** der Gesamtbetrag der Einkünfte (§ 2 III), vermindert um die SA, die „als SA" und „wie SA" abziehbaren Aufwendungen sowie die ag Belastungen. § 2 IV erlaubt den **Abzug privat veranlasster, zwangsläufiger Ausgaben**, bezeichnet damit den Übergang von den erwerbssichernden zu den existenzsichernden Abzügen und nimmt dort das nicht frei verfügbare Einkommen von der Besteuerung aus.[3] Der Abzugstatbestand der ag Belastungen (§§ 33 bis 33b) entlastet von existenzsichernden oder zumindest existenzstützenden Aufwendungen, die der Gesetzgeber wegen ihrer Unvermeidlichkeit über das im Grundfreibetrag berücksichtigte Existenzminimum hinaus zum Abzug zugelassen hat (§ 33 Rn 2). Die SA (§ 10 I Nr 1 bis 9) sind Aufwendungen, die privat, außerhalb der Erwerbshandlung veranlasst, jedoch real oder zumindest typisiert zwangsläufig sind.[4] Diese SA können nach § 10c teilw pauschaliert werden. Auch die „als SA" abziehbaren Zuwendungen für steuerbegünstigte Zwecke (§ 10b I) und Parteizuwendungen (§ 10b II) sind privat veranlasste Aufwendungen, deren Gleichstellung mit den SA in der besonderen Widmung dieser Einkommensverwendung begründet ist (§ 10b I) oder vertretbar sein mag (§ 10b II). Bei den „wie SA" abziehbaren Aufwendungen hingegen ist die Unterscheidung zw Einkunftsermittlung und Einkunftsverwendung vernachlässigt: Die dort abziehbare Steuerbegünstigung der zu Wohnzwecken genutzten Wohnungen, Gebäude, Baudenkmale und schutzwürdigen Kulturgüter (§§ 10e bis 10i [vgl auch § 52 IV-VII] u § 7 FördG) sind echte Steuersubventionen; der Verlustabzug gem § 10d handelt vom mehrjährigen Ausgleich der Einkünfte, ist also eine Einkunftsermittlungsvorschrift. Sodann ist Einkommen gem § 15 I AStG hinzuzurechnen, um das Einkommen (§ 2 IV) zu bilden.

136

§ 2 IV gibt somit eine **Definition des Einkommens**, bezeichnet damit allerdings weder den Steuergegenstand noch die Bemessungsgrundlage der ESt, sondern lediglich eine Zwischengröße für weitere Abzugstatbestände. Soweit in anderen Gesetzen, insbes im Sozialrecht, auf den Begriff des Einkommens abgehoben wird, ist nicht das Einkommen iSd § 2 IV gemeint;[5] dazu enthält nunmehr § 2 Va eine Klarstellung.

137

E. Zu versteuerndes Einkommen

Nach § 2 V 1 bildet das Einkommen, vermindert um den Freibetrag für den Sach-, Erziehungs- und Betreuungsbedarf eines Kindes (§§ 31, 32 VI), bis VZ 03 den Haushaltsfreibetrag (§ 32 VII aF) und den Härteausgleich nach § 46 III (§ 70 EStDV) – Nebeneinkünfte bis 410 € –, das zu versteuernde Einkommen. Dieses zu versteuernde Einkommen bildet nach § 2 V 1 HS 2 die **Bemessungsgrundlage für die tarifliche ESt.**

143

---

1 *Statkiewicz* S 101 ff; s auch BFH BStBl II 95, 255 (zum Zinsabschlag); *Frotscher*[6] S 134; *Bringewat/Waza*[6] Rn 698; *Hess/Mitlehner* Rn 708.
2 *Statkiewicz* S 155 ff.
3 Vgl BVerfGE 107, 27 (49) = BStBl II 03, 534; BVerfGE 112, 268 (280) = BGBl I 05, 1622.
4 *K/S/M* § 10 Rn B 11.
5 *K/S/M* § 2 Rn E 55.

144 Das BVerfG[1] fordert, dass die existenzsichernden Aufwendungen **in einem einheitlichen Tatbestand zusammengefasst** und für jeden StPfl einheitlich gehandhabt werden. Deshalb muss insbes der letzte Schritt bei der Entwicklung der einkommensteuerlichen Bemessungsgrundlage klarer und einfacher den verfassungsrechtlich gebotenen Abzugstatbestand des existenzsichernden Familienaufwands ausdrücken und unabhängig von Mitwirkungshandlungen des StPfl zur Wirkung bringen.

F. Maßstabgebung für außersteuerliche Rechtsnormen

145 Knüpfen außersteuerliche Rechtsnormen an die in den Abs 2 bis 5 definierten Begriffe (Einkünfte, Summe der Einkünfte, Gesamtbetrag der Einkünfte, Einkommen, zu versteuerndes Einkommen) an, erhöhen sich für die Zwecke dieser außersteuerlichen Rechtsnormen diese Größen um die nach § 3 Nr 40 stfreien Einnahmen und mindern sich um die nach § 3c II nicht abziehbaren Beträge. Ab VZ 09 sind auch die nach §§ 32d I, 43 V zu besteuernden Beträge zu den Größen der Abs 2 bis 5 hinzuzurechnen, denn für außersteuerliche Zwecke ist nur die Höhe der Einkünfte maßgebend, nicht die Tatsache, dass ein Teil der Einkünfte einem besonderen Steuersatz unterliegt.[2] Nach § 2 Va bleiben die in den vorstehenden Absätzen bestimmten Begriffe von den einkommensteuerlichen Sonderregeln für das **Halbeinkünfteverfahren**[3] unberührt, soweit sie Bezugsgrößen in außersteuerlichen Rechtsnormen bilden.

146 Außersteuerliche Rechtsnormen sind Rechtsnormen, die **nicht unmittelbar Geltung für Steuern haben** und deshalb auch nicht in den unmittelbaren Anwendungsbereich der AO fallen (§ 1 I AO). Hierzu gehören auch Gesetze, für die die AO nach ausdrücklicher Regelung nur entspr anzuwenden ist (zB § 15 EigZulG, § 14 II VermBG, § 8 WoPG, § 6 I InvZulG 05). § 2 Va gilt insbes für Gesetze mit Leistungscharakter (Leistungsgesetze), die zur Feststellung von Anspr auf Leistungen häufig an Begriffe aus § 2 anknüpfen. Werden diese Bezugsgrößen durch neue einkommensteuerliche Regelungen geändert, können sich nicht gewollte Auswirkungen auf die Anzahl der zum Bezug der Leistung Berechtigten und auf die Höhe der Leistung ergeben.[4] Steuerliche Anknüpfungen an die Begriffe der vorstehenden Abs 2 bis 5 berücksichtigen dagegen folgerichtig auch die einkommensteuerlichen Sonderregelungen des Halbeinkünfteverfahrens (zB § 7 GewStG, §§ 1, 2, 5 u 7 AStG).

147 § 2 Va enthält somit die Klarstellung, dass die Sonderregeln der §§ 3 Nr 40, 3c II für die von einer Körperschaft an die Anteilseigner ausgeschütteten Gewinne eine Kollisionsregel für das Verhältnis von KSt und ESt begründen, die Systematik des ESt-Rechts aber nicht berühren. Ähnliche Vorbehalte für den Begriff des Einkommens (Rn 136) und den Begriff „zu versteuerndes Einkommen" (Rn 143) fordern jedoch eine **grundlegende Überprüfung der einkommensteuerlichen Begriffsbildung**, die zunächst im Binnensystem des EStG folgerichtig sein muss, dann im Zusammenwirken mit dem Steuerrecht iÜ modifiziert werden mag, jedoch in ihrer tatbestandlichen Erfassung der besteuerbaren finanziellen Leistungsfähigkeit vorbehaltlos einen Anknüpfungspunkt für andere Leistungs-, Finanzierungs- und Abgabengesetze bieten könnte.

G. Geltung für einkommensteuerliche Rechtsnormen

148 Mit Einführung der Abgeltungssteuer wird § 2 ab VZ 09 um eine Regelung zur Geltung seiner Begrifflichkeiten für einkommensteuerliche Rechtsnormen ergänzt. Knüpfen Rechtsnormen des EStG an die Begriffe der Abs 2 bis 5 (Einkünfte, Summe der Einkünfte, Gesamtbetrag der Einkünfte, Einkommen, zu versteuerndes Einkommen) an, sind für deren Zwecke Kapitalerträge nach §§ 32d I u 43 V nicht einzubeziehen, § 2 Vb 1. Außer Betracht bleiben damit alle Kapitalerträge, die bereits mit abgeltender Wirkung dem besonderen Steuersatz unterlegen haben. Das ist notwendig, um den Vereinfachungseffekt der Abgeltungssteuer zu erzielen u die Anonymität des Anlegers zu wahren.

148a Von dieser Grundregel werden in § 2 Vb S 2 mehrere Ausnahmen gemacht. Kapitalerträge, die der Abgeltungssteuer unterlegen haben, sind dennoch einzubeziehen, wenn die Rechtsnormen, die an die Begriffe des § 2 II-V anknüpfen, bestimmte steuerliche Vorteile gewähren. Das ist folgerichtig, denn für diese Vorteile kommt es allein auf die steuerliche Leistungsfähigkeit des StPfl an, also auf

---

1 BVerfGE 99, 216 (217, Leitsatz 3b) = BStBl II 99, 182.
2 BT-Drs 16/4841, 46.
3 Ab VZ 09 wird das Halbeinkünfteverfahren durch ein sog Teileinkünfteverfahren ersetzt.
4 BT-Drs 14/3366, 148.

die Höhe der Einkünfte oder des Einkommens. Nicht maßgebend ist, ob ein Teil dieser Einkünfte einem besonderen Steuersatz unterworfen war.[1] Allerdings bedeutet dies, dass der StPfl gegenüber dem FA seine Kapitalerträge erklären muss, will er solche Vorteile in Anspruch nehmen; der Vereinfachungseffekt der Abgeltungssteuer läuft damit ins Leere.[2] Die Ausnahmen betreffen die Ermittlung der abzugsfähigen SoA für förderungswürdige Zwecke (§ 10b), die steuerliche Berücksichtigungsfähigkeit eines Kindes (§ 32 IV 2), die Ermittlung der zumutbaren Belastung bei ag Belastungen (§ 33 III), die Ermittlung des berücksichtigungsfähigen Unterhalts als ag Belastung (§ 33a I 4) u die Ermittlung des Sonderbedarfs als ag Belastung (§ 33a II 2). Kapitaleinkünfte, die veranlagt werden u somit der tariflichen ESt unterliegen (§ 32d II u VI), werden ebenfalls in die Bestimmung der Einkünfte einbezogen; hier kommt die Abgeltungssteuer von vornherein nicht zum Tragen.

H. Tarifliche und festzusetzende Einkommensteuer

Die **tarifliche ESt** ist der Steuerbetrag, der sich durch Anwendung des ESt-Tarifs (§ 32a I oder V, unter Berücksichtigung des ProgrVorb [§ 32b] und des ermäßigten Tarifs [§§ 34, 34b]) auf das zu versteuernde Einkommen (§ 2 V) ergibt. Der Tarif ist in einer Formel ausgedrückt, die der StPfl nicht versteht, die rechtsstaatlichen Anforderungen an Jedermannsrecht deshalb nicht genügt. **149**

Die **Tarifformel** des § 32a beginnt mit dem das Existenzminimum berücksichtigenden Grundfreibetrag als sog Nullzone, weist in der unteren Proportionalzone erstmals einen Steuerbetrag aus, verwirklicht in der linearen Progressionszone das Prinzip der mit steigendem Einkommen überproportional anwachsenden Belastbarkeit und erfasst schließlich in der oberen Proportionalzone das dort zu versteuernde Einkommen mit einem linearen Steuersatz, um eine Belastungsobergrenze zu wahren. Nach § 32a IV ergibt sich die tarifliche ESt für die Normaleinkommen aus einer im EStG beigefügten ESt-Grundtabelle und nach § 32a V einer ESt-Splittingtabelle. Die Integration des Grundfreibetrags in die Tarifformel erbringt eine vom individuellen Grenzsteuersatz unabhängige konstante Entlastung und wirkt wie ein die Steuerschuld mindernder Steuerabzugsbetrag. Damit unterscheidet sich der Grundfreibetrag in der Rechtswirkung von allen übrigen existenzsichernden Abzügen, die von der Bemessungsgrundlage abgezogen werden und eine Steuerentlastung jeweils in Höhe des Grenzsteuersatzes bewirken. **150**

Das deutsche Einkommensteuerrecht kennt seit 1891 einen progressiven Tarif – damals in Preußen von 0,67 bis 4 %. Mehrere, mit wachsender Bemessungsgrundlage ansteigende Steuersätze sollten das Besitzeinkommen gegenüber dem Arbeitseinkommen stärker belasten, in der Geschichte der bürgerlichen Sozialreform teilweise auch höher belastbares „Luxuseinkommen" und sogar „überflüssiges" Einkommen definieren. Heute bietet der progressive Tarif einen der Gründe für eine durch viele Ausnahmeregelungen und Vermeidungsstrategien durchlöcherte Bemessungsgrundlage. Die Progression verleitet zu unwirtschaftlichen und sinnwidrigen Steuervermeidungstechniken, verursacht offensichtliche Gleichheitswidrigkeiten, wenn eine Steuersubvention durch Abzug v der Bemessungsgrundlage gewährt wird, das höhere Einkommen deshalb höher entlastet wird als das niedrigere, erfasst auch das Einkommen nicht gleichheitsgerecht und rechtsformneutral, wenn das Körperschaftsteuerrecht und nunmehr auch die ESt lineare Steuersätze kennt. Das Nominalwertprinzip führt bei steigendem Nominalwert zu einer „kalten Progression", erhöht also stetig die Steuerlast, ohne dass darüber in einem förmlichen Gesetzgebungsverfahren beschlossen worden wäre. Die Progression führt auch zu materiellen Verwerfungen, wenn Einkünfte in mehreren VZ erwirtschaftet werden, dann aber in einem VZ geballt anfallen. Ähnliches gilt, wenn bei der Besteuerung, insb bei den Abgeltungssteuern, nur ein Teil des Einkommens bekannt ist oder wenn – wie bei der Pauschalbesteuerung v Arbeitslohn – der Empfänger einer stpfl Leistung unbekannt ist. Zudem veranlasst der progressive Steuertarif eine Fülle v Sonderregeln, die das Recht komplizierter machen: Die besonderen Veranlagungsformen für Ehegatten, die Tarifbegrenzung für tarifliche Einkünfte, der modifizierte Steuersatz für außergewöhnliche Einkünfte, einzelne Rücklagen, der begrenzte Abzug von Parteispenden, die Sonderregelung des Unterhalts für den geschiedenen Ehegatten, die Pauschalierung bei der Lohnsteuer oder bei Leistungen durch Dritte, der Progressionsvorbehalt, das Teileinkünfteverfahren, die Korrektur der proportionalen Vorbelastung mit KapESt und der **150a**

---

[1] BT-Drs 16/4841, 46.
[2] So auch die Bedenken des Bundesrates in seiner Stellungnahme zum Gesetzesentwurf, die keine Beachtung fanden, BT-Drs 16/5377, 10.

progressiven Vorbelastung mit LSt. Diese Vorschriften wären entbehrlich oder könnten systematisch vereinfacht werden, wenn es keine Progression gäbe.

151 Die tarifliche ESt bildet nach § 2 VI 1 die Ausgangsgröße für weitere Abzugstatbestände, die von dem Zwischenbetrag tariflicher ESt abzuziehen sind und dann in der **festzusetzenden ESt** die einkommensteuerliche Zahlschuld bildet. Diese Abzugsbeträge sind der Entlastungsbetrag nach § 32c nF[1], ausländische Steuern nach § 34c I und VI, § 12 AStG, die Steuerermäßigung bei Gewerbe (§ 35), die Steuerermäßigung für StPfl mit Kindern bei Inanspruchnahme erhöhter Absetzungen für Wohngebäude oder der Steuerbegünstigungen für eigengenutztes Wohneigentum (§ 34f I, II), die Steuerermäßigung bei Zuwendungen an politische Parteien und unabhängige Wählervereinigungen (§ 34g), die Steuerermäßigung nach § 34f III. Hinzuzurechnen sind Steuern nach § 34c V, Nachsteuern nach § 10 V (§§ 30, 31 EStDV), die Zuschläge nach § 3 IV 2 Forstschäden-Ausgleichsgesetz, die Zulage nach Abschnitt XI, soweit ein Sonderausgabenabzug nach § 10a zu gewähren gewesen ist (s § 10a Rn 1), sowie das Kindergeld und vergleichbare Leistungen, soweit in den Fällen des § 31 EStG das Einkommen um einen Kinderfreibetrag gemindert worden ist. Ab VZ 09 ist auch die sich aus der besonderen Besteuerung für Kapitalerträge nach § 32d III u IV ergebende Steuer bei der festzusetzenden ESt zu berücksichtigen.

152 Die festzusetzende ESt (§ 2 VI EStG) bezeichnet die ESt-Schuld. Sie ist auch – in den Modifikationen des § 51a – Steuermaßstab für die Festsetzung und Erhebung von Zuschlagsteuern. Praktische Bedeutung gewinnt sie für den SolZ und für die KiSt.

153 **I. Das Jahressteuerprinzip.** Nach § 2 VII 1 ist die ESt eine Jahressteuer, erfasst demnach nicht den einzelnen Geschäftsvorfall in seinem Einkommenserfolg, sondern das aus der Erwerbstätigkeit erzielte Gesamtergebnis pro Jahr. Die ESt belastet das zu versteuernde Einkommen eines zurückliegenden Kj (§ 2 VII 1 u 2, § 25 I) – **Jahreseinkommen**. Die ESt-Schuld entsteht mit Ablauf dieses VZ (§ 25 I) und bemisst sich nach dem individuellen Erwerbserfolg innerhalb dieses Jahres. Der ESt-Tarif ist ein Jahrestarif; § 32a gewinnt erst durch § 2 VII seinen konkreten Inhalt. Der StPfl hat für den abgelaufenen VZ seine ESt-Erklärung abzugeben (§ 25 III 1). Die Grundregel des Jährlichkeitsprinzips wird in vielen nachfolgenden Vorschriften bestätigt (§ 4 I 1, § 7, § 10 I Nr 1, Nr 7, 8 III, § 10b I u II, § 10e, § 24a, § 33 I, II, III, § 33b IV u VI), bleibt aber iÜ für die Zurechnung von Erwerbseinnahmen und Erwerbsaufwendungen, für Typisierungs- und Pauschalierungsbeträge, für Freibeträge und Freigrenzen, für Einkommensgrenzen und insbes die Steuerprogression konstitutiv. In diesen Fällen definiert § 2 VII 2 die jeweiligen Größen als Jahresbeträge. Zugleich besagt § 2 VII 2, dass die nach § 2 III bis V gebildeten Zwischengrößen (Summe der Einkünfte, Gesamtbetrag der Einkünfte, Einkommen, zu versteuerndes Einkommen) ebenfalls Jahresbeträge sind sowie die tarifliche sowie die festzusetzende ESt (§ 2 VI) sich auf das jeweilige Kj bezieht. Das Kindergeld wird entspr seiner Funktion als Unterhaltszahlung monatlich ausgezahlt, schafft damit aber Anwendungsprobleme, die die Rspr beschäftigt haben.[2]

154 Das Jahresprinzip ist ein **materielles Besteuerungsprinzip**. Ihm entspricht auf der Ausgabenseite des Staates der jährliche Haushaltsplan. Der Staat finanziert sich in seinem gegenwärtigen Bedarf durch Teilhabe am gegenwärtigen Einkommenserfolg gegenwärtiger individueller Nutzung der Erwerbsgrundlage. Erwerbseinnahmen werden zeitgebunden mit den Erwerbsausgaben verrechnet, die existenzsichernden Aufwendungen dem zeitgebundenen Lebensbedarf zugerechnet. Die abschnittsweise Einkommensbesteuerung verteilt die individuelle Steuerlast zeitgerecht und verstetigt das staatliche Aufkommen aus der ESt entspr der Ertragskraft und der Nutzbarkeit der jeweils von der Rechtsgemeinschaft bereitgestellten Erwerbsmöglichkeiten. Nach § 4a kann der Gewinnermittlungszeitraum je nach tatsächlichem Wj abw festgesetzt werden. § 34 bestätigt das Prinzip der Jahresbesteuerung für außerordentliche Einkünfte, die langfristig erzielt worden sind, aber formal in einem Jahr zufließen und deswegen progressionsmindernd gesondert zu belasten sind. § 37 verstetigt das ESt-Aufkommen durch die Verpflichtung zu Vorauszahlungen auf die voraussichtliche ESt-Schuld für den laufenden VZ. Eine Besteuerung des Lebenseinkommens verfehlte die Gleichheit in der Zeit, gefährdete im Übrigen die freiheitliche Eigentumsordnung, weil sie dem StPfl zunächst das Einkommen voll als Eigenes zur privatnützigen Disposition überlassen, zum Lebensende dann aber das vermeintliche Eigene kumulativ mit ESt und ErbSt belasten und so privatwirtschaftlich gewachsene Strukturen zerstören würde. Laufende Steuervorauszahlungen auf dieses Lebensein-

---

1 Nur für VZ 07, § 52 XLIV.   2 BFH/NV 03, 898; BFH/NV 04, 405.

kommen könnten diesen Strukturfehler nicht lösen, würden vielmehr nach Vermutung besteuern, bei einer ergänzenden Endbesteuerung auf gleiche Probleme treffen oder aber die Erstattung zu viel gezahlter Steuern dem Rechtsnachfolger vorbehalten.

Auch bei einem **Wechsel von der unbeschränkten zur beschränkten StPfl** und umgekehrt gilt das Jahressteuerprinzip fort. Gem § 2 VII 3 ist eine einheitliche Jahresveranlagung erforderlich, bei der die Summe der Einkünfte aus sämtlichen Einkünften des Zeitraums der unbeschränkten StPfl (Welteinkommensprinzip s § 1 Rn 1) zuzüglich der inländischen Einkünfte nach § 49 ermittelt wird, die vor oder nach Bestehen der unbeschränkten StPfl erzielt wurden. Für diese Einkünfte tritt keine Abgeltungswirkung nach § 50 V 1 EStG ein. Die Veranlagungsart und der maßgebliche Tarif bestimmen sich nach dem Sachverhalt in der Zeit der unbeschränkten StPfl. Diese durch das JStG 97[1] eingeführte Regelung des Satzes 3 beseitigt die zuvor bestehende Ungleichbehandlung. Bisher wurde als Jahreseinkommen nur das Einkommen angesetzt, das der StPfl während der Dauer seiner unbeschränkten EStPfl innerhalb eines Kj bezogen hat.[2] Es widersprach der Besteuerung nach der Leistungsfähigkeit, dass ein Teil der Einkünfte pauschal und damit definitiv besteuert wurde, obwohl eine Veranlagung durchzuführen war.

155

§ 2a Negative Einkünfte mit Auslandsbezug

(1) [1]Negative Einkünfte
1. aus einer in einem ausländischen Staat belegenen land- und forstwirtschaftlichen Betriebsstätte,
2. aus einer in einem ausländischen Staat belegenen gewerblichen Betriebsstätte,
3. a) aus dem Ansatz des niedrigeren Teilwerts eines zu einem Betriebsvermögen gehörenden Anteils an einer Körperschaft, die weder ihre Geschäftsleitung noch ihren Sitz im Inland hat (ausländische Körperschaft), oder
   b) aus der Veräußerung oder Entnahme eines zu einem Betriebsvermögen gehörenden Anteils an einer ausländischen Körperschaft oder aus der Auflösung oder Herabsetzung des Kapitals einer ausländischen Körperschaft,
4. in den Fällen des § 17 bei einem Anteil an einer Kapitalgesellschaft, die weder ihre Geschäftsleitung noch ihren Sitz im Inland hat,
5. aus der Beteiligung an einem Handelsgewerbe als stiller Gesellschafter und aus partiarischen Darlehen, wenn der Schuldner Wohnsitz, Sitz oder Geschäftsleitung in einem ausländischen Staat hat,
6. a) aus der Vermietung oder der Verpachtung von unbeweglichem Vermögen oder von Sachinbegriffen, wenn diese in einem ausländischen Staat belegen sind, oder
   b) aus der entgeltlichen Überlassung von Schiffen, sofern der Überlassende nicht nachweist, dass diese ausschließlich oder fast ausschließlich im Inland eingesetzt worden sind, es sei denn, es handelt sich um Handelsschiffe, die
      aa) von einem Vercharterer ausgerüstet überlassen, oder
      bb) an im Inland ansässige Ausrüster, die die Voraussetzungen des § 510 Abs. 1 des Handelsgesetzbuchs erfüllen, überlassen, oder
      cc) insgesamt nur vorübergehend an im Ausland ansässige Ausrüster, die die Voraussetzungen des § 510 Abs. 1 des Handelsgesetzbuchs erfüllen, überlassen
   worden sind, oder
   c) aus dem Ansatz des niedrigeren Teilwerts oder der Übertragung eines zu einem Betriebsvermögen gehörenden Wirtschaftsguts im Sinne der Buchstaben a und b,
7. a) aus dem Ansatz des niedrigeren Teilwerts, der Veräußerung oder Entnahme eines zu einem Betriebsvermögen gehörenden Anteils an
   b) aus der Auflösung oder Herabsetzung des Kapitals
   c) in den Fällen des § 17 bei einem Anteil an
   einer Körperschaft mit Sitz oder Geschäftsleitung im Inland, soweit die negativen Einkünfte auf einen der in den Nummern 1 bis 6 genannten Tatbestände zurückzuführen sind,

dürfen nur mit positiven Einkünften der jeweils selben Art und – mit Ausnahme der Fälle der Nummer 6 Buchstabe b – aus demselben Staat, in den Fällen der Nummer 7 auf Grund von Tatbeständen der jeweils selben Art aus demselben Staat, ausgeglichen werden; sie dürfen auch nicht nach

---

1 BGBl I 95, 1250.   2 BFH BStBl II 95, 127.

§ 10d abgezogen werden. ²Den negativen Einkünften sind Gewinnminderungen gleichgestellt. ³Soweit die negativen Einkünfte nicht nach Satz 1 ausgeglichen werden können, mindern sie die positiven Einkünfte der jeweils selben Art, die der Steuerpflichtige in den folgenden Veranlagungszeiträumen aus demselben Staat, in den Fällen der Nummer 7 auf Grund von Tatbeständen der jeweils selben Art aus demselben Staat, erzielt. ⁴Die Minderung ist nur insoweit zulässig, als die negativen Einkünfte in den vorangegangenen Veranlagungszeiträumen nicht berücksichtigt werden konnten (verbleibende negative Einkünfte). ⁵Die am Schluss eines Veranlagungszeitraums verbleibenden negativen Einkünfte sind gesondert festzustellen; § 10d Abs. 4 gilt sinngemäß.

(2) ¹Absatz 1 Satz 1 Nr. 2 ist nicht anzuwenden, wenn der Steuerpflichtige nachweist, dass die negativen Einkünfte aus einer gewerblichen Betriebsstätte im Ausland stammen, die ausschließlich oder fast ausschließlich die Herstellung oder Lieferung von Waren, außer Waffen, die Gewinnung von Bodenschätzen sowie die Bewirkung gewerblicher Leistungen zum Gegenstand hat, soweit diese nicht in der Errichtung oder dem Betrieb von Anlagen, die dem Fremdenverkehr dienen, oder in der Vermietung oder der Verpachtung von Wirtschaftsgütern einschließlich der Überlassung von Rechten, Plänen, Mustern, Verfahren, Erfahrungen und Kenntnissen bestehen; das unmittelbare Halten einer Beteiligung von mindestens einem Viertel am Nennkapital einer Kapitalgesellschaft, die ausschließlich oder fast ausschließlich die vorgenannten Tätigkeiten zum Gegenstand hat, sowie die mit dem Halten der Beteiligung in Zusammenhang stehende Finanzierung gilt als Bewirkung gewerblicher Leistungen, wenn die Kapitalgesellschaft weder ihre Geschäftsleitung noch ihren Sitz im Inland hat. ²Absatz 1 Satz 1 Nr. 3 und 4 ist nicht anzuwenden, wenn der Steuerpflichtige nachweist, dass die in Satz 1 genannten Voraussetzungen bei der Körperschaft entweder seit ihrer Gründung oder während der letzten fünf Jahre vor und in dem Veranlagungszeitraum vorgelegen haben, in dem die negativen Einkünfte bezogen werden.

(3) ¹Sind nach einem Abkommen zur Vermeidung der Doppelbesteuerung bei einem unbeschränkt Steuerpflichtigen aus einer in einem ausländischen Staat belegenen Betriebsstätte stammende Einkünfte aus gewerblicher Tätigkeit von der Einkommensteuer zu befreien, so ist auf Antrag des Steuerpflichtigen ein Verlust, der sich nach den Vorschriften des inländischen Steuerrechts bei diesen Einkünften ergibt, bei der Ermittlung des Gesamtbetrags der Einkünfte abzuziehen, soweit er vom Steuerpflichtigen ausgeglichen oder abgezogen werden könnte, wenn die Einkünfte nicht von der Einkommensteuer zu befreien wären, und soweit er nach diesem Abkommen zu befreiende positive Einkünfte aus gewerblicher Tätigkeit aus anderen in diesem ausländischen Staat belegenen Betriebsstätten übersteigt. ²Soweit der Verlust dabei nicht ausgeglichen wird; ist bei Vorliegen der Voraussetzungen des § 10d der Verlustabzug zulässig. ³Der nach den Sätzen 1 und 2 abgezogene Betrag ist, soweit sich in einem der folgenden Veranlagungszeiträume bei den nach diesem Abkommen zu befreienden Einkünften aus gewerblicher Tätigkeit aus in diesem ausländischen Staat belegenen Betriebsstätten insgesamt ein positiver Betrag ergibt, in dem betreffenden Veranlagungszeitraum bei der Ermittlung des Gesamtbetrags der Einkünfte wieder hinzuzurechnen. ⁴Satz 3 ist nicht anzuwenden, wenn der Steuerpflichtige nachweist, dass nach den für ihn geltenden Vorschriften des ausländischen Staates ein Abzug von Verlusten in anderen Jahren als dem Verlustjahr allgemein nicht beansprucht werden kann. ⁵Der am Schluss eines Veranlagungszeitraums nach den Sätzen 3 und 4 der Hinzurechnung unterliegende und noch nicht hinzugerechnete (verbleibende) Betrag ist gesondert festzustellen; § 10d Abs. 4 gilt entsprechend. ⁶In die gesonderte Feststellung nach Satz 5 einzubeziehen ist der nach § 2 Abs. 1 Satz 3 und 4 des Gesetzes über steuerliche Maßnahmen bei Auslandsinvestitionen der deutschen Wirtschaft vom 18. August 1969 (BGBl. I S. 1214), das zuletzt durch Artikel 8 des Gesetzes vom 25. Juli 1988 (BGBl. I S. 1093) geändert worden ist, der Hinzurechnung unterliegende und noch nicht hinzugerechnete Betrag.

(4) ¹Wird eine in einem ausländischen Staat belegene Betriebsstätte
1. in eine Kapitalgesellschaft umgewandelt oder
2. entgeltlich oder unentgeltlich übertragen oder
3. aufgegeben, jedoch die ursprünglich von der Betriebsstätte ausgeübte Geschäftstätigkeit ganz oder teilweise von einer Gesellschaft, an der der inländische Steuerpflichtige zu mindestens 10 Prozent unmittelbar oder mittelbar beteiligt ist, oder von einer ihm nahe stehenden Person im Sinne des § 1 Abs. 2 des Außensteuergesetzes fortgeführt,

so ist ein nach Absatz 3 Satz 1 und 2 abgezogener Verlust, soweit er nach Absatz 3 Satz 3 nicht wieder hinzugerechnet worden ist oder nicht noch hinzuzurechnen ist, im Veranlagungszeitraum der

Negative Einkünfte mit Auslandsbezug § 2a

Umwandlung, Übertragung oder Aufgabe in entsprechender Anwendung des Absatzes 3 Satz 3 dem Gesamtbetrag der Einkünfte hinzuzurechnen. ²Satz 1 gilt entsprechend bei Beendigung der unbeschränkten Einkommensteuerpflicht (§ 1 Abs. 1) durch Aufgabe des Wohnsitzes oder des gewöhnlichen Aufenthalts oder bei Beendigung der unbeschränkten Körperschaftsteuerpflicht (§ 1 Abs. 1 des Körperschaftsteuergesetzes) durch Verlegung des Sitzes oder des Orts der Geschäftsleitung sowie bei unbeschränkter Einkommensteuerpflicht (§ 1 Abs. 1) oder unbeschränkter Körperschaftsteuerpflicht (§ 1 Abs. 1 des Körperschaftsteuergesetzes) bei Beendigung der Ansässigkeit im Inland auf Grund der Bestimmungen eines Abkommens zur Vermeidung der Doppelbesteuerung.

(§ 2a Abs 3 und 4 entfallen durch G v 7.12.06, BGBl I, 2782, mWv VZ 2009.)

R 2a EStR 05/H 2a EStH 05; Leitfaden der FinVerw zur Besteuerung ausländischer Einkünfte bei unbeschränkt stpfl nat Pers (zB OFD Mchn 23.12.98 EStK Anh DBA, dort Anhang 4); BMF BStBl I 07, 488

Übersicht

	Rn		Rn
A. Grundaussagen der Vorschrift	1	1. Einkünfte aus einer ausländischen Betriebsstätte (§ 2a II 1)	61
I. Sinn und Zweck	1	a) Warengeschäfte	62
1. § 2a I und II	1	b) Bodenschatzgewinnung	64
2. § 2a III und IV	3	c) Gewerbliche Leistungen	65
II. Anwendungsbereich	7	2. Weitere Beteiligungsverluste (§ 2a II 2)	69
III. Verhältnis zu anderen Vorschriften	14	X. Rechtsfolgen	72
B. Verlustausgleichs- und -abzugsbeschränkung für negative ausländische Einkünfte (§ 2a I und II)	17	1. Beschränkung des Verlustausgleichs (§ 2a I 1)	72
		2. Beschränkung des Verlustabzugs (§ 2a I 1 letzter HS; § 2a I 3 und 4)	77
I. Negative Einkünfte (§ 2a I)	17	3. Progressionsvorbehalt	84
II. Land- und forstwirtschaftliche Einkünfte (§ 2a I 1 Nr 1)	20	XI. Verfahren	86
III. Gewerbliche Einkünfte (§ 2a I 1 Nr 2)	25	**C. Hinzurechnungsbesteuerung bei Auslandsverlusten (§ 2a III 3 bis 6, IV iVm § 52 III 3 bis 6)**	89
IV. Anteile an ausländischen Körperschaften (§ 2a I 1 Nr 3)	30	I. Grundsätzliches	89
V. Anteile an ausländischen Kapitalgesellschaften (§ 2a I 1 Nr 4)	38	II. Hinzurechnung bei späteren Gewinnen (§ 2a III 3 bis 6)	92
VI. Stille Beteiligungen und partiarische Darlehen (§ 2a I 1 Nr 5)	41	1. Hinzurechnungstatbestand	92
VII. Vermietung und Verpachtung (§ 2a I 1 Nr 6)	45	2. Wegfall der Hinzurechnung (§ 2a III 4 aF)	95
1. § 2a I 1 Nr 6a	46	3. Verfahren	97
2. § 2a I 1 Nr 6b	47	III. Hinzurechnung nach Umwandlung (§ 2a IV idF von § 52 III 5 u 6)	100
3. § 2a I 1 Nr 6c	49	1. Hinzurechnungstatbestand (§ 2a IV idF von § 52 III 5 u 6)	100
VIII. Verluste aus zwischengeschalteten Inlandsbeteiligungen (§ 2a I 1 Nr 7)	54	2. Wegfall der Hinzurechnung (§ 2a IV 2 aF)	105
IX. Verlustabzugsausgleichs- und -abzugsbeschränkung für bestimmte ausländische Einkünfte (§ 2a II)	59		

Literatur: *Beck* Auswirkungen von Verlusten ausländischer Betriebsstätten auf die Höhe des Einkommensteuersatzes, IStR 06, 53; *dies.* Auswirkungen von Verlusten ausländischer Betriebsstätten auf die Höhe des ESt-Satzes – Zum Abzugsverbot nach § 2a I 1 Nr 2 und dessen Verhältnis zum negativen Prog-Vorb nach § 32b, IStR 07, 53; *Bernhard* Einkünfte aus ausländischen Betriebsstätten im Lichte des Europarechts, IStR 01, 366; *Cordewener* Grenzüberschreitende Verlustberücksichtigung im Europäischen Recht, DStJG 28 (2005), 255; *Dautzenberg* EG-rechtswidrige Behandlung von negativen ausländischen Einkünften nach den EuGH-Entscheidungen Vestergaard und AMID, FR 01, 809; *Göttsche* Zur Anwendung der Splitting-Tabelle für in Deutschland erzielte Einkünfte aus nichtselbstständiger Arbeit gebietsfremder Eheleute, DStR 99, 1612; *Gosch* Zum Verlustausgleich bei fehlgeschlagenen Aufwendungen für gescheiterte Auslandsengagements, StBp 99, 135; *Groh* Teilwertabschreibung auf Auslandbeteiligungen, in: Aufwand und Verluste bei internationalen Steuersachverhalten, 1999, S 1u 87; *Hahn* Das AMID-Urteil – belgisches Internum oder Aufbruch zu neuen Ufern?, IStR 01, 465; *Hensel* Ertragsteuerliche Behandlung von Bediensteten an ausländischen Vertretungen im Inland, RIW 99, 659; *Hey/Gloßner* § 2a IV: Verfassungswidrige Nachbesteuerungspflicht nach dem StBereinG 99, IStR 01, 233; *Inzelmann/Mutscher* Vermeidung der Hinzurechnung von gemäß § 2a III 1 im Inland abgezogenen Betriebsstättenverlusten, IStR 99, 40; *Kessler* Inländische Berücksichtigung ausländischer Betriebstättenverluste, IFSt Nr 421/2004; *Kessler/Schmitt/Janson* Berücksichtigungsverbot abkommensrechtlich „befreiter" Betriebsstättenverluste?, IStR 01, 729; *Krabbe* Aufwand und Verluste bei grenzüberschreitenden Sachverhalten, in Aufwand und Verluste bei internationalen Steuersachverhalten, 1999, S 1; *Piltz* Teilwertabschreibung auf Auslandsbeteiligungen, in: Aufwand und Verluste bei internationalen Steuersachverhalten, 1999, S 1 ff; *Offerhaus* Rückwirkungsprobleme bei § 2a III und IV idF des StBereinG 99, DB 01, 556; *Probst* Abziehbare und nicht abziehbare Auslandsverluste, Zur Verrechnungsbeschränkung des § 2a I und II, in: Aufwand und Verluste bei internationalen Steuersachverhalten, 1999, S 1u 13; *Prokisch* Grenzüberschreitende Verlustberücksichtigung, DStJG 28 (2005), 229; *Rädler/Lausterer* FS W. Müller, 2001, S 339; *Reichl/Wittkowski* § 2a EStG im Fadenkreuz des EuGH? – Die Schlussanträge in der Rechtssache „REWE Zentralfinanz", IStR 06, 655; *Röhrbein/Eicker* Verlustberücksichtigung über die Grenze – Aktuelle Rechtslage, BB 05, 465; *Saß* Zur Verlustberücksichtigung bei grenzüberschreitender Unternehmenstätigkeit in der EU, DB 01, 508; *Scholten/Griemla* Beteiligungsstrukturen im Problemfeld des § 2a – Der einstufige Grundfall, IStR 07, 306, – Der mehrstufige Kombinationsfall, IStR 07, 346, – Die Abgrenzung einer fast ausschließlichen aktiven Tätigkeit nach § 2a II, IStR 07, 615; *Strobl/Schäfer* Berücksichtigung von Auslandsverlusten bei atypisch stiller Gesellschaft, IStR 93, 206; *Teupe* Abzugsverbot für Verluste aus ausländischen Betriebsstätten: Verstößt § 2a Abs 1 Satz 1 Nr 2 EStG gegen Europarecht?, IStR 05, 482, 06, 58; *Vogel* Verbot des Verlustausgleichs für bestimmte ausländische Verluste, BB 83, 180; *ders* FS Friauf, 1996, S 825; *ders* Das oberste österreichische Steuergericht erklärt Verluste bei DBA-Freistellung für abzugsfähig, IStR 02, 91; *Weinreich* Probleme des Verlustausgleichs über die Grenze, 1994.

A. Grundaussagen der Vorschrift

1 **I. Sinn und Zweck. – 1. § 2a I und II.** Nach dem **Welteinkommensprinzip** gehören zur unbeschränkten StPfl grds sämtliche inländischen und ausländischen (positiven und negativen) Einkünfte. In Einklang hiermit sind auch negative Einkünfte prinzipiell in den Verlustausgleich einzubeziehen. Einschränkungen können sich zum einen aus **DBA** ergeben (Freistellungsmethode), zum anderen ergeben sich solche aus § 2a I, zwar einerseits nur für negative Einkünfte, andererseits aber unabhängig von der Existenz eines DBA. Das bedeutet: **Positive Einkünfte** werden immer erfasst, entweder unter Erhöhung der Gesamteinkünfte (bei Fehlen eines DBA, bei Anwendung der DBA-Anrechnungsmethode oder auch im Falle einer DBA-Rückfallklausel) oder des positiven ProgrVorb (bei Anwendung der Freistellungsmethode). **Negative Einkünfte** (= Verluste) dürfen indes lediglich mit ausländischen Einkünften der jeweils selben Art aus demselben Staat ausgeglichen werden (per country limitation); nur in diesem Umfang sind sie auch rück- und vortragsfähig. Sie erhöhen nach Auffassung des BFH auch nicht den negativen ProgrVorb, selbst dann nicht, wenn dies nach DBA möglich wäre[1] (s aber auch Rn 84). (Rück-)Ausnahmen hiervon bestehen allerdings bei bestimmten aktiven Tätigkeiten gem § 2a II.

2 Der BFH[2] und auch das BVerfG[3] halten die Vorschrift bislang für **verfassungsmäßig**. Im Schrifttum[4] wird dies allerdings zunehmend bezweifelt. Diese Zweifel könnten neue Nahrung erhalten haben, nachdem das BVerfG[5] das mit § 2a I praktisch identische Verlustabzugsverbot in § 22 Nr 3 S 3 aF für nichtig erklärt hat. Es erscheint bedenklich, lediglich Verluste aus bestimmten Auslandsaktivitäten steuerlich unberücksichtigt zu lassen, Gewinne hingegen einzubeziehen. Die dadurch bedingte Ungleichbehandlung und zugleich die Ungleichbehandlung gegenüber StPfl mit entspr sowie mit anderen inländischen Einkünften verstößt gegen das Gleichheitsgebot, insbes das Leistungsfähigkeitsprinzip (Nettoprinzip). Vorgebrachte Rechtfertigungsgründe (Vermeidung unerwünschter Investitionen uÄ, Lenkungszwecke) sind entgegen der Rspr des BFH nicht tragfähig, schon gar nicht, wenn sie typisierend sämtliche Auslandsverluste treffen. Diese Ungleichbehandlung begründet aber nicht nur gleichheits-, sondern vor allem **gemeinschaftsrechtliche Bedenken** an der Rechtswirksamkeit der Regelung, weil Auslandsverluste steuerlich hierdurch ungünstiger behandelt wer-

---

1 BFH BStBl II 91, 136; BFH/NV 94, 100.
2 BFH BStBl II 91, 136; BStBl II 91, 704; BStBl II 92, 192.
3 BVerfGE 78, 214 (226) – Zwischenzeitlich sind weitere Verfassungsbeschwerden ohne Begr nicht zur Entscheidung angenommen worden (BVerfG v 27.3./17.4/20.4.98; vgl IStR 98, 344, 376), so dass die FinVerw diesbezügliche Rechtsbehelfsverfahren nicht mehr ruhen lässt, vgl OFD Bln FR 98, 702.
4 ZB *Schaumburg* FS Tipke, 1995, S 125 (133); *ders* DStJG 24 (2001), 225 (245 ff); *Loritz/Wagner* BB 91, 2266; *Kessler* IFSt Nr 421/2004, passim, insbes S 39 ff; *ders* in Lehner, Verluste im nationalen und Internationalen Steuerrecht, 2004, S 83 (109 ff); *Prokisch* DStJG 28 (2005), 231 (234); a**A** *F/W/B* § 2a Rn 18 f; *K/S/M* § 2a Rn A 55 ff, A 56k, A 59, jeweils mwN.
5 DStR 98, 1743 (Beschluss v 30.9.98). – Vor diesem (auch zeitlichen) Hintergrund scheint es durchaus zweifelh, dass die Nichtannahme einschlägiger Verfassungsbeschwerden (s Rn 2) tatsächlich das letzte Wort darstellt.

den als Inlandsverluste.[1] Tangiert sind die Niederlassungs- und die Kapitalverkehrsfreiheit (Art 43, 53 EG).[2] Dies betrifft § 2a I ebenso wie § 2a III und IV idF des StÄndG 99 ff. Dementspr hat der EuGH[3] § 2a I 1 Nr 3a (Teilwertabschreibung auf ausländische KapGes-Anteile, s Rn 30) ebenso als gemeinschaftsrechtswidrig angesehen wie den pauschalen Ausschluss passiver Tätigkeiten in § 2a II 1 und 2 (s Rn 65) und hat der BFH betr § 2a I Nr 2 (keine Abzugsfähigkeit ausländischer Betriebsstättenverluste, s dazu Rn 3f)[4] sowie betr § 2a III 3 und 4[5] Vorabentscheidungsersuchen an den EuGH gerichtet.[6]

2. § 2a III und IV. § 2a III, IV betrifft zwar ebenfalls Auslandsverluste, abw von § 2a I, II geht es indes hier nicht darum, ansonsten nach dem Welteinkommensprinzip gegebene Abzugs- und Ausgleichsmöglichkeiten einzuschränken, vielmehr umgekehrt darum, im Sinne dieses Prinzips solche Abzugs- und Ausgleichsmöglichkeiten zu eröffnen: Ist in einem mit der Bundesrepublik abgeschlossenen DBA die Freistellungsmethode vereinbart und findet sonach das Territorialitätsprinzip Anwendung, sind nach ständiger (aber umstrittener) Rspr des BFH (auch) ausländische negative Einkünfte[7] von der inländischen Besteuerung ausgenommen (s auch Rn 4). Gem § 2a III 1 aF konnte ein unbeschränkt StPfl jedoch beantragen,[8] (ausländische) Betriebsstättenverluste, die ausschließlich nach den Vorschriften des deutschen Steuerrechts zu ermitteln sind,[9] im Wege des Verlustausgleichs oder -abzugs (§ 2a III 2 aF iVm § 10d) anzusetzen, soweit diese Verluste anderweitige Betriebsstättengewinne aus demselben DBA-Staat überstiegen.[10] Es handelte sich hierbei zunächst einmal um eine Subventionsnorm, die in Gestalt eines treaty overriding darauf abzielte, Auslandsinvestitionen zu fördern; zugleich entsprach sie aber dem Leistungsfähigkeitsprinzip. Die Abzugsmöglichkeit ist **vom VZ 99 an aufgehoben** worden. Gründe hierfür waren[11] **(1)** die Schwierigkeiten die geltend gemachten Verluste zu dokumentieren und über viele Zeiträume zu „kontrollieren", **(2)** systematische Bedenken gegenüber dem erwähnten Umstand, dass abkommensbefreite Gewinne unberücksichtigt bleiben, Verluste aber angesetzt werden können, und **(3)** die Überlegung, dass die Verluste bereits über den ProgrVorb hinreichend berücksichtigt seien.

Geblieben (zunächst bis zum VZ 08, vgl § 52 III 3 idF des StBereinG 99, nunmehr ad infinitum, vgl § 52 III 3 idF des JStG 08) ist allerdings die in § 2a III 3–6 und IV (letzterer idF von § 52 III 5) – und mit Ausnahmen in § 2a III 4 und IV 2 aF – bestimmte Verpflichtung, die zuvor ausgeglichenen oder abgezogenen Verluste in späteren Jahren (durch Hinzurechnung) nachzuversteuern, wenn entspr Betriebsstättengewinne erzielt werden. Damit reduziert sich die Bedeutung des § 2a III, IV künftig

---

1 Vgl umfassend die Analyse und Empfehlung der EG-Kommision in dessen Mitteilung v 19.12.06 KOM(2006), 824.
2 ZB *Schaumburg* DStJG 24 (2001), 225, (250 ff) mwN; *Dautzenberg* FR 01, 809; *Rädler/Lausterer* FS W Müller, S 339; *K/S/M* § 2a Rn A 45 ff; umfassend *Cordewener* DStJG 28 (2005), 255 (290 ff) mwN; s auch eindeutig in diese Richtung EuGH EuZW 08, 773 – Mertens.
3 EuGH BStBl II 07, 492 ‚Rewe Zentralfinanz'; s dazu *Balmes/Ribbrock* BB 07, 926; *Gosch* BFH-PR 07, 220; *Rainer* DStR 07, 667; *Rehm/Nagler* GmbHR 07, 500. § 2a I 1 Nr 3a wird seitdem in Bezug auf die EU-/EWR-Mitgliedstaaten seitens der FinVerw nicht mehr angewandt, allerdings infolge fehlender Amtshilfe mit Ausnahme von Liechtenstein, s BMF BStBl I 07, 488. Bezogen auf § 2a II 1 und 2 scheint das BMF sich aber nach wie vor restriktiv zu verhalten, s dazu auch FG Mchn EFG 07, 334 Rev I R 85/06.
4 BFH DStR 06, 1927 (Az EuGH: C-414/06 – Lidl Belgium, bezogen auf luxemburgische Betriebsstättenverluste; Vorinstanz: FG BaWü DStRE 04, 958, s dazu *Cordewener* DStR 04, 1634); s auch bereits BFH BStBl II 03, 795 betr § 2a I Nr 4 aF = Nr 6a nF, vom EuGH DStR 06, 362 ‚Ritter-Coulais' insoweit nicht beantwortet (s dazu deshalb auch BMF BStBl I 06, 763); s aber auch die Einschränkungen durch den EuGH hinsichtlich eines Verlusttransfers in Hochsteuerländer in Konzernzusammenhängen in EuGH DB 05, 2788 ‚Marks and Spencer' mit Anm *Kleinert/Nagler*; sowie EuGH DB 07, 2747 ‚Stahlwerke Westig-Ergste', bezogen auf US-amerikanische Betriebsstättenverluste: keine Drittstaatenauswirkung der EU-Diskriminierungsverbote.
5 BFH BStBl II 07, 398 (EuGH C-157/07 „Krankenheim Ruhesitz am Wannsee-Seniorenheimstatt"; Vorinstanz FG Bln IStR 05, 571 Rev I R 45/05 mit Anm *Schönfeld*), bezogen auf österreichische Betriebsstättenverluste vor Beitritt Österreichs zur EG, s dazu auch *Röhrbein/Eicker* BB 05, 465 (469ff).
6 S auch FG Nds EFG 05, 286 (AdV-Verfahren) mit Anm *Herlinghaus*.
7 StRspr seit RFH RStBl 35, 1358, zB BFH BStBl II 89, 541; BFH/NV 90, 154; BStBl II 91, 136; *D/W* Art 23A Rn 57 mwN; **aA** demgegenüber der österreichische VwGH, der den Abzug der Auslandsverluste zugelassen hat (s IStR 01, 754 mit Anm *FW*; *Vogel* IStR 02, 91; *Portner* IStR 05, 376), ebenso der luxemburgische tribunal administratif (s *Winandy* IStR 05, 594); s auch zB *Vogel/Lehner*[4] DBA Art 23 Rn 46 ff; *Prokisch* DStJG 28 (2005), 231 (236 ff) mwN; *Cordewener* DStR 04, 1634.
8 Wobei das Antragserfordernis als solches keine gemeinschaftlichen Bedenken aufwarf, vgl BFH v 20.12.06 I R 47/05.
9 BFH BStBl II 00, 605.
10 Einschließlich nicht ausgeglichener Altverluste aus VZ vor 91 gem § 2a idF des StÄndG 92 (BGBl I 92, 297): BFH BStBl II 05, 641.
11 Vgl BT-Drs 14/23, 167.

auf die Einräumung von Zins- und Liquiditätsvorteilen, was im Hinblick auf die EG-Diskriminierungsverbote **gemeinschaftsrechtliche Bedenken** aufgeworfen hat[1] (s auch Rn 2), dies vor dem Hintergrund der EuGH-Rspr möglicherweise[2] **zu Recht**.[3] Zwar korreliert die Nichtberücksichtigung der ausländischen Betriebsstättenverluste mit der abkommensrechtlichen Freistellung der ausländischen Betriebsstättengewinne (s Rn 3). Beides betrifft nicht die Art und Weise der (inländischen) Besteuerung und zieht insoweit keine Ungleichbehandlungen nach sich, vielmehr führt dies in Einklang mit den DBA und unbeschadet der abkommensrechtlichen sog Schrankenwirkung zu einer in sich „stimmigen" und kohärenten („symmetrischen") Zuweisung des Besteuerungsrechts. Denkbar ist jedoch, dass der EuGH[4] den Ausschluss des Verlustabzugs insoweit nicht als die Kehrseite eines Vorteils versteht, sondern als steuerliche Benachteiligung „isoliert", welche einer besonderen Legitimation bedarf, was wiederum voraussetzt, dass der Steuernachteil zur Verhinderung negativer Auswirkungen im Inland geeignet, erforderlich, aber auch zugleich unumgänglich ist. Das aber ist bei § 2a (und auch § 2a III und IV aF) zu bezweifeln[5] (s Rn 2). Hinzu tritt, dass § 2a III aF bis zum VZ 98 ausdrücklich die sofortige inländische Berücksichtigung von DBA-freigestellten Betriebsstättenverlusten (wenn auch unter dem Vorbehalt der späteren Nachversteuerung) erlaubte, wodurch wiederum die ‚Symmetriethese' systemwidrig durchbrochen und in ihrer Stringenz entwertet worden ist.[6] Berücksichtigt man, dass § 2a III ab VZ 99 abgeschafft worden ist (Rn 3), so fehlt der Symmetriethese jedenfalls seitdem gewissermaßen die ‚innere' Rechtfertigung. Aber auch wenn man dem BFH nicht folgt[7]: Behält man die Symmetriethese bei, so sollten ausländische Verluste in Einklang mit der Entscheidung des **EuGH** in der Rechtssache ‚**Marks & Spencer**' (bezogen auf das britische Konzernsteuerrecht, des sog group relief)[8] aus Gründen der Verhältnismäßigkeit zumindest, aber auch nur für den Fall abziehbar sein, dass sie im Quellenstaat weder für vergangene noch für zukünftige VZ realisiert werden können (was vom StPfl nachzuweisen ist) und damit definitiv sind („finale Verluste").[9] Der Umstand, dass Tochter-Ges selbstständig, Betriebstätten jedoch unselbstständig sind, wiegt vor dem Hintergrund der vom EuGH aufgelisteten Rechtfertigungsgründe für die Ungleichbehandlung von inländischen und ausländischen Verlusten (einer Tochter-Ges) eher gering, treffen diese Gründe doch auf (unselbstständige) Betriebsstätten im Grundsatz nicht minder zu: ausgewogene Aufteilung der wechselseitigen Besteuerungsrechte, Verhinderung der doppelten Verlustnutzung, andernfalls drohende Gefahr der Steuerflucht durch Verschiebung von Verlusten in Steueroasen und von Gewinnen in Hochsteuerländer (insbes durch Funktionsverlagerungen).[10] – Der BFH hat die Sache dem EuGH dennoch zur Vorabentscheidung vorgelegt und dabei die alternative Verlustnutzung durch Sofortabzug mit späterer (etwaiger) Nachversteuerung („Recapture Rule") als liquiditätsschonendere Maßnahme erwogen (wie gem § 2a III aF).[11] Zugleich hat er namentlich in Anbetracht beträchtlicher Eingriffe in die nationalen Ertragshoheiten Skepsis vor allem hinsichtlich einer Ausstrahlung auf Nicht-EG-Staaten anklingen lassen.[12] Sollte der EuGH sich bei der Betriebsstättenbesteuerung zu dem (verhältnismäßigeren) Nachversteuerungsmodell bekennen, so könnten innerstaatlich zudem erhebliche fiskalische Probleme vor dem Hintergrund auftreten, dass die Nachversteuerung gem § 2a III vom VZ 99 an abgeschafft worden ist und sich infolgedessen für die Zeit bis zu einer Neuregelung eine Doppelberücksichtigung von Verlusten hin-

---

1 S dazu zB *IMN* DB 01, 508; *Saß* FR 01, 159; *Dautzenberg* FR 01, 809, 812 ff; *K/S/M* § 2a Rn A 45 ff.
2 S aber EuGH DB 05, 2788 – Marks and Spencer.
3 **AA** *Hahn* IStR 01, 465; *Bernhard* IStR 01, 366.
4 Vgl EuGH IStR 01, 86 „AMID" zu dem umgekehrten Fall der Verrechnung inländischer (Stammhaus-)Verluste mit ausländischen (Betriebsstätten-)Gewinnen; s auch FR 99, 1386 „Vestergaard".
5 Im Einzelnen *Dautzenberg* FR 01, 809, 812 ff; *Kessler/Schmitt/Janson* IStR 01, 729; *Thömmes* IWB Fach 11A, 521; s auch *K/S/M* § 2a Rn A 55 ff, A 56k, A 59; s auch FG Mchn EFG 05, 928 (zum DBA-Belgien); BFH BStBl II 07, 398 (EuGH C-157/07 „Krankenheim Ruhesitz am Wannsee-Seniorenheimstatt"; Vorinstanz FG Bln IStR 05, 571 Rev I R 45/05) zur entspr Auswirkung des Art 31 I EWR-Abkommen).
6 Ähnlich *Dautzenberg* FR 01, 809 (814); *Schön* StbJb 03/04, 27 (43).
7 BFH DStR 06, 1927 und 1929.
8 EuGH DB 05, 2788 – Marks and Spencer.
9 S ebenso *Englisch* IStR 06, 22; *Herzig/Wagner* Der Konzern 06, 176 (178 f); *dies.* DStR 06, 1 (10) Fn 103; s auch *Hey* GmbHR 06, 113, 122; *Sutter* EuZW 06, 87 (88); *Balmes/Grammel/Sedemund* BB 06, 1474 (1477 f); *Saß* DB 06, 123 (124).
10 **AA** *M Lang* IStR 06, 550, der im Ausgangspunkt eine doppelte Verlustnutzung für hinnehmbar und geboten erachtet.
11 BFH DStR 06, 1927.
12 BFH DStR 06, 1929 (unter Hinweis auf *Seiler* StuW 05, 25, 29 f); s jetzt aber auch BFH DStR 06, 2079; EuGH BFH/NV 07 Beil 4, 173 – Test Claimants in the F II Group Ligitation, Tz 164 ff. Zudem stellt der BFH insoweit die Frage nach der Reichweite der sog Standstill-Klausel in Art 57 I EG (str, s dazu einerseits *Wassermeyer/Andresen/Ditz* Betriebsstätten-Handbuch Rn 11.11; anderseits *Balmes/Grammel/Sedemund* BB 06, 1474, 1477 u 1479).

zunehmen wäre. Ähnliche Probleme können sich für vergangene Verlustabzüge auftun, weil auch dann die (insoweit an sich fortgeltenden) Nachbesteuerungstatbestände des § 2a III 3, 5 und 6 aF nicht einschlägig sein dürften: Sie beziehen sich nämlich auf den Abzug gem § 2a III 1 und 2, nicht jedoch auf eine vom EuGH konstatierte Europarechtswidrigkeit der Symmetriethese; dafür aber ist § 2a III 3 und IV nicht geschaffen und ein EuGH-Verdikt schützt zwar vor einer unvorteilhaften Besteuerung, konstituiert aber keinen neuen Belastungsgrund.[1] – S iÜ das vergleichbare Problem im Zusammenhang mit Währungsverlusten Rn 25.

II. Anwendungsbereich. In **persönlicher Hinsicht** betrifft § 2a unbeschränkt StPfl, beschränkt StPfl hingegen regelmäßig nicht, weil ausländische Einkünfte bei diesen im Inland ohnehin nicht besteuert werden. Nur ausnahmsweise fallen innerhalb einer von der beschränkten StPfl erfassten inländischen Betriebsstätte ausländische Einkünfte an. 7

In **sachlicher Hinsicht** betroffen sind negative ausländische Einkünfte, die ihrerseits nicht bereits nach DBA von der inländischen Besteuerung freigestellt sind. § 2a I findet sonach nur in Nicht-DBA-Fällen sowie in jenen DBA-Fällen Anwendung, in denen sich die Bundesrepublik das Besteuerungsrecht vorbehalten hat oder in denen die Anrechnungsmethode gilt. Wegen der Abgrenzung und der Ermittlung der negativen Einkünfte s Rn 17f. 8

In **zeitlicher Hinsicht** ist § 2a grds erstmals vom VZ 83 an, in seiner derzeitigen Fassung grds erstmals im VZ 99 an anzuwenden (§ 52 I 1 idF des StEntlG 99 ff). Zu den Ausnahmen für § 2a I 1 Nr 6b s § 52 III 1 (dazu Rn 47). Die bisherigen Abs 3 und 4 sind vom VZ 99 an entfallen. Wegen der beschränkten Weitergeltung von § 2a III 3–6 für die VZ 99 bis 05 s **§ 52 III 2–5** und vom VZ 06 an s **§ 52 III 6** idF des SEStEG[2] (dazu Rn 100) und nunmehr idF des JStG 08 (s Rn 4). 9

III. Verhältnis zu anderen Vorschriften. § 2a steht mit vergleichbaren Verlustausgleichsbeschränkungen (**§ 2 III aF, § 2b aF, § 15a, § 17 II 4, § 22 Nr 3 S 3 u 4, § 23 III 7 bis 10 nF,** § 23 III 8 u 9 aF) im Verhältnis wechselseitigen Ausschlusses nach dem Maßstab der jeweiligen Regelungsreichweite: Der weiterreichende Ausschluss geht vor.[3] Umgekehrt richtet sich die Verlustverrechnung verrechenbarer Verluste für den StPfl nach dem Grundsatz der Meistbegünstigung (dh grds Vorrang von § 15a II und III vor § 2a[4]). Zum Verhältnis zum ProgrVorb gem § 32b II Nr 2 s Rn 84. 14

Statt einer Anrechnung ausländischer Steuer auf negative ausländische Einkünfte gem § 34c I kommt idR nur ein Steuerabzug gem **§ 34c II** in Betracht.[5] 15

B. Verlustausgleichs- und -abzugsbeschränkung für negative ausländische Einkünfte (§ 2a I und II)

I. Negative Einkünfte (§ 2a I). Negative Einkünfte iSv § 2a und diesen gem § 2a I 2 gleich gestellte Gewinnminderungen sind **Verluste** und der Einkunftsart nach im Grundsatz solche iSv § 2 I, diese allerdings beschränkt auf (abschließend) bestimmte Einkunftsquellen und Tätigkeiten. In **Umkehrung** der sog **isolierenden Betrachtungsweise** (vgl § 49 II, s dort Rn 161 ff) kommt es dabei allein auf die im Ausland verwirklichten Tatbestandsmerkmale an[6] und bleiben die Verhältnisse im Inland unberücksichtigt. Die sog Subsidiaritätsklauseln und der dadurch bestimmten Vorrang der Einkunftsarten (zB in § 20 III; § 21 III, § 15 III, auch § 8 II KStG[7]) finden keine Anwendung; maßgeblich ist ausnahmslos die tatsächlich verwirklichte Einkunftsart.[8] Nur bei gewerblichen Verlusten gem § 2a I 1 Nr 2 kann es sich (gegenüber § 2a I 1 Nr 3, 5 oder 6a) anders verhalten, wenn das betr WG einer ausländischen gewerblichen Betriebsstätte zuzuordnen ist.[9] Insofern besteht Übereinstimmung mit der Abkommensrechtslage (vgl den Betriebsstättenvorbehalt in Art 10 III, Art 11 III, Art 12 II 17

---

1 *Schnitger* IStR 07, 729.
2 BStBl I 06, 2782.
3 Vgl BFH/NV 98, 680 zu § 15a I, V Nr 3; s auch *K/S/M* § 2a Rn A 23.
4 *H/H/R* § 2a Rn 15; *K/S/M* § 15a Rn A 53; s auch Fin-Verw, zB OFD Mchn v 23.12.98 EStK Anh DBA, dort Tz 5.1.
5 OFD Ffm RIW 95, 78 Tz 2.3.
6 S BFH/NV 94, 100.

7 § 8 II KStG gilt allerdings ohnehin nicht für ausländische KapGes, s zB BFH/NV 94, 864; BStBl II 98, 163.
8 HM; vgl BFH BStBl II 91, 126 (129); BFH/NV 94, 100 (101); BFH BStBl II 04, 742 (zum gleichlautenden § 2 I 1 AIG aF); BT-Drs 9/2974, 84; OFD M'ster StEK § 2a Nr 5; *K/S/M* § 2a Rn B 4 ff; **aA** zB *Vogel* BB 83, 180.
9 S BFH BStBl II 00, 605; OFD Mchn StEK Anh DBA, dort Anh 4 Tz 1.2.1; **aA** *F/W/B* § 2a Rn 50.

OECD-MA, zu den Unterschieden bei der Zuordnung s aber Rn 25).[1] Der erforderliche **Auslandsbezug** ergibt sich aus den einzelnen Tatbeständen (s auch § 34d, § 49 I). Zum **Auslandsbegriff** s § 1 Rn 11; hoheitsfreie Zonen sollen nicht als Ausland gelten („ausländischer Staat").[2] Zur rechtsfolgenmäßigen Beschränkung des Verlustausgleichs auf Einkünfte derselben Art s Rn 72.

18 Die **Ermittlung** der negativen Einkünfte (und damit auch die Frage danach, ob sich überhaupt negative Einkünfte ergeben) richtet sich nach der für den StPfl maßgeblichen Gewinnermittlungsmethode und nach dem hiernach anzuwendenden deutschen Steuerrecht, nicht danach, welche Einkunftsart bei umgekehrt isolierter Betrachtung (Rn 17) verwirklicht wurde (zB gem § 4, § 5 I bei einem inländischen Gewerbetreibenden für Einkünfte aus VuV).[3]

20 II. Land- und forstwirtschaftliche Einkünfte (§ 2a I 1 Nr 1). Erfasst werden negative Einkünfte jedwelcher Art (aus Misswirtschaft, aber auch zB aus Missernten, Naturkatastrophen) aus einer in einem ausländischen Staat belegenen **luf Betriebsstätte** (§ 12 AO), unabhängig von der Einkunftsart. Ob es sich um den Teil eines inländischen oder um einen eigenen ausländischen luf Betrieb handelt, ist unbeachtlich. Die bloße Belegenheit des luf genutzten Grundbesitzes im Ausland mit inländischem Ort der Geschäftsleitung begründet keine ausländische Betriebsstätte und führt nicht zur Verlustbeschränkung,[4] umgekehrt aber der ausländische LuF-Betrieb mit inländischem Grundbesitz. Ansonsten sind die luf Tätigkeiten nach den Maßstäben von § 13 zu anderen Tätigkeiten abzugrenzen.

21 Infolge der durchgängig vereinbarten Freistellung der LuF in den DBA (vgl 6 I OECD-MA) kommt § 2a I 1 Nr 1 keine große Bedeutung zu.

25 III. Gewerbliche Einkünfte (§ 2a I 1 Nr 2). Die Ausgleichsbeschränkung nach § 2a I 1 Nr 2 setzt negative Einkünfte aus einer im Ausland „belegenen" (= „unterhaltenen", vgl § 49 I Nr 2a, dort Rn 24) **gewerblichen Betriebsstätte** voraus. § 2a ist als innerstaatliche Vorschrift unilateral zu verstehen; die einschlägigen tatbestandlichen Begriffe bestimmen sich sonach ausschließlich nach innerstaatlichem Recht, Betriebsstätte also gem § 12 AO, GewBetr gem § 15 II. Betriebsstätten sind sonach feste Geschäftseinrichtungen oder Anlagen, die der Tätigkeit des Unternehmens dienen. Darin einbezogen sind die unselbständige Zweigniederlassung eines Inlandsbetriebs, der Auslandsbetrieb des im Inland unbeschränkt StPfl, auch wenn er über keine inländische Betriebsstätte verfügt; die Beteiligung an PersGes im Ausland,[5] nicht die Einschaltung ausländischer Subunternehmer durch einen Filmfonds.[6] Gewerblich ist auch die Vermietung und das Verleasen von Flugzeugen (s Rn 45).[7] Die negativen Betriebsstätteneinkünfte sind nach deutschem Recht zu ermitteln (s Rn 3); ihre Zugehörigkeit zur ausländischen Betriebsstätte bestimmt sich nach den Maßstäben der wirtschaftlichen Veranlassung,[8] nicht – wie nach Abkommensrecht[9] – anhand einer „tatsächlichen" Zugehörigkeit von WG. Zum (umstrittenen) Vorrang des § 2a I 1 Nr 2 gegenüber § 2a I 1 Nr 3, 5 und 6 s Rn 17. **Im Ausland belegen** ist eine Betriebsstätte, wenn sich die feste Geschäftseinrichtung oder Anlage im Ausland befindet. Bloße Auslandsgeschäfte vom Inland aus, ohne Vorliegen einer ausländischen Betriebsstätte, genügen nicht, ebenso wenig wie (nur) das Vorhandensein eines ständigen Vertreters. Existiert eine solche Betriebsstätte aber, erfasst § 2a alle damit in Zusammenhang stehenden Einkünfte, auch Aufgaben- und Veräußerungsverluste. Allerdings bestimmt sich die Betriebsstättenzugehörigkeit nicht nach DBA-Grundsätzen und des hiernach für die Betriebsstättenvorbehalte in Art 10 IV, 11 IV, 12 III OECD-MA geltenden Prinzips der tatsächlich-funktionalen Zuordnung.[10] Zu der (in jedem Wj für jede Betriebsstätte neu zu prüfenden) Rückausnahme (Aktivitätsvorbehalt) s § 2a II (Rn 59 ff). **Währungsverluste** (ebenso wie -gewinne), die sich bei Umrechnung des der Betriebsstätte zugeführten Dotationskapitals ergeben, sind der Betriebsstätte und nicht dem Stammhaus zuzuordnen[11] und stellen infolgedessen regelmäßig sog weiße (negative) Ein-

---

1 ZB BFH BStBl II 91, 444; BStBl II 92, 937; BStBl II 96, 563; *Gosch* StBp 03, 157; *ders* FS Wassermeyer, S 263 (269 f); aber neuerdings str, s zB *Strunk/Kaminski* IStR 03, 181 unter Hinweis auf BFH BStBl II 02, 848; s auch *Wassermeyer* Besteuerungspraxis bei grenzüberschreitender Tätigkeit, 2003, S 208 ff; *Gosch* FS Wassermeyer, S 263 (276 ff); *Wolff* FS Wassermeyer, S 647 ff.
2 OFD Bln DStR 97, 661, zu Recht krit *Korn* § 2a Rn 29.
3 *K/S/M* § 2a Rn B 12.
4 Str, **aA** *K/S/M* § 2a Rn B 27, der auf die Belegenheit als solche abstellt.
5 Vgl BFH BStBl II 00, 605.
6 BMF BStBl I 01, 175 (179) Tz 40; dazu *Budeit/Borggreve* DB 01, 887 (894) f.
7 OFD Ffm DB 02, 1408.
8 BFH BStBl II 00, 605 bezogen auf ein einer US-PersGes gewährtes Darlehen.
9 ZB BFH BStBl II 91, 444; BStBl II 95, 683.
10 FG M'ster EFG 07, 1025 Rev I R 16/07.
11 BFH BStBl II 97, 128; BFH/NV 97, 408; s auch BStBl II 02, 865.

künfte dar; der Betriebsstättenstaat hat vor dem Hintergrund der abkommensrechtlichen Verteilung des Besteuerungszugriffs in Art 7 OECD-MA keine Veranlassung, solche Verluste im Rahmen des in seiner Währung ausgewiesenen Betriebsstättenergebnisses zu berücksichtigen. Ob darin ein europarechtliches Problem (hinsichtlich der sog Symmetriethese, s Rn 4) liegt, ist indes fraglich; die steuerliche Nichtberücksichtigung ist hier nicht unbedingt in § 2a begründet, sondern in dem Umstand der verschiedenen Währungshoheiten.[1] Der EuGH wird über diese Frage alsbald zu entscheiden haben.[2]

Wie bei der LuF (Rn 21) ist die Bedeutung der Verlustbeschränkung durch DBA-Freistellungen (vgl 7 OECD-MA) reduziert. **26**

IV. Anteile an ausländischen Körperschaften (§ 2a I 1 Nr 3). § 2a I 1 Nr 3 erfasst bestimmte Wertminderungen aus Beteiligungen („Anteilen", vgl § 17 I 3, dort Rn 40 ff) an einer **ausländischen Körperschaft**, sofern die (ihrer Höhe nach beliebige) Beteiligung zu einem **inländischen BV** (bei den Einkunftsarten gem § 2 I–III) gehört. **Grund** für die – gegenüber § 2a I Nr 1 subsidiären – Beschränkungen ist zum einen die ansonsten bestehende Ungleichbehandlung zu ausländischen Betriebsstätten gem § 2a I 1 Nr 1, 2, zum anderen die Befürchtung, diese Beschränkungen würden durch Zwischenschaltung ausländischer KapGes umgangen. Um dieses zu vermeiden, stellt § 2a I Nr 3 die genannten Gewinnminderungen den negativen Einkünften fiktiv gleich und unterwirft sie den Abzugsbeschränkungen des § 2a I dadurch selbst dann, wenn das Gesamtergebnis der betr Einkunftsart positiv ist. Zur Unverträglichkeit dieser Beschränkung mit den gemeinschaftsrechtlichen Diskriminierungsverboten s EuGH v 29.3.07[3] und allg Rn 2; die praktische Bedeutung dieser Unverträglichkeit ist infolge des generellen Abzugsausschlusses von Teilwertabschreibungen gem § 8b III KStG vom VZ 01 an jedoch eher gering. **30**

Im Einzelnen werden folgende Tatbestände erfasst: Einkünfte **(1)** aus (verlust- oder ausschüttungsbedingten) **Teilwertabschreibungen (§ 2a I 1 Nr 3a)**, die als solche zulässig sein müssen (vgl zB die vorrangig zu prüfenden § 6 I Nr 2 S 2; § 8b III KStG; s aber auch die den Anwendungsausschluss restituierenden Ausnahmen in § 8b VII und VIII KStG), **(2)** aus der vollständigen oder teilw **Veräußerung** (= jede entgeltliche Anteilsübertragung, einschl Tausch, Einbringung, nicht: verdeckte Einlage, s im Einzelnen § 17 Rn 120[4]) **oder Entnahme** (vgl § 4 I 1) der Beteiligung; **(3)** aus der **Auflösung oder Kapitalherabsetzung** (jeweils **§ 2a I 1 Nr 3b**). Bei der Kapitalherabsetzung ist die Rückzahlung vom Buchwert der Beteiligung abzuziehen, nicht aber im Verhältnis des herabgesetzten zum nominellen Kapital zu mindern.[5] Infolgedessen läuft § 2a I Nr 3b insoweit leer und wirkt sich nur im Rahmen der Verlustverrechnung zu anderen Verlusten gem § 2a I Nr 3 aus. Ob eine Auflösung oder Kapitalherabsetzung verwirklicht ist, richtet sich insoweit nach dem für die ausländische Körperschaft einschlägigen ausländischen Zivilrecht.[6] **31**

Ausländische Körperschaften sind solche, die weder über Sitz (§ 11 AO) noch Geschäftsleitung (§ 10 AO) im Inland verfügen und deshalb im Inland nicht unbeschränkt stpfl sind (§§ 1, 2 KStG). Ggf bedarf es der Qualifizierung ausländischer Ges durch „Typenvergleich", ob sie einer inländischen Körperschaft entsprechen.[7] Erfüllt die ausländische Ges nicht die Voraussetzungen einer Körperschaft iSv § 1 I Nr 1–4 KStG, kommt allenfalls eine Verlustbeschränkung gem § 2a I 1 Nr 1, 2 oder 6 in Betracht. Auszuscheiden sind Körperschaften, die lediglich als funktionslose Zwischen-Ges (Basis-Ges) fungieren und deshalb steuerlich unbeachtet bleiben (§ 42 AO). **32**

Die Verlustausgleichsbeschränkung entfällt jedoch gem **§ 2a II 2**, wenn der StPfl nachweist, dass die ausländische KapGes entweder seit ihrer Gründung oder während der letzten 5 Jahre vor und in dem maßgeblichen VZ selbst ein aktive Tätigkeit iSv § 2a II 1 ausgeübt hat. **33**

V. Anteile an ausländischen Kapitalgesellschaften (§ 2a I 1 Nr 4). Im Unterschied zu § 2a I 1 Nr 3, der Beteiligungen an ausländischen Körperschaften im BV voraussetzt, beschränkt § 2a I 1 Nr 4 **38**

---

1 Wohl aA FG Hbg EFG 07, 43 mit Anm *Thömmes* IWB Fach 11a, 777; ebenso Schlussanträge der Generalanwältin *Sharpston* zu EuGH C-293/06 „Deutsche Shell" v. 8.11.07.
2 Vorlagebeschluss des FG Hbg aaO (Az EuGH: C-293/06 – Deutsche Shell); der EuGH hat sein Urt auf den 22.2.08 (und damit nach Redaktionsschluss) angekündigt.
3 EuGH DStR 07, 662 ‚Rewe Zentralfinanz'.
4 S auch A 41 V 3, 4 KStR.
5 Vgl BFH BStBl II 93, 189.
6 Vgl BFH BStBl II 89, 794 zu § 17; **aA** *K/S/M* § 2a Rn B 49k.
7 BFH BStBl II 96, 312; BStBl II 92, 972; s aber auch BStBl II 98, 649 (651); BStBl II 99, 306 (308); EuGH DB 99, 625 – Centros; *Meilicke* DB 99, 627.

auch negative Einkünfte gem § 17 aus **privaten Beteiligungen** an (ausländischen) KapGes ohne Sitz (§ 11 AO) und Geschäftsleitung (§ 10 AO) im Inland. KapGes idS sind solche nach inländischem Ges-Recht, erneut (Rn 32) aber auch solchen, die einem Typenvergleich standhalten. Der Rechtsfähigkeit des ausländischen KapGes bedarf es jedenfalls innerhalb der EU nicht (zur Relativierung der sog Sitztheorie s § 17 Rn 279). Auch iÜ entsprechen die Beteiligungsvoraussetzungen denen des § 17 I 3. Erfasst werden ausschließlich iSd § 17 qualifizierte Beteiligungen. Unter die Regelung fallen die sämtliche in § 17 bestimmten Realisationstatbestände, in erster Linie Veräußerungsverluste, aber auch Verluste aus verdeckten einlagen, aus Liquidation oder Kapitalerabsetzung (§ 17 IV, Rn 271 ff), erneut (Rn 25) allerdings nur, wenn die Aktivitätsklausel gem § 2a II 2 erfüllt ist. Ebenso wie die Einkünfte nach § 2a I 1 Nr 3 gehören auch Einkünfte nach Nr 4 zu den ausländischen Einkünften gem § 34d Nr 4b, für die das Besteuerungsrecht idR nach DBA dem Wohnsitzstaat zugewiesen ist.

39 Zum etwaigen Anwendungsvorrang von **§ 23 III 7 bis 10 nF**, § 23 III 8 und 9 aF sowie **§ 17 II 4** s Rn 14. Vorrangig sind auch **§ 3 Nr 40 S 1c**, **§ 3c II**, so dass iErg entspr Verluste nach Maßgabe des (früheren Halb- und) nunmehrigen Teileinkünftegrundsatzes nur zu 40 vH (bzw zuvor: hälftig) unter das Verrechnungsverbot des § 2a I 1 Nr 4 fallen.[1]

41 VI. Stille Beteiligungen und partiarische Darlehen (§ 2a I 1 Nr 5). § 2a I 1 Nr 5 erfasst Verluste aus (typischen[2]) **stillen Beteiligungen** iSv § 20 I Nr 4 und (praktisch kaum vorstellbare) Verluste aus **partiarischen Darlehen** (= gewinn- ebenso wie auch umsatzabhängige Verzinsung[3]), wenn der Schuldner Wohnsitz[4] (§ 8 AO), Sitz (§ 10 AO) oder Geschäftsleitung (§ 11 AO)[5] im Ausland hat, jedoch nicht, wenn sie einer ausländischen gewerblichen Betriebsstätte (§ 2a I 1 Nr 2) zuzuordnen sind (str, s Rn 17).[6] Ist Schuldnerin eine PersGes, ist nicht auf diese, sondern auf die G'ter abzustellen.[7] Sog Dual-resident-Strukturen reichen aus.[8] Verluste aus atypisch stillen Beteiligungen unterfallen als gewerbliche MU'schaften hingegen § 2a I 1 Nr 2. Das führt zu der misslichen und bedenklichen Folge, dass stille Beteiligungen auch dann den Beschränkungen des § 2a unterworfen sind, wenn sie sich als wirtschaftlich sinnvoll iSv § 2a II erweisen; anders als für § 2a I 1 Nr 2 gilt der Aktivitätsvorbehalt gem § 2a II für § 2a I 1 Nr 5 nicht.

42 Einbezogen werden laufende Verluste bis zur Höhe der stillen Einlage (§ 232 II HGB; vgl aber § 15a)[9] sowie eigene Aufwendungen im Zusammenhang mit der Beteiligung (zB Reise-, Finanzierungskosten uÄ),[10] ggf auch aus vorbereitenden Tätigkeiten im Zusammenhang mit gescheiterten Beteiligungen,[11] nicht jedoch Verluste aus Teilwert-AfA, Veräußerungen sowie Entnahmen. Vereinbaren die G'ter eine Verlustteilhabe des still Beteiligten über dessen Einlage hinaus und entsteht dadurch ein negatives Einlagekonto,[12] geht § 15a specialiter vor.

45 VII. Vermietung und Verpachtung (§ 2a I 1 Nr 6). Von § 2a I 1 Nr 6 erfasst werden negative Einkünfte **(1)** aus VuV von **unbeweglichem Vermögen** (Grundstücke, Gebäude, Gebäudeteile, im Inland registrierte Schiffe[13] und Rechte, vgl § 21 I Nr 1, davon abw jedoch nicht in der Luftfahrzeugrolle eingetragene Flugzeuge, weil die Registrierung dort keinen Nachweis über die Belegenheit gibt[14]) oder **Sachinbegriffen** (§ 21 I Nr 2), wenn diese(s) im Ausland belegen (vgl § 34d Nr 7) sind (ist) **(§ 2a I 1 Nr 6a)**, **(2)** aus der entgeltlichen Überlassung (nicht registrierter) **Schiffe** (§ 22 Nr 3), wenn diese nicht ausschließlich oder fast ausschließlich (s dazu Rn 59) im Inland eingesetzt werden, ausgenommen allerdings die entgeltliche Überlassung von Schiffen in bestimmten Fällen der Bareboat-Vercharterung **(§ 2a I 1 Nr 6b)**, sowie **(3)** aus **Teilwertabschreibungen oder Übertragungen** (Veräußerungen, Entnahmen) von im BV gehaltenen WG iSv § 2a I 1 Nr 6a und 6b **(§ 2a I 1 Nr 6c)**. Von § 2a I 1 Nr 6a 1. Alt erfasst sind sonach auch Verluste aus der Veräußerung von Mietzinsforde-

---

1 R 2a IX EStR 05; *F/W/B* § 2a Rn 83.
2 Atypisch stille Beteiligungen unterfallen § 2a I Nr 2.
3 BFH BStBl II 92, 889; BStBl I 01, 67.
4 Bei Doppelwohnsitz genügt der Lebensmittelpunkt; **aA** *K/S/M* § 2a Rn B 57.
5 Auch bei PersGes; **aA** *K/S/M* § 2a Rn B 58: Wohnsitz des G'ters.
6 BFH BStBl II 00, 605; die hier noch bis zur 3. Aufl vertretene aA wird aufgegeben.
7 *K/S/M* § 2a Rn B 58; **aA** *F/W/B* § 2a Rn 89.
8 *Korn* § 2a Rn 45.
9 Vgl § 20 I Nr 4; BFH BStBl II 98, 601.
10 *Blümich* § 2a Rn 47; *F/W/B* § 2a Rn 86; **aA** *K/S/M* § 2a Rn B 73.
11 BFH BStBl 99, 293: nicht ernstlich zweifeln; s auch *KB* IStR 99, 185; *sch* DStR 99, 135; *Gosch* StBp 99, 135.
12 S dazu BFH BStBl II 02, 858.
13 FG Saarl EFG 06, 172; *K/S/M* § 2a Rn B 63; **aA** FG D'dorf EFG 01, 831; *Korn* § 2a Rn 46; *F/W/B* § 2a Rn 95.4, die insoweit § 2a I 1 Nr 6b als vorrangig ansehen.
14 Zutr OFD Ffm DB 02, 1408 in Abgrenzung zu BFH BStBl II 00, 467.

rungen im Zusammenhang mit den betr VuV, nach (umstritten) Ansicht des BFH[1] (wegen § 21 II aF) gleichermaßen negative Einkünfte aus der Selbstnutzung eines ausländischen Hauses oder einer ausländischen Wohnung. Insgesamt handelt es sich bei § 2a I 1 Nr 6 um eine lückenfüllende Regelung zu § 2a I 1 Nr 2, der stets (und nur) dann eingreift, wenn die betr VuV gewerblicher Natur ist, sei es originär, sei es auch im Rahmen einer **BetrAufsp**.[2] Auf die Zuordnung zu einer bestimmten Einkunftsart kommt es für die Anwendung von § 2a I 1 Nr 6 nicht an. Da entspr Einkünfte aus VuV **abkommensrechtlich** infolge ihrer Belegenheit durchweg (Ausnahme: Anrechnung gem Art 24 I DBA-Brasilien, Art 24 I Nr 1a, 1c DBA-Schweiz; Art 23 I b und Ia DBA-Spanien) von der deutschen Besteuerung ausgenommen werden, läuft § 2a I 1 Nr 6 weitgehend leer.

1. § 2a I 1 Nr 6a. Anders als die VuV von unbeweglichem Vermögen und von Sachinbegriffen wird die steuerliche Berücksichtigung ausländischer Verluste aus der Überlassung von **Rechten** (§ 21 I Nr 3) nur dann gem § 2a beschränkt, wenn sie gewerblich ist (§ 2a I 1 Nr 2). Nicht erfasst werden auch Verluste aus VuV von beweglichen Sachen im Ausland (vgl aber insoweit die Verlustausgleichsbeschränkungen in § 22 Nr 3 S 3, 4). Auf der anderen Seite erfasst § 2a I 1 Nr 6a auch gewerbliche Verluste gem § 21 III, sofern es sich sie nicht bereits um solche iSv § 2a I 1 Nr 2 handelt. **46**

2. § 2a I 1 Nr 6b. § 2 I 1 Nr 6b zielt insbes auf die sog Bare-boat-Vercharterung unbemannter Freizeitschiffe (Jachten), die in ausländischen Häfen liegen. Mit dieser Zielsetzung unterfielen Verluste aus der entgeltlichen Überlassung nicht registrierter Schiffe, die aufgrund eines **vor dem 31.12.99** rechtswirksam abgeschlossenen obligatorischen Vertrages oder gleichstehenden Rechtsaktes erzielt wurden (**§ 52 III 1**), gem § 2a I 1 Nr 6b aF nur dann der Abzugsbeschränkung des § 2a, wenn sie nicht tatsächlich der inländischen Besteuerung (beim Mieter oder Pächter) unterlagen.[3] Nach **§ 2a I 1 Nr 6b idF des StBereinG 99** wird seitdem statt auf diese Besteuerung auf den – ausschließlichen oder fast ausschließlichen (s dazu § 2a II 1, Rn 59) – **Einsatz der Schiffe** im Inland abgestellt (**1. Ausnahme**). Das ist der Fall, wenn das Schiff tatsächlich im geografischen, nicht im rechtlichen Inland eingesetzt wird (= tatsächliche Nutzung ohne Liegezeiten); der Einsatz eines flaggenrechtlich deutschen Schiffs auf hoher See genügt also nicht, ebenso wenig wie die Vercharterung von einem deutschen Hafen aus.[4] Ein solcher Einsatz iSd § 2a I 1 Nr 6b muss vom Überlassenden – für das jew einzelne Schiff – **nachgewiesen** werden; ihn trifft die obj Feststellungslast. Gelingt der Nachweis, unterliegen der Ausnahme jegliche schiffsbezogenen negativen Einnahmen einschließlich solche aus (funktional zuzuordnenden) Hilfs-, nicht aber aus bloßen Nebengeschäften. **Daneben** bleibt der Verlustabzug gem **§ 2a I 1 Nr 6b aa, bb, cc** ausnahmsweise auch bei überwiegendem Einsatz der Schiffe im Ausland erhalten, **vorausgesetzt**, es handelt sich um **Handelsschiffe** (= Seeschiffe zur Beförderung von Personen und/oder Gütern mit eigenem Antrieb, keine Binnenschiffe[5]), die **alternativ** wie folgt überlassen worden sind (**2. Ausnahme**): (1: **§ 2a I 1 Nr 6b aa**) ausgerüstet (insbes durch Gestellung der Mannschaft, sog crewing charter) von einem Vercharterer[6] (vgl § 5a II 2), worunter ggf auch – bei Weitervercharterung – ein Letztvercharterer zu verstehen ist,[7] (2: **§ 2a I 1 Nr 6b bb**) an im Inland ansässige Ausrüster iSd § 510 I HGB (= Verwender eines fremden Schiffs für eigene Rechnung)[8] oder (3: **§ 2a I 1 Nr 6b cc**) insgesamt (= bezogen auf sämtliche überlassenen Schiffe)[9] nur vorübergehend (= bezogen auf den jew VZ an weniger als an 183 Tagen)[9] an im Ausland ansässige Ausrüster iSd § 510 I HGB. Die unterschiedliche Behandlung von in- und ausländischen Nutzern (Ausrüstern)[10] begegnet EG-rechtlichen Bedenken. Greift die Abzugsbeschränkung, findet die per country limitation keine Anwendung (§ 2a I 1, Rn 72). Unabhängig davon ist die Verlustverrechnungsbeschränkung des § 22 Nr 3 S 3 und 4 bei Vorliegen der Voraussetzungen von § 2a I 1 Nr 6b vorrangig, s auch Rn 14.[11] – (Nur) iÜ und von diesen beiden Ausnahmegruppen abgesehen unterliegen die Verluste (ggf auch nur zeitanteilig)[12] den Verrechnungsbeschränkungen: Ob die Schiffe BV oder PV sind, ist unbeachtlich. Es genügt jedwede Form der **Nutzungsüberlassung** (auch gewerblicher Art, Leasing) von Schiffen jedweder Art, sofern sie der „schwimmenden" Fortbewegung aus eigener oder fremder Kraft dienen, gleichviel, unter welcher Flagge sie fahren. **47**

---

1 BStBl II 86, 287; BFH/NV 90, 705; s aber *K/S/M* § 2a Rn B 64.
2 **AA** *Krabbe* RIW 83, 42.
3 Vgl dazu eingehend *F/W/B* § 2a Rn 96 ff; s auch FG D'dorf EFG 01, 831.
4 *F/W/B* § 2a Rn 95.8; **aA** *K/S/M* § 2a Rn B 66i.
5 Zum Begriff s BFH BStBl II 86, 60.
6 S auch BFH BStBl II 90, 433.
7 Vgl BFH BStBl II 90, 433.
8 Vgl BFH BStBl III 64, 457.
9 *F/W/B* § 2a Rn 95.13.
10 *Grotherr* IWB Fach 3 Gr 3, 1291; *Lüdicke* DB 99, 1922.
11 Zutr *F/W/B* § 2a Rn 95.4.
12 *F/W/B* § 2a Rn 95.9.

49 3. **§ 2a I 1 Nr 6c.** Ähnlich wie § 2a I 1 Nr 3 und 4 ergänzt § 2a I 1 Nr 6c die Abzugsbeschränkung auf verlustähnliche Sachverhalte der Wertminderung **(Teilwertabschreibungen, Veräußerungsverluste)** für solche WG des ausländischen unbeweglichen BV gem § 2a I 1 Nr 6a und 6b, die nicht gem § 2a I 1 Nr 3 aus der Einschaltung einer KapGes resultieren.

54 **VIII. Verluste aus zwischengeschalteten Inlandsbeteiligungen (§ 2a I 1 Nr 7).** § 2a I 1 Nr 7 enthält weitere **Auffangtatbestände** zu Nr 1 bis 6 für jene Fälle, in denen versucht wird, der Verlustbeschränkung durch Zwischenschaltung einer inländischen Beteiligungs-Ges auszuweichen, indem dadurch ausländische in inländische Beteiligungsverluste umgewandelt und die infolge der Verluste wertgeminderten Kapitalbeteiligungen abgeschrieben werden; § 2a I 1 Nr 7 dient sonach dazu, Umgehungsversuche zu verhindern.

55 Ihren tatbestandlichen Voraussetzungen nach entspricht die Vorschrift den Regelungen in § 2a I 1 Nr 1–6. Allerdings fehlt der hiernach erforderliche **Auslandbezug**, weil auf die zwischengeschaltete (inländische) KapGes abzustellen ist. Infolgedessen ist § 2a I auf die zwischengeschaltete Körperschaft mit Sitz oder Geschäftsleitung im Inland unmittelbar anzuwenden; der Auslandsbezug wird lediglich fingiert. Es kann erhebliche Schwierigkeiten bereiten, im Einzelfall festzustellen, worauf die Vermögensverluste bei der KapGes zurückzuführen sind, vor allem dann, wenn diese durch mehrere von § 2a erfasste Tätigkeiten verursacht sind (s auch Rn 73). Ggf kommt lediglich ein partielles Abzugsverbot in Betracht. Für die objektive Feststellungslast gelten insoweit die allg Regeln, dh sie trifft die FinVerw, nicht den StPfl.[1]

IX. Verlustabzugsausgleichs- und -abzugsbeschränkung für bestimmte ausländische Einkünfte
59 **(§ 2a II).** § 2a II enthält die sog **Aktivitäts- oder Produktivitätsklausel** (ähnlich wie in § 5 AIG aF, § 1 III EntwLStG aF, § 8 II AStG, § 26 II KStG aF): § 2a I ist danach bei bestimmten Einkünften nicht anzuwenden, die nach Ansicht des Gesetzgebers als volkswirtschaftlich sinnvoll einzustufen sind. Betroffen sind in erster Linie Einkünfte gem § 2a I 1 Nr 2 aus einer ausländischen Betriebsstätte **(§ 2a II 1)**, daneben auch Einkünfte gem § 2a I 1 Nr 3, 4 **(§ 2a II 2).** Voraussetzung ist in jedem Fall, dass die begünstigten Tätigkeiten **ausschließlich oder fast ausschließlich** ausgeübt werden.[2] Der Abgrenzungsmaßstab ist (schon aus Gründen der vereinfachten Ermittlung) in Anlehnung an § 8 II AStG aF auf mindestens 90 vH (s ebenso zB § 7g I 2 Nr 2b, IV 1) der betr Bruttoerträge in jedem Wj[3] zu taxieren. Dies und die weiteren tatbestandlichen Voraussetzungen sind vom StPfl **nachzuweisen**[4] (§ 2a II 2).

61 **1. Einkünfte aus einer ausländischen Betriebsstätte (§ 2a II 1).** In die Aktivitätsklausel einbezogen sind gem **§ 2a II 1** (letztlich mit gleichheitsrechtlich nicht unbedenklicher Beliebigkeit[5]) im Einzelnen: **(1)** Herstellung und Lieferung von Waren, ausgenommen Waffen, **(2)** Gewinnung von Bodenschätzen sowie (= und/oder) **(3)** gewerbliche Leistungen, ausgenommen die in § 2a II aufgeführten.

62 **a) Warengeschäfte.** Waren iSv § 2a II 1 sind (alle körperlichen) beweglichen Sachen (vgl § 1 II Nr 1 HGB, § 90 BGB), also einschließlich Strom- und ähnliche Energien, aber **nicht**: Grundstücke (str und zweifelh,[6] s auch Rn 65), Rechte (auch nicht Wertpapiere oder sonstige nicht verbriefte Rechte des Umlaufvermögens, vgl § 266 II HGB),[7] immaterielle WG, insbes nicht deren Herstellung (Filme). Es handelt sich idR um WG des Umlauf-, ggf aber auch des Anlagevermögens. Wegen der Begriffe Lieferung = Anschaffung und Herstellung s § 6 Rn 34 ff, 53 ff. Eine Ausnahme besteht auch für Waffen, richtiger Ansicht nach jeglicher Art und nicht nur solche, die unter das WaffenG (dort § 1) fallen, und deshalb einschließlich von Munition,[8] aber ausschließlich militärischer Ausrüstung.[9]

63 Herstellung ist jegliche Warenproduktion (Voll- oder Teilfertigung) im eigenen Betrieb, unter Verwendung eigenen oder auch angeschafften und weiterverarbeiteten Materials. Die Einrichtung von

---

1 *Krabbe* IStR 92, 57; *F/W/B* § 2a Rn 125.
2 Zur Zuordnung von Verlusten zu Beginn bzw aE einer Tätigkeit s R 2a III 3 EStR 05.
3 Vgl R 2a III EStR 05 iVm BMF Sonder-Nr 1/04 Tz 9.0.1, aber str: **aA** *F/W/B* § 2a Rn 165.1: Aufwendungen; *Lademann* § 2a Rn 87; *Blümich* § 2a Rn 96: Betriebsergebnis, ggf zzgl verwendetes BV; *K/S/A* § 2a Rn C 8: Gesamtcharakter der Betriebsstätte; *Scholten/Griemla* IStR 07, 615: (tatsächliche und kalkulatorische) Kosten des internen Rechnungswesens.
4 Vgl BFH BStBl II 87, 487.
5 Vgl auch *Wassermeyer* IStR 00, 65 (68).
6 BFH BStBl II 03, 48; **aA** *L/B/P* § 2a Rn 35; vgl auch die Rspr zur gewerbesteuerlichen Beurteilung von Grundpfandrechten bei Grundstückshändlern als Dauerschulden, zB BFH BStBl II 91, 23 und 584, ferner BFH BStBl II 87, 728.
7 Vgl BFH BStBl II 03, 48.
8 **AA** BFH DStRE 03, 1193, dies aber wohl gegen das Regelungstelos nur wegen einer unklaren Regelungsfassung.
9 **AA** OFD D'dorf DB 75, 1772; *F/W/B* § 2a Rn 167.

Produktionsstätten gehört nicht dazu.¹ **Lieferung** enthält das Verschaffen wirtschaftlicher Verfügungsmacht, und zwar sowohl an selbst hergestellten als auch an angeschafften WG. Verleasen von Waren ist kein Liefern, ggf aber das Bewirken gewerblicher Leistungen.

b) Bodenschatzgewinnung. Bodenschätze sind Bodenbestandteile, die als Rohstoffe verwendbar sind. Von der Regelung erfasst ist die Gewinnung (Urproduktion, Förderung, Veräußerung), aber (in Folge der funktionalen Betrachtungsweise) auch der Transport und die Verarbeitung von Bodenschätzen, ferner das (ggf vergebliche) Aufsuchen zum Zwecke der Gewinnung (Exploration). Der Vorgang kann auch als gewerbliche Tätigkeit begünstigt sein (Rn 25). 64

c) Gewerbliche Leistungen. Gewerbliche Leistungen iSv § 2a II sind solche, die keine Lieferung von Waren sind. Der Handel mit Immobilien (s aber Rn 62) kann allenfalls dazugehören, wenn es nicht nur um die bloße Grundstückslieferung geht.² Ob gewerbliche Leistungen vorliegen, bestimmt sich nach der Art der Tätigkeit und unbeschadet der Rechtsform des StPfl. **Einschränkende Ausnahmen**: **(1)** Errichtung und Betrieb von Fremdenverkehrsanlagen, zB Hotel, Schwimmbäder, Ferienanlage, Sportanlagen, nicht jedoch nur mittelbar dem Fremdenverkehr dienende Anlagen wie zB Gaststätten, Reisebüros, Messen, auch nicht die Aufteilung eines bisherigen Hotels in Eigentumswohnungen und deren Verkauf im sog „Time-Sharing-Modell" zur zeitweisen Nutzung.² Identität zw Anlagenerrichtendem und Betreiber ist nicht vonnöten (wichtig zB bei Bauherrengemeinschaften);³ **(2)** gewerbliche VuV von WG einschl der Überlassung von Rechten, Plänen, Muster, Verfahren, Erfahrungen und Kenntnissen (zB Patentverwertung, Filmverleih, Leasing, Lizenzübertragung). Abw von § 2a I Nr 6a verlangt das Gesetz keine Auslandsbelegenheit der vermieteten WG. Einbezogen sind ungeachtet ihrer Gewerblichkeit auch (inländische) Besitz-Ges mit ausländischen Betriebs-Ges im Rahmen einer BetrAufsp.⁴ Der Gesetzgeber wollte solche überwiegend passiven Tätigkeiten von der Verlustverrechnungsmöglichkeit ausnehmen, denen aus seiner Sicht kein erkennbarer Nutzen für die deutsche Volkswirtschaft zukommt oder die in nicht unerheblichem Umfang zu unerwünschten Steuersparmöglichkeiten genutzt werden.⁵ Diese pauschale Mißbrauchsabwehr verträgt sich allerdings einmal mehr nicht mit EG-Recht,⁶ und dies selbst dann nicht, falls der Verlustabzug als solcher vom EuGH nicht eingefordert werden sollte (s Rn 2, 4); denn nachdem der Gesetzgeber gem § 2a II den Verlustabzug ermöglicht, muss er dies auch in sich ‚konsistent' und diskriminierungsfrei umsetzen. **Erweiternde Ausnahmen** ergeben sich kraft gesetzlicher Fiktion („gilt") aus dem sog **Holdingprivileg** (§ 2a II letzter HS 2, vgl auch zB § 8a IV 1 KStG aF), und zwar **(1)** dem Halten einer Beteiligung, wenn die ausländische Betriebsstätte zu mindestens einem Viertel am Nennkapital einer KapGes beteiligt ist, die ihrerseits weder Sitz noch Geschäftsleitung im Inland hat und die ausschließlich oder fast ausschließlich begünstigte Tätigkeiten zum Gegenstand hat, und **(2)** der mit dem Halten der Beteiligung in Zusammenhang stehende Finanzierung (Kredit zum Beteiligungserwerb, auch G'ter-Darlehen⁷). Die aktive Tätigkeit der Beteiligungs-Ges „schlägt" dann auf die ausländische KapGes durch. Voraussetzung ist, dass die Holdingfunktion **unmittelbar** wahrgenommen wird; die Einschaltung einer Zwischenholding und von Treuhändern schadet, ebenso das Halten über eine (in- oder ausländische) PersGes, weil es auf eine tatsächliche Unmittelbarkeit und nicht auf eine steuerlich ggf abw Zuordnung ankommt.⁸ Nicht erforderlich ist, dass die KapGes im selben Staat wie die Betriebsstätte (= **Landesholding**) oder im wirtschaftlichen Zusammenhang mit dieser tätig ist (= **Funktionsholding**). – Die Verrechnung von Verlusten aus gewerblicher Tierzucht wird gem § 15 IV beschränkt. 65

Die Voraussetzungen des Aktivitätsvorbehalts sind für jede Betriebsstätte für jedes Wj nach Maßgabe des Verhältnisses der jeweiligen Bruttoerträge gesondert zu prüfen.⁹ Ein Verlustausgleich zw einer aktiven und einer nicht aktiven gewerblichen Betriebsstätte soll grds (Ausnahme: Umqualifizierung einer Tätigkeit von passiv in aktiv aufgrund gesetzlicher Neuregelung)¹⁰ nicht zulässig sein,¹¹ und zwar auch dann, wenn sich innerhalb von 2 VZ das Verhältnis von passiver zu aktiver Tätigkeit geändert hat.¹² 66

1 **AA** *F/W/B* § 2a Rn 168.
2 BFH BStBl II 03, 48.
3 *K/S/M* § 2a Rn C 19.
4 *K/S/M* § 2a Rn C 21; **aA** *H/H/R* § 2a Rn 78.
5 BFH BStBl II 1991, 136; BT-Drs 9/2074, S 62.
6 EuGH BStBl II 07, 492 ‚Rewe Zentralfinanz'; **aA** FG Mchn EFG 07, 334 Rev I R 85/06.
7 *K/S/M* § 2a Rn C 16i.
8 **AA** *K/S/M* § 2a Rn C 16h.
9 R 2a III EStR 05.
10 OFD Mchn StEK Anh DBA, dort Anh 4 Tz 1.5.3.
11 R 2a II 2 EStR 05; *K/S/M* § 2a Rn B 81; **aA** (mit guten Gründen) *F/W/B* § 2a Rn 132.1.
12 OFD Mchn aaO.

69 **2. Weitere Beteiligungsverluste (§ 2a II 2).** Handelt es sich bei den negativen Einkünften um solche aus Beteiligungen iSv § 2a I 1 Nr 3 und 4 (und damit nicht zugleich um solche aus einer ausländischen Betriebsstätte iSv § 2a I Nr 2), wird die Begünstigung nach **§ 2a II 2** ebenfalls gewährt, wenn die Beteiligungs-Ges ihrerseits – wegen der fehlenden Bezugnahme auf § 2a I Nr 2: im In- wie im Ausland – die Aktivitätsvoraussetzungen von § 2a II 1 erfüllt, und zwar entweder seit ihrer Gründung oder während der letzten 5 Jahre und im fraglichen VZ. Diese Einschränkung soll Verlustverlagerungen aus passiven Zeiträumen in aktive Zeiträume verhindern. Auch (Rn 59) dafür trifft die **objektive Feststellungslast** den StPfl.

72 **X. Rechtsfolgen. – 1. Beschränkung des Verlustausgleichs (§ 2a I 1).** § 2a I führt vor allem zur Beschränkung des Verlustausgleichs auf positive Einkünfte derselben Art **und** aus demselben Staat, § 2a I 1.[1] **Einkünfte derselben Art** folgen nach zutr hM der Einteilung der Einkünftegruppen in § 2a I 1 Nr 1–7, ausgenommen Nr 3 und 4, die zusammengefasst werden.[2] Zu nummernübergreifenden Verrechnungen kann es auch kommen, wenn die Voraussetzungen der Nr 3, 4 oder 5[3] und gleichzeitig einer der anderen Nr (insbes Nr 1, 2) erfüllt werden, idR nicht aber bei Gewinnausschüttungen, die sich keinem bestimmten Beteiligungsgewinn zuordnen lassen. Dass es sich bei den betr Einkünften um außerordentliche (tarifbegünstigte) gem § 34 II handelt, steht der Verrechnung nicht entgegen.[4] Zur Verrechnung solcher Einkünfte (erstmals vom VZ 01 an) beim ProgrVorb gem § 32b II Nr 2 s Rn 84. **Nicht** miteinander verrechenbar sind aktive positive mit passiven negativen Einkünften, weder gem § 2a I Nr 2 noch nach § 2a I Nr 3 und 4; str, s Rn 66. Die Anwendung von § 3 Nr 40 und § 3c geht der Verlustrechnung vor (Rn 39). – Innerhalb derselben Gruppe bleibt der Verlustausgleich unbeschränkt, auch bei zusammenveranlagten Ehegatten, die gemeinsam als StPfl behandelt werden (§ 26b).[5] Voraussetzung ist immer (**Ausnahme:** Verluste gem § 2a I 1 Nr 6b[6]), dass die **Verluste aus demselben Staat** stammen (Verluststaat, per country limitation). Darauf, dass einheitliche Verlustquellen zugrunde liegen, kommt es ebenso wenig an wie darauf, dass die Einkünfte denselben Einkunftsarten zugehören. Der Verlustausgleich soll allerdings unterbleiben, wenn hinsichtlich der entspr positiven Einkünfte eine DBA-Rückfallklausel (**„subject-to-tax-Klausel"**)[7] greift,[8] wonach Einkünfte nicht aus dem DBA-Staat stammen, wenn sie dort nicht besteuert werden.[9] Die ‚Vererbung' nicht ausgeglichener oder nicht verrechneter negativer Einkünfte auf den Gesamtrechtsnachfolger war nach bisheriger (und zutr), aber umstrittener[10] Rspr des BFH[11] im Falle einer tatsächlichen wirtschaftlichen Belastung des Erben zulässig.[12] S § 2 Rn 69, 110, § 10d Rn 6 mwN. Nach dem jüngsten Beschl des Großen Senats des BFH v 17.12.07 GrS 2/04[13], soll der Verlustabzug indes (aus vielfältigen dogmatischen Überlegungen) indes ausgeschlossen sein, das aus Gründen eines rechtsprechung-„selbstkreiierten"[14] (und die FinVerw wohl auch nicht bindenden) Vertrauensschutzes allerdings erst bei Eintritt des Todes vor Veröffentlichung jenes Beschlusses.

73 Die oben angegebenen Grundsätze (Rn 72) finden auch für **§ 2a I 1 Nr 7** Anwendung, ungeachtet der insoweit abw Gesetzesformulierung, wonach es nicht auf positive Einkünfte, sondern auf Tatbestände der jeweils selben Art ankommt.[15] Der Unterschied hängt mit der Einbeziehung inländischer KapGes zusammen, auf deren Zwischenschaltung die betr Einkünfte des StPfl letztlich beruhen. § 2a I 1 Nr 7 erzwingt also eine Ausdehnung auf ein anderes Zurechnungssubjekt. Positive Einkünfte aus denselben Tatbeständen der § 2a I 1 Nr 7 werden allerdings nur selten anfallen und noch seltener überhaupt nachweisbar sein. Denn etwaige Gewinne aus denselben Tatbeständen sind den (zwischengeschalteten) KapGes und nicht dem Anteilseignern als StPfl zuzurechnen. Sie wirken sich bei diesem allenfalls über Gewinnausschüttungen aus und lassen sich dann nicht mehr einer

---

1 R 2a VII EStR 05.
2 R 2a I 1 und 2 EStR 05.
3 S BFH BStBl II 00, 605.
4 R 2a VII EStR 03; BMF BStBl I 01, 172; s auch BFH BStBl II 95, 467 zu § 15 IV u § 15a.
5 R 2a VIII EStR 05; zu § 15a IV: BFH BStBl II 89, 787; BFH/NV 90, 232.
6 R 2a VIII EStR 05.
7 ZB Art 23 II DBA-USA 1989: Art 23 III DBA-Norwegen; Art 23 I 1 DBA-Schweden; Art 23 III DBA-Dänemark; allg *Vogel* IStR-Beihefter 24/97.
8 R 2a I 5 EStR 05, aber zweifelh, vgl auch *F/W/B* § 2a Rn 44 aE, 142; OFD M'ster FR 97, 503.
9 Vgl BFH BStBl II 92, 660; BStBl II 97, 117.
10 S zum Meinungsstand zB *Müller-Franken* StuW 04, 109 mwN.
11 BFH BStBl II 99, 653; BStBl II 02, 487; *K/S/M* § 2 Rn D 160 ff, § 10d Rn B 190 ff, jeweils zu § 10d.
12 So derzeit nach wie vor (noch) die FinVerw, vgl BMF BStBl I 02, 667; R 2a IV EStR 05; H 10d EStH 05; s auch BFH BStBl II 05, 262.
13 Derzeit noch nv.
14 Zur rechtsmethodischen Problematik s zB eindringlich *H/H/Sp* § 4 Rn 173 ff, speziell § 184 ff, mwN.
15 R 2a I 3 und 4 EStR 05.

Ursache iSv § 2a I 1 Nr 7 zuordnen (Rn 55). Eine schätzweise Aufteilung dürfte mangels Tatbestandsmäßigkeit nicht in Betracht kommen.

Beispiele für einen entspr Verlustausgleich aus demselben Tatbestand: Teilwertzuschreibungen (vgl § 6 I Nr 2 S 3) infolge Liquidationsgewinnen nach vorheriger Teilwertabschreibung, Gewinne aus Anteilsveräußerung oder -entnahme, Auflösung oder Kapitalherabsetzung.

Vorrangiger Verlustausgleich gem § 2a I. Verfügt der StPfl sowohl über voll nach § 10d als auch über nur beschränkt nach § 2a I ausgleichsfähige Verluste, so sind zunächst – vor dem Ausgleich der Verluste aus derselben Einkunftsart – die Verluste gem § 2a I zu verrechnen. Das folgt daraus, dass der Ausgleich entspr positiver und negativer Verluste Vorrang hat.[1]

2. Beschränkung des Verlustabzugs (§ 2a I 1 letzter HS; § 2a I 3 und 4). Nach den tatbestandlichen Maßgaben, in dem hiernach der Verlustausgleich beschränkt ist, schließt **§ 2a I 1 letzter HS** auch den **Verlustabzug gem § 10d** in Gänze aus. Abzugsfähig bleiben insoweit lediglich jene Verluste, die nach § 2a II auch ausgeglichen werden können. Der Ausschluss von § 10d ist insoweit systemgerecht und deswegen letztlich nur deklaratorischer Natur.

74

77

Unabhängig davon trifft **§ 2a I 3** eigenständige Regelungen über einen **(beschränkten) Verlustvortrag**: In jenem Umfang, in dem § 2a I 1 den beschränkten Verlustausgleich ermöglicht, wird danach für die verbleibenden negativen Einkünfte der Verlustvortrag in den nachfolgenden VZ (zeitlich unbegrenzt) eröffnet, abw von § 10d allerdings nicht als SA, sondern als BA. Eine Rücktragsmöglichkeit wird nicht eingeräumt. Verbleibende negative Verluste sind solche, die nach gescheitertem Verlustausgleich gem § 2a I 1 (wegen fehlender entspr positiver Einkünfte) verbleiben (§ 2a I 4). Sie sind (ggf auch nach § 180 Nr 2a AO) gesondert festzustellen (§ 2a I 5 iVm § 10d IV), uU auch für Zwecke des ProgrVorb.[2] Ein Wahlrecht zw Verlustausgleich und Verlustabzug (und damit die Möglichkeit zur Nachholung eines zunächst unterlassenen Ausgleichs) besteht folglich nicht, ebenso wenig wie die Möglichkeit des Verlustrücktrages. Der Sache nach bezieht sich der Verlustvortrag – nicht anders als der Verlustausgleich (Rn 72) – jeweils auf Einkünfte derselben Art aus demselben Staat. In den Vorteil des beschränkten Verlustabzugs gelangt nur **derjenige StPfl**, der den Verlust erlitten hat. Zur (umstrittenen) Rechtslage bei der Erbfolge sowie zum Verlustabzug bei Ehegatten s Rn 72. Bei Umwandlung einer Körperschaft in eine PersGes sperrt § 4 II 2 UmwStG nF/aF den Verlustabzug, gleichermaßen verhält es sich gem § 12 III (iVm § 4 II 2) UmwStG nF – insoweit abw von § 12 III 2 UmwStG aF – bei Verschmelzung einer Körperschaft auf eine andere Körperschaft.[3]

78

Konkurrieren verbleibende negative Einkünfte gem § 10d und § 2a I, geht der Abzug nach § 2a vor (**§ 2a I 1 letzter HS**). Das ist für den StPfl von Vorteil, weil dann der großzügigere Abzug nach § 10d erhalten bleibt, auch wenn sich in den folgenden VZ eine Abzugsmöglichkeit nach § 2a nicht ergibt.

79

3. Progressionsvorbehalt. Im Verhältnis zum negativen ProgrVorb (§ 32b) geht § 2a ebenfalls vor, und zwar grds unabhängig davon, ob ein DBA anwendbar ist oder nicht.[4] Denn auch dann, wenn ein DBA den negativen ProgrVorb vorsieht, setzt dies voraus, dass die betr Verluste nach innerstaatlichem Recht überhaupt zu berücksichtigen sind. Das aber ist wegen § 2a gerade nicht der Fall (s aber auch Rn 3f).[5] Eine denkbare Kollision mit DBA-Recht besteht unabhängig davon aber auch deswegen nicht, weil alleinige Rechtsgrundlage für die Anwendung des ProgrVorb nach geläuterter Rechtserkenntnis des BFH[6] § 32b, nicht jedoch das einschlägige DBA ist; ein DBA kann die Berücksichtigung eines ProgrVorb allenfalls explizit verbieten; diese Rspr wurde nunmehr durch das JStG 07 in § 32b I Nr 3 nF explizit verankert. So gesehen ist es dem deutschen Gesetzgeber grds unbenommen, die Reichweite des ProgrVorb zu bestimmen. Das ändert freilich nichts daran, dass der Ausschluss des negativen ProgrVorb dem Leistungsfähigkeitsgedanken widerspricht und überdies gegen die EG-rechtlichen Freiheiten (Niederlassungs-, Kapitalverkehrsfreiheit, Art 43, 49

84

---

1 BFH BStBl II 95, 467, 470.
2 OFD Mchn StEK Anh DBA, dort Anh 4 Tz 1.7.; OFD Rheinland u M'ster IStR 07, 447, dort auch zur Verrechnungsreihenfolge mit ao Einkünften gem §§ 34, 34b im jew Folgejahr.
3 Dazu zB *Hierstetter/Schwarz* DB 02, 1663.

4 BFH BStBl II 91, 136; BFH/NV 92, 104; 94, 100; BFH BStBl II 03, 795; BStBl II 04, 742 (746); H 32b EStH 05; **aA** *Beck* IStR 07, 53.
5 S ebenso zu § 3c I BFH BStBl II 07, 756.
6 BFH BStBl II 03, 302; umfassend zur Problematik s *K/S/M* § 2a Rn A 42 ff; BStBl II 02, 660.

EGV) verstößt (s Rn 2, 4).¹ Zur Verrechnung gem § 34 II begünstigter Einkünfte beim ProgrVorb s § 32b II Nr 2 und Rn 72. Zur gesonderten Feststellung verbleibender negativer Einkünfte iSd § 2a I 3 s Rn 78.

86 **XI. Verfahren.** Werden die negativen ausländischen Einkünfte von einer Personenmehrheit bezogen, ist über Art, Höhe und Abziehbarkeit der Verluste (einschl Verfassungsmäßigkeit des § 2a, auch der Hinzurechnungs- sowie Nachversteuerungsvoraussetzungen gem § 2a III 3 aF² und IV Nr 2 aF³) im Rahmen der einheitlichen und **gesonderten Feststellung** gem § 180 V Nr 1 oder auch § 180 I Nr 2a AO zu entscheiden. Verbleibende negative Einkünfte sind gem § 10d IV gesondert festzustellen, wobei sich diese Feststellung auf die rechtlichen und tatsächlichen Voraussetzungen beschränkt, unter denen die Verluste zu berücksichtigen sind, und sich nicht darauf erstreckt, wie sie bei der Veranlagung zum Ansatz kommen.⁴ Parallele gesonderte Feststellungen gem § 10d und § 15a stehen unabhängig und auch dann ohne wechselseitige Bindungswirkungen nebeneinander, wenn es zu inhaltlich überschneidenden Feststellungen kommt.

C. Hinzurechnungsbesteuerung bei Auslandsverlusten (§ 2a III 3 bis 6, IV iVm § 52 III 3 bis 6)

89 **I. Grundsätzliches.** Für den Fall, dass der StPfl in den Vorjahren (**letztmals im VZ 98**) den Verlustausgleich oder -abzug gem § 2a III 1 und 2 aF für Verluste aus ausländischen gewerblichen Betriebsstätten beantragt hat, die infolge der Symmetriethese (Rn 4) an sich aufgrund abkommensrechtlicher Freistellung im Inland steuerbefreit sind, sieht § 2a III 3 sowie § 2a IV idF von § 52 III 5 und 6 **Nachversteuerungstatbestände** in den Folgejahren vor, und zwar gem **§ 52 III 3–6** idF des JStG 08 ohne zeitliche Begrenzung (s Rn 4), ggf (s aber auch Rn 73) auch beim Erben⁵ und beim Übergang eines verbleibenden Verlustvortrags gem § 10d IV 2 im Rahmen des UmwStG aF (vgl dort § 12 III 2 aF; § 15 I 1, IV aF).⁶ Die vorherige Verlustberücksichtigung wird hiernach gem § 2a III 3, 5 und 6 aF **korrigiert, (1)** soweit sich bei den nach DBA befreiten Betriebsstätteneinkünften in demselben ausländischen Staat insgesamt ein positiver Betrag ergibt (**§ 2a III 3**), **oder (2)** wenn die betr ausländische Betriebsstätte in eine KapGes umgewandelt, wenn sie übertragen oder aufgegeben wird (**§ 2a IV**). Die dazu bestehenden Ausnahmeregelungen in § 2 III 4 und IV 2 aF (Rn 105) fanden vom VZ 00 an keine Anwendung mehr (vgl § 52 III 3 und 5 aF), woraus sich bei Vorliegen entspr Dispositionen ungerechtfertigte und verfassungsrechtlich unzulässige Rückwirkungen in abgeschlossene Sachverhalte ergeben konnten.⁷

II. Hinzurechnung bei späteren Gewinnen (§ 2a III 3 bis 6). – 1. Hinzurechnungstatbestand.
92 Gegenstand der Hinzurechnung ist der (positive) Saldo **aller** stfreien Gewinne und Verluste aus (sämtlichen, alten wie neuen) gewerblichen Betriebsstätten des betr StPfl in dem betr Staat. Eine Verrechnung mit den Ergebnissen aus Betriebsstätten dritter Staaten findet nicht statt. Die hinzuzurechnenden Beträge korrespondieren mit jenen, die gem § 2a III 1 und 2 abgezogen worden sind, und sind gleichermaßen nach Maßgabe des deutschen Steuerrechts zu ermitteln; abw ausländische Gewinnermittlungsvorschriften (zB Nichtzulassung von Wertberichtigungen, unterschiedliche AfA-Sätze und zeitliche Gewinnabgrenzungen) wirken sich nicht aus.⁸ Als Folge des Umstandes, dass nicht der Gewinn der ausländischen Betriebsstätte besteuert wird (was DBA-rechtlich unzulässig wäre), an diesen vielmehr nur formal angeknüpft wird, um den Korrekturposten zu § 2a I zu ermitteln, sind allerdings nicht nur (wie nach § 2a I) die Ergebnisse der aktiv tätigen gewerblichen Betriebsstätten einzubeziehen, sondern auch solche aus passiver Tätigkeit. Aus gleichem Grunde entfallen auch Steuervergünstigungen (zB Freibeträge gem § 16 IV; Kürzungen gem § 34 II).

93 Die Hinzurechnung gem § 2a III 3 wird **begrenzt (1)** durch die tatsächlich nach § 2a I und II abgezogenen Verlustbeträge und **(2)** durch die Höhe der zurechenbaren Gewinne. Der „Verbrauch" der zuvor entstandenen Verluste über den Ausgleich oder Abzug gem § 2a I und II ist jedoch nicht erforderlich. Verbleibende Gewinne aus dem ausländischen Betriebsstättenstaat nach vollem Ausgleich der Verluste werden dem ProgrVorb unterworfen (§ 32b).⁹

---

1 EuGH DStR 06, 362 – Ritter-Coulais und nachfolgend BFH IStR 07, 148; s dazu BMF BStBl I 06, 763; s auch abgrenzend zu Drittstaaten FG Hbg EFG 07, 105.
2 BFH BStBl II 90, 204; BFH/NV 00, 168.
3 **AA** FG D'dorf EFG 07, 565 Rev I R 25/07.
4 BFH BStBl II 90, 112; BStBl II 91, 873; BStBl II 03, 48.
5 S R 2a IV EStR 05.
6 S R 2a V EStR 05.
7 Vgl *Hey/Gloßner* IStR 01, 233; *Offerhaus* DB 01, 556.
8 BFH BStBl II 89, 543; H 2a EStH 05; OFD Ffm aaO.
9 OFD Bln RIW 97, 533.

2. Wegfall der Hinzurechnung (§ 2a III 4 aF). **Bis zum VZ 98** (Rn 3) ließ sich die Hinzurechnung **95** vermeiden, indem der StPfl (in jedem VZ und für jeden Einzelfall[1]) nachwies, dass nach den für ihn geltenden Regeln des ausländischen Staates ein Abzug der entstandenen Verluste in anderen Jahren (ggf sonach auch nur in einem anderen Jahr)[2] als dem Verlustjahr „allgemein" nicht beansprucht werden konnte. Ausschlaggebend war also das **abstrakte**[3] Fehlen des Verlustabzugs (gleichviel, ob in Gestalt eines Verlustrück- oder vortrags) im Ausland, mithin die bloße Möglichkeit der Beanspruchung, nicht die tatsächliche Handhabung beim StPfl. Die Gefahr einer Doppelvergünstigung bestand dann nicht; der Verlustausgleich und -abzug im Inland blieb definitiv. Er blieb dies nach dem ausdrücklichen Wortlaut des § 2a III 4 unabhängig davon (und systemwidrig) auch, wenn im Ausland zwar kein Verlustabzug, aber ein Verlustausgleich vorgesehen war, nach (zweifelh) Ansicht der FinVerw desgleichen bei einer im Ausland vorgeschriebenen pauschalierenden Gewinnermittlung ohne Verlustabzug für bestimmte Einkunftsarten.[4] UU konnten Verluste deswegen trotz § 2a III 1 iErg leerlaufen, was EG-rechtliche Bedenken aufwirft. In diesem Zusammenhang fragte § 2a III 4 aF aber nicht danach, warum der Verlustabzug im Ausland fehlte und ob dieses Fehlen seinerseits gemeinschaftsrechts- oder abkommenswidrig war.[5] – Die Feststellungslast für das im Ausland gegebene Abzugsverbot traf den StPfl (s auch § 90 II AO), sie entband FA und FG indes nicht von entspr Amtsermittlungen.[6] Bei erst nachträglichem Bekanntwerden des Abzugsverbots fand § 173 I 1 Nr 2 AO Anwendung.

3. Verfahren. Der nicht durch Hinzurechnung verbrauchte (verbleibende) Verlust ist ebenso wie **97** jener infolge Hinzurechnungsausschlusses iSv § 2a III 4 aF[7] zum Ende jedes VZ entspr § 10d IV **gesondert festzustellen (§ 2a III 5)**.[8] In die gesonderte Feststellung sind noch nicht hinzugerechnete Beträge iSv § 2 I 3, 4 AIG einzubeziehen **(§ 2a III 6)**. Zur gesonderten Feststellung bei Personenmehrheiten s Rn 86.

III. Hinzurechnung nach Umwandlung (§ 2a IV idF von § 52 III 5 u 6). – 1. Hinzurechnungstatbestand (§ 2a IV idF von § 52 III 5 u 6). § 2a IV soll Gestaltungen vorbeugen, die darauf abzielen, der Nach- **100** versteuerung gem § 2a III 3 zu entgehen. Vor allem bei zwischenzeitlicher **Umwandlung** einer ausländischen Betriebsstätte in eine selbstständige KapGes sind hiernach gem § 2a III 1, 2 ausgeglichene oder abgezogene und bislang nicht hinzugerechnete Verluste unmittelbar im Zeitpunkt der Umwandlung nachzuversteuern **(§ 2a IV Nr 1** idF von § 52 III 5 und 6). Dem gleichbehandelt wird (entgegen § 2a IV aF) die entgeltliche oder unentgeltliche **Übertragung** der Betriebsstätte[9] **(§ 2a IV Nr 2** idF von § 52 III 5) **oder** ihre **Aufgabe** unter ggf auch nur teilw Fortführung der ursprünglich von ihr ausgeübten Geschäftstätigkeit, sei es von einer Ges, an der der inländische StPfl zu mindestens 10 vH unmittelbar oder mittelbar beteiligt ist, sei es von einer diesem nahe stehenden Pers iSd § 1 II AStG **(§ 2a IV Nr 3** idF von § 52 III 5 u 6). Maßgebend ist hier jeweils der VZ der Übertragung oder Aufgabe. Die Nachversteuerung erfolgt entspr § 2a III 3, abw hiervon allerdings unter Hinzurechnung aller noch nicht korrigierten oder korrigierbaren Verluste; auf die konkrete Höhe des Gewinns kommt es nicht an, insbes erfolgt keine Verrechnung mit den auflaufenden Gewinnen der KapGes.[10] Die Regelung tritt in einschlägigen Fällen der Umwandlung hinter die (vom VZ 99 ohnehin zwingend und ausnahmslos vorzunehmende, s Rn 95) Hinzurechnung gem § 2a III zurück („soweit …") und fungiert daher iErg nur als Auffangtatbestand. **Vom VZ 06 an** wird nach Maßgabe von **§ 2a IV 2 idF von § 52 III 6** idF des SEStEG[11] überdies (in Einklang mit Art 10 I 2 Fusions-RL) sichergestellt, dass auch in den Fällen der sog Entstrickung infolge Wegfalls der unbeschränkten StPfl aufgrund der Verlegung des Wohnsitzes (§ 1 I) oder des Sitzes oder Orts der Geschäftsleitung (§ 1 I KStG) sowie

---

1 OFD M'ster DStR 86, 686.
2 **AA** *K/S/M* § 2a Rn E 38.
3 OFD Ffm DStR 96, 1528; OFD Bln DStR 97, 661; *K/S/M* § 2a Rn E 38; *F/W/B* § 2a Rn 365; s auch BFH BStBl II 07, 398 (EuGH C-157/07 „Krankenheim Ruhesitz am Wannsee-Seniorenheimstatt") gegen FG Bln IStR 05, 571, Rev I R 45/05 mit zust Anm *Schönfeld*: konkretes Fehlen der Verlustberücksichtigung mit der Folge eines definitiven Verlustvortragsausschlusses im Ausland, dies allerdings im Rahmen einer (angesichts des klaren Regelungswortlauts fragwürdigen) gemeinschaftsrechtskonformen Auslegung.
4 OFD Ffm DB 00, 1440; **aA** (zutr) *K/S/M* § 2a Rn E 41.
5 Insoweit zutr FG Bln IStR 05, 571, Rev I R 45/05.
6 BFH BStBl II 84, 181; BStBl II 89, 541.
7 BFH/NV 00, 168.
8 Zu Einzelheiten OFD Bln DStR 96, 661.
9 Einbezogen sind auch Veräußerungen des MU'er-Anteils an einer PersGes mit ausländischer Betriebsstätte; *K/S/M* § 2a Rn F 22; aA *H/H/R* § 2a Rn 373; uU auch BFH BStBl II 91, 873 (zu § 2 I 3 AIG, dort betr eine nachversteuerungsauslösende Umwandlung); offen FG D'dorf EFG 07, 565 Rev I R 25/07.
10 *Blümich* § 2a Rn 121; **aA** *F/W/B* § 2a Rn 380.
11 BGBl I 06, 2782.

bei Beendigung der Ansässigkeit im Inland aufgrund DBA (Art 4 OECD-MA) im Rahmen des § 2a eine Nachversteuerung abgezogener Verluste zu erfolgen hat.

101 Begrifflich handelt es sich bei **Umwandlungen** iSv § 2a IV Nr 1 idF von § 52 III 5 untechnisch[1] um alle Sachverhalte, in denen die bisherige Betriebsstätte ihre Zuordnung zum Inlandsbetrieb verliert und in eine (ausländische) KapGes aufgeht, in erster Linie also durch Einbringung der Betriebsstätte gegen Gewährung von Gesellschaftsrechten. **Veräußerungen** iSv § 2a IV Nr 2 idF von § 52 III 5 sind solche gegen Entgelt oder als Tauschvorgang,[2] unentgeltlich gem § 6 III.[3] Zur **Aufgabe** einer Betriebsstätte iSv § 2a IV Nr 3 idF von § 52 III 5 s § 16 III. Ob die ursprüngliche Geschäftstätigkeit der Betriebsstätte durch den Ges oder eine ihm nahe stehende Pers **fortgeführt** wird, entscheidet sich nach dem Gesamtbild der Verhältnisse, ist aber ebenfalls weit zu verstehen. Umfang und Dauer der Fortführung sind unbeachtlich (arg contr § 8 IV KStG). Infolge der Ausdehnung der Nachversteuerungstatbestände gem § 52 III 5 haben sich frühere Gestaltungsempfehlungen, der Hinzurechnung durch gewinnneutrale Einbringung eines inländischen Betriebs oder aller MU'er-Anteile an einer inländischen PersGes in eine KapGes,[4] weitgehend erledigt.

105 **2. Wegfall der Hinzurechnung (§ 2a IV 2 aF).** Bis zum VZ 98 (Rn 3) befreite § 2a IV 2 aF – parallel zu § 2a III 4 aF (Rn 95) – von der Hinzurechnung, wenn der StPfl den Nachweis über einen fehlenden Verlustabzug im Ausland erbringen konnte, sei es bezogen auf die umgewandelte Betriebsstätte (§ 2a IV 2 Nr 1 iVm III 4 aF), sei es bezogen auf die aufnehmende KapGes (§ 2a IV 2 Nr 2 aF). Diese Ausnahme ist durch das StBereinG 99 vom VZ 00 ungeachtet der fortbestehenden Weitergeltung von § 2a IV endgültig abgeschafft worden, was in Einzelfällen verfassungsrechtliche Bedenken aufwerfen kann (s Rn 3).

§ 2b
(weggefallen)

Die Vorschrift wurde aufgehoben durch das Gesetz zur Beschränkung der Verlustverrechnung im Zusammenhang mit Steuerstundungsmodellen v 22.12.05 – BGBl I, 3683 – mit Wirkung ab 31.12.05, ist jedoch gem § 52 VI weiterhin für Einkünfte aus einer Einkunftsquelle iSd § 2b anzuwenden, die der StPfl nach dem 4.3.99 und vor dem 11.11.05 erworben oder begründet hat.

2. Steuerfreie Einnahmen

§ 3

[1]**Steuerfrei sind ...**

(Die Fortsetzung des Gesetzestextes mit den einzelnen Befreiungstatbeständen ist deren jeweiliger Kommentierung unmittelbar vorangestellt.)

§ 4 EStDV; R 3 EStR; R 4 – 29 LStR

1 **I. Gegenstand der Vorschrift.** § 3 enthält in seinen 69 Nummern einen Katalog „stfreier Einnahmen". § 3 fehlt allerdings jegliche sachliche Ordnung und die Reihenfolge der getroffenen Einzelregelungen ist zufällig. Der Referenten-Entw zur Umsetzung der „Petersberger Steuervorschläge" wollte die Befreiungsvorschriften in folgende Gruppen zusammenfassen: Sozialleistungen, Entschädigungs- und Versorgungsleistungen, Zuwendungen zur Förderung von Wissenschaft und Forschung, Bildung und Erziehung, Kunst und Kultur, Anerkenntniszuwendungen, Bezüge aufgrund von Dienstleistungen zur Erfüllung der Wehr- oder Zivildienstpflicht, Aufwendungsersatz-Leistungen, Einnahmen aus einem Dienstverhältnis sowie BE oder Einnahmen aus Vermögenswerten.

---

1 R 2a VI 1 EStR 05.
2 BFH BStBl II 91, 873: Tausch der Anteile an einer inländischen KG gegen Anteile einer ausländischen KapGes bei fortbestehender Betriebsstätte.
3 R 2a VI 2 EStR 05.
4 *Krüger* Stbg 96, 544.

Steuerfreie Einnahmen § 3

II. Systematischer Zusammenhang und Zweck. § 3 ordnet die ausnahmsweise **Nichtberücksichtigung von Einnahmen** an. Dieser systematische Ansatzpunkt wird vernebelt, wenn § 3 „Leistungen", „Ausgaben", „Beiträge" oder „Zuwendungen" befreit, und er wird verlassen, wenn § 3 auch Einnahmen für stfrei erklärt, die ohnehin nicht steuerbar sind.

Der Zweck zahlreicher Befreiungen ist unklar. Dies erschwert eine teleologische Auslegung und veranlasst die Frage nach einem Verstoß gegen Art 3 I bzw 14 II GG. Unter dem Gesichtspunkt der **Systemgerechtigkeit** ist nach den Zielsetzungen der einzelnen Befreiungen zu fragen und zu prüfen, ob sie die Durchbrechung des Grundsatzes der Besteuerung rechtfertigen. Dabei lassen sich Vereinfachungsbefreiungen, Ausgrenzungsbefreiungen und Sozialzwecknormen unterscheiden.

III. Rechtsentwicklung. Schon das Preußische EStG enthielt eine dem heutigen § 3 vergleichbare Vorschrift. Der Katalog der Befreiungen wurde im Laufe der Jahre ständig geändert, insbes erweitert und inhaltlich sowie in seinen Formulierungen umgestaltet. Die „ESt-Kommission zur Steuerfreistellung des Existenzminimums ab 96 und zur Reform der ESt" hat – erfolglos – vorgeschlagen, die Steuerbefreiungen der §§ 3 und 3b weitgehend entfallen zu lassen.[1] Im Jahr 05 ist durch das Gesetz zur Fortentwicklung der Grundsicherung für Arbeitsuchende § 3 Nr 2 geändert und durch das StÄndG 07 § 3 Nr 12, 13 und 16 geändert, sowie die Bergmannsprämie iSd § 3 Nr 46 (stufenweise) abgeschafft worden. Durch das Gesetz zur Umsetzung der neu gefassten Bankenrichtlinie und der neu gefassten Kapitaladäquanzrichtlinie ist § 3 Nr 40, durch das Föderalismusreform-Begleitgesetz § 3 Nr 58 und 59 und durch das Gesetz zur Einführung des Elterngeldes § 3 Nr 67 geändert worden. Das JStG 07 hat § 3 Nr 3 erweitert, § 3 Nr 11 geändert, § 3 Nr 40 S 1d eingeschränkt, § 3 Nr 44 S 3c gestrichen, § 3 Nr 56 eingefügt und § 3 Nr 65 erweitert. Das SEStEG hat § 3 Nr 40 geändert. In 07 hat das GKV-Wettbewerbsstärkungsgesetz § 3 Nr 11 einen S 4 angefügt. Das Gesetz zur Schaffung deutscher Immobilien-AG mit börsennotierten Anteilen hat den Bereiungskatalog um § 3 Nr 70 erweitert. Das UStRFG 08 hat in § 3 Nr 40 das Halbeinkünfteverfahren ab 1.1.2009 durch ein Teileinkünfteverfahren ersetzt. Durch das Gesetz zur weiteren Stärkung des bürgerschaftlichen Engagements wurde § 3 Nr 26 geändert und § 3 Nr 26a eingefügt.

§ 3 Nr 1a)

1. a) Leistungen aus einer Krankenversicherung, aus einer Pflegeversicherung und aus der gesetzlichen Unfallversicherung,

§ 3 Nr 1a knüpft bei der Befreiung der Leistungen aus der **gesetzlichen Krankenversicherung** an deren Regelung im SGB an und überlässt diesem die nähere Bestimmung der befreiten Leistungen. Befreit werden Sach- und Geldleistungen. Die Verweisung ist nicht auf die Fälle der Pflichtversicherung beschränkt und schließt Leistungen an Hinterbliebene ein. „Leistungen aus einer Krankenversicherung" sind auch die Leistungen aus einer **vertraglichen Krankenversicherung**, und zwar aus einer Krankheitskostenversicherung, aus einer **Krankenhaustagegeldversicherung** als einer zusätzlichen Krankheitskostenversicherung mit dem besonderen Ziel, die Krankenhauskosten abzudecken[2], und auch – wegen der Nähe zum Krankengeld der gesetzlichen Krankenversicherung – aus einer **Krankentagegeldversicherung**, die Versicherungsschutz gegen Verdienstausfall bieten soll.[3] Dagegen sind Lohnfortzahlungen des ArbG (oder Dritter) im Krankheitsfall nicht begünstigt.[4] Alters-, Pensions- und Unterstützungskassen sind keine Einrichtungen, die der Versicherung gegen Krankheit dienen. Ausländische Betriebskrankenkassen können Krankenkassen iSd § 3 Nr 1a sein.[5] Eine Krankenversicherung kann ausnahmsweise dem **BV** zuzurechnen sein, zB bei einer Versicherung gegen eine typische Berufskrankheit.[6] Die Versicherungsleistungen sind auch dann stfrei[7], die Versicherungsprämien allerdings nach § 3c von Abzug ausgenommen.[8] Die Befreiung der Leistungen „aus

---

1 BB 94, Beil. Nr 24, S 5 f.
2 BFH BStBl II 72, 177.
3 BFH BStBl II 69, 489; BStBl II 83, 101 (104); FG Meck-Vorp EFG 07, 995 (Praxis-Ausfallversicherung, die fortlaufende Betriebskosten ersetzen soll, keine Versicherung zum Ausgleich krankheitsbedingter Kosten).
4 FG BaWü EFG 98, 718 (zu „Taggeld"zahlungen v Schweizer ArbG); FG BaWü EFG 05, 851 (zu Krankentagegeldzahlungen aus einer vom ArbG abgeschlossenen Kollektivversicherung als stpfl Arbeitslohn); vgl aber auch FG BaWü EFG 05, 98 (zu Krankentagegeldzahlungen aus einem Kollektivversicherungsverhältnis als Versicherungsleistungen iSv § 3 Nr 1a).
5 BFH BStBl II 98, 581.
6 BFH BStBl II 83, 101 (103).
7 BFH BStBl II 69, 489 (491).
8 BFH BStBl II 69, 489 (490); *K/S/M* § 3 Rn B 1a/70 (BV).

von Beckerath

einer **Pflegeversicherung**" umfasst alle Leistungen aus der im SGB XI geregelten gesetzlichen und aus den vertraglichen Pflegeversicherungen. § 3 Nr 1a begünstigt den Pflegebedürftigen. Bezüge der Pflegepersonen werden von § 3 Nr 26 und § 3 Nr 36 befreit. Leistungen der **gesetzlichen Unfallversicherung** werden nach dem SGB VII erbracht. Begünstigt sind auch Leistungen aufgrund freiwilliger Beiträge zur gesetzlichen Unfallversicherung[1], Leistungen aus einer ausländischen gesetzlichen Unfallversicherung[2] und einer Betriebsinhaberversicherung kraft Satzung.[3] Leistungen aus vertraglichen Unfallversicherungen sind nicht befreit und auch nicht – sofern steuerbar – Schadensrenten, die aufgrund der Haftpflichtversicherung eines Schädigers gezahlt werden.[4]

§ 3 Nr 1b)

1. b) Sachleistungen und Kinderzuschüsse aus den gesetzlichen Rentenversicherungen einschließlich der Sachleistungen nach dem Gesetz über die Alterssicherung der Landwirte,

15 § 3 Nr 1b verweist auf die Leistungstatbestände des SGB VI. Auch der Begriff der **Sachleistungen** differenziert lediglich zw den gesetzlich vorgesehenen Leistungen. **Kinderzuschüsse** erhalten nach § 270 SGB VI nur noch Berechtigte, die schon vor dem 1.1.92 Anspr auf einen Kinderzuschuss hatten.

§ 3 Nr 1c)

1. c) Übergangsgeld nach dem Sechsten Buch Sozialgesetzbuch und Geldleistungen nach den §§ 10, 36 bis 39 des Gesetzes über die Alterssicherung der Landwirte,

17 Begleitend zu Rehabilitationsleistungen wird nach näherer Maßgabe der §§ 20 ff SGB VI ein **Übergangsgeld** gezahlt. Nach **§ 10 ALG** werden die Kosten für eine Betriebs- oder Haushaltshilfe übernommen. §§ 36, 37 und 39 ALG sehen die Übernahme der Kosten für eine Ersatzkraft bei Arbeitsunfähigkeit, Schwangerschaft und Kuren vor und § 38 ALG ein Überbrückungsgeld beim Tod eines versicherten Landwirts. Nach einer – EU-rechtlich fragwürdigen – Entscheidung des FG BaWü fallen unter § 3 Nr 1c nur Leistungen des deutschen Rentenversicherungsträgers.[5]

§ 3 Nr 1d)

1. d) das Mutterschaftsgeld nach dem Mutterschutzgesetz, der Reichsversicherungsordnung und dem Gesetz über die Krankenversicherung der Landwirte, die Sonderunterstützung für im Familienhaushalt beschäftigte Frauen, der Zuschuss zum Mutterschaftsgeld nach dem Mutterschutzgesetz sowie der Zuschuss nach § 4a der Mutterschutzverordnung oder einer entsprechenden Landesregelung;

20 **Mutterschaftsgeld** wird nach § 13 I MuSchG, § 200 II RVO und § 29 KVLG gezahlt. § 12 MuSchG sah eine **Sonderunterstützung** für im Familienhaushalt beschäftigte Frauen vor, wurde jedoch bereits durch Gesetz v 20.12.96 gestrichen. Nach § 14 MuSchG wird das Mutterschaftsgeld durch einen **Zuschuss** des ArbG ergänzt. Der Zuschuss nach der **Mutterschutz-VO** wird Beamtinnen gewährt, wenn sie während des Erziehungsurlaubs erneut schwanger werden. Nicht befreit ist der Mutterschutzlohn nach § 11 MuSchG. Das Entbindungsgeld nach § 200b RVO und § 31 KVLG ist nach § 3 Nr 1a stfrei.

§ 3 Nr 2

2. das Arbeitslosengeld, das Teilarbeitslosengeld, das Kurzarbeitergeld, das Winterausfallgeld, die Arbeitslosenhilfe, der Zuschuss zum Arbeitsentgelt, das Übergangsgeld, das Unterhaltsgeld, die Eingliederungshilfe, das Überbrückungsgeld, der Gründungszuschuss, der Existenzgründungszuschuss nach dem Dritten Buch Sozialgesetzbuch oder dem Arbeitsförderungsgesetz sowie das aus

---

1 OFD Magdeburg DStR 04, 1607.
2 BFH BStBl II 96, 478 (480).
3 FG SchlHol EFG 58, 3.
4 FG Kassel EFG 56, 387.
5 FG BaWü EFG 96, 209; zurückverwiesen ohne Sachentscheidung durch BFH BStBl II 96, 478.

dem Europäischen Sozialfonds finanzierte Unterhaltsgeld und die aus Landesmitteln ergänzten Leistungen aus dem Europäischen Sozialfonds zur Aufstockung des Überbrückungsgeldes nach dem Dritten Buch Sozialgesetzbuch oder dem Arbeitsförderungsgesetz und die übrigen Leistungen nach dem Dritten Buch Sozialgesetzbuch oder dem Arbeitsförderungsgesetz und den entsprechenden Programmen des Bundes und der Länder, soweit sie Arbeitnehmern oder Arbeitsuchenden oder zur Förderung der Ausbildung oder Fortbildung der Empfänger gewährt werden, sowie Leistungen auf Grund der in § 141m Abs. 1 und § 141n Abs. 2 des Arbeitsförderungsgesetzes oder § 187 und § 208 Abs. 2 des Dritten Buches Sozialgesetzbuch genannten Ansprüche, Leistungen auf Grund der in § 115 Abs. 1 des Zehnten Buches Sozialgesetzbuch in Verbindung mit § 117 Abs. 4 Satz 1 oder § 134 Abs. 4, § 160 Abs. 1 Satz 1 und § 166a des Arbeitsförderungsgesetzes oder in Verbindung mit § 143 Abs. 3 oder § 198 Satz 2 Nr. 6, § 335 Abs. 3 des Dritten Buches Sozialgesetzbuch genannten Ansprüche, wenn über das Vermögen des ehemaligen Arbeitgebers des Arbeitslosen das Konkursverfahren, Gesamtvollstreckungsverfahren oder Insolvenzverfahren eröffnet worden ist oder einer der Fälle des § 141b Abs. 3 des Arbeitsförderungsgesetzes oder des § 183 Abs. 1 Nr. 2 oder 3 des Dritten Buches Sozialgesetzbuch vorliegt, und der Altersübergangsgeld-Ausgleichsbetrag nach § 249e Abs. 4a des Arbeitsförderungsgesetzes in der bis zum 31. Dezember 1997 geltenden Fassung;

Das **Arbeitslosen- und das Teilarbeitslosengeld** werden nach §§ 117 ff SGB III und § 150 SGB III und das **Kurzarbeitergeld** nach §§ 169 ff SGB III gezahlt. Das **Winterausfallgeld** nach § 214 SGB III ersetzte das frühere Schlechtwettergeld (abgelöst durch das Saison-Kurzarbeitergeld nach § 175 SGB III).[1] §§ 190 ff SGB III sahen **Arbeitslosenhilfe** vor, falls kein Anspr auf Arbeitslosengeld besteht (zur Ersetzung der Arbeitslosenhilfe durch die Leistungen nach dem SGB II: Rn 24 ff), und §§ 160 ff SGB III ein **Übergangsgeld** und §§ 153 ff SGB III einen Anspr auf **Unterhaltsgeld** im Rahmen der beruflichen Fortbildung (aufgehoben mit Wirkung ab 1.1.05).[2] Mit dem Begriff der **Eingliederungshilfe** meint § 3 Nr 2 die Eingliederungshilfe nach § 418 SGB III für Spätaussiedler (aufgehoben mit Wirkung ab 1.1.05),[3] nicht die Leistungen zur Förderung Behinderter nach §§ 97 ff SGB III.[4] Nach § 57 SGB III aF wurde Arbeitslosen bei Aufnahme einer selbstständigen Tätigkeit ein **Überbrückungsgeld** gezahlt (abgelöst durch den Gründungszuschuss). Das Gesetz zur Fortentwicklung der Grundsicherung für Arbeitsuchende hat in § 57 SGB III einen Gründungszuschuss eingeführt und § 3 Nr 2 auf diesen erweitert.[5] Der Gründungszuschuss ersetzt das Überbrückungsgeld und den bis zum 30.6.06 befristet geltenden Existenzgründungszuschuss. § 421j SGB III sieht im Rahmen der Entgeltsicherung für ältere ArbN einen **Zuschuss zum Arbeitsentgelt** vor.[6] Der in § 421l SGB III geregelte **Existenzgründungszuschuss** („Ich-AG") wurde bis zu 600 € monatlich an ArbN geleistet, die durch Aufnahme einer selbstständigen Tätigkeit die Arbeitslosigkeit beenden.[7] Voraussetzung war, dass das Arbeitseinkommen voraussichtlich 25 000 € nicht überschreiten wird und keine ArbN oder nur mitarbeitende Familienangehörige beschäftigt werden (befristet bis 30.6.06 und abgelöst durch den Gründungszuschuss). Befreit wird auch das aus dem Europäischen Sozialfonds finanzierte **Unterhaltsgeld** (außer Kraft seit 1.1.05) sowie die Existenzgründungsbeihilfen, die der **Aufstockung des Überbrückungsgeldes** nach § 57 SGB III dienen und teilw aus Landesmitteln, teilw aus Mitteln des Europäischen Sozialfonds aufgebracht werden. Zu den **„übrigen Leistungen"** gehören als Leistungen an ArbN das Insolvenzgeld nach §§ 183 ff SGB III, das Wintergeld nach § 212f SGB III bzw – aufgrund des Gesetzes v 24.4.06[8] – nach § 175a SGB III, das im Bauhauptgewerbe, Dachdeckerhandwerk und Garten- und Landschaftsbau gezahlte Zuschuss-Wintergeld und Mehraufwand-Wintergeld[9], die Leistungen zur Beratung und Vermittlung nach §§ 45 ff SGB III, die Mobilitätshilfe nach §§ 53 ff SGB III, die ArbN-Hilfe nach § 56 SGB III und das Altersübergangsgeld nach § 249e AFG. Als Leistungen an Arbeitsuchende befreit sind die Zuschüsse zu Bewerbungskosten etc nach §§ 45 ff SGB III, als Leistungen zur Förderung der Aus- und Fortbildung die Beihilfen nach §§ 59 ff SGB III. Die Begriffe des ArbN, Arbeitsuchenden, der Aus- oder Fortbildung sind iSd SGB III, nicht iSd EStG zu verstehen.[10] **Zahlt das Arbeitsamt** Insolvenzgeld, so gehen

---

1 Gesetz v 22.4.06, BGBl I 06, 926.
2 BGBl I 03, 2848.
3 BGBl I 03, 2954.
4 K/S/M § 3 Rn B 2/46 f.
5 BGBl I 06, 1706.
6 BT-Drs 15/26, 29; BT-Drs 15/91, 19; *Bauer/Krets* NJW 03, 537 (543 f).

7 BT-Drs 15/77, 53; BT-Drs 15/133, 2; *Hegemann/Querbach* GStB 03, 133; *Bauer/Krets* NJW 03, 537 (543 f).
8 BGBl I 06, 926.
9 OFD Ms, 15.6.07, DStR 07, 1165.
10 K/S/M § 3 Rn B 2/57.

nach § 187 SGB III (= § 141m I AFG) die Anspr der ArbN auf Arbeitsentgelt auf die BfA über. Leistet der ehemalige ArbG auf diese übergeleiteten Anspr, so bleiben diese Bezüge stfrei. Entspr gilt für die nach § 208 II SGB III (= § 141n II AFG) entrichteten Sozialversicherungsbeiträge. Eine vergleichbare Situation wie in den Fällen der §§ 187, 208 II SGB III besteht, wenn das Arbeitsamt Arbeitlosengeld nach § 143 III SGB III (= § 117 IV 1 AFG) und dementspr auch Beiträge zur gesetzlichen Kranken- und Rentenversicherung nach § 335 III SGB III (= §§ 160 I 1, 166a AFG) zahlt und nach § 115 I SGB X der Anspr des ArbN gegen den ArbG auf den Leistungsträger übergeht. § 3 Nr 2 gilt allerdings nur, wenn über das Vermögen des ehemaligen ArbG das Konkurs-, Gesamtvollstreckungs- oder Insolvenzverfahren eröffnet worden ist oder einer der nach § 183 I Nr 2 oder 3 SGB III (= § 147b III AFG) gleichgestellten Fälle vorliegt (zB Abweisung des Antrags auf Eröffnung des Insolvenzverfahrens). Der Altersübergangsgeld-Ausgleichsbetrag nach **§ 249e IVa AFG** wird zusätzlich zu dem ohnehin schon nach § 3 Nr 2 stfrei Altersübergangsgeld befreit. Nicht stfrei nach § 3 Nr 2 sind dagegen **ausländische Leistungen** (weil diese nicht aufgrund des SGB III bzw AFG gezahlt werden),[1] Existenzgründerzuschüsse nach anderen Regelungen als dem SGB III oder dem AFG (weil § 3 Nr 2 nicht analog anwendbar ist)[2] und Übergangsgebührnisse nach § 11 SVG.[3]

§ 3 Nr 2a)
2a. die Arbeitslosenbeihilfe und die Arbeitslosenhilfe nach dem Soldatenversorgungsgesetz;

23 § 3 Nr 2a erklärt – parallel zu der Befreiung des Arbeitslosengeldes und der Arbeitslosenhilfe durch § 3 Nr 2 – die Arbeitslosenbeihilfe nach § 86 I SVG und die Arbeitslosenhilfe nach § 86 II SVG für stfrei. Diese werden an ehemalige Soldaten auf Zeit erbracht, die nach einer Wehrdienstzeit von mindestens 2 Jahren arbeitslos sind.

§ 3 Nr 2b)
2b. Leistungen zur Sicherung des Lebensunterhalts und zur Eingliederung in Arbeit nach dem Zweiten Buch Sozialgesetzbuch;

25 Das SGB II sieht in §§ 14–18 „**Leistungen zur Eingliederung in Arbeit**" vor. Nach § 16 I SGB II kann die Agentur für Arbeit im Einzelnen in § 16 I SGB II aufgezählte im SGB III geregelte Leistungen erbringen. Nach § 16 II SGB II können weitere Leistungen zur Eingliederung erbracht werden (z B Kinderbetreuung, Schuldner- und Suchtberatung). „**Leistungen zur Sicherung des Lebensunterhalts**" sind in §§ 19–35 SGB II geregelt. Nach § 19 SGB II erhalten erwerbsfähige Hilfsbedürftige als **Arbeitslosengeld II** Leistungen zur Sicherung des Lebensunterhalts (Regelleistungen nach § 20 SGB II und Leistungen für Mehrbedarf nach § 21 SGB II) einschließlich der Kosten für Unterhalt und Heizung (nach Maßgabe von § 22 SGB II) sowie einen befristeten Zuschlag (nach Maßgabe des § 24 SGB II).[4] Nicht erwerbsfähige Angehörige bekommen nach § 28 SGB II **Sozialgeld**, das sich an dem Arbeitslosengeld II orientiert. Bei Aufnahme einer Erwerbstätigkeit kann nach § 29 SGB II ein **Einstiegsgeld** gezahlt werden.

26 § 3 Nr 2b **entspricht den Befreiungen nach § 3 Nr 2 und Nr 11**. § 3 Nr 2b befreit als Leistungen zur Sicherung des Lebensunterhalts das Arbeitslosengeld II, das Sozialgeld und das Einstiegsgeld, während nach § 3 Nr 2 Arbeitslosenhilfe, Eingliederungshilfe und Überbrückungsgeld und nach § 3 Nr 11 Leistungen der Sozialhilfe steuerfrei sind. § 3 Nr 2b befreit als Leistungen zur Eingliederung in Arbeit in § 16 I SGB II aufgezählte im SGB III geregelte Leistungen. Er entspricht damit der Befreiungsvorschrift des § 3 Nr 2, soweit es sich um Leistungen an „Arbeitnehmer oder Arbeitsuchende oder zur Ausbildung oder Fortbildung der Empfänger" iSv § 3 Nr 2 handelt. § 3 Nr 2b geht seinem Wortlaut nach allerdings über die Befreiung nach § 3 Nr 2 hinaus, soweit er als Leistungen zur Eingliederung nach § 16 I SGB II auch die „im Ersten und Zweiten Abschnitt des Fünften Kapitels sowie die im Ersten, Fünften und Siebten Abschnitt des Sechsten Kapitels" geregelten Leistungen für steuerfrei erklärt. Bei diesen Leistungen handelt es sich um „Leistungen an Arbeitgeber" und „Leistungen an Träger". Diese Leistungen sind von der Steuerbefreiung des § 3 Nr 2 ausgenom-

---

1 BFH BStBl II 92, 88; R 3.2 EStR.
2 BFH BStBl II 97, 125; BStBl II 02, 697.
3 FG M'ster EFG 97, 147.
4 Hierzu OFD M'ster, 13.1.06, DStR 06, 235.

men.[1] Sie werden nicht an ArbN oder Arbeitsuchende oder zur Ausbildung oder Fortbildung der Empfänger erbracht. Der systematische Zusammenhang mit § 3 Nr 2 und die Gesetzesbegründung (bloße „Folgeänderungen")[2] sprechen dafür, diese Leistungen auch im Rahmen von § 3 Nr 2b von der Steuerbefreiung auszunehmen.

§ 3 Nr 3

3. a) Rentenabfindungen nach § 107 des Sechsten Buches Sozialgesetzbuch, nach § 21 des Beamtenversorgungsgesetzes oder entsprechendem Landesrecht und nach § 43 des Soldatenversorgungsgesetzes in Verbindung mit § 21 des Beamtenversorgungsgesetzes,
   b) Beitragserstattungen an die Versicherten nach den §§ 210 und 286d des Sechsten Buches Sozialgesetzbuch sowie nach den §§ 204, 205 und 207 des Sechsten Buches Sozialgesetzbuch, Beitragserstattungen nach den §§ 75 und 117 des Gesetzes über die Alterssicherung der Landwirte und nach § 26 des Vierten Buches Sozialgesetzbuch,
   c) Leistungen aus berufsständischen Versorgungseinrichtungen, die den Leistungen nach den Buchstaben a und b entsprechen,
   d) Kapitalabfindungen und Ausgleichszahlungen nach § 48 des Beamtenversorgungsgesetzes oder entsprechendem Landesrecht und nach den §§ 28 bis 35 und 38 des Soldatenversorgungsgesetzes;

§ 3 Nr 3 befreite bisher „Kapitalabfindungen auf Grund der gesetzlichen Rentenversicherung und auf Grund der Beamten-(Pensions-)Gesetze". Durch das JStG 07 wurde § 3 Nr 3 neugefasst. Mit dieser Neufassung sollte der Anwendungsbereich aus Gleichbehandlungsgründen auf die berufsständischen Versorgungseinrichtungen ausgedehnt sowie klargestellt werden, auf welche Leistungen sich die Stfreiheit bezieht.[3] **27**

§ 3 Nr 3a befreit die Zahlungen zur **Abfindung einer Witwen- oder Witwerrente** wegen Wiederheirat des Berechtigten, die in § 107 SGB VI, § 21 BeamtVG und § 43 SVG geregelt sind. Nach § 3 Nr 3b ist die Erstattung von Versichertenbeiträgen in Fällen stfrei, in denen das mit der Einbeziehung in die Rentenversicherung verfolgte Ziel eines Rentenanspruchs nicht oder voraussichtlich nicht erreicht oder nicht vollständig erreicht werden kann (§§ 210, 286d SGB VI, §§ 75, 117 ALG), die Erstattung von freiwilligen Beiträgen im Zusammenhang mit Nachzahlungen von Beiträgen in besonderen Fällen (§§ 204, 205 und 207 SGB VI) sowie die Erstattung der vom Versicherten zu Unrecht geleisteten Beiträge (§ 26 SGB IV). Aus Gründen der Gleichbehandlung befreit **§ 3 Nr 3c** die den Leistungen nach § 3 Nr 3a und b entspr Leistungen aus berufsständischen Versorgungseinrichtungen. **§ 3 Nr 3d** befreit Kapitalabfindungen und Ausgleichszahlungen nach § 48 BeamtVG (Ausgleich bei besonderen Altersgrenzen) oder entspr Landesrecht und nach §§ 28–35 und 38 SVG (Kapitalabfindung statt Ruhegehalt; Ausgleich bei Altersgrenzen). Einbezogen wurden auch die Leistungen nach entspr Landesrecht, da nach der Übertragung der Gesetzgebungskompetenz für die Versorgung der Landesbeamten auf die Länder nicht auszuschließen ist, dass die Länder künftig eigene Regelungen treffen, die an die Stelle des BeamtVG treten.[4] Abfindungen aufgrund eines mit dem Betriebsrat vereinbarten Sozialplans[5] oder aufgrund sonstiger vertraglicher Vereinbarungen fallen – wie bisher – nicht unter § 3 Nr 3. **28**

§ 3 Nr 4

4. bei Angehörigen der Bundeswehr, der Bundespolizei, des Zollfahndungsdienstes, der Bereitschaftspolizei der Länder, der Vollzugspolizei und der Berufsfeuerwehr der Länder und Gemeinden und bei Vollzugsbeamten der Kriminalpolizei des Bundes, der Länder und Gemeinden
   a) der Geldwert der ihnen aus Dienstbeständen überlassenen Dienstkleidung,
   b) Einkleidungsbeihilfen und Abnutzungsentschädigungen für die Dienstkleidung der zum Tragen oder Bereithalten von Dienstkleidung Verpflichteten und für dienstlich notwendige Kleidungsstücke der Vollzugsbeamten der Kriminalpolizei und der Zollfahndungsbeamten,
   c) im Einsatz gewährte Verpflegung oder Verpflegungszuschüsse,
   d) der Geldwert der auf Grund gesetzlicher Vorschriften gewährten Heilfürsorge;

---

1 *K/S/M* § 3 Nr 2 Rn B 2/58.
2 BR-Drs 558/03, 196.
3 BT-Drs 16/3325, 10.
4 BT-Drs 16/3368, 37.
5 BFH BStBl II 96, 169 (171).

von Beckerath

29 „**Angehörige der Bundeswehr**" sind nur die Berufssoldaten, nicht Wehrpflichtige und zivile Bedienstete. Die Befreiung wird über den Gesetzeswortlaut hinaus auch auf die zur Kriminalpolizei abgeordneten Beamten der **Schutzpolizei** angewandt.[1] Angehörige der Berufsfeuerwehr (nicht: einer freiwilligen **Feuerwehr**) sind nur begünstigt, wenn Träger ein Land oder eine Gemeinde ist. Der Begriff der **Dienstkleidung** ist aus dem Leistungsrecht übernommen und meint „eine einheitliche, von den gewöhnlichen Zivilanzügen abw Kleidung, die den Träger nach außen hin als Angehörigen einer bestimmten Verwaltung oder als Träger bestimmter staatlicher Befugnisse kenntlich macht". § 3 Nr 4 belässt **Einkleidungsbeihilfen** und Abnutzungsentschädigungen auch dann stfrei, wenn sie nicht für „typische Berufskleidung" geleistet werden. § 3 Nr 4 ist – anders als § 3 Nr 16 – nicht als Befreiung von WK-Ersatz konzipiert.[2] Nur „im Einsatz" gewährte **Verpflegung** und Verpflegungszuschüsse, nicht die im üblichen Dienstbetrieb (zB bei der kasernierten Bereitschaftspolizei) abgegebene Verpflegung wird befreit. Die für die Heilfürsorge geforderte Gewährung „**aufgrund gesetzlicher Vorschriften**" soll nicht nur eingrenzen, sondern zugleich verdeutlichen, dass die gesetzliche Normierung für die Steuerfreiheit jeglicher Heilfürsorge (auch die freie Behandlung „erkrankter Ehegatten und unterhaltsberechtigter Kinder") ausreicht.

§ 3 Nr 5

5. die Geld- und Sachbezüge sowie die Heilfürsorge, die Soldaten auf Grund des § 1 Abs. 1 Satz 1 des Wehrsoldgesetzes und Zivildienstleistende auf Grund des § 35 des Zivildienstgesetzes erhalten;

32 Stfrei sind bei Soldaten, die **aufgrund der Wehrpflicht** Wehrdienst leisten, Wehrsold, Verpflegung, Unterkunft, Bekleidung, Heilfürsorge, das Dienstgeld und der Leistungszuschlag nach § 8a WSG, der Mobilitätszuschlag nach § 8d WSG und das Entlassungsgeld nach § 9 WSG, ebenso der Reserveunteroffizierszuschlag nach § 8b WSG und der Verpflichtungszuschlag nach § 8e WSG. Befreit sind auch die entspr Bezüge der Soldaten, die **freiwillig Wehrdienst** leisten (einschl des Wehrdienstzuschlags nach § 8c WSG), der Soldaten **auf Zeit**, die keinen Anspr auf Besoldung haben, und der früheren Berufssoldaten und Soldaten auf Zeit bei Wehrübungen etc.

§ 3 Nr 6

6. Bezüge, die auf Grund gesetzlicher Vorschriften aus öffentlichen Mitteln versorgungshalber an Wehrdienstbeschädigte und Zivildienstbeschädigte oder ihre Hinterbliebenen, Kriegsbeschädigte, Kriegshinterbliebene und ihnen gleichgestellte Personen gezahlt werden, soweit es sich nicht um Bezüge handelt, die auf Grund der Dienstzeit gewährt werden;

34 §§ 80–86 SVG sehen Versorgungsbezüge für **Wehrdienstbeschädigte** und ihre Hinterbliebenen vor, §§ 47 ff ZDG für Zivildienstbeschädigte und ihre Hinterbliebenen, das BVG für Kriegsbeschädigte und -hinterbliebene. Wer zu den „gleichgestellten Personen" zählt, ergibt sich aus § 82 BVG und R 8 LStR. Die Bezüge müssen aufgrund gesetzlicher Vorschriften aus öffentlichen Mitteln (auch ausländischen)[3] **versorgungshalber**, dh aufgrund versorgungsrechtlicher Bestimmungen, erbracht werden. Sie dürfen nicht „**aufgrund der Dienstzeit** gewährt werden", dh Grund oder Höhe der Zahlung dürfen nicht von der Dauer der Dienstleistung oder der Angehörigkeit zu einem der Dienste abhängen. Befreit ist zB der Unfallausgleich nach § 35 BeamtVG[4] und der Unterhaltsbeitrag nach § 38 BeamtVG,[5] nicht dagegen das Unfallruhegehalt nach § 36 BeamtVG.[6]

---

[1] BMF FR 81, 303.
[2] *K/S/M* § 3 Rn B 4/42 ff; beachte allerdings die Tendenz in der Rspr des BFH zu § 3 Nr 12 (Rn 100) und § 3 Nr 13 (Rn 104), sachlich nicht gerechtfertigte Differenzierungen selbst entgegen der klaren Gesetzeskonzeption im Wege der Auslegung einzuebnen.
[3] BFH BStBl II 97, 358; vgl hierzu allerdings *K/S/M* § 3 Rn B 6/55 (ausländische öffentliche Mittel).
[4] BFH BStBl II 92, 1035; BStBl II 98, 303.
[5] BFH BStBl II 98, 303.
[6] BFH BStBl III 57, 174; BStBl II 98, 303; FG Rh-Pf EFG 07, 992.

§ 3 Nr 7

7. Ausgleichsleistungen nach dem Lastenausgleichsgesetz, Leistungen nach dem Flüchtlingshilfegesetz, dem Bundesvertriebenengesetz, dem Reparationsschädengesetz, dem Vertriebenenzuwendungsgesetz, dem NS-Verfolgtenentschädigungsgesetz sowie Leistungen nach dem Entschädigungsgesetz und nach dem Ausgleichsleistungsgesetz, soweit sie nicht Kapitalerträge im Sinne des § 20 Abs. 1 Nr. 7 und Abs. 2 sind;

§ 3 Nr 7 befreit Leistungen, mit denen nur eine Minderung der Leistungsfähigkeit ausgeglichen wird. Steuerfrei sind nicht die Erträge aus den nach dem Entschädigungs- und Ausgleichsleistungsgesetz zugeteilten Schuldverschreibungen.[1] **36**

§ 3 Nr 8

8. Geldrenten, Kapitalentschädigungen und Leistungen im Heilverfahren, die auf Grund gesetzlicher Vorschriften zur Wiedergutmachung nationalsozialistischen Unrechts gewährt werden. Die Steuerpflicht von Bezügen aus einem aus Wiedergutmachungsgründen neu begründeten oder wieder begründeten Dienstverhältnis sowie von Bezügen aus einem früheren Dienstverhältnis, die aus Wiedergutmachungsgründen neu gewährt oder wieder gewährt werden, bleibt unberührt;

§ 3 Nr 8 S 1 verweist auf die gesetzlichen Vorschriften zur Wiedergutmachung nationalsozialistischen Unrechts und befreit die danach gewährten Geldrenten, Kapitalentschädigungen und Leistungen im Heilverfahren. § 3 Nr 8 S 2 stellt klar, dass nur die eigentliche Entschädigungsleistung stfrei ist.[2] **37**

§ 3 Nr 9

9. Abfindungen wegen einer vom Arbeitgeber veranlassten oder gerichtlich ausgesprochenen Auflösung des Dienstverhältnisses, höchstens jedoch 7 200 Euro. Hat der Arbeitnehmer das 50. Lebensjahr vollendet und hat das Dienstverhältnis mindestens 15 Jahre bestanden, so beträgt der Höchstbetrag 9 000 Euro, hat der Arbeitnehmer das 55. Lebensjahr vollendet und hat das Dienstverhältnis mindestens 20 Jahre bestanden, so beträgt der Höchstbetrag 11 000 Euro;

(aufgehoben durch das Gesetz zum Einstieg in ein steuerliches Sofortprogramm v 22.12.05 – BGBl I, 3682 – mit Wirkung ab 31.12.05, jedoch gem § 52 IVa 1 weiter anzuwenden für vor dem 1.1.06 entstandene Ansprüche der Arbeitnehmer auf Abfindungen oder für Abfindungen wegen einer vor dem 1.1.06 getroffenen Gerichtsentscheidung oder einer am 31.12.05 anhängigen Klage, soweit die Abfindungen dem Arbeitnehmer vor dem 1.1.08 zufließen)

Literatur: *Bauer* Steuerfreie Abfindungen bei der Beendigung von Dienstverhältnissen, FS für Offerhaus, 1999, S 511; *Bergkemper* Neue Bundesländer-Anerkennung von Beschäftigungszeiten bei der Besteuerung von Abfindungen, FR 00, 978; *Kreft* Steuerfreiheit von Arbeitnehmerabfindungen: Praxisprobleme bei der Übergangsregelung, GStB 06, 409; *Offerhaus* Im Dienstvertrag vereinbarte Abfindung oder Entschädigung nicht steuerbegünstigt?, DB 00, 396; *Pröpper* Steuerfreie Abfindungen gem § 3 Nr 9 EStG auch bei Transfersozialplan und Beschäftigungs- und Qualifizierungsgesellschaft?, DB 01, 2170; *Tausch/Plenker* Änderungen durch das Gesetz zum Einstieg in ein steuerliches Sofortprogramm, DB 06, 8.

§ 3 Nr 9 setzt eine Auflösung des „Dienstverhältnisses" voraus. Da das Gesetz von ArbG und ArbN spricht, kann nur ein **Arbverh** (auch Ehegatten-Arbverh und Teilzeitbeschäftigung; nicht: freier Mitarbeiter, Handelsvertreter) im steuerlichen Sinne (auch: Vorstandsmitglied einer AG; Geschäftsführer einer GmbH; nicht: Mitunternehmer[3]) gemeint sein. **Aufgelöst** ist das Arbverh auch dann, wenn der ArbN als freiberuflicher Mitarbeiter weiterbeschäftigt oder aufgrund neuen Dienstverhältnisses bei demselben ArbG zu anderen Bedingungen beschäftigt wird.[4] Abfindungen für den Verzicht auf den besseren Arbeitsplatz,[5] im Fall der Änderungskündigung,[6] bei bloßer Auswechslung des ArbG **38**

---

1 Zu diesen Schuldverschreibungen: *Lohr* Kapitalanlage nach der Unternehmenssteuerreform, S 138 f.
2 BFH BStBl II 81, 6.
3 BFH BStBl II 96, 515.
4 BFH BStBl II 87, 186; FG M'ster EFG 97, 1298; EFG 99, 641; vgl. auch FG Rh-Pf EFG 07, 1230 (Aufhebung des Arbeitsverhältnisses, aber Anstellung als Geschäftsführer der Nachfolge-GmbH).
5 BFH BStBl II 87, 186; BStBl II 90, 1021.
6 BFH BStBl II 87, 186.

durch eine Betriebs- oder Betriebsteilübernahme,[1] bei bloßer Beurlaubung,[2] bei Wechsel in eine interne (nicht: externe) Beschäftigungs- und Qualifizierungsgesellschaft,[3] bei im Wesentlichen unveränderter Fortsetzung des Arbeitsverhältnisses[4] oder bei einem Management-Buy-out[5] scheiden aus. Bei Umsetzungen im Konzern ist entscheidend, ob eine Fortsetzung eines einheitlichen Dienstverhältnisses anzunehmen ist.[6] Die Auflösung muss vom **ArbG veranlasst** sein. Unerheblich ist, ob das Dienstverhältnis durch Kündigung des ArbG oder ArbN, durch Vereinbarung zw ArbG und ArbN oder zw ArbG und Betriebsrat aufgelöst worden ist. Vom ArbG veranlasst ist die Auflösung des Dienstverhältnisses, wenn der ArbG die entscheidende Ursache für die Auflösung des Dienstverhältnisses gesetzt hat.[7] Die entscheidende Ursache wird von dem gesetzt, der die Auflösung „betrieben" hat.[8] Es kommt nicht darauf an, ob dem ArbN eine weitere Zusammenarbeit noch zuzumuten ist.[9] Der Grund für die Auflösung des Dienstverhältnisses liegt im Bereich des ArbG, wenn er vom ArbN die Übernahme einer andersartigen oder geringer entlohnten Tätigkeit verlangt, wenn er dem ArbN gegen Abfindung die vorzeitige Pensionierung anbietet und der ArbN hiervon Gebrauch macht,[10] wenn zwar der ArbN ein Fehlverhalten gezeigt hat, die Unzufriedenheit des ArbG aber der eigentliche Auflösungsgrund ist[11] oder der ArbN zwar wegen einer Pflichtverletzung zum Verlust des Arbeitsplatzes beigetragen hat, der ArbG aber die Auflösung betrieben hat.[12] Er liegt im Bereich des ArbN, wenn dieser das Dienstverhältnis kündigt, weil der ArbG nicht bereit ist, das Arbverh in ein Teilzeit-Arbverh umzuwandeln,[13] oder der ArbN nach einer Eheschließung das Dienstverhältnis zur Herstellung der ehelichen Lebensgemeinschaft kündigt.[14] Erhält ein ArbN bei Auslaufen eines befristeten Dienstverhältnisses eine Abfindung, so beruht die Beendigung nicht auf einem Verhalten des ArbG, sondern der früheren Vereinbarung zw ArbG und ArbN.[15] Die Tatsache, dass der ArbG eine Abfindung erhält, legt die Annahme nahe, dass die Auflösung durch ihn veranlasst ist.[12] Ob der ArbN ohnehin krankheitsbedingt später ausgeschieden wäre, ist unerheblich.[16] Die 2. Alt „gerichtlich ausgesprochene Auflösung" kommt nur in Betracht, wenn das Gericht feststellt, dass das Arbverh durch die Kündigung nicht aufgelöst ist.[17] Eine **Abfindung** ist eine Leistung zur Ablösung von Anspr. Sie soll dem ArbN einen pauschalen Ausgleich für die Vermögens- und Nichtvermögensschäden aus dem Verlust des Arbeitsplatzes gewähren. Abfindungen können auch Beträge sein, auf die der ArbN bei Fortbestand des Dienstverhältnisses einen Anspr gehabt hätte, der aber durch die Auflösung zivilrechtlich weggefallen ist. Mit dem Wirksamwerden der Auflösung des Dienstverhältnisses endet das Recht des ArbN auf Entlohnung, sodass darüber hinaus gezahlte Beträge keine Abgeltung bereits erlangter Anspr sein können.[18] Eine begünstigte Abfindung kann auch dann vorliegen, wenn sie bereits im Anstellungsvertrag vereinbart wurde.[19] Die Beteiligten haben es – bis an die Grenze des Gestaltungsmissbrauchs – in der Hand, durch vertragliche Vereinbarungen stfrei Abfindungen an die Stelle von stpfl Lohnansprüchen treten zu lassen.[20] Abfindungen können auch in Form von laufenden Zahlungen[21] oder von Sachleistungen (zB: Outplacementberatung)[22] erbracht werden. Bei einer Abfindung in Teilbeträgen ist § 3 Nr 9 stets auf die zuerst erbrachte Zahlung anzuwenden. Der ArbN hat insoweit kein Wahlrecht.[23] Die Abfindung muss **wegen** der Auflösung des Dienstverhältnisses geleistet werden. Leistungszweck muss die Abgeltung der durch die Auflösung des Dienstverhältnisses beeinträchtigten Interessen des ArbN

---

1 FG D'dorf EFG 97, 391; BFH v 16.7.97 FR 97, 764.
2 FG Hess EFG 02, 71.
3 *Pröpper* DB 01, 2170; vgl auch *Pitterle* DB 02, 762.
4 FG M'ster EFG 05, 849.
5 FG Bdbg EFG 05, 1667.
6 BFH BStBl II 90, 1021; FG Thür EFG 99, 171.
7 BFH BStBl II 05, 181; FG D'dorf EFG 02, 1450 (zur Beendigung des Ausstellungsvertrags des GmbH-Geschäftsführers nach Verkauf der Anteile); FG M'ster EFG 04, 1352 (zur Auflösung bei nur formeller Freiwilligkeit im Rahmen von Rationalisierungsmaßnahmen); FG BaWü EFG 05, 935 (zur Auflösung bei selbst in Gang gesetzter Ursachenkette).
8 BFH BStBl II 05, 181.
9 BStBl II 05, 441.
10 BFH BStBl II 80, 205 (206); BStBl II 04, 1055 (Vorruhestandsabkommen) vgl auch *Pröpper* BB 00, 1817 (Kündigung nach Widerspruch gegen Betriebsübergang).
11 FG Saarl DStRE 04, 65.
12 BFH v 10.11.04 – IX R 64/03, juris STRE 200410362.
13 BFH/NV 92, 305.
14 BFH BStBl II 90, 1020; vgl auch FG Brem EFG 99, 1228.
15 BFH BStBl II 80, 393 (394).
16 FG Kln EFG 07, 1229.
17 R 9 II 2 LStR; *K/S/M* § 3 Rn B 9/65; *Fuhrmann* FR 01, 399; zur Auflösung durch gerichtlich protokollierten Vergleich: FG RhPf DStR-Aktuell, Heft 34/03, VI.
18 BFH BStBl II 80, 205 (206); FG Hbg EFG 02, 243; FG D'dorf EFG 02, 1592.
19 *Offerhaus* DB 00, 396; FG Hbg EFG 02, 1043.
20 BFH BStBl II 94, 653 (654); FG BaWü EFG 97, 1297; vgl aber FG D'dorf EFG 02, 1592; FG Hbg EFG 02, 243.
21 BFH BStBl II 80, 205.
22 *Grote/Kellersmann* DStR 02, 741 (744).
23 BFH BStBl II 06, 835.

sein.[1] Abfindungen sind nur bis zu **Höchstbeträgen** stfrei, die nach dem Alter und der Dauer des Arbverh abgestuft sind.[2] Maßgeblich für die Berechnung der Dauer ist der Zeitpunkt der Auflösung.

Die **Anwendung von § 3 Nr 9 über den 31.12.05 hinaus** setzt voraus, dass der Abfindungsanspruch vor dem 1.1.06 entstanden ist und die Abfindung vor dem 1.1.08 zufließt. Zu Problemen führt diese Regelung bei **Altersteilzeitregelungen**, bei denen eine Abfindung erst bei Beendigung der Altersteilzeit vorgesehen ist. Hier bietet sich ein Vorziehen einer erst nach dem 1.1.08 fälligen Abfindung an. Ansonsten bleibt nur, sich auf einen Verstoß gegen das Vertrauensschutzprinzip zu berufen.[3] Soll eine Abfindung aufgrund eines vor dem 1.1.06 aufgestellten **Sozialplans** gezahlt werden, ist umstritten, ob allein die Aufstellung eines Sozialplans bereits eine Anspruchsgrundlage für eine Abfindung ist.[4] Nach **§ 1a KSchG** hat der ArbN bei Kündigung durch den ArbG wegen dringender betrieblicher Erfordernisse einen gesetzlichen Anspr auf eine Abfindung, wenn er innerhalb einer Frist von drei Wochen keine Kündigungsschutzklage erhebt. Der ArbN kann in diesem Fall nur dann die Steuervergünstigung nach § 3 Nr 9 in Anspr nehmen, wenn auch die 3-Wochen-Frist bereits vor dem 31.12.05 abgelaufen war.[5] § 3 Nr 9 ist auch dann nicht anzuwenden, wenn der ArbN gegen eine vor dem 1.1.06 ausgesprochene Kündigung nach dem 31.12.05 Klage erhebt und sich die Beteiligten erst im Laufe des Arbeitsgerichtsprozesses auf eine Abfindung verständigen. 39

§ 3 Nr 10

10. **Übergangsgelder und Übergangsbeihilfen auf Grund gesetzlicher Vorschriften wegen Entlassung aus einem Dienstverhältnis, höchstens jedoch 10 800 Euro;**

(aufgehoben durch das Gesetz zum Einstieg in ein steuerliches Sofortprogramm v 22.12.05 – BGBl I, 3682 – mit Wirkung ab 31.12.05, jedoch gem § 52 IVa 2 weiter anzuwenden für Entlassungen vor dem 1.1.06, soweit die Übergangsgelder und Übergangsbeihilfen dem Arbeitnehmer vor dem 1.1.08 zufließen, und für an Soldatinnen auf Zeit und Soldaten auf Zeit vor dem 1.1.09 gezahlte Übergangsbeihilfen, wenn das Dienstverhältnis vor dem 1.1.06 begründet wurde)

§ 3 Nr 10 will Übergangsgelder und -beihilfen den von § 3 Nr 9 befreiten Abfindungen gleichstellen. Er ist dementspr möglichst im gleichen Sinne auszulegen.[6] Die Begriffe „**Übergangsgelder und -beihilfen**" verwendet § 3 Nr 10 nicht als eigenständige Tatbestandsmerkmale, sondern zur Bezeichnung der gesetzlichen Leistungstatbestände. Der Begriff der **Entlassung** ist iSd Leistungsgesetze als Entfernung aus dem Beschäftigungsverhältnis zu begreifen. Ein im Anschluss an ein befristetes Dienstverhältnis gezahltes Übergangsgeld ist keine Leistung wegen Entlassung aus dem Dienstverhältnis.[7] Im Übrigen bestehen aber Bedenken, eine Entlassung nur bei einer vom ArbG veranlassten Entlassung und nicht bei freiwilligem Ausscheiden[8] oder einem Ausscheiden aus vom ArbN zu vertretenden Gründen[9] anzunehmen.[10] Befreit werden nur Gelder und Beihilfen **aufgrund gesetzlicher Vorschriften**, nicht Zahlungen aufgrund eines Tarifvertrages,[11] allerdings höchstens **10 800 €**. 40

§ 3 Nr 11

11. **Bezüge aus öffentlichen Mitteln oder aus Mitteln einer öffentlichen Stiftung, die wegen Hilfsbedürftigkeit oder als Beihilfe zu dem Zweck bewilligt werden, die Erziehung oder Ausbildung, die Wissenschaft oder Kunst unmittelbar zu fördern. Darunter fallen nicht Kinderzuschläge und Kinderbeihilfen, die auf Grund der Besoldungsgesetze, besonderer Tarife oder ähnlicher Vorschriften gewährt werden. Voraussetzung für die Steuerfreiheit ist, dass der Empfänger mit den**

---

1 BFH BStBl II 93, 448 (449) betr Zahlungen des neuen ArbG.
2 Zur Anerkennung von Beschäftigungszeiten in den neuen Bundesländern: *Bergkemper* FR 00, 978; FG M'ster EFG 03, 1593 (kein Wahlrecht bei mehreren Zahlungen).
3 *Kreft* GStB 06, 409 (410); vgl auch FinMin Hessen v 14.6.06, DStR 06, 1179.
4 Bej: *Kreft* GStB 06, 409 (411); verneinend: *Tausch/Plenker* DB 06, 8 (9).
5 *Kreft* GStB 06, 409 (413 mwN); aA *Tausch/Plenker* DB 06, 8.
6 BFH BStBl II 74, 490; FG BaWü EFG 04, 968.
7 BFH BStBl II 92, 34; FG BaWü EFG 04, 968.
8 FG Mchn EFG 61, 220.
9 FG Bln EFG 68, 511.
10 *K/S/M* § 3 Rn B 10/34.
11 BFH BStBl II 92, 34; BStBl III 66, 102.

Bezügen nicht zu einer bestimmten wissenschaftlichen oder künstlerischen Gegenleistung oder zu einer bestimmten Arbeitnehmertätigkeit verpflichtet wird. **Den Bezügen aus öffentlichen Mitteln wegen Hilfsbedürftigkeit gleichgestellt sind Beitragsermäßigungen und Prämienrückzahlungen eines Trägers der gesetzlichen Krankenversicherung für nicht in Anspruch genommene Beihilfeleistungen;**

42 Der Begriff der **Hilfsbedürftigkeit** lässt sich § 53 AO entnehmen.[1] Steuerbefreit sind die „wegen Hilfsbedürftigkeit" bewilligten Bezüge nur für den Hilfsbedürftigen selbst, nicht für die Betreuungsperson.[2] Für diese gilt § 3 Nr 36. Der Begriff der **Erziehung** findet sich in § 52 II 1 AO, Art 6 II GG, § 1631 BGB.[3] Der Begriff der **Ausbildung** lässt sich in Anlehnung an die Abgrenzung von Aus- und Fortbildung im Rahmen von §§ 9, 10 bestimmen. Bei den Begriffen der **Wissenschaft** und **Kunst** kann an die Erkenntnisse zur Auslegung von Art 5 III GG angeknüpft werden. § 3 Nr 11 verlangt in seiner 2. Alt eine **unmittelbare Förderung**. Die Ausbildung einer Person kann schon durch die Übernahme der Lebenshaltungskosten unmittelbar gefördert werden. Eine unmittelbare Förderung der Wissenschaft oder Kunst erfolgt dagegen nur, soweit die sachlichen Voraussetzungen zur Ausübung einer wissenschaftlichen oder künstlerischen Tätigkeit geschaffen werden, zB durch den Erwerb von Hilfsmitteln.[4] § 3 Nr 11 fordert in seiner 2. Alt eine Bewilligung **„als Beihilfe"**. Er verlangt damit eine freiwillige, einseitige und uneigennützige Unterstützung unter Übernahme einer gewissen Eigenleistung.[5] Die Zahlungen müssen an jemanden erfolgen, der nach der Vorstellung der bewilligenden Stelle einer Beihilfe bedarf.[6] Begünstigt sind nur Bezüge aus **öffentlichen Mitteln**, dh aus einem Haushalt der öffentlichen Hand. Denn über Mittel aus einem öffentlichen Haushalt darf nur nach Maßgabe der haushaltsrechtlichen Vorschriften verfügt werden und deren Verwendung unterliegt im Einzelnen gesetzlich geregelter Kontrolle[7] (nicht: Streikgelder[8] oder Zahlungen einer AG, auch wenn deren Aktien ausschließlich einer öffentlich-rechtlichen Körperschaft gehören[9]). Gleichgestellt sind die Bezüge aus Mitteln einer öffentlichen Stiftung. § 3 Nr 11 S 2 nimmt **Kinderzuschläge und -beihilfen** von der Befreiung aus, die durch das Dienstverhältnis veranlasst sind. Diese sollen als Teil der Besoldung behandelt werden.[10] § 3 Nr 11 S 3 setzt voraus, dass der Empfänger der Bezüge nicht zu einer bestimmten wissenschaftlichen oder künstlerischen **Gegenleistung** oder zu einer bestimmten ArbN-Tätigkeit verpflichtet wird. Denn bei einem Leistungsaustauschverhältnis führte § 3 Nr 11 zu einer nicht gerechtfertigten Bevorzugung von öffentlichen gegenüber privaten Arbeit- bzw Auftraggebern. Mit dem JStG 07 wurde klargestellt, dass nur die Verpflichtung zu einer „bestimmten" ArbN-Tätigkeit schädlich ist. Eine allg Verpflichtung zur Aufnahme einer ArbN-Tätigkeit steht einer Befreiung nicht entgegen.

43 Das GKV-Wettbewerbsstärkungsgesetz vom 26.03.07[11] hat § 3 Nr 11 S 4 angefügt. Danach sind den Bezügen aus öffentlichen Mitteln wegen Hilfsbedürftigkeit **Beitragsermäßigungen und Prämienrückzahlungen eines Trägers der gesetzlichen Krankenversicherung** für nicht in Anspr genommene Beitragsleistungen gleichgestellt. Zur Begr dieser Befreiung wird in dem Gesetzentwurf der Bundesregierung[12] ausgeführt: Die gesetzlichen Krankenkassen und deren Verbände beschäftigten noch ca. 13.000 Angestellte, die bei Krankheit einen Anspr auf Beihilfe nach beamtenrechtlichen Vorschriften hätten und für den verbleibenden Anteil der Krankheitskosten lediglich eine Teilversicherung benötigten, welche nach § 14 SGB V in Anspr genommen werden könne. Die gesetzgeberische Absicht des § 14 SGB V habe ursprünglich darin bestanden, die Beschäftigten mit Beihilfeanspruch bei ihrem ArbG als Träger der gesetzlichen Krankenversicherung zu einem um den Beihilfeanteil verminderten Beitragssatz versichern zu können. In der Praxis werde der Weg einer Erstattung der

---

1 Zur Problematik der Steuerfreiheit der im öffentlichen Dienst gewährten Beihilfen: *K/S/M* § 3 Rn B 11/70 (Beihilfen im öffentlichen Dienst); zur Subvention von Gewerbetreibenden: BFH BStBl II 86, 806 (807); BStBl II 75, 577 (578); FG Bln EFG 68, 512.
2 FG Nds EFG 03, 287.
3 Zu sog Erziehungsgeldern: BFH BStBl II 84, 751; BStBl II 90, 1018; BMF, 13.4.07, DStR 07, 857; zum Begriff der Erziehung vgl auch BStBl III 66, 182.
4 BFH BStBl II 06, 795; BStBl II 72, 566 (568); FG SchlHol EFG 00, 787 (788).
5 BFH BStBl II 84, 571 (Pflegeeltern); BStBl II 99, 133 (Kinderhaus).
6 BFH BStBl II 97, 652.
7 BFH BStBl II 72, 839 (840); BStBl II 75, 577 (578); BStBl II 84, 571 (572); zum Erfordernis einer offenen Verausgabung: BStBl II 75, 575 (579); *K/S/M* § 3 Rn B 11/70 (offene Verausgabung).
8 BFH BStBl II 82, 552 (555).
9 FG D'dorf EFG 61, 174; **aA** FG D'dorf EFG 04, 1502.
10 Vgl allerdings § 3 Nr 1b zu Kinderzuschüssen und § 3 Nr 24 zum Kindergeld.
11 BGBl I 07, 378.
12 BT-Drs 16/3950, 45.

auf privatärztlicher Basis entstandenen Aufwendungen zu einem Teil über die Beihilfe und zum anderen Teil über die Auszahlung aus Versicherungsmitteln jedoch oft nicht beschritten. Statt dessen würden kraft Satzung in vollem Umfang Sachleistungen der gesetzlichen Krankenversicherung gewährt, was nicht nur für den Träger kostengünstiger sei, sondern auch eine Gleichbehandlung der Mitarbeiter des Unternehmens mit dem übrigen Mitgliederkreis ermögliche. Die Versicherungsprämie stelle damit einen ermäßigten Beitrag zur freiwilligen gesetzlichen Kranken(voll-)versicherung dar. Im Gegenzug verzichtet der Angestellte auf seinen Beihilfeanspruch. Auf Grund des Beschlusses des BFH vom 28.10.04 (VI B 176/03) ergebe sich eine Besteuerung der anstelle von Beihilfeleistungen gewährten Beitragsermäßigung. Dies führe zu einer Schlechterstellung im Vergleich zu Beamten und ArbN mit Beihilfeanspruch, welche zu einer Abwanderung der Beschäftigten von ihrer eigenen Krankenkasse führe. Da die für die gesetzliche Krankenversicherung kostengünstigste Form der Versicherung ihrer eigenen Beschäftigen weiterhin erhalten bleiben solle, werde durch die Änderung in § 3 eine Gleichstellung mit Beihilfeleistungen erreicht. Nachdem die genannte Problematik auch nach Wegfall der Ermäßigungsmöglichkeiten (Änderung des § 243 SGB V) und Ersatz durch Prämienrückzahlungen nach § 53 Abs 6 SGB V zum 01.01.09 unverändert weiter bestehen würde, seien auch die dann im Rahmen des Teilkostenmodells gewährten Prämienrückzahlungen stfr zu stellen.

§ 3 Nr 12

12. aus einer Bundeskasse oder Landeskasse gezahlte Bezüge, die in einem Bundesgesetz oder Landesgesetz oder einer auf bundesgesetzlicher oder landesgesetzlicher Ermächtigung beruhenden Bestimmung oder von der Bundesregierung oder einer Landesregierung als Aufwandsentschädigung festgesetzt sind und als Aufwandsentschädigung im Haushaltsplan ausgewiesen werden. Das Gleiche gilt für andere Bezüge, die als Aufwandsentschädigung aus öffentlichen Kassen an öffentliche Dienste leistende Personen gezahlt werden, soweit nicht festgestellt wird, dass sie für Verdienstausfall oder Zeitverlust gewährt werden oder den Aufwand, der dem Empfänger erwächst, offenbar übersteigen;

§ 3 Nr 12 befreit aus öffentlichen Kassen gezahlte Aufwandsentschädigungen. Er knüpft an den leistungsrechtlichen Vorgang der Entschädigung von Aufwand an und unterstellt aus Vereinfachungsgründen erstens, dass nur tatsächlich entstandener Aufwand entschädigt wird, und zweitens, dass der entschädigte Aufwand als WK bzw BA zu berücksichtigen wäre. In den Fällen des § 3 Nr 12 S 1 sei die Zahlung auf eine Entscheidung besonders hochrangiger staatlicher Stellen zurückzuführen. In den Fällen des § 3 Nr 12 S 2 lässt er die Steuerbefreiung erst entfallen, wenn festgestellt wird, dass die Entschädigungen für Verdienstausfall oder Zeitverlust gewährt werden oder den Aufwand offenbar übersteigen. Das BVerfG hat **§ 3 Nr 12 S 1** für **verfassungswidrig** (allerdings weiter anwendbar) erachtet. § 3 Nr 12 S 1 bevorzuge die Empfänger von Zuwendungen aus einer Bundes- oder Landeskasse im Vergleich zur Allgemeinheit und den Empfängern von Zuwendungen aus privaten Kassen.[1] **§ 3 Nr 12 S 2** hat der BFH in der Vergangenheit im Hinblick auf die gegen ihn bestehenden verfassungsrechtlichen Bedenken dahin ausgelegt, dass nur als WK oder BA abziehbare Aufwendungen zu berücksichtigen sind.[2] Diese Rspr ist jedoch durch die jüngere Entscheidung des BVerfG zu § 3 Nr 12 S 1 überholt (Rn 46).[3]

44

§ 3 Nr 12 S 1 setzt eine Zahlung (nicht: Sachbezüge) aus einer **Bundes- oder Landeskasse** voraus. Eine „Bundes"- oder „Landes"-Kasse soll in besonderem Maße Gewähr bieten, dass Leistungen nicht zu Unrecht erbracht werden. Die Bezüge müssen als **Aufwandsentschädigung festgesetzt** sein, wobei § 3 Nr 12 S 1 hierfür 6 Möglichkeiten vorsieht. Außerdem muss die Aufwandsentschädigung im Haushaltsplan **ausgewiesen** sein und so eine zusätzliche parlamentarische Kontrolle erfahren haben.

45

---

1 BVerfGE 99, 280 = BStBl II 99, 502; zu der aus der angeordneten Fortwirkung sich ergebenden Frage, inwieweit Aufwendungen nach § 3c vom Abzug ausgeschlossen sind: BFH BStBl II 02, 823; BStBl II 02, 827; BFH/NV 02, 1290; zu den Konsequenzen eines Verfassungsverstoßes vgl auch FG BaWü EFG 04, 886; zur Rüge der Verfassungswidrigkeit durch einen Nichtbegünstigten: *K/S/M* § 3 Rn 780f; BVerfG BStBl II 99, 502; FG M'ster EFG 06, 951 (stfreie Aufwandsentschädigung bei Abgeordneten)

2 BFH BStBl II 93, 50.

3 BVerfG BStBl II 99, 502; *Bergkemper* FR 99, 517.

46 In den Fällen des § 3 Nr 12 S 2 knüpft die Befreiung an eine Zahlung aus einer **öffentlichen Kasse** an. Die Rspr nimmt eine öffentliche Kasse an, wenn diese „einer dienstaufsichtlichen Prüfung der Finanzgebarung durch die öffentliche Hand unterliegt".[1] Die Bezüge müssen „**als Aufwandsentschädigung**" gezahlt werden, dh zur Abgeltung von Aufwendungen. Nach der Rspr des BFH ist der Begriff der Aufwendungen iSd WK- und BA-Begriffs zu interpretieren.[2] Diese Rspr ist jedoch durch den Beschluss des BVerfG v 11.11.98 überholt, nach dem der Tatbestand des Aufwands iSv § 3 Nr 12 S 2 auch die Abgeltung von Verdienstausfall und Zeitverlust umfasst.[3] Die Zahlung muss an **öffentliche Dienste** leistende Personen erfolgen. Öffentliche Dienste leistet, wer im Dienst einer Person des öffentlichen Rechts steht und nicht in der fiskalischen Verwaltung beschäftigt wird.[4] § 3 Nr 12 S 2 stellt – anders als S 1 – die Steuerbefreiung unter den Vorbehalt „**soweit nicht festgestellt wird**, dass sie für Verdienstausfall oder Zeitverlust gewährt werden oder den Aufwand offenbar übersteigen". § 3 Nr 12 S 2 schränkt die Steuerbefreiung damit in Richtung auf den WK-Begriff ein, bewirkt jedoch nicht, dass iErg nur WK-Ersatz stfrei wäre.[5] Der BFH hat in der Vergangenheit versucht, den verfassungsrechtlichen Bedenken gegen § 3 Nr 12 Rechnung zu tragen und die Besserstellung der Empfänger von Bezügen aus öffentlichen Kassen darauf zu beschränken, dass bei der Nachprüfung, ob die Erstattungen BA oder WK abdecken, nicht kleinlich verfahren werden dürfe.[6] Nach der neueren Rspr des BVerfG scheidet diese Lösung aus.[7]

§ 3 Nr 13

13. die aus öffentlichen Kassen gezahlten Reisekostenvergütungen, Umzugskostenvergütungen und Trennungsgelder. Die als Reisekostenvergütungen gezahlten Vergütungen für Verpflegungsmehraufwendungen sind nur insoweit steuerfrei, als sie die Pauschbeträge nach § 4 Abs. 5 Satz 1 Nr. 5 nicht übersteigen; Trennungsgelder sind nur insoweit steuerfrei, als sie die nach § 9 Abs. 1 Satz 3 Nr. 5, Abs. 2 Satz 7 bis 9 und Abs. 5 sowie § 4 Abs. 5 Satz 1 Nr. 5 abziehbaren Aufwendungen nicht übersteigen;

48 § 3 Nr 13 knüpft – wie § 3 Nr 12 – an die Zahlung „**aus öffentlichen Kassen**" an (Rn 46). Befreit werden „**Reisekostenvergütungen, Umzugskostenvergütungen und Trennungsgelder**". Die Tatbestandsvoraussetzung der Zahlung aus einer öffentlichen Kasse, der systematische Zusammenhang mit § 3 Nr 16 sowie der Vereinfachungszweck des § 3 Nr 13 sprechen dafür, dass an die tatsächliche Leistungsgewährung angeknüpft wird, also nicht zu prüfen ist, ob die erstatteten Kosten WK darstellen und ob die reisekostenrechtlichen Vorschriften zutr angewendet worden sind.[8] Über diese Konzeption des § 3 Nr 13 hat der BFH sich mit der Begründung hinweggesetzt, es sei sachlich nicht gerechtfertigt, Reise- und Umzugskostenvergütungen auch freizustellen, soweit sie den Aufwand iSd WK-Begriffs übersteigen. Es sind nach BFH nicht nur die Zahlungen von der Steuerbefreiung auszunehmen, die keine besoldungsrechtliche Grundlage haben,[9] es soll die Steuerfreiheit auch nur im Fall der Abgeltung von Aufwand iSv WK eintreten.[10] Besser wäre es dann allerdings, die Tatbestandsmerkmale von vornherein ausschließlich im steuerlichen Sinne zu interpretieren.[11] § 3 Nr 13 S 2 begrenzt die Steuerbefreiung bei Verpflegungsmehraufwendungen und Trennungsgeldern auf die als BA oder WK zu berücksichtigenden **Pausch- bzw Höchstbeträge**.[12]

---

1 BFH BStBl II 86, 848; BStBl II 71, 519 (521); zur Beschränkung auf inländische Kassen: BStBl II 83, 219 (220); zur Kritik an dieser Definition: *K/S/M* § 3 Rn B 12/67 ff.
2 BFH BStBl II 07, 308 mwN.
3 BVerfG BStBl II 99, 502; **aA** BFH BStBl II 07, 308.
4 BFH BStBl II 73, 401 (402); BStBl II 75, 563 (565); BStBl II 90, 679.
5 *K/S/M* § 3 Rn B 12/96; *Bergkemper* FR 99, 517.
6 BFH BStBl II 93, 50 (51) mwN; vgl auch R 13 II LStR; FG SachsAnh EFG 02, 744; FG D'dorf EFG 05, 937; FG Bln EFG 06, 1251.
7 BVerfG BStBl II 99, 502; bereits: *K/S/M* § 3 Rn B 12/101 ff.
8 FG Kln EFG 04, 1582; BFH BStBl II 83, 75 (76 f); A 14 III 3 LStR 93.
9 In diesem Sinne bereits BFH BStBl II 83, 75 (77); so nunmehr auch BFH BStBl II 07, 537 (klimabedingte Kleidung); vgl auch BFH/NV 94, 857.
10 BFH BStBl II 01, 601; BStBl II 95, 17; BFH/NV 97, 286; *Völlmeke* DB 93, 1590 (1593); vgl allerdings die Rspr des BVerfG zu § 3 Nr 12 (Rn 44, 46).
11 *K/S/M* § 3 Rn B 13/57; so nunmehr auch BFW BStBl II 07, 537 (klimabedingte Kleidung); vgl auch BFH II 01, 601.
12 FG Bln EFG 98, 1594.

§ 3 Nr 14

14. Zuschüsse eines Trägers der gesetzlichen Rentenversicherung zu den Aufwendungen eines Rentners für seine Krankenversicherung;

§ 3 Nr 14 soll eine **Vereinfachung** erreichen. Es soll eine steuerliche Erfassung des (an freiwillig oder privat Versicherte gezahlten) Zuschusses und der Abzug des mit dem Zuschuss geleisteten Krankenversicherungsbeitrags als SA erübrigt werden.

§ 3 Nr 15

(weggefallen)

(aufgehoben durch das Gesetz zum Einstieg in ein steuerliches Sofortprogramm v 22.12.05 – BGBl I, 3682 – mit Wirkung ab 31.12.05)

§ 3 Nr 16

16. die Vergütungen, die Arbeitnehmer außerhalb des öffentlichen Dienstes von ihrem Arbeitgeber zur Erstattung von Reisekosten, Umzugskosten oder Mehraufwendungen bei doppelter Haushaltsführung erhalten, soweit sie die beruflich veranlassten Mehraufwendungen, bei Verpflegungsmehraufwendungen die Pauschbeträge nach § 4 Abs. 5 Satz 1 Nr. 5 und bei Familienheimfahrten mit dem eigenen oder außerhalb des Dienstverhältnisses zur Nutzung überlassenen Kraftfahrzeug die Pauschbeträge nach § 9 Abs. 2 nicht übersteigen; Vergütungen zur Erstattung von Mehraufwendungen bei doppelter Haushaltsführung sind nur insoweit steuerfrei, als sie die nach § 9 Abs. 1 Satz 3 Nr. 5 und Abs. 5 sowie § 4 Abs. 5 Satz 1 Nr. 5 abziehbaren Aufwendungen nicht übersteigen;

§ 3 Nr 16 befreit Vergütungen des ArbG zur Erstattung von Reisekosten, Umzugskosten und Mehraufwendungen wegen doppelter Haushaltsführung, allerdings grds nur, soweit die Aufwendungen beim ArbN als WK abzugsfähig wären. § 3 Nr 16 enthält trotz der Begrenzung auf WK-Ersatz eine Begünstigung, und zwar vor allem durch die Kumulation von stfrei WK-Ersatz und ArbN-Pauschbetrag. Der BFH hat hierin eine sachlich nicht zu rechtfertigende Besserstellung gesehen.[1] § 3 Nr 16 gilt für ArbN „**außerhalb des öffentlichen Dienstes**" und ist damit die § 3 Nr 13 entspr Vorschrift für ArbN im privaten Dienst.

Der Begriff der **Reisekosten** ist iSd der zu § 9 entwickelten Definition zu bestimmen. Reisekosten sind nach R 37 I 1 LStR Fahrtkosten, Verpflegungsmehraufwendungen,[2] Übernachtungs- und Reisenebenkosten,[3] wenn diese so gut wie ausschließlich durch die berufliche Tätigkeit des ArbN außerhalb seiner Wohnung und einer ortsgebundenen regelmäßigen Arbeitsstätte veranlasst sind. Es sind für die steuerliche Berücksichtigung die Dienstreise, die Fahrtätigkeit und die Einsatzwechseltätigkeit zu unterscheiden (hierzu § 9 Rn 163 mwN). Die Erstattung ist nur stfrei, soweit sie die **beruflich veranlassten Mehraufwendungen** nicht übersteigt. Verpflegungsmehraufwendungen sind nur nach Maßgabe des § 4 V 1 Nr 5 abzugsfähig.[4] Dies bedeutet, dass der ArbG Reisekosten grds in dem Umfang stfrei erstatten kann, in dem diese auch als WK abzugsfähig wären.[5] Es bestehen allerdings einige **Sonderregelungen** (Vorlage und Aufbewahrung von Belegen nach R 9.5 II LStR; keine Prüfung der unzutr Besteuerung nach H 9.5 II 3 LStR;[6] Übernachtungspauschale von 20 € nach R 9.7 III LStR[7]). Eine Barlohnumwandlung in stfreie Reisekostenerstattung ist zulässig.[8]

Auch der **Begriff der Umzugskosten** ist iSd zu § 9 entwickelten Definition zu verstehen als Kosten, die einem ArbN durch einen beruflich veranlassten Wohnungswechsel entstehen (§ 12 Rn 25). Die Erstattung der Umzugskosten durch den ArbG ist stfrei bis zu den Beträgen, die als WK abziehbar wären.

---

1 BFH BStBl II 93, 551; BVerfG BStBl II 97, 518.
2 BFH BStBl II 95, 59 (zur Bewirtung v ArbN auswärtiger Niederlassungen als Reisekosten).
3 BFH BStBl II 93, 519 (Prämien für eine auf Dienstreisen beschränkte Reisegepäckversicherung); BStBl II 94, 256 (Ersatz für Schäden an Gegenständen des ArbN); FG BaWü EFG 94, 467 (Reinigungskosten).
4 FG Kln EFG 07, 657 (Hotelverpflegung).
5 BFH BStBl II 91, 814; zur Feststellungslast des ArbN bei stfreier Erstattung: BFH/NV 01, 36.
6 Hierzu *Thomas* DB 90, 2089 (2090).
7 Vgl auch BFH BStBl II 92, 367.
8 BFH BStBl II 01, 601.

55 § 3 Nr 16 verwendet den Begriff der **Mehraufwendungen wegen doppelter Haushaltsführung** iSv § 9 I 3 Nr 5 S 1 und 2 (zu § 9 Rn 240 ff) und begrenzt in HS 1 die Steuerfreiheit für Verpflegungsmehraufwendungen auf die Höchstbeträge nach § 4 V 1 Nr 5 und bei Familienheimfahrten auf die Pauschbeträge nach § 9 II. Der Gesetzgeber hat zum 1.1.07 die Verweisung auf § 9 I 3 Nr 4 durch die Verweisung auf § 9 II ersetzt und insoweit der Neuregelung des § 9 im Zuge der Umstellung auf das Werkstorprinzip Rechnung getragen. Er hat es allerdings versäumt, § 3 Nr 16 HS 1 auch insoweit an die Neufassung des § 9 anzupassen, als § 9 II auch dann nur noch die Entfernungspauschale vorsieht, wenn höhere Aufwendungen für die Benutzung öffentlicher Verkehrsmittel angefallen sind. Er ordnet in HS 2 an, dass die Vergütungen nur stfrei sind, soweit sie die nach § 9 I 3 Nr 5 und § 9 V (iVm § 4 V 1 Nr 5) abziehbaren Aufwendungen nicht übersteigen. Der Gesetzgeber hat versäumt – wie in § 3 Nr 13 – den Verweis auf § 9 I 3 Nr 5 durch einen Verweis auch auf § 9 II 2–7 zu ergänzen; der Verweis ist allerdings dementspr auszulegen. R 9.11 X LStR sieht **Sonderregelungen** vor, die ausschließlich die Erstattung betreffen (Unterstellung eines eigenen Hausstandes bei StK I, III, IV oder V nach R 9.11 X 3 LStR; Wahlrecht zw doppelter Haushaltsführung und Fahrten Wohnung-Arbeitsstätte unbeachtlich nach R 9.11 X 6 LStR; keine Fahrtkostenerstattung bei unentgeltlicher Kfz-Überlassung nach R 9.11 X 7 Nr 1 LStR; Übernachtungspauschalen für die Zweitwohnung nach R 9.11 X 7 Nr 3 LStR[1]).

§ 3 Nr 17

17. Zuschüsse zum Beitrag nach § 32 des Gesetzes über die Alterssicherung der Landwirte;

60 Landwirtschaftliche Unternehmer erhalten gem § 32 ALG eine Entlastung von ihren Beiträgen zur landwirtschaftlichen Sozialversicherung. Diese Beitragszuschüsse werden ebenso befreit wie zB die Leistungen des ArbG für die Zukunftssicherung des ArbN.

§ 3 Nr 18

18. das Aufgeld für ein an die Bank für Vertriebene und Geschädigte (Lastenausgleichsbank) zugunsten des Ausgleichsfonds (§ 5 des Lastenausgleichsgesetzes) gegebenes Darlehen, wenn das Darlehen nach § 7f des Gesetzes in der Fassung der Bekanntmachung vom 15. September 1953 (BGBl. I S. 1355) im Jahr der Hingabe als Betriebsausgabe abzugsfähig war;

61 Bei diesen Darlehen konnte die Darlehenshingabe als BA abgesetzt werden, die Tilgungsbeträge waren als BE zu erfassen. Die Darlehen waren unverzinslich, und es wurden lediglich – die für stfrei erklärten – Aufgelder von 1 1/2 % gezahlt.

§ 3 Nr 19

19. Entschädigungen auf Grund des Gesetzes über die Entschädigung ehemaliger deutscher Kriegsgefangener;

62 Das Entschädigungsgesetz ist mit Wirkung ab 1.1.93 aufgehoben worden (Antragsfrist: 31.12.93).

§ 3 Nr 20

20. die aus öffentlichen Mitteln des Bundespräsidenten aus sittlichen oder sozialen Gründen gewährten Zuwendungen an besonders verdiente Personen oder ihre Hinterbliebenen;

63 Dem Zuwendungsmotiv widerspräche es, wenn die Leistungsempfänger wiederum zur Finanzierung der Belange der Gemeinschaft herangezogen würden.

---

1 Zur Erstattung von Pauschalen einerseits und WK-Nachweis durch den ArbN (ggf Schätzung) andererseits: BFH BStBl II 01, 775.

§ 3 Nr 21

21. Zinsen aus Schuldbuchforderungen im Sinne des § 35 Abs. 1 des Allgemeinen Kriegsfolgengesetzes in der im Bundesgesetzblatt Teil III, Gliederungsnummer 653-1, veröffentlichten bereinigten Fassung;

Der Befreiung kommt keine Bedeutung mehr zu, da das Allg Kriegsfolgengesetz die Tilgung von Ablösungsschulden in 40 Jahresbeträgen ab 1.4.60 vorsieht. **65**

§ 3 Nr 22

22. der Ehrensold, der auf Grund des Gesetzes über Titel, Orden und Ehrenzeichen in der im Bundesgesetzblatt Teil III, Gliederungsnummer 1132-1, veröffentlichten bereinigten Fassung, zuletzt geändert durch Gesetz vom 24. April 1986 (BGBl. I S. 560), gewährt wird;

Die Befreiung soll einen Widerspruch zur Leistungsgewährung vermeiden, mit der den Verdiensten um das Gemeinwohl Rechnung getragen werden soll. **66**

§ 3 Nr 23

23. die Leistungen nach dem Häftlingshilfegesetz, dem Strafrechtlichen Rehabilitierungsgesetz, dem Verwaltungsrechtlichen Rehabilitierungsgesetz und dem Beruflichen Rehabilitierungsgesetz;

§ 3 Nr 23 befreit Leistungen an Personen, die nach 45 aus politischen Gründen in Gebieten außerhalb der Bundesrepublik in Gewahrsam genommen wurden, und an Personen, die in der Zeit von 45–90 im Beitrittsgebiet verfolgt wurden. **67**

§ 3 Nr 24

24. Leistungen, die auf Grund des Bundeskindergeldgesetzes gewährt werden;

Seit der Regelung in §§ 62–78 wird Kindergeld nach dem BKGG nur noch an bestimmte beschränkt estpfl Personen sowie Personen, die Kindergeld für sich selbst erhalten, gezahlt. Die ausdrückliche Steuerbefreiung wurde wieder eingeführt, da das Kindergeld nach dem BKGG nicht als Steuervergütung, sondern als Sozialleistung durch die Arbeitsverwaltung gewährt wird. **69**

§ 3 Nr 25

25. Entschädigungen nach dem Infektionsschutzgesetz vom 20. Juli 2000 (BGBl. I S. 1045);

Entschädigungen werden an Personen gezahlt, die als Träger von Krankheitserregern Verboten in der Ausübung ihrer Erwerbstätigkeit unterworfen werden. Daneben sieht das IfSG Anspr bei Impfschäden und der Vernichtung oder Beschädigung von Gegenständen vor. **71**

§ 3 Nr 26

26. Einnahmen aus nebenberuflichen Tätigkeiten als Übungsleiter, Ausbilder, Erzieher, Betreuer oder vergleichbaren nebenberuflichen Tätigkeiten, aus nebenberuflichen künstlerischen Tätigkeiten oder der nebenberuflichen Pflege alter, kranker oder behinderter Menschen im Dienst oder im Auftrag einer inländischen juristischen Person des öffentlichen Rechts oder einer unter § 5 Abs. 1 Nr. 9 des Körperschaftsteuergesetzes fallenden Einrichtung zur Förderung gemeinnütziger, mildtätiger und kirchlicher Zwecke (§§ 52 bis 54 der Abgabenordnung) bis zur Höhe von insgesamt 2 100 Euro im Jahr. Überschreiten die Einnahmen für die in Satz 1 bezeichneten Tätigkeiten den steuerfreien Betrag, dürfen die mit den nebenberuflichen Tätigkeiten in unmittelbarem wirtschaftlichen Zusammenhang stehenden Ausgaben abweichend von § 3c nur insoweit als Betriebsausgaben oder Werbungskosten abgezogen werden, als sie den Betrag der steuerfreien Einnahmen übersteigen;

R 17 LStR/H 17 LStR

von Beckerath

Literatur: *Fuchs* Steuerliche Behandlung nebenberuflicher Tätigkeiten für einen Verein, GStB 06, 272; *Jochum* Privilegierung der Einnahmen aus nebenberuflicher Tätigkeit im Bereich der wissenschaftlichen Ausbildung und Prüfung, NJW 02, 1983; *Myssen* Ehrenamt und Steuerrecht unter besonderer Berücksichtigung der Neuregelung der so genannten Übungsleiterpauschale – Teil II, INF 00, 168.

72 § 3 Nr 26 S 1 enthält eine Freibetragsregelung, die Einnahmen für die in S 1 genannten Tätigkeiten bis zur Höhe von insgesamt 1 848 € befreit.[1] Zentrales Tatbestandsmerkmal ist die Voraussetzung, dass eine **„Tätigkeit zur Förderung gemeinnütziger, mildtätiger oder kirchlicher Zwecke"** vorliegt. Diese Tatbestandsvoraussetzung ist zwar hinter der Voraussetzung „im Dienst oder Auftrag einer ... Einrichtung" platziert, beschreibt jedoch nicht die Körperschaft, sondern ist selbstständiges Tatbestandsmerkmal. § 3 Nr 26 ist eine Vorschrift zur Förderung gemeinnütziger Tätigkeit und nicht – zumindest nicht primär – eine Vorschrift zur Förderung von gemeinnützigen Zwecken dienenden Körperschaften.[2] Zur Bestimmung des Inhalts der Begriffe „gemeinnützig", „mildtätig" und „kirchlich" verweist § 3 Nr 26 ausdrücklich auf die §§ 52–54 AO.[3] Die von § 3 Nr 26 begünstigte Tätigkeit muss **für eine inländische[4] jur Pers des öffentlichen Rechts oder eine unter § 5 I Nr 9 KStG fallende Einrichtung** und damit für Organisationen erbracht werden, die nach § 49 EStDV spendenempfangsberechtigt sind. Diese Voraussetzung ist Folge der gesetzgeberischen Grundentscheidung für die gemeinnützige Tätigkeit von KSt-Subjekten als Gegenstand der gemeinnützigkeitsabhängigen Steuervergünstigungen. Der BFH hat allerdings dem EuGH die Frage vorgelegt, ob es gegen den EG-Vertrag verstößt, dass § 3 Nr 26 ehrenamtliche Tätigkeiten nur befreit, wenn sie für eine „inländische" jur Pers erbracht werden.[5] Die Formulierung **„im Dienst oder im Auftrag"** weist darauf hin, dass die Tätigkeit selbstständig oder unselbstständig geleistet werden kann und Einkünfte aus selbstständiger Tätigkeit, nichtselbstständiger Arbeit und aus GewBetr befreit werden.

73 § 3 Nr 26 verlangt, dass gerade die Tätigkeit, für welche die Aufwandsentschädigung gewährt wird, einen die Gemeinnützigkeit begründenden Inhalt hat (zB nicht: Reinigungsarbeiten, Buchführung). Dabei lassen sich drei Fallgruppen unterscheiden: 1. die Tätigkeit als Übungsleiter, Ausbilder, Erzieher, Betreuer oder eine vergleichbare Tätigkeit, 2. die künstlerische Tätigkeit und 3. die Pflege alter, kranker oder behinderter Menschen. Ein **Übungsleiter** leitet Übungen, in denen Menschen ihre Fähigkeiten selbst entwickeln.[6] Die Tätigkeit als **Ausbilder** beinhaltet die Vermittlung geistiger und leiblicher Fähigkeiten an andere Menschen durch Entwicklung bei ihnen vorhandener Anlagen.[6] Der **Erzieher** wirkt auf Menschen ein, um sie geistig und körperlich in Richtung auf ein bestimmtes Erziehungsziel zu formen. Mit der Aufnahme der Tätigkeit des **Betreuers** in den Katalog des § 3 Nr 26 sollte derjenige begünstigt werden, der durch einen direkten pädagogisch ausgerichteten persönlichen Kontakt auf die von ihm betreute Person einwirkt.[7] Eine Tätigkeit ist den genannten Tätigkeiten **„vergleichbar"**, wenn sie wie diese eine pädagogische Ausrichtung hat, auf andere Menschen durch persönlichen Kontakt Einfluss genommen wird, um auf diese Weise geistige und körperliche Fähigkeiten zu entwickeln und zu fördern[8] (zB: Arbeitsgemeinschaftsleiter,[9] Betreuer von Ausländern oder Betreuer in Ferienlagern, Chorleiter,[10] Dirigent, Erste-Hilfe-Ausbilder, Ausbilder bei der Feuerwehr,[11] Jugendgruppenleiter, Jugendwart, Leiter der Außenstelle einer Volkshochschule,[6] Mannschaftsbetreuer, Prüfungsausschussmitglied,[12] Schwimmausbilder, Trainer, nicht: schriftstellerische Tätigkeit,[13] Hilfe im Sanitäts- oder Rettungsdienst,[14] Verfassen eines Rundfunkessays,[15] Diskus- sionsleiter,[16] Gerätewart, Hausmeister, Kassierer, Platzwart, Putzfrau, Schiedsrichter, Tierbetreuer, Pferdetrainer, Verbandsfunktionär, Vorstandsmitglied, Zeitschriftenvertreiber, zweifelh: Korrekturassistent[17]). Eine **künstlerische Tätigkeit** ist eine eigenschöpferische Tätigkeit mit einer gewissen Gestaltungshöhe, die aufgrund einer persönlichen Begabung Gegenstände oder unkörperliche Gestaltungen hervorbringt[18]. Im Hinblick darauf, dass § 3 Nr 26

---

1 Klarstellung durch StBereinG – vgl BT-Drs 14/2035, 3; zur Fassung bis einschl VZ 99: BFH BStBl II 86, 401 (402); BStBl II 90, 686.
2 *K/S/M* § 3 Rn B 26/50 ff.
3 Zur Gemeinnützigkeit auch bei abgeschlossenem Personenkreis: BFH/NV 93, 290.
4 FG BaWü EFG 02, 1307.
5 BFH/NV 06, 1548.
6 BFH BStBl II 86, 398.
7 Ausf: *Myssen* INF 00, 168 (169); FG SachsAnh EFG 02, 1579 (Pressearbeit).
8 BFH BStBl II 92, 176 (177); BStBl II 96, 398 (Schulleiter).
9 OFD M'ster FR 89, 758.
10 FG RhPf EFG 86, 9.
11 FinMin Sachsen FR 94, 584.
12 BFH BStBl II 88, 890.
13 BFH BStBl II 92, 176 (177).
14 BFH BStBl II 94, 944.
15 BFH BStBl II 92, 176.
16 FG Nds EFG 97, 1517.
17 Bej FG M'ster EFG 95, 415; FG Bln EFG 05, 340; **aA** FG Mchn EFG 97, 1095.
18 Zur Organistentätigkeit: OFD Ffm DStZ 00, 728; zum Statist: SächsFG EFG 06, 1036.

nur eine nebenberufliche Tätigkeit erfasst und nur Einnahmen bis 2 100 € befreit, kann eine künstlerische Tätigkeit auch dann vorliegen, wenn sie die eigentliche künstlerische (Haupt-)Tätigkeit unterstützt und ergänzt, sofern sie Teil des gesamten künstlerischen Geschehens ist[1] (Statist;[2] nicht Trauerredner[3] oder Klavierstimmer[4]). Eine Pflege „**alter Menschen**" liegt vor, wenn bei jemandem, der älter als 64 Jahre ist, eine gesteigerte Hilfsbedürftigkeit gegeben ist, die nicht schon altersunabhängig auf eine konkrete Krankheit zurückzuführen ist. „**Krankheit**" wird definiert als jede mehr oder weniger schwer wiegende körperliche, geistige oder seelische Störung, die an bestimmten Symptomen erkennbar ist. Als „**behindert**" wird ein StPfl angesehen, der sich in einem regelwidrigen körperlichen, geistigen oder seelischen Zustand befindet, der nicht nur vorübergehend besteht. „**Pflege**" meint in Anlehnung an § 33b VI die körperliche Betreuung bei den Verrichtungen des täglichen Lebens.[5] Soweit dabei auch hauswirtschaftliche Arbeiten zu verrichten sind, gehören diese mit zu der Pflegetätigkeit. Bedenken bestehen, wenn sich die Tätigkeit ausschließlich auf die Leistung hauswirtschaftlicher Arbeiten erstreckt oder ausschließlich persönliche Zuwendungen umfasst (Unterhaltung, Begleitung).[6]

Der BFH beurteilt die **Nebenberuflichkeit** anhand der ausgeübten Tätigkeit als solcher und sieht den Zeitaufwand als entscheidendes Kriterium für die Unterscheidung zw haupt- und nebenberuflicher Tätigkeit an. Er geht von einer nebenberuflichen Tätigkeit dann aus, wenn die zu beurteilende Tätigkeit den StPfl vom zeitlichen Umfang her – im Verhältnis zum voll Erwerbstätigen – nur zu 33 1/3 % in Anspr nimmt.[7] Der **Freibetrag** betrug bis einschließlich VZ 06 1 848 € und wurde durch das G v. 21.9.07 zur weiteren Stärkung des bürgerschaftlichen Engagements – rückwirkend für den VZ 07 – auf 2 100 € angehoben, um „den finanziellen Anreiz für bürgerschaftliches Engagement zu stärken"[8]. Er ist ein Jahresbetrag. Er ist nicht zeitanteilig aufzuteilen, wenn die begünstigte Tätigkeit lediglich wenige Monate ausgeübt wird. Er wird auch dann nur einmal gewährt, wenn der StPfl mehrere steuerbegünstigte Tätigkeiten parallel ausübt[9] oder in einem Jahr Einnahmen aus einer in mehreren Jahren ausgeübten Tätigkeit iSv § 3 Nr 26 bezieht.[10] Nach § 3 Nr 26 S 2 dürfen **WK** und **BA** dann, wenn die Einnahmen den Freibetrag von 2 100 € überschreiten, nur abgezogen werden, soweit sie den Betrag der stfreien Einnahmen (also 2 100 €) übersteigen.[11] Für den Fall, dass der StPfl Einnahmen iSv § 3 Nr 26 unter oder von 2 100 € erzielt, geht § 3 Nr 26 S 2 – nicht plausibel[12] – davon aus, dass ein Abzug von BA oder WK auch dann ausgeschlossen ist, wenn die BA oder WK die erzielten stfrei Einnahmen übersteigen.[13]

74

§ 3 Nr 26a

26a. Einnahmen aus nebenberuflichen Tätigkeiten im Dienst oder Auftrag einer inländischen juristischen Person des öffentlichen Rechts oder einer unter § 5 Abs. 1 Nr. 9 des Körperschaftsteuergesetzes fallenden Einrichtung zur Förderung gemeinnütziger, mildtätiger und kirchlicher Zwecke (§§ 52 bis 54 der Abgabenordnung) bis zur Höhe von insgesamt 500 Euro im Jahr. Die Steuerbefreiung ist ausgeschlossen, wenn für die Einnahmen aus der Tätigkeit – ganz oder teilweise – eine Steuerbefreiung nach § 3 Nr. 12 oder 26 gewährt wird. Überschreiten die Einnahmen für die in Satz 1 bezeichneten Tätigkeiten den steuerfreien Betrag, dürfen die mit den nebenberuflichen Tätigkeiten in unmittelbarem wirtschaftlichen Zusammenhang stehenden Ausgabe abweichend von § 3c nur insoweit als Betriebsausgaben oder Werbungskosten abgezogen werden, als die den Betrag der steuerfreien Einnahmen übersteigen;

---

1 BFH BStBl II 07, 702.
2 BFH, 18.4.07, XI R 21/06 nn.
3 BFH BStBl II 82, 22.
4 BFH BStBl II 90, 643.
5 BFH/NV 02, 784 (keine Notarzttätigkeit).
6 Vgl BMF DStR 91, 313.
7 BFH BStBl II 90, 854 (856); vgl auch BFH/NV 91, 296; BFH/NV 91, 811; zur Nebenberuflichkeit der Prüfungstätigkeit eines Hochschullehrers: BStBl II 87, 783; zum Unterricht eines Arztes an einer Krankenpflegeschule: BStBl II 93, 20; zur Bildung eines Durchschnittswertes: BStBl II 90, 854 (856); vgl auch FG Mchn EFG 97, 1095 (Mehrarbeit); FG Nds EFG 96, 909 (Teil des Hauptberufs).
8 BT-Drs 16/5200, 15.
9 BFH BStBl II 90, 854 (856); BStBl II 90, 686; BStBl II 88, 890.
10 BFH BStBl II 90, 686.
11 *Niermann* DB 00, 108; *Myssen* INF 00, 168 (172); vgl auch BFH BStBl II 06, 163.
12 *K/S/M* § 3 Rn B 26/150; *Myssen* INF 00, 168 (172).
13 **AA** *Wüllenkemper* EFG 05, 343; zur Rechtslage bis einschl 1999: BFH v 6.7.05 – XI R 61/04, BFH/NV 05, 2110; FG SchlHol EFG 05, 342.

Literatur: *Schauhoff/Kirchhain* Das Gesetz zur weiteren Stärkung des bürgerschaftlichen Engagements, DStR 07, 1985.

75 § 3 Nr 26a wurde durch das G. zur weiteren **Stärkung des bürgerschaftlichen Engagements** v 21.9.07 auf Vorschlag des Finanzausschusses eingefügt[1]. Es wird ein allgemeiner Freibetrag für Einnahmen aus nebenberuflicher Tätigkeit im gemeinnützigen, mildtätigen oder kirchlichen Bereich in Höhe von 500 € rückwirkend für den VZ 07 eingeführt. Mit dem Freibetrag soll pauschal der Aufwand, der den nebenberuflich Tätigen durch ihre Beschäftigung entsteht, abgegolten werden[2].

76 § 3 Nr 26a S 1 befreit – eben so wie § 3 Nr 26 – „Einnahmen aus nichtselbstständiger Tätigkeit im Dienst oder Auftrag einer inländischen juristischen Person des öffentlichen Rechts oder einer unter § 5 Abs 1 Nr 9 des Körperschaftsteuergesetzes fallenden Einrichtung zur Förderung gemeinnütziger, mildtätiger und kirchlicher Zwecke (§§ 52 bis 54 der Abgabenordnung)". Er verzichtet auf die zusätzliche Voraussetzung, dass die Einnahmen aus einer Tätigkeit „als Übungsleiter, Ausbilder, Erzieher, Betreuer oder vergleichbaren Tätigkeit, aus nebenberuflicher künstlerischer Tätigkeit oder der nebenberuflichen Pflege alter, kranker oder behinderter Menschen" stammen müssen. § 3 Nr 26a verlangt damit nicht, dass gerade die Tätigkeit, für welche die Aufwandsentschädigung gewährt wird, einen die Gemeinnützigkeit begründenden Inhalt hat. Es sollen **allgemein Einnahmen aus nebenberuflicher Tätigkeit im gemeinnützigen, mildtätigen oder kirchlichen Bereich** begünstigt werden, also auch die Vorstandstätigkeit oder die Erledigung der Buchführungsarbeiten.

77 Nach § 3 Nr 26a S 2 ist die Steuerbefreiung ausgeschlossen, wenn für die Einnahmen aus der Tätigkeit – ganz oder teilweise – eine Steuerbefreiung nach § 3 Nr 12 oder 26 gewährt wird. Der Freibetrag nach § 3 Nr 26a soll – bezogen auf die gesamten Einnahmen aus der jeweiligen nebenberuflichen Tätigkeit- **nicht zusätzlich** zu den Steuerbefreiungen nach § 3 Nr 12 oder 26 gewährt werden[2].

78 § 3 Nr 26a S 3 bestimmt **mit identischem Wortlaut wie § 3 Nr 26 S 2**, dass dann, wenn die Einnahmen den stfr Betrag überschreiten, die im Zusammenhang stehenden Ausgaben abweichend von § 3c nur insoweit als BA oder WK abgezogen werden dürfen, als sie den Betrag der stfr Einnahmen übersteigen. Nach der Gesetzesbegründung sind dann, wenn die als BA oder WK abziehbaren Aufwendungen höher sind als der Freibetrag, die gesamten Aufwendungen nachzuweisen oder glaubhaft zu machen[2].

§ 3 Nr 27

27. der Grundbetrag der Produktionsaufgaberente und das Ausgleichsgeld nach dem Gesetz zur Förderung der Einstellung der landwirtschaftlichen Erwerbstätigkeit bis zum Höchstbetrag von 18 407 Euro;

80 **Produktionsaufgaberente** und **Ausgleichsgeld** unterliegen „wie Abfindungen" erst nach Abzug eines Freibetrages der ESt.[3]

§ 3 Nr 28

28. die Aufstockungsbeträge im Sinne des § 3 Abs. 1 Nr. 1 Buchstabe a sowie die Beiträge und Aufwendungen im Sinne des § 3 Abs. 1 Nr. 1 Buchstabe b und des § 4 Abs. 2 des Altersteilzeitgesetzes, die Zuschläge, die versicherungsfrei Beschäftigte im Sinne des § 27 Abs. 1 Nr. 1 bis 3 des Dritten Buches Sozialgesetzbuch zur Aufstockung der Bezüge bei Altersteilzeit nach beamtenrechtlichen Vorschriften oder Grundsätzen erhalten sowie die Zahlungen des Arbeitgebers zur Übernahme der Beiträge im Sinne des § 187a des Sechsten Buches Sozialgesetzbuch, soweit sie 50 vom Hundert der Beiträge nicht übersteigen;

R 18 LStR/H 18 LStH

82 § 3 Nr 28 befreit beim ArbN die Aufstockungsbeträge, Beiträge und Aufwendungen, die er von seinem ArbG bei einer Vereinbarung von Teilzeitarbeit nach dem **ATZG** erhält.[4] Ihm soll ein zusätzli-

---

1 BT-Drs 16/5926, 7.
2 BT-Drs 16/5985, 11.
3 Im Einzelnen: R 3.27 EStR.
4 Zu Aufstockungsleistungen an Stelle eines Krankengeldzuschusses: BMF DStR 01, 1073.

cher Anreiz geboten werden, von dem Angebot zur Altersteilzeitarbeit Gebrauch zu machen. Nach diesem Gesetzeszweck kommt die Steuerbefreiung nur dem ArbN zugute, der die persönlichen Voraussetzungen des ATZG erfüllt[1], hängt aber nicht davon ab, ob der ArbG auf der freigewordenen Stelle tatsächlich einen arbeitslos gemeldeten ArbN beschäftigt.[2] § 3 Nr 28 befreit mit den Zuschlägen, die **versicherungsfrei Beschäftigte iSd § 27 I Nr 1–3 SGB III** zur Aufstockung der Bezüge bei Altersteilzeit erhalten, nicht nur die Zuschläge nach § 6 II BBesG, sondern auch die Zuschläge, die andere versicherungsfrei Beschäftigte mit beamtenähnlichem Status (zB Kirchenbeamte und Pfarrer) erhalten, sofern die Altersteilzeitregelungen beamtenrechtlichen Vorschriften oder Grundsätzen entspr.[3] Befreit sind ferner die Zahlungen des ArbG zur Übernahme der Beiträge iSd **§ 187a SGB VI** (Beiträge zum Ausgleich von Rentenminderungen wegen vorzeitiger Inanspruchnahme), soweit sie 50 vH der Beiträge nicht übersteigen.

§ 3 Nr 29

29. das Gehalt und die Bezüge,
    a) die die diplomatischen Vertreter ausländischer Staaten, die ihnen zugewiesenen Beamten und die in ihren Diensten stehenden Personen erhalten. Dies gilt nicht für deutsche Staatsangehörige oder für im Inland ständig ansässige Personen;
    b) der Berufskonsuln, der Konsulatsangehörigen und ihres Personals, soweit sie Angehörige des Entsendestaates sind. Dies gilt nicht für Personen, die im Inland ständig ansässig sind oder außerhalb ihres Amtes oder Dienstes einen Beruf, ein Gewerbe oder eine andere gewinnbringende Tätigkeit ausüben;

Mit § 3 Nr 29 soll im Wege internationalen Entgegenkommens völkerrechtlichen Vorstellungen entsprochen werden. Das erklärt auch die vorgenommenen Differenzierungen: Die Freistellung nur des Gehalts und der Bezüge folgt allg Regeln des Völkerrechts. Dass die Botschaftsangehörigen nicht die deutsche Staatsangehörigkeit haben oder im Inland ständig ansässig sein dürfen und dass die Konsulatsangehörigen nicht im Inland ständig ansässig sein und außerhalb ihres Amtes oder Dienstes keine gewinnbringende Tätigkeit ausüben dürfen, entspricht internationaler Übung. Eine über § 3 Nr 29 hinausgehende Steuerbefreiung kann sich aus den zu Gewohnheitsrecht erstarkten Wiener Übereinkommen ergeben (zB für Bezüge der zum Haushalt gehörenden Familienmitglieder; Bezüge von Wahlkonsuln; Befreiung auch anderer Einkünfte, deren Quelle sich im Empfangsstaat befindet).[4]

84

§ 3 Nr 30

30. Entschädigungen für die betriebliche Benutzung von Werkzeugen eines Arbeitnehmers (Werkzeuggeld), soweit sie die entsprechenden Aufwendungen des Arbeitnehmers nicht offensichtlich übersteigen;

§ 3 Nr 30 befreit – wie § 3 Nr 13, 16 – WK-Ersatz des ArbG. Der Begriff **Entschädigung** meint dementspr iSv WK-Ersatz den Ersatz der regelmäßigen AfA der Werkzeuge, die üblichen Betriebs-, Instandhaltungs- und Instandsetzungskosten sowie die Kosten der Beförderung der Werkzeuge zw Wohnung und Einsatzstelle, nicht dagegen Zahlungen für Zeitaufwand des ArbN (zB für Reinigung und Wartung der Werkzeuge).[5] **Betriebliche Benutzung** meint die Abgrenzung zur Benutzung für private Zwecke. **Werkzeuge** sind „Geräte zur Bearbeitung von Werkstoffen" oder „Arbeitsgeräte zur Verrichtung handwerklicher Arbeiten" (nicht zB: ein Wachhund,[6] eine Schreibmaschine, ein PC,[7] ein Musikinstrument[8]). Die Entschädigungen dürfen die Aufwendungen **nicht offensichtlich übersteigen**. Dies bedeutet, dass der ArbG die Aufwendungen großzügig schätzen kann.

85

---

1 Nds FG EFG 07, 1410 (Mehrarbeit bei Stundenreduzierung).
2 Ausf: *K/S/M* § 3 Rn B 28/39 ff; Nds FG EFG 07, 1410.
3 BT-Drs 14/6877, 24.
4 *K/S/M* § 3 Rn B 29/26 f.
5 R 19 S 4, 5 LStR.
6 BMF StE 90, 165.
7 R 19 S 2 LStR.
8 BFH BStBl II 95, 906.

§ 3 Nr 31

31. die typische Berufskleidung, die der Arbeitgeber seinem Arbeitnehmer unentgeltlich oder verbilligt überlässt; dasselbe gilt für eine Barablösung eines nicht nur einzelvertraglichen Anspruchs auf Gestellung von typischer Berufskleidung, wenn die Barablösung betrieblich veranlasst ist und die entsprechenden Aufwendungen des Arbeitnehmers nicht offensichtlich übersteigt;

87 § 3 Nr 31 verwendet den Begriff der **typischen Berufskleidung** iSv § 9 I 3 Nr 6 (zu § 9 Rn 325). Handelt es sich bei der überlassenen Kleidung nicht um typische Berufskleidung, bleibt zu prüfen, ob steuerbarer Arbeitslohn vorliegt (objektive Bereicherung; überwiegend eigenbetriebliches Interesse).[1] Unter das Tatbestandsmerkmal der „**Überlassung**" fällt sowohl das vorübergehende Zurverfügungstellen als auch die Übereignung. Nur die **Barablösung** eines „nicht nur einzelvertraglichen Anspr" wird für stfrei erklärt. Ein derartiger Anspr kann sich zB nach Unfallverhütungsvorschriften, Tarifvertrag oder Betriebsvereinbarung ergeben. Die Barablösung als solche muss **betrieblich veranlasst** sein, zB wenn die Beschaffung der Kleidungsstücke durch den ArbN für den ArbG vorteilhaft ist. Die Barablösung darf die entspr Aufwendungen **nicht offensichtlich übersteigen**. Dem ArbG wird insoweit eine Schätzungsbefugnis eingeräumt. Ein Mehrbetrag ist stpfl.

§ 3 Nr 32

32. die unentgeltliche oder verbilligte Sammelbeförderung eines Arbeitnehmers zwischen Wohnung und Arbeitsstätte mit einem vom Arbeitgeber gestellten Beförderungsmittel, soweit die Sammelbeförderung für den betrieblichen Einsatz des Arbeitnehmers notwendig ist;

89 Für stfrei erklärt wird nur die Beförderung zw **Wohnung und Arbeitsstätte**. Bei sonstigen Beförderungen, zB zw verschiedenen Einsatzstellen, scheidet die Annahme von steuerbarem Arbeitslohn von vornherein aus. **Sammelbeförderung** meint die durch den ArbG organisierte oder zumindest veranlasste Beförderung mehrerer ArbN (nicht: Einzelbeförderung eines leitenden Angestellten). „Vom ArbG gestellt" ist das Beförderungsmittel (Omnibus, Kleinbus, PKW, Flugzeug), wenn es vom ArbG oder in dessen Auftrag von einem Dritten eingesetzt wird. Nach R 21 LStR ist die **Notwendigkeit einer Sammelbeförderung** zB anzunehmen, wenn die Beförderung mit öffentlichen Verkehrsmitteln nicht oder nur mit unverhältnismäßig hohem Zeitaufwand durchgeführt werden könnte, die ArbN an ständig wechselnden Tätigkeitsstätten oder verschiedenen Stellen eines weiträumigen Arbeitsgebiets eingesetzt werden oder der Arbeitsablauf eine gleichzeitige Arbeitsaufnahme der beförderten ArbN erfordert.

§ 3 Nr 33

33. zusätzlich zum ohnehin geschuldeten Arbeitslohn erbrachte Leistungen des Arbeitgebers zur Unterbringung und Betreuung von nicht schulpflichtigen Kindern der Arbeitnehmer in Kindergärten oder vergleichbaren Einrichtungen;

R 21a LStR

91 Mit „**Kindergärten**" sind sowohl betriebliche als auch außerbetriebliche Kindergärten gemeint. „**Vergleichbare Einrichtungen**" sind zB Schulkindergärten, Kindertagesstätten, Kinderkrippen, Tagesmütter und Ganztagspflegestellen. Nicht begünstigt ist die alleinige Betreuung im Haushalt durch Hausgehilfinnen oder Kinderfrauen. Ob ein Kind **schulpflichtig** ist, ergibt sich aus den landesrechtlichen Schulpflichtgesetzen (zB SchulPflG NRW; vgl auch R 21a III LStR).[2] Gefördert wird die **Unterbringung und Betreuung** der Kinder. Die Unterbringung schließt die Unterkunft und Verpflegung ein. Befreit sind sowohl Geldleistungen als auch der Sachbezug, der in der Bereitstellung des Kindergartenplatzes oder der Betreuung liegt. Die Leistungen müssen **zusätzlich zum ohnehin geschuldeten Arbeitslohn** erbracht werden.[3] Nach R 21a I 2 LStR besteht die Steuerfreiheit auch dann, wenn der nicht beim ArbG beschäftigte Elternteil die Aufwendungen trägt.

---

1 *K/S/M* § 3 Rn B 31/5; BFH BStBl II 06, 915 (Gestellung bürgerlicher Kleidung nicht zwangsläufig Arbeitslohn); BFH BStBl II 06, 691 (Arbeitslohn bei Überlassung von hochwertigen Kleidungsstücken).
2 FG BaWü EFG 05, 1172 (uU erst ab Beginn des Schuljahres und nicht ab 1.1.).
3 *Thomas* DStR 97, 1841 (1842).

§ 3 Nr 34

(weggefallen)

§ 3 Nr 35

35. die Einnahmen der bei der Deutsche Post AG, Deutsche Postbank AG oder Deutsche Telekom AG beschäftigten Beamten, soweit die Einnahmen ohne Neuordnung des Postwesens und der Telekommunikation nach den Nummern 11 bis 13 und 64 steuerfrei wären;

§ 3 Nr 35 wurde im Zuge der Neuordnung des Postwesens und der Telekommunikation eingeführt. Die bei den Nachfolgeunternehmen der Deutschen Bundespost beschäftigten Beamten sollen in Bezug auf die Steuerbefreiungen nach § 3 Nr 11–13 und 64 weiterhin wie unmittelbare Bundesbeamte behandelt werden.[1]

100

§ 3 Nr 36

36. Einnahmen für Leistungen zur Grundpflege oder hauswirtschaftlichen Versorgung bis zur Höhe des Pflegegeldes nach § 37 des Elften Buches Sozialgesetzbuch, wenn diese Leistungen von Angehörigen des Pflegebedürftigen oder von anderen Personen, die damit eine sittliche Pflicht im Sinne des § 33 Abs. 2 gegenüber dem Pflegebedürftigen erfüllen, erbracht werden. Entsprechendes gilt, wenn der Pflegebedürftige Pflegegeld aus privaten Versicherungsverträgen nach den Vorgaben des Elften Buches Sozialgesetzbuch oder eine Pauschalbeihilfe nach Beihilfevorschriften für häusliche Pflege erhält;

Literatur: *Kanzler* Pflegeleistungen, Sittenpflicht und Steuerfreiheit – Zur Auslegung einer neuen Steuerbefreiung, FR 96, 189.

Bei den **Einnahmen für Pflegeleistungen** wird es sich im Regelfall um das weitergeleitete Pflegegeld aus der Pflegeversicherung handeln. Eine dementspr Herkunft der Mittel wird tatbestandlich – trotz des Wortlauts des § 3 Nr 36 S 2 – allerdings nicht vorausgesetzt. Die Befreiung gilt auch für Fälle, in denen ein Anspr aus der Pflegeversicherung nicht besteht, nicht geltend gemacht wird oder in denen ein Dritter die Pflegeperson bezahlt. Mit der Formulierung „**Leistungen zur Grundpflege oder hauswirtschaftlichen Versorgung**" knüpft der Befreiungstatbestand an die gleichlautenden Begriffe des SGB XI an. Grundpflege umfasst Waschen, Zubereiten der Nahrung, An- und Auskleiden etc (§ 14 IV Nr 1–3 SGB XI). Die hauswirtschaftliche Versorgung umfasst das Einkaufen, Kochen, Reinigen der Wohnung, Spülen, Wechseln und Waschen der Wäsche und Beheizen (§ 14 IV Nr 4 SGB XI). § 3 Nr 36 S 1 lässt es mit der Konjunktion „oder" ausreichen, wenn die Pflegeperson sich auf die Grundpflege oder die hauswirtschaftliche Versorgung beschränkt. **Pflegebedürftig** sind nach § 14 I SGB XI Personen, die wegen einer Krankheit oder Behinderung für die gewöhnlichen und regelmäßig wiederkehrenden Verrichtungen im Ablauf des täglichen Lebens auf Dauer, voraussichtlich für mindestens 6 Monate, in erheblichem oder höherem Maße der Hilfe bedürfen. Eine Definition des **Angehörigen** enthält § 15 AO. Neben Angehörigen werden Personen begünstigt, die mit der Pflege eine **sittliche Pflicht** iSd § 33 II erfüllen, zB Partner einer eheähnlichen oder gleichgeschlechtlichen Lebensgemeinschaft. **Stfrei** sind Einnahmen bis zur Höhe des Pflegegeldes nach § 37 SGB XI, dh für Pflegebedürftige der Pflegestufe I 205 €, der Stufe II 410 € und der Pflegestufe III 665 € monatlich. Für den übersteigenden Betrag kommt eine Besteuerung als Einkünfte aus nichtselbstständiger Arbeit oder als wiederkehrende Bezüge nach § 22 Nr 3 in Betracht. Allerdings sind für die Pflege von Angehörigen empfangene Beträge grds nicht zu versteuern.[2] Wird ein Pflegebedürftiger von mehreren Personen gepflegt, so steht jeder Pflegeperson der volle Freibetrag zu.

102

§ 3 Nr 36 S 2 befreit – ebenso wie § 3 Nr 36 S 1 – nicht die Bezüge des Pflegebedürftigen – diese Befreiung nimmt § 3 Nr 1a (bzw § 3 Nr 11) vor –, sondern die Bezüge der Pflegepersonen, und zwar die aus der Weiterleitung von Geldern des Pflegebedürftigen aus privaten Pflegeversicherungen und Beihilfen. § 3 Nr 36 S 2 ist gegenüber § 3 Nr 36 S 1 nur deklaratorisch.

103

---

1 BT-Drs 12/8060, 204; BT-Drs 15/1562, 32.   2 BFH BStBl II 99, 776; BT-Drs 13/1558, 152 f.

§ 3 Nr 37

37. der Unterhaltsbeitrag und der Maßnahmebeitrag nach dem Aufstiegsfortbildungsförderungsgesetz, soweit sie als Zuschuss geleistet werden;

104 Das Aufstiegsfortbildungsförderungsgesetz – AFBG – sieht während der Teilnahme an einer Fortbildungsmaßnahme einen sog **Maßnahmebeitrag** zu den Kosten der Lehrveranstaltungen und bei Maßnahmen in Vollzeitform auch einen sog **Unterhaltsbeitrag** vor. Diese sind – auch soweit sie als Zuschuss und nicht als Darlehen geleistet werden – stfrei.

§ 3 Nr 38

38. Sachprämien, die der Steuerpflichtige für die persönliche Inanspruchnahme von Dienstleistungen von Unternehmen unentgeltlich erhält, die diese zum Zwecke der Kundenbindung im allgemeinen Geschäftsverkehr in einem jedermann zugänglichen planmäßigen Verfahren gewähren, soweit der Wert der Prämien 1080 Euro im Kalenderjahr nicht übersteigt;

Literatur: *Giloy* Pauschalierung der Einkommensteuer für Sachprämien aus Kundenbindungsprogrammen, BB 98, 717; *Heinze* Rechtliche Einordnung der Vergünstigungen aus Miles & More Bonusprogrammen, DB 96, 2490; *Lühn* Bonus-Punkte aus Kundenbindungsprogrammen – Zuordnung und Versteuerung, BB 07, 2713; *Thomas* Die Besteuerung von Sachprämien aus Kundenbindungsprogrammen – Eine gesetzgeberische Glanzleistung?, DStR 97, 305.

108 Anlass für die Einführung von § 3 Nr 38 war das von der Lufthansa AG angebotene Bonusprogramm Miles & More für Vielflieger. Um dieses Kundenbindungsprogramm nicht zu gefährden, wurde § 3 Nr 38 – und die Pauschalierungsregelung des § 37a – eingeführt. Der Gesetzgeber hat sich um eine abstrakte Formulierung der Begünstigung bemüht, bei der einzelne Tatbestandsvoraussetzungen jedoch nicht als sachliche Differenzierungskriterien, sondern als Umschreibung des konkreten Regelungsanlasses zu begreifen sind. **Sachprämien** sind in Anlehnung an § 8 II Leistungen, die nicht in Geld bestehen (zB Freiflüge, Hotelübernachtungen). Diese müssen für die **persönliche Inanspruchnahme** von Dienstleistungen gewährt werden. Nach der Gesetzesbegründung entspricht diese Voraussetzung den angebotenen Bonusprogrammen und unterscheidet die Prämien von anderen Boni, die üblicherweise dem Erwerber einer Leistung zugute kommen. Die Prämien müssen für **Dienstleistungen** (zum Begriff: § 8 III) gewährt werden, weil nur bei diesen – so die Begründung – eine Anknüpfung an die persönliche Inanspruchnahme möglich sei.[1] § 3 Nr 38 hat damit Bedeutung für die Bonusprogramme von LuftfahrtGes, Mietwagenunternehmen, Hotelketten. **Unentgeltlich** wird die Prämie nur gewährt, wenn die Zuwendung kein offenes oder verdecktes Entgelt für eine Gegenleistung ist. Die Prämie muss **zum Zweck der Kundenbindung** gewährt werden. Eine einmalige Werbeprämie reicht insoweit nicht aus, und auch nicht Prämien, die zum Leistungsanreiz oder zur Entlohnung eingesetzt werden. Im **allg Geschäftsverkehr** werden die Prämien geleistet, wenn sie Bestandteil des allg zugänglichen Leistungsangebots des Unternehmens sind. Ein **jedermann zugängliches planmäßiges Verfahren** verlangt, dass der Kreis der Kunden keinen Einschränkungen unterliegt und die Prämiengewährung nicht von Fall zu Fall in das Belieben des Unternehmens gestellt ist. Die Sachprämien sind nur **bis zu 1 080 €** im Kj stfrei. Der Höchstbetrag ist kundenbezogen und kann auch bei Prämien von verschiedenen Dienstleistungsunternehmen nur einmal in Anspr genommen werden. Die Prämien sind nach § 8 II 1 mit den um übliche Preisnachlässe geminderten üblichen Endpreisen am Abgabeort anzusetzen. Wurden Prämien bezogen, die den Betrag von 1 080 € überschreiten, stellt sich erneut die Frage der Steuerbarkeit (BE; Arbeitslohn beim Verzicht des ArbG auf dienstliche Verwendung der Bonuspunkte).[2] Auf den Freibetrag sind auch nichtsteuerbare Prämien auszurechnen.[3] § 37a bietet die Möglichkeit der Pauschalierung durch das die Prämien gewährende Unternehmen.

---

[1] BT-Drs 13/5952, 93.
[2] Zur Steuerbarkeit: *K/S/M* § 3 Rn B 38/8 ff, § 37a Rn A 14; *Bauer/Krets* BB 02, 2066; *Thomas* DStR 97, 305; *Strömer* BB 93, 705.
[3] *K/S/M* § 3 Rn B 38/46; *Thomas* DStR 97, 305; **aA** *Frotscher* § 3 Nr 38 Rn 197k.

§ 3 Nr 39

(weggefallen)

§ 3 Nr 40

40. die Hälfte
    a) der Betriebsvermögensmehrungen oder Einnahmen aus der Veräußerung oder der Entnahme von Anteilen an Körperschaften, Personenvereinigungen und Vermögensmassen, deren Leistungen beim Empfänger zu Einnahmen im Sinne des § 20 Abs. 1 Nr. 1 gehören, oder an einer Organgesellschaft im Sinne der §§ 14, 17 oder 18 des Körperschaftsteuergesetzes oder aus deren Auflösung oder Herabsetzung von deren Nennkapital oder aus dem Ansatz eines solchen Wirtschaftsguts mit dem Wert, der sich nach § 6 Abs. 1 Nr. 2 Satz 3 ergibt, soweit sie zu den Einkünften aus Land- und Forstwirtschaft, aus Gewerbebetrieb oder aus selbstständiger Arbeit gehören. Dies gilt nicht, soweit der Ansatz des niedrigeren Teilwertes in vollem Umfang zu einer Gewinnminderung geführt hat und soweit diese Gewinnminderung nicht durch Ansatz eines Wertes, der sich nach § 6 Abs. 1 Nr. 2 Satz 3 ergibt, ausgeglichen worden ist. Satz 1 gilt außer für Betriebsvermögensmehrungen aus dem Ansatz mit dem Wert, der sich nach § 6 Abs. 1 Nr. 2 Satz 3 ergibt, ebenfalls nicht, soweit Abzüge nach § 6b oder ähnliche Abzüge voll steuerwirksam vorgenommen worden sind,
    b) des Veräußerungspreises im Sinne des § 16 Abs. 2, soweit er auf die Veräußerung von Anteilen an Körperschaften, Personenvereinigungen und Vermögensmassen entfällt, deren Leistungen beim Empfänger zu Einnahmen im Sinne des § 20 Abs. 1 Nr. 1 gehören, oder an einer Organgesellschaft im Sinne der §§ 14, 17 oder 18 des Körperschaftsteuergesetzes. Satz 1 ist in den Fällen des § 16 Abs. 3 entsprechend anzuwenden. Buchstabe a Satz 3 gilt entsprechend,
    c) des Veräußerungspreises oder des gemeinen Wertes im Sinne des § 17 Abs. 2. Satz 1 ist in den Fällen des § 17 Abs. 4 entsprechend anzuwenden,
    d) der Bezüge im Sinne des § 20 Abs. 1 Nr. 1 und der Einnahmen im Sinne des § 20 Abs. 1 Nr. 9. Dies gilt für sonstige Bezüge im Sinne des § 20 Abs. 1 Nr. 1 Satz 2 und der Einnahmen im Sinne des § 20 Abs. 1 Nr. 9 zweiter Halbsatz nur, soweit sie das Einkommen der leistenden Körperschaft nicht gemindert haben (§ 8 Abs. 3 Satz 2 des Körperschaftsteuergesetzes). Satz 1 Buchstabe d Satz 2 gilt nicht, soweit die verdeckte Gewinnausschüttung das Einkommen einer dem Steuerpflichtigen nahe stehenden Person erhöht hat und § 32a des Körperschaftsteuergesetzes auf die Veranlagung dieser nahe stehenden Person keine Anwendung findet,
    e) der Bezüge im Sinne des § 20 Abs. 1 Nr. 2,
    f) der besonderen Entgelte oder Vorteile im Sinne des § 20 Abs. 2 Satz 1 Nr. 1, die neben den in § 20 Abs. 1 Nr. 1 und Abs. 2 Satz 1 Nr. 2 Buchstabe a bezeichneten Einnahmen oder an deren Stelle gewährt werden,
    g) der Einnahmen aus der Veräußerung von Dividendenscheinen und sonstigen Ansprüchen im Sinne des § 20 Abs. 2 Satz 1 Nr. 2 Buchstabe a,
    h) der Einnahmen aus der Abtretung von Dividendenansprüchen oder sonstigen Ansprüchen im Sinne des § 20 Abs. 2 Satz 2,
    i) der Bezüge im Sinne des § 22 Nr. 1 Satz 2, soweit diese von einer nicht von der Körperschaftsteuer befreiten Körperschaft, Personenvereinigung oder Vermögensmasse stammen,
    j) des Veräußerungspreises im Sinne des § 23 Abs. 3 bei der Veräußerung von Anteilen an Körperschaften, Personenvereinigungen oder Vermögensmassen, deren Leistungen beim Empfänger zu Einnahmen im Sinne des § 20 Abs. 1 Nr. 1 gehören.
    Dies gilt für Satz 1 Buchstabe d bis h auch in Verbindung mit § 20 Abs. 3. Satz 1 Buchstabe a, b und d bis h ist nicht anzuwenden für Anteile, die bei Kreditinstituten und Finanzdienstleistungsinstituten nach § 1a des Kreditwesengesetzes dem Handelsbuch zuzurechnen sind; Gleiches gilt für Anteile, die von Finanzunternehmen im Sinne des Gesetzes über das Kreditwesen mit dem Ziel der kurzfristigen Erzielung eines Eigenhandelserfolges erworben werden. Satz 3 zweiter Halbsatz gilt auch für Kreditinstitute, Finanzdienstleistungsinstitute und Finanzunternehmen mit Sitz in einem anderen Mitgliedstaat der Europäischen Gemeinschaft oder in einem anderen Vertragsstaat des EWR-Abkommens;

Literatur: *Haritz* Unternehmenssteuerreform 2001: Begünstigte Veräußerungsgewinne bei einbringungsgeborenen Anteilen, DStR 00, 1537; *Nacke/Intermann* Ausgewählte Probleme des Halbeinkünfteverfahrens, DB 02, 756; *Patt* Anwendung des Halbeinkünfteverfahrens auf einbringungsgeborene Anteile, FR 04, 561; *Sell* § 3 Nr 40 Buchst a EStG/§ 3c Abs 2 EStG wohl nicht im Gleichklang mit § 8b Abs 2 und 3 KStG, DB 04, 2290; *Strahl* Einbringungsgeborene Anteile: Probleme und Gestaltungsmöglichekeiten, KÖSDI 01, 12728.

112 **1. § 3 Nr 40 im Rahmen des Halbeinkünfteverfahrens.** § 3 Nr 40 ist eine zentrale Vorschrift im Rahmen des **Halbeinkünfteverfahrens** (zu diesem: § 20 Rn 41 ff). Die Doppelbelastung des Gewinns von Körperschaften wird dadurch in pauschaler Form vermieden, dass auf der Ebene der Körperschaft eine KSt von (nur) 25 % erhoben und beim Anteilseigner die ausgeschütteten Gewinne nach § 3 Nr 40 nur zur Hälfte angesetzt werden. § 3 Nr 40 gilt für Bezüge aus Beteiligungen iSv § 20 I Nr 1, 2, 9, II 1 Nr 1, II 1 Nr 2a, II 2 (§ 3 Nr 40 S 1d–h), und zwar auch dann, wenn diese nach § 20 III anderen Einkunftsarten zuzurechnen sind (§ 3 Nr 40 S 2), sowie für bestimmte nach § 22 Nr 1 S 2 steuerbare Bezüge (§ 3 Nr 40 S 1i). Ebenfalls zur Hälfte befreit sind die steuerbaren Erträge aus der Veräußerung von Anteilen an Körperschaften, also Erträge aus der Veräußerung von Anteilen im BV und Einnahmen aus der Veräußerung von Anteilen unter den Voraussetzungen der §§ 17 und 23 (§ 3 Nr 40 S 1a, b, c, j). Der Veräußerungsgewinn wird als wirtschaftliches Gegenstück künftig erwarteter Gewinnausschüttungen verstanden (iE Rn 118). Gleichgestellt sind Erträge aus der Entnahme, der Auflösung, der Herabsetzung des Nennkapitals, dem Wertansatz nach § 6 I Nr 2 S 3 oder der verdeckten Einlage (§ 3 Nr 40 S 1a, c).

113 Nach dem System des Halbeinkünfteverfahrens steht die Befreiung der Beteiligungserträge iSv § 20 I Nr 1 im Vordergrund. Diese Befreiung wird erweitert um die Befreiung der Beteiligungserträge nach den weiteren Einkünftetatbeständen des § 20. Sie wird erstreckt auf Bezüge im Rahmen anderer Einkunftsarten und ausgedehnt auf Veräußerungsgewinne (vgl Rn 112). § 3 Nr 40 hat allerdings einen anderen äußeren **Aufbau**. Er orientiert sich an der Reihenfolge der Einkünftetatbestände im EStG und befreit zunächst in § 3 Nr 40 S 1a BV-Mehrungen iSv §§ 4 I und 5 I und zuletzt in § 3 Nr 40j die Hälfte des Veräußerungspreises iSv § 23 III.

114 § 3 Nr 40 schränkt die Einkünftetatbestände ein, wird seinerseits aber dadurch eingegrenzt, dass WK und BA nach **§ 3c II** ebenfalls nur zur Hälfte abgezogen werden dürfen. § 3c II ergänzt § 3 Nr 40 zu der Gesamtaussage, dass Einkünfte, die bereits einer Belastung von 25 % KöSt unterlegen haben, der ESt nur zur Hälfte unterworfen werden (§ 20 Rn 42). § 3 Nr 40 findet eine Parallele in **§ 8b,** der bei einer Körperschaft die Bezüge iSv § 3 Nr 40 von der Besteuerung ausnimmt. Die durch § 3 Nr 40 iVm § 3c eintretende Minderung des stpfl Gewinns wirkt sich auch auf die Höhe des Gewerbeertrags nach § 7 GewStG aus.[1] Nach § 7 S 4 GewStG sind §§ 3 Nr 40, 3c II auch bei der Ermittlung des Gewerbeertrags einer MU'schaft anzuwenden, soweit nat Pers unmittelbar oder mittelbar über eine PersGes beteiligt sind, iÜ § 8b KStG.[2] Allerdings schreibt § 8 Nr 5 GewStG vor, dass die hälftig befreiten Ausschüttungserträge dem Gewerbeertrag hinzugerechnet werden, soweit sie nicht die Voraussetzungen des § 9 Nr 2a oder 7 GewStG erfüllen. Nach **§ 51a II** ist für die KiSt das zu versteuernde Einkommen um die nach § 3 Nr 40 stfreien Beträge zu erhöhen.

115 Unter der Geltung des Anrechnungsverfahrens auf der Ebene der Körperschaft entstandene Gewinne sollen noch nach den bisherigen Grundsätzen ausgeschüttet werden. § 3 Nr 40 ist nach § 52 IVa Nr 1 S 1 deshalb erstmals anzuwenden für Gewinnausschüttungen im Jahr 02 (bei abweichendem Wj: in dem 03 endenden Wj). Da ausländische Körperschaften nicht dem Anrechnungsverfahren unterliegen, findet für ausländische Einkünfte – falls das Geschäftsjahr mit dem Kalenderjahr endet – das Halbeinkünfteverfahren bereits ab dem Jahr 01 **Anwendung**. Für die übrigen in § 3 Nr 40 genannten Erträge iSd § 20 gilt nach § 52 IVa Nr 1 S 2 Entspr. Für sie findet § 3 Nr 40 Anwendung, soweit die Regelungen des Anrechnungsverfahrens nicht mehr eingreifen (vgl § 20 Rn 42). Bei Erträgen iSv § 3 Nr 40 S 1a, b, c und j findet § 3 Nr 40 gem § 52 IVa Nr 2 Anwendung nach Ablauf des ersten Wj der Ges, für das das KStG in der Neufassung erstmals anzuwenden ist, also für Erträge im Jahr 02 (bei abweichendem Wj: für Einnahmen in dem 03 endenden Wj). Die durch das UntStFG vorgenommenen Änderungen sind am Tag nach der Verkündung des Gesetzes in Kraft getreten (Art 14 UntStFG).

---

[1] BT-Drs 14/2683, 113; *Grotherr* BB 00, 849 (851).   [2] FG D'dorf EFG 04, 849 mwN.

2. Veräußerungs-, Entnahme-, Auflösungs- und Aufstockungserträge im BV (§ 3 Nr 40 S 1a).

§ 3 Nr 40 S 1d befreit nicht nur – entspr dem Grundgedanken des Halbeinkünfteverfahrens – die Hälfte der Bezüge iSv § 20 I Nr 1. Nach § 3 Nr 40 S 2 gilt die Befreiung iVm § 20 III, dh die Bezüge sind auch dann zur Hälfte befreit, wenn die Beteiligung im BV gehalten wird (Rn 127). § 3 Nr 40 S 1a befreit über diese Regelung des § 3 Nr 40 S 1d hinaus BV-Mehrungen und Einnahmen aus der **Veräußerung von Anteilen** an Körperschaften, deren Leistungen beim Empfänger zu Einnahmen iSd § 20 I Nr 1 gehören, soweit diese BV-Mehrungen und Einnahmen zu den Gewinneinkünften zählen. Körperschaft und Anteilseigner sollen nicht gezwungen sein, Ausschüttungen vorzunehmen, um den Anteilseigner in den Genuss der Steuerbefreiung des § 3 Nr 40 S 1d, S 2 kommen zu lassen. Der Gesetzgeber geht davon aus, der Veräußerungserlös werde für offene Rücklagen, stille Reserven und einen Ertragswert gezahlt. Die Gewinne, die als offene Rücklagen im Unternehmen verblieben seien, seien bereits mit KöSt belastet. Stille Reserven und Ertragswert würden bei ihrer zukünftigen Realisierung bei der Körperschaft belastet.[1] Auch die Veräußerung einer Organbeteiligung fällt unter das Halbeinkünfteverfahren,[2] selbst wenn eine Organschaft keine Einnahmen iSd § 20 I Nr 1 begründet.

Die **Entnahme** von Anteilen ist deren Veräußerung gleichgestellt, (auch: die Entnahme in Form einer verdeckten Einlage des Ges-Anteils in eine andere KapGes; die Entnahme in Form der Überführung von Anteilen in eine ausländische Betriebsstätte). Ebenso ist auch die Hälfte der Erträge aus der **Auflösung der Körperschaft** und aus der **Herabsetzung von deren Nennkapital** befreit. Für diese Erträge gelten dies Überlegungen wie für die Veräußerungserlöse (Rn 118). Eine entspr Freistellung besteht für Erträge aus einer **Aufstockung des Wertansatzes** für eine Beteiligung nach § 6 I Nr 2 S 3 iVm Nr 1 S 4. Hiervon gilt allerdings nach **§ 3 Nr 40 S 1a S 2** eine Ausnahme, wenn die Aufstockung des Wertansatzes lediglich eine Teilwertabschreibung rückgängig macht, die in vollem Umfang zu einer Gewinnminderung geführt hat und diese (noch) nicht durch einen Wertansatz nach § 6 I Nr 2 S 3 ausgeglichen worden ist. Dann soll auch die nunmehr erfolgte Rückgängigmachung der Teilwertabschreibung in vollem Umfang zu einer Gewinnerhöhung führen.[3] § 3 Nr 40 S 1a S 2 gilt auch für den Fall, dass ein mit dem Teilwert bewerteter Anteil veräußert oder entnommen wird (zu den Ausnahmen nach § 3 Nr 40 S 3, 4 für einbringungsgeborene Anteile: Rn 135 ff; zur Ausnahme nach § 3 Nr 40 S 5: Rn 140). Das SEStEG hat **§ 3 Nr 40 S 1a S 3** angefügt, nach dem die hälftige Steuerbefreiung nach § 3 Nr 40 S 1a S 1 ebenfalls nicht bestehen soll, soweit Abzüge nach § 6b oder ähnliche Abzüge voll steuerwirksam vorgenommen worden sind. Nach § 6b X 3 sind bei der Übertragung auf Anteile an KapGes die AK um den Veräußerungsgewinn einschließlich des nach § 3 Nr 40 S 1a und b stfreien Betrags zu mindern. Es wird der gesamte Gewinn übertragen, da auch eine spätere Veräußerung dieser Anteile wieder dem Halbeinkünfteverfahren unterliegt (zu § 6b Rn 35). Wurde allerdings vor der zeitlichen Geltung des Halbeinkünfteverfahrens ein voll steuerwirksamer Abzug nach § 6b vorgenommen, darf – ebenso wie bei der Wertaufholung nach einer früheren, voll steuerwirksamen Teilwertabschreibung – die hälftige Steuerbefreiung für Veräußerungsgewinne nicht gelten.[4] Dem Abzug nach § 6b „ähnliche Abzüge" sind zB die Begünstigungen nach § 30 BergbauRatG zur Förderung des Steinkohlebergbaus.[4]

3. Veräußerungs- und Aufgabeerlöse iSv § 16 (§ 3 Nr 40 S 1b).

§ 3 Nr 40 S 1b ergänzt die Befreiung der Veräußerungserlöse nach S 1a. Wird ein Betrieb, Teilbetrieb oder MU'anteil veräußert, so ist der Veräußerungspreis iSv § 16 II zur Hälfte stfrei, soweit er auf die Veräußerung von Anteilen an Körperschaften entfällt, deren Leistungen beim Empfänger zu den Einnahmen iSd § 20 I Nr 1 gehören, oder an einer Organgesellschaft.[5] Nach § 16 I Nr 1 S 2 gilt als Teilbetrieb auch die das gesamte Nennkapital umfassende Beteiligung an einer KapGes. Wird eine derartige Beteiligung veräußert, kann unter den Voraussetzungen des § 16 IV ein Freibetrag von 45 000 € abgezogen werden und es muss der Restbetrag nur zur Hälfte versteuert werden.[6] IÜ ist die Hälfte des Veräußerungspreises nur stfrei, soweit er auf die Veräußerung des Anteils an der Körperschaft entfällt.[7] Der Kaufpreis muss nach der modifizierten Stufentheorie nach dem Verhältnis der Teilwerte aufgeteilt werden (zu

---

1 van Lishaut StuW 00, 182 (191); Herzig/Dautzenberg DB 00, 12 (19); Schön StuW 00, 151 (154).
2 BT-Drs 638/01, 2, 47.
3 Zur Berechnung im Zusammenhang mit einer Veräußerung: Schirmer FR 03, 1231; zum fehlenden Gleichklang mit § 8b KStG: Sell DB 04, 2290; zur Berechnung auch: Zieren/Adrian DB 06, 299.
4 BR-Drs 542/06, 42.
5 Zur Aufteilung des Kaufpreises: Leibt DStR 00, 2061 (2071); Nacke/Intermann DB 02, 756 (759).
6 Grotherr BB 00, 849 (857).
7 Zur Aufteilung bei Veräußerung gegen wiederkehrende Leistungen: BMF DB 04, 1751 (1752).

§ 15 Rn 321). § 3 Nr 40 S 1b enthält allerdings keine § 3 Nr 40 S 1a S 2 entspr Einschränkung für die Fälle der mittelbaren Veräußerung teilwertberichtigter Anteile. Nach **§ 3 Nr 40 S 1b S 2** ist dessen S 1b S 1 in den Fällen des § 16 III 1, also bei Aufgabe des GewBetr oder eines Anteils iSv § 16 I Nr 2 oder 3, entspr anzuwenden. Eine Aufgabe des GewBetr ist nach § 16 III 2 auch gegeben bei einer Realteilung, bei der eine Beteiligung auf die einzelnen G'ter übertragen wird, wenn ein Betrieb ins Ausland verlegt wird und die stillen Reserven dadurch der deutschen Besteuerung entzogen werden, bei einer Beendigung einer BetrAufsp durch Entflechtung oder wenn die Voraussetzungen eines Verpächterwahlrechts entfallen.

122 § 3 Nr 40 S 1b S 3 ordnet die entspr Geltung von § 3 Nr 40 S 1a S 3 an. Die in § 3 Nr 40 S 1a S 3 erfasste Fallgruppe, dass in der Vergangenheit auf die AK von Anteilen Rücklagen nach § 6b oder vergleichbare Abzüge übertragen worden sind, kann auch in den Fällen des § 3 Nr 40 S 1b relevant sein, zB bei Veräußerung eines Betriebs, zu dessen BV solche Anteile gehören.

123 § 3 Nr 40 S 1b befreit die Hälfte des Veräußerungspreises. Nach § 3c II sind die Veräußerungskosten und der Wert der Anteile im BV nur zur Hälfte zu berücksichtigen. Der stpfl Teil des Veräußerungsgewinns, der nach § 3 Nr 40 S 1b teilw steuerbefreit ist, zählt gem § 34 II Nr 1 nicht zu den außerordentlichen Einkünften. Der bereits durch das Halbeinkünfteverfahren begünstigte Gewinn wird zur Verhinderung einer Doppelbegünstigung aus der ermäßigten Besteuerung herausgenommen.[1]

124 Dem Wortlaut nach gilt § 3 Nr 40 S 1b nur für Veräußerungs- und Aufgabeerlöse iSv § 16, nach systematischem Zusammenhang und Zweck muss er jedoch auch für mittelbare Anteilsveräußerungen im Rahmen von Vorgängen nach §§ 18 III und 14 gelten.

125 **4. Veräußerungserlöse iSv § 17 (§ 3 Nr 40 S 1c).** Der Gesetzgeber hat im Zuge der Einführung des Halbeinkünfteverfahrens die Beteiligungsgrenze des § 17 auf 1 % herabgesetzt, da ansonsten für den Anteilseigner ein Anreiz bestanden hätte, auf Ausschüttungen zu verzichten und später seinen Anteil stfrei zu veräußern.[2] Gleichzeitig werden aber die Veräußerungserlöse in den Befreiungstatbestand des § 3 Nr 40 einbezogen und den Gewinnen aus der Veräußerung von Anteilen im BV (§ 3 Nr 40 S 1a) gleichbehandelt. Wird eine Beteiligung an einer KapGes gegen eine Leibrente oder einen in Raten zu zahlenden Kaufpreis veräußert und wählt der Veräußerer nicht die Sofort-, sondern die Zuflussbesteuerung, unterliegt der Zinsanteil in voller Höhe der Besteuerung nach § 22 Nr 1 S 3a (Leibrente) oder § 20 I Nr 7 (Kaufpreis), der Tilgungsanteil dem Halbeinkünfteverfahren nach § 3 Nr 40 S 1c.[3] Nach § 17 I 2 steht die **verdeckte Einlage** in eine KapGes der Veräußerung der Anteile gleich. Nach § 17 II 2 tritt in diesen Fällen an die Stelle des Veräußerungspreises der Anteile ihr gemeiner Wert. Nach **§ 17 IV** sind § 17 I–III entspr anzuwenden, wenn eine KapGes aufgelöst oder wenn ihr Kapital herabgesetzt und zurückgezahlt wird oder wenn EK iSv § 27 KStG ausgeschüttet oder zurückgezahlt wird. Auch in diesen Fällen – wie in den entspr Fällen des § 3 Nr 40 1a – besteht nach § 3 Nr 40 S 1c S 2 eine Steuerbefreiung.

126 **5. Bezüge iSv § 20 I Nr 1, 9 (§ 3 Nr 40 S 1d).** Die Bezüge aus Beteiligungen iSv § 20 I Nr 1 (offene und vGA; Vorabausschüttungen; auch aus Beteiligungen an ausländischen Ges, die einer inländischen Körperschaft iSv § 20 I Nr 1 vergleichbar sind) werden nur zur Hälfte erfasst. Entspr muss für die Bezüge von Körperschaften iSv § 1 I Nr 3–5 KStG gelten, soweit für diese durch den neu geschaffenen Ergänzungstatbestand des § 20 I Nr 9 eine Steuerpflicht begründet wird (§ 20 Rn 109). § 3 Nr 40 S 1d S 1 befreit auch Bezüge von ausländischen Körperschaften. Er unterstellt auf der Ebene der Körperschaft eine der deutschen KSt vergleichbare Vorbelastung. Es erfolgt allerdings bei niedrig besteuerten passiven Einkünften eine Hinzurechnungsbesteuerung nach §§ 7 ff AStG (§ 3 Nr 41 Rn 142). § 3 Nr 40 S 1d S 1 begünstigt nur Einnahmen iSv § 20 I Nr 9, nicht iSv § 20 I Nr 10, da die in § 20 I Nr 10 angesprochenen Leistungen nur von Personen iSd § 1 KStG bezogen werden können. Nach **§ 3 Nr 40 S 2** gilt die Steuerbefreiung des § 3 Nr 40 S 1d S 1 auch dann, wenn die Einnahmen wegen § 20 III einer anderen Einkunftsart zuzurechnen sind.

127 § 3 Nr 40 S 1d S 2 soll – ebenso wie § 32a KStG – bei vGA eine **korrespondierende Besteuerung von Körperschaft und Anteilseigner** gewährleisten. Die Grundsätze des Halbeinkünfteverfahrens sollen nicht angewandt werden, wenn der ausgeschüttete Gewinn auf der Ebene der Körperschaft die

---

1 BT-Drs 14/2683, 116.
2 *Grotherr* BB 00, 849 (856).
3 BMF DB 04, 1751.

steuerliche Bemessungsgrundlage gemindert hat. Einkommensminderung meint auch die verhinderte Vermögensvermehrung.[1] Eine schädliche Minderung des Einkommens iSv § 8 III 2 KStG liegt auch in den Fällen vor, in denen bei der Körperschaft noch keine erstmalige Veranlagung durchgeführt wurde.[2] Ob der Ansatz im KSt-Bescheid zu einer Steuerbelastung geführt hat, ist unerheblich. Betroffen von § 3 Nr 40 S 1d S 2 sind auch inländische G'ter ausländischer Ges. **§ 3 Nr 40 S 1d S 3** normiert eine Ausnahme von der Ausnahme des § 3 Nr 40 S 1d S 2. Von dem Grundsatz des § 3 Nr 40 S 1d S 2, nach dem vGA beim G'ter der vollen Besteuerung unterliegen, soweit sie bei der leistenden Körperschaft das Einkommen gemindert haben, nimmt § 3 Nr 40 S 1d S 3 bestimmte Dreieckskonstellationen aus, in denen die vGA bereits bei einer nahe stehenden Person der Besteuerung unterlegen haben und die Veranlagung der nahe stehenden Person trotz § 32a KStG nicht geändert werden kann (zB weil die nahe stehende Person im Ausland ansässig ist).[3]

Besteht eine **Organschaft** zu einem Personenunternehmen als Organträger und hat das Organ nach § 8b KStG stfreie Ausschüttungs- oder Veräußerungserträge erzielt, entfällt die Befreiung nach § 8b KStG nach § 15 KStG. Es muss jedoch § 3 Nr 40 S 1a und d angewendet werden. Das zugerechnete Einkommen muss wie eine Ausschüttung iSv § 20 I Nr 1 behandelt werden. **128**

6. Bezüge iSv § 20 I Nr 2, II 1 Nr 1, II 1 Nr 2a, II 2 (§ 3 Nr 40 S 1e–h). § 3 Nr 40 S 1e befreit die Hälfte der **Bezüge iSv § 20 I Nr 2** aufgrund einer Kapitalherabsetzung, soweit Nennkapital zurückgezahlt wird, das auf der Umwandlung von Rücklagen beruht, die aus dem Gewinn gebildet worden waren. § 20 II 1 Nr 1 ergänzt die Besteuerungstatbestände des § 20 I Nr 1–2 und rechnet besondere Entgelte oder Vorteile zu den Einnahmen aus KapVerm, die neben den Einnahmen iSv § 20 I Nr 1 und II 1 Nr 2a oder an deren Stelle gewährt werden (§ 20 Rn 121). § 3 Nr 40 S 1f befreit auch diese Bezüge zur Hälfte. § 20 II 1 Nr 2a regelt den Fall, dass der Veräußerer seine Stammrechte behält und nur den Gewinnanteil veräußert. Es werden dann nicht erst die später zufließenden Dividenden, sondern bereits die Einnahmen aus der Veräußerung des Dividendenscheins und sonstiger Anspr erfasst (§ 20 Rn 135) – und von § 3 Nr 40 S 1g zur Hälfte befreit. Nach **§ 20 II 2**, auf den § 3 Nr 40 1h verweist, gilt § 20 II 1 Nr 2a sinngemäß für die Einnahmen aus der Abtretung von Dividenden – oder sonstigen Anspr, wenn die dazugehörigen Anteilsrechte nicht in einzelnen Wertpapieren verbrieft sind. Gem **§ 3 Nr 40 S 2** gilt die Steuerbefreiung nach § 3 Nr 40 S 1d–h auch dann, wenn die Einnahmen wegen § 20 III einer anderen Einkunftsart zuzurechnen sind. **129**

7. Bezüge iSv § 22 Nr 1 S 2 (§ 3 Nr 40 S 1i). Die nach § 22 Nr 1 S 2 HS 2 dem Empfänger zuzurechnenden Bezüge werden bei diesem in vollem Umfang besteuert, wenn sie von einer von der KSt befreiten Körperschaft stammen und damit nicht mit KSt vorbelastet sind. Die Bezüge von nicht befreiten Körperschaften, die mit KSt (25 %) vorbelastet sind, werden nach den Grundsätzen des Halbeinkünfteverfahrens nach § 3 Nr 40 S 1i zur Hälfte befreit.[4] **131**

§ 3 Nr 40 sieht keine Steuerbefreiung in den Fällen des § 22 Nr 5, dh bei Leistungen aus Altersvorsorgeverträgen, vor, die auf Erträgen des in Aktien oder GmbH-Anteilen angelegten Altersvorsorgevermögens beruhen. Auch § 22 Nr 5 enthält keine – dem § 40 Nr 2 KAGG entspr – Regelung über eine Anwendung von § 3 Nr 40.[5] **132**

8. Veräußerungspreis iSv § 23 III (§ 3 Nr 40 S 1j). Ebenso wie Erlöse aus der Veräußerung von Anteilen im BV (Rn 118) und nach § 17 stpfl Veräußerungserlöse (Rn 126 ff) werden auch die nach § 23 III stpfl Erlöse aus der Veräußerung von Anteilen (auch Bezugsrechten[6]) an Körperschaften (auch ausländischen[7]), deren Leistungen beim Empfänger zu Einnahmen iSv § 20 I Nr 1 gehören, zur Hälfte befreit. Der Anteilseigner soll bei einem Verkauf innerhalb der Frist des § 23 I Nr 2 nicht schlechter stehen als bei einer Ausschüttung oder nach Ablauf der Frist. Wird der Veräußerungs- preis in Form von Rentenzahlungen erbracht, sind die Zahlungen in einen Kapital- und einen Ertragsanteil aufzuteilen. Nur der Kapitalanteil ist nach § 3 Nr 40 S 1j steuerfrei. Der Ertragsanteil ist nach § 22 Nr 1 stpfl. Entsprechendes gilt für eine Kaufpreiszahlung in Raten. Nach § 23 I 2 gilt als Anschaffung auch die Überführung eines WG aus dem BV sowie der Entstrickungsantrag nach § 21 II Nr 1 UmwStG. § 23 I 4 qualifiziert die Veräußerung eines Anteils an einer PersGes als Veräußerung des anteiligen WG (also auch einer Beteiligung iSv § 20 I Nr 1). Bei Wandelanleihen ergeben **133**

---

1 *Dötsch/Pung* DB 07, 11.
2 BR-Drs 622/06, 65.
3 BT-Drs 16/3368, 37 f (mit ausf Beispiel).
4 BT-Drs 14/2683, 115; BT-Drs 14/3366, 14 f.
5 *Dorenkamp* StuW 01, 253 (262).
6 BFH/NV 06, 191; ausf hierzu: *Intermann* DStR 06, 1447.
7 FG Nds EFG 05, 1753.

sich erst nach Wandlung Einnahmen iSv § 20 I Nr 1, vorher werden die Erträge nach § 20 I Nr 7 erfasst (§ 20 Rn 325f). Dementspr gilt für die Veräußerung von Wandelanleihen nicht das Halbeinkünfteverfahren, sofern nicht die 1 %-Grenze des § 17 erreicht wird und § 3 Nr 40 S 1c zur Anwendung kommt.[1]

134 **9. Ausnahme für einbringungsgeborene Anteile (§ 3 Nr 40 S 3, 4 aF).** Mit dem SEStEG wurde im UmwStG die bisherige **Sonderregelung für die Besteuerung einbringungsgeborener Anteile** aufgegeben. Diese wurde abgelöst durch eine nachträgliche Besteuerung des zugrunde liegenden Einbringungsvorgangs. Damit hat sich zugleich die Ausnahmeregelung für einbringungsgeborene Anteile in § 3 Nr 40 S 3 und 4 erübrigt. Sie wurde aufgehoben, jedoch in § 52 IVb die weitere Anwendung für Anteile angeordnet, die einbringungsgeboren iSv § 21 UmwStG sind.

135 Nach § 20 I 1, II 1 UmwStG aF konnte ein Betrieb, Teilbetrieb oder MU'anteil zum Buchwert oder mit einem höheren Wert gegen Gewährung von Ges-Anteilen in eine KapGes eingebracht werden. Nach § 20 I 2 UmwStG aF galt diese Möglichkeit der Einbringung unter dem Teilwert auch für die Einbringung von Anteilen an einer KapGes, wenn die übernehmende KapGes anschließend eine Mehrheitsbeteiligung an der KapGes hatte, deren Anteile eingebracht wurden. § 23 UmwStG aF sah die entspr Anwendung von § 20 UmwStG aF bei Einbringungsvorgängen in der EU vor. Allerdings blieben in diesen Fällen der §§ 20 I und 23 I–IV aF die Anteile an der aufnehmenden KapGes, die dem Einbringenden für die unter dem Teilwert bewertete Sacheinlage gewährt worden waren, im Hinblick darauf, dass die Besteuerung der stillen Reserven in dem eingebrachten BV aufgeschoben ist, bei dem Einbringenden steuerverhaftet. Die spätere Veräußerung dieser sog einbringungsgeborenen Anteile ist gem § 21 I UmwStG aF nach den Regeln des § 16 zu versteuern.

136 § 3 Nr 40 S 3 knüpft an die Regelungen des UmwStG aF an. Er geht davon aus, dass nach § 21 I UmwStG aF der Gewinn aus der Veräußerung einbringungsgeborener Anteile als Veräußerungsgewinn iSd § 16 gilt, der Begriff des Veräußerungsgewinns den Begriff des Veräußerungspreises iSv § 3 Nr 40 S 1b umfasst und die Veräußerung einbringungsgeborener Anteile von § 3 Nr 40 S 1b erfasst wird. § 3 Nr 40 S 3 aF schließt diese Anwendung der Steuerbefreiung des § 3 Nr 40 S 1a und b bei einbringungsgeborenen Anteilen iSv § 21 UmwStG aF aus. Es soll verhindert werden, dass zB ein Einzelunternehmer seinen Teilbetrieb steuerneutral gem § 20 UmwStG aF in eine GmbH einbringt, anschließend die GmbH-Anteile veräußert und der Veräußerungsgewinn nunmehr nach § 3 Nr 40 S 1b zur Hälfte befreit ist. § 8b II KStG wurde entspr eingeschränkt. § 3 Nr 40 S 3 aF normiert dagegen keine Ausnahme in § 3 Nr 40 S 1 Buchst d. Damit besteht die Möglichkeit, § 3 Nr 40 S 3 aF durch vorherige Ausschüttungen zu unterlaufen. Bei einer Verschmelzung auf eine SchwesterKapGes setzt sich die Qualifikation als einbringungsgeboren an den Anteilen am übernehmenden Rechtsträger gem § 13 UmwStG aF fort.[2] Trotz der vollen StPfl sind die in Zusammenhang stehenden Aufwendungen nur nach Maßgabe von § 3c II 2, 4 abzugsfähig (§ 3c Rn 58).

137 Von der Einschränkung des § 3 Nr 40 S 3 aF besteht allerdings nach **§ 3 Nr 40 S 4a aF** wiederum eine Ausnahme. Die Missbrauchsregelung des § 3 Nr 40 S 3 aF soll – bei Einbringungsvorgängen iSv § 20 I 1 oder 23 I–III UmwStG aF – nur für einen Zeitraum von 7 Jahren gelten. Bei einer späteren Veräußerung – oder einem späteren, der Veräußerung nach § 3 Nr 40 S 1a und b gleichstehenden Vorgang – wird kein Missbrauchsfall mehr vermutet. Die Frist berechnet sich nach § 108 I AO iVm § 187a–193 BGB. Sie beginnt mit dem steuerlichen Übertragungsstichtag und endet mit der Übertragung des wirtschaftlichen Eigentums an den Anteilen.[3] Allerdings enthält § 3 Nr 40 S 4a aF einen Vorbehalt: Es darf nicht nach der Buchwerteinbringung innerhalb des 7-Jahres-Zeitraums der Antrag auf Versteuerung der stillen Reserven nach § 21 II Nr 1 UmwStG aF gestellt werden. Wird ein Antrag nach § 21 II Nr 1 UmwStG aF gestellt, bleibt es bei der Regelung des § 3 Nr 40 S 3 aF, dh auf einen innerhalb der 7-Jahres-Frist entstehenden Gewinn sind die Regeln des Halbeinkünfteverfahrens nicht anwendbar. Nach der Entstrickung gilt das Halbeinkünfteverfahren unabhängig von der 7-Jahres-Frist[4]

138 Für die Veräußerung – und die nach § 3 Nr 40 S 1a, b gleichstehenden Vorgänge – von Anteilen, die auf Einbringungsvorgängen nach § 20 I 2 UmwStG aF oder § 23 IV UmwStG aF beruhen – also auf der Einbringung von mehrheitsvermittelnden Anteilen an einer KapGes unter dem Teilwert – nor-

---

1 *Lohr* Kapitalerträge nach der Unternehmenssteuerreform, 2001, S 34.
2 *K/S/M* § 3 Nr 40 Rn B 40/282.
3 *Strahl* KÖSDI 01, 12728 (12737 mwN).
4 *H/H/R* Jahresband 02, § 3 Nr 40 Rn J 01–12.

miert § 3 Nr 40 S 4b aF eine Ausnahme von der Einschränkung des § 3 Nr 40 S 3 aF, dh die Steuerbefreiung des § 3 Nr 40 Nr 1a und b soll grds auch bei der Veräußerung von nach § 20 I 2 oder nach § 23 IV[1] UmwStG aF einbringungsgeborenen Anteilen bestehen.[2] Sie soll nur dann nicht gelten, wenn der Erwerb dieser Anteile seinerseits wiederum auf die Einbringung eines Betriebs, Teilbetriebs oder eines MU'anteils unter dem Teilwert nach § 20 I 1 oder § 23 I–III UmwStG aF innerhalb der 7-Jahres-Frist zurückzuführen ist. Es sollte verhindert werden, dass zB ein Teilbetrieb gem § 20 I 1 UmwStG aF steuerneutral in eine A-GmbH eingebracht wird, die erhaltenen A-Anteile nach § 20 I 2 UmwStG aF steuerneutral in eine B-GmbH eingebracht werden und anschließend die B-Anteile nach § 3 Nr 40 steuerbegünstigt veräußert werden. Auch in diesen Fällen soll die Steuerbegünstigung des § 3 Nr 40 S 1a und b aber dann bestehen, wenn die Veräußerung der nach § 20 I 2 UmwStG aF einbringungsgeborenen Anteile mehr als 7 Jahre nach der Einbringung des in § 20 I 1 UmwStG aF bezeichneten Einlagegegenstandes erfolgt, selbst wenn die Einbringung nach § 20 I 2 UmwStG aF vor Ablauf dieser Frist erfolgt ist. Gehört die Beteiligung an einer KapGes als WG zum BV eines (Teil-)Betriebs oder MU'anteils und ist die Sachgesamtheit Gegenstand einer Einbringung, rechnet die miteingebrachte Beteiligung als unselbständiger Bestandteil zum Einbringungsobjekt iSd § 20 I 1 UmwStG aF.[3] Eine mehrheitsvermittelnde Beteiligung, die nicht zu den wesentlichen Betriebsgrundlagen gehört, kann aber bei einer (Teil-)Betriebseinbringung zurückbehalten, später eingebracht und dann ohne Beachtung einer Sperrfrist veräußert werden.[4]

10. Ausnahme für Eigenhandel der Banken (§ 3 Nr 40 S 5, 6). § 3 Nr 40 S 5 soll den Eigenhandel der Banken von dem Halbeinkünfteverfahren ausnehmen und für diesen iZ mit der Verlustverrechnungsregelung des § 15 IV (§ 15 Rn 610) die volle Ausgleichsfähigkeit und Verrechenbarkeit von Verlusten aus Aktien und Aktienderivatgeschäften erhalten. Betroffen von der Ausnahmeregelung sind **Kreditinstitute** iSv § 1 I KWG, **Finanzdienstleistungsinstitute** iSv § 1 I a KWG, **Finanzunternehmen** iSv § 1 III KWG[5]. Das Halbeinkünfteverfahren soll nicht angewandt werden auf Anteile, die bei Kredit- und Finanzdienstleistungsinstituten nach § 1a KWG „**dem Handelsbuch zuzurechnen**" sind. § 3 Nr 40 S 5 ist entspr seinem Wortlaut auch dann anzuwenden, wenn ein Institut nach § 2 XI KWG die Führung eines Handelsbuchs unterlassen hat.[6] Da die Regelung über das Handelsbuch nur für Institute gem § 1 I b KWG gilt, lässt § 3 Nr 40 als Ersatzlösung für Finanzunternehmen maßgeblich sein, ob die Anteile „mit dem Ziel der **kurzfristigen Erzielung eines Eigenhandelserfolges**" erworben werden. „Kurzfristig" dürfte – entspr § 23 I Nr 2 – den Zeitraum von 12 Monaten meinen.[6] § 3 Nr 40 S 5 schließt auch die Anwendung von § 3 Nr 40 S 1d aus, so dass auch die Dividenden – trotz ihrer Vorbelastung durch KSt – voll stpfl sind. Gemäß § 3 Nr 40 S 6 gilt die Ausnahmeregelung des § 3 Nr 40 S 5, 2. HS entsprechend den europarechtlichen Vorgaben auch für Institute und Finanzunternehmen mit Sitz in einem anderen Mitgliedstaat der Europäischen Gemeinschaft oder in einem anderen Vertragsstaat des EWR-Abkommens, nicht dagegen für Institute und Unternehmen in Drittstaaten.

138a

IdF ab VZ 2009:

40. 40 Prozent
   a) der Betriebsvermögensmehrungen oder Einnahmen aus der Veräußerung oder der Entnahme von Anteilen an Körperschaften, Personenvereinigungen und Vermögensmassen, deren Leistungen beim Empfänger zu Einnahmen im Sinne des § 20 Abs. 1 Nr. 1 und 9 gehören, oder an einer Organgesellschaft im Sinne der §§ 14, 17 oder 18 des Körperschaftsteuergesetzes oder aus deren Auflösung oder Herabsetzung von deren Nennkapital oder aus dem Ansatz eines solchen Wirtschaftsguts mit dem Wert, der sich nach § 6 Abs. 1 Nr. 2 Satz 3 ergibt, soweit sie zu den Einkünften aus Land- und Forstwirtschaft, aus Gewerbebetrieb oder aus selbstständiger Arbeit gehören. ²Dies gilt nicht, soweit der Ansatz des niedrigeren Teilwertes

---

1 Zur Einbeziehung des Anteilstauschs nach § 23 IV UmwStG: BT-Drs 638/01, 47.
2 Zur Zuordnung eines Veräußerungsvorgangs nach § 21 I UmwStG zu § 3 Nr 40 S 1b vgl *Nacke/Intermann* DB 02, 756 (758).
3 *Patt* FR 04, 561 mwN (nach dem Zweck des § 3 Nr 40 und im Hinblick auf die diff Regelung des § 3 Nr 40 Buchst b nicht unproblematisch).
4 *Patt* FR 04, 561.
5 Zu Holding-KapGes und vermögensverwaltenden KapGes als Finanzunternehmen: BMF v 25.7.02, BStBl I 02, 712 (713); *Sterner/Balmes* FR 02, 993.
6 *Bogenschütz/Tibo* DB 01, 8 (10).

in vollem Umfang zu einer Gewinnminderung geführt hat und soweit diese Gewinnminderung nicht durch Ansatz eines Wertes, der sich nach § 6 Abs. 1 Nr. 2 Satz 3 ergibt, ausgeglichen worden ist. ³Satz 1 gilt außer für Betriebsvermögensmehrungen aus dem Ansatz mit dem Wert, der sich nach § 6 Abs. 1 Nr. 2 Satz 3 ergibt, ebenfalls nicht, soweit Abzüge nach § 6b oder ähnliche Abzüge voll steuerwirksam vorgenommen worden sind,

b) des Veräußerungspreises im Sinne des § 16 Abs. 2, soweit er auf die Veräußerung von Anteilen an Körperschaften, Personenvereinigungen und Vermögensmassen entfällt, deren Leistungen beim Empfänger zu Einnahmen im Sinne des § 20 Abs. 1 Nr. 1 und 9 gehören, oder an einer Organgesellschaft im Sinne der §§ 14, 17 oder 18 des Körperschaftsteuergesetzes. ²Satz 1 ist in den Fällen des § 16 Abs. 3 entsprechend anzuwenden. ³Buchstabe a Satz 3 gilt entsprechend,

c) des Veräußerungspreises oder des gemeinen Wertes im Sinne des § 17 Abs. 2. ²Satz 1 ist in den Fällen des § 17 Abs. 4 entsprechend anzuwenden,

d) der Bezüge im Sinne des § 20 Abs. 1 Nr. 1 und der Einnahmen im Sinne des § 20 Abs. 1 Nr. 9. ²Dies gilt für sonstige Bezüge im Sinne des § 20 Abs. 1 Nr. 1 Satz 2 und der Einnahmen im Sinne des § 20 Abs. 1 Nr. 9 zweiter Halbsatz nur, soweit sie das Einkommen der leistenden Körperschaft nicht gemindert haben (§ 8 Abs. 3 Satz 2 des Körperschaftsteuergesetzes). ³Satz 1 Buchstabe d Satz 2 gilt nicht, soweit die verdeckte Gewinnausschüttung das Einkommen einer dem Steuerpflichtigen nahe stehenden Person erhöht hat und § 32a des Körperschaftsteuergesetzes auf die Veranlagung dieser nahe stehenden Person keine Anwendung findet,

e) der Bezüge im Sinne des § 20 Abs. 1 Nr. 2,

f) der besonderen Entgelte oder Vorteile im Sinne des § 20 Abs. 3, die neben den in § 20 Abs. 1 Nr. 1 und Abs. 2 Satz 1 Nr. 2 Buchstabe a bezeichneten Einnahmen oder an deren Stelle gewährt werden,

g) des Gewinns aus der Veräußerung von Dividendenscheinen und sonstigen Ansprüchen im Sinne des § 20 Abs. 2 Satz 1 Nr. 2 Buchstabe a,

h) des Gewinns aus der Abtretung von Dividendenansprüchen oder sonstigen Ansprüchen im Sinne des § 20 Abs. 2 Satz 1 Nr. 2 Buchstabe a in Verbindung mit § 20 Abs. 2 Satz 2,

i) der Bezüge im Sinne des § 22 Nr. 1 Satz 2, soweit diese von einer nicht von der Körperschaftsteuer befreiten Körperschaft, Personenvereinigung oder Vermögensmasse stammen,

j) (aufgehoben)

²Dies gilt für Satz 1 Buchstabe d bis h nur in Verbindung mit § 20 Abs. 8. ³Satz 1 Buchstabe a, b und d bis h ist nicht anzuwenden für Anteile, die bei Kreditinstituten und Finanzdienstleistungsinstituten nach § 1a des Kreditwesengesetzes dem Handelsbuch zuzurechnen sind; Gleiches gilt für Anteile, die von Finanzunternehmen im Sinne des Gesetzes über das Kreditwesen mit dem Ziel der kurzfristigen Erzielung eines Eigenhandelserfolges erworben werden. ⁴Satz 3 zweiter Halbsatz gilt auch für Kreditinstitute, Finanzdienstleistungsinstitute und Finanzunternehmen mit Sitz in einem anderen Mitgliedstaat der Europäischen Gemeinschaft oder in einem anderen Vertragsstaat des EWR-Abkommens;

A. Teileinkünfteverfahren für betriebliche Einkünfte

139 Durch das UntStRG 08 wurde der KSt-Satz von 25 % auf 15 % gesenkt. Korrespondierend hierzu wurde das Halbeinkünfteverfahren zu einem Teileinkünfteverfahren umgeformt, bei dem nicht die Hälfte, sondern nur 40 % der dem Anteilseigner zufließenden Einkünfte stfr sind. Der Entlastung auf Ebene der Körperschaft entspr so eine Mehrbelastung auf Ebene des Anteilseigners:

Gesellschaftsebene	bisher	neu	Veränderung
Gewinn vor Steuern	100	100	
GewSt/KSt/SolZ	./. 38,65	./. 29,83	./. 8,82
Ausschüttungsvolumen	61,35	70,17	

Gesellschafterebene			
Halbeinkünfteverfahren 42 %	12,88		
Teileinkünfteverfahren		17,68	
SolZ	0,71	0,97	+ 5,06
	47,76	51,52	
Belastung	52,24 %	47,76 %	

Der Gesetzgeber ist allerdings davon ausgegangen, dass die Gesamtbelastung dennoch nach neuem Recht geringer ist als bisher (beim Spitzensteuersatz von 45 %: 49,82 % statt 53,21 %; bei einem Grenzsteuersatz von 25 %: 40,93 % statt 46,47 %; beim Eingangssteuersatz von 15 %: 36,94 % statt 43,50 %). Während allerdings die Absenkung des KSt-Satzes bereits für den VZ 08 erfolgt, tritt die Neuregelung des § 3 Nr 40 erst für den VZ 09 in Kraft.

Durch das UntStRG wurde nicht nur das Halbeinkünfteverfahren durch das Teileinkünfteverfahren ersetzt, sondern zugleich die Befreiung auf betriebliche Einkünfte begrenzt. Bei Beteiligungseinkünften im PV tritt die Abgeltungsteuer nach § 20 iVm § 32d an die Stelle des bisherigen Halbeinkünfteverfahrens. Im Rahmen der Abgeltungsteuer werden allerdings Beteiligungserträge ebenso wie Zinsen dem Sondertarif von 25 % unterworfen. Es wird der Vorbelastung durch KSt – anders als von § 3 Nr 40 – nicht Rechnung getragen (vgl hierzu § 20 Rn 43 ff). In der Gesetzesbegründung heißt es hierzu: Zwar würden bei einer bloßen Betrachtung der Ebene des Anteilseigners diese durch den Wegfall des Halbeinkünfteverfahrens und Nichtanwendung des Teileinkünfteverfahrens stärker belastet. Eine isolierte Bewertung der Belastung auf der Anteilseignerebene sei jedoch ohne Berücksichtigung der Entlastung auf Unternehmensebene nicht sachgerecht. So profitiere der Anteilseigner auch von den Entlastungen auf Unternehmensebene, zum einen durch höhere Ausschüttungen und zum anderen durch einen Substanzgewinn auf Unternehmensebene mit der Folge entspr Kursgewinne. IÜ sei wirtschaftlich entscheidend die Gesamtbelastung aus Unternehmens- und Anteilseignerebene. Diese Gesamtbelastung werde durch die Steuersenkungen auf Unternehmensebene sowie Anteilseignerebene gesenkt. Auch bei niedrigeren persönlichen Steuersätzen komme es zu einer fast durchgehenden geringeren steuerlichen Gesamtbelastung, so dass eine teilw Steuerfreistellung nicht mehr angezeigt sei.[1] Selbst wenn die Gesamtbelastung für Anteilseigner mit Beteiligungserträgen im PV nach neuem Recht niedriger sein sollte als unter Geltung des Halbeinkünfteverfahrens, wird hierdurch nicht die Ungleichbehandlung von Anteilseignern mit Beteiligungserträgen im BV und von Anteilseignern mit Beteiligungserträgen im PV sowie die Gleichbehandlung von Dividenden und Zinsen im Rahmen der Abgeltungsteuer sachlich gerechtfertigt (§ 20 Rn 43 ff).

B. Änderung von Buchstabe a und b

Es wurde die Angabe „§ 20 Abs 1 Nr. 1" durch die Angabe „§ 20 Abs 1 Nr 1 und 9" ersetzt. Mit dieser Ergänzung sollte klargestellt werden, dass Gewinnrealisierungen aus Anteilen an Körperschaften iSd § 20 I Nr 9 dem Teileinkünfteverfahren unterliegen.[2]

C. Änderung von Buchstabe f, g, h, i

In Buchst f, g, h und i wurden redaktionelle Änderungen zur Anpassung an die Neufassung von § 20 vorgenommen.

D. Aufhebung von Buchstabe j

§ 3 Nr 40 Satz 1 Buchst j wurde aufgehoben, da die Veräußerung von Anteilen an Körperschaften, aus denen Leistungen nach § 20 I Nr 1 erzielt werden, nunmehr in § 20 und nicht mehr in § 23 geregelt ist.[1]

E. Neufassung von § 3 Nr 40 S 2

In § 3 Nr 40 S 2 wurde das Wort „auch" durch das Wort „nur" und die Angabe „§ 20 Abs 3" durch die Angabe „§ 20 Abs 8" ersetzt. Die Steuerbefreiung gilt für S 1 Buchst d–h nicht mehr „auch iVm § 20 Abs 3", sondern „nur iVm § 20 Abs 8". Es wird nicht das Halbeinkünfteverfahren auf die Fälle

1 BT-Drs 16/4841, 47.   2 BT-Drs 16/4841, 46.

ausgedehnt, in denen die Einkünfte aus KapVerm anderen Einkunftsarten als der des § 20 zuzuordnen sind, sondern es wird nunmehr das Teileinkünfteverfahren auf Kapitaleinkünfte im betrieblichen Bereich von Personenunternehmen sowie auf die Veräußerung von Anteilen an KapGes iSv § 17 beschränkt. Bei nat Pers wird bei den übrigen Kapitaleinkünften des PV das Teileinkünfteverfahren nicht angewandt.

F. Zeitliche Anwendung

139f Nach § 52a III ist § 3 Nr 40 nF ab dem VZ 09 anzuwenden. § 3 Nr 40 aF ist allerdings weiter anwendbar bei Veräußerungsgeschäften, bei denen § 23 I 1 Nr 2 aF nach dem 31.12.08 Anwendung findet.

§ 3 Nr 40a
40a. die Hälfte der Vergütungen im Sinne des § 18 Abs. 1 Nr. 4;

Literatur: *Bauer/Gemmecke* Verabschiedung des Gesetzes zur Förderung von Wagniskapital, DStR 04, 1470; *Behrens* Besteuerung des Carried Interest nach dem Halbeinkünfteverfahren, FR 04, 1211; *Desens/Kathstede* Zur Abziehbarkeit der Aufwendungen eines Carry-Holders – eine steuersystematische Analyse, FR 05, 863; *Friederichs/Köhler* Gesetz zur Förderung von Wagniskapital, DB 04, 1638; *Watrin/Stuffert* BB-Forum: Steuerbegünstigung für das Carried Interest, BB 04, 1888.

140 Bei Beteiligungsfonds (Venture Capital- oder Private Equity-Fonds), die außerbörsliches **Wagniskapital** zur Verfügung stellen, erhalten die Initiatoren des Fonds einen erhöhten disproportionalen Anteil am Gewinn aus der Veräußerung von Beteiligungen an Portfoliounternehmen (sog Carried Interest). Vor Einführung von §§ 18 I Nr 4, 3 Nr 40a war heftig umstritten, wie das Carried Interest zu behandeln ist (Veräußerungsgewinn einer vermögensverwaltenden Ges; voll stpfl Einnahme; echter Gewinn – bzw Überschussanteil).[1] Der Gesetzgeber hat sich – nach unterschiedlichen Gesetzentwürfen[2] – entschlossen, das Carried Interest in § 18 I Nr 4 als stpfl Tätigkeitsvergütung zu qualifizieren und in § 3 Nr 40a zur Hälfte zu befreien.[3]

141a § 18 I Nr 4 rechnet zu den Einkünften aus selbstständiger Arbeit Einkünfte, die ein Beteiligter aus einer vermögensverwaltenden **Ges oder Gemeinschaft** erhält, deren **Zweck im Erwerb, Halten oder in der Veräußerung von Anteilen an KapGes** besteht.[4] Mit dieser Beschränkung sollen andere vermögensverwaltende Ges oder Gemeinschaften, die nicht als Wagnis-KapGes anzusehen sind, vom Halbeinkünfteverfahren ausgeschlossen bleiben.[5] Die Einkünfte müssen als Vergütungen für **Leistungen zur Förderung des Ges- oder Gemeinschaftszwecks** erzielt werden, und der Anspr auf die Vergütung **unter der Voraussetzung eingeräumt worden sein, dass die G'ter oder Gemeinschafter ihr eingezahltes Kapital vollständig zurückerhalten.** Der Gesetzgeber hat davon abgesehen, die Steuerbefreiung – wie nach den vorangegangenen Entw – davon abhängig zu machen, dass der Gewinn aus der Veräußerung von Anteilen der Ges oder Gemeinschaft an einer KapGes für die Zahlung des Carried Interest verwandt wird. Er hat berücksichtigt, dass dem Empfänger des Carried Interest häufig nicht bekannt ist, aus welchen Mitteln der Fonds diese Forderung begleicht. Es sei auf das Wesen des Carried Interest als erfolgsabhängige Tätigkeitsvergütung abzustellen.[6] Problematisch ist allerdings, dass der Gesetzgeber trotz dieser veränderten Sichtweise daran festgehalten hat, das Halbeinkünfteverfahren anzuwenden.[7] Die Anwendung des Halbeinkünfteverfahrens war nachvollziehbar, solange es um die Behandlung des Gewinns aus der Veräußerung von Anteilen an einer KapGes ging. Die Anwendung des Halbeinkünfteverfahrens auf erfolgsabhängige Tätigkeitsvergütungen eines PersG'ters ist jedoch nicht plausibel. Allein der Umstand, dass der Rechtsgrund für die Zahlung des Carried Interest regelmäßig mit den erfolgreichen vorangegangenen Anteilsveräußerungen gesetzt wurde, reicht nicht aus. § 18 I Nr 4 erfasst nur den **disproportionalen Gewinnanteil** (Anteil an Veräußerungsgewinnen, Dividenden, Zinsen etc). Die Behandlung

---

1 *Friederichs/Köhler* DB 04, 1638; *Behrens* FR 04, 1211 (1212).
2 BT-Drs 15/1405 (§§ 2c, 17); BMF BStBl I 04, 40 (verdecktes Entgelt iSv §§ 18, 15); BT-Drs 15/3189, 3 (§ 3 Nr 40 S 1k; Unterschied von Gewinnanteil und laufenden Zahlungen).
3 BT-Drs 15/3336, 5; zur zeitlichen Anwendung: § 52 IV c.
4 Zur Definition der Tatbestandsmerkmale des § 18 I Nr 4 im Einzelnen vgl zu § 18 sowie *Behrens* FR 04, 1211 (1212 ff).
5 BT-Drs 15/3336, 6.
6 BT-Drs 15/3336, 6; krit zu dieser Qualifizierung: *Watrin/Stuffert* BB 04, 1888 (1889).
7 So ausdr BT-Drs 15/3336, 5.

des proportionalen Anteils bleibt unverändert.[1] Nach § 18 I Nr 4 ist **§ 15 III nicht anzuwenden,** dh das sog Carried Interest wird stets im Rahmen einer selbstständigen Tätigkeit vereinnahmt. Dies gilt selbst in den Fällen, in denen der sog Carry Holder eine gewerblich geprägte PersGes ist.

Die Definition des zu begünstigenden Carried Interest wird in § 18 I Nr 4 vorgenommen, so dass sich § 3 Nr 40a auf einen Verweis auf diese Vorschrift beschränken kann. Durch die Umstellung von § 3 Nr 40 S 1k nach § 3 Nr 40a (Rn 141) sollte sichergestellt werden, dass die Befreiungsvorschrift auch in den Fällen angewandt wird, in denen der Empfänger des Carried Interest eine KapGes ist.[2] Nach § 52 IVc ist § 3 Nr 40a auf Vergütungen iSv § 18 I Nr 4 anzuwenden, wenn die Ges nach dem 31.3.02 gegründet worden ist und soweit die Vergütungen im Zusammenhang mit der Veräußerung von Anteilen an KapGes stehen, die nach dem 7.11.03 erworben worden sind[3] (zu **Aufwendungen** im Zusammenhang mit dem Carried Interest: § 3c Rn 65 „Carried Interest"). **141b**

§ 3 Nr 41

41. a) Gewinnausschüttungen, soweit für das Kalenderjahr oder Wirtschaftsjahr, in dem sie bezogen werden, oder für die vorangegangenen sieben Kalenderjahre oder Wirtschaftsjahre aus einer Beteiligung an derselben ausländischen Gesellschaft Hinzurechnungsbeträge (§ 10 Abs. 2 des Außensteuergesetzes) der Einkommensteuer unterlegen haben, § 11 Abs. 1 und 2 des Außensteuergesetzes in der Fassung des Artikels 12 des Gesetzes vom 21. Dezember 1993 (BGBl. I S. 2310) nicht anzuwenden war und der Steuerpflichtige dies nachweist; § 3c Abs. 2 gilt entsprechend;
b) Gewinne aus der Veräußerung eines Anteils an einer ausländischen Kapitalgesellschaft sowie aus deren Auflösung oder Herabsetzung ihres Kapitals, soweit für das Kalenderjahr oder Wirtschaftsjahr, in dem sie bezogen werden, oder für die vorangegangenen sieben Kalenderjahre oder Wirtschaftsjahre aus einer Beteiligung an derselben ausländischen Gesellschaft Hinzurechnungsbeträge (§ 10 Abs. 2 des Außensteuergesetzes) der Einkommensteuer unterlegen haben, § 11 Abs. 1 und 2 des Außensteuergesetzes in der Fassung des Artikels 12 des Gesetzes vom 21. Dezember 1993 (BGBl. I S. 2310) nicht anzuwenden war, der Steuerpflichtige dies nachweist und der Hinzurechnungsbetrag ihm nicht als Gewinnanteil zugeflossen ist.

Die Prüfung, ob Hinzurechnungsbeträge der Einkommensteuer unterlegen haben, erfolgt im Rahmen der gesonderten Feststellung nach § 18 des Außensteuergesetzes;

Literatur: *Lieber* Neuregelung der Hinzurechnungsbesteuerung durch das Unternehmenssteuerfortentwicklungsgesetz, FR 02, 139; *Rättig/Protzen* Die „neue Hinzurechnungsbesteuerung" der §§ 7–14 AStG in der Fassung des UntStFG – Problembereiche und Gestaltungshinweise, IStR 02, 123.

Die **Hinzurechnungsbesteuerung nach §§ 7 ff AStG** soll die Abschirmwirkung im Ausland niedrig besteuerter Ges mit „passiven" Einkünften durchbrechen und eine ausreichende Vorbelastung der nach dem Halbeinkünfteverfahren befreiten Gewinne herzustellen. Sie greift bei **Niedrigbesteuerung** der ausländischen Zwischen-Ges iSd § 8 III AStG ein, dh bei einer Ertragsbesteuerung von weniger als 25 %. Erforderlich ist, dass unbeschränkt StPfl allein oder zusammen mit anderen Personen iSd § 2 AStG mehr als 50 % der Anteile oder Stimmrechte zuzurechnen sind. Bei Zwischeneinkünften mit Kapitalanlagecharakter reicht eine **Beteiligung** von 1 % oder es wird sogar auf eine Mindestbeteiligung verzichtet. Bei den Einkünften der ausländischen Ges muss es sich um **passive Einkünfte** handeln. Sie dürfen nicht aus aktiver Tätigkeit iSd § 8 I AStG stammen. Der Hinzurechnungsbetrag wird als fiktive Dividende in die steuerlichen Einkünfte des inländischen Anteilseigners einbezogen. Bei einer nat Pers mit einer Beteiligung im PV liegen Einkünfte aus KapVerm vor, bei einer Beteiligung im BV Einkünfte aus GewBetr, LuF oder selbstständiger Arbeit. Auf den Hinzurechnungsbetrag als fiktive Dividende ist weder § 8b I KStG noch § 3 Nr 40 anzuwenden (§ 10 II AStG). **142**

---

[1] *Desens/Kathstede* FR 05, 863 (865); *Friederichs/Köhler* DB 04, 1638 (1639).
[2] Vgl allerdings die Bedenken von *Watrin/Stuffert* BB 04, 1888 (1889) wegen des Verweises auf § 18 I Nr 4; zu ausländischen KapGes als Carry-Beziehern: *Friederichs/Köhler* DB 04, 1638.
[3] Vgl die entspr Regelung in BMF 16.12.03, BStBl I 04, 40; ausf zu den Altfällen: *Friederichs/Köhler* DB 04, 1638 (1639); FinMin Bayern DB 04, 1642.

143 Um eine **zweifache Besteuerung der gleichen Gewinne** im Rahmen der Hinzurechnungsbesteuerung und eine Besteuerung der nachfolgenden tatsächlichen Ausschüttung zu vermeiden, wurde vor Einführung des Halbeinkünfteverfahrens nach § 11 AStG aF der Hinzurechnungsbetrag um ausgeschüttete Gewinnanteile (mit Rückwirkung über die letzten 4 Kj) gekürzt. Als Folge der Einführung des Halbeinkünfteverfahrens ist die Hinzurechnungsbesteuerung nach den §§ 7–14 AStG grds definitiv. § 3 Nr 41 vermeidet nunmehr[1] eine Überbesteuerung, indem er die Dividenden von der ausländischen Ges und Gewinne aus der Veräußerung von Anteilen an ihr sowie aus ihrer Auflösung oder der Herabsetzung ihres Kapitals stfrei stellt. Nach § 52 Abs 4c ist § 3 Nr 41 (wenn Wj = Kj) auf Ausschüttungen ab 1.1.01, auf Veräußerungen ab 1.1.02 anwendbar.

144 **§ 3 Nr 41a** erklärt Gewinnausschüttungen für stfrei, soweit für das Kj oder Wj, in dem sie bezogen werden, oder für die vorangegangenen 7 Jahre aus einer Beteiligung an derselben ausländischen Ges Hinzurechnungsbeträge iSd § 10 II AStG der ESt unterlegen haben. Hinzurechnungsverpflichteter und Ausschüttungsempfänger müssen identisch sein. Der „ESt unterlegen" haben die Hinzurechnungsbeträge, wenn sie in ESt-Bescheiden angesetzt wurden. Ob die Steuerforderungen uneinbringlich waren oder wegen Zahlungsverjährung nicht erfüllt wurden, ist unerheblich. Der Gesetzgeber geht davon aus, dass zw dem Zeitpunkt der Hinzurechnungsbesteuerung und dem der Ausschüttung mehrere Jahre liegen können. Er sieht es deshalb als gerechtfertigt an, auch Gewinnausschüttungen freizustellen, die **in einem überschaubaren Zeitraum (7 Jahre) nach der Hinzurechnungsbesteuerung** erfolgen.[2] Da nach § 10 Abs 2 Satz 1 AStG der Hinzurechnungsbetrag erst nach Ablauf des Wj der Zwischen-Ges als zugeflossen gilt, ist maßgebend, ob in diesen Kj oder Wj oder in den sieben vorangegangenen Hinzurechnungsbeträge der ESt unterlegen haben. Voraussetzung für die Befreiung ist, dass **§ 11 I und II AStG** aF nicht anzuwenden waren, dh es darf keine Ausschüttung erfolgt sein, die zu einer Kürzung der Hinzurechnungsbesteuerung berechtigte. Der StPfl muss die Hinzurechnungsbesteuerung und das Fehlen von zur Kürzung berechtigenden Ausschüttungen nachweisen (vor allem anhand der Bescheide über die ges Feststellung gem § 18 AStG). Für Ausgaben, die mit den nach § 3 Nr 41a steuerfreien Gewinnausschüttungen im Zusammenhang stehen, soll das Gleiche gelten wie in Fällen von Ausschüttungen ausländischer Ges, in denen keine Hinzurechnungsbesteuerung stattgefunden hat: § 3c II soll entsprechend angewandt werden.[3] Diese Anwendung von § 3c II stößt auf systematische Bedenken, da auf der Einnahmenseite das Halbeinkünfteverfahren nicht gilt. Bei der Hinzurechnungsbesteuerung findet § 3 Nr 40 keine Anwendung, sodass sich trotz der Freistellung der Gewinnausschüttungen eine Besteuerung zu 100 % ergibt, der nur ein uneingeschränkter Abzug entspräche.[4] Die Ausgaben, die mit den nach § 3 Nr 41a stfreien Gewinnausschüttungen zusammenhängen, sind von den Ausgaben abzugrenzen, die mit den stpfl Hinzurechnungsbeträgen zusammenhängen und die uneingeschränkt abzugsfähig sein sollen (zB im Fall der Fremdfinanzierung der Beteiligung). § 3c II dürfte nur auf Ausgaben zu beziehen sein, die mit der Gewinnausschüttung selbst zusammenhängen (zB: Fahrt zur Hauptversammlung; Kontoführungsgebühren).

145 **§ 3 Nr 41b** ergänzt § 3 Nr 41a. Er belässt Gewinne (Differenz zwischen Veräußerungserlös und AK sowie Veräußerungskosten) aus der Veräußerung eines Anteils an der ausländischen Ges (sowie Gewinne aus deren Auflösung oder der Herabsetzung ihres Kapitals) insoweit stfrei, als die Einkünfte der Ges der Hinzurechnungsbesteuerung unterlegen haben.[5] Voraussetzung ist, dass keine Ausschüttung erfolgt ist, die nach § 11 I, II AStG aF zu einer Kürzung der Hinzurechnungsbesteuerung berechtigte und es darf der Hinzurechnungsbetrag nicht (mit der Folge des § 3 Nr 41a) als Gewinnanteil zugeflossen sein.

146 Die Prüfung, ob Hinzurechnungsbeträge der ESt unterlegen haben, soll nicht durch die örtlichen Wohnsitz-FÄ, sondern im Rahmen der ges Feststellung nach § 18 AStG (durch die in den meisten Bundesländern zentral zuständigen FÄ) erfolgen.[6] Festzustellen ist, in welcher Höhe, für welches Kj oder Wj und aus welcher ausländischen Ges Hinzurechnungsbeträge der ESt unterlegen haben. Ob die Hinzurechnungsbeträge „der ESt unterlegen" haben, also in die ESt-Festsetzung einbezogen wurden, wird das Feststellungs-FA allerdings nur mit Hilfe des Wohnsitz-FA feststellen können.

---

1 Zur zwischenzeitlichen Regelung durch das StSenkG: *K/S/M* § 3 Nr 41 Rn B 41/6.
2 BT-Drs 638/01, 48.
3 BT-Drs 14/7344, 13 f.
4 *Rättig/Protsen* IStR 02, 123 (128).
5 Zu Veräußerungsgewinnen der Zwischen-Ges dagegen: § 11 AStG nF.
6 BT-Drs 638/01, 1 (Beschluss); BT-Drs 14/6882, 14.

§ 3 Nr 42

42. die Zuwendungen, die auf Grund des Fulbright-Abkommens gezahlt werden;

Das Fulbright-Abkommen mit den USA regelt die Durchführung von Austauschvorhaben zum Zweck der Aus- oder Weiterbildung. Die Befreiung soll verhindern, dass die Mittel zT zur Steuerzahlung verwendet werden müssen.

149

§ 3 Nr 43

43. der Ehrensold für Künstler sowie Zuwendungen aus Mitteln der Deutschen Künstlerhilfe, wenn es sich um Bezüge aus öffentlichen Mitteln handelt, die wegen der Bedürftigkeit des Künstlers gezahlt werden;

Der **Ehrensold für Künstler** wird aus zweckgebundenen Landesmitteln an verdiente Künstler geleistet. Zuwendungen aus Mitteln der Deutschen **Künstlerhilfe** erhalten vor allem ältere, um das Kunstschaffen verdiente Künstler zur Sicherung ihres Lebensunterhalts. Die eingrenzenden Voraussetzungen („wenn …") gelten nur für die 2. Alt und entsprechen denen des § 3 Nr 11 (öffentliche Mittel, Hilfsbedürftigkeit).

150

§ 3 Nr 44

44. Stipendien, die unmittelbar aus öffentlichen Mitteln oder von zwischenstaatlichen oder überstaatlichen Einrichtungen, denen die Bundesrepublik Deutschland als Mitglied angehört, zur Förderung der Forschung oder zur Förderung der wissenschaftlichen oder künstlerischen Ausbildung oder Fortbildung gewährt werden. Das Gleiche gilt für Stipendien, die zu den in Satz 1 bezeichneten Zwecken von einer Einrichtung, die von einer Körperschaft des öffentlichen Rechts errichtet ist oder verwaltet wird, oder von einer Körperschaft, Personenvereinigung oder Vermögensmasse im Sinne des § 5 Abs. 1 Nr. 9 des Körperschaftsteuergesetzes gegeben werden. Voraussetzung für die Steuerfreiheit ist, dass
a) die Stipendien einen für die Erfüllung der Forschungsaufgabe oder für die Bestreitung des Lebensunterhalts und die Deckung des Ausbildungsbedarfs erforderlichen Betrag nicht übersteigen und nach den von dem Geber erlassenen Richtlinien vergeben werden,
b) der Empfänger im Zusammenhang mit dem Stipendium nicht zu einer bestimmten wissenschaftlichen oder künstlerischen Gegenleistung oder zu einer bestimmten Arbeitnehmertätigkeit verpflichtet ist;

R 3.44 EStR

§ 3 Nr 44 befreit Stipendien, die eine bestimmte Herkunft aufweisen, zu den bezeichneten Zwecken gewährt werden und die unter a und b aufgeführten Voraussetzungen erfüllen. „**Stipendium**" meint eine Studienbeihilfe, eine Geldunterstützung für Studierende. Die Stipendien müssen **aus öffentlichen Mitteln** (Rn 42) oder von den in § 3 Nr 44 S 2, 3 genannten Einrichtungen stammen.[1] Nur dann erscheint es dem Gesetzgeber ausreichend gesichert, dass nur unterstützenswerte Leistungen gefördert werden. Die Stipendien müssen „**unmittelbar**" aus diesen Quellen stammen. Die Stipendienmittel dürfen nicht zunächst an eine Stelle gezahlt werden, die dann ihrerseits die Stipendien an die Stipendiaten weiterleitet. Die Stipendien müssen **zu bestimmten Zwecken** gewährt werden. Hierbei können die Tatbestandsmerkmale **Ausbildung und Fortbildung** in Anlehnung an die zu § 9 gefundenen Abgrenzungen, die Begriffe der Forschung, der wissenschaftlichen und künstlerischen Ausbildung in Anlehnung an die Definition zu § 52 II Nr 1 AO und die Begriffe der **Kunst und der Wissenschaft** in Anlehnung an die Definition zu Art 5 III GG bestimmt werden. Nach § 3 Nr 44 S 3a darf ein Forschungsstipendium den für die Erfüllung der Forschungsaufgabe erforderlichen Betrag nicht überschreiten; dabei erstreckt sich die Steuerfreiheit eines Forschungsstipendiums – trotz des Wortlauts von § 3 Nr 44 S 3a – auch auf die zur Bestreitung des Lebensunterhalts dienenden Zuwendungen.[2] Ist das Stipendium zur Förderung der Aus- oder Fortbildung gegeben, darf es nicht höher sein als für die Bestreitung des Lebensunterhaltes und die Deckung des Ausbildungsbedarfs notwendig.

151

---

1 FG Thür EFG 00, 1137 (zu Stipendien einer privaten AG).

2 BFH BStBl II 04, 190.

von Beckerath

Nach § 3 Nr 44 S 3b muss das Stipendium „uneigennützig" gegeben werden. Allerdings ist eine geringfügige Gegenleistung (zB ein Forscher überlässt einige Exemplare seiner geförderten Arbeit) nicht schädlich. Bis zum JStG 07 forderte § 3 Nr 44 S 3c für Fortbildungsstipendien, dass im Zeitpunkt der erstmaligen Gewährung der Abschluss der Berufsausbildung des Empfängers nicht länger als zehn Jahre zurückliegt. Diese Voraussetzung wurde gestrichen mit der Begr, dem Aspekt des lebenslangen Lernens müsse ein erhebliches Gewicht beigemessen werden, so dass die Begrenzung des § 3 Nr 44 S 3c nicht mehr zeitgemäß sei.[1] Die Prüfung, ob die Voraussetzungen des § 3 Nr 44 vorliegen, hat das FA vorzunehmen, das für die Veranlagung des Stipendiengebers zuständig ist (wäre). Dieses hat auf Anforderung eine Bescheinigung nach § 3 Nr 44 S 3a, b zu erteilen.[2]

§ 3 Nr 45

45. die Vorteile des Arbeitnehmers aus der privaten Nutzung von betrieblichen Personalcomputern und Telekommunikationsgeräten;

R 21e LStR

Literatur: *Fischer* Zweifelsfragen zur Steuerbefreiung der privaten Nutzung von betrieblichen PC und Telekommunikationsgeräten durch Arbeitnehmer, DStR 01, 201; *Fissenewert* Keine Steuerbefreiung für die Privatnutzung von Telekommunikationsgeräten (§ 3 Nr 45 EStG) bei Satellitennavigationsanlagen und vergleichbarer Technik, FR 05, 882; *Harder/Buschner* Steuerliche Neuregelungen im Zusammenhang mit der Nutzung von Personalcomputern, Internet und anderen Telekommunikationseinrichtungen, INF 01, 133; *Macher* Die lohnsteuerliche Behandlung von Telekommunikationsleistungen, DStZ 02, 315.

153 § 3 Nr 45 soll die Nutzung des Internets fördern und zugleich eine Steuervereinfachung (Erfassungs- und Bewertungsaufwand) erreichen. Allerdings wird allg die Nutzung von „Personalcomputern und Telekommunikationsgeräten" und nicht nur die Nutzung des Internets begünstigt. Es werden auch **nur ArbN** begünstigt (einschließlich des Rechtsnachfolgers iSv § 1 Abs 1 S 1 LStDV), nicht Gewerbe treibende und Freiberufler.[3] Der Begriff des **Personalcomputers** umfasst die Hardware (Prozessor, Grafikkarte, Soundkarte, RAM-Speicher, Festplattenspeicher, Disketten-/CD-ROM-/DVD-Laufwerke) nebst Zubehör wie Monitor, Drucker, Scanner, Modem/ISDN-Karte, Software und auch Notebooks und Laptops. Bei **Telekommunikationsgeräten** hat man primär an die Nutzung des Internets gedacht. Dem Wortlaut und Sprachgebrauch nach sind aber auch Telefon, Faxgerät und Handy Telekommunikationsmittel.[4] Soll § 3 Nr 45 auch eine Vereinfachung bewirken und eine Belastung des Verhältnisses von ArbG und ArbN vermeiden, so spricht dies ebenfalls dafür, die private Nutzung von Telefon, Faxgerät und Handy nicht zu besteuern. **Betriebliche Geräte** sind solche Geräte, die der ArbG (oder auch ein Dritter) dem ArbN im Rahmen des Dienstverhältnisses überlässt (vgl § 8 II 2 „betriebliche" KFZ) – auch gemietete und geleaste Geräte und auch Geräte in der Privatwohnung des ArbN's. Der ArbG muss wirtschaftlicher Eigentümer sein.[5] Das Gerät darf nicht in das Eigentum des ArbN übergegangen sein (zur Pauschalierung nach § 40 II 1 Nr 5 bei Schenkung von PC: § 40 Rn 23a; zur gemischten Nutzung von Geräten des ArbN: § 9 Rn 322; zum Ersatz der Aufwendungen durch ArbG: § 3 Rn 159; R 22 II 3 LStR).[6] Auch wirtschaftliches Eigentum des ArbN ist schädlich (zB auf Grund einer Vereinbarung, das Gerät später zum Restwert zu übernehmen). Vorteile aus der **privaten Nutzung** (auch durch einen anderen Nutzer als den ArbN) sind stfrei. Dabei ist das Verhältnis von privater und beruflicher Nutzung unerheblich. Auch eine vorübergehende Überlassung zur ausschließlich privaten Nutzung ist möglich. Ob das Gerät im Büro oder in der Wohnung privat genutzt wird, ist unerheblich. Die Befreiung umfasst alle **Vorteile**, die dem ArbN durch die Nutzung entstehen, sowohl die Vorteile aus der Übernahme der Gerätekosten als auch die Vorteile aus der Übernahme der Grund- und Verbindungsentgelte.

---

1 BR-Drs 622/06, 66.
2 R 3.44 EStR.
3 BMF DStR 02, 999; BFH BStBl II 06, 715 (keine Verletzung des Gleichheitssatzes); vgl auch SächsFG EFG 06, 1761.
4 Ausf zum Begriff der Telekommunikation und zu Navigationsgeräten als Telekommunikationsgeräte: FG D'dorf EFG 04, 1357; BFH BStBl II 05, 563; *Fissenewert* FR 05, 882.
5 Zur parallelen Problematik betrieblicher Kfz: BFH BStBl II 01, 844; BStBl II 02, 370; BStBl II 02, 164.
6 *Macher* DStZ 02, 315.

Steuerfreie Einnahmen § 3

§ 3 Nr 46
46. Bergmannsprämien nach dem Gesetz über Bergmannsprämien;

Nach § 1 BergPG erhalten ArbN, die untertage beschäftigt sind, eine Bergmannsprämie.[1] § 3 Nr 46 wiederholt die Steuerbefreiung des § 4 BergPG. Mit dem StÄndG 07 wird die Bergmannsprämie stufenweise abgeschafft. Sie wird im 1. Schritt (07) halbiert und im 2. Schritt (ab 08) nicht mehr gewährt.[2] — 155

§ 3 Nr 47
47. Leistungen nach § 14a Abs. 4 und § 14b des Arbeitsplatzschutzgesetzes;

Nach § 14a IV ArbPlSchG werden einem wehrpflichtigen ArbN von ihm geleistete Vorsorgeaufwendungen erstattet. § 14b ArbPlSchG trifft eine entspr Regelung für Beiträge zu einer öffentlichrechtlichen Versicherungs- oder Versorgungseinrichtung oder die freiwillige Versicherung in der gesetzlichen Rentenversicherung und damit vor allem für andere Personen als ArbN. — 156

§ 3 Nr 48
48. Leistungen nach dem Unterhaltssicherungsgesetz, soweit sie nicht nach dessen § 15 Abs. 1 Satz 2 steuerpflichtig sind;

Das USG sichert den Unterhalt der zum Wehrdienst einberufenen Wehrpflichtigen und ihrer Angehörigen. Die Angehörigen erhalten allg Leistungen zur Unterhaltssicherung und dem Wehrpflichtigen wird (außer während des Grundwehrdienstes) eine Verdienstausfallentschädigung gezahlt. Ausgenommen von der Befreiung werden durch § 3 Nr 48, HS 2 iVm § 15 I 2 USG die Wirtschaftsbeihilfe iSd § 7b USG (für eine Ersatzkraft, Miete etc bei Inhabern von GewBetr etc) und die Leistungen nach § 13a USG (Leistungen für Selbständige ähnlich § 7b USG bei Wehrübungen etc) und § 13b USG (bei sonstigen Einkünften iSv § 22). — 157

§ 3 Nr 49
49. laufende Zuwendungen eines früheren alliierten Besatzungssoldaten an seine im Geltungsbereich des Grundgesetzes ansässige Ehefrau, soweit sie auf diese Zuwendungen angewiesen ist;

§ 3 Nr 49 enthält eine auf Billigkeitsüberlegungen beruhende Befreiung, der heute allenfalls noch geringe Bedeutung zukommt. — 158

§ 3 Nr 50
50. die Beträge, die der Arbeitnehmer vom Arbeitgeber erhält, um sie für ihn auszugeben (durchlaufende Gelder), und die Beträge, durch die Auslagen des Arbeitnehmers für den Arbeitgeber ersetzt werden (Auslagenersatz);

Literatur: *IFSt* Zur Abgrenzung von steuerfreiem Auslagenersatz und steuerfreiem Werbungskostenersatz, Grüner Brief Nr 297, 1990.

§ 3 Nr 50 soll klarstellen, dass durchlaufende Gelder und Auslagenersatz kein Arbeitslohn sind, weil sie beim ArbN keinen Vermögenszuwachs begründen (§ 2 Rn 75). Anders als § 4 III 2 gilt § 3 Nr 50 (nur) für **ArbN** auf der Empfänger- und ArbG auf der Geberseite. „Durchlaufende Gelder" und „Auslagenersatz" unterscheiden sich dadurch, dass einmal der ArbG, einmal der ArbN in Vorleistung tritt. Gemeinsam ist ihnen, dass Beträge **„für den ArbG"** ausgegeben werden. Die Rspr nimmt – in Abgrenzung zum WK-Ersatz – Ausgaben „für den ArbG" an, wenn diese ausschließlich oder doch bei Weitem überwiegend durch die Belange des ArbG bedingt und von diesem veranlasst — 159

---

[1] Zur Abgrenzung des Personenkreises: FG M'ster EFG 04, 1576.
[2] BGBl I 06, 1652 (1657).

von Beckerath

oder gebilligt sind.[1] Das Interesse an den Ausgaben ist jedoch als Kriterium für die Abgrenzung von Ausgaben- und WK-Ersatz nicht geeignet, denn die Interessen von ArbG und ArbN werden bei zahlreichen Ausgaben gleichgerichtet sein (zB Schutzmaßnahmen). Anzuknüpfen ist daran, dass § 3 Nr 50 die fehlende Steuerbarkeit als Arbeitslohn klarstellen soll. Arbeitslohn setzt eine objektive Bereicherung des ArbN voraus und diese Bereicherung muss sich als Gegenleistung für die Zurverfügungstellung der individuellen Arbeitskraft darstellen. Bei durchlaufenden Geldern und Auslagenersatz fehlt es an einer Vermehrung des Vermögens des ArbN.[2] Das Geld, das der ArbN erhält, um es für den ArbG auszugeben (durchlaufende Gelder), geht nicht in sein Vermögen (iSv erwirtschaftetem Einkommen) ein, sondern der StPfl verwaltet dieses Geld als fremdes und gibt es als Geld des ArbG – wie ein Treuhänder – an dessen Stelle aus. Beim Auslagenersatz erhält der ArbN Geld, das lediglich Beträge ausgleicht, die er dem ArbN aus seinem Vermögen vorübergehend zur Verfügung gestellt hat. „Für den ArbG" gibt der ArbN Beträge dann aus, wenn der ArbG die Ausgaben zu tragen hat. Dies ist in erster Linie nach Arbeitsrecht zu beurteilen. Es ist die arbeitsrechtliche Regelung der Kostentragung maßgebend.[3] So ist es zB grds Sache des ArbG, die Kosten für reine Dienstreisen zu tragen[4] – einschließlich beruflich veranlasster Unfallkosten –, nicht dagegen die Kosten für Urlaubsreisen.[5] Ebenso ist es grds Sache des ArbG, die notwendigen Hilfsmittel zu stellen, mit denen die vom ArbN geschuldete individuelle Arbeitskraft in das zu schaffende Werk umgesetzt wird.[6] Sache des ArbG ist es zB auch, Maßnahmen zum Schutz und der Werterhaltung von den ArbN überlassenen Dienstwagen zu treffen (etwa: Unterstellen in Garage).[7] Allg ist es Sache des ArbG, die für die Durchführung der Arbeiten notwendigen Ausgaben zu tragen. Nicht vom ArbG zu tragen sind dagegen persönliche, vom Arbeitslohn zu bestreitende Aufwendungen des ArbN, wie die Ausgaben für private Angelegenheiten des ArbN (zB die Mitgliedschaft in einem Golfclub) oder vom ArbN zu tragende Aufwendungen für berufliche Zwecke. Zu diesen zählen zB die Aufwendungen für Fahrten zw Wohnung und Arbeitsstätte, denn der ArbN hat nach den arbeitsrechtlichen Regelungen seine Arbeitskraft dem ArbG grds am Ort der Arbeitsstätte zur Verfügung zu stellen. Ebenso gehören zu den persönlichen, vom Arbeitslohn zu bestreitenden Aufwendungen des ArbN die Aufwendungen für Arbeitskleidung[8] (nicht dagegen: Arbeitsschutzkleidung, die nach öffentlich-rechtlichen Vorschriften zu tragen ist), Beköstigung, Umzugskosten, die infolge des Dienstantritts anfallen, oder Vorstellungskosten.[9] Qualifiziert man die Lohnschuld als Holschuld, sind auch Kosten für die Führung eines Gehaltskontos vom ArbN zu tragen und ist ihr Ersatz kein Auslagenersatz.[10] Ebenso sind nicht vom ArbG zu tragen: Bewirtungskosten, die dem ArbN durch die Bewirtung von Geschäftsfreunden in seiner Wohnung entstehen,[11] Heimarbeiterzuschläge,[12] Hundegelder,[13] Mitgliedsbeiträge bei geselligen Vereinigungen,[14] Ersatz für auf einer Dienstreise verloren gegangene oder beschädigte Gegenstände des PV,[15] Fehlgeldentschädigungen[16] und Aufwendungen für Sicherheitsmaßnahmen am Wohnhaus eines Vorstandmitglieds einer Bank.[17] Betriebliche Übung und arbeitsvertragliche Vereinbarungen – insbes Tarifverträge – können die beiderseitige Ausgabenzuständigkeit konkretisieren.[18] Ausgaben, die an sich der ArbN und nicht der ArbG zu tragen hat, werden allerdings nicht deshalb zu Ausgaben des ArbG, weil der ArbG sich zu der Kostenübernahme verpflichtet hat.[19] Ausgaben „für den ArbG" lie- gen zB auch dann nicht vor, wenn im Arbeitsvertrag vereinbart wurde, dass der ArbG die Aufwendungen für eine doppelte Haushaltsführung oder für die Fahrten Wohnung/Arbeitsstätte trägt. Es ist zw Vereinbarungen, mit denen die beiderseitigen Verpflichtungen zur Kostentragung abgegrenzt und präzisiert werden, und Vereinbarungen zu unterscheiden, durch die der ArbG sich verpflichtet, an sich vom ArbN zu tragende Kosten zu übernehmen. Stfrei sind die erhaltenen **Beträge**. Bei einer pauschalen Abgeltung wird grds stpfl Arbeitslohn angenommen. Eine Ausnahme hiervon wird zugelassen,

---

1 BFH BStBl II 76, 231 (232 mwN); vgl auch BFH BStBl II 95, 906 (907); BStBl II 02, 829; BStBl II 06, 541; BStBl II 06, 473.
2 *IFSt* S 35; **aA** *Heinze* DB 96, 2490 (2491).
3 *IFSt* S 53; dasselbe DB 90, 1893.
4 BFH BStBl II 72, 137 (Außenmonteure).
5 FG Kln EFG 97, 859.
6 *Schmidt* FR 95, 465; *IFSt* S 58; BFH BStBl II 06, 473.
7 BFH BStBl II 02, 829.
8 *von Bornhaupt* StuW 90, 46 (50); **aA** FG D'dorf EFG 70, 595 (Kleidergelder für Orchestermitglieder); vgl auch FG Bln EFG 05, 1344.
9 *Schaub* Arbeitsrechtshandbuch, S 916.
10 *IFSt* S 68f.
11 BFH BStBl III 66, 607.
12 *von Bornhaupt* StuW 90, 46 (56).
13 BMF StEK EStG § 3 Nr 465 (Ausnahme bei Eigentum der WachGes und Einzelabrechnung).
14 BFH BStBl III 59, 230.
15 BFH BStBl II 94, 256.
16 *IFSt* S 60; **aA** BFH BStBl II 70, 69.
17 BFH BStBl II 06, 541.
18 BFH BStBl II 72, 137; BStBl II 70, 69; BStBl II 06, 473.
19 Ähnlich: *IFSt* DB 90, 1893 (1894).

wenn es sich um kleinere Beträge handelt, die erfahrungsgemäß den durchschnittlich entstehenden Aufwand nicht übersteigen[1] bzw „wenn der Aufwand regelmäßig wiederkehrt und die pauschale Abgeltung im Großen und Ganzen dem tatsächlichen Aufwand entspr.[2] R 22 II 2 LStR sieht allerdings vor, dass pauschaler Auslagenersatz ausnahmsweise stfrei bleiben kann, wenn er regelmäßig wiederkehrt und der ArbN die entstandenen Aufwendungen für einen repräsentativen Zeitraum von drei Monaten im Einzelnen nachweist. Dementspr können bei Telekommunikationsaufwendungen gem R 22 II 3 LStR auch die Aufwendungen für das Nutzungsentgelt einer Telefonanlage sowie für den Grundpreis der Anschlüsse entsprechend dem beruflichen Anteil der Verbindungsentgelte (Telefon und Internet) stfrei ersetzt werden (nach R 22 II 4 LStR ohne Einzelnachweis: 20 %, höchstens 20 € monatlich; nach R 22 II 5 LStR: repräsentativer Zeitraum von drei Monaten).[3]

§ 3 Nr 51

51. Trinkgelder, die anlässlich einer Arbeitsleistung dem Arbeitnehmer von Dritten freiwillig und ohne dass ein Rechtsanspruch auf sie besteht, zusätzlich zu dem Betrag gegeben werden, der für diese Arbeitsleistung zu zahlen ist;

Literatur: *Kloubert* Die Steuerbarkeit von Drittleistungen beim Lohnsteuerabzug am Beispiel der Trinkgeldzahlung, DStR 00, 231; *Kruse* Über das Trinkgeld, StuW 01, 366; *Völlmeke* Probleme bei der Trinkgeldbesteuerung, DStR 98, 157; *Zumbansen/Kim* Zur Gleichbehandlung von Arbeitsentgelt und Trinkgeldern aus steuer- und arbeitsrechtlicher Sicht, BB 99, 2454.

§ 3 Nr 51 befreit ArbN-Trinkgelder. Die Befreiung ist **konstitutiv,** denn Trinkgelder werden vom BFH in ständiger Rspr als Arbeitslohn qualifiziert, der von Dritten geleistet wird.[4] Mit dieser Befreiung soll ein **Niedriglohnsektor entlastet** und sollen **Erhebungsprobleme vermieden** werden.[5] Nicht plausibel ist allerdings, warum nur Trinkgelder von ArbN, nicht von Unternehmern (zB selbstständigen Taxifahrern oder Gepäckträgern) befreit werden.[6] 160

Trinkgelder sind Geld- und auch Sachzuwendungen, die zusätzlich zum Entgelt für die erbrachte Leistung gewährt werden. Trinkgelder sind ohne betragsmäßige Begrenzung befreit.[7] Allerdings wird man für extrem wertvolle Geschenke eine Begrenzung der Steuerbefreiung aus dem Begriff des Trinkgeldes ableiten können. Nicht als stfr Trinkgeld qualifiziert hat der BFH die Sonderzahlung einer Konzernmutter, die diese nach der Veräußerung ihrer Tochtergesellschaft an deren ArbN geleistet hatte. Es habe kein gast- oder kundenähnliches Rechtsverhältnis bestanden[8]. Nach der Rspr des BFH setzt der Begriff des Trinkgeldes eine „gewisse persönliche Beziehung zu dem ArbN und dem Dritten" voraus. Der BFH hat diese Voraussetzung bei den Tronc-Einnahmen eines Croupiers nicht als erfüllt angesehen.[9] Eine entspr Problematik stellt sich bei Richtfestgeldern, wenn der Bauunternehmer bei der Verteilung nach Art eines Treuhänders eingeschaltet wird[10] oder wenn die Trinkgelder in eine gemeinsame Kasse der Beschäftigten eingebracht werden (Gaststätten-, Frisörgewerbe). Nach dem Zweck des § 3 Nr 51 erscheint nicht gerechtfertigt, in diesen Fällen eine Steuerbefreiung zu versagen.[11] Die Forderung, das Trinkgeld müsse **„anlässlich einer Arbeitsleistung"** gegeben werden, knüpft an die Auslegungsgrundsätze zur Steuerbarkeit von Zahlungen durch Dritte an. Bei einer Lohnzahlung durch Dritte muss sich die Zahlung als Gegenleistung für eine konkrete Arbeitsleistung darstellen (§ 19 Rn 110, 120, 126). Anders als bei der ursprünglich vorgesehenen Formulierung „anlässlich einer Dienstleistung"[12] werden auch Trinkgelder an ArbN des Handels (Verkaufsfahrer, -personal) befreit. Begünstigt sind nur Trinkgelder **„von Dritten".** Nur bei diesen bestehen Bedenken gegen deren Steuerbarkeit als Arbeitslohn und nur bei diesen muss der ArbG von den ArbN Angaben über die erhaltenen Trinkgelder fordern. Anders als nach 161

---

1 BFH BStBl II 90, 289 (291); FG SchlHol EFG 05, 1173.
2 BFH BStBl II 95, 906; BStBl II 04, 129 (Erziehungshilfe).
3 *Macher* DStZ 02, 315 (318).
4 BFH BStBl II 99, 361 mwN; vgl auch BT-Drs 14/9428, 7.
5 BT-Drs 14/9029, 3; 14/9061, 3; 14/9428, 1.
6 FG Bln EFG 06, 1405: verfassungsrechtliche Bedenken, allerdings keine Vorlage an das BVerfG, da der BFH keine Zweifel an der Verfassungsmäßigkeit habe erkennen lassen (?).
7 Zu Trinkgeldern ohne Grundlohn: FG M'ster EFG 03, 1549.
8 BFH BStBl II 07, 712.
9 BFH BStBl II 97, 346 (347); **aA** FG Bdbg EFG 05, 1097; zweifelnd auch: BFH/NV II 05, 2190.
10 FG Nbg EFG 74, 565.
11 *K/S/M* § 3 Rn B 51/57; *H/H/R* § 3 Rn 293; FG Bdbg EFG 06, 630; vgl auch BFH BStBl II 97, 346 (347); BStBl II 05, 2190.
12 BT-Drs 14/9428, 5.

von Beckerath

der zunächst vorgeschlagenen Formulierung „von Kunden oder Gästen" werden auch Trinkgelder an Krankenhauspersonal von Angehörigen der Patienten befreit.[1] Dritter ist, wer nicht ArbG oder ArbN ist.[2] Es ist unschädlich, wenn das Trinkgeld in eine gemeinsame Kasse eingebracht und dann aufgeteilt wird oder über den ArbG zugewendet wird. Die Tatbestandsvoraussetzung **„freiwillig und ohne dass ein Rechtsanspr auf sie besteht"** schließt sowohl den Fall aus, dass der ArbG (oder der ArbN) einen Rechtsanspr gegen den Dritten hat als auch den Fall, dass der ArbN einen Anspr auf Trinkgeld gegen den ArbG hat.[3] Keine Steuerbefreiung besteht danach zB bei den Metergeldern im Möbeltransportgewerbe[4] oder beim Bedienungszuschlag im Gaststättengewerbe. Die Trinkgelder müssen **„zusätzlich zu dem Betrag gegeben werden, der für diese Arbeitsleistung zu zahlen ist"**. Gemeint ist, dass das Trinkgeld zusätzlich zu dem Betrag gegeben werden muss, den der Dienstleistungsempfänger für die Arbeitsleistung an den ArbG zu zahlen hat (nicht zu dem Betrag, den der ArbG dem ArbN für die Arbeitsleistung zu zahlen hat).[5] Trinkgeld- und Entgeltzahler müssen nicht identisch sein. Es sind zB auch Trinkgelder an Postzusteller stfrei. Ebenso ist es ausreichend, wenn die Arbeitsleistung über einen Mitgliedsbeitrag bezahlt wird, so dass auch Trinkgelder von Mitgliedern eines Automobilvereins an Pannenhelfer stfrei sind.[6]

§ 3 Nr 52, 53

(weggefallen)

§ 3 Nr 54

54. Zinsen aus Entschädigungsansprüchen für deutsche Auslandsbonds im Sinne der §§ 52 bis 54 des Bereinigungsgesetzes für deutsche Auslandsbonds in der im Bundesgesetzblatt Teil III, Gliederungsnummer 4139-2, veröffentlichten bereinigten Fassung, soweit sich die Entschädigungsansprüche gegen den Bund oder die Länder richten. Das Gleiche gilt für die Zinsen aus Schuldverschreibungen und Schuldbuchforderungen, die nach den §§ 9, 10 und 14 des Gesetzes zur näheren Regelung der Entschädigungsansprüche für Auslandsbonds in der im Bundesgesetzblatt Teil III, Gliederungsnummer 4139-3, veröffentlichten bereinigten Fassung vom Bund oder von den Ländern für Entschädigungsansprüche erteilt oder eingetragen werden;

163 §§ 52–54 AuslWBG sehen Entschädigungsansprüche für den Fall vor, dass vor 1945 ausgegebene Auslandsbonds nicht angemeldet und damit kraftlos geworden sind. § 3 Nr 54 befreit – im Hinblick auf § 3a aF – die Zinsen, die im Rahmen dieser Entschädigungsansprüche als Teil der Entschädigung gezahlt werden, sowie die Zinsen aus Schuldverschreibungen, die zur Abgeltung von Entschädigungsansprüchen begründet wurden.

§ 3 Nr 55

55. der in den Fällen des § 4 Abs. 2 Nr. 2 und Abs. 3 des Betriebsrentengesetzes vom 19. Dezember 1974 (BGBl. I S. 3610), das zuletzt durch Artikel 8 des Gesetzes vom 5. Juli 2004 (BGBl. I S. 1427) geändert worden ist, in der jeweils geltenden Fassung geleistete Übertragungswert nach § 4 Abs. 5 des Betriebsrentengesetzes, wenn die betriebliche Altersversorgung beim ehemaligen und neuen Arbeitgeber über einen Pensionsfonds, eine Pensionskasse oder ein Unternehmen der Lebensversicherung durchgeführt wird. Satz 1 gilt auch, wenn der Übertragungswert vom ehemaligen Arbeitgeber oder von einer Unterstützungskasse an den neuen Arbeitgeber oder eine andere Unterstützungskasse geleistet wird. Die Leistungen des neuen Arbeitgebers, der Unterstützungskasse, des Pensionsfonds, der Pensionskasse oder des Unternehmens der Lebensversicherung auf Grund des Betrages nach Satz 1 und 2 gehören zu den Einkünften, zu denen die Leistungen gehören würden, wenn die Übertragung nach § 4 Abs. 2 Nr. 2 und Abs. 3 des Betriebsrentengesetzes nicht stattgefunden hätte;

---

[1] BT-Drs 14/9428, 5.
[2] FG Nds EFG 05, 852 u FG Hbg EFG 05, 1411 zu Sonderzahlungen an ArbN eines konzernverbundenen Unternehmens.
[3] *K/S/M* § 3 Rn B 51/91; BFH BStBl III 65, 426; FG Bdbg EFG 05, 1097 (1099); FG Bdbg EFG 06, 630 (Spielbankenmitarbeiter).
[4] BFH BStBl III 65, 426.
[5] BT-Drs 14/9029, 3; zu Trinkgeldern ohne Grundlohn: FG M'ster EFG 03, 1549.
[6] BT-Drs 14/9428, 7; **aA** Tormöhlen in: Korn § 3 Rn 135.1.

Literatur: *Niermann* Alterseinkünftegesetz – Die steuerlichen Änderungen in der betrieblichen Altersversorgung, DB 04, 1449; *Seifert* Überblick über das Alterseinkünftegesetz, GStB 04, 239.

§ 4 Betriebsrentengesetz – BetrAVG – regelt die Übertragung von Versorgungsanwartschaften und Versorgungsverpflichtungen in den Fällen des ArbG-Wechsels. Er bestimmt, wie die einzelnen Betriebsrentenanwartschaften vom ArbN zum neuen ArbG mitgenommen werden können. **§ 4 II BetrAVG** regelt die Übertragung im Einvernehmen von bisherigem ArbG, neuem ArbG und ArbN. Es kann die Versorgungszusage vom neuen ArbG übernommen werden (§ 4 II Nr 1 BetrAVG) oder es kann der Wert der vom ArbN erworbenen Anwartschaft auf betriebliche Altersversorgung (Übertragungswert) auf den neuen ArbG übertragen werden, wenn dieser eine wertgleiche Zusage erteilt (§ 4 II Nr 2 BetrAVG). Nach **§ 4 III BetrAVG** kann der ArbN innerhalb eines Jahres nach Beendigung des Arbverh von seinem ehemaligen ArbG verlangen, dass der Übertragungswert auf den neuen ArbG übertragen wird, wenn die betriebliche Altersversorgung über einen Pensionsfonds, eine Pensionskasse oder einen Direktversicherung durchgeführt worden ist, und der Übertragungswert die Beitragsbemessungsgrenze in der Rentenversicherung nicht übersteigt. Der Übertragungswert entspricht nach **§ 4 V BetrAVG** dem Barwert der nach § 2 BetrAVG bemessenen künftigen Versorgungsleistung bzw dem gebildeten Kapital im Zeitpunkt der Übertragung. **164**

§ 3 Nr 55 S 1 gewährleistet, dass keine steuerlichen Folgerungen aus der Übertragung nach § 4 II Nr 2 oder III BetrAVG gezogen werden. Er befreit den vom bisherigen ArbG geleisteten Übertragungswert nach § 4 V BetrAVG, wenn die betriebliche Altersversorgung sowohl beim ehemaligen als auch beim neuen ArbG über einen externen Versorgungsträger (Pensionsfonds, Pensionskasse, Unternehmen der Lebensversicherung) durchgeführt wird (zur Übertragung von Versorgungsverpflichtungen bei Betriebsschließungen nach § 4 IV BetrAVG: § 3 Nr 65 S 2). **165**

Nach **§ 3 Nr 55 S 2** gilt die Steuerbefreiung nach S 1 auch, wenn der Übertragungswert vom ehemaligen ArbG oder von einer Unterstützungskasse an den neuen ArbG oder eine andere Unterstützungskasse geleistet wird. Steuerfreiheit besteht dagegen nach dem Wortlaut von § 3 Nr 55 S 1 und S 2 nicht, wenn die betriebliche Altersversorgung beim alten ArbG über einen **externen Versorgungsträger** durchgeführt wurde, beim neuen ArbG als **Direktzusage** ausgestaltet ist oder über eine **Unterstützungskasse** erfolgt.[1] In diesem Fall sind Leistungen des externen Versorgungsträgers kein Arbeitslohn, soweit die Zahlungen auf lohnversteuerten Beiträgen beruhen und nach § 22 Nr 5 zu erfassen, soweit sie auf nach § 3 Nr 63 stfreien Beiträgen basieren.[2] § 3 Nr 55 findet auch dann keine Anwendung, wenn die betriebliche Altersversorgung beim alten ArbG als Direktzusage ausgestaltet war oder über eine Unterstützungskasse abgewickelt wurde, während sie beim neuen ArbG über einen externen Versorgungsträger abgewickelt wird. In diesem Fall können die Zahlungen unter Anwendung der Vervielfältigungsregelung des § 3 Nr 63 S 4 stfrei sein. Ansonsten sind die Zahlungen der LSt zu unterwerfen, wobei auf Einmalzahlungen die Fünftelungsregelung des § 34 Anwendung finden kann.[3] **166**

§ 3 Nr 55 S 3 bestimmt – nach dem Vorbild des § 3 Nr 65 S 3 –, dass die Leistungen des neuen ArbG, der Unterstützungskasse, des Pensionsfonds, der Pensionskasse oder des Unternehmens der Lebensversicherung aufgrund der Beiträge nach S 1 und 2 zu den Einkünften gehören, zu denen die ursprünglich zugesagten Leistungen gehört hätten. Wurden zB nach § 3 Nr 63 stfreie Beiträge an eine Pensionskasse geleistet und die Altersversorgung dann auf einen Pensionsfonds übertragen, sind die späteren Versorgungsleistungen nach § 22 Nr 5 zu versteuern. Ebenso bleibt es in den Fällen des § 3 Nr 55 S 2 bei einer vollständigen Besteuerung der Versorgungsleistungen nach Maßgabe von § 19 II. Der Gesetzgeber wollte mit der Regelung des § 3 Nr 55 S 3 eine Rückabwicklung der steuerlichen Behandlung der Beitragsleistungen an einen Pensionsfonds, eine Pensionskasse oder eine Direktversicherung vor der Übertragung (Steuerfreiheit nach § 3 Nr 63, individuelle Besteuerung, Besteuerung nach § 40b) vermeiden.[4] **167**

---

1 *Niermann* DB 04, 1449 (1457); *Seifert* GStB 04, 239 (256); vgl allerdings BT-Drs 15/2150, 32 (zur Anwendung von § 3 Nr 65 S 3 im Fall der Übertragung von einer Direktzusage oder einer Unterstützungskasse auf eine Pensionskasse oder einen Pensionsfonds).
2 Vgl iErg: *Niermann* DB 04, 1449 (1457).
3 *Niermann* DB 04, 1449 (1458).
4 BT-Drs 15/2150, 32.

§ 3 Nr 56

56. Zuwendungen des Arbeitgebers nach § 19 Abs. 1 Satz 1 Nr. 3 Satz 1 aus dem ersten Dienstverhältnis an eine Pensionskasse zum Aufbau einer nicht kapitalgedeckten betrieblichen Altersversorgung, bei der eine Auszahlung der zugesagten Alters-, Invaliditäts- oder Hinterbliebenenversorgung in Form einer Rente oder eines Auszahlungsplans (§ 1 Abs. 1 Satz 1 Nr. 4 des Altersvorsorgeverträge-Zertifizierungsgesetzes) vorgesehen ist, soweit diese Zuwendungen im Kalenderjahr 1 Prozent der Beitragsbemessungsgrenze in der allgemeinen Rentenversicherung nicht übersteigen. Der in Satz 1 genannte Höchstbetrag erhöht sich ab 1. Januar 2014 auf 2 Prozent, ab 1. Januar 2020 auf 3 Prozent und ab 1. Januar 2025 auf 4 Prozent der Beitragsbemessungsgrenze in der allgemeinen Rentenversicherung. Die Beträge nach den Sätzen 1 und 2 sind jeweils um die nach § 3 Nr. 63 Satz 1, 3 oder Satz 4 steuerfreien Beträge zu mindern;

168 § 3 Nr 56 dehnt die sog **nachgelagerte Besteuerung** aus. Während § 3 Nr 63 Beitragszahlungen an Pensionsfonds, Pensionskassen und an Direktversicherungen im Rahmen der kapitalgedeckten betrieblichen Altersversorgung befreit – und § 3 Nr 66 die Überleitung einer betrieblichen Altersversorgung in Form der Direktzusage oder über eine Unterstützungskasse auf einen Pensionsfonds von der Besteuerung ausnimmt –, begünstigt § 3 Nr 56 Zahlungen an eine Pensionskasse im Rahmen der umlagefinanzierten Altersversorgung.

169 § 3 Nr 56 befreit **Zuwendungen des ArbG nach § 19 I 1 Nr 3 S 1** und verweist damit auf eine zeitgleich mit § 3 Nr 56 eingeführte Neuregelung, nach der „laufende Beiträge und laufende Zuwendungen des ArbG aus einem bestehenden Dienstverhältnis an einen Pensionsfonds, eine Pensionskasse oder für eine Direktversicherung für eine betriebliche Altersversorgung" ausdrücklich zu den Einkünften aus nicht selbstständiger Arbeit gerechnet werden. Dass der Gesetzgeber in § 3 Nr 63 von „Beiträgen des ArbG", dagegen in § 3 Nr 56 von „Zuwendungen des ArbG" spricht, dürfte darauf beruhen, dass in § 3 Nr 56 die umlagefinanzierte betriebliche Altersversorgung begünstigt wird, in § 3 Nr 63 dagegen die kapitalgedeckte betriebliche Altersversorgung. So verweist die Gesetzesbegründung zu § 19 I 1 Nr 3 S 1 darauf, dass zu den Zuwendungen die Umlagen zählten, die der ArbG für eine umlagefinanzierte betriebliche Altersversorgung zahle.[1] § 3 Nr 56 begünstigt nur Zuwendungen **„aus dem ersten Dienstverhältnis"**. Diese Eingrenzung soll – wie das gleichlautende Tatbestandsmerkmal in § 3 Nr 63 – die einfache und unbürokratische Anwendung der Steuerbefreiung sichern (zur Auslegung: Rn 187).

170 Befreit werden Zuwendungen an eine **Pensionskasse**. Eine Pensionskasse ist nach § 1b III BetrAVG eine vom ArbG unabhängige rechtfähige Versorgungseinrichtung, die dem ArbN oder seinen Hinterbliebenen Rechtsanspruch auf künftige Leistungen einräumt. § 19 I 1 Nr 3 S 1 qualifiziert Zuwendungen an eine Pensionskasse dem Grundsatz nach als Arbeitslohn. Während § 3 Nr 63 Beiträge zum Aufbau einer kapitalgedeckten betrieblichen Altersversorgung befreit, befreit § 3 Nr 56 nur Zuwendungen **„zum Aufbau einer nicht kapitalgedeckten betrieblichen Altersversorgung"**, also einer umlagefinanzierten Altersversorgung. Parallel zu § 3 Nr 63 – allerdings sprachlich verbessert und vereinfacht – fordert § 3 Nr 56, dass es sich um eine Altersversorgung handelt, **„bei der eine Auszahlung der zugesagten Alters-, Invaliditäts- oder Hinterbliebenenversorgung in Form einer Rente oder eines Auszahlungsplans (§ 1 Abs 1 Satz 1 Nr 4 des Altersvorsorgeverträge-Zertifizierungsgesetzes) vorgesehen ist"**. Wie im Rahmen von § 3 Nr 63, so lässt der Gesetzgeber es auch bei § 3 Nr 56 ausreichen, dass die Auszahlung in Form einer Rente oder eines Auszahlungsplans „vorgesehen ist". Die Option, statt der Rentenleistung eine Einmalkapitalauszahlung zu wählen, soll die Steuerbefreiung nicht von vornherein ausschließen (vgl Rn 186).

171 Abw von § 3 Nr 63 lässt § 3 Nr 56 zunächst Zuwendungen nur bis maximal **1 % der Beitragsbemessungsgrenze** in der allg Rentenversicherung stfrei und erhöht diesen Höchstbetrag erst ab 1.1.14 auf 2 %, ab 1.1.20 auf 3 % und ab 1.1.25 auf 4 %. Ein **zusätzlicher Höchstbetrag** in Höhe von 1 800 € wurde in § 3 Nr 56 nicht vorgesehen, da für mögliche übersteigende Zuwendungen des ArbG – anders als bei der kapitalgedeckten betrieblichen Altersversorgung an einen Pensionsfonds oder eine Direktversicherung – weiterhin die Anwendung der Pauschalbesteuerung nach § 40 I und II möglich ist.[1] Die (Höchst-)Beträge nach § 3 Nr 56 S 1 und 2 sind jeweils um die nach § 3 Nr 63 S 1, 3 oder S 4 stfreien Beträge zu mindern. Es wird so eine kumulative Förderung verhindert. Die

---

1 BR-Drs 622/06, 66.

durch stfreie Zuwendungen nach § 3 Nr 56 erworbenen Versorgungsleistungen werden – wie bei der der kapitalgedeckten betrieblichen Altersversorgung – gem § 22 Nr 5 vollständig besteuert.[1] Die Steuerbefreiung des § 3 Nr 56 ist allerdings nach § 52 V erstmals auf Zuwendungen anzuwenden, die nach dem 31.12.07 geleistet werden.

§ 3 Nr 57
57. die Beträge, die die Künstlersozialkasse zugunsten des nach dem Künstlersozialversicherungsgesetz Versicherten aus dem Aufkommen von Künstlersozialabgabe und Bundeszuschuss an einen Träger der Sozialversicherung oder an den Versicherten zahlt;

Nach dem KSVG sind selbstständige Künstler und Publizisten in der Renten-, Kranken- und Pflegeversicherung pflichtversichert. Die Mittel werden durch Beitragsanteile der Versicherten, die Künstlersozialabgabe sowie einen Bundeszuschuss aufgebracht. Die Künstlersozialkasse erhebt die Beiträge, überweist sie an die Sozialversicherungsträger und gewährt Künstlern und Publizisten, die von der Krankenversicherungspflicht befreit sind, einen Zuschuss zu ihren Kranken- und Pflegeversicherungsbeiträgen. § 3 Nr 57 befreit diese Zahlungen, soweit sie aus dem Aufkommen der Künstlersozialabgabe und des Bundeszuschusses stammen. Sie sollen mit den von § 3 Nr 62 befreiten ArbG-Beiträgen gleichbehandelt werden.

175

§ 3 Nr 58
58. das Wohngeld nach dem Wohngeldgesetz und dem Wohngeldsondergesetz, die sonstigen Leistungen zur Senkung der Miete oder Belastung im Sinne des § 38 des Wohngeldgesetzes sowie öffentliche Zuschüsse zur Deckung laufender Aufwendungen und Zinsvorteile bei Darlehen, die aus öffentlichen Haushalten gewährt werden, für eine zu eigenen Wohnzwecken genutzte Wohnung im eigenen Haus oder eine zu eigenen Wohnzwecken genutzte Eigentumswohnung, soweit die Zuschüsse und Zinsvorteile die Vorteile aus einer entsprechenden Förderung mit öffentlichen Mitteln nach dem Zweiten Wohnungsbaugesetz, dem Wohnraumförderungsgesetz oder einem Landesgesetz zur Wohnraumförderung nicht überschreiten, der Zuschuss für die Wohneigentumsbildung in innerstädtischen Altbauquartieren nach den Regelungen zum Stadtumbau Ost in den Verwaltungsvereinbarungen über die Gewährung von Finanzhilfen des Bundes an die Länder nach Artikel 104a Abs. 4 des Grundgesetzes zur Förderung städtebaulicher Maßnahmen;

Nach dem **WoGG** wird Wohngeld als Miet- oder Lastenzuschuss zur Miete oder Belastung aus dem Kapitaldienst und der Bewirtschaftung gezahlt. Antragsberechtigt sind Mieter und Nutzungsberechtigte von Wohnraum, für einen Lastenzuschuss vor allem der Eigentümer eines eigengenutzten Eigenheimes oder einer Eigentumswohnung. Stfrei ist auch das Wohngeld nach dem – v 91–94 in den neuen Bundesländern geltenden – **WoGSoG**, die sonstigen Leistungen zur Senkung der Miete oder Belastung iSv **§ 38 WoGG** (laufende Leistungen zur Ergänzung des Wohngeldes von Gemeinden oder Gemeindeverbänden; laufende einkommensorientierte Leistungen aus öffentlichen Haushalten oder Zweckvermögen nach Art des Wohngeldes) sowie **öffentliche Zuschüsse** und **Zinsvorteile** bei Darlehen aus öffentlichen Haushalten für eine zu eigenen Wohnzwecken genutzte eigene Wohnung. Die letztgenannten Zuschüsse und Zinsvorteile dürfen allerdings die Vorteile aus einer entspr Förderung nach dem II. WoBauG und dem WoFG (das das II. WoBauG ersetzt hat) oder einem Landesgesetz zur Wohnraumförderung[2] nicht überschreiten. Ebenfalls begünstigt ist der Zuschuss für die Wohneigentumsbildung nach den **Regelungen zum Stadtumbau Ost**, mit dem ab 02 die Modernisierung und Instandsetzung von Altbauwohnungen durch selbstnutzende Erwerber gefördert wird.[3]

176

---

1 BR-Drs 622/06, 66.
2 BT-Drs 16/814, 11, 24.
3 BR-Drs 891/01; BT-Drs 14/7340, 9; BT-Drs 14/7341, 21.

§ 3 Nr 59

59. die Zusatzförderung nach § 88e des Zweiten Wohnungsbaugesetzes und nach § 51f des Wohnungsbaugesetzes für das Saarland und Geldleistungen, die ein Mieter zum Zwecke der Wohnkostenentlastung nach dem Wohnraumförderungsgesetz oder einem Landesgesetz zur Wohnraumförderung erhält, soweit die Einkünfte dem Mieter zuzurechnen sind, und die Vorteile aus einer mietweisen Wohnungsüberlassung im Zusammenhang mit einem Arbeitsverhältnis, soweit sie die Vorteile aus einer entsprechenden Förderung nach dem Zweiten Wohnungsbaugesetz, nach dem Wohnraumförderungsgesetz oder einem Landesgesetz zur Wohnraumförderung nicht überschreiten;

R 3.59 LStR

177 Nach § 88d II. WoBauG können Mittel zur Förderung des sozialen Wohnungsbaus nach Maßgabe einer zw dem Darlehens- oder Zuschussgeber und dem Bauherrn abzuschließenden Vereinbarung (über Höhe und Einsatzart der Mittel, Belegungsrechte, Höhe des Mietzinses etc) vergeben werden.[1] **§ 88e II. WoBauG** knüpft an diese Regelung an und sieht eine Zusatzförderung zum Zwecke einer einkommensorientierten Wohnkostenbelastung des jeweiligen Mieters und einer dementspr Sicherstellung der durch die Förderzusage festgelegten Mietzahlung vor. § 3 Nr 59 erklärt diese Zusatzförderung für stfrei, **soweit die Einkünfte dem Mieter zuzurechnen sind.** Das II. WoBauG wurde zwar durch das WoFG ersetzt,[2] es gelten aber nach § 48 WoFG die auf der Grundlage des II. WoBauG eingegangenen Verpflichtungen und erlassenen Bescheide fort. **§ 51f WoBauG Saarland** trifft eine § 88e II. WoBauG entspr Regelung für das Saarland. § 3 Nr 59 befreit in seiner 3. Alt. die **Geldleistungen, die ein Mieter zur Wohnkostenentlastung nach dem WoFG oder einem Landesgesetz zur Wohnraumförderung erhält.** Gem § 7 Nr 1 WoFG iVm § 13 WoFG können Wohnkostenentlastungen durch Bestimmung höchstzulässiger Mieten unterhalb von ortsüblichen Vergleichsmieten oder auch sonstige Maßnahmen vorgesehen werden. Befreit sind nur die Geldleistungen, die ein Mieter, nicht diejenigen, die der Vermieter oder Eigentümer bekommt. Neben den staatlichen Leistungen nach den WoBauGen und den WoFG befreit § 3 Nr 59 **Mietvorteile aus einer Wohnungsüberlassung im Zusammenhang mit einem Arbverh.** Es sollen Vorteile aus einer einkommensorientierten Förderung iSv § 88e II. WoBauG, sofern sie im Rahmen eines Arbverh erfolgt, in gleicher Weise stfrei sein wie im Rahmen der allg Wohnungsbauförderung. Es sollen Mietvorteile, die auf den Mietpreisbeschränkungen nach dem II. WoBauG und dem WoBauG Saarland beruhen, auch dann stfrei bleiben, wenn sie in Zusammenhang mit einem Arbverh stehen und es sollen auch sonstige Mietvorteile, die unabhängig von den gesetzlichen Regelungen gewährt werden, stfrei bleiben, **soweit sie die Vorteile aus einer entspr Förderung nach dem II. WoBauG oder den WoFG nicht überschreiten.** Diese Einschränkung bedeutet nicht nur eine betragsmäßige Begrenzung. Nach BFH ist § 3 Nr 59 seinem Sinn und Zweck nach auf Fälle beschränkt, in denen die Vorteile auf der Förderung nach dem II. WoBauG beruhen.[3]

§ 3 Nr 60

60. Leistungen aus öffentlichen Mitteln an Arbeitnehmer des Steinkohlen-, Pechkohlen- und Erzbergbaues, des Braunkohlentiefbaues und der Eisen- und Stahlindustrie aus Anlass von Stilllegungs-, Einschränkungs-, Umstellungs- oder Rationalisierungsmaßnahmen;

178 Leistungen iSv § 3 Nr 60 wurden zB aufgrund des Gesetzes zur Anpassung und Gesundung des deutschen Steinkohlenbergbaus und der deutschen Steinkohlenbergbaugebiete erbracht.

§ 3 Nr 61

61. Leistungen nach § 4 Abs. 1 Nr. 2, § 7 Abs. 3, §§ 9, 10 Abs. 1, §§ 13, 15 des Entwicklungshelfer-Gesetzes;

179 Die Steuerbefreiung soll den Entwicklungshelfer steuerlich so stellen, als ob er in der gesetzlichen Kranken-, Unfall- oder Arbeitslosenversicherung versichert wäre.

---

1 Zur Behandlung der Fördermittel als Einnahmen aus VuV: BFH BStBl II 04, 14.
2 BGBl I 01, 2376.
3 BFH BStBl II 05, 750.

§ 3 Nr 62

62. Ausgaben des Arbeitgebers für die Zukunftssicherung des Arbeitnehmers, soweit der Arbeitgeber dazu nach sozialversicherungsrechtlichen oder anderen gesetzlichen Vorschriften oder nach einer auf gesetzlicher Ermächtigung beruhenden Bestimmung verpflichtet ist. Den Ausgaben des Arbeitgebers für die Zukunftssicherung, die auf Grund gesetzlicher Verpflichtung geleistet werden, werden gleichgestellt Zuschüsse des Arbeitgebers zu den Aufwendungen des Arbeitnehmers
    a) für eine Lebensversicherung,
    b) für die freiwillige Versicherung in der gesetzlichen Rentenversicherung,
    c) für eine öffentlich-rechtliche Versicherungs- oder Versorgungseinrichtung seiner Berufsgruppe,
    wenn der Arbeitnehmer von der Versicherungspflicht in der gesetzlichen Rentenversicherung befreit worden ist. Die Zuschüsse sind nur insoweit steuerfrei, als sie insgesamt bei Befreiung von der Versicherungspflicht in der allgemeinen Rentenversicherung die Hälfte und bei Befreiung von der Versicherungspflicht in der knappschaftlichen Rentenversicherung zwei Drittel der Gesamtaufwendungen des Arbeitnehmers nicht übersteigen und nicht höher sind als der Betrag, der als Arbeitgeberanteil bei Versicherungspflicht in der allgemeinen Rentenversicherung oder in der knappschaftlichen Rentenversicherung zu zahlen wäre. Die Sätze 2 und 3 gelten sinngemäß für Beiträge des Arbeitgebers zu einer Pensionskasse, wenn der Arbeitnehmer bei diesem Arbeitgeber nicht im Inland beschäftigt ist und der Arbeitgeber keine Beiträge zur gesetzlichen Rentenversicherung im Inland leistet; Beiträge des Arbeitgebers zu einer Rentenversicherung auf Grund gesetzlicher Verpflichtung sind anzurechnen;

R 3.62 LStR

§ 3 Nr 62 S 1 befreit Ausgaben des ArbG für die **Zukunftssicherung** des ArbN. § 2 II Nr 3 LStDV definiert diese als Leistungen eines ArbG, um den ArbN oder eine diesem nahe stehende Person für den Fall der Krankheit, des Unfalls, der Invalidität, des Alters oder des Todes abzusichern. Begünstigt sind nur Leistungen für **ArbN** iSv § 19, nicht zB für Gewerbetreibende.[1] Dementspr fallen auch ArbG-Anteile für einen K'disten, die zu den Vergütungen iSv § 15 I Nr 2 rechnen, nicht unter § 3 Nr 62.[2] § 3 Nr 62 sieht – deklaratorisch[3] – eine Ausnahme von der grds StPfl (die § 2 II Nr 3 LStDV klarstellt[4]) nur vor, soweit der ArbG nach gesetzlichen (auch ausländischen)[5] Vorschriften oder einer auf gesetzlicher Ermächtigung beruhenden Bestimmung verpflichtet ist. Unter § 3 Nr 62 S 1 fallen danach als Ausgaben nach **sozialversicherungsrechtlichen Vorschriften** die Beitragsanteile des ArbG zur Krankenversicherung des ArbN[6] (nach § 249 I SGB V bei krankenversicherungspflichtigen ArbN; nach § 257 I SGB V, § 61 I SGB XI bei in der gesetzlichen Krankenversicherung freiwillig versicherten ArbN; nach § 257 II SGB V, § 61 II SGB XI bei ArbN mit privater Kranken- und Pflegeversicherung;[7] nach §§ 8, 8a SGB IV bei geringfügig Beschäftigten; nach § 249 II SGB V zB bei Beziehern von Kurzarbeitergeld), die Beiträge des ArbG zur gesetzlichen Unfallversicherung (nach § 150 I SGB VII; nicht dagegen Beiträge zu einer Gruppenunfallversicherung[8]), die Beiträge zur gesetzlichen Rentenversicherung (nach § 168 I Nr 1 SGB VI; nach § 172 II SGB VI zu berufsständischen Versorgungseinrichtungen bei Befreiung von der gesetzlichen Rentenversicherung), die Beiträge zur Arbeitslosenversicherung nach § 346 SGB III, die Beiträge nach § 6 III SachbezV und die Beiträge nach ausländischem Sozialversicherungsrecht nach Maßgabe von R 24 I 2 LStR. Bei der Frage, ob eine gesetzliche Verpflichtung zur Leistung von Zuschüssen zur Sozialversicherung besteht, kann sich erneut die Frage nach der ArbN-Eigenschaft des Empfängers stellen, denn eine gesetzliche Verpflichtung zur Leistung von Zuschüssen besteht nicht, wenn es sich nicht um einen ArbN iSd Sozialversicherungsrecht handelt.[9] Beherrschende GmbH-Geschäftsführer stehen grds nicht in einem

---

1 BFH/NV 91, 453; BVerfG HFR 78, 293; BFH BStBl II 92, 812.
2 BFH BStBl II 92, 812; ausf hierzu: *Paus* DStZ 06, 336 (337).
3 BFH BStBl II 03, 34.
4 BFH BStBl II 94, 246.
5 BFH BStBl II 04, 1014; vgl auch FG D'dorf EFG 06, 1495.
6 Vgl hierzu iErg R 24 II LStR.
7 Beachte allerdings FG Kln EFG 06, 561 (zu Zuschüssen zur privaten Krankenversicherung eines ArbN mit Wohnsitz in den Niederlanden).
8 FG Hess EFG 93, 56.
9 FG BaWü EFG 95, 194; FG Hess EFG 96, 1201; FG BaWü EFG 97, 393.

abhängigen Beschäftigungsverhältnis,[1] beim G'ter-Geschäftsführer – auch mit einer geringen Kapitalbeteiligung – kann es an einer ArbN-Eigenschaft fehlen, wenn er über einen besonderen tatsächlichen Einfluss auf die Ges verfügt.[2] Ein GmbH-G'ter, der bei der GmbH angestellt ist und nicht zum Geschäftsführer bestellt ist, steht grds in einem abhängigen Beschäftigungsverhältnis.[3] Allerdings kann die rechtlich bestehende Abhängigkeit durch die tatsächlichen Verhältnisse überlagert sein.[4] Bei Vorstandmitgliedern einer AG kann ein abhängiges Beschäftigungsverhältnis vorliegen, so dass ihnen ein Krankenversicherungszuschuss nach § 257 SGB V und ein Pflegeversicherungszuschuss nach § 61 I, II SGB XI gezahlt werden kann;[5] nach § 1 S 4 SGB VI sind allerdings Vorstandsmitglieder nicht versicherungspflichtig.[6] Entscheidungen der Sozialversicherungsbehörden über die Sozialversicherungspflicht sind von den Finanzbehörden grds zu respektieren,[7] die Einstufung eines StPfl als ArbN durch die Krankenkasse entfaltet aber keine Bindungswirkung iSv § 175 I Nr 1 AO.[8] Gesetzliche Verpflichtungen **nach anderen als sozialversicherungsrechtlichen Bestimmungen** ergeben sich hinsichtlich der Beiträge nach § 10 BetrAVG an den Träger der Insolvenzsicherung oder der Beiträge nach § 4 II ElternteilzeitVO. **Keine Befreiung** besteht für Leistungen, die freiwillig, aufgrund eines Tarifvertrags,[9] einer Tarifordnung,[10] einer Betriebsvereinbarung oder eines Einzelarbeitsvertrags erbracht werden.

181 § 3 Nr 62 S 2 stellt die von **der Rentenversicherungspflicht befreiten** ArbN den rentenversicherungspflichtigen ArbN gleich. Der ArbN muss „von der Versicherungspflicht befreit" worden sein.[11] Keine Steuerbefreiung besteht, wenn der ArbN kraft Gesetzes versicherungsfrei ist.[12] Ebenso genügt es nicht, wenn zwar in der Vergangenheit eine Befreiung erfolgt ist, dieser Versicherungsstatus aber nicht mehr fortbesteht, zB ein ArbN nach der versicherungsrechtlichen Befreiung zum Vorstandsmitglied einer AG bestellt wird und als solcher nicht versicherungspflichtig ist.[13] Begünstigt sind nur Zuschüsse zu **Aufwendungen für eine Lebensversicherung**, für die freiwillige Versicherung in der gesetzlichen Rentenversicherung und für eine öffentlich-rechtliche Versicherungs- oder Versorgungseinrichtung seiner Berufsgruppe. § 3 Nr 62 S 3 begrenzt die Befreiung entspr dem Grundgedanken, ArbN unabhängig von der Versicherungspflicht gleich zu behandeln.[14] § 3 Nr 62 S 4 dehnt die Begünstigung auf ArbN aus, die nicht im Inland beschäftigt sind und deshalb nicht der gesetzlichen Rentenversicherung unterliegen. Die Regelung hat vor allem Bedeutung im Verhältnis zur Schweiz.[15] Nicht geregelt ist die Begünstigung von ArbG-Beiträgen zur ausländischen Rentenversicherung zugunsten sozialversicherungsbefreiter ArbN mit Wohnsitz im EU-Ausland. In Betracht käme allenfalls eine entspr Anwendung.[16]

§ 3 Nr 63

63. Beiträge des Arbeitgebers aus dem ersten Dienstverhältnis an einen Pensionsfonds, eine Pensionskasse oder für eine Direktversicherung zum Aufbau einer kapitalgedeckten betrieblichen Altersversorgung, bei der eine Auszahlung der zugesagten Alters-, Invaliditäts- oder Hinterbliebenenversorgungsleistungen in Form einer Rente oder eines Auszahlungsplans (§ 1 Abs. 1 Satz 1 Nr. 4 des Altersvorsorgeverträge-Zertifizierungsgesetzes vom 26. Juni 2001 (BGBl. I S. 1310, 1322), das zuletzt durch Artikel 7 des Gesetzes vom 5. Juli 2004 (BGBl. I S. 1427) geändert worden ist, in der jeweils geltenden Fassung vorgesehen ist, soweit die Beiträge im Kalenderjahr 4 Prozent der Beitragsbemessungsgrenze in der allgemeinen Rentenversicherung nicht

---

1 BFH BStBl II 02, 886; FG SachsAnh EFG 01, 1486; FG BaWü EFG 01, 533.
2 FG D'dorf EFG 94, 566; BSG HFR 01, 287; vgl auch FG BaWü EFG 01, 553.
3 BFH/NV 06, 544.
4 BFH/NV 06, 544; FG BaWü EFG 95, 194; FG Hess EFG 96, 1201.
5 FinMin BaWü DStR 97, 1405; aber FG Nds EFG 04, 184 (idR keine Beschäftigten iSv § 7 I SGB IV); ebenso FG Kln EFG 06, 953.
6 FinMin BaWü DStR 97, 1405; FG BaWü EFG 00, 542.
7 BFH BStBl II 03, 34.
8 FG Nds EFG 04, 469.
9 FG BaWü EFG 04, 1505; FG D'dorf EFG 06, 1495; anders dagegen für den Fall der Allgemeinverbindlichkeitserklärung BFH v 13.9.07, VI R 16/06, BFH/NV 07, 2418.
10 BFH BStBl II 71, 22; FG Bln EFG 98, 1570; **aA** FG Sachs EFG 01, 1264.
11 Zu den verschiedenen Befreiungsmöglichkeiten: R 24 III 1 LStR.
12 BFH BStBl II 93, 169 (170); R 24 III 2 LStR; FG SchlHol EFG 99, 760.
13 BFH BStBl II 02, 886; FG D'dorf EFG 94, 283; FG BaWü 00, 542.
14 Zur Änderung von § 3 Nr 62 S 3 durch das RVOrgG infolge der Neuorganisation der gesetzlichen Rentenversicherung: BT-Drs 15/3654, 91.
15 FG BaWü EFG 93, 136.
16 *Küntzel* DB 06, 1338.

übersteigen. Dies gilt nicht, soweit der Arbeitnehmer nach § 1a Abs. 3 des Betriebsrentengesetzes verlangt hat, dass die Voraussetzungen für eine Förderung nach § 10a oder Abschnitt XI erfüllt werden. Der Höchstbetrag nach Satz 1 erhöht sich um 1800 Euro, wenn die Beiträge im Sinne des Satzes 1 auf Grund einer Versorgungszusage geleistet werden, die nach dem 31. Dezember 2004 erteilt wurde. Aus Anlass der Beendigung des Dienstverhältnisses geleistete Beiträge im Sinne des Satzes 1 sind steuerfrei, soweit sie 1800 Euro vervielfältigt mit der Anzahl der Kalenderjahre, in denen das Dienstverhältnis des Arbeitnehmers zu dem Arbeitgeber bestanden hat, nicht übersteigen; der vervielfältigte Betrag vermindert sich um die nach den Sätzen 1 und 3 steuerfreien Beiträge, die der Arbeitgeber in dem Kalenderjahr, in dem das Dienstverhältnis beendet wird, und in den sechs vorangegangenen Kalenderjahren erbracht hat; Kalenderjahre vor 2005 sind dabei jeweils nicht zu berücksichtigen;

Literatur: *Bick/Strohner* Grundzüge der betrieblichen Altersversorgung nach den Änderungen durch das Alterseinkünftegesetz, DStR 05, 1033; *Birk* Verfassungsfragen der Neuregelung der betrieblichen Altersversorgung, BB 02, 229; *Friedrich/Weigel* Die steuerliche Behandlung verschiedener Finanzierungsmodelle bei der Auslagerung unmittelbarer Versorgungszusagen und Unterstützungskassenzusagen auf einen Pensionsfonds, DB 04, 2282; *Niermann* Alterseinkünftegesetz – Die steuerlichen Änderungen in der betrieblichen Altersversorgung, DB 04, 1449; *Wellisch/Näth* Änderungen bei der betrieblichen Altersvorsorge durch das Alterseinkünftegesetz unter Berücksichtigung des BMF-Schreibens vom 17.11.04, BB 05, 18.

Das Altersvermögensgesetz – AVmG – fördert die private Altersvorsorge durch eine progressionsunabhängige Zulage nach §§ 79 ff und einen zusätzlichen SA-Abzug nach § 10a. Zugleich unterstützt das AVmG die betriebliche Altersversorgung, wobei es die Direktzusage, die Unterstützungskasse, die Pensionskasse, die DirektVers und den Pensionsfonds als Durchführungswege vorsieht. § 3 Nr 63 befreit, um den Aufbau der Alterssicherung im Rahmen der betrieblichen Altersvorsorge zu unterstützen, ArbG-Beiträge (auch aufgrund von Entgeltumwandlungen) an eine Pensionskasse, einen Pensionsfonds und eine DirektVers. Bei Direktzusagen und Beiträgen an eine Unterstützungskasse bedurfte es keiner Steuerbefreiung und einer Regelung über eine nachgelagerte Besteuerung, da hier der lohnsteuerliche Zufluss ohnehin erst im Zeitpunkt der Auszahlung angenommen wird. Eine **Pensionskasse** ist nach § 1b III BetrAVG eine vom ArbG unabhängige rechtsfähige Versorgungseinrichtung, die dem ArbN oder seinen Hinterbliebenen Rechtsanspr auf künftige Leistungen einräumt. Zuwendungen des ArbG sind nach Maßgabe des § 4c als BA abzugsfähig. Die Beitragsleistungen sind beim ArbN grds (ohne § 3 Nr 63) sofort zufließender stpfl Arbeitslohn.[1] Die späteren Leistungen aus der Pensionskasse werden grds nach § 22 Nr 1 S 3 mit dem Ertragsanteil besteuert. Wie eine Pensionskasse ist der – in den §§ 112 ff VAG geregelte – **Pensionsfonds** eine selbstständige Versorgungseinrichtung, die dem ArbN oder seinen Hinterbliebenen Rechtsanspr auf künftige Leistungen einräumt. Die Beiträge des ArbG sind nach Maßgabe des § 4e I, II als BA abzugsfähig. Die Leistungen des ArbG sind beim ArbN grds (ohne § 3 Nr 63) nach § 19 I Nr 3 S 1 stpfl Arbeitslohn, da der ArbN gegenüber dem Pensionsfonds einen unmittelbaren Rechtsanspr auf Versorgung erhält. Die späteren Leistungen des Pensionsfonds sind mit dem Ertragsanteil stpfl. Bei einer **DirektVers** leistet der ArbG Beiträge an ein Versicherungsunternehmen. Der ArbN erhält einen Rechtsanspr gegen das Versicherungsunternehmen mit der Folge, dass ihm in Höhe der Beiträge nach § 19 I Nr 3 S 1 Arbeitslohn zufließt. Befreit sind nur die Beiträge **„zum Aufbau einer kapitalgedeckten betrieblichen Altersversorgung"** (vgl allerdings § 3 Nr 56 zur Begünstigung der umlagefinanzierten Altersversorgung). Eine „betriebliche" Altersversorgung liegt nach § 1 BetrAVG vor, wenn der ArbN aus Anlass seines Arbverh vom ArbG Leistungen zur Absicherung mindestens eines biometrischen Risikos (Alter, Tod, Invalidität) zugesagt bekommt und Anspr auf diese Leistungen erst mit dem Eintritt des biometrischen Ereignisses fällig werden.[2] Im Falle einer Kombination von Umlage- und Kapitaldeckungsverfahren sind nur diejenigen Beiträge nach § 3 Nr 63 (vgl aber § 3 Nr 56) stfrei, die im Kapitaldeckungsverfahren erhoben werden (getrennte Verwaltung und Abrechnung beider Vermögensmassen; Trennungsprinzip).[3] Begünstigt sind nur die Beiträge zum Aufbau einer kapitalgedeckten betrieblichen Altersversorgung, bei der eine Auszahlung **in Form einer lebenslangen monatlichen Rente oder eines Auszahlungsplans mit Restverrentung** vorgesehen ist.[4] Mit dem Wort „vorgesehen" wollte der Gesetzgeber zum Ausdruck bringen,

186

---

1 BFH BStBl II 02, 22.
2 Ausf BMF BStBl I 04, 1065 Rn 154 ff.
3 BT-Drs 15/2150, 32; vgl auch *Niermann* DB 04, 1449 (1450).
4 BT-Drs 15/2150, 32.

dass eine Steuerbefreiung nur dann ausgeschlossen ist, wenn ausschließlich eine Einmalkapitalauszahlung erfolgen soll. Die Option, statt Rentenleistungen eine Einmalkapitalauszahlung zu wählen, sollte die Steuerfreiheit nicht von vornherein ausschließen.[1] § 3 Nr 63 befreit die **Beiträge des ArbG** (laufende oder Einmalbeiträge) an eine Pensionskasse, einen Pensionsfonds oder eine DirektVers mit der Folge, dass die späteren Leistungen, soweit sie auf den stfrei belassenen Beiträgen beruhen, nach § 22 Nr 5 besteuert werden (zur Übergangsregelung bei „Bestandsrentnern": § 52 Abs 34b). Stfrei sind sowohl die Beiträge des ArbG, die zusätzlich zum ohnehin geschuldeten Arbeitslohn erbracht werden, als auch Beiträge des ArbG, die durch Gehaltsumwandlung des ArbN finanziert werden. Die Steuerfreiheit besteht nur, wenn der vom ArbG gezahlte Beitrag nach bestimmten individuellen Kriterien dem einzelnen ArbN zugeordnet wird (keine Durchschnittsfinanzierung).[2]

187 Befreit werden Beiträge **„aus dem ersten Dienstverhältnis"**. Diese Begrenzung soll die einfache und unbürokratische Anwendung der Steuerbefreiung sichern. Unter einem ersten Dienstverhältnis – so die Gesetzesbegründung – sei eine Beschäftigung zu verstehen, für die die LSt nicht nach der StKl VI zu erheben sei (§ 38b S 2 Nr 6). Habe der ArbN für ein erstes Dienstverhältnis eine Freistellungsbescheinigung (§ 39a VI) vorgelegt oder werde die pauschale LSt nach § 40a erhoben, solle die Steuerbefreiung nach § 3 Nr 63 auch möglich sein. Für die Auslegung des Tatbestandsmerkmals des „ersten Dienstverhältnisses" lässt sich an die Auslegung des entspr Tatbestandsmerkmals in § 40b II 1 anknüpfen („nicht aus einem ersten Dienstverhältnis bezogen werden"). Der BFH hat nicht entschieden, ob § 38b S 2 Nr 6 gelte die StKl VI für die Einbehaltung der LSt aus dem zweiten und weiteren Dienstverhältnis. Dem ArbN stehe ein Bestimmungsrecht zu, dass ein bestimmtes Dienstverhältnis sein zweites oder weiteres und mithin nicht sein erstes sein solle. Diese Ausübung des Bestimmungsrechts nach § 38b S 2 Nr 6 sei für den ArbG auch für die Pauschalierung der LSt nach § 40b bindend.[3] Zwar setzt die Leistung von Altersvorsorgebeiträgen nach § 3 Nr 63 nicht die Vorlage einer LSt-Karte voraus,[4] da der ArbN jedoch frei entscheiden kann, für welches Dienstverhältnis er die StKl VI in Anspr nehmen will (zu § 38b Rn 3), wird der ArbG ohne Vorlage der LSt-Karte von einer Steuerfreiheit der Vorsorgebeiträge im Regelfall nicht ausgehen können.

188 Die Befreiung besteht nur für Beiträge, **soweit sie im Kj 4 % der Beitragsbemessungsgrenze in der allg Rentenversicherung**[5] (05: 62 400 €/Jahr)[6] nicht übersteigen. Diese Höchstgrenze entspr betragsmäßig den SA-Höchstbeträgen nach § 10a I und dem Mindesteigenbeitrag nach § 86 I in der sog Endstufe ab dem VZ 08 und dem Entgeltumwandlungsbetrag nach § 1a BetrAVG. Bei Beiträgen an Pensionskassen und -fonds besteht ein Wahlrecht, welche Beiträge stfrei bleiben sollen. Aufgrund des AltEinkG ist die Voraussetzung entfallen, dass die Beiträge **„insgesamt"** im Kj die Beitragsbemessungsgrenze nicht überschreiten dürfen, durch die das Fördervolumen bei ArbG-Wechsel je Kj begrenzt wurde. Der Gesetzgeber hat die Steuerbefreiung auf eine arbeitgeberbezogene Betrachtung umgestellt und so die Handhabung in Fällen des ArbG-Wechsels vereinfacht. Der ArbN kann zwar – so die Gesetzesbegründung –, wenn er sein erstes Dienstverhältnis im Laufe des Kj wechsele (nicht bei Gesamtrechtsnachfolge oder Betriebsübergang nach § 613a BGB), im neuen Dienstverhältnis den Höchstbetrag des § 3 Nr 63 erneut in Anspr nehmen.[7] Anders als § 3 Nr 63 S 1 bestimmt allerdings § 2 Abs 2 Nr 5 ArbEntgVO, dass die Befreiung weiterhin nur „insgesamt" im Kj zur Anwendung kommt. Im Falle eines ArbG-Wechsels muss der neue ArbG damit im Hinblick auf ein sozialversicherungsrechtliches Haftungsrisiko weiterhin prüfen, ob und in welcher Höhe die Steuerfreiheit nach § 3 Nr 63 ausgeschöpft wurde.[8] Erbringt der ArbG eine Leistung nach § 3 Nr 63, hat er nach § 41b I 2 Nr 8 auf der elektronisch zu übermittelnden LSt-Bescheinigung den Großbuchstaben V zu vermerken, um der FinVerw eine Zuordnung des Leistungsempfängers zum Personenkreis des § 10c III Nr 2 zu ermöglichen. Soweit der Beitrag über 4 % der Beitragsbemessungsgrenze hinausgeht, kann die Förderung durch Zulage und SA-Abzug nach §§ 10a, 79 ff in Anspr genommen werden, wenn der Beitrag individuell (nicht pauschal nach § 40b) versteuert wird und der Beitrags-

---

1 *Wellisch/Näth* BB 05, 18 (19) – auch zu den Folgen der Auszahlung als Einmalkapital.
2 BMF 17.11.04, BStBl I 04, 1065 Rn 172; *Niermann* DB 04, 1449 (1450).
3 BFH BStBl II 97, 143.
4 BFH BStBl II 97, 143 (144) zu der entspr Problematik.
5 Zur Änderung von § 3 Nr 63 S 1 durch das RVOrgG infolge der Neuorganisation der gesetzlichen Rentenversicherung: BT-Drs 15/3654, 91.
6 Zur Maßgeblichkeit der Bemessungsgrenze für alle Bundesländer: BT-Drs 14/5146, 143; BT-Drs 14/5150, 43; BMF 17.11.04, BStBl I 04, 1065 Rn 173.
7 BT-Drs 15/2150, 32 f.
8 *Seifert* GStB 04, 239 (257).

erhebung unterworfen wird. Welche Bedeutung der Begrenzung auf 4 % der Beitragsbemessungsgrenze zukommt, hängt vor allem davon ab, ob die Steuerbefreiung nach § 3 Nr 66 auf eine einmalige Anwendung beschränkt ist (§ 3 Rn 211). Besteht eine solche Beschränkung nicht, können Mittel in nahezu beliebigem Umfang stfrei an Pensionsfonds abgeführt werden, indem der ArbG dem ArbN zunächst eine Pensionszusage erteilt, um dann die Versorgungsanwartschaft gem § 3 Nr 66 auf einen Pensionsfonds zu übertragen. Die Höchstgrenze des § 3 Nr 63 dürfte bei Einmalzahlungen des ArbG zur Deckung eines Fehlbetrags zu Problemen führen.

Nach **§ 3 Nr 63 S 2** scheidet eine Steuerbefreiung aus, soweit der ArbN nach § 1a III BetrAVG die individuelle Besteuerung der Beiträge zur betrieblichen Altersversorgung verlangt hat, um die Möglichkeiten der staatlichen Förderung nach §§ 10a, 79 ff in Anspr nehmen zu können. Eine Steuerbefreiung ist schon dann ausgeschlossen, wenn der ArbN „verlangt hat", dass die Voraussetzungen nach § 10a oder §§ 79 ff erfüllt werden, nicht erst dann, wenn tatsächlich ein SA-Abzug vorgenommen oder die Zulage gewährt wird – allerdings nur, „soweit" er sein Verlangen gestellt hat, also uU nur für einen Teilbetrag. **189**

§ 3 Nr 63 S 3 erhöht den nach § 3 Nr 63 S 1 stfrei zu gewährenden Betrag (4 % der Beitragsbemessungsgrenze) um einen festen **Betrag von 1 800 €**. Damit soll der Wegfall der Möglichkeit zur LSt-Pauschalierung nach § 40b I und II kompensiert werden.¹ Diese Erhöhung gilt dementspr nach § 52 V 3 nicht, wenn die bisherige LSt-Pauschalierung zur Anwendung kommt (§ 52 VI 3)² und gilt nur, wenn die Beiträge aufgrund einer Versorgungszusage geleistet werden, die nach dem 31.12.04 erteilt wurde. Maßgebend ist insoweit, wann die zu einem Rechtsanspruch führende arbeitsrechtliche bzw betriebsrentenrechtliche Verpflichtungserklärung des ArbG abgegeben wurde.³ **190**

§ 3 Nr 63 S 4 eröffnet die Möglichkeit, Abfindungszahlungen oder Wertguthaben aus Arbeitszeitkonten stfrei für den Aufbau einer kapitalgedeckten betrieblichen Altersversorgung zu nutzen. Der Gesetzgeber wollte hiermit einen Ersatz für den Wegfall von § 40b und damit auch der bisherigen Vervielfältigungsregelung (§ 40b II 3 und 4) schaffen.⁴ Für Beiträge, die der ArbG für den ArbN aus Anlass der Beendigung des Dienstverhältnisses an Pensionskassen, Pensionsfonds oder für Direkt-Vers erbracht hat, vervielfältigt sich der Betrag von 1 800 € ab 05 entspr der Zahl der Kj, in denen das ArbVerh bestanden hat. Allerdings vermindert sich der vervielfältigte Betrag um die nach § 3 Nr 63 S 1 und 3 stfreien Beträge, die der ArbG in den letzten sieben Jahren erbracht hat. Sowohl bei der Ermittlung des Vervielfältigungsbetrags als auch des Anrechnungsbetrags sind Kj vor 05 nicht zu berücksichtigen. **191**

§ 3 Nr 64

64. bei Arbeitnehmern, die zu einer inländischen juristischen Person des öffentlichen Rechts in einem Dienstverhältnis stehen und dafür Arbeitslohn aus einer inländischen öffentlichen Kasse beziehen, die Bezüge für eine Tätigkeit im Ausland insoweit, als sie den Arbeitslohn übersteigen, der dem Arbeitnehmer bei einer gleichwertigen Tätigkeit am Ort der zahlenden öffentlichen Kasse zustehen würde. Satz 1 gilt auch, wenn das Dienstverhältnis zu einer anderen Person besteht, die den Arbeitslohn entsprechend den im Sinne des Satzes 1 geltenden Vorschriften ermittelt, der Arbeitslohn aus einer öffentlichen Kasse gezahlt wird und ganz oder im Wesentlichen aus öffentlichen Mitteln aufgebracht wird. Bei anderen für einen begrenzten Zeitraum in das Ausland entsandten Arbeitnehmern, die dort einen Wohnsitz oder gewöhnlichen Aufenthalt haben, ist der ihnen von einem inländischen Arbeitgeber gewährte Kaufkraftausgleich steuerfrei, soweit er den für vergleichbare Auslandsdienstbezüge nach § 54 des Bundesbesoldungsgesetzes zulässigen Betrag nicht übersteigt;

R 3.64 LStR

---

[1] BT-Drs 15/3004, 16 f.
[2] Zur fortbestehenden Möglichkeit der Pauschalbesteuerung in Altfällen: § 52 Abs 52a iVm Abs 6.
[3] Zu der Frage, ob bei Änderung einer vor dem 31.12.04 erteilten Zusage eine neue Zusage vorliegt: BMF 17.11.04, BStBl I 04, 1065 Rn 203 f.
[4] BT-Drs 15/2150, 33; zum Ausschluss der Inanspruchnahme beider Regelungen: § 52 VI 3.

von Beckerath

200 § 3 Nr 64 befreit in **S 1** die Bezüge von Auslandsbediensteten, soweit sie den Arbeitslohn übersteigen, der dem ArbN im Inland gezahlt würde (Auslandszuschlag, Auslandskinderzuschlag, Mietzuschuss).[1] **§ 3 Nr 64 S 2** dehnt die Befreiung auf Mitarbeiter(innen) von Einrichtungen aus, bei denen der Arbeitslohn aus einer öffentlichen Kasse gezahlt und aus öffentlichen Mitteln aufgebracht wird (zB des Deutschen Akademischen Austauschdienstes, des Deutschen Entwicklungsdienstes, der Gesellschaft für technische Zusammenarbeit).[2] S 2 soll § 50d IV (Kassenstaatsprinzip für Bezüge aus öffentlichen Kassen) Rechnung tragen und verhindern, dass – anders als bei ArbN iSv S 1 – nicht nur das Inlandsgehalt, sondern auch die Auslandsdienstbezüge (mit Ausnahme des Kaufkraftausgleichs) wie der Auslandskinderzuschlag und der Mietzuschuss versteuert werden müssen.[2] **§ 3 Nr 64 S 3** begründet eine vergleichbare Steuerbefreiung für andere ArbN, die „für einen begrenzten Zeitraum" ins Ausland entsandt sind (dh es muss bei der Entsendung eine Rückkehr vorgesehen sein) und dort ihren Wohnsitz oder gewöhnlichen Aufenthalt haben (zur Definition: §§ 8, 9 AO). Befreit wird ein gewährter Kaufkraftausgleich, dh der Teil des Arbeitslohns, der zum Ausgleich von Kaufkraftunterschieden gezahlt wird.[3]

§ 3 Nr 65

65. a) Beiträge des Trägers der Insolvenzsicherung (§ 14 des Betriebsrentengesetzes) zugunsten eines Versorgungsberechtigten und seiner Hinterbliebenen an eine Pensionskasse oder ein Unternehmen der Lebensversicherung zur Ablösung von Verpflichtungen, die der Träger der Insolvenzsicherung im Sicherungsfall gegenüber dem Versorgungsberechtigten und seinen Hinterbliebenen hat,
    b) Leistungen zur Übernahme von Versorgungsleistungen oder unverfallbaren Versorgungsanwartschaften durch eine Pensionskasse oder ein Unternehmen der Lebensversicherung in den in § 4 Abs. 4 des Betriebsrentengesetzes bezeichneten Fällen und
    c) der Erwerb von Ansprüchen durch den Arbeitnehmer gegenüber einem Dritten im Falle der Eröffnung des Insolvenzverfahrens oder in den Fällen des § 7 Abs. 1 Satz 4 des Betriebsrentengesetzes, soweit der Dritte neben dem Arbeitgeber für die Erfüllung von Ansprüchen auf Grund bestehender Versorgungsverpflichtungen oder Versorgungsanwartschaften gegenüber dem Arbeitnehmer und dessen Hinterbliebenen einsteht; dies gilt entsprechend, wenn der Dritte für Wertguthaben aus einer Vereinbarung über die Altersteilzeit nach dem Altersteilzeitgesetz vom 23. Juli 1996 (BGBl. I S. 1078), zuletzt geändert durch Artikel 234 der Verordnung vom 31. Oktober 2006 (BGBl. I S. 2407), in der jeweils geltenden Fassung oder auf Grund von Wertguthaben aus einem Arbeitszeitkonto in den im ersten Halbsatz genannten Fällen für den Arbeitgeber einsteht.
    In den Fällen nach Buchstabe a, b und c gehören die Leistungen der Pensionskasse, des Unternehmens der Lebensversicherung oder des Dritten zu den Einkünften, zu denen jene Leistungen gehören würden, die ohne Eintritt eines Falles nach Buchstabe a, b und c zu erbringen wären. Soweit sie zu den Einkünften aus nichtselbstständiger Arbeit im Sinne des § 19 gehören, ist von ihnen Lohnsteuer einzubehalten. Für die Erhebung der Lohnsteuer gelten die Pensionskasse, das Unternehmen der Lebensversicherung oder der Dritte als Arbeitgeber und der Leistungsempfänger als Arbeitnehmer;

Literatur: Niermann Jahressteuergesetz 2007: Lohnsteuerfreie Absicherung von Direktzusagen durch Contractual Trust Agreements, DB 06, 2595.

202 Das JStG 07 hat § 3 Nr 65 neu gefasst und um die Befreiung nach § 3 Nr 65 S 1c erweitert. **§ 3 Nr 65 S 1a** befreit – wie bisher § 3 Nr 65 S 1 aF – die Leistungen des Trägers der Insolvenzsicherung, die ArbN auch im Fall der Insolvenz des ArbG in den Genuss der ihnen zugesagten Zukunftssicherungsleistungen kommen lassen. **§ 3 Nr 65 S 1b** soll – wie zuvor § 3 Nr 65 S 2 aF – dem ArbG die Möglichkeit eröffnen, Verpflichtungen aus von ihm erteilten Versorgungsversprechen ohne lohnsteuerliche Belastung auf eine Pensionskasse oder ein Lebensversicherungsunternehmen zu übertragen.

---

1 BFH BStBl II 02, 238 (nicht: Tagegelder der EU, da keine inländische öffentliche Kasse).
2 BT-Drs 14/6877, 24.
3 BFH BStBl II 01, 132 (kein Schulgeldersatz); FG Hbg EFG 97, 1385 (zur Ungleichbehandlung gegenüber durch S 1 und 2 Begünstigten).

Durch das JStG 07 neu eingeführt wurde § 3 Nr 65 S 1c. Dieser Befreiungstatbestand soll dem Umstand Rechnung tragen, dass die ArbG die Anspr der ArbN aus einer betrieblichen Altersversorgung für den Fall der Insolvenz häufig über die gesetzlich eingerichtete Insolvenzsicherung durch den Pensions-Sicherungs-Verein hinaus zusätzlich privatrechtlich absichern, zB durch Treuhandkonstruktionen, durch die insbes der Zugriff des Insolvenzverwalters auf die ganz oder teilw unter „wirtschaftlicher Beteiligung" des ArbN (etwa durch Entgeltumwandlung) erworbenen Anspr auf Leistungen der betrieblichen Altersversorgung verhindert wird. Der ArbG überträgt im Rahmen einer Verwaltungstreuhand Vermögenswerte auf einen Treuhänder. Der ArbG bleibt weiterhin wirtschaftlicher Eigentümer dieser Vermögenswerte. Der Treuhänder wird verpflichtet, das Treuhandvermögen nach den Vorgaben des ArbG zu verwalten. Neben der Verwaltungstreuhand wird durch einen Vertrag zugunsten der versorgungsberechtigten ArbN eine Verpflichtung des Treuhänders gegenüber den Versorgungsberechtigten begründet. Jeder Versorgungsberechtigte kann ab Eintritt des Sicherungsfalles (Insolvenz des ArbG) vom Treuhänder Befriedigung seiner Versorgungsansprüche verlangen. Die FinVerw ging bis zu der Neuregelung davon aus, dass dem ArbN in Höhe des beim Treuhänder gebildeten Deckungskapitals ein stpfl Vorteil zufließt, da bei Eintritt des Insolvenzfalles der zunächst aufschiebend bedingte Anspruch gegen den Treuhänder zum Vollrecht erstarkt.[1] § 3 Nr 65 S 1c, 1. HS stellt sicher, dass das Einstehen eines Dritten für die Erfüllung von Anspr aufgrund bestehender Versorgungsverpflichtungen oder Versorgungsanwartschaften im Falle der Eröffnung des Insolvenzverfahrens oder in den Fällen des § 7 I 4 des Betriebsrentengesetzes (Gleichstellung mit der Eröffnung des Insolvenzverfahrens) nicht zu steuerlichen Konsequenzen für den ArbN oder dessen Hinterbliebene führt. Es wird damit berücksichtigt, dass die Insolvenzsicherung nicht zu neuen oder höheren Anspr führt, sondern nur die bereits vorhandenen Anspr für den Fall der Insolvenz des ArbG schützt und außerdem beim ArbN bzw dessen Hinterbliebenen Geldleistungen zu dem betreffende Zeitpunkt regelmäßig nicht zufließen.[2] § 3 Nr 65 S 1c, HS 2 ordnet die Steuerfreistellung entspr an, wenn neben den Anspr der ArbN auf Leistungen der betrieblichen Altersversorgung auch Anspr bei Altersteilzeitmodellen oder aus Arbeitszeitkonten gesichert werden.[3] Nach § 52 VIII gilt § 3 Nr 65 S 1c für alle noch nicht bestandskräftigen Fälle. Keine gesetzliche Regelung hat der Gesetzgeber für die Fälle getroffen, in denen die auf Direktzusagen beruhenden Pensionsverpflichtungen **auf eine (konzerneigene) Pensionsgesellschaft ausgelagert** werden. Die BReg hat eine gesetzliche Regelung nicht für erforderlich gehalten, weil es sich bei dieser Auslagerung nicht um einen aus der Sicht des ArbN steuerlich relevanten Vorgang handle.[4]

203

§ 3 Nr 65 S 2–4 enthalten – wie zuvor § 3 Nr 65 S 3–5 – Regelungen, nach denen die an die Berechtigten zu erbringenden Versorgungsleistungen so behandelt werden, als wenn der Sicherungsfall nicht eingetreten wäre. Die Insolvenz des ArbG soll sich steuerlich beim ArbN weder zum Nachteil noch zum Vorteil auswirken.

204

§ 3 Nr 66

66. Leistungen eines Arbeitgebers oder einer Unterstützungskasse an einen Pensionsfonds zur Übernahme bestehender Versorgungsverpflichtungen oder Versorgungsanwartschaften durch den Pensionsfonds, wenn ein Antrag nach § 4d Abs. 3 oder § 4e Abs. 3 gestellt worden ist;

Literatur: *Briese* Übertragungen von Pensionsanwartschaften und Pensionsverpflichtungen auf einen Pensionsfonds, DB 06, 2424.

§ 3 Nr 66 regelt die Überleitung einer betrieblichen Altersversorgung in Form der Direktzusage oder über eine Unterstützungskasse auf eine Altersversorgung durch einen Pensionsfonds.[5] Bei der **Direktzusage** verpflichtet sich der ArbG gegenüber dem ArbN unmittelbar zu Leistungen im Versorgungsfall. Der ArbG kann nach § 6a eine Rückstellung bilden. Beim ArbG fehlt es an einem Zufluss in der Anwartschaftsphase, spätere Leistungen sind nachträglicher Arbeitslohn. Eine **Unterstützungskasse** ist eine vom ArbG unabhängige rechtsfähige Versorgungseinrichtung, die dem ArbN oder seinen Hinterbliebenen künftige Leistungen nur in Aussicht stellt, dh einen (formellen)

208

---

1 *Niermann* DB 06, 2595.
2 BR-Drs 622/06, 67.
3 BR-Drs 622/06, 67; zu Wertguthaben aus Arbeitszeitkonten: *Niermann* DB 02, 2124.
4 *Niermann* DB 06, 2595 (2596).
5 Zu den arbeitsrechtlich möglichen Übertragungsfällen: *Langohr-Plato* INF 01, 518 (521); zur Übertragung auf einen Pensionsfonds: *Mühlberger/Schwinger/Paulweber* DB 06, 635.

Rechtsanspruch nicht gewährt. Ein BA-Abzug ist nach Maßgabe des § 4d möglich. Bei ArbN fehlt es zunächst an einem Zufluss von Arbeitslohn, die späteren Leistungen sind nachträglicher Arbeitslohn. Das AVmG eröffnet mit § 3 Nr 66 die Möglichkeit, die Versorgungsverpflichtungen und -anwartschaften in diesen Durchführungswegen **lohnsteuer- und beitragsfrei auf einen Pensionsfonds** überzuleiten.

209 § 3 Nr 66 befreit Leistungen des ArbG zur Übernahme einer **Versorgungsverpflichtung** aus einer Direktzusage sowie Leistungen einer Unterstützungskasse zur Übernahme einer **Versorgungsanwartschaft**. Ohne die Regelung des § 3 Nr 66 läge stpfl Arbeitslohn vor, da der ArbN nunmehr gegen den Pensionsfonds einen unmittelbaren Rechtsanspr auf Versorgung erhält. Die späteren Versorgungsleistungen des Pensionsfonds unterliegen nach § 22 Nr 5 der vollen Besteuerung.[1] Nach BMF gilt die Steuerfreiheit nur für Leistungen an den Pensionsfonds zur Übernahme bereits erdienter Versorgungsanwartschaften. Zahlungen an den Pensionsfonds für künftig noch zu erdienende Anwartschaften sind dagegen nur in dem begrenzten Rahmen des § 3 Nr 63 stfrei. Die bis zum Zeitpunkt der Übertragung bereits erdienten, entgeltlich übertragenen Versorgungsanwartschaften sind grds mit dem steuerlich ausfinanzierbaren Teil, mindestens aber in Höhe des zeitanteilig quotierten Versorgungsanteiles nach § 2 I oder Va des Betriebsrentengesetzes zu berücksichtigen. Soll eine Versorgungsanwartschaft eines Aktiven aus einer Pensionszusage auf einen Pensionsfonds übertragen werden, ergibt sich der erdiente Teil der Anwartschaft als Quotient des Teilwertes gem § 6a III 2 Nr 1 zum Barwert der künftigen Pensionsleistungen, jeweils ermittelt auf den Übertragungszeitpunkt.[2]

210 Voraussetzung für die Befreiung ist allerdings, dass der ArbG im Fall der Direktzusage von seinem **Wahlrecht nach § 4e III** Gebrauch macht. Bei der Überleitung einer Altersversorgung im Wege der Direktzusage auf einen Pensionsfonds ist eine Rückstellung nach § 6a aufzulösen, andererseits sind aber die Beiträge nach § 4e I, II als BA absetzbar. Der StPfl (ArbG) kann nach § 4e III beantragen, die in Höhe der Differenz zw dem Zahlbetrag an den Pensionsfonds und dem Auflösungsbetrag der Rückstellung entstehenden BA (die sich aus der Unterbewertung der Pensionsrückstellung mit dem gesetzlichen Zinsfuß von 6 % gegenüber dem Barwert der Versorgungsverpflichtung nach versicherungsmathematischen Grundsätzen ergibt) auf die folgenden 10 Wj gleichmäßig zu verteilen. Im Fall der Überleitung von einer Unterstützungskasse bedarf es einer **Wahlrechtsausübung nach § 4d III**. Es verbleibt bei einer derartigen Überleitung bei dem BA-Abzug für die bisherigen Zuwendungen. Da beim Pensionsfonds anders als bei der Unterstützungskasse ein Rechtsanspr eingeräumt wird, sind hier aber regelmäßig zusätzliche Leistungen des ArbG erforderlich. Nach § 4d III können auf Antrag des ArbG diese zusätzlichen Leistungen an die Unterstützungskasse in den dem Wj der Zuwendung folgenden 10 Wj gleichmäßig verteilt als BA abgezogen werden. Diese zusätzlichen Voraussetzungen der Wahlrechtsausübung nach § 4d III oder § 4e III dürften in der **Praxis nicht unproblematisch** sein. Die Steuerfreiheit wird von einem Antrag des ArbG abhängig gemacht, der für diesen regelmäßig ungünstig ist. Stellt der ArbG den Antrag nicht, entfällt die Steuerbefreiung des § 3 Nr 66 und der ArbN muss den Betrag der vom ArbG oder der Unterstützungskasse an den Pensionsfonds erbrachten Leistungen (in Höhe von Pensionsrückstellung und Zusatzleistungen) versteuern, ohne dass ihm liquide Mittel zufließen.[3]

211 § 3 Nr 66 ist seinem Wortlaut nach nicht **auf eine einmalige Anwendung beschränkt**, enthält keine Höchstbetragsbegrenzung etwa nach dem Vorbild des § 3 Nr 63 S 4 und auch keine Beschränkung auf die Umwandlung von Versorgungsverpflichtungen und -anwartschaften, die vor dem 1.1.02 begründet wurden.[4] Der systematische Zusammenhang mit § 3 Nr 63 und der Zweck des § 3 Nr 66 sprechen zwar für eine derartige Beschränkung. Ansonsten kann die Begrenzung des § 3 Nr 63 auf 4 % der Beitragsbemessungsgrundlage dadurch unterlaufen werden, dass der ArbG dem ArbN zunächst eine Pensionszusage erteilt, um dann die Versorgungsverpflichtung nach § 3 Nr 66 stfrei auf einen Pensionsfonds zu übertragen. Im Wege der Gesetzesauslegung erscheint eine Einschränkung allerdings nicht möglich, weil verschiedene Möglichkeiten für eine Einschränkung bestehen. Nicht ausgeschlossen ist es aber, in den Fällen, in denen aufgrund eines Gesamtplans gehandelt wird, die Beiträge des ArbG am Maßstab des § 3 Nr 63 zu messen.

---

1 BT-Drs 14/5150, 34; beachte aber: § 52 Abs 34b.
2 BMF v 26.10.06, BStBl I 06, 709 Rz 2 ff; *Briese* DB 06, 2424.
3 *Dorenkamp* StuW 01, 253 FN 4; *Niermann* DB 01, 1380 (1382).
4 *Dorenkamp* StuW 01, 253.

§ 3 Nr 67

67. das Erziehungsgeld nach dem Bundeserziehungsgeldgesetz und vergleichbare Leistungen der Länder, das Elterngeld nach dem Bundeselterngeld- und Elternzeitgesetz und vergleichbare Leistungen der Länder sowie Leistungen für Kindererziehung an Mütter der Geburtsjahrgänge vor 1921 nach den §§ 294 bis 299 des Sechsten Buches Sozialgesetzbuch und die Zuschläge nach den §§ 50a bis 50e des Beamtenversorgungsgesetzes oder den §§ 70 bis 74 des Soldatenversorgungsgesetzes;

Literatur: *Hartmann* Elterngeld und Elternzeit ab 1.1.2007, INF 07, 36.

§ 3 Nr 67 befreit das **Erziehungsgeld** nach dem **BErzGG** und „vergleichbare Leistungen der Länder", zu denen vor allem im Anschluss an das Erziehungsgeld gezahlte Landeserziehungsgelder gehören. Das Bundeselterngeld- und Elternzeitgesetz – BEEG – hat das **Elterngeld** eingeführt, welches das Erziehungsgeld ablöst und Eltern in der Zeit vom Tag der Geburt bis zur Vollendung des 14. Lebensmonats des Kindes gezahlt wird. Die „Leistungen für Kindererziehung an **Mütter der Geburtsjahrgänge vor 1921**" sollen die Benachteiligungen der vor dem 1.1.21 geborenen Mütter ausgleichen, die nach dem Hinterbliebenenrenten-Neuordnungsgesetz nicht in den Genuss einer rentenbegründenden bzw -steigernden Anrechnung von Zeiten der Kindererziehung gekommen sind. Befreit werden außerdem der **Kindererziehungszuschlag** nach § 50a BeamtVG, der Kinderergänzungszuschlag nach § 50b BeamtVG, der Kinderzuschlag zum Witwengeld nach § 50c BeamtVG, der Pflege- und Kinderpflegeergänzungszuschlag nach § 50d BeamtVG, die nach § 50e BeamtVG vorübergehend gewährten Zuschläge sowie die entspr Zuschläge nach §§ 70–74 SVG.[1]

221

§ 3 Nr 68

68. die Hilfen nach dem Gesetz über die Hilfe für durch Anti-D-Immunprophylaxe mit dem Hepatitis-C-Virus infizierte Personen vom 2. August 2000 (BGBl. I S. 1270);

Das Anti-D-Hilfegesetz soll die Situation der durch Anti-D-Immunprophylaxe in der ehemaligen DDR mit Hepatitis-C-Viren infizierten Frauen verbessern. Es sieht eine monatliche Rente, eine Einmalzahlung – beide in der Höhe gestaffelt nach der Minderung der Erwerbsfähigkeit – und begleitende Regelungen, insbes zur Heilbehandlung sowie Hilfen für Hinterbliebene vor. § 3 Nr 68 befreit diese Hilfen von der ESt.[2]

223

§ 3 Nr 69

69. die von der Stiftung „Humanitäre Hilfe für durch Blutprodukte HIV-infizierte Personen" nach dem HIV-Hilfegesetz vom 24. Juli 1995 (BGBl. I S. 972) gewährten Leistungen;

Das Anti-D-Hilfegesetz v 2.8.00[3] hat die entspr Befreiung in § 17 I HIV-Hilfegesetz durch § 3 Nr 69 ersetzt.[2]

224

§ 3 Nr 70

70. die Hälfte
   a) der Betriebsvermögensmehrungen oder Einnahmen aus der Veräußerung von Grund und Boden und Gebäuden, die am 1. Januar 2007 mindestens fünf Jahre zum Anlagevermögen eines inländischen Betriebsvermögens des Steuerpflichtigen gehören, wenn diese auf Grund eines nach dem 31. Dezember 2006 und vor dem 1. Januar 2010 rechtswirksam abgeschlossenen obligatorischen Vertrages an eine REIT-Aktiengesellschaft oder einen Vor-REIT veräußert werden,
   b) der Betriebsvermögensmehrungen, die auf Grund der Eintragung eines Steuerpflichtigen in das Handelsregister als REIT-Aktiengesellschaft im Sinne des REIT-Gesetzes vom 28. Mai 2007 (BGBl. I S. 914) durch Anwendung des § 13 Abs. 1 und 3 Satz 1 des Körperschaftsteuergesetzes auf Grund und Boden und Gebäude entstehen, wenn diese Wirtschafts-

---

[1] BT-Drs 14/7681, 75.
[2] BT-Drs 14/2958, 11.
[3] BGBl I 00, 1270 (1272).

güter vor dem 1. Januar 2005 angeschafft oder hergestellt wurden, und die Schlussbilanz im Sinne des § 13 Abs. 1 und 3 des Körperschaftsteuergesetzes auf einen Zeitpunkt vor dem 1. Januar 2010 aufzustellen ist.
Satz 1 ist nicht anzuwenden,
a) wenn der Steuerpflichtige den Betrieb veräußert oder aufgibt und der Veräußerungsgewinn nach § 34 besteuert wird,
b) soweit der Steuerpflichtige von den Regelungen der §§ 6b und 6c Gebrauch macht,
c) soweit der Ansatz des niedrigeren Teilwerts in vollem Umfang zu einer Gewinnminderung geführt hat und soweit diese Gewinnminderung nicht durch den Ansatz eines Werts, der sich nach § 6 Abs. 1 Nr. 1 Satz 4 ergibt, ausgeglichen worden ist,
d) wenn im Falle des Satzes 1 Buchstabe a der Buchwert zuzüglich der Veräußerungskosten den Veräußerungserlös oder im Falle des Satzes 1 Buchstabe b der Buchwert den Teilwert übersteigt. Ermittelt der Steuerpflichtige den Gewinn nach § 4 Abs. 3, treten an die Stelle des Buchwerts die Anschaffungs- oder Herstellungskosten verringert um die vorgenommenen Absetzungen für Abnutzung oder Substanzverringerung,
e) soweit vom Steuerpflichtigen in der Vergangenheit Abzüge bei den Anschaffungs- oder Herstellungskosten von Wirtschaftsgütern im Sinne des Satzes 1 nach § 6b oder ähnliche Abzüge voll steuerwirksam vorgenommen worden sind,
f) wenn es sich um eine Übertragung im Zusammenhang mit Rechtsvorgängen handelt, die dem Umwandlungssteuergesetz unterliegen und die Übertragung zu einem Wert unterhalb des gemeinen Werts erfolgt.
Die Steuerbefreiung entfällt rückwirkend, wenn
a) innerhalb eines Zeitraums von vier Jahren seit dem Vertragsschluss im Sinne des Satzes 1 Buchstabe a der Erwerber oder innerhalb eines Zeitraums von vier Jahren nach dem Stichtag der Schlussbilanz im Sinne des Satzes 1 Buchstabe b die REIT-Aktiengesellschaft den Grund und Boden oder das Gebäude veräußert,
b) innerhalb eines Zeitraums von vier Jahren seit dem Vertragsschluss im Sinne des Satzes 1 Buchstabe a der Vor-REIT oder ein anderer Vor-REIT als sein Gesamtrechtsnachfolger nicht als REIT-Aktiengesellschaft in das Handelsregister eingetragen wird,
c) die REIT-Aktiengesellschaft innerhalb eines Zeitraums von vier Jahren seit dem Vertragsschluss im Sinne des Satzes 1 Buchstabe a oder nach dem Stichtag der Schlussbilanz im Sinne des Satzes 1 Buchstabe b in keinem Veranlagungszeitraum die Voraussetzungen für die Steuerbefreiung erfüllt,
d) die Steuerbefreiung der REIT-Aktiengesellschaft innerhalb eines Zeitraums von vier Jahren seit dem Vertragsschluss im Sinne des Satzes 1 Buchstabe a oder nach dem Stichtag der Schlussbilanz im Sinne des Satzes 1 Buchstabe b endet,
e) das Bundeszentralamt für Steuern dem Erwerber im Sinne des Satzes 1 Buchstabe a den Status als Vor-REIT im Sinne des § 2 Satz 4 des REIT-Gesetzes vom 28. Mai 2007 (BGBl. I S. 914) bestandskräftig aberkannt hat.
Die Steuerbefreiung entfällt auch rückwirkend, wenn die Wirtschaftsgüter im Sinne des Satzes 1 Buchstabe a vom Erwerber an den Veräußerer oder eine ihm nahe stehende Person im Sinne des § 1 Abs. 2 des Außensteuergesetzes überlassen werden und der Veräußerer oder eine ihm nahe stehende Person im Sinne des § 1 Abs. 2 des Außensteuergesetzes nach Ablauf einer Frist von zwei Jahren seit Eintragung des Erwerbers als REIT-Aktiengesellschaft in das Handelsregister an dieser mittelbar oder unmittelbar zu mehr als 50 Prozent beteiligt ist. Der Grundstückserwerber haftet für die sich aus dem rückwirkenden Wegfall der Steuerbefreiung ergebenden Steuern.

Literatur: *Breinersdorfer/Schütz* German Real Estate Investment Trust (G-REIT) – Ein Problemaufriss aus Sicht des Fiskus, DB 07, 1487; *Klühs/Schmidtbleicher* Besteuerung ausländischer Anleger nach dem Regierungsentwurf zur Einführung deutscher REITs, IStR 07, 16; *Korezkij* REITG: Exit-Tax bei der Übertragung von Immobilien auf eine REIT-AG und beim steuerlichen Statuswechsel, BB 07, 1698; *Kracht* Immobilieninvestments: alte und neue Gestaltungsmöglichkeiten mit REITs, GStB 07, 107; *Lieber/Schönfeld* Sicherstellung einer angemessenen deutschen Besteuerung der ausländischen Anteilseigner eines deutschen REIT, IStR 06, 126; *Schacht/Gänsler* REITs in Deutschland und Großbritannien – ein Vergleich, IStR 07, 99; *Schimmelschmidt/Tauser/Lagarrigue* Immobilieninvestitionen deutscher Investoren in französische REITs, IStR 06, 120; *Sieker/Göckeler/Köster* Das Gesetz zur Schaffung deutscher Immobilien-Aktiengesellschaften mit börsennotierten Anteilen (REITG), DB 07, 933; *Spoerr/Hollands/Jakob*

Verfassungsrechtliche Rechtfertigung steuerrechtlicher Sonderregelungen zur transparenten Besteuerung von REITs, DStR 07, 49; *Stoschek/Dammann* Internationale Systeme der Besteuerung von REITs, IStR 06, 403.

Das Gesetz zur Schaffung deutscher Immobilien-AG mit börsennotierten Anteilen vom 28.5.09[1] hat in seinem Artikel 1 das Gesetz über deutsche Immobilien-AG mit börsennotierten Anteilen (REIT-Gesetz) eingeführt. Es soll durch Vorgaben zum Unternehmensgegenstand (Halten und Veräußerung von unbeweglichem Vermögen außer Bestandsmietwohnimmobilien), zum Grundkapital (15 Mio Euro), zur Börsennotierung (Zulassung in einem Mitgliedstaat der EU oder EWR), zum Streubesitz (15 % mit jeweils weniger als 3 % der Stimmrechte; bei Zulassung mindestens 25 %), zur Kreditaufnahme (bis zu 60 % des GesVermögens) und zur Mindesthöhe der Ausschüttung (mindestens 90 %) ein Sondertypus der AG geschaffen werden. Dieser ist von der KSt und GewSt befreit. Die ausgeschütteten Gewinne werden bei den Aktionären transparent ohne Halbeinkünfteverfahren besteuert. Außerdem sieht Art 2 des Gesetzes zur Schaffung deutscher Immobilien-AG eine Steuerbefreiung in § 3 Nr 70 und ein Halbabzugsverbot in § 3c III vor. Es wird durch eine hälftige Steuerbefreiung von BV-Mehrungen und Einnahmen aus der Veräußerung von Grund und Boden und Gebäuden, die seit mindestens 5 Jahren zum Anlagevermögen eines inländischen BV gehören, in der Zeit v 31.12.06–1.1.10 der Verkauf von Betriebsgrundstücken an REITs gefördert. Nach § 3c III wird – nach dem Vorbild des § 3 Nr 40 und des § 3c II – enspr der hälftigen Steuerbefreiung auch nur ein hälftiger Abzug der im Zusammenhang stehenden BA und BV-Minderungen zugelassen.[2] **227**

1. Die hälftige Steuerbefreiung nach S 1. § 3 Nr. 70 S 1 erklärt in Bstb. a die Hälfte der BV-Mehrungen oder Einnahmen aus der Veräußerung von Grund und Boden und Gebäuden an eine REIT-AG oder einen Vor-REIT für steuerfrei und normiert eine entsprechende hälftige Steuerbefreiung in Bstb. b, wenn ein Wechsel in den REIT-Status erfolgt und nach § 13 KStG die stillen Reserven in Grund und Boden und Gebäuden aufzudecken sind. **228**

a) Veräußerung an REIT-AGs oder Vor-REITs (Bstb. a). § 3 Nr 70 begünstigt die Veräußerung „an eine **REIT-AG oder einen Vor-REIT**. Diese Tatbestandvoraussetzung, die Veräußerung an einen REIT, steht nach dem Zweck der Befreiungsvorschrift im Vordergrund. § 3 Nr 70 soll zwar auch „die Aktivierung von bisher volkswirtschaftlich nicht optimal genutztem Kapital ermöglichen".[3] Primärer Zweck des § 3 Nr 70 ist jedoch – auch wenn bereits der Entw eines Gesetzes zur Verbesserung der steuerlichen Standortbedingungen eine Begünstigung der Gewinne aus Immobilienveräußerungen vorgesehen hat[4] –, den Verkauf von Grundstücken an REITs zu fördern.[5] Es soll eine „Anschubförderung" geleistet werden. Dem enspr die Einführung von § 3 Nr 70 durch das Gesetz zur Schaffung deutscher Immobilien-AG mit börsennotierten Anteilen, die Befristung der Steuerbefreiung und der rückwirkende Wegfall der Befreiung nach § 3 Nr 70 S 3. Die REIT-AG wird von § 1 REITG, der Vor-REIT von § 2 REITG definiert. Die Veräußerung auch an Vor-REIT wird ebenfalls begünstigt, um bereits vor der Börsenzulassung die steuerbegünstigte Veräußerung von Immobilien zu ermöglichen. Der Status als Vor-REIT oder REIT-AG muss im Zeitpunkt der „Veräußerung" bestehen. EU-rechtlich nicht unproblematisch erscheint, dass § 3 Nr 70 nur die Veräußerung an REIT-AG begünstigt, § 1 II REITG für diese aber verlangt, dass sie ihren Sitz in Deutschland haben. **229**

Begünstigt ist nur die Veräußerung von **Grund und Boden und Gebäuden**. Diese Voraussetzung enspr dem Unternehmensgegenstand der REIT-AG (vgl § 1 REITG). Wird ein Gesamtkaufpreis für Grund und Boden und Gebäude sowie anderes unbewegliches (§ 3 VIII REITG) oder bewegliches Vermögen vereinbart, ist eine Aufteilung auf begünstigte und nicht begünstigte WG erforderlich. Der Grund und Boden oder/und das Gebäude müssen am 1.1.07 mindestens 5 Jahre **zum Anlagevermögen** eines inländischen BV des StPfl gehören. Dieses Tatbestandsmerkmal enspr der Zielsetzung, neben der Förderung der REIT's „gleichzeitig" bisher volkswirtschaftlich nicht optimal genutztes Kapital zu aktivieren.[6] Von der Steuerbegünstigung profitieren nicht die Immobilien, die innerhalb der letzten fünf Jahre auf einen anderen StPfl übertragen wurden, Immobilien des **230**

---

1 BGBl I 07, 914.
2 BR-Drs 779/06; zu den nachfolgenden Änderungsvorschlägen des Bundesrates: BR-Drs 779/1/06, BT-Drs 16/4036.
3 BR-Drs 779/06, 41.
4 BT-Drs 15/5554.
5 Vgl die entspr Abstufung der Zielsetzung in BR-Drs 779/06, 41.
6 Vgl insoweit bereits den Entw eines Gesetzes zur Verbesserung der steuerlichen Standortbestimmungen (BT-Drs 15/5554) zur zeitlich befristeten steuerlichen Begünstigung der Gewinne aus Immobilienveräußerungen.

von Beckerath

Umlaufvermögens und Immobilien des Privatvermögens. Nicht begünstigt sind damit auch Einnahmen aus privaten Veräußerungsgeschäften iSv §§ 22 Nr 2, 23 I Nr 1. Die hälftige Befreiung setzt eine **Veräußerung** voraus, dh eine entgeltliche Übertragung des wirtschaftlichen Eigentums. Erforderlich ist, dass der obligatorische Vertrag **nach dem 31.12.06 und vor dem 1.1.10** abgeschlossen wird. Denn es soll der Verkauf von Grundstücken und Gebäuden an REITs nicht auf Dauer begünstigt werden, sondern nur in der Anfangsphase dieser Anlageform. Befreit ist die **Hälfte der BV-Mehrungen und der Einnahmen aus der Veräußerung**. § 3 Nr 70 soll sowohl bei einer Gewinnermittlung durch BV-Vergleich als auch bei einer Gewinnermittlung nach § 4 III gelten. Er greift auch dann ein, wenn Grund und Boden oder/und Gebäude nicht isoliert veräußert werden. § 3 Nr 70 S 2a schließt die Begünstigung nur aus, wenn die Veräußerung im Rahmen einer Betriebsveräußerung erfolgt und gleichzeitig der Veräußerungsgewinn nach § 34 besteuert wird. Die Befreiung zur Hälfte stimmt zwar betragsmäßig mit dem Befreiungsumfang im Rahmen des Halbeinkünfteverfahrens nach § 3 Nr 40 überein. Eine inhaltliche Verbindung zum Halbeinkünfteverfahren besteht allerdings – ebenso wie bei der Befreiung des Carried Interest durch § 3 Nr 40 S 1a – nicht. So unterliegen zB in Frankreich nur 16,5 % der stillen Reserven einer Besteuerung.[1] Die hälftige Befreiung vermindert über § 7 S 1 GewStG die Bemessungsgrundlage für die GewSt und bewirkt insoweit auch eine gewerbesteuerliche Entlastung.

231 b) **Übergang in den REIT-Status (Bstb. b).** § 3 Nr 70 S 1b befreit die Hälfte der BV-Mehrungen, die auf Grund der Eintragung eines Stpfl in das Handelsregister als REIT-AG iSd REIT-Gesetzes durch Anwendung des § 13 I und III 1 KStG auf Grund und Boden und Gebäude entstehen, wenn diese WG vor dem 1.1.05 angeschafft oder hergestellt wurden, und die Schlussbilanz iSd § 13 I und III KStG auf einen Zeitpunkt vor dem 1.1.10 aufzustellen ist. Es sollen die beim **Wechsel einer stpfl AG in den steuerbefreiten REIT-Status** aufzudeckenden stillen Reserven in Grund und Boden und Gebäude ebenfalls nur zur Hälfte besteuert werden. Grund und Boden und Gebäude sollen begünstigt werden, wenn diese zwei Jahre vor dem rückwirkenden Inkrafttreten am 1.1.07 angeschafft oder hergestellt wurden.[2] Anders als in den Fällen der Veräußerung von Immobilien an einen REIT beträgt die sog Vorbesitzzeit hier also nur zwei Jahre.[3]

232 Wird eine steuerpflichtige Körperschaft, Personenvereinigung oder Vermögensmasse von der KSt befreit, so hat sie nach **§ 13 I KStG** auf den Zeitpunkt, in dem die StPfl endet, eine Schlussbilanz aufzustellen. Nach § 13 III 1 KStG sind in der Schlussbilanz iSd § 13 I KStG die WG mit den Teilwerten anzusetzen. Es erfolgt eine Aufdeckung der stillen Reserven. Diese Schlussbesteuerung beim Ausscheiden aus der StPfl und dem Übergang in den Status als steuerbefreite Körperschaft wird von § 3 Nr 70 S 1b eingeschränkt. Soweit BV-Mehrungen aus dem Teilwertansatz bei Grund und Boden und Gebäuden entstehen, sollen diese BV-Mehrungen, wenn der Übergang in den stfreien REIT-Status erfolgt, **ebenso zur Hälfte stfrei sein wie bei der Veräußerung derartiger WG an eine REIT-AG oder einen Vor-REIT**. Voraussetzung ist allerdings, dass die WG vor dem 1.1.05 angeschafft wurden und die Schlussbilanz auf einen Zeitpunkt vor dem 1.1.10 aufzustellen ist. § 3 Nr 70 S 1b entspricht insoweit der Regelung des § 13 IV KStG. Dieser bestimmt, dass dann, wenn die Steuerbefreiung auf Grund des § 5 I Nr 9 KStG beginnt (Körperschaftsteuerbefreiung für Körperschaften, die ausschließlich und unmittelbar gemeinnützigen, mildtätigen oder kirchlichen Zwecken dienen), die WG, die der Förderung steuerbegünstigter Zwecke iSd § 9 I Nr 2 KStG (Spendenabzug) dienen, in der Schlussbilanz mit den Buchwerten anzusetzen sind.

235 **2. Der Ausnahmekatalog des S 2.** Die Steuerbefreiung nach § 3 Nr 70 S 1 besteht nach **S 2a** nicht, wenn der StPfl den Betrieb veräußert oder aufgibt und der Veräußerungsgewinn nach § 34 besteuert wird. Nach Auffassung des Gesetzgebers ist die Betriebsveräußerung und -aufgabe bereits durch §§ 16 IV und 34 begünstigt, so dass es keines zusätzlichen steuerlichen Anreizes bedürfe. S 1 ist auch dann nicht anwendbar, wenn die Anwendung günstiger wäre als die Steuerbegünstigung nach § 34 I. Nach **S 2b** ist die hälftige Steuerbefreiung ausgeschlossen, wenn der StPfl von der Möglichkeit der Übertragung stiller Reserven oder der Rücklagenbildung bei Veräußerung von Grund und Boden sowie Gebäuden gem §§ 6b, 6c Gebrauch macht. Der StPfl kann sich für oder gegen die Anwendung von §§ 6b, 6c entscheiden und damit zw §§ 6b, 6c und § 3 Nr 70 wählen.[4] Hat der StPfl in einem Wj vor der Veräußerung des Grund und Bodens oder Gebäudes eine Teilwertabschreibung vorgenom-

---

1 Schultz/Thießen DB 06, 2144 (2146); Stoschek/Dammann IStR 06, 403 (407).
2 BT-Drs. 16/4779, 67.
3 Kann/Just/Krämer DStR 07, 787 (791).
4 BR-Drs 779/06, 41.

men, die in vollem Umfang steuerwirksam gewesen ist, ist nach **S 2c** der S 1 insoweit nicht anwendbar, als der Veräußerungserlös auf die Wertsteigerung entfällt, die bis zum Veräußerungszeitpunkt eingetreten und noch nicht durch eine Wertaufholung nach § 6 I Nr 1 S 4 erfasst ist. **S 2d** trifft eine Regelung für den Fall, dass der StPfl Grund und Boden und Gebäude mit Verlust veräußert. Die Steuerbefreiung nach S 1 würde hier im Zusammenwirken mit dem Halbabzugsverbot nach § 3c III iErg dazu führen, dass der Verlust nur zur Hälfte berücksichtigt würde. Da § 3 Nr 70 aber eine Vorschrift zur Förderung der Veräußerung von Grundstücken und Gebäuden an REIT ist, soll § 3 Nr 70 – und damit auch § 3c III – in Verlustfällen nicht zur Anwendung kommen.[1] Nach **S 2e** soll die Steuerfreistellung auch nicht bestehen, soweit der StPfl in der Vergangenheit Abzüge bei den Anschaffungs- oder Herstellungskosten von WG iSd S 1 nach § 6b oder ähnliche Abzüge voll steuerwirksam vorgenommen hat. Diese Regelung entspricht der Bestimmung des § 3 Nr 70 S 2c, welche die Steuerbefreiung ausschließt, soweit der Ansatz des niedrigeren Teilwertes in vollem Umfang zu einer Gewinnminderung geführt hat. Es soll ausgeschlossen werden, dass eine über § 6b aufgeschobene voll stpfl Realisierung von stillen Reserven nunmehr über § 3 Nr 70 S 1 nur noch zur Hälfte stpfl ist. Entsprechend dem zuletzt im SEStEG (vgl. § 3 Nr 40 S 1a S 3)[2] normierten Grundsatz, dass eine hälftige Veräußerungsgewinnbefreiung nicht in Betracht kommt, wenn in früheren Jahren eine voll steuerwirksame Teilwertabschreibung oder ein voll steuerwirksamer Abzug nach § 6b oder hiermit vergleichbare Abzüge vorgenommen worden sind, hat der Gesetzgeber eine hälftige Steuerbefreiung des auf einen Abzug nach § 6b oder hiermit vergleichbaren Abzug entfallenden Teils des Veräußerungserlöses ebenfalls als nicht gerechtfertigt angesehen.[3] **S 2f** normiert eine Ausnahme für Rechtsvorgänge nach dem UmwStG. Bei Übertragungsvorgängen, die unter das UmwStG fallen, haben Stpfl die Möglichkeit, die Übertragung zum gemeinen Wert, Buchwert oder einem Zwischenwert durchzuführen (vgl. zB § 11 II und § 20 II UmwStG in der Fassung des SEStEG). Nur im Fall des Ansatzes mit dem gemeinen Wert kommt es zu einer Realisierung sämtlicher stiller Reserven, so dass nach Auffassung des Gesetzgebers auch nur in diesem Fall die Gewährung der hälftigen Steuerbefreiung erforderlich ist. Der Stpfl hat durch die Wahl der Übertragung zum gemeinen Wert die Möglichkeit, **die für ihn günstige Variante zu wählen**. Zudem erfolgten – so die Gesetzesbegründung – Vermögensübertragungen, Umwandlungen, Verschmelzungen usw regelmäßig aus anderen Gründen als der Realisierung stiller Reserven. Es käme daher lediglich zu Mitnahmeeffekten.[4]

3. Rückwirkender Wegfall der Befreiung nach S 3. Während § 3 Nr 70 S 2 Ausnahmen von der Steuerbefreiung vorsieht und eine Steuerbefreiung in bestimmten Fällen von vornherein versagt, in denen der Gesetzgeber eine Steuerbefreiung als nicht geboten ansieht, regelt S 3, dass in bestimmten Fällen die Steuerbefreiung rückwirkend wegfällt, wenn **bestimmte Voraussetzungen im Anschluss an die Veräußerung der Immobilie nicht erfüllt werden**. Aus der Sicht eines potentiellen Veräußerers sind diese Regelungen über den rückwirkenden Wegfall der hälftigen Steuerbefreiung problematisch, da die Gründe für den rückwirkenden Wegfall der Befreiung in der Sphäre des Erwerbers liegen. Die Steuerbefreiung entfällt nach **S 3a**, wenn die REIT-AG den Grund und Boden und das Gebäude innerhalb eines Zeitraums von vier Jahren seit dem Vertragsschluss iSd S 1a oder innerhalb eines Zeitraums von vier Jahren nach dem Stichtag der Schlussbilanz iSd S 1b veräußert. Diese Bedingung entspricht § 14 REITG, der sich gegen einen Immobilienhandel durch die REIT-AG wendet. Die REIT-AG darf nach § 14 I REITG **keinen Immobilienhandel** betreiben, der von § 14 II REITG angenommen wird, wenn die REIT-AG innerhalb eines Zeitraums von fünf Jahren Bruttoerlöse aus der Veräußerung von unbeweglichem Vermögen erzielt, die mehr als die Hälfte des Wertes des durchschnittlichen Bestandes an unbeweglichem Vermögen innerhalb desselben Zeitraums ausmachen. Für den Veräußerer besteht auf Grund der Regelung in S 3a ein latentes Steuerrisiko, das sich nicht nur auf den Kaufpreis auswirken dürfte, sondern das auch eine entsprechende Absicherung in den Verträgen verlangt. Nach **S 3b** entfällt die Steuerbefreiung, wenn der Vor-REIT nicht innerhalb von vier Jahren seit dem Vertragsabschluss nach S 1a als REIT-AG in das Handelsregister eingetragen wird. Die Veräußerung an Vor-REITs wurde nur deshalb in die Begünstigung einbezogen, um zeitlich bereits vor der Börsenzulassung die steuerbegünstigte Veräußerung von Immobilien zu ermöglichen, steht jedoch unter der Bedingung der Zulassung. Die Steuerbefreiung entfällt nach **S 3c** rückwirkend, wenn die REIT-AG innerhalb eines Zeitraums von vier Jahren seit dem Vertragsschluss iSd S 1a oder nach dem Stichtag der Schlussbilanz iSd S 1b in kei-

236

---

1 BR-Drs 779/06, 42.
2 Vgl. auch BT-Drs. 16/2710, 27.
3 BT-Drs. 16/4026, 35.
4 Vgl. bereits BT-Drs. 15/5554, 13; BT-Drs. 16/4026, 35.

nem VZ die Voraussetzungen für die Steuerbefreiung erfüllt. Diese Regelung wurde auf Vorschlag des Bundesrates aufgenommen. Die Ausnahmeregelung des § 3 Nr 70 S 3b über den Wegfall der hälftigen Steuerbefreiung, wenn der Vor-REIT nicht eingetragen werde, diene der zielgerichteten Gewährung der hälftigen Steuerbefreiung. Grund und Boden und Gebäude könnten jedoch auch an eine REIT-AG veräußert werden, die später in keinem VZ die Voraussetzungen für die Steuerbefreiung erfülle (zB wegen Verlust der Börsenzulassung nach § 18 I REITG). Auch in diesem Fall sei die Gewährung der hälftigen Steuerbefreiung nicht gerechtfertigt, weil es sich um eine Veräußerung an eine letztlich steuerpflichtige Kapitalgesellschaft handele.[1] **§ 3 Nr 70 S 3d** ergänzt die Regelung des S 3c. Die hälftige Steuerbefreiung soll nicht nur dann entfallen, wenn die REIT-AG die Voraussetzungen für die Steuerbefreiung innerhalb von vier Jahren in keinem VZ erfüllt, sondern auch dann, wenn die Steuerbefreiung der REIT-AG innerhalb eines Zeitraums von vier Jahren endet. Die Ausnahmeregelung des § 3 Nr 70 S 3e ergänzt S 3b. Während S 3b die hälftige Steuerbefreiung rückwirkend entfallen lässt, wenn der Vor-REIT, an den die Immobilie veräußert wurde, nicht als REIT-AG eingetragen wird, versagt S 3e rückwirkend die hälftige Befreiung, wenn das Bundeszentralamt für Steuern dem Erwerber iSd S 1a den Status als Vor-REIT iSd § 2 S 4 REITG bestandskräftig aberkannt hat. Nach § 2 S 2 REITG hat der Vor-REIT zum Ende des auf die Registrierung folgenden Geschäftsjahres gegenüber dem Bundeszentralamt für Steuern nachzuweisen, dass sein Unternehmensgegenstand iSd § 1 I, 1. HS REITG beschränkt ist. Zum Ende des dem Jahr der Anmeldung folgenden und jedes darauf folgenden Geschäftsjahres hat der Vor-REIT auf Aufforderung des Bundeszentralamts für Steuern innerhalb einer in der Aufforderung bestimmten Frist durch Vorlage von geeigneten, von einem Wirtschaftsprüfer testierten Unterlagen nachzuweisen, dass er die Voraussetzungen des § 12 erfüllt. Erfüllt der Vor-REIT zum Ende des dem Jahr der Anmeldung folgenden oder eines späteren Geschäftsjahres die Voraussetzungen des § 12 und des § 1 I, 1. HS REITG nicht oder nicht mehr, entfällt der Status als Vor-REIT zum Ende dieses Geschäftsjahres.

237 **4. Sale-and-Lease-Back-Fälle mit fortdauernder Beteiligung des Veräußerers (S 4).** Die Steuerbefreiung entfällt auch dann rückwirkend, wenn die WG iSd S 1a vom Erwerber an den Veräußerer oder eine ihm nahestehende Person iSd § 1 II des AStG überlassen werden und der Veräußerer oder eine ihm nahestehende Person iSd § 1 II des AStG nach Ablauf einer Frist von zwei Jahren seit Eintragung des Erwerbers als REIT-AG in das Handelsregister an dieser mittelbar oder unmittelbar zu mehr als 50 % beteiligt ist. § 3 Nr 70 S 4 regelt, dass in Fällen des Sale-and-Lease-Back der Veräußerer der Immobilie den Erwerber nur eine gewisse Anfangszeit beherrschen darf. Für die Börseneinführung und eine kurze Zeit danach soll der Veräußerer die Möglichkeit haben, durch seine Beteiligung an der REIT-AG zu zeigen, dass er hinter dem Vorhaben steht. Auf Dauer soll aber durch Rückführung auch der mittelbaren Beteiligung der Charakter der REIT-AG als **Kapitalmarktprodukt** zum Tragen kommen. § 3 Nr 70 S 4 soll zugleich auch rein steuerlich motivierte Gestaltungen durch Übertragung des Grundbesitzes eines Konzerns auf eine REIT-AG bei unveränderter Nutzung der Immobilien verhindern.[2] Der Gesetzgeber wollte befürchtete Steuerausfälle aus Sale-and-Lease-Back-Transaktionen dadurch (mittelbar) eindämmen, dass die Steuerbefreiung nur dann gewährt wird, wenn der Veräußerer/Leasingnehmer die Kontrolle vor Ablauf von zwei Jahren seit Beginn der Steuerbefreiung des REITG aufgibt.[3]

238 **5. Haftung des Erwerbers in den Fällen der S 3 und 4 (S 5).** Der Grundstückserwerber haftet nach § 3 Nr 70 S 5 für die sich aus dem rückwirkenden Wegfall der Steuerbefreiung nach S 3 und 4 ergebenden Steuern. Der Gesetzgeber hat insoweit Vorsorge gegen Steuerausfälle auf Grund einer Insolvenz des Veräußerers getroffen. Diese Haftung berücksichtigt, dass der rückwirkende Wegfall der Steuerbefreiung – zumindest in den Fällen des S 3 – seine Ursache in der **Sphäre des Erwerbers** hat. Die REIT-AG hat die Immobilie weiter veräußert (Bstb a), der Vor-REIT wird nicht als REIT-AG eingetragen (Bstb b), die REIT-AG erfüllt nicht die Voraussetzungen für die Befreiung (Bstb c), die Steuerbefreiung endet (Bstb d) oder der Status als Vor-REIT wird aberkannt (Bstb e). In der Regel werden Veräußerer und Erwerber ohnehin in dem Übertragungsvertrag eine Regelung getroffen haben, nach welcher der von dem Erwerber verursachte Wegfall der Steuerbefreiung diesen zum Ausgleich verpflichtet.

---

1 BT-Drs. 16/4026, 36.
2 BT-Drs. 16/4779, 67.
3 *Sieker/Göckeler/Köster* DB 2007, 933 (943).

§ 3a

(weggefallen)

§ 3b Steuerfreiheit von Zuschlägen für Sonntags-, Feiertags- oder Nachtarbeit

(1) Steuerfrei sind Zuschläge, die für tatsächlich geleistete Sonntags-, Feiertags- oder Nachtarbeit neben dem Grundlohn gezahlt werden, soweit sie
1. für Nachtarbeit 25 Prozent,
2. vorbehaltlich der Nummern 3 und 4 für Sonntagsarbeit 50 Prozent,
3. vorbehaltlich der Nummer 4 für Arbeit am 31. Dezember ab 14 Uhr und an den gesetzlichen Feiertagen 125 Prozent,
4. für Arbeit am 24. Dezember ab 14 Uhr, am 25. und 26. Dezember sowie am 1. Mai 150 Prozent

des Grundlohns nicht übersteigen.

(2) ¹Grundlohn ist der laufende Arbeitslohn, der dem Arbeitnehmer bei der für ihn maßgebenden regelmäßigen Arbeitszeit für den jeweiligen Lohnzahlungszeitraum zusteht; er ist in einen Stundenlohn umzurechnen und mit höchstens 50 Euro anzusetzen. ²Nachtarbeit ist die Arbeit in der Zeit von 20 Uhr bis 6 Uhr. ³Sonntagsarbeit und Feiertagsarbeit ist die Arbeit in der Zeit von 0 Uhr bis 24 Uhr des jeweiligen Tages. ⁴Die gesetzlichen Feiertage werden durch die am Ort der Arbeitsstätte geltenden Vorschriften bestimmt.

(3) Wenn die Nachtarbeit vor 0 Uhr aufgenommen wird, gilt abweichend von den Absätzen 1 und 2 Folgendes:
1. Für Nachtarbeit in der Zeit von 0 Uhr bis 4 Uhr erhöht sich der Zuschlagssatz auf 40 Prozent,
2. als Sonntagsarbeit und Feiertagsarbeit gilt auch die Arbeit in der Zeit von 0 Uhr bis 4 Uhr des auf den Sonntag oder Feiertag folgenden Tages.

R 3b LStR

Literatur: *Tipke* Rechtsschutz gegen Privilegien Dritter, FR 06, 949; *Wesselbaum-Neugebauer* Steuerfreier Zuschlag für Sonntags-, Feiertags- oder Nachtarbeit nicht für Gesellschafter-Geschäftsführer? Zur Zulässigkeit einer generellen Umqualifizierung, DStZ 06, 691.

A. Grundaussage der Vorschrift

§ 3b ist seit langem als sachlich nicht gerechtfertigt und rechtspolitisch verfehlt erkannt.[1] Sonn-, Feiertags- und Nachtarbeit ist nicht förderungswürdig. Die Arbeit an Sonn- und Feiertagen steht im Widerspruch zu den öffentlich-rechtlichen Vorschriften zum Schutz der Sonn- und Feiertagsruhe. Rechtspolitisch ist es Sache des ArbG, ein Sonderentgelt für die Sonn-, Feiertags- und Nachtarbeit zu zahlen, und nicht Sache der Allgemeinheit, sich durch Steuervergünstigung an der Vergütung dieser Arbeit zu beteiligen. Dennoch sind bisher alle Versuche, § 3b aufzuheben, gescheitert.[2]

1

B. Der Grundtatbestand der Abs I und II

§ 3b normiert keinen allg Freibetrag bei Sonn-, Feiertags- und Nachtarbeit, sondern knüpft die Befreiung an entspr „**Zuschläge**" des ArbG.[3] Diese müssen „**neben** dem Grundlohn" gezahlt werden. Es reicht nicht aus, wenn sich der Entgeltanteil aus dem wegen ungünstiger Arbeitszeit erhöhten Arbeitslohn herausrechnen lässt.[4] Es soll so sichergestellt werden, dass nur das Entgelt für die in der Sonn-, Feiertags- und Nachtarbeit liegende Erschwernis bezuschusst und die Anwendung von § 3b I Nr 1–4 erleichtert wird. Mit dem Grundlohn muss die Arbeitsleistung als solche abgegolten werden und mit dem Zuschlag, dass die Arbeit zu ungünstigen Zeiten geleistet wird. Nach der **Definition des Grundlohns** in § 3b II 1 bleiben einmalige Bezüge wie Weihnachtsgeld, Urlaubsgeld, Jubiläumszuwendungen, Gratifikationen etc sowie Zuschläge für Mehr- und Überarbeit außer Ansatz. Dagegen sind dem Basisgrundlohn Grundlohnzusätze wie Erschwerniszulagen, Fahrtkostenzu-

2

---

1 *Kirchhof* Stbg 97, 197 (195); *K/S/M* § 3b Rn A 111 ff, A 261 mwN; *Tipke* FR 06, 949.
2 *Tipke* FR 06, 949 (951); *Wisser* DStZ 00, 822.
3 BFH BStBl III 57, 387.
4 BFH BStBl II 91, 296; BStBl III 57, 387 00; BFH/NV 00, 1093.

schüsse und regelmäßig und fortlaufend gezahlte Wechselschichtzuschläge[1] hinzuzurechnen. Der Grundlohn ist in einen Stundenlohn umzurechnen.[2] Die Definition des Grundlohns verdeutlicht, dass § 3b nur **ArbN** und nach § 19 steuerbare Einnahmen begünstigt.[3] Die Zuschläge müssen **gezahlt** werden. Die Abgeltung durch Freistellung oder zusätzlichen Urlaub reicht nicht aus.[4] Die Zuschläge müssen **„für"** Sonn-, Feiertags- und Nachtarbeit geleistet werden, dh die Zahlung muss eine entspr subj Zweckbestimmung haben. Hieran fehlt es, wenn der ArbN aufgrund der Arbeit an einem Feiertag einen Anspruch auf einen bezahlten freien Tag erworben hat und dieser Freizeitanspruch nachfolgend durch eine Vergütung abgegolten wird. Denn diese Abgeltung ist Entschädigung für den nicht erhaltenen freien Tag.[5] Begünstigt sind nur Zuschläge ausschließlich für Sonn-, Feiertags- und Nachtarbeit, nicht Mischzuschläge, die auch andere Erschwernisse – zB Mehrarbeit – abdecken.[6] Ergibt sich aber aus der Zusammenrechnung verschiedener Zuschlagsarten ein Mischzuschlag und enthält die Zahlungsgrundlage ausreichend bestimmte Angaben, aus denen der Anteil für Sonn-, Feiertags- und Nachtarbeit dem Grunde und der Höhe nach abgeleitet werden kann, so ist der entspr Anteil stfrei.[7] Pauschalen werden nur dann als Zahlung „für tatsächlich geleistete" Sonn-, Feiertags- und Nachtarbeit anerkannt, wenn sie nach dem Willen von ArbG und ArbN als Abschlagzahlungen oder Vorschüsse auf eine spätere Einzelabrechnung geleistet werden, der ArbG entspr die geleisteten Arbeitsstunden auflistet und spätestens bei Abschluss des Lohnkontos abrechnet.[8] Der fehlende Nachweis tatsächlich erbrachter Arbeitsleistungen kann nicht durch eine Modellrechnung ersetzt werden.[9] Die Tatbestandsmerkmale der **Sonn-, Feiertags- und Nachtarbeit** definiert § 3b II 2–4.[10] § 3b I verlangt die **tatsächliche Leistung** von Sonn-, Feiertags- und Nachtarbeit.[11] Stfrei sind nicht im Krankheitsfall, bei Mutterschutz[12], Urlaub[13] oder einer Freistellung von Betriebsratsmitgliedern[14] gezahlte Zuschläge, wohl aber Zuschläge für die Leistung von Rufbereitschaft an Sonn- und Feiertagen.[15] § 3b I begünstigt Zuschläge für Sonn-, Feiertags- und Nachtarbeit nur, soweit sie bestimmte **Höchstgrenzen** nicht überschreiten. Diese werden als %-Sätze des Grundlohns festgelegt, um zu verhindern, dass die Zuschläge zulasten des Grundlohns erhöht und so eine nicht gerechtfertigte Steuerbefreiung erlangt wird. Bei Nachtarbeit an Sonn- und Feiertagen kann die Befreiung nach § 3b I Nr 2–4 neben der nach § 3b I Nr 1 in Anspr genommen werden. Ist ein Sonntag zugleich Feiertag, ist der Höchstbetrag für Feiertage maßgebend. Nach § 3b II 1 gilt für die Stundenlohnbasis eine **Höchstgrenze von 50 €**. Es sollte damit der Inanspruchnahme der Steuerfreiheit durch einkommensstarke Profisportler (Fußball-, Eishockey-, Basketball-Bundesliga) begegnet werden. Stfrei sind Zuschläge nur, soweit sie die %-Sätze des § 3b I von einem Stundenlohn von max 50 € (entspr Monatslohn: 8 000 € und Jahresarbeitslohn 100 000 €) nicht überschreiten.[16]

C. Die erweiterte Begünstigung nach § 3b III

3 § 3b III sieht eine zusätzliche Begünstigung vor für die Arbeit zur „Kernnachtzeit", wenn die Nachtarbeit vor 0.00 Uhr aufgenommen wurde. Der Gesetzgeber geht bei dieser Arbeitszeit von einer besonders starken Belastung aus. Es wird in § 3b III Nr 1 der Zuschlagssatz für Nachtarbeit in Höhe von 25 % auf 40 % für (vor 0.00 Uhr aufgenommene) Nachtarbeit in der Zeit von 0.00 bis 4.00 Uhr erhöht. Außerdem dehnt § 3b III Nr 2 die Steuerbefreiung für Sonntags- und Feiertagszuschläge auf das Schichtende am folgenden Tag aus, um zu vermeiden, dass in der betr Nacht die besonders belastende Arbeit zw 0.00 Uhr und 4.00 Uhr steuerlich weniger begünstigt wird als die Arbeit vor 0.00 Uhr.

---

1 BFH v 7.7.05 – IX R 81/97, DStR 05, 1936.
2 Zu dieser Umrechnung: R 30 II Nr 3 LStR.
3 BFH BStBl II 87, 625; BStBl II 97, 577 (nicht vGA).
4 BFH BStBl II 81, 801.
5 BFH/NV 06, 37; BFH BStBl II 81, 801; FG D'dorf EFG 03, 1069; zu Zuschlägen wegen Abwesenheitszeiten: FG M'ster EFG 04, 26.
6 BFH BStBl III 67, 609 (610); FG BaWü EFG 87, 108; FG D'dorf EFG 00, 918.
7 BFH BStBl II 91, 8; BMF BStBl I 91, 57; zum Zusammentreffen mit Mehrarbeitszuschlägen: R 30 V LStR.
8 BFH/NV 05, 725; BStBl II 91, 293; BStBl II 93, 314; R 30 VII LStR.
9 BFH BStBl II 05, 725.
10 BFH BStBl II 84, 809 (Feiertagsarbeit); Übersicht über die Feiertage: *Nipperdey* Arbeitsrecht, Nr 250, Losebl.
11 Zum Nachweis: BFH BStBl II 91, 298; FG SchlHol DStRE 02, 1107.
12 BFH BStBl II 85, 57.
13 BFH BStBl III 57, 302.
14 BFH BStBl II 74, 646.
15 BFH BStBl II 02, 883.
16 BT-Drs 15/1945, 16.

§ 3b Steuerfreiheit von Zuschlägen für Sonntags-, Feiertags- oder Nachtarbeit

D. Einzelnachweise

Ärzte. Bereitschaftsdienstvergütungen enthalten regelmäßig Grundlohn und werden für Sonn-, Feiertags, Nacht- und Mehrarbeit gezahlt. Sie sind grds nicht begünstigt (BFH BStBl II 90, 315; zur Rufbereitschaft: FG SchlHol EFG 97, 200).

Altersteilzeit. Werden Zuschläge nach § 3b im Rahmen der Altersteilzeit erst in der Freistellungsphase ausgezahlt und deshalb verzinst, so sind die Zinsen – da sie ihre Ursache allein in der späteren Auszahlung haben – nicht stfrei (BMF v 27.4.00, DB 00, 1000).

Apotheker. Eine ohne Aufgliederung pauschal gezahlte Vergütung für Notdienstbereitschaft ist nicht begünstigt (OFD Hann StEK EStG § 3b Nr 24).

Arbeitsfreier Tag. Nur Zuschläge, die für Sonn-, Feiertags- und Nachtarbeit gezahlt werden, sind begünstigt, nicht die Abgeltung von Sonn-, Feiertags- und Nachtarbeit durch Gewährung von arbeitsfreien Tagen oder Zahlungen zur Abgeltung eines für Feiertagsarbeit gewährten freien Tages (BFH/NV 06, 37; BStBl II 81, 801).

Bäcker werden durch § 3b III erweitert begünstigt, wenn ihre Arbeitszeit vor 0.00 Uhr beginnt (zu Zuschlägen in der Brotindustrie: StEK § 3b Nr 19).

Bahn, Post. Die Schichtzulagen für tatsächlich geleistete Nachtarbeit sind nach § 3b begünstigt (FinMin Brandenburg DB 93, 1696).

Blockmodelle. s Zeitversetzte Auszahlung

Bordpersonal. Mehrflugstundenvergütungen sind stpfl (FG Hess EFG 02, 1581; FG Hess EFG 92, 7; FG Mchn EFG 99, 1170), ebenso Flugzulagen (FG Hbg EFG 99, 1008). Schichtzulagen werden von der Verw als stfrei behandelt (StEK § 3b Nr 45, 26, 31, 56; FR 91, 305), allerdings zu Unrecht (FG Hess EFG 02, 1214; FG Hess EFG 92, 7).

Drucker sollten durch § 3b III Nr 2 begünstigt werden (FinMin Hess StEK § 3b Nr 48). Zur pauschalen Abgeltung von auch nachts, sonn- und feiertags zu leistender Mehr- und Schichtarbeit gezahlte Zuschläge sind nicht stfrei (FG BaWü EFG 87, 108; FinMin Saarland DStR 92, 617; FinMin Hessen DStR 93, 205).

Fluglotsen. Zulagen zum Ausgleich für die mit der Schichtarbeit verbundenen allg Erschwernisse sind nicht begünstigt (BFH BStBl III 67, 609; FG RhPf EFG 82, 232).

Freizeitausgleich. s Arbeitsfreier Tag; Wahlmöglichkeit

Gaststätten- und Hotelgewerbe. Keine Herausrechnung eines begünstigten Zuschlages bei sog Prozentempfängern (BMF FR 75, 601).

Geschäftsführer. Zuschläge, die einem Geschäftsführer für Sonn-, Feiertags- und Nachtarbeit gezahlt werden, sind idR vGA (BFH BStBl 07, 393 mwN; zur Anwendung der abw früheren Verwaltungsanweisungen BFH BStBl II 04, 927), müssen es aber nicht immer sein (BFH BStBl II 05, 307; BStBl II 07, 393).

Insolvenzgeld. Das im Rahmen des Progressionsvorbehalts zu berücksichtigende Insolvenzgeld ist nicht um jene Beträge zu kürzen, die außerhalb der Insolvenz als Sonn-, Feiertags- und Nachtarbeitszuschläge hypothetisch nach § 3b stfrei wären (FG Nds EFG 05, 1670).

Krankenhauspersonal. Sog „Nachtschwestern" erfüllen regelmäßig die Voraussetzungen des § 3b III.

Krankheit. Im Krankheitsfall gezahlte Zuschläge sind nicht stfrei.

Nachweis. Der Nachweis über die Voraussetzungen stfrei Zuschläge ist regelmäßig durch Einzelnachweis der geleisteten Stunden, aber auch durch Beweismittel anderer Art zu erbringen (FG SchlHol v 26.2.02, DStRE 02, 1107).

Nahverkehrsbetriebe. Tarifliche Zuschläge für eine Tätigkeit an lt Dienstplan freien Tagen sind nicht begünstigt (FinMin Schleswig-Holstein, StEK § 3b Nr 7).

Raumausstatter. Nachtarbeitszuschläge sind nur stfrei, soweit sie für tatsächlich geleistete Nachtarbeit gezahlt werden.

von Beckerath

Rufbereitschaft. Zuschläge zur Rufbereitschaftsentschädigung können nach § 3b stfrei sein (BFH BStBl II 02, 883).

Wahlmöglichkeit. Sieht der Tarifvertrag für Feiertagsarbeit wahlweise einen Freizeitausgleich oder einen Lohnzuschlag vor und wird dieser gewählt, ist § 3b anwendbar (FG D'dorf EFG 04, 1285; FG Nds EFG 05, 583).

Wechselschichtzulagen. Zulagen, die auch im Hinblick darauf gezahlt werden, dass Sonntags-, Feiertags- und Nachtarbeit zu leisten ist, sind nicht begünstigt. Regelmäßig und fortlaufend gezahlte Wechselschichtzuschläge sind dem Grundlohn zuzurechnen (Rn 2; BFH BStBl II 05, 888).

Wohnung. Lohnzuschläge wegen tatsächlich geleisteter Sonntagsarbeit sind auch dann stfrei, wenn die Arbeit nicht am regelmäßigen Arbeitsplatz, sondern in der Privatwohnung des ArbN geleistet wird (FG M'ster EFG 96, 209).

Zeitungszustellern zusätzlich zum Stücklohn gezahlte Nachtzuschläge sind stfrei (FG M'ster EFG 96, 209).

Zeitversetzte Auszahlung. In R 30 VIII LStR wird klargestellt, dass die Steuerfreiheit von Zuschlägen auch bei zeitversetzter Auszahlung grds erhalten bleibt. Voraussetzung sei jedoch, dass vor der Leistung der begünstigten Arbeit bestimmt werde, dass ein stfreier Zuschlag – ggf teilw – als Wertguthaben auf ein Arbeitszeitkonto genommen und getrennt ausgewiesen werde. Diese gelte zB in Fällen der Altersteilzeit bei Aufteilung in Arbeits- und Freistellungsphase (sog Blockmodelle). Lohnzuversteuern ist allerdings ein aufgrund der späteren Auszahlung geleisteter Zinsbetrag.

§ 3c Anteilige Abzüge

(1) Ausgaben dürfen, soweit sie mit steuerfreien Einnahmen in unmittelbarem wirtschaftlichen Zusammenhang stehen, nicht als Betriebsausgaben oder Werbungskosten abgezogen werden; Absatz 2 bleibt unberührt.

(2) [1]Betriebsvermögensminderungen, Betriebsausgaben, Veräußerungskosten oder Werbungskosten, die mit den dem § 3 Nr. 40 zugrunde liegenden Betriebsvermögensmehrungen oder Einnahmen in wirtschaftlichem Zusammenhang stehen, dürfen unabhängig davon, in welchem Veranlagungszeitraum die Betriebsvermögensmehrungen oder Einnahmen anfallen, bei der Ermittlung der Einkünfte nur zur Hälfte abgezogen werden; Entsprechendes gilt, wenn bei der Ermittlung der Einkünfte der Wert des Betriebsvermögens oder des Anteils am Betriebsvermögen oder die Anschaffungs- oder Herstellungskosten oder der an deren Stelle tretende Wert mindernd zu berücksichtigen sind. [2]Satz 1 gilt auch für Wertminderungen des Anteils an einer Organgesellschaft, die nicht auf Gewinnausschüttungen zurückzuführen sind. [3]§ 8b Abs. 10 des Körperschaftsteuergesetzes gilt sinngemäß.

(3) Betriebsvermögensminderungen, Betriebsausgaben oder Veräußerungskosten, die mit den Betriebsvermögensmehrungen oder Einnahmen im Sinne des § 3 Nr. 70 in wirtschaftlichem Zusammenhang stehen, dürfen unabhängig davon, in welchem Veranlagungszeitraum die Betriebsvermögensmehrungen oder Einnahmen anfallen, nur zur Hälfte abgezogen werden.

Übersicht

	Rn		Rn
A. Grundaussage der Vorschrift	1	II. Ausgaben iSv § 3c II 1	44
B. Abzugsverbot bei steuerfreien Einnahmen (§ 3c I)	5	III. Einnahmen iSv § 3c II 1. § 3 Nr 40 S 1a	51
I. Zusammenhang zwischen Ausgaben und Einnahmen	6	IV. Halbabzug bei Organgesellschaftsanteilen (§ 3c II 2)	57
II. Forderung eines „unmittelbaren wirtschaftlichen" Zusammenhangs	13	V. Sinngemäße Geltung von § 8b X KStG (§ 3c II 3)	58
III. Begrenzung des Abzugsverbotes („soweit")	14	D. Die Halbabzugsbegrenzung des § 3c III	72
IV. Ausgaben, Einnahmen, Betriebsausgaben und Werbungskosten	19	I. Die tatbestandlichen Voraussetzungen	73
V. Steuerfreiheit der Einnahmen	21	II. Die angeordnete Rechtsfolge	80
C. Halbabzugsverfahren (§ 3c II)	34	E. Einzelnachweise	83
I. Zusammenhang zwischen Ausgaben und Einnahmen	35		

Literatur: *Beck* Die Besteuerung von Beteiligungen an körperschaftsteuerlichen Steuersubjekten im Einkommen- und Körperschaftsteuerrecht, 2004; *Frotscher* Die Ausgabenabzugsbeschränkung nach § 3c EStG und ihre Auswirkung auf Finanzierungsentscheidungen, DStR 01, 2045; *Häuselmann* Das Ende des „Steuerschlupflochs" Wertpapierleihe, DStR 07, 1379; *Kann/Just/Krämer* Der Regierungsentwurf eines Gesetzes zur Schaffung deutscher Immobilien-Aktiengesellschaften mit börsennotierten Anteilen (REIT-Gesetz), DStR 06, 211; *Kraft* Die Rechtsprechung des Bundesfinanzhofs zu § 3c EStG und dem DBA-Schachtelprivileg, FS Debatin, 1997, S 235; *Kratzsch* Neue Bedenken gegen das Halbabzugsverfahren des § 3c Abs 2 EStG, GStB 06, 250; *van Lishaut* Die Reform der Unternehmensbesteuerung aus Gesellschaftersicht, StuW 00, 182; *Maiterth/Wirth* Anmerkungen zur unendlichen Diskussion über Beteiligungsaufwendungen bei Kapitalgesellschaften aus steuersystematischer Sicht, DStR 04, 433; *Schmidt/Belmes* Regierungsentwurf zur Schaffung deutscher REIT-AG's, FR 06, 1105; *Schulte/Behnes* Verdeckte Gewinnausschüttungen bei verbundenen Unternehmen unter Berücksichtigung von § 3 EStG und § 8b Abs 5 KStG, DB 04, 1525; *Wüllenkemper* Rückfluss von Aufwendungen im Einkommensteuerrecht, 1987.

A. Grundaussage der Vorschrift

§ 3c I ergänzt die Regelungen über die Steuerbefreiung von Einnahmen und korrigiert das umfassend formulierte Abzugsgebot der §§ 9 I, 4 IV, das für alle Erwerbsaufwendungen im Zusammenhang mit steuerbaren Einnahmen gilt, entspr dem Netto-, dem Belastungs- und dem Bereicherungsprinzip. Wenn §§ 9 I, 4 IV auf der Grundlage des objektiven **Nettoprinzips** den Aufwand zum Abzug zulassen, der durch die Einnahmeerzielung veranlasst ist, dann ist die Abzugsfähigkeit von Aufwendungen zur Erzielung von stfreien Einnahmen ein „ungerechtfertigtes superfluum".[1] §§ 9 I, 4 IV berücksichtigen Ausgaben wegen ihrer Belastungswirkung **(Belastungsprinzip)**. Werden WK oder BA stfrei ersetzt (zB Reisekostenerstattungen nach § 3 Nr 16), wird dem Belastungsprinzip durch ein Abzugsverbot für die ersetzten Ausgaben nach § 3c I entsprochen.[2] Nach dem **Bereicherungsprinzip** ist eine Besteuerung von Einnahmen nur gerechtfertigt, weil und wenn diese eine Bereicherung bedeuten. Qualifiziert man entspr dem Bereicherungsprinzip Aufwendungen, mit denen steuerbare Einnahmen zurückgezahlt werden, als WK,[3] so begründet § 3c I ein Abzugsverbot für die Fälle, in denen die Einnahmen stfrei waren (Beispiel: Rückzahlung einer nach § 3 Nr 9 stfreien ArbN-Abfindung).[4] Nach der Rspr des BFH soll § 3c I dagegen „einen doppelten steuerlichen Vorteil vermeiden".[5] Dies ist zumindest ungenau. Denn Steuerbefreiungen haben nicht stets Begünstigungscharakter (zB Befreiung von staatlichen Nettoleistungen in § 3 Nr 4, 5, 8, 21, 25, 48). Außerdem können Steuerbefreiungen und Abzugsverbot nach § 3c I auch zu einem steuerlichen Nachteil führen (Beispiel: Abzugsverbot für vergebliche Aufwendungen zur Erzielung stfreier Einnahmen).

§ 3c II ist eine **Komplementärregelung** im Rahmen des Halbeinkünfteverfahrens (zu diesem: § 20 Rn 41). § 3 Nr 40 erklärt die Beteiligungserträge und die Einnahmen aus der Veräußerung der Beteiligung für zur Hälfte stfrei und § 3c II regelt, dass die mit den Einnahmen iSv § 3 Nr 40 zusammenhängenden Aufwendungen nur zur Hälfte abziehbar sind. Dies erscheint zunächst plausibel, wenn die Erträge nur zur Hälfte besteuert werden, korrespondierend nur den Halbabzug der Aufwendungen zuzulassen. Nach der Grundidee des Halbeinkünfteverfahrens, wie sie in der Gesetzesbegründung formuliert wurde,[6] ist § 3 Nr 40 allerdings nur ein steuertechnisches Instrument, um durch die Kombination von KSt und hälftiger ESt zu einer Einmalbelastung zu kommen. Dann aber besteht für eine Einschränkung des objektiven Nettoprinzips **keine sachliche Rechtfertigung**. Die Erwerbsaufwendungen müssten, wie bei anderen Einkünften auch, vollständig abziehbar sein.[7] Entgegen der Auffassung des BMF kann man nicht einerseits bei der Besteuerung der Einnahmen Körperschaft und Anteilseigner als Einheit betrachten und eine Einmalbesteuerung begründen und andererseits der Behandlung von Aufwendungen eine rechtssubjektbezogene Betrachtungsweise zugrunde legen und zw der Besteuerungsebene der Körperschaft und des Anteilseigners unterscheiden.[8] Auch der Einwand, wenn die Erträge im Ausland besteuert würden, sei nicht einzusehen,

---

1 *Ruppe* DStJG 1 (80), 103 (108); FG Hess EFG 03, 1120; *Kraft/Kraft* S 235 (251).
2 BFH/BStBl II 07, 756 (760); BFH/NV 05, 2110; BStBl II 98, 565.
3 Hierzu *K/S/M* § 9 Rn B 227 ff, § 20 Rn B 65, § 8 B 49.
4 BFH BStBl III 1959, 96; FG Nbg EFG 80, 175; *K/S/M* § 9 Rn B 235.
5 BFH/NV 05, 2110; BFH/NV 02, 1085; BStBl II 87, 385 (386).
6 BT-Drs 14/2683, 94 ff.
7 *Beck* S 148; *Schön* StuW 00, 153; *ders* FR 01, 380; *Pezzer* StuW 00, 148; *Hundsdoerfer* BB 01, 2242 (2245); *Harensberg* FR 02, 768 (770); *Kratzsch* GStB 06, 250; **aA** FG Nds v 8.11.05, 15 K 646/04 nv.
8 Bericht der BReg FR 01, Beil. Nr 11, S 22; *Pezzer* DStJG 25 (02), 37 (55 f); FG BaWü EFG 07, 526 (Rev: VIII R 51/06).

warum der deutsche Fiskus die Aufwendungen voll zum Abzug zulassen solle,[1] kann die systemwidrige Behandlung des Inlandsfalls nicht rechtfertigen – zumal der Gesetzgeber das BA-Abzugsverbot in § 8b V KStG auf 5 % der Dividende begrenzt hat. Sachlich begründet erscheint allerdings, dass bei Veräußerungsgewinnen, wenn der Veräußerungspreis zur Hälfte befreit wird, auch der Buchwert nur zur Hälfte angesetzt wird.[2] Hieran anknüpfend ist der BFH in einem Urteil vom 19.6.07 den verfassungsrechtlichen Bedenken gegen § 3c II im Ergebnis nicht gefolgt. Die Durchbrechung des Nettoprinzips sei sachlich gerechtfertigt, weil sich der Gesetzgeber dafür entschieden habe, die Gewinne aus dem Verkauf von Beteiligungen ebenso zur Hälfte stfr zu belassen wie die laufenden Gewinnausschüttungen. Da es aber für Veräußerungsvorgänge sachgerecht sei, dem Veräußerungspreis auch nur die Hälfte der AK gegenüberzustellen, hätte er den systematischen Gleichlauf auf der Ausgabenseite durchbrochen, wenn er die laufenden Aufwendungen in voller Höhe zum Abzug zugelassen hätte[3]. Nach dieser Argumentation wäre dann allerdings eine gesetzgeberische Inkonsequenz (Halbabzugsverbot) durch eine zweite umstrittene[4] gesetzgeberische Entscheidung (hälftige Befreiung auch von Veräußerungserlösen) vom BFH (denn der Gesetzgeber hat die Überlegungen des BFH offensichtlich nicht angestellt) geheilt worden[5]. § 3c II steht in einem engen Zusammenhang mit **§ 8b V KStG**, der in Fällen der Beteiligung einer Körperschaft ein pauschales BA-Abzugsverbot iHv 5 % der Dividenden regelt. Mit dieser Regelung werden (nunmehr) Beteiligungen von Körperschaften an ausländischen und an inländischen Körperschaften gleich behandelt, ohne dass allerdings die Ungleichbehandlung von nat Pers und Körperschaften als Beteiligten überzeugen könnte.

3 § **3c III** soll sicherstellen, dass in den Fällen, in denen § 3 Nr 70 zur Anwendung kommt, der hälftigen Steuerbefreiung auch nur ein entspr hälftiger Abzug der im wirtschaftlichen Zusammenhang mit der Veräußerung stehenden BA und BV-Minderungen gegenübersteht.

4 Während § 3c I auf Regelungen im **PreußEStG** zurückgeht,[6] wurde § 3c II durch das **StSenkG** in 00 eingeführt. Nach § 52 VIIIa ist § 3c II erstmals auf Aufwendungen anzuwenden, die mit Erträgen in wirtschaftlichem Zusammenhang stehen, für die § 3 Nr 40 Anwendung findet. § 3 Nr 40 gilt grds (zu § 3 Rn 115) ab dem Jahr 02. Dementspr besteht ein Zusammenhang iSv § 52 VIIIa auch nur für Ausgaben, die der G'ter in 02 geleistet hat. Für Ausgaben in 01 besteht ein solcher Zusammenhang grdsl nicht (Ausnahme, wenn Zusammenhang mit vom Anrechnungsverfahren erfassten Einnahmen von vornherein ausgeschlossen, zB bei Neugründung in 01).[7] § 3c wurde durch das **UntStFG** und das Steuerbeamten-Ausbildungsgesetz geändert. In 06 wurde die Regelung für Aufwendungen im Zusammenhang mit einbringungsgeborenen Anteilen in § 3c II 3, 4 gestrichen – allerdings für weiter anwendbar erklärt für einbringungsgeborene Anteile iSv § 21 UmwStG aF. Das UStRFG 08 hat in § 3c II 3 die sinngemäße Geltung von § 8b X KStG normiert.

B. Abzugsverbot bei steuerfreien Einnahmen (§ 3c I)

5 § 3c I schließt Ausgaben, soweit sie mit stfreien Einnahmen in unmittelbarem wirtschaftlichem Zusammenhang stehen, vom Abzug als BA oder WK aus.

6 **I. Zusammenhang zwischen Ausgaben und Einnahmen.** Nach § 3c I ist der „Zusammenhang" mit stfreien Einnahmen schädlich für den Abzug der Ausgaben. Dieser schädliche Zusammenhang ist unterschiedlich zu definieren, je nachdem, welcher Ausgabenart die betr Erwerbsaufwendungen zuzurechnen sind.

7 § 3c I schränkt das Abzugsgebot der §§ 9 I, 4 IV entspr dem objektiven Nettoprinzip ein. Es sollen nur Ausgaben, die durch die Erzielung stpfl (nicht stfreier) Einnahmen veranlasst sind, zum Abzug zugelassen werden. Dementspr ist der von § 3c I geforderte Zusammenhang zw Ausgaben und stfreien Einnahmen iSv §§ 9 I, 4 IV als **Veranlassungszusammenhang** zu begreifen.[8] § 3c I greift mit dem Tatbestandsmerkmal des wirtschaftlichen Zusammenhangs lediglich das entspr Merkmal der §§ 9 I 3 Nr 1, 21a III Nr 1 aF, 50 I 1 und des § 103 BewG auf.

---

1 *Van Lishaut* StuW 00, 182 (195); FG Hess EFG 03, 1120.
2 Hierzu: BFH/NV 06, 191; *Heuermann* DB 05, 2708 (2709).
3 BFH v 19.6.07, VIII R 69/05, BFH/NV 07, 2173.
4 *Van Lishaut* StuW 00, 182 (191); *Herzig/Dautzenberg* DB 00, 12 (19); *Schön* StuW 00, 151 (154).
5 *Krit* auch: *Intemann* DB 07, 2797; *Hamdan/Hamdan* DStZ 07, 730.
6 *K/S/M* § 3c Rn A 61 ff.
7 BFH BStBl II 07, 866.
8 *Kraft/Kraft* S 235 f.

Eine andere Art von „Zusammenhang" mit stfreien Einnahmen weisen die Ausgaben auf, die (zB nach § 3 Nr 16) stfrei ersetzt werden.[1] Für sie folgt ein Abzugsverbot aus dem den §§ 9 I, 4 IV zugrunde liegenden Belastungsprinzip (Rn 1). Bei stfreiem Ausgabenersatz begründet der **Charakter der Einnahmen als Ausgabenersatz** den wirtschaftlichen Zusammenhang iSv § 3c I.[2] Der zum Abzugsverbot führende schädliche Zusammenhang besteht hier nicht mit den Einnahmen, auf welche die Erwerbstätigkeit gerichtet ist, sondern mit den Einnahmen, welche die Aufwendungen erstatten. **8**

Werden Einnahmen zurückgezahlt oder erstattet, so verlangt das Bereicherungsprinzip die Berücksichtigung der Rückzahlung oder Erstattung als negative Einnahmen oder WK. Waren die Einnahmen allerdings stfrei, bedarf es eines Abzugsverbotes (Rn 1). Der schädliche „Zusammenhang" besteht in diesem Fall zu den zugeflossenen **Einnahmen, die zurückgezahlt oder erstattet wurden**, aber stfrei waren. **9**

II. Forderung eines „unmittelbaren wirtschaftlichen" Zusammenhangs. Aus §§ 9 I 3 Nr 1, 21a III a Nr 1 aF, 50 I 1 und § 103 I BewG folgt, dass mit dem Tatbestandsmerkmal des **wirtschaftlichen** Zusammenhangs der Veranlassungszusammenhang iSv §§ 9 I, 4 IV gemeint ist.[3] Es wird verdeutlicht, dass allein ein rechtlicher Zusammenhang nicht ausreicht. Der zusätzlichen Forderung nach einem **„unmittelbaren"** wirtschaftlichen Zusammenhang ist keine Bedeutung beizumessen. Das Tatbestandsmerkmal der Unmittelbarkeit (Verknüpfung ohne das Dazwischentreten anderer, nicht unmaßgeblicher Ursachen) ist zu unbestimmt, um konsensfähige und einheitliche Ergebnisse zu erzielen.[4] Dieses Erfordernis wurde 1934 in die Vorgängervorschrift des § 3c I aus der Diskussion um den WK-Begriff übernommen. Es wurde fortgeführt, obwohl sich bei der Diskussion um den WK-Begriff die Erkenntnis durchgesetzt hat, dass dem Unmittelbarkeitskriterium keine Bedeutung beizumessen ist.[5] Aufwendungen, die im Zusammenhang mit steuerbaren Einnahmen stehen, sind nach § 9 I abzugsfähige WK; hiervon nimmt § 3c I – ohne weitere Differenzierung nach der Art des Zusammenhangs – Ausgaben aus, die im Zusammenhang mit solchen Einnahmen stehen, die zwar steuerbar, aber stfrei sind. Der BFH misst demgegenüber dem Tatbestandsmerkmal der Unmittelbarkeit Bedeutung zu. Für die Annahme eines „unmittelbaren" Zusammenhangs sei zu fordern, dass die Einnahmen und Ausgaben durch dasselbe Ereignis veranlasst sind. Dies erfordere eine klar abgrenzbare Beziehung zw diesem Tatbestandsmerkmal im Sinne einer unlösbaren wirtschaftlichen Verbindung, somit eine Verbindung ohne das Dazwischentreten anderer Ursachen, die zudem konkret feststellbar sein müsse. Ein für die Anwendung des § 3c nicht ausreichender mittelbarer Zusammenhang bestehe ua, wenn Ausgaben auch und nicht aufteilbar im Zusammenhang mit nicht stfreien Einnahmen stünden.[6] Diese Kriterien sind aus dem Tatbestandsmerkmal der Unmittelbarkeit nicht abzuleiten, äußerst unbestimmt und führen zu nicht nachvollziehbaren Ergebnissen. **13**

III. Begrenzung des Abzugsverbotes („soweit"). § 3c I enthält mit dem Tatbestandsmerkmal „soweit" für Ausgaben, die durch die Erzielung stfreier und stpfl Einnahmen veranlasst sind, ein – der Höhe nach nicht begrenztes – Aufteilungsgebot dem Grunde nach. Ausgaben zur Erzielung stfreier Einnahmen (zB Kosten für einen Prozess zur Zahlung stfreien Wehrsoldes) sind auch dann vom Abzug ausgenommen, wenn sie die stfreien Einnahmen übersteigen.[7] **14**

Bei Ausgaben, die stfrei ersetzt werden (vgl zB nach § 3 Nr 16), ist dagegen das Abzugsverbot auf die Höhe der stfreien Ersatzleistungen begrenzt. Das Abzugsverbot basiert bei dieser Fallgruppe auf dem Gedanken, dass ein Abzug der Ausgaben wegen des Fehlens einer Belastung sachlich nicht gerechtfertigt ist. An einer Belastung aber fehlt es nur, soweit tatsächlich Ersatz geleistet worden ist.[8] **15**

Auch bei Ausgaben, mit denen stfreie Einnahmen zurückgezahlt werden, gilt § 3c I nur, soweit den Ausgaben der Höhe nach stfreie Einnahmen entsprechen. Auch hier ist ein Abzugsverbot als Ausnahme nur gerechtfertigt, soweit die Rückzahlungsleistungen stfreie Beträge betreffen.[9] **16**

---

1 So nunmehr auch BFH/NV 05, 2110.
2 BFH BStBl II 07, 756 (760); BFH BStBl II 98, 565; BFH/NV 05, 2110.
3 *Wassermeyer* DB 98, 642.
4 *Ruppe* VDStjG 80, 103; *Wüllenkemper* S 57 ff.
5 *K/S/M* § 3c Rn B 40 ff.
6 BFH BStBl II 05, 581 mwN.
7 BFH/NV 05, 2110.
8 BFH/NV 05, 2110; BFH BStBl 90, 119; BStBl II 92, 367; vgl auch FG Dldorf EFG 07, 744.
9 FG Nbg EFG 80, 175.

19 **IV. Ausgaben, Einnahmen, Betriebsausgaben und Werbungskosten.** Der Gesetzgeber verwendet den Begriff der **„Einnahmen"** als Oberbegriff für Einnahmen iSv § 8 I, BE und Erträge.[1] Auch bei Ausgaben zur Erzielung von stfreien BE und Erträgen iSv § 2 I Nr 1–3 ist ein Abzug nicht gerechtfertigt. Dem Begriff der Einnahmen entspr der Begriff der **„Ausgaben"** als Oberbegriff für BA, WK und betrieblichen Aufwand (AfA, Teilwertabschreibung, RAP usw).[2] **„WK"** und **„BA"** sind iSv §§ 9 I, 4 IV zu verstehen. Der Begriff der **„Abzüge"** in der Überschrift von § 3c wird durch die Formulierung „dürfen nicht abgezogen werden" erläutert und meint Minderungsposten im Rahmen der Einkünfteermittlung.

21 **V. Steuerfreiheit der Einnahmen.** § 3c I ist nicht anzuwenden bei **deklaratorischen Steuerbefreiungen**. Denn Aufwendungen im Zusammenhang mit nicht steuerbaren Einnahmen erfüllen schon nicht den WK- oder BA-Begriff.

22 § 3c I gilt – entgegen älterer BFH-Rspr[3] – auch nicht bei nur irrtümlich oder bewusst von der Verwaltung **stfrei belassenen Einnahmen**. Das materielle Recht verlangt, die falsche Behandlung der Einnahmen zu korrigieren und keinen Ausgleich durch ebenfalls falsche Behandlung von im Zusammenhang stehenden Aufwendungen (insbes in Form von Rückzahlungsbeträgen) vorzunehmen. Ansonsten werden die verfahrensrechtlichen Regeln für die Behandlung der Einnahmen (Verjährungs- und Änderungsvorschriften) umgangen.[4]

23 § 3c I ist außerdem nicht anzuwenden bei sog **„qualifizierten Steuerbefreiungen"**. Bestimmte Steuerbefreiungen verlangen ihrem Zweck nach eine uneingeschränkte Befreiung und sind – soweit der Gesetzgeber nicht selbst eine Anwendung von § 3c I ausschließt – im Wege der teleologischen Reduktion des § 3c I aus dessen Anwendungsbereich auszunehmen.[5] Eine derartige qualifizierte (oder unechte, technische) Steuerbefreiung kommt in Betracht, wenn Einnahmen befreit werden, die schon in anderer technischer Form zur ESt herangezogen wurden,[6] wenn ausländische Einkünfte im Inland befreit, aber im Ausland belastet sind[7] oder aber bei der Befreiung der Trinkgelder nach § 3 Nr 51 oder der Befreiung von staatlichen Nettoleistungen.[8]

C. Halbabzugsverfahren (§ 3c II)

34 Nach § 3c II sind Ausgaben, die mit nach § 3 Nr 40 stfreien Einnahmen in wirtschaftlichem Zusammenhang stehen, zur Hälfte vom Abzug ausgeschlossen (zu systematischem Zusammenhang und Verfassungsmäßigkeit des § 3c II: Rn 2).

35 **I. Zusammenhang zwischen Ausgaben und Einnahmen.** § 3c II verlangt – wie § 3c I – einen **„wirtschaftlichen Zusammenhang"** zw den der Abzugsbeschränkung zu unterwerfenden Ausgaben und den nach § 3 Nr 40 stfreien Einnahmen. Dementspr ist der wirtschaftliche Zusammenhang auch im Rahmen von § 3c II grds als Veranlassungszusammenhang iSv §§ 9 I, 4 IV zu verstehen (vgl Rn 13). Allerdings ist der „wirtschaftliche Zusammenhang" iSv § 3c II in besonderem Maße an dem **Grundgedanken des Halbeinkünfteverfahrens** orientiert. Um eine wirtschaftliche Doppelbelastung zu vermeiden, soll der (ausgeschüttete) körperschaftliche Gewinn auf der Ebene des Anteilseigners nur zur Hälfte erfasst werden. Dementspr müssen im Zusammenwirken von § 3 Nr 40 und § 3c II **Beteiligungen als Einkunftsquellen** abgegrenzt werden. Die einkunftsrelevante Tätigkeit des StPfl ist aufzuspalten und es sind die Einkünfte (als Saldo aus Einnahmen und Ausgaben) aus der einzelnen Beteiligung zu isolieren.[9] Den Tatbeständen des § 3 Nr 40 ist zu entnehmen, dass nach **laufenden Beteiligungserträgen** einerseits und **Veräußerungsgewinnen** andererseits zu differenzieren ist; hierbei kann – da die Veräußerungsgewinne in Sondertatbeständen wie §§ 16, 17, 23 III erfasst werden – auf zu diesen Sondertatbeständen erarbeitete Erkenntnisse zurückgegriffen werden. § 3c II begründet eine **Abzugsbeschränkung auf der Ebene des Anteilseigners**, nicht dagegen auf der Ebene der Körperschaft. Insoweit bedarf es einer Abgrenzung in personeller und zugleich sachli-

---

1 Zur Unanwendbarkeit auf Einlagen: BFH BStBl II 78, 346; auf Darlehen: BFH BStBl II 05, 581; auf den Hinzurechnungsbetrag nach § 10 I 1 AStG: BFH BStBl II 06, 537.
2 Zu „ersparten Aufwendungen" als Ausgaben: *Schulte/Behnes* DB 04, 1525; Rn 80 „ersparte Aufwendungen".
3 BFH BStBl II 89, 351.
4 In diesem Sinne auch BFH BStBl II 02, 796 (798); BStBl II 05, 145.
5 *K/S/M* § 3c Rn B 178; *Riewald* DStR 53, 153 (154); *Frotscher* DStR 01, 254; *Wüllenkemper* S 56 ff.
6 *Riewald* DStR 53, 153 (154).
7 *Frotscher* DStR 01, 2045.
8 *Wüllenkemper* S 56 ff; zu Trinkgeldern vgl Rn 80 „Trinkgeld".
9 Zur Abgrenzung bei der GmbH und atypischen Still: *Löhr* BB 02, 2361.

cher Hinsicht. Der Unternehmensgewinn der Körperschaft einschließlich der „Sonderausgaben" ihrer Anteilseigner wird in zwei personell verschieden zuzuordnende und strikt zu trennende Ebenen geschichtet.

§ 3c II verlangt – anders als § 3c I – nur einen wirtschaftlichen, keinen **unmittelbaren** wirtschaftlichen Zusammenhang.[1] Der Gesetzgeber verzichtet damit auf ein ohnehin unsystematisches, von ihm als überflüssig erkanntes Tatbestandsmerkmal (Rn 13), das gerade im Rahmen von § 3c II nur irreführend sein könnte. § 3c II schränkt außerdem den Abzug von Ausgaben ein, „die" mit Einnahmen iSv § 3 Nr 40 zusammenhängen, während § 3c I Ausgaben vom Abzug ausnimmt, „soweit" sie mit stfrei Einnahmen im Zusammenhang stehen. Auch diesem Unterschied kommt iErg keine Bedeutung zu. In beiden Fällen muss Sinn und Zweck des Abzugsverbots dessen Reichweite bestimmen (vgl Rn 16). 37

Die Abzugsbeschränkung des § 3c II gilt **unabhängig davon, in welchem VZ die Einnahmen iSv § 3 Nr 40 anfallen.** Der Gesetzgeber ist damit der – systematisch unzutr (vgl Rn 13)[2] – Ansicht des BFH begegnet, der zur Frage des Abzugs von Aufwendungen im Zusammenhang mit stfreien Schachteldividenden die Auffassung vertreten hatte, das Abzugsverbot bestehe nur in Höhe der im selben VZ zugeflossenen stfreien Dividenden.[3] 38

II. Ausgaben iSv § 3c II 1. Der Begriff der **BV-Minderungen** lässt sich aus § 4 I ableiten, der Begriff der **BA** wird in § 4 IV und der Begriff der **WK** in § 9 I 1 definiert. Der Begriff der **Veräußerungskosten** findet sich in §§ 16 II 1, 17 II 1. Der **Wert des BV** und der **Wert des Anteils am BV** sind Tatbestandsmerkmale des § 16 II, die AK sind Tatbestandsmerkmale des § 17 II, **AK und HK** sind Tatbestandsmerkmale des § 23 III. Der „an deren Stelle tretende Wert" ist nach § 23 III 2 zB der nach § 6 I Nr 4, 316 III oder §§ 20, 21 UmwStG angesetzte Wert. 44

Nach den Einkünfteermittlungsvorschriften der §§ 4 I, 4 IV, 9 I 1 und im Rahmen der Einkünftetatbestände der §§ 16 II, 17 II und 23 III ist zu entscheiden, ob bestimmte „Ausgaben" dem Grunde und der Höhe nach abzugsfähig sind. § 3c II knüpft an diese Entscheidungen an und verlangt lediglich die selbstständige Entscheidung, ob die Ausgaben den erforderlichen (schädlichen) Zusammenhang iSv § 3c II aufweisen. Ist dies der Fall, begrenzt § 3c II den Abzug auf die Hälfte. 45

III. Einnahmen iSv § 3c II 1. § 3 Nr 40 S 1a. befreit zur Hälfte Veräußerungs-, Entnahme-, Auflösungs- und Aufstockungseinnahmen im BV (§ 3 Rn 118). Nach § 3c II sind die mit diesen Einnahmen im Zusammenhang stehenden **BV-Minderungen (Ausbuchung der Beteiligung) und Veräußerungskosten** ebenfalls nur zur Hälfte zu berücksichtigen. Da § 3 Nr 40 S 1a die Hälfte des Veräußerungspreises unabhängig davon befreit, ob diese größer ist als die entstehende BV-Minderung, werden auch Veräußerungsverluste aus dem Verkauf von Anteilen an Körperschaften iErg nur noch zur Hälfte berücksichtigt.[4] Da BV-Mehrungen aus dem Ansatz eines WG mit dem höheren Teilwert nach § 3 Nr 40 S 1a grds (vgl § 3 Nr 40 S 1a S 2) nur zur Hälfte erfasst werden, sind entspr BV-Minderungen aufgrund von Teilwertabschreibungen nur zur Hälfte gewinnmindernd zu berücksichtigen.[5] § 3 Nr 40 S 1a S 2 geht davon aus, dass der niedrigere Teilwertansatz grds nicht in vollem Umfang zu einer Gewinnminderung führt. 51

Nach **§ 3 Nr 40 S 1b** ist die Hälfte des Veräußerungspreises befreit, soweit dieser auf die Veräußerung einer Beteiligung entfällt (§ 3 Rn 123). § 3c II ergänzt diese Regelung zu der Gesamtaussage, dass der anteilige Veräußerungsgewinn iSv § 16 II nur zur Hälfte besteuert werden soll. Es sind die Veräußerungskosten und der Wert des BV oder der Wert des Anteils am BV iSv § 16 II S 1, soweit diese auf die Beteiligung entfallen, nach § 3c II 1 nur zur Hälfte zu berücksichtigen (vgl auch Rn 65 „MU'anteile"). 52

§ 3 Nr 40 S 1c befreit die Hälfte des Veräußerungspreises oder des gemeinen Wertes iSv § 17 II. Wie im Fall des § 3 Nr 40 S 1b (Rn 52) sind die Veräußerungs- und die AK iSv § 17 II nur zur Hälfte zu berücksichtigen. 53

Aufgrund der Steuerbefreiung der Bezüge iSv § 20 I Nr 1 und 9 nach **§ 3 Nr 40 S 1d** muss zw den verschiedenen Kapitalanlagen iSv § 20 unterschieden und müssen WK und BA (vgl § 3 Nr 40 S 2 iVm § 20 III) wie zB Finanzierungsaufwendungen und Verwaltungskosten den einzelnen Beteiligungen 54

---

1 FG M'ster EFG 04, 1507.
2 *Kraft* S 235 ff.
3 *K/S/M* § 3c Rn B 115 f.
4 So iErg auch *Grotherr* BB 00, 849 (860).
5 *Grotherr* BB 00, 849 (860).

von Beckerath

zugeordnet werden. Eine entspr Zuordnung ist bei den von **§ 3 Nr 40 S 1e–h** befreiten Einnahmen nach § 20 I 1 Nr 2, II S 1 Nr 1, II S 1 Nr 2a und II 2 vorzunehmen.

55 Bei den von **§ 3 Nr 40 S 1i** befreiten Bezügen iSv § 22 Nr 1 S 2 dürfte, soweit beim Empfänger überhaupt Ausgaben anfallen, die Zuordnung keine besonderen Probleme bereiten.

56 **§ 3 Nr 40 S 1j** weist bei der Befreiung der Hälfte des Preises iSv § 23 III aus der Veräußerung von Anteilen an Körperschaften eine Parallele zu § 3 Nr 40 S 1b und c auf (Rn 52, 53). AK und HK sowie WK iSv § 23 III sind nur zur Hälfte zu berücksichtigen. Während ab dem 1.1.02 Verluste aus Aktientransaktionen nur noch zur Hälfte zu berücksichtigen sind, sind „Altverluste" aus der Zeit zw dem 1.1.99 und dem 31.12.01 in voller Höhe vortragsfähig.[1]

57 **IV. Halbabzug bei Organgesellschaftsanteilen (§ 3c II 2).** Nach § 3c II 2 sollen in Organschaftsverhältnissen abführungsbedingte Wertminderungen steuerlich nur zur Hälfte berücksichtigt werden (zu Organschaftsfragen iÜ: Rn 65 „Organschaft"). Es soll dem sog Organschaftsmodell begegnet werden.[2] Bei diesem erfolgt nach Begründung eine Organschaft zw einer zu errichtenden PersGes und einer Ziel-GmbH ein interner asset-deal zw Organ und Organträger, dessen Ertragswirkung durch eine abführungsbedingte TWA ausgeglichen wird.[3] § 3c II 2 nimmt dem Modell durch die Berücksichtigung der TWA nur zur Hälfte seine Attraktivität.[4]

58 **V. Sinngemäße Geltung von § 8b X KStG (§ 3c II 3).** § 3c II 3 – angefügt durch das UStRFG 08 mit Wirkung ab 31.12.07 – ordnet die sinngemäße Geltung von § 8b X KStG an.

59 Bei Wertpapierdarlehensgeschäften (**„Wertpapierleihgeschäften"**) übereignet der Darlehensgeber („Verleiher") dem Darlehensnehmer („Entleiher") börsengehandelte Wertpapiere, wie z. B. Aktien. Der Darlehensnehmer verpflichtet sich, nach Ablauf der Leihfrist Wertpapiere in der gleichen Ausstattung zurück zu übereignen. Als Gegenleistung für die Überlassung der Wertpapiere erhält der Darlehensgeber eine Darlehensgebühr. Zusätzlich muss der Darlehensnehmer dem Darlehensgeber regelmäßig eine Ausgleichszahlung leisten, wenn während des Darlehensgeschäfts Zins- oder Dividendenzahlungen erfolgen. Mit der Wertpapierleihe wird das wirtschaftliche Eigentum an den Wertpapieren (Aktien) auf den Entleiher übertragen, ohne dass dies beim Verleiher einen Realisationstatbestand darstellt, der zur Aufdeckung stiller Reserven führt. Mangels Umsatzakt liegt auch keine Veräußerung iSd § 8b II KStG vor. Beim Entleiher liegt ein Anschaffungstatbestand vor, der bilanzrechtlich mit der Passivierung einer Rückgabeverbindlichkeit zu kompensieren ist. Sind Gegenstand einer Wertpapierleihe Aktien, so bezieht die entleihende Körperschaft aus den entliehenen Aktien nach § 8b I KStG stfr Dividenden und leistet Dividendenausgleichszahlungen, die gem § 8b V KStG abziehbare BA sind. Die verleihende Körperschaft würde an sich anstelle von nach § 8b I KStG stfr Dividenden nunmehr stpfl Dividendenausgleichszahlungen beziehen. Dies ist allerdings gem § 8b VII KStG nicht der Fall bei Kredit- und Finanzdienstleistungsinstituten für ihren Aktien-Handelsbestand und bei Finanzunternehmen für ihr Aktien-Umlaufvermögen und gem § 8b VIII KStG bei Lebens- und Krankenversicherungsunternehmen für ihre Aktienkapitalanlagen. Bei diesen Verleihern werden Dividenden und Dividendenausgleichszahlungen in gleicher Weise besteuert.[5]

60 Dem aus dieser Konstellation sich eröffnenden Steuersparmodell ist der Gesetzgeber mit § 8b X KStG entgegengetreten. § 8b X KStG nF beseitigt den bei einem Entleiher entstehenden Steuervorteil dadurch, dass die für die Überlassung von Anteilen geleisteten Entgelte nicht als BA abgezogen werden dürfen, wenn sie an einen Verleiher („überlassende Körperschaft") geleistet werden, auf den hinsichtlich der überlassenen Teile § 8b VII oder VIII KStG anzuwenden ist oder auf den aus anderen Gründen die Steuerfreistellung des § 8b I oder II KStG oder vergleichbare ausländische Vorschriften nicht anzuwenden sind.[6] Es soll der mit der Wertpapierleihe angestrebte Vorteil, die volle **Abziehbarkeit der Kompensationszahlungen beim Entleiher**, versagt werden.

61 Der Gesetzgeber hat in § 3c II 3 die **sinngemäße Geltung von § 8b X KStG** angeordnet. Es soll in den Fällen, in denen der Entleiher einkommensteuerpflichtig ist, nach § 3c II 3 der BA-Abzug für

---

1 *Häuselmann* DStR 01, 597 (599).
2 BT-Drs 14/7344, 15.
3 *Blumers/Beinert/Witt* DStR 02, 234 (235).
4 *Beinert/van Lishaut* FR 01, 1137 (1148); *Prinz* FR 02, 66 (70); *Rödder/Schumacher* DStR 02, 105 (106); *H/H/R* Jahresband 02, § 3c Rn J01-3.
5 Zum Ganzen: *Häuselmann*, DStR 07, 1379.
6 *Häuselmann* DStR 07, 1379; *Rödder*, Beihefter zu DStR 07, Heft 40, S. 19.

die Kompensationszahlung zur Hälfte ausgeschlossen sein. Das hälftige BA-Abzugsverbot soll auch in Fällen gelten, in denen der Entleiher keine Kompensationszahlungen im eigentlichen Sinne leisten müsse, sondern im Gegenzug eine Einkunftsquelle (zB Schuldverschreibungen) überlasse (§ 8b X 2 KStG).[1]

D. Die Halbabzugsbegrenzung des § 3c III

§ 3 Nr 70 befreit die Hälfte der BV-Mehrungen oder Einnahmen aus der Veräußerung von Grund und Boden an REIT-AGs und Vor-REITs sowie die Hälfte der BV-Mehrungen aus der Aufdeckung der stillen Reserven im Zeitpunkt des Wechsels einer stpfl AG in den steuerbefreiten REIT-Status. Korrespondierend hierzu begrenzt. § 3c III den Abzug von BV-Minderungen, BA oder Veräußerungskosten, die mit den BV-Mehrungen oder Einnahmen iSd § 3 Nr 70 in wirtschaftlichem Zusammenhang stehen, unabhängig davon, in welchem VZ die BV-Mehrungen oder Einnahmen anfallen, auf die Hälfte. 72

I. Die tatbestandlichen Voraussetzungen. § 3c III trifft eine Regelung für „**BV-Minderungen, BA oder Veräußerungskosten**". Während der Gesetzgeber in § 3c I „Ausgaben" vom Abzug ausnimmt, soweit sie mit stfreien Einnahmen im Zusammenhang stehen, trifft er in § 3c III – wie zuvor schon in § 3c II – eine detailliertere Regelung. Den Tatbestandsmerkmalen der BV-Minderungen, BA und Veräußerungskosten entsprechen die Tatbestandsmerkmale der „BV-Mehrungen" und der „Einnahmen aus der Veräußerung" in § 3 Nr 70. Anders als in § 3c II konnte der Gesetzgeber auf das Tatbestandsmerkmal der WK verzichten, da § 3 Nr 70 S 1a nur die Veräußerung von Anlagevermögen eines inländischen BV regelt und § 3 Nr 70 S 1b die Aufdeckung von stillen Reserven im BV einer AG. Der Begriff der „BV-Minderung" lässt sich aus § 4 I ableiten, der Begriff der „Betriebsausgaben" wird in § 4 IV definiert und der Begriff der „Veräußerungskosten" findet sich in §§ 16 II S 1, 17 II S 1. 73

BV-Minderungen, BA und Veräußerungskosten, „die mit den BV-Mehrungen oder Einnahmen iSd § 3 Nr 70 **in wirtschaftlichem Zusammenhang stehen**", dürfen nur zur Hälfte abgezogen werden. Das Tatbestandsmerkmal des wirtschaftlichen Zusammenhangs ist in demselben Sinne zu verstehen wie in § 3c I. Es meint grds. einen Veranlassungszusammenhang iSv § 4 IV. § 3 Nr 70 befreit die Hälfte der BV-Minderungen oder Einnahmen aus der Veräußerung von Grund und Boden und Gebäuden, die zum Anlagevermögen eines inländischen BV gehören. § 3c III nimmt entsprechend insbes die Hälfte der BV-Minderungen in Form des Buchwertabgangs („des Werts des BVs") vom Abzug aus. Bei BA und Veräußerungskosten iSv § 3c III wird sich in der Praxis das Problem der Abgrenzung von den laufend anfallenden nicht aktivierpflichtigen und voll abzugsfähigen Verwaltungs-, Instandhaltungs- und Instandsetzungsaufwendungen stellen.[2] 74

§ 3c III nimmt BV-Minderungen, BA und Veräußerungskosten, die mit den **BV-Mehrungen oder Einnahmen iSd § 3 Nr 70** in wirtschaftlichem Zusammenhang stehen, zur Hälfte vom Abzug aus. § 3c III verweist auf § 3 Nr 70 und die dort zur Hälfte für stfrei erklärten BV-Mehrungen und Einnahmen. § 3 Nr 70 S 1a befreit die BV-Mehrungen und Einnahmen aus der Veräußerung von Grund und Boden und Gebäuden, die zum Anlagevermögen eines inländischen BV gehören. § 3c III nimmt dementsprechend die BV-Minderungen durch das Ausscheiden der entsprechenden WG aus dem BV und die im Zusammenhang angefallenen Veräußerungskosten vom Abzug aus. § 3 Nr 70 S 1b befreit die Hälfte der BV-Mehrungen, die auf Grund der Eintragung als REIT-AG durch Anwendung des § 13 I und III S 1 KStG auf Grund und Boden und Gebäude entstehen. Da die BV-Mehrung sich in diesem Fall bereits als Saldo (Teilwert ./. Buchwert) darstellt, kommt § 3c III in diesem Fall eine geringere Bedeutung zu. 75

§ 3c III lässt – ebenso wie § 3c II – BV-Minderungen, BA und Veräußerungskosten, die mit den BV-Mehrungen oder Einnahmen iSd § 3 Nr 70 in wirtschaftlichem Zusammenhang stehen, „**unabhängig davon, in welchem VZ die BV-Mehrungen oder Einnahmen anfallen**", nur zur Hälfte zum Abzug zu. Der Gesetzgeber schließt auch im Rahmen von § 3c III die Anwendung der Rspr des BFH aus, nach der Aufwendungen für Schachtelbeteiligungen aus ausländischen Ges nur bis zur Höhe der in demselben VZ angefallenen Dividenden vom Abzug ausgeschlossen waren. Es muss über den Wortlaut des § 3c II hinaus – wie in den Fällen des § 3c II – ein Halbabzugsverbot unabhängig von der Höhe der Erwerbseinnahmen gelten. 76

---

[1] BT-Drs 16/4841, 47.   [2] *Korezky* BB 07, 1698 (1701).

77 § 3c III begrenzt den Abzug von BV-Minderungen, BA oder Veräußerungskosten, „die" mit den BV-Mehrungen oder Einnahmen iSd § 3 Nr 70 in wirtschaftlichem Zusammenhang stehen. § 3c III unterscheidet sich damit – ebenso wie § 3c II – von § 3c I, der Aufwendungen vom Abzug ausnimmt, „soweit" sie mit stfreien Einnahmen im Zusammenhang stehen. Diesen unterschiedlichen Formulierungen ist allerdings keine Bedeutung beizumessen. Denn es muss sowohl in den Fällen des § 3c I als auch in den Fällen des § 3c I und 3 der Sinn und Zweck des Abzugsverbots dessen Reichweite bestimmen.

80 **II. Die angeordnete Rechtsfolge.** § 3c III ordnet für die von ihm beschriebenen BV-Minderungen, BA und Veräußerungskosten die Begrenzung des Abzugs auf die Hälfte an. Diese Rechtsfolgenanordnung ist unproblematisch, soweit § 3 Nr 70 S 1 die Befreiung der Hälfte der BV-Mehrungen oder Einnahmen aus der Veräußerung von Grund und Boden und Gebäuden und der BV-Minderungen aus der Aufdeckung der stillen Reserven beim Übergang in den REIT-Status anordnet.

81 § 3 Nr 70 S 2 normiert eine Reihe von Ausnahmen von der Befreiungsvorschrift des § 3 Nr 70 S 1, zB dass § 3 Nr 70 S 1 **nicht anzuwenden ist,** wenn der Stpfl den Betrieb veräußert oder aufgibt und der Veräußerungsgewinn nach § 34 besteuert wird. In diesen Fällen, in denen ausnahmsweise die hälftige Befreiung nach § 3 Nr 70 S 1 nicht eingreift, entfällt korrespondierend auch die Halbabzugsbegrenzung des § 3c III. Dies folgt aus Sinn und Zweck des § 3c III, lässt sich aber aus seinem Wortlaut entnehmen. In diesen Fällen liegen die von § 3c III vorausgesetzten „BV-Mehrungen oder Einnahmen iSd § 3 Nr 70" nicht vor.

82 § 3 Nr 70 S 3 sieht vor, dass die Steuerbefreiung nach § 3 Nr 70 **in bestimmten Fällen rückwirkend entfällt,** zB wenn innerhalb eines Zeitraums von vier Jahren der Erwerber den Grund und Boden oder das Gebäude veräußert. Entfällt in dieser Weise die Steuerbefreiung rückwirkend, muss auch die Halbabzugsbegrenzung rückwirkend entfallen. Eine Halbabzugsbegrenzung ist nach ihrem Sinn und Zweck nicht mehr gerechtfertigt. Es liegen rückwirkend keine „BV-Mehrungen oder Einnahmen iSd § 3 Nr 70" mehr vor.

E. Einzelnachweise

83 **Abfindungen.** Zahlungen zur Erstattung von Abfindungen sind bis zur Höhe des Freibetrages des § 3 Nr 9 aF nicht als WK abzugsfähig (FG Brem EFG 96, 702). Die Rückzahlung einer stfreien Abfindung, die ein StPfl freiwillig gem § 88 BeamtVG **bei einer erneuten Berufung in ein Beamtenverhältnis** leistet, kann als WK bei den Einkünften aus nicht selbständiger Arbeit abgezogen werden (BFH v 27.5.83 – VI R 2/80, nv).

Annuitätshilfen. WK bei den Einkünften aus VuV in Form von Schuldzinsen sind um die aus öffentlichen Mitteln als Zinszuschuss gewährten Annuitätshilfen zu kürzen (FG Bln EFG 80, 435).

ArbN-Pauschbetrag. Das in § 3c I enthaltene Abzugsverbot betr WK gilt auch für den ArbN-Pauschbetrag (FG D'dorf EFG 03, 630 mwN). Nach einer Entscheidung des SächsFG (EFG 97, 795) ist der ArbN-Pauschbetrag, wenn der StPfl neben dem laufenden Arbeitslohn eine teils nach § 3 Nr 9 aF stfreie, teils nach § 34 I begünstigte Abfindung bezieht, grds vorrangig von den dem Normaltarif unterliegenden laufenden Bezügen abzuziehen. Demgegenüber ist nach FG Kln der ArbN-Pauschbetrag bei gleichzeitigem Bezug von laufendem Arbeitslohn und einer vom ArbG gewährten Entschädigung iSv § 24 Nr 1a im Verhältnis der Lohnbestandteile aufzuteilen (FG Kln EFG 97, 797).

Arbeitsförderung. Die gem § 3 Nr 2 stfreien Leistungen nach den §§ 44 ff AFG sind nach dem BFH nicht als Einheit, sondern nach ihrer jeweiligen Bedeutung zu würdigen: Ausgaben für Kursgebühren, Mehraufwendungen für Verpflegung, Übernachtungskosten und Fahrtaufwendungen sind bis zur Höhe der nach § 45 AFG gezahlten Zuschüsse vom Abzug ausgeschlossen. Das nach § 44 AFG gezahlte Unterhaltsgeld ist dabei außer Ansatz zu lassen (BStBl II 77, 507; vgl auch FG Mchn EFG 77, 6). Nach BFH (BStBl II 04, 890) können Aufwendungen für eine erstmalige, vom Arbeitsamt unterstützte Berufsausbildung zur Bürokauffrau WK sein, soweit sie die Kostenerstattungen nach § 45 AFG (= §§ 79, 81 SGB III) übersteigen. Das Unterhaltsgeld iSd § 44 AFG (= §§ 77, 153 SGB III) sei nicht nach § 3c I anzurechnen.

Arbeitszimmer. Aufwendungen für ein Arbeitszimmer sind aufzuteilen, wenn das Arbeitszimmer auch für eine Tätigkeit genutzt wird, die mit stfreien Einnahmen im Zusammenhang steht (vgl FG

Bln EFG 86, 173; FG RhPf EFG 86, 282). Von Bedeutung ist dabei, ob die Aufwendungen für das Arbeitszimmer durch eine Tätigkeit zur Erzielung stfreier Einnahmen veranlasst sind oder ob es sich um Aufwendungen handelt, die stfrei ersetzt werden.

Aufgabenverluste. s Veräußerungsverluste.

Aufwandsentschädigung. Erhält der ArbN eine nach § 3 Nr 12 stfreie Aufwandsentschädigung für auf Dienstgängen entstandene Zehrkosten, kann er Verpflegungsmehraufwand nur als WK geltend machen, soweit die Aufwendungen die erhaltene Entschädigung übersteigen (BFH BStBl II 88, 635). Erhält ein Bürgermeister eine Dienstaufwandsentschädigung ausbezahlt, die seine gesamten beruflich veranlassten Aufwendungen ersetzen soll, so kann er nur insoweit WK geltend machen, als die Aufwendungen die Entschädigung übersteigen (BFH BStBl II 90, 119). Nach FG BaWü (EFG 98, 724) sind durch die den Bürgermeistern gewährten Dienstaufwandsentschädigungen grds alle durch den Dienst veranlassten Aufwendungen abgegolten (**aA** FG Mchn EFG 78, 586). In demselben Sinne hat das FG BaWü (EFG 86, 183) einen Abzug von Verpflegungsmehraufwendungen, die einem Lehrer anlässlich eines Schulausfluges entstanden waren, als WK abgelehnt, da er im folgenden VZ nach § 3 Nr 13 stfreien Aufwandsersatz erhalten hatte. Allerdings hat der BFH (BStBl II 02, 823) die von § 3 Nr 12 S 1 als Aufwandsentschädigung stfrei gezahlte Zulage für eine Tätigkeit im Beitrittsgebiet nicht als Leistung qualifiziert, mit der die Fahrtaufwendungen des Klägers ersetzt worden seien, so dass der Kläger übersteigende Aufwendungen hätte geltend machen können. Der BFH hat vielmehr eine Zuwendung angenommen, die überwiegend als Stellenzulage zu qualifizieren sei, so dass eine Aufteilung der WK nach dem Verhältnis von stfreien zu stpfl Einnahmen zu erfolgen habe.

Ausbildungsdarlehen. Aufwendungen für einen Zuschlag, den der Empfänger eines Ausbildungsdarlehens neben der Rückzahlung des Darlehens und etwaiger Zinsen (die vom Abzugsverbot des § 3c I erfasst werden) zu entrichten hat, sind nur dann nach § 3c I vom Abzug als WK oder BA ausgeschlossen, wenn der nahezu ausschließliche Zweck des Zuschlags auf die Abgeltung des Zinsnachteils des Darlehensgebers gerichtet ist. Der Zuschlag ist dagegen abziehbar, wenn er überwiegend als Druckmittel zur Einhaltung der vorvertraglichen Verpflichtung zur Eingehung eines langfristigen Arbverh dienen soll (BFH/NV 93, 414).

Ausgleichszulage. Bei im Ausland tätigen Lehrern, die von der Zentralstelle für Auslandsschulwesen eine Ausgleichszulage erhalten, sollen nach BFH (BStBl II 89, 351) WK aus ihrem Dienstverhältnis mit dem ausländischen Schulträger nur entspr dem Verhältnis des stfreien Teils der Zulage zum Gesamtbetrag der Zulage abziehbar sein. Diese Entscheidung stößt vor allem deshalb auf Bedenken, weil der BFH § 3c I unabhängig davon für anwendbar hält, ob die Ausgleichszulage zu Recht oder zu Unrecht als stfrei behandelt wurde.

Ausländische Einkünfte. Nach BFH (BStBl II 94) ist § 3c I bei der Ermittlung ausländischer Einkünfte iSd § 34 nicht analog anwendbar.

Auslandstätigkeit. Aufwendungen für eine Auslandstätigkeit, bei der keine im Inland steuerbaren Einnahmen anfallen, sind nicht als WK abziehbar, ohne dass allerdings § 3c I Anwendung findet (FG Nbg EFG 78, 423; vgl auch FG D'dorf EFG 79, 219; BFH BStBl II 73, 732). Ein Abzug von **Aufwendungen für Fremdsprachenunterricht** scheidet aus, wenn eine Fremdsprache wegen einer im Ausland angestrebten Tätigkeit erlernt wird, die zu nicht der inländischen Besteuerung unterliegenden Einkünften führt (BFH BStBl II 92, 666). **Vorab entstandene WK**, die durch eine nicht selbstständige Tätigkeit im Ausland veranlasst sind, mindern bei entspr Progressionsvorbehalt – so der BFH – auch dann den Steuersatz, wenn künftig die inländische StPfl entfällt. Zu diesem Ergebnis führe auch die Anwendung von § 3c I, wobei die Frage, ob neben den DBA-Regelungen über die Freistellung von Einkünften überhaupt Raum für eine Anwendung des § 3c I sei, offen bleiben könne (BFH BStBl II 94, 113).

Auslandstrennungsgeld. Wird stfreies Auslandstrennungsgeld gezahlt, so sind die Aufwendungen für doppelte Haushaltsführung bis zur Höhe der Trennungszulage vom Abzug ausgeschlossen (BFH BStBl II 87, 385 (386); BFH/NV 1988, 494; vgl auch FG Mchn EFG 86, 341).

Auslandszulagen. Bezieht ein StPfl neben seinem Grundgehalt zusätzlich nach § 3 Nr 64 stfreie Auslandszulagen, sind seine WK regelmäßig zu dem Teil nicht abziehbar, der dem Verhältnis der stfreien Einnahmen zu den Gesamteinnahmen entspricht (BFH BStBl II 93, 450; BStBl II 98, 21;

BStBl II 89, 351). Allerdings hat der BFH (BFH/NV 95, 505) entschieden, ein von seinem ArbG zu einem Lehrgang abgeordneter ArbN könne die **PKW-Kosten zu den Lehrgangsorten** abzgl der ArbG-Erstattung als WK geltend machen; § 3c I stehe dem WK-Abzug auch dann nicht entgegen, wenn der Lehrgangsbesuch im Hinblick auf einen geplanten Auslandseinsatz angeordnet worden sei und für den Auslandseinsatz eine nach § 3 Nr 64 stfreie Auslandszulage gezahlt werde.

Außensteuergesetz. Nach BFH (BStBl II 06, 537) ist der Hinzurechnungsbetrag nach §§ 7, 10 AStG keine Einnahme iSd § 3c I. Es handele sich um einen Einkünfteerhöhungsbetrag, der die Einkünfte aus KapVerm oder den Gewinn außerhalb der Überschussrechnung iSd § 2 II Nr 2 oder der Gewinnermittlung iSv § 2 II Nr 2 erhöhe.

Berufskleidung. Erhält ein Orchestermusiker ein nach § 3 Nr 31 stfreies Kleidergeld, so sind seine Aufwendungen für Berufskleidung bis zur Höhe des stfreien Kleidergeldes auch dann nach § 3c I nicht als WK absetzbar, wenn es sich um typische Berufskleidung iSv § 9 I Nr 6 handelt. Zu berücksichtigen sind nicht nur die Kleidergeldzahlungen, die im Jahr der Anschaffung der Berufskleidung geleistet wurden, sondern auch die Zahlungen früherer – und späterer – Jahre (vgl FG Hess EFG 94, 700).

Bezugsrecht. Die Halbeinkünftebesteuerung nach § 3 Nr 40 1 Buchst j für private Veräußerungsgeschäfte iSv § 23 III umfasst die Veräußerung eines durch Kapitalerhöhung entstandenen Bezugsrechts. Deshalb ist darauf auch § 3c II 1, 2. HS anzuwenden, dh die AK sind nur zur Hälfte absetzbar (BFH/NV 06, 191).

Carried Interest. Bei Aufwendungen eins Fonds-Initiators (Carry-Holders) ist zw Aufwendungen zu unterscheiden, die ihm durch seine eigene Kapitalbeteiligung entstehen (zB Finanzierungskosten; derartige Aufwendungen können nicht abziehbar sein, soweit der proportionale Gewinnanteil außerhalb der §§ 17, 23 als nicht steuerbar vereinnahmt wird), Aufwendungen, die dadurch entstehen, dass er zugleich Aufgaben der laufenden Geschäftsführung wahrnimmt, und Aufwendungen, die mit seiner Sonderstellung als Initiator zusammenhängen, der letztverbindlich Investitionsentscheidungen trifft und seine Erfahrungen und Netzwerke einbringt (*Desens/Kathstede* FR 05, 863, 865 f). Aufwendungen der dritten Gruppe, die mit dem nach § 3 Nr 40a zur Hälfte stfreien Carried Interest im Zusammenhang stehen, **fallen nicht unter § 3c II** (*Desens/Kathstede* FR 05, 863, 867). Dieser bezieht sich nur auf § 3 Nr 40. Seine analoge Anwendung scheidet aus, da § 3 Nr 40a nicht dem Halbeinkünfteverfahren zuzurechnen ist. Es ist nach § 3c I die Hälfte der Aufwendungen des Carry-Holders, die mit seiner Stellung als Initiator zusammenhängen, vom Abzug ausgenommen – allerdings ohne Begrenzung auf die Höhe der stfreien Einnahmen (insoweit **aA** *Desens/Kathstede* FR 05, 863, 870).

Darlehensaufnahme. Mit der Gewährung eines Darlehens ist dem StPfl keine Einnahme iSd § 3c I zugeflossen (BFH BStBl II 05, 591).

Dienstleistungen s Nutzungsüberlassungen.

Dienstreisen. ArbN können die anlässlich von Dienstreisen erwachsenen Aufwendungen als WK geltend machen, soweit sie der ArbG nicht nach § 3 Nr 16 stfrei erstattet hat (BFH BStBl II 80, 289, 291).

DBA. Soweit nach DBA nicht ohnehin „Einkünfte", sondern Einnahmen befreit sind, sind mit diesen Einnahmen zusammenhängende Ausgaben vom Abzug ausgeschlossen (BFH BStBl II 86, 479, 481; BStBl II 83, 567, 569; BStBl II 71, 694).

Einlage. Eine Einlage ist keine „stfreie Einnahme", § 3c I somit auch nicht anwendbar (BFH BStBl II 78, 346, 347; vgl auch *Meyer/Sievers* DStR 86, 819, 820 zum Abzug von BA im Zusammenhang mit einem Gewinn aus der Entnahme einer selbstgenutzten Wohnung aus dem BV).

Eintrittsgelder. Zahlt ein Genosse beim Eintritt in eine Kreditgenossenschaft zur Abgeltung des mit dem Eintritt verbundenen Aufwands ein einmaliges Eintrittsgeld und ist dieses stfrei, so ist der mit dem Eintritt in wirtschaftlichem Zusammenhang stehende Aufwand in Höhe des Eintrittsgeldes vom Abzug ausgeschlossen (BFH BStBl III 64, 277).

Entschädigungen. Ist eine aus öffentlichen Mitteln gezahlte Hochwasserentschädigung stfrei, so können die im Rahmen der Entschädigung zur Beseitigung der Hochwasserschäden gemachten Aufwendungen nicht als BA abgezogen werden (RFH RStBl 42, 1138).

Ersparte Aufwendungen. Keine Ausgaben iSv § 3c I sind infolge einer vGA ersparte Aufwendungen, soweit sich ein Abzugsverbot nicht ergeben hätte, wenn der Leistungsaustausch fremdüblich gestaltet worden wäre (*Schulte/Behnes* DB 04, 1525).

EU-Zulagen. Erhält ein an eine Europaschule abgeordneter Lehrer neben seinen stpfl Dienstbezügen eine stfreie Zulage, so sind die mit seiner Tätigkeit zusammenhängenden WK nur im Verhältnis der stpfl Bezüge zu den Gesamtbezügen abzugsfähig (FG RhPf EFG 00, 56).

Fahrtkosten. Beteiligt sich der ArbN im Falle der Kfz-Gestellung teilw an den Kosten der Fahrten Wohnung/Arbeitsstätte dergestalt, dass er den die Pauschbeträge des § 9 I Nr 4 übersteigenden Kostenanteil übernimmt und wird der Nutzungswert insgesamt nicht dem LSt-Abzug unterworfen, kann der ArbN für diese Fahrten auch keine WK geltend machen (BFH/NV 96, 473).

Forschungszuschüsse. Ausgaben für Forschungsarbeiten sind nach § 3c I bis zur Höhe der nach § 3 Nr 44 stfreien Zuschüsse vom Abzug ausgeschossen (BFH BStBl II 68, 149).

G'ter-Darlehen. Erwirbt eine PersGes die Beteiligung an einer KapGes mit Darlehen ihrer G'ter, sind die Zinszahlungen der PersGes nur zur Hälfte abzugsfähig, die Zinseinnahmen der G'ter als Sonder-BE mangels Befreiungstatbestand voll stpfl und Sonder-BA der G'ter für Refinanzierungszinsen voll absetzbar (*K/S/M* § 3c Rn C 175 ff; **aA** *Strunk* in: Korn, § 3c Rn 23.4 ff).

GewSt auf Streubesitzdividenden. Fraglich ist, ob für einen betrieblichen Anleger die GewSt, die rechnerisch auf Streubesitzdividenden iSd § 8 V GewStG entfällt, eine nur zur Hälfte abzugsfähige Ausgabe iSv § 3c II darstellt. *Schmitt* (in: Ernst & Young, § 3c EStG Rn 87, 65) und *Kessler/Kahl* (DB 02, 1017) verneinen dies mit der Begr, die GewSt laste auf dem Betrieb als Ganzem. *Fischer* (DStR 02, 610, 613 f) hält es für fraglich, ob der Objektsteuercharakter der GewSt zur Begr des Fehlens eines wirtschaftlichen Zusammenhangs herangezogen werden kann. Systematisch falle es schwer, die GewSt auf Dividenden im gewerblichen Bereich bei nat Pers nicht unter § 3c II zu fassen. *Beinert/ Mikus* (DB 02, 1467, 1471) meinen, für die **Anwendung von § 3c II** spreche, dass die Dividenden immerhin die gewerbesteuerliche Bemessungsgrundlage erhöhten. Fischer und Beinert/ Mikus ist zuzustimmen.

GmbH und atypisch Still. Für die Sonder-BA des atypisch still beteiligten G'ters stellt sich im Hinblick auf die im Sonder-BV gehaltenen GmbH-Anteile die Frage, inwieweit sie der Verlustabzugsbeschränkung des § 3c II unterfallen. Die Sonder-BA müssen – so Löhr – danach unterschieden werden, ob sie durch schuldrechtlich begründete Leistungen, die atypisch stille Ges (die Innengesellschaft), durch das Gesellschaftsverhältnis zur GmbH oder durch die atypisch stille Ges und das Gesellschaftsverhältnis mit der GmbH zusammenveranlasst sind. Nach der Auffassung von Löhr können die Sonder-BA grds nur insoweit dem hälftigen Abzugsverbot unterliegen, wie sie durch das Gesellschaftsverhältnis zur GmbH selbst veranlasst sind (vgl im Einzelnen: *Löhr* BB 02, 2361).

Insolvenz-/Konkursausfallgeld. Führt ein ArbN in dem Zeitraum, für den er Konkursausfallgeld erhält, Fahrten Wohnung/Arbeitsstätte durch, sind nach BFH die Aufwendungen als WK abziehbar. Zw den Aufwendungen und dem Konkursausfallgeld bestehe kein unmittelbarer wirtschaftlicher Zusammenhang. Die Fahrten dienten der Erbringung der arbeitstäglich geschuldeten Dienstleistung. Das Konkursausfallgeld erhalte der ArbN jedoch nicht für die Erbringung seiner Dienstleistung, sondern wegen der Zahlungsunfähigkeit des ArbG (BFH BStBl II 01, 199, 200).

Investitionszulagen. Investitionszulagen sind stfreie Einnahmen (vgl H 7 EStH; *Paulus* BB 84, 1462, 1465; **aA** *Schmidt* DB 84, 326: nicht steuerbar). Dementspr sind Aufwendungen, die durch die Beantragung und Vereinnahmung von Investitionszulagen veranlasst sind (wie zB anteilige Löhne und Gehälter oder Honorare für die mit der Beantragung und Verbuchung betrauten Mitarbeiter oder Berater oder auch Gebühren für öffentlich-rechtliche Bescheinigungen), nach § 3c I vom Abzug ausgeschlossen (aA FinSen Berlin DB 86, 149; *Schmidt* DB 84, 1375, 1376; *ders* DB 84, 326). Zinsen, die auf eine zurückzuzahlende Investitionszulage zu leisten sind, sind als BA abziehbar. Bei der „Weitergabe" von Investitionszulagen ist § 3c I nicht anwendbar (*Bordewin* BB 65, 788; *Paulus* BB 84, 1462).

Kapitalabfindungen. Die Kürzung, die bei Kapitalabfindungen nach § 74 II BVG gegenüber der Summe der laufenden Rentenbezüge eintritt, stellt keinen Aufwand dar und wäre, selbst wenn Aufwand anzunehmen wäre, nach § 3c I vom Abzug ausgeschlossen (BFH BStBl III 66, 537, 538).

Krankenversicherungsbeiträge. Nach BFH (BStBl II 69, 489) führt die Steuerfreiheit von Krankenversicherungsleistungen nach § 3 Nr 1a zu einem Verbot des Abzugs als BA für die Krankenversicherungsbeiträge (offen gelassen von BFH BStBl II 83, 101).

Krankheitskosten. Aufwendungen zur Heilung einer Berufskrankheit sind nicht als BA abzugsfähig, soweit ihnen Erstattungen aus einer Krankenversicherung gegenüberstehen (FG Nds EFG 80, 65).

Kriminalbeamte. Verpflegungsmehraufwand von Kriminalbeamten ist nach § 3c I vom Abzug ausgeschlossen, soweit Pauschbeträge für Verpflegungsmehraufwand bei Außendiensttätigkeit gezahlt werden (FG Bln EFG 78, 478).

Mehrheit von Beteiligungen. Geschäftsführungskosten einer PersGes-Holding, die mehrere Beteiligungen verwaltet, – ebenso wie Verwaltungskosten (insbes Regie- und Kontrollkosten), Kosten für Dienstleistungen und Nutzungsüberlassungen, die auf die Gesamtheit aller Beteiligungen entfallen – sind nach *Herzig* (DB 03, 1459, 1466) in voller Höhe abziehbar. Nach Herzig fordert § 3c II mit dem Tatbestandsmerkmal des wirtschaftlichen Zusammenhangs einen **konkreten Veranlassungszusammenhang** mit einer einzelnen Beteiligung. Dem ist nicht zuzustimmen (so auch *D/J/P/W/Dötsch* § 3c EStG nF Rn 30). Ein wirtschaftlicher Zusammenhang ist zu bejahen. Die Aufwendungen können nicht dadurch voll abziehbar werden, dass nicht nur **eine, sondern mehrere Beteiligungen** bestehen.

MU'anteile. § 3c II 1 iVm § 3 Nr 40 S 1 Buchst b verlangt eine Kaufpreisaufteilung bei Veräußerungen. **Bei der Veräußerung von MU'anteilen** ist der Teil, der auf die Beteiligung an einer KapGes entfällt, dem Halbeinkünfteverfahren zu unterwerfen, wenn der MU'er eine nat Pers ist (und von der Besteuerung auszunehmen, wenn MU'er eine KapGes ist). Eine Kaufpreisaufteilung ist aber **schon im Zeitpunkt des Erwerbs** erforderlich. Wird ein MU'anteil erworben und fremdfinanziert und hält die MU'schaft Anteile an einer KapGes, so dürfen als Sonder-BA anzusetzende Fremdfinanzierungszinsen, soweit sie anteilig auf den Erwerb der Anteile an der von der MU'schaft gehaltenen KapGes entfallen, bei einer nat Pers lediglich zu 50 % abgezogen werden (*Starke* FR 01, 25 f; *Nacke* DB 02, 756, 762). Ist nicht eine nat Pers, sondern eine Körperschaft beteiligt, so waren bis zur Neuregelung durch das ProtokollerklärungsG die anteiligen Zinsen nach § 3c I in vollem Umfang vom Abzug ausgeschlossen. Nunmehr gilt das pauschale BA-Abzugsverbot nach § 8b V KStG.

Nebenberufliche Tätigkeiten. Für § 3 Nr 26 aF hat der BFH (BStBl II 06, 163) entschieden, das Abzugsverbot basiere in den Fällen des Aufwendungsersatzes auf der Annahme, dass ein Abzug wegen des Fehlens einer Belastung nicht gerechtfertigt sei; an einer Belastung fehle es aber nur, soweit tatsächlich Ersatz geleistet worden sei. Das Ergebnis werde bestätigt, wenn man § 3 Nr 26 eine ähnliche Wirkung wie einer BA-/WK-Pauschale beimesse; die Pauschalierung komme nicht in Betracht, wenn höhere WK nachgewiesen würden. Das FG BaWü (EFG 93, 712) hat Aufwendungen eines ArbN, welche mit einer **ehrenamtlichen Tätigkeit** zusammenhingen, für abziehbar erachtet, wenn die ehrenamtliche Tätigkeit mit dem Beruf in enger Verbindung stehe und deren freiwillige Übernahme das berufliche Fortkommen fördern sollte.

Nutzungsüberlassungen s vGA.

Optionsprämien. Anteilseigner können bestehende Aktienbestände durch eine Verkaufsoption gegen einen möglichen Kursverfall absichern. Die gezahlte Optionsprämie reduziert den Veräußerungsgewinn bzw erhöht den Veräußerungsverlust. Ist der Veräußerungspreis nach § 3 Nr 40 nur zur Hälfte zu erfassen, wirkt sich nach § 3c II die Optionsprämie ebenfalls nur zur Hälfte aus. Lässt der Anteilseigner die Option verfallen, ist das Optionsrecht auszubuchen. Auch in diesem Fall dürfen sich die Aufwendungen für die Option nach § 3c II nur zur Hälfte auswirken (insoweit **aA** *Häuselmann/Wagner* BB 02, 2170, 2171; *Schmitt* in: Ernst & Young, § 3c EStG Rn 61 zur Berücksichtigung von Optionsprämien nach § 8b II KStG, § 3c I für VZ vor 04).

§ 3c II ist entspr anzuwenden, wenn künftige Erwerbe durch Erwerb einer **Kaufoption** gegen einen möglichen Kursanstieg abgesichert werden. Wird eine Option ausgeübt, so stellt die Optionsprämie einen Teil der Anschaffungsnebenkosten dar. Lässt der Optionsinhaber die Option verfallen, so handelt es sich um Aufwendungen zur Erzielung von nach § 3 Nr 40 zur Hälfte steuerbefreiten Einnahmen (**aA** *Häuselmann/Wagner* BB 02, 2170; *Schmitt* in: Ernst & Young, § 3c EStG Rn 61f).

Organschaft. Bei einer Körperschaft als Organträger ist umstritten, ob die Gewinnabführung bei dem Organträger eine stfreie BE darstellt und entspr Aufwendungen für die Organbeteiligung (insbes: Finanzierungskosten) – in VZ vor 04 – nach § 3c I vom Abzug ausgeschlossen sind. *Thiel* (DB 02, 1340; DB 02, 1522, 1525) begründet die Annahme eines Abzugsverbots mit den bilanziellen Auswirkungen der Gewinnabführung. *Rödder/Schumacher* (DStR 02, 1163) und *Krebs/Blumenberg* (BB 02, 1721) verweisen demgegenüber zu Recht darauf, dass die Kürzung des Einkommens des Organträgers um die Gewinnabführung lediglich ein technischer Vorgang zur Vermeidung einer Doppelerfassung (von zugerechnetem Einkommen und Gewinnabführung) und zur Einmalbesteuerung (nicht zur Steuerfreiheit) sei. Außerdem dürften die durch die Organbeteiligung veranlassten Ausgaben vorrangig mit dem zugerechneten Einkommen zusammenhängen (vgl auch *Frotscher/ Berg/Pannen/Stifter* DB 02, 1152; *Beinert/Mikus* DB 02, 1467; *Schmitt* in: Ernst & Young, § 3c EStG Rn 115 ff).

Die Regelung des § 8b V KStG greift im Organschaftsfall nur, soweit ausnahmsweise Erträge iSv § 8b I KStG – Ausschüttung vororganschaftlich gebildeter Gewinnrücklagen, Dividendenerträge in der Organgesellschaft – entstehen (*Rödder/Schumacher* DStR 03, 1725, 1727).

Bei Organschaften zu nat Pers oder PersGes fällt nach § 3 Nr 40 S 1a auch die Veräußerung einer Organbeteiligung unter das Halbeinkünfteverfahren. Damit sind auch im Zusammenhang stehende Aufwendungen (zB Refinanzierungsaufwand; Veräußerungskosten) nur zur Hälfte abzugsfähig (*Beinert/van Lishaut* FR 01, 1037, 1044)

Prozesskosten. Prozesskosten zum Erhalt stfreier Einnahmen sind vom Abzug ausgeschlossen (BFH/NV 93, 414).

Refinanzierungskosten s G'ter-Darlehen.

Reisekostenerstattung. Eine Reisekostenerstattung, die im Folgejahr stfrei erfolgt, hindert den WK-Abzug im Entstehungsjahr (FG BaWü EFG 86, 186).

Aufwendungen für Fahrten zw Wohnung und Arbeitsstätte sind wegen des Abzugsverbots des § 3c I nicht als WK abziehbar, wenn der StPfl nach § 3 Nr 13 stfreie Reisekostenvergütungen des öffentlichen Dienstes erhält, bei deren Bemessung neben der Wegstrecke zum Zielort auch der Weg bis zur Dienststätte zugrunde gelegt wird (BFH BStBl II 90, 119; FG Nds EFG 97, 941).

Rentenversicherungsbeiträge. § 3c I findet keine Anwendung auf Schuldzinsen für einen Kredit zur Nachentrichtung freiwilliger Beiträge zur Angestelltenversicherung (BFH BStBl II 82, 41).

Rückzahlung. Das FG Nbg hat Beiträge, die eine erneut in das Beamtenverhältnis berufene Beamtin für die Rückzahlung einer stfreien Abfindung aufgewandt hatte, nur bis zur Höhe der Abfindung vom Abzug ausgeschlossen (EFG 80, 175). Der BFH (v 27.5.83 – VI R 2/80 nv, juris-DokNr 440342) hat diese Entscheidung nicht bestätigt, sondern die Rückzahlungsbeträge uneingeschränkt zum Abzug zugelassen. Er hat dies damit begründet, dass die Rückzahlung nicht in unmittelbarem wirtschaftlichem Zusammenhang mit der früheren stfreien Abfindung stehe, sondern allein dazu diene, die zukünftigen stpfl Einnahmen der Beamtin zu erhöhen (vgl auch zum Stichwort „Abfindungen").

Schachteldividenden. Nach BFH (BStBl II 97, 63; BStBl II 97, 60) war ein unmittelbarer wirtschaftlicher Zusammenhang zw Ausgaben (insbes Zinsen für Schulden zum Erwerb und Verwaltungskosten) und stfreien ausländischen Schachteldividenden nur anzunehmen, soweit in demselben VZ stfreie Dividenden fließen. Das StEntlG 99/00/02 hat in § 8b KStG ein pauschales BA-Abzugsverbot eingeführt und eine Anwendung von § 3c I und der vorgenannten Rspr des BFH ausgeschlossen.

Speditionskosten. Speditionskosten eines ArbN im Zusammenhang mit einem beruflich veranlassten Umzug, die der ArbG erstattet hat, sind nach § 3c I vom Abzug ausgenommen (BFH BStBl II 95, 895, 896).

Stille Ges s Unterbeteiligung.

Studienkosten. Nach BFH (BStBl II 77, 207) sind Mehraufwendungen wegen doppelter Haushaltsführung bei dem Empfänger eines nach § 3 Nr 44 stfreien Stipendiums nicht abzugsfähig; § 3c I schließe den Abzug aus, weil das Stipendium zum Ausgleich der geltend gemachten Mehraufwendungen gewährt worden sei.

Tarifbegünstigte Einkünfte. § 3c I gilt nicht für tarifbegünstigte Einkünfte zB nach § 17 II BerlinFG aF (BFH BStBl II 80, 352).

von Beckerath

Trinkgeld. § 3 Nr 51 enthält eine „qualifizierte Steuerbefreiung" (Rn 23). Er befreit Trinkgelder aus Vereinfachungsgründen. Diesem Zweck widerspräche es, auf Aufwendungen im Zusammenhang mit stfreien Trinkgeldern (zB Aufwendungen eines Kellners für Fahrten Wohnung/Arbeitsstätte) § 3c I anzuwenden und die Höhe der Trinkgeldeinnahmen nur für die Frage der Aufteilung der Fahrtkosten und ähnlicher Aufwendungen zu ermitteln.

Umwandlungskosten. Bei Steuerfreiheit des Übernahmegewinns können Umwandlungskosten nicht als BA abgezogen werden (FG Kln EFG 98, 329).

Umzugsaufwendungen. Aufwendungen für einen Umzug ins Ausland sind nach § 3c I vom Abzug ausgenommen, wenn die zukünftigen Einkünfte nicht der inländischen Besteuerung unterliegen. Sie können allerdings den Steuersatz mindern, wenn es sich um vorab entstandene WK handelt. Entsprechendes gilt für die Aufwendungen für den Rückumzug eines auf begrenzte Zeit vom Ausland in das Inland abgeordneten Ausländers (FG Hess EFG 00, 993; FG SchlHol IStR 05, 855; vgl auch *Turnbull/Fink* DB 89, 1844 sowie „Auslandstätigkeiten").

Unterbeteiligung; stille Ges. Bei der typischen Unterbeteiligung an einer Beteiligung an einer KapGes bezieht der Unterbeteiligte Einnahmen iSv § 20 I Nr 4 bzw Nr 7, die nicht nach § 3 Nr 40 begünstigt sind. Die Zahlungen des Hauptbeteiligten an den Unterbeteiligten unterliegen dagegen dem Halbabzugsverbot des § 3c II (*K/S/M* § 3c Rn C 167 f). Entsprechendes gilt für die typische Ges (*K/S/M* § 3c Rn C 170 ff).

Veräußerungsverluste. Nach FG D'dorf ist das sog Halbabzugsverbot der AK gem § 3c II 1 HS 2 bei verfassungskonformer Auslegung bei Aufgabe- und Veräußerungsverlusten iSd § 17 nicht anwendbar.

Vermögensverwaltungsgebühr s Zuordnung zu Kapitalanlagen.

Verschmelzung. Im Fall der Verschmelzung auf eine andere Körperschaft bleibt bei der übernehmenden Körperschaft ein etwaiger Übernahmegewinn außer Ansatz. Sofern der übernehmenden Körperschaft im Zusammenhang mit der Übernahme Kosten (zB für Rechtsberatung, Beurkundung) entstehen, findet § 3c I keine Anwendung. Diese Kosten mindern den stpfl laufenden Gewinn, wenn sie nicht als objektbezogene AK zu aktivieren sind (BFH BStBl II 98, 698; vgl auch „Umwandlungskosten").

Versicherungsprämien. Auch Leistungen aus einer Krankenversicherung, die dem betrieblichen Bereich zuzurechnen ist, sind stfrei. Nach § 3c I folgt aus dieser Steuerfreiheit zugleich die Nichtabzugsfähigkeit der Versicherungsprämien – jedenfalls, sofern der Betriebsinhaber zugleich der Versicherte ist und ihm die stfreien Versicherungsleistungen zufließen (BFH BStBl II 69, 489; offen gelassen von BFH BStBl II 83, 101, 104). Beiträge zur gesetzlichen Unfallversicherung sind nach § 3c I grds nicht abzugsfähig (BFH BStBl II 72, 536, 537). Beiträge zur gesetzlichen Unfallversicherung, die ein Unternehmer für seine Beschäftigten entrichtet, sind allerdings BA, da der Unternehmer diese nicht zum Erhalt stfreier Leistungen, sondern zum Schutz seiner ArbN aufwendet (so auch *Schmidt* FR 90, 478; *Beul* DStR 65, 158; unentschieden: BFH BStBl II 83, 101, 103).

vGA. Auch diese werden nach § 3 Nr 40 nur zur Hälfte erfasst, im Zusammenhang stehende Aufwendungen nach § 3c II 1 nur zur Hälfte zum Abzug zugelassen. Bei einem **unangemessenen Geschäftsführergehalt** bisher den Einnahmen iSv § 19 zuzuordnende Aufwendungen sind uU weiterhin voll im Rahmen von § 19 abzugsfähig (Fahrtaufwendungen; Arbeitszimmer; Beiträge für einen Berufsverband). Aufwendungen im Zusammenhang mit einem nicht anzuerkennenden Arbvrh (zB LSt; Sozialversicherungsbeiträge) können aber auch durch den Versuch verursacht sein, KSt durch Konstruktion eines Arbvrh zu sparen. Es handelt sich dann um Aufwendungen auf die Beteiligung, die nach § 3c II zur Hälfte abzugsfähig sind (*K/S/M* § 3c Rn C 146 f; FG Hbg EFG 90, 170; BFH BStBl II 83, 496; BStBl II 88, 348).

Bei einer vGA in Form einer **verbilligten Nutzungsüberlassung**, liegen beim Anteilseigner fiktive BA bzw WK vor, wenn die Mietzinsen als BA bzw WK abzugsfähig gewesen wären (BFH BStBl II 88, 348). Auf diese ist § 3c II nicht anzuwenden, da der Mietaufwand Aufwand für die Nutzung, kein Aufwand im Zusammenhang mit der vGA ist (*Schulte/Behnes* DB 04, 1525, BFH BStBl III 61, 80).

Vorteilsgewährung. Gewährt der Anteilseigner durch un- oder teilentgeltliche Nutzungsüberlassungen oder Dienstleistungen der Körperschaft Vorteile (zB bei einer Betriebsaufspaltung zur Verlustnutzung), so sind Finanzierungs- und Verwaltungskosten, die beim Anteilseigner anfallen, anteilig durch das Halten der Beteiligung verursacht und nach § 3c II nur zur Hälfte abzugsfähig (FG Brem EFG 06, 1234; *Alber* GStB 01, 100, 101; *Engelke/Clemens* DStR 02, 285, 286; *Herzig* DB 03, 1459, 1466; **aA** *Kessler/Reitsam* DB 03, 2139, 2141; *Beinert/Mikus* DB 02, 1469).

Wehrsold. Aufwendungen Wehrpflichtiger für Familienheimfahrten sind nach § 3c I vom Abzug ausgeschlossen (BFH BStBl II 70, 210). Gleiches gilt für die Aufwendungen von Reserveoffizieren, die eine Wehrübung ableisten, auch dann, wenn ihnen weiter Arbeitslohn gezahlt wird (FG BaWü EFG 75, 297).

Wertpapiergebundene Pensionszusagen. Bei wertpapiergebundenen Pensionszusagen kann der ArbG die Erträge aus der Wertpapieranlage (Dividenden und Gewinne aus der Veräußerung) zur Hälfte stfrei vereinnahmen. Andererseits darf er für die eingegangene Verpflichtung zur künftigen Pensionszahlung eine Rückstellung bilden. Es ist fraglich, ob die Aufwendungen für eine derartige Pensionsrückstellung nach § 3c II zur Hälfte vom Abzug ausgenommen sind. *Wellisch/Bartlitz* (DStR 03, 1642; vgl auch *D/J/P/W/Dötsch* § 3c EStG nF Rn 9) verneinen dies mit der Begr, die Finanzierung der Pensionsleistungen durch stfreie Einnahmen allein reiche für die Annahme eines unmittelbaren wirtschaftlichen Zusammenhangs nicht aus.

Wertpapierorientierte Verzinsung von Arbeitszeitkonten. Vereinbaren ArbG und ArbN, Vergütungsansprüche nicht sofort nach erbrachter Arbeit, sondern erst in einer Freistellungsphase auszuzahlen, so können diese Vergütungsansprüche in Arbeitszeitkonten eingestellt und in Abhängigkeit von der Entwicklung bestimmter am Kapitalmarkt angelegter Vermögenswerte – insbes Aktien oder Fondsanteile – verzinst werden. Der ArbG kann in diesem Fall, wenn er die ihm zur Verfügung stehenden Mittel entspr am Kapitalmarkt in Beteiligungen investiert, die **Erträge aus der Anlage** (Dividenden und Gewinne aus der Veräußerung) zur Hälfte stfrei vereinnahmen. Andererseits darf er für die eingegangene Verpflichtung eine Rückstellung bilden. Es ist fraglich, ob die **Aufwendungen für eine derartige Rückstellung** nach § 3c II zur Hälfte vom Abzug ausgenommen sind. *Wellisch/Bartlitz* (DStR 03, 1642, 1644) verneinen dies mit der Begr, allein die Verwendung von stfreien Einnahmen zur Finanzierung der eingegangenen Verpflichtungen reiche nicht aus, um ein Abzugsverbot anzunehmen.

Wirtschaftlicher Geschäftsbetrieb. Ausgaben dürfen nicht als BA eines wirtschaftlichen Geschäftsbetriebs abgezogen werden, soweit sie in unmittelbarem wirtschaftlichem Zusammenhang mit den stfreien Einnahmen eines Zweckbetriebes stehen (BFH BStBl II 92, 103; BFH/NV 93, 341; **aA** *Lang/Seer* FR 94, 521).

Zinsen. Schuldzinsen für einen Kredit zum Erwerb von Wertpapieren mit stfreien Zinsen sind nicht nur bis zur Höhe der stfreien Einnahmen vom Abzug ausgeschlossen.

Zuordnung zu Kapitalanlagen. Depotgebühren, Beratungsgebühren, Vermögensverwaltungsgebühren können je nach Kapitalanlage voll abzugsfähig (zB: § 20 I Nr 1), nur zur Hälfte abzugsfähig (§§ 20 I Nr 1, 3c II), vom Abzug ausgenommen (Anlage ohne Einkunftserzielungsabsicht) oder bei einem negativen Saldo nur eingeschränkt verrechenbar (§§ 22 Nr 2, 23 I 1 Nr 2) sein (vgl § 20 Rn 480 „Vermögensverwaltungsgebühren"; *K/S/M* § 3c Rn C 190 ff).

Zuschüsse. Aufwandsersatz in der Form von Zuschüssen führt zu einem Abzugsverbot für Ausgaben in Höhe der geleisteten Zuschüsse (BFH BStBl II 77, 507, 508 für Zuschüsse nach dem AFG: BFH BStBl II 68, 149 für Forschungszuschüsse und BFH BStBl II 77, 207, 208 für Stipendien). Bezieht allerdings ein Orchester neben seinen sonstigen Einnahmen nach § 3 Nr 11 stfreie öffentliche Zuschüsse, die nicht zur Deckung von BA bestimmt sind, so sind die BA zu dem Teil nicht abziehbar, der dem Verhältnis der stfreien Einnahmen zu den Gesamteinnahmen entspricht (FG BaWü EFG 04, 1815).

IdF ab VZ 2009:

§ 3c Anteilige Abzüge

...

(2) ¹*Betriebsvermögensminderungen, Betriebsausgaben, Veräußerungskosten oder Werbungskosten, die mit den dem § 3 Nr. 40 zugrunde liegenden Betriebsvermögensmehrungen oder Einnahmen in wirtschaftlichem Zusammenhang stehen, dürfen unabhängig davon, in welchem Veranlagungszeitraum die Betriebsvermögensmehrungen oder Einnahmen anfallen, bei der Ermittlung der Einkünfte nur zu 60 Prozent abgezogen werden; Entsprechendes gilt, wenn bei der Ermittlung der Einkünfte der Wert des Betriebsvermögens oder des Anteils am Betriebsvermögen oder die Anschaffungs- oder Herstellungskosten oder der an deren Stelle tretende Wert mindernd zu berücksichtigen sind. ²Satz 1 gilt auch für Wertminderungen des Anteils an einer Organgesellschaft, die nicht auf Gewinnausschüttungen zurückzuführen sind. ³§ 8b Abs. 10 des Körperschaftsteuergesetzes gilt sinngemäß.*

...

90 Korrespondierend zu der Reduzierung der Freistellung in § 3 Nr 40 von 50 auf 40 % wird in § 3c II nF der Höchstsatz für den Abzug korrespondierender Aufwendungen von 50 auf 60 % erhöht. Nach § 52a IV ist § 3c II 1 nF erstmals ab dem VZ 09 anzuwenden. § 3c II 1 aF ist weiter anzuwenden bei Veräußerungsgeschäften, bei denen § 23 I 1 Nr 2 aF Anwendung findet.

3. Gewinn

§ 4 Gewinnbegriff im Allgemeinen

(1) ¹Gewinn ist der Unterschiedsbetrag zwischen dem Betriebsvermögen am Schluss des Wirtschaftsjahres und dem Betriebsvermögen am Schluss des vorangegangenen Wirtschaftsjahres, vermehrt um den Wert der Entnahmen und vermindert um den Wert der Einlagen. ²Entnahmen sind alle Wirtschaftsgüter (Barentnahmen, Waren, Erzeugnisse, Nutzungen und Leistungen), die der Steuerpflichtige dem Betrieb für sich, für seinen Haushalt oder für andere betriebsfremde Zwecke im Laufe des Wirtschaftsjahres entnommen hat. ³Einer Entnahme für betriebsfremde Zwecke steht der Ausschluss oder die Beschränkung des Besteuerungsrechts der Bundesrepublik Deutschland hinsichtlich des Gewinns aus der Veräußerung oder der Nutzung eines Wirtschaftsguts gleich. ⁴Satz 3 gilt nicht für Anteile an einer Europäischen Gesellschaft oder Europäischen Genossenschaft in den Fällen

1. einer Sitzverlegung der Europäischen Gesellschaft nach Artikel 8 der Verordnung (EG) Nr. 2157/2001 des Rates vom 8. Oktober 2001 über das Statut der Europäischen Gesellschaft (SE) (ABl. EG Nr. L 294 S. 1), zuletzt geändert durch die Verordnung (EG) Nr. 885/2004 des Rates vom 26. April 2004 (ABl. EU Nr. L 168 S. 1), und
2. einer Sitzverlegung der Europäischen Genossenschaft nach Artikel 7 der Verordnung (EG) Nr. 1435/2003 des Rates vom 22. Juli 2003 über das Statut der Europäischen Genossenschaft (SCE) (ABl. EU Nr. L 207 S. 1).

⁵Ein Wirtschaftsgut wird nicht dadurch entnommen, dass der Steuerpflichtige zur Gewinnermittlung nach § 13a übergeht. ⁶Eine Änderung der Nutzung eines Wirtschaftsguts, die bei Gewinnermittlung nach Satz 1 keine Entnahme ist, ist auch bei Gewinnermittlung nach § 13a keine Entnahme. ⁷Einlagen sind alle Wirtschaftsgüter (Bareinzahlungen und sonstige Wirtschaftsgüter), die der Steuerpflichtige dem Betrieb im Laufe des Wirtschaftsjahres zugeführt hat; einer Einlage steht die Begründung des Besteuerungsrechts der Bundesrepublik Deutschland hinsichtlich des Gewinns aus der Veräußerung eines Wirtschaftsguts gleich. ⁸Bei der Ermittlung des Gewinns sind die Vorschriften über die Betriebsausgaben, über die Bewertung und über die Absetzung für Abnutzung oder Substanzverringerung zu befolgen.

(2) ¹Der Steuerpflichtige darf die Vermögensübersicht (Bilanz) auch nach ihrer Einreichung beim Finanzamt ändern, soweit sie den Grundsätzen ordnungsmäßiger Buchführung unter Befolgung der Vorschriften dieses Gesetzes nicht entspricht; diese Änderung ist nicht zulässig, wenn die Vermögensübersicht (Bilanz) einer Steuerfestsetzung zugrunde liegt, die nicht mehr aufgehoben oder

geändert werden kann. ²Darüber hinaus ist eine Änderung der Vermögensübersicht (Bilanz) nur zulässig, wenn sie in einem engen zeitlichen und sachlichen Zusammenhang mit einer Änderung nach Satz 1 steht und soweit die Auswirkung der Änderung nach Satz 1 auf den Gewinn reicht.

(3) ¹Steuerpflichtige, die nicht auf Grund gesetzlicher Vorschriften verpflichtet sind, Bücher zu führen und regelmäßig Abschlüsse zu machen, und die auch keine Bücher führen und keine Abschlüsse machen, können als Gewinn den Überschuss der Betriebseinnahmen über die Betriebsausgaben ansetzen. ²Hierbei scheiden Betriebseinnahmen und Betriebsausgaben aus, die im Namen und für Rechnung eines anderen vereinnahmt und verausgabt werden (durchlaufende Posten). ³Die Vorschriften über die Bewertungsfreiheit für geringwertige Wirtschaftsgüter (§ 6 Abs. 2), die Bildung eines Sammelpostens (§ 6 Abs. 2a) und über die Absetzung für Abnutzung oder Substanzverringerung sind zu befolgen. ⁴Die Anschaffungs- oder Herstellungskosten für nicht abnutzbare Wirtschaftsgüter des Anlagevermögens, für Anteile an Kapitalgesellschaften, für Wertpapiere und vergleichbare nicht verbriefte Forderungen und Rechte, für Grund und Boden sowie Gebäude des Umlaufvermögens sind erst im Zeitpunkt des Zuflusses des Veräußerungserlöses oder bei Entnahme im Zeitpunkt der Entnahme als Betriebsausgaben zu berücksichtigen. ⁵Die Wirtschaftsgüter des Anlagevermögens und Wirtschaftsgüter des Umlaufvermögens im Sinne des Satzes 4 sind unter Angabe des Tages der Anschaffung oder Herstellung und der Anschaffungs- oder Herstellungskosten oder des an deren Stelle getretenen Werts in besondere, laufend zu führende Verzeichnisse aufzunehmen.

(4) Betriebsausgaben sind die Aufwendungen, die durch den Betrieb veranlasst sind.

(4a) ¹Schuldzinsen sind nach Maßgabe der Sätze 2 bis 4 nicht abziehbar, wenn Überentnahmen getätigt worden sind. ²Eine Überentnahme ist der Betrag, um den die Entnahmen die Summe des Gewinns und der Einlagen des Wirtschaftsjahres übersteigen. ³Die nicht abziehbaren Schuldzinsen werden typisiert mit 6 Prozent der Überentnahme des Wirtschaftsjahres zuzüglich der Überentnahmen vorangegangener Wirtschaftsjahre und abzüglich der Beträge, um die in den vorangegangenen Wirtschaftsjahren der Gewinn und die Einlagen die Entnahmen überstiegen haben (Unterentnahmen), ermittelt; bei der Ermittlung der Überentnahme ist vom Gewinn ohne Berücksichtigung der nach Maßgabe dieses Absatzes nicht abziehbaren Schuldzinsen auszugehen. ⁴Der sich dabei ergebende Betrag, höchstens jedoch der um 2 050 Euro verminderte Betrag der im Wirtschaftsjahr angefallenen Schuldzinsen, ist dem Gewinn hinzuzurechnen. ⁵Der Abzug von Schuldzinsen für Darlehen zur Finanzierung von Anschaffungs- oder Herstellungskosten von Wirtschaftsgütern des Anlagevermögens bleibt unberührt. ⁶Die Sätze 1 bis 5 sind bei Gewinnermittlung nach § 4 Abs. 3 sinngemäß anzuwenden; hierzu sind Entnahmen und Einlagen gesondert aufzuzeichnen.

(5) ¹Die folgenden Betriebsausgaben dürfen den Gewinn nicht mindern:
1. Aufwendungen für Geschenke an Personen, die nicht Arbeitnehmer des Steuerpflichtigen sind. ²Satz 1 gilt nicht, wenn die Anschaffungs- oder Herstellungskosten der dem Empfänger im Wirtschaftsjahr zugewendeten Gegenstände insgesamt 35 Euro nicht übersteigen;
2. Aufwendungen für die Bewirtung von Personen aus geschäftlichem Anlass, soweit sie 70 Prozent der Aufwendungen übersteigen, die nach der allgemeinen Verkehrsauffassung als angemessen anzusehen und deren Höhe und betriebliche Veranlassung nachgewiesen sind. ²Zum Nachweis der Höhe und der betrieblichen Veranlassung der Aufwendungen hat der Steuerpflichtige schriftlich die folgenden Angaben zu machen: Ort, Tag, Teilnehmer und Anlass der Bewirtung sowie Höhe der Aufwendungen. ³Hat die Bewirtung in einer Gaststätte stattgefunden, so genügen Angaben zu dem Anlass und den Teilnehmern der Bewirtung; die Rechnung über die Bewirtung ist beizufügen;
3. Aufwendungen für Einrichtungen des Steuerpflichtigen, soweit sie der Bewirtung, Beherbergung oder Unterhaltung von Personen, die nicht Arbeitnehmer des Steuerpflichtigen sind, dienen (Gästehäuser) und sich außerhalb des Orts eines Betriebs des Steuerpflichtigen befinden;
4. Aufwendungen für Jagd oder Fischerei, für Segeljachten oder Motorjachten sowie für ähnliche Zwecke und für die hiermit zusammenhängenden Bewirtungen;
5. Mehraufwendungen für die Verpflegung des Steuerpflichtigen, soweit in den folgenden Sätzen nichts anderes bestimmt ist. ²Wird der Steuerpflichtige vorübergehend von seiner Wohnung und dem Mittelpunkt seiner dauerhaft angelegten betrieblichen Tätigkeit entfernt betrieblich tätig, ist für jeden Kalendertag, an dem der Steuerpflichtige wegen dieser vorübergehenden Tätigkeit von seiner Wohnung und seinem Tätigkeitsmittelpunkt
    a) 24 Stunden abwesend ist, ein Pauschbetrag von 24 Euro,

b) weniger als 24 Stunden, aber mindestens 14 Stunden abwesend ist, ein Pauschbetrag von 12 Euro,

c) weniger als 14 Stunden, aber mindestens 8 Stunden abwesend ist, ein Pauschbetrag von 6 Euro

abzuziehen; eine Tätigkeit, die nach 16 Uhr begonnen und vor 8 Uhr des nachfolgenden Kalendertags beendet wird, ohne dass eine Übernachtung stattfindet, ist mit der gesamten Abwesenheitsdauer dem Kalendertag der überwiegenden Abwesenheit zuzurechnen. ³Wird der Steuerpflichtige bei seiner individuellen betrieblichen Tätigkeit typischerweise nur an ständig wechselnden Tätigkeitsstätten oder auf einem Fahrzeug tätig, gilt Satz 2 entsprechend; dabei ist allein die Dauer der Abwesenheit von der Wohnung maßgebend. ⁴Bei einer Tätigkeit im Ausland treten an die Stelle der Pauschbeträge nach Satz 2 länderweise unterschiedliche Pauschbeträge, die für die Fälle der Buchstaben a, b und c mit 120, 80 und 40 Prozent der höchsten Auslandstagegelder nach dem Bundesreisekostengesetz vom Bundesministerium der Finanzen im Einvernehmen mit den obersten Finanzbehörden der Länder aufgerundet auf volle Euro festgesetzt werden; dabei bestimmt sich der Pauschbetrag nach dem Ort, den der Steuerpflichtige vor 24 Uhr Ortszeit zuletzt erreicht, oder, wenn dieser Ort im Inland liegt, nach dem letzten Tätigkeitsort im Ausland. ⁵Bei einer längerfristigen vorübergehenden Tätigkeit an derselben Tätigkeitsstätte beschränkt sich der pauschale Abzug nach Satz 2 auf die ersten drei Monate. ⁶Die Abzugsbeschränkung nach Satz 1, die Pauschbeträge nach den Sätzen 2 und 4 sowie die Dreimonatsfrist nach Satz 5 gelten auch für den Abzug von Verpflegungsmehraufwendungen bei einer aus betrieblichem Anlass begründeten doppelten Haushaltsführung; dabei ist für jeden Kalendertag innerhalb der Dreimonatsfrist, an dem gleichzeitig eine Tätigkeit im Sinne des Satzes 2 oder 3 ausgeübt wird, nur der jeweils höchste in Betracht kommende Pauschbetrag abzuziehen und die Dauer einer Tätigkeit im Sinne des Satzes 2 an dem Beschäftigungsort, der zur Begründung der doppelten Haushaltsführung geführt hat, auf die Dreimonatsfrist anzurechnen, wenn sie ihr unmittelbar vorausgegangen ist;

6., 6a. *(weggefallen)*

6b. Aufwendungen für ein häusliches Arbeitszimmer sowie die Kosten der Ausstattung. ²Dies gilt nicht, wenn das Arbeitszimmer den Mittelpunkt der gesamten betrieblichen und beruflichen Betätigung bildet;

7. andere als die in den Nummern 1 bis 6 und 6b bezeichneten Aufwendungen, die die Lebensführung des Steuerpflichtigen oder anderer Personen berühren, soweit sie nach allgemeiner Verkehrsauffassung als unangemessen anzusehen sind;

8. von einem Gericht oder einer Behörde im Geltungsbereich dieses Gesetzes oder von Organen der Europäischen Gemeinschaften festgesetzte Geldbußen, Ordnungsgelder und Verwarnungsgelder. ²Dasselbe gilt für Leistungen zur Erfüllung von Auflagen oder Weisungen, die in einem berufsgerichtlichen Verfahren erteilt werden, soweit die Auflagen oder Weisungen nicht lediglich der Wiedergutmachung des durch die Tat verursachten Schadens dienen. ³Die Rückzahlung von Ausgaben im Sinne der Sätze 1 und 2 darf den Gewinn nicht erhöhen. ⁴Das Abzugsverbot für Geldbußen gilt nicht, soweit der wirtschaftliche Vorteil, der durch den Gesetzesverstoß erlangt wurde, abgeschöpft worden ist, wenn die Steuern vom Einkommen und Ertrag, die auf den wirtschaftlichen Vorteil entfallen, nicht abgezogen worden sind; Satz 3 ist insoweit nicht anzuwenden;

8a. Zinsen auf hinterzogene Steuern nach § 235 der Abgabenordnung;

9. Ausgleichszahlungen, die in den Fällen der §§ 14, 17 und 18 des Körperschaftsteuergesetzes an außenstehende Anteilseigner geleistet werden;

10. die Zuwendung von Vorteilen sowie damit zusammenhängende Aufwendungen, wenn die Zuwendung der Vorteile eine rechtswidrige Handlung darstellt, die den Tatbestand eines Strafgesetzes oder eines Gesetzes verwirklicht, das die Ahndung mit einer Geldbuße zulässt. ²Gerichte, Staatsanwaltschaften oder Verwaltungsbehörden haben Tatsachen, die sie dienstlich erfahren und die den Verdacht einer Tat im Sinne des Satzes 1 begründen, der Finanzbehörde für Zwecke des Besteuerungsverfahrens und zur Verfolgung von Steuerstraftaten und Steuerordnungswidrigkeiten mitzuteilen. ³Die Finanzbehörde teilt Tatsachen, die den Verdacht einer Straftat oder einer Ordnungswidrigkeit im Sinne des Satzes 1 begründen, der Staatsanwaltschaft oder der Verwaltungsbehörde mit. ⁴Diese unterrichten die Finanzbehörde von dem Ausgang des Verfahrens und den zugrunde liegenden Tatsachen;

11. Aufwendungen, die mit unmittelbaren oder mittelbaren Zuwendungen von nicht einlagefähigen Vorteilen an natürliche oder juristische Personen oder Personengesellschaften zur Verwendung in Betrieben in tatsächlichem oder wirtschaftlichem Zusammenhang stehen, deren Gewinn nach § 5a Abs. 1 ermittelt wird;
12. Zuschläge nach § 162 Abs. 4 der Abgabenordnung.
²Das Abzugsverbot gilt nicht, soweit die in den Nummern 2 bis 4 bezeichneten Zwecke Gegenstand einer mit Gewinnabsicht ausgeübten Betätigung des Steuerpflichtigen sind. ³§ 12 Nr. 1 bleibt unberührt.

(5a) ¹Keine Betriebsausgaben sind die Aufwendungen für die Wege zwischen Wohnung und Betriebsstätte und für Familienheimfahrten. ²Bei der Nutzung eines Kraftfahrzeugs sind die nicht als Betriebsausgaben abziehbaren Aufwendungen für Fahrten zwischen Wohnung und Betriebsstätte mit 0,03 Prozent des inländischen Listenpreises im Sinne des § 6 Abs. 1 Nr. 4 Satz 2 des Kraftfahrzeugs im Zeitpunkt der Erstzulassung je Kalendermonat für jeden Entfernungskilometer sowie für Familienheimfahrten mit 0,002 Prozent des inländischen Listenpreises im Sinne des § 6 Abs. 1 Nr. 4 Satz 2 des Kraftfahrzeugs im Zeitpunkt der Erstzulassung für jeden Entfernungskilometer zu ermitteln. ³Ermittelt der Steuerpflichtige die private Nutzung des Kraftfahrzeugs nach § 6 Abs. 1 Nr. 4 Satz 1 oder Satz 4, sind die auf diese Fahrten entfallenden tatsächlichen Aufwendungen maßgebend. ⁴§ 9 Abs. 2 ist entsprechend anzuwenden.

(5b) Die Gewerbesteuer und die darauf entfallenden Nebenleistungen sind keine Betriebsausgaben.

(6) Aufwendungen zur Förderung staatspolitischer Zwecke (§ 10b Abs. 2) sind keine Betriebsausgaben.

(7) ¹Aufwendungen im Sinne des Absatzes 5 Satz 1 Nr. 1 bis 4, 6b und 7 sind einzeln und getrennt von den sonstigen Betriebsausgaben aufzuzeichnen. ²Soweit diese Aufwendungen nicht bereits nach Absatz 5 vom Abzug ausgeschlossen sind, dürfen sie bei der Gewinnermittlung nur berücksichtigt werden, wenn sie nach Satz 1 besonders aufgezeichnet sind.

(8) Für Erhaltungsaufwand bei Gebäuden in Sanierungsgebieten und städtebaulichen Entwicklungsbereichen sowie bei Baudenkmalen gelten die §§ 11a und 11b entsprechend.

§§ 6 und 8 EStDV; R 4 EStR 05/H 4 EStH 05

Übersicht

	Rn		Rn
A. Grundaussagen der Vorschrift	1	2. Entnahmevoraussetzungen	88
I. § 4 im Einkommensteuersystem	1	3. Entnahmefolgen	97
1. Arten der Gewinnermittlung	1	4. Einlagevoraussetzungen	102
2. Betriebliche Veranlassung	5	5. Einlagefolgen	106
II. Gewinn- und Überschussrechnungen	7	V. Entstrickung und Verstrickung	106a
III. Gewinnermittlungsarten	10	1. Grundgedanke	106a
IV. Gewinn und abzugsfähige Aufwendungen	13	2. Einzelne Wirtschaftsgüter	106c
V. Gewinn und nichtbetriebliche Sphäre	16	3. Ausnahmen	106e
1. Betriebsausgaben	16	4. Verstrickung	106f
2. Entnahmen und Einlagen	26	**C. Überschussrechnung (§ 4 III)**	107
B. Eigenkapitalvergleich (§ 4 I)	27	I. Anwendungsbereich	107
I. Personaler Anwendungsbereich	27	II. Systematik	108
II. Gewinnbegriff	28	1. Betriebsvermögen	108
III. Betriebsvermögen und Privatvermögen	31	2. Betriebseinnahmen und Betriebsausgaben	113
1. Arten des Betriebsvermögens	31	3. Anschaffungs- und Veräußerungsvorgänge	121
2. Zuordnung von Wirtschaftsgütern	65		
3. Zurechnung	73	**D. Betriebseinnahmen**	127
a) Allgemeine Zurechnungsgrundsätze	73	I. Begriff	127
b) Einzelfälle. Leasing	79	II. Betriebliche Veranlassung und Zurechnung	129
4. Betriebsvermögen bei Personengesellschaften und Kapitalgesellschaften	85	III. Abgrenzung zu Einlagen und Entnahmen	134
IV. Entnahmen und Einlagen	87	**E. Betriebsausgaben (§ 4 IV bis VII)**	135
1. Sinn und Zweck	87	I. Begriff und steuersystematische Abgrenzungen	135

	Rn		Rn
1. Kausalitätsprinzip und nichtbetriebliche Sphäre	135	17. Aufwendungen zur Förderung staatspolitischer Zwecke (§ 4 VI)	215
2. Systematik des § 4 IV bis VII	139	18. Gewerbesteuer keine BA (§ 4 Vb)	216a
II. Abzugsfähige Betriebsausgaben (§ 4 IV)	142	F. Wechsel der Gewinnermittlungsart	217
1. Begriff	142	I. Zulässigkeit und Wahlrecht	217
2. Veranlassung	144	II. Übergang von Überschussrechnung zum Eigenkapitalvergleich	220
3. Zurechnung, insbesondere Drittaufwand	145		
4. Zeitpunkt	155	III. Übergang vom Eigenkapitalvergleich zur Überschussrechnung	225
III. Besonderheiten bei Schuldzinsen (§ 4 IVa)	159		
IV. Beschränkt abziehbare und nicht abzugsfähige Betriebsausgaben (§ 4 V)	171	IV. Korrektur	227
1. Korrekturen mit anderen Gewinnermittlungen	227
1. Systematik	171	2. Korrektur bei Betriebsveräußerung, Betriebsaufgabe und unentgeltlicher Übertragung	229
2. Geschenke	172		
3. Bewirtungsaufwendungen	176		
4. Gästehäuser	180		
5. Aufwendungen für Jagd usw	184	G. Bilanzenzusammenhang, Bilanzberichtigung, Bilanzänderung	231
6. Mehraufwendungen für Verpflegung	186		
7. Fahrtkosten	188	I. Bilanzenzusammenhang	231
8. Doppelte Haushaltsführung	192	II. Bilanzberichtigung	235
9. Arbeitszimmer	194	1. Voraussetzungen	235
10. Unangemessene Aufwendungen	200	2. Bestandskräftige und nicht bestandskräftige Veranlagung	237
11. Geldbußen usw	203		
12. Hinterziehungszinsen	207	3. Ausnahmen	242
13. Organschaft	208	III. Bilanzänderung	246
14. Bestechungs- und Schmiergelder	209	1. Begriff und Voraussetzungen	246
15. Aufwendungen nach § 12	214	2. Rechtsfolgen	250
16. „Tonnagesteuer"	214a	H. Einzelnachweise Betriebseinnahmen	251
		J. Einzelnachweise Betriebsausgaben	252

A. Grundaussagen der Vorschrift

I. § 4 im Einkommensteuersystem. – 1. Arten der Gewinnermittlung. Das EStG sieht verschiedene **Arten der Gewinnermittlung** vor. Für bilanzierende Gewerbetreibende gilt der qualifizierte Betriebsvermögensvergleich des § 5 I, Land- und Forstwirte ermitteln im Regelfall den Gewinn nach Durchschnittssätzen gem § 13a und der Gewinn aus selbstständiger Arbeit ermittelt sich im Regelfall durch Einnahme-Überschussrechnung nach § 4 III (Rn 107 ff). Für den Betrieb von Handelsschiffen kann seit 1999 nach § 5a wahlweise der Gewinn ertragsunabhängig im Wege der Tonnagesteuer ermittelt werden.[1]

Eine Gewinnermittlung durch **Bilanzierung nach § 4 I** gilt unmittelbar nur für buchführungspflichtige Land- und Forstwirte und freiwillig bilanzierende Freiberufler.

§ 4 bildet die **zentrale Norm** für die Gewinnermittlung. Wesentliche Unterschiede zw den Gewinnermittlungsarten würden dem Grundsatz der **Gleichmäßigkeit der Besteuerung** widersprechen.[2]

§ 4 regelt mit den Begriffen Betrieb, BV, BE, BA, Entnahmen, Einlagen, Bilanzänderung, Bilanzberichtigung, Bilanzenzusammenhang die **grundlegenden Begriffe** und Grundsätze zur Ermittlung des Gewinns iSd § 2 II Nr 1. Die genannten Begriffe finden in gleicher Weise auf die Gewinnermittlung buchführender Gewerbetreibender Anwendung. Dies bedeutet allerdings nicht, dass ein an der jeweiligen Problemstellung ausgerichtetes normenspezifisches Verständnis von vornherein nicht in Betracht kommt. So wird etwa der Umfang des BV durch das Berufsbild, welches der in § 18 Nr 1 genannten freiberuflichen Tätigkeit zugrunde liegt, geprägt und begrenzt, und zwar mit der Folge, dass WG, die gemessen an den Erfordernissen dieses Leitbilds als berufsfremd anzusehen sind, selbst im Falle ihrer Bilanzierung nicht als gewillkürtes BV (Rn 38) dieser Einkunftsart qualifiziert werden können.[3]

---

[1] Eingeführt durch Gesetz v 9.9.98, BGBl I 98, 2860 = BStBl I 98, 1158 im Rahmen des sog SeeschifffahrtsanpassungsG.

[2] Vgl BFH BStBl II 84, 227.

[3] BFH BStBl II 90, 17; *Woerner* StbJb 89/90, 207 (220).

2. Betriebliche Veranlassung. Die betriebliche Veranlassung hat zentrale Bedeutung für die Gewinnermittlung. Sie ist einheitlich für die Begriffe BV, BE und BA zu bestimmen. Ob eine betriebliche Veranlassung vorliegt, ist nach eigenen Maßstäben des Steuerrechts „steuerjuristisch" zu prüfen. Die von § 4 geregelten Begriffe BV, BE, BA sind einerseits für den steuerjuristischen Obersatz des Rechtsanwendungsprozesses im Einzelfall zu definieren, es muss andererseits aber im konkreten Sachverhalt so liegen, dass tatsächlich eine betriebliche Veranlassung gegeben ist, die in den Anwendungsbereich der Gewinnermittlung nach §§ 4, 5 führt. Dabei ist die erforderliche betriebliche Veranlassung zunächst ein Kausalitätsproblem, doch dürfen dabei nicht streng naturwissenschaftliche Maßstäbe angelegt werden. Anhand welcher Kriterien eine Zuordnung zur Betriebssphäre vorzunehmen ist, kann nicht mittels der für andere Rechtsgebiete entwickelten Zurechnungslehren beurteilt werden. Es kann allein – vor dem Hintergrund der das EStG kennzeichnenden Trennung von Erwerbssphäre und Privatsphäre – auf die Frage ankommen, ob das auslösende Element für die BE, die BV, das BA dem betrieblichen Bereich zuzuordnen ist. Letztlich ist dies eine Wertungsfrage des konkreten Sachverhalts.[1] Für den steuerrechtlichen Zusammenhang ist allein entscheidend, ob ein tatsächlicher oder wirtschaftlicher Zusammenhang mit dem Betrieb bzw einer betrieblichen Einkunftsart gegeben ist.[2] Ein nur rechtlicher Zusammenhang (Hypothek für betrieblichen Kredit auf Privatgrundstück) genügt nicht. Ein Verschulden oder ein Gesetzesverstoß schließen eine betriebliche Veranlassung nicht aus (s aber § 4 V Nr 8 Rn 203),[3] eine strafbare Handlung kann aber den betriebliche Zusammenhang unterbrechen.[4]

Der Zusammenhang ist für jeden Sachverhalt gesondert zu prüfen. Zwar bleibt ein überwiegend betrieblich genutzter Pkw auch während einer privaten Fahrt BV, die Aufwendungen, die durch die Fahrt entstehen, sind aber keine BA. Der betriebliche Zusammenhang wird insoweit unterbrochen. Im Einzelfall ist zu prüfen, ob das auslösende Moment der betrieblichen Sphäre zuzurechnen ist.[2] Ist das unmittelbar auslösende Moment steuerlich nicht eindeutig, sind die Gesamtumstände maßgeblich, bei einem Unfall ist der Anlass der Fahrt entscheidend, bei dem Untergang von Rechten und Forderungen, ob sie BV waren, bei Schadenersatzpflichten, ob sie im Betrieb begründet sind. Eine private Mitveranlassung kann die betriebliche Veranlassung aber unbeachtlich machen (§ 12 Rn 3 ff).

Insbes bei den abzugsfähigen Aufwendungen (BA) deutet der Wortlaut des Gesetzes (§§ 4 IV, 9 I 1) darauf hin, dass jedenfalls im Anwendungsbereich des § 4 die objektive Veranlassung und nicht die subjektive Zielrichtung maßgebend ist. Gleichwohl wird im Bereich der abzugsfähigen Aufwendungen heute[5] eine einheitliche und grds objektive Beziehung zur betrieblichen Sphäre verlangt, soweit es um BA geht. Ganz allgemein ist eine betriebliche Veranlassung – und damit der Anwendungsbereich des § 4 – nicht gegeben, wenn schon bei einer objektiven Betrachtung der sachliche Zusammenhang mit der betrieblichen Sphäre nicht mehr begründet werden kann. Allerdings steht dem Steuersubjekt innerhalb des durch objektive Bedingungen maßgebenden Rahmens ein Entscheidungsspielraum zu, ob, mit welchen Gütern und auf welche Art und Weise es betrieblich tätig werden will. Dieser theoretisch und steuersystematisch einsichtige Grundsatz ist in der Praxis vielfach nicht einfach anzuwenden, da es nicht allein auf die Absicht des Steuersubjekts ankommen kann, ob beispielsweise BV oder eine BA gegeben ist. Dabei geht es um die Frage der steuerrechtlichen **Feststellungslast/Beweislast**, also darum, wer den steuerrechtlichen Nachteil zu tragen hat, wenn sich im Sachverhalt nicht aufklären lässt, ob eine betriebliche Veranlassung gegeben ist oder nicht. Soweit sich der StPfl auf die Zuordnung zur betrieblichen Sphäre beruft, obliegt es ihm, darzulegen, dass das Auslösungselement in der Betriebssphäre gegeben ist, also private Elemente (§ 12) ausgeschlossen sind.[6] Die Anforderungen an den Nachweis der betrieblichen Veranlassung steigen je stärker die private Lebensführung berührt ist und je mehr die Unüblichkeit zunimmt.[7]

Wenn dieser Schluss nicht gezogen werden kann, dann trifft den StPfl die Beweislast/Feststellungslast.[8] Die bloße Darlegung betrieblicher Absichten reicht nicht aus. Wird ein der Lebenserfahrung widersprechender Sachverhalt behauptet, so begründet nicht bereits die bloße Behauptung des StPfl über das Vorliegen eines derartigen Ausnahmesachverhalts eine gewisse Wahrscheinlichkeit für die Richtigkeit des Vorbringens.[9] Der Beweiswert eigener Erklärungen und Aufzeichnungen (zu Fahrtenbuch s Rn 191; zu Telefonaufzeichnungen § 12 Rn 21) steigt mit der allg Lebenserfahrung, dass

---

1 Vgl *Offerhaus* BB 79, 617, 620.
2 BFH GrS BStBl II 90, 817.
3 BFH BStBl II 78, 105 (verschuldeter Autounfall).
4 FG Mchn EFG 99, 108 (Versicherungsbetrug mit betrieblichen Pkw).
5 BFH GrS BStBl II 84, 160; 90, 817.
6 BFH BStBl II 89, 405.
7 BFH BStBl II 86, 250.
8 BFH BStBl II 76, 562.
9 BFH BStBl II 92, 195.

eine betriebliche Veranlassung in vergleichbaren Fällen vorliegt. Es darf aber auch nicht zu einem Nachteil des StPfl führen, wenn er beispielsweise nicht den Nachweis erbringen kann, dass die BA einem Fremdvergleich standhält, wenn ihm dies (bei Auslandssachverhalten) rechtlich nicht zugemutet werden kann.[1]

7 II. Gewinn- und Überschussrechnungen. Die wesentlichste Konsequenz des deutschen Einkunftsartensystems ist der sog **Dualismus der Einkunftsermittlung**, der in § 2 II fixiert wird (oben § 2 Rn 1): Einkünfte aus LuF, GewBetr und selbstständiger Arbeit werden als **Gewinn** (§§ 4 bis 7k), die übrigen Einkünfte als **Überschuss** der Einnahmen über die WK (§§ 8 bis 9a) definiert. Die dogmatischen und praktischen Auswirkungen dieses Dualismus sind im Gesetz nicht ausdrücklich erwähnt, sondern ergeben sich mittelbar aus den anwendbaren Normen der Einkunftsermittlung.

8 Die wichtigste Konsequenz der dualisitischen Einkünfteermittlung besteht in der Besteuerung oder Nichtbesteuerung von **realisierten Wertsteigerungen** des zur Einkünfteerzielung eingesetzten Vermögens. Die Zuordnung von Einkünften zu einer Einkunftsart entscheidet über die Art der Einkunftsermittlung (§ 2 II) und damit darüber, ob der im Regelfall durch Eigenkapitalvergleich ermittelte Gewinn (§ 4 I, § 5 I 1) oder nur der Überschuss der Einnahmen (§ 8) über die Werbungskosten (§ 9) der Besteuerung zugrunde zu legen sind. Da bei den Gewinneinkünften alle zum BV gehörenden WG **steuerverstrickt** sind, hat jede erfolgswirksame Umschichtung des eingesetzten BV Einfluss auf den wirtschaftlichen Erfolg. Veräußert der StPfl Gegenstände des BV und erzielt er einen Veräußerungserlös, der über dem letzten Bilanzansatz liegt, dann fließt der Mehrerlös in die Gewinnermittlung ein. Entspr gilt für einen **Mindererlös**, wenn der Veräußerungserlös den letzten Bilanzansatz unterschreitet. Realisierte Wertsteigerungen und -minderungen des eingesetzten Vermögens sind also im Bereich der Gewinneinkunftsarten grds steuerbar. §§ 14, 16, 18 III bestätigen dies für den Sonderfall der Betriebsveräußerung.

9 Nach dem Grundgedanken des EStG soll die soeben beschriebene Konzeption bei den **Überschusseinkünften** nach § 2 II Nr 2 gerade nicht gelten. In diesem Bereich wird entweder kein Vermögen eingesetzt (nichtselbstständige Arbeit) oder es werden allein die **Erträge des Vermögens** besteuert (KapVerm, VuV), so dass es auf eine Veränderung des Wertes der WG nicht ankommt. In Konsequenz davon werden realisierte Wertsteigerungen des PV derzeit nur ausnahmsweise in den Fällen der §§ 17, 23 und des § 22 UmwStG (sperrfristbehaftete Anteile) erfasst.[2] Die dualistische Einkunftsermittlung führt also zu **erheblichen Belastungsdifferenzen** zw den beiden Gruppen der Einkunftsarten, was zT als verfassungsrechtlich bedenklich betrachtet wird[3] und in der Praxis Rspr und FinVerw dazu verführt, im Zweifel gewerbliche Einkünfte anzunehmen.

10 III. Gewinnermittlungsarten. Nach der Kernaussage des § 4 I 1 ist „Gewinn ... der Unterschiedsbetrag zw dem BV am Schluss des Wj und dem BV am Schluss des vorangegangenen Wj, vermehrt um den Wert der Entnahmen und vermindert um den Wert der Einlagen". Danach soll sich der wirtschaftliche Erfolg in einem Bestandsvergleich ausdrücken, der die Vermögensmehrungen oder -minderungen widerspiegelt, die innerhalb der Steuerperiode erwirtschaftet worden sind. Zu ermitteln sind die Wertbewegungen des gesamten für die steuerbare Tätigkeit eingesetzten oder aus ihr entstehenden Vermögens, des sog BV (unten Rn 31 ff). Den Vergleichsmaßstab bilden das BV am Schluss eines Wj und das BV am Anfang. Die auf das Wj bezogene Differenz dieser beiden Gesamtvermögensgrößen stellt den Erfolg, dh den Gewinn oder Verlust der entspr Steuerperiode dar.

11 Für diejenigen StPfl mit Gewinneinkünften, die nicht zur Buchführung verpflichtet sind und auch freiwillig keine Bücher führen, eröffnet § 4 III eine gegenüber der Gewinnermittlung nach § 4 I **vereinfachte Form** der Gewinnermittlung. Sie können „als Gewinn den Überschuss der BE über die BA" ansetzen. Die Gewinnermittlung nach § 4 III ist mit der Ermittlung von Überschusseinkünften iSd § 2 II Nr 2 technisch vergleichbar, weil der Gewinn durch Überschuss der zugeflossenen BE über die abgeflossenen BA ermittelt wird. Da die bilanzielle Feststellung des betrieblichen Eigenkapitals entfällt, sind (doppelte) Buchführung, Bewertung und Inventur entbehrlich. Gleichwohl ist § 4 III in materieller Hinsicht eine **Vorschrift zur Ermittlung des Gewinns** (unten Rn 111). Die Bezugsgrößen der Gewinnermittlung sind bei § 4 I der Ertrag und Aufwand innerhalb einer bestimmten Steuerperiode, bei § 4 III die Einnahmen und Ausgaben im entspr Zeitraum. Da nach der Technik des § 4 III reine Geldvorgänge erfasst werden, verzichtet das EStG hier iErg auf eine periodengerechte Gewinnermittlung, was allerdings nicht bedeutet, dass eine Gewinnermittlung als

---

1 Vgl BFH DStR 01, 2149.
2 Anders § 23 idF RegEntw StVergAbG.
3 Vgl *Crezelius* Lehrbuch[2], § 4 Rn 24 mwN.

solche nicht stattfindet. Im Unterschied zu den Überschusseinkunftsarten iSd § 2 II Nr 2 sind die betrieblichen **WG steuerverstrickt**. Stille Reserven werden entweder im Zeitpunkt ihrer Realisierung (Zufluss des Veräußerungserlöses) oder Entnahme erfasst. Umgekehrt wirken sich realisierte Wertminderungen auf das betriebliche Ergebnis aus. Nach neuerem dogmatischen Verständnis beschränkt sich der Zweck des § 4 III auf ein Vereinfachungsmodell zum Eigenkapitalvergleich nach § 4 I, weswegen die Rspr für den Gewinnansatz nach § 4 III verlangt, dass er über die Gesamtheit aller Jahre hinweg zu **demselben „Totalgewinn"** führt, wie die Gewinnermittlung durch Bestandsvergleich.[1] Vom Zeitpunkt der Gewinnverwirklichung abgesehen, die sich bei § 4 III nach § 11 richtet, sind die allg Tatbestandsmerkmale (WG, BV, BE, BA) in dem gleichen Sinne zu verstehen. Bei § 4 III sind Einnahmen und Entnahmen insoweit relevant, als die Identität des totalen Gewinns durch die Vorgänge tangiert wird (unten Rn 118). Die unterschiedliche Technik von § 4 I und § 4 III bedingt damit ausschließlich eine **zeitliche Verschiebung** des Gewinns in frühere oder spätere Wj.

§ 5 I betrifft Gewerbetreibende, die aufgrund gesetzlicher Vorschriften verpflichtet sind, Bücher zu führen und regelmäßig Abschlüsse zu machen, oder dies freiwillig tun. § 5 ist unter systematischen Gesichtspunkten als spezialgesetzliche **Sonderregelung** zur allg Bestimmung des § 4 I zu qualifizieren, doch sind aufgrund der materiell-rechtlichen Querbeziehungen keine bedeutenden Unterschiede bzgl der Rechtsfolgen gegeben (oben Rn 3). Die nach § 5 I 1 zu beachtenden handelsrechtlichen GoB sind, wie § 4 II erkennen lässt, in allg Weise auch bei der Gewinnermittlung nach § 4 I zu beachten. Ergänzend neigt die Rspr dazu, die Sondertatbestände der §§ 5 II bis V als spezielle steuerrechtliche GoB in entspr Weise auch im Rahmen des Bestandsvergleichs nach § 4 I anzuwenden.[2]

IV. Gewinn und abzugsfähige Aufwendungen. Nach der Systematik des EStG werden im Bereich der Gewinneinkunftsarten **betrieblich/beruflich veranlasste Aufwendungen** als BA für abzugsfähig erklärt (§§ 2 II Nr 1, 4 IV). Dies beruht auf dem Gedanken, dass der StPfl dasjenige, was er für unternehmerische oder berufliche Zwecke verausgabt, nicht zugleich für private Zwecke, für seinen privaten Konsum, ausgeben kann. Solche Ausgaben müssen demnach die Bemessungsgrundlage „Einkommen" schmälern.[3] Sie sind von den BE abzuziehen. Wenn der StPfl Ausgaben für private Zwecke vornimmt, liegen **Privataufwendungen** vor, welche die steuerrechtliche Bemessungsgrundlage grds unberührt lassen und mithin „nach Steuern" zu tätigen sind. Im Einzelnen bestimmt der insoweit rein deklaratorische § 12 Nr 1 S 1, dass die für den Haushalt des StPfl und für den Unterhalt seiner Familienangehörigen aufgewendeten Beträge nicht abgezogen werden dürfen (§ 12 Rn 2).

Ein **Abzugsverbot** für **Ausgaben ohne privaten Charakter** sieht § 3c I vor. Die Vorschrift ist im Zusammenhang mit den stfreien Einnahmen des § 3 zu sehen. Da bei stfreien Einnahmen kein doppelter steuerrechtlicher Vorteil durch einen zusätzlichen Abzug damit unmittelbar zusammenhängender Aufwendungen erzielt werden soll, ist es einsichtig, dass hier ausnahmsweise unternehmerisch oder beruflich veranlasste Aufwendungen nicht abzugsfähig sind.[4]

Im Rahmen des Eigenkapitalvergleichs nach § 4 I ergibt sich der Gewinn aus dem Unterschied des betrieblichen Eigenkapitals an 2 aufeinanderfolgenden Bilanzstichtagen, bereinigt um den Wert der Entnahmen und der Einlagen. Dabei entspricht das Ergebnis der Gewinnermittlung nicht in allen Fällen dem **stpfl Gewinn** nach § 2 II Nr 1. Zur Ermittlung dieser Größe sind insbes **stfreie BE** abzusetzen (vgl § 3), die mit stfreien BE im unmittelbaren wirtschaftlichen Zusammenhang stehenden BA hinzuzurechnen (§ 3c) und vom Abzug **ausgeschlossene BA** gem § 4 V Nr 1 bis 10 wieder hinzuzuaddieren. Vermindert sich das Eigenkapital zw den 2 aufeinanderfolgenden Bilanzstichtagen, liegt ein **Verlust** vor, welcher innerhalb ders Einkunftsart mit Gewinnen voll ausgeglichen werden kann. Der Begriff „Gewinn" wird zum EStG nicht in dem üblichen Sprachgebrauch als Gegensatz von Verlust verwendet, sondern schließt ein negatives Ergebnis ein.[5]

V. Gewinn und nichtbetriebliche Sphäre. – 1. Betriebsausgaben. Der Begriff der BA (§ 4 IV) ist der Gegenbegriff zur Entnahme. Während eine Entnahme (§ 4 I 2) einen Wertabgang für betriebsfremde Zwecke voraussetzt, ist die BA **betrieblich veranlasst**.[6]

Nach allg Meinung hat der BA-Begriff **zentrale Bedeutung** für die Ermittlung der Nettoeinkünfte in allen Bereichen der Gewinnermittlung nach § 2 II Nr 1. Diese zentrale Bedeutung ist aus dem Wort-

---

1 Grundsatz der sog Gewinngleichheit, BFH BStBl II 72, 334; BStBl II 84, 516 (518); BStBl II 91, 796.
2 BFH BStBl II 80, 146; BStBl II 81, 398.
3 *Tipke* DStJG (1985), 1 (5).
4 BFH BStBl II 77, 507 (508).
5 BFH BStBl II 88, 348.
6 Dazu zB *Kröger* StuW 78, 289; *Prinz* StuW 96, 267; *Tipke* StuW 79, 193; *Wassermeyer* StuW 82, 352.

laut der §§ 4 I, III, 5 I 1 nicht unmittelbar erkennbar, weil der Wortlaut des Gesetzes nahe legt, dass der Begriff der BA nur bei der Gewinnermittlung nach § 4 III von Belang sei. Hingegen wird der Gewinn nach §§ 4 I , 5 I 1 als Unterschiedsbetrag zw dem BV am Schluss des Wj und dem BV am Schluss des vorangegangenen Wj definiert, vermehrt um den Wert der Entnahmen und vermindert um den Wert der Einlagen. In dieser Umschreibung braucht der Begriff der BA allerdings nicht unmittelbar enthalten zu sein, weil sich deren Berücksichtigung schon **mittelbar über den Entnahmebegriff** ergibt.

18 Die als BA abzugsfähigen Aufwendungen werden üblicherweise unterteilt in sofort abzugsfähige BA, in nichtabzugsfähige BA (vgl § 4 V) und in solche Aufwendungen, die im Zusammenhang mit der Anschaffung oder Herstellung eines WG angefallen sind. Die Rspr des BFH geht davon aus, dass auch Abschreibungen BA sind.[1] Das setzt voraus, dass der Begriff der BA alles das bezeichnet, was üblicherweise in einer Gewinn- und Verlustrechnung als Aufwandsposten erscheint. Nach diesem Verständnis sind BA mit dem Aufwand der betr Rechnungsperiode gleichzusetzen.

19 Nach hier vertretener Auffassung sind die späteren Abschreibungen die auf spätere Rechnungsperioden verlagerten BA (unten Rn 143). Die Verausgabung von AK und HK für ein WG sind in ihrer Bedeutung nach BA, die aber aufgrund der Aktivierung nicht sofort abzugsfähig sind. Aus dem Gesichtspunkt der zeitlich verteilten BA folgt, dass die betriebliche Veranlassung nicht nur im Zeitpunkt der Anschaffung oder Herstellung des WG zu prüfen ist, sondern während der Gesamtdauer der Zugehörigkeit des WG zum BV bestehen bleiben muss. Hier wird der innere Zusammenhang mit dem Entnahmebegriff deutlich, denn eine nicht mehr bestehende Zugehörigkeit eines WG zum BV unterbricht die betriebliche Veranlassung und führt zur Verwirklichung des Entnahmetatbestands.

20 Bei den Gewinneinkünften bezeichnet das Gesetz die entstehenden Erwerbsaufwendungen als BA (§ 2 II Nr 1, § 4 IV). Danach sind BA diejenigen Aufwendungen, die betrieblich veranlasst sind. Die eigentliche Schwierigkeit bei der Auslegung des BA-Begriffs liegt in der **Konkretisierung des Veranlassungsgedankens**. Da der Veranlassungsgedanke nicht im Sinne einer Conditio-sine-qua-non-Formel ausgelegt werden kann, müssen wertende Gesichtspunkte entwickelt werden, nach denen eine Abgrenzung zur Privatsphäre zu erfolgen hat. Von der Rspr des BFH wird die betriebliche Veranlassung von Aufwendungen anerkannt, wenn sie **objektiv mit dem Betrieb zusammenhängen** und **subj dem Betrieb zu dienen bestimmt** sind.[2] Dabei sei ein objektiver Zusammenhang stets Voraussetzung für die Anerkennung der Aufwendung als BA, die subj Absicht, den Betrieb (oder Beruf) zu fördern, bilde hingegen kein zwingendes Erfordernis, weil zB auch unfreiwillige Aufwendungen nach dem Nettoprinzip als BA anzuerkennen seien.

21 Soweit ein objektiver Zusammenhang gegeben ist, verbleibt dem StPfl ein subj **Entscheidungsspielraum**, den Betriebsumfang und damit den Umfang der betrieblichen Veranlassung von Aufwendungen zu bestimmen.[3] Den StPfl trifft allerdings in Zweifelsfällen die sog **Feststellungslast**, dh er muss anhand nachprüfbarer Tatsachen darlegen, dass die konkrete Aufwendung im tatsächlichen oder wirtschaftlichen Zusammenhang mit einer konkreten Gewinnerzielungsabsicht angefallen ist. Die Art der Buchung bildet dabei nur ein Indiz.[4] Eine betriebliche Veranlassung lässt sich ohne weiteres feststellen, wenn Aufwendungen für Mitarbeiter, angemietete Betriebsräume oder Betriebssteuern getätigt werden. Eine betriebliche Veranlassung ist gegeben, wenn Aufwendungen im Zusammenhang mit einem WG des BV stehen (zB Reparaturkosten). Einer ergänzenden wertenden Bestimmung bedarf es allerdings, wenn Umstände, welche den in Frage stehenden Aufwendungen unmittelbar vorgelagert sind, dem **neutralen Bereich** zuzuordnen sind (zB Beschädigung eines Kfz bei einer Betriebsfahrt durch Fremdeinwirkung). Die betriebliche Veranlassung wird unterbrochen, wenn private Gründe in den Vordergrund treten (etwa Beschädigung eines betrieblichen Kfz bei einer Privatfahrt oder infolge übermäßigen Alkoholgenusses). Hier scheidet ein Abzug als BA aus.[5]

22 Da die normative Konkretisierung des Veranlassungsprinzips einen Wertungsvorgang darstellt, lassen sich in **Grenzfällen** unterschiedliche Rechtsauffassungen kaum vermeiden. Die daraus resultierende Rechtsunsicherheit wird zu einem gewissen Teil durch ein steuerrechtliches „case law" korrigiert, mit dem die Rspr das Veranlassungsprinzip Einzelfall für Einzelfall konkretisiert. So neigt der

---

1 BFH GrS BStBl II 78, 105; BStBl II 82, 397.
2 BFH BStBl II 78, 105; BStBl II 84, 160; BStBl II 90, 817.
3 BFH BStBl II 90, 817; BStBl II 94, 350.
4 BFH BStBl II 85, 325; BFH/NV 98, 961.
5 Hierzu ausf *Blümich* § 4 Rn 252, 330; *Schmidt*[26] § 4 Rn 28 ff, 520.

BFH beispielsweise dazu, eine betriebliche Veranlassung anzunehmen, wenn Aufwendungen getätigt werden, um **günstige betriebliche Rahmenbedingungen** zu schaffen, was dazu führt, dass etwa Aufwendungen, die dem Kultur- und Sportsponsoring dienen, oder allg berufs- und wirtschaftspolitische Aufwendungen regelmäßig als BA anerkannt werden können.[1]

Die abstrakt gesehen eindeutige Unterscheidung zw abzugsfähigen BA und nichtabzugsfähigen Privataufwendungen lässt sich im konkreten Lebenssachverhalt oftmals deshalb schwer durchführen, weil viele Aufwendungen sowohl die Sphäre der steuerbaren Einkunftserzielung als auch die **Privatsphäre** betreffen. Für solche sog **gemischten Aufwendungen** statuiert § 12 Nr 1 S 2 ein Abzugsverbot (§ 12 Rn 3 ff). Zu den nicht abzugsfähigen Aufwendungen gehören auch die Ausgaben für die Lebensführung, die die wirtschaftliche oder gesellschaftliche Stellung des StPfl mit sich bringen, selbst wenn sie zur Förderung des Berufs oder der Tätigkeit des StPfl erfolgen. Das Aufteilungsverbot des § 12 Nr 1 S 2 führt nach der gesetzlichen Ausgangslage zu einem **totalen Abzugsverbot** der einschlägigen Aufwendungen. 23

Das Abzugsverbot des § 12 Nr 1 S 2 begrenzt systematisch den Anwendungsbereich des § 4 IV,[2] was zur Folge hat, dass das Fehlen einer steuererheblichen privaten Mitverursachung als ein **negatives Tatbestandsmerkmal** des BA-Begriffs anzusehen ist. Die betriebliche Veranlassung ist insgesamt zu verneinen, wenn die (Misch-)Aufwendungen in nicht nur unerheblichem Maße auch aus privaten Gründen getätigt werden.[3] Da bei den gemischten Aufwendungen keine BA vorliegen, kommt ein Abzug als SA (vgl § 10) oder ag Belastung[4] in Betracht. 24

Die Rspr lässt **Ausnahmen vom Aufteilungs- und Abzugsverbot** einerseits dann zu, wenn der **Einfluss der Lebensführung unbedeutend** ist und nicht ins Gewicht fällt (dann Abzug der gesamten Aufwendungen), sowie in den Fällen, in denen objektive Merkmale und Unterlagen eine zutr und leicht **nachprüfbare Trennung** ermöglichen und der betriebliche oder berufliche Nutzungsanteil nicht nur von untergeordneter Bedeutung ist (dann Aufteilung) (§ 12 Rn 4 ff). 25

2. Entnahmen und Einlagen. Entnahmen und Einlagen haben auf den Gewinn keinen Einfluss. § 4 I 1 drückt dies so aus, dass bei Gewinnermittlung durch Eigenkapitalvergleich der Wert der Entnahmen zuzurechnen und der Wert der Einlagen abzurechnen ist. Der innere Grund für diese Regelung ist darin zu sehen, dass nur dasjenige als **Substrat der Einkommensbesteuerung** dienen soll, was **durch den Betrieb erwirtschaftet** worden ist, nicht aber diejenigen Vermögensabgänge und -zuwächse, die ihre Veranlassung in der außerbetrieblichen Sphäre haben. Entnahme und Einlage sind damit der jeweils gegenläufige Begriff zu BA und BE. Entnahmen beziehen sich auf entzogene Werte, die durch den Betrieb erwirtschaftet und demzufolge zu besteuern sind, während Einlagen dem Betrieb von außen zugeführt worden sind und deshalb keinen Einfluss auf die Bemessungsgrundlage der ESt haben dürfen. 26

B. Eigenkapitalvergleich (§ 4 I)

I. Personaler Anwendungsbereich. § 4 I betrifft selbstständig Tätige, die freiwillig Bücher führen und regelmäßig Abschlüsse machen, buchführungspflichtige Land- und Forstwirte (vgl § 141 I AO), Land- und Forstwirte, die Voraussetzungen des § 13a I 1 erfüllen und (für mindestens 4 Jahre) die Gewinnermittlung nach § 4 I beantragen (vgl § 13a II), Land- und Forstwirte, die nicht zur Buchführung verpflichtet sind, aber die Gewinnermittlung nach § 4 I gewählt haben, Gewinne ausländischer Betriebsstätten, soweit diese für die inländische Besteuerung unbeschränkt einkommen- oder kstpfl Pers von Bedeutung sind,[5] sowie Gewinne ausländischer PersGes, die über keine Betriebsstätte/ständigen Vertreter im Inland verfügen, soweit Gewinnanteile für die inländische Besteuerung unbeschränkt stpfl G'ter, etwa im Zusammenhang mit dem ProgrVorb, von Bedeutung sind.[6] 27

II. Gewinnbegriff. § 4 I definiert den steuerlichen Gewinnbegriff. Danach besteht der Gewinn **aus 2 Elementen:** dem Unterschiedsbetrag zweier BV und dessen Korrektur um den Wert von Entnahmen und Einlagen. Zur Ermittlung des Unterschiedsbetrages wird das BV am Schluss des Wj (Endvermögen) dem BV am Schluss des vorausgegangenen Jahres (Anfangsvermögen) rechnerisch 28

---

[1] BFH BStBl II 86, 373; BStBl II 91, 258; *Schmidt*[26] § 4 Rn 520.
[2] *Blümich* § 4 Rn 252; *K/S/M* § 4 Rn E 107 mwN; nach **aA** handelt es sich um nicht abzugsfähige BA.
[3] BFH BStBl II 90, 160.
[4] ZB Zahlung von Lösegeld BFH BStBl II 95, 104.
[5] BFH BStBl II 97, 128; zur Ermittlung und Umrechnung ausländischer Gewinneinkünfte *Baranowski* DB 92, 240.
[6] BFH BStBl II 90, 57; BStBl II 92, 94.

gegenübergestellt. Das Ergebnis wird um den Wert der Entnahmen erhöht und um den Wert der Einlagen gekürzt.

29 Unter **BV** ist in diesem Zusammenhang das **eingesetzte Eigenkapital** als Differenz zw der Summe aller aktiven WG und der Summe aller passiven WG im weitesten Sinne zu verstehen. Zu diesem Zweck müssen alle WG, die als BV zu qualifizieren sind (unten Rn 34 ff), in einer **geschlossenen Buchführung** erfasst sein. Zum Schluss eines jeden Wj ist eine mengen- und wertmäßige **Bestandsaufnahme** (Inventur) durchzuführen und zu einem Jahresabschluss zusammenzufassen. Bei der Ermittlung des Gewinns sind die Vorschriften über die BA, über die Bewertung und über die AfA oder Substanzverringerung zu befolgen (§ 4 I 6). Der Gewinn ist **periodisch für ein Wj** zu ermitteln (vgl § 4a I). Da die Veranlagung jeweils für das Kj erfolgt (vgl § 2 VII), ist der Gewinn des abw Wj nach § 4a II auf das Kj umzurechnen. Der steuerrechtliche Gewinnbegriff schließt ein negatives Ergebnis (Verlust) mit ein.

30 § 4 I ist entgegen seinem Wortlaut kein Betriebsvermögensvergleich, vielmehr ein **Eigenkapitalvergleich**, so dass buchmäßig erfolgsneutrale Umschichtungen des BV weder das Eigenkapital noch den Gewinn berühren. Ein reiner Aktivtausch/Passivtausch ist für § 4 I bedeutungslos, und auch eine Bilanzverlängerung ist kein Fall des § 4 I, wenn keine Erfolgswirksamkeit gegeben ist.

30a Das EStG kannte bislang keinen allg Realisationstatbestand „Steuerentstrickung", weder dahingehend, dass es immer zur Aufdeckung von buchmäßig entstandenen stillen Reserven kommt, wenn ein WG das BV verlässt oder das Besteuerungsrecht im Inland nicht mehr gesichert ist, noch in der Form, dass angesammelte stille Reserven nicht aufzudecken sind, wenn ihre Besteuerung im Inland noch gesichert ist.[1] Zu einer Gewinnrealisierung und damit zu einem Gewinn im steuerrechtlichen Sinne kommt es nur, wenn ein **Realisierungstatbestand** (entspr dem steuerrechtlichen Prinzip der Tatbestandsmäßigkeit) im Einzelfall gegeben ist oder wenn § 4 I 3 (Rn 106a ff) eingreift.

Zu einer Realisation kommt es regelmäßig nur, wenn das WG aus dem BV ausscheidet. Dies kann durch eine Lösung des betrieblichen Zusammenhangs geschehen (Entnahme, BetrAufg) oder durch eine Veräußerung des einzelnen WG oder des gesamten Betriebs. Eine Absicht der Gewinnrealisierung ist nicht erforderlich. Trotz Ausscheidens aus dem BV kennt das EStG in den §§ 6 III, V, 6b realisationsverhindernde Regelungen. Umgekehrt können Gewinnwirkungen auch ohne Veräußerung oder Entnahme entstehen, wenn Wertabschreibungen wieder rückgängig gemacht werden müssen oder wenn die Gewinnermittlungsart gewechselt wird (Rn 217 ff). Nach dem Wortlaut des Gesetzes gilt auch die BetrAufg als Veräußerung, sie ist aber ein Entnahmevorgang eigener Art,[2] da in diesen Fällen sich nicht die Zuordnung des WG zur Person verändert, sondern nur zur Vermögensart (BV–PV). Als Veräußerung zählt auch der Tausch (§ 6 Rn 190). Besteht das Tauschgeschäft in der Hingabe von Betrieben gegen Gewährung neuer Anteile an Ges, gehen die Regelungen des UmwStG vor (§ 16 Rn 15 ff). Zur Realisation bei Beendigung einer BetrAufsp § 15 Rn 113.

31 III. Betriebsvermögen und Privatvermögen. – 1. Arten des Betriebsvermögens. Vom EStG wird der Begriff des BV an mehreren Stellen erwähnt (vgl § 4 I, § 5 I 1, § 6 I 1), doch fehlt eine erläuternde Definition. Zu beachten ist dabei, dass der Begriff in **2 unterschiedlichen Bedeutungszusammenhängen** verwendet wird. Einmal steht er für die Summe aller (aktiven und passiven) WG und ist damit bilanzrechtlich identisch mit dem Begriff des Eigenkapitals (oben Rn 29). In einer zweiten Bedeutung bezeichnet er eine **Eigenschaft**, die diesen WG zukommen muss, um als betriebliche in den BV-Vergleich einbezogen zu werden. Im Rahmen der Ermittlung des steuerrechtlichen Gewinns ist nur das BV in dem letztgenannten Sinn zu berücksichtigen. Das **PV** des StPfl darf in dem für steuerliche Zwecke erforderlichen Inventar und in der Steuerbilanz nicht erscheinen. IErg kommt es bei einem (Einzel-)Unternehmer immer zu einer **Spaltung des (zivilrechtlichen) Gesamtvermögens** für steuerliche Zwecke.

32 Die **Abgrenzung des BV vom PV** ist für die ESt deshalb von grundlegender Bedeutung, weil aufgrund der dualistischen Einkünfteermittlung (§ 2 II) grds nur im Rahmen der Gewinneinkunftsarten realisierte Wertsteigerungen des zur Einkunftserzielung eingesetzten Vermögens steuerlich erfasst werden. Wird demnach im Rahmen der Gewinnermittlung ein WG dem BV zugeordnet, dann folgt daraus, dass dessen **Wertänderungen steuerrelevant** sind.

33 BV entsteht dann, wenn ein WG einen **sachlichen** Bezug zu einem Betrieb erhält und/oder in **personeller** Sicht die Zuständigkeit des Betriebsinhabers begründet wird. Typische Sachverhalte sind die

---

1 BFH BStBl II 85, 250.   2 BFH BStBl II 84, 474.

Eröffnung eines Betriebs, der Erwerb eines Betriebs, der entgeltliche oder unentgeltliche Erwerb eines WG aus betrieblicher Veranlassung, die Herstellung in der Betriebssphäre oder die Einlage eines Guts aus dem PV in das BV. Handelt es sich um einen unentgeltlichen Erwerb des Betriebs, ohne dass eine betriebliche Veranlassung festgestellt werden kann (Schenkung), dann wird das BV in der Person des Rechtsnachfolgers fortgeführt. § 6 III, der dem Wortlaut nach nur die Bewertung betrifft, setzt dies voraus. Ist ein WG bislang BV, dann führt die Beendigung des sachlichen oder persönlichen Zusammenhangs mit dem Betrieb zum Ende der BV-Eigenschaft.[1] Dabei liegt die Lösung des persönlichen Zusammenhangs vor, wenn entgeltlich oder unentgeltlich übertragen wird, wenn das Substrat des Betriebs veräußert wird oder wenn der Betriebsinhaber/StPfl stirbt. Der sachliche Zusammenhang ist durch eine Entnahme oder eine BetrAufg beendet. Wird der tatsächliche Zusammenhang mit der betrieblichen Sphäre durch Verlust gelöst (Untergang, Diebstahl, Zerstörung des WG), dann ist der Restbuchwert des WG aus dem BV auszubuchen.[2] Der VIII. Senat des BFH hat den GrS mit der Frage angerufen, ob in die Bewertung der Nutzungsentnahme die im Buchwertansatz eines Pkw ruhenden stillen Reserven einzubeziehen sind, wenn der zum BV gehörende Pkw während einer privat veranlassten Fahrt durch Unfall zerstört oder beschädigt wird.[3]

Zum BV gehören alle **WG, die dem Betrieb zu dienen bestimmt** sind. Dies lässt sich nicht abstrakt beurteilen, sondern muss konkret nach funktionalen Gesichtspunkten geprüft werden. Entscheidend ist, ob im Einzelfall ein sachlicher **betrieblicher Zusammenhang** gegeben ist. Nach welchem Kriterium das Vorliegen eines betrieblichen Zusammenhangs bestimmt werden muss, ist nicht abschließend geklärt. Die rechtsdogmatische Begründung befindet sich im Fluss. Herkömmlicherweise wird zw notwendigem und gewillkürtem BV sowie notwendigem PV unterschieden. **34**

Zum **notwendigen BV** gehören die WG, deren Erwerb durch den Betrieb veranlasst ist, die also mit dem Betrieb in einem sachlichen Zusammenhang stehen, so dass sie **unmittelbar** für betriebliche Zwecke genutzt werden.[4] **Gewillkürtes BV** sind solche WG, die den Zwecken des Betriebes nicht unmittelbar dienen, die jedoch in einem gewissen **objektiven Zusammenhang mit dem Betrieb** stehen und **subj dazu bestimmt** sind, die betrieblichen Interessen zu fördern.[1] Notwendiges PV schließlich sind Gegenstände, die in keiner Beziehung zum Betrieb stehen können, die also den **privaten Zwecken** des StPfl oder seiner Angehörigen dienen. **35**

Demgegenüber soll nach einer neueren Auffassung die BV-Eigenschaft nach dem **Veranlassungsprinzip** bestimmt werden: Betrieblich veranlasste Aufwendungen (§ 4 IV) schaffen, wenn sie WG bilden, betriebliche WG und folglich BV. Es sei deswegen sachgerecht, auf das in § 4 IV kodifizierte Veranlassungsprinzip auch für die Bestimmung des BV zurückzugreifen, weil es bei der Bestimmung des BV und der BA um das gleichgerichtete Ziel gehe, das Vermögen und die wirtschaftlichen Tätigkeiten des StPfl den betrieblichen Einkunftsquellen zuzuordnen und gegenüber den anderen Einkunftsarten des EStG sowie den privaten Lebensführungsbereich abzugrenzen.[5] Praktische Konsequenzen können sich daraus im Bereich der sog gemischt-genutzten WG ergeben, deren Anschaffung teils betrieblich und teils privat veranlasst ist. Hier müsste entweder in Höhe des betrieblich veranlassten Teils der AK ein eigenständiges WG angenommen werden oder, soweit das sog Aufteilungs- und Abzugsverbot des § 12 I 2 Geltung beansprucht, insgesamt die BV-Eigenschaft verneint werden. **36**

Die Rspr des BFH lässt keine klare Linie erkennen. Im Grundsatz konkretisiert der BFH das Zurechnungskriterium der betrieblichen Veranlassung weitgehend dadurch, dass er innerhalb des betrieblichen Vermögensbereichs zw notwendigem und gewillkürtem BV unterscheidet. Allerdings herrscht gerade im Bereich der sog gemischt-genutzten WG, für welche das Aufteilungs- und Abzugsverbot des § 12 Nr 1 S 2 gilt, Unsicherheit. So hat der BFH das Aufteilungsverbot in einem Fall schon auf den Anschaffungsvorgang selbst durchschlagen lassen,[6] in anderen Fällen die herkömmliche Dreiteilung des Vermögens zur Anwendung gebracht.[7] **37**

Der zunehmenden Kritik an der ertragsteuerrechtlichen Dreiteilung des Vermögens, für die sich im EStG kein Anhaltspunkt findet, wäre im Grundsatz zuzustimmen, wenn es für die Frage der **38**

---

1 BFH BStBl II 85, 395.
2 BFH BStBl II 90, 8.
3 BFH BStBl II 01, 395.
4 BFH BStBl II 91, 829; DB 05, 2273 betr BetrAufsp.
5 *Wassermeyer* DStJG 3 (1980), 315; *Woerner* StbJb 89/90,
207 sowie teils auch die neuere Rspr des BFH, zB BStBl II 88, 424; BStBl II 91, 27.
6 BFH BStBl II 81, 201 bei einer betrieblich und privat genutzten Schwimmhalle.
7 BFH/NV 86, 281 bzgl eines Heimbüglers.

Anschaffung, Herstellung und der Einlage des betr Gegenstandes allein auf die betriebliche Veranlassung iSd § 4 IV ankäme, mithin den Begriffen BV und BA im Rahmen der steuerlichen Gewinnermittlung funktional eine nämliche Bedeutung zukäme. Dies ist nicht zwingend. Denn nach der Systematik des § 4 I wird der Gewinn als Saldo von BE und BA um den **Wert der Entnahmen und Einlagen korrigiert**.[1] Wenn es um die Abgrenzung des BV vom PV geht, kommt deswegen eine Auslegung des Veranlassungsprinzips dahingehend in Betracht, dass auch WG erfasst werden, deren Wertabgaben teilw nicht zu BA führen, weil eine **spätere Korrektur** als Nutzungsentnahme erfolgen kann. Jedoch wäre es am sinnvollsten, die Prämisse, dass jegliche WG nur in toto dem BV oder dem PV zugeordnet werden könnten, aufzugeben und den jeweiligen Gegenstand anteilig dem Betriebs- und dem PV zuzuweisen.[2] Demgegenüber wird geltend gemacht, dass das geltende Bilanzsteuerrecht nur WG und nicht lediglich Nutzungsanteile von WG kenne.[3]

39 Nach neuerer und zwischenzeitlich stRspr des BFH ist ein WG dem **notwendigen BV** zuzuordnen, wenn es dem Betrieb unmittelbar dient und objektiv erkennbar zum unmittelbaren Einsatz im Betrieb bestimmt ist.[4] Dies setzt nicht voraus, dass das WG für den Betrieb notwendig, wesentlich oder unentbehrlich ist.[5] Ebenso wenig ist eine tatsächliche Nutzung erforderlich; es genügt, dass dem WG eine anderweitige betriebliche Funktion, etwa als Vorratsvermögen, zugewiesen ist. Als notwendiges BV zu qualifizierende WG rechnen **ohne weitere Einlagehandlung** (Erklärung oder Buchung) zum BV. Es kann nicht entnommen werden, solange sich die Beziehung zum Betrieb nicht ändert.[6] Die Betriebsvermögenseigenschaft einer Forstfläche endet mit Aufgabe; diese ist bei verbleibendem Baumbestand zu verneinen.[7] Fehlen WG des notwendigen BV in der Bilanz, so ist die Bilanz fehlerhaft und muss im Wege der Bilanzberichtigung (Rn 235 ff) richtiggestellt werden.

40 Eine **enge betriebliche Beziehung** weisen typischerweise Fabrikationsgebäude, Maschinen, sonstige Fabrikationsanlagen, Verwaltungsgebäude und Einrichtungsgegenstände des Betriebes auf. Des Weiteren wickelt der Unternehmer **branchenübliche Geschäfte** üblicherweise im betrieblichen Bereich ab. WG, die Gegenstand dieser Geschäfte sind (Waren, Vorräte, Abbaurechte, im Betrieb genutzte Patente), dienen daher idR dem Betrieb und sind dem notwendigen BV zuzurechnen. Einschränkend wird vertreten, dass eine **Aussonderung privater Geschäftsvorfälle** aus ständig im Betrieb vorkommenden Geschäften nicht schlechthin ausgeschlossen werden könne.[8] Für die Zuordnung zum notwendigen BV reicht es für sich allein **nicht** aus, dass ein WG mit **betrieblichen Mitteln** erworben wird[9] oder der **Sicherung betrieblicher Kredite** dient oder für betriebliche Kredite verpfändet wird.[10] Eine Beteiligung gehört dann zum notwendigen BV, wenn sie unmittelbar für eigenbetriebliche Zwecke genutzt wird. Sie muss dazu bestimmt sein, die gewerbliche Betätigung des StPfl entscheidend zu fördern oder dazu dienen, den Absatz von Produkten des StPfl zu gewährleisten. An der somit erforderlichen Funktionszuweisung fehlt es dann, wenn der Einsatz des WG im Betrieb als möglich in Betracht kommt, aber noch nicht sicher ist.[11] Freiwillig gezeichnete Genossenschaftsanteile sind nur dann notwendiges BV, wenn sie für das Unternehmen eine konkrete und unmittelbare Funktion besitzen.[12]

41 Bei **gemischt-genutzten WG** liegt notwendiges BV vor, wenn sie voraussichtlich überwiegend für betriebliche Zwecke genutzt werden. „Überwiegend" heißt, dass die voraussichtliche betriebliche Nutzung mehr als 50 vH beträgt.[13] In diesem Fall stellt das WG in vollem Umfang notwendiges BV dar. (Zur Aufteilung von gemischt-genutzten Gebäuden Rn 49.)

42 Nach der Rspr des BFH kommen als **gewillkürtes BV** solche WG in Betracht, die bestimmt und geeignet sind, den **Betrieb zu fördern** und weder notwendiges BV noch notwendiges PV sind.[14] An dieser Definition wird zu Recht kritisiert, dass sie sich iErg nicht eignet, das gewillkürte vom notwendigen BV abzugrenzen, da eine objektive Eignung und Bestimmung auch bei den WG des not-

---

1 *Blümich* § 4 Rn 158.
2 *Crezelius* Lehrbuch², § 4 Rn 64, 103; *Loritz* Einkommensteuerrecht, Rn 887.
3 *K/S/M* § 4 Rn B 114; *Weber-Grellet* Steuerbilanzrecht, § 13 Rn 12.
4 BFH BStBl II 75, 582; BStBl II 97, 247; BFH/NV 02, 1301.
5 BFH BStBl II 76, 179; BStBl II 82, 250.
6 BFH BStBl II 85, 654.
7 BFH BStBl II 00, 524.
8 BFH BStBl II 97, 247; BStBl II 03, 297; *Blümich* § 4 Rn 160; *Schmidt*²⁶ § 4 Rn 148.
9 BFH BStBl II 73, 289; BStBl II 97, 351; BFH/NV 97, 651; *Schmidt*²⁶ § 4 Rn 153 mwN.
10 BFH BStBl III 66, 350; BStBl II 73, 628; BStBl II 85, 510; BStBl II 85, 619.
11 BFH/NV 03, 320.
12 BFH BStBl II 98, 301 bzgl Apothekergenossenschaft.
13 BFH BStBl III 64, 455 („50-%-Urteil"); R 13 I 4 EStR.
14 BFH BStBl II 75, 582; BStBl II 80, 40; BStBl II 93, 21.

wendigen BV vorausgesetzt wird.[1] Vielmehr geht es beim gewillkürten BV darum, WG zu erfassen, die dazu bestimmt sind, den Betrieb mittelbar, zB durch Einnahmen in Gestalt von Vermögenserträgen, zu fördern.[2] Dieser sog mittelbare Sachzusammenhang ist auch bei solchen WG gegeben, die dazu bestimmt sind, erst später dem BV unmittelbar zu dienen, bei denen also gegenwärtig nur ein potenzieller Sachzusammenhang besteht. WG, die den **Betrieb mittelbar oder potenziell fördern**, werden als sog **neutrale WG** bezeichnet.

Typische Beispiele sind **fremdbetrieblich** oder zu fremden Wohnzwecken **genutzte Gebäudeteile** 43 und als Kapitalanlage erworbene **Wertpapiere**. Wertpapiere dienen der Kapitalstärkung und damit mittelbar dem Betrieb. Der Umstand, dass Wertpapiere wegen der Kursschwankungen risikobehaftet sind, steht der Behandlung als gewillkürtes BV nicht entgegen, da gerade das Unternehmerrisiko ein wesentliches Merkmal für den Gewerbetreibenden ist. Allerdings muss der StPfl in Grenzfällen darlegen, welche Motive ihn dazu veranlasst haben, das WG als gewillkürtes BV zu behandeln. Werden WG angeschafft, bei deren Erwerb bereits erkennbar ist, dass sie dem **Betrieb keinen Nutzen**, sondern nur Verluste bringen werden (sog betriebsschädliche WG), kommt eine Zuordnung zum BV nicht in Betracht.[3] **Branchenuntypische Termin- und Optionsgeschäfte** stellen regelmäßig kein gewillkürtes BV dar, auch wenn generell die Möglichkeit besteht, damit Gewinne zu erzielen.[4] Wegen des erhöhten spekulativen Charakters sind derartige Geschäfte nicht geeignet, den Betrieb zu fördern. Der BFH sieht diese Art von Geschäften „in der Nähe von Spiel und Wette".

In den dargestellten Grenzen können **Gewerbetreibende** den Umfang ihres Geschäftsbetriebs grds 44 **frei bestimmen**. Bei **Land- und Forstwirten und Freiberuflern** grenzt das jeweilige Berufsbild den betrieblichen Bereich weiter ein. WG, die gemessen an den Erfordernissen dieses Leitbilds als **berufsfremd** („wesensfremd") anzusehen sind, können nicht zum BV dieser Einkunftsart gewillkürt werden.[5] Deswegen können zB Wertpapiere nur dann als gewillkürtes BV eines Freiberuflers gewidmet werden, wenn ausschließlich betriebliche Gründe für ihren Erwerb maßgeblich waren.[6] Geldanlagen sind nach der restriktiven Rspr des BFH nur in sehr eingeschränktem Umfang möglich.[7] Geldgeschäfte eines Freiberuflers (Darlehen, Bürgschaft) sind grds berufsfremd, es sei denn, es geht um Hilfsgeschäfte ohne eigenes wirtschaftliches Gewicht.[8] Ein Darlehen, welches vom Besitzunternehmen einer BetrAufsp einer KapGes ausgereicht wird, die Geschäftspartner der Betriebskapitalgesellschaft ist, soll notwendiges BV des Besitzunternehmens sein.[9]

Die zweite Fallgruppe gewillkürten BV betrifft **gemischt-genutzte WG**, die nur zT im Betrieb ein- 45 gesetzt werden. Dazu gehören WG, deren **betrieblicher Nutzungsanteil zw 10 und 50 vH liegt**.[10] Beträgt der betriebliche Nutzungsanteil mehr als 50 vH, stellt das WG notwendiges BV dar, liegt der betriebliche Nutzungsanteil unter 10 vH, ist das WG zwingend dem PV zuzuordnen. Zw einem betrieblichen Nutzungsanteil von 10 und 50 vH hat der StPfl ein **Wahlrecht**, das WG als gewillkürtes BV oder als PV zu behandeln.

Während sich beim notwendigen BV die Pflicht zum Ausweis in der steuerrechtlichen Gewinner- 46 mittlung aus der betrieblichen Funktion ergibt, kommt es bei den WG des gewillkürten BV neben der betrieblichen Funktion zusätzlich entscheidend auf den **äußerlich erkennbaren Willen** des StPfl an, das WG als Betriebs- oder PV zu behandeln. Dieser Wille wird, abgesehen von der tatsächlichen Nutzung, insbes auch durch das **Kenntlichmachen in der Buchführung** bekundet.[11] Der Ausweis ist in der laufenden Buchführung vorzunehmen. Eine rückwirkende Einbuchung – etwa zum Jahresende oder bei den vorbereitenden Abschlussbuchungen – ist wegen der nachträglichen Gestaltungsmöglichkeiten nicht zulässig. Ebensowenig kommt es darauf an, welches Motiv den StPfl dazu veranlasst hat, das WG zu bilanzieren oder nicht zu bilanzieren. Als objektiver Anknüpfungspunkt dient allein der **tatsächliche Geschehensablauf**. Allerdings ist die Dokumentation im Buchführungswerk kein konstitutives Merkmal für die betriebliche Widmung; an ihre Stelle können auch andere

---

1 *Weber-Grellet* Steuerbilanzrecht § 13 Rn 5.
2 BFH BStBl II 85, 395; *Weber-Grellet* Steuerbilanzrecht, § 13 Rn 5.
3 BFH BStBl II 70, 492 (Übernahme einer Bürgschaft); BStBl II 82, 461 (Gemäldekauf); BFH/NV 97, 114 (Waren- insbes Goldtermingeschäfte).
4 BFH BStBl II 97, 399; DB 99, 1301.
5 BFH BStBl II 90, 17.
6 BFH/NV 98, 1477.
7 BFH BStBl II 00, 297: kein gewillkürtes BV bei Erwerb verzinslicher Anleihen für künftigen Pkw-Kauf.
8 BFH BStBl II 01, 828.
9 BFH DB 05, 806.
10 Vgl R 4.2 I 6 EStR.
11 BFH BStBl II 94, 172; BFH/NV 02, 860.

unmissverständliche Bekundungen treten. Deswegen kann die Bilanz auch berichtigt werden, wenn das WG erkennbar gegen den Willen des StPfl in die Buchführung aufgenommen wurde.[1]

47 Der Grundsatz gemischt genutzte WG einheitlich dem BV oder PV zuzurechnen gilt nicht für **Grundstücke**. Entgegen dem zivilrechtlichen Grundsatz, dass Gebäude einem einheitlichen Vermögensgegenstand „Grundstück" zugehören, sind Grund und Boden und Gebäude im Steuerrecht unterschiedliche WG.[2] **Unbebaute** Grundstücke zählen zum BV, wenn sie dem Betrieb dienen oder ihn fördern, wobei sich der Zusammenhang auch aus einer tatsächlichen Nutzung ergeben kann. Bei einem **bebauten** Grundstück teilt der Grund und Boden das Schicksal des Gebäudes als BV oder PV. Wird ein privates Grundstück mit einem Betriebsgebäude bebaut, dann gilt es in das BV als eingelegt. Wird ein Betriebsgrundstück privat bebaut, dann wird es im Wege der Entnahme PV. Davon gibt es jedoch eine Ausnahme, nämlich dann, wenn einzelne Teile des Grundvermögens unterschiedlich genutzt werden.[3]

48 Gebäudeteile, die an andere Betriebe für deren betriebliche Nutzung überlassen werden, sind ein selbstständiges WG. Fremdbetrieblich und zu fremden Wohnzwecken genutzte Gebäudeteile können als gewillkürtes BV behandelt werden.[4] Da es sich hier um ein neutrales WG handelt, muss ein objektiver betrieblicher Zusammenhang bestehen, und das WG muss geeignet sein, den Betrieb zu fördern.

49 Es entspricht allgemeinen Grundsätzen der betrieblichen Gewinnermittlung, dass **gemischt genutzte Gebäude** in mehrere WG aufgeteilt werden können. Dadurch können Schwierigkeiten bei der Aufteilung von Einnahmen und Ausgaben vermieden werden. Voraussetzung für die Aufteilung ist allerdings, dass einzelne Teile des Gebäudes in einem von der sonstigen Nutzung eindeutig und nicht nur zeitweise abw Nutzungs- und Funktionszusammenhang zu sehen sind. Nicht ausreichend ist eine betriebliche Mitnutzung einzelner Räumlichkeiten.[5]

Gehört ein Gebäude oder ein Gebäudeteil zum BV, so sind die durch die Baulichkeiten und den Grund und Boden veranlassten Aufwendungen BA. Erträge aus der Nutzung oder Veräußerung des Gebäudes sowie des dazugehörenden Grund und Bodens sind BE. Allein durch Veräußerung oder Entnahme kann die BV-Eigenschaft enden. Nur ausnahmsweise kann zum Buchwert ausgebucht werden, wenn eine Veräußerung oder Entnahme zuvor nicht erfasst wurde und die Veranlagung der betreffenden Periode nicht mehr korrigiert werden kann.[6]

50 Anders als Grundstücke, die mehrere WG darstellen können, ist es nach hM nicht zulässig, bei **beweglichen WG** gemischt genutzte Gegenstände aufzuteilen. ZB ist das betrieblich und privat genutzte Kfz volles BV oder volles PV. Allerdings begründet ein geringfügiger betrieblicher Zusammenhang einen Förderungszusammenhang, der die Einlage als BV möglich macht. Vor dem Hintergrund der Aufteilungsmöglichkeit im Bereich des Grundvermögens/der Gebäude ist die unterschiedliche Handhabung bei beweglichen WG steuersystematisch angreifbar, weil auch hier eine Aufteilung theoretisch und praktisch denkbar ist. Dem steht auch § 12 nicht entgegen, weil dort die Aufteilung von Aufwendungen zugelassen wird (§ 12 Rn 4 ff).

51 **Notwendiges PV** sind die Gegenstände, die in keiner Beziehung zum Betrieb stehen können, sondern **privaten Zwecken dienen**, dh der privaten Lebensführung des StPfl oder seiner Angehörigen. Dazu gehören typischerweise Kleidung, Hausrat, Schmuck, Gebäude, soweit sie eigenen Wohnzwecken dienen, oder ein vorwiegend aus verwandtschaftlichen Gründen gegebenes Darlehen.[7]

52 **Forderungen** werden nach ihrer Entstehung zugeordnet. Ist **die Entstehung betrieblich veranlasst**, gehört die Forderung zum notwendigen BV, sonst rechnet sie zum PV. Sie behält diese Eigenschaft, bis sie erlischt oder entnommen wird. Typisches Beispiel sind Forderungen aus dem Verkauf von Waren oder von WG des Anlagevermögens. Gewillkürtes BV kommt hier nicht in Betracht.[8] Bei Betriebsveräußerungen entsteht aus dem Veräußerungsgeschäft eine Forderung, die zu BV wird und diese Qualität mit Betriebsbeendigung verliert.[9]

---

1 BFH BStBl II 84, 294; BStBl II 94, 296; *Blümich* § 4 Rn 161 mwN.
2 Vgl R 4.2 III EStR.
3 R 4.2 IV EStR.
4 R 4.2 IX EStR.
5 Vgl BFH BStBl II 84, 196; OFD M'ster BB 86, 2254.
6 BFH BStBl II 72, 874; BStBl II 77, 148.
7 BFH BStBl III 66, 542; BStBl II 80, 740; *K/S/M* § 4 Rn B 100 ff mwN zur umfangreichen Kasuistik.
8 *Schmidt*[26] § 4 Rn 217.
9 BFH BFH/NV 00, 686.

Geldbestände können aktives oder zu passivierendes BV sein, wobei es wiederum auf die betriebliche Veranlassung (Rn 5, 20) ankommt, letztlich also darauf, ob die liquiden Mittel einem betrieblichen Vorgang zuzuordnen sind. Die BV-Eigenschaft bleibt erhalten, solange der Geldbestand nicht für außerbetriebliche Zwecke entnommen wird. Gleiches gilt für Forderungen, so dass beispielsweise die Verbuchung einer privaten Einnahme auf einem betrieblichen Konto als Einlage zu qualifizieren ist, die Verbuchung von privaten Aufwendungen als Entnahme.[1] **53**

Geht es um die Zugehörigkeit eines **Versicherungsanspruchs** zum BV bzw. um die Qualifikation der **Versicherungsprämie** als BA, so kommt es aufgrund des Veranlassungsprinzips darauf an, ob die Versicherung ein betriebliches oder privates Risiko abdeckt. Zu den dem BV zuzuordnenden Personenversicherungen gehören neben der Sterbegeld- und Aussteuerversicherung, der Versicherung gegen das Risiko einer Entführung,[2] der allg Rechtsschutzversicherung, der Verkehrs-Rechtsschutzversicherung, der privaten Haftpflichtversicherung, der Rentenversicherung von Selbstständigen auch die Kranken- und Krankengeldtageversicherung.[3] Gleiches gilt für Lebensversicherungen, die auf den Todesfall des Unternehmers oder eines Angehörigen abgeschlossen werden, und zwar auch dann, wenn die Versicherung einer PersGes der Absicherung eines betrieblichen Kredits dient.[4] **54**

Sachversicherungen für WG des BV sind betrieblich veranlasst und daher dem BV zuzurechnen, dies gilt beispielsweise für Diebstahl- oder Brandschadensversicherungen oder eine Delkredereversicherung gegen Forderungsausfälle.[5] **55**

Die **Beteiligung** an einer gewerblich tätigen **PersGes** ist stets notwendiges BV im Rahmen der PersGes in der Art und Weise, dass der beteiligte G'ter an den WG beteiligt ist, die sich im BV der Beteiligungsgesellschaft befinden.[6] Auch wenn die Beteiligung zum BV eines Einzelunternehmers gehört, kommt ihr für die Gewinnermittlung keine besondere Bedeutung zu; sie wird nicht als solche bilanziert.[7] Die **Beteiligung** an einer **KapGes** kann bei dem Anteilseigner notwendiges oder gewillkürtes BV darstellen, wobei es auf die Höhe der Beteiligung nicht ankommt.[8] Die Beteiligung an der KapGes zählt dann zum notwendigen BV, wenn sie unmittelbar für eigenbetriebliche Zwecke genutzt wird, indem sie entweder die Tätigkeit entscheidend fördern oder den Produktabsatz des StPfl gewährleisten soll.[9] Dieser Grundsatz gilt auch für die Beteiligung eines Freiberuflers an einer KapGes, wenn der Betrieb der KapGes der freiberuflichen Tätigkeit nicht wesensfremd ist.[10] Für die BV-Eigenschaft ist es aber nicht ausreichend, dass es zu normalen und wie unter fremden Dritten durchgeführten Geschäftsbeziehungen zwischen dem Unternehmen und der Beteiligungs-KapGes kommt.[11] **56**

Umgekehrt können **Verbindlichkeiten** notwendiges BV oder PV sein. Auch hier scheidet eine Zuordnung zum gewillkürten BV aus.[12] Entspr dem **Anlass ihrer Entstehung** stellt die Verbindlichkeit notwendiges BV dar, wenn sie durch einen betrieblichen Vorgang ausgelöst ist und dadurch ein tatsächlicher oder wirtschaftlicher Zusammenhang mit dem Betrieb entsteht.[13] Dies ist der Fall, wenn die Fremdmittel für die Anschaffung oder Herstellung von WG des BV verwendet werden, wenn mit den Fremdmitteln betrieblich veranlasste Aufwendungen (zB Mietzinsen, Lohnkosten) beglichen oder andere Betriebsschulden abgelöst werden. Dabei ist es unerheblich, ob dem Betrieb genügend liquide Eigenmittel zur Verfügung gestanden haben oder inwieweit PV vorhanden war, das zur Finanzierung des betrieblichen Vorgangs hätte verwendet werden können. Die Verbindlichkeit aus einem gemischten Kontokorrentkonto ist in eine betriebliche und private Schuld aufzuteilen.[13] Ein gemischtes Kontokorrentkonto liegt vor, wenn über dieses Konto sowohl betriebliche als auch private Zahlungsvorgänge abgewickelt werden. Zur Neuregelung des § 4 IVa ab 1.1.99 und zum sog Zwei- bzw Mehrkontenmodell vgl Rn 114 ff. **57**

Auch bei der Frage, ob eine Verbindlichkeit zum BV zählt, kommt es auf den **Veranlassungsgedanken** (Rn 5, 20) an. Ein allein rechtlicher Zusammenhang ist nicht ausreichend, so dass die Bilanzie- **58**

---

1 BFH BFH/NV 99, 463.
2 BFH BStBl II 81, 303; diff *Wunderlich* DStR 96, 2003.
3 BFH BStBl II 69, 489: kein BV, obwohl die Leistungen der Deckung laufender betrieblicher Unkosten dienen sollen.
4 BFH BStBl II 89, 657.
5 Vgl BFH/NV 86, 208.
6 BFH BStBl II 95, 831.
7 BFH BStBl II 81, 730.
8 BFH BStBl II 94, 296.
9 FG D'dorf GmbHR 00, 192 NZB abgewiesen durch BFH StuB 01, 658.
10 BFH/NV 97, 99.
11 Vgl BFH BStBl II 91, 786; BStBl II 92, 721.
12 BFH/NV 92, 25; *Weber-Grellet* Steuerbilanzrecht, § 10 Rn 4.
13 BFH GrS BStBl II 90, 817.

rung in der Handelsbilanz nicht über die steuerrechtliche Passivierung entscheiden kann.[1] Wird ein WG gemischt genutzt, dann ist diese Betrachtungsweise auch auf der Passivseite für die BV-Eigenschaft der Verbindlichkeit maßgebend.[2] Verbindlichkeiten, die nicht betrieblich veranlasst sind, zählen zum notwendigen PV, beispielsweise Zugewinnausgleichsschulden[3] oder Pflichtteilsverbindlichkeiten. Insbesondere die letztgenannte Fallgruppe ist nicht unproblematisch, wenn die Pflichtteilsbegleichung allein dazu dient, den Betrieb zu erhalten; hier ist sicherlich eine betriebliche Veranlassung gegeben, die jedoch damit überspielt werden soll, dass es sich um einen Vorgang der Privatsphäre handelt. Auch Zinsen, die in derartigen Sachverhalten aufgenommen sind, können nicht mehr nach der (früheren) Sekundärfolgen-Rspr als BA abgezogen werden.[4]

59 In der **zeitlichen Dimension** existiert die Verbindlichkeit als BV im Grundsatz so lange, bis sie erlischt.[5] Das ist zutreffend, denn aufgrund des Anlasses der Entstehung der Verbindlichkeit als BV ist sie objektiv mit dem Betrieb verbunden. Vor diesem Hintergrund ist es problematisch, dass nach der Rspr des BFH dies nicht mehr gilt, wenn der Betrieb **veräußert** oder aufgegeben wird. Gibt der StPfl den Betrieb auf und setzt er nicht die vorhandenen aktiven WG zur Schuldentilgung ein, so sollen die verbleibenden Verbindlichkeiten dann insoweit keine Betriebsschulden mehr sein, wie sie durch Verwertung der aktiven WG hätten getilgt werden können.[6] Wird aber der Kredit umgewidmet und für eine andere Einkunftsquelle eingesetzt, dann können die dann entstehenden Schuldzinsen wegen des neuen wirtschaftlichen Zusammenhangs BA oder WK sein.[7]

60 Ist die Verbindlichkeit **verjährt**, dann handelt es sich zwar noch um eine rechtliche, jedoch wegen der Einredebehaftetheit nicht mehr um eine wirtschaftliche Belastung. Die Schuld darf dann nicht mehr passiviert werden, wenn sich der schuldende Unternehmer entschlossen hat, die Einrede der Verjährung zu erheben bzw wenn zu unterstellen ist, dass er sich auf die Verjährung beruft.[8]

61 Bei **Bürgschaftsverbindlichkeiten** ist zu passivieren, wenn die Übernahme der Bürgschaft betrieblich veranlasst ist, so dass notwendiges BV existiert. Ohne betriebliche Veranlassung handelt es sich um PV, insbesondere im Verhältnis der PersGes zum Mitunternehmer.[9] Eine Bürgschaftsverpflichtung ist erst dann zu passivieren, wenn dem Bürgen die Inanspruchnahme droht.[10] Zu einer Gewinnminderung kommt es dann nur, wenn der zu aktivierende Rückgriffsanspruch des Bürgen gegen den Hauptschuldner aufgrund einer Wertminderung abzuschreiben ist.

62 Hat ein G'ter **Ausgleichszahlungen** für veruntreute Betriebseinnahmen an seine Mit-G'ter zu zahlen, so kann die Ausgleichszahlung betrieblich oder außerbetrieblich veranlasst sein.

Von einer außerbetrieblichen Veranlassung ist auszugehen, wenn Inhaber des Kontos die Ges ist, die Zahlungen als Betriebseinnahmen der Ges behandelt werden und der Gewinn nach dem allgemeinen Schlüssel verteilt wird. In diesem Fall stellt die Unterschlagung durch den G'ter ebenso wie die Entwendung durch einen Nicht-G'ter einen zunächst gewinnmindernden Aufwand dar, der durch die Schadensersatzpflicht des G'ters ausgeglichen wird. Aus der Sicht des G'ters ist die Schadensersatzverpflichtung nicht durch den Betrieb sondern privat veranlasst, so dass auch die Finanzierung dieser Verpflichtung dem privaten Bereich zuzuordnen ist.

Werden hingegen Einnahmen, die an sich der Ges zustehen, auf ein Konto des veruntreuenden G'ters geleistet und so zunächst bei ihm als Sonderbetriebseinnahmen erfasst, so sind die Ausgleichszahlungen betrieblich veranlasst und stellen bei ihm Sonder-BA dar. Werden die Ausgleichszahlungen durch einen Kredit getilgt, so sind die Schuldzinsen demnach auch als Sonder-BA abzugsfähig.[11]

63 Da eine **KapGes** aufgrund § 8 II KStG zwingend gewerbliche Einkünfte hat, sind die im Rahmen des GewBetr der KapGes zur Einkunftserzielung eingesetzten WG im Grundsatz BV, wenn sie denn der KapGes zuzurechnen sind. Daraus folgt umgekehrt, dass ein Vermögensgegenstand, der dem KapG'ter zivilrechtlich zuzurechnen ist, nicht allein dadurch BV der KapGes wird, wenn er von ihr genutzt wird. Letztlich ist dies die Konsequenz des zivilrechtlichen Trennungsprinzips (juris-

---

1 BFH BStBl II 81, 461; BStBl II 85, 510.
2 BFH BStBl II 92, 141.
3 BFH BStBl II 93, 434.
4 BMF BStBl I 94, 603.
5 BFH GrS BStBl II 90, 817.
6 BFH BStBl II 81, 463; BStBl II 90, 213.
7 BFH BStBl II 99, 209; 353.
8 BFH/NV 92, 741.
9 BFH BStBl II 76, 668; BStBl II 91, 64.
10 BFH BStBl II 75, 614; BStBl II 89, 393.
11 BFH BStBl II 00, 670; BStBl II 01, 238.

tische Person) sowie des Umstandes, dass eine KapGes nach der Rspr des BFH[1] **keine Privatsphäre**, sondern allein eine betriebliche Sphäre innehaben kann. Infolgedessen gibt es auch bei einer KapGes keine Liebhaberei.[2] Bei einer **PersGes**, bei welcher nicht das Trennungsprinzip der jur Pers gilt, liegt es anders: Ausgehend davon, dass die PersGes als solche nicht Steuersubjekt ist (§ 15 I 1 Nr 2), können in der Verbundenheit einer PersGes sowohl gewerbliche als auch andere Einkünfte erzielt werden. Hat eine PersGes in ihrer gesellschaftsrechtlichen Verbundenheit gewerbliche Einkünfte (§ 15 II), dann sind die im **Gesamthandseigentum** der PersGes stehenden WG in der Handelsbilanz und in der steuerrechtlichen Gewinnermittlung als BV auszuweisen. Damit entfällt auch eine Prüfung, ob ein betrieblicher Zusammenhang gegeben ist. Zwar kann es auch beim Gesamthandsvermögen gewillkürtes BV geben, doch ist das Gesamthandsvermögen der PersGes in der Handelsbilanz auszuweisen, so dass dies aufgrund § 5 I auch steuerrechtlich maßgebend ist.[3] Dieser Grundsatz erfährt jedoch Einschränkungen für solche WG, die zwar zum Gesamthandsvermögen der PersGes gehören, jedoch nach ihrer Funktion als notwendiges PV angesehen werden müssen. Das gilt auch, wenn der Gegenstand in der Handelsbilanz ausgewiesen ist. Dient beispielsweise ein WG von Anfang an und auf Dauer der privaten Lebensführung eines oder mehrerer PersG'ter,[4] dann fehlt jedwede betriebliche Veranlassung des WG, so dass insoweit die Maßgeblichkeit der Handelsbilanz (§ 5 I 1) hinter der Idee der steuerrechtlichen Gewinnermittlung mit ihrer Abgrenzung auch zur Privatsphäre zurückzutreten hat.[5] Gleiches gilt, wenn ein zunächst der betrieblichen Sphäre zuzuordnendes WG in der Folgezeit privat genutzt wird. Auch hier endet die BV-Eigenschaft des WG, und zwar durch Entnahme.[6]

64 In Abweichung von der HB erfasst der steuerrechtliche BV-Begriff auch WG, die zwar im zivilrechtlichen Eigentum eines PersG'ters stehen, jedoch der Beteiligung im weitesten Sinne dienen; es geht um das **Sonder-BV** (§ 15 Rn 400 ff).

2. Zuordnung von Wirtschaftsgütern. Das WG bildet die **bilanzsteuerrechtliche Grundeinheit.** Dieser rein steuerbilanzielle Begriff des (aktiven) WG entspricht grds dem Begriff des Vermögensgegenstandes iSd HGB.[7] Er umfasst auch die handelsbilanzielle Schulden. (Im Einzelnen § 5 Rn 60 ff). 65

69 WG können nur einheitlich dem BV zugeordnet werden. Eine anteilige Bilanzierung (zB 1/2 Pkw) ist nicht zulässig. Bei gemischter Nutzung von WG ist der Nutzungsanteil und die Zuordnung durch den Unternehmer ausschlaggebend. Die vollständige Zuordnung zum BV bei gemischter Nutzung wird systematisch durch den Ansatz der Nutzungsentnahme mit den Kosten korrigiert. Bei einer typisierten Bestimmung dieser Kosten (etwa bei der privaten Nutzung des betrieblichen Kfz) ergeben sich real Wertdifferenzen. Für den laufenden Gewinn ergibt sich durch die vollständige Zuordnung keine Abweichung ggü einer lediglich anteiligen Aktivierung unter Nichtbeachtung der privaten Nutzung.

Bei einer Veräußerung oder Entnahme des WG erhöht auch die Aufdeckung jener stillen Reserven den Gewinn, die der anteiligen privaten Nutzung des WG zuzuordnen wären. Es wird deshalb das Verbot einer anteiligen Bilanzierung kritisiert.[8] Gegen eine anteilige Bilanzierung eines WG spricht vor allem, dass dann schon jede Änderung des Nutzungsanteils zu Einlagen und Entnahmen führen würden, denn der privat genutzte Anteil wäre dann immer notwendiges PV. Dies führt nicht nur zu tatsächlichen Schwierigkeiten in der Sachverhaltsermittlung sondern auch zu einem anderen Verständnis des Entnahme- und Einlagetatbestands.

70 Die Einheitlichkeit der Zuordnung gilt dem Grund nach auch für unbewegliche WG. Grundstücke können aber auch nur anteilig BV sein, da Grundstücke nach Art der Nutzung in mehrere WG aufgeteilt werden. Zudem wird abw von der zivilrechtlichen Behandlung bei einem bebauten Grundstück das Gebäude nicht ein wesentlicher Bestandteil des Grundstücks (§§ 90, 93, 94, 946 BGB), sondern als eigenes WG ggü dem Grund und Boden abgegrenzt. Schon handelsbilanzrechtlich wird zw **Grund und Boden** und **Gebäude** als selbstständigen WG unterschieden.[9] Soweit der Grund und

---

1 BFHE 182, 123; 186, 540; BFH DStR 01, 2023.
2 Str, vgl *Pezzer* StuW 98, 76; *Weber-Grellet* DStR 98, 873 (876).
3 Vgl BFH BStBl II 79, 257.
4 BFH BStBl II 73, 705.
5 BFH BStBl II 89, 657.
6 Vgl BFH BStBl II 73, 706 betr private Bebauung eines Grundstücks für alle PersG'ter.
7 BFH GrS BStBl II 88, 348 (352); *Blümich* § 5 Rn 304; *Tipke/Lang*[18] § 9 Rn 339; **aA** *Costede* StuW 95, 115; vgl auch *K/S/M* § 4 Rn B 43 f mwN.
8 *Schmidt*[26] § 4 Rn 53.
9 BFH GrS BStBl II 69, 108; zum Sonderfall von Bodenschätzen vgl BFH BStBl II 94, 292; BStBl II 94, 846; *Seeger* Freundesgabe Haas, 1996, S 343 ff.

Boden einem Gebäude oder Gebäudeteil zuzurechnen ist, teilt er das Schicksal und die Zuordnung des Gebäudes oder Gebäudeteils. Das Bilanzsteuerrecht kennt vier Arten der Nutzung, eigenbetrieblich, fremdbetrieblich, zu fremden Wohnzwecken oder zu eigenen Wohnzwecken. Ein Gebäude kann demnach in bis zu vier WG aufgeteilt sein. Innerhalb des Gebäudes sind dabei abgeschlossene Räume die kleinste nicht getrennt zuordenbare Einheit. Eigenbetrieblich genutzte Gebäudeteile sind notwendiges BV, ein zu eigenen Wohnzwecken genutzter Gebäudeteil ist notwendiges PV. Die übrigen Nutzungseinheiten eines Gebäudes können nur einheitlich dem gewillkürten BV zugeordnet werden.[1] Voraussetzung ist neben der Förderungsbestimmt- und -geeignetheit, dass ein gewisser objektiver Zusammenhang mit dem Betrieb besteht.[2] Wird ein Miteigentumsanteil am Gebäude hinzuerworben, soll die bisherige bilanzielle Zuordnung der Nutzungseinheiten nicht für den hinzuerworbenen Anteil bindend sein.[3] Im Wesentlichen ungeklärt ist, wie Raumverlagerungen innerhalb eines Gebäudes (zB der StPfl nutzt einen anderen Raum als betriebliches Arbeitszimmer) zu bewerten sind. Weist die Bilanz reale Räume als BV aus, müsste eine Raumverlagerung zu anteiligen Entnahmen und Einlagen führen. Die abw Rspr der FG[4] unterstellt, dass ein abstrakter Nutzungsanteil am Gebäude aktiviert wäre. IErg ist der Rspr zuzustimmen, soweit sich der Nutzungsanteil dadurch nicht quantitativ verändert.[5]

Der Wert der einzelnen Gebäudeteile bestimmt sich nach den Nutzflächen.[6] Eine Aufteilung nach Ertragswerten ist nicht zulässig.[7] Nach § 8 EStDV brauchen eigenbetrieblich genutzte Grundstücksteile von untergeordneter Bedeutung nicht als notwendiges BV bilanziert zu werden. Untergeordnet ist ein Grundstücksteil, wenn sein Wert nicht mehr als ein Fünftel des gemeinen Werts des gesamten Grundstücks und nicht mehr als 20 500 € beträgt. Die Wahl ist durch den StPfl bei Erwerb, Herstellung oder Nutzungsänderung durch Bilanzierung oder Nichtbilanzierung auszuüben.

Unselbstständige Gebäudeteile, die der gesamten Nutzung des Gebäudes dienen (zB Treppenhaus, Fahrstuhl, Heizungsanlagen, Hausmeisterwohnung), sind nicht in die Aufteilung mit einzubeziehen, sondern anteilig nach der übrigen Gebäudenutzung aufzuteilen und zuzuordnen.

Bei bebauten Grundstücken teilt der Grund und Boden das Schicksal des Gebäudes. Bei unterschiedlicher Nutzung des Gebäudes ist der Grund und Boden den einzelnen Gebäudeteilen anteilig zuzurechnen. Dabei ist grds das Verhältnis der Nutzflächen des Gebäudes zueinander entscheidend (quotenmäßige Aufteilung). Eine von der Gebäudenutzung abw Zuordnung ist möglich, wenn einzelne Teile unterschiedlich genutzt werden, etwa ein Teil des Grundstücks privat bebaut wurde und ein anderer Teil als betrieblicher Lagerplatz genutzt wird (flächenmäßige Aufteilung). Werden unterirdische Teile eines Grundstücks besonders genutzt (zB Erdöllagerung[8] oder für U-Bahnbau[9]), kommt eine wertmäßige Aufteilung in Betracht.

71 Die Frage, wann ein selbstständig bewertbares WG vorliegt, ist von den Fällen zu unterscheiden, in denen mehrere eigenständige WG in einer sog **Bewertungseinheit** zusammengefasst werden. Der auch im Bereich des § 4 I zu beachtende **Grundsatz der Einzelbewertung** schließt nicht aus, dass bei der Bewertung einzelner (aktiver und passiver) WG gleichzeitig negative und positive Sachverhalte zu berücksichtigen sind (kompensatorische Bewertung) (§ 5 Rn 55).[10]

72 Die Bildung von **Rückstellungen** ist auch bei der steuerlichen Gewinnermittlung nach § 4 I 1 zulässig.[11] Wenn Rückstellungen als sog **Wirtschaftslast** bei der steuerlichen Gewinnermittlung nach § 4 I zu berücksichtigen sind, stellt sich allerdings die interessante Frage, ob die **Sondervorschriften für Rückstellungen** in § 5 III bis IVb auch beim Eigenkapitalvergleich nach § 4 I anwendbar sind. Eine analoge Anwendung erscheint deshalb problematisch, weil abgesehen von dem allg Fiskalzweck ein

---

1 BFH BStBl II 95, 72; **aA** Schmidt[26] § 4 Rn 193 (fremdvermietete Teile sollen mehrere WG sein können); dagegen Wacker BB 95, Beil. Nr 18 und Rudloff FR 92, 565.
2 R 4.2 IX EStR; Für nicht zu privaten Wohnzwecken genutzte Gebäudeteile, die schon vor dem 1.1.99 dem BV zugeordnet wurden, reicht aus, wenn das Gebäude zu mehr als die Hälfte aus anderen Gründen bereits BV ist (R 4.2 X EStR: Fortgeltung der Regelung der EStR 99).
3 BFH BStBl II 94, 559.
4 FG BaWü EFG 95, 107.
5 So auch BFH BStBl II 93, 391.
6 BFH GrS BStBl II 99, 774.
7 BFH DStR 01, 782.
8 BFH BStBl II 83, 203.
9 BFH BStBl II 77, 796 (bei Privatgrundstück); FG Nbg EFG 84, 390 (bei Betriebsgrundstück).
10 Zum Handelsrecht: A/D/S[6] § 252 HGB Rn 48; B/H GmbHG[16] § 42 Rn 250; Kupsch FS Forster, 1992, S 339, 350; Scholz GmbHG[9] Anhang § 42a Rn 89.
11 K/S/M § 5 Rn D 23; Tipke/Lang[18] § 9 Rn 341.

überzeugender steuerspezifischer Bilanzzweck die Rückstellungsverbote nicht begründet. Mit allg Hinweisen auf steuerrechtliche GoB (vgl § 4 II) oder den Vorrang der Leistungsfähigkeit lässt es sich nicht rechtfertigen, dass der Steuerstaat besser gestellt werden soll als der Inhaber oder Anteilseigner des Unternehmens.[1]

3. Zurechnung. – a) Allgemeine Zurechnungsgrundsätze. Ein WG ist nur dann in die Steuerbilanz aufzunehmen, wenn es dem StPfl **persönlich zuzurechnen** ist. Zugerechnet werden WG dem Eigentümer. WG, die im Rahmen eines Nutzungsüberlassungsverhältnisses (Miete, Pacht) im Betrieb eingesetzt werden, sind dem StPfl nicht persönlich zuzurechnen. Allerdings ist bislang abschließend nicht geklärt, wie sich die Zurechnungsfrage beantwortet. Eine eigenständige **bilanzsteuerrechtliche Zurechnungsnorm** fehlt. Deshalb erscheint es naheliegend, auf § 39 AO zurückzugreifen. § 39 I AO bestimmt, dass WG dem **zivilrechtlichen Eigentümer** zuzurechnen sind. In § 39 II AO sind dann Ausnahmen von diesem Grundsatz kodifiziert. Soweit § 39 II AO einschlägig ist, wird die Zurechnungsfrage anhand des sog **wirtschaftlichen Eigentums** beantwortet.[2] **73**

Es stellt sich bereits beim Eigenkapitalvergleich nach § 4 I das üblicherweise im Zusammenhang mit dem Maßgeblichkeitsgrundsatz des § 5 I 1 erörterte Problem, ob § 39 II AO als **steuerliche Gewinnermittlungsvorschrift** und insbes als Gewinnrealisierungsvorschrift qualifiziert werden kann. Über § 5 I 1 erlangen auch die handelsrechtlichen personellen Zurechnungsnormen Geltung. Wenn man hier für einen Vorrang der speziellen Gewinnermittlungsnorm des § 5 I 1 gegenüber der allg Zurechnung von WG nach § 39 AO plädiert, weil der Sinn des § 39 AO nicht darin besteht, eine Regelung über die Ansätze in der für die steuerliche Gewinnermittlung maßgebenden Bilanz zu treffen, muss dies auch für den allg Eigenkapitalvergleich nach § 4 I gelten.[3] **75**

Das dargestellte dogmatische Problem hat nur **geringe praktische Bedeutung**, da beide Methoden im Regelfall zu gleichen Ergebnissen führen. Eine Ausnahme gilt beim unberechtigten **bösgläubigen Eigenbesitzer** eines WG. Der Eigenbesitzer übt die tatsächliche Gewalt über das WG in der Weise aus, dass er das fremde Eigentum als ihm gehörig betrachtet (§ 872 BGB). Da er zwar nicht berechtigt ist, das WG zu besitzen, ihm aber Nutzen und Lasten aus dem WG tatsächlich zufließen, wird er aufgrund dieser faktischen Machtposition als wirtschaftlicher Eigentümer des WG angesehen (§ 39 II Nr 1 S 2 AO). Für die HB ist eine persönliche Zurechnung des WG nach den **Grundsätzen einer vorsichtigen Vermögensermittlung** abzulehnen, weil der StPfl davon ausgehen muss, dass er den Besitz aufgrund seiner mangelnden Berechtigung jederzeit verlieren und der Vermögensgegenstand in materiell-rechtlicher Hinsicht keinen Beitrag zur Deckung seiner Zahlungsverpflichtungen leisten kann. **76**

Da keine geschriebenen konkreten handelsrechtlichen GoB über die subj Zurechnung von WG bestehen, stellt sich die Frage, in welchen Fällen bei der persönlichen Zurechnung vom zivilrechtlichen Eigentum abgewichen werden muss. Auch handelsrechtlich wird die Zurechnung von Vermögensgegenständen **üblicherweise anhand wirtschaftlicher Kriterien** entschieden,[4] so dass sich die Begründung an dem wenig konkreten Begriff des wirtschaftlichen Eigentums bei § 39 II AO orientiert. Dem ist aus juristischer Sicht entgegenzutreten. Zwar ist es im Grundsatz nicht zu beanstanden, dass sich die bilanzrechtliche Zuordnung nicht ausschließlich nach dem zivilrechtlichen Eigentum richtet, doch müssen dann immer noch **rechtliche Kriterien** für die bilanzrechtliche Zuordnung des Gegenstandes maßgeblich sein. **77**

Die in der Praxis vorkommenden Problemfälle sind wie folgt zu lösen: Beim **Eigentumsvorbehalt**, bei der **Sicherungsübereignung** sowie bei (fremdnützig) **treuhänderisch** gebundenen Vermögensgegenständen fallen zivilrechtliche Nutzungsbefugnis und formale Eigentumsposition/Rechtsmacht auseinander. Trotzdem bestehen keine Bedenken, die jeweiligen Gegenstände bei Eigentumsvorbehaltskäufer/Sicherungsgeber/Treugeber zu bilanzieren, weil letzteren nach dem Innenverhältnis Nutzen und Lasten (Chancen und Risiken) zuzurechnen sind. In allen Fällen wird nur die bilanz- **78**

---

1 *Crezelius* DB 95, 689; *Kraus/Grünewald* FS Beisse, 1997, S 285; *Stobbe* FR 97, 361; **aA** *Pezzer* DStJG (1991), 3 (17 ff); *Weber-Grellet* DB 94, 288; *ders* DB 97, 385.
2 In diesem Sinn bei § 4 I *Blümich* § 4 Rn 138; *Schmidt*[26] § 4 Rn 128.
3 Für Vorrang des § 5 I *Crezelius* Lehrbuch[2], § 8 Rn 24; *Knobbe-Keuk*[9] § 4 III Rn 2c mwN; **aA** *Beisse* BB 80, 637 (§ 39 AO als handelsrechtliches Gewohnheitsrecht); eingehend *Stengel* Die persönliche Zurechnung von Wirtschaftsgütern im Einkommensteuerrecht, 1990, S 127 ff; zur Rspr des BFH vgl BStBl II 81, 84: Vorrang des Handelsrechts; BStBl II 83, 631: Vorrang des § 39 AO.
4 *Be/Bi/Ko*[4] § 246 HGB Rn 4 ff.

rechtliche Konsequenz aus der Beurteilung der zivilrechtlichen Interessenlage gezogen.[1] Das mag als wirtschaftliche Betrachtungsweise bezeichnet werden, doch steht dahinter die zutr Analyse und Einordnung der Rechtsstellung des Vorbehaltskäufers als Anwartschaftsberechtigten bzw der Gedanke der durch das Innenverhältnis gebundenen Außenmacht des Treuhänders/Sicherungsnehmers.

79 b) Einzelfälle. Leasing. **(1) Allgemeines** Als Leasing werden alle Vertragstypen bezeichnet, die eine befristete Überlassung von WG regeln, sich aber von üblichen, idR kurzfristig kündbaren Miet- und Pachtverträgen unterscheiden und wirtschaftlich Ratenkaufverträgen sehr nahe kommen. Regelmäßig ist das überlassene WG im Interesse des Leasingnehmers (LeasingN) vom Leasinggeber (LeasingG) angeschafft worden. Wirtschaftlich handelt es sich meist um eine Finanzierung einer Investition. Zivilrechtlich werden insb Finanzierungsleasingverträge meist als atypische Mietverträge behandelt.[2] Aus dieser Behandlung können aber keine Erkenntnisse für die steuerliche Beurteilung gewonnen werden. Die Zuordnung von **Leasing-Gegenständen** hängt von der Vertragsgestaltung im Einzelfall ab und richtet sich in der Praxis nach den von der Steuerrechtsprechung und -verwaltung entwickelten Grundsätzen.[3] Ist der LeasingG auf Dauer wirtschaftlich von Einwirkungen auf das Leasinggut ausgeschlossen, ist es dem LeasingN zuzurechnen. Bei Verträgen mit Kauf- oder Verlängerungsoptionen kommt es darauf an, welche Wahrscheinlichkeit für eine Optionsausübung spricht.

(2) Typen In der Praxis sind Operatingleasing,[4] Herstellerleasing,[5] Spezialleasing, Finanzierungsleasing (als Voll- oder Teilamortisationsverträge) und das sale-and-lease-back-leasing üblich. Beim Operatingleasing handelt es sich idR nur kurze oder mittelfristige Laufzeiten im Verhältnis zur Nutzungsdauer. Eine Grundmietzeit wird oft nicht vereinbart. Vertragsgegenstand sind meist jederzeit auch an andere vermiet- oder veräußerbare Standard-WG oder WG, die einem hohen technischen oder wirtschaftlichen Wandel unterliegen (zB EDV-Anlagen). Die WG werden dem LeasingG zugerechnet.

Beim Herstellerleasing wurde das WG vom LeasingG hergestellt. Die Zurechnung richtet sich nach den Grundsätzen des Finanzierungsleasing. Beim Spezialleasing ist der überlassene Gegenstand auf die Verhältnisse des LeasingN zugeschnitten und nur bei ihm sinnvoll verwendbar. Das WG ist ohne Rücksicht auf Grundmietzeit und Optionsklauseln dem LeasingN zuzurechnen.[6] Beim sale-and-lease-back wird das WG vom Nutzenden erworben und diesem zurückvermietet. Die Zurechnung richtet sich nach den Grundsätzen des Finanzierungsleasing.

(3) Finanzierungsleasing Ein Finanzierungsleasing setzt voraus, dass der Vertrag über eine sog Grundmietzeit abgeschlossen wird, während der keine ordentliche Kündigung möglich ist. Bei Vollamortisationsverträgen (full-pay-out) deckt der LeasingN mit den Leasingraten mindestens alle AK oder HK und sämtliche Nebenkosten inkl der Finanzierungskosten des LeasingG für das Leasinggut. Bei Teilamortisationsverträgen (non-full-pay-out) wird die Vollamortisation erst durch Ausübung eines Andienungsrechts des LeasingG, durch Vertragsverlängerung, eine Abschlusszahlung oder den Verkauf des Leasingguts durch den LeasingG an einen Dritten erreicht. Für eine vom zivilrechtlichen Eigentum abw Zurechnung zum LeasingN kommt es darauf an, ob die Chance der Wertsteigerung und das Risiko einer Wertminderung (Untergang oder Verschlechterung des WG) beim LeasingN liegt. Bei **Vollamortisationsverträgen** wird das WG dem LeasingN in vier Fallvarianten zugerechnet. Dem LeasingN zugerechnet wird, wenn die Grundmietzeit mehr als 90 % der betriebsgewöhnlichen Nutzungsdauer nach der amtlichen AfA-Tabelle[7] beträgt, da der LeasingN in diesen Fällen den LeasingG für die gewöhnliche Nutzungsdauer von der Einwirkung ausschließen kann. Eine Änderung der AfA-Tabelle ändert die Zurechnung nicht rückwirkend.[8] Beträgt die Grundmietzeit weniger als 40 %[9] der betriebsgewöhnlichen Nutzungsdauer, wird dem LeasingN zugerechnet, da eine Vollamortisation in so kurzer Zeit wirtschaftlich einem Ratenkauf gleichkommt. Bei einer Grundmietzeit zwischen 40 und 90 % der betriebsgewöhnlichen Nutzungsdauer

---

1 Ausf *Crezelius* DB 93, 2019 (2021 f); auch BFH BStBl II 98, 152 betr Vereinbarungs-Treuhand.
2 *Palandt* Einf vor § 535 BGB Rn 27 ff.
3 Vgl BFH BStBl II 70, 264; BStBl II 84, 825; BMF BStBl I 71, 264; BStBl I 72, 188.
4 FG MeVo EFG 97, 1536.
5 BFH BStBl II 87, 448.
6 BMF BStBl I 71, 264 Tz III 4; BStBl I 92, 13 Tz II 1 aa; einschränkend BFH/NV 91, 432; **aA** FG MeVo EFG 97, 1536 (Optionsrecht des LeasingN notw).
7 Zum Nachweis einer kürzeren Nutzungsdauer FG D'dorf EFG 96, 935.
8 BMF DB 98, 1060.
9 In der Praxis selten *Bordewin* NWB Fach 17, 1435.

wird dem LeasingN das Leasinggut nur zugerechnet, wenn ihm oder einer ihm nahe stehenden Person[1] eine Option zusteht, zu einem unter dem Marktpreis liegenden Betrag das Leasinggut zu erwerben (Kaufoption) oder den Vertrag zu verlängern (Mietverlängerungsoption). In beiden Fällen kann davon ausgegangen werden, dass der LeasingN sein Optionsrecht ausübt und damit den LeasingG von der Einwirkung auf das Leasinggut ausschließt. Bei der Kaufoption ist das jedenfalls dann der Fall, wenn der vereinbarte Kaufpreis niedriger ist als der Buchwert im Zeitpunkt der Veräußerung bei einer linearen AfA wäre. Bei der Mietverlängerungsoption muss die Anschlussmiete geringer sein, als die lineare AfA oder – bei einem niedrigeren gemeinen Wert im Optionszeitpunkt – eine lineare AfA aus dem gemeinen Wert auf die Restnutzungsdauer nach amtl AfA-Tabelle. Wie eine Mietverlängerungsoption wird ein Mietverlängerungsklausel behandelt, nach der eine Vertragsverlängerung nach Ablauf der Grundmietzeit vorgesehen ist, falls keine Partei kündigt.[2] Dem LeasingN wird schließlich das Leasinggut auch dann zugerechnet, wenn ihm nach Ablauf der Grundmietzeit ein Entschädigungsanspruch in Höhe des Zeitwerts zusteht.[3] Bei **Teilamortisationsverträgen** mit Grundmietzeiten zwischen 40 und 90 % der betriebsgewöhnlichen Nutzungsdauer wird das Leasinggut dann dem LeasingN zugerechnet, wenn er das Risiko der Wertminderung in vollem Umfang trägt und an der Chance der Wertsteigerung ganz überwiegend (zu mehr als 75 %) beteiligt ist.[4] Werden Andienungsrechte des LeasingG, eine Aufteilung des Mehrerlöses oder eine Anrechnung des Veräußerungserlöses auf eine Abschlusszahlung des LeasingN vereinbart, wird das Leasinggut dem LeasingG zugerechnet, wenn ihm zumindest mit 25 % der Wertsteigerungen zustehen und die Chance der Wertsteigerung werthaltig ist.[5] Bei **Immobilienleasingverträgen** gelten grds die gleichen Maßstäbe. Für das Gebäude ist eine betriebsgewöhnliche Nutzungsdauer von 50 Jahren zugrunde zu legen, die sich in den Fällen des § 7 IV Nr 1 auf 25 Jahre verkürzen soll.[6] Ob ein niedriger Kaufpreis vorliegt, bestimmt sich nach den Buchwerten unter Zugrundelegung einer linearen AfA und dem AK des Grund und Bodens. Bei Mietverlängerungsoptionen kommt es darauf an, ob die Anschlussmiete nicht mehr als 75 % der üblichen Miete beträgt. Der Grund und Boden[7] wird dem LeasingN nur zugerechnet, wenn ihm das Gebäude zugerechnet wird und der Vertrag eine Kaufoption enthält. Bei Teilamortisationsverträgen mit Kauf- oder Mietverlängerungsoptionen wird das Leasinggut nur dann dem LeasingN zugerechnet, wenn er typische Risiken eines Eigentümer trägt, etwa die Gefahr des zufälligen Untergangs, wenn sich in einem solchen Fall seine Leistungspflichten nicht mindern oder er gar zur Wiederherstellung verpflichtet ist. Zum Leasing im kommunalen Bereich s Sächsisches FinMin BB 93, 696.

Bei Verkauf der Forderung auf die künftigen Leasingraten mit Übergang des Bonitätsrisikos auf den Käufer (echte Forfaitierung) hat der Leasinggeber einen passiven RAP für den Verkaufserlös zu bilden, dieser ist grds linear und nicht nach dem Kostenverlauf aufzulösen.[8] **80**

Verbleibt hingegen das Bonitätsrisiko hinsichtlich der abgetretenen Forderungen beim Verkäufer (sog unechte Forfaitierung), liegt ein Darlehensverhältnis vor.[9]

Behält sich der Leasinggeber gegenüber dem Leasingnehmer bei Abschluss des Leasingvertrags das Recht auf ein unwiderrufliches Kaufangebot des Leasingnehmers nach Ablauf der Grundmietzeit vor (sog Andienungsrecht) und forfaitiert er die ihm nach Ausübung dieses Andienungsrechts zustehenden künftigen Ansprüche aus der Verwertung des jeweiligen Leasinggegenstandes an einen Dritten (sog Restwertforfaitierung aus Teilarmortisations-Leasingverträgen), so ist die Zahlung des Dritten als ein Darlehen an den Leasinggeber zu beurteilen. Die Forfaitierungserlöse sind somit nicht passiv abzugrenzen, sondern als Verbindlichkeiten auszuweisen und bis um Ablauf der Grundmietzeit ratierlich aufzuzinsen;[10] nach aA ist der Forfaitierungserlös ist wie eine Anzahlung zu passivieren.[11]

Beim **Factoring** ist zw **echtem** und **unechtem** Factoring zu unterscheiden. Übernimmt der Forderungsaufkäufer das Ausfallrisiko (echtes Factoring), dann ist die Forderung in der Bilanz des Käufers (Factor, Zessionar) zu aktivieren, und zwar unter Berücksichtigung der Abreden im Innenver- **81**

---

1 BFH/NV 96, 101.
2 *Blümich* § 4 Rn 145.
3 OFD D'dorf DB 76, 940.
4 BMF v 22.12.75 Steuererlasse EStG § 6/3; **aA** FG Saarl EFG 94, 241 (Mehrerlösbeteiligung nicht notwendig).
5 FG Nds EFG 92, 167.
6 BMF BStBl I 87, 440; zurecht **aA** *Blümich* § 4 Rn 145.
7 Zur Laufzeit bei Erbbaurecht s *Blümich* § 4 Rn 145.
8 BStBl II 97, 122; BMF-Schr BStBl I 96, 9.
9 BStBl II 87, 443; BMF-Schr BStBl I 96, 9.
10 BFH DStR 01, 77.
11 BMF-Schr BStBl I 96, 9.

Crezelius

hältnis (Zinsen, Sperrbeträge) und unter Beachtung etwaiger Verlustrisiken.[1] Verbleibt dagegen das Ausfallrisiko beim Forderungsverkäufer (unechtes Factoring), so hat dieser die Forderung unter Berücksichtigung des Ausfallrisikos weiterhin zu bilanzieren, weil die abgetretene Forderung hier nur zu einer treuhandähnlichen Position führt.[2]

82 Bei **Pensionsgeschäften** ist wie folgt zu differenzieren: Von einem echten (Wertpapier) Pensionsgeschäft wird – vorwiegend in der Kreditwirtschaft – gesprochen, wenn der Pensionsnehmer den Gegenstand zu einem im voraus bestimmten oder vom Pensionsgeber noch zu bestimmenden Zeitpunkt gegen Entrichtung eines bestimmten Betrages auf den Pensionsgeber rückübertragen muss; besteht kein Rücknahmerecht des Pensionsgebers, liegt ein unechtes Pensionsgeschäft vor.[3] Beim **echten Pensionsgeschäft** ist weiterhin beim Pensionsgeber zu bilanzieren.[4] Voraussetzung ist aber, dass das echte Pensionsgeschäft Sicherungscharakter hat.[5] Da im Falle eines Sicherungsgeschäfts der übertragene Gegenstand mit Erlöschen der gesicherten Forderung entweder automatisch an den Sicherungsgeber zurückfällt oder dieser zumindest einen Rückübertragungsanspruch hat, ist es – ebenso wie bei der normalen Sicherungsübereignung – gerechtfertigt, dem auch bilanziell durch fortdauernde Bilanzierung beim Pensionsgeber Rechnung zu tragen. Beim **unechten Pensionsgeschäft** ist das übertragene WG dem Pensionsnehmer zuzurechnen.[6] Die dargestellten Grundsätze werden handelsrechtlich durch § 343b HGB für den Sonderbereich der Bilanzierung bei Kreditinstituten dahingehend modifiziert, dass beim echten Pensionsgeschäft stets beim Pensionsgeber zu bilanzieren ist. Dieser Vorschrift könnte unmittelbar über § 5 I 1 und mittelbar bei § 4 I Bedeutung zukommen. Die Berücksichtigung im Rahmen der steuerlichen Gewinnermittlung scheidet allerdings aus, weil es sich nicht um die Kodifizierung von auf alle Kaufleute anwendbaren GoB handelt. Die Regelung hat ihre Ursache in den Besonderheiten der Bilanzierungspraxis der Banken. § 343b HGB enthält mithin keine Lösung des Problems, wie Pensionsgeschäfte im allg Bilanzrecht und im Steuerbilanzrecht zu behandeln sind.[7]

82a Für die Frage, wie unter **Ehegatten** zugerechnet wird, ist zwischen zwei **Fallgruppen** zu unterscheiden: Sind die Ehegatten **Mitunternehmer**, dann sind alle in ihre Zuständigkeit fallenden WG BV der von den Ehegatten gebildeten MU'schaft. Dabei ist darauf hinzuweisen, dass sich die Ehegatten- MU'schaft nicht allein aus dem Umstand der Ehe ergeben kann, vielmehr muss die tatsächliche Verhaltensweise der Ehegatten die MU'schaft nach § 15 I 1 Nr 2 ergeben.[8] Auch Ehegatten sind nur dann Mitunternehmer eines Betriebs, wenn zwischen ihnen ein Gesellschaftsvertrag zustande gekommen ist, der den Anforderungen entsprechen muss, die an Verträge zwischen nahen Angehörigen zu stellen sind. Derartige Verträge sind nur zu berücksichtigen, wenn sie rechtswirksam zustande gekommen sind, einem Fremdvergleich standhalten und auch tatsächlich vollzogen werden.[9] Das ist zutr, denn das Steuerrecht kann nicht an die zivilrechtliche Rspr[10] anknüpfen, weil es dort um die Ausfüllung von Lücken des ehelichen Güterrechts geht, im Steuerrecht demgegenüber um die Begründung eines Eingriffstatbestandes durch die MU'schaft. Auch die Zusammenveranlagung führt als solche nicht zur MU'schaft, weil § 26b keinen Einfluss auf die Art der Einkunftsermittlung hat. In der zweiten Fallgruppe ist nur **ein Ehegatte MU'er**, der andere nur Miteigentümer eines Vermögensgegenstandes/WG. In zwei Ausnahmesituationen kann der unternehmerisch tätige Ehegatte den zivilrechtlich dem anderen Ehegatten zustehenden Miteigentumsanteil in seinem eigenen BV aktivieren: Im Fall des wirtschaftlichen Eigentums[11] und der andere Ehegatte gestattet, aus betrieblichen Gründen aus dem gemeinschaftlichen Grundvermögen auf eigene Kosten ein Betriebsgebäude zu errichten und ohne Zeitbegrenzung ohne Gegenleistung zu nutzen. In der letzten Variante kann der unternehmerisch tätige Ehegatte die vollen Herstellungskosten wie Herstellungskosten eines eigenen WG aktivieren.[12] Der Anteil des Ehegatten, der nicht unternehmerisch tätig ist, ist bei ihm PV und wird wie der privat genutzte Anteil des unternehmerisch tätigen Ehegatten nicht in § 4 I einbezogen. Sind beispielsweise die Ehegatten

---

1 Vgl *A/D/S*[6] § 266 HGB Rn 123; *Knobbe-Keuk*[9] § 4 III Rn 1.
2 *Knobbe-Keuk*[9] § 4 III Rn 1; aA *Be/Bi/Ko*[4] § 247 HGB Rn 113.
3 Vgl *Be/Bi/Ko*[4] § 246 HGB Rn 20 ff.
4 *Be/Bi/Ko*[4] § 246 HGB Rn 20 ff.
5 BFH GrS BStBl II 83, 272; BStBl II 84, 217; *Schmidt*[26] § 5 Rn 270 „Pensionsgeschäfte".
6 *Blümich* § 4 Rn 155; *Offerhaus* BB 83, 870.
7 **AA** *Schmidt*[26] § 5 Rn 270 „Pensionsgeschäfte" mwN; vgl auch *Blümich* § 4 Rn 155.
8 BFH BStBl II 94, 462.
9 BFH BStBl II 87, 23.
10 BGH NJW-RR 90, 736.
11 BFH BStBl II 97, 774.
12 BFH GrS BStBl II 95, 281; vgl *Eisgruber* DStR 97, 522; *Groh* BB 96, 1487.

hälftig Miteigentümer eines von dem einen Ehegatten zu 60 % betrieblich genutzten Gebäudes, dann zählen nur 30 % des Gebäudes zum BV.[1]

Probleme ergeben sich, wenn **Bauten auf fremden Grundstücken** sowie **Mieterein- und -umbauten** bilanziert werden müssen. Hier stellt sich die Frage, wann es sich bei dem betr Bau überhaupt um ein WG handelt, der im rechtlichen oder „wirtschaftlichen" Eigentum des StPfl steht. In der neueren steuerrechtlichen Rspr zeichnet sich hier eine eigenständige, vom Zivil- und Handelsbilanzrecht abw Entwicklung ab.[2] Fest steht, dass Bauten auf fremden Grundstücken dann aktiviert werden können, wenn sie aufgrund eines **dinglichen Rechts** an dem fremden Grundstück dort errichtet sind. Sie stehen dann im Eigentum des Bauenden (vgl § 95 I 2 BGB). Entspr gilt für Bauten, die im Rahmen eines Miet- oder Pachtverhältnisses errichtet und mit dem Grund und Boden nicht fest oder nur zu **einem vorübergehenden Zweck** verbunden sind. Auch in diesem Fall ist der Bauende Eigentümer (§ 95 I 1 BGB). Fehlt es daran, kommt es nach neuester Rspr[3] darauf an, ob der StPfl den zivilrechtlichen Eigentümer von der Nutzung ausschließen kann und ob bei Beendigung der Eigennutzung ein Anspruch auf Entschädigung nach §§ 951, 812 BGB besteht.[4] Ein solcher Anspruch kann aber nur entstehen, wenn der Nutzende das Gebäude selbst errichtet hat. Bei Anschaffungsfällen kann ein solcher Entschädigungsanspruch nicht entstehen. Aktivierbar ist in diesen Fällen lediglich ein Posten „wie ein materielles WG", wenn der Nutzende die Kosten der Anschaffung getragen hat (Rn 145 ff). Darüber hinaus soll nach der Rspr des BFH wirtschaftliches Eigentum an **Mietereinbauten** anzunehmen sein, wenn die Nutzungsdauer kürzer als die Mietzeit ist, der Mieter die Sachen nach Ablauf der Mietzeit entfernen muss oder darf[5] oder wenn er nach Beendigung des Nutzungsverhältnisses einen **Anspr auf Entschädigung** in Höhe des Restwerts der Einbauten besitzt.[6] Nach gleichen Maßstäben beurteilt sich die Aktivierung von **Bauten auf fremdem Grund und Boden**.[7] Da es der Rspr des BFH vorwiegend darum geht, das (steuerrechtliche) Nettoprinzip zu wahren, läuft diese Argumentation bezogen auf den Eigenkapitalvergleich auf eine Unterordnung (bei § 5 I 1 unmittelbar zu beachten- der) handelsbilanzrechtlicher Grundsätze durch ein vorrangiges steuerrechtliches Prinzip hinaus.[8] Evtl deutet sich in der Rspr eine Trendwende an, da der VIII. Senat des BFH eine Zurechnung des Grundstücks beim Bauenden vornimmt, wenn ihm gegen den Grundstückseigentümer ein Ausgleichsanspruch nach §§ 951, 812 BGB zusteht. Zwar wird wiederum mit der Figur des wirtschaftlichen Eigentums argumentiert, doch kommt es letztlich auf die zivilrechtliche Situation an.[9]

Schuldrechtliche oder dingliche **Nutzungsrechte** sind nach der Rspr des BFH als eigenständige immaterielle WG zu qualifizieren, wenn sie auf bestimmte Zeit oder immerwährend eine „gesicherte Rechtsposition" gewähren, wobei eine Aktivierung unzulässig ist, wenn ihnen ein schwebendes Geschäft zugrunde liegt.[10] Vorbehaltene Nutzungsrechte sind auch bei Veräußerung des WG nicht aktivierbar und können nicht mit dem Teilwert in das eigene BV eingelegt werden.[11]

4. Betriebsvermögen bei Personengesellschaften und Kapitalgesellschaften. Bei **PersGes**, die ihren Gewinn durch Eigenkapitalvergleich nach § 4 I ermitteln, gehört zum BV das gesamte zum Betrieb der PersGes eingesetzte Gesamthandsvermögen. PersGes haben keine eigene Privatsphäre. Bei ihnen ist es notwendig, den Gesellschaftsbereich einschl Sonder-BV der G'ter vom außerbetrieblichen Bereich der G'ter abzugrenzen.[12] Allerdings ist daraus nicht der Schluss zu ziehen, dass das Gesamthandsvermögen notwendigerweise BV sei und die Ges kein PV besitzen könne. Soweit es bei den von der Ges erworbenen WG an einer betrieblichen Veranlassung fehlt, sind diese zwar zivilrechtlich Bestandteil des Gesamthandsvermögens, aber **steuerrechtlich als PV** zu qualifizieren.

---

1 BFH BStBl II 94, 559; zweifelnd *Schmidt*[26] § 4 Rn 135.
2 Vgl BGH DStR 96, 187 (gesicherte Rechtsposition notwendig); *Eisgruber* DStR 97, 522; *Groh* BB 96, 1487; *Gschwendtner* FS Beisse, 1997, S 215 ff; *Rometsch* FS Flick, 1997, S 555 ff; *Sauren* DStR 98, 706.
3 BFH BStBl II 02, 741 (die Entscheidung erging mit ausdrücklicher Zustimmung des II. Senats); glA für § 10e BFH BStBl II 02, 281; BStBl II 04, 305.
4 So schon früher Teile der Lit zB *Groth* BB 96, 1487; *Weber-Grellet* DB 95, 2550; *Eisgruber* DStR 97, 522.
5 BFH BStBl II 97, 533; BFH/NV 98, 1202.
6 BFH BStBl II 97, 774; BStBl II 98, 542; krit *Sauren* DStR 98, 706; aA BFH BStBl II 98, 97 zum wirtschaftlichen Eigentum bei § 10e; vgl des weiteren *Blümich* § 5 Rn 740 „Mietereinbauten und -umbauten"
7 *Blümich* § 5 Rn 740 „Bauten auf fremdem Grund und Boden", mwN.
8 Vgl BFH GrS BStBl II 95, 281; *Drenseck* DStR 95, 509; vgl auch *Groh* BB 96, 1487.
9 BFH BB 02, 1949.
10 BFH BStBl II 90, 128; BStBl II 97, 808; **aA** *Schmidt*[26] § 5 Rn 176.
11 BFH/NV 91, 457; BStBl II 95, 281.
12 BFH GrS BStBl II 88, 348; BStBl II 96, 276; *Schmidt*[26] § 4 Rn 360.

So bildet etwa die Lebensversicherungsforderung zur Abfindung der Hinterbliebenen eines verstorbenen G'ters kein BV der PersGes. Die von der Ges gezahlten Prämien sind, da der privaten Sphäre der G'ter zuzuordnen, nicht zum Abzug zuzulassen.[1]

86 Da eine **KapGes** ausnahmslos gewerbliche Einkünfte erzielt (vgl § 8 II KStG), stellen die dazu eingesetzten WG **notwendiges BV** dar (Rn 63). Werden WG der KapGes durch die G'ter ausschließlich privat genutzt, löst dies den betrieblichen Zusammenhang nicht und führt allenfalls zur Annahme einer **vGA** gem § 8 III 2 KStG in Höhe des Nutzungswertes. Umgekehrt führt die Nutzung von WG, die den G'tern zivilrechtlich zuzurechnen sind, steuerrechtlich nicht zu (Sonder-)BV der KapGes. Auch die Einlage eines Nutzungswerts wird hier nicht zugelassen.[2] Nach neuester Rspr des BFH besitzt die KapGes auch dann **keine Privatsphäre**, wenn sie „Liebhaberei" betreibt.[3] Die im Bereich der Liebhaberei genutzten WG sind danach als BV zu werten; das Ergebnis der KapGes ist um entspr vGA iSd § 8 III 2 KStG zu korrigieren.

87 **IV. Entnahmen und Einlagen. – 1. Sinn und Zweck.** Im Unterschied zu stpfl BE und abziehbaren BA haben Entnahmen und Einlagen **auf den Gewinn keinen Einfluss.** § 4 I 1 drückt das so aus, dass dem im Rahmen der steuerrechtlichen Gewinnermittlung vorzunehmenden Eigenkapitalvergleich der Wert der Entnahmen zuzurechnen und der Wert der Einlagen abzurechnen ist. Der innere Grund für diese Regelung ist darin zu sehen, dass nur das Substrat der Einkommensbesteuerung sein soll, was durch den Betrieb erwirtschaftet worden ist, nicht aber diejenigen Vermögensabgänge und -zuwächse, die ihre Ursache in der **außerbetrieblichen Sphäre** haben. Entnahmen sind durch den Betrieb erwirtschaftet und demzufolge zu versteuern, demgegenüber Einlagen dem Betrieb von außen zugeführt worden sind und daher nicht von der ESt erfasst werden dürfen.

88 **2. Entnahmevoraussetzungen.** Nach der Legaldefinition des § 4 I 2 sind Entnahmen alle WG (Bareinnahmen, Waren, Erzeugnisse, Nutzungen und Leistungen), die der StPfl dem Betrieb für sich, für seinen Haushalt oder andere betriebsfremde Zwecke entzogen hat. Dabei handelt es sich um keine exakte Erläuterung des Begriffs. Systematisch ist zw **Sach- bzw Substanzentnahmen** (Entnahmen von WG) und Entnahmen von **Nutzungen und Leistungen** zu unterscheiden. Die Nutzung führt nicht dazu, dass das WG selbst entnommen wird. Somit besteht der gewinnerhöhende „Wert der Entnahme" (§ 4 I 1) nicht in dem Substanzwert, sondern in den für betriebsfremde Zwecke aufgewendeten Kosten, die in die steuerliche Gewinnermittlung einbezogen werden müssen.

89 Eine **Sachentnahme** bezieht sich auf die Substanz des WG. Gegenstand der Entnahme ist ein bilanzierbares WG (zB Bargeld, Wertpapiere, Waren). Unerheblich ist, ob das WG notwendiges oder gewillkürtes BV darstellt. Bei einem WG des **notwendigen BV** liegt immer dann eine Entnahme vor, wenn der **betriebliche Funktionszusammenhang endgültig gelöst** wird. Dies setzt eine Entnahmehandlung voraus, durch die eine unmissverständliche endgültige Trennung des WG vom BV herbeigeführt wird. Der möglicherweise auf eine Entnahmen gerichtete Wille allein genügt nicht, wenn es an einer entsprechenden Handlung fehlt, durch die dieser Wille erkennbar zum Ausdruck kommt.[4] Eine solche Entnahmehandlung liegt etwa dann vor, wenn ein Gegenstand des notwendigen BV aus privatem Anlass verschenkt wird. Eine Buchung ist in diesen Fällen nicht zwingende Voraussetzung für die Entnahme.[5] Anders verhält es sich bei einem (bilanzierten) WG des **gewillkürten BV.** Hier ist zwar eine Entnahme auch ohne Nutzungsänderung jederzeit möglich, doch muss der **Entnahmewille eindeutig dokumentiert** werden. Deshalb kommt in diesen Fällen der buchmäßigen Behandlung durch den StPfl eine maßgebende Bedeutung zu. Dies schließt jedoch nicht aus, in anderen Umständen eine schlüssige Entnahmehandlung zu sehen.[6] Ein zunächst gemischt genutztes Grundstück verliert die Eigenschaft als BV nicht dadurch, dass es zu fremden Wohnzwecken vermietet wird.[7]

90 Eine **Nutzungsentnahme** liegt vor, wenn ein WG vorübergehend für betriebsfremde Zwecke verwendet wird (zB private Nutzung eines betrieblichen Kfz oder eines betrieblichen Telefons). Die außerbetrieblich veranlasste verbilligte Vermietung einer zum BV gehörenden Wohnung stellt eine

---

1 BFH BStBl II 92, 653; bei späterer privater Widmung kommt keine Entnahme in Betracht (zB bei Bebauung eines Grundstücks der Ges für Wohnzwecke der G'ter); BStBl II 88, 418; krit Knobbe-Keuk[9] § 10 Rn I.
2 BFH GrS BStBl II 88, 348.
3 BFHE 182, 123; 186, 540; BFH DStR 01, 2023.
4 BFH/NV 03, 895.
5 Vgl R 4.3 III 3 EStR.
6 BStBl II 75, 811; BFH/NV 96, 393.
7 BFH DB 05, 473.

Nutzungsentnahme dar, weil § 21 II 2 aF auf Gewinneinkünfte nicht entspr anzuwenden ist.[1] Eine **Leistungsentnahme** ist anzunehmen, wenn Leistungen zu betriebsfremden Zwecken erfolgen (zB außerbetrieblicher Einsatz der Arbeitskraft von ArbN). Die **eigene Arbeitskraft** des StPfl stellt kein entnahmefähiges WG dar; Tätigkeiten dieser Art vollziehen sich ausschließlich im privaten Bereich (zB Behandlung von Angehörigen durch einen Arzt).[2] Stellt der StPfl ein WG unter Einsatz seiner Arbeitskraft im BV her und entnimmt er das fertige WG, erfolgt die Entnahme mit dem Teilwert einschl des Werts der Arbeitsleistung (§ 6 I Nr 4).[3] Der VIII. Senat des BFH hatte den GrS angerufen bzgl der Frage, ob stille Reserven in die Bewertung der Nutzungsentnahme – Privatmietung eines Betriebs-Kfz – einzubeziehen sind, wenn bei einem Privatunfall Versicherungsleistungen fließen.[4] Mittlerweile hat der VIII. Senat den Vorlagebeschluss aus verfahrensrechtlichen Gründen wieder aufgehoben.[5] Er bleibt jedoch bei seiner Auffassung, dass eine Nutzungsentnahme in Höhe der Differenz zw den Teilwerten vor und nach dem Unfall vorliege und die Versicherungsleistung als private Vermögensmehrung zu qualifizieren sei.[6]

Der Entnahmetatbestand setzt zwar subj einen entspr **Entnahmewillen** voraus, doch ist dieser schon dann gegeben, wenn das WG zu einer bestimmten **außerbetrieblichen Nutzung** verwendet werden soll oder wenn die Rechtszuständigkeit auf einen Betriebsfremden übergeht. Unbeachtlich sind dagegen Motive und Absichten, die den StPfl zur Entnahme veranlasst haben.[7] Nicht erforderlich ist es, dass der StPfl ein auf die Realisierung eines Gewinns gerichtetes Rechtsfolgenbewusstsein besitzt und sich eine ungefähre Vorstellung über das Ausmaß der Gewinnverwirklichung macht. Deshalb ist ein entspr **Irrtum für den Entnahmetatbestand unbeachtlich**. Das kann für den StPfl vor allem auch deshalb zu fatalen Folgen führen, weil die Entnahme als tatsächlicher Vorgang nur in die Zukunft wirken kann, also eine **Rückwirkung ausgeschlossen** ist.[8] Der Entnahmewille ist vom **Berichtigungswillen** abzugrenzen, der nur die Richtigstellung eines falschen Bilanzansatzes zum Inhalt hat. Wenn etwa der StPfl ein WG im Wege der Bilanzberichtigung gewinneutral aus dem BV herausnehmen will, ist dies kein Wille zur gewinnrealisierenden Entnahme; eine unrichtige Ausbuchung ist vielmehr rückgängig zu machen.[9] Eine Veräußerung geht einer gewinnrealisierenden Entnahme vor, so dass ein bilanziertes WG nach der Veräußerung dann nicht mehr rückwirkend zu einem früheren Stichtag durch Entnahme ausgebucht werden kann, wenn die Bilanz erst nach Veräußerung des WG aufgestellt wird.[10]

91

Nach der Rspr des BFH kann in besonders gelagerten Fällen ein die **Entnahmehandlung substituierender Rechtsvorgang**, der das WG aus dem BV ausscheiden lässt, genügen, um den Entnahmetatbestand zu erfüllen. Es geht hier vor allem um die Fälle der sog **Totalentnahme** (BetrAufg) bei Beendigung einer BetrAufsp wegen des Wegfalls des sog einheitlichen geschäftlichen Betätigungswillens.[11] Der BFH begründet die BetrAufg mit dem Vorliegen eines die Aufgabehandlung substituierenden „Rechtsvorgangs". Allerdings lässt eine neuere Entscheidung des BFH in diesem Punkt ein Umdenken erkennen.[12] In diesem Fall kam der BFH zu dem Ergebnis, es könne sich bei dem Fehlen einer personellen Verflechtung um eine bloße **Betriebsunterbrechung** handeln, die im Falle einer BetrAufsp nicht zu einer BetrAufg zwinge, sondern bis zur Abgabe einer ausdrücklichen Aufgabeerklärung sei eine Betriebsfortführung anzunehmen, und zwar unabhängig vom Vorliegen einer Betriebsverpachtung im Ganzen. In Fällen des sog **Strukturwandels** eines bislang gewerblichen Betriebs in einen luf Betrieb hat der GrS des BFH die Verwirklichung des Entnahmetatbestands verneint.[13] Der Strukturwandel sei nicht als Rechtsvorgang zu verstehen, weil es sich um ein „tatsächliches" Geschehen handele. In gleicher Weise ordnet der BFH die Umqualifizierung eines luf Betriebs in „**Liebhaberei**" nicht als einen Entnahmehandlung oder die BetrAufg-maßnahmen substituierenden Rechtsvorgang ein.[14] Die Rspr des BFH, die einen die Entnahmehandlung substituierenden Rechtsvorgang genügen lässt, wird mit guten Gründen kritisiert, weil sie iErg statt eines Entwidmungsaktes des StPfl, wie ihn der Wortlaut des Gesetzes nahe legt, den Eintritt der „Entstrickung" des WG genügen lässt.[15]

92

---

1 BFH BStBl II 99, 652.
2 BFH BStBl III 59, 421; BStBl II 88, 342.
3 BFH BStBl III 59, 421.
4 BFH BStBl II 01, 395; anders BFH BStBl II 90, 8.
5 BFH/NV 04, 331.
6 BFH BStBl II 04, 725 (726).
7 BFH BStBl II 74, 67; BStBl II 83, 459 (462); BStBl II 85, 395 (396f).
8 BFH BStBl II 91, 226; *Blümich* § 4 Rn 174.
9 BFH BStBl II 77, 315 (318); BStBl II 83, 288; BStBl II 83, 459 (462f).
10 BFH DStR 02, 1983.
11 BFH BStBl II 84, 447; BStBl II 89, 363.
12 BFH DStR 99, 1184.
13 BFH GrS BStBl II 75, 168.
14 BFH BStBl II 82, 301.
15 Vgl *Knobbe-Keuk*[9] § 7 V 2, 3.

93 Eine Entnahme kann nach dem Wortlaut des Gesetzes nicht nur für private, sondern auch für andere **betriebsfremde Zwecke** erfolgen. Unter anderen betriebsfremden Zwecken müssen Zwecke eines anderen Betriebes verstanden werden. Hieraus folgt, dass der Entnahmetatbestand vom **Begriff des Betriebs** abhängig ist. Über dessen Inhalt besteht keine abschließende Klarheit. Das Meinungsspektrum reicht von der Summe aller Betriebe iSd § 2 II Nr 1 bis zu jedem einzelnen Betrieb gleich welcher Einkunftsart.[1] In letzterem Fall wird jedes **organisatorisch selbstständige Gebilde** als Betrieb angesehen. Der BFH hat sich bisher nicht auf einen bestimmten Betriebsbegriff festgelegt und stellt für das Vorliegen einer Entnahme allein darauf ab, ob die steuerrechtliche Erfassung der stillen Reserven sichergestellt ist (sog finaler Entnahmebegriff).[2] Der Standpunkt des BFH ist im Schrifttum kritisiert worden.[3]

94 Hierzu soll nicht weiter Stellung genommen werden, weil sich der Streitpunkt seit den Neuregelungen des § 6 III und V idF des StEntlG 99/00/02 (BGBl I 99, 402) weitgehend erledigt haben dürfte. Den neuen Regelungen liegt ein **enger Betriebsbegriff** zugrunde; das **finale Element** der Sicherstellung der Besteuerung stiller Reserven ist erst bei der **Bewertung** nach § 6 V 1 zu berücksichtigen. Wird ein WG von einem Einzel-Betrieb in einen anderen Einzel-Betrieb desselben StPfl **überführt**, so handelt es sich zwar um eine Entnahme, doch sind nach § 6 V 1 zwingend die Buchwerte zu übernehmen; abw von dem seitens der FinVerw bisher eingeräumten Wahlrecht ist der StPfl künftig gehindert, die stillen Reserven aufzudecken. Entspr gilt nach § 6 V 2, wenn der StPfl ein WG von seinem Einzel-BV in sein Sonder-BV überführt oder wenn der StPfl an verschiedenen MU'schaften beteiligt ist und ein WG von dem einen Sonder-BV in dasjenige der anderen MU'schaft überführt.

95 Umgekehrt sind die Rechtsfolgen, wenn ein WG zw dem Gesamthandsvermögen der MU'schaft und dem Einzel-BV oder Sonder-BV des MU'ers (oder vice versa) oder zw dem Sonder-BV verschiedener MU'schaften **dinglich übertragen** werden. Hier ordnet die Neuregelung des § 6 V 3 (StEntlG 99/00/02) zwingend den Ansatz des Teilwertes an und entzieht damit dem auf einem finalen Entnahmeverständnis begründeten Wahlrecht zur Buchwertfortführung die Grundlage. Nach der **Neufassung** des § 6 V 3 (Ausnahme: § 6 V 4) durch das StSenkG (BGBl I 00, 1433) und das UntStFG (BGBl I 01, 3858) sind Übertragungsvorgänge zwischen betrieblicher G'ter-Sphäre (SBV) und Gesellschaftssphäre (Gesamthandsvermögen) sowie zwischen den SBV verschiedener MU'er, die **nach dem 31.12.00** (vgl § 52 Abs 16a) erfolgen, zwingend zum Buchwert vorzunehmen.

96 Soweit § 6 V 1 einschlägig ist, stellt sich wie bisher die Frage, wann eine Besteuerung der **stillen Reserven sichergestellt** ist. Nach einer älteren Entscheidung des BFH muss die Erfassung der stillen Reserven auch für die **GewSt** gewährleistet sein.[4] Eine Entnahme wurde dagegen für den Sonderfall verneint, dass wegen Einstellung des GewBetr GewSt nicht mehr anfallen kann.[5] Im Schrifttum ist die Frage umstritten. Da sich der Gewerbeertrag nach § 7 GewStG an dem nach den Vorschriften des EStG zu ermittelnden Gewinn aus GewBetr orientiert und nicht umgekehrt, spricht dies rechtssystematisch gegen die Berücksichtigung der gewerbesteuerrechtlichen Folgen bei der Auslegung des Entnahmetatbestands.[6]

97 3. Entnahmefolgen. Wird ein WG in das PV überführt, verliert es seine **Eigenschaft als BV.** Des Weiteren können mit der Entnahme **Gewinnauswirkungen** verbunden sein. In Höhe des Buchwertes wirkt sich die Entnahme als Korrekturposten im Gesamtergebnis gewinneutral aus. Darüber hinaus führt die Entnahme im Regelfall zur **Aufdeckung der stillen Reserven** (vgl § 6 I Nr 4 S 1). Auf die Aufdeckung stiller Reserven kann bei Sachspenden verzichtet werden (§ 6 I Nr 4 S 4). Soweit § 6 V 1, V einschlägig sind, sind die Buchwerte zwingend fortzuführen. Entspr gilt in den Fällen des § 6 III.

98 Die Bemessungsgrundlage für die AfA eines Gebäudes ändert sich, wenn der StPfl es aus dem BV in das PV überführt und dabei die stillen Reserven aufgedeckt werden.[7] Das ist zutreffend, weil die Überführung einen anschaffungsähnlichen Vorgang darstellt, so dass auch § 7 V einschlägig ist.

99 Bzgl der **Feststellungslast** für den Tatbestand der Entnahme gilt Folgendes: Zwar liegt es im Grundsatz so, dass die Partei, die sich auf einen ihr günstigen Tatbestand beruft, dies zu beweisen hat. Dies wäre bei einer Entnahme das FA, weil die Versteuerung der in einem WG enthaltenen stillen Reser-

---

1 Vgl *K/S/M* § 4 Rn B 9 ff, 228 ff mwN.
2 BFH GrS BStBl II 75, 168.
3 Vgl dazu näher *K/S/M* § 4 Rn B 230 ff mwN.
4 BFH BStBl III 67, 318 (319 f).
5 BFH BStBl II 87, 342.
6 *K/S/M* § 4 Rn B 241 mwN zum Meinungsstand.
7 BFH/NV 99, 758.

ven die Zugehörigkeit zum BV voraussetzt. Steht allerdings fest, dass das WG ursprünglich BV war und wird geltend gemacht, dass schon in einer früheren Besteuerungsperiode eine Entnahme stattgefunden hat, dann trägt die objektive Beweislast/Feststellungslast für die frühere Entnahme der StPfl.[1]

In bestimmten **Bagatellfällen** sollen die Rechtsfolgen der Entnahme nicht eintreten. So verneint der BFH grds die Entnahme eines WG „seiner Substanz nach", wenn dieses nur vorübergehend für private Zwecke genutzt wird.[2] Im Bereich der Nutzungs- und Leistungsentnahme wird eine Bagatellgrenze berücksichtigt, wenn die Förderung des Betriebs bei weitem überwiegt und die Lebensführung ganz in den Hintergrund tritt.[3] 100

Im Grundsatz ist eine Entnahme dem Unternehmer **zuzurechnen**, der den Entnahmetatbestand in Person verwirklicht hat. Probleme bereitet dies, soweit es um **MU'schaften** geht. Handelt es sich um eine Entnahme aus dem Sonder-BV, dann ist der additive Gewinn der MU'schaft ohne betriebliche Veranlassung durch einen G'ter gemindert. Und dieser Entnahmegewinn ist dem entnehmenden MU'er mit Sonder-BV zuzurechnen. Geht es um die Entnahme eines WG aus dem Gesellschaftsvermögen, so soll dies ein Teil des Steuerbilanzgewinns der MU'schaft (auf erster Stufe) sein, der allen G'tern anteilig zugerechnet wird,[4] soweit nicht eine vor der Entnahme getroffene und betrieblich veranlasste Abrede der G'ter eine andere Zurechnung (an den begünstigten G'ter) vorsieht.[5] Findet eine Zurechnung der Entnahme aus dem Gesellschaftsvermögen an alle MU'er statt, dann verbirgt sich dahinter auch ein gesellschaftsrechtliches Problem, weil es nämlich zu einer Steuerbelastung auch derjenigen G'ter kommt, welche die Entnahme nicht getätigt haben. Hier ist gegebenenfalls durch eine gesellschaftsvertragliche Klausel gegenzusteuern. 101

4. Einlagevoraussetzungen. Nach § 4 I 7 sind Einlagen alle WG, die der StPfl dem Betrieb im Laufe des Wj (privat) zugeführt hat. Obwohl der Klammerzusatz für den Begriff „WG" nur Bareinzahlungen und sonstige WG nennt, werden auch **Aufwendungen** für betriebliche Zwecke eines im PV gehaltenen WG als einlagefähig angesehen (sog Aufwandseinlage). Es geht darum, Aufwendungen im Zusammenhang mit der Nutzung betriebsfremden Vermögens (zB betriebliche Nutzung eines Kfz des PV) im System des Eigenkapitalvergleichs nach § 4 I zu erfassen. Voraussetzung ist, dass es sich um eigenes betriebsfremdes Vermögen handelt. Die schlichte **Nutzung fremden Vermögens** zu betrieblichen Zwecken bleibt generell unberücksichtigt.[6] Nachdem sog Drittaufwand auf die Gewinnermittlung keinen Einfluss hat (unten Rn 145 ff), fokussiert sich die Problematik auf die Frage, was noch zum Aufwand des StPfl zählt und was als Aufwand des Dritten zu werten ist. Man ist sich weitgehend darüber einig, dass Zahlungen eines Dritten im Wege des sog **abgekürzten Zahlungsweges** noch als Aufwendungen des StPfl anzusehen sind. Dagegen ist noch nicht abschließend geklärt, ob Zahlungen eines Dritten im Wege des sog **abgekürzten Vertragsweges** berücksichtigt werden können.[7] Der BFH lehnt dies nunmehr ab, wenn es sich nicht um Aufwendungen des Dritten bei Geschäften „des täglichen Lebens" handelt (unten Rn 145 ff).[8] Unsicherheiten bestehen auch bei der Frage, wie **Drittaufwendungen zur Anschaffung/Herstellung eines WG** zu behandeln sind, welches der StPfl als sein eigenes Vermögen zur Erzielung von Einkünften einsetzt (zB ein geschenktes WG). 102

Da dem Einlagetatbestand im Rahmen der steuerrechtlichen Gewinnermittlung eine zu dem Entnahmetatbestand **spiegelbildliche Funktion** zukommt, müssen die Tatbestandsvoraussetzungen in vergleichbarer Weise ausgelegt werden. Das gilt allerdings aufgrund des unterschiedlichen Wortlauts **nicht für den Gegenstand** von Einlage und Entnahme. Anders als § 4 I 2 erwähnt § 4 I 7 für die Definition des Einlagebegriffs nicht auch Nutzungen und Leistungen. **Nutzungsrechte** sind demnach nur einlagefähig, wenn sie einen feststellbaren wirtschaftlichen Wert haben, es sich also um ein WG handelt, das auch nach handelsrechtlichen Maßstäben aktiviert werden könnte.[9] Nach einem Vorlagebeschluss des I. Senats des BFH (BStBl II 87, 65) sollte es auf die Bilanzierungsfähigkeit des Nutzungsrechts nicht ankommen, da in Parallele zum Entnahmebegriff **jeder geldwerte Vorteil** als Ein- 103

---

1 Vgl BFH BStBl II 85, 395.
2 BFH BStBl II 89, 621; BFH/NV 92, 310; vgl auch *Blümich* § 4 Rn 196 „Bagatellgrenze".
3 BFH BStBl III 64, 455; *Blümich* § 4 Rn 174.
4 BFH BStBl II 96, 276.
5 *Gosch* StBp 96, 79, str.
6 Zur Problematik des sog Drittaufwands BFH GrS BStBl II 95, 281; BFH BStBl II 99, 782; BStBl II 99, 778.
7 BFH BStBl II 96, 375; zust *Wolff-Diepenbrock* DStR 99, 1642 (1643); einschränkend *Wassermeyer* DB 99, 2486.
8 BFH DB 00, 1002.
9 BFH BStBl II 80, 244.

lageobjekt in Betracht kommen sollte. Dieser Auffassung ist der GrS des BFH nicht gefolgt.[1] Der GrS des BFH hielt an der bisherigen Rspr fest und bestimmt den Begriff des WG auch für Einlagen nach bilanzrechtlichen Maßstäben. Danach können **reine Nutzungsvorteile** nicht aktiviert werden. Etwas anderes gilt nur dann, wenn es sich um dingliche oder obligatorische **Nutzungsrechte** handelt, welche die abstrakten Voraussetzungen des WG-Begriffs erfüllen.[2]

104 Da es sich beim Einlagetatbestand materiell um eine Korrekturnorm handelt, sind derartige Korrekturen bei **offenen** und **verdeckten Einlagen/Entnahmen** geboten.[3] Von einer verdeckten Einlage wird gesprochen, wenn der Einlagetatbestand nicht als solcher gekennzeichnet ist, sondern unter einer anderen Form erfolgt, zB als Veräußerungserlös oder Mietentgelt usf. Eine verdeckte Einlage soll vorliegen, wenn eine 100 vH betragende Beteiligung an einer KapGes aus einem BV in eine andere KapGes eingelegt wird. Es kommt zur Gewinnrealisierung, auch wenn der Einbringende die Beteiligung an der aufnehmenden KapGes ebenfalls im BV hält.[4] Die Rspr hat den Begriff im Bereich der KapGes entwickelt, wobei zu berücksichtigen ist, dass **§ 8 III 2 KStG** für verdeckte Gewinnausschüttungen eine Sonderregelung bzgl Entnahmen des § 4 I enthält.[5] Dabei kann der Anteilseigner einer KapGes nicht nur durch Zuführung eines WG, sondern auch durch den **Verzicht** auf eine **Forderung** gegenüber der Ges eine verdeckte Einlage bewirken. Ein derartiger Verzicht führt durch den Wegfall der vorher passivierten Verbindlichkeit (G'ter-Darlehen) bei der KapGes zu einer Vermögensmehrung, die nach handelsrechtlichen Grundsätzen als Gewinn ausgewiesen werden kann. Steuerrechtlich handelt es sich demgegenüber um eine verdeckte Einlage, wenn der Erlass seine Ursache im Gesellschaftsverhältnis hat.[6] Der Verzicht eines G'ters auf eine Forderung gegen die KapGes führt zu einer verdeckten Einlage allein mit dem **werthaltigen** Teil, dem Teilwert, auf der Ebene der KapGes. Es kommt zu einer Einlage in Höhe des Teilwerts der Forderung im Verzichtszeitpunkt auch dann, wenn das Darlehen vor dem Verzicht eigenkapitalersetzenden Charakter hatte.[7] Der **nichtwerthaltige** Teil ist laufender Gewinn der KapGes, der entweder nach § 23 I KStG zu versteuern ist bzw einen vorhandenen Verlustvortrag abbaut. Auf der Ebene des Anteilseigners/G'ters kommt es in Höhe der verdeckten Einlage mit dem werthaltigen Teil zu einem entsprechenden Zufluss, insbes bei werthaltigen Pensionsanwartschaften. Diese vom GrS des BFH vertretenen Auswirkungen sind konsequent, weil sie letztlich auch die zivilrechtliche Situation widerspiegeln. Würde nämlich der Anteilseigner mit dem G'ter-Darlehen eine Kapitalerhöhung vornehmen wollen, dann käme es nur in Höhe des werthaltigen Teils zu einer für die Kapitalerhöhung verwendbaren Sacheinlage.

105 Der Tatbestand der Einlage verlangt wie derjenige der Entnahme eine **eindeutige Handlung**, wobei schlüssiges Verhalten genügt. Ergänzend bedarf es eines entspr **Einlagewillens**. Der Einlagewille fehlt beispielsweise, wenn ein StPfl ein WG einbucht, weil er irrtümlich der Ansicht ist, es handele sich um notwendiges BV.[8]

106 **5. Einlagefolgen.** Einlagen wirken zwar isoliert betrachtet gewinnmindernd. Da sie jedoch der Korrektur einer sonst erfolgswirksamen Buchung dienen, sind sie im Gesamtergebnis erfolgsneutral. Sichergestellt wird dies durch die Bewertung der Einlagen mit dem Teilwert im Zeitpunkt der Zuführung (§ 6 I Nr 5 S 1). Dadurch werden im Eigenkapitalvergleich nur solche Wertänderungen berücksichtigt, die während der Zeit der Zugehörigkeit zum BV entstanden sind. Zuvor im privaten Bereich eingetretene Werterhöhungen oder Wertminderungen bleiben grds unberücksichtigt. Etwas anderes gilt, wenn das zugeführte WG innerhalb der letzten 3 Jahre vor dem Zeitpunkt der Zuführung angeschafft oder hergestellt wurde (§ 6 I Nr 5 S 1a) oder wenn die Einlage in einer wesentlichen Beteiligung iSd § 17 besteht (§ 6 I Nr 5 S 1b). Da die Überführung der Anteile nicht als Veräußerung zu werten ist, soll durch die letztgenannte Regelung sichergestellt werden, dass bei einer etwaigen späteren Veräußerung der im BV gehaltenen Beteiligung auch die im PV eingetretene Wertsteigerung steuerlich erfasst wird, wie dies auch bei einer Veräußerung aus dem PV nach § 17 der Fall gewesen wäre.

Zu beachten ist allerdings, dass nach der Rspr des I. Senats des BFH eine Sacheinlage gegen Gewährung von Gesellschaftsrechten in der Konstellation der Überpari-Emission (§ 272 II Nr 1

---

1 BFH GrS BStBl II 88, 348; dazu *Groh* DB 88, 514, 571.
2 Zum steuersystematischen Hintergrund dieser Rspr vgl *Crezelius* Lehrbuch[2], § 8 Rn 57.
3 Vgl BFH BStBl II 87, 257.
4 BFH DStR 05, 1723.
5 BFH GrS BStBl II 88, 348; auch *Groh* DB 88, 514.
6 BFH GrS BStBl II 98, 307; BFH BStBl II 82, 631; BStBl II 84, 747; BStBl II 95, 362.
7 BFH/NV 01, 1353; BFH/NV 02, 677.
8 BFH BStBl II 73, 628.

HGB) als vollentgeltliches Rechtsgeschäft zu behandeln ist, so dass keine (verdeckte) Einlage in Betracht kommt.[1]

V. Entstrickung und Verstrickung. – 1. Grundgedanke. Entnahmen und Einlagen sind von dem Sinn getragen, dass außerbetriebliche Vorgänge keinen Einfluss auf den Gewinn haben sollen. IErg soll allein das betriebliche Ergebnis steuerrechtlich erfasst werden. Ähnlich gelagert ist die Frage der Entstrickung: Es geht darum, dass das **Besteuerungsrecht** der Bundesrepublik Deutschland gesichert werden soll, wenn WG in ausländische Betriebsstätten überführt werden. Mit dem SEStEG[2] ist § 4 I 3 eingeführt worden. Der Entnahme für betriebsfremde Zwecke wird der Ausschluss oder die Beschränkung des Besteuerungsrechts der Bundesrepublik Deutschland gleichgestellt.[3] Ausnahmen gelten im Anwendungsbereich des § 4 I 4 (s Rn 106e). Korrespondierend kommt es zur Verstrickung nach § 4 I 7 HS 2 hinsichtlich der Begr des Besteuerungsrechts der Bundesrepublik Deutschland bzgl des Gewinns aus der Veräußerung eines WG. Die Änderungen sind **erstmals** auf Wj anzuwenden, die nach dem 31.12.05 enden, so dass sie erstmals im Wj 06 bzw im Wj 05/06 gelten (§ 52 Abs VIIIb, XVI 1, X a).

106a

Unter Entstrickung ist ein Sachverhalt zu verstehen, durch welchen stille Reserven eines WG der deutschen Besteuerung beim StPfl entzogen werden.[4] Bislang gab es im deutschen Steuerrecht keinen **allg Entstrickungsgrundsatz**, wonach stille Reserven in WG aufzudecken und zu versteuern sind, wenn das WG künftig nicht mehr in die Gewinnermittlung einzubeziehen ist (Rn 30a). Das Gesetzmäßigkeitsprinzip (Art 20 III GG) verlangt für den Besteuerungszugriff und damit auch für die Entstrickung einen konkreten, subsumtionsfähigen Tatbestand. Es handelt sich bei § 4 I 3 entgegen der Auffassung des Gesetzgebers[5] daher nicht um eine klarstellende Regelung, vielmehr um die **konstitutive** Formulierung eines Entstrickungstatbestandes.[6] Im Laufe des Gesetzgebungsverfahrens hat der Gesetzgeber diese Rechtsverschärfung erkannt und eine Milderung und Ausnahme von der Entstrickung in **§ 4g** vorgesehen.

106b

2. Einzelne Wirtschaftsgüter. Eine Entstrickung eines einzelnen WG ist gegeben, wenn der Gewinn aus der Veräußerung des WG ausgeschlossen wird. Nach dem finalen Entnahmebegriff war schon bislang von einer Entnahme auszugehen, wenn ein WG aus dem inländischen Stammhaus eines unbeschränkt StPfl in eine ausländische Betriebsstätte überführt wird, deren Gewinn durch **DBA** bei der deutschen Besteuerung freigestellt ist. Zwar ändert die Überführung in die Auslandsbetriebsstätte nichts am Recht der Bundesrepublik Deutschland, den Teil eines späteren Veräußerungsgewinns zu besteuern, der im Zeitraum bis zur Überführung des WG veranlasst ist,[7] allerdings wird die Möglichkeit zur Besteuerung **künftiger Wertsteigerungen** ausgeschlossen. Handelt es sich um eine Betriebsstätte in einem DBA-Staat, bei dem die **Anrechnungsmethode** gilt, oder geht es um einen Nicht-DBA-Staat, so kam es bislang nicht zur Aufdeckung der stillen Reserven.[8] Der Neuregelung[9] geht es in erster Linie darum, stille Reserven von WG zu erfassen, die in eine Anrechnungsbetriebsstätte überführt werden. Ein Ausschluss des deutschen Besteuerungsrechts dürfte auch vorliegen, wenn ein unbeschränkt StPfl WG aus einer ausländischen Anrechnungsbetriebsstätte in eine ausländische Freistellungsbetriebsstätte überführt, wenn ein beschränkt StPfl WG aus einer inländischen Betriebsstätte in das ausländische Stammhaus oder eine ausländische Betriebsstätte überführt.[10] Umstr ist die Fallgruppe, in der ein WG durch Abschluss eines DBA aus der deutschen Besteuerungshoheit ausscheidet. Eine Entnahme im Wege der Entstrickung muss hier ausscheiden, weil es sich nicht um einen Vorgang handelt, der dem StPfl zugerechnet werden kann.[11]

106c

§ 4 I 3 erfasst nicht nur die Fälle des Ausschlusses des Besteuerungsrechts, vielmehr schon dessen **Beschränkung** im Hinblick auf den Gewinn aus der Veräußerung des WG. Es geht um die Überführung eines WG aus einem inländischen Stammhaus in eine Anrechnungsbetriebsstätte im Ausland. Eine Beschränkung des deutschen Besteuerungsrechts liegt hier darin, dass auf einen zukünftigen Gewinn aus der Veräußerung des WG ausländische Steuern anzurechnen sind. Der Wortlaut der Norm legt es nahe, dass es allein darauf ankommt, dass das deutsche Besteuerungsrecht abstrakt

106d

---

1 BFH DStR 07, 1388.
2 BGBl I 06, 2782.
3 Krit *Wassermeyer* DB 06, 1176.
4 BFH BStBl II 72, 455; BStBl II 89, 187.
5 BT-Drs 16/2712, 28.
6 Wie hier *Carl* KÖSDI 07, 15401 f; *Förster* DB 07, 72.
7 *Wassermeyer* DB 06, 1176 (1180).
8 BMF BStBl I 99, 1076 Tz 2.6.1.
9 BT-Drs 12/2710, 28.
10 *Förster* DB 07, 72 (73).
11 *Förster* DB 07, 72 (73); **aA** *Stadler/Elser* BB 06, Beil. Nr 8, S 20.

durch die Anrechnungsverpflichtung beschränkt wird. Weiterhin greift § 4 I 3 auch ein, wenn das deutsche Besteuerungsrecht nur hinsichtlich der **Nutzung** eines WG ausgeschlossen oder beschränkt wird. Es geht um Fälle, in denen WG einer ausländischen Betriebsstätte vorübergehend überlassen werden oder WG nicht allein im Inland, sondern auch in einer oder mehreren ausländischen Betriebsstätten genutzt werden.[1] Die Neuregelung in § 4 I 3 erfasst also nicht nur Sachverhalte, in denen das WG der Auslandsbetriebsstätte zuzuordnen ist. Wenn das WG in der Auslandsbetriebsstätte genutzt wird und die daraus resultierenden Erträge der ausländischen Besteuerung unterliegen, handelt es sich um eine Beschränkung der deutschen Besteuerung. Das wird von § 4 I 3 **fiktiv** als Entstrickung qualifiziert. Daran schließt sich die Frage an, ob hier von einer Entnahme des WG zum gemeinen Wert oder von einer Überlassung zum gemeinen Wert auszugehen ist.[2] Zutr ist die zweite Lösungsmöglichkeit, weil hierfür auch der Wortlaut der Parallelnorm des § 12 I KStG spricht. IErg kann es aufgrund der fiktiven Entstrickung bei Nutzungsüberlassungen zu Doppelbesteuerungen kommen, wenn der Auslandsstaat, in dem die WG tatsächlich genutzt werden, keine Abmilderung der Betriebsstättenbesteuerung um die (fiktive) Nutzungsvergütung kennt.

106e **3. Ausnahmen.** § 4 I 4 formuliert eine Ausnahme vom allg Entstrickungstatbestand in § 4 I 3, wenn es um eine Sitzverlegung einer **SE** oder einer **SCE** nach Art 10d II Fusionsrichtlinie geht. Die zunächst vorgesehene Regelung, wonach eine spätere Veräußerung derartiger Anteile ungeachtet der Regelungen in einem DBA so zu besteuern ist, als ob keine Sitzverlegung stattgefunden habe, wird in § 15 Ia 1 aufgenommen. Ein späterer Gewinn aus der Veräußerung solcher Anteile oder aus der Verwirklichung etwaiger Ersatztatbestände wird unter Inkaufnahme auch eines **treaty override** der deutschen Besteuerung unterstellt; damit wird die Sitzverlegung negiert. Letztlich wird das deutsche Besteuerungsrecht prolongiert und solche stillen Reserven in den Anteilen einer SE oder SCE in Deutschland besteuert, die erst nach der Sitzverlegung aufgelaufen sind.[3]

106f **4. Verstrickung.** Korrespondierend zu § 4 I 3 hat der Gesetzgeber in § 4 I 7 einen allg Verstrickungstatbestand geschaffen. Die Begr des Besteuerungsrechts der Bundesrepublik Deutschland führt zu einer Verstrickung, indem diese **fiktiv** als **Einlage** behandelt wird. Wie bei der Entnahme ist zum gemeinen Wert anzusetzen. Steuersystematisch fällt auf, dass anders als beim Entstrickungstatbestand in § 4 I 3 die Erstarkung des Besteuerungsrechts nicht erfasst wird. Das ist ein **Systembruch**, weil Sachverhalte denkbar sind, in denen neben der Begründung des Besteuerungsrechts der Bundesrepublik Deutschland auch die Erstarkung in Betracht kommt, beispielsweise durch Änderungen in einem DBA. § 4 I 7 ist über § 8 I KStG auch bei Körperschaften anwendbar.

106g Wenn nach § 6 I Nr 5a das fiktiv eingelegte WG mit dem gemeinen Wert angesetzt wird, dann kommt es nicht darauf an, ob der Auslandsstaat das WG mit einem geringeren Wert aus seiner Besteuerungshoheit entlässt.[4] Aufgrund dessen ergibt sich für die in das deutsche Besteuerungsrecht überführten WG je nach Wertentwicklung eine stfreie Höherbewertung. Liegt allerdings der Entstrickungswert in dem Auslandsstaat über dem nach deutschem Recht ermittelten gemeinen Wert, so ergibt sich eine Doppelbesteuerung. Von § 4 I 7 erfasst ist auch die Verstrickung von Sachgesamtheiten. Nicht umgesetzt worden ist das erörterte Konzept, an den nach dem jeweiligen ausländischen Steuerrecht maßgeblichen Entstrickungswert anzuknüpfen. Anders als bei der Entstrickung ist bei der Verstrickung nicht geregelt, dass der Wechsel von einem beschränkten zum unbeschränkten deutschen Besteuerungsrecht als fiktive Einlage zu behandeln ist.[5]

C. Überschussrechnung (§ 4 III)

Literatur: *Bordewin* Das Fremdwährungsdarlehen in der Überschussrechnung, DStR 92, 244; *Groh* Zur Struktur der betrieblichen Überschussrechnung, FR 86, 393; *Korn* Brennpunkte der Einnahmeüberschussrechnung nach § 4 Abs 3 EStG, KÖSDI 06, 14368; *Offerhaus* Einzelfragen zur vereinfachten Gewinnermittlung durch Überschussrechnung, BB 77, 1493.

107 **I. Anwendungsbereich.** Nach § 4 III können StPfl den Überschuss der BE und der BA als Gewinn ansetzen, wenn sie nicht aufgrund gesetzlicher Vorschriften verpflichtet sind, Bücher zu führen und regelmäßig Abschlüsse zu machen, und wenn sie ebenso wenig freiwillig Bücher führen. In den persönlichen Anwendungsbereich fallen im Einzelnen **selbstständig Tätige** iSd § 18 (mangels Buchfüh-

---

1 *Rödder/Schumacher* DStR 06, 1484.
2 Vgl *Werra/Teiche* DB 06, 1456.
3 Krit *Förster* DB 07, 72 (75 f); *Werra/Teiche* DB 06, 1457 f.
4 *Dötsch/Pung* DB 06, 2648 (2651).
5 Vgl BT-Drs 16/2710, 28.

rungspflicht), Land- und Forstwirte, soweit sie weder kraft gesetzlicher Verpflichtung noch freiwillig Bücher führen und – ggf auf Antrag – ihren Gewinn nicht nach Durchschnittssätzen ermitteln (vgl § 13a I, II). Bei Gewerbetreibenden besteht keine außersteuerrechtliche Buchführungspflicht, wenn es sich um sog **Kleingewerbetreibende** handelt, deren Unternehmen nach Art und Umfang keinen in kfm Weise eingerichteten Geschäftsbetrieb erfordert und die nicht freiwillig in das Handelsregister eingetragen sind (vgl § 2 HGB). Soweit sich für diese gewerblichen Unternehmer keine steuerliche Buchführungspflicht aus § 141 I Nr 1 oder 4 AO ergibt und sie nicht freiwillig Bücher führen, ist die Gewinnermittlung durch Überschussrechnung nach § 4 III durchzuführen.

II. Systematik. – 1. Betriebsvermögen. Grds ist die Gewinnermittlung nach § 4 III eine Ist-Rechnung, weil sie BE im Zeitpunkt ihrer Vereinnahmung und BA im Zeitpunkt der Verausgabung für maßgebend hält. Gleichwohl handelt es sich **nicht** um eine reine **Geldrechnung**, was sich beispielsweise bei der Anschaffung und Veräußerung von WG (Rn 121) zeigt. Im Übrigen geht die Gewinnermittlung nach § 4 III nicht von einem eigenen eigenständigen Gewinnbegriff aus. Zwar kann und wird das Jahresergebnis von einem durch Bestandsvergleich ermittelten Periodengewinn abweichen. Auf die gesamte Lebensdauer des Betriebs gesehen gleichen sich jedoch Abweichungen wieder aus. BV-Vergleich und Einnahme-Überschussrechnung führen zu dem gleichen Totalgewinn.[1] **108**

Die (vereinfachte) Gewinnermittlung nach § 4 III ist vorderhand buchungstechnisch einfach, weil sie keine Kassenführung, keine Bestandskonten und keine Inventur voraussetzt. Trotzdem bestehen bestimmte **Aufzeichnungspflichten** für BE und BA, so dass iErg doch eine gewisse „Buchhaltung" erforderlich ist.[2] Es ist auch ein Verzeichnis des abnutzbaren Anlagevermögens zu führen (§ 4 III 5), die BA sind gesondert aufzuzeichnen (§ 4 VII), und es ist ein Verzeichnis der geringwertigen Anlagegüter anzulegen (§ 6 II 4). Aufzeichnungspflichten ergeben sich auch, soweit es um die Anerkennung von gewillkürtem BV geht (vgl Rn 112). Materiell können die Vereinfachungseffekte zur Besteuerung wirtschaftlich nicht getätigter Gewinne/Verluste führen,[3] wenn beispielsweise in der Periode 01 Waren angeschafft und bezahlt worden sind, demnach eine BA entsteht, obwohl materiell ein Verlust nicht eingetreten ist. **109**

Hat ein StPfl, der seinen Gewinn nach § 4 III ermittelt, die erforderlichen Aufzeichnungen nicht geführt, dann kann das FA allein darauf nicht eine **Schätzung** nach § 162 II 2 AO stützen.[4] Andererseits ist die Aufzeichnung der Belege des StPfl die maßgebende Grundlage für die Steuererklärung.[5] Entsprechend allgemeinen Grundsätzen trägt der StPfl die Feststellungslast für den Abzug einer BA. Das bedeutet, dass dann, wenn die betriebliche Veranlassung nicht bewiesen werden kann, das FA keine BA ansetzt. Ist demgegenüber nur die Höhe der BA nicht bewiesen, dann sind die angefallenen Aufwendungen zu schätzen.[6] **110**

Die Gewinnermittlung nach § 4 III erfolgt zwar nicht in der Weise, dass das BV an 2 aufeinanderfolgenden Stichtagen bewertet wird, was aber nicht bedeutet, dass es hier kein BV gäbe. Die Gewinnermittlung nach § 4 III ist nur in technischer Hinsicht mit der Ermittlung von Überschusseinkünften (vgl § 2 II Nr 2) vergleichbar, indem der Gewinn durch Überschuss der zugeflossenen BE über die abgeflossenen BA ermittelt wird. Gleichwohl handelt es sich bei der **vereinfachten Gewinnermittlung** nach § 4 III um eine Gewinnermittlung iSd § 2 II Nr 1, die im Hinblick auf den Gesamtgewinn zum gleichen Ergebnis wie die Gewinnermittlung nach § 4 I führen muss. Es gilt der Grundsatz der **Gesamtgewinngleichheit** (oben Rn 11).[7] Mithin werden iErg auch bei § 4 III Wertänderungen des BV erfasst; der Unterschied zu § 4 I besteht allein darin, dass sich die **Wertänderungen nicht auch zeitgleich** (periodengerecht) auf den Gewinn auswirken müssen. Nach dem Vereinfachungsmodell des § 4 III sind Wertänderungen des BV erst zu erfassen, wenn sie sich kassenmäßig in Form von BE im **Zuflusszeitpunkt** (§ 11 I) oder als BA im **Zeitpunkt des Abflusses** (§ 11 II) niederschlagen. Das **BV** wird in gleicher Weise wie bei § 4 I **steuerverstrickt**, mit der Konsequenz, dass (realisierte) Wertsteigerungen des zur Einkunftserzielung eingesetzten Vermögens besteuert werden. Forderungen und Schulden entstehen auch bei § 4 III als BV, sie haben zunächst nur keinen Einfluss auf den Gewinn. **111**

---

[1] BFH BStBl II 73, 293.
[2] BFH BStBl II 84, 504; BFH/NV 04, 858: Einzelaufzeichnungspflichten.
[3] *Pickert* DB 94, 1581.
[4] *Schmidt*[26] § 4 Rn 374.
[5] BFH BStBl II 99, 481.
[6] BFH BStBl II 92, 854.
[7] BFH BStBl II 72, 334; BStBl 91, 796.

112 Ein systematischer Bruch zw § 4 I und § 4 III besteht/bestand darin, dass die bisher herrschende Praxis die Möglichkeit der Bildung von **gewillkürtem BV** im Bereich des § 4 III aus Rechtsgründen ausschließen will, weil es nicht in gesetzlich angeordneten Aufzeichnungen dokumentierbar sei.[1] Diese Differenzierung findet im Gesetz keine Stütze. Sie widerspricht in systematischer Hinsicht dem Grundsatz der Gesamtgewinngleichheit und wird durch die Regelung des § 4 I 3 nicht gedeckt. Zumindest werden die praktischen Probleme dadurch entschärft, dass beim Wechsel der Gewinnermittlungsart von § 4 I zu § 4 III WG, die bisher gewillkürtes BV waren, nach § 4 I 3 nicht als gewinnrealisierende Entnahme in das PV gewertet werden. An einer Entnahme fehlt es auch, wenn sich die Nutzung notwendigen BV dahingehend ändert, dass nur noch die Voraussetzungen gewillkürten BV vorliegen. Man bezeichnete den Vorgang gelegentlich auch – ohne erkennbar dogmatischen Wert – als sog **geduldetes BV**.[2] IErg geht/ging es der Rspr letztlich darum, die aus einer mangelnden Kontrolle resultierende steuergünstige Ent- bzw Verstrickung von WG zu verhindern. Dieser Aspekt rechtfertigt es allerdings nicht, die Bildung gewillkürten BV im Bereich des § 4 III zu negieren, sondern allein, strengere Anforderungen an den Nachweis der Einlagehandlung zu stellen. Der BFH[3] hat seine Auffassung nun geändert und läßt bei § 4 III WG gewillkürtes BV zu. Im Hinblick auf die Kontrollierbarkeit hält es der BFH jedoch für erforderlich, dass der Akt der erstmaligen Zuordnung eines WG zum gewillkürten BV unmissverständlich in einer solchen Weise dokumentiert wird, dass ein sachverständiger Dritter ohne weitere Erklärung des StPfl die Zugehörigkeit des WG zum BV erkennen kann. Ausreichend soll die Aufnahme in das betriebliche Bestandsverzeichnis sein. Das BMF[4] hat sich diesen Grundsätzen der Rspr im Wesentlichen angeschlossen. Die Aufzeichnungen haben danach zeitnah zu erfolgen und sind mit der Einnahmen-Überschuss-Rechnung einzureichen. Alternativ soll auch eine zeitnahe, schriftliche Erklärung über die Zuordnung des WG zum BV gegenüber dem FA ausreichen. Im Zweifel sollte von der vom BMF eingeräumten Möglichkeit Gebrauch gemacht werden, die Zuführung zum BV zu erklären, wobei die Rechtsgrundlage dafür offen bleibt.

113 **2. Betriebseinnahmen und Betriebsausgaben.** Im Gegensatz zu den Überschusseinkünften (§ 8 I) gibt es für den Bereich der Gewinneinkünfte keine Definition des **BE-Begriffs**. Für die Gewinnermittlung nach § 4 I ist dies entbehrlich, denn dort beantwortet sich die Frage der Erfassung von Vermögensmehrungen nach der Zugehörigkeit zum BV. Bei der Gewinnermittlung nach § 4 III ist der Begriff der BE von grundlegender Bedeutung, weil hier die **zugeflossenen BE Substrat der Gewinnermittlung** sind. In Anlehnung an § 8 I werden unter BE all diejenigen Zugänge von **WG in Form von Geld oder Geldeswert** verstanden, die durch den Betrieb veranlasst sind.[5] Bestehen die Einnahmen in Geldeswert (Sachwerte), dann sind sie entspr § 8 II 1 mit den Endpreisen am Abgabeort anzusetzen.

114 Diese in der Praxis übliche Definition ist in mehrfacher Hinsicht ungenau. Zunächst werden nur **erfolgswirksame Zugänge** als BE erfasst. Deswegen wird die Gewährung oder Aufnahme von Darlehen trotz betrieblicher Veranlassung nicht berücksichtigt; jene Vorgänge führen zu keiner wirtschaftlichen Veränderung von Vermögenspositionen.[6] Des Weiteren ist die Subsumtion von Einnahmen in Geldeswert (Sachwerte) unter den BE-Begriff dogmatisch nicht ganz überzeugend und wirft insbes komplizierte Bewertungsprobleme auf. Macht man mit der Erfassung auch geldwerter Vorteile ernst, dann müssten konsequenterweise auch Gegenleistungen für BA (Kauf eines WG gegen Geld) zu BE führen. Gegenleistungen für BA führen aber deshalb nicht zu BE, da im Rahmen der vereinfachten Gewinnermittlung nach § 4 III alle **Geschäftsvorfälle nur einfach berücksichtigt** werden, so dass außer Betracht bleibt, dass mit jeder BA regelmäßig ein Zugang von Werten verbunden ist.[7] Ein weiteres Problem besteht darin, dass grds auch **Forderungen** Geldwert besitzen, ihr Zugang gleichwohl zu keiner BE iSd § 4 III führt.[8] Dies wird damit begründet, dass sie lediglich den (potentiellen) Leistungsanspruch und noch nicht die (tatsächlichen) zugeflossenen Einnahmen repräsentieren.[9] Auf den tatsächlichen Zu- bzw Abfluss kommt es ausnahmsweise dann nicht an, wenn es sich um **regelmäßig wiederkehrende** Einnahmen oder Ausgaben handelt, die kurze Zeit vor oder nach Beendigung des Kj ihrer wirtschaftlichen Zugehörigkeit zu- oder abfließen (vgl § 11 I 2, II 2).[10]

---

1 BFH BStBl II 76, 663; R 13 Abs 17, R 16 Abs 6 EStR; **aA** – obiter dictum – BFH BStBl II 94, 172.
2 Vgl *Schmidt*[26] § 4 Rn 360 „Geduldetes BV" „Nutzung".
3 BFH BStBl II 04, 985.
4 BStBl I 04, 1064; näher *Lohse/Zauziger* DStR 05, 850.
5 BFH BStBl II 94, 179; BFH/NV 96, 26.
6 BFH BStBl II 75, 441; BStBl II 91, 228.
7 *Crezelius* Lehrbuch[2], § 8 Rn 82 mwN zur Gegenmeinung.
8 BFH BStBl II 75, 526.
9 Zur Frage, ob der Zufluss ein Begriffsmerkmal der BE ist vgl *K/S/M* § 4 Rn D 66; *Schmidt*[26] § 4 Rn 421.
10 BFH BStBl II 93, 499.

Keine BE sind sog **durchlaufende Posten**, dh diejenigen BE, die im Namen und für Rechnung eines **115** anderen vereinnahmt und verausgabt werden (§ 4 III 2). Sie verändern wirtschaftlich das BV nicht und bleiben deshalb ohne Gewinnauswirkung. Auch **Vermögensmehrungen**, die ein StPfl **aufgrund privater Anlässe** (Erbschaften, Schenkungen usw) erfährt, sind mangels betrieblicher Veranlassung keine BE. Betrieblich veranlasst sind alle laufenden und einmaligen, außerordentlichen Einnahmen aus betrieblichen Tätigkeiten und Geschäften einschl sog Hilfsgeschäften (Veräußerung von WG des Anlagevermögens oder Tauschgeschäfte) und Nebentätigkeiten. BE können auch **nach Betriebsbeendigung** anfallen (vgl § 24 Nr 2), wobei allerdings umstritten ist, nach welcher Gewinnermittlungstechnik solche Gewinne zu berechnen sind.[1]

BA sind nach § 4 IV alle Aufwendungen (Geld- oder Sachleistungen), die durch den Betrieb veranlasst sind. Voraussetzung ist auch hier die **Erfolgswirksamkeit des Vorgangs**, weswegen beispielsweise die Rückzahlung eines Darlehens nicht zu einer BA führt. Dagegen sind Zinszahlungen erfolgswirksam, ebenso der Verlust einer Darlehensforderung aus betrieblichen Gründen. **Kursverluste** aus der Tilgung eines Fremdwährungsdarlehens sind im Zeitpunkt der Tilgung BA.[2] **Geldverluste** führen zum BA-Abzug, wenn das schadenstiftende Ereignis, dh das den Verlust „auslösende Moment" iSd Veranlassungsprinzips dem betrieblichen Bereich zuzurechnen ist. Dabei ist es unerheblich, ob das entwendete Geld zum PV oder BV des StPfl gehörte.[3] Kann das den Verlust bewirkende Ereignis nicht eindeutig zugeordnet werden (zB Einbruchsdiebstahl, höhere Gewalt), wird der Veranlassungszusammenhang danach beurteilt, ob der betroffene Geldbestand dem BV zuzurechnen war.[4] Bei der Gewinnermittlung nach § 4 III gibt es grds keine Nachholung eines unterbliebenen BA-Abzugs.[5] AK und HK für Umlaufvermögen mindern daher einen späteren Veräußerungsgewinn, wenn der BA-Abzug unterblieben war. Der Abzug von zu Unrecht als HK erfassten BA kann in späteren VZ nicht nachgeholt werden.[6] **116**

Durchlaufende Posten führen zu keinen BA (§ 4 III 2). Davon abzugrenzen sind **eigene Verbindlichkeiten** des StPfl, die er regelmäßig auf Dritte abwälzen kann, zB Aufwendungen für Telefon und Porto. Bei durchlaufenden Posten handelt es sich um Beträge, die der Inhaber des Betriebs im Namen und für Rechnung eines anderen vereinnahmt und verausgabt. Beispielsweise Gerichtskosten, die ein RA für das Gericht von seinem Mandanten annimmt und an das Gericht weiterleitet.[7] Ist der Betrag zunächst als durchlaufender Posten behandelt worden, wird die Forderung jedoch später uneinbringlich, dann wird der Betrag in dem Jahr als BA abziehbar, in dem erstmals nicht mehr mit Erstattung gerechnet werden kann.[8] Derartige Aufwendungen stellen bei der Verausgabung BA und bei der Vereinnahmung BE dar. Wenn der StPfl der Regelbesteuerung nach dem UStG unterliegt, ist die vereinnahmte **USt** als BE zu erfassen, während die Abführung der USt an das FA eine BA darstellt. Umgekehrt führt ein eventueller VorSt-Überschuss mit Erstattung zu einer BE. **117**

Da bei der Überschussrechnung nach § 4 III nur betrieblich veranlasste Einnahmen und Ausgaben als Gewinn zu erfassen sind, muss eine **Korrektur um Entnahmen und Einlagen** vorgenommen werden, soweit sie Einfluss auf den Gewinn haben können.[9] Aus dem Grundsatz der Gesamtgewinngleichheit folgt, dass Entnahmen und Einlagen entspr § 6 I Nr 4 und 5 mit dem Teilwert anzusetzen sind.[10] Ansonsten wäre das Betriebsergebnis bei § 4 I und § 4 III nicht übereinstimmend. Erfolgt eine **Sachentnahme**, sind nach der Technik der sog Kassenzurechnung die Erwerbskosten, soweit sie noch nicht abgeschrieben sind, als BA zu erfassen und dem Entnahmewert gegenüberzustellen. **Nutzungsentnahmen** sind gewinnerhöhend in Höhe der Kosten anzusetzen, die bei eigener betrieblicher Nutzung entstanden wären. Bei der privaten Nutzung eines betrieblichen Kfz gilt die pauschale Bewertung des privaten Nutzungswerts (§ 6 IV Nr 1 S 2) entspr **Geldeinlagen** und **Geldentnahmen** sind bei der Überschussrechnung nicht zu erfassen. Das ist damit zu begründen, dass der „Buchwert" von Geld dessen „Teilwert" entspricht und sich deshalb entspr Entnahmen oder Einlagen nicht auf den Gewinn auswirken.[11] **118**

---

1 Vgl BFH BStBl II 97, 509; näher Schmidt[26] § 4 Rn 446 mwN.
2 BFH BStBl II 91, 228.
3 BFH BStBl II 76, 560; BStBl II 93, 509.
4 BFH BStBl II 92, 343; Blümich § 4 Rn 37.
5 BFH BStBl II 05, 758; dazu Korn KÖSDI 05, 14807.
6 BFH DStR 06, 1499.
7 BFH/NV 97, 290.
8 R 16 II 3 EStR.
9 BFH BStBl II 75, 526; BStBl II 80, 244; K/S/M § 4 Rn D 194 mwN.
10 BFH BStBl II 79, 401; K/S/M § 4 Rn D 197 mwN.
11 Näher dazu K/S/M § 4 Rn B 199.

119 Die **Hingabe** eines **Darlehens** aus betrieblichem Anlass ist keine BA.[1] Infolgedessen ist die Rückzahlung des Darlehens keine BE. Um BE handelt es sich jedoch bei den Zinsen und Nebenleistungen, die gezahlt werden. Fällt die Darlehensforderung ganz oder zum Teil aus, dann ist der Verlust in dem Zeitpunkt als BA zu behandeln, in welchem er endgültig feststeht.[2] All dies ist steuersystematisch stimmig, weil der StPfl bei Hingabe von Darlehensmitteln AK für ein nicht abnutzbares WG aufwendet, so dass der Vorgang in der Gewinnermittlung nach § 4 III zunächst unberücksichtigt zu bleiben hat. Gleiches gilt für **Entnahmen** und **Einlagen** von **Geld**, wobei die Begriffe Einlage und Entnahme voraussetzen, dass es sich um eine außerbetriebliche Veranlassung handelt. Fließt das Geld dem Unternehmer betrieblich veranlasst zu, dann handelt es sich um eine BE, im umgekehrten Fall um eine BA. Fällt eine Forderung weg, so ist zunächst davon auszugehen, dass die Entstehung, die Wertberichtigung und der Ausfall einer Forderung den Gewinn nach § 4 III grds nicht beeinflussen, weil es sich um ein nicht abnutzbares WG des AV handelt. Der Erlass der Forderung aus privaten Gründen kann aber zu einem Entnahmegewinn führen. Im Übrigen wird der Gewinn erst durch einen Zahlungseingang beeinflusst. Erlässt der StPfl eine Forderung in einem früheren Zeitpunkt, und zwar betrieblich veranlasst, dann kann der Vorgang den Gewinn nicht berühren.

120 Die Kassenrechnung des § 4 III führt in Kombination mit dem Abflussprinzip des § 11 II grds dazu, dass sich Ausgaben des StPfl regelmäßig für die Steuerperiode auswirken, in welcher sie effektiv geleistet worden sind. Anders als bei der bilanziellen Gewinnermittlung gibt es bei der Überschussrechnung des § 4 III grds **keinen Periodisierungsmechanismus** dergestalt, dass Ausgaben, die zu betrieblich genutzten WG führen, über die betriebsgewöhnliche Nutzungsdauer des erlangten Guts verteilt werden. Deswegen führt die Zahlung angeschaffter Waren (des Umlaufvermögens) sofort und in vollem Umfang zu BA, wobei sich in der Praxis häufig das Problem stellt, wie einerseits die Grenze zum Anlagevermögen und andererseits die Grenze zum PV zu ziehen ist (zB Anschaffung von Dentalgold durch einen Zahnarzt).[3] Übermäßige Verzerrungen des Periodenergebnisses werden durch § 4 III 3, 4 unterbunden. Danach sind beim Anlagevermögen die Vorschriften über die **AfA und Substanzverringerung** zu befolgen, und die AK oder HK für **nicht abnutzbare WG des Anlagevermögens** sind erst im Zeitpunkt der Veräußerung oder Entnahme dieser WG als BA zu berücksichtigen. Nach überwiegender Meinung richtet sich der für die Gewinnermittlung relevante Zeitpunkt nicht nach § 11 und dem Zeitpunkt der Zahlung, sondern nach der Sonderregelung des § 7 und dem Zeitpunkt der Anschaffung (§ 9a EStDV). Im Gegensatz zur früheren Vorschrift für die Bewertung von GWG, die nur über eine Verwaltungsvorschrift zur Anwendung kam, gilt die Neuregelung in § 6 II, IIa verpflichtend für die Gewinnermittlung nach § 4 III. Bis zum Wert von 150 Euro werden GWG sofort abgeschrieben (§ 6 II), zwischen 150 und 1000 Euro wird ein Sammelposten mit fünfjähriger Abschreibungsdauer gebildet (§ 6 IIa).

120a Bislang galten für Umlaufvermögen generell §§ 4 III, 11, so dass bei Anschaffungen der Kaufpreis BA war.[4] Künftig führt § 4 III 4 (Anwendungsregelung § 52 X) dazu, dass für Anteile an KapGes, für Wertpapiere und vergleichbare nicht verbriefte Forderungen und Rechte, für Grund und Boden sowie Gebäude des Umlaufvermögens nicht mehr das Abschlussprinzip angewendet wird. Bei den betroffenen WG wird steuerrechtlich die Unterscheidung von Anlage- und Umlaufvermögen negiert, um Steuerstundungseffekten entgegenzutreten, bei denen AK in sofort abzugsfähige BA umgewandelt werden. Die vorstehend genannten WG sind in besondere, laufend zu führende Verzeichnisse aufzunehmen. AK/HK sind für sie im Zeitpunkt des Zuflusses eines Veräußerungserlöses oder im Zeitpunkt der Entnahme als BA zu erfassen. In der Sache geht es inbes um Wertpapiere und um Sachverhalte, bei denen aus der Figur des gewerblichen Grundstückshandels und der Qualifizierung der WG als Umlaufvermögen nach bisherigem Recht sofort abzugsfähige Abflüsse gestaltet worden sind.

121 **3. Anschaffungs- und Veräußerungsvorgänge.** Bei Anschaffung oder Herstellung von **Umlaufvermögen** fallen außerhalb des Anwendungsbereichs des § 4 III 4 aE (Rn 120a) mit der Zahlung des Kaufpreises oder der Material- oder Fertigungskosten BA an.[5] Der Veräußerungserlös ist als BE im Zeitpunkt des Zuflusses zu erfassen. Werden **abnutzbare WG des Anlagevermögens** angeschafft oder hergestellt, wirkt sich nur die AfA gewinnmindernd aus. Im Veräußerungsfall ist § 4 III 4 entspr heranzuziehen und dem Veräußerungserlös als BE ist der Restwert des WG als BA gegen-

---

1 BFH BStBl II 70, 44.
2 BFH BStBl II 76, 380.
3 Vgl BFH BStBl II 91, 13; BStBl II 94, 750.
4 BFH BStBl II 91, 13; zur nicht möglichen Nachholung BFH DStR 05, 1600.
5 BFH BStBl II 91, 13.

überzustellen (R 17 III 4 EStR). Der Veräußerungserlös ist dabei im Jahr der Zahlung zu erfassen, während der „Restbuchwert" grds im Jahr der Veräußerung ohne Rücksicht auf die Zahlung den Gewinn mindert.[1] Die Anschaffung oder Herstellung eines **nicht abnutzbaren WG des Anlagevermögens** bleibt zunächst ohne Gewinnauswirkung; die AK oder HK werden im Jahr der Anschaffung oder Herstellung in ein Verzeichnis aufgenommen. Bei künftiger Veräußerung wird der Veräußerungserlös um den aufgezeichneten Buchwert gekürzt.

Scheiden WG betrieblich veranlasst aus dem Betrieb aus, **ohne dass sie veräußert** oder in anderer betriebstypischer Weise verwendet worden sind (Brand, Diebstahl usw), dann hängt die steuerrechtliche Qualifizierung im Rahmen der vereinfachten Gewinnermittlung nach § 4 III davon ab, ob die AK oder HK des betr WG schon als BA berücksichtigt worden sind. Handelt es sich um abnutzbare WG des Anlagevermögens, dann waren wegen § 4 III 3 nur die bisherige Jahres-AfA BA, so dass der Restbuchwert im Jahr des Ausscheidens als BA anzusehen ist. Der Wortlaut des § 4 III 4 enthält insoweit eine Regelungslücke, weil kein Fall der Entnahme und Veräußerung vorliegt. Es wird jedoch als unstrittig angesehen, dass die Bestimmung entspr anzuwenden ist.[2] **122**

Im Falle einer **Betriebsveräußerung** oder BetrAufg ist zur Ermittlung des Veräußerungs- bzw Aufgabegewinns nach § 16 I, III ein Wechsel der Gewinnermittlungsart von § 4 III auf § 4 I erforderlich (§ 16 II 2). Dies erfordert eine **Korrektur** einzelner Geschäftsvorfälle am Maßstab des Eigenkapitalvergleichs (unten Rn 217 ff). Geschäftsvorfälle, die nach dem Prinzip der Kassenrechnung bisher nicht erfasst worden sind, aber beim Eigenkapitalvergleich entspr berücksichtigt werden müssen, sind auszuweisen; entspr gilt für spiegelbildliche Fälle. Gewinnkorrekturen sind dem laufenden und nicht dem Veräußerungsgewinn zuzuordnen. **123**

Der StPfl, der seinen Betrieb veräußert oder ihn aufgibt, muss so behandelt werden, als ob er im Augenblick der Veräußerung oder Aufgabe zur Gewinnermittlung durch Bestandsvergleich nach § 4 I übergegangen wäre. Die daraufhin erforderlichen Hinzurechnungen und Abrechnungen sind nicht beim Veräußerungsgewinn/Veräußerungsverlust, sondern beim **laufenden Gewinn/Verlust** der Periode der Veräußerung vorzunehmen.[3] Anders als beim Wechsel von der Überschussrechnung zum BV-Vergleich können die dem Gewinn hinzuzurechnenden Beträge nicht auf drei Jahre verteilt werden. Wenn der StPfl auf den Zeitpunkt der Betriebsveräußerung oder BetrAufg keine Schlussbilanz aufstellt, können die in späteren Perioden gezahlten Steuern und andere Aufwendungen, die durch den ehemaligen Betrieb veranlasst worden sind, als nachträgliche BA zu berücksichtigen sein und auch zu nachträglich wirksamen Verlusten führen, sofern dadurch keine ungerechtfertigten Steuervorteile erlangt werden.[4] **124**

Im Falle der **unentgeltlichen Übertragung** des Betriebs, Teilbetriebs oder (Teil-)Mitunternehmeranteils (§ 6 III) kann wie auch beim Erbfall der Übergang zum BV-Vergleich unterbleiben, wenn denn der/die Rechtsnachfolger den Betrieb fortführen. Das ist deshalb gerechtfertigt, weil insoweit ein Eintritt in die Position des Vorgängers stattfindet. **125**

Wird ein Betrieb, bei dem der Gewinn nach § 4 III EStG ermittelt wird, nach **§ 24 UmwStG** in eine PersGes eingebracht, dann kann die aufnehmende PersGes die eingebrachten WG mit den Teilwerten oder Buchwerten, aber auch mit einem Zwischenwert, ansetzen (§ 24 II UmwStG). Wird der **Teilwertansatz** gewählt, kommt es für den Einbringenden zu einem Einbringungsgewinn, der jedoch nur dann begünstigt ist, wenn der einbringende Unternehmer eine Einbringungsbilanz und die Ges eine Eröffnungsbilanz erstellen.[5] All dies gilt auch dann, wenn der Gewinn nach § 4 III ermittelt wird. Die Einbringungsbilanz bedeutet für den Einbringenden den Übergang von der Überschussrechnung zum BV-Vergleich.[6] Es kann sich daher neben dem Einbringungsgewinn auch ein Übergangsgewinn ergeben. Die Ges kann nach Erstellung der Eröffnungsbilanz ihren Gewinn nach § 4 III ermitteln. **126**

D. Betriebseinnahmen

Literatur: *Bordewin* Besteuerung der Künstlerwitwe, FR 96, 582; *Giloy* Zum Begriff der Betriebseinnahmen, FR 75, 157; *Prinz* Veranlassungsprinzip, StuW 96, 267; *Tipke* Zur Abgrenzung zwischen Betriebs- oder Berufssphäre von der Privatsphäre im Einkommensteuerrecht, StuW 79, 183.

---

1 BFH BStBl II 95, 635.
2 *Blümich* § 4 Rn 37 mwN.
3 BFH BStBl III 62, 199.
4 BFH BStBl II 80, 692.
5 Vgl BFH BStBl II 84, 518.
6 BFH BStBl II 84, 518.

127 I. Begriff. Der Begriff der **BE** ist im EStG **nicht definiert**. Er wird nur im Zusammenhang mit der Überschussrechnung nach § 4 III verwendet, doch geht die herrschende Praxis zutr davon aus, dass er auch im Bereich der Gewinnermittlung durch Eigenkapitalvergleich eine notwendige Entsprechung zum Begriff der BA bildet. Nach dem in Anlehnung an § 8 I und in § 4 IV verankerten Veranlassungsprinzip sind nach der Rspr des BFH BE alle **Zugänge in Geld oder Geldeswert, die durch den Betrieb veranlasst** sind.[1] Unter der Prämisse, dass bei den Gewinneinkünften iSd § 2 II Nr 1 ein einheitlicher Begriff der BE – unabhängig von der konkreten Gewinnermittlungsart – gilt, sind nicht nur zugeflossene Einnahmen iSd § 11 zu erfassen, sondern auch sonstige nach den allg Gewinnrealisierungstatbeständen anzusetzende, betrieblich veranlasste Wertzugänge.[2]

Als BE sind nur **tatsächlich erzielte Einnahmen** anzusehen. Fiktive Einnahmen sind grds keine BE. Soweit bei der Überschussrechnung die Auflösung der Rücklagen nach § 6b oder § 7g gem § 6c I oder § 7g VI als (fiktive) BE behandelt wird, handelt es sich nur um eine technische Rückgängigmachung der als (fiktive) BA gewährten Rücklage. Rein fiktive Gewinnerhöhungen sind aber die Zinszuschläge nach § 6b VII oder § 7g V (§ 7g Rn 51). Verzichtet der StPfl von vornherein auf ein Entgelt, entsteht weder eine betriebliche Forderung, noch eine BE. Die Verwendung von Sachwerten oder Personalkosten ist ebenso wie ein nachträglicher Verzicht aus privaten Gründen als Entnahme zu werten. Ersparte Aufwendungen führen mangels eines Wertzugangs nicht zu (fiktiven) BE.[3] Wird dem StPfl ein zinsloses Darlehen gewährt, ist dieser Vorgang insgesamt neutral, also weder BE, noch BA in Höhe der ersparten Zinsen.

128 Im Grundsatz ist es steuersystematisch unschädlich, dass das Gesetz den Begriff der BE nur in § 4 III erwähnt. Es ist nämlich davon auszugehen, dass beim BV-Vergleich die Erfassung von Vermögensmehrungen von der Zugehörigkeit eines WG zum BV abhängig ist. Insofern hat der Begriff der BE allein die Funktion, eine abgekürzte Bezeichnung für eine **gewinnwirksame Vermögensmehrung** zu liefern. Wenn der Begriff der BE auch im Rahmen des BV-Vergleichs angewendet wird, dann ist es konsequent, dass der Zufluss kein Begriffsmerkmal der BE darstellt, sondern allein ein Element, das aufgrund der Gesetzeswortlauts bei der Gewinnermittlung nach § 4 III hinzutritt. All dies entspricht der parallelen Situation bei der BA, bei der ebenfalls der Abfluss aufgrund der Anwendung dieses Begriffs beim BV-Vergleich kein konstitutives Element ist. Infolgedessen ist es auch ohne Bedeutung, ob ein Rechtsanspruch auf die jeweilige Einnahme besteht und ob sich ein Zugang im BV ergibt.[4] Der nach dem BV-Vergleich sich ergebende steuerliche Gewinn ist um alle betrieblich veranlassten Wertzugänge zu erhöhen. Bei einem Bilanzierenden sind Sachleistungen oder Nutzungen als BE außerbilanziell zu erfassen, wenn sie sich nicht zur betrieblichen Nutzung eignen oder dazu nicht bestimmt sind.[5] Es kann in Anlehnung an §§ 4 IV, 8 I allein darum gehen, dass eine BE dann gegeben ist, wenn dem StPfl Geld oder geldwerte Güter zuzurechnen sind, die aus betrieblichem Anlass aus einer Teilnahme am Marktgeschehen resultieren.

129 II. Betriebliche Veranlassung und Zurechnung. BE sind nur dann gegeben, wenn ein Wertzugang stattgefunden hat, der durch den Betrieb veranlasst ist. Dies muss im Bereich der steuerrechtlichen Gewinnermittlung (BV, BE, BA) nach eigenständigen steuerrechtlichen Wertungen und im Grundsatz (vgl aber Rn 4) einheitlich beurteilt werden. Danach ist eine betriebliche Veranlassung zu bejahen, wenn ein **objektiver wirtschaftlicher oder tatsächlicher Zusammenhang mit dem Betrieb** besteht. Subj Merkmale sind grds unbeachtlich, da der Zugang von Einnahmen regelmäßig nicht vom Willen des StPfl abhängt, sondern auf Vermögensverfügungen Dritter beruht.[6] Die Beurteilung der betrieblichen Veranlassung erfolgt **isoliert aus der Sicht des StPfl** und ist insbes unabhängig davon, ob auf Seiten des Gebers steuerrelevante Erwerbsaufwendungen vorliegen. Deshalb ist es beispielsweise unerheblich, ob die Aufwendungen auf Geberseite dem Abzugsverbot des § 4 V unterliegen.[7]

130 Als BE sind im Einzelnen alle laufenden und einmaligen, außerordentlichen Einnahmen aus betrieblichen Tätigkeiten und Geschäften einschl der Nebentätigkeiten und sog Hilfsgeschäften (zB Veräußerung von WG des Anlagevermögens) anzusehen. Die Entgelte aus der Nutzungsüberlassung von WG des BV sind immer BE, unabhängig vom Willen des StPfl.[8] Dass die Zuwendung

---

1 BFH BStBl III 64, 183; BStBl II 86, 607; BStBl II 96, 273.
2 *Blümich* § 4 Rn 211.
3 BFH BStBl II 88, 995; *Blümich* § 4 Rn 216.
4 BFH BStBl II 91, 877.
5 BFH BStBl II 96, 273.
6 BFH BStBl II 88, 995; BStBl II 96, 273.
7 BFH BStBl II 74, 210; BStBl II 96, 273.
8 BFH BStBl II 74, 488.

unentgeltlich oder ohne Rechtspflicht erfolgt, schließt eine betriebliche Veranlassung nicht aus. Deshalb führt eine aus betrieblichen Gründen erlangte Schenkung ebenso zu BE (vgl § 6 IV) wie ein Schulderlass zum Zwecke der Sanierung. Die BE begründende betriebliche Veranlassung setzt **keine betriebliche Verwendung** des erlangten Vorteils voraus.[1] Unerheblich ist auch, dass der Vorteil nur mittelbar den StPfl und **unmittelbar Dritten** zugute kommt. Deswegen liegen beim StPfl BE vor, wenn seinen Familienangehörigen aus betrieblichen Gründen ein kostenloser Auslandsaufenthalt eingeräumt wird.[2] Die BE sind hier dem **StPfl persönlich zuzurechnen**, weil er den Tatbestand der in §§ 13 bis 18 beschriebenen Handlungen erfüllt.[3] Wertzugänge, die durch **private Umstände veranlasst** sind, führen zu keinen BE (zB übliche Geburtstagsgeschenke oder Umschichtungen in der privaten Vermögenssphäre), eine private Mitveranlassung hindert hingegen die Annahme einer BE nicht.

BE aus **Nebentätigkeiten** liegen vor, wenn die entgeltsauslösende Handlung zwar nicht zur eigentlichen betrieblichen Zweckbestimmung gehört, aber ein wirtschaftliche Zusammenhang mit dem Betrieb besteht. Dazu gehören die berufliche Mitwirkung an Prüfungen, die Erstellung berufsbezogener Gutachten oder Aufwandsentschädigungen für ein berufsbezogenes Ehrenamt.[4] Die bloße Verwertung beruflicher Kenntnisse oder Fähigkeiten ist nur dann betrieblich veranlasst, wenn sie bei berufstypischen Geschäften eingesetzt werden. Bei riskanten Nebengeschäften[5] (zB Wetteinnahmen von Trabrennfahrer[6]) ist ein Zusammenhang mit dem Betrieb in der Regel auszuschließen.

Sind die Einnahmen ihrer Art nach **teils dem betrieblichen teils auch dem privaten Bereich** zuzuordnen, findet eine Aufteilung statt (zB Entschädigungszahlung für die Aufgabe von Wohn- und Geschäftsraum).[7] Besonderheiten bestehen, wenn die Einnahmen bereits **dem Grunde nach** sowohl betrieblich als auch privat veranlasst sind. Hierzu wird zunächst ganz überwiegend die Ansicht vertreten, dass das sog Aufteilungs- und Abzugsverbot des § 12 Nr 1 S 2 bei gemischt veranlassten Einnahmen nicht sinngemäß herangezogen werden kann.[8] Nach der Rspr des BFH liegen in der letztgenannten Konstellation BE bereits dann vor, wenn der Wertzugang durch einen **nicht völlig untergeordneten betriebsbezogenen Umstand ausgelöst** worden ist.[9] Dabei soll der gesamte zugegangene Vermögenswert als BE erfasst werden; eine schätzweise Aufteilung wird für unzulässig erachtet.[10] **131**

BE liegen des Weiteren dann vor, wenn in der Vergangenheit als BA abziehbare Aufwendungen entweder **vom Empfänger zurückgezahlt** oder **von dritter Seite aus betrieblichen Gründen ersetzt** werden.[11] Da die Zahlung privater Steuern nach der Systematik des EStG (vgl § 12 Nr 3) der Privatsphäre zuzuordnen ist, führt eine eventuelle spätere **Erstattung entspr Steuerzahlungen** nicht zu BE, wenn diese vom FA vorgenommen wird. Erfolgt die Erstattung von dritter S in Form von Schadensersatz, weil eine fehlerhafte Beratung des Dritten zu einer vermeidbaren Belastung mit privaten Steuern geführt hat, dann darf diese Erstattung ebenso wenig als BE qualifiziert werden.[12] In dem Sonderfall, dass früher **nicht abziehbare BA** ersetzt oder erstattet werden, geht die Rspr des BFH davon aus, dass es sich um stpfl BE handelt. Eine im Wege des Umkehrschlusses zu § 3c gezogene Steuerfreiheit wird ausgeschlossen.[13] Diese Praxis führt zu der iErg wenig überzeugenden Konsequenz, dass beispielsweise die Erstattung von nach § 4 V Nr 10 nicht abzugsfähigen Schmiergeldern zu stpfl BE führt. Nach hier vertretener Ansicht liegt der Sonderregelung des § 4 V Nr 8 S 3 ein systemkonformer (vgl § 3c I) und deshalb allg analogiefähiger Rechtsgedanke zugrunde. **132**

Schon § 24 Nr 2 zeigt, dass BE auch **vor Beginn** des Betriebes und **nach** seiner **Beendigung** anfallen können, wobei jedoch umstritten ist, ob für solche Sachverhalte die Technik des BV-Vergleichs oder wahlweise die Überschussrechnung angewendet werden kann.[14] Jedenfalls dann, wenn eine Gewinn- **133**

---

1 BFH BStBl II 96, 273; BStBl II 97, 125.
2 BFH/NV 98, 961.
3 K/S/M § 4 Rn D 119.
4 BFH BStBl II 88, 615; OFD Magdeburg DStR 02, 1046.
5 Anders, wenn Siegchance Hauptgeschäft ist (zB Rennstall BFH BStBl II 91, 333).
6 BFH BStBl II 70, 411.
7 K/S/M § 4 Rn D 109 mwN.
8 Blümich § 4 Rn 224; Schmidt[26] § 4 Rn 444.
9 BFH BStBl II 89, 650; BStBl II 90, 1028; aA K/S/M § 4 Rn D 110, der entscheidend auf das Übergewicht der jeweiligen Veranlassung abstellt.
10 Blümich § 4 Rn 224; aA Schmidt[26] § 4 Rn 444.
11 BFH BStBl II 76, 781; Blümich § 4 Rn 234.
12 Blümich § 4 Rn 236; Schwedhelm/Olbing BB 94, 1612; vgl auch Blümich § 4 Rn 92, 686.
13 BFH BStBl II 68, 581; Blümich § 4 Rn 235; aA Schmidt[26] § 4 Rn 460 „Abfindungen (e/bb)" in Fällen des § 4 V.
14 Vgl BFH BStBl II 97, 509; BStBl II 00, 120; Schmidt[26] § 4 Rn 446.

ermittlung nach §§ 4 I, 5 nicht erstellt worden ist, sollten die Grundsätze der Überschussrechnung Anwendung finden. Der Verzicht des StPfl auf die Aufstellung von Bilanzen ist als Entscheidung für die Überschussrechnung zu beurteilen.

134 **III. Abgrenzung zu Einlagen und Entnahmen.** Die Begriffe der BE und der **Einlage** weisen insofern Gemeinsamkeiten auf, als es sich in beiden Fällen um **BV-Mehrungen** handelt. Ein erster Unterschied liegt darin, dass der Zuführungszweck der Einlage notwendigerweise in der **betrieblichen Verwendung** liegen muss, während es bei BE allein auf die **betriebliche Veranlassung** der Einnahme unabhängig von der betrieblichen Verwendung ankommt.[1] Der in dogmatischer Hinsicht wesentliche Unterschied besteht darin, dass BE (und BA) ihren Grund im betrieblichen Wirtschaftsgeschehen haben, während der Grund von Einlage (und Entnahme) in **der außerbetrieblichen Sphäre** des StPfl liegt. Allein der betrieblich erwirtschaftete Gewinn soll das Substrat der Besteuerung bei den Gewinneinkünften bilden.[2] Wird beispielsweise dem StPfl eine betriebliche Schuld erlassen, dann ist der dadurch ausgelöste Wertzugang betrieblich veranlasst (BE), wenn der Erlass etwa zum Zwecke der Sanierung des Schuldners erfolgt. Wollte dagegen der Gläubiger den StPfl erkennbar aus persönlichen (privaten) Gründen unentgeltlich bereichern und erlässt er zu diesem Zweck eine betriebliche Schuld, dann ist dieser Vorgang als private Vermögensmehrung zu werten, die in derselben juristischen Sekunde zu einer Einlage des StPfl in das BV führt.[3]

E. Betriebsausgaben (§ 4 IV bis VII)

135 **I. Begriff und steuersystematische Abgrenzungen. – 1. Kausalitätsprinzip und nichtbetriebliche Sphäre.** Nach der Definition des § 4 IV sind BA Aufwendungen, die **durch den Betrieb veranlasst** sind. Sie mindern – von den nicht abzugsfähigen BA abgesehen – den Gewinn. Die betriebliche Veranlassung stellt eine kausale Begriffsabgrenzung dar; sie ist das entscheidende Merkmal für die Abzugsfähigkeit von Aufwendungen. Dies setzt voraus, dass sie in einem **tatsächlichen oder wirtschaftlichen Zusammenhang mit dem Betrieb** stehen. Die Ausgaben müssen objektiv mit dem Betrieb zusammenhängen und – soweit sie auf einer Willensentscheidung des StPfl beruhen – subj dazu bestimmt sein, dem Betrieb zu dienen. Dabei ist bei den BA der dem StPfl verbleibende **subj Entscheidungsspielraum** regelmäßig größer als bei den BE, weil es der StPfl in der Hand hat, den Betriebsumfang und damit den Umfang der betrieblichen Veranlassung von Aufwendungen zu bestimmen.[4]

136 Ein objektiver Zusammenhang mit dem Betrieb besteht, wenn die Ausgaben mit bestimmten BE in Verbindung stehen (zB laufende Betriebsaufwendungen wie gezahlte Arbeitslöhne, Betriebssteuern oder Mietaufwand) oder wenn sie geeignet sind, die Geschäftstätigkeit des StPfl allg zu fördern (oben Rn 20). Besteht ein eindeutiger objektiver Zusammenhang, können auch ohne oder gegen den Willen des StPfl anfallende Aufwendungen BA sein (zB Diebstahl von Gegenständen des BV oder deren Zerstörung bzw Verlust).

137 Liegt eine betriebliche Veranlassung vor, mindert die Aufwendung als BA den Gewinn. Es ist dabei unerheblich, ob die Aufwendung zweckmäßig, angemessen oder nützlich ist. Ebenso ist ein Abzug möglich, wenn die Aufwendung nicht zum erhofften Erfolg führt. Ohne Bedeutung ist es auch, ob die Aufwendung im laufenden Betrieb, bereits vor Aufnahme der betrieblichen Tätigkeit (sog vorweggenommene BA) oder erst nach Aufgabe des Geschäftsbetriebs anfällt (sog nachträgliche BA). Grds können nur die eigenen Aufwendungen des Betriebsinhabers als BA abgezogen werden (zum sog Drittaufwand Rn 145 ff).

138 **Kosten der privaten Lebensführung** sind nicht abzugsfähig (§ 12 Nr 1). Hier treten in der Praxis eine Vielzahl von Abgrenzungsschwierigkeiten auf. Nach dem in § 12 Nr 1 S 2 verankerten sog Aufteilungs- und Abzugsverbot gilt folgendes: Soweit Ausgaben sowohl betrieblich als auch privat veranlasst sind und sich die beiden Bereiche nicht objektiv voneinander trennen lassen, sind die Ausgaben in vollem Umfang nicht abzugsfähig (oben Rn 23 ff). Das Gesetz gewichtet hier den Grundsatz der Trennung von Einkommenserzielung und Einkommensverwendung stärker als das Nettoprinzip. Das Ziel, Manipulationen des StPfl zu verhindern, wird iErg höher eingeschätzt als die Notwendigkeit einer am Postulat des sog Leistungsfähigkeitsprinzips orientierten Einkunftsermittlung (vgl § 12 Rn 2 ff).

---

[1] BFH/NV 98, 961; *Schmidt*[26] § 4 Rn 444.
[2] BFH BStBl II 74, 210; BStBl II 75, 526; *K/S/M* § 4 Rn B 314.
[3] BFH BStBl II 70, 518; *K/S/M* § 4 Rn B 314.
[4] Vgl BFH DStR 05, 323; *Schmidt*[26] § 4 Rn 480.

2. Systematik des § 4 IV bis VII. Nach der Idee des sog **objektiven Nettoprinzips** mindern BA im Grundsatz den Gewinn. Von diesem Prinzip abw sieht das Gesetz einige besondere Regelungen vor, die den Abzug von Aufwendungen, die ihrer Natur nach BA sind, ausnahmsweise ausschließen. **Nicht abziehbare BA** führen zwar zu einer Vermögensminderung, sie dürfen aber von der einkommensteuerlichen Bemessungsgrundlage nicht abgezogen werden. Sie werden entweder nicht gebucht (zB bei § 4 III) oder außerhalb der Bilanz dem Gewinn hinzugerechnet.[1] **139**

Aus dem System des sog objektiven Nettoprinzips folgt zunächst, dass Ausgaben, die im Zusammenhang mit **stfreien Einnahmen** stehen, nicht als BA berücksichtigt werden dürfen (§ 3c I). Dies folgt aus der korrespondierenden Nichterfassung der BE. Daher kommen auch vorab entstandene BA nicht in Betracht, wenn es nicht zu der nach § 3 befreiten Tätigkeit kommt.[2] IÜ geht es dem Gesetzgeber vor allem darum, die tatsächlichen Schwierigkeiten, die bei der Abgrenzung zw dem betrieblichen Bereich und der **privaten Lebensführung** auftreten, in pauschalierender Weise zu lösen und Missbräuchen des StPfl vorzubeugen. So stellt § 4 VI klar, dass Ausgaben zur Förderung staatspolitischer Zwecke (zB Spenden und Mitgliedsbeiträge an politische Parteien) generell als privat veranlasst anzusehen sind, selbst wenn die Ausgaben einen Bezug zur unternehmerischen Tätigkeit aufweisen (unten Rn 215). Die Regel des § 4 IVa zielt bei Schuldzinsen darauf ab, die betrieblich veranlassten (gewinnmindernd abzugsfähigen) von den privat veranlassten (nicht als BA zu wertenden) Zinsen abzugrenzen (unten Rn 159ff). Bei den in § 4 V im Einzelnen aufgeführten Fällen werden BA entweder nur als beschränkt abziehbar oder als nicht abziehbar behandelt, weil die Zuordnung dieser Aufwendungen zur betrieblichen oder privaten Sphäre zweifelhaft sein kann oder weil Missbräuchen begegnet werden soll. Einen Systembruch bildet das Abzugsverbot für Bestechungs- und Schmiergelder (§ 4 V Nr 10), die eindeutig betrieblich veranlasst sind (unten Rn 209). Denn nach dem Prinzip der Nettobesteuerung sind bei der Gewinnermittlung alle betrieblich veranlassten BE und BA unabhängig davon zu berücksichtigen, ob ein Verstoß gegen gesetzliche Vorschriften vorliegt (vgl § 40 AO). § 4 V Nr 10 führt zu einer Einschränkung des sog objektiven Nettoprinzips. Nach Ansicht des BVerfG[3] ist eine Durchbrechung bei „Vorliegen wichtiger Gründe" gerechtfertigt, doch sind der Finanzbedarf der öffentlichen Hand oder die objektive Gesetzes- oder Sittenwidrigkeit von BA kein wichtiger Grund. Mit dem gleichen Arg ist beispielsweise die Regelung des § 4 V Nr 6b zum häuslichen Arbeitszimmer zumindest steuersystematisch nicht unproblematisch (unten Rn 194ff). **140**

Schließlich versagt der Gesetzgeber den BA-Abzug, wenn der StPfl bestimmten formalen Voraussetzungen nicht genügt. So verlangt § 4 VII eine **gesonderte Aufzeichnung**, bei der Nichterfüllung das Fehlen einer betrieblichen Veranlassung vermutet wird. Nach § 160 I AO wird der BA-Abzug ausgeschlossen, wenn der StPfl dem FA die **Auskunft über den Empfänger** der Ausgaben verweigert. Hier beruht das Abzugsverbot auf dem mangelnden Nachweis der betrieblichen Veranlassung. **141**

II. Abzugsfähige Betriebsausgaben (§ 4 IV). – 1. Begriff. Abzugsfähige BA sind Aufwendungen, die durch den Betrieb veranlasst sind und – mangels gesetzlichen Abzugsverbots – den Gewinn mindern. Keine abschließende Klarheit besteht bzgl des **Aufwendungsbegriffs**. Während nach herkömmlicher Ansicht darunter nur tatsächliche Ausgaben subsumierbar sind, wird der Begriff neuerdings als Oberbegriff für tatsächliche Ausgaben (alle Güter, die in Geld oder Geldeswert bestehen und bei StPfl abfließen) und betrieblichen Aufwand (erfolgswirksamer Wertverzehr) verstanden. Danach sind **alle Wertabflüsse, die nicht als Entnahmen** zu qualifizieren sind, Aufwendungen.[4] **142**

Die besseren Gründe sprechen für einen weiten Aufwendungsbegriff. So erweist es sich als systemkonform, die AfA als betrieblichen Aufwand zu qualifizieren und nur bei betrieblicher Veranlassung gewinnmindernd zu berücksichtigen.[5] Nach dem Sinn des Abzugsverbots des § 4 V Nr 7 können mit unangemessenen „Aufwendungen" nicht die AK des WG, sondern nur die jährlichen AfA-Beträge gemeint sein. Dies bedeutet, dass der Gesetzgeber die AfA als erfolgswirksamen Wertverzehr als Aufwendung iSd § 4 V Nr 7 auffasst. **143**

---

1 Schmidt[26] § 4 Rn 491.
2 BFH DB 05, 2221.
3 BVerfGE 91, 228 (238).

4 BFH BStBl II 86, 904 (905); Schmidt[26] § 4 Rn 473; zum Meinungsstand K/S/M § 4 Rn E 20ff.
5 Crezelius Lehrbuch[2], § 9 Rn 16; Ruppe DStJG (1980), 103 (119); K/S/M § 4 Rn E 26ff.

144 **2. Veranlassung.** Eine betriebliche Veranlassung der Aufwendungen ist gegeben, wenn sie objektiv mit dem Betrieb zusammenhängen und subj dem Betrieb zu dienen bestimmt sind.[1] Das Veranlassungsprinzip ist damit nicht nach strafrechtlichen oder zivilrechtlichen Bedingungstheorien zu bewerten, sondern durch eine **steuerrechtlich eigenständige Wertung** (zur Parallele bei BE oben Rn 129). Diese ist in einen allg steuersystematischen Zusammenhang zu stellen (vgl § 9 I Nr 1, 6, § 10b, § 12 Nr 1). Es geht um eine wertende Betrachtungsweise, die im Einzelfall durch die Rspr vorzunehmen ist.

145 **3. Zurechnung, insbesondere Drittaufwand.** Der BA-Abzug setzt voraus, dass die betrieblich veranlassten Aufwendungen vom StPfl auch persönlich „geleistet" worden sind, dh die Aufwendungen müssen **dem StPfl persönlich zurechenbar** sein.[2] Das ist stets der Fall, wenn der StPfl die Aufwendungen selbst tätigt, und zwar unabhängig davon, wie die Finanzierung konkret erfolgt (zB betriebliche oder private Mittel bzw Fremdmittel). Werden WG eines Dritten entgeltlich genutzt, ist jenes Entgelt als BA anzusehen. Soweit sich der StPfl verpflichtet, Aufwendungen für im Betrieb genutzte WG Dritter zu übernehmen, sind diese als BA absetzbar. Werden weitere **Aufwendungen freiwillig** getätigt, kommt es entscheidend darauf an, inwieweit ein eigenbetriebliches Interesse des StPfl noch bejaht werden kann.[3] Schwierigkeiten ergeben sich, wenn es um die Frage geht, sog **Drittaufwand** dem StPfl persönlich zuzurechnen.

146 Die **Ermittlung der Einkünfte** iSd § 2 I, II EStG ist **subjektbezogen**. Nach dem Grundsatz der Besteuerung nach der persönlichen Leistungsfähigkeit und nach den für die Gewinnermittlung geltenden allgemeinen Grundsätzen muss jede Aufwendung, die in der Gewinn- und Verlustrechnung angesetzt werden soll, das Eigenkapital des StPfl mindern, dh er darf bei der Gewinnermittlung nur die ihm persönlich zuzurechnenden Einnahmen und Aufwendungen berücksichtigen. Bei der Gewinn-, Überschussermittlung – anders bei Abzug von SA (§ 10 Rn 5) und ag Belastung (§ 26b: „sodann") – stehen sich auch Eheleute wie Fremde gegenüber.[4] **Drittaufwand** liegt vor, wenn ein Dritter Kosten trägt, die durch die Einkunftserzielung des StPfl veranlasst sind.[5] Entsprechende (anteilige) **AK/HK** des vom StPfl unentgeltliche genutzten WG können diesen zivilrechtlich und steuerrechtlich nicht – auch nicht entspr § 11d EStDV – übertragen oder zugewendet werden. Dieser erhält insoweit (nur) eine Nutzungsmöglichkeit und kein Teil des WG. Er wird idR weder dessen wirtschaftlicher Eigentümer (Rn 77), noch ist die Nutzungsmöglichkeit ein abschreibbares WG oder ein Teil des WG. Der StPfl, der insoweit keinen eigenen Aufwand hat, erzielt gerade infolge der unentgeltlichen Nutzungsüberlassung einen höheren Ertrag.

147 Der GrS hat die Dogmatik des **Eigenaufwands** abgekoppelt von einem anzusetzenden „eigenen" **WG**. Wer mit Duldung/Erlaubnis des zivilrechtlichen Eigentümers Verwendungen auf dessen Eigentum macht, hat idR kein „eigenes" ihm zuzurechnendes WG und – so auch der BGH[6] – erst recht kein wirtschaftliches Eigentum an der geschaffenen/gemehrten (Gebäude-)Substanz.[7] Nach dem objektiven Nettoprinzip (§ 4 Rn 139) ist entscheidend, dass der StPfl die eigenen Aufwendungen auf fremdes Eigentum in seinem eigenen betrieblichen/beruflichen Interesse trägt.[8] Diesen seinen Eigenaufwand kann er als WK/BA und, sofern AK/HK, **„bilanztechnisch wie ein materielles WG"** nach den Regeln über die (auch erhöhte) AfA abschreiben,[9] auch wenn – wie im Regelfall[10] – die Voraussetzungen eines bilanzierbaren WG nicht vorliegen. Die Aufwendungen für ein Gebäude – „mit AK/HK vergleichbar" – sind nach den für Gebäude geltenden AfA-Regeln abzuschreiben. Es handelt sich hierbei, sofern keine eigenes WG anzusetzen ist, um einen spezifisch steuerrechtlichen – evtl außerbilanziellen – Rechnungsposten zum Abspeichern von Aufwand.

148 In den vom GrS entschiedenen Fällen ging es um die Zurechnung von durch einen **Ehegatten betrieblich/beruflich getätigten Aufwand** für im (Mit-)Eigentum des anderen Ehegatten stehenden Praxisräume[9] oder ebensolche betrieblich/beruflich genutzte Arbeitszimmer. Sind Eheleute Miteigentümer eines Grundstücks und errichten sie darauf gemeinsam ein Gebäude, ist grds davon auszugehen, dass jeder von ihnen HK entsprechend seinem Miteigentumsanteil getragen hat. Das gilt

---

1 BFH BStBl II 84, 160; GrS BStBl II 90, 817.
2 BFH BStBl II 91, 82; K/S/M § 4 Rn E 170 f mwN.
3 BFH BStBl II 92, 192; K/S/M § 4 Rn E 183 ff.
4 BFH GrS BStBl II 99, 778, zu C.II.1. mwN.
5 BFH GrS BStBl II 95, 281, zu C.I.; GrS BStBl II 99, 782.
6 BGH BB 96, 155.
7 BFH BStBl II 99, 782, C.IV.1. c cc.
8 BFH GrS BStBl II 95, 281, zu C.I., II. aE; BFH BStBl II 99, 778.
9 BFH GrS BStBl II 95, 281.
10 Vgl BFH GrS BStBl II 99, 778, zu C. I. 2., gegen BFHE 184, 304 (IX. Senat).

unabhängig davon, wie viel er tatsächlich an eigenen Mitteln dazu beigetragen hat. Sind die finanziellen Beiträge der Eheleute unterschiedlich hoch, dann hat sowohl zivilrechtlich als auch steuerrechtlich der Ehegatte, der aus eigenen Mitteln mehr als der andere beigesteuert hat, das Mehr seinem Ehegatten mit der Folge zugewendet, dass jeder von ihnen so anzusehen ist, als habe er die seinem Anteil entspr AK selbst getragen. Entspr gilt, wenn – so im Fall GrS 2/97[1] – Eheleute jeweils eine Wohnung als Alleineigentümer erwerben, die AK beider Wohnungen aber aus gemeinsamen Mitteln bestreiten: „Solange keine besonderen Abmachungen getroffen worden sind", ist jede Zahlung entweder der einen oder der anderen Wohnung (evtl schätzungsweise) zuzuordnen. Soweit sie einer der Wohnungen zugeordnet ist, ist sie zugleich in vollem Umfang als für Rechnung des jeweiligen Eigentümers aufgewendet anzusehen. Gleichgültig ist, aus wessen Mitteln die Zahlung im Einzelfall stammt. Das gilt auch für Zins- und Tilgungsleistungen auf die Darlehensschuld (§ 426 I BGB). Die Grundsätze über die Abziehbarkeit von Eigenaufwand sind aber nicht anwendbar, wenn in tatsächlicher Hinsicht nicht davon auszugehen ist, dass der Nichteigentümer-Ehegatte selbst einen Beitrag zu den AK der dem Ehepartner gehörenden Wohnung, in der er selbst ein Arbeitszimmer alleine nutzt, geleistet hat. Die **Zurechnung der Aufwendungen** folgt grds der von den Klägern getroffenen **Entscheidung, getrennt Eigentum zu erwerben**.[1] Entspr gilt grds, wenn ein Ehegatte Alleineigentum erwirbt.[2] Allein aufgrund der Tatsache, dass der StPfl **gemeinsam mit seinem Ehepartner ein Arbeitszimmer** in der jenem gehörenden Wohnung nutzt, sind ihm die anteiligen AK/HK des Arbeitszimmers entspr seiner Nutzung zur Vornahme AfA nicht zuzurechnen; die Befugnis zur AfA auf die gesamten AK/HK des Arbeitszimmers steht, wenn der Raum insgesamt beruflich genutzt wird, bei zusammenveranlagten Ehegatten dem Eigentümer-Ehegatten zu.[3] Beteiligt sich der StPfl – hier: durch Einsatz eines von ihm aufgenommenen Darlehens – an den AK/HK eines Gebäudes, das seinem Ehepartner gehört und in dem der StPfl einen Raum (Arbeitszimmer) für seine beruflichen Zwecke (§ 19 EStG) nutzt, kann er für die Dauer der betrieblichen/beruflichen Nutzung die auf diesen Raum entfallenden eigenen Aufwendungen („wie AK/HK") grds als WK (AfA) geltend machen; Bemessungsgrundlage der AfA sind die auf das Arbeitszimmer entfallenden AK/HK, soweit sie der Kostenbeteiligung des StPfl entsprechen.[4] Er muss allerdings die Aufwendungen tatsächlich tragen. Das ist auch dann der Fall, wenn er (Mit-)Schuldner (§ 421 BGB) eines Darlehns ist, mit dem die Anschaffung oder Herstellung des Gebäudes finanziert wird, und bei dem sie die Tilgungen mitträgt; sein Tilgungsbeitrag muss die AK/HK des Arbeitszimmers decken („vorrangige Zuordnung der Aufwendungen").[5] Soweit der Finanzierungsbeitrag über die HK/AK des Arbeitszimmer hinausgeht, ist der dem Eigentümer als AK/HK des Gebäudes zuzurechnen. Dies gilt auch für den auf das Arbeitszimmer entfallenden und steuerlich noch nicht verbrauchten Aufwand, wenn die berufliche Nutzung endet. Ehegatten, die gemeinsam die HK des von ihnen bewohnten Hauses getragen haben und die darin jeweils einen Raum für eigenbetriebliche Zwecke nutzen, können jeweils die auf diesen Raum entfallenden HK für die Dauer der betrieblichen Nutzung als BA (AfA) geltend machen.[6]

Der Fall GrS 2/97[1] betraf den Fall, dass **Eheleute** aus gemeinsamen Mitteln („Zahlung aus einem Topf") gleichzeitig **zwei gleiche Eigentumswohnungen** erworben haben, von denen eine gemeinsam bewohnt wird. Nutzt der Nichteigentümer-Ehegatte in dieser Wohnung einen Raum (Arbeitszimmer) alleine zu betrieblichen/beruflichen Zwecken, kann er die darauf entfallenden AK mangels eigenen Aufwands grds nicht als eigene WK (AfA) – auch nicht unter dem rechtlichen Gesichtspunkt des Drittaufwands – geltend machen; ferner nicht die das Arbeitszimmer betr laufenden grundstücksorientierten Aufwendungen wie Schuldzinsen auf den Anschaffungskredit, Grundsteuern, allg Reparaturkosten, Versicherungsprämien uä Kosten (anders aber die nutzungsorientierten Aufwendungen, s unten). Anderes gilt, wenn der Nichteigentümer-Ehegatte sich an den AK der Wohnung seines Ehegatten beteiligt, um sie teilw zu beruflichen Zwecken nutzen zu können. Das kann zB der Fall sein, wenn nur der Nichteigentümer-Ehegatte Einkünfte erzielt oder jedenfalls erheblich höhere als sein Ehepartner, und er sich deshalb mit einem deutlich höheren Beitrag an den AK beteiligt als der andere; ferner, wenn die AK der Wohnungen zwar aus gemeinsamen Mitteln der Eheleute bestritten werden, die Eheleute ihre Wohnungen aber zu verschiedenen Zeitpunkten erwerben.

149

---

1 BFH GrS BStBl II 99, 782.
2 BFH GrS BStBl II 99, 778.
3 BFH GrS BStBl II 99, 787.
4 BFH BStBl II 99, 778.
5 BFH GrS BStBl II 99, 778, C.II.2.
6 BFH BStBl II 99, 774.

150 Gemeinsame Finanzierung durch Ehegatten: Sofern keine besonderen Vereinbarungen getroffen sind, wird eine Zahlung jeweils für Rechnung desjenigen geleistet, der den Betrag schuldet, bei Zahlung von einem gemeinsamen Konto der Eheleute unabhängig davon, aus wessen Mitteln das Guthaben auf dem Konto stammte; insofern besteht kein Unterschied zu den AK/HK. Ausnahmen: (1) BA/WK können aber solche das Arbeitszimmer betr Aufwendungen sein, die der Nichteigentümer-Ehegatte „**in Absprache mit dem Eigentümer** selbst übernimmt"; (2) **Laufende Aufwendungen** zulasten des gemeinsamen Kontos, die das von dem Nichteigentümer genutzte Arbeitszimmer betreffen, können dessen BA/WK sein, soweit sie allein durch die Nutzung des Arbeitszimmers entstanden sind, zB anteilige Energiekosten, nur das Arbeitszimmer betr Reparaturkosten und ähnliche Aufwendungen. Nutzt der Nichteigentümer das Arbeitszimmer mit Zustimmung des Eigentümers alleine für seine betrieblichen/beruflichen Zwecke, übernimmt er seinen Beitrag zum gemeinsamen Konto und den laufenden Kosten insoweit für eigene Rechnung und im eigenen beruflichen Interesse.

151 Aufwendungen, die „**aus einem Topf**" gezahlt werden, dh aus Vermögen, zu dem beide Eheleute beigetragen haben, oder aus Darlehensmitteln, die zulasten beider Eheleute aufgenommen worden sind (§ 421 BGB), werden der Immobilie des Eigentümerehegatten zugeordnet und sind in vollem Umfang als für dessen Rechnung aufgewendet anzusehen. Dies gilt auch für Zins- und Tilgungsleistungen auf die Darlehensschuld (§ 426 I BGB). Nehmen **Eheleute gemeinsam** ein **gesamtschuldnerisches Darlehen** zur Finanzierung eines vermieteten Gebäudes auf, das einem von ihnen gehört, sind die Schuldzinsen in vollem Umfang als WK bei den Einkünften aus VuV des Eigentümerehegatten abziehbar. Nimmt eine Ehegatte allein ein Darlehen zur Finanzierung eines vermieteten Gebäudes auf, das dem anderen Ehegatten gehört, sind die Schuldzinsen nicht abziehbar, es sei denn, der Eigentümerehegatte hat sie aus eigenen Mitteln bezahlt. Grds gilt: Sofern keine besonderen Vereinbarungen getroffen sind, wird eine Zahlung jeweils für Rechnung desjenigen geleistet, der den Betrag schuldet.[1] Keine Abziehbarkeit hingegen von Kosten für ein **Darlehen, das ein Ehegatte allein zur Finanzierung der Immobilie des anderen Ehegatten aufgenommen** hat: Dann leistet der Nichteigentümer-Ehegatte als alleiniger Schuldner der Zinsverpflichtung die Zahlungen für eine bürgerlich-rechtlich allein ihn treffende Verbindlichkeit.[2] Die Immobilie des anderen Ehegatten wird aus Darlehensmitteln finanziert, die der Nichteigentümer-Ehegatte allein auf seine Rechnung beschafft und dem Eigentümer-Ehegatten zur Verfügung stellt.[3] Dies gilt auch, wenn der Nichteigentümer-Ehegatte erst nach einer Umschuldung Alleinschuldner des Darlehens ist.[4] **Bezahlt** aber der **Eigentümer-Ehegatte** die Zinsen **aus eigenen Mitteln**, bilden sie bei ihm abziehbare WK, auch wenn der Nichteigentümerehegatte alleiniger Schuldner des Darlehens ist. Denn dann hat der Eigentümer-Ehegatte die Zinsen für das zur Finanzierung seiner Immobilie aufgenommene und verwendete Darlehen tatsächlich selbst getragen. Dies ist der Fall, wenn sie ihre Mieteinnahmen mit der Maßgabe auf das Konto des Ehepartners überweist, dass dieser daraus die Schuldzinsen entrichten soll. Art 6 GG steht dieser Beurteilung nicht entgegen.[5] **Empfehlenswert** ist es, dies zu dokumentieren und/oder einen mit dem Schuldner-Ehegatten einen weiteren Darlehensvertrag zu schließen. Sind die Darlehen für die vermietete Immobilie eines Ehegatten teils von den Eheleuten gemeinschaftlich, teils allein vom Nichteigentümer-Ehegatten aufgenommen worden und wird der Zahlungsverkehr für die Immobilie insgesamt über ein Konto des Nichteigentümer-Ehegatten abgewickelt, so werden aus den vom Eigentümer-Ehegatten auf dieses Konto geleisteten eigenen Mitteln (hier: Mieteinnahmen) vorrangig die laufenden Aufwendungen für die Immobilie und die Schuldzinsen für die gemeinschaftlich aufgenommenen Darlehen abgedeckt. Denn im Zweifel ist davon auszugehen, dass der Eigentümer-Ehegatte zunächst die bürgerlich-rechtlich von ihm selbst geschuldeten Aufwendungen bezahlt; nur soweit die eingesetzten Eigenmittel (Mieteinnahmen) des Eigentümer-Ehegatten darüber hinaus auch die allein vom Nichteigentümer-Ehegatten geschuldeten Zinsen abzudecken vermögen, sind diese Zinsen als Werbungskosten des Eigentümer-Ehegatten abziehbar.

152 Aufwendungen eines Dritten können allerdings im Falle der sog **Abkürzung des Zahlungswegs** als Aufwendungen des StPfl zu werten sein. Dies bedeutet die Zuwendung eines Geldbetrags an den StPfl in der Weise, dass der Zuwendende im Einvernehmen mit dem StPfl „mit Drittleistungswil-

---

1 BFH BStBl II 00, 310.
2 BFH BStBl II 00, 310; BStBl II 00, 312; Anm *Fischer* FR 00, 662.
3 BFH BStBl II 00, 314.
4 BFH BStBl II 00, 312.
5 BFH/NV 00, 1344 mwN.

len" dessen Schuld für dessen Rechnung durch Leistung an den Gläubiger tilgt (§ 267 I BGB), statt ihm den Geldbetrag unmittelbar zu geben.[1] Anderes gilt, wenn der Dritte auf eine eigene Verbindlichkeit leistet, ohne dass der StPfl ihm Aufwendungsersatz schuldet.[2] Davon zu unterscheiden ist der sog **abgekürzte Vertragsweg**:[3] Schließt ein Dritter im eigenen Namen für den StPfl einen Vertrag und leistet er selbst die geschuldeten Zahlungen, so sind die Aufwendungen als solche des StPfl allenfalls abziehbar, wenn es sich um Bargeschäfte des täglichen Lebens handelt.[4] Bei Dauerschuldverhältnissen führt eine Abkürzung des Vertragswegs dagegen nicht zu abziehbaren Aufwendungen des StPfl.[5] Überlässt ein G'ter ein in seinem Alleineigentum stehendes bebautes Grundstück der Ges, handelt er sowohl bei Anschaffung oder Herstellung des Gebäudes wie auch bei Zahlung der laufenden Kosten im eigenen Interesse.[6]

Die Grundsätze über die Nichtabziehbarkeit von Drittaufwand – grds keine AK des G'ters – gelten auch, wenn ein Nicht-G'ter als Bürge im eigenen Namen für die Verbindlichkeiten einer GmbH in Anspruch genommen wird[7] oder wenn der Dritte (zB ein Angehöriger eines GmbH-G'ters) mit einem Darlehen an die GmbH ausfällt.[8] Anderes gilt bei einer mittelbaren verdeckten Einlage.[9] S im Einzelnen § 17 Rn 120, 231. Sind die Aufwendungen des G'ters für **ein der KapGes unentgeltlich überlassenes WG** nach dem Ergebnis einer am Maßstab des Fremdvergleichs durchgeführten Gesamtwürdigung privat (mit-)veranlasst und daher nicht abziehbar, können die Aufwendungen nach den Grundsätzen über den Drittaufwand nicht von den Mit-G'tern abgezogen werden.[6] **153**

Vom Problem der subjektiven Zurechnung von Aufwand zu trennen ist die Frage, wann dem auf fremdem Grundstück Bauenden für Zwecke der Bilanzierung (§ 266 II Aktivseite A 11 Nr 1 HGB trifft insoweit keine materielle Aussage) und demzufolge der Zurechnung der stillen Reserven sowie im Zusammenhang mit Fördertatbeständen insbes nach § 10e und dem EigZulG ein **„eigenes" WG zugerechnet** werden kann. Hierfür genügt nicht, dass er zB einen bereicherungsrechtlichen (§ 951 iVm § 812 BGB)[10] Anspruch auf Ersatz seiner (historischen) Aufwendungen hat.[11] Er muss vielmehr ein gesichertes Besitzrecht und bei dessen Beendigung einen Anspruch Erstattung des vollen Zeitwertes haben. **Rechtsgrundlage** kann ein diesbezüglich eindeutiger Vertrag und kann evtl – bei Bauen in Erwartung des Eigentumserwerbs – ein Bereicherungsanspruch sein. **154**

4. Zeitpunkt. Die Frage, **wann** Aufwendungen steuermindernd **zu berücksichtigen** sind (zeitliche Zuordnung) hängt maßgeblich von der **konkreten Gewinnermittlungsmethode** ab. Beim Eigenkapitalvergleich nach § 4 I kommt es darauf an, wann betrieblicher Aufwand entsteht. Dies bestimmt sich analog den GoB und etwaiger modifizierender bilanzsteuerrechtlicher Vorschriften. IErg können BA danach in Form von Aufwand bereits vor oder erst nach dem betrieblich veranlassten Abfluss von Gütern in Geld oder Geldeswert vorliegen. Im Bereich der Überschussrechnung nach § 4 III ist grds der Zeitpunkt der Leistung entscheidend (vgl § 11 II 1 analog). Entspr Anwendung findet auch § 11 II 2. Besonderheiten gelten in den Fällen des § 4 III 3, 4 (oben Rn 121). **155**

Wenn es bei der Gewinnermittlung nach § 4 III auf das Abflussprinzip und damit auf die tatsächliche, zeitpunktbezogene Vermögensminderung ankommt, dann liegt es bei Geld oder geldwerten Gütern so, dass es auf den Zeitpunkt ankommt, in dem der StPfl die wirtschaftliche Verfügungsgewalt über das Substrat verliert. Allein bei regelmäßig wiederkehrenden Ausgaben macht § 11 II 2 die Ausnahme, dass die BA der Periode zugeordnet wird, der sie wirtschaftlich zuzurechnen ist, sofern sie kurz vor Beginn oder kurz nach Beendigung der Periode abgeflossen ist. **156**

Bei **abnutzbaren WG** des **AV** sind nach § 4 III 3 die Vorschriften über die AfA oder Substanzverringerung (§§ 6 II 1, 7 I–III) zu befolgen. Werden also die AK und HK verteilt auf die betriebsgewöhnliche Nutzungsdauer erfolgswirksam, dann erfolgt kein voller BA-Abzug im Leistungszeitpunkt, es sei denn, es handelt sich um einen Fall des § 6 II 1. Bei nicht abnutzbaren WG des BV fallen BA erst im Zeitpunkt der Veräußerung oder Entnahme an (§ 4 III 4). **157**

---

1 BFH GrS BStBl II 99, 782, zu C.IV.1. c, aa; BFH BStBl II 00, 314.
2 BFH BStBl II 01, 385; BFH/NV 01, 757; BFH/NV 01, 761, IV. 1. – Bürgschaft eines Dritten.
3 Offen gelassen BStBl II 99, 782 zu C.IV.1. c, bb.
4 BMF DStR 06, 1504 – Nichtanwendungserlass für BFH DStR 06, 26.
5 BFH BStBl II 00, 314 – betr (nur) von einem Ehegatten aufgenommenes Darlehen.
6 BFH/NV 00, 1278.
7 BFH BStBl II 01, 385; BFH/NV 01, 757; BFH/NV 01, 761.
8 BFH BStBl II 01, 286.
9 BFH BStBl II 01, 234.
10 BFH/NV 98, 1481.
11 BFH BStBl II 96, 186; anders, aber fraglich und wohl überholt – zum Bilanzrecht – BFH/NV 94, 169 mwN.

158 Anders als in den Fällen des § 4 III kommt es beim **BV-Vergleich** vorrangig auf die Gewinnermittlungsvorschriften an. Aufgrund § 5 I sind demzufolge die GoB und die entsprechenden steuerrechtlichen Regelungen zu beachten. Im Prinzip mindern Aufwendungen schon die Einkünfte der Periode, in welcher sie als Verpflichtung verursacht sind und deshalb als Verbindlichkeiten oder Rückstellungen zu passivieren sind. Sind die Aufwendungen für abnutzbare WG des AV nicht im Zahlungsjahr erfolgswirksam, vielmehr über die betriebsgewöhnliche Nutzungsdauer zu verteilen, so kommt es zu einem Abzug zeitanteilig in Höhe des AfA-Betrages (§ 6 II 1). Schließlich liegt eine Abweichung von § 11 II 1 darin, dass die periodengerechte Gewinnermittlung auch zu einem **periodengerechten BA-Abzug** führen muss.[1] Daher sind für Ausgaben vor dem Bilanzstichtag, soweit sie Aufwand für eine bestimmte Zeit nach dem Stichtag darstellen, aktive Rechnungsabgrenzungsposten zu bilden (§ 5 V 1 Nr 1).

159 **III. Besonderheiten bei Schuldzinsen (§ 4 IVa).** Eine **Verbindlichkeit** ist Betriebsschuld, wenn sie durch einen betrieblichen Vorgang begründet ist (oben Rn 57). Aus diesem aus dem Veranlassungsprinzip abgeleiteten Zurechnungskriterium folgt, dass es für die Zuordnung der Verbindlichkeit entscheidend auf die **tatsächliche Verwendung** der Darlehensmittel ankommt.[2] In Konsequenz können **Schuldzinsen** nur dann als BA abgezogen werden, wenn mit den Darlehensmitteln betrieblich veranlasste Aufwendungen getätigt werden. Bei einem sog **gemischten Kontokorrentkonto**, über welches sowohl betriebliche als auch private Zahlungsvorgänge abgewickelt werden, hat dies zur Folge, dass bei einem negativen Kontostand privat veranlasste Abbuchungen als private Kreditaufnahme zu werten sind, aus dem die **nicht abziehbaren privaten Schuldzinsenanteile** nach der (banküblich und gewohnheitsrechtlich anerkannten) sog Zinszahlenstaffelrechnung exakt zu berechnen[3] oder in plausibler Weise zu schätzen sind, soweit mit der Zinsstaffelmethode ein für FA und FG unzumutbarer Ermittlungsaufwand verbunden ist.[4] Wenn demnach der StPfl von seinem betrieblichen Bankkonto mit negativem Kontostand einen privaten Rechnungsbetrag überweist, hat er einen Privatkredit in Anspr genommen und es kommt insoweit kein Schuldzinsenabzug in Betracht. Für den StPfl günstig wirkt es sich aus, dass der BFH alle **Geldeingänge vorrangig zur Tilgung des Privatkredits** als verwendet ansieht, also keine anteilige Tilgung verlangt.[5]

160 Die Zuordnung einer **Verbindlichkeit zum PV** lässt sich einfach dadurch **vermeiden**, dass der StPfl nicht die Privatschuld von seinem betrieblichen Konto überweist, sondern er zuvor die Valuta **in sein PV entnimmt**, wodurch sich der negative Stand des Kontos in Höhe des entnommenen Betrags erhöht; der Darlehensbetrag, der letztlich durch die Entnahme des StPfl aus dem Betrieb veranlasst ist, wird als Betriebskredit mit abziehbaren Schuldzinsen behandelt.[6] Des Weiteren lässt sich eine (teilw) Zuordnung der Verbindlichkeit zum PV durch die Gestaltung eines sog **Zwei-Konten-Modells** vermeiden. Dies ist konzeptionell so gestaltet, dass auf einem ersten Konto alle BE und Privatentnahmen gebucht werden und auf einem zweiten Konto der betriebliche Finanzierungsbedarf abgewickelt wird, indem alle BA durch Kontokorrent-Kredit finanziert werden. Der GrS des BFH hat das sog Zwei-Konten-Modell nicht als Gestaltungsmissbrauch iSd § 42 AO qualifiziert, weil aus der **Finanzierungsfreiheit des Unternehmers** folge, dass es ihm freistehe, wie er seine Verbindlichkeiten finanziert.[7]

161 Der Gesetzgeber hat auf den zitierten Beschluss des GrS des BFH in „rechtsprechungsüberholender" Weise reagiert und in § 4 IVa[8] eine die soeben dargestellte Rechtslage **überlagernde Regelung** geschaffen, die den BA-Abzug für Schuldzinsen, die nach dem 31.12.98 wirtschaftlich entstehen (§ 52 XI 1 EStG idF des StBereinG 99, BGBl I 99, 2601), einschränkt.[9] Der Gesetzgeber hat der scharfen Kritik Rechnung getragen und die im StEntlG 99/00/02 (v 24.3.99, BGBl I 99, 402) eingeführte Regelung des Schuldzinsenabzugsverbots (§ 4 IVa aF) rückwirkend völlig neu konzipiert. Das bisherige Konzept der liquiditätsbezogenen Beurteilung[10] wird zugunsten eines (buch-)kapitalbezogenen Konzepts aufgegeben. Die in § 4 IVa aF vorgesehene liquiditätsbezogene Betrachtungs-

---

1 Vgl BFH GrS BStBl II 68, 268.
2 BFH BStBl II 87, 423; GrS BStBl II 90, 817; Gleiches gilt für die Vermögenseinlage eines stillen G'ters BFH BStBl II 03, 656.
3 Zu Berechnungsbeispielen vgl BFH GrS BStBl II 90, 817; BfF BStBl I 93, 930 (Rn 14 ff).
4 BFH GrS BStBl II 90, 817.
5 BFH BStBl II 91, 390; GrS BStBl II 98, 193.
6 BFH BStBl II 85, 619; BStBl II 91, 226 (238).
7 BFH GrS BStBl II 98, 193.
8 In der Neufassung des StBereinG v 22.12.99, BGBl I 99, 2601.
9 Dazu *Bauer/Eggers* StuB 00, 225; *Hegemann/Querbach* DStR 00, 408 ff; *Korn/Strahl* KÖSDI 00, 12281 ff; *Meyer/Ball* INF 00, 76 ff.
10 Ausf *Blümich* § 4 Rn 168a ff mwN.

weise ist damit hinfällig, weswegen es für die Beurteilung des Schuldzinsenabzugs nicht mehr darauf ankommt, ob Entnahmen bei positivem oder negativem Gesamtkontenstand erfolgt sind. Nach der Neukonzeption wird der Schuldzinsenabzug nach § 4 IVa 2 nur insoweit eingeschränkt, als der Steuerpflichtige sog **"Überentnahmen"** tätigt. Die Vorschrift birgt eine Vielzahl von Unklarheiten, die in den BMF-Schr v 22.5.00 (BStBl I 00, 588) und v 17.11.05 (BStBl I 05, 1019) nicht vollständig beseitigt werden. Die Neuregelung ist rückwirkend auf den VZ 99 anzuwenden. Die Übergangsregelung (§ 52 XI) verstand die FinVerw (Tz 36 des BMF-Schr) wohl aus Praktikabilitätsgründen so, dass Über- und Unterentnahmen aus vor dem 1.1.99 endenden Wj – ohne Öffnungsklausel – unberücksichtigt bleiben, **ab 1.1.99 also mit „0 DM"** begonnen wird. Damit würden auch eventuelle Unterentnahmesalden der Vorjahre verloren gehen, was dem Wortlaut der Vorschrift widerspricht. **Entgegen** dem **BMF** v 22.5.00 hat der **BFH** entschieden, dass jedenfalls in den VZ 99 und 00 auch Unterentnahmen aus Wj, die vor dem 1.1.99 geendet haben, zu berücksichtigen sind.[1] Für die Ermittlung der zum 1.1.99 bestehenden Unterentnahmen ist lt Verwaltung[2] eine Rückschau bis zur Betriebseröffnung erforderlich, der Anfangsbestand des Kapitalkontos ist wie eine Einlage zu berücksichtigen, zur Vereinfachung soll aber der Wert des Kapitalkontos vor dem 1.1.99 übernommen werden können. Für VZ ab 01 ist gem § 52 XI 2 ein Anfangsbestand von 0 DM anzusetzen. Auf Überentnahmen finden die Grundsätze des BFH-Urteils[1] keine Anwendung. In dogmatischer Hinsicht ist bedeutsam, dass § 4 IVa **nur für betrieblich veranlasste** Schuldzinsen gilt.[3] Dies erfordert im Hinblick auf die steuerliche Abziehbarkeit eine zweistufige Prüfung. Zuerst ist zu prüfen, ob und inwieweit die Schuldzinsen[4] betrieblich veranlasste Aufwendungen sind. In einem zweiten Schritt muss dann geprüft werden, ob der BA-Abzug im Hinblick auf Überentnahmen eingeschränkt ist.[5]

162 In Abweichung von den Abzugsmöglichkeiten nach §§ 4 IV, 9 I 1 legt die Verwaltung[6] zugunsten der StPfl den **Zinsbegriff** für die Abzugsbeschränkung nach § 4 IVa eng aus und beschränkt ihn auf gewinnmindernde Zinsen einschließlich Damnum und andere Entgelte für die Kapitalüberlassung. Es sollen sämtliche Nebenkosten der Darlehensaufnahme und Geldbeschaffungskosten erfasst sein.

163 Nach § 4 IVa 2 ist der Begriff der Überentnahme legal definiert als der Betrag, um den die **Entnahmen die Summe des Gewinns und der Einlagen des Wj übersteigen**. Umgekehrt ist nach § 4 IVa 4 eine sog Unterentnahme der Betrag, um den der Gewinn und die Einlagen die Entnahmen des Wj übersteigen. Die Feststellung einer Überentnahme ist aus der Bilanz abzuleiten, da § 4 IVa 2 terminologisch an die in § 4 I 1 verwendeten Begriffe (Entnahme, Einlage, Gewinn) anknüpft. Es gilt der allg Gewinnbegriff, so dass gewinnmindernde Abschreibungen und Rücklagen nicht ausgesondert werden.[7] Zu den Entnahmen gehören auch Sachentnahmen einschließlich Nutzungsentnahmen. Nichtabziehbare BA sind keine Entnahmen und bleiben daher unberücksichtigt. Problematisch erscheint, dass auch Entnahmen für betriebsfremde Zwecke, die nicht in das PV überführt werden, berücksichtigt werden sollen; allerdings wird dabei auf die Buchwerte abgestellt.[8] Als Einlage wird auch die Zuführung von WG bei Betriebseröffnung angesehen.[9] Abw vom Gewinnbegriff[10] des § 4 I bleibt ein negativer Gewinn, dh ein **Verlust**, im Verlustjahr unberücksichtigt, soll aber nach Ansicht der FinVerw mit dem Unterentnahmesaldo der Vorjahre und – soweit nicht abgedeckt – mit Unterentnahmen künftiger Wj zu verrechnen sein.[11] Ob eine Überentnahme vorliegt, ist **für jedes Wj gesondert** zu ermitteln. Für eine Einschränkung des Schuldzinsenabzugs kommt es entscheidend auf den **Saldo von Über- und Unterentnahmen** aE des jeweiligen Wj an. In die saldierende Betrachtungsweise sind alle Wj seit Bestehen des Betriebs einzubeziehen.[12] Deshalb kann aus dem Stand des Eigenkapitals zu Beginn des Wj die Auswirkung der Vorjahre auf den Schuldzinsenabzug abge-

---

1 BFH BStBl II 06, 504.
2 BMF BStBl I 06, 416.
3 BMF v 22.5.00, BStBl I 00, 588 Tz 1 ff; *Hegemann/Querbach* DStR 00, 408; *Kohlhaas* DStR 00, 901 *Korn/Strahl* KÖSDI 00, 12281; *Meyer/Ball* INF 00, 76; *Neumann* EStB 00, 165 f; **aA** *Duske* DStR 00, 906; *Franz/Seitz* Stbg 00, 97; *Jakob* DStR 00, 101; *Ley* NWB Fach 3, 11167 f.
4 Nach *Schmidt*[26] § 4 Rn 523 soll der Begriff der Schuldzinsen weit auszulegen sein. Nach Tz 22 des BMF-Schr v 22.5.00 zählen Geldbeschaffungskosten nicht dazu.
5 Zu Gestaltungsüberlegungen *Obermeier* NWB 00, 3110 ff.
6 BMF BStBl I 00, 588 Tz 22; BStBl I 05, 1019 Tz 22.
7 FG M'ster EFG 05, 263 nrkr.
8 BMF v 22.5.00, BStBl I 00, 588 Tz 10; *Wendt* FR 00, 417 (424).
9 BMF v 22.5.00, BStBl I 00, 588 Tz 20; *Bauer/Eggers* StuB 00, 703 (705); *Wendt* FR 00, 417 (424).
10 Zur Gewinnberechnung wegen Interdependenzen und Auswirkungen auf die GewSt *Hundsdoerfer/Henning* BB 00, 542.
11 BMF v 22.5.00, BStBl I 00, 588 Tz 11; *Bauer/Eggers* StuB 00, 225; *Wendt* FR 00, 417 (424 f).
12 Vgl aber BMF v 22.5.00, BStBl I 00, 588 Tz 36 zur Betriebseröffnung vor 1.1.99.

leitet werden.¹ Bei positivem Eigenkapital liegt in zusammenfassender Betrachtung der Vorjahre insgesamt keine Überentnahme vor. Der positive Kontostand spiegelt die entspr Unterentnahmen in den Vorjahren wider. Soweit das Eigenkapital negativ ist, muss danach differenziert werden, inwieweit dieser Saldo auf Verlusten oder auf Überentnahmen beruht. Verluste führen nicht zur Einschränkung des Schuldzinsenabzugs, indem sie etwa mit Gewinn oder Einlagen zu verrechnen wären.² Sie schließen deshalb den Schuldzinsenabzug nicht aus. Schädlich sind nur Überentnahmen iSd § 4 IVa 2.

164 **Nicht abziehbare BA** dürfen aufgrund § 4 V den Gewinn nicht mindern. Es handelt sich um BA, die trotz ihrer betrieblichen Veranlassung außerhalb der Gewinnermittlung zugerechnet werden. Da es sich gleichwohl um BA handelt, scheidet eine Zuordnung zu den Entnahmen nach § 4 IVa aus. Angesichts des Gesetzeswortlauts ist es allerdings zweifelhaft, ob sie nicht zugunsten der StPfl durch Minderung der Überentnahmen den Gewinn des § 4 IVa 2 erhöhen.³

165 Nach dem bisherigen § 4 IVa 3 waren Entnahmen und Einlagen, die **in den letzten 3 Monaten eines Wj** getätigt werden, nicht zu berücksichtigen, soweit sie in der Summe in den nächsten 3 Monaten des Folgejahres wieder rückgängig gemacht werden. Die Regelung ist mit dem StÄndG (BGBl I 01, 3794) ersatzlos gestrichen worden.

166 Die **Bemessungsgrundlage** und die daraus abzuleitende **Höhe der nicht abzugsfähigen Zinsen** ist in § 4 IVa 3 bis 5 geregelt. Nach § 4 IVa 3 werden die nicht abziehbaren Schuldzinsen typisiert mit 6 vH der Überentnahme des Wj zuzüglich der Überentnahmen vorangegangener Wj und abzüglich der Unterentnahmen vorangegangener Wj ermittelt. Abw von dem Gesetzestext wird vertreten, dass ein Überentnahmeüberhang aus Vorjahren im laufenden Jahr auch dann zu einem zu berücksichtigenden Überentnahmesaldo führen kann, wenn sich im laufenden Wj kein Überentnahmesaldo ergibt und dass Unterentnahmen nicht erst im Folgejahr zu berücksichtigen sind. § 4 IVa 3 ist so auszulegen, dass „Überentnahmen des laufenden und vorangegangener Wj abzüglich Unterentnahmen des laufenden und vorangegangener Wj" die Bemessungsgrundlage für die typisierte Zinsberechnung bilden.⁴ Mit dem StÄndG (BGBl I 01, 3794) ist § 4 IVa 3 klarstellend dahin gehend ergänzt worden, dass es sich bei der pauschalen Kürzung um einen Berechnungsmodus handelt, bei dem die Gewinnauswirkung der Rechtsfolge mit zu berücksichtigen ist. Nach § 4 IVa 5 werden Schuldzinsen, die für **Investitionskredite**⁵ zur Finanzierung von AK oder HK von WG des Anlagevermögens anfallen, vom Abzugsverbot generell ausgenommen. Der verbleibende Hinzurechnungsbetrag wird nach § 4 IVa 4 um einen **Sockelbetrag**, im Wj angefallene Schuldzinsen in Höhe von 2 050 €, gekürzt.

Eine Kürzung des Schuldzinsenabzugs erfolgt nach § 4 IVa 5 dann nicht, wenn die Zinsen für Darlehen zur Finanzierung von AK oder HK von WG des AV angefallen sind. Um diese **begünstigten Zinsen** sind die insgesamt angefallenen Schuldzinsen als Höchstgrenze für die Kürzung des Abzugs von 6 vH der Bemessungsgrundlage zu vermindern. Den Begriff des Darlehens wird man vor dem Hintergrund des Ziels der Regelung, Finanzierungskosten für AV von der Abzugsbeschränkung auszunehmen, weit fassen müssen. Die Verwaltung⁶ verlangt die Aufnahme eines „gesonderten Darlehens", hält es andererseits aber für unschädlich, wenn dieses Darlehen nur teilw zur Finanzierung von AV dient; hier soll aufzuteilen sein. Die Finanzierung durch Belastung eines Kontokorrentkontos soll nicht ausreichen, auch wenn dies später umfinanziert wird.⁷ Das ist wenig folgerichtig, wenn eine Zuordnung nachweisbar ist. IÜ sollte die nachweisbare vorübergehende Finanzierung der Anschaffung eines WG über ein laufendes Konto der Bejahung einer nachfolgenden Darlehensfinanzierung der AK nicht entgegenstehen.⁸

168 Gem § 4 IVa 6 ist die gesamte Regelung bei der **Gewinnermittlung nach § 4 III** sinngemäß anzuwenden; hierzu sind nunmehr Entnahmen und Einlagen gesondert aufzuzeichnen, und zwar unabhängig davon, ob derzeit überhaupt Kredit in Anspr genommen wird.⁹ Ergänzend sieht § 52 XI 2 vor, dass die **Aufzeichnungspflichten** erstmals ab dem 1.1.00 zu erfüllen sind. Unterbleiben die Aufzeichnun-

---

1 *Korn/Strahl* KÖSDI 00, 12281 ff.
2 Vgl aber BMF v 22.5.00, BStBl I 00, 588 Tz 11 ff.
3 Dagegen *Wendt* FR 00, 417 (424).
4 BMF v 22.5.00, BStBl I 00, 588 Tz 23 f; *Neumann* EStB 00, 165 (169 f); *Wendt* FR 00, 417 (427).
5 Dazu BMF v 22.5.00, BStBl I 00, 588 Tz 26 ff. Danach wird ein gesondertes Darlehen verlangt. Nach BMF BStBl I 05, 1019 Tz 27 dürfen Investitionen nicht über Kontokorrentkonten bezahlt werden.
6 BMF BStBl I 00, 588 Tz 22 (27).
7 BMF BStBl II 00, 588 Tz 27 ff.
8 *Schmidt*²⁶ § 4 Rn 527.
9 *Wendt* FR 00, 417 (430 f).

gen, droht die Gefahr, dass anfallende Schuldzinsen, soweit sie nicht nachweislich auf Investitionskredite entfallen, nicht abziehbar sind, wenn sie den Sockelbetrag in Höhe von 2 050 € überschreiten.[1]

§ 4 IVa lässt offen, wie sich das Schuldzinsenabzugsverbot bei **PersGes** auswirkt.[2] Fraglich ist zum einen, ob bei der Feststellung der Überentnahme neben der Gesamthandsbilanz erster Stufe Sonder- und Ergänzungsbilanzen der G'ter mit einzubeziehen sind. Des weiteren war unklar, ob Überentnahmen **gesellschafts- oder gesellschafterbezogen** zu ermitteln sind. Für erstere Sichtweise (anders § 15 Rn 358f) spricht, dass die PersGes Subjekt der Gewinnerzielung und Gewinnermittlung ist und § 4 IVa systematisch als Gewinnermittlungsvorschrift zu qualifizieren ist. Dies würde bedingen, dass etwaige Überentnahmen einzelner G'ter den Schuldzinsenabzug nicht beschränken, wenn das Eigenkapital der Ges insgesamt positiv ist.

169

Die Verwaltung[3] will § 4 IVa bzgl der Überentnahmeregelung gesellschaftsbezogen anwenden und stellt damit steuersystematisch darauf ab, dass die PersGes als solche partiell steuerrechtsfähig für die Gewinnermittlung ist. Letztlich kommt es dann auf den Gesamtgewinn unter Einbeziehung von Ergänzungsbilanzen und Sonderbilanzen an.[4] Wenn sich die Überentnahme/Unterentnahme bei MU'schaften unter Einbeziehung aller positiven und negativen steuerlichen Kapitalpositionen aller Mitunternehmer ergibt, so entfällt eine weitere Ermittlung beim einzelnen Mitunternehmer; der Sockelbetrag nach § 4 IVa 4 kann dann nur einmal in Anspruch genommen werden.

170

Der BFH[5] hat sich der hM im Schrifttum[6] angeschlossen und sich für eine gesellschafterbezogene Auslegung entschieden. Der Mindestabzug gem § 4 IVa 4 steht aber nicht jedem MU einzeln zu, es hat eine Aufteilung nach Schuldzinsenanteilen zu erfolgen. Bei der Bestimmung der Überentnahme sind sowohl Veränderungen der Ergänzungsbilanzen als auch im Sonderbetriebsvermögen erzielte Gewinne sowie Entnahmen und Einlagen zu berücksichtigen. Ist der StPfl an zwei PersGes oder Einzelunternehmen beteiligt, ist die Begrenzung des Schuldzinsenabzugs für jeden Betrieb eigenständig zu bestimmen. Als ausschlaggebendes Moment führt der BFH an, dass der Kapitalentzug bei einer Überentnahme Gegenstand einer individuellen Tatbestandsverwirklichung ist und der Entnahmewert (in aller Regel) vom Kapitalanteil eines MU'ers abgeschrieben wird. Ein MU'er hat den Finanzierungsaufwand nur anteilig zu tragen und die Hinzurechnung zum Gewinn hängt von Merkmalen ab, die der einzelne MU'er verwirklicht.

IV. Beschränkt abziehbare und nicht abzugsfähige Betriebsausgaben (§ 4 V). – 1. Systematik. Der „Schlüssel zum Verständnis des § 4 V"[7] ist § 4 V Nr 7, wonach andere als die enumerativ bezeichneten nicht abzugsfähigen Aufwendungen, die die Lebensführung des StPfl oder anderer Pers berühren, nicht abzugsfähig sind, weil sie nach allg Verkehrsauffassung als unangemessen anzusehen sind. Die Vorschrift will verhindern, dass unangemessener betrieblicher Repräsentationsaufwand bei der ESt berücksichtigt wird, weil dieser Teil verdeckt privat veranlasst ist. § 4 V Nr 7 formuliert damit einen **allg Grundsatz**, der durch die speziellen Abzugsverbote in §§ 4 V Nr 1 bis 6b konkretisiert wird. In den letztgenannten Fällen entscheidet der Gesetzgeber typisierend die private Veranlassung.[8] Darüber hinaus enthalten § 4 V Nr 8, 8a, 10 besondere Regeln zum Schutz der Gesamtrechtsordnung. Erfasst werden Geldbußen usw, Zinsen auf hinterzogene Betriebssteuern, sowie Bestechungs- und Schmiergelder.

171

2. Geschenke. Aufwendungen für Geschenke an Pers, die nicht ArbN des StPfl sind, dürfen den Gewinn nicht mindern (§ 4 V Nr 1 S 1 EStG). Dies gilt nicht, wenn die AK oder HK der dem Empfänger im Wj zugewendeten Gegenstände insgesamt 35 € nicht übersteigen (§ 4 V Nr 1 S 2). Ein Geschenk im Sinne dieses Abzugsverbots ist eine **betrieblich veranlasste unentgeltliche Zuwendung** an einen Dritten. Ob es in subj Hinsicht allein auf den Willen des Gebers ankommt oder ob ein Einigsein beider Parteien über die Unentgeltlichkeit im schenkungsrechtlichen Sinn (vgl § 516 I BGB) erforderlich ist, ist nicht abschießend geklärt. Der BFH setzt teils den Geschenkbegriff des

172

---

1 BMF v 22.5.00, BStBl I 00, 588 Tz 34; bis 31.12.99 kann Schätzung erfolgen (Tz 38).
2 Dazu BMF v 22.5.00, BStBl I 00, 588 Tz 30 ff; BStBl I 05, 1019 Tz 32 c (gesellschaftsbezogen); *Hegemann/Querbach* DStR 00, 408, 414; *Meyer/Ball* INF 00, 76 (81 f); *Wendt* FR 00, 417 (431) (gesellschafterbezogen).
3 BMF BStBl II 00, 588 Tz 30 ff.
4 **AA** *Groh* DStR 01, 105.
5 BFH DStR 07, 1515.
6 *Schmidt* § 15 Rz 430 mwN.
7 BFH BStBl II 81, 58 (59).
8 Zur Frage, ob bei einzelnen Regelungen der Typisierungsspielraum verfassungswidrig überschritten wird *Tipke/Lang*[18] § 9 Rn 302 ff.

§ 4 V Nr 1 mit demjenigen der bürgerlich-rechtlichen Schenkung iSd § 516 BGB gleich.[1] In einer anderen Entscheidung spricht sich der BFH ausdrücklich dafür aus, dass allein auf den Willen des Gebers abzustellen sei.[2]

173 Legt man den schenkungsrechtlichen Unentgeltlichkeitsbegriff des § 516 BGB zugrunde, beurteilt sich die Unentgeltlichkeit danach, ob eine Leistung nach dem Inhalt des Rechtsgeschäfts nicht mit einer Gegenleistung verknüpft und auch sonst nicht zur Tilgung einer Verbindlichkeit bestimmt ist.[3] Ein unmittelbarer zeitlicher oder wirtschaftlicher Zusammenhang reicht allein nicht aus, um die Unentgeltlichkeit auszuschließen. Des Weiteren kommt es auf (einseitige) Motive des Zuwendenden nicht an. Deswegen wird die Unentgeltlichkeit der Zuwendung nicht schon dadurch ausgeschlossen, dass der StPfl mit ihr den Zweck verfolgt, Geschäftsbeziehungen zu verbessern, zu sichern oder für ein Erzeugnis zu werben (vgl R 21 IV 3 EStR). Keine Geschenke sind beispielsweise Trinkgelder oder Zugaben iSd Zugabeverordnung.[4] Auch Schmiergelder und Bestechungsgelder sind keine Geschenke, wenn sie vereinbarungsgemäß dazu bezahlt werden, einen bestimmten „Auftrag" zu erhalten.[5]

174 Darüber hinaus soll das Abzugsverbot nicht gelten, wenn die zugewendeten WG **beim Empfänger ausschließlich betrieblich genutzt** werden können (zB Fachbücher, Ärztemuster).[6] Die 35-€-Grenze ist überschritten, wenn in einem Wj die einem Empfänger zugewendeten Geschenke zusammengerechnet 35 € übersteigen. Da es sich bei diesem Betrag um eine sog **Freigrenze** handelt, entfällt bei höherwertigen Geschenken jeder Abzug.

175 Die AK und HK sind nach allgemeinen Grundsätzen zu ermitteln und umfassen auch die Kosten der Kennzeichnung als Werbeträger.[7] Dazu rechnet auch die **Umsatzsteuer**, wenn sie nicht als Vorsteuer abziehbar ist. Bei abziehbarer Vorsteuer ist jedoch § 9b zu beachten. Handelt es sich um gebrauchte WG, dann kommt es gegen § 6 I Nr 4 auf fiktive AK oder HK an. Nach § 15 Ia Nr 1 UStG berechtigen Aufwendungen für Geschenke nicht zum Vorsteuerabzug, wenn ertragsteuerrechtlich der Abzug ausgeschlossen ist.[8] Die nicht abziehbare Vorsteuer ist nach § 12 Nr 3 eine nicht abzugsfähige Ausgabe. Anderes gilt aber für die Umsatzsteuer, die nach § 15 II, IV UStG nicht abziehbar ist. Diese kann laufende BA oder Teil der AK oder HK sein.

176 **3. Bewirtungsaufwendungen.** Aufwendungen für Bewirtung von Pers aus geschäftlichem Anlass sind nicht abzugsfähig, soweit sie nach der allg Verkehrsauffassung als unangemessen anzusehen sind. Angemessene Bewirtungskosten sind nur in Höhe von 70 % abzugsfähig. Zum Nachweis der Höhe und der betrieblichen Veranlassung der Aufwendungen hat der StPfl die in § 4 V Nr 2 S 2, 3 aufgeführten Angaben schriftlich zu machen. Es handelt sich hierbei um eine unabdingbare materielle Voraussetzung für den BA-Abzug. Deswegen können auch Journalisten die geforderten Angaben zu Teilnehmern und Anlass in der Regel nicht unter Berufung auf das Pressegeheimnis verweigern.[9] Das Gleiche gilt für RA im Hinblick auf die anwaltliche Schweigepflicht.[10] Die unterbliebene Angabe des Bewirtenden im amtlich vorgeschriebenen Bewirtungsvordruck kann auch noch nachträglich im Rechtsbehelfsverfahren nachgeholt werden.[11] Nach der Rspr des BFH dürfen an die Aufzeichnungspflichten keine überzogenen Anforderungen gestellt werden, wenn ihr Zweck, die entspr Aufwendungen leicht nachprüfen zu können, nicht gefährdet ist.[12] Dem Erfordernis getrennter Aufzeichnungen nach § 4 VII 1 ist deshalb Genüge getan, wenn auf einem Buchführungskonto sowohl die beschränkt abzugsfähigen Bewirtungskosten als auch die unbeschränkt abzugsfähigen Aufmerksamkeiten gebucht werden. Offenkundige einzelne Fehlbuchungen sind unter Berücksichtigung des Rechtsgedankens des § 129 AO (offenbare Unrichtigkeit) unschädlich. Dem Gebot der Einzelaufzeichnung ist auch dann Rechnung getragen, wenn ein Gastwirt Sammelrechnungen für mehrere Bewirtungen erteilt oder mit Kreditkarte bezahlt wird und eine Abrechnung mehrere getrennte Bewirtungen mit entspr Belegen umfasst. Die Aufzeichnungspflichten nach § 4 VII gelten nach stRspr auch für StPfl, die ihren Gewinn nach § 4 III ermitteln.[13] Sie können auch nicht durch

---

[1] BFH/NV 88, 352; BStBl II 93, 806; ebenso *Lippross* § 4 Rn 276.
[2] BFH BStBl II 82, 394; in diesem Sinn auch *Blümich* § 4 Rn 260.
[3] RGZ 125, 380 (383); BGHZ 5, 302 (305); Münchner Kommentar[3] § 516 Rn 13.
[4] BFH BStBl II 87, 296.
[5] BFH BStBl II 82, 394.
[6] Vgl R 4.10 II 4; *Schmidt*[26] § 4 Rn 537.
[7] R 21 III 1 EStR.
[8] BMF BStBl I 99, 964.
[9] BFH BStBl II 98, 263.
[10] BFH BStBl II 04, 502.
[11] BFH BStBl II 98, 610.
[12] BFH FR 00, 326.
[13] BFH/NV 89, 571; BFH/NV 90, 495; BFH/NV 04, 1402.

eine geordnete Ablage von Belegen ersetzt werden.[1] Der Pflicht zur getrennten Aufzeichnung von Bewirtungskosten ist nur genügt, wenn diese Aufwendungen jeweils von Anfang an, fortlaufend, zeitnah und gesondert von sonstigen BA schriftlich festgehalten werden.[2]

Als **Bewirtung** iSd Vorschrift ist eine Einladung anderer Pers vorrangig zum Verzehr von Speisen, Getränken oder anderen zum sofortigen Verzehr bestimmten Genussmitteln zu verstehen.[3] Die Bewirtung muss aus **geschäftlichem Anlass** erfolgen. Bei **privater Mitveranlassung** greift das Abzugsverbot des § 12 Nr 1 S 2 ein (§ 12 Rn 11). Das ist regelmäßig der Fall, wenn die Bewirtung von Geschäftsfreunden in der Wohnung oder zum privaten Anlass (Geburtstagsfeier) außerhalb der Wohnung erfolgt.[4] Ein geschäftlicher Anlass ist insbes gegeben, wenn Pers bewirtet werden, zu denen schon Geschäftsbeziehungen bestehen oder sich anbahnen. Der Begriff der geschäftlichen Veranlassung ist enger als derjenige der **betrieblichen Veranlassung**. Da die Bewirtung von ArbN des eigenen Betriebs nicht geschäftlich, sondern nur betrieblich veranlasst ist, können hier die BA in voller Höhe abgezogen werden. **177**

Für die Beurteilung der **Angemessenheit** der Bewirtungsaufwendungen stellt der BFH auf die einzelne Bewirtungsveranstaltung und nicht auf die einzelne bewirtete Pers oder auf den Jahresaufwand an Bewirtungskosten ab.[5] Sie beurteilt sich nach der allg Verkehrsauffassung und damit nach den Umständen des Einzelfalls (Größe des Unternehmens, Art und Umfang der Geschäftsbeziehungen, Stellung des Geschäftsfreundes usf). **178**

Das **systematische Verhältnis** von § 4 V Nr 2 **zu § 4 V Nr 1** (Geschenke) stellt sich wie folgt dar: Soweit die nicht durch Bewirtungsleistungen geprägte Veranstaltung als unentgeltliche vermögenswerte Zuwendung iSd § 4 V Nr 1 zu werten ist (zB Auslands- oder Urlaubsreisen),[6] sind auch die hierbei anfallenden Aufwendungen für Speisen und Getränke aufgrund ihres „akzessorischen Charakters" dem Abzugsverbot nach Nr 1 unterworfen.[7] Steht dagegen die Darreichung von Speisen und/oder Getränken eindeutig im Vordergrund, handelt es sich um Bewirtungsaufwendungen iSd § 4 V Nr 2.[8] **179**

4. Gästehäuser. § 4 V Nr 3 ordnet Aufwendungen für Gästehäuser allg als unangemessenen Repräsentationsaufwand ein. Nach der Vorschrift sind Aufwendungen für Einrichtungen des StPfl, soweit sie der Bewirtung, Beherbergung oder Unterhaltung von Pers, die nicht ArbN des StPfl sind, dienen (Gästehäuser), und sich außerhalb des Orts eines Betriebs des StPfl befinden, nicht abziehbar. § 4 V Nr 3 ist nicht anwendbar, wenn der StPfl das Gästehaus mit Gewinnerzielungsabsicht, etwa als Pension, betreibt (§ 4 V 2). **180**

Eine **Einrichtung** des StPfl liegt nicht nur dann vor, wenn sich das Gästehaus in seinem Eigentum befindet, sondern auch dann, wenn das Gästehaus dauerhaft angemietet oder gepachtet ist.[9] Der **Ort des Betriebs** bestimmt sich regelmäßig nach den politischen Gemeindegrenzen, doch können im Ausnahmefall auch Vorortgemeinden einbezogen werden, wenn sie räumlich und verkehrstechnisch zur Betriebsgemeinde gehören.[10] Zu den **Aufwendungen** iSd § 4 V Nr 3 gehören alle mit der Anschaffung, Herstellung und Unterhaltung im Zusammenhang stehenden Kosten einschl AfA,[11] Personalkosten und Zinsen. Die reinen Bewirtungsaufwendungen sind dagegen allein unter § 4 V Nr 2 subsumierbar.[12] **181**

§ 4 V Nr 4 betrifft ausschließlich betrieblich genutzte Gästehäuser. Soweit es im Eigentum des StPfl steht, ist es deshalb als **BV** zu qualifizieren. Hieraus folgt, dass im Falle einer Veräußerung oder Entnahme ein entspr Gewinn voll zu versteuern ist. Dabei dürfen nach der Rspr des BFH die auf das Gebäude bisher vorgenommenen, aber infolge der außerbilanziellen Hinzurechnung nicht gewinnmindernd berücksichtigten AfA nicht gegengerechnet werden.[13] Zur Berechnung des Veräußerungsgewinns sind dem Veräußerungserlös folglich die um die jährliche AfA geminderten AK oder HK des Gebäudes (aktueller Buchwert) gegenüberzustellen. **182**

---

1 BFH/NV 90, 165; BFH/NV 04, 1402.
2 BFH/NV 04, 1402.
3 BFH BStBl II 90, 575; zu Nebenkosten (Trinkgelder, Taxi) vgl *Schmidt*[26] § 4 Rn 545.
4 BFH BStBl II 69, 239; BFH/NV 86, 657.
5 BFH BStBl II 90, 575.
6 Vgl BFH BStBl II 93, 806.
7 *Blümich* § 4 Rn 265.
8 BFH/NV 93, 530; *Blümich* § 4 Rn 265.
9 *Blümich* § 4 Rn 271; *Schmidt*[26] § 4 Rn 560.
10 BFH BStBl II 68, 603.
11 BFH BStBl II 87, 108.
12 *Lippross* § 4 Rn 366; *Schmidt*[26] § 4 Rn 562.
13 BFH BStBl II 74, 207; vgl auch BStBl II 87, 853.

183 Verlangt der StPfl von den beherbergten Gästen einen Kostenbeitrag als Ersatz seiner (nichtabzugsfähigen) Aufwendungen iSd § 4 V Nr 3, stellt sich die Frage, ob es sich hierbei um zwar steuerbare, aber nicht stpfl BE handelt. Da hier ein unmittelbarer Zusammenhang mit den nicht abziehbaren BA besteht, spricht der allg Rechtsgedanke, der § 4 V Nr 8 S 3 und für den umgekehrten Fall § 3c I zugrunde liegt, dafür, dass der Aufwendungsersatz nicht als BE zu versteuern ist.[1]

184 **5. Aufwendungen für Jagd usw.** § 4 V Nr 4 ordnet ein Abzugsverbot für beispielhaft aufgezählte besondere Repräsentationsaufwendungen an, bei denen die Wahrscheinlichkeit, dass sie die private Lebensführung berühren, auf der Hand liegt. Häufig wird die Abziehbarkeit entspr Aufwendungen bereits nach § 12 Nr 1 scheitern (vgl § 4 V 3), wenn nämlich die Aufwendungen auch dem StPfl oder seinen Familienangehörigen zugute kommen.

185 § 4 V Nr 4 betrifft im einzelnen Aufwendungen für Jagd oder Fischerei, für Segeljachten[2] oder Motorjachten sowie für ähnliche Zwecke und für die hiermit zusammenhängenden Bewirtungen. Als **„ähnliche Zwecke"** sind zB Aufwendungen für Schwimmbecken, Sportflugzeuge, Tennisplätze, Golfplätze oder das Halten von Reitpferden[3] zu qualifizieren. Dabei ist es unerheblich, ob es sich um eigene oder gepachtete Einrichtungen handelt. Das Abzugsverbot greift nicht ein, wenn die Einlagen und Einrichtungen mit Gewinnerzielungsabsicht betrieben werden (§ 4 V 2) oder **nur ArbN** zur Verfügung stehen.[4] Des Weiteren soll § 4 V Nr 4 teleologisch einschränkend ausgelegt werden, wenn Repräsentation oder Freizeitgestaltung nicht im Vordergrund stehen (zB gemietetes Konferenzschiff).[5] Im Gegensatz dazu sind die Aufwendungen für ein Oldtimer-Flugzeug nicht abziehbar, da es zwar Werbezwecken dient, Ziel der Vorschrift des § 4 V Nr 4 aber gerade die Vereinfachung ist und das WG so eingesetzt wird, dass es bei typisierender Betrachtung dazu geeignet ist, Geschäftsfreunde zu unterhalten oder privaten Neigungen nachzugehen.[2]

186 **6. Mehraufwendungen für Verpflegung.** Im Grundsatz sind Verpflegungsaufwendungen auch bei beruflicher Mitveranlassung als Kosten der privaten Lebensführung nicht abzugsfähig (§ 12 Nr 1; vgl § 4 V 3). § 4 V Nr 5 regelt den beruflich veranlassten Mehraufwand, der im Interesse einer möglichst gleichmäßigen Behandlung aller StPfl nur **bis zu bestimmten Höchstbeträgen** zum Abzug zugelassen wird. Es besteht ein Rechtsanspruch des StPfl auf die Gewährung der gesetzlichen Pauschbeträge, die tatsächliche Höhe des Aufwands ist nicht zu prüfen.[6] Verpflegungsmehraufwendungen können nur abgezogen werden, wenn der StPfl vorübergehend von seiner Wohnung und dem Mittelpunkt seiner dauerhaft angelegten betrieblichen Tätigkeit entfernt betrieblich tätig ist.[7] Aufwendungen, die aufgrund einer Geschäftsreise, einer Einsatzwechseltätigkeit oder einer Fahrtätigkeit entstehen, werden durch Pauschalen berücksichtigt. Dies gilt auch für Aufwendungen, die anlässlich einer **doppelten Haushaltsführung** entstehen (§ 4 Nr 5 S 6). Erfolgen die genannten vorübergehenden Auswärtstätigkeiten an derselben Tätigkeitsstelle, sieht § 4 V Nr 5 S 5 eine **zeitliche Begrenzung** für die ersten 3 Monate vor. Diese Einschränkung gilt auch für eine aus betrieblichem Anlass begründete doppelte Haushaltsführung. Die Frist berechnet sich nach Kalendermonaten; Urlaub oder Krankheit während dieser Zeit bleiben unberücksichtigt.[8]

187 Bzgl der **Höhe der Pauschbeträge** ist zw Inlands- und Auslandsreisen zu unterscheiden. Bei **Inlandsreisen** gelten die folgenden gesetzlichen Pauschbeträge (§ 4 V Nr 5 S 2): Abwesenheit von 24 Stunden 24 €; Abwesenheit von weniger als 24 Stunden, aber mindestens 14 Stunden 12 €, Abwesenheit von weniger als 14 Stunden, aber mindestens 8 Stunden 6 €, Abwesenheit von weniger als 8 Stunden 0 €. Für die Berechnung der Abwesenheitszeiten ist bei einer Geschäftsreise die Abwesenheit von der Wohnung und der regelmäßigen Betriebsstätte, bei Fahr- und Einsatzwechseltätigkeiten allein die Dauer der Abwesenheit von der Wohnung maßgebend. Die Abwesenheitszeiten sind **kalendertagsbezogen**, bei mehreren Auswärtstätigkeiten an einem Kalendertag werden die Abwesenheitszeiten addiert. Erstreckt sich die Abwesenheit über 2 Kalendertage, ohne dass eine Übernachtung durch den StPfl stattfindet, ist die gesamte Abwesenheitsdauer dem Kalendertag der überwiegenden Abwesenheit zuzurechnen (§ 4 V Nr 5 S 2 HS 2). Das Gesetz verlangt allerdings, dass die Tätigkeit nach 16 Uhr begonnen und vor 8 Uhr beendet wird.[9] Bei **Auslandsreisen** (§ 4 V Nr 5 S 4) sind

---

[1] *Lippross* § 4 Rn 368; *Schmidt*[26] § 4 Rn 564.
[2] BFH BFH/NV 2007, 1230.
[3] BFH/NV 95, 205.
[4] BFH BStBl II 81, 58.
[5] BFH BStBl II 93, 367; BStBl II 01, 575; krit *Blümich* § 4 Rn 275.
[6] BFH BStBl II 06, 567.
[7] BFH/NV 98, 1216.
[8] *Schmidt*[26] § 4 Rn 573; vgl BFH BStBl II 97, 95 bei Unterbrechung.
[9] Krit *Schmidt*[26] § 4 Rn 574 („unerklärlich und unhaltbar").

die Pauschbeträge ebenfalls gestaffelt anzusetzen. Sie betragen 120, 80 oder 40 vH der höchsten Auslandstagegelder nach dem Bundesreisekostengesetz. Diese werden durch den BMF im Einvernehmen mit den obersten Finanzbehörden der Länder festgelegt.[1] Die Höhe der Pauschbeträge richtet sich nach dem Ort, den der StPfl vor 24 Uhr Ortszeit zuletzt erreicht hat. Liegt er im Inland, ist auf den jeweils letzten Tätigkeitsort im Ausland abzustellen.

7. Fahrtkosten. Aufwendungen für Fahrten zw Wohnung und Betriebsstätte weist das **Gesetz in einem neuen** § 4 Va nicht mehr der Erwerbssphäre zu. Daher sind die Fahrtkosten grds nicht mehr als BA bzw WK abziehbar. Das Werkstorprinzip wurde hier in Umkehr zur bisherigen Beurteilung gesetzlich verankert. Die Gesetzesbegründung[2] sieht zur Vermeidung von Härten vor, dass Fernpendler ab dem 21. Entfernungskilometer für jeden Arbeitstag eine Entfernungspauschale von 0,30 € wie WK oder wie BA geltend machen können. Unfallkosten auf dem Weg zw Wohnung und Betriebsstätte finden keine Berücksichtigung mehr. Die Möglichkeit, für die Benutzung öffentlicher Verkehrsmittel entstandene höhere Kosten als die Entfernungspauschale anzusetzen, entfällt; auch hier ist die Entfernungspauschale erst ab dem 21. Kilometer zu berücksichtigen. **188**

Nach der gesetzlichen Regelung ist der **nicht abziehbare Teil** der BA **pauschal** zu ermitteln. Diesen nicht abziehbaren Teil ermittelt man aus 0,03 vH des Bruttolistenpreises des Kfz (§ 6 I Nr 4 S 2) je Kalendermonat und Entfernungskilometer. Zur Abgeltung der Aufwendungen wird auf die Regelungen im Bereich des WK-Abzugs Bezug genommen (dazu § 9 Rn 350 ff). Es stellt sich die Frage, ob die Zuordnung der Fahrten zwischen Wohnung und Betriebsstätte zur Privatsphäre eine Abgeltung durch § 6 I Nr 4 S 2 verursacht und § 4 Va S 2 eine Doppelzurechnung darstellt.[3] Es bleibt abzuwarten, wie sich der BFH zum Werkstorprinzip äußert. **189**

Für Familienheimfahrten im Rahmen doppelter Haushaltsführung ist eine wöchentliche Familienheimfahrt dem betrieblichen Bereich zuzuordnen. Nach § 4 Va ergibt sich der nicht abziehbare Betrag aus 0,02 vH des Bruttolistenpreises je Entfernungskilometer. **190**

Bei Führung eines Fahrtenbuches und Nachweis der tatsächlichen Kosten anhand von Belegen eröffnet das Gesetz die Möglichkeit, die **tatsächlichen Kosten der Fahrten** zw Wohnung und Betriebsstätte in Abzug zu bringen. Nach Ansicht der FinVerw wird nur ein ordnungsgemäß geführtes Fahrtenbuch anerkannt;[4] elektronische Fahrtenbücher müssen die nachträgliche Veränderung der Daten ausschließen oder dokumentieren.[5] Die Nichtanerkennung führt zwingend zur Pauschalierungsregelung.[6] Überzeugender erscheint, die nach allg Grundsätzen vorgesehene Schätzungsbefugnis als vorrangig zu erachten.[7] Die Aufforderung des FA, ein Fahrtenbuch zu führen, ist kein VA.[8] **191**

8. Doppelte Haushaltsführung. Die Regelung des § 4 V Nr 6a EStG, wonach Mehraufwendungen wegen einer aus betrieblichem Anlass begründeten doppelten Haushaltsführung, soweit die doppelte Haushaltsführung über die Dauer von zwei Jahren am selben Ort beibehalten wird, nicht abzugsfähige BA darstellen, wurde durch das StÄndG v 15.12.03, BGBl I 03, 2645 aufgehoben. Es handelt sich hierbei um eine Folgeänderung zum Wegfall der Zweijahresfrist bei doppelter Haushaltsführung (Streichung von Satz 3 in § 9 I 3 Nr 5 EStG), da Gewerbetreibende und ArbN hinsichtlich der Berücksichtigung von Aufwendungen für doppelte Haushaltsführung gleich zu behandeln sind. **192**

9. Arbeitszimmer. § 4 V Nr 6b normiert für häusliche Arbeitszimmer ein **generelles Abzugsverbot** von BA, unabhängig von der betrieblichen/beruflichen Veranlassung. Ausnahmsweise sind die Arbeitszimmeraufwendungen **unbegrenzt abziehbar**, wenn das Arbeitszimmer den Mittelpunkt der gesamten betrieblichen und beruflichen Betätigung bildet. **194**

Das Abzugsverbot greift nur ein, wenn es sich um ein häusliches Arbeitszimmer handelt. Ob ein Raum als häusliches Arbeitszimmer anzusehen ist, lässt sich nicht generell, sondern nur aufgrund einer Gesamtwürdigung der Umstände des Einzelfalls beurteilen.[9] Ein häusliches Arbeitszimmer ist ein Raum, der seiner Lage, Funktion und Ausstattung nach in die häusliche Sphäre des StPfl einge- **195**

---

1 Vgl BMF BStBl I 00, 424; BStBl I 00, 1574; BStBl I 01, 818.
2 BR-Drs 330/06.
3 *Blut* DStR 2007, 572.
4 Zu den inhaltlichen Anforderungen R 31 IX Nr 2 LStR
5 BMF BStBl I 96, 654.
6 BMF FR 00, 529.
7 *Kanzler* FR 00, 398; vgl auch BFH FR 00, 397.
8 FG Brem EFG 95, 224.
9 BFH BStBl II 00, 7; dazu Anm *Drüen* HFR 00, 98.

bunden ist und vorwiegend der Erledigung gedanklicher, schriftlicher oder verwaltungstechnischer Arbeiten dient.[1] In die häusliche Sphäre eingebunden ist ein Arbeitszimmer regelmäßig dann, wenn der Raum eine bauliche Einheit mit dem Wohnteil bildet und damit grds zum privaten Bereich des StPfl gehört.[2] Daher ist ein Arbeitszimmer, das sich in einem selbstgenutzten Einfamilienhaus befindet, grds ein häusliches Arbeitszimmer. Dies betrifft nicht nur die eigentlichen Wohnräume, sondern ebenso Zubehörräume.[3] In diesem Sinne hat der BFH die „Häuslichkeit" eines Arbeitszimmers grds bejaht, das sich im Keller[4] oder im Dachgeschoss[5] des vom StPfl bewohnten Einfamilienhauses befindet. Gleiches gilt für ein Arbeitszimmer in einem Anbau zum Einfamilienhaus, der nur vom straßenabgewandten Garten aus betreten werden kann.[5] Auch ein Raum, der sich im Keller eines Mehrfamilienhauses befindet, soll ein „häusliches" Arbeitszimmer sein, wenn dieser Raum ein zur privat genutzten Wohnung des StPfl gehörender Hobbyraum ist.[6] Gehören die im Keller eines Mehrfamilienhauses als Arbeitszimmer genutzten Räumlichkeiten nicht zur Privatwohnung des StPfl, da es sich insbes nicht um Zubehörräume dieser Wohnung, sondern um zusätzlich angemietete Räumlichkeiten handelt, so stellt das Arbeitszimmer hingegen ein „außerhäusliches" Arbeitszimmer dar.[7] Andererseits soll eine in einem Mehrfamilienhaus zusätzlich angemietete Wohnung jedenfalls dann der häuslichen Sphäre des StPfl zuzurechnen sein, wenn sie unmittelbar an dessen Privatwohnung angrenzt bzw dieser auf der selben Etage direkt gegenüber liegt. Denn in diesen Fälle begründet die unmittelbare räumliche Nähe der zusätzlichen Wohnung zur Privatwohnung die notwendige innere Verbindung mit der privaten Lebenssphäre des StPfl.[8] Räumlichkeiten, die im Dachgeschoss eines Mehrfamilienhauses liegen, aber nicht zur Privatwohnung des StPfl gehören, stellen im Regelfall ein „außerhäusliches" Arbeitszimmer dar. Als Abgrenzungskriterium soll hier ein auch von fremden Dritten genutztes Treppenhaus zw beiden Bereichen dienen.[9] Dagegen ist ein als Lager, Werkstatt oder Arztpraxis genutzter Raum aufgrund seiner Ausstattung und Funktion auch dann kein häusliches Arbeitszimmer, wenn er seiner Lage nach in die häusliche Sphäre des StPfl eingebunden ist.[10]

196 Vom Wortlaut des Abzugsverbots werden ausdrücklich auch die **Kosten der Ausstattung** des Arbeitszimmers erfasst. Dies legt zwar ein weites Verständnis nahe, doch hat sich inzwischen die Meinung durchgesetzt, dass hiervon **Arbeitsmittel**, dh solche WG, die unmittelbar zur betrieblichen Nutzung bestimmt sind (zB Bücherschrank, Computer, Schreibtisch), ausgenommen sind.[11]

199 Nach § 4 V Nr 6b S 2 kommt ein **unbegrenzter** Abzug in Betracht, wenn das häusliche Arbeitszimmer den **Mittelpunkt der gesamten** betrieblichen und beruflichen **Tätigkeit** des StPfl bildet. Der Begriff des Tätigkeitsmittelpunkts ist ein eigenständiger Rechtsbegriff, der weder mit dem Begriff der regelmäßigen Arbeitsstätte noch mit demjenigen der Betriebsstätte übereinstimmt. Die Feststellung des Tätigkeitsmittelpunkts kann nur im Wege einer umfassenden Würdigung der Gesamttätigkeit erfolgen. Maßgeblich ist insoweit, wo der StPfl diejenigen Handlungen erbringt, die für den konkret ausgeübten Beruf wesentlich und **prägend** sind. Damit bestimmt sich der Mittelpunkt nach dem inhaltlichen und **qualitativen** Schwerpunkt der betrieblichen und beruflichen Betätigung.[12] Der BFH[13] sieht es als ausreichend an, wenn der qualitative Schwerpunkt der Haupttätigkeit im Arbeitszimmer liegt. Dem zeitlichen Umfang der Nutzung des häuslichen Arbeitszimmers kommt lediglich indizielle Bedeutung zu.[14] So kann das häusliche Arbeitszimmer eines Außendienstmitarbeiters auch dann den Mittelpunkt der gesamten betrieblichen und beruflichen Betätigung bilden, wenn der StPfl einen nicht unerheblichen Teil seiner Arbeitszeit im Außendienst verbringt. Dies setzt

---

1 BFH BStBl II 03, 139; BStBl II 03, 185.
2 BFH BStBl II 03, 185.
3 BFH BStBl II 04, 75.
4 BFH BStBl II 03, 139.
5 BFH BStBl II 03, 350.
6 BFH BStBl II 04, 74.
7 BFH BStBl II 03, 515.
8 BFH BStBl II 04, 69; BStBl II 04, 72.
9 BFH BStBl II 06, 428.
10 BFH BStBl 03, 139; BFH/NV 03, 1163 einen Lagerraum betr; BStBl II 03, 463 eine Notfallpraxis betr; hingegen stellt der häusliche Arbeitsraum eines ausschließlich als Gutachter tätigen Arztes mangels Publikumsverkehr keine Arztpraxis, sondern ein häusliches Arbeitszimmer dar BFH BStBl II 04, 44.
11 BFH BStBl II 97, 68; BStBl II 98, 351; BMF BStBl I 98, 863; Blümich § 4 Rn 285 mwN.
12 BFH BStBl II 04, 62; BStBl II 04, 65; BStBl II 04, 59; BFH/NV 03, 917; das häusliche Arbeitszimmer als den Mittelpunkt einer teils im Arbeitszimmer, teils außer Haus ausgeübten betrieblichen und beruflichen Tätigkeit bei für Kfz-Sachverständigen BFH/NV 03, 1042; für Vertriebsingenieur BFH/NV 03, 1174; für Arztpraxis-Consultant BFH BStBl II 04, 76; verneinend für Produkt- und Fachberaterin BFH BStBl 04, 62; für gutachterliche Tätigkeit einer Ärztin des Medizinischen Dienstes der Krankenkassen BFH BStBl II 04, 43.
13 BFH DStR 05, 232.
14 BFH BStBl II 04, 62; BStBl II 04, 65; BStBl II 04, 59; BFH/NV 03, 917.

jedoch voraus, dass den außerhäuslichen Tätigkeiten lediglich eine untergeordnete Bedeutung gegenüber den im Arbeitszimmer verrichteten Tätigkeiten zukommt.[1] Häusliches Arbeitszimmer und Außendienst können nicht gleichermaßen Mittelpunkt der beruflichen Betätigung sein.[2] Ein Telearbeitsplatz, an dem der StPfl qualitativ gleichwertige Arbeitsleistung in zeitlich größerem Ausmaß als am betrieblichen Arbeitsplatz erbringt, ermöglicht einen unbegrenzten Abzug auch vorab entstandener WK.[3] Probleme ergeben sich vor allem, wenn der StPfl **mehrere voneinander unabhängige** Tätigkeiten ausübt, von denen nur eine im Wesentlichen im häuslichen Bereich stattfindet.[4] Nach der Rspr des BFH kann der Mittelpunkt der gesamten betrieblichen und beruflichen Tätigkeit nicht im Wege einer verfassungskonformen Auslegung isoliert für einzelne Tätigkeiten, sondern nur für sämtliche Tätigkeiten bestimmt werden.[5] Der Umstand, dass der qualitative Schwerpunkt einzelner Tätigkeit nicht im häuslichen Arbeitszimmer liegt, schließt nicht aus, dass das Arbeitszimmer Mittelpunkt der Gesamttätigkeit ist.[6] Kann die Gesamttätigkeit keinem konkreten Tätigkeitsschwerpunkt zugeordnet werden, bildet das Arbeitszimmer nicht den Mittelpunkt der beruflichen Tätigkeit.[7] Wird ein häusliches Arbeitszimmer während einer Phase der Erwerbslosigkeit zur Vorbereitung auf die künftige Erwerbstätigkeit genutzt, richtet sich die Abzugsfähigkeit danach, ob die Voraussetzungen für einen Abzug für die zukünftige Tätigkeit zutreffen.[8]

In zwei ausf BMF-Schr (BStBl I 04, 143, BStBl I 07, 442) hat die FinVerw zur Frage der einkommensteuerlichen Behandlung der Aufwendungen für ein häusliches Arbeitszimmer Stellung genommen. Sie schließt sich darin weitestgehend der neueren Rspr des BFH an.

10. Unangemessene Aufwendungen. Ob eine Aufwendung notwendig, angemessen, üblich und geeignet oder zweckmäßig ist, ist für die betriebliche/berufliche Veranlassung grds unerheblich. Der StPfl kann frei disponieren, welche Aufwendungen er für seinen Betrieb machen will, so dass die Höhe der Aufwendungen, ihre Üblichkeit usf ohne Bedeutung sind, es sei denn, es greift der Sondertatbestand des § 4 V Nr 7 ein. Soweit nicht schon § 4 V Nr 1 bis 6, § 6b, § 6 VII einschlägig sind, ordnet § 4 V Nr 7 an, dass Aufwendungen, die die Lebensführung des StPfl oder anderer Pers berühren, nicht abzugsfähig sind, soweit sie nach allg Verkehrsauffassung als unangemessen anzusehen sind. **200**

Die Vorschrift lässt die Zuordnung angeschaffter WG zum BV unberührt; sie regelt allein den Abzug aller BA einschl AfA.[9] Sie will verhindern, dass **unangemessener betrieblicher Repräsentationsaufwand** bei der ESt berücksichtigt wird. Der StPfl soll nicht in der Lage sein, einen Teil dieses Aufwands durch eine Ermäßigung bei der Steuer auf die Allgemeinheit der anderen Steuerbürger überzuwälzen. Das Anwendungsproblem der Vorschrift besteht in der Feststellung, wann im Einzelfall nach allg Verkehrsauffassung die **Unangemessenheitsgrenze überschritten** ist. Es geht oftmals darum, ob für weite Teile der Bevölkerung als Luxusaufwendungen geltende Ausgaben (zB Luxus-Pkw, Teppiche, antike Möbel) steuerrechtlich erheblich sein können.[10] IErg wird gleichsam eine private Mitveranlassung vermutet, so dass der StPfl beweisen muss, dass eine angemessene betriebliche Veranlassung gegeben ist. **201**

Im konkreten Fall ist eine Kosten-Nutzen-Analyse eines ordentlichen und gewissenhaften Unternehmers durchzuführen.[11] Dieser **Fremdvergleich** erfordert relativierende Maßstäbe, wobei die Größe des Unternehmens, die Höhe des Umsatzes und Gewinns, Art der Tätigkeit, Branchenüblichkeit usw zu berücksichtigen sind. Sind die Aufwendungen als unangemessen zu werten, bedeutet dies eine **Aufteilung** in einen abziehbaren und einen nicht abziehbaren Teil (Begrenzung der Höhe nach).[12] **202**

11. Geldbußen usw. Gegen den StPfl festgesetzte Geldbußen, Ordnungsgelder und Verwarnungsgelder, die ausschließlich mit einem betrieblichen/beruflichen Fehlverhalten in Zusammenhang stehen, sind als BA zu qualifizieren. § 4 V Nr 8 ordnet an, dass Geldbußen, Ordnungsgelder und Verwarnungsgelder, die von einem Gericht oder einer Behörde im Geltungsbereich des EStG oder von **203**

---

1 BFH BStBl II 04, 65; BFH/NV 03, 1042; BFH BStBl II 04, 76.
2 BFH BStBl II 04, 68.
3 BFH BStBl II 06, 600.
4 *Schmidt*[26] § 4 Rn 596.
5 BFH BStBl II 00, 7.
6 BFH BStBl II 04, 771.
7 BFH BStBl II 04, 50.
8 BFH BStBl II 06, 329.
9 BFH BStBl II 86, 904; BStBl II 87, 108.
10 Vgl BFH BStBl II 86, 904; BFH/NV 92, 207; BFH/NV 02, 1145.
11 BFH BStBl II 85, 458.
12 Tendenziell anders BFH BStBl II 90, 575 in Richtung eines Abzugsverbotes dem Grunde nach.

Organen der Europäischen Gemeinschaften festgesetzt werden, nicht als BA abzugsfähig sind (zu Geldstrafen vgl § 12 Nr 4). Einschränkend gilt das Abzugsverbot für Geldbußen nicht, soweit mit der Geldbuße auch der durch den Gesetzesverstoß erlangte **wirtschaftliche Vorteil abgeschöpft** wird und dabei die auf den Abschöpfungsanteil entfallende Ertragsbelastung nicht berücksichtigt worden ist (§ 4 V Nr 8 S 4). Dies bedeutet etwa im Falle einer (kartellrechtlichen) Geldbuße, die sich an den durch den Wettbewerbsverstoß erlangten Mehrerlösen orientiert, dass diese jedenfalls insoweit steuerlich abzugsfähig bleibt, als hierdurch zugleich und zwangsläufig wirtschaftliche Vorteile abgeschöpft werden.[1] Wenn die festgesetzte Buße insgesamt über den abgeschöpften wirtschaftlichen Vorteil hinausgeht, bedeutet dies, dass allein der „Ahndungsteil" nicht abzugsfähig ist. Verhält es sich so, dass die Buße den abgeschöpften wirtschaftlichen Vorteil insgesamt nicht übersteigt, bleibt die Abzugsfähigkeit jedenfalls insoweit erhalten, als die regulären gesetzlichen Höchstbeträge der Bußgeldbemessung – also nicht jene um die Mehrerlöse erhöhten Beträge – überschritten werden. Damit bleibt gleichsam als „Sockelbetrag" ein nicht abzugsfähiger Ahndungsteil in jedem Fall erhalten.[2] Zur Frage der Berücksichtigung der ertragsteuerlichen Belastung des wirtschaftlichen Vorteils ist zu beachten, dass Geldbußen, die wegen EU-Wettbewerbsrechtsverstößen anfallen, in ständiger Verwaltungspraxis der Kommission und der europäischen Gerichte „brutto", dh ohne Berücksichtigung der steuerrechtlichen Auswirkungen in den Mitgliedstaaten, festgesetzt werden.[3] Damit wird der Anwendungsbereich des § 4 V Nr 8 S 4 und die zumindest teilw Abzugmöglichkeit der Geldbuße eröffnet.

204 Zu den **Geldbußen** gehören alle Sanktionen, die nach dem Recht der BRD oder nach den Verträgen der EG so bezeichnet sind. **Ordnungsgelder** sind in Verfahrensordnungen oder verfahrensrechtlichen Vorschriften so bezeichnete Unrechtsfolgen (zB Ordnungsgeld wegen Verstoßes gegen ein Unterlassungsurteil nach § 890 ZPO). Das Abzugsverbot gilt nicht für das **Zwangsgeld**, welches lediglich ein Beugemittel darstellt, mit dessen Hilfe eine Handlung erzwungen werden soll. Ein persönliches Unwerturteil ist mit dessen Verhängung nicht verbunden. **Verwarnungsgelder** sind die so bezeichneten geldlichen Einbußen des § 56 OWiG, die dem Betroffenen aus Anlass einer geringfügigen Ordnungswidrigkeit mit seinem Einverständnis auferlegt werden, um der Verwarnung Nachdruck zu verleihen (zB Verwarnung wegen falschen Parkens).

205 Schließlich ordnet § 4 V Nr 8 S 2 auch ein Abzugsverbot für Leistungen zur Erfüllung von Auflagen und Weisungen an, die in einem **berufsgerichtlichen Verfahren** erteilt werden, soweit die Auflagen und Weisungen nicht lediglich der Wiedergutmachung des durch die Tat verursachten Schadens dienen (zB Einstellung eines berufsgerichtlichen Verfahrens gegen die Auflage der Spende eines bestimmten Geldbetrags an eine gemeinnützige Organisation). Die Vorschrift greift nicht ein, wenn die Auflagen und Weisungen dazu dienen, den verursachten Schaden wieder gut zu machen. Es handelt sich hierbei um Schadensersatzverpflichtungen, die nur durch entspr Zwang gesichert sind (zB Vermögensschäden aufgrund einer ärztlichen Fehlbehandlung).

206 Soweit im Zusammenhang mit einer Geldbuße oä Sanktionen **Verfahrenskosten** entstehen (zB Gerichts- und Anwaltsgebühren), sind diese unabhängig davon, ob die Sanktion selbst nach § 4 V Nr 8 vom Abzug ausgeschlossen ist, als BA abziehbar. Für den Sonderfall, dass nach § 4 V Nr 8 nicht abziehbare BA später **wieder zurückgezahlt** werden, regelt § 4 V Nr 8 S 3, dass die Bezahlung nicht als gewinnerhöhende BE zu erfassen ist. In der Praxis spielt die Vorschrift eine Rolle bei EG-Geldbußen, weil diese bereits vollstreckt werden können, bevor der Bußgeldbescheid in Rechtskraft erwachsen ist.

207 **12. Hinterziehungszinsen.** Hinterzogene **Betriebssteuern** (zB USt, GewSt) sind als BA abzugsfähig. Die mit den hinterzogenen Steuern anfallenden Zinsen gem § 235 AO dürfen nach § 4 V Nr 8a nicht als BA abgezogen werden. Die Vorschrift bezweckt, den wirtschaftlichen Vorteil aus der Steuerhinterziehung beim StPfl abzuschöpfen.

208 **13. Organschaft.** Durch den Abschluss eines Gewinnabführungsvertrags (vgl § 291 I AktG) werden außenstehende Anteilseigner benachteiligt, weil sie ihr mitgliedschaftliches Gewinnbeteiligungsrecht verlieren. In ihrem Interesse ordnet § 304 I 1 AktG an, dass ein GAV einen angemessenen

---

[1] BFH BStBl II 99, 658; BB 04, 2121; zur Frage der Rückstellungsbildung vgl BFH BStBl II 99, 656.
[2] *Gosch* DStR 99, 1523 f.
[3] *Lüdeke/Skala* BB 04, 1436 (1440) mit Hinweis auf EuGH Slg 70, 733 wonach die EU-Kommission nicht verpflichtet ist, die Unterschiede zwischen dem Steuerrecht der Mitgliedstaaten zu berücksichtigen.

Ausgleich für die außenstehenden Anteilseigner vorsehen muss (sog Dividendengarantie). Die Ausgleichszahlungen können von der Organgesellschaft oder vom Organträger geleistet werden. § 4 V Nr 9 ordnet an, dass diese Ausgleichszahlungen nicht abzugsfähig sind. Sie sind von der Organgesellschaft als eigenes Einkommen zu versteuern. Steuersystematisch liegt die Verwendung von Einkommen vor und damit keine betrieblich veranlasste Leistung, die den Gewinn mindern darf.

14. Bestechungs- und Schmiergelder. Werden im Zusammenhang mit der beruflichen/betrieblichen Tätigkeit Bestechungs- und Schmiergelder an Dritte gezahlt, handelt es sich steuersystematisch um BA. § 4 V Nr 10 S 1 normiert hier ein weit reichendes Abzugsverbot, welches durch das StEntlG 99/00/02 v 4.3.99 (BGBl I 99, 402) verschärft worden ist.[1] Nach der Neufassung greift das Abzugsverbot ein, wenn die Zuwendung der Vorteile eine rechtswidrige Handlung darstellt, die den Tatbestand eines Strafgesetzes oder eines Gesetzes verwirklicht, das die Ahndung mit einer Geldbuße zulässt. Abw von der bisherigen Rechtslage kommt es für die Frage des Abzugsverbotes nicht mehr darauf an, ob der Zuwendende oder der Empfänger wegen dieser Zuwendung rkr verurteilt oder gegen ihn ein Bußgeld verhängt worden ist. Nach dem Wortlaut genügt die **objektive Erfüllung des rechtswidrigen Tatbestandes**, ein Verschulden des Zuwendenden ist nicht erforderlich. Ob ein Strafantrag gestellt worden ist, ist ebenso ohne Bedeutung. Schließlich werden nunmehr auch Bestechungsaufwendungen an **ausländische** Amtsträger, Richter und Abgeordnete und solche der EU-Gremien erfasst. 209

Abw vom Entw des StEntlG 99/00/02 (aaO) hat der Gesetzgeber auf eine abschließende Aufzählung der objektiven (Straf)Tatbestände verzichtet. Im Entw waren aufgeführt: §§ 108b, 108e, 299, 300, 333, 334, 335 StGB, ergänzt durch Art 2 §§ 1 und 2 des Gesetzes zum Übereinkommen über den Schutz der finanziellen Interessen der EG v 10.9.98 (BGBl II 98, 2340) und Art 2 §§ 1 bis 3 des Gesetzes vom 10.9.98 zu dem Übereinkommen v 17.12.97 über die Bekämpfung der Bestechung ausländischer Amtsträger im internationalen Geschäftsverkehr (BGBl II 98, 2327), § 48 Wehrstrafgesetzbuch, § 119 I BVerfGG, § 21 II iVm § 81 I Nr 1 UWG, § 405 III Nr 3, 7 AktG usw. „Als Straftatbestände kommen insbes Bestechung (§ 334 StGB), Vorteilgewährung (§ 333 StGB) oder die Bestechung im geschäftlichen Verkehr (§ 299 II StGB) in Betracht." Die Finanzbehörde trifft dabei die Feststellungslast. Ein Vorteil ist dabei jede Leistung, auf die der Empfänger keinen rechtlich begründeten Anspruch hat und die diesen materiell oder immateriell in seiner wirtschaftlichen, persönlichen oder rechtlichen Situation objektiv besser stellt. Eine Zuwendung kam für die Anwendung der Vorschrift nur durch eine Betriebsausgabe des Steuerpflichtigen verursacht werden. Wendet der Steuerpflichtige für den Vorteil selbst nichts auf, sondern verzichtet nur auf Erträge (zB unentgeltliche Dienstleistungen, verbilligte oder zinslose Darlehen oder die Gewährung eines Rabatts) ist § 4 V Nr 10 EStG nicht anzuwenden, auch wenn der Empfänger bereichert ist. Die zuwendende Handlung muss dem StPfl zuzurechnen sein, dessen Einkünfte durch die BA vermindert werden. Bei Handlungen eines Mitarbeiters ist das zumindest dann der Fall, wenn die Handlung nachträglich genehmigt wird. Hinsichtlich der Bestechung mit Auslandsbezug wird durch das EU-BestG sowohl der Amtsträgerbegriff, als auch die Geltung des deutschen Strafrechts auf im Ausland begangene Taten ausgeweitet.[2] 210

Das Abzugsverbot richtet sich sowohl gegen die Gewährung von Vorteilen in Form von **Geldleistungen** als auch in Form von **Sachleistungen** einschl der **damit zusammenhängenden Aufwendungen** (zB Reise-, Transport-, Telefon-, Verteidigungskosten). 211

§ 4 V Nr 10 S 2 normiert neuerdings eine **Mitteilungspflicht** für Gerichte, Staatsanwaltschaften oder Verwaltungsbehörden an die Finanzbehörden in Bezug auf Tatsachen, die sie dienstlich erfahren haben und die den Verdacht einer Tat iSd S 1 begründen. § 4 V Nr 10 S 3 entspricht inhaltlich dem bisherigen § 4 V Nr 10 S 2 aF und legt umgekehrt den Finanzbehörden eine entspr Mitteilungspflicht gegenüber Staatsanwaltschaft und Verwaltungsbehörden auf. 212

Die Neuregelung findet erstmals auf Zuwendungen Anwendung, die im ersten nach dem 31.12.98 beginnenden Wj geleistet werden oder bei abw Wj gem § 4a für Zahlungen im Wj, das nach dem 31.12.98 endet (vgl § 52 XII), was nicht ausschließt, dass bereits im Jahre 98 erfolgte Zahlungen nunmehr dem Abzugsverbot nach der Neufassung unterliegen. 213

---

1 Vgl BMF BStBl I 02, 1031; *Park* DStR 99, 1097; *Gotzens* DStR 05, 673; *Wichterich/Glockemann* INF 00, 1 (40).   2 BMF BStBl I 02, 1031 Tz 17 ff.

214 15. Aufwendungen nach § 12. Privataufwendungen einschl derjenigen Aufwendungen, die dem Aufteilungs- und Abzugsverbot des § 12 Nr 1 S 2 unterliegen, sind bereits nicht als BA zu qualifizieren (oben Rn 138). § 4 V 3 stellt dies nochmals ausdrücklich klar. Nach dem hier zugrunde liegenden Verständnis müsste die Regelung systematisch bereits bei § 4 IV angesiedelt werden.

214a 16. „Tonnagesteuer". Durch das Gesetz zur Umsetzung der Protokollerklärung der Bundesregierung zur Vermittlungsempfehlung zum Steuervergünstigungsabbaugesetz v 22.12.03, BGBl I 03, 2840 wurde in § 4 V S 1 nach Nr 10 die Nr 11 angefügt. Die Regelung sieht vor, dass Aufwendungen die mit unmittelbaren oder mittelbaren Zuwendungen von nichteinlagefähigen Vorteilen an nat oder jur Pers oder PersGes zur Verwendung in Betrieben in tatsächlichem oder wirtschaftlichem Zusammenhang stehen, deren Gewinn nach § 5a I ermittelt wird, nicht abzugsfähige BA darstellen. § 5a I regelt die „Tonnagesteuer". Dies ist eine alternative Form der Gewinnermittlung in der Seeschifffahrt, bei welcher der Gewinn in Abhängigkeit von der Schiffsgröße pauschal ermittelt wird und unabhängig von der Höhe des tatsächlichen Gewinns der Besteuerung zugrunde gelegt wird. Durch die Nutzung der Rechtsinstitute der kapitalistischen BetrAufsp der körperschaftsteuerlichen Organschaft sowie der Rspr des BFH zur unentgeltlichen Nutzungseinlage können im Zusammenhang mit der Anwendung der Vorschrift des § 5a bisher erhebliche Steuerminimierungen erreicht werden, indem die Erträge aus dem Betrieb eines Handelsschiffes in einer Betriebs-KapGes durch Ansatz des pauschaliert ermittelten Gewinns besteuert wurden, während die damit im Zusammenhang stehenden BA in einer Besitz-KapGes deren Gewinn in voller Höhe minderten. Durch die Regelung des § 4 V 1 Nr 11 werden solche dem Sinn und Zweck der „Tonnagesteuer" entgegenstehenden Gestaltungen (Betriebsaufspaltungsmodell) zur vollen Berücksichtigung von BA neben der pauschalen Gewinnermittlung ab 2004 ausgeschlossen.

215 17. Aufwendungen zur Förderung staatspolitischer Zwecke (§ 4 VI). Aufwendungen zur Förderung staatspolitischer Zwecke sind, wie der Wortlaut des § 4 VI zum Ausdruck bringt, keine BA. Die Vorschrift hat nach zutr Ansicht lediglich **deklaratorische Bedeutung**, weil dies bereits aus § 12 Nr 1 folgt. Entspr Zuwendungen gründen sich auf die **persönlichkeitsbezogene** politische Einstellung des StPfl. Dies ist auch dann der Fall, wenn Zuwendungen an verschiedene Parteien mit gegensätzlichen Programmen erfolgen, weil ein solches Verhalten die ebenfalls persönlichkeitsbezogene demokratische Gesinnung zum Ausdruck bringt.[1]

216 § 4 VI nimmt **gegenständlich** ausdrücklich auf den Sonderausgabentatbestand des § 10b II Bezug. Dort sind Mitgliedsbeiträge und Spenden an politische Parteien iSd § 2 Parteiengesetz genannt. Der Spendenbegriff umfasst auch Sachleistungen. Dagegen liegt keine Spende vor, wenn eine konkrete Gegenleistung rechtsgeschäftlich vereinbart ist. Insoweit findet auch § 4 VI keine Anwendung.

216a 18. Gewerbesteuer keine BA (§ 4 Vb). Für Erhebungszeiträume, die nach dem 31.12.07 enden, gilt ein Betriebsausgabenabzugsverbot für die GewSt und die darauf entfallenden Nebenleistungen (§ 52 XII). Damit wird die Kompensation der GewSt, die bislang im Bereich der ESt durch den Betriebsausgabenabzug und die Anrechnung des 1,8fachen GewSt-Messbetrags auf die ESt erfolgte, auf die erhöhte (3,8) Anrechnung (§ 35) beschränkt. Der Gesetzgeber will die Steuerbelastungstransparenz erhöhen, indem die wechselseitige Beeinflussung der Bemessungsgrundlagen der ESt/KSt und der GewSt wegfällt.[2] Die Maßnahme wird als Gegenfinanzierung zur Absenkung der KSt betrachtet.[3] Aufgrund der betr Veranlassung der GewSt und des Objektsteuercharakters scheint die Formulierung „keine BA" verfehlt.[4] Die eingeschlossenen Nebenleistungen umfassen Säumniszuschläge, Verspätungszuschläge, Zinsen und Zwangsgelder; wohl nicht betroffen sind die Finanzierungsaufwendungen für Gewerbesteuerzahlungen bei KapGes[5]. Fraglich ist, ob Fremdkapitalentgelte bei PersGes und Einzelunternehmen zu Entnahmen führen. Erstattungen von GewSt führen nicht zu steuerpflichtigen Betriebseinnahmen. Steuersystematisch ist zu kritisieren, dass die zweifelsfrei betrieblich verursachte GewSt allein deshalb für nicht abzugsfähig erklärt wird, um die unternehmensteuerrechtliche Gesamtbelastung zu senken.

---

1 BFH BStBl II 86, 373; vgl auch RFH RStBl 30, 671; BFH BStBl III 52, 228.
2 BT-Drs 16/4841, 47.
3 BT-Drs 16/4841, 40.
4 *Fehling* NWB Fach 5, 1617, 1627.
5 *Bergemann/Markl/Althof* DStR 2007, 693, 694.

F. Wechsel der Gewinnermittlungsart

Literatur: *Holler* Wechsel der Gewinnermittlungsart im Einkommensteuerrecht, 1992; *Kanzler* Der Wechsel der Gewinnermittlungsart, FR 99, 225.

I. Zulässigkeit und Wahlrecht. Das EStG geht, wie die Regelungen der § 4 I 3, § 16 II 2 erkennen lassen, von der Möglichkeit oder Notwendigkeit eines Wechsels der Gewinnermittlungsart aus, ohne nähere Bestimmungen zu treffen. Da die Gewinnermittlungsarten an bestimmte **Normativbestimmungen** geknüpft sind, kann ein Wechsel der Gewinnermittlungsart erforderlich werden, weil die bisherigen Voraussetzungen nicht mehr erfüllt sind. Dies gilt namentlich in den Fällen, in denen wegen veränderter Verhältnisse § 141 I AO einschlägig ist und die Finanzbehörde nach § 141 II AO auf jene Verpflichtung hingewiesen hat. Des Weiteren steht es dem StPfl **grds frei**, in Ausübung seines Wahlrechts zw verschiedenen Gewinnermittlungsarten die einmal gewählte Gewinnermittlungsart wieder zu wechseln. So ist es uneingeschränkt zulässig, von der Überschussrechnung gem § 4 III zum Eigenkapitalvergleich zu wechseln. Letzteres ist notwendig, wenn eine Veräußerung oder Aufgabe des Betriebs erfolgt. Eine **Bindung** an die getroffene Wahl besteht in den Fällen des § 13a II 1 für 4 Jahre und des § 5a III 3 für 10 Jahre. Nicht möglich ist ein erneuter Wechsel der Gewinnermittlungsart zur Einnahme-Überschuss-Rechnung ohne wirtschaftlichen Grund, wenn die Verteilung des Übergangsgewinns auf drei Jahre beantragt war.[1]

217

Der Wechsel der Gewinnermittlungsart lässt den **Bestand des Betriebs und die Zusammensetzung des BV unberührt**.[2] Deswegen führt er weder zur Aufdeckung stiller Reserven noch zu Entnahmen oder Einlagen (vgl § 4 I 3). Aus dem in § 4 I verankerten Grundsatz der sog **Gesamtgewinngleichheit** folgt allerdings, dass ein Wechsel der Gewinnermittlungsart nicht dazu führen darf, betriebliche Vorgänge überhaupt nicht oder doppelt zu erfassen. Deshalb müssen **Korrekturen** erfolgen, welche nach der Rspr des BFH bereits im Übergangsjahr auf der Grundlage einer **Übergangsbilanz** und nicht erst bei Veräußerung oder Aufgabe des Betriebs vorzunehmen sind.[3] Die einzelnen von der Rspr des BFH entwickelten Grundsätze zur Vornahme von Zu- und Abrechnungen sind in R 17 EStR zusammengefasst und in der Anlage 1 der EStR systematisch aufgelistet. Dort sind die regelmäßig vorkommenden Korrekturposten aufgenommen; die Übersicht der Anlage 1 EStR ist mithin nicht erschöpfend.

218

Wechselt der StPfl von der Überschussrechnung zum Eigenkapitalvergleich, sind alle Vorgänge der Vergangenheit zu berücksichtigen, die sich bisher im Rahmen der Überschussrechnung noch nicht auf den Gewinn ausgewirkt haben (vgl R 4.6 I 1 EStR). Geht der StPfl vom Eigenkapitalvergleich zur Überschussrechnung über, gilt Entspr (R 4.6 II EStR), dh es ist zu prüfen, wie sich die einzelnen Vorgänge im Rahmen des bisherigen Eigenkapitalvergleichs ausgewirkt haben und wie sie sich bei den zukünftigen Überschussrechnungen auswirken werden.

219

II. Übergang von Überschussrechnung zum Eigenkapitalvergleich. Da sich bei der Überschussrechnung gem § 4 III regelmäßig andere Periodengewinne ergeben als beim Eigenkapitalvergleich nach § 4 I, müssen diejenigen betrieblichen Vorgänge, die sich bisher bei der **Kassenrechnung noch nicht ausgewirkt** haben und die sich bei den **künftigen Eigenkapitalvergleichen nicht mehr auswirken** werden, im ersten Jahr der geänderten Gewinnermittlung korrigiert werden. Ausgaben für WG des Umlaufvermögens (zB Rohstoffe, Hilfs- und Betriebsstoffe, Fertigerzeugnisse) haben im Bereich des § 4 III unmittelbar zu BA geführt und die angeschafften WG waren auch nicht als BE auszuweisen (oben Rn 114). Im Rahmen des Eigenkapitalvergleichs wären sie dagegen zu aktivieren gewesen und wirken sich nach dem Wechsel der Gewinnermittlungsart über den Materialeinsatz oder den Wareneinsatz gewinnmindernd aus. Wegen der ansonsten doppelten Abzugsfähigkeit ist hier eine Hinzurechnung vorzunehmen. Entspr gilt für Kundenforderungen. Diese waren bisher nach dem Kassenprinzip mangels Zuflusses noch nicht zu erfassen, während sie im Bereich des Eigenkapitalvergleichs erfolgswirksam zu aktivieren waren, soweit nicht die Grundsätze des sog schwebenden Geschäfts dem entgegenstehen. Eine spätere Zahlung wäre erfolgsneutral. Deshalb muss hier ebenso eine Hinzurechnung erfolgen. Verbindlichkeiten und Rückstellungen haben auf das Ergebnis nach § 4 III bisher keinen Einfluss gehabt. Sie sind deshalb als Abrechnungsposten in die Korrekturrechnung einzustellen. Denn die spätere Zahlung führt zu einer erfolgsneutralen Bilanzverkürzung und hätte deshalb auf den Gewinn keine Auswirkung mehr.

220

---

1 BFH BStBl 01, 102.
2 BFH BStBl II 74, 314; *Kanzler* FR 99, 225.
3 BFH BStBl II 74, 314; BStBl II 90, 495; *Kanzler* FR 99, 225.

221 Eine Korrektur muss auch für diejenigen Vorgänge durchgeführt werden, die sich bei den **bisherigen Überschussrechnungen bereits auf den Gewinn ausgewirkt** haben und die sich bei den **künftigen Eigenkapitalvergleichen noch einmal auswirken** würden (zB BA, die in der EB zu einem aktiven RAP führen, weil sich deren spätere Auflösung noch einmal als BA auswirken würde).

222 Auszugehen ist von der Anfangs- bzw Übergangsbilanz,[1] in der einzelne WG nach dem Wechsel zum Eigenkapitalvergleich mit den Werten anzusetzen sind, mit denen sie zu Buch stehen würden, wenn von Anfang an der Gewinn durch Eigenkapitalvergleich ermittelt worden wäre. Der Vorgang ist nicht als Einlage zu werten, es findet also eine durch den Teilwertansatz bedingte Aufdeckung stiller Reserven nicht statt. Deswegen wäre es terminologisch zumindest ungenau, von einer „EB" zu sprechen (vgl § 6 I Nr 6, 5). Im nächsten Schritt muss jeder Bilanzposten der Übergangsbilanz dahingehend untersucht werden, ob eine Korrektur (Hinzurechnung bzw Abrechnung) notwendig ist. Der Übergang ist erst mit einer zeitnahen Bilanz wirksam ausgeübt.[2]

223 Bei dem Übergangsgewinn liegt laufender Gewinn vor, demzufolge bei der GewSt laufender Gewerbeertrag.[3] Scheidet ein PersG'ter aus der **MU'schaft** aus, die ihren Gewinn nach § 4 III ermittelt, so ist bei der Feststellung der für die Berechnung des Veräußerungsgewinns erforderliche Buchwert so zu behandeln, als wäre im Augenblick des Ausscheidens zur Gewinnermittlung durch BV-Vergleich nach § 4 I übergegangen worden.[4] Steuersystematisch gesehen ist der Übergangsgewinn ein Teil der Einkünfte, die der ausscheidende G'ter nach § 2 I 1 erzielt hat. Noch nicht zugeflossene Forderungen der Ges sind nunmehr entgegen dem Zuflussprinzip vor Erfüllung anzusetzen.

224 Entsteht aufgrund der vorzunehmenden Korrekturen ein **außergewöhnlich hoher Gewinn** und damit eine außergewöhnlich hohe Steuer, kann vom StPfl zur Vermeidung von Härten beantragt werden, dass der Zurechnungsbetrag gleichmäßig auf das Jahr des Wechsels und die beiden folgenden Jahre verteilt wird (R 4.6 I 4 EStR).

225 **III. Übergang vom Eigenkapitalvergleich zur Überschussrechnung.** Geht der StPfl vom Eigenkapitalvergleich zur Überschussrechnung über, müssen die erforderlichen Korrekturen ebenso wie im umgekehrten Fall grds im ersten Jahr nach dem Wechsel vorgenommen werden.[5] Korrekturen müssen vorgenommen werden, wenn sich betriebliche Vorgänge bisher schon auf den Betrieb ausgewirkt haben und bei den späteren Überschussrechnungen ein zweites Mal auswirken würden oder wenn sich infolge des Wechsels betriebliche Vorgänge überhaupt nicht als BE oder BA erfassen lassen würden.[6] Gewillkürtes BV gilt als nicht entnommen (vgl § 4 I 3). Nach Ansicht der FinVerw ist eine Verteilung eines außergewöhnlich hohen Korrekturgewinns auf mehrere Jahre nicht zulässig.[7] Diese unterschiedliche Sichtweise beruht darauf, dass der Übergang zur Überschussrechnung freiwillig erfolgt, während ein Wechsel zum Eigenkapitalvergleich in aller Regel zwingend durchzuführen ist.

226 Kommt es bei der Berechnung des Übergangsgewinns zu Fehlern, dann können diese allein durch die Berichtigung der Veranlagung des Übergangsjahres korrigiert werden, und sie müssen mit einem Rechtsbehelf gegen diesen Bescheid angefochten werden.[8] Es kommt auch nicht zu einem Ausgleich bei einem weiteren Wechsel der Gewinnermittlungsart, wenn die einzelne Bilanzposition nicht mehr existiert.[9] Wird von der Überschussrechnung zum Eigenkapitalvergleich übergegangen, dann besteht bei Buchwerteinbringung kein Anspruch auf Billigkeitsverteilung eines Übergangsgewinns.[10]

227 **IV. Korrektur. – 1. Korrekturen mit anderen Gewinnermittlungen.** Beim Wechsel der Gewinnermittlungsart im **Zusammenhang mit § 13a** müssen Korrekturen entspr den oben dargestellten allg Grundsätzen durchgeführt werden.[11] Dabei ist zu beachten, dass die Gewinnerzielung nach § 13a teilw auf den Grundsätzen des § 4 I und teilw auf denen der Überschussrechnung gem § 4 III beruht.

---

1 BFH BStBl II 86, 392; *Kanzler* FR 99, 225, 231.
2 BFH DStR 06, 16 mit Anm *Schulze-Osterloh* BB 06, 436.
3 BFH BStBl II 73, 233.
4 BFH BStBl II 00, 179; krit *Kanzler* FR 00, 100.
5 R 17 II EStR.
6 Vgl Anlage 1 Nr 2 EStR.
7 R 17 II 1 EStR.
8 BFH BStBl II 74, 303.
9 BFH BStBl II 70, 745.
10 BFH BStBl 02, 287.
11 BFH BStBl II 98, 145; vgl auch BStBl II 88, 770; BFH/NV 97, 394.

Erfolgt die Gewinnermittlung im Wege der **Schätzung** (vgl § 162 AO), ist zunächst zu beachten, dass **228** diese nach der früher herrschenden Praxis als eine Gewinnermittlung iSd §§ 4 I, V qualifiziert wurde.[1] Dies würde dazu führen, dass die (einmalige) Gewinnschätzung im Bereich des § 4 III zwangsläufig einen **zweifachen Wechsel** der Gewinnermittlungsart zur Folge hätte (im ersten Wj nach § 4 III, im zweiten geschätzten Wj nach §§ 4 I, V, im dritten Wj wieder nach § 4 III). Nach zutr Ansicht sind bei einem derartigen schätzungsbedingten Wechsel der Gewinnermittlungsart **keine Korrekturen** vorzunehmen, da die für die Korrekturen wesentlichen Positionen gerade unbekannt sind.[2] Mögliche Korrekturen sind bereits bei der Schätzung zu berücksichtigen. Das dargestellte Problem wird vermieden, wenn man mit der neueren Rspr des BFH bei der Gewinnschätzung im Rahmen der Überschussrechnung **nicht mehr zwingend einen Wechsel** der Gewinnermittlungsart verlangt, sondern den Gewinn nach dem geschätzten Unterschied von BE und BA ermittelt.[3]

2. Korrektur bei Betriebsveräußerung, Betriebsaufgabe und unentgeltlicher Übertragung. Veräu- **229** ßert ein StPfl, der zuvor den Gewinn durch Überschussrechnung ermittelt hat, den Betrieb oder erfolgt eine **BetrAufg** iSd § 16 III, muss er so behandelt werden, als sei er im Augenblick der Veräußerung oder Aufgabe des Betriebs zum Eigenkapitalvergleich übergegangen (§ 16 II 2). Da es sich um Korrekturen des laufenden Gewinns handelt, sind die erforderlichen Zu- und Abrechnungen **beim laufenden Gewinn** des letzten Jahres (einschl GewSt) und nicht beim Veräußerungsgewinn zu berücksichtigen (R 17 I 5 EStR). Hier soll eine **Verteilung auf 3 Jahre nicht zulässig** sein.

Die **unentgeltliche** Betriebsübertragung einschl des Betriebsübergangs von Todes wegen löst als sol- **230** che keinen Wechsel der Gewinnermittlungsart aus. Der Rechtsnachfolger tritt bilanzsteuerrechtlich in die Stellung des Rechtsvorgängers ein (vgl § 6 III). Soweit der Rechtsnachfolger die Gewinnermittlung wechselt, sind bei den Korrekturen auch die Verhältnisse des Rechtsvorgängers zu beachten.[4]

G. Bilanzenzusammenhang, Bilanzberichtigung, Bilanzänderung

I. Bilanzenzusammenhang. Der auf § 4 I 1 beruhende Grundsatz des Bilanzenzusammenhangs **231** bedeutet, dass das **Endvermögen eines Wj** stets zugleich das **Anfangsvermögen für das folgende Wj** darstellen muss. Dieser Bilanzenzusammenhang darf grds nicht durchbrochen werden. Nach der Rspr des BFH ist das maßgebende BV (Eigenkapital) zum Schluss eines Wj das bei der Veranlagung dieses Jahres tatsächlich angesetzte BV. Es ist auch dann zwingend in der Anfangsbilanz des unmittelbar folgenden Wj auszuweisen, wenn sich bei korrekter Anwendung der steuerrechtlichen Bilanzierungsvorschriften in der Schlussbilanz ein **anderes BV** ergeben hätte (sog formeller Bilanzenzusammenhang).[5] Damit soll neben der fortlaufenden vor allem auch die **lückenlose** Erfassung des Gewinns eines Betriebs gewährleistet werden. Rein betriebliche Vorgänge, die im Rahmen der Bilanzierung und Bewertung fehlerhaft behandelt wurden, gleichen sich regelmäßig im Folgejahr bzw in den Folgejahren wieder aus, so dass der **Totalgewinn** des Betriebs hierdurch nicht beeinträchtigt wird, sondern lediglich Gewinnverlagerungen eintreten (sog Zweischneidigkeit der Bilanz). Die sog **Fehlertransportfunktion** des formellen Bilanzenzusammenhangs[6] gewährleistet zwar nicht die Sicherstellung des materiell richtigen Periodengewinns, aber zumindest die Erfassung des richtigen Totalgewinns.

Höchst umstritten ist das Verhältnis zw Bilanzenzusammenhang und Bilanzberichtigung (unten **232** Rn 240). Wird ein Bilanzierungsfehler erst einige Zeit nach der Aufstellung der Bilanz aufgedeckt, gebietet der materielle Grundsatz der periodischen Gewinnermittlung die **rückwirkende Berichtigung an der Fehlerquelle** und – wegen des Grundsatzes der Identität von Schlussbilanz und Anfangsbilanz des Folgejahres – der Bilanzen der späteren Jahre, soweit der Fehler diese ebenfalls beeinflusst hat. Hiervon abw sind nach der Rspr des BFH unter Zugrundelegen der Prämisse des sog formellen Bilanzzusammenhangs der Berichtigung der im Zeitpunkt der Aufdeckung des Fehlers schon vorliegenden Bilanzen **verfahrensrechtliche Schranken** gesetzt: Die verfahrensrechtliche Berichtigung eines unrichtigen Bilanzansatzes in einer Anfangsbilanz ist nicht zulässig, wenn diese als Schlussbilanz der Veranlagung eines früheren Jahres zugrunde gelegen hat, die nicht mehr berichtigt werden darf, oder wenn der sich bei einer Berichtigung dieser Bilanz ergebende höhere

---

1 RFH RStBl 32, 736; BFH BStBl III 56, 235.
2 RFH RStBl 41, 924; *K/S/M* § 4 Rn D 234.
3 BFH BStBl II 84, 504.
4 BFH BStBl II 71, 526.
5 BFH BStBl III 62, 273; BStBl II 77, 472; BStBl II 96, 601.
6 Vgl *K/S/M* § 4 Rn C 32.

Steueranspruch verjährt wäre.¹ Wird ein für das BV am Schluss des Wj maßgebender Wertansatz korrigiert, der sich auf den Gewinn der Folgejahre auswirkt, dann ist dies ein Ereignis mit steuerlicher Wirkung bei der Veranlagung der Folgejahre.² Aus dem sog formellen Bilanzenzusammenhang folge, dass zwingend an die der Vorjahresbesteuerung zugrunde gelegte Veranlagungsbilanz anzuknüpfen sei. Der unrichtige Bilanzansatz müsse deshalb erfolgswirksam in der Schlussbilanz des ersten Jahres, dessen Veranlagung noch geändert werden könne, berichtigt werden.³ IErg wirkt sich diese Sichtweise, je nachdem, ob eine Minderung oder eine Erhöhung des Gewinns nachgeholt wird, für oder gegen den StPfl aus. Wäre der Fehler nach § 4 II 2 rückwirkend an der Fehlerquelle zu berichtigen, käme es für eine nachträgliche erfolgswirksame Besteuerung darauf an, ob zu diesem Zeitpunkt auch verfahrensrechtlich eine Änderung noch zulässig wäre.

233 Die Auffassung des BFH vom Vorrang des formellen Bilanzenzusammenhangs wird seit langem **kritisiert**.⁴ Die Bindung an die Veranlagungsbilanz verstoße gegen das Prinzip der Abschnittsbesteuerung (§ 2 VII) und gegen grundlegende Prinzipien des Verfahrensrechts, indem sie sich über die Bestandskraft der Veranlagung hinwegsetze. IErg werde auch das Rechtsinstitut der Verjährung von Steueranspruch außer Kraft gesetzt. Auf der Grundlage der gebotenen strikten Trennung zw Verfahrensrecht und materiellem Recht sei die Berichtigung nach materiellem Recht immer an der Fehlerquelle vorzunehmen, und zwar unabhängig von der Möglichkeit ihres „verfahrensmäßigen Vollzugs". Maßgebend sei mithin der sog **materielle Bilanzenzusammenhang**.

234 Letzterer Ansicht ist zu folgen. Das Verfahrensrecht ist letztlich Ausfluss des Rechtsstaatsprinzips und dient insbes im Steuerverfahren dem Grundrechtsschutz der StPfl. Die Rechtsinstitute der Bestandskraft und Verjährung dürfen deshalb nicht mit dem Arg des Vorrangs der Ermittlung des richtigen Totalgewinns unterlaufen werden.⁵ Dass letzterer Grundsatz nicht uneingeschränkt gilt, zeigt sich etwa im Falle der erfolgswirksamen Entnahme und Einlage. Der BFH hat hier die materiell-rechtliche Wirkung des Bilanzenzusammenhangs anerkannt und die Aufdeckung der stillen Reserven als laufenden Geschäftsvorfall des Wj, in dem die Entnahme erfolgt ist, zugeordnet.⁶ Weitere Einschränkungen des allg Bilanzzusammenhangs können sich nach Ansicht des BFH etwa bei Eröffnungsbilanzen, bei Schätzung oder nach den Grundsätzen von Treu und Glauben ergeben.⁷ Damit erweist sich die These des formellen Bilanzenzusammenhangs insgesamt dogmatisch als „Torso". Dem „Betrachter der gegenwärtigen Rechtslage bietet sich ein heilloses und verworrenes Labyrinth, in dem es schwer fällt, die Prinzipien zu erkennen, in dem die Grundregel zur Ausnahme und die Ausnahme zu Regel geworden ist."⁸

235 **II. Bilanzberichtigung. – 1. Voraussetzungen.** Eine Bilanzberichtigung liegt vor, wenn eine zivilrechtlich existente, dh eine ordnungsgemäß festgestellte und unterschriebene (vgl § 245 HGB) Bilanz nachträglich korrigiert wird, weil sie **unrichtig**, dh falsch ist. Der fehlerhafte Ansatz muss durch einen richtigen Ansatz ersetzt werden. Dies ist der Fall, wenn der Bilanzansatz **objektiv gegen ein handelsrechtliches und steuerrechtliches Bilanzierungsgebot oder -verbot verstößt** (also kein Wahlrecht besteht) und der StPfl diesen Verstoß nach dem im Zeitpunkt der Bilanzerstellung bestehenden Erkenntnismöglichkeiten über die zum Bilanzstichtag gegebenen objektiven Verhältnisse **bei pflichtgemäßer und gewissenhafter Prüfung erkennen** konnte (sog normativ-subj Fehlerbegriff).⁹ Fehlt es an der subj Erkenntnismöglichkeit des StPfl, ist die jeweilige Bilanz nicht fehlerhaft, so dass eine verfahrensrechtliche Bilanzberichtigung sowohl zu diesem Stichtag als auch eine Berichtigung der darauf beruhenden Veranlagung ausscheidet. Eine später bekannt werdende Tatsache, welche die objektive Fehlerhaftigkeit zum Bilanzstichtag erkennen lässt, kann nach § 173 AO nicht „zu einer höheren oder niedrigeren Steuer führen". Ebenso wenig lässt sich der objektive Fehler als „Rechtsfehler" nach § 177 AO im Wege der Saldierung berichtigen. Denn die Bilanz ist „richtig".¹⁰ Die **spätere Erkenntnis** der zutr tatsächlichen Verhältnisse ist erst in der **nächsten Schlussbilanz** zu berücksichtigen und muss dort auch berücksichtigt werden, soll diese nicht fehlerhaft werden.¹¹

---

1 BFH BStBl III 66, 142; BStBl II 77, 148; BStBl II 90, 1044; zur Rspr näher *K/S/M* § 4 Rn D 26 ff; R 4.4 EStR legt die BFH-Rspr zugrunde.
2 BFH DB 05, 2171.
3 BFH BStBl II 94, 381.
4 *Knobbe-Keuk*⁹ § 3 V 2 mwN; vgl auch *Flies* DStZ 97, 135; *Groh* DB 98, 1931; *Stapperfend* FR 98, 822.
5 **AA** *Blümich* § 4 Rn 336; *Schmidt*²⁶ § 4 Rn 703.
6 BFH BStBl III 66, 142; ebenso *Blümich* § 4 Rn 338; *Schmidt*²⁶ § 4 Rn 696, die der Prämisse des BFH folgen.
7 Hierzu näher *Blümich* § 4 Rn 339f mwN zur BFH-Rspr.
8 *K/S/M* § 4 Rn C 2.
9 BFH BStBl II 61, 3; BStBl II 93, 392; krit *K/S/M* § 4 Rn C 106 ff.
10 *Schmidt*²⁶ § 4 Rn 687.
11 BFH/NV 90, 630.

Bilanzberichtigungen iSv § 4 II 1 darf **nur der StPfl selbst** vornehmen, nicht das FA. Der StPfl kann jedoch im Einzelfall zur Bilanzberichtigung verpflichtet sein, etwa wenn er durch Selbstanzeige die Fehlerhaftigkeit der Bilanz erklärt.[1] Besteht diese Verpflichtung nicht und weicht das FA fehlerhaft von der Bilanz ab, wird dieser Bilanzierungsfehler nicht Teil der maßgeblichen Steuerbilanz, dh insoweit entsteht keine von der Bilanz des StPfl abw „Veranlagungsbilanz", die im Folgejahr über den Bilanzenzusammenhang korrigiert werden kann.

Ein Bilanzansatz ist objektiv richtig, wenn er im Zeitpunkt der Bilanzaufstellung von der höchstrichterlichen Rspr gedeckt wird.[2] Allerdings soll bei einer späteren **Änderung der höchstrichterlichen Rspr** der Bilanzansatz zu dem Zeitpunkt fehlerhaft werden, zu dem die Änderung der Rspr erstmals berücksichtigt werden kann. In seiner neueren Rspr[3] dehnt der BFH seine Auffassung zum subj Fehlerbegriff auf Bilanzansätze bei ungeklärter Rechtslage aus. Jede der kaufmännischen Sorgfalt entsprechende Bilanzierung sei richtig iSd § 4 II 1. Der StPfl kann bis zur höchstrichterlichen Klärung bei mehreren zulässigen Bilanzansätzen den für ihn günstigsten wählen. Das FA ist an diesen Ansatz gebunden, wenn es ihn in der erstmaligen Veranlagung anerkennt.[4] In der Praxis ist zu beobachten, dass die FinVerw auch bei nicht bestandskräftigen Veranlagungen rückwirkende Bilanzberichtigungen zu Gunsten der Stpfl nicht anerkennt.[5]

2. Bestandskräftige und nicht bestandskräftige Veranlagung. Erkennt der StPfl, dass ein Bilanzansatz fehlerhaft ist, dann ist er von sich aus verpflichtet, diesen zu berichtigen und dies zusammen mit einer berichtigten Steuererklärung dem FA anzuzeigen (vgl § 153 I AO). Werden Bilanzierungsfehler erst später, etwa im Rahmen einer Außenprüfung, festgestellt, ist die Berichtigung in all den Fällen durchzuführen, in denen die **Steuerfestsetzungen noch nicht durchgeführt oder nicht bestandskräftig** sind (§ 4 II 1). Der fehlerhafte Bilanzansatz ist zu dem Stichtag zu berichtigen, zu dem der Fehler gemacht wurde. Verfahrensrechtliche Hindernisse stehen dem nicht entgegen. Wurde eine Steuer unter dem Vorbehalt der Nachprüfung (vgl § 164 AO) festgesetzt, kann die Steuerfestsetzung und damit auch der fehlerhafte Bilanzansatz jederzeit berichtigt werden. Entspr gilt, wenn eine Steuerfestsetzung nach § 165 AO vorläufig durchgeführt wurde oder wenn eine Steuerfestsetzung nicht bestandskräftig geworden ist, weil ein Rechtsbehelf eingelegt wurde.

Bestandskräftige Steuerfestsetzungen dürfen nur dann geändert werden, wenn hierfür eine **Korrekturmöglichkeit nach der AO** (vgl insbes §§ 172 bis 174 AO) besteht. Eine Bilanzberichtigung ist dann gem § 4 II 1 HS 2 nicht mehr möglich. In den genannten Fällen ist der fehlerhafte Bilanzansatz im Rahmen der einschlägigen Korrekturbestimmung berichtigungsfähig. Problematisch erweist es sich erst, wenn die Steuerfestsetzungen **verfahrensrechtlich nicht mehr abänderbar** sind. Hier sind unter Zugrundelegung der Rechtsprechungspraxis des BFH prinzipiell 3 Fehlergruppen zu unterscheiden:

Soweit sich der Fehler bisher **steuerlich noch nicht ausgewirkt** hat, darf – unter Durchbrechung der Prämisse des formellen Bilanzenzusammenhangs – bis zum Jahr des Fehlers, dh der Fehlerquelle, zurückberichtigt werden. Regelmäßig erfolgt technisch eine Berichtigung der Anfangs- oder der Schlussbilanz des ersten noch änderbaren Jahres. Denn es ist in diesen Fällen nicht notwendig, auch die Bilanzen der veranlagungsmäßig nicht mehr änderbaren Jahre zu berichtigen.

Hat sich der Bilanzierungsfehler in der Vergangenheit bereits **steuerlich auf den Gewinn ausgewirkt**, so verbietet der vom BFH vertretene Grundsatz des sog formellen Bilanzenzusammenhangs (oben Rn 232) im Regelfall eine Berichtigung an der Fehlerquelle, dh dem Wj, in dem der fehlerhafte Bilanzansatz erstmalig vorgenommen wurde. Hier ist die fehlerhafte Bilanzierung grds **in der Schlussbilanz des ersten noch änderbaren Jahres erfolgswirksam** richtig zu stellen. Allerdings gilt dies nicht, wenn sich der seinerzeitige Fehler aufgrund der Zweischneidigkeit der Bilanz in folgenden (nicht mehr änderbaren Jahren) **bereits wieder ausgeglichen** hat. Ist etwa in früheren nicht mehr änderbaren Wj eine steuerlich überhöhte AfA vorgenommen worden, muss diese nicht in der ersten noch änderbaren Schlussbilanz gewinnwirksam korrigiert werden, denn die früher zuviel vorgenommene AfA gleiche sich im Rahmen des Bilanzenzusammenhangs während der restlichen Abschreibungsdauer aus.[6]

---

1 BFH BStBl II 00, 240; vgl auch BStBl II 98, 443.
2 BFH BStBl II 93, 392.
3 BFH BStBl II 2006, 688; BFH BStBl II 2007, 818.
4 *Werra/Rieß* DB 2007, 2502.
5 Vgl FinMin Schleswig-Holstein FR 06, 740.
6 BFH BStBl II 93, 661.

241 Als eine dritte Fehlergruppe lassen sich die Fälle zusammenfassen, bei denen unter Durchbrechung des Bilanzenzusammenhangs die Anfangsbilanz des ersten Jahres, für das die Steuerfestsetzung noch geändert werden kann, zu berichtigen ist (unten Rn 242 ff).

242 **3. Ausnahmen.** Der Grundsatz des formellen Bilanzenzusammenhangs erfährt nach der Rspr des BFH in verschiedenen Konstellationen **Durchbrechungen.** Dies gilt zunächst für die bereits angesprochenen Fälle, dass sich ein fehlerhafter Bilanzansatz bisher steuerlich noch nicht ausgewirkt hat. Nach dem sog **Auswirkungsvorbehalt** ist hier ausnahmsweise eine Berichtigung an der Fehlerquelle vorzunehmen, weil die Höhe der veranlassten Steuer unberührt bleibt.[1]

243 Eine weitere Durchbrechung des sog formellen Bilanzenzusammenhangs wird von der Rspr des BFH angenommen, wenn der StPfl einen **Bilanzposten bewusst falsch ansetzt**, um dadurch ungerechtfertigt Steuervorteile zu erlangen.[2] Dieses Verhalten wird als Verstoß gegen Treu und Glauben gewertet; der StPfl muss sich deshalb so behandeln lassen, als habe er den Bilanzansatz richtig gewählt. Hat etwa der StPfl in einem Wj willkürlich Abschreibungen unterlassen, um sie in späteren Jahren nachholen zu können, dann können diese nicht mehr nachgeholt werden; der StPfl ist so zu stellen, als habe er die Abschreibungen in den Vorjahren richtig vorgenommen. Für einen Verstoß gegen Treu und Glauben genügt nicht, dass der StPfl die Bilanzierung wegen eines Rechtsirrtums unterließ oder außer- steuerrechtliche Gründe dafür ursächlich waren.[3]

244 Eine Durchbrechung des Bilanzenzusammenhangs wird von der Rspr für notwendig erachtet, wenn in der **EB** ein fehlerhafter Bilanzansatz besteht. Dies sei notwendig, weil deren Ansätze nicht den Gewinn zweier Wj beeinflusst habe und ihnen demgemäß auch keine „zweischneidige" Relevanz für das Besteuerungsverfahren zukommen könne.[4]

245 Des Weiteren geht die Rspr des BFH davon aus, dass von Anfang an **zu Unrecht aktivierte WG**[5] erfolgsneutral auszubuchen seien und dass **nicht berücksichtigte Entnahmen**[6] und **Einlagen**[7] so anzusetzen seien, wie dies bei von Anfang richtiger Behandlung der Fall gewesen wäre. Schließlich erfolgt aus tatsächlichen Gründen in **(freien) Schätzungsfällen** eine Anknüpfung an das Vorjahresendvermögen.[8]

246 **III. Bilanzänderung. – 1. Begriff und Voraussetzungen.** Bei der Bilanzänderung geht es um den Ersatz eines gewählten handels- und steuerrechtlich **zulässigen** Bilanzansatzes durch einen anderen handels- und steuerrechtlich ebenfalls zulässigen und damit richtigen Ansatz.[9] Die Bilanzänderung setzt mithin voraus, dass das Handels- und Steuerrecht dem StPfl einen Spielraum bei der Bilanzansatz gewährt, dh ein **Bilanzierungs- bzw Bewertungswahlrecht** besteht.[10] Die Bilanzänderung bezieht sich nur auf Bilanzansätze; Geschäftsvorgänge (zB Umwidmung von gewillkürtem BV in PV und vice versa) können nicht rückgängig gemacht werden.[11]

247 Die Bilanzänderung ist regelmäßig auf ein Bewertungswahlrecht bezogen. Danach lässt sich beispielsweise die Abschreibungsmethode ändern, nicht aber der AfA-Zeitraum, bei dem es sich lediglich um eine **Einschätzungsprärogative**, ein sog uneigentliches Wahlrecht handelt.[12] Schließlich soll auch in den Fällen, in denen der StPfl „subj" richtig einen objektiv unrichtigen Bilanzansatz gewählt hat, nicht nur die Möglichkeit der Bilanzberichtigung (mangels Fehlerhaftigkeit), sondern auch die Möglichkeit einer Bilanzänderung nicht gegeben sein, weil kein Bilanzierungswahlrecht bestanden habe. Dies wird zu Recht kritisiert, weil der StPfl nicht gehindert werden dürfe, eine neue Bilanz aufzustellen, welche die objektive Unrichtigkeit der alten Bilanz korrigiert.[13]

248 Der StPfl kann **bis zur Einreichung** der Bilanz beim FA die Bilanzansätze beliebig ändern. Nach diesem Zeitpunkt verhielt es sich nach früherer Rechtslage so, dass eine Änderung nur **mit Zustimmung des FA** möglich war (§ 4 II 2 aF). Das FA musste die Zustimmung zur Änderung erteilen, wenn diese möglich und wirtschaftlich begründet war.[14] Im StEntlG 99/00/02 v 24.3.99 (BGBl I 99, 402)

---

1 BFH BStBl II 69, 464; *Blümich* § 4 Rn 387; *K/S/M* § 4 Rn C 137.
2 BFH BStBl III 56, 250; BStBl II 72, 272.
3 BFH BStBl II 81, 255.
4 BFH BStBl II 82, 456; krit *Blümich* § 4 Rn 340; *K/S/M* § 4 Rn C 142.
5 BFH BStBl II 72, 874; BStBl II 81, 125.
6 BFH BStBl II 73, 706; BStBl II 83, 303.
7 BFH BStBl II 82, 456.
8 *Blümich* § 4 Rn 339; *K/S/M* § 4 Rn C 141.
9 BFH BStBl II 81, 620.
10 BFH BStBl II 92, 958; BStBl II 96, 568: Ansatzwahlrecht bei Bildung einer gewinnmindernden Rücklage nach § 6b.
11 BFH BStBl III 54, 4.
12 Vgl *Blümich* § 4 Rn 396 mwN.
13 *Knobbe-Keuk*[9] § 3 V 4.
14 BFH BStBl II 76, 417; *Schmidt*[26] § 4 Rn 752 mwN.

war zunächst vorgesehen, dass ab dem 1.1.99 die Möglichkeit einer Bilanzänderung nach Einreichung der Bilanz **vollständig für alle offenen Veranlagungen entfalle** (§ 4 II 2 idF des StEntlG). Diese Neuregelung ist ganz überwiegend sowohl rechtspolitisch als auch verfassungsrechtlich kritisch bewertet worden.[1] Bei der Bilanzänderung geht es abw von der Gesetzesbegründung (BT-Drs 14/23, 168) bei genauerer Betrachtung nicht darum, dem StPfl „Gestaltungsspielräume zu eröffnen", sondern namentlich im Zusammenhang mit bisher nicht absehbaren Ergebnissen der Betriebsprüfung den Erwartungshorizont der zunächst ausgeübten Wahlrechtsentscheidung zu erhalten. Der Gesetzgeber hat dieser Kritik zT Rechnung getragen und im StBereinG 99 v 22.12.99 (BGBl I 99, 2601) die gerade abgeschaffte Möglichkeit der Bilanzänderung insoweit wieder eingeführt, wie ein **enger zeitlicher und sachlicher Zusammenhang mit einer Bilanzberichtigung** besteht, insbes infolge einer Außenprüfung, und betragsmäßig auf die Änderung durch die Bilanzberichtigung begrenzt. Die Vorschrift ist auf alle offenen Veranlagungen, also auch für VZ vor 99 anwendbar. Zur Auslegung der Vorschrift hat sich das BMF mit Schr v 18.5.00 (BStBl I 00, 587) geäußert. Bilanzberichtigungen, die zulässige Änderungen nach sich ziehen können, sind anderweitige Ansätze von aktiven und passiven WG sowie von RAP in der Steuerbilanz, wenn die bisherigen Wertansätze unrichtig waren. Dem von Gesetz geforderten engen zeitlichen Zusammenhang ist nach dem weiten Verständnis der FinVerw bereits Genüge getan, wenn sich beide Maßnahmen auf dies. Bilanz beziehen und die Bilanz unverzüglich nach der Berichtigung geändert wird. Damit ist die Änderungsmöglichkeit namentlich nicht auf die Bilanzposition beschränkt, die zuvor berichtigt worden ist. Entgegen dem BMF-Schr v 18.5.00 liegt der geforderte Zusammenhang auch vor, wenn eine fehlerhafte Verbuchung von Entnahmen und Einlagen eine Gewinnänderung bei der Bilanzberichtigung verursacht.[2]

Unklar ist schließlich, wie sich der Tatbestand der Bilanzberichtigung zu demjenigen der Bilanzänderung verhält, wenn nachträglich eine (weiterhin zulässige) **Änderung der HB** erfolgt. Nach dem Grundsatz der Maßgeblichkeit der HB für die Steuerbilanz (vgl § 5 I 1) wird damit ex nunc der **bisherige Bilanzansatz unrichtig**, so dass nicht auszuschließen ist, dass die Regelung im Bereich des § 5 I 1 weitgehend leerläuft.[3] Wäre § 4 II 2 als Ausnahme des Maßgeblichkeitsprinzips zu verstehen, hätte der Gesetzgeber dies klar, etwa durch einen Verweis in § 5 VI, zum Ausdruck bringen müssen.

2. Rechtsfolgen. Eine zulässige Bilanzänderung hat zur Folge, dass der zunächst gewählte Bilanzansatz durch den neuen zulässigen Ansatz **rückwirkend ersetzt** wird. Die geänderte Schlussbilanz ist der Gewinnermittlung und der Veranlagung zugrunde zu legen. Damit hat der gewählte Bilanzansatz wegen des Bilanzenzusammenhangs eine entspr **Korrektur** der nunmehr fehlerhaften **Bilanzansätze der Folgejahre** zur Folge.

H. Einzelnachweise Betriebseinnahmen

Abfindungen. Der Begriff der Abfindungen lässt sich nicht eindeutig bestimmen. Herkömmlich versteht man darunter einmalige Geldleistungen zur Abgeltung von Rechtsansprüchen. Ähnlich, zT synonym verwendet werden die Begriffe Ablösebeträge, Abstandszahlungen, Ausgleichszahlungen, Entschädigungen oder Schadensersatz. Die Behandlung von Abfindungen richtet sich nach dem allg BE-Begriff. Danach sind alle betrieblich veranlassten Wertzugänge als BE zu erfassen. Die Abfindung kann zum steuerbegünstigten Veräußerungsgewinn iSd §§ 14, 16, 18 III, 34 führen oder auch eine steuerbegünstigte Entschädigung für entgehende Einnahmen iSd § 24 Nr 1a, 34 bilden. Abfindungen bezwecken den Wertausgleich für die Aufgabe von rechtlichen Positionen, zB Entschädigung für Minderung des Werts des Grund und Bodens gegen Errichtung einer Wassertransportleitung (BFH BStBl II 79, 103); Entschädigung für die Wertminderung des Grund und Bodens wegen Errichtung einer Ferngasleitung (BFH BStBl II 82, 643); Entschädigung für den Abriss und die Verlegung eines Gebäudes (BFH BStBl II 69, 381).

Abstandszahlungen. Der Begriff wird zT synonym mit „Abfindungen" verwendet. Herkömmlicherweise bezeichnet man als Abstandszahlungen Entgelte für die (vorzeitige) Aufgabe von Rechten aus einem Vertrag oder das Weichen aus einer rechtlich gesicherten Position, zB Verzicht auf die Nutzung der Praxisräume durch einen Freiberufler gegen Abfindung (BFH BStBl III 65, 12); Verzicht auf betriebliches Vorkaufsrecht beim Land- und Forstwirt (BFH BStBl II 77, 62).

---

1 *Blümich* § 4 Rn 421.
2 BFH DB 2007, 2065.
3 **AA** *H/H/R* § 4 Rn R 8.

Abtretung. Im Falle der entgeltlichen Veräußerung einer Forderung steht die Abtretung einer Bezahlung gleich. Gleiches gilt, wenn dem StPfl eine Forderung an Zahlung Statt übertragen worden ist (BFH BStBl III 66, 394).

Agenturgeschäfte. Aus Agenturgeschäften vereinnahmte Beträge sind auch bei Bestandsvergleich keine BE, die Weiterleitung führt nicht zu BA. Werden die Beträge privat verwendet und dann zwecks Ersetzung ein Darlehen aufgenommen, sind die Zinsen keine BA (BFH DB 05, 533).

Ausgleichszahlungen des Handelsvertreters. Ausgleichszahlungen nach § 89b HGB gehören zu den laufenden BE, und nicht zu den Veräußerungsgewinnen oder dem Ersatz für entgangene oder entgehende Einnahmen (BFH BStBl III 60, 21). Die Anwendbarkeit des § 34 wird allerdings durch die Vorschrift des § 24 Nr 1c sichergestellt. Zur analogen Anwendung des § 24 Nr 1c bei Vertragshändlern (Eigenhändlern): BFH DB 00, 552.

Betriebsunterbrechungsversicherungen. Entspr Versicherungsleistungen führen beim StPfl zu BE. Werden neben den laufenden Betriebskosten auch entgangene Gewinne erstattet, handelt es sich um Entschädigungen iSd § 24 Nr 1a.

Dienstbarkeiten. Entgelte aus der Einräumung einer beschränkt persönlichen Dienstbarkeit an einem Grundstück, das dem BV zurechnet, ist immer BE (zu Entgelten bei Grundstücken in PV s § 21 Rn 90 „Dienstbarkeit").

Druckbeihilfen. Druckbeihilfen, die dem StPfl im Rahmen eines Betriebs für die erstmalige Veröffentlichung wissenschaftlicher Forschungen gewährt werden, sind BE (OFD Ffm FR 95, 482).

Ehrenamt. Bezüge und Aufwandsentschädigungen, die der StPfl im Rahmen einer ehrenamtlichen Tätigkeit namentlich in Berufs- und Standesorganisationen erhält, sind BE, soweit das Ehrenamt mit Rücksicht auf den Beruf/Betrieb des StPfl übernommen wurde (zB bzgl Aufwandsentschädigungen eines ehrenamtlich tätigen Präsidenten einer Berufskammer BFH BStBl II 88, 615).

Entschädigungen. Vgl auch „Abfindungen".

Entschädigungen für den Wegfall von Einnahmen sind so zu versteuern, wie die Einnahmen zu versteuern gewesen wären. Deswegen sind Entschädigungen für stpfl BE unabhängig von § 24 Nr 1a als stpfl Einnahmen zu erfassen (zB Ausgleich für Verlust eines Bauauftrags BFH BStBl II 79, 69; Stornierung eines Architektenauftrags BStBl II 79, 66; Entschädigungen für entgehende Einnahmen aus der Bewirtschaftung luf Flächen BGH BStBl II 94, 840). Entschädigungen für stfrei BE sind in gleicher Weise stfrei (str; **aA** BFH BStBl II 93, 96 zum Ersatz aktivierungspflichtiger Grundsteuer als Betriebseinnahme). In jedem Fall führt Ersatz nichtbetrieblicher Einnahmen nicht zu BE (zB Ersatz der Investitionszulage BFH BStBl II 79, 120; offen BFH BStBl II 92, 686).

Erbbaurecht. Erbbauzins ist laufende BE, kein ratenweiser Veräußerungserlös, soweit das Grundstück zum BV des Erbbauverpflichteten gehört (BFH BStBl II 81, 398). Die Übernahme der Erschließungskosten durch den Berechtigten gehört dabei zum Entgelt für die Nutzung des Grundstücks (BFH BStBl II 81, 398).

Erbfall. Der Erbfall führt beim Erben nicht zu BE, weil der Erwerb von Todes wegen dem privaten Vermögensbereich zuzuordnen ist (BFH BStBl II 93, 275). Zu BV vgl § 6 III. Eine Erbschaft zugunsten eines GewBetr kann lt BFH v 14.03.06 bei tatsächlichem und wirtschaftlichem Zusammenhang mit der gewerblichen Tätigkeit als BE gelten (BFH BStBl II 06, 650); das ist abzulehnen, da die Erbschaft privat erfolgt und ErbSt auslöst.

Erlass. Betrieblich bedingter Erlass einer Schuld führt beim Schuldner zu BE. Umgekehrt verhält es sich, wenn die Schuld aus privaten Gründen (zB wegen verwandtschaftlicher Beziehungen) erlassen wird (BFH BStBl II 70, 518 Vermögensmehrung in der Privatsphäre, die zur Einlage iSd § 4 I 5 führt). Es liegt auch keine BE vor, wenn der StPfl den Gläubiger beerbt und hierdurch die Schuld erlischt (BFH BStBl II 92, 234).

Erstattung von Betriebsausgaben. Erstattung von BA führt zu BE (zB bzgl Geldersatz aus betrieblicher Unterschlagung BFH BStBl II 76, 560). Bei Erstattung nicht abzugsfähiger BA tendiert die Praxis zu BE (BFH BStBl II 77, 220; BStBl II 90, 1086; BStBl II 93, 96; **aA** BFH BStBl II 98, 621).

Ersparte Betriebsausgaben. Ersparte BA sind keine BE.

Erziehungsgeld. Erziehungsgelder können BE sein, wenn die Unterbringung der Kinder dem Erwerbszweck der Pflegeeltern (sog Kostkinder) dient. Eine erwerbsmäßige Pflege ist gegeben, wenn das Erziehungs- bzw Pflegegeld die wesentliche Erwerbsgrundlage darstellt, was bei einer Betreuung von bis zu 5 Pers nicht der Fall ist (BMF BStBl I 90, 109).

Fiktive Einnahmen. Fiktive Einnahmen sind keine BE (vgl Rn 127).

Förderbeiträge. Förderbeiträge zB zur Bereitstellung von Arbeits- und Ausbildungsplätzen für Schwerbehinderte sind BE (BMF StEK § 4 betr Einnahmen Nr 20).

Geschenke. Unentgeltliche Zuwendungen sind BE, wenn sie betrieblich veranlasst sind.

Hilfsgeschäfte. BE sind nicht nur die Entgelte für veräußerte WG des Umlaufvermögens oder sonstige geschäftliche oder berufliche Leistungen, sondern auch die aus sog Hilfs- oder Nebengeschäften herrührenden Einnahmen, sofern sich diese im Rahmen des Betriebs halten, zB Veräußerung von WG des Anlagevermögens.

Insassenunfallversicherung. Die Besonderheit der Insassenunfallversicherung besteht darin, dass sich erst bei Eintritt des Versicherungsfalls feststellen lässt, wer Versicherter gewesen ist. Die Versicherung gehört zum BV, wenn sie für ein Fahrzeug abgeschlossen wird, das seinerseits dem BV zuzurechnen ist (BFH BStBl II 78, 212). Ereignet sich der Unfall auf einer privat veranlassten Fahrt, entsteht der Versicherungsanspruch im PV. Deswegen liegen keine BE vor (BFH BStBl II 78, 212).

Incentive-Reisen. Incentive-Reisen (§ 19 Rn 150 „Prämien und Incentives"; dort auch zur Bewertung) sind wie andere durch einen Geschäftspartner zugewendete Reisen Sachleistungen. Der Geldwert ist als BE zu erfassen (BFH BStBl II 96, 273), auch dann, wenn das gewährende Unternehmen die Aufwendungen nicht als BA ansetzen darf (BMF BStBl I 96, 1192).

Investitionszulagen. Investitionszulagen sind keine steuerbaren Einnahmen iSd EStG und damit auch keine BE. Vgl auch „Zuschüsse, Zulagen".

Kippgebühren. Stehen Kippgebühren, die von Firmen zu zahlen sind, die in einer ausgebeuteten Kiesgrube zwecks Rekultivierung des Geländes ihren Bodenaushub zur Wiederauffüllung abladen, dem Unternehmen zu, das die Kiesausbeute betreibt, so handelt es sich bei den Kippgebühren um BE. Stehen die Gebühren dagegen dem Grundstückseigentümer zu, der die Kiesausbeute nicht selbst betreibt, können Einnahmen bei den Einkünften aus LuF vorliegen, wenn der Grundstückseigentümer selbst Landwirt und Forstwirt ist, das Gelände zu seinem luf BV gehört und er die Auffüllung mit dem Zweck betreibt, das Gelände sobald wie möglich wieder luf nutzbar zu machen. Das Auffüllen einer ausgekiesten Kiesgrube zum Zweck der Rekultivierung ist etwas grds anderes als der genehmigungsbedürftige gewerbliche Betrieb einer Mülldeponie (BFH/NV 86, 85).

Kapitalertragsteuer und Körperschaftsteuer-Anrechnungsanspruch. Die im Falle der Gewinnausschüttung einbehaltene KapESt ist bei Beteiligung einer PersGes an einer KapGes Teil des Beteiligungsertrags und damit als Einnahme der PersGes und Entnahme ihres G'ters zu behandeln. Dagegen entsteht die (nach altem Recht) anzurechnende KSt originär im Sonder-BV des G'ters (BFH BStBl II 96, 531).

Lebensversicherungen. Versicherungsleistungen aus Lebensversicherungen sind BE, wenn die versicherte Pers weder Einzelunternehmer noch MU'er der bezugsberechtigten PersGes ist (OLG Mchn StEK § 4 BE Nr 44).

Liebhaberei. Bei Vorliegen einer steuerrechtlichen Liebhaberei sind die Einnahmen der Privatsphäre des StPfl zuzuordnen, mithin keine BE.

Mobilfunkverträge. Im Zeitpunkt, in dem das Mobiltelefon BV wird, führt eine verbilligte Überlassung zu BE, doch ist ein passiver RAP zu bilden (BMF DB 05, 1417). § 6 II ist anwendbar.

Nebentätigkeiten. Einnahmen aus Nebentätigkeiten sind BE, wenn sie im Rahmen des Betriebs anfallen (zB Tätigkeit als Aufsichtsratsmitglied oder Mitwirkung an Prüfungen).

Optionsrechte. Einnahmen aus Optionsgeschäften sind BE, wenn sie betrieblich veranlasst sind. Der Erwerb des Optionsrechts ist keine BE, es sei denn, das Optionsrecht ist übertragbar.

Pfandgelder. Die Vereinnahmung von Pfandgeldern führt zu BE (*Jakob/Kobor* DStR 04, 1596).

Praxisgebühr. Der sich nach § 61 S 2 SGB V ergebende, einmal im Kj zu leistende Beitrag für ärztliche, zahnärztliche oder psychotherapeutische Versorgung (sog Praxisgebühr) ist nach Ansicht des BMF (BStBl I 04, 526) BE und kein durchlaufender Posten.

Preise. Preise, deren Verleihung in erster Linie dazu bestimmt ist, das Gesamtwerk eines StPfl oder seine Persönlichkeit zu würdigen, sind keine BE (BFH BStBl II 85, 427). IÜ sind Preise, wenn sie mit einer bestimmten Gegenleistung in Zusammenhang stehen, BE (BMF BStBl I 96, 1150, zB Preis für einen Kunstgewerbegegenstand auf einer Ausstellung BFH BStBl III 64, 629); Preis bei einem Ideenwettbewerb für Architekten (BFH BStBl II 75, 558); Geldpreise mit Zuschusscharakter, die betrieblich verwendet werden müssen (BFH BStBl II 89, 651); Preis bei einer Schönheitskonkurrenz (FG RhPf EFG 96, 52). Preise bei Preisausschreibungen und Verlosungen können BE sein, wenn der StPfl nur deshalb an der Verlosung teilnehmen konnte, weil er im Rahmen seiner beruflichen/betrieblichen Betätigung eine besondere Leistung erbracht hat (BFH BStBl II 78, 239; BStBl II 94, 254 bzgl vom ArbG veranstalteten Verlosungen). Stfrei nach § 3 Nr 11 sind Preise aus öffentlichen Mitteln, die für Kulturfilme gewährt werden (keine Spielfilme vgl OFD Ffm StEK § 3 Nr 353). Ein Zusammenhang mit dem Betrieb besteht auch, wenn der Zweck des Preises die Förderung der betrieblichen Tätigkeit ist, ohne dass er den Charakter einer Gegenleistung für eine bestimmte Leistung hat (BFH BStBl II 89, 650 bzgl Preis für einen Handwerker, der in der Meisterprüfung herausragende Leistungen erzielt hat, zur Förderung selbstständiger Tätigkeit).

Preisnachlass. Ein Preisnachlass, den ein Verkäufer dem StPfl beim Kauf eines privat genutzten WG mit Rücksicht auf die zw ihnen bestehende Geschäftsbeziehung gewährt, ist BE im Betrieb des Käufers (BFH/NV 91, 537).

Rücklage für Ersatzbeschaffung. Scheidet ein WG infolge höherer Gewalt (zB Brand, Diebstahl, Erdbeben, Sturm, Überschwemmung, Unterschlagung) oder infolge bzw zur Vermeidung eines behördlichen Eingriffs (BFH BStBl II 91, 222 bzgl Veräußerung infolge Bauverbots; BFH BStBl II 93, 41 bzgl Enteignung) aus dem BV aus, steht es dem StPfl frei, die Gewinnrealisierung in der Weise zu vermeiden, dass entweder die stillen Reserven im Wj des Ausscheidens auf ein angeschafftes/hergestelltes Ersatz-WG übertragen werden oder noch im Wj des Ausscheidens gewinnmindernd eine RfE gebildet wird, die in angemessener Frist in einem der kommenden Wj auf ein Ersatz-WG übertragen oder aufgelöst werden muss. Die von Rspr entwickelten Grundsätze sollen Gewohnheitsrecht sein (BFH BStBl II 85, 250; BStBl II 88, 330). Die Grundsätze gelten sinngemäß bei Beschädigung eines WG. Erfolgswirksame Auflösung erfolgt, wenn das aus dem BV ausgeschiedene oder beschädigte WG nicht durch ein wirtschaftlich gleichartiges und ebenso genutztes WG ersetzt wird (BFH DStR 99, 1065). Ebenso wird eine Erweiterungsfähigkeit abgelehnt (BFH BStBl II 91, 222; BStBl II 93, 93). Eine in zulässiger Weise gebildete Rücklage kann auch fortgeführt werden, wenn der StPfl von der Gewinnermittlung durch BV-Vergleich (§ 4 I) zur Überschussrechnung nach § 4 III übergeht (BFH DStR 99, 1065). Bei Gewinnschätzung und Überschussrechnung scheidet RfE aus (BFH BStBl II 99, 488; BStBl II 99, 602). Nach R 35 II EStR kann auch bei Ausscheiden eines WG aus dem BV infolge eines unverschuldeten Verkehrsunfalls eine RfE gebildet werden; die Beschränkung auf Elementarereignisse wäre nicht sachgerecht (BFH BStBl II 01, 130). RfE können nur gebildet werden, wenn das Ersatzwirtschaftsgut in demselben Betrieb angeschafft oder hergestellt wird, dem auch das entzogene Wirtschaftsgut diente. Das gilt nicht, wenn die durch Enteignung oder höhere Gewalt entstandene Zwangslage den Fortbestand des bisherigen Betriebs gefährdet oder beeinträchtigt (BFH BStBl 04, 421).

Sanierungsgewinn. Maßnahmen, die die finanzielle Gesundung eines notleidenden Unternehmens bezwecken, führen beim StPfl (Schuldner) zu BE. Klassischer Fall ist der Schuldenerlass. Wird dagegen ein für den StPfl nachteiliger Vertrag aufgehoben oder der Zinssatz für die Zukunft ermäßigt, liegen keine BE vor (RFH RStBl 31, 195; RStBl 38, 239). Die frühere Steuerfreiheit nach § 3 Nr 66 ist ab VZ 98 gestrichen. Liegen allerdings die Voraussetzungen des früheren § 3 Nr 66 vor (dazu BFH BStBl II 04, 9; BFH/NV 05, 1027; *Kanzler* FR 03, 480), dann werden von der FinVerw Billigkeitsmaßnahmen nach §§ 163, 222, 227 AO gewährt. Jedoch ist der Sanierungsgewinn zunächst mit Verlusten und Verlustvorträgen zu verrechnen. Erst der dann verbleibende Betrag ist ein „Sanierungsgewinn" (näher *Janssen* DStR 03, 1055).

Schadensersatz. Vgl auch „Abfindung", „Entschädigung". Schadensersatzleistungen führen zu BE, soweit sie den Verlust, die Zerstörung oder die Beschädigung eines WG im BV ausgleichen sollen

(BFH BStBl II 85, 126). Ersatzleistungen für persönliche Rechtsgüter (Leben, Gesundheit, allg Persönlichkeitsrecht) sind der privaten nicht steuerbaren Sphäre zuzuordnen und deshalb keine BE (BFH BStBl III 64, 12). Entspr gilt für die Zahlung von Schmerzensgeld (BFH BStBl III 60, 87). Betriebliche Veranlassung liegt vor bei: Ersatz für mangelhafte Lieferung oder Leistung, Ersatzschäden durch höhere Gewalt, Ersatz für Beschlagnahme von BV, Abfindung für Geschäftslokalverlegung, Abfindung für Verzicht auf Nutzung von Praxisräumen (BFH BStBl III 65, 12). Schadensersatz, den ein Steuerberater oder Haftpflichtversicherer wegen einer vom Berater zu vertretenden zu hohen ESt-Festsetzung leistet, führt beim Mandanten zu keiner BE (BFH BStBl II 98, 621).

Schmiergeldzahlungen. Schmiergelder, die der StPfl erhält, sind bei betrieblicher Veranlassung BE.

Spiel- oder Wettgewinne. Gewinne bei Glücksspielen sind Privateinnahmen, weil Spiele oder Wetten grds eine private Betätigung darstellen (BFH BStBl II 70, 865). Das gilt auch dann, wenn besondere berufliche Kenntnisse ausgenützt werden (BFH BStBl II 70, 411). Dagegen können Einnahmen eines Berufsspielers (BFH/NV 94, 622) oder aus spekulativen Warentermingeschäften, soweit die Termingeschäfte gewerblich betrieben werden, zu BE führen (BFH BStBl II 84, 132).

Steuern. Erstattete Betriebssteuern führen zu BE. Die Erstattung nicht abziehbarer Steuern ist nicht betrieblich veranlasst.

Stille Reserven. Stille Reserven sind, soweit sie realisiert werden, BE. Bei Veräußerung bestimmter WG des Anlagevermögens ist nach § 6b uU eine Übertragung stiller Reserven möglich.

Trinkgeldeinnahmen. Trinkgelder, die der StPfl im Rahmen seiner selbstständigen Tätigkeit erhält (zB Taxifahrer), sind BE. Vgl auch § 3 Nr 51.

Versicherungsleistungen. Die Einordnung von Versicherungsleistungen hängt davon ab, ob der Versicherungsvertrag zum BV oder zum PV gehört. Dies hängt davon ab, ob durch den Versicherungsabschluss berufliche oder private Risiken abgedeckt werden (BFH BStBl II 87, 710; BStBl II 89, 656). Dient die Versicherung der Absicherung beruflicher Risiken, sind die entspr Versicherungsleistungen BE. Versicherungen über Risiken, die in der Pers des Betriebsinhabers begründet sind, decken grds private Risiken ab. Deshalb führen Leistungen im Zusammenhang mit **Krankenversicherung** und **Krankentagegeldversicherung** bzw **Krankenhaustagegeldversicherung** nicht zu BE. Etwas anderes gilt, wenn ein beruflich erhöhtes Risiko abgedeckt werden soll, zB die Versicherung ausschließlich auf typische Berufskrankheiten beschränkt wird (BFH BStBl II 83, 101). Zur Steuerfreiheit vgl § 3 Nr 1a. **Lebensversicherungen**, die auf das Leben des Unternehmers oder eines MU'ers des Betriebs oder eines nahen Angehörigen abgeschlossen sind (einschl Risikolebensversicherung und Versicherung auf den Lebens- oder Todesfall) decken ein privates Risiko ab. Das gilt auch dann, wenn die Versicherung der Absicherung eines betrieblichen Bankkredits dient. Versicherungsleistungen sind folglich keine BE (BFH BStBl II 90, 1017). BE sind dagegen Leistungen aus Versicherungen zugunsten Dritter insbes ArbN, soweit den Dritten nicht ein eigener Anspr gegen die Versicherung zusteht. Bei **Rechtsschutzversicherungen** sind die Versicherungsleistungen dann BE, wenn die Inanspruchnahme der Versicherung auf einem betrieblichen Vorgang beruht. Entspr gilt für **Haftpflichtversicherung** (zB eines RA oder Steuerberaters für berufliche Risiken). Mit **Unfallversicherungen** werden regelmäßig nur private Risiken abgedeckt. BE liegen deshalb nur dann vor, wenn durch die Ausübung des Berufs ein erhöhtes Risiko geschaffen und der Abschluss des Versicherungsvertrags entscheidend der Absicherung dieses Risikos dient (BFH BStBl II 89, 657 zur korrespondierenden Frage des BA-Abzugs). Leistungen aus **Sachversicherungen** (zB gegen Brandschäden, Diebstahl, Unwetter, Beschädigung, Zerstörung), die sich auf WG des BV beziehen, führen zu BE (BFH/NV 86, 208 bzgl Leistungen aus einer Brandschadensversicherung). Wird das versicherte Gebäude nur teilw betrieblich genutzt, führt dies nur anteilig zu BE. Leistungen aufgrund einer **Betriebsunterbrechungsversicherung** führen zu BE (BFH BStBl II 68, 737; BStBl II 83, 371). Die Leistung der Kaskoversicherung wegen Diebstahls eines zum BV gehörenden PKW ist zumindest im Umfang der betrieblichen Nutzung auch dann BE, wenn der Diebstahl während des Parkens vor der Wohnung des Betriebsinhabers und vor einer geplanten Privatfahrt begangen wurde (BFH BStBl II 06, 7).

Versorgungsrenten. Bei Versorgungsrenten ist zw betrieblichen und privaten Versorgungsrenten zu unterscheiden. Eine Rente, die aus betrieblichen Gründen als Gegenleistung für früher im Betrieb erbrachte Leistungen und nicht aus privaten Gründen oder als Gegenleistung für die Übertragung von WG bezahlt wird, führen beim Zahlungsempfänger zu nachträglichen BE (§ 21 Nr 2; vgl auch H 22.3 EStH). Auch bei gleichzeitiger Betriebsübertragung wird die betriebliche Versorgungsrente beidseitig als unentgeltlich und nicht zT als Veräußerung behandelt, und zwar unabhängig vom Wertverhältnis (BFH BStBl II 77, 603; GrS BStBl II 92, 78). Sie kommt vor allem bei PersGes, ausnahmsweise bei Einzelunternehmen, vor (BFH BStBl II 78, 301). Versorgungsrenten an Familienangehörige beruhen im Zweifel auf privaten Gründen (BFH BStBl II 73, 184; BFH/NV 87, 770). **Private Versorgungsrenten** führen beim Berechtigten nicht zu BE, sondern sind mit dem Ertragsanteil nach § 22 Nr 1a zu versteuern.

Zuschüsse, Zulagen. Ein Zuschuss ist ein Vermögensvorteil, den ein Zuschussgeber zur Förderung eines – zumindest auch – in seinem Interesse liegenden Zwecks dem Zuschussempfänger zuwendet (R 34 I EStR 04). Regelmäßig liegt kein Zuschuss vor, wenn ein unmittelbarer Zusammenhang mit einer Leistung des Zuschussempfängers feststellbar ist (dazu näher BFH BStBl II 82, 591). Zuschüsse sind BE, wenn ein wirtschaftlicher Zusammenhang mit dem Betrieb besteht und wenn Einlagen, Aktivierung oder steuerneutrale Behandlung nach R 34 EStR oder Steuerfreiheit nach anderen Vorschriften ausscheiden (BFH BStBl II 86, 806). Öffentliche Zuschüsse zur Liquiditätsstärkung eines Betriebs nach dem Städtebauförderungsgesetz sind BE (BFH BStBl II 88, 324); des weiteren zB Eingliederungsbeihilfen gem §§ 39 ff BSHG an eine Werkstatt für Behinderte (BFH/NV 93, 170); Leistungen zur Förderung von Existenzgründern (BFH BStBl II 97, 125); Fördermittel nach dem Gesetz zur wirtschaftlichen Sicherung der Krankenhäuser und zur Regelung der Krankenhauspflegesätze (BFH BStBl II 96, 28).

J. Einzelnachweise Betriebsausgaben

252 **Abbruchkosten.** Abbruchkosten führen nicht in jedem Fall zu sofort abzugsfähigen BA. Wird ein Gebäude bereits in Abbruchsabsicht erworben, sind die Aufwendungen HK des neuen Gebäudes (BFH BStBl II 79, 299) oder, bei Erwerb wirtschaftlich verbrauchter Gebäude, AK des Grund und Bodens (BFH BStBl II 89, 604). Sofort absetzbare BA (einschl Restwert des abgebrochenen Gebäudes) sind gegeben, wenn der StPfl das Gebäude auf einem ihm gehörenden Grundstück errichtet hatte (BFH BStBl II 65, 323; BStBl II 73, 678). Das Gleiche gilt beim Erwerb ohne Abbruchsabsicht (BFH GrS BStBl II 78, 620).

Abfindungen. Abfindungen (Abstandszahlungen, Entschädigungen usw) können als BA abgesetzt werden, wenn sie aus der Sicht des Leistenden betrieblich veranlasst sind (zB BFH BStBl II 75, 56: Nichtübernahme eines Warenlagers; BFH BStBl II 92, 70: „Entschädigungszahlungen" für Bindung an Verkaufsangebot).

Abschreibungen. Abschreibungen sind BA, unabhängig davon, nach welcher Methode sie abgeschrieben werden (vgl Rn 143).

Abwehrkosten. Abwehrkosten sind Aufwendungen zur Verhinderung oder Minderung eines Schadens oder einer Beeinträchtigung im weitesten Sinne. Sie sind BA, wenn sie erkennbar im Interesse des Betriebes und nicht nur des Betriebsinhabers gemacht werden (vgl BFH BStBl II 75, 611), zB zur Wahrung des Rufs als ehrlicher Kfm (nicht der persönlichen Ehre) durch Bezahlung fremder Geschäftsschulden aus eigenem betrieblichen Interesse.

Angehörige. Bei der steuerlichen Anerkennung von Dienstverhältnissen zwischen Ehegatten und zwischen Eltern und Kindern ist die Rspr zurückhaltend, da aufgrund eines vielfach fehlenden wirtschaftlichen Interessengegensatzes die Gefahr besteht, dass missbräuchlich Vermögensverschiebungen nur vorgetäuscht oder aus privaten Motiven vorgenommen werden, ohne dass sie durch einen steuerbaren Leistungsaustausch veranlasst wären. Das gezahlte Entgelt soll sich beim „arbeitgebenden" Angehörigen als Aufwendung (BA/WK) auswirken (bei gewerblichen Unternehmen mit Auswirkung auch auf die GewSt), während für das gezahlte Entgelt durch Steuerbefreiungen (§ 3 Nr 9, 16, 30–34), pauschale WK (§ 9a) und pauschale Lohnversteuerungsmöglichkeiten (§§ 40–40b) keine entspr Einkommenserhöhung eintritt.

(1) Dienstverhältnisse zwischen Ehegatten. Dieser Gefahr sucht die Rspr für Dienstverhältnisse zwischen Ehegatten durch besondere Anforderungen an den Nachweis des wirtschaftlich motivierten Leistungsaustausches zu begegnen (BFH/NV 02, 1443). Auf die innere Willensrichtung schließt sie aus äußerlich erkennbaren Indizien. Maßgeblich für die Anerkennung eines Arbeitsverhältnisses zwischen Ehegatten ist danach, dass es **eindeutig** (zu den Anforderungen der Eindeutigkeit, s BFH/

NV 88, 434 zu Arbeitsleitung und -zeit, BFH BStBl III 62, 218 zur Höhe des Arbeitslohns, BStBl II 89, 281 und BB 90, 332 zu Barlohn, Tantieme; BStBl II 88, 877 zu Weihnachts-/Urlaubsgeld) und ernstlich vereinbart wurde, **entspr vollzogen** wird sowie in Vereinbarung und Vollzug dem entspricht, was unter Fremden üblich ist (**Fremdvergleich**; BFH GrS BStBl II 90, 160 mwN; zur Vereinbarkeit mit Art 6 und 3 I GG s BVerfG BStBl II 96, 34 mwN). Nach diesen Maßstäben wird die Anerkennung eines Dienstverhältnisses zwischen Ehegatten insbes abgelehnt, wenn die Dienstverpflichtung nicht über übliche Unterhaltsleistungen hinausgeht (BFH/NV 89, 219; nicht ausreichend zB Reinigung des Arbeitszimmers durch Ehefrau, BFH BStBl II 79, 80, oder gelegentliche Hilfeleistung, die in ehelicher Lebensgemeinschaft üblicherweise auf familienrechtlicher Grundlage erbracht wird, BStBl II 89, 354); bei wechselseitiger Verpflichtung zum Einsatz der vollen Arbeitskraft (BFH BStBl II 69, 315; ebenso im Einzelfall auch für wechselseitige Teilzeitarbeitsverhältnisse BStBl II 88, 354; FG Saarl EFG 95, 62; s auch *Kottke* DStR 98, 1706); bei Unterarbeitsverhältnissen, soweit nicht branchenüblich (BFH BStBl II 95, 394; BStBl II 97, 187; FG Hbg EFG 95, 427); bei fehlender Abführung von LSt oder Sozialversicherungsbeiträgen BFH/NV 91, 582 – zumindest Indiz gegen Ernsthaftigkeit der Vereinbarung); bei Auszahlung des Arbeitslohns auf ein Konto des ArbG-Ehegatten, über das der ArbN-Ehegatte nicht (mit-)verfügungsberechtigt ist (BFH/NV 97, 347; zu den Fällen bei gemeinsamer Verfügungsmacht s jedoch Rn 39); anteilsmäßig soweit Entgelte (im betriebsinternen Fremdvergleich mit familienfremden ArbN, hilfsweise im externen Vergleich mit anderen Betrieben, BFH GrS BStBl II 90, 160) überhöht sind (BFH BStBl II 83, 664 – Zukunftssicherungsleistungen; BStBl II, 86, 601 – Gewinnbeteiligung; BStBl II 85, 327 sowie FG M'ster EFG 96, 259 – Abfindungszahlungen). Pensions- und Tantiemezusagen können auch dann anerkannt werden, wenn keine vergleichbaren ArbN im Betrieb beschäftigt werden (BFH BStBl 02, 353). Die Angemessenheit muss dabei nicht nur für die Gesamtheit der Bezüge, sondern auch für einzelne Bezugsteile und ihr Verhältnis zum Aktivlohn zu bejahen sein (BFH BB 90, 332; FG BaWü EFG 96, 133); soweit Vergütungen erst nach Beginn des Zeitraums, für den sie gezahlt werden sollen, vereinbart werden (Nachzahlungsverbot, BFH BStBl II 86, 250). Besondere Anforderungen gelten für die Anerkennung von Aufwendungen des ArbG für die betriebliche Altersversorgung des ArbN-Ehegatten (BMF BStBl I 84, 495), die ua nicht zu dessen Überversorgung (über 75 % der letzten Aktivbezüge) führen dürfen (BFH BStBl II 95, 873). In diesen Fällen scheitert der Abzug der Aufwendungen beim Leistenden ebenso wie die Zurechnung als Arbeitslohn beim Empfänger. Bei Änderung aufgrund Betriebsprüfung idR bei Zusammenveranlagung Auswirkung im selben Bescheid; bei Auswirken in mehreren Bescheiden (zB getrennte Veranlagung oder zeitlichem Auseinanderfallen der Auswirkung) keine Änderung nach §§ 174 oder 175 I Nr 2 AO (BFH BStBl II 92, 126 und 94, 597); es liegen aber nach BStBl II 95, 264 idR die Voraussetzungen des § 173 AO vor (Feststellungen der Betriebsprüfung als neue Tatsache für Veranlagung des Ehegatten-ArbN). Als **unschädlich** hat dagegen die Rspr im Einzelfall angesehen: fehlende Schrift- form der Vereinbarung (BFH BStBl II 83, 663; zur mündliche Änderung BFH/NV 99, 1457; schädlich aber soweit Schriftform wegen NachweisG – BGBl I 95, 946; dazu *Schiefer* DB 95, 1910; *Hohmeister* BB 96, 2406 – für Arbeitsvertrag notwendig ist); unüblich niedriger Lohn (BFH BStBl II 84, 60 – auch bei krassem Missverhältnis; meines Erachtens zu Unrecht krit auch *L/B/H* § 19 Rn 60; einschränkend BFH BStBl II 90, 776: negative Indizwirkung); Vereinbarung einer ca-Arbeitszeit, wenn die Unklarheit auf der Eigenart des Arbeitsverhältnisses beruht (BFH v 21.8.84 – VIII R 66/80 nv – Gelegenheitshandel); Überweisung des Arbeitslohns auf ein Konto des ArbG-Ehegatten, über das der ArbN-Ehegatte (mit-) verfügungsbefugt ist, bzw ein gemeinsames Konto der Ehegatten (Oder-Konto, BVerfG BStBl II 96, 34; die gegenteilige frühere Rspr, BFH GrS BStBl II 90, 160, ist insoweit überholt, BFH/NV 97, 347); darlehensweise Überlassung des Arbeitslohns nach Gehaltszahlung (BFH/NV 89, 291 und BFH/NV 90, 759) oder deren Angebot (BFH BStBl II 86, 48 und BStBl II 90, 68; nicht aber bei nur stillschweigender Umbuchung) – und zwar (wegen zu trennender Beurteilung von Arbeits- und Darlehensverhältnissen) auch dann, wenn das Darlehen zinslos und ohne Sicherheit gewährt wird; spätere Verwendung des zugeflossenen Arbeitslohns zugunsten des ArbG-Ehegatten (BFHE 142, 215 – Darlehen; BFH BStBl II 87, 336 – Schenkung); ausnahmsweise auch bei unregelmäßiger Auszahlung des Arbeitslohns über mehrere Jahre (BFH/NV 97, 182 bei langjähriger vertragsgemäßer Abwicklung und unter Abführung der LSt und Sozialversicherungsbeiträgen für den fraglichen Zeitraum; strenger die bisherige Rspr, zuletzt BFH/NV 96, 329 mwN). Entscheidend ist in allen Fällen die **Gesamtwürdigung** aller objektiven Einzelkriterien und Indizien unabhängig von geringfügigen Abweichungen einzelner Sachverhaltsmerkmale vom Üblichen (BFH BStBl II 97, 196 und 655; zur Gewichtung der Einzelumstände BStBl II 91, 842; s auch BFH/NV 01, 152 zu Darlehen).

(2) Dienstverhältnisse zwischen Eltern und Kindern. Die Anforderungen an Dienstverhältnisse zwischen Ehegatten gelten für solche zwischen Eltern und ihren (minder- oder volljährigen) Kindern grds **entspr** (BFH BStBl II 94, 298). Bei volljährigen Kindern werden an den Nachweis des vertraglichen Bindungswillens (nicht an den Fremdvergleich) zT weniger strenge Anforderungen als bei Ehegattenarbeitsverhältnissen gestellt (BFH BStBl II 83, 562). Arbeitsverträge mit Kindern unter 14 Jahren und voll schulpflichtigen Jugendlichen sind idR nichtig und steuerrechtlich nicht anzuerkennen (s §§ 2, 5, 7 JArbSchG; Ausnahme insbes für Jugendliche über 15 während der Schulferien, § 5 IV JArbSchG). Für die Wirksamkeit eines Arbeitsvertrages mit minderjährigen Kindern in anderen Fällen soll die Bestellung eines Ergänzungspflegers entbehrlich sein (BFH DStRE 06, 1372, Anm *Heuermann* StBP 06, 355, R 4.8 III 1 EStR; anders noch FG SchlHol EFG 91, 66, notwendig, soweit nicht Ausbildungsverhältnis). Nicht Gegenstand eines Dienstverhältnisses können gelegentliche Hilfeleistungen von Kindern bei untergeordneten Tätigkeiten sein, die üblicherweise nicht auf arbeitsrechtlicher, sondern auf familienrechtlicher Grundlage (§ 1619 BGB) erbracht werden (BFH BStBl II 94, 298 zB Entgegennahme von Telefonanrufen, Botengänge, Chauffeurdienste; anders bei nicht nur gelegentlicher Aushilfstätigkeit, BFH BStBl II 89, 453; BFH/NV 90, 224 und BFH/NV 94, 816). Die Gewährung freier Wohnung und Verpflegung kann zwar Teil der Arbeitsvergütung sein, bei voll im Betrieb mitarbeitenden Kindern muss der monatliche Barlohn jedoch mindestens 100 € betragen und zusammen mit evtl Sachleistungen die sozialversicherungsrechtliche Freigrenze überschreiten (R 4.8 III 3 EStR; näher, teils krit *Blümich* § 4 Rn 330 „Arbeitsverträge zwischen Angehörigen"). Unterarbeitsverträge werden idR nicht anerkannt (BFH BStBl II 95, 394; **aA** *Felix* FR 96, 735).

(3) Dienstverhältnisse zwischen sonstigen nahestehenden Personen. Für sonstige nahestehende Personen (Verlobte, nichteheliche Lebensgemeinschaft, Geschwister usw) gelten die besonderen Anforderungen für die Anerkennung von Dienstverhältnissen zwischen Ehegatten grds nicht. Diese Ungleichbehandlung ist bei länger bestehenden nichtehelichen Lebensgemeinschaften zweifelhaft, da die Motivlage dann der einer ehelichen Gemeinschaft ähnlich ist. Die Nichtanerkennung eines Vertrages bei Ehegatten würde dann nur auf einem schädlichen Tatbestandsmerkmal „Ehe" beruhen. Das ist aber wegen des besonderen Schutzes der Ehe in Art 6 GG nicht hinnehmbar. Darüber hinaus kann auch bei anderen nahestehenden Personen beim Vorliegen **besonderer Anhaltspunkte** davon auszugehen sein, dass ein Leistungsaustausch nicht auf arbeitsvertraglicher Grundlage, sondern auf privaten Motiven beruht und daher steuerlich unbeachtlich ist (BFH BStBl II 88, 670; FG Nds EFG 95, 62 – wechselseitiges Arbverh bei nichtehelicher Lebensgemeinschaft).

Anlaufkosten. Anlaufkosten (Gründungs-, Erweiterungs- und Emissionskosten) sind betrieblich veranlasst und führen zu sofort abziehbaren BA, sofern sie nicht aktiviert werden müssen oder das Gesetz ihren Abzug aus anderen Gründen ausschließt (BFH BStBl II 89, 1027). Vgl zu Konzeptionskosten BFH/NV 93, 296; BStBl II 95, 166; BMF BStBl I 95, 167 (Nichtanwendungserlass) zu Kosten der Eigenkapitalbeschaffung bei PersGes.

Annehmlichkeiten. Annehmlichkeiten (Aufmerksamkeiten) sind im Geschäftsverkehr übliche Zuwendungen ohne wesentlichen wirtschaftlichen Wert (zB Blumen, Genussmittel von geringem Wert). Sie werden nicht als Geschenk angesehen und fallen daher auch nicht unter das Abzugsverbot des § 4 V Nr 1. Soweit sie betrieblich veranlasst sind, erfolgt BA-Abzug in voller Höhe.

Arbeitslohn. Aufwendungen des Unternehmers für ArbN sind dem Grunde nach stets BA. Für die Höhe ist der tatsächliche Aufwand ohne Rücksicht auf die Besteuerung beim ArbN maßgeblich. Auch die Arbeitgeberanteile zur gesetzlichen Sozialversicherung des ArbN sind BA. Besonderheiten gelten bei Arbeitsverhältnissen mit Angehörigen (vgl „Angehörige"). Ein Arbeitsvertrag zw Ehegatten ist jedenfalls dann nicht anzuerkennen, wenn die Tätigkeitsbeschreibung laut Arbeitsvertrag nicht dem tatsächlichen Arbeitsgebiet des Ehegatten-ArbN entspricht und jährliche Gehaltserhöhungen deswegen auf das Vorhandensein außerbetrieblicher Gründe hinweisen, weil sie nicht den allg Tariferhöhungen entsprechen (BFH/NV 98, 448). Eine verantwortungsvolle Stellung und ein überdurchschnittlicher Arbeitseinsatz rechtfertigen bei Angemessenheit der Gesamtbezüge Tantiemezahlungen an Angehörige, die infolge hoher Gewinne vorübergehend sogar 50 vH der monatlichen Gesamtbezüge ausmachen (FG D'dorf EFG 98, 1504). Bei Hausgehilfin/Kinderpflegerin gilt Folgendes: Soweit eine Mitbeschäftigung im Betrieb vorliegt, führt der betriebliche Lohnanteil zu BA, nicht der Privatanteil, selbst wenn durch ihre Beschäftigung die Berufstätigkeit erst ermöglicht wird (BFH BStBl II 97, 33).

Arbeitsmittel. Aufwendungen für Arbeitsmittel (Gegenstände, die der StPfl nach Art, Verwendungszweck und tatsächlicher Nutzung für seine betriebliche Tätigkeit benötigt) sind BA. Nichtabziehbarkeit der Arbeitsmittel kann sich im Einzelfall aus § 12 Nr 1 ergeben, wenn diese auch der Lebensführung dienen (BFH BStBl II 92, 1015). Überdies erfolgt im konkreten Fall Angemessenheitsprüfung nach § 4 V Nr 7.

Arbeitszimmer. Vgl Rn 194 ff.

Ausbildungskosten. Nach früherer Rspr waren Ausbildungskosten – anders als Fortbildungskosten – keine BA, und zwar selbst dann nicht, wenn die Ausbildung dazu diente, den Ausgebildeten auf eine Tätigkeit im Betrieb des StPfl oder auf die Übernahme des Betriebs vorzubereiten (BFH BStBl II 98, 149; BFH/NV 98, 526). Unter ausdrücklicher Änderung dieser Grundsätze erkennt der BFH jedoch nunmehr Ausbildungskosten eines StPfl für einen zweiten Beruf (Umschulungsmaßnahmen) als vorweggenommene BA an (BFH BStBl II 03, 403; BStBl II 03, 698). Gleiches gilt für ein berufsbegleitendes erstmaliges Hochschulstudium (BFH BStBl II 03, 407; BStBl II 03, 749) sowie für Aufwendungen einer erstmaligen Berufsausbildung (BFH/NV 03, 1119). In Reaktion auf diese Trendwende der Rspr hat der Gesetzgeber mit dem Gesetz zur Änderung der AO und weiterer Gesetze (BGBl I 04, 1753) § 10 I Nr 7 geändert und den neuen § 12 Nr 5 eingeführt. Danach gilt rückwirkend zum 1.1.04, dass Aufwendungen für ein Erststudium oder eine erste Berufsausbildung als BA/WK nur abgezogen werden können, wenn diese im Rahmen eines Dienstverhältnisses stattfinden. Anderenfalls bleibt nur die Möglichkeit des auf 4 000 € begrenzten SA-Abzugs nach § 10 I Nr 7. Zum SA-Abzug § 10 Rn 27 ff.

Auto. Vgl „Kraftfahrzeug".

Bargelddiebstahl. Ein Bargelddiebstahl ist nur dann als BA anzuerkennen, wenn ein Sachverhalt nachgewiesen ist, der nach der Lebenserfahrung mit hinreichender Wahrscheinlichkeit den Schluss auf eine Entwendung des Geldes zulässt, und wenn das entwendete Geld noch eine betriebliche Funktion besaß (FG BaWü EFG 98, 721). Wird Bargeld eines Gewerbetreibenden aus einer in seinen Privaträumen verwahrten, verschlossenen Geldkassette entwendet, ist die Wertabgabe nicht ausschließlich betrieblich veranlasst und deswegen keine BA (FG Kln EFG 98, 352).

Bauwesenversicherung. Beiträge zur Bauwesenversicherung während der Bauzeit sind BA (BFH BStBl II 80, 290; BStBl II 84, 303).

Beiträge für Berufsverbände, Vereine und wissenschaftliche Institute. Beiträge zu einer Vereinigung, die nach ihrer Satzung Ziele verfolgt, die der Erhaltung und Fortentwicklung des Betriebs oder der beruflichen Tätigkeit des StPfl dienen, und deren Geschäftsführung mit den satzungsmäßigen Zielen übereinstimmt (Berufsverband), sind BA (BFH BStBl II 89, 97). Dagegen ist die Abzugsfähigkeit ausgeschlossen, wenn der StPfl wusste oder ernsthaft für möglich gehalten und in Kauf genommen hat, dass die Geschäftsführung des Berufsverbandes mit seinen satzungsmäßigen Zielen nicht übereinstimmt (BFH BStBl II 94, 33). Des Weiteren ist Voraussetzung für die Abzugsfähigkeit, dass die tatsächliche Geschäftsführung des Verbandes, einschl der Mittelverwendung, berufspolitische Ziele, und nicht allg-politische oder parteipolitische) Belange verfolgt (BFH BStBl II 94, 33). Vereinsbeiträge führen zu BA, wenn die Mitgliedschaft im unmittelbaren und ausschließlichen Interesse des Unternehmens liegt. Ein gesellschaftlicher Bezug ist schädlich (vgl § 12 Nr 1). Beiträge für wissenschaftliche Institute sind im allg keine BA (uU SA nach § 10b), es sei denn, der Beitrag dient einer Forschung, die im Bereich der gewerblichen Betätigung des Spenders liegt. Vgl auch § 9 Rn 150 ff.

Beiträge für Versorgungswerke. Pflichtbeiträge von Angehörigen freier Berufe zu den Versorgungswerken ihrer jeweiligen Kammern sind nicht als BA, sondern als SA nur teilw abziehbar (BFH/NV 04, 1245).

Bestechungsgelder. Vgl Rn 209 ff.

Betriebsverlegungskosten. Demontagekosten einschl anfallender Transportkosten für an einen neuen Betriebsort verbrachte alte Maschinen sind sofort abziehbare BA (vgl BFH BStBl III 54, 18; zT wird bei ins Gewicht fallenden Aufwendungen Aktivierungspflicht angenommen (*K/S/M* Rn E 1200).

Betriebsverpachtung. Aufwendungen eines Pächters für die Erneuerung der Dacheindeckung eines im Eigentum des Verpächters stehenden und dem Pachtbetrieb dienenden Wirtschaftsgebäudes sind als BA des Betriebs abziehbar, wenn sie in Erwartung des späteren Eigentumsübergangs erbracht worden sind (BFH BStBl II 04, 780).

Beweislast. Der StPfl trägt die (objektive) Feststellungslast dafür, dass es sich bei den geltend gemachten Aufwendungen um BA handelt. Die (betriebliche) Veranlassung liegt in seinem Herrschaftsbereich, so dass er hierfür Beweis erbringen muss (BFH/NV 86, 538). Zur Feststellungslast bei nicht abzugsfähigen BA wird die objektive Feststellungslast in vielen Fällen beim StPfl liegen, soweit er Beweisvorsorge für die Nachweisbarkeit hätte treffen können (Machtbereich des StPfl).

Bewirtungsaufwendungen. Vgl Rn 176 ff.

Bodenuntersuchung. Aufwendungen für geologische oder geophysikalische Bodenuntersuchungen führen zu sofort abziehbaren BA (BMF FR 80, 319).

Bücher. Vgl § 9 Rn 327.

Bürgschaften. Die Inanspruchnahme aus einer Bürgschaft führt zu BA, wenn die Übernahme der Bürgschaft betrieblich veranlasst war (BFH/NV 97, 837). Bei Freiberuflern ist die Übernahme der Bürgschaft regelmäßig nicht betrieblich veranlasst, weil dies nicht zum überkommenen Berufsbild des Freiberuflers gehört (BFH BStBl II 01, 828). Etwas anderes gilt ausnahmsweise dann, wenn durch die Übernahme der Bürgschaft Aufträge für die freiberufliche Praxis gewonnen werden sollen (BFH BStBl II 90, 17). Wird eine Bürgschaft für eine im BV gehaltene kapitalgesellschaftsrechtliche Beteiligung gegeben, so kommt es nicht zu nachträglichen AK, sondern zu laufenden BA, wenn der Freistellungsanspruch des Bürgen nicht werthaltig ist. Dazu zählen auch die nach Auflösung der KapGes anfallenden Schuldzinsen (BFH DStR 05, 1389).

Damnum (Disagio). Das Damnum ist zinsähnlicher Aufwand (BFH BStBl II 80, 353; BStBl II 00, 259) und führt zu BA, wenn es für eine Schuld des BV zu leisten ist (vgl Rn 57).

Darlehen. Die Rückzahlung eines Darlehens führt weder bei § 4 I noch bei § 4 III zu BA. Ist wegen der vorzeitigen Rückzahlung eines Darlehens eine Vorfälligkeitsentschädigung zu zahlen, sind BA gegeben (BFH/NV 01, 440). Überlässt ein Angehöriger einer PersGes ein Darlehen, welches zuvor von dem G'ter von einem Eigenkapitalkonto zur Verfügung gestellt worden ist, dann sind die Darlehenszinsen keine BA (BFH/NV 02, 844). Die Bedingungen von Darlehensverträgen zwischen nahen Angehörigen müssen einem Fremdvergleich standhalten (FG Niedersachsen, EFG 2007, 501).

Devisentermingeschäfte. Vgl Rn 43.

Doppelte Haushaltsführung. Vgl Rn 192 f.

Drittaufwand. Vgl Rn 145 ff.

Ehescheidung. Aufwendungen für die Ehescheidung sind auch dann keine BA, wenn der StPfl im Hinblick auf mögliche Beeinträchtigungen seiner beruflichen Sphäre einer großzügigen Scheidungsvereinbarung zustimmt (BFH BStBl II 77, 462). Vgl auch § 12 Rn 26.

Eigenkapitalvermittlungsprovisionen. Von einem in der Rechtsform einer gewerblichen PersGes geführten Immobilienfonds gezahlte Eigenkapitalvermittlungsprovisionen sind bei der Ges nicht BA, vielmehr AK oder HK, wenn sich die G'ter aufgrund eines vorformulierten Vertragswerks an dem Fonds beteiligen (BFH BStBl II 01, 717).

Einbürgerungskosten. Kosten des Erwerbs der deutschen Staatsangehörigkeit und sonstige Einbürgerungskosten sind privat veranlasst, weil sie den staatsrechtlichen Status einer Pers betreffen. BA kommen auch dann nicht in Betracht, wenn der Erwerb der deutschen Staatsangehörigkeit aus beruflichen/betrieblichen Gründen notwendig war (BFH/NV 86, 150), zB als Voraussetzung einer Erwerbstätigkeit im Inland.

Entschädigungen. Vgl „Abfindungen".

Erbanfall. Kosten (Beratungskosten, Prozesskosten), die durch einen Erbanfall ausgelöst werden, sind auch dann Privataufwendungen, wenn zu der Erbmasse ein GewBetr gehört (BFH BStBl II 86, 139).

Fahrtkosten. Vgl Rn 188 ff.

Fehlgeschlagene Aufwendungen. Als BA abziehbar sind auch fehlgeschlagene (vorweggenommene) Aufwendungen, wobei die betriebliche Veranlassung auch dann vorliegen kann, wenn die betriebliche Tätigkeit später tatsächlich nicht aufgenommen wird (BFH/NV 96, 461 bzgl Aufwendungen für eine nicht zustande gekommene PersGes). In diesen Fällen können auch aktivierungspflichtige Aufwendungen sofort abgeschrieben und damit Aufwand werden (BFH BStBl II 74, 161; StBl II 81, 418: Aufgabe der Absicht der Betriebseröffnung). Abw gilt im Bereich der GewSt (BFH BStBl II 78, 23).

Finanzierungskosten (Geldbeschaffungskosten). Als Finanzierungskosten gelten die Kosten der Beschaffung, Bereitstellung und Nutzung von Kreditmitteln, Vermittlungsprovisionen und Gebühren, Notar- und Gerichtskosten, Abschlussgebühren, Beratungsgebühren, Verwaltungsgebühren. Die Kosten gehören nicht zu den Anschaffungskosten des fremdfinanzierten WG (BFH BStBl II 90, 460) oder des Darlehens, das mit dem Nennbetrag bilanziert wird (BFH BStBl II 77, 380). Bei Herstellung betrieblicher WG räumt die Finanzverwaltung ein Wahlrecht ein. Die Finanzierungskosten sind Aufwand des Entstehungsjahres, wenn die Geldmittel für betriebliche Zwecke aufgenommen werden.

Forderungserlass. Soweit der StPfl aus betrieblichen Gründen eine Forderung künftig nicht einziehen wird oder dem Schuldner erlässt (§ 397 BGB), liegen BA vor. Bei § 4 III folgt das nämliche Gesamtergebnis daraus, dass die Forderung noch nicht als BE zugeflossen war; deshalb bedarf es keines BA-Abzugs. Verzichtet der StPfl aus privaten Gründen, führt dies zu einer gewinnerhöhenden Entnahme der Forderung (BFH BStBl II 75, 526).

Fortbildungskosten. Fortbildungskosten sind im Gegensatz zu Ausbildungskosten regelmäßig BA (BFH/NV 02, 326). Näher § 10 Rn 27 f.

Gästehäuser. Vgl Rn 180 ff.

Geldbußen. Vgl Rn 203 ff.

Geldstrafen. Geldstrafen sind regelmäßig privat veranlasst, weil in ihnen ein persönliches Unwerturteil zum Ausdruck kommt. Soweit ausnahmsweise ein untrennbarer Zusammenhang mit der betrieblichen/beruflichen Tätigkeit besteht, sind sie wegen § 12 Nr 4 nicht abziehbar.

Gemischte Aufwendungen. Vgl Rn 23 ff.

Geschäftsreise. Eine Geschäftsreise ist gegeben, wenn der StPfl aus betrieblichen Gründen vorübergehend entfernt von seiner Wohnung und dem Mittelpunkt seiner dauerhaft angelegten betrieblichen Tätigkeit tätig wird. Als BA sind grds die Kosten der Unterbringung, Fahrtkosten und sonstige betrieblich bedingte Aufwendungen absetzbar. § 4 V Nr 5 enthält eine Abzugsbeschränkung von Mehraufwendungen für Verpflegung (vgl Rn 186f).

Geschenke. Vgl Rn 172 ff.

Gründungskosten. Vgl „Anlaufkosten".

Häusliches Arbeitszimmer. Vgl „Arbeitszimmer".

Hundekosten. Wegen des Aufteilungs- und Abzugsverbots des § 12 Nr 1 kommt ein BA-Abzug regelmäßig nicht in Betracht. Eine Ausnahme gilt nur dann, wenn das Tier so gut wie ausschließlich aus betrieblichen Gründen gehalten wird (vgl BFH/NV 91, 234), zB Bewachung eines Betriebsgeländes.

Jagd. Vgl Rn 184 f.

Jubiläum. Kosten der Feier eines Betriebsjubiläums sind BA, wenn ein betrieblicher Anlass besteht. Kosten der Feier eines persönlichen Jubiläums des StPfl (Betriebsinhabers) sind privat veranlasst und damit nicht abzugsfähig (BFH/NV 86, 657; BFH/NV 94, 367; zum Praxisjubiläum eines Freiberuflers: FG Hbg EFG 96, 421). Das gilt entspr bei Feiern für andere private Anlässe (BFH BStBl II 92, 524; BFH/NV 97, 560), zB Geburtstag, Hochzeitstag. Dabei ist es gleichgültig, wer die Kosten trägt (BFH/NV 97, 560). Nehmen an einer Veranstaltung, der kein persönlicher Anlass zugrunde liegt, nur ArbN bzw Geschäftsfreunde des StPfl teil, spricht dies für eine betriebliche Veranlassung (BFH/NV 86, 657).

Kleidung. BA-Abzug besteht nur bei sog typischer Berufskleidung. Wird sog bürgerliche Kleidung beruflich verwendet, muss deren Nutzung für Zwecke der privaten Lebensführung aufgrund berufsspezifischer Eigenschaften so gut wie ausgeschlossen sein (BFH BStBl II 91, 751; BStBl II 93, 192). Näheres § 9 Rn 325.

Konzeptionskosten. Vgl „Anlaufkosten".

Kraftfahrzeuge. Aufwendungen, die im Zusammenhang mit einem Kfz getätigt werden (zB Fahrtkosten, Verlust durch Diebstahl usw), führen zu BA, wenn sie betrieblich veranlasst sind. In Zusammenhang mit **Unfallkosten** spielen Fragen des Verschuldens oder der Strafbarkeit grds keine Rolle, wenn es sich um eine Betriebsfahrt handelt (BFH GrS BStBl II 78, 105); die betriebliche Veranlassung wird nicht unterbrochen (zB Übersehen eines Verkehrszeichens, zu schnelles Fahren, Übermüdung und Einschlafen am Steuer, usw). Die betriebliche Veranlassung wird erst durch eine außerbetriebliche Willensentscheidung oder Handlung des StPfl unterbrochen, zB bei Umweg aus außerbetrieblichen Gründen (BFH BStBl II 87, 275), unfallauslösender Alkoholgenuss (BFH BStBl II 84, 434). Entspr gilt bei vorsätzlicher Unfallverursachung (zB Selbstmordabsichten) und Diebstahl des Fahrzeugs während eines privaten Abstechers (BFH BStBl II 07, 762). Der VIII. Senat des BFH hat den GrS mit der Frage angerufen, ob in die Bewertung der **Nutzungsentnahme** die im Buchwertansatz des Pkw ruhenden stillen Reserven einzubeziehen sind, wenn der zum Betriebsvermögen gehörende Pkw während einer privat veranlassten Fahrt durch Unfall zerstört oder beschädigt wird (BFH BStBl II 01, 395).

Krankheitskosten. Krankheitskosten (einschl Kosten zur Erhaltung der Gesundheit) sind grds privat veranlasst. BA kommen nur dann in Betracht, wenn der StPfl unter einer typischen Berufskrankheit leidet oder der Zusammenhang mit dem Beruf in anderer Weise eindeutig feststeht, zB Strahlenschäden eines Röntgenarztes, Tuberkulose des Lungenarztes (BFH BStBl II 80, 639); nicht Herzinfarkt (BFH BStBl II 69, 179 zu Rechtsanwalt) oder Sehhilfekosten (BFH BStBl II 91, 27; BStBl II 93, 193).

Kundschaftsessen/-trinken. Wenn der StPfl mit Kunden aus der Gaststätten- und ähnlichen Branche zur Pflege der bestehenden Geschäftsbeziehung oder zur Anknüpfung neuer Geschäftsbeziehungen Aufwendungen für die eigene Verpflegung macht, liegt grds eine private Veranlassung vor. Nur bei außergewöhnlichen Kosten kommt BA-Abzug in Betracht (BFH BStBl II 64, 98; vgl BFH/NV 96, 539). Vgl auch § 12 Rn 11.

Lösegeld. Wird bei Entführung des StPfl Lösegeld bezahlt, ist dieses privat veranlasst und keine BA, selbst dann, wenn die Ursache für die Entführung im betrieblichen Bereich liegt (BFH BStBl II 81, 303; BStBl II 81, 307). Deshalb sind auch Versicherungsleistungen gegen das Risiko einer Entführung bzw Aufwendungen für den persönlichen Schutz (FG Kln EFG 81, 558) nicht abzugsfähig. Zahlt der StPfl Lösegeld bei Entführung eines ArbN oder eines Kunden, liegen BA vor. Vgl auch § 33 Rn 100.

Maklerkosten. Maklerkosten, die für die Miete eines betrieblich genutzten WG anfallen, sind BA (BFH BStBl II 97, 808). Eine Aktivierung als AK-Nebenkosten kommt nur bei Erwerb eines WG in Betracht.

Motorjacht. Vgl Rn 185.

Nachträgliche Betriebsausgaben. Nachträgliche BA sind alle Aufwendungen, die mit dem (früheren) Betrieb nach dessen Veräußerung oder Aufgabe ursächlich zusammenhängen (BFH BStBl III 61, 20; BStBl II 80, 692; BStBl II 81, 460), zB Gewährleistungsansprüche aus früherem Warenverkauf, die erst nach Betriebseinstellung erhoben werden. Werden WG in die Privatsphäre überführt, sind die Aufwendungen nicht mehr betrieblich veranlasst. Betriebliche Verbindlichkeiten bleiben auch nach Vollbeendigung grds noch (notwendiges) BV (BFH BStBl II 82, 321). Die Schuldzinsen können deshalb abgezogen werden. Dies gilt allerdings dann nicht, wenn die (ehemalige) Betriebsschuld durch das in der Liquidation realisierte Aktivvermögen hätte abgedeckt werden können (BFH BStBl II 81, 463). Mithin ist bei Betriebsbeendigung vorhandenes Aktivvermögen zur Schuldentilgung einzusetzen (BFH BStBl II 98, 144). Damit ist jedoch nicht allgemein der Abzug nachträglicher BA zu verneinen. Zunächst bleiben das Aktivvermögen übersteigende Schulden BV, die Zinsen also BA. IÜ ist auf die Rspr zu rückwirkenden Ereignissen bei einer Betriebsveräußerung hinzuweisen (BFH GrS BStBl II 93, 897). Weiterhin sind nachträgliche BA anzuerkennen, wenn es sich nicht um automatische Umschuldungen durch reine Willensentscheidung handelt (BFH/NV 98, 20; BFH/NV 99, 594 und 599). Schuldzinsen für betriebliche Verbindlichkeiten sind auch nach Übergang zur Liebhaberei abziehbar, wenn die Verbindlichkeit nicht durch eine Verwertung des Vermögens beglichen werden kann (BFH DStR 02, 1804).

„Ohne Rechnung"-Geschäfte. Bei betrieblich veranlassten Geschäften „ohne Rechnung" (sog OR-Geschäften) kann der BA-Abzug an § 160 AO scheitern, wenn der StPfl dem Verlangen, den Empfänger „genau zu benennen", nicht nachkommt. Die FinVerw muss ihr Ermessen ordnungsgemäß ausüben (BFH BStBl II 89, 995; BFH/NV 94, 241). Zur Benennung des Zahlungsempfängers vgl auch FG M'ster EFG 98, 251 bzgl ausländischer Domizilgesellschaft; EFG 98, 920.

Ordnungsgelder. Vgl Rn 203 ff.

Pauschbeträge. Die Vorschriften des EStG sehen für BA (abgesehen von den Mehraufwendungen für Verpflegung und zT bei doppelter Haushaltsführung) keine Pauschalen vor. Von der in § 51 I Nr 1c vorgesehenen Möglichkeit, für bestimmte Gruppen von gewerblichen oder freiberuflichen Betrieben durch Rechtsverordnung BA-Pauschbeträge festzusetzen, ist bisher nicht Gebrauch gemacht worden. Die FinVerw erkennt jedoch zur Vereinfachung des Besteuerungsverfahrens folgende pauschalen BA-Abzüge an: bei hauptberuflicher, selbstständiger, schriftstellerischer oder journalistischer Tätigkeit 30 % der BE, höchstens jedoch 4 800 DM jährlich; bei nebenberuflicher, wissenschaftlicher, künstlerischer oder schriftstellerischer Tätigkeit (auch Vortrags- oder nebenberuflicher Lehr- und Prüfungstätigkeit), soweit nicht § 3 Nr 26 eingreift, 25 % der BE, höchstens 1 200 DM jährlich (BMF BStBl I 94, 112; eine Umstellung auf Euro ist bislang nicht erfolgt). Die Pauschale wird für alle von dieser Vereinfachungsregelung betroffenen Nebentätigkeiten nur einmal gewährt.

Pfandgelder. Die Rückzahlung von Pfandgeldern ist BA (*Jakob/Kobor* DStR 04, 1596).

Promotionskosten. Der BFH wendet seine neuere Rspr zur Anerkennung von Ausbildungskosten als WK und BA (vgl „Ausbildungskosten") auch auf die Behandlung von Promotionskosten an. Unter ausdrücklicher Änderung der früheren Rspr (BFH BStBl II 78, 431; BStBl II 93, 115) werden Kosten für den Erwerb eines Doktortitels als WK anerkannt, wenn sie beruflich veranlasst sind; sie berühren idR die private Lebensführung nicht (BFH/NV 04, 404). Danach dürfte auch die Anerkennung als BA geboten sein.

Rechtsverfolgungskosten. Kosten der Rechtsverfolgung, die durch Beratung, Vertretung oder Prozessführung bei Verfolgung betrieblicher Ansprüche entstehen oder bei der Abwehr gegen den Betrieb gerichteter Anspr anfallen, sind BA, zB Beratungskosten in Fragen der Geschäftsführung (BFH BStBl II 86, 139), Zivilprozesskosten wegen Honorarforderung (BFH BStBl II 84, 314), betriebliche Mietprozesskosten (BFH BStBl II 94, 323). Steuerberatungs- und Steuerprozesskosten sind bei Betriebsteuern BA (BFH BStBl II 84, 301), bei der ESt, soweit es um Fragen der Gewinnermittlung geht (BFH BStBl III 66, 190; BStBl II 73, 493). Kein BA-Abzug ist gegeben, wenn in einem gerichtlichen Verfahren iErg erfolglos um das Vorliegen einer gewerblichen Tätigkeit mit Gewinnerzielungsabsicht gestritten wird (BFH BStBl II 87, 711). Testamentsvollstreckungskosten sind BA, wenn sie nicht nur der Nachlassabwicklung, sondern der Erzielung von BE (zB Betriebsfortführung) dienen (BFH BStBl II 78, 499). Für den Abzug ist es unerheblich, ob das FA den Prozess für aussichtsreich hält (BFH BStBl 01, 837).

Reisekosten. Reisekosten sind als BA abziehbar, soweit sie betrieblich veranlasst sind. Allerdings kann hier wegen § 12 Nr 1 (§ 12 Rn 16) bei nicht unerheblicher privater Mitveranlassung ein BA-Abzug ausgeschlossen sein (BFH BStBl II 94, 350). Das Halten eines Fachvortrags kann je nach Art der beruflichen Tätigkeit zwar ein Indiz für den unmittelbaren beruflichen Anlass einer Reise sein; dieser Schluss ist aber nicht zwingend, dh in jedem Fall gerechtfertigt (BFH BStBl II 97, 357). Kosten für **Begleitpersonal** (Sekretärin, Chauffeur) sind regelmäßig BA. Bei **Familienangehörigen** sind allerdings besondere Anforderungen an den Nachweis der betrieblichen Veranlassung zu stellen. Dass wegen der herausgehobenen Stellung im Berufs- oder Wirtschaftsleben die Teilnahme des Ehegatten an bestimmten mit dem Beruf im Zusammenhang stehenden gesellschaftlichen Veranstaltungen erwartet wird, reicht nicht aus (BFH BStBl II 68, 713). Fällt die Anreise des – von der Verlobten begleiteten – StPfl nach dessen Angaben auf den einem verlängerten Wochenende nachfolgenden Werktag und wird die Heimreise nicht sofort am gleichen Tag nach dem Ende des Kongresses angetreten, muss das FG, um den erhöhten Anforderungen eines derart atypischen Sachverhalts gerecht zu werden, insbes den Ankunftszeitpunkt und die Gründe für die spätere Abreise im Einzelnen aufklären und bewerten (BFH/NV 98, 157).

Rentenleistungen. Veräußerungsrenten, die als vollentgeltliche Gegenleistung für die Übertragung eines Betriebs oder eines WG des BV gewährt werden, werden beim Zahlungsverpflichteten wie folgt behandelt: Zunächst sind die einzelnen erworbenen WG mit dem versicherungsmathematischen Rentenbarwert im Zeitpunkt der Anschaffung zu aktivieren, wobei die Höhe der AK durch spätere Änderungen der Verpflichtung nicht berührt wird (BFH BStBl II 73, 51). Die Rentenlast wird mit dem jährlich neu zu berechnenden Rentenbarwert passiviert. Die laufenden Rentenzahlungen führen zu BA, während die mit abnehmender Lebenserwartung des Empfängers eintretende Minderung der Schuld zu BE führt. **Betriebliche Versorgungsrenten** sind dagegen beim Zahlungsverpflichteten voll als betrieblicher Aufwand absetzbar. **Private Versorgungsrenten** im Zusammenhang mit der (unentgeltlichen) Übertragung eines Betriebs im Rahmen der vorweggenommenen Erbfolge sind beim Zahlungsverpflichteten keine BA, sondern SA nach § 10 I Nr 1a (vgl § 10 Rn 9f).

Schadensersatzleistungen. Schadensersatzleistungen führen zu BA, wenn die schädigende Handlung im Bereich der beruflichen Aufgabenerfüllung lag und private, den betrieblichen Zurechnungszusammenhang unterbrechende Umstände von nur geringem Gewicht sind (Gegenbeispiel: BFH DB 06, 132). Auf das Verschulden und die Behandlung beim Empfänger kommt es nicht an. BA-Abzug ist zB zu bejahen bei Kunstfehlern eines Arztes (BFH BStBl II 80, 639), Fristversäumnis eines RA oder Steuerberaters, fehlerhafte Warenlieferung. Infolge privater Mitveranlassung erfolgt kein BA-Abzug bei Veruntreuung von Geld im Zusammenhang mit der Verwaltung fremden Vermögens (BFH BStBl II 81, 362; BFH/NV 87, 577; einschränkend BFH BStBl II 91, 802) oder Heilkosten für strahlengeschädigte Kinder eines Röntgenarztes (BFH BStBl II 80, 639).

Schmiergelder. Vgl Rn 209 ff.

Schuldzinsen. Schuldzinsen einschl der Nebenkosten der Kreditaufnahme (vgl „Damnum" bzw „Finanzierungskosten") sind BA, soweit die Zahlung betrieblich veranlasst ist, dh für eine Verbindlichkeit des BV geleistet wird. Gewährt eine PersGes ihrer Schwester-Ges im Rahmen laufender Geschäftsbeziehungen ein Darlehen, sind die Schuldzinsen für einen Refinanzierungskredit BA (BFH/NV 98, 1222). Zur Neuregelung des § 4 IVa vgl Rn 159 ff.

Sicherheitsmaßnahmen. Aufwendungen für die persönliche Sicherheit des StPfl sind keine BA (vgl „Lösegeld"). Abzugsfähig sind dagegen Kosten des Objektschutzes (zB Alarmanlagen in Gebäuden) oder für Vorkehrungen, die der persönlichen Sicherheit von ArbN, Besuchern usw dienen.

Spenden. Vgl Rn 215 und „Beiträge für Berufsverbände".

Spieleinsätze. Spieleinsätze sind keine BA (BFH BStBl II 70, 865).

Sprachkurse. Bei Sprachkursen kommt ein Kostenabzug als BA nur dann in Betracht, wenn eine konkrete Betriebsveranlassung ohne Privatinteresse besteht (vgl BFH BStBl II 92, 666; BStBl II 93, 787; BStBl II 94, 248; BFH/NV 97, 647; BFH/NV 98, 851). Im Hinblick auf die europäischen Grundfreiheiten kann der Abzug nicht mit der Begr versagt werden, er habe in einem anderen Mitgliedstaat der EU stattgefunden (BFH BStBl II 03, 765). Das BMF (BStBl I 03, 447) wendet diese Grundsätze auch für den EWR und die Schweiz sowie bei sonstigen Fortbildungskursen an.

Strafen/Geldbußen. Vgl Rn 203 f.

Strafverteidigungskosten. Strafverteidigungskosten sind nicht betrieblich veranlasst, wenn die zur Last gelegte Tat nicht in Ausübung der betrieblichen/beruflichen Tätigkeit begangen worden ist (BFH/NV 02, 1441).

Tageszeitung. Tageszeitungen unterliegen grds dem Abzugsverbot des § 12 Nr 1 (BFH BStBl II 83, 715 bzgl FAZ), auch bei Berufsbezogenheit (BFH BStBl II 90, 19; BStBl II 92, 1015). Wenn nach dem konkreten Verwendungszweck die Zeitschrift ausschließlich für die Lektüre durch Kunden, Mandanten oder Patienten bestimmt ist, ist ein BA-Abzug zulässig. Vgl auch § 9 Rn 327.

Telefonkosten. Telefonkosten sind bei betrieblicher Veranlassung BA. Wird der betriebliche Anschluss privat mitbenutzt (oder umgekehrt), sind die Grundgebühren und Gesprächseinheiten uU im Schätzungswege aufzuteilen (BFH BStBl II 81, 131; BFH/NV 91, 95). Vgl auch § 12 Rn 21.

Umzugskosten. Die berufliche Veranlassung eines Umzugs endet regelmäßig mit dem Wohnungsbezug am neuen Arbeitsort. Kosten für Zwischenlagerung von Möbeln bis zur Erstellung einer weiteren Wohnung sind daher nicht zu berücksichtigen (BFH BStBl II 01, 70).

Unfallaufwendungen. Vgl „Kraftfahrzeuge".

Urlaubskosten. Urlaubsaufwendungen des Betriebsinhabers sind keine BA, sondern ausschließlich privat veranlasst.

Verlust (Zerstörung, Diebstahl, Unterschlagung). Bei betrieblicher Veranlassung mindern Verluste den Gewinn (zum Sonderfall der sog Liebhaberei oben § 2 Rn 48). Die Zugehörigkeit zum BV oder PV ist nicht entscheidend. Bei Verlusten im PV ist allerdings § 12 Nr 1 zu beachten, zB kein BA-Abzug bei Verlust eines privaten Schmuckstücks bei betrieblicher Veranstaltung oder Geschäftsreise (BFH BStBl II 68, 342). Zu Kfz-Unfallkosten vgl „Kraftfahrzeuge".

Verpflegungsaufwendungen. Vgl Rn 186 f.

Verschmelzungsbedingte Kosten. Die Frage nach der Zuordnung von verschmelzungsbedingten Kosten zum übertragenden oder zum übernehmenden Rechtsträger richtet sich nach dem objektiven Veranlassungsprinzip und belässt den Beteiligten kein Zuordnungswahlrecht. Zu den BA des übertragenden Unternehmens gehören die mit dessen Gesellschaftsform zusammenhängenden Kosten. Die dem übernehmenden Unternehmen zuzuordnenden Kosten mindern den laufenden Gewinn, wenn sie nicht als objektbezogene AK zu aktivieren sind (BFH BStBl II 98, 698).

Versicherungen. Die Prämien sind BA, wenn der Abschluss der Versicherung betrieblich veranlasst ist (vgl ABC der BE „Versicherungsleistungen").

Versorgungsrenten. Vgl „Rentenleistungen".

Wahlkampfkosten. Wahlkampfkosten können ausnahmsweise als BA anzuerkennen sein, zB wenn der StPfl ein ehrenamtliches Stadtratsmandat anstrebt (BFH BStBl II 96, 431). Die Kosten sind allerdings nur insoweit abziehbar, als sie zusammen mit den sonstigen BA die nach § 3 Nr 12 stfrei gezahlten Entschädigungen übersteigen.

Werbung. Kosten der Werbung sind betrieblich veranlasst und deshalb als BA abziehbar. Eine Aktivierung oder Bildung eines aktiven RAP beim sog Werbefeldzug findet nicht statt.

Wertpapiere. Vgl Rn 43.

Zinsen. Vgl „Schuldzinsen".

Zuschläge. Gem § 4 V 1 Nr 12 gehören Zuschläge nach § 162 AO (wegen nicht ausreichender Dokumentation ausländischer Geschäftsbeziehungen) ab VZ 07 zum Katalog der nicht abziehbaren BA.

§ 4a Gewinnermittlungszeitraum, Wirtschaftsjahr

(1) ¹Bei Land- und Forstwirten und bei Gewerbetreibenden ist der Gewinn nach dem Wirtschaftsjahr zu ermitteln. ²Wirtschaftsjahr ist

1. bei Land- und Forstwirten der Zeitraum vom 1. Juli bis zum 30. Juni. ²Durch Rechtsverordnung kann für einzelne Gruppen von Land- und Forstwirten ein anderer Zeitraum bestimmt werden, wenn das aus wirtschaftlichen Gründen erforderlich ist;
2. bei Gewerbetreibenden, deren Firma im Handelsregister eingetragen ist, der Zeitraum, für den sie regelmäßig Abschlüsse machen. ²Die Umstellung des Wirtschaftsjahres auf einen vom Kalenderjahr abweichenden Zeitraum ist steuerlich nur wirksam, wenn sie im Einvernehmen mit dem Finanzamt vorgenommen wird;
3. bei anderen Gewerbetreibenden das Kalenderjahr. ²Sind sie gleichzeitig buchführende Land- und Forstwirte, so können sie mit Zustimmung des Finanzamts den nach Nummer 1 maßgebenden Zeitraum als Wirtschaftsjahr für den Gewerbebetrieb bestimmen, wenn sie für den Gewerbebetrieb Bücher führen und für diesen Zeitraum regelmäßig Abschlüsse machen.

(2) Bei Land- und Forstwirten und bei Gewerbetreibenden, deren Wirtschaftsjahr vom Kalenderjahr abweicht, ist der Gewinn aus Land- und Forstwirtschaft oder aus Gewerbebetrieb bei der Ermittlung des Einkommens in folgender Weise zu berücksichtigen:

1. ¹Bei Land- und Forstwirten ist der Gewinn des Wirtschaftsjahres auf das Kalenderjahr, in dem das Wirtschaftsjahr beginnt, und auf das Kalenderjahr, in dem das Wirtschaftsjahr endet, entsprechend dem zeitlichen Anteil aufzuteilen. ²Bei der Aufteilung sind Veräußerungsgewinne im Sinne des § 14 auszuscheiden und dem Gewinn des Kalenderjahres hinzuzurechnen, in dem sie entstanden sind;
2. bei Gewerbetreibenden gilt der Gewinn des Wirtschaftsjahres als in dem Kalenderjahr bezogen, in dem das Wirtschaftsjahr endet.

§§ 8b und 8c EStDV; R 4a/H 4a EStR; A 26 und 53 KStR

A. Grundaussagen des § 4a

1 Im Hinblick auf die Abschnittbesteuerung gem § 2 VII 2 (§ 2 Rn 153) geht § 25 I von dem Kj als maßgeblichen VZ aus. § 4a regelt die **zeitliche Zuordnung** erzielter Gewinne und Verluste zu dem Kj, für das das Einkommen, § 2 V, zu ermitteln ist. Hierzu bestimmt § 4a I 1 als steuerrechtlichen Einkunftsermittlungszeitraum das Wj, dessen Umfang in Abs 1 S 2 näher erläutert wird; Abs 2 regelt, sofern das Wj als Ausnahmefall vom Kj abweicht, in welchem Kj das Wj ermittelte Betriebsergebnis im Wege der Umrechnung (§ 13: Aufteilung, § 4a II Nr 1; § 15: Zuteilung, § 4a II Nr 2) zu berücksichtigen ist. § 4a gilt für Einkünfte gem §§ 13 und 15 (nicht gem § 18[1]) von nat Pers oder PersGes, auch bei beschränkt StPfl gem § 49 I Nr 1 und 2. § 7 IV KStG[2] enthält für nach dem HGB buchführungspflichtige StPfl eine spezielle Regelung; für nicht buchführungspflichtige Körperschaften gilt § 8 I KStG iVm § 4a.[3]

B. Wirtschaftsjahr als Gewinnermittlungszeitraum (§ 4a I)

3 I. Bedeutung des Wirtschaftsjahrs (§ 4a I 1). Im Rahmen der §§ 13 und 15 wird der steuerrechtliche Gewinn für das **regelmäßig zwölfmonatige Wj** (Gewinnermittlungszeitraum) ermittelt, § 4a I 1; dabei entspricht das Wj dem handelsrechtlichen Geschäftsjahr, § 240 II HGB. In diesem Zusammenhang regeln §§ 8b und 8c EStDV Einzelheiten des Wj im Hinblick auf zeitlichen Umfang sowie Beginn und Ende innerhalb eines Kj. Nur in den Ausnahmefällen des § 8b S 2 EStDV sowie bei sonstigen Änderungen der persönlichen StPfl (zB Tod) beträgt das Wj weniger – grds nicht mehr[4] – als 12 Monate (**Rumpf-Wj**).[5] Dies gilt auch bei Vollbeendigung einer zweigliedrigen Ges durch Ausscheiden (Tod) eines G'ters[6] oder Gesellschaftsgründung durch Aufnahme eines G'ters etwa in eine bisherige Einzelpraxis.[7] Entspr § 8b EStDV ist ausnahmsweise auch dann ein Rumpf-Wj zu bilden, wenn ein StPfl in den Vorjahren zu Unrecht von einem abw Wj ausgegangen ist und nunmehr zutr auf das Kj umstellt.[8] Dagegen entfällt die Bildung eines Rumpf-Wj bei Fortsetzung einer Ges nach Ausscheiden oder Wechsel von G'tern.[9] Sind einem StPfl mehrere GewBetr zuzurechnen, kommen mehrere Wj in Betracht, die ggf in einem Kj zu berücksichtigen sind. Einen mehr als zwölfmonatigen Gewinnermittlungszeitraum lässt lediglich § 8c II 2 EStDV zu.

6 II. Bestimmung des Wirtschaftsjahrs (§ 4a I 2). IdR umfasst das Wj für **Land-** und **Forstwirte** die Zeit vom 1.7. bis 30.6., **§ 4a I 2 Nr 1.** Hiervon abw können die in § 8c I 1 und 2 EStDV genannten Betriebe die dort bezeichneten Zeiträume wählen; geringfügige anderweitige Nutzungen im Rahmen des § 13[10] lassen dieses Wahlrecht nicht entfallen, § 8c I 2 EStDV. Abweichungen können auch auf OFD-Vfg aus der Zeit vor dem 1.1.55 beruhen, § 8c I 3 EStDV. Die in § 8c I 1 EStDV genannten Betriebe können das Kj als Wj wählen. Die erstmalige Wahl bei Eröffnung oder Erwerb des luf

---

1 BFH BStBl II 00, 24; BStBl II 00, 498 (499).
2 Zur Bedeutung des § 7 I KStG bei einer Organschaft, vgl A 53 III KStR.
3 Billigkeitsregelung zugunsten kleiner Körperschaften: A 26 KStR.
4 BFH BStBl II 79, 333 (334).
5 BFH BStBl II 69, 337 (338): nur ein Rumpf-Wj zulässig; einschränkend Streck/Schwedhelm BB 88, 679.
6 BFH BStBl II 79, 159 (161); BStBl II 89, 519 (522);
BFH/NV 97, 838 (839): Beendigung einer zweigliedrigen atypisch stillen Ges.
7 BFH BStBl II 94, 891 (893): Einbringung eines luf Betriebes in neu gegründete PersGes.
8 FG M'chn EFG 98, 998; zur fehlerhaften Genehmigung des abw Wj: BFH BStBl II 89, 312 (313).
9 BFH/NV 95, 84 (85); 04, 1247 (Einbringung in PersGes, an der früherer Einzelunternehmer beteiligt ist).
10 BFH BStBl II 88, 269 (271): bis etwa 10 vH der gesamten Nutzungen.

Betriebes ist frei; zur zustimmungspflichtigen Umstellung (Rn 8), vgl § 8c II 2 und 3 EStDV.[1] Erzielt ein StPfl nach Verpachtung des Betriebes weiterhin Einkünfte nach § 13, gilt § 4a I 2 Nr 1 fort.[2]

Bei **im Handelsregister eingetragenen Gewerbetreibenden,** § 4a I 2 Nr 2, richtet sich – auch bei einer Betriebsverpachtung (§ 16 Rn 322 ff) ohne (Erklärung der) Betriebsaufgabe[3] oder bei einer Schätzung[4] – das (abw) Wj nach dem Zeitraum des regelmäßigen Abschlusses iSd §§ 4 I und 5 I. Maßgeblich für die Möglichkeit, vom Kj abzuweichen, ist allein die formelle Registereintragung, deren Rechtmäßigkeit ist insofern unerheblich. Die Eintragung ins Register muss zu Beginn des abw Wj vorliegen.[5] Der StPfl kann den Abschlusszeitpunkt seines höchstens 12 Monate umfassenden Wj im Grundsatz beliebig wählen, lediglich spätere Änderungen sind nur eingeschränkt möglich (Rn 8); allerdings muss nach wohl hM in der Literatur das steuerrechtliche Wahlrecht gem § 5 I 2 mit dem Handelsrecht übereinstimmen, sodass das handelsrechtliche Geschäftsjahr dem (gewillkürten) steuerrechtlichen Wj zu entsprechen hat.[6] Dementspr muss bei einer GmbH, deren Satzungsänderung eine Regelung über das abw Wj betrifft, diese Änderung vor Beginn des betr Wj im Handelsregister eingetragen sein, um eine wirksame Umstellung auf das abw Wj zu erreichen.[7] Das Wahlrecht zur Bestimmung des abw handels- und steuerrechtlichen Wj übt der StPfl idR durch das Erstellen des ersten (wiederkehrenden) Jahresabschlusses aus, vorbereitende Jahresabschlussarbeiten genügen ebenso wenig wie das Einreichen der Eröffnungs- oder einer Schlussbilanz bei Betriebseinstellung.[8] Die Änderungsmöglichkeit für das ausgeübte Wahlrecht endet mit Ablauf des betr Kj.[9] Macht der StPfl von seinem Wahlrecht keinen Gebrauch, decken sich Wj und Kj. Lediglich bei gesellschaftsrechtlichen Beherrschungsverhältnissen kann bereits bei der Gründung die erstmalige Wahl eines abw Wj der Missbrauchskontrolle unterliegen.[10] Angesichts des Gesetzeswortlauts erscheint diese Möglichkeit im Gründungsfall aber fragwürdig, so dass bei Neugründungen ein Rechtsmissbrauch (unzulässige „Steuerpause") allenfalls ausnahmsweise in Betracht kommt.

§ 4a I 2 Nr 2 S 2 macht eine vom Kj abw **Umstellung des Wj** von der formlosen, auch nachträglichen, Billigung (= Zustimmung, Genehmigung oder Einverständnis[11]) des FA abhängig. Dieser VA bildet einen Grundlagenbescheid gem § 171 X AO.[12] Dagegen bedarf das Umstellen des Wj auf das Kj keiner Zustimmung. Im Falle einer (Neu-)Gründung kann ein StPfl ein abw Wj wählen, ohne dass – mangels Umstellung – das Einvernehmen des FA erforderlich wäre.[13] Die Umstellung kann sich empfehlen, um im Wege der Gestaltung einen Verlustabzug gem § 10d optimal zu nutzen, indem im Jahr der Umstellung das ablaufende Wj sowie das sich ergebende Rumpf-Wj zusammengefasst werden. Eine zustimmungspflichtige Umstellung setzt begrifflich Unternehmens- und Unternehmeridentität voraus; fehlt es an dieser Identität, liegt keine Umstellung vor, so dass auch keine Zustimmung des FA erforderlich ist.[14] Dagegen berührt der Übergang auf die das Unternehmen fortführenden Erben[15] oder der Wechsel von G'tern bei weiterbestehender PersGes[16] nicht deren Identität, so dass eine Umstellung Zustimmung erfordert. Das diesbezügliche Wahlrecht kann im Rahmen der Steuererklärung oder außerhalb der Veranlagung ausgeübt werden.[17] Grds ist in einem VZ nur eine Umstellung zulässig; lediglich bei Begründung einer steuerrechtlichen Organschaft wird die Bildung zweier Rumpf-Wj in einem Kj für zulässig erachtet.[18]

Bei dem VA (Rn 8) handelt es sich um eine gem § 102 FGO nur begrenzt durch die Gerichte überprüfbare **Ermessensentscheidung**.[19] Das FA entscheidet ermessensgerecht, wenn es beachtliche wirtschaftliche (also nicht unbedingt zwingende oder betriebsnotwendige) Gründe vor allem betriebli-

---

1 BFH BStBl II 00, 5 (6).
2 BFH BStBl III 65, 286 (287).
3 R 16 V EStR.
4 R 16 V aE EStR.
5 FG Mchn EFG 88, 464; *K/S/M* § 4a Rn B 53; **aA** *H/H/R* § 4a Rn 41.
6 *K/S/M* § 4a Rn B 77; **aA** FG Hbg EFG 97, 603 (604).
7 FG Nbg EFG 98, 1693 (1694).
8 BFH/NV 90, 632 (633); 04, 936 (937).
9 FG M'ster EFG 98, 354; **aA** *K/S/M* § 4a Rn B 75.
10 BFH/NV 04, 936 (938): abw Wj bei BetrAufsp; gegen einen Gestaltungsmissbrauch im Gründungsfall dagegen für den Regelfall: BFH/NV 07, 1002.
11 BFH BStBl II 70, 85.
12 BFH BStBl II 00, 5 (6); *K/S/M* § 4a Rn A 62.
13 FG M'ster EFG 05, 1060.
14 R 4a I 1 EStR (StPfl wählt hinsichtlich eines hinzuerworbenen Betriebes ein anderes Wj als der Rechtsvorgänger); R 4a I 2 EStR (StPfl führt nach Zusammenfassung mehrerer Betriebe das abw Wj für einen Betrieb fort); BFH BStBl II 84, 94 (95): Errichtung einer Betriebsgesellschaft im Rahmen einer BetrAufsp; zu weiteren Umwandlungstatbeständen: *K/S/M* § 4a Rn B 81 ff.
15 BFH BStBl II 69, 34.
16 BFH BStBl II 79, 159 (160).
17 BFH BStBl II 63, 142; R 4a I 1 EStR.
18 BMF DB 89, 2512; vgl auch *Streck/Schwedhelm* BB 88, 679.
19 BFH BStBl II 83, 672 (673); **aA** *K/S/M* § 4a Rn A 64 (unbestimmter Gesetzesbegriff).

cher Abläufe für die Umstellung genügen lässt und lediglich Umstellungsmanipulationen allein aus steuerlichen Gründen („Steuerpause" oder ähnliche rein steuerliche Vorteile[1]) entgegenwirken will.[2] Die Zustimmung oder Genehmigung kann unter den Voraussetzungen der § 130f AO aufgehoben werden.[3]

10 Bei **nicht im Handelsregister eingetragenen Gewerbetreibenden,** vor allem also Kleinbetrieben oder Partnerschaftsgesellschaften mit gewerblichen Einkünften,[4] ist Wj stets das Kj, **§ 4a I 2 Nr 3**. Gleiches gilt bei Einkünften gem § 18 (Rn 1), selbst wenn der StPfl (zu Unrecht) ins Handelsregister eingetragen ist.[5] Demgemäß muss bei Scheingewerbetreibenden der Gewinn auf das Kj umgerechnet werden, wobei ggf die für Gewerbetreibende geltenden Umstellungsvorschriften entspr anzuwenden sind.[6]

11 Erzielt der nicht ins Handelsregister eingetragene Gewerbetreibende zugleich Einkünfte nach § 13, kann er gem **§ 4a I 2 Nr 3 S 2** als Wj den Zeitraum vom 1.7. bis 30.6. wählen, sofern er – sei es auch freiwillig, § 8c III EStDV – Bücher führt und das FA zustimmt.[7]

15 **III. Zuordnung des Betriebsergebnisses bei abweichendem Wirtschaftsjahr (§ 4a II).** Mit Ausnahme eines Veräußerungsgewinns (Rn 16) wird bei **LuF (Abs 2 Nr 1)** das für das Wj ermittelte Betriebsergebnis einschl etwaiger Beteiligungsgewinne zeitanteilig auf die Kj **aufgeteilt**, auf die sich das betr Wj erstreckt. Maßgeblich ist die Anzahl der Monate des betr Wj in dem jeweiligen Kj. Trotz der Gefahr widersprechender Ergebnisse hinsichtlich der Besteuerungsgrundlagen besteht keine Bindung an den für einen früheren VZ ermittelten Gewinn;[8] auch unterbleibt eine gesonderte Feststellung der auf die beiden Kj aufzuteilenden Gewinnanteile. Sind die Einkünfte aus LuF dagegen wegen mehrerer Beteiligter (MU'er) gesondert festzustellen, § 180 I Nr 2a AO, bezieht sich diese Feststellung stets auf das Kj als Veranlagungsjahr; als Vorstufe ist hierfür zunächst der Gewinn des (abw) Wj zu ermitteln.[9]

16 Nach § 4a II Nr 1 S 2 sind **Veräußerungsgewinne gem § 14** ohne Aufteilung dem Kj ihrer Entstehung zuzuordnen; dagegen sind Veräußerungsverluste im Rahmen der Aufteilung nach § 4a II Nr 1 S 1 (Rn 15) zu berücksichtigen. Die Sonderregelung für Veräußerungsgewinne beruht auf der Annahme, dass derartige Gewinne willentlich entstehen und idR steuerbegünstigt sind.[10]

17 Bei **GewBetr (Abs 2 Nr 2)** wird das Betriebsergebnis **ohne Aufteilung** dem Kj **zugerechnet**, in dem das betr Wj endet. Um Teilgewinnermittlungen zu vermeiden, fingiert § 4a Abs 2 Nr 2 den Gewinnbezug auf das Ende des betreffenden Wj. Angesichts des Gesetzeswortlauts gilt dies auch für den Gewinn aus der Veräußerung oder Aufgabe eines Mitunternehmeranteils.[11] Die Zurechnungsregelung betrifft allein die zeitliche Zuordnung. Enden in einem Kj mehrere Wj, ist der Gewinn der Wj (letztes abweichendes Wj und Rumpf-Wj) in diesem Kj zusammenzufassen, auch wenn sich im Ergebnis ein mehr als zwölfmonatiger Gewinnermittlungszeitraum ergibt.[12] Dies gilt entsprechend, wenn der StPfl von einem unzulässigerweise gewählten abweichenden Wj auf das Kj umstellt. Schließlich könnte die Zuwendungsfiktion des § 4a Abs 2 Nr 2 auch bei den G'tern gelten, die im laufenden Geschäftsjahr aus einer Ges mit abweichendem Wj ausscheiden.[13]

---

1 BFH BStBl II 81, 50 (51); BStBl II 83, 672 (674): Möglichkeit eines (verbesserten) Verlustrücktrages; FG Mchen v 26.2.02 – 6 K 1823/01: Vermeiden steuerlicher Nachteile wegen anstehender Gesetzesänderung; zur Parallelwertung im Rahmen des § 42 AO: BFH BStBl II 92, 486 (487); BFH/NV 04, 936; FG M'ster EFG 05, 1060 (1061).
2 BFH BStBl III 67, 111 (112): Buchführungsmängel und Inventurschwierigkeit; BStBl II 70, 85 (86): Abrechnungserleichterung mit Verpächter; FG SchlHol EFG 03, 163: abw Wj bei BetrAufsp; H 4a „Zustimmungsbedürftige Umstellung" EStR mit Beispielen.
3 BFH BStBl II 89, 312 (313); BFH/NV 04, 936 (938); weitergehend: FG SchlHol EFG 03, 163 (164).
4 BMF DStR 95, 181.
5 BFH BStBl II 00, 498 (499).
6 FG SchlHol EFG 06, 97 (98).
7 Zustimmungspflicht bei getrennter Buchführung, R 4a II 2 und 3 EStR.
8 BFH BStBl II 91, 356 (357) zur Bilanzberichtigung: BFH/NV 01, 308 (309).
9 BFH/NV 87, 278; **aA** *K/S/M* § 4a Rn B 13.
10 BFH/NV 01, 246 (247).
11 *Heinicke/Heuser* DB 04, 2655 (2658); **aA** R 4a V EStR.
12 BFH/NV 89, 141 (143); BFH BStBl II 07, 775 (776).
13 FG D'dorf EFG 07, 824 mit krit Anm.

§ 4b Direktversicherung

¹Der Versicherungsanspruch aus einer Direktversicherung, die von einem Steuerpflichtigen aus betrieblichem Anlass abgeschlossen wird, ist dem Betriebsvermögen des Steuerpflichtigen nicht zuzurechnen, soweit am Schluss des Wirtschaftsjahres hinsichtlich der Leistungen des Versicherers die Person, auf deren Leben die Lebensversicherung abgeschlossen ist, oder ihre Hinterbliebenen bezugsberechtigt sind. ²Das gilt auch, wenn der Steuerpflichtige die Ansprüche aus dem Versicherungsvertrag abgetreten oder beliehen hat, sofern er sich der bezugsberechtigten Person gegenüber schriftlich verpflichtet, sie bei Eintritt des Versicherungsfalls so zu stellen, als ob die Abtretung oder Beleihung nicht erfolgt wäre.

R 4b EStR 05/H 4b EStH 05; R 26 EStR aF/H 26 EStH aF

Übersicht

	Rn		Rn
A. Grundaussagen der Vorschrift	1	III. Abschluss durch den Arbeitgeber	9
I. Sinn und Zweck	1	IV. Bezugsberechtigung des Versicherten oder seiner Hinterbliebenen	15
II. Verhältnis zu anderen Vorschriften	2	V. Änderung des Durchführungsweges	17
B. Gegenstand und Abschluss der Direktversicherung (§ 4b S 1)	3	VI. Abschluss für die betriebliche Altersversorgung	18
I. Begriff und Wesensmerkmale der Direktversicherung	3	VII. Rechtsfolgen des § 4b S 1	21
II. Versicherte Person	6	**C. Abtretung und Beleihung (§ 4b S 2)**	23

Literatur: *Berz* Deferred Compensation aus Sicht der Steuerberaterpraxis, DStR 00, 315; *Birk/Wernmann* Die Besteuerung der betrieblichen Altersversorgung – Reformbedarf und Gestaltungsmöglichkeiten des Gesetzgebers, BetrAV 99, 59; *P Fischer* Altersvorsorge und Altersbezüge, DStJG 24 (01), 463; *Höreth/Schiegl* Auswirkungen des Alterseinkünftegesetzes auf die Direktversicherung, BB 04, 2101; *Matschler* Die Fortentwicklung der Direktversicherung als flexibles personalwirtschaftliches Versorgungselement für die Praxis, BetrAV 97, 51; *Rössler* Aktuelle Fragen der Direktversicherung, BetrAV 88, 154; *Speidel* Betriebliche Altersversorgung bei Einnahmeüberschussrechnung durch ‚arbeitgeberorientierte Direktversicherung', BB 96, 2278; *Steinmeyer* Die Gehaltsumwandlungsversicherung als betriebliche Altersversorgung, BB 92, 1553; *Wellisch/Näth* Betriebliche Altersvorsorge – steuerliche und sozialversicherungsrechtliche Behandlung und Gestaltungsansätze, BB 02, 1393.

A. Grundaussagen der Vorschrift

I. Sinn und Zweck. § 4b hat **Subventionscharakter** zur Förderung der DirektVers als Gestaltungsform der betrieblichen Altersversorgung. Die Vorschrift enthält im Hinblick auf die Anspr aus solchen Versicherungen eine negative Zurechnungsnorm und damit iErg ein **Aktivierungsverbot** (Ansatzverbot, §§ 4 I, 5): Obwohl der ArbG und nicht der versicherte ArbN Versicherungsnehmer der DirektVers ist und er deswegen die geleisteten **Versicherungsbeiträge als BA** (§ 4 IV) abziehen kann, sind die Versicherungsansprüche nicht dem BV des ArbG zuzurechnen.

II. Verhältnis zu anderen Vorschriften. Bis zur Umstellung von der bisherigen sog vorgelagerten auf die nunmehrige sog nachgelagerte Besteuerung von Alterseinkünften durch das AltEinkG mit Wirkung von VZ 04 an stellten die Beiträge für die DirektVers für den versicherten ArbN regelmäßig (Ausnahme: vGA[1]) bereits in der **Anwartschaftsphase** stpfl Arbeitslohn dar (§ 19 iVm § 2 II Nr 3 LStDV, jetzt klarstellend § 9 I 1 Nr 3 idF des JStG 07[2]). § 4b korrelierte insoweit mit **§ 40b aF**, der die steuerliche Behandlung der Versicherungsbeiträge beim ArbN regelte und bei diesem eine Pauschalbesteuerung ermöglichte.[3] Dieser Weg wird für die DirektVers-Beiträge gem § 40b nF verschlossen, weil die Pauschalbesteuerung die vorgelagerte Besteuerung per definitionem erfordert.[4] Statt dessen sind (auch) die Beiträge des ArbG für eine DirektVers in die Steuerbefreiung gem § 3 Nr 63 einbezogen worden, vorausgesetzt, sie werden zum Aufbau einer kapitalgedeckten betrieblichen Altersversorgung geleistet (zum Inkrafttreten dieser letzteren Einschränkung bereits v 1.1.02 an s Art 18 I iVm Art 1 Nr 2b AltEinkG und § 3 Rn 186ff). Trotz dieses Systemwechsels durch das AltEinkG bleibt es indes bei der bisherigen Möglichkeit der Pauschalbesteuerung, wenn die entspr Versorgungszusage vor dem 1.1.05 erteilt wurde und der ArbN gegenüber dem ArbG für diese Bei-

---

1 FG RhPf EFG 99, 230.
2 BGBl I 06, 2878.
3 Vgl BFH BStBl II 05, 726.
4 *Höreth/Schiegl* BB 04, 2101.

träge auf die Steuerbefreiung gem § 3 Nr 63 verzichtet hat, vgl § 52 Vi idF des AltEinkG. Im Falle einer **Gehaltsumwandlung** kann der ArbN gem § 1a III BetrAVG idF des AVmG die Förderung nach **§ 10a, § 82 II** verlangen. In der späteren **Leistungsphase** bleiben (als Folge der sog intertemporalen Korrespondenz) beim ArbN die Versicherungsleistungen unter den Voraussetzungen des § 10 I Nr 2b als Einmalzahlung und die Zinsen auf die Sparanteile gem § 20 I Nr 6 stfrei; im Falle der Zahlung als wiederkehrende Bezüge bleibt es bei der Besteuerung mit dem Ertragsanteil gem § 22 Nr 1 S 3.

B. Gegenstand und Abschluss der Direktversicherung (§ 4b S 1)

I. Begriff und Wesensmerkmale der Direktversicherung. Die DirektVers ist eine **Lebensversicherung** durch den StPfl (im Allg den ArbG) auf das Leben des ArbN oder seiner Hinterbliebenen (§ 1b II BetrAVG). Die Begünstigten erhalten ein widerrufliches oder unwiderrufliches Bezugsrecht auf die Versicherungsleistung (Rn 15 ff). Lebensversicherung iSd § 4b sind Kapital-, Renten-, fondsgebundene Versicherungen auf den Todes und/oder Erlebensfall mit Abdeckung des Todesfall- und Rentenwagnisses,[1] ggf unter Einschluss von Unfallzusatz- oder Berufsunfähigkeitsversicherungen; auch Unfallversicherungen mit Beitragsrückgewähr,[2] **nicht** aber selbstständige **Berufsunfähigkeits- oder Unfallversicherungen** ohne Beitragsrückgewähr,[3] auch nicht Aussteuer- und Ausbildungsversicherungen sowie reine Treueprämienversicherungen und sog Restschuld-Lebensversicherungen mit Arbeitsunfähigkeitszusatz, vermögenswirksame Lebensversicherungen uÄ. Solchen Versicherungen fehlt idR der primäre Versorgungscharakter (Rn 18). **Nicht** um eine DirektVers handelt es sich auch bei der **Rückdeckungsversicherung** zur Besicherung eines Versorgungsanspruchs (s § 4d Rn 29), und zwar auch dann nicht, wenn sie an den versorgungsberechtigten ArbN aufschiebend bedingt auf den Fall der Gefährdung des Anspr verpfändet worden ist[4] (zweifelh allerdings im Falle der ‚insolvenzfesten'[5] unwiderruflichen[6] Verpfändung sowie der unbedingten Abtretung[7]). **Abw von § 40b** aF (s Rn 2) sind die **Laufzeit**[8] der Versicherung und die dortigen Anforderungen an den **Mindesttodesfallschutz**[9] ohne Bedeutung.[10] Die Versicherung kann bei in- und ausländischen Versicherern abgeschlossen werden (insoweit wie bei § 40b aF, abw aber von § 10 II Nr 2).

Die Versicherungsleistungen sind entweder **beitragsbezogen** (mit Zusage einer **Mindestleistung**, vgl § 1 II Nr 2 BetrAVG) oder **leistungsbezogen** (vgl § 1 I BetrAVG, ggf durch Beitragsumwandlung, vgl § 1 II Nr 1 BetrAVG) auszugestalten. Bei der beitragsbezogenen Zusage sind gleich bleibende Beitragszuwendungen (als fixer Betrag oder als Quote, zB des Monatseinkommens) zu leisten. Für die Mindestleistung hat der ArbG einzustehen, wenn die versprochene Versorgung (zB durch Überschussanteile aus der DirektVers) nicht aufzubringen ist; sie lässt die andernfalls bestehende arbeitsrechtliche Einstandspflicht des ArbG entfallen. Die Leistungszusage ermöglicht hingegen variable Beitragszuwendungen in Höhe der fest zugesagten Versorgungsleistungen; sie kann in der Weise erfolgen, dass bestimmte Beiträge in Leistungen umgewandelt werden. Die Finanzierung durch eine Entgeltumwandlung ist in allen Fällen zulässig (§ 1 II Nr 3, § 1a BetrAVG); sie führt zur sofortigen Unverfallbarkeit der Anwartschaft (§ 1b V HS 1 BetrAVG) und zur Einräumung eines unwiderruflichen Bezugsrechts (§ 1b V HS 2 Nr 1 BetrAVG). Schließlich ermöglicht § 1 II Nr 4 BetrAVG die Eigenbeitragszusage, bei der der ArbN Eigenbeiträge zur Finanzierung der betrieblichen Altersversorgung an eine DirektVers (oder einen Pensionsfonds, eine Pensions- oder Unterstützungskasse) leistet und die Versorgungszusage des ArbG auch die Leistungen aus diesen Beiträgen umfasst; die Regelung bezweckt insbes, dass auch solche Eigenbeiträge zur Förderung durch Zulagen und den evtl SA-Abzug gem §§ 79 ff iVm § 10a berechtigen.

---

1 S auch BFH BStBl II 91, 189 zur Abgrenzung zu Sparverträgen; *K/S/M* § 4b Rn B 8 ff.
2 BFH BStBl III 63, 234; R 4b I 7 EStR 05, R 26 I 7 EStR aF, R 40b.1 II 7 LStR 08; R 129 II 7 LStR aF.
3 BFH/NV 99, 242.
4 BFH BStBl II 02, 724; *Gosch* KStG § 8 Rn 1139.
5 S aber auch *Molitor* ZInsO 05, 856: Die aus ‚Krisenmitteln' einer GmbH finanzierte ‚kapitalsetzende' DirektVers zugunsten ihres G'ter-Geschäftsführers unterfalle dem Auszahlungsverbot der §§ 30, 32a GmbHG und könne vom Insolvenzverwalter zurückgefordert werden.
6 Zur Abgrenzung s BGH DB 05, 1453; dazu *Elfring* NJW 05, 2191; *Balle* EWiR 05, 641; allg zu dem sog Verpfändungsmodell zB *Arteaga* ZIP 98, 276; *Blomeyer* VetrAV 99, 293; *Reuter* GmbHR 02, 6.
7 Vgl *Gosch* StBp 02, 281 (282); *Höfer* BetrAVG Bd I ArbR[9] § 7 Rn 4592 ff (4597 f); s auch BFH BStBl II 04, 131.
8 R 40b.1 II 5 und 6 LStR 08; R 129 II 5 und 6 LStR aF, zu Recht krit insoweit *K/S/M* § 40b Rn B 7.
9 R 40b.1 III und IV; R 129 II 3 und 4 LStR aF; BMF BStBl I 96, 1438.
10 R 4b I 5 EStR 05; R 26 I 5 EStR aF; *K/S/M* § 4b Rn B 27.

II. Versicherte Person. Versicherter einer DirektVers ist idR der ArbN, in den Fällen des § 17 I 2 **6**
BetrAVG auch der Auftragnehmer (zB freie Mitarbeiter, zB selbstständige Handelsvertreter, Wirtschafts- und Steuerberater, Gutachter, Hausgewerbetreibende). Maßgeblich ist – abw vom LSt-Recht (§ 1 I 1 LStDV) – der arbeitsrechtliche ArbN-Begriff (§ 17 I BetrAVG), er bezieht sich also auf Arbeiter und Angestellte einschl der zu ihrer Berufsausbildung Beschäftigten, allerdings unter Berücksichtigung steuerrechtlicher Besonderheiten (zB Ehegatten-Arbverh,[1] MU'er iSv § 15 I 1 Nr 2). **Keine Versicherten** iSv § 4b sind Ehegatten von ArbN für den Fall der Ehescheidung[2] oder Hinterbliebene, die – als Rechtsnachfolger – nur Bezugsberechtigte (s Rn 15) sein können. **Nicht notwendig** ist, dass die arbeitsrechtliche oder schuldrechtliche Beziehung zw dem StPfl und dem Versicherten bei Abschluss der DirektVers bereits oder noch besteht; es genügt der Abschluss derselben „aus betrieblichem Anlass".

III. Abschluss durch den Arbeitgeber. Die DirektVers kommt durch **Abschluss** eines Lebensversicherungsvertrages zw dem ArbG als Versicherungsnehmer und dem Versicherungsunternehmen **9**
(vgl § 1b II BetrAVG) mit schriftlicher Einwilligung des Versicherten zu Stande (§ 159 II 1, § 179 III VVG). Die nachträgliche Genehmigung genügt nur, wenn der Abschluss einen Vorbehalt enthält. Bei **Gruppenversicherungen** ist die Einwilligung verzichtbar, wenn die Versicherten einen unmittelbaren Anspr auf die Leistung haben oder wenn sie vom Versicherungsnehmer entspr unterrichtet worden sind. Auch rechtsunwirksame Verträge können aber steuerlich beachtlich sein (§ 41 I AO).

Versicherungsnehmer muss der **ArbG** sein. Nach Praxis der FinVerw[3] schadet es aber nicht, wenn **10**
dieser – zB bei einem ArbG-Wechsel – den von einem anderen geschlossenen Vertrag für den ArbN als DirektVers übernimmt. Das erweist sich als günstig, wenn bis zum vorgesehenen Versorgungsfall keine 12 Jahre mehr verstreichen; infolge der Übernahme des bereits laufenden Vertrages kann so die Steuerfreiheit der Versicherungszinserträge gem § 20 I Nr 6 S 2 aF gesichert werden.[4] Gleiches muss wohl auch für die hälftige Steuerfreiheit gem § 20 I Nr 6 S 2 nF gelten, vorausgesetzt die Auszahlung erfolgt nach Vollendung des 60. Lebensjahres des Begünstigten.

Die DirektVers muss am jeweils **maßgeblichen Bilanzstichtag** abgeschlossen worden sein (vgl § 4b **11**
S 1 HS 2). Eine versicherungsrechtlich zulässige (sog technische Rückdatierung) des Vertragsbeginns[5] ist dabei allerdings ebenso anzuerkennen wie der im Versicherungsschein bezeichnete Tag des Beginns, wenn innerhalb von 3 Monaten nach diesem Tag die erste Prämie bezahlt wird.[6]

IV. Bezugsberechtigung des Versicherten oder seiner Hinterbliebenen. DirektVers sind Lebensversicherungen auf das Leben eines Dritten durch Einräumung eines – widerruflichen oder unwiderruflichen – **Bezugsrechts** (§ 166 I VVG). Die Festlegung des Bezugsrechts wird durch eine besondere, **15**
einseitig empfangsbedürftige und schriftliche (§ 13 III ALB) Willenserklärung des ArbG in dessen Funktion als Versicherungsnehmer begründet. Die nachträgliche Festlegung ist möglich. **Begünstigter** des Bezugsrechts ist nach § 4b „die Person, auf deren Leben die Lebensversicherung abgeschlossen ist, oder ihre **Hinterbliebenen**". Dazu gehören Witwen oder Witwer, Waisen, auch sonstige Personen, wie der Lebensgefährte,[7] also nicht nur gesetzliche Erben; es besteht grds Vertragsfreiheit, wer in den Schutzbereich einbezogen wird.[8] Allerdings verlangt die FinVerw beim Lebensgefährten besondere Anhaltspunkte zur Darlegung der betrieblichen Veranlassung (Unterhaltspflicht, gemeinsame Haushaltsführung, Kenntnis des Lebensgefährten von der Versorgung).[9] Beim **unwiderruflichen Bezugsrecht** (auf welches im Falle einer Entgeltumwandlung ein Rechtsanspruch besteht, vgl § 1b V HS 2 Nr 1 BetrAVG, Rn 4) erwirbt der Berechtigte die künftigen Versicherungsleistungen bereits bei seiner Benennung (zum Beleihungs- und Abtretungsrecht s Rn 23), beim **widerruflichen Bezugsrecht** steht dieses Recht bis zum Versorgungsfall noch dem Versicherungsnehmer zu. Es genügt, wenn der Versicherte nur teilw und ansonsten der Versicherungsnehmer bezugsberechtigt ist (sog **gespaltenes Bezugsrecht** mit quantitativer oder qualitativer Aufteilung[10]). (Nur) in entspr Umfang („soweit") ist der Versicherungsanspruch dem StPfl zuzurechnen und demnach

---

1 S dazu § 4 Rn 211 „Angehörige" „Arbeitslohn" Rn 210 „Versicherungsleistungen".
2 FinMin NRW DB 88, 2129; allg auch *Stuhrmann* BB 87, 2347.
3 BMF BB 77, 477; DStR 84, 371; R 4b I 2 EStR 05, R 26 I 2 EStR aF: sachliche Billigkeitsentscheidung, vgl *K/S/M* § 4b Rn B 64.
4 Vgl BFH BStBl II 74, 633.
5 *K/S/M* § 4b Rn B 65.
6 Vgl BMF BStBl I 91, 214; *K/S/M* § 4b Rn B 65.
7 Vgl BFH BStBl II 01, 204 (dort zur vGA).
8 *K/S/M* § 4b Rn B 74.
9 BMF BStBl I 02, 706.
10 Zu den Aufteilungsmöglichkeiten s *Speidel* BB 96, 2280; *K/S/M* § 4b Rn B 83 ff.

von diesem zu aktivieren (Rn 21). Das gilt auch dann, wenn Anspr des ArbN aus der Versicherung nachträglich herabgesetzt werden. In welcher Weise die Bezugsrechtsspaltung vollzogen wird, ist unbeachtlich (zB Erklärung gegenüber dem Versicherer, auch nur schuldrechtliche Abmachungen zw ArbG und ArbN, vorausgesetzt, solche sind arbeitsrechtlich anzuerkennen[1]). Im Falle einer **Entgeltumwandlung** (§ 1a BetrAVG; s § 6a Rn 42) dürfen Überschussanteile aus der Versicherung allerdings nur zur Leistungsverbesserung verwendet werden (vgl § 1b V HS 1 Nr 2 BetrAVG), was eine diesbezügliche Bezugsberechtigung des ArbG ausschließt.

16 Ohne Bedeutung für die Bezugsberechtigung und die steuerliche Behandlung der DirektVers ist die arbeitsrechtliche (**Un-**)**Verfallbarkeit** der entspr Ansprüche (vgl § 1b II iVm § 1b I BetrAVG).[2] Der **Schadensersatzanspruch**, der durch Widerruf oder Beleihung eines unverfallbaren Anspruchs ausgelöst werden kann, ist vom ArbG zu passivieren.

17 **V. Änderung des Durchführungsweges.** Solange das Bezugsrecht widerruflich[3] ist und deswegen dem ArbN noch entzogen werden kann, ist die Übertragung der (mittelbaren) Versicherungszusage auf eine (unmittelbare) Direktzusage zulässig, ggf auch durch Umwandlung und Fortführung der DirektVers als Rückdeckungsversicherung zur Absicherung der künftigen Direktzusage. Der Zustimmung des Begünstigten bedarf es bei gleich bleibendem Versorgungsinhalt nicht. Empfehlenswert ist eine solche Umwandlung des Durchführungsweges der Versorgung in erster Linie (auch) bei neu eingestellten G'ter-Geschäftsführern von KapGes, um die sog Probezeit zu überbrücken, in der diesen eine Direktzusage idR nur um den Preis einer vGA (§ 8 III 2 KStG) gewährt werden kann.[4] Die vom ArbG zurückgekauften Deckungsmittel aus der DirektVers erhöhen im Falle der Umwandlung dessen Gewinn, dem allerdings die Zuführung zur (erstmals gebildeten) Pensionsrückstellung (§ 6a) gegenübersteht. Die auf die bisherigen Versicherungsbeiträge gezahlten und als Lohn versteuerten Versicherungsbeiträge sind vom FA zu erstatten, entweder (idR bei Pauschalbesteuerung gem § 40b aF, s Rn 2) an den ArbG, wenn dieser die LSt getragen hat, oder aber – im Falle einer Bruttolohnvereinbarung oder einer Gehaltsumwandlung – an den ArbN (als negative Einnahmen, s Rn 21). Die Höhe der negativen Einnahmen beim ArbN bemisst sich im Allgemeinen nach dem Umfang des Deckungskapitalverlustes im Jahr des Durchführungswechsels.[5]

18 **VI. Abschluss für die betriebliche Altersversorgung.** Die DirektVers muss – ihrem Hauptzweck nach[6] – für die betriebliche Altersversorgung (§ 1 I 1 BetrAVG) abgeschlossen werden, idR aufgrund einer betrieblichen Versorgungsordnung und durch Bezuschussung der Beiträge durch den ArbG, einschließlich der in § 1 II BetrAVG geregelten Zusagevarianten: beitragsorientierte Leistungszusagen (§ 1 II Nr 1 BetrAVG), Beitragszusagen mit Mindestleistung (§ 1 II Nr 2 BetrAVG), Zusagen nach Gehaltsverzicht des ArbN durch Entgeltumwandlung (§ 1 II Nr 3 BetrAVG, Gehaltsumwandlungsversicherung; kein Gestaltungsmissbrauch, § 42 AO[7]), vorausgesetzt, es handelt sich nicht um eine verdeckte private Versorgung (ggf unter Einschaltung des ArbG als bloßen Treuhänder), sowie sog Eigenbeitragszusagen (§ 1 II Nr 4 BetrAVG). S auch Rn 4.

19 Eine **betriebliche Altersversorgung** iSv § 1 I BetrAVG umfasst (alternativ oder kumulativ, „oder") Leistungen der Alters-, Invaliditäts- oder Hinterbliebenenversorgung. Das Versprechen muss auf eine (ersetzende oder auch bloß ergänzende)[8] Versorgung gerichtet sein, wobei ein biometrisches Ereignis **versorgungsauslösend** ist. **Versorgungsgrund und -anlass** ist das jew Arbeitsverhältnis, für das dem Versorgungsversprechen gleichermaßen **Fürsorge- wie Entgeltcharakter** (für die **erbrachte Betriebstreue**)[9] zukommt.[10] Das Ausscheiden aus dem Arbeitsverhältnis und die Beendigung desselben ist für die Annahme einer Altersversorgung prinzipiell Leistungsvoraussetzung (und kann durch eine entspr Ausscheidensklausel auch ‚gesichert' werden)[11]; im Falle der (grds gleichwohl

---

1 K/S/M § 4b Rn B 90 f.
2 R 4b II 3 EStR 05, R 26 II 3 EStR aF, R 40b.1 III 11 LStR 08, R 129 II 11 LStR aF; K/S/M § 4b Rn B 94, A 28.
3 Zur nur eingeschränkten Widerruflichkeit im Insolvenzfall s BGH DB 06, 1488.
4 Vgl BFH BStBl II 99, 316; BStBl II 99, 318; BFH/NV 98, 1262; BFH DStRE 99, 630; DStRE 00, 26.
5 BMF BStBl I 93, 248 Tz 2.4.
6 K/S/M § 4b Rn B 50. Nebenzwecke anderer Art sind unschädlich, zB in Einzelfällen bei Aussteuer- und Ausbildungsversicherungen, aber str (s Rn 3); K/S/M § 4b Rn B 23; **aA** B/R/O[4] StR A Rn 19.
7 R 40b.1 II LStR 08, A 129 II LStR aF; BFH BStBl II 91, 647.
8 Höfer BetrAVG Bd I ArbR[9] Rn ART 54 ff.
9 Ohne dass die Betriebstreue indes als Verpflichtungsgrund anzusehen wäre, s B/R/O[4] Einleitung Rn 3.
10 Höfer BetrAVG Bd I ArbR[9] Rn ART 57 ff mwN.
11 B/R/O[4] § 6 Rn 59 f.

zulässigen und insoweit auch steuerlich unschädlichen[1]) **Weiterbeschäftigung des Begünstigten** ist eine Anrechnung von Erwerbseinkommen üblich[2] und aus Sicht des Versorgungszwecks geboten.[3]

VII. Rechtsfolgen des § 4b S 1. Obwohl der ArbG bei DirektVers Versicherungsnehmer ist und ihm für die Versicherungsprämien der BA-Abzug gem § 4 IV zusteht,[4] bestimmt § 4b – abw von allg handelsrechtlichen Grundsätzen (§ 5 I) – ein **steuerliches Aktivierungsverbot** (Ansatzverbot dem Grunde nach), soweit der ArbN hinsichtlich der Versicherungsleistungen am Bilanzstichtag bezugsberechtigt ist. Bei Versicherungen mit unwiderruflichem Bezugsrecht oder bei widerruflichem Bezugsrecht, aber unverfallbarer Leistungsanwartschaft, ist diese Rechtsfolge lediglich deklaratorischer Natur. Sie ist hingegen konstitutiv, solange das noch verfallbare Bezugsrecht widerrufen werden kann.[5] Anspr (Erlebensfall- ebenso wie Todesfallleistungen[6]) aus Rückdeckungsversicherungen, aus DirektVers mit widerrufenem Bezugsrecht sowie – teilw – bei Bezugsrechtsspaltungen (Rn 15) bleiben beim ArbG nach allg Grundsätzen **aktivierungspflichtig.**[7] Aktivierungspflichtig sind auch abgetretene oder beliehene DirektVers im Umfang der Abtretung/Beleihung, wenn die schriftliche Garantieerklärung fehlt (Rn 23). Ohne Einfluss auf die Aktivierungspflicht des Versicherungsanspruchs beim ArbG ist die steuerliche Behandlung des Anspr beim ArbN (zB die Auszahlung von Gewinnanteilen des Versicherers an den ArbG, die beim ArbN zur Rückzahlung von Arbeitslohn = zu negativen Einnahmen führen sollen,[8] s auch Rn 17). – Die **Bewertung** der zu aktivierenden Anspr richtet sich nach allg Grundsätzen (§ 6 I Nr 2), idR mit dem Teilwert, der mit dem („gezillmerten") geschäftsplanmäßigen Deckungskapital[9] übereinstimmt. Der niedrigere Rückkaufswert (= gemeine Wert) ist nur anzusetzen, wenn am Bilanzstichtag ernstlich mit der Auflösung des Vertrages zu rechnen ist.[10]

21

Bei Gewinnermittlung durch **Überschussrechnung** (§ 4 III) ist § 4b bedeutungslos; die Versicherungsbeiträge bleiben zwar in vollem Umfang als BA abzugsfähig (§ 4 IV),[11] da sie der Anschaffung eines nicht abnutzbaren WG des AV (vgl § 266 II HGB) dienen, allerdings zeitversetzt im Jahr der Entnahme oder der Abtretung, § 4 III 4. Zum Umlaufvermögen gehören die Versicherungsansprüche erst bei Eintritt des Versorgungsfalls, darüber hinaus die Anspr auf Überschussbeteiligung, es sei denn, solche werden erst bei Ablauf der Versicherung fällig. Im wirtschaftlichen Ergebnis werden StPfl mit Gewinnermittlung gem § 4 III und §§ 4 I, 5 also gleich behandelt. Diese Gleichstellung betrifft aber nur jene Fälle, in denen der ArbG (zB bei gespaltenem Bezugsrecht) selbst bezugsberechtigt ist. Bleibt der ArbN bezugsberechtigt und fehlen lediglich die Voraussetzungen von § 4b S 2, bleibt es beim – sofortigen – BA-Abzug der Versicherungsbeiträge.[12]

22

C. Abtretung und Beleihung (§ 4b S 2)

§ 4b S 2 stellt (konstitutiv und in Einklang mit den arbeitsrechtlichen Möglichkeiten, vgl § 1b II 3 BetrAVG) sicher, dass Anspr aus einer DirektVers dem ArbG selbst dann nicht zuzurechnen sind, wenn dieser (nicht der hierzu ggf auch berechtigte ArbN[13]) über die Anspr während der Laufzeit der Versicherung durch Abtretung oder Beleihung, darüber hinaus auch durch Verpfändung wirtschaftlich verfügt. Eine solche Vfg ist nach Maßgabe von § 4b S 2 unbegrenzt zulässig, es sei denn, sie erfolgt allein zum Zwecke der Steuerbilanz-,Kosmetik' (§ 42 AO).[14] Sie kann allerdings aus arbeitsrechtlicher Sicht ausgeschlossen sein und ist dies stets, soweit die DirektVers im Wege der Entgeltumwandlung finanziert wird (§ 1b V HS 1 Nr 4 BetrAVG). Die (auch nur teilw[15]) **Abtretung**

23

---

1 BMF BStBl I 04, 1065 Tz 156 (abw von BStBl I 99, 959 Rn 6; s auch H 6a.1 EStR).
2 S auch BFH BStBl II 93, 311 (zur Annahme einer vGA).
3 *Höfer* BetrAVG Bd I ArbR[9] Rn ART 842; s auch dort § 5 Rn 3978.
4 Nach unzutr Auffassung des BFH BStBl II 95, 873 (s offenbar auch BFH/NV 07, 2170 unter Hinweis von so aber gar nicht existentes Einheitlichkeitsgebot für die verschiedenen Versorgungsformen) allerdings nur unter Beachtung der sog Überversorgungsgrundsätze, s dazu § 6a Rn 42 und § 4d Rn 21.
5 R 4b II 2 EStR 05, R 26 II 2 EStR; *K/S/M* § 4b Rn B 98.
6 Str; wie hier BMF BetrAV 76, 221; FinMin Nds FR 78, 142; *K/S/M* § 4b Rn B 121; **aA** *B/R/O*[4] StR A Rn 48; *A/F/R* 4. Teil Rn 71; 8. Teil Rn 84.
7 *K/S/M* § 4b Rn B 89; A 62.
8 BMF BStBl I 93, 248, dort Tz 2.4.
9 R 4b III 3, R 6a XXIII 4 EStR 05, R 26 III 3; R 41 XXIV 4 EStR aF; *K/S/M* § 4b Rn B 119.
10 BFH BStBl III 62, 101; *K/S/M* § 4b Rn B 115 ff.
11 Str; *K/S/M* § 4b Rn B 125; **aA** *Speidel* BB 96, 2280.
12 *K/S/M* § 4b Rn B 127.
13 *K/S/M* § 4b Rn C 15 – anders kann es sich allerdings (nur) verhalten, wenn der ArbN den Anspr an den ArbG rückabtritt.
14 *B/R/O*[4] StR A Rn 62.
15 *K/S/M* § 4b Rn C 5.

(§§ 398ff BGB, auch die bloße **Verpfändung**, §§ 1273ff BGB) und **Beleihung** (vgl § 1b II 3 BetrAVG, einschl sog Policendarlehen = Vorauszahlungen des Versicherers auf die späteren Versicherungsleistungen) sind dem Versicherer **anzuzeigen** (vgl § 13 III, IV ALB). Voraussetzung für die Fortgeltung des Aktivierungsverbots ist, dass der ArbG sich den Bezugsberechtigten gegenüber **schriftlich** verpflichtet, sie beim Eintritt des Versicherungsfalles so zu stellen, als sei nicht abgetreten oder beliehen worden (**Sicherstellungsverpflichtung** als materiell-rechtliche Voraussetzung und deklaratorisches Schuldanerkenntnis). Die Erklärung muss zum fraglichen **Bilanzstichtag** vorliegen; sie kann zum nächsten Stichtag nachgeholt werden. **In welcher Weise** der ArbG dieser Pflicht im Versorgungsfall genügen will, bleibt ihm überlassen. Diese Verpflichtung als solche ist nicht zu passivieren.[1] Weil die durch Abtretung oder Beleihung wirtschaftlich genutzten Versicherungsdeckungsmittel im Falle der Insolvenz des ArbG in die Masse fallen, unterfällt die DirektVers unter diesen Umständen dem Insolvenzschutz (vgl § 7 I 2 Nr 1, § 10 BetrAVG).

§ 4c Zuwendungen an Pensionskassen

(1) ¹Zuwendungen an eine Pensionskasse dürfen von dem Unternehmen, das die Zuwendungen leistet (Trägerunternehmen), als Betriebsausgaben abgezogen werden, soweit sie auf einer in der Satzung oder im Geschäftsplan der Kasse festgelegten Verpflichtung oder auf einer Anordnung der Versicherungsaufsichtsbehörde beruhen oder der Abdeckung von Fehlbeträgen bei der Kasse dienen. ²Soweit die allgemeinen Versicherungsbedingungen und die fachlichen Geschäftsunterlagen im Sinne des § 5 Abs. 3 Nr. 2 Halbsatz 2 des Versicherungsaufsichtsgesetzes nicht zum Geschäftsplan gehören, gelten diese als Teil des Geschäftsplans.

(2) Zuwendungen im Sinne des Absatzes 1 dürfen als Betriebsausgaben nicht abgezogen werden, soweit die Leistungen der Kasse, wenn sie vom Trägerunternehmen unmittelbar erbracht würden, bei diesem nicht betrieblich veranlasst wären.

R 4c EStR 05, R 27 EStR aF/H 4c EStH 05, H 27 EStH aF

Literatur: S den Literaturnachweis zu § 4b; außerdem: *Baumeister* Umsetzung der Pensionsfonds-Richtlinie der EU durch die 7. Novelle des Versicherungsaufsichtsgesetzes, DB 05, 2076; *Förster/Rhiel* Flexibilisierung der Zusatzversorgung – Steuerrechtliche Fragen, BetrAV 99, 259; *Höfer* Zur Besteuerung von Kapitalzuführungen an Pensionskassen, DB 97, 896.

A. Grundaussagen der Vorschrift

1 § 4c ist eine **besondere Gewinnermittlungsvorschrift**; sie schränkt für Zuwendungen, die vom Trägerunternehmen an eine betriebliche Pensionskasse (als Gestaltungsform der betrieblichen Altersversorgung, vgl § 1b III 1 BetrAVG) geleistet werden, den nach § 4 IV grds unbegrenzten Abzug betrieblicher Aufwendungen als BA ein (Einschränkung des Nettoprinzips). Die Zuwendungen unterliegen beim begünstigten ArbN – als Folge des Rechtsanspruchs auf die Kassenleistungen (Rn 3) – im Grundsatz der LStPfl (§ 19 iVm § 2 II Nr 3 LStDV, jetzt klarstellend § 19 I 1 Nr 3 idF des JStG 07[2]), die gem **§ 40b I** (s aber die Beschränkungen gem § 40b II) pauschal erhoben werden kann. **Ausnahmen** von der LStPfl bestehen gem **§ 3 Nr 62** für gesetzliche Zukunftssicherungsleistungen des ArbG sowie gem **§ 3 Nr 63** für bis zu 4 vH der Beitragsbemessungsgrenze zur gesetzlichen Rentenversicherung (ggf gem § 3 Nr 63 S 2 nF um 1800 € erhöht), allerdings nur für ein erstes Dienstverhältnis der Begünstigten. Die letztere Einschränkung betrifft gleichermaßen Zuwendungen des ArbG nach § 19 I 1 Nr 3 S 1 bezogen auf umlagefinanzierte Versorgungssysteme gem § 3 Nr 56 idF des JStG 07, dies aber erst vom VZ 08 an (vgl § 52 V idF des JStG 07). Werden die Kassenbeiträge ganz oder zT durch eine Entgeltumwandlung finanziert, kann der ArbN (wie bei § 4b, s dort Rn 1, und § 4e, s dort Rn 3) gem § 1a III BetrAVG idF des AVmG statt dessen die Förderung nach **§ 10a, § 82 II** verlangen. Nicht um lstpfl Arbeitslohn handelt es sich bei Zuwendungen des ArbG zur Bildung der gesetzlich vorgeschriebenen Solvabilitätsspanne (§ 53c I, IIa VAG, s Rn 8).[3] Vgl iÜ zur Besteuerung der Leistungsbezüge beim ArbN § 4b Rn 2.

---

1 *K/S/M* § 4b Rn C 24.
2 V 13.12.06, BGBl I 06, 2878.
3 BFH BStBl II 02, 724.

B. Pensionskasse

Eine Pensionskasse ist nach der auch steuerlich maßgeblichen, neu gefassten Definition des § 118a VAG idF des 7. VAGÄndG v 29.8.05[1] ein rechtlich selbstständiges (rechtsfähiges,[2] auch ausländisches, vgl §§ 118c–118f VAG nF, und gem § 5 I Nr 3 KStG ggf steuerbefreites) Lebensversicherungsunternehmen, dessen Zweck die Absicherung wegfallenden Erwerbseinkommens wegen Alters, Invalidität und Tod ist und das **(1)** das Versicherungsgeschäft im Wege des Kapitaldeckungsverfahrens betreibt, **(2)** Leistungen grds erst ab dem Zeitpunkt des Wegfalls des Erwerbseinkommens vorsieht, **(3)** solche im Todesfall (vorbehaltlich eines Sterbegeldes) nur an Hinterbliebene (s zu diesem Personenkreis § 4b Rn 15) erbringen darf, und **(4)** im Unterschied zur Unterstützungskasse (vgl § 4d), aber ebenso wie der Pensionsfonds (§ 4e), der versicherten Person einen eigenen **Rechtsanspruch** auf Leistung gegen die Kasse einräumt oder Leistungen als Rückdeckungsversicherung erbringt. Das deckt sich der Sache nach mit **§ 1b III 1 BetrAVG**. Unverfallbarkeit iSv § 1b I BetrAVG und Unwiderruflichkeit sind nicht Voraussetzung dieses Rechtsanspruchs. Allerdings darf die Bezugsberechtigung des ArbN nicht mehr widerrufen werden, wenn und sobald die Versorgungsanwartschaft durch eine **Entgeltumwandlung** des ArbN finanziert wird (vgl § 1b V HS 2 Nr 1 BetrAVG). Der Rechtsform nach handelt es sich bei der Pensionskasse um ein (in- oder auch ausländisches) Versicherungsunternehmen (idR als VVaG), das der staatlichen Versicherungsaufsicht unterfällt, abw von einem allg Versicherer seine Leistungen regelmäßig aber auf einen bestimmten ArbN- und ArbG-Kreis beschränkt. Je nachdem, ob die Pensionskasse von einem oder mehreren Unternehmen getragen wird, tritt die Pensionskasse als **Firmen- oder Betriebspensionskasse**, **Konzernpensionskasse** wirtschaftlich verbundener Unternehmen oder überbetriebliche **Gruppenpensionskasse** für Mitarbeiter eines bestimmten Wirtschaftszweiges in Erscheinung. Steht die Kasse einer Vielzahl von ArbN offen und hat sie den Charakter eines ‚normalen' Lebensversicherungsunternehmens, wird neuerdings auch von **Wettbewerbspensionskassen** gesprochen.[3]

C. Versicherungsnehmer, Versicherter, Trägerunternehmen

Versicherter und idR zugleich **Versicherungsnehmer** und damit Mitglied der Pensionskasse ist der jeweilige ArbN, ggf auch der erweiterte Personenkreis gem § 17 I 2 BetrAVG (s § 4b Rn 6). **Trägerunternehmen** der Pensionskasse ist nach der Legaldefinition in § 4c I 1 das (beschränkt oder unbeschränkt stpfl) Unternehmen, „das die Zuwendungen leistet", idR der ArbG, gleichviel welcher Rechtsform, gleichviel auch, ob als (zusätzlicher) Versicherungsnehmer der Pensionskasse oder aufgrund einer besonderen Gewährleistungsverpflichtung. Wer die Pensionskasse **finanziert**, ist unbeachtlich (zB auch durch den ArbN durch **Barlohnumwandlung**, ‚deferred compensation'; auch durch Eigenbeiträge, die allerdings keine Zuwendungen iSv § 4c sind).[4]

Wie bei der DirektVers (§ 4b) und dem Pensionsfonds (§ 4e) kann die Versorgungszusage aufgrund des Geschäftsplans der Kasse **beitragsbezogen** (verbunden mit einer Mindestleistung) oder aber **leistungsbezogen** ausgestaltet sein (§ 1 II Nr 1 und 2 BetrAVG). Vgl im Einzelnen § 4b Rn 4.

D. Abzugsfähige und nicht abzugsfähige Zuwendungen (§ 4c I, II)

Zuwendungen iSv § 4c I sind **Vermögensübertragungen**, die die Pensionskasse einseitig bereichern (Zuschüsse, Zuwendungen aus öffentlichen Kassen) und die nicht auf einem Leistungsaustausch beruhen, wobei die Verpflichtung der Pensionskasse, die Zuwendungen für betriebliche Sozialleistungen zu verwenden, unschädlich ist. Aus welchem Grund (freiwillig[5] oder aus einer Verpflichtung, zB aus § 53b VAG) und in welcher Weise die Zuwendungen erbracht und berechnet werden (laufend oder einmalig, in Höhe der Versicherungsprämien, des Verwaltungskostenanteils, als Bedarfszuwendungen zur Auffüllung des Deckungskapitals, als Kapitalzuschüsse oder Verbindlichkeitsübernahme uÄ), ist unbeachtlich. Es muss sich nur um **eigene** Beiträge des ArbG handeln (s aber Rn 5). **Keine** Zuwendungen iSv § 4c I (und damit hierdurch nicht eingeschränkt) sind Zahlungen zur Bildung des Gründungsstocks (§ 22 VAG) der Pensionskasse (s aber Rn 8). Gleiches gilt für konkrete (und nicht überhöhte und damit ggf verdeckte) Gegenleistungen des Trägerunternehmens für Leistungen der Pensionskasse. Rückforderungsvorbehalte sind schädlich.

---

1 BGBl I 05, 2546.
2 Ggf auch bereits vor Eintragung in das Register als Vor-VVaG; s insoweit zur Unterstützungskasse BFH/NV 01, 1300; 03, 18; BFH DStRE 04, 993.
3 Vgl *Baumeister* DB 05, 2076 (2080).
4 *K/S/M* § 4c Rn B 13.
5 Vgl BFH BStBl II 93, 185; *K/S/M* § 4c Rn B 35.

8 Die steuerliche **Abzugsfähigkeit** der Zuwendungen wird durch § 4c I qualitativ und quantitativ („soweit") **abschließend** festgestellt, wobei sich die einzelnen Abzugsmöglichkeiten gegenseitig nicht ausschließen, vielmehr kumulativ nebeneinander stehen. **Abzugsfähig sind** die Zuwendungen danach: **(1)** aufgrund satzungsmäßiger oder geschäftsplanmäßiger (§ 11 VAG) Verpflichtung in der von der BAFin (früher vom BAV) genehmigten Form; **(2)** aufgrund einer konkreten (ggf auch rückwirkenden) Anordnung der Versicherungsaufsichtsbehörde (gegenüber der Pensionskasse, nicht dem ArbG) zur Sicherstellung der Leistungsverpflichtung (vgl §§ 81 ff VAG), allerdings nur, soweit ArbN des jeweiligen ArbG betroffen sind (ggf Aufteilung);[1] **(3)** (auch ohne Anordnung) zur Abdeckung von Fehlbeträgen der Pensionskasse, die vorliegen, wenn das Vermögen der Kasse am Bilanzstichtag zu niedrig ist, um im Pensionsfall ihre Leistungsfähigkeit sicherzustellen. Zur Ermittlung des tatsächlichen Kassenvermögens s § 5 I Nr 3d S 1 KStG. Die diesem Vermögen gegenüberzustellenden erforderlichen Deckungsmittel werden anhand versicherungsmathematischer Grundsätze mit einem Zinsfuß von 3,5 vH ermittelt. Ein **Nachholverbot** besteht (abw von § 6a IV 1) **nicht** (Gestaltungsmöglichkeiten je nach Ertragslage!), ebenso wenig eine Begrenzung der Abzugsfähigkeit bei **überdotierten** (und damit partiell kstpfl, vgl § 6 I KStG) Pensionskassen (abw von § 4d I 2 für Unterstützungskassen). Die FinVerw[2] lässt überdies den BA-Abzug von Zuwendungen zu, die das Trägerunternehmen leistet, um die Pensionskasse mit dem Mindestkapital nach den Vorschriften über die sog Solvabilität (= Soll- und Mindestumfang der Eigenkapitalausstattung, sog explizites Eigenkapital[3]) des VAG (§ 53c I, IIa, vgl auch § 156a III VAG aF iVm §§ 8 ff der zum 1.9.05 aufgehobenen 3. KapitalausstattungsVO[4]) auszustatten, sofern sie ohne Rückforderungs-Anspr gewährt und dem LSt-Abzug unterworfen[5] werden. Handelt es sich um eine sog deregulierte Pensionskasse (= mit Wirkung v 1.1.06 für sog Wettbewerbskassen der Regelfall: § 118b I VAG idF des 7. VAGÄndG v 29.8.05 mit Ausnahmen für kleinere VVaG sowie für Firmenpensionskassen gem § 118b II, III VAG; nach bisheriger Rechtslage nur Kassen von erheblicher wirtschaftlicher Bedeutung iSv § 156a VI VAG aF iVm der aufgehobenen 3. KapitalausstattungsVO v 16.4.96,[6] aufgrund entspr Feststellung der Aufsichtsbehörde, vgl § 156a III 5 VAG aF),[7] bei denen die Finanzierungsgrundlagen nicht zum genehmigungspflichtigen Geschäftsplan gehören, treten an dessen Stelle die allg Versicherungsbedingungen (AVB) und/oder die fachlichen Geschäftsunterlagen iSv § 5 III Nr 2 HS 2 VAG (**§ 4c I 2**).

9 Nicht als BA abzugsfähig sind gem **§ 4c II** in jedem Fall solche Zuwendungen iSv Abs 1, die beim Trägerunternehmen nicht betrieblich veranlasste Leistungen der Pensionskasse finanzieren, insbes also private Zukunftssicherungsleistungen an den Trägerunternehmer oder seine Angehörigen (§ 12 Nr 1; § 15 I 1 Nr 2;[8] § 8 III 2 KStG) oder auch an ‚fremde' ArbN.[9]

E. Rechtsfolgen

12 Erfüllt das Trägerunternehmen die Voraussetzungen des § 4c I, kann es die geleisteten Zuwendungen als **BA** abziehen. Bei Gewinnermittlung durch Bestandsvergleich (§ 4 I, § 5) sind **darüber hinausgehende Zuwendungen außerbilanziell** hinzuzurechnen, bei gesellschaftlicher Verbundenheit des Unternehmens mit der Pensionskasse ggf auch als verdeckte Einlage auf die Beteiligung oder als Rückforgerungsanspruch zu aktivieren. Die abzugsfähige Zuwendungsverpflichtung kann auch nach GoB zurückgestellt werden, nach Auffassung der **FinVerw**[10] analog § 4d II 2 (s § 4d Rn 72) und der Sache nach als Billigkeitserweis[11] selbst dann, wenn das Unternehmen freiwillig (ohne satzungs- oder geschäftsplanmäßige Verpflichtung) leisten will und die Zuwendung innerhalb eines Monats nach Aufstellung oder Feststellung der Bilanz vornimmt, **oder** wenn in diesem Zeitraum die Abdeckung von Kassenfehlbeträgen verbindlich zugesagt wird. Zuwendungen an noch nicht bestehende (s aber Rn 3) Pensionskassen sind nicht abzugsfähig.[12] Zuwendungen, die ihrer Höhe nach die Abzugsgrenzen gem § 4c I übersteigen, können nicht analog § 4d II 3 aktiv auf die folgenden Wj vorgetragen werden.[13]

---

1 K/S/M § 4c Rn B 61.
2 BMF FR 96, 258; zust Schmidt[25] § 4c Rn 3; K/S/M § 4c B 52; aA Höfer DB 97, 896 (897): Abzug gem § 4 IV; offen BFH BStBl II 02, 22.
3 Vgl Kühlein BetrAV 93, 186 (189); Förster BetrAV 94, 155.
4 BGBl I 96, 618; s auch 3. Durchführungsgesetz/EWG zum VAG v 21.7.94 (BGBl I 94, 1630).
5 Letzteres ist str; zu Recht abl Höfer DB 97, 896.
6 BGBl I 96, 618.
7 Vgl Baumeister DB 05, 2676 (2681).
8 Vgl BFH BStBl II 02, 724.
9 Im Einzelnen K/S/M § 4c Rn C 11 ff.
10 R 4c V 2 EStR 05, R 27 V 2 EStR aF.
11 Im Einzelnen K/S/M § 4c Rn B 73 f.
12 K/S/M § 4c Rn B 75; aA B/R/O[4] Rn StR A 132; s zur alten Rechtslage auch BFH BStBl III 53, 344; BStBl III 54, 287; A 26 I 4 EStR 1965.
13 K/S/M § 4c Rn B 77; aA B/R/O[4] Rn StR A 133.

§ 4d Zuwendungen an Unterstützungskassen

(1) ¹Zuwendungen an eine Unterstützungskasse dürfen von dem Unternehmen, das die Zuwendungen leistet (Trägerunternehmen), als Betriebsausgaben abgezogen werden, soweit die Leistungen der Kasse, wenn sie vom Trägerunternehmen unmittelbar erbracht würden, bei diesem betrieblich veranlasst wären und sie die folgenden Beträge nicht übersteigen:
1. bei Unterstützungskassen, die lebenslänglich laufende Leistungen gewähren:
   a) das Deckungskapital für die laufenden Leistungen nach der dem Gesetz als Anlage 1 beigefügten Tabelle. ²Leistungsempfänger ist jeder ehemalige Arbeitnehmer des Trägerunternehmens, der von der Unterstützungskasse Leistungen erhält; soweit die Kasse Hinterbliebenenversorgung gewährt, ist Leistungsempfänger der Hinterbliebene eines ehemaligen Arbeitnehmers des Trägerunternehmens, der von der Kasse Leistungen erhält. ³Dem ehemaligen Arbeitnehmer stehen andere Personen gleich, denen Leistungen der Alters-, Invaliditäts- oder Hinterbliebenenversorgung aus Anlass ihrer ehemaligen Tätigkeit für das Trägerunternehmen zugesagt worden sind;
   b) in jedem Wirtschaftsjahr für jeden Leistungsanwärter,
      aa) wenn die Kasse nur Invaliditätsversorgung oder nur Hinterbliebenenversorgung gewährt, jeweils 6 Prozent,
      bb) wenn die Kasse Altersversorgung mit oder ohne Einschluss von Invaliditätsversorgung oder Hinterbliebenenversorgung gewährt, 25 Prozent
   der jährlichen Versorgungsleistungen, die der Leistungsanwärter oder, wenn nur Hinterbliebenenversorgung gewährt wird, dessen Hinterbliebene nach den Verhältnissen am Schluss des Wirtschaftsjahres der Zuwendung im letzten Zeitpunkt der Anwartschaft, spätestens im Zeitpunkt der Vollendung des 65. Lebensjahres erhalten können. ²Leistungsanwärter ist jeder Arbeitnehmer oder ehemalige Arbeitnehmer des Trägerunternehmens, der von der Unterstützungskasse schriftlich zugesagte Leistungen erhalten kann und am Schluss des Wirtschaftsjahres, in dem die Zuwendung erfolgt, das 28. Lebensjahr vollendet hat; soweit die Kasse nur Hinterbliebenenversorgung gewährt, gilt als Leistungsanwärter jeder Arbeitnehmer oder ehemalige Arbeitnehmer des Trägerunternehmens, der am Schluss des Wirtschaftsjahres, in dem die Zuwendung erfolgt, das 28. Lebensjahr vollendet hat und dessen Hinterbliebene die Hinterbliebenenversorgung erhalten können. ³Das Trägerunternehmen kann bei der Berechnung nach Satz 1 statt des dort maßgebenden Betrages den Durchschnittsbetrag der von der Kasse im Wirtschaftsjahr an Leistungsempfänger im Sinne des Buchstabens a Satz 2 gewährten Leistungen zugrunde legen. ⁴In diesem Fall sind Leistungsanwärter im Sinne des Satzes 2 nur die Arbeitnehmer oder ehemaligen Arbeitnehmer des Trägerunternehmens, die am Schluss des Wirtschaftsjahres, in dem die Zuwendung erfolgt, das 50. Lebensjahr vollendet haben. ⁵Dem Arbeitnehmer oder ehemaligen Arbeitnehmer als Leistungsanwärter stehen andere Personen gleich, denen schriftlich Leistungen der Alters, Invaliditäts- oder Hinterbliebenenversorgung aus Anlass ihrer Tätigkeit für das Trägerunternehmen zugesagt worden sind;
   c) den Betrag des Beitrages, den die Kasse an einen Versicherer zahlt, soweit sie sich die Mittel für ihre Versorgungsleistungen, die die Leistungsanwärter oder Leistungsempfänger nach den Verhältnissen am Schluss des Wirtschaftsjahres der Zuwendung erhalten kann, durch Abschluss einer Versicherung verschafft. ²Bei Versicherungen für einen Leistungsanwärter ist der Abzug des Beitrages nur zulässig, wenn der Leistungsanwärter die in Buchstabe b Satz 2 und 5 genannten Voraussetzungen erfüllt, die Versicherung für die Dauer bis zu dem Zeitpunkt abgeschlossen ist, für den erstmals Leistungen der Altersversorgung vorgesehen sind, mindestens jedoch bis zu dem Zeitpunkt, an dem der Leistungsanwärter das 55. Lebensjahr vollendet hat, und während dieser Zeit jährlich Beiträge gezahlt werden, die der Höhe nach gleich bleiben oder steigen. ³Das Gleiche gilt für Leistungsanwärter, die das 28. Lebensjahr noch nicht vollendet haben, für Leistungen der Invaliditäts- oder Hinterbliebenenversorgung, für Leistungen der Altersversorgung unter der Voraussetzung, dass die Leistungsanwartschaft bereits unverfallbar ist. ⁴Ein Abzug ist ausgeschlossen, wenn die Ansprüche aus der Versicherung der Sicherung eines Darlehens dienen. ⁵Liegen die Voraussetzungen der Sätze 1 bis 4 vor, sind die Zuwendungen nach den Buchstaben a und b in dem Verhältnis zu vermindern, in dem die Leistungen der Kasse durch die Versicherung gedeckt sind;
   d) den Betrag, den die Kasse einem Leistungsanwärter im Sinne des Buchstabens b Satz 2 und 5 vor Eintritt des Versorgungsfalls als Abfindung für künftige Versorgungsleistungen gewährt,

§ 4d — Zuwendungen an Unterstützungskassen

den Übertragungswert nach § 4 Abs. 5 des Betriebsrentengesetzes oder den Betrag, den sie an einen anderen Versorgungsträger zahlt, der eine ihr obliegende Versorgungsverpflichtung übernommen hat. ²Zuwendungen dürfen nicht als Betriebsausgaben abgezogen werden, wenn das Vermögen der Kasse ohne Berücksichtigung künftiger Versorgungsleistungen am Schluss des Wirtschaftsjahres das zulässige Kassenvermögen übersteigt. ³Bei der Ermittlung des Vermögens der Kasse ist am Schluss des Wirtschaftsjahres vorhandener Grundbesitz mit 200 Prozent der Einheitswerte anzusetzen, die zu dem Feststellungszeitpunkt maßgebend sind, der dem Schluss des Wirtschaftsjahres folgt; Ansprüche aus einer Versicherung sind mit dem Wert des geschäftsplanmäßigen Deckungskapitals zuzüglich der Guthaben aus Beitragsrückerstattung am Schluss des Wirtschaftsjahres anzusetzen, und das übrige Vermögen ist mit dem gemeinen Wert am Schluss des Wirtschaftsjahres zu bewerten. ⁴Zulässiges Kassenvermögen ist die Summe aus dem Deckungskapital für alle am Schluss des Wirtschaftsjahres laufenden Leistungen nach der dem Gesetz als Anlage 1 beigefügten Tabelle für Leistungsempfänger im Sinne des Satzes 1 Buchstabe a und dem Achtfachen der nach Satz 1 Buchstabe b abzugsfähigen Zuwendungen. ⁵Soweit sich die Kasse die Mittel für ihre Leistungen durch Abschluss einer Versicherung verschafft, ist, wenn die Voraussetzungen für den Abzug des Beitrages nach Satz 1 Buchstabe c erfüllt sind, zulässiges Kassenvermögen der Wert des geschäftsplanmäßigen Deckungskapitals aus der Versicherung am Schluss des Wirtschaftsjahres; in diesem Fall ist das zulässige Kassenvermögen nach Satz 4 in dem Verhältnis zu vermindern, in dem die Leistungen der Kasse durch die Versicherung gedeckt sind. ⁶Soweit die Berechnung des Deckungskapitals nicht zum Geschäftsplan gehört, tritt an die Stelle des geschäftsplanmäßigen Deckungskapitals der nach § 176 Abs. 3 des Gesetzes über den Versicherungsvertrag berechnete Zeitwert, beim zulässigen Kassenvermögen ohne Berücksichtigung des Guthabens aus Beitragsrückerstattung. ⁷Gewährt eine Unterstützungskasse an Stelle von lebenslänglich laufenden Leistungen eine einmalige Kapitalleistung, so gelten 10 Prozent der Kapitalleistung als Jahresbetrag einer lebenslänglich laufenden Leistung;

2. bei Kassen, die keine lebenslänglich laufenden Leistungen gewähren, für jedes Wirtschaftsjahr 0,2 Prozent der Lohn- und Gehaltssumme des Trägerunternehmens, mindestens jedoch den Betrag der von der Kasse in einem Wirtschaftsjahr erbrachten Leistungen, soweit dieser Betrag höher ist als die in den vorangegangenen fünf Wirtschaftsjahren vorgenommenen Zuwendungen abzüglich der in dem gleichen Zeitraum erbrachten Leistungen. ²Diese Zuwendungen dürfen nicht als Betriebsausgaben abgezogen werden, wenn das Vermögen der Kasse am Schluss des Wirtschaftsjahres das zulässige Kassenvermögen übersteigt. ³Als zulässiges Kassenvermögen kann 1 Prozent der durchschnittlichen Lohn- und Gehaltssumme der letzten drei Jahre angesetzt werden. ⁴Hat die Kasse bereits zehn Wirtschaftsjahre bestanden, darf das zulässige Kassenvermögen zusätzlich die Summe der in den letzten zehn Wirtschaftsjahren gewährten Leistungen nicht übersteigen. ⁵Für die Bewertung des Vermögens der Kasse gilt Nummer 1 Satz 3 entsprechend. ⁶Bei der Berechnung der Lohn- und Gehaltssumme des Trägerunternehmens sind Löhne und Gehälter von Personen, die von der Kasse keine nicht lebenslänglich laufenden Leistungen erhalten können, auszuscheiden.

²Gewährt eine Kasse lebenslänglich laufende und nicht lebenslänglich laufende Leistungen, so gilt Satz 1 Nr. 1 und 2 nebeneinander. ³Leistet ein Trägerunternehmen Zuwendungen an mehrere Unterstützungskassen, so sind diese Kassen bei der Anwendung der Nummern 1 und 2 als Einheit zu behandeln.

(2) ¹Zuwendungen im Sinne des Absatzes 1 sind von dem Trägerunternehmen in dem Wirtschaftsjahr als Betriebsausgaben abzuziehen, in dem sie geleistet werden. ²Zuwendungen, die bis zum Ablauf eines Monats nach Aufstellung oder Feststellung der Bilanz des Trägerunternehmens für den Schluss eines Wirtschaftsjahres geleistet werden, können von dem Trägerunternehmen noch für das abgelaufene Wirtschaftsjahr durch eine Rückstellung gewinnmindernd berücksichtigt werden. ³Übersteigen die in einem Wirtschaftsjahr geleisteten Zuwendungen die nach Absatz 1 abzugsfähigen Beträge, so können die übersteigenden Beträge im Wege der Rechnungsabgrenzung auf die folgenden drei Wirtschaftsjahre vorgetragen und im Rahmen der für diese Wirtschaftsjahre abzugsfähigen Beträge als Betriebsausgaben behandelt werden. ⁴§ 5 Abs. 1 Satz 2 ist nicht anzuwenden.

(3) ¹Abweichend von Absatz 1 Satz 1 Nr. 1 Satz 1 Buchstabe d und Absatz 2 können auf Antrag die insgesamt erforderlichen Zuwendungen an die Unterstützungskasse für den Betrag, den die

Kasse an einen Pensionsfonds zahlt, der eine ihr obliegende Versorgungsverpflichtung ganz oder teilweise übernommen hat, nicht im Wirtschaftsjahr der Zuwendung, sondern erst in den dem Wirtschaftsjahr der Zuwendung folgenden zehn Wirtschaftsjahren gleichmäßig verteilt als Betriebsausgaben abgezogen werden. ²Der Antrag ist unwiderruflich; der jeweilige Rechtsnachfolger ist an den Antrag gebunden.

Anlage 1
(zu § 4d Abs. 1)

Tabelle für die Errechnung des Deckungskapitals für lebenslänglich laufende Leistungen von Unterstützungskassen

Erreichtes Alter des Leistungsempfängers (Jahre)	Die Jahresbeiträge der laufenden Leistungen sind zu vervielfachen bei Leistungen		Erreichtes Alter des Leistungsempfängers (Jahre)	Die Jahresbeiträge der laufenden Leistungen sind zu vervielfachen bei Leistungen	
	an männliche Leistungsempfänger mit	an weibliche Leistungsempfänger mit		an männliche Leistungsempfänger mit	an weibliche Leistungsempfänger mit
1	2	3	1	2	3
bis 26	11	17	65	11	10
27	12	17	bis 67		
bis 29			68	10	9
30	13	17	bis 71		
31	13	16	72	9	8
bis 35			bis 74		
36	14	16	75	8	7
bis 39			bis 77		
40	14	15	78	8	6
bis 46			79	7	6
47	14	14	bis 81		
und 48			82	6	5
49	13	14	bis 84		
bis 52			85	5	4
53	13	13	bis 87		
bis 56			88	4	4
57	13	12	89	4	3
und 58			und 90		
59	12	12	91	3	3
und 60			bis 93		
61	12	11	94	3	2
bis 63			95 und älter	2	2
64	11	11			

(*§ 4d Abs. 1 Satz 1 Nr. 1 Satz 1 wird durch G v 10.12.07, BGBl I, 2838 mWv VZ 2009 wie folgt geändert: In Buchstabe b Satz 2 werden die Wörter „das 28 Lebensjahr vollendet hat" jeweils durch die Wörter „das 27. Lebensjahr noch nicht vollendet hat" ersetzt. In Buchstabe c Satz 3 werden die Wörter „das 28. Lebensjahr noch nicht vollendet haben" durch die Angabe „das 27. Lebensjahr noch nicht vollendet haben" ersetzt.*)

R 4d EStR 05/H 4d EStH 05; BMF BStBl I 96, 1195; 1435; BStBl I 97, 1024; BStBl I 99, 212; BStBl I 00, 1197; BStBl I 01, 612, 662; BStBl I 03, 76; BStBl I 04, 849; BStBl I 05, 1056; BMF BStBl I 06, 709

§ 4d Zuwendungen an Unterstützungskassen

Übersicht

	Rn		Rn
A. Grundaussagen der Vorschrift	1	E. Begrenzung der Abzugsfähigkeit durch das zulässige Kassenvermögen (§ 4d I 1 Nr 1 S 2 bis 7, § 4d I 1 Nr 2 S 3 bis 5)	52
I. Sinn und Zweck	1		
II. Aufbau der Vorschrift	3	F. Zuwendungen an gemischte Kassen (§ 4d I 2)	65
B. Unterstützungskasse	4		
I. Begriff, Ausschluss des Rechtsanspruchs auf Kassenleistungen	4	G. Mehrere Unterstützungskassen eines Trägerunternehmens (§ 4d I 3)	68
II. Kassenmitglied, Trägerunternehmen	5	H. Zeitliche Bezüge des Zuwendungsabzugs (§ 4d II und III)	70
III. Abzugsfähige Zuwendungen	7		
C. Abzugsfähige Zuwendungen für lebenslänglich laufende Leistungen (§ 4d I 1 Nr 1)	11	I. Leistung der Zuwendung als Realisierungshandlung (§ 4d II 1)	70
I. Zuwendungen zum Deckungskapital (§ 4d I 1 Nr 1 S 1a)	13	II. Nachholung von Zuwendungen durch rückwirkende Rückstellung (§ 4d II 2 und 4)	72
II. Zuwendungen zum Reservepolster (§ 4d I 1 Nr 1 S 1b)	20		
III. Beiträge zur Rückdeckungsversicherung (§ 4d I 1 Nr 1 S 1c)	29	III. Verteilung nicht abzugsfähiger Zuwendungen auf künftige Wirtschaftsjahre (§ 4d II 3 und 4)	75
IV. Abfindungen und Auslösungen (§ 4d I 1 Nr 1 S 1d)	40	IV. Verteilung der Zuwendungen auf künftige Wirtschaftsjahre bei Übertragung von Versorgungsverpflichtungen und -anwartschaften auf Pensionsfonds (§ 4d III)	80
D. Abzugsfähige Zuwendungen für nicht lebenslänglich laufenden Leistungen (§ 4d I 1 Nr 2)	45		

Literatur: S den Literaturnachweis zu § 4b; außerdem: *Beye* JStG 1996: Zuwendungen an Unterstützungskassen, DB 95, 2033; *Buttler* Steuerliche Zweifelsfragen zur rückgedeckten Unterstützungskasse, BB 97, 1661; *Dötsch* Zuwendungen an Unterstützungskassen unter Berücksichtigung der Änderungen durch das JStG 1996, BB 95, 2553; *Förster/Rühmann/Recktenwald* Auswirkungen des Altersvermögensgesetzes auf die betriebliche Altersversorgung, BB 01, 1406; *Höfer* Grundlagen der Bilanzierung bei Unterstützungskassen und die Bewertung des Kassenvermögens, BB 87, 1143; *ders* Die Neuregelung des Betriebsrentenrechts durch das Altersvermögensgesetz, BetrAV 01, 314; *Jaeger* Fallstricke bei der Deferred Compensation mittels interner Unterstützungskassen, BetrAV 99, 384; *Langohr-Plato* Begriff der Jahresprämie im Sinne von § 4d, DB 92, 504; *Niermann* Die betriebliche Altersversorgung im Altersversorgungsgesetz aus steuerlicher Sicht, DB 01, 1380; *Pinkos* Die umgekehrte Maßgeblichkeit und betriebliche Altersversorgung, DB 91, 361; *Vogel/Vieweg* Zuwendungen für Anwartschaften auf lebenslänglich laufende Leistungen an die rückgedeckte Unterstützungskasse und veränderliches Beitragsniveau, BetrAV 05, 541.

A. Grundaussagen der Vorschrift

1 I. Sinn und Zweck. Ebenso wie bei der DirektVers (§ 4b), der Pensionskasse (§ 4c) und dem Pensionsfonds (§ 4e) handelt es sich bei der Unterstützungskasse um eine mittelbare (,ausgelagerte') betriebliche Versorgungszusage (vgl § 1 BetrAVG[1]) des ArbG an den begünstigten ArbN. Die dafür erforderliche finanzielle Ausstattung der Kasse wird durch entspr Zuwendungen des ArbG sichergestellt. § 4d zielt (nicht anders als § 4c bei Pensionskasse) darauf ab, festzulegen, unter welchen Voraussetzungen und in welchem Umfang diese Zuwendungen erfolgswirksam als BA abgezogen werden können, und enthält – abw von **§ 4 IV** und weiter gehend als § 4c – erhebliche **Abzugseinschränkungen und -verbote** (nichtabzugsfähige BA, s auch Rn 29). Es soll verhindert werden, dass die ArbG als Trägerunternehmen der Kasse in ertragstarken Jahren Gewinne zukommen lassen und damit die steuerliche Bemessungsgrundlagen willkürlich beeinflussen. Diesem Anliegen gilt es bei Unterstützungskassen in besonderem Maße Rechnung zu tragen, weil diese auf ihre Leistungen keinen (formalen, s Rn 4) Rechtsanspruch einräumen und sie deshalb – anders als Pensionskassen – nicht der Versicherungsaufsicht unterliegen. Sie sind in der Anlage ihres Vermögens frei und können vor allem ihren Trägerunternehmen Darlehen (zurück-)gewähren und dadurch eine In-sich-Finanzierung ermöglichen. Dem will § 4d entgegentreten, indem die Kassenleistungen nicht nach dem sog Anwartschafts-, sondern nur nach dem sog **Kapitaldeckungsverfahren** finanziert werden können; das erforderliche Deckungskapital wird also erst im Zeitpunkt des Leistungsanfalls zugeführt und nicht kontinuierlich angesammelt.

---

1 R 4d II 2 EStR 05.

Zuwendungen an eine Unterstützungs-, Pensionskasse oder einen Pensionsfonds einerseits und die 2
Bildung von Pensionsrückstellungen gem § 6a andererseits für die zeitgleiche Finanzierung gleicher
Versorgungsleistungen an denselben Empfängerkreis sind ausgeschlossen (**Verbot der Doppelfinanzierung**),[1] Zulässig sind jedoch hintereinander geschaltete Finanzierungen, s § 6a Rn 20. Einstandspflichten des ArbG bei unzulänglich ausgestatteten Unterstützungskassen sind nicht über § 6a rückstellbar.[2]

II. Aufbau der Vorschrift. Die Regelung ist wortreich und kompliziert. Die Abzugseinschränkungen und -verbote des § 4d richten sich in erster Linie nicht nach Art, Zusammensetzung und Höhe der Zuwendungen selbst, sondern nach Art und Höhe der entspr Kassenleistungen. Abs 1 unterscheidet insoweit zw Unterstützungskassen, die lebenslänglich laufende (**§ 4d I 1 Nr 1**) und nicht lebenslänglich laufende Leistungen (**§ 4d I 1 Nr 2**) gewähren. **§ 4d I 2** betrifft sog gemischte Kassen mit beiden Leistungsarten; **§ 4d I 3** Trägerunternehmen mit mehreren Unterstützungskassen. **§ 4d II** enthält Regelungen zu den zeitlichen Bedingungen des Zuwendungsabzugs. 3

B. Unterstützungskasse

I. Begriff, Ausschluss des Rechtsanspruchs auf Kassenleistungen. Unterstützungskassen sind nach 4
der auch steuerlich maßgebenden[3] arbeitsrechtlichen Definition in § 1b IV 1 BetrAVG rechtsfähige[4]
(und ggf partiell kstpfl, vgl § 5 I Nr 3 KStG, §§ 1, 3 KStDV[5]) Versorgungseinrichtungen (idR als eV,
GmbH oder auch Stiftung), die auf ihre Leistungen (satzungsmäßig) **keinen Rechtsanspruch** gewähren. Der Ausschluss des Rechtsanspruchs ist konstitutiv. Er wird (bislang und de lege lata zu Recht[6])
weder steuer-[7] noch aufsichtsrechtlich (vgl § 1 III VAG) dadurch infrage gestellt, dass das **BAG**[8] die
Kasse in ständiger Rspr lediglich als Abwicklungsform ansieht (**Deckungsverhältnis**) und deshalb
dem Begünstigten aus dem **arbeitsrechtlichen Grundverhältnis** letztlich doch einen (faktischen)
Rechtsanspruch sowohl gegen die Kasse als auch – im Wege des Durchgriffs – gegen das Trägerunternehmen zugesteht. Ein Widerruf der Zusage kommt (auch während der Anwartschaftsphase)
allenfalls nach billigem Ermessen (zB im Insolvenzfall, vgl § 7 I 2, 3 BetrAVG) in Betracht.

II. Kassenmitglied, Trägerunternehmen. Der Begriff des **Trägerunternehmens** (vgl auch § 7 I 2 5
BetrAVG) ergibt sich aus § 4d I 1 und deckt sich mit jenem in § 4c I 1, s dort Rn 5. **Kassenmitglieder**
können sowohl dieses Unternehmen als auch die Begünstigten sein, zwingend ist beides nicht. Die
Leistungsberechtigung des jeweils Begünstigten ergibt sich allein aus Kassensatzung oder Versorgungsplan, ggf auch aus individualvertraglicher Vereinbarung.

III. Abzugsfähige Zuwendungen. Zum **Zuwendungsbegriff** iSv § 4d s § 4c Rn 7. Der Ersatz von 7
Verwaltungskosten soll nach Auffassung der FinVerw[9] nicht zu den Zuwendungen gehören und gem
§ 4 IV abzugsfähig bleiben, es sei denn, solche Ersatzleistungen werden nach Maßgabe von § 4d I 1
Nr 1 S 1c im Rahmen des Beitragsersatzes für Rückdeckungsversicherungen vorgenommen. Keine
Zuwendungen sind auch Beiträge an den PSV (aG) (§ 7 iVm § 10 I BetrAVG), Einzahlungen auf
das Stammkapital der Unterstützungskasse[10] sowie an diese für Kreditausleihungen gezahlte Zinsen.
Zuwendungen, die über einen Dritten als sog Clearing-Stelle geleistet werden, können nach Maßgabe von § 4d abzugsfähig bleiben.[11]

Infolge des fehlenden Rechtsanspruchs auf die späteren Kassenleistungen führen regelmäßig erst 8
diese (vgl aber § 19 II 2 Nr 3; § 24a; s auch R R 3.11 LStR 08, R 11 II LStR aF: Steuerfreiheit bei
Notfallleistungen idR bis 600 €[12]) und nicht bereits die Zuwendungen beim begünstigten ArbN zu

---

1 R 4d I 2 iVm R 6a XV EStR 05; *K/S/M* § 4d Rn A 28.
2 S BFH BStBl II 03, 347 (für den Fall des Betriebsübergangs gem § 613a BGB und in diesem Zusammenhang auch des Übergangs der Versorgungsverpflichtungen durch eine Unterstützungskasse).
3 BFH BStBl II 93, 185; H 4d I EStH.
4 Ggf auch bereits im Stadium des Vorvereins vor Eintragung, vgl BFH/NV 01, 1300; BFH/NV 03, 18; BFH DStRE 04, 993.
5 Was für § 4d ohne Bedeutung ist, R 4d I 1 EStR 05.
6 *K/S/M* § 4d Rn B 6 ff; **aA** zB *Beul* DB 87, 2603.
7 BFH BStBl II 93, 185; BStBl II 84, 741; s aber auch BStBl II 99, 387.

8 ZB BAG BB 89, 1984; DB 89, 1876; vgl *K/S/M* § 4d Rn B 5 mwN; *Höfer* BetrAVG Bd I ArbR[9] ART Rn 196 ff; s auch BVerfGE 65, 196.
9 BMF BStBl I 96, 1435; *K/S/M* § 4d Rn B 52.
10 BFH BStBl II 71, 180; BStBl II 73, 79 (GrS); eine Teilwert-Abschreibung auf die Anteile an der Unterstützungskasse ist unzulässig, vgl BFH BStBl III 67, 20; BStBl II 71, 180.
11 FinMin Schleswig-Holstein ESt-Kartei, SchlH § 4d Karte 1.4.
12 BVerfG DStR 91, 741.

einem **lstpfl Zufluss**,[1] nach Auffassung der FinVerw mangels Rechtsanspruchs auf die Kassenleistungen auch nicht bei einer **Entgeltumwandlung** (Barlohnumwandlung „Defferred Compensation", vgl § 1 II Nr 3, § 1a BetrAVG),[2] richtiger Auffassung nach insoweit allerdings nur bei der rückgedeckten Barlohnumwandlung.[3] In jedem Fall lstpl sind Leistungen des ArbG an die Unterstützungskasse, die dieser an die Kasse im Zuge der Übertragung bestehender Versorgungsverpflichtungen von der Kasse auf einen Pensionsfonds (§ 112 VAG, vgl § 4e) erbringt, es sei denn, der ArbG stellt den Antrag gem § 4d III auf Verteilung des BA-Abzugs (§ 3 Nr 66; s Rn 85).

9 Zuwendungen sind bis zu den gem § 4d I ausgewiesenen Beträgen **abzugsfähig**, vorausgesetzt, die entspr Kassenleistungen wären, würden sie vom Trägerunternehmen unmittelbar erbracht, betrieblich veranlasst (**§ 4d I 1 einleitender HS**; s ebenso § 4c II, dort Rn 9).[4]

10 Wird die Unterstützungskasse auf ihr Trägerunternehmen oder auch auf einen anderen Rechtsträger, an dem das Trägerunternehmen beteiligt ist, **verschmolzen**, bestimmt **§ 4 II 4 UmwStG nF** (idF des SEStEG v 7.12.06[5]), dass sich der laufende Gewinn des übernehmenden Rechtsträgers in dem Wj, in das der Umwandlungsstichtag fällt, um die Zuwendungen, welche von dem Trägerunternehmen, seinen G'tern oder seinen Rechtsvorgängern an die Kasse geleistet wurden, erhöht (nicht aber um Zuwendungen einer Schwester- oder Nachordnungs-KapGes der Übernehmerin oder eines ‚dritten', gesellschaftlich unverbundenen ArbG-Unternehmens); § 15 I 1 Nr 2 S 2 – und damit doppelstöckige MU'schaften – werden ausdrücklich einbezogen (§ 4 II 4 letzter HS UmwStG nF). Der BA-Abzug der zuvor – in früheren Jahren – nach § 4d abgezogenen Zuwendungen wird also iErg rückgängig gemacht. Über die Querverweisung in **§ 12 III UmwStG nF** findet diese Regelung auch auf die Vermögensübertragung auf eine andere Körperschaft Anwendung. Dadurch soll vermieden werden, dass der BA-Abzug von der übernehmenden Ges oder einem ihrer G'ter doppelt in Anspr genommen wird, einmal über § 4d und ein weiteres Mal über § 6a bei dem ArbG-Unternehmen. Ob die Neuregelungen in jeglicher Hinsicht begründet sind, erscheint allerdings als eher zweifelh: Soweit an die begünstigten ArbN bereits Leistungen erbracht wurden, droht auch keine Doppelerfassung; die gesetzlich befohlene Gewinnerhöhung ist also überschießend. Wird die UK umwandlungsbedingt aufgelöst, dürfte deren Steuerbefreiung gem § 5 Nrn 3 und 4 KStG (ggf) rückwirkend entfallen; bislang als BA Beträge sind rückzuerstatten und ziehen ohnehin ‚reguläre' BE nach sich.

C. Abzugsfähige Zuwendungen für lebenslänglich laufende Leistungen (§ 4d I 1 Nr 1)

11 **Lebenslänglich laufende Leistungen** sind alle laufenden (wiederkehrenden) Leistungen (Alters-, Invaliden-, Witwenversorgungen), soweit sie nicht von vornherein nur für eine bestimmte Anzahl von Jahren oder bis zu einem bestimmten Lebensalter des Leistungsberechtigten vorgesehen sind (zB zeitlich begrenzte Überbrückungsgelder, Waisenrenten, abgekürzte Invaliditätsrenten uÄ[6]) oder unter einem vergleichbaren Vorbehalt stehen.[7] Widerrufsvorbehalte (zB für Wiederverheiratung, Wiederaufnahme der Tätigkeit nach Arbeitsunfähigkeit) sind unschädlich.[8] Zur (ebenfalls unschädlichen[9]) Ablösung von Invaliditätsrenten durch eine Unterstützungskasse s § 6a Rn 20 aE. Hierfür erbrachte Zuwendungen sind gem **§ 4d I 1 Nr 1 S 1a–1d** bis zu den darin bestimmten **jeweiligen Höchstbeträgen** abzugsfähig: (1) Das Deckungskapital für laufende Leistungen (**Nr 1 S 1a**), (2) das sog Reservepolster für Leistungsanwartschaften (**Nr 1 S 1b**), (3) Ersatz von Beiträgen für eine Rückdeckungsversicherung (**Nr 1 S 1c**) sowie (4) Leistungsabfindungen und -ablösungen (**Nr 1 S 1d**). Die Abzugsfähigkeit ist **vom VZ 96** an generell für sämtliche dieser Zuwendungen durch das zulässige Kassenvermögen beschränkt (§ 4d I Nr 1 S 2).

13 **I. Zuwendungen zum Deckungskapital (§ 4d I 1 Nr 1 S 1a).** Das abzugsfähige Zuwendungsvolumen für bereits **laufende Renten** nach § 4d I 1 Nr 1 S 1a bemisst sich nach dem hierfür erforderlichen und von der Kasse benötigten Deckungskapital, wobei die Zuwendungen einmalig erbracht oder auch

---

1 BFH BStBl II 94, 246; s auch BMF BetrAV 94, 221; krit *K/S/M* § 4d Rn A 37.
2 BMF BetrAV 98, 232; eingehend dazu *Jaeger* BetrAV 99, 384; s auch FinMin Brandenburg BB 95, 1335.
3 *K/S/M* § 4d Rn A 38.
4 Vgl auch BFH BStBl II 03, 599 zu einem begünstigten Freiberufler.
5 BGBl I 06, 2782.
6 R 4d II 9 EStR 05, R 27a II 9 EStR aF.
7 R 4d II 6 EStR 05, R 27a II 6 EStR aF.
8 R 4d II 7 EStR 05, R 27a II 7 EStR aF.
9 R 4d II 8 EStR 05, R 27a II 8 EStR aF.

auf die jeweiligen Jahre verteilt werden können; der Zuwendungszeitpunkt ist – allerdings frühestens ab dem Wj des Leistungsbeginns und nur zu Lebzeiten des Leistungsempfängers – beliebig und unterliegt abw von § 6a IV 1 keinem Nachholverbot.[1] Das Deckungskapital wird nach der dem EStG als Anlage 1 beigefügten Tabelle (auf der Grundlage eines Zinsfußes von 5,5 vH und der Einbeziehung einer Witwenversorgung) berechnet. Ausgangspunkt dieser Berechnung ist das (vollendete[2]) Lebensalter des einzelnen Leistungsempfängers zu Beginn der Leistungen oder zum Zeitpunkt einer etwaigen Leistungserhöhung. **Leistungsempfänger** sind ehemalige (= ganz, ggf – als sog **Teilrentner**[3] – auch nur teilw, nicht mehr aktive) ArbN des Trägerunternehmens, die von der Kasse bereits Leistungen erhalten, deren Hinterbliebene sowie andere Pers (§ 4d I 1 Nr 1 S 1a S 2 und S 3). Nach Ein- tritt des Versorgungsfalls weiterarbeitende ArbN sind ggf ‚teilw' ehemalig iSv § 4d (sog Teilrente) mit entspr Abzugsfähigkeit der benötigten Zuwendungen.[4] Die Abzugsfähigkeit für die Witwenrente bleibt aus Gründen der Praktikabilität unabhängig davon vollen Umfanges erhalten, dass in dem Deckungskapital des Mannes bereits eine entspr Versorgungsanteil enthalten war;[5] auch schadet es insoweit nicht, wenn das Deckungskapital für die Altersrente des verstorbenen Ehegatten noch nicht verbraucht ist.[6] Gem § 4d I 1 S 1a ist abzugsfähig ist auch der Ersatz des Kapitalwerts laufender Leistungen durch (einmalige) Abfindungen, nach zutr Auffassung der FinVerw analog § 4d I 1 Nr 1 S 1d auch dann, wenn die Abfindung das Deckungskapital übersteigt.[7] S aber auch das Abfindungsverbot gem § 3 BetrAVG idF des AltEinkG für Versorgungsleistungen, die ab 1.1.05 einsetzen.

Übersicht über die Abzugsfähigkeit gem § 4d I 1 Nr 1 S 1a: 14

Zuwendungen	Voraussetzungen
gem Anlage 1 zum EStG	abhängig vom Alter bei Rentenbeginn
unabhängig von der Leistungsart	Nachholung unterlassener Zuwendungen ist möglich für Erhöhungen vom Erhöhungszeitpunkt an
Versorgungsfall ist eingetreten	zulässiges Kassenvermögen ist nicht überschritten

II. Zuwendungen zum Reservepolster (§ 4d I 1 Nr 1 S 1b). Reservepolster ist jener Betrag, der 20 nach § 4d I 1 Nr 1 S 1b für bestehende **Leistungsanwartschaften** angespart werden kann. Er gibt der Kasse die verfügbaren Mittel, um bei Eintritt des Versorgungsfalles leistungsfähig zu sein. Eine Ausfinanzierung der Anwartschaft (Anwartschaftsdeckung, s Rn 1) kann hierdurch mit steuerlicher Wirkung nicht bewirkt werden. Die Leistung muss **schriftlich** gegenüber dem jeweiligen Leistungsanwärter (individuell oder durch Bekanntmachung eines Leistungsplans) zugesagt werden (§ 4d I 1 Nr 1 S 1b S 2). **Leistungsanwärter** ist gem § 4d I 1 Nr 1 S 1b S 2 jeder (aktive oder ehemalige) ArbN (auch Auszubildende) des Trägerunternehmens, der künftig von der Unterstützungskasse zugesagte Leistungen erhalten **kann** (tatsächlicher Leistungsbezug ist unbeachtlich) und der am Schluss des Wj,[8] in dem zugewendet wird, das 30. Lebensjahr, für erstmalige Zusagen nach dem 31.12.00 (vgl § 52 Abs 12a idF des AVmG v 26.6.01[9]), aus Gründen der Billigkeit aber auch für Alt-Zusagen vom VZ 00[10] an: das 28. Lebensjahr, für erstmalige Zusagen nach dem 31.12.09 (s § 6a Rn 11) das 27. Lebensjahr vollendet hat, daneben auch diesen gleichgestellte Pers und Hinterbliebene (§ 4d I 1 Nr 1 S 1b S 5, Rn 13). Bei einem **ehemaligen ArbN** muss die betr Versorgungsanwartschaft **(1)** unverfallbar und **(2)** darf der Kasse vor Eintritt des Versorgungsfalles nichts über den Fortfall der Leistungsanwartschaft bekannt geworden sein; Nachforschungen brauchen nicht angestellt zu werden.

Für Zuwendungen zur Ansparung des Reservepolsters stehen dem Trägerunternehmen **zwei** 21 **Abzugsmöglichkeiten** zur Vfg, **(1)** der sog **Regelabzug** nach § 4d I 1 Nr 1 S 1b S 1 und **(2)** der sog **Pauschalabzug** nach § 4d I 1 Nr 1 S 1b S 3. An die Ausübung des **Wahlrechts** der Berechnungsme-

---

1 R 4d III 1, 2 EStR 05; *K/S/M* § 4d Rn B 99.
2 R 4d III 5 EStR 05.
3 Vgl § 42 I SGB VI; § 6 BetrAVG; *K/S/M* § 4d Rn B 80.
4 BMF BStBl I 96, 1435; *K/S/M* § 4d Rn B 80.
5 R 4d III 4 EStR 05.
6 R 4d III 3 EStR 05; *K/S/M* § 4d Rn B 100.
7 Finanzsenator Berlin EStG-Kartei Bln § 4d Nr 1008; *Höfer* BetrAVG Bd II StR[4] Rn 1302f.
8 S BMF BStBl I 94, 18.
9 BGBl I 01, 1310.
10 BMF BStBl I 01, 612.

thode ist das Trägerunternehmen **5 Jahre** gebunden. Der Regelabzug orientiert sich an der Summe der jährlich tatsächlich individuell gewährten Versorgungsleistungen **je** Leistungsanwärter als Bemessungsgrundlage, der Pauschalabzug an dem Durchschnittsbetrag dieser Leistungen. Die Höhe der Zuwendungen richtet sich nach bestimmten Prozentsätzen der verschiedenen Leistungsarten,[1] multipliziert mit der Anzahl der Leistungsanwärter am Schluss des betr Wj (s Übersicht, Rn 23). Maßgeblich sind die Zuwendungen im letzten Zeitpunkt der Anwartschaft, spätestens im Zeitpunkt der Vollendung des 65. **Lebensjahres** (§ 4d I 1 Nr 1 S 1b S 1), bezogen auf die Alters- (**nicht**: Invaliditäts- und Hinterbliebenen-)Versorgung mindestens jedoch das 60. (vgl § 36, § 39 SGB VI) und nur in berufsspezifischen Ausnahmefällen bereits das 55. bis 60. Lebensjahr.[2] Bei der Durchschnittsberechnung wird Missbräuchen dadurch vorgebeugt, dass nur Leistungsanwärter berücksichtigt werden, die aE des betr Wj bereits das 50. Lebensjahr vollendet haben (§ 4b I 1 Nr 1 S 1b S 4). Abw von § 4d I 1 Nr 1 S 1a (Rn 13) lassen sich unterbliebene Zuwendungen gem § 4d I 1 Nr 1 S 1b grds **nicht nachholen** („in jedem Wj") und sind auf den Jahresbetrag der künftigen Versorgungsleistungen beschränkt.[3] IÜ gilt das **Stichtagsprinzip** (vgl § 4d I 1b bb: „nach den Verhältnissen am Schluss des Wj"). Infolgedessen dürfen mögliche oder wahrscheinliche Änderungen der Bemessungsgrundlagen der Anwartschaft nicht berücksichtigt werden; aber von den anderen Durchführungswegen betrieblichen Altersversorgung gilt hier insofern letztlich Gleiches wie bei der Direktzusage gem § 6a III 4, insbes zur sog Überversorgung (s dort Rn 42).[4]

23 **Übersicht** über die Abzugsfähigkeit gem § 4d I 1 Nr 1 S 1b:

	Zuwendungen	Voraussetzungen
1. Möglichkeit	– für jeden Leistungsanwärter mit vollendetem 28. (vom VZ 09 an: 27. bis zum VZ 00: 30., s Rn 20) Lebensjahr – pro Jahr 6 vH bei Invaliditätsversorgung 6 vH bei Hinterbliebenenversorgung 25 vH bei Altersversorgung mit oder ohne Invaliditäts- oder Hinterbliebenenversorgung – der jährlichen zugesagten Leistungen	– zulässiges Kassenvermögen – schriftliche Zusage
2. Möglichkeit	– für jeden Leistungsanwärter mit vollendetem 50. Lebensjahr – pro Jahr 6 vH bei Invaliditätsversorgung 6 vH bei Hinterbliebenenversorgung 25 vH bei Altersversorgung mit oder ohne Invaliditäts- oder Hinterbliebenenversorgung – der durchschnittlich laufenden Leistungen	

29 **III. Beiträge zur Rückdeckungsversicherung (§ 4d I 1 Nr 1 S 1c).** Verschafft sich die Unterstützungskasse die Mittel, die sie für die von ihr zu erbringenden Versorgungsleistungen nach den Verhältnissen am Schluss des Wj der Zuwendung benötigt, durch eine (auch fondsgebundene[5]) Lebensversicherung, die auf das Leben der Versorgungsberechtigten abgeschlossen wird, handelt es sich um eine **rückgedeckte Unterstützungskasse**. Auf diese Weise lässt sich die Ansparung der künftigen Leistungen im Wege der Anwartschafts- und nicht nur der Kapitaldeckung erreichen. Die in R 40b.1 II und III LStR 08, R 129 IIIa 3 und 4 LStR aF enthaltenen Anforderungen an den Mindesttodesfallschutz brauchen nicht erfüllt zu werden;[6] 10 vH der Erlebensfallsumme reichen aus, ggf auch eine aufgeschobene Rentenversicherung mit Kapitalwahlrecht.[7] Versiche-

---

1 Zur Berechnung s R 4d IV 9 EStR 05.
2 Vgl R 4d II 4 EStR 05; s auch BMF BStBl I 97, 1024; BStBl I 99, 212; BStBl I 00, 1197; BStBl I 05, 1056.
3 *K/S/M* § 4d Rn B 194 f.
4 BFH BFH/NV 07, 2170; FG Mchn EFG 03, 1150; *Gosch*

KStG § 8 Rn 1000; **aA** *Schmidt*[26] § 4d Rn 7: keine Überversorgung, sondern (nur) Überdotierung.
5 BMF BB 98, 1789; DB 99, 25, aber nur soweit vom Versicherungsunternehmen garantiert.
6 R 4d II 3 EStR 05; BMF FR 97, 63.
7 *Jaeger* BetrAV 99, 384 (385).

rungsnehmer und Bezugsberechtigter ist die Kasse. Das Deckungskapital der Versicherung erhöht deren Vermögen. Weder der Versorgungsberechtigte noch das Trägerunternehmen haben auf die Versicherungsleistung einen Anspr. Die Versicherung kann für den gesamten Bestand der Kasse oder nur für einzelne Pers oder Personengruppen abgeschlossen werden. Sie kann **partiell** oder **kongruent** – sämtliche Kassenleistungen – absichern. Das Trägerunternehmen kann der Kasse die Versicherungsbeiträge ersetzen und die Zuwendungen nach Maßgabe von § 4d I 1 Nr 1 S 1c und begrenzt durch das zulässige Kassenvermögen (Rn 52) als BA abziehen. Bei Ersatz der Versicherungsbeiträge für einen Versorgungsberechtigten, der bereits **Leistungsempfänger** (§ 4d I 1 Nr 1 S 1a S 1) ist, ist der Abzug hiernach grds **einschränkungslos** und unbegrenzt möglich. Im Hinblick auf **Leistungsanwärter** (§ 4d I 1 Nr 1 S 1b S 1) müssen – kumulativ – die **weiteren Bedingungen** gem § 4d I 1 Nr 1 S 1c S 2 bis S 4 erfüllt sein, s die nachfolgende Übersicht Rn 34. Die zeitweilige Unterbrechung der Beitragszahlungen ist – anders als eine abgekürzte Beitragszahlungsdauer[1] – unschädlich.[2] Die nur eingeschränkte Abzugsfähigkeit der Zuwendungen gem § 4d I 1 Nr 1 S 1c korrespondiert (wie auch andernorts bei ganz oder teilw nichtabzugsfähigen BA) nicht. Zahlt die Unterstützungskasse in den Vorjahren geleistete (überhöhte) Zuwendungen an das Trägerunternehmen zurück, führen diese Rückzahlungsbeträge beim Trägerunternehmen deswegen auch dann zu BE, wenn die Zuwendungen wegen Überschreitens der Höchstbeträge steuerlich nicht abgezogen werden durften.[3]

Um die jederzeitige Leistungsfähigkeit der Kasse zu gewährleisten, dürfen die Anspr aus der Rückdeckungsversicherung nicht der Sicherung eines Darlehens dienen (**§ 4d I 1 Nr 1 S 1c S 4**), auch nicht in Gestalt von sog **Policendarlehen** als Vorauszahlungen des Versicherers auf die Versicherungssumme; andernfalls werden die für die Versorgungsleistungen erforderlichen Mittel nicht iSd § 4d I 1 Nr 1 S 1c S 1 durch den Abschluss einer Lebensversicherung „verschafft"[4] (s § 4b S 2; dort Rn 23). Schädlich ist sonach die Beleihung oder Abtretung der der Unterstützungskasse zustehenden Rechte aus der Versicherung. Unschädlich erweist sich allerdings die Verpfändung der Anspr an den Begünstigten selbst[5] (namentlich in Fällen der Barlohnumwandlung, Rn 8), ohne dass die Versicherung dadurch aber zu einer DirektVers iSd § 4b würde[6] (vgl § 4b Rn 3). 30

Überwiegender Auffassung[7] nach müssen der Kasse die gezahlten Beiträge zeitgerecht in jenem Wj ersetzt werden, in dem sie geleistet werden; eine **Nachholung** soll ausgeschlossen sein. Der Gesetzeswortlaut gibt für ein solches Nachholverbot keine Veranlassung.[8] 31

Neben dem Abzug der ersetzten Versicherungsbeiträge wird der Abzug von Zuwendungen gem **§ 4d I 1 Nr 1 S 1a und 1b** (ggf nur anteilig im Deckungsverhältnis, **§ 4d I 1 Nr 1 S 1c S 5**) suspendiert, sobald, solange und soweit die Voraussetzungen von § 4d I 1 Nr 1 S 1c erfüllt sind (**„gute Rückdeckungsversicherung"**). Fehlt es daran (**„schlechte Rückdeckungsversicherung"**), leben diese Abzugsmöglichkeiten wieder auf. Das Trägerunternehmen kann also im Zusammenwirken mit der Kasse in gewisser Weise – über die Versicherungsbedingungen – auf die Modalitäten des Abzugs Einfluss nehmen (s Rn 58). 32

Übersicht über die Abzugsfähigkeit gem § 4d I 1 Nr 1 S 1c: 34

Zuwendungen	Voraussetzungen
für Leistungsempfänger (**§ 4d I 1 Nr 1 S 1a S1 und S 2**)	– zulässiges Kassenvermögen nicht überschritten (**§ 4d I 2**) – keine Überfinanzierung – keine Beleihung der Versicherung (**§ 4d I 1 Nr 1 S 1c S 4,** s Rn 30)

---

1 S aber BFH/NV 05, 1768 (unter II.2.c cc) im Hinblick auf Sinn und Zweck der Norm, die Abzugsfähigkeit nur bei Einsatz als bilanzpolitisches Instrumentarium auszuschließen; wie hier die Vorinstanz FG SchlHol EFG 03, 325.
2 BMF BStBl I 96, 1435 unter E.
3 BFH DStRE 97, 532; BFH/NV 05, 1768; **aA** die Vorinstanz FG SchlHol EFG 03, 325 unter unzutr analoger Anwendung der Ausnahmevorschrift des § 4 V Nr 8 S 3.
4 BFH BStBl II 02, 358; BFH/NV 03, 18; FG Kln EFG 00, 415; FG Mchn EFG 00, 417.
5 R 4d VI 3 EStR 05; zu Einzelheiten der Verpfändung s *Blomeyer* BetrAV 99, 17 ff; 293 ff.
6 BFH BStBl 02, 724.
7 *Höfer* BetrAVG Bd II StR[3] Rn 1054; *B/R/O*[4] StR Rn A 271.
8 *K/S/M* § 4d Rn B 227.

Zuwendungen	Voraussetzungen
für Leistungsanwärter (§ 4d I 1 Nr 1 S 1b S 2 bis S 5)	– zulässiges Kassenvermögen nicht überschritten – keine Überfinanzierung – schriftliche Zusage (**§ 4d I 1 Nr 1 S 1b S1**) – Mindestalter: vollendetes 28. (für Zusagen vom VZ 09 an: 27., bis zum VZ 00: 30., s Rn 20) Lebensjahr im Wj der Zuwendung (**§ 4d I 1 Nr 1 S 1c S 2 HS 1**) bei verfallbarer Altersversorgung, ansonsten (Invaliditäts-, Hinterbliebenen- oder unverfallbare Altersversorgung[1] auch bei jüngeren Anwärtern (**§ 4d I1 Nr 1 S 1c S 2 HS 2**) – Abschluss der Versicherung auf den erstmaligen Leistungsanfall, mindestens auf ein Endalter von 55 Jahren (**§ 4d I 1 Nr 1 S 1c S 2 HS 2**) – nur für Versicherungen mit bis zu diesem Zeitpunkt[2] grds jährlich gleich bleibenden oder steigenden Beträgen (**§ 4d I 1 Nr 1 S 1c S 2**)[3] (**Ausnahmen:**[4] laufende Einmalbeiträge, vorausgesetzt, es existiert eine laufend erdiente Ausfinanzierungsgarantie durch die Versicherungen; vorzeitiges Ausscheiden des ArbN; Reduzierung der Versorgungsansprüche und damit auch der Versicherungsleistungen; vertragliche Entgeltumwandlungen; Erhöhung der Beitragsbemessungsgrenzen in der gesetzlichen Rentenversicherung; nicht aber sinkende Beiträge aufgrund variabler Gehaltsbestandteile, zB Weihnachts-, Urlaubsgelder) – keine Beleihung der Versicherung (**§ 4d I 1 Nr 1 S 1c S 4**; s dazu Rn 30)

40 **IV. Abfindungen und Auslösungen (§ 4d I 1 Nr 1 S 1d).** Nach § 4d I 1 Nr 1 S 1d sind jene Zuwendungen des Trägerunternehmens an die Unterstützungskasse als BA abzugsfähig, die den Betrag nicht übersteigen, den die Kasse einem **Leistungsanwärter** (Rn 20) vor Eintritt des Versicherungsfalls (zB bei Ausscheiden aus dem Betrieb, bei Umstrukturierungen uÄ) **(1)** als **Abfindung** für künftige Ver- sorgungsleistungen gewährt, oder **(2)** einem anderen[5] Versorgungsträger, der eine ihr obliegende Versorgungsverpflichtung (gem § 4 II Nr 1 BetrAVG) übernommen hat, als (ggf auch einmalige[6]) **Auslösung** zahlt. Vom VZ 05 an (vgl Art 18 III AltEinkG) tritt **(3)** der **Übertragungswert gem § 4 V BetrAVG** für den Fall hinzu, dass die vom ArbN beim bisherigen ArbG erworbene unverfallbare Anwartschaft gem § 4 II Nr 2 BetrAVG auf den neuen ArbG übertragen wird. Die Regelung nimmt damit zwar nicht ausdrücklich, jedoch indirekt und der Sache nach Bezug auf die entspr arbeitsrechtlichen Regelungen in §§ 3 I und 4 II BetrAVG, geht aber der Sache nach über die dort geregelten Tatbestände hinaus, insbes durch die Einbeziehung von Betriebsübernahmen iSv § 613a BGB.[7] Die Abzugsfähigkeit der Beträge ist vom VZ 96 an durch das zulässige Kassenvermögen (Rn 52) begrenzt. Ein **Nachholungsverbot** lässt sich dem Gesetzeswortlaut unmittelbar nicht entnehmen,[8] entspricht aber, wie sich insbes aus § 4d III 1 1 ergibt, erkennbar der gesetzlichen Konzeption. Zur Abzugsfähigkeit von Abfindungen an Leistungsempfänger gem § 4d I 1 Nr 1 S 1a s Rn 13.

D. Abzugsfähige Zuwendungen für nicht lebenslänglich laufenden Leistungen (§ 4d I 1 Nr 2)

45 Bei nicht lebenslänglich laufenden Versorgungsleistungen (Rn 3, 11) handelt es sich vorrangig um (einmalige) **Notfallleistungen**, ferner Waisenrenten, Sterbegelder uÄ. Zuwendungen hierfür sind in den Grenzen des **§ 4d I 1 Nr 2** abzugsfähig, obwohl es sich hierbei idR nicht um Maßnahmen der betrieblichen Altersversorgung handelt. Die gesetzlichen Abzugsgrenzen bestimmen sich wie folgt:

---

1 R 4d VIII 7 EStR 05.
2 FG D'dorf EFG 00, 419.
3 R 4d IX 2 EStR 05; zeitweiliges Absinken infolge Verrechnung mit Gewinngutschriften ist unschädlich.
4 R 4d IX 2–8 EStR 05; BMF BStBl I 02, 214; SenFin Bremen DStR 05, 247.

5 Also nicht bei Zahlung von Abfindungen durch die Unterstützungskasse an das eigene Trägerunternehmen, s FG BaWü EFG 88, 202; *K/S/M* § 4d Rn B 282.
6 *Höfer* BetrAVG Bd II StR[4] Rn 1128.
7 *K/S/M* § 4d Rn B 281.
8 Str, *K/S/M* § 4d Rn B 287; *A/F/R* 3. Teil Rn 161; **aA** *B/R/O*[4] StR A Rn 278.

Übersicht über die Abzugsfähigkeit gem § 4d I 1 Nr 1 S 1d: 46

Mindestabzug:	0,2 vH der Lohn- und Gehaltssumme
Abzugserhöhung:	um den tatsächlichen Ersatz der Kassenleistungen
Begrenzung der Abzugserhöhung:	auf die in den 5 vorangegangenen Wj vorgenommen Zuwendungen, diese gemindert um die tatsächlichen Kassenleistungen in dem gleichen Zeitraum
absolute Abzugsgrenze:	durch das zulässige Kassenvermögen (§ 4d I 1 Nr 2 S 3 bis S 5)

In die für den Mindestabzug maßgebliche Lohn- und Gehaltssumme des Trägerunternehmens sind 47 die Löhne und Gehälter des gleichen Personenkreises einzubeziehen, für den auch Zuwendungen zum Reservepolster gem § 4d I 1 Nr 1 S 1b zugelassen sind. Löhne und Gehälter von Pers, die keine entspr nicht lebenslänglich laufenden Leistungen erhalten können, sind allerdings auszuscheiden (**§ 4d I 1 Nr 2 S 6**). Die Abzugserhöhung gem **§ 4d I 1 Nr 2 S 1 letzter HS** berücksichtigt tatsächlich höhere Kassenleistungen im betr Wj und ermöglicht dadurch iErg die Vollfinanzierung nicht lebenslänglich laufender Leistungen durch die Zuwendungen, dies aber nur dann, wenn diese Leistungen nicht bereits durch einen sich für die vorausgegangenen 5 Wj (= des Trägerunternehmens) insgesamt ergebenden Überschuss der Pauschalzuwendung abgedeckt sind. Von der Kasse in **deren** letzten 5 Wj thesaurierte Zuwendungen schmälern also den Zuwendungsrahmen im aktuellen Wj. In diesem Jahr unterbliebene Zuwendungen lassen sich **nicht steuerwirksam nachholen**.[1]

Zur **absoluten Abzugsgrenze** durch das zulässige Kassenvermögen s Rn 52. 48

E. Begrenzung der Abzugsfähigkeit durch das zulässige Kassenvermögen (§ 4d I 1 Nr 1 S 2 bis 7, § 4d I 1 Nr 2 S 3 bis 5)

Die steuergesetzlichen Regelungen zielen darauf ab, überdotierten Unterstützungskassen vorzu- 52 beugen und deshalb solche Kassen, deren Vermögen bestimmte Grenzen überschreitet und die aus diesem Grunde **überdotiert** sind, steuerlich schlechter zu stellen. Dies geschieht **(1)** durch die Abzugsbeschränkungen in § 4d, und **(2)** dadurch, dass von bestimmten rechnerischen Grenzen ab die Unterstützungskasse selbst (ganz oder ggf teilw) stpfl wird (vgl § 5 I Nr 3 KStG, § 3 Nr 9 GewStG, § 3 I Nr 5 VStG). Der Maßstab der Überdotierung wird hier wie dort durch das **zulässige Kassenvermögen** festgelegt. Das steuerliche Abzugsvolumen wird danach durch den Unterschiedsbetrag zw dem zulässigen und dem tatsächlichen Kassenvermögen bestimmt (**§ 4d I 1 Nr 1 S 2, § 4d I 1 Nr 2 S 2**).

Tatsächliches Kassenvermögen ist eine **Ist-**, **zulässiges Kassenvermögen** hingegen eine **Rechengröße**, 53 wobei zw Unterstützungskasse mit lebenslänglich (Rn 11) und nicht lebenslänglich (Rn 45) laufenden Leistungen zu unterscheiden ist (**§ 4d I 1 Nr 1 S 4 und 5, § 4d I 1 Nr 2 S 3 und 4**, s dazu Rn 57). **Im Einzelnen** gelten die folgenden Maßgaben:

Bei lebenslänglich laufenden Leistungen: 57

	zulässiges Kassenvermögen	tatsächliches Kassenvermögen
Zusammensetzung	– Deckungskapital für alle am Schluss des Wj laufenden Leistungen iSv § 4d I 1 Nr 1 S 1a oder stattdessen (ganz oder teilw, s § 4d I 1 Nr 1 S 5 letzter HS): Wert der Rückdeckungsversicherungen iSv § 4d I 1 Nr 1 S 1c – das Achtfache der zulässigen Zuwendungen zum Reservepolster iSv § 4d I 1 Nr 1 S 1b oder stattdessen (ganz oder teilw, s **§ 4d I 1 Nr 1 S 5 letzter HS**): Wert der Rückdeckungsversicherungen iSv § 4d I 1 Nr 1 S 1c	alle tatsächlich vorhandenen Vermögenswerte

---

[1] S Beispiel H 4d XI EStH 05.

	zulässiges Kassenvermögen	tatsächliches Kassenvermögen
Bewertung	gem § 4d I 1 Nr 1 S 4 die **Summe aus dem Deckungskapital**: gem Anlage 1 zum EStG und dem **achtfachen Reservepolster**: (reine Rechengröße) im Falle des Abschlusses einer **Rückdeckungsversicherung**: geschäftsplanmäßiges Deckungskapital (**§ 4d I 1 Nr 1 S 5**) oder ersatzweise der Rückkaufswert (**§ 4d I 1 Nr 1 S 6**), jeweils ohne Guthaben aus Beitragsrückerstattungen, ohne Bindung der Kasse an die Bewertungsmethoden des Trägerunternehmens bei der Ermittlung des Dotierungsrahmens zum Reservepolster iSv § 4d I 1 Nr 1 S 1b [1]	Grundbesitz: 200 vH des EW (**§ 4d I 1 Nr 1 S 3 HS 1**) sonstiges **Vermögen**: gemeiner Wert (**§ 4d I 1 Nr 1 S 3 letzter HS**) **Versicherungen**: geschäftsplanmäßiges Deckungskapital zuzüglich Guthaben aus Beitragsrückerstattungen (**§ 4d I 1 Nr 1 S 3 HS 1**), ersatzweise Rückkaufswert (**§ 4d I 1 Nr 1 S 6 HS 1**)

58 **Rückdeckungsversicherung.** Hat die Unterstützungskasse ihre Leistungen durch den Abschluss einer Versicherung ‚rückgedeckt' und liegen die Voraussetzungen für den Abzug der Zuwendungen gem § 4d I 1 Nr 1 S 1c S 1 bis 4 vor, so ist das **zulässige Kassenvermögen** für die sog Regelzuwendungen zum Ausgleich des Deckungskapitals gem § 4d I 1 Nr 1 S 1a und des Reservepolsters gem § 4d I 1 Nr 1 S 1b in jenem Verhältnis **zu vermindern**, in dem die Leistungen der Kasse durch die Versicherung gedeckt sind, **§ 4d I 1 Nr 1 S 1c S 5**. Diese Regelung schien dem Gesetzgeber als erforderlich, um etwaige Doppelzuwendungen zu verhindern. Daraus folgt bei einer Volldeckung der Kassenleistungen (**kongruente Deckung**), dass der steuerlich wirksame Abzug der Regelzuwendungen generell, ansonsten (bei **nur partieller Rückdeckung**), dass er teilw entfällt. Für die Verhältnisbestimmung ist (aber nicht rückwirkend, sondern nur für künftige Zuwendungen vom Zeitpunkt des jeweiligen Versicherungsabschlusses an) unter Beachtung des strengen Einzelbewertungsprinzips die Rückdeckungsquote für jede abgeschlossene Versicherung anhand der **Barwerte der Versicherungsleistungen** (dh vor allem: übereinstimmender Zinsfuß) ausschlaggebend.[2] Schätzungsverfahren werden von der FinVerw nicht akzeptiert. Zur Abzugsminderung gelangt man allerdings nicht bereits aufgrund der bloßen Beitragszahlung an die Versicherung, vielmehr nur **(1)** bei gleichzeitigem Vorliegen der Voraussetzungen des § 4d I 1 Nr 1 S 1c und **(2)** bei tatsächlichem Ersatz der Versicherungsbeiträge durch das Trägerunternehmen. Ansonsten behalten § 4d I 1 Nrn 1 S 1a und 1b den Charakter von Auffangtatbeständen und belassen dem Trägerunternehmen durch Einsatz sog guter und schlechter Rückdeckungsversicherungen ein gewisses Maß an Gestaltungsmöglichkeiten (s Rn 32).[3]

60 **Bei nicht lebenslänglich laufenden Leistungen:**

	zulässiges Kassenvermögen	tatsächliches Kassenvermögen
Zusammensetzung	1 vH der durchschnittlichen jährlichen Lohn- und Gehaltssumme der letzten 3 Wj des Trägerunternehmens (**§ 4d I 1 Nr 2 S 3**), aber nur von Personen, die nicht lebenslängliche Leistungen erhalten können (**§ 4d I 1 Nr 2 S 6**), vom VZ 96 an bei Kassen, die bereits 10 Wj bestanden haben, zusätzlich begrenzt auf die Summe der in den letzten 10 Wj gewährten Leistungen (**§ 4d I 1 Nr 2 S 4**)	keine Besonderheiten (**§ 4d I 1 Nr 2 S 5**)

61 Nicht abziehbare, (mittelbar) privat veranlasste Zuwendungen des Trägerunternehmens gem **§ 4d I 1 HS 2** sind zwar in das tatsächliche, nicht aber in das zulässige Kassenvermögen nicht miteinzubeziehen,[4] ebenso weggefallene Kassenleistungen sowie Erträge der Unterstützungskasse. Einzubeziehen sind jedoch **einmalige Kapitalleistungen**, die an Stelle lebenslänglich laufender Leistungen

---

1 R 4d XIII 2 EStR 05.
2 Vgl BMF BStBl I 96, 1435 unter C.
3 K/S/M § 4d Rn B 246 ff, B 250.
4 BMF BStBl I 96, 1435 unter B. I.; K/S/M § 4d Rn B 298; B/R/O[4] StR A Rn 220.

erbracht werden;[1] bei solchen gelten 10 vH der Kapitalleistung als Jahresbetrag der lebenslänglich laufenden Leistung (§ 4d I 1 Nr 1 S 7).

F. Zuwendungen an gemischte Kassen (§ 4d I 2)

Bei gemischten Unterstützungskassen, die sowohl lebenslänglich als auch nicht lebenslänglich laufende Leistungen gewähren, gelten die Abzugsmöglichkeiten von § 4d I 1 Nr 1, 2 nebeneinander (§ 4d I 2). Der Abzugsumfang der einzelnen Zuwendungen ist zunächst getrennt zu ermitteln, anschließend jedoch zusammenzurechnen und gemeinsam festzustellen. Die Abzugsmöglichkeit orientiert sich folglich an den Gesamtzuwendungen und der Höhe des Kassenvermögens als Gesamtgröße. 65

G. Mehrere Unterstützungskassen eines Trägerunternehmens (§ 4d I 3)

Unterhält ein Trägerunternehmen **mehrere Unterstützungskassen** (nicht: Gruppen- oder Konzern-Unterstützungskasse, s § 4c Rn 3), so sind diese für die Ermittlung der beim Trägerunternehmen abzugsfähigen Zuwendungen als eine Einheit zu behandeln (§ 4d I 3), um die Erhöhung des insgesamt abzugsfähigen Zuwendungsvolumens durch Aufteilung auf zahlreiche Kassen zu verhindern. 68

H. Zeitliche Bezüge des Zuwendungsabzugs (§ 4d II und III)

I. Leistung der Zuwendung als Realisierungshandlung (§ 4d II 1).
Hinsichtlich der zeitlichen Abzugsvoraussetzungen beinhaltet § 4d II 1 den Grundsatz, dass Zuwendungen in jenem Wj (des Trägerunternehmens, nicht der Unterstützungskasse) als BA abzuziehen sind, in dem sie geleistet werden (auch durch Umbuchung oder Gutschrift). Es gilt das **Abflussprinzip** (§ 11 II 1); §§ 4 I, 5 bleiben allerdings unberührt. 70

II. Nachholung von Zuwendungen durch rückwirkende Rückstellung (§ 4d II 2 und 4). § 4d II 2
ermöglicht die **Nachholung von Zuwendungen**: Wenn diese bis zum Ablauf eines Monats nach – tatsächlicher[2] – Aufstellung (vgl § 245 HGB) oder Feststellung (vgl §§ 148, 172f AktG, §§ 41, 46 Nr 1 GmbHG) der (Handels-)Bilanz des Trägerunternehmens für den Schluss eines (= nicht unbedingt des unmittelbar vorangegangenen[2]) Wj geleistet (= verbindlich zugesagt[3]) werden, können sie für das abgelaufene Wj in der Steuerbilanz – abw vom Maßgeblichkeitsgrundsatz des § 5 I 2 (s **§ 4d II 4**)[4] – noch durch eine Rückstellung gewinnmindernd berücksichtigt werden (Wahlrecht). Die gesetzlichen Abschlussfristen für die Aufstellung und die Feststellung der Bilanz (zB § 243 III; § 264 I 2 HGB, § 42a II GmbHG; § 175 I 2 AktG) sind für den Fristbeginn unbeachtlich.[2] Da es sich um ein **Bilanzwahlrecht** handelt, kommt auch eine nachträgliche Bilanzänderung gem § 4 II 2 in Betracht, zB nach Durchführung einer Betriebsprüfung.[5] Die tatbestandlichen Abzugsvoraussetzungen des § 4d I müssen erfüllt sein.[6] 72

III. Verteilung nicht abzugsfähiger Zuwendungen auf künftige Wirtschaftsjahre (§ 4d II 3 und 4).
Zuwendungen eines Wj, die die gem § 4d I abzugsfähigen Höchstbeträge übersteigen, bleiben steuerlich unbeachtlich. Ebenfalls abw vom Maßgeblichkeitsgrundsatz des § 5 I **(vgl § 4d II 4)** ermöglicht § 4d II 3 allerdings, die (im jeweiligen Wj[7]) übersteigenden Beträge auf die folgenden 3 Wj **aktiv abzugrenzen** und erst in diesen Jahren **(Verteilungswahlrecht)**, spätestens im dritten Wj gewinnneutral aufzulösen. Der jeweilige RAP ist allerdings auf die Überdotierung des jeweiligen Wj beschränkt, was durch (Teil-)Auflösung des bisherigen und Ingangsetzen eines neuen RAP im Falle einer abermaligen Überdotierung in einem Folgejahr einen **revolvierenden Vortragsposten** ermöglicht;[8] stattdessen können die tatsächlichen Zuwendungen des Wj auch mit dem Zuwendungs-Höchstbetrag verrechnet und der Überschuss in einen neuen RAP eingestellt werden. Zw beiden Möglichkeiten kann auch gewechselt werden; das Gesetz gibt keine feste Auflösungsmethode vor.[9] – Aus Billigkeit gewährt die **FinVerw** diese Möglichkeit „sinngemäß" auch StPfl, die ihren Gewinn durch Überschussrechnung 75

---

1 Str, wie hier BFH BStBl II 95, 21; *K/S/M* § 4d Rn B 299; aA *A/F/R* 3. Teil Rn 172.
2 *K/S/M* § 4d Rn C 16.
3 *K/S/M* § 4d Rn C 11.
4 *K/S/M* § 4d Rn C 17; *Mathiak* FS Moxter, 1994, S 315 (320f).
5 *K/S/M* § 4d Rn C 18.
6 *K/S/M* § 4d Rn C 19.
7 Das ermöglicht einen revolvierenden Vortragsposten mit neuer Laufzeit, vgl *K/S/M* § 4d Rn C 31.
8 *K/S/M* § 4d Rn C 31.
9 **AA** FG BaWü EFG 06, 1820 mit Anm *Kuhfus*; vom BFH/NV 07, 2089 aus anderen Gründen offen gelassen.

(§ 4 III) ermitteln;[1] das ist bedenklich[2] und führt zu manchen (unbeantworteten) Folgefragen (Dokumentation des – ansonsten mangels Bilanzierung nicht ‚sichtbaren' – RAP im Jahr der Überdotierung; Ablauf der Festsetzungsverjährung).[3] Die FinVerw akzeptiert auch, dass Zuwendungen in den Folgejahren zunächst in Höhe des verbleibenden Abgrenzungspostens als geleistet gelten.[1] Die Bildung des Postens wirkt sich dadurch auf das tatsächliche Kassenvermögen nicht aus. Die Verrechnungsmöglichkeiten künftiger Zuwendungen mit dem Abgrenzungsposten bleiben auch nach Umwandlung erhalten, es sei denn, die Einbringung (§§ 20, 21 UmwStG nF, § 20 UmwStG aF) erfolgt zum Teilwert (§ 21 I 1, II 2, § 21 I 2 UmwStG nF, § 20 II, § 23 I 1 UmwStG aF); der Abgrenzungsposten ist dann aufzulösen.[4] Das zulässige Kassenvermögen iSv § 4d I 1 Nr 1 S 4 bleibt von der Abgrenzung der überhöhten Zuwendungen gem § 4d II 3 in jedem Fall unberührt.[5]

80 **IV. Verteilung der Zuwendungen auf künftige Wirtschaftsjahre bei Übertragung von Versorgungsverpflichtungen und -anwartschaften auf Pensionsfonds (§ 4d III).** Vom 1.1.02 an kann die Unterstützungskasse ihre Versorgungsverpflichtungen oder -anwartschaften auf einen Pensionsfonds (§§ 1 II Nr 3, 1a BetrAVG, § 4e) übertragen. Im Falle einer derartigen Übertragung bewertet der aufnehmende Pensionsfonds die zu übernehmende Versorgungsverpflichtung im Übertragungszeitpunkt mit dem Barwert und wird die infolge der unterschiedlichen Bewertungsmaßstäbe zusätzlich benötigten Mittel von der Unterstützungskasse zur Abdeckung dieser Verpflichtungen anfordern, was wiederum entspr Zuwendungen des Trägerunternehmens an die Kasse zur Folge hat. **§ 4d III 1** ermöglicht es, den dadurch ausgelösten BA-Abzug abw von § 4d I 1 Nr 1 S 1d (Rn 40) und § 4d II (Rn 70ff) auf die dem Wj der Zuwendung folgenden 10 Wj gleichmäßig zu verteilen. Der Verteilungszeitraum beginnt im Falle der Bilanzierung gem § 4 I und § 5 in dem Wj der Entstehung der Leistungsverpflichtung folgen- den Wj, bei einer Gewinnermittlung gem §§ 3, 4 III in dem dem Jahr der Leistung folgenden Wj.[6] Das Verteilungsrecht setzt einen **unwiderruflichen Antrag** voraus, an den auch der Rechtsnachfolger gebunden ist (**§ 4d III 2**). Entspr gilt gem § 4e III, wenn der ArbG unmittelbar bei ihm bestehende Versorgungsverpflichtungen und -anwartschaften auf einen Pensionsfonds überträgt (s § 4e Rn 27).

85 Stellt das Trägerunternehmen den Verteilungsantrag nicht, bleibt es dabei (s Rn 70), dass die Zuwendungen in Gänze als BA abgezogen werden können. Diesem Liquiditätsvorteil beim ArbG steht gem **§ 3 Nr 66** allerdings der Verlust der LSt-Freiheit der erbrachten Leistungen beim ArbN gegenüber. Diesen Steuervorteil wird sich der ArbN jedoch ohne entspr Ausgleich kaum nehmen lassen. Die Möglichkeit dazu ist ihm gegeben, weil der Wechsel des Durchführungsweges der betrieblichen Altersversorgung auf den Pensionsfonds arbeitsrechtlich von seiner Zustimmung (ggf der Gewerkschaft, des Betriebsrats) abhängig ist. Der ArbG wird deswegen idR gezwungen sein, die LSt-Freiheit zugunsten seiner ArbN „mit einer Streckung des BA-Abzugs für den überschießenden Betrag zu erkaufen".[7]

§ 4e Beiträge an Pensionsfonds

(1) Beiträge an einen Pensionsfonds im Sinne des § 112 des Versicherungsaufsichtsgesetzes dürfen von dem Unternehmen, das die Beiträge leistet (Trägerunternehmen), als Betriebsausgaben abgezogen werden, soweit sie auf einer festgelegten Verpflichtung beruhen oder der Abdeckung von Fehlbeträgen bei dem Fonds dienen.

(2) Beiträge im Sinne des Absatzes 1 dürfen als Betriebsausgaben nicht abgezogen werden, soweit die Leistungen des Fonds, wenn sie vom Trägerunternehmen unmittelbar erbracht würden, bei diesem nicht betrieblich veranlasst wären.

(3) [1]Der Steuerpflichtige kann auf Antrag die insgesamt erforderlichen Leistungen an einen Pensionsfonds zur teilweisen oder vollständigen Übernahme einer bestehenden Versorgungsverpflichtung oder Versorgungsanwartschaft durch den Pensionsfonds erst in den dem Wirtschaftsjahr der Übertragung folgenden zehn Wirtschaftsjahren gleichmäßig verteilt als Betriebsausgaben abziehen.

---

1 BMF BStBl I 96, 1435 unter J.2.
2 Vgl *K/S/M* § 4d Rn C 28.
3 FG D'dorf EFG 06, 1818 mit Anm *Kuhfus*.
4 *K/S/M* § 4d Rn C 33; *W/M* § 22 UmwStG Rn 505 iVm Rn 188; Anh 10 Rn 270.
5 *K/S/M* § 4d Rn C 42.
6 S dazu BMF BStBl I 06, 709 Tz 7.
7 *Höfer* BetrAV 01, 314 (319).

²Der Antrag ist unwiderruflich; der jeweilige Rechtsnachfolger ist an den Antrag gebunden. ³Ist eine Pensionsrückstellung nach § 6a gewinnerhöhend aufzulösen, ist Satz 1 mit der Maßgabe anzuwenden, dass die Leistungen an den Pensionsfonds im Wirtschaftsjahr der Übertragung in Höhe der aufgelösten Rückstellung als Betriebsausgaben abgezogen werden können; der die aufgelöste Rückstellung übersteigende Betrag ist in den dem Wirtschaftsjahr der Übertragung folgenden zehn Wirtschaftsjahren gleichmäßig verteilt als Betriebsausgaben abzuziehen. ⁴Satz 3 gilt entsprechend, wenn es im Zuge der Leistungen des Arbeitgebers an den Pensionsfonds zu Vermögensübertragungen einer Unterstützungskasse an den Arbeitgeber kommt.

BMF BStBl I 06, 709

Literatur: *ABA eV* Der deutsche Pensionsfonds, 2002; *Baumeister* Umsetzung der Pensionsfonds-Richtlinie der EU durch die 7. Novelle des Versicherungsaufsichtsgesetzes, DB 05, 2076; *Bode/Grabner* Pensionsfonds und Entgeltumwandlung in der betrieblichen Altersversorgung, 2002; *Briese* Übertragung von Pensionsanwartschaften und Pensionsverpflichtungen auf einen Pensionsfonds, DB 06, 2424; *Förster/Meier/Weppler* Steuerliche Zweifelsfragen aus der Änderung des § 112 VAG, BetrAV 05, 726; *Förster/Rühmann/Recktenwald* Auswirkungen des Altersvermögensgesetzes auf die betriebliche Altersversorgung, BB 01, 1406; *Friedrich/Weigel* Übertragung von Pensionsverpflichtungen auf einen Pensionsfonds, DB 03, 2564; *dies.* Die steuerliche Behandlung verschiedener Finanzierungsmodelle bei der Auslagerung unmittelbarer Versorgungszusagen und Unterstützungskassenzusagen auf einen Pensionsfonds, DB 04, 2282; *Gohdes/Haferstock/Schmidt* Pensionsfonds nach dem AVmG aus heutiger Sicht, DB 01, 1558; *Grabner/Bode/Stein* Brutto-Entgeltumwandlung vs. „Riester-Förderung" – Betriebsinterner Pensionsfonds vs. Pensionsfonds nach AVmG – Ein Günstigkeitsvergleich, DB 01, 1893; *Heubeck* Pensionsfonds – Grenzen und Möglichkeiten, DB 01, Beil. Nr 5, S 2; *Höfer* Die Neuregelung des Betriebsrentenrechts durch das Altersvermögensgesetz, BetrAV 01, 314; *ders* Das neue Betriebsrentenrecht, 2003, Rn 674; *May/Warnke* Bilanzsteuerrechtliche Berücksichtigung der Übertragung auf Pensionsfonds, BetrAV 07, 136; *Meier/Bätzel* Auslagerung von Pensionsrückstellungen auf einen Pensionsfonds, DB 04, 1437; *Niermann* Die betriebliche Altersversorgung im Altersversorgungsgesetz aus steuerlicher Sicht, DB 01, 1380; *Strahl* Altersvorsorge nach dem AVmG: Überblick, Durchführungswege, Praxishinweise, KÖSDI 01, 13023.

A. Grundaussagen der Vorschrift

I. Sinn und Zweck. Durch das AVmG¹ ist einer langjährigen Forderung Rechnung getragen und mit der Pensionsfondszusage ein weiterer (vierter, s §§ 4b, 4c, 4d) Durchführungsweg der betrieblichen Altersversorgung eingeführt worden. § 4e setzt die steuerlichen Rahmenbedingungen für die Abzugsfähigkeit der Zuwendungen, die an den Fonds zu erbringen sind. Zu den Vor- und Nachteilen gegenüber den bisherigen „traditionellen" Durchführungswegen der betrieblichen Altersversorgung s auch Rn 8, 10.   **1**

II. Verhältnis zu anderen Vorschriften. Wie bei den Zuwendungen an Pensionskassen (§ 4c Rn 1) werden die ArbG-Beiträge bis zu 4 vH der Beitragsbemessungsgrenze zur gesetzlichen Rentenversicherung von der LSt und ESt beim ArbN freigestellt, **§ 3 Nr 63**, allerdings nur für ein erstes Dienstverhältnis der Begünstigten und vorausgesetzt, der ArbN verzichtet im Falle einer Entgeltumwandlung darauf, gem § 1a III BetrAVG die Zulagengewährung gem § 82 II oder den SA-Abzug gem § 10a zu verlangen (Ausschluss der Doppelförderung). Diese Förderungen werden von einem Pensionsfonds ohne weiteres ermöglicht, weil er kraft Gesetzes lebenslang gleich bleibende oder steigende Altersrente garantiert (Altersvorsorge-Zertifizierung, vgl § 82 II iVm § 1 Nr 4, § 112 VAG, s Rn 8). Zur Steuerfreiheit der Leistungen des ArbG an den Pensionsfonds bei Übernahme bestehender Versorgungsverpflichtungen durch diesen s **§ 3 Nr 66** (Rn 27). Sind die Beiträge an den Fonds hiernach stfrei, unterliegen die späteren Versorgungsleistungen (einschließlich Erträge) aus dem Fonds der Stpfl gem **§ 22 Nr 5**. Der Altersentlastungsbetrag gem § 24a kann hierbei beansprucht werden. Soweit die Beiträge beim ArbN stpfl sind, kommt eine pauschale Steuererhebung gem **§ 40a** in Betracht. – Der Pensionsfonds ist – abw insbes von Pensionskassen (vgl § 5 I Nr 3 KStG, § 3 Nr 9 GewStG) – kst- und gewstpfl, „faktisch" jedoch infolge § 8b KStG (Steuerfreiheit von Dividenden und Anteilsveräußerungen), § 21 KStG (BA-Abzug für Beitragsrückerstattungen) und steigender Deckungsrückstellungen infolge steigender Zeitwerte der Kapitalanlagen weitgehend stfrei.   **3**

---

1 BGBl I 01, 1310.

4 III. Zeitlicher Anwendungsbereich. Die Neuregelung ist erstmals für jenes Wj anwendbar, das nach dem 31.12.00 endet (§ 52 Abs 12b idF des AVmG).

B. Pensionsfonds, Trägerunternehmen, Begünstigte

8 Ein Pensionsfonds ist gem § 1b III BetrAVG iVm **§ 112 I 1 VAG** eine rechtsfähige (auch ausländische, vgl §§ 118c–118f VAG idF der 7. VAGÄndG v 29.8.05[1]) Einrichtung in der Rechtsform der AG oder des Pensionsfondsvereins aG (vgl § 113 II Nr 3 VAG), die gegen Zahlung von Beiträgen eine kapitalgedeckte betriebliche Altersversorgung für einen oder mehrere ArbG als leistendes Unternehmen (Trägerunternehmen, § 4e I, zum Begriff s § 4c Rn 5) durchführt (ausgestaltet als Firmen- oder Konzern-, Gruppen- oder Branchen- oder auch als sog Wettbewerbspensionsfonds, letzteres, wenn er sich auf jegliches Unternehmen erstreckt). Treuhandmodelle (sog CTA = Contractual Trust Arrangements)[2] fehlen diese Erfordernisse ebenso wie rein betriebsinternen Fonds, die für einen mittelbaren Versorgungsträger notwendige Eigenständigkeit ermangeln.[3] Die Fondsleistungen sind (ausnahmslos) als **lebenslange Altersrente**, als Invaliditäts- oder Hinterbliebenenversorgung wegen der entfallenden Bedürftigkeit ggf auch befristet (vgl § 112 I 1 Nr 4 VAG idF des 7. VAGÄndG v 29.8.05), und entweder **beitragsbezogen** (mit Zusage einer **Mindestleistung**, vgl § 1 II Nr 2 BetrAVG, § 112 I 3 Nr 1 VAG aF) oder **leistungsbezogen** (vgl § 1 I BetrAVG, § 112 I 3 Nr 2 VAG aF, ggf durch Beitragsumwandlung, vgl § 1 II Nr 1 BetrAVG) zu erbringen. S dazu im Einzelnen § 4b Rn 4 zur parallelen Rechtslage bei der DirektVers. Eine lebenslange Rente oder ein Auszahlungsplan liegt auch vor, wenn außerhalb monatlicher Zahlungen einmalig bis zu 30 vH des Kapitals, das zu Beginn der Auszahlungsphase zur Verfügung steht, ausgezahlt wird (vgl § 112 I 2 VAG nF iVm § 1 I 1 Nr 4 AltZertG). In den Fällen einer leistungsbezogenen Zusage gem § 1 II Nr 2 BetrAVG genügt abw von § 112 I 1 Nr 4 VAG das Vorliegen einer zeitlich unbegrenzten Nachschusspflicht des ArbG (§ 112 Ia VAG nF). Auch bei der Fondszusage ist die Finanzierung durch eine Entgeltumwandlung in allen Fällen zulässig (§ 1 II Nr 3, § 1a BetrAVG); sie führt zur sofortigen Unverfallbarkeit der Anwartschaft (§ 1b V HS 1 BetrAVG) und zur Einräumung eines unwiderruflichen Bezugsrechts (§ 1b V HS 2 Nr 1 BetrAVG). Zur Ausgestaltung der Pensionspläne s § 1 II Nr 2 BetrAVG. Ebenso wie bei der Pensionskasse (§ 4c Rn 3) besteht auf die Fondsleistungen ein **Rechtsanspruch** des Begünstigten (zum Personenkreis s § 4b Rn 6).[4] IÜ genießt der Pensionsfonds gegenüber der Pensionskasse aber beträchtliche Freiheiten: Zwar wird auch die Solvabilität des Fonds aufsichtsbehördlich überwacht (vgl § 114 II VAG). Die Fondsleistungen unterliegen auch der Insolvenzsicherung (vgl §§ 7 I 2 Nr 2 iVm I 1 BetrAVG idF des AVmG). Es bestehen jedoch erheblich geringere Restriktionen in der Kapitalanlage (risk management; Auslagerung der Anlage auf Dritte, zB Lebensversicherer, Pensionskassen, private Vermögensverwaltungen). Ziel des Fonds ist es gerade, ein internationalen Standards entspr Anlagemanagement einzurichten und dadurch im Vergleich zu anderen Durchführungswegen der betrieblichen Altersversorgung höhere Renditen zu erwirtschaften. Einzelheiten werden in einschlägigen Rechtsverordnungen geregelt (vgl § 115 II VAG): Pensionsfonds-Kapitalausstattungs-VO,[5] -Deckungsrückstellungs-VO,[6] Kapitalzulagen-VO.[7]

10 I. Vorteile und Nachteile der Pensionsfondsversorgung. In der Liberalisierung der Anlagevorschriften wird der wesentliche Vorteil der Fonds gegenüber Pensionskassen und Lebensversicherungsunternehmen gesehen. Ein weiterer Vorteil liegt in der Auslagerung (outsourcing) der Sozialverpflichtungen beim ArbG, verbunden mit dem Vorteil einer verbesserten Eigenkapitalquote (die sich allerdings gleichermaßen durch Ausgliederung von Pensionsverpflichtungen auf Pensions-Ges erreichen lässt). Ungewiss ist demgegenüber der Kostenfaktor beim zusagenden Unternehmen, insbes im Hinblick auf ein etwaiges Nachfinanzierungsrisiko. Als nachteilig dürfte im Falle der Übertragung einer betriebsinternen Versorgung auf eine Fondszusage auch der beträchtliche Liquiditätsabfluss beim ArbG zu beurteilen sein, der den Fonds entspr ausstatten muss. Insgesamt dürfte schon wegen der beträchtlichen rechtsformbezogenen Hürden für die Fonderrichtung zumindest bei kleineren und mittleren Unternehmen in erster Linie die Einschaltung eines überbetrieblichen Fonds in Betracht kommen, diejenige eines betriebseigenen Pensionsfonds hingegen nur bei größeren Betrieben.

---

1 BGBl I 05, 2546.
2 S dazu *Höfer/Vevers* DB 07, 1365.
3 *Höfer* BetrAVG Bd II StR[4] Rn 204.
4 Zum dadurch bedingten Charakter von Beitragszahlungen des ArbG an den Fonds als Arbeitslohn s BFH DStRE 07, 1357.
5 V 20.12.01, BGBl I 01, 4180.
6 V 20.12.01, BGBl I 01, 4183.
7 V 21.12.01, BGBl I 01, 4185.

C. Abzugsfähige Beiträge (§ 4e I und II)

Beiträge iSv § 4e I sind Beiträge, die das Trägerunternehmen (s Rn 8) an den Fonds leistet und die der Finanzierung von Versorgungsleistungen dienen. Die Beiträge können einmalig, in wechselnder oder in jährlich gleichmäßiger Höhe gebracht werden, was Gestaltungsmöglichkeiten je nach Ertragslage ermöglicht. Darin liegt ein nicht unerheblicher Vorteil insbes gegenüber der rückgedeckten Unterstützungskassenzusage, die einen mindestens gleich bleibenden Prämienaufwand verlangt (§ 4d I 1 Nr 1 S 1c S 2 letzter HS, s § 4d Rn 34). Im Einzelnen gilt auch hier nichts anderes als bei den Zuwendungen an Pensionskassen, s § 4c Rn 7. Zusätzlich abzugsfähig sind vom Trägerunternehmen geleistete Beiträge an den PSVaG (§§ 7 ff BetrAVG). 15

Ebenso wie bei § 4c wird auch gem § 4e die steuerliche **Abzugsfähigkeit** der Zuwendungen durch § 4e I qualitativ und quantitativ („soweit") **abschließend** festgestellt: (1) Voraussetzung des BA-Abzugs der Beiträge ist hiernach in erster Linie, dass sie auf einer – im Geschäftsplan, in der Satzung oder in den Pensionsverträgen nach Grund, Höhe und Fälligkeit – **festgelegten Verpflichtung** beruhen. Das ist je nachdem, ob es sich um Beitragszusagen mit Mindestleistung oder um Leistungszusagen handelt (s Rn 8), entweder die Pflicht, planmäßige (einmalige, laufende, auch im Zeitablauf schwankende) Beiträge zu leisten, oder die Pflicht, die für die Finanzierung dieser Leistungen erforderlichen (festen) Beiträge, in diesem Fall der Leistungszusage nach Maßgabe eines festen Preis-Leistungs-Verhältnisses, zu erbringen. Der Rechtsbegründungsakt muss vor Beitragszahlung erfolgen, bedarf aber idR keiner Zustimmung der Begünstigten (arg e contr § 159 II VVG für Lebensversicherungsverträge).[1] (2) Der BA-Abzug kommt darüber hinaus in Betracht, wenn die Beiträge als Nachschuss der Abdeckung von Fehlbeträgen des Fonds dienen, weil sich die (planmäßige oder auch für einen Leistungsfall nicht fest vorgegebene, vgl § 112 I 1 Nr 2 VAG) Beitragsentrichtung (unter Beachtung der Rechnungslegung gem § 116 VAG) beim Fonds als unzulänglich erweist und deshalb freiwillige Leistungen erforderlich sind. Ein gleichbleibender jährlicher Beitragsaufwand ist nicht erforderlich (abw von § 4d I 1 Nr 1 S 1c S 2 letzter HS); willkürliche Nachschüsse (zB nach Gewinnlage des Trägerunternehmens) bleiben jedoch unberücksichtigt. 16

Nicht als BA abzugsfähig sind gem **§ 4e II** (wie gem § 4c S 2, s § 4c Rn 9) solche Zuwendungen iSv Abs 1, die beim Trägerunternehmen nicht betrieblich veranlasste Leistungen des Pensionsfonds finanzieren, insbes also private Zukunftssicherungsleistungen für den Trägerunternehmer und dessen Angehörige (§ 12 Nr 1; § 15 I 1 Nr 2) oder auch an „fremde" ArbN.[2] Bei Ges-Geschäftsführern von KapGes bleibt der BA-Abzug idR zunächst unbeschränkt; die Ausgaben sind aber außerbilanziell als vGA (8 III 2 KStG) wieder hinzuzurechnen (s auch § 6a Rn 8). Beiträge betr Nicht-ArbN iSd § 17 I 2 BetrAVG schließen den BA-Abzug nur bei fehlender betrieblicher Veranlassung aus. 19

D. Rechtsfolgen (§ 4e I und III)

Erfüllt das Trägerunternehmen die Voraussetzungen des **§ 4e I**, kann es die geleisteten zugewandten Beiträge hiernach als **BA** abziehen (s Rn 15 ff und § 4c Rn 12). 25

Der Abzug ist regelmäßig in jenem Wj vorzunehmen, in dem die Beiträge an den Fonds geleistet werden (§ 4 IV, § 11 II). § **4e III 1** macht hiervon eine Ausnahme für den Fall des **Wechsels des Versorgungsweges**, idR von der Direktzusage (zB aus Gründen des sog ‚window dressing' zur bilanziellen Entlastung von Sozialverpflichtungen), gleichermaßen aber auch der Direktversicherungs- oder Pensionskassenzusage (zB wegen besserer Renditechancen des Fonds; vgl ebenso § 4d III): Der dabei entstehende außerordentliche (einmalige) Zuwendungsbedarf, dessen Höhe sich nach der Rechnungslegung des Fonds (§ 116 VAG) richtet, kann (aus letztlich fiskalischen Gründen) nur auf die dem Wj der Übertragung folgenden 10 Wj gleichmäßig verteilt werden, vorausgesetzt es wird vom StPfl ein entspr **Antrag** gestellt, der zwar nicht zur Übertragung auf den Fonds verpflichtet und den StPfl insoweit nicht bindet, der jedoch (auch für einen Rechtsnachfolger) **unwiderruflich** ist (§ 4e III 2). Vgl dazu zum Beginn des Verteilungszeitraums und zur Wechselwirkung des Antrags mit der Steuerfreiheit der ArbG-Leistungen beim ArbN gem § 3 Nr 66 im Einzelnen § 4d Rn 80. Eine Antragsablehnung durch das FA dürfte so gut wie ausgeschlossen sein. **Ohne Antrag** scheidet der gewinnwirksame Abzug des geleisteten Einmalbetrages zur Übertragung des Versorgungsweges auf den Fonds aus, und zwar gleichviel, aus welchem Grunde auf die Antragstellung verzichtet wird, also auch dann, wenn es dem StPfl nicht darum geht, wechselseitig die prin- 27

---

1 *Blomeyer* BetrAV 01, 430.   2 Im Einzelnen *K/S/M* § 4c Rn C 11 ff.

zipielle LSt-Befreiung gem § 3 Nr 66 beim ArbN auszulösen. Der BA-Abzug kann dann auch nicht auf § 5 I 1 gestützt werden. § 4e III enthält insoweit eine steuerrechtliche Spezialvorschrift, die den Abzug an besondere Voraussetzungen und Bedingungen knüpft. Die LSt-Befreiung des ArbN gem § 3 Nr 66 gehört jedenfalls explizit nicht dazu. Der BA-Abzug gem § 4e III ist damit auch nicht von der LSt-Befreiung abhängig.[1]

28 Beim **Wechsel des Durchführungsweges** von einer Direkt- auf eine Fondszusage gilt der antragsabhängige Verteilungsmodus (Rn 27) gem **§ 4e III 3** allerdings nur mit Einschränkungen: Die vom ArbG zum Übertragungszeitpunkt an den Fonds erbrachten Beiträge sind unmittelbar im Wj der Übertragung als BA abzuziehen, dies jedoch nur in jener Höhe, in denen infolge der Übertragung zeitgleich die für die Direktzusage gem § 6a gebildete Rückstellung aufzulösen ist. Die gewinnwirksame Auflösung der Rückstellung wird also durch den zeitgleichen BA-Abzug neutralisiert. Nur in jenem (Regel-)Fall, dass der Einmalbetrag die Rückstellung übersteigt, kann dieser übersteigende Betrag in den folgenden 10 Wj gleichmäßig als BA abgezogen werden. Bestand zwar eine unmittelbare Pensionszusage, durfte hierfür aber (zB wegen Nichterfüllung der Erfordernisse des § 6a I) keine Rückstellung gem § 6a gebildet werden, oder erfolgt der Wechsel des Versorgungsweges bereits im Laufe desjenigen Wj der Erteilung der Pensionszusage und beträgt die Pensionsrückstellung deswegen 0 €, kann allerdings der gesamte Zuführungsbetrag entspr verteilt werden, nicht nur ein Unterschiedsbetrag.[2] War der Differenzbetrag unzulänglich und ergeben sich später beim Fonds Deckungslücken, richtet sich der Beitragsabzug wieder regulär nach § 4e I, dies jedoch mit der Folge der (vgl aber § 3 Nr 63) LStPfl beim ArbN. Eine Verteilung solcher Nachschüsse gem § 4e III 1 (mit der Konsequenz der vollen LSt-Befreiung beim ArbN gem § 3 Nr 66) widerspricht hingegen dem Regelungszweck. Die **Verwaltungspraxis** ist hier allerdings aA und will nach dem „Sinn und Zweck der Regelungen in § 4d III und § 4e III" zum einen die Nachschüsse dem (mit Entstehen der Nachschusspflicht neu anlaufenden)[3] Verteilungsmodus unterwerfen[4] und zum anderen unter der Voraussetzung, dass der Antrag auf Verteilung einheitlich für sämtliche Leistungen zur Übernahme einer Versorgungsverpflichtung oder -anwartschaft gestellt wurde, zugleich die Steuerfreiheit gem § 3 Nr 66 gewähren.[5] Maßgebend ist jedenfalls immer der Zeitpunkt der Übernahme der Versorgungsverpflichtung durch den Fonds,[6] auch dann, wenn die Übertragung während des Wj stattfindet; hiernach berechnet sich die Höhe des auf den 10-Jahres-Zeitraum zu verteilenden Differenzbetrages.[7] Versorgungsverpflichtungen gegenüber (1) Leistungsempfängern sowie (2) von unverfallbaren Versorgungsanwartschaften sind bei Antragstellung iSv § 4e III im Falle ihrer Übertragung insgesamt gem § 3 Nr 66 stfrei,[8] Anwartschaften aktiver Berechtigter hingegen nur, soweit sie erdient wurden (sog past service), bei zukünftig noch zu erdienenden Anwartschaften (sog future service) wird die Steuerbefreiung gem § 3 Nr 63 begrenzt.[9] Die bereits erdienten, entgeltlich übertragenen Versorgungsanwartschaften sind mit dem ausfinanzierten Teil, mindestens aber in Höhe des zeitanteilig quotierten Versorgungsanteils gem § 2 I oder V a BetrAVG zu berücksichtigen.[10] Bei Übertragung einer Direktzusage ergibt sich der erdiente Teil der Anwartschaft als Quotient des Teilwerts gem § 6a III 2 Nr 1 zum Barwert der künftigen Pensionsleistungen, jeweils bezogen auf den Übertragungszeitpunkt.[11]

29 Gleichermaßen wie beim Wechsel von der Direktzusage ist zu verfahren, wenn die Übertragung der Versorgung auf den Pensionsfonds (gewinnerhöhende) Vermögensrückflüsse einer bislang eingeschalteten Unterstützungskasse auf das Trägerunternehmen auslöst. Auch dann gleichen sich der BA-Abzug infolge der Nachschusspflicht des Trägerunternehmens und der Vermögenszufluss bei diesem im Wj der Übertragung in gleicher Höhe aus (**§ 4e III 4**). Der Rückfluss des Dotationskapitals von der Unterstützungskasse auf das Trägerunternehmen ist als solcher steuerunschädlich und verstößt nicht gegen das für die KSt-Befreiung der Kasse bestehende Gebot der dauernden Zweckbindung der Kassenmittel, vgl § 5 I Nr 3e iVm § 5c u § 6 VI KStG.

---

1 **AA** *Höfer* BetrAVG Bd II StR⁴ Rn 2079.
2 *Höfer* Das neue Betriebsrentenrecht, Rn 695f.
3 BMF BStBl I 06, 709 Tz 7 f; **aA** *Briese* DB 06, 2424 (2426).
4 S dazu BMF BStBl I 06, 709 Tz 7; insoweit zust *Briese* DB 06, 2424 (2426).
5 S dazu BMF BStBl I 06, 709 Tz 6.
6 BMF BStBl I 06, 709; **aA** *Friedrich/Weigel* DB 04, 2282; *Höfer* BetrAVG Bd II StR⁴ Rn 2080; s auch *Förster/*

Meier/Weppler BetrAV 05, 726 (729 ff); *Meier/Bätzel* DB 04, 1437.
7 *Höfer* BetrAVG Bd II StR⁴ Rn 2081.5; zweif *May/Warnke* BetrAV 07, 136, 140.
8 BMF BStBl I 06, 709 Tz 1.
9 BMF BStBl I 06, 709 Tz 2 ff.
10 S dazu BMF BStBl I 06, 709 Tz 4.
11 S dazu BMF BStBl I 06, 709 Tz 5.

§ 4f Erwerbsbedingte Kinderbetreuungskosten

¹Aufwendungen für Dienstleistungen zur Betreuung eines zum Haushalt des Steuerpflichtigen gehörenden Kindes im Sinne des § 32 Abs. 1, die wegen einer Erwerbstätigkeit des Steuerpflichtigen anfallen, können bei Kindern, die das 14. Lebensjahr noch nicht vollendet haben oder wegen einer vor Vollendung des 25. Lebensjahres eingetretenen körperlichen, geistigen oder seelischen Behinderung außerstande sind, sich selbst zu unterhalten, in Höhe von zwei Dritteln der Aufwendungen, höchstens 4 000 Euro je Kind, bei der Ermittlung der Einkünfte aus Land- und Forstwirtschaft, Gewerbebetrieb oder selbstständiger Arbeit wie Betriebsausgaben abgezogen werden. ²Im Falle des Zusammenlebens der Elternteile gilt Satz 1 nur, wenn beide Elternteile erwerbstätig sind. ³Satz 1 gilt nicht für Aufwendungen für Unterricht, die Vermittlung besonderer Fähigkeiten sowie für sportliche und andere Freizeitbetätigungen. ⁴Ist das zu betreuende Kind nicht nach § 1 Abs. 1 oder Abs. 2 unbeschränkt einkommensteuerpflichtig, ist der in Satz 1 genannte Betrag zu kürzen, soweit es nach den Verhältnissen im Wohnsitzstaat des Kindes notwendig und angemessen ist. ⁵Voraussetzung für den Abzug nach Satz 1 ist, dass der Steuerpflichtige für die Aufwendungen eine Rechnung erhalten hat und die Zahlung auf das Konto des Erbringers der Leistung erfolgt ist.

Übersicht

	Rn		Rn
A. Grundaussagen der Vorschrift	1	III. Berücksichtigungsfähige Kinder	22
I. Wesentlicher Inhalt	1	1. Kind	22
II. Entstehung/Anwendungszeitraum	2	2. Altersgrenze	23
1. Entwicklung	2	IV. Erwerbstätigkeit	25
2. Anwendungszeitraum	3	V. Abzugsfähigkeit der Kosten	30
III. Verhältnis zu anderen Vorschriften	4	1. Höhe der Aufwendungen	30
1. Behandlung verschiedener Einkunftsarten	4	2. Wie Betriebsausgaben	33
2. Verhältnis zu anderen Regelungen	5	**C. Abzugsberechtigung**	35
B. Voraussetzungen für den Abzug	10	I. Unbeschränkt Steuerpflichtige	35
I. Begünstigte Aufwendungen	10	II. Mehrfache Inanspruchnahme für ein Kind	36
1. Aufwendungen für Dienstleistung zur Kinderbetreuung	10	III. Einschränkung bei zusammenlebenden Elternteilen (§ 4f S 2)	37
2. Ausgeschlossene Aufwendungen (§ 4f S 3)	15	**D. Nicht unbeschränkt einkommensteuerpflichtige Kinder (§ 4f S 4)**	45
II. Haushalt des Steuerpflichtigen	20	**E. Nachweis der Aufwendungen (§ 4f S 5)**	50

Literatur: *Hey* Der neue Abzug für Kinderbetreuungskosten, NJW 06, 2001; *Hillmoth* Neuregelung des Abzugs von Kinderbetreuungskosten ab 2006, INF 06, 377; *Ross* Die Änderungen der Steuerermäßigung für haushaltsnahe Dienstleistungen, DStZ 06, 446; *Seiler* Steuerliche Abzugsfähigkeit von Kinderbetreuungskosten, DStR 06, 1631.

A. Grundaussagen der Vorschrift

I. Wesentlicher Inhalt. § 4f regelt die steuerliche Berücksichtigung erwerbsbedingter Betreuungsaufwendungen für Kinder bei den Einkünften aus LuF, aus Gewerbebetrieb und aus selbstständiger Arbeit. Aufwendungen für die Kinderbetreuung dürfen zu 2/3 bis zu einem Höchstbetrag von 4 000 € je Kind abgezogen werden, wenn das zu betreuende Kind das 14. Lebensjahr noch nicht vollendet hat oder wegen einer vor Vollendung des 25. (bis VZ 06 27.) Lebensjahres eingetretenen Behinderung außerstande ist, sich selbst zu unterhalten. Die Vorschrift soll die **Vereinbarkeit von Kinderbetreuung und Erwerbstätigkeit verbessern**.[1] Deshalb können in erster Linie Alleinerziehende und Eltern, die beide erwerbstätig sind, die Aufwendungen geltend machen. Die Aufwendungen für Kinderbetreuungskosten können wie BA bei der Ermittlung der Einkünfte abgezogen werden. Damit verlagert der Gesetzgeber Aufwendungen, die grds Privataufwendungen sind, in den Bereich der Erwerbsaufwendungen. Daraus ergeben sich vielfältige steuersystematische und dogmatische Probleme (s Rn 33). 1

II. Entstehung/Anwendungszeitraum. – 1. Entwicklung. Das Gesetz zur steuerlichen Förderung von Wachstum und Beschäftigung v 26.4.06 hat die Berücksichtigung von Kinderbetreuungskosten neu geordnet. Der Gesetzgeber hat die bisher **einheitliche Regelung** der Kinderbetreuungskosten 2

---
1 BT-Drs 16/643, 9.

(§ 33c aF) **aufgehoben und durch teilidentische Regelungen an vier verschiedenen Stellen im EStG neu geregelt.** Soweit Einkünfte erzielt werden, können gem § 4f und § 9 V Kinderbetreuungskosten wie BA oder WK abgezogen werden. Soweit Kinderbetreuungskosten nicht erwerbsbedingt sind, sieht § 10 I Nr 5 und Nr 8 den Abzug von Aufwendungen als SA vor. Die Aufteilung einer bisher einheitlichen Vorschrift in vier neue Regelungen, die unterschiedliche Einordnung „wie" BA/WK oder als SA und die mangelhafte Abstimmung der verschiedenen Tatbestände demonstriert eindrucksvoll die gegenwärtige Unfähigkeit des Gesetzgebers, das Einkommensteuerrecht systematisch und folgerichtig auszugestalten. Schon im Gesetzgebungsverfahren hat der **Bundesrat** die steuertechnische Umsetzung der Neuregelung über die Berücksichtigung von Kinderbetreuungskosten für **nicht zweckmäßig und administrativ nicht handhabbar** bezeichnet und erklärt, eine wirkungsgleiche Neuformulierung der entspr Regelungen anzustreben.[1] Die bisherigen Erfahrungen geben jedoch wenig Anlass zur Hoffnung auf eine konsistente Neuregelung; der Bürger wird sich vielmehr auch hier auf zahlreiche Reparaturgesetze einstellen müssen.

3 2. Anwendungszeitraum. § 4f ist gem § 52 XIIc **erstmals für im VZ 06 geleistete Aufwendungen** anzuwenden, soweit die den Aufwendungen zugrunde liegenden Leistungen nach dem 31.12.05 erbracht worden sind. Zahlungen im VZ 06 für Leistungen, die vor dem 1.1.06 erbracht worden sind, können wohl nicht mehr geltend gemacht werden.[2] Schon das StÄndG 07 ändert die wenige Monate zuvor geschaffene neue Regelung. Durch das **StÄndG 07 ist die Altersgrenze** für Kinder, die wegen einer körperlichen, geistigen oder seelischen Behinderung außerstande sind, sich selbst zu unterhalten, **vom 27. auf das 25. Lebensjahr gesenkt worden.** Die Neuregelung des § 4f findet nach § 52 XIIc S 2 idF des StÄndG 07 erstmals auf diejenigen Kinder Anwendung, die im VZ 07 wegen einer vor Vollendung des 25. Lebensjahres eingetretenen körperlichen, geistigen oder seelischen Behinderung außerstande sind, sich selbst zu unterhalten; für Kinder, die wegen einer vor dem 1.1.07 in der Zeit vor Vollendung des 27. Lebensjahres eingetretenen Behinderung außerstande sind, sich selbst zu unterhalten, wird § 4f weiterhin in der bis zum 31.12.06 gültigen Fassung anzuwenden sein.

4 III. Verhältnis zu anderen Vorschriften. – 1. Behandlung verschiedener Einkunftsarten. § 4f ermöglicht einen Abzug nur bei Einkünfte aus LuF, Gewerbebetrieb oder selbstständiger Arbeit. Für die StPfl, die **Überschusseinkünfte** erzielen, gilt § 4f nach **§ 9 V** entspr; erwerbsbedingte Kinderbetreuungskosten können wie WK neben dem ArbN-Pauschbetrag gesondert berücksichtigt werden (§ 9a 1 Nr 1a). Ungeklärt ist, wie Kinderbetreuungskosten zu berücksichtigen sind, wenn **ein StPfl Einkünfte aus mehreren Einkunftsarten** erzielt. Dem Sinn und Zweck der Regelung dürfte es entsprechen, den Höchstbetrag insgesamt nur einmal zum Abzug zuzulassen.[3] Auch wenn diese Begrenzung weder im Wortlaut des § 4f noch sonst im EStG zum Ausdruck kommt, dürfte eine am Gleichheitssatz orientierte Auslegung mit Blick auf das Leistungsfähigkeitsprinzip dafür sprechen, dass der Höchstbetrag auch in den Fällen, in denen sowohl Einkünfte entspr § 4f S 1 als auch Überschusseinkünfte (§ 9 V) erzielt werden, von einem StPfl **nur insgesamt einmal je Kind** in Anspruch genommen werden kann. Eine Rechtfertigung, StPfl mit Einkünften aus mehreren Einkünften dadurch gegenüber StPfl mit Einkünften aus nur einer Einkunftsart besser zu stellen, dass sie den Höchstbetrag je Einkunftsart und damit mehrfach ausnutzen können, ist nicht erkennbar. Über die **Aufteilung des einmaligen Höchstbetrages auf mehrere Einkunftsarten** lässt sich dem Gesetz nichts entnehmen. Teilw wird eine Aufteilung nach dem zeitlichen Umfang der jeweiligen Tätigkeit vorgeschlagen.[4] Maßgebend dürfte in erster Linie die Verursachung der Kinderbetreuungskosten durch die jeweilige Erwerbstätigkeit sein. Insoweit obliegt es dem StPfl, dies dem FA gegenüber nachzuweisen.

5 2. Verhältnis zu anderen Regelungen. Soweit es sich um erwerbsbedingte Kinderbetreuungskosten handelt, ist § 4f sowohl nach § 10 I 1 gegenüber dem SA-Abzug nach **§ 10 I Nr 5 und Nr 8** als auch nach § 35a I 1 gegenüber den Aufwendungen für haushaltsnahe Beschäftigungsverhältnisse (§ 35a) grds vorrangig. Eine Steuerermäßigung nach diesen Vorschriften kommt auch dann nicht in Betracht, wenn sich die Aufwendungen (zB wegen Überschreiten des Höchstbetrages) steuerlich nicht auswirken. Nur in den Fällen, in denen es sich nicht um erwerbsbedingte Kinderbetreuungskosten handelt, können Aufwendungen als SA oder nach § 35a abgezogen werden.[5] Teilw wird dies

---

1 Entschließung BR-Drs 198/06.
2 *L/B/P* § 4f Rn 50.
3 *B/B* § 4f Rn 21; *Hillmoth* INF 06, 377 (380).
4 *L/B/P* § 4f Rn 100.
5 BMF BStBl I 07, 184.

für Aufwendungen für den Kindergarten nach § 10 I Nr 5 bejaht.[1] Auch Aufwendungen im Haushalt, die nicht für die Kinderbetreuung anfallen, können nach § 35a neben § 4f geltend gemacht werden.[2] Ungeklärt ist der Fall, dass die tatbestandlichen Voraussetzungen des § 4f und die Voraussetzungen für den Abzug von SA zeitlich versetzt vorliegen.[3]

Ein Abzug von Aufwendungen als **ag Belastung (§§ 33 ff)** kommt nicht in Betracht, wenn sie unter § 4f fallen (§ 33 II 2). Andere Aufwendungen als Kinderbetreuungskosten (zB Krankheitskosten) können jedoch neben § 4f unter den Voraussetzungen des § 33 geltend gemacht werden; ebenso hinreichend abgrenzbare Aufwendungen für eine Haushaltshilfe nach § 33a III.[4] Der **Kinderfreibetrag nach § 32 VI und der Ausbildungsfreibetrag nach § 33a II** sind neben den Kinderbetreuungskosten zu berücksichtigen. Im Rahmen des § 33c hat die FinVerw in den Fällen, in denen ein unterhaltsverpflichteter Elternteil Kinderbetreuungskosten, aber keinen Unterhalt zahlt, nur diejenigen Aufwendungen anerkannt, die 135 vH des Regelunterhalts nach der Düsseldorfer Tabelle überschreiten.[5] Dies dürfte auch für Aufwendungen nach § 4f gelten. 6

B. Voraussetzungen für den Abzug

I. Begünstigte Aufwendungen. – 1. Aufwendungen für Dienstleistung zur Kinderbetreuung. Der Gesetzgeber hat weitgehend auf Tatbestandsmerkmale des § 33c zurückgegriffen, so dass auf die hierzu ergangene Rspr und Literatur Bezug genommen werden kann. Der **Begriff der Dienstleistung** umfasst jede Tätigkeit, die aufgrund einer von vornherein bestehenden oder freiwillig eingegangenen Verpflichtung, nicht jedoch auf familienrechtlicher Grundlage erbracht wird.[6] Dies erfordert nicht unbedingt ein Arbeitsverhältnis mit der Betreuungsperson; die Vereinbarung über eine Geschäftsbesorgung iSv § 675 BGB kann genügen. Aufwendungen im Rahmen eines bloßen Gefälligkeitsverhältnisses sind jedoch nicht abziehbar.[7] Bei Dienstleistungen von **Angehörigen** des StPfl ist eine klare und eindeutige Vereinbarung Voraussetzung, die dem zwischen fremden Dritten Üblichen entspricht.[8] Aufwendungen für eine Person, zu der das Kind in einem **Kindschaftsverhältnis** steht (vgl § 63), sind nicht berücksichtigungsfähig.[9] Auch bei einer eheähnlichen Lebensgemeinschaft oder einer Lebenspartnerschaft zwischen dem StPfl und der Betreuungsperson ist eine Berücksichtigung von Kinderbetreuungskosten nicht möglich.[8] 10

Aufwendungen für die Kinderbetreuung sind alle Ausgaben in Geld oder Geldeswert (zB Wohnung, Kost, Waren, Sachleistungen), die für die Betreuung eines Kindes aufgebracht werden. Dazu gehören auch Fahrtkosten, die der Betreuungsperson erstattet werden,[6] nicht aber Kosten für die Verpflegung des Kindes während der Betreuung.[10] Im Rahmen des § 4f sind **nur die unmittelbar im Zusammenhang mit Dienstleistungen** Dritter **erbrachten Aufwendungen** zur Kinderbetreuung begünstigt. Aufwendungen des StPfl, die nicht für die Betreuungsperson geleistet werden, sind auch dann nicht abziehbar, wenn sie in irgendeiner Weise durch die Betreuung der Kinder veranlasst wurden, wie zB die Kosten der Fahrten zur Betreuung.[11] Wird die Arbeitszeit reduziert, um Kinder zu betreuen, stellt die Gehaltseinbuße keinen Aufwand für Kinderbetreuung dar.[8] Entstehen Kosten sowohl für Betreuungsleistungen als auch für andere Leistungen, ist eine Aufteilung im Schätzungswege (§ 162 AO) vorzunehmen.[12] Bei Aufnahme eines Au-Pairs kann ohne Nachweis ein Anteil von 50 % als Kinderbetreuungsaufwand berücksichtigt werden.[8] Zahlt ein unterhaltsverpflichteter Elternteil Kinderbetreuungskosten, aber keinen Unterhalt, werden nur diejenigen Aufwendungen im Rahmen des § 4f anerkannt, die 135 vH des Regelunterhalts nach der Düsseldorfer Tabelle überschreiten.[13] 11

Im Hinblick auf die Altersgrenze von 14 Jahren zielt § 4f auf die **behütende und beaufsichtigende Betreuung**, bei der die persönliche Fürsorge für das Kind der Dienstleistung erkennbar zugrunde 12

---

1 *Blümich* § 4f Rn 15.
2 *L/B/P* § 4f Rn 19; *Lademann* § 4f Rn 16.
3 Für eine Beschränkung auf den Höchstbetrag von 4 000 € für den jeweiligen VZ: *Hillmoth* INF 06, 377 (380).
4 *Lademann* § 4f Rn 16.
5 Vgl R 33c II 6 EStR 05.
6 BFH BStBl II 92, 814.
7 BFH/NV 99, 163.
8 BMF BStBl I 07, 184.
9 BMF BStBl I 07, 184; BFH BStBl II 98, 187.
10 Vgl BFH BStBl II 87, 490; *Lademann* § 4f Rn 49.
11 BMF BStBl I 07, 184; BFH BStBl II 87, 167; FG Nds EFG 06, 1844.
12 BMF BStBl I 07, 184; vgl BFH BStBl II 97, 33 bei gleichzeitiger Beschäftigung einer Hausangestellten im Betrieb des StPfl.
13 So die Verwaltung früher zu § 33c: vgl R 33c II 6 EStR 05.

liegt. Anzuerkennen sind daher Aufwendungen für die Unterbringung in Kindergärten, Kindertagesstätten und ähnlichen Einrichtungen sowie bei Tagesmüttern, Wochenendmüttern und in Ganztagspflegestellen, die Beschäftigung von Kinderpflegerinnen, Erzieherinnen oder Kinderschwestern, die Beschäftigung von Haushaltshilfen, soweit diese Kinder betreuen.[1]

15 **2. Ausgeschlossene Aufwendungen (§ 4f S 3).** Nach § 4f S 3 werden Aufwendungen für Unterricht, die Vermittlung besonderer Fähigkeiten sowie für sportliche und andere Freizeitbeschäftigungen nicht berücksichtigt. Hierbei handelt es sich nicht um Betreuungsaufwand; außerdem sind diese Aufwendungen schon durch den Kinderfreibetrag oder das Kindergeld abgegolten. Vom Abzug ausgeschlossen sind daher **Nachhilfeunterricht, Kosten für Klassenfahrten, Aufwendungen für Schreibmaschinen- oder PC-Kurse, Fahrschulkosten, Tanzkurse** oder ähnliche Aufwendungen. Wird aus Anlass der Betreuung eines Kindes von den Erziehern oder Haushaltshilfen auch bei der Erledigung der häuslichen Schulaufgaben geholfen, dann gehört dies noch nicht zu den Aufwendungen für den Unterricht, so dass entspr Aufwendungen abziehbar sind.[2]

20 **II. Haushalt des Steuerpflichtigen.** Haushaltszugehörigkeit bedeutet, dass das Kind bei einheitlicher Wirtschaftsführung **unter Leitung des StPfl dessen Wohnung teilt oder sich mit Einwilligung des StPfl vorübergehend außerhalb der Wohnung aufhält.**[3] Die Haushaltszugehörigkeit richtet sich nicht nach der familienrechtlichen Pflicht zur Personensorge, sondern grds danach, mit wem ein Kind tatsächlich in einem Haushalt zusammenlebt.[4] Ein im Ausland, zB in einem Internat, untergebrachtes Kind kann dort seinen Wohnsitz oder ständigen Aufenthalt haben, ohne dass dadurch in jedem Fall seine Zugehörigkeit zum Haushalt des im Inland wohnenden StPfl verloren gehen müsste. An die Stelle des Internats könnte im Einzelfall auch eine andere Unterbringung treten, solange diese keine Zugehörigkeit zu einem anderen Haushalt begründet.[5] Leben die Eltern getrennt, kann **in Ausnahmefällen eine gleichzeitige Zugehörigkeit zu den Haushalten beider Elternteile** bestehen, wenn das Kind tatsächlich zeitweise beim Vater und zeitweise bei der Mutter lebt und nach den tatsächlichen Umständen des einzelnen Falles als in beide Haushalte eingegliedert anzusehen ist.[6] Für die Anwendbarkeit des § 4f kommt es nicht auf die Dauer der Haushaltszugehörigkeit im laufenden VZ an; jedoch führt allein ein kurzer Besuch oder der Ferienaufenthalt des Kindes beim StPfl nicht zur Zugehörigkeit zu dessen Haushalt.[7]

22 **III. Berücksichtigungsfähige Kinder. – 1. Kind.** § 4f verweist für den Kreis der zu berücksichtigenden Kinder auf § 32 I (s auch § 32 Rn 2). Nur für die dort genannten Kinder kann ein StPfl Kinderbetreuungskosten abziehen. Danach sind Betreuungskosten für die im ersten Grad mit dem StPfl verwandten Kinder (§ 32 I Nr 1; auch Adoptivkinder) und Pflegekinder (§ 32 I Nr 2) abzugsfähig. **Stiefkinder und Enkelkinder werden grds nicht berücksichtigt**, es sei denn, es handelt sich gleichzeitig um Pflegekinder.[8]

23 **2. Altersgrenze.** Das Kind darf das 14. Lebensjahr noch nicht vollendet haben. Betreuungsaufwendungen für Kinder, die das 14. Lebensjahr vollendet haben, können darüber hinaus unter weiteren Voraussetzungen bei behinderten Kindern wie BA/WK abgezogen werden. Voraussetzung ist, dass das Kind wegen einer vor Vollendung des **25. Lebensjahres** (bzw 27. Lebensjahres, vgl Rn 2) eingetretenen körperlichen, geistigen oder seelischen **Behinderung** außerstande ist, sich selbst zu unterhalten. Diese tatbestandlichen Voraussetzungen **entsprechen der Regelung in § 32 IV 1 Nr 3**, so dass auf die dortigen Ausführungen verwiesen werden kann (§ 32 Rn 15). Ebenso wie bei § 33c soll § 4f nur Anwendung finden, wenn die Behinderung vor Vollendung des 25. (bzw 27.) Lebensjahres eingetreten ist. Hingegen ist es nicht erforderlich, dass die Unfähigkeit zum Selbstunterhalt zu diesem Zeitpunkt besteht (§ 32 Rn 15).[9] Für die Definition der **Behinderung** kann auf **§ 2 I SGB IX** zurückgegriffen werden. Danach sind Menschen behindert, wenn ihre körperliche Funktion, geistige Fähigkeit oder seelische Gesundheit mit hoher Wahrscheinlichkeit länger als sechs Monate von dem für das Lebensalter typischen Zustand abweichen und daher ihre Teilhabe am Leben in der Gesellschaft beeinträchtigt ist.[10] Ein bestimmter Grad an Behinderung wird nicht vorausgesetzt. Die Behinderung ist jedoch – ggf durch ärztliche Bescheinigung – nachzuweisen.

---

1 BMF BStBl I 07, 184.
2 BMF BStBl I 07, 184; BFH BStBl II 79, 142.
3 BFH BStBl II 89, 776; BStBl II 99, 594.
4 BFH BStBl II 98, 12; vgl auch BFH/NV 01, 444 zu § 64.
5 BFH BStBl II 92, 896.
6 BFH BStBl II 99, 594.
7 BFH v 23.3.05 – III R 91/03, DStR 05, 962 = BFHE 209, 338; *L/B/P* § 4f Rn 79; *Lademann* § 4f Rn 36.
8 *Lademann* § 4f Rn 29.
9 *B/B* § 4f Rn 47.
10 BGBl I 01, 1046 (1049).

IV. Erwerbstätigkeit. § 4f S 1 setzt voraus, dass die Kinderbetreuungskosten wegen einer Erwerbstätigkeit des StPfl anfallen. Ein StPfl ist **erwerbstätig**, wenn er einer **auf die Erzielung von Einkünften gerichteten Beschäftigung** nachgeht.[1] Ein Studium zählt ebenso wenig dazu, wie eine Liebhabereitätigkeit.[2] Für die Anwendbarkeit des § 4f ist erforderlich, dass die Erwerbstätigkeit auf die Erzielung von Einkünften aus LuF, Gewerbebetrieb oder aus selbstständiger Arbeit gerichtet ist. Ist die Erwerbstätigkeit auf die Erzielung von Überschusseinkünften gerichtet, ist § 4f über § 9 V entspr anwendbar. Auch **Teilzeittätigkeiten** oder **geringfügige Beschäftigungsverhältnisse** sind ausreichend. Dabei geht die FinVerw davon aus, dass bei einer Arbeitszeit von mindestens 10 Std pro Woche die Betreuungskosten erwerbsbedingt anfallen.[2] Bei einer kurzfristigen Unterbrechung der Erwerbstätigkeit (zB durch Arbeitslosigkeit und bei Urlaub) werden auch die während dieser Zeit entstandenen Kinderbetreuungskosten berücksichtigt, längstens jedoch für einen zusammenhängenden Zeitraum von vier Monaten.[2] Diese Grundsätze dürften auch für § 4f Bedeutung haben, wenn ein Kind zB in einem Kindergarten oder einer Kindertagesstätte untergebracht ist oder wenn eine für die Kinderbetreuung eingestellte Person nicht kurzfristig entlassen werden kann.[3]

25

Im Gegensatz zu § 33c, der nach seinem Wortlaut lediglich voraussetzte, dass der StPfl erwerbstätig war, fordert § 4f eine **Ursächlichkeit der Erwerbstätigkeit** für die Kinderbetreuung, nicht aber eine Zwangsläufigkeit.[4] Auch eine geringfügige Beschäftigung oder die Ausübung der selbstständigen Tätigkeit am Abend kann für die Kinderbetreuung ursächlich sein. Der StPfl trägt zwar die **Feststellungslast** für die Ursächlichkeit der Kinderbetreuung; überzogene Anforderungen dürfen aber nicht gestellt werden.[5] Insbes darf der StPfl nicht darauf verwiesen werden, die Kinderbetreuung hätte (bei Getrenntleben) von dem anderen Elternteil oder von anderen nahe stehenden Personen wahrgenommen werden können, so dass eine kostenpflichtige Fremdbetreuung nicht erforderlich sei.

26

V. Abzugsfähigkeit der Kosten. – 1. Höhe der Aufwendungen. Von den berücksichtigungsfähigen Aufwendungen (Rn 10 ff) sind 2/3 der Kosten bis zu einem Höchstbetrag von 4 000 € je Kind bei der Einkünfteermittlung abziehbar. Gegenüber der Vorgängerregelung des § 33c gibt es **zwei wesentliche Veränderungen:** Zum einen sind die erwerbsbedingten Aufwendungen nicht erst ab einem Mindestbetrag, sondern **vom ersten Euro an** abziehbar. Außerdem **verzichtet § 4f auf eine zeitanteilige Ermäßigung** (so aber § 33c III 2), so dass es nach dem Gesetzeswortlaut unerheblich ist, ob die Voraussetzungen für die Abzugsfähigkeit während des ganzen Jahres vorliegen. Das bedeutet, dass der Abzugsbetrag in voller Höhe in Anspruch genommen werden kann, unabhängig davon, wie lange die Kinderbetreuung wahrgenommen wurde und zu welchem Zeitpunkt innerhalb des VZ die Tatbestandsvoraussetzungen des § 4f erfüllt waren.[6] Demgegenüber will die FinVerw die Kosten den Zeiträumen zuordnen, in denen die Tatbestandsvoraussetzungen des § 4f erfüllt sind.[7] Sowohl gegen die 2/3 Begrenzung als auch gegen die Höhe von 4 000 € werden teilw **verfassungsrechtliche Bedenken** erhoben.[8] Dies wird im Wesentlichen damit begründet, dass es sich um zwangsläufige Aufwendungen handele, die in vollem Umfang als BA berücksichtigt werden müssten.

30

Ungeklärt ist die **Aufteilung der Kinderbetreuungskosten, wenn zusammenlebende Elternteile beide erwerbstätig sind**. Grds ist zunächst derjenige Elternteil zum Abzug berechtigt, der die Aufwendungen getragen hat.[2] Wenn beide Elternteile Aufwendungen tragen, kann der Höchstbetrag von 4 000 € je Kind gleichwohl nur einmal in Anspruch genommen werden. Der Gesetzgeber ging davon aus, dass der Betrag je zur Hälfte bei der Einkünfteermittlung der Eltern zu berücksichtigen ist, sofern die StPfl nicht eine andere Aufteilung wählen.[9] Nach Auffassung der FinVerw beläuft sich auch bei einem Elternpaar, das entweder gar nicht oder nur zeitweise zusammengelebt hat, auf 4 000 € je Kind für das gesamte Kalenderjahr.[2] **Zahlreiche Fragen** ergeben sich, wenn beide Elternteile Betreuungsaufwendungen getragen haben, die deutlich über dem Höchstbetrag liegen, sie sich nicht über die Aufteilung einigen können oder wenn sie getrennt veranlagt werden.[10] Anhaltspunkte für eine sachgerechte Aufteilung können die Höhe der getragenen Kinderbetreuungskosten und die Kausalität sein.

31

---

1 Vgl BFH BStBl II 75, 537.
2 BMF BStBl I 07, 184.
3 *Lademann* § 4f Rn 79.
4 *Lademann* § 4f Rn 71.
5 *B/B* § 4f Rn 49; *Lademann* § 4f Rn 73.
6 **AA** *Lademann* § 4f Rn 84.
7 BMF BStBl I 07, 184 Rn 18.
8 *L/B/P* § 4f Rn 29 ff; teilw auch *Hey* NJW 06, 2001 (2004); **aA** *Lademann* § 4f Rn 86.
9 BT-Drs 16/643, 9.
10 Dazu *Lademann* § 4f Rn 25; *L/B/P* § 4f Rn 117f.

33 **2. Wie Betriebsausgaben.** Der Gesetzgeber hat für allein erziehende StPfl oder für Eltern, die beide erwerbstätig sind, den Abzug der Kinderbetreuungskosten in den Bereich der Einkünfteermittlung verlagert, indem die Aufwendungen „wie BA" abgezogen werden dürfen. Dadurch, dass die Kinderbetreuungskosten nicht „als" BA abgezogen werden können, lehnt der Gesetzgeber eine konsequente Einordnung als Erwerbsaufwendungen nach wie vor ab.[1] Er behandelt sie vielmehr als **gemischte Aufwendungen** (vgl § 12 Nr 1),[2] die ohne eine ausdrückliche Regelung nicht abziehbar wären. Bei Kinderbetreuungskosten handelt es sich in erster Linie um Privataufwendungen,[3] so dass die Regelung im Zusammenhang mit der Einkünfteermittlung problematisch ist und **zahlreiche Fragen** aufwirft. So ist ungeklärt, wie die Kinderbetreuungskosten (insbes mit Blick auf die 2/3 Regelung) zu bilanzieren sind, wie sie bei UStPfl zu behandeln sind und welche Rolle sie bei Sonderregelungen wie §§ 15a, 4 IVa oder § 3 Nr 26 spielen.[4] Einigermaßen gesichert erscheint lediglich, dass Kinderbetreuungskosten zu **negativen Einkünften** und damit möglicherweise auch zu einem Verlustvortrag führen können und dass sie die **gewerbesteuerrechtliche Bemessungsgrundlage mindern.**[5]Richtiger wäre es gewesen, die Kinderbetreuungskosten einheitlich bei der Ermittlung des Einkommens (§ 2 IV) als Privataufwendungen zu regeln. Dies würde nicht nur das Nebeneinander von vier verschiedenen Teilregelungen erübrigen, sondern auch den BA/WK fremde Gesichtspunkte, dass Erwerbsaufwendungen nicht abziehbar sind, wenn zusammenlebende StPfl nicht beide erwerbstätig sind, erübrigen.

C. Abzugsberechtigung

35 **I. Unbeschränkt Steuerpflichtige.** Erwerbsbedingte Kinderbetreuungskosten können gem § 4f S 1 grds alle unbeschränkt StPfl geltend machen, die erwerbstätig sind und Einkünfte aus LuF, Gewerbebetrieb oder selbstständiger Arbeit erzielen. Für diejenigen StPfl, die Überschusseinkünfte erzielen, findet § 4f über § 9 V entspr Anwendung. Für beschränkt StPfl gelten die Regelungen über den Abzug erwerbsbedingter Kinderbetreuungskosten gem § 50 I 4 nicht.

36 **II. Mehrfache Inanspruchnahme für ein Kind.** Der Abzug der erwerbsbedingten Kinderbetreuungskosten ist nicht auf die einmalige Inanspruchnahme je Kind begrenzt und im Gegensatz zu § 33c III 2 (s § 33c Rn 44) auch nicht zeitanteilig zu ermäßigen. Dies kann dazu führen, dass **mehrere StPfl für dasselbe Kind Kinderbetreuungskosten** bei den Einkünften als BA/WK jeweils bis zum Höchstbetrag des § 4f **geltend machen können.** Denkbar ist dies in den Fällen, in denen das Kind bei nicht zusammenlebenden Elternteilen im Verlaufe eines VZ – möglicherweise mehrfach – seine Haushaltszugehörigkeit wechselt[6] oder wenn das Kind ausnahmsweise zum Haushalt mehrerer StPfl gehört (Rn 20).

37 **III. Einschränkung bei zusammenlebenden Elternteilen (§ 4f S 2).** Eine bedeutsame Einschränkung des Abzugs von Kinderbetreuungskosten ergibt sich aus § 4f S 2. Danach können zusammenlebende Elternteile erwerbsbedingte Kinderbetreuungskosten nur dann abziehen, wenn beide Elternteile erwerbstätig sind. **§ 4f stellt auf das Zusammenleben ab** und nicht auf die Zusammenveranlagung von Ehegatten gem §§ 26, 26b. Die Einschränkung gilt damit für Eltern unabhängig davon, ob sie verheiratet sind oder nicht. Maßgebend ist auch nicht ein dauerndes Getrenntleben, sondern dass beide Eltern **gemeinsam in einer Wohnung** leben und einen **gemeinsamen Haushalt** führen. Eine Lebens- und Wirtschaftsgemeinschaft, wie sie bei der Ehegatten-Veranlagung vorausgesetzt wird (§ 26 Rn 14), ist hierfür nicht erforderlich. Auf die Dauer des Zusammenlebens kommt es nicht an. Das bedeutet, dass in dem Zeitraum, in dem die Voraussetzungen des Zusammenlebens vorliegen, Kinderbetreuungskosten nur bei beiderseitiger Erwerbstätigkeit in Anspruch genommen werden können. Leben die Eltern nur während eines Teils eines VZ getrennt, können nur die in diesem Zeitraum anfallenden Kinderbetreuungsaufwendungen abgezogen werden. Eine lediglich kurzfristige Unterbrechung, zB während eines Urlaubs eines Elternteiles, führt jedoch nicht dazu, das Zusammenleben zu beenden. Andererseits führt der vorübergehende Besuch eines Elternteils auch dann nicht zu einem Zusammenleben, wenn er länger als einen Monat dauert, aber erkennbar nur kurzfristiger Natur ist.

---

1 Für die Qualifikation als Erwerbsaufwendungen zB *Hey* NJW 06, 2001 (2002); *Schön* DStR 99, 1677 (1678); *Tiedchen* BB 99, 1681; *Tipke/Lang*[18] § 9 Rn 754.

2 *Blümich* § 4f Rn 3; vgl auch BFH v 12.4.07 – VI R 42/03, NJW 07, 1999.

3 Ausf *Seiler* DStR 06, 1631; vgl auch *Kirchhof* ZRP 03, 73 (76). Wenn es sich um BA/WK handeln würde, müsste schon nach geltendem Recht ein Abzug nach § 4 IV oder § 9 I 1 möglich sein, was die bisherige Rspr und Literatur nahezu einhellig ablehnt.

4 *Lademann* § 4f Rn 13.

5 *B/B* § 4f Rn 52; *Melchior* DStR 06, 681.

6 *L/B/P* § 4f Rn 78.

Nach § 4f S 2 können zusammenlebende Eltern Kinderbetreuungsaufwendungen nur abziehen, **38**
wenn **beide erwerbstätig** (dazu Rn 25) sind. Auf **Dauer und Umfang der Erwerbstätigkeit kommt es
danach nicht an**. Dem Sinn und Zweck der Vorschrift dürfte es jedoch entsprechen, Aufwendungen
nur in dem Zeitraum zuzulassen, in dem beide Elternteile gleichzeitig erwerbstätig sind. Ist zB ein
Elternteil 6 Monate im VZ nicht erwerbstätig, dürften Kinderbetreuungsaufwendungen für diesen
Zeitraum nicht abziehbar sein. Bei einer **vorübergehenden Unterbrechung der Erwerbstätigkeit
eines Elternteils** wird eine Unterbrechung für einen Zeitraum von längstens 4 Monaten als unschädlich angesehen wird (Rn 25). Zur Aufteilung der erwerbsbedingten Kinderbetreuungskosten bei
zusammenlebenden Elternteilen s Rn 31.

§ 4f S 2 stellt weder auf den Familienstand ab, noch kommt es darauf an, ob eine Person, die nicht **39**
Elternteil ist und mit dem StPfl zusammenlebt, in der Lage ist, das Kind zu betreuen. Gleichgeschlechtliche Partnerschaften werden damit ebenso wenig von der Einschränkung des § 4f S 2
betroffen wie Ehepartner, bei denen das Kindschaftsverhältnis nur zu einem Ehepartner besteht.
Eine dem § 24b entspr Regelung, die die doppelte Erwerbstätigkeit in allen Fällen fordert, in denen
der StPfl nicht allein stehend ist, gibt es nicht und es erscheint auch problematisch, im Rahmen der
Kausalität der Betreuungskosten auf diese Gesichtspunkte zurückzugreifen.[1]

Gegen die Einschränkung des Abzugs von erwerbsbedingten Kinderbetreuungsaufwendungen werden **verfassungsrechtliche Bedenken** geltend gemacht. Unter Hinweis auf Freiheit der Eltern, über **40**
die Art und Weise der Betreuung eigener Kinder eigenverantwortlich zu entscheiden,[2] wird eine
Verletzung von Art 6 diskutiert.[3] Teilw wird in dem Ausschluss eines Abzugs bei nicht beiderseitiger
Berufstätigkeit eine Verletzung des Gleichberechtigungsanspruchs der Frau (Art 3 II 2 GG) gesehen.[4] Die Ungleichbehandlung der Doppelverdienerehe gegenüber der Alleinverdienerehe[4] wird
ebenso gerügt wie die Benachteiligung von zusammenlebenden Elternteilen gegenüber getrennt
lebenden Eltern und damit die Benachteiligung der intakten gegenüber der gescheiterten Ehe.[5] Die
Benachteiligung von in einem Haushalt mit einem Kind zusammenlebenden Elternteilen, von
denen nur einer erwerbstätig ist, gegenüber Lebensgemeinschaften, die mit einem Kind in einem
gemeinsamen Haushalt zusammenleben, wenn das Kindschaftsverhältnis nur zu einer Person
besteht, wird ebenfalls als verfassungsrechtlich relevant eingestuft.[6] Ob und inwieweit § 4f S 2 mit
den GG vereinbar ist, wird wohl letztendlich vom BVerfG entschieden werden müssen.

D. Nicht unbeschränkt einkommensteuerpflichtige Kinder (§ 4f S 4)

Ist das zu betreuende Kind nicht nach § 1 I oder II unbeschränkt estpfl, ist der in S 1 genannte **45**
Betrag zu kürzen, soweit es nach den Verhältnissen im Wohnsitzstaat des Kindes notwendig und
angemessen ist. Die Kürzungsregelung des § 4f S 4 entspricht der des § 32 VI 4 (s dort). Für die
Berechnung der Kürzung kann auf die **Ländergruppeneinteilung** des BMF[7] zurückgegriffen werden.

E. Nachweis der Aufwendungen (§ 4f S 5)

§ 4f S 5 fordert als Nachweis kumulativ sowohl die Vorlage einer **Rechnung** über die Betreuungsleistungen als auch den **Nachweis der Zahlung auf das Konto** des Erbringers der Leistung. Dabei muss **50**
es sich nicht um eine Rechnung iSd UStG handeln. Bei einem Minijob, einem Au-Pair-Verhältnis
oder der Betreuung in einem Kindergarten genügen zB die entspr Verträge.[8] Der Gesetzgeber fordert diesen bürokratischen Aufwand, um Missbrauch vorzubeugen und Schwarzarbeit zu bekämpfen.[9] Nach dem insoweit eindeutigen Wortlaut scheiden Barzahlungen grds aus, selbst wenn diese
durch Quittungen belegt werden. In einer Rechnung dürften jedoch mehrere Betreuungsleistungen
zusammengefasst werden. Für geringfügig Beschäftigte iSd § 8a SGB IV (mini-job) ist keine Ausnahme vorgesehen, so dass der Nachweis über das Haushaltsscheckverfahren nicht ausreichen
dürfte.[10]

---

1 So aber wohl *Lademann* § 4f Rn 21.
2 Vgl BVerfGE 99, 216 (234).
3 *Seiler* DStR 06, 1631 (1635); *Hey* NJW 06, 2001 (2003).
4 *Hey* aaO.
5 *L/B/P* § 4f Rn 33.
6 *L/B/P* § 4f Rn 34.
7 BMF v 17.11.03, BStBl I 03, 637 u BStBl I 05, 369.
8 BMF BStBl I 07, 184.
9 BT-Drs 16/643, 9.
10 Zweifelnd *Hillmoth* INF 06, 377 (379); *B/B* § 4f Rn 60.

§ 4g Bildung eines Ausgleichspostens bei Entnahme nach § 4 Abs. 1 Satz 3

(1) ¹Ein unbeschränkt Steuerpflichtiger kann in Höhe des Unterschiedsbetrags zwischen dem Buchwert und dem nach § 6 Abs. 1 Nr. 4 Satz 1 zweiter Halbsatz anzusetzenden Wert eines Wirtschaftsguts des Anlagevermögens auf Antrag einen Ausgleichsposten bilden, soweit das Wirtschaftsgut infolge seiner Zuordnung zu einer Betriebsstätte desselben Steuerpflichtigen in einem anderen Mitgliedstaat der Europäischen Union gemäß § 4 Abs. 1 Satz 3 als entnommen gilt. ²Der Ausgleichsposten ist für jedes Wirtschaftsgut getrennt auszuweisen. ³Das Antragsrecht kann für jedes Wirtschaftsjahr nur einheitlich für sämtliche Wirtschaftsgüter ausgeübt werden. ⁴Der Antrag ist unwiderruflich. ⁵Die Vorschriften des Umwandlungssteuergesetzes bleiben unberührt.

(2) ¹Der Ausgleichsposten ist im Wirtschaftsjahr der Bildung und in den vier folgenden Wirtschaftsjahren zu jeweils einem Fünftel gewinnerhöhend aufzulösen. ²Er ist in vollem Umfang gewinnerhöhend aufzulösen,

1. wenn das als entnommen geltende Wirtschaftsgut aus dem Betriebsvermögen des Steuerpflichtigen ausscheidet,
2. wenn das als entnommen geltende Wirtschaftsgut aus der Besteuerungshoheit der Mitgliedstaaten der Europäischen Union ausscheidet oder
3. wenn die stillen Reserven des als entnommen geltenden Wirtschaftsguts im Ausland aufgedeckt werden oder in entsprechender Anwendung der Vorschriften des deutschen Steuerrechts hätten aufgedeckt werden müssen.

(3) ¹Wird die Zuordnung eines Wirtschaftsguts zu einer anderen Betriebsstätte des Steuerpflichtigen in einem anderen Mitgliedstaat der Europäischen Union im Sinne des Absatzes 1 innerhalb der tatsächlichen Nutzungsdauer, spätestens jedoch vor Ablauf von fünf Jahren nach Änderung der Zuordnung, aufgehoben, ist der für dieses Wirtschaftsgut gebildete Ausgleichsposten ohne Auswirkungen auf den Gewinn aufzulösen und das Wirtschaftsgut mit den fortgeführten Anschaffungskosten, erhöht um zwischenzeitlich gewinnerhöhend berücksichtigte Auflösungsbeträge im Sinne der Absätze 2 und 5 Satz 2 und um den Unterschiedsbetrag zwischen dem Rückführungswert und dem Buchwert im Zeitpunkt der Rückführung, höchstens jedoch mit dem gemeinen Wert, anzusetzen. ²Die Aufhebung der geänderten Zuordnung ist ein Ereignis im Sinne des § 175 Abs. 1 Nr. 2 der Abgabenordnung.

(4) ¹Die Absätze 1 bis 4 finden entsprechende Anwendung bei der Ermittlung des Überschusses der Betriebseinnahmen über die Betriebsausgaben gemäß § 4 Abs. 3. ²Wirtschaftsgüter, für die ein Ausgleichsposten nach Absatz 1 gebildet worden ist, sind in ein laufend zu führendes Verzeichnis aufzunehmen. ³Der Steuerpflichtige hat darüber hinaus Aufzeichnungen zu führen, aus denen die Bildung und Auflösung der Ausgleichsposten hervorgeht. ⁴Die Aufzeichnungen nach den Sätzen 2 und 3 sind der Steuererklärung beizufügen.

(5) ¹Der Steuerpflichtige ist verpflichtet, der zuständigen Finanzbehörde die Entnahme oder ein Ereignis im Sinne des Absatzes 2 unverzüglich anzuzeigen. ²Kommt der Steuerpflichtige dieser Anzeigepflicht, seinen Aufzeichnungspflichten nach Absatz 4 oder seinen sonstigen Mitwirkungspflichten im Sinne des § 90 der Abgabenordnung nicht nach, ist der Ausgleichsposten dieses Wirtschaftsguts gewinnerhöhend aufzulösen.

Übersicht

	Rn		Rn
A. Grundaussage der Vorschrift	1	B. Ausgleichspostenmethode (§ 4g I)	10
I. Sinn und Zweck	1	C. Gewinnerhöhende Auflösung (§ 4g II)	12
II. Steuersystematik	3	D. Rückführung (§ 4g III)	15
III. Europarecht	7	E. Überschussrechnung,	
IV. Anwendungsbereich	8	Aufzeichnungspflichten, Anzeigepflichten	17

Literatur: *Benecke/Schnitger* Letzte Änderungen der Neuregelungen des UmwStG und der Entstrickungsnormen durch das SEStEG, IStR 07, 22; *Th Carlé* Entstrickung im Ertragsteuerrecht, KÖSDI 07, 15401; *Dötsch/Pung* SEStEG: Die Änderungen des KStG, DB 06, 2648; *Hoffmann* Der Ausgleichsposten nach § 4g EStG i.d.F des SEStEG, DB 2007, 652; *Kessler/Winterhalter/Huck* Überführung von Wirtschaftsgütern: Die Ausgleichspostenmethode des § 4g EStG, DStR 07, 133; *Kramer* Noch einmal: Der Ausgleichsposten nach § 4g EStG, DB 2007, 2338.

A. Grundaussage der Vorschrift

I. Sinn und Zweck. § 4g, der durch das SEStEG[1] eingefügt worden ist, ist im Zusammenhang mit der **Entstrickungsregelung** in § 4 I 3 EStG zu sehen. Wenn § 4 I 3 eine Entnahme fingiert, soweit ein WG in eine ausländische Betriebsstätte überführt wird und das Besteuerungsrecht der Bundesrepublik Deutschland ausgeschlossen oder beschränkt wird, dann müsste es in Konsequenz davon zu einer Sofortaufdeckung der stillen Reserven mit Besteuerungsfolgen bei dem überführten WG kommen. Mit § 4g wird dem Anliegen des Bundesrates entsprochen,[2] wonach bei Überführung von WG eines inländischen Stammhauses in eine Betriebsstätte eines anderen **EU-Staates** eine zeitlich **gestreckte Besteuerung** der stillen Reserven durch Bildung eines gewinnmindernden Ausgleichspostens möglich ist. In der Sache geht es darum, dass die steuerrechtliche Qualifizierung des Lieferungs- und Leistungsverkehrs zwischen Stammhaus und Betriebsstätte seit jeher Schwierigkeiten bereitet.[3] Das international-steuerrechtliche Prinzip, dass einer Betriebsstätte der Gewinn zuzurechnen ist, den sie als selbstständiges Unternehmen hätte erzielen können (Art 7 II OECD-MA), erfordert an sich eine Gewinnverwirklichung bei Leistungsbeziehungen zwischen Mutterunternehmen und Betriebsstätte. Allerdings enthält das OECD-MA keinen (nationalen) steuerbegründenden Tatbestand, vielmehr regelt es nur die Einkünftezuordnung. Andererseits kann im Verhältnis zwischen Mutterunternehmen/Stammhaus das sog Entgeltprinzip nicht anwendbar sein, weil das Mutterunternehmen für die Überführung von WG des Anlagevermögens auf die Betriebsstätte mit steuerrechtlicher Wirkung keinen Preis berechnen kann. Das wird auch nicht durch das arm's length-Prinzip gefordert.[4] Vor dem Hintergrund dieser steuersystematischen Schwierigkeiten hatte die FinVerw für die Fallgruppe der Überführung eines WG von einem inländischen Stammhaus in die ausländische Betriebsstätte das Konzept der aufgeschobenen Besteuerung entwickelt.[5] Das Konzept der aufgeschobenen Besteuerung geht davon aus, dass die Überführung eines WG ins Ausland (= Verlust des deutschen Besteuerungsrechts ohne Rechtssubjektswechsel) grds zur Gewinnrealisierung führt, doch soll die Besteuerung aus Billigkeitsgründen aufgeschoben sein. § 4g entspricht in seinen wesentlichen Aussagen der bisherigen Auffassung der FinVerw, erfasst aber nicht das Umlaufvermögen. Schon bisher bestand die Möglichkeit, in Sachverhalten der Überführung eines WG in eine DBA-Freistellungsbetriebsstätte die Aufdeckung der stillen Reserven nicht sofort vorzunehmen, vielmehr einen **aktiven Ausgleichsposten** zu bilden, der bei Ausscheiden des WG, längstens jedoch nach 10 Jahren, gewinnerhöhend aufzulösen war und sich in der Zwischenzeit im Fall der Überführung abnutzbaren Anlagevermögens ratierlich verminderte.

Nach § 4g I kann ein **unbeschränkt StPfl** in den Fällen der Entnahme von WG des **Anlagevermögens** nach § 4 I 3 in Höhe des Unterschieds zwischen dem gemeinen Wert zum Zeitpunkt der Entnahme und dem Buchwert einen **gewinnmindernden Ausgleichsposten** bilden, wenn das WG einer Betriebsstätte desselben StPfl in einem anderen EU-Staat zugeordnet werden kann. Aus § 4g II ergibt sich, dass in den Überführungssachverhalten eine auf fünf Jahre zeitlich gestreckte Besteuerung der stillen Reserven vorzunehmen ist. Im Vergleich zu den bisherigen Verwaltungsgrundsätzen hat sich die Besteuerungssituation damit verschärft. Auch in den Fällen, in denen es nicht zu einer sofortigen Besteuerung der aufgelaufenen stillen Reserven kommt, ergibt sich nunmehr eine Streckung der Steuerzahlung auf fünf statt bisher auf 10 Jahre. Nach Auffassung des Gesetzgebers soll die Sofortbesteuerung gerechtfertigt sein, da die Verbringung von WG in eine Auslandsbetriebsstätte wie die Übertragung auf eine Tochtergesellschaft anzusehen ist. Dem kann man wirtschaftlich folgen, doch bleibt immer noch zu berücksichtigen, dass die Überführung in eine Betriebsstätte mit identischem Zurechnungssubjekt jedenfalls rechtlich nicht der Übertragung (mit Rechtssubjektswechsel) auf eine Tochtergesellschaft entsprechen kann.

II. Steuersystematik. Im Verhältnis zu § 4 I 3 ist § 4g ein wahlweiser Ausnahmetatbestand. Wird berücksichtigt, dass § 4 I 3 seinerseits als fiktive Ausnahmenorm des Grundtatbestandes der Entnahme anzusehen ist, dann mildert § 4g zwar die Rechtsfolgen der fiktiven Entnahme des § 4 I 3, allerdings nur durch eine zeitlich gestreckte Aufdeckung der stillen Reserven. Abzugrenzen sind §§ 4 I 3, 4 g zum Anwendungsbereich des **UmwStG**. Auch aufgrund der Neuregelungen des

---

1 BGBl I 06, 2782.
2 BT-Drs 16/2710, 57.
3 ZB *Frotscher* Internationales Steuerrecht, 2001, § 7 Rn 33 ff; *Schaumburg* Internationales Steuerrecht, 2. Aufl 1998, Rn 18.43 ff.
4 *Debatin* DB 89, 1692 ff, 1739 ff.
5 BMF BStBl I 99, 1076 Tz 2.6; vgl auch *Kramer* IStR 00, 449.

UmwStG durch das SEStEG bleibt es dabei, dass die umwandlungssteuerrechtlichen Normen prinzipiell strukturierte Einheiten, also Betriebe, Teilbetriebe, MU'anteile oder KapGes umfassen, demgegenüber der Anwendungsbereich der §§ 4 I 3, 4 EStG auf Einzel-WG beschränkt ist. Steuersystematisch ist das unbefriedigend, weil § 1 II–IV UmwStG zeigt, dass es bei strukturierten Einheiten so liegen kann, dass die Vorgänge iErg erfolgsneutral gestaltet werden können, demgegenüber die Überführung eines WG in eine ausländische Betriebsstätte als fiktive Entnahme mit allein zeitlich aufgeschobenen Besteuerungsfolgen betrachtet wird. Es ist fraglich, ob allein der Umstand, dass §§ 4 I 3, 4g nur Einzel-WG erfassen, für diese unterschiedliche Behandlung einen steuersystematisch rechtfertigenden Grund liefern kann.

4 Der frühere Wortlaut des § 12 I KStG verwies nicht auf § 4g. Mit dem JStG 08 ist dieses offenbare Redaktionsversehen behoben worden. Damit ist auch für die KSt die Bildung des Ausgleichspostens möglich.

5 Anders als § 1 II–IV UmwStG erfasst § 4g nicht Sachverhalte der Überführung eines WG eines inländischen Stammhauses in eine Betriebsstätte in einem EWR-Staat. Auch dies ist (zumindest) steuersystematisch bedenklich, insbes wenn man sich vor Augen hält, dass die Abgrenzung zwischen Einzel-WG und beispielsweise einem Teilbetrieb durchaus fließend sein kann.

6 Abzugrenzen ist § 4g von **§ 6 AStG**. § 6 AStG befasst sich mit der Wegzugsbesteuerung einer nat Pers und Vorhandensein einer Beteiligung nach § 17 I 1. Steuersystematisch auffällig ist, dass § 6 V AStG bei Sachverhalten der Wegzugsbesteuerung innerhalb der EU und (auch) der EWR eine unbegrenzte zinslose Stundung vorsieht, demgegenüber bei Überführung eines WG aus einem BV ein Liquiditätsabfluss erfolgen soll, allerdings verteilt auf fünf Jahre. Da es in beiden Sachverhalten darum geht, dass die während des Zeitraums der deutschen Besteuerungshoheit aufgelaufenen Reserven erfasst werden sollen, erscheint eine derartige Ungleichbehandlung nicht gerechtfertigt.

7 **III. Europarecht.** Wenn § 4g dazu führt, dass bei der Überführung eines WG in eine ausländische Betriebsstätte innerhalb der EU durch einen unbeschränkt StPfl ein Besteuerungsaufschub stattfindet, dann bleibt es allerdings dabei, dass das Verbringen eines WG in den EU-Bereich steuerrechtlich erheblich ist. Das könnte mit den **Verkehrsfreiheiten** des EGV kollidieren. Problematisch ist auch, dass § 4g das Konzept der aufgeschobenen Besteuerung bei der Überführung von WG durch lediglich beschränkt StPfl nicht vorsieht.[1] Das bedeutet eine **Diskriminierung** aufgrund der Ansässigkeit im deutschen Steuerrecht. Zu rechtfertigen sein könnte das allenfalls mit der Überlegung, Ungleichbehandlungen im Besteuerungsverfahren für beschränkt StPfl auf Grundlage bestehender Steuerermittlungsschwierigkeiten seien hinzunehmen. Europarechtlich problematisch ist schließlich das Grundkonzept des § 4g, die Methode der aufgeschobenen Besteuerung mit einem Ausgleichsposten. Dies scheint von der Idee des Gesetzgebers getragen zu sein, dass das in den EU-Staat verbrachte WG nicht mehr dem Zugriff der deutschen FinVerw unterliegt. Aus der Rspr des EuGH[2] ergibt sich, dass innerstaatlich, fiskalisch motivierte Schlechterbehandlungen der Überführung eines WG in eine ausländische Betriebsstätte im Vergleich zu einem rein inländischen Transfer von WG europarechtlich nicht zu rechtfertigen sind. Europarechtlich bedenklich ist auch die bei §§ 4 I 3, 4g vorzunehmende Bewertung der Entnahmen mit dem gemeinen Wert nach § 6 I Nr. 4 S. 1, demgegenüber bei einem reinen Inlandssachverhalt der Teilwert maßgebend ist, mithin ein Wert ohne eingerechnete Gewinnkomponenten. Der Ansatz des gemeinen Werts ist schon deshalb krit zu betrachten, weil es zwischen Stammhaus/Mutterunternehmen und Betriebsstätte keine Gewinnrealisierung geben kann, so dass höchstens Aufwendungen oder Werte verteilt werden können, nicht aber ein hypothetischer Gewinn.

8 **IV. Anwendungsbereich.** Ausweislich der Entstehungsgeschichte des § 4g[3] soll entspr der bisherigen Auffassung der FinVerw[4] die aufgeschobene Besteuerung in folgenden Konstellationen nicht anzuwenden sein: Überführung eines WG in eine ausländische **PersGes**; Überführung des WG in das **Sonder-BV** des MU'erbei einer ausländischen Personengesellschaft; Überführung eines WG in ein ausländisches Stammhaus/Mutterunternehmen. Dem liegt offenbar der Gedanke des Gesetzgebers/der FinVerw zugrunde, dass in diesen Varianten das steuerrechtliche Zurechnungssubjekt wechselt. Steuersystematisch ist das nicht überzeugend, da die Beteiligung an einer ausländischen

---

1 Krit *Schnitger* IStR 07, 28.
2 Slg 98 I–9695; Slg 99 I–6161; Slg 00 I–4071.
3 BT-Drs 16/2710, 57; BT-Drs 16/3369, 11 f.
4 BMF BStBl I 99, 1076 Tz 2.6.

PersGes iErg dem Betriebsstättenkonzept folgt. § 4 erfasst auch nicht eine Gewinnrealisierung bei den mit der Unternehmensspitze „wegziehenden" WG im Zuge einer grenzüberschreitenden Sitzverlegung.[1]

Eine zeitliche Anwendungsregel für § 4g ist nicht vorgesehen, so dass die Vorschrift aufgrund § 52 I schon ab dem **VZ 06** gilt. Daraus folgt eine Kollision mit den bisherigen Verwaltungsgrundsätzen (Rn 1). **9**

B. Ausgleichspostenmethode (§ 4g I)

§ 4g I formuliert die Kernaussage der Norm im Verhältnis zu § 4 I 3. Ein unbeschränkt StPfl kann in Höhe des Unterschiedsbetrags zwischen dem Buchwert und dem gemeinen Wert, soweit es sich um Anlagevermögen handelt, auf Antrag einen Ausgleichsposten bilden, wenn denn das betr WG in eine Betriebsstätte desselben StPfl in einem anderen Staat der EU als entnommen gilt (dazu oben Rn 1). Nach § 4g I 2 ist der Ausgleichsposten für jedes Wirtschaftsgut separat auszuweisen. Die aufgeschobene Besteuerung tritt nach § 4 I 3 nur aufgrund eines Antrags ein. Dieser **Antrag** kann nur einheitlich für sämtliche WG ausgeübt werden. Offenbar ist der Gesetzgeber der Auffassung, dass es sich um „sämtliche WG" innerhalb einer Besteuerungsperiode handelt. Antragsteller kann nur das Steuersubjekt bzw der jeweils Vertretungsberechtigte gegenüber den deutschen Steuerbehörden sein. § 4 I 4 erklärt den Antrag für unwiderruflich. Insofern wird der Antrag wie ein steuerrechtliches Gestaltungsrecht behandelt. Aus den Antragsregelungen ergibt sich im Umkehrschluss, dass der StPfl den Gewinn aus der Überführung eines WG (abw) von den vorstehenden Grundsätzen schon im Zeitpunkt der Überführung bei der Inlandsbesteuerung berücksichtigen kann. **10**

Die **rechtssystematische Einordnung** der Figur des von § 4g erlaubten **Ausgleichspostens** ist nicht ganz geklärt. ZT wird darauf hingewiesen, dass der Ausgleichsposten mit einer Bilanzierungshilfe vergleichbar ist und die in den überführten WG enthaltenen stillen Reserven repräsentiert.[2] Um eine Bilanzierungshilfe kann es sich nicht handeln, da die Figur der Bilanzierungshilfe eine Ausnahme von der Regel ist, dass nur Vermögensgegenstände/WG aktiviert werden dürfen (vgl §§ 269 S 1, 274 II HGB). Da aufgrund des Ausgleichspostens nach § 4g I jedenfalls kein handelsrechtlicher Posten zu bilden ist, kann es sich auch nicht um eine handelsrechtliche Bilanzierungshilfe handeln. In Betracht kommt also nur eine „steuerrechtliche Bilanzierungshilfe".[3] Außerdem wird darauf hingewiesen, dass die Existenz des Ausgleichspostens nur bei Anwendung der direkten Gewinnaufteilungsmethode in der Gewinnabgrenzungsbilanz möglich sei.[4] Richtig erscheint es, den Ausgleichsposten als reinen Merkposten einzustufen,[5] der die im Zeitraum des deutschen Besteuerungsrechts aufgelaufenen stillen Reserven festhält. Es handelt sich um eine reine Technik, mit welcher der Steuergesetzgeber die frühere Konzeption der FinVerw[6] in das EStG übernimmt. Es geht iErg – ähnlich wie beispielsweise bei Ergänzungsbilanzen – um einen **Merkposten**, der außerhalb der Bilanz berücksichtigt wird. Dafür spricht auch die Überlegung, dass es zwischen Stammhaus/Mutterunternehmen und ausländischer Betriebsstätte weder einen handelsrechtlichen und im Grundsatz auch keinen steuerrechtlichen Gewinnrealisierungstatbestand geben kann. Dieses Prinzip wird durch § 4 I 3 fiktiv durchbrochen, so dass § 4g iErg als außerbilanziell vorzunehmende Billigkeitsmaßnahme einzuordnen ist. Dieses Konzept wird mit dem Ausgleichsposten umgesetzt. **11**

C. Gewinnerhöhende Auflösung (§ 4g II)

Nach § 4g II 1 ist der Ausgleichsposten (schon) im Wj der Bildung und den vier folgenden Wj zu jeweils einem Fünftel gewinnerhöhend aufzulösen. Entgegen den bisherigen Verwaltungsgrundsätzen[7] wird bei abnutzbaren WG nicht mehr auf die tatsächliche Restnutzungsdauer abgestellt. Insofern ist der Wortlaut eindeutig, so dass es allein auf den **pauschalen Auflösungszeitraum** von fünf Wj ankommt. Auch Rumpfwirtschaftsjahre, beispielsweise bei Umstellung des Bilanzstichtags, sind einzubeziehen. Zu einer außerplanmäßigen, gewinnerhöhenden Auflösung des Ausgleichspostens kommt es nach **§ 4 II 2 Nr 1**, wenn das nach § 4 I 3 als entnommen geltende WG aus dem BV des StPfl **ausscheidet**. Unter „ausscheiden" des WG aus dem BV stellt sich das Gesetz offenbar (auch) den tatsächlichen Untergang des WG vor. Das kann streitträchtig sein, wenn beispielsweise das betr **12**

---

1 Näher *Dötsch/Pung* DB 06, 2648 (2650 f).
2 *Benecke/Schnitger* IStR 07, 22 (23); *Hoffmann* DB 2007, 652.
3 Vgl *Schmidt*[26] § 5 Rn 102.
4 *Kramer* DB 2007, 2338.
5 Vgl schon *Kramer* StuW 91, 151 (160, 163).
6 BMF BStBl I 99, 1076 Tz 2.6.1.
7 BMF BStBl I 99, 1076 Tz 1.

WG stark zerstört, aber noch vorhanden ist. Rechtsklarheit gewährleistet nur eine Auslegung, die auf die nicht mehr vorzunehmende Bilanzierung beim Zurechnungssubjekt abstellt. Erfasst werden von § 4 II 2 Nr 1 in jedem Fall Rechtssubjektwechsel, also die Übertragung des WG in eine (andere) inländische oder ausländische PersGes oder KapGes. Fraglich kann sein, ob auch umwandlungsteuerrechtliche Vorgänge als schädlich nach § 4 II 2 Nr 1 zu beurteilen sind. Das sollte zu verneinen sein, denn aus dem Zusammenspiel von § 4g II 2 Nr 1, 2 mit § 1 II–IV UmwStG sollte sich ergeben, dass umwandlungsteuerrechtlich privilegierte Sachverhalte auch die Umwandlungen mit (bislang) bilanzsteuerrechtlich privilegierten einzelnen WG erfassen.

13 Wenn § **4g II 2 Nr 2** die vorzeitige Auflösung (mit Gewinnrealisierung) des Ausgleichspostens anordnet, wenn das als entnommen geltende WG aus der **Besteuerungshoheit** der **EU** ausscheidet, dann ist zu fragen, was mit Besteuerungshoheit gemeint ist. Steuersystematischer Hintergrund ist die Überlegung, dass sich der Besteuerungsanspruch der Bundesrepublik Deutschland bei einem unbeschränkt StPfl (§ 4g II 1) grds auf die Welteinkünfte bezieht. § 4 II 2 Nr 2 zielt offenbar auf Fälle, in denen das zunächst überführte WG einer Betriebsstätte des unbeschränkt StPfl in einem Nicht-EU-Staat zugerechnet werden muss. Das entspricht iErg auch dem Konzept des § 1 II–IV UmwStG, wonach es zu einer Gewinnrealisierung immer dann kommt, wenn Vermögen in den Nicht-EU-Bereich überführt wird.

14 Nach § **4g II 2 Nr 3** kommt es zu einer vorzeitigen Auflösung des Ausgleichspostens auch, wenn die stillen Reserven des zuvor als entnommen geltenden WG im **Auslandsstaat aufgedeckt** werden oder in entspr Anwendung der Vorschriften des deutschen Steuerrechts hätten aufgedeckt werden müssen. Für konkrete Sachverhalte bedeutet das, dass im Rahmen der Frist des § 4g nicht nur auf die erfolgende Aufdeckung der stillen Reserven im Ausland geachtet werden muss, vielmehr auch zu beobachten ist, ob in entspr Anwendung deutschen Steuerrechts eine Gewinnrealisierung angenommen werden müsste. Vom Wortlaut des § 4 II 2 nicht erfasst ist die Variante, dass die Beendigung der unbeschränkten SPfl, die nach § 4g II 1 Voraussetzung für den Ausgleichsposten ist, zu einer sofortigen Auflösung des Ausgleichspostens führt. Eine sofortige Auflösung ist abzulehnen, da § 4g II 2 Nr 1–3 als enumerative und abschließende Regelungen anzusehen sind. Dafür spricht auch die steuersystematische Überlegung, dass schon §§ 4 I 3, 4g als Ausnahmen vom grds erforderlichen tatsächlichen Gewinnrealisierungstatbestand einzuordnen sind. Wenn der Steuergesetzgeber in § 4 I 3 zur Figur einer fiktiven Entnahme ohne effektive Veräußerung greift, dann muss daraus rechtsmethodologisch im Umkehrschluss gefolgert werden, dass andere Fälle der Einschränkung des deutschen Besteuerungsrechts – Verlust der unbeschränkten StPfl – nur dann steuerbar sind, wenn dies ausdrücklich geregelt wird.

D. Rückführung (§ 4g III)

15 Wird ein fiktiv nach § 4 I 3 entnommenes WG in das Besteuerungsrecht der Bundesrepublik Deutschland zurückgeführt, dann ergibt sich die umgekehrte Problematik wie bei der Überführung/Entstrickung. Auch hier ist steuersystematisch davon auszugehen, dass es zwischen der rückführenden Betriebsstätte und dem Stammhaus/Mutterunternehmen nicht zu einem bilanzrechtlich erheblichen Anschaffungsgeschäft kommt. Im Zusammenhang mit dem Konzept der aufgeschobenen Besteuerung ist zu entscheiden, ob die im Zeitraum zwischen der Überführung in die Auslandsbetriebsstätte und der Rückführung ins Inland aufgelaufenen stillen Reserven im Ausland oder im Inland zu versteuern bzw steuerverstrickt sein sollen. Nach bisheriger Verwaltungsauffassung[1] sollte es nicht auf den Fremdvergleichspreis im Zeitpunkt der Rückführung ankommen. IErg führte das dazu, dass die im Zeitraum zwischen Überführung und Rückführung aufgelaufenen Reserven nicht in dem Staat besteuert wurden, wo sie entstanden waren, sondern im Vermögen der Rückführungsbetriebsstätte.[2]

16 § 4g III 2 geht nunmehr zunächst davon aus, dass es sich bei der „Aufhebung der geänderten Zuordnung" aufgrund der Rückführung um ein Ereignis nach **§ 175 I 1 Nr 2 AO** handelt. Stimmig ist die Anwendung des § 175 I 1 Nr 2 AO nur dann, wenn die Rückführung eines WG in den Hoheitsbereich der Bundesrepublik Deutschland dazu führt, dass durch die Rückführung die dem Grunde nach gegebene Besteuerung der Entstrickung rückgängig gemacht wird. Das ist aber nicht der Fall, weil § 4g III 1 die Zuordnung eines WG zu einer anderen Betriebsstätte des StPfl in einem (ande-

---

1 BMF BStBl I 99, 1076 Tz 2.6.3. 2 Krit *Frotscher* Internationales Steuerrecht, 2001, § 7 Rn 35.

ren) EU-Staat in der Art und Weise aufhebt, dass der für das konkrete WG gebildete Ausgleichsposten nach § 4g I, II aufgelöst wird und das WG mit den fortgeführten AK, erhöht um zwischenzeitlich gewinnerhöhend berücksichtige Auflösungsbeträge nach § 4g II, V 2 und um den Unterschiedsbetrag zwischen dem Rückführungswert und dem Buchwert im Zeitpunkt der Rückführung, höchstens jedoch mit dem gemeinen Wert anzusetzen ist. Der **Wertansatz** des WG ergibt sich also abw von § 6 I Nr 5a aus den fortgeführten AK zuzüglich der gewinnerhöhenden Beträge nach § 4g II, V 2 zuzüglich des Unterschiedsbetrags zwischen dem sich nach der Auslandsrechtsordnung ergebenden Rückführungswert und dem nach Auslandsrecht ermittelten Buchwert im Zeitpunkt der Überführung. Zutr wird dieser von § 4g III gewählte Lösungsweg kritisiert.[1] Aufgrund des Wortlauts des § 4g III 1 ist bei der Ermittlung des (erneuten) Wertansatzes nach deutschem Recht innerhalb des Auflösungszeitraums des § 4g II eine **Verknüpfung** mit den nach der ausländischen Steuerrechtsordnung ermittelten Werten vorgesehen. Dadurch wird die im Ausland erfolgte Besteuerung des Wertzuwachses im Inland steuerrechtlich berücksichtigt. Das ist international-steuerrechtlich positiv zu sehen, weil damit eine **potentielle Doppelbesteuerung** im Auslandsstaat und im Inland vermieden wird. Allerdings kann die Maßgeblichkeit der nach deutschem Steuerrecht ermittelten und fortgeführten AK zur Konsequenz haben, dass die AK eines WG für Zwecke der deutschen Besteuerung unberücksichtigt bleiben, wenn die steuerrechtliche Abschreibungsperiode in der Auslandsrechtsordnung länger ist. Der für § 4g III 1 hinzuzurechnende Unterschiedsbetrag zwischen dem sich nach ausländischem Recht ermittelten Rückführungswert und dem nach ausländischen Recht ermittelten Buchwert im Zeitpunkt der Überführung ist hier nämlich kleiner als das heranzuziehende deutsche Abschreibungsvolumen. Für die umgekehrte Konstellation eines im Auslandsrecht maßgebenden kürzeren Abschreibungszeitraum hat der Gesetzgeber Maßnahmen vorgesehen, die das Entstehen seiner Ansicht nach ungerechtfertigter Vorteile verhindern soll. Der Wertansatz bei der Rückführung des als entnommen geltenden WG ist auf den gemeinen Wert begrenzt. Überzeugender wäre es gewesen, als Wertansatz bei Rückführung eines WG den gemeinen Wert nach § 6 I Nr 5a abzüglich des zum Zeitpunkt der Rückführung bestehenden Ausgleichspostens zu wählen.[2]

E. Überschussrechnung, Aufzeichnungspflichten, Anzeigepflichten

Nach § 4g IV 1 finden die Grundregeln des § 4g I–IV entspr Anwendung bei der Ermittlung des Überschusses der BE über die BA nach § 4 III. Damit wird steuersystematisch zutr sichergestellt, dass das Konzept der aufgeschobenen Besteuerung nicht nur für bilanzierende Subjekte gilt, vielmehr auch für Einnahme-Überschussrechner.

Nach § 4g IV 2 sind für WG, für die auf Antrag ein Ausgleichsposten gebildet worden ist, laufend zu führende **Verzeichnisse** zu erstellen. Darüber hinaus hat der StPfl Aufzeichnungen zu führen, aus denen sich die Bildung und die Auflösung der Ausgleichsposten ergeben. Diese Aufzeichnungen sind nach § 4g IV 4 der Steuererklärung beizufügen. Damit ist offenbar die Steuererklärung der Periode gemeint, in der das Antragsrecht nach § 4g I 3 geltend gemacht wird bzw die Steuererklärungen der Rechnungsperioden, in der der Ausgleichsposten nach § 4g II gewinnerhöhend aufgelöst wird.

Nach § 4 V 1 ist der StPfl verpflichtet, der zuständigen Finanzbehörde die Entnahme oder ein Ereignis nach § 4g II **unverzüglich anzuzeigen** (vgl § 153 AO). Wird diese Anzeigeverpflichtung nicht erfüllt oder kommt der StPfl seiner Aufzeichnungspflicht nach § 4g IV oder seinen sonstigen Mitwirkungspflichten nach § 90 AO nicht nach, ist der Ausgleichsposten des WG gewinnerhöhend aufzulösen (§ 4g V 2). Dabei besteht ein gewisser Widerspruch zwischen § 4 V 1 und 2. „Unverzüglich" wird prinzipiell als ein Verhalten ohne schuldhaftes Zögern beschrieben. Aus dem Zusammenspiel von § 4 V 1 und 2 müsste es daher zu einer punktgenauen (Sofort-)Besteuerung kommen. Andererseits sprechen die weiteren Fälle des § 4 V 2 dafür, dass die Verletzung der Pflichten des § 4 V zu einer Gewinnrealisierung in der betr Rechnungsperiode führt.

---

[1] *Benecke/Schnitger* IStR 07, 22 (23).   [2] *Benecke/Schnitger* aaO.

§ 4h Betriebsausgabenabzug für Zinsaufwendungen (Zinsschranke)

(1) ¹Zinsaufwendungen eines Betriebs sind abziehbar in Höhe des Zinsertrags, darüber hinaus nur bis zur Höhe von 30 Prozent des um die Zinsaufwendungen und um die nach § 6 Abs. 2 Satz 1, § 6 Abs. 2a Satz 2 und § 7 dieses Gesetzes abgesetzten Beträge erhöhten sowie um die Zinserträge verminderten maßgeblichen Gewinns. ²Zinsaufwendungen, die nicht abgezogen werden dürfen, sind in die folgenden Wirtschaftsjahre vorzutragen (Zinsvortrag). ³Sie erhöhen die Zinsaufwendungen dieser Wirtschaftsjahre, nicht aber den maßgeblichen Gewinn.

(2) ¹Absatz 1 Satz 1 ist nicht anzuwenden, wenn

a) der Betrag der Zinsaufwendungen, soweit er den Betrag der Zinserträge übersteigt, weniger als eine Million Euro beträgt,
b) der Betrieb nicht oder nur anteilmäßig zu einem Konzern gehört oder
c) der Betrieb zu einem Konzern gehört und seine Eigenkapitalquote am Schluss des vorangegangenen Abschlussstichtages gleich hoch oder höher ist als die des Konzerns (Eigenkapitalvergleich). ²Ein Unterschreiten der Eigenkapitalquote des Konzerns bis zu einem Prozentpunkt ist unschädlich.

³Eigenkapitalquote ist das Verhältnis des Eigenkapitals zur Bilanzsumme; sie bemisst sich nach dem Konzernabschluss, der den Betrieb umfasst, und ist für den Betrieb auf der Grundlage des Jahresabschlusses oder Einzelabschlusses zu ermitteln. ⁴Wahlrechte sind im Konzernabschluss und im Jahresabschluss oder Einzelabschluss einheitlich auszuüben; bei gesellschaftsrechtlichen Kündigungsrechten ist insoweit mindestens das Eigenkapital anzusetzen, das sich nach den Vorschriften des Handelsgesetzbuchs ergeben würde. ⁵Bei der Ermittlung der Eigenkapitalquote des Betriebs ist das Eigenkapital um einen im Konzernabschluss enthaltenen Firmenwert, soweit er auf den Betrieb entfällt, und um die Hälfte von Sonderposten mit Rücklagenanteil (§ 273 des Handelsgesetzbuchs) zu erhöhen sowie um das Eigenkapital, das keine Stimmrechte vermittelt – mit Ausnahme von Vorzugsaktien –, die Anteile an anderen Konzerngesellschaften und um Einlagen der letzten sechs Monate vor dem maßgeblichen Abschlussstichtag, soweit ihnen Entnahmen oder Ausschüttungen innerhalb der ersten sechs Monate nach dem maßgeblichen Abschlussstichtag gegenüberstehen, zu kürzen. ⁶Die Bilanzsumme ist um Kapitalforderungen zu kürzen, die nicht im Konzernabschluss ausgewiesen sind und denen Verbindlichkeiten im Sinne des Absatzes 3 in mindestens gleicher Höhe gegenüberstehen. ⁷Sonderbetriebsvermögen ist dem Betrieb der Mitunternehmerschaft zuzuordnen, soweit es im Konzernvermögen enthalten ist. ⁸Die für den Eigenkapitalvergleich maßgeblichen Abschlüsse sind einheitlich nach den International Financial Reporting Standards (IFRS) zu erstellen. ⁹Hiervon abweichend können Abschlüsse nach dem Handelsrecht eines Mitgliedstaats der Europäischen Union verwendet werden, wenn kein Konzernabschluss nach den IFRS zu erstellen und offen zu legen ist und für keines der letzten fünf Wirtschaftsjahre ein Konzernabschluss nach den IFRS erstellt wurde; nach den Generally Accepted Accounting Principles der Vereinigten Staaten von Amerika (US-GAAP) aufzustellende und offen zu legende Abschlüsse sind zu verwenden, wenn kein Konzernabschluss nach den IFRS oder dem Handelsrecht eines Mitgliedstaats der Europäischen Union zu erstellen und offen zu legen ist. ¹⁰Der Konzernabschluss muss den Anforderungen an die handelsrechtliche Konzernrechnungslegung genügen oder die Voraussetzungen erfüllen, unter denen ein Abschluss nach den §§ 291 und 292 des Handelsgesetzbuchs befreiende Wirkung hätte. ¹¹Wurde der Jahresabschluss oder Einzelabschluss nicht nach denselben Rechnungslegungsstandards wie der Konzernabschluss aufgestellt, ist die Eigenkapitalquote des Betriebs in einer Überleitungsrechnung nach den für den Konzernabschluss geltenden Rechnungslegungsstandards zu ermitteln. ¹²Die Überleitungsrechnung ist einer prüferischen Durchsicht zu unterziehen. ¹³Auf Verlangen der Finanzbehörde ist der Abschluss oder die Überleitungsrechnung des Betriebs durch einen Abschlussprüfer zu prüfen, der die Voraussetzungen des § 319 des Handelsgesetzbuchs erfüllt.

¹⁴Ist ein dem Eigenkapitalvergleich zugrunde gelegter Abschluss unrichtig und führt der zutreffende Abschluss zu einer Erhöhung der nach Absatz 1 nicht abziehbaren Zinsaufwendungen, ist ein Zuschlag entsprechend § 162 Abs. 4 Satz 1 und 2 der Abgabenordnung festzusetzen. ¹⁵Bemessungsgrundlage für den Zuschlag sind die nach Absatz 1 nicht abziehbaren Zinsaufwendungen. ¹⁶§ 162 Abs. 4 Satz 4 bis 6 der Abgabenordnung gilt sinngemäß.

Betriebsausgabenabzug für Zinsaufwendungen (Zinsschranke) **§ 4h**

²Ist eine Gesellschaft, bei der der Gesellschafter als Mitunternehmer anzusehen ist, unmittelbar oder mittelbar einer Körperschaft nachgeordnet, gilt für die Gesellschaft § 8a Abs. 2 und 3 des Körperschaftsteuergesetzes entsprechend.

(3) ¹Maßgeblicher Gewinn ist der nach den Vorschriften dieses Gesetzes mit Ausnahme des Absatzes 1 ermittelte steuerpflichtige Gewinn. ²Zinsaufwendungen sind Vergütungen für Fremdkapital, die den maßgeblichen Gewinn gemindert haben. ³Zinserträge sind Erträge aus Kapitalforderungen jeder Art, die den maßgeblichen Gewinn erhöht haben. ⁴Die Auf- und Abzinsung unverzinslicher oder niedrig verzinslicher Verbindlichkeiten oder Kapitalforderungen führen ebenfalls zu Zinserträgen oder Zinsaufwendungen. ⁵Ein Betrieb gehört zu einem Konzern, wenn er nach dem für die Anwendung des Absatzes 2 Satz 1 Buchstabe c zugrunde gelegten Rechnungslegungsstandard mit einem oder mehreren anderen Betrieben konsolidiert wird oder werden könnte. ⁶Ein Betrieb gehört für Zwecke des Absatzes 2 auch zu einem Konzern, wenn seine Finanz- und Geschäftspolitik mit einem oder mehreren anderen Betrieben einheitlich bestimmt werden kann.

(4) ¹Der Zinsvortrag ist gesondert festzustellen. ²Zuständig ist das für die gesonderte Feststellung des Gewinns und Verlusts der Gesellschaft zuständige Finanzamt, im Übrigen das für die Besteuerung zuständige Finanzamt. ³§ 10d Abs. 4 gilt sinngemäß. ⁴Feststellungsbescheide sind zu erlassen, aufzuheben oder zu ändern, soweit sich der nach Satz 1 festzustellende Betrag ändert.

(5) ¹Bei Aufgabe oder Übertragung des Betriebs geht ein nicht verbrauchter Zinsvortrag unter. ²Scheidet ein Mitunternehmer aus einer Gesellschaft aus, geht der Zinsvortrag anteilig mit der Quote unter, mit der der ausgeschiedene Gesellschafter an der Gesellschaft beteiligt war.

Übersicht

	Rn		Rn
A. Grundaussagen der Vorschrift	1	2. Einzelheiten	51
I. § 4h als überschießend typisierende Missbrauchsklausel	1	a) Betriebsbezogenheit	51
		b) Paralleler Zinsbegriff	53
		c) Jahresbetrag	54
II. Durchbrechung des Leistungsfähigkeitsprinzips	5	d) Auswirkungen des Zinsvortrages	55
		II. Nichtzugehörigkeit zum Konzern (§ 4h II 1 lit b)	60
B. Anwendungsbereich	10	1. Grundgedanke	60
I. Persönlicher Anwendungsbereich: Unternehmen aller Art	10	2. Einzelheiten	61
		a) Konzernbegriff	61
II. Sachlicher Anwendungsbereich: Fremdfinanzierungen aller Art	11	b) Nur anteilige Konzernzugehörigkeit	64
C. Regel: Zinsabzugsbeschränkung und Zinsvortrag (§ 4h I)	20	III. Konzerninterner Eigenkapitalvergleich (§ 4h II 1 lit c)	70
I. Die beiden Abzugsobergrenzen für Zinsaufwand (§ 4h I 1)	20	1. Grundgedanke	70
		2. Einzelheiten	72
1. Ausgangsregel: Abzug von Zinsaufwendungen bis zur Höhe der Zinserträge	21	a) Eigenkapitalquote	72
		b) Betrieb und Konzern	73
		c) Bilanzanpassungen	75
2. Erweiterung: Abzug von Zinsaufwendungen bis 30% des steuerlichen EBITDA	22	d) Vorrang internationaler Rechnungslegungsstandards	80
		e) Nachweisfragen und Sanktionen	83
3. Einzelne Tatbestandsmerkmale beider Abzugsschranken	25	**E. Anwendung auf Gesellschaften**	100
a) Betrieb	25	I. Körperschaften	100
b) Zinsaufwendungen und -erträge	30	1. Allgemeines	100
		2. Rückausnahmen	101
II. Zinsvortrag	40	a) Grundsatz	101
1. Vortrag und Berücksichtigung in Folgejahren	40	b) Einzelheiten	103
		3. Anhang: Die Organschaft	107
2. Untergang unverbrauchter Zinsvorträge (§ 4h V)	41	II. Mitunternehmerschaften	109
		1. Allgemeines	109
3. Gesonderte Feststellung des Zinsvortrags (§ 4h IV)	45	2. Rückausnahmen	110
		a) Grundsatz	110
D. Die drei Ausnahmetatbestände (§ 4h II 1)	50	b) Einzelheiten	111
I. Freigrenze (§ 4h II 1 lit a)	50a	**F. Auswirkungen auf die GewSt**	120
1. Grundgedanke	50a		

Seiler

Literatur: *Dörr/Geibel/Fehling* Die neue Zinsschranke, NWB 07, 5199; *Führich* Ist die geplante Zinsschranke europarechtskonform?, IStR 07, 341; *Grotherr* Funktionsweise und Zweifelsfragen der neuen Zinsschranke 2008, IWB 07, 1489; *Hallerbach* Problemfelder der neuen Zinsschrankenregelung des § 4h EStG, StuB 07, 487; *Heintges/Kamphaus/Loitz* Jahresabschluss nach IFRS und Zinsschranke, DB 07, 1261; *Hennrichs* Zinsschranke, Eigenkapitalvergleich und IFRS, DB 07, 2101; *Herzig/Liekenbrock* Zinsschranke im Organkreis, DB 07, 2387; *Hey* Verletzung fundamentaler Besteuerungsprinzipien durch die Gegenfinanzierungsmaßnahmen des Unternehmensteuerreformgesetzes 2008, BB 07, 1303; *Homburg* Die Zinsschranke – eine beispiellose Steuerinnovation, FR 07, 717; *Kessler/Köhler/Knörzer* Die Zinsschranke im Rechtsvergleich: Problemfelder und Lösungsansätze, IStR 07, 418; *Köhler* Erste Gedanken zur Zinsschranke nach der Unternehmensteuerreform, DStR 07, 597; *Köster* Zinsschranke: Eigenkapitaltest und Bilanzpolitik, BB 07, 2278; *Lüdenbach/Hoffmann* Der IFRS-Konzernabschluss als Bestandteil der Steuerbemessungsgrundlage für die Zinsschranke nach § 4h EStG-E, DStR 07, 636; *Schaden/Käshammer* Die Neuregelung des § 8a KStG im Rahmen der Zinsschranke, BB 07, 2259; *dieselben*, Der Zinsvortrag im Rahmen der Regelungen zur Zinsschranke, BB 07, 2317; *Thiel* Die steuerliche Behandlung von Fremdfinanzierungen im Unternehmen, FR 07, 729; *Töben/Fischer* Die Zinsschranke – Regelungskonzept und offene Fragen, BB 07, 974; *Wagner/Fischer* Anwendung der Zinsschranke bei Personengesellschaften, BB 07, 1811.

A. Grundaussagen der Vorschrift

1 I. § 4h als überschießend typisierende Missbrauchsklausel. Der Gesetzgeber bezweckt mit der Zinsschranke des § 4h[1] (iVm § 8a KStG nF), die **Verlagerung von in Deutschland erwirtschaftetem Steuersubstrat ins Ausland** zu beschränken (abzugrenzen von der hinzunehmenden Verlagerung der zu besteuernden wirtschaftlichen Tätigkeit).[2] Er reagiert damit auf einen durch unterschiedliche Steuersätze ausgelösten, vom EuGH beförderten „Steuerwettbewerb"[3] zwischen den Staaten. Rechtlicher Dreh- und Angelpunkt ist eine extensive Interpretation der Marktfreiheiten, die grundsätzlich jede das grenzüberschreitende Wirtschaften behindernde Regelung verbietet und dadurch iErg Räume für steuervermeidende Gestaltungen eröffnet. Selbst eine bloße Missbrauchsbekämpfung wird zwar theoretisch anerkannt, aber an derart hohe Voraussetzungen geknüpft, dass sie praktisch kaum jemals erfolgreich sein dürfte.[4] Speziell grenzüberschreitend verbundene Unternehmen ohne Interessengegensatz können diese Rechtslage nutzen, um einerseits durch eigens an diesem Zweck ausgerichtete Gesellschafterfremdfinanzierungen inländische Gewinne ins DBA-begünstigte Ausland zu verlagern und andererseits ohnehin entstehenden Aufwand wie zB Zinsen gezielt im Inland anfallen zu lassen. Da der EuGH eine Schlechterstellung von Sachverhalten mit Auslandsbezug in grds jedem Einzelfall untersagt, kann der Gesetzgeber diesem Missstand nur durch eine gleichlaufende Beschränkung grds aller vergleichbaren Konstellationen (einschließlich des reinen Inlandssachverhaltes) begegnen. Der Gesetzgeber hat sich vor der Alternative, entweder Gewinnverlagerungen durch bloße Vertragsgestaltung (dh ohne Verlagerung der wirtschaftlichen Tätigkeit) hinzunehmen oder auch wirtschaftlich angemessene (Inlands- wie Auslands-) Sachverhalte zu belasten, für eine typisierende Missbrauchsklausel mit evident überschießendem Gehalt entschieden.

2 Zu diesem Zweck führt § 4h I eine **zweigliedrige Schranke für den Abzug von Zinsaufwendungen** als Betriebsausgaben ein. Zinsen aller Art können hiernach grds nur bis zur Höhe gegenläufiger Zinserträge geltend gemacht werden. Darüber hinaus wird ein Abzug bis zu 30% des sog steuerlichen EBITDA zugelassen, einer am Gewinn vor Zinsen und Abschreibungen ausgerichteten Kennzahl, die ein ökonomisches Indiz für eine angemessene Finanzierungsstruktur liefern soll, dabei aber weder branchenspezifische Besonderheiten noch zwischen den Jahren schwankende Geschäftsergebnisse verarbeiten kann. Hiernach nicht abzugsfähige Zinsaufwendungen werden in die Folgejahre vorgetragen, in denen sie im Falle dann geänderter wirtschaftlicher Verhältnisse (insbes deutlich höherer Gewinn o erheblich niedrigeres Zinsniveau) abgezogen werden können. **§ 4h II** fügt dieser strikten Regel **drei Ausnahmetatbestände** (Freigrenze, Nichtzugehörigkeit zum Konzern, Einhalten der konzerninternen Eigenkapitalquote) hinzu, bei denen eine missbräuchliche (dh unangemessene grenzüberschreitende) Gestaltung ausgeschlossen erscheint. Da die Vorschrift jedoch nicht

---

1 § 4h eingeführt durch Gesetz v 14.8.07, BGBl I 07, 1912 (1913); zur erstmaligen Anwendbarkeit s § 52 XIId (Wj, die nach dem 25.5.07 beginnen; dh für Unternehmen, deren Wj mit dem Kj identisch ist: ab VZ 08).
2 BT-Drs 16/4841, 47 f.
3 Eingehend hierzu *Seiler* Steuerstaat und Binnenmarkt, FS Isensee, 875 ff.
4 EuGH *Cadbury Schweppes* IStR 06, 670: Im praktisch Ergebnis lediglich Ausschluss reiner Briefkastenfirmen.

nach ihrem eigentlichen Regelungsziel differenzieren darf, können diese Ausnahmen zahlreiche an sich unbedenkliche Konstellationen nicht erfassen und belassen sie dadurch im Anwendungsbereich der Zinsschranke (für MU'schaften und Körperschaften treten überdies noch nachteilige Rückausnahmen hinzu). § 4h III definiert einzelne Tatbestandselemente der ersten beiden Absätze. § 4h IV–V liefern ergänzende Regelungen zum Zinsvortrag (gesonderte Feststellung, Untergang bei BetrAufg oder -umstrukturierung).

II. Durchbrechung des Leistungsfähigkeitsprinzips. Diese überschießend typisierende Missbrauchsklausel schließt den Abzug betrieblich veranlasster Zinsaufwendungen in vielen Fällen auch wirtschaftlich angemessener Finanzierungen (inländischer wie grenzüberschreitender Natur) aus. Der Zinsvortrag hält zwar grds die Möglichkeit offen, diesen Abzug in Folgejahren nachzuholen, jedoch werden dessen Voraussetzungen bei gleichbleibenden wirtschaftlichen Verhältnissen auch in Zukunft fehlen, so dass sich das vorübergehende nicht selten zum dauerhaften Abzugsverbot wandelt, das schließlich im endgültigen Untergang des Zinsvortrages (§ 4h V) münden kann.[1] Auf diese Weise wird das **objektive Nettoprinzip** als Teilprinzip des vor allem gleichheitsrechtlich eingeforderten Leistungsfähigkeitsprinzips durchbrochen. 5

Die hierin angelegten zahlreichen und erheblichen Ungleichbehandlungen wirtschaftlich vergleichbarer Sachverhalte (Zinsen/sonstiger Finanzierungsaufwand; Zinsen unter/über der EBITDA-Grenze; vorübergehende/endgültige Nichtberücksichtigung je nach Schicksal des Zinsvortrags; Differenzierungen je nach Konzernzugehörigkeit und -struktur etc) lassen sich nicht durch das legislative Ziel rechtfertigen, fiskalschädliche Gestaltungen idR *anderer* Steuerpflichtiger einzudämmen. Insbesondere hat der Gesetzgeber die ihm eingeräumten Spielräume zulässiger Typisierung weit überschritten, vor allem weil typischerweise auch Sachverhalte einbezogen werden (sollen), bei denen jeder Missbrauchsverdacht ausscheidet, daneben auch weil sich die Differenzierungskriterien bereits ihrem Wesen nach nur bedingt als Missbrauchsindikatoren eignen (zB 30%-Anteil am steuerlichen EBITDA als generell übermäßig restriktiv typisierendes[2], zudem nicht branchenspezifisch differenzierendes[3] sowie die Gründungsphase u den Krisenfall ignorierendes Angemessenheitskriterium; überforderndes Konzernbegriff im Rahmen der Ausnahme gem § 4h II lit b; mangelnde Aussagekraft des Eigenkapitalvergleichs nach § 4h II 1 lit c im Mischkonzern mit typischerweise branchenabhängig unterschiedlichen Eigenkapitalquoten). **§ 4h verletzt** daher **den Gleichheitssatz** (Art 3 I GG).[4] Die außerordentliche Kompliziertheit der (überdies ihrerseits durch Gestaltung umgehbaren[5]) Vorschrift könnte außerdem erhebliche Vollzugsdefizite und damit eine Ungleichheit im tatsächlichen Belastungserfolg nach sich ziehen.[6] 6

Die verfassungsrechtlichen Bedenken gegen § 4h erschöpfen sich nicht in einer Beanstandung seiner ungleichen Wirkungen. Denn je nach den konkreten Verhältnissen des Unternehmens droht sogar eine **Substanzbesteuerung**, bei der die Steuerlast den Gewinn übersteigt. Dies gilt insbes im Fall des Zusammentreffens von hohem Zinsaufwand und niedrigem, infolge erheblicher Verluste womöglich sogar negativem EBITDA. Speziell in Unternehmenskrisen, für die eine solche Situation nicht unty- 7

---

1 Der Zinsvortrag läuft de facto häufig leer; *Schaden/Käshammer* BB 07, 2317 ff – Angesichts dessen darf dahingestellt bleiben, ob das objektive Nettoprinzip allein durch die Möglichkeit eines späteren Abzuges gewahrt werden kann; hiergegen *Hey* BB 07, 1303 (1305).
2 § 4h unterstellt – bei hypothetisch identischer Rendite auf Eigen- und Fremdkapital sowie ungeachtet der Abschreibungen – eine angemessene Eigenkapitalquote von 70%. Diese unrealistische Typisierung ist deutlich strenger als die international am ehesten vergleichbare Regelung, die US-amerikanischen „Earning Stripping Rules" nach Section 163(j) Internal Revenue Code (IRC), die ab einem 1:1,5-Verhältnis von Eigen- und Fremdkapital greift (und überdies nur auf Gesellschafterfremdfinanzierungen abzielt); vgl *Homburg* FR 07, 717 (720). Hieran angelehnt hat die Stiftung Marktwirtschaft vorgeschlagen, den Zinsabzug bis max 60% des Gewinns vor Zinsen zuzulassen (mit ergänzendem Zinsvortrag); siehe *Thiel* FR 07, 729 (730).
3 § 4h berücksichtigt nicht, dass bestimmte Branchen in besonderem Maße auf Fremdfinanzierung angewiesen sind (zB Factoring-Gesellschaften, Leasingunternehmen, Schiffsbau, Finanzierungsholding, Private-Equity-Fonds); vgl *Köhler* DStR 07, 597 (601); *Schaden/Käshammer* BB 07, 2317.
4 *Hey* BB 07, 1303 (1305 f); vgl auch *Dörr/Geibel/Fehling* NWB 07, 5199 (5205); *Hallerbach* StuB 07, 487 (493); *Thiel* FR 07, 729 (730).
5 In Betracht kommen insbes zinsvermeidende Gestaltungen (zB sale-and-lease-back-Verfahren), die sich steuergünstig für den Schuldner auswirken. Ihre spiegelbildlich steuerschädliche Wirkung für den Gläubiger lässt sich durch zwischengeschaltete Auslandsgesellschaften umgehen.
6 Insbes erscheint es fraglich, ob die Finanzverwaltung hinreichend qualifiziertes Personal zur Anwendung von § 4h einsetzen können wird; *Köhler* DStR 07, 597 (602). Zur Rückwirkung legislativ angelegter Vollzugsdefizite auf die Vereinbarkeit auch des materiellen Gesetzes mit Art 3 GG BVerfGE 84, 239 (268 ff); E 110, 94 (112 ff).

pisch sein dürfte, kann § 4h dadurch existenzgefährdend wirken.[1] Jedenfalls in solchen Härtefällen dürfte die Zinsschranke auch als **unverhältnismäßiger Eingriff** in die Vermögensrechte der StPfl (Art 2 I, 14 GG) anzusehen sein.

8 § 4h offenbart mit alledem ein **legislatives Dilemma**: Das vom Gesetzgeber angestrebte legitime Regelungsziel, vorhandenes Steuersubstrat am Ort seiner Erwirtschaftung (dh im Inland) zu besteuern, lässt sich allenfalls noch mit begrenztem Erfolg verwirklichen, weil den meisten hierauf gerichteten Regelungsoptionen entweder ein Verstoß gegen die europäischen Marktfreiheiten oder gegen das grundgesetzliche Leistungsfähigkeitsprinzip droht.[2] Angesichts dessen könnte und sollte sich der nationale Gesetzgeber vorläufig mit einer behutsameren Regelung speziell zur schädlichen Gesellschafterfremdfinanzierung begnügen (angelehnt zB an einen überarbeiteten § 8a KStG aF), die immerhin einen Teil der Probleme lösen könnte.[3]

B. Anwendungsbereich

10 **I. Persönlicher Anwendungsbereich: Unternehmen aller Art.** Die Zinsschranke nach § 4h gilt grds für alle Unternehmen unabhängig von ihrer Organisationsform, dh für Einzelunternehmen, MU'schaften und (gem § 8a I 1 KStG mit gewissen Modifikationen) Körperschaften. Ob diese ihren Gewinn nach § 4 I o III ermitteln, ist unerheblich.

11 **II. Sachlicher Anwendungsbereich: Fremdfinanzierungen aller Art.** § 4h gilt für alle Gewinneinkunftsarten und alle der inländischen Gewinnermittlung zuzuordnenden Zinsaufwendungen. Die Vorschrift differenziert dabei grds weder nach der Art, Höhe, Laufzeit oder Marktüblichkeit einer Fremdfinanzierung noch nach der Person des Geldgebers (bei allerdings nochmals strengeren Zusatzregelungen in § 8a KStG für Gesellschafterfremdfinanzierungen). Insbes werden auch Bankdarlehen einbezogen. Voraussetzung der Anwendbarkeit von § 4h ist allein, dass die anfallenden Zinsen nach allgemeinen Grundsätzen und sonstigen Vorschriften (im Inland) zum Abzug als Betriebsausgaben zugelassen wären. Vorrangig anzuwenden sind daher das Veranlassungsprinzip (§ 4 IV) sowie jene Vorschriften, die den Zinsabzug aus anderen Gründen einschränken (zB §§ 3c, 4 IVa) oder den Zinsaufwand in Gewinnbestandteile umqualifizieren (zB § 15 I 1 Nr 2, § 8 III 2 KStG). – § 4h regelt nur den Zinsabzug beim Schuldner und lässt die Besteuerung beim Empfänger unberührt.

C. Regel: Zinsabzugsbeschränkung und Zinsvortrag (§ 4h I)

20 **I. Die beiden Abzugsobergrenzen für Zinsaufwand (§ 4h I 1).** Der Abzug an sich berücksichtigungsfähiger Zinsaufwendungen (s Rn 30) eines einzelnen Betriebes (s Rn 25 ff) unterliegt gem § 4h I 1 und vorbehaltlich der Ausnahmen nach § 4h II 1 (s Rn 50 ff) zwei nacheinander anzuwendenden Obergrenzen. Beide gemeinsam formulieren eine restriktiv typisierende Angemessenheitsklausel, die den Umfang höchstens anzuerkennender Zinsaufwendungen letztlich in Abhängigkeit von der Ertragskraft des Betriebes bemisst. Hiernach nicht abzugsfähige Zinsen werden dem Gewinn außerbilanziell hinzugerechnet, gesondert festgestellt (§ 4h IV; s Rn 45) und gem § 4h I 2 in spätere VZ vorgetragen (s Rn 40), in denen sie ggf abgezogen werden können.

21 **1. Ausgangsregel: Abzug von Zinsaufwendungen bis zur Höhe der Zinserträge.** § 4h I 1 formuliert zunächst die systematische Grundregel, dass Zinsaufwendungen jeglicher Art im Jahr ihrer steuerlichen Zugehörigkeit (§ 4 I oder § 4 III iVm § 11) ohne Weiteres (nur) bis zur Höhe der demselben Wj zuzurechnenden Zinserträge (zur Definition beider Begriffe Rn 30 f) abgezogen werden dürfen.

22 **2. Erweiterung: Abzug von Zinsaufwendungen bis 30% des steuerlichen EBITDA.** Über die Höhe des Zinsertrages hinaus dürfen Zinsaufwendungen im laufenden VZ nur bis zur Höhe von 30% des sog steuerlichen EBITDA (zu unterscheiden vom betriebswirtschaftlichen EBITDA) geltend gemacht werden. **Steuerliches EBITDA** („earnings before interest, taxes, depreciation and amorti-

---

[1] Zur Unternehmenskrisen verschärfenden Wirkung von § 4h *Hallerbach* StuB 07, 487 (489).
[2] § 4h fällt dagegen nicht (direkt) unter Art 1 Zins/Lizenzgebühren-Richtlinie, da dort die Zinsbesteuerung beim Gläubiger, nicht die Abzugsfähigkeit beim Schuldner gemeint ist; aA *Köhler* DStR 07, 597 (604): Verstoß gegen die Richtlinie; ebenso mit eher ökonomischer Begründung *Homburg* FR 07, 717 (725). Zu Art 9 OECD-MA aus ökonomischer Perspektive *Homburg* FR 07, 717 (725 f).
[3] Vgl auch die Reformerwägungen bei *Homburg* FR 07, 717 (726 ff). – *Kessler/Köhler/Knörzer* IStR 07, 418 sehen rechtsvergleichend einen europäischen Trend zum Abzugsverbot.

zation") ist der „maßgebliche Gewinn", dh der nach den übrigen Vorschriften des Gesetzes (mit Ausnahme von § 4h) ermittelte stpfl Gewinn (§ 4h III 1), der um die Zinsaufwendungen und bestimmte Abschreibungen (§ 6 II 1, IIa 2, § 7)[1] erhöht und um die Zinserträge gemindert wird. Folglich erhöhen stfrei Erträge (zB § 8b KStG bei erheblichen Folgen für Holdinggesellschaften) das Abzugsvolumen nicht, ebenso wie unbeachtlicher Aufwand (zB § 3c) es nicht verkürzt. – Ein etwaiges negatives steuerliches EBITDA (bei hohem Verlust) lässt den Abzug bis zur Höhe der Zinserträge unberührt.

3. Einzelne Tatbestandsmerkmale beider Abzugsschranken. – a) Betrieb. § 4h I 1 ist betriebsbezogen anzuwenden, dh für jeden Betrieb einzeln. Der Begriff des Betriebs ist dabei grds iSv § 16 zu verstehen.[2] Einzelpersonen können hiernach über mehrere Betriebe verfügen. MU'schaften und Körperschaften haben (auch bei mehreren Betriebsstätten) nur je einen Betrieb. Ausländische Betriebsstätten inländischer Unternehmen können Teil eines gemeinsamen Betriebs sein.[3] Umgekehrt fallen auch inländische Betriebsstätten beschränkt stpfl Unternehmen unter diesen Begriff[4] (was aber nur Bedeutung erlangt, soweit der entspr Zinsaufwand überhaupt der inländischen[5] Gewinnermittlung unterliegt). Im Fall der Organschaft gelten Organträger und -gesellschaften gem § 15 S 1 Nr 3 KStG zusammen als ein Betrieb (näheres s Rn 107f).

25

Der einzelne Betrieb ist jeweils in seiner Gesamtheit zu betrachten. Zinsaufwendungen und -erträge des Sonderbetriebsvermögens einzelner **MU'er** sind daher (nach Anwendung von § 15 I 1 Nr 2, der Sondervergütungen auf Gesellschafterfremdfinanzierungen neutralisiert) in eine gemeinsame Berechnung der Zinsschranke einzustellen.[6] Zinsabzugsbeschränkung und -vortrag sind anschließend ggf auf Ges und G'ter zu verteilen. Der genaue Aufteilungsmaßstab (Gewinnverteilungsschlüssel oder getragener Zinsaufwand) bleibt allerdings noch zu klären[7]; jedenfalls sollten entspr Abreden anerkannt werden. Die Freigrenze (II 1 lit a) und grds auch der Eigenkapitalvergleich im Konzern (vgl II 1 lit c 7) sind ebenfalls auf die gesamte MU'schaft zu beziehen.

26

Unterhält ein StPfl **mehrere Betriebe**, kann sich diese Betriebsbezogenheit vor- und nachteilig auf die Anwendbarkeit der Ausnahmeklauseln nach § 4h II 1 auswirken. Einerseits kann die Geringfügigkeitsgrenze nach lit a mehrfach ausgenutzt werden. Andererseits können bereits zwei Einzelunternehmen (ebenso zwei MU'er o Körperschaften) einen Konzern iSv lit b bilden (s Rn 61 ff), so dass dieser Ausnahmetatbestand entfällt und nur noch der strengere Eigenkapitalvergleich nach lit c als Ausnahmemöglichkeit in Betracht kommt.

27

b) Zinsaufwendungen und -erträge. § 4h III 2 definiert den Begriff der **Zinsaufwendungen** als „Vergütungen für Fremdkapital, die den maßgeblichen Gewinn gemindert haben". Die parallele Formulierung zu § 8a I 1 KStG aF legt nahe, den Begriff iS dessen bisheriger Handhabung zu interpretieren.[8] Fremdkapital sind hiernach grds alle passivierungsfähigen Kapitalzuführungen in Geld, die nach steuerrechtlichen Grundsätzen nicht zum EK gehören. Nach der Gesetzesbegründung[9] soll damit nur die vorübergehende Überlassung von Kapital zur Nutzung gemeint sein. Eine Vergütung muss nicht fest vereinbart sein und darf auch von einem ungewissen Ereignis (zB Gewinnhöhe) abhängen. Nicht einbezogen sind dagegen Aufwendungen für die Überlassung von Sachen (Miete, Leasingraten), immateriellen Gütern (Lizenzgebühren), Zahlungen auf überlassenes EK (Dividenden), ebensowenig Skonti, Boni und Zinsen nach §§ 233 ff AO.

30

Zinserträge sind gem § 4h III 3 „Erträge aus Kapitalforderungen jeder Art, die den maßgeblichen Gewinn erhöht haben". Der Begriff ist spiegelbildlich zum Zinsaufwand zu interpretieren, also auf solche Vergütungen zu beschränken, deren Abzug beim Leistenden der Zinsschranke nach § 4h unterfallen könnte.

31

---

1 Die Hinzurechnung dieser Abschreibungen (EBITDA statt EBIT) wurde dem ursprünglichen Gesetzentwurf auf Empfehlung des Finanzausschusses hinzugefügt; BT-Drs 16/5452, 10.
2 *Dörr/Geibel/Fehling* NWB 07, 5199 (5201); *Köhler* DStR 07, 597 (598); vgl auch *Schaden/Käshammer* BB 07, 2317 (2319).
3 BT-Drs 16/4841, 50.
4 **AA** *Grotherr* IWB 07, 1489 (1496, 1498 f).
5 Diese Frage dürfte nach den Betriebsstätten-Verwaltungsgrundsätzen (BMF BStBl I 99, 1076) zu beantworten sein; vgl BT-Drs 16/4841, 50; 77.

6 Vgl die Stellungnahme des Bundesrates; BT-Drs 16/5377, 10. Wie hier *Hallerbach* StuB 07, 487 (488); *Wagner/Fischer* BB 07, 1811.
7 Vgl *Wagner/Fischer* BB 07, 1811 (1812).
8 Zur Anwendung gelangen könnte damit insbes BMF BStBl I 95, 25; ebenso *Grotherr* IWB 07, 1489 (1497); vgl auch *Dörr/Geibel/Fehling* NWB 07, 5199 (5202).
9 BT-Drs 16/4841, 49. Inwiefern hiermit materielle Einschränkungen gemeint sind (etwa bei der Behandlung stiller Ges), kann der Gesetzesbegründung nicht eindeutig entnommen werden.

32 Als Zinsen (Aufwand wie Ertrag) gelten nach § 4h III 4 auch die **Auf- und Abzinsung** unverzinslicher oder niedrig verzinslicher Verbindlichkeiten oder Kapitalforderungen. – Noch ungeklärt ist, ob diese Regelung auch auf rein steuerbilanzielle Abzinsungsgebote (zB § 6 I Nr 3) zu erstrecken ist, bei denen keine Gegenleistung gewährt wird.

33 **Gestaltungsempfehlung:** Insbes konzernangehörige (zur Definition s Rn 61 ff) Unternehmen sollten darauf achten, ihren Zinsaufwand zu begrenzen. Hierzu empfiehlt es sich, Fremd- durch Eigenkapital zu ersetzen und möglichst Sach- statt Geldkapital nachzufragen (zB sale-and-lease-back-Verfahren). Ggf kann (mit wichtiger Einschränkung für Kapital- u PersGes; s Rn 104 f) auch in Betracht kommen, spiegelbildlich die eigenen Zinserträge zu steigern.

40 **II. Zinsvortrag. – 1. Vortrag und Berücksichtigung in Folgejahren.** Ein nach Anwendung von § 4h I 1 verbleibender Überhang derzeit nicht abzugsfähiger Zinsen kann gem § 4h I 2 zeitlich unbegrenzt in die folgenden Wj vorgetragen werden. Ein Zinsrücktrag ist dagegen nicht möglich. Vorgetragener Zinsaufwand kann im Folgejahr abgezogen werden, sofern dann die Abzugsvoraussetzungen des § 4h I 1 vorliegen oder nun eine der Ausnahmen des § 4h II 1 (s Rn 50 ff) eingreift. Hierbei erhöhen die vorgetragenen Zinsen die Zinsaufwendungen des Folgejahrs (s auch Rn 55 zu den Auswirkungen auf die Freigrenze nach II 1 lit a), nicht aber den jetzt maßgeblichen Gewinn, dh nicht das neue Abzugsvolumen (§ 4h I 3).

41 **2. Untergang unverbrauchter Zinsvorträge (§ 4h V).** Der Zinsvortrag ist an den vom einzelnen Unternehmensträger geführten konkreten Betrieb gebunden. Demgemäß gehen im Fall einer **Aufgabe oder Übertragung** (s § 16) des Betriebes (nicht aber eines Teilbetriebes) bis dahin nicht verbrauchte Zinsvorträge nach § 4h V 1 endgültig unter. Dies gilt mangels Ausnahmeregelung auch für unentgeltliche Übertragungsvorgänge (zB vorweggenommene Erbfolge).

42 Anteilig gleichzustellen sind nach § 4h V 2 Sachverhalte des Ausscheidens eines **MU'ers**, dh der Aufgabe oder Übertragung seines MU'anteils, bei denen der Zinsvortrag der Ges entsprechend der Beteiligungsquote des ausscheidenden G'ters untergeht. Ein anderes gilt für einen etwaigen Zinsvortrag im Sonderbetriebsvermögen (s Rn 26), der mit dessen Auflösung vollständig verloren geht. – Für den Anteilseignerwechsel bei Körperschaften gelten §§ 8a I 3, 8c KStG. Gleichlaufende Zusatzregelungen finden sich für sonstige Umstrukturierungsmaßnahmen (§§ 4 II 2, 15 III, 20 IX, 24 VI UmwStG nF).[1]

43 Der gesetzliche Untergang des Zinsvortrages hindert dessen Übergang auf andere Betriebe oder andere G'ter, sollte aber bei berichtigender Wortlautinterpretation einer Berücksichtigung im Rahmen einer **nachlaufenden Gewinnermittlung** desselben Betriebs (o desselben MU'ers) nicht entgegenstehen. Vorgetragene Zinsen können daher nachträgliche BE noch mindern. Umgekehrt können nachträgliche Zinsen einen neuen (betriebsgebundenen) Zinsvortrag auslösen.

44 **Gestaltungsempfehlung:** Um einen ansonsten verlorenen Zinsvortrag doch noch nutzen zu können, kann es uU ratsam sein, bestehende **Bilanzierungswahlrechte** (insbes zu Wertansätzen bei Unternehmensnachfolgen o Umstrukturierungsprozessen) zur Aufdeckung stiller Reserven einzusetzen, um den (Aufgabe-)Gewinn und damit das steuerliche EBITDA zu erhöhen.[2]

45 **3. Gesonderte Feststellung des Zinsvortrags (§ 4h IV).** Der nach § 4h I 2 vorzunehmende Zinsvortrag ist gem § 4h IV 1 gesondert festzustellen. Hierfür gilt § 10d IV sinngemäß (§ 4h IV 3). Zuständig ist bei PersGes das für die gesonderte Feststellung des Gewinns und Verlusts der Ges zuständige Finanzamt, iÜ das für die Besteuerung zuständige Finanzamt (§ 4h IV 2). Entsteht oder ändert sich ein vorzutragender Zinsbetrag, ist ein Feststellungsbescheid zu erlassen oder ein ergangener Bescheid aufzuheben oder zu ändern (§ 4h IV 4).

D. Die drei Ausnahmetatbestände (§ 4h II 1)

50 § 4h II 1 lit a–c normieren drei alternative Ausnahmetatbestände, bei deren Eingreifen der typisierende Missbrauchsverdacht nach I 1 als entkräftet angesehen wird und deshalb ein uneingeschränkter Abzug betrieblich veranlasster Zinsen möglich bleibt.

50a **I. Freigrenze (§ 4h II 1 lit a). – 1. Grundgedanke.** Kleinere und mittlere Unternehmen sind regelmäßig nicht in der vom Gesetzgeber beanstandeten Art und Weise (gedacht: grenzüberschreitend)

---

[1] Hierzu *Schaden/Käshammer* BB 07, 2317 (2321 f).   [2] Vgl *Schaden/Käshammer* BB 07, 2317 (2322).

verschachtelt, würden aber durch die Zinsschranke erheblichen finanziellen Nachteilen und einem hohen bürokratischen Aufwand unterworfen. Die Freigrenze des Buchstaben a entbindet deswegen Betriebe von der Anwendung der Zinsschranke, wenn der Saldo ihrer Zinsaufwendungen und Zinserträge weniger als **eine Mio €** beträgt. Ab dieser Grenze unterfallen sie (sofern nicht eine der beiden anderen Ausnahmen eingreift) uneingeschränkt der Regel nach I 1.[1]

2. Einzelheiten. – a) Betriebsbezogenheit. Die Freigrenze des Buchstaben a ist (auch im Konzern) mit Blick auf den **einzelnen Betrieb** anzuwenden, dh von MU'schaften (einschließlich Sonderbetriebsvermögen) und Körperschaften je einmalig, von einer nat Pers mit mehreren Betrieben dagegen mehrmalig auszunutzen. 51

Gestaltungsempfehlung: Verbundene Unternehmen mittlerer Größe sollten angesichts dieses engen Betriebsbezuges ggf einen Verzicht auf eine Organschaft und eine Zergliederung in kleinere Einheiten erwägen. Anzuraten ist hierzu eine je konkrete Vergleichsrechnung. 52

b) Paralleler Zinsbegriff. In die Berechnung der Freigrenze einzubeziehen sind nur solche Zinsaufwendungen, die auch der Abzugsbeschränkung nach § 4h I 1 unterliegen können. Anzusetzen sind daher nur der **inländischen** Gewinnermittlung unterfallende Zinsen[2], was sich insbes für beschränkt StPfl günstig auswirken kann, die im Inland lediglich eine Betriebsstätte unterhalten und deshalb nur die ihr zugeordneten Zinsanteile ansetzen müssen. 53

c) Jahresbetrag. Die Freigrenze nach lit a bezieht sich auf das **gesamte Wj**, dh idR auf das ganze Kalenderjahr, ggf aber auch auf ein abweichendes (Rumpf-)Wj. Bestand die Stpfl nur zeitweise oder fielen Zinsen nur temporär an (zB Unternehmensgründung oder -aufgabe im Laufe des VZ), ist die Freigrenze nicht anteilig zu kürzen. 54

d) Auswirkungen des Zinsvortrages. Nachteilig wirkt schließlich § 4h I 3, nach dem gem I 2 vorgetragene Zinsaufwendungen im Folgejahr den nun anfallenden Zinsen hinzuzurechnen sind. Folgerichtig müssten sie dann auch bei der Anwendung der Freigrenze einbezogen werden.[3] Als Konsequenz dessen könnte allein ein über Jahre **kumulierter Zinsvortrag** selbst kleiner oder mittlerer Betriebe die Freigrenze dauerhaft aushebeln und wäre kaum noch abbaubar. 55

II. Nichtzugehörigkeit zum Konzern (§ 4h II 1 lit b). – 1. Grundgedanke. Der von I 1 erhobene Missbrauchsverdacht erscheint ferner dann als ausgeschlossen, wenn ein Betrieb nicht in unternehmerischer Verbundenheit mit anderen (gedacht: ausländischen) Betrieben steht, er also gem § 4h II 1 lit b „nicht oder nur anteilmäßig zu einem Konzern gehört" („stand-alone-Klausel"). Typische Adressaten dieser Regelung sind Einzelunternehmer oder im Streubesitz befindliche KapGes, die jeweils keine eigenen Beteiligungen halten.[2] – Für Körperschaften (s Rn 101 ff) oder einer Körperschaft nachgeordnete MU'schaften (s Rn 110 f) wird diese Ausnahme gem § 8a II KStG (iVm § 4h II 2) durch eine Gegenausnahme für den Fall sog schädlicher Gesellschafterfremdfinanzierungen eingeschränkt. 60

2. Einzelheiten. – a) Konzernbegriff. Der Begriff des „Konzerns" iSv Buchstabe b wird durch § 4h III 5–6 im Lichte der Missbrauch vermutenden ratio der Norm eigenständig (dh unabhängig vom Bilanzrecht) und sehr **weit definiert**. Es genügt, wenn eine der beiden alternativen Begriffsalternativen (S 5 o 6) eingreift. Vorauszusetzen ist dabei stets, dass es sich um zwei (oder mehrere) „Betriebe" iSv § 4h handelt (vgl etwa Rn 107 zur Organschaft, die ein einziger Betrieb, dh kein Konzern idS ist). – Der Konzernbegriff iSv lit b entscheidet zugleich über die alternative Anwendbarkeit von lit c (s aber Rn 74 zum Konzernbegriff des Eigenkapitalvergleichs). 61

(1) Nach III 5 gehört ein Betrieb einem Konzern an, wenn er nach den für den dritten Ausnahmetatbestand (II 1 lit c) konkret maßgeblichen Rechnungslegungsstandards (s Rn 80 f) mit einem oder mehreren anderen Betrieben konsolidiert wird oder auch nur werden könnte. Es genügt also eine bloße **Konsolidierungsmöglichkeit**, selbst wenn sie (zB wegen untergeordneter Bedeutung iSv § 296 II HGB) zulässigerweise nicht in Anspruch genommen wird. Zu wählen ist jeweils der größtmögliche Konsolidierungskreis mit dem zugehörigen obersten Rechtsträger.[4] 62

---

1 Diese Grenze wird als zu niedrig und in ihrer Ausgestaltung als bloße Freigrenze (nicht Freibetrag) kritisiert; so zB *Köhler* DStR 07, 597 (598).
2 BT-Drs 16/4841, 48.
3 *Grotherr* IWB 07, 1489 (1500).
4 BT-Drs 16/4841, 50. Ebenso *Dörr/Geibel/Fehling* NWB 07, 5199 (5208); *Hennrichs* DB 07, 2101 (2102).

63 (2) Ebenso gehört ein Betrieb gem III 6 zu einem Konzern, wenn die Finanz- und Geschäftspolitik des Betriebs mit einem oder mehreren anderen Betrieben **einheitlich bestimmt** werden kann. Der Gesetzgeber hat sich damit bewusst an Begriff und Voraussetzungen eines Beherrschungsverhältnisses nach IAS 27 („control") angelehnt.[1] IErg kann auch eine nat Pers, die zwei Betriebe innehat, einen (Gleichordnungs-) Konzern iSv § 4h bilden.[2] Laut Gesetzesbegründung[3] soll dies allerdings nicht bereits für die (an sich diesen weiten Konzernbegriff erfüllende) bloße BetrAufsp gelten.

64 **b) Nur anteilige Konzernzugehörigkeit.** Die Zinsschranke bleibt auch dann unanwendbar, wenn ein Betrieb „nur anteilmäßig" zu einem Konzern gehört. Die genaue Reichweite dieser Einschränkung erscheint fraglich, weil die weite Konzerndefinition in III 5–6 auch bloße Mehrheitsbeteiligungen einbezieht, weil also offensichtlich nicht jede nur anteilige Beteiligung ausgenommen sein kann. IErg soll es laut Gesetzesbegründung[1] für die Ausnahme nach lit b genügen, wenn ein **gemeinschaftlich geführtes Unternehmen** iSv § 310 HGB (oder ein vergleichbares Unternehmen iS alternativ anzuwendender Standards) **nur anteilmäßig konsolidiert** wird und es **nicht von einem einzelnen Rechtsträger beherrscht** wird.[4] Als erklärendes Beispiel nennt die Gesetzesbegründung PPP-Projektgesellschaften.[1] Entsprechendes soll nach dem Normverständnis des subjektiv-historischen Gesetzgebers auch für bestimmte Verbriefungszweckgesellschaften im Rahmen von Asset-Backed-Security-Gestaltungen gelten.[5]

70 **III. Konzerninterner Eigenkapitalvergleich (§ 4h II 1 lit c). – 1. Grundgedanke.** Bei konzernzugehörigen Betrieben (dh alternativ zu lit b; zum insoweit maßgeblichen Konzernbegriff s Rn 61 ff) gilt der typisierende Missbrauchsverdacht als entkräftet, wenn diese nicht in konzernunüblich hohem Maße fremdfinanziert sind, weil dann (jedenfalls bei branchenreinen Konzernen) auf eine angemessene Gestaltung der konzerninternen Beziehungen geschlossen werden kann, bei der weder eine überhöhte Gesellschafterfremdfinanzierung noch eine künstliche Verlagerung sonstigen Zinsaufwands auf ein verbundenes Unternehmen zu befürchten ist. Als Maßstab hierfür ordnet § 4h II 1 lit c einen Eigenkapitalvergleich an, nach dem die Zinsschranke nicht anzuwenden ist, sofern die Eigenkapitalquote eines Betriebs mindestens ebenso hoch ist wie jene des gesamten Konzerns (S 1 von lit c) oder jedenfalls nicht mehr als ein Prozent (S 2) hinter ihr zurückbleibt („escape-Klausel"). – Bei Körperschaften (s Rn 101 ff) oder einer Körperschaft nachgeordneten MU'schaften (s Rn 110 f) wird diese Ausnahme im Fall sog schädlicher Gesellschafterfremdfinanzierungen durch eine Gegenausnahme nach § 8a III KStG (iVm § 4h II 2) überwunden.

71 **Gestaltungsempfehlung:** Der Eigenkapitalvergleich nach § 4h II 1 lit c weist eine außerordentliche Komplexität auf und dürfte nicht selten hohe Beratungs- und Rechtsverfolgungskosten der Unternehmen nach sich ziehen. Deshalb ist vorab eine je konkrete Kosten-Nutzen-Analyse anzuraten, nach der uU ein Rechtsverzicht (dh ein Hinnehmen der Zinsschranke) günstiger sein kann.[6]

72 **2. Einzelheiten. – a) Eigenkapitalquote.** Ausschlaggebend für die Handhabung der Ausnahme nach § 4h II 1 lit c sind Begriff und Berechnung der Eigenkapitalquote sowohl des Betriebs als auch des gesamten Konzerns. Die Eigenkapitalquote wird als **Verhältnis des EK zur Bilanzsumme** legaldefiniert und ist zum jeweils vorangegangenen Abschlussstichtag nach Maßgabe des Jahres- oder Einzelabschlusses des Betriebs einerseits und des (wiederum auf jeweils oberster Ebene[7] konsolidierten) Konzernabschlusses andererseits zu ermitteln (S 3 von lit c).

73 **b) Betrieb und Konzern.** Zunächst sind die beteiligten Ebenen je für sich zu betrachten. So sind ggf **mehrere Einzelbilanzen eines Betriebs** iSv § 4h vorab zusammenzufassen. Dies gilt etwa für die Gesellschafts- und Sonderbilanzen einer MU'schaft oder die Einzelabschlüsse der vorrangig in ihrem Binnenkreis zu konsolidierenden Organschaft.

---

1 BT-Drs 16/4841, 50.
2 Vgl *Hallerbach* StuB 07, 487 (490): von einem Einzelgesellschafter getragene GmbH & CoKG als Konzern.
3 BT-Drs 16/4841, 50 (ohne weitere Erläuterung).
4 IErg ebenso *Hennrichs* DB 07, 2101 (2102); *Lüdenbach/Hoffmann* DStR 07, 636.
5 BT-Drs 16/4841, 50. Inwiefern diese (im Wortlaut nicht angelegte) Auslegung zutrifft und ob sie ggf auf andere Zweckgesellschaften übertragen werden könnte, bleibt vorerst ungeklärt; ablehnend *Hennrichs* DB 07, 2101 (2102); vgl auch *Heintges/Kamphaus/Loitz* DB 07, 1261 (1262); *Köster* BB 07, 2278 (2279); *Lüdenbach/Hoffmann* DStR 07, 636 (637).
6 *Köster* BB 07, 2278 (2280); ähnlich speziell zum Verhältnis von Zins- und Verlustvortrag *Schaden/Käshammer* BB 07, 2317 (2318).
7 *Hennrichs* DB 07, 2101 (2103).

Noch nicht abschließend geklärt ist, ob der **Konzernbegriff** für die Frage nach der Reichweite des Konzernabschlusses korrespondierend zur Frage nach der alternativen Anwendbarkeit von § 4h II 1 lit b u c (s Rn 61 ff) bestimmt werden muss.[1] Sinnvollerweise sollte an dieser Stelle nicht auf § 4h III 5–6, sondern auf die insoweit speziellere Konzerndefinition der gem § 4h II 1 lit c S 8–13 konkret maßgeblichen Rechnungslegungsstandards (s Rn 80f) abgestellt werden, da ansonsten unverhältnismäßig aufwändige Korrekturen der Bilanzen erforderlich würden. Die Antwort auf diese Frage entscheidet darüber, ob nach § 4h III 5 (s Rn 62) konsolidierungsfähige Tochterunternehmen, die wegen Unwesentlichkeit im handelsrechtlichen Konzernabschluss (zulässigerweise) nicht berücksichtigt worden sind, für Zwecke des Eigenkapitalvergleichs in den Konzernabschluss einzubeziehen sind.[2] Spiegelbildlich stellt sich die Frage, ob „nur anteilmäßig" konzernangehörige (s Rn 64), deshalb nicht vollkonsolidierte Betriebe aus der Konzernbilanz herausgerechnet werden müssen.[3]

74

c) Bilanzanpassungen. § 4h II 1 lit c liefert in S 4–7 sodann punktuell ergänzende **Sonderregelungen** zur Bilanzierung sowohl im Betrieb als auch im Konzern, die auf eine einheitliche und aussagekräftige Gestaltung beider Rechenwerke abzielen, dabei aber noch zahlreiche Detailfragen unbeantwortet lassen.[4]

75

Zunächst verlangt S 4 1. HS, **Wahlrechte** in beiden Bilanzen einheitlich auszuüben (vgl zB § 300 II 2 HGB). Diese punktuelle Regelung dürfte sich dahingehend verallgemeinern lassen, dass auf beiden Ebenen zu berücksichtigende Positionen grds nach Grund und Höhe parallel (bei vorrangiger Maßgeblichkeit der Konzernbilanz) anzusetzen sind. – Bei (idR personen-) gesellschaftsrechtlichen **Kündigungsrechten** ist gem S 4 2. HS (abweichend von der nach IAS 32 vorgesehenen Umqualifizierung von Eigen- in Fremdkapital) mindestens das nach HGB maßgebliche EK anzusetzen.[5]

76

Nach S 5 ist das bilanzielle EK des Betriebs durch **Hinzurechnungen** und **Kürzungen** anzupassen: Zu erhöhen ist es um einen im Konzernabschluss enthaltenen Firmenwert, soweit er auf den Betrieb entfällt. Entspr sollten auch andere gem IFRS 3 auf Konzernebene aufzudeckende stille Reserven das EK des Betriebs erhöhen, um die Vergleichbarkeit beider Abschlüsse zu gewährleisten.[6] – Hinzuzurechnen ist ferner die Hälfte von Sonderposten mit Rücklagenanteil, soweit diese gem § 273 HGB in der Handelsbilanz ausgewiesen sind. – Zu kürzen ist das betriebliche EK dagegen um EK, das keine Stimmrechte vermittelt. Gemeint ist insbes sog Mezzanine-Kapital[7] (zB Genussrechte ohne Beteiligung am Liquidationserlös), soweit dieses als EK bilanziert wird, aber wirtschaftlich eher dem Fremdkapital entspricht. Eine interne Gegenausnahme gilt für Vorzugsaktien (als Unterfall typisch gesellschaftsrechtlicher Kapitalüberlassung). – Um Mehrfachberücksichtigungen zu vermeiden, sind auch die Anteile an anderen Konzerngesellschaften herauszurechnen (sofern nicht eine bereits vorab konsolidierte Organschaft mit ihnen besteht).[8] – Schließlich ist das betriebliche EK (zur Vermeidung künstlicher Gestaltungen) um Einlagen der letzten sechs Monate vor dem Abschlussstichtag zu kürzen, sofern ihnen gegenläufige Entnahmen oder Ausschüttungen innerhalb von sechs Monaten nach dem Abschlussstichtag gegenüberstehen. – Über den Wortlaut hinaus sollte jeweils auch die Bilanzsumme angepasst werden, um die Aussagekraft des Eigenkapitalvergleichs zu wahren.

77

Die Bilanzsumme des Betriebs (nicht aber das EK) ist gem S 6 um jene Kapitalforderungen zu kürzen, die (infolge Konsolidierung) nicht im Konzernabschluss ausgewiesen sind und denen Verbindlichkeiten iSv § 4h III in mindestens gleicher Höhe gegenüberstehen. Gemeint sind **fremdfinanzierte Darlehen an andere Konzernunternehmen**, deren bilanzverlängernde Einbeziehung die Eigenkapitalquote des Betriebs belasten würde.[7]

78

---

1 Vgl *Hennrichs* DB 07, 2101 (2104).
2 Ablehnend *Hennrichs* DB 07, 2101 (2104).
3 In diese Richtung BT-Drs 16/4841, 50; dagegen *Hennrichs* DB 07, 2101 (2104).
4 S auch *Töben/Fischer* BB 07, 974 (977) zum Sonderproblem des Eigenkapitalvergleichs bei Private-Equity-Investitionen (Fonds als Konzernspitze?).
5 S *Hennrichs* DB 07, 2101 (2106).
6 *Heintges/Kamphaus/Loitz* DB 07, 1261 (1264); *Hennrichs* DB 07, 2101 (2105 f); *Köster* BB 07, 2278 (2282); *Lüdenbach/Hoffmann* DStR 07, 636 (639).
7 BT-Drs 16/4841, 49.
8 Vgl BT-Drs 16/4835, 2: Vermeidung von „Kaskadeneffekten", durch die die Zinsschranke unterlaufen werden könnte. – Krit zu dieser Regelung *Köhler* DStR 07, 597 (601). – Bei Holding-Gesellschaften mit fremdfinanzierten Beteiligungen kann diese Vorschrift zu einer negativen Eigenkapitalquote führen; *Lüdenbach/Hoffmann* DStR 07, 636 (638).

79 **Sonderbetriebsvermögen** ist schließlich, soweit es zugleich im (konsolidierten) Konzernvermögen enthalten ist, für Zwecke des Eigenkapitalvergleichs auch dem Betriebsvermögen der MU'schaft zuzuordnen (S 7).[1] Positives Sonderbetriebsvermögen erhöht mithin das EK des Betriebes, Fremdverbindlichkeiten des Gesellschafters (auch zur Finanzierung seiner Beteiligung) mindern es.[2]

80 d) Vorrang internationaler Rechnungslegungsstandards. Die für alle weiteren Einzelfragen ausschlaggebende Wahl der Rechnungslegungsstandards bevorzugt (entsprechend der an sich allein auf grenzüberschreitende Sachverhalte abzielenden Motivation des Gesetzgebers) internationale Maßstäbe (S 8–13 von lit c). Insbes sind die Abschlüsse auf Betriebs- wie Konzernebene grds einheitlich nach den **International Financial Reporting Standards** (IFRS)[3] zu erstellen (S 8).[4] Bei verfassungskonformer Interpretation sollte dies als statische Verweisung auf die auch von § 315a HGB einbezogene europarechtliche Umsetzung dieser Standards, nicht als dynamische Verweisung auf die deutscher Gesetzgebung entzogene „Original-IFRS" verstanden werden.[5]

81 Bilanziert der Konzern nicht nach diesen Maßstäben, weil er hierzu nicht verpflichtet ist und er die IFRS auch nicht in den letzten fünf Wj freiwillig angewandt hat, können Betrieb und Konzern **nachrangig** das **Handelsbilanzrecht eines EU-Mitgliedstaates** (einschließlich Deutschland) als gemeinsamen Rechnungslegungsstandard wählen (S 9 1. HS). Besteht auch hierzu keine Verpflichtung, können nochmals nachrangig auch die **US-GAAP** (Generally Accepted Accounting Principles der USA) zur Anwendung gelangen (S 9 2. HS).[6]

82 Der Konzernabschluss muss in jedem Fall den Anforderungen an die handelsrechtliche Konzernrechnungslegung (§ 290 HGB) genügen oder die Voraussetzungen einer befreienden Wirkung iSv §§ 291f HGB erfüllen (S 10). – Wurde der Jahres- oder Einzelabschluss des Betriebs nicht nach denselben Standards wie der Konzernabschluss erstellt, ist die Eigenkapitalquote des Betriebs in einer **Überleitungsrechnung** nach den für den Konzernabschluss maßgeblichen Standards zu ermitteln (S 11). Die auf jeweils oberster Konzernebene anzuwendenden Regeln sind mithin auch auf den nachrangigen Ebenen heranzuziehen.[7]

83 e) Nachweisfragen und Sanktionen. Die **Beweislast** für eine gleich hohe oder höhere Eigenkapitalquote liegt beim Betrieb. Der Nachweis ist nur erbracht, wenn alle maßgeblichen Abschlüsse in deutscher Sprache oder in beglaubigter Übersetzung vorgelegt werden und der Konzernabschluss von einem Abschlussprüfer testiert ist.[8] Der Einzelabschluss und ggf eine Überleitungsrechnung des Betriebs werden einer prüferischen Durchsicht unterzogen[9]; auf Verlangen der Finanzbehörde sind beide Rechenwerke durch einen Abschlussprüfer iSv § 319 HGB zu prüfen (lit c S 12–13).

84 Schließlich ordnet II 1 lit c **Sanktionen** für den Fall **unrichtiger Abschlüsse** an (S 14–16). Führt der an ihrer Stelle anzusetzende zutreffende Abschluss zu einer Erhöhung der nach § 4h I 1 nicht abziehbaren Zinsaufwendungen, ist entspr § 162 IV 1–2 AO ein Zuschlag auf den Unterschiedsbetrag (mindestens 5 000 €) festzusetzen. Dabei gilt § 162 IV 4–6 AO sinngemäß.

E. Anwendung auf Gesellschaften

100 I. Körperschaften. – 1. Allgemeines. Die Zinsschranke des § 4h ist gem § 8 I KStG grds auf alle Körperschaften anwendbar.[10] Die einzelne Körperschaft bildet dabei (einschl ihrer Betriebsstätten) einen „Betrieb" iSv § 4h. – **§ 8a I KStG** (s dort) bestätigt die Anwendbarkeit von § 4h bezogen auf

---

1 Vertiefend zu Folgeproblemen *Wagner/Fischer* BB 07, 1811 (1814 ff).
2 *Köhler* DStR 07, 597 (602).
3 Kritisiert wird dieser Vergleichsmaßstab nicht zuletzt wegen der anderen Zielsetzung der IFRS. Sie fragen nicht nach der Leistungsfähigkeit, sondern bezwecken eine „fair presentation", die sich am potentiellen Investor ausrichtet. Überdies wirft die Komplexität der Anwendungen der IFRS die Frage nach der Verhältnismäßigkeit auf; *Heintges/Kamphaus/Loitz* DB 07, 1261.
4 Zu gestalterischen Möglichkeiten der Ausnutzung verbleibender Wahlrechte *Köster* BB 07, 2278 (2280 f).
5 *Hennrichs* DB 07, 2101 (2103). In diesem Sinne auch die Gesetzesbegründung; BT-Drs 16/4841, 48; ebenso *Lüdenbach/Hoffmann* DStR 07, 636 (641).
6 Noch ungeklärt bleibt die Frage, wie der Eigenkapitalvergleich bei einem Mutterunternehmen mit Sitz in einem Drittland (dh weder in Europa noch in den USA) zu erfolgen hat, das nach keinem dieser Standards verfährt; hierzu *Hennrichs* DB 07, 2101 (2103).
7 *Hennrichs* DB 07, 2101 (2103, 2105).
8 BT-Drs 16/4841, 49.
9 BT-Drs 16/4841, 49: Anzuwenden sind die Grundsätze des Prüfungsstandards IDW PS 900.
10 Zum Sonderproblem der atypischen KG aA *Kollruss* BB 07, 1988; *Rohrer/Orth* BB 07, 2266.

dessen I 1 deklaratorisch (S 1) und fügt dieser Aussage gewisse sachliche Modifikationen hinzu. Anstelle des maßgeblichen Gewinns ist das nach EStG und KStG (mit Ausnahme von 4h, 10d EStG und § 9 I Nr 2 KStG) ermittelte Einkommen anzusetzen. Für den Zinsvortrag gelten zusätzlich §§ 8a I 3, 8c KStG (Untergang bei qualifiziertem Anteilseignerwechsel).

2. Rückausnahmen. – a) Grundsatz. Die wichtigste Modifikation zu § 4h liegt in den beiden Gegenausnahmen nach **§ 8a II, III KStG**, die die alternativen Ausnahmetatbestände des § 4h II 1 lit b (Nichtzugehörigkeit zum Konzern) u lit c (konzerninterner Eigenkapitalvergleich) – nicht jedoch die Freigrenze nach lit a, die folglich über § 8 I 1 KStG uneingeschränkt gilt – für KapGes in Fällen einer sog schädlichen Gesellschafterfremdfinanzierung ausschließen und dadurch die Zinsschranke wieder (für sämtliche Zinsaufwendungen) zur Anwendung bringen. – Die Körperschaft trägt jeweils die Beweislast für die Unschädlichkeit ihrer Finanzierung. 101

Eine solche **schädliche Gesellschafterfremdfinanzierung** liegt nach dem gemeinsamen Grundtatbestand von § 8a II und III im wesentlichen dann vor, wenn (1.) Vergütungen für Fremdkapital an einen zu mehr als 25% beteiligten Anteilseigner oder eine ihm gesetzlich gleichgestellte Person gezahlt werden und (2.) diese Vergütungen mehr als 10% der die Zinserträge übersteigenden Zinsaufwendungen der Körperschaft (Zinssaldo) betragen. § 8a II KStG kann dabei grds jede Gesellschafterfremdfinanzierung konzernunabhängiger Ges erfassen. § 8a III KStG lenkt dagegen den Blick für konzernangehörige Ges (Frage der Anwendbarkeit des Eigenkapitalvergleichs nach § 4h II 1 lit c) auf konzernweite, aber in der Konzernbilanz nicht konsolidierte Gesellschafterfremdfinanzierungen, die eine an sich unschädliche Finanzierung einer anderen Ges infizieren können (s Rn 106). 102

b) Einzelheiten. Diese Regelungen sind im Detail überaus anspruchsvoll ausgestaltet. (1.) Dies gilt zunächst für den in beiden Absätzen (II u III) grds gleichlaufend formulierten **Grundtatbestand** einer schädlichen Gesellschafterfremdfinanzierung: So kann der Anteilseigner unmittelbar oder mittelbar zu mehr als 25% an der Körperschaft beteiligt sein. Dem G'ter gleichgestellt wird eine ihm nahe stehende Pers iSv § 1 II AStG sowie jeder Dritte, der auf den Anteilseigner oder eine ihm nahe stehende Pers zurückgreifen kann. Letzteres soll nach der Gesetzesbegründung bereits dann anzunehmen sein, wenn der Anteilseigner oder die ihm nahe stehende Pers dem Dritten faktisch (dh auch ohne Anspruch) für die Erfüllung einsteht.[1] – Der maßgebliche Zinsbegriff dürfte parallel zu § 4h III 2–4 zu verstehen sein (s Rn 30 ff). 103

Hervorzuheben sind ferner die unterschiedlichen Bezugsgrößen der Berechnung einer schädlichen Gesellschafterfremdfinanzierung, die tatbestandlich an das Verhältnis der an einzelne Gläubiger geleisteten Bruttozinsaufwendungen zum Nettozinsaufwand der ganzen Körperschaft (10% vom Gesamtzinssaldo) anknüpft, so dass gleichzeitig erzielte eigene Zinserträge der Ges diese rechnerische Relation zu ihrem Nachteil verschieben.[2] 104

Gestaltungsempfehlung: Um das Verhältnis der an einen Anteilseigner oder eine ihm gleichgestellte Pers gezahlten Bruttozinsen zum Gesamtzinssaldo der Ges zu verbessern, kann es im Einzelfall ratsam sein, eigene Kapitalforderungen aufzulösen und die entspr Mittel zur Tilgung von Gesellschafterdarlehen einzusetzen. 105

Nochmals komplexer geregelt (und in ihrer Berechtigung fragwürdiger) ist die tatbestandliche Modifikation der Rückausnahme zum konzerninternen **Eigenkapitalvergleich** nach § 4h II 1 lit c („escape-Klausel"): § 8a III 1 KStG sieht hierzu vor, dass neben den Fremdkapitalvergütungen der Ges auch solche anderer konzernangehöriger Rechtsträger einbezogen werden[3] und dass ihr Empfänger zu mehr als 25% an irgendeiner Konzerngesellschaft beteiligt sein kann, dass maW grds jede schädliche Gesellschafterfremdfinanzierung im Konzern auch andere Ges infizieren kann.[4] § 8a III 106

---

1 BT-Drs 16/4841, 75 in konkludentem Anschluss an BMF BStBl I 1995, 25 Tz 21; krit hierzu *Schaden/Käshammer* BB 07, 2259 (2260 f).
2 Vgl *Schaden/Käshammer* BB 07, 2259 (2261).
3 Der Gesetzeswortlaut ist an dieser Stelle teleologisch zu berichtigen. Wäre § 4h II 1 lit c (nur) anzuwenden, wenn die Fremdkapitalvergütungen der Körperschaft **oder** eines anderen konzernzugehörigen Rechtsträgers über der 10%-Grenze liegen, könnte bereits irgendeine unschädliche Gesellschafterfremdfinanzierung (selbst ausländischer Töchter) die Ausnahme von der Zinsschranke nach sich ziehen. Dies widerspräche der offensichtlichen Absicht des Gesetzgebers, der beide Möglichkeiten als alternativ schädlich angesehen hat. Vgl *Dörr/Geibel/Fehling* NWB 07, 5199 (5210); *Staats/Renger* DStR 07, 1801.
4 Hierzu *Schaden/Käshammer* BB 07, 2259 (2264); *Töben/Fischer* BB 07, 974 (978).

2 relativiert diese Aussage allerdings, indem nur Zinsaufwendungen aus solchen Verbindlichkeiten in die Prüfung der 10%-Grenze eingestellt werden, die im voll konsolidierten Konzernabschluss (iSv § 4h II 1 lit c) ausgewiesen sind, so dass im Zuge der Konsolidierung herausgefilterte konzerninterne Fremdfinanzierungen an dieser Stelle unberücksichtigt bleiben. IErg schließt somit (nur) eine überhöhte Gesellschafterfremdfinanzierung durch außerhalb des Konzerns stehende wesentlich beteiligte Anteilseigner o gleichgestellte Dritte den Eigenkapitalvergleich aus.[1] Im Lichte des Normzwecks sollten dabei allerdings nur der inländischen Gewinnermittlung unterliegende Zinsaufwendungen als schädlich angesehen werden (europarechtlich unbedenkliche Benachteiligung von Inlandssachverhalten), weil ansonsten selbst rein ausländische Sachverhalte (zB schädliche Finanzierung einer ausländischen konzernangehörigen Ges durch ihren ausländischen Minderheitsgesellschafter) bei inländischen Tochterunternehmen die Zinsschranke aktivieren könnten.[2]

107 **3. Anhang: Die Organschaft.** Abweichend von der grds Betriebsqualität der einzelnen Körperschaft gilt die Organschaft[3] gem § 15 S 1 Nr 3 KStG für Zwecke der Anwendung von § 4h als ein **gemeinsamer Betrieb**, wobei technisch die **Ebene des Organträgers** als Ort der Prüfung zu wählen ist.[4] Als wichtigste Konsequenz hieraus schließt § 4h II 1 lit b in vielen Fällen die Anwendung der Zinsschranke auf inländische Organschaften aus.[5] Bildet hingegen eines der beteiligten Unternehmen (Organträger oder -gesellschaft) zusammen mit einem außerhalb des Organkreises stehenden Betrieb einen Konzern, kommt ein Eigenkapitalvergleich nach § 4h II 1 lit c zwischen dem Organkreis (bei organkreisinterner Vorkonsolidierung) und dem Gesamtkonzern in Betracht.

108 Noch ungeklärt bleibt insoweit allerdings, ob dieser spezifische Betriebsbegriff **Gründung und Auflösung einer Organschaft** zu schädlichen Aufgabevorgängen iSv § 4h V 1 werden lässt (zum Untergang von Zinsvorträgen bei Betriebsaufgaben s Rn 41 ff). Da die Beteiligungsverhältnisse an den fortbestehenden Gesellschaften jeweils unverändert bleiben, dürfte auch eine an den Ort ihres Entstehens gebundene Fortexistenz bisheriger Zinsvorträge gerechtfertigt sein. Demgemäß ordnet § 15 S 1 Nr 3 KStG (anders als die Parallelregelungen des UmwStG) für die Gründung einer Organschaft keinen Untergang „vororganschaftlicher" Zinsvorträge, sondern eine (temporäre) Nichtanwendung von § 4h auf die Organgesellschaft an, so dass deren Zinsvorträge als bis zur Beendigung der Organschaft eingefroren angesehen werden dürften.[6] Die Auflösung einer Organschaft lässt ihren Betrieb im bisherigen Organträger (verändert) fortbestehen, so dass ihm auch weiterhin der Vortrag von zuvor auf selbiger Ebene nicht abgezogenen Zinsen zustehen sollte.[7]

109 **II. Mitunternehmerschaften. – 1. Allgemeines.** § 4h ist als einkommensteuerliche Gewinnermittlungsvorschrift auch auf MU'schaften anzuwenden, dabei grds betriebs-, dh gesellschaftsbezogen, nicht gesellschafterbezogen zu handhaben. Sonderbereiche einzelner G'ter sind (soweit sie nicht einem anderen Betriebsvermögen zugehören) ergänzend in die Gesamtbetrachtung des Betriebs einzubeziehen.

110 **2. Rückausnahmen. – a) Grundsatz.** Die Gegenausnahmen nach § 8a II, III KStG gelten gem § 4h II 2 für die einer Körperschaft nachgeordnete MU'schaft entsprechend.[8] Damit kann eine schädliche Gesellschafterfremdfinanzierung (s Rn 101 ff) auch für sie die Anwendung von § 4h II 1 lit b u c (nicht: a) ausschließen. Eine „Nachordnung" idS liegt mangels gesetzlicher Mindestanforderungen bei jeder (auch nur geringfügigen) Beteiligung einer Kapital- an einer Personengesellschaft vor (zB GmbH & CoKG).[9] Für andere Personengesellschaften (die keiner Körperschaft nachgeordnet sind) greifen die Ausnahmetatbestände des § 4h II 1 lit a–c ohne Einschränkungen.

---

1 BT-Drs 16/4841, 75.
2 Vgl BT-Drs 16/4841, 75. IErg ebenso *Dörr/Geibel/Fehling* NWB 07, 5199 (5210); **aA** *Köhler* DStR 07, 597 (600) (reiner Auslandssachverhalt genügt); zurückhaltend auch *Schaden/Käshammer* BB 07, 2259 (2264 f) (der Gesetzeswortlaut stehe einer einschränkenden Interpretation entgegen).
3 Hierzu *Herzig/Liekenbrock* DB 07, 2387 ff.
4 Diese Regelung soll ggf die Zugehörigkeit einer inländischen Betriebsstätte, die in Deutschland als Organträger fungiert, zum Betrieb des ausländischen Stammhauses überlagern: inländischer Organkreis und ausländisches Stammhaus bilden zwei Betriebe (und damit einen Konzern); BT-Drs 16/4841, 77.
5 Diese Privilegierung der inländischen (§ 14 I KStG) Organschaft wird als europarechtlich bedenklich angesehen; *Führich* IStR 07, 341 (342 ff); *Hallerbach* StuB 07, 487 (493 f); *Herzig/Liekenbrock* DB 07, 2387 (2388 f); *Köhler* DStR 07, 597 (604); *Wagner* IStR 07, 650 (653 f).
6 Vgl *Schaden/Käshammer* BB 07, 2317 (2322 f).
7 *Schaden/Käshammer* BB 07, 2317 (2322).
8 Hierzu *Schaden/Käshammer* BB 07, 2259 (2261 ff); *Wagner/Fischer* BB 07, 1811 (1812 ff).
9 *Schaden/Käshammer* BB 07, 2259 (2261 f); *Wagner/Fischer* BB 07, 1811 (1812).

b) Einzelheiten. § 4h II 2 iVm § 8a II, III KStG greifen erst nach Anwendung von **§ 15 I 1 Nr 2** ein, der von der Ges auf Gesellschafterfremdfinanzierungen gezahlte Zinsen zuvor in Gewinnbestandteile umqualifiziert hat.[1] Insoweit kann daher iErg jeweils nur eine Fremdfinanzierung durch eine dem G'ter[2] nahe stehende Pers oder einen zum Rückgriff berechtigten Dritten schaden, nicht aber ein Darlehen eines MU'ers selbst (dh der „vorgeordneten" Körperschaft oder sonstiger G'ter). Dagegen können Verbindlichkeiten im Sonderbetriebsvermögen eines MU'ers schädliche Fremdfinanzierungen iSv § 4h II 2 iVm § 8a II, III KStG sein.[3]

F. Auswirkungen auf die GewSt

Gem § 8 Nr 1 lit a GewStG werden Zinsaufwendungen dem Gewerbeertrag (§ 7 GewStG) zu einem Viertel hinzugerechnet, soweit sie zuvor bei der Ermittlung des Gewinns abgesetzt worden sind. Folglich bleiben gem § 4h (vorläufig) nicht abzugsfähige Zinsen außer Ansatz. Wird der Zinsabzug in Folgejahren nachgeholt, folgt auch die Hinzurechnung. Eine gewerbesteuerliche Doppelbelastung tritt also insoweit nicht ein.

§ 5 Gewinn bei Kaufleuten und bei bestimmten anderen Gewerbetreibenden

(1) [1]Bei Gewerbetreibenden, die auf Grund gesetzlicher Vorschriften verpflichtet sind, Bücher zu führen und regelmäßig Abschlüsse zu machen, oder die ohne eine solche Verpflichtung Bücher führen und regelmäßig Abschlüsse machen, ist für den Schluss des Wirtschaftsjahres das Betriebsvermögen anzusetzen (§ 4 Abs. 1 Satz 1), das nach den handelsrechtlichen Grundsätzen ordnungsmäßiger Buchführung auszuweisen ist. [2]Steuerrechtliche Wahlrechte bei der Gewinnermittlung sind in Übereinstimmung mit der handelsrechtlichen Jahresbilanz auszuüben.

(1a) Die Ergebnisse der in der handelsrechtlichen Rechnungslegung zur Absicherung finanzwirtschaftlicher Risiken gebildeten Bewertungseinheiten sind auch für die steuerliche Gewinnermittlung maßgeblich.

(2) Für immaterielle Wirtschaftsgüter des Anlagevermögens ist ein Aktivposten nur anzusetzen, wenn sie entgeltlich erworben wurden.

(2a) Für Verpflichtungen, die nur zu erfüllen sind, soweit künftig Einnahmen oder Gewinne anfallen, sind Verbindlichkeiten oder Rückstellungen erst anzusetzen, wenn die Einnahmen oder Gewinne angefallen sind.

(3) [1]Rückstellungen wegen Verletzung fremder Patent, Urheber- oder ähnlicher Schutzrechte dürfen erst gebildet werden, wenn
1. der Rechtsinhaber Ansprüche wegen der Rechtsverletzung geltend gemacht hat oder
2. mit einer Inanspruchnahme wegen der Rechtsverletzung ernsthaft zu rechnen ist.

[2]Eine nach Satz 1 Nr. 2 gebildete Rückstellung ist spätestens in der Bilanz des dritten auf ihre erstmalige Bildung folgenden Wirtschaftsjahres gewinnerhöhend aufzulösen, wenn Ansprüche nicht geltend gemacht worden sind.

(4) Rückstellungen für die Verpflichtung zu einer Zuwendung anlässlich eines Dienstjubiläums dürfen nur gebildet werden, wenn das Dienstverhältnis mindestens zehn Jahre bestanden hat, das Dienstjubiläum das Bestehen eines Dienstverhältnisses von mindestens 15 Jahren voraussetzt, die Zusage schriftlich erteilt ist und soweit der Zuwendungsberechtigte seine Anwartschaft nach dem 31. Dezember 1992 erwirbt.

(4a) [1]Rückstellungen für drohende Verluste aus schwebenden Geschäften dürfen nicht gebildet werden. [2]Das gilt nicht für Ergebnisse nach Absatz 1a.

---

1 Missverständlich jedoch die (nicht weiter erläuterte) Gesetzesbegründung; BT-Drs 16/4841, 48: im Fall einer Nachordnung iSv § 4h II 2 („damit") finde § 15 I 1 Nr 2 keine Anwendung. Wie hier *Wagner/Fischer* BB 07, 1811 (1813).

2 Noch ungeklärt ist, ob „G'ter" idS nur eine „vorgeordnete" Körperschaft oder jeder MU'er (mit mehr als 25%-Beteiligung) sein kann; vgl *Wagner/Fischer* BB 07, 1811 (1813).

3 *Wagner/Fischer* BB 07, 1811 (1813).

(4b) ¹Rückstellungen für Aufwendungen, die in künftigen Wirtschaftsjahren als Anschaffungs- oder Herstellungskosten eines Wirtschaftsguts zu aktivieren sind, dürfen nicht gebildet werden. ²Rückstellungen für die Verpflichtung zur schadlosen Verwertung radioaktiver Reststoffe sowie ausgebauter oder abgebauter radioaktiver Anlagenteile dürfen nicht gebildet werden, soweit Aufwendungen im Zusammenhang mit der Bearbeitung oder Verarbeitung von Kernbrennstoffen stehen, die aus der Aufarbeitung bestrahlter Kernbrennstoffe gewonnen worden sind und keine radioaktiven Abfälle darstellen.

(5) ¹Als Rechnungsabgrenzungsposten sind nur anzusetzen
1. auf der Aktivseite Ausgaben vor dem Abschlussstichtag, soweit sie Aufwand für eine bestimmte Zeit nach diesem Tag darstellen;
2. auf der Passivseite Einnahmen vor dem Abschlussstichtag, soweit sie Ertrag für eine bestimmte Zeit nach diesem Tag darstellen.

²Auf der Aktivseite sind ferner anzusetzen
1. als Aufwand berücksichtigte Zölle und Verbrauchsteuern, soweit sie auf am Abschlussstichtag auszuweisende Wirtschaftsgüter des Vorratsvermögens entfallen,
2. als Aufwand berücksichtigte Umsatzsteuer auf am Abschlussstichtag auszuweisende Anzahlungen.

(6) Die Vorschriften über die Entnahmen und die Einlagen, über die Zulässigkeit der Bilanzänderung, über die Betriebsausgaben, über die Bewertung und über die Absetzung für Abnutzung oder Substanzverringerung sind zu befolgen.

R 5 EStR 05/H 5 EStH 05

Übersicht

	Rn		Rn
A. Grundaussagen der Vorschrift	1	**E. Aktive und passive Rechnungsabgrenzung**	89
I. § 5 im Steuersystem	1	I. Sinn und Zweck der Rechnungsabgrenzung	89
1. Verhältnis zu anderen Gewinnermittlungsarten	1	II. Aktive Rechnungsabgrenzungsposten	93
2. Verhältnis zu §§ 140, 141 AO	6	III. Passive Rechnungsabgrenzungsposten	97
II. § 5 im Rechtssystem	9	**F. Passivierung**	100
1. Handelsrechtlicher Jahresabschluss und steuerrechtliche Gewinnermittlung	9	I. Voraussetzungen und Konsequenzen der Passivierung	100
2. Europarecht	16	II. Bedeutung des Eigenkapitals	102
III. Binnensystem des § 5	21	III. Verbindlichkeiten	111
B. Voraussetzungen des § 5 I 1	23	IV. Rückstellungen	119
C. Rechtsfolge: Maßgeblichkeit des handelsrechtlichen Jahresabschlusses und umgekehrte Maßgeblichkeit		1. Maßgeblichkeitsgrundsatz bei Rückstellungen	119
	29	a) Allgemeines	119
I. Überblick	29	b) Wahrscheinlichkeit	128
II. Reichweite des Maßgeblichkeitsgrundsatzes	32	c) Wirtschaftliche Verursachung	129
III. Grundsätze ordnungsgemäßer Buchführung	38	d) Höhe der Rückstellung	134
1. Methodologie	38	2. Steuerrechtliche Sonderregeln	139
2. Einzelfälle	43	a) Erfolgsabhängige Verpflichtungen (§ 5 IIa)	139
IV. Umgekehrte Maßgeblichkeit	58	b) Rückstellungen wegen Verletzung fremder Schutzrechte (§ 5 III)	142
D. Aktivierung	60	c) Rückstellungen für Jubiläumszuwendungen (§ 5 IV)	143
I. Konsequenzen und Zeitpunkt der Aktivierung	60	d) Rückstellungen für drohende Verluste aus schwebenden Geschäften (§ 5 IVa)	145
II. Wirtschaftsgüter	62	e) Rückstellungen für Anschaffungs- oder Herstellungskosten (§ 5 IVb 1)	147
1. Arten von Wirtschaftsgütern	62		
2. Materielle Wirtschaftsgüter	68	f) Entsorgungsrückstellung für radioaktive Reststoffe oder Anlageteile (§ 5 IVb 2)	148
3. Immaterielle Wirtschaftsgüter	69		
III. Geschäftswert	77	g) Zölle, Verbrauchsteuern	149
IV. Sonderfall: Forderungen aus gegenseitigen und nicht gegenseitigen Rechtsverhältnissen	81	h) Umsatzsteuer	150

	Rn		Rn
G. Gewinnrealisierung	151	IV. Realisierung außerhalb gegenseitiger Rechtsverhältnisse	159
I. Anwendungen und Abgrenzung	151	V. Realisierung zwischen verbundenen Unternehmen	164
II. Entgeltliche Lieferungen und Leistungen	152	H. Einzelnachweise Aktivierung	165
III. Tausch	157	J. Einzelnachweise Passivierung	166

A. Grundaussagen der Vorschrift

Literatur: *Beisse* GS Knobbe-Keuk, 1997, S 385; *Hennrichs* Der steuerrechtliche sog Maßgeblichkeitsgrundsatz gem § 5 EStG, StuW 99, 138; *Weber-Grellet* Rechtsprechung des BFH zum Bilanzsteuerrecht im Jahr 2002, BB 03, 37; *ders* Rechtsprechung des BFH zum Bilanzsteuerrecht im Jahr 2003, BB 04, 35.

I. § 5 im Steuersystem. – 1. Verhältnis zu anderen Gewinnermittlungsarten. Die **Gewinnermittlungen des § 4 I und des § 5** sind eng miteinander verzahnt. § 5 I 1 verweist wegen des für den Schluss eines Wj anzusetzenden BV ausdrücklich auf § 4 I 1. Auch die **Technik der Gewinnermittlung** in Form des Eigenkapitalvergleichs ist bei beiden Gewinnermittlungsarten die gleiche. Nach der Systematik des Gesetzes bildet § 5 eine der allg Regelung des § 4 I nachgeordnete **Sonderregelung**. Bedeutende Unterschiede bzgl der Rechtsfolgen sind damit allerdings nicht verbunden, weil § 5 I über den Grundsatz der **Gleichmäßigkeit der Besteuerung** seinerseits auf den Anwendungsbereich des § 4 I 1 ausstrahlt (oben § 4 Rn 3). In Konsequenz davon sind die besonderen handelsrechtlichen GoB als allg Grundsätze auch bei der Gewinnermittlung nach § 4 I zu berücksichtigen. Ob sich bei einer deduktiven Ableitung der GoB (unten Rn 35) tatsächlich noch Unterschiede zw „landwirtschaftlichen", „forstwirtschaftlichen" oder „freiberuflichen" GoB feststellen lassen, erscheint eher zweifelh.[1] Nach hier vertretener Ansicht richtet sich beispielsweise die personelle Zurechnung von WG auch im Bereich des § 4 I 1 einheitlich nach den unmittelbar nur im Bereich des § 5 I 1 maßgeblichen handelsrechtlichen Grundsätzen (oben § 4 Rn 73f).

Während sich § 4 I 1 und § 5 I 1 in materiell-rechtlicher Hinsicht gegenseitig ergänzen und zueinander in Wechselbeziehung stehen, sind sie im Hinblick auf den **persönlichen Anwendungsbereich** scharf voneinander abzugrenzen. § 5 gilt für Gewerbetreibende, die nach inländischem Recht gesetzlich verpflichtet sind – eine vertragliche Pflicht reicht nicht aus –, „Bücher" zu führen und „regelmäßig Abschlüsse zu machen", oder dies freiwillig tun (unten Rn 4).

Im Vergleich zur **Überschussrechnung des § 4 III** unterscheidet sich der BV-Vergleich des § 5 in sachlicher Hinsicht im Wesentlichen durch das zeitlich **verzögerte Wirksamwerden der Geldrechnung**. Die BE und BA sind bei § 4 III erst im Zeitpunkt des Zu- bzw Abflusses zu berücksichtigen, während im Bereich des § 5 die entspr Vorgänge vorgezogen sind. IÜ ergeben sich aufgrund des Grundsatzes der sog Gesamtgewinngleichheit **keine sachlichen Unterschiede** (oben § 4 Rn 11; vgl auch zum gewillkürten BV § 4 Rn 112).

Gewerbetreibende, die **gesetzlich buchführungspflichtig** sind, müssen ihren Gewinn **zwingend** nach § 5 ermitteln. Soweit eine entspr Verpflichtung nicht besteht, eröffnet das Gesetz dem nicht buchführungspflichtigen Gewerbetreibenden ein **Wahlrecht**, sich für die Gewinnermittlung durch Eigenkapitalvergleich nach § 5 zu entscheiden, indem er freiwillig Bücher führt und regelmäßig Abschlüsse macht. Bzgl des Übergangs zum Eigenkapitalvergleich bei Betriebsveräußerung bzw BetrAufg vgl § 4 Rn 170f. Ein weiteres Wahlrecht sieht das Gesetz bei der Gewinnermittlung aus dem Betrieb von Handelsschiffen vor, für die ab 1999 wahlweise eine ertragsunabhängige sog **Tonnagesteuer** eingeführt worden ist (§ 5a).[2]

Steuersubjekte mit gewerblichen Einkünften, die weder nach Handelsrecht noch nach Steuerrecht buchführungs- und abschlusspflichtig sind, haben also ein Wahlrecht zwischen der Gewinnermittlung nach § 5 I und § 4 III. Wenn eine Gewinnermittlung freiwillig nach § 5 erfolgen soll, dann sind entspr den handelsrechtlichen Vorgaben Bücher zu führen und Abschlüsse zu erstellen. Wird die Bilanzierungspflicht wahrgenommen, dann handelt es sich um eine Gewinnermittlung nach § 5, so dass eine Gewinnermittlung nach § 4 III ausscheidet. Werden demgegenüber keine Bücher geführt

---

[1] *Beisse* StuW 84, 1 (10); **aA** *K/S/M* § 5 Rn A 38.

[2] Eingeführt durch Gesetz v 9.9.98, BGBl I 98, 2860 = BStBl I 98, 1158 im Rahmen des sog SeeschifffahrtsanpassungsG; BMF BStBl I 02, 614.

und keine Abschlüsse aufgestellt, dann kann eine Gewinnermittlung nach § 5 I nicht stattfinden, weil schon eine Eröffnungsbilanz fehlt. Wird eine Eröffnungsbilanz erstellt und eine Buchführung eingerichtet, so liegt darin die Wahl der Gewinnermittlung durch BV-Vergleich.[1] Werden nur BA und BE aufgezeichnet, dann liegt darin die Entscheidung für die Gewinnermittlung nach § 4 III. In der Praxis besteht die Problematik darin, wann eine **ordnungsmäßige Buchführung** gegeben ist.[2] IErg führt die Art der Aufzeichnungen also zu § 4 III oder § 5 I. All dies setzt voraus, dass der StPfl das Bewusstsein der Einkunftserzielung für Einkünfte aus Gewerbebetrieb hat.[3] War der StPfl der Ansicht, gar keine gewerbliche Tätigkeit auszuüben, dann hatte er auch keine Veranlassung, seinen Gewinn aus Gewerbebetrieb zu ermitteln, so dass eine Wahl zwischen den verschiedenen Gewinnermittlungsmöglichkeiten nicht denkbar ist.[4] Bedeutung hat das insbesondere für einen später festgestellten gewerblichen Grundstückshandel; hier kommt nur § 4 I in Betracht, da das Wahlrecht nicht im Nachhinein ausgeübt werden kann.

6 **2. Verhältnis zu §§ 140, 141 AO.** Die steuerrechtlichen Buchführungspflichten einschl der erforderlichen Abschlusspflichten und die ergänzenden Pflichten, Aufzeichnungen zu führen, können in abgeleitete und originäre Pflichten systematisiert werden. Die **abgeleiteten** Buchführungs- und Aufzeichnungspflichten sind in **außersteuerrechtlichen** Vorschriften normiert und werden über die Transformationsvorschrift des § 140 AO zu steuerrechtlichen Pflichten. **Originäre** steuerrechtliche Buchführungspflichten ordnet § 141 AO an. Originäre steuerrechtliche Aufzeichnungspflichten sind in §§ 143, 144 AO (Wareneingang/-ausgang) und in Einzelsteuergesetzen (zB §§ 4 VII, 6 II, 7a VIII, 22 UStG) geregelt.

7 Da § 5 I nicht von steuergesetzlichen Pflichten spricht, sondern allg an gesetzliche Pflichten anknüpft, Bücher zu führen und regelmäßig Abschlüsse zu machen, ist bei Kaufleuten die Buchführungs- und Abschusspflicht unabhängig von § 140 AO schon aus dem Handelsrecht selbst abzuleiten. Allerdings kommt § 140 AO zum einen insofern eine **eigenständige Bedeutung** zu, als die Vorschrift auch denjenigen handelrechtlichen Buchführungs- und Abschlusspflichten eine steuerrechtliche Verbindlichkeit auferlegt, die in ihren Anforderungen über die handelsrechtlichen GoB hinausgehen sollten.[5]

8 § 141 AO verpflichtet **gewerbliche Unternehmer** sowie LuF zur Führung von Büchern und zur Vornahme von Abschlüssen aufgrund jährlicher Bestandsaufnahmen, wenn der Betrieb nach den Feststellungen der Finanzbehörde nach Umsätzen, Wirtschaftswert oder Gewinn eine bestimmte **Mindestgröße überschreitet**. Die Grenzen betragen bei **Umsätzen** einschl steuerfrei Umsätze, ausgenommen die Umsätze nach § 4 Nr 8–10 UStG, mehr als 350 000 € im Kj oder einen **Gewinn** aus GewBetr bzw LuF von mehr als 30 000 € im Wj bzw Kj. Der sog **Wirtschaftswert** selbst bewirtschafteter luf Flächen begründet eine steuerrechtliche Buchführungspflicht, wenn dieser die Grenze von 25 000 € überschreitet (§ 141 I 1 Nr 3 AO). Inhaltlich knüpft die Buchführungspflicht des § 141 AO für Gewerbetreibende weitgehend an die allg handelsrechtliche Buchführungspflicht für Kaufleute an. So ordnet § 141 I 2 AO die **sinngemäße Anwendung** der §§ 238, 240–242 I und der §§ 243–256 HGB an, sofern sich nicht aus den Steuergesetzen etwas anderes ergibt. Letzteres ist der Fall, soweit die Sondervorschriften des § 5 II–VI oder § 6 einschlägig sind. Da auf § 242 II HGB ausdrücklich kein Bezug genommen wird, ist im Bereich des § 141 AO weder eine **GuV** noch eine damit zusammenhängende doppelte Buchführung erforderlich. Es reicht mithin eine einfache Buchführung aus.

II. § 5 im Rechtssystem. – 1. Handelsrechtlicher Jahresabschluss und steuerrechtliche Gewinnermittlung.
9 § 5 I 1 bestimmt, dass Gewerbetreibende bei der steuerrechtlichen Gewinnermittlung das BV anzusetzen haben, welches nach den handelsrechtlichen Grundsätzen ordnungsmäßiger Buchführung (GoB) anzusetzen ist. Damit nimmt der Gesetzgeber iErg für das Steuerrecht auf ein **System ordnungsgemäßer Rechnungslegung** Bezug, um eine sachgerechte Maßgröße für die gleichmäßige Verteilung der Steuerlasten zu gewinnen. Die Funktion der GoB besteht darin, einen **ökonomisch möglichst „zutr"** Gewinn zu bestimmen, der nach der Vorstellung des HGB ohne Gefährdung des Unternehmens ausgeschüttet werden kann.[6]

---

1 BFH BStBl II 90, 287; DStRE 99, 577.
2 Dazu BFH BStBl II 84, 504; DStRE 99, 577 und 593.
3 BFH/NV 99, 1195.
4 BFH/NV 97, 403.
5 K/S/M § 5 Rn A 212.
6 Ob eine Ausschüttung gesellschaftsrechtlich zulässig ist, hängt von der jeweiligen Rechtsform ab.

Nach der Wertentscheidung des (Steuer-)Gesetzgebers ist eine solche Maßgröße prinzipiell auch geeignet, das **für die Steuerzahlung disponible Einkommen** festzulegen. Da die Grundidee des geltenden Steuerrechts einem marktwirtschaftlichen System verhaftet bleibt, setzt das Steuerrecht ein verkehrswirtschaftliches Wirtschaftssystem mit primärer (privater) Wohlstandsverteilung voraus. Erst auf der (sekundären) Besteuerungsebene wird diese Güterverteilung durch Erhebung von Steuern hoheitlich beeinflusst. Vor diesem Hintergrund erweist es sich als sachgerecht, dass der Steuerstaat – gleichsam als Kostgänger der Steuerbürger – an dem Gewinn des Unternehmens „teilnimmt" und sich nicht besser stellt als der Inhaber oder die Anteilseigner des Unternehmens.[1] Vor diesem Hintergrund stellt der Maßgeblichkeitsgrundsatz des § 5 I 1 auch de lege ferenda eine **steuersystematisch zutr Maßgröße steuerlicher Leistungsfähigkeit** dar. Er gehört zu den Essentialien des deutschen Steuerbilanzrechts. Deshalb erweisen sich die neueren Bestrebungen, die steuerliche Gewinnermittlung auch vor dem Hintergrund internationaler Entwicklungen unter Bezugnahme auf den Vorrang des Leistungsfähigkeitsprinzips von der HB zu isolieren und eine eigenständige Steuerbilanz zu erstellen,[2] nicht als überzeugend. Der pauschale Hinweis auf die Leistungsfähigkeit muss schon deshalb skeptisch gewürdigt werden, weil es ebenso viele Inhalte der steuerlichen Leistungsfähigkeit gibt wie Leitbilder, von denen die Leistungsfähigkeit ihren Sinn empfängt. Die Relativität jeder Gerechtigkeitsidee und damit auch des Leistungsfähigkeitsgrundsatzes verkennen diejenigen, die dem Leistungsfähigkeitsgedanken axiomatische Kraft beilegen und sich damit des Nachweises der normativ-dogmatischen Geltung des Prinzips entledigen.

§ 5 übernimmt nicht unbesehen das Ergebnis der HB, sondern legt nur im Ausgangspunkt die HB für die Besteuerung zugrunde, stellt daneben aber eine Reihe von **Sonderregeln** auf, wie diese Bilanz für ihre Besteuerungszwecke zu modifizieren ist. So enthalten § 5 II–V sowohl deckungsgleiche bilanzsteuerrechtliche Vorschriften (vgl § 5 II, V) für immaterielle Anlagegüter und RAP als auch vom Handelsbilanzrecht abw eigenständige bilanzsteuerrechtliche Vorschriften im Bereich der Rückstellungsbildung (§ 5 IIa, III, IV, IVa, IVb). Schließlich schränkt § 5 VI den Maßgeblichkeitsgrundsatz dahingehend ein, als die steuerrechtlichen Vorschriften über Entnahmen und Einlagen, über die Zulässigkeit der Bilanzänderung, über BA, über die Bewertung und über die AfA oder Substanzverringerung vorrangig zu befolgen sind. Deshalb richtet sich die Bewertung primär nach § 6. Soweit allerdings die einkommensteuerrechtlichen Bewertungsvorschriften lückenhaft sind, gelten die allg Bewertungsgrundsätze des HGB (§§ 252 ff HGB). So nimmt der BFH beispielsweise an, dass der handelsrechtliche AK- und HK-Begriff des § 255 HGB mit dem des § 6 übereinstimmt, so dass § 5 VI die Maßgeblichkeit der HB für die Steuerbilanz hier nicht einschränkt.[3]

Schließlich wird vom BFH eine **teleologische Einschränkung** des Maßgeblichkeitsgrundsatzes vertreten. Nach dem grundlegenden Beschluss des GrS des BFH v 3.2.69[4] folge aus dem Sinn und Zweck der steuerlichen Gewinnermittlung – nämlich den „vollen Gewinn" zu erfassen –, aus den Grundgedanken, die das Verhältnis von § 5 und § 6 beherrschen, und schließlich aus dem verfassungsrechtlichen Grundsatz der Gleichheit der Besteuerung, dass die Bezugnahme des § 5 I auf die GoB allenfalls eine Bindung des Steuerrechts an handelsrechtliche Aktivierungsverbote und Passivierungsgebote bewirke. Danach soll die strikte Bindung des Bilanzsteuerrechts an die HB dann nicht gelten, wenn es sich um **Ansatzwahlrechte** handelt. Nach dieser Rspr begründen handelsrechtliche Aktivierungswahlrechte **steuerrechtliche Aktivierungsgebote**, während Positionen, die handelsrechtlich nur passiviert werden dürfen (Passivierungswahlrechte), als **steuerrechtliche Passivierungsverbote** aufgefasst werden. Die Rspr ist aus dogmatischer Sicht wenig plausibel, denn es wird eine Abstraktion vom Handelsbilanzrecht vorgenommen, die angesichts des § 5 I 1 gerade nicht vorhanden ist. Gerade angesichts der Vielzahl von steuerrechtlichen Durchbrechungen des Maßgeblichkeitsprinzips besteht kein Anlass, über die bestehenden Sondervorschriften hinaus jenes Prinzip einzuschränken. Handelsrechtliche Wahlrechte können aus der Steuerbilanz nur durch Gesetz eliminiert werden (vgl näher unten Rn 34).[5] Der BFH hat seine Rspr inzwischen auf handelsrechtliche **Bewertungswahlrechte** ausgedehnt. Diese führen ebenso wie Ansatzwahlrechte einkommensteuerrechtlich zu Aktivierungspflichten, soweit sie nicht insgesamt oder teilw mit einkommensteuerrechtlichen Wahlrechten korrespondieren.[6]

---

1 *Knobbe-Keuk*[9] § 2 II 3e; *Moxter* BB 97, 195; *Stobbe* FR 7, 361; **aA** *Blümich* Rn 30; *Schmidt*[26] § 5 Rn 27.
2 *Schmidt*[26] § 5 Rn 27; auch *Schreiber* StuW 02, 105; *Weber-Grellet* BB 05, 41.
3 BFH (GrS) BStBl II 90, 830 (833) zum Begriff der AK.
4 BStBl II 69, 291 (293).
5 *Crezelius* Lehrbuch[2], § 8 Rn 4; *Knobbe-Keuk*[9] § 2 II 3a.
6 BFH BStBl II 94, 176 zur Aktivierungspflicht für Gemeinkosten nach § 255 II 3 HGB.

14 Unter Druck gerät der Maßgeblichkeitsgrundsatz nicht zuletzt durch den Trend, die Rechnungslegung an internationale Standards anzupassen.[1] Trotz dieser problematischen Entwicklung hält der Gesetzgeber bislang am Maßgeblichkeitsprinzip fest. Das könnte sich ändern, wenn die für börsennotierte Unternehmen ab 2005 maßgebenden IAS/IFRS auch für den Einzelabschluss gelten sollten/können; der Steuergesetzgeber wird über ein eigenständiges Steuerbilanzrecht entscheiden müssen.[2]

16 **2. Europarecht.** Aufgrund des Maßgeblichkeitsgrundsatzes (§ 5 I 1) sind handelsbilanzrechtliche Regelungen bei der steuerrechtlichen Gewinnermittlung zu beachten. Darüber hinaus finden sich bilanzsteuerrechtliche Normen, die nach ihrem Wortlaut mit Bestimmungen des Handelsbilanzrechts deckungsgleich sind (vgl § 5 II, V). Schließlich werden Begriffe des Steuerbilanzrechts, wie etwa der Begriff der AK und HK (§ 6) oder nach herkömmlicher Ansicht des BFH der Begriff des WG[3] in dem gleichen Sinne verstanden wie die entspr handelsbilanzrechtlichen Termini (vgl §§ 246 I; 255 I, II HGB). Das europarechtliche Problem rührt daher, dass die HGB-Regelungen auf einer **Transformation der 4. EG-Richtlinie** v 25.7.78[4] durch das sog BiRiLiG v 19.12.85 (BGBl I 85, 2355) beruhen. Der Gesetzgeber verfolgte bei der Transformation in die allg Vorschriften der §§ 238–263 HGB offenbar den Zweck, gleichlautendes Recht für den Einzel-Kfm, PersGes und KapGes zu schaffen. Deshalb müssen diese Vorschriften „rechtsformneutral", dh einheitlich ausgelegt werden.[5] Methodologisch verhält es sich so, dass Entscheidungen des EuGH, welche allg Regelungen, wie etwa das Realisationsprinzip (§ 252 I Nr 4 HGB) betreffen,[6] nicht nur für die Rechnungslegung von KapGes, sondern auch für Einzelkaufleute und PersGes verbindlich sind.[7] Im Einzelnen ergeben sich hieraus mehrere Folgeprobleme. Im Ausgangspunkt kann als gesichert gelten, dass der Maßgeblichkeitsgrundsatz des § 5 I 1 eine eigenständige nationale Norm des Steuerrechts darstellt, über deren Anwendbarkeit der EuGH keine Entscheidungskompetenz besitzt. Das System des deutschen Bilanzsteuerrechts wird weder von der 4. EG-Richtlinie vorgegeben noch von einer sonstigen Harmonisierungsvorschrift gedeckt. Dies bedeutet allerdings nicht, dass eine Auslegung der bilanzsteuerrechtlichen Spezialvorschriften durch den EuGH deshalb von vornherein ausgeschlossen ist.[8] § 5 I 1 „transformiert" nicht Handelsrecht in eigenständiges Steuerrecht, sondern verweist auf das Handelsbilanzrecht. Insofern ist nicht zu beanstanden, dass sich der EuGH für die Auslegung bilanzsteuerrechtlicher Fragen für zuständig ansieht, soweit diese vom Regelungsgehalt der EG-Richtlinie betroffen sind.[9]

17 Der EuGH geht iErg davon aus, dass die gesetzliche Fassung des § 5 I 1 eine **Entscheidungsdivergenz zw Zivilgerichtsbarkeit und Finanzgerichtsbarkeit** vorbehaltlich bilanzsteuerrechtlicher Sondervorschriften in Fragen der Bilanzierung **ausschließen** soll.[10] Daraus folgt eine **strikte Bindung** der steuerrechtlichen Gewinnermittlung an die Vorgaben des Handelsbilanzrechts, welche über eine schlichte argumentative Bedeutung hinausgeht. Wird über § 5 I 1 Handelsbilanzrecht angewendet, muss folglich die Pflicht zur **richtlinienkonformen Auslegung** der in Bezug genommenen Vorschriften beachtet werden.[11] In Zweifelsfragen kommt es auf die Interpretation der Richtlinie an, welche durch den EuGH zu erfolgen hat.

19 Soweit eine Vorschrift der §§ 238 ff HGB über § 5 I 1 richtlinienkonform ausgelegt werden muss und dies entscheidungserheblich ist, kann bei Auslegungszweifeln das Instanzgericht (Finanzgericht) die **Rechtsfrage dem EuGH vorlegen** (Art 234 II EG). Der BFH als letztinstanzliches Gericht muss eine Auslegungsfrage dem EuGH vorlegen, wenn Zweifel hinsichtlich der zutr Anwendung der 4. EG-Richtlinie bestehen und diese Frage entscheidungserheblich ist (Art 234 III EG).[12] Es geht also nur um Fragen betr die Gültigkeit und Auslegung der Richtlinie.[13]

---

1 Vgl zB *Mayer-Wegelin* FS Ritter, 1997, S 713 ff.
2 *Euler* BB 02, 875; *Wagner* BB 02, 1885.
3 BFH (GrS) BStBl II 88, 348 (352); DStR 99, 363; *Schmidt*[26] § 5 Rn 93; **aA** zB *Costede* StuW 95, 115.
4 ABlEG v 14.8.78 Nr L 222/11–31, geändert in ABlEG v 4.12.84 Nr L 314/25.
5 *H/H/R* § 5 Rn 20; *Kropff* ZGR 97, 127 f; *Schön* FS Flick, 1997, S 573 (580 f).
6 Vgl EuGH DB 96, 1400.
7 *H/H/R* § 5 Rn 20; **aA** *Beisse* GS Knobbe-Keuk, S 385 (406 f, 409) unter Aufgabe seiner früheren Auffassung in FS Budde, 1995, S 82.
8 *Schön* FS Flick, 1997, S 573 (580) mwN; **aA** *Ahmann* FS Schmidt, 1993, S 269 (284 f); *Weber-Grellet* StuW 95, 336 (348 ff).
9 EuGH DStR 99, 1645 zur Frage der Bewertung v Rückstellungen in der Handels- und Steuerbilanz; EuGH BStBl II 04, 144; vgl *Hoffmann* DStR 99, 1686 ff; *Weber-Grellet* DStR 99, 1648.
10 Vgl *Schön* FS Flick, 1997, S 573 (580).
11 *Schön* FS Flick, 1997, S 573 (580 f).
12 Vgl Vorlagebeschluss des I. Senats des BFH an den GrS, BStBl II 99, 129; *Offerhaus* DStZ 97, 505.
13 BFH BStBl II 01, 570.

IÜ verneint der BFH eine Vorlagepflicht an den EuGH immer dann, wenn es sich um eine **genuin** **20** **steuerrechtliche Regelung**, wie beispielsweise § 6, handelt,[1] und soweit nicht eine KapGes in Rede steht.[2] Obwohl also die einschlägige Rspr des BFH bei der Frage nach der Vorlagepflicht an den EuGH restriktiv orientiert ist,[3] wird im Schrifttum darauf hingewiesen, dass das Verhältnis des Bilanzsteuerrechts zum Gemeinschaftsrecht Anlass sein solle, über die Aufgabe des **Maßgeblichkeitsprinzips** des § 5 I 1 nachzudenken.[4] Aber das ist nur eine vordergründig plausible Argumentation, denn wenn der EuGH nicht zuständig ist für die Anwendung von Gemeinschaftsrecht auf den jeweiligen Sachverhalt,[5] dann kann sich daraus kein Argument für die Abkoppelung der steuerrechtlichen Gewinnermittlung vom Handelsrecht, welches regelmäßig mehr Sicherheit als das fiskalisch motivierte Steuerbilanzrecht bietet, ergeben.

III. Binnensystem des § 5. § 5 I 1 normiert als Grundsatz die sog **materielle Maßgeblichkeit.** Darunter versteht man, dass der StPfl bei der steuerlichen Gewinnermittlung die abstrakten handelsrechtlichen Vorgaben zu befolgen hat. Die materielle Abhängigkeit wird in § 5 II–VI durch steuerrechtliche Spezialregelungen durchbrochen, soweit sie nicht deckungsgleich mit den handelsrechtlichen GoB sind. § 5 II regelt ein Aktivierungsverbot für nicht entgeltlich erworbene immaterielle WG des Anlagevermögens und bestätigt im Umkehrschluss in Übereinstimmung mit dem Grundsatz der Vollständigkeit ein Aktivierungsgebot für entgeltlich erworbene immaterielle WG des Anlagevermögens. § 5 IIa normiert ein von den handelsrechtlichen GoB nicht gedecktes[6] Passivierungsverbot, soweit Vermögenszuwendungen nur in Abhängigkeit von künftigen Einnahmen oder Gewinnen zurückzuzahlen sind. § 5 III führt abw von der HB zu einem Rückstellungsverbot, soweit die engen Voraussetzungen für die Bildung von Rückstellungen wegen Verletzung bestimmter Schutzrechte nicht gegeben sind. In gleicher Weise beschränkt § 5 IV die Bildung von Rückstellungen für die Verpflichtung zu einer Zuwendung anlässlich eines Dienstjubiläums.[7] Eine schwerwiegende Abweichung von § 249 I 1 HGB ist in § 5 IVa geregelt, wonach Rückstellungen für drohende Verluste aus schwebenden Geschäften bei der steuerrechtlichen Gewinnermittlung unberücksichtigt bleiben. § 5 IVb bestimmt, dass für AK bzw HK keine Rückstellungen gebildet werden dürfen und ordnet bestimmte Aufwendungen für die Wiederaufbereitung von Kernbrennstoffen unwiderlegbar den AK bzw HK zu. § 5 V 1 regelt in Übereinstimmung mit § 250 I 1, II HGB die Voraussetzungen, unter denen aktive und passive RAP zu bilden sind. § 5 V 2 schreibt abw vom Wahlrecht des § 250 I 2 HGB die Aktivierung von als Aufwand berücksichtigten Zöllen, Verbrauchssteuern und USt auf Anzahlungen vor. Eine weitere Einschränkung erfährt das materielle Maßgeblichkeitsprinzip durch § 5 VI, wonach die steuerrechtlichen Vorschriften über Entnahmen und Einlagen, über die Zulässigkeit der Bilanzänderung, über die BA, über die Bewertung und über die AfA oder Substanzverringerung vorrangig zu beachten sind. **21**

Bis zur Einführung des § 5 I 2[8] war heftig umstritten, ob § 5 I die sog **formelle Maßgeblichkeit** fordert. Es ging dabei zum einen um die Frage, ob der StPfl nicht nur an die abstrakten handelsrechtlichen Vorgaben gebunden ist, sondern darüber hinaus der konkrete zulässigerweise gebildete handelsrechtliche Ansatz für die steuerrechtliche Gewinnermittlung maßgeblich ist.[9] Praktisch läuft dies darauf hinaus, dass Wahlrechte in der HB und in der Steuerbilanz einheitlich ausgeübt werden müssen. Zum anderen stand zur Diskussion, ob in die HB steuerrechtliche Sonderregelungen übernommen werden dürfen, obwohl sie mit handelsrechtlichen GoB nicht vereinbar sind.[10] Durch die Verankerung der sog umgekehrten Maßgeblichkeit in § 5 I 2 hat sich der Gesetzgeber nunmehr ausdrücklich für eine **umfassende formelle Maßgeblichkeit** ausgesprochen. Denn die umgekehrte Maßgeblichkeit setzt logisch die formelle Maßgeblichkeit voraus.[11] Die umgekehrte Maßgeblichkeit hat zur Folge, dass Steuervergünstigungen, die den GoB widersprechen (zB subventionelle Sonder-AfA), zwingend in die HB übernommen werden müssen, um Einfluss auf die steuerrechtliche Gewinnermittlung zu haben. IErg führt dies zu einer bedenklichen Manipulation des handelsrechtli- **22**

---

1 BFH BStBl II 95, 312; BStBl 98, 728.
2 BFH BStBl II 02, 227; zweifelnd *Meilicke* BB 01, 40.
3 BFH/NV 01, 519; BStBl II 02, 227 betr eigenständige steuerrechtliche Regelung.
4 *Weber-Grellet* Steuern im modernen Verfassungsstaat, 2001, S 114f mwN.
5 EuGHE 90, I-3763.
6 BFH BStBl II 97, 320; BStBl II 98, 244.

7 Zur Frage der Verfassungswidrigkeit des Verbots von Jubiläumsrückstellungen in den Jahren 88 bis 92 vgl den Vorlagebeschluss des BFH v 10.11.99 zum BVerfG DStR 00, 233.
8 Vgl WohnungsbauförderungsG v 22.12.89, BGBl I 89, 2408.
9 *Blümich* § 5 Rn 184 ff mwN.
10 *Knobbe-Keuk*[9] § 2 III 2.
11 *Wassermeyer* DStJG 14 (1991), 29 (33).

chen Gewinns, der die Ertragskraft des Unternehmens widerspiegeln soll und vor allem im Kapitalgesellschaftsrecht die Bemessungsgrundlage für eine mögliche Ausschüttung an die Anteilseigner bildet.[1] Aktuell diskutiert wird die Frage, ob die Bildung eines Sonderpostens mit Rücklageanteil bei Bildung einer sog Abzinsungsrücklage (§ 52 XVI 7, 10) nur zulässig ist, wenn auch in der HB ein entspr Sonderposten ausgewiesen wird. Dies erscheint deswegen problematisch, weil wegen des vom Bilanzsteuerrecht abw Handelsbilanzrechts eine ertragserhöhende Abzinsung nicht vorgenommen werden durfte. Des- wegen wird mit guten Gründen vertreten, dass auf einen Rücklagenansatz in der HB ausnahmsweise verzichtet werden kann.[2]

B. Voraussetzungen des § 5 I 1

23 § 5 gilt für **Gewerbetreibende**, die nach inländischem Recht gesetzlich verpflichtet sind – eine vertragliche Pflicht reicht nicht aus –, „Bücher zu führen und regelmäßig Abschlüsse zu machen", oder dies freiwillig tun. Eine **gesetzliche Buchführungspflicht** folgt aus den handelsrechtlichen Vorschriften über die Buchführungspflicht, die gem § 140 AO auch im Interesse der Besteuerung zu erfüllen sind und aus der steuerrechtlichen Vorschrift des § 141 AO. „Bücher" sind mithin Handelsbücher iSd §§ 238, 239 HGB und § 141 I AO. **Sonstige Aufzeichnungsvorschriften** der Steuer- und Zollgesetze, die keine Jahresabschlüsse verlangen, begründen keine Buchführungspflicht iSd § 5 I 1.

24 Nach § 158 AO hat die formell ordnungsgemäße Buchführung die **Vermutung** der materiellen und inhaltlichen **Ordnungsmäßigkeit** für sich, und sie ist dann der Besteuerung zugrunde zu legen. Allerdings verliert diese Vermutung ihre Wirkung, wenn seitens des FA, beispielsweise durch Verprobungen, nachgewiesen wird, dass es unwahrscheinlich ist, dass das gezeigte Ergebnis mit den tatsächlichen Verhältnissen übereinstimmt.[3] Die Buchführung kann aber nur dann ganz oder teilw verworfen werden, wenn sie mit an Sicherheit grenzender Wahrscheinlichkeit sachlich unrichtig ist.[4] Die **Feststellungslast** für die steuererhöhenden Tatsachen trägt das FA.[5] Eine Überprüfung der Buchhaltung kann auch mittels einer Vermögenszuwachsrechnung oder einer Geldverkehrsrechnung vorgenommen werden, wobei dann vom FA nachzuweisen ist, dass der Vermögenszuwachs nicht aus einer anderen Einkunftsquelle herrührt.[6]

25 In Konsequenz einer nicht ordnungsgemäßen Buchführung sind nach § 162 II 2 AO die Besteuerungsgrundlagen ganz oder teilw zu schätzen. Diese Schätzung wird im Falle der Buchführungs- und Abschlusspflicht nach den Regeln des BV-Vergleichs (§ 4 I) und nicht nach Maßgabe des § 4 III vorgenommen.[7] Bei diesem BV-Vergleich sind die materiellen GoB heranzuziehen.[8]

26 Des Weiteren ist § 5 dann nicht einschlägig, wenn der StPfl nicht Gewerbetreibender ist. Gewerbetreibender ist nur, wer ein **gewerbliches Unternehmen** iSd § 15 I Nr 1–3 betreibt. Ob ein Handelsgewerbe iSd §§ 1, 2 HGB bzw eine handelsrechtliche Buchführungspflicht besteht, ist unerheblich. Demzufolge erzielt ein vermögensverwaltender sog geschlossener Immobilienfonds in der Rechtsform der KG (vgl §§ 161 II, 105 II 1, 6 HGB) nach dem System des EStG Einkünfte aus VuV nach § 21, welche nach dem Überschuss der Einnahmen über die WK zu ermitteln sind (vgl § 2 II Nr 2).[9] Liegt umgekehrt einkommensteuerrechtlich ein GewBetr vor, so muss der Gewinn auch dann nach § 5 ermittelt werden, wenn zwar nicht handelsrechtlich, wohl aber nach § 141 AO Buchführungspflicht gegeben ist oder freiwillig Bücher geführt und regelmäßig Abschlüsse gemacht werden.

27 Einkünfte aus GewBetr iSd § 15 I 1 Nr 1 sind Einkünfte aus „gewerblichen Unternehmen". Die Vorschrift betrifft unmittelbar **nat Pers**, die unbeschränkt oder beschränkt estpfl sind (vgl § 1). Über die Verweisungstechnik der §§ 7, 8 KStG gilt sie auch für **jur Pers** (Körperschaften), insbes für inländische KapGes, bei denen alle Einkünfte als Einkünfte aus GewBetr zu behandeln sind (vgl § 8 II KStG). Zu den Einkünften aus GewBetr gehören des Weiteren die Gewinnanteile **gewerblicher MU'er** einschl bestimmter Sondervergütungen bzw Sonderbetriebsergebnisse (§ 15 I 1 Nr 2). Der ESt unterliegt der Gewinnanteil des MU'ers, der allerdings nicht durch einen Vermögensvergleich der einzelnen G'ter, sondern durch einen Vermögensvergleich der Ges auf der Grundlage der aus

---

1 Zu Recht krit *Knobbe-Keuk*[9] § 2 III 2; zur Vereinbarkeit mit der 4. EG-Richtlinie v 25.7.78 vgl auch *Heymann*[2] HGB Einl Rn 81f mwN.
2 *Dieterlen/Haun* BB 99, 2020 (2022); *Herzig/Rieck* WPg 99, 305; *Waclawik* DB 00, 338 ff.
3 BMF BStBl I 98, 630.
4 BFH BStBl II 98, 51.
5 BFH BStBl II 92, 55.
6 Vgl BFH BStBl II 90, 268; BStBl 86, 732.
7 BFH BStBl II 91, 802.
8 BFH BStBl II 81, 301.
9 Einkünfte aus GewBetr kämen allerdings bei gewerblicher Prägung (GmbH & Co KG) gem § 15 III Nr 2 in Betracht.

der HB abgeleiteten Steuerbilanz der Ges zu ermitteln ist.[1] „Subjekt der Gewinnermittlung" nach § 5 ist demnach die PersGes und nicht der einzelne G'ter (unten § 15 Rn 202 ff).[2] Im Hinblick auf die **Gewinnermittlung des Sonder-BV** hat der BFH entschieden, dass hierfür die handelsrechtlichen GoB iSd § 5 I 1 zu beachten sind, obgleich der Ermittlung keine HB zugrunde liegt.[3] Nach inzwischen hM sind auch die **Bezüge des phG'ter** einer KGaA iSd § 15 I 1 Nr 3 nach § 5 zu ermitteln.[4]

Bei **Auslandsbeziehungen** ist § 5 zum einen anzuwenden, wenn es um die Ermittlung von Gewinnen **ausländischer Betriebsstätten** geht, soweit diese für die inländische Besteuerung unbeschränkt estpfl oder kstpfl Pers von Bedeutung sind; ausländisches Handels- und Steuerrecht bleibt unberücksichtigt.[5] Bei **beschränkt stpfl** Pers kommt § 5 nur in Betracht, wenn ein **inländischer GewBetr** iSd § 49 I Nr 2a besteht.[6] Die ergänzend erforderliche Buchführungspflicht folgt aus dem Handelsrecht, wenn die Betriebsstätte **Zweigniederlassung** iSd §§ 13d–g HGB ist (vgl § 140 AO).[7] Soweit der Jahresabschluss nach ausländischen Vorschriften erstellt wird, muss nach § 242 HGB für die Zweigniederlassung kein eigenständiger Jahresabschluss nach deutschen Vorschriften erstellt werden.[8] Das Steuerrecht schreibt eine Buchführungspflicht vor, wenn die Grenzen von Umsatz, BV oder Gewinn gem § 141 I AO überschritten sind.[9] § 5 ist schließlich einschlägig, wenn für die inländische Betriebsstätte förmlich Bücher geführt und Abschlüsse gemacht werden.

28

C. Rechtsfolge: Maßgeblichkeit des handelsrechtlichen Jahresabschlusses und umgekehrte Maßgeblichkeit

Literatur: *Beisse* GS Knobbe-Keuk, 1997, S 385; *Mathiak* FS Beisse, 1997, S 323; *Schön* Die Steuerbilanz zwischen Handelsrecht und Grundgesetz, StuW 95, 366; *Schulze-Osterloh* Die Steuerbilanz als Tatbestandsmerkmal im Einkommen- und Körperschaftsteuergesetz, DStJG 14 (1991), 123.

I. Überblick. § 5 I 1 ordnet zunächst an, dass der Gewinn auf der Grundlage eines **Eigenkapitalvergleichs** zu ermitteln ist. Dies folgt aus der ausdrücklichen Bezugnahme auf § 4 I 1. Eine Gewinnermittlung durch Überschussrechnung ist damit unzulässig (vgl § 4 III). Nach der Technik des § 4 I 1 ist der Wert des Endvermögens eines Wj (Schlussbilanz) mit dem Wert des Anfangsvermögens (vgl § 242 I HGB: EB) bzw mit dem Wert des Endvermögens des vorhergehenden Wj (vgl § 252 I Nr 1 HGB) zu vergleichen. Trotz der Bezugnahme auf handelsrechtliche GoB in § 5 I 1 sind in den Eigenkapitalvergleich nur aktive und passive Bilanzposten einzubeziehen, die zum **BV iSd § 4 I** gehören. Die sachliche Zuordnung zum BV bestimmt sich also ausschließlich nach einkommensteuerrechtlichen Kriterien (vgl zur Abgrenzung zw betrieblicher und nichtbetrieblicher Sphäre nach dem sog Veranlassungsprinzip § 4 Rn 34 ff). Dem Ausweis bzw Nichtausweis in der HB kommt hierbei keine entscheidende Bedeutung zu, soweit es sich im Einzelfall um notwendiges PV bzw um notwendiges BV iSd § 4 I handelt.[10] Ebenso kommt es vorrangig auf einkommensteuerrechtliche Wertungen an, wenn es darum geht, ein WG in der Konstellation einer sog **Bilanzierungskonkurrenz** einem von mehreren (Sonder-) BV zuzurechnen.[11]

29

In welcher **äußeren Form** das Ergebnis des Eigenkapitalvergleichs beim FA einzureichen ist, hat der Gesetzgeber nicht detailliert geregelt (vgl § 60 II, III EStDV). Der StPfl kann sich darauf beschränken, neben den übrigen gesetzlich geforderten Unterlagen die HB vorzulegen und die steuerrechtlichen Anpassungen kenntlich zu machen (§ 60 II 1 EStDV). Alternativ kann er eine im Unterschied zur HB den steuerlichen Vorschriften entspr Schlussbilanz (Steuerbilanz) und ggf die EB zusammen mit der Steuererklärung beim FA einreichen. Für welche der beiden Möglichkeiten (Anpassung oder Aufstellung einer eigenständigen Steuerbilanz) sich der StPfl entscheidet, ist eine Frage der Zweckmäßigkeit und hängt vornehmlich vom Umfang der erforderlichen Anpassungen ab. Die Pra-

31

---

1 BFH GrS BStBl II 81, 164; BStBl II 93, 616 (622).
2 BFH GrS BStBl II 84, 751.
3 BFH BStBl II 92, 797; BStBl II 92, 958; BStBl II 98, 375.
4 BFH BStBl II 89, 881 (885 f); *Schmidt*[26] § 15 Rn 891.
5 BFH BStBl II 90, 57 (59); (unklar) BStBl II 97, 128; vgl dazu *Schmidt* FS Beisse, 1997, S 461 ff.
6 BFH BStBl II 98, 260; bei § 49 I Nr 2c gilt § 5 (*Blümich* § 49 Rn 96); bei § 49 I Nr 2f ist die Frage offen (*Schmidt*[26] § 49 Rn 35; vgl auch BMF BStBl I 94, 883;
Blümich § 49 Rn 124; *H/H/R* § 49 Rn 602: §§ 17 II, 23 IV analog).
7 FG Kln EFG 82, 422; *Heymann*[2] HGB § 238 Rn 10 mwN.
8 *H/H/R* § 5 Rn 31.
9 Vgl dazu näher *H/H/R* § 5 Rn 13, 31.
10 BFH BStBl II 85, 510; BFH/NV 90, 499; BStBl II 91, 516; BStBl II 91, 765.
11 Zur Problematik der sog mitunternehmerischen BetrAufsp BFH BStBl II 98, 325; DStRE 99, 215; *Schmidt*[26] § 15 Rn 858.

xis bedient sich häufig sog **Einheitsbilanzen**, doch sind der Zulässigkeit entspr Satzungsklauseln im Bereich des Kapitalgesellschaftsrechts gesellschaftsrechtliche Grenzen gesetzt.[1]

32 **II. Reichweite des Maßgeblichkeitsgrundsatzes.** Der Grundsatz der Maßgeblichkeit der HB ist nicht auf das Ergebnis der HB bezogen, sondern er betrifft **sämtliche Bilanzpositionen**.[2] Wird ein Posten in der HB zutr aktiviert oder passiviert und greift korrigierend keine steuerrechtliche Sonderregel ein, muss er in die Steuerbilanz übernommen werden. § 5 I 1 verweist auf die handelsrechtlichen GoB. Zu den GoB iSd § 243 I HGB gehören alle ungeschriebenen und alle im HGB oder anderweitig kodifizierten **materiellen Rechnungslegungsvorschriften** über Handelsbilanzansätze, soweit sie für alle Kaufleute gelten. Der neuerdings vorgetragenen Sichtweise, § 5 I 1 müsse in diesem Sinne wörtlich interpretiert werden, dass nur die handelsrechtlichen „Grundsätze" ordnungsmäßiger Buchführung verbindlich seien, was im Einzelfall erst gesondert festgestellt werden müsse,[3] ist nicht zu folgen.[4] Weder lässt sich dem Gesetz eine Unterscheidung zw „oberen" und „unteren" GoB entnehmen, noch war sie vom Gesetzgeber gewollt.[5] Überdies darf nicht unberücksichtigt bleiben, dass auch im Bereich des Bilanzsteuerrechts der Fiskus dem StPfl hoheitlich im Wege der Eingriffsverwaltung gegenübertritt und der aus dem Rechtsstaatsprinzip abzuleitende Grundsatz der Tatbestandsmäßigkeit der Besteuerung beeinträchtigt würde, wenn die Vorschriften der §§ 238 ff HGB ergänzend dahingehend zu überprüfen sein sollen, ob sie Ausdruck der allg GoB sind und im Falle eines negativen Befundes als für § 5 I 1 unbeachtlich ausgesondert werden müssten.

Für den Bereich des UmwStG vertrat die FinVerw[6] die Auffassung, dass auch in der steuerlichen Übertragungsbilanz (§ 3 UmwStG aF) der Maßgeblichkeitsgrundsatz gilt. Dem ist der BFH[7] für den Fall des Formwechsels einer PersG in eine KapGes entgegengetreten. Für das UmwStG idF SEStEG findet der Maßgeblichkeitsgrundsatz keine Anwendung. Das Umwandlungssteuerrecht hat Vorrang vor § 5. Das folgt insb aus der Europäisierung des UmwStG, weil bei grenzüberschreitenden Umwandlungen eine handelsrechtliche Anknüpfung nicht möglich erscheint.[8]

33 Von den steuerrechtlichen Ansatzregeln abgesehen begründen handelsrechtliche, nach GoB bestehende **Aktivierungs- und Passivierungsgebote** eine auch **steuerrechtlich beachtliche Ansatzpflicht**.[9] Entsprechendes gilt für handelsrechtliche Bilanzierungsverbote; sie führen steuerrechtlich aufgrund des Maßgeblichkeitsgrundsatzes zu Aktivierungs- bzw Passivierungsverboten.

34 Im Falle handelsrechtlicher **Ansatzwahlrechte** soll das Maßgeblichkeitsprinzip nach ständiger Praxis des BFH nicht gelten (oben Rn 13).[10] Der Auffassung des BFH ist nicht zu folgen. Führt § 5 I 1 zu einer Übernahme des Handelsbilanzrechts in die steuerliche Gewinnermittlung, dann bedeutet die verweigernde Einstellung des BFH gegenüber handelsrechtlichen Bilanzierungswahlrechten eine teleologische Reduktion des Handelsrechts zugunsten des Steuerrechts. Der BFH rechtfertigt dies mit der Situation der Gewinnermittlung im Steuerrecht. Dabei wird aber vernachlässigt, dass auch die HB nicht (nur) irgendeinen gegenwärtigen Veräußerungswert des Unternehmens darstellen will, sondern (auch) Grundlage einer erfolgten Ergebnisermittlung der jeweiligen Rechnungsperiode ist.[11] Anstatt das handelsrechtliche Spannungsverhältnis zw den Wahlrechten und dem Grundsatz der Bilanzierungswahrheit als **Vorfrage der steuerlichen Gewinnermittlung** zu problematisieren, wird eine die Abstraktion vom Handelsrecht angeblich erlaubende Eigenständigkeit des Steuerrechts bemüht, die angesichts § 5 I 1 gerade nicht vorhanden ist. Wenn § 5 I 1 EStG die HB dem Steuerrecht vorordnet, dann kann nicht unter Berufung auf die Gleichmäßigkeit der Besteuerung (Art 3 I GG) ein steuerrechtlich „richtiger" Gewinn vorgeschrieben werden. Handelsrechtliche Wahlrechte zeigen, dass der Gesetzgeber nicht den „einen" richtigen Gewinn für maßgebend erklärt.[12] Dies haben die Gerichte zu akzeptieren, es sei denn, die gesetzgeberische Entscheidung ist willkürlich.[13]

---

1 BayObLG NJW 88, 916; *ADS*[6] § 242 HGB Rn 31 ff mwN.
2 *Knobbe-Keuk*[9] § 2 I 2; *Schmidt*[26] § 5 Rn 28.
3 *K/S/M* § 5 Rn B 38; *Pyszka* DStR 96, 809 (811); *Schulze-Osterloh* DStJG 14 (1991), 123 (130 f); *Weber-Grellet* Steuerbilanzrecht, § 6 Rn 3.
4 *Beisse* GS Knobbe-Keuk, S 385 (401); *Blümich* Rn 206; *Mathiak* FS Beisse, S 323; *Schön* StuW 95, 366 (374).
5 *Beisse* GS Knobbe-Keuk, S 385 (401).
6 BMF BStBl 98, 268 Tz 03.01.
7 BFH BStBl II 06, 568.
8 Vgl *Rödder/Schumacher* DStR 07, 369, 372.
9 Vgl BFH BStBl II 80, 297; BStBl II 84, 301 f.
10 Grundlegend BFH GrS BStBl II 69, 291.
11 Vgl ROHGE 12, 15 (17); BGHZ 34, 324 (331).
12 *Crezelius* JbFfSt 84/85, 425 (430); *Knobbe-Keuk*[9] § 2 II 1c.
13 Vgl BVerfGE 9, 334 (337); 31, 8 (25).

Es ist umstritten, ob der Maßgeblichkeitsgrundsatz des § 5 I 1 auch für die **Bewertung** gilt.[1] Aus der Existenz des Vorbehalts steuerlicher Bewertungsnormen in § 5 VI und der Maßgeblichkeit des tatsächlichen Handelsbilanzansatzes (der Höhe nach) ist die Bindung an die handelsrechtliche Bewertung zu folgern, es sei denn, §§ 5 VI, 6, 7 EStG führen zu einem anderen Ergebnis. Im letzteren Fall kommt es zu einer Durchbrechung des Maßgeblichkeitsprinzips und zu unterschiedlichen Ansätzen in Handels- und Steuerbilanz; zB unterschiedliche Abschreibungsdauer in §§ 255 IV HGB, 7 I 3 EStG für den Geschäftswert. Der Meinungsstreit wirkt sich aus, soweit Bewertungswahlrechte bestehen und kein Vorrang eines steuerlichen Bewertungsgebots gegeben ist. Steht einer zwingenden handelsrechtlichen Bewertungsvorschrift im Steuerrecht ein Wahlrecht gegenüber, dann schlägt die handelsrechtliche Bewertung nur kraft Maßgeblichkeit auf das Steuerrecht durch.[2] Besteht handels- und steuerrechtlich ein Bewertungswahlrecht, dann ist das steuerliche entspr dem handelsrechtlichen Wahlrecht aufgrund des Maßgeblichkeitsprinzips auszuüben, solange der Bewertungsspielraum des Steuerrechts eingehalten wird. 36

Das Handelsbilanzrecht kennt (§§ 269, 274 II HGB) **Bilanzierungshilfen**, dh die wahlweise Aktivierung von Aufwendungen, die nicht zu einem Vermögensgegenstand geführt haben (unten Rn 61). Die steuerrechtliche Praxis geht davon aus, dass handelsrechtlich zulässig und wahrgenommene Bilanzierungshilfen **nicht in die Steuerbilanz zu übernehmen** sind.[3] Dem liegt die Vorstellung zugrunde, dass bei der Bilanzierungshilfe kein fassbarer Aktivposten (WG) vorliegt und der Effekt der Bilanzierungshilfe durch ihren Ansatz in der Steuerbilanz teilw leer läuft. Andererseits führt die Bilanzierungshilfe zur Fiktion eines Vermögensgegenstandes, welche sich konsequenterweise auch in der Steuerbilanz durchsetzen muss. Etwas anderes kann nur für § 274 II HGB gelten. Die Auffassung der Rspr ist darüber hinaus im Vergleich zur generellen Behandlung von Aktivierungswahlrechten (oben Rn 13) unstimmig. Danach müsste selbst die nicht ausgeübte Bilanzierungshilfe steuerlich aktiviert werden. 37

III. Grundsätze ordnungsgemäßer Buchführung. – 1. Methodologie. Nach § 243 I HGB ist der Jahresabschluss nach den GoB (und Bilanzierung) aufzustellen. Indem das Gesetz die allg Anordnung in § 238 I 1 HGB betr die Buchführung wiederholt, wird deutlich, dass die GoB sowohl für die Buchführung als auch für die Bilanzierung gelten. Die **GoB** werden üblicherweise wie folgt **umschrieben:** Es handelt sich um Regeln, nach welchen ein auf fachgerechte Rechnungslegung bedachter Kfm verfährt, verfahren kann oder darf, um jederzeit Übersicht über seine Handelsgeschäfte und die Lage seines Vermögens zu behalten und ihre Gewinnung einem sachkundigen Dritten ohne Schwierigkeiten zu ermöglichen.[4] 38

Die **rechtliche Qualität der GoB** ist umstritten. Die Spannbreite der Auffassung reicht von Rechtsnormen, Handelsbräuchen, kfm Standesrecht, Gewohnheitsrecht bis zu betriebswirtschaftlich hergeleiteten Regeln.[5] Aus juristischer Sicht ist zutreffenderweise die methodologische Eigenart der GoB in den Vordergrund zu stellen. Mit ihnen wird auf ein **nicht mehr unmittelbar tatbestandsmäßig fixiertes Ordnungssystem** verwiesen. Damit ist der Rechtsanwender befugt, die zur Entscheidung des Einzelfalls notwendige Norm durch eine Regelbildung (Schließen der Lücke intra legem) zu entwickeln. Bei der Bildung des juristischen Obersatzes ist dann die Berücksichtigung rechtlicher Grundsätze und/oder der tatsächlichen Verhaltensweise der Kaufmannschaft geboten. Das eigentliche Problem des Charakters der GoB trifft also mit der Frage nach der Art und Weise ihrer Ermittlung zusammen. 39

Die **Ermittlung der GoB**, die Frage nach den notwendigen Voraussetzungen der Anwendung des unbestimmten Rechtsbegriffs im Sachverhalt, ist ein traditionelles Problem des deutschen Bilanzrechts. Die früher vertretene **induktive Auffassung**[6] gewinnt die GoB unmittelbar durch Erhebungen in der Kaufmannschaft. Der Rechtsanwender hat bei dieser Betrachtung keine normbildende Kompetenz, sondern stellt nur die tatsächlich geübten Regeln fest. Demgegenüber leiten die von Döllerer und Leffson begründeten Lehren die GoB **deduktiv** ab.[7] Maßgebend sind danach der Sinn und Zweck der Rechnungslegungsvorschriften. Nach Döllerer soll nach den Regeln der Denkgesetze ermittelt werden, wie unter Heranziehung aller verfügbaren Kenntnismöglichkeiten eine konkrete Bilanzierungsfrage zu entscheiden ist. 40

---

1 *BeBiKo*[4] § 243 Rn 119f; vgl *Blümich* § 5 Rn 206; *Knobbe-Keuk*[9] § 2 II 2, 5 II; *Schmidt*[26] § 5 Rn 35.
2 *BeBiKo*[4] § 243 Rn 120.
3 BFH BStBl III 54, 109; BStBl II 90, 965; *Blümich* § 5 Rn 317; *Schmidt*[26] § 5 Rn 32.
4 *Crezelius* Lehrbuch[2], § 8 Rn 8; *Knobbe-Keuk*[9] § 3 II 1.
5 *A/D/S*[6] § 243 HGB Rn 3ff; *BeBiKo*[4] § 243 Rn 11.
6 Vgl BGHZ 34, 324; BFH BStBl II 86, 788; grundlegend *Schmalenbach* ZfhF 33, 225.
7 *Döllerer* DB 59, 1217; *Leffson* GoB[7] S 29.

41 Letztgenannte Auffassung von der deduktiven Ermittlung des unbestimmten Rechtsbegriffs der GoB aus Sinn und Zweck der Bilanz entspricht der heute hM.[1] Der deduktiven Sicht ist zu folgen, da die induktive Methode übersieht, dass die Ausfüllung der GoB ein **Verfahren der Rechtsanwendung** bleiben muss, welches nicht durch den Hinweis auf statistische Erhebungen usw ersetzt werden kann. Die Rechtsfindung hat sich im konkreten Fall an rechtlichen Kriterien zu orientieren. Da das Bilanzrecht an Rechtsverhältnisse anknüpft, bedingt dies eine (zivil-)rechtliche Analyse des Sachverhalts. Deshalb ist aus juristischer Sicht der These des Vorrangs einer **wirtschaftlichen Betrachtungsweise**, wie sie auch in der Rspr immer wieder anklingt,[2] entgegenzutreten.

42 Der theoretische Streit um Rechtsnatur und Ermittlung der GoB ist heute deshalb entschärft, weil nach Inkrafttreten der §§ 238 ff HGB die **wichtigsten GoB kodifiziert** sind (unten Rn 43). Trotz detaillierter Regelungen im HGB bleibt das System der GoB ein **offenes System**; beispielsweise zeigen §§ 241 I 2, II, III Nr 2, 257 III HGB, dass in der Rechtsanwendung auch in Zukunft neue Verfahrensweisen GoB-Charakter erlangen können. Darüber hinaus ist ein Teil der bislang anerkannten GoB im Handelsbilanzrecht nicht tatbestandsmäßig festgehalten worden, obschon diese Grundsätze weiter gelten (Rn 57).

43 2. **Einzelfälle.** Die im Zuge der Umsetzung der 4. EG-Richtlinie (Bilanzrichtlinie)[3] kodifizierten GoB lassen sich in formelle und materielle GoB unterteilen.[4] Zu den **kodifizierten formellen GoB** gehören Klarheit und Übersichtlichkeit (§§ 238 I 2, 243 II, 247 I HGB), Richtigkeit und Vollständigkeit der Dokumentation, Belegprinzip (§§ 238 I 3, 238 II, 239 I 1, 239 II, 239 IV HGB), Bilanzierung in Inlandswährung (§ 244 HGB: Euro bzw DM; vgl Art 42 I EGHGB) sowie die formelle Bilanzkontinuität (§ 252 I Nr 1). Als **kodifizierte materielle GoB** sind zu nennen: Buchführungs- und Bilanzwahrheit (§§ 239 II, 264 II HGB), Stichtagsprinzip (§ 242 I, II HGB), Vollständigkeit (§ 246 I HGB), Verrechnungsverbot (§ 246 II HGB), Bilanzidentität (§ 252 I Nr 1 HGB), Fortführungsgrundsatz (§ 252 I Nr 2 HGB), Einzelbewertung (§ 252 I Nr 3 HGB), Vorsichtsprinzip in Form des Realisationsprinzips, Imparitätsprinzips, Niederstwertprinzips (§§ 252 I Nr 4, 253 II, III HGB), Periodisierungsprinzip (§ 252 I Nr 5 HGB), materielle Bilanzkontinuität bzw Bewertungsstetigkeit (§ 252 I Nr 6 HGB) und Anschaffungswertprinzip (§ 253 I HGB).

44 Die Buchführung muss nach § 239 I HGB dokumentationstechnisch und inhaltlich richtig sein.[5] Eine materiell ordnungsgemäße Buchführung ist die Grundlage der **Bilanzwahrheit**. Diese ist nicht im Sinne einer objektiven Richtigkeit zu verstehen,[6] da viele Spezialvorschriften vom Bilanzierenden ein bewusstes Abweichen von den tatsächlichen Verhältnissen gestatten oder verlangen. Gemeint ist also nur eine **sachliche Übereinstimmung mit dem Normsystem des Handelsbilanzrechts**.[7] Nach § 246 I HGB hat der Jahresabschluss sämtliche Aktiva und Passiva – ggf mit einem Erinnerungswert – zu enthalten, es sei denn, etwas anderes ist gesetzlich zugelassen. Der damit gegebene Hinweis auf Ansatzwahlrechte bestätigt noch einmal, dass mit Bilanzwahrheit allein die Übereinstimmung mit dem Gesetz gemeint ist.[8] Soweit das Vollständigkeitsgebot des § 246 I HGB die Bilanz betrifft, ist es auch **steuerrechtlich** von entscheidender Bedeutung, da es gem § 5 I 1 gleichzeitig die Grundlage für die steuerrechtliche Gewinnermittlung bildet (zum Umfang des BV oben Rn 24). Bei **KapGes** ist zusätzlich die **Generalnorm des § 264 II HGB** zu beachten, die auf dem dem angelsächsischen Recht entnommenen sog true and fair view zurückzuführen ist. Über Sinn und Tragweite der true and fair view-Klausel besteht immer noch große Unklarheit, insbes im Verhältnis zu den GoB, auf die in § 264 II 1 HGB noch einmal Bezug genommen wird.[9] Inzwischen kristallisiert sich als hM heraus, dass ein unter Beachtung der übrigen gesetzlichen Vorschriften zustande gekommener Jahresabschluss nicht nachträglich über § 264 II HGB korrigiert werden darf, wenn dies den GoB widerspricht.[10]

45 Nach § 238 I 2 HGB muss die Buchführung so beschaffen sein, dass sie einem sachverständigen Dritten innerhalb angemessener Zeit einen Überblick über die Geschäftsvorfälle und über die Lage des Unternehmens verschaffen kann. Der Jahresabschluss muss nach § 243 II HGB klar und über-

---

1 BFH BStBl III 67, 607; GrS BStBl II 69, 291; *Ballwieser* FS Budde, 1995, S 43 (46); *Beisse* BB 80, 637.
2 Dazu BFH BStBl II 99, 21 und näher *Schmidt*[26] § 5 Rn 67 mwN.
3 ABlEG v 14.8.78 Nr L 222/11–31, geändert in ABlEG v 4.12.84 Nr L 314/25.
4 *A/D/S*[6] § 243 HGB Rn 22f; vgl *B/H* HGB[29] § 243 Rn 1.
5 Ausf *K/W*[4] § 239 HGB Rn 3 ff.
6 So noch ROHGE 12, 15.
7 *Knobbe-Keuk*[9] § III 1a; *Leffson* GoB[7] S 181.
8 Vgl *BeBiKo*[4] § 246 Rn 2.
9 Vgl *BeBiKo*[4] § 264 Rn 21 ff; *Scholz*[9] Anhang § 42a Rn 73 mwN.
10 *BeBiKo*[4] § 264 Rn 21 ff mwN.

sichtlich sein. Subjektiver Maßstab für die Verständlichkeit ist derjenige eines Bilanzkundigen.[1] Alle Posten, Geschäftsvorfälle und Erfolgsbestandteile müssen brutto, dh ohne saldiert zu werden, ausgewiesen werden. Zweck des Grundsatzes der **Bilanzklarheit** ist es, eine verschleiernde Darstellung zu verhindern. § 243 II HGB findet als allg Regel auf KapGes Anwendung, doch enthalten §§ 264 ff HGB weitere Einzelvorschriften zur äußeren Form und zur Art der Darstellung der Bilanz und der GuV. Diese Sondervorschriften gehen der allg Regel des § 243 II HGB vor, können also nicht unter Hinweis auf den allg Grundsatz unberücksichtigt bleiben; eine Ausnahme bildet § 265 VI HGB. Das Element der Bilanzklarheit wird durch das Gebot der hinreichenden Aufgliederung in § 247 HGB spezifiziert. Mit den nach Rechtsform und Größe gestaffelten Anforderungen an die Gliederungstiefe der Bilanz und der GuV finden sich in §§ 266, 275f HGB Anhaltspunkte für das dem Gesetzgeber erforderlich erscheinende Ausmaß an Klarheit.

Die Bilanzkontinuität ist ein unverzichtbares Element eines auf Ergebnisausweis angelegten Jahresabschlusses. Der Grundsatz der **formellen Bilanzkontinuität** verlangt eine Übereinstimmung der EB eines Geschäftsjahres mit der Schlussbilanz des vorangegangenen Geschäftsjahres. Im Grunde handelt es sich um die Bilanz, die aus buchungstechnischen Gründen durch Schluss- und EB getrennt wird. Die formelle Bilanzkontinuität im Sinne einer Übereinstimmung der Wertansätze der Einzelpositionen ist in § 252 I Nr 1 HGB formuliert. Konsequenz ist die sog **Zweischneidigkeit der Bilanz** (vgl § 4 Rn 231): Die jeweiligen Bilanzansätze werden automatisch mit gegenläufiger Ergebnisauswirkung in späteren Rechnungsperioden fortgeführt. Letztlich sichert die formelle Bilanzkontinuität die Erfassung des Gesamtgewinns. **46**

Nach § 252 I Nr 2 HGB ist bei der Bewertung von der Fortführung der Unternehmenstätigkeit auszugehen, wenn dem nicht tatsächliche oder rechtliche Gegebenheiten entgegenstehen. Solange also unterstellt werden kann, dass das Unternehmen nicht zu einem bestimmten Zeitpunkt liquidiert wird, dürfen weder Aktiva noch Passiva mit Liquidationswerten angesetzt werden. Das **Fortführungsprinzip** ist kein eigentlicher Bewertungsgrundsatz, vielmehr denknotwendige Voraussetzung für eine periodische Ergebnisrechnung. Die Bewertungsvorschriften der §§ 253 ff HGB im Allgemeinen und besonders das **Anschaffungswertprinzip** des § 253 HGB mit der Aufwandsverteilung auf die voraussichtliche Nutzungsdauer sind nur bei unterstellter Fortführung des Unternehmens verständlich. Der Fortführungsgrundsatz hat dort seine Grenzen, wo das Unternehmen nicht mehr fortgeführt werden darf oder kann (insbes Insolvenz). Eine allg Unsicherheit für den Fortbestand führt allerdings nicht zur Aufgabe der Fortführungsprognose. Der Begriff der Fortführung der Unternehmenstätigkeit ist mit einer aktiven ständigen Teilnahme am Wirtschaftsverkehr nicht zwingend gleichzusetzen.[2] Daher können auch „ruhende" oder sich auf die Verwaltung ihres Vermögen beschränkende Unternehmen (vgl § 105 II 1 HGB) von der Fortführungsprämisse ausgehen, sofern ihnen nicht rechtliche oder tatsächliche Gegebenheiten entgegenstehen. Die eigentliche Schwierigkeit der Handhabung des Fortführungsprinzips liegt in den Maßstäben, die an die **Fortführungsprognose** zu stellen sind.[3] Maßgebend ist eine objektive Auffassung, nicht die subj Beurteilung des Bilanzierenden; § 252 I Nr 2 HGB spricht von „Gegebenheiten", nicht von „Auffassungen". **47**

§ 252 I Nr 2 HGB setzt voraus, dass bei der Bilanzierung auf die Verhältnisse zum Abschlussstichtag abzustellen ist; sog **Stichtagsprinzip**. Grds nicht zu berücksichtigen sind Geschäftsvorfälle, die vor oder nach der durch den Stichtag abgegrenzten Rechnungsperiode stattgefunden haben.[4] Eine Ausnahme vom Stichtagsprinzip findet sich in § 253 III 3 HGB, wonach beim Umlaufvermögen Abschreibungen vorgenommen werden können, soweit es vernünftiger kfm Beurteilung entspricht, um zu verhindern, dass in nächster Zukunft der Wertansatz aufgrund von Wertschwankungen geändert werden muss. Problematisch wird in diesem Zusammenhang immer wieder, ob nach dem Bilanzstichtag gewonnene bessere Erkenntnisse verwendet werden können. Unbeachtlich bleiben sog **wertbeeinflussende Tatsachen**, dh Umstände, welche die am Stichtag bestehende objektive Situation nicht ändern, sondern die als Geschäftsvorfall der neuen Rechnungsperiode einzustufen sind.[5] Zu berücksichtigen sind demgegenüber die sog **wertaufhellenden Tatsachen**, die am Stichtag objektiv vorgelegen haben, dem Kfm jedoch erst zw Stichtag und Aufstellung bekannt geworden sind (vgl § 252 I Nr 4 HGB).[6] Die Differenzierung zw wertaufhellenden und wertbeeinflussenden Tatsachen **48**

1 *K/W*[4] § 243 HGB Rn 39 mwN.
2 *A/D/S*[6] § 252 HGB Rn 27.
3 Ausf *A/D/S*[6] § 252 HGB Rn 28 ff; *BeBiKo*[4] § 252 Rn 14 ff.
4 Vgl BFH DStR 02, 713.

5 *A/D/S*[6] § 252 HGB Rn 38 ff; *Knobbe-Keuk*[9] § 3 IV 2; *K/W*[4] § 252 HGB Rn 58.
6 BFH BStBl II 73, 485; BStBl II 78, 497; DStR 02, 713; *Schmidt*[26] § 6 Rn 47.

Crezelius

ist abstrakt unproblematisch, im Einzelfall jedoch nicht immer einfach vorzunehmen. Insbes die Rspr des BFH ist im Bereich der Rückstellungen geneigt, tendenziell Wertaufhellungen anzunehmen.[1] Handels- und steuerrechtlich sollte es allein darauf ankommen, ob ein Umstand am Stichtag objektiv vorgelegen hat oder nicht.

49 Aus Gläubigerschutzgesichtspunkten ist es geboten, vorsichtig zu bilanzieren und zu bewerten. Sinn des sog **Vorsichtsprinzips** ist der möglichst weitgehende Ausschluss von Risiken beim Bilanzansatz und bei den Wertbemessungen. Geboten ist eine vorsichtige Abschätzung der Risiken und Chancen und der Ausweis allein von realisierten Gewinnen. IÜ ist denjenigen Faktoren ein größeres Gewicht beizumessen, die geeignet sind, den Wertansatz von Aktiva zu ermäßigen bzw von Schuldposten zu erhöhen.[2] Die Problematik des Vorsichtsprinzips liegt darin begründet, dass es die **Bildung stiller Reserven** ermöglicht und damit die Ausschüttungsinteressen der G'ter (und mittelbar des Fiskus) hinten anstellt. Zwar scheint dies vordergründig zumindest im Gläubigerinteresse zu liegen (Schuldendeckungspotenzial), doch bewirken (oftmals in der Krise) aufgedeckte stille Reserven regelmäßig nur Buchgewinne, denen keine liquiden Mittel gegenüberstehen. Nicht nur aus steuerrechtlicher Sicht („richtiger Gewinn"), sondern auch aus gesellschaftsrechtlicher Sicht ist daher auf die Abgrenzung zw berechtigter Vorsicht und unberechtigter Willkür besonderes Augenmerk zu richten.

50 Außer im Realisationsprinzip und Imparitätsprinzip findet das Vorsichtsprinzip nach geltendem Handelsrecht folgenden Ausdruck: Aktivierungsverbot für Kosten der Gründung und der Eigenkapitalbeschaffung (§ 248 I HGB); Aktivierungsverbot für nicht entgeltlich erworbene immaterielle Vermögensgegenstände des Anlagevermögens (§ 248 II HGB; vgl § 5 II) und originärem Geschäftswert (§ 255 IV HGB), Beschränkung der RAP auf sog transitorische Posten im engeren Sinn (§ 250 I, II HGB; vgl § 5 V).

51 Für die **Bewertung** wird das Vorsichtsprinzip nach § 252 I Nr 4 HGB vorgeschrieben. Abmilderungen des Vorsichtsprinzips kommen in der Bewertungsstetigkeit (§ 252 I Nr 6 HGB), der eingeschränkten Festbewertung (vgl § 240 III HGB) und dem Aktivierungsgebot für entgeltlich erworbene immaterielle Vermögensgegenstände (arg §§ 256 I, 248 II HGB) zur Geltung.

52 Das Vorsichtsprinzip konkretisiert sich vor allem im Realisationsgrundsatz und im Imparitätsgrundsatz. Nach dem **Realisationsprinzip** dürfen am Abschlussstichtag nur realisierte Gewinne ausgewiesen werden, denn erst der Umsatz zeigt den Gewinn in der Bilanz (unten Rn 151). Vor diesem Zeitpunkt dürfen Gewinnsteigerungen der Aktiva und Wertminderungen der Passiva nicht berücksichtigt werden. Die Bewertungsregeln (§ 253 I HGB) sichern das Realisationsprinzip, indem ein höherer Wert als die AK bzw HK nicht angesetzt werden darf.

53 Verluste sind dagegen schon zu berücksichtigen, sobald sie verursacht sind; auf die Verlustrealisierung kommt es nicht an (§ 252 I Nr 4 HGB). Die unterschiedliche Behandlung von unrealisierten Gewinnen und Verlusten wird als **Imparitätsprinzip** bezeichnet. Es findet seinen Niederschlag im **Niederstwertprinzip**, das über § 253 II 3, III HGB für alle rechnungslegungspflichtigen Unternehmen angeordnet ist. Ausdruck des Niederstwertprinzips ist auch das Gebot der Rückstellungsbildung für drohende Verluste aus schwebenden Geschäften (§ 249 I 1 HGB), welches steuerrechtlich nicht mehr anerkannt wird (§ 5 IVa).

54 Nach dem Grundsatz der **Periodenabgrenzung** sind Aufwendungen und Erträge ohne Rücksicht auf den Zeitpunkt ihrer Ausgabe bzw Einnahme im Jahresabschluss zu berücksichtigen (§ 252 I Nr 5 HGB). Danach kommt es nicht auf die Veränderungen im Bestand der liquiden Mittel an, sondern auf die Minderungen oder Erhöhungen des Vermögens im Zeitpunkt ihrer wirtschaftlichen Verursachung (Periodenabgrenzung).[3] Zu beachten sind die **Überschneidungen mit dem Vorsichtsprinzip**, das die Zeitpunkte der Gewinn- und Verlustrealisierung festlegt. Das Nebeneinander von § 252 I Nr 4, 5 HGB bringt die Gefahr mit sich, dass gesetzlich nicht umschriebene Begriffe (Gewinnrealisierung) unter Bezugnahme auf § 252 I Nr 5 HGB im Sinne einer dynamischen Periodenabgrenzung definiert werden (zur These der sog passivierungsbegrenzenden Wirkung des Realisationsprinzips unten Rn 114).[4] Eine generelle Lösung dieses Problems kann nicht gegeben werden, doch ist zu bedenken, dass einerseits stets das Vorsichtsprinzip zu wahren ist und dass die dynamische Periodi-

---

1 Vgl BFH BStBl III 65, 409; BStBl II 73, 218 (Wechselobligo).

2 *A/D/S*[6] § 252 HGB Rn 65 ff; *K/W*[4] § 252 Rn 65 ff; *Scholz*[9] Anhang § 42a Rn 83.

3 *A/D/S*[6] § 252 HGB Rn 97; *BeBiKo*[4] § 252 Rn 51; *K/W*[4] § 252 HGB Rn 91f.

4 Vgl *Herzig* FS Schmidt, 1993, S 209; *Schmidt*[26] § 5 Rn 381.

sierung vom Gesetzgeber selbst nicht konsequent durchgeführt ist: Die Aufwandsrückstellungen nach § 249 II HGB sind nur als Wahlrecht ausgestaltet; § 253 IV HGB ermöglicht Nicht-KapGes weiterhin die Bildung stiller Reserven, die nach einer streng periodengerechten Erfolgsermittlung unzulässig wären. Bilanztechnisch verwirklicht wird das Prinzip der Periodenabgrenzung durch die Aktivierung von Investitionen und Forderungen, durch die Passivierung von Schulden und Rückstellungen sowie durch die Bildung von RAP.

Vermögensgegenstände und Schulden sind zum Bilanzstichtag einzeln zu bewerten (§ 252 I Nr 3 HGB). Der Grundsatz der **Einzelbewertung** ist grundlegendes Merkmal einer Bilanz und unterscheidet sich von Methoden, den Gesamtwert des Unternehmens zu bestimmen. Er soll einen Bewertungsausgleich zw Werterhöhungen und Wertminderungen einzelner Vermögensgegenstände und Schuldposten verhindern und dient damit der Durchsetzung des Vorsichtsprinzips.[1] Der Einzelbewertungsgrundsatz ist eingeschränkt durch die Möglichkeiten der Festbewertung (§ 240 III HGB), der Gruppenbewertung (§ 240 IV HGB) sowie durch die Bewertungsvereinfachungsverfahren (§ 256 HGB). Der Grundsatz der Einzelbewertung schließt nicht aus, dass bei der Bewertung einzelner Vermögensgegenstände und Schulden gleichzeitig negative und positive Sachverhalte zu berücksichtigen sind (sog **kompensatorische Bewertung**).[2] Deshalb können Forderungen und Verbindlichkeiten namentlich bei Verknüpfung von Risiko und Chance durch **Kompensationsgeschäfte**, insbes im Fremdwährungsbereich und bei der Wertpapierkurssicherung, für die Bewertung zu einer Einheit zusammengefasst werden.[3] Bei der **Forderungsbewertung** sind Sicherheiten und Delkredereversicherungen bei der Bemessung der Abschreibungen nach § 253 III 2 HGB zu berücksichtigen.[4] Entsprechendes gilt (handelsrechtlich) im Bereich der sog Drohverlustrückstellungen. Nach der neueren Rspr des BFH, die inzwischen für das Steuerrecht durch § 5 IVa überholt ist, sind in den Kompensationsbereich wirtschaftliche Vorteile, die nach den Vorstellungen der Vertragsparteien subj Vertragsgrundlage sind (zB Standortvorteile) einzubeziehen.[5] Bei der **Bewertung der Rückstellung** sind schließlich Anspr gegen Dritte, zB Rückgriffsansprüche gegen einen Bürgen oder gegen den eigenen Lieferanten, zu berücksichtigen.[6]

Der durch das Gesetz zur Eindämmung missbräuchlicher Steuergestaltungen eingeführte § 5 Ia[7] stellt klar, dass die handelsrechtliche Praxis der Bildung von Bewertungseinheiten auch für die steuerliche Gewinnermittlung maßgebend ist. Die Norm zielt auf Sicherungsgeschäfte ab, die einem gegenläufigen Risiko unterliegen, um Verluste zu vermeiden. Einzelbewertung und Saldierungsverbot entsprechen nach Auffassung des Gesetzgebers bei Sicherungsgeschäften nicht den tatsächlichen Gegebenheiten. Daran ist zutr, dass eine isolierte imparitätische Bewertung zum Ausweis von Verlusten führen würde, die de facto nicht eintreten. Während dieser Aspekt des § 5 Ia lediglich klarstellende Wirkung hat, tritt eine Änderung der bisherigen Rechtslage insofern ein, dass nun auch Bewertungseinheiten, die nach speziellen Rechnungslegungsnormen (zB Kreditinstitute) in der HB gebildet wurden, steuerlich maßgeblich sind. Ein verbleibendes negatives Ergebnis aus diesen Geschäften darf gem § 5 IVa 2 technisch als Rückstellung für drohende Verluste passiviert werden.[8]

Mit dem Grundsatz der Einzelbewertung korrespondiert das **Saldierungsverbot** nach § 246 II HGB. Es ist Ausfluss sowohl des allg Gebots der Klarheit und Übersichtlichkeit des Jahresabschlusses (§ 243 II HGB) als auch des Vollständigkeitsgebots (§ 246 I HGB). IÜ ist die einer Verbindlichkeit gegenüberstehende Forderung mit dem Risiko ihrer Uneinbringlichkeit behaftet. Nicht verrechenbar sind in der Bilanz Posten der Aktiv- und der Passivseite. Das Saldierungsverbot des § 246 II HGB ist **steuerlich ohne Relevanz**, weil Saldierungen in der Bilanz das Jahresergebnis nicht beeinflussen. Demzufolge verändern auch die zahlreichen **Ausnahmen vom Saldierungsverbot** die steuerrechtliche Gewinnermittlung nicht (gesetzliche Ausnahmen: §§ 268 V 2, 275 II Nr 2, 276, 277 I HGB[9]). Nicht berührt sind von vornherein die sog schwebenden Geschäfte. Forderungen und Ver-

---

1 *BeBiKo*[4] § 252 Rn 22; *K/W*[4] § 252 HGB Rn 48.
2 *A/D/S*[6] § 252 HGB Rn 48; *Kupsch* FS Forster, 1992, S 339 (350); *Schmidt*[26] § 6 Rn 38f.
3 *Scholz*[9] Anhang § 42a Rn 89 mwN.
4 *A/D/S*[6] § 253 HGB Rn 533; *BeBiKo*[4] § 253 Rn 590.
5 BFH GrS BStBl II 97, 738; krit *Clemm* FS Beisse, 1997, S 123 (133).
6 BFH BStBl II 93, 437 (439); *BeBiKo*[4] § 249 Rn 65; vgl auch *Wiedmann* FS Moxter, 1994, S 453 ff.
7 BGBl I 06, 1095.
8 Dazu näher *Herzig/Breckheimer* DB 06, 1451.
9 *BeBiKo*[4] § 246 Rn 80 ff.

bindlichkeiten dürfen miteinander verrechnet werden, soweit sie sich aufrechenbar gegenüberstehen;[1] es besteht aber keine Saldierungspflicht.[2]

57 Neben den im HGB normierten GoB existieren **nicht kodifizierte GoB**. Das Handelsbilanzrecht hat nicht alle GoB in das Gesetz aufgenommen bzw hat nicht alle im Gesetz erwähnten GoB im Sinne eines subsumtionsfähigen Obersatzes definiert. Nicht abschließend geregelt sind zB der Zeitpunkt der Gewinnrealisation (unten Rn 1516ff), der Zeitpunkt der Aktivierung und Passivierung, die Bilanzierung von schwebenden Geschäften (unten Rn 81, 153 ff) sowie Zurechnungsprobleme (oben § 4 Rn 73 ff). Methodisch bedeutet dies, dass kein Umkehrschluss dergestalt gezogen werden darf, die nicht kodifizierten Sachverhaltsbereiche und ihre traditionelle bilanzielle Behandlung seien nicht als GoB einzustufen. Sie sind damit auch über § 5 I 1 für die **steuerliche Gewinnermittlung** zu beachten.

58 IV. Umgekehrte Maßgeblichkeit. § 5 I 2 (1990) regelt nunmehr umfassend die Fälle der sog umgekehrten Maßgeblichkeit. Soweit das Steuerrecht bei der Gewinnermittlung Wahlrechte für den Ansatz dem Grunde oder der Höhe nach einräumt, darf das Wahlrecht in der Steuerbilanz nur ausgeübt werden, wenn in der HB kongruent verfahren wird. § 5 I 2 führt dazu, dass auch solche steuerrechtlichen Wahlrechte in der HB ausgeübt werden dürfen, die nach dem Normengefüge des HGB handelsrechtlich wegen Verstoßes gegen die GoB unzulässig wären. Derartige Wahlrechte müssen in der HB ausgeübt werden, wenn sie steuerrechtlich geltend gemacht werden sollen (zur Kritik oben Rn 22). Streng genommen gibt es keine umgekehrte Maßgeblichkeit, da sie rechtlich zur Maßgeblichkeit der HB zurückführt. §§ 247 III, 254, 273, 279 II HGB zeigen, dass die umgekehrte Maßgeblichkeit handelsrechtlich akzeptiert wird. So werden vor allem **Steuervergünstigungen in Form von Sonder-AfA** vielfach in der Form gewährt, dass für bestimmte WG höhere Abschreibungen zulässig sind als nach den GoB. Ein weiterer Ausfluss der umgekehrten Maßgeblichkeit ist der **Sonderposten mit Rücklageanteil**, der insoweit auch ein Abweichen von handelsrechtlichen Bewertungsvorschriften voraussetzt. § 247 III HGB entspricht auf der Passivseite dem § 254 S 1 HGB auf der Aktivseite, indem ertragsteuerlich zulässige Passivposten in der HB als Sonderposten mit Rücklageanteil übernommen werden dürfen. Für den Sonderposten ist kennzeichnend, dass er sich aus Eigenkapital und einer Rückstellung für künftig zu zahlende Steuern zusammensetzt.

D. Aktivierung

Literatur: *Boorberg* FS Endriss, 1998, S 158; *Costede* Die Aktivierung von Wirtschaftsgütern im Einkommensteuerrecht, StuW 95, 115; *Olbrich* FS Ludewig, 1996, S 753.

60 I. Konsequenzen und Zeitpunkt der Aktivierung. Um einen Posten auf der Aktivseite der Bilanz ausweisen zu können, ist erforderlich, dass **am Bilanzstichtag** ein **aktivierungsfähiges WG** vorhanden ist, welches dem StPfl **persönlich zuzurechnen** und **sachlich als BV** zu qualifizieren ist oder dass ein aktiver RAP auszuweisen ist. In dem Sonderfall der Aktivierung von **Aufwendungen als AK bzw HK** eines WG reicht es bereits aus, dass am Bilanzstichtag mit der Anschaffung bzw Herstellung begonnen ist. Dies setzt nicht voraus, dass das WG bilanzrechtlich bereits dem Erwerber zuzurechnen ist.[3] Eine Aktivierung hat zu unterbleiben, wenn ausnahmsweise ein **Aktivierungsverbot** eingreift oder die **Grundsätze des sog schwebenden Geschäfts** (unten Rn 81) dem Ausweis entgegenstehen. Entspr ist zu verfahren, wenn es um die Frage geht, ob ein **bestimmter Posten zu passivieren** ist.

61 Im Anschluss ist zu entscheiden, wie die **Positionen zu bewerten** sind. Beide Punkte sind gedanklich zu trennen, obgleich die Bilanzierung erst durch die Bewertung sichtbaren Ausdruck findet. §§ 246 I, 247 HGB ordnen an, dass in der Bilanz die (dem Bilanzierenden persönlich zuzurechnenden) **Vermögensgegenstände** des Anlage- und Umlaufvermögens, das **Eigenkapital**, die **Schulden** und die **RAP** vollständig und gesondert auszuweisen sind, soweit sich nicht etwas anderes aus dem Gesetz ergibt. Ein zusätzliches Element auf der Aktivseite der HB sind die **Bilanzierungshilfen** (§§ 269, 274 II HGB), dh die wahlweise Aktivierung von Aufwendungen, die nicht zu einem Vermögensgegenstand geführt haben. Die steuerliche Praxis geht davon aus, dass handelsrechtlich zulässige und wahrgenommene Bilanzierungshilfen nicht in die Steuerbilanz zu übernehmen sind.[4]

---

1 Dazu näher *Scholz*[9] Anhang § 42a Rn 91 mwN.
2 So aber wohl *K/W*[4] § 246 HGB Rn 22; wie hier *BeBiKo*[4] § 246 Rn 81.
3 BFH BStBl II 84, 101; vgl auch *A/D/S*[6] § 255 HGB Rn 11; *BeBiKo*[4] § 255 Rn 34.
4 BFH BStBl III 54, 109; BStBl II 90, 965; *Schmidt*[26] § 5 Rn 32, 270 „Ingangsetzungskosten"; aA *Crezelius* ZGR 87, 1 (7 f); *Tanzer* DStJG 7 (1984), 55 (68).

II. Wirtschaftsgüter. – 1. Arten von Wirtschaftsgütern. Nach der ständigen Rspr des BFH[1] sind WG alle am Bilanzstichtag **als Vermögenswerte realisierbaren Gegenstände iSd Zivilrechts** sowie alle anderen **vermögenswerten Vorteile** einschl tatsächlicher Zustände und konkreter Möglichkeiten (oben § 4 Rn 65 ff). Die einzelnen WG besitzen unterschiedliche Eigenschaften, die mit einer unterschiedlichen bilanzsteuerrechtlichen Behandlung verbunden sein können. Die wichtigsten **bilanzsteuerrechtlich relevanten Unterscheidungskriterien** sind die Stofflichkeit, Beweglichkeit, Abnutzbarkeit und die beabsichtige Verwendung.[2] Die gesetzliche Differenzierung ist kein Selbstzweck. So liegt es auf der Hand, dass nur bei **abnutzbaren WG** AfA in Betracht kommt, weil bei einem WG, welches sich nicht abnutzt, keine Veranlassung besteht, den Anschaffungs- bzw Herstellungsaufwand pro rata temporis gewinnmindernd zu berücksichtigen. Als Ausfluss des Vorsichtsprinzips wird zw **immateriellen WG**, deren Wert sich schnell „verflüchtigen" kann und materiellen WG unterschieden. Dabei tritt bei **WG des Umlaufvermögens** wegen des alsbaldigen Umsatzes der Gedanke der Vorsicht zurück. Die Unterscheidung zw beweglichen und **unbeweglichen WG** betrifft nur körperliche Gegenstände, also keine sog Finanzwerte und immateriellen WG. Sie besitzt Bedeutung im Bereich der §§ 6 II, 7 II und anderer Abschreibungsregelungen sowie bei der Inanspruchnahme von Investitionszulagen.

62

Die einschlägige Rechtsprechung des BFH vertritt einen extensiven Begriff des WG im Anwendungsbereich des EStG. Offenbar vor dem Hintergrund, dass sich das Steuerrecht nicht für den handelsrechtlichen Begriff des Vermögensgegenstandes entschieden hat, wird das **WG** nicht rechtlich, sondern **wirtschaftlich bestimmt**, und es umfasst nicht nur Sachen und Rechte im zivilrechtlichen Sinne, sondern alle positiven und negativen Güter, die dem Betrieb dienen und nach der Verkehrsauffassung selbstständig bewertbar sind. Damit kann also auch ein tatsächlicher Zustand, eine Möglichkeit und ein Vorteil, den sich das Unternehmen etwas kosten lässt, und der einer besonderen Bewertung zugänglich ist,[3] ein WG darstellen. Obgleich der Begriff des WG weit verstanden ist, müssen folgende (mehr oder weniger einschränkende) **Voraussetzungen** gegeben sein:

63

– für den Vorteil muss tatsächlich etwas **aufgewendet** werden oder unter ordentlichen Kaufleuten etwas aufzuwenden sein;
– grundsätzlich ein **Nutzen** für mehrere Steuerperioden;[4]
– das Gut muss zumindest zusammen mit dem Betrieb **übertragbar** sein[5] und
– das Gut muss nach Verkehrsauffassung einer **selbstständigen Bewertung** zugänglich sein.

Dabei bestimmt sich die selbstständige Bewertbarkeit danach, dass sie für den rechtlichen oder wirtschaftlichen Eigentümer verfügbar ist. Rein tatsächliche Nutzungsmöglichkeiten sind keine WG. Geschäftswertbildende Faktoren können nicht einzeln bewertet werden. Maßgeblich ist es, ob im hypothetischen Fall einer Betriebsveräußerung ein Erwerber für das Gut einen abgrenzbaren Teil des Gesamtkaufpreises zahlen würde.[6]

Wegen teilw unterschiedlicher Bewertungsgrundsätze, insbesondere aber vor dem Hintergrund des § 5 II, ist die **Unterteilung** in WG des **Anlagevermögens** und des **Umlaufvermögens** von praktischer Bedeutung. Bei der Abgrenzung zwischen Anlage- und Umlaufvermögen wird dem Handelsrecht gefolgt.[7] Beim Anlagevermögen sind also nur diejenigen Güter auszuweisen, die dauernd dem Betrieb zu dienen bestimmt sind.

64

Die Abgrenzung zwischen unselbstständigen Teilen eines WG, einem selbstständigen WG und mehreren WG ist deshalb nötig, weil sowohl in der Handelsbilanz als auch in der steuerrechtlichen Gewinnermittlung im Prinzip nur **einzelne WG** anzusetzen und zu bewerten sind, und zwar einschließlich ihrer unselbstständigen Teile. So sind beispielsweise AfA für jedes selbstständige WG nach derselben Methode und auf der Grundlage einer einheitlichen Nutzungsdauer vorzunehmen, es sei denn, es gibt spezielle gesetzliche Regelungen.[8] Zunächst ist jede Sache des § 90 BGB ein selbstständiges WG.[9] Im Falle von Bruchteilseigentum sind so viele WG gegeben, wie Zurechnungssubjekte vorhanden sind.[10] Abw von der zivilrechtlichen Rechtslage können **wesentliche Bestandteile** der §§ 93, 94 BGB selbstständige WG und umgekehrt verschiedene Sachen ein WG sein, wenn

65

---

1 BFH BStBl II 87, 777; BStBl II 91, 346; BStBl II 97, 808.
2 *Weber-Grellet* Steuerbilanzrecht, § 8 Rn 11.
3 BFH BStBl II 70, 842.
4 BFH BStBl II 90, 794; BStBl 91, 346.
5 BFH BStBl II 92, 383.
6 BFH BStBl II 90, 15; BStBl 92, 893.
7 BFH/NV 90, 734.
8 Vgl BFH BStBl II 91, 132.
9 BFH BStBl II 99, 14.
10 BFH BStBl II 95, 281.

sie steuerrechtlich eine wirtschaftliche Einheit bilden.[1] Ein selbstständiges WG ist danach der unbebaute Grund und Boden und auch das aufstehende Gebäude als abnutzbares WG. Dabei ist es unbeachtlich, ob der Grund und Boden und das Gebäude gleichzeitig erworben und/oder errichtet worden sind.[2] Zwar sind das Grundstück und das aufstehende Gebäude entgegen der bürgerlich-rechtlichen Situation selbstständige WG, trotzdem können sie nur einheitlich entweder BV oder PV sein.[3] Mehrere miteinander verbundene Bauwerke sind ein einheitliches WG, wenn ein Nutzungs- und Funktionszusammenhang besteht, der auch in der baulichen Verbindung seinen Ausdruck finden kann[4] (weitere Einzelfälle: BFH BStBl II 97, 25 betr Garten- und Strandanlagen; FG Nds BB 90, 1592 betr Zäune, Einfriedungen, Platzbefestigungen). **Gebäudebestandteile** nach §§ 93, 94 II BGB sind grds unselbstständige Teile des unbeweglichen WG „Gebäude".[5] Allerdings sind Gebäudebestandteile selbstständige WG, wenn sie in einem von der Nutzung des Gebäudes zu trennenden Funktionszusammenhang stehen, beispielsweise Betriebsvorrichtungen, Ladeneinbauten und Scheinbestandteile des § 95 BGB.[6] **Betriebsvorrichtungen**, also Vorrichtungen, die zu einer Betriebsanlage gehören, mit denen ein Gewerbe unmittelbar betrieben wird, sind auch dann als bewegliches WG zu qualifizieren, wenn sie bürgerlich-rechtlich wesentlicher Bestandteil eines fremden Grundstücks sind.[7] **Mietereinbauten** und Mieterumbauten, die auf eigene Rechnung auf fremdem Grund und Boden vorgenommen werden, sollen materielle, dem Mieter zuzurechnende WG sein.[8] Sie sollen Scheinbestandteile nach § 95 BGB oder Betriebsvorrichtung mit der Folge des beweglichen WG sein oder unter dem Gesichtspunkt des wirtschaftlichen Eigentums oder des Nutzungs- und Funktionszusammenhangs (zB Ladeneinbau) unbewegliche WG darstellen. Das wird daraus hergeleitet, dass der Mieter wirtschaftlicher Eigentümer der Einbauten ist, wenn die Nutzungsdauer kürzer als die Mietzeit ist oder der Mieter die Sache nach Ablauf der Mietzeit entfernen muss oder darf[9] oder wenn er bei Beendigung des Nutzungsverhältnisses einen Anspruch auf Entschädigung für die Einbauten hat.[10] Letztlich ist diese Ansicht der hM wenig befriedigend, insbesondere vor dem Hintergrund der Systematik der §§ 93 ff, 946 ff BGB.

66 Da der StPfl nur den Gewinn zu versteuern hat, den er mit seinem eigenen BV am Markt erzielt hat, können – auch wegen der bilanziellen Konsequenzen – nur die **WG** aktiviert werden, die ihm in subjektiver Sicht **zuzurechnen** sind. Ausgangspunkt ist § 242 I HGB, wonach der Kaufmann nur **sein** Vermögen handelsbilanziell auszuweisen hat. Dabei ist nicht ganz geklärt, ob über die in § 5 I 1 in Bezug genommenen GoB § 39 I, II Nr 1 AO verdrängt wird, oder ob aber umgekehrt § 39 I, II Nr 1 AO Vorrang hat.[11] Die Streitfrage ist im Einzelfall regelmäßig nicht entscheidungserheblich, so dass grds von einer Deckungsgleichheit zwischen Handelsrecht und § 39 AO auszugehen ist. Letztlich geht es darum, ob aufgrund einer **wirtschaftlichen Betrachtungsweise** eine strikt zivilrechtliche Zurechnung überspielt werden kann. Wegen der Maßgeblichkeit der Handelsbilanz ist davon auszugehen, dass die handelsrechtliche/zivilrechtliche Zurechnung grds Vorrang vor § 39 I, II Nr 1 AO hat.[12] Dafür spricht auch, dass es, von handelsrechtlichen Sonderregelungen (§ 340b IV HGB) abgesehen, keinen konkreten handelsrechtlichen GoB gibt, der die subjektive Zurechnung von WG regelt. Auch im Handelsrecht ist im Wege einer werdenden Betrachtungsweise der „wirtschaftliche Eigentümer" Zurechnungssubjekt.[13] Es kommt also darauf an, dass eine rechtliche, eine Eigentumszuordnung gegeben ist, bzw darauf, dass eine Konstellation wirtschaftlichen Eigentums gegeben ist, die dazu führt, dass der rechtlich-formale Eigentümer wirtschaftlich ausgeschlossen ist.[14] Wirtschaftliche Eigentümer sind damit zB der Erwerber eines unter Eigentumsvorbehalt gelieferten WG[15] der Sicherungsgeber, so lange der Sicherungsnehmer nicht verwertungsbefugt ist; der Treugeber;[16] der Grundstückserwerber, sobald er nach dem Willen der Vertragspartner wirtschaftlich über das Grundstück verfügen kann, beispielsweise beim Übergang von Besitz und Nutzungen;[17] der Mietkäufer, wenn von Anfang an eine endgültige Überlassung vorgesehen ist;[18] der durch ein Sachvermächtnis Begünstigte uU vor zivilrechtlicher Übertragung.[19] In allen diesen Fällen ergibt sich regel-

---

1 BFH BStBl II 79, 259.
2 Vgl BFH BStBl II 85, 395; BStBl 89, 604; BStBl 82, 517.
3 BFH BStBl II 85, 395.
4 BFH/NV 97, 838.
5 BFH BStBl II 90, 751.
6 BFH BStBl II 74, 132.
7 BFH BStBl II 94, 164; BFH/NV 99, 909.
8 BFH BStBl II 88, 300.
9 BFH BStBl II 97, 533.
10 BFH BStBl II 97, 774; BStBl 98, 542.
11 Vgl einerseits BFH BStBl II 73, 209; andererseits BStBl II 83, 631; zum Streitstand *Blümich* § 5 Rn 510.
12 Ebenso *Groh* BB 96, 1487, 1489.
13 BGH DStR 96, 187.
14 BFH BStBl II 94, 164; BStBl 97, 774.
15 *Crezelius* DB 83, 2019.
16 BFH BStBl II 84, 217.
17 BFH BStBl II 84, 820.
18 BFH BStBl II 92, 182.
19 BFH BStBl II 92, 330.

mäßig aus der zivilrechtlichen Analyse, dass der formale Nichteigentümer schon eine Position erlangt hat, die eine volle Zuordnung auf ihn erlaubt.

Wird ein **Nutzungsrecht** zugewendet, so wird dadurch regelmäßig kein wirtschaftliches Eigentum begründet.[1] Der Nießbrauchsvorbehalt verschafft dem Nießbraucher grds kein wirtschaftliches Eigentum.[2] Ein Erbbauberechtigter ist regelmäßig nicht wirtschaftlicher Eigentümer des mit dem **Erbbaurecht** belasteten Grundstücks,[3] wohl aber des aufstehenden Gebäudes.

2. Materielle Wirtschaftsgüter. Im Bilanzsteuerrecht wird entspr der in § 266 II A HGB getroffenen Unterteilung zw immateriellen WG, materiellen WG und sog Finanzwerten unterschieden.[4] Als **materielle (= körperliche) WG** werden – abgesehen von Tieren (§ 90a BGB) – angesehen: Sachen iSv § 90 BGB, miteinander verbundene Sachen[5] oder Teile von Sachen (zB Betriebsvorrichtungen), Grund und Boden, Gebäude, Ladeneinbauten, Roh-, Hilfs- und Betriebsstoffe. Der Gesetzgeber verwendet nicht den Oberbegriff des materiellen WG, sondern differenziert präziser zw dem Begriff des **beweglichen und unbeweglichen WG**.[6] Die sog **Finanzwerte** (§ 266 II A III HGB) werden als WG materieller Art qualifiziert, weil sich ihr Gegenstand auf konkrete materielle Werte bezieht.[7]

3. Immaterielle Wirtschaftsgüter. Für immaterielle Werte kommt es nach der Systematik des HGB bei einer Aktivierung zunächst darauf an, ob sie die **Kriterien des Vermögensgegenstandes** erfüllen. Entsprechendes gilt im Steuerrecht (§ 5 II). Ob eine Ausgabe, die handelsrechtlich grds Aufwand und steuerrechtlich BA (vgl § 4 IV) ist, zu einer Aktivierung führt, kann also nicht danach entschieden werden, ob sie für das Unternehmen irgendeinen (künftigen) Nutzen verspricht, sondern allein danach, ob die abstrakten Voraussetzungen des Vermögensgegenstandes/WG (oben Rn 63 sowie § 4 Rn 65 ff) gegeben sind.

Ist im Einzelfall die Existenz eines immateriellen Vermögensgegenstandes/WG zu bejahen, dann kommt es für die Bilanzierung darauf an, ob es sich um eine **entgeltlich** erworbene Position und ob es sich um **Anlage- oder Umlaufvermögen** handelt. Aus §§ 246 I, 248 II HGB, § 5 II folgt, dass allein unentgeltlich erworbene immaterielle WG des Anlagevermögens, die also dem Unternehmen auf Dauer zu dienen bestimmt sind, nicht aktiviert werden dürfen. Dem Vorsichtsprinzip ist in Fällen entgeltlichen Erwerbs Genüge getan, weil der Wert des immateriellen Guts am Markt per Rechtsgeschäft „getestet" ist. Aus §§ 248 II HGB, § 5 II ergibt sich, dass das zu aktivierende immaterielle WG **von dritter Seite entgeltlich erworben** werden muss. Nicht aktivierungsfähig sind damit **interne Aufwendungen** sowie Ausgaben an einen Dritten, die nicht als gegenständlicher Erwerb qualifiziert werden können. Für die bilanzielle Entgeltlichkeit ist erforderlich, dass die Aufwendungen (zivilrechtlich) **Gegenleistung** für einen betrieblichen Vorteil sind, so dass betriebliche Vorteile aufgrund **einseitiger Erwartungen** des Leistenden aus dem Kreis der aktivierbaren Positionen auszuscheiden sind.[8]

Notwendig ist mithin ein **Leistungsaustausch** (Kauf, Tausch, gesellschaftsrechtliche Einbringung gegen Gewährung von Gesellschaftsrechten). Sog **verdeckte Einlagen**[9] können nicht als entgeltlicher Erwerb qualifiziert werden, da die durch die verdeckte Einlage eintretende Werterhöhung keine Gegenleistung aus dem Vermögen der Ges darstellt. Infolgedessen sind verdeckt eingelegte immaterielle Anlagegegenstände handelsrechtlich nicht aktivierbar. Aus **steuerrechtlicher Sicht** hat hier allerdings eine Aktivierung mit dem **Teilwert** zu erfolgen, so dass es bei dem übertragenden StPfl zu einer Aufdeckung der stillen Reserven kommt (§ 6 VI 2).[10]

Entgeltlicher Erwerb ist **nicht gleichzusetzen** mit einer an einen **Dritten geleisteten Ausgabe**. Deshalb sind Zahlungen an eine Werbeagentur für einen Reklamefeldzug nicht aktivierungsfähig.[11] Entsprechendes gilt bei Zahlungen für Arbeitnehmererfindungen. Hier wird zT argumentiert, die Zahlungen seien HK, mithin aktivierbar.[12] Dies ist abzulehnen, weil es für den Erwerb nicht auf den

---

1 BFH/NV 00, 563.
2 BFH BStBl II 99, 263.
3 BFH/NV 96, 101.
4 *Pfeiffer* StuW 84, 326 (334); *Weber-Grellet* Steuerbilanzrecht, § 8 Rn 12.
5 BFH BStBl II 91, 187.
6 *Blümich* Rn 332.
7 *Knobbe-Keuk*[9] § 4 IV 3a; *Weber-Grellet* Steuerbilanzrecht, § 8 Rn 12.

8 BFH BStBl II 80, 687; BStBl II 89, 289; DB 94, 1061.
9 Dazu *BeBiKo*[4] § 272 Rn 201 ff mwN auch zur steuerrechtlichen Diskussion.
10 In diesem Sinne bereits die herrschende Praxis BFH BStBl II 87, 705; *Schmidt*[26] § 5 Rn 204 ff mwN.
11 *Scholz*[9] Anhang § 42a Rn 118 mwN.
12 Vgl *A/D/S*[6] § 248 HGB Rn 18 mwN.

HK-Begriff, sondern allein darauf ankommt, ob der Leistungsempfänger Dritter iSv Teilnehmer des Marktes ist. Bei der Erfindervergütung ist dies für die Pers des ArbN zu bejahen.[1] Umstritten ist, ob der Erwerb voraussetzt, dass der Dritte die Position lediglich einräumt oder sie von einem vorher Berechtigten derivativ erlangt sein muss.[2] Versteht man den Erwerb als Objektivierungskriterium und liegen alle anderen Elemente des WG vor, dann sollte die originäre Begründung „zu Lasten" des Dritten ausreichen.

73 Maßgebend ist die **entgeltliche Anschaffung**, die abzugrenzen ist von Aufwendungen auf die Herstellung eines immateriellen WG. Ist der StPfl derjenige, der das Herstellungsgeschehen beherrscht und auf dessen Gefahr und Rechnung die Erstellung des Gutes erfolgt, dann handelt es sich um nichtaktivierungsfähigen Herstellungsaufwand, wenn das WG zum Anlagevermögen gehört. Aufwendungen für Dienstleistungen Dritter im Zuge der Schaffung des immateriellen WG sind kein aktivierungsfähiges Entgelt für einen entgeltlichen Erwerb, selbst wenn die Herstellung des WG Gegenstand des Vertrages ist und allein der Vertragspartner mit der Herstellung beschäftigt wird.[3] Darin liegt ein gewisser **Gestaltungsspielraum**, denn allein dann, wenn der Auftraggeber Einfluss auf den Herstellungsprozess hat, stellt er ein immaterielles WG her, so dass das Aktivierungsverbot des § 5 II einschlägig ist. Wenn demgegenüber der Auftragnehmer ein funktionsfähiges WG zu übergeben hat, dann handelt es sich um einen aktivierungspflichtigen entgeltlichen Erwerb.

74 Der Erwerb durch eine **verdeckte Gewinnausschüttung** ist kein entgeltlicher Erwerb.[4] IErg hat der Erwerber das erworbene immaterielle WG mit dem bei der Einkommensermittlung der KapGes anzusetzenden gemeinen Wert zu aktivieren, weil nämlich die Sphärentrennung zwischen G'ter und betrieblichem Bereich dem Gedanken des § 5 II vorgeht.[5] Diese Auffassung der Rspr ist nicht unproblematisch, weil die Wertbestimmung des immateriellen WG noch keinen Markttest bestanden hat. Letztlich geht es darum, ob Schwierigkeiten der Bewertung den Sinn und Zweck des § 5 II überspielen können. Ein entgeltlicher Erwerb einer KapGes liegt vor, wenn ein immaterielles WG gegen Gewährung von Anteilen eingebracht wird.[6] Ein entgeltliches Geschäft soll auch vorliegen, wenn ein Nutzungsrecht an einem WG des BV Gegenstand der Sacheinlage ist.[7] **Verdeckt eingelegte** immaterielle WG hat eine KapGes trotz § 5 II erfolgsneutral mit dem Teilwert zu aktivieren und im Falle der Abnutzbarkeit gewinnmindernd abzuschreiben.[8] Nach § 6 VI 2 führt die verdeckte Einlage zur Gewinnrealisierung, womit jedoch nichts über die Entgeltlichkeit gesagt ist. Für den G'ter ist die verdeckte Einlage eine unentgeltliche Übertragung des immateriellen WG. § 6 VI 2, 3 stellt auf den Teilwert/den Einlagewert ab und führt zu einer Verknüpfung zwischen dem Wertansatz bei der Ges und beim G'ter.

75 Wird ein immaterielles WG aus dem PV eines G'ters in das Gesamthandsvermögen einer **MU'schaft** gegen Gewährung von Gesellschaftsrechten (Gutschrift auf einem Eigenkapitalkonto) eingebracht, dann ist dies für die MU'schaft und den G'ter wegen der Tauschähnlichkeit eine entgeltliche Anschaffung bzw eine Veräußerung.[9] Gleiches gilt bei der Einbringung aus einem anderen BV des MU'ers, wenn nicht die MU'schaft die Buchwerte fortführt, wobei nach § 6 V 3 bei Übertragungsvorgängen im Bereich des MU'erkreises eine Buchwertfortführung zwingend ist.

76 **Selbst geschaffene** immaterielle Vermögensgegenstände des **Umlaufvermögens** (Auftragsforschung, EDV-Programme zum Verkauf usw) sind handels- und steuerrechtlich generell aktivierungspflichtig. Dies ergibt sich aus dem Umkehrschluss zu §§ 248 II HGB, 5 II, folgt aber auch aus der bilanzrechtlichen Teleologie. Wird das WG nicht für die Eigenproduktion usw verwendet, dann lässt das vereinbarte oder zu erwartende Entgelt eine gesicherte Bewertung zu.

77 **III. Geschäftswert.** Für den **originären Geschäftswert** gilt ein Aktivierungsverbot (arg §§ 248 II HGB, 5 II), und zwar auch für eine (nach KStG nötige) Schluss- bzw. Anfangsbilanz.[10] Für den **entgeltlich (derivativ) erworbenen Geschäftswert** eröffnet § 255 IV 1 HGB ein Aktivierungswahlrecht; steuerrechtlich besteht eine Aktivierungspflicht (vgl § 5 II). Allerdings liegt ein entgeltlicher Erwerb eines Geschäftswerts nur vor, wenn ein GewBetr oder ein Teilbetrieb zum Zwecke der unveränder-

---

1 A/D/S⁶ § 248 HGB Rn 18.
2 Vgl BFH BStBl II 75, 443 (445); BStBl II 87, 455; A/D/S⁶ § 248 HGB Rn 18; BeBiKo⁴ § 248 Rn 10; Knobbe-Keuk⁹ § 4 IV 3a.
3 BFH BStBl II 75, 443.
4 BFH BStBl II 77, 467.
5 BFH BStBl II 87, 455.
6 BFH BStBl II 87, 705.
7 Döllerer BB 88, 1789.
8 BFH GrS BStBl II 98, 307.
9 BFH BStBl II 00, 230; BMF BStBl I 00, 462.
10 BFH BStBl II 01, 71.

ten oder umstrukturierten **Fortführung** erworben wird. Bei Erwerb zum Zweck der **Stilllegung** sind die damit verbundenen Aufwendungen nur Aufwendungen zur Verbesserung des eigenen Geschäftswerts und damit nicht aktivierungsfähig.[1] Von einem entgeltlichen Erwerb ist auszugehen, wenn unabhängig von der konkreten Vereinbarung die Summe der Teilwerte der einzelnen WG unter dem einheitlich für das Unternehmen entrichteten Kaufpreis liegt.[2] Ob bei der Zerschlagung eines Unternehmens ein Geschäftswert erhalten bleibt, hängt von den konkreten Umständen des Einzelfalls ab.[3] Zahlt eine KapGes einem ausscheidenden atypisch stillen G'ter eine Abfindung, die auch den selbst geschaffenen, bisher nicht bilanzierten Geschäftswert abgilt, hat sie den darauf entfallenden Anteil der Abfindung als derivaten Geschäftswert zu aktivieren.[4]

Über die **dogmatische Qualifizierung** des Geschäftswerts wird noch immer gestritten. Die Rspr des BFH[5] fasst den Geschäftswert als **immaterielles WG** auf. Das ist schlüssig, da der BFH die Veräußerbarkeit zusammen mit dem Unternehmen im Rahmen der Voraussetzungen für ein WG ausreichen lässt. Diejenigen, die den Grundstandpunkt des BFH nicht teilen, sehen in dem aktivierten Geschäftswert eine **Bilanzierungshilfe**, dh die vom Gesetzgeber ausnahmsweise gewährte Möglichkeit der Aktivierung eines Nicht-Vermögensgegenstandes.[6] Nach hier vertretener Auffassung ist der Geschäftswert letztlich nur ein **technischer Differenzbetrag**. Da er nach § 255 IV 1 HGB nur Residualgröße der Nicht-Vermögensgegenstände ist, kann er nicht selbst Vermögensgegenstand bzw Bilanzierungshilfe sein.

78

Wenn der Kaufpreis für ein Unternehmen wegen dessen geringen Ertragswerts den Substanzwert der WG unterschreitet, soll nach herkömmlicher Meinung ein **negativer Geschäftswert** weder in der Handels- noch in der Steuerbilanz passivierbar sein.[7] Allerdings soll eine Teilwertabschreibung bzw eine Abstockung (mit Ausnahme von Bar- und Buchgeld) gerechtfertigt sein oder ein „passiver Ausgleichsposten" ausgewiesen werden, der entspr § 7 I 3 gewinnerhöhend aufgelöst ist.[8] Der Argumentation des BFH ist angesichts des Wortlauts des EStG wenig entgegenzusetzen. Ein negativer Geschäftswert wird auch im Handelsrecht nicht als Passivposten aufgeführt. Trotzdem bleibt ein „begriffsjuristisches Unbehagen".[9] Systematisch spricht letztlich viel dafür, die sich in dem die Buchwerte unterschreitenden Kaufpreis regelmäßig widerspiegelnde **negative Ertragskraft** auch bilanziell durch einen negativen Geschäftswert zu erfassen.

79

Wird in einem Unternehmen der derivative Geschäftswert aufgrund § 255 IV HGB aktiviert, dann ist der Betrag nach § 255 IV 2 HGB in jedem folgenden Geschäftsjahr zu mindestens 1/4 abzuschreiben. Wahlweise erlaubt die Vorschrift auch, die Abschreibung auf die **voraussichtliche Nutzungsdauer** zu verteilen. Das ist im Zusammenhang mit § 7 I 3 zu sehen, der erlaubt, den Geschäftswert für Verhältnisse des Steuerrechts in 15 Jahren abzuschreiben.[10] § 255 IV 3 HGB gewährleistet mithin einen Gleichlauf von Handels- und Steuerbilanz.

80

IV. Sonderfall: Forderungen aus gegenseitigen und nicht gegenseitigen Rechtsverhältnissen. Forderungen sind klassische Gegenstände iSd bürgerlichen Rechts. Für die Aktivierung von Forderungen ist bilanzrechtlich zw solchen aus synallagmatischen und solchen aus anderen Rechtsverhältnissen zu differenzieren. Bei **synallagmatischen Forderungen** gelten bilanzrechtliche Besonderheiten. Einschlägig sind die **Grundsätze des sog schwebenden Geschäfts**. Bürgerlich-rechtlicher Hintergrund dieser aus den GoB abgeleiteten Figur[11] ist die Überlegung, dass der gegenwärtige Vertrag mit seinen (Haupt-)Leistungsbeziehungen kein statisches Eigenleben führt, sondern auf Abwicklung, aus der Sicht des Sachleistenden auf Erfüllung der Geldforderung bzw der Sachleistungsverpflichtung, angelegt ist. Daraus zieht das Bilanzrecht die Konsequenz, dass es das (vorläufige) schwebende Geschäft nicht zur Kenntnis nimmt. Diese Lösung wird oft mit Vereinfachungsgründen (Aufblähung der Bilanz) oder mit dem Gebot der Wirtschaftlichkeit als Grenze der Informationspflicht gerechtfertigt, doch geht es materiell um das Prinzip vorsichtiger Bilanzierung. Während des Schwebezu-

81

---

1 BFH/NV 90, 442; *Schmidt*[26] § 5 Rn 222.
2 BFH BStBl II 92, 841.
3 Vgl BFH BStBl II 96, 576.
4 BFH BStBl II 03, 10.
5 BStBl II 82, 189; BStBl II 01, 477.
6 So zB *Knobbe-Keuk*[9] § 4 IV 1, 3b.
7 BFH BStBl II 94, 745; BFHE 183, 379; vgl *Schmidt*[26] § 5 Rn 226 mwN.
8 *Schmidt*[26] § 5 Rn 226 mwN.
9 *Mathiak* StuW 82, 81 f.
10 Zur Unterscheidung zw Geschäfts- und Praxiswert BFH BStBl II 91, 595; zur Abgrenzung zum Mandantenstamm BFH BStBl II 94, 903; im Veräußerungsfall beträgt die Nutzungsdauer idR 3-5 Jahre; vgl BFH BStBl II 94, 590.
11 BFH BStBl II 83, 413 (415); *BeBiKo*[4] § 249 Rn 57; zum zivilrechtlichen Hintergrund *Crezelius* FS Döllerer, 1988, S 81 ff.

standes sind die synallagmatischen Anspr mit Unwägbarkeiten behaftet, so dass der durch die Forderung repräsentierte verwirklichte Gewinn des Sachleistenden erst später dargestellt werden soll (unten Rn 153). Maßgebende **Voraussetzung** für ein schwebendes Geschäft ist, dass noch keiner der Vertragspartner seine Hauptleistung erbracht hat.¹ Der Sachleistende hat demnach dann eine Forderung zu aktivieren, wenn er seine **Hauptleistungspflicht erbracht** hat, so dass eine hinreichend gesicherte Position anzunehmen ist (vgl § 320 BGB).

82 Ein Bilanzierungsgrund aus schwebenden Geschäften ist gegeben, wenn die **Gleichwertigkeit** von Leistung und Gegenleistung **nicht mehr unterstellt** werden kann.² Aufgrund des Imparitätsgrundsatzes finden jedoch allein **Verluste** aus solchen schwebenden Geschäften Ausdruck in der HB. Einer entspr Rückstellungsbildung bei der **steuerlichen Gewinnermittlung** steht § 5 IVa entgegen.

83 Soweit **Vorleistungen** im Rahmen eines schwebenden Geschäfts erbracht werden, sind Anzahlungen beim Leistenden zu aktivieren und in der Bilanz des Empfängers zu passivieren.³ Grund: Bilanziell handelt es sich um eine (schwebende) Kreditierung. Diese Grundsätze gelten nur, sofern sich ein schwebendes Geschäft durch Vertragsschluss, Vorvertrag oder bindendes Angebot mit der Wahrscheinlichkeit des Abschlusses konkretisiert hat.⁴ Ohne schwebendes Geschäft ist ein sonstiger Vermögensgegenstand im Umlaufvermögen zu aktivieren.

84 Die Frage, ob in Fällen **langfristiger Fertigung**, insbes bei Großbauten und Großanlagen, eine (Teil-) Gewinnrealisierung für erbrachte Teilleistungen, auch wenn sie noch nicht abgerechnet sind, für zulässig gehalten werden kann, ist nicht abschließend gelöst.⁵ Vor dem Hintergrund der Mindestbesteuerung (§ 10d II) mit der Streckung des Verlustvortrags hat die Frage aktuelle Bedeutung. Unter Berücksichtigung des Realisationsprinzips und der von § 255 II HGB gezogenen Grenze der HK erscheint eine **Teilgewinnrealisierung** grds unzulässig.⁶ Sie ist nur dann möglich, wenn die Leistung vereinbarungsgemäß in **selbstständig abrechenbare und abnahmefähige Teilleistungen** gegliedert wird und der Schwebezustand der Teillieferung beendet ist.⁷ Bei einer solchen Aufgliederung eines Großauftrags usw besteht ein Realisierungsgebot.⁸ Auf die Risiken der Folgeperioden (mit der Folge eines Wahlrechts) kann es nicht ankommen, weil der Gesamtauftrag in vertragsselbstständig zu beurteilende Teilabschnitte aufgeteilt worden ist. ZT wird die Ansicht vertreten, dass entgegen § 255 II 6 HGB eine Aktivierung der Betriebskosten analog § 269 HGB als Bilanzierungshilfe möglich sei,⁹ was allerdings nach der herrschenden Praxis (oben Rn 37) auf die steuerrechtliche Gewinnermittlung keinen Einfluss hätte.

85 Entstammt die **Forderung nicht einem Synallagma** (unerlaubte Handlung, Dividendenansprüche, Anspr aus Abschluss eines Vertrages¹⁰ usw), kommt es für die Aktivierung zunächst darauf an, ob die Forderung im streng zivilrechtlichen Sinn existent sein muss, ob sich die Position des Aktivierenden also schon zum rechtlich gesicherten Anspr verdichtet haben muss oder ob schon eine gewisse Wahrscheinlichkeit des (zukünftigen) Anspruchs ausreicht.¹¹ Da auch künftig entstehende, nur bestimmbare Forderungen schon Gegenstand des Rechtsverkehrs (§ 398 BGB) sind,¹² ist zu entscheiden, ob in Kombination mit einem Wahrscheinlichkeitsurteil eine Aktivierung erst entstehender Anspr bilanzrechtlich vertretbar erscheint. Dabei sollte nicht darauf abgestellt werden, dass der Anspr – analog den sachenrechtlichen Anwartschaftsrechten – nur noch vom Willen des Gläubigers abhängt,¹³ sondern allein auf die bilanziellen Gesichtspunkte der Zuordnung von Erträgen und der gütermäßigen Objektivierung. Erforderlich ist eine **bestimmbare Forderung**, die aufgrund der Umstände des Einzelfalls als **realisierbarer Vermögenswert** am Bilanzstichtag anzusehen ist.¹⁴

---

1 *BeBiKo*⁴ 249 Rn 56; *Knobbe-Keuk*⁹ § 4 VII 1.
2 BFH BStBl II 76, 622; BStBl II 84, 56.
3 BFH BStBl II 89, 411; WP-Handbuch 1 (1996), 181.
4 Vgl näher BFH BStBl II 83, 361 (363); *BeBiKo*⁴ § 249 Rn 55.
5 Vgl *A/D/S*⁶ § 252 HGB Rn 86 ff; *BeBiKo*⁴ § 255 Rn 457 ff.
6 Wie hier (wohl) BFH BStBl II 76, 541 (543); großzügiger *A/D/S*⁶ § 252 HGB Rn 88; *BeBiKo*⁴ § 255 Rn 459.
7 *BeBiKo*⁴ § 255 Rn 461; *Clemm* DStJG 4 (1981), 117 (125 ff).
8 Für Wahlrecht BFH BStBl III 57, 27; *A/D/S*⁶ § 252 HGB Rn 88.
9 *Knobbe-Keuk*⁹ § 6 I 4.
10 BFH BStBl II 79, 262.
11 BFH BStBl II 69, 581; BStBl II 79, 262; BStBl II 84, 554; *A/D/S*⁶ § 246 HGB Rn 53, 180 („rechtliche Entstehung sicher oder so gut wie sicher").
12 BGHZ 53, 60 (63).
13 So *Schulze-Osterloh* ZGR 77, 104 (108) betr BGHZ 65, 230; wie hier BFH BStBl II 79, 262 (263).
14 BFH BStBl II 84, 723 (725 f) betr Rückgewähranspruch als vGA.

Bestrittene Forderungen dürfen erst am Schluss der Periode angesetzt werden, in welcher der **86** Schuldner den Anspr anerkannt hat bzw ein Gericht rkr entschieden hat.[1] Trotz zivilrechtlich entstandener Forderung wird dem Vorsichtsgedanken ein größeres Gewicht beigemessen. Noch nicht entstandene Rückgriffsansprüche sind nur zu berücksichtigen, soweit sie einem Ausfall der Forderung unmittelbar nachfolgen und nicht bestritten werden.[2]

Dividendenansprüche aus Anteilen an KapGes sind grds erst dann zu aktivieren, wenn sie durch **87** **Gewinnverwendungsbeschluss** der KapGes zivilrechtlich entstanden sind. Besonderheiten können sich im Zusammenhang mit **möglichen Ausschüttungen von verbundenen Unternehmen** ergeben. Nach einer früheren Rspr des BGH[3] wurde einer Konzern- oder Holding-Ges, die mit Mehrheit an einer anderen KapGes beteiligt war, ein **Aktivierungswahlrecht** bzgl des bei der Tochter-Ges erzielten und zur Ausschüttung vorgesehenen Gewinns noch für das gleiche Geschäftsjahr in ihrer Bilanz eingeräumt, wenn der Jahresabschluss der Tochter-Ges vor Abschluss der Prüfung bei der Mutter-Ges festgestellt worden war und mindestens ein entspr Gewinnverwendungsvorschlag vorlag. Aus dem Aktivierungswahlrecht folgte für Zwecke der **steuerrechtlichen Gewinnermittlung** eine entspr **Aktivierungspflicht**.[4] Die Frage war durch den sog Tomberger-Fall[5] erneut in den Mittelpunkt der Diskussion gerückt. Der BGH hält nunmehr unter Abänderung seiner früheren Rspr für die Mutter-Ges eine **Pflicht zur phasengleichen Aktivierung** von Dividendenansprüche für gegeben, falls die Mutter-Ges alle Geschäftsanteile der Tochter-Ges hält (so dass die Vermutung der Abhängigkeit und Konzernzugehörigkeit besteht), die Geschäftsjahre beider Unternehmen einander entsprechen und die Gesellschafterversammlung der Tochter-Ges eine Gewinnausschüttung vor Feststellung des Jahresabschlusses der Mutter-Ges beschließt. Sofern diese Voraussetzungen vorliegen, geht der BGH abw von der bisherigen Auffassung nunmehr von einer Aktivierungspflicht für die Mutter-Ges aus.[6] In der Bilanzierungspraxis der HB besteht jedoch noch immer das **faktische Wahlrecht**, den Dividendenanspruch phasengleich oder zeitversetzt zu aktivieren. Die Gestaltung hat dabei an dem Zeitpunkt des Gewinnausschüttungsbeschlusses bei der Tochter-Ges anzusetzen, je nachdem, ob dieser vor oder nach Feststellung des Jahresabschlusses der Mutter-Ges erfolgt.

Mittlerweile hat der GrS des BFH für das Steuerrecht entschieden, dass es prinzipiell keine phasen- **88** gleiche Aktivierung von Dividendenansprüchen gibt.[7] Er folgt damit im Grundsatz einer gesellschaftsrechtlich orientierten Betrachtung, weil es auf die Entstehung des Dividendenanspruchs ankommt. Die Divergenz zur Auffassung des BGH (Rn 87) liegt auf der Hand, doch wird der Gemeinsame Senat der obersten Gerichte des Bundes nicht angerufen, weil in der BGH-Entscheidung die Rechtsfrage der phasengleichen Aktivierung nicht zur ratio decidendi gehört habe. IÜ sind auch in Zukunft steuerrechtliche Konstellationen denkbar, in denen eine phasengleiche Gewinnvereinnahmung in Betracht kommt. Letztlich wirft die Entscheidung des GrS wiederum die Frage auf, ob es sich um einen GoB handelt, also wie sich handels- und steuerrechtliche Gewinnermittlung in dieser Fallgruppe zueinander verhalten.[8] Es existieren mehrere Folgeentscheidungen im Anschluss an die Entscheidung des GrS. Tendenziell wird der Grundsatz entwickelt, dass es keine phasengleiche Bilanzierung gibt. Ausschüttungsent- und Ausschüttungsbeschluss müssen am Bilanzstichtag sicher festgestanden haben.[9] Der Beschluss über eine Vorabausschüttung dokumentiert gerade nicht mit Gewissheit, dass weiterer Gewinn existiert.[10] IÜ gelten diese Grundsätze auch, wenn Anteilseigner der KapGes ein bilanzierendes Personenunternehmen ist.[11]

E. Aktive und passive Rechnungsabgrenzung

Literatur: *Beisse* FS Budde, 1995, S 67; *Crezelius* Bestimmte Zeit und passive Rechnungsabgrenzung, DB 98, 633; *Hartung* FS Moxter, 1994, S 213.

I. Sinn und Zweck der Rechnungsabgrenzung. Die zu einem bestimmten Stichtag aufzustellende **89** Jahresbilanz stellt einen willkürlichen Einschnitt in die fortlaufende Tätigkeit des Unternehmers dar. Regelmäßig liegt es so, dass einige Geschäftsvorfälle über den Abschlussstichtag hinaus reichen. Zweck der Rechnungsabgrenzung ist die **zutr Ermittlung des Periodenergebnisses**, indem Auf-

---

1 BFH BStBl II 91, 213.
2 BFH DStR 01, 567.
3 BGHZ 65, 230.
4 BFH BStBl II 80, 702; BStBl II 81, 184.
5 EuGH DB 96, 1400; DB 97, 1513.
6 BGH NJW 98, 1559.
7 BFH GrS BStBl II 00, 632.
8 *Luttermann* FR 00, 1131.
9 BFH/NV 01, 854.
10 BFH BStBl II 01, 841.
11 BFH BStBl II 01, 185.

wendungen und Erträge dem Wj ihrer Verursachung zugeordnet werden.[1] Durch die Anerkennung von RAP (§§ 246 I, 247 I, 250 I, II HGB, 5 V) wird der Grundsatz durchbrochen, dass sich die periodengerechte Ergebnisabgrenzung nach dem (statischen) Ansatz von Vermögensgegenständen/WG und Schulden richtet. Es ist Ausdruck **dynamischer Bilanzauffassung**, Ausgaben zu aktivieren, selbst wenn sie nicht zu einem WG geführt haben und umgekehrt Einnahmen durch Ansatz eines Passivpostens zu neutralisieren, obschon keine Verbindlichkeit vorliegt.

90 Die Rechnungsabgrenzung ist de lege lata auf sog **transitorische Posten ieS** beschränkt. Das auf einer dynamischen Bilanzauffassung beruhende weite Verständnis der Rechnungsabgrenzung wird damit durch den **Grundsatz der Vorsicht begrenzt**. Entspr lässt sich auch steuerrechtlich eine Bilanzierung nicht allein mit der Begründung rechtfertigen, dass sie im Interesse einer zutr Aufwands- und Ertragsabgrenzung erforderlich ist. Insbes ergeben sich aus dem Vorsichtsprinzip Beschränkungen für den **Ansatz aktiver RAP**. Denn nach der Formulierung der §§ 250 I 2 HGB, 5 V 1 Nr. 1 dürfen nur Ausgaben, die Aufwand für eine **bestimmte Zeit** nach dem Abschlussstichtag darstellen, ergebnisneutral behandelt werden. Die übrigen Ausgaben müssen, soweit sie nicht zur Aktivierung eines WG führen, aufwandswirksam gebucht werden. Damit wird dem handelsbilanzrechtlichen Zweck entsprochen, dass sich der Kfm nicht reicher macht, als er tatsächlich ist.[2] Die **passive Rechnungsabgrenzung**, die regelmäßig bei Vorleistungen aus schwebenden gegenseitigen Verträgen in Betracht kommt, ist **Ausfluss des Realisationsprinzips**, wonach Einnahmen erst nach Erbringung der eigenen Leistung als Ertrag ausgewiesen werden dürfen.[3]

91 Der Ansatz sog **antizipativer Posten** als RAP scheidet aus. Darunter versteht man Zahlungsvorgänge des folgenden Jahres, die aber als Aufwand und Ertrag des abgelaufenen Jahres anzusehen sind (zB noch nicht eingegangene Mietzinszahlungen für das abgelaufene Jahr als antizipatorisches Aktivum bzw noch nicht bezahlter Mietzins für das abgelaufende Jahr als antizipatorisches Passivum). Bei derartigen Posten ist allerdings zu prüfen, inwieweit bei Vorliegen der entspr Voraussetzungen als **Forderungen** bzw **Verbindlichkeiten** auszuweisen sind.[4] Antizipative RAP kommen in 2 **Sonderfällen** in Betracht, nämlich bei der Aktivierung der als Aufwand berücksichtigten Zölle und Verbrauchsteuern (§§ 250 I 2 Nr 1 HGB, 5 V 2 Nr 1) und bei der USt auf Anzahlungen (§§ 250 I 2 Nr 2 HGB, 5 V 2 Nr 2). In beiden Fällen kommt die Aktivierung weder unter dem Gesichtspunkt des WG noch als transitorischer RAP ieS in Betracht. Hintergrund der Regelungen sind Entscheidungen des BFH, die „rechtsprechungsüberholend" durch den Gesetzgeber korrigiert worden sind.[5] Der Zweck des Aktivpostens für Zölle und Verbrauchsteuern besteht darin, dass sich die Abgaben erst in dem Wj als Aufwand auswirken sollen, in dem der StPfl das abgabenbelastete Produkt veräußert und ihm dabei die in den Preis einkalkulierte Abgabe wirtschaftlich vergütet wird. Der Aktivposten für USt auf Anzahlungen soll verhindern, dass eine gewinnmindernde Wirkung der USt eintritt, die bei einer Passivierung der Anzahlung mit dem Bruttobetrag, also einschl USt, ohne aktiven RAP gegeben wäre.

92 Die gesonderte Erwähnung der RAP in §§ 246 I, 247 I HGB, 5 V 1 EStG zeigt, dass es sich nicht um Vermögensgegenstände/WG und Schulden handelt. Ein möglicher Ausweis unter Forderungen, Verbindlichkeiten oder Rückstellungen hat stets **Vorrang** gegenüber der Bildung eines aktiven oder passiven RAP.[6] Ein aktiver RAP ist deshalb nicht zu bilden, wenn Ausgaben zu den AK bzw HK eines WG gehören oder wenn eine Bilanzierung als Forderung, geleistete Anzahlung, immaterielles WG oder als sonstiger Vermögensgegenstand in Betracht kommt. Ein instruktives Beispiel stellt die Biersteuer auf Niederlagenbestände dar, die iErg als Verbrauchsteuer unter § 5 V 2 Nr 1 subsumierbar ist:[7] Die Biersteuer gehört weder zu den HK des Bieres, noch kann sie als „forderungsähnliches WG" aktiviert werden. Auch der Ansatz eines RAP iSd § 5 V 1 scheidet aus, weil es sich um keinen transitorischen RAP ieS handelt.

---

1 *K/S/M* § 5 Rn F 2 ff.
2 *K/S/M* § 5 Rn F 12.
3 BFH BStBl II 81, 398; BStBl II 95, 202; *Crezelius* DB 98, 633 (636); *Hartung* FS Moxter, S 213 (222); *K/S/M* § 5 Rn F 13; **aA** *Schmidt*[26] § 5 Rn 241.
4 Von der in Art 18, 21 der 4. EG-Richtlinie vorgesehenen Möglichkeit, auch antizipative Posten als RAP auszuweisen, ist vom Gesetzgeber des BiRiLiG kein Gebrauch gemacht worden; vgl dazu *K/S/M* § 5 Rn F 26 f.
5 Näher *Knobbe-Keuk*[9] § 4 VI 3; zur Richtlinienkonformität *Schmidt*[26] § 5 Rn 241 mwN.
6 *A/D/S*[6] § 250 HGB Rn 11 ff; *K/S/M* § 5 Rn F 50.
7 § 5 V 2 Nr 1 beseitigt „rechtsprechungsüberholend" BFH BStBl II 76, 13; vgl näher *A/D/S*[6] § 250 Rn 57 mwN.

II. Aktive Rechnungsabgrenzungsposten. Voraussetzung für die Bildung eines aktiven RAP ist zunächst eine **Ausgabe vor dem Abschlussstichtag**, dh grds ein Zahlungsvorgang (Beispiele: Kassen-, Bankabgang, Wechselhingabe). Erfasst werden aber auch Buchungen von **Verbindlichkeiten**, wenn es bei vertragsgemäßer Abwicklung zum Erlöschen durch Zahlungsvorgang vor dem Abschlussstichtag gekommen wäre.[1] Die betr Ausgabe muss Aufwand für eine bestimmte Zeit nach dem Abschlussstichtag darstellen, sie muss – das ist der Sinn der RAP – einer anderen Periode erfolgsmäßig zuzurechnen sein. Sog **transitorische Posten iwS**, die nur irgendeinen künftigen Nutzen versprechen (zB Reklamekosten, Entwicklungskosten), sind keine RAP im Rechtssinne.[2]

93

Die aktive Rechnungsabgrenzung setzt voraus, dass einer Vorleistung des StPfl eine **nicht erbrachte zeitbezogene (konkretisierte) Gegenleistung** des Vertragspartners gegenübersteht.[3] Im Regelfall geht es also um gegenseitige Verträge, doch kommen auch öffentlich-rechtliche Verpflichtungen in Betracht.[4] Die aktive Rechnungsabgrenzung folgt nach allem rechtlichen Kriterien, nicht einer Kostenrechnung.[5]

94

Das in dritter Linie erforderliche Element ist die „**bestimmte Zeit**". Hier ist umstritten, ob eine kalendermäßige Bestimmung – uU durch Umrechnung gewonnen – nötig ist.[6] Obwohl die Tendenz in Schrifttum und Steuer-Rspr in Richtung auf einen – auch nur schätzweise – bestimmbaren Zeitraum weist, muss vor dem **Hintergrund des Vorsichtsprinzips** das Merkmal der „bestimmten Zeit" bei der aktiven Rechnungsabgrenzung eng ausgelegt werden, indem der Sachverhalt eine **rechnerische Zeitbestimmung** erlaubt.

95

Wird bei Gewährung eines Darlehens vereinbart, dass der Kreditnehmer nicht die volle Darlehenssumme, sondern nur einen geringeren Betrag erhalten soll, liegt ein sog **Disagio** bzw Damnum vor. Insbes nach der steuerrechtlichen Rspr ist das Disagio wirtschaftlich nichts anderes als eine zusätzlich geleistete „Vergütung für die Kapitalüberlassung".[7] In gleicher Weise betrachtet der BGH das Disagio als **laufzeitabhängiges Entgelt**.[8] Wird der Darlehensvertrag vorzeitig beendet, kann der Darlehensnehmer im Regelfall anteilige Erstattung verlangen. IErg liegt damit eine Ausgabe vor dem Abschlussstichtag nach den Grundsätzen der §§ 250 I 1 HGB, 5 V 1 Nr 1 vor. Handelsrechtlich besteht eine besondere Vorschrift in § 250 III HGB. Der Sinn besteht darin, die Abgrenzung des Unterschiedsbetrags von der Aktivierungspflicht nach § 250 I 1 HGB zu befreien. Steuerrechtlich kommt es in Fällen der handelsrechtlich wahlweisen (Nicht-)Aktivierung nach § 250 III HGB aufgrund der sog Wahlrechts-Rspr des BFH (oben Rn 13) zu einer **Aktivierungspflicht**.[9] Die Divergenz zw handels- und steuerrechtlicher Betrachtung kann sich aber auflösen, wenn man darauf abstellt, dass in vielen Fällen im Rückzahlungsbetrag einer Verbindlichkeit ein **Zinsanteil** enthalten ist. Ist dies zu bejahen, dann ist der vorweg gezahlte Zins als RAP nach § 250 I HGB zu aktivieren und fällt nicht in den Anwendungsbereich des § 250 III HGB.[10] Für degressive Raten beim Leasing beweglicher WG des AV ist kein aktiver RAP zu bilden.[11]

96

III. Passive Rechnungsabgrenzungsposten. Die Grundsätze der passivischen RAP entsprechen im Grundsatz denen der aktivischen Abgrenzung. Es sind also **Einnahmen vor dem Stichtag** auszuweisen, soweit sie Ertrag für eine bestimmte Folgeperiode darstellen. Einnahmen sind nicht nur Zahlungszuflüsse, sondern auch **Forderungszugänge und Verbindlichkeitsabgänge**.[12] Die Beschränkung der RAP auf transitorische Posten ieS, deren Anwendungsbereich vor allem Vorleistungen[13] aus schwebenden Geschäften sind, wirkt sich auch bei passiven RAP aus: Eine Passivierung kann nicht

97

---

1 BFH BStBl III 67, 607; BStBl II 88, 327; *A/D/S*[6] § 250 HGB Rn 25 ff; *BeBiKo*[4] § 250 HGB Rn 18 (ohne die Einschränkung); *K/S/M* § 5 Rn F 80; **aA** *Weber-Grellet* Steuerbilanzrecht, § 9 Rn 4 mwN.
2 *Döllerer* BB 87, Beil. Nr 12, S 3; *Knobbe-Keuk*[9] 4 VI 1.
3 BFH BStBl II 74, 684 (686); BStBl II 76, 622 (624); *K/W* § 250 HGB Rn 33 ff.
4 BFH BStBl II 82, 655; BStBl II 84, 552; *BeBiKo*[4] § 250 Rn 8.
5 BFH BStBl II 76, 684 (686).
6 Vgl BFH BStBl II 83, 572 (575); BStBl II 84, 552 (554); BStBl II 92, 488; BStBl II 95, 202; BStBl II 95, 312; bei *A/D/S*[6] § 250 HGB Rn 36; WP-Handbuch 1 (1996), 211; verneinend *Knobbe-Keuk*[9] § 4 VI 1; *Schmidt*[26] § 5 Rn 251f.

7 BFH BStBl II 84, 713; auch bei verbrieften festverzinslichen Schuldverschreibungen BFH BFH/NV 07, 1009.
8 BGHZ 111, 287.
9 BFH BStBl II 89, 722 (726); *Schmidt*[26] § 5 Rn 270 „Disagio"
10 *Knobbe-Keuk*[9] § 4 VI 2, 5 VIII 1a.
11 BFH BStBl II 01, 645.
12 *A/D/S*[6] § 250 HGB Rn 112; **aA** *Weber-Grellet* Steuerbilanzrecht, § 9 Rn 4.
13 Ohne Vorleistung bleibt es beim Nichtansatz der Forderung, soweit der Grundsatz des sog schwebenden Geschäfts (oben Rn 81) eingreift; BFH BStBl II 88, 327.

(gewinnneutralisierend) darauf gestützt werden, dass es einen Grundsatz zur einheitlichen Behandlung des schwebenden Geschäfts gebe, der es ermögliche, jedwede Einnahme im Wege der Passivierung ergebnismäßig in die Periode zu verlagern, in welcher die Ausgaben anfallen.[1] Danach dürfen zB bei Teilzahlungsbanken für eingenommene Kreditgebühren keine passiven RAP vorgenommen werden. Noch nicht abschließend geklärt ist insbes die Frage, ob die Tatbestandsmerkmale **„bestimmte Zeit"** in §§ 250 I 1, II, 5 V 1 Nr 1 und 2 wegen ihrer systematischen Stellung nur **inhaltlich übereinstimmend** ausgelegt werden können.[2] Nach einer neueren Ansicht sind aktive und die passive Rechnungsabgrenzung in einen größeren bilanzsystematischen Zusammenhang zu stellen, der den herrschenden Prinzipien der GoB entsprechen müsse.[3] Das die Aktiv- und die Passivseite der Bilanz dominierende Vorsichtsprinzip müsse bei der aktiven Rechnungsabgrenzung zu Restriktionen führen, bei **passiven RAP** im Zweifel zu **erweiterten Ansätzen.** Für die Entschädigung aus vorzeitiger Beendigung eines befristeten Dauervertrages gibt es keine passive RAP,[4] weil der RAP voraussetzt, dass es sich um eine Vorleistung auf eine zu erbringende Leistung handelt. Der Empfänger muss noch Handlungen oder Unterlassungen erbringen bzw dulden.[5]

98 Der neueren Sichtweise ist zu folgen. Während bei der **aktiven** Rechnungsabgrenzung aufgrund des **Vorsichtsprinzips enge Maßstäbe** anzulegen sind, so dass es sachgerecht ist, von einem strengen Verständnis des Tatbestandsmerkmals „bestimmte Zeit" auszugehen, muss bei der passiven Rechnungsabgrenzung das Element der „bestimmten Zeit" vor dem Hintergrund des bilanzrechtlichen **Realisationsprinzips** gesehen werden. Dafür spricht iÜ auch die Entstehungsgeschichte der heutigen Normen.[6] Da sich eine korrespondierende Gleichsetzung teleologisch als nicht gerechtfertigt erweist, ist es folgerichtig, wenn die neue Rspr des BFH[7] das Tatbestandsmerkmal der „bestimmten Zeit" bei der passiven Rechnungsabgrenzung einem eigenen dogmatischen Regime zuführt. Die Vorgehensweise des BFH ist auch methodologisch legitim, weil es auslegungssystematisch allein darum gehen kann, welcher innere Zweck dem Element der „bestimmten Zeit" bei den passiven RAP zukommen kann.[8] Aufgrund des Realisationsgedankens ist es hier zulässig, über ein kalendermäßiges Verständnis hinausgehende Maßstäbe heranzuziehen, wenn auf diese Art und Weise eine **zeitbezogene Gegenleistung** abgeleitet werden kann. Ein derartiges Verständnis hat zB zur Folge, dass dann, wenn sich ein Zeitraum anhand der statistischen Daten schätzen lässt, ein passiver RAP geboten ist, während ein aktiver RAP für den gleichen Zeitraum unzulässig ist. Einem vermeintlichen Grundsatz einer spiegelbildlichen Bilanzierung steht schon das Imparitätsprinzip entgegen.[9]

99 **Höhe** und **Auflösung** der RAP bestimmen sich ausschließlich nach dem Umfang der Vorauszahlung; § 6 findet keine Anwendung.[10] RAP sind in späteren Jahren insoweit aufzulösen, als in der jeweiligen Rechnungsperiode Aufwand oder Ertrag entstanden ist. Auch bei langfristigen Vorauszahlungen erfolgt grds eine lineare Verteilung der Einnahmen/Ausgaben.[11] Da RAP mangels WG-Eigenschaft nicht bewertet werden, besitzen sie begrifflich keinen Teilwert. Hieraus folgt, dass ein aktiver RAP nicht auf einen niedrigeren Teilwert abgeschrieben werden kann.[12]

F. Passivierung

100 **I. Voraussetzungen und Konsequenzen der Passivierung.** Die HB des Kfm ist gem § 242 I 1 HGB ein das Verhältnis seines Vermögens (Aktivseite) und seiner Schulden (Passivseite) darstellender Abschluss. Die Differenz zw Aktiva und Passiva ist das in § 242 HGB nicht ausdrücklich genannte Eigenkapital. Die Schulden (vgl § 247 I HGB) bilden den Oberbegriff für Verbindlichkeiten (vgl § 266 III C HGB) und Rückstellungen (vgl §§ 249, 266 III B HGB). Die Umschreibung des § 242 I 1 HGB ist insoweit zu eng, als RAP iSd § 250 HGB, die von Vermögensgegenständen bzw Schulden abzugrenzen sind, unerwähnt bleiben.

---

[1] BFH BStBl II 74, 684; BStBl II 86, 841; *Scholz*[9] Anh § 42a Rn 176.
[2] Vgl BFH BStBl II 95, 312 (314); *Blümich* § 5 Rn 683 mwN.
[3] Vgl BFH BStBl II 95, 202; *Beisse* FS Budde, S 67 (78) mwN.
[4] BFH DStR 05, 862.
[5] So auch bei Vorfälligkeitsentschädigungen BFH BFH/NV 07, 1958.
[6] Näher *Crezelius* DB 98, 633 (637).
[7] BFH BStBl II 95, 202.
[8] *Beisse* FS Budde, S 67 (76 f).
[9] *Crezelius* DB 98, 633 (638).
[10] BFH BStBl II 67, 607; BStBl II 84, 713; *Weber-Grellet* Steuerbilanzrecht, § 9 Rn 5.
[11] BFH BStBl II 89, 407; *K/S/M* § 5 Rn F 151 mwN.
[12] BFH BStBl II 70, 209; *K/S/M* § 5 Rn F 146; **aA** *A/D/S*[6] § 250 HGB Rn 47.

Steuerrechtlich wird die Differenz zw den aktiven und passiven WG (unter Berücksichtigung der **101** RAP sowie der Sonderposten mit Rücklageanteil) als BV bezeichnet. Einschränkend sind bei der Gewinnermittlung nach § 5 I nur diejenigen (positiven) WG und Wirtschaftslasten zu berücksichtigen, die zum **BV iSv § 4 I 1** gehören. Dies richtet sich nach dem betrieblichen Zusammenhang (oben § 4 Rn 34 ff). In den Schulden spiegelt sich Aufwand wider, der noch nicht zu einem Geldabfluss geführt hat. Bei Zahlung mindert sich das Geldvermögen auf der Aktivseite der Bilanz; die Verbindlichkeit oder Rückstellung wird aufgelöst.

II. Bedeutung des Eigenkapitals. Eigenkapital lässt sich allg als derjenige Betrag umschreiben, der **102** vom Unternehmer bzw den Anteilseignern des Unternehmens eingelegt wird (Außenfinanzierung in Form der Eigenfinanzierung), verändert um den jeweiligen Gewinn bzw Verlust des Unternehmens (Innenfinanzierung) und korrigiert um die Entnahmen bzw Gewinnausschüttungen und Kapitalrückzahlungen. Im Einzelnen erweist sich die **Abgrenzung zum Fremdkapital** als schwierig, namentlich wenn es darum geht, wann eine bestimmte Leistung (zB stille Einlage, Genussrechtskapital, sog eigenkapitalersetzende Leistungen, Varianten des sog Rangrücktritts) materiell als „Einlage" in das Eigenkapital zu qualifizieren ist.¹

Der **Ausweis** des bilanziellen Eigenkapitals hängt von der **Rechtsform** des Unternehmensträgers ab. **103** Während für Einzelunternehmer und PersGes weder das HGB noch steuerrechtliche Vorschriften eine bestimmte Gliederung vorschreiben, sind für KapGes besondere handels- und steuerrechtliche Normen zu beachten.² Beim **Einzelunternehmer** wird das Eigenkapital im Regelfall in einer Summe ausgewiesen. Das sich aufgrund des Eigenkapitalvergleichs ergebende Betriebsreinvermögen wird durch das steuerrechtliche „Eigenkapital" dargestellt. Gleichwohl ist diese Größe grds nicht die maßgebende rechtliche Ausgangsgröße für den Eigenkapitalvergleich, weil ihr keine eigenständige bilanzrechtliche Bedeutung zukommt. Sie ist eine schlichte rechnerisch abgeleitete Differenzgröße.³

Bei **PersGes** findet sich aufgrund der dispositiven Vorschriften des gesellschaftsrechtlichen Innen- **104** verhältnisses in der Gesamthandsbilanz häufig eine Unterteilung in Festkapital und variable Kapitalkonten. Als Festkapital wird dabei die Kapitaleinlage der G'ter gebucht. Es bildet je nach Gestaltung des Gesellschaftsvertrages den Maßstab für Stimmrechte, Gewinnbeteiligung und Anteil am Liquidationserlös des Ges-Vermögens. Auf den variablen Kapitalkonten werden die laufenden Veränderungen des Eigenkapitals (Gewinn bzw Verlustanteil, Einlagen, Entnahmen) gebucht. Abw von der zivilrechtlichen Rechtslage umfasst bei PersGes das **steuerliche Eigenkapital** den Anteil am Eigenkapital der PersGes nebst Ergänzungsbilanzen und das Eigenkapital aus der Sonderbilanz. Deshalb wirken sich zB Wertminderungen einer G'ter-Forderung gegen die Ges erst mit Vollbeendigung der PersGes oder vorheriger Betriebsaufgabe iSv § 16 III gewinnmindernd aus.⁴

Bei **KapGes** wird der Eigenkapitalausweis durch die Position „gezeichnetes Kapital" eröffnet (§ 266 **105** III A I HGB). Nach § 283 HGB ist es mit dem Nennbetrag anzusetzen. Weiteres Eigenkapital wird in den Rücklagepositionen ausgewiesen, wobei das HGB zw Kapital- und Gewinnrücklagen unterscheidet (vgl § 272 II HGB). Das **Steuerrecht** folgt über §§ 8 I KStG, 5 I grds der handelsrechtlichen Differenzierung zw Eigen- und Fremdkapital. Die Differenzierung wirkt sich auf die steuerrechtliche Gewinnermittlung aus. Aufwendungen für das im Unternehmen eingesetzte Fremdkapital sind bei der Gewinnermittlung grds als **BA** (§§ 8 I KStG, 4 IV) abzugsfähig, während die Aufwendungen zur Bedienung des Eigenkapitals dem Bereich der Gewinnverwendung (nach Steuern) zuzuordnen sind. Im Körperschaftsteuerrecht gilt das sog **Trennungsprinzip**, dh schuldrechtliche Austauschverträge zw der Ges und den G'ter werden grds anerkannt. Vereinbart ein G'ter mit der Ges ein Darlehen (§ 607 BGB), ist deshalb der Rückzahlungsanspruch des G'ter unter den Verbindlichkeiten zu passivieren und angemessene⁵ Zinszahlungen der Ges führen zu BA. Im Einzelfall geht es darum, bei bestimmten Gestaltungen (eigenkapitalersetzende Darlehen,⁶ Rangrücktrittsvereinbarungen,⁷

---

1 Zur Abgrenzung unter Berücksichtigung der handels- und gesellschaftsrechtlichen Funktionen des Eigenkapitals: *Fischer* Sacheinlagen im Gesellschafts- und Steuerrecht der GmbH, 1997, S 143 ff mwN.
2 Dazu im Einzelnen *Scholz*⁹ Anhang § 42a Rn 177 ff.
3 *Blümich* § 5 Rn 151; **aA** *Mathiak* DStR 92, 1606.
4 BFH BStBl II 97, 277; BStBl II 00, 347; *Schmidt*²⁶ § 15 Rn 401, 544.

5 Überhöhte, nicht marktübliche Zinsen stellen eine vGA dar, die nach § 8 III 2 KStG auf Ebene der Körperschaft zu korrigieren ist.
6 BFH BStBl II 92, 532 (= Fremdkapital).
7 BFH BStBl II 91, 588 (betr bedingter Forderungserlass = EK); BStBl II 93, 502 (betr schuldrechtlicher Rangrücktritt = Fremdkapital).

Genussrechtskapital[1]) eine zivil- und handelsbilanzrechtliche Analyse vorzunehmen, deren Wertung über das Maßgeblichkeitsprinzip auf die steuerrechtliche Gewinnermittlung durchschlägt.[2]

106 Rücklagen verstärken neben dem Nominalkapital das Eigenkapital der KapGes. Sie können sich entweder aus Einlagen der G'ter ergeben (**Kapitalrücklage**), können aber auch durch die Einbehaltung von Gewinnen gebildet werden (**Gewinnrücklage**). Diese Systematik liegt § 272 II–IV HGB zugrunde. Die wirtschaftlich vorhandene Beteiligung eines G'ters an der Rücklage ist kein selbständiges WG, weil es an den Voraussetzungen des WG-Begriffs fehlt.[3] Dies gilt auch dann, wenn im gesellschaftsrechtlichen Innenverhältnis eine für einen G'ter gebundene Rücklage gebildet wird. Während es bei Kapitalrücklagen also um eine Verstärkung des nicht festen Eigenkapitals aus offenen oder verdeckten Einlagen geht, die gewinnneutral ist (§ 4 I 1), ist die Gewinnrücklage eine Maßnahme der Gewinnverwendung aus versteuertem Eigenkapital.[4] Steuerfreie Rücklagen (§ 6b) werden in der Handelsbilanz zum Sonderposten mit Rücklagenanteil (§§ 247 III, 273 HGB).

107 Werden stille Reserven durch eine Entschädigung aufgrund Ausscheidens eines WG des AV oder UV aufgrund höherer Gewalt oder einer Entschädigung oder einer Veräußerung wegen oder zur Vermeidung eines behördlichen Eingriffs aufgedeckt, verhindert die **Rücklage für Ersatzbeschaffung** (R 35 EStR) die steuerwirksame Aufdeckung der Reserven. Der entstehende Ertrag kann durch Übertragung der aufgedeckten stillen Reserven/Übertragung des Buchgewinns auf ein Ersatz-WG verhindert werden. Die Anwendung der Grundsätze über die Rücklage für Ersatzbeschaffung setzt voraus, dass der Gewinn durch BV-Vergleich, nach § 4 III oder nach § 13a ermittelt wird. Bei der Gewinnermittlung nach § 5 I EStG ist schon wegen § 5 I 2 die Übertragung der stillen Reserven nur möglich, wenn entsprechend in der Handelsbilanz verfahren wird. Unschädlich für die Fortführung der Rücklage ist der Wechsel von der Gewinnermittlung durch BV-Vergleich zur Überschussrechnung des § 4 III.[5] In Konstellationen einer Schätzung soll die Rücklage für Ersatzbeschaffung in Perioden nach dem 31.12.99 nicht in Betracht kommen.[6] Wenn die Ersatzbeschaffung in derselben Periode erfolgt, in der die Gewinnschätzung erfolgt, sollte sie zulässig sein, weil die Rspr in Fällen der Gewinnschätzung die Rücklage deswegen abgelehnt hat, weil keine Buchführung eingerichtet war, in welcher die Bildung und Auflösung der Rücklage sich hätte nachverfolgen lassen. Das ist nicht gegeben, wenn die Übertragung in derselben Periode tatsächlich vorgenommen wird.

108 Wenn die Rücklage für Ersatzbeschaffung oder der Buchgewinn auf das Ersatz-WG übertragen wird, **mindert** dies die **AK** oder **HK** als Bemessungsgrundlage, und zwar sowohl für die reguläre AfA als auch für Teilwertabschreibungen als auch grds für erhöhte AfA.[7]

109 Da die Übertragung der Reserven nur möglich ist, wenn ein Ersatz-WG angeschafft oder hergestellt wird, ergibt sich daraus im Umkehrschluss, dass ein aus dem PV in das BV im Wege der **Einlage** überführtes WG nicht begünstigt ist.[8] Der Sinn dessen ist darin zu sehen, dass die Rücklage für Ersatzbeschaffung die Übertragung von Reserven ermöglicht, ohne dass Steueraufwand entsteht. Mit einer Einlage sind jedoch keine Ausgaben verbunden. Das passt jedoch nicht, wenn die Einlage Steuerfolgen auslöst. Handelt es sich also um eine Konstellation des § 6 VI 2 oder wird gegen Gewährung von Gesellschaftsrechten in eine PersGes eingelegt,[9] dann trifft dieser Sinn und Zweck nicht zu. IÜ muss sich die Ersatzbeschaffung auf ein funktionsgleiches WG beziehen,[5] und das Ersatz-WG muss auch tatsächlich funktionsähnlich genutzt werden.[10] Nach Auffassung der Verwaltung[11] soll die Übertragung nur auf WG möglich sein, die im Inland belegen sind.

110 Die **Rücklage** ist **aufzulösen**, wenn das Reinvestitionsobjekt angeschafft oder hergestellt wird oder wenn der StPfl die Reinvestitonsabsicht aufgibt.[12] Erfolgt keine Wiederanlage, dann ist die Rücklage am Schluss des zweiten auf ihre Bildung folgenden Wj aufzulösen, wenn es sich bei dem ausgeschiedenen WG um Grund und Boden oder ein Gebäude handelt. Bei anderen WG grds am Ende des ersten Wj nach Bildung. Eine Auflösung findet auch statt, wenn ein nichtfunktionsgleiches Ersatz-WG angeschafft wird.[5] Das ist nicht unproblematisch, weil es sich tatsächlich um ein Ersatz-

---

1 BFH BStBl II 96, 77 (betr Sonderfall des § 8 III 2 KStG).
2 Vgl im Einzelnen *Scholz*[9] Anhang § 42a Rn 182, 219 ff.
3 Vgl BFH FR 00, 1281.
4 BFH BStBl II 80, 434.
5 BFH BStBl II 99, 488.
6 BFH/NV 99, 1010.
7 BFH BStBl II 81, 432; BStBl 89, 697.
8 BFH BStBl II 85, 250.
9 BFH BStBl II 00, 230.
10 BFH BStBl II 99, 488 (490).
11 OFD Ffm StEK § 5 Rückl Nr 93.
12 BFH BStBl II 73, 297.

WG handelt und weil der Sinn und Zweck der Rücklage für Ersatzbeschaffung gleichwohl gegeben ist/sein kann. Bei einer Veräußerung oder Aufgabe des Betriebs entfällt die Rücklage mit Wirkung für den Veräußerungs- oder Aufgabegewinn.[1]

III. Verbindlichkeiten. Die Verbindlichkeit ist zunächst vom **Rückstellungsbegriff abzugrenzen.** Bei der Rückstellung ist die Verbindlichkeit nach Grund und/oder Höhe ungewiss. Demgegenüber setzt eine zu passivierende Verbindlichkeit grds den **durchsetzbaren Anspr eines Dritten** voraus, dessen **Höhe eindeutig quantifizierbar**[2] ist. Aus Vorsichtsgründen werden auch Verbindlichkeiten, bei denen **nicht alle Elemente des durchsetzbaren Anspr** vorliegen, passiviert, soweit der Schuldner **erfüllungsbereit** ist[3] (zB einredebehaftete Gläubigerforderungen: die Verbindlichkeit darf dann nicht mehr passiviert werden, wenn anzunehmen ist, dass sich der Schuldner auf die Einrede beruft). Entsprechendes gilt, wenn der Schuldner eine Naturalobligation zahlungsunwillig ist. Rechtlich entstandene Verbindlichkeiten sind auch dann zu passivieren, wenn sie noch nicht **fällig** sind.[4] Des Weiteren folgt aus dem Vorsichtsprinzip, dass die Passivierung nicht von der **Zahlungsfähigkeit bzw -willigkeit** des Schuldners abhängen kann.[5] **111**

Anfechtbare Verbindlichkeiten sind so lange auszuweisen, bis die Anfechtung wirksam erklärt worden ist. Bei **nichtigen** Verbindlichkeiten ist zu passivieren, wenn beide Parteien der Nichtigkeit des Rechtsgeschäfts keine Beachtung schenken. Soweit der Fortbestand einer Verbindlichkeit vom Bilanzierenden **bestritten** wird, muss so lange passiviert werden, bis mit dem Gläubiger eine Einigung erzielt ist.[6] Der Grundsatz der Nichtbilanzierung schwebender Geschäfte hindert nicht die Passivierung einer Verbindlichkeit, die erst nach Beendigung des Schwebezustands zu erfüllen ist, wenn es erst nach der Beendigung des schwebenden Geschäfts zu einem Verpflichtungsüberhang kommt; dies folgt aus dem Vorsichtsprinzip.[7] **112**

Bei **vertraglichen** Ansprüchen ist eine **Kenntnis des Gläubigers** von der ihm zustehenden Forderung nicht Voraussetzung für die Passivierung in der Bilanz des Schuldners.[8] Ein Verzicht auf Passivierung ist ausnahmsweise nur dann geboten, wenn nicht einmal mehr eine geringfügige Wahrscheinlichkeit dafür spricht, dass eine Inanspruchnahme erfolgen wird.[9] Bei **Schadensersatzverpflichtungen** wird deshalb die Ansicht vertreten, eine Passivierung müsse **vor Kenntniserlangung** des geschädigten Gläubigers unterbleiben.[10] Dem ist nur unter der Einschränkung zuzustimmen, es sei nicht zu erwarten, der Gläubiger werde von seinem Anspr erfahren, so dass mit einer Inanspruchnahme des bilanzierenden Schuldners nicht ernsthaft zu rechnen ist.[11] **113**

Im Einzelfall kann es so liegen, dass die Rechnungsperioden der **rechtlichen Entstehung** und der **wirtschaftlichen Verursachung** auseinanderfallen. Hier kommt es für die Passivierung jeweils auf den **früheren Bilanzstichtag** an.[12] Der Grund dafür liegt darin, dass in diesen Fällen der Anspr des Dritten entweder entstanden ist und die Leistungspflicht das Vermögen des Kfm belastet oder zwar nur verursacht ist, dann aber die Periodisierung des Aufwands die Passivierung rechtfertigt. Die im neueren Schrifttum anzutreffende Ansicht, aus dem Realisationsprinzip müsse unter ergänzender Heranziehung des anglo-amerikanischen sog „Matching Principle" abgeleitet werden, dass grds jede Passivierung, selbst wenn sie rechtlich entstanden und sicher zu erfüllen sei, ergänzend **wirtschaftlich verursacht** sein müsse (sog **passivierungsbegrenzende Wirkung des Realisationsprinzips**),[13] lässt sich mit dem geltenden Bilanzrechtssystem nicht vereinbaren. Diese Sichtweise geht über den Grundgedanken des Realisationsprinzips weit hinaus und vernachlässigt das Vorsichtsprinzip, welches verhindern will, dass sich der Kfm unzulässig „reich rechnet", in übermäßiger Weise.[14] **114**

---

1 BFH BStBl II 92, 392.
2 Zu Ausnahmen von der Gewissheit *BeBiKo*[4] § 253 Rn 70 (Fremdwährungsverbindlichkeit); Rn 82 (Leibrentenverpflichtung).
3 Vgl BFH BStBl II 68, 79 zu Naturalobligationen; BStBl II 93, 543 zu verjährten Verbindlichkeiten.
4 BFH BStBl II 93, 89; BFH/NV 94, 779.
5 BFH/NV 93, 364 (betr Zahlungsunfähigkeit); aA FG Hbg EFG 96, 970 (rkr).
6 *A/D/S*[6] § 246 HGB Rn 117. Herrscht Streit über das Entstehen der Verbindlichkeit, kommt nur eine Rückstellungsbildung in Betracht.
7 BFH DStR 02, 1295.

8 BFH BStBl II 91, 479; BStBl II 93, 891; *Kessler* DStR 96, 1228 (1232f).
9 BFH BStBl II 89, 359; BStBl II 91, 479; BFH/NV 92, 741; *BeBiKo*[4] § 247 Rn 207.
10 *Blümich* § 5 Rn 759; vgl auch BFH BStBl II 93, 891; **aA** *Schön* BB 94, Beil. Nr 9, S 1 (8).
11 *BeBiKo*[4] § 247 Rn 207.
12 BFH BStBl II 84, 747 (750); einschränkend BMF DStR 05, 1188.
13 *Matschke/Schellhorn* FS Sieben, 1998, S 447; *Schmidt*[26] § 5 Rn 311; vgl auch *Blümich* § 5 Rn 252 mwN.
14 *Blümich* § 5 Rn 252.

115 **Aufschiebend bedingte** Verbindlichkeiten sind als solche erst mit dem Eintritt der Bedingung zu passivieren.[1] Hat der Bilanzierende eine Bürgschaft übernommen oder eine vergleichbare dingliche Sicherheit für eine fremde Schuld bestellt, kommt eine Passivierung nicht in Betracht, solange nicht mit einer Inanspruchnahme zu rechnen ist.[2] Ebenso wenig ist eine Verbindlichkeit auszuweisen, wenn eine bedingte Rückzahlungsverpflichtung aus öffentlich-rechtlichen, vertraglichen oder gesetzlichen Zuschussverhältnissen besteht[3] oder wenn diese ausschließlich aus künftig bestehendem Gewinn zu bedienen ist.[4] **Auflösend bedingte** Verbindlichkeiten sind bis zum Bedingungseintritt zu passivieren.[5] Bei einer Verbindlichkeit, deren Erlass auflösend bedingt ist, ist nicht mehr zu passivieren.[6]

116 Eine Passivierung als Verbindlichkeit hat auch dann zu erfolgen, wenn die Leistungsverpflichtung nicht in einer Geldzahlung, sondern in einer **sonstigen Leistung bzw Lieferung** besteht, sofern nicht die Grundsätze des sog schwebenden Geschäfts eingreifen (oben Rn 81). Nicht abschließend geklärt ist die Behandlung **dinglicher Lasten**, die auf ein bloßes Dulden oder Unterlassen gerichtet sind und nicht nur eine ohnehin bestehende schuldrechtliche Verbindlichkeit absichern. Besteht zB ein Nießbrauch oder eine Grunddienstbarkeit, geht der BFH bisher davon aus, dass keine Verbindlichkeit auszuweisen, sondern eine Wertminderung bei den AK von Grund und Boden bzw Gebäude vorzunehmen sei.[7] Nach neuerer Rspr[8] begründen dingliche Belastungen keine Verbindlichkeiten, deren Übernahme zu AK führt. Die Belastung sei kein passives WG, und es sei auch keine schuldrechtliche Verpflichtung gegeben. Im Schrifttum wird zT dahin gehend differenziert, ob es sich um **immerwährende** Duldungs- und Unterlassungslasten handele – dann sei von einer endgültigen Minderung des dem Vermögensgegenstand zugeordneten Ertragswerts auszugehen – oder ob eine nur **zeitlich befristete** Duldungs- und Unterlassungsverpflichtung vorliege; in letzterem Fall sei von einer Verbindlichkeit auszugehen, die sich im Zeitablauf gewinnwirksam verringere.[9]

117 Nach § 253 I 2 HGB sind Verbindlichkeiten mit ihrem Rückzahlungsbetrag, also mit dem **Brutto-Erfüllungsbetrag** anzusetzen. Der Rückzahlungsbetrag entspricht grds dem Nennwert der Schuld, Verbindlichkeiten in fremder Währung sind mit dem in DM bzw Euro umgerechneten (Brief-)Kurs zu passivieren.[10]

118 **Steuerlich** galt bisher, dass Verbindlichkeiten sinngemäß mit ihren AK oder mit ihrem höheren Teilwert anzusetzen waren (§ 6 I 3 iVm 2 aF). Bei Geldverbindlichkeiten galt der Nennwert als AK,[11] bei Sach- oder Dienstleistungsverpflichtungen war der Geldwert der Aufwendungen (Vollkosten), die zur Bewirkung der Sach- oder Dienstleistung erforderlich gewesen sind, maßgebend.[12] Mit der Neufassung des § 6 I Nr 3 im Rahmen des StEntlG 99/00/02 (BGBl I 99, 402) sind Verbindlichkeiten wie bisher mit ihren AK, dh mit ihrem Erfüllungsbetrag, oder mit ihrem Teilwert anzusetzen. Allerdings ist zusätzlich ein sog **Abzinsungsgebot** analog den Regelungen für Rückstellungen vorgesehen. Dies gilt wiederum nicht für Verbindlichkeiten, deren Restlaufzeit am Bilanzstichtag weniger als 12 Monate beträgt, die verzinslich sind, oder auf einer Anzahlung bzw Vorausleistung beruhen (§ 6 I Nr 3 S 2). Zur Frage der Technik der Abzinsung vgl § 6 Rn 148. Aus der Verweisungskette der §§ 6 I Nr 3, 6 I Nr 2, 6 I Nr 1 S 4 ergibt sich, dass das **strikte Wertaufholungsgebot** für abnutzbare WG des Anlagevermögens auch bei Verbindlichkeiten entspr gilt. Dies ist vor allem im Bereich der sog **Fremdwährungsverbindlichkeiten** zu beachten. Bei Begr einer entspr Verbindlichkeit werden ihre AK auf Basis des aktuellen Wechselkurses ermittelt. Die bisherige **Kursreserve**, die bei vorübergehend gestiegenen Umrechnungskursen infolge der damit verbundenen gewinnmindernden Teilwertabschreibung entstanden war, muss nunmehr wegen des strikten Wertaufholungsgebots bei gesunkenem Kurs **aufgelöst** werden, mit der Folge, dass eine gewinnerhöhende Verringerung des

---

1 BFH BStBl II 92, 488; uU Rückstellungsbildung bei hinreichender Wahrscheinlichkeit des Bedingungseintritts.
2 Zur Frage der Rückstellungsbildung vgl BFH BStBl II 88, 592; BStBl II 97, 390.
3 BFH BStBl II 92, 488 uU Rückstellungsbildung bei hinreichender Wahrscheinlichkeit des Bedingungseintritts: BFH BStBl II 98, 245 (betr bedingt rückzahlbare Druckbeihilfen); steuerrechtlich Passivierungsverbot gem § 5 IIa.
4 BFH BStBl II 80, 741 uU Rückstellungsbildung bei erfolgsabhängiger Vergütung: BFH BStBl II 97, 320.
5 *A/D/S*[6] § 246 HGB Rn 122; *Schmidt*[26] § 5 Rn 314; nach *BeBiKo*[4] § 247 Rn 225 kommt nur eine Verbindlichkeitsrückstellung in Betracht.
6 BFHE 160, 323; BFH BStBl II 90, 980; *BeBiKo*[4] § 249 Rn 225; *Schmidt*[26] § 5 Rn 314; **aA** *A/D/S*[6] § 246 HGB Rn 124.
7 BFH BStBl II 90, 128; vgl *Schmidt*[26] § 5 Rn 319f.
8 BFH DB 05, 422.
9 *Heymann*[2] HGB § 246 Rn 21 mwN.
10 Näher *BeBiKo*[4] § 253 Rn 51 ff.
11 BFH BStBl II 77, 360.
12 BFH BStBl II 86, 788.

Bilanzansatzes vorgenommen wird. Ob es dem StPfl überhaupt möglich ist, **nachzuweisen**, dass es sich um eine voraussichtlich dauernde Wertminderung handelt, bleibt vorläufig ungeklärt. Da es allerdings wenig sinnvoll erscheint, dem StPfl die Feststellungslast für Umstände aufzuerlegen, die er unmöglich nachweisen kann (künftige Währungskursentwicklung), spricht einiges dafür, dass Wertaufholungsgebot teleologisch restriktiv anzuwenden.[1]

IV. Rückstellungen. – 1. Maßgeblichkeitsgrundsatz bei Rückstellungen. – a) Allgemeines. Vom HGB werden die Rückstellungen zw Eigenkapital und Verbindlichkeiten eingeordnet (§ 266 III HGB). Ihr **theoretisches Verständnis** ist davon abhängig, ob man der statischen oder dynamischen Bilanzauffassung zuneigt.[2] Nach statischer Auffassung dienen Rückstellungen der zutr Erfassung (rechtlicher) Verbindlichkeiten, während die dynamische Auffassung darauf abstellt, dass spätere Aufwendungen in die Periode ihrer Verursachung eingerechnet werden. Für die **Rechtsanwendung** entscheidend ist allein der Katalog des § 249 HGB, dessen kleinster gemeinsamer Nenner darin besteht, dass Passivposten zur Berücksichtigung künftig anfallender Aufwendungen gebildet werden, obschon Grund und/oder Höhe dieser Posten ungewiss sind. Materiell geht es demnach um eine Ausprägung des **Imparitätsprinzips**. 119

Die Bildung und Auflösung von Rückstellungen bei der **steuerrechtlichen Gewinnermittlung** richtet sich nach den handelsrechtlichen GoB (§ 5 I 1), soweit nicht das Steuerrecht vorrangige **spezielle Rückstellungsvorschriften** vorsieht. Zu einer Abweichung von der HB kommt es demzufolge bei den steuerrechtlichen Passivierungsbegrenzungen der §§ 5 IIa, III, IV, IVa, IVb. Des Weiteren dürfen bei der steuerrechtlichen Gewinnermittlung keine Rückstellungen für solche künftigen Ausgaben anerkannt werden, die nach speziellen steuerrechtlichen Vorschriften **nicht als BA** abziehbar sind (vgl §§ 4 V, 5 VI). Schließlich folgt aus der sog Wahlrechts-Rspr des BFH, dass ein Passivierungswahlrecht in der HB zu einem **Passivierungsverbot** in der Steuerbilanz führt.[3] Deshalb scheidet zB eine Passivierung aus, wenn in der HB gem § 249 I 3 HGB für im Wj unterlassene Aufwendungen für Instandhaltung, die zwar im folgenden Wj nicht innerhalb von 3 Monaten, aber bis zum Ende des Wj nachgeholt wird, eine Rückstellungsbildung erfolgt. Soweit handelsrechtlich eine Rückstellungsbildung unzulässig ist (§ 249 III 1 HGB), darf auch in der Steuerbilanz keine Rückstellung gebildet werden.[4] 120

Die verschiedenen Rückstellungsarten sind folgendermaßen zu **systematisieren**:[5] (1) Rückstellungen mit Verpflichtungscharakter; (2) Rückstellungen für drohende Verluste aus schwebenden Geschäften; (3) Rückstellungen ohne Verpflichtungscharakter (sog Aufwandrückstellungen). Diese Systematisierung liegt auch dem HGB zugrunde, welches die Rückstellungen – mit einer Ergänzung in § 274 I HGB für sog latente Steuern – in § 249 HGB abschließend umschreibt. Danach sind folgende Rückstellungen möglich: (1) Passivierungspflicht für Rückstellungen aus **ungewissen Verbindlichkeiten**; (2) Passivierungspflicht für Rückstellungen für **drohende Verluste** aus schwebenden Geschäften, die gem § 5 IVa steuerrechtlich nicht berücksichtigt werden; (3) Passivierungspflicht für Rückstellungen für im Geschäftsjahr unterlassene **Aufwendungen für Instandhaltungen**, die innerhalb von 3 Monaten nachgeholt werden, oder für Abraumbeseitigung, die im folgenden Geschäftsjahr nachgeholt werden; (4) Passivierungspflicht für Rückstellungen für **Gewährleistungen ohne rechtliche Verpflichtung**; (5) Passivierungswahlrecht für Rückstellungen für im Geschäftsjahr unterlassene Aufwendungen zur Instandhaltung, die nach Ablauf von 3 Monaten, jedoch innerhalb des folgenden Geschäftsjahres nachgeholt werden; steuerrechtlich folgt hieraus ein Passivierungsverbot; (6) Passivierungswahlrecht bei Aufwandrückstellungen nach § 249 II HGB, welches steuerrechtlich ebenfalls ein Passivierungsverbot zur Folge hat. 121

Rückstellungen für **ungewisse Verbindlichkeiten** (§ 249 I 1 Fall 1 HGB) setzen grds eine Schuldner-Gläubiger-Beziehung voraus, so dass unternehmensinterner „Aufwand gegen sich selbst", der betriebswirtschaftlich die Rückstellung möglicherweise zu begründen vermag, nicht zur Passivierungspflicht im Rechtssinne führen kann.[6] Erforderlich ist die **ungewisse Verpflichtung gegenüber einem Dritten**, doch ist der Kreis der Dritten weit zu ziehen. Dies ergibt sich aus der Abgrenzung zum nicht nach § 249 I 1 Fall 1 HGB passivierungsfähigen **internen Aufwand**. Der Schuldcharakter 122

---

1 AA BMF DB 00, 546 Tz 11 ff.
2 Näher *A/D/S*[6] § 249 HGB Rn 20 ff.
3 BFH BStBl II 92, 336.
4 BFH BStBl II 88, 338.
5 Vgl *A/D/S*[6] § 249 HGB Rn 11 ff.
6 BFH BStBl II 78, 97; BStBl II 80, 434; *A/D/S*[6] § 249 HGB Rn 43.

einer am Bilanzstichtag bestehenden Belastung kann sich also ergeben: aus einem bestehenden Vertrag oder einem gesetzlichen Schuldverhältnis, wobei die Pers des Gläubigers nicht bekannt sein muss (zB Produzentenhaftung);[1] aus öffentlich-rechtlichen Verpflichtungen (Steuern, Jahresabschlusskosten).[2] Die vom BFH (zum Teil) geforderte Kenntnis bzw unmittelbar bevorstehende **Kenntnis des Gläubigers** bzgl seines Anspr steht einer Rückstellungsbildung nicht entgegen (oben Rn 113).[3] Des Weiteren lässt der BFH eine öffentlich-rechtliche Verpflichtung nur dann als Grundlage für die Bildung einer Rückstellung zu, wenn ein Gesetz oder eine Vfg der zuständigen Behörde ein inhaltlich genau bestimmtes Handeln innerhalb eines bestimmten Zeitraumes vorschreibt und wenn an die Verletzung der öffentlich-rechtlichen Verpflichtung Sanktionen geknüpft sind, so dass sich das Unternehmen der Erfüllung der Verpflichtung tatsächlich nicht entziehen kann.[4] Dieses einengende Verständnis des Rückstellungsbegriffs führt iErg zu einem **Sonderrecht für öffentlich-rechtliche Verpflichtungen**, welches im Gesetz keine Stütze findet. Mittlerweile vertritt zumindest der I. Senat des BFH eine strikte Anbindung an das Vorsichtsprinzip; wenn die Verwaltungsbehörde von einer Schadstoffbelastung Kenntnis hat und der polizeirechtliche Störer ernsthaft mit Inanspruchnahme aus seiner ihn treffen- den öffentlich-rechtlichen Verpflichtung rechnen muss, ist zwingend eine Rückstellung zu bilden.[5] Nach dem nicht zum Urteil gewordenen (§ 90a III FGO) Gerichtsbescheid des I. Senats des BFH v 15.12.04[6] kann sich eine Passivierung auch schon aus einer hinreichend konkretisierten Rechtsnorm ergeben.

Zu den Rückstellungen mit Verbindlichkeitscharakter nach § 249 I 1 Fall 1 HGB zählen auch faktische und nicht einklagbare Verpflichtungen, denen sich das Unternehmen nicht entziehen kann.[7] Für die Rückstellungsfähigkeit macht es keinen Unterschied, ob die spätere Erfüllung einer bestehenden Verbindlichkeit zu einer Aufwandserhöhung oder zu einer Einnahmenminderung führt, weil jeweils von einer Ergebnisminderung am Bilanzstichtag auszugehen ist, so dass aufgrund des Vorsichtsprinzips eine Rückstellung zu bilden ist.[8] Daraus folgt auch, dass eine Rückstellung aufgrund eines per Klage geltend gemachten Anspruchs so lange bestehen bleibt, bevor die Klage nicht rechtskräftig abgewiesen worden ist.[9] Ein Verkäufer darf wegen seiner Verpflichtung zur Rückerstattung des Kaufpreises keine Rückstellung bilden, wenn er am Bilanzstichtag mit einer Wandlung des Kaufvertrages nicht rechnen musste. Das gilt auch dann, wenn die Wandlung vor Aufstellung der Bilanz erklärt wird. Diese Aussage des BFH[10] gilt grundsätzlich auch für das neue Schuldrecht (§ 437 BGB), und für sie spricht, dass eine Gestaltungserklärung (§ 349 BGB) ex nunc wirkt, doch könnte sich aus dem Aufhellungsprinzip eine andere Beurteilung ergeben, weil die wirtschaftliche Verursachung in der abgelaufenen Periode liegt.

123 Einen Sonderfall der Fallgruppe „faktische Verpflichtung" bilden die in § 249 I 2 Nr 2 HGB erwähnten Rückstellungen für **Gewährleistungen ohne rechtliche Verpflichtung**. Die Sonderregelung ist handelsrechtlich überflüssig, da schon die Voraussetzungen der Rückstellung aus ungewissen Verbindlichkeiten vorliegen. Der Sinn der ausdrücklich erwähnten Passivierungspflicht ist die Sicherstellung der steuerrechtlichen Anerkennung.[11] Die Passivierungspflicht für Kulanzleistungen ist nicht unproblematisch, da es idR um Kundenpflege usw geht, die sich in der Zukunft auswirkt. Es darf daher nicht jede Kulanzleistung passiviert werden, vielmehr muss es sich um **echte Gewährleistungsfälle** handeln, die aufgrund der gesetzlichen oder vertraglichen Bestimmungen nicht mehr durchsetzbar sind.

124 Nach § 249 I 1 Fall 2 HGB müssen für **Drohverluste aus einem schwebenden Geschäft** Rückstellungen gebildet werden. Die drohenden Verluste sind aufgrund des Imparitätsgrundsatzes zu antizipieren. Nach hM[12] geht es bei der Rückstellung für drohende Verluste aus schwebenden Geschäften um einen **Sonderfall der Rückstellungen für ungewisse Verbindlichkeiten**. Schon der Wortlaut des § 249 I 1 HGB zeigt, dass dies (zumindest) eine verkürzte Etikettierung darstellt. Während bei

---

1 A/D/S[6] § 249 HGB Rn 44; Schmidt[26] § 5 Rn 362.
2 BFH BStBl II 73, 860 bfr Steuern; BStBl II 81, 62 betr Aufstellung und Prüfung des Jahresabschlusses; BeBiKo[4] § 249 Rn 29.
3 A/D/S[6] § 249 HGB Rn 75 mwN; **aA** BFH BStBl II 93, 891; wie hier aber BFH/NV 02, 486.
4 BStBl II 92, 1010; BStBl II 93, 891; BStBl II 01, 570; BStBl II 03, 131; DStR 04, 1247.
5 BFH/NV 04, 271.
6 BFH DStR 05, 1485 mit Anm Christiansen.
7 BFH BStBl III 63, 113; DB 91, 962; BeBiKo4 § 249 Rn 31; K/W[4] § 249 HGB Rn 37.
8 BFH BStBl II 02, 655.
9 BFH DStR 02, 713.
10 BStBl II 02, 227; dazu BMF BStBl I 02, 335.
11 A/D/S[6] § 249 HGB Rn 182; vgl das einschränkende Urteil BFH BStBl III 65, 383.
12 BStBl II 83, 361 (363); BStBl II 84, 54 (58); K/W[4] § 249 HGB Rn 61.

ungewissen Verbindlichkeiten der volle Erfüllungsbetrag angesetzt werden muss, sind bei der Drohverlustrückstellung die noch ausstehenden Erträge gegenzurechnen, so dass per Saldo nur ein Verpflichtungsüberhang passiviert wird. Die exakte Abgrenzung zw Drohverlustrückstellungen und Rückstellungen für ungewisse Verbindlichkeiten ist deshalb von besonderer Bedeutung, weil steuerrechtlich erstere nach § 5 IVa nicht mehr gebildet werden dürfen (unten Rn 145).[1] Nach hM[2] besteht ein **Vorrang** der Verbindlichkeitsrückstellung gegenüber der Drohverlustrückstellung.

Bei sog **Aufwandrückstellungen** (§ 249 II HGB) handelt es sich um Rückstellungen, die nicht Verbindlichkeiten des Unternehmens gegenüber Dritten betreffen, sondern ihre Ursache nur in **zukünftigem innerbetrieblichen Aufwand** haben. Aus der Sicht des Steuerrechts kommt es darauf an, dass § 249 II HGB die Möglichkeit der Bildung von Aufwandrückstellungen als Passivierungswahlrecht gestaltet. Da nach der Rspr des BFH[3] handelsrechtliche Passivierungswahlrechte zu steuerrechtlichen Passivierungsverboten führen, wirkt sich § 249 II HGB in der steuerrechtlichen Gewinnermittlung nicht aus.

§ 249 I 2 Nr 1 S 3 HGB regeln die Rückstellungen für **unterlassene Instandhaltung**, setzen als Aufwandrückstellung aber voraus, dass noch keine Verpflichtung über die Reparatur usw gegenüber Dritten eingegangen ist. Das Rückstellungsgebot bei Nachholung innerhalb von 3 Monaten hat steuerliche Gründe. Der BFH[4] hatte entschieden, dass Instandhaltungsrückstellungen nicht durch GoB gedeckt seien und deshalb nicht über § 5 I 1 in das Steuerrecht zu übernehmen seien. Die Passivierungspflicht in § 249 I 2 Nr 1 HGB sichert somit die steuerrechtliche Rückstellungsbildung. Dagegen führt das Passivierungswahlrecht des § 249 I 3 zu einem steuerrechtlichen Passivierungsverbot.

Im Einzelnen setzen die Rückstellungen nach § 249 I 2 Nr 1 S 3 HGB voraus: Es muss sich um unterlassenen Aufwand handeln. Die Verursachung einer nach weiterem Gebrauch notwendig werdenden Reparatur ist nicht ausreichend. Der Aufwand muss im Geschäftsjahr, für das bilanziert wird, unterlassen worden sein; eine Nachholung für frühere Geschäftsjahre ist allenfalls nach § 249 II HGB möglich. Die Aufwendungen müssen im folgenden Geschäftsjahr (bei § 249 I 2 Nr 1 innerhalb von 3 Monaten) nachgeholt werden. Ist die Nachholung in der Folgeperiode bei vernünftiger kfm Beurteilung nicht möglich, so ist insoweit auch keine Rückstellungsbildung zulässig.

b) Wahrscheinlichkeit. In Abgrenzung zu Verbindlichkeiten ist die Rückstellung von vornherein nur eine **unsichere Belastung** des Unternehmens. Zu entscheiden ist daher, ab wann und unter welchen Voraussetzungen eine potentielle Inanspruchnahme als Belastung zu passivieren ist. Es ist eine **Wahrscheinlichkeitsprognose** zu treffen, wobei ein gesteigerter Grad von Wahrscheinlichkeit zu verlangen ist. Auch hier gibt es wegen des wertenden Wahrscheinlichkeitsurteils keine generelle Lösung. Die neuere BFH-Rspr judiziert nach einer „51-vH-Formel": Sprechen mehr Gründe für als gegen eine Inanspruchnahme, so liegen die Rückstellungsvoraussetzungen vor.[5] Auch diese Formel ist nicht mehr als ein Anhalt, jedoch deshalb wichtig, weil eine nicht ausreichende Wahrscheinlichkeit der Inanspruchnahme nach Auffassung des BFH[6] nur ein handelsrechtliches Passivierungswahlrecht gibt, welches sich in der Steuerbilanz nicht auswirkt. Dieses Arg ist für den Grundtatbestand des § 249 I HGB, der von einer Passivierungspflicht ausgeht, nicht überzeugend.

c) Wirtschaftliche Verursachung. Die ungewisse Verbindlichkeit iSd § 249 I 1 Fall 1 HGB muss am Bilanzstichtag wirksam entstanden oder zumindest im abgelaufenen Geschäftsjahr wirtschaftlich verursacht sein.[7] Die für eine Rückstellung genügende wirtschaftliche Verursachung ist kein Ausdruck der dynamischen Bilanzauffassung, da die Rückstellung als Aufwand nur dann dem abgelaufenen Geschäftsjahr zugerechnet werden soll, wenn im Prozess der Entstehung der Verbindlichkeit ein Stadium erreicht hat, das **am Stichtag als bestehende Belastung** anzusehen ist. Abgestellt wird auf die wirtschaftliche Wertung des Einzelfalles im Lichte der rechtlichen Struktur des Tatbestandes.[8] Dass sich die Verursachungsfrage letztlich nicht generell beantworten lässt, liegt in der Natur der Sache. Deshalb kommt der Konkretisierung durch die Rspr, insbes des BFH, hier besondere Bedeutung zu.

---

1 Vgl dazu näher *Scholz*[9] Anhang § 42a Rn 200 ff mwN.
2 BFH BStBl II 83, 1552; *BeBiKo*[4] § 249 Rn 67 mwN.
3 BFH GrS BStBl II 69, 291.
4 BFH BStBl II 84, 277.
5 BFH BStBl II 85, 44; *BeBiKo*[4] § 249 HGB Rn 43 mwN.
6 BFH BStBl II 84, 263; BStBl II 88, 592; BStBl II 92, 488; BStBl II 92, 600.
7 BFH BStBl II 68, 544; BStBl II 80, 297; BStBl II 85, 44; *K/W*[4] § 249 HGB Rn 39 ff.
8 BFH BStBl II 92, 336.

130 Eine wirtschaftliche Verursachung liegt nach der Rspr des BFH vor, wenn „die wirtschaftlich wesentlichen Tatbestandsmerkmale der Verpflichtung erfüllt sind und das Entstehen der Verbindlichkeit nur noch von wirtschaftlich unwesentlichen Tatbestandsmerkmalen abhängt".[1] Nach einer weiteren Formel des BFH setzt die wirtschaftliche Verursachung die „konkretisierte Zugehörigkeit künftiger Ausgaben zu bereits realisierten Erträgen voraus".[2] Der BFH hat in folgenden **Einzelfällen** eine Rückstellungsbildung mangels bestehender wirtschaftlicher Verursachung nicht anerkannt: Bei Rückstellungen für die Verpflichtung zur Grund- oder Teilüberholung von Luftfahrtgerät vor Ablauf der vorgeschriebenen Betriebszeit;[3] bei Rückstellungen für künftige Beiträge an den Einlagensicherungsfonds der Banken, auch wenn wegen vergangener zusätzlicher Schäden die Beitragserhöhung absehbar war;[4] bei Nachbetreuungsleistungen an Hör- und Sehhilfen;[5] bei Nachanalyse von sog Alt-Arzneimitteln;[6] bei Rückstellungen für künftige Beiträge an den Pensionssicherungsverein;[7] bei künftigem Prozessaufwand, wenn am Stichtag noch kein Verfahren anhängig ist.[8]

131 Umstritten ist die Frage, ob eine Rückstellung auch dann gebildet werden darf, wenn die wirtschaftliche Verursachung erst **nach der rechtlichen Entstehung** eintritt. Einvernehmen herrscht darüber, dass wegen des Realisationsprinzips spätestens mit dem Zeitpunkt der wirtschaftlichen Verursachung eine Rückstellung zu passivieren ist. Im neueren Schrifttum wird daraus allerdings die weitergehende These einer sog **rückstellungsbegrenzenden Wirkung des Realisationsprinzips** abgeleitet.[9] Dieser Sichtweise ist entgegenzutreten. Aus dem **Vorsichtsprinzip** einschl des Gebots des vollständigen Ausweises der Schulden folgt, dass die jeweils in einem Wj durch Vorgänge des Geschäftsbetriebs rechtlich entstandenen Außenverpflichtungen zurückgestellt werden müssen, ohne dass es darauf ankommt, dass bereits (durch die Ausgaben alimentierte) Erträge angefallen sind; insoweit bedarf das Realisationsprinzip einer Ergänzung.[10] Ein Rechtssatz, dass Schulden nur passiviert werden dürfen, wenn die dazugehörigen künftigen Ausgaben durch Umsatzakte des abgelaufenen oder eines früheren Wj verursacht sind, existiert nicht. Deshalb ist im Grundsatz schon im Zeitpunkt der rechtlichen Entstehung **zwingend** eine Rückstellung zu bilden. Dies hat nunmehr auch der I. Senat des BFH[11] bestätigt; es gibt keinen bilanzrechtlichen Grundsatz, Aufwand in die Periode zu verlagern, in der Erträge erzielt werden, aus denen die Aufwendungen gedeckt werden. Hinzuweisen ist darauf, dass es zu diesem Punkt innerhalb des BFH evtl Meinungsverschiedenheiten gibt.[12] Etwas Abweichendes gilt nur in besonderen Ausnahmefällen, wenn die rechtliche Leistungspflicht **trotz Beachtung des Vorsichts- und Imparitätsprinzips** sich noch nicht zu einer **gegenwärtigen wirtschaftlichen Last** konkretisiert hat. Ist mit einer Inanspruchnahme zu rechnen, was Sachverhaltsfrage ist, dann muss nach allem eine Rückstellung gebildet werden.[13] Andererseits sind zB (ungewisse) Verbindlichkeiten, die vereinbarungsgemäß nur aus künftigen Gewinnen oder Erlösen zu tilgen sind, nicht zu passivieren, weil es an einer aktuellen Belastung fehlt.[14] Aus dem gleichen Grund wird man die mit der Inbetriebnahme eines Kernkraftwerks rechtlich zwar vollständig entstandene, wirtschaftlich aber erst nach langjährigem Betreiben voll zum Tragen kommende Entsorgungsverpflichtung in Form einer sog Ansammlungsrückstellung bzw Verteilungsrückstellung ausnahmsweise berücksichtigen dürfen, weil die Passivierung der vollen künftigen Entsorgungskosten bereits ab dem Wj der Inbetriebnahme offensichtlich den nach vernünftiger kfm Beurteilung notwendigen Betrag iSd § 253 I 2 HGB überstiege.[15] Steuerrechtlich schreibt § 6 I Nr 3a d die ratierliche zeitanteilige Ansammlung vor.

132 Eine Rückstellung für ungewisse Verbindlichkeiten (§ 249 I 1 Fall 1 HGB) setzt voraus, dass die Erfüllung der Verpflichtung nicht nur an Vergangenes anknüpft, sondern auch **Vergangenes abgilt**.[16] Der Vergangenheitsbezug unterscheidet die Verbindlichkeitsrückstellung von der Drohverlustrückstellung nach § 249 I 1 Fall 2 HGB, die auf der Durchbrechung des Realisations- und des Stichtagsprinzips durch das Imparitätsprinzip beruht, weil sie auf zukünftige Verluste abzielt (unten Rn 128).

---

1 BFH BStBl II 85, 44; DStRE 99, 6.
2 BFH BStBl II 89, 893.
3 BFH BStBl II 87, 848.
4 BFH BStBl II 92, 177.
5 BFH BStBl II 94, 158; in Abgrenzung dazu BFH/NV 02, 1638.
6 BFH DStRE 98, 37.
7 BFH BStBl II 92, 336.
8 BFH HFR 96, 558.
9 *Moxter* FS Havermann, 1995, S 487 (493 f); *Schmidt*[26] § 5 Rn 77 mwN.
10 *A/D/S*[6] § 249 HGB mwN.
11 BStBl II 03, 121; auch wieder BFH DB 02, 2351; Nichtanwendungserlass BMF BStBl I 03, 125.
12 Vgl BFH DB 02, 2351 (2352 f).
13 BFH/NV 04, 271.
14 BFH BStBl II 93, 502.
15 *Blümich* § 5 Rn 799 mwN.
16 BFH BStBl II 87, 848; BStBl II 89, 893.

Für betriebliche Zuwendungen (zB öffentliche Fördermittel), die nur unter einer noch nicht eingetretenen Bedingung zurückzuzahlen sind, ist unabhängig davon, ob das Rechtsverhältnis als auflösend oder als aufschiebend bedingte Liquiditätshilfe oder als bedingt zu erlassender Zuschuss anzusehen ist, eine Verbindlichkeitsrückstellung zu bilden.[1] Eine wirtschaftliche Verursachung sei auch dann gegeben, wenn die Rückzahlungsverpflichtung iErg vom kommerziellen Erfolg des Vorhabens abhängt.[2] Entscheidend ist allein, dass mit hinreichender Wahrscheinlichkeit die Rückgewähr eines empfangenen Entgelts zu erwarten ist. **Steuerrechtlich** ordnet § 5 IIa ein **Passivierungsverbot** an. 133

d) Höhe der Rückstellung. Nach § 253 I 2 HGB sind Rückstellungen nicht einfach mit dem vollen Rückzahlungsbetrag oder Nennwert der Eventualverbindlichkeit, sondern in der Höhe anzusetzen, die nach **vernünftiger kfm Beurteilung** notwendig ist, um das Risiko einer eventuellen Inanspruchnahme bzw die voraussichtlichen Aufwendungen voll abzudecken. Die Höhe der Rückstellungen ist zum Zeitpunkt ihrer erstmaligen Bildung und an den späteren Stichtagen jeweils neu zu schätzen; ein Beibehaltungswahlrecht sieht das Gesetz nicht vor (vgl § 253 V HGB). 134

Steuerrechtlich sieht die durch das StEntlG 99/00/02 v 24.3.99 (BGBl I 99, 402) eingefügte Neuregelung des § 6 I Nr 3a–e erstmals **Sondervorschriften** für die Bewertung von Rückstellungen vor: Erfahrungen der Vergangenheit sind zu berücksichtigen (Buchst a); ungewisse Sachleistungsverpflichtungen sind mit den Einzelkosten und den angemessenen Teilen der notwendigen Gemeinkosten zu bewerten (Buchst b); künftige Vorteile sind zu saldieren (Buchst c); Ansammlungsrückstellungen sind zu bilden (Buchst d); Geld- und Sachleistungsverpflichtungen sind mit einem Zinssatz von 5,5 vH abzuzinsen (unten § 6 Rn 152 ff). 135

Soweit das Entstehen einer Verbindlichkeit sicher und **nur die Höhe ungewiss** ist (etwa wenn zw den Parteien über die Höhe des Schadens gestritten wird), muss der Wert mit der **größten Eintrittswahrscheinlichkeit**, also nicht der höchste denkbare Wert angesetzt werden. Ist umgekehrt die Höhe gewiss, aber die Ursache bzw die Zurechenbarkeit noch unklar, aber überwiegend wahrscheinlich, so ist dahingehend zu differenzieren, ob es sich um eine einzelne ins Gewicht fallende Verbindlichkeit handelt; hier ist der volle Nenn- bzw Erfüllungsbetrag anzusetzen, der sich nach den erwarteten Ausgaben aufgrund der Preisverhältnisse am Stichtag richtet.[3] Handelt es sich dagegen um **mehrere gleichartige Eventualverbindlichkeiten**, die als einzelne weniger ins Gewicht fallen (zB kleinere Sachmängel an einem Serienprodukt), muss der Betrag mit der größten Eintrittswahrscheinlichkeit angesetzt werden; nicht maßgebend ist der addierte Gesamtbetrag aller möglichen Gewährleistungsansprüche.[4] Während handelsrechtlich eine **Abzinsung** nur dann in Betracht kommt, wenn im Erfüllungsbetrag verdeckte Zinsen enthalten sind, muss **steuerrechtlich** eine Abzinsung von 5,5 vH vorgenommen werden (§ 6 I Nr 3a e), es sei denn, die ungewisse Verpflichtung ist verzinslich oder beruht auf einer Anzahlung oder Vorausleistung. 136

Die in der Praxis bedeutsame Bewertung der Rückstellungen aus **arbeitsrechtlichen Verpflichtungen** ist nicht in allen Einzelheiten geklärt. Nach Ansicht des BFH bemisst sich die Rückstellung bei rückständigem Urlaub nach dem den betroffenen ArbN zustehenden Lohn bzw Gehalt einschl der Lohnnebenkosten, aber unter Ausschluss jährlich vereinbarter Sondervergütungen und allg Verwaltungskosten.[5] 137

Aus dem Einzelbewertungsgrundsatz des § 252 I Nr 3 HGB folgt, dass der nach vernünftiger kfm Beurteilung erforderliche Rückstellungsbetrag grds als **Einzelrückstellung** gebildet werden muss. **Pauschalrückstellungen** (Sammelrückstellungen) sind handelsrechtlich für zulässig erachtet worden, wenn es sich um die Bewertung einer Vielzahl gleichartiger Geschäfte (Garantie-, Gewährleistungs-, Urlaubsrückstellungen, Rückstellungen für Bankbürgschaften, Wechselobligo, versicherungstechnische Rückstellungen) handelt, wenn insoweit substantiierte Erfahrungswerte vorgelegen haben.[6] Der EuGH hat dies als mit Art 31 I Buchst e der 4. EG-Richtlinie vereinbar angesehen.[7] Aus Sicht des **Steuerrechts** schreibt die durch das StEntlG 99/00/02 neu eingeführte Regelung des § 6 I Nr 3a a nunmehr ausdrücklich vor, dass bei der Bewertung von Rückstellungen für gleichartige Verpflichtungen auf der Grundlage der bei Abwicklung solcher Verpflichtungen in der Vergangenheit gemachter Erfahrungen die Wahrscheinlichkeit zu berücksichtigen ist, dass eine Inanspruch- 138

---

1 BFH DStR 99, 451.
2 BFH BStBl II 97, 320; BStBl II 98, 244.
3 BFH BB 92, 1819.
4 *BeBiKo*[4] § 253 Rn 155; *Heymann*[2] HGB § 253 Rn 31.
5 BFH BStBl II 92, 910; BStBl II 96, 406; krit *Büchele* DB 97, 2133.
6 BFH BStBl II 84, 263; BStBl II 89, 359; BStBl II 91, 483.
7 EuGH DStR 99, 1645.

nahme nur zu einem Teil der Summe der Verpflichtungen erfolgt. Wenn die Bezugsgröße für einen steuerbilanzrechtlich vorzunehmenden Wahrscheinlichkeitsabschlag die „Summe der Verpflichtungen" sein soll, wird damit die **Zulässigkeit einer pauschalen Bewertung** inzidenter vorausgesetzt.[1]

139 **2. Steuerrechtliche Sonderregeln. – a) Erfolgsabhängige Verpflichtungen (§ 5 IIa).** Nach der neueren Rspr des BFH sind Verbindlichkeitsrückstellungen auszuweisen, wenn eine bedingte Rückzahlungsverpflichtung aus öffentlich-rechtlichen, vertraglichen oder gesetzlichen Zuschussverhältnissen besteht[2] oder wenn diese ausschließlich aus künftig bestehendem Gewinn zu bedienen ist.[3] Eine gegenwärtige wirtschaftliche Verursachung sei auch dann gegeben, wenn die Rückzahlungsverpflichtung iErg vom kommerziellen Erfolg des Vorhabens abhänge. Entscheidend sei allein, dass mit hinreichender Wahrscheinlichkeit die Rückgewähr eines empfangenen Entgelts zu erwarten sei.

140 Demgegenüber vertrat die FinVerw seit langem die Auffassung, dass für Vermögenszuwendungen, die in Abhängigkeit von künftigen Einnahmen oder Gewinnen zurückzuzahlen sind, eine Passivierung im Zeitpunkt der Vereinnahmung der Zuwendung noch nicht zulässig sei, so dass sich der Vorgang zunächst erfolgswirksam auswirke.[4] Auf die neuere Rspr des BFH hat die Verwaltung zunächst mit Nichtanwendungserlassen reagiert.[5] Da der BFH seine Rspr jüngst bestätigt hat,[6] sah sich der Gesetzgeber veranlasst, diese Einzelfrage im Rahmen des StBereinG 99 v 22.12.99 (BGBl I 99, 2601) „rechtsprechungsüberholend" iSd **Verwaltungsmeinung in § 5 IIa** zu normieren. Für Wj, die nach dem 31.12.98 enden, dürfen **Verbindlichkeiten oder Rückstellungen** für Verpflichtungen, die nur zu erfüllen sind, soweit **künftig Einnahmen oder Gewinne** anfallen, erst angesetzt werden, wenn die Einnahmen oder Gewinne angefallen sind. Soweit entspr Verpflichtungen passiviert sind, müssen diese zum Schluss des ersten nach dem 31.12.98 beginnenden Wj aufgelöst werden (§ 52 Abs 12a).

141 Gegen diese legislatorische Entscheidung ist im Grundsatz nichts einzuwenden, doch stimmt es bedenklich, wenn der Gesetzgeber dazu übergeht, Einzelfragen, in denen sich die FinVerw auf dem Rechtsweg nicht durchzusetzen vermochte, gesetzlich zu regeln. Dies dient weder der Übersichtlichkeit der Gesetze noch dem Vertrauen des Steuerbürgers in die Funktionsfähigkeit der Gewaltenteilung. Hinzu kommt, dass in dem ursprünglichen Gesetzentwurf der BReg die Vorschrift noch nicht enthalten war. Aus systematischer Sicht spricht zumindest die vergleichbare einschränkende Regelung des § 6a I Nr 2 im Bereich der Bildung von Pensionsrückstellungen für die Neuregelung.

142 **b) Rückstellungen wegen Verletzung fremder Schutzrechte (§ 5 III).** Soweit handelsrechtlich eine Verbindlichkeitsrückstellung wegen Verletzung fremder Patent-, Urheber- oä Schutzrechte zu bilden ist, muss die steuerrechtliche Sonderregelung des § 5 III beachtet werden. Diese unterscheidet zw 2 Fallgruppen: Der Rechtsinhaber hat Anspr wegen Rechtsverletzung **bereits geltend gemacht** (§ 5 III 1 Nr 1); der Rechtsinhaber hat noch keine Anspr geltend gemacht, mit der Inanspruchnahme ist jedoch **ernsthaft zu rechnen** (§ 5 III 1 Nr 2). Für die Bildung einer Rückstellung ist es nicht notwendig, dass der Inhaber des Schutzrechtes Kenntnis von der Verletzung erlangt hat.[7] Die Ernsthaftigkeit der Inanspruchnahme wird im Bereich von Industrie und Handel typisierend unterstellt.[8] Dem Grunde nach bestehen gegenüber dem Handelsrecht keine Einschränkungen. § 5 III 2 sieht lediglich eine **zeitliche Komponente** für Rückstellungen iSd § 5 III 2 vor. Soweit der Rechtsinhaber für die Schutzrechtsverletzung noch keine Anspr geltend gemacht hat, damit aber ernsthaft zu rechnen ist, muss spätestens in der Bilanz des Dritten auf ihre erstmalige Bildung folgenden Wj eine **gewinnerhöhende Auflösung** erfolgen, wenn Anspr bis dahin nicht geltend gemacht worden sind. Geltend gemacht sind Anspr, sobald sie gegenüber dem StPfl mündlich oder schriftlich erhoben sind; eine gerichtliche Geltendmachung ist nicht erforderlich. Die Rückstellungsbildung hängt iÜ nicht davon ab, dass die Rechtsverletzung objektiv feststeht. Ausreichend ist ein entspr Wahrscheinlichkeitsurteil.[9]

143 **c) Rückstellungen für Jubiläumszuwendungen (§ 5 IV).** Bei Rückstellungen für die Verpflichtung zu einer Zuwendung anlässlich eines Dienstjubiläums (zB in Form einer Geldzuwendung oder in Form zusätzlichen Urlaubs) handelt es sich um Rückstellungen für ungewisse Verbindlichkeiten

---

1 *BeBiKo*[4] § 253 Rn 162a.
2 BFH BStBl II 98, 245 (betr bedingt rückzahlbare Druckbeihilfen).
3 BFH BStBl II 97, 320; BStBl II 98, 244.
4 BMF v 8.5.78 BStBl I 78, 203.
5 BMF v 28.4.97 BStBl I 97, 398; v 27.4.98 BStBl I 98, 368.
6 BFH DStR 99, 451.
7 BFH BStBl II 06, 517.
8 BFH BStBl II 06, 517 mit Anm *Hoffmann* DStR 06, 887.
9 *Blümich* § 5 Rn 834 mwN.

(oben Rn 104) und zwar für **Erfüllungsrückstände** aus einem Dienstverhältnis.[1] Nach der (redaktionellen) Neufassung des § 5 IV EStG durch das StEntlG 99/00/02 (BGBl I 99, 402) dürfen Jubiläumsrückstellungen in der Steuerbilanz, soweit der Zuwendungsberechtigte seine Anwartschaft nach dem 31.12.92 erworben hat, nur dann gebildet werden, wenn das Dienstverhältnis mindestens 10 Jahre bestanden hat, das Dienstjubiläum das Bestehen eines Dienstverhältnisses von mindestens 15 Jahren voraussetzt und die Zusage schriftlich erteilt ist.[2] Sind die **besonderen Voraussetzungen** für die Passivierung nicht erfüllt, statuiert § 5 IV ein **Passivierungsverbot**.[3] Inhaltlich bringt diese Neufassung keine Änderung gegenüber der seit dem StRefG 1990 v 25.7.88 (BGBl I 88, 1093) bestehenden Rechtslage, da es sich lediglich um eine redaktionelle Folgeänderung aus der Übernahme der bisher in § 52 VI enthaltenen Regelung der steuerlichen Nichtpassivierung bestimmter Anwartschaften auf Jubiläumsleistungen handelt. Der BFH[4] hat die Frage, wie sich die Widerrufbarkeit einer Zusage auswirkt, so entschieden, dass Vorbehaltlosigkeit und Unwiderruflichkeit der Zusage für eine Rückstellungsbildung nicht erforderlich sind

Nach dem klaren Wortlaut gilt § 5 IV nicht für (künftige) Zuwendungen anlässlich eines **Firmenjubiläums**, selbst wenn die Höhe der einzelnen Zuwendungen von der Dauer der Betriebszugehörigkeit des ArbN abhängt.[5] Bei **fehlenden Außenverpflichtungen** kommt hier überhaupt keine Rückstellungsbildung in Betracht.[6] **144**

d) Rückstellungen für drohende Verluste aus schwebenden Geschäften (§ 5 IVa). Anspr und Verpflichtungen aus schwebenden Geschäften werden grds nicht bilanziert (oben Rn 81). Hiervon abw müssen nach § 249 I 1 Fall 2 HGB für Drohverluste aus einem schwebenden Geschäft Rückstellungen gebildet werden. Die drohenden Verluste sind aufgrund des **Imparitätsgrundsatzes** zu antizipieren.[7] In der **Steuerbilanz** dürfen Rückstellungen für drohende Verluste aus schwebenden Geschäften gem § 5 IVa generell nicht mehr gebildet werden. Dieses **steuerrechtliche Passivierungsverbot** wurde durch das GFStRef v 29.10.97 (BGBl I 97, 2590) neu eingeführt und gilt gem § 52 XIII erstmals für das Wj, das nach dem 31.12.96 endet. IErg wird damit der Maßgeblichkeitsgrundsatz des § 5 I 1 eingeschränkt. Die Vorschrift ist rein fiskalisch motiviert und lässt sich mit dem Leistungsfähigkeitsgedanken nicht begründen (oben Rn 15). Zum Verhältnis Drohverlustrückstellungen zu Teilwertabschreibungen BFH v 7.9.05 (BStBl II 06, 298) und *Herzig/Teschke* DB 06, 576. In einem neu eingefügten[8] S 2 wird festgelegt, dass die Passivierung von Drohverlustrückstellungen als rein technische Folge der Bildung von Bewertungseinheiten iSd § 5 Ia zulässig ist (oben Rn 55a).[9] **145**

Die Drohverlustrückstellung nach § 249 I 1 Fall 2 HGB unterscheidet sich durch ihren **Zukunftsbezug** von der vergangenheitsorientierten Verbindlichkeitsrückstellung[10] nach § 249 I 1 Fall 1 HGB. Sie beruht auf einer Durchbrechung des Realisations- und des Stichtagsprinzips durch das Imparitätsprinzip, weil sie auf **zukünftige Verluste** abzielt. Da Drohverlustrückstellungen nach § 5 IVa steuerrechtlich unbeachtlich sind, kommt der Abgrenzung besondere Bedeutung zu. Dies zeigt sich vor allem im Bereich von Dauerschuldverhältnissen: **Verbindlichkeitsrückstellungen** sind für den **bereits abgewickelten Teil** des Geschäfts, zB Pensionsrückstellungen, am Stichtag nicht genommener Urlaub,[11] zu bilden. Verlustrückstellungen orientieren sich am noch zukunftsoffenen, schwebenden Geschäftsanteil. Fraglich ist die Rückstellungsbildung für leer stehende Mieträume.[12] **146**

e) Rückstellungen für Anschaffungs- oder Herstellungskosten (§ 5 IVb 1). Nach hM dürfen handelsrechtlich Rückstellungen für künftige Ausgaben, die für Anschaffungs- oder Herstellungsvorgänge geleistet werden, nicht gebildet werden, da diese Ausgaben regelmäßig Ausdruck einer erfolgsneutralen Vermögensumschichtung innerhalb des BV sind.[13] Eine Rückstellungsbildung wird handelsrechtlich ausnahmsweise für zulässig angesehen, wenn die Ausgaben **keinen künftigen Nutzen** für das Unternehmen entfalten (Anschaffung bzw Herstellung wertloser WG). Da ihre Verursa- **147**

---

1 Vgl BFH BStBl II 87, 845; *K/S/M* § 5 Rn E 18.
2 Zur Frage der Verfassungswidrigkeit des Verbots von Jubiläumsrückstellungen in den Jahren 88 bis 92 vgl den Vorlagebeschluss des BFH v 10.11.99 zum BVerfG DStR 00, 233.
3 *Schmidt*[26] § 5 Rn 409; zur Frage der Verfassungswidrigkeit *Schulze-Osterloh* FS Friauf, 1996, S 833 (840) mwN.
4 BFH BFH/NV 07, 828.
5 BFH BStBl II 04, 41.
6 *Blümich* § 5 Rn 843.
7 Vgl dazu näher *A/D/S*[6] § 249 Rn 135 ff; *Scholz*[9] Anhang § 42a Rn 200 ff.
8 BGBl I 06, 1095.
9 BT-Drs 16/634.
10 *BeBiKo*[4] § 249 Rn 67 mwN; zT anders die Rspr des BFH, etwa BStBl II 93, 373; DStR 98, 23.
11 BFH BB 92, 819; BB 93, 900.
12 *Niehues* DB 07, 1107.
13 BFH BStBl II 81, 660; BStBl II 95, 772; BStBl II 99, 18; *A/D/S*[6] § 249 HGB Rn 31 mwN; aA *Crezelius* NJW 94, 981 (983).

chung ausschließlich in der Vergangenheit liegt, sollen insbes für Investitionen, die der Beseitigung von Umweltaltlasten dienen, unter den Voraussetzungen des § 249 HGB Rückstellungen zu bilden sein.[1] **Steuerrechtlich** durften schon nach der Neuregelung des § 5 IVb iSd StEntlG 99/00/02 (BGBl I 99, 402) für Aufwendungen, die AK oder HK für ein WG sind, nicht mehr gebildet werden. Wer die Neuregelung ausschließlich klarstellend versteht, muss konsequenterweise diejenigen Fälle, in denen bisher eine Rückstellungsbildung hinsichtlich aktivierungspflichtiger WG zugelassen worden ist, von dem Anwendungsbereich ausnehmen.[2] Mit der Neufassung des StÄndG (BGBl I 01, 3794) soll klargestellt werden, dass Aufwendungen für AK oder HK eines in künftigen Perioden zu aktiverenden WG oder für künftig anfallende nachträgliche AK oder HK auf bereits aktivierte WG nicht rückstellungsfähig sind.

148 **f) Entsorgungsrückstellung für radioaktive Reststoffe oder Anlageteile (§ 5 IVb 2).** Nach § 5 IVb 2 dürfen Rückstellungen für die öffentlich-rechtliche Verpflichtung zur schadlosen Verwertung radioaktiver Reststoffe sowie ausgebauter oder abgebauter radioaktiver Anlageteile nicht gebildet werden, soweit Aufwendungen im Zusammenhang mit der Bearbeitung und Verarbeitung von Kernbrennstoffen stehen, die aus der Aufarbeitung bestrahlter Kernbrennstoffe gewonnen worden sind und keine radioaktiven Abfälle darstellen. Der systematische Zusammenhang mit § 5 IVb 1 lässt erkennen, dass der Gesetzgeber die umschriebenen Aufwendungen grds in vollem Umfang den AK bzw HK zuordnet.[3] Dies führt zu einem zu hohen Gewinnausweis, weil der Marktwert der hergestellten Brennelemente weit unter der Summe der Aufwendungen liegt. IErg bleiben Teile der auferleg- ten Entsorgungsverpflichtungen steuerlich unberücksichtigt.[4]

149 **g) Zölle, Verbrauchsteuern.** Für als Aufwand berücksichtigte (gezahlte oder passivierte) **Zölle** und **Verbrauchsteuern**, die auf WG des Vorratsvermögens entfallen, ist ein selbstständiger Aktivposten zu bilden. Anders als im Handelsrecht (§ 250 I 2 HGB) besteht ein Aktivierungsgebot. Trotz einer Gewinnminderung durch Zölle und Verbrauchsteuern ist also steuerrechtlich ein Aktivposten zu bilden. Dahinter steht die wirtschaftliche Überlegung, dass die Abgaben in der Periode zu Aufwand führen sollen, in dem das belastete WG veräußert wird. Zölle sind die Abgaben, die nach Maßgabe des Zolltarifs entsprechend § 21 I ZollG von der Warenbewegung über die Zollgrenze erhoben werden.[5] Verbrauchsteuern sind die Steuern, für deren Entstehung ein bestimmter Gegenstand oder dessen Übertritt aus einem der Besteuerung liegenden Bereich in einen steuerlich nicht gebundenen Verkehr und das Halten oder der Verbrauch bestimmter Güter maßgebend ist.[6] Es geht um Bier-, Kaffee-, Mineralöl-, Schaumwein- und Tabaksteuer sowie um Branntweinabgaben. Die USt ist keine Verbrauchsteuer im technischen Sinn.

150 **h) Umsatzsteuer.** § 9b erfasst die bilanzielle Behandlung gezahlter USt, demgegenüber geht es bei § 5 V 2 Nr 2 um die Behandlung **erhaltener USt.** Die als Aufwand am Bilanzstichtag berücksichtigte USt auf am Bilanzstichtag auszuweisende Anzahlungen ist ein selbstständiger Aktivposten anzusetzen. Auch hier besteht im Gegensatz zum Handelsrecht (§ 250 I 2) ein Aktivierungsgebot. Vorausgesetzt wird, dass der Empfänger der Anzahlung diese Brutto (einschließlich USt) passiviert hat. Sinn und Zweck ist es, eine gewinnmindernde Auswirkung der USt zu verhindern. Wenn der Passivposten „erhaltene Anzahlungen" wegen Gewinnrealisierung oder Nichtlieferung aufgelöst ist, ist auch der aktive RAP aufzulösen.

G. Gewinnrealisierung

151 **I. Anwendungen und Abgrenzung.** Wertzuwächse steuerverstrickter WG sind nach dem Realisationsprinzip erst dann steuerbar, wenn die Wertsteigerung durch einen **Umsatz verwirklicht** ist. Das Prinzip wird mit §§ 4 I 3, 4g systemwidrig durchbrochen. Das Realisationsprinzip verhindert, dass Gewinne in einem Zeitpunkt ausgewiesen werden, in dem sie lediglich **unsicher erwartet** werden können. Die über § 5 I 1 daran anknüpfende Steuerbarkeit nur realisierter Wertsteigerungen entspricht der **Idee der Einkommensbesteuerung**, nur solche Leistungsfähigkeitssteigerungen zu erfas-

---

1 A/D/S[6] § 249 HGB Rn 31 mwN.
2 Zur Interpretation als klarstellend Weber-Grellet DB 00, 165; vgl auch Günkel/Fenzl DStR 99, 649 (650); aA H/H/R § 5 Rn R 10, weil dem Grunde nach Anschaffungs- bzw Herstellungsaufwand vorliegt.
3 Dazu näher Blümich § 5 Rn 888; Günkel/Fenzl DStR 99, 649 (650 f); Küting/Kessler DStR 98, 1937 (1942).
4 H/H/R § 5 Rn R 11.
5 BFH BStBl II 70, 246, 250.
6 BFH BStBl II 73, 807.

sen, die den StPfl in die Lage versetzen, zu konsumieren.[1] Das **Anschaffungswertprinzip** (vgl § 253 I HGB) garantiert, dass das Steuerrecht Wertsteigerungen des eingesetzten BV so lange nicht zur Kenntnis nimmt, wie sie nicht am Markt durch ein entgeltliches Rechtsgeschäft realisiert werden. Allerdings gilt der Grundsatz der Besteuerung allein realisierter Wertsteigerungen nicht durchgehend. So werden zB bei der **BetrAufg** (§ 16 III) und bei **Entnahmen** (oben § 4 Rn 87 ff) steuerbare Tatbestände bzgl der Wertsteigerungen angenommen, obwohl dem StPfl keine liquiden Mittel zufließen.

II. Entgeltliche Lieferungen und Leistungen. Aufgrund des Realisationsprinzips (Vorsichtsprinzip) darf ein Gewinn in der Bilanz und in der steuerrechtlichen Gewinnermittlung erst erscheinen, wenn er sich durch einen Umsatz verwirklicht hat. Der Gewinn tritt in der Bilanz also erst dann zum Vorschein, wenn das zunächst aktivierte WG (Vermögensgegenstand) ausgeschieden ist und an seiner Stelle ein anderes WG (Forderung, Geld) mit einem **höheren Wert als dem Buchwert** des ausgeschiedenen WG aktiviert wird. **152**

Bei **Austauschgeschäften** wird das schwebende Geschäft zunächst bilanziell nicht erfasst (oben Rn 81), doch ist dann zu entscheiden, welcher der **möglichen Zeitpunkte zw Abschluss und Erfüllung** des schwebenden Vertrages der für die Gewinnrealisierung entscheidende sein soll. Liegt kein sog Handgeschäft (Bargeschäft) vor, herrscht im Grundsatz Einvernehmen, dass es weder auf den Zeitpunkt des Vertragsschlusses noch auf den Zeitpunkt, in dem der Schuldner bezahlt, maßgeblich ankommt.[2] Entscheidend ist nach hM der **Zeitpunkt der Leistungsbewirkung** durch den Sachleistungsverpflichteten. **153**

Im Normalfall ist die Forderung aus dem Umsatzgeschäft damit zu aktivieren, wenn der Leistende **zivilrechtlich erfüllt** hat (vgl § 362 BGB). Maßgebend ist somit eine schuldrechtliche Betrachtungsweise, der grds auch die Rspr des BFH folgt.[3] Eine Gewinnrealisierung ist sicher dann anzunehmen, wenn der Gläubiger **Eigentum erlangt** hat, denn dann steht der Geltendmachung der offenen Forderung des Sachleistungsverpflichteten nichts mehr entgegen (vgl §§ 320, 321 BGB). Die Möglichkeit von **Mängelrügen** hindert die Gewinnrealisierung nicht. Soweit derartige Risiken als wahrscheinlich erscheinen, sind sie als **Rückstellungen** zu berücksichtigen.[4] Solange dem Erwerber ein einseitiges **Rückgaberecht** (zB vertragliches Rücktrittsrecht) zusteht, darf eine Gewinnrealisierung nicht erfolgen. Der Gewinnausweis ist durch eine (auflösend bedingte) Verbindlichkeit bzw Rückstellung zu verhindern, in der sich die künftige Rücknahmeverpflichtung widerspiegelt. Das **Passivierungsverbot des § 5 IVb** ist nicht einschlägig, weil es sich bei der Rückabwicklung um keinen neuen Anschaffungsvorgang, sondern um den actus contrarius des (gescheiterten) Veräußerungsgeschäfts handelt.[5] Eine Rückstellung ist auch in den Fällen zu bilden, in denen eine Rückerstattung wegen **Anfechtung** (§§ 119, 123 BGB) oder **Wandlung** (§ 437 BGB) wahrscheinlich droht. Allerdings wirkt die Ausübung der entspr Gestaltungsrechte bilanzrechtlich nicht zurück.[6] Muss der Verkäufer am Bilanzstichtag nicht mit einer Wandlung des Kaufvertrags rechnen, darf er keine Rückstellung bilden; dies gilt auch dann, wenn die Wandlung noch vor Aufstellung der Bilanz erklärt wird.[7] **154**

Nach § 362 I BGB erlischt das Schuldverhältnis, wenn die geschuldete Leistung an den Gläubiger bewirkt wird. Unter Leistung ist hierbei nicht die Leistungshandlung, sondern der Leistungserfolg zu verstehen.[8] Nach überwiegender Meinung kann handelsbilanzrechtlich Gewinnrealisierung auch **ohne den zivilrechtlichen Leistungserfolg** iSd § 362 I BGB eintreten, wenn die zivilrechtliche Analyse des Sachverhalts den Schluss zulässt, dass die Forderung ohne Weiteres durchsetzbar ist. Das ist immer dann der Fall, wenn die **Preisgefahr** nicht mehr beim Sachleistungsverpflichteten liegt, wenn er seine Gegenleistung also unabhängig vom Eintritt des Leistungserfolgs erhalten kann. In Fällen der §§ 326 II, 447 BGB (**Versendungskauf**), in denen die Preisgefahr auf den Käufer übergeht, ist daher auch mit steuerrechtlicher Wirkung eine Gewinnrealisierung geboten.[9] Die BFH-Rspr ist in diesem Punkt nicht ganz eindeutig.[10] Die Rspr des BFH ist nur tendenziell schuldrechtlich orien- **155**

---

1 Näher *Crezelius* Lehrbuch[2], § 8 Rn 73.
2 *Knobbe-Keuk*[9] § 6 I 2a mwN.
3 BFH BStBl III 63, 257; BStBl II 86, 552; BStBl II 06, 20.
4 BFH BStBl II 97, 382; DStR 00, 1176; *Knobbe-Keuk*[9] § 6 IIa; *Woerner* BB 88, 769 (777).
5 H/H/R § 5 Rn R 9.
6 BFH BStBl 97, 382.

7 BFH DStR 00, 1176 mit krit Anm *Hoffmann* DB 00, 1444.
8 BGHZ 12, 267; *Palandt*[67] § 362 Rn 1.
9 *Blümich* § 5 Rn 932; *Crezelius* Lehrbuch[2], § 8 Rn 74 mwN.
10 Vgl BFH BStBl II 89, 21. In BStBl II 90, 733 wird an den Übergang des wirtschaftlichen Eigentums angeknüpft, der bei Beginn der Versendung noch fehlt.

tiert. Regelmäßig findet sich die Formulierung, dass bei Lieferungen und anderen Leistungen Gewinnrealisierung eintritt, wenn der (Sach- oder Dienst-)Leistungsverpflichtete die von ihm geschuldeten Erfüllungshandlungen „wirtschaftlich erfüllt hat"[1] und ihm die Forderung auf die Gegenleistung (Zahlung) so gut wie sicher ist.[2] Daran anknüpfend wird man sagen dürfen, dass der Anspr auf die Gegenleistung „so gut wie sicher" ist, wenn zivilrechtlich die Preisgefahr auf den Vertragsgegner übergegangen ist. Demzufolge tritt eine Gewinnrealisierung in folgenden Fällen ein: Bei einem **Kaufvertrag über bewegliche Sachen** mit der Übergabe der verkauften Sache (§ 446 BGB), beim Versendungskauf iSd § 447 BGB mit der Übergabe der Sache an den Spediteur oder die sonstige Transportperson; bei einem **Kaufvertrag über unbewegliche Sachen** mit der Übergabe des Grundstücks zu Eigenbesitz und dem damit verbundenen Übergang von Gefahr, Lasten und Nutzen (§ 446 BGB); bei **Annahmeverzug des Käufers** (§§ 293 ff BGB); bei einem **Dienstvertrag** mit der vollständigen Erfüllungshandlung, soweit eine einmalige Leistung Vertragsgegenstand ist; bei einem **Werkvertrag** mit Vollendung des Werkes, soweit nach der Beschaffenheit des Werks eine Abnahme ausgeschlossen ist (§ 646 BGB), ansonsten regelmäßig mit Abnahme des Werkes (§ 640 I BGB).[3]

156 Besonderheiten gelten bei **Dauerschuldverhältnissen** (zB Miet-, Pacht, Darlehensverträge). Da die Leistungsbewirkung in diesen Fällen nicht in einem Zeitpunkt konzentriert ist, soll auch der Anspr auf Entgelt **fortlaufend zeitraumbezogen realisiert** werden, dh unabhängig von Fälligkeit und Abrechnungsperiode zu aktivieren sein, soweit das Entgelt auf die in der Vergangenheit erbrachte Leistung entfällt.[4] Zur Frage der (Teil-)Gewinnrealisierung bei langfristiger Fertigung vgl oben Rn 84.

157 **III. Tausch.** Der Tausch wird steuerrechtlich als **Umsatzakt** und damit als ein Realisationstatbestand qualifiziert. Handelsrechtlich besteht ein Wahlrecht zw der Übernahme des Buchwertes und dem Ansatz des Zeitwertes des hingegebenen Vermögensgegenstandes.[5] Diese Sichtweise beruht darauf, dass man den Tausch handelsrechtlich früher nicht als Umsatzakt, sondern lediglich als einen Wechsel des aktivierten Gegenstands betrachtete. Steuerrechtlich ist die Erfolgswirksamkeit durch das StEntlG 99/00/02 (BGBl I 99, 402) als **Realisationstatbestand** festgelegt (§ 6 VI 1). Da der Gesetzgeber in Übereinstimmung mit der bisher hM davon ausgeht, dass sich die AK nach dem **gemeinen Wert des hingegebenen WG** bemessen, wird der Vorgang dogmatisch als **Beschaffungsgeschäft** und nicht als Absatzgeschäft eingeordnet. In letzterem Fall wäre das Tauschgeschäft als Gewinnrealisierungsvorgang anzusehen, bei dem sich der Wertansatz nach dem Wert des eingetauschten WG bemessen würde.[6] Ein **Gewinn** entsteht damit in Höhe der Differenz zw dem Buchwert und dem gemeinen Wert des hingegebenen WG.

158 Da § 6 VI 1 allg eine Realisierung verlangt, führt nun auch der **Tausch von Anteilen an KapGes** zwingend zu einer Aufdeckung der stillen Reserven. Die frühere Rspr des BFH,[7] die auf dem sog **Tauschgutachten** beruhte, und von einer Übernahme der Buchwerte ausging, wenn die hingegebenen und die erlangten Anteile **wert-, art- und funktionsgleich** waren, ist damit überholt.[8] Außerhalb des Anwendungsbereichs der §§ 20, 24 UmwStG und des § 6 V 3 führt die **Einbringung von WG eines BV in eine PersGes oder KapGes** zwingend zur Gewinnrealisierung. Es handelt sich um einen sog tauschähnlichen Vorgang, auf den § 6 VI 1 anwendbar ist. Bei der Übertragung eines WG im Wege der verdeckten Einlage in eine KapGes erhöht sich der Beteiligungswert um den Teilwert des eingelegten WG (§ 6 VI 2).

159 **IV. Realisierung außerhalb gegenseitiger Rechtsverhältnisse.** Soweit es sich um Anspr aus nicht gegenseitigen Rechtsverhältnissen handelt, tritt eine Gewinnrealisierung ein, wenn die **Forderung aktiviert** wird. Grds ist dies der Fall, wenn die Forderung **zivilrechtlich entstanden** ist. Allerdings dürfen **bestrittene** Forderungen aus Vorsichtsgründen noch nicht aktiviert werden. Deshalb ist ein Schadensersatzanspruch erst dann zu aktivieren, sobald er konkretisiert (zB anerkannt oder rkr zuerkannt) ist.[9] Richtet sich der Schadensersatzanspruch auf den Ersatz entgehender künftiger

---

1 BFH BStBl II 87, 797.
2 BFH BStBl II 93, 786 mwN.
3 BFH BStBl III 60, 291 (ausnahmsweise vor Abnahme); BStBl II 86, 788.
4 BFH BStBl II 92, 904; BStBl II 99, 21.
5 *A/D/S*[6] § 255 HGB Rn 89f; *BeBiKo*[4] § 255 Rn 131.
6 In diesem Sinne *Lang* StuW 80, 61; vgl auch *Groh* FS Döllerer, 1988, S 157 (164 ff).
7 BFH BStBl III 59, 30.
8 *Schmidt*[26] § 5 Rn 634.
9 BFH BStBl II 91, 213; BStBl II 94, 564; BFHE 175, 412.

Gewinne, soll nur eine periodengerechte Realisierung erfolgen.[1] Wird dem StPfl aufgrund betrieblichen Anlasses eine Schuld zivilrechtlich erlassen (§ 397 BGB), wird in Höhe des erlassenen Betrags ein entspr Gewinn realisiert.[2] Beruht der Forderungserlass auf privaten Gründen, muss der Wegfall der Betriebsschuld über den Tatbestand der Einlage erfolgsneutral behandelt werden.[3]

Wenn ein StPfl sein Unternehmen als Ganzes einem Dritten im Wege einer Betriebsverpachtung überlässt, dann ist damit dem Wortlaut nach § 16 III gegeben. Trotzdem hat die Rspr hier ein **Sonderrecht** entwickelt,[4] wobei im Einzelfall zunächst abzugrenzen ist von der vorrangigen BetrAufsp (§ 15 Rn 74, 75 ff), die insofern einen Sonderfall der Betriebsverpachtung darstellt, und zu Betriebsführungsverträgen. Erklärt der verpachtende Gewerbetreibende aufgrund des sog **Verpächterwahlrechts** nicht die BetrAufg,[5] dann liegen weiterhin Einkünfte aus Gewerbebetrieb vor. Sie sind grds nach § 5 zu ermitteln, und es existiert weiterhin steuerverstricktes BV. Es ergibt sich also ein Wahlrecht, durch Erklärung den Betrieb mit der Konsequenz des § 16 III aufzugeben und fortan Überschusseinkünfte zu erzielen oder den Gewerbebetrieb aufrechtzuerhalten. Im letzteren Fall liegt dem „ruhenden Betrieb" die Vorstellung zugrunde, dass die eigene gewerbliche Tätigkeit durch die Verpachtung lediglich unterbrochen ist. Für Zwecke der Gewinnermittlung existieren fortan zwei Betriebe, bei der sich bilanzsteuerrechtliche Besonderheiten ergeben: **160**

Wird abnutzbares **Anlagevermögen** mit einer **Substanzerhaltungspflicht** des Pächters gekoppelt, dann hat der lediglich schuldrechtlich berechtigte Pächter weder die überlassenen noch die ersatzweise angeschafften WG zu aktivieren, und er hat auch nicht die Befugnis zur Vornahme von AfA. Der Verpächter wird als rechtlicher und wirtschaftlicher Eigentümer der verpachteten und der angeschafften WG angesehen.[6] Das ist deshalb bilanziell vor dem Hintergrund der Eigentumszuordnung der neuen WG nicht unproblematisch, weil jedenfalls zivilrechtlich dafür Sorge getragen werden sollte, dass aufgrund der Vereinbarung zwischen Verpächter und Pächter der Verpächter das (dingliche) Eigentum an dem neu angeschafften WG erhält. Der Pächter muss eine **Erneuerungsrückstellung** bilden, wenn während der Laufzeit des Pachtvertrages mit Ersatzbeschaffungen zu rechnen ist. Dabei bestimmt sich die Höhe nach der Nutzungsdauer des WG und der Wiederbeschaffungskosten am Bilanzstichtag.[7] Korrespondierend muss der Verpächter einen Substanzerhaltungsanspruch schon vor der Ersatzbeschaffung aktivieren,[8] und zwar in Höhe des jährlich zuwachsenden Teilanspruchs. Der Verpflichtung des Verpächters zur Überlassung des Unternehmens steht nicht nur die Verpflichtung des Pächters zur Zahlung des Pachtzinses, sondern auch dessen Verpflichtung zur Erneuerung gegenüber. Nur unter Berücksichtigung dieser Verpflichtung ist die Nutzungsüberlassung ausgeglichen. Nach der vom Pächter vorgenommenen Ersatzbeschaffung hat der Pächter das WG mit den AK oder HK des Pächters unter Saldierung mit dem zuvor angesetzten Anspruch zu aktivieren. Auch dies ist letztlich nur überzeugend, wenn der Verpächter rechtlich Eigentümer der ersatzweise angeschafften WG geworden ist. **161**

Wird **Umlaufvermögen** mit der Verpflichtung überlassen, bei Beendigung des Vertrages WG gleicher Art und Quantität zurückzuerstatten, dann wird der Pächter aufgrund wirtschaftlicher Betrachtungsweise Zurechnungssubjekt, so dass er das Umlaufvermögen mit dem Teilwert zu aktivieren hat, in gleicher Höhe jedoch eine Rückgabe- oder Wertersatzverpflichtung passiviert.[9] In der Folgezeit sind diese mit den AK der vorhandenen neu angeschafften oder übernommenen WG zu passivieren. Der Verpächter hat den Rückgabeanspruch betr das Umlaufvermögen mit dem Buchwert der hingegebenen WG zu aktivieren, so dass es nicht zu einer Gewinnrealisierung kommt. Das ist konsequent, wenn man von dem Gedanken des „ruhenden Gewerbebetriebs" ausgeht. Die andere Möglichkeit besteht darin, dass es zum Ansatz mit den jeweiligen AK des Pächters für das herauszugebende Umlaufvermögen kommt.[10] **162**

Da sich hinter einer durch Wegfall der personellen und/oder sachlichen Voraussetzungen aufgelösten Betriebsaufspaltung eine Betriebsverpachtung verbergen kann (§ 15 Rn 74), gelten dann die vorstehenden Grundsätze entspr. **163**

---

1 FG BaWü EFG 94, 740; *Schmidt*[26] § 5 Rn 270 „Forderungen" mwN.
2 BFH BStBl II 89, 456; BStBl II 97, 1457.
3 BFH BStBl II 89, 612; *Blümich* § 5 Rn 956 mwN.
4 Vgl BFH BStBl II 94, 922.
5 BFH BStBl II 98, 379; BFH/NV 00, 1078.
6 BFH BStBl II 79, 138.
7 BFH BStBl II 93, 89.
8 BFH BStBl II 98, 505.
9 BFH BStBl II 85, 391.
10 Vgl BFH BStBl II 85, 391.

Crezelius

164 V. Realisierung zwischen verbundenen Unternehmen. Bei Veräußerungen zw Konzernunternehmen stellt sich vor dem Hintergrund des Vorsichtsprinzips das Problem, dass ein klassischer „Markttest" nicht stattfindet. Nichtsdestoweniger geht die hM davon aus, dass die **allg Grundsätze** der Gewinnrealisierung vorbehaltlich Steuerumgehungen (§ 42 AO) grds auch zw Konzernunternehmen (vgl § 18 AktG) und sonstigen verbundenen Unternehmen (vgl §§ 15 ff AktG) gelten.[1] Zur Frage der erfolgsneutralen Übertragung von WG bei **Begründung einer BetrAufsp** unten § 15 Rn 107 ff.

H. Einzelnachweise Aktivierung

165 Abstandszahlungen. Abstandszahlungen an Mieter oder Pächter, die dem Bauherrn neben den eigentlichen Baukosten und Baunebenkosten dafür entstehen, um diese dazu zu bewegen, vorzeitig das Miet- oder Pachtverhältnis zu lösen, gehören zu den HK des Gebäudes bzw Außenanlagen (BFH BStBl II 70, 810; BStBl II 76, 184; BStBl II 83, 451). Vgl zu den HK eines Gebäudes auch H 6.4 EStH.

Abwasserbeseitigungsanlagen. Beiträge für den erstmaligen Anschluss eines Grundstücks an Abwasserbeseitigungsanlagen sind als nachträgliche AK des Grund und Bodens zu aktivieren (BFH BStBl II 84, 489; BFH/NV 86, 205), es sei denn, der Grundstückseigentümer besaß bereits eine eigene Anlage (BFH BStBl II 85, 49; BStBl II 87, 333: dann sofort abzugsfähig). Hausanschlusskosten gehören zu den HK des Gebäudes (R 6 III EStR). Dagegen sind nachträgliche Beiträge zur Ersetzung oder Verbesserung einer Einzelanlage (sog Ergänzungsbeiträge) als Erhaltungsaufwand sofort abzugsfähig (BFH BStBl II 87, 333; BFH/NV 91, 29).

Abzinsung. Eine unverzinsliche, nicht verkehrsfähige Schadensersatzforderung ist nicht abzuzinsen (BFH BStBl II 99, 602). Vgl zum verdeckten Zinsanteil bei im Nennwert unverzinslichen Geldforderungen BFH BStBl II 91, 479; BMF BStBl I 99, 818.

Altersversorgung. Pensionsanwartschaften iSd § 17 I 2 BetrAVG sind nicht aktivierbar (BFH BStBl II 89, 323).

Anzahlungen. Geleistete Anzahlungen (Vorleistungen des Bilanzierenden auf noch ausstehende Sach- oder Dienstleistungen des Vertragspartners) sind grds zu aktivieren (BFH BStBl II 86, 669); der Anspr auf Lieferung oder Leistung ist seiner Rechtsnatur nach ein WG (BFH BStBl II 73, 487; GrS BStBl II 90, 830, 830 f). Die Aktivierung erfolgt (gewinneutral) zum Nennwert, auch wenn der Gegenstand des Gegenanspruchs kein aktivierungsfähiges WG ist (BFH BStBl II 95, 312).

Arzneimittelhersteller. Bei Arzneimittelherstellern können zum einen Arzneimittelzulassungen bei entgeltlichem Erwerb als immaterielles WG zu aktivieren sein. Str ist, ob es sich um ein abnutzbares WG handelt (so *Boorberg* DStR 98, 113: ca 8 Jahre; **aA** BMF DStR 98, 420: kein regelmäßiger Wertverzehr). Des Weiteren sind Ärztemuster beim Hersteller als körperliche WG zu aktivieren (BFH BStBl II 80, 327; **aA** zB *Kupsch* DB 83, 509).

Assekuradeur. Die Tätigkeit eines Assekuradeurs zeichnet sich abw von der eines gewöhnlichen Versicherungsvertreters dadurch aus, dass er über den Abschluss der Versicherungsverträge auch die weitere Vertragsbearbeitung und Schadensbearbeitung übernimmt. Provisionen beziehen sich auf die gesamte Tätigkeit. Der auf den Abschluss des Vertrags entfallende Teil ist zum Zeitpunkt des Vertragsschlusses zu realisieren. Entsprechendes gilt für den Teil der Provision, der auf eine (mögliche) Schadensbearbeitung entfällt (uU Rückstellungsbildung). Der Provisionsteil, der für die weitere Bearbeitung bis zum Ende der Vertragszeit gezahlt wird, ist noch nicht zu realisieren, sondern durch einen RAP oder Ausweis als VB aus erhaltener Anzahlung zu neutralisieren (BFH BStBl II 00, 25).

Asset Backed Securities. Bei sog Asset Backed Securities handelt es sich um Transaktionen, bei denen idR ein Pool von Finanzaktiva (zB langfristige Forderungen aus Darlehens-, Kreditkarten- oder Leasingverträgen) an eine speziell hierfür gebildete Zweck-Ges übertragen wird. Die Zweck-Ges refinanziert den Erwerb des Forderungspools durch die Begebung von Schuldverschreibungen (Securities), die dann aus den Eingängen auf die übertragenen Forderung bedient werden (Asset Backed). Aus Sicht des Forderungsverkäufers handelt es sich um eine den Factoring vergleichbare Gestaltung (vgl § 4 Rn 81); für die bilanzielle Behandlung maßgebend ist damit, wer hinsichtlich der

---

[1] *Blümich* § 5 Rn 936 mwN.

übertragenen Forderungen das Ausfallrisiko trägt. Der Anleger weist die Schuldverschreibungen als Wertpapiere des Anlage- oder Umlaufvermögens aus. Bei der Zweck-Ges sind die erworbenen Forderungen auf der Aktivseite auszuweisen, wenn die Gestaltung dem echten Factoring vergleichbar ist. Ist eine dem unechten Factoring vergleichbare Gestaltung gewählt, dürfen die zur Sicherheit erworbenen Forderungen nicht angesetzt werden; statt dessen aktiviert die Zweck-Ges eine Forderung gegen den Forderungsverkäufer in Höhe des an ihn gezahlten Betrags. Die begebenen Schuldverschreibungen sind auf der Passivseite unter den Anleihen auszuweisen. Eingehend zB *Willburger* Asset Backed Securities im Zivil- und Steuerrecht, 1997, passim.

Auftragsbestand. Im Rahmen eines Unternehmenskaufs können konkrete Gewinnchancen aus schwebenden Geschäften, insbes der Auftragsbestand, ein immaterielles WG des Umlaufvermögens darstellen, unabhängig davon, ob der Veräußerer wegen des Verbots der Bilanzierung schwebender Geschäfte an einer Aktivierung gehindert war (BFH BStBl II 70, 804; BFH/NV 89, 778).

Ausgleichsanspruch des Handelsvertreters. Ausgleichsansprüche des Handelsvertreters (§ 89b HGB) bzw Kommissionsagenten oder Eigenhändlers sind grds mit Entstehen des Anspr, dh mit der Beendigung des Vertragsverhältnisses, zu aktivieren (BFH BStBl II 81, 97; BFH/NV 96, 312 (314); Ausnahme: BStBl II 87, 570).

Baumaterialien. Baumaterialien sind selbst dann zu aktivieren, wenn ihre Verwendung bestimmungsgemäß zu (sofort abzugsfähigem) Erhaltungsaufwand führt (BFH BStBl II 74, 25).

Bauten auf fremdem Grund und Boden vgl § 4 Rn 83 f.

Beiträge. Öffentlich-rechtliche Beitragszahlungen zur Errichtung, Änderung oder Verbesserung öffentlicher Erschließungs- und Versorgungsanlagen werden bilanzsteuerrechtlich je nach Anlass, Zweck und Auswirkung der Maßnahme unterschiedlich behandelt. Vgl Einzelnachweise BA „Beiträge".

Belieferungsrechte. Belieferungsrechte (zB Bier-, Buch-, Zeitschriften-, Strom- und Gaslieferungsrechte) sind gem § 5 II zu aktivieren, soweit sie entgeltlich erworben (zB BFH BStBl II 76, 13: Erwerb alleinigen Bierlieferungsrechts gegen Zuschuss an Gastwirt) und nicht Teil des Geschäftswerts sind (zB BFH BStBl II 79, 470 bzgl Abgrenzung Lieferrecht/Verlagswert bzw -objekt). An einem aktivierbaren Belieferungsrecht fehlt es, wenn der Lieferberechtigte gelegentlich des Erwerbs seiner Rechte ausschließlich Dienstleistungen abgilt (BFH BStBl II 94, 444), zB durch Provisionen an Werber oder Handelsvertreter, oder das Belieferungsrecht Gegenstand eines ausgeglichenen schwebenden Geschäfts ist (BFH BStBl II 81, 734 bzgl eines Zeitschriftenverlags), zB als Entgelt des Bezugsverpflichteten für ein ihm gewährtes zinsloses oder marktunüblich zinsgünstiges Darlehen. Sog Leistungs- und Positionierungsgebühren ohne Verpflichtung zur Warenabnahme sind sofort abziehbare Aufwendungen auf den eigenen Geschäftswert (FinVerw FR 97, 191).

Berechtigungen nach dem TEHG. Berechtigungen zur Emission von Treibhausgasen nach dem Treibhausgas-EmissionshandelG stellen im Grundsatz immaterielle WG des Umlaufvermögens dar (*Streck/Binnewies* DB 04, 1116, 1119).

Besserungsscheine. Wenn ein Fremdgläubiger seine Forderung dem Schuldner unter auflösender oder aufschiebender Bedingung erlässt (§ 397 BGB), ist der nenn- bzw teilwertberichtigte Restwert gewinnmindernd auszubuchen und ist erst mit Eintritt der Bedingung als WG erneut einzubuchen.

Beteiligungen an Kapitalgesellschaften. Wird im BV eine Beteiligung an einer KapGes erworben, ist diese mit den AK zu aktivieren; eine AfA ist nicht zulässig (BFH BStBl II 86, 142). Werden neue Anteile gewährt, ist der Ausgabebetrag maßgebend, und zwar unabhängig von der tatsächlich geleisteten Einzahlung (Bruttoausweis: FinVerw FR 89, 215). Wird ein WG des BV als Sacheinlage gegen Gewährung neuer Anteile in die KapGes übertragen, bemessen sich die AK nach dem gemeinen Wert des hingegebenen WG; es handelt sich um einen tauschähnlichen Vorgang (§ 6 VI 1). Bei Einbringung eines Betriebs, Teilbetriebs oder MU'anteils gilt vorrangig § 20 UmwStG. Auf eine sog verschleierte Sachgründung findet § 20 UmwStG keine Anwendung (BFH BStBl II 93, 131). Erfolgt die Übertragung des WG im Wege der verdeckten Einlage (vgl § 272 II Nr 4 HGB), erhöhen sich die AK der Beteiligung an der KapGes um den Teilwert des eingelegten WG (§ 6 VI 2). Nicht abschließend geklärt ist, ob dies auch dann gilt, wenn nur einer von mehreren G'tern eine verdeckte Einlage erbringt und die anderen G'ter keine entspr Leistungen. Erlässt der G'ter der KapGes eine Forderung, erhöhen sich die AK um den Teilwert der Forderung im Zeitpunkt des Erlasses (BFH

BStBl II 98, 652; vgl auch [GrS] BFHE 183, 187), es sei denn, es handelt sich um eine sog eigenkapitalersetzende Forderung, bei der als (nachträgliche) AK der Nennwert maßgebend ist (BFH BStBl II 93, 333).

Beteiligungen an Personengesellschaften. Wird im BV die Beteiligung an einer PersGes gehalten, folgt aus § 15 I 1 Nr 2, wonach alle Beteiligungsgewinne/-verluste (einschl derjenigen aus der Übertragung der Beteiligung) unmittelbar den G'tern zugerechnet werden, dass die Beteiligung kein WG ist und deshalb trotz § 5 I 1 in der Steuerbilanz des G'ters nicht ausgewiesen werden darf (BFH BStBl II 91, 691; BStBl II 94, 224). Entspr ist auch der Gewinnanspruch nicht aktivierbar. Ebenso wenig kann es zu einer Teilwertabschreibung auf die Beteiligung kommen (BFH BStBl II 85, 654). Wird im BV die Beteiligung einer vermögensverwaltenden und nicht gewerblich geprägten (vgl § 15 III Nr 2) PersGes gehalten (sog Zebra-Ges), werden die entspr Einkünfte dieses G'ters in gewerbliche umqualifiziert und umgerechnet. Wie dies materiell-rechtlich und verfahrensrechtlich genau zu geschehen hat, ist noch nicht abschließend geklärt (vgl BFH BStBl II 96, 5; BStBl II 97, 39; BFHE 185, 177).

Bezugsrecht. Das durch Kapitalerhöhungsbeschluss konkretisierte Bezugsrecht auf Anteile an KapGes ist als selbstständiges WG mit Minderung des Buchwerts der dafür notwendigen Altanteile zu aktivieren (BFH BStBl II 99, 638 betr § 17).

Bodenschätze. Grundeigene Bodenschätze sind entspr dem bürgerlichen Recht grds unselbstständige Bestandteile des nicht abnutzbaren WG „Grund und Boden" (BFH BStBl II 90, 317; BStBl II 91, 346). Zu selbstständigen, vom Grund und Boden zu unterscheidenden materiellen abnutzbaren WG werden sie erst dann, wenn sie zur nachhaltigen Nutzung in den Verkehr gebracht werden. Das ist regelmäßig mit dem Beginn der Erschließung der Fall bzw wenn mit einer alsbaldigen Erschließung zu rechnen ist (BFH BStBl II 94, 293), woran es fehlt, solange die für den Abbau erforderliche behördliche Genehmigung noch ausstehen (BFH BStBl II 90, 317). Als WG greifbar wird die Bodenschätze auch dann, wenn das Grundstück erworben und für die Bodenschätze ein gesonderter Kaufpreis vereinbart wird (BFH BStBl II 79, 624; BFH/NV 96, 667). Der Bodenschatz ist regelmäßig dem PV zuzuordnen (vgl aber BFH BStBl II 89, 37; BFH/NV 90, 499 bzgl gewerblichem Abbauunternehmer); der Teilwert einer Einlage in den GewBetr soll bei unentgeltlich erlangtem Bodenschatz 0 € betragen (BFH BStBl II 94, 846; **aA** BFH BStBl II 94, 293). Die Frage ist beim GrS des BFH anhängig (BFH BStBl II 05, 278).

Disagio vgl Rn 96.

Dividendenansprüche vgl Rn 87 f.

Ehevermittler. Obgleich es sich bei dem vereinbarten Honorar um sog (nicht einklagbare) Naturalobligationen handelt, soll die Honorarforderung zu aktivieren sein (BFH BStBl II 68, 79).

Eigene Anteile einer Kapitalgesellschaft. Erwirbt die KapGes eigene Anteile, sind diese mit den AK zu aktivieren, sofern sie nicht zur Einziehung bestimmt sind (BFH BStBl II 98, 781; BStBl II 03, 820). Zum Rückkauf im Rahmen des § 71 I Nr 8 AktG und § 272 I HGB idF des KonTraG (BGBl I 98, 786) vgl BMF BStBl I 98, 1509; *Klingenberg* BB 98, 1575.

Eigenkapitalvermittlungsprovision. Von einem in der Rechtsform einer gewerblich geprägten KG geführten Immobilienfonds gezahlte Eigenkapitalvermittlungsprovisionen sind in der Steuerbilanz der KG in voller Höhe als Anschaffungs- oder Herstellungskosten der Fondsimmobilie zu behandeln, wenn sich die Kommanditisten aufgrund eines vom Projektanbieter vorformulierten Vertragswerks an dem Fonds beteiligten (Abweichung von Tz 7.1 iVm Tz. 7.8 des BMF-Schr BStBl I 90, 266; sog 4. Bauherren-Erlass). Dem steht nicht entgegen, dass Provisionen, die eine KG für die Vermittlung des Eintritts von Kommanditisten schuldet, sofort abziehbare Aufwendungen iSd § 4 Abs 4 EStG sind. Eine Besonderheit ergibt sich jedoch für die Steuerbilanz eines geschlossenen Immobilienfonds, weil die Anwendung des § 42 AO zur Folge hat, dass die Provisionen nicht als Kosten der Eigenkapitalbeschaffung, sondern als Kosten im Zusammenhang mit Erwerb und Bebauung des Grundstücks anzusehen sind (BFH DStR 01, 1381 mit Anm *Kempermann*).

Erbbaurecht. Die bilanzsteuerrechtliche Beurteilung des Erbbaurechts ist uneinheitlich. Fest steht, dass die Begründung eines Erbbaurechts bilanzrechtlich als entgeltlicher Erwerb einer verdinglichten Dauernutzungsbefugnis behandelt wird, die inhaltlich mit der Nutzungsbefugnis aus einem Miet- oder Pachtverhältnis vergleichbar ist (BFH BStBl II 94, 796). Deshalb darf der Erbbauberechtigte sein Erbbaurecht nicht mit der (kapitalisierten) Erbbauzinsverpflichtung aktivieren; aktivierbar sind allein die außerhalb des schwebenden Geschäfts anfallenden einmaligen Bestellungskosten, zB Makler-, Vermessungs-, Notar-, Gerichtskosten und GrESt (BFH BStBl II 94, 109). Wird der Erbbauzins (einmalig) vorausbezahlt, ist ein aktiver RAP anzusetzen (§ 5 V 1 Nr 1) und auf die Dauer des Rechts linear aufzulösen (BFH/NV 91, 736). Die Übernahme von Erschließungskosten ist zusätzliches Nutzungsentgelt und deshalb uU beim Erbbauberechtigten aktiv abzugrenzen. Belastung eines Grundstücks des BV mit entgeltlichem Erbbaurecht führt nicht zur Entnahme (BFH BStBl II 98, 665). Im Einzelfall ist zu prüfen, ob Erbbauberechtigter als wirtschaftlicher Eigentümer des Grund und Boden (vgl BFH BStBl II 94, 796) bzw bei bebautem Grundstück des Gebäudes anzusehen ist.

Erfindungen. Bei geschützten und ungeschützten Erfindungen ist § 5 II zu beachten. Sie dürfen nur dann aktiviert werden, wenn sie entgeltlich erworben worden sind (BFH BStBl II 80, 146). Wird eine Erfindung in mehreren Ländern durch Patente geschützt, handelt es sich um mehrere WG (BFH BStBl II 76, 666).

Explorationsaufwendungen. Aufwendungen für die Exploration von Bodenschätzen (zB Erdöl, Erdgas usw) sind als HK immaterieller WG nicht aktivierbar (FinVerw StEK § 5 Nr 53 zu Uran; vgl auch StEK § 6 I Ziff 2 Nr 59).

Factoring vgl § 4 Rn 81.

Filme. Auftragsgebunden hergestellte Filme sind zwar immaterielle WG (*Hruschka* DStR 03, 1569), aber dem Umlaufvermögen zuzuordnen und deswegen zu aktivieren (BFH BStBl II 97, 320). Ansonsten darf die Herstellung von Filmen wegen § 5 II nicht aktiviert werden (BFH/NV 85, 58). Zu Filmen in sog Medienfonds BMF BStBl I 03, 406.

Finanzierungskosten. Finanzierungs- bzw Geldbeschaffungskosten des Kaufpreises gehören nicht zu den AK des WG, da sie nicht mit dem Erwerbsvorgang wirtschaftlich zusammenhängen, sondern mit dem WG „Verbindlichkeiten" (BFH BStBl II 77, 380; BStBl II 87, 14). Dagegen müssen an den Darlehensgeber zu zahlende Gebühren grds als RAP aktiviert werden (BFH BStBl II 78, 262).

Firmenwert vgl Rn 77 ff.

Forderungen vgl Rn 81 ff.

Forschungskosten. Forschungskosten gehören, soweit es sich um Grundlagenforschung handelt, nicht zu den HK der Erzeugnisse (BFH BStBl II 77, 234; BMF BStBl I 85, 683).

Fremdwährungsforderungen. Fremdwährungsforderungen sind mit dem Geldkurs im Zeitpunkt ihrer Realisierung zu aktivieren (BFH BStBl II 78, 295). Ob bei künftig sinkendem Wechselkurs eine Teilwertabschreibung zulässig ist, erscheint nach dem Wortlaut des § 6 I Nr 2 S 2, 3 fraglich.

Gebäude. Für den Begriff des Gebäudes sind die Abgrenzungsmerkmale des BewG maßgebend (R 42 V 1, 2 EStR). Betriebsvorrichtungen sind auch dann, wenn sie fest mit dem Grund und Boden oder dem Gebäude verbunden sind, als selbstständige bewegliche WG zu bilanzieren und zu bewerten. Als HK des Gebäudes sind Bauplanungskosten zu aktivieren; mit den Bauarbeiten muss noch nicht begonnen worden sein (BFH BStBl II 76, 614). Aufwendungen für Gebäude, die in Abbruchabsicht erworben werden, zählen zu den HK des neuen Gebäudes (BFH BStBl II 79, 299; H 6.4 EStH). Vergebliche Planungskosten können HK eines anderen Gebäudes sein (BFH BStBl II 84, 303).

Genussrechte. Ein abgelaufenes Jahr betreffende Zinsansprüche aus Genussrechten sind auch dann in der Bilanz des Gläubigers zu aktivieren, wenn nach den Genussrechtsbedingungen der Schuldner die Ansprüche nicht bedienen muss, solange hierdurch bei ihm ein Bilanzverlust entstehen oder sich erhöhen würde (BFH BStBl II 03, 400).

Geschäftswert vgl Rn 77 ff.

Gewinnbezugsrecht. Das Gewinnbezugsrecht des G'ters einer KapGes ist unselbstständiger Teil des WG „Ges-Anteil" (BFH BStBl II 86, 815; BFH/NV 96, 405). Ein beim entspr Anteilserwerb vereinbartes Entgelt gehört in voller Höhe zu den AK der Anteile, auch wenn das Gewinnbezugsrecht ausdrücklich abgetreten und ein gesonderter Preis dafür vereinbart wird. Gesondert aktiviert werden muss das Gewinnbezugsrecht erst dann, wenn es durch Gewinnverwendungsbeschluss für frühere Geschäftsjahre als WG (Gewinnanspruch) entstanden ist. Zum Sonderfall der sog phasengleichen Bilanzierung vgl oben Rn 87 f.

Grund und Boden. Öffentlich-rechtliche Beiträge zur erstmaligen Errichtung von Ent- und Versorgungs- und Erschließungsanlagen sind als AK des Grund und Bodens zu aktivieren, während sog Ergänzungsbeiträge sofort abziehbar sind (BFH BStBl II 87, 333). Aufwendungen des Erwerbers eines Grundstücks für eine von einem Dritten zu errichtende Privatstraße stellen auch dann AK eines selbstständigen abnutzbaren WG dar, wenn die Straße der erstmaligen Erschließung des Grundstücks dient (BFH DB 00, 551).

Güterfernverkehrsgenehmigungen. Der durch eine Güterfernverkehrsgenehmigung erworbene Vorteil besteht darin, dass auf einem kontingentierten Markt des Güterfernverkehrs eine Gewinnchance eingeräumt wird. Es handelt sich um ein immaterielles WG, welches nicht abnutzbar ist, weil nach Ablauf der Gültigkeitsdauer idR eine neue Genehmigung erteilt wird (BFH BStBl II 92, 383; BStBl II 92, 529; BFH/NV 94, 543). Soweit sich aus der Liberalisierung des EG-Markts etwas anderes ergibt, ist ein individueller Nachweis der Wertminderung notwendig (BMF BStBl I 96, 372).

Halbfertige Bauten. Halbfertige Bauten auf fremdem Grund und Boden sind idR wie materielle WG mit den angefallenen HK zu aktivieren (BFH BStBl II 75, 398; BStBl II 86, 788).

Ingangsetzungskosten. Ingangsetzungs- und Erweiterungskosten iSd § 269 HGB dürfen als Bilanzierungshilfen in der Steuerbilanz weder als WG noch als RAP aktiviert werden (BFH BStBl III 55, 221).

Internet. Web-Seiten (Web-Dateien) sind nach § 5 II zu beurteilen: Soweit ein immaterielles WG vorliegt, kommt Aktivierung im Anlagevermögen nicht in Betracht, wenn es an einem entgeltlichen Erwerb fehlt.

Kapitalersetzende Darlehen. Grundsätzlich erfolgt beim Darlehensgeber eine Aktivierung zum Nennwert, uU ist Teilwertabschreibung vorzunehmen. Nachträgliche AK auf die Beteiligung entstehen erst mit Ausfall bzw Forderungserlass.

Kauf mit Rücktrittsrecht vgl Rn 154.

Konzeptionskosten. Konzeptionskosten entstehen als Gegenleistung einer Kapitalanlage-Ges an Dritte für deren Erarbeitung bzw Mitwirkung eines Konzepts für das beabsichtigte Vorhaben. Sie sind nach § 5 II nicht als HK eines Geschäftswerts oder sonstigen immateriellen WG aktivierbar, wenn Dritte nur beratend tätig werden. Aktivierungspflichtige AK eines immateriellen WG liegen vor, wenn die Ges ein fertiges und selbstständig handelbares Anlagekonzept erwirbt (BFH BStBl II 93, 538). Es kommen auch aktivierungspflichtige HK/AK des herzustellenden/anzuschaffenden materiellen Objekts in Betracht (BFH BStBl II 87, 212).

Körperschaftsteuer-Anrechnungsanspruch. Bei im BV gehaltenen Anteilen ist der (nach altem Recht gegebene) Anrechnungsanspruch (§§ 20 I Nr 3, III, 36 II Nr 3) im selben Zeitpunkt wie der Dividendenanspruch zu aktivieren (BFH BStBl II 95, 705). Bei MU'ern einer PersGes liegen Sonder-BE nach Maßgabe des Gewinnverteilungsschlüssels vor (BFH BStBl II 96, 531 – sog eingeschränkte Nettomethode).

Körperschaftsteuer-Erstattungsanspruch. Infolge KSt-Minderung entstandener KSt-Erstattungsanspruch (früheren Rechts) ist auch dann in der Vermögensaufstellung anzusetzen, wenn er auf einer nach dem Bewertungsstichtag beschlossenen Gewinnausschüttung beruht (BFH BStBl II 99, 162).

Langfristige Fertigung vgl Rn 84.

Leasing vgl § 4 Rn 79.

Leergut. Erwirbt ein Abfüllbetrieb Flaschen oder Kästen, soll es sich stets um Anlagevermögen handeln. Wird Einheitsleergut über das gelieferte Maß hereingenommen, liegt ebenfalls Anlagevermögen vor (näher BMF BStBl I 05, 715).

Lizenzen. Überlässt der Inhaber gewerblicher Schutzrechte oä Rechte oder von ungeschützten Verfahren und Erfindungen einem Lizenznehmer die Benutzung, ist dieser Lizenzvertrag als Dauerschuldverhältnis grds als schwebender Vertrag einzuordnen, der weder bei dem Lizenzgeber noch bei dem Lizenznehmer bilanziert wird, solange Leistung und Gegenleistung in sich ausgeglichen sind (vgl BFH BStBl II 76, 529). Die laufenden Lizenzgebühren sind beim Lizenzgeber BE. Wird die Lizenz gegen eine Einmalzahlung gewährt, hat der Lizenznehmer diese als Vorauszahlung von Lizenzgebühren einzustufende Leistung aktiv abzugrenzen.

Maklerkosten. Maklerkosten sind nur dann zu aktivieren, wenn sie Anschaffungsnebenkosten des vermittelten angeschafften WG darstellen (BFH BStBl II 92, 70), woran es beispielsweise bei der Anmietung von Geschäftsräumen fehlt (BFH BStBl II 97, 808).

Mandantenstamm. Der Mandantenstamm ist vom Praxiswert abzugrenzen (BFH BStBl II 94, 903) und stellt ein eigenständiges immaterielles WG dar, das isoliert übertragen werden kann (BFH BStBl II 97, 546).

Marke. Marke iSd MarkenG (BGBl I 94, 3082) kann im Einzelfall ein abnutzbares immaterielles WG sein (BMF BStBl I 98, 252). Nutzungsdauer ist umstritten (vgl *Gold* DB 98, 956; *Schubert* FR 98, 541).

Mietereinbauten und -umbauten vgl § 4 Rn 83.

Nießbrauch. Wird entgeltlich ein Nießbrauch erworben, handelt es sich zwar um ein immaterielles WG, welches allerdings wegen der Regeln über die Nichtbilanzierung schwebender Geschäfte in der Bilanz nicht auszuweisen ist. Der durch Vermächtnis erlangte Nießbrauch an einem Unternehmen ist mangels entgeltlichen Erwerbs nicht aktivierbar (BFH BStBl II 81, 396).

Nutzungsrechte vgl „Erbbaurecht", „Lizenzen", „Mietereinbauten".

Pachtvertrag. Der Verpächter hat einen offenen Substanzerhaltungsanspruch zu aktivieren, an dessen Stelle nach Ersatzbeschaffung das WG beim Verpächter mit den AK/HK des Pächters zu aktivieren ist (BFH BStBl II 93, 89). Sachdarlehen (zB bzgl übereigneten Umlaufvermögens) sind grds beim Verpächter nicht gewinnrealisierend, obwohl die darlehensweise hingegebenen konkreten WG endgültig dem Darlehensnehmer zuzurechnen sind (BMF DB 90, 863 zu Wertpapierleihgeschäften).

Patente vgl „Erfindungen".

Pensionsgeschäfte vgl § 4 Rn 82.

Pfandflaschen. Die Ausgabe von Pfandflaschen stellt im Regelfall ein Sachdarlehen dar (BGH NJW 1955, 298). Das zivilrechtliche Eigentum geht dabei auf den Darlehensnehmer über. Da ein Rückgaberecht des Darlehensgebers nach § 607 I 2 BGB besteht, soll das wirtschaftliche Eigentum bei diesem verbleiben (*Jakob/Kobor* DStR 04, 1596).

Praxiswert vgl Rn 77 ff.

Provisionen vgl „Assekuradeur", „Finanzierungskosten", „Maklerkosten".

Provisionsanspruch des Handelsvertreters ist bereits mit Ausführung des vermittelten Geschäfts zu aktivieren, auch wenn der Kunde noch nicht an den Prinzipal gezahlt hat (FG Hbg EFG 99, 973).

Reklamekosten vgl § 4 Rn 67.

Rückabwicklung verdeckter Gewinnausschüttung. Ersatzansprüche, die auf eine Rückgängigmachung einer vGA gerichtet sind, sind Einlageforderungen (BFH BStBl II 97, 89). Unerheblich ist, ob die Rückforderung auf Gesetz oder auf einer sog Satzungsklausel beruht (BFH BStBl II 85, 345; BStBl II 90, 24).

Rückdeckungsversicherung. Ansprüche aus einer Rückdeckungsversicherung für eine Pensionsverpflichtung sind in Höhe der verzinslichen Ansammlungen der vom Versicherungsnehmer geleisteten Sparanteile der Versicherungsprämien (zuzüglich etwa vorhandener Guthaben aus Überschussbeteiligungen) zu aktivieren (BFH DStR 04, 1118).

Schadensersatzanspruch vgl Rn 85.

Schwebende Geschäfte vgl Rn 81.

Stille Beteiligung. Eine im BV gehaltene stille Beteiligung ist auch bei Verlustbeteiligung als Forderung mit den AK zu aktivieren. Ob Verlustanteile sofort zu einer Buchwertminderung führen oder nur unter den Voraussetzungen einer Teilwert-Abschreibung zu berücksichtigen sind, ist noch nicht abschließend geklärt. Der Gewinnanspruch des Stillen ist grds zum Bilanzstichtag des Betriebsinhabers zu aktivieren, weil er dann regelmäßig wirtschaftlich als WG entstanden ist (vgl zur rechtlichen Anspruchsentstehung BFH BStBl II 91, 569). Etwas anderes gilt allerdings dann, wenn der Gewinnanspruch im Einzelfall am Bilanzstichtag noch nicht berechenbar ist.

Substanzausbeuteverträge. Ein Substanzausbeutevertrag ist zivilrechtlich idR ein Pachtvertrag (§ 581 BGB) und berechtigt den Pächter zum Genuss der Ausbeute iSd § 99 BGB (BFH BStBl II 94, 44; BStBl II 94, 840). Die Substanz wird damit nicht im Rahmen eines Veräußerungsgeschäfts, sondern durch Verpachtung erworben (vgl BFH BStBl II 93, 296), weswegen der Ausbeutevertrag auch nicht in eine Veräußerung des WG „Bodenschatz" und eine zeitlich begrenzte Nutzungsüberlassung aufgespalten werden kann (BFH BStBl II 94, 231; vgl BMF DB 98, 1639).

Treuhandgeschäfte. Treuhänderisch übereignete WG sind in der Bilanz des Treugebers und nicht in der Bilanz des zivilrechtlichen Eigentümers (Treuhänders) auszuweisen (BFH BStBl II 84, 217; vgl auch BFH BStBl II 94, 615; BFHE 183, 518 bzgl Vereinbarungstreuhand). Zur Sicherungsübereignung und zum Eigentumsvorbehalt vgl § 4 Rn 78.

Unentgeltlich erworbene Wirtschaftsgüter. Wird ein einzelnes WG unentgeltlich im BV erworben und handelt es sich nicht um eine Einlage, gilt sein gemeiner Wert für das aufnehmende BV als AK (§ 6 IV). Aufgrund der angeordneten Fiktion von AK gilt es auch für immaterielle WG; § 5 II wird verdrängt.

Verlagsrecht. Das Vervielfältigungs- und Verbreitungsrecht ist ein selbstständiges immaterielles WG iSd § 5 II, welches vom Verlagswert abzugrenzen ist (BFH BStBl II 95, 505). Soweit das Verlagsrecht im Rahmen eines Erwerbsgeschäfts eigenständig in Erscheinung tritt, sind die AK zu aktivieren (BFH BStBl II 79, 470). Das Verlagsarchiv ist regelmäßig kein eigenständiges immaterielles WG (vgl BFH BStBl II 75, 104).

Vertreterrecht. Beim Handelsvertreter ist das „Vertreterrecht" auch dann als entgeltlich erworbenes immaterielles Wirtschaftsgut des Anlagevermögens zu aktivieren, wenn die Einstandszahlung erst bei Beendigung des Vertragsverhältnisses durch Verrechnung mit dem Ausgleichsanspruch nach § 89b HGB fällig ist (BFH BFH/NV 07, 2410).

Vorfälligkeitsentschädigung. Eine Vorfälligkeitsentschädigung, die der Kreditnehmer wegen vorzeitiger Rückzahlung an den Kreditgeber leisten muss, führt zu sofort abzugsfähigen BA (str vgl FG Brem EFG 97, 1096; BFH BStBl II 90, 464; DStR 02, 1090). Im Falle einer Betriebsveräußerung handelt es sich um Veräußerungskosten (BFH/NV 01, 440).

Wechsel. Ein Gläubiger, der erfüllungshalber (§ 364 II BGB) einen Wechsel erhält, hat statt seiner fortbestehenden Grundgeschäfts-Forderung idR seine Wechselforderung zu aktivieren, weil er vorrangig aus dem Wechsel gegen den bzw die Schuldner vorgehen muss.

Werbung. Aufwendungen sind grds BA (BFH BStBl III 64, 1838). Erstellte WG sind zu aktivieren (BFH BStBl II 77, 278).

Wertpapierleihgeschäfte. Wertpapierleihgeschäfte sind wie Sachdarlehen ohne Gewinnrealisierung zu bilanzieren (BMF DB 90, 863). Der Entleiher ist idR wirtschaftlicher Eigentümer. Vgl zu Pensionsgeschäften § 4 Rn 82.

Wettbewerbsverbot. Ein entgeltlich erworbenes Wettbewerbsverbot ist als immaterielles Einzel-WG mit den AK zu aktivieren (BFH/NV 89, 780), soweit es nicht unselbstständiger Bestandteil eines anderen gleichzeitig erworbenen (immateriellen) WG ist (BFH BStBl II 84, 233 bzgl Geschäftswert; BFH/NV 90, 442 bzgl Kundenstamm). Bei umsatzabhängigen laufenden Vergütungen erfolgt keine Aktivierung, sondern das Entgelt führt zu sofort abziehbaren BA (BFH BStBl II 68, 520). Das Wettbewerbsverbot ist auf seine voraussichtliche Dauer abzuschreiben, bei fehlender Befristung auf die „mutmaßliche" bzw „voraussichtliche" Lebensdauer (BFH BStBl II 79, 369; BStBl II 82, 56).

Zurechnung von Wirtschaftsgütern vgl § 4 Rn 73 ff.

Zurechnung richtet sich nach wirtschaftlichem Eigentum (BFH BStBl II 89, 877 zu frei widerruflicher Schenkung; BStBl II 94, 640 zu Dienstbarkeit). Eine sog Scheidungsklausel führt noch nicht dazu, dass der rechtliche Eigentümer das wirtschaftliche Eigentum verliert (BFH BStBl II 98, 542; vgl aber auch BFH BStBl II 94, 645). Ebenso führen Rückübertragungsansprüche (dazu allg *Jülicher* DStR 98, 1977) nicht zum Verlust des wirtschaftlichen Eigentums, wenn der Anspruch von künftigen Ereignissen abhängt (BFH/NV 99, 153). Bei Veräußerung von Aktien folgt das wirtschaftliche Eigentum dem rechtlichen auch dann, wenn wieder Rückübertragung erfolgen soll (BFH FR 00, 446 mit Anm von *Pezzer* und *Fischer*; vgl zum sog Dividendenstripping auch *Haarmann/Dörfler* IStR 00, 181).

Zuschüsse. Bei nicht rückzahlbaren Zuschüssen Dritter, die im Zusammenhang mit der Beschaffung bestimmter Gegenstände gewährt werden (Investitionszulagen, -zuschüsse), stellt sich die Frage, ob die Zuwendungen als AK-Minderungen anzusehen sind oder ob sie als Ertrag vereinnahmt werden können. Die besseren Gründe sprechen für eine AK-Minderung (*A/D/S*[6] § 255 HGB Rn 56 mwN). Anstelle einer unmittelbaren Absetzung von den AK wird es auch als zulässig angesehen, die Zugänge in Höhe der ungekürzten AK aufzuführen und die Zuschüsse ohne Berührung der GuV in einen gesonderten Passivposten einzustellen. Aus Sicht desjenigen, der die Zuschüsse einem Dritten aus betrieblichem Anlass gewährt, liegen grds sofort abziehbare BA vor, es sei denn, es handelt sich um AK eines entgeltlich erworbenen immateriellen WG iSd § 5 II, zB eines Belieferungsrechts.

J. Einzelnachweise Passivierung

Abbruchverpflichtung. Abbruchverpflichtungen, insbes bei Miet- und Pachtverträgen für die vom Mieter/Pächter vom ihm erstellten Anlagen nach Beendigung der Pachtzeit, sind als Verbindlichkeitsrückstellung zu berücksichtigen (BFH BStBl II 75, 480). Die Höhe der jährlichen Rückstellungszuführung errechnet sich aus der durch die Anzahl der Jahre bis zur Erfüllung der Verpflichtung geteilten Differenz zw den voraussichtlichen Abbruchkosten und dem Stand der Rückstellung am vorangegangenen Bilanzstichtag (BFH BStBl II 75, 480). Rückstellung auch dann, wenn ungewiss ist, wann das Nutzungsverhältnis endet (BFH BStBl II 00, 612).

166

Abfallentsorgung. Die Verpflichtung zur Entsorgung eigenen Abfalls nach dem AbfG begründet nicht rückstellbaren eigenbetrieblichen Aufwand, da es an der hinreichenden Konkretisierung des Gesetzes, wie sie gerade bei öffentlich-rechtlichen Verpflichtungen von der Rspr verlangt wird (Rn 122), fehlt (BFH DStR 01, 290).

Abraumbeseitigung. Aufwand für die Beseitigung des anfallenden unbrauchbaren Bodens bei der Ausbeute eines Grundstücks sind als Aufwandsrückstellung einzuordnen, wenn das Grundstück dem StPfl gehört oder dieser nicht durch Vertrag oder Gesetz zur Abraumbeseitigung verpflichtet ist. Soweit die Nachholung im folgenden Geschäftsjahr erfolgt, ist eine Rückstellung zu bilden (§ 249 I 2 Nr 1 Alt 2 HGB, 5 I). Bei Verpflichtung kommt eine Verbindlichkeitsrückstellung in Betracht.

Abrechnungsverpflichtungen. Nach § 14 VOB/B ist der Unternehmer nach Abnahme des Bauwerks verpflichtet, eine Abrechnung zu erteilen. War diese Abrechnung am Bilanzstichtag noch nicht erteilt, kommt die Bildung einer Rückstellung in Betracht (BFH BStBl II 86, 788). Mit der Abnahme des Werks tritt grds Gewinnrealisierung ein, so dass der einschl des Gewinns zu aktivierende Werkvertragsanspruch aufgrund der vertraglich bindenden Nebenverpflichtung nur noch als Rückstellung berücksichtigt werden kann. Beziehen sich die Abrechnungsverpflichtungen auf eine Vielzahl von Vertragsverhältnissen, so beurteilt sich die Passivierungspflicht nach dem Gesamtaufwand (BFH BStBl II 95, 742).

Abschlussgebühren für Bausparverträge. Bausparkassen haben für die ungewisse Verpflichtung, eine vom Bausparer geleistete Einlage zurückzahlen zu müssen, wenn der Bausparer nach der Zuteilung auf das Bauspardarlehen verzichtet, eine Verbindlichkeitsrückstellung zu bilden (Erfüllungsrückstand). Im Rahmen der Bewertung ist die Wahrscheinlichkeit der Rückzahlung aufgrund statistischen Materials zu schätzen; eine Abzinsung ist handelsrechtlich nicht möglich, da derartige Verpflichtungen keine Zinsanteile enthalten (BFH BStBl II 91, 479); im Steuerrecht gilt eine Abzinsungspflicht (§ 6 I Nr 3a e).

Altersteilzeit. Bei der Altersteilzeit nach dem Altersteilzeitgesetz v 23.7.96 (BGBl I 96, 1078) leistet der ArbN nur 50 % der üblichen Arbeitszeit, und zwar entweder in der ersten Hälfte des Altersteilzeitzeitraums 100 %, danach wird er freigestellt, oder während des ganzen Zeitraums 50 %. In der Alt 1 ist der ArbN halbtags tätig, erhält aber eine überproportional hohe Vergütung. In dieser Variante kam bisher eine Drohverlustrückstellung in Betracht, die steuerrechtlich nunmehr nicht gebildet werden darf (§ 5 IVa). In der Alt 2 ist der ArbN weiterhin ganztags tätig, erhält aber eine verminderte Vergütung, da er in der zweiten Hälfte des Altersteilzeitzeitraumes von der Arbeitspflicht freigestellt wird. Der ArbG hat also, insoweit er Arbeitsleistung ohne unmittelbare Gegenleistung erhält, eine Verbindlichkeit (Erfüllungsrückstand), die durch eine Rückstellung berücksichtigt werden muss. So auch BFH v 30.11.05 (I R 110/04, DB 06, 532), doch sollen die Rückstellungen pro rata bis zum Beginn der Freistellungsphase angesammelt werden.

Altlastensanierung. Für die Verpflichtung zur Altlastensanierung, die sowohl aus einer zivilrechtlichen Verpflichtung als auch aus dem öffentlichen Recht herrühren kann, ist in Abhängigkeit vom konkret verwirklichten Lebenssachverhalt und insbes der Wahrscheinlichkeit der Inanspruchnahme eine Verbindlichkeitsrückstellung zu bilden (BFH BStBl 06, 647). Zum Kriterium der wirtschaftlichen Verursachung und zur Wahrscheinlichkeit der Inanspruchnahme, namentlich bei öffentlich-rechtlicher Verpflichtung vgl Rn 122, 131.

Anliegerbeiträge. Sind Anliegerbeiträge nicht als nachträgliche AK/HK aktivierungspflichtig, weil eine erforderliche Zweckbestimmung der Aufwendungen nicht vorliegt, ist eine Rückstellung für ungewisse Verbindlichkeiten zu bilden (BFH BStBl II 06, 369).

Arbeitsverhältnis. Der ArbG hat aus dem Arbverh Rückstellungen zu bilden, soweit Anspr des ArbN ihre wirtschaftliche Entstehung im abgelaufenen Geschäftsjahr haben und noch nicht bezahlt sind. So können etwa rückständige, in der Höhe ungewisse Löhne und Gehälter zurückgestellt werden; bei Gewissheit hat ein Ausweis bei den Verbindlichkeiten zu erfolgen. Verlustrückstellungen scheiden bei Arbverh idR aus, weil die Gleichwertigkeit von Lohnzahlungsverpflichtung und Anspr auf die Arbeitsleistung vermutet wird (BFH BStBl II 88, 886). Zu den in die Gleichwertigkeitsvermutung einzubeziehenden Aufwendungen gehören alle Leistungen, die üblicherweise aufgewendet werden müssen, um sich die Arbeitsleistung zu beschaffen, zB Lohnfortzahlung im Krankheitsfall (BFH BStBl II 88, 886; vgl auch BStBl II 86, 465; BStBl II 88, 338; BFH/NV 95, 970). Soweit Zahlungen geleistet worden sind, die anteilig auch das nächste Wj betreffen (zB Urlaubsgeld bei abw Wj), kommt eine Rechnungsabgrenzung in Betracht (BFH BStBl III 64, 123; BStBl III 64, 480; BStBl III 64, 554).

Arzneimittelhersteller. Die Kosten der Zulassung bzw Registrierung von Arzneimitteln sind zukunftsbezogen; sie fallen nicht an, weil die Arzneimittel in der Vergangenheit vertrieben worden sind, sondern weil sie in Zukunft vertrieben werden sollen. Deshalb scheitert eine Rückstellungsbildung aus (BFH BStBl II 89, 893; BFH/NV 91, 434; BFH/NV 98, 22 bzgl Zulassung sog Alt-Arzneimittel). Ebenso scheidet eine Passivierung für die in Werbeprospekten zugesagte unentgeltliche Abgabe von Ärztemustern aus (BFH BStBl II 77, 278). Vgl auch Rn 131.

Aufbewahrungspflicht. Die Verpflichtung, die in § 257 HGB und § 147 AO 1977 genannten Geschäftsunterlagen sechs bzw zehn Jahre lang aufzubewahren, ist eine öffentlich-rechtliche Verpflichtung, die zur Bildung einer Rückstellung für ungewisse Verbindlichkeiten berechtigt (BFH BStBl II 03, 131).

Ausbildungskosten. In der Praxis wurde die Bildung einer Drohverlustrückstellung für die Kosten von Ausbildungsverträgen nur äußerst restriktiv gehandhabt (vgl BFH BStBl II 84, 344; BStBl II 93, 441). Mit der Beseitigung der Drohverlustrückstellung in § 5 IVa kommt eine Rückstellungsbildung nunmehr steuerrechtlich nicht mehr in Betracht.

Ausgleichsansprüche von Handelsvertretern. Dem Handelsvertreter steht bei Beendigung des Vertragsverhältnisses unter bestimmten Voraussetzungen ein Ausgleichsanspruch nach § 89b HGB zu. Eine Rückstellung darf der Unternehmer erst ab Vertragsbeendigung bilden, weil vorher wegen des tatbestandlichen Erfordernisses „erheblicher Vorteile nach Beendigung des Vertragsverhältnisses" die rechtliche Entstehung noch nicht wirtschaftlich verursacht ist (BFH BStBl II 83, 375; **aA** BGH DB 66, 1267).

Auslandskredit. Soweit § 5 IIa noch nicht anwendbar ist, hat der BFH (DStR 05, 238) nur auf das Länderrisiko gestützte Rückstellungen nicht anerkannt.

Außenprüfung. Die Kosten für eine Außenprüfung sind mangels Außenverpflichtung idR nicht rückstellungsfähig. Ebenso wenig dürfen die Kosten für Außenprüfungen, die nur möglich, aber nicht wahrscheinlich sind, zurückgestellt werden (BFH BStBl II 73, 55). Eine Aufwandsrückstellung kommt ausnahmsweise bei Großbetrieben, bei denen eine Anschlussprüfung die Regel ist, in Betracht. IÜ ist eine Rückstellung für mehr Steuern aufgrund einer zu erwartenden Außenprüfung nicht zulässig. Es gibt keinen Erfahrungssatz, dass eine Außenprüfung zu mehr Steuern führen wird, die eine Inanspruchnahme hinreichend wahrscheinlich machen würde (BFH BStBl III 66, 189; BStBl II 96, 592).

Avalprovision. Die Verpflichtung zur Zahlung einer Avalprovision ist in dem Wj verursacht, in dem der Avalkredit besteht; vorher ist die Bildung einer Rückstellung unzulässig (BFH BStBl II 92, 600).

Bauschutt. Ein Unternehmen, dessen Zweck das Recycling von Bauschutt ist, kann eine Rückstellung für die nach dem jeweiligen Bilanzstichtag anfallenden Aufbereitungskosten bilden, sofern die zeitnahe Verarbeitung behördlich überprüft wird (BFH DStR 04, 1247).

Bedingte Verbindlichkeiten. Für bedingte Verbindlichkeiten zB bedingt rückzahlbare bare Druckbeihilfen ist eine Verbindlichkeitsrückstellung zu bilden (BFH BStBl II 98, 245). Steuerrechtlich schließt § 5 IIa eine Rückstellungsbildung aus.

Berechtigung nach dem TEHG. Soweit im Hinblick auf § 6 I TEHG noch Berechtigungen zur Emission von Treibhausgasen erworben werden müssen, kann dafür eine Rückstellung gebildet werden (*Streck/Binnewies* DB 04, 1116, 1120).

Bergbauwagnisse. Für Bergbauwagnisse (Bergschäden, Gruben- und Schachtversatz) sind vom Bergbau betreibenden Unternehmen Verbindlichkeitsrückstellungen zu bilden. In Betracht kommt eine Pauschalrückstellung, weil es sich um gleichartige typische Massenrisiken handelt.

Betriebsverlegung. Eine Rückstellungsbildung wegen Betriebsverlegung scheidet aufgrund des fehlenden Schuldcharakters aus, auch wenn diese unmittelbar bevorsteht. Das rückstellungsfähige Einzelrisiko mit Schuldcharakter, zB wegen der Kündigung von Betriebsräumen, wird erst durch Inangriffnahme einzelner, zu Verlusten führender geschäftlicher Maßnahmen konkretisiert (BFH BStBl II 72, 943).

Besserungsscheine. Auflösend bzw aufschiebend bedingte Verbindlichkeiten sind auszubuchen und erst im Wj der Besserung (Eintritt der Bedingung) mangels früherer wirtschaftlicher Verursachung gewinnmindernd wieder einzubuchen (BFH BStBl II 91, 588 bzgl Verzicht auf Gesellschafterforderung gegen KapGes mit Besserungsklausel).

Boni und Rabatte. Für die auf die Umsätze der abgelaufenen Perioden entfallenden Umsatzvergütungen usw sind Verbindlichkeitsrückstellungen zu bilden, wenn die Zahlung nicht noch von weiteren Umsätzen im Folgejahr abhängt.

Buchführung. Der Aufwand zur Erledigung rückständiger Buchführungsarbeiten (Buchung von Geschäftsvorfällen, die das abgelaufene Wj betreffen) ist rückstellungsfähig (BFH BStBl II 92, 1010). Für zukünftigen Buchführungsaufwand dürfen keine Rückstellungen gebildet werden (BFH BStBl II 73, 55).

Bürgschaftsverpflichtung. Soweit eine Inanspruchnahme des Bürgen droht, hat dieser eine Rückstellungsbildung vorzunehmen (BFH BStBl II 89, 456; BFH/NV 91, 588). Die Erfassung und Bewertung dieses Risikos kann entweder als Einzel- oder als Pauschalrückstellung (BFH/NV 88, 22) erfolgen. Bei der Bewertung sind sowohl eine Rückgriffsforderung gegen den Hauptschuldner als auch eventuelle Einwendungsmöglichkeiten des Bürgen rückstellungsmindernd zu berücksichtigen (BFH BStBl II 95, 412).

Dingliche Lasten vgl Rn 56, 116.

Drohende Verluste aus schwebenden Geschäften vgl Rn 82, 145.

Erfolgsabhängige Verpflichtungen. Für Kredite, die vom Kreditnehmer nur aus dessen künftigen Gewinnen zu tilgen sind, erfolgt eine Verbindlichkeitsrückstellung. Wegen der Unsicherheit, ob und in welchem Umfang mit künftigen Gewinnen gerechnet werden kann, sind die Kredite mit einem unter dem vereinbarten Rückzahlungsbetrag liegenden Wert zu passivieren (BFH DStR 95, 1951; aA BMF DStR 97, 739). Steuerrechtlich steht § 5 IIa einer Rückstellungsbildung entgegen.

Erfüllungsrückstände. Erfüllungsrückstände aus Arbeits-, Miet-, Pacht-, Leasing- und Darlehensverhältnissen sind zu passivieren, zB für nicht genommenen Urlaub (BFH BStBl II 92, 911) sowie nicht genommene Freischichten und Gleitzeitüberhänge; für Gewinnbeteiligungen, Tantiemen und Gratifikationen (BFH BStBl II 83, 754); für Weihnachtsgeld bei abw Wj (BFH BStBl II 80, 509); für die Verpflichtung zur Erneuerung unbrauchbar gewordener Pachtgegenstände, sog Pachterneuerungsrückstellung (BFH BStBl II 93, 91); für Verpflichtungen des Leasinggebers, den Leasingnehmer nach Beendigung der Mietzeit am Verwertungserlös zu beteiligen (BFH BB 93, 1913); für Provisionen, die ein Versicherungsvertreter für die Nachbetreuung von Lebensversicherungen erhält (BFH BStBl II 06, 866).

Euroumstellung. Kosten der Umstellung (zB wegen der Umstellung des Rechnungswesens, doppelter Preisauszeichnungen, Mitarbeiterschulungen, usw) sind ausschließlich zukunftsbezogen und können daher weder als Verbindlichkeits- noch als Aufwandsrückstellung berücksichtigt werden.

Firmenjubiläum vgl Rn 143.

Garantie- und Gewährleistungsverpflichtungen. Wenn der Kfm am Bilanzstichtag ernsthaft mit der Inanspruchnahme aus Garantie- oder Gewährleistung rechnen muss, ist eine Rückstellung für ungewisse Verbindlichkeiten zu bilden. Muss er nicht damit rechnen, kommt auch dann keine Rückstellung in Betracht, wenn die Gewährleistungsverpflichtung noch vor Aufstellung der Bilanz geltend gemacht wird (BFH BStBl II 02, 227: Erklärung der Wandlung eines Kaufvertrags). Konkrete Risiken sind als Einzelrückstellung auszuweisen (BFH BStBl II 83, 104; BStBl II 84, 263), ansonsten ist eine Pauschalrückstellung zu bilden. Zur Rückstellungsbewertung vgl BFH BStBl II 73, 217 zu Einzelrückstellung; BFH BStBl II 83, 104; BStBl II 84, 263; BFH/NV 86, 490 zu Pauschalrückstellungen.

Geldbußen der EU. Soweit ein Abzugsverbot nach § 4 V 1 Nr 8 nicht besteht, können Rückstellungen gebildet werden, wenn die Vorraussetzungen dafür vorliegen.

Gehaltsfortzahlung. Die Verpflichtung, Angestellten im Krankheitsfall das Gehalt für eine bestimmte Zeit weiter zu zahlen, ist nicht als Verbindlichkeit aufgrund eines Erfüllungsrückstandes zu passivieren. Das Vorliegen eines Erfüllungsrückstandes setzt eine Verpflichtung voraus, die sich als vom Vertragspartner durch dessen erbrachte Vorleistung erdiente und am Bilanzstichtag somit rückständige Gegenleistung darstellt. Die Gehaltsfortzahlung im Krankheitsfall wird nicht durch vorherige Arbeitsleistungen erdient, sondern findet ihre Grundlage in gesetzlichen und arbeitsrechtlichen Bestimmungen (BFH DB 01, 1969).

Genussrechte. Genussrechte sind Gläubigerrechte schuldrechtlicher Art, die mitgliedschaftsrechtlich ausgestaltet sein können. Die Verpflichtung zur Rückzahlung des Genussrechtskapitals ist mit dem Nennbetrag als Verbindlichkeit zu passivieren. Die Ausschüttung selbst führt zu BA, wenn neben der Gewinnbeteiligung keine Beteiligung am Liquidationserlös besteht (BFH BStBl II 96, 77). Ist der Genussrechtsinhaber am Liquidationserlös beteiligt (§ 8 III 2 KStG), wird das Genussrechtskapital steuerrechtlich als Eigenkapital behandelt; Ausschüttungen sind Gewinnverwendung bzw vGA (BFH BStBl II 96, 77).

Gesellschafterdarlehen. Eigenkapitalersetzende Gesellschafterdarlehen an die KapGes sind in der HB und über §§ 8 I KStG, 5 I in der Steuerbilanz der KapGes bzw der KapGes & Co KG auf der Passivseite als echtes Fremdkapital auszuweisen (BFH BStBl II 92, 532; BMF BStBl I 92, 653). Auch unter dem Gesichtspunkt des Rechtsmissbrauchs (§ 42 AO) kommt bei ganz überwiegender Fremdfinanzierung steuerrechtlich keine Umqualifizierung in Betracht. Die Regelung des § 8a KStG gilt nur für die Fremdfinanzierung durch nicht anrechnungsberechtigte Anteilseigner (nach früherem Recht). Ebenso ist bei einem rein schuldrechtlichen Rangrücktritt zu verfahren, dh die im Rang zurückgetretene Verbindlichkeit ist bei der KapGes weiterhin in der Handels- und Steuerbilanz als Fremdkapital auszuweisen (BFH BStBl II 93, 502). Zur Erfassung von Zinsen aus eigenkapitalersetzenden Darlehen vgl BFH BStBl II 94, 632. Zu Verbindlichkeiten aus Besserungsscheinen vgl „Besserungsscheine". Im Ausschluss an die Rspr des BGH, die für die Nichtpassivierung eines Gesellschafterdarlehens im Überschuldungsstatus einen qualifizierten Rangrücktritt (vgl § 199 InsO) verlangt, wollte die FinVerw (BMF BStBl I 04, 850) in solchen Fällen § 5 IIa anwenden. Die Norm ist aber nur anwendbar, wenn es um bedingt entstehende Verbindlichkeiten geht (BFH/NV 06, 409; *Hölzle* GmbHR 05, 858). Die FinVerw verkannte die Unterschiede zw dinglichem Verzicht (BFH GrS BStBl II 98, 307) und lediglich schuldrechtlichem Rangrücktritt (vgl *Korn/Strahl* KÖSDI 05, 14864 mwN). Mittlerweile folgt die FinVerw (BMF BStBl I 06, 497) der hM, so dass die Vereinbarung eines einfachen oder eines qualifizierten Rangrücktritts steuerbilanziell keine Konsequenzen hat. Damit wird eine exakte Trennungslinie zum dinglich wirkenden Forderungsverzicht gezogen.

Gewerbesteuer. Soweit sich auf der Grundlage der GewSt-Berechnung eine Steuerschuld ergibt, die die Vorauszahlungen übersteigt, ist für diese Abschlusszahlung eine Verbindlichkeitsrückstellung zu bilden (BFH BStBl II 84, 554). Berechnet werden kann diese Rückstellung nach der sog 5/6-Methode mit 5/6 des Betrags der GewSt, der sich ohne Berücksichtigung der GewSt als BA ergeben hätte (R 4.9 II EStR 05).

Hauptversammlung. Kosten der Hauptversammlung dürfen nicht als Rückstellung berücksichtigt werden, weil sie ihre wirtschaftliche Verursachung in künftigen Wj (zB Gewinnverwendungsbeschluss, Satzungsänderung, Aufsichtsratswahlen) haben (BFH BStBl II 80, 62).

Heimfallverpflichtung. Eine Heimfallverpflichtung liegt vor, wenn der Pächter Anlagen, die während der Pachtzeit in seinem wirtschaftlichen Eigentum stehen, mit Ende der Pachtzeit entschädigungslos oder gegen eine unangemessen niedrige Entschädigung an den Verpächter übertragen muss. Hier kommt keine Rückstellungsbildung, sondern Abschreibung auf die in seinem wirtschaftlichen Eigentum stehenden WG in Betracht. Eine Rückstellung ist nur insoweit zulässig, als durch den Heimfall zusätzliche Kosten entstehen, die der Pächter zu tragen hat.

Instandhaltungsverpflichtungen. Eine Rückstellungsbildung für Instandhaltungsverpflichtungen für vermietete bzw verpachtete Gegenstände ist neben der regelmäßigen AfA nicht zulässig (BFH BStBl II 71, 391; BStBl II 76, 778; BStBl II 92, 600). Nur wenn in einem Geschäftsjahr die notwendige Instandsetzung nicht erfolgt ist, muss eine Rückstellung ausgewiesen werden (BFH BStBl II 76, 622). Hat der Unternehmer eine selbstständige Instandhaltungspflicht übernommen, ist eine Rückstellung für die Instandhaltung entspr der in den einzelnen Geschäftsjahren wirtschaftlichen Verursachung der Instandhaltungsarbeiten zu bilden, wenn der Unternehmer die Vergütung bereits erhalten hat (BFH BStBl II 76, 778). Für unterlassenen Herstellungsaufwand ist eine Rückstellung nicht zulässig (BFH BStBl II 81, 660); Entsprechendes gilt für künftigen Aufwand zur Überholung von Flugzeugen (BFH BStBl II 87, 848).

Jahresabschluss- und Prüfungskosten. Die Verpflichtung eines StPfl zur Aufstellung eines Jahresabschlusses und zur (gesetzlichen) Prüfung des Jahresabschlusses beruhen auf öffentlich-rechtlichen Verpflichtungen, die wirtschaftlich durch den Betrieb des Unternehmens begründet werden. Die Kosten sind damit als Rückstellung dem Wj zuzuordnen, für das die öffentlich-rechtliche Verpflichtung erfüllt werden muss (BFH BStBl II 80, 297; BStBl II 95, 742). Zur Höhe der Rückstellungsbildung vgl BFH BStBl II 84, 301; H 6.10 EStH). Bei einer freiwilligen Prüfung können die Kosten nicht zurückgestellt werden, da es am Schuldcharakter fehlt (Aufwandsrückstellung; vgl BMF BB 81, 221). Besteht eine privatrechtliche Verpflichtung, zB im Rahmen eines Kreditvertrags mit einem Kreditgeber, ist wegen des privatrechtlichen Schuldcharakters eine Rückstellungsbildung zulässig (**aA** BMF DB 82, 2490).

Jubiläumszuwendungen vgl Rn 143.

Kernkraftwerke vgl Rn 148.

Krankenhausträger. Öffentliche Investitionszuschüsse an Krankenhausträger können die AK oder HK mindern (BFH BStBl II 97, 390); Bildung eines passiven RAP ist nicht zulässig (BFH BStBl II 89, 189; BStBl II 96, 28).

Kreditlinien. Ein Kreditinstitut kann eine Rückstellung wegen drohender Verluste aus zum Bilanzstichtag noch nicht ausgeschöpften Kreditlinien nur dann bilden, wenn der Kreditnehmer die Kreditlinie künftig tatsächlich ausschöpfen und nicht wieder auf den zum Bilanzstichtag bestehenden Saldo zurückführen wird bzw aufgrund seiner wirtschaftlichen Situation nicht mehr zurückführen kann und entspr Sicherheiten nicht bestehen (BFH BStBl II 98, 658). Steuerrechtlich ist eine Drohverlustrückstellung nicht mehr möglich (§ 5 IVa).

Kulanz vgl Rn 123.

Kundendienstverpflichtungen. Hat sich der Unternehmer entschlossen, nicht kostendeckende Reparaturaufträge aus betrieblichen Gründen (Kundendienst) in Zukunft zu übernehmen, kann eine Garantierückstellung nicht gebildet werden, weil die hieraus resultierenden Verluste mit den künftigen Aufträgen zusammenhängen, soweit es sich nicht um Garantieleistungen für verkaufte Waren handelt (BFH BStBl III 65, 383). Entsprechendes gilt für Garantieleistungen im Kfz-Handel, wenn der Händler aufgrund des Händlervertrages verpflichtet ist, Garantieleistungen, Freiinspektionen oder verbilligte entgeltliche Inspektionen bei allen Kfz eines Herstellers durchzuführen, auch wenn er diese Kfz nicht verkauft hat (BFH/NV 90, 691; BMF DB 99, 70). Anders ist die Lage bei einem Hersteller, der Garantierückstellungen zu bilden hat, wenn er die verwendeten Ersatzteile den Händlern in Natur oder in Geld ersetzt (BFH BStBl II 92, 519). Liegt eine vertraglich vereinbarte Kundendienst- bzw Nachbetreuungspflicht vor, dann ist eine Rückstellung zu bilden (BFH/NV 02,

1638). Nach Auffassung der Verwaltung (BMF DStR 05, 1858; vgl auch R 5.7 III EStR) ist eine nur rechtliche Verpflichtung unabhängig von der wirtschaftlichen Verursachung nicht ausreichend.

Leasing vgl § 4 Rn 79.

Leergut. Für die Verpflichtung, Pfandgelder zu zahlen, wenn das Leergut hereingegeben wird, ist eine Pfandrückstellung zu bilden (BMF BStBl I 05, 715).

Lizenzgebühren. Für die Verpflichtung zur Zahlung von Lizenzgebühren usw sind zum Ende des Geschäftsjahres Rückstellungen zu bilden, in dem sie wirtschaftlich entstanden sind. Hängt die Entstehung der Lizenzgebühr von einer bestimmten Handlung bzw Zeitpunkt ab, ist eine Rückstellung erst mit Vornahme dieser Handlung bzw Erreichen des Zeitpunkts möglich, zB wenn die Zahlung vom Verkauf einer Sache abhängt (BFH BStBl II 70, 104). Sind die Verpflichtungen zeitbezogen, erfolgt die Rückstellungsbildung anteilig nach der im abgelaufenen Wj verstrichenen Zeitspanne.

Lohnfortzahlung vgl „Arbverh".

Lohngarantie vgl „Arbverh".

Mutterschutz vgl „Arbverh".

Nachbetreuungspflichten vgl Kundendienstverpflichtungen.

Optionsprämien. Für die Verpflichtung des Veräußerers einer Option, auf Verlangen des Optionsberechtigten innerhalb der Optionsfrist den Optionsgegenstand zu verkaufen oder zu kaufen, ist eine Verbindlichkeit in Höhe der dafür vereinnahmten Prämie auszuweisen; die Verbindlichkeit ist erst bei Ausübung oder Verfall der Option auszubuchen (BFH BStBl II 04, 126).

Organschaft. Sind im Rahmen eines Organschaftsverhältnisses vom Organträger Verluste der Organgesellschaft zu übernehmen, darf beim Organträger für drohende Verluste keine Rückstellung gebildet werden (BFH BStBl II 77, 441).

Patronatserklärung. Entsprechend Bürgschaften sind Verpflichtungen hieraus erst zu passivieren, wenn bei sog harter Patronatserklärung Inanspruchnahme droht (vgl BFH BStBl II 89, 456).

Pensionssicherungsverein. Rückstellungsbildung kommt mangels wirtschaftlicher Verursachung in der Vergangenheit für künftige Beiträge aus bereits eingetretenen oder künftigen Insolvenzfällen nicht in Betracht (BFH/NV 94, 238; BStBl II 96, 406; BMF BStBl I 87, 365), sondern nur für Beitragsschuld des abgelaufenen Wj.

Produkthaftung. Die Haftung des Herstellers eines Endproduktes, eines Teilproduktes oder eines Grundstoffes für Schäden, die durch das Produkt bzw den Grundstoff an einer Pers oder an einer Sache entstehen (Produkthaftung; Produzentenhaftung) ist als Verbindlichkeits- bzw bei wahrscheinlicher Inanspruchnahme als Rückstellung auszuweisen. Da es sich um typische Massenrisiken handelt, kann eine Pauschalrückstellung gebildet werden. Soll für weitere Schäden eine Rückstellung gebildet werden, die das fehlerhafte Produkt im Einzelfall verursacht haben kann, handelt es sich um eine Schadensersatzrückstellung, die nur als Einzelrückstellung gebildet werden kann (BFH BStBl II 84, 263).

Provisionszahlungen. Entspr der Rspr (BFH BStBl II 05, 465) anerkennt die FinVerw (DStR 05, 1188) Rückstellungen aufgrund § 89b HGB, wenn sie nicht aufgrund eines künftigen Wettbewerbsverbots erfolgen.

Prozesskosten. Eine Rückstellung wegen eines Prozesskostenrisikos darf erst mit Klageerhebung für sämtliche drohende Prozesskosten der gerade angerufenen Instanz gebildet werden. Die Absicht, im Falle eines Unterliegens eine weitere Instanz anzurufen, bleibt unberücksichtigt (vgl BFH BStBl III 64, 478; BStBl II 96, 406). Dies gilt sowohl für Aktiv- als auch für Passivprozesse (BFH BStBl II 70, 802). Das Kostenrisiko der jeweiligen Instanz umfasst neben den Gerichts- und den eigenen Anwaltskosten auch die Anwaltskosten des Gegners sowie wahrscheinliche sonstige Kosten (zB Sachverständigengutachtenkosten). Für Prozesszinsen gelten die Ausführungen zu den Prozesskosten entspr. Nach Rechtsfähigkeit können Rückstellungen für die Zeit ab Rechtsfähigkeit bis zum Bilanzstichtag gebildet werden (BFH BStBl II 96, 406).

Rabattmarken. Für die Ausgabe von Rabattmarken ist eine Rückstellung zu bilden, soweit die Rabattmarken noch nicht eingelöst worden sind (BFH BStBl II 68, 445). Bei der Bewertung der

Rückstellung sind die Zahl der ausgegebenen Rabattmarken, die Verhältnisse des den Rabatt gewährenden Unternehmens sowie die allg Erfahrungen zu berücksichtigen (zB dass ein Teil der ausgegebenen Rabattmarken erfahrungsgemäß nicht eingelöst wird). Zur Spanne für den Marktschwund vgl BFH BStBl III 67, 651; BStBl II 89, 359. Die FinVerw beanstandet aus Vereinfachungsgründen nicht die Bildung einer Rückstellung für nicht eingelöste Rabattmarken, wenn die Rückstellung 15 vH der in den letzten 12 Monaten vor dem Bilanzstichtag ausgegebenen Rabattmarken nicht übersteigt; bei Darlegung entspr tatsächlicher Verhältnisse kann auch eine höhere Rückstellung in Betracht kommen (FG Hbg StEK § 5 Rückstellung Nr 34).

Regressmöglichkeiten. Bei der Bemessung von Rückstellungen ist betragsmindernd die Möglichkeit eines Regresses in Betracht zu ziehen (BFH BStBl II 93, 437; BStBl II 94, 444; BStBl II 95, 412).

Rekultivierungsverpflichtungen. Wird vertraglich oder gesetzlich eine Rekultivierungsverpflichtung begründet, ist eine Rückstellung zu bilden (BFH BStBl II 83, 670).

Rückabwicklung durchgeführter Verträge. Soweit der Unternehmer verpflichtet ist, bei Rückabwicklung eines Kaufvertrags den erhaltenen Kaufpreis zurückzuzahlen, ist eine Rückstellung für ungewisse Verbindlichkeiten zu bilden, wenn die überwiegende Wahrscheinlichkeit besteht, dass der Käufer von seinem Rücktrittsrecht Gebrauch machen wird (BFH BStBl II 97, 382; **aA** BMF BStBl I 97, 611).

Rücklage für Ersatzbeschaffung vgl § 4 ABC der Betriebseinnahmen „Rücklage für Ersatzbeschaffung".

Schadensersatzverpflichtungen vgl Rn 113. Wird der G'ter einer vermögenslosen GmbH für deren Verbindlichkeiten im Wege des Durchgriffs in Anspruch genommen, so sind die Verbindlichkeiten in seinem Einzelunternehmen gewinnmindernd zu passivieren, wenn seine zum Ersatz verpflichtende Handlung dessen BE erhöhte (BFH/NV 03, 1112).

Scheingewinne. Durch steigende Preise entstehende Scheingewinne können nicht durch eine Rückstellungsbildung neutralisiert werden (BFH BStBl II 80, 434).

Schutzrechtsverletzungen vgl Rn 142.

Sozialversicherungsbeiträge. Sozialversicherungsbeiträge sind keine nach Grund und Höhe ungewisse Verbindlichkeiten, weswegen nur eine Passivierung als Verbindlichkeit und nicht als Rückstellung in Betracht kommt (BFH BStBl II 96, 592).

Steuererklärungen. Die öffentlich-rechtliche Verpflichtung zum Fertigen von betrieblichen Steuererklärungen ist durch eine Rückstellungsbildung zu berücksichtigen (BFH BStBl II 80, 297; BStBl II 81, 63). Berücksichtigungsfähig sind die Kosten, die sich wirtschaftlich auf das Wj beziehen, für das die öffentlich-rechtliche Verpflichtung erfüllt werden muss.

Steuerschulden. Bei Erfüllungsrückstand ist eine Verbindlichkeitsrückstellung zu bilden. Rückstellungsfähig sind die Beträge, die bis zum Ablauf des Geschäftsjahres wirtschaftlich entstanden sind. Bei der Berechnung der Körperschaftsteuerrückstellung ist entweder vom Gewinnverwendungsbeschluss oder, soweit dieser nicht vorliegt, vom Gewinnverwendungsvorschlag auszugehen. Der Unternehmer hat als ArbG auch hinterzogene LSt zurückzustellen, wenn er mit einer Inanspruchnahme ernsthaft rechnen muss (BFH BStBl II 96, 592).

Stilllegungskosten. Maßnahmen für die Stilllegung, Rekultivierung und Nachsorge bei oberirdischen Deponien sind rückstellungspflichtig (BMF BStBl I 05, 826). Die Rückstellung ist ratierlich unter Beachtung von § 6 I Nr 3a aufzubauen.

Tantiemen. Soweit sich gewinnabhängige Vergütungen nach dem Ergebnis des letzten Geschäftsjahres bemessen, ist eine Verbindlichkeitsrückstellung zu bilden, auch wenn sie erst im folgenden Geschäftsjahr zugesagt und ausgezahlt werden. Wird die Zusage jedoch von Umständen eines kommenden Geschäftsjahres (Tätigkeit des ArbN, Gewinn oder Umsatz) abhängig gemacht, handelt es sich um eine Verbindlichkeit, die wirtschaftlich erst in dem künftigen Geschäftsjahr begründet wird und für die daher aE des laufenden Geschäftsjahres keine Rückstellung gebildet werden kann (BFH BStBl III 65, 289; unklar BFH BStBl II 80, 741).

Umweltschutzverpflichtungen. Eine Rückstellung für Umweltschutzverpflichtungen, die sowohl privat- als auch öffentlich-rechtlich begründet sein können, kommt in Betracht bzgl der Verpflichtung zur Rekultivierung, für Abfallbeseitigung, zur Altlastensanierung sowie bei sog Anpassungsverpflichtungen. Die Zulässigkeit richtet sich grds nach den allg Passivierungskriterien. Zu möglichen Besonderheiten der BFH-Rspr bei öffentlich-rechtlichen Verpflichtungen vgl Rn 122.

Unternehmerrisiko. Für das allg Unternehmerrisiko darf keine Rückstellung gebildet werden, da es am Schuldcharakter fehlt (BFH BStBl III 59, 325 bzgl des allg Geschäfts- und Konjunkturrisikos; BStBl III 64, 333 bzgl eines unmittelbar bevorstehenden Katastrophenrisikos; BStBl III 67, 335 bzgl des Risikos aus der einseitigen Zusammensetzung des Kundenkreises und der damit verbundenen Konjunkturanfälligkeit; BStBl II 83, 572 bzgl möglicher künftiger, sich ungünstig auswirkender Entscheidungen von Geschäftspartnern). Entsprechendes gilt für das Unternehmerrisiko im Zusammenhang mit der Verschlechterung künftiger Gewinnchancen aufgrund sich ändernder gesetzlicher Vorschriften (BFH BStBl II 89, 893).

Verwaltungsaufwand. Verwaltungskosten können mangels Schuldcharakters nicht rückgestellt werden (BFH BStBl II 72, 392 bzgl Schadensbearbeitungskosten bei einer Versicherung).

Warenumschließungen. Für die Verpflichtung, gelieferte Warenumschließungen (Kisten, Flaschen, Paletten usw) gegen Rückzahlung des entspr Kaufpreises oder Pfandgeldes für die Warenumschließung zurückzunehmen, ist eine Rückstellung zu bilden, weil diese Verpflichtung wirtschaftlich mit Herausgabe der Warenumschließung und Vermögensmehrung durch den Kaufpreis bzw das Pfandgeld konkretisiert ist (BMF BStBl I 95, 363).

Wechselobligo. Soweit am Bilanzstichtag eine wechselrechtliche Haftung wegen weitergegebener und noch nicht eingelöster Wechsel besteht, ist eine Verbindlichkeitsrückstellung zu bilden (BFH BStBl III 67, 335; BFH/NV 98, 1471; FG Kln EFG 97, 525). Soweit aus einem konkreten weitergegebenen Wechsel die Inanspruchnahme wahrscheinlich ist, kann hierfür eine Einzelrückstellung gebildet werden. Zulässig ist aber auch die Bildung einer Pauschalrückstellung für das Wechselobligo. Dies richtet sich entspr den Kriterien der Wertberichtigung von Forderungen (BFH BStBl III 67, 336). Dabei sind alle Kenntnisse bis zum Tag der Bilanzaufstellung zu berücksichtigen (BFH BStBl III 65, 409; BFH/NV 98, 1471). Daraus folgt, dass insbes zu berücksichtigen ist, ob der Wechsel bis zu der im ordentlichen Geschäftsgang erfolgenden Bilanzaufstellung eingelöst worden ist. Eingelöste Wechsel dürfen nicht in die Pauschalrückstellung einbezogen werden, da insoweit ein Risiko der Inanspruchnahme am Bilanzstichtag nicht bestand. Wenn nach den Umständen des Einzelfalls trotz der Einlösung bis zu der Bilanzaufstellung am Bilanzstichtag objektiv ein Risiko bestand, ist nur eine Einzelrückstellung, keine Pauschalrückstellung, möglich (BFH BStBl II 73, 218).

Werkzeugkosten. Zuschüsse, die ein Unternehmen von seinen Kunden zu den Herstellungskosten für Werkzeuge erhält, die es bei der Preisgestaltung für die von ihm mittels dieser Werkzeuge herzustellenden und zu liefernden Produkte preismindernd berücksichtigen muss, sind im Zeitpunkt ihrer Vereinnahmung gewinnerhöhend zu erfassen und andererseits ist in der selben Höhe eine gewinnmindernde Rückstellung für ungewisse Verbindlichkeiten zu passivieren. Diese Rückstellung ist über die voraussichtliche Dauer der Lieferverpflichtung gewinnerhöhend aufzulösen. Die Rückstellung ist auch dann zu bilden, wenn die genannte Verpflichtung sich nicht aus einem Vertrag, sondern nur aus einer Branchenübung ergibt. Die Passivierung kann nicht durch den Ansatz einer Anzahlung erfolgen, da die Werkzeugkostenbeiträge lediglich bei der Kalkulation der Preise berücksichtigt, nicht aber mit den (ungekürzten) Preisen verrechnet werden. Ebenso kommt ein Ansatz eines passiven RAP nicht in Betracht, da die zu erbringende Gegenleistung nicht zeitraumbezogen ist, sondern der Maßstab der Bezuschussung ist die voraussichtliche Zahl der zu liefernden Teile; es handelt sich somit um eine in diesem Sinne mengenbezogene Leistungsverpflichtung des Zuschussempfängers (BFH DStR 01, 563).

Zuschüsse. Werden öffentliche Zuschüsse für einen bestimmten Zweck gewährt, kann eine Rückzahlungsverpflichtung bei zweckwidriger Verwendung der öffentlichen Zuschüsse entstehen. Hier ist eine Rückstellung zu bilden, wenn der Tatbestand der zweckwidrigen Verwendung im wesentlichen verwirklicht ist (BFH BStBl II 88, 592). Entsprechendes gilt, wenn die Rückzahlung an ein bestimmtes Ereignis anknüpft, ab dem Zeitpunkt, zu dem der Eintritt dieses Ereignisses sich als wahrscheinlich abzeichnet (BFH BStBl II 92, 488 bzgl eines Zuschusses zur Beschäftigung eines Behinderten). Soweit eine Rückzahlung an den Erfolg der Entwicklung geknüpft wird – entweder in Form einer auflösend oder aufschiebend bedingten Rückzahlungsverpflichtung – kommt zwar handelsrechtlich eine Rückstellungsbildung in Betracht (BFH/NV 99, 870), doch ist steuerrechtlich die Bildung wegen § 5 IIa nicht anzuerkennen.

§ 5a Gewinnermittlung bei Handelsschiffen im internationalen Verkehr

(1) ¹An Stelle der Ermittlung des Gewinns nach § 4 Abs. 1 oder § 5 ist bei einem Gewerbebetrieb mit Geschäftsleitung im Inland der Gewinn, soweit er auf den Betrieb von Handelsschiffen im internationalen Verkehr entfällt, auf unwiderruflichen Antrag des Steuerpflichtigen nach der in seinem Betrieb geführten Tonnage zu ermitteln, wenn die Bereederung dieser Handelsschiffe im Inland durchgeführt wird. ²Der im Wirtschaftsjahr erzielte Gewinn beträgt pro Tag des Betriebs für jedes im internationalen Verkehr betriebene Handelsschiff für jeweils volle 100 Nettotonnen (Nettoraumzahl)

0,92 Euro bei einer Tonnage bis zu 1 000 Nettotonnen,
0,69 Euro für die 1 000 Nettotonnen übersteigende Tonnage bis zu 10 000 Nettotonnen,
0,46 Euro für die 10 000 Nettotonnen übersteigende Tonnage bis zu 25 000 Nettotonnen,
0,23 Euro für die 25 000 Nettotonnen übersteigende Tonnage.

(2) ¹Handelsschiffe werden im internationalen Verkehr betrieben, wenn eigene oder gecharterte Seeschiffe, die im Wirtschaftsjahr überwiegend in einem inländischen Seeschiffsregister eingetragen sind, in diesem Wirtschaftsjahr überwiegend zur Beförderung von Personen oder Gütern im Verkehr mit oder zwischen ausländischen Häfen, innerhalb eines ausländischen Hafens oder zwischen einem ausländischen Hafen und der Hohen See eingesetzt werden. ²Zum Betrieb von Handelsschiffen im internationalen Verkehr gehören auch ihre Vercharterung, wenn sie vom Vercharterer ausgerüstet worden sind, und die unmittelbar mit ihrem Einsatz oder ihrer Vercharterung zusammenhängenden Neben- und Hilfsgeschäfte einschließlich der Veräußerung der Handelsschiffe und der unmittelbar ihrem Betrieb dienenden Wirtschaftsgüter. ³Der Einsatz und die Vercharterung von gecharterten Handelsschiffen gilt nur dann als Betrieb von Handelsschiffen im internationalen Verkehr, wenn gleichzeitig eigene oder ausgerüstete Handelsschiffe im internationalen Verkehr betrieben werden. ⁴Sind gecharterte Handelsschiffe nicht in einem inländischen Seeschiffsregister eingetragen, gilt Satz 3 unter der weiteren Voraussetzung, dass im Wirtschaftsjahr die Nettotonnage der gecharterten Handelsschiffe das Dreifache der nach den Sätzen 1 und 2 im internationalen Verkehr betriebenen Handelsschiffe nicht übersteigt; für die Berechnung der Nettotonnage sind jeweils die Nettotonnen pro Schiff mit der Anzahl der Betriebstage nach Absatz 1 zu vervielfältigen. ⁵Dem Betrieb von Handelsschiffen im internationalen Verkehr ist gleichgestellt, wenn Seeschiffe, die im Wirtschaftsjahr überwiegend in einem inländischen Seeschiffsregister eingetragen sind, in diesem Wirtschaftsjahr überwiegend außerhalb der deutschen Hoheitsgewässer zum Schleppen, Bergen oder zur Aufsuchung von Bodenschätzen eingesetzt werden; die Sätze 2 bis 4 sind sinngemäß anzuwenden.

(3) ¹Der Antrag auf Anwendung der Gewinnermittlung nach Absatz 1 ist im Wirtschaftsjahr der Anschaffung oder Herstellung des Handelsschiffs (Indienststellung) mit Wirkung ab Beginn dieses Wirtschaftsjahres zu stellen. ²Vor Indienststellung des Handelsschiffs durch den Betrieb von Handelsschiffen im internationalen Verkehr erwirtschaftete Gewinne sind in diesem Fall nicht zu besteuern; Verluste sind weder ausgleichsfähig noch verrechenbar. ³Bereits erlassene Steuerbescheide sind insoweit zu ändern. ⁴Das gilt auch dann, wenn der Steuerbescheid unanfechtbar geworden ist; die Festsetzungsfrist endet insoweit nicht, bevor die Festsetzungsfrist für den Veranlagungszeitraum abgelaufen ist, in dem der Gewinn erstmals nach Absatz 1 ermittelt wird. ⁵Wird der Antrag auf Anwendung der Gewinnermittlung nach Absatz 1 nicht nach Satz 1 im Wirtschaftsjahr der Anschaffung oder Herstellung des Handelsschiffs (Indienststellung) gestellt, kann er erstmals in dem Wirtschaftsjahr gestellt werden, das jeweils nach Ablauf eines Zeitraumes von zehn Jahren, vom Beginn des Jahres der Indienststellung gerechnet, endet. ⁶Die Sätze 2 bis 4 sind insoweit nicht anwendbar. ⁷Der Steuerpflichtige ist an die Gewinnermittlung nach Absatz 1 vom Beginn des Wirtschaftsjahres an, in dem er den Antrag stellt, zehn Jahre gebunden. ⁸Nach Ablauf dieses Zeitraums kann er den Antrag mit Wirkung für den Beginn jedes folgenden Wirtschaftsjahres bis zum Ende dieses Jahres unwiderruflich zurücknehmen. ⁹An die Gewinnermittlung nach allgemeinen Vorschriften ist der Steuerpflichtige ab dem Beginn des Wirtschaftsjahres, in dem er den Antrag zurücknimmt, zehn Jahre gebunden.

(4) ¹Zum Schluss des Wirtschaftsjahres, das der erstmaligen Anwendung des Absatzes 1 vorangeht (Übergangsjahr), ist für jedes Wirtschaftsgut, das unmittelbar dem Betrieb von Handelsschiffen im internationalen Verkehr dient, der Unterschiedsbetrag zwischen Buchwert und Teilwert in ein besonderes Verzeichnis aufzunehmen. ²Der Unterschiedsbetrag ist gesondert und bei Gesellschaften im Sinne des § 15 Abs. 1 Satz 1 Nr. 2 einheitlich festzustellen. ³Der Unterschiedsbetrag nach Satz 1 ist dem Gewinn hinzuzurechnen:

1. in den dem letzten Jahr der Anwendung des Absatzes 1 folgenden fünf Wirtschaftsjahren jeweils in Höhe von mindestens einem Fünftel,
2. in dem Jahr, in dem das Wirtschaftsgut aus dem Betriebsvermögen ausscheidet oder in dem es nicht mehr unmittelbar dem Betrieb von Handelsschiffen im internationalen Verkehr dient,
3. in dem Jahr des Ausscheidens eines Gesellschafters hinsichtlich des auf ihn entfallenden Anteils.

⁴Die Sätze 1 bis 3 sind entsprechend anzuwenden, wenn der Steuerpflichtige Wirtschaftsgüter des Betriebsvermögens dem Betrieb von Handelsschiffen im internationalen Verkehr zuführt.

(4a) ¹Bei Gesellschaften im Sinne des § 15 Abs. 1 Satz 1 Nr. 2 tritt für die Zwecke dieser Vorschrift an die Stelle des Steuerpflichtigen die Gesellschaft. ²Der nach Absatz 1 ermittelte Gewinn ist den Gesellschaftern entsprechend ihrem Anteil am Gesellschaftsvermögen zuzurechnen. ³Vergütungen im Sinne des § 15 Abs. 1 Satz 1 Nr. 2 und Satz 2 sind hinzuzurechnen.

(5) ¹Gewinne nach Absatz 1 umfassen auch Einkünfte nach § 16. ²Die §§ 34, 34c Abs. 1 bis 3 und § 35 sind nicht anzuwenden. ³Rücklagen nach den §§ 6b und 6d sind beim Übergang zur Gewinnermittlung nach Absatz 1 dem Gewinn im Erstjahr hinzuzurechnen; bis zum Übergang in Anspruch genommene Investitionsabzugsbeträge nach § 7g Abs. 1 sind nach Maßgabe des § 7g Abs. 3 rückgängig zu machen[1]. ⁴Für die Anwendung des § 15a ist der nach § 4 Abs. 1 oder § 5 ermittelte Gewinn zugrunde zu legen.

(6) In der Bilanz zum Schluss des Wirtschaftsjahres, in dem Absatz 1 letztmalig angewendet wird, ist für jedes Wirtschaftsgut, das unmittelbar dem Betrieb von Handelsschiffen im internationalen Verkehr dient, der Teilwert anzusetzen.

BMF BStBl I 00, 453; BStBl I 02, 614

Übersicht

	Rn		Rn
A. Grundaussagen der Vorschrift	1	**C. Betrieb von Handelsschiffen im internationalen Verkehr (§ 5a II)**	25
I. Sinn und Zweck	1	I. § 5a II 1	26
II. Aufbau	5	II. § 5a II 2 Satzteil 1	29
III. Anwendungsbereich	8	III. § 5a II 5	31
IV. Verhältnis zu anderen Vorschriften	15	**D. Rechtsfolgen (§ 5a I, IVa und V)**	35
B. Geschäftsleitung und Bereederung im Inland (§ 5a I)	20	**E. Antragserfordernisse (§ 5a III)**	40
		F. Wechsel der Gewinnermittlungsarten (§ 5a IV und VI)	44

Literatur: *Bartholl* Offene Fragen zur Tonnagesteuer, Hansa – Schiffahrt – Schiffbau – Hafen 10/1998, 14; *Bering* Die „Tonnagesteuer" nach dem Seeschiffahrtsanpassungsgesetz, IWB Fach 3 Gr 3, 1175; *Dobert* Marktentwicklung und Prognosen für Schiffsbeteiligungen, INF 99, 405; *Drüen* Zur Wahl der steuerlichen Gewinnermittlungsart, DStR 99, 1589; *Fick* Kapitalistische Betriebsaufspaltung im Zusammenhang mit der Besteuerung nach § 5a am Beispiel der Vercharterung von Handelsschiffen im internationalen Verkehr – ein neues Steuersparmodell?, StBp 02, 113; *Grützner* Änderungen der Einkommensteuer durch das StEntlG 1999 ff, NWB Fach 3b, 5241; *Heller* Steuerliche Änderungen beim Betrieb von Handelsschiffen, NWB Fach 2, 7059; *Hildesheim* Die Gewinnermittlung bei Handelsschiffen im internationalen Verkehr nach der Tonnage (§ 5a EStG), DStZ 99, 283; *Kanzler* Der Wechsel der Gewinnermittlungsart, FR 99, 225; *Kranz* Die Gewinnermittlung nach § 5a EStG (Tonnagesteuer) – Überlegungen zum sachlichen Umfang des pauschal ermittelten Gewinns, DStR 00, 1215; *Rubbens/Stevens* Einführung der deutschen Tonnagesteuer, IStR 00, 1; *Schultze* Zweifelsfragen zur Besteuerung von Seeschiffen im internationalen Verkehr („Tonnagesteuer"), FR 99, 977; *Schultze/Fischer* Bildung von Steuerrückstellungen für zukünftige Steuerbelastungen beim Übergang zur „Tonnagesteuer" (§ 5a EStG) und Auswirkungen auf das verwendbare Eigenkapital, DStR 00, 309; *Voß/Unbescheid* Anmerkungen zum BMF-Schreiben über die Gewinnermittlung bei Handelsschiffen im internationalen Verkehr nach § 5a EStG, DB 99, 1777.

---

1 **Anm. d. Verlages:** Zur Anwendung siehe § 52 Abs. 15 S. 5 und 6.

A. Grundaussagen der Vorschrift

I. Sinn und Zweck. § 5a ist eine Subventionsvorschrift, die in Anlehnung an entspr Regelungen in den Niederlanden geschaffen worden ist. Sie löste (zur erstmaligen Anwendung s Rn 10) die frühere Regelung in § 34c IV aF ab, enthält anders als diese indes keine Tarifvergünstigung, sondern eine eigene (pauschale) **Gewinnermittlungsart („Tonnagesteuer")**. Die Begünstigung ist gleichheits-[1] ebenso wie – infolge der Beschränkung auf Inlandsbereederungen (Rn 20) und ungeachtet ihrer EG-beihilferechtlichen Genehmigung[2] – gemeinschaftsrechtlich[3] nicht zweifelsfrei (s Rn 22).

1

II. Aufbau. § 5a ist ein weiterer Beleg für den Niedergang der „Gesetzgebungskultur" und für die Denaturierung von Steuerrecht als kaschiertes Wirtschaftsgestaltungsrecht. Der Aufbau der Vorschrift ist kompliziert: **Abs 1** legt die Voraussetzungen für die Pauschalbesteuerung, **Abs 2** und **5** die maßgeblichen Begriffe (Betrieb von Handelsschiffen, Gewinne) fest. **Abs 3** schafft verfahrensrechtliche Besonderheiten zum Pauschalierungsantrag, **Abs 4** und **6** regeln Übergangsfragen von der Tonnagesteuer zur regulären Gewinnermittlung (stille Reserven, Teilwertansatz), **Abs 4a** klärt das Verhältnis von § 5a zu § 15.

5

III. Anwendungsbereich. § 5a gilt für **unbeschränkt**, richtiger Auffassung nach aber auch für **beschränkt**[4] stpfl Schifffahrtsunternehmen, vorausgesetzt, es handelt sich um einen GewBetr (§ 5a I 1 iVm § 15; s auch Rn 15). Zu Besonderheiten bei **MU'schaften** s § 5a IVa.

8

In **zeitlicher Hinsicht** ist § 5a I bis III, IVa bis VI erstmals für das Wj anzuwenden, das nach dem 31.12.98 endet (§ 52 XV 1 idF), § 5a IV aF erstmals für das letzte Wj, das vor dem 1.1.99 endet (§ 52 XV 2 idF des Gesetzes v 9.9.98, BGBl I 98, 2860), § 5a V 3 idF des StEntlG 99 ff erstmals in jenem Wj, das nach dem 31.12.98 endet (§ 52 XV 4 idF des StEntlG 99 ff). Gewerbetreibende, die bereits vor dem 1.1.99 aus dem Betrieb von Handelsschiffen im internationalen Verkehr Gewinne erzielt haben, können die pauschale Gewinnermittlung gem § 5a I in dem Wj, das nach dem 31.12.98 endet, oder in einem der beiden folgenden Wj beantragen (§ 52 XV 3 idF der StBereinG 99). § 5a IV, V idF des StBereinG 99 ist erstmals in dem Wj anzuwenden, das nach dem 31.12.99 endet (§ 52 XV 5 idF des StBerein 99). Zur zeitlichen Anwendung von § 5a III idF des HBeglG 04 s § 52 XV 2–4 und Rn 40. § 5a V 3 iVm § 7g nF ist erstmals für Wj anzuwenden, die nach dem 17.8.07 enden (§ 52 XV 5 idF des UntStRefG); § 5a V 3 aF bleibt weiterhin solange anwendbar, wie die Ansparabschreibungen nach § 7g III aF noch nicht gewinnerhöhend aufgelöst worden sind (§ 52 XV 6 idF des UntStRefG).

10

IV. Verhältnis zu anderen Vorschriften. § 5a ist eine (vorrangige) Sondervorschrift zu § 4 I, § 5, ohne dass jedoch die Pflichten zur Erstellung von Handels- und Steuerbilanzen suspendiert würden. Auch die **Gewinnerzielungsabsicht** als Voraussetzung einer gewerblichen Tätigkeit (§ 15) ist unter den Voraussetzungen eines voraussichtlichen Totalgewinns nach Maßgabe von § 4 I, § 5 unabdingbar, und zwar auch für die Zeiten der Inanspruchnahme des Wahlrechts zur Tonnagebesteuerung.[5] Sondervergütungen gem § **15 I 1 Nr 2 und I 2** werden nicht in die Gewinnermittlung gem § 5a einbezogen (§ 5a IVa 3).[6] § **15a** bleibt während des Tonnagebesteuerungszeitraumes hingegen anwendbar (§ 5a V 4), wobei hierfür der gem § 4 I, § 5 – parallel im Wege einer „Schattenrechnung" – ermittelte Gewinn zu Grunde zu legen ist.[7] **Im Einzelnen:**[8] **(1)** Verrechenbare Verluste aus der Zeit vor der Tonnagebesteuerung sind (nur) mit Gewinnen aus dieser Zeit ebenso auszugleichen,[7] wie umgekehrt Verluste aus der Zeit der Tonnagebesteuerung vorhandene verrechenbare Vor-Verluste erhöhen. **(2) Verrechnungsfolge**: Im Veräußerungsfall, in den Fällen des § 5a IV 3 Nr 1 sowie dann, wenn das Schiff nicht mehr dem Betrieb im internationalen Verkehr dient, sind vorhandene Verluste mit gem § 5a IV hinzuzurechnenden Unterschiedsbeträgen (Rn 44) vor deren Besteuerung gem § 5a IV 3 zu verrechnen, dies allerdings nur subsidiär, vorrangig hingegen trotz der Abgeltungswirkung gem § 5a V 1 zunächst mit etwaigen Veräußerungsgewinnen bzw mit dem Gewinn, der im Zusammen-

15

---

1 *Kanzler* FR 99, 925; *Gosch* DStR 99, 753; *Schultze* FR 99, 977, 978; s auch allg BFH BStBl II 99, 450 zu § 32c; **aA** *Blümich* § 5a Rn 9 mwN.

2 BGBl I 98, 4023; BMF BStBl I 99, 828; vgl aber auch den OECD-Bericht 2000 zum schädlichen Steuerwettbewerb, wonach § 5a potenziell schädlich ist (s dazu *Eimermann* IStR 01, 81, 83).

3 S auch EuGH IStR 99, 691 mit Anm *Wachter* IStR 99, 689.

4 *Blümich* § 5a Rn 5; die hier noch bis zur 6. Aufl vertretene aA wird aufgegeben.

5 BMF BStBl I 02, 614 Tz 33; *Blümich* § 5a Rn 7f; **aA** *Frotscher* § 5a Rn 8 ff.

6 BFH DStRE 05, 1376.

7 BFH v 20.11.06 VIII R 33/05.

8 BMF BStBl I 02, 614 Tz 32.

hang mit dem Teilwert-Ansatz gem § 5a VI entsteht.[1] **(3)** § 4 IVa findet auf § 5a grds keine Anwendung.[2] **(4)** Gleiches gilt grds für die GewSt-Anrechnung gem § 35 und die bis zum VZ 00 geltenden Tarifermäßigungen des § 32c aF,[3] mangels Mehrfachbegünstigung aber nicht für solche Gewinnbestandteile, für welche § 5a von vornherein keine Anwendung findet (zB für Sondervergütungen gem § 15 I 1 Nr 2 iVm § 5a IVa 3).[4] Zur Nichtabziehbarkeit von Aufwendungen, die in tatsächlichem oder wirtschaftlichem Zusammenhang mit (unmittelbaren und mittelbaren) Zuwendungen von nichteinlagefähigen Vorteilen an nat oder jur Pers oder PersGes zur Verwendung in Betrieben stehen, deren Gewinn nach § 5a I ermittelt wird, s § 4 V 1 Nr 11 (§ 4 Rn 214a).

16 Der gem § 5a pauschal ermittelte Gewinn ist für Zwecke der KSt (**§ 8 I KStG**) weder um vGA (§ 8 III 2, § 8a I KStG) noch um nichtabziehbare Ausgaben (§ 10, § 9 I Nr 2 KStG) zu korrigieren.[5] Für die GewSt gilt er (und zwar vollen Umfangs)[6] als Gewerbeertrag, **§ 7 S 3 GewStG**. Der daraus ermittelte Gewerbeertrag ist mit Gewerbeverlusten aus Vorjahren verrechenbar (§ 10a GewStG).[7] Hinzurechnungen und Kürzungen (§§ 8, 9 GewStG) sind aber nur bezogen auf gem § 5a IV 3 hinzugerechnete Unterschiedsbeträge vorzunehmen, nicht aber auf den pauschal ermittelten Gewinn.[8] Allerdings ist umstritten, ob ein Gewinn, der sich durch die Auflösung des Unterschiedsbetrags bei Veräußerung des Schiffs gem § 5a IV ergibt, den Gewerbeertrag überhaupt erhöht. Das ergibt sich jedenfalls für PersGes dann, wenn die Auflösung nicht im Rahmen eines laufenden Geschäftsbetriebs, sondern im Rahmen einer BetrAufg stattfindet,[9] wird teilw aber auch darüber hinaus verneint, weil der Auflösungsgewinn mit der BetrAufg in unmittelbarem wirtschaftlichem Zusammenhang stehe.[10] Derartige Überlegungen übersehen indes, dass § 7 S 3 GewStG sondergesetzlich die unterschiedslose Fiktion des nach § 5a ermittelten Gewinns als Gewerbeertrag bestimmt; für eine teleologische Reduktion besteht in Anbetracht dessen kein Anlass. – Gelangt § 5a mangels entspr Antrags nicht zur Anwendung, bleibt es gleichwohl bei der Kürzung für den Betrieb von Handelsschiffen im internationalen Verkehr gem § 9 Nr 3 S 2 GewStG.[11]

18 **DBA** (Art 3 Id, Art 8 OECD-MA) bestimmen die Zuordnung des Besteuerungsrechts und widersprechen § 5a als (nationaler) Gewinnermittlungsvorschrift nicht.

B. Geschäftsleitung und Bereederung im Inland (§ 5a I)

20 § 5a I 1 setzt eine **inländische Geschäftsleitung** sowie eine **inländische Bereederung** (und zwar für alle, nicht nur einzelne eingesetzte Seeschiffe: „wenn", nicht: „soweit", vgl § 5a I 1 letzter HS) voraus. Geschäftsleitung ist (auch) bei einem Schifffahrtsbetrieb der Mittelpunkt der geschäftlichen Oberleitung (§ 10 AO), also jener Ort, an dem der für die Geschäftsleitung maßgebliche Wille gebildet, nicht, wo dieser wirksam wird. Es ist auf die tatsächlichen und nicht die rechtlichen Merkmale abzustellen; die Festschreibung des Ortes der Geschäftsleitung in der Satzung, dem Gesellschaftsvertrag oder einem Gesellschafterbeschluss ist regelmäßig ohne Bedeutung und hat allenfalls Indizfunktion. IdR verfügt das Unternehmen nur über einen Ort der Geschäftsleitung. Werden die laufenden Geschäfte von verschiedenen Personen wahrgenommen, muss deshalb nach der Rspr[12] eine normative Gewichtung vorgenommen werden, an welchem Ort sich der Mittelpunkt der geschäftlichen Oberleitung befindet. Der BFH[13] scheint es aber (zu Recht) auch nicht für ausgeschlossen zu halten, dass – bei gleichgewichtiger Aufgabenverteilung – ein Unternehmen mehrere Mittelpunkte hat.

22 Die **Bereederung** umfasst die allg Geschäftsbesorgung des Betriebs in kommerzieller, technischer und personeller Hinsicht (Vertragsabschlüsse betr Schiff und Mannschaft, Ausrüstung und Verpro-

---

[1] BMF BStBl I 02, 614 Tz 32.
[2] BMF BStBl I 00, 588 Tz 35; *Eggesieker/Ellerbeck* BB 00, 1763.
[3] Vgl BFH DStRE 05, 1376; OFD M'ster DB 00, 1304 unter c.
[4] BFH DStRE 05, 1376.
[5] BMF BStBl I 00, 453, s dort auch zur gliederungsrechtlichen Behandlung; *Schultze/Fischer* DStR 00, 309.
[6] FG Hbg EFG 07, 1802 Rev IV R 30/07 (dort aus Gründen des gewstl Objektsteuerprinzips allerdings einschränkend für Veräußerungs- und Aufgabegewinnanteile.
[7] BMF BStBl I 02, 614 Tz 39.
[8] BFH/NV 06, 363; BFH BFH/NV 05, 2274; BMF I 02, 614 Tz 37, 38; *Schultze* FR 99, 977, 987.
[9] S R 19 I GewStR; offen FG Hbg v 28.11.05 VII 150/05, nv Rev IV R 92/05; diff *Rosenke/Liedtke* FR 07, 290: keine Kürzung bei dem nach § 5a I 1 ermittelten (lfd) Gewinn, anders jedoch für die Hinzurechnungen gem § 5a IV 3.
[10] So FG Hbg EFG 05, 466; *Lademann* § 5a Rn 149; *Lenski/Steinberg* § 7 Rn 378.
[11] OFD M'ster DB 00, 1304 unter c.
[12] ZB BFH BStBl II 98, 86; BStBl II 99, 437 mwN.
[13] BFH BStBl II 99, 437; BFH/NV 98, 434.

viantierung; Befrachtung, Rechnungslegung uÄ[1]); sie kann vom Schiffseigentümer (Reeder, vgl § 484 HGB), aber auch von Dritten (Korrespondentreeder, Geschäftsbesorger) aufgrund eines Bereederungsvertrages (auch als Subunternehmer) wahrgenommen werden. Verteilt sich die Bereederung auf mehrere Orte im In- und Ausland, erfolgt sie vom Inland aus, wenn das Handelsschiff im Wj überwiegend (vgl § 5a II 1) in einem inländischen Handelsregister eingetragen ist. In anderen Fällen ist eine Bereederung von mehr als 50 vH im Ausland schädlich;[2] der entspr Nachweis obliegt dem StPfl. EG-rechtlich ist dieser strikte Inlandsbezug allerdings allenfalls dann akzeptabel, wenn er sich eng auf die eigentlichen Bereederungsaufgaben erstreckt, nicht aber auf allg strategische Unternehmensentscheidungen.[3] Andernfalls zieht diese tatbestandliche Eingrenzung eine indirekte Diskriminierung von EU-Ausländern nach sich.[4]

C. Betrieb von Handelsschiffen im internationalen Verkehr (§ 5a II)

§ 5a II 1 bis 5 bestimmen abschließend, unter welchen Umständen Handelsschiffe gem § 5a im internationalen Verkehr betrieben werden. **Voraussetzung** ist **alternativ**: 25

I. § 5a II 1. Einsatz (1) eigener[5] oder **gecharterter** Seeschiffe (unter Einbeziehung aller Vertragsformen, zB bare boat-, time-, voyage- oder slot-charter), die **(2) im Wj überwiegend** (= im Verhältnis der tatsächlichen zur Gesamtzahl der Reisetage des jeweiligen Schiffs im Kj[6]) in einem **inländischen Seeschiffsregister** (auch ohne Führung der deutschen Flagge, vgl § 41a IV) eingetragen sind, **(3)** in diesem Wj **überwiegend zur Beförderung von Pers oder Gütern**, immer aber unter Berührung eines ausländischen Hafens; Einsätze der Hochseefischerei zw deutschen Häfen und deutschen Häfen und der Hohen See sind nicht begünstigt. Beim Einsatz **gecharterter Schiffe** bestehen Besonderheiten: Ein solcher setzt zum einen den gleichzeitigen Einsatz eigener Seeschiffe im internationalen Verkehr voraus, **§ 5a II 3**. Zum anderen ist die Eintragung solcher Schiffe in ein inländisches Seeschifffahrtsregister ausnahmsweise verzichtbar, vorausgesetzt ihre Nettotonnage beträgt im Wj nicht mehr als das Dreifache der nach § 5a II 1 und 2 betriebenen Schiffe, **§ 5a II 3 und 4**. 26

Gem § 5a II 2 Satzteil 2 umfasst die Begünstigung auch mit dem Betrieb **unmittelbar** zusammenhängende **Hilfs- und** (zumeist zeitgleich getätigte) **Nebengeschäfte**, wobei der erforderliche unmittelbare Zusammenhang gegeben ist, wenn das Hilfs- oder Nebengeschäft im weiteren Sinne durch den Schiffsbetrieb veranlasst ist (zB Personaleinstellung, Anmieten von Geschäftsräumen, Betreuung von etwaigen Passagieren, Schadensabwicklungen, Anschaffung von WG, die unmittelbar dem Betrieb der Handelsschiffe dienen, wie Betriebsstoffe, Proviant, Ersatzteile und sonstige Materialien, auch des Schiffs selbst,[7] sowie dessen Finanzierung, nach zutr Ansicht der FinVerw[8] auch der Ankauf und die Unterhaltung von Verwaltungsgebäuden, von Betriebs- und Geschäftsausstattungen, Containern, grds jedoch nicht Zinserträge aus laufenden Geschäftsguthaben, Erträge aus Kapitalanlagen und Beteiligungen[9]). Einbezogen wird ausdrücklich auch die Veräußerung des Schiffs sowie der erwähnten WG. Ein Nebengeschäft in diesem Sinne kann auch die Charterung von Schiffsteilen, insbes von Stellplätzen sein,[10] nicht aber die Kapitalanlage oder -beteiligung.[11] 27

II. § 5a II 2 Satzteil 1. Erfasst wird zum Weiteren die **Vercharterung** der unter Rn 26 genannten Seeschiffe, wenn sie vom Vercharterer ausgerüstet worden sind. Werden gecharterte Schiffe weiterverchartert, gelten auch hier die Besonderheiten gem § 5a II 3 und 4 (Rn 26). Hilfs- und Nebengeschäfte sind ebenso wie beim Eigenbetrieb der Schiffe einbezogen (**§ 5a II 2 Satzteil 2**; Rn 27). 29

III. § 5a II 5. Dem Betrieb von Schiffen iSv § 5a II 1 und 2 **gleichgestellt** ist der im Wj überwiegende Einsatz eigener oder gecharterter Seeschiffe oder deren Vercharterung außerhalb deutscher Hoheitsgewässer zum Schleppen, Bergen, Aufsuchen von Bodenschätzen, Vermessung von Energielagerstätten unter dem Meeresboden. 31

---

1 BMF BStBl I 02, 614 Tz 1.
2 *Korn* § 5a Rn 14; **aA** BMF BStBl I 02, 614 Tz 1, 2; *Blümich* § 5a Rn 20: 10 vH.
3 Zutr *Schultze* FR 99, 977 (978) unter Hinweis auf Fn 2 der EG-Genehmigung SG(98)D/11575; **aA** offenbar BMF aaO Tz 1 und 2.
4 Vgl dazu EuGH BStBl II 99, 851 ‚Eurowings'.
5 Unter diesen Umständen auch als Reeder, vgl BMF BStBl I 02, 614 Tz 7.
6 BMF aaO.
7 BFH BStBl II 84, 155; BMF BStBl I 02, 614 Tz 6, auch zur Abgrenzung zw Hilfs- und Nebengeschäft.
8 BMF aaO Tz 21; *Kranz* DStR 00, 1215; **aA** *Blümich* § 5a Rn 46f.
9 BMF aaO Tz 9; **aA** *Kranz* DStR 00, 1215.
10 BMF aaO Tz 8.
11 BMF aaO Tz 9.

D. Rechtsfolgen (§ 5a I, IVa und V)

35 Liegen die tatbestandlichen Voraussetzungen vor, kann der Gewinn „anstelle der Ermittlung nach § 4 I und V" nach der im Betrieb geführten (= vorhandenen) Tonnage ermittelt werden, allerdings nur, **„soweit"** er auf den Betrieb der Schiffe im internationalen Verkehr entfällt (**§ 5a I 1**). Die Gewinnermittlung bei **Mischbetrieben** erfordert regelmäßig eine klare und eindeutige buchmäßige Zuordnung der BE und BA; ggf ist schätzweise aufzuteilen.[1] In jedem Fall ist der Gewinn nach § 5a I 2 getrennt **für jedes Schiff** nach den im Schiffsbrief eingetragenen Nettotonnen und „pro Tag des Betriebs" zu ermitteln, wobei zutreffenderweise auf die tatsächliche Einsatzdauer unter Ausschluss von Aufliege-, Reparatur- uä Zeiten abzustellen ist.[2] Vor diesem Hintergrund ist gem **§ 5a I 2** für jeweils 100 Nettotonnen (N.T.) folgender Staffeltarif anzusetzen: Tonnage bis zu 1 000 N.T. = 0,92 €, von 1 000 bis 10 000 N.T. = 0,69 €, von 10 000 bis 25 000 N.T. = 0,46 €, über 25 000 N.T. = 0,23 €. – **Anteilige Veräußerungs- und Aufgabegewinne** (§ 16) sind einzubeziehen und werden ebenfalls durch die pauschale Steuer abgegolten (**§ 5a V 1**). Das gilt nicht für entspr Gewinne aus nicht begünstigten Betriebsteilen, die nach Maßgabe von § 16 zu ermitteln sind und auch nicht mit Verlusten aus der Veräußerung und Aufgabe begünstigter Betriebsteile verrechnet werden dürfen.[3] Auch der Freibetrag gem § 16 IV bleibt unberücksichtigt.[4] **Rücklagen** gem **§ 6b, § 6d und § 7g aF** sind beim Übergang zur pauschalen Gewinnermittlung aufzulösen und dem Gewinn im Erstjahr (= Jahr der pauschalen Gewinnermittlung, nicht zwingend Jahr des erstmaligen Erzielens von Einkünften aus dem Betrieb von Handelsschiffen im internationalen Verkehr iSv § 5a III,[5] vgl dazu Rn 40 ff) hinzuzurechnen (**§ 5a V 3 HS 1**). In Einklang damit ist die Übertragung einer § 6b-Rücklage bei Ges, die ihren Gewinn nach § 5a ermittelt, nicht möglich.[6] Bis zum Übergang zur PauschalSt in Anspr genommene Investitionsabzugsbeträge gem **§ 7g I nF** (idF des UnStRefG 08) sind nach Maßgabe des § 7g III nF rückgängig zu machen, also entspr der Neufassung des § 7g rückwirkend auf das Abzugsjahr zu korrigieren (**§ 5a V 3 HS 2**); zur letzt- und erstmaligen Anwendung s Rn 10. Tarifermäßigungen gem §§ 34, 34c I bis III und § 35 sowie § 32c aF, für die KSt gem § 26 KStG,[7] sind, um Mehrfachvergünstigungen zu vermeiden, nicht anzuwenden (**§ 5a V 2**), dies allerdings nur auf den gem § 5a I ermittelten Gewinn, nicht auch die Hinzurechnungen gem § 5a IV und IVa (Rn 44);[8] der insoweit abw Verwaltungsauffassung[9] ist nicht zu folgen. Zur parallelen Gewinnermittlung gem § 4 I, § 5 für § 15a s § 5a V 4.

37 Erfolgt der Schiffsbetrieb durch eine **PersGes** (MU'schaft, § 15 I 1 Nr 2), ist die pauschale Gewinnermittlung einheitlich durchzuführen: Die Ges (nicht aber der einzelne MU'er) tritt (materiell wie formell) an die Stelle des StPfl, **§ 5a IVa 1**; der pauschal ermittelte Gewinn ist den G'tern entspr ihrem Anteil am Gesellschaftsvermögen zuzurechnen, **§ 5a IVa 2**. Abw Individualvereinbarungen sind unbeachtlich. **Sondervergütungen** iSv § 15 I 1 Nr 2 (auch nachträgliche iSv § 15 I 2 und solche aus Sonder-BV I und II[10] und gleichviel, ob auf schuld- oder gesellschaftsrechtlicher Grundlage[11]) gehören (ebenso wie entspr Sonder-BA[12]) nicht zum Tonnagegewinn; sie sind dem pauschal ermittelten Gewinn hinzuzurechnen, **§ 5a IVa 3**. Dadurch soll missbräuchlichen Gestaltungen durch Beteiligung an PersGes mit Zwerganteilen vorgebeugt werden.[13] **Nicht** um danach hinzuzurechnende Sondervergütungen handelt es sich allerdings bei Vorabvergütungen sowie bei Bereederungsentgelten eines am Schiff beteiligten Bereeders,[14] Letzteres aber nur dann, wenn die Entgelte keinen (handelsrechtlichen) Aufwandscharakter haben. Eine typische stille Beteiligung wird nicht von der Pauschalbesteuerung erfasst. IÜ bleibt **§ 15a** anwendbar (**§ 5a V 4**, Rn 15).

E. Antragserfordernisse (§ 5a III)

40 Insbes **in Verlustfällen** (und damit namentlich in Anlaufphasen vor und kurz nach Anschaffung oder Herstellung des Handelsschiffs) erweist sich die pauschale Gewinnermittlung nach § 5a als ungüns-

---

[1] BMF aaO Tz 3.
[2] Str, wie hier: *Blümich* § 5a Rn 23; **aA** *B/B* § 5a Rn 15; diff BMF aaO Tz 4: grds jeder Kalendertag, ausgenommen Tage des Umbaus und der Großreparatur.
[3] *Blümich* § 5a Rn 99.
[4] FG Nds EFG 07, 998 Rev III R 7/07.
[5] *Blümich* § 5a Rn 106.
[6] FG Hbg EFG 07, 1754.
[7] BMF BStBl I 00, 453 Tz 6.
[8] **aA** *Schmidt*[26] § 5a Rn 12.
[9] BMF BStBl I 02, 614 Tz 35.
[10] **AA** betr Sonder-BV II *Kranz* DStR 00, 1215, 127 f: § 5a IVa sei nicht abschließend-konstitutiv, vielmehr nur klarstellend.
[11] *Blümich* § 5a Rn 94; **aA** *Frotscher* § 5a Rn 51.
[12] BMF BStBl I 02, 614 Tz 29.
[13] BT-Drs 13/10710, 4.
[14] BMF BStBl I 02, 614 Tz 34; zur Abgrenzung zw Vorabvergütungen und Sondervergütungen s BFH BStBl II 86, 58.

tig. Sie erfolgt deshalb nur auf – unwiderruflichen – **Antrag**, § 5a I 1. Dabei ist hinsichtlich der Antragsvoraussetzungen und -fristen zu unterscheiden, und zwar im Grundsatz für Schifffahrtsbetriebe, deren Wj (**1**) bis zum und deren Wj (**2**) nach dem 31.12.05 (vgl § 52 XV 2) enden: Für die StPfl, deren Wj bis zum 31.12.05 enden, ist **§ 5a III aF**, für jene, deren Wj nach dem 31.12.05 enden, ist **§ 5a III nF** anzuwenden. Darüber hinaus bleibt § 5a III **1 aF** auch für solche StPfl anwendbar, die das Handelsschiff aufgrund eines vor dem 1.1.06 rechtswirksam abgeschlossenen schuldrechtlichen Vertrages oder gleichgestellten Rechtsaktes angeschafft oder die vor dem 1.1.06 mit dessen Herstellung begonnen haben (vgl § 52 XV 3), § 5a III **2 aF** aber nur, wenn der Pauschalierungsantrag bis zum Ablauf des Wj gestellt wird, das vor dem 1.1.08 endet (vgl § 52 XV 4).

Gem **§ 5a III 1 aF** kann der Antrag (nach freiem Ermessen und ohne weitere zeitliche Vorgaben) innerhalb einer **Frist** von 2 Jahren nach Ablauf des Erstjahres und **mit Wirkung** ab dem jeweiligen Wj gestellt werden. **Erstjahr** ist nach der Legaldefinition in § 5a III 1 aF dasjenige Wj, in dem erstmals betr Einkünfte erzielt worden sind; es beginnt idR mit Abschluss des Bau- oder Kaufvertrages als Hilfsgeschäft,[1] ansonsten – bei bereits bestehenden Betrieben – bei erstmaligem Überwiegen (**1**) der Reisetage mit inländischer Registrierung sowie (**2a**) mit Einsatz im internationalen Verkehr gem § 5a II 1 aF,[2] abw davon (**2b**) mit inländischer Geschäftsleitung und Bereederung ab Beginn des betr Wj, dies aber nur für Wj, die im Kj 2002 enden, und für Handelsschiffe, die vor dem 28.6.02 in Dienst gestellt wurden.[3] Während der Antragsfrist ist es erforderlich, dass die Pauschalierungsvoraussetzungen sämtlich von Beginn desjenigen Wj an vorliegen, in dem der Antrag gestellt wird;[4] für das in 1999 endende Wj genügt der FinVerw aus Billigkeit (spätestens) das Ende dieses Wj, für das in 2000 endende Wj (spätestens) der 30.6.00.[5] **41**

Gem **§ 5a III 1 nF ist** der Antrag **im Wj** der Anschaffung oder Herstellung des Handelsschiffs als demjenigen der **Indienststellung** des Schiffs und (nur) **mit Wirkung** ab Beginn dieses Wj zu stellen. Das ist missverständlich; er „kann" gestellt werden, allerdings nur zu dem gesetzlich bestimmten Zeitpunkt. Wird er in dieser Frist nicht gestellt, kann er gem **§ 5a III 5 nF** erstmals in dem Wj gestellt werden, das nach Ablauf eines Zeitraums von 10 Jahren endet, dies bezogen auf den Beginn des Jahres der jeweiligen Indienststellung des angeschafften oder hergestellten Schiffs. Wird der Antrag innerhalb der Frist gem § 5a III 1 nF gestellt, werden Gewinne, welche (aber wohl nur solche durch das betr Schiff) vor Indienststellung durch den Betrieb von Handelsschiffen im internationalen Verkehr erwirtschaftet worden sind, nicht besteuert, **§ 5a III 2 HS 1 nF**. Der Preis hierfür ist, dass aufgelaufene Verluste (insoweit) weder ausgleichsfähig noch verrechenbar sind, **§ 5a III 2 HS 2 nF**. Die aufgelaufenen Verluste gehen aus steuerlicher Sicht also unwiederbringlich verloren. Bereits erlassene Steuerbescheide (Festsetzungs- ebenso wie Feststellungsbescheide, vgl § 155 I 2, § 181 I 1 AO) sind, auch nach Eintritt ihrer Bestandskraft, aber („insoweit") nur hinsichtlich der einbezogenen Gewinne (Verluste) zu ändern, **§ 5a III 3 und 4 HS 1 nF** (iVm § 172 I 1 Nr 2d AO). Die Festsetzungsfrist (§§ 169 ff AO) endet frühestens mit Ablauf der Festsetzungsfrist für den VZ, in dem erstmals von der Pauschalbesteuerung Gebrauch gemacht wird, **§ 5a III 4 HS 2 nF**. Wird der Antrag nicht innerhalb der Frist des § 5a III 1 nF, sondern gem § 5a III 5 nF erst nach Ablauf von 10 Jahren nach Indienststellung des Schiffs gestellt, sind § 5a III 2–4 nF (naturgemäß) unanwendbar, **§ 5a III 6 nF**. **42**

Lässt der StPfl die Frist innerhalb der ersten 3 Jahre (§ 5a III 1 aF) oder des Wj der Indienststellung (§ 5a III 1 nF) verstreichen, kann der Antrag frühestens wieder nach Ablauf von 10 Jahren, gerechnet vom Beginn des Erstjahres oder der Indienststellung an, gestellt werden. Wird der Antrag gestellt, ist der StPfl hieran für 10 Jahre gebunden (**§ 5a III 7 nF, § 5a III 3 aF**); er kann danach jährlich zurückgenommen werden (**§ 5a III 8 nF, § 5a III 4 aF**), dann aber mit erneuter Bindung für 10 Jahre (**§ 5a III 9 nF, § 5a III 5 aF**). Das Gesetz verlangt keine Formerfordernisse, die FinVerw[6] verlangt gleichwohl einen **schriftlichen** Antrag. Er ist unwiderruflich u kann, einmal gestellt, unbeschadet des Eintritts der Bestandskraft des Steuerbescheides nicht zurückgenommen werden.[7] Unabhängig davon sind etwaige **Ausweichreaktionen** des StPfl durch Veräußerung der Schiffe oder deren Überführung in andere Betriebe mit Gewinnermittlung nach § 4 I, § 5, um der Antragsbindung in Verlustphasen zu entgehen, allerdings möglich und nicht missbräuchlich (§ 42 AO).[8] **43**

---

1 BMF BStBl I 02, 614 Tz 12 ff.
2 BMF BStBl I 02, 614 Tz 16.
3 BMF BStBl I 02, 614 Tz 19 iVm BStBl I 00, 809 Tz 15a.
4 BMF BStBl I 02, 614 Tz 17.
5 BMF BStBl I 02, 614 Tz 18.
6 BMF BStBl I 02, 614 Tz 20.
7 **AA** früher BMF BStBl I 99, 669 Tz 16.
8 s *Blümich* § 5a Rn 67.

F. Wechsel der Gewinnermittlungsarten (§ 5a IV und VI)

44 Beim Übergang zur Tonnagebesteuerung ist die Erfassung bisher aufgelaufener **stiller Reserven** zu gewährleisten. Dazu ist gem **§ 5a IV 1** außerhalb der Bilanz ein besonderes **Verzeichnis** zu erstellen, in dem der **Unterschiedsbetrag** zw Buch- und Teilwert (§ 6 I Nr 1 S 3)[1] für jedes WG, das dem begünstigten Schiffahrtsbetrieb unmittelbar dient (s dazu Rn 27), aufzunehmen ist; einzubeziehen sind hierbei auch durch den Schiffsbetrieb veranlasste Verbindlichkeiten (für die Anschaffung des Schiffs, von Materialien uÄ;[2] Fremdwährungsverbindlichkeiten[3]). Maßgebend sind die Verhältnisse zum Schluss des Übergangsjahrs = des Wj, das der erstmaligen Anwendung von § 5a I vorangeht. Das Verzeichnis ist deswegen bei Veränderungen (wie zB Ausscheiden oder Zuführen von WG, Verringern oder Erhöhen von Nutzungsanteilen, Tilgen von Fremdwährungsverbindlichkeiten, Veränderungen im personellen Bestand ohne Hinzurechnung gem § 5a IV 3 Nr 3) fortzuschreiben.[4] Entspr gilt, wenn der StPfl WG des BV dem Betrieb von Handelsschiffen zuführt (**§ 5a IV 4**). Der jeweilige Unterschiedsbetrag[5] ist gesondert und ggf einheitlich festzustellen (**§ 5a IV 2**). Er ist erst (nicht ‚spätestens', so aber **§ 5a IV 3 HS 1**[6]) beim – umgekehrten – Übergang zur regulären Gewinnermittlung dem Gewinn **„hinzuzurechnen"** (auch wenn er ausnahmsweise negativ sein sollte[7]) und zu versteuern, und zwar **alternativ** verteilt auf 5 Jahre (**§ 5a IV 3 Nr 1 = IV 3a aF**) oder beim Ausscheiden des WG aus dem BV bzw bei Beendigung seiner dienenden Funktion für den Schifffahrtsverkehr (**§ 5a IV 3 Nr 2 = IV 3b HS 1 aF**). In diesem letzteren Fall **unterblieb** die Auflösung des Unterschiedsbetrages aber gem § 5a IV 3b HS 2 aF, wenn das betr WG ein Handelsschiff war, an dessen Stelle innerhalb der folgenden 2 Wj (und wohl auch im Jahr der Veräußerung selbst[8]) ein anderes Schiff im Wege der **Ersatzbeschaffung** trat (vgl § 6b); zum Anwendungszeitraum dieser weggefallenen Regelung s Rn 10. Beim Ausscheiden eines G'ters ist der Unterschiedsbetrag im Jahr des Ausscheidens anteilig hinzuzurechnen (**§ 5a IV 3 Nr 3**). Stille Reserven, die während der pauschalen Gewinnermittlung aufgelaufen sind, werden dadurch erfasst, dass beim **Übergang zur regulären Gewinnermittlung** in der Schlussbilanz des Wj, in dem der Gewinn letztmals pauschal ermittelt wird, für die dem Schifffahrtsverkehr unmittelbar dienenden WG der Teilwert anzusetzen ist (**§ 5a VI**). Entspr gilt für einzelne WG, die aus der Tonnagebesteuerung in den Gewinn durch BV-Vergleich überwechseln. Die anfallende AfA bestimmt sich indes nicht nach dem Teilwert, sondern nach ihrem normalen Berechnungsverlauf und wird in der fortzuführenden Steuerbilanz (Rn 48) fortgeführt. Ein etwaiger Restbuchwert geht in den Teilwert gem § 5a IV 1 ein und ist als solcher im Anschluss daran nicht mehr abschreibbar.

48 Um den jederzeitigen Wechsel der Gewinnermittlungsart vornehmen zu können, ist die Steuerbilanz gem §§ 4 I, 5 parallel zur Gewinnermittlung gem § 5a fortzuführen und vorzulegen (**§ 60 EStDV**).

§ 6 Bewertung

(1) Für die Bewertung der einzelnen Wirtschaftsgüter, die nach § 4 Abs. 1 oder nach § 5 als Betriebsvermögen anzusetzen sind, gilt das Folgende:

1. [1]Wirtschaftsgüter des Anlagevermögens, die der Abnutzung unterliegen, sind mit den Anschaffungs- oder Herstellungskosten oder dem an deren Stelle tretenden Wert, vermindert um die Absetzungen für Abnutzung, erhöhte Absetzungen, Sonderabschreibungen, Abzüge nach § 6b und ähnliche Abzüge, anzusetzen. [2]Ist der Teilwert auf Grund einer voraussichtlich dauernden Wertminderung niedriger, so kann dieser angesetzt werden. [3]Teilwert ist der Betrag, den ein Erwerber des ganzen Betriebs im Rahmen des Gesamtkaufpreises für das einzelne Wirtschaftsgut ansetzen würde; dabei ist davon auszugehen, dass der Erwerber den Betrieb fortführt. [4]Wirtschaftsgüter, die bereits am Schluss des vorangegangenen Wirtschaftsjahres zum Anlagevermögen des Steuerpflichtigen gehört haben, sind in den folgenden Wirtschaftsjahren gemäß Satz 1

---

1 Zur Teilwert-Ermittlung bei Handelsschiffen eingehend *Schultze* FR 99, 977, 982: lineare Abschreibung bei unterstellter Nutzungsdauer von 15 bis 22 Jahren.
2 *Kranz* DStR 00, 125 (126).
3 BMF BStBl I 02, 614 Tz 21.
4 BMF BStBl I 02, 614 Tz 24.
5 Vgl im Einzelnen BMF BStBl I 02, 614 Tz 23 f; s auch BFH BStBl II 84, 155; aber str, **aA** zB *Blümich* § 5a Rn 60; *Schultze* FR 99, 977, 980: Jahr der Infahrtsetzung.
6 So auch BMF BStBl I 99, 669 Tz 25; **aA** *Schultze* FR 99, 977 (982).
7 *Schultze* FR 99, 977 (981) Fn 29.
8 *Schultze* FR 99, 977 (983).

anzusetzen, es sei denn, der Steuerpflichtige weist nach, dass ein niedrigerer Teilwert nach Satz 2 angesetzt werden kann.

1a. ¹Zu den Herstellungskosten eines Gebäudes gehören auch Aufwendungen für Instandsetzungs- und Modernisierungsmaßnahmen, die innerhalb von drei Jahren nach der Anschaffung des Gebäudes durchgeführt werden, wenn die Aufwendungen ohne die Umsatzsteuer 15 Prozent der Anschaffungskosten des Gebäudes übersteigen (anschaffungsnahe Herstellungskosten). ²Zu diesen Aufwendungen gehören nicht die Aufwendungen für Erweiterungen im Sinne des § 255 Abs. 2 Satz 1 des Handelsgesetzbuchs sowie Aufwendungen für Erhaltungsarbeiten, die jährlich üblicherweise anfallen.

2. ¹Andere als die in Nummer 1 bezeichneten Wirtschaftsgüter des Betriebs (Grund und Boden, Beteiligungen, Umlaufvermögen) sind mit den Anschaffungs- oder Herstellungskosten oder dem an deren Stelle tretenden Wert, vermindert um Abzüge nach § 6b und ähnliche Abzüge, anzusetzen. ²Ist der Teilwert (Nummer 1 Satz 3) auf Grund einer voraussichtlich dauernden Wertminderung niedriger, so kann dieser angesetzt werden. ³Nummer 1 Satz 4 gilt entsprechend.

2a. ¹Steuerpflichtige, die den Gewinn nach § 5 ermitteln, können für den Wertansatz gleichartiger Wirtschaftsgüter des Vorratsvermögens unterstellen, dass die zuletzt angeschafften oder hergestellten Wirtschaftsgüter zuerst verbraucht oder veräußert worden sind, soweit dies den handelsrechtlichen Grundsätzen ordnungsmäßiger Buchführung entspricht. ²Der Vorratsbestand am Schluss des Wirtschaftsjahres, das der erstmaligen Anwendung der Bewertung nach Satz 1 vorangeht, gilt mit seinem Bilanzansatz als erster Zugang des neuen Wirtschaftsjahres. ³Von der Verbrauchs- oder Veräußerungsfolge nach Satz 1 kann in den folgenden Wirtschaftsjahren nur mit Zustimmung des Finanzamts abgewichen werden.

3. ¹Verbindlichkeiten sind unter sinngemäßer Anwendung der Vorschriften der Nummer 2 anzusetzen und mit einem Zinssatz von 5,5 Prozent abzuzinsen. ²Ausgenommen von der Abzinsung sind Verbindlichkeiten, deren Laufzeit am Bilanzstichtag weniger als zwölf Monate beträgt, und Verbindlichkeiten, die verzinslich sind oder auf einer Anzahlung oder Vorausleistung beruhen.

3a. ¹Rückstellungen sind höchstens insbesondere unter Berücksichtigung folgender Grundsätze anzusetzen:
   a) bei Rückstellungen für gleichartige Verpflichtungen ist auf der Grundlage der Erfahrungen in der Vergangenheit aus der Abwicklung solcher Verpflichtungen die Wahrscheinlichkeit zu berücksichtigen, dass der Steuerpflichtige nur zu einem Teil der Summe dieser Verpflichtungen in Anspruch genommen wird;
   b) Rückstellungen für Sachleistungsverpflichtungen sind mit den Einzelkosten und den angemessenen Teilen der notwendigen Gemeinkosten zu bewerten;
   c) künftige Vorteile, die mit der Erfüllung der Verpflichtung voraussichtlich verbunden sein werden, sind, soweit sie nicht als Forderung zu aktivieren sind, bei ihrer Bewertung wertmindernd zu berücksichtigen;
   d) Rückstellungen für Verpflichtungen, für deren Entstehen im wirtschaftlichen Sinne der laufende Betrieb ursächlich ist, sind zeitanteilig in gleichen Raten anzusammeln. ²Rückstellungen für gesetzliche Verpflichtungen zur Rücknahme und Verwertung von Erzeugnissen, die vor Inkrafttreten entsprechender gesetzlicher Verpflichtungen in Verkehr gebracht worden sind, sind zeitanteilig in gleichen Raten bis zum Beginn der jeweiligen Erfüllung anzusammeln; Buchstabe e ist insoweit nicht anzuwenden. ³Rückstellungen für die Verpflichtung, ein Kernkraftwerk stillzulegen, sind ab dem Zeitpunkt der erstmaligen Nutzung bis zum Zeitpunkt, in dem mit der Stilllegung begonnen werden muss, zeitanteilig in gleichen Raten anzusammeln; steht der Zeitpunkt der Stilllegung nicht fest, beträgt der Zeitraum für die Ansammlung 25 Jahre; und
   e) Rückstellungen für Verpflichtungen sind mit einem Zinssatz von 5,5 Prozent abzuzinsen; Nummer 3 Satz 2 ist entsprechend anzuwenden. ²Für die Abzinsung von Rückstellungen für Sachleistungsverpflichtungen ist der Zeitraum bis zum Beginn der Erfüllung maßgebend. ³Für die Abzinsung von Rückstellungen für die Verpflichtung, ein Kernkraftwerk stillzulegen, ist der sich aus Buchstabe d Satz 3 ergebende Zeitraum maßgebend.

4. ¹Entnahmen des Steuerpflichtigen für sich, für seinen Haushalt oder für andere betriebsfremde Zwecke sind mit dem Teilwert anzusetzen; in den Fällen des § 4 Abs. 1 Satz 3 ist die Entnahme mit dem gemeinen Wert anzusetzen. ²Die private Nutzung eines Kraftfahrzeugs, das zu mehr als 50 Prozent betrieblich genutzt wird, ist für jeden Kalendermonat mit 1 Prozent des inländischen

Listenpreises im Zeitpunkt der Erstzulassung zuzüglich der Kosten für Sonderausstattungen einschließlich der Umsatzsteuer anzusetzen. ³Bei der Ermittlung der Nutzung im Sinne des Satzes 2 gelten die Fahrten zwischen Wohnung und Betriebsstätte und die Familienheimfahrten als betriebliche Nutzung. ⁴Die private Nutzung kann abweichend von Satz 2 mit den auf die Privatfahrten entfallenden Aufwendungen angesetzt werden, wenn die für das Kraftfahrzeug insgesamt entstehenden Aufwendungen durch Belege und das Verhältnis der privaten zu den übrigen Fahrten durch ein ordnungsgemäßes Fahrtenbuch nachgewiesen werden. ⁵Wird ein Wirtschaftsgut unmittelbar nach seiner Entnahme einer nach § 5 Abs. 1 Nr. 9 des Körperschaftsteuergesetzes von der Körperschaftsteuer befreiten Körperschaft, Personenvereinigung oder Vermögensmasse oder einer juristischen Person des öffentlichen Rechts zur Verwendung für steuerbegünstigte Zwecke im Sinne des § 10b Abs. 1 Satz 1 unentgeltlich überlassen, so kann die Entnahme mit dem Buchwert angesetzt werden. ⁶Dies gilt für Zuwendungen im Sinne des § 10b Abs. 1 Satz 3 entsprechend. ⁷Die Sätze 5 und 6 gelten nicht für die Entnahme von Nutzungen und Leistungen.

5. ¹Einlagen sind mit dem Teilwert für den Zeitpunkt der Zuführung anzusetzen; sie sind jedoch höchstens mit den Anschaffungs- oder Herstellungskosten anzusetzen, wenn das zugeführte Wirtschaftsgut
   a) innerhalb der letzten drei Jahre vor dem Zeitpunkt der Zuführung angeschafft oder hergestellt worden ist,
   b) ein Anteil an einer Kapitalgesellschaft ist und der Steuerpflichtige an der Gesellschaft im Sinne des § 17 Abs. 1 oder 6 beteiligt ist; § 17 Abs. 2 Satz 5 gilt entsprechend.
   ²Ist die Einlage ein abnutzbares Wirtschaftsgut, so sind die Anschaffungs- oder Herstellungskosten um Absetzungen für Abnutzung zu kürzen, die auf den Zeitraum zwischen der Anschaffung oder Herstellung des Wirtschaftsguts und der Einlage entfallen. ³Ist die Einlage ein Wirtschaftsgut, das vor der Zuführung aus einem Betriebsvermögen des Steuerpflichtigen entnommen worden ist, so tritt an die Stelle der Anschaffungs- oder Herstellungskosten der Wert, mit dem die Entnahme angesetzt worden ist, und an die Stelle des Zeitpunkts der Anschaffung oder Herstellung der Zeitpunkt der Entnahme.
5a. In den Fällen des § 4 Abs. 1 Satz 7 zweiter Halbsatz ist das Wirtschaftsgut mit dem gemeinen Wert anzusetzen.
6. Bei Eröffnung eines Betriebs ist Nummer 5 entsprechend anzuwenden.
7. Bei entgeltlichem Erwerb eines Betriebs sind die Wirtschaftsgüter mit dem Teilwert, höchstens jedoch mit den Anschaffungs- oder Herstellungskosten anzusetzen.

(2) ¹Die Anschaffungs- oder Herstellungskosten oder der nach Absatz 1 Nr. 5 bis 6 an deren Stelle tretende Wert von abnutzbaren beweglichen Wirtschaftsgütern des Anlagevermögens, die einer selbstständigen Nutzung fähig sind, sind im Wirtschaftsjahr der Anschaffung, Herstellung oder Einlage des Wirtschaftsguts oder der Eröffnung des Betriebs in voller Höhe als Betriebsausgaben abzusetzen, wenn die Anschaffungs- oder Herstellungskosten, vermindert um einen darin enthaltenen Vorsteuerbetrag (§ 9b Abs. 1), oder der nach Absatz 1 Nr. 5 bis 6 an deren Stelle tretende Wert für das einzelne Wirtschaftsgut 150 Euro nicht übersteigen. ²Ein Wirtschaftsgut ist einer selbstständigen Nutzung nicht fähig, wenn es nach seiner betrieblichen Zweckbestimmung nur zusammen mit anderen Wirtschaftsgütern des Anlagevermögens genutzt werden kann und die in den Nutzungszusammenhang eingefügten Wirtschaftsgüter technisch aufeinander abgestimmt sind. ³Das gilt auch, wenn das Wirtschaftsgut aus dem betrieblichen Nutzungszusammenhang gelöst und in einen anderen betrieblichen Nutzungszusammenhang eingefügt werden kann.

(2a) ¹Für abnutzbare bewegliche Wirtschaftsgüter des Anlagevermögens, die einer selbstständigen Nutzung fähig sind, ist im Wirtschaftsjahr der Anschaffung, Herstellung oder Einlage des Wirtschaftsguts oder der Eröffnung des Betriebs ein Sammelposten zu bilden, wenn die Anschaffungs- oder Herstellungskosten, vermindert um einen darin enthaltenen Vorsteuerbetrag (§ 9b Abs. 1), oder der nach Absatz 1 Nr. 5 bis 6 an deren Stelle tretende Wert für das einzelne Wirtschaftsgut 150 Euro, aber nicht 1 000 Euro übersteigen. ²Der Sammelposten ist im Wirtschaftsjahr der Bildung und den folgenden vier Wirtschaftsjahren mit jeweils einem Fünftel gewinnmindernd aufzulösen. ³Scheidet ein Wirtschaftsgut im Sinne des Satzes 1 aus dem Betriebsvermögen aus, wird der Sammelposten nicht vermindert.

(3) ¹Wird ein Betrieb, ein Teilbetrieb oder der Anteil eines Mitunternehmers an einem Betrieb unentgeltlich übertragen, so sind bei der Ermittlung des Gewinns des bisherigen Betriebsinhabers

(Mitunternehmers) die Wirtschaftsgüter mit den Werten anzusetzen, die sich nach den Vorschriften über die Gewinnermittlung ergeben; dies gilt auch bei der unentgeltlichen Aufnahme einer natürlichen Person in ein bestehendes Einzelunternehmen sowie bei der unentgeltlichen Übertragung eines Teils eines Mitunternehmeranteils auf eine natürliche Person. ²Satz 1 ist auch anzuwenden, wenn der bisherige Betriebsinhaber (Mitunternehmer) Wirtschaftsgüter, die weiterhin zum Betriebsvermögen derselben Mitunternehmerschaft gehören, nicht überträgt, sofern der Rechtsnachfolger den übernommenen Mitunternehmeranteil über einen Zeitraum von mindestens fünf Jahren nicht veräußert oder aufgibt. ³Der Rechtsnachfolger ist an die in Satz 1 genannten Werte gebunden.

(4) Wird ein einzelnes Wirtschaftsgut außer in den Fällen der Einlage (§ 4 Abs. 1 Satz 7) unentgeltlich in das Betriebsvermögen eines anderen Steuerpflichtigen übertragen, gilt sein gemeiner Wert für das aufnehmende Betriebsvermögen als Anschaffungskosten.

(5) ¹Wird ein einzelnes Wirtschaftsgut von einem Betriebsvermögen in ein anderes Betriebsvermögen desselben Steuerpflichtigen überführt, ist bei der Überführung der Wert anzusetzen, der sich nach den Vorschriften über die Gewinnermittlung ergibt, sofern die Besteuerung der stillen Reserven sichergestellt ist. ²Satz 1 gilt auch für die Überführung aus einem eigenen Betriebsvermögen des Steuerpflichtigen in dessen Sonderbetriebsvermögen bei einer Mitunternehmerschaft und umgekehrt sowie für die Überführung zwischen verschiedenen Sonderbetriebsvermögen desselben Steuerpflichtigen bei verschiedenen Mitunternehmerschaften. ³Satz 1 gilt entsprechend, soweit ein Wirtschaftsgut

1. unentgeltlich oder gegen Gewährung oder Minderung von Gesellschaftsrechten aus einem Betriebsvermögen des Mitunternehmers in das Gesamthandsvermögen einer Mitunternehmerschaft und umgekehrt,
2. unentgeltlich oder gegen Gewährung oder Minderung von Gesellschaftsrechten aus dem Sonderbetriebsvermögen eines Mitunternehmers in das Gesamthandsvermögen derselben Mitunternehmerschaft oder einer anderen Mitunternehmerschaft, an der er beteiligt ist, und umgekehrt oder
3. unentgeltlich zwischen den jeweiligen Sonderbetriebsvermögen verschiedener Mitunternehmer derselben Mitunternehmerschaft

übertragen wird. ⁴Wird das nach Satz 3 übertragene Wirtschaftsgut innerhalb einer Sperrfrist veräußert oder entnommen, ist rückwirkend auf den Zeitpunkt der Übertragung der Teilwert anzusetzen, es sei denn, die bis zur Übertragung entstandenen stillen Reserven sind durch Erstellung einer Ergänzungsbilanz dem übertragenden Gesellschafter zugeordnet worden; diese Sperrfrist endet drei Jahre nach Abgabe der Steuererklärung des Übertragenden für den Veranlagungszeitraum, in dem die in Satz 3 bezeichnete Übertragung erfolgt ist. ⁵Der Teilwert ist auch anzusetzen, soweit in den Fällen des Satzes 3 der Anteil einer Körperschaft, Personenvereinigung oder Vermögensmasse an dem Wirtschaftsgut unmittelbar oder mittelbar begründet wird oder dieser sich erhöht. ⁶Soweit innerhalb von sieben Jahren nach der Übertragung des Wirtschaftsguts nach Satz 3 der Anteil einer Körperschaft, Personenvereinigung oder Vermögensmasse an dem übertragenen Wirtschaftsgut aus einem anderen Grund unmittelbar oder mittelbar begründet wird oder dieser sich erhöht, ist rückwirkend auf den Zeitpunkt der Übertragung ebenfalls der Teilwert anzusetzen.

(6) ¹Wird ein einzelnes Wirtschaftsgut im Wege des Tausches übertragen, bemessen sich die Anschaffungskosten nach dem gemeinen Wert des hingegebenen Wirtschaftsguts. ²Erfolgt die Übertragung im Wege der verdeckten Einlage, erhöhen sich die Anschaffungskosten der Beteiligung an der Kapitalgesellschaft um den Teilwert des eingelegten Wirtschaftsguts. ³In den Fällen des Absatzes 1 Nr. 5 Satz 1 Buchstabe a erhöhen sich die Anschaffungskosten im Sinne des Satzes 2 um den Einlagewert des Wirtschaftsguts. ⁴Absatz 5 bleibt unberührt.

(7) Im Fall des § 4 Abs. 3 sind bei der Bemessung der Absetzungen für Abnutzung oder Substanzverringerung die sich bei Anwendung der Absätze 3 bis 6 ergebenden Werte als Anschaffungskosten zugrunde zu legen.

§ 6 Bewertung

IdF ab VZ 2009:

§ 6 Bewertung

(1) ...

5. *¹Einlagen sind mit dem Teilwert für den Zeitpunkt der Zuführung anzusetzen; sie sind jedoch höchstens mit den Anschaffungs- oder Herstellungskosten anzusetzen, wenn das zugeführte Wirtschaftsgut*
   a) *innerhalb der letzten drei Jahre vor dem Zeitpunkt der Zuführung angeschafft oder hergestellt worden ist,*
   b) *ein Anteil an einer Kapitalgesellschaft ist und der Steuerpflichtige an der Gesellschaft im Sinne des § 17 Abs. 1 oder 6 beteiligt ist; § 17 Abs. 2 Satz 5 gilt entsprechend, oder*
   c) *ein Wirtschaftsgut im Sinne des § 20 Abs. 2 ist.*
   ²Ist die Einlage ein abnutzbares Wirtschaftsgut, so sind die Anschaffungs- oder Herstellungskosten um Absetzungen für Abnutzung zu kürzen, die auf den Zeitraum zwischen der Anschaffung oder Herstellung des Wirtschaftsguts und der Einlage entfallen. ³Ist die Einlage ein Wirtschaftsgut, das vor der Zuführung aus einem Betriebsvermögen des Steuerpflichtigen entnommen worden ist, so tritt an die Stelle der Anschaffungs- oder Herstellungskosten der Wert, mit dem die Entnahme angesetzt worden ist, und an die Stelle des Zeitpunkts der Anschaffung oder Herstellung der Zeitpunkt der Entnahme.

...

§§ 8–11d EStDV; R 6.1 EStR (Anlagevermögen und Umlaufvermögen); R 6.2 EStR (AK); R 6.3 EStR (HK); R 6.5 EStR (Zuschüsse für Anlagegüter); R 6.7 EStR (Teilwert); R 6.8 EStR (Bewertung des Vorratsvermögens); R 6.9 EStR (Bewertung nach unterstellten Verbrauchs- und Veräußerungsfolgen); H 6.10 EStR (Bewertung von Verbindlichkeiten); R 6.11 EStR (Bewertung von Rückstellungen); R 6.12 EStR (Bewertung von Entnahmen und Einlagen); R 6.13 EStR (Bewertungsfreiheit für geringwertige WG); R 6.4 EStR (Aufwendungen im Zusammenhang mit einem Grundstück)

BMF BStBl I 97, 832 – Bewertung von Kapitalforderungen und Kapitalschulden sowie Anspr/Lasten bei wiederkehrenden Nutzungen und Leistungen nach dem 31.12.95 für Zwecke der ErbSt und Schenkungsteuer; BMF BStBl I 97, 562; BMF BStBl I 00, 372 – Neuregelung der Teilwertabschreibung gem § 6 I Nr 1, 2; BMF BStBl I 00, 462 – Einbringung einer wesentlichen Beteiligung aus dem Privatvermögen in das betriebliche Gesamthandsvermögen einer PersGes; BMF BStBl I 00, 1514 – Bilanzierung und Bewertung von halbfertigen Bauten auf fremdem Grund und Boden; BMF BStBl I 01, 367 – Auslegung des § 6 V 3 idF des StSenkG; BMF DStR 02, 1485 – Bewertung von Verbindlichkeiten nach § 6 I Nr 3 S 1 HS 1 iVm § 6 I Nr 2 (voraussichtlich dauernde Werterhöhung bei Kursschwankungen unterliegenden Verbindlichkeiten); BMF BStBl I 02, 148 – Ertragsteuerliche Erfassung der Nutzung eines betrieblichen Kfz zu Privatfahrten (ua Anwendung des § 6 I Nr 4 S 2u 3); BMF BStBl I 03, 361 – Abgrenzung von AK, HK und Erhaltungsaufwendungen bei der Instandsetzung und Modernisierung von Gebäuden; BMF BStBl I 04, 1190 – Behandlung der Einbringung zum PV gehörender WG in das betriebliche Gesamthandsvermögen einer PersGes; BMF BStBl I 07, 67 – Pauschbeträge für unentgeltliche Wertabgaben (Sachentnahmen) 2007; BMF BStBl I 05, 669 – Abzinsung von Verbindlichkeiten und Rückstellungen in der steuerlichen Gewinnermittlung nach § 6 I Nr 3 und 3a EStG idF des StEntlG 99/00/02; BMF BStBl I 05, 458 – Unentgeltliche Übertragung von MU'anteilen mit Sonder-BV; BMF v 9.11.05 – IV B 2 – S 2241 – 39/05 – Übertragung von MU'anteilen in der LuF; BMF BStBl I 05, 1025 – Bilanzsteuerrechtliche Beurteilung von Aufwendungen zur Einführung eines betriebswirtschaftlichen Softwaresystems (ERP-Software); BMF BStBl I 05, 1046 – Pauschbeträge für unentgeltliche Wertabgaben (Sachentnahmen) 2006; BMF BStBl I 06, 446 – 1 %-Regelung bei betrieblichem Kfz: Nachweispflichten; OFD Karlsruhe StEK § 6 V Nr 11 – Leitfaden zur Bearbeitung von Fällen mit Überführung oder Übertragung von Wirtschaftsgütern (Überführung und Übertragung von WG und MU'schaften); BMF BStBl I 06, 766 – Unentgeltliche Übertragung von MU'anteilen mit Sonderbetriebsvermögen

Übersicht

	Rn		Rn
A. Grundaussagen der Vorschrift	1	3. Gruppen- und Sammelbewertung (Durchschnittsbewertung)	116
I. Bedeutung der Vorschrift	1	4. Verbrauchsfolgeverfahren (§ 6 I Nr 2a)	117
II. § 6 im System der Rechtsordnung	4	**D. Bewertung einzelner WG**	120
B. Grundsätze und Grundbegriffe der Bewertung; Querschnittsfragen	10	I. Abnutzbares Anlagevermögen (§ 6 I Nr 1)	120
I. Nominalwertprinzip; Währung	10	1. Allgemeines	120
II. Grundsatz der Einzelbewertung	11	2. Gebäude	121
III. Vorsichtsprinzip	16	3. Geschäftswert	125
IV. Bilanzen- und Wertzusammenhang; Bewertungsstetigkeit	17	4. Sonstige immaterielle Wirtschaftsgüter	130
V. Stichtagsprinzip	19	5. Einzelnachweise der sonstigen immateriellen Wirtschaftsgüter des Anlagevermögens	131
VI. Anlage- und Umlaufvermögen	20	II. Nichtabnutzbare Wirtschaftsgüter des Anlagevermögens und andere Wirtschaftsgüter (§ 6 I Nr 2)	132
VII. Wahlrechte	23	1. Allgemeines	132
C. Bewertungsmaßstäbe	25	2. Grund und Boden	133
I. Grundlagen	25	3. Beteiligungen; Wertpapiere	134
1. Der steuerliche Wertansatz	25	4. Forderungen	136
2. Normative Vorgaben des Handelsrechts	26	III. Verbindlichkeiten (§ 6 I Nr 3)	143
3. Funktion und Umfang der Anschaffungs-/Herstellungskosten	27	1. Allgemeines	143
		2. „Anschaffungskosten"	145
4. Additive/retrograde Wertermittlung	29	3. Teilwert	146
5. Zuschüsse	30	4. Abzinsung von Verbindlichkeiten	148
II. Anschaffungskosten	34	5. Wiederkehrende Leistungen	149
1. Der Anschaffungsvorgang	34	6. Fremdwährungsverbindlichkeiten	150
2. Zeitliche Zuordnung der Anschaffungskosten	36	IV. Bewertung von Rückstellungen (§ 6 I Nr 3a)	152
3. Umfang der Anschaffungskosten	38	1. Allgemeines	152
4. Nachträgliche Anschaffungskosten	41	2. Risiken der Inanspruchnahme (Nr 3 a)	154
5. Insbesondere: Erschließungskosten	43	3. Sachleistungsverpflichtungen (Nr 3 b)	155
6. (Nachträgliche) Minderung der Anschaffungskosten	44	4. Kompensation (Nr 3a c)	156
7. Finanzierung	46	5. Ansammlungsrückstellungen (Nr 3a d)	157
8. Aufteilung von Anschaffungskosten	47	6. Abzinsung (Nr 3a e)	158
9. Einzelnachweise der Anschaffungskosten	51	**E. Bewertung von Entnahmen und Einlagen, bei Betriebseröffnung und entgeltlichem Erwerb eines Betriebs (§ 6 I Nr 4–7)**	160
III. Herstellungskosten	52	I. Bewertung von Entnahmen (§ 6 I Nr 4)	160
1. Allgemeines	52	1. Entnahmen von Wirtschaftsgütern	160
2. Herstellen eines Wirtschaftsguts	53	2. Nutzungsentnahmen	161
3. Neuherstellung, Erweiterung, wesentliche Verbesserung	54	3. Pauschalierte private Pkw-Nutzung (§ 6 I Nr 4 S 2)	162
4. Aufgabe der Grundsätze zu anschaffungsnahen nachträglichen Aufwendungen; Herstellung der Betriebsbereitschaft einer erworbenen Wohnung	63	4. Sachspenden aus dem Betriebsvermögen zur Verwendung für steuerbegünstigte (ideelle) Zwecke (§ 6 I Nr 4 S 4–6 – Buchwertprivileg)	163
5. „Anschaffungsnahe Aufwendungen": starre 15-vH-Regelung idF des StÄndG 03	64	II. Einlagen (§ 6 I Nr 5)	165
		1. Einlagen von Wirtschaftsgütern	165
6. Zeitraum der Herstellung	68	2. Aufwandseinlagen	166
7. Umfang der Herstellungskosten	70	3. Verdeckte Einlagen	167
IV. Der Teilwert	83	4. Begrenzung des Einlagewerts (§ 6 I Nr 5 S 1 HS 2a)	168
1. Der Rechtsbegriff „Teilwert"	83	5. Einlage abnutzbarer Wirtschaftsgüter (§ 6 I Nr 5 S 2)	169
2. Schätzung (Bezifferung) des Teilwerts	94	6. Einlage eines zuvor entnommenen Wirtschaftsguts (§ 6 I Nr 5 S 3)	170
3. Teilwertvermutungen und ihre Widerlegung	101	7. Wesentliche Beteiligungen	171
4. Ansatz des niedrigeren Teilwerts (§ 6 I Nr 1 S 2, Nr 2 S 2); Wertaufholung (§ 6 I Nr 1 S 4, Nr 2 S 3)	107	8. Wirtschaftsgüter iSv § 20 II (§ 6 I Nr 5 HS 2c)	171a
V. Bewertungsvereinfachung	112	9. Weitere Einzelnachweise	172
1. Handelsrechtliche Grundlagen	112	10. Einlagen bei Betriebseröffnung (§ 6 I Nr 6)	173
2. Festbewertung	113	11. Entgeltlicher Erwerb eines Betriebs (§ 6 I Nr 7)	174

	Rn		Rn
F. Geringwertige Wirtschaftsgüter (§ 6 II); „Poolbewertung" (§ 6 IIa)	175	2. Überführung von Wirtschaftsgütern (§ 6 V 1, 2)	186
G. Bewertung bei Übertragung und Umstrukturierungen (§ 6 III–VII)	181	3. Übertragung von Wirtschaftsgütern – Rechtslage 1999/2000	187
I. Unentgeltliche Übertragung von Betrieben, Teilbetrieben und Mitunternehmeranteilen (§ 6 III)	181	4. Übertragung von Wirtschaftsgütern – Rechtslage ab 2001 (§ 6 V 3 ff idF des UntStFG)	188
II. Unentgeltliche Vereinnahmung eines Wirtschaftsguts (§ 6 IV)	184	5. Zur Abgrenzung: entgeltliche Übertragungen	189
III. Überführung/Übertragung von Wirtschaftsgütern zw verschiedenen Betriebsvermögen (§ 6 V)	184a – 189	IV. Tausch eines einzelnen Wirtschaftsguts (§ 6 VI)	190
1. Zeitlicher Anwendungsbereich; Allgemeines	185	V. AfA-Bemessungsgrundlage für Überschussrechner (§ 6 VII)	194

Literatur: *Behlau* Anschaffungsnaher Aufwand: ein „Nicht-Anwendungsgesetz" und seine Folgen, GStB 06, 126; *Brandenberg* Einbindung von Wirtschaftsgütern, JbFfSt 2006/2007, 383; *Carlé* Der anschaffungsnahe Aufwand – Metamorphose im Steuerrecht, FS Korn, 2005, S 41; *Christiansen* Zum Grundsatz der Einzelbewertung - insbesondere zur Bildung so genannter Bewertungseinheiten, DStR 03, 264; *Cremer* Begriff und Umfang der AK, SteuerStud 07, 46; *Drüen/Stiewe* Die „Bilanzaufhellung" im Spiegel der Rechtsprechung, StuB 04, 489; *Gassner* Die Bewertung von Entnahmen und Einlagen, verdeckten Gewinnausschüttungen und verdeckten Einlagen, DStJG 7 (1984), 245; *Groh* Fragen zum Abzinsungsgebot, DB 07, 2275; *Happe* Die Abzinsung von Verbindlichkeiten und Rückstellungen im Steuerrecht, StuB 05, 618; *Hartmann* Die Nutzungsentnahme im Einkommensteuerrecht, SteuerStud 06, 294; *Hoffmann/Rüsch* Die 1 %-Steuerfalle bei der privaten Pkw-Nutzung, DStR 06, 399; *Hüttemann* Stichtagsprinzip und Wertaufhellung, FS Priester, 2007, 301; *Kai* Zweifelsfragen zu § 6 III idF des UntStFG, DB 05, 794; *Kahle/Heinstein* Die Bewertung von Grundstücken in der Steuerbilanz, DStZ 07, 93; *Kanzler* Die unentgeltliche Übertragung von Mitunternehmeranteilen und -teilanteilen, FS Korn, 2005, S 287; *Kölpin* Die Neufassung des § 6 II EStG durch das UnternStReformG, StuB 07, 525; *Korn* Das BMF-Schr zu § 6 III EStG: Analyse und Gestaltungshinweise, KÖSDI 05, 14633; *Korn/Strahl* Rechtsentwicklungen zur Bewertung und Wertaufhellung in der Steuerbilanz, KÖSDI 03, 13678; *Koths* Abzinsung von Verbindlichkeiten und Rückstellungen, StbJB 00/01, 267; *Kratzsch* Kfz-Nutzung: Anwendung der 1 %-Regelung, StB 06, 367; *Leplow* Das Wertaufholungsgebot in der Handels- und Steuerbilanz, 2001; *Mathiak* Anschaffungskosten und Herstellungskosten, DStJG 7 (1984), 97; *Neufang* Anschaffungs- und Herstellungskosten von Gebäuden – Ein Vergleich der Rechtsprechung des BFH und der Verwaltungsauffassung, BB 04, 78; *ders* Die unentgeltliche Betriebsübertragung – Eine Bestandsaufnahme aus einkommen- und schenkungsteuerlicher Sicht, BB 05, 1595; *Niemann* Zur handelsrechtlichen und steuerrechtlichen Bewertung des Vorratsvermögens – insbesondere zum Vereinfachungsverfahren nach § 256 HGB / § 6 Abs 1 Nr 2a, IFSt-Schrift 401, 2002; *Schulze-Osterloh* Rückzahlungsbetrag und Abzinsung von Rückstellungen und Verbindlichkeiten – Überlegungen zur Reform des HGB-Bilanzrechts, BB 03, 351; *Spindler* Wie geht es weiter mit dem anschaffungsnahen Aufwand?, DB 04, 507; *Wendt* Die gesetzliche Regelung der anschaffungsnahen Aufwendungen, EStB 04, 329; *ders* Unentgeltliche Übertragung von Mitunternehmensanteilen nach § 6 III EStG, FR 05, 468; *Winkeljohann/Stegemann* Verbleibende Zweifel nach dem BFM-Schr v 3.3.05 zu Zweifelsfragen der ertragsteuerlichen Buchwertfortführung bei der Unternehmensnachfolge, BB 05, 1416; *Wolff-Diepenbrock* Anschaffungsnahe Aufwendungen, DB 02, 1286.

Literatur zu § 6 V: S den Literaturnachweis vor Rn 185 ff.

A. Grundaussagen der Vorschrift

1 **I. Bedeutung der Vorschrift.** § 6 ist die **bewertungsrechtliche Generalnorm des EStG** für alle dem StPfl zuzurechnenden und nach §§ 4, 5 I **anzusetzenden WG**, auch soweit deren Wertverzehr den Gewinn nicht mindern darf (§ 4 V Nr 3, 4). Die Vorschrift ist Teil des **Regelungsverbunds** des amtlich mit **„Gewinn"** überschriebenen Abschnitts des EStG. Sie regelt allg auch für die GewSt und KSt (§ 7 GewStG, § 8 I KStG), wie die bei der Gewinnermittlung durch Vermögensvergleich (§ 4 I, § 5) anzusetzenden „einzelnen **WG" des BV** und die außerbetrieblich veranlassten Mehrungen/Minderungen des BV (Einlagen/Entnahmen) zu **bewerten** (quantifizieren) sind. § 6 gilt nicht für RAP, da diese keine WG sind; ferner nicht für laufende Nutzungen, die keinen Teilwert haben (Rn 161).[1] § 6 regelt auch für die Gewinnermittlung durch **Einnahmeüberschuss-Rechnung (§ 4 III)** – schon wegen des Grundsatzes der Gesamtgewinngleichheit (§ 4 Rn 11; § 5 Rn 31)[2] – die AK/HK des

---

[1] BFH BStBl II 70, 209; GrS BStBl II 88, 348 – schlichte Nutzungen.

[2] BFH GrS BStBl II 90, 830; BFH BStBl II 93, 661; BFH/NV 06, 1961.

abnutzbaren Anlagevermögens als Bemessungsgrundlage der AfA (§ 4 III 3) sowie die Bewertung von **Einlagen und Entnahmen** von WG mit ihrem Teilwert.[1] Der Verlust eines WG des BV führt zu sofort abziehbaren BA.[2] Wird ein zum BV gehörender PKW auf einer Privatfahrt durch Unfall beschädigt oder zerstört, so mindern die dadurch entstandenen Vermögensverluste den Betriebsgewinn nicht.[3] Auch § 6 II ist im Rahmen des § 4 III anwendbar (§ 4 Rn 120). § 6 I gilt – anders als § 6 II (§ 9 I Nr 7 S 2) – nicht für die **Überschusseinkünfte** (§ 2 II Nr 2 iVm I Nr 4–7). Allerdings verweist § 9 I Nr 6 iVm § 7 hinsichtlich der Begriffe AK/HK auf § 6 I (Rn 6). Bei den Überschusseinkünften kommt eine Bewertung mit dem niedrigeren Teilwert nicht in Betracht,[4] sondern nur die Anwendung des § 7 I 6, II 4. Zur Bewertung von WG bei den Einkünften aus LuF s § 13 Rn 76f. Vorrangige („lex specialis") **Sonderregelungen zur Bewertung** enthalten zB §§ 6a III–V,[5] § 6b V, § 6c, § 16 II, III 3, § 17 II 2, §§ 7, 55 EStDV, R 6.6 EStR, die einkommensteuerrechtlichen Nebengesetze, das UmwStG, §§ 50–52 iVm §§ 7ff DMBilG mit seiner Einschränkung der allg Grundsätze. Bewertungsfreiheiten sind in §§ 7a ff geregelt. Die **Vereinfachungsnorm des § 6 II** gehört systematisch zu § 7, der die Nutzungsdauer von WG und die zeitliche Verteilung von Aufwand (Abschreibungsmethoden) regelt.

Es gibt kein absolut zutr bewertetes BV.[6] Bewertung ist stets subj Wertschätzung in Abhängigkeit von der marktsituativen Verfügbarkeit eines knappen oder aber jederzeit beschaffbaren Guts. Ein Glas Wasser ist in der Wüste „mehr wert" als im Regenwald. Anschaffung und Herstellung sind – auf der Grundlage einer objektiven (Teil-)Wertvermutung und nach kfm Übung – zunächst erfolgsneutrale Vermögensumschichtungen. In den AK/HK als Höchstwert wird der getätigte **Aufwand** für Zwecke der periodisch richtigen Zuordnung **gespeichert**. Aufwand entsteht beim Bilanzierenden durch Minderung eines Aktiv- oder Erhöhung eines Passivpostens. Ein höherer Ansatz als mit den HK/AK würde dem **Realisationsprinzip** widersprechen. § 6 I Nr 1–3a will durch Festlegung von Mindestwerten einer – handelsrechtlich großzügiger erlaubten (Gläubigerschutz!) – Unterbewertung entgegenwirken, um die Vorwegnahme aufwandswirksamer Vermögensminderungen und die willkürliche Bildung stiller Reserven zu verhindern.[7] Dadurch wird die **periodengerechte Zuordnung** von betrieblichem Aufwand und – unter Berücksichtigung des § 7 – des Gewinns gesichert. Die Bewertung hat nicht die Funktion einer Vorsorge für künftige Wertminderungen und Verluste.[8] § 6 bestimmt als betragsmäßige Obergrenze und regelmäßigen Ausgangspunkt für die Bewertung die mit ihrem Nominalwert bei dem Zugangstag zu beziffernden historischen **AK und HK**. Mit dem Ansatz des **niedrigeren Teilwerts** (§ 6 I Nr 1 S 2ff, Nr 2 S 2f) können/müssen die historisch abgeleiteten (Buch-)Werte an einen aktuellen **Korrekturwert**[9] angepasst werden. Es gilt das Gebot der **Wertaufholung** (§ 6 I Nr 1 S 4, Nr 2, 3). Bei einer sog. mittelbaren Grundstücksschenkung liegt ein unentgeltlicher Erwerb vor; der Beschenkte hat keine AK.[10]

II. § 6 im System der Rechtsordnung. Das auf eine periodengerechte Gewinnermittlung und die Gleichmäßigkeit der Besteuerung ausgerichtete, durch den **Bewertungsvorbehalt** des § 5 VI[11] abgesicherte **Regelsystem des § 6** ist nicht vollständig und abschließend. Soweit § 6 nichts anderes vorsieht bzw lückenhaft ist (zB hinsichtlich der Definition der AK/HK, der Bezifferung von RAP), gelten kraft des Maßgeblichkeitsprinzips (§ 5 I) ergänzend die handelsrechtlichen GoB einschl der Grundsätze ordnungsmäßiger Bewertung (§ 5 Rn 9).[12] Diese Maßgeblichkeit[13] ist durch § 5 I 2 (deklaratorisch) normiert worden (§ 5 Rn 9). Enthält das Steuerrecht keine eigene Regelung, so führt über § 5 I 1 ein handelsrechtliches Wahlrecht bei Aktiva zum Ansatz mit dem höchsten, bei Passiva mit dem niedrigsten Wert;[14] ausf hierzu § 5 Rn 13.

---

1 BFH BStBl II 79, 401 – Einlage; BStBl II 75, 526 – Entnahme; BStBl II 94, 207 – auch bei Abzugsverbot des § 4 V Nr 3, 4.
2 BFH BStBl II 79, 109; BStBl II 91, 13.
3 Vgl BFH BStBl II 04, 705.
4 BFH BStBl II 98, 102; BFH/NV 03, 21; BFH/NV 06, 1961: dies ist sachgerecht.
5 BFH BStBl II 88, 720 – der Teilwertbegriff des § 6a III ist vorrangig.
6 BFH GrS BStBl III 66, 142.
7 BFH GrS BStBl II 69, 291.
8 BFH GrS BStBl II 69, 291 – der Bewertungsspielraum des § 252 III 3 HGB wird steuerrechtlich nicht anerkannt.
9 BFH GrS BStBl II 69, 108 (111).
10 BFH/NV 1999, 128; BFH/NV 03, 1317.
11 BFH GrS BStBl II 78, 620 (625 rechte Sp); BFH BStBl II 90, 639; *K/S/M* § 5 Rn A 10.
12 BFH BStBl II 98, 728 mwN – Rückstellungen und Verbindlichkeiten; Beispiel: BStBl II 94, 176 – „Gemeinkosten"
13 BT-Drs 11/5970, 36; ausf *K/S/M* § 6 Rn A 202 ff mwN; BFH BStBl II 90, 681 – Maßgeblichkeit auch für Bewertung.
14 BFH BStBl II 94, 176.

5 Die **Begrifflichkeit des** § 6 gilt im Steuerrecht für alle Einkunftsarten[1] und die einkommensteuerrechtlichen Nebengesetze, zB für das InvZulG, mithin überall dort, wo gleichlautende Tatbestandsmerkmale (AK, HK, Anlage-/Umlaufvermögen, abnutzbar usw) verwendet werden, die nicht erkennbar vom Regelungsinhalt des § 6 abweichen.[2] Der steuerrechtliche Norminhalt hat sich infolge der Neufassung des § 255 HGB durch das BiRiLiG nicht geändert.[3] Die Begriffe „AK/HK" werden in Übereinstimmung mit den **Legaldefinitionen des § 255 HGB** (Rn 26), die ihrerseits auf das Steuerrecht zurückgehen, auch im Bereich der Überschusseinkünfte[4] grds einheitlich ausgelegt.[5] Eine Auslegung dieser Vorschrift unter Berücksichtigung der jeweiligen Besonderheiten des angeschafften oder hergestellten WG ist nicht ausgeschlossen.[6]

6 Das in das Steuerrecht übernommene Handelsrecht hat die **Vierte EG-Richtlinie** 78/660/EWG (Bilanzrichtlinie) umgesetzt. Diese beschränkt sich auf die Formulierung allg Grundsätze. Es ist bereits streitig, ob und inwieweit der BFH im Rahmen der steuerlichen **Gewinnermittlung** in Anbetracht der Verweisung in § 5 I auf die handelsrechtlichen GoB die Vorabentscheidung des EuGH nach Art 234 EGV einholen muss (§ 5 Rn 16ff).[7] Für die Bewertung gilt nicht das allg Maßgeblichkeitsprinzip des § 5 I 1, sondern der Bewertungsvorbehalt des § 5 VI, auch soweit die **steuerrechtlichen Bewertungsmaßstäbe** iErg mit handelsrechtlichen Grundsätzen übereinstimmen.[8] Die Gewinnermittlung ist nicht Gegenstand der gemeinschaftsrechtlichen Regelung, soweit sie auf eigenständigen steuerrechtlichen Bilanzierungsregeln[9] beruht. Einer Vorlage an den EuGH (Art 234 EGV) bedarf es jedenfalls dann nicht, wenn und soweit der Inhalt der einschlägigen gemeinschaftsrechtlichen Regelung derart offenkundig ist, dass für einen vernünftigen Zweifel an der Entscheidung der gestellten Frage kein Raum bleibt.[10] Unzweifelhaft enthält **§ 255 II 3 HGB** (Fn 26) insoweit eine zutr Umsetzung des Art 35 III b iVm Art 39 der Vierten EG-Richtlinie, als die Einbeziehung angemessener Teile der notwendigen Fertigungsgemeinkosten, Materialgemeinkosten und des Wertverzehrs des Anlagevermögens, soweit durch die Fertigung veranlasst, zugelassen wird.[11] Die Begriffsbestimmung der HK (§ 255 II 1 HGB)[12] und die tatsächliche Frage, ob ein Kreditgeschäft einen verdeckten Zinsanteil enthält,[13] berühren nach Auffassung des BFH nicht den Regelungsgehalt des Art 35 III der Vierten EG-Richtlinie; auch sei es eine Frage allein des nationalen Rechts, ob eine Verweisung auf Gemeinschaftsrecht außerhalb dessen unmittelbaren Anwendungsbereichs vorliegt und wie weit diese Verweisung reicht. Allerdings hat der **EuGH** auch zur Bewertung von Rückstellungen sachlich entschieden (s auch § 5 Rn 18), weil für Zwecke der Besteuerung über das Maßgeblichkeitsprinzip die Grundkonzeption der Vierten EG-Richtlinie angesprochen ist.[14] Es ist aber allein Sache des nationalen Gerichts, die Entscheidungserheblichkeit einer steuerbilanzrechtlichen Vorfrage und die Erforderlichkeit einer Vorabentscheidung zu beurteilen.[15]

7 Subsidiär gilt das BewG (§ 1 II BewG), soweit ein Einzelsteuergesetz eine Bewertung mit dem gemeinen Wert anordnet. Dessen Definition in § 9 BewG ist auch für die ESt maßgebend.[16] Die Begriffe „Teilwert" in § 10 II BewG und § 6 I Nr 1 S 3 sind inhaltsgleich.[17] Auch das BewG regelt die Einzelbewertung und einen stichtagsbezogenen Vermögensausweis. Der **gemeine Wert** ist Wertmaßstab insbes für § 16 III 3, § 17 IV 2, § 10a VI, beim Tausch von WG (§ 6 VI),[18] beim betrieblichen unentgeltlichen Zugang eines WG; bei der Sacheinlage in eine KapGes, beim Ansatz einer Kaufpreisforderung aus der Veräußerung eines Betriebs,[19] für die Bezifferung von Arbeitslohn.[20]

---

1 BFH GrS BStBl II 74, 132; BStBl II 90, 830.
2 BFH GrS BStBl II 90, 830.
3 BFH BStBl II 95, 895; BT-Drs 10/4268, 101.
4 BFH BStBl II 01, 345.
5 BFH GrS BStBl II 90, 830 (832).
6 BFH BStBl II 03, 574, zum anschaffungsnahen Aufwand.
7 Verneinend zB *Ahmann* FS L Schmidt, 1993, S 269; *Weber-Grellet* StuW 95, 349; *Schulze-Osterloh* DStZ 97, 281 (285f); **aA** *Schön* JbFfSt 96/97, 63.
8 BFH BStBl II 98, 728, unter Bezugnahme auf *Ahmann* FS L Schmidt, 1993, S 269 (285); BFH BStBl II 01, 636 mwN – Lifo-Methode; *Meyer-Arndt* BB 93, 1623 (1627); **aA** *Schön* FS Flick, 1997, S 573 (583).
9 BFH BStBl II 94, 176 (178f); BStBl II 95, 312, (315).
10 EuGHE 82, 3415 (3430); BVerfG DB 91, 2230; BFH BStBl II 01, 570.
11 BFH BStBl II 94, 176.
12 BFH BStBl II 96, 632 – zur Frage, unter welchen Voraussetzungen Instandhaltungsaufwendungen HK iSd § 255 II sind.
13 BFH BStBl II 98, 728 – Bemessung einer Verbindlichkeitsrückstellung.
14 EuGH DStR 99, 1645 – pauschale Bewertung des Gewährleistungsobligos; ferner EuGH Rs C-306/99 – BIAO, BB 03, 355 mit Anm *Moxter Scheffler* StuB 03, 298; *Weber-Grellet* DStR 03, 69.
15 EuGH C-306/99 – BIAO, BB 03, 355.
16 BFH BStBl III 64, 561.
17 BFH BStBl II 89, 348.
18 BFH BStBl II 83, 803.
19 BFH BStBl II 78, 295; BFH/NV 92, 87.
20 BFH BStBl II 89, 608 – Belegschaftsaktien.

Der gemeine Wert insbes bei Grundstücken und Gebäuden entspricht idR dem **Verkehrswert**[1] bzw den Wiederbeschaffungskosten.[2] Er stimmt mit dem in § 6 I Nr 1 S 3 und § 10 S 2, 3 BewG, wort- und grds inhaltsgleich definierten[3] Teilwert (§ 10 BewG) überein.[4] Gem **§ 9 II 1 BewG** wird auch für Zwecke der Anwendung des EStG (§ 1 II BewG; zu dessen Anwendungsbereich Rn 7) der gemeine Wert eines WG durch den Preis bestimmt, der im gewöhnlichen Geschäftsverkehr nach der Beschaffenheit des WG bei einer Veräußerung zu erzielen wäre. Dabei sind alle Umstände, die den Preis beeinflussen, zu berücksichtigen (§ 9 II 2 BewG). Der gemeine Wert von Anteilen an KapGes ist vorrangig aus Verkäufen abzuleiten, die weniger als 1 Jahr zurückliegen (§ 11 II 2 BewG). 8

B. Grundsätze und Grundbegriffe der Bewertung; Querschnittsfragen

I. Nominalwertprinzip; Währung.
Es gilt das Prinzip der nominellen Geld- und Kapitalwerterhaltung (**Nominalwertprinzip**),[5] auch bei Garantierückstellungen[6] und dem Warenbestand.[7] Zu Forderungen/Verbindlichkeiten in Fremdwährung Rn 51, 108, 150. Wertsicherungsklauseln führen zulässigerweise zu Geldwertschulden. Für Geschäftsjahre, die nach dem 31.12.01 enden, ist der Jahresabschluss in Euro aufzustellen.[8] Das Ergebnis einer in ausländischer Währung aufgestellten Bilanz – zB der gem § 4 I ermittelte Gewinn einer ausländischen Betriebsstätte – ist in € umzurechnen. Hierzu eignet sich am ehesten das **Zeitbezugsverfahren** (vgl § 340h I HGB, der GoB kodifiziert).[9] Es kann grds auch die **Stichtagskursmethode** (Umrechnung nach dem Kurs zum Bilanzstichtag/Zeitpunkt Anschaffung/Herstellung)[10] angewendet werden; diese historischen AK/HK sind fortzuführen. Hieraus herrührende Währungsgewinne oder -verluste stehen in wirtschaftlichem Zusammenhang mit den ausländischen Einkünften. Zu den vorrangig zu beachtenden steuerrechtlichen Gewinnermittlungsvorschriften gehören §§ 6, 7 und 7a.[11] 10

II. Grundsatz der Einzelbewertung.
Gegenstand der Bewertung sind grds alle – auch die gleichartigen – nach §§ 4, 5 I anzusetzenden „**einzelnen WG**" (§ 6 I Einleitungssatz; vgl § 240 I, II, § 252 I Nr 3 HGB; § 5 Rn 55f).[12] Die Einzelbewertung fordert „die Betrachtung des jeweils kleinsten Sachverhalts, der nach der Verkehrsanschauung als selbstständig realisierbar und bewertbar angesehen wird".[13] Unselbstständige Teile von WG können nicht selbstständig bewertet werden. Für die Wertaufholung muss das zum vorangegangenen Stichtag bewertete und teilwertberichtigte WG mit dem aktuell zu bewertenden identisch sein.[14] Indem der Grundsatz der Einzelbewertung einen unzulässigen Wertausgleich zw verschiedenen WG verhindert, sichert er das Vorsichts-, das Imparitätsprinzip, das Realisationsprinzip und das Verbot der Saldierung von Bilanzpositionen (§ 240 II HGB).[15] ZB kann ein niedrigerer Ansatz eines Gebäudes (§ 6 I Nr 1 S 2) nicht deswegen verweigert werden, weil der Wert des zugehörigen Grund und Bodens gestiegen ist.[16] Die im Geschäftswert verkörperten **Ertragsaussichten** gehen daher grds nicht in die Bewertung anderer WG ein; dies würde dem Grundsatz der Einzelbewertung (hier: des Geschäftswerts) widersprechen.[17] 11

Zulässige **Ausnahmen** vom Grundsatz der Einzelbewertung (§ 252 II HGB) sind insbes die Gruppenbewertung (Rn 116), die Verbrauchsfolgebewertung (Rn 117) sowie die Durchschnitts- und Festbewertung (§ 240 IV HGB; Rn 113). Weitere Ausnahmen ergeben sich – unter den Gesichtspunkten der Inventurerleichterung und der Bewertungsvereinfachung – aus § 240 II, III HGB und aus R 6.8 III, R 5.2 II EStR oder aus den GoB, insbes wenn eine objektive Ermittlung des einzelnen Bewertungsobjektes unmöglich, unzumutbar oder unwirtschaftlich ist.[18] Zulässig ist daher die rech- 12

---

1 BFH BStBl II 90, 497.
2 Zust BFH/NV 01, 849.
3 BFH BStBl II 73, 475; BStBl II 89, 348 – Bedeutung des Bewertungsstichtags.
4 BFH BStBl II 87, 769.
5 BVerfG BStBl II 79, 308, 313; BFH/NV 96, 921.
6 BFH BStBl II 83, 104.
7 Zu dessen Bewertung zum 31.12.00 unter Berücksichtigung der Umstellung auf den Euro s FinMin Sachsen v 12.12.01; OFD M'ster v 22.10.01.
8 Art 4 §§ 1 und 2 des Euro-Einführungsgesetzes; BMF BStBl I 02, 147.
9 BFH BStBl II 90, 57; BFH/NV 97, 408.
10 BFH BStBl II 90, 175; BFH/NV 97, 111.
11 BFH BStBl II 90, 57; BFH BStBl II 97, 128 – Umrechnung des Ergebnisses.
12 BFH GrS BStBl II 69, 108 (112); BStBl II 88, 348 (353); BFH BStBl II 01, 566; *Christiansen* DStZ 95, 385; *ders* DStR 03, 264.
13 BFH BStBl II 98, 249.
14 BFH BStBl II 92, 402.
15 ZB BMF FR 97, 826 = StEK § 6 I Ziff 1 R 92 – keine Saldierung bestehender Forderungen auf Rückerstattung verauslagter Pfandgelder mit der Rückstellung für die Rückgabe von Pfandgeldern.
16 BFH/NV 87, 442.
17 BFH BStBl II 95, 336.
18 BFH BStBl II 98, 505 – Pachterneuerungsverpflichtung; BStBl II 98, 249 – verlustbringende Leasingkontrakte; jedoch: keine Saldierung der Gewinne und Verluste aus den einzelnen Geschäften.

nerische Zusammenfassung mehrerer eines hinsichtlich der (Risiko-)Struktur homogenen Gesamtbestands von WG zu einem einheitlichen Bilanzposten (**Bewertungseinheit**),[1] zB die Zusammenfassung eines größeren Bestands von Forderungen zwecks pauschaler Wertberichtigung,[2] der pauschale Ausweis von Verpflichtungen[3] ua aus Gewährleistung,[4] aus Bürgschaften; ferner für das Wechselobligo, wenn der StPfl mit gewisser Wahrscheinlichkeit mit dem Eintritt des Risikos rechnen muss; für Rückstellungen wegen noch ungewisser, individuell nicht bestimmbarer Verbindlichkeiten,[5] drohender Verluste (s nunmehr auch § 6 I Nr 3a a) bzw unbestimmter Kreditrisiken.[6] In diesen Fällen vermittelt erst die rechnerische Zusammenfassung zu Bewertungseinheiten mittels einer Durchschnittsrechnung ein zutr Bild der Vermögens-/Schuldenverhältnisse (s auch Art 31 II der Vierten EG-Richtlinie).[7] Die Richtigkeit dieser Schätzberechnung unterstellt, werden jene Beträge, die im Rahmen einer Einzelbewertung anzunehmen wären, iErg nicht überschritten. Unvereinbar mit dem „true and fair view" (§ 264 II HGB) ist es, bei der Einzelbewertung negative Wertänderungen zu berücksichtigen, die im Sinne einer gegenläufigen Korrelation mit positiven Wertänderungen bei anderen Bilanzpositionen verbunden sind („identische wertbildende Faktoren").[8] Sind Forderungen mit einem über das allg Kreditrisiko hinausgehenden Ausfallrisiko behaftet, ist dem im Wege der Einzelwertberichtigung Rechnung zu tragen; der bloße Einbezug in eine Pauschalwertberichtigung eines Gesamtbestandes von Forderungen ist nicht ausreichend.[9]

13 Die Bewertung ist nachvollziehbar an den Risiken und individuellen Gegebenheiten des jeweiligen Bewertungsobjekts auszurichten. Dies führt zur Bildung von **sachlogischen Bewertungseinheiten**. Sie entstehen, wenn gegenläufige Wertänderungen aufgrund identischer Einflussfaktoren eintreten, zB hinsichtlich Forderungen und Verbindlichkeiten in identischen Werteinheiten ausländischer Währung. Bei **geschlossenen Positionen** ist im Falle der Währungs-, Betragsidentität und Fälligkeitskongruenz auf den Ausweis eines formal entstehenden Verlustes zu verzichten.[10] Ein **Kompensationsgebot** (Vorteilsausgleich) besteht zB bei Kurssicherungsgeschäften[11] (vgl § 252 II HGB) – sog Hedging – (vgl § 340h HGB).[12] S auch § 4 Rn 71; § 5 Rn 55.

14 Bei **Passivposten** zu berücksichtigen ist die **Risikominderung** infolge einer zweifelsfrei realisierbaren Regressforderung – zB gegenüber einem anderen Wechselverpflichteten[13] – oder einem sonstigen Erstattungs-, Regress- oder Ausgleichsanspruch gegenüber Dritten,[14] aus Versicherungsschutz – auch: Delkredereversicherung;[15] Produkthaftpflichtversicherung,[16] und aufgrund von Sicherungsrechten (Pfandrecht, Bürgschaften).[17] Der Rückdeckungsanspruch einerseits und die Pensionsverpflichtung andererseits stellen unabhängig voneinander zu bilanzierende WG dar.[18] Nach der Rspr des BFH[19] sind wirtschaftlich noch nicht entstandene **Rückgriffsansprüche** dann zur **Kompensation** heranzuziehen, wenn sie

– derart in einem unmittelbaren Zusammenhang mit der drohenden Inanspruchnahme stehen, dass sie dieser wenigstens teilw spiegelbildlich entsprechen;

---

1 BFH BStBl II 92, 402; *K/S/M* § 6 Rn A 150 ff, 161 ff, B 434; BFH BStBl II 06, 22 – Bewertungseinheit „Beteiligung an einer AG"
2 BFH BStBl II 81, 766 – Mischverfahren Einzel-Pauschalbewertung zulässig; BFH/NV 98, 1471; BFH/NV 03, 1313.
3 BFH BStBl II 89, 359; EuGH DStR 99, 1645.
4 BFH/NV 03, 1313 mwN der Rspr; OFD Koblenz v 2.8.04 – S 2137 A; pauschale Gewährleistungsrückstellungen in der Bauwirtschaft.
5 BFH BStBl II 91, 479; s aber BStBl II 96, 470 – „unbewegte" Bankkonten; FG RhPf EFG 03, 289 – Gewährleistungsrückstellungen; zu „faktischer ungewisser Verbindlichkeit" gegenüber Dritten aus einer Selbstverpflichtungserklärung BFH/NV 07, 1102.
6 FG Hbg EFG 04, 746.
7 Vgl auch EuGH Rs C-306/99 – BIAO, BB 03, 355 – Abweichung vom Einzelbewertungsgrundsatz; hierzu *Scheffler* StuB 03, 298.
8 *Christiansen* DStR 03, 264 (265) – „Micro- und Macro-Hedges" bei Forderungen und Verbindlichkeiten in Fremdwährung.
9 BStBl II 03, 941.
10 *Christiansen* DStZ 95, 385 (388 f) mwN; FG SchlHol EFG 00, 1057.
11 FG SchlHol EFG 00, 1057.
12 Offen gelassen in BFH BStBl II 98, 249; s IdW BFA WPg 95, 421 – Bilanzierung von Optionsgeschäften; *Christiansen* DStZ 95, 385 (389) mwN.
13 BFH BStBl III 67, 336.
14 BFH BStBl II 95, 412 – Ausgleichskasse in der Bauwirtschaft.
15 BFH BStBl II 74, 89.
16 RFHE 34, 13.
17 BFH/NV 96, 458.
18 BFH BStBl II 04, 654; BStBl II 06, 762.
19 BFH BStBl II 93, 437 – gesicherte Rückgriffsmöglichkeit gegen Subunternehmer; BStBl II 94, 444 – unbestrittene Rückgriffsanspr; BStBl II 98, 249 – drohende Verluste aus Rückkaufverpflichtungen; aber keine Kompensation mit Gewinnen aus diesen Geschäften; BFH BStBl II 02, 420 – Rückgriffsansprüche bei der Bewertung einer Rückstellung; die Entscheidung entspricht dem neuen § 6 I Nr 3a Buchst c; so zutr *Weber-Grellet* BB 03, 40.

- in rechtlich verbindlicher Weise der Entstehung oder Erfüllung der Verbindlichkeit zwangsläufig nachfolgen; die rechtliche Verbindlichkeit kann sich aus einer vorweg abgeschlossenen Vereinbarung (zB einem Versicherungsvertrag) oder aus gesetzlichen Haftungstatbeständen (zB einer unerlaubten Handlung) ergeben;
- vollwertig sind, dh vom Rückgriffsschuldner nicht bestritten werden; dieser muss von zweifelsfreier Bonität sein.

Die Auffassung des BFH[1] zu Drohverlustrückstellungen (§ 5 Rn 122, 145f) ist generell für die Beurteilung von geschäftswertbildenden Faktoren[2] und Drittbeziehungen richtungweisend; s nunmehr auch § 6 I Nr 3a–c „mit der Erfüllung voraussichtlich verbundene künftige Vorteile" (Rn 156). Es ist hiernach nicht vorauszusetzen, dass der gegenläufig wertrelevante Faktor ein aktivierbares WG ist, so zB im Falle der Ansehenssicherung aufgrund eines Überbestandes von Ausbildungsverhältnissen.[3] Die **Bewertungseinheit** steht nicht im Widerspruch zum **Grundsatz der Einzelbewertung**. Allerdings dürfen **geschäftswertbildende Faktoren** – auch Verbundvorteile aufgrund von Beteiligungen – grds nicht einbezogen werden. Das Problem stellt sich auch im Zusammenhang mit der niedrigen oder mangelnden Verzinslichkeit von Forderungen (Rn 88)[4] oder mit bewusst in Kauf genommenen Verlusten bei Anschaffung oder Herstellung („Verlustprodukte"; Rn 99).

III. Vorsichtsprinzip. Das Vorsichtsprinzip (§ 5 Rn 49 ff) gebietet eine „vernünftige kaufmännische Beurteilung" (§ 252 I Nr 4 HGB). Es ist ein revisionsrechtlich überprüfbares Rechtsprinzip[5] und konkretisiert den **Realisationsgrundsatz** (Verbot des Ausweises nicht realisierter Gewinne) und das **Imparitätsprinzip** (Vorsichtsprinzip, dh erst in der Zukunft eintretende quantifizierbare Verluste werden antizipiert; § 252 I Nr 1 HS 1 HGB, § 5 Rn 53) mittels Bewertung insbes durch Abschreibung auf den niedrigeren Teilwert, vor allem beim Umlaufvermögen. Im Bewertungsprozess ist den Faktoren ein größeres Gewicht beizulegen, die geeignet sind, den Wertansatz von Vermögenspositionen zu ermäßigen und vor allem von Schuldposten zu erhöhen. Der Kfm „muss sich im Zweifelsfall ärmer machen, als er tatsächlich ist".[6] Allerdings sind Schätzungen, die auf bloßen pessimistischen Prognosen zur zukünftigen Entwicklung beruhen, unbeachtlich.[7] Auch besonders günstig erworbene WG sind höchstens mit den AK oder HK zu bewerten. AfA (§ 7) sind ungeachtet eingetretener Wertsteigerungen abzuziehen. Der Grundsatz der Bilanzwahrheit und die handelsrechtlichen Bewertungsfreiheiten treten zurück. Teilwertsteigerungen, die die AK/HK übersteigen, bleiben steuerlich unberücksichtigt. **16**

IV. Bilanzen- und Wertzusammenhang; Bewertungsstetigkeit. Die **Bewertungsidentität** wird handelsrechtlich durch § 252 I Nr 1 HGB gefordert. Die WG müssen kontinuierlich bewertet werden (Wertzusammenhang); Ausnahmen bestehen, soweit Teilwertansatz und Wertaufholung zulässig bzw geboten sind (§ 6 I Nr 1 S 4). Die zu Fehlern im Bilanzansatz entwickelte Lehre vom **formellen Bilanzenzusammenhang** (§ 4 Rn 231 ff) mit den Folgen der sog Zweischneidigkeit der Bilanz und des automatischen Fehlerausgleichs gilt auch für die Bewertung. **17**

Der Grundsatz der materiellen Bilanzkontinuität **(Bewertungsstetigkeit)** soll die – durch die steuerrechtlich maßgebende (§ 5 I) GoB (hier: § 252 I Nr 6 HGB)[8] und durch das steuerrechtliche Willkürverbot geforderte – **Vergleichbarkeit der aufeinanderfolgenden Jahresabschlüsse** gewährleisten. Jede Bilanz hat mangels Vorliegens „begründeter Ausnahmefälle" (§ 252 II HGB; Beispiele:[9] Änderung der Rspr, der tatsächlichen Umstände; neue Einschätzung von Risiken; Bewertungswahlrecht oder Bewertungsfreiheit[10] werden erstmalig beansprucht; Verbesserung der Bewertungsmethode; Anpassung an Außenprüfung, Sanierungsmaßnahmen) von gleichbleibenden Bilanzierungs- und Bewertungsgrundsätzen auszugehen. Die streng zu handhabenden Ausnahmen müssen durch die GoB (zB das ohnehin vorrangige Vorsichtsprinzip) geboten oder erlaubt sein. Die **Bewertungswahlrechte** sind grds gleichbleibend in Anspr zu nehmen. Ergebnisverlagerungen durch einen willkürli- **18**

---

1 BFH GrS BStBl II 97, 735.
2 BFH BStBl II 99, 681 – Verlustprodukte.
3 BFH BStBl II 93, 441.
4 BFH BStBl II 90, 117; BStBl II 90, 639 – ArbN-Darlehen; krit *Christiansen* DStZ 95, 385 (391 f) mwN.
5 BFH BStBl II 96, 470.
6 BFH BStBl II 93, 437.
7 BFH BStBl II 03, 941; BFH/NV 03, 1313; BFH/NV 05, 2167.
8 BFH BStBl II 86, 627 – Bezugnahme auf § 252 I Nr 6; BStBl III 66, 368 – grds Bindung an die Behandlung eines Dauerrechtsverhältnisses.
9 IdW HFA WPg 97, 540 – zum Grundsatz der Bewertungsstetigkeit.
10 BFH BStBl II 99, 14; BFH/NV 97, 394 – steuerliche Bewertungswahlrechte.

chen Wechsel der Bewertungsmethode (etwa Ermessensentscheidungen bei Bemessung der AK/HK; Vereinfachungsverfahren – zB Lifo, § 256 HGB; Durchschnitts-/Festwertmethode; Bemessung von Garantie- und Pensionsrückstellungen) und der Methode der planmäßigen Abschreibungen sowie, was str ist, der erhöhten AfA und der Sonder-AfA sollen vermieden werden. **Objekte der Bewertungsstetigkeit** sind die vorhandenen und die zusätzlich/ersatzweise angeschafften/hergestellten art- und funktionsgleichen WG; nach **aA**[1] steht wegen des Grundsatzes der Einzelbewertung für jedes WG die Wahl der Bewertungsmethode offen.

19 V. Stichtagsprinzip. [2] Dieser bilanzrechtliche Grundsatz (§ 4 I 1; § 5 I, IV; § 242 I HGB) folgt aus der inneren Logik der **Abschnittsbesteuerung** (§ 2 VII). Das WG ist mit seinem Buchwert – ggf mit seinem niedrigeren Teilwert[3] – auf den Bilanzstichtag zu bewerten, idR auf den Schluss des Wj (§ 6 I Nr 1–3, II), auch des Rumpf-Wj (§ 4a). Bei Einlage und Entnahme[4] ist der jeweilige Zeitpunkt des Wertflusses maßgebend. Im Laufe eines Wj erworbene WG sind auf den Erwerbszeitpunkt zu bewerten;[5] ihr Wert ist buchmäßig nach den gesetzlichen Vorschriften unter Einbeziehung bis zum jeweils nächsten Bilanzstichtag eingetretener Erhöhung/Minderung der AK/HK[6] weiterzuentwickeln. Eine Teilwertabschreibung kann nicht auf einen beliebigen Tag zw 2 Bilanzstichtagen vorgenommen werden.[7] Maßgebend sind die **objektiven Wertverhältnisse am Bilanzstichtag**, so wie sie sich im Zeitpunkt der Bilanzaufstellung bei Anwendung der Sorgfalt eines ordentlichen Kaufmanns darstellen,[8] auch wenn sie dem StPfl erst später bekanntwerden.[9] **Wertändernde oder wertbegründende Umstände**, die erst **nach dem Bilanzstichtag eintreten**, beeinflussen als neue Sachverhalte die Bewertung auch dann nicht, wenn diese dem Bilanzierenden bei (auch verspäteter) Aufstellung der Bilanz bekannt waren. ZB ist die in vollem Umfang bestrittene Forderung erst nach Anerkennung durch den Schuldner anzusetzen.[10] Nur sog **wertaufhellende Tatsachen** sind zu berücksichtigen, welche die am Stichtag bereits vorliegenden Verhältnisse offen legen, ohne sie zu verändern.[11] Die nicht unproblematische Unterscheidung wird durch § 249 I 1 HGB (betr Drohverlustrückstellungen) bestätigt. **Wertverändernd** sind hiernach die sich aus einem Arbverh ergebenden künftigen Verpflichtungen des ArbG[12] sowie die Verpflichtungen aus einem nach dem Stichtag gekündigten oder aufgehobenen Vertrag.[13] Nach BFH sind Erwartungen in Bezug auf **erfahrungsgemäß eintretende Entwicklungen** (Entwertung von Modeartikeln; sicher eintretende Verpflichtungen aus Umsatzprämien) wertaufhellend.[14] Zum Stichtag und zum Unterschied zw wertaufhellenden und wertbeeinflussenden Umständen § 5 Rn 48.

20 VI. Anlage- und Umlaufvermögen. An diese Rechtsbegriffe knüpfen sich die nachstehenden **Rechtsfolgen:** Verbot der Aktivierung immaterieller WG des Anlagevermögens (§ 5 II, § 248 HGB); immaterielle WG des Umlaufvermögens sind mit ihren AK/HK zu aktivieren;[15] Berechtigung zur AfA (nur auf Anlagevermögen, § 6 I Nr 1, § 7); Bewertungsfreiheit nach § 6 II; unterschiedliche Teilwertvermutungen; Anwendung der §§ 6b, 6c; Berechtigungen nach der InvZulG, BerlinFG; Zuordnung von Dauerschulden iSd § 8 Nr 1, § 12 II Nr 1 GewStG.[16] Das Lifo-Verfahren ist anwendbar beim Vorratsvermögen. Für das Umlaufvermögen (§ 6 I Nr 2) gilt handelsrechtlich das strenge Niederstwertprinzip (§ 253 III HGB). Eine begünstigte Veräußerung oder Aufgabe beim gewerblichen Grundstückshandel ist nicht möglich, soweit Grundstücke Handelsware (Umlaufvermögen) sind.[17]

---

1 *K/S/M* § 6 Rn A 110 f: *Hüttemann* FS Priester, 2007, 301.
2 Hierzu *Strahl* FR 05, 361.
3 BFH BStBl II 81, 432.
4 BFH BStBl II 98, 569 – Entnahme eines Grundstücks bei nachträglichem Altlastverdacht.
5 BFH BStBl II 69, 291.
6 BFH BStBl II 71, 323 – Ermäßigung; BStBl II 78, 620 – Erhöhung.
7 BFH BStBl II 98, 652.
8 BFH BStBl II 98, 375 – Verbindlichkeitsrückstellungen; BFH BStBl II 02, 688; DStR 04, 134 = BFH/NV 04, 271; zum Bilanzansatz und zu Ausnahmen BFH BStBl II 02, 134.
9 BFH/NV 96, 393.
10 BFH BStBl II 91, 213; BStBl II 02, 688 – noch nicht bestandskräftige Klageabweisung; Anm *Hoffmann* DStR 02, 715.
11 BFH BStBl II 93, 152; BStBl II 93, 446; BFH/NV 98, 1471 – ggf unter Berücksichtigung von Erfahrungen der Vergangenheit; BStBl II 98, 375 – Verbindlichkeitsrückstellungen; keine Neuorientierung durch EuGH Rs C-306/99, BB 03, 355; hierzu *Scheffler* StuB 03, 298 (303).
12 BFH BStBl II 93, 446.
13 BFH BStBl II 88, 430.
14 BFH BStBl III 64, 426; BStBl II 78, 370; *K/S/M* § 6 Rn A 142.
15 BFHE 178, 434.
16 BFH BStBl II 96, 73 (74); BFH/NV 93, 121.
17 BFH BStBl II 95, 388; BStBl II 03, 467.

Zum **Anlagevermögen** gehören im handelsrechtlichen Sinne[1] **WG, die dem Betrieb dauernd zu dienen bestimmt sind** (§ 247 II, § 266 II HGB – „Aktivseite A. Anlagevermögen … B. Umlaufvermögen"; s auch R 6.1 EStR). Es entscheidet der zum Bilanzstichtag gegebene Zweck, nicht die Beschaffenheit des WG. Zum **Umlaufvermögen** gehören die WG, die in einem einmaligen Akt veräußert oder im Betrieb verbraucht werden sollen, bzw weder Anlagevermögen noch RAP sind.[2] Die grds subj Zweckbestimmung muss jedoch anhand objektiver Merkmale – insbes der Art des WG, der Art, Dauer und Häufigkeit der tatsächlichen Verwendung im Betrieb, der Art des Unternehmens, uU auch der Art der Bilanzierung – nachvollziehbar sein.[3] Die **Zeitkomponente** („dauernd") darf nicht als reiner Zeitbegriff iSv „immer" oder „für alle Zeiten" verstanden werden.[4] Mit dem Tatbestandsmerkmal des „dauernden Dienens" wird lediglich der Art des Einsatzes im konkreten Geschäftsbetrieb umschrieben; unerheblich ist deshalb die tatsächliche Dauer der Verwendung im Betrieb.[5] Die Absicht eines späteren Verkaufs schließt die Zuordnung zum Anlagevermögen nicht aus; dem Betrieb dient ein solches WG bereits dann dauernd, wenn es längerfristig im Betrieb genutzt wird; dies auch, wenn es vor Ablauf der technischen Nutzungsdauer veräußert werden soll.[6] Unerheblich ist, wenn die gesamte organisatorische Einheit kurze Zeit später mit der Absicht ihrer Weiterführung veräußert wird.[7] Eine längere Verweildauer im BV indiziert widerleglich Anlagevermögen, eine solche unter 6 Monaten Umlaufvermögen.[8] Eine **Umwidmung** von Anlage- in Umlaufvermögen[9] und umgekehrt[10] ist, sofern äußerlich erkennbar, möglich. Ein WG des Anlagevermögens, dessen Veräußerung beabsichtigt ist, bleibt so lange Anlagevermögen, wie sich seine bisherige Nutzung nicht ändert, auch wenn bereits vorbereitende Maßnahmen zu seiner Veräußerung getroffen worden sind.[11] Eine auch nur vorübergehende Überführung in das Umlaufvermögen eines Händlers ist für das InvZulG schädlich.[12] Der Ausweis als Anlage- oder Umlaufvermögen in der Vermögensaufstellung begründet eine entspr Vermutung.[13] **21**

Beispiele für Anlagevermögen: Grds **Grundstücke** für Produktion und Verwaltung sowie das Erbbaurecht als grundstücksgleiches Recht (BFH BStBl II 92, 70); Mineralgewinnungsrechte (BFH BStBl II 76, 789; BStBl II 94, 44); Pflanzenanlagen (BFH BStBl II 79, 281); Holz auf dem Stamm (BFH BStBl II 87, 670); der genutzte Bodenschatz (BFH BStBl II 77, 825); Geschäftsausstattung, Beteiligungen, der Geschäftswert als Anlagevermögen des Besitzunternehmens (BFH DStR 98, 887); Anteile – auch eigene – an einer KapGes (BFH BStBl II 98, 781); uU Wertpapiere (BMF BStBl 00, 372 Tz 16); **bewegliches Anlagevermögen**, vor allem nicht zur (Weiter-)Veräußerung bestimmte **Maschinen** und andere Produktionsanlagen (BFH BStBl II 98, 388); Prototyp einer Maschine (BFH/NV 99, 359); maschinengebundene – auch kurzlebige – Werkzeuge unabhängig davon, ob der StPfl sie in eine Festwertbildung einbezogen hat, es sei denn, sie wären nur zur Durchführung eines einzigen Auftrags angeschafft worden (BFH BStBl II 78, 115; BStBl II 96, 166); Leergut von Brauereien (BMF BStBl I 95, 373; BStBl I 05, 715); an Selbstfahrer vermietete Buy-back-Fahrzeuge (BStBl II 82, 744); Filme, die zur lizenzmäßig zeitlich und örtlich begrenzten Überlassung bestimmt sind (BMF BStBl I 01, 887 Tz 20); **Formen** (BFH BStBl II 88, 502), das dem Leasinggeber gehörende **Leasinggut** (BFH BStBl II 87, 448); Vorführwagen; Musterhäuser (BFH BStBl II 77, 684); Ausstellungsstücke; Prototypen (BFH BStBl II 79, 634; BStBl II 84, 17) bis zur Umwidmung für den Verkauf (BFH/NV 94, 739 – Grundstückshandel); ungeachtet eines betriebstypischen Schwunds das zum Eloxieren verwendete Elektrolyt (BFH BStBl II 86, 551); mehrfach verwendete Lithographien im Druckereigewerbe (BFH BStBl II 91, 682); Legehennen sind Anlagevermögen, Fleischhennen Umlaufvermögen (BFH/NV 85, 36). **22**

Beispiele für Umlaufvermögen: Vorratsvermögen (§ 6 I Nr 2a, § 5 V 2 Nr 1) wie **Roh-, Hilfs- und Betriebsstoffe**; unfertige Erzeugnisse und Leistungen; (auch notleidende) Forderungen aufgrund von Lieferungen und Leistungen (BFH BStBl II 68, 176); Kreditforderungen der Kreditinstitute (BFH BStBl II 90, 639); die zum Verkauf bestimmten Grundstücke eines gewerblichen Grundstückshändlers (BFH BStBl II 78, 193; BStBl II 88, 293; BStBl II 95, 388; BFH/NV 96, 202; BFH/NV 96, 206; BFH/NV 07, 21; anders uU bei vermieteten Grundstücken, BFH BStBl II 96, 369; FG Nds EFG 00, 615), auch wenn sich die Veräußerung verzögert (BFHE 162, 117); von einer Bank zur Weiterveräußerung ersteigerte Grundstücke (BFH BStBl II 95, 336); zur Veräußerung bestimmte Filme (BFH BStBl II 97, 320; BMF

---

1 BFH BStBl II 97, 320.
2 BFH BStBl II 97, 320; BFH/NV 99, 359.
3 BFH BStBl II 90, 706 – Bedeutung von Beweisanzeichen BFH/NV 94, 739.
4 BFH BStBl II 87, 448.
5 BFH BStBl II 82, 344.
6 BFH/NV 06, 1267.
7 BFH BStBl II 06, 58.
8 BMF BStBl I 97, 246 (249).
9 BFH BStBl II 96, 369 (374) – gewerblicher Grundstückshandel; BStBl II 87, 448 – Leasing; BMF DStR 92, 1060 – Wertpapiere; zum für LuF genutzten Grundstück BFH BStBl II 02, 537.
10 BFH BStBl III 59, 423; BStBl II 87, 448; BStBl II 91, 23 mwN; BStBl II 02, 537.
11 R 6.1 I 7, 8 EStR.
12 BFH BStBl II 95, 576.
13 BFH BStBl III 59, 423; R 6.1 I EStR.

Fischer

BStBl I 01, 175 Tz 20: echte Auftragsproduktionen); auftragsgebundene Gussformen (BFH BStBl II 72, 744); Schriftmetalle einer Druckerei als „Rohstoffe" (BStBl II 88, 502); Chrombäder (BFH BStBl II 91, 627); „Umlaufmetallstock" (BFH BStBl III 61, 31; BMF DB 89, 1377); im Wege des Mietkaufs vermietete Fernseher (BFH BStBl II 90, 706); Kfz, die vermietet werden, um den Kaufentschluss der Kunden zu fördern (BFH/NV 98, 1372); Ärztemuster (BFH BStBl II 77, 278); Bausparvorratsverträge (BFH BStBl II 87, 14); Werkzeuge, Formen, Klischees, die nur zur Durchführung eines einzigen Auftrags angeschafft werden (BFH BStBl II 78, 115; BStBl II 96, 166); Mastvieh (BFH BStBl II 93, 272); Zuchttiere (BFH BStBl II 85, 156; BFH/NV 97, 394); Feldinventar und Ernte auf dem Halm (BFH BStBl II 86, 399).

23 VII. Wahlrechte. Handelsrechtliche Wahlrechte, auch soweit sie sich nicht auf den Ansatz von WG dem Grunde nach, sondern auf die Bewertung der WG beziehen, führen steuerrechtlich zum Ansatz des höchsten nach Handels- und Steuerrecht zulässigen Werts, soweit nicht auch nach Steuerrecht ein inhaltsgleiches Bilanzierungswahlrecht besteht.[1] Steuerliche Wahlrechte bei der Gewinnermittlung, also auch bei der Bewertung, sind in Übereinstimmung mit der handelsrechtlichen Jahresbilanz auszuüben. Ausf § 5 Rn 22.

C. Bewertungsmaßstäbe

25 I. Grundlagen. – 1. Der steuerliche Wertansatz. § 6 I Nr 1 und 2 in der ab dem 1.1.99 geltenden Fassung (§ 52 XVI) stellt klar, dass der steuerliche Wertansatz eines WG aus den AK/HK „oder dem an deren Stelle tretenden Wert" besteht – im Falle abnutzbarer WG abzgl der AfA nach § 7,[2] erhöhter Absetzungen, Sonderabschreibungen sowie – bei abnutzbaren und nicht abnutzbaren WG – gemindert durch andere Abzugsbeträge, zB nach § 6b oder R 6.6 EStR (RfE). An die Stelle der AK/HK tretende Werte sind der Einlagewert (§ 6 I Nr 5),[3] der Wert anlässlich der Betriebseröffnung (§ 6 I Nr 6) oder die aufgrund einer Einbringung nach dem UmwStG oder einer Neubewertung (Währungsreform 1948, Wiedervereinigung 1990) anzusetzenden Werte. Die jeweilige **Bewertungsobergrenze** ist insbes für Wertaufholung (Rn 110f) von Bedeutung. Die AK/HK können gemindert sein insbes durch den Ansatz eines niedrigeren Teilwerts (§ 6 I Nr 1 S 2, Nr 2 S 2).

26 2. Normative Vorgaben des Handelsrechts. Der für alle Einkunftsarten maßgebende (Rn 5) Begriff der AK/HK ergibt sich aus **§ 255 HGB** („Anschaffungs- und Herstellungskosten")

27 3. Funktion und Umfang der Anschaffungs-/Herstellungskosten. Ein WG gelangt betrieblich entweder durch Anschaffung oder Herstellung in das BV. Die hierbei tatsächlich angefallenen, betrieblich veranlassten Aufwendungen („pagatorische" Kosten iSd Ansätze in der GuV, nicht: kalkulatorische Kosten im betriebswirtschaftlichen Sinne wie Verzinsung des Eigenkapitals, Unternehmerlohn)[4] werden zwecks periodengerechter Verteilung zunächst erfolgsneutral gespeichert angesammelt **(Speicherung von Aufwand).**[5] Bilanzrechtlich sind Anschaffung und Herstellung Vorgänge der Vermögensumschichtung.[6] Das Vorsichtsprinzip gebietet, den betr Aufwand erst wirksam werden zu lassen, wenn das hergestellte WG verwendet wird. Die WG müssen mit den tatsächlichen **vollen Kosten**, die ihrer Art nach AK/HK sind (zB die in § 255 I 3 HGB genannten Gemeinkosten), nicht lediglich mit Teilen derselben angesetzt werden. Die Begriffe AK/HK setzen grds auf den Erwerbs-/Herstellungsvorgang bezogen zweckgerichtete (finale) Aufwendungen voraus.[7] AK/HK können aber auch **nachträgliche** und sodann finale sein (Rn 41). Sie können auch **vergeblich** aufgewandt sein (Rn 78). Zu den **betrieblichen AK** zählen nur (zumeist variable) **Einzelkosten**; demgegenüber können in die **HK** auch **Gemeinkosten** eingehen.

28 Maßgebend sind grds die nach subj Einschätzung des StPfl **individuellen, nicht die „angemessenen" AK/HK**. Sie müssen ggf dem Fremdvergleich standhalten. Die Grundsätze des sog Fremdvergleichs rechtfertigen es nicht, an Stelle der im Vertrag tatsächlich vereinbarten Leistung der Besteuerung eine höhere Gegenleistung deswegen zugrunde zu legen, weil eine solche unter fremden Dritten gefordert (und erbracht) worden wäre.[8] Die Aufwendungen müssen nicht werterhöhend sein.[9] Bei-

---

1 BFH BStBl II 94, 176; H 6.3 EStR.
2 Ohne Möglichkeit einer Nachholung von AfA, s BFH BStBl II 02, 75.
3 Zust FinMin Bayern v 27.11.01.
4 BStBl III 55, 238 – Zinsen für Eigenkapital; BFH BStBl II 95, 713 – Wert der eigenen Arbeitsleistung; H 6.3 EStR – „kalkulatorische Kosten"
5 BFH GrS BStBl II 90, 830 (833).
6 BFH BStBl II 94, 176.
7 BFH GrS BStBl III 66, 672; BFH BStBl II 89, 768; zu HK BStBl II 85, 49; *K/S/M* § 6 Rn B 46 f; *Mathiak* DStJG 7 (1984), 97 (117).
8 BFH BStBl II 01, 756 mit Anm *Fischer* FR 01, 1187.
9 BFH GrS BStBl II 90, 830, betr HK; BFH BStBl II 95, 307; BStBl II 87, 695; *Mathiak* DStJG 7 (1984), 97 (109f).

spiele: Es wird ein überhöhter Preis gezahlt; eine Nachbesserung mangelhafter Leistungen kann wegen Insolvenz des Schuldners von diesem nicht mehr erreicht werden; der StPfl tätigt überflüssige Aufwendungen, verausgabt Schnellbaukosten.[1] Auch die Schlechtleistung ist eine der Herstellung zuzurechnende tatsächlich erbrachte Leistung (Rn 78).[2] Die AK/HK werden – ungeachtet einer Abschreibung auf den niedrigeren Teilwert – nicht dadurch berührt, dass ein WG zu einem Preis, der die dem Unternehmen entstandenen Aufwendungen nicht deckt, nicht abgesetzt werden kann. Zu den unter das Abzugsverbot des § 4 V Nr 7 EStG fallenden Kfz-Aufwendungen gehört vor allem die AfA nach § 7 I; in Höhe des als unangemessen anzusehenden Teils der AfA erfolgt eine gewinnerhöhende Zurechnung außerhalb der Bilanz.[3]

4. Additive/retrograde Wertermittlung. Die AK/HK sind grds **additiv zu ermitteln**, dh durch Zusammenrechnung der einzeln belegten, bei der Anschaffung oder Produktion oder anfallenden Kosten für Güter und Dienstleistungen. Im Einzelfall ist die **retrograde** Methode – Rückrechnung vom voraussichtlichen Verkaufspreis unter Herausrechnung der noch anfallenden Vertriebs- und Lagerkosten und des Unternehmergewinns[4] – statthaft;[5] beide Methoden müssen zu demselben Ergebnis führen.[6] Beim Umlaufvermögen kann die Ermittlung des effektiven Wareneinstandspreises insbes bei großen Warenlagern technisch schwierig sein; daher dürfen die AK und die Anschaffungsnebenkosten (der effektive Einstandspreis) retrograd (ausgezeichneter Verkaufspreis ./. Rohgewinn) bzw mittelbar durch Rückrechnung anhand der kalkulierten Handelsspanne (Rohgewinnabschlagssatz) aus dem individuellen Verkaufspreis geschätzt werden.[7] Bei am Bilanzstichtag herabgesetzten Preisen darf nicht von der ursprünglich kalkulierten Handelsspanne, sondern nur von dem verbleibenden Verkaufsabschlag ausgegangen werden.[8] Bei Massenfertigungen werden dem einzelnen WG Durchschnittsbeträge zugerechnet.[9] Bei der retrograden Ermittlung des Teilwerts von WG dürfen nach dem Bilanzstichtag entstehende Selbstkosten nur insoweit berücksichtigt werden, als auch ein gedachter Erwerber sie berechtigterweise geltend machen könnte.[10]

5. Zuschüsse[11]. Zuschüsse können die AK/HK mindern. Es handelt sich um Vermögensvorteile, die ein Geber zur Förderung eines (zumindest auch) in seinem Interesse liegenden Zwecks mit Zweckbindung dem Zuschussnehmer zuwendet; fehlt ein Eigeninteresse des Leistenden, liegt kein Zuschuss vor.[12] Kein Zuschuss ist das **Entgelt** für eine Leistung des Empfängers,[13] wenn mit der Gewährung des Zuschusses Vereinbarungen getroffen werden, die mit der Gebrauchsüberlassung des Grundstücks in unmittelbarem rechtlichen und wirtschaftlichen Zusammenhang stehen, etwa eine Mietzinsbindung oder Belegungsrechte;[14] so auch bei Geld- oder Bauleistungen des Mieters zur Erstellung eines Gebäudes.[15] Es kommt dann, sofern es sich um eine „Einnahme für eine bestimmte Zeit" nach dem Abschlussstichtag (§ 5 V Nr 2; § 5 Rn 90) handelt, die Bildung eines RAP in Betracht.[16] Stfreie Zuschüsse sind nach § 3c nicht aufwandswirksam. Investitionszulagen sind keine Einkünfte und mindern daher nicht die AK/HK (§ 10 InvZulG).[17] Öffentliche[18] Investitionszuschüsse[19] (mit der Zweckbestimmung, sie zur Anschaffung oder Herstellung von WG des Anlagevermögens zu verwenden; Gegensatz: erfolgswirksame, stets als BE zu erfassende Betriebskostenzuschüs-

---

1 BFH GrS BStBl II 90, 830.
2 BFH/NV 91, 316 mwN.
3 BFH BStBl II 87, 853.
4 BFH BStBl II 84, 35 – vorgängige Herabsetzung der Verkaufspreise; BFH/NV 86, 204; BFH/NV 01, 240 mwN – Rückstellung für drohende Verluste aus der Rückkaufverpflichtung bei schwebenden Fahrzeug-Leasinggeschäften, dort auch zu Verlustrückstellungen im Beschaffungsbereich; ausf R 6.8 EStR; bestätigend BMF BStBl I 00, 372 Rn 1.
5 BFH BStBl II 06, 298.
6 BFH BStBl II 73, 794; aber BStBl II 70, 614 – Erzeugnisse gewerblicher Urproduktion (Erdölförderung).
7 BFH BStBl II 84, 35, dort auch zu den Einschränkungen; BFH/NV 86, 874.
8 BFH BStBl II 84, 35.
9 Zu Einzelheiten A/D/S[6] § 255 HGB Rn 237 ff.
10 BFH BStBl II 95, 336.
11 R 6.5 I EStR; zur ertragsteuerlichen Behandlung iÜ BFH BStBl II 90, 980; BStBl II 95, 380 – Vorauszahlung auf den Zuschuss.
12 R 6.5 I EStR.
13 BFH BStBl II 89, 189; BStBl II 95, 702.
14 BFH BStBl II 92, 999.
15 BFH BStBl II 81, 161; R 21.5 III EStR – Mieterzuschüsse.
16 BFH BStBl II 84, 552 – Ausbildungszuschuss; BMF BStBl I 94, 17 – EG-Rapszuschüsse; B DB 95, 1637 – verlorene Zuschüsse bei Bierlieferungsverträgen; BMF BStBl II 95, 183 – zur Voraussetzung der „bestimmten Zeit"
17 OFD Ffm StEK InvZulG 1999 Nr 34.
18 Umfassend zur Bilanzierung privater Zuschüsse *IDW HFA* WPg 96, 709.
19 Beispiele aus der Rspr: BFH BStBl II 92, 999 – Zuschüsse nach § 43 III 2 StBauFG für Denkmalpflege; BStBl II 90, 980 – Fördermittel nach dem Landesmodernisierungsprogramm; BStBl II 97, 390 – Fördermittel nach § 10 KHG; BFH/NV 00, 1365 – Wasserversorgung des neu erschlossenen Gewerbegebiets einer Gemeinde.

Fischer

se[1]) unterliegen einer rechtlich gesicherten Zweckbindung. Sie sind, da keine Schenkung, BE. Nach der Auffassung einiger des Senate des BFH[2] führen diese Zuschüsse grds zu einer Minderung der ursprünglichen oder nachträglichen AK/HK[3] (Grund: AK-Prinzip der §§ 253 I, 255 HGB als Folge des Realisationsprinzips, § 252 I Nr 4 HS 2 HGB; die Minderungen der AK sind daher von diesen abzusetzen; § 255 I 3 HGB).[4] Nach Auffassung des I. Senats des BFH[5] erhöhen die Zuschüsse als Finanzierungskosten die BE und mindern idR weder die AK oder HK der noch den Teilwert der bezuschussten WG, es sei denn, der Zuschussempfänger mache von dem Wahlrecht der R 6.5 II EStR Gebrauch. Auch der X. Senat des BFH[6] gewährt bei Zuschüssen aus öffentlichen oder privaten Mitteln in Übereinstimmung mit R 6.5 II EStR ein Wahlrecht[7] zw sofortiger Gewinnerhöhung bei Ansatz der ungeminderten AK/HK und gewinnneutraler Behandlung bei Ansatz der geminderten AK/HK. Der StPfl kann die Investitionszuschüsse als BE oder aber die entspr geminderten AK/HK ansetzen; in der HB muss entspr verfahren werden. Im Anwendungsbereich des Wahlrechts wirkt sich die divergierende Rspr nicht aus. Nachträglich (auch bei Verrechnung mit früheren Anschaffungsdarlehen) und im Voraus gewährte Zuschüsse können nach näherer Maßgabe der R 6.5 III, IV EStR erfolgsneutral behandelt werden. Zur Behandlung von Zuschüssen bei den Einkünften aus VuV s R 21.5 EStR. Vom Mieter an den Vermieter gezahlte Baukostenzuschüsse sind wie Mietvorauszahlungen zu behandeln.[8] Zuschüsse an den Eigentümer zum Ausgleich für Belegungs- und Mietminderung sind Einnahmen (R 21.5 EStR).[9] Wegen der Auswirkung von Zuschüssen auf den Teilwert s Rn 102. Besonderes gilt die für Bilanzierung von Zuschüssen zu den HK von Werkzeugen des Anlagevermögens.[10]

34 **II. Anschaffungskosten. – 1. Der Anschaffungsvorgang.** § 6 enthält keine Definition des Rechtsbegriffs „Anschaffung". „**Anschaffen**" bedeutet allg (Rn 5): Aufgrund eines entgeltlichen,[11] auch unterentgeltlichen („Freundschaftspreis" unter dem Verkehrswert, sofern der Vertrag durchgeführt wird; gemischte Schenkung) oder teilentgeltlichen (§ 16 Rn 135 ff, dort auch zur vorweggenommenen Erfolge – insbes Zahlung von Gleichstellungsgeldern – und zur Erbauseinandersetzung[12]) Vorgangs (Kauf, Tausch – zu diesem Rn 190 –, Werklieferungsvertrag) wird ein in der letztlich beabsichtigten Form/Gestalt bereits bestehendes oder vom Veräußerer oder einem Dritten herzustellendes (sonst: Herstellung durch den StPfl, Rn 53) WG (auch: ein Miteigentums- oder Gesamthandsanteil) erworben. Dieser abgeleitete Erwerb bedeutet, dass das WG von der fremden in die eigene Verfügungsgewalt überführt[13] und erstmals in einem dem angestrebten Zweck entspr (betriebsbereiten) Zustand versetzt wird (Rn 40).[14] Die Verschaffung der zumindest wirtschaftlichen (§ 39 II AO) Eigentums durch Übergang von Besitz, Nutzen, Lasten und Gefahr reicht aus;[15] bis dahin sind an den Veräußerer geleistete Aufwendungen des Erwerbers Anzahlungen (§ 5 Rn 83). Das Eigentum kann auch aufgrund Gesetzes oder durch Hoheitsakt (Zwangs-/Teilungsversteigerung, Umlegungsverfahren) erworben werden. **Weitere Anschaffungsvorgänge** können sich ergeben bei der Erbauseinandersetzung, der Realteilung von Ges (§ 16 Rn 330 ff) und bei der Ablösung eines dinglichen Rechts (Rn 41). Welche Vorgänge im Einzelnen in den Bereich der Anschaffung fallen, ist unter wirtschaftlichen Gesichtspunkten nach der Zweckbestimmung der Aufwendung zu entscheiden. **Rückübertragungen nach dem VermG** begründen auch dann keine Anschaffungen, wenn der betr Anspruch zuvor durch Abtretung erworben wurde.[16]

---

1 BFH BStBl II 84, 552 – Zuschuss für die Bereitstellung eines Arbeitsplatzes; BStBl II 88, 324 öffentliche Zuschüsse zur Liquiditätsstärkung (§ 44 StBauFG); BFH/NV 93, 171 – Eingliederungshilfe nach §§ 39f BSHG.
2 Zusammenfassend BFH BStBl II 03, 801.
3 BFH BStBl II 95, 702 – öffentlicher Zuschuss zum Bau einer Tiefgarage, kein RAP; ebenso zu VuV der IX. Senat des BFH BStBl II 92, 999; zum Meinungsstand VIII. Senat BStBl II 97, 390 – öffentliche Fördermittel nach dem KHG.
4 BFH BStBl II 95, 702.
5 BFH BStBl II 96, 28 – Zuschüsse nach §§ 5, 9, 10 KHG, im Anschluss an BStBl II 92, 488; BFH/NV 00, 1365.
6 BFH BStBl II 92, 488.
7 Zur Rechtsgrundlage BFH BStBl II 92, 488; BStBl II 96, 28.
8 BFH BStBl II 81, 161; R 21.5 II EStR.
9 BFH/NV 04, 135 – öffentliche Fördermittel – Zuschüsse oder nicht rückzahlbare Darlehen – zur Förderung von Mietwohnraum für Belegungsbindung und Mietpreisbindungen.
10 S im Einzelnen BFH BStBl 02, 655.
11 BFH BStBl II 94, 779; BStBl II 93, 246 – zu § 10e; BFH BStBl II 01, 578.
12 Hierzu BFH BStBl II 00, 61; BFH/NV 01, 595.
13 BFH GrS BStBl III 66, 672; BFH BStBl II 97, 772.
14 BFH GrS BStBl II 78, 620.
15 BFH GrS BStBl II 66, 672; BFH BStBl II 70, 264 – Leasing; BStBl II 85, 289 – Abgrenzung zw abgeleitetem Erwerb und HK; BStBl II 89, 21 – Verschaffung des Besitzes an gekauften Waren; BStBl II 88, 1009 – Lieferung im Rahmen einer Montage.
16 BFH I R 67/04; BFH/NV 06, 1807.

Ein **abgeleiteter Anschaffungsvorgang** liegt auch vor, wenn ein immaterielles WG neu begründet **35** wird[1] oder das WG originär im Zusammenhang mit dem Erwerb herzustellen ist und der Veräußerer wirtschaftlich gesehen der Hersteller („Bauherr"; § 21 Rn 110 ff) ist.[2] Die Umwandlung eines Gebäudes in Eigentumswohnungen und die Zuweisung der Wohnungen an die bisherigen Eigentümer durch Realteilung ist kein Anschaffungs- oder Herstellungsvorgang.[3] Die Einlage eines WG in das BV führt nicht zu AK.[4] Die **Entnahme** oder BetrAufg kann ein **anschaffungsähnlicher Vorgang** sein: Der durch die Entnahme aufgedeckte Teilwert ist, wenn das WG künftig zur Erzielung von Überschusseinkünften verwendet wird, abzuschreiben. Hierbei bilden Teilwert bzw gemeiner Wert jedoch nur dann die Bemessungsgrundlage für die AfA, wenn das WG mit diesen Werten steuerlich erfasst wurde.[5] Das setzt voraus, dass die stillen Reserven durch die Entnahme oder die BetrAufg tatsächlich aufgedeckt und – bis zur Höhe des Teilwerts bzw gemeinen Werts – besteuert sind oder noch besteuert werden können.

2. Zeitliche Zuordnung der Anschaffungskosten. Jahr der Anschaffung ist das **Jahr der Lieferung** **36** (= Anschaffung; § 9a EStDV), dh der Zeitpunkt, in dem das WG unabhängig von seiner tatsächlichen Ingebrauchnahme in die wirtschaftliche Verfügungsmacht des Erwerbers gelangt.[6] Der Zeitraum der Anschaffung kann gestreckt sein. Er kann zB mit Besichtigungskosten[7] **beginnen** (ab Verschaffung der Verfügungsmacht kein schwebendes Geschäft) und mit der Herstellung der Betriebsbereitschaft **enden**. Ein WG ist (ggf auch nur zu einem Teil) betriebsbereit, wenn es entspr seiner Zweckbestimmung genutzt werden kann (objektive und subjektive Funktionstüchtigkeit).[8] Für die Aktivierung des eigenen WG – sodann mit den zum Bilanzstichtag aufgewendeten Teilanschaffungs(neben)kosten – genügt der Beginn der Anschaffung.[9] Bei Anschaffung eines WG im **Schnittpunkt zweier Jahre** hängt es von dem Umständen ab, ob das WG mit Schluss des alten oder mit Beginn des neuen Wj angeschafft ist.[10]

Die **AK entstehen** – sogleich mit der Anschaffung in Höhe der Verpflichtung zur Gegenleistung und **37** nicht erst bei der späteren Zahlung des Kaufpreises[11] – grds an dem Tag, an dem der StPfl die wirtschaftliche Verfügungsmacht an dem angeschafften WG erlangt, idR also Tag der Lieferung. Bei den **AK** und der zu passivierenden **Kaufpreisverbindlichkeit** handelt es sich um zwei **selbstständige Bilanzposten**.[12] In die Bemessungsgrundlage der AfA sind auch die vom StPfl mit Kredit finanzierten und ggf die aufgrund eines bürgerlich-rechtlich unwirksamen Vertrages getragenen AK/HK **einzubeziehen**.[13] **Aufschiebend bedingte** Verbindlichkeiten führen erst bei Eintritt der Bedingung zu sodann nachträglichen AK;[14] anders aber, wenn der Anspruch einer dritten Person erst mit dem Tod des Veräußerers entsteht.[15] Dem Grunde nach vorerst **unbekannte AK** sind nicht relevant. Erhöhungen aus einer Wertsicherungsklausel berühren nicht die AK.[16]

Vorauszahlungen/Anzahlungen (Zahlung des Kaufpreises vor Übergang des wirtschaftlichen Eigentums) sind bilanziell noch kein Aufwand. Erst wenn geliefert wird, sind sie beim Erwerber zu aktivieren und beim Veräußerer zu passivieren (§ 5 Rn 83). Sind sie etwa infolge Insolvenz des Veräußerers **verloren**, werden sie nicht für tatsächliche Anschaffung geleistet, sondern sind als BA/WK abziehbar,[17] und zwar in dem Zeitpunkt, in dem deutlich wird, dass sie ohne Gegenleistung bleiben und eine Rückzahlung nicht zu erlangten ist, es also zu keiner Verteilung der Aufwendungen im Wege der AfA kommen wird.[18] Andere (vorweggenommene) Aufwendungen für tatsächlich erbrachte, jedoch vergebliche Leistungen sind zunächst AK/HK (Rn 78).

---

1 BFH BStBl II 92, 977 – Transferentschädigung als AK einer Spielerlaubnis im Bundesligafußball.
2 BFH BStBl II 90, 299 – Anleger im Bauherrenmodell als Erwerber.
3 BFH BStBl II 88, 250 – Spitzenausgleich ist entgeltlich; zu § 2 EigZulG BMF BStBl I 98, 190 Rn 14.
4 BFH BStBl II 85, 250.
5 BFH BStBl II 94, 749; BFH/NV 99, 758 mwN; BStBl II 95, 170 – Anschaffung iSd § 7 V; aber BStBl II 99, 53 – keine AK iSd § 10e.
6 BFH BStBl II 89, 21 – Verschaffung des mittelbaren oder unmittelbaren Besitzes bei beweglichen Sachen; BFH BStBl II 98, 72 – Anschaffung iSd InvZulG.
7 BFH BStBl II 81, 470; ausf *Mathiak* DStJG 7 (1984), 97 (118 ff).
8 BFH BStBl II 03, 574; zu Einzelfragen BMF BStBl I 03, 5 ff.
9 BFH BStBl II 84, 101; aber BStBl II 76, 675.
10 BFH BStBl II 92, 525.
11 BFH/NV 02, 1152 mwN; BFH/NV 07, 2410.
12 BFH BStBl II 91, 456; BStBl II 98, 123.
13 BFH/NV 96, 600 mwN.
14 BFH BStBl II 92, 1020; BStBl II 95, 594 – aufschiebend bedingte Forderungen; BFH/NV 07, 2410.
15 BFH/NV 02, 10.
16 BFH BStBl II 95, 47.
17 BFH GrS BStBl II 90, 830 – zu HK; BStBl II 95, 306;
18 BFH BStBl II 95, 306; BStBl II 02, 758; in jenem Fall hatten die StPfl den angezahlten Kaufpreis zurückerhalten.

38 **3. Umfang der Anschaffungskosten.** AK (s die auch für das Steuerrecht maßgebende Definition des § 255 I) werden aufgewendet, „um" (grds final, zu nachträglichen AK Rn 41)[1] im Wege abgeleiteten Erwerbs die Verfügungsmacht am WG zu erhalten (= Erwerb) und, soweit sie als Einzelkosten (Gegensatz: Gemeinkosten) der Anschaffung zugeordnet werden können,[2] das WG erstmals in einen dem angestrebten Zweck entspr betriebsbereiten Zustand zu versetzen (§ 255 I HGB, Rn 26).[3] Zu den AK zählen auch solche Aufwendungen, die aufgrund eines gesonderten Vertrages geleistet werden oder die nicht in einem Vertrag fixiert sind, zumal die Frage, ob AK vorliegen, weniger nach rechtlichen als nach wirtschaftlichen Gesichtspunkten zu entscheiden ist.[4] Zu den AK gehören insbes der bare Kaufpreis (**Anschaffungspreis**), die im Zeitpunkt der Lieferung zu passivierende[5] zivilrechtliche Entgeltsforderung abzgl etwaiger Preisminderungen (Rn 44) mit dem Wert der geschuldeten Gegenleistung im Zeitpunkt des Entstehens der Verpflichtung.[6] Das Entstehen der Verbindlichkeit genügt.[5] Hierzu zählen ferner die Begründung oder Übernahme (idR an Erfüllungs Statt, § 364 BGB) von schuldrechtlichen Verbindlichkeiten[7] und dinglichen Lasten (Grundpfandrechten) oder einer Freistellungsverpflichtung,[8] jeweils in Anrechnung auf den Kaufpreis;[9] der Verzicht auf einen Anspr zB aus § 951 BGB;[10] das anrechenbare Entgelt für eine Kaufoption.[11] AK können neben dem nach dem Kaufvertrag vereinbarten Kaufpreis die aufgrund eines gesonderten Vertrages geschuldeten Aufwendungen sein, zB solche für die beim Erwerb einer Eigentumswohnung gesondert vereinbarte Instandsetzung[12] und für die Sanierung der mit einem Wohnrecht der Veräußerer belasteten Gebäudeteile.[13] **AK liegen jedoch nicht vor**, wenn sich eine nur deklaratorisch erwähnte Verpflichtung ohnehin aus dem öffentlichen Recht ergeben hätte.[14] Nicht zu den AK gehört die **Begründung/Übernahme von Rechten** an dem erworbenen WG, die dessen Wert dauernd mindern, wie die Bestellung einer Grunddienstbarkeit, eines Vorkaufsrechts, eines zeitlich unbegrenzten Wohn- und Nutzungsrechts (§ 31 WEG); diese Belastungen wirken idR kaufpreismindernd. Anderes gilt bei Belastung eines anderen als des erworbenen WG. Das bei der Übertragung eines WG – auch zugunsten eines Dritten[15] – für den Veräußerer selbst **vorbehaltene** zeitlich begrenzte **Nutzungsrecht** mindert von vornherein den Wert des übertragenen WG. Insoweit liegt ein entgeltlicher Erwerb nicht vor.[16] Gleiches gilt für den Vorbehalt eines schuldrechtlichen Nutzungsrechts. Die in Rechnung gestellte **USt** gehört nur dann zu den AK, wenn und soweit sie nicht als VorSt (§ 15 UStG) abgezogen werden kann (§ 9b). **Gemeinkosten**, auch soweit sie im Anschaffungsbereich entstehen, sind keine AK (§ 255 I 1 HGB);[17] es gelten die Grundsätze über die Unterscheidung zw Einzel- und Gemeinkosten im Herstellungsbereich (Rn 70).

39 Die AK beinhalten – unter Ausschluss der Gemeinkosten – alle mit dem Anschaffungsvorgang verbundenen Kosten.[18] Nicht nur gelegentlich der Anschaffung aufgewendete, auch zeitlich nach der Herstellung der Betriebsbereitschaft anfallende **Anschaffungsnebenkosten** sind Aufwendungen, die unmittelbar durch die Anschaffung verursacht sind, insbes zwangsläufig im Gefolge der Anschaffung anfallen, und dem einzelnen WG zugeordnet werden können.[19] Nicht entscheidend ist dabei, ob diese Kosten bereits im Zeitpunkt des Erwerbs oder erst im Anschluss hieran als „unmittelbare Folgekosten des Erwerbsvorgangs" anfallen.[18] Die Frage, welche Kosten dem Anschaffungsvorgang im Einzelfall zuzuordnen sind, nach wirtschaftlichen Gesichtspunkten zu entscheiden. Dabei ist ein bloßer kausaler oder zeitlicher Zusammenhang mit der Anschaffung nicht ausreichend, vielmehr

---

1 BFH BStBl II 84, 101.
2 BFH BStBl II 87, 810; BStBl II 96, 362.
3 BFH GrS BStBl III 66, 672; BFH BStBl II 97, 811 (813); R 6.2 I EStR.
4 BFH/NV 01, 438; BFH BStBl II 01, 756.
5 BFH BStBl II 91, 456.
6 BFH BStBl II 73, 51 – Wechselkursänderungen der Kaufpreisforderung; BStBl II 92, 600 – Übernahme einer auf Sachleistung gerichteten Verpflichtung.
7 BFH BStBl II 92, 600 – langfristig zu erfüllende Sachleistungsverpflichtung.
8 BFH BStBl II 83, 595.
9 BFH/NV 98, 836 mwN – grds „Bruttobetrachtung" Nettobetrachtung, bei der die betrieblichen Schulden als unselbständige Bestandteile des Übertragungsgeschäfts angesehen werden, nur bei Betriebsübernahme, Realteilung und Erbauseinandersetzung.
10 BMF BStBl I 94, 887 Rn 17f, 42 – Aufwendungsersatzanspruch, anders bei Aufwendungen auf fremdes Grundstück im Hinblick auf dessen künftigen (unentgeltlichen) Eigentumserwerb; BFH BStBl II 98, 100; BFH/NV 98, 167.
11 BFH BStBl II 77, 631.
12 BFH BStBl II 97, 348.
13 BFH/NV 01, 1257.
14 BFH/NV 87, 123.
15 BFH BStBl II 91, 791; BStBl II 96, 680 mwN.
16 BFH GrS BStBl II 90, 847 (851 ff); BMF BStBl I 93, 80 Rn 10; BFH BStBl II 94, 927 mwN; § 16 Rn 136.
17 RFH GrS RStBl 39, 321 (323); BFH BStBl II 88, 892.
18 BFH BStBl II 02, 349.
19 BFH BStBl II 84, 101; BStBl II 02, 349.

kommt es auf die Zweckbestimmung der Aufwendungen an.[1] Maßgebend ist insoweit der verfolgte Zweck. Sie müssen sich nicht wertsteigernd auswirken.[2] Sie sind auch bei teilentgeltlichem Erwerb in voller Höhe anzusetzen;[3] auch bei Zahlung an Dritte, die im Rahmen des Anschaffungsvorgangs Leistungen an den Erwerber erbracht haben. Es handelt sich insbes um Gebühren, Steuern und sonstige Aufwendungen, die zur Erlangung der Verfügungsmacht (Erwerbsnebenkosten) und zur Herstellung der Betriebsbereitschaft gezahlt werden. **Beispiele**: die Grunderwerbsteuer[4] und die Branntweinsteuer,[5] Zölle, Notargebühren und die Hebegebühr für das Notaranderkonto,[6] Makler-[7] und Vermittlungskosten, Provisionen,[8] Transport-, Überführungs-, Einkaufskosten; Kosten zur Herstellung der Lieferbereitschaft,[9] Aufwand zur Einführung eines neuen Software-Systems,[10] nicht aber Finanzierungskosten (Rn 46) und Kosten der Rechtsverteidigung nach Erlangung der Verfügungsmacht. Zwecks Vereinfachung sind für Anschaffungsnebenkosten pauschale Zuschläge auf die Anschaffungspreise unter Ausgrenzung der Gemeinkosten zulässig. Nebenkosten sind nur dann zu aktivieren, wenn auch die Haupt-AK aktiviert werden können.[11] Erwerbsnebenkosten für ein Erbbaurecht sind dessen AK;[12] anders bei Aufwendungen innerhalb des Dauernutzungsverhältnisses.[13] Ansonsten gibt es bei schwebenden Geschäften und beim unentgeltlichen Erwerb keine Erwerbsnebenkosten.[14] Ein zeitlicher Zusammenhang mit dem Anschaffungsvorgang ist nicht erforderlich. Zu AK/HK bei Bauherrenmodellen und Immobilienfonds s § 21 Rn 110 ff. AK können auch Aufwendungen sein, die neben dem nach dem Kaufvertrag geschuldeten Kaufpreis aufgrund eines gesonderten Vertrages geleistet werden[15] oder die nicht in einem Vertrag fixiert sind.[16]

Zu aktivierende[17] **vorweggenommene AK** gehen dem Anschaffungsvorgang zeitlich voran, zB Kosten der Begutachtung, Beratung, Reisekosten zur Besichtigung eines anzuschaffenden WG.[18] Zu vergeblichen Aufwendungen s Rn 78. AK sind auch das neben einem Mengenentgelt vereinbarte Entgelt für Lieferbereitschaft,[19] Aufwendungen für die konkret vorgesehene erstmalige **Betriebsbereitschaft**[20] **(§ 255 I 1 HGB)** sind zB solche für Transport, Aufstellung, Montage, Fundamentierung, Lagerung, Überprüfung, Inbetriebnahme, Umgestaltung/Umrüstung,[21] Reparatur[22] des WG, soweit Letztere nicht HK oder Erhaltungsaufwand[23] auf das bereits nutzbare WG sind. ZB sind Kosten für die Überführung und Zulassung eines Fahrzeugs AK. Ein an den Veräußerer gezahltes Entgelt für die Renovierung usw gehört stets zu den AK.[24] Ein (Wohn- oder Betriebs-)**Gebäude** ist **betriebsbereit**, wenn es entspr seiner Zweckbestimmung genutzt werden kann, was für jeden Gebäude- bzw Grundstücksteil, der nach seiner Zweckbestimmung selbstständig genutzt werden soll, gesondert zu prüfen ist.[25] Ein Gebäude ist betriebsbereit, wenn die betriebliche Nutzung des Veräußerers durch den Erwerber fortgeführt wird. Muss ein unbebaut zu vermietendes Grundstück erst zwangsgeräumt werden, wird es erst hierdurch betriebsbereit.[26]

4. Nachträgliche Anschaffungskosten. Zu den AK „gehören auch" (§ 255 I 2 HGB; Rn 26) finale sonstige tatsächliche Aufwendungen, die „zwangsläufig im Gefolge der Anschaffung" anfallen iSv „unmittelbaren Folgekosten des Erwerbsvorgangs";[27] ferner nachträgliche,[28] durch die Anschaffung

40

41

---

1 BFH BStBl II 02, 349 – Beiträge an den Erdölbevorratungsverband sind keine unmittelbaren Folgekosten der Anschaffung; zust *Weber-Grellet*.
2 BFH BStBl II 92, 70.
3 BFH/NV 91, 453.
4 BFH GrS BStBl II 78, 620; BFH BStBl II 92, 464 – Säumniszuschlag zur GrESt; BStBl II 98, 168.
5 BStBl II 83, 559.
6 BFH/NV 94, 236.
7 BFH BStBl II 95, 895; BStBl II 00, 586.
8 BFH BStBl II 84, 101; BStBl II 95, 895.
9 BFH BStBl II 88, 892.
10 FinSen Bremen DB 05, 136; BMF BStBl I 05, 1025 – Nutzungsdauer 5 Jahre.
11 BFH BStBl II 97.
12 BFH BStBl II 92, 70 (72) – Anschaffung eines Erbbaurechts; BMF BStBl I 96, 1140.
13 BFH BStBl II 95, 109; BFH/NV 98, 569 mwN.
14 BFH BStBl II 77, 380 – vom Kreditnehmer gezahlte Vermittlungsprovision als Anschaffungsnebenkosten für ein Kapitalnutzungsrecht; BStBl II 97, 808 – Maklergebühren für Anmietung eines Ladens.
15 BFH BStBl II 97, 348.
16 BFH/NV 01, 348.
17 BFH BStBl II 84, 101.
18 BFH BStBl II 92, 819 – Reisekosten.
19 BFH BStBl II 88, 892 – Bezug von Erdgas.
20 BFH GrS BStBl II 97, 620.
21 BFH BStBl II 86, 60 – Umbau eines Schiffs.
22 BFH BStBl II 85, 690 – Aufwendungen, die ein erworbenes Mietwohngrundstück vermietbar machen, mit Abgrenzung zum anschaffungsnahen Aufwand.
23 BFH BStBl II 90, 53.
24 BFH BStBl II 91, 918; BStBl II 97, 348 – „Modernisierungsmodell" BFH/NV 02, 966.
25 BMF BStBl I 03, 386 Tz 2; vgl auch § 7 Va.
26 BFH BStBl II 04, 872.
27 BFH BStBl II 02, 349; DStR 04, 134 = BFH/NV 04, 271.
28 Grundlegend zum Rechtsbegriff „nachträgliche AK" BFH BStBl II 93, 96.

verursachte **(kausale)**, mit ihr in einem unmittelbaren wirtschaftlichen Zusammenhang stehende tatsächliche Aufwendungen, die zu einer Erhöhung des Wertes des WG führen.[1] Sie sind auch bei großem zeitlichen Abstand zur Anschaffung des WG noch durch die Anschaffung veranlasst.[2] Dabei ist die Frage, welche Kosten dem Anschaffungsvorgang im Einzelfall zuzuordnen sind, nach wirtschaftlichen Gesichtspunkten zu entscheiden. Nachträgliche AK/HK, die nach dem Jahr der Anschaffung/Herstellung entstehen, sind im Zeitpunkt ihrer Entstehung[3] – also ohne Rückwirkung auf den Zeitpunkt der Anschaffung – dem Buchwert zuzuschreiben.[4] **Hauptanwendungsfälle** sind **Erschließungskosten** (Rn 43); ferner Aufwendungen zur Befreiung eines Grundstücks von **dinglichen Belastungen**, welche die Eigentümerbefugnisse beschränken,[5] allerdings nicht die Ablösung von zur Sicherung von Schulden bestellten Grundpfandrechten;[6] Aufwendungen zur **Ablösung** eines bei Übertragung des WG vorbehaltenen **Nutzungsrechts** oder eines Erbbaurechts[7] – vorbehaltlich des § 42 AO und des § 12 auch eines Zuwendungsnießbrauchs[8] – durch Einmalbetrag[9] oder entgeltliche Veräußerungsrente.[10] Die Ablösung einer auch durch ein Wohnrecht gesicherten privaten Versorgungsrente führt nicht zu nachträglichen AK.[11] Hierin gehören auch Zahlungen eines Grundstückseigentümers, die dazu dienen, die Wiedereintragung eines bereits gelöschten Vorbehaltsnießbrauchs zu verhindern.[12]

42 Der **Begriff der AK iSd § 17** ist weiter („normspezifisch") auszulegen, damit das Nettoprinzip im Anwendungsbereich dieser Vorschrift ausreichend wirksam werden kann (§ 17 Rn 201, 205 ff).[13] Zu ursprünglichen und nachträglichen AK s § 17 Rn 205 ff, 212 ff.

43 **5. Insbesondere: Erschließungskosten.** Erschließungskosten sind grundstücksbezogene, auch nachträglich erhobene[14] sowie freiwillige Beiträge zur Finanzierung **erstmals durchgeführter Erschließungsmaßnahmen**. Sie sind ggf nachträgliche AK des **Grund und Bodens**, wenn dessen Wert bleibend erhöht wird und die Werterhöhung unabhängig von der konkreten Nutzung, ihr der Bebauung des Grundstücks und dem Bestand eines auf dem Grundstück errichteten Gebäudes ist. Sie gehören – anders als Hausanschlusskosten (Rn 121) – nicht zu den HK des Gebäudes. Erschließungskosten dienen dazu, das Grundstück baureif und damit „betriebsbereit" zu machen (§ 255 I 1 HGB) und die allg Nutzbarkeit des Grund und Bodens zu erweitern.[15] Hierzu gehören die erstmalige Anlage einer öffentlichen oder privaten Straße,[16] Flächenbeiträge gem § 58 BauGB,[17] Kosten des erstmaligen Anschlusses an die Wasser-,[18] Strom- und Gasversorgung einschl der Netzkostenbeiträge,[19] und an die Wasserentsorgung. Verfügt zB ein Wohn- und Wirtschaftsgebäude über eine einfache Abwassereinrichtung (Sickergrube), bedeutet der Anschluss an einen Kanal lediglich den Ersatz einer bereits bestehenden Anlage.[20] Werden **bereits vorhandene Einrichtungen ersetzt**, verbessert oder modernisiert – sog Ergänzungsbeiträge[21] – sind die Kosten bei gegebenem Zusammenhang mit der Einkünfteerzielung sofort als BA/WK abziehbar. Nicht entscheidend ist, ob die betr Maßnahme aus anderen Gründen zu einer Werterhöhung des Grundstücks führt.[22] Anderes gilt,

---

1 BFH BStBl II 95, 594.
2 BFH BStBl II 87, 423 (427); BStBl II 97, 811 (813) mwN.
3 BFH BStBl II 84, 786.
4 BFH BStBl II 78, 620 – Erhöhung; BStBl II 71, 323 – Minderung.
5 BFH BStBl II 93, 488.
6 BFH BStBl II 97, 772 – nachträgliche AK, wenn durch das dingliche Recht die Befugnisse des Eigentümers iSv § 903 BGB beschränkt waren; FG Nbg DStRE 02, 194.
7 BFH BStBl II 94, 348 – Verzicht als Ausgleich für die als RAP aktivierten Vorleistungen; FG Nds EFG 03, 909.
8 BFH BStBl II 98, 429; BMF BStBl I 98, 914 Rn 61.
9 BMF BStBl I 98, 914 Rn 65 ff mwN der Rspr.
10 BFH BStBl II 92, 381 – zur Ablösung durch eine entgeltliche Rente; anders bei Versorgungsleistungen zur „gleitenden Vermögensübergabe" (§ 22 Rn 17); BStBl II 98, 687.
11 BFH BStBl II 04, 830.
12 BFH BStBl II 94, 386.
13 BFH BStBl II 98, 660; zu nachträglichen AK BStBl II 01, 385; BStBl II 01, 286; BStBl II 01, 234; BStBl II 02, 733.
14 BFH BStBl II 87, 811.
15 BFH BStBl II 87, 333; BStBl II 95, 632; BFH/NV 00, 1094.
16 BFH BStBl II 65, 85 – Anliegerbeiträge; s aber BFH/NV 94, 471 zum Ausgleichsbetrag gem § 154 BauGB; instruktiv zur Ausgleichs- und Ersatzmaßnahme nach § 8 III BNatSchG FG M'ster EFG 03, 983 mwN.
17 BFH BStBl II 90, 126.
18 BFH BStBl II 97, 811, auch die Kosten nach der Geschossfläche berechnet werden.
19 BFH BStBl II 97, 811 mwN; BFH/NV 89, 633: das Urteil BStBl II 65, 226 betr Stromanschlusskosten einschl des Netzkostenbeitrags als Gebäude-HK ist überholt; s auch BFH/NV 03, 406 – Ersatz eines Brunnens und der Beheizung von Kohleöfen durch Schaffung eines Gas- und Wasseranschlusses.
20 BFH/NV 03, 1159.
21 BFH BStBl II 85, 289; BFH/NV 88, 229 – Beitrag zu Energieversorgungsunternehmen zum Bau eines Transformators; BStBl II 97, 811.
22 BStBl II 96, 134; BFH/NV 97, 178.

wenn das Grundstück über seinen ursprünglichen Zustand hinaus iSd § 255 II 1 HGB dadurch **wesentlich verbessert** wird, dass die grundstücksbezogenen Kriterien – vor allem Größe, Lage, Zuschnitt, Erschließung und Grad der Nutzbarkeit und Bebaubarkeit – verändert und dadurch „Substanz oder Wesen des Grundstücks" berührt werden.[1] Vom Erbbauberechtigten übernommene Erschließungskosten für das Erbbaugrundstück sind jedenfalls dann, wenn dieser das Erbbaurecht nicht vom Grundstückseigentümer, sondern von einem erbbauberechtigten Wohnungsunternehmen erwirbt, AK des Erbbaurechts.[2] „Lediglich technische Verbesserungen des bestehenden Erschließungsvorteils" führen nicht zu HK. Beiträge zu einer **Zweiterschließung** sind nur dann nachträgliche HK des Grund und Bodens, wenn sich der Wert des Grundstücks aufgrund einer Erweiterung der Nutzbarkeit oder einer günstigeren Lage erhöht.[3] BA/WK sind auch **betriebsbezogene Aufwendungen für eine besondere Nutzung** des Grundstücks, etwa für den Ausbau einer bisher bestehenden, durch Lkws des Betriebs stark beanspruchten öffentlichen Straße,[4] für die betriebsbedingte Verstärkung der Stromversorgung.[5] Aufwendungen des Erwerbers eines Grundstücks für eine von einem Dritten zu errichtende Privatstraße stellen auch dann AK eines selbstständigen abnutzbaren WG dar, wenn die Straße der erstmaligen Erschließung des Grundstücks dient.[6] Die Behandlung von Ausgleichszahlungen für von der Gemeinde gem § 8 III BNatSchG durchgeführte Maßnahmen ist str.[7] Wird ein zusammenhängendes Grundstück an die Kanalisation angeschlossen und werden dadurch bisher als Weideland genutzte Flächen bebaubar, handelt es sich bei den darauf entfallenden Abwasserbaubeiträgen auch dann um nachträgliche AK für den Grund und Boden, wenn ein iÜ aufstehendes Wohngebäude bereits über eine Sickergrube verfügte.[8] Erschließungsbeiträge, die keine erstmalige Entsorgungsmaßnahme betreffen, sondern den Ersatz einer bereits bestehenden Anlage, sind als Erhaltungsaufwand sofort abziehbar.[9]

Die folgenden Aufwendungen auf bereits erschlossene Grundstücke, sofern erwerbsichernd, sind als sofort **abziehbare BA/WK** anerkannt worden:

Straßenbaukostenbeiträge für die bauliche Veränderung von Gehwegen oder des Straßenbelages zur Schaffung einer verkehrsberuhigten Zone oder eines Fußgängerbereichs (BFH BStBl II 94, 842); nicht grundstücksbezogene freiwillige Zuschüsse zu einer Fußgängerzone (BFH BStBl II 84, 489, anders indes bei Heranziehung der Grundstückseigentümer nach § 8 KAG NRW, BStBl II 83, 111); bauliche Veränderung der Gehwege zur Schaffung einer Fußgängerstraße (BFH BStBl II 94, 842); Umgestaltung einer Straße zur verkehrsberuhigten Zone (BFH BStBl II 94, 842; BFH/NV 95, 100) Ersatz der werkseigenen Kläranlage durch den Anschluss an die neuerrichtete gemeindliche Kanalisation (BFH BStBl II 87, 333; BFH/NV 03, 1159); Ersetzung einer funktionsfähigen Sickergrube durch Anschluss an den öffentlichen Abwasserkanal (BFH BStBl II 93, 392 – „Modernisierung in zeitgemäßer Form", fraglich; BFH/NV 99, 1079 mwN; BFH/NV 03, 1159; BStBl II 03, 569; BStBl II 03, 574). Ein bebautes Wohngrundstück mit einer Sickergrube ist bereits „betriebsbereit" und verändert sich durch den Anschluss an eine neu angelegte Kanalisation nicht wesentlich (BFH BStBl II 04, 282); Ersetzung oder Modernisierung einer bereits vorhandenen Straße (BFH/NV 91, 29); Ausbau einer neuen, die bisherige Zuwegung ersetzenden Straße (BFH/NV 95, 770); Ersatz der bisherigen Anbindung eines Grundstücks durch eine nichtöffentliche Straße an das öffentliche Straßennetz durch eine neu ausgebaute öffentliche Straße (BFH BStBl II 96, 89; BStBl II 96, 134); Erschließungsbeiträge für den endgültigen Ausbau einer bislang provisorisch angelegten Straße (BFH/NV 97, 178), Beiträge zur Verbesserung der gemeindlichen Kläranlage (BFH BStBl II 85, 49).

6. (Nachträgliche) Minderung der Anschaffungskosten. Nachträgliche Wertänderungen einer Kaufpreisverbindlichkeit berühren nicht die Höhe der AK.[10] Die nachträgliche **Ermäßigung der Aufwendungen** für die Anschaffung eines WG – Beispiele: Herabsetzung des Kaufpreises oder Verzicht auf diesen;[11] Rückzahlung von Anschaffungsnebenkosten oder Erstattung/Vergütung von AK durch Dritte, Minderung nach § 462 BGB;[12] erfolgreiche Anfechtung nach §§ 119, 123 BGB;[13]

44

---

1 BFH BStBl II 91, 448.
2 BFH BStBl II 94, 348; BStBl II 95, 109; *K/S/M* § 21 Rn B 100, § 9 Rn B 850; zur Bilanzierung beim Eigentümer BFH/NV 98, 569.
3 BFH BStBl II 95, 632 – öffentliche Straße zusätzlich zu einem Privatweg.
4 BFH BStBl II 80, 687 – ein immaterielles WG (§ 5 I) wurde verneint; zu Letzteren auch BStBl II 90, 569; BFH/NV 89, 941.
5 BFH BStBl II 85, 289; BFH/NV 88, 229.
6 BFH BStBl II 00, 257.
7 FG M'ster EFG 03, 983.
8 BFH BStBl II 04, 282.
9 BFH BStBl II 87, 333; BFH/NV 03, 1153.
10 BFH BStBl II 84, 109.
11 BFH BStBl III 66, 16; BFH/NV 91, 348.
12 BFH BStBl III 66, 16.
13 BFH BStBl II 89, 41.

Rabatt seitens des Vermittlers,[1] einschl der nachträglichen Aufwendungen – **mindert die AK** (§ 255 I 3 HGB) mit Wirkung für die Zukunft.[2] Die AK ändern sich nicht, wenn sich der Wert der Gegenleistung nachträglich verändert. Für die Annahme einer Ermäßigung der AK ist ein wirtschaftlicher Zusammenhang mit dem Anschaffungsgeschäft ausreichend; dieser ist gegeben, wenn der maßgebende Anlass für den Minderungsvorgang in der Anschaffung liegt.[3] Schadensersatz, den eine gewerblich tätige GbR von ihrem Steuerberater dafür erhält, dass bei anderer als der von ihm vorgeschlagenen steuerlichen Gestaltung keine Grunderwerbsteuer angefallen wäre, ist nicht als Minderung der AK der Grundstücke, sondern als stpfl Ertrag zu behandeln.[4] Gleiches gilt für eine Vertragsstrafe oder den Ersatz eines Verzugsschadens durch den Vertragspartner. Die für die Inanspruchnahme von Zulagen und von AfA bedeutsame Frage einer Rückwirkung ist nach dem Sinn und Zweck der jeweils anwendbaren Norm zu beurteilen. Die Rückzahlung aufgrund einer Herabsetzung des Kapitals mindert die AK der Beteiligung.[5] Erhält der Erwerber eines WG vom Vermittler dieses Geschäfts eine Provision, die keine besonderen, über die Anschaffung hinausgehenden Leistungen abgelten, so mindert diese die AK.[6]

45 (Einkaufs-)**Rabatte**[7] und **Skonti**, sofern sie in Anspr genommen werden, mindern die AK, nicht aber ein nur möglicher Skontoabzug. Mit Abschluss des Anschaffungsgeschäfts stehen die AK zunächst fest; die AK von Warenvorräten entsprechen dem vereinbarten Kaufpreis. Wird der Kaufpreis für Waren zum Zeitpunkt der Anschaffung nicht beglichen, steht zu diesem Zeitpunkt nicht fest, ob von der Möglichkeit des Skontoabzugs Gebrauch gemacht wird. Eine spätere Änderung des Kaufpreises wirkt nicht auf den Zeitpunkt der Anschaffung zurück.[8] Gleiches gilt für nachträgliche Preisnachlässe. Wird nach dem Anschaffungszeitpunkt die Kaufpreisschuld unter Skontoabzug bezahlt, mindern sich die AK (§ 255 I 3 HGB); wird das Skonto nachträglich zurückbezahlt, tritt keine Minderung der AK ein.[9] Die Minderung ist jedoch erst in dem Zeitpunkt zu berücksichtigen, in dem der Kaufpreis entrichtet wird.[10] **Boni** (Umsatzprämien) und sonstige **Rückvergütungen** (Warenrückvergütungen),[11] uU auch von einem Dritten,[12] sind ggf auch pauschaliert von den AK der jeweiligen WG abzusetzen, wenn auf deren Gewährung ein Rechtsanspruch besteht und die erworbenen WG noch im BV des Erwerbers vorhanden sind.[13] Gleiches gilt für Einkaufs-Mengenrabatte; ggf sind sie als BE im Jahr der Gutschrift zu erfassen. Ein Anspr auf Prämienzahlungen, die nach langjähriger Übung zu erwarten sind, kann aktivierungspflichtig sein.[14] Die AK sind nicht berührt, wenn der Bonus für den Weiterverkauf gewährt wird.[15]

46 **7. Finanzierung.** Dem StPfl selbst entstandene Finanzierungskosten gehören – auch als Bereitstellungszinsen und -provisionen (ausf § 4 Rn 252 „Finanzierungskosten"; zu VuV § 21 Rn 125) – nicht zu den AK eines WG (vgl § 255 III HGB).[16] Dies gilt grds auch dann, wenn der Kaufpreis in einem eigenen **Finanzierungsvertrag** gestundet wird und Stundungszinsen offen ausgewiesen oder durch eine Differenzrechnung nachgewiesen werden; anders, wenn der Gegenstand für den Fall der Inanspruchnahme eines Zahlungsziels zu einem höheren Preis angeboten wird.[17] Bei Zahlung des vollen Preises nach Ablauf der Skontofrist braucht der Zinsanteil nicht ermittelt zu werden; idR kommt es nicht zu unangemessenen Aufwandsverlagerungen. Bei **kurzfristiger Stundung** der Forderung ist davon auszugehen, dass die Abzinsungsbeträge unbedeutend sind. Zu mittel- und langfristiger Stundung des Entgelts sowie zu wiederkehrenden Leistungen Rn 149 ff.

47 **8. Aufteilung von Anschaffungskosten.** Werden mehrere selbstständige[18] WG zu einem einheitlichen[19] Gesamtkaufpreis veräußert/erworben, so kann sich die Höhe des Kaufpreises für jedes dieser WG aus den diesbezüglichen **Vereinbarungen** ergeben, wenn die Vertragsparteien eine Aufteilung vorgenommen haben und an der von gegenläufigen Interessen getragenen Ausgeglichenheit der

---

1 BFH BStBl II 88, 901.
2 AA K/S/M § 6 Rn B 122 ff; FG D'dorf EFG 03, 1296: keine korrespondierende Behandlung mit dem Veräußerungspreis.
3 BFH BStBl II 02, 796.
4 BFH BStBl II 93, 96.
5 BFH BStBl II 95, 725; BMF BStBl I 87, 171.
6 BFH BStBl II 04, 1066.
7 BFH BStBl III 62, 518.
8 BFH BStBl II 71, 323; BStBl II 91, 456.
9 BFH BStBl II 76, 524.
10 BFH BStBl II 89, 874; BStBl II 92, 465.
11 BFH BStBl II 84, 554.
12 BFH BStBl II 88, 902.
13 BFH BStBl III 58, 65; H/H/R § 6 Rn 1500 „Bonus"
14 BFH BStBl II 78, 370.
15 BFH BStBl III 63, 503.
16 BFH BStBl II 84, 101.
17 BFH BStBl II 68, 574; BStBl III 67, 297 – Teilzahlungsgeschäft.
18 BFH BStBl II 86, 794 – Hinzuerwerb eines Grundstücksstreifens.
19 BFH BStBl II 72, 13 – Erwerb von Grundstücken zu unterschiedlichen Zeitpunkten.

jeweiligen Leistungen kein Zweifel besteht. Einer einvernehmlichen Aufteilung ist nicht zu folgen, wenn sie nicht ernstlich gewollt ist und deswegen den **wirtschaftlichen Gegebenheiten** nicht entspricht, weil in erster Linie Gründe der Steuerersparnis für sie maßgebend waren;[1] dies etwa dann, wenn der auf eines der veräußerten WG entfallende Kaufpreis keine Steuerfolgen auslöst. Ein Rückgriff auf § 42 AO ist nicht erforderlich.[2] Fehlt es an einer entspr Vereinbarung oder gilt die Ausgeglichenheitsvermutung nicht und ist die Aufteilung wirtschaftlich unzutr, ist der Gesamtpreis im Wege der Schätzung unter Berücksichtigung der angemessenen Gegenleistung aufzuteilen. **Schätzungsgrundlage** ist bei **WG des BV** der Teilwert (§ 6 I Nr 7), der bei Grundstücken idR mit den aus den Wiederbeschaffungskosten abgeleiteten Verkehrswerten (gemeinen Werten) übereinstimmt. Beim **Erwerb in ein PV** ist nach dem Verhältnis der Verkehrswerte (der gemeinen Werte, § 9 II BewG) zum Stichtag der Veräußerung/des Erwerbs[3] aufzuteilen.[4] Die Bewertung eines weiteren WG mittels Subtraktion von den bekannten bzw unstreitigen Werten (Restwertmethode) ist idR ebenso unzulässig[5] wie eine Vermischung von Bewertungsmaßstäben. Für die Schätzung des Werts des Grund- und Boden- sowie des Gebäudeanteils kann die WertV 1988 entsprechend herangezogen werden; der Gebäudewert ist nach dem Sachwertverfahren (§§ 21 ff WertV 1988) zu ermitteln.[6] Nicht nur bei der erstmaligen Überführung eines Grundstücksanteils in das BV nach seiner Fertigstellung, auch bei der Entnahme eines teilw betrieblich genutzten Grundstücks ist das Verhältnis der Wohn- bzw Nutzflächen idR ein geeigneter Aufteilungsmaßstab.[7] Die Teilwertvorstellungen des Veräußerers und des Erwerbers sind nicht notwendigerweise identisch,[8] zB beim Erwerb eines bebauten Grundstück auf Abbruch. Besondere wertbeeinflussende Umstände sind zu berücksichtigen.[9]

Der Grundsatz der **Einzelbewertung** fordert insbes die **Trennung zw Boden- und Gebäudewert**.[10] **48** Der Wert steuerrechtlich als selbstständige WG zu behandelnder Grundstücksteile ist für die Ermittlung der AK/HK wie auch für die Bemessung eines Entnahmewerts grds, sofern das Ergebnis nicht offensichtlich unzutr ist, aus dem Wert des Gesamtgrundstücks nach dem Verhältnis der Nutzflächenanteile, nicht aus den Ertragswerten abzuleiten.[11] Für die Schätzung des Teilwertes/der Verkehrswerte des Boden- und Gebäudeanteils können die für das Sachwertverfahren geltenden §§ 3 II 1, §§ 15 ff WertV entspr herangezogen werden.[12] Bei selbstgenutzten und bei vermieteten Eigentumswohnungen (im Privatvermögen) hält der BFH grds eine Kaufpreisaufteilung unter Anwendung des Sachwertverfahrens für angebracht.[13] Gegenstand der Wertermittlung ist nach § 2 WertV das Grundstück einschl seiner Bestandteile, insbes der Gebäude. Das Vergleichswertverfahren ist, weil mit dem Gebot der Einzelbewertung nicht vereinbar, hier ungeeignet.[14] Ob hierbei einzig das Sachwertverfahren anwendbar ist,[15] sieht der BFH als zweifelh an.[16] Übersteigt/unterschreitet der Kaufpreis die Summe der einzelnen Verkehrs-/Teilwerte, ist die Differenz im Verhältnis dieser Werte aufzuteilen.[17] Beim Erwerber des Betriebs ist ein **Geschäftswert** (nur) insoweit anzusetzen, als das gezahlte Entgelt die Summe der Teilwerte der anderen (materiellen oder immateriellen) WG übersteigt; vgl § 255 IV HGB.[18] Diese Grundsätze sind entspr anzuwenden, wenn lediglich ein WG angeschafft worden ist und der Kaufpreis auf unterschiedlich wertvolle Teile des WG aufzuteilen ist. Dies gilt entspr, wenn ein bisher einheitliches WG in mehrere selbstständige WG aufgeteilt wird.[19]

---

1 BFH BStBl II 99, 217 (221) mwN; BFH/NV 99, 37; BFH BStBl II 01, 183.
2 BFH/NV 02, 1563.
3 BFH/NV 99, 37.
4 BFH GrS BStBl II 78, 620, D II 3; BFH BStBl II 96, 215 mwN; BFH/NV 90, 34 – Erwerb von sog – betrieblichem und privatem – „Mischvermögen"
5 BFH BStBl II 73, 295; BFH/NV 96, 116; BFH BStBl II 01, 183.
6 S – insbes zu den Normalherstellungskosten iSd § 22 WertVO 1988 – im Einzelnen BFH/NV 02, 324.
7 BFH BStBl II 03, 635 – Ermittlung des Aufgabegewinns.
8 BFH BStBl II 88, 490 (492).
9 BStBl II 85, 252 – die Interessenlage des Erwerbs ist zu berücksichtigen.
10 BFH BStBl II 96, 215; aber BStBl II 89, 604 – kein Ansatz eines wirtschaftlich verbrauchten Gebäudes; BStBl 85, 126 – Verpflichtung zum Gebäudeabbruch.
11 BFH/NV 01, 849.
12 BFH BStBl II 85, 252; BStBl II 01, 183; BFH/NV 03, 769 mwN.
13 BFH/NV 03, 769.
14 BFH BStBl II 01, 183.
15 So BFH BStBl II 85, 252; BMF BStBl I 90, 149.
16 BFH/NV 99, 1201 – Geschäftsgrundstück; krit hierzu *Sprengnetter* DB 03, 525.
17 BFH BStBl II 82, 320.
18 BFH BStBl II 92, 841 mwN.
19 BFH BStBl II 83, 130 – Abtrennung einer Grundstücksparzelle des BV: Aufteilung nach dem Verhältnis der Teilwerte im Zeitpunkt der Anschaffung; BStBl II 85, 252 – WG des PV.

51 **9. Einzelnachweise der Anschaffungskosten.** Abfindungen an den Mieter sind, da nutzungsbedingt, keine AK,[1] können aber bei Zusammenhang mit Abbruch und Neubau HK des Gebäudes sein,[2] dies auch bei Abstandszahlung an Nachbarn.[3] Zu **Abwehraufwendungen** s § 4 Rn 252 „Abwehrkosten" und § 9 Rn 68. Zu **Abschreibungsgesellschaften** sowie Bauherren- und Erwerbergemeinschaften § 21 Rn 110 ff. **Bausparverträge** sind mit den Bauspareinlagen, Abschlussgebühren usw zu aktivieren.[4] Zu den AK einer **Beteiligung** gehören auch nachträgliche Aufwendungen auf die Beteiligung, wenn sie durch das Gesellschaftsverhältnis veranlasst und weder WK bei den Einkünften aus KapVerm noch Veräußerungskosten sind;[5] zu AK iSd § 17 s dort Rn 200 ff. Die AK eines **Bezugsrechts** auf eine junge Aktie bestehen aus einem nach der Gesamtwertmethode zu errechnenden und abzuspaltenden Teil der AK (Buchwert) der für das Bezugsrecht notwendigen Altaktien.[6] Die Begründung eines **Erbbaurechts** ist ein schwebendes Geschäft; als AK können die Nebenkosten aktiviert werden[7] sowie vorausgezahlte oder in einem Einmalbetrag gezahlte Erbbauzinsen.[8] Beim Erwerb eines bestehenden Erbbaurechts kann die Gegenleistung zB in Form der Übernahme von Erschließungskosten zu AK führen;[9] die gesamten AK entfallen auf das Gebäude, wenn der Erwerber dem bisherigen Erbbauberechtigten nachweislich ein Entgelt nur für den Gebäudeanteil gezahlt hat.[10] Vom wirtschaftlichen Eigentümer eines Abbaurechts gezahlte **Förderzinsen** sind AK.[11] Bei Anschaffung eines WG in **Fremdwährung** ist für die AK der Wechselkurs im Zeitpunkt der Anschaffung maßgebend.[12] Aufwendungen, die der Erwerber eines Wertpapiers oder eines GmbH-Geschäftsanteils für den zeitanteiligen Gewinn des Veräußerers zahlt, sind nicht auf die Anteile und ein **Gewinnbezugsrecht** aufzuteilen.[13] **Prozesskosten** teilen die Qualifikation der Aufwendungen, die Gegenstand des Prozesses waren.[14] Abziehbare **VorSt** gehört nach § 9b I 1 nicht zu den AK. Die AK eines in der **Zwangsversteigerung** erworbenen Grundstücks sind das Bargebot und die vom Ersteigerer zu tragenden Kosten,[15] die bestehen bleibenden Rechte, die nicht ausgebotenen nachrangigen Grundpfandrechte des Ersteigerers, soweit ihr Wert durch den Wert des ersteigerten Grundstücks nicht gedeckt ist,[16] eine nach § 144a ZVG untergegangene betriebliche Forderung[17] die Gerichtskosten und die GrESt.

52 **III. Herstellungskosten. – 1. Allgemeines.** Die HK sind der ursprüngliche Bewertungsmaßstab für alle vom StPfl selbst hergestellten WG des Anlage- und Umlaufvermögens. Zur Bewertung bei den Einkünften aus **LuF** s § 13 Rn 76 f. Ob Aufwendungen HK sind, richtet sich allein danach, ob und inwieweit die Voraussetzungen des **§ 255 II HGB** erfüllt sind. Die handelsrechtliche **Definition der HK** (Rn 26) beruht auf Art 35 III Richtlinie 78/660/EWG – Vierte EG-Richtlinie (AB1EG Nr L 222), der die HK nicht definiert, sondern dem Grunde nach voraussetzt und lediglich regelt, welche Kosten der Art nach „zu den HK gehören". Der BFH legt den Begriff der HK aufgrund eigener Kompetenz – ohne Vorlage an den EuGH – aus (Rn 6).[18] Die HK umfassen sämtliche durch den **Verbrauch von Gütern und die Inanspruchnahme von Leistungen** entstehenden Aufwendungen mit dem Ziel – final[19] – der Herstellung eines bilanzierungsfähigen WG. Zu den HK gehören sowohl die Kosten, die unmittelbar der Herstellung dienen als auch Aufwendungen, die zwangsläufig im Zusammenhang mit der Herstellung anfallen oder mit der Herstellung in einem engen wirtschaftlichen, nicht notwendigerweise zeitlichen Zusammenhang stehen.[20] Es sind stets die vollen HK anzusetzen.[21] Mit dieser Maßgabe ist der Herstellungsvorgang uneingeschränkt Vermögensumschichtung. Die Definition der HK gilt für das gesamte Steuerrecht (Rn 5). Bei einem **unentgeltlichen Erwerb** sind Baumaßnahmen, die ein Gebäude in betriebsbereiten Zustand versetzen, Erhaltungs-

---

1 BFH BStBl II 80, 187.
2 BFH BStBl II 76, 184.
3 FG Bln EFG 97, 655.
4 BFH BStBl II 87, 14; BStBl II 94, 454.
5 BFH BStBl II 99, 348 – Wertminderung des Anspr aus einem der Ges gewährten Darlehn.
6 BFH BStBl II 69, 105; BStBl II 75, 505 – Bezugsrecht auf GmbH-Geschäftsanteile; BStBl II 01, 345.
7 BFH BStBl II 92, 70 mwN – Aktivierung der GrESt, der Maklerprovision und der Notar- und Gerichtsgebühren.
8 BMF BStBl I 96, 1440.
9 BFH BStBl II 94, 934; zur Bilanzierung beim Grundstückseigentümer BFH/NV 98, 569.
10 BFH BStBl II 95, 374.
11 BFH BStBl II 94, 44.
12 BFH BStBl II 78, 233 – dort auch zur Behandlung von Währungsschwankungen; BStBl II 98, 123.
13 BFH BStBl II 86, 794; BStBl II 00, 341.
14 BFH BStBl II 98, 310.
15 BFH/NV 96, 26; BFH BStBl II 77, 714; BFH/NV 02, 1152.
16 BFH BStBl II 88, 424; zur Teilungsversteigerung BStBl II 77, 714; BStBl II 92, 727.
17 BFH/NV 87, 497.
18 BFH BStBl II 96, 632.
19 BFH GrS BStBl II 90, 830 (834).
20 BFH BStBl II 87, 694.
21 BFH BStBl II 94, 176.

kosten oder unter den Voraussetzungen des § 255 II HGB HK.[1] Bei **teilentgeltlichem Erwerb** können AK zur Herstellung der Betriebsbereitschaft nur im Verhältnis zum entgeltlichen Teil des Erwerbsvorgangs gegeben sein; iÜ liegen Erhaltungsaufwendungen vor oder, sofern § 255 II HGB erfüllt ist, HK.[2]

2. Herstellen eines Wirtschaftsguts. „Herstellen" ist das wertschöpfende Hervorbringen eines bisher nicht existierenden WG durch Bündelung vom Produktionsfaktoren; dies sind eigenes bzw anderweitig verfügbares Material mit seinem Buchwert, Dienst- und Finanzierungsleistungen Dritter. Werden angeschaffte WG zur Herstellung anderer WG verwendet, gehen sie mit dem Verbrauch in den HK des neuen WG als dessen unselbstständige Teile auf.[3] Wird mit dem Aufwand ein gegenüber dem vorhandenen WG selbstständiges WG hergestellt, liegen insoweit erstmalige HK vor;[4] bei Gebäuden ist insoweit insbes die bauliche Verschachtelung maßgebend.[5] „**Hersteller**" ist das Zurechnungssubjekt der produzierenden Wertschöpfung,[6] mithin derjenige, der „das Herstellungsgeschehen beherrscht",[7] insbes der **Bauherr (§ 15 EStDV**, zum Bauherrenmodell § 21 Rn 112). Bei Eigentumswohnungen ist die Abgrenzung von HK und Erhaltungsaufwand für jede rechtliche Einheit gesondert und in mehreren Schritten zu prüfen.[8] Die Fertigstellung eines angeschafften – insoweit AK, weil der Anschaffungsvorgang nicht dem Erwerber zugerechnet werden kann – Rohbaus führt in diesem Umfang zu HK.[9]

3. Neuherstellung, Erweiterung, wesentliche Verbesserung. Diese Maßnahmen sind abzugrenzen 54 gegenüber dem sofort abziehbaren Erhaltungsaufwand. Zu Letzterem gehören insbes Reparatur-, Pflege- und Wartungsaufwand, auch auf ein abgeschriebenes WG. Die **Erneuerung bereits vorhandener Teile**, Einrichtungen oder Anlagen ist „regelmäßig" (R 21.1 I EStR) **Erhaltungsaufwand**. Dessen Zweck besteht darin, ein WG in seiner betriebsbezogenen Funktions- und Nutzungsfähigkeit zu erhalten. Herstellungsaufwand ist nur mittels der AfA abziehbar. Die folgenden Grundsätze gelten auch bei selbstständigen Gebäudeteilen. „Herstellung" ist die Neuschaffung, auch die **„wirtschaftliche Neuherstellung"**. Die Definition ist bedeutsam für die Abgrenzung zu den sofort abziehbaren BA/WK, insbes (Reparatur-)Modernisierungsaufwendungen und für die Auslegung der § 10e I, § 2 I EigZulG,[10] **§ 7 V**. Insbes die AfA nach § 7 V können nur für Neubauten in Anspr genommen werden; ein solcher Fall liegt nicht allein schon dann vor, wenn sich durch die Umgestaltung die Zweckbestimmung des Gebäudes ändert; entscheidend ist, ob das Gebäude in bautechnischer Hinsicht neu ist.[11] Ein **neues WG** wird auch dadurch geschaffen, dass der bisherige Gegenstand derart umgestaltet oder erweitert wird, dass die ein-/hinzugefügten Teile dem WG nach dem äußeren Gesamteindruck „das Gepräge geben" und die verwendeten Altteile nach Bedeutung und Wert nur untergeordnet sind[12] („Veränderung der Wesensart"; wirtschaftliche Neuherstellung bzw **Umschaffung**[13]). **Der Umbau** eines bestehenden Gebäudes ist die Herstellung eines neuen **(Neubau)**, wenn das Gebäude bautechnisch als neu anzusehen ist, also **in seiner Substanz wesentlich verändert** wird.[14] Eine Eigentumswohnung wird nicht allein schon durch die rechtliche Umwandlung eines bestehenden Gebäudes in Eigentumswohnungen gem § 8 WEG (neu) hergestellt.[15] Ein **neues WG** wird geschaffen mit dem Ausbau eines nicht mehr nutzbaren und wertlosen ehemaligen Getreidespeichers zu einer Wohnung,[16] nicht mit dem Umbau eines EFH in ein Zweifamilienhaus durch erst-

---

1 BMF BStBl I 03, 386 Tz 15.
2 BMF BStBl I 03, 386 Tz 16.
3 BFH BStBl II 91, 187; BStBl II 92, 452; BStBl II 360 – Autotelefon als selbstständiges WG.
4 BFH BStBl II 90, 82.
5 BFH/NV 97, 838; s auch BFH/NV 03, 844; Anm *Fischer* FR 03, 557.
6 BFH BStBl II 90, 209 – Einflussnahme und Risiko; BStBl II 88, 1009 – Herstellung auf eigene Kosten und Gefahr und Beherrschung des Herstellungsgeschehens; BMF BStBl I 01, 887 – Film- und Fernsehfonds; hierzu *Radau/Dümichen* BB 03, 2261.
7 BFH BStBl II 92, 725.
8 Im Einzelnen BFH BStBl II 95, 131.
9 BFH BStBl II 80, 441; vgl auch BStBl II 98, 135 – Herstellung einer Eigentumswohnung durch Ausbau eines Dachbodens.
10 BMF BStBl I 94, 887, Rn 14f – „Herstellung einer Wohnung", mit auf Wertrelation Bauaufwand/Altbausubstanz abstellendem Wahlrecht; ferner R 7.3 V 2 EStR; FinSen Berlin BB 98, 2245; *Wacker*[3] EigZulG § 2 Rn 110 ff.
11 BFH BStBl II 92, 808.
12 BFH BStBl II 92, 452; BFH/NV 94, 705.
13 BFH BStBl II 81, 660 – Umrüstung erworbener Eisenbahnkesselwagen.
14 BFH BStBl II 78, 280 – „Umbau" einer Scheune in eine Pferdeklinik.
15 BFH BStBl II 93, 188.
16 BFH BStBl II 96, 514, in Abgrenzung zu BStBl II 92, 808 – zu § 7 V; Umbau einer Mühle mit Werkstatt/Lager zu Wohnhaus „in bautechnischer Hinsicht nicht neu".

malige Schaffung eines Wohnraumabschlusses.[1] Herstellung eines neuen WG (Gebäudes) ist insbes anzunehmen bei **Vollverschleiß** der vorhandenen Bausubstanz; ein solcher liegt vor, wenn das Gebäude schwere Substanzschäden an den für die Nutzbarkeit als Bau und die Nutzungsdauer bestimmenden Teilen hat.[2] Es reicht aber nicht aus, dass lediglich der durch Außenmauern umbaute Raum umgestaltet wird.[3] Die „Entkernung" eines Gebäudes ist je nach Sachlage einem Vollverschleiß gleichzustellen.[4] Für die Nutzungsdauer des Gebäudes bestimmend sind zB Fundamente, tragende Außen- und Innenmauern, Geschossdecken, Dachkonstruktionen.[5] In diesem Sinne wird ein Gebäude auch dann neu hergestellt, wenn es so sehr abgenutzt war, dass es **unbrauchbar** geworden ist und unter Verwendung seiner noch nutzbaren Teile wieder instandgesetzt wird.[6] Ein Gebäude ist aber nicht schon dann unbrauchbar, wenn es nicht vermietbar ist, weil es wegen Abnutzung und Verwahrlosung[7] zeitgemäßen Wohnvorstellungen nicht mehr entspricht. Anders zB bei schwerer Asbestverseuchung.[8] Dieselben Grundsätze gelten für bewegliche WG. Sind **nachträgliche Herstellungsarbeiten** an einem unbeweglichen WG umfassend, können der Bauherr und der Erwerber eines sanierten Gebäudes von der **Herstellung eines anderen WG** ausgehen, wenn der betr Bauaufwand zuzüglich des Werts der Eigenleistung nach überschlägiger Berechnung den Verkehrswert des bisherigen WG übersteigt.[9]

55 Die Rspr nimmt – teilw zu weitgehend – HK an bei Umgestaltung für eine andere Nutzung des Gebäudes (**Funktions- oder Nutzungsänderung**),[10] zB bei Umbau eines Wohnhauses in ein Bürogebäude[11] (zweifelh, allenfalls „Erweiterung"); auch bei Änderung der Nutzungsfunktion der angemieteten Räume in der Hand des Mieters.[12] Zu weitgehend ist auch die Auffassung, es werde ein neuer Vermögensgegenstand iSd § 255 II 1 HGB hergestellt, wenn ein Gebäude für eine andere als die bisherige Nutzung umgestaltet und dadurch „in seinem Wesen verändert" wird,[13] zB durch Umbau zweier Wohnungen in eine Arztpraxis[14] oder durch Umbau eines Wohn- in ein Bürogebäude.[15] In den einschlägigen Fällen ist aber zumeist eine Erweiterung, uU eine wesentliche Verbesserung[16] anzunehmen.

56 Eine zu HK führende **Erweiterung eines WG** liegt immer dann vor, wenn „etwas Neues, bisher nicht Vorhandenes" geschaffen wird.[17] Dies richtet sich nach der Funktion des eingefügten Bestandteils für das Gebäude; hatte das Gebäude vor der Maßnahme keine Bestandteile mit vergleichbarer Funktion, die durch die Maßnahme erneuert oder ersetzt wurden, sind die Aufwendungen grundsätzlich HK und keine Erhaltungsaufwendungen.[18] Ein Gebäude wird iSv § 255 II 1 HGB erweitert, wenn es aufgestockt oder wenn ein Anbau errichtet wird (§ 17 II WoBauG; die dort normierte Legaldefinition wirkt auch im Steuerrecht[19]). Eine Erweiterung ist immer anzunehmen bei Schaffung von Wohnraum unter wesentlichem Bauaufwand, dh bei einer – selbst absolut und relativ geringfügigen – Vergrößerung der nutzbaren Fläche (§§ 43f II BVO) eines Gebäudes,[20] zB durch

---

1 **AA** *Spindler* DStR 96, 765 (767); zum umgekehrten Fall BFH BStBl II 98, 151.
2 BFH BStBl II 98, 282; BFH/NV 99, 603 mwN; BMF BStBl I 03, 386 Tz 18.
3 BFH/NV 94, 460 – kein Neubau bei Umbau eines Zwei- in ein EFH.
4 *Wolff-Diepenbrock* DB 02, 1286 (1289): „künstlicher Vollverschleiß".
5 BStBl II 93, 188; BStBl II 98, 92; BStBl II 96, 632 – einschränkend zur Reparatur eines maroden Dachs, die nicht notwendigerweise zu einer Verlängerung der Gesamtnutzungsdauer führt; BFH/NV 98, 851 – Herstellung iSd § 10e I: „bautechnisch neue, bisher nicht vorhandene Wohnung", „Veränderung des Gebäudes in seiner wesentlichen Substanz".
6 BFH BStBl II 99, 282 mwN.
7 BFH BStBl II 99, 282.
8 Vgl *Wolff-Diepenbrock* DB 02, 1286 (1290): Steigerung des auf Null reduzierten Nutzungspotenzials. ME liegt jedenfalls eine „wesentliche Verbesserung" vor.
9 R 7.3 V 2 EStR; FinSen Berlin BB 98, 2245 mit instruktiven Beispielen.
10 BFH/NV 02, 627 mwN – Umbau eines Ladengeschäfts in ein Restaurant. Funktionsänderung ist Indiz für eine hierauf ausgerichtete Substanzmehrung. S ferner FG RhPf EFG 04, 798 – Umgestaltung einer Wohnung zu einem Sonnenstudio; FG BaWü EFG 03, 1683 – Umbau einer eigengenutzten Wohnung in zwei Arztpraxen; FG Nbg EFG 03, 900 – Umbau einer Wohnung in Büro.
11 BFH/NV 98, 1086 mwN: jedenfalls aber sind Errichten oder Abreißen von Trennwänden, Umgestaltung von Bad und Küche zu Büroraum usw eine Erweiterung; FG Nbg EFG 03, 841; *Spindler* DStR 96, 765 (767).
12 BFH BStBl II 97, 533 – Umbau zweier gemieteter Wohnungen in eine Arztpraxis als „Veränderung der Räume in ihrem Wesen".
13 BFH/NV 98, 1086 mwN.
14 BFH BStBl II 97, 533 – Änderung der Nutzungsfunktion von angemieteten Räumen.
15 BFH/NV 98, 1086.
16 FG Nbg EFG 03, 841.
17 BMF StEK § 6 I Ziff 1 Nr 71 – Rohr- und Kanalnetzerneuerung: BMF BStBl I 03, 386.
18 BFH/NV 01, 306 – Einbau eines Kachelofens anstelle offenen Kamins.
19 BFH BStBl II 02, 336; BMF BStBl I 03, 386 Tz 20.
20 BFH BStBl II 96, 628; BFH/NV 01, 1290 – Anbau, und öfter; BMF BStBl I 03, 386 Tz 21; *Pezzer* DB 96, 849 (850f).

Ausbau des Dachgeschosses oder eines Lichthofes,[1] auch bei Einbau größerer oder zusätzlicher Dachgauben,[2] Unterkellerung eines Vorbaus oder Anbau einer Terrasse.[3] Keine HK liegen vor, wenn die Nutzungsmöglichkeit des Gebäudes erweitert wird, so zB nur bei funktionsgleichem, wenn auch technisch modernisiertem Ersatz.[4] Wenn ein WG durch HK erweitert wird, spielt der (geringfügige) Wert keine Rolle.[5] S aber R 21.1 II EStR, wo eine auf Antrag maßgebliche **Untergrenze** von **4 000 €** (Rechnungsbetrag ohne USt) je Maßnahme festgelegt wird; ausgenommen bleibt der Fall, dass ein neu errichtetes Gebäude endgültig fertiggestellt werden soll.[6] Die neuere Rspr nimmt insgesamt HK an, wenn ein WG gegenüber dem Zustand vor Durchführung der Baumaßnahme in seiner **Substanz vermehrt** wird, wenn nachträglich **bisher nicht vorhandene Bestandteile** eingebaut/hinzugefügt werden, zB ein Fahrstuhl;[7] auch hier führen geringfügige Aufwendungen grds zu HK.[8] Der BFH bejaht dies auch zB bei Anbringen einer zusätzlichen Schutzmauer vor der feuchten Kellerwand.[9] Dem folgt das BMF[10] zu Recht nicht, wenn der neue Gebäudeteil die Funktion der bisherigen Bausubstanz in vergleichbarer Weise erfüllt und der hinzugefügte Gebäudeteile lediglich eingetretene Schäden beseitigen oder konkret drohende Schäden abwehren/beseitigen soll.

Zu HK führt eine über den ursprünglichen (dies ist grds der im Zeitpunkt des – entgeltlichen oder unentgeltlichen – Erwerbs oder der Herstellung durch den StPfl bzw seinen Rechtsvorgänger[11]), nach damaligen Maßstäben zu beurteilenden[12] Zustand des Gebäudes hinausgehende – auch zeitlich sich über mehrere Jahre erstreckende – **wesentliche Verbesserung**.[13] Eine solche kann vorliegen, wenn einzelne, einer vorgesehenen geänderten Verwendungsmöglichkeit des WG entgegenstehende Betriebsvorrichtungen entfernt werden.[14] War die ursprüngliche Substanz vor den Instandsetzungs- oder Modernisierungsmaßnahmen bereits verändert worden, etwa durch anderweitige nachträgliche HK oder durch die AfaA (§ 7 I 6), so ist der für die geänderte AfA-Bemessungsgrundlage maßgebende Zustand mit dem durch die nunmehr ausgeführten Arbeiten erreichten Zustand zu vergleichen.[15] Ist ein WG aus einem BV entnommen worden, kommt es auf den ursprünglichen Zustand bei Zugang in das PV an. Die Höhe des Aufwands ist für sich allein keine Indiz für eine wesentliche Verbesserung. Eine früher aufgrund Höhe des Aufwands sowie aufgrund von Umfang und Art der Baumaßnahmen angenommene **Generalüberholung** hat keine eigenständige steuerrechtliche Bedeutung mehr,[16] auch soweit „praktisch jeder Gebäudeteil saniert" wird und eine werterhöhende Modernisierung dem Haus einen zeitgemäßen Wohnkomfort wiedergibt, den es früher besessen, aber durch den technischen Fortschritt und die Veränderung der Lebensgewohnheiten verloren hatte.[17] Nicht zu HK führen daher selbst in ungewöhnlicher Höhe und zusammengeballt in einem VZ anfallende Aufwendungen, die zwar das Gebäude als Ganzes betreffen, es aber lediglich in ordnungsgemäßem Zustand entspr seinem ursprünglichen Stand erhalten oder diesen Zustand in zeitgemäßer Form wieder herstellen **(substanzerhaltende Bestandteilserneuerungen)**.[17] Eine wesentliche Verbesserung kann nicht allein aus Art und Umfang der Baumaßnahmen und der Höhe des dadurch bedingten Aufwands hergeleitet werden.[18] Eine Betriebsanlage wird nicht schon dann „wesentlich verbessert", wenn aufgrund einer behördlichen Anordnung eine Minderung deren Emissionswerte herbeizuführen ist; dadurch wird der Betriebsanlage lediglich ein zeitgemäßer Standard verliehen. Eine wesentliche Verbesserung liegt erst dann vor, wenn darüber hinaus nach objektiven Maßstäben der **Gebrauchswert des WG im Ganzen deutlich erhöht** wird („höherwertige Nutzbarkeit"); die Aktivierungspflicht kann auch darauf beruhen, dass zuvor bestehende Gründe für eine Wertminderung beseitigt werden.[19]

---

1 BFH BStBl II 96, 630; BStBl II 96, 637.
2 BFH BStBl II 96, 649 – „offenkundige Erweiterung der Wohnfläche" BStBl I 03, 386 Tz 21.
3 BMF BStBl I 03, 386 Tz 21: „Terasse über die ganze Gebäudebreite".
4 BFH BStBl II 93, 41 – Anpassung bzw Erweiterung eines Leitungsnetzes.
5 BFH/NV 94, 148.
6 S auch BMF BStBl I 03, 386 Tz 19.
7 BFH BStBl II 96, 131.
8 BFH BStBl II 96, 632 – Kabelanschluss für 2 500 DM.
9 BFH BStBl II 96, 639.
10 BStBl I 03, 386 Tz 24, auch unter Hinweis auf BFH BStBl II 81, 468 – Überdachung mit einem Glasdach zum Schutz vor weiteren Wasserschäden.
11 BFH GrS BStBl III 66, 672; BFH BStBl II 96, 632; ausf zum gebotenen Vergleich BMF BStBl I 03, 386 Tz 26.
12 BFH BStBl I 03, 590.
13 Grundlegend BFH BStBl II 96, 632; BStBl II 06, 707; *Pezzer* DB 96, 849 (853ff).
14 BFH BStBl II 06, 707; hierzu *Fischer* jurisPR-SteuerR 42/2002 Anm 2; *Heuermann* StBp 06, 328.
15 BFH GrS BStBl III 66, 672; BStBl II 96, 632 mwN.
16 BStBl II 96, 632, unter I 4a der Gründe; BMF BStBl I 03, 386 Tz 27.
17 BFH BStBl II 96, 632.
18 BFH/NV 99, 761.
19 BFH BStBl II 03, 121.

58 Instandsetzungsarbeiten verbessern ein Gebäude immer. Die Verbesserung ist (erst) dann „wesentlich", wenn über die zeitgemäße Erneuerung hinaus der Gebrauchswert von WG (auch von solchen des BV) „als Ganzes" deutlich erhöht wird,[1] etwa bei einer deutlichen Verlängerung der tatsächlichen **Gesamtnutzungsdauer des Gebäudes**, sofern die Bausubstanz – insbes die tragenden Wände und Fundamente – verändert wird, die im Wesentlichen die Lebensdauer des Gebäudes bestimmt (vgl Rn 54),[2] zum anderen durch eine maßgebliche erhebliche **Anhebung des Wohnstandards** des Gebäudes (Rn 59). Eine Steigerung der – selbst verdoppelten oder verdreifachten (!)[3] – Miete ist ein Indiz für einen deutlich gesteigerten Gebrauchswert nur insoweit, als sie nicht auf zeitgemäßen bestandserhaltenden Erneuerungen beruht.[4]

59 Anlässlich der Aufgabe der bisherigen Grundsätze zum sog anschaffungsnahen Aufwand (Rn 63) hat der BFH[5] den Rechtsbegriff der „wesentlichen" Verbesserung eines (Wohn-) Gebäudes präzisiert, um diesem Tatbestandsmerkmal einen relevanten Anwendungsbereich vorzubehalten. Es bleibt dabei, dass übliche, dh normalerweise anfallende Instandsetzungs- oder Modernisierungsmaßnahmen – die bloße Instandsetzung vorhandener Sanitär-, Elektro- und Heizungsanlagen, der Fußbodenbeläge, der Fenster und eine Dacheindeckung – den Gebrauchswert eines Gebäudes insgesamt nicht „wesentlich" verbessern; es bleibt auch bei der Beurteilung von größeren Modernisierungsmaßnahmen (sog Generalüberholung, Rn 57). Auch die Behebung eines Instandsetzungsstaus muss keine wesentliche Verbesserung zur Folge haben. Sie können aber das Gebäude „in ihrer Gesamtheit" wesentlich verbessern, nämlich immer dann, „wenn der Gebrauchswert (Nutzungspotenzial) eines Gebäudes von einem sehr einfachen auf einen mittleren oder von einem mittleren auf einen sehr anspruchsvollen **Standard** gehoben wird". Dieser – **„einfache"** (Ausstattung im nötigen Umfang/technisch überholten Zustand), **„mittlere"** (entsprechend mittleren oder selbst höheren Ansprüchen) oder **„sehr anspruchsvolle"** („das Mögliche" ist vorhanden vor allem unter Verwendung hochwertiger Materialien) – **Wohnungsstandard** wird „vor allem" bestimmt durch die **Heizungs-, Sanitär- und Elektroinstallationen** sowie die **Fenster**.[6] Werden diese Einrichtungen nicht nur in zeitgemäßer Form ersetzt, sondern darüber hinaus in ihrer Funktion (Gebrauchswert) deutlich erweitert und ergänzt und wird dadurch der Wohnkomfort des Hauses insgesamt deutlich gesteigert, dann wird ein Wohnhaus dadurch „wesentlich" verbessert. Instandsetzungs- oder Modernisierungsmaßnahmen, die über eine substanzerhaltende Erneuerung enstpr dem ursprünglichen Zustand nicht hinausgehen, sind bei dieser Prüfung außer Betracht zu lassen.[7] Der BFH führt aus:

„Dies kann zB der Fall sein, wenn Sanitärinstallationen deutlich erweitert oder ergänzt und ihr Komfort (zB durch zweckmäßigere und funktionstüchtigere Ausstattungsdetails) erheblich gesteigert wird, wenn eine technisch überholte Heizungsanlage (zB Kohleöfen) durch eine dem Stand der Technik entsprechende Heizungsanlage ersetzt wird, wenn bei der Modernisierung der Elektroinstallation die Leitungskapazität maßgeblich erweitert und die Zahl der Anschlüsse erheblich vermehrt wird und wenn einfach verglaste Fenster durch Isolierglasfenster ersetzt werden. Wenn auch einzelne dieser Maßnahmen noch nicht zu einer wesentlichen Verbesserung führen, so kann doch ein Bündel derartiger Baumaßnahmen, bei dem mindestens drei der oben genannten wesentlichen Bereiche – im Sinne einer „deutlichen Erweiterung und Ergänzung der Funktion"[8] – betroffen sind, ein Gebäude gegenüber seinem Zustand bei Erwerb in seinem Standard heben."

Der Gebrauchswert eines Wohngebäudes wird auch durch Erweiterungen iSv § 255 II 1 Variante 2 HGB bestimmt. Liegen insofern HK in einem der den Wohnstandard eines Gebäudes bestimmenden Bereiche vor, führen wesentliche Verbesserungen in wenigstens zwei weiteren Bereichen der Kernausstattung einer Wohnung zu AK bzw HK.[9] Der Einbau neuer Gegenstände in vorhandene Installationen ist nur unter Tatbestandsmerkmal der wesentlichen Verbesserung zu würdigen; das Merkmal der Erweiterung (§ 255 II 1 HGB) tritt insoweit zurück. Der Einbau führt nur dann zu HK, wenn er eine deutliche Verbesserung des Gebrauchswerts nach sich zieht.[10] Dies setzt voraus,

---

1 BFH BStBl II 03, 121 – solches wird verneint, wenn einer Betriebsanlage lediglich ein zeitgemäßer Standard verliehen wird.
2 BFH/NV 99, 761 mwN; BFH/NV 01, 449; FG SchlHol EFG 01, 749.
3 BFH/NV 99, 603.
4 BFH BStBl II 96, 632 (636); BFH/NV 01, 449; zur Indizwirkung nunmehr auch BFH BStBl II 02, 347; BMF BStBl I 03, 386 Tz 36 f.
5 BFH BStBl II 03, 569.
6 Ausf zur Beschreibung der Standards und zur Kumulation der standarderhöhenden Merkmale (Standardhebung und Erweiterung iSd § 255 II 1 HGB) BMF BStBl I 03, 386 Tz 9 – 14 ff; krit hierzu *Pannen* DB 03, 2729.
7 BMF BStBl I 93, 386 Tz 29 f, mit instruktivem Beispiel.
8 BFH/NV 04, 767.
9 BFH BStBl II 596.
10 BFH BStBl II 03, 604.

dass der Gebrauchswert eines Gebäudes mindestens drei der Kernbereiche der Ausstattung einer Wohnung in ihrer Funktion deutlich erweitert und ergänzt werden. Daher sind Aufwendungen für den **Einbau einer Solaranlage** zur Brauchwassererwärmung in eine bereits vorhandene Gaswärmeversorgung eines Wohnhauses Erhaltungsaufwand; denn damit wurde „allenfalls ein Kernbereich und dieser nur unwesentlich erweitert"; die Solaranlage ergänzt die vorhandene Wärmeversorgung durch Erschließung einer neuen Energiequelle.[1]

MaW: Baumaßnahmen, deren Schwerpunkt nicht die Reparatur und Ersetzung von Vorhandenem, sondern „die **funktionserweiternde Ergänzung wesentlicher Bereiche der Wohnungssausstattung** zum Gegenstand haben", (zB: Erhöhung des Gebrauchswertes der Heizung, Ausstattung des Bades mit funktionstüchtigeren Armaturen können „und zusätzlichen Ausstattungsgegenständen") erhöhen den Standard eines Gebäudes.[2] Funktionserweiternd wirkt mE auch ein neugedecktes und isoliertes Dach.[3] Soweit hierbei Bestandteile mit „neuer Funktion" eingebaut werden (Rohre, Stecker, Boiler, Waschbecken), ist dies nur in den Grenzen der R 21.1 EStR (Rn 56) unschädlich; darüber hinaus verbleibt es beim Anwendungsbereich des Tatbestandsmerkmals „Erweiterung". Zu den „derartig gebündelten Baumaßnahmen", die den Gebrauchswert in den genannten zentralen Bereichen der Ausstattung erhöhen, gehören auch die damit bautechnisch zusammenhängenden Arbeiten (zB Malerarbeiten beim Einbau neuer Fenster). Ein solcher Zusammenhang ist gegeben, wenn die einzelnen Baumaßnahmen wechselseitig voneinander abhängig sind, dh wenn entweder die Erhaltungsarbeiten Vorbedingung für die HK oder sonst durch sie veranlasst (verursacht) sind.[4] Andere gleichzeitige Aufwendungen – vor allem für Schönheitsreparaturen – können daneben sofort abziehbare WK oder auch – als Maßnahmen der Erweiterung – HK sein. Eine wesentliche Verbesserung kann auch durch eine sich planmäßig in zeitlichem Zusammenhang über mehrere VZ erstreckende Gesamtmaßnahme bewirkt werden („**Sanierung in Raten**").[5] Ob hiernach HK vorliegen, ist eine Tatfrage. Die Feststellungslast hinsichtlich der tatsächlichen Voraussetzungen des WK-Abzugs trägt der StPfl. Bezüglich der Tatsachen, die eine wesentliche Verbesserung („Standard-Sprung") begründen, trägt das FA die **Feststellungslast**; der StPfl hat insoweit eine erhöhte **Mitwirkungspflicht**. Kommt er dieser Mitwirkungspflicht nicht nach und sind umfangreiche Baumaßnahmen, die Installationen und Fenster betreffen, durchgeführt worden, können Indizien für eine wesentliche Verbesserung iSd § 255 II 1 HGB sein: eine „Modernisierung im Ganzen und von Grund auf", die Höhe der Baukosten sowie eine erheblich erhöhte Miete, wenn sie auf diese Baumaßnahmen zurückzuführen ist. Baumaßnahmen die nur einen Teil des Gebäudes betreffen, können für sich zu HK führen.[6]

Beispiele für Herstellungskosten: „Großzügigere Raumaufteilung", wobei das Entfernen oder Versetzen von Zwischenwänden „für sich allein nicht notwendigerweise" den objektiven Gebrauchswert erhöht (BFH BStBl II 97, 802; BStBl II 99, 282; BFH/NV 99, 761 – eventuell aber eine – und sei es geringfügige – Erweiterung; einschränkend BFH/NV 03, 706); Verlegung der Toiletten in die Wohnungen und die Errichtung vorher nicht vorhandener Badezimmer (BFH/NV 99, 603); Umbau von Räumen und Einbau neuer, zuvor nicht vorhandener Toilettenanlagen (BFH BStBl II 96, 131, unter 3.b); Ersetzung eines Flachdaches durch ein Spitzgiebeldach (BFH/NV 96, 537; BMF BStBl I 03, 386 Tz 23); Schaffung eines für Wohnzwecke ausbaufähigen Dachgeschosses durch Ersetzung eines Flachdachs durch ein Satteldach (BFH BStBl II 92, 73; BMF BStBl I 386 Tz 21); Mehrung der Wohnfläche durch neue oder breitere und höhere Dachgauben und eine hiermit bautechnisch zusammenhängende Erneuerung des Dachstuhls und der Dacheindeckung (BFH BStBl II 96, 630); neuer unterkellerter Vorbau und neue unterkellerte Terrasse (BFH BStBl II 96, 628); Umgestaltung einer Dachterrasse zu einem Wintergarten mit ganzjährig nutzbarem zusätzlichen Wohnraum (BFH/NV 99, 605); Einbau einer zuvor nicht vorhandener Elektroinstallation (2 500 DM), Installation eines Kabelanschlusses, von Leerrohren für Telefonanlage, einer Alarmanlage (BFH BStBl II 96, 630; BMF BStBl I 03, 386 Tz 22); Anbringen einer Vorsatzschale zur Kellerisolierung (BFH BStBl II 96, 639; **aA** BMF BStBl I 03, 386 Tz 24 für den Fall der Beseitigung oder Vermeidung konkret drohender Schäden), einer Markise (BStBl II 90, 430); von Rollläden (BFH 94, 158), eines offenen Kamins (BFH/NV 96, 114), von Jalousien (BFH/NV 89, 456); Einziehen zusätzlicher Trennwände (BFH/NV 98, 1086); besonderer Schallschutz des häuslichen Arbeitszimmers eines Musikers (FG Mchn EFG 01, 740); Einbau eines Kachelofens anstelle offenen Kamins (BFH/NV 01, 306); Umbau von Groß- in Kleinwohnungen; Errichtung einer Außentreppe (BMF BStBl I 03, 386 Tz 22); Einbau zusätzlicher Heizkamine (BFH/NV 91, 95). Prozesskosten teilen die Qualifikation der Aufwendungen, die Gegen-

---

1 BFH BStBl II 04, 949.
2 BFH BStBl II 03, 574; zu den neuen Urteilen *Sauren* DStR 02, 1042.
3 **AA** möglicherweise *Wolff-Diepenbrock* DB 02, 1286 (1291).
4 BFH/NV 02, 627; BFH DStRE 04, 1187.
5 BMF BStBl I 03, 386 Tz 31.
6 BMF BStBl I 03, 386 Tz 32.

stand des Prozesses waren (BFH BStBl II 98, 310). Prozesskosten für eine Auseinandersetzung um den Werklohn für Herstellungsleistungen gehören zu den HK (BFH/NV 96, 542).

60b **Keine Erweiterung/wesentliche Verbesserung, sondern Reparaturaufwendungen**[1] liegen – vorbehaltlich der Grundsätze zum bautechnischen Zusammenhang – vor, wenn der neue Gebäudebestandteil oder die neue Anlage die Funktion des bisherigen Gebäudeteils für das Gebäude in vergleichbarer Weise erfüllen; dies auch dann, wenn der neue Gebäudebestandteil für sich betrachtet nicht die gleiche Beschaffenheit aufweist wie der bisherige oder die Anlage technisch in der gleichen Weise wirkt, sondern lediglich entspr dem technischen Fortschritt modernisiert worden ist.[1]

Beispiele (s auch § 21 Rn 102): Anbringen einer zusätzlichen Fassadenverkleidung zu Wärme- und Schallschutzwecken (BStBl II 79, 435; unter Bezugnahme hierauf BMF BStBl I 03, 386 Tz 23; BFH/NV 91, 812 – Verklinkerung; sehr großzügig); Verlegen von Teppichboden auf Parkett (BFH/NV 86, 399); Vorhangfassade anstelle kostengleicher Erneuerung des Außenputzes (BFH BStBl II 82, 64); Umstellung einer Heizungsanlage von Einzelöl- auf Zentralheizung (BFH BStBl II 80, 7; BStBl II 85, 398; BMF BStBl I 03, 386 Tz 23); Ersatz vorhandener Türschlösser durch eine Türschließanlage (BFH/NV 90, 732); das Versetzen von Zwischenwänden, Zumauern von Fenstern und Türen „muss den Gebrauchswert nicht erhöhen" (BFH BStBl II 97, 802; BMF BStBl I 03, 386 Tz 23: Versetzen von Wänden ist keine Mehrung der Substanz); Vergrößern eines bereits vorhandenen Fensters; Ersatz eines Daches, ohne die Nutzungsmöglichkeit zu erweitern (BMF BStBl I 03, 386 Tz 23; BFH IV R 1/02 – betr gepachtetes Gebäude, mwN insbes zur Erweiterung der Wohnfläche, die zu HK führt); Einbau messtechnischer Anlagen zur verbrauchsabhängigen Abrechnung von Hausbetriebskosten sowie Breitbandverkabelung (R 21.1 I EStR); Einbau zeitgemäßer sanitärer Anlagen, verbesserter Schall- und Wärmeschutz durch isolierverglaste Fenster (BFH BStBl II 96, 632, unter II.; BStBl II 98, 515), dies ungeachtet der Möglichkeit einer Mieterhöhung nach § 559 BGB; Austausch von Ofenheizungen gegen Gas-Etagenheizung (BFH/NV 02, 968 = DStR 02, 1035).

Muss wegen der Erhaltungsaufwendungen prozessiert werden, sind auch die Gerichts- und Anwaltskosten wie der Erhaltungsaufwand abziehbar.

61 Lediglich zeitgleich, insbes räumlich getrennt anfallende **Herstellungs- und Erhaltungsaufwendungen** sind aufzuteilen,[2] wobei sog Gesamtkosten (zB ein einheitliches Architektenhonorar für sämtliche Baumaßnahmen) ggf schätzweise im Verhältnis der Herstellungs- zu den Reparaturarbeiten aufzuteilen sind. Sie sind indes insgesamt HK, wenn sie, was durch den räumlichen Zusammenhang indiziert werden kann, mit selbst verhältnismäßig geringfügigen HK **bautechnisch ineinander greifen**,[3] dh wenn die eine „Baumaßnahme durch die andere bedingt" ist. ZB sind Kosten der Instandsetzung des Daches als HK zu werten, soweit sie Folge des Dachgeschossausbaus sind: „Wenn ... Dachziegel zur Abdeckung der neu ausgebauten Gauben verwendet wurden, gehören deren Kosten zu den HK dieser Gauben, weil die Abdeckung mit Dachziegeln Teil ihrer Herstellung ist."[4] Soweit das Dach durch den Ausbau nicht verändert wurde und seine Instandsetzung auch nicht (Vor-)Bedingung des Ausbaus oder durch diesen veranlasst war,[5] liegen sofort abziehbare WK vor. Gleichzeitig anfallende **Gesamtkosten** sind im Verhältnis der Herstellungs- zu den Reparaturarbeiten – ggf im Wege der Schätzung – **aufzuteilen**;[6] und zwar „Gemeinkosten" der Gesamtmaßnahme (zB ein einheitlich in Rechnung gestelltes Architektenhonorar) im Verhältnis von HK und Erhaltungsaufwand. Ob WK oder HK für ein Gebäude vorliegen, das in Teileigentumsanteile nach dem WEG aufgeteilt ist, ist grds für die jeweiligen Teileigentumsanteile gesondert zu entscheiden.[7]

62 Die **Feststellungslast** für das Vorliegen von HK hat das FA, sofern die Nichterweislichkeit nicht auf einer Verletzung der Mitwirkungspflicht des StPfl beruht.[8] Die diesbezügliche Würdigung obliegt dem FG als Tatsacheninstanz (§ 118 II FGO). Nach Auff des BMF[9] liegen Indizien für die Hebung des Standards vor, wenn ein Gebäude in zeitlicher Nähe zum Erwerb im Ganzen und von Grund auf modernisiert wird, hohe Aufwendungen für die Sanierung der zentralen Ausstattungsmerkmale getätigt werden, aufgrund dieser Baumaßnahmen der Mietzins erheblich erhöht wird. Des Weiteren

---

1 BMF BStBl I 03, 386 Tz 23.
2 BFH BStBl II 96, 649; ausf mit instruktiven Beispielen zum Zusammentreffen von AK/HK und Erhaltungsaufwendungen BMF BStBl I 03, 386 Tz 33 ff.
3 BFH/NV 99, 603; exemplarisch BFH BStBl II 96, 639 – der gesamte Aufwand hing bautechnisch und stockwerkübergreifend mit der Vergrößerung von Wohnungen zusammen.
4 BFH BStBl II 96, 649.
5 Instruktive Beispiele bei BMF BStBl I 03, 386 Tz 32 ff.
6 BFH BStBl II 96, 632; BStBl II 96, 639.
7 BFH BStBl II 96, 131, dort auch zur Reihenfolge der Prüfung.
8 BFH BStBl II 96, 632 (636); BMF BStBl I 03, 386 Tz 36.
9 BMF BStBl I 03, 386 Tz 37.

soll die Frage, ob eine Hebung des Standards vorliegt, für die ersten drei Jahre nach Anschaffung des Gebäudes grds nicht zu prüfen sein, wenn die Aufwendungen insgesamt 15 vH der AK des Gebäudes nicht übersteigen.[1]

4. Aufgabe der Grundsätze zu anschaffungsnahen nachträglichen Aufwendungen; Herstellung der Betriebsbereitschaft einer erworbenen Wohnung. Der BFH hat die Rechtsgrundsätze zum sog anschaffungsnahen Aufwand (2. Aufl Rn 63 ff) aufgegeben.[2] Die Rechtsfolgen ergeben sich somit nunmehr ausschließlich aus § 255 HGB (Rn 26, 57 ff). Die Anschaffungsnähe ist nur von Bedeutung beim **„Herstellen der Betriebsbereitschaft"** (§ 255 I HGB; Rn 36) eines im Erwerbszeitpunkt noch nicht vermieteten Gebäudes. Wird ein Gebäude vom Erwerber bereits genutzt, zB durch Eintritt in einen bestehenden Mietvertrag (§ 566 BGB), kann es von ihm zum Zwecke dieser Nutzung nicht in einen betriebsbereiten Zustand versetzt werden.[3] Das Gebäude muss objektiv funktionstüchtig sein. Der Erwerber trifft die Entscheidung über Art und Umfang der Nutzung (als Wohnraum oder Büro, einfacher, mittlerer, sehr anspruchsvoller Standard des Gebäudes – subjektive Funktionstüchtigkeit). Betriebsbereit kann auch der Teil eines Wohngebäudes sein. AK liegen vor, wenn[4] 63

– das Gebäude infolge der Reparaturmaßnahmen einen höheren, **den Gebrauchswert bestimmenden Standard** („Wohnungskategorie") erreicht; dies ist unter denselben Voraussetzungen anzunehmen wie eine „wesentliche Verbesserung" (§ 255 II HGB; Rn 57 ff). Laufende Schönheitsreparaturen können daneben zu sofort abziehbaren WK führen;
– **funktionsuntüchtige Teile des Gebäudes**, die für seine Nutzung als Wohnung unerlässlich sind, **wieder hergestellt** werden, zB eine defekte Heizung, auch wenn eine durch Brand oder Wasserschaden unbewohnbar geworden war oder wegen Asbestverseuchung oder statischer Probleme unbewohnbar ist. Mängel, die durch laufende Reparaturen beseitigt werden können, schließen die Funktionstüchtigkeit nicht aus;[5]
– Renovierungs- oder Modernisierungsarbeiten gleichzeitig mit dem „einheitlichen" Kaufvertrag über eine Eigentumswohnung in einem Altbau (mE bei Erwerbs sonstigen Wohnraums) in Auftrag gegeben und als alsbald durchgeführt werden (**„Modernisierungsmodell"**; § 21 Rn 115).[6]

Maßnahmen unterhalb des „Qualitätssprungs" der wesentlichen Verbesserung – vor allem Schönheitsreparaturen und sonstige Instandsetzungsarbeiten an vorhandenen Gegenständen und Einrichtungen, insbesondere an „vorhandenen im Wesentlichen funktionierenden Installationen" (Bäder, Strom, Heizung) – führen nicht zu AK.[7] Unerheblich ist, ob der Erwerber zwar „grundlegende Veränderungen" beim Erwerb plant, den Plan aber später verwirklicht; es handelt sich dann um später HK (**„wesentliche Verbesserung"**) oder WK. „Anschaffungsnähe" Aufwendungen nach der erstmaligen Nutzung sind entweder HK oder sofort abziehbare WK. – Das BMF hat die neuen Grundsätze der Rspr im Schr v 18.7.03 zusammengefasst.[8] HK werden künftig nur noch in Ausnahmefällen anzunehmen sein, so bei der Sanierung eines „heruntergekommen" Gebäudes und bei Luxussanierungen unter Verwendung außergewöhnlich hochwertiger Materialien.[9] Die Frage der „Betriebsbereitschaft" hat keine praktische Bedeutung, da wegen der Verwendung einheitlicher Standardkategorien die Abgrenzung gegenüber Erhaltungsaufwendungen nach einem gleichen Maßstab erfolgt.

5. „Anschaffungsnahe Aufwendungen": starre 15-vH-Regelung idF des StÄndG 03.[10] Sie ist bezogen auf die HK „des Gebäudes" oder des Sonder-/Wohnungseigentums.[11] Durch das StÄndG 03 sind mit Wirkung für die nach dem 31.12.03 begonnenen[12] Baumaßnahmen (§ 52 XVI 8) die Grundsätze der neuen Rspr abw von § 255 II HGB für das Steuerrecht (s aber Art 35 III 78/660/EWG – Bilanzrichtlinie) (vorgeblich) „gesetzlich verankert" worden. Aufgrund § 9 V 2 gilt die § 6 I Nr 1a 64

---

1 BMF BStBl I 03, 386 Tz 38 mit weiteren Details beim Erwerb eines Gebäudes mit mehreren Wohnungen.
2 Ausf hierzu *Wolff-Diepenbrock* DB 02, 1286; *Spindler* BB 02, 2041; *Söffing* DStZ 02, 587.
3 Zu Einzelheiten BMF BStBl I 03, 386 Tz 3 f.
4 BFH BStBl 03, 574.
5 *Wolff-Diepenbrock* DB 02, 1286, 1287.
6 Bezugnahme ua auf BFH BStBl II 97, 348; stRspr, zuletzt BFH/NV 02, 105.
7 BFH BStBl II 03, 574: „Tapezierarbeiten, Erneuerung von Fliesen, Austausch von Elektromaterial und Instandsetzung von Rolläden".
8 BMF BStBl I 03, 386 = DStR 03, 1345; hierzu *Beck* DStR 03, 1462.
9 *Spindler* BB 02, 2041 (2049).
10 S auch OFD Ffm v 31.1.06 StEK § 6 I Ziff 1 Nr 4, zur Umqualifizierung in HK.
11 Bayerisches Landesamt für Steuern DB 05, 2718 = StEK § 6 I Ziff 1a Nr 3.
12 So auch die FinVerw, OFD Mchn/OFD Nürnberg DB 04, 1464, unter Nr 4.

auch für die Überschusseinkünfte. Die amtliche Begründung zum RegEntw[1] führt aus: „Die Neuregelung gilt für die Baumaßnahmen, mit denen nach dem 31.12.03 begonnen wird. Hierfür gelten alle Baumaßnahmen, die innerhalb von drei Jahren vorgenommen werden, grds als eine Maßnahme, es sei denn, es liegt Erhaltungsaufwand iSd § 6 I Nr 1a S 2 EStG vor. Liegt der Beginn vor dem 31.12.03, so sind aus Gründen einer einheitlichen Rechtsanwendung für den dreijährigen Beurteilungszeitraum auch die in 04 (und ggf 05) getätigten Baumaßnahmen insgesamt nach den Rechtsgrundsätzen der neuen BFH-Rspr anzuwenden. Aus Vereinfachungsgründen sind für sämtliche Baumaßnahmen innerhalb des dreijährigen Beurteilungszeitraumes daher entweder die Rechtsgrundsätze der neuen BFH-Rspr oder die gesetzliche Regelung der anschaffungsnahen Aufwendungen anzuwenden." Die 15-vH-Regelung ist nicht mehr eine – für die Steuergerichte nicht verbindliche – Aufgriffsgrenze (im Sinne eines konkreten Anlasses für eine Prüfung), sondern ist **hinsichtlich Prozentsatz und Dreijahreszeitraum starr**; insbes ist unter diesen gesetzlichen Voraussetzungen nicht mehr zu prüfen, ob „als Folge einer wesentlichen Verbesserung (§ 255 II HGB) vorliegen". Andererseits ist **außerhalb des Dreijahreszeitraums** die neue BFH-Rspr (Rn 63) und das BMF-Schr in BStBl I 03, 386 maßgebend, insbes bei jedweder zeitlichen Streckung über drei Jahre hinaus.[2] Nicht geregelt ist der Fall, dass die Aufwendungen weniger als 15 vH der AK des Gebäudes betragen. Sie sind AK/HK nach den allg Grundsätzen.[3] Allerdings werden bei betragsmäßiger Unterschreitung der 15-vH-Grenze die Kriterien des BFH für HK idR nicht vorliegen. § 6 I Nr 1a regelt lediglich die Abgrenzung von Erhaltungsaufwendungen von HK, nicht aber von AK, die in Betracht kommen, wenn der Erwerber eines leer stehenden Hauses Aufwendungen insbes zur Herstellung der Betriebsbereitschaft tätigt.[4] Aufwendungen für die Beseitigung der Funktionsuntüchtigkeit oder zur Hebung des Standards sind nach Auffassung der FinVerw nicht in die 15-vH-Grenze einzubeziehen.[3] Auch wenn Aufwendungen für Baumaßnahmen erst nach Ablauf des Dreijahreszeitraums die 15-vH-Grenze überschreiten, sind sie HK (§ 255 II 1 HGB – „Sanierung auf Raten").[3] Das Überschreiten der 15-vH-Grenze ist ein rückwirkendes Ereignis iSd § 175 I 1 Nr 2 AO.[5]

Zum „laufenden Erhaltungsaufwand, der jährlich üblicherweise anfällt",[6] gehörten bislang Aufwendungen, „die auch bei neuerworbenen Gebäuden sofort als WK abziehbar sind".[7] Damit waren gemeint die Aufwendungen für den „Ersatz zerbrochener Fensterscheiben, Reparaturen an Herden und Öfen, Öffnen von Türschlössern und Neuanfertigungen von verlorenen Schlüsseln sowie ähnliche kleinere Ausgaben", ferner für die Wartung der Heizung. Dies ist wohl synonym für die früher aus den AK ausgegrenzten Aufwendungen für „verhältnismäßig geringe Aufwendungen für Schönheitsreparaturen vor Bezug eines Gebäudes"[8] bzw „laufender Erhaltungsaufwand einschl kleinerer Schönheitsreparaturen".[9] Übliche Schönheitsreparaturen im – vor allem zivilrechtlichen (vgl § 28 2. BVO) – Rechtssinne (Tapezieren, Anstreichen der Wände und Decken, der Innenanstrich der Außenfenster und Wohnungsabschlusstür, das Streichen der übrigen Fenster und Türen, der Fußböden und der Heizkörper oder „sonstiger kleiner Reparaturaufwand") erwähnt das Gesetz nicht; sie sind aber, obwohl sie nicht „jährlich üblicherweise" anfallen, tatbestandsmäßig, da die Rspr zum alten Recht hier – unterhalb der Grenze der „umfassenden Renovierung" – großzügig war (Rn 60; s auch § 21 Rn 103).[10] Aufwendungen zur Beseitigung versteckter Mängel werden angesprochen in R 6.4 I. Bei teilentgeltlichem Erwerb des Gebäudes können anschaffungsnahe HK nur im Verhältnis zum entgeltlichen Teil des Erwerbsvorgangs gegeben sein. Für andere WG als Gebäude – zB Gartenanlagen – gilt die Neuregelung nicht. Das Überschreiten der 15-vH-Grenze behandelt die FinVerw als rückwirkendes Ereignis.[11]

68 6. Zeitraum der Herstellung. Die **Herstellung beginnt**, wenn Kosten entstehen, die zwangsläufig in unmittelbarem sachlichen Zusammenhang mit der Herstellung eines WG anfallen,[12] zB bei der Her-

---

1 BT-Drs 15/1562.
2 S aber zur den Dreijahreszeitraum überschreitenden „Sanierung in Raten" BMF BStBl I 03, 386, und OFD Mchn/OFD Nürnberg DB 04, 1464, unter Nr 3.
3 OFD Mchn/OFD Nürnberg DB 04, 1464.
4 *Spindler* DB 04, 607 (509).
5 AEAO Nr 2.4 zu § 175 AO.
6 BFH/NV 89, 165; BFH/NV 91, 87: Sofort als WK abziehbar sind „lediglich laufender Erhaltungsaufwand, der jährlich üblicherweise anfällt, und verhältnismäßig geringe Aufwendungen für Schönheitsreparaturen vor Bezug des Gebäudes".

7 BFH/NV 89, 165, unter Bezugnahme auf BFH BStBl III 63, 39.
8 BFH BStBl 90, 130; anders in Abgrenzung hierzu bei „umfassender Renovierung" BFH BStBl II 92, 28.
9 BFH/NV 91, 32.
10 Enger *Spindler* DB 04, 507 (510).
11 AEAO Nr 2.4 zu § 175.
12 BFH BStBl II 75, 510; GrS BStBl II 78, 620 – Abbruch zwecks Neuerrichtung.

stellung eines Gebäudes mit den Planungskosten[1] oder ggf mit dem Abbruch eines alten Gebäudes (Rn 122f). HK entstehen erst mit der Erbringung der Herstellungsleistungen und nicht bereits durch Voraus- und Anzahlungen für die Herstellung[2] (sonst: geleistete Anzahlungen). Wenn geliefert wird, gehen die Vorauszahlungen (§ 5 Rn 83) in die AK/HK des vorfinanzierten WG ein. Soweit HK im Vorjahr als sofort abziehbarer Aufwand behandelt worden sind, können sie nicht später nochmals aufwandswirksam werden.[3] Aufwand, der in einem wirtschaftlichen Zusammenhang mit dem Herstellungsvorgang steht, verliert diese Eigenschaft nicht dadurch, dass er erst **nach dem Beginn der bestimmungsgemäßen Nutzung** liegt, sofern es sich nicht um Erhaltungsaufwand handelt.[4] Bei **periodenübergreifender Herstellung** sind die teilfertigen WG[5] mit ihren bis zum Stichtag angefallenen Teil-HK zu aktivieren, soweit nicht von ihrer Einbeziehung abgesehen werden kann,[6] zB als Anlagen im Bau bzw unfertige Erzeugnisse; dies auch, wenn ein „als Einzelheit greifbares WG" noch nicht entstanden ist.[7] Zu letzteren WG gehören nach Auffassung des BFH nicht die Redaktionskosten zur Herstellung von Druckvorlagen (Zwischenprodukt) einer Zeitschrift,[8] wohl aber die vorbereitende Beseitigung der Bodendeckschicht (Abraumvorrat) bei der Mineralgewinnung.[9] Ein **WG ist hergestellt** (§ 9a EStDV – Jahr der Fertigstellung), wenn sein Zustand nach objektiven Merkmalen eine bestimmungsgemäße Verwendung – insbes Nutzung oder Absetzung – ermöglicht, bei einem Gebäude nach Abschluss der wesentlichen Bauarbeiten.[10] Nachträgliche HK setzen die Veränderung eines bereits bestehenden WG im Rahmen eines weiteren Herstellungsvorgangs (Erweiterung, wesentliche Verbesserung) voraus.[11] Der Verwendungszweck kann den Zeitpunkt der Fertigstellung bestimmen. Zu verlorenen Aufwendungen Rn 78. Scheitert die Anschaffung/Herstellung, sind die **vergeblichen Aufwendungen**[12] in dem Zeitpunkt sofort abziehbare BA/WK, in dem sich mit großer Wahrscheinlichkeit herausstellt, dass es zu keiner Verteilung des Aufwands mittels AfA kommen kann.[13]

7. Umfang der Herstellungskosten. HK sind alle Aufwendungen (Wertuntergrenze), die unmittelbar der Herstellung dienen, einschl der Material-, Fertigungs- und Sonderkosten der Fertigung (§ 255 II 2 HGB), ferner Aufwendungen, die in einem engen sachlichen und zeitlichen Zusammenhang, dh zwangsläufig mit der Herstellung des WG anfallen,[14] auch Planungskosten. § 255 II HGB fordert nicht den Einbezug von Nebenkosten in die HK und nicht allg die Erfassung nachträglich anfallender Kosten. Nach dem Ende der Herstellung (Rn 68) anfallende Kosten sind nicht zu berücksichtigen (§ 255 II 5 HGB, Rn 68). Kalkulatorische Kosten – insbes die Verzinsung des Eigenkapitals, der Wert der eigenen Arbeitsleistung, der Unternehmerlohn, kalkulatorische Mieten – gehören nicht zu HK.[15] Werden angeschaffte WG zur Herstellung anderer verwendet, gehen sie mit dem Verbrauch zur Herstellung unter.[16] HK sind die **(Sonder-)Einzelkosten** (direkte Kosten), und **Fertigungs- und Materialgemeinkosten** (indirekte Kosten; Rn 72); Letztere sind dem Produkt nur mittelbar zuzuordnen und müssen abgrenzbar sein. Allg Forschungskosten[17] (dh Aufwendungen zur Gewinnung von neuen wirtschaftlichen und technischen Erkenntnissen und Erfahrungen allg Art – Grundlagenforschung – und zur Neuentwicklung bestimmter Erzeugnisse und Herstellungsverfahren – Zweckforschung) sind grds keine HK; dies vor allem dann nicht, wenn sie nach dem jeweils gegebenen betrieblichen Ablauf sonstige nicht abgrenzbare Gemeinkosten sind;[18] anders allenfalls bei Entwicklungskosten für eine einzelne Anlage und Auftragsforschung und für die Weiterentwicklung von Erzeugnissen und Verfahren der laufenden Fertigung. Die bewertbaren Einzelkosten kön-

---

1 BFH BStBl II 83, 451; H 6.3 EStR.
2 BFH BStBl II 74, 25; GrS BStBl II 90, 830.
3 BFH BStBl II 79, 143; je nach Sachlage bietet hier § 174 AO eine Lösung.
4 BFH BStBl II 88, 431.
5 Hierzu BFH BStBl II 06, 298.
6 BFH BStBl II 79, 143; BStBl II 96, 215.
7 R 6.3 VII EStR.
8 BFH BStBl II 75, 809; nach wohl zutr Auffassung von H/H/R § 6 Rn 461, und Schmidt[26] § 6 Rn 176, überholt durch BGH GrS BStBl II 78, 620; aber beiläufig bestätigt durch BFH BStBl II 90, 47 – Aufwendungen zur Beschaffung von Aufträgen sind Vertriebskosten.
9 BFH BStBl II 79, 143.
10 BFH BStBl II 96, 215 mwN – Bewohnbarkeit; BFH BStBl II 91, 132 – abschnittsweise Fertigstellung; BFH BStBl II 02, 349.
11 BFH BStBl II 02, 349; DStR 04, 134 = BFH/NV 04, 271.
12 Allg BFH BStBl II 02, 144 – Abzug von Schuldzinsen für ein gescheitertes Bauvorhaben.
13 BFH BStBl II 78, 455.
14 BFH BStBl II 02, 349. Eine umfangreiche Übersicht über die „Pflichtbestandteile" der HK sowie der Positionen, die nicht zu den HK gehören, findet sich bei Ritzrow SteuerStud 03, 261, 264 f, 267 f.
15 H 6.3 EStR; aber BFH BStBl II 96, 427 – Tätigkeitsvergütung iSd § 15 I 1 Nr 2.
16 BFH BStBl II 91, 187; BStBl II 92, 452.
17 BFH BStBl II 79, 634 – Prototypen; s aber BStBl II 76, 527 – Versuchsanlage als Anlagevermögen; s auch BMF BStBl I 85, 683.
18 BFH/NV 88, 534 mwN.

nen den herzustellenden Vermögensgegenständen unmittelbar, nämlich aufgrund eines eindeutigen und nachweisbaren quantitativen Zusammenhangs, nach einer Maßeinheit (Menge, Zeit usw) zugerechnet werden, einschl eines Schwunds.[1] Demgegenüber gehen die Gemeinkosten nicht unmittelbar in das Produkt ein, sondern werden über eine Schlüsselung oder Umlage zu den herzustellenden Vermögensgegenständen in Beziehung gebracht.[2]

71 **Einzelkosten** entstehen durch Verwendung von – mit den AK/HK (Warenpreis zuzüglich Anschaffungsnebenkosten) bewertetem – Fertigungsmaterial (einschl Hilfs- und Betriebsstoffen, bezogenen Fertigerzeugnissen, Energiekosten der Fertigung), durch den Einsatz von Löhnen (Brutto-, Akkord- und Zeitlöhne zuzüglich Lohnnebenkosten wie ArbG-Anteil an der Sozialversicherung) im Fertigungsbereich und durch die Sondereinzelkosten der Fertigung (§ 255 II 2 HGB). Zu Letzteren gehören zB Entwurfskosten, Lizenzgebühren, soweit sie zur Fertigung der Erzeugnisse aufgewendet werden und nicht zu den allg Verwaltungs- oder den Vertriebskosten gehören; ferner Stücklizenzen. HK sind abgrenzbare **fertigungsbezogene Vorbereitungskosten**, auch wenn sie sich noch nicht körperlich materialisieren, wie solche für die Planung eines neuen Gebäudes.

72 Auch **Gemeinkosten** (**§ 255 II 3 HGB**; Rn 26) sind ihrer Art nach HK; sie sind ebenso wie die Fertigungs- und Materialeinzelkosten Aufwendungen für Güter, Leistungen und Dienste, die durch den Herstellungsvorgang veranlasst sind. Notwendige **Material- und Fertigungsgemeinkosten** entstehen nach **R 6.3 II EStR** durch Lagerhaltung, Transport und Prüfung des Fertigungsmaterials, Vorbereitung und Kontrolle der Fertigung, Gehälter und Hilfslöhne, soweit nicht bereits Fertigungseinzelkosten, Betriebsleitung, Werkzeuglager, Raumkosten, Sachversicherungen, Unfallstationen und Unfallverhütungseinrichtungen der Fertigungsstätten, Lohnbüro, soweit in ihm die Löhne und Gehälter der in der Fertigung tätigen ArbN abgerechnet werden. Wertminderungen kann oder muss durch den Ansatz des niedrigeren Werts bzw des niedrigeren Teilwerts (§ 6 I Nr 2 S 2) Rechnung getragen werden. Zu den Fertigungsgemeinkosten zählen auch Hilfs- und Betriebsstoffe, soweit sie im Fertigungsbereich anfallen,

Als – linearer oder (str) degressiver – **Wertverzehr des Anlagevermögens**, soweit er der Fertigung der Erzeugnisse dient,[3] ist der Betrag in die HK einzubeziehen, der bei der Bilanzierung des Anlagevermögens als AfA berücksichtigt ist. R 6.3 III EStR regelt Einzelfragen bei Inanspruchnahme degressiver AfA, von Bewertungsfreiheiten, Sonderabschreibungen und erhöhten Absetzungen. Teilwertabschreibungen auf das Anlagevermögen sind bei der Berechnung der HK der Erzeugnisse nicht zu berücksichtigen (R 6.3 III 5 EStR).

73 Soweit die **Gemeinkosten** nach § 255 II 3–5 HGB eingerechnet werden „dürfen", besteht handelsrechtlich ein **Einbeziehungswahlrecht**. Der handelsrechtliche Mindest- und Maximalumfang der HK wird durch die Begriffe Teilkostenrechnung und Vollkostenrechnung markiert.[4] Die Erstreckung der Bewertungsuntergrenze in das Steuerrecht ist umstritten. Nach zutr Auffassung des BFH[2] gilt das Wahlrecht des **§ 255 II 3 HGB** (betr **Gemeinkosten**; zB der durch die Fertigung veranlasste Wertverzehr des Anlagevermögens) nur handelsrechtlich; § 6 I Nr 2 S 1 geht wegen des Bewertungsvorbehalts (§ 5 VI) vor.[5] Bei der steuerlichen Gewinnermittlung sind nach § 6 I Nr 2 S 1 alle HK anzusetzen, also grds alle Aufwendungen, die „ihrer Art nach" HK sind. Dies sind auch die fixen oder variablen (sich mit der produzierten Menge ändernden) **Gemeinkosten** iSd § 255 II 3 HGB.[2] Zu Überbewertungen kommt es durch die Einbeziehung der Gemeinkosten in die HK nicht, denn zu ihnen gehören nur **angemessene Teile der notwendigen Material- und Fertigungsgemeinkosten** (R 6.3 I EStR); die Zurechnung muss „vernünftigen betriebswirtschaftlichen Kriterien" entsprechen.[6] Für einzelne Aufwendungen, bei denen aus betriebswirtschaftlicher Sicht die Zugehörigkeit zu den Fertigungsgemeinkosten zweifelh ist, kann eine Aktivierungspflicht entfallen.[7] Eine willkürliche, nur nach Verträglichkeit ausgerichtete Zurechnung ist dadurch ausgeschlossen.[8]

---

[1] BFH BStBl II 88, 661.
[2] BFH BStBl II 94, 176.
[3] BFH BStBl II 88, 961.
[4] Siegel FS D Schneider, 1995, S 635.
[5] BFH GrS BStBl II 78, 620 (625).
[6] BFH BStBl II 94, 176 – Art 35 III der Vierten EG-Richtlinie lautet: „Den Herstellungskosten dürfen angemessene Teile der dem einzelnen Erzeugnis nur mittelbar zurechenbaren Kosten, welche auf den Zeitraum der Herstellung entfallen, hinzugerechnet werden." Zum Problem der korrekten Transformation durch § 255 II HGB Moxter FS D Schneider, 1995, S 447.
[7] BFH BStBl II 94, 176; in Bezug genommene Ausnahme: BStBl III 58, 392 zur GewSt auf den Gewerbeertrag; hiergegen Mathiak DStJG 7 (1984), 97 (113 ff).
[8] BFH BStBl II 94, 176, unter Bezugnahme auf A/D/S[6] § 255 Rn 190.

Ob die in § 255 II 4 HGB genannten **Kosten der allg** (nicht unmittelbar produktionsbedingten) **Verwaltung** (zB Aufwendungen für die Geschäftsleitung, den Betriebsrat, Einkauf und Wareneingang, das Nachrichten-, Rechnungs- und Ausbildungswesen, AfA auf die Geschäftsausstattung), Feuerwehr, Werkschutz, die Aufwendungen für freiwillige soziale Leistungen (zB die Kantine und für Freizeitgestaltung der ArbN) und für betriebliche **Sozial- und Altersvorsorgeleistungen** (zB DirektVers, Zuführungen zu den Pensionsrückstellungen – ausf Aufzählung[1] in R 6.3 IV EStR) handelsrechtlich HK sind oder bloße Bewertungshilfen, die zu den HK hinzugerechnet werden dürfen und die deswegen die steuerrechtliche Einrechnungsverpflichtung nicht berühren, ist handelsrechtlich heillos streitig.[2] Der BFH hat diese Frage bislang offen gelassen.[3] Nach R 6.3 IV 1 EStR gilt das handelsrechtliche **Wahlrecht** für Kosten der allg Verwaltung und Aufwendungen für soziale Einrichtungen usw sowie für Zinsen für Fremdkapital auch für die Steuerbilanz. Diese Gemeinkosten sind Teil der HK, wenn in der HB entspr verfahren wird. Dem ist zuzustimmen.[4] Die Wertobergrenze der HK ergibt sich somit aus der Summe der „Pflichtbestandteile" und der Verwaltungskosten. Das Wahlrecht ist nach dem Grundsatz der Bewertungsstetigkeit (§ 252 I Nr 6) auszuüben. Nicht zu den HK gehören die Steuern vom Einkommen (und die Vermögensteuer). Hinsichtlich der **Gewerbeertragsteuer** gibt R 6.3 V 2 EStR ein Aktivierungswahlrecht; die GewSt auf das der Fertigung dienende Kapital ist (war) stets einzurechnen (§ 255 II 4 HGB). Die USt gehört zu den die HK nicht berührenden Vertriebskosten (R 6.3 V 3 EStR), anders die nichtabziehbare VorSt (§ 9b; zu Einzelheiten s dort Rn 5 ff).[5]

74

Vertriebskosten sind Kosten für den Absatz von Produkten und Leistungen. Sie dürfen nicht in die HK einbezogen werden (§ 255 II 6 HGB). Hierzu zählen zB Lagerkosten (soweit die Lagerung nicht Teil des Herstellungsvorgangs ist wie zB bei Käse und Wein); idR Aufwendungen für Verpackungen, die dazu dienen, das Produkt versandfähig zu machen oder auch gegen Beschädigungen zu schützen (sog **Außenverpackung**); anders wenn aufgrund der Eigenart eines Produkts (Milch, Zigaretten, Dosenbier) eine bestimmte Warenumschließung erforderlich ist, um das Erzeugnis überhaupt verkaufs- und absatzfähig zu machen (sog **Innenverpackung**), dann auch einschl der Abfüllkosten.[6] Vertriebskosten sind auch – zeitlich vor der Fertigung – Kosten für die Akquisition (Werbung, Auftragserlangung, Erstellung von Angeboten, Vermittlungsprovision, Auftragsnachmessung[7]); Umsatzlizenzen,[8] Ausfuhrversicherung; Kosten für Garantie-, Kulanz- und Wartungsleistungen.

75

Fremdkapitalzinsen gehören nicht zu den HK, desgleichen nicht Kosten der Geldbeschaffung und sonstige Finanzierungskosten.[9] Sie „dürfen" handelsrechtlich angesetzt werden und „gelten" dann nach näherer Maßgabe des **§ 255 III 2 HGB**, sofern das Fremdkapital zur Finanzierung der Herstellung verwendet wird, als HK, soweit sie auf den Zeitraum der Herstellung entfallen; handelsrechtlich ist dies eine Bewertungshilfe.[10] Die HK-Fiktion des § 255 III 2 HGB betr Fremdkapitalzinsen gilt auch für die Steuerbilanz.[11] R 6.3 IV EStR (mit Verweis auf § 255 III HGB) geben ein **Einbeziehungswahlrecht**,[12] wenn in der HB entspr verfahren wird. Zu Finanzierungskosten im Rahmen eines Bauherrenmodells s § 21 Rn 113.

76

Sog **Leerkosten** – Produktionsaufwand bei nicht ausgenutzter Kapazität – bewirken keine Änderung der in die HK einzubeziehenden Fertigungsgemeinkosten, wenn sich Schwankungen in der Auslastung aus der Art der Produkte bzw der Rohstoffe (Herstellung von Zucker, Obstsaft, Saisonbetriebe) ergeben.[13] IÜ sind die HK nach der **erreichbaren Normalkapazität** zu ermitteln. Wird ein **Betrieb** infolge teilw Stillegung oder mangelnder Aufträge **nicht voll ausgenutzt**, so sind die dadurch verursachten Kosten bei der Berechnung der HK nicht zu berücksichtigen; der niedrigere Teilwert kann statt der HK angesetzt werden, wenn glaubhaft gemacht wird, dass ein Käufer des Betriebs weniger als den üblichen Aufwand für die Herstellung der Erzeugnisse bezahlen würde.[14]

77

---

1 S auch *Ritzrow* SteuerStud 03, 261, 265 f.
2 Im letzteren Sinne *Mellwig* FS Budde, S 397; **aA** *Mathiak* DStJG 7 (1984), 97 (112).
3 BFH BStBl II 94, 176.
4 *Blümich* § 6 Rn 494; gegen Einrechnungsmöglichkeit *Schulze-Osterloh* StuW 91, 284 (289).
5 BFH/NV 91, 297; zur USt nach § 15 IV UStG BFH BStBl II 93, 17.
6 BFH BStBl II 76, 13; BStBl II 90, 593 – sog Peelumhüllung von Einmalkanülen als Außenverpackung; BStBl II 87, 789 – Cellophanumhüllung einer Tonbandkassette.
7 BFH BStBl II 90, 47; zweifelh, vgl *Schmidt*[26] § 6 Rn 186.
8 BFH BStBl II 70, 104.
9 BFH BStBl II 68, 574; s aber für Überschusseinkünfte BStBl II 90, 460.
10 BT-Drs 9/1878, 88.
11 *Bordewin* DStZ 94, 513 (516).
12 BFH BStBl II 90, 460 – Überschusseinkünfte; *Mathiak* DStJG 7 (1984), 97 (115); keine Hinzurechnung zum Gewinn; s BFH BStBl II 04, 192.
13 BFH BStBl III 66, 468; weitergehend *Mathiak* DStJG 7 (1984), 97 (110).
14 R 6.3 VI 3 EStR.

78 Zahlungen ohne Gegenleistung sind noch keine HK.[1]

Verlorene – wirtschaftlich verbrauchte – **Vorauszahlungen** an den in Konkurs gegangenen Bauunternehmer für ein Bauvorhaben oder auf nicht geliefertes Material gehören mangels Inanspruchnahme von Diensten nicht zu den HK. Die Einbeziehung solcher Vorauszahlungen widerspräche dem mit dem Ansatz der HK verfolgten Zweck, die vermögensumschichtend gespeicherten Aufwendungen auf die Nutzungsdauer des hergestellten WG zu verteilen.[2] Der Bauherr kann BA/WK in dem Zeitpunkt abziehen, in dem deutlich wird, dass die Vorauszahlungen ohne Gegenleistung bleiben und eine Rückzahlung nicht zu erlangen ist.[3] Die **Leistung** muss in Anspr genommen (§ 255 II 1 HGB), mithin tatsächlich erbracht werden und **wertbestimmend in das hergestellte WG eingegangen** sein.[4] Planungskosten für ein Gebäude sind Teil der HK.[5] Die Kosten einer früheren, nicht verwirklichten Planung – **vergebliche (Planungs-)Kosten** – gehören grds zu den HK eines auf demselben Grundstück errichteten Gebäudes; dies nur dann nicht, wenn es sich bei dem ursprünglich geplanten Gebäude und dem bei dem tatsächlich errichteten Gebäude nach Zweck und Bauart um 2 völlig verschiedene Bauwerke handelt und wenn daher die erste Planung in keiner Weise der Errichtung des neuen Gebäudes dient, wie zB bei der Errichtung eines Fabrikgebäudes anstelle eines ursprünglich geplanten Wohngebäudes.[6] Bei gleichem Zweck und bei gleicher Bauart des ursprünglich geplanten und des später errichteten Bauwerks sollen grds auch die Kosten der ursprünglichen Planung wertbestimmend in das neue Gebäude eingehen.[7] Nach – gemessen an § 255 II 1 HGB nicht zutr – Auffassung des BFH[8] sind Aufwendungen für den Rücktritt vom Fertighauskauf HK des sodann konventionell gemauerten Gebäudes. Verlorene Zahlungen auf nicht geliefertes Materialien sind keine HK. Bei den Einkünften aus VuV sind vergebliche Aufwendungen zur Anschaffung oder Herstellung des abnutzbaren Gebäudes, nicht aber solche zur Anschaffung des Grund und Bodens als WK abziehbar.[9]

79 HK liegen vor bei **nicht vertragsgemäßer oder mangelhafter Leistung**, unabhängig von Zahl und Gewicht der Mängel und von einer tatsächlichen Werterhöhung.[10] HK sind – unabhängig von einer Werterhöhung des hergestellten WG – auch überflüssige Aufwendungen, Mehraufwendungen infolge überhöhter Preise, sog Beschleunigungskosten, Folgekosten etwa aufgrund Bauverzögerung, mangelhaften Baugrunds sowie solche zur **Beseitigung von Baumängeln**, zB das Abtragen und Neuerrichten einzelner Teile des Bauvorhabens;[11] dem ist für den Fall nicht zu folgen, dass ganze Bauteile wieder entfernt werden. Eine AfaA (§ 7 I 6; dort Rn 100 ff) für Baumängel vor Fertigstellung des WG wird nicht zugelassen;[12] dies stellt einen Verstoß gegen das objektive Nettoprinzip und den Vorsichtsgrundsatz dar. Zur Möglichkeit einer Teilwertabschreibung bei Gewinneinkünften s Rn 107 ff.

83 **IV. Der Teilwert. – 1. Der Rechtsbegriff „Teilwert".** Die Rechtsbegriffe „Teilwert" in § 6 I Nr 1 S 3 und § 10 BewG sind im Wesentlichen inhaltsgleich.[13] Gemeiner Wert und Teilwert beziehen sich auf einen bei einer Veräußerung zu erzielenden Preis (Verkehrswert), wobei der Teilwert abzielt auf den im Rahmen der Veräußerung eines ganzen Unternehmens erzielbaren Preis. Dieser Unterschied wirkt sich aber nur bei solchen WG aus, die im Rahmen des lebenden Betriebes einen anderen Wert haben als außerhalb desselben.[14] § 6 I Nr 1 S 3 geht der handelsrechtlichen Bewertung vor. „Teilwert" ist der Betrag, den ein Erwerber des ganzen Betriebs im Rahmen des Gesamtkaufpreises für das einzelne WG ansetzen würde, wenn er sich in der Lage des StPfl befunden hätte.[15] Er ist damit ein der Einzelbewertung verpflichteter,[16] **aktueller kosten- und preisorientierter Sachwert**, kein – anteiliger – Ertragswert. Denn der Substanzwert des einzelnen WG wird nicht – was idR

---

1 BFH GrS BStBl II 90, 830.
2 BFH GrS BStBl II 90, 830 (833); OFD M'ster FR 91, 757.
3 BFH BStBl II 95, 306; BStBl II 02, 758.
4 BFH GrS 90, 830 (835); BFH BStBl II 99, 20 mwN – Honorar für nicht erbrachte Architektenleistungen.
5 BFH BStBl II 76, 614; BFH/NV 87, 27.
6 BFH BStBl II 84, 404; BStBl II 84, 303, 306; BFH/NV 01, 592 – Rechtsfrage ist geklärt; zur Anwendung des § 10e BFH BStBl II 00, 667; BStBl II 00, 665.
7 BFH BStBl II 81, 418; BStBl II 84, 303.
8 BFH/NV 95, 382.
9 BFH BStBl II 78, 455.
10 BFH GrS BStBl II 90, 830 (833); BStBl II 92, 805 – mangelhafte Bauleistungen; BStBl II 95, 306 – Abtragung unselbstständiger Gebäudeteile.
11 BFH BStBl II 95, 306 – keine AfaA auf Baumängel vor Fertigstellung des WG; BFH/NV 99, 785 – wegen Baumängeln wieder abgerissener Gebäudeteil; BStBl II 88, 431 – Prozesskosten.
12 BFH BStBl II 95, 306.
13 BFH BStBl II 89, 348 – Das BewG berücksichtigt bevorstehende Entwicklungen nur eingeschränkt.
14 FG D'dorf EFG 06, 1438 mwN (Rev I R 77/06).
15 BFH BStBl II 91, 627 – „Know-how-Bindung".
16 BFH BStBl II 91, 342.

ohnehin nicht möglich wäre – durch Abspaltung seines Erfolgsbeitrags aus dem im Unternehmenswert kapitalisiert enthaltenen Übergewinn (Geschäftswert) abgeleitet.[1] Obwohl der Erwerb des ganzen Unternehmens und dessen Fortführung unterstellt werden, ist doch der auf diese Weise zu ermittelnde **Gesamtkaufpreis nur ein Mittel zu dem Zweck**, den Anteil zu errechnen, der auf das in den Erwerb einbezogene WG entfällt.[2] Der Teilwert der einzelnen WG wird nicht durch deren kapitalisierten Beitrag zum Erfolg des Unternehmens bestimmt; er ist vielmehr grds unabhängig von den (positiven oder negativen) Ertragsaussichten des Unternehmens zu bemessen.[3] Eine Gesamtbewertung des Unternehmens ist nicht nur nicht erforderlich, sondern nicht statthaft.[4] Der Unternehmenswert hat für den Teilwert der vorhandenen WG – mit Ausnahme eines positiven Geschäftswerts – grds keine Bedeutung.[3] Denn die Legaldefinition des Teilwerts basiert auf der **Vermutung**, dass der gedachte Erwerber, der das Unternehmen fortführen will, für das einzelne WG höchstens soviel zahlen würde, als er an Kosten aufwenden müsste, um dieses WG, falls es fehlte, wiederzubeschaffen. § 6 I Nr 7 sieht deshalb vor, dass die WG in erster Linie mit dem Teilwert zu bewerten sind, der in diesem Fall aus den Wiederbeschaffungskosten oder dem Einzelveräußerungspreis abzuleiten ist. Der Teilwert der WG kann beim Erwerb eines Unternehmens mit ungünstigen Ertragsaussichten auch über den AK liegen.[3] Die **Praxis geht von den Einzel-AK/-HK aus** und korrigiert[5] diese (idR nach oben) unter Berücksichtigung eines möglichen Gesamtkaufpreises.[6] Der Teilwert deckt sich oft, vor allem bei Grundstücken, mit dem Verkehrswert.[7] WG dürfen nicht niedriger als mit dem Teilwert angesetzt werden (§ 5 V iVm § 6 I Nr 2). Bei der Einbringung iSd § 20 UmwStG gibt es normspezifische Modifikationen des Teilwerts.[8]

Der Teilwert wird ermittelt auf den jeweiligen **Bewertungsstichtag**;[9] dies ist grds der Bilanzstichtag. Ausnahmen: Nr 4 S 1 – Entnahme, Nr 5 – Einlage; Nr 6 – Betriebseröffnung und -einstellung; sowie Nr 7 – entgeltlicher Erwerb eines Betriebs. Wertaufhellende Umstände sind zu berücksichtigen (Rn 19). Die Teilwertabschreibung kann nicht auf einen beliebigen Tag zw 2 Bilanzstichtagen vorgenommen werden.[10] Teilwertsteigerungen, welche die aus den HK/AK abgeleitete Bewertungsobergrenze (Rn 25) übersteigen, bleiben in Anbetracht des **Realisationsprinzips** unberücksichtigt (§ 5 Rn 52). Der Ansatz des niedrigeren Teilwerts (umgangssprachlich: **Teilwertabschreibung**) ist idR (s aber § 281 I HGB) auf der Aktivseite vorzunehmen (**direkte Methode**).

87

Als **Substanzwert** kann der Teilwert eines WG durch einen Ertragswert von 0 € nicht unmittelbar beeinflusst werden. Die **Ertragsaussichten einzelner WG** sind nur ausnahmsweise im Teilwert zu berücksichtigen, wenn sie nicht dem Geschäftswert zugeordnet werden können.[11] Eine Teilwertabschreibung aufgrund einer Fehlmaßnahme ist ungeachtet der Rentabilität des Betriebes zulässig. Der Teilwert der zwecks Erbringung von **Sozialleistungen** errichteten baulichen Anlagen (Werkswohnungen, Betriebskantinen, Kindergärten für Betriebsangehörige) oder anderen WG (Transportmittel zur Beförderung von ArbN; Anteil an Unterstützungskassen-GmbH) ist den AK/HK gleichzusetzen, obwohl es sich im Allgemeinen um WG handelt, mit denen nur ein unterdurchschnittlicher oder gar kein Ertrag erzielt wird.[12] Denn ein gedachter Erwerber des gesamten fortzuführenden Unternehmens würde im Rahmen eines Gesamtkaufpreises zB für aus sozialen Gründen gewährte niedrigverzinsliche oder **unverzinsliche Darlehensforderungen** an ArbN den Nennwert,[13] die Aufwendungen für eine Betriebskantine oder für Fahrzeuge zur Beförderung von Betriebsangehörigen vergüten.[14] Eine **Fehlmaßnahme** (Rn 97f) liegt bei derartigen Aufwendungen insbes vor, wenn Einrichtungen geschaffen werden, die von den ArbN nicht angenommen werden.[15] Bei der **Bewertung von Grundstücken** ist eine isoliert zinsorientierte Betrachtung auch deswegen nicht möglich, weil mit dem

88

---

1 BFH BStBl II 93, 587; BStBl II 96, 26; *K/S/M* § 6 Rn B 336 ff.
2 BFH GrS BStBl II 69, 108.
3 BFH BStBl II 95, 831.
4 BFH BStBl II 89, 183.
5 BFH GrS BStBl II 69, 106 – Teilwert als „Korrekturwert zu den AK oder HK".
6 BFH BStBl II 90, 117; BStBl II 90, 639; *Brenner* StbJb 91/92, 180.
7 BFH BStBl II 82, 320; BStBl II 95, 309.
8 BFH BStBl II 02, 784.
9 BFH BStBl II 83, 451; BFH/NV 96, 393 – objektiv vorliegende Umstände; BFH/NV 92, 449 – wertaufhellende Tatsachen; BStBl II 84, 33 – Bewertung von Vorräten mit den möglichen künftigen Veräußerungspreisen.
10 BFH BStBl II 98, 652.
11 BFH BStBl II 95, 336 – keine Abzinsung ersteigerter Immobilien.
12 RFH RStBl 31, 117 – Werkswohnungen; RStBl 31, 354 – Verbesserung von Büroarbeitsplätzen; BFH BStBl III 56, 213 – Zuschuss an Wohnungsbauunternehmen für Werkswohnungen; BStBl II 73, 79 – Anteil an Unterstützungskassen-GmbH.
13 BFH/NV 91, 451.
14 BFH BStBl II 90, 117; BStBl II 90, 639.
15 BFH BStBl II 90, 117.

Eigentum am Grundstück (im Gegensatz zum Innehaben einer unverzinslichen Forderung) Vorteile verbunden sind, die dessen Zinslosigkeit ausgleichen können. Die **Ertraglosigkeit einer Immobilie** ist ein Faktor der Rentabilität und damit des Geschäftswerts eines Unternehmens,[1] soweit nicht die Grundsätze zur retrograden Ermittlung des Einzelveräußerungspreises anwendbar sind. Die **Ertragsaussichten** einzelner WG sind zu berücksichtigen bei Beteiligungen (Rn 134), Wertpapieren und Mietobjekten.[2]

89 Das Gebot der Einzelbewertung und das **Saldierungsverbot** (Rn 11 ff) sind zu beachten. Eine gute **Rentabilität des Betriebs** als Ausdruck des Geschäftswerts erhöht idR nicht die Teilwerte der WG. Eine fehlende Rentabilität des Betriebs – es wird keine angemessene Verzinsung des Eigenkapitals erwirtschaftet – rechtfertigt keine Teilwertabschreibung, solange der Betrieb Ertrag bringt.[3] Ein **negativer Teilwert** ist grds nicht möglich. Ist der Kaufpreis für den Anteil an einer KG durch die ungünstigen Geschäftsaussichten beeinträchtigt, lässt sich hieraus nicht auf einen verminderten Teilwert der WG des BV schließen.[4] Die Ertragskraft eines Unternehmens führt bei der Substanzbewertung nicht zum Ansatz eines positiven oder bei unrentierlichen Betrieben negativen (selbst geschaffenen) Firmenwerts bzw zu einer Korrektur der Teilwerte der einzelnen WG. Dementspr ist bei **Unrentierlichkeit eines Betriebes** (wenn also kein angemessener Unternehmerlohn und/oder keine angemessene Verzinsung des Eigenkapitals erwirtschaftet werden) ein – einzelnen WG zuzuordnender – Ansatz des niedrigeren Teilwerts (sog Teilwertabschreibung) idR auf den Einzelveräußerungspreis als Untergrenze[4] nur zulässig, wenn das Unternehmen nachhaltig mit erheblichen Verlusten arbeitet und der Unternehmer objektiv nachprüfbare Maßnahmen zur baldigen Stilllegung ergreift.[5]

90 Bei der Bemessung des Teilwerts ist davon auszugehen, dass der Erwerber den Betrieb fortführt (und nicht liquidiert) – **going-concern-Prinzip** – (§ 6 I Nr 2 S 2 iVm Nr 1 S 3; § 252 I Nr 2 HGB). Die WG – auch die nichtveräußerlichen – werden nicht mit ihrem Einzelveräußerungspreis oder Liquidationswert, sondern unter Berücksichtigung des wertbestimmenden Einflusses der Betriebszugehörigkeit bewertet. **Die funktionale Bedeutung des WG für den Betrieb bestimmt seinen Teilwert.** Die gesetzliche Annahme einer Veräußerung des Betriebs hat ausschließlich den Zweck, eine Bewertung der WG unter Berücksichtigung ihrer wirtschaftlichen Bedeutung für den lebenden Betrieb zu gewährleisten. Maßgebend sind die **betriebsindividuellen Markt- und Nutzungsverhältnisse**. Unterbewertungen aus personenbezogenen Gründen sollen verhindert werden.[6] Der Erwerber wird als gleichermaßen unternehmerisch/technisch befähigt angesehen wie der bisherige Betriebsinhaber.[7] Ein WG kann nicht deswegen mit 0 € bewertet werden, weil es aus rechtlichen oder tatsächlichen Gründen nicht einzeln übertragbar ist.

91 Der Teilwert, auf der Grundlage einer Reihe von hypothetischen Annahmen geschätzt (und daher Gegenstand vielfältiger Kritik), ist ein auf die Beurteilung der Marktlage zum Bewertungsstichtag abhebender **objektiver Wert**. Die gesetzliche Begriffsbestimmung geht davon aus, dass sich ein Veräußerer und ein (gedachter) Erwerber eines Gesamtbetriebs gegenübertreten und einen Preis aushandeln, in den sowohl der Veräußerer wie der Erwerber ihre – beiderseitigen – **Preisvorstellungen** einbringen und in **kfm vertretbarem Rahmen** durchsetzen. Hierbei kann auch berücksichtigt werden, was der Veräußerer für das WG fordern könnte.[8] Kfm Denken gebietet dem Erwerber, dem Veräußerer diejenigen Kosten zu ersetzen, die er selbst bei entspr Verhalten hätte aufwenden müssen, um das WG herzustellen oder anzuschaffen.[9] Der gedachte Erwerber, der einen üblichen Unternehmensgewinn beansprucht, wird lediglich – als objektiver Bewerter – an die Stelle des jeweiligen StPfl gesetzt. Aus dieser Sicht kommt auch den eigenen Anteilen einer KapGes im Hinblick auf ihre Veräußerbarkeit ein realisierbarer Wert zu.[10] In diesem Sinne knüpft der Teilwert an die **Bedingungen eines Beschaffungsmarktes** an, während der gemeine Wert einen (Endverbrau-

---

1 BFH BStBl II 95, 336 – Grundstücke, die ein Kreditinstitut zur Vermeidung höherer Forderungsausfälle ersteigert; BStBl III 68, 11 – Fabrikgebäude.
2 BFH/NV 91, 365.
3 BFH BStBl II 73, 581.
4 BFH BStBl II 95, 831.
5 BFH/NV 86, 22 – Teilwert-AfA für ein unrentables Fabrikgebäude; BFH/NV 98, 1069 mwN; BStBl II 99, 160 mwN; str, aA zB *Blümich* Rn 690 „Rentabilität des Betriebes".
6 BFH GrS BStBl II 69, 108; BFH BStBl II 91, 627; *K/S/M* § 6 Rn B 321.
7 BFH BStBl II 78, 335; BStBl II 91, 627 – Know-how-Bindung von Umlaufvermögen.
8 BFH BStBl III 68, 11; BStBl II 98, 781.
9 BFH BStBl II 99, 681 (683) – Verlustprodukte.
10 BFH BStBl II 98, 781.

cher-)Preis im Blick hat, der auf dem Absatzmarkt – also einschließlich der dem WG zukommenden Gewinnchancen – zu erzielen ist.[1]

2. Schätzung (Bezifferung) des Teilwerts. Bei der **Schätzung des Teilwerts** (§ 162 AO) kommt dem Ermessen des Kfm besondere Bedeutung zu, weil er die Verhältnisse seines Betriebs am besten kennt. Seine Schätzung muss jedoch objektiv durch die Verhältnisse des Betriebs gestützt, „schlüssig, wirtschaftlich möglich und vernünftig"[2] sein und darf nicht auf bloßen Vermutungen oder auf einer pessimistischen Beurteilung der künftigen Entwicklung beruhen.[3] Der in den Grenzen der objektiven Betriebsverhältnisse verfügbare **Ermessensbereich** liegt zw 94

– dem **gemeinen Wert/Einzelveräußerungspreis**; dies ist der Betrag, der bei der Veräußerung des WG ohne Berücksichtigung seiner Betriebszugehörigkeit zu erzielen wäre, also praktisch der Verkehrswert des WG. Im Einzelfall kann dieser Wert auch höher sein als die Wiederbeschaffungskosten. Der gemeine Wert (ggf der Schrott- oder Liquidationswert) abzgl der Verkaufs- oder Demontagekosten **(Untergrenze)** kommt insbes in Betracht bei entbehrlichen – dh für den Betrieb überflüssigen, eine Wiederbeschaffungsabsicht kann nicht unterstellt werden – und/oder jederzeit ersetzbaren WG[4] sowie bei negativem Geschäftswert des Unternehmens,[5]
– und den betriebsspezifischen **Wiederbeschaffungskosten als Obergrenze**.[6] Grundlage der Ermittlung ist idR der Börsen- oder Marktpreis bzw ein betriebsindividueller Einkaufspreis zuzüglich Anschaffungsnebenkosten (Beschaffungsmarkt des Unternehmens).[7] Nicht in Anspr genommene Skonti und bei Berechtigung zum VorSt-Abzug die USt (§ 9b) bleiben außer Betracht.[8] Bei **selbsterzeugten WG** ist der **Reproduktionswert** anzusetzen (Reproduktionskosten = betriebsindividuelle Vollkosten[9] = Selbstkosten einschl der Fertigungsgemeinkosten), zuzüglich bereits angefallener kalkulatorischer Zusatzkosten (anteiliger Verwaltungs-, Lager- und Vertriebskosten[10]), die bei einer Neuanschaffung im Preis zu vergüten wären,[11] ohne Berücksichtigung einer Gewinnspanne, die dem gedachten Erwerber verbleiben soll.[12] Muss sich der StPfl zum Erwerb von betriebsnotwendigen WG des Anlagevermögens an den allg Beschaffungsmarkt wenden, decken sich Einzelveräußerungspreis und Wiederbeschaffungskosten.

Im Falle von **betriebsnotwendigen WG** würde sich ein Betriebserwerber an den Wiederbeschaffungskosten einschl Anschaffungsnebenkosten[13] orientieren.[14] Der **Einzelveräußerungspreis** ist insbes für entbehrliche (vgl § 252 I Nr 2 HS 2 HGB) oder jederzeit ersetzbare WG maßgebend. Der Einzelveräußerungspreis kann sich mit den Wiederbeschaffungskosten decken, insbes wenn ein ausreichender Markt für das WG besteht; er kann im Einzelfall auch über den Wiederbeschaffungskosten liegen.[15]

Untergrenze der Bewertung ist stets der – losgelöst vom betrieblichen Zusammenhang erzielbare – **Einzelveräußerungspreis**. Mit diesem Wert ist ein WG, das technisch oder wirtschaftlich verbraucht ist, anzusetzen;[16] desgleichen ein für den Betrieb entbehrliches WG.[17] Absolut niedrigster Wert ist der **Material- oder Schrottwert eines WG**[18] unter Berücksichtigung von Abbruch- und Entsorgungskosten. IÜ ist zu beachten, dass WG auch durch Einzelveräußerung genutzt werden können. Deshalb ist der ohne Rücksicht auf die Betriebszugehörigkeit zu erzielende **Einzelveräußerungspreis** regelmäßig die unterste Grenze der Teilwertabschreibung.[19] 95

---

1 FG RhPf EFG 00, 57 mwN – Entnahmewert einer Wohnung im Umlaufvermögen des gewerblichen Grundstückshandels.
2 BFH/NV 96, 378 mwN.
3 BFH/NV 98, 1471 mwN; vgl auch BFH BStBl II 03, 941.
4 BFH BStBl II 95, 831; zur Unterscheidung BStBl II 73, 207.
5 BFH BStBl II 73, 475 – Liquidations- bzw Schrottwert.
6 BFH BStBl II 99, 277.
7 BFH BStBl II 95, 309.
8 BFH BStBl II 91, 456.
9 BFH BStBl II 72, 748 – nicht nur die in der Steuerbilanz aktivierungspflichtigen HK.
10 BFH BStBl II 74, 508; BStBl II 73, 794; BStBl II 89, 962 – ohne Bauzeitzinsen.
11 BFH BStBl II 80, 327; zum Reproduktionswert bei nachhaltig gesunkenen Kosten BFH/NV 87, 442.
12 BFH BStBl II 74, 508; BStBl II 80, 327 – HK zuzüglich Verwaltungsgemeinkosten und Vertriebskosten; BStBl II 84, 35; *K/S/M* § 6 Rn B 361.
13 BFH BStBl II 95, 309; s aber BFH/NV 97, 563 – zweifelh.
14 BFH BStBl II 84, 33 mwN.
15 BFH BStBl II 84, 33; BStBl II 91, 833.
16 BFH BStBl II 79, 729 – zum Abbruch bestimmtes Gebäude.
17 BFH BStBl II 95, 831.
18 BFH BStBl II 73, 475.
19 BFH BStBl II 88, 488; BFH/NV 86, 22.

96 Der Teilwert von zum Verkauf bestimmten **WG des Vorratsvermögens** (Handelsware sowie Roh-, Hilfs- und Betriebsstoffe), deren Einkaufspreis am Bilanzstichtag nachhaltig[1] unter die historischen AK/HK – ggf abzgl AfA nach § 7 – gesunken ist, ist idR mit den **Wiederbeschaffungskosten** am Beschaffungsmarkt des Unternehmens (unter Berücksichtigung von Anschaffungsnebenkosten[2] grds ohne USt – § 9b) am Stichtag[3] zu bemessen, bei hergestellten WG mit den Wiederherstellungskosten (Reproduktionskosten) als Obergrenze des Teilwerts. Dies auch, wenn mit einem entspr Rückgang der Verkaufspreise nicht gerechnet zu werden braucht; anders bei nicht zum Absatz bestimmten Vorräten, zB mit den HK anzusetzenden Ärztemustern.[4] Sinken die Wiederbeschaffungskosten nachhaltig,[1] sinkt auch der Teilwert.[5] Deckt der aus der Sicht der Verhältnisse des Bewertungsstichtags für den Zeitpunkt der voraussichtlichen Veräußerung zu schätzende[6] **Veräußerungserlös** insbes von WG des Umlaufvermögens nicht mehr die kalkulatorischen Verkaufspreise – dh die Selbstkosten der Waren zuzüglich eines durchschnittlichen Unternehmergewinns, den der StPfl in seinem Betrieb für derartige WG erzielt[7] – so sind die AK um den Fehlbetrag zu mindern.[8] Als Teilwert ist der Betrag anzusetzen, der von dem voraussichtlich erzielbaren Veräußerungserlös nach Abzug des durchschnittlichen Unternehmergewinns und des nach dem Bilanzstichtag noch anfallenden betrieblichen Aufwands verbleibt.[9] Dies ist eine **Verlustantizipation** aus voraussichtlich niedrigeren Verkaufspreisen.[10] Sind Vorräte nicht zum Absatz bestimmt, sind sie mit ihren HK zu aktivieren.[11] Bei WG des Vorratsvermögens, für die ein Börsen- oder Marktpreis besteht, darf dieser grds nicht überschritten werden; der Wertansatz darf jedoch die AK/HK nicht übersteigen.[12] **WG des Vorratsvermögens**, die keinen Börsen- oder Marktpreis haben, können nach R 6.8 I 4 EStR mit den AK/HK oder einem zw diesen Kosten und dem niedrigeren Teilwert angesetzt werden, wenn bei vorsichtiger Beurteilung aller Umstände damit gerechnet werden kann, dass bei einer späteren Veräußerung der angesetzte Wert zuzüglich der Veräußerungskosten zu erlösen ist.

97 (Nur) bei einer **Fehlmaßnahme**[13] ist von vornherein ein unter den AK/HK liegender Wert möglich. Sie liegt vor, wenn der wirtschaftliche Nutzen einer Investition, aber auch der einer Anschaffung/Herstellung von Umlaufvermögen infolge unbewusster oder irrtümlicher Einschätzung[14] insbes über wertbildende Faktoren (versteckte Mängel eines WG, auch: Möglichkeiten, Umsätze oder Gewinne zu erzielen) bei objektiver Betrachtung **von vornherein** deutlich hinter dem für den Erwerb getätigten Aufwand zurückbleibt und demgemäß dieser Aufwand so unwirtschaftlich war, dass ein gedachter Erwerber des gesamten Betriebs ihn im Kaufpreis nicht (voll) entgelten würde.[15] Bewusst überhöhte bzw erzwungene Aufwendungen begründen keine Fehlmaßnahme, wenn der Erwerber des Betriebs sich insbes wegen der besonderen Beziehung des WG zum Betrieb mutmaßlich von den gleichen kaufmännischen Erwägungen leiten lassen würde.[16] Hier kommt eine spätere Teilwertabschreibung in Betracht, wenn sich der durch den Mehrpreis erzielte Vorteil erschöpft hat. Eine Teilwertabschreibung scheidet aber aus, wenn bewusst aus betriebsfremden, rein persönlichen Überlegungen ein überhöhter Preis für ein WG bezahlt worden ist.[17] Anlaufverluste (s auch Rn 134) sind kein Indiz für eine Fehlmaßnahme.[18] Eine Teilwertabschreibung ist auch zulässig, wenn zw dem Zeitpunkt der Anschaffung oder Herstellung und dem maßgeblichen Bilanzstichtag Umstände eingetreten sind, die die Anschaffung oder Herstellung des WG **im Nachhinein** zur Fehlmaßnahme werden lassen.[19] Daneben kann sich der StPfl darauf berufen, dass der Teilwert aufgrund anderer Umstände gemindert ist. Das wertgeminderte WG ist idR mit dem Einzelveräußerungspreis anzusetzen; ggf ist der verlorene Aufwand abzusetzen.

---

1 BFH BStBl III 65, 648.
2 BFH BStBl II 95, 309; s aber BFH/NV 97, 563 – ernstlich zweifelh.
3 BFH BStBl II 87, 722; BStBl II 91, 456 – noch nicht beanspruchter Skonto.
4 BFH BStBl II 80, 327.
5 BFH BStBl II 77, 540.
6 BFH BStBl II 95, 336 mwN, auch zu Ausnahmen.
7 BFH BStBl II 95, 336 mwN.
8 BFH BStBl II 99, 681 – auch ohne Preisherabsetzung (zweifelh); *Wilke/Kesselmeier* DStR 96, 6.
9 BFH BStBl II 84, 35 – Schema einer vereinfachenden Schätzung; BFH/NV 86, 204; R 6.8 II 3 ff EStR: idR Kürzung um den durchschnittlichen Rohgewinnaufschlag, mit näheren Einzelheiten, Rechenformel und Rechenbeispiel.
10 BFH BStBl II 95, 336.
11 BFH BStBl II 80, 327 – unverkäufliche Ärztemuster; R 6.8 II 2 EStR.
12 R 6.8 II 11 EStR; vgl BFH BStBl II 88, 995.
13 BFH GrS BStBl II 73, 79: „Fehlmaßnahme oder eine Fehlkalkulation".
14 BFH GrS BStBl II 73, 79 – Irrtum und keine „rein persönlichen Überlegungen der Lebensführung" BFH BStBl II 91, 595.
15 BFH BStBl II 91, 595; BFH/NV 98, 1986 mwN; BFH/NV 02, 625 – keine Teilwertabschreibung auf rentable Betriebshalle.
16 BFH/NV 96, 211; 98, 1086.
17 BFH/NV 99, 305.
18 BFH/NV 95, 790; *Ammelung/Pletschacher/Jarothe* GmbHR 97, 97 (102).
19 BFH BStBl II 48, 488.

Beispiele für Fehlmaßnahmen:[1] Erwerb einer Maschine, die **von Anfang an** mit erheblichen technischen Mängeln behaftet ist und deshalb nicht oder nur zeitweise funktionsfähig ist, sofern diese Mängel vom Veräußerer nicht alsbald behoben werden können; Erwerb einer Produktionsanlage zur Herstellung einer bestimmten Ware (etwa eines Medikaments), wenn **nachträglich** der Vertrieb der Ware gesetzlich verboten wird und die Produktionsanlage auch anderweitig nicht nutzbar ist; Anschaffung oder Herstellung einer Maschine, die nach den betrieblichen Verhältnissen erheblich und dauerhaft **überdimensioniert** ist.[2] Infolge Eintritts nicht vorhersehbarer Umstände kann sich eine nachträgliche Fehlmaßnahme ergeben. Dies ist der Fall, wenn sich der Erwerber beim Erwerb über wertbestimmende Faktoren geirrt hat.[3] Bewusste Fehlmaßnahmen außerhalb des Bereichs des Privaten sind selten, da der Kfm mit seinem Aufwand zumeist kompensatorische betriebliche Vorteile anstrebt; eine diesbezügliche Fehleinschätzung ist freilich zu berücksichtigen.[4] Eine Abschreibung wegen einer Fehlmaßnahme kommt nicht in Betracht, wenn mit dem WG nicht die erwarteten Erträge erzielt werden[5] sowie wenn und soweit sich der Wert des WG bis zum Stichtag erhöht hat. 98

Für **Verlustprodukte**[6] – WG, die zu einem Preis unter den HK/AK verkauft oder wie als unverkäuflich gekennzeichnete Ärztemuster[7] vor allem zu dem Zweck verschenkt werden, um andere Produkte mit Gewinn absetzen zu können – würde auch ein fiktiver Erwerber des Betriebes den Wiederbeschaffungs- oder Reproduktionswert zahlen.[8] Dies jedenfalls dann, wenn das Unternehmen Gewinne erzielt und die Abgabe von Artikeln zu nicht kostendeckenden Preisen branchenüblich ist.[9] Ihr Wert ist, ohne dass dies gegen den Grundsatz der Einzelbewertung verstieße, zu kompensieren mit den beabsichtigten, nicht notwendigerweise aktivierbaren, den Geschäftswert beeinflussenden Vorteilen,[10] sofern keine Fehlmaßnahme vorliegt. Nach Widerlegung der Vermutung muss der Teilwert des WG unter Berücksichtigung der Teilwertober- und -untergrenzen und des Stichtagsprinzips – im Zweifel in Höhe des Einzelveräußerungspreises – geschätzt werden. 99

3. Teilwertvermutungen und ihre Widerlegung. Nach § 6 I ist die Bewertung mit den AK/HK die Regel, die Bewertung mit dem Teilwert die Ausnahme. Die stets widerlegbaren,[11] für die Bewertung von Entnahmen nur bedingt verwendbaren[12] **Teilwertvermutungen**[13] beruhen zum einen auf der Erfahrung des Wirtschaftslebens, dass ein Kfm für den Erwerb eines WG keinen höheren Preis zu zahlen bereit ist, als dieses ihm wert ist. Es besteht – vorbehaltlich des Nachweises einer Fehlmaßnahme – eine auf den Zeitpunkt der Anschaffung/Herstellung projizierte Vermutung der Gegenwertigkeit aller Aufwendungen für ein WG. Zugleich wird vermutet, dass ein Betriebserwerber ebenso handeln würde. Grds gilt die Teilwertvermutung auch für spätere Bewertungsstichtage und für **überhöhte**[14] oder **erzwungene Aufwendungen**,[15] es sei denn, diese sind objektiv unnütz oder rein privat veranlasst. Dies gilt auch in dem Fall, dass ein Dritter wegen der besonderen Beziehung des WG zu dem Betrieb und der betrieblichen Situation ebenso gehandelt hätte; hierfür spricht, dass der StPfl das WG behalten hat.[16] Die Teilwertvermutung gilt grds auch bei Zahlung eines „Überpreises"; sinken aber die aktuellen, so nimmt der Überpreis gleichermaßen an dieser Entwicklung teil.[17] Die Vermutung, dass sich der Teilwert eines WG im Zeitpunkt seiner Anschaffung oder Herstellung mit den tatsächlichen AK oder HK deckt, gilt nicht ohne weiteres auch für zusätzliche AK in Gestalt verdeckter Einlagen.[18] Die bloße Ingebrauchnahme eines neuen WG führt nicht als solche zu einer Minderung des Teilwerts. 101

---

1 BFH BStBl II 88, 488 – Überdimensionierung einer Maschine.
2 BFH BStBl II 88, 430 – Bestellung eines Öltankers kurz vor der Ölkrise.
3 BFH BStBl II 88, 488 mwN – nachträglich eingetretene Überdimensionierung; BStBl II 89, 269; BStBl II 89, 274 – nachträgliche Verluste aus Beteiligung; BStBl II 91, 595.
4 BFH BStBl II 77, 540.
5 BFH BStBl III 61, 462 – Bürogebäude.
6 Grundlegend zu Verlustprodukten und Verlustaufträgen *Herzig* StbJb 00/01, 281.
7 BFH BStBl II 80, 327.
8 *K/S/M* § 6 Rn B 392 – Einzelveräußerungspreis als Bewertungsuntergrenze; krit *H/H/R* § 6 Rn 1914; *Christiansen* DStZ 95, 385 (393); *Kupsch* StbJb 94/95, 131 (144).
9 BFH BStBl II 99, 681; BMF BStBl I 00, 372 Rn 1; krit *Breidert* BB 01, 979; *Hoffmann* GmbHR 99, 1105.
10 Vgl BFH GrS BStBl II 97, 735 – Drohverlustrückstellungen.
11 BFH BStBl II 89, 274; R 6.8 II 8 ff EStR – Bewertung des Vorratsvermögens.
12 BFH BStBl II 87, 703.
13 BFH BStBl II 77, 540; R 6.7 EStR.
14 BFH BStBl II 78, 335; anders wohl bei Notwendigkeit einer kurzfristigen Anschaffung, BStBl III 58, 420.
15 BFH/NV 98, 1086 mwN; BFH BStBl II 62, 186 – Überpreis für existenznotwendiges Grundstück; BFH BStBl II 79, 259.
16 BFH/NV 98, 1086; 99, 305.
17 BFH BStBl II 02, 294 – Zahlung eines „Überpreises" wegen der günstigen Lage des Grundstücks; BFH/NV 02, 1021.
18 BFH BStBl II 98, 652.

102 Es wird für **alle Arten von WG** – auch für im Rahmen eines einheitlichen Vertragswerkes angeschaffte/hergestellte WG[1] – vermutet, dass im Zeitpunkt der – auch nachträglichen – Anschaffung/Herstellung (auch: zum zeitlich naheliegenden Bilanzstichtag) ihr Teilwert den AK/HK entspricht, jedenfalls aber nicht niedriger als diese anzusetzen ist,[2] sofern keine Fehlmaßnahme vorliegt oder der Wert des betr WG unter den seinerzeit gezahlten und aktivierten Betrag gesunken ist bzw das WG überhaupt nicht mehr vorhanden ist. Dies auch dann, wenn von dritter Seite ein zB ansiedlungspolitisch bedingter Vorzugspreis[3] oder ein Zuschuss gewährt worden ist,[4] es sei denn, die Zuschusspraxis beeinflusst allg den Marktpreis,[5] oder bei erheblichen, zu unternehmenspolitischen Beschränkungen führenden Verwendungsauflagen,[6] was verneint wird bei **Investitionszulagen** und Investitionszuschüssen.[7] Bei **nichtabnutzbaren WG**, auch bei Darlehensforderungen,[8] ist im Allg zu vermuten, dass der Teilwert im Zeitpunkt der Anschaffung den AK entspricht und dies im Prinzip auch noch zu späteren Bilanzstichtagen gilt,[9] wenn auch mit im Zeitablauf abnehmender Indizwirkung. Die Untergrenze des Teilwerts von **abnutzbaren WG des Anlagevermögens**, die keinen Marktwert haben, wird in Höhe ihres Buchwerts (AK/HK abzgl der grds linearen AfA[10]) angenommen.[11] Sind die Wiederbeschaffungskosten gesunken, sind diese anzusetzen.[12] Hinsichtlich des Teilwerts des **Umlaufvermögens** (Waren, Vorräte usw; Rn 20) wird im Zeitpunkt der Anschaffung oder Herstellung vermutet, dass er mit den AK/HK gleichzusetzen ist und dass er zu späteren Zeitpunkten bei angeschafften WG den Wiederbeschaffungskosten,[13] bei Eigenerzeugnissen den Wiederherstellungskosten (Reproduktionskosten)[14] zum Bewertungsstichtag entspricht.[15] Auch hier kommt es darauf an, ob die WG betriebsnotwendig oder entbehrlich sind. Im ersteren Fall würde ein gedachter Erwerber das WG, sollte es fehlen, selbst anschaffen oder herstellen. Sind die Wiederbeschaffungskosten der Waren nicht gesunken, ist deshalb zu vermuten, dass der Teilwert nicht unter die ursprünglichen AK gesunken ist.[16]

103 Der StPfl kann eine nachhaltige Wertabweichung von relativ und/oder absolut einigem Gewicht darlegen und die **Teilwertvermutung widerlegen**. Die Anforderungen hieran sind je nach Sachlage unterschiedlich.[17] Je größer der zeitliche Abstand zw Herstellungs-/Anschaffungszeitpunkt und Bilanzstichtag ist, desto schwächer wirkt die Vermutung, desto größer sind auch die an den Nachweis einer Teilwertminderung zu stellenden Anforderungen. Ggf muss der StPfl nach § 6 I Nr 1 S 3 nF und nach den Grundsätzen über die **Darlegungs- und Feststellungslast**[18] die Teilwertvermutung mit substantiierten sowie nachvollziehbaren und leicht nachprüfbaren stichtagsbezogenen Gründen entkräften.[19] Das FA trägt die Feststellungslast, wenn es teilwerterhöhende Umstände behauptet, die zu einem über die Teilwertvermutung hinausgehenden Wert führen;[20] ferner dann, wenn es um die Höhe einer Entnahme (§ 6 I Nr 4) geht.

104 Zur Widerlegung der Teilwertvermutung kann der StPfl **nachweisen**, dass die Anschaffung/Herstellung des WG von Anfang an eine Fehlmaßnahme war (Rn 97f) oder dass der Teilwert nachträglich unter den Buchwert gesunken ist, wenn vor allem Umstände eingetreten sind, welche die Anschaffung oder Herstellung des WG nachträglich zur Fehlmaßnahme werden lassen.[21] Dazu muss er geeignete betriebsbezogene und für die im Wert geminderten WG auch quantitativ repräsentative Unterlagen vorlegen, aus denen verallgemeinernde Schlussfolgerungen gezogen werden

---

1 BFH BStBl II 01, 717.
2 BFH GrS BStBl II 73, 79; BFH BStBl II 94, 224; BStBl II 89, 962 – Berücksichtigung von Vertriebs- und Finanzierungskosten; BStBl II 90, 117 (119): Die Vermutung bezieht sich nur auf Zeitpunkte kurz nach der Anschaffung des WG; BFH/NV 98, 1086 mwN.
3 BFH BStBl II 95, 309.
4 BFH/NV 98, 1069 mwN; allg BStBl I 90, 221.
5 BFH BStBl II 81, 700 – bej für Schiffbauzuschüsse; BStBl II 95, 309.
6 BFH BStBl II 81, 702 – bej für Blockheizwerk; BFH/NV 95, 493 mwN.
7 BFH BStBl II 90, 566; BStBl II 96, 28.
8 BFH BStBl II 90, 117.
9 BFH/NV 94, 455; BFH/NV 99, 305; BFH BStBl II 99, 277.
10 BFH BStBl II 89, 183 – degressive AfA nur bei besonderen Gründen; BStBl II 93, 587.
11 BFH BStBl II 89, 183 – unter Berücksichtigung in Anspr genommener linearer AfA; BStBl II 88, 892 – zeitliche Abschwächung; zu anderen AfA-Methoden BStBl II 91, 342; BStBl II 91, 833; BFH/NV 98, 1086 mwN.
12 BFH BStBl II 78, 335.
13 BFH BStBl II 95, 336 mwN.
14 BFH BStBl II 91, 627.
15 BFH BStBl II 99, 681.
16 BFH BStBl II 84, 33 – der Einzelveräußerungspreis kann aber auch über den Wiederbeschaffungskosten liegen; BStBl II 94, 514.
17 BFH BStBl II 91, 342.
18 BFH BStBl II 99, 681 mwN – Darlegungs- und Beweislast.
19 BFH BStBl II 77, 377.
20 BFH BStBl II 70, 690.
21 R 6.7 EStR.

können. Zum Nachweis eines niedrigeren Teilwerts von **Warenvorräten** ist allerdings grds – bei Waren, die zu Normalpreisen angeboten werden[1] – eine **tatsächliche Herabsetzung der Verkaufspreise** vorauszusetzen.[2] Hinweise auf die allg Ertragslage oder geänderte Branchenverhältnisse genügen nicht.[3] Mutmaßlich gesunkene Verkaufspreise von Waren muss der StPfl nach seinen betrieblichen Erfahrungen dokumentieren.[4] Pauschale Abschläge wegen **langer Lagerdauer** sind nicht zulässig, solange die Waren zu den ursprünglichen oder erhöhten Preisen angeboten und verkauft werden, es sei denn, dass nach den betrieblichen Gegebenheiten auch ohne bereits erfolgte Preisherabsetzungen[5] auf eine geminderte oder ganz entfallende Absatzmöglichkeit geschlossen werden kann.[6] Die Lagerdauer kann aber uU Schlüsse auf Veralterung und/oder Qualitätsminderung der Ware und eine deshalb erforderlich werdende Preissenkung oder gar Aussonderung als unverkäuflich zulassen.[7] Eine Einteilung von **Waren** in **Gängigkeitsklassen**[8] kann zweckmäßig sein. Die später tatsächlich herabgesetzten Preise sind nach Warengruppen getrennt zu dokumentieren, insbes mittels sog Minuslisten über die Preisherabsetzungen.[9] Die dem voraussichtlichen Veräußerungserlös zur Teilwertermittlung gegenüberzustellenden **Selbstkosten** umfassen die AK/HK und den Anteil am betrieblichen Aufwand, der auf das zu bewertende WG des Umlaufvermögens entfällt, dh begrifflich die bereits angefallenen und die künftigen Aufwendungen, allerdings ohne die BA, die bereits zum Bilanzstichtag angefallen sind.[10] Die Teilwertvermutung ist auch widerlegt, wenn der Nachweis erbracht wird, dass die Wiederbeschaffungskosten am Bilanzstichtag niedriger als der vermutete Teilwert sind.

4. Ansatz des niedrigeren Teilwerts (§ 6 I Nr 1 S 2, Nr 2 S 2); Wertaufholung (§ 6 I Nr 1 S 4, Nr 2 S 3). Nach § 6 I Nr 1 S 2 (abnutzbare WG des Anlagevermögens) und Nr 2 S 2 (andere WG – Grund und Boden, Beteiligungen, Umlaufvermögen) „kann" (**Wahlrecht**) der niedrigere Teilwert aufgrund einer **voraussichtlich dauernden Wertminderung** angesetzt werden.[11] Das Verbot der Rückstellung für drohende Verluste (§ 5 IVa) begrenzt eine mögliche Teilwertabschreibung nicht.[12] Nach Maßgabe des § 253 III HGB gilt für das Umlaufvermögen ohne Rücksicht auf die Dauer der Wertminderung das **strenge Niederstwertprinzip**; dies wirkte sich wegen der Maßgeblichkeit der HB (§ 5 I) grds auch auf die Steuerbilanz aus.[13] Das Gesetz will die Bildung stiller Reserven durch überhöhte oder trotz Wertaufholung beibehaltene Teilwertabschreibungen verhindern. Nach der Anwendungsregelung des § 52 XVI ist diese Einschränkung der Teilwertabschreibung erstmals für das erste nach dem 31.12.98 endende Wj anzuwenden. Die Regelungen gelten für **Verbindlichkeiten** kraft der Verweisung in § 6 I Nr 3 hinsichtlich des höheren Wertansatzes und des Wertaufholungsgebots entspr (Übergangsregelung § 52 XVI 6 und 7). Die Sonderregelung für Umlaufvermögen in LuF-Betrieben (§ 6 I Nr 2 S 4 aF) ist entfallen. Für WG des **Anlagevermögens** besagt das handelsrechtliche **gemilderte Niederstwertprinzip**, dass bei einer voraussichtlich dauernden Wertminderung eine Abschreibung auf den niedrigeren beizulegenden Wert zwingend ist; insoweit besteht auch steuerrechtlich eine Pflicht zur Teilwertabschreibung. Für Verbindlichkeiten gibt es unter der Voraussetzung einer voraussichtlich dauernden Wertminderung eine Pflicht zur Bewertung mit dem höheren Teilwert (Rn 146). R 36 I 5 gestattet StPfl, die den **Gewinn nach § 4 I** ermitteln, ihr Umlaufvermögen nach § 6 I Nr 2 mit den AK/HK auch dann anzusetzen, wenn der Teilwert der WG erheblich und voraussichtlich dauernd unter die AK/HK gesunken ist. Wertlose WG des Anlage- und des Umlaufvermögens müssen abgeschrieben werden.[14] Bei den **Überschusseinkünften** gibt es keine Teilwertabschreibung (vgl § 6 I Einleitungssatz).[15] Zur Fortführung der AfA s § 7 Rn 65.[16]

---

1 BFH BStBl II 77, 540; R 6.7, 6.8 II EStR.
2 BFH BStBl II 94, 514 mwN; s aber BStBl II 95, 336 – Sonderfall des Erwerbs von Grundstücken durch eine Bank zur Vermeidung von Verlusten aus einem Kreditengagement; BStBl II 99, 681 (682).
3 BFH BStBl II 91, 342.
4 BFH BStBl II 77, 377.
5 BFH/NV 96, 204.
6 BFH BStBl II 94, 514 – verneinend für den Handel mit Kfz-Ersatzteilen; OFD Ffm DB 97, 1795 – Wertberichtigung von Lagervorräten unter dem Gesichtspunkt der Gängigkeit.
7 BFH BStBl II 94, 514, mwN; OFD D'dorf StEK § 6 I Ziff 2 Nr 17 – Musikalienhandel (Bewertung von Altbeständen im Einzelhandel mit Musikinstrumenten).
8 BFH/NV 86, 204 – Lagerdauer in der Bekleidungsbranche.
9 BFH BStBl III 65, 448; BStBl II 77, 377; BFH/NV 86, 470.
10 BFH BStBl II 95, 336 mwN.
11 Zum Rechtsbegriff FG Kln EFG 06, 1414, betr Teilwertabschreibung auf börsennotierte Aktien im Anlagevermögen; hierzu *Rätke* StuB 07, 131.
12 BFH BStBl II 06, 298 – verlustfreie Bewertung halbfertiger Bauten.
13 R 6.8 I 3 EStR; BFH BStBl II 91, 627.
14 BFH BStBl III 51, 10.
15 BFH/NV 95, 764; BFH BStBl II 95, 306 mwN.
16 Ausf zu Teilwertabschreibung und Wertaufholung *Schlagheck* StuB 03, 723.

108 **Der Ansatz des niedrigeren Teilwerts** (umgangssprachlich: **Teilwertabschreibung**; § 253 II 3 HGB: außerplanmäßige Abschreibung) ist keine Abschreibung. Er kommt beim Anlage- wie beim Umlaufvermögen erst in Betracht, wenn der Teilwert niedriger ist als der Buchwert. Es wird eine **voraussichtlich dauernde Wertminderung**[1] vorausgesetzt. Dieser dem Handelsrecht (§ 253 II 3, § 279 I 2 HGB) entlehnte Begriff[2] ist bei abnutzbaren WG des Anlagevermögens erfüllt, wenn der Teilwert des WG zum Bilanzstichtag mindestens für die halbe Restnutzungsdauer unter dem planmäßigen Restbuchwert liegt.[3] Wertminderungen zB aufgrund technischen Fortschritts gelten als dauerhaft. Der jeweilige beizulegende Wert der mittels Einzelbewertung erfassten WG muss an den Bilanzstichtagen (zum Stichtagsprinzip Rn 19 – zusätzliche Erkenntnisse bis zum Zeitpunkt der – meines Erachtens fristgerechten[4] – Aufstellung der HB sind zu berücksichtigen[5]) während eines erheblichen Teils der weiteren Verweildauer im Unternehmen/Nutzungsdauer unter dem planmäßigen Restbuchwert liegen.[6] Bei der Bestimmung der Voraussehbarkeit nach den Verhältnissen am Bilanzstichtag ist die Eigenart des betr WG zu berücksichtigen. Für **WG des abnutzbaren Anlagevermögens** kann von einer voraussichtlich dauernden Wertminderung ausgegangen werden, wenn deren Wert zum Stichtag mindestens für die halbe Restnutzungsdauer unter dem planmäßigen Buchwert liegt.[7] Für **WG des nichtabnutzbaren Anlagevermögens** kommt es grds darauf an, ob die Gründe für eine niedrigere Bewertung voraussichtlich anhalten werden.[8] Im Zweifel ist auch aus Gründen der Vorsicht bei Anlagevermögen von einer dauernden Wertminderung auszugehen.[9] Ein geminderter Wertansatz ist nicht gerechtfertigt bei einer aus allg Preisschwankungen herrührenden Wertminderung.[10] Bei börsennotierten WG des Anlagevermögens genügt ein nur vorübergehender Kurseinbruch nicht. Bei **WG des Umlaufvermögens** ist die Wertminderung voraussichtlich von Dauer, wenn diese bis zum Zeitpunkt der Bilanzaufstellung oder dem voraussichtlichen Verkaufs- oder Verbrauchszeitraum anhält; zusätzliche Erkenntnisse zB über allg Marktentwicklungen bis zu diesem Zeitpunkt sind zu berücksichtigen.[11] Die Gründe für die Wertminderung können vielfältig sein; zB Wandlung des modischen Geschmacks, technische Neuerungen, Rückgang des Wiederbeschaffungspreises; das WG kann nicht in der geplanten Weise genutzt werden. „Wertminderungen aus besonderem Anlass" (Katastrophen oder technischer Fortschritt) sind regelmäßig von Dauer; diese im BMF-Schr v 25.2.00 genannten Sachverhalte gehören freilich zum Regelungsbereich der AfaA.[12] Eine Erhöhung des Marktzinses kann den Wert festverzinslicher Wertpapiere ebenso mindern wie ein Absinken des Umrechnungskurses den Wert von Fremdwährungsforderungen. Der StPfl muss zu jedem Bilanzstichtag die Berechtigung der Beibehaltung des niedrigeren Teilwerts nachweisen.[13] Er muss daher ausreichend Vorsorge treffen hinsichtlich Nachweis und Dokumentation. Ein Preiseinbruch, der nicht aufgrund konkreter Anhaltspunkte als vorübergehend erscheint, rechtfertigt grds eine außerplanmäßige Abschreibung oder eine Teilwertabschreibung. Für die Bemessung der weiteren AfA bei Gebäuden s **§ 11c II 2 EStDV. Pauschalwertberichtigungen**[14] sowie bei Vorräten Gängigkeitsabschläge wegen schwerer Verkäuflichkeit[15] sind künftig weiterhin möglich (vgl auch § 6 I Nr 3a betr gleichartige Rückstellungen). Die Minderung durch Boni und Skonti ist zu berücksichtigen; beim Vorratsvermögen bleibt die retrograde Wertermittlung weiterhin zulässig.[16]

109 Die nachhaltige Wertminderung muss **von einigem Gewicht** sein (str). Der Umfang der Teilwertabschreibung richtet sich nach den Verhältnissen am Stichtag. Soll eine **Teilwertabschreibung** – ggf nach den Grundsätzen des formellen Bilanzenzusammenhangs – in einem späteren Wj nachgeholt

---

1 BT-Drs 14/443, 22; ausf hierzu BMF BStBl I 00, 372; *Korn/Strahl* KÖSDI 03, 13678 (13689 ff); *Teschke* DStZ 06, 661.
2 BT-Drs 14/443, 18, 22; FG Kln EFG 06, 1414 (Rev I 58/06) – betr Aktien im Anlagevermögen.
3 BFH BStBl II 06, 680 – Bestätigung des BMF.
4 Vgl BFH BStBl II 92, 802 (805).
5 BMF BStBl I 01, 372 Rn 4.
6 Grundlegend BFH BStBl II 75, 294; *Groh* DB 99, 978 (982).
7 Allg FG Kln EFG 06, 1504 – Geschäftswert einer Apotheke bei gesetzgeberischen Maßnahmen im Gesundheitsbereich.
8 BMF BStBl I 00, 372 Rn 6 ff, 11 ff, mit weiteren Einzelheiten und Beispielen zur Bewertung von Grund und Boden, Beteiligungen.
9 BFH/NV 87, 442; *A/D/S*[6] Teilband I § 253 HGB Rn 425, 472 ff; *K/W*[4] § 253 Rn 153 ff: halbe Restnutzungsdauer oder 5 Jahre.
10 BMF BStBl I 00, 372.
11 BMF BStBl I 00, 372 Rn 23 ff, mit weiteren Einzelheiten und Beispielen.
12 BMF BStBl I 00, 372 Rn 4; zur AfaA *Glade* DB 00, 844.
13 BMF BStBl I 00, 372, Rn 2.
14 Vgl EuGH DStR 99, 1645 – Gewährleistungsverpflichtungen; *Stobbe/Loose* FR 99, 405 (407): insoweit ist der Teilwertgedanke maßgebend; *Hoffmann* WPg 99, 380 (383).
15 BFH BStBl II 77, 540 – lange Lagerdauer als Anzeichen schwerer Verkäuflichkeit; *Günkel/Fenzl* DStR 99, 649 (652).
16 BT-Drs 14/443, 23, 51.

werden, muss die Wertminderung noch fortbestehen.[1] Bei gegebenem Wahlrecht kann der StPfl die Teilwert-AfA auf mehrere Jahre verteilen. Werterhöhende Faktoren desselben WG sind saldierend zu berücksichtigen.[2]

Es gilt für das erste nach dem 31.12.98 endende Wj (Erstjahr; Übergangsregelung § 52 XVI – Erfassung des Gewinns; Wahlrecht zur Rücklagenbildung) rechtsformabhängig für alle Unternehmen ein striktes **Wertaufholungsgebot**[3] (zum Handelsrecht s § 253 V HGB: das Wahlrecht; § 280 II HGB läuft leer).[4] Dieses Gebot ist verfassungsgemäß.[5] Die in **§ 6 I Nr 1 S 4, Nr 2, 3** angeordnete allg und **strikte** steuerliche **Pflicht zur** auch teilw **Wertaufholung** (Zuschreibung) (zur AfaA vgl § 7 I 6 HS 2 – dort hat das FA die Feststellungslast, § 7 Rn 104) verhindert, dass Wertminderungen auch dann noch steuerlich geltend gemacht werden können, wenn der Grund für sie zwischenzeitlich weggefallen ist. Dies dient der Ermittlung einer „realitätsgerechten" Bemessungsgrundlage. Der StPfl trägt nach allg Grundsätzen die Feststellungslast für die Voraussetzungen einer Teilwertabschreibung; er trägt auch die Feststellungslast dafür, dass und in welchem Umfang sie zu nachfolgenden Stichtagen noch beibehalten werden darf.[6] Das Wahlrecht, auch bei einem WG des Umlaufvermögens (str)[7] bei dessen technischer oder wirtschaftlicher Beeinträchtigung eine „Bereinigung des Buchwerts" mittels AfaA vorzunehmen (§ 7 Rn 100 ff), bleibt unberührt.[8] Die Abgrenzung zu § 7 I 5 (§ 7 Rn 100 ff) erlangt zunehmend Bedeutung. § 52 XVI 3 sieht zwecks Sicherung der Liquidität des Unternehmens eine Verteilung der Zuschreibung auf 5 Jahre mittels einer im Erstjahr zu bildenden **Wertaufholungsrücklage** vor; das diesbezügliche Wahlrecht muss der StPfl in Übereinstimmung mit der HB ausüben (§ 5 I 2).[9]

Eine Werterhöhung wird bis zur **Bewertungsobergrenze** (Rn 25) – dies sind die um die steuerrechtlich zulässigen Abzüge wie planmäßige AfA, Sonderabschreibungen und um die erhöhten AfA geminderten AK/HK oder dem an deren Stelle tretenden Wert, nicht der Zeitwert – ggf mit einem zutr (Zwischen-)Teilwert steuerlich erfasst. Es ist nicht erforderlich, dass die ursprünglichen Gründe der Abschreibung entfallen sind;[10] dies erlangt Bedeutung für die nach § 50c steuerwirksame ausschüttungsbedingte Teilwertabschreibung.[11] Nicht auf § 6 zurückgehende Abwertungen müssen nicht rückgängig gemacht werden. Eine fiktive (auch degressive) Abschreibung ist analog § 280 HGB zu berücksichtigen.[12] Der für den jeweiligen Stichtag ermittelte Teilwert wird nur angesetzt, wenn er unter der Bemessungsobergrenze liegt. Das Wertaufholungsgebot gilt auch, wenn eine vormals voraussichtlich dauernde Wertminderung nur noch als vorübergehend zu werten ist.

V. Bewertungsvereinfachung. – 1. Handelsrechtliche Grundlagen. Das **HGB** trifft die folgenden Regelungen:

§ 240 HGB
Inventar

...

(3) Vermögensgegenstände des Sachanlagevermögens sowie Roh-, Hilfs- und Betriebsstoffe können, wenn sie regelmäßig ersetzt werden und ihr Gesamtwert für das Unternehmen von nachrangiger Bedeutung ist, mit einer gleichbleibenden Menge und einem gleichbleibenden Wert angesetzt werden, sofern ihr Bestand in seiner Größe, seinem Wert und seiner Zusammensetzung nur geringen Veränderungen unterliegt. Jedoch ist in der Regel alle drei Jahre eine körperliche Bestandsaufnahme durchzuführen.

---

1 BFH BStBl II 73, 846.
2 BFH BStBl II 73, 846 – Geschäftswert.
3 Anwendungserlass BMF BStBl I StBl I 00, 372; zu für LuF genutzten Grundstücken FinMin Nds DB 02, 1348.
4 Zur Vermeidung der Zuschreibung bei Beteiligungen *Herzig/Rieck/Gehring* BB 99, 575.
5 BFH BStBl II 07, 707; SchlH FG EFG 07, 1449 mwN (Rev IV R 37/07); *Prinz* StuB 07, 664.
6 BT-Drs 14/443, 22; BMF BStBl I 01, 372 Rn 2.
7 *Glade* DB 00, 844; aA *Prinz* DStR 00, 607.
8 *Glade* DB 00, 844, auch zur unterschiedlichen Bewertungssystematik für AfaA und Teilwert; zu den nicht deckungsgleichen Regelungsbereichen und den Unterschieden *Prinz* DStR 00, 607 f.

9 S näher zur Abhängigkeit von der HB BMF BStBl I 00, 372 Rn 37.
10 BMF BStBl I 00, 372 Rn 34; *Herzig/Rieck* WPg 99, 305 (311).
11 *Groh* DB 99, 978 (982); *Hoffmann* GmbHR 99, 380 (386); vgl BFH BStBl II 91, 342 – maßgebend sind die den inneren Wert der Beteiligung bildenden Faktoren; BFH/NV 00, 710 – tatsächliches Absinken des Teilwerts wird vorausgesetzt; BFH/NV 00, 1184; zu § 50c s auch BMF BStBl I 00, 372 Rn 36; *Strahl* KÖSDI 00, 12381 f; *Prinz* DStR 00, 607.
12 Str, s die Kontroverse zw *Thiel* und *Sarrazin* JbFäStR 97/98, 28 ff; *Herzig/Rieck* WPg 99, 305 (313); *Hoffmann* WPg 99, 380 (383 f), auch zur Buchungstechnik.

(4) Gleichartige Vermögensgegenstände des Vorratsvermögens sowie andere gleichartige oder annähernd gleichwertige bewegliche Vermögensgegenstände und Schulden können jeweils zu einer Gruppe zusammengefaßt und mit dem gewogenen Durchschnittswert angesetzt werden.

§ 256 HGB
Bewertungsvereinfachungsverfahren

Soweit es den Grundsätzen ordnungsmäßiger Buchführung entspricht, kann für den Wertansatz gleichartiger Vermögensgegenstände des Vorratsvermögens unterstellt werden, dass die zuerst oder dass die zuletzt angeschafften oder hergestellten Vermögensgegenstände zuerst oder in einer sonstigen bestimmten Folge verbraucht oder veräußert worden sind. § 240 Abs. 3 und 4 ist auch auf den Jahresabschluß anwendbar.

113 **2. Festbewertung.** Die Resultat der durch § 240 III HGB (Rn 112) zugelassenen Festbewertung[1] ist eine zum Zwecke der Vereinfachung – ein laufendes Bestandsverzeichnis ist nicht zu führen – mit einem konstanten Betrag ausgewiesene Bewertungseinheit (Festmenge) idR einer Vielzahl von WG. Sie dient nicht dem Ausgleich von Preisschwankungen oder der Bildung stiller Reserven. Der Festwert tritt an die Stelle der Einzelwerte. Es wird unterstellt, dass die Wertabgänge regelmäßig und in wertgleicher Höhe ersetzt werden. Wird zulässigerweise ein Festwert in der HB gebildet, wird er grds der Steuerbilanz einschl der Gewinnermittlung nach § 4 I zugrunde gelegt.[2] Die **Festbewertung ist nicht zulässig**, wenn das Mengengerüst von WG wesentlich von externen Einflüssen insbes des operativen Geschäfts abhängt, so insbes bei Produkten und Handelswaren oder wenn aus anderen Gründen von vornherein mit erheblichen Wertschwankungen zu rechnen ist; ferner mangels Nachrangigkeit bzw regelmäßigen Ersatzes bei hochwertigen WG;[3] ferner nicht bei kurzlebigen, über den Bilanzstichtag hinaus nutzbaren WG, wenn deren AK/HK als in vollem Umfang abziehbarer Aufwand zu behandeln wären.[4] Die **Zulässigkeit** einer Zusammenfassung verschiedenartiger (§ 240 III HGB), jedoch in einem Funktionszusammenhang zueinander stehender WG (gleichartige Nutzung – Beispiel: Büromöbel; Hotelgeschirr) zu Festwerten ist unter maßgeblicher Berücksichtigung des Zwecks der Festwertbildung zu bestimmen, beim Sachanlagevermögen auch unter Berücksichtigung einer im Wesentlichen gleichen Altersstruktur und betriebsgewöhnlichen Nutzungsdauer der WG. Der tatsächliche Wertverzehr wirkt sich dadurch gewinnmindernd aus, dass die AK/HK für die Ersatz-WG, obwohl aktivierungspflichtig, so zu buchen sind, als ob sie BA seien; unterlassene Buchwertminderungen und unterlassene Aktivierungen gleichen sich aus, weil sich als Folge in etwa gleichbleibender Bestände in Höhe der Buchzugänge und Buchabgänge im Wesentlichen saldieren.[5] Reguläre AfA, AfaA und Teilwertabschreibung kommen nicht in Betracht. § 6 II, § 6b, R 6.6 EStR sind nicht anwendbar.[6] Die Bewertungsstetigkeit ist zu beachten. In dem durch R 5.4 IV EStR gesetzeskonform vorgesehenen Umfang ist eine körperliche Bestandsaufnahme durchzuführen und eine Wertanpassung vorzunehmen.[7]

114 Bei der **Bildung und Überprüfung des Festwerts** sind die AK/HK aller in den jeweiligen Festwert einzubeziehenden WG zu berücksichtigen, für die bei der Einzelbewertung ein Wert anzusetzen wäre. Der Festwert wird beeinflusst durch die altersmäßige Schichtung der einzubeziehenden WG; er beläuft sich idR auf den **Anhaltewerten von 40–50 vH der tatsächlichen AK/HK**.[8] Bei Roh-, Hilfs- und Betriebsstoffen ist der Festwert grds in Höhe der AK/HK anzusetzen; es gilt das Niederstwertprinzip (§ 6 I Nr 2). Bei Erhöhung um mehr als 10 vH je Festwert ist der ermittelte Wert als neuer Festwert maßgebend; er wird buchungstechnisch durch Aufstockung um spätere AK/HK ohne planmäßige AfA erreicht. Ein niedriger Wert kann ohne Prozentbegrenzung angesetzt werden. Die laufenden Zugänge zum Festwert werden als Aufwand gebucht. Der Festwert kann bzw muss (Niederstwertprinzip) Gegenstand einer Teilwertabschreibung sein. Bei Beendigung der Festbewertung ist der Festwert auf die Restnutzungsdauer abzuschreiben; für Neuzugänge gilt dann die Einzelbewertung.

---

1 R 6.9 EStR; BMF DStR 92, 542.
2 BStBl II 94, 232; BMF DStR 92, 542.
3 BMF StEK § 6 I Ziff 2 Nr 77, 96; BFH BStBl II 01, 636.
4 BFH BStBl II 82, 544; BStBl II 94, 232.
5 Ausf zur verdeckten und schwer durchschaubaren Aufwandsverrechnung BFH BStBl II 72, 683.
6 BFH BStBl II 82, 545.
7 Ergänzend BMF DStR 92, 542; OFD D'dorf StEK § 6 I Ziff 1 Nr 71.
8 BMF BStBl I 93, 276, dort auch zu den Voraussetzungen einer ersten Festwertbildung, zur AfA, Nichtanwendung von AfaA, Teilwert- und Sonderabschreibungen.

Das Festwertverfahren kommt ua bei folgenden WG des **Anlagevermögens** in Betracht: Betriebs- und Geschäftsausstattung; Flaschen und Kästen in der Getränkeindustrie; Fahrzeuge (Elektrokarren); Transport- und Förderanlagen; Gerätschaften (Flaschenzüge, Walzen); technisch aufeinander abgestimmte Gerüst- und Schalungsteile im Baugewerbe (FinMin Nordrhein-Westfalen BStBl II 62, 194; BFH BStBl II 72, 683); Kanaldielen; Mess- und Prüfgeräte; Geschäftsausstattung (Zeichengeräte, Ladeneinrichtung); Kleingeräte verschiedener Art; Rechen- und Schreibmaschinen, Personalcomputer; Feuerlöschgeräte; Formen, Walzen, Modelle, Werkzeugbestände; Hotelgeschirr und -wäsche (BStBl II 68, 566), Grubeninventar im Bergbau (BMF BB 93, 1767); Rebstöcke im Weinbau, Druck- und Prägeformen (BFH BStBl II 88, 502). Festwertbildung ua bei folgenden WG des **Umlaufvermögens**: Kleinmaterial; Ersatzteile, Verbrauchsstoffe wie Heizstoffe, Öle, Fette.

3. Gruppen- und Sammelbewertung (Durchschnittsbewertung). Die im EStG nicht vorgesehene **116** Gruppenbewertung ist als Vereinfachungsregelung konzipiert; bei Vorhandensein einer geringen Anzahl gleichartiger WG besteht für sie kein Bedarf.[1] Die WG des Vorratsvermögens sind grds einzeln zu bewerten. Insbes bei WG, die im Verkehr nach Maß, Zahl oder Gewicht bestimmt werden (vertretbare WG), kann das betriebliche Schicksal des einzelnen Gegenstandes zB infolge Vermischung bei der Lagerhaltung und Bearbeitung und/oder wegen Schwankungen der Einstandspreise nicht ohne zumutbaren Aufwand körperlich verfolgt und individualisiert werden. Aus Gründen der Vereinfachung können (das Wahlrecht ist auch steuerrechtlich zugelassen) nach **§ 240 IV HGB** iVm § 256 II HGB (Rn 112) ihrer Menge nach durch Inventur festgestellte gleichartige (dies insbes bei gleicher Warengattung oder bei Funktionsgleichheit) WG des Vorratsvermögens sowie andere **gleichartige** (nicht notwendigerweise gleichwertige[2]) oder annähernd **gleichwertige bewegliche WG und Schulden** (zur pauschalen Wertberichtigung bei Forderungen Rn 141) jeweils zu einer **Gruppe** zusammengefasst und mit dem **gewogenen Durchschnittswert** angesetzt und bewertet werden, und zwar für den Ansatz mit ihren AK/HK wie mit ihrem Teilwert. Es muss für sie ein – nach den Erfahrungen der betr Branche sachgerechter – Durchschnittswert bekannt sein.[3] „Annähernd gleichwertig" sind WG, wenn ihre Einzelwerte nur geringfügig – bis 20 vH – voneinander abweichen. Macht der StPfl glaubhaft, dass er idR die zuletzt beschafften WG zuerst verbraucht oder veräußert, so kann dies bei der Ermittlung der AK/HK berücksichtigt werden.[4] Die Gruppenbildung darf nicht gegen die GoB verstoßen. Der BFH hat dies anerkannt.[5] Die **Durchschnittswertmethode** folgt nachstehendem

Beispiel:

Anfangsbestand	1 000 kg à 5 €	5 000 €
Zukauf 1	3 000 kg à 7 €	21 000 €
Zukauf 2	5 000 kg à 6 €	30 000 €
Zukauf 3	4 000 kg à 8 €	32 000 €
Summe	13 000 kg	88 000 €
Durchschnittswert: 88 000 €: 13 000 kg = 6,70 €		
Abgang im Wj:	Buchwert aE des Wj:	10 000 kg
Endbestand		4 000 kg
		4 000 kg × 6,70 = 26 800 €

Bei tendenziell sinkenden Einkaufspreisen kommt nach näherer Maßgabe des § 6 I Nr 1 S 2 ein Ansatz des niedrigeren Teilwerts in Betracht, bei kürzeren Abrechnungsperioden (Monat, Quartal) eine Staffelbewertung. Wegen der Einzelheiten wird auf die Großkommentare zum HGB verwiesen.[6] Macht der StPfl glaubhaft, dass in seinem Betrieb idR die zuletzt beschafften WG zuerst verbraucht oder veräußert werden – dies kann sich zB aus der Art der Lagerung ergeben – so kann dies nach R 6.8 IV 6 EStR bei der Ermittlung der AK/HK berücksichtigt werden.

---

1 Restriktiv BFH/NV 01, 972, dort auch zum Übergang zur Bewertung nach § 6 II.
2 R 6.8 IV 3 EStR.
3 R 6.8 IV 5 EStR; BMF DB 92, 554 – Anwendung des Niederstwertprinzips im Rahmen der Gruppenbewertung nach der Lifo-Methode; K/W[4] § 240 Rn 75, 81.
4 R 6.8 IV 6 EStR.
5 BFH BStBl II 93, 284 betr LuF – Bewertung von nach Altersklassen zusammengefassten Tieren; BMF BStBl I 95, 179; BFH/NV 97, 394.
6 BeBiKo[4] § 255 Rn 209 ff.

117 4. Verbrauchsfolgeverfahren (§ 6 I Nr 2a). Die Verbrauchs-/Veräußerungsfolgeunterstellung „last in – first out" (**lifo**) geht in Abweichung von den Grundsätzen der Einzelbewertung sowie der periodengerechten Aufwandsabgrenzung aus Gründen der Bewertungsvereinfachung („Wertungskompromiss") davon aus, dass die zuletzt angeschafften oder hergestellten WG zuerst verbraucht oder veräußert werden. Das Verfahren ist in § 256 I HGB (Rn 112) vorgesehen (ggf Ausweispflicht nach § 284 II Nr 4 HGB) und seit 1990 steuerrechtlich als Einziges (keine Wahl anderer Verbrauchsfolgen) zulässig bei der Gewinnermittlung nach § 5[1] (bei gleicher Bewertung in der HB; umgekehrte Maßgeblichkeit; nicht bei Gewinnermittlung nach § 4 I). Der BFH ist restriktiv, weil die Methode verschiedene sog „obere" GoB durchbricht; er teilt nicht die in der Literatur vertretene Auffassung, sie diene auch der Vermeidung der Besteuerung von Scheingewinnen und der (realen) Substanzerhaltung des Unternehmens.[2] Steigen die Preise, bleiben die preisgünstig früher angeschafften WG im Bestand bei gleichzeitiger Aufwandswirksamkeit der höheren Einkaufspreise. Die Besteuerung von Scheingewinnen wird vermieden mit dem hierdurch bedingten Effekt der Substanzerhaltung.[3] Die Bildung stiller Reserven ist gesetzesimmanent. Gebräuchlich ist die periodische (Gegensatz: permanente) Bewertung zum Ende des Wj in der Form der Einzel- oder Gruppenbewertung auf der Grundlage der ersten Lagerzugänge des Wj oder der durchschnittlichen AK/HK aller Zugänge des Wj. Den GoB entspricht die von dem mittels Inventur ermittelten Bestand ausgehende Mengenrechung; das bereinigende Indexverfahren mittels Wertvergleichs auf der Grundlage von Basispreisen unter Eliminierung von Preissteigerungen – ggf mit Ausweis von Strukturänderungen bei Zunahme des Anteils höherwertiger Elemente – ist handelsrechtlich umstritten[4] und in R 6.9 EStR nicht zugelassen. Bestandserhöhungen können zu einem neuen Gesamtbestand führen oder – steuerlich vorteilhafter – in Schichten (Layer) als eigenständige Teilmengen des Anfangsbestandes ausgewiesen werden.[5] Zu technischen Einzelheiten (Methoden) der Lifo-Bewertung, zur erstmaligen Anwendung (§ 6 I Nr 2a S 2), zum Ausgangswert s R 6.9 EStR.

118 Das Wahlrecht ist typischerweise auf Sachverhalte zugeschnitten, bei denen entweder die Ermittlung der individuellen AK/HK der Vermögensgegenstände im Einzelfall ausgeschlossen ist (zB im Falle der Vermischung von Flüssigvorräten) oder – wie beispielsweise bei Massenartikeln – mit einem unvertretbaren Aufwand verbunden wäre. Die Anwendung der Lifo-Methode entspricht nicht den GoB, wenn wie beim zum Verkauf bestimmten Pkw Vorräte mit – absolut betrachtet – hohen Erwerbsaufwendungen in Frage stehen, die AK/HK ohne Weiteres identifiziert und den einzelnen Vermögensgegenständen angesichts deren individueller Merkmale ohne Schwierigkeiten zugeordnet werden können.[6] Die Lifo-Methode ist anwendbar auf **gleichartige WG des Vorratsvermögens** (Roh-, Hilfs-, Betriebsstoffe, Waren, nach R 6.9 II 4 EStR auch unfertige Erzeugnisse), nicht bei Wertpapieren oder Devisenbeständen.[7] Sie muss nicht auf das gesamte Vorratsvermögen angewandt werden. Zulässig ist die in der metallverarbeitenden Industrie gebräuchliche Komponentenbewertung der Kostenelemente von fertigen oder unfertigen Erzeugnissen.[8] **WG sind gleichartig**, wenn sie nach kfm Gepflogenheiten unter Berücksichtigung der Verkehrsanschauung zur gleichen Warengattung gehören (R 6.9 III 3 EStR: „marktübliche Einteilung in Produktklassen unter Beachtung der Unternehmensstruktur") oder funktionsgleich sind. Annähernde Wertgleichheit (Preisgleichheit) wird anders als nach dem Wortlaut des § 240 IV HGB nicht vorausgesetzt. Nach zu enger Auffassung in R 6.9 III 3, 4 EStR sind WG mit erheblichen Qualitätsunterschieden nicht gleichartig; erhebliche Preisunterschiede sind Anzeichen für Qualitätsunterschiede.[9] Bei der Gruppenbildung soll nicht kleinlich verfahren werden.[10] Der **Gesetzeszweck** kann nur durch **Bildung großer Gruppen** erreicht werden (Beispiele: Kabel unterschiedlichen Querschnitts; Bleche unterschiedlicher Stärke; ältere und technisch weiterentwickelte Elektronikbauteile; PCs, die ihrerseits nicht mit Schreibmaschinen zusammenfasst werden können). Die Verbrauchsfolgefiktion setzt voraus, dass die Lifo-Annahme mit der tatsächlichen Verbrauchs- oder Veräußerungsfolge nicht übereinstimmt; der

---

1 BFH BStBl II 94, 591.
2 BFH BStBl II 01, 636.
3 BT-Drs 11/2157, 140.
4 *Herzig/Gasper* DB 92, 1301 (1304 ff): GoB-konform; **aA** *Schneider/Siegel* WPg 95, 261; Replik *Siepe/Husemann/Borges* WPg 95, 365.
5 Zur Wertermittlung R 6.9 IV EStR.
6 BFH BStBl II 01, 636 mit Anm *Wacker* BB 00, 2355; *ders* KFR F 3 EStG § 6, 1/01, 47; s auch *Moxter* DB 01, 157; *Krumbholz* StuB 01, 74; *Kessler/Suchan* DStR 03, 345.
7 S aber BFH BStBl II 66, 274 – Wertpapier-Sammeldepot: Bewertung mit den durchschnittlichen AK sämtlicher Papiere derselben Art; *BeBiKo*[4] § 256 Rn 16.
8 R 6.9 II 4 EStR – Beschränkung auf Materialbestandteile; *Herzig/Gasper* DB 91, 565.
9 Zu eng BMF BStBl I 90, 148 – Weinwirtschaft; BMF DB 92, 1103 – Zigarettenindustrie; OFD Mchn DB 92, 1602.
10 Finanzausschuss BT-Drs 11/2536, 47.

gesetzliche GoB-Vorbehalt will aber Missbräuche ausschließen, insbes wenn die Lifo-Annahme mit dem betrieblichen Geschehensablauf unvereinbar ist – so bei leicht verderblichen Waren und Saisonbetrieben, bei denen die Vorräte am Bilanzstichtag umgeschlagen sind.[1]

Der **Stetigkeitsgrundsatz** (§ 252 I Nr 6 HGB; Rn 17f) ist zu beachten.[2] Die erstmalige Anwendung des Lifo-Verfahrens ist stets zulässig. Das Lifo-Wahlrecht gilt für jede Gruppe gesondert. Zur erstmaligen Bildung von Lifo-Ausgangswerten R 6.9 VII EStR.[3] Es gilt das Niederstwertprinzip (§ 253 I 1, III HGB), ggf bezogen auf einzelne Layer.[4] Von der Lifo-Methode kann – auch zur Durchschnittsbewertung hin – im folgenden Wj zwecks Vermeidung von Willkür nur mit Zustimmung des FA abgewichen werden (§ 6 I Nr 2a S 4). Ein konkreter Methodenwechsel ist zustimmungsfrei. Das FA kann seine Ermessensentscheidung bereits im vorhinein treffen; die Verweigerung ist Nebenentscheidung zum ESt- bzw Feststellungsbescheid.[5] **119**

D. Bewertung einzelner WG

I. Abnutzbares Anlagevermögen (§ 6 I Nr 1). – 1. Allgemeines. Nach § 6 I Nr 1 sind WG des Anlagevermögen (Rn 20), die der Abnutzung unterliegen (§ 7 Rn 51) anzusetzen mit den AK oder HK oder dem an deren Stelle tretenden Wert, insbes dem Teilwert, vermindert um die AfA, erhöhte Absetzungen, Sonderabschreibungen, Abzüge nach § 6b und ähnliche Abzüge. **120**

2. Gebäude. Aufwendungen, die bis zur Fertigstellung aller unselbstständigen Gebäudeteile[6] anfallen, sind grds HK des Gebäudes. Betriebsvorrichtungen sind keine Gebäudeteile. Zu Erschließungskosten als AK des Grund und Bodens s Rn 43.[7] **121**

Einzelfälle: Zu den HK gehören Aufwendungen für **Erdarbeiten** und Freimachen des Grundstücks (BFH BStBl II 95, 71); Einrichtung der Baustelle; Hangabtragung (BFH BStBl II 94, 512); herstellungsbedingte **Fahrtkosten** zur Baustelle in tatsächlicher Höhe (BFH BStBl II 95, 713); Prämien für die Bauwesenversicherung (aA BFH BStBl II 84, 303); Aufwendungen für den **Hausanschluss** auf dem Grundstück des StPfl selbst einschl der Kanalanstichgebühr (BFH BStBl II 68, 168); für **Anschlüsse an Gas-, Strom-, Wasser-, Wärmeversorgungsnetze** (BFH BStBl III 65, 226; anders wenn bereits die Wasservorsorgung durch einen Brunnen und die Heizung durch Kohleöfen erfolgten, BFH BStBl II 03, 590); für die Ablösung der Stellplatzpflicht (BFH/NV 90, 504), wenn die Abgabe an die Bautätigkeit und die Zahl und Größe der Wohnungseinheiten anknüpft (BFH BStBl II 84, 702; ergänzend BFH BStBl II 03, 710); Ansiedlungsbeiträge, da sie mit einer bestimmten Nutzung des Grundstücks zusammenhängen (BFH BStBl II 84, 702); Aufwendungen für die **Beseitigung von Baumängeln**, die bereits bei der Herstellung des Gebäudes aufgetreten sind, aber erst nach dessen Fertigstellung behoben werden, sind ebenfalls HK des Gebäudes (BFH BStBl II 88, 431); ferner die Entschädigung an den Mieter oder Pächter für vorzeitige Räumung eines Grundstücks zwecks Errichtung eines Gebäudes (BFH BStBl II 83, 451). Zur Herstellung einer **Gartenanlage** s BFH BStBl II 97, 23; II 99, 382 – Garten für Mieter als selbstständiges WG, und ausf R 21.1 EStR, zur Schaffung eines Kinderspielplatzes R 6.4 II EStR. HK entstehen durch die Pflasterung von Zuwegen (BFH BStBl III 66, 12; anders bei Betriebsgebäuden, BFH BStBl II 83, 686; BFH/NV 98, 1086); grds durch Anpflanzung einer lebenden **Umzäunung** (BFH BStBl III 66, 541) und Maschendrahtzaun, wenn dadurch das Gebäude nutzbar gemacht werden soll (BFH BStBl II 78, 210), anders bei Einfriedungen, Straßenzufahrten, Befestigungen für Stellplätze und andere Außenanlagen als unbewegliche WG, die keine Gebäude oder Gebäudeteile sind (BFH BStBl II 83, 686; BFH/NV 98, 1086). Zu **Einbaumöbeln** s BFH/NV 98, 215, zu **Einbauküchen** BFH/NV 91, 148. Wird ein unbebautes, besetztes Gebäude zwangsweise geräumt, um es anschließend zu bebauen, sind die Aufwendungen hierfür insoweit HK.[8]

Hatte der StPfl ein sodann vermietetes (Einkünfteerzielungsabsicht wird vorausgesetzt) **Gebäude** auf einem ihm gehörenden Grundstück errichtet oder hatte er ein solches Grundstück mit Nut- **122**

---

1 R 6.9 II 2 EStR; BMF DB 97, 1251 – Frischfleisch; OFD Hann DB 00, 597 – Rechtslage bei Tiefkühlfisch ist offen.
2 R 6.9 V 3 EStR.
3 *Pelzer/Klein* DStR 96, 774, zur steuerbilanzpolitischen Gestaltung des Lifo-Ausgangswerts.
4 Einzelzeiten bei R 6.9 VI EStR und BMF DB 92, 554.
5 BFH BStBl II 90, 5.
6 BFH BStBl II 90, 514 – Spüle, uU Kochherd; zu Einbaumöbeln BStBl II 74, 474.
7 Ausf *Kahle/Heinstein* DStZ 07, 93.
8 BFH BStBl II 04, 872, dort auch zu dem Fall, dass das Grundstück (teilw) unbebaut vermietet werden soll.

zungsabsicht – im Zeitpunkt der Anschaffung[1] **ohne Abbruchsabsicht** – erworben und später aufgrund eines neuen Entschlusses abgebrochen, sind im Jahr des Abbruchs in Höhe des Restbuchwerts des Gebäudes AfaA (§ 7 I 5) vorzunehmen; die Abbruchkosten sind als BA/WK abzuziehen. Dies auch dann, wenn ein dem gleichen Zweck dienender Neubau errichtet wird.[2] Der Entschluss des StPfl, ein Gebäude abzubrechen, bringt in diesen Fällen die Tatsache seines wirtschaftlichen Verbrauchs zum Ausdruck. Soweit **ein Teil der alten Bausubstanz** in den Neubau einbezogen wird, gehört deren anteiliger Buchwert zu den HK des neuen Gebäudes; AfaA sind auf die entfernten Teile vorzunehmen, sofern diese ihren abgrenzbaren Niederschlag in den AK/HK gefunden haben und ihr Wert nicht von ganz untergeordneter Bedeutung ist. Dabei entspricht der Wert eines entfernten Gebäudeteils dem auf ihn entfallenden Anteil an der AfaA-Bemessungsgrundlage.[3] Ein sofortiger Abzug der Abbruchkosten kommt nur dann in Betracht, wenn zum Zeitpunkt des Erwerbs die Erhaltung und Nutzung der abgebrochenen Teile beabsichtigt war. Baumängel des Gebäudes können dessen Teilwert mindern.

123 Wird ein technisch oder wirtschaftlich noch nicht verbrauchtes **Gebäude erworben** in der **Absicht, es ganz oder teilw abzureißen**, ohne ein neues der Einkünfteerzielung dienendes[4] WG herzustellen, sind der Restbuchwert des Gebäudes und die Abbruchkosten nachträgliche AK des Grund und Bodens. Soll **ein der Einkünfteerzielung dienendes neues WG hergestellt** oder grundlegend umgebaut[5] werden, sind der (ggf anteilige[6]) Restwert des erworbenen Gebäudes, die Planungs- und Abbruchkosten und Abstandszahlungen an Mieter den HK des bzw der neuen WG (ggf anteilig) zuzurechnen.[7] War das in Abbruchabsicht erworbene Gebäude (objektiv) wertlos, entfällt der Anschaffungspreis auf den Grund und Boden; die Abbruchkosten können HK des neuen Gebäudes oder AK des Grund und Boden sein.[8] Wird mit dem Abbruch eines Gebäudes **innerhalb von 3 Jahren** nach Abschluss des Kaufvertrages begonnen, so spricht idR[9] der vor allem mittels Hinweises auf einen ungewöhnlichen Geschehensablauf widerlegbare **Beweis des ersten Anscheins** für einen Erwerb in **Abbruchsabsicht**.[10] Die vorstehenden Grundsätze zur Behandlung von Abbruchkosten bei entgeltlichem Erwerb eines bebauten Grundstücks gelten auch für den unentgeltlichen Erwerb im Wege der Einzelrechtsnachfolge[11] und – mangels Einkünfteerzielungsabsicht hinsichtlich des abgebrochenen Gebäudes – bei der Gesamtrechtsnachfolge[12] sowie bei einer Einlage in das BV.[13] Wird ein Gebäude abgerissen, um ein unbebautes Grundstück veräußern zu können, gibt es für den Restwert und für die Abbruchkosten keinen BA-/WK-Abzug;[14] denn der innere Zusammenhang mit den Einkünften aus Vermietung und Verpachtung ist nicht gegeben, soweit die Aufwendungen allein oder ganz überwiegend durch die Veräußerung des Mietobjekts veranlasst sind.[15]

Die Unterscheidung danach, ob der StPfl das später abgerissene Gebäude mit oder ohne Abbruchsabsicht erworben hatte, findet keine Anwendung, wenn dieses Gebäude zuvor nicht zur Erzielung von Einkünften verwendet wurde; in diesem Falle sind die durch den Abbruch veranlassten Aufwendungen HK des neu errichteten Gebäudes.[16]

124 Der Teilwert eines auch teilfertigen[17] **(Betriebs-)Gebäudes** (zum Begriff § 5 Rn 165 „Gebäude"; der Grund und Boden ist getrennt zu bewerten) ist ohne Verrechnung mit stillen Reserven im Grund und Boden mit dem Wiederbeschaffungs-/Reproduktionswert zu ermitteln;[18] dies auch, wenn Abbruch des Gebäudes beabsichtigt ist.[19] Eine Teilwertabschreibung auf das Betriebsgebäude eines

---

1 BFH BStBl II 97, 325, zum Teilabbruch ferner BStBl II 93, 504; BFH/NV 98, 1080.
2 BFH GrS BStBl II 78, 620; BFH/NV 94, 232; s aber BFH/NV 02, 16 – Abriss eines alten Gebäudes zum Bau eines neuen eigengenutzten.
3 BFH BStBl II 97, 325 – Absicht eines Teilabbruchs, späterer Totalabriss; BFH/NV 98, 1080.
4 BFH BStBl II 84, 307 – Abriss zwecks Veräußerung des Grundstücks; BStBl II 96, 368, mwN.
5 BFH BStBl II 85, 208.
6 BFH BStBl II 79, 299.
7 BFH GrS BStBl II 78, 620; BFH BStBl II 96, 358 mwN; krit *K/S/M* § 6 Rn A 95 mwN.
8 BFH BStBl II 89, 604.
9 S aber BFH BStBl II 78, 620 – Arrondierungskäufe.
10 BFH GrS BStBl II 78, 620; zur Widerlegung BFH BStBl II 79, 299.
11 BFH BStBl II 96, 358; BFH/NV 98, 1212 mwN.
12 BFH BStBl II 96, 358 – leer stehendes Gebäude; dies ist fraglich bei vermietetem Gebäude, jedenfalls ist ein Anscheinsbeweis nicht anwendbar.
13 BFH BStBl II 83, 451.
14 BFH BStBl II 84, 307; anders wohl – unzutr – BFH/NV 98, 1212.
15 BFH BStBl II 90, 465; BFH/NV 98, 1212; BFH IX R 16/99.
16 BFH BStBl II 02, 805; BFH/NV 02, 16.
17 BFH/NV 04, 1174 – verlustfreie Bewertung teilfertiger Bauten.
18 BFH/NV 87, 442.
19 BFH BStBl II 79, 729.

Bauunternehmers kann schon im Herstellungsjahr zulässig sein, wenn dargelegt werden kann, dass vergleichbare Bauaufträge zu geminderten Preisen abgewickelt worden sind; unter den gleichen Voraussetzungen kann auch der Entnahmewert eines für den Unternehmer erstellten Einfamilienhauses unter den HK liegen.[1] Zur Aufteilung eines Gebäudes aufgrund unterschiedlicher Nutzungs- und Funktionszusammenhänge (R 4.2 III EStR) mit der Folge gesonderter Aktivierung s 4 Rn 48, 50f. AK/HK sind des Weiteren zuzuordnen, wenn ein Gebäude in mehrere WG aufgeteilt wird.

3. Geschäftswert. Dieses WG hat seine handelsrechtliche Grundlage in **§ 255 IV HGB:** **125**

(4) Als Geschäfts- oder Firmenwert darf der Unterschiedsbetrag angesetzt werden, um den die für die Übernahme eines Unternehmens bewirkte Gegenleistung den Wert der einzelnen Vermögensgegenstände des Unternehmens abzüglich der Schulden im Zeitpunkt der Übernahme übersteigt ... Die Abschreibung des Geschäfts- oder Firmenwerts kann aber auch planmäßig auf die Geschäftsjahre verteilt werden, in denen er voraussichtlich genutzt wird.

Nach dieser auch steuerrechtlich maßgeblichen Definition ist der **Geschäftswert** als selbstständiges WG der Mehrwert, der einem eingeführten[2] Unternehmen – Betrieb und Teilbetrieb[3] – über den Substanzwert der einzelnen materiellen und immateriellen WG hinaus[4] abzgl der Verbindlichkeiten innewohnt. Die im Geschäftswert **verkörperten Ertragsaussichten** (Gewinnchancen) sind grds[5] „unmittelbar mit dem Betrieb verwoben" und gehen grds nicht in die Bewertung anderer WG ein; dies würde dem Grundsatz der Einzelbewertung (hier: des Geschäftswerts) widersprechen (Rn 88f). Der Geschäftswert wird durch die Gewinnaussichten bestimmt, die – losgelöst von der Person des Unternehmers – aufgrund besonderer, dem Unternehmen eigenen Vorteile (zB Ruf, Kundenstamm,[6] Mandantenstamm,[7] Bezugs- und Absatzquoten, Standort, Organisation, Know-how, Belegschaftsqualität usw) höher oder gesicherter erscheinen als bei einem anderen Unternehmen mit sonst vergleichbaren WG.[8] Die Entwicklung der Rentabilität gehört zu den für die Bestimmung des Geschäftswerts maßgebenden Einzelfaktoren. Der Geschäftswert ist ein **WG des Anlagevermögens**; als solcher ist er zu aktivieren, wenn er **entgeltlich (derivativ) erworben** wurde (§ 5 II). Er ist nicht selbstständig veräußerbar, kann nicht entnommen werden.[9] Er folgt dem übertragenen Betrieb und kann nur mit diesem erworben werden.[10] Auch ein originär erworbener Geschäftswert kann Gegenstand einer verdeckten Einlage sein.[11] Werden wesentliche Betriebsgrundlagen eines Unternehmens verpachtet, verbleibt der Geschäftswert beim Verpachtungsunternehmen.[12] Bei Aufteilung des Unternehmens geht der Geschäftswert nicht notwendigerweise unter.[13] Bei freiberuflichen Unternehmen spricht man von vom **Praxiswert**, der auf dem persönlichen Vertrauensverhältnis der Mandanten zum Praxisinhaber beruht (§ 18 Rn 27f); Gleiches gilt für personenbezogene GewBetr. Zur Abgrenzung des Bewertungsgegenstands vom Geschäftswert (Teilwertfähigkeit) s § 5 Rn 77ff sowie R 5.5 EStR; zur Abnutzbarkeit (= Möglichkeit der Abschreibung) § 7 Rn 51. Bewertungsmaßstäbe sind bei Anschaffung die AK und bei Einlage der Teilwert.

Der entgeltlich erworbene – dies setzt voraus: das Gesamtentgelt ist höher als die Summe der Teilwerte aller WG abzgl der Verbindlichkeiten;[14] Ermittlung nach der Restwertmethode – Geschäftswert ist seit dem 1.1.87 ein abnutzbares WG. Er kann nach **§ 7 I 3 auf die Dauer von 15 Jahren abgeschrieben** werden; hierbei ist ohne Bedeutung, ob die Tätigkeit besonders auf die Person des Unternehmers zugeschnitten ist;[15] eine geringere Nutzungsdauer kommt danach nur für den Praxiswert eines selbstständig Tätigen in Betracht (§ 7 Rn 74f).[16] Daneben ist eine Bewertung mit dem **niedrigeren Teilwert** zulässig.[17] Es gilt die Vermutung, dass der Teilwert den AK abzgl der AfA nach § 7 **126**

---

1 BFH/NV 87, 442.
2 BFH BStBl II 94, 224 – kein Geschäftswert bei Unternehmen im Aufbau; zweifelh.
3 BFH BStBl II 87, 455; BStBl II 96, 576.
4 BFH BStBl II 95, 336.
5 S auch BFH BStBl II 01, 771.
6 BFH/NV 98, 1467 – Behandlung nach den für den allg Geschäftswert geltenden Grundsätzen.
7 BFH BStBl II 97, 546.
8 BFH BStBl II 94, 224.
9 BFH DStR 98, 887.
10 BFH BStBl II 94, 903; BStBl II 80, 690 – Zusammenfassung selbstständiger Unternehmen.
11 BFHE 179, 265 = DStR 96, 617.
12 BFH/NV 98, 314 – Geschäftswert bei Verpachtung und späterer Veräußerung eines Betriebs; BFHE 185, 230 = DStR 98, 887 – BetrAufsp.
13 BStBl II 94, 607 (614).
14 BFH BStBl II 92, 841 – Aufteilung eines Gesamtkaufpreises auf mehrere WG und Geschäftswert; Beispiel FinMin Sachsen StEK § 6 I Ziff 1 Nr 75 – Aufpreiszahlungen an die Treuhandanstalt bei Unternehmenskäufen.
15 BFH/NV 98, 1467, mit Hinweis auf Ausnahmen.
16 BFH BStBl II 94, 590.
17 BFH/NV 91, 226; BFH/NV 94, 800.

I entspricht.[1] Nach der sog Einheitstheorie ist eine Teilwertabschreibung des aktivierten Geschäftswertes nur zulässig, wenn er in seiner Gesamtheit einschl seiner zwischenzeitlich angewachsenen originären Bestandteile gesunken ist. Der BFH sieht diese Theorie als aufgegeben an (zweifelh).[2] Indes ist bei Anwendung des Teilwertgedankens (Rn 83 ff) ohne Belang, dass der derivativ erworbene Geschäftswert seit 1987 abschreibbar ist; die Abschreibung auf den niedrigeren Teilwert hängt mithin nur von der Neuberechnung des Geschäftswerts ab.[3]

127 Der Erwerb eines Geschäftsanteils stellt sich allein wegen eines plötzlichen Gewinnrückgangs ab dem Zeitpunkt der Geschäftsübernahme noch nicht als – auf der Grundlage der Einheitstheorie (Rn 126) nur im Jahr der Anschaffung geltend zu machende[4] – **Fehlmaßnahme** dar. Zu deren Nachweis ist eine Berechnung nach der sog direkten Methode für sich allein nicht geeignet.[5] IdR liegt eine Fehlmaßnahme nur dann vor, wenn bereits vor dem Geschäftserwerb durch bestimmte Umstände „der Keim für eine Entwicklung des Geschäfts zum Schlechten gelegt" war.[6] Eine nachträgliche **Teilwertabschreibung** ist wegen „rapid gesunkener" Gewinne im dritten Jahr nach dem Erwerb eines Geschäftsanteils zugelassen worden.[7]

128 Zur **Berechnung des Geschäftswerts** werden im kfm Verkehr verschiedene Methoden („Faustregeln") angewendet. Bei Anwendung der **indirekten Methode**,[8] die der in der Betriebswirtschaftslehre ebenfalls gebräuchlichen Mittelwertmethode (auch „Praktikermethode" – Ertragswert und Substanzwert werden je zur Hälfte berücksichtigt) weitgehend entspricht,[9] ist bei der Ermittlung des Reinertrags vom Jahresgewinn ein angemessener Unternehmerlohn abzuziehen; die den Substanzwert bestimmenden WG sind mit ihrem Teilwert anzusetzen.[10] Der **Ertragswert** eines Unternehmens ist ein in die Zukunft weisender Wert und bestimmt sich nach den voraussichtlich künftig erzielbaren Gewinnen. Das neuere betriebswirtschaftliche Schrifttum stellt ausschließlich oder vornehmlich auf den Ertragswert ab.[11] Für die Schätzung der für die Zukunft zu erwartenden nachhaltigen Jahresgewinne bilden die in der Vergangenheit tatsächlich erwirtschafteten Gewinne einen wichtigen Anhaltspunkt.[9] Der Zinssatz für die Kapitalisierung des künftig voraussichtlich erzielbaren Gewinns kann mit 10 vH angesetzt werden.[8] Bei kleinen Betrieben mit geringem BV ist die indirekte Methode nicht anwendbar.[12] Bei der **direkten Methode** (Übergewinnmethode) werden vom zu erwartenden nachhaltigen Gewinn Beträge für die Verzinsung des investierten Kapitals (landesübliche Verzinsung für langfristige Kapitalanlagen) und für einen Unternehmerlohn abgesetzt und der verbleibende Restbetrag zum Geschäftswert kapitalisiert.[13] Diese Methoden sind als ertragsteuerlich tauglich anerkannt, wenn vorrangig aus nachlassender Rentabilität, nicht bereits aus einem Wegfall geschäftswertbildender Umstände oder aus einem Wechsel der Berechnungsmethode auf ein Absinken der Ertragskraft des Unternehmens geschlossen werden kann.[8] Ein prozentual bedeutender Gewinnrückgang in 2 Jahren nach Betriebsübernahme ist zu kurzzeitig;[14] 5 Jahre sind ein angemessener Beurteilungszeitraum.[15]

129 Als **negativer Geschäftswert** könnte der Betrag bezeichnet werden, um den der Gesamtwert des Unternehmens insbes wegen seiner ungünstigen Ertragslage geringer ist als sein Substanzwert. Er gehört jedenfalls nicht zu den Verbindlichkeiten, Rückstellungen und RAP, die den aktiven WG gegenübertreten, und ist damit nicht passivierungsfähig.[16] Es gibt deshalb auch keine Bestimmungen über die Bewertung und Auflösung eines solchen Passivpostens.[17] Ggf sind Buchwerte nach Maßgabe der AK abzustocken.[18] S auch § 15 Rn 322 ff.

---

1 BFH BStBl II 89, 644; BStBl II 91, 595 mwN.
2 BFH BStBl II 98, 775; s aber BStBl II 91, 595 „Teilwert des erworbenen und im Zeitpunkt des Erwerbs tatsächlich vorhandenen Geschäftswerts".
3 Ebenso *Schmidt*[26] § 6 Rn 241f mwN.
4 BFH BStBl II 77, 412; BStBl II 82, 850; BFH/NV 88, 432.
5 BFH BStBl II 77, 412.
6 BFH/NV 91, 226.
7 BFH/NV 91, 226; s ferner BFH BStBl II 91, 595.
8 BFH BStBl II 83, 667.
9 BFH BStBl II 79, 302.
10 BFH BStBl II 83, 667; BFH/NV 87, 850.
11 BFH/NV 86, 597.
12 BFH BStBl II 77, 73.
13 BFH BStBl II 80, 690.
14 BFH BStBl II 91, 595; BFH/NV 94, 800.
15 Vgl BFH BStBl II 83, 667.
16 FG SchlHol EFG 04, 1315 mwN; s aber im Nachgang BFH BStBl II 06, 656: Werden Anteile an einer Kap-Ges gegen eine Zuzahlung des Veräußerers erworben, kann beim Veräußerer ein negativer Ausgleichsposten auszuweisen sein.
17 BFH BStBl II 94, 745 mwN.
18 Vgl BFH BStBl II 98, 180.

4. Sonstige immaterielle Wirtschaftsgüter. S zunächst § 5 Rn 69 ff. **Firmenwertähnliche WG**[1] sind zB der Kundenstamm, das Verlagsrecht,[2] das Belieferungsrecht, die Güterfernverkehrsgenehmigung[3] (§ 5 Rn 164), der entgeltlich erworbene Kassenarztsitz.[4] Dies sind als Vermögensgegenstände (WG) anzusehende besondere vermögenswerte Rechtspositionen oder faktische Verhältnisse, die, ähnlich wie der Geschäftswert, mit dem Unternehmen als solchem und seinen Gewinnchancen unmittelbar verknüpft, indes losgelöst von einem Unternehmen oder Unternehmensteil übertragbar sind. Der derivativ erworbene Geschäftswert ist ein abnutzbares WG (§ 7 Rn 74 ff). Der Begriff des firmenwertähnlichen oder geschäftswertähnlichen WG hat seine ursprüngliche steuerliche Bedeutung verloren.[5] Zeitlich unbegrenzte **Warenzeichenrechte** können auch nicht nach § 7 I abgeschrieben werden; sie sind auch kein Geschäftswert.[6] Für **Güterfernverkehrskonzessionen**[7] erkennt die Verwaltung eine Teilwert-AfA in Höhe von 1/7 der AK an,[8] nicht aber bei Zuckerrüben-Lieferungsrechten.[9] Erworbene **Linienkonzessionen** des Personenbeförderungsrechts sind nicht abschreibbare firmenwertähnliche Einzel-WG; eine Abschreibung nach § 7 I 3 kommt auch nicht ab 1987 in Betracht. Die Einbringung der Konzessionen in einen Verkehrsverbund rechtfertigt keine Teilwertabschreibung, sofern vorgesehen ist, dem einbringenden Unternehmen gleichwertige Konzessionen aus dem Verbund zuzuteilen.[10] Mit dem entgeltlichen **Erwerb bestehender schwebender Verträge** treten immaterielle WG in Erscheinung (Gewinnaussichten aus schwebenden Geschäften, Belieferungsrechte, Kundenaufträge, Auftragsbestand), gleichviel ob sie Einzel- oder Dauerschuldverhältnisse betreffen; sie sind selbst dann keine geschäftswertbildenden Faktoren, wenn sie zusammen mit einem Betrieb (Teilbetrieb) erworben werden.[11] Wegen der Einzelheiten zu den abschreibbaren WG s § 7 Rn 51.

130

5. Einzelnachweise der sonstigen immateriellen Wirtschaftsgüter des Anlagevermögens. Zur Rechtsqualität eines **Bodenschatzes** als WG s § 5 Rn 165 „Bodenschätze"; als Bewertungsmaßstab kommen die AK in Betracht.[12] **Brennrechte** werden mit ihrem Marktwert bewertet.[13] Eine rechtlich ungeschützte **Erfindung**, die bereits publiziert wurde, hat grds einen Teilwert von 0.[14] **Konzeptionskosten** können AK eines immateriellen WG sein.[15] Ein **Wettbewerbsverbot** kann ein selbstständiges abnutzbares immaterielles WG sein.[16]

131

II. Nichtabnutzbare Wirtschaftsgüter des Anlagevermögens und andere Wirtschaftsgüter (§ 6 I Nr 2). – 1. Allgemeines. Bewertungsmaßstäbe sind die – auch nachträglichen (zur Erschließung Rn 43) – AK/HK, bei Einlage und Entnahme der Teilwert, bei der BetrAufg der gemeine Wert (§ 16 III 5).

132

2. Grund und Boden. Zum Bewertungsgegenstand s § 5 Rn 165 „Grund und Boden". Bei diesem Bilanzposten bilden die einzelnen im Grundbuch eingetragenen mit einer Flurstücknummer versehenen Grundstücke selbstständige WG. Hinsichtlich der AK gelten die allg Grundsätze. Ausnahmsweise können mit Aufwendungen, die unmittelbar der erstmaligen oder einer wesentlich verbesserten Nutzung des WG Grund und Boden dienen – Beispiel: ehemaliges Straßengelände wird erstmals für die luf Nutzung urbar gemacht – HK für den Grund und Boden entstehen.[17] Zu Erschließungskosten s Rn 43. Der Grund und Boden bildet eine Bewertungseinheit mit wertbildenden Faktoren wie Vorteilen der erstmaligen Erschließung und mit dinglichen Lasten. Ein **(Betriebs-)Grundstück** des Anlagevermögens[18] ist grds mit den tatsächlichen AK anzusetzen. Ein niedrigerer Teilwert kann durch Bezugnahme auf Vergleichsverkäufe oder durch ein auf die konkrete Fläche bezogenes Gutachten eines Sachverständigen belegt werden.[19] Die Wiederbeschaf-

133

---

1 BFH BStBl II 98, 775 – die frühere Unterscheidungsfunktion des Begriffs ist überholt.
2 BFH BStBl II 95, 505.
3 BFH BStBl II 92, 383.
4 OFD Koblenz StEK § 6 I Ziff 2 Nr 152.
5 BFH BStBl II 98, 775.
6 BFH BStBl II 96, 586; s aber BMF BStBl I 98, 252.
7 Aber BFH/NV 94, 455 mwN – keine Teilwertabschreibung für 1988; BMF BStBl I 98, 252.
8 BMF BStBl I 96, 372; OFD Ffm BB 97, 309.
9 FinVerw BB 96, 1982.
10 BFH/NV 94, 543.
11 BFH/NV 89, 778; BFH/NV 94, 543 – schwebende Verträge des Absatzmarkts.
12 BFH BStBl II 79, 624; BStBl II 81, 794; BStBl II 94, 846 – Einlage eines Bodenschatzes; BFH/NV 96, 667 – Tonvorkommen.
13 BFH BStBl II 84, 193.
14 BFH/NV 93, 596.
15 BFH BStBl II 93, 538.
16 BFH BStBl II 82, 56.
17 BFH BStBl II 94, 512.
18 BFH BStBl II 95, 336 – Umlaufvermögen.
19 OFD Ffm StEK § 6 I Ziff 1 Nr 105.

fungskosten lassen sich aus dem Verkehrswert oder gemeinen Wert ableiten;[1] ein höherer Ansatz kommt nicht in Betracht. Dies gilt auch für die Bestimmung des Teilwerts bei einer Betriebseröffnung.[2] Übergröße und aufwendige Bauweise rechtfertigen grds keine Teilwertabschreibung,[3] wohl aber eine Einschränkung der Nutzungsmöglichkeit.[4] Zu Vorzugspreisen s Rn 102. Der Verkehrswert (gemeiner Wert) ist entweder vorrangig unmittelbar aus Verkaufspreisen für benachbarte Grundstücke oder, was in der Praxis die Regel ist, auf der Grundlage von Durchschnittswerten (Richtwerten)[5] oder ausnahmsweise durch Einzelgutachten zu ermitteln. Andere Ermittlungsmethoden wie die Rückrechnung aus dem späteren Verkaufspreis des bebauten Grundstücks (sog Residualverfahren) oder durch Ermittlung des möglichen künftigen Ertrags kommen nur in Betracht, wenn die Vergleichswertmethode versagt.[6] § 9 II BewG ist zu beachten.[7] Die WertV kann herangezogen werden.[8] Im Falle von **Altlasten** kommt eine Abschreibung auf den niedrigeren Teilwert in Betracht, wenn die in den Boden eingesickerten Schadstoffe zu einer dauernden Wertminderung des Grundstücks führen.[9] Aufwendungen für die Dekontaminierung von Grundstücken können nachträgliche HK sein.[10] Eine wegen der Schadstoffbelastung erfolgte Teilwertberichtigung eines Grundstücks hindert nicht die Bewertung einer bestehenden Sanierungsverpflichtung mit dem Erfüllungsbetrag; dieser ist allerdings um den bei der Erfüllung der Verpflichtung anfallenden und als AK oder HK zu aktivierenden Aufwand zu mindern.[11] Gleiches gilt zB beim Verlust der Ackerkrume nach dem Abbau von Bodenschätzen.[12] Die Teilwertdefinition erlaubt keine Abzinsung ersteigerter Immobilien.[13] Haftet der Eigentümer nur dinglich, ist in Höhe der erwarteten Inanspruchnahme aus dem Grundpfandrecht eine Rückstellung für eine ungewisse Verpflichtung auszuweisen.[14] Wird ein **Erbbaurecht** mit aufstehendem Gebäude erworben, sind die AK auf dieses Recht und das Gebäude aufzuteilen.[15]

134 3. Beteiligungen; Wertpapiere. Die Beteiligung an einer **PersGes** ist auch insofern nicht als WG zu erfassen (§ 5 Rn 165 „Beteiligungen an PersGes"), als eine Teilwertabschreibung nicht in Betracht kommt.[16] Wird eine **Ergänzungsbilanz** erstellt, sind der dort ausgewiesene Wert und der Wert der Steuerbilanz der PersGes zusammenzurechnen.[17] **Aktien** lassen sich sowohl als nicht abnutzbares WG des Anlagevermögens „Beteiligung" (Definition: § 271 I HGB; mindestens 20 vH des Nennkapitals) als auch als Wertpapiere des Anlagevermögens einordnen.[18] Beteiligungen und Wertpapiere gehören je nach Zweckbestimmung zum Anlage- oder Umlaufvermögen. Sie sind grds mit dem AK zu bewerten. Die verdeckte Einlage führt zu nachträglichen AK (Rn 42, § 17 Rn 212 ff). Der objektive Wert einer **Beteiligung** an einer **KapGes** richtet sich grds nach den Wiederbeschaffungskosten. Die Wiederbeschaffungskosten entsprechen dem Börsenkurswert zum Bilanzstichtag, wenn die Beteiligung zum Verkauf an der Börse bestimmt ist oder wenn der Erwerb einer gleich hohen Beteiligung an der Börse zu den Kurswerten möglich erscheint.[19] Veräußerungs- und Verwertungsbeschränkungen beeinflussen grds nicht den Teilwert.[20] Die Ertraglosigkeit ist für sich allein kein hinreichender Grund für eine Teilwertabschreibung.[21] Für den Wert der Beteiligung sind nicht nur die Ertragslage und die Ertragsaussichten, sondern auch der Vermögenswert und die funktionale Bedeutung des Beteiligungsunternehmens maßgebend.[22] Die **Vermutung**, dass sich der Teilwert einer Beteiligung im Zeitpunkt ihrer Anschaffung mit den AK deckt, gilt auch für den Erwerb von Ges-Anteilen aufgrund einer Kapitalerhöhung.[23] Bei einer Beteiligung an einem neu gegründeten Unternehmen kommt eine Teilwertabschreibung wegen **Anlaufverlusten** (Anlaufphase bei Neugründung inländischer Beteiligungs-Ges idR 3, ausländischer Ges 5 Jahre)[24] regelmäßig – ausge-

---

1 BFH BStBl II 95, 309: die Entscheidung BStBl II 70, 205, ist überholt; BFH/NV 97, 563 mwN; BStBl II 98, 569 – Ermittlung des gemeinen Werts.
2 BStBl II 82, 456.
3 BFH BStBl II 78, 335; BStBl II 88, 488 – Überdimensionierung.
4 BFH/NV 86, 22 – Änderung des Bebauungsplans.
5 BFH BStBl II 95, 309; BFH/NV 99, 37.
6 BFH/NV 07, 1499 mwN.
7 BFH BStBl II 95, 309 – ansiedlungspolitisch bedingte Verkaufspreise; BFH/NV 94, 610 mwN.
8 BFH BStBl II 96, 215.
9 BFH BStBl II 93, 891; *Förschle/Scheffels* DB 93, 1197.
10 Nds FG EFG 07, 644.
11 BFH/NV 04, 271 = DStR 04, 134.
12 BFH BStBl II 98, 185.
13 BFH BStBl II 95, 336.
14 BStBl II 89, 456; BFH/NV 99, 162 mwN.
15 BFH BStBl II 95, 111; BStBl II 98, 180.
16 BFH BStBl II 95, 831; BStBl II 97, 277; BStBl II 93, 714 – wechselkursbedingte Wertminderungen eines G'ter-Darlehens.
17 *Schmidt*[26] § 6 Rn 250 „Ergänzungsbilanz" mwN.
18 BStBl II 89, 737.
19 BFH BStBl II 91, 342, auch zum sog Paketzuschlag.
20 BFH/NV 96, 393 mwN.
21 BFH BStBl II 70, 48; FG Nbg EFG 01, 1026.
22 BStBl II 04, 416 mwN.
23 BFH BStBl II 89, 274; zur Teilwertabschreibung bei gleichzeitiger Kapitalerhöhung FG Hess EFG 00, 249.
24 BFH BStBl II 70, 87; BStBl II 89, 274.

nommen insbes bei einer Fehlmaßnahme – nicht in Betracht.[1] Anderes gilt, wenn die Beteiligung zB infolge nachhaltig hoher Verluste eine nachträgliche Wertminderung erfahren hat. Für den Wert einer Beteiligung im Rahmen des Gesamtunternehmens sind nicht nur die Ertragslage und die Ertragsaussichten, sondern auch der **Vermögenswert und die funktionale Bedeutung** des Beteiligungs-Unternehmens entscheidend.[2] Für die Bemessung des Teilwerts von Anteilen an einer **Betriebs-KapGes** ist eine Gesamtbetrachtung der Ertragsaussichten von Besitzunternehmen und Betriebsunternehmen anzustellen; nach denselben Grundsätzen zu bestimmen ist der Teilwert eines eigenkapitalersetzenden Darlehens, das der Betriebs-KapGes von der Besitzgesellschaft gewährt worden ist.[2] Ein Absinken des Teilwerts der eigenen Anteile wirkt sich im Regelfall nicht gewinnmindernd aus; eine Teilwertabschreibung kann zu einer vGA führen.[3] Zur spezialgesetzlichen[4] Regelung der ausschüttungsbedingten Teilwertabschreibung s § 50c XI nF. **Eigene Anteile** sind abschreibungsfähige WG des Umlaufvermögens, die mit den AK zu aktivieren sind.[5]

AK von Beteiligungen/Wertpapieren[6] sind das Entgelt und die Anschaffungsnebenkosten (zB Bankspesen). Die AK für einen Wechsel entsprechen der Wechselsumme abzgl des vollen Diskonts.[7] AK für Anteile an KapGes entfallen nicht zT auf daneben bestehendes WG Gewinnbezugsrecht.[8] Hingegen ist das Bezugsrecht auf neue Anteile ein von der alten Aktie abgespaltenes Recht.[9] Eine Durchschnittsbewertung ist steuerrechtlich nicht zulässig. Der Teilwert von an der Börse notierten Wertpapieren und Anteilen an KapGes entspricht regelmäßig dem Börsenkurs zum Stichtag.[10] Der Wert nichtnotierter Anteile kann mittels des zu **§ 11 II 2 BewG** entwickelten Stuttgarter Verfahrens geschätzt werden, soweit es nicht aus besonderen Gründen im Einzelfall zu offensichtlich unrichtigen Ergebnissen führt;[11] wegen der Bewertung vor allem nach dem Stuttgarter Verfahren wird auf die Kommentare zu dieser Vorschrift verwiesen. Die Einbeziehung des Substanzwerts ist umstritten. Eine Abschreibung auf den niedrigeren Teilwert ist angezeigt, wenn die KapGes notleidend wird.[12] Auch nachträgliche AK in Gestalt einer verdeckten Einlage können Gegenstand einer Teilwert-AfA sein.[13]

4. Forderungen. Unbedingte, nicht bestrittene[14] Forderungen im BV[15] (Anlage- oder Umlaufvermögen, Letzteres bei Forderungen aus Lieferungen und Leistungen) sind mit ihren dem Nennwert entspr AK (§ 6 I Nr 2; vgl § 255 I HGB) oder ihrem niedrigeren Teilwert zu bewerten. Bei Kapitalforderungen entsprechen sich idR der gemeine Wert (fiktiver Veräußerungserlös) und der Teilwert (Wiederbeschaffungskosten; vgl § 6 I Nr 1 S 3 EStG).[16] Eine Forderung aus einem gekündigten Bankdarlehen, bei dem nur noch die Verwertung von Sicherheiten zu erwarten und keine Zinszahlungen zu erwarten sind, ist auf den Betrag des zu erwartenden Erlöses zu reduzieren und auf den Zeitpunkt abzuzinsen, zu dem mit dem Eingang des Erlöses zu rechnen ist.[17] AK sind beim Erwerb durch **Zession** das Abtretungsentgelt und die Anschaffungsnebenkosten,[18] beim Erwerb gegen Sachleistung deren gemeiner Wert, bei Veräußerungsgeschäften der Nennwert zum Zeitpunkt der Anschaffung einschl USt,[19] bei Darlehen mindestens die ausgezahlten Valuta; so auch bei betrieblich veranlasster Darlehensgewährung durch PersGes an ihren G'ter.[20] Forderungen als Gegenleistung für Lieferungen und Leistungen und aus solchen Darlehen sind grds mit ihrem Nennwert anzusetzen.[21] Die Buchwerte für Bargeld und Guthaben bei Geldinstituten oder Forderungen an öffentlich-rechtliche Körperschaften liegen nicht unter ihrem Nennwert. Die AK für einen **Wechsel** entsprechen der Wechselsumme abzgl des vollen Diskonts.[22] Forderungen in

---

1 BFH BStBl II 89, 274, dort auch zu Fehlmaßnahmen und Anlaufverlusten; BFH/NV 92, 15; BFH/NV 95, 790; ausf mwN *Ammelung/Pletschacher/Jarothe* GmbHR 97, 97 (101ff).
2 BFH BStBl II 04, 416.
3 BFH BStBl II 98, 781.
4 BFH/NV 01, 1636.
5 BFH BStBl II 98, 781; BMF StEK KStG 1977 § 8 Nr 166.
6 Ausf OFD D'dorf v 12.8.04 S 2177 – 16 – St 13 – K/ S 2242 A – St 13 – Leitfaden für die Bewertung von (Anteilen an) KapGes.
7 BFH BStBl II 95, 594.
8 BFH BStBl II 86, 815.
9 BFH BStBl II 77, 148; BStBl II 89, 274 – Teilwertvermutung.
10 BFH BStBl II 91, 342.
11 BFH/NV 94, 12 – Ermittlung des gemeinen Werts.
12 BFH/NV 97, 298.
13 BFH/NV 92, 15.
14 BFH BStBl II 91, 213.
15 BFH BStBl II 96, 642 – Forderungen der PersGes in deren PV.
16 BFH BStBl II 01, 747 mwN.
17 BFH BStBl II 07, 469.
18 BFH BStBl II 75, 875; BStBl II 95, 594 – Wechseldiskontierung; BStBl II 01, 756.
19 BFH BStBl II 81, 374; BStBl II 90, 639.
20 BFH BStBl II 85, 6; BFHE 180, 380.
21 BFH BStBl II 75, 875; BStBl II 81, 734.
22 BFH BStBl II 95, 594 – auch zu den durch das Wechseldiskontgeschäft angesprochenen Bilanzpositionen; aA *Moxter* BB 95, 97.

ausländischer Währung sind mit dem im Zeitpunkt ihrer Begründung maßgebenden Mittelkurs an inländischen Börsen umzurechnen;[1] Aufwand aus Kurs- und Währungsschwankungen kann durch Teilwertabschreibung vorweggenommen werden, sofern nicht Kurssicherungsgeschäfte (Hedging) die Risiken abfangen oder unzweifelhafte Sicherungs- und Rückgriffsrechte, Debitoren- bzw Delkredereversicherung[2] bestehen (zur **Bewertungseinheit** Rn 13f). Ein erhaltenes **Damnum** ist vorausgezahlter zusätzlicher („Feineinstellung") Zins. Der Nennbetrag der Forderung ist zu aktivieren, es ist ein passiver RAP zu bilden[3] und über die Laufzeit bzw den Zinsfestschreibungszeitraum in jährlichen Teilbeträgen gewinnerhöhend aufzulösen.[4]

137 Zweifelh Forderungen sind mit ihrem wahrscheinlichen Wert anzusetzen, uneinbringliche Forderungen sind abzuschreiben (vgl § 253 III HGB). Ein wegen Ausfallrisikos unter ihrem Nennbetrag liegender Teilwert (beizulegender Wert) von Geldforderungen kann im Allgemeinen nur im Wege der Schätzung ermittelt werden.[5] Dabei kommt dem Ermessen des nach den Umständen des Einzelfalls und seiner allg bzw betrieblichen Erfahrung vorsichtig bewertenden Kfm besondere Bedeutung zu. Die **Teilwertvermutung** gilt für den Nennwert der Forderung.[6] Der zu schätzende Teilwert einer Geldforderung bestimmt sich nach dem Erlös, der aus dem Einzug der Forderung zu erzielen ist. Das Vorsichtsprinzip (§ 252 I Nr 4 HGB; Rn 16) und das für das Umlaufvermögen geltende Niederstwertprinzip können eine Wertberichtigung insoweit gebieten, als eine Sicherung nicht werthaltig ist. Die Bewertung mit einem niedrigeren Teilwert (**Wertberichtigung** wegen zumindest teilw Uneinbringlichkeit; **Delkredere** wegen darüber hinausgehender Wertminderungen etwa durch Skonti, Zinsverlust, Beitreibung) ist unzulässig, wenn mit einem Ausfall der Forderung nicht zu rechnen ist. Dies ist insbes der Fall, wenn die Werthaltigkeit einer Sicherheit außer Zweifel steht,[2] zB weil sie dinglich oder durch eine Bürgschaft, Garantie usw gesichert ist, eine Delkredere- oder Warenkreditversicherung besteht (Rn 13f), die Möglichkeit der Aufrechnung gegeben ist oder wenn das Ausfallwagnis aufgrund besonderer Kontrollmöglichkeiten und/oder der Einflussnahme auf die Geschäftsführung des Schuldners gemindert ist.[7] Zur Pauschalwertberichtigung s Rn 12. Sind Forderungen mit einem über das allg Kreditrisiko hinausgehenden Ausfallrisiko behaftet, ist dem im Wege der Einzelwertberichtigung Rechnung zu tragen.[8] Die Zahlungsfähigkeit und die Zahlungswilligkeit (Bonität) eines – auch im Ausland ansässigen[9] – Schuldners sind dabei individuell nach dessen Verhältnissen zu ermitteln. Schätzungen, die auf bloßen pessimistischen Prognosen zur zukünftigen Entwicklung beruhen, sind unbeachtlich.[8] Der Wert der Darlehensforderung bei **Eintritt der Krise** – Beispiele: ein Wechsel geht zu Protest,[10] schleppende Zahlungseingänge oder Einleitung von Zwangsmaßnahmen gegen den Schuldner, signifikante Überschuldung und die hiermit verbundene Konkursgefahr[11] – ist nach dem Grad der Werthaltigkeit zu schätzen.[12] Ihr beizulegender Teilwert ist niedriger (§ 6 I Nr 2 S 2), wenn zB die Erfüllung der Forderung nach den vorsichtig eingeschätzten Verhältnissen am Bilanzstichtag – die nachträgliche Begleichung kann werterhellend sein[13] – in Höhe des Nennwerts zweifelh (dubios) ist, was insbes von der Zahlungsfähigkeit und Zahlungswilligkeit (Bonität) des Schuldners, ggf von der mutmaßlichen Erhebung der Verjährungseinrede abhängt.[14] Der Teilwert wird je nach Sachlage durch die zu erwartende Konkurs- oder Vergleichsquote bestimmt. Bei einer plötzlichen Krise mit anschließender Liquidation mangels Masse kann dies der Wert 0 sein. Eine allg Verschlechterung der Konjunktur oder der Geschäftslage genügt für eine Wertberichtigung nicht. Gleiches gilt für eine Aufrechnungsmöglichkeit.[15] Am Bewertungsstichtag vom Schuldner noch nicht in Anspr genommene **Skonti und Rabatte** sind teilwertmindernd.[16] Drohende Zinsverluste infolge schleppenden Zahlungseingangs oder zu erwartende Mahn- und Beitreibungskosten, Preisnachlässe, Warenrücksendungen können teilwertmin-

---

1 BFH BStBl II 78, 295.
2 BFH/NV 98, 1471.
3 BFH BStBl II 75, 875.
4 BFH BStBl II 89, 722 (726).
5 BFH/NV 05, 2167; BFH/NV 07, 1138.
6 BFH BStBl II 90, 117.
7 BFH BStBl II 73, 391 – Forderung gegen beherrschte KapGes.
8 BFH BStBl II 03, 941.
9 BFH BStBl II 73, 485; BStBl II 03, 941, unter Berücksichtigung einer uU erschwerten oder geminderten Realisierbarkeit der Forderung.
10 BFH/NV 94, 760.
11 BFH BStBl II 01, 747 mwN.
12 ZB BMF WPg 86, 137 – Wertberichtigungen bei Auslandskrediten; s auch BFH/NV 05, 62.
13 BFH BStBl II 03, 941 – dieser Umstand kann den Wert der Forderung aber nur aufhellen, wenn er spätestens am Tag der Bilanzerstellung verwirklicht worden ist.
14 Ausf *Kessler* DB 99, 2577 (2581 f).
15 BFH/NV 86, 458.
16 BFH BStBl III 67, 336, str, nach anderer Auffassung ist eine Rückstellung zu bilden.

dernd[1] bzw im Wege einer Rückstellung[2] zu berücksichtigen sein. Mögliche Verluste aus anderen Geschäftsvorfällen (zB Notwendigkeit einer Kreditaufnahme, Verlust eigener Skonti gegen Vorlieferanten; Inanspruchnahme aus weitergegebenen Kundenwechseln) sind nicht zu berücksichtigen. Die Teilwertabschreibung ist netto, dh abzgl des in der Forderung enthaltenen USt-Betrages vorzunehmen.[3] Anzuwenden ist die direkte Methode (aktivischer Ausweis). Wird eine auf den Teilwert abgeschriebene **Forderung teilw beglichen**, so ist der Tilgungsbetrag voll mit dem Buchwert der Forderung zu verrechnen.[4] Bei der Bestimmung des (gemeinen) Forderungswerts ist der Umstand zu berücksichtigen, ob das Unternehmen des Darlehensschuldners fortgeführt wird oder von der Liquidation bedroht ist.[5]

138 Die **Unverzinslichkeit einer Forderung** betrifft nicht ihre mit dem Nennwert anzusetzenden AK,[6] sondern ihren deswegen grds geminderten Teilwert. Der Teilwert jedenfalls einer mehr als ein Jahr nach Entstehung fälligen und damit **langfristigen** (§ 12 III BewG; str bei kurz- und mittelfristigen Forderungen), selbst ausdrücklich unverzinslichen oder einer ungewöhnlich niedrig verzinslichen **Forderung**[7] ist durch **Abzinsung** der künftigen Rückzahlungen (= Barwert) auf den jeweiligen Stichtag zu ermitteln;[8] dies auch bei Forderungen des Anlagevermögens (dh solchen mit einer Laufzeit von 4 Jahren und länger). Grds enthält jede längerfristige Rate einen Tilgungs- und einen Zinsanteil. Der sachliche Grund für eine solche Abzinsung liegt in der Natur der Geldforderung, die darauf gerichtet ist, durch Zinsen Ertrag zu erwirtschaften.[9] Eine **Unverzinslichkeit** berührt nicht die AK, sondern den Teilwert der Forderung. Die Höhe des Rechnungszinsfußes ist str; die Rspr und BMF wenden bei Forderungen des BV den Zinsfuß von 5,5 vH an, „sofern die Beteiligten keinen anderen plausibel darlegen können".[10] Die Vertragspartner können von einem auf dem Kapitalmarkt im Anschaffungszeitpunkt für vergleichbare betriebliche Kredite üblichen effektiven Zinssatz ausgehen.[11] Nach dem Teilwertgedanken ist indes der betriebsindividuelle/marktüblich erzielbare Zinssatz maßgeblich, wobei auf die durch die Zinslosigkeit entgehenden Zinsen/Zwischenzinsen abzustellen ist.[12] Die Laufzeit der Forderung ist ggf zu schätzen. Wie **Kaufpreisraten** (auch Zeitrenten,[13] § 22 Rn 2) werden andere entgeltliche wiederkehrende Leistungen, insbes Leibrenten, behandelt; die Frage nach einem Leibrentenstammrecht ist auch hier ohne Belang. Eine Forderung aus entgeltlichem **Leibrentenvertrag** ist mit ihrem Barwert anzusetzen; es gelten spiegelbildlich die Ausführungen zu Rn 149.[14] Erhöhungen aufgrund einer **Wertsicherungsklausel** berühren nicht die AK, sondern sind Früchte der Kapitalnutzung.[15] Zur privaten Versorgungsrente und ihrer Abgrenzung gegenüber der Veräußerungs- und der Unterhaltsrente s § 22 Rn 22 f, 24 f.

139 Die Rspr lässt ausnahmsweise eine **zeitversetzte Aktivierung** entgeltlich erworbener WG in Form einer allmählichen Aufstockung nach Maßgabe der geleisteten Zahlungen zu, wenn die Erwerbsaufwendungen von einer **schwankenden Bezugsgröße** wie Umsatz oder Gewinn abhängen, insbes wenn Wert und Dauer der Nutzung des WG nicht hinreichend sicher bestimmt werden können.[16]

140 Eine **Abzinsung unterbleibt**, wenn der Darlehensnehmer zwar keine oder nur geringe Zinsen zahlt, jedoch eine andersartige, den Zinsverlust ausgleichende – auch wiederkehrende – konkrete mindestens gleichwertige Gegenleistung erbringt, und zwar als WG konkretisierter oder sonstiger fassbarer Vorteile (**Kompensation**, Rn 13 f, 88);[17] so auch ohne konkrete Gegenleistung auch bei unverzinsli-

---

1 BFH/NV 98, 1471 mwN.
2 BFH BStBl III 64, 478 – Prozesskostenrisiko.
3 Vgl BFH BStBl II 81, 766 – Besteuerung nach vereinnahmten Entgelten.
4 BFH BStBl II 96, 402.
5 BStBl II 01, 747.
6 BFH BStBl II 75, 875; BStBl II 90, 639.
7 FG BaWü EFG 00, 730 – Bewertung einer niedrig verzinslichen Forderung anhand des „fristadäquaten Marktzinses".
8 BFH BStBl II 84, 550; BFH/NV 97, 175 mwN; BVerfG HFR 93, 542; *Schmidt*[26] § 6 Rn 371: beschränkt auf Forderungen des Umlaufvermögens.
9 BStBl II 99, 602 – unverzinslicher Anspr auf Brandentschädigung ist nicht abzuzinsen.
10 BFH BStBl II 93, 855; BFH/NV 93, 97 – kein höherer Zinssatz bei Wertsicherungsklausel; BMF BStBl I 97,
832 – Bewertung von Kapitalforderungen und Kapitalschulden sowie Anspr/Lasten bei wiederkehrenden Nutzungen und Leistungen nach dem 31.12.95 für Zwecke der ErbSt und SchenkSt.
11 BFH BStBl II 81, 160; BStBl II 80, 491.
12 BFH BStBl III 67, 336; *Blümich* § 6 Rn 895; zur Zinslosigkeit von Forderungen *Teichgräber* DB 05, 1288.
13 BFH BStBl II 96, 676 (679).
14 BFH BStBl II 71, 302; BStBl II 96, 672; zu gewinn- und umsatzabhängigen Entgelten s § 16 Rn 95.
15 BFH BStBl II 90, 639; BFH/NV 93, 97 mnN.
16 BFH BStBl III 65, 170; BStBl II 89, 549 mwN.
17 BFH BStBl III 61, 405 – Ankaufsrecht; BStBl II 69, 744 – Nutzung von Forschungsergebnissen; BStBl II 76, 13; BStBl II 59, 320 – unverzinsliche Darlehen gegen Übernahme einer Bierlieferungsverpflichtung; s auch BFH GrS BStBl II 97, 735 (739).

chen Darlehen an ArbN (Rn 88).[1] Eine Teilwertabschreibung setzt den Nachweis voraus, dass der Zinsverlust höher ist als der Wert der Gegenleistung; hierzu bedarf es einer Veränderung der am Anschaffungszeitpunkt bestehenden Verhältnisse[2] oder des Nachweises einer Fehlmaßnahme. Eine Teilwertabschreibung ist nicht zulässig, wenn bei Kreditinstituten die Spanne zw dem Zins für die Refinanzierung und dem vereinbarten Zins unverändert geblieben ist.[3] Das sukzessive Aufzinsen bewirkt zwingend die Wertaufholung.

141 Der Regelfall ist die **Einzelwertberichtigung**. Eine geringe Zahl von Schuldnern gibt Anlass, die gebotene wirtschaftlich zutr Schätzung des Ausfallrisikos in besonderer Weise auf ihre Vertretbarkeit hin zu untersuchen. Ein größerer Bestand[4] gleichartiger Forderungen auch gegenüber namentlich bekannten Schuldnern kann **pauschal wertberichtigt** werden, wenn die Gemeinsamkeiten die Unterschiede überwiegen und die individuelle Behandlung schwierig oder unzumutbar erscheint.[5] Für eine Pauschalwertberichtigung können betriebliche Erfahrungen der Vergangenheit einen wertvollen Anhaltspunkt für die nach dem Vorsichtsprinzip vorzunehmende Schätzung bieten, solange sich die Verhältnisse nicht wesentlich ändern. Auch der künftige Eingang der zu bewertenden Forderungen kann, soweit er lediglich wertaufhellend ist, in gewissem Umfang berücksichtigt werden. Ungeachtet der konkreten betrieblichen Erfahrungen ist davon auszugehen, dass im Falle nicht ausreichender Sicherung bei einer größeren Anzahl gleichartiger Forderungen idR mit einer gewissen Wahrscheinlichkeit mit Forderungsausfällen zu rechnen ist **(latentes Risiko)**.[6] Konkret wertgeminderte Forderungen können einzeln, der Rest kann pauschal **(gemischtes Verfahren)** bewertet werden.[7] Je mehr Forderungen einzelwertberichtigt werden, umso höhere Anforderungen sind an den Nachweis einer Berechtigung der Pauschalwertberichtigung zu stellen. Das befürchtete Ausfallrisiko muss wirtschaftlich zutr und ausgehend von Nettobeträgen geschätzt werden, idR mit einem Hundertsatz des zu bewertenden Forderungsbestandes.[8] Die Bewertungsstetigkeit (Rn 18) ist zu beachten.

143 **III. Verbindlichkeiten (§ 6 I Nr 3). – 1. Allgemeines.** Anzusetzende Verbindlichkeiten (Kreditoren) sind rechtlich erzwingbare oder faktische, wirtschaftlich belastende[9] Verpflichtungen des Unternehmens gegenüber Dritten, die nach Grund und Höhe feststehen; sie müssen quantifizierbar,[10] nicht aber fällig sein (§ 5 Rn 111 ff).[11] Aufschiebend bedingte sowie auflösend bedingte[12] Anspr sind nicht zu aktivieren (vgl § 1 I, § 4 BewG; § 5 Rn 115).[13] Nicht zu passivieren sind ebensolche Verbindlichkeiten (zB Eventual-, Bürgschaftsverpflichtung); ferner Verbindlichkeiten, die aus künftigen Gewinnen zu tilgen sind (nunmehr ab 1.1.99 § 5 IIa; s dort Rn 121 ff).[14] Verbindlichkeiten, die – auch als Teil eines Gesamtbestandes – bei vorsichtiger Einschätzung mit an Sicherheit grenzender Wahrscheinlichkeit nicht zu erfüllen sind,[15] sind ebenso wenig wie schwebende Geschäfte zu bilanzieren. Zur Kompensation etwa mit Rückgriffsanspr s Rn 14. Die Zahlungsunfähigkeit des Schuldners rechtfertigt nicht die gewinnerhöhende Ausbuchung einer Verbindlichkeit.[16] Zum Grundsatz der Einzelbewertung[17] und der Pauschalbewertung im Interesse eines zutr Vermögensausweises s Rn 11 ff.[18] § 240 III HGB gestattet eine Durchschnittsbewertung. Ggf ist eine Rückstellung zu bilden.[19] Eine Verbesserung der allg Kreditkonditionen seit der Darlehensaufnahme rechtfertigt es

---

1 BFH BStBl II 90, 117; BStBl II 90, 639 – Sozialdarlehen an Betriebsangehörige; BFM BStBl I 90, 71 – Darlehensforderungen.
2 BFH BStBl II 81, 734 – fortlaufenden Führung einer Zeitschrift in Lesemappen.
3 BFH BStBl II 90, 639; BStBl II 99, 227 – Schuldscheindarlehen.
4 BFH/NV 98, 1471 – bei einer Zahl von nur 39 Schuldnern ist besondere Vorsicht geboten.
5 BFH BStBl II 81, 766; BStBl II 89, 359; BStBl II 96, 470.
6 BFH/NV 98, 1471 mwN.
7 BFH BStBl II 81, 766.
8 BMF BStBl I 94, 98 – Pauschalwertberichtigungen bei Kreditinstituten; FR 97, 114.
9 BFH BStBl II 96, 470.
10 BFH BStBl II 93, 373; zu unbestimmter Verpflichtung BStBl II 89, 549.
11 BFH BStBl II 84, 747.
12 BFH BStBl II 90, 484.
13 BFH BStBl II 95, 594.
14 BMF DB 00, 696, mit Aufhebung früherer Nichtanwendungserlasse; zum Hintergrund der Neuregelung *Prinz* DStR 00, 661 (669 f).
15 BStBl II 89, 359; BStBl II 96, 470 – „unbewegte Sparkonten"; *Moxter* BB 98, 2464 mwN.
16 BFH BStBl II 93, 747.
17 BFH BStBl II 91, 479 – pauschales Bewertungsverfahren; Saldierung bei Aufrechnungslage; BFH BStBl II 96, 476; BStBl II 96, 470 – Schätzung anhand von Erfahrungswerten, ggf aufgrund der tatsächlichen Entwicklung nach dem Bilanzstichtag.
18 BFH BStBl II 91, 479; II 93, 437 – noch nicht verwirklichte Rückgriffsanspruch.
19 BFH BStBl II 88, 592.

nicht, einen aktivierten RAP niedriger anzusetzen.[1] Die Bewertungsregeln des § 6a gehen als Sonderregelungen vor; der spezielle Teilwertbegriff des § 6a III hat Vorrang vor dem allg Teilwertbegriff des § 6 I Nr 1 S 3.[2]

Nicht bestimmte, aber bestimmbare – andernfalls ist eine Rückstellung anzusetzen – zB **gewinn- und umsatzabhängige Verbindlichkeiten** sind mit ihrem voraussichtlichen Erfüllungsbetrag zu passivieren.[3] **Erfüllungsrückstände** sind als ungewisse Verbindlichkeiten mit dem Betrag zu passivieren, der hätte aufgewendet werden müssen, wenn der Rückstand bereits am Bilanzstichtag hätte erfüllt werden müssen. Gehalts- und Preissteigerungen nach dem Bilanzstichtag sind bei der Bewertung einer ungewissen Verbindlichkeit unberücksichtigt zu lassen.[4]

144

Umschuldungen und Novationen lassen eine neue Verbindlichkeit entstehen, ggf mit Realisierungseffekt.[5]

2. „Anschaffungskosten". Verbindlichkeiten – vor allem **Kaufpreis- und Kreditverbindlichkeiten**[6] – sind unter sinngemäßer Anwendung des § 6 I Nr 2 zu bewerten (§ 6 I Nr 3), dh grds mit dem Nennbetrag[7] (**Erfüllungsbetrag** = Rückzahlungsbetrag iSd § 253 I Nr 3 HGB; § 6 I Nr 3; zur Abzinsung Rn 148) als deren AK[8] oder dem höheren Teilwert, und zwar nach den gleichen Grundsätzen wie Verbindlichkeitsrückstellungen.[9] Die AK einer Verbindlichkeit sind – unter dem Vorbehalt des § 5 VI – nach den GoB (§ 5 I) zu ermitteln. Der Zugang im Aktivvermögen und die deswegen eingegangene Verpflichtung sind erfolgsneutral. Danach gelten[10] als AK die Aufwendungen, die zur Erfüllung der Verbindlichkeit erforderlich sind. Bei einer **auf Leistung in Geld** gerichteten Verbindlichkeit gibt es keine AK im eigentlichen Sinne.[11] Deren Höhe richtet sich nach den erwarteten Ausgaben aufgrund der Preisverhältnisse am Bilanzstichtag;[12] künftige Preissteigerungen sind unbeachtlich.[13] Das angeschaffte WG ist hiervon unabhängig zu bewerten. Geldforderungen und -verbindlichkeiten tragen wie Geld ihren Wert in sich.[14] **Nebenkosten des Kredits** (Abschluss-, Bearbeitungs-, Kreditgebühren, Steuern usw) sind keine AK der Verbindlichkeit; sie sind als zeitbezogene Gegenleistung aktiv abzugrenzen (RAP);[15] anders die nicht zeitraumbezogene Vermittlungsprovision an Dritte.[16] Für ein **Damnum/Disagio** ist ein aktiver RAP (§ 5 V) zu bilden und auf die Dauer des Kredits zu verteilen.[17] Verbindlichkeiten, die auf **Sach- oder Dienstleistungen** gerichtet sind, sind entspr § 6 I Nr 3a, b zu bewerten (Rn 155),[18] und zwar ohne Begrenzung nach oben durch den Marktpreis.[19] Die Übernahme solcher Verpflichtungen kann zu AK führen.[20] Lässt ein Unternehmer die Leistung von eigenen Arbeitskräften erbringen, sind nur die internen Einzelkosten, nicht auch die internen Gemeinkosten anzusetzen.[21] Sind bestimmte vertretbare Sachen geschuldet, sind diese sog Sachwertschulden grds korrespondierend zur Bewertung der übernommenen WG zu bewerten.[22] Die Höhe einer **Pachterneuerungsrückstellung** bemisst sich unter Berücksichtigung des jährlichen Wertverzehrs auf der Grundlage der Wiederbeschaffungskosten (ohne Abzinsung) zum jeweiligen Bilanzstichtag.[23] Sachwertschulden (zB Rückgabe- bzw Wertersatzverpflichtung) des Pächters sind mit den AK der übernommenen bzw neu angeschafften WG zu passivieren.[24]

145

---

1 BFH BStBl II 70, 209.
2 BFH BStBl II 94, 740; BStBl II 88, 720.
3 Vgl BFH BStBl III 75, 612; s auch BStBl III 65, 612 – der Wert des erworbenen WG kann einen Anhaltspunkt geben.
4 BFH BStBl II 93, 446 mwN.
5 BFH BStBl II 74, 359.
6 BFH BStBl II 80, 491 mwN.
7 BFH BStBl II 80, 491 mwN; BStBl II 97, 320.
8 BFH BStBl II 98, 728.
9 BFH BStBl II 92, 519; BStBl II 92, 910.
10 BFH BStBl II 78, 262; *Mathiak* DStJG 7 (1984), 97 (106).
11 BFH BStBl II 91, 479.
12 BFH BStBl II 92, 910 mwN.
13 BFH BStBl II 93, 446.
14 BFH BStBl II 93, 347, unter Bezugnahme auf *Mathiak* DStJG 7 (1984), 97, 106: teleologische Reduktion des § 6 I Nr 1-3.
15 BFH BStBl II 78, 262; s ferner BStBl III 63, 327 – zusätzliches Entgelt für ein Tilgungsstreckungsdarlehen; BStBl II 78, 262 – Gegenleistung an Dritte für Besicherung; BStBl II 92, 600 – Bürgschafts- und Avalprovisionen.
16 BFH BStBl II 77, 380.
17 BFH BStBl II 89, 722.
18 BFH/NV 87, 123; BFH BStBl II 93, 855 – zur Erfüllung erforderliche Aufwendungen (Einzel- und notwendige Gemeinkosten = Vollkosten ohne kalkulatorische Kosten).
19 BFH BStBl II 86, 788 mwN – Rückstellung für Abrechnungsverpflichtung: steuerrechtlich kein Wahlrecht, s aber BFH BStBl II 96, 406: bei Rückstellung für Resturlaubsverpflichtung steht die Geldleistungsverpflichtung im Vordergrund.
20 BFH BStBl II 72, 696; BStBl II 92, 600.
21 BFH BStBl II 84, 301.
22 BFH BStBl II 79, 138.
23 BFH BStBl II 93, 89.
24 BFH BStBl II 76, 717; zur korrespondierenden Sachwertforderung des Pächters BStBl II 85, 391.

146 3. Teilwert. Der **Teilwert einer Verbindlichkeit** ist gleich dem Betrag, den der Erwerber des Betriebs mehr bezahlen würde, wenn diese nicht bestünde oder wenn er sie vom Veräußerer nicht zu übernehmen brauchte (Zeit- oder Barwert). Das für die WG des Umlaufvermögens geltende Niederstwertprinzip verwandelt sich bei Verbindlichkeiten in ein **Höchstwertprinzip**. Dem niedrigeren Teilwert beim Aktivvermögen entspricht spiegelbildlich beim Passivvermögen der **höhere Teilwert**. Der Ansatz von Zwischenwerten zwecks zeitlicher Streckung der Gewinnauswirkung einer Teilwertkorrektur ist nicht zulässig.[1] Wegen der Verweisung auf § 6 I Nr 2 gilt seit 1.1.99 das Verbot, bei nur **vorübergehender Teilwerterhöhung** den höheren Teilwert anzusetzen. Der Teilwert kann sich erhöhen zB infolge der Aktualisierung einer Wertsicherungsklausel (= dauernde Erhöhung) oder bei Kursverlusten von Fremdwährungsschulden. Es gelten die **Teilwertvermutungen**, die allg Teilwertgrenzen sowie das Wertaufholungsgebot. Die Vereinbarung eines Rangrücktritts rechtfertigt nicht die gewinnerhöhende Auflösung einer Verbindlichkeit.[2] Eine Verbindlichkeit ist gewinnerhöhend auszubuchen, wenn anzunehmen ist, dass sich der Schuldner auf deren Verjährung beruft;[3] nicht hingegen bereits dann, wenn der Schuldner bei Fälligkeit der Verpflichtung zahlungsunfähig ist.[4]

147 Bewertungsuntergrenze ist stets der Zugangswert (Anschaffungswert), es sei denn, die Verbindlichkeit wird mit an Sicherheit grenzender Wahrscheinlichkeit nicht mehr erfüllt werden;[5] andernfalls würde ein nichtrealisierter Gewinn ausgewiesen.[6] Nach hM ist bei besonders hoch verzinslichen Verbindlichkeiten der höhere Teilwert anzusetzen, wenn das allg Zinsniveau sinkt, sofern ein Betriebserwerber den Kredit ablösen könnte.[7] Aufwendungen für eine vorzeitige Ablösung des Kredits durch den Schuldner sind keine den Teilwert erhöhenden Umstände.[8]

148 4. Abzinsung von Verbindlichkeiten.[9] § 6 I Nr 3 S 1 enthält mit Wirkung v 1.1.99 (§ 52 XVI 2)[10] auch für Verbindlichkeiten mit einer festgelegten Restlaufzeit[11] von wenigstens 12 Monaten (vgl § 12 III iVm § 1 II BewG) ein in der Literatur weitgehend abgelehntes[12] grds **Abzinsungsgebot** mit einem – wirtschaftlich nicht unproblematischen[13] – Zinsfuß von 5,5 vH (s aber zB § 21a KStG: 4 vH), und zwar unabhängig davon, ob offen oder verdeckt ein **Kreditgeschäft** (Überlassung von Kapital gegen Entgelt) anzunehmen ist oder eine Verzinslichkeit ausgeschlossen ist.[14] Die Abzinsung erfolgt versicherungsmathematisch oder aus Vereinfachungsgründen nach §§ 12–14 BewG.[15] Eine Abzinsung unterbleibt, wenn die Laufzeit der Verbindlichkeit am Bilanzstichtag weniger als 12 Monate beträgt, die Verbindlichkeit verzinslich ist oder auf einer Anzahlung oder Vorausleistung[16] beruht (§ 6 I Nr 3 S 1). Die Laufzeit von Verbindlichkeiten mit unbestimmter Dauer, deren Fälligkeit nicht vom Leben einer Bezugsperson abhängt), ist zu schätzen; uU kann § 13 II BewG entspr angewendet werden.[17] Eine verzinsliche Verpflichtung liegt vor, wenn ein Zinssatz von mehr als 0 vH vereinbart ist.[18] Nach früherer unzutr[19] Auffassung des BMF[20] konnte bei einem Zinssatz „nahe 0 vH" im Einzelfall eine Umgehung iSd § 42 AO vorliegen. Ist nach den Umständen des Einzelfalles davon auszugehen, dass bei wirtschaftlicher Betrachtung eine Gegenleistung für die Kapitalüberlassung (= Verzinslichkeit) nicht vorliegt, liegt eine unverzinsliche Forderung vor.[21] Die gesetzliche Ausnahme vom Abzinsungsgebot für Verpflichtungen aus **Anzahlungen** oder **Vorausleistungen** wird damit begründet, dass die Passivierung der (Rückgewähr-)Verpflichtung mit dem abgezinsten Wert wegen der Aktivierung der Anzahlungen oder Vorausleistungen mit den AK den Aus-

---

1 Schmidt[26] § 6 Rn 400; Christiansen StbJb 92/93, 120.
2 BFH BStBl II 93, 502.
3 BFH BStBl II 93, 543.
4 BFH BStBl II 93, 747.
5 BFH BStBl II 91, 479 – Verzicht; BStBl II 93, 543 – Schuldner beruft sich auf Verjährung; s BStBl II 93, 502 – nachträglicher Rangrücktritt; BStBl II 88, 430; BStBl II 94, 740 – ein späteres Entgegenkommen durch Gläubiger ist nicht werterhellend; BStBl II 97, 320.
6 BFH BStBl II 77, 802.
7 Blümich § 6 Rn 959.
8 BFH BStBl II 91, 170.
9 Hierzu Groh DB 07, 2275.
10 Zur Rechtslage vor dem 1.1.99 BFH BStBl 06, 471.
11 Zur Ermittlung der maßgebenden Restlaufzeit von Fälligkeits- und Tilgungsdarlehen am Bilanzstichtag BMF BStBl I 05, 699 Tz 3 f, 9 f.
12 S nur Koths StbJb 00/01, 267 mwN.
13 Hoffmann GmbHR 99, 380 (387).
14 Vgl BFH/NV 97, 175; BVerfG HFR 93, 542 – Verfassungsbeschwerde erfolglos.
15 Einzelheiten bei BFM BStBl I 05, 699 Tz 1 f, 6 f iVm als Anlage beigefügter Tabelle 1.
16 Hierzu BFH BStBl II 78, 475; BStBl II 81, 179; BMF BStBl I 05, 699 Tz 20.
17 BMF BStBl I 05, 699 Tz 6 f; Prinz DStR 00, 661 (608).
18 BMF BStBl I 05, 699 Tz 13.
19 Ebenso van de Loo DStR 00, 508 (509), dort auch zur Abzinsung von G'ter-Darlehen.
20 BMF BStBl I 99, 818.
21 BMF BStBl I 05, 699 Tz 16.

weis eines nicht realisierten Gewinns bedeuten würde.[1] Das Vorliegen einer Zinsabrede ist auch bei einer **Sachleistungsverpflichtung** (zB gerichtet auf Abbruch, Rekultivierung,[2] Beseitigung von Altlasten, Aufbewahrung von Geschäftsunterlagen[3]) nicht erforderlich. Entgegenstehende frühere Rspr des BFH[4] ist überholt. Ist zwar keine Verzinsung vereinbart, wird das Darlehen aber zB wie ein Wohnungsbaudarlehen unter einer Aufl oder im Rahmen einer Regionalförderung zweckgebunden gewährt, nach der die Vorteile der Zinslosigkeit dem Darlehensnehmer nicht verbleiben, unterbleibt die Abzinsung.[5] Die Verpflichtung zur Zahlung von Zinsen ist in Höhe des bis zum Stichtag angewachsenen Betrags zu passivieren; iÜ ist das Kreditgeschäft ein schwebender Vertrag. Die zeitanteilig entstehende Zinsforderung realisiert sich durch Aufzinsung des Barwerts als Zinsertrag (str).[6] Ist ein **langfristiges Darlehen** abzuzinsen, ist der Wertansatz in den folgenden Jahren erfolgswirksam aufzustocken. Ob § 5 I 2 die Bildung eines Sonderpostens mit Rücklageanteil in der HB gebietet, ist zweifelh.[7] Weitere Einzelheiten – ua zur zeitweisen Verzinslichkeit und bedingt verzinslichen Verbindlichkeiten – sind geregelt im BMF-Schr BStBl I 05, 699.

5. Wiederkehrende Leistungen. [8] Erwirbt ein StPfl einen Betrieb oder ein WG des BV entgeltlich **149** gegen – auch abgekürzte oder verlängerte – **(Veräußerungs-)Leibrente** (gleichmäßige lebenslängliche Leistungen) oder gegen **dauernde Last** (auf die Lebenszeit wiederkehrende ungleichmäßige Leistungen;[9] s § 22 Rn 4), entstehen AK in Höhe des mit banküblichen Sollzinsen abgezinsten Barwerts der jeweiligen Verpflichtung.[10] Dies ist die auf den Anschaffungszeitpunkt abgezinste Summe der künftigen Erfüllungsbeträge (= AK und Teilwert im Zeitpunkt der Begründung; vgl § 253 I 2 HGB). Erworbenes WG und die Verpflichtung sind getrennt zu bilanzieren. Eine Wertsicherungsklausel wird bei der Ermittlung der AK grds[11] nicht berücksichtigt. Die **wiederkehrenden Leistungen** umfassen von Beginn an einen steuerbaren Zinsanteil.[12] Dass die einzelne Zahlung wirtschaftlich eine Kapitalrückzahlung aus einem darlehensähnlichen Geschäft (Stundung des Kaufpreises) sein muss,[13] wird man ab 1.1.99 nicht mehr voraussetzen dürfen.[14] Der Barwert ist im betrieblichen Bereich üblicherweise nach versicherungsmathematischen Grundsätzen zu ermitteln,[15] bei Erwerb von PV nach § 1 II iVm § 14 BewG iVm Anlage 9.[16] Die Verwaltung gibt ein **Wahlrecht**:[17] Es kann der nach § 14 BewG ermittelte,[18] fortschreitend sinkende Kapitalwert (Rentenbarwert) angesetzt werden (vgl § 253 I 2 HGB). Die voraussichtliche Laufzeit kann nach den Durchschnittswerten der Allgemeinen Deutschen Sterbetafel 1986/88 bemessen werden.[19] Für die Wahl des Zinssatzes gelten die Grundsätze zu Kaufpreisraten entspr;[20] ab 1.1.99 ist § 6 I Nr 3 zu beachten. Maßgebend ist grds der Rechnungszinsfuß von 5,5 vH.[21] Nach Auffassung des BFH ist ein anderweit vereinbarter Zinssatz anzuwenden;[22] diese Rechtsauffassung wird nunmehr durch § 6 I Nr 3 S 2 gestützt. Die in den jährlichen Zahlungen enthaltenen, als BA abziehbaren **Zinsanteile** werden in der Weise ermittelt, dass von der jährlichen Gesamtleistung die jährliche Barwertminderung (Tilgungsanteil) abgezogen wird. Eine Steigerung der Rentenleistungen aufgrund einer **Wertsicherungsklausel** erhöht den Teilwert und ist in die Barwertermittlungen einzubeziehen,[23] indes ohne Rückwirkung auf etwaige AK.[24] Die Erhöhung des Barwerts wirkt sich in vollem Umfang gewinnmindernd aus. Erlischt die Rentenverbindlichkeit infolge des gemessen an der Sterbetafel (Anlage 9 zu § 14

---

1 BT-Drs 14/443, 23.
2 Hierzu *Niemann* StB 00, 213.
3 BFH BStBl II 03, 13; OFD Hann v 27.6.07 – 2137-106-StO 222/221; *Hoffmann* PiR 07, 145.
4 ZB BFH BStBl II 91, 485; BStBl II 93, 89 – Pachterneuerungsrückstellung.
5 BMF BStBl I 99, 818, unter Hinweis auf BFH BStBl II 82, 639; nunmehr BMF BStBl I 05, 699 Tz 15.
6 *K/W*[4] § 253 Rn 57, dort auch zu Recht gegen eine Lösung mittels passivischer Rechnungsabgrenzung, wie sie zB von *H/H/R* § 6 Rn 908 mwN vorgeschlagen wird.
7 *van de Loo* DStR 00, 508 (510 f) mwN.
8 Ausf *Brandenberg* NWB Fach 3, 10489.
9 BFH BStBl II 95, 47 – Erwerb eines Mietwohngrundstücks; BStBl II 95, 169.
10 BFH BStBl II 80, 491 (493); BStBl II 98, 537; BStBl II 04, 211; zu Gestaltungsaspekten des Unternehmenskaufs gegen Leibrente *Gratz/Müller* DB 00, 693.

11 S aber BFH BStBl II 70, 309 – Bemessung des Rechnungszinsfußes.
12 RFH RStBl 30, 578; BFH BStBl II 93, 298 (299); BFH/NV 93, 87.
13 BFH BStBl 95, 47 mwN.
14 BFH BStBl II 95, 121.
15 BFH BStBl II 97, 47 mwN; BFH/NV 02, 10; anders bei Überschusseinkünften (§§ 12 ff BewG).
16 BFH BStBl II 95, 169.
17 BMF BStBl I 02, 893 Tz Rn 43, 53.
18 BFH BStBl II 95, 169.
19 BMF BStBl I 05, 699 Tz 5 iVm Tabelle 1.
20 BFH BStBl II 70, 309; BStBl II 80, 491.
21 BFH BStBl II 80, 491; BFH/NV 02, 10 mwN; BMF BStBl I 97, 832 Tz Rn 1.2.1; instruktive Beispiele bei *Maus* SteuerStud 02, 27 (29 ff).
22 BFH BStBl II 80, 491.
23 BFH BStBl II 98, 537.
24 BFH BStBl II 84, 109.

BewG) vorzeitigen Todes des Berechtigten, entsteht in Höhe des auf diesen Zeitpunkt zu ermittelnden Barwerts ein laufender Gewinn;[1] die Höhe von AK wird nicht berührt.[2] Ein rückwirkendes Ereignis iSd § 175 I 1 Nr 2 AO liegt nicht vor.[3] Auch eine Minderung des Barwerts – etwa aufgrund einer nachträglichen Vereinbarung – führt zu einem Ertrag.[4] Zur privaten Versorgungsrente und ihrer Abgrenzung gegenüber der Veräußerungs- und der Unterhaltsrente s § 22 Rn 22f, 24f. Zur Betriebsveräußerung gegen wiederkehrende Leistungen s § 16 Rn 92 ff.

150 **6. Fremdwährungsverbindlichkeiten.** [5] Sie sind im Zeitpunkt ihrer Anschaffung mit dem Briefkurs (= Ankaufskurs) in einen €-Betrag umzurechnen (vgl § 244 HGB; s auch § 5 Rn 118). Bis zur erstmaligen Bilanzierung sind Kursänderungen unbeachtlich, da insoweit ein schwebendes Geschäft vorliegt. Kursgewinne sind nicht auszuweisen, weil ein Ansatz unter Zugangswert unzulässig ist (Höchstwertprinzip). Voraussichtlich dauernde Kursverluste führen zu einer Teilwerterhöhung (Imparitätsprinzip);[6] damit ist die Mehrausgabe berücksichtigt, die sich später dadurch ergibt, dass zur Tilgung des Fremdwährungsdarlehens ein höherer als der ursprünglich passivierte Betrag in € zu zahlen sein wird.[7] Zur Bewertung von Kursschwankungen unterliegenden Verbindlichkeiten ausf BMF BStBl I 02, 793. Zu Währungssicherungsgeschäften (Devisentermingeschäft, Swaps) und sog geschlossenen Positionen s Rn 13f.

152 **IV. Bewertung von Rückstellungen (§ 6 I Nr 3a). – 1. Allgemeines.** Bei der Bewertung von Rückstellungen ist – ebenso wie beim Ansatz einer Verbindlichkeit – von den AK oder dem niedrigeren Teilwert auszugehen (vgl § 6 I Nr 3 iVm Nr 2). § 6 I Nr 3a bestimmt ab 1.1.99 zwecks realitätsnäherer Bewertung unter Einschränkung des Maßgeblichkeitsgrundsatzes,[8] dass die ansatzpflichtigen Rückstellungen (§ 249 HGB; handelsrechtliche Bewertung nach § 253 I 2 HGB mit dem Rückzahlungsbetrag; § 5 Rn 134 ff) für betriebliche Verpflichtungen nach den Umständen des Einzelfalls[9] höchstens unter Berücksichtigung der nachfolgend – nicht abschließend normierten („insbes") – Grundsätze zu bewerten sind. Die in § 5 I festgelegten Regeln und die nicht im Gesetz genannte GoB für Rückstellungen bleiben mithin unberührt.[10] Ein niedrigerer handelsrechtlicher Ansatz ist für die Steuerbilanz maßgebend. Für die Bewertung ist auszugehen von den Preisverhältnissen am Bilanzstichtag; Preissteigerungen, die bis zum Erfüllungstag noch erwartet werden, sind nicht zu berücksichtigen.[11] Die verfassungsrechtlich bedenkliche[12] Bestimmung über das Inkrafttreten sowie das **Überleitungsrecht** sind in § 52 XVI 2, 7 ff, 10 ff geregelt.[13] In früheren Jahren zu hoch angesetzte **(Alt-) Rückstellungen** sind neu zu bewerten; der dadurch entstehende Gewinn kann (Wahlrecht; Auswirkung auf die HB nach § 5 I 2) im Erstjahr in eine in den folgenden 9 Wj mit mindestens (Wahlrecht) einem Neuntel aufzulösende **Rücklage** eingestellt werden. Zu Rückstellungen für arbeitsrechtliche Versorgungsleistungen hat sich das BMF,[14] zur Abzinsung von versicherungstechnischen Rückstellungen auf fondsgebundene Lebensversicherungen hat sich das FinMin Bayern geäußert.[15]

153 Das Risiko der Inanspruchnahme und die Laufzeit der Rückstellung sind nach den Verhältnissen zum Bilanzstichtag zu bewerten.[16] Auch die **Rückstellung wegen ungewisser Verbindlichkeiten** ist wie eine Verbindlichkeit gem § 6 I Nr 3 zu bewerten, also in sinngemäßer Anwendung des § 6 I Nr 2 grds mit den AK/HK in Gestalt des Betrages, der für die Erfüllung der gewiss gewordenen Verbindlichkeit erforderlich sein wird, oder mit dem höheren Teilwert.[17] Allerdings hängt die Passi-

---

1 BFH BStBl II 91, 358; BStBl II 91, 796; BStBl II 04, 211.
2 BFH BStBl II 95, 47.
3 BFH BStBl II 95, 47 (50).
4 BFH BStBl II 91, 358; BStBl II 98, 537 mwN.
5 Hierzu *Warnke* EStB 05, 372.
6 BFH BStBl II 91, 170.
7 BFH BStBl II 91, 228, auch zur § 4 III-Rechnung und zu Teiltilgungen.
8 IdW-Steuerfachausschuss WPg 99, 293.
9 ZB BMF BStBl I 05, 715 – Rückstellung für die Verpflichtung zur Rückgabe von Pfandgeld; OFD Chemnitz v 3.7.06 – S2137-48/2-St21 – Rückstellungen für die Aufbewahrung von Geschäftsunterlagen; BFH BStBl II 07, 251 – Rückstellungen für Lohnzahlungen bei Altersteilzeit (Blockmodell); BMF BStBl I 07, 297; *Lieb/Rhiel* StuB 07, 505.
10 BT-Drs 14/443, 23.
11 BFH BStBl II 83, 104; BStBl II 92, 910 – Urlaubsgeld; krit *Roser/Tesch/Seemann* FR 99, 1345 (1346 f) mwN, auch zu Einzelfragen der Abzinsung.
12 **AA** *Schmidt*[26] § 6 Rn 400 i. Aufwendungen des Erwerbers eines Grundstücks für die von einem Dritten zu errichtende Privatstraße stellen auch dann AK eines selbstständigen abnutzbaren WG dar, wenn die Straße der erstmaligen Erschließung des Grundstücks dient.
13 Zu Einzelfragen, insbes zu den rücklagefähigen Gewinnen und zur Auflösung der Rücklage BMF BStBl I 05, 699 Tz 35 ff mit instruktiven Beispielen.
14 BMF DStR 99, 1902; hierzu *Bode/Grabner* DStR 00, 141; s ferner zur „kollektiven Methode" bei Pensionsrückstellungen FinMin Sachsen FR 00, 475.
15 FinMin Bayern DB 00, 497; OFD Mchn FR 00, 413.
16 BFH BStBl II 00, 116; hierzu *Groh* FR 99, 456.
17 BFH BStBl II 91, 479; BStBl II 93, 437; BStBl II 92, 910.

vierung nach der Rspr allein davon ab, ob Bestehen bzw Entstehen der Verpflichtung oder die Inanspruchnahme daraus überwiegend (§ 5 Rn 129) wahrscheinlich sind.[1] Nach den GoB gilt als AK grds der Nennbetrag der Verbindlichkeit,[2] wobei steuerrechtlich nicht über den Maßstab vernünftiger kfm Beurteilung hinausgegangen werden darf.[3] Der BFH gestattet die Bewertung der Rückstellung nach dem Grad der Wahrscheinlichkeit einer späteren Inanspruchnahme.[4] Die Rückstellung für drohende Verluste aus Warenbeschaffungsgeschäften ist eine vorweggenommene Teilwertabschreibung auf die noch nicht gelieferten Waren. Das Verbot des Ansatzes kalkulatorischer Kosten bei der Bildung von Verlustrückstellungen gilt nicht für die verlustfreie Bewertung von Vorräten.[5] Wegen der Bewertung von **Jubiläumsrückstellungen** wird auf die BMF-Schr v 29.10.93 und v 12.4.99[6] Bezug genommen; zu Rückstellungen für Versorgungsleistungen des ArbG auf das BMF-Schr v 14.10.99;[7] zu Rückstellungen für ungewisse Verbindlichkeiten bei Maßnahmen für die Stilllegung, Rekultivierung und Nachsorge einer Deponie BMF-Schr v 25.7.05;[8] zur Bewertung der Übernahme von Pensionsverpflichtungen gegen Entgelt auf das BMF-Schr v 16.12.05.[9] S auch BMF-Schr in BStBl I 05, 1056.

2. Risiken der Inanspruchnahme (Nr 3a a). Diese Bestimmung stellt in Übereinstimmung mit der bisherigen Rspr des BFH klar,[10] dass bei der Bewertung aller steuerlich anerkannten, einzeln und/oder pauschal angesetzten Rückstellungen für gleichartige, dh einer statistischen Betrachtungsweise zugänglichen[11] Verpflichtungen – insbes aus Schadenersatz (insbes Schadensrückstellungen der Versicherungswirtschaft),[12] Garantie- und Gewährleistung, Wechselobligo, Bürgschaft, aber auch bei Inanspruchnahme aufgrund von Kulanz, Leergutrücknahme[13] – auf der Grundlage der Erfahrungen in der Vergangenheit aus der Abwicklung solcher Verpflichtungen die Wahrscheinlichkeit zu berücksichtigen ist, dass der StPfl nur zu einem Teil der Summe dieser Verpflichtungen in Anspr genommen wird.[14] Es sind mithin die solchen Rückstellungen zugrundeliegenden Geschäftsrisiken zu berücksichtigen. Diese neue Vorschrift und § 20 II KStG wollen das vor allem in der Versicherungsbranche praktizierte Vorsichtsprinzip (§ 341g HGB – Schadensrückstellungen; ohne Übergangsregelung, § 54 VIIIc KStG) zurückdrängen. Für die Bildung müssen mehr Gründe für als gegen eine Inanspruchnahme sprechen.

3. Sachleistungsverpflichtungen (Nr 3a b). Die Neuregelung stellt klar, dass Rückstellungen für **Sachleistungsverpflichtungen** (gerichtet auf Sach-, Werk-, Dienstleistung, nicht auf Zahlung eines Geldbetrags) – ggf im Wege der Schätzung[15] – zu bewerten sind mit den Einzelkosten (Rn 70f)[16] und mit den angemessenen Teilen (§ 253 I 3 HGB) der nach ihrer Art notwendigen (§ 255 II HGB; zur Aktivierung R 6.3 I EStR – Vollkostenprinzip) Gemeinkosten (Untergrenze für die HK) und ohne kalkulatorische Kosten/Gewinnzuschläge.[17] Für die Beschränkung auf diese Teilkosten spricht, dass die Fixkosten zeitraumbezogen sind und mit der zu bewertenden Verpflichtung in keinem Zusammenhang stehen; künftige Ausgaben, die auch ohne die Verpflichtung entstehen werden, mindern zum gegenwärtigen Zeitpunkt nicht die steuerliche Leistungsfähigkeit.[18]

4. Kompensation (Nr 3a c). Das ab 1.1.99 geltende Recht verlangt eine **Kompensation mit künftigen Vorteilen** (ohne Rücksicht auf deren Aktivierbarkeit), die bei gefordertem Sachzusammenhang die Belastungswirkung der später zu erfüllenden Verbindlichkeiten mindern. Auch unter dem Teilwertaspekt entspricht es vernünftiger kfm Beurteilung, den rückstellungbegründenden Sachverhalt nicht nur in seinen negativen Aspekten zu erfassen, sondern auch die positiven Merkmale zu berücksichtigen, die die Wahrscheinlichkeit einer Inanspruchnahme mindern oder sogar aufheben,

---

1 BFH BStBl II 97, 382; BStBl II 98, 244 – hinterzogene Lohnsteuer; zur Problematik *Moxter* BB 98, 2464.
2 BFH BStBl II 92, 479.
3 BFH BStBl II 93, 437.
4 BFH BStBl II 97, 23; BStBl II 98, 244; *Moxter* BB 98, 2464.
5 BFH BStBl II 01, 566 – Rückstellung für drohende Verluste aus der Rückkaufverpflichtung bei schwebenden Fahrzeug-Leasinggeschäften.
6 BMF BStBl I 93, 898; DStR 99, 760.
7 BB 00, 300.
8 BFM BStBl I 05, 826 Tz 17 ff.
9 BMF BStBl I 05, 1052.
10 BT-Drs 14/265, 172; BFH BStBl II 98, 249; *Günkel/Fenzl* DStR 99, 649 (654).
11 In diesem Sinne einschränkend *Kemper/Konold* DStR 03, 1686, mit ausf Analyse der Vorschrift.
12 Ausf BMF BStBl I 00, 486 – steuerliche Behandlung der Schadensrückstellungen; s auch BMF BStBl 05, 819 – Pauschalregelung zur Abzinsung.
13 BMF BStBl I 05, 715.
14 BFH/NV 03, 1313 – „betriebsindividuelle oder branchenübliche Erfahrungen aus der Sicht des Unternehmens".
15 BFH/NV 04, 271 = BFH DStR 04, 134.
16 BFH BStBl II 88, 661.
17 BFH BStBl II 88, 57.
18 BT-Drs 14/261, 173.

weil der Kfm insoweit wirtschaftlich und rechtlich nicht belastet ist.[1] Hierzu gehören auch vollwertige Erstattungs-[2] und Rückgriffsansprüche.[3] In dieser Hinsicht sind die Grundsätze des Apotheker-Urteils[4] auf alle zulässigen Rückstellungen übertragbar. ZB ist beim Ausweis einer Verpflichtung zur Rekultivierung zu berücksichtigen, dass ein Dritter bei der Verfüllung Kippentgelte zahlen wird[5] oder dass Gas verwertet wird.[6] Nach Auffassung des Finanzausschusses des Bundestags[7] und der FinVerw genügt hierbei nicht, dass am Bilanzstichtag nur die bloße Möglichkeit künftiger wirtschaftlicher Vorteile besteht; die **Verträge** zB über das Abkippen von Verfüllmaterial müssen **bereits geschlossen** sein.[8] Auch künftig entstehende Zinsansprüche aufgrund von verzinslichen Vorausleistungen sind solche Vorteile, wenn der StPfl davon ausgehen muss, dass bereits erbrachte oder künftig noch zu erbringende Vorleistungen verzinst werden. Indes besagt das Tatbestandsmerkmal „voraussichtlich", dass die Vorteile überwiegend wahrscheinlich sein müssen.[9] Die Gegenrechnung mit Einnahmen ist unzulässig, soweit die Vorteile als Forderung zu aktivieren sind.

157 **5. Ansammlungsrückstellungen (Nr 3a d).** Die von der Rspr anerkannten Ansammlungsrückstellungen sind solche, bei denen die am Bilanzstichtag feststehende Verpflichtung mit geschätzten Gesamtausgaben (nach den Preisverhältnissen am Bilanzstichtag[10]) unter wirtschaftlichen Gesichtspunkten linear auf die Wj verteilt werden muss, in denen (dies ist sehr vage) „im wirtschaftlichen Sinne"[11] der laufende Betrieb für das Entstehen der Verpflichtung ursächlich ist, insbes die **Verpflichtung**, Betriebsanlagen, namentlich ein betrieblich genutztes **Gebäude abzubrechen oder zu erneuern**.[12] Der Aufwand wird dem Zeitraum zugeordnet, in dem die entspr Erträge anfallen; nur für solche Rückstellungen soll nach den Gesetzesmaterialien die Neuregelung gelten. Nach allg Grundsätzen sind die Verpflichtungen zu behandeln, bei denen der Rückstellungsbetrag tatsächlich in jedem Wj steigt, weil die Verpflichtung – zB zur Rekultivierung – in jedem Jahr tatsächlich zunimmt;[13] dies ist eine allzu subtile Differenzierung. Die Ansammlung ist zeitanteilig in gleichen Raten, nicht nach der wirtschaftlichen Verursachung zu bilden. Diese Grundsätze gelten nach S 2 auch für die Verpflichtung zur Beseitigung und Stilllegung eines Kernkraftwerks (bisher: § 5 IVb 2).[14] Anderes gilt bereits nach allg Grundsätzen hinsichtlich einer Rückstellung für Verpflichtungen, bei welcher der Rückstellungsbetrag nicht nur im wirtschaftlichen Sinne, sondern aufgrund einer realen Zustandsveränderung tatsächlich in jedem Jahr steigt, zB bei der Verpflichtung zur Rekultivierung eines Grundstücks mit abzubauendem Kiesvorkommen oder zum Auffüllen abgebauter Hohlräume; die hierfür künftig aufzuwendenden Gesamtkosten sind – vorbehaltlich einer der Kompensation mit Vorteilen (Rn 156) – mit dem am Bilanzstichtag tatsächlich entstandenen Verpflichtungsumfang zu passivieren.[15] Es gilt das Abzinsungsgebot (Rn 158), wobei die Ausnahmen hinsichtlich der Abzinsung entspr gelten.[16] Rückstellungen für Steuerschulden, die nach § 233a AO verzinst werden, sind nicht abzuzinsen.[17] Zur Umsetzung der Richtlinie 2000/53/EG über Altfahrzeuge in nationales Recht sieht S 2 idF des AltfahrzeugeG mit Geltung ab VZ 02 die erstmalige Bildung einer **Rückstellung für die Rücknahme von Altfahrzeugen** (hierzu AltfahrzeugVO) und anderer Erzeugnisse vor, hinsichtlich derer eine gesetzliche Verpflichtung zur Rücknahme und Verwertung mit Kostentragungspflicht für den Bilanzierenden besteht (**Entsorgungskosten**). Zum Beginn der Rückstellungsbildung s Art 53 I EGHGB. Voraussetzungen und Höhe der Rückstellungen richten sich nach §§ 249, 253 I 2 HGB, wobei allerdings für steuerliche Zwecke abw von den allg Grundsätzen ratierlich anzusammeln ist. Art 2 AltfahrzeugeG regelt Einzelfragen zur Ansammlung der Rückstellung. Die Rückstellung wird nicht abgezinst. – Zu Einzelheiten BFM BStBl I 05, 699 Tz 29 ff.

---

1 **AA** wegen § 246 HGB IdW-Steuerfachausschuss WPg 99, 293 (294).
2 ZB BFM BStBl II 99, 959 – Rückstellungen für Vergütungen für Altersteilzeit und Jahreszusatzleistungen.
3 BFH BStBl II 93, 437 – Regress gegen andere Wechselverpflichtete; BStBl II 95, 412.
4 BFH GrS BStBl II 97, 735.
5 Anders BFH BStBl II 71, 85 – die Schuld ist kausal für künftige Erträge.
6 BMF BStBl I 05, 826 Tz 20.
7 BT-Drs 14/443, 23.
8 R 6.11 EStR.
9 Vgl BFH BStBl II 98, 375 – Kriterium der Wahrscheinlichkeit; BFH GrS BStBl II 97, 735: Erfassung eines Geschäfts „auch in seinen positiven Aspekten".
10 BFH BStBl II 83, 104 mwN.
11 BMF BStBl I 05, 699 Tz 29 ff, mit Beispielen.
12 BFH BStBl II 75, 480; BT-Drs 14/443, 23; zur Wiederherstellungsverpflichtung im Rahmen einer Public Private Partnership BMF BStBl I 05, 916 Tz 15 f; s auch Nds FG BB 07, 1550, Anm Hommel (Rev IV R 32/07).
13 BT-Drs 14/443, 23; R 6.11 II 3 f EStR zB Verpflichtung zur Rekultivierung oder zum Auffüllen abgebauter Hohlräume.
14 Ausf *Heintzen* StuW 01, 71.
15 BT-Drs 14/443, 23 unter Bezugnahme auf BFH BStBl II 75, 480 – Abbruchverpflichtung; R 6.11 II 3 EStR, dort auch zu Behandlung des Aufstockungsbetrags.
16 BMF BStBl I 05, 699 Tz 29 ff.
17 BMF BStBl I 05, 699 Tz 33.

6. Abzinsung (Nr 3a e). Mit Wirkung ab 1.1.99[1] sind Rückstellungen[2] für **Geld- und Sachleistungsverpflichtungen**[3] – entgegen bisheriger Rspr[4] und abw vom Handelsrecht (§ 253 I 2 HGB)[5] – mit einem – im Hinblick auf den niedrigeren Zinssatz von langfristigen Staatsanleihen nicht unproblematischen[6] – Zinssatz von 5,5 vH abzuzinsen.[7] Nach zutr Auffassung des Gesetzgebers sind unverzinsliche oder niedrig verzinsliche Verpflichtungen auch unter dem Teilwertgesichtspunkt weniger belastend als marktüblich verzinste Schulden.[8] Infolge der Verweisung auf § 6 I Nr 3 entfällt die Verzinsung bei kurzfristig zu erfüllenden Verpflichtungen sowie bei Verpflichtungen aus Anzahlungen und Vorausleistungen. Eine Rückstellung für die Aufbewahrung von Geschäftsunterlagen ist nicht abzuzinsen.[9] Für Rückstellungen wegen Sachleistungsverpflichtungen regelt S 2 den – wegen der Unsicherheit der Fälligkeitstermine streitanfälligen; das FA hat die Feststellungslast – **Abzinsungszeitraum.**[10] S 3 enthält eine Sonderregelung für die Stillegung von Kernkraftwerken. Zu Einzelheiten, insbes Ermittlung der Restlaufzeit, maßgebender Vervielfältiger, BMF BStBl I 05, 699 Tz 24 ff iVm Tabelle 2.

158

E. Bewertung von Entnahmen und Einlagen, bei Betriebseröffnung und entgeltlichem Erwerb eines Betriebs (§ 6 I Nr 4–7)

I. Bewertung von Entnahmen (§ 6 I Nr 4). – 1. Entnahmen von Wirtschaftsgütern. Zum Begriff der Entnahme als einer nicht betrieblich veranlassten Wertabgabe „für betriebsfremde Zwecke"[11] durch Lösung der Zugehörigkeit eines WG zum BV,[12] s § 4 Rn 87 ff. Die Veräußerung eines WG des Gesellschaftsvermögens unter Preis an einen G'ter in dessen PV ist eine verdeckte Entnahme.[13] Die Vorschrift gilt vorbehaltlich gesetzlicher Ausnahmevorschriften bei jeder Entnahme aus einem BV, auch bei Anwendung des § 4 III. (Regel-) Bewertungsmaßstab ist der Teilwert. Im Falle der Entnahme wird nach unzutr Auffassung des BFH der Teilwert grds durch den Verkehrswert (Marktwert) bestimmt, auch bei vom StPfl selbst hergestellten Produkten;[14] damit wird indes die Definition des Teilwerts verändert. Die Qualifikation als Bauland kann auch dann berücksichtigt werden, wenn für ein für LuF genutztes Grundstück entnommen wird (zweifelh).[15] Der BFH hat unter Hinweis auf § 8 zur Bezifferung des Entnahmewerts den Marktwert einer als BA „vereinnahmten" Reise herangezogen.[16] Der Entnahmegewinn ergibt sich nach Subtraktion des Buchwerts vom Entnahmewert. Zur AfA bei VuV nach Entnahme („anschaffungsähnlicher Vorgang"[17]) s Rn 32. Für die Bewertung sind alle zum Entnahmezeitpunkt objektiv vorhandenen Umstände von Bedeutung, auch wenn sie – wertaufhellend – erst später bekannt werden.[18] Nach Gewerbezweigen differenzierende Pauschbeträge für unentgeltliche Wertabgaben (Sachentnahmen) werden von der FinVerw festgesetzt.[19]

160

---

1 Zur früheren Rechtslage BFH BStBl II 06, 471 – Abzinsung von Sozialplanverbindlichkeiten.

2 Zu Grundsätzen der Abzinsung von Rückstellungen *Roser/Tesch/Seeman* FR 99, 1345; *Rogall/Spengel* BB 00, 1234; zur Abzinsung der Rückstellungen für Rekultivierung *Niemann* StB 00, 213; *Beiser* DB 01, 296; zur Abzinsung von Schadensrückstellungen der Versicherungsunternehmen BMF DB 00, 1789.

3 Abl IdW-Steuerfachausschuss WPg 99, 293 (294); *Ernsting* StuB 99, 457 (461); zu zulässigerweise gebildete Rückstellungen für drohende Verluste aus schwebenden Mietverhältnissen s BMF BStBl I 02, 336; zu Schadensrückstellungen von Versicherungsunternehmen BMF BStBl I 00, 1218; BStBl I 05, 819.

4 BFH BStBl II 98, 728.

5 Hierzu BFH/NV 01, 155 betr Mietzinsverbindlichkeit.

6 *Weber-Grellet* StuB 99, 1289 (1292 f): bei hoch- oder niedrigverzinslichen Schuldverschreibungen ist ggf eine Auf- oder Abzinsung erforderlich.

7 Einzelheiten BMF BStBl I 05, 699 Tz 24 ff.

8 BT-Drs 14/265, 172; *Siegel* StuB 00, 28; krit *Günkel/Fenzl* DStR 99, 649 (656); *Niemann* StB 00, 213 (214); zur Finanzierungswirkung der Rückstellung *Rogall/Spengel* BB 00, 1234.

9 OFD M'ster v 21.1.05.

10 Vgl BMF BStBl I 99, 1127 – Rückstellungen für „bergrechtliche" Verpflichtungen.

11 BFH/NV 03, 504 – auch für den Partner einer nichtehelichen Lebensgemeinschaft.

12 BFH/NV 06, 1651.

13 BFH/NV 00, 1549, dort auch zur Zurechnung der Gewinnerhöhung.

14 BFH BStBl II 86, 17 (20); BStBl II 88, 995 mwN; *Blümich* § 6 Rn 1008.

15 BFH BStBl II 88, 490.

16 BFH BStBl II 96, 273; BMF FR 96, 837 – ertragsteuerliche Behandlung von Incentive-Reisen; einschränkend *Schmidt*[26] § 6 Rn 427: Selbstkosten.

17 BFH BStBl II 92, 909.

18 BFH/NV 96, 393.

19 BMF BStBl I 04, 1028 – Pauschbeträge 2005 – Bäckerei/Konditorei, Caf, Gast- und Speisewirtschaft, Einzelhandel Getränke, Nahrungs- und Genussmittel, Obst, Gemüse usw. Die Richtsatzsammlungen und die Pauschbeträge für unentgeltliche Wertabgaben (Sachentnahmen) können auf der web-Seite des BMF (www.bundesfinanzministerium.de) in der Rubrik „Fachveröffentlichungen", „Besitz- und Verkehrssteuern", „Betriebsprüfung" eingesehen werden. S auch BMF BStBl I 04, 1028; BStBl I 07, 574 (Richtsatzsammlung 2006).

161 **2. Nutzungsentnahmen.** Soweit der StPfl BV betriebsfremd nutzt – zB durch außerbetrieblich veranlasste verbilligte Vermietung einer zum Betriebsvermögen gehörenden Wohnung[1] – wird der durch diese Nutzung verursachte Aufwand als entnommen angesehen.[2] Die Stornierung von betrieblich gebuchtem Aufwand mittels der Grundsätze über die **Nutzungsentnahme** ist in Anbetracht der einheitlichen Zuordnung von gemischtgenutzten WG zum BV das steuerrechtliche Korrektiv zur Neutralisierung von privat veranlasstem Aufwand, der zunächst in der Gewinnermittlung erfasst ist („Gebot der Neutralisation"). Der Sache nach geht es um das allg, ua in § 3c und in den „soweit"-Klauseln des § 9 I 3 enthaltene Prinzip der Nichtabziehbarkeit von Ausgaben, die in wirtschaftlichem Zusammenhang mit nichtsteuerbaren oder mit stfrei Einnahmen stehen.[3] Die Bewertung richtet sich nicht nach § 6 I Nr 4, vielmehr sind die **tatsächlichen Selbstkosten** (dh **der durch die private Nutzung verursachte Aufwand**) anzusetzen (Schließung einer Regelungslücke).[4] Dies sind die als BA im Rahmen der Minderung des buchmäßigen BV abgezogenen (Gesamt-)Aufwendungen einschl der sog festen und variablen Kosten;[5] der AfA (ohne Teilwert-AfA) in der in Anspr genommenen Höhe[6] einschl der Finanzierungskosten[7] ohne Wert der eigenen Arbeitsleistung. Stille Reserven bleiben außer Betracht.[8] Entgegen BFH[9] ist nicht lediglich „höchstens der Marktwert der Nutzung" anzusetzen. Führen bei einem außerbetrieblich genutzten WG des BV Erhaltungsaufwendungen zu einer substanziellen (mindestens 10 vH) Erhöhung des Teilwerts, sind diese Aufwendungen über einen Zeitraum von zehn Jahren pro rata temporis den laufenden Kosten für das WG – zwecks Verhinderung einer Besteuerung fiktiver Einnahmen – bis zur Höhe der Marktmiete hinzuzurechnen.[10] Die private Nutzung eines Betriebs-Pkw ist vorbehaltlich Rn 162 mit einem Anteil an den festen und variablen Kosten anzusetzen.[11] Bei der Veräußerung eines zum BV gehörenden Kfz, das zT auch privat genutzt wurde, ist der gesamte Unterschiedsbetrag zw Buchwert und Veräußerungserlös Gewinn.[12] Dem „Neutralisationsgebot" entspricht es, die Entnahme nicht in Höhe eines marktüblichen Nutzungsentgelts anzusetzen.[10] Ein Gewinn aus der Veräußerung eines Kfz mindert nicht die Bemessungsgrundlage für die Ermittlung des Kfz-Privatnutzungsanteils im Veräußerungsjahr.[13] Die USt auf die Entnahme als Eigenverbrauch ist nicht abziehbar (§ 12 Rn 28). Wird der zum BV gehörende PKW während einer privat veranlassten Fahrt durch Unfall zerstört oder erheblich beschädigt wird, sind die im Buchwertansatz des PKW ruhenden stillen Reserven nicht einzubeziehen.[14] Die Entnahme von privater Telekommunikationsleistungen ist nicht entspr § 3 Nr 45 stfrei.[15]

Wird eine **betriebliche Wohnung außerbetrieblich veranlasst verbilligt vermietet**, ist eine Nutzungsentnahme mit den (anteiligen) Kosten der außerbetrieblichen Nutzung zu bewerten, höchstens aber mit dem Marktwert der Nutzung (hier: höchstens der Marktmiete). Entstehen für das außerbetrieblich genutzte WG des BV Erhaltungsaufwendungen durch Instandhaltungs- oder Modernisierungsmaßnahmen, die zu einer substanziellen Erhöhung des Teilwerts führen, sind diese Aufwendungen über einen Zeitraum von zehn Jahren pro rata temporis den laufenden Kosten für das WG (bis zur jeweiligen Höhe des Marktwerts der Nutzung) hinzuzurechnen. Von einer substanziellen Teilwerterhöhung ist auszugehen, wenn der Teilwert durch sämtliche Instandhaltungsmaßnahmen oder Modernisierungsmaßnahmen um mindestens 10 vH gesteigert wird.[16]

162 **3. Pauschalierte private Pkw-Nutzung (§ 6 I Nr 4 S 2).** Die private, selbst gelegentliche Nutzung eines Pkw, auch eines Kombifahrzeugs,[17] nicht eines Lkw oder einer Zugmaschine, (die kfz-steuerrechtliche Einordnung ist hier wohl nicht maßgebend, daher auch nicht Geländewagen mit über 2,8 t zulässigem Gesamtgewicht)[18] des BV (§ 4 Rn 31 ff – dauernde betriebliche Nutzung zu mehr als 50 vH), auch wenn das zu mehr als 50 vH betrieblich genutzte Fahrzeug geleast oder gemietet ist,[19]

---

1 BFH BStBl II 99, 652.
2 BFH GrS BStBl II 88, 348 (353).
3 BFH/NV BFH/R 98, 1160 = DStR 98, 887.
4 BFH BStBl II 94, 353; BFH X B 43/03.
5 BFH BStBl II 81, 131 mwN.
6 BFH BStBl II 94, 353 mwN.
7 BFH/NV 92, 590 – Flugzeug; BFH X B 43/03.
8 Zusammenfassend BFH BFH/NV BFH/R 98, 1160 = DStR 98, 887 mwN; BFH/NV 03, 979.
9 BFH/NV 03, 979 – der diesbezügliche Leitsatz ist durch die Entscheidungsgründe nicht gedeckt.
10 BFH/NV 03, 979.
11 BFH GrS BStBl II 71, 17; BStBl II 90, 8.
12 BFH BStBl III 59, 466.
13 BFH BStBl II 94, 353.
14 AA BFH BStBl II 01, 395; dieser Beschluss ist aufgehoben worden, BFH/NV 04, 331; hierzu nachfolgend BFH BStBl II 04, 725; zum Problem *Jüptner* DStZ 01, 811; *Meurer* B 02, 503.
15 BMF DStR 02, 999; H 6.12 „Nutzungen" EStH.
16 BFH BStBl II 99, 652; BFH/NV 03, 979 (Urteil im 2. Rechtsgang).
17 BFH/NV 05, 1801.
18 BFH BStBl II 03, 472; OFD Bln DB 04, 1235.
19 BMF BStBl I 02, 148, auch zum „Pool-Leasing" FG SchlHol EFG 00, 165 – „analoge" Anwendung; FG Köln EFG 07, 578.

wird einkommensteuerrechtlich[1] pauschal – ohne individuelle Nutzungskomponenten[2] sowie bei bereits abgeschriebenen Fahrzeugen[3] – für jeden Kalendermonat nach der **1-vH-Regel** bewertet, auch bei Einkünften aus LuF,[4] nicht aber bei Bemessung einer vGA.[5] Die zwingende Regelung nicht durch die Zahlung eines Nutzungsentgelts vermieden werden.[6] Die Nutzung eines betrieblichen Kfz zur Erzielung von Überschusseinkünften ist durch die 1-vH-Regelung nicht abgegolten.[7]

S 2 idF des Gesetzes v 28.4.06[8] beschränkt für Wj, die nach dem 31.12.05 beginnen (§ 52 XVI 15), die 1-vH-Regelung auf Fahrzeuge des notwendigen BV. Damit soll verhindern werden, dass die 1-vH-Regelung, die auf der Annahme einer durchschnittlichen privaten Nutzung von 30 bis 35 vH beruht, zu einem ungerechtfertigten Vorteil für dem StPfl führt.[9] Mit Einzelfragen, insbes dem Nachweis des Umfangs der betrieblichen Nutzung, befasst sich das BMF-Schr v 7.7.06.[10] Da Aufwendungen für Fahrten zw Wohnung und Arbeitsstätte nur noch „wie BA" abgezogen werden dürfen, ist diese Nutzung in systematischer Hinsicht keine betriebliche Nutzung. **S 3** verfolgt den Zweck, die Vereinfachungswirkung der 1-vH-Regelung nicht weiter einzuschränken.[11] 162a

Zur Ermittlung des privaten Nutzungsanteils bei Ausschluss der 1-vH-Regelung ist der Entnahmewert nach S 1 zu ermitteln; die Entnahme ist mit dem auf die nicht betrieblichen Fahrten entfallenden Anteil an den Gesamtaufwendungen für das Kraftfahrzeug zu bewerten (Rn 161). S auch die Verweisung aus § 8 II 2 für die Bewertung von Einnahmen. Bei **Anwendung der 1-vH-Regelung** ist **Bemessungsgrundlage** der Brutto-Listenpreis (dies ist die am Stichtag maßgebliche Preisempfehlung des Herstellers, die für den Endverkauf des tatsächlich genutzten Modells auf dem inländischen Neuwagenmarkt gilt)[12] einschl USt.[13] Die Regelung gilt auch bei der Gewinnermittlung nach § 4 III.[14] Der Gesetzgeber hat sich bei der Festlegung des Pauschalierungsmaßstabs mittels statistischer Erhebungen[15] an A 31 VII 3 Nr 4 und 5 LStR 93 orientiert. Führt ein StPfl bei mehreren auch privat genutzten betrieblichen Kfz nur für einzelne (ordnungsgemäß) ein Fahrtenbuch, so kann er für diese Fahrzeuge die private Nutzung mit den auf die Privatfahrten entfallenden Aufwendungen ansetzen; für die anderen auch privat genutzten Kfz gilt zwingend die 1-vH-Regelung.[16] Der Totalverlust eines Fahrzeugs im betrieblichen Bereich ist grds[17] ein betrieblicher Vorfall (s aber Rn 161 aE); der Totalverlust anlässlich einer Privatfahrt,[18] Aufwendungen für einen Austauschmotor und andere außergewöhnliche Kosten sind durch Pauschalierung abgegolten.[19] Kosten für Vignetten, Mautgebühren, Schutzbriefkosten, Aufwendungen für den Pkw-Transport sind durch die pauschale Nutzungswertbesteuerung nicht abgegolten.[20] Für eine freie Schätzung des Anteils der Privatnutzung ist seit 1996 kein Raum mehr, auch nicht für eine Schätzung, die sich an den Angaben des StPfl in einem nicht ordnungsgemäßen Fahrtenbuch orientiert.[21] 162b

Das **BMF**[22] hat gesetzeskonforme Anweisungen erlassen zur **Beurteilung zahlreicher Einzelfragen** (insbes Zugehörigkeit zum BV, Methodenwahl, Nutzung mehrerer Fahrzeuge, Nutzung durch Einzelunternehmer und G'fter einer PersGes (mit „Praxis-Beispielen"); Verfahrensweise bei vom Kj abw Wj, Fahrzeugwechsel, Listenpreis zuzüglich der Kosten für Sonderausstattungen, wie zB Navigationsgerät,[23] einschl USt, nicht üblicher Kaufpreis, Sonderausstattungen, Mehr- und Minderausstattung reimportierter Fahrzeuge, betrieblich bedingte Mehrausstattung, Zeitpunkt der Erstzulas- 162c

---

1 Anders für den Eigenverbrauch bei der USt BFH/NV BFH/R 99, 1178 = DStR 99, 848.
2 FG M'ster StE 06, 644.
3 BFH/NV 07, 706.
4 OFD Rheinl v 11.5.07, unter Bezugnahme auf auf FG D'dorf.
5 BFH DStR 05, 918; Bewertung nach Fremdvergleichsmaßstab.
6 BFH BStBl II 07, 269.
7 BFH BStBl II 07, 445, Anm *Fissenewert* HFR 06, 1206; krit *Stahlschmidt* FR 07, 457.
8 BGBl I 06, 1095.
9 BT-Drs 16/520.
10 BMF BStBl I 06, 446.
11 BT-Drs 16/1545, 12.
12 BFH BStBl II 05, 563.
13 BFH BStBl II 03, 704; hierzu OFD Nürnberg DStR 03, 1440; BFH/NV 04, 639 mwN.
14 BFH/NV 06, 1277, zum Fahrzeug-Leasing.
15 BFH BStBl II 03, 311.
16 BFH BStBl II 01, 332; s auch OFD Koblenz DB 06, 71 – Privatnutzung eines betrieblichen Kfz.
17 Ausnahmen: BFH BStBl II 84, 434; zur Bewertung der Entnahme BFH BStBl II 01, 395; s auch BFH/NV 03, 1183: Es besteht Klärungsbedarf, ob Mautgebühren Vignetten und sonstige mit der Benutzung bestimmter Straßen verbundenen Aufwendungen abgegolten sind.
18 BFH BStBl II 90, 8 – Entnahme in Höhe der Minderung des BV; s aber BFH BStBl II 01, 395 – Vorlage an den Großen Senat.
19 OFD Ffm StEK § 4 PrivEnt Nr 51.
20 BFH DStR 05, 1933; BStBl II 06, 72, betr Straßenbenutzungsgebühr und Schutzbrief, Anm *Fissenewert* HFR 06, 143.
21 BFH BStBl II 06, 410.
22 BMF BStBl I 02, 148; I 06, 446.
23 BFH BStBl II 05, 563; BMF DB 02, 1585, nicht aber Autotelefon; vgl R 31 IX 6 LStR 05.

Fischer

sung, Nutzung mehrerer Kfz, Kfz im BV einer PersGes, Fahrten zu mehreren Betriebsstätten in unterschiedlicher Entfernung, Begrenzung der pauschalen Wertansätze durch „**Kostendeckelung**" bis zum Betrag der Gesamtkosten[1] des Kfz, wenn der pauschal ermittelte Wert die tatsächlich entstandenen Aufwendungen in jedem VZ übersteigt,[2] Fahrergestellung. Bestimmte Behinderte können ihre tatsächlichen Kosten für die Benutzung eines eigenen Kfz für Fahrten zw Wohnung und Betriebsstätte sowie für Familienheimfahrten als Betriebsausgaben absetzen.[3] Die auf den inländischen Listenpreis (nicht einen tatsächlichen niedrigeren Kaufpreis, auch bei Reimporten) abhebende, Neu- wie Gebrauchtwagen[4] umfassende, auch bei Vorhandensein eines auch betrieblichen Zweitwagens anwendbare[5] grob typisierende Regelung ist aus denselben Gründen wie die des § 4 V Nr 6b (häusliches Arbeitszimmer – § 4 Rn 194) – auch formell – **verfassungsgemäß**,[6] zumal es dem StPfl freisteht, den privaten Nutzungsanteil konkret nachzuweisen (sog widerlegbare Typisierung) und er einen (Billigkeits-)Anspruch auf Deckelung hat.[7] Die Einbeziehung der USt[8] in die Bemessungsgrundlage ist systemgerecht, weil sie im Privatbereich eine Aufwandsposition ist. Gehören mehrere Fahrzeuge zum BV, ist der pauschale Nutzungswert grds für jedes Fahrzeug anzusetzen, das privat genutzt wird; dies gilt entspr für Fahrzeuge im BV einer PersGes.[9] Eine nur gelegentliche private Nutzung des Kfz erfordert den pauschalen Ansatz. Monatswerte für eine Privatnutzung sind nicht anzusetzen für volle Kalendermonate, in denen eine private Nutzung oder eine Nutzung zu Fahrten zw Wohnung und Betriebsstätte nachweislich (s unten) ausgeschlossen ist.[10]

162d Insbes wenn ein Gebrauchtwagen oder ein abgeschriebener Pkw genutzt wird oder der Privatanteil der Nutzung gering ist (Vielfahrer), kann der StPfl Nachteile vermeiden,[11] indem er sämtliche Kfz-Aufwendungen einzeln belegt und die zumutbaren Nachweisanforderungen des S 3 durch Führung eines – sofern nachträgliche Veränderungen technisch ausgeschlossen sind oder dokumentiert werden – auch elektronischen[12] – laufend geführten, im Original vorzulegenden **Fahrtenbuchs** für jedes auch privat genutzte Fahrzeug des BV einzeln erfüllt.[13] Die Anforderungen an die ordnungsmäßigen (vgl auch R 31 IX Nr 2 S 3 LStR 05) Aufzeichnungen, die konstant (nicht nur für einen repräsentativen Zeitraum) fortlaufend in einer geordneten und geschlossenen „buchmäßigen" Form sowie zeitnah[14] zu führen sind und die zu erfassenden Fahrten einschließlich des an ihrem Ende erreichten Gesamtkilometerstandes vollständig und in ihrem fortlaufenden Zusammenhang wiedergeben,[15] sind sehr hoch. Aufzuzeichnen sind[16] – unabdingbar (R 31 IX Nr 2, H 31 9–10 LStR 05) – Datum und Kilometerstand zu Beginn und Ende jeder einzelnen betrieblich/beruflich veranlassten Fahrt,[17] Reiseziel und bei Umwegen auch die Reiseroute, Reisezweck und aufgesuchte Geschäftspartner.[18] Es gelten „zB" berufsspezifisch bedingte Erleichterungen (s auch H 31 9–10 LStR 05) für „Handels-

---

1 Zur Kostendeckelung bei Kostenerstattung Dritter OFD M'ster DB 05, 1305, mit Beispielen; OFD Mchn DB 05, 1305; s auch FG Nbg Inf 06, 685: Gesamtkosten sind maßgebend.
2 Bayerisches Landesamt für Steuern DStR 06, 846: Es muss sich mindestens die Entfernungspauschale für Fahrten zwischen Wohnung und Betrieb bzw Familienheimfahrten auswirken.
3 BMF BStBl I 02, 148 Tz 15.
4 BFH BStBl II 01, 403; BFH/NV 04, 1260.
5 Vgl BFH BStBl II 93, 195; FG Nds EFG 03, 300.
6 BFH BStBl II 00, 273; BStBl I 01, 403; BFH/NV 03, 466; Verfassungsbeschwerde nicht zur Entscheidung angenommen, BVerfG HFR 03, 178; BFH/NV 05, 1788; BFH/NV 07, 416. einschränkend *Blümich* § 6 Rn 1013b für abgeschriebene oder weit unter dem Listenpreis erworbene Kfz (erwägenswert), anders aber BFH/NV 05, 1788: 1-vH-Regel ist nicht verfassungswidrig, betr abgeschriebene bzw mit niedrigem Aufwand erworbenen Pkw; BFH/NV 07, 706.
7 BFH/NV 07, 1838: Entscheidung im selbständigen Billigkeitsverfahren; krit *Fischer* jurisPR-SteuerR 38/2007 Anm 4.
8 BFH/NV 03, 1580.
9 BMF BStBl I 97, 562 Tz Rn 8f, mit instruktiven Anwendungsbeispielen.
10 BMF BStBl I 02, 148 Tz 11.
11 Modellrechnungen bei *Hundsdoerfer/Normann* BB 03, 281; Belastungsvergleich bei *Wolf/Lahme* DB 03, 578.
12 BMF BStBl I 02, 148 Tz 18; H 31 9–10 LStR 05; BStBl II 06, 410, betr Fahrtenbuchführung mit MS-Excel; BFH/NV 07, 1897 s auch OFD Koblenz DB 06, 1463.
13 S im Einzelnen BMF BStBl I 02, 148 Tz 17 – Nutzung mehrerer betrieblicher Fahrzeuge mit Praxis-Beispiel; zum Fahrtenbuch s auch BFH BStBl II 03, 302 – Dauer der beruflichen Tätigkeit an den einzelnen Tagen; BFH/NV 07, 1314: Rechtsfragen des Fahrtenbuchs sind geklärt.
14 BFH/NV 07, 2093.
15 BFH/NV 05, 978 – keine gerundeten km-Angaben; BFH BStBl II 06, 408 – umfangreiche Ausführungen zum Begriff „ordnungsmäßiges Fahrtenbuch"; BFH BStBl II 06, 625; BFH/NV 07, 1838.
16 BFH/NV 06, 1205; BFH/NV 07, 1302; BFH/NV 07, 1318; BFH/NV 07, 1838.
17 BFH/NV 05, 1554: Ordnungsmäßigkeit des Fahrtenbuchs verneint wegen gerundeter km-Angaben bei monatlicher Eintragung für alle Tage; s ferner FG M'ster EFG 05, 1058.
18 BFH/NV 05, 2004 – aufgesuchte Geschäftspartner eines Handelsvertreters; BFH BStBl II 06, 625; bei Aufsuchen mehrerer Kunden im Rahmen einer „einheitlichen beruflichen Fahrt" s BFH/NV 07, 1838; zum Fahrtenbuch eines „hohen Beamten" BFH/NV 07, 1654.

vertreter, Kurierdienstfahrer, Automatenlieferanten und andere StPfl, die regelmäßig aus betrieblichen/beruflichen Gründen große Strecken mit mehreren unterschiedlichen Reisezielen zurücklegen"[1] ferner für Fahrlehrer und Taxifahrer und beim regelmäßigen Aufsuchen derselben Kunden, Kundendienstmonteuren. Erleichterungen gewährt die Rspr auch nicht für Berufsgruppen, die wie zB Rechtsanwälte,[2] Steuerberater[3] und Ärzte in Bezug auf die Identität des Mandanten und die Tatsache der Beratung eine Zeugnisverweigerungsrecht (§ 103 I Nr 3 AO) haben.[4] Die Aufzeichnungen im Fahrtenbuch selbst müssen seine stichprobenartige Überprüfung ermöglichen. Auf einzelne dieser Angaben kann nach BMF verzichtet werden, soweit wegen der besonderen Umstände im Einzelfall die betriebliche/berufliche Veranlassung der Fahrten und der Umfang der Privatfahrten ausreichend dargelegt sind und Überprüfungsmöglichkeiten nicht beeinträchtigt sind.[5] Bei Privatfahrten genügen jeweils Kilometerangaben; für Fahrten zw Wohnung und Betriebsstätte genügt jeweils ein kurzer Vermerk im Fahrtenbuch.[6] UU reicht ein Fahrtenschreiber aus, wenn seine Verwendung dieselben Erkenntnisse zeitigt.[7] Wegen der Einzelheiten kann auch auf R 31 IX–X, H 31 IX–X LStR 05 verwiesen werden.

Die Wahl der Methode ist grds (Ausnahme insbes bei Fahrzeugwechsel) für ein ganzes Wj bindend. **162e**
Die Methodenwahl muss nach Auffassung der FinVerw für das Wj einheitlich getroffen werden. Das Wahlrecht wird jährlich (str) durch Einreichen der Steuererklärung beim FA ausgeübt. Der StPfl kann den untypischen Sachverhalt darlegen und beweisen, dass zB das einzige Betriebsfahrzeug nur betrieblich genutzt wird. Legt der StPfl keine objektiv nachprüfbaren Unterlagen (Fahrtenbuch) vor oder ist das Fahrtenbuch nicht ordnungsgemäß, ist die Nutzung des Kfz für Privatfahrten, zu Fahren zw Wohnung und Arbeitsstätte sowie zu Familienheimfahrten zu schätzen. Die der Beweiswürdigung zuzuordnenden Grundsätze über den Anscheinsbeweis sind anzuwenden.[8] Der StPfl trägt die Feststellungslast. Mangels Nachweises oder bei Mängeln des Nachweises ist nur die 1-vH-Methode anzuwenden.[9] Die bloße Behauptung, ein Pkw werde nicht für Privatfahrten genutzt, für Privatfahrten stünde ein anderes Fahrzeug zur Verfügung[10] oder diese würden ausschließlich mit anderen Fahrzeugen durchgeführt, reicht nicht aus, um die Anwendung der 1-vH-Regel auszuschließen;[11] anders uU bei arbeitsvertraglichem striktem Nutzungsverbot.[12] Den StPfl trifft die Darlegungs- und Beweislast, wenn er – „zur Entkräftung des Anscheinsbeweises" – einen nach der Lebenserfahrung untypischen Sachverhalt behauptet.[13] Der BFH hat bisher nicht entschieden, welche Folgerungen die FÄ zu ziehen haben, wenn das vorgelegte Fahrtenbuch nicht ordnungsgemäß ist, die Fehler aber zB geringfügig sind oder nur Teile des Fahrtenbuchs betreffen.[14] Die 1-vH-Regelung setzt die Zugehörigkeit des Kfz zum BV voraus, hat aber als bloßer Berechnungsmodus keinen Einfluss auf dessen Zuordnung zum BV oder PV.[15] Das UStG (s aber ab 1.4.99 § 3 IXa 2 iVm § 27 V UStG) folgt bei der Schätzung des vom VorStAbzug abhängigen Verwendungseigenverbrauchs anderen Grundsätzen.[16] Zur Nutzung des Fahrzeugs zu Fahrten zw Wohnung und Betriebsstätte oder für Familienheimfahrten s § 4 Rn 188 ff.

4. Sachspenden aus dem Betriebsvermögen zur Verwendung für steuerbegünstigte (ideelle) Zwecke **163**
(§ 6 I Nr 4 S 4–6 – Buchwertprivileg). WG – nicht Nutzungen und Leistungen (Nr 4 S 6) – können (Wahlrecht) nach näherer Maßgabe des S 4 zu ihrem Buchwert zwecks Spende, also unentgeltlich,

---

1 BMF BStBl I 02, 148 Tz 20.
2 BFH/NV 07, 706: Die Frage ob Erleichterungen gewährt werden können, blieb mangels Führung eines Fahrtenbuchs dahingestellt.
3 BFH BStBl I 02, 702.
4 BFH/NV 07, 706: trotz der Verschwiegenheitspflicht von Rechtsanwälten (§ 42a II BRAO); FG Hbg EFG 07, 669 betr Wirtschaftsprüfer: allein durch die Angabe des Namens und der Anschrift werden noch keine schützenswerten Interessen des Mandanten berührt. Zur Aufzeichnung von Bewirtungsaufwendungen BFH BStBl II 04, 502 – idR keine Berufung auf die anwaltliche Schweigepflicht; s aber OFD Mchn DStR 01, 850.
5 BMF BStBl I 02, 148 Tz 19 ff – Lieferverkehr; s ferner OFD Ffm BB 00, 1613 – Erleichterungen für Mietwagenunternehmer.
6 Vgl R 31 IX Nr 2 S 4 LStR 05.
7 Vgl R 31 IX Nr 2 S 6 LStR 05; BMF FR 00, 529; vgl BFH/NV 03, 302.
8 BFH/NV 99, 1330; BFH/NV 04, 1416; BFH/NV 05, 1801 u 625; BFH/NV 07, 716; BFH/NV 07, 1302.
9 Dahingestellt in BFH BStBl II 00, 298; BFH/NV 04, 769.
10 BFH/NV 05, 1300.
11 BFH/NV 05, 1801.
12 BFH/NV 07, 116; Anscheinsbeweis möglich auch bei mit G'ter-Geschäftsführer vereinbartem Nutzungsverbot, s BFH/NV 06, 292; ausf *v Bornhaupt* DStR 07, 792.
13 BMF BStBl I 02, 148 Tz 2; BFH/NV 05, 1300; BFH/NV 07, 716.
14 BFH BStBl II 00, 273; BFH/NV 04, 769.
15 BFH BStBl II 02, 164.
16 BFH BStBl II 02, 164; BFH/NV 07, 1897.

Fischer

an eine nach § 5 I Nr 9 steuerbefreite oder eine Körperschaft des öffentlichen Rechts entnommen werden. Dies gilt auch bei der BetrAufg.[1] Das Buchwertprivileg ist mit Wirkung v 1.1.00 anwendbar auch bei Zuwendungen iSd § 10b I 3 (zusätzlicher Abzugsbetrag von 20 450 € für Zuwendungen an Stiftungen des öffentlichen Rechts und an steuerbefreite Stiftungen des privaten Rechts für steuerbegünstigte Zwecke iSd §§ 52–54 AO mit Ausnahme der Zwecke nach § 52 II Nr 4 AO). Mit der Neuregelung soll die Überführung von Kunstgegenständen aus dem BV von Künstlern auf gemeinnützige Stiftungen erleichtert werden.[2] Die stillen Reserven unterliegen hiernach auch nicht der GewSt. Für den Spendenabzug umfasst der Entnahmewert auch die USt.[3] Zur Bewertung von Sachspenden iÜ s § 10b.

165 **II. Einlagen (§ 6 I Nr 5). – 1. Einlagen von Wirtschaftsgütern.** Fiktive AK sind anzusetzen, wenn ein WG ganz oder teilw unentgeltlich durch Einlage oder im Rahmen der Betriebseröffnung (§ 6 I Nr 5, 6) in das BV gelangt. Dies gilt entspr bei der Gewinnermittlung nach § 4 III.[4] Der Rechtsfigur „Einlage" (§ 4 I) bewirkt, dass stfrei gebildetes oder bereits versteuertes Vermögen nach seiner Einbringung in den Betrieb nicht (nochmals) gewinnerhöhend erfasst wird.[5] Ein Wert – idR ein bilanzierungsfähiges WG (zur Einlage von Aufwendungen § 4 Rn 102) – wird dem BV zumeist aus dem PV, aber auch aus einem anderen BV zugeführt (zur Einlage entnommener WG s Rn 170). Nicht entgeltlich erworbene immaterielle WG können ungeachtet des Aktivierungsverbots des § 5 II eingelegt werden.[6] § 4 I 1 gilt auch bei Anwendung des § 4 III sowie für die Einlage in eine KapGes,[7] mangels BV nicht bei Überschusseinkünften. Einlagen sind grds mit dem Teilwert als Anfangswert zu bewerten, der Bemessungsgrundlage für AfA und Sonderabschreibungen ist. Der Teilwert von eingelegtem WG des Umlaufvermögens ist idR deren gemeiner Wert.[8] Zur Einbringung zum PV gehörender WG in das betriebliche Gesamthandsvermögen einer PersGes gegen Gewährung von Gesellschaftsrechten s BMF BStBl I 04, 1190. Ein im PV entdecktes **Kiesvorkommen** („Bodenschatz") ist bei Zuführung zum Betriebsvermögen gem § 6 Abs 1 Nr 5 Satz 1 HS 1 EStG mit dem Teilwert anzusetzen; indes dürfen bei dessen Abbau AfS nicht vorgenommen werden.[9]

166 **2. Aufwandseinlagen.** Kosten der **Nutzung eigenen betriebsfremden Vermögens** des StPfl sind mit den tatsächlichen Aufwendungen anzusetzen.[10] Bei betrieblicher Nutzung eines Privat-Pkw des PV kann die Aufwandseinlage aus Vereinfachungsgründen entspr § 6 I Nr 4 S 2 beziffert werden (str). Wird ein im PV gehaltenes Fahrzeug eines selbstständig Tätigen bei einer beruflich veranlassten Fahrt infolge eines Unfalls beschädigt und nicht repariert, so richtet sich die Höhe der AfaA nach § 7 I 5 nach den AK abzgl der (normalen) AfA, die der StPfl hätte in Anspr nehmen können, wenn er das Fahrzeug im BV gehalten hätte.[11] Bei unentgeltlicher Nutzungsüberlassung und Dienstleistung des Ges an eine KapGes kann dieser seinen Aufwand als WK bei den Einkünften aus § 20 abziehen.[12] Die Nutzungsüberlassung an eine PersGes führt zu Sonder-BA (§ 15 Rn 413 ff).

167 **3. Verdeckte Einlagen.** Verzichtet ein G'ter gegenüber seiner KapGes auf eine Forderung, liegt in Höhe deren Werthaltigkeit eine **verdeckte Einlage** vor (Definition A 36 I 1 KStR; § 17 Rn 220 ff).[13] Dies ist eine Einlage aus gesellschaftsrechtlichen Gründen ohne Entgelt in der Form von Anteilsrechten.[14] Es erhöhen sich die AK der Beteiligung um den gemeinen Wert der Einlage; die KapGes hat den Wert der Einlage mit dem Teilwert zu bemessen. Im Herkunfts-BV werden stille Reserven aufgedeckt. Ab VZ 92 ist auf eine **verdeckte Einlage** Nr 5 S 1 HS 1 (Ansatz mit dem Teilwert) anzuwenden; andernfalls droht die Gefahr einer doppelten Besteuerung, denn die in den eingelegten Anteilen ruhenden stillen Reserven sind wegen § 17 I 2 idF des StÄndG 92 beim Einlegenden zu erfassen. Müsste die aufnehmende Ges die Anteile dennoch mit den AK ansetzen, käme es zu einer

---

1 R 16 II EStR.
2 BT-Drs 14/2340, 5; *Hüttemann* DB 00, 1584 (1591).
3 FinMin Sachsen StEK § 10b Nr 241.
4 BFH BStBl II 01, 190 – Einlagewert eines WG, das einem ArbN beim Ausscheiden aus dem Arbverh zum Buchwert überlassen wurde.
5 BFH GrS BStBl II 88, 348 (352 ff)
6 BFH BStBl II 87, 705 – Geschäftswert als Gegenstand einer verdeckten Einlage.
7 BFH GrS BStBl II 98, 307.
8 BFH BStBl II 91, 840 – Betriebseröffnung.
9 BFH (GrS) BStBl II 07, 508; *Weber-Grellet* FR 07, 515; *Schulze-Osterloh* BB 07, 1323; nur iErg zust *Fischer* NWB 3, 14601; krit *Prinz* StuB 07, 428; *Hoffmann* DStR 07, 854.
10 BFH BStBl II 88, 348.
11 BFH BStBl II 95, 318.
12 BFH GrS BStBl II 88, 348 (355); BFH/NV BFH/R 1998, 1160 = DStR 98, 887.
13 BFH GrS BStBl II 98, 307; BFH/NV 98, 572 – bei überschuldeter Ges ist der Teilwert = 0; s auch BMF BStBl I 00, 462.
14 S auch BFM BStBl I 04, 1190, unter 2. – Einbringung zum PV gehörender WG in das betriebliche Gesamthandsvermögen einer PersGes, dort auch zur buchungstechnischen Behandlung.

erneuten Besteuerung.[1] Die verdeckte Einlage eines WG des PV in das Gesamthandsvermögen einer MU'schaft ist eine „echte" Einlage.[2] Ausf zur Übertragung eines Einzel-WG aus dem PV in das betriebliche Gesamthandsvermögen einer PersGes im Anschluss an die Rspr des BFH[3] BMF BStBl I 00, 462 und BMF BStBl I 04, 1190. Wird eine betriebliche Einheit in eine KapGes verdeckt eingelegt, ist § 6 III nicht anwendbar (§ 16 Rn 21 ff). Die verdeckte Einlage eines einzelnen WG in eine KapGes wird durch § 23 I 2 idF StBereinG 99 als Veräußerung iSd § 23 behandelt. Die AK der Anteile an der KapGes sind um den Teilwert des verdeckt eingelegten WG zu erhöhen (§ 6 VI 2); der Sache nach ist damit die Einlage eines Einzel-WG in eine KapGes ein zum Teilwert gewinnrealisierender Vorgang.

4. Begrenzung des Einlagewerts (§ 6 I Nr 5 S 1 HS 2a). Einlagen sind höchstens mit den AK/HK anzusetzen, wenn ua (s auch Rn 171) das zugeführte WG innerhalb der letzten 3 Jahre vor dem Zeitpunkt der Zuführung entgeltlich[4] angeschafft oder hergestellt worden ist. Mit der Regelung soll verhindert werden, dass der StPfl die Wertsteigerung von WG durch Hinausschieben des Einlagezeitpunkts oder durch eine zeitweilige Entnahme der nichtsteuerbaren Privatsphäre zuordnet. Einlagen dürften hiernach nur dann mit den AK/HK bewertet werden, wenn diese niedriger sind als der Teilwert im Zeitpunkt der Zuführung. **168**

5. Einlage abnutzbarer Wirtschaftsgüter (§ 6 I Nr 5 S 2). Ist im vorgenannten Fall (Rn 168) – anders bei Bewertung mit dem Teilwert – Gegenstand der Einlage ein abnutzbares WG des Anlagevermögens und ist nicht der Teilwert anzusetzen, so sind nach dieser Vorschrift **die AK/HK um die AfA** – einschl der Sofortabschreibung nach § 6 II,[5] der erhöhten Abschreibungen und der Sonderabschreibungen[6] – **zu kürzen**, die auf den Zeitraum zw Anschaffung oder Herstellung und Einlage entfallen. In diesen Fällen sind die AK/HK auch dann um die AfA nach § 7 zu kürzen, wenn das WG nach einer Nutzung außerhalb der Einkunftsarten eingelegt wird.[7] Die in § 6 I Nr 5 S 1a iVm S 2 normierte Obergrenze ist auch und gerade dann anzuwenden, wenn der Teilwert infolge zwischenzeitlicher Wertsteigerung nachweislich höher ist. Ist der Teilwert anzusetzen, kann die auf die Zeit zw Anschaffung und Einlage entfallende AfA nur im Rahmen der Teilwertvermutung ein Indiz für die Minderung des Teilwertes sein.[8] Bei der Prüfung, ob die AK/HK (I Nr 5 S 1 HS 2) oder der an ihre Stelle tretende Entnahmewert (I Nr 5 S 3) niedriger als der Teilwert sind, und zur Berechnung des Einlagewerts sind die AK/HK bzw der Entnahmewert um die vorgenannten AfA oder andere Abschreibungen zu kürzen. Zu § 7 I 4 – Einlage eines WG des Überschusserzielungsvermögens (insbes VuV) – 7 Rn 88 f. **169**

6. Einlage eines zuvor entnommenen Wirtschaftsguts (§ 6 I Nr 5 S 3). Hatte der StPfl ein **WG** vor der Einlage **aus einem BV entnommen**, so tritt an die Stelle der AK/HK der Wert, mit dem die Entnahme angesetzt worden ist, und an die Stelle des Zeitpunkts der Anschaffung oder Herstellung der Zeitpunkt der Entnahme. Ist der Teilwert niedriger als die AK/HK, so ist der niedrigere Teilwert anzusetzen. Auf die tatsächliche Besteuerung der Entnahme kommt es nicht an.[9] Wird die Entnahme steuerlich erfasst, ist der vom FA tatsächlich angesetzte Entnahmewert maßgeblich.[10] Die BetrAufg ist einer Entnahme gleichzustellen, wobei an Stelle des Teilwerts der gemeine Wert tritt.[11] Zur Minderung des Einlagewerts durch Abschreibungen s Rn 169. **170**

7. Wesentliche Beteiligungen. Nach § 6 I Nr 5 S 1 HS 1 iVm § 8 I KStG sind Einlagen mit dem Teilwert für den Zeitpunkt der Zuführung anzusetzen, davon abw nach HS 2b jedoch höchstens mit den unter dem Teilwert liegenden[12] AK, wenn ein **Anteil an einer KapGes** zugeführt wird, an der der StPfl iSd § 17 I wesentlich beteiligt ist. Das Zusammenwirken von § 17 I und § 6 I Nr 5 S 1b andererseits soll verhindern, dass die Besteuerung stiller Reserven, die in der wesentlichen Beteiligung an einer KapGes gespeichert sind, im Wege der Einlage umgangen wird.[13] Nach vom BMF[14] nicht **171**

---

1 Zum Problem BFH BStBl II 98, 681; *Schmidt*[26] § 6 Rn 440 „verdeckte Einlage".
2 BMF BStBl I 00, 462, mit Übergangsregelung.
3 BFH BStBl II 00, 230.
4 BFH BStBl II 94, 15; BStBl II 97, 287.
5 BFH BStBl II 94, 638 – zur Einlage vor und nach Ablauf von 3 Jahren.
6 BFH/NV 03, 466.
7 R 7.3 VI EStR.
8 BFH BStBl II 91, 840.
9 BFH BStBl II 97, 287.
10 BMF BStBl I 92, 651 gegen BFH BStBl II 92, 969.
11 BFH BStBl II 97, 287; BStBl II 05, 698.
12 BFH BStBl II 99, 298 – Einlage der im PV gehaltenen wesentlichen Beteiligung eines G'ters zum Teilwert nach § 6 III UmwStG.
13 BFH BStBl II 98, 681 mwN – zur Rechtslage vor Ergänzung des § 17 I durch das StändG 92.
14 Nichtanwendungserlass BMF BStBl I 96, 1500.

akzeptierter Auffassung des BFH[1] kann eine wesentliche Beteiligung, deren AK unter den Teilwert gesunken ist, mit den höheren AK eingelegt werden. Bei der Einlage wertgeminderter wesentlicher Beteiligungen in ein BV ist nicht deren Teilwert, sondern die höheren ursprünglichen AK anzusetzen sind, wenn der nach § 17 zu berücksichtigende Wertverlust beim Teilwertansatz endgültig verloren geht.[2] Zur Einlage einer wertgeminderten wesentlichen Beteiligung trifft R 17 VIII EStR eine Billigkeitsregelung.

171a **8. Wirtschaftsgüter iSv § 20 II (§ 6 I Nr 5 HS 2c).** Die offene Einlage von Anteilen in das BV gilt nicht als Veräußerung iSd § 20 II 2 S 1 Nr 1. Der durch das JStG neu angefügte Buchst c gewährleistet, dass bei der Einlage von WG iSd § 20 II in das BV die stillen Reserven, die sich vor der Einlage gebildet haben und die durch die spätere Veräußerung im Betrieb realisiert werden, steuerlich erfasst werden.

172 **9. Weitere Einzelnachweise.** Wird ein **Bausparvertrag** vor Auszahlung von Bausparguthaben und Bauspardarlehen aus einem PV in ein BV eingelegt, so darf in den Einlagewert nicht der kapitalisierte Differenzbetrag zw marktüblichem Zins und verbilligtem Zins für Bauspardarlehen eingerechnet werden.[3] Zum Buchwertprivileg bei der **BetrAufg** s R 16 II EStR. Die Leistungen des G'ters einer PersGes, der für diese aus einem **Bürgschaftsverhältnis** leistet, sind als Einlage zu behandeln.[4]

173 **10. Einlagen bei Betriebseröffnung (§ 6 I Nr 6).** Die allg Bewertungsregeln (§ 6 I Nr 1–3) setzen einen bereits bestehenden Betrieb voraus. Nr 6 dient dem Zweck, eine Regelungslücke ist bei der Eröffnung eines Betriebs (Anwendungsfälle: Neugründung, aus Vermögensverwaltung entsteht ein GewBetr,[5] Betriebsverlegung in das Inland) zu vermeiden. Es ist der Teilwert des WG unter Berücksichtigung der zu diesem Zeitpunkt aufzuwendenden Anschaffungsnebenkosten anzusetzen.[6] Die Begriffsbestimmung des Teilwerts in § 6 I Nr 1 S 3 ist auf die Bewertung von WG in einem laufenden Betrieb zugeschnitten; sie ist bei der Bewertung von WG auch des Umlaufvermögens im Zeitpunkt der Eröffnung des Betriebs entspr zu modifizieren und mit den Beschaffungskosten, idR also mit dem Marktpreis anzusetzen.[7] Bei Anwendung der Teilwertvermutung treten an die Stelle der Wiederbeschaffungskosten die Beschaffungskosten.[8] Die Wiederbeschaffungskosten eines Grundstücks lassen sich aus dem Verkehrswert oder gemeinen Wert ableiten.[9] Die Eröffnung eines Betriebs ist – normbezogen – abgeschlossen, wenn die wesentlichen Grundlagen des Betriebs vorhanden sind.[10]

174 **11. Entgeltlicher Erwerb eines Betriebs (§ 6 I Nr 7).** Die Vorschrift regelt die **Bewertung bei entgeltlichem** – auch teilentgeltlichem[11] (Beispiel: mit dem Kaufpreis wird der Geschäftswert nicht vergütet) – **Erwerb eines bestehenden Betriebs**, auch eines Teilbetriebs und eines MU'anteils. Nur für unentgeltliche Betriebsübertragungen sieht § 6 III die Buchwertfortführung vor. Die AK der einzelnen WG lassen sich aus dem Kaufpreis für das Unternehmen nicht unmittelbar ableiten. § 6 I Nr 7 sieht deshalb vor, dass die WG in erster Linie mit dem Teilwert zu bewerten sind, der in diesem Fall aus den Wiederbeschaffungskosten oder dem Einzelveräußerungspreis abzuleiten ist. Doch bilden die AK/HK der WG auch hier den Höchstwert, zu dessen Ermittlung neben dem Unternehmenskaufpreis auch die übernommenen Schulden heranzuziehen sind.[12] Anderes gilt für Einlagen des G'ters in eine KapGes.

F. Geringwertige Wirtschaftsgüter (§ 6 II); „Poolbewertung" (§ 6 IIa)

175 Nach § 6 II sind anstelle der an sich gebotenen Aktivierung und Aufwandsverteilung nach § 7[13] abnutzbare (§ 7 Rn 51),[14] bewegliche (einschl Maschinen und Betriebsvorrichtungen) – nicht imma-

---

1 BFH BStBl II 98, 641.
2 BFH BStBl II 96, 684.
3 BFH BStBl II 94, 454.
4 BFH BStBl II 91, 64.
5 FG RhPf EFG 05, 1038.
6 BFH/NV 99, 1418; FG Bdbg EFG 01, 1053.
7 BFH BStBl II 79, 729 – Erwerb eines zum Abbruch bestimmten Gebäudes; BStBl II 91, 840 mwN; BFH BStBl II 04, 639; FG Bdbg EFG 01, 1053 mwN.
8 BFH BStBl II 79, 729.
9 BFH/NV 97, 563.
10 BFH BStBl II 91, 840.
11 BFH BStBl II 81, 730; BFH/NV 97, 214.
12 BFH BStBl II 95, 831 – auch zum Ansatz mit den AK.
13 BFH BStBl II 94, 638, zur Einlage von GWG in ein BV, die nach § 9 I 3 Nr 7 iVm § 6 II abgesetzt worden waren: rechtssystematische Ergänzung des § 7.
14 BFH BStBl II 90, 50.

terielle,[1] zB Computerprogramme[2] – **WG des Anlagevermögens**, die einer selbstständigen Nutzung fähig sind, im Wj der Anschaffung, Herstellung oder Einlage (Letzteres gilt nicht für Sonderabschreibungen)[3] des WG oder der Eröffnung des Betriebs in voller Höhe als BA abgesetzt werden, sofern diese nicht mehr als 150 € betragen.[4] In § 2 I 2 InvZulG verbleibt es bei der bisherigen Grenze von 410 €. Die bisher bezweckte Vereinfachung[5] ist durch das JStG 2008 aus Gründen der Gegenfinanzierung zurückgenommen worden.[6] Die Vorschrift gilt für StPfl mit Gewinneinkünften (§ 2 I Nr 1–3), und zwar bei Gewinnermittlung sowohl durch Bestandsvergleich als auch durch Überschussrechnung. Für die **Haushaltseinkünfte** (§ 2 I Nr 4–7) gilt § 6 II entspr (§ 9 I Nr 7). Für WG mit AK zwischen 150 und 1000 € ist für Gewinneinkunftsarten eine Poolabschreibung vorgesehen (Rn 179).

Begünstigte Vorgänge sind jede entgeltliche/teilentgeltliche Anschaffung. Hierzu gehören die Einbringung in eine KapGes (§§ 20 ff UmwStG) und Sacheinlagen gegen Gewährung von Gesellschaftsrechten.[7] Begünstigt ist auch die Einlage geringwertiger WG.[8] Stellt der StPfl ein selbstständig bewertungsfähiges und selbstständig nutzungsfähiges WG her, so kann er § 6 II erst in dem Wj anwenden, in dem das WG fertig gestellt worden ist.[9] **176**

Für die Frage, ob bei den geringwertigen Anlagegütern die Grenze von 150 € überschritten ist, ist stets von den AK/HK abzgl eines darin enthaltenen Vorsteuerbetrages (Nettowert) auszugehen; ob der Vorsteuerbetrag umsatzsteuerrechtlich abziehbar ist, spielt in diesem Fall keine Rolle.[10] Sind die AK/HK eines WG nach §§ 6b, 6c gekürzt worden, so ist der verbleibende Betrag für die Höchstgrenze maßgebend (§ 6b VI); Entsprechendes gilt in den Fällen der Ersatzbeschaffung nach R 6.6 EStR und der Minderung der AK/HK durch Zuschüsse.[11] Bei Schlachttieren ist grds ein verbleibender Schlachtwert zu berücksichtigen.[12] **177**

Die WG müssen einer **selbstständigen Nutzung fähig** sein; hierzu die Definition des § 6 II 2, 3. Ob ein WG nur zusammen mit anderen WG und nicht für sich allein nutzbar ist, beurteilt sich nach der konkreten Zweckbestimmung in dem Betrieb des StPfl. Die betr WG müssen nach außen als einheitliches Ganzes in Erscheinung treten, wobei die Festigkeit, technische Gestaltung und Dauer der Verbindung von Bedeutung sein können. Eine Verbindung, die die selbstständige Nutzbarkeit ausschließt, ist im Allg immer schon dann anzunehmen, wenn WG über die einheitliche Zweckbestimmung durch den StPfl in seinem Betrieb hinaus durch eine technische Verbindung/Verzahnung in der Weise verflochten sind, dass durch die Trennung eines der Teile seine Nutzbarkeit im Betrieb verliert, dh ihm außerhalb des bisherigen Nutzungszusammenhangs keine betriebliche Funktion zukommt; dabei ist eine dauerhafte und feste körperliche Verbindung nicht unbedingt erforderlich.[13] In einen betrieblichen Nutzungszusammenhang eingefügte WG sind dann als technisch aufeinander abgestimmt anzusehen, wenn zusätzlich zu einem wirtschaftlichen (betrieblichen) Zusammenhang ihre naturwissenschaftlichen oder technischen Eigenschaften auf einen gemeinsamen Einsatz angelegt sind. Hiervon ist idR auszugehen, wenn einem Gegenstand ohne einen anderen bzw ohne andere Gegenstände schon aus rein technischen Gründen allein keine Nutzbarkeit zukommt. Demgegenüber genügt eine bloße Abgestimmtheit aufgrund bestimmter branchentypischer Fertigungsnormen für eine technische Abgestimmtheit nicht.[14] Das BMF-Schr v 30.5.97[15] befasst sich mit der Aufteilung der gesamten Leitungsanlage eines Versorgungsunternehmens in einzelne WG. **178**

Beispiele für selbstständig nutzbare GWG: Bücher einer Bibliothek (BStBl II 68, 149, anders bei Sammelwerken), Bestecke in Gaststätten usw (H 6.13 EStR); Disketten und Magnetbänder (BFH/NV 95, 927); Zuchtsauen (BFH/NV 97, 394; BFH/NV 01, 972 = FR 01, 648); Euro-Flachpaletten können nach ihrer betrieblichen Zweckbestimmung nicht nur zusammen mit anderen WG des Anlagevermögens, son-

---

1 BFH BStBl II 79, 634.
2 BFH BStBl II 94, 873; anders für Computer-Trivial-Programme, R 6.13 I 5 EStR; bestätigt durch BFH/NV 04, 1527.
3 BFH BStBl II 84, 312; zuletzt BFH/NV 00, 1466.
4 Zur Geringfügigkeit nach Übertragung der Akkumulationsrücklage BFH BStBl II 00, 109.
5 BFH/NV 07, 231 – daher Berücksichtigung bei einer Totalgewinnprognose.
6 BR-Drs 16/5377 S 9.
7 BFH BStBl II 82, 17.
8 FG Thür EFG 94, 788.
9 R 6.13 IV 2 EStR.
10 BFH BStBl II 75, 365; R 9b II EStR.
11 BFH BStBl II 89, 618.
12 BFH/NV 01, 972; R 9b II EStR.
13 BFH BStBl II 91, 682 – Lithographien; BStBl II 98, 789; BStBl II 02, 100.
14 BFH BStBl II 01, 41 – ärztlicher Notfallkoffer.
15 BStBl I 97, 567; s auch FinMin Thüringen StEK InvZulG ab 1991 Nr 132.

Fischer

dern auch allein genutzt werden (BFH BStBl II 90, 82); Fässer und Kisten (BFH BStBl II 82, 246); die einzelnen, miteinander nicht fest verbundenen, zusammen als Schreibarbeitsplatz genutzten Teile einer Schreibtischkombination, bestehend aus Tisch, darunter geschobenem Rollcontainer und seitlich an den Tisch gestelltem (selbstständig stehenden) Computertisch (BFH BStBl II 98, 789; FG RhPf EFG 04, 718); die einzelnen Elemente einer aus genormten Teilen zusammengesetzten und verschraubten Schreibtischkombination sowie zu Schrankwänden zusammengesetzte Regale (BFH BStBl 02, 100); Einrichtungsgegenstände für Büro-, Gaststätten-, Hotel- und Ladeneinrichtungen sind selbstständig nutzungsfähig, auch wenn sie in Stil und Funktion aufeinander abgestimmt sind; die einzelnen zu einer Verkaufsausstellung (sog Sanitärausstellung) zusammengefassten Gegenstände (BStBl II 01, 842); die einzelnen Elemente einer aus genormten Teilen zusammengesetzten und verschraubten Schreibtischkombination sowie zu Schrankwänden zusammengesetzte Regale (BFH BStBl II 02, 100); uU getrennt aufstellbare Teile von Einbauschränken und Einbauregalen eines Typenprogramms (BFH/NV 07, 2352). Nach ihrer betrieblichen Zweckbestimmung können beispielsweise Müllbehälter eines Entsorgungsunternehmens sowie Paletten und Einrichtungsgegenstände selbstständig genutzt werden (zur selbstständigen Transportfunktion von Unterlagbrettern BFH/NV 04, 369). Computer-Software ist regelmäßig ein eigenständiges und abnutzbares WG (R 5.5, 6.13 EStR); anderes gilt für Trivialprogramme, s unten. Die Erstausstattung eines Betriebs – zB Möbel, Textilien, Wäsche und Geschirr eines Hotels oder einer Gaststätte; Grundausstattung einer Kfz-Werkstatt mit Spezialwerkzeugen; Einrichtungsgegenstände eines Ladens oder eines Büros; Bibliothek eines Rechtsanwalts; Instrumentarium eines Arztes – ist kein einheitliches Ganzes (BFH BStBl II 68, 556); Trägerfilme und Druckplatten (OFD Erf StEK § 6 I Ziff 1 R 94). – **Selbstständige Nutzbarkeit** wird **verneint** bei Bestuhlung in Theatern und Kinos (BStBl III 66, 686); einzelnen Komponenten einer Musterküche in einem Möbelhaus (vgl BFH/NV 04, 370); Autoradio (BFH BStBl II 73, 78); Regalteile (BFH/NV 86, 592); Maschinenwerkzeuge, Kühlkanäle (BFH BStBl II 88, 126); Leuchtbänder (BFH BStBl II 74, 593, anders einzelne Tisch, Steh- und Hängelampen); Lithographien bilden ungeachtet ihrer nur vorübergehenden Verbindung mit Kopiervorrichtungen nach außen hin mit diesen ein einheitliches Ganzes und haben von diesen getrennt keine eigenständige Funktion (BFH BStBl II 91, 682); Pflanzen von Dauerkulturen, zB Rebstock (BFH BStBl II 79, 281); Rechner, Monitor, Maus und Drucker, auch bei kabelloser Verbindung (BFH BStBl II 04, 812 – mit Ausnahme für Kombinations-Geräte, die zB nicht nur als Drucker, sondern unabhängig von dem Rechner und den übrigen Peripherie-Geräten auch als Fax und Kopierer genutzt werden können; ferner externe Datenspeicher); Kabel, die als Verlängerung der Verbindung der Peripheriegeräte mit der Zentraleinheit genutzt werden (BFH/NV 00, 658); maschinengebundene Werkzeuge (BFH BStBl II 96, 166); Satellitenempfangsanlagen (BStBl II 01, 365); Judomatten von 1 × 1 m Größe, die in einer Sport- und Judoschule zu einem Kampffeld zusammengestellt werden (BFH/NV 91, 484). Die Hausanschlüsse der Versorgungsunternehmen gehören zum Ortsnetz und sind nicht selbstständig nutzungsfähig (BFH BStBl III 57, 440). Computerprogramme, deren AK nicht mehr als 410 € betragen, werden von der FinVerw als Trivialprogramme (R 5.5 I 2, 3 EStR) und damit als abnutzbare bewegliche und selbstständig nutzbare WG behandelt.[1]

179 Wirtschaftsgüter von geringfügigem Wert sollen die Buchführung der Betriebe nicht belasten. Daher wird auf die bisherigen besonderen Aufzeichnungspflichten vollständig verzichtet (Fortfall des § 6 II 4–5). § 6 IIa idF des JStG 2008 regelt für nach dem 31.12.07 angeschaffte, hergestellte oder eingelegte WG (§ 52 XVI S 17) eine obligatorische (kein Wahlrecht) – auch für die Einnahmeüberschussrechnung (§ 4 III 3 nF) geltende – **Poolbewertung** wie folgt:[2] Bewegliche abnutzbare WG des Anlagevermögens mit AK/HK von mehr als 150 € bis zu 1000 € (Betragsgrenzen ohne in AK/HK enthaltene Vorsteuerbeträge) sind unabhängig von ihrer Nutzungsdauer künftig in einen jahrgangsbezogenen Sammelposten einzustellen. Dieser Sammelposten ist im Jahr seiner Bildung und in den folgenden 4 Wj gleichmäßig mit jeweils einem Fünftel gewinnmindernd aufzulösen. Abgesehen von der buchmäßigen Erfassung des Zugangs des jeweiligen WG bestehen keine weiteren Dokumentationspflichten. Die Einbeziehung der WG in einem Sammelposten bedingt eine zusammenfassende Behandlung der einzelnen WG. In der Folge wirken sich Vorgänge nicht aus, die sich nur auf das einzelne WG beziehen. Durch Veräußerungen, Entnahmen oder Wertminderungen wird der Wert des Sammelpostens nicht beeinflusst; ggfs muss aber eine Teilwertabschreibung des Sammelwertpostens möglich sein, wenn er insgesamt voraussichtlich den Buchwert unterschreitet. Bei entgeltlichem Übergang des gesamten Betriebs oder Teilbetriebs auf einen Rechtsnachfolger erwirbt dieser die einzelnen WG, die in dem Sammelposten enthalten sind. Diese WG sind – soweit die AK innerhalb der genannten Werte liegen – entsprechend der Neuregelung in einem **Sammelposten** auszuweisen. Bei unentgeltlichem Übergang werden die jeweiligen Sammelposten mit ihren Buchwerten fortgeführt.[3]

1 BFH/NV 04, 1527.
2 *Kölpin* StuB 07, 525; *Gaillinger* BBK F 13, 5021; *Hörster* NWB F 3, 1465.
3 BR-Drs 220/07, S 60.

G. Bewertung bei Übertragung und Umstrukturierungen (§ 6 III–VII)

I. Unentgeltliche Übertragung von Betrieben, Teilbetrieben und Mitunternehmeranteilen (§ 6 III)

Mit Wirkung v 1.1.99 (§ 52 I 1)[1] übernahm § 6 III mit **Vorrang vor** § 6 V 3 und vorrangig gegenüber dem **UmwStG**[2] (s aber § 16 Rn 39) den bisherigen § 7 I EStDV (§ 16 Rn 15). § 6 III gestattet die interpersonelle Verlagerung stiller Reserven bei unentgeltlicher[3] (§ 22 Rn 10; zur – entgeltlichen – Veräußerung s § 16 Rn 80ff, 85ff, 96ff; zur Schenkung unter Lebenden § 16 Rn 135f; zur teilentgeltlichen Übertragung § 16 Rn 137 – Rechtsfolgen der „Einheitstheorie" für die Anwendung des § 6 III) **Rechtsnachfolge** (Erbgang, Schenkung, § 16 Rn 135f) **in betriebliche Einheiten** – Übertragung eines Betriebs (§ 16 Rn 50ff), Teilbetriebs (§ 16 Rn 60ff)[4] oder eines MU'anteils (§ 16 Rn 200) mit allen[5] nach funktionalen Kriterien[6] abzugrenzenden wesentlichen Betriebsgrundlagen[7] (§ 16 Rn 55ff, 100, 256) vor allem zur **Vorwegnahme der Erbfolge** (zu dieser ausf § 16 Rn 135ff, 256ff). Übertragender und Aufnehmender können nat Pers, MU'schaften und – vorbehaltlich Rn 183a – KapGes sein; bei Übertragung von Teilen eines MU'anteils sowie der unentgeltlichen Aufnahme in ein Einzelunternehmen (§ 6 III 1 HS 2, S 2) ist die Übertragung nur auf eine nat Pers möglich.[8] Die Zurückbehaltung nicht wesentlicher Betriebsgrundlagen[9] ist unschädlich; bezüglich dieser entsteht ein laufender Entnahmegewinn,[10] es sei denn, sie sind Grundlage eines fortgeführten, verkleinerten Betriebs.[11]

Ein **Betrieb** liegt vor, wenn personelle und sächliche Mittel organisatorisch so miteinander verknüpft sind, dass sie nach der Verkehrsauffassung eine Einheit bilden; subjektiv muss diese organisatorische Einheit zu einem betrieblichen Zweck und zur Erzielung von Gewinnen eingesetzt werden.[12] Zum **Teilbegriff** ausf § 16 Rn 60ff. Die Übernahme der zur Sachgesamtheit gehörenden Schulden ist kein Entgelt,[13] zB bei schenkweiser Übertragung eines Betriebs oder MU'anteils mit negativem Kapitalkonto.[14] Nach früher hM galt die Buchwertfortführung entspr § 20 I 2 UmwStG, § 16 I Nr 1 S 2 für die Übertragung einer im BV gehaltenen **100%igen Beteiligung** an einer KapGes, sofern diese beim Erwerber BV wird (str; ausf § 16 Rn 69, 99);[15] aA nunmehr BFH zur verdeckten Einlage einer im BV gehaltenen 100%igen Beteiligung in eine KapGes, an welcher der StPfl ebenfalls betrieblich zu 100% beteiligt ist.[16] Was tatbestandsmäßig eine **unentgeltliche Übertragung** ist, ist in § 6 III nicht geregelt; s iÜ § 16 Rn 232ff (Erbfall, Tod eines Mitunternehmers) und § 16 Rn 256ff (vorweggenommene Erbfolge). Die Ausschlagung einer Erbschaft kann den Tatbestand des § 6 III erfüllen (§ 16 Rn 103). Zur Anwendung dieser Vorschrift im Erbfall und im Rahmen der Erbauseinandersetzung s § 16 Rn 101ff, 114ff. § 6 III gilt auch bei der Gewinnermittlung nach § 4 III.

Zur Entstehung einer mitunternehmerischen BetrAufsp infolge einer unentgeltlichen Übertragung nach § 6 III s BMF BStBl I 05, 458 Rn 22.

Die Rspr behandelt auch die **unentgeltliche Übertragung** einer betrieblichen Einheit (Betrieb usw) **auf eine KapGes** im Erbwege oder durch Schenkung als unentgeltliche Übertragung iSd § 6 III, wenn der Übertragende an der KapGes nicht beteiligt ist (§ 16 Rn 24), zB wenn ein Betrieb usw im Erbwege oder durch Schenkung/Stiftungsakt auf eine KapGes übertragen wird, an der weder der Übertragende noch ein dem Erblasser nahestehender G'ter beteiligt sind (insoweit differenzierend

---

[1] Grundlegend zur Rechtslage 99/00 *Breidenbach/van Lishaut* DB 99, 1234; *Hoffmann* GmbHR 99, 452; *Korn* KÖSDI 99, 12118; *Ley* KÖSDI 99, 12155; *Strahl* FR 99, 628.
[2] *Wendt* in H/H/R § 6 Anm J-01–11 im Hinblick auf den zwingenden Buchwertansatz.
[3] S aber BFH BStBl II 85, 770 – Übertragung eines KG-Anteils unter Vereinbarung eines symbolischen Kaufpreises von 1 DM; zur Abgrenzung instruktiv BFH/NV 03, 231.
[4] *Rödder/Beckmann* DStR 99, 751 – mit Vorschlag einer Erweiterung des Begriffs.
[5] Zum Umfang schädlicher Zurückbehaltung BFH/NV 05, 1062; BFH/NV 06, 53 mwN.
[6] BMF FR 00, 1603.
[7] Zur normspezifischen Auslegung BStBl II 98, 104; BFH BStBl II 07, 772.
[8] BMF BStBl I 05, 458 Tz 1, 3.
[9] BFH BStBl II 90, 428: Werden weniger als 10 vH der landwirtschaftlichen Grundstücksflächen zurückbehalten, ist idR davon auszugehen, dass eine wesentliche Betriebsgrundlage nicht vorliegt.
[10] BFH BStBl II 1981, 566.
[11] BFH/NV 94, 533; BFH/NV 05, 1062.
[12] BFH/NV 04, 1231.
[13] BFH GrS BStBl II 90, 847, unter C.II.3.b.
[14] BFH/NV 98, 1412; BFH BStBl II 99, 269; *Brandenberg* DStZ 02, 512f: Übergang des negativen Kapitalkontos wie auch eines verrechenbaren Verlustes gem § 15a II.
[15] *Kneip* INF 99, 396 (399); nach *Hörger/Mentel/Schulz* DStR 99, 565 (573) auch eine mehrheitsvermittelnde Beteiligung an KapGes; für den Fall der Beteiligung im PV; BFH BStBl II 00, 230.
[16] BFH DStR 05, 1723.

§ 16 Rn 24f). Die im Entwurf eines UntStFG vorgesehene Beschränkung auf eine Übertragung auf nat Pers ist nicht Gesetz geworden, um den bisherigen Anwendungsbereich des § 6 III 1 nicht einzuschränken.[1]

181b Mit Wirkung per 1.1.02 ist entsprechend der bisherigen Praxis[2] die Rechtslage bei der unentgeltlichen **Aufnahme einer nat Pers in ein** von einer nat Pers betriebenes **Einzelunternehmen (§ 6 III 1 HS 2** idF UntStFG)[3] mit dem Effekt der Gründung einer zur Gesamthandsbindung führenden mitunternehmerischen Außengesellschaft und bei der unentgeltlichen Übertragung eines Teils eines MU'anteils (§ 16 Rn 220) – wie nach § 20, 24 UmwStG ohne Aufdeckung der stillen Reserven – auf eine natürliche Person[4] gesetzlich klargestellt worden. Bei der unentgeltlichen Aufnahme einer nat Pers in ein bestehendes Einzelunternehmen unter Zurückbehaltung von BV ist § 6 III 2 anzuwenden, wenn das zurückbehaltene BV Sonder-BV bei der entstandenen MU'schaft wird.[5]

Zur Übertragung von WG und betrieblichen Einheiten im Wege der **Realteilung** s § 16 Rn 2, 114 ff, 13; die Realteilung ist unter der Geltung des UntStFG ab 1.1.02 immer als erfolgsneutral zu behandeln, sofern die Erfassung der stillen Reserven sichergestellt ist.

Zur entspr Anwendung des § 6 III bei **Einbringung eines Einzelunternehmens auf fremde und teils auf eigene Rechnung**, teils unentgeltlich zugunsten Dritter s § 16 Rn 35 ff.

181c Die **Anwachsung des Vermögens** einer somit **vollbeendeten PersGes**[6] ist entweder eine Veräußerung oder eine unentgeltliche Übertragung eines MU'anteils. Scheidet der vorletzte kapitalmäßig beteiligte[7] G'ter, der kein Sonder-BV hat, aus und führt der G'ter (nat Pers) das Unternehmen fort, kann dies eine unentgeltliche Übertragung eines MU'anteils mit der Folge der zwingenden Buchwertfortführung sein.[8] Wächst das Gesellschaftsvermögen einer KapGes an, ist eine verdeckte Einlage denkbar (§ 6 VI). **Verzichtet der G'ter** zugunsten der Altgesellschafter auf eine ihm **an sich zustehende Abfindung**, liegt im Ausscheiden die unentgeltliche Übertragung nach § 6 III (§ 16 Rn 218, 244). Zum Eintritt eines Dritten in eine PersGes aufgrund einer **Eintrittsklausel** s § 16 Rn 246, zum Ausscheiden eines G'ters und zur Realteilung einer PersGers s § 16 Rn 330 ff (Zuweisung von Einzel-WG), Rn 346 ff (Zuweisung von Teilbetrieben).

182 Wird der gesamte Anteil des MU'ers an der Ges übertragen, muss auch das funktional wesentliche Sonder-BV übertragen werden; anderenfalls liegt eine BetrAufg vor;[9] § 6 III 2 ist nicht anwendbar. Die **Übertragung des Teils eines MU'anteils** auf eine nat Pers **(§ 6 III 1 HS 2 Alt 2)** umfasst neben dem Gesellschaftsanteil auch das funktional wesentliche Sonder-BV;[10] für eine unentgeltliche Übertragung ist notwendig, dass diese WG mit übertragen werden. Wird dieses zurückbehalten und **in das PV überführt**, liegt grds insgesamt eine tarifbegünstigte Aufgabe eines MU'anteils unter Auflösung aller stillen Reserven vor (§ 16 Rn 100).[11] Werden die WG des Sonder-BV in ein anderes BV übertragen oder überführt, fehlt es an der Übertragung eines MU'anteils; die Übertragung ist dann privat veranlasst; die ideellen Anteile am Gesamthandsvermögen werden zunächst zu Teilwert entnommen, sofern nicht § 6 I Nr 5 etwas anderes vorsieht. § 6 III 2 setzt voraus, dass das „zurückbehaltene" WG derselben MU'schaft zuzurechnen ist. Wird Sonder-BV im Zusammenhang mit der Übertragung des gesamten MU'anteils in das Gesamthandsvermögens einer anderen MU'schaft übertragen, ist dies nach § 6 III 1 HS 1 zu beurteilen.[12] Bei der Übertragung eines Betriebs muss das funktional wesentliche BV, bei der **Übertragung eines MU'anteils** muss auch das funktional wesentliche (§ 16 Rn 55 ff, 100, 210)[13] **Sonder-BV** mitübertragen werden; sonst liegt eine Aufgabe iSd § 16 III 1 vor (ausf § 16 Rn 100, 206 ff – Sonder-BV und Anteilsübertragung, 241 – Sonder-BV und

---

1 Finanzausschuss BT-Drs 14/7344; zum Problem *Rödder/Schumacher* DStR 01, 1635. Die Literatur bejaht zT die Anwendbarkeit des § 6 III bei Übertragung auf Körperschaften, zB *Rödder/Schumacher* DStR 02, 105. S aber auch *Brandenberg* DStZ 02, 513: Die verdeckte Einlage in eine KapGes ist mit dem Teilwert zu bewerten.
2 BFH/NV 06, 521 – Einbringung für Rechnung des Aufgenommenen. Bei Einbringung für Rechnung des Einbringenden gilt § 24 UmwStG.
3 Begr Entw UntStFG BR-Drs 638/01 zu § 6 III; ausf *H/H/R/Wendt* § 6 Anm J 01–11 ff.
4 BFH BStBl II 95, 407.
5 BMF BStBl I 05, 458 Tz 21.
6 S auch OFD Bln DStR 02, 1966 – Steuerliche Behandlung der Anwachsung.
7 *Brandenberg* DStZ 02, 514: andernfalls liegt keine Übertragung vor.
8 BFH BStBl II 99, 269, unter II. 2. a, zu § 7 I EStDV; *Orth* DStR 99, 1059; *Brandenberg* DStZ 02, 513 f; OFD Bln StEK EStG § 6 III nF Nr 3.
9 Ausf BMF BStBl I 05, 458 Tz 4 ff; BFH BStBl II 95, 890.
10 BStBl II 01, 26; BMF BStBl I 05, 458 Tz 3.
11 BFH BStBl II 95, 890; *Brandenberg* DStZ 02, 615.
12 *Brandenberg* DStZ 02, 615.
13 BFH BStBl II 98, 104.

Anteilsübertragung; § 16 Rn 252, 256 – Zurückbehaltung und Überführung wesentlichen Sonder-BV ins PV; § 16 Rn 236 ff, 252 ff – steuerliche Folgen beim Tod eines MU'ers; § 16 Rn 156 – vorweggenommene Erbfolge und Sonder-BV). Wird im zeitlichen und sachlichen Zusammenhang mit der Übertragung des MU'anteils funktional wesentliches[1] Sonder-BV entnommen oder (zB nach § 6 V) zum Buchwert in ein anderes BV überführt oder übertragen, kann der Anteil am Gesamthandsvermögen nicht nach § 6 III zum Buchwert übertragen werden (so die umstrittene[2] **Gesamtplan**-Doktrin).[3]

Ist funktional wesentliches **Sonder-BV vorhanden**, setzt die unentgeltliche **Übertragung eines Teils eines MU'anteils** nach der Rspr des BFH voraus, dass quotal entspr Teile des Sonder-BV übertragen werden.[4] Die Veräußerung des Anteils an einem MU'anteil ist nicht tarifbegünstigt, wenn der Veräußerer die zu seinem Sonder-BV gehörenden wesentlichen Betriebsgrundlagen nicht anteilig mitüberträgt, sondern der Gesellschaft weiterhin zur Nutzung überlässt.[5] Wird das Sonder-BV isoliert unentgeltlich übertragen, liegt keine Übertragung eines MU'anteils vor.[6] Liegen die Voraussetzungen des § 6 V 3 vor, erfolgt die Übertragung zum Buchwert; andernfalls handelt es sich um eine Entnahme. §§ 16, 34 sind nicht anwendbar.[7]

182a

Einem Antrag des Landes Baden-Württemberg betr die **disquotale** (nicht quotengleiche) **Übertragung von Sonder-BV** hatte der Gesetzgeber des UntStFG im Hinblick auf die Rspr des BFH[8] und aus systematischen Gründen nicht folgen wollen.[9] Hierauf bezieht sich **§ 6 III 2 idF UntStFG** (Geltung ab 1.1.02). Wird anlässlich der Teilanteilsübertragung von Gesamthandsvermögen funktional wesentliches[10] Sonder-BV nicht oder in geringerem Umfang (**unterquotal**) übertragen, liegt insgesamt nach Auffassung der FinVerw eine Übertragung nach § 6 III 2 vor.[11] Diese Vorschrift normiert eine 5-jährige Behaltensfrist. § 6 III 2, der auf die Beschlussempfehlung des Vermittlungsausschusses[12] eingefügt worden ist, trifft eine Sonderregelung für den Fall, dass bei der unentgeltlichen Aufnahme einer nat Pers in ein bestehendes Einzelunternehmen vom bisherigen Einzelunternehmer nicht alle WG des Betriebes in das gemeinsame BV der MU'schaft übertragen (eingebracht) werden, sondern vom Übertragenden zurückbehalten werden. Sofern es sich dabei um funktional wesentliche WG handelt, bleibt in Abweichung von allg Grundsätzen die Buchwertfortführung für die eingebrachten WG dennoch zwingend, wenn die zurückbehaltenen WG „weiterhin zum (Sonder-)BV (des Einbringenden bei) derselben (neu gegründeten) Mitunternehmerschaft gehören". Entsprechendes gilt, wenn bei einer MU'schaft unentgeltlich der Bruchteil eines MU'anteils auf eine nat Pers übertragen wird, aber funktional wesentliches Sonder-BV nicht (auch nicht anteilig) mit übertragen wird. Nur für diese Konstellation wird die – gerechnet ab Übertragung des wirtschaftlichen Eigentums – **fünfjährige Behaltensfrist** beim Erwerber als Rechtsnachfolger eingeführt, innerhalb derer Letzterer den unentgeltlich erworbenen MU'anteil – ganz oder teilw[13] – nicht veräußern oder aufgeben darf. Als Veräußerung gilt auch die Einbringung gem §§ 20, 24 UmwG und der Formwechsel nach § 25 UmwG.[14] Geschieht dies dennoch, ist rückwirkend beim früheren Einzelunternehmer hinsichtlich der dem aufgenommenen G'ter eingeräumten Anteile an den WG des Betriebes von einer nach §§ 4 I 2, 6 I 4 gewinnrealisierenden Entnahme auszugehen, die zu einem laufenden Gewinn führt. Umgekehrt liegen für den Aufgenommenen mit dem Teilwert zu bewertende Einlagen vor. Bisherige Bescheide sind nach **§ 175 I 2 AO** zu ändern.[15] Hinsichtlich des eigenen Anteils am gemeinsamen Betrieb sowie hinsichtlich der im Sonder-BV zurückbehaltenen WG bleibt es bei der Buchwertfortführung. Entspr gilt, wenn der unentgeltlich übertragene Anteil an einem MU'anteil innerhalb von 5 Jahren veräußert oder entnommen wird. Keine schädliche Veräußerung oder Entnahme liegt vor, wenn der unentgeltlich erworbene MU'anteil seinerseits innerhalb der 5 Jahre nach § 6 III 1 übertragen wird. Ebenfalls unschädlich – vorbehaltlich des § 42 AO – ist

---

1 Zur Übertragung von funktional nicht wesentlichem BV BMF BStBl I 05, 458 Tz 8.
2 ZB Korn KÖSDI 05, 14633 (14637 ff) mwN.
3 BFH BStBl II 01, 229; BMF BStBl I 05, 458 Tz 7, mit instruktivem Beispiel.
4 BFH BStBl II 01, 26.
5 BFH BStBl II 05, 173; BMF BStBl II 05, 458 Tz 9.
6 BFH BStBl II 91, 510.
7 BMF BStBl I 05, 458 Tz 20.
8 BFH/NV 00, 1554 – quotaler Übergang des Sonder-BV.
9 BT-Drs 14/7084, 7.
10 BMF BStBl I 05, 458 Tz 19: anderenfalls ist § 6 III 1 uneingeschränkt anwendbar.
11 BMF BStBl I 05, 458 Tz 10.
12 BT-Drs 14/7780.
13 BMF BStBl I 05, 458 Tz 11.
14 BMF BStBl I 05, 458 Tz 13, mit weiteren Details; Tz 13 zur unentgeltlichen Weiterübertragung.
15 Ebenso nunmehr BMF BStBl I 05, 458 Tz 11 f; dort auch – mit Beispiel – zu dem Fall, dass der Übernehmer bereits vor der Anteilsübertragung MU'er dieser MU'schaft gewesen war.

es, wenn innerhalb der Behaltensfrist vom Übertragenden zurückbehaltenes Sonder-BV nach § 6 V 2 in ein anderes BV überführt, veräußert oder entnommen wird.

Wird anlässlich der Teilanteilsübertragung von Gesamthandsvermögen Sonder-BV in größerem Umfang (**überquotal**) übertragen, als es dem übertragenen Teil des Anteils am Gesamthandsvermögen entspricht, ist der Vorgang in eine Übertragung nach § 6 III 1 für den quotalen Teil des Sonder-BV und eine Übertragung nach § 6 V für den überquotalen Teil des Sonder-BV aufzuteilen.[1] Dies gilt auch, wenn die MU'er-Stellung des Empfängers mit der Teilanteilsübertragung erstmals begründet wird.[2]

182b Eine unentgeltliche Übertragung eines „**Bruchteils**" **des Gesellschaftsanteils** – zur entgeltlichen Veräußerung s § 16 Rn 214 – wird als Übertragung nach § 6 III auch dann anerkannt, wenn der gesamte Gesellschaftsanteil auf mehrere „vorweggenommene Erben" übertragen wird (§ 6 III 1 HS 2 idF UntStFG; s § 16 Rn 256, dort auch zur „Verteilung" des Sonder-BV auf einen Rechtsnachfolger).

182c Die **Begriffe Veräußerung und Aufgabe** sind nach allg Grundsätzen zu bestimmen. Unentgeltliche Übertragungen sind unschädlich, soweit sie nicht zu einer Aufgabe führen. Auch im Falle der Aufnahme in ein (bisheriges) Einzelunternehmen und der Zurückbehaltung von WG durch den Übertragenden ist die Buchwertfortführung möglich; das zurückbehaltene WG wird Sonder-BV des bisherigen Einzelunternehmers.[3] Zu den möglichen Fallkonstellationen s die aufschlussreiche Übersicht von Brandenberg.[3]

Der Grundsatz, dass auch für die Anwendung des § 6 III 1 der Übertragende die bisherige Tätigkeit beenden muss, gilt nicht für den Fall des § 6 III 1 HS 2 idF UntStFG (§ 16 Rn 100).

183 Der Rechtsnachfolger ist an die Buchwerte auch der immateriellen WG gebunden (§ 6 III 3). Diese **Buchwertverknüpfung** ist als Rechtsfolge zwingend. Die Regelung schließt ein Wahlrecht aus. Bei nachträglicher Änderung ist eine Anpassung beim Rechtsnachfolger geboten.

183a Bei unentgeltlichen Übertragungen auf eine KapGes gehen jedoch die Regelungen zur verdeckten Einlage vor.[4] Zu offenen gesellschaftsrechtlichen Einlagen (Einbringung gegen Gesellschaftsrechte) s § 15 Rn 454 ff. Für die **offene Sacheinlage** von Betrieben, Teilbetrieben und MU'anteilen gegen Gewährung neuer Gesellschaftsrechte an der aufnehmenden unbeschränkt stpfl KapGes enthält **§ 20 UmwStG** eine dem § 16 vorgehende Sonderregelung (§ 16 Rn 16 ff); eine entspr verdeckte Einlage in eine KapGes ist eine BetrAufg iSd § 16 III mit Vorrang vor § 6 III (§ 16 Rn 21 ff).[5] Zur Realteilung im Wege der Auseinandersetzung unter Miterben – Zuteilung eines GewBetr an einen (oder mehrere) Miterben – s § 16 Rn 115f, 307. Bei Übertragung von Einzel-WG auf eine KapGes ist allerdings der gemeine Wert anzusetzen. Zur verdeckten Einlage in eine KapGes s auch § 16 Rn 23; zur Einbringung in PersGes s § 18 Rn 23f, zur verdeckten Einlage s § 16 Rn 40. Bei verdeckter Einlage eines Teils eines MU'anteils ist § 16 I 2 zu beachten.[6]

183b Die Übertragung von **Betrieben, Teilbetrieben und MU'anteilen auf eine MU'schaft** gegen Gewährung von Gesellschaftsrechten ist in **§ 24 UmwStG** geregelt (s § 16 Rn 26f, § 15 Rn 456) und für unentgeltliche Übertragungen auf einen anderen MU'er in § 6 III (§ 16 Rn 38), die Übertragung von Teilbetrieben und MU'anteilen von der MU'schaft auf den MU'er im Rahmen einer Realteilung hingegen in § 16 III (s § 16 Rn 346f). Auch für die Übertragung von Einzel-WG auf den MU'er im Rahmen einer Realteilung enthalten § 16 III 2–4 Spezialregelungen (s § 16 Rn 340f). Zur offenen Sacheinlage aus dem PV s § 15 Rn 457.

184 **II. Unentgeltliche Vereinnahmung eines Wirtschaftsguts (§ 6 IV).** Bei der unentgeltlichen Übertragung eines Einzel-WG aus einem BV (auch nach Entnahme) – zB bei Schmiergeld, Werbegeschenk, Incentives – hat der den Wert aus betrieblichen Gründen aufnehmende StPfl eine BE[7] und ggf seine AK in Höhe des gemeinen Werts (§§ 2–16 BewG; die Anwendbarkeit des Stuttgarter Verfahrens ist umstritten[8]) des WG anzusetzen, „außer in den Fällen der Einlage". Als abgebende/aufnehmende

---

1 BMF BStBl I 05, 458 Tz 16 ff.
2 BStBl II 03, 194; BMF BStBl I 05, 458 Tz 18.
3 *Brandenberg* DStZ 02, 518.
4 BFH BStBl II 91, 512; BMF BStBl I 05, 458 Tz 2.
5 BFH BStBl II 91, 512; s nunmehr BFH DStR 05, 1723, zur verdeckten Einlage einer 100 %igen Beteiligung in eine KapGes.
6 BMF BStBl II 05, 458 Tz 2.
7 BFH BStBl II 88, 995; BFH/NV 98, 961 – Reise als BE.
8 Zum UmwStG BMF BStBl I 98, 268 Tz 21.06; *Kusterer* DStR 98, 319.

Rechtsträger können beteiligt sein Personenunternehmen und KapGes. § 6 V 3 hat Vorrang. Beim betrieblichen Zugang eines immateriellen WG wird eine Anschaffung fingiert.[1] Der zugeflossene Vorteil muss nicht aktivierungsfähig sein.[2] § 52 XVI 11 bestimmt in Abhängigkeit vom Abschluss des Verpflichtungsgeschäfts den zeitlichen Anwendungsbereich der Vorschrift. Ein aus der Sicht des StPfl privat zugewendetes WG ist mit dem Teilwert einzulegen.

III. Überführung/Übertragung von Wirtschaftsgütern zw verschiedenen Betriebsvermögen (§ 6 V).

184a

– **Literatur:** *Brandenberg* Personengesellschaftsbesteuerung nach dem UntStFG, DStZ 02, 511; 551; 594; *ders* Übertragung von Mitunternehmeranteilen und Wirtschaftsgütern bei Personengesellschaften, NWB Fach 3, 12037; *ders* Inhalt und Grenzen der Übertragung von WG zum Buchwert im Anwendungsbereich des § 6 V und § 6 III EStG, HLBS-Steuerfachtagung 2005, S 7 ff; *Düll/Fuhrmann/Eberhard* Unternehmenssteuerreform 2001: Die Neuregelung des § 6 Abs 5 Satz 3 EStG – sog. Wiedereinführung des Mitunternehmererlasses, DStR 00, 1713; *Groh* Teilwerteinbringung von betrieblichen Einzelwirtschaftsgütern in Personengesellschaften, DB 03, 1403; *Korn* Buchwertfortführung für die Übertragung einzelner Wirtschaftsgüter bei Mitunternehmerschaften, KÖSDI 02, 13272; *van Lishaut* Steuersenkungsgesetz: Mitunternehmerische Einzelübertragungen im Sinne des § 6 Abs 5 Satz 3 ff EStG aF, DB 00, 1784; *ders* Einzelübertragung bei Mitunternehmerschaften, DB 01, 1519; *Wendt* Übertragung von Wirtschaftsgütern zwischen Mitunternehmerschaft und Mitunternehmer, FR 02, 53.

1. Zeitlicher Anwendungsbereich; Allgemeines. Anwendungsregelungen: § 6 IV, V, VI 1 gilt nach Maßgabe des § 52 XVI 13 ab 1.1.99. § 6 VI 3 ist anwendbar erstmals für Einlagen ab dem 1.1.99 (§ 52 XVI 14). § 6 V 3 und 4 idF des StSenkG gelten erstmals für Übertragungen nach dem 31.12.00 (§ 52 XVIa). § 6 V 5 gilt ab dem 1.11.01 (§ 52 I). § 6 V 3 bis 5 StSenkG wurden durch § 5 V 3–6 UntStFG noch vor Beginn ihres zeitlichen Anwendungsbereiches für Übertragungsvorgänge nach dem 31.12.00 ersetzt. Der Gesetzgeber konnte sich nicht dazu verstehen, den StPfl für Übertragungen in der Zeit nach dem 31.12.98[3] bis zum 31.12.00[4] jedenfalls wahlweise die gewinnneutrale Übertragung zum Buchwert zu gestatten. § 6 V 6 gilt nach § 52 XVIa 2 – verfassungsrechtlich bedenklich[5] – für Anteilsbegründungen und -erhöhungen nach dem 31.12.00.

185

Die **Gesetzgebung** zur Problematik der Übertragung von WG im Rahmen einer MU'schaft kann nur als **chaotisch** bezeichnet werden. Sie normiert Regelungsbedürftiges nur punktuell, ist von einer beklagenswerten Beliebigkeit gekennzeichnet und daher nicht verständlich sowie von einer Rücksichtslosigkeit gegenüber der Verlässlichkeit des Rechts; hinzu kommen handwerkliche Mängel (s 2. Aufl § 15 Rn 448).

2. Überführung von Wirtschaftsgütern (§ 6 V 1, 2). Stets möglich war und – nach dem 31.12.00 – **ist** die **steuerneutrale Überführung eines einzelnen WG** (Gegensatz: ganze Funktionseinheiten wie Betrieb, Teilbetrieb, „der Anteil" – und zwar der nur ungeteilte Anteil [Rn 181] – eines MU'ers an einem Betrieb) von einem Betrieb in einen anderen Betrieb ders oder auch einer anderen Einkunftsart desselben StPfl (nat Pers oder PersGes), mithin **ohne Rechtsträgerwechsel.** Hierzu bestimmen § 6 V 1 und 2, dass bei der Überführung von WG aus einem Eigen-BV oder Sonder-BV des MU'ers in ein anderes Eigen-BV und anderes Sonder-BV **desselben StPfl** gewinnneutral die Buchwerte fortzuführen sind. Dies ist eine eigentlich überflüssige[6] Selbstverständlichkeit. Da weder ein Veräußerungsvorgang vorliegt noch eine Entnahme zu betriebsfremden Zwecken (§ 15 Rn 450), fehlt es an einem einkommensteuerrechtlichen Realisationstatbestand. Man kann dieser Vorschrift bestenfalls die Bestätigung für den von der Rspr zutr ohnehin vertretenen **weiten Betriebsbegriff**[7] und den finalen Entnahmebegriff entnehmen. Danach liegt keine Entnahme vor, wenn und solange – und zwar nicht bei irgendwem, sondern bei demselben StPfl – die Erfassung stiller Reserven weiterhin gesichert ist. Solches verlangen nunmehr § 6 V 1 und 2 ausdrücklich für die Zulässigkeit der Buchwertfortführung. Die Fragen einer entgeltlichen oder unentgeltlichen Übertragung stellen sich nicht; die Übernahme von Verbindlichkeiten ist daher unschädlich. Die einkommensteuerrechtliche[8] Erfassung der stillen Reserven beim überführenden StPfl selbst muss sichergestellt

186

---

1 Vgl R 5.5 IV 3 EStR.
2 BFH BStBl II 95, 273 – Zuwendung einer Reise an den Ges einer PersGes als BE der PersGes.
3 Zeitliche Anwendung des § 6 V 3 StEntlG gem § 52 Abs 16 StEntlG, BGBl I 99, 412.
4 Zeitliche Anwendung des § 6 V 3–6 UntStFG gem § 52 Abs 16a UntStFG, BGBl I 01, 3858.
5 *H/H/R/Wendt* § 6 Anm J 01–3.
6 Ausgeschlossen wird allerdings zutr das ohne gesetzliche Grundlage von der FinVerw gewährte Wahlrecht nach R 4.3 II EStR bei Überführung in ein BV einer anderen Gewinneinkunftsart.
7 Vgl BFH/NV 00, 1549 = DStR 00, 1905 mwN; ua BFH GrS BStBl II 75, 168 mwN.
8 Nicht die Erfassung als Gewerbeertrag, BFH BStBl II 89, 187; BMF BStBl I 98, 268 Tz 18.01.

sein (§ 6 V 1 – **„finaler Entnahmebegriff"**). Die Auffassung des BMF[1] zur Verbringung von WG in einen DBA-Staat – Aufschub der Gewinnrealisierung bis zur Veräußerung im Ausland – ist weiterhin gültig. Das **Sonder-BV wird als Betrieb des StPfl behandelt.** Daher gilt § 6 V 1 auch für die Überführung aus einem eigenen BV des StPfl in sein Sonder-BV bei einer MU'schaft und umgekehrt sowie für die Überführung zw verschiedenen Sonder-BV desselben StPfl bei verschiedenen MU'schaften (**§ 6 V 2 HS 2**). Hier ist die Besteuerung der stillen Reserven bei demselben StPfl weitgehend gesichert; auch wechselt die zivilrechtliche Rechtszuständigkeit nicht;[2] daher spricht das Gesetz von „Überführen" (statt von „Übertragen"). **Gesetzlich zwingende Folge** für die ESt, die GewSt (§ 7 I GewStG) und die KSt (§ 8 I KStG – zB bei Überführung eines WG von einem Betrieb gewerblicher Art in einen anderen) ist die **Buchwertverknüpfung** für alle bilanziell anzusetzenden WG. AfA und Besitzzeiten werden im neuen BV fortgeführt. § 6 V 3 gilt auch bei der Sachwertabfindung mit Einzel-WG in ein BV (§ 16 Rn 337); anders bei einer solchen mit einer betrieblichen Einheit (§ 16 Rn 338). Wegen weiterer Einzelfragen wird verwiesen auf § 15 Rn 450.

186a Zum Thema „Sonderbetriebsvermögen und Anteilsübertragung" unter den korrespondierenden Aspekten der Veräußerung nach § 16 I 1 Nr 2 bzw der unentgeltlichen Übertragung s zunächst Rn 182f, § 16 Rn 206 ff, 232 ff, 256 ff. Werden WG des Eigen-BV oder des Sonder-BV in das PV überführt oder **unentgeltlich auf Dritte** ohne betrieblichen Anlass **übertragen,** liegt eine **mit dem Teilwert zu bewertende Entnahme** nach § 4 I 2 iVm § 6 I 4 vor, weil die Erfassung der stillen Reserven nicht mehr bei demselben Steuersubjekt gesichert ist. Die Rspr hatte allerdings unter Verkennung des Subjektcharakters der ESt bei **unentgeltlicher Übertragung auf einen anderen MU'er** in dessen Sonder-BV eine Buchwertfortführung zugelassen,[3] weil die Erfassung der stillen Reserven im GewBetr der MU'schaft gesichert sei und der Funktionszusammenhang zum Betrieb der MU'schaft erhalten bleibt. Diese verfehlte Rspr[4] – sie verstößt gegen das Subjektsteuerprinzip und deklariert die MU'schaft entgegen § 1 zu einem Steuersubjekt, dem stille Reserven zugeordnet werden können – wurde mit Wirkung ab 1.1.01 durch § 6 V 3 idF des StSenkG wieder hergestellt und wird in **§ 6 V 3 Nr 3 idF des UntStFG** fortgeführt. Das Gesetz lässt jetzt ausdrücklich bei der unentgeltlichen Übertragung in das Sonder-BV eines anderen MU'ers bei derselben MU'schaft die Buchwertfortführung und damit die Verlagerung stiller Reserven auf ein anderes Steuersubjekt zu. Dies muss trotz der Verweisung auf § 6 V 1, der die Sicherstellung der Besteuerung der stillen Reserven beim übertragenden StPfl verlangt, angenommen werden. Andernfalls verlöre die Vorschrift jeden Anwendungsbereich. Abw von § 6 V 1 verlangt daher § 6 V 3 Nr 3 nicht die Sicherstellung der Besteuerung der stillen Reserven bei dem StPfl, der sie erzielt hat, sondern es genügt die **Sicherstellung der Besteuerung bei dem übernehmenden MU'er**. Nur wenn die dreijährige Sperrfrist des § 6 V 4 nicht eingehalten wird, sondern das WG vom Erwerber veräußert oder entnommen wird, kommt es allerdings rückwirkend durch den Teilwertansatz zur Gewinnrealisation.

Der Gesetzgeber toleriert nunmehr ein „**Überspringen" von stillen Reserven auf einen anderen MU'er** – in der Praxis vor allem nahe stehende Personen –, wenn nur die Sperrfrist eingehalten wird (§ 15 Rn 454). Sie verstößt gegen grundlegende Belastungsentscheidungen des EStG und privilegiert unter Verstoß gegen Art 3 GG willkürlich die unentgeltliche Übertragung von Sonder-BV auf einen anderen MU'er gegenüber der unentgeltlichen Übertragung von WG durch Einzelunternehmer oder MU'er auf andere StPfl in deren BV oder Sonder-BV bei einer anderen MU'schaft.[5] Die Vorschrift eröffnet iÜ trotz der – unter dem Gesichtspunkt der Missbrauchsverhütung viel zu kurz bemessenen – dreijährigen Sperrfrist Umgehungsmöglichkeiten. So gibt § 6 V 1 und 2 dem Erwerber die Möglichkeit, das WG zum Buchwert später in ein eigenes BV oder anderes Sonder-BV zu übertragen und von dort dann wieder unentgeltlich auf andere MU'er. Erfolgt dann im eigenen BV oder Sonder-BV bei einer anderen MU'schaft eine Entnahme oder Veräußerung, bleibt zwar § 6 V 4 dennoch anwendbar, dürfte aber kaum noch zu kontrollieren sein. Die Sperrfrist stellt das Armutszeugnis in Konsequenz der verfehlten Grundentscheidung dar, die außerbetrieblich veranlasste Übertragung des WG trotz Verlagerung stiller Reserven nicht als gewinnrealisierende Entnahme zu behandeln. Ist übertragender MU'er eine KapGes, genießt allerdings § 8 III KStG (vGA) den Vorrang (s auch § 16 Rn 454, 463). Wird umgekehrt **auf eine KapGes übertragen**, so ist nach § 6

---

1 BMF BStBl I 99, 1076 Tz 2.6 – Überführung von WG.
2 BT-Drs 14/443, 24.
3 BFH/NV 01, 548; BFH BStBl II 99, 263; BStBl II 93, 93, 225; BStBl II 86, 313 (unter Nießbrauchvorbehalt).
4 Statt vieler *Knobbe-Keuk*[9] § 11 III 2a.
5 Ähnlich *H/H/R/Wendt* § 6 Anm J 01–9: Verstoß gegen das Subjektsteuerprinzip.

V 5 der **Teilwert** anzusetzen. Für die Zeit vom 1.1.99 bis 31.12.00 schrieb § 6 V 3 idF StEntlG richtigerweise immer den Teilwertansatz vor. Der Gesetzgeber wäre gut beraten, wenn er die wegen Verstoßes gegen die Folgerichtigkeit verfassungswidrige Privilegierung der unentgeltlichen Übertragung von Sonder-BV auf einen anderen MU'er wieder beseitigen würde.

Soweit das **Sonder-BV** ausnahmsweise[1] selbst einen **Teilbetrieb** darstellt, führt die Übertragung auf einen anderen MU'er, aber auch auf einen Dritten, schon nach § 6 III nicht zur Gewinnrealisierung. Dasselbe gilt, wenn Sonder-BV zusammen mit dem MU'anteil oder dem Bruchteil eines MU'anteils unentgeltlich übertragen wird. Hier schreibt § 6 III zur Sicherstellung der Erfassung der stillen Reserven die **Buchwertfortführung beim Rechtsnachfolger** vor. Der Sache nach liegt hier bereits keine Entnahme oder BetrAufg vor.[2] Bei der unentgeltlichen Übertragung des Bruchteils eines MU'anteils ist der Buchwert für unentgeltlich übertragenes Sonder-BV auch dann fortzuführen, wenn im Verhältnis zum Bruchteil des Anteils über- oder unterproportional Sonder-BV unentgeltlich übertragen wird (s auch § 16 Rn 256). **186b**

3. Übertragung von Wirtschaftsgütern – Rechtslage 1999/2000. Das StEntlG 99/00/02 (zum bis dahin geltenden sog Mitunternehmererlass s 2. Aufl § 15 Rn 448) hatte mit Wirkung ab 1.1.99 (§ 52 XVI S 11) steuerneutrale Vorgänge auf die im UmwStG vorgesehenen beschränkt; darüber hinaus, so die Gesetzesmaterialien, seien „gesetzlich nicht beschriebene Begünstigungen nicht gewollt" (Rn 187).[3] Das UmwStG hatte Vorrang. Nach dieser vehement kritisierten,[4] aber vorbehaltlich konfiskatorischer Effekte verfassungsgemäßen – Regelung des **§ 6 V 3** entfiel zw dem 1.1.99 (§ 52 XVI 11) und dem 31.12.00 (Rn 188) die steuerneutrale unentgeltliche **Übertragung** (dies ist der Rechtsträgerwechsel = Wechsel des zivilrechtlichen und des wirtschaftlichen[5] Eigentums, Letzteres auch bei Einbringung „dem Werte nach"[6]) eines WG des PV vom StPfl auf eine PersGes. Zu Inhalt und Bedeutung dieser Vorschrift wird auf die 2. Aufl verwiesen. **187**

4. Übertragung von Wirtschaftsgütern – Rechtslage ab 2001 (§ 6 V 3 ff idF des UntStFG). Zum dogmatischen Hintergrund s § 15 Rn 202 ff, 206. Als Ergebnis des Vermittlungsverfahrens zum StSenkG wurde mit Wirkung ab 1.1.01 (§ 52 XVIa) die „Aufhebung" des MU'er-Erlasses (Rn 187) korrigiert, um Umstrukturierungen vor allem im mittelständischen Bereich nicht unnötig zu erschweren. Bereits nach dem StSenkG sollten ab dem 1.1.01 wieder „steuerneutrale Übertragungen von Einzel-WG nach dem sog MU'er-Erlass" möglich sein.[7] Die Grundentscheidung zur gewinnneutralen Buchwertübertragung wird aufrechterhalten, soweit die Erfassung der stillen Reserven sichergestellt ist. Ebenfalls beibehalten werden die Sonderregelungen bei Beteiligung von Körperschaften als MU'er (s § 15 Rn 463f). Neu eingeführt wurde auf Vorschlag des Vermittlungsausschusses[8] eine Sperrfrist von drei Jahren für Veräußerungen und Entnahmen nach der Übertragung zum Buchwert. Der Wortlaut des § 6 V 3 unterscheidet allerdings nicht zw entgeltlicher und unentgeltlicher Übertragung von Einzel-WG. Mit der § 6 V 3 idF des StSenkG befasst sich das BMF-Schr BStBl I 01, 367. Einen systematisch trefflichen und detailreichen Überblick gibt der Aufsatz von Groh.[9] **188**

Bei der **Übertragung von WG im Rahmen einer MU'schaft** ist mit Rücksicht auf die beteiligten Rechtsträger (zivil- und steuerrechtlich) einerseits und die Zugehörigkeit zum BV oder PV (steuerlich) zu **unterscheiden** zw

– vollentgeltlichen Veräußerungen zw dem einzelnen MU'er und der Ges (der Gesamtheit der G'ter) sowie zw den MU'ern zu fremdüblichen Bedingungen (Rn 189),
– der unentgeltlichen Übertragung von WG des MU'ers auf andere MU'er oder Dritte (§ 15 Rn 450),
– der offenen gesellschaftsrechtlichen Einlage in das Gesellschaftsvermögen aus BV (§ 15 Rn 453f) oder PV (§ 15 Rn 457) von einzelnen WG oder betrieblichen Einheiten (§ 15 Rn 456),
– der verdeckten Einlage in das Gesellschaftsvermögen aus einem BV (§ 15 Rn 458) und aus dem PV (§ 15 Rn 459),

---

1 BFH BStBl II 79, 554; *K/S/M* § 16 Rn B 278.
2 Vgl *K/S/M* § 16 B 79 f.
3 BT-Drs 14/265, 173.
4 Statt vieler *Breidenbach/van Lishaut* DB 99, 1234 (1237); *H/H/R* § 6 Rn 22.
5 **AA** *Cattelaens* DB 99, 1083 (1084).
6 Einbringung „quoad sortem" wie hier *Hörger/Mentel/Schulz* DStR 99, 565 (573).
7 Grundlegend *Düll/Fuhrmann/Eberhard* DStR 00, 1713; *van Lishaut* DB 00, 1784.
8 BT-Drs 14/7780.
9 *Groh* DB 03, 1403.

– der offenen gesellschaftsrechtlichen und verdeckten Entnahme von einzelnen WG oder betrieblichen Teileinheiten aus dem Gesellschaftsvermögen in ein anderes BV oder in PV (§ 15 Rn 460f).

188a § 6 V 3 erfasst nur Überführungen/Übertragungen von **Einzel-WG, die zu einem BV oder Sonder-BV des MU'ers oder der MU'schaft gehören in ein BV des MU'ers oder der MU'schaft**. Es genügt, wenn die MU'stellung des Übertragenden bei einer bestehenden oder ihm Rahmen einer neuen MU'schaft begründet wird.[1] Nr 1 und Nr 2 betreffen unentgeltliche Übertragungen und Übertragungen gegen Gewährung von Gesellschaftsrechten, die Nr 3 ausschließlich unentgeltliche – damit nicht entgeltliche – Vorgänge. Nicht in § 6 V geregelt ist die Übertragung aus einem PV in ein BV und umgekehrt. § 6 V regelt nicht normale entgeltliche Veräußerungen von Einzel-WG zw MU'er und MU'schaft und umgekehrt (Rn 189). Außerdem ist die Regelung beschränkt auf die **Übertragung/Überführung von Einzel-WG** zw MU'er und MU'schaft und umgekehrt. Die Vorschrift gilt auch bei der Sachwertabfindung in ein BV;[2] eine Realteilung liegt nicht vor[3] (§ 16 Rn 337, 340). Die Übertragung von **Betrieben, Teilbetrieben und MU'anteilen** auf eine MU'schaft gegen Gewährung von Gesellschaftsrechten ist in **§ 24 UmwStG** normiert (s § 16 Rn 26f) und für unentgeltliche Übertragungen auf einen anderen MU'er in **§ 6 III** (s § 16 Rn 38), die Übertragung von Teilbetrieben und MU'anteilen von der MU'schaft auf den MU'er im Rahmen einer Realteilung hingegen in **§ 16 III** (s § 16 Rn 346f). Auch für die Übertragung von Einzel-WG auf den MU'er im Rahmen einer Realteilung enthalten § 16 III 2–4 Spezialregelungen (s § 16 Rn 340f). Zur verdeckten Einlage aus dem PV eine MU'er s § 15 Rn 459.

Nicht ausdrücklich geregelt ist die **Übertragung zw Schwester-PersGes** (s auch § 15 Rn 461)[4] und jedenfalls dem Wortlaut nach auch nicht die Übertragung von und in gemeinsames BV bei MU'schaften ohne Gesamthandsvermögen, etwa der atypisch stillen Ges oder bei MU'schaften mit Bruchteilseigentum.

Zu den unter **§ 6 V 3 Nr 1, 2 idF des UntStFG** fallenden (str) offenen Sacheinlagen von Einzel-WG s § 15 Rn 454. Die in **Nr 1** geregelte Einbringung einzelner WG in das Gesamthandsvermögen **gegen Gewährung von Gesellschaftsrechten** (sog offene Sacheinlage) – der „klassische" Fall des früheren MU'er-Erlasses – ist eine Sonderform des Tausches zw dem MU'er und der MU'schaft, für welche das Gesetz nunmehr zwingend die Buchwertfortführung anordnet (§ 15 Rn 454). Die Regelung hat Vorrang vor § 6 VI (klarstellend § 6 VI 4).[5] **§ 6 V 3 Nr 1 betrifft die Übertragung von WG aus eigenem BV**, und **Nr 2 die Übertragung aus Sonder-BV derselben oder einer anderen MU'schaft**. Das Gesetz nimmt mit der iÜ nicht näher bestimmten Formel von der „Übertragung gegen Gewährung von Gesellschaftsrechten" einerseits die Rspr auf, wonach es sich um tauschähnliche Vorgänge handeln soll, bestimmt aber in der Rechtsfolge Buchwertfortführung zugleich, dass gerade kein gewinnrealisierender Tauschvorgang und auch keine Entnahme anzunehmen ist (ausf § 15 Rn 455). Nach Auffassung der FinVerw regelt § 6 V 3 auch die unentgeltliche Übertragung von Einzel-WG aus dem BV oder Sonder-BV des MU'ers in das Gesamthandsvermögen der MU'schaft und umgekehrt sowie die unentgeltliche Übertragung zw den Sonder-BV verschiedener MU'er derselben MU'schaft.[6]

Nunmehr können auch WG des Sonder-BV in das Gesamthandsvermögen einer **anderen MU'schaft** übertragen werden (**§ 6 V 3 Nr 2**). Die Regelung gilt nicht für die atypisch stille Gesellschaft, die kein Gesamthandsvermögen hat.[7] Auch auf den mittelbaren MU'er (§ 15 I Nr 2 S 2) ist § 6 V 3 nicht anwendbar. Die – auch verfahrensrechtlich (175 I 1 Nr 2 AO) rückwirkende – Aufdeckung stiller Reserven innerhalb einer 3-jährigen Sperrfrist oder die Aufstellung einer Ergänzungsbilanz sollen nach näherer Maßgabe des **§ 6 V 4** verhindern, dass Erleichterungen der Umstrukturierung nicht zur Vorbereitung einer Veräußerung genutzt werden können (ausf § 15 Rn 454). Der Gesetzgeber will die steuerliche Nutzung von Objektgesellschaften verhindern; Umweggestaltungen, die iErg auf eine Buchwertfortführung zw Schwestergesellschaftern abzielen, sind nicht empfehlenswert.[8]

---

1 *Brandenberg* DStZ 02, 551 (556); *Wendt* FR 02, 53 (64); *Winkeljohann/Stegemann* DB 03, 2033.
2 So zutr *Schmidt*[26] § 15 Rn 524.
3 **AA** *Schulze zur Wiesche* FR 00, 976; *van Lishaut* DB 00, 1784.
4 S hierzu *Ostermayer/Riedel* BB 03, 1305; die entspr Anwendung des § 6 V 3 lehnen ab *Schmidt* Stbg 03, 1 (3); *Fichtelmann* EStB 03, 184.
5 BMF StEK § 6 V Nr 3.
6 BMF BStBl I 01, 364.
7 **AA** *H/H/R/Wendt* § 6 Anm J 01–27.
8 *Brandenberg* DStZ 02, 555.

Die von § 6 V 3 Nr 1 und 2 idF UntStFG vorausgesetzte **"Gewährung von Gesellschaftsrechten"** stellt nichts anderes dar als die offen durch Gutschrift auf den Kapitalanteilen ausgewiesene Vermögensmehrung im Gesellschaftsvermögen (§ 15 Rn 453, 455). Sie stellt allein darauf ab, dass dem Kapitalanteil des G'ters der Wert vermögensmäßig gutgebracht wird. Nach zutr Auffassung des BMF liegt eine „Gewährung von Gesellschaftsrechten" vor, wenn sich das Kapitalkonto des G'ters erhöht, das für seine Beteiligung am Gesellschaftsvermögen maßgeblich ist.[1] Ausf hierzu § 15 Rn 455. Werden **WG aus einem BV des MU'ers** (Sonder-BV oder eigener Betrieb) ohne Gutschrift zum Kapital(anteil) oder gegen Gutschrift unterhalb des Teilwertes in das Gesellschaftsvermögen eingebracht, schreibt für Übertragungen ab 1.1.01 **§ 6 V 3 Nr 1 und 2 idF UntStFG** (ebenso bereits StSenkG) zwingend eine Bewertung zum **Buchwert** vor (ausf § 15 Rn 458).

Ohne jede dogmatische Fundierung und in Verkennung der bisherigen Rechtslage[2] wird die **Buchwertfortführung** auch zugelassen, wenn es zu einer **Verlagerung der stillen Reserven auf andere MU'er** – etwa durch Buchwertfortführung in der Gesellschaftsbilanz – kommt. Dies folgt aus der in § 6 V 4 enthaltenen **Sperrfrist.** Diese gewinnt insbes für „unentgeltliche Übertragungen" iSd § 6 V 3 Nr 1 und 2 durch verdeckte Sacheinlagen Bedeutung.

Zu gegen Minderung der Gesellschaftsrechte erfolgenden offenen und unentgeltlichen verdeckten gesellschaftsrechtlichen Entnahmen aus dem Gesellschaftsvermögen s § 15 Rn 460ff.

188b Als WG des BV betr Übertragungen kommen in Betracht, „soweit"[3] sie **gegen Gewährung oder Minderung von Gesellschaftsrechten** an derselben MU'schaft als Spezialform des Tauschs zw dem MU'er und seiner MU'schaft. Damit geht ist § 6 V 3 als lex specialis vorrangig vor § 6 VI 1 (§ 6 VI 4).[4] § 6 V 3 umfasst auch die **unentgeltliche Übertragung** von Einzel-WG aus dem BV oder Sonder-BV des MU'ers in das Gesamthandsvermögens der MU'schaft (verdeckte gesellschaftsrechtliche Sacheinlagen, § 15 Rn 458, dort auch zum Verstoß gegen das Subjektsteuerprinzip) und umgekehrt sowie die unentgeltliche Übertragung zw den Sonder-BV verschiedener MU'er derselben MU'schaft.[5] Nicht begünstigt sind Veräußerungen,[6] die nach den allg Regelungen über Veräußerungsgeschäfte wie zw fremden Dritten abgewickelt werden; in diesen Fällen ist das Einzel-WG beim Erwerber gem § 6 I Nr 1, 2 mit den AK anzusetzen; der Veräußerer erzielt in derselben Höhe einen Veräußerungserlös. Eine Veräußerung ist zB die Übertragung eines Grundstücks mit in wirtschaftlichem Zusammenhang stehenden Schulden; eine „Nettobetrachtung" ist begrenzt auf die Übertragung von Sachgesamtheiten und die Teilung von Gesamthandsvermögen und findet daher hier nicht statt.[7] Zur Übertragung gegen „Gesellschaftsrechte" bei Gutschrift auf den Kapitalkonten I oder II wird auf die bisherige Auffassung der FinVerw Bezug genommen.[8] Teilentgeltliche Übertragungen sind in eine voll entgeltliche und eine voll unentgeltliche Übertragung aufzuteilen; der Umfang der Entgeltlichkeit bestimmt sich nach dem Verhältnis des Kaufpreises zum Verkehrswert des übertragenen WG.[9]

188c **MU'er einer PersGes und damit auch Übertragender** iSd § 6 V 3 kann **auch eine KapGes** sein. Überträgt diese ein einzelnes WG aus ihrem BV unentgeltlich oder gegen Gewährung von Gesellschaftsrechten in das Gesamthandsvermögen einer PersGes, an der sie zu 100 vH vermögensmäßig beteiligt ist, so ist bei der Übertragung der Wert, der sich nach den Vorschriften über die Gewinnermittlung ergibt, anzusetzen, sofern die Besteuerung der stillen Reserven sichergestellt ist. Die Voraussetzungen des § 6 V 4 sind nicht erfüllt, da sich durch die Übertragung der Anteil der KapGes an dem übertragenen WG weder erhöht noch erstmals begründet wird.[10] Nach § 6 V 5 ist der Teilwert anzusetzen, soweit der Anteil einer Körperschaft an dem übertragenen WG unmittelbar

---

1 BMF BStBl I 00, 462; vgl ferner BMF BStBl I 04, 1190, unter 1.
2 Vgl BFHE 192, 516 = BFH/NV 00, 1549; *Schmidt*[26] § 15 Rn 665.
3 *Brandenberg* DStZ 02, 557.
4 BMF BStBl I 01, 367, unter 1.
5 BMF BStBl I 01, 367, unter 2.
6 BMF BStBl I 01, 367, unter Nr 3.
7 Vgl BFH BStBl II 02, 420; ausf *Brandenberg* DStZ 02, 557 f; *Böhme/Forster* BB 03, 1979: die Anwendung der Trennungstheorie ist „mehr als zweifelh" BMF v 7.6.01, BStBl I 01, 367, unter Nr 5; vgl auch BMF v 28.4.98, BStBl I 98, 583 Tz 5.a.
8 BMF v 29.3.00, BStBl I 00, 462.
9 BMF BStBl I 01, 367, unter Nr 4; vgl H 17 (teilentgeltliche Übertragung) IV EStH; *Brandenberg* DStZ 02, 558.
10 BMF DB 02, 660 = StEK § 6 V Nr 4, unter 1.; zum Fall, dass die übertragende KapGes an der aufnehmenden PersGes zu weniger als 100 vH beteiligt ist, s FinMin Saarland DStR 03, 1120 = StuB 03, 751; s auch OFD Ffm DB 03, 528; zur Übertragung von Einzel-WG aus dem BV einer KapGes oder MU'schaft in das Gesamthandsvermögen, an der der Übertragende beteiligt ist, und umgekehrt, OFD Ffm StEK § 6 V Nr 6.

oder mittelbar begründet wird oder sich erhöht. Auch im Fall der Übertragung eines WG aus dem Gesamthandsvermögen einer gewerblich geprägten PersGes in das Gesamthandsvermögen einer anderen gewerblich geprägten PersGes, an der die Übertragende zu 100 % beteiligt ist, ist bei der Übertragung der Wert anzusetzen, der sich nach den Vorschriften über die Gewinnermittlung ergibt, sofern die Besteuerung der stillen Reserven sichergestellt ist.[1]

Handelt es sich bei dem ausscheidenden MU'er um eine **KapGes**, ist § 6 V 5 zu beachten. Dieser erfordert den Teilwertansatz, soweit der Anteil der KapGes an dem übertragenden WG sich erhöht. IErg müssen daher die anteilig auf die übrigen MU'er entfallenden stillen Reserven aufgelöst werden und noch von diesen versteuert werden (§ 15 Rn 463, 464). Problematisch ist hingegen, wie zu verfahren ist, wenn der Ausscheidende eine nat Pers ist, hingegen zu den verbleibenden MU'ern eine KapGes gehört. Hier führt die von § 6 V 3 Nr 1 und 2 verlangte Anpassung der Kapitalkonten dazu, dass ggf bisher von der KapGes zu versteuernde stille Reserven nunmehr vom Ausscheidenden zu versteuern sind und umgekehrt. Eine vGA oder verdeckte Einlagen liegen nach herkömmlichen Kategorien bemessen nicht vor, soweit der Ausscheidende wertmäßig nicht mehr oder weniger erhält als seinem Auseinandersetzungsanspruch entspricht. Die Sonderregelungen im Falle der Beteiligung von KapGes als MU'er verdanken ihre Existenz der Befürchtung einer missbräuchlichen Ausnutzung der teilw, bzw vollständigen Befreiung der Veräußerung von Anteilen an KapGes durch § 3 Nr 40 EStG, bzw § 8b II KStG. Befürchtet wird die Umgehung einer normal zu besteuernden Veräußerung der WG durch teilw oder ganz befreite Veräußerungen von Anteilen an KapGes, auf die via Übertragung innerhalb einer MU'schaft mittelbar auch die stillen Reserven in den WG übertragen werden.[2] Anstatt dieses Problem im Einklang mit der Grundentscheidung für eine Individualbesteuerung von Steuersubjekten zu lösen und eine Verlagerung stiller Reserven auf andere MU'er auch bei der Übertragung von Einzel-WG nicht zuzulassen, kapriziert sich der Gesetzgeber auf Sonderregelungen bei Beteiligung von KapGes als MU'er und die Einführung von Sperr- und Behaltensfristen.

Mittels der **Sperrfrist nach § 6 V 4** (ausf § 15 Rn 458) sollen Verschiebungen von stillen Reserven zwecks baldiger Übertragung durch den Empfänger der übertragenen WG verhindert werden.[3] Denn begünstigt werden soll nur die Fortsetzung des unternehmerischen Engagements in anderer Form. In diesen Fällen ist die Veräußerung oder Entnahme ein rückwirkendes Ereignis iSd § 175 I 1 Nr 2 AO mit der Folge, die ursprüngliche Übertragung zum Buchwert nunmehr rückwirkend mit dem Teilwert zu bewerten ist. Sind allerdings die stillen Reserven dem übertragenden G'ter bereits durch eine Ergänzungsbilanz zugeordnet worden, ist eine Behaltefrist nicht erforderlich da dann eine Versteuerung der stillen Reserven bei demjenigen, bei dem sie entstanden sind, sichergestellt ist. Aus der Regelung des § 16 III 3 wie des § 6 V 4 muss zwingend entnommen werden, dass der Gesetzgeber, vorbehaltlich der Einhaltung der Sperrfrist, die Verlagerung stiller Reserven zw den MU'ern (dazu Rn 454) im Zuge einer Realteilung toleriert, jedenfalls soweit keine KapGes als MU'er beteiligt sind (Rn 345). Technisch erfolgt dies durch (erfolgsneutrale) Kapitalkontenanpassung an die Buchwerte der von den Realteilern übernommenen WG des BV.

188e § 6 V 5, 6 soll zum einen das Überspringen stiller Reserven auf KapGes verhindern. Generell will das Gesetz das Verfügen der WG ohne Teilwertrealisation durch Verkäufe von Anteilen an KapGes unter Nutzung der Vorteile, die durch die Umstellung auf das Halbeinkünfteverfahren entstehen, verhindern.[3] § 6 bestimmt, dass auch eine **nachträgliche Anteilsbegründung oder -erhöhung bei einer KapGes** an dem übertragenen WG ein rückwirkendes Ereignis iSd § 175 I 1 Nr 2 AO ist; ggf ist rückwirkend auf den Übertragungszeitpunkt der Teilwert anzusetzen. Aus Gründen der Praktikabilität – um eine rückwirkende Berichtigung von Veranlagungen in Grenzen zu halten – hat der Gesetzgeber für den hierfür eine Beschränkung auf 7 Jahre eingeführt. Ausf zur Beteiligung einer KapGes als MU'er § 15 Rn 463 ff.

188f Wegen weiterer Einzelheiten zu § 6 V 3–6 wird auf § 15 Rn 453 ff verwiesen.

189 **5. Zur Abgrenzung: entgeltliche Übertragungen.** Der Gesetzeswortlaut des § 6 V 3 EStG unterscheidet nicht zw entgeltlicher und unentgeltlicher Übertragung von Einzel-WG. § 6 V 3 erfasst nicht Veräußerungsvorgänge, die nach den allg Regelungen über Veräußerungsgeschäfte wie zw fremden Dritten abgewickelt werden; dann ist das Einzel-WG beim Erwerber gemäß § 6 I Nr 1, 2

---

1 BMF DB 02, 660 = StEK § 6 V Nr 4, unter 2.
2 BT-Drs 14/6882, 33; krit *Briese* StuB 03, 248.
3 BT-Drs 14/6882, 33.

mit den AK anzusetzen; der Veräußerer erzielt in derselben Höhe einen Veräußerungserlös. Teilentgeltliche Übertragungen sind in eine voll entgeltliche und eine voll unentgeltliche Übertragung aufzuteilen; der Umfang der Entgeltlichkeit bestimmt sich nach dem Verhältnis des Kaufpreises zum Verkehrswert des übertragenen WG.[1] Die Übernahme von Verbindlichkeiten ist als gesondertes Entgelt anzusehen.[2] **Entgeltliche Veräußerungen einzelner WG** zu fremdüblichen Bedingungen aus dem **BV der Ges oder dem Sonder-BV** werden auch dann als normale **gewinnrealisierende Geschäftsvorfälle** behandelt, wenn sie zw der Ges (den MU'ern gemeinsam) und dem G'ter (dem einzelnen MU'er) stattfinden[3] oder zw den einzelnen MU'ern. Derartige Veräußerungsvorgänge **fallen nicht unter § 6 V 3.** Dies wird nunmehr negativ in § 6 V 3 idF UntStFG klargestellt.[4] Denn es handelt sich dabei weder um unentgeltliche Übertragungen, noch um Übertragungen gegen Gewährung oder Minderung von Ges-Rechten. Dasselbe gilt für Veräußerungen zw **Schwester-PersGes**.[5] Das Steuerrecht respektiert, dass bereits zivilrechtlich **getrennte Vermögensmassen** vorliegen. Gleichgültig ist, ob die Anschaffung für ein eigenes BV,[6] für Sonder-BV[7] oder für PV[8] erfolgt. Hier liegt die eigentliche Bedeutung der Abkehr von der sog Bilanzbündeltheorie (§ 15 Rn 202). Auf Seiten des Übertragenden liegt ein normales **Veräußerungsgeschäft** vor, auf Seiten des Erwerbenden entstehen **AK. § 6b** ist – bei Vorliegen der übrigen Voraussetzungen – zur Gewinnneutralisierung für den Veräußernden anwendbar.[9] Allerdings schließt für Wj nach dem 31.12.98 § 6b X idF StEntlG eine Übertragung aufgedeckter stiller Reserven von der Gesamthand auf das Sonder-BV/eigene BV und umgekehrt – im Gegensatz zur früheren Rechtslage[10] – aus[11] (§ 6b Rn 20). Mit Wirkung ab 1.1.02 wird durch das UntStFG allerdings die alte Rechtslage wiederhergestellt, § 52 XXVIIIa. Ebenso werden **Veräußerungen aus dem BV eines Eigenbetriebs oder dem PV eines MU'ers** an die Ges oder einen anderen MU'er in dessen Sonder-BV, Eigenbetrieb oder PV behandelt. Veräußerungen von WG des PV sind allerdings nur unter den Voraussetzungen der §§ 17, 23 steuerbar. **Entgeltlichkeit** liegt auch bei **Übernahme von Schulden**[12] vor. **Teilentgeltliche Übertragungen** sollen nach Auffassung der FinVerw in einen entgeltlichen Teil und eine unentgeltliche Übertragung aufzuteilen sein.[13] Dem ist für die Übertragung von WG von und in gesamthänderisches BV nicht zu folgen. Eine Gewinnrealisation tritt nur ein, wenn das Entgelt den Buchwert übersteigt und nur in dieser Höhe. Bleibt das Entgelt unter dem Buchwert, ist der Buchwert fortzuführen.[14] Mit der Übertragung von Einzel-WG aus dem BV eines MU'ers in das Gesamthandsvermögen einer MU'schaft hat sich die FinVerw mehrfach befasst.[15]

IV. Tausch eines einzelnen Wirtschaftsguts (§ 6 VI). Der Tausch von WG ist – wie schon bisher – allg ein Realisierungstatbestand.[16] Die **Sacheinlage** gegen Gewährung von Gesellschaftsrechten ist ein tauschähnlicher Vorgang (Indiz hierfür: Gutschrift auf dem Kapitalkonto I; s auch Rn 192);[17] auch für sie gilt § 6 VI. Eine Einlage (§ 6 I Nr 5) ist bei einer PersGes nur gegeben, wenn das WG in deren Sonder-BV überführt wird (ausf § 15 Rn 369ff). Nach Auffassung des Gesetzgebers[18] ist auch der Tausch von Anteilen an KapGes aus steuerlicher Sicht eine Veräußerung der hingegebenen und ein entgeltlicher Erwerb der erhaltenen Anteile und damit ein normaler Veräußerungsvorgang (Umsatzgeschäft). Das Gesetz stellt für die **Weggabe einzelner WG** (zum Tausch von Unternehmenseinheiten – [Teil-]Betrieben, MU'schaft – § 16 Rn 16ff – Umstrukturierungen nach dem UmwStG durch offene Sacheinlagen als tauschähnliches Veräußerungsgeschäft) in ein BV mittels

---

1 BMF BStBl I 01, 364.
2 BMF BStBl I 01, 364, unter Bezugnahme auf BMF BStBl I 98, 583 Tz 5.a.
3 St Rspr vgl BFH GrS BStBl II 93, 616; erstmals BFH BStBl II 76, 744, 745, 748.
4 Vgl bereits BMF BStBl I 01, 367 zu § 6 V 3 idF StSenkG; dazu auch *Reiß* BB 01, 1225 und BB 00, 1965.
5 Vgl BFH BStBl II 01, 229 mwN.
6 BFH BStBl II 76, 744.
7 BMF BStBl I 78, 8 Tz 29, 30.
8 BFH BStBl II 81, 84.
9 BFH BStBl II 81, 84; BStBl II 86, 350.
10 BFH BStBl II 89, 558.
11 R 6b 2 VI EStR.
12 BFH/NV 98, 836; BFH BStBl II 00, 230; FinVerw BStBl I 01, 367; BStBl I 98, 583.
13 BMF BStBl I 01, 367 (Aufteilung nach Verhältnis Kaufpreis/Verkehrswert).
14 BFH BStBl II 01, 229; BFHE 192, 516.
15 BMF v 7.2.02 – IV A 6 – S 2241 – 94/01; OFD D'dorf v 25.10.04 – S 2241 A – St 112 – D/S 2241 – 62 – St 134 – K: Begründung oder Erhöhung eines Anteils einer Körperschaft an einem WG iSd § 6 V 5 u 6; OFD Ffm v 3.5.04, S 2170 A – 109 – St II 2.01: Übertragung von WG auf Allein-G'terin; OFD Hann v 9.8.04 – S 2241 – 382 – StH 221/S 2241 – 304 – StO 222: Gesetz zur Fortentwicklung des Unternehmenssteuerrechts (UntStFG).
16 BT-Drs 14/265, 174; BFH BStBl II 90, 497.
17 BFH BStBl II 99, 209 – KapGes; BStBl II 94, 856 – PersGes; BStBl II 00, 230 – offene Einlage einer Beteiligung iSd § 17; hierzu BMF BStBl I 00, 462, mit Übergangsregelung; BFH/NV 03, 03, 88; krit hierzu *Schmidt/Hageböke* DStR 03, 1813: Aus der Sicht der aufnehmenden Gesellschaft liegt eine Einlage vor. Zum Rechtsbegriff „Kapitalkonto" BMF BStBl I 02, 1190.
18 BT-Drs 14/265, 173.

Tausches klar, dass die stillen Reserven in Höhe der Differenz zw dem gemeinen Wert und dem Buchwert des weggetauschten WG aufzudecken sind. Die Bestimmung enthält keine Aussage über die eingetauschte Gegenleistung. Die bislang gewohnheitsrechtlich anerkannte Steuerneutralität insbes des Anteilstauschs entfällt; die Grundsätze des sog **Tauschgutachtens** des BFH – Steuerfreiheit bei wirtschaftlicher Identität von art-, wert- und funktionsgleichen Anteilen[1] – sind damit – auch im Anwendungsbereich des § 17 (§ 17 Rn 105) – überholt, nicht aber die Grundsätze über die Surrogation im Umlegungsverfahren[2] sowie R 6.6 EStR als gewohnheitsrechtliche[3] Regelung über die RfE (str). Rechtsfolge des Tausches ist die Bemessung der AK nach dem gemeinen Wert des hingegebenen WG. § 13, § 20 I 2, § 21 I 4, § 29 IV UmwStG haben Vorrang vor § 6 VI 1. Zur 100 %igen Beteiligung als Gegenstand der Veräußerung s § 16 Rn 69 ff. § 16 hat Vorrang, wenn ein WG im Zusammenhang mit einer Betriebsveräußerung oder -aufgabe getauscht wird; es wird auf die Kommentierung zu dieser Vorschrift verwiesen.

191 Wird nach dem 1.1.99 (§ 52 XVI 12) ein **einzelnes WG des BV** im Wege der nunmehr als Tauschgeschäft behandelten **verdeckten Einlage** (zur Einlage von wesentlichen Beteiligungen s § 16 Rn 23, § 17 Rn 120) übertragen, erhöhen sich die AK der im BV gehaltenen **Beteiligung an der KapGes** (zur offenen und verdeckten Einlage des G'ters in eine PersGes s § 6 V 3) um den Teilwert des eingelegten WG **(§ 6 VI 2)**. Dies führt im abgebenden BV zu einem laufenden Gewinn. Eine verdeckte Einlage ist eine gesellschaftsrechtlich veranlasste Zuführung von Kapital bei einer Ges, die keine Gegenleistung in Form neuer Gesellschaftsrechte zur Folge hat (Rn 167),[4] weswegen das UmwStG nicht anwendbar ist. Zur Vermeidung einer Übermaßbesteuerung[5] erhöhen sich im Fall des § 6 I Nr 5 S 1a (betr **innerhalb der letzten 3 Jahre angeschaffte WG**) die AK iSd S 2 um den Einlagewert des WG **(§ 6 VI 3)**.

194 **V. AfA-Bemessungsgrundlage für Überschussrechner (§ 6 VII).** Die Vorschrift tritt inhaltlich unverändert an die Stelle des § 7 III EStDV. Danach sind im Rahmen der Gewinnermittlung nach § 4 III bei der Bemessung der AfA oder der AfS (§ 7 VI) die sich bei Anwendung der Abs 3–6 ergebenden Werte als (fiktive) Bemessungsgrundlage für die AfA oder AfS anzusetzen. In den Fällen der § 6 III,[6] § 6 V 1, 2 findet eine Rechtsnachfolge statt.

§ 6a Pensionsrückstellung

(1) Für eine Pensionsverpflichtung darf eine Rückstellung (Pensionsrückstellung) nur gebildet werden, wenn und soweit
1. der Pensionsberechtigte einen Rechtsanspruch auf einmalige oder laufende Pensionsleistungen hat,
2. die Pensionszusage keine Pensionsleistungen in Abhängigkeit von künftigen gewinnabhängigen Bezügen vorsieht und keinen Vorbehalt enthält, dass die Pensionsanwartschaft oder die Pensionsleistung gemindert oder entzogen werden kann, oder ein solcher Vorbehalt sich nur auf Tatbestände erstreckt, bei deren Vorliegen nach allgemeinen Rechtsgrundsätzen unter Beachtung billigen Ermessens eine Minderung oder ein Entzug der Pensionsanwartschaft oder der Pensionsleistung zulässig ist, und
3. die Pensionszusage schriftlich erteilt ist; die Pensionszusage muss eindeutige Angaben zu Art, Form, Voraussetzungen und Höhe der in Aussicht gestellten künftigen Leistungen enthalten.

(2) Eine Pensionsrückstellung darf erstmals gebildet werden
1. vor Eintritt des Versorgungsfalls für das Wirtschaftsjahr, in dem die Pensionszusage erteilt wird, frühestens jedoch für das Wirtschaftsjahr, bis zu dessen Mitte der Pensionsberechtigte das 28. Lebensjahr vollendet, oder für das Wirtschaftsjahr, in dessen Verlauf die Pensionsanwartschaft gemäß den Vorschriften des Betriebsrentengesetzes unverfallbar wird,
2. nach Eintritt des Versorgungsfalls für das Wirtschaftsjahr, in dem der Versorgungsfall eintritt.

---

1 BFH BStBl III 59, 30; zur Aussage des Tauschgutachtens BFH/NV 06, 1651; BMF BStBl I 98, 163.
2 BFH BStBl II 84, 711; *Schmidt*[26] § 6 Rn 542.
3 BFH BStBl II 99, 217.
4 A 36a KStR.
5 BT-Drs 14/23, 173; krit *H/H/R* § 6 Rn 130.
6 **AA** *H/H/R* § 6 Rn 133.

(3) ¹Eine Pensionsrückstellung darf höchstens mit dem Teilwert der Pensionsverpflichtung angesetzt werden. ²Als Teilwert einer Pensionsverpflichtung gilt
1. vor Beendigung des Dienstverhältnisses des Pensionsberechtigten der Barwert der künftigen Pensionsleistungen am Schluss des Wirtschaftsjahres abzüglich des sich auf denselben Zeitpunkt ergebenden Barwertes betragsmäßig gleich bleibender Jahresbeträge, bei einer Entgeltumwandlung im Sinne des § 1 Abs. 2 des Betriebsrentengesetzes mindestens jedoch der Barwert der gemäß den Vorschriften des Betriebsrentengesetzes unverfallbaren künftigen Pensionsleistungen am Schluss des Wirtschaftsjahres. ²Die Jahresbeträge sind so zu bemessen, dass am Beginn des Wirtschaftsjahres, in dem das Dienstverhältnis begonnen hat, ihr Barwert gleich dem Barwert der künftigen Pensionsleistungen ist; die künftigen Pensionsleistungen sind dabei mit dem Betrag anzusetzen, der sich nach den Verhältnissen am Bilanzstichtag ergibt. ³Es sind die Jahresbeträge zugrunde zu legen, die vom Beginn des Wirtschaftsjahres, in dem das Dienstverhältnis begonnen hat, bis zu dem in der Pensionszusage vorgesehenen Zeitpunkt des Eintritts des Versorgungsfalls rechnungsmäßig aufzubringen sind. ⁴Erhöhungen oder Verminderungen der Pensionsleistungen nach dem Schluss des Wirtschaftsjahres, die hinsichtlich des Zeitpunktes ihres Wirksamwerdens oder ihres Umfangs ungewiss sind, sind bei der Berechnung des Barwertes der künftigen Pensionsleistungen und der Jahresbeträge erst zu berücksichtigen, wenn sie eingetreten sind. ⁵Wird die Pensionszusage erst nach dem Beginn des Dienstverhältnisses erteilt, so ist die Zwischenzeit für die Berechnung der Jahresbeträge nur insoweit als Wartezeit zu behandeln, als sie in der Pensionszusage als solche bestimmt ist. ⁶Hat das Dienstverhältnis schon vor der Vollendung des 28. Lebensjahres des Pensionsberechtigten bestanden, so gilt es als zu Beginn des Wirtschaftsjahres begonnen, bis zu dessen Mitte der Pensionsberechtigte das 28. Lebensjahr vollendet; in diesem Fall gilt für davor liegende Wirtschaftsjahre als Teilwert der Barwert der gemäß den Vorschriften des Betriebsrentengesetzes unverfallbaren künftigen Pensionsleistungen am Schluss des Wirtschaftsjahres;
2. nach Beendigung des Dienstverhältnisses des Pensionsberechtigten unter Aufrechterhaltung seiner Pensionsanwartschaft oder nach Eintritt des Versorgungsfalls der Barwert der künftigen Pensionsleistungen am Schluss des Wirtschaftsjahres; Nummer 1 Satz 4 gilt sinngemäß.

³Bei der Berechnung des Teilwertes der Pensionsverpflichtung sind ein Rechnungszinsfuß von 6 Prozent und die anerkannten Regeln der Versicherungsmathematik anzuwenden.

(4) ¹Eine Pensionsrückstellung darf in einem Wirtschaftsjahr höchstens um den Unterschied zwischen dem Teilwert der Pensionsverpflichtung am Schluss des Wirtschaftsjahres und am Schluss des vorangegangenen Wirtschaftsjahres erhöht werden. ²Soweit der Unterschiedsbetrag auf der erstmaligen Anwendung neuer oder geänderter biometrischer Rechnungsgrundlagen beruht, kann er nur auf mindestens drei Wirtschaftsjahre gleichmäßig verteilt der Pensionsrückstellung zugeführt werden; Entsprechendes gilt beim Wechsel auf andere biometrische Rechnungsgrundlagen. ³In dem Wirtschaftsjahr, in dem mit der Bildung einer Pensionsrückstellung frühestens begonnen werden darf (Erstjahr), darf die Rückstellung bis zur Höhe des Teilwertes der Pensionsverpflichtung am Schluss des Wirtschaftsjahres gebildet werden; diese Rückstellung kann auf das Erstjahr und die beiden folgenden Wirtschaftsjahre gleichmäßig verteilt werden. ⁴Erhöht sich in einem Wirtschaftsjahr gegenüber dem vorangegangenen Wirtschaftsjahr der Barwert der künftigen Pensionsleistungen um mehr als 25 Prozent, so kann die für dieses Wirtschaftsjahr zulässige Erhöhung der Pensionsrückstellung auf dieses Wirtschaftsjahr und die beiden folgenden Wirtschaftsjahre gleichmäßig verteilt werden. ⁵Am Schluss des Wirtschaftsjahres, in dem das Dienstverhältnis des Pensionsberechtigten unter Aufrechterhaltung seiner Pensionsanwartschaft endet oder der Versorgungsfall eintritt, darf die Pensionsrückstellung stets bis zur Höhe des Teilwertes der Pensionsverpflichtung gebildet werden; die für dieses Wirtschaftsjahr zulässige Erhöhung der Pensionsrückstellung kann auf dieses Wirtschaftsjahr und die beiden folgenden Wirtschaftsjahre gleichmäßig verteilt werden. ⁶Satz 2 gilt in den Fällen der Sätze 3 bis 5 entsprechend.

(5) Die Absätze 3 und 4 gelten entsprechend, wenn der Pensionsberechtigte zu dem Pensionsverpflichteten in einem anderen Rechtsverhältnis als einem Dienstverhältnis steht.

(§ 6a wird durch G v 10.12.07, BGBl I, 2838 mWv VZ 2009 wie folgt geändert: In Absatz 2 Nr. 1 werden die Wörter „das 28 Lebensjahr vollendet" durch die Wörter „das 27. Lebensjahr noch nicht vollendet" ersetzt. In Absatz 3 Satz 2 Nr. 1 Satz 6 werden die Wörter „vor der Vollendung des 28. Lebensjahres" durch die Wörter „vor der Vollendung des 27. Lebensjahres" und die Wörter „das 28. Lebensjahr vollendet" durch die Wörter „das 27. Lebensjahr vollendet" ersetzt.)

§ 6a Pensionsrückstellung

R 6a EStR 05/H 6a EStH 05; R 38 KStR 2004; BMF BStBl I 95, 250; BStBl I 97, 1020; 1024; DB 98, 597; BStBl I 99, 212; 436; 512; 594; 959; BStBl I 00, 1197; BStBl I 01, 612; 661; BStBl I 03, 76; BStBl I 04, 849; BStBl I 04, 1045; BStBl I 05, 619; 860 (Abfindungsklauseln); BStBl I 05, 1056 (sog Näherungsverfahren); BStBl I 05, 1052 (Schuldbeitritt); BStBl I 05, 1054 (Richttafeln 2005 G)

Übersicht

	Rn			Rn
A. Grundaussagen der Vorschrift	1		**E. Erstmalige Bildung der Pensionsrückstellung (§ 6a II)**	25
B. Handelsbilanz und Steuerbilanz, Passivierungswahlrecht und Passivierungspflicht	5		**F. Bewertung der Pensionsrückstellung (§ 6a III)**	26
C. Anwendungsbereich (§ 6a I und V)	8		I. Allgemeine Bewertungsgrundsätze (§ 6a III 1 und 3)	26
I. Persönlicher Anwendungsbereich	8		II. Teilwert vor Beendigung des Dienstverhältnisses (§ 6a III 2 Nr 1)	31
II. Sachlicher Anwendungsbereich	9		III. Teilwert nach Beendigung des Dienstverhältnisses (§ 6a III 2 Nr 2)	35
III. Zeitlicher Anwendungsbereich (§ 52 Abs 17 idF des G zur Förderung der zusätzlichen Altersvorsorge und zur Änderung des SGB III, § 52 Abs 16b idF des AVmG)	11		IV. Stichtagsprinzip (§ 6a III 2 Nr 1 S 2, 4 und 5)	39
D. Sondervoraussetzungen für die Bildung einer Pensionsrückstellung (§ 6a I)	14		1. Allgemeines	39
I. Rechtsanspruch (§ 6a I Nr 1)	15		2. Überhöhte Versorgungsanwartschaften	42
II. Bindung an künftige Gewinne (§ 6a I Nr 2 Alt 1)	18		3. Stichtagsprinzip und Inventurstichtag	44
III. Widerrufsvorbehalte (§ 6a I Nr 2 Alt 2)	20		**G. Erstmalige, laufende und nachgeholte Zuführungen zur Pensionsrückstellung (§ 6a IV)**	46
IV. Schriftform- und Eindeutigkeitserfordernis (§ 6a I Nr 3)	22		**H. Auflösung der Pensionsrückstellung**	48

Literatur: S den Literaturnachweis zu § 4b; außerdem: *Bräsch* Die verdrehte ‚umgekehrte' Maßgeblichkeit und betriebliche Altersversorgung, DB 91, 884; *Büchele* Nachholverbot für Pensionsrückstellungen, DB 99, 67; *Bullinger* Der Einfluss der umgekehrten Maßgeblichkeit auf die Bilanzierung von Pensionsverpflichtungen, DB 91, 2397; *Cisch* Auswirkungen der BFH-Rechtsprechung zum Übertragungsvorbehalt auf die betriebliche Altersversorgung, BetrAV 99, 192; *Cramer* Rentenanpassung und Überversorgung im Hinblick auf die steuerliche Anerkennung von Pensionsrückstellungen, DStR 97, 190; *Dernberger/Förster* Zur Bilanzierung zukünftiger Anpassungen von abzufindenden Betriebsrenten aufgrund unterlassener Anpassungen, BB 93, 70; *Finsterwalder* Angemessenheitsprüfung und Überversorgung bei Pensionszusagen an Gesellschafter-Geschäftsführer im Lichte unangemessener Rechtsfolgen, DB 05, 1189; *Förster/Rühmann/Recktenwald* Auswirkungen des Altersvermögensgesetzes auf die betriebliche Altersversorgung, BB 01, 1406; *Gosch* Neuere Rechtsprechung des BFH zu Sonderzusagen der betrieblichen Altersversorgung, BB 96, 1689; *Heger* Abfindungs- oder Kapitalisierungsklauseln in Versorgungszusagen, BB 05, 1378; *Heubeck* Richttafeln 1998 – Neubewertung der Pensionsrückstellungen und ähnlichen Verpflichtungen, DB 98, 2542; *H Höfer* Entgeltumwandlung, Überversorgung und Pensionsrückstellungen, DB 05, 132; *R Höfer* Rückstellungen für Altersteilzeitverpflichtungen in der Handels- und Steuerbilanz, DStR 98, 1; *R Höfer/Kempkes* Rückstellungen für Altersteilzeit, DB 99, 2537; *Langohr-Plato* Bilanzielle Berücksichtigung der Überversorgung, sj 06/05, 26; *Lippek* Auswirkungen des Maßgeblichkeitsgrundsatzes bei der Bildung und Bewertung von Pensionsrückstellungen, StuB 99, 1078; *Niermann* Die betriebliche Altersversorgung im Altersvermögensgesetz aus steuerlicher Sicht, DB 01, 1380; *Oser/Doleczik* Bilanzierung von Altersteilzeit, StBp 99, 67; *dies.* Bilanzierung von Altersteilzeit, StBp 99, 67; *dies.* Bilanzierung von Altersteilzeitregelungen, DB 00, 6; *Paus* Pensionszusagen und Abfindungsklauseln, GmbHR 05, 975; *Pfitzer/Schaum/Oser* Rückstellungen im Lichte aktueller Rechtsentwicklungen, BetrAV 96, 269; *Pinkos* Umgekehrte Maßgeblichkeit und betriebliche Altersversorgung, DB 91, 361; *Prinz* Verzögerte Anpassung von steuerlichen Pensionsrückstellungen, FR 99, 420; *Prost* Bilanzsteuerrechtliche Berücksichtigung von Abfindungsklauseln in Pensionszusagen nach § 6a EStG, DB 05, 2321.

A. Grundaussagen der Vorschrift

1 Pensionsrückstellungen werden für Pensionsverpflichtungen gebildet (§ 6a I HS 1), also für auf Altersruhegeld, Invalidenrenten und/oder Hinterbliebenenversorgung (Witwen- und Waisenrenten) gerichtete Verpflichtungen (**„Pensionszusage"**), die vom StPfl (Unternehmer) gegenüber seinen ArbN oder sonstigen Pers (Rn 8) aus Gründen der **betrieblichen Altersversorgung** (vgl § 1 BetrAVG, § 4b Rn 18 f) und damit zur Absicherung mindestens eines biometrischen Risikos (Alter,

Tod, Invalidität)[1] **unmittelbar** eingegangen werden (deshalb auch: unmittelbare Versorgungszusage, Direktzusage, vgl § 7 I 1 BetrAVG).[2] Im Gegensatz zu mittelbaren Versorgungszusagen (DirektVers, Pensions- und Unterstützungskasse, Pensionsfonds, vgl §§ 4b, 4c, 4d, 4e) werden (unbeschadet einer etwaigen Rückdeckungsversicherung zur Absicherung der Zusage bei einem Lebensversicherer, Rn 49) an einen Dritten keine Prämien oder Zuwendungen geleistet, die Verpflichtung wird vielmehr – ähnlich der Deckungsrückstellung eines Lebensversicherers und ebenfalls nach versicherungsmathematischer Berechnungsmethode (§ 6a III 3, Rn 28) – allein über die Pensionsrückstellung erfasst. Es gilt der **Grundsatz der Einzelbewertung (vgl § 252 I Nr 3 HGB)**; jede Pensionsverpflichtung („eine", vgl § 6a I HS 1) ist – und zwar auch bei Zusage von Alters-, Invaliditäts- und Hinterbliebenenversorgung – bilanziell als (einheitliches[3]) Einzel-WG[4] zu behandeln, wobei allerdings in der Bilanz nur die Summe aller eingegangenen Verpflichtungen ausgewiesen wird. § 6a wirkt über die Bildung der Rückstellung und der erforderlichen jährlichen Zuführungen (§ 6a IV) gewinnmindernd, infolge der einschränkenden Voraussetzungen (insbes § 6a I) und Bewertungsmaßstäbe (insbes des Stichtagsprinzips, § 6a III 2 Nr 1) zugleich aber auch abzugsbegrenzend **(Einschränkung des Nettoprinzips)**. Ansonsten entsprechen die Bildung und die – im Versorgungsfall – (sukzessive) Auflösung der Pensionsrückstellung steuerlich der periodengerechten Gewinnermittlung; betriebswirtschaftlich kommt ihr ein (subventionierender) Innenfinanzierungseffekt zu, zunächst während der Anwartschaftsphase, dann aber auch nach Eintritt der Rentenzahlungen, die ihrerseits **BA** sind und die zugleich die jährlichen Beträge, um die die Rückstellung ratierlich aufzulösen ist (Rn 48), um ca 3/4 übersteigen.

B. Handelsbilanz und Steuerbilanz, Passivierungswahlrecht und Passivierungspflicht

Handelsbilanziell wird zw (unmittelbaren) Alt- und Neuzusagen unterschieden. Altzusagen sind solche, die bis zum 31.12.86 erteilt wurden. Für sie besteht ein Passivierungswahlrecht, auch für spätere Änderungen (Art 28 I 1 EGHGB). Für **danach** erteilte Neuzusagen bestimmt § 249 I 1 HGB, Art 23 I 1 EGHGB eine Passivierungspflicht. **Steuerrechtlich** folgt daraus – seinen Voraussetzungen nach hiervon teilw abw – gem § 6a (insoweit als lex specialis zu § 5 I)[5] für **Altzusagen ein Passivierungswahlrecht**,[6] für **Neuzusagen eine Passivierungspflicht** (§ 249 I 1 HGB).[7] § 6a knüpft insoweit zwar an die HB an, erfordert wie diese die Voraussetzungen der allg Grundsätze für die Bildung von Rückstellungen (§ 249 I HGB), durchbricht indes zugleich das Maßgeblichkeitsprinzip (§ 5 I) und stellt deswegen nicht nur eine bloße Bewertungs-, vielmehr eine **eigenständige bilanzielle Ansatzvorschrift** dar.[8] Die Verteilungswahlrechte gem § 6a IV 2 – 4 (s Rn 46ff) sind in der Handels- und in der Steuerbilanz allerdings gleichermaßen auszuüben (§ 5 I 2; § 247 III 1 HGB analog). **Nicht** einschlägig ist § 6a für **Einstandspflichten** des ArbG aus **mittelbaren Pensionsverpflichtungen**[9] (s Rn 1), gleichviel, auf welcher zivilrechtlichen Grundlage, zB nach arbeitsrechtlichen Grundsätzen (§ 1 I 3 BetrAVG idF des AVmG), aus Erfüllungsübernahme, Schuldbeitritt, Bürgschaft, und für **ähnliche Verpflichtungen** (restriktives Regelungsverständnis:[10] zB Vor- und Nachruhestandsleistungen, Überbrückungsgelder, Verdienstsicherungen, Jahreszusatzleistungen; Pflegerenten[11] usw, Krankenversicherungen oder Beihilfen bei Krankheit, Geburt, Tod nach Eintritt des Ruhestandes,[12] Unternehmerprämien,[13] idR auch Zusatzleistungen im öffentlichen Dienst nach Maßgabe einer Versorgungsordnung unter Einschal-

---

1 Zum Begriff und zu Einzelheiten der Abgrenzung s BMF BStBl I 02, 767 Rn 144 ff; BStBl I 04, 1065 Rn 156.
2 S auch BAG DB 01, 2102.
3 Anders hingegen im Hinblick auf die Beurteilung als vGA BFH DStR 01, 571; DStR 01, 893; DStR 02, 127; BStBl II 99, 316; BFH/NV 93, 541; dagegen aber BMF BStBl I 99, 512 Tz 2; OFD Koblenz FR 00, 109; s auch *Gosch* BetrAV 00, 33, 38; DStR 01, 882 (887); vgl auch *Janssen* DStZ 99, 741, 743; *Wassermeyer* GmbHR 02, 1, 3.
4 BFH/NV 93, 541.
5 BFH GrS BStBl II 69, 291; BStBl II 99, 387.
6 Vgl BFH BStBl II 93, 792 unter II.2.c; BFHE 184, 571 unter II.1.; BFH BStBl II 99, 387 (388); BStBl II 05, 559.
7 R 6a I 2 EStR 05; hM, vgl zB *A/F/R* 2. Teil Rn 149ff; FG Kln EFG 07, 1411 Rev I R 44/07; **aA** *Höfer* BetrAVG Bd II StR[4] Rn 42f;f, 642; *B/R/O*[4] BetrAVG Rn StR A 368 unter Hinweis darauf, dass § 6a zum 1.1.87 nicht geändert worden ist.
8 BFH BStBl II 73, 213; BStBl II 99, 388.
9 S BFH BStBl II 03, 347 zur Einstandspflicht des ArbG für unzureichende Unterstützungskassenleistungen, auch nach Betriebsübergang gem § 613a BGB; s dazu *Gosch* StBp 03, 222.
10 BFH BStBl II 03, 279 (280); *A/D/S* § 249 Rn 115.
11 BMF BB 96, 529; krit *Höfer* BetrAVG Bd II StR[4] Rn 73.
12 BFH BStBl II 03, 279.
13 FG M'ster EFG 01, 1141 (aus anderen Gründen durch BFH/NV 04, 922 aufgehoben).

tung einer Zusatzversorgungskasse[1]). Aus dem insoweit bestehenden handelsrechtlichen Passivierungswahlrecht gem Art 28 I 1, 2 EGHGB folgt steuerlich deshalb ein grds **Passivierungsverbot** (Ausnahme aus Billigkeit: Schuldbeitritt eines Unternehmens desselben Konzerns bei Kaufpreisermittlung gem § 6a).[2] Rückstellungen nicht nach § 6a, sondern nach allg Grundsätzen können allerdings zu bilden sein,[3] so zB für Versorgungsabfindungen,[4] für die von einer KG gegenüber ihrer Komplementär-GmbH eingegangene Verpflichtung auf Ersatz der dem (gesellschaftsfremden) Geschäftsführer der GmbH von dieser versprochenen Versorgungsleistungen,[5] für die von einer kommunalen Eigen-Ges (in Gestalt einer KapGes) übernommene Verpflichtung, der Stadt zukünftige Pensionszahlungen der zur Dienstleistung bei der KapGes tätigen Beamten zu erstatten,[6] für durch allg Schuldbeitritt übernommene Pensionsverpflichtungen eines Dritten[2] oder aus **Erfüllungsrückständen** und für Verpflichtungen, die – vor allem auch im Falle der Altersteilzeit[7] – auf Vergütungen für die Zeit der **Arbeitsfreistellung** vor Ausscheiden aus dem Dienstverhältnis gerichtet sind;[8] für neben dem laufenden Gehalt zugesagte **Jahreszusatzleistungen** im Jahr des Eintritts des Versorgungsfalles gilt dies nicht.[9] Kann der ArbN darauf optieren, ob auf seinem Arbeitszeitkonto angesammelte Guthaben in Anspr als einer Direktzusage umgewandelt werden, ist hierfür eine Rückstellung erforderlich, gem § 6a und vor Festlegung eines Fälligkeitszeitpunktes nach Auffassung der FinVerw aber nur dann, wenn der Rückstellungsteilwert niedriger ist als jener gem § 6.[10] **In Umwandlungsfällen** sehen § 3 I 2, § 11 I 2, § 20 I 1 HS 2u § 24 II 1 HS 2 UmwStG nF idF des SEStEG[11] (zur erstmaligen Anwendung s § 17 Rn 36) für übergehende Direktzusagen eine Wertbegrenzung der ansonsten anzusetzenden gemeinen Werte des übergehenden BV nach Maßgabe der Bewertung gem § 6a vor, weitergehende stille Lasten mindern den Umwandlungsgewinn also (systemwidrig)[12] nicht. **Abw** davon verfährt **§ 12 I KStG nF** bei Körperschaften für den Fall der allg **Entstrickung** durch Verlust oder Beschränkung des deutschen Besteuerungsrechts auf den Gewinn aus der Veräußerung oder Nutzung von WG; dort werden die Pensionsrückstellungen im Rahmen der Firmenbewertung mit ihren gemeinen Werten, nicht dem § 6a-Wert berücksichtigt.[13]

C. Anwendungsbereich (§ 6a I und V)

8   I. Persönlicher Anwendungsbereich. In **persönlicher Hinsicht** kann eine Pensionsrückstellung von (nat oder jur) Pers als **Pensionsverpflichtete** gebildet werden, die ihren Gewinn durch Bestandsvergleich gem §§ 4 I, 5 I und nicht durch Überschussrechnung gem § 4 III ermitteln, also auch Betriebe gewerblicher Art (vgl § 4 I KStG) für ArbN, die in ihrem betrieblichen Bereich tätig sind.[14] **Pensionsberechtigte** sind (in- oder ausländische) nat Pers (nicht nur solche iSd § 17 I BetrAVG),[15] die zu dem Verpflichteten[16] in einem **Dienstverhältnis** (iSv §§ 611 ff BGB; vgl **§ 6a III, IV**) oder einem – ebenfalls betrieblich veranlassten (vgl § 4 IV)[17] – „anderen **Rechtsverhältnis**" (vgl **§ 6a V**, ähnlich aus arbeitsrechtlicher Sicht § 17 I 2 BetrAVG)[18] stehen, also aus einem (auch nur einmaligen) Miet-, Dienst-, Werk-, Geschäftsbesorgungsvertrag oÄ als Pächter, Berater, Lieferant, Handelsvertreter, Geschäftsführer[19] oÄ, ggf auch in den Fällen der ArbN-Entsendung für ArbN eines anderen Unter-

---

1 S dazu *Höfer* BetrAVG Bd II StR[3] Rn 2445 ff; *Weber/Küpper* DB 95, 437 (440); *Zeis* Wpg 07, 788; ähnlich *Hansmeyer* WPg 94, 690; weitergehend auch kein Passivierungswahlrecht befürwortend: *Uttenreuther/v Puskás* DB 96, 741; *Uttenreuther* BetrAV 96, 230; s aber auch *IdW* WPg 96, 510; die Frage iErg offen lassend BFH/NV 06, 1580.
2 BMF BStBl I 05, 1052.
3 S dazu allg *Höfer* BetrAVG Bd II StR[4] Rn 58 ff.
4 BFH BStBl II 05, 559.
5 BFH BStBl II 05, 88: Verbindlichkeitsrückstellung iHd Pensionsrückstellung der GmbH gem § 6a; Letzteres ist zweifelh, s *Gosch* StBp 02, 248.
6 FG RhPf DStRE 05, 1305.
7 Vgl AltersteilzeitG v 23.7.96 (BGBl I 96, 1078); dazu BMF BStBl I 99, 959 Tz 15 ff; einschränkend BStBl I 87, 365; BFH BStBl II 88, 338; krit *Höfer* BetrAVG Bd II StR[3] Rn 2494; *Höfer/Kempkes* DB 99, 2537; *Oser/Doleczik* StBp 99, 67; *dies.* DB 00, 6; zu insoweit neuen Ansätzen im Hinblick auf ein eingeschränktes Verständnis des schwebenden Geschäfts s aber auch BFH BStBl II 03,

279; BStBl II 04, 126; *Gosch* StBp 03, 188 ff mwN; s auch BFH DStR 06, 367.
8 Im Einzelnen BMF BStBl I 99, 959 Tz 2 ff.
9 BMF aaO Tz 22 f.
10 BMF aaO Tz 3; **aA** *Wellisch* DB 04, 2225, 2229: aus Gründen des Vorsichtsprinzips nur, wenn jener Teilwert höher ist.
11 V 7.12.06, BGBl I 06, 2782.
12 Zutr *Rödder/Schumacher* DStR 06, 1481 (1489).
13 *Dötsch/Pung* DB 06, 2648; vgl auch BT-Drs 16/3369, 18.
14 S auch den Sachverhalt in BFH BStBl II 71, 247; FG Nds EFG 06, 717 Rev I R 3/06; ferner BFH BStBl II 06, 688 (insoweit gegen FG Hess EFG 04, 1246).
15 *L/B/P* § 6a Rn 60.
16 *L/B/P* § 6a Rn 58; **aA** *A/F/F* 2. Teil Rn 63.
17 *Höfer* BetrAVG Bd II StR[4] Rn 52.
18 S auch BFH BStBl II 89, 323.
19 FG Kln EFG 99, 596: Pensionsrückstellung bei GmbH & Co KG für Geschäftsführer der GmbH als ‚mittelbaren KG-Geschäftsführer'.

nehmens bei fortbestehendem Arbeitsverhältnis oder bei sonstigem fortbestehenden betrieblichen Eigeninteresse des Entsendenden,[1] gleichermaßen die **Hinterbliebenen** solcher Pers (Witwe u Witwer, Kinder, frühere Ehe- gatten, ggf auch Lebensgefährten).[2] Berechtigt in diesem Sinne können ggf auch aus eigenbetrieblichen Gründen in ein fremdes Unternehmen entsandte ArbN sein, desgleichen ArbN im öffentlichen Dienst, die Anspr auf eine Zusatzversorgung haben.[3] Besonderheiten bestehen bei Angehörigen, insbes Ehegatten (s allg § 4 Rn 210 „Versicherungsleistungen"; Rn 211 „Angehörige"), sowie von PersGes (MU'er; s § 15 Rn 395). Fehlt in solchen oder anderen Fällen die **betriebliche Veranlassung** der Zusage (§ 4 IV), entfällt auch die Bildung der Rückstellung gem § 6a. Handelt es sich bei dem Berechtigten um den G'ter-Geschäftsführer einer KapGes u erweist sich die Pensionszusage infolge gesellschaftlicher (Mit-)Veranlassung (ganz oder zT) als **vGA** (§ 8 III 2 KStG, zB bei fehlender Finanzierbarkeit im Versorgungsfall;[4] s § 20 Rn 71 ff), ist die nach Maßgabe des § 6a u dessen Voraussetzungen gebildete Pensionsrückstellung – auf der 1. vGA-Prüfungsstufe – zwar steuerlich anzuerkennen, auf der 2. vGA-Prüfungsstufe sind die jährlichen Zuführungen zur Rückstellung sodann jedoch außerbilanziell wieder hinzuzurechnen.[5] – In jedem Fall ist **Regelungsadressat** des § 6a immer nur der Pensionsverpflichtete und nicht auch der Pensionsberechtigte. In Einklang damit führt die Zuführung zu der Versorgungsrückstellung beim ArbN **nicht** zu einem **Lohnzufluss** (§ 19, § 38 II 2, § 11), und zwar unabhängig davon, ob ein entspr Betrag vom Arbeitslohn einbehalten wird oder ob der Zusage eine Barlohnumwandlungsabrede zw ArbG und ArbN zugrunde liegt.[6]

II. Sachlicher Anwendungsbereich. In **sachlicher Hinsicht** gilt § 6a für die eingegangenen Pensionsverpflichtungen uneingeschränkt, seit dem 1.7.90 auch im Beitrittsgebiet (s § 50 I DMBilG),[7] ungeachtet dessen, dass die arbeitsrechtlichen Vorschriften in §§ 1 – 18 BetrAVG dort erst zum 1.1.92 Wirksamkeit erlangten. Zu den Abgrenzungen zu vergleichbaren Zusagen des ArbG auf Leistungen mit Arbeitsfreistellung vor Ausscheiden aus dem Dienstverhältnis s Rn 5.

9

III. Zeitlicher Anwendungsbereich (§ 52 Abs 17 idF des G zur Förderung der zusätzlichen Altersvorsorge und zur Änderung des SGB III, § 52 Abs 16b idF des AVmG). Abgesehen von redaktionellen Anpassungen (durch das AltEinkG) ist § 6a zuletzt durch das G zur Förderung der zusätzlichen Altersvorsorge und zur Änderung des SGB III v 10.12.07[8] geändert worden; das für die erstmalige Bildung der Pensionsrückstellung maßgebliche Lebensalter des Begünstigten wurde hierdurch für nach dem 31.12.08 zugesagte Leistungen der betr Altersversorgung auf 27 abgesenkt. Diese Absenkung erfolgte, um die neuerliche Absenkung auch Lebensalters für den Erwerb einer vom ArbG finanzierten unverfallbaren Betriebsrentenanwartschaft auf das 25. Lebensjahr in § 1b I BetrAVG steuerlich zu flankieren. Davor war das für die Teilwertermittlung der Pensionsrückstellung maßgebliche Lebensalters des Begünstigten zuletzt durch das AVmG v 26.6.01[9] herabgesetzt worden. Jene Herabsetzung war an sich erstmals auf Pensionszusagen anzuwenden, die nach dem 31.12.00 erteilt worden sind; die FinVerw[10] wandte sie aus Billigkeitsgründen allerdings auch bezogen auf Alt-Zusagen erstmals für das Wj an, das nach dem 31.12.00 begannen. – Daneben enthielten § 6a II Nr 1 Alt 2, III 2 Nr 1 S 1 und S 6 HS 2 idF des AVmG Neuregelungen für Fälle der Entgeltumwandlung. Diese Neuregelungen waren erstmals auf Pensionsverpflichtungen anzuwenden, die auf einer nach dem 31.12.00 vereinbarten Entgeltumwandlung iSv § 1 II BetrAVG beruhten; auch hier griff aber der erwähnte Billigkeitserweis.

11

D. Sondervoraussetzungen für die Bildung einer Pensionsrückstellung (§ 6a I)

Eine Pensionsrückstellung „darf" (zum Bilanzierungswahlrecht s Rn 5) **nach Grund und Höhe** („wenn und soweit", Letzteres durch das JStG 97 eingefügt) nur nach Maßgabe der **einschränkenden Sondervoraussetzungen** in § 6a I Nr 1–3 gebildet werden. Deren Nachholung ist möglich, nicht aber zurückbezogen auf den betr Bilanzstichtag (s Rn 22 aE). Die Sondervoraussetzungen sollen

14

---

1 *Höfer* BetrAVG Bd II StR[4] Rn 60 ff.
2 Vgl BFH BStBl 01, 204; einschränkend BMF BStBl I 02, 767 Rn 147; BStBl I 02, 706; dazu zu recht krit *L/B/P* § 6a Rn 61.
3 S dazu *Höfer* BetrAVG Bd II StR[3] Rn 2441 ff.
4 BFH BStBl II 05, 653; 657; 659; 662; 664; jetzt auch BMF BStBl I 05, 875 (unter Aufhebung von BMF BStBl I 99, 512 Tz 2).

5 Vgl BFH/NV 03, 347 mwN (dort allerdings unrichtig im Hinblick auf die sog Überversorgungsgrundsätze, s dazu Rn 42); BMF BStBl I 02, 603.
6 BFH BStBl II 05, 1489.
7 Zu Einzelheiten s BMF DB 91, 1417; *Höfer* BetrAVG Bd II StR[4] Rn 718 ff.
8 BGBl I 07, 2838.
9 BGBl I 01, 1310.
10 BMF BStBl I 01, 612.

sicherstellen, dass nur rechtlich verfestigte und zugleich leicht nachweisbare Versorgungsverpflichtungen steuerlich rückstellbar sind. Sie beziehen sich als solche bei wörtlichem Verständnis nur auf die erteilte Zusage, bei sachgerechter Auslegung (Aushöhlungsverbot) aber auch auf die Bemessungsgrundlagen, von denen die Höhe der zu erbringenden Leistungen abhängt. Letzteres betrifft vor allem variable (schwankende) Gehaltsbestandteile, die vom ArbG freiwillig gezahlt werden und jederzeit widerrufen werden können.[1] Allerdings greift in den letzteren Fällen idR das Stichtagsprinzip des § 6a III 2 Nr 1 S 4 (Rn 39).

15 I. Rechtsanspruch (§ 6a I Nr 1). Die Bildung der Pensionsrückstellung erfordert einen – im Anwartschaftsstadium allerdings auf die Erfüllung aller Voraussetzungen noch aufschiebend bedingten – (ausdrücklich aber auch stillschweigend eingeräumten) Rechtsanspruch des Berechtigten auf die Pensionsleistungen (vgl § 194 BGB). In Ermangelung spezieller steuerrechtlicher Vorgaben finden allg zivil- u arbeitsrechtliche Grundsätze Anwendung.[2] Einschlägige Rechtsbegründungsakte sind Einzel- und Gesamtzusagen, Betriebsvereinbarungen, Tarifverträge, Besoldungsordnungen,[3] wobei Verpflichtungen, die nicht auf Einzelzusagen beruhen, keiner individuellen Verpflichtungserklärung bedürfen; s iÜ zum Schriftform- und Eindeutigkeitserfordernis § 6a I Nr 3 Rn 22. Einstands- und Bürgschaftsversprechen des ArbG, zB für eine notleidend gewordene Unterstützungskasse (§ 4d) oder DirektVers (§ 4b), ggf auch bei Übernahme einer Unterstützungskassenzusage durch den neuen Arbeitgeber im Falle des Betriebsübergangs gem § 613a BGB,[4] müssen sich – als nur latente Pflichten – zu einer Direktzusage verdichtet haben, um die Rückstellung gem § 6a zu rechtfertigen (vgl aber auch § 251 S 1 HGB); die allg arbeitsrechtliche Einstandspflicht als solche erfüllt diese Voraussetzungen nicht; sie ist im Allg nur auf die Leistungsverschaffung (idR durch Nachdotierung des eingeschalteten Versorgungsträgers)[5] gerichtet (s auch Rn 5).[6] Das gilt regelmäßig unabhängig von der Wahrscheinlichkeit und auch unabhängig von dem Grund der Inanspruchnahme des ArbG (zB infolge einer Deckungslücke der zwischengeschalteten Kasse durch unzulängliche Dotierung, gleichheitswidriger Leistungsverweigerung der Kasse und Ähnliches).[7] Im Einzelfall muss durch Auslegung ermittelt werden, ob ein Rechtsanspruch besteht. **Scheingeschäfte** (vgl § 117 I BGB) oder Sittenwidrigkeit[8] stehen einer Rückstellung iSd § 6a entgegen, gleichermaßen **nicht ernsthaft** gemeinte Zusagen (zB infolge Doppelfinanzierung aufgrund parallel zugesagter mittelbarer Versorgungsanspr,[9] ggf auch bei absehbar kurzer Lebensdauer des zusagenden Unternehmens).[10] Der Ernsthaftigkeit des Anspr widersprechen indes nicht:[11] Nur kurzfristige Arbeitsverhältnisse; verfallbare Anwartschaften;[12] hohe ArbN-Fluktuation; langlaufende Wartezeiten[13] (= leistungsfreie Zeit bis zum Entstehen bzw zur Fälligkeit des Versorgungsanspr).

18 II. Bindung an künftige Gewinne (§ 6a I Nr 2 Alt 1). Künftige (nicht: bereits entstandene) gewinnabhängige Bestandteile des Arbeitsentgelts, auf die kein Rechtsanspruch besteht, dürfen nicht in die Bemessungsgrundlage für die Pensionsrückstellung einbezogen werden. Ziel dieser Regelung,[14] die erstmals für Wj gilt, die nach dem 29.1.96 enden,[15] ist es, gewinnbeeinflussende Gestaltungen durch jährlich schwankende Rückstellungszuführungen zu verhindern. S auch Rn 14.

20 III. Widerrufsvorbehalte (§ 6a I Nr 2 Alt 2). Die Zusage (und auch die Bemessungsgrundlage, s Rn 14) darf nicht unter einem Vorbehalt stehen, der die Minderung oder den Entzug der Pensionsanwartschaft oder Pensionsleistung – nach freiem Belieben oder freiem Ermessen – ermöglicht. **Unschädlich** ist lediglich ein **Vorbehalt**, der sich auf Tatbestände erstreckt, bei deren Vorliegen eine Minderung oder ein Entzug von Anwartschaft oder Leistung nach allg Rechtsgrundsätzen unter Beachtung **billigen Ermessens** (§ 315 BGB), also unter „verständiger Abwägung der berechtigten Interessen des Pensionsberechtigten einerseits und des Unternehmens andererseits",[16] zulässig ist.

---

1 *B/R/O*[4] StR Rn A 391, 438; **aA** *Höfer* BetrAVG Bd II StR[4] Rn 99 ff; s auch BFH BStBl II 96, 589; BStBl II 93, 792, beide allerdings vor Änderung des § 6a I Nr 2, s Rn 18.
2 R 6a II 3 EStR 05.
3 R 6a II 1 EStR 05.
4 BFH BStBl II 03, 347; *Gosch* StBp 03, 222.
5 Vgl BAG DB 02, 2209.
6 Im Einzelnen *Höfer* BetrAVG Bd II StR[4] Rn 69; aber auch *ders* BetrAVG Bd I ArbR[9] § 1 Rn 2510 ff.
7 ZT **aA** *Höfer* BetrAVG Bd II StR[4] Rn 90 ff.
8 Vgl BAG DB 98, 1039.
9 R 6a XV 1 EStR 05.
10 **AA** *Höfer* BetrAVG Bd II StR[4] Rn 98.
11 *Höfer* BetrAVG Bd II StR[4] Rn 93 ff.
12 R 6a II 5 EStR 05.
13 Zur begrifflichen Abgrenzung zw (grds dispositiver) Wartezeit, (obligatorischer gesetzlicher) Unverfallbarkeit und sog Vorschaltzeit (= Zeit bis zur Erteilung einer Direktzusage als ‚Zusage einer Zusage‚) s BAG DB 04, 1158.
14 Entgegen BFH BStBl II 96, 589.
15 Vgl BMF BStBl I 96, 1256.
16 R 6a III 1 EStR 05.

"**Allg Rechtsgrundsätze**" in diesem Sinne sind die einschlägigen Arbeitsrechtsgrundsätze, vor allem nach der Rspr des BAG. Ein Widerruf nach freiem Ermessen ist danach zwischenzeitlich aber so gut wie[1] und seit dem Inkrafttreten der Regeln über den gesetzlichen Insolvenzschutz in § 7 I BetrAVG zum 1.1.99 jedenfalls bei insolvenzgeschützten Versorgungsansprüchen gänzlich[2] ausgeschlossen. Infolge der in § 6a angelegten Orientierung an der Arbeitsrechtslage ist dieser BAG-Rspr auch steuerlich Rechnung zu tragen; auch der Form nach ‚beliebige' Widerrufsvorbehalte können in Anbetracht dessen nicht länger rückstellungsschädlich sein.[3] Allerdings haben die **FinVerw** (in den insoweit seit 1959 im Wesentlichen unveränderten EStR[4]) und auch die Rspr des BFH die arbeitsrechtlichen Entwicklungen bislang – zu Unrecht – (noch) nicht nachvollzogen. Sie verstehen das Vorbehaltsverbot in § 6a I Nr 2 als eigenständig steuerrechtliche Regelung mit strikt formalem Bedeutungsinhalt.[5] Nach wie vor werden Zusagen unter Vorbehalten mit entspr offenen Formulierungen („freiwillige" oder „unverbindliche" Leistungen, „jederzeitiger Widerruf" ua[6] deswegen als schädlich angesehen, wenn sie gegenüber einem noch aktiven ArbN abgegeben werden.[7] Erst unmittelbar vor oder nach Eintritt des Versorgungsfalls wird ihnen keine steuerliche Bedeutung beigemessen,[8] gleichermaßen wie ‚billigen' Leistungsvorbehalten für den Fall der nachhaltigen Verschlechterung der wirtschaftlichen Lage oder Veränderung der maßgebenden Verhältnisse aufseiten des StPfl (Zumutbarkeit) oder des Berechtigten,[9] mit vergleichbaren Einschränkungen auf wirtschaftliche Notlagen auch dann nicht, wenn die Leistungspflicht an (variable) wirtschaftliche Größen gekoppelt wird (Umsätze, Gewinne, Lohn- und Gehaltssumme).[10] S aber auch § 6a I Nr 2 Alt 1 (Rn 18). Eine ähnliche Diskrepanz zum Arbeitsrecht besteht bei sog Inhaberklauseln mit Vorbehalten für den Fall der Unternehmensveräußerung, Umwandlung usw sowie bei Klauseln mit Haftungsbegrenzungen[11] auf das BV,[12] die steuerschädlich sein sollen,[13] obwohl sie arbeitsrechtlich ohnehin unwirksam sein dürften.[14] Hingegen schaden das vorbehaltene Recht des ArbN auf **wahlweise Erhöhung der Barbezüge** statt der Versorgung[15] oder das Recht des ArbG, den Versorgungsempfänger oder den Anwartschaftsberechtigten **abzufinden**, grds nicht, dies auch dann nicht, wenn sie mit den arbeitsrechtlichen Verboten und Begrenzungen des § 3 II BetrAVG (für Versorgungsempfänger) nicht in Einklang stehen,. Abzufinden ist mit dem Kapital–, also dem Barwert der laufenden Leistungen bzw der (gem § 1b BetrAVG oder auch individualvertraglich aufrechtzuerhaltenden) Anwartschaften. Der Barwert ist unter Ansatz des steuerlich geforderten Rechnungszinsfußes von 6 vH zu errechnen, ein geringerer und damit für den Leistungsempfänger günstigerer Zinsfuß wäre aber nicht zu beanstanden. Bei Anwartschaftsberechtigten richtet sich der Barwert in Einklang mit § 3 V iVm § 4 V 1 BetrAVG nach dem (versicherungsmathematisch berechneten) Wert zum Abfindungszeitpunkt. Auch in der Abfindung von Versorgungsanwartschaften solcher ArbN, die im Unternehmen weiterhin tätig bleiben („aktive Anwärter"), sieht der BFH keinen schädlichen Vorbehalt, vorausgesetzt, die Abfindung erfolgt gleichermaßen zum Bar-, nicht zum Teilwert.[16] All das entspricht prinzipiell der Praxis der FinVerw, wegen der früher zT anderweitigen Praxis aber unter Gewährung einer Übergangsfrist für Neuzusagen und für bis zum 31.12.05 nicht schriftlich (Ausnahme: betriebsöffentliche Verlautbarung bei unverfallbar ausgeschiedenen Anwärtern) angepasste Altzusagen sowie differenziert nach Anwartschaften (= stets Barwertansatz) und laufenden Leistungen (= Barwertansatz nur bei entspr Vereinbarung).[17] bezogen auf „aktive Anwärter" überdies nur dann, wenn sich die Abfindung ihrer Höhe nach auf den vollen unquotierten Anspruch

---

1 Eingehend *Höfer* BetrAVG Bd I ArbR[9] ART Rn 420 ff, 425 ff, mN; BAG DB 01, 1787 für den Fall wirtschaftlicher Notlage; OLG München DB 05, 2198 (mit zu Recht krit Anm *Greth* u *Schumann*): (nur) für den Fall einer arglistig erscheinenden, groben Treuepflichtverletzung des Versorgungsberechtigten.
2 BAG DB 04, 324.
3 Vgl insoweit auch BFH BStBl II 99, 387, 389 für den Fall des Übertragungsvorbehalts auf eine Unterstützungskasse nach Eintritt des Versorgungsfalles (dagegen BMF BStBl I 99, 594; s auch BFH BStBl II 04, 347).
4 R 6a III und IV EStR 05, im Wesentlichen noch unter Berufung auf BAG BStBl I 59, 258.
5 (krit) zust zB *Höfer* BetrAVG Bd II StR[4] Rn 108f; FG Hbg EFG 01, 733 (aufgehoben durch BFH BStBl II 04, 347).
6 Zu Ausnahmen s R 6a III 3 EStR 05.
7 R 6a III 2 und 4 EStR 05.
8 R 6a III 6 EStR 05.
9 R 6a IV 1–3 EStR 05 mit Musterformulierungen.
10 R 6a V EStR 05, s auch BFH BStBl II 68, 90.
11 Anders jedoch bloße (persönliche) Nachhaftungsbegrenzungen; s BMF BetrAV 78, 224.
12 Anders beim zulässigen Ausschluss der Nachhaftung ausgeschiedener G'ter; vgl *Höfer* BetrAVG Bd II StR[4] Rn 126.
13 R 6a VI EStR 05.
14 *Höfer* BetrAVG Bd II StR[4] Rn 124 ff.
15 R 6a IV 4 EStR 05.
16 BFH BStBl II 05, 261; zustimmend *Höfer* BetrAVG Bd II StR[4] Rn 131.
17 BMF BStBl I 05, 619; 860; krit dazu *Heger* BB 05, 1378; *Paus* GmbHR 05, 975; auch *Prost* DB 05, 2321.

bezieht.[1] – Der BFH[2] hält es auch für unbeachtlich, wenn die Zusage nach oder bei (oder auch bereits vor) Eintritt des Versorgungsfalles die ‚**Auslagerung**' der Versorgung auf eine **außerbetriebliche Einrichtung** (zB eine Unterstützungskasse ohne entspr Rechtsanspruch, einen Pensionsfonds, eine Pensionskasse oder auch den Abschluss eines DirektVers-Vertrags) vorsieht. Die FinVerw akzeptiert dies –zu Unrecht – jedenfalls dann nicht, wenn die Übertragung nach der Pensionszusage feststeht und nicht nur möglich ist.[3] Es mangele dann an der hinreichenden Wahrscheinlichkeit der Inanspruchnahme aus der Zusage. Die Verwaltung übersieht dabei, dass § 6a zwar eine gleichzeitige, **nicht** aber eine **hintereinander geschaltete Ausfinanzierung** der Zusage über die verschiedenen Wege der betrieblichen Altersversorgung ausschließt. Auf welche Weise die Direktzusage vom Verpflichteten später **erfüllt** wird, ist für die Rückstellungsbildung jedenfalls solange irrelevant, wie dadurch die Anspruchssituation des Versorgungsempfängers nicht geschmälert wird und der ArbG als unmittelbar Leistungsverpflichteter neben dem außerbetrieblichen Versorgungsträger erhalten bleibt. Das aber ist bei der Auslagerung oder auf eine DirektVers oder auf eine Pensionskasse oder einen Pensionsfonds (vgl dazu zwischenzeitlich auch ausdrücklich zum Wechsel des Durchführungsweges § 4e III 3), die beide Rechtsansprüche auf ihre Leistungen gewähren, qua definitionem gesichert. Infolge der Arbeitsrechtslage liegen die Dinge indes auch bei der Auslagerung auf eine Unterstützungskasse nicht anders. In allen Fällen macht es keinen Unterschied, ob die vom ArbG aufzubringende Kapitalleistung an den Berechtigten in bar ausgezahlt oder aber an den Versorgungsträger geleistet wird. So oder so handelt es sich um eine „unmittelbare" Versorgungsleistung. Insofern schadet es auch nicht, wenn das Übertragungsrecht bereits in der Versorgungszusage für die Zeit bei oder nach Eintritt des Versorgungsfalles vorbehalten wird.[4] Dies alles wird durch § 1 I 3 BetrAVG idF des AVmG bestätigt, wonach der ArbG auch dann für die zugesagten Leistungen einzustehen hat, wenn die Durchführung nicht unmittelbar über ihn erfolgt.

22 **IV. Schriftform- und Eindeutigkeitserfordernis (§ 6a I Nr 3).** § 6a I Nr 3 verlangt – letztlich zur Nachweiserleichterung, insbes auch zur Abgrenzung[5] gegenüber ähnlichen Verpflichtungen wie zB bei Vereinbarung von Altersteilzeit und unbeschadet der zivilrechtlichen Wirksamkeit der Zusage – zum Bilanzstichtag (auch für die Zeit nach Eintritt des Versorgungsfalls) **eindeutige** (also klare, ggf auch auslegungsbedürftige und -fähige, nicht aber mehrdeutige)[6] **Angaben** über die Pensionszusage, und zwar nach Maßgabe des durch durch das StÄndG 01[7] eingefügten **§ 6a I Nr 3 HS 2** sowohl über Grund (Art, Form, Voraussetzungen, Zeitpunkt) als auch über Höhe (ggf einschließlich Angaben über den anzuwendenden Rechnungszinsfuß oder anzuwendende biometrische Ausscheidewahrscheinlichkeiten) der Zusage (ebenso ihrer Änderungen), desgleichen von Regelungen zur Abfindung von Versorgungsansprüchen (s dazu Rn 20).[8] Einzubeziehen sind auch konkrete Angaben zur Bemessungsgrundlage der zu erbringenden Leistung und deren Zusammensetzung. Das betrifft insbes die Rentenbemessung an variablen Gehaltsbestandteilen (zB Tantiemen, Weihnachts- und Urlaubsgeldern); s aber Rn 14. Einer ausdrücklichen Regelung bedürfen lediglich die frei zu vereinbarenden Zusagebestandteile, **nicht** aber solche, welche sich ohnehin aus dem Gesetz ergeben (zB zur Anpassungspflicht gem § 16 V BetrAVG). Die übrigen Merkmale der Zusage (also insbes die Bestimmung der Person des Verpflichteten und der des Begünstigten) werden sich regelmäßig der schriftlich niedergelegten Vereinbarung ergeben, sie sind indes ebenfalls nicht dem spezifischen Schriftlichkeitsgebot des § 6a I Nr 3 HS 1 unterworfen, sondern können auch anderweitig nachgewiesen werden.[9] Die seinerzeitige Neuregelung wirkte erstmals vom VZ 01 an, war infolge der bisherigen gleichgelagerten Verwaltungspraxis[10] aber wohl nur klarstellend. – Die Zusage muss gem **§ 6a I Nr 3 HS 1** mit diesen Erfordernissen (und abw vom Zivilrecht)[11] **schriftlich** erteilt werden (Einzelvertrag, Pensionsordnung oder -statut, Betriebsvereinbarung, Tarifvertrag, Urteile uÄ; vgl

---

1 **AA** *Höfer* BetrAVG Bd II StR[4] Rn 132; *Heger* BB 05, 1378, 1379.
2 BFH BStBl II 99, 387; BFH/NV 99, 1589; s auch *K/S/M* § 4d Rn A 29; *Höfer* BetrAVG Bd II StR[4] Rn 113 ff; ferner BFH DStR 01, 1561 mit Anm *Höfer/Küpper*.
3 R 6a III 7–12 EStR 05; BMF BStBl I 99, 594; OFD Koblenz DStR 02, 1396.
4 Zust *Höfer* BetrAVG Bd II StR[4] Rn 116 ff.
5 BMF BStBl I 99, 959 Tz 2.
6 Vgl BFH BStBl II 01, 612; BFH/NV 99, 1643.
7 BGBl I 01, 3794.
8 BMF BStBl I 05, 619 (unter 3.); BStBl I 05, 860.
9 Offen BFH BFH/NV 07, 2278 (für G'ter-Geschäftsführer einer KapGes im Falle einer Betriebsübernahme).
10 S R 6a VII 5 EStR 05; BMF BStBl 01, 594; ebenso BFH BStBl II 04, 121 (dort bezogen auf die nach wie vor mögliche tatrichterliche Auslegung der Zusagevereinbarungen allerdings in etwas fragwürdiger Abkoppelung von der Bindungswirkung des § 118 II FGO); FG Kln EFG 00, 1035; insoweit ggf **aA** (allerdings in anderem Zusammenhang der vGA und ohne weitere Problematisierung) BFH BStBl II 01, 612.
11 Vgl BGH DStR 94, 257.

§ 126 I BGB),[1] auch bei unverfallbaren Anspr, indem eine Auskunft gem § 4a (zuvor § 2 VI) BetrAVG verlangt wird.[2] Gesamtzusagen sind bekannt zu machen („Schwarzes Brett'),[3] ebenso wie Einzelzusagen. Eine zufällige Kenntniserlangung genügt ebenso wenig wie eine betriebliche Übung oder der Grundsatz der Gleichbehandlung,[2] idR auch ein protokollierter G'ter-Beschluss[4] oder bloße Zahlungsbelege.[5] Andererseits bedarf es keiner ausdrücklichen Annahme des Begünstigten (zB durch Gegenzeichnung).[6] Eine Rückstellung kommt nur bis zu den schriftlich fixierten Leistungsinhalten in Betracht; weiter gehende mündliche Zusagen bleiben unbeachtet, anders demgegenüber mündliche Zusageeinschränkungen, die die Rückstellungszuführungen mindern.[7] Im Falle der Nachholung des Schriftform- u Eindeutigkeitserfordernisses kann die Pensionsrückstellung zum nachfolgenden Bilanzstichtag (Rn 14) nach Maßgabe der biometrischen Verhältnisse zu diesem Zeitpunkt wie bei einer Erstzusage gebildet werden.

E. Erstmalige Bildung der Pensionsrückstellung (§ 6a II)

Die Bildung einer Pensionsrückstellung kommt **(1)** gem **§ 6a II Nr 1 vor** Eintritt des Versorgungsfalls erstmals (frühestens) in dem Wj (= **Erstjahr**, vgl § 6a IV 3) in Betracht, in dem die Pensionszusage (gem § 6a I wirksam) erteilt wird, (vor allem wegen der allg Fluktuationswirkungen[8]) **nicht** aber (§ 6a II Nr 1 Alt 1) vor dem Wj, bis zu dessen Mitte (= 1.7.) der Berechtigte sein 28., vom VZ 09 an: 27., bis zum VZ 00 : 30. (s Rn 11) Lebensjahr (= Mindestalter) vollendet (zur Altersberechnung s §§ 187 II 2, 188 II BGB), **oder** (§ 6a II Nr 1 Alt 2) vor dem Wj, in dessen Verlauf die Pensionsanwartschaft im Falle ihrer Finanzierung durch eine Entgeltumwandlung (s § 1 II Nr 2 BetrAVG) gem § 1b V BetrAVG unverfallbar wird (s auch Rn 31), **(2)** gem **§ 6a II Nr 2 nach** Eintritt des Versorgungsfalls erstmals in dem Wj, in dem der Versorgungsfall eintritt. Das (Mindest-)Lebensalter des Berechtigten oder der Eintritt der Unverfallbarkeit sind insoweit unbeachtlich (vgl auch § 6a IV 5). Für die erstmalige Rückstellungsbildung gem § 6a II Nr 1 ist es – abgesehen von den Voraussetzungen gem § 6a I – allein der arbeitsrechtlich maßgebende **Zusagezeitpunkt** entscheidend; leistungsausschließende **Warte- oder Vorschaltzeiten**[9] schieben die Rückstellungsbildung also nicht hinaus (vgl auch § 6a III 2 Nr 1 S 5; Rn 31).[10] IÜ ist bei **Rumpf-Wj** für die Berechnung der altersabhängigen Begrenzung gem § 6a II Nr 1 nicht auf dieses verkürzte Wj, sondern auf ein (fiktiv zurückgerechnetes) volles Wj abzustellen, um einheitlich das versicherungstechnische Alter von 29, bis zum VZ 00 (s Rn 11): von 31, zugrunde zu legen.[11] Zum Nachholverbot bei unterbliebenen Rückstellungen s Rn 46 f.

F. Bewertung der Pensionsrückstellung (§ 6a III)

I. Allgemeine Bewertungsgrundsätze (§ 6a III 1 und 3). Die Pensionsrückstellung darf gem **§ 6a III 1** höchstens mit dem Teilwert (§ 6 I Nr 1 S 3) der Pensionsverpflichtung – unter Zugrundelegung eines Rechnungszinsfußes von (ausnahmslos) 6 vH und (aus Gründen der Gleichmäßigkeit[12]) unter Anwendung der anerkannten Regeln der Versicherungsmathematik **(§ 6a III 3)** – angesetzt werden. Einflussgrößen der versicherungsmathematischen Methode sind das Gesetz der ,Großen Zahl' sowie vor allem biometrische Einflussgrößen (Sterblichkeit, Invalidität),[13] idR anhand der allg gebräuchlichen[14] und auch von der Rspr als verbindlich akzeptierten[15] Richttafeln von Heubeck[16] (vgl § 6a IV 2 und 6; § 52 Abs 17[17]). Vor dem Hintergrund dieser Grundlagen unterscheidet das Gesetz (vgl § 6a III 2) zw der Zeit **(1) vor** Beendigung des Dienstverhältnisses **(§ 6a III 2 Nr 1)** und **(2) nach** Beendigung des Dienstverhältnisses **(§ 6a III 2 Nr 2)** des Pensionsberechtigten. Beendet in

---

1 R 6a VII 1 EStR 05.
2 R 6a VII 4 EStR 05.
3 R 6a VII 2 EStR 05; *Höfer* BetrAVG Bd II StR[4] Rn 145 ff.
4 BFH BStBl II 04, 121.
5 R 6a VII 6 EStR 05; BFH/NV 88, 807.
6 BFH BStBl II 05, 702.
7 BFH BStBl II 93, 792.
8 Dazu und wegen anderer Gründe s *Höfer* BetrAVG Bd II StR[4] Rn 147 ff; vgl auch BT-Drs 7/1281, 38.
9 S auch BAG DB 77, 1704.
10 *Höfer* BetrAVG Bd II StR[4] Rn 193 ff.
11 BFH/NV 08, 136; *Höfer* BetrAVG Bd II StR[4] Rn 190 f, 220 f.
12 BFH BStBl II 95, 14; BT-Drs 7/1281, 39.
13 Eingehend zu den Rechnungsgrundlagen *Höfer* BetrAVG Bd II StR[4] Rn 475 ff.
14 S R 41 XXIII EStR aF, vgl auch die Übergangsregelungen des BMF BStBl I 99, 436.
15 BFH BStBl II 95, 14.
16 Vgl BMF BStBl I 05, 1054 zu den Richttafeln 2005 G für nach dem 6.7.05 endende Wj; BStBl I 98, 1528 zu den Richttafeln 1998 für vor dem 30.6.06 endende Wj; *Höfer* BetrAVG Bd II StR[4] Rn 493 ff.
17 Zur erstmaligen Anwendung von § 6a IV 2, 6 s BMF BStBl I 99, 436; FR 99, 1204.

§ 6a

diesem Sinne ist das Dienstverhältnis auch bei Inanspruchnahme einer betrieblichen **Teilrente** iSv § 42 I SGB VI (vgl § 4d Rn 13), zuvor jedoch nicht.[1]

31 **II. Teilwert vor Beendigung des Dienstverhältnisses (§ 6a III 2 Nr 1).** Der Teilwert **vor Beendigung des Dienstverhältnisses** entspricht gem **§ 6a III 2 Nr 1 S 1 letzter HS, S 6 HS 2** (s auch § 6a II Nr 1, Rn 25) – nur – für jenen (Ausnahme-)Fall, dass die Pensionszusage (nach dem 31.12.00, s Rn 11) mittels **Entgeltumwandlung**[2] (gem § 1 II Nr 3, § 1a BetrAVG) finanziert wird, mindestens dem **Barwert** der künftigen Pensionsleistungen am Schluss des betreff Wj. Die Aufwandsverrechnung mit der Rückstellung wird für diesen Fall in voller Höhe zugelassen, weil die Zusage bei einer Entgeltumwandlung kraft Gesetzes (vgl § 1b V BetrAVG) sogleich **unverfallbar** wird. In Anbetracht dessen wäre eine Ausfinanzierung der Anwartschaft bis zum Bilanzstichtag andernfalls vor allem dann nicht möglich, wenn der Entgeltverzicht nicht auf Dauer oder mehrjährig, vielmehr (zur Minimierung der sonst kaum abschätzbaren Risiken des ArbN) nur einmalig, wiederholt einmalig oder auch in wechselnder Höhe beansprucht wird und erfolgt. Die Mindestbewertung mit dem Barwert setzt allerdings stets die gesetzliche Unverfallbarkeit gem § 1b V BetrAVG voraus; die Unverfallbarkeit aufgrund einer vertraglichen Vereinbarung reicht nicht aus.[3]

32 **Technisch** erfordert die Wertbestimmung bei vereinbarten Entgeltumwandlungen iSv § 1 II BetrAVG eine **Vergleichsberechnung**: **(1)** Für die Zeit **vor** Vollendung des 28. (vom VZ 09 an: 27., bis zum VZ 00: 30., s Rn 11) Lebensjahres des Berechtigten ist der Barwert zu errechnen (§ 6a II Nr 1 Alt 2, III 2 Nr 1 S 6 HS 2), und **(2)** für die Zeit **danach** der Teilwert gem § 6a III 2 Nr 1 S 1 (§ 6a II Nr 1 Alt 2, III 2 Nr 1 S 6 HS 1, s Rn 33).[4] Die für den jeweiligen Berechtigten vereinbarten Entgeltumwandlungen sind hierbei als Einheit zu behandeln.[5] Der höhere der beiden Werte ist als maßgeblicher Wert anzusetzen (vgl § 6a III 2 Nr 1 S 1 letzter HS: „mindestens").

33 Ansonsten – also für den (nach derzeitigem Stand der Dinge: Regel-)Fall einer arbeitgeberfinanzierten Pensionszusage – gilt als Teilwert uneingeschränkt der sog **Anwartschaftsbarwert**. Das ist der **Barwert** der künftigen Pensionsleistungen am Schluss des Wj **abzüglich** des sich auf denselben Zeitpunkt ergebenden Barwertes betragsmäßig gleichbleibender Jahresbeträge (= Teilwertprämien zur periodengerechten Verteilung der Rückstellung im Laufe der Dienstzeit des Berechtigten). Die Jahresbeträge sind so zu bemessen, dass am Beginn des Wj, in dem das Dienstverhältnis begonnen hat, ihr Barwert gleich demjenigen der künftigen Pensionsleistungen ist, also Null (**§ 6a III 2 Nr 1 S 2**); sie beziehen sich vom (tatsächlichen)[6] **Beginn des Dienstverhältnisses** (= der Betriebszugehörigkeit, vgl § 1b I BetrAVG) bis zum Eintritt des Versorgungsfalles (sog Gleichverteilungs- oder Aufbringungszeitraum; **§ 6a III 2 Nr 1 S 3**; s Rn 34), frühestens aber mit Beginn desjenigen Wj, bis zu dessen Mitte (= 1.7.) der Berechtigte das **28.**, vom VZ 09 an: 27., bis zum VZ 00 : das 30. (s Rn 11) **Lebensjahr** erreicht (**§ 6a III 2 Nr 1 S 6 HS 1**). Infolge dieser Rückbeziehung auf den Zeitpunkt des Diensteintritts und damit der vergangenen Dienstzeit (‚past service') ergibt sich im Zusagezeitpunkt (und ebenso im Zeitpunkt einer Zusageverbesserung, vgl **§ 6a III 2 Nr 1 S 4**) **ein sog Teilwertsprung** als Einmalbetrag. Der Zeitraum zw dem Beginn des Dienstverhältnisses und dem späteren Zeitpunkt der Zusageerteilung wird nicht als sog **Wartezeit** (s Rn 15) behandelt, es sei denn, dies ist besonders vereinbart (**§ 6a III 2 Nr 1 S 5**). Sog **Vordienstzeiten** aus früheren (und nicht nur kurzfristig unterbrochenen)[7] Dienstverhältnissen sind bei demselben ArbG bei fehlender vertraglicher[8] oder ausnahmsweiser gesetzlicher Einbeziehung (zB § 8 III SoldVersG, § 6 II ArbPlSchG)[9] grds[10] nicht anzurechnen,[11] bei anderen ArbG nur, sofern dies gesetzlich vorgesehen ist (zB beim **Betriebserwerb** gem § 613a BGB),[12] niemals jedoch fiktiv über den Beginn des 28., vom VZ 09 an: 27., bis zum VZ 00: 30. (s Rn 11) Lebensjahres hinaus zurückreichend (vgl **§ 6a III 2 Nr 1 S 6**).[13] Eine Anrechnung erfolgt auch für die ArbN einer in eine KapGes **umgewandelten** PersGes,[14] es sei denn, der ArbN war zugleich MU'er.[15] Im Falle der Einbeziehung ist die übernommene Verpflichtung mit dem

---

1 BMF BStBl I 95, 250; BStBl I 99, 959 Tz 4.
2 S dazu aus arbeitsrechtlicher Sicht *Blomeyer* DB 01, 1413.
3 R 6a XII 4 EStR 05.
4 R 6a XII 2 EStR 05.
5 R 6a XII 3 EStR 05.
6 H 6a XI EStH; BFH BStBl II 88, 720; BStBl II 97, 799; **aA** *L/B/P* § 6a Rn 64: vertraglicher Beginn.
7 Str; s *L/B/P* § 6a Rn 72.
8 Zur Verpflichtungsübernahme s R 6a XIII EStR 05.
9 R 6a X 1 EStR 05.
10 S aber BMF BStBl I 97, 1020; BFH/NV 01, 154; BFH BStBl II 03, 149.
11 BFH BStBl II 97, 799; BMF aaO.
12 R 6a XIII EStR 05, H 41 XIII EStH 03; BFH BStBl II 88, 720; BFH/NV 89, 216.
13 R 6a X 2 EStR 05.
14 BFH BStBl II 95, 250; s auch BFH BStBl I 95, 400.
15 BFH BStBl II 97, 799.

Anwartschaftsbarwert anzusetzen.[1] **Leistungsanpassungen** (Erhöhungen oder Verminderungen) dürfen erst berücksichtigt werden, sobald sie wirksam geworden sind (**§ 6a III 2 Nr 1 S 4**). Insoweit noch ungewisse Veränderungen sind nicht in die Barwertermittlung einzurechnen, auch nicht (voraussichtliche) Anpassungen gem § 16 BetrAVG und Gehaltstrends,[2] **anders** jedoch von vornherein fest vereinbarte prozentuale Erhöhungen[3] (s im Einzelnen Rn 42). Ist die Pensionszusage von der Höhe der **Sozialversicherungsrenten** abhängig, ist lediglich der hiernach für den StPfl verbleibende Teil rückstellungsfähig.[4] Die anzurechnenden gesetzlichen Renten sind bis zum Eintritt des Versorgungsfalles nach einem Näherungsverfahren zu schätzen, danach mit den tatsächlichen Werten anzusetzen.[5]

Zur Berechnung der (fiktiven) Teilwertprämien (Rn 31f, 39) im **Gleichverteilungszeitraum** gem **§ 6a III 2 Nr 1 S 3** ist von dem vertraglich festgelegten Zeitpunkt für den Eintritt des Versorgungsfalles (= feste Altersgrenze iSv § 2 I 1 BetrAVG) auszugehen (**Grundsatz**[6]), dh: bei Zusage einer **Altersversorgung** idR und im Zweifel und vorbehaltlich einer ernstlich gemeinten früheren Altersgrenze[7] auf das vollendete 65. Lebensjahr (vgl auch § 35 SGB VI), bei Zusage ausschließlich einer **Invaliditäts- oder Hinterbliebenenversorgung** bis zu dem Zeitpunkt, in dem letztmals der Versorgungsfall eintreten kann. Um flexiblen Altersgrenzen (vgl §§ 36 bis 41 SGB VI für die gesetzliche Rentenversicherung iVm § 6 BetrAVG) Rechnung zu tragen, gesteht die FinVerw[8] **Wahlrechte** für eine abw Gleichverteilung zu, und zwar **(1)** bis zu einem höheren als dem vertraglichen Pensionsalter, wenn eine Fortbeschäftigung des ArbN wahrscheinlich ist **(erstes Wahlrecht)**, und **(2)** bis zu einem niedrigen Pensionsalter, wenn eine vorgezogene Altersrente (vgl §§ 36 ff SGB IV)[9] – grds[10] – möglich ist, vorausgesetzt, in der Pensionszusage ist die Leistungshöhe von diesem Zeitpunkt an festgelegt[11] **(zweites Wahlrecht)**; das vertraglich vereinbarte Pensionsalter in diesem Sinne darf allerdings, um steuerlich anerkannt werden zu können, idR bei Männern nicht unterhalb des **63. Lebensjahres** und bei Frauen nicht unterhalb des **60. Lebensjahres** liegen (vgl § 36, § 39, § 236, § 237a SGB VI).[12] Das erste Wahlrecht ist in der Bilanz des Wj auszuüben, in dem die Bildung der Pensionsrückstellung begonnen worden ist (Erstjahr),[13] das zweite Wahlrecht in dem Wj, in dem die erforderliche Feststellung der Pensionshöhe getroffen worden ist.[14] Die jeweilig getroffene Wahl gilt auch für spätere Leistungserhöhungen.[15] In jedem Fall kann nur die für das Pensionsalter erreichbare Pensionsleistung der Rückstellung zu Grunde gelegt werden.[16] Wird das rechnungsmäßige Pensionsalter erreicht, ist der betr ArbN dennoch weiter beim StPfl tätig (,**technischer Rentner**'), ist die für die an sich fällige Leistung gebildete Rückstellung ratierlich aufzulösen;[17] im Falle einer zwischenzeitlichen Leistungserhöhung sind ihr allerdings zugleich wieder entspr Beträge zuzuführen.[18]

III. Teilwert nach Beendigung des Dienstverhältnisses (§ 6a III 2 Nr 2). Als Teilwert **(1) nach Beendigung des Dienstverhältnisses** des Pensionsberechtigten unter Aufrechterhaltung seiner (unverfallbaren, vgl § 1b I BetrAVG) Pensionsanwartschaft oder **(2) nach Eintritt des Versorgungsfalles** (auch bei sog technischen Rentnern, s Rn 34) gilt (nicht anders als bereits vor Beendigung des Dienstverhältnisses die im Wege der Entgeltumwandlung finanzierte Anwartschaft, § 6a III 2 Nr 1 S 1 letzter HS, S 6 HS 2, s Rn 31) der **Barwert** der künftigen Pensionsleistungen am Schluss des Wj (**§ 6a III 2 Nr 2 HS 1**). Dabei bleibt es selbst dann, wenn der Berechtigte wieder in die Dienste des Verpflichteten eintritt. Allerdings ist der Teilwert (nur) ein Höchstwert, er kann unterschritten (aber iHd Fehlbetrags später nicht nachgeholt, Rn 46 f) werden. In jedem Fall hat ein Rückstellungsausweis infolge des Passivierungsverbot in § 6a II Nr 1 zu unterbleiben, wenn der Berechtigte vor dem insoweit maßgebenden Alter von 28 bzw 30 aus dem Betrieb ausscheidet.[19] Bei schon entstandenen Versor-

---

1 Zur Berechnung s H 41 XIII EStH 97 (aF).
2 BFH BStBl II 96, 420.
3 BFH BStBl II 96, 403; BStBl II 96, 423, jeweils zu Erhöhungen von 1–2 vH; BFH BStBl II 04, 940: maximal 3 vH.
4 R 6a XIV EStR 05.
5 BMF BStBl I 96, 1195; BStBl I 97, 1024; BStBl I 99, 212; BStBl I 00, 1197; BStBl I 01, 661; BStBl I 03, 76; BStBl I 04, 849; BStBl I 05, 1056; zu Einzelheiten s *Höfer* BetrAVG Bd II StR[4] Rn 538 ff.
6 R 6a XI 1 EStR 05.
7 Zu den hierbei bestehenden Grenzen im Hinblick auf die gesetzliche Altersversorgung s *Höfer* BetrAVG Bd II StR[4] Rn 285 f.
8 R 6a XI 2–15 EStR 05.
9 Auch bei Beibehaltung eines höheren Alters als feste Altersgrenze, s R 6a XI 6 EStR 05.
10 R 6a XI 5 EStR 05; eine Einzelfallprüfung ist sonach nicht erforderlich.
11 R 6a XI 4 EStR 05.
12 S *Höfer* BetrAVG Bd II StR[4] Rn 291 ff.
13 R 6a XI 7 EStR 05.
14 R 6a XI 8 EStR 05.
15 R 6a XI 10 EStR 05.
16 R 6a XI 11 EStR 05.
17 R 6a XXII 2 EStR 05.
18 R 6a XI 12 EStR 05.
19 *Höfer* BetrAVG Bd II StR[4] Rn 446.

gungsansprüchen fehlt diese Begrenzung, der Verpflichtungsausweis hängt in Fällen schon entstandener Ansprüche auch nicht von deren Fälligkeit ab; diese kann nach dem Bilanzstichtag liegen.[1] Die Rückstellung bei aufrechterhaltener Anwartschaft ist aus Gründen der Vereinfachung so lange beizubehalten, wie mit einer Inanspruchnahme zu rechnen ist,[2] längstens bis zum Ende des Wj, das auf das Wj des Erreichens der Altersgrenze folgt, es sei denn, die spätere Inanspruchnahme steht fest.[3] Die verfrüht aufgelöste Rückstellung kann aber ohne Verstoß gegen das Nachholverbot (Rn 46) neu gebildet werden.[4] Wegen künftiger, am Bilanzstichtag noch nicht eingetretener Änderungen des Versorgungsanspruchs s § 6a III 2 Nr 2 HS 2 iVm Nr 1 S 4; Rn 33.

39 **IV. Stichtagsprinzip (§ 6a III 2 Nr 1 S 2, 4 und 5). – 1. Allgemeines.** Die Bildung der Pensionsrückstellung und ihre Bewertung orientiert sich am strikten Stichtagsprinzip: Maßgebend sind die Verhältnisse am jeweiligen Bilanzstichtag (vgl § 6a III 2 Nr 1 S 2, 4 und 5, s Rn 25). Hiervon ausgehend sind für die Kalkulation der fiktiven Teilwertprämie (Rn 31f) die gesamten künftigen Pensionsleistungen auf den Beginn des Diensteintrittsjahres rückzuprojezieren (§ 6a III 2 Nr 1 S 2 HS 2). Es wird dadurch gesetzlich fingiert, dass Erhöhungen und Verminderungen der Versorgungsanwartschaften von Beginn an vorgenommen wurden und dass der gesamte Leistungsumfang seitdem unverändert bestanden hat. Daraus folgt zugleich, dass künftige Änderungen der Bemessungsgrundlagen nur dann zu berücksichtigen sind, wenn sie am Bilanzstichtag bereits feststehen (Rn 33). Wertpapiergebundene und damit kursabhängige Zusagen sind deshalb in Anbetracht der Ungewissheit der künftigen Kursentwicklung nur mit ihrer garantierten Mindestleistung auszuweisen.[5] Bei **schwankenden Bemessungsgrundlagen** (Einbeziehung variabler Bezügeteile wie zB Mehrarbeitsvergütung, Akkordlohn, Tantiemen, s aber § 6a I Nr 2 für gewinnabhängige Vergütungen,[6] Rn 18, sowie allg Rn 14) ist der Effektivlohn allerdings auf das Verdienstniveau des Stichtags hochzurechnen.[7] Statt dessen kann ein stichtagsbezogener Vergütungsdurchschnitt gebildet werden[8] (ebenso bei Abhängigkeit der Pensionszusage von Durchschnittsbezügen mehrerer Jahre[9]).

42 **2. Überhöhte Versorgungsanwartschaften.** Unabhängig davon dürfen Erhöhungen oder Verminderungen der Pensionsleistungen grds erst nach ihrem Eintreten berücksichtigt werden, § 6a III 2 Nr 1 S 4 (s Rn 33). Es ist unzulässig, (auch bereits wahrscheinliche) künftige Entwicklungen (Lohn- und Gehaltstrends uÄ) vorwegzunehmen. Einzubeziehen ist vielmehr stets der niedrigere Stichtagslohn (Rn 39). Diese Gesetzeslage lässt sich auch nicht durch entspr Höherbemessung der Versorgung umgehen: Basierend auf der Ursprungsentscheidung des BFH v 13.11.75 (IV R 170/73)[10] sehen der BFH[11] und die FinVerw[12] in einer derartigen Vorwegnahme künftiger Entwicklungen eine **Überversorgung**, die (nach § 6a III 2 Nr 1 S 4, nicht jedoch – bei KapGes – nach § 8 III 2 KStG)[13] zur (anteiligen)[14] Kürzung der Pensionsrückstellung führt, und zwar typisierend dann, wenn sämtliche betriebliche Versorgungsanwartschaften zusammen mit den (auch aus früheren Arbeitsverhältnissen resultierenden)[15] Altersrentenanwartschaften aus der gesetzlichen Rentenversicherung 75 vH der letzten Aktivbezüge (Obergrenze) übersteigen (Verstoß gegen das **Nominalwertprinzip**). **(1) Persönlicher Anwendungsbereich:** Die Grundsätze gelten sonach für alle ArbN, keineswegs nur für Ges-Geschäftsführer von KapGes. Soweit die FinVerw[16] die Überversorgungsgrundsätze auf Nicht-ArbN ausdehnen will (s dazu Rn 8), ist ein Anwendungsbereich nicht erkennbar; ihre Ausdehnung widerspricht der allg Vertragsfreiheit.[17] Besonderheiten zur steuerlichen Anerkennung von Ehegatten-ArbN-Verhältnissen bleiben allerdings vorbehalten.[16] Die Überversorgungsprüfung ist

---

1 *Höfer* BetrAVG Bd II StR[4] Rn 453.
2 R 6a XIX 1 EStR 05.
3 R 6a XIX 2 EStR 05.
4 *Höfer* BetrAVG Bd II StR[4] Rn 367.
5 BMF DB 03, 68; **aA** *Wellisch/Schwinger/Mühlberger* DB 03, 628; s auch zur Bewertung des Papiers *Ververs/Nolte* DB 02, 1281.
6 Dazu BFH BStBl II 96, 589; einschränkend BStBl II 81, 654.
7 *Höfer* BetrAVG Bd II StR[4] Rn 286 ff; *B/R/O*[4] StR Rn A 438.
8 *Höfer* BetrAVG Bd II StR[4] Rn 351 ff, 360 ff.
9 *Höfer* BetrAVG Bd II StR[4] Rn 363 f.
10 BFH BStBl II 76, 142. In jenem Urt ging es allerdings nur um fest zugesagte, überhöhte Steigerungsbeträge, nicht um die absolute Höhe der Zusage als solche.
11 BFH BStBl II 83, 209; BStBl II 96, 420; BStBl II 04, 937; BStBl II 04, 940; BStBl II 05, 176.
12 ZB BMF BStBl I 04, 1045; DStR 98, 531.
13 BFH BStBl II 04, 937; BStBl II 04, 940; BStBl II 05, 176; s auch *Gosch* § 8 Rn 1128 mwN; **aA** noch BFH/NV 03, 347; dezidiert zB *Finsterwalder* DB 05, 1189; *Briese* GmbHR 05, 1132; *ders* DStR 05, 272.
14 BMF BStBl I 04, 1045 Rn 20s auch BFH BStBl II 04, 937.
15 BFH BFH/NV 07, 1350.
16 BMF BStBl I 04, 1045 Rn 22.
17 Zutr *Briese* GmbHR 04, 1132, 1135; *Höfer* BetrAVG Bd II StR[4] Rn 394.

für den jeweiligen ArbN anzustellen, auch bei einer Belegschaftsversorgung; eine Durchschnittsbetrachtung scheidet wegen der Individualbezogenheit der Zusage aus; das angemessene Versorgungsniveau lässt sich nicht im Wege der Saldierung erreichen.[1] – **(2) Ermittlung der maßgeblichen Versorgungsleistungen:** Die einzubeziehenden gesetzlichen Ansprüche können nach dem seitens der FinVerw akzeptierten steuerlichen Näherungsverfahren (s Rn 33 aE) berechnet werden.[2] Von einmaligen Kapitalleistungen, welche anstelle lebenslänglich laufender Leistungen gezahlt werden, gelten 10 vH als Jahresbetrag der Leistungen (analog § 4d I 1 Nr 1 S 7s § 4d Rn 61).[3] **Gesetzliche** Anwartschaften sind stets und unbeschadet der partiellen Eigenfinanzierung durch den ArbN zu berücksichtigen (arg § 5 II 2 BetrAVG), **private** Versorgungsleistungen (nicht aber betriebliche DirektVers-Anspr) sowie sonstige (unverfallbare) **betriebliche** Versorgungsanwartschaften aus Beschäftigungsverhältnissen demgegenüber nur dann, wenn sie vom ArbG finanziert wurden (arg § 5 II 1 BetrAVG); bei Eigenfinanzierung durch den ArbN sind sie Teil dessen privater Sphäre.[4] Unbeachtet bleiben nach Auffassung des BFH[5] auch etwaige fest vereinbarte jährliche biometrische Steigerungen der Betriebsrenten ab Rentenbeginn (s unten).[6] – **(3)** Zu den maßgeblichen **Bruttostichtagsbezügen** des ArbN zählen im Grundsatz jegliche Aktivbezüge (= Arbeitslohn). Gehaltsbestandteile, welche als vGA (§ 20 I Nr 1 S 2; § 8 III 2 KStG) zu qualifizieren sind, sind nicht einzubeziehen,[7] mangels Zuflusses am Bilanzstichtag gleichermaßen nicht die fiktive Jahresnettoprämie als nur fiktiver Gehaltsbestandteil.[8] Um der schwierigen Schätzung der letzten Aktivbezüge und der zu erwartenden Sozialversicherungswerte zu entgehen, wurde früher aus Vereinfachungsgründen von einer solchen abgesehen, wenn die laufenden Aufwendungen für die gesamte Altersvorsorge (einschl ArbG- und ArbN-Anteile zur gesetzlichen Sozialversicherung, freiwillige Leistungen des ArbG) 30 vH des stpfl aktuellen Arbeitslohns nicht überstiegen, dies nach neuer Praxis der FinVerw wegen zu großer Ungenauigkeit letztmals aber für Wj, die vor dem 1.1.05 begannen.[9] – **(4) Ausnahmen** von diesen Grundsätzen bestehen **(1)** bei von vornherein **endgehaltsabhängigen Versorgungszusagen**,[10] nach Praxis der FinVerw auch bei **beitragsorientierten Versorgungszusagen** iSv § 1 II Nr 1 BetrAVG;[11] **(2)** bei fest vereinbart (garantiert) (teil-)**dynamisierten Renten und Anwartschaften** nach Maßgabe prozentualer Erhöhungen, deren Grenzen sich aus der langfristigen Einkommensentwicklung ergeben,[12] allerdings wohl unter Ausschluss von Mehrfacherhöhungen,[13] **(3)** richtiger (und von der FinVerw[14] zwischenzeitlich bestätigter) Ansicht nach auch bei Versorgungen, die aus einer (echten) Umwandlung künftiger Entgeltansprüche (**Barlohn- oder Entgeltumwandlung**, vgl § 1 II Nr 3, § 1a BetrAVG, vor dem 1.1.99 aufgrund der allg Vertragsfreiheit) gespeist werden[15] (zB aus einer Vergütungsanhebung, ggf auch einem bereits erdienten, jedoch noch nicht ausbezahlten Entgeltansprüchen),[16] die auch Organe von KapGes beanspruchen können,[17] nicht jedoch Mehrheits-G'ter einer KapGes, weil solche nicht dem BetrAVG unterfallen,[18] sowie **(4)** bei **späterem Absinken des Gehalts**, zB aufgrund von Altersteilzeit oder Krankheit,[19] auch sonstiger betriebsbedingter oder -veranlasster Gehaltsherabsetzungen (zB infolge des Wechsels von der Vollzeit- in die Teilzeitbeschäftigung).[20] Unter keinen Umständen (auch bei Nicht-ArbN) sollen hingegen sog **Nur-Pensionen** (ohne Fortzahlung laufender Vergütungen) anzuerkennen sein; sie zögen stets eine Über-

---

1 *Briese* GmbHR 04, 1132 (1135); **aA** *Höfer* BB 96, 43.
2 BMF BStBl I 04, 1045 Tz 15.
3 BMF BStBl I 04, 1045 Tz 14.
4 Weitergehend *Höfer* BetrAVG Bd II StR[4] Rn 389: alle Versorgungsanwartschaften aus früheren Arbeitsverhältnissen.
5 BFH BStBl I 04, 940; s auch BMF DStR 98, 531 unter 2.; BStBl II 05, 176.
6 S dazu BFH BStBl II 96, 423.
7 BFH BStBl II 98, 402; BStBl II 05, 176; *Höfer* BetrAVG Bd II StR[3] Rn 2039.4; insoweit **aA** *Blümich* § 8 KStG Rn 735.
8 BFH BStBl II 04, 937; BStBl II 04, 940; **aA** *Höfer* BetrAVG Bd II StR[3] Rn 2039, 2259.
9 BMF BStBl I 04, 1045 Rn 23.
10 BFH BStBl II 96, 423; BMF BStBl I 04, 1045 Tz 16 ff; *Höfer* BetrAVG Bd II StR[4] Rn 386.
11 Zutr krit *Höfer* BetrAVG Bd II StR[3] Rn 386.
12 BFH BStBl II 96, 403 und 423: 2 vH; vgl dazu auch für ab 1999 erteilte Versorgungszusagen den Verzicht auf die Anpassungsüberprüfungspflicht gem § 16 III Nr 1 BetrAVG bei Zusage einer Mindestanpassung der Rentenzahlungen von 1 vH.
13 Vgl BFH BStBl II 96, 420.
14 BMF BStBl I 04, 1045 Rn 16 ff; dazu *Langohr-Plato* sj 06/05, 26; krit *H Höfer* DB 05, 132.
15 *Höfer* BetrAVG Bd II StR[4] Rn 389; *Gosch* BB 96, 1689; **aA** BFH BStBl II 95, 873 zur DirektVers; FinMin NRW DB 95, 1150.
16 Zu Einzelheiten und Abgrenzungen s *Höfer* BetrAVG Bd I ArbR[9] § 1 Rn 2557 ff mwN.
17 Vgl *Pröpper* DB 03, 174.
18 Zutr *A/F/R* 6. Teil Rn 741 ff; s auch BFH BStBl II 05, 176; *Gosch* KStG § 8 Rn 1096 ff, dort auch zur Abgrenzung zur vGA. Dessen ungeachtet kann eine derartige Barlohnumwandlung naturgemäß auch hier vereinbart werden.
19 BMF BStBl I 04, 1045 Rn 19; *Jaeger* BetrAV 99, 384 (385).
20 S dazu zB BFH DStRE 04, 1287.

versorgung nach sich.[1] Die letztere Annahme ist jedenfalls bei einer „echten" Barlohnumwandlung nicht ohne weiteres haltbar. Vorausgesetzt, eine solche ist ernstlich vereinbart und nicht privat mitveranlasst (zB durch unmittelbar vorangehende und zugleich unübliche überhöhte Gehaltsanhebung oder bei Fehlen jeglicher sonstiger Einkünfte des Begünstigten), ist eine derartige Umwandlung unter Verzicht auf jeglichen Barlohn auch steuerlich zu akzeptieren.[2] – Zur Anwendung der Überversorgungsgrundsätze bei der Unterstützungskassen-Anwartschaft s § 4d Rn 21, zur (allerdings umstr) Nichtanwendung der Grundsätze bei den anderen Durchführungswegen der betrieblichen Altersversorgung s zB für die DirektVers § 4b Rn 21.

44 **3. Stichtagsprinzip und Inventurstichtag.** Die Voraussetzungen für die Bildung der Pensionsrückstellung (Feststellung der Pensionsberechtigten, Anspruchshöhe und -beginn) sind durch eine ordnungsgemäße Inventur zu ermitteln, gem § 240 HGB, § 6a III 2 Nr 1 S 2 HS 2 nach Maßgabe der Verhältnisse am Bilanzstichtag,[3] aus Gründen der Vereinfachung (gleichmäßigere Verteilung der Jahresabschlussarbeiten) auch auf einen Inventurstichtag, der maximal 3 Monate vor oder 2 Monate nach dem Bilanzstichtag liegen darf (§ 241 III Nr 1 HGB).[4] Zu Einzelheiten der Inventurerleichterung insbes bei Vorverlegung der körperlichen Bestandsaufnahme s R 6a XVIII 3 Nr 1–5 EStR, die danach aber nur für StPfl mit mehr als 20 ArbN und nicht für Vorstandsmitglieder und Geschäftsführer von KapGes gelten.[5]

G. Erstmalige, laufende und nachgeholte Zuführungen zur Pensionsrückstellung (§ 6a IV)

46 Die Pensionsrückstellung **muss** gem § 249 HGB iVm §§ 5 I, 6a IV **erstmals** in dem Wj **(Erstjahr)** gebildet werden, in dem eine Versorgungsverpflichtung wirksam entsteht und in dem die Voraussetzungen des § 6a erfüllt sind, und zwar max bis zur Höhe des Teilwertes am Schluss des Wj; die gleichmäßige Verteilung **(Drittelung)** dieses Betrages auf das betr Wj **und** (nicht: oder[6]) auf die beiden folgenden Wj (auch beim Rumpf-Wj[7]) ist möglich **(§ 6a IV 3)**, bei erstmaliger Rückstellungsbildung mangels existierenden Unterschiedsbetrags iSv § 6a IV 2 nach zutr Ansicht trotz § 6a IV 6 jedoch nicht zwingend.[8] Eine derartige gleichmäßige Verteilung auf drei Wj kommt ebenso bei erstmaliger Anwendung neuer oder geänderter biometrischer Rechnungsgrundlagen sowie beim Wechsel derselben in Betracht (**§ 6a IV 2 und 6**; § 52 Abs 17[9]). Der handelsbilanzielle Ausweis darf allerdings nicht überschritten werden.[10] Etwaige **Erhöhungen** einer Versorgungszusage sind von der Grundzusage zu isolieren. Für sie ist die bisherige Rückstellung um den Teilwert der Erhöhung im Wj der Erhöhungszusage aufzustocken, bei einer Erhöhung um mehr als 25 vH wahlweise wiederum auch gleichmäßig auf dieses Wj und die beiden folgenden Wj verteilt (**§ 6a–IV 4**). IÜ besteht – zur Vermeidung willkürlicher Gewinnverschiebungen – ein **grds Nachholverbot**: Gem § **6a IV 1** darf eine Pensionsrückstellung in einem Wj höchstens um den Unterschied zw dem Teilwert der Pensionsverpflichtung am Schluss des Wj und am Schluss des vorangegangenen Wj erhöht werden (**= Zuführungssoll**). Eine Nachholung an sich zulässiger, bislang aber unterbliebener Zuführungen zu (auch erstmals zu bildenden)[11] Pensionsrückstellungen (zB bei Minderzuführungen infolge der Wahl eines den Zinsfuß gem § 6a III 3 übersteigenden Zinsfußes, bei nicht voller Zuführung des Drittelungsbetrages gem § 6a IV 3[12] oder bei überhöhten Zuführungen und dadurch ausgelöster Nichtinanspruchnahme der Drittelungsmöglichkeit; wohl auch bei unterbliebener Zuführung durch eine in eine GmbH umgewandelte bisherige Anstalt des öffentlichen Rechts[13]) ist somit ausgeschlossen. Davon abzugrenzen sind unrichtige Bilanzansätze, die nach Maßgabe des formellen Bilanzzusammenhangs zu korrigieren sind.[14]

47 **Ausnahmen** hiervon sind an 2 Bilanzstichtagen zulässig: **(1)** zum Schluss desjenigen Wj, in dem das Dienstverhältnis bei aufrechterhaltener Pensionsanwartschaft endet, **(2)** zum Schluss desjenigen Wj,

---

1 BFH BStBl II 96, 204; 96, 153; *Gschwendtner* DStZ 96, 7; BMF DB 98, 597; BStBl II 05, 387; krit *Gosch* KStG § 8 Rn 1131 f.
2 BFH DStR 06, 83.
3 R 6a XVIII 1 EStR 05.
4 R 6a XVIII 2 EStR 05.
5 R 6a XVIII 3 Nr 5 EStR 05.
6 *Höfer* BetrAVG Bd II StR[4] Rn 679; **aA** *B/R/O*[4] StR Rn A 452: Verteilung auch auf nur 2 Jahre zulässig.
7 *B/R/O*[4] aaO; auch im Rumpf-Wj ist ein volles Drittel zu verrechnen, s BMF BetrAV 76, 136.
8 FG Bdbg EFG 06, 1746; **aA** *Blümich* § 52 Rn 2; *Höfer* BetrAVG Bd II StR[4] Rn 693 ff; s auch § 52 XVII 2 nF.
9 BMF BStBl I 99, 436; eingehend *Höfer* BetrAVG Bd II StR[4] Rn 649 ff; krit dazu *Prinz* FR 99, 420.
10 R 6a XX 2 EStR 05.
11 S FG Kln EFG 07, 1411 Rev 44/07.
12 *Höfer* BetrAVG Bd II StR[4] Rn 683; – Die Auffüllung der Drittelungsbeträge des oder der beiden folgenden Wj bleibt davon unberührt, vgl FG Bln EFG 98, 28.
13 FG Nds EFG 06, 717 Rev I R 3/06.
14 Vgl BFH BStBl II 06, 928.

in dem der Versorgungsfall eintritt, erneut fakultativ verteilt auf das betr Wj und auf die beiden folgenden Wj (§ 6a IV 5; s dazu auch § 6a II Nr 2). **Ausnahmen** vom Nachholverbot bestehen **überdies** zB beim Übergang von der Überschussrechnung zur Bilanzierung (§§ 4 I, 5 I), bei geänderter Rspr,[1] bei Änderungen der biometrischen Gegebenheiten,[2] bei zu geringer Rückstellung aufgrund ungerechtfertigter Veranlassung des FA,[3] bei offensichtlich falschen oder versehentlich unterlassenen Rückstellungen, aber nur solcher im Falle eines Berechnungsfehlers, nicht indes eines Rechtsirrtums,[4] ggf auch bei späteren Bilanzänderungen.[5] Zu indirekter Nachholung kann es bei späteren Leistungsminderungen kommen, indem der bisherige ‚falsche' TW ‚stehen gelassen' wird, aber auch bei späteren Leistungserhöhungen; die FinVerw lässt es zu, die Rückstellung ungeachtet des Fehlbetrages ungekürzt um den Barwert der Leistungserhöhung zu erhöhen.[6] Wird die (erstmalige) Möglichkeit der Fehlbetragsbeseitigung nicht genutzt, ist sie in jedem Fall **verwirkt**. Lediglich beim Ausscheiden des Versorgungsberechtigten mit aufrechterhaltener Anwartschaft ergibt sich eine 2. Nachholmöglichkeit beim nachfolgenden Eintritt des Versorgungsfalls. **Keine Einschränkungen** vom Nachholverbot ergeben sich infolge der zwischenzeitlichen handels- wie steuerrechtlichen **Passivierungspflicht** von Pensionszusagen (Rn 5); als steuerrechtliche Sondernorm geht § 6a IV 1 den allg Regeln zur Bilanzberichtigung vor: Führt die handelsbilanzielle Bewertung zu einem Ansatz, der unterhalb des nach § 6a zulässigen Ansatzes liegt, so ist dieser HB-Wert für die Steuerbilanz maßgeblich und bleibt dies auch, wenn sich später ein HB-Wert errechnet, der über jenem der Steuerbilanz liegt.[7] Ebenso wenig kann vom Nachholverbot abgesehen werden, weil dem StPfl entgegen der Regelungsintention ein Vorwurf willkürlicher Gewinnverschiebungen nicht zu machen ist. – Zu indirekten Ausnahmen vom Nachholverbot bei Auflösung zu niedriger Rückstellungen s Rn 48. Bei bereits bestandskräftigen Steuerbescheiden kann ggf eine Änderung gem § 173 I Nr 2 AO in Betracht kommen.[8]

H. Auflösung der Pensionsrückstellung

Nach Eintritt des Versorgungsfalles muss die gebildete Rückstellung ratierlich aufgelöst werden, allerdings unter Verrechnung mit den laufenden Versorgungsleistungen (versicherungsmathematische Auflösung, s Rn 28). Sie ist gleichermaßen bei **Fortfall oder Minderung** der Versorgungsverpflichtung (zB bei Verzicht oder Herabsetzung) oder bei Wegfall[9] der Voraussetzungen des § 6a aufzulösen (ganz oder ggf teilw, grds ohne Verteilungsmöglichkeit).[10]

48

Rechtsfolge: stpfl außerordentlicher Ertrag[11] (§ 275 II Nr 15, III Nr 14 HGB). Ansonsten kommt eine Auflösung nicht in Betracht (kein Wahlrecht, vgl § 249 III 2 HGB).[12] Bei zu Unrecht aufgelöster Pensionsrückstellung ist die Bilanz zu berichtigen.[13] Zur Teilauflösung der Rückstellung bei einem sog technischen Rentner s Rn 34. Im Falle einer Leistungsermäßigung darf die Auflösung solange und soweit – bis auf den erforderlichen Teilwert der Versorgungsverpflichtung – aufgeschoben werden, wie eine zuvor zulässige Rückstellung unterblieben ist; erreicht die Rückstellung nicht den Teilwert der Verpflichtung, ist sie stehen zu lassen (kein Verstoß gegen das Nachholungsverbot, s Rn 46).[14] Beim begünstigten ArbN führt die Ablösung der Pensionszusage regelmäßig zu stpfl Arbeitslohn.[15]

---

1 ZB BMF BStBl I 82, 988.
2 S auch R 6a XXII EStR 05.
3 BFH BStBl II 96, 589.
4 BFH BStBl II 03, 936, DStR 02, 1808 mit Anm –sch; dem folgend BMF BStBl I 03, 746; s auch *B/R/O*[4] StR Rn A 471; *Korn* § 6a Rn 115; einschränkend *A/F/R* 2. Teil Rn 302; *Höfer* BetrAVG Bd II StR[4] Rn 635; *L/B/P* § 6a Rn 256 auf Fälle bewussten Handelns; aA FG BaWü EFG 01, 349; FG Rh-Pf EFG 05, 1848; FG Kln EFG 07, 1411; FG BaWü EFG 07, 1863; offen BFH BStBl II 96, 589: generelles Nachholverbot.
5 *Höfer* BetrAVG Bd II StR[4] Rn 639 ff; *Thümmler* BetrAV 84, 168.
6 FinMin Nds DB 81, 718.
7 Str, wie hier *Höfer* BetrAVG Bd II StR[4] Rn 594, 644; FG Kln EFG 07, 1411 Rev I R 44/07; FG Hbg EFG 93, 431; aA zB *Frotscher* § 6 Rn 89; *Büchele* DB 99, 67; *Riemer* BetrAV 00, 425; *Anders* GmbHR 02, 1084.
8 *B/R/O*[4] StR Rn A 472.
9 Vgl auch BFH BStBl II 99, 387 zum Wegfall der Zusage bei Leistungsablösung durch eine Unterstützungskasse im Versorgungszeitpunkt.
10 Zu Billigkeitsregelungen s *B/R/O*[4] StR Rn A 480.
11 Zur Rechtslage beim Verzicht auf die Zusage durch G'ter-Geschäftsführer einer KapGes s BFH GrS BStBl II 98, 305: außerordentlicher Ertrag bei mangelnder Werthaltigkeit der Pensionsforderung, infolge verdeckter Einlage; s auch BFH BStBl II 98, 307 (zur Bewertung).
12 S auch BFH BStBl II 77, 798.
13 R 6a XXI 2 und 3 EStR 05.
14 R 6a XXII 3 EStR 05.
15 BFH BStBl II 07, 581.

§ 6b Übertragung stiller Reserven bei der Veräußerung bestimmter Anlagegüter

49 Eine vom StPfl zur Absicherung der Zusage abgeschlossene **Rückdeckungsversicherung** (§ 4d Rn 29) ist in jedem Fall unabhängig von der Pensionsrückstellung (Grundsatz der Einzelbewertung, Rn 1) zu aktivieren.[1] Der Wertansatz der Rückdeckungsansprüche entspricht idR dem (geschäftsplanmäßigen) Deckungskapital beim Versicherer und ist nicht auf den Betrag der nach Maßgabe des § 6a gebildeten Pensionsrückstellung begrenzt.[2] Eine Witwenversorgung ist unbeschadet ihrer Bedingtheit durch das Vorversterben des eigentlich Begünstigten einzubeziehen.[3] Die Rückstellung ist jedoch (frühestens) aufzulösen, wenn die Versicherung an den ArbN (mit der Folge des lstpfl Zuflusses) abgetreten wird und – dann als DirektVers (§ 4b) – an die Stelle der Direktzusage tritt (zur Änderung des Durchführungsweges s auch § 4b Rn 17). Zur abw steuerlichen Zuordnung unwiderruflich verpfändeter oder unbedingt abgetretener Rückdeckungsversicherungsansprüche an den Begünstigten (§ 39 II Nr 1 AO) und der damit einhergehenden Umwandlung der Versicherung in eine DirektVers s § 4b Rn 3. Ist die so verstandene Versicherung ganz oder zT als vGA zu qualifizieren, sind die Versicherungsprämien infolge ihrer denkbaren Vorteilseignung beim begünstigten G'ter[4] nicht als BA des ArbG abziehbar.

§ 6b Übertragung stiller Reserven bei der Veräußerung bestimmter Anlagegüter

(1) [1]Steuerpflichtige, die
Grund und Boden,
Aufwuchs auf Grund und Boden mit dem dazugehörigen Grund und Boden, wenn der Aufwuchs zu einem land- und forstwirtschaftlichen Betriebsvermögen gehört,
Gebäude oder Binnenschiffe
veräußern, können im Wirtschaftsjahr der Veräußerung von den Anschaffungs- oder Herstellungskosten der in Satz 2 bezeichneten Wirtschaftsgüter, die im Wirtschaftsjahr der Veräußerung oder im vorangegangenen Wirtschaftsjahr angeschafft oder hergestellt worden sind, einen Betrag bis zur Höhe des bei der Veräußerung entstandenen Gewinns abziehen. [2]Der Abzug ist zulässig bei den Anschaffungs- oder Herstellungskosten von

1. Grund und Boden,
   soweit der Gewinn bei der Veräußerung von Grund und Boden entstanden ist,
2. Aufwuchs auf Grund und Boden mit dem dazugehörigen Grund und Boden, wenn der Aufwuchs zu einem land- und forstwirtschaftlichen Betriebsvermögen gehört,
   soweit der Gewinn bei der Veräußerung von Grund und Boden oder der Veräußerung von Aufwuchs auf Grund und Boden mit dem dazugehörigen Grund und Boden entstanden ist,
3. Gebäuden,
   soweit der Gewinn bei der Veräußerung von Grund und Boden, von Aufwuchs auf Grund und Boden mit dem dazugehörigen Grund und Boden oder Gebäuden entstanden ist, oder
4. Binnenschiffen,
   soweit der Gewinn bei der Veräußerung von Binnenschiffen entstanden ist.

[3]Der Anschaffung oder Herstellung von Gebäuden steht ihre Erweiterung, ihr Ausbau oder ihr Umbau gleich. [4]Der Abzug ist in diesem Fall nur von dem Aufwand für die Erweiterung, den Ausbau oder den Umbau der Gebäude zulässig.

(2) [1]Gewinn im Sinne des Absatzes 1 Satz 1 ist der Betrag, um den der Veräußerungspreis nach Abzug der Veräußerungskosten den Buchwert übersteigt, mit dem das veräußerte Wirtschaftsgut im Zeitpunkt der Veräußerung anzusetzen gewesen wäre. [2]Buchwert ist der Wert, mit dem ein Wirtschaftsgut nach § 6 anzusetzen ist.

(3) [1]Soweit Steuerpflichtige den Abzug nach Absatz 1 nicht vorgenommen haben, können sie im Wirtschaftsjahr der Veräußerung eine den steuerlichen Gewinn mindernde Rücklage bilden. [2]Bis zur Höhe dieser Rücklage können sie von den Anschaffungs- oder Herstellungskosten der in Absatz 1 Satz 2 bezeichneten Wirtschaftsgüter, die in den folgenden vier Wirtschaftsjahren angeschafft oder hergestellt worden sind, im Wirtschaftsjahr ihrer Anschaffung oder Herstellung einen Betrag unter Berücksichtigung der Einschränkungen des Absatzes 1 Satz 2 bis 4 abziehen. [3]Die Frist

---

1 R 6a XXIII EStR 05; zur bilanziellen Behandlung s auch § 4b Rn 21; BFH BStBl II 02, 724; BStBl II 04, 131.
2 BFH BStBl II 04, 654; BFH/NV 04, 1234.
3 BFH DB 06, 2039.
4 Abw vom Normalfall, s BFH BStBl II 04, 131.

Übertragung stiller Reserven bei der Veräußerung bestimmter Anlagegüter § 6b

von vier Jahren verlängert sich bei neu hergestellten Gebäuden auf sechs Jahre, wenn mit ihrer Herstellung vor dem Schluss des vierten auf die Bildung der Rücklage folgenden Wirtschaftsjahres begonnen worden ist. ⁴Die Rücklage ist in Höhe des abgezogenen Betrags gewinnerhöhend aufzulösen. ⁵Ist eine Rücklage am Schluss des vierten auf ihre Bildung folgenden Wirtschaftsjahres noch vorhanden, so ist sie in diesem Zeitpunkt gewinnerhöhend aufzulösen, soweit nicht ein Abzug von den Herstellungskosten von Gebäuden in Betracht kommt, mit deren Herstellung bis zu diesem Zeitpunkt begonnen worden ist; ist die Rücklage am Schluss des sechsten auf ihre Bildung folgenden Wirtschaftsjahres noch vorhanden, so ist sie in diesem Zeitpunkt gewinnerhöhend aufzulösen.

(4) ¹Voraussetzung für die Anwendung der Absätze 1 und 3 ist, dass
1. der Steuerpflichtige den Gewinn nach § 4 Abs. 1 oder § 5 ermittelt,
2. die veräußerten Wirtschaftsgüter im Zeitpunkt der Veräußerung mindestens sechs Jahre ununterbrochen zum Anlagevermögen einer inländischen Betriebsstätte gehört haben,
3. die angeschafften oder hergestellten Wirtschaftsgüter zum Anlagevermögen einer inländischen Betriebsstätte gehören,
4. der bei der Veräußerung entstandene Gewinn bei der Ermittlung des im Inland steuerpflichtigen Gewinns nicht außer Ansatz bleibt und
5. der Abzug nach Absatz 1 und die Bildung und Auflösung der Rücklage nach Absatz 3 in der Buchführung verfolgt werden können.

²Der Abzug nach den Absätzen 1 und 3 ist bei Wirtschaftsgütern, die zu einem land- und forstwirtschaftlichen Betrieb gehören oder der selbstständigen Arbeit dienen, nicht zulässig, wenn der Gewinn bei der Veräußerung von Wirtschaftsgütern eines Gewerbebetriebs entstanden ist.

(5) An die Stelle der Anschaffungs- oder Herstellungskosten im Sinne des Absatzes 1 tritt in den Fällen, in denen das Wirtschaftsgut im Wirtschaftsjahr vor der Veräußerung angeschafft oder hergestellt worden ist, der Buchwert am Schluss des Wirtschaftsjahres der Anschaffung oder Herstellung.

(6) ¹Ist ein Betrag nach Absatz 1 oder 3 abgezogen worden, so tritt für die Absetzungen für Abnutzung oder Substanzverringerung oder in den Fällen des § 6 Abs. 2 und Abs. 2a im Wirtschaftsjahr des Abzugs der verbleibende Betrag an die Stelle der Anschaffungs- oder Herstellungskosten. ²In den Fällen des § 7 Abs. 4 Satz 1 und Abs. 5 sind die um den Abzugsbetrag nach Absatz 1 oder 3 geminderten Anschaffungs- oder Herstellungskosten maßgebend.

(7) Soweit eine nach Absatz 3 Satz 1 gebildete Rücklage gewinnerhöhend aufgelöst wird, ohne dass ein entsprechender Betrag nach Absatz 3 abgezogen wird, ist der Gewinn des Wirtschaftsjahres, in dem die Rücklage aufgelöst wird, für jedes volle Wirtschaftsjahr, in dem die Rücklage bestanden hat, um 6 Prozent des aufgelösten Rücklagenbetrags zu erhöhen.

(8) ¹Werden Wirtschaftsgüter im Sinne des Absatzes 1 zum Zweck der Vorbereitung oder Durchführung von städtebaulichen Sanierungs- oder Entwicklungsmaßnahmen an einen der in Satz 3 bezeichneten Erwerber übertragen, sind die Absätze 1 bis 7 mit der Maßgabe anzuwenden, dass
1. die Fristen des Absatzes 3 Satz 2, 3 und 5 sich jeweils um drei Jahre verlängern und
2. an die Stelle der in Absatz 4 Nr. 2 bezeichneten Frist von sechs Jahren eine Frist von zwei Jahren tritt.

²Erwerber im Sinne des Satzes 1 sind Gebietskörperschaften, Gemeindeverbände, Verbände im Sinne des § 166 Abs. 4 des Baugesetzbuchs, Planungsverbände nach § 205 des Baugesetzbuchs, Sanierungsträger nach § 157 des Baugesetzbuchs, Entwicklungsträger nach § 167 des Baugesetzbuchs sowie Erwerber, die städtebauliche Sanierungsmaßnahmen als Eigentümer selbst durchführen (§ 147 Abs. 2 und § 148 Abs. 1 des Baugesetzbuchs).

(9) Absatz 8 ist nur anzuwenden, wenn die nach Landesrecht zuständige Behörde bescheinigt, dass die Übertragung der Wirtschaftsgüter zum Zweck der Vorbereitung oder Durchführung von städtebaulichen Sanierungs- oder Entwicklungsmaßnahmen an einen der in Absatz 8 Satz 2 bezeichneten Erwerber erfolgt ist.

(10) ¹Steuerpflichtige, die keine Körperschaften, Personenvereinigungen oder Vermögensmassen sind, können Gewinne aus der Veräußerung von Anteilen an Kapitalgesellschaften bis zu einem Betrag von 500 000 Euro auf die im Wirtschaftsjahr der Veräußerung oder in den folgenden zwei Wirtschaftsjahren angeschafften Anteile an Kapitalgesellschaften oder angeschafften oder hergestellten abnutzbaren beweglichen Wirtschaftsgüter oder auf die im Wirtschaftsjahr der Veräußerung

oder in den folgenden vier Wirtschaftsjahren angeschafften oder hergestellten Gebäude nach Maßgabe der Sätze 2 bis 11 übertragen. ²Wird der Gewinn im Jahr der Veräußerung auf Gebäude oder abnutzbare bewegliche Wirtschaftsgüter übertragen, so kann ein Betrag bis zur Höhe des bei der Veräußerung entstandenen und nicht nach § 3 Nr. 40 Satz 1 Buchstabe a und b in Verbindung mit § 3c Abs. 2 steuerbefreiten Betrags von den Anschaffungs- oder Herstellungskosten für Gebäude oder abnutzbare bewegliche Wirtschaftsgüter abgezogen werden. ³Wird der Gewinn im Jahr der Veräußerung auf Anteile an Kapitalgesellschaften übertragen, mindern sich die Anschaffungskosten der Anteile an Kapitalgesellschaften in Höhe des Veräußerungsgewinns einschließlich des nach § 3 Nr. 40 Satz 1 Buchstabe a und b in Verbindung mit § 3c Abs. 2 steuerbefreiten Betrages. ⁴Absatz 2, Absatz 4 Satz 1 Nr. 1, 2, 3, 5 und Satz 2 sowie Absatz 5 sind sinngemäß anzuwenden. ⁵Soweit Steuerpflichtige den Abzug nach den Sätzen 1 bis 4 nicht vorgenommen haben, können sie eine Rücklage nach Maßgabe des Satzes 1 einschließlich des nach § 3 Nr. 40 Satz 1 Buchstabe a und b in Verbindung mit § 3c Abs. 2 steuerbefreiten Betrages bilden. ⁶Bei der Auflösung der Rücklage gelten die Sätze 2 und 3 sinngemäß. ⁷Im Fall des Satzes 2 ist die Rücklage in gleicher Höhe um den nach § 3 Nr. 40 Satz 1 Buchstabe a und b in Verbindung mit § 3c Abs. 2 steuerbefreiten Betrag aufzulösen. ⁸Ist eine Rücklage am Schluss des vierten auf ihre Bildung folgenden Wirtschaftsjahres noch vorhanden, so ist sie in diesem Zeitpunkt gewinnerhöhend aufzulösen. ⁹Soweit der Abzug nach Satz 6 nicht vorgenommen wurde, ist der Gewinn des Wirtschaftsjahres, in dem die Rücklage aufgelöst wird, für jedes volle Wirtschaftsjahr, in dem die Rücklage bestanden hat, um 6 Prozent des nicht nach § 3 Nr. 40 Satz 1 Buchstabe a und b in Verbindung mit § 3c Abs. 2 steuerbefreiten aufgelösten Rücklagenbetrags zu erhöhen. ¹⁰Für die zum Gesamthandsvermögen von Personengesellschaften oder Gemeinschaften gehörenden Anteile an Kapitalgesellschaften gelten die Sätze 1 bis 9 nur, soweit an den Personengesellschaften und Gemeinschaften keine Körperschaften, Personenvereinigungen oder Vermögensmassen beteiligt sind.

§ 9a EStDV; R 6b/H 6b EStR 05

Übersicht

	Rn		Rn
A. Grundaussagen der Vorschrift	1	V. Personenidentität der stillen Reserven	21
B. Begünstigungsvoraussetzungen	3	VI. Begünstigungsfähiger Gewinn (§ 6b IV 1 Nr 4)	24
I. Berechtigung und Gewinnermittlungsart	3	VII. Übertragungsverbot gem § 6b IV 2	25
II. Begünstigte Veräußerungen	4	**C. Übertragung des Veräußerungsgewinns**	26
1. Begünstigte Veräußerungsobjekte (§ 6b I 1)	4	I. Wahlrecht	26
2. Veräußerung	7	II. Abzug des begünstigten Gewinns gem § 6b I 1	28
3. Veräußerungsgewinn	10		
III. Begünstigte Reinvestitionen	11	III. Reinvestitionsrücklage	29
1. Begünstigte Reinvestitionsobjekte (§ 6b I 2)	11	IV. Buchnachweis (§ 6b IV 1 Nr 5)	33
2. Begünstigte Vorgänge	12	V. Anschaffungskosten/Herstellungskosten nach dem Abzug (§ 6b V, VI)	34
3. Reinvestitionszeitpunkt	14		
IV. Anlagevermögen einer inländischen Betriebsstätte des Steuerpflichtigen	15	**D. Sonderregelung für städtebauliche Maßnahmen (§ 6b VIII, IX)**	35
1. Die veräußerten Wirtschaftsgüter (§ 6b IV 1 Nr 2)	15	**E. Veräußerung von Anteilen an Kapitalgesellschaften (§ 6b X)**	36
2. Die Reinvestitionsgüter (§ 6b IV 1 Nr 3)	20	**F. Verhältnis von § 6b zu anderen Begünstigungen**	37

Literatur: *Bahrs* Betriebs- und volkswirtschaftliche Aspekte einer pauschalen Versteuerung von Veräußerungsgewinnen – potenzielle Vorteile einer Schedulensteuer, Inf 03, 704; *ders* Betriebswirtschaftliche Vorteilhaftigkeit von steuerrechtlich bedingten Reinvestitionsrücklagen, BB 03, 568; *Carlé* Steuerfallen bei der Unternehmens- und Anteilsveräußerung, KÖSDI 06, 15096; *Cordes* Veräußerung von Kapitalgesellschaftsanteilen durch Personengesellschaften und § 6b EStG, StBp 03, 113; *Eisele/Knobloch* Zur Maßgeblichkeit der Handels- für die Steuerbilanz bei der Übertragung einer Reinvestitionsrücklage zwischen einer Personengesellschaft und der an ihr beteiligten Kapitalgesellschaft, DB 05, 1349; *Hartmann/Meyer* Die Bildung von § 6b-Rücklagen nach dem Unternehmenssteuerfortentwicklungsgesetz v 20.12.2001, Inf 02, 141; *Heinemann* Die Neufassung des § 6b EStG durch das Unternehmenssteuerfortentwicklungsgesetz, NWB Fach 3, 12145; *Kanzler* Die Reinvestitionsvergünstigung des § 6b EStG idF des Unternehmenssteuerfortentwicklungsgesetzes, FR 02, 117; *ders* Gesellschaftsbezogene Betrachtungsweise bei Übertragung stiller Reserven nach § 6b EStG i.d.F. des StEntlG 1999/2000/2002, FR 06, 691; *ders* Über obiter dicta, prospective overruling und die Vermeidung von Nichtanwendungsschreiben: Rücklagen i. S. d. § 6b Abs 3 EStG für Gewinne aus der Veräußerung von Sonderbetriebsvermögen, FR 06, 693; *Kölpin* Die Veräußerung von Kapitalanteilen im Rahmen des § 6b Abs. 10 EStG, StuB 07, 740; *Korn* Geschäftsbeziehungen zwischen „Schwestergesellschaften" im Ertragsteuerrecht, KÖSDI 07, 15711; *ders/Strahl* Reinvestitionsrücklage nach § 6b EStG als Gestaltungsoption bei Umstrukturierungen, Stbg 02, 300; *Ley* Zur Buchführungs- und Abschlusserstellungspflicht sowie zur Ausübung von Bilanzierungswahlrechten in der Sonderbilanz eines Mitunternehmers, WPg 06, 904; *Meyer/Ball* Bildung von § 6b Rücklagen: Steueroptimale Ausschöpfung des Gestaltungspotentials, Gestaltende Steuerberatung 2004, 427; *Neumann* Übertragung von Veräußerungsgewinnen nach dem UntStFG, EStB 02, 96; *ders* Realteilung einer Mitunternehmerschaft, EStB 06, 143; *Niehus* Zur Anwendung von Realteilungsgrundsätzen und § 6b EStG auf die Übertragung von Wirtschaftsgütern bei Schwesterpersonengesellschaften, FR 2005, 278; *Reiche* Personengesellschaften im Konzern – Vermögensübertragungen zwischen Schwester-Personengesellschaften, StuB 06, 626; *Ritzrow* Die Übertragung aufgedeckter stiller Reserven nach § 6b und § 6c EStG in der Rechtsprechung des BFH, StBp 05, 45 und 70; *Schneider/Salzer* Die § 6b-Rücklage bei Personengesellschaften – Voraussetzungen und Besonderheiten, SteuerStud 06, 179; *Schön* Gewinnübertragungen bei Personengesellschaften nach § 6b EStG, 1986; *Schoor* Die Reinvestitionsvergünstigung nach § 6b EStG, StLex 05, 85; *Stollwerk/Scherff* Steuerneutrale Übertragungen durch Immobilien-GmbH – § 6b-Rücklage als Gestaltungsalternative zum Treuhandmodell, GmbH-StB 06, 71; *Strahl* Übertragung stiller Reserven nach § 6b EStG und (drohende) Änderungen des Veräußerungspreises, FR 00, 803; *ders* Hinweise zur steuerneutralen Übertragung begünstigter Wirtschaftsgüter gemäß § 6b EStG – Gestaltungschancen und Gestaltungsfallen, FR 05, 797.

A. Grundaussagen der Vorschrift

§ 6b[1] gestattet als grds **personenbezogene Begünstigung** die **Übertragung stiller Reserven**, die während einer längeren Zeit (grds sechs Jahre) bei bestimmten WG des Anlagevermögens (Veräußerungsobjekte) gebildet und bei einer dann erfolgenden Veräußerung aufgedeckt werden, auf bestimmte Reinvestitionsobjekte in der Weise, dass ein etwaiger Veräußerungsgewinn nicht sofort als Ertrag versteuert werden muss, sondern von den AK/HK der neu angeschafften WG abgezogen werden kann. Dadurch sollen die Veräußerungen von nicht mehr benötigten Bestandteilen des BV erleichtert, die hieraus resultierenden Gewinne dem StPfl zur Finanzierung der AK/HK bestimmter Neuinvestitionen erhalten und so Modernisierung und Rationalisierung des Betriebs wie auch Standortverlegungen, Strukturänderungen oder auch die Änderung von Beteiligungsverhältnissen begünstigt werden.[2] Der StPfl soll durch § 6b bilanziell so gestellt werden, als befinde sich das veräußerte WG nach wie vor in seinem BV. Das veräußerte WG soll im Ersatz-WG bilanziell fortbestehen.[3] § 6b steht im Einklang mit EU-Recht. Jedoch stellte laut EuGH die Erweiterung der Abzugsmöglichkeit nach § 6b eines bei der Veräußerung von KapGes-Anteilen erzielten Gewinns auf 100 vH bei einem Neuerwerb von Anteilen an KapGes in Zusammenhang mit einer Kapitalerhöhung oder der Neugründung von KapGes mit Sitz und Geschäftsleitung in den neuen Bundesländern oder West-Berlin, die nicht mehr als 250 ArbN beschäftigen, im Zeitraum ihrer Geltung in den VZ 96–98 (§ 52 VIII idF JStG 96) eine mit dem Gemeinsamen Markt nicht vereinbare Beihilfe dar.[4] Durch das **StEntlG 99/00/02**[5] wurde § 6b wesentlich modifiziert: Anlagen im Grund und Boden (zB Be- & Entwässerungsanlagen, Brunnen, Schleusen, Brücken), abnutzbare bewegliche WG, Schiffe (anders ab 06 für Binnenschiffe) und lebendes Inventar kommen nicht mehr als **Veräußerungsgegenstand** in Betracht (§ 6b I 1 aF). Abgeschafft wurde die Übertragung aufgedeckter stiller Reserven auf abnutzbare bewegliche WG (§ 6b I 2 Nr 1 aF) und auf Anteile einer nach dem Gesetz über Unternehmensbeteiligungsges vom 17.12.86 (UBGG)[6] anerkannten UnternehmensbeteiligungsGes

1

---

1 Eingeführt durch das StändG 64 (BStBl I, 553), zuletzt geändert durch das StEntlG 99/00/02 (BStBl I 99, 304) – vgl § 52 XVIII; s dazu *Leingärtner*[7] Kap 31 Rn 148 ff; zur Gesetzesentwicklung auch *F/P/G* Rn B 927 ff; erneute Änderung durch das UntStFG v 20.12.01, BGBl I 01, 3858, das Fünfte Gesetz zur Änderung des Steuerbeamten-Ausbildungsgesetzes und zur Änderung von Steuergesetzen v 23.7.02, BGBl I 02, 2715 und das Gesetz zur steuerlichen Förderung von Wachstum und Beschäftigung v 26.4.06, BStBl I 06, 350.
2 BT-Drs IV/2400, 46, 62; 2617, 3; *Biergans* LB[6], S 539f.
3 *Schön* Gewinnübertragungen bei PersGes nach § 6b EStG, S 7 ff; zur bilanziellen Erfassung vgl *Eisele/Knobloch* DB 05, 1349 ff; auch zu § 15a *Strahl* FR 05, 797 (798 f).
4 EuGHE 00 I 6857 (C-156/98).
5 BStBl I 99, 304 (307 f).
6 BStBl I 87, 181 ff, geändert durch das 2. und 3. FinanzmarktförderungsG v 26.7.94 BGBl I 94, 1749 (1780) und v 24.3.98 BGBl I 98, 529 (560); vgl dazu *Ehlermann/Schüppen* ZIP 98, 1513; zum Venture Capital vgl *Leopold* DStR 99, 470; krit zur Abschaffung *IDW* WPg 99, 26; zur Abschaffung des Tauschgutachtens vgl § 6 Rn 190.

an KapGes (§ 6b I 2 Nr 5 S 1 aF). Der gewerbesteuerliche Vorteil der Unternehmensbeteiligungs-Ges bleibt jedoch bestehen, da der bisherige Wortlaut des § 6b I 2 Nr 5 nahezu unverändert in § 3 Nr 23 GewStG übernommen wurde. Der Gewinn wird nunmehr grds zu 100 vH übertragen. Die Neuregelungen durch das StEntlG 99/00/02 gelten gem § 52 XVIII für **Veräußerungen** (Übergang des wirtschaftlichen Eigentums) **nach dem 31.12.98**. Aus nach diesem Zeitpunkt veräußerten WG, die nur nach alter Rechtslage begünstigt waren, können keine stillen Reserven übertragen werden und nach diesem Zeitpunkt realisierte stille Reserven können nicht mehr auf Reinvestitionsobjekte übertragen werden, die als solche nur nach alter Rechtslage geeignet waren. Bei **MU'schaften** war mit Änderung des § 6b IV 1 Nr 3 und Einführung des § 6b X durch das StEntlG 99/00/02 in Abkehr von der bisherigen Rechtslage eine rechtsträgerbezogene Betrachtungsweise maßgebend (Rn 3, 21). Soweit WG des Gesamthandsvermögens einer PersGes oder Gemeinschaft betroffen waren, trat für die § 6b-Begünstigung an die Stelle des StPfl die PersGes oder die Gemeinschaft. Hinsichtlich der WG des Gesamthandsvermögens musste die PersGes oder Gemeinschaft selbst Veräußerer und Reinvestor sein; eine Reinvestition war nur im BV der PersGes oder Gemeinschaft möglich. Durch das Unternehmenssteuerfortentwicklungsgesetz (UntStFG[1]) und ergänzend durch das Gesetz v 23.7.02[2] wurde § 6b erneut geändert. Ab 1.1.02 gilt danach bei PersGes und Gemeinschaften durch Wiedereinführung des § 6b IV 1 Nr 3 aF und Änderung von § 6b X – nunmehr Reinvestitionsmöglichkeit für Gewinne aus der Veräußerung von Anteilen an KapGes – wieder die durch das StEntlG 99/00/02 zuvor abgeschaffte **personen- oder gesellschafterbezogene Betrachtungsweise** (§ 52 XVIIIa).[3] Dies entspricht § 6 V 3 nach Wiedereinführung des MU'er-Erlasses.[4] Nach § 6b IV 1 Nr 3 nF genügt es, wenn die Reinvestitionsgüter zum Anlagevermögen einer inländischen Betriebsstätte gehören (anders noch § 6b IV 1 Nr 3 idF StEntlG 99/00/02: inländische Betriebsstätte eines Betriebs des StPfl). Der Gewinn aus der Veräußerung von WG des Gesamthandsvermögens kann anteilig auch von den AK oder HK von Reinvestitionsgütern im Einzel- oder Sonder-BV eines MU'ers abgezogen werden. Der Gewinn aus der Veräußerung von WG im Einzel- oder Sonder-BV eines MU'ers kann von dem Teil der AK oder HK von Reinvestitionsgütern im Gesamthandsvermögen der PersGes oder Gemeinschaft abgezogen werden, der entspr der Beteiligungsquote des MU'ers an der PersGes oder Gemeinschaft auf ihn entfällt.[5] Die Rücklage ist auch dann in der Sonderbilanz zu bilden, die von der MU'schaft aufgestellt werden muss, wenn der MU'er bis zum Bilanzstichtag aus der Gesellschaft ausgeschieden ist.[6] Nach Maßgabe der gesellschafterbezogenen Betrachtungsweise ist eine steuerneutrale Übertragung auch erreichbar, wenn nach § 6 V eine Buchwertübertragung nicht möglich ist.[7] Die gesellschafterbezogene Betrachtung gilt auch für KapGes als MU'er.[8] Zu ihren Auswirkungen auf die Vorbesitzzeit gem § 6b IV 1 Nr 2 vgl Rn 16, zur Begünstigung der Veräußerung eines MU'anteils vgl Rn 8. Mit dem Gesetz zur steuerlichen Förderung von Wachstum und Beschäftigung[9] wurde mit § 6b I 2 Nr 4 nF die Möglichkeit geschaffen, dass die bei der Veräußerung eines Binnenschiffes aufgedeckten stillen Reserven auf neu erworbene Binnenschiffe übertragen werden können (dazu Rn 5). Diese Neuregelung gilt nach § 52 XVIIIb für alle Veräußerungsfälle, die nach dem 31.12.05 und vor dem 1.1.11 vorgenommen werden. Durch das Gesetz über steuerliche Begleitmaßnahmen zur Einführung der Europäischen Gesellschaft und zur Änderung weiterer steuerlicher Vorschriften (SEStEG[10]) wurde die Begünstigung von einbringungsgeborenen Anteilen iSd § 21 UmwStG aF (§ 6b X 11) als Folge der Neukonzeption des Einbringungsteils in §§ 20 ff UmwStG gestrichen. Die Begünstigung besteht jedoch für einbringungsgeborene Anteile iSd § 21 UmwStG in der am 12.12.06 geltenden Fassung auch weiterhin nach § 6b X 11 aF fort. Infolge der Einführung der Abzugsmöglichkeit des § 6 IIa durch das Unternehmensteuerreformgesetz[11] tritt nach § 6b VI 1 an die Stelle der historischen AK/HK der durch den Abzug geminderte Betrag.

2 **Stille Reserven** werden auf ein Reinvestitionsobjekt, das bereits vor dem Wj der Veräußerung des ausscheidenden WG oder in diesem Wj angeschafft oder hergestellt wurde, durch sofortige Abset-

---

1 BGBl I 01, 3858.
2 BGBl I 02, 2715.
3 *Siebrasse/Weber* StB 04, 287 (288).
4 Vgl *Linklaters/Oppenhoff/Rädler* DB 02, Beil. Nr 1, S 1 (20).
5 Zu den Übertragungsmöglichkeiten s *Jachmann* DStZ 02, 203 (211); *Kanzler* FR 02, 117 (121).
6 BStBl II 06, 418.
7 Vgl *Strahl* FR 05, 797; speziell zu Schwester-PersGes *Niehus* FR 05, 278 (283 ff).
8 Vgl OFD Mchn/Nürnberg EStB 99, 108; *Eisele/Knobloch* DB 05, 1349 mwN.
9 BStBl I 06, 350.
10 BStBl I 07, 4.
11 BStBl I 07, 630.

zung des sich durch die Veräußerung ergebenden Gewinns (= aufgedeckte stille Reserven[1]) von den AK oder HK des neuen WG übertragen. Das Reinvestitionsobjekt wird mit dem nach dem Abzug verbleibenden Restbetrag der AK/HK aktiviert. Die Übertragung stiller Reserven auf ein Reinvestitionsobjekt, das in einer späteren Periode angeschafft oder hergestellt wird, geschieht im Wege der Bildung einer steuerfreien Rücklage in der Schlussbilanz des Wj der Veräußerung in Höhe des durch die Veräußerung entstandenen Gewinns. Bei späterer Anschaffung/Herstellung eines Reinvestitionsobjekts ist die Rücklage aufzulösen und das Reinvestitionsobjekt mit den um den aufgelösten Betrag verminderten AK/HK zu aktivieren, so dass die an sich gewinnerhöhende Wirkung der Auflösung der Rücklage neutralisiert wird. Die bei der Veräußerung eines WG aufgedeckten stillen Reserven können auch zT auf WG, die im Wj der Veräußerung oder vorher angeschafft oder hergestellt wurden, und zT auf in späteren Wj angeschaffte oder hergestellte WG übertragen werden. Die Versteuerung der stillen Reserven wird durch die Übertragung nicht aufgehoben, sondern lediglich aufgeschoben. Die Versteuerung der übertragenen stillen Reserven wird bei Übertragung auf ein abnutzbares WG in der Weise nachgeholt, dass die AfA für das Reinvestitionsgut wegen der Minderung der AK/HK um die übertragenen stillen Reserven niedriger ist, als sie auf der Basis der tatsächlichen AK/HK wäre. Bei der Übertragung auf ein nicht abnutzbares WG wird die Versteuerung der stillen Reserven bei der Entnahme oder Veräußerung des Reinvestitionsobjekts nachgeholt. Wird eine nach § 6b III gebildete Rücklage gewinnerhöhend aufgelöst und werden die realisierten stillen Reserven nicht endgültig zur Reinvestition verwendet, so ist der durch die verzögerte Versteuerung entstehende **Zinsvorteil** gem § 6b VII durch Erhöhung des Gewinns auszugleichen (dazu Rn 32).

B. Begünstigungsvoraussetzungen

I. Berechtigung und Gewinnermittlungsart. Die Begünstigung des § 6b können nat und jur[2] Pers (§ 1 KStG), die im Inland **unbeschränkt oder beschränkt stpfl** sind, in Anspr nehmen. Grds muss **ders StPfl** veräußern und reinvestieren (s dazu Rn 21 ff). Bei BetrAufsp sind die verbundenen Unternehmen einzeln zur Inanspruchnahme der Begünstigung des § 6b berechtigt und Veräußerungen zw ihnen nach § 6b begünstigt. Gleiches gilt für Organverhältnisse mit Ergebnisabführungsvertrag. Bei PersGes oder Gemeinschaften ist § 6b personenbezogen auszulegen. Dies bedeutet, dass auch bei der Veräußerung von WG des Gesamthandvermögens einer PersGes oder Gemeinschaft grds nur die MU'er zur Übertragung der stillen Reserven berechtigt sind. Bei der Veräußerung von WG des Gesamthandvermögens ist maßgeblich auf den den MU'ern gem § 39 II Nr 2 AO zuzurechnenden Anteil an dem veräußerten WG abzustellen.[3] Begünstigt sind StPfl, die den Gewinn nach **§ 4 I oder § 5** ermitteln (§ 6b IV 1 Nr 1). Bei Gewinnermittlung nach § 4 III oder § 13a gilt § 6c. Beim **Wechsel der Gewinnermittlung** zur Überschussrechnung oder Durchschnittssatzgewinnermittlung ist eine bereits bestehende Rücklage nach den Vorschriften des § 6c fortzuführen und zu übertragen.[4] Geht der StPfl von der Gewinnermittlung nach § 4 III oder § 13a zum BV-Vergleich nach §§ 4 I, 5 über und sind Rücklagen für nach § 6c begünstigte Gewinne noch nicht aufzulösen, so ist in Höhe der noch nicht übertragenen Gewinne eine Rücklage in der Übergangsbilanz auszuweisen, die weiter nach § 6b behandelt wird.[5]

II. Begünstigte Veräußerungen. – 1. Begünstigte Veräußerungsobjekte (§ 6b I 1). § 6b begünstigt (abgesehen von der Regelung in Abs 10) ausschließlich den Gewinn aus der Veräußerung der in § 6b I 1 abschließend genannten WG des **Anlagevermögens** (dazu § 6 Rn 21 ff).[6] Auf steuerbare Veräußerungsgewinne von WG des PV (zB § 23) ist § 6b nicht anwendbar. **Grund und Boden** iSv § 6b[7] ist abw von § 94 BGB nur der nackte Grund und Boden, insbes **ohne** Bodenschätze, Gebäude, sonstige mit dem Grund und Boden fest verbundene Anlagen, Aufwuchs sowie dingliche und schuldrechtliche Nutzungsrechte, etwa Erbbaurechte, Nießbrauchsrechte, Mineralgewinnungsrechte oder

---

[1] Vgl aber bei Veräußerung von Anteilen an KapGes § 6b X.
[2] Zur Einschränkung bei Abs 10s Rn 36.
[3] Vgl dazu BFH/NV 95, 214; H/H/R § 6b Rn 16a, 16b; Bordewin FS Schmidt, S 421 (432 f); zur abw gesellschaftsbezogenen Betrachtungsweise gem § 6b X idF StEntlG 99/00/02 trat an die Stelle des StPfl die PersGes/Gemeinschaft, soweit die veräußerten WG zum Gesamthandsvermögen der PerGes/Gemeinschaft gehörten, so dass hinsichtlich der zum Gesamthandsvermögen gehörenden WG nicht mehr der einzelne MU'er, sondern die Ges zur Übertragung der stillen Reserven berechtigt war, vgl Rn 1 sowie 5. Aufl.
[4] R 6b.2 XI 1 EStR.
[5] R 6b.2 XI 2, 3 EStR.
[6] BFH BStBl II 89, 1016 ff.
[7] BFH BStBl II 03, 878; Blümich § 6b Rn 75.

Wasserbezugsrechte, Milchlieferrechte, Zuckerrübenlieferrechte, Eigenjagdrechte[1] und Auffüllrechte.[2] Als einzelnes Grundstück ist eine genau abgegrenzte Teilfläche eines Flurstücks zu verstehen. Bei einem LuF-Wirt hat der BFH zutr in der von der Gemeinde initiierten Umwandlung landwirtschaftlicher Flächen in **Bauland**, der Parzellierung und Veräußerung einer größeren Anzahl von Parzellen keine Umwandlung in gewerbliches Umlaufvermögen gesehen, sondern eine Veräußerung landwirtschaftlichen Anlagevermögens.[3] **Aufwuchs** sind lebende und noch im Boden verwurzelte Pflanzen, insbes stehendes Holz und Dauerkulturen, auch Früchte der Pflanzen, soweit sie noch nicht abgeerntet sind. Der Aufwuchs muss **mit** dem dazugehörigen **Grund und Boden** veräußert werden, nicht aber zwingend an denselben Erwerber, sofern nur beide Veräußerungen – eindeutig dokumentiert – auf einem einheitlichen Veräußerungsentschluss beruhen und in engem zeitlichem und sachlichem Zusammenhang stehen.[4] Wald kann nicht als Holz auf dem Stamm steuerbegünstigt veräußert werden.[5] Der Aufwuchs muss zu einem **luf BV** (§ 13 Rn 53) gehören. Da ein **Pächter**, der Aufwuchs auf Grund und Boden – zB nach Pachtende an den Eigentümer von Grund und Boden – veräußert, den Grund und Boden nicht mitverkauft, ist er nicht begünstigt.[6] Sollen die stillen Reserven, die bei dem mitveräußerten Grund und Boden aufgedeckt worden sind, auf nackten Grund und Boden übertragen werden (§ 6b I 2), so ist der Veräußerungserlös nach dem Verhältnis der Teilwerte Aufwuchs einerseits und Grund und Boden andererseits aufzuteilen.

5 **Gebäude** ist ein fest mit dem Grund und Boden verbundenes Bauwerk auf eigenem oder fremdem Grund und Boden von einiger Beständigkeit und ausreichender Standfestigkeit, das Menschen oder Sachen durch räumliche Umschließung Schutz gegen äußere Einflüsse gewährt und den Aufenthalt von Menschen gestattet.[7] Zum Anlagevermögen gehörendes Wohnungseigentum, Sondereigentum und gemeinschaftliches Eigentum sind als Gebäude zu behandeln, der Miteigentumsanteil als Grund und Boden. Trägt der StPfl die HK für von ihm betrieblich genutzte Gebäude(-teile), so entsteht ein betriebliches WG, das „wie ein materielles WG" zu aktivieren ist, unabhängig davon, ob der Nutzungsberechtigte nach außen aufgetreten ist, im eigenen Namen und auf eigene Rechnung und Gefahr gehandelt hat.[8] Es ist wie ein Gebäude zu behandeln.[9] **Nicht** zu einem Gebäude zu zählen sind der Grund und Boden sowie **WG ohne einheitlichen Nutzungs- und Funktionszusammenhang mit dem Gebäude.** Dabei kann es sich wiederum um unbewegliche WG handeln,[10] insbes aber um **Betriebsvorrichtungen** (§ 68 II 1 Nr 2 BewG)[11] oder Scheinbestandteile.[12] Betriebsvorrichtungen sind als bewegliche WG Teile einer Betriebsanlage, mittels derer ein GewBetr unmittelbar betrieben wird.[13] Sie gelten selbst dann als bewegliche WG, wenn es sich um wesentliche Bestandteile eines Gebäudes handelt. Eine Vorrichtung, die alle Merkmale eines Gebäudes erfüllt, ist nicht Betriebsvorrichtung.[14] Ladeneinbauten, Schaufensteranlagen, Gaststätteneinbauten, Schalterhallen von Kreditinstituten und ähnliche Einbauten, die einem schnellen Wandel des modischen Geschmacks unterliegen, sind selbstständige WG.[15] Mieter- und Pächtereinbauten[16] können Betriebsvorrichtungen oder Scheinbestandteile sein, ggf auch als Gebäude zu behandeln sein.[17]

6 **Binnenschiffe** iSv § 6b I 2 Nr 4 sind entspr R 41a II EStR 98 und § 3 III Schiffsregisterordnung Schiffe, die zur Beförderung von Gütern bestimmt sind, wenn ihre größte Tragfähigkeit mindestens 10 Tonnen beträgt, Schiffe, die nicht zur Beförderung von Gütern bestimmt sind, wenn ihre Wasserverdrängung bei größter Eintauchung mindestens 5 m³ beträgt, Schlepper, Tankschiffe und Schubboote, wenn sie zur Schifffahrt auf Flüssen und sonstigen Binnengewässern bestimmt sind. Zubehör und Ausrüstungsgegenstände sind begünstigt, wenn sie in dem Bilanzansatz „Schiff" enthalten sind. Die Übertragung der stillen Reserven von Binnenschiffen ist zeitlich begrenzt (Rn 1 aE).

7 **2. Veräußerung.** Veräußerung iSv § 6b ist die **entgeltliche**,[18] auch teilentgeltliche (vgl Rn 9) Übertragung des zivilrechtlichen oder zumindest wirtschaftlichen Eigentums auf einen **anderen Rechts-**

---

1 BMF BStBl I 99, 592.
2 FG SchlHol EFG 01, 810 (812); **aA** BFH BStBl II 03, 878.
3 BFH BStBl II 06, 166.
4 BFH BStBl II 87, 670 (672 f).
5 BFH BStBl II 87, 670 (671) mwN.
6 BFH BStBl II 87, 670 (672).
7 R 42 V EStR.
8 BFH BStBl II 97, 718 (719); GrS BStBl II 95, 281 (284 f) mwN.
9 Vgl auch R 42 V 3 EStR 99.
10 Vgl BFH BStBl II 97, 25.
11 R 4.2 III, R 7.1 III, H 7.1 EStR.
12 R 4.2 III, R 7.1 IV EStR.
13 *Blümich* § 6b Rn 93.
14 *H/H/R* § 6b Rn 330, 332.
15 R 4.2 III 3 Nr 3 EStR.
16 R 4.2 III Nr 4/H 13 III EStR.
17 *K/S/M* § 6b Rn B 43 f.
18 S dazu § 16 Rn 85 ff; *Blümich* § 6b Rn 36f.

träger.[1] Sie kann freiwillig oder unter Zwang erfolgen,[2] insbes zur Abwehr einer Enteignung.[3] Die Übertragung muss zu einer **Gewinnverwirklichung** führen.[4] Auf die Art des zugrunde liegenden Verpflichtungsgeschäfts kommt es nicht an. Der **Veräußerungszeitpunkt** wird durch den Übergang des (wirtschaftlichen) Eigentums bestimmt.[5] Unerheblich ist der Abschluss des schuldrechtlichen Geschäfts wie auch die Bewirkung der Gegenleistung. Veräußerung ist zu bejahen bei Zwangsversteigerung, Enteignung, entschädigtem Entzug durch unerlaubte Handlung[6] sowie Tausch in der betrieblichen Sphäre (§ 6 VI 1).[7] Keine begünstigte Veräußerung ist die **Entnahme** eines WG aus dem BV, das (ggf entschädigte) Ausscheiden eines WG aus dem BV infolge höherer Gewalt,[8] die vGA sowie die Überführung eines WG von einem BV in ein anderes BV desselben StPfl.[9] Entspr gilt, wenn bei einer Betriebsaufgabe WG in das PV übertragen werden. Die Fiktion von § 16 III 1 erstreckt sich nicht auf § 6b.[10] Um eine Entnahme (§ 4 Rn 66 ff) handelt es sich, wenn ein WG des BV aus privaten Gründen schenkweise übereignet wird und so aus dem BV ausscheidet,[11] oder wenn es nur übertragen wird, um PV zu erwerben, insbes wenn die Gegenleistung für seine tauschweise Hingabe in der Erlangung eines WG des notwendigen PV oder in der Befreiung von einer privaten Schuld besteht.[12] Entscheidend ist dabei die private Veranlassung der Übertragung. Die Begünstigung nach § 6b kommt dagegen in Betracht, wenn einer betrieblich veranlassten Veräußerung eine private Verwendung erst nachfolgt.[13] Dagegen stellt die Veräußerung eines sich im BV einer PersGes befindlichen WG an einen G'ter keine Entnahme dar. In der Übertragung von **WG aus einem anderen Betrieb desselben StPfl** ist schon mangels Rechtsträgerwechsels keine Veräußerung zu sehen (vgl iÜ § 6 V 1, 2).[14] Zur Rechtsentwicklung bei Übertragung eines Einzel-WG aus dem BV oder Sonder-BV des G'ters in das Gesamthandsvermögen und umgekehrt vgl 5. Aufl. Ist bei Übertragungen gegen Gewährung von Gesellschaftsrechten nach § 6 V 4, 5 oder 6 der Teilwert anzusetzen, liegt eine Veräußerung iSd § 6b vor. Ist nach § 6 V 3 idF UntStFG der Buchwert anzusetzen, fehlt es an der erforderlichen Gewinnrealisierung.[15] Die Übertragung von WG auf künftige Erben im Wege der vorweggenommenen Erbfolge (dazu auch § 14 Rn 10) ist grds unentgeltlich und damit keine Veräußerung iSd § 6b.[16] Eine einer Schenkung beigefügte Aufl führt nicht zur Entgeltlichkeit.[17] Die **Einbringung** betrieblicher Einheiten iSv § 6 III nach §§ 20, 24 UmwStG ist Veräußerung, wenn bei der aufnehmenden Ges ein den Buchwert übersteigender Wert angesetzt wird.[18] § 6b kann auch in Anspruch genommen werden, wenn Rücklagenbildung und **Aufgabe** des Unternehmens zeitlich zusammenfallen.[19]

§ 6b ist anzuwenden, wenn im Rahmen einer **(Teil-)Betriebsveräußerung** WG veräußert werden, die nach § 6b I 1 begünstigt sind (s auch Rn 27). Die **Veräußerung eines MU'anteils** ist als Veräußerung der ideellen Anteile des MU'ers an den WG des Gesamthandsvermögens nach § 39 II Nr 2 AO anzusehen, so dass der veräußernde MU'er den Gewinn aus der Veräußerung seines MU'anteils, soweit er auf die ihm entspr der Höhe seiner Beteiligungsquote zuzuordnenden Anteile an § 6b-begünstigten WG des Gesamthandsvermögens entfällt, nach § 6b reinvestieren kann (zur abw gesellschaftsbezogenen Betrachtung nach dem StEntlG 99/00/02 vgl 5. Aufl). Der MU'er kann den Gewinn auf WG in seinem Alleineigentum oder auf WG im Vermögen einer PersGes oder Gemeinschaft übertragen, soweit diese WG ihm anteilig zugerechnet werden.[20] Die Übertragung von (Teil-)Betrieben nach § 6 III ist mangels Gewinnrealisierung keine Veräußerung. Ist im Rahmen einer **Realteilung** einer MU'schaft (§ 16 Rn 340 ff) der Buchwert anzusetzen, fehlt es an der für eine Veräußerung iSd § 6b erforderlichen Gewinnrealisierung. Ist der gemeine Wert anzusetzen, erzielen

8

---

1 BFH BStBl II 96, 60 (61); BStBl II 93, 225 (227).
2 R 6b.1 I 1 EStR.
3 BFH BStBl II 96, 60 (61) mwN.
4 *H/H/R* § 6b Rn 123; *Blümich* § 6b Rn 36; die Möglichkeiten, bei der Übertragung v WG die Buchwerte nach Maßgabe des MU'er-Erlasses (BStBl I 78, 8) beizubehalten, wurden in den VZ 99/00 durch § 6 III-V idF StEntlG 99/00/02 erheblich eingeschränkt, vgl dazu § 6 Rn 181 ff.
5 BFH BStBl II 02, 289 (290); H 6b.1 EStH.
6 *Blümich* § 6b Rn 50.
7 BFH BStBl II 96, 60 (61) mwN; vgl auch BMF BStBl I 98, 163.
8 R 6b.1 I 4 EStR; jedoch liegt eine Ersatzbeschaffung iSv R 6.6 vor.
9 *B/B* § 6b Rn 144.
10 *H/H/R* § 6b Rn 300 „Aufgabe eines Betriebs" *Blümich* § 6b Rn 37.
11 BFH DStR 00, 1905 (1907).
12 BFH BStBl II 96, 60 (61).
13 BFH BStBl II 96, 60 (61 f).
14 *Blümich* § 6b Rn 38; bis zum 1.1.99 bestand ein Wahlrecht (R 14 II 2 EStR 96), danach ist der Buchwert gem § 6 V 1 zwingend fortzuführen (*Strahl* FR 99, 628 (629)).
15 *Korn/Strahl* Stbg 02, 300 (301).
16 BFH BStBl II 93, 225 (227).
17 *Lademann* § 6b Rn 52.
18 *B/B* § 6b Rn 103 ff, 107; *dies.* § 22 UmwStG Rn 25; s auch schon BFH BStBl II 82, 17 (18).
19 FG Nds EFG 05, 594.
20 BFH/NV 95, 214 (215).

die Realteiler einen nicht nach § 6b begünstigten Aufgabegewinn. IErg liegt bei der Realteilung keine relevante Veräußerung iSd § 6b vor. Bei der **Sachwertabfindung** werden dem ausscheidenden G'ter auf seinen Abfindungsanspruch anstelle von Geld materielle oder immaterielle WG übertragen. Die Sachwertabfindung ist Veräußerung[1] der Abfindungsgüter, wenn die stillen Reserven aufgedeckt werden. Sofern gem § 6 V 3ff der Buchwert anzusetzen ist, liegt keine Veräußerung iSd § 6b vor, sofern der Teilwert anzusetzen ist, kann § 6b in Anspruch genommen werden. Bei **Auflösung einer KapGes** gehen die Ges-Anteile unter, dh sie werden nicht veräußert, so dass der aus der Liquidation entstehende Gewinn von § 6b nicht erfasst wird.[2] Entspr hat für die **Kapitalherabsetzung** zu gelten.[3]

9 Bei **teilentgeltlicher Übertragung einzelner WG des BV** ist das jeweilige WG im Verhältnis vom Teilwert und Teilentgelt veräußert, iÜ mit dem Teilwert entnommen (Trennungstheorie).[4] § 6b ist nur hinsichtlich der Veräußerung anwendbar.[5] Bei **teilentgeltlicher Übertragung betrieblicher Einheiten** iSv § 6 III – insbes bei vorweggenommener Erbfolge in (Teil-)Betriebe – ist nach Ansicht des BFH eine einheitliche Veräußerung anzunehmen, wenn das Entgelt höher ist als der Buchwert des Veräußerers, andernfalls insgesamt eine unentgeltliche Übertragung (Einheitstheorie).[6]

10 **3. Veräußerungsgewinn.** Veräußerungsgewinn ist gem **§ 6b II** der Betrag, um den der Veräußerungspreis nach Abzug der Veräußerungskosten den Buchwert übersteigt, mit dem das veräußerte WG im Zeitpunkt der Veräußerung anzusetzen wäre. **Veräußerungspreis** ist der Wert der Gegenleistung für das veräußerte WG,[7] beim Tausch der gemeine Wert des hingegebenen WG (§ 6 VI 1). **Nicht** zum Veräußerungspreis zählen insbes Stundungs- und Verzugszinsen, Vertragsstrafen,[8] bei der Veräußerung eines WG unter Nießbrauchsvorbehalt der Wert des zurückbehaltenen Nießbrauchs, eine Entschädigung, die der StPfl nicht für das hingegebene Grundstück, sondern anlässlich der Veräußerung zum Ausgleich eines anderweitigen Nachteils erzielt hat[9] und bei einer Veräußerung durch eine KapGes für einen zu niedrigen Preis an ihre G'ter die vGA.[10] **Veräußerungskosten** sind die Aufwendungen, die in unmittelbarer sachlicher Beziehung zu dem Veräußerungsgeschäft stehen, insbes alle durch die Veräußerung unmittelbar veranlassten Kosten, zB Notariatskosten, Maklerprovisionen, Grundbuchgebühren, Reise-, Beratungs-, Gutachterkosten sowie Verkehrsteuern, **nicht** aber etwa Abbruchkosten, die dem Veräußerer entstehen, um die vertragsgemäße Veräußerung zu ermöglichen.[11] Soweit die Veräußerungskosten steuerlich mehreren WG zuzurechnen sind, etwa bei der Veräußerung eines mit einem Gebäude bebauten Grundstücks, sind sie entspr dem jeweiligen Veräußerungserlös auf die einzelnen WG aufzuteilen.[12] **Buchwert** ist der Wert, mit welchem das WG in einer im Zeitpunkt seiner Veräußerung aufgestellten Bilanz auszuweisen wäre.[13] Bei abnutzbaren WG können AfA nach § 7, erhöhte Absetzungen wie auch etwaige Sonderabschreibungen für den Zeitraum vom letzten Bilanzstichtag bis zum Veräußerungszeitpunkt vorgenommen werden.[14] Bei einer **nachträglichen Änderung des Veräußerungsgewinns** ist wie folgt zu differenzieren. Eine Verringerung des Kaufpreises aus Gründen, die mit dem Kaufgegenstand zusammenhängen (zB §§ 437, 441 BGB), führt in Höhe der Minderung zu einer Auflösung der Rücklage oder im Zeitpunkt des Eintritts der Änderung zu einer Buchwertaufsetzung beim Reinvestitionsobjekt.[15] Dagegen haben Kaufpreisänderungen, die nicht im Zusammenhang mit dem Kaufobjekt stehen (zB Forderungsausfall), keine Auswirkungen.[16] In beiden Fällen hat die lediglich drohende Minderung des Kaufpreises keine Auswirkungen auf die Höhe des nach § 6b abzugsfähigen Betrags.[17] Bei einer nachträglichen Heraufsetzung des Kaufpreises ist auf den Zeitpunkt der Änderung abzustellen.[18] Liegt die wirtschaftliche Ursache für die Erhöhung im Veräußerungsjahr, ist eine Berücksichtigung im Wege einer Bilanzänderung aufgrund der eingeschränkten Fassung des § 4 II 2 problematisch

---

1 *K/S/M* § 6b Rn B 132.
2 BFH BStBl II 73, 291 (292).
3 Vgl auch BFH BStBl II 93, 189.
4 *Schoor* FR 97, 251 (253); *Bordewin* FS Schmidt, S 421 (427); *B/B* § 6b Rn 142; glA *Düll/Fuhrmann/Eberhard* DStR 00, 1713 (1716) zur neuen Rechtslage.
5 Vgl dazu *Strahl* FR 05, 797 f.
6 BFH BStBl II 95, 367 (371); BStBl II 95, 770 (772); *K/S/M* § 16 Rn B 146 ff mwN; anders BMF BStBl I 93, 80 Tz 41; für die Vorbesitzzeit *Strahl* FR 01, 1154 (1157).
7 BFH BStBl II 01, 641 (643).
8 *K/S/M* § 6b Rn C 2.
9 BFH/NV 2004, 1092 (1093); BFH BStBl II 01, 641 (643).
10 *K/S/M* § 6b Rn B 177, C 8.
11 *Lademann* § 6b Rn 105.
12 *Schoor* FR 97, 251 (254).
13 R 6b.1 EStR.
14 R 6b.2 EStR.
15 *Blümich* § 6b Rn 186; *Strahl* FR 00, 803; für Bilanzberichtigung *H/H/R* § 6b Rn 206; vgl jedoch § 4 II 2.
16 *Strahl* FR 00, 803 (804); **aA** *K/S/M* § 6b Rn C 15.
17 *Strahl* FR 00, 803 (804 ff).
18 Ebenso *Strahl* KÖSDI 99, 12165 (12171 f); *ders* FR 00, 803 (807).

(§§ 4 II 2, 52 IX). Nach neuerer Rspr ist eine Kaufpreiserhöhung ein rückwirkendes Ereignis iSd § 175 I 1 Nr 2 AO, das zu einer rückwirkenden Aufstockung der § 6b-Rücklage berechtigt.[1] Derartige nachträgliche Änderungen des § 6b-Volumens fallen demnach nicht unter das eingeschränkte Bilanzänderungsverbot.[2] Bei Eintritt einer aufschiebenden Bedingung erhöht sich dagegen der Kaufpreis erst im Jahr des Bedingungseintritts. In diesem Fall kann entweder die gebildete Rücklage aufgestockt oder es können die AK/HK des Reinvestitionsobjekts verringert werden.

III. Begünstigte Reinvestitionen. – 1. Begünstigte Reinvestitionsobjekte (§ 6b I 2). bestimmt vorbehaltlich der Sonderregelung in Abs 10, nach der auch abnutzbare bewegliche WG und Anteile an KapGes als Reinvestitionsgut in Betracht kommen, abschließend, auf welche WG die bei der Veräußerung eines begünstigten WG aufgedeckten stillen Reserven übertragen werden können und welche Reinvestitionen beim jeweiligen veräußerten WG als begünstigt zugelassen sind. Es kann sich um neue oder gebrauchte WG handeln.[3] Nicht erforderlich ist, dass das Reinvestitionsobjekt zu demselben BV gehört, zu dem das veräußerte WG gehört hat (s Rn 21), und dass es unter Verwendung des begünstigten Gewinns angeschafft oder hergestellt wird. Bei **Grund und Boden** (Rn 4) ist eine Kürzung der AK und HK nur um Veräußerungsgewinne möglich, die wiederum bei der Veräußerung von Grund und Boden entstanden sind. Der Veräußerungsgewinn aus der Veräußerung bebauter Grundstücke oder von Grund und Boden mit Aufwuchs ist aufzuteilen (vgl Rn 4). Bei **Aufwuchs auf Grund und Boden als luf BV** (Rn 4) ist eine Übertragung nur von solchen stillen Reserven möglich, die bei der Veräußerung von Grund und Boden oder von Aufwuchs zusammen mit dem entspr Grund und Boden aufgedeckt wurden. Bei **Gebäuden** (Rn 5) ist die Art der Nutzung unerheblich. Erfasst sind auch Gebäude **auf fremdem Grund und Boden.** Altbauten kommen als Reinvestitionsobjekt nur noch infrage, sofern das jeweilige Gebäude ein Baudenkmal darstellt (§§ 13 II Nr 2, IV) (s dazu § 13 Rn 20 ff). Übertragen werden können Gewinne aus der Veräußerung von Grund und Boden, Aufwuchs auf Grund und Boden mit dem entspr Grund und Boden oder Gebäuden. Ggf ist bei der Veräußerung eines Gebäudes der Veräußerungsgewinn hinsichtlich des Gebäudes selbst und hinsichtlich von Anlagen, die zusammen mit dem Gebäude aktiviert sind, aber Betriebsvorrichtungen darstellen (Rn 5), aufzuteilen.[4] Der Erwerb eines Anteils an einem geschlossenen Immobilienfonds ist keine begünstigte Reinvestition.[5] Nach den Änderungen durch das StEntlG 99/00/02 sind abnutzbare bewegliche WG, Anlagen im Grund und Boden eines luf Betriebs, Anteile an KapGes – jenseits von § 6b X – und Schiffe, mit Ausnahme von Binnenschiffen, die im Zeitraum von 06 bis 10 veräußert werden (vgl Rn 1, 6), keine begünstigten Reinvestitionsobjekte mehr.[6]

2. Begünstigte Vorgänge. Anschaffung ist der entgeltliche Erwerb der wirtschaftlichen Verfügungsmacht über ein bestehendes WG. Gem § 9a EStDV ist ein WG in dem Wj angeschafft, in dem es geliefert wird. Lieferung ist die Verschaffung der Verfügungsmacht. Handelt es sich aus der Sicht des Verkäufers um eine Veräußerung (Rn 7f), so ist auch eine Anschaffung gegeben.[7] Von einer Anschaffung ist auszugehen, wenn eine **PersGes** von einem G'ter ein WG zu zw Fremden üblichen Bedingungen erwirbt oder wenn zu zw Fremden üblichen Bedingungen ein WG vom Ges-Vermögen in ein Sonder-BV oder ein anderes BV eines G'ters oder einer Schwester-PersGes übertragen wird.[8] Der entgeltliche Erwerb eines MU'anteils vor dem 1.1.99 und nach dem 31.12.01[9] ist nach personenbezogener Betrachtungsweise steuerrechtlich als Erwerb der ideellen Anteile des MU'ers an den WG des Gesamthandsvermögens (§ 39 II Nr 2 AO) anzusehen. Soweit der Kaufpreis auf die Anteile des MU'ers an § 6b-begünstigten WG des Gesamthandsvermögens entfällt, liegt eine entgeltliche Anschaffung iSd § 6b vor (zur entspr Anwendung bei der Veräußerung vgl Rn 8).[10] Die **Sachwertabfindung** stellt für den Abgefundenen eine Anschaffung dar, sofern sie nicht zu Buchwerten erfolgt.[11] Bei der Realteilung einer MU'schaft werden den Realteilern die WG des Gesamt-

---

1 BFH BStBl II 01, 641 (644); dazu *Giere* Einkommensteuer und Gewinnermittlung in der Landwirtschaft 2001/2002, S 78.
2 *Kk* KÖSDI 01, 12686.
3 *K/S/M* § 6b Rn B 77.
4 *H/H/R* § 6b Rn 127 aE.
5 *Schmidt*[26] § 6b Rn 33; **aA** *Damaschke* Stbg 03, 163.
6 Zur Abgrenzung von Betriebsvorrichtungen (als selbstständige bewegliche WG) und Gebäuden s Erlass BStBl I 92, 342 ff; FG Bdbg EFG 97, 121.
7 *K/S/M* § 6b Rn B 68.
8 OFD Koblenz DStR 04, 314; OFD M'ster DStR 04, 1041.
9 Änderung des § 6b IV 1 Nr 3 und X durch das UntStFG (BGBl I 01, 3858).
10 *K/S/M* § 6b Rn B 74 – zur abw gesellschaftsbezogenen Betrachtungsweise des § 6b idF StEntlG 99/00/02 vgl 5. Aufl.
11 Vgl krit *Reiß* BB 00, 1965 (1972).

handsvermögens von der PersGes oder Gemeinschaft in Erfüllung gesellschaftsrechtlicher Ansprüche und damit nicht unentgeltlich zugewiesen. Jedoch muss einer Anschaffung iSd § 6b eine Veräußerung korrespondieren. Bei der Realteilung handelt es sich aber aus der Sicht der MU'schaft nicht um eine Veräußerung iSd § 6b (vgl Rn 8). Bei Leistung von Ausgleichszahlungen (Spitzenausgleich) liegt eine Anschaffung stets vor.[1] **Keine Anschaffung** ist die verdeckte **Einlage**,[2] die Überführung eines WG aus einem BV in ein anderes BV desselben StPfl, sowie die Überführung eines WG vom Umlaufvermögen in das Anlagevermögen. Die offene Einlage eines WG aus dem PV stellt einen tauschähnlichen Vorgang und für die PersGes eine Anschaffung dar.[3] Ab VZ 01 ist gem § 6 V 3 die Überführung zwischen dem Gesamthandsvermögen und dem BV oder Sonder-BV des G'ters – auch wenn sie gegen Gewährung von Gesellschaftsrechten erfolgt – keine Anschaffung mehr. **Einbringungen nach §§ 20, 24 UmwStG** führen zu Anschaffungen, sofern nicht der Buchwert fortgeführt wird.[4]

13 Ein – noch nicht vorhandenes – WG wird in dem Wj **hergestellt**, in dem es fertiggestellt wird (§ 9a EStDV), dh sobald seine bestimmungsgemäße Nutzung möglich ist. Dass noch gewisse Restarbeiten auszuführen sind, ist unerheblich. Nach § 6b I 3 steht der Anschaffung oder Herstellung **von Gebäuden** ihre **Erweiterung**, ihr **Ausbau** oder ihr **Umbau** gleich. Von nachträglichen HK ist der Abzug stiller Reserven nur zulässig, wenn es sich um Aufwand für eine Erweiterung, einen Ausbau oder einen Umbau handelt. Der Abzug ist nur von dem hierdurch entstandenen Aufwand zulässig (§ 6b I 4), nicht aber vom bisherigen Buchwert eines Gebäudes. **Erweiterung** eines Gebäudes meint die Schaffung zusätzlicher, bestimmten Zwecken dienender Räume, etwa durch einen Anbau oder durch Aufstocken. **Ausbau** ist die bauliche Umgestaltung von Teilen eines Gebäudes oder Räumen, **Umbau** die wesentliche Umgestaltung eines bestehenden Gebäudes.[5]

14 **3. Reinvestitionszeitpunkt.** Die Reinvestitionsgüter müssen innerhalb des sog Reinvestitionszeitraums (s dazu Rn 30, 35) angeschafft oder hergestellt worden sein. Eine Reinvestition ist frühestens in dem der Veräußerung vorangegangenen Wj möglich (Beginn des Reinvestitionszeitraums). Wird ein Reinvestitionsobjekt vor Beginn des Reinvestitionszeitraums angeschafft/hergestellt und entstehen während des Reinvestitionszeitraums nachträgliche AK/HK, so ist von diesen Kosten ein Abzug aufgedeckter stiller Reserven nicht möglich.[6]

15 **IV. Anlagevermögen einer inländischen Betriebsstätte des Steuerpflichtigen. – 1. Die veräußerten Wirtschaftsgüter (§ 6b IV 1 Nr 2).** Die veräußerten WG müssen im Zeitpunkt der Veräußerung mindestens sechs Jahre ununterbrochen zum Anlagevermögen einer inländischen Betriebsstätte gehört haben. Eine Verkürzung der Vorbesitzzeit aus Billigkeitsgründen kommt nicht in Betracht. Zum Begriff des Inlands s § 1 Rn 11, zum Begriff der Betriebsstätte s § 12 I AO. Betriebsstätte iSv § 6b IV Nr 2, 3 ist auch eine entstehende Betriebsstätte oder eine verpachtete, bezüglich derer der StPfl die Betriebsaufgabe noch nicht erklärt hat. Die Zugehörigkeit zu einer ausländischen Betriebsstätte, deren Gewinn der deutschen Besteuerung unterliegt, genügt nicht, ebenso wenig die Zugehörigkeit zu einer inländischen Betriebsstätte, wenn das Besteuerungsrecht durch ein DBA dem anderen Staat zugewiesen ist.[7] Gehört ein WG zum Anlagevermögen einer inländischen Betriebsstätte, so kommt es für § 6b nicht darauf an, ob sich das WG selbst im Inland oder Ausland befindet, sofern es nicht wegen eines DBA der deutschen Besteuerung entzogen ist (vgl Rn 20).[8]

16 **Anlagevermögen**[9] (s dazu § 6 Rn 21f) wird idR anzunehmen sein, wenn WG sechs Jahre zum BV gehört haben.[10] Für die Abgrenzung zum Umlaufvermögen sind die handelsrechtlichen Grundsätze (§ 247 II HGB) maßgeblich. Ausschlaggebend ist die subjektive Zweckwidmung, welche als innere

---

1 *Schmidt*[26] § 6b Rn 67, § 6 Rn 158; *K/S/M* § 6b Rn B 130; dass nach Ansicht des BFH der Gewinn in Höhe des Spitzenausgleichs nicht als Abgeltung der stillen Reserven im Ges-Anteil, sondern als Entgelt für die Abtretung des Wertdifferenzausgleichs-Anspr, der dem einen Realteiler gegen den anderen zusteht, aufzufassen ist (BFH BStBl II 94, 607 (612)), würde bei der gebotenen wirtschaftlichen Betrachtungsweise an der Entgeltlichkeit nichts ändern.
2 BFH BStBl II 00, 230; dazu BMF BStBl I 00, 462.
3 BFH BStBl II 00, 230; zust BMF BB 00, 1230; *B/B* § 6b Rn 108b; *Ley* KÖSDI 99, 12155 (12161); *L/B/P* § 6b Rn 101; krit *Reiß* BB 00, 1965 (1972f).
4 *Hörger* DStR 93, 37 (42); *Bordewin* DStZ 92, 353 (357).
5 *H/H/R* § 6b Rn 185; *B/B* § 6b Rn 190f.
6 *Lademann* § 6b Rn 148g.
7 *K/S/M* § 6b Rn E 13.
8 *Theil* BB 90, 1235 (1236); **aA** FinVerw für im Ausland belegene Grundstücke (BMF BB 90, 1028).
9 R 6.1 EStR; zum Anlagevermögen im Umlegungsverfahren *Sorgenfrei* Inf 01, 615.
10 R 6b.3 I 2 EStR.

Tatsache anhand von objektiven Merkmalen zu beurteilen ist.[1] Ein Grundstück wird zu Umlaufvermögen umgewidmet, wenn es nach den für den gewerblichen Grundstückshandel entwickelten Grundsätzen (vgl § 15 Rn 114 ff) im Rahmen eines Grundstückshandels veräußert werden soll.[2] Landwirtschaftlich genutzte Flächen sind der Sache nach nicht geeignet, Umlaufvermögen eines luf Betriebes zu sein. Allein durch die Parzellierung und die Verkaufsabsicht verliert ein WG des Anlagevermögens seine Zugehörigkeit hierzu auch bei Brachlage nicht.[3] Etwas anderes gilt aber dann, wenn über die Verkaufstätigkeit hinaus an der Aufbereitung und Erschließung mitgewirkt wird oder darauf Einfluss genommen wird.[4] Umlaufvermögen ist auch Schrott, der bei Zerstörung oder Zerlegung in unbrauchbare Teile entsteht. Scheidet ein WG aus dem BV aus oder wird das BV zum PV, insbes weil der StPfl seine gewerbliche Tätigkeit aufgegeben hat, kommt eine Begünstigung nach § 6b nicht mehr in Betracht. Maßgebend für die Zuordnung zum Anlagevermögen sind nach dem eindeutigen Wortlaut von § 6b IV 1 Nr 2 die Verhältnisse im Zeitpunkt der Veräußerung (Übergang des wirtschaftlichen Eigentums).[5] Da § 6b eine personenbezogene und nicht objektbezogene Steuerbegünstigung darstellt,[6] muss das jeweils veräußerte WG mindestens **sechs Jahre** (§ 108 I AO iVm §§ 187 I, 188 II BGB)[7] **ununterbrochen** zum **BV des veräußernden StPfl** gehört haben. Zugehörigkeit zu einer Betriebsstätte meint wirtschaftliche Zuordnung.[8] Bei MU'schaften ist nach der personenbezogenen Betrachtungsweise des § 6b vor dem 1.1.99 und nach dem 31.12.01 die sechsjährige Zugehörigkeit zum Gesamthandsvermögen der PersGes oder Gemeinschaft nicht ausreichend; vielmehr müssen die zeitlichen Voraussetzungen des § 6b IV 1 Nr 2 bei den MU'ern erfüllt sein.[9] Die Übertragung von WG zum Buchwert zwischen Sonder-BV und Gesamthandsvermögen (§ 6 V 3) führt zur Besitzzeitanrechnung beim Rechtsnachfolger.[10] Nach der geltenden personenbezogenen Betrachtungsweise ist auch hinsichtlich der WG des Gesamthandsvermögens der PersGes oder Gemeinschaft die Vorbesitzzeit bei den einzelnen MU'ern maßgebend. Der Lauf der **Frist beginnt** bei angeschafften WG mit Erlangung der wirtschaftlichen Verfügungsmacht, bei im Betrieb hergestellten mit der Fertigstellung des WG, bei eingelegten WG im Zeitpunkt der Einlage. Wird ein Grundstück (Rn 4) nach und nach erworben und ist die Vorbesitzzeit für die Veräußerung des ganzen Grundstücks nur hinsichtlich von Teilen erfüllt, so ist § 6b nur für diese Grundstücksteile anwendbar. Entspr kann für Ausbau, Umbau oder Erweiterung eines Gebäudes nur gelten, wenn dadurch ein selbstständiges WG entsteht.[11] Die Sechsjahresfrist ist gewahrt, wenn das veräußerte WG innerhalb der letzten sechs Jahre zum BV **verschiedener Betriebsstätten oder Betriebe** des StPfl gehörte, auch wenn deren Einkünfte verschiedenen Einkunftsarten zuzurechnen sind.[12] Unschädlich ist auch die Übertragung des WG zum Buchwert von einer zur anderen Betriebsstätte desselben StPfl.

Die **Vorbesitzzeit** wird grds **unterbrochen**, wenn das fragliche WG oder der Betrieb, zu dessen BV es gehört, entgeltlich auf einen anderen Rechtsträger (vgl Rn 16 aE) übertragen wird.[13] Bei teilentgeltlichen Übertragungen einzelner WG beginnt die Frist nur bezüglich des entgeltlichen Teils neu zu laufen,[14] während bei teilentgeltlicher Übertragung betrieblicher Einheiten einheitlich zu verfahren ist (vgl Rn 9).[15] Ein **Ersatz-WG** muss lediglich zusammen mit dem zwangsweise ausgeschiedenen WG sechs Jahre zum Anlagevermögen des StPfl gehört haben.[16] Gleiches gilt bei Enteignung und Rückübertragung. Zeiten zwischen dem Ausscheiden und der Ersatzbeschaffung werden nicht mitgerechnet.[17] Bei dem Erwerb eines WG aufgrund eines Tausches wird die Vorbesitzzeit unterbrochen, da der Tausch wegen der Bewertung der AK mit dem gemeinen Wert des hingegebenen

17

---

1 FG Hess EFG 00, 251.
2 BFH BStBl II 01, 673 (674); FG Mchn EFG 98, 1311.
3 BFH BStBl II 01, 673 (674); **aA** Vorinstanz FG Nds EFG 01, 208 (209) – bei Parzellierung, Verkaufsabsicht und Einstellung der luf Nutzung gehören die Flächen dem Umlaufvermögen an.
4 BFH BStBl II 02, 289 (290); *Kanzler* FR 02, 1017 (1018).
5 BFH BStBl II 02, 289 (291).
6 StRspr des BFH, stellvertretend BStBl II 93, 93 (94).
7 Zur Vorbesitzzeit v 2 Jahren vgl § 6b VIII 1 Nr 2.
8 *K/S/M* § 6b Rn E 13.
9 BFH/NV 01, 262; *K/S/M* § 6b Rn E 14 – Nach der gesellschaftsbezogenen Betrachtungsweise gem § 6b X idF StEntlG 99/00/02 war die Besitzzeit im Gesamthandsvermögen der Ges maßgeblich. Dazu vgl 5. Aufl.
10 OFD Kiel DB 01, 2373; *Heinemann* NWB Fach 3, 12145.
11 R 6b.3 III EStR.
12 R 6b.3 I 3 EStR.
13 BFH BStBl II 93, 93 (94).
14 *Strahl* KÖSDI 99, 12165 (12173).
15 BFH/NV 01, 262; *Schmidt*[26] § 6b Rn 68; **aA** BMF BStBl I 93, 80 Tz 41.
16 R 6b.3 IV 1 EStR.
17 *Schmidt*[26] § 6b Rn 42.

WG nach § 6 VI 1 zu einer Gewinnrealisierung führt.[1] Werden iÜ WG veräußert und durch andere WG ersetzt, die ihre Funktion übernehmen, beginnt die Frist neu zu laufen. Durch eine **Betriebsverpachtung** (dazu § 13 Rn 33 ff) ohne Betriebsaufgabe wird die Vorbesitzzeit hinsichtlich des verpachteten Anlagevermögens nicht unterbrochen. Bei Rückgängigmachung einer Veräußerung aufgrund von Wandelung ist im Hinblick auf § 175 I 1 Nr 2 AO sowie die ratio der Vorbesitzregelung nicht von einer Unterbrechung der Vorbesitzzeit auszugehen.[2] Um keine fristunterbrechenden Veräußerungen handelt es sich bei echten Pensionsgeschäften (§ 340b HGB) und gewinnneutralen[3] Sachwertdarlehen.[4] Bei einer entgeltlichen Änderung der personalen Zusammensetzung oder der Beteiligungsverhältnisse einer **PersGes** ist die sechsjährige Vorbesitzzeit nach der vor dem 1.1.99 und nach dem 31.12.01[5] geltenden personenbezogenen Betrachtungsweise nicht gewahrt, soweit die WG des Gesamthandsvermögens anteilig Gegenstand entgeltlicher Veräußerungs- oder Anschaffungsgeschäfte der MU'er sind.[6]

18 Bei unentgeltlicher Übertragung eines (Teil-)Betriebs (§ 6 III) ist die **Besitzzeit des Rechtsvorgängers** der des Rechtsnachfolgers hinzuzurechnen.[7] Bei der Übertragung eines WG aus dem Sonder-BV eines G'ters in das Sonder-BV eines anderen G'ters ist ab VZ 01 eine Besitzzeitanrechnung möglich, wenn sie zum Buchwert erfolgt. Bei **BetrAufsp** ist die Besitzzeit bei dem vor der BetrAufsp bestehenden einheitlichen Unternehmen und bei dem Besitzunternehmen zu addieren.[8] Bei Übertragung von einzelnen WG auf die Betriebs-KapGes beginnt die Sechsjahresfrist mit dem Erwerb des Eigentums an dem jeweiligen WG neu.[9] Buchwertübertragungen sind nicht möglich.[10]

19 Bei **Umwandlungen und Verschmelzungen** wird die Besitzzeit insbes angerechnet bei der Vermögensübertragung von einer KapGes auf eine PersGes oder nat Pers (§ 4 II 3 UmwStG iVm § 9 I UmwStG aF), bei der Verschmelzung oder Vermögensübertragung von einer unbeschränkt stpfl Körperschaft auf eine andere unbeschränkt stpfl Körperschaft (§ 4 II 3 iVm § 12 IV (12 IV 1 aF) UmwStG), beim Formwechsel einer KapGes in eine PersGes (§ 4 II 3 iVm § 9 (14 aF) UmwStG) oder einer PersGes in eine KapGes (§ 4 II 3 iVm §§ 25, 23 I (22 I aF) UmwStG), bei der Einbringung eines (Teil-)Betriebs zum Buchwert in eine KapGes (§ 4 II 3 iVm §§ 20, 23 I (22 I aF) UmwStG) oder eine PersGes (§ 4 II 3 iVm §§ 24, 23 I (22 I aF) UmwStG) sowie bei der Aufspaltung, Abspaltung und Teilvermögensübertragung auf andere unbeschränkt stpfl Körperschaften oder PersGes (§ 4 II 3 iVm §§ 12 IV, 15 I 1 oder 16 UmwStG). Bei der Einbringung von (Teil-)Betrieben oder MU'anteilen zu Zwischen- (§ 23 III (22 II aF), 24 IV UmwStG) oder Teilwerten (§§ 23 IV (22 III aF), 24 IV UmwStG) werden Besitzzeiten des einbringenden G'ter der KapGes nicht angerechnet, da die Besitzzeitanrechnung in § 4 II 3 UmwStG geregelt ist, worauf § 23 III (22 II aF) UmwStG – anders als § 23 I (22 I aF) UmwStG für die Einbringung zum Buchwert – nicht verweist.[11] Gem § 17 UmwStG[12] war bei Umwandlungen, bei denen Überträger eine KapGes ist, auf Antrag § 6b ohne Beachtung der Sechsjahresfrist anzuwenden, wenn ein Anteilseigner ganz oder zT in bar abgefunden wurde und sich dadurch sein Gewinn erhöhte. Bei einer **Realteilung** unter Fortführung der Buchwerte gem § 16 III 2 HS 2 idF StEntlG 99/00/02, § 6 III bei Übertragung von Teilbetrieben und MU'anteilen wird die Vorbesitzzeit in der PersGes angerechnet (vgl auch Rn 8, 12, 22).[13] Bei Übertragung von Einzel-WG (§ 16 Rn 340 ff) war in den VZ 99/00 mangels Buchwertansatz eine Besitzzeitanrechnung nicht möglich (§ 16 III 6 idF StEntlG 99/00/02 analog). Durch Änderung des § 16 III ist rückwirkend zum 1.1.01 bei der Realteilung gem § 16 III 2 idF UntStFG bei der Übertragung von Teilbetrieben, MU'anteilen und Einzel-WG grds der Buchwert anzusetzen. In diesen Fällen kann die Vorbesitzzeit der WG im Gesamthandsvermögen der PersGes dem MU'er angerechnet werden. Soweit aufgrund der Regelungen in § 16 III 3, 4 idF UntStFG der gemeine Wert der WG anzusetzen ist, wird die Vorbesitzzeit unterbrochen.

---

1 *Strahl* KÖSDI 99, 12165 (12169); **aA** zur Rechtslage vor Einführung des § 6 VI durch das StEntlG 99/00/02; BFH BStBl III 59, 30 (32 f); R 41c V 2 EStR 98.
2 *H/H/R* § 6b Rn 300 „Rückgängigmachung"; **aA** *Richter/Winter* Gewinnübertragungen nach §§ 6b, 6c EStG[2] Rn 92a.
3 BMF DB 90, 863.
4 *Oho/v Hülst* DB 92, 2582 (2585).
5 Änderung des § 6b IV 1 Nr 3 und X durch das UntStFG.
6 BFH/NV 01, 262 f; *Carlé/Korn/Stahl/Strahl/Fuhrmann* Steueränderungen 2002, S 66; zur Rechtslage lt § 6b X idF StEntlG 99/00/02 vgl 5. Aufl.
7 BFH BStBl II 93, 93 (94 f); R 6b.3 V EStR; *B/B* § 6b Rn 164 aF.
8 *K/S/M* § 6b Rn E 35.
9 *Schmidt*[26] § 6b Rn 52; *B/B* § 6b Rn 171e aF.
10 § 15 Rn 107; *Hörger/Mentel/Schulz* DStR 99, 565 (573).
11 BFH BStBl II 92, 988 f zu § 20 I UmwStG 77; UmwStErl 22.09 BStBl I 98, 268.
12 Abgeschafft durch StBereinG 99.
13 *H/H/R* § 6b Rn R 45.

2. Die Reinvestitionsgüter (§ 6b IV 1 Nr 3). Um zu verhindern, dass die aufgedeckten stillen Reser- 20
ven durch die Übertragung endg der deutschen Besteuerung entzogen werden können, verlangt § 6b
IV 1 Nr 3, dass auch die angeschafften oder hergestellten WG, auf welche der begünstigte Gewinn
oder die stfreie Rücklage übertragen werden sollen, zum **Anlagevermögen einer inländischen
Betriebsstätte** gehören.[1] Durch das StEntlG 99/00/02 wurde das Merkmal „eines Betriebs des StPfl"
eingeführt und durch das UntStFG wieder aufgehoben. Diesem Merkmal war im Zusammenhang
mit § 6b X idF StEntlG 99/00/02 zu entnehmen, dass Übertragungen vom Gesamthandsvermögen
einer PersGes auf andere BV (einschließlich Sonder-BV) der G'ter nicht möglich sind.[2] Ob ein WG
zu einer Betriebsstätte im Inland (dazu § 1 Rn 11) gehört, entscheidet sich nach wirtschaftlich-funktionalen
Gesichtspunkten.[3] Zu einer inländischen Betriebsstätte gehört auch ein im Ausland belegenes
WG, sofern der Veräußerungsgewinn hieraus nicht aufgrund eines DBA dem ausländischen
Staat zusteht.[3] Bei Nicht-DBA-Ländern genügt nach Ansicht der FinVerw[4] die Zugehörigkeit zu
einer inländischen Betriebsstätte nicht, da nach Rspr des BFH eine Nachversteuerung der stillen
Reserven bei nachträglichem Abschluss eines DBA entfällt,[5] sofern dem ausländischen Staat die
Besteuerung zugesprochen wird.[6] Die Ansicht der FinVerw ist vom Wortlaut des § 6b nicht gedeckt.[3]
Die Übertragung ist auch in einen anderen Betrieb desselben StPfl zulässig (Rn 21). Grds unschädlich
ist, wenn das Reinvestitionsgut **alsbald** nach seiner Anschaffung oder Herstellung **veräußert**,
entnommen oder in das Umlaufvermögen überführt wird.[7] Es muss lediglich vom Zeitpunkt der
Anschaffung/Herstellung bis zum Zeitpunkt der Übertragung der stillen Reserven, dh dem ersten
Bilanzstichtag nach der Anschaffung/Herstellung des Reinvestitionsguts, zum Anlagevermögen
einer inländischen Betriebsstätte gehört haben. Da jedoch zum Anlagevermögen nur WG zählen,
die der inländischen Betriebsstätte dauernd zu dienen bestimmt sind, ist (widerleglich) zu vermuten,
dass ein WG von Anfang an nicht zum Anlagevermögen einer inländischen Betriebsstätte gehört
hat, wenn es schon kurze Zeit – idR innerhalb von 6 Monaten – nach seiner Anschaffung/Herstellung
in einen Betrieb des StPfl im Ausland, in das Umlaufvermögen oder in das PV des StPfl überführt
oder veräußert worden ist. Die **teilw private Nutzung** eines WG des Anlagevermögens hindert
dessen Qualifikation als Reinvestitionsgut nicht. Gehört ein Gebäude teilw zum einen BV, teilw zum
PV, so kommt als Reinvestitionsgut nur der betrieblich genutzte Teil in Betracht.[8] **Ersatzbeschaffungen
des Verpächters** eines Betriebs kommen als Reinvestitatbestände in Betracht, solange der
Verpächter seinen Betrieb nicht aufgegeben hat.

V. Personenidentität der stillen Reserven. Da der StPfl nach Inanspruchnahme des § 6b so gestellt 21
werden soll, als befinde sich das alte WG unverändert in seinem Betriebsvermögen, muss die Übertragung
des Veräußerungsgewinns nach § 6b in demselben Umfang möglich sein, wie der StPfl das
alte WG zum Buchwert in ein anderes BV hätte überführen können.[9] Dementsprechend gestattet
§ 6b die Übertragung des begünstigten Gewinns nicht nur innerhalb desselben Betriebs, sondern auch auf WG
eines anderen Betriebs, sofern nur die stillen Reserven demselben StPfl zuzurechnen sind (Personenidentität
der stillen Reserven).[10] Veräußerungs- und Reinvestitionsobjekte müssen nicht zum
BV des nämlichen Betriebs gehören, sofern es sich um inländische Betriebsstätten desselben StPfl
handelt. Vorbehaltlich von § 6b IV 2 (Rn 25) kann es sich auch um Betriebe verschiedener Einkunftsarten
handeln. Stille Reserven sind an die **Person des StPfl** gebunden; sie sind dem zuzurechnen,
dem das WG zuzurechnen ist, in dessen Buchwert sie enthalten sind. Die Übertragung stiller
Reserven auf ein anderes WG setzt grds voraus, dass dieses WG demselben StPfl zuzuordnen ist.
Bei der **Verpachtung eines Betriebs** ohne Erklärung der Betriebsaufgabe kann der Verpächter § 6b
in Anspr nehmen.[11] Hat der StPfl an dem veräußerten WG nur einen **Eigentumsanteil**, so ist § 6b
nur auf den anteiligen Veräußerungsgewinn anzuwenden, gehört ihm das Reinvestitionsgut nur
anteilig, so können stille Reserven nur auf die anteiligen AK/HK übertragen werden. Bei **Ehegatten**, die jeweils Inhaber eines oder mehrerer Betriebe sind, ist eine Übertragung stiller Reserven
von dem Betrieb eines Ehegatten auf den Betrieb des anderen nicht möglich, da auch bei Zusammenveranlagung
die Einkünfte jedes Ehegatten getrennt zu ermitteln sind (§ 26b). Nach der perso-

---

1 BFH DStR 02, 2212.
2 *Dankmeyer/Giloy* § 6b Rn 3.
3 *K/S/M* § 6b Rn E 11.
4 BMF BB 90, 1028.
5 BFHE 117, 563 (567).
6 Vgl dazu im Einzelnen krit *Schmidt*[26] § 6b Rn 59; *Theil* BB 90, 1235 f.
7 *Strahl* KÖSDI 02, 13145 (13147).
8 R 4.2 IV EStR.
9 *Schön* Gewinnübertragungen bei PersGes nach § 6b EStG, S 10.
10 R 6b.2 VI, VII EStR; BFH BStBl II 01, 124 (126) – Gewinnübertragung auf einen neuen Betrieb des StPfl.
11 *B/B* § 6b Rn 152.

nenbezogenen Betrachtungsweise (vor 1.1.99 und nach 31.12.01) kann der Gewinn aus der Veräußerung eines WG des Gesamthandvermögens der PersGes oder Gemeinschaft auch von den AK oder HK von Reinvestitionsgütern in einem BV oder Sonder-BV eines MU'ers abgezogen werden, soweit der Gewinn anteilig auf den MU'er entfällt.[1] Umgekehrt können die MU'er in ihrem BV oder Sonder-BV entstandene Veräußerungsgewinne auch auf Reinvestitionsgüter im Gesamthandsvermögen einer MU'schaft übertragen, soweit das Reinvestitionsgut ihnen entspr ihrer Beteiligungsquote an der MU'schaft anteilig anzurechnen ist.[2] Wird ein WG des Sonder-BV oder BV des G'ters nach § 6 V 3 zum Buchwert auf die PersGes übertragen, kann diese die Besitzzeit fortführen, das WG veräußern und § 6b in Anspruch nehmen. Eine Reinvestition im Gesamthandsvermögen ist dann möglich. Dies erscheint im Hinblick auf die ratio von § 6b X idF StEntlG 99/00/00[3] freilich problematisch.[4]

22 Bei **Gesamtrechtsnachfolge** im Erbgang können die vom Erblasser gebildeten § 6b-Rücklagen vom Rechtsnachfolger (nunmehriger Betriebsinhaber) übertragen werden, und zwar auch auf solche Reinvestitionsgüter, die zu einem anderen als dem übernommenen BV des Rechtsnachfolgers gehören.[5] Bei einer **unentgeltlichen Übertragung eines (Teil-)Betriebs** kann der Rechtsnachfolger nach § 6 III die Begünstigung des § 6b in gleicher Weise in Anspr nehmen wie der Rechtsvorgänger; beim Betriebsübergeber kommt es nicht zu einer gewinnerhöhenden Auflösung von nach § 6b gebildeten stfreien Rücklagen.[6] Bei einer **Realteilung** mit Buchwertfortführung (§ 16 III 2) können bereits bestehende Rücklagen von den Realteilern als Rechtsnachfolgern anteilig fortgeführt werden. Scheidet ein MU'er gegen Sachwertabfindung aus der PersGes aus, kann er ab VZ 02 eine im Gesamthandsvermögen bestehende Rücklage, soweit sie anteilig auf ihn entfällt, zur Reinvestition in einem eigenen BV mitnehmen. Veräußert die PersGes vor Ablauf von sechs Jahren seit dem Ausscheiden ein zum Gesamthandsvermögen gehörendes, nach § 6b I 1 begünstigtes WG, können die verbliebenen MU'er § 6b nur in Höhe des Teils des Veräußerungsgewinns in Anspr nehmen, der auf ihre Anteile an der PersGes entfällt, den sie vor dem Ausscheiden des MU'ers hatten.[7]

23 Wird ein **(Teil-)Betrieb in eine unbeschränkt kstpfl KapGes** (§ 20 I UmwStG) **oder eine PersGes** (§ 24 I UmwStG) **eingebracht**, wobei der Einbringende neue Anteile an der Ges erhält oder MU'er der Ges wird, so können § 6b-Rücklagen im einzubringenden BV fortgeführt werden, sofern der (Teil-)Betrieb **zum Buchwert** oder **zu einem Zwischenwert** eingebracht wird (§§ 12 III iVm 23 I, III (22 I, II aF); 24 IV UmwStG; zur Besitzzeitanrechnung s Rn 19).[8] Bei der Einbringung zum Zwischenwert kann die § 6b-Rücklage nur anteilig fortgeführt werden.[9] Dies geschieht bei der Einbringung in eine PersGes im Gesamthandsvermögen und nicht in einer Sonderbilanz.[10] Bei der Einbringung **zum Teilwert** sind die stillen Reserven aufzudecken, dh auch steuerfreie Rücklagen nach § 6b aufzulösen.[11] Bei **Einzelrechtsnachfolge** gelten die eingebrachten WG als im Zeitpunkt der Einbringung von der KapGes (§ 23 IV HS 1 (22 III HS 1 aF) UmwStG) oder der PersGes (§§ 24 IV iVm 23 IV HS 1 (22 III HS 1 aF) UmwStG) angeschafft. Im aufnehmenden BV können die zum Teilwert eingebrachten WG Reinvestitionsobjekte sein. Bei Gesamtrechtsnachfolge gilt für die übernehmende Ges gem § 23 IV HS 2 (22 III HS 2 aF) UmwStG die Regelung des § 23 III (22 II aF) UmwStG und damit § 12 III 1 UmwStG entspr, so dass § 6b-Rücklagen iErg anteilig fortgeführt und für WG des aufzunehmenden BV verwendet werden können.

24 **VI. Begünstigungsfähiger Gewinn (§ 6b IV 1 Nr 4).** Begünstigt sind nur im Inland **stpfl Veräußerungsgewinne**, insbes nicht solche, die aufgrund eines DBA unberücksichtigt bleiben oder aufgrund von §§ 16 IV, 14 S 2, 18 III 2 oder 14a stfrei sind. Andererseits hängt die Bildung einer Rücklage nicht davon ab, dass sichergestellt ist, dass ihre Auflösung auch zur Besteuerung des Auflösungsbetrags führt.[12] Unschädlich ist, wenn für den Betrieb, zu dem das veräußerte WG gehört, im fraglichen Wj ein Verlust entsteht oder in dem maßgeblichen VZ ein negatives zu versteuerndes Einkommen vorhanden ist. § 6b ist jedenfalls stets heranzuziehen, wenn sich andernfalls steuerliche Auswirkungen im Inland ergäben, etwa durch einen Verlustausgleich.[13] Zur Höhe des begünstigten Gewinns s Rn 10.

---

1 *K/S/M* § 6b Rn B 106 f.
2 Zur abw gesellschaftsbezogenen Betrachtungsweise gem § 6b X idF StEntlG 99/00/02 vgl 5. Aufl.
3 So auch BFH BStBl II 06, 538.
4 *Jachmann* DStZ 02, 203 (207).
5 *Lademann* § 6b Rn 18.
6 BFH BStBl II 95, 367 (370 f).
7 BFH BStBl II 87, 782.
8 UmwStErl Rn 22.06, 24.04, BStBl I 98, 268.
9 *H/H/R* § 6b Rn R 46; *B/B* § 22 UmwStG Rn 18.
10 *Strahl* KÖSDI 99, 12165 (12169); **aA** *Leingärtner*[5] Kap 15 Rn 92.
11 UmwStErl Rn 22.11, BStBl I 98, 268.
12 BFH BStBl II 99, 272 (274).
13 *B/B* § 6b Rn 187 aF.

VII. Übertragungsverbot gem § 6b IV 2. Um zu verhindern, dass gewerbliche Gewinne durch Verlagerung auf nicht gewstpfl Betriebe endgültig der GewSt entzogen werden, dürfen begünstigte Gewinne aus der Veräußerung von WG eines GewBetr nicht auf WG übertragen werden, die zu einem luf Betrieb gehören oder der selbstständigen Arbeit dienen. Entspr dieser ratio legis ist § 6b IV 2 **einschränkend** dahin **auszulegen**, dass nicht gewstpfl Gewinne aus der Veräußerung eines gewerblichen (Teil-)Betriebs oder MU'anteils nicht erfasst sind.[1] § 6b IV 2 ist nicht anzuwenden, wenn im Rahmen eines GewBetr aufgedeckte stille Reserven auf WG übertragen werden sollen, die zu einem Grundstücks- oder Wohnungsbauunternehmen des StPfl gehören, für das nach § 9 Nr 1 S 2–4 GewStG der Antrag gestellt werden kann, den Gewerbeertrag nicht zur GewSt heranzuziehen. Bei einer Reinvestition in einem vermögensverwaltenden Bereich kann die Anwendbarkeit des § 6b dadurch erreicht werden, dass dieser über § 15 III Nr 2 in einen gewerblichen umgestaltet wird. 25

C. Übertragung des Veräußerungsgewinns

I. Wahlrecht. Der StPfl hat das **Wahlrecht**, den Veräußerungsgewinn (zT) auf im Vorjahr oder im gleichen Jahr angeschaffte oder hergestellte WG zu übertragen, ihn in eine stfreie Rücklage einzustellen oder auf die Steuerbegünstigung des § 6b zu verzichten und die stillen Reserven sofort zu versteuern. Für die Bildung der Rücklage ist die tatsächliche Absicht zur Reinvestition des Veräußerungserlöses nicht erforderlich.[2] Das Wahlrecht ist durch entspr Ausweis in der **HB** (§ 5 I 2, umgekehrte Maßgeblichkeit), soweit der StPfl keine HB aufzustellen verpflichtet ist und auch keine aufstellt, lediglich in der **Steuerbilanz** auszuüben.[3] Ein Ausweis in den Konten der Buchführung oder in anderen Unterlagen genügt nicht. Hinreichend sind steuerliche Ergänzungs- oder Sonderbilanzen. Maßgeblich für den Abzug nach § 6b I 1 oder § 6b III 2 ist die Schlussbilanz des Wj, in dem das Reinvestitionsgut angeschafft/hergestellt wurde. Damit setzt der Abzug das Vorhandensein des Reinvestitionsgutes am Schluss des Wj voraus. Auch die AK bestimmen sich nach den Verhältnissen am Bilanzstichtag. Mangels Bilanz kann bei **Schätzung** des Gewinns für das betroffene Jahr keine Rücklage nach § 6b III gewinnmindernd berücksichtigt werden.[4] Eine rechtmäßig gebildete Rücklage muss jedoch nicht für das erste Jahr einer folgenden Gewinnschätzung aufgelöst und der Auflösungsbetrag bei der Schätzung berücksichtigt werden,[5] sofern die gewählte Rücklage nach den Grundsätzen des Bilanzzusammenhangs auch im Jahr der Schätzung wirkt. Das Wahlrecht ist grds **im Jahr der Veräußerung** auszuüben.[6] Die Bildung der Rücklage kann aber noch im Wege der Bilanzänderung bis zur Bestandskraft nachgeholt werden. Hierbei sind jedoch die Regelungen über die Bilanzänderung zu beachten (§ 4 II, dazu § 4 Rn 246).[7] Die Einschränkungen für **Bilanzänderungen** nach § 4 II 2 greifen aber nicht, wenn die Rücklagenbildung erstmals akut geworden ist, weil das FA abw von der Bilanzierung durch den StPfl einen (unter § 6b fallenden) Veräußerungsgewinn annimmt.[8] Zur nachträglichen Änderung des Veräußerungsgewinns vgl Rn 10. Eine **Änderung des ursprünglichen Steuerbescheids nach § 174 III AO** kommt in Betracht, wenn das FA nach ursprünglicher rechtsirriger Zubilligung von § 6b in den Folgebescheiden auf Gewinnerhöhungen aus der Auflösung der Rücklage oder verringerten Absetzungen verzichtet. Nach Bestandskraft des Einkommensteuerbescheids ist eine geänderte Wahl ausgeschlossen,[9] auch für die **GewSt.** Das Wahlrecht kann sowohl im anhängigen Klageverfahren im Rahmen eines Hilfsantrags als auch nach Ergehen des Urteils in der Tatsacheninstanz bis zum Ablauf der Rechtsmittelfrist ausgeübt werden.[10] Wird ein Hilfsantrag gestellt, sind auch die weiteren Voraussetzungen für die Inanspruchnahme der Steuervergünstigung nach § 6b hilfsweise zu erfüllen. Es kann auch nach Ergehen eines finanzgerichtlichen Urteils, in dem über die Zuordnung der veräußerten Grundstücksflächen zum BV entschieden wurde, ausgeübt werden.[11] Im Rahmen der **Einheitsbewertung** ist gem § 103 III BewG die 6b-Rücklage, anders als die Kürzungen nach § 6b I, nicht abzuziehen.[12] 26

---

1 *Maus/Lentschig* StBp 97, 5 (9); *Kanzler* FS Beisse, 1997, S 251 (261).
2 BFH BStBl II 01, 282; BFH/NV 97, 754.
3 FG Nds EFG 95, 797 (798) – Ausübung in Bilanz s auch BFH BStBl II 99, 602 (604).
4 *B/B* § 6b Rn 208.
5 So aber R 6b.2 EStR; hiergegen *Schmidt*[26] § 6b Rn 97.
6 *Schoor* FR 97, 251 (255).
7 BFH BStBl II 01, 282 (283 f).
8 FG D'dorf EFG 05, 28; so auch die Rev BFH BStBl II 06, 165.
9 BFH BStBl II 99, 272 (274).
10 BFH/NV 05, 1261.
11 BFH BStBl II 02, 49.
12 *Lademann* § 6b Rn 168b.

27 Bei einer (Gesamt- oder Teil-)**Betriebsveräußerung** kann der StPfl aufgedeckte stille Reserven wie Gewinne aus der Veräußerung einzelner WG auf WG eines anderen BV übertragen (vgl Rn 7, 21). Nach R 6b.2 X 2 EStR soll jedoch die erkennbare Absicht des StPfl erforderlich sein, einen Betrieb unter Einsatz des Veräußerungserlöses fortzuführen.[1] Dies widerspricht der Grundkonzeption des § 6b, der nicht auf eine Reinvestitionsabsicht abstellt.[2] Eine Rücklage ohne Reinvestitionsabsicht kommt freilich nur für die Dauer der Frist nach § 6b III 2 in Betracht. Wird bei einer Rücklagenbildung im Zusammenhang mit einer Betriebsveräußerung kein Reinvestitionsgut angeschafft, so führt die Auflösung der Rücklage zu nachträglichen (§ 24 Nr 2) nicht tarifbegünstigten (zu § 34 vgl iÜ Rn 36) Einkünften. Bei einer **Betriebsüberlassung iSv § 6 III** hat der Rechtsvorgänger das Wahlrecht auszuüben.[3]

28 II. Abzug des begünstigten Gewinns gem § 6b I 1. Der Abzug des übertragungsfähigen Veräußerungsgewinns von den AK/HK eines Reinvestitionsobjekts ist nur für das **Wj der Veräußerung** – in dem der begünstigte Gewinn entstanden ist – möglich.[4] Von Anzahlungen auf AK oder von Teil-HK ist ein Abzug nicht möglich.[5] Das Reinvestitionsobjekt wird zunächst mit den tatsächlichen AK/HK angesetzt und dann davon der Betrag des übertragungsfähigen Gewinns abgezogen. Bei Anschaffung/Herstellung des Reinvestitionsobjekts im Jahr der Veräußerung sind für den Abzug nach § 6b I die gesamten AK/HK dieses Jahres maßgebend. Bei Anschaffung/Herstellung in dem der Veräußerungsjahr vorausgegangenen Wj ist der Abzug nach § 6b I vom Buchwert am Schluss dieses vorangegangenen Jahres vorzunehmen (§ 6b V); nachträgliche AK/HK im Veräußerungsjahr erhöhen den maßgeblichen Buchwert.[6] Erweiterung, Ausbau und Umbau eines Gebäudes sind als eigenständige Reinvestitionen (§ 6b I 3 und 4) nach den gleichen Grundsätzen zu behandeln. Eine entspr Anwendung des § 6b auf frühere Ersatzinvestitionen ist nicht möglich.[7]

29 III. Reinvestitionsrücklage. Soweit der StPfl im Wj der Aufdeckung nach § 6b übertragbaren stillen Reserven diese nicht von den AK/HK der in diesem Wj oder im vorangegangenen Wj angeschafften/hergestellten begünstigten WG abgezogen hat, kann er in diesem Wj eine den steuerlichen Gewinn mindernde Reinvestitionsrücklage bilden (§ 6b III 1). Die maximale Höhe der 6b-Rücklage wird von dem übertragungsfähigen Veräußerungsgewinn, gemindert um bereits auf Reinvestitionsgüter übertragene Teile desselben, bestimmt. Eine Untergrenze besteht für die Rücklage nicht. Ihre **Bildung** ist grds nur **im Wj der Veräußerung** möglich. Zur rückwirkenden Aufstockung der Rücklage s Rn 10. Nach neuerer Rspr[8] kann die Rücklage auch nach der durch das StBereinG 99 geänderten Fassung des § 4 II 2 bis zur Bestandskraft des Feststellungsbescheids nachträglich gebildet werden. Bildet der StPfl eine § 6b-Rücklage nur in geringerem Umfang, als es § 6b III 1 gestatten würde, so kann er die Rücklage im nächsten Wj nicht um den Betrag aufstocken, den er im ersten Jahr bei der Bildung der Rücklage nicht berücksichtigt hat. Die § 6b-Rücklage wird grds unabhängig von einer späteren Anschaffung/Herstellung von Reinvestitionsgütern oder einer späteren Übertragung der stillen Reserven auf solche gebildet.

30 Wurde im Wj der Veräußerung eine Rücklage gem § 6b III 1 gebildet,[9] so kann gem § 6b III 2 bis zur Höhe dieser Rücklage von den AK/HK der WG iSv § 6b I 2, die in den folgenden **vier Wj** angeschafft oder hergestellt worden sind, im Wj ihrer Anschaffung/Herstellung ein Betrag abgezogen werden. Die **Frist beginnt** mit Ablauf des Wj, für das die Rücklage gebildet wird. Sie bemisst sich nach Wj und nicht nach Kj, so dass Rumpf-Wj zur Verkürzung führen. Die Frist von vier Jahren verlängert sich nach § 6b III 3 für **neu hergestellte Gebäude** auf **sechs Jahre**, wenn mit der Herstellung – nicht aber Erweiterung, Ausbau oder Umbau – vor dem Schluss des vierten auf die Bildung der Rücklage folgenden Wj begonnen worden ist. Der StPfl muss die Reinvestitionsobjekte nicht selbst herstellen; erfasst ist auch die Anschaffung eines neu hergestellten Gebäudes.[10] **Beginn der Herstellung** meint, dass das Vorhaben konkret ins Werk gesetzt sein muss. Dies kann insbes durch Beginn der Ausschachtungsarbeiten, Erteilung eines spezifizierten Bauauftrages an einen Bauunternehmer,[11] die Anfuhr nicht unbedeutender Mengen von Baumaterial auf dem Bauplatz,[12] aber auch

---

1 **AA** BFH/NV 97, 754 (755); BStBl II 96, 568 (570).
2 BFH BStBl II 01, 282 (285).
3 Vgl BFH BStBl II 96, 568 ff.
4 R 41b I 3 EStR.
5 *Blümich* § 6b Rn 220.
6 *K/S/M* § 6b Rn B 103.
7 BFH/NV 01, 1640 (1641); BStBl II 91, 222 (224).
8 BFH BStBl II 01, 282 (283); zu § 4 II 2 aF s BFH BStBl II 99, 272 (274).
9 Zur buchmäßigen Behandlung vgl *Köhler* StBp 97, 249.
10 *Blümich* § 6b Rn 248; aA *K/S/M* § 6b D 5.
11 *B/B* § 6b Rn 238.
12 *K/S/M* § 6b Rn D 8.

durch die Stellung des Bauantrags,[1] den Abbruch eines Gebäudes zum Zweck der Errichtung eines Neubaus, oder durch Planungsmaßnahmen[2] geschehen. Nach Ablauf der Frist von vier Jahren kommt eine Fortführung der Rücklage nur in Höhe der am Bilanzstichtag noch zu erwartenden HK in Betracht. Zur Verlängerung des Reinvestitionszeitraums bei städtebaulichen Sanierungs- und Entwicklungsmaßnahmen s Rn 35.

Innerhalb der Reinvestitionsfrist (§ 6b III 2, 3) kann die Rücklage jederzeit ganz oder zT zugunsten des laufenden Gewinns oder durch Übertragung auf die AK/HK von Reinvestitionsgütern iSv § 6b I 2 **aufgelöst** werden. § 6b III 5 enthält nur einen äußersten zeitlichen Rahmen für die Übertragung der Rücklage.[3] Die gewinnerhöhende Auflösung wird durch den Abzug des Rücklagenbetrags von den AK/HK des Reinvestitionsobjekts neutralisiert. Der Gewerbeertrag kann um den Gewinn aus der Auflösung der Rücklage gem § 9 Nr 1 S 2 GewStG gekürzt werden, wenn der ohne Bildung der Rücklage entstandene Veräußerungsgewinn nach § 9 Nr 1 S 2 GewStG gewerbesteuerfrei gewesen wäre und wenn auch bei Auflösung der Rücklage die Voraussetzungen des § 9 Nr 1 S 2 GewStG vorliegen.[4] Ist eine Rücklage nicht innerhalb der Frist aufgelöst worden, so hat dies am Schluss des vierten oder ggf sechsten auf die Bildung der Rücklage folgenden Wj gewinnerhöhend zu geschehen. AE des vierten Wj braucht die Rücklage mangels erfolgter Übertragung der stillen Reserven nur dann nicht aufgelöst zu werden, wenn mit der Herstellung eines Gebäudes, auf das die stillen Reserven übertragen werden können, begonnen worden ist (Rn 30). Der erfolgswirksamen Auflösung einer Rücklage nach Ablauf der Reinvestitionsfrist steht nicht entgegen, dass die Rücklage zu Unrecht – in einem bestandskräftigen und deshalb nicht mehr änderbaren Steuerbescheid – anerkannt worden ist.[5] Übersteigt die Rücklage jedoch die voraussichtlichen HK des Gebäudes, ist sie insoweit aufzulösen. Wie die Bildung der § 6b-Rücklage so ist auch ihre Auflösung nur in der **Bilanz**, nicht schon in der laufenden Buchführung möglich. Zur Auflösung der Rücklage bei Gewinnschätzung s Rn 26. Wird eine Rücklage im Rahmen **einer (Teil-) Betriebsveräußerung**, einer (Teil-)Betriebsaufgabe ohne Übertragung auf Reinvestitionsgüter aufgelöst, so ist der dabei entstehende Gewinn zum tarifbegünstigten Veräußerungsgewinn zu rechnen.[6]

Soweit eine nach § 6b III gebildete stfreie Rücklage gewinnerhöhend aufgelöst wird, ohne dass ein entspr Betrag von den AK oder HK eines Reinvestitionsobjekts abgezogen wird, ist der mit der Rücklage verbundene Vorteil durch eine Verzinsung des sich aus der Auflösung der Rücklage ergebenden Steuerbetrags rückgängig zu machen. Dies geschieht nach **§ 6b VII** dadurch, dass der **Gewinn** des Wj, in dem die Rücklage aufgelöst wird, für jedes volle Wj, in dem die Rücklage bestanden hat, idR außerbilanziell um 6 vH des aufgelösten Rücklagebetrages **erhöht** wird. Das Wj der Auflösung zählt immer als volles Wj.[7] Die Rücklage ist nur in der Schlussbilanz eines Wj aufzulösen; der Gewinnzuschlag kann nicht durch eine gewinnerhöhende Auflösung vor Ablauf des Wj vermieden werden. Ein Rumpf-Wj ist ein „volles" Wj iSv § 6b VII.[8] Der Gewinnzuschlag fällt für das Rumpf-Wj ungemindert an.[9] Entstehen durch eine Betriebsübergabe zwei Rumpf-Wj, die zusammen ein Wj ergeben, so fällt für diese beiden Rumpf-Wj der Gewinnzuschlag nur einmal an.[10] Der Gewinnzuschlag nach § 6b VII ermöglicht aber nicht die erweiterte Kürzung des Gewerbeertrags nach § 9 Nr 1 S 2 GewStG.[4]

IV. Buchnachweis (§ 6b IV 1 Nr 5). Der Abzug nach § 6b I und die Bildung und Auflösung der Rücklage nach § 6b III müssen sich nach § 6b IV 1 Nr 5 in der Buchführung verfolgen lassen. Aus der Buchführung des veräußernden Betriebs muss sich ergeben, welches WG veräußert wurde, welchen Buchwert es hatte, welcher Veräußerungserlös erzielt wurde und wie hoch die Veräußerungskosten waren. Hinsichtlich des jeweiligen Reinvestitionsobjekts muss deutlich werden, um welches WG es sich handelt, welche AK/HK hierfür aufgewendet wurden und welcher Betrag der aufgedeckten stillen Reserven von den AK/HK abgezogen worden ist.[11] Rücklagen können in der Bilanz zwar in einem Posten zusammengefasst werden. In der Buchführung ist jedoch im Einzelnen nachzuweisen, bei welchen WG der in eine Rücklage genommene Gewinn entstanden und auf welche

---

1 BFH/NV 95, 677; BFH/NV 06, 1277.
2 *H/H/R* § 6b Rn 243f; *Blümich* § 6b Rn 252.
3 FG Brem EFG 04, 972; BFH BStBl II 87, 55.
4 BFH/NV 00, 1562 (1563).
5 BFH BStBl II 94, 76.
6 R 6b.2 X 5, 6 EStR.
7 BFH BStBl II 90, 290 (291) mwN zum Streitstand.
8 FG M'ster EFG 01, 350 f.
9 Anders *Schmidt*[26] § 6b Rn 98 (Zuschlag v 0,5 pro Monat).
10 FG Nds EFG 06, 1732.
11 Zur Übertragung der Rücklage bei Verstoß gegen den Grundsatz der Einzelbewertung s FG Nds EFG 02, 186 (187).

WG er übertragen wurde oder wann die Rücklage aufgelöst wurde.[1] Bei MU'schaften ist grds für jeden MU'er ein § 6b-Rücklagenkonto zu führen, weil infolge der Personenbezogenheit des § 6b möglicherweise die Vorbesitzzeit nicht bei allen MU'ern erfüllt ist und MU'er ihren anteiligen Veräußerungsgewinn auf Reinvestitionen in ihrem BV oder Sonder-BV übertragen können (Rn 21).[2] Die sechsjährige Vorbesitzzeit braucht nicht in der Buchführung verfolgbar zu sein.

34 **V. Anschaffungskosten/Herstellungskosten nach dem Abzug (§ 6b V, VI).** Nach § 6b VI 1 tritt in der Folge eines Abzugs gem § 6b I oder III im Wj des Abzugs für die AfA, Sonderabschreibungen oder erhöhte Absetzungen sowie für die Fälle des § 6 II oder IIa an die Stelle der historischen AK/HK der durch den Abzug geminderte Betrag. Wird die Reinvestition in dem dem Wj der Veräußerung vorausgegangenen Wj vorgenommen, so ist dieser Betrag gem § 6b V zusätzlich um die AfA des Wj der Anschaffung zu kürzen. Ist ein **Gebäude** Reinvestitionsobjekt, so ist in den Fällen des § 7 IV 1 und V ab dem Wj der Anschaffung/Herstellung AfA-Bemessungsgrundlage stets der Betrag, der sich beim Abzug des Abzugsbetrags nach § 6b von den AK/HK ergibt, unabhängig davon, ob das Gebäude im Jahr des Abzugs oder im vorangegangenen Wj angeschafft/hergestellt worden ist (§ 6b VI 2).[3] Da das Wahlrecht des § 6 II für das Jahr der Anschaffung/Herstellung zu treffen ist, ist bei einer Anschaffung/Herstellung des Reinvestitionsgutes im Wj vor der Veräußerung für die Wertgrenze auf die ursprünglichen AK/HK abzustellen.[4]

D. Sonderregelung für städtebauliche Maßnahmen (§ 6b VIII, IX)

35 § 6b VIII normiert Besonderheiten gegenüber § 6b I–VII für Gewinne, die bei der Übertragung von WG des Anlagevermögens iSv § 6b I zur Vorbereitung oder Durchführung von städtebaulichen Sanierungs- oder Entwicklungsmaßnahmen (§§ 136, 165 ff BauGB) auf eine Gebietskörperschaft oder einen anderen in § 6b VIII 2[5] bezeichneten Erwerber entstanden sind. Die Übertragung einer Rücklage iSv § 6b III ist grds in den auf das Wj der Veräußerung folgenden **sieben Wj** möglich. Bei neu hergestellten Gebäuden, mit deren Herstellung vor dem Schluss des siebten auf die Bildung der Rücklage folgenden Wj begonnen worden ist, verlängert sich die Frist auf **neun Jahre**. Die nach § 6b IV Nr 2 erforderliche sechsjährige Zugehörigkeit zum Anlagevermögen einer inländischen Betriebsstätte des veräußernden StPfl reduziert sich auf **zwei Jahre**. Die Sonderregelungen des § 6b VIII setzen das Vorliegen einer **Bescheinigung der nach Landesrecht zuständigen Behörde** voraus (§ 6b IX). Diese prüft die sachlichen Voraussetzungen der Sonderregelungen. Für Streitigkeiten im Bescheinigungsverfahren ist das VG zuständig. Die Bescheinigung ist Grundlagenbescheid.[6]

E. Veräußerung von Anteilen an Kapitalgesellschaften (§ 6b X)

36 Zur Gesetzesentwicklung und zeitlichen Anwendbarkeit vgl Rn 1. Nach § 6b X können StPfl, die keine Körperschaften, Personenvereinigungen oder Vermögensmassen sind, Gewinne aus der Veräußerung von Anteilen an KapGes bis zu einem Betrag von 500 000 € auf Anteile an KapGes, abnutzbare bewegliche WG oder Gebäude übertragen. Der Höchstbetrag betrifft die in einem Wj entstandenen Veräußerungsgewinne vor Anwendung des Halbeinkünfteverfahrens und nicht den Betrag der stpfl Einkünfte (s unten).[7] Die Gewinne können aus mehreren Veräußerungen in einem Wj herrühren, soweit der Höchstbetrag insgesamt nicht überschritten wird.[8] Veräußerung meint Kauf wie Tausch (Rn 7).[9] Bei MU'schaften ist der Höchstbetrag auf jeden MU'er gesondert anzuwenden.[10] Die Übertragung auf die AK von Anteilen an KapGes oder auf die AK/HK von abnutzbaren beweglichen WG kann im Wj der Veräußerung oder in den folgenden zwei Wj erfolgen. Dagegen kann die Übertragung auf die AK/HK von Gebäuden im Wj der Veräußerung oder in den folgenden vier Wj erfolgen. Die Übertragung auf AK/HK für im Wj vor der Veräußerung ange-

---

1 R 6b.2 III EStR.
2 *Schoor* StLex 05, 85 (98 f).
3 BT-Drs 11/5970, 37.
4 *Lademann* § 6b Rn 156d.
5 Bei dem in § 6b VIII 1 genannten Verweis auf § 6b VIII 3 muss es sich um ein redaktionelles Versehen handeln. Richtigerweise muss hier auf S 2 verwiesen werden.
6 FG SachsAnh EFG 01, 1358 (1359) Beschluss.

7 *Neumayer* EStB 03, 274 (276); *Carlé/Korn/Stahl/Strahl/Fuhrmann* Steueränderungen 2002, S 78; **aA** *Linklaters/Oppenhoff/Rädler* DB 02, Beil. Nr 1, S 1 (20 f).
8 *Korn/Strahl* Stbg 02, 300 (309); **aA** *Heinemann* NWB Fach 3, 12145 (12148).
9 *Ernst & Young/BDI* UntStFG 02, S 120f.
10 R 6b.2 XII 1 EStR; *Rödder/Schumacher* DStR 02, 105 (107).

schaffte WG ist nach der ratio des § 6b X trotz fehlender Verweisung auf § 6b I 1 zulässig.[1] Körperschaften, Personenvereinigungen oder Vermögensmassen iSd § 1 I KStG sind von der Regelung des § 6b X ausgenommen, da die Gewinne aus der Veräußerung von Anteilen an einer anderen KapGes durch Körperschaften, Personenvereinigungen oder Vermögensmassen bereits nach § 8b II KStG stfrei gestellt sind. Indem § 6b X lediglich von Anteilen an KapGes spricht, ergibt sich, dass sowohl die Veräußerung von Anteilen an inländischen als auch an ausländischen KapGes begünstigt ist.[2] Zu den Anteilen an KapGes zählen neben Aktien und GmbH-Anteilen auch Genussscheine und Anwartschaften (§ 17 I 3).[3] Da der Gewinn nach den Regelungen des Halbeinkünfteverfahrens gem § 3 Nr 40 S 1 Buchst a und b iVm § 3c II zur Hälfte steuerbefreit ist, wird die Höhe des übertragbaren Gewinns gesondert geregelt. Bei Übertragung auf Gebäude oder abnutzbare bewegliche WG kann nur ein Betrag bis zur Höhe des nicht nach § 3 Nr 40 S 1 Buchst a und b iVm § 3c II steuerbefreiten Betrags von den AK abgezogen werden (§ 6b X 2). Folgerichtig ordnet § 6b X 3 an, dass bei Übertragung auf Anteile an KapGes die AK um den Veräußerungsgewinn einschließlich des nach § 3 Nr 40 S 1 Buchst a und b iVm § 3c II steuerbefreiten Betrages gemindert werden. Hier kann somit der gesamte Gewinn übertragen werden, was auch konsequent ist, da eine spätere Veräußerung dieser Anteile wieder dem Halbeinkünfteverfahren unterliegt.[4] Das Reinvestitionsobjekt kann neu oder auch bereits in dem der Veräußerung vorausgehenden Wj angeschafft oder hergestellt werden. Vor der Änderung durch das Gesetz v 23.7.02 galt Letzteres nur für abnutzbare bewegliche WG (s dazu 2. Aufl). Soweit der StPfl für den Gewinn eine stfreie Rücklage gebildet hat, ist der Gewinn aus haushaltspolitischen Gründen innerhalb von nur zwei Jahren von den AK für Anteile an KapGes oder von den AK/HK abnutzbarer beweglicher WG bzw innerhalb von vier Jahren von den AK/HK für Gebäude abzuziehen (§ 6b X 1); für eine nach § 6b III gebildete Reinvestitionsrücklage für Gewinne aus der Veräußerung von WG iSd § 6b I ist hingegen eine Reinvestitionsfrist von vier Jahren vorgesehen (Rn 30). Für die Bildung einer Rücklage bei Nichtinanspruchnahme der Vergünstigung im Jahr der Veräußerung ordnet § 6b X 5 an, dass diese in Höhe des gesamten Veräußerungsgewinns gebildet werden kann (einschl des nach § 3 Nr 40 S 1 Buchst a und b iVm § 3c II steuerbefreiten Betrages). Bei nur teilw Übertragung des Gewinns auf Gebäude oder abnutzbare bewegliche WG kann eine Rücklage auch in Höhe des entspr stfreien Gewinnanteils nicht mehr gebildet werden.[5] Die Übertragung der Rücklage auf Gebäude oder abnutzbare bewegliche WG kann in Höhe des nicht nach § 3 Nr 40 S 1 Buchst a und b iVm § 3c II steuerbefreiten Betrags erfolgen. IÜ ist die Rücklage in diesem Fall in gleicher Höhe um den steuerbefreiten Betrag aufzulösen (§ 6b X 6, 7). Dieser aufgelöste Betrag unterliegt dann dem Halbeinkünfteverfahren.[6] Auf die Anteile an KapGes kann die Rücklage in voller Höhe übertragen werden (§ 6b X 6 iVm S 3). Wird der in die Rücklage eingestellte Gewinn nicht bis zum Schluss des vierten auf die Bildung der Rücklage folgenden Wj reinvestiert, ist die Rücklage gewinnerhöhend aufzulösen (§ 6b X 8). Da der in die Rücklage eingestellte Veräußerungsgewinn nicht reinvestiert wurde, ist er nach der Auflösung der Rücklage nach allg Regeln zu besteuern, dh es greift auch wieder die Steuerbefreiung des Halbeinkünfteverfahrens nach § 3 Nr 40 S 1 Buchst a und b iVm § 3c ein, auch wenn dies nicht explizit – im Gegensatz zur 1. Fassung[7] angeordnet ist.[6] Entspr der Regelung in § 6b VII ist der Gewinn des Wj, in dem die Rücklage gewinnerhöhend aufgelöst wird, für jedes volle Wj, in dem die Rücklage bestanden hat, um 6 vH des nicht steuerbefreiten Rücklagebetrags, soweit er nicht übertragen wurde, zu erhöhen (§ 6b X 9). Durch das Gesetz v 23.7.02 wurde in S 9 klargestellt, dass im Fall der Auflösung der Rücklage bei Nichtreinvestition eine Verzinsung nicht zu erfolgen hat, soweit die Rücklage auf Reinvestitionsgüter übertragen wurde. Entspr war auch schon S 9 idF des UntStFG auszulegen; dem StPfl soll nach der ratio legis der Zinsvorteil insoweit belassen werden, als er eine Reinvestition vorgenommen hat. IÜ gelten die Regelungen in § 6b II zur Ermittlung des Veräußerungsgewinns, des § 6b IV 1 Nr 1, 2 (sechs Jahre Zugehörigkeit zum Anlagevermögen), 3, 5 und des § 6b IV 2 zu den besonderen Voraussetzungen für die Inanspruchnahme des § 6b und des § 6b V zur Anschaffung des Reinvestitionsguts in dem dem Veräußerungsjahr vorangegangenen Wj entspr (§ 6b X 4). Die Regelung des § 6b IV 1 Nr 4 wird nicht für anwendbar erklärt, da dies im Widerspruch zur Steuerbefreiung nach dem Halbeinkünfteverfahren stehen würde. PersGes oder

---

[1] *Neumann* EStB 02, 96 (100); *Kanzler* FR 02, 117 (125); **aA** *Rödder/Schumacher* DStR 01, 1638; *Strahl* KÖSDI 02, 13145 (13147).
[2] *Förster* DStR 01, 1913 (1914).
[3] § 17 Rn 40; *Korn/Strahl* Stbg 02, 300 (307).
[4] *Cordes* StBp 03, 113 (114).
[5] *Hartmann/Meyer* Inf 02, 141 (143).
[6] *Linklaters/Oppenhoff/Rädler* DB 02, Beil. Nr 1, S 1 (21).
[7] In § 6b X 4 HS 2 idF UntStFG-Entwurf BT-Drs 14/6882.

§ 6b Übertragung stiller Reserven bei der Veräußerung bestimmter Anlagegüter

Gemeinschaften können die Regelungen des § 6b X 1–9 nur in Anspruch nehmen, soweit an ihnen keine Körperschaften, Personenvereinigungen oder Vermögensmassen iSd § 1 I KStG beteiligt sind (§ 6b X 10). Dadurch soll eine gleichzeitige Steuerfreistellung des anteiligen Gewinns aus der Veräußerung von Anteilen an KapGes durch die an der PersGes oder Gemeinschaft beteiligte Körperschaft, Personenvereinigung oder Vermögensmasse nach § 8b II, VI KStG verhindert werden.[1] Die Veräußerung von einbringungsgeborenen Anteilen iSd § 21 UmwStG aF (Anteile an einer KapGes, die der Veräußerer oder der Rechtsvorgänger durch eine Sacheinlage nach § 20 I und § 23 I–IV UmwStG aF unter dem Teilwert erworben hat[2]) ist nur dann nach § 6b X begünstigt, wenn die Voraussetzungen des § 3 Nr 40 S 4 erfüllt sind, dh wenn die einbringungsgeborenen Anteile später als sieben Jahre nach dem Zeitpunkt der Einbringung iSd § 20 I und § 23 I–III UmwStG aF veräußert werden oder wenn die einbringungsgeborenen Anteile in eine Mehrheits-Ges nach § 20 I 2 UmwStG aF eingebracht wurden und die Anteile einbringungsgeboren iSd § 21 UmwStG in der am 12.12.06 geltenden Fassung sind (§ 6b X 11 aF iVm § 52 XVIIIb). Einbringungsgeborene Anteile sind und waren deshalb grds von der Begünstigung des § 6b X ausgenommen, weil bereits bei der Einbringung der Anteile an der KapGes nach § 20 UmwStG (§ 20 I und § 23 I–III UmwStG aF) auf die Aufdeckung stiller Reserven verzichtet wird und durch die erneute Begünstigung des Veräußerungsgewinns nach § 6b X ein ungerechtfertigter Steuervorteil erzielt werden könnte. Da für die einbringungsgeborenen Anteile auch die Frist der 6-jährigen Zugehörigkeit zum Anlagevermögen gilt, verlängert sich diese Frist de facto nur um ein Jahr.[3] Zum Begriff und Zeitpunkt der Veräußerung s Rn 7.

F. Verhältnis von § 6b zu anderen Begünstigungen

37 Zwischen der Bildung einer **RfE**[4] (§ 4 Rn 210 „Rücklage für Ersatzbeschaffung") und § 6b kann der StPfl wählen, ohne sich bei der Bildung der Rücklage auf eine der beiden Möglichkeiten festlegen zu müssen. § 6b und **§ 34 I** schließen sich aus (§ 34 I 4).[5] Wird eine zuvor gebildete § 6b-Rücklage bei der Betriebsveräußerung aufgelöst, so erhöht sich der tarifbegünstigte Veräußerungsgewinn entspr.[6] Ein StPfl, der im Wj der Betriebsveräußerung ein nach § 6b begünstigtes WG veräußert und für die dabei aufgedeckten stillen Reserven eine Rücklage nach § 6b bildet, kann dadurch erreichen, dass der Veräußerungsgewinn tarifbegünstigt ist. Auch ein Gewinnzuschlag nach § 6b VII gehört zum begünstigten Veräußerungsgewinn.[7] Bei Aufdeckung stiller Reserven begünstigter WG anlässlich einer (Teil-)-Betriebsveräußerung kann der StPfl wählen, ob er hinsichtlich des gesamten Veräußerungsgewinns die Tarifbegünstigung nach § 34 I oder hinsichtlich des auf die begünstigten WG entfallenden Gewinne § 6b in Anspr nehmen will. § 34 entfällt insgesamt, wenn für einen Teil des Veräußerungsgewinns § 6b in Anspr genommen, dh ein Abzug vorgenommen oder eine Rücklage gebildet wird (§ 34 Rn 30). Bei Ausgliederung unter Inanspruchnahme von § 6b ist die Gesamtplanrechtsprechung des BFH zu beachten.[8] Sowohl § 34 als auch die **Freibeträge für Veräußerungsgewinne (§§ 14a I, 16 IV, 18 III)** können nur dann angewendet werden, wenn eine vor der Betriebsveräußerung gebildete und im Zusammenhang **mit der Veräußerung des Betriebs nicht aufgelöste 6b-Rücklage** keine stillen Reserven enthält, die bei einer früheren Veräußerung eines zu den **wesentlichen Betriebsgrundlagen** gehörenden WG aufgedeckt worden sind.[9] Wird bei der Betriebsveräußerung eine **§ 6b-Rücklage neu gebildet**, so kann der Teil des Veräußerungsgewinns, der nicht nach § 16 IV stfrei ist, nach § 6b übertragen werden. Gleiches gilt für § 14a I, III.[10] Die Höhe des Freibetrags ist auch unter Berücksichtigung des Teils des Veräußerungsgewinns zu bestimmen, für den § 6b in Anspr genommen wird. Der Freibetrag nach § 14a V kann nur für das Wj in Anspruch genommen werden, in dem der Grund und Boden veräußert wurde, nicht jedoch für das Wj, in dem eine deswegen nach §§ 6b, 6c EStG gebildete Rücklage aufgelöst wurde.[11] § 34b ist neben § 6b anwendbar (§ 34b Rn 1). Der Erwerb eines Bankguthabens ist auch dann nicht nach § 13a ErbStG begünstigt, wenn das Guthaben aus der Veräußerung eines – nicht seinerseits in einem BV gehaltenen – MU'anteils durch den Erblasser stammt und der Veräußerungsgewinn ertragsteuerrechtlich in eine Rücklage nach § 6b eingestellt worden ist.[12]

---

1 *Strahl* KÖSDI 02, 13145 (13149).
2 § 21 I 1 UmwStG aF.
3 Krit *Carlé/Korn/Stahl/Strahl/Fuhrmann* Steueränderungen 2002, S 75 f.
4 S dazu R 6.6 EStR.
5 BFH/NV 07, 1293.
6 *Blümich* § 6b Rn 257; H 16 IX EStH (Rücklage).
7 *Schoor* FR 97, 251 (256).
8 Vgl *Brinkmann* StBp 05, 200 f mwN.
9 R 6b.2 X 3 EStR; *F/P/G* Rn B 932; *K/S/M* § 6b Rn A 44.
10 *B/B* § 6b Rn 209.
11 BFH/NV 07, 1846 (1847); anders FG Nds EFG 07, 403, Rev IV R 6/07.
12 BFH/NV 05, 1566.

§ 6c Übertragung stiller Reserven bei der Veräußerung bestimmter Anlagegüter, bei der Ermittlung des Gewinns nach § 4 Abs. 3 oder nach Durchschnittssätzen

(1) [1]§ 6b mit Ausnahme des § 6b Abs. 4 Nr. 1 ist entsprechend anzuwenden, wenn der Gewinn nach § 4 Abs. 3 oder die Einkünfte aus Land- und Forstwirtschaft nach Durchschnittssätzen ermittelt werden. [2]Soweit nach § 6b Abs. 3 eine Rücklage gebildet werden kann, ist ihre Bildung als Betriebsausgabe (Abzug) und ihre Auflösung als Betriebseinnahme (Zuschlag) zu behandeln; der Zeitraum zwischen Abzug und Zuschlag gilt als Zeitraum, in dem die Rücklage bestanden hat.

(2) [1]Voraussetzung für die Anwendung des Absatzes 1 ist, dass die Wirtschaftsgüter, bei denen ein Abzug von den Anschaffungs- oder Herstellungskosten oder von dem Wert nach § 6b Abs. 5 vorgenommen worden ist, in besondere, laufend zu führende Verzeichnisse aufgenommen werden. [2]In den Verzeichnissen sind der Tag der Anschaffung oder Herstellung, die Anschaffungs- oder Herstellungskosten, der Abzug nach § 6b Abs. 1 und 3 in Verbindung mit Absatz 1, die Absetzungen für Abnutzung, die Abschreibungen sowie die Beträge nachzuweisen, die nach § 6b Abs. 3 in Verbindung mit Absatz 1 als Betriebsausgaben (Abzug) oder Betriebseinnahmen (Zuschlag) behandelt worden sind.

R 6c/H 6c EStR 05

Literatur: S den Literaturnachweis zu § 6b.

A. Grundaussagen der Vorschrift

§ 6c[1] erstreckt – im Interesse der Gleichbehandlung der Gewinnermittlungsarten – die Begünstigung nach § 6b technisch angepasst (§ 6c I 2, II) auf StPfl mit Gewinnermittlung nach § 4 III und § 13a. Die Bildung einer Rücklage wird als BA (Abzug), die Auflösung als BE (Zuschlag) behandelt. Entspr den Änderungen von § 6b durch das StEntlG 99/00/02 (§ 6b Rn 1) sind auch bei § 6c – bezogen auf Veräußerungen nach dem 31.12.98 (§ 52 XIX) – bewegliche WG keine tauglichen Reinvestitionsobjekte mehr. Jedoch sind die durch das UntStFG[2] in § 6b X eingefügten Reinvestitionsmöglichkeiten auch im Rahmen des § 6c anwendbar.[3] Somit sind nun auch für Veräußerungen nach dem 31.12.01 wieder bewegliche WG in diesem Rahmen mögliche Reinvestitionsobjekte (§ 6b X; dazu 4. Aufl § 6b Rn 35f). Wegen des Verhältnisses zu anderen Begünstigungen s § 6b Rn 37. **1**

B. Begünstigungsvoraussetzungen

Persönlich begünstigt sind nichtbuchführende Land- und Forstwirte, Gewerbetreibende und Freiberufler, die ihren Gewinn nach **§ 4 III** ermitteln – auch wenn das FA trotz bestehender Buchführungspflicht von einer § 4 III-Rechnung ausgeht[4] –, sowie Land- und Forstwirte, die ihren Gewinn nach **§ 13a** ermitteln. Begünstigt ist grds auch der Verpächter eines Betriebs, der diesen nicht aufgibt. Eine Gewinnermittlung nach § 4 III liegt auch vor, wenn die Aufzeichnungen der BE und BA nicht vollständig sind und durch eine Zuschätzung ergänzt werden. Zum Wechsel der Gewinnermittlungsart s § 6b Rn 3. Sachlich begünstigt sind Gewinne, die nach § 4 III (ggf iVm § 13a II 1, 2. Alt) ermittelt werden, nach Durchschnittssätzen (§ 13a) ermittelte nur insoweit, als der nach § 6c begünstigte Veräußerungsgewinn unter § 13a VI fällt (vgl Rn 9 und § 13a Rn 16).[5] Eine Übertragung stiller Reserven von gewerblichen BV auf BV der LuF oder der selbstständigen Arbeit kommt gem § 6c I iVm § 6b IV 2 nicht in Betracht. **2**

Begünstigte Veräußerungsobjekte sind dieselben wie bei § 6b (s dazu § 6b Rn 4f). Zur **Veräußerung** s § 6b Rn 7ff. Der Gewinn aus einer (Teil-)Betriebsveräußerung ist nicht nach § 6c begünstigt, sondern nach § 6b, weil er stets nach § 4 I zu ermitteln ist.[6] § 6c gestattet die Übertragung stiller Reserven auf dies. **Reinvestitionsobjekte** wie § 6b (s dazu § 6b Rn 11). Dabei kann es sich nur um WG des notwendigen BV handeln, folgt man der hM, wonach sowohl bei der Gewinnermittlung nach § 4 III als auch nach § 13a gewillkürtes BV nicht gebildet werden kann. **3**

Die **Voraussetzungen nach § 6b IV 1 Nr 2–4** gelten auch für § 6c, dh die veräußerten WG müssen sechs Jahre ununterbrochen zum Anlagevermögen einer inländischen Betriebsstätte gehört haben, **4**

---

1 Eingeführt durch das StändG 65 (BStBl I 65, 217), zuletzt geändert (§ 52 XIX) durch das StEntlG 99/00/02 (BStBl I 99, 304).
2 BGBl I 01, 3858.
3 BMF DB 02, 2513; *Kanzler* FR 02, 117 (123).
4 BFH BStBl II 93, 366 f.
5 *H/H/R* § 6c Rn 4.
6 *F/P/G* Rn C 386.

Jachmann

die Reinvestitionsobjekte müssen zum Anlagevermögen einer inländischen Betriebsstätte gehören und der zu übertragende Veräußerungsgewinn darf bei der Ermittlung des im Inland stpfl Gewinns nicht außer Ansatz bleiben (dazu § 6b Rn 24). Die Verweisung auf § 6b IV Nr 5 ist im Hinblick auf § 6c II gegenstandslos. **§ 6c II** statuiert die materiell-rechtliche Voraussetzung, dass die WG, bei denen ein Abzug von den AK/HK vorgenommen worden ist, in **besondere, laufend zu führende Verzeichnisse** aufgenommen werden, um Bildung und Auflösung der Rücklage nachvollziehbar zu machen. Für jedes Reinvestitionsgut sind folgende Angaben festzuhalten: der Tag von Anschaffung/Herstellung, die AK/HK, der Abzug nach § 6b I oder III iVm § 6c I, die AfA oder Abschreibungen – eine Teilwertabschreibung ist aber im Rahmen von § 4 III und § 13a VI nicht zulässig[1] –, sowie die Abzüge und Zuschläge nach § 6b III iVm § 6c I 2. Die Anschaffung eines bebauten Grundstücks betrifft zwei Reinvestitionsgüter, die getrennt in dem Verzeichnis auszuweisen sind. Laufend geführt ist ein Verzeichnis, wenn die Aufzeichnungen in unmittelbarem zeitlichen Zusammenhang mit den aufzuzeichnenden Vorgängen erfolgen. Das Verzeichnis ist für die Anlagegüter zu führen, bei denen der Abzug von den AK/HK bereits vorgenommen wurde. Der anstelle der Rücklagenbildung vorzunehmende BA-Abzug ist nur im Zeitpunkt der Veräußerung vorzunehmen. Aus dem Fehlen einer in der Buchführung verfolgbaren Rücklage ergibt sich für den StPfl, der § 6c in Anspr genommen hat, eine erhöhte Mitwirkungspflicht, gegenüber der eine etwaige Verletzung des Amtsermittlungsgrundsatzes im Hinblick auf § 173 I Nr 1 AO idR nicht ins Gewicht fällt.[2]

C. Übertragung des Veräußerungsgewinns

5 **Veräußerungsgewinn** ist der Betrag, um den der Veräußerungspreis abzüglich der Veräußerungskosten den Buchwert des veräußerten WG im Zeitpunkt der Veräußerung (noch nicht abgesetzter Betrag der AK/HK[3]) übersteigt (§ 6b Rn 10).[4] Zur Feststellung des Buchwerts, die, sofern es sich nicht um Grund und Boden handelt, regelmäßig im Wege der Schätzung erfolgen wird, kann bei Gebäuden von der jährlichen AfA ausgegangen werden, bei Aufwuchs mit jährlicher Ernte von den Richtsätzen für die Ermittlung der Umsätze und Gewinne aus Sonderkulturen bei § 13a. Der tatsächliche Zufluss des Veräußerungspreises ist irrelevant, ebenso der Zeitpunkt des Abflusses der Veräußerungskosten. Ein in Raten oder als Rente zu zahlender Veräußerungspreis ist mit seinem Barwert anzusetzen.

6 § 6c eröffnet dem StPfl die **Wahl** zw Abzug im Veräußerungsjahr, Rücklagenbildung oder Sofortversteuerung, die er – jedenfalls bei entspr Kenntnis – für das jeweilige WG mit der Abgabe der Gewinnermittlungsunterlagen beim FA trifft. Das Wahlrecht kann bis zur Bestandskraft der Steuerfestsetzung ausgeübt werden.[5] Bei der Anschaffung/Herstellung eines Reinvestitionsobjekts im Wj der Veräußerung des nach § 6c I begünstigten WG ist im Zeitpunkt der Veräußerung der Veräußerungspreis unabhängig von seinem tatsächlichen Zufluss als BE anzusetzen und die Veräußerungskosten sowie der Teil der AK/HK, der noch nicht als AfA oder Absetzung für Substanzverringerung berücksichtigt worden ist, als BA zu erfassen. Der sich hieraus ergebende Veräußerungsgewinn darf von den AK/HK des Reinvestitionsobjekts als fiktive BA abgezogen werden.[6] Ist ein Reinvestitionsgut in dem **Wj** angeschafft/hergestellt, **das dem Wj der Veräußerung vorangeht**, so ist dessen Buchwert am Schluss dieses Wj zu kürzen (§ 6c I iVm § 6b V). Der tatsächliche Zufluss des Veräußerungserlöses wird nicht als BE und der tatsächliche Abfluss der Veräußerungskosten nicht als BA behandelt. Soweit nach Abzug des Veräußerungsgewinns noch ein Restbetrag verbleibt – dies ergibt sich aus dem gem § 6c II zu führenden Verzeichnis –, sind die AK/HK abnutzbarer Reinvestitionsobjekte nur mit der auf das jeweilige Wj entfallenden AfA (§ 4 III 3) und die AK/HK von reinvestiertem Grund und Boden zunächst gar nicht (§ 4 III 4) als BA zu berücksichtigen (§ 6b VI; dazu § 6b Rn 34).

7 Wird im Jahr der Veräußerung kein Gewinnabzug vorgenommen, so ermöglicht § 6c I 2 die **Reservierung aufgedeckter stiller Reserven für einen Abzug in einem späteren Jahr**, indem im Jahr der Veräußerung ein Betrag in Höhe des übertragungsfähigen Veräußerungsgewinns **als fiktive BA abgesetzt** werden kann (**Abzug**).[7] Diese Neutralisierung des Veräußerungsgewinns entspricht der Bildung einer § 6b-Rücklage. Im Wj der Anschaffung/Herstellung eines Reinvestitionsobjekts ist,

---

[1] K/S/M § 4 Rn D 132.
[2] BFH/NV 97, 757 f.
[3] H/H/R § 6c Rn 33.
[4] R 6c I 1, 2 EStR.
[5] BFH BStBl II 02, 49 (50).
[6] Vgl R 6c I 1–5 EStR.
[7] R 6c I 6 EStR.

soweit der Veräußerungsgewinn von dessen AK/HK abgezogen werden soll, **in Höhe des Abzugsbetrags eine BA** zu verbuchen und diese durch eine **fiktive BE (Zuschlag)** in gleicher Höhe wieder zu neutralisieren. Diese BE ist die **Auflösung der Rücklage** iSv § 6c I 2.[1] Dadurch werden die AK/HK der Reinvestitionsgüter gemindert und so künftige AfA (§ 6b VI iVm § 4 III 3) oder bei der Anschaffung von Grund und Boden der Betrag iSv § 4 III 5 vermindert.[2] Ein **am Ende der Übertragungsfrist verbleibender Betrag** der fiktiven BA des Veräußerungsjahres ist als fiktive BE anzusetzen, die sich gewinnerhöhend auswirkt.[3] Dies gilt nicht nur dann, wenn kein Reinvestitionsobjekt angeschafft/hergestellt worden ist oder auf ein solches stille Reserven nicht übertragen wurden, sondern auch dann, wenn ein Reinvestitionsgut nicht in das nach § 6c II zu führende Verzeichnis eingetragen worden ist. Auch **vor Ablauf der Übertragungsfrist** kann der durch eine fiktive BA neutralisierte Veräußerungsgewinn durch Ansatz einer entspr BE (zT) **sofort versteuert** werden. Wird der **Gewinn geschätzt**, so ist die Bildung einer Reinvestitionsrücklage durch einen entspr Abzug zwar nicht möglich; wird der Gewinn in einem Wj geschätzt, das in den Zeitraum des § 6c I 2 fällt, so ist jedoch nicht zwangsweise ein Zuschlag in Höhe des ursprünglichen Abzugsbetrags vorzunehmen (vgl § 6b Rn 26).[4]

Gem § 6c I 1, 2 HS 2 iVm § 6b VII ist – soweit eine **Reinvestition nicht vorgenommen** wurde – für den Zeitraum zw dem Abzug des begünstigten Veräußerungsgewinns und der Erhöhung des Gewinns ein **Zinszuschlag** zum Gewinn des Wj der Auflösung der Rücklage vorzunehmen. Dieser beträgt für jedes Wj, das nach dem Wj der fiktiven BA begonnen und vor dem Wj der fiktiven BE geendet hat, **6 vH** des aufzulösenden Rücklagenbetrags. Hierfür ist ein Verzeichnis nach § 6c II nicht erforderlich. 8

Bei der **Gewinnermittlung nach Durchschnittssätzen** ist der Gewinn aus der Auflösung der Rücklage als Sondergewinn nach § 13a VI 1 Nr 4 zu erfassen. Nach § 6c I 2 zu berücksichtigende **fiktive BE sind in den Durchschnittssatzgewinn einzubeziehen, wenn der Freibetrag von 1 534 € nach § 13a VI 1 überschritten ist**. Der Freibetrag ist einmal bei der Veräußerung und nochmals, ggf mehrfach, bei Rücklagenauflösung anzusetzen. Hieraus erwächst eine Gestaltungsmöglichkeit, um Veräußerungsgewinne – freilich in begrenztem Umfang – stfrei zu stellen. Werden keine weiteren nach § 13a VI zu erfassenden Sondergewinne erzielt, so kann der Land- und Forstwirt bis zum Ablauf des Übertragungszeitraums jährlich 1 534 € der „Rücklage" stfrei auflösen. Der nach § 6c I 2 zu erfassende Zuschlag kann jedoch nicht um Freibeträge nach § 13a VI 1 gemindert werden, die in früheren Wj bei der möglichen, aber nicht beanspruchten Erfassung des Zuschlags in diesen Jahren hätten abgezogen werden können. 9

§ 6d Euroumrechnungsrücklage

(1) [1]Ausleihungen, Forderungen und Verbindlichkeiten im Sinne des Artikels 43 des Einführungsgesetzes zum Handelsgesetzbuch, die auf Währungseinheiten der an der Europäischen Währungsunion teilnehmenden anderen Mitgliedstaaten oder auf die ECU im Sinne des Artikels 2 der Verordnung (EG) Nr. 1103/97 des Rates vom 17. Juni 1997 (ABl. EG Nr. L 162 S. 1) lauten, sind am Schluss des ersten nach dem 31. Dezember 1998 endenden Wirtschaftsjahres mit dem vom Rat der Europäischen Union gemäß Artikel 109l Abs. 4 Satz 1 des EG-Vertrages unwiderruflich festgelegten Umrechnungskurs umzurechnen und mit dem sich danach ergebenden Wert anzusetzen. [2]Der Gewinn, der sich aus diesem jeweiligen Ansatz für das einzelne Wirtschaftsgut ergibt, kann in eine den steuerlichen Gewinn mindernde Rücklage eingestellt werden. [3]Die Rücklage ist gewinnerhöhend aufzulösen, soweit das Wirtschaftsgut, aus dessen Bewertung sich der in die Rücklage eingestellte Gewinn ergeben hat, aus dem Betriebsvermögen ausscheidet. [4]Die Rücklage ist spätestens am Schluss des fünften nach dem 31. Dezember 1998 endenden Wirtschaftsjahres gewinnerhöhend aufzulösen.

(2) [1]In die Euroumrechnungsrücklage gemäß Absatz 1 Satz 2 können auch Erträge eingestellt werden, die sich aus der Aktivierung von Wirtschaftsgütern auf Grund der unwiderruflichen Festlegung der Umrechnungskurse ergeben. [2]Absatz 1 Satz 3 gilt entsprechend.

---

1 R 6c I 7 EStR.
2 Vgl auch *H/H/R* § 6c Rn 20.
3 R 6c I 8 EStR.

4 An die Stelle des Bilanzzusammenhangs tritt die Kontinuität des Anlagenverzeichnisses; iErg ebenso *Schmidt*[26] § 6c Rn 10 aE; anders R 6c II 2 EStR.

(3) Die Bildung und Auflösung der jeweiligen Rücklage müssen in der Buchführung verfolgt werden können.

H 6d EStR 05; BMF BStBl I 98, 1625; BStBl I 99, 437

Literatur: *Ellerbusch* Bilanzsteuerrechtliche Auswirkungen der Europäischen Währungsunion, DB 97, 2085; *Europäische Kommission* Einführung des Euro in der Rechnungslegung, WPg 97, 450; *Hoffmann* Ausgewählte Fragen bei der Umstellung des externen Rechnungswesens auf den Euro, DStR 99, 431; *Plewka/Schlösser* Ausgewählte handelsbilanzielle Probleme bei der Einführung des Euro, DB 97, 337; *Schmitz* Auswirkungen der Europäischen Währungsunion auf die Bilanzierung, DB 97, 1480; *Zwank* Wirtschaft und Steuerverwaltung im Zeichen des Euro, BB 99, 1032.

A. Grundaussagen des § 6d

1   Die **Einführung des Euro** als Giralgeld (1.1.99) sowie von Euro-Banknoten und Münzen (1.1.02) dient der Währungsvereinheitlichung; seitdem bildet die DM eine Untereinheit zum Euro, der seit dem 1.1.99 die ECU im Verhältnis 1:1 ersetzt. Mit dem Euro-Einführungsgesetz[1] sind die handelsrechtlichen (Art 42 ff EGHGB)[2] und einkommensteuerlichen (§ 6d EStG) Vorgaben für die Umrechnung der nationalen Währungen für Bilanzzwecke geschaffen; gem § 52 VIIIa aF[3] gilt § 6d nF, der inhaltlich in weiten Teilen Art 43 EGHGB entspricht, erstmals für Wj, die nach dem 31.12.98 enden. Vorbehaltlich der in § 2 EuroEG vorgesehenen **Übergangsregelung** (1.1.99 bis 31.12.01) ist der Jahresabschluss seit 1999 in Euro aufzustellen.

2   Der zwingende Übergang auf den Euro verlangt grds keine Neubewertung, sondern die lineare Währungsumstellung sämtlicher Aktiv- und Passivposten mit einem festgelegten Umrechnungsfaktor.[4] Dieser Umrechnungskurs für Euro/DM betrug zum maßgeblichen Stichtag 1,95583 (1 DM = 0,51129 Euro). Bis zum Ende der Übergangszeit (Rn 1) übertragen Unternehmen ohne Fremdwährungsgeschäfte alle Vermögenswerte und Verbindlichkeiten sowie das Eigenkapital unter Verwendung des vorgenannten Faktors. Unternehmen mit **Fremdwährungsgeschäften** (Geschäfte werden in fremder Währung abgewickelt oder eine ausländische Teileinheit unterhalten) hatten zum nächsten auf den 31.12.98 folgenden Bilanzstichtag, also noch während der Übergangszeit (Rn 1), die Umrechnung vorzunehmen. Statt der Bilanzierung nach den allg Bewertungsgrundsätzen für Fremdwährungsposten sind die fixen Euroumrechnungskurse zu beachten. Folglich entstehen bei diesen Unternehmen durch die Euro-Einführung Gewinne und Verluste.[5] Denn zw der den allg Bilanzierungsregeln folgenden Bewertung von monetären Bilanzposten zum 31.12.98, die in anderweitigen Währungen denominiert sind, und dem Wertansatz zum 1.1.99 ergeben sich (zwingend) Kursdifferenzen. Nach dem Realisationsgrundsatz sind Verluste aus der **Währungsumrechnung** sofort erfolgswirksam zu berücksichtigen; angesichts der Euro-Einführung zum 1.1. ist dies für 1999 anzunehmen.[6] Dagegen können StPfl die Besteuerung der allein aus der Umstellung folgenden (zum 1.1.99 realisierten) Gewinne durch Bildung eines „Sonderpostens aus der Währungsumstellung auf den Euro" auf der Passivseite (handelsrechtliches Passivierungswahlrecht, Art 43 I 2 EGHGB) oder durch die Wahl einer Rücklage gem § 6d (zeitweise) vermeiden. Hierdurch sollen **Umstellungsgewinne bis zum Transaktionszeitpunkt ausgeglichen werden**, um die vorzeitige Belastung der Liquidität allein im Hinblick auf Buchvorgänge zu vermeiden. Diese Gewinneutralisation verschiebt die Besteuerung zeitlich befristet; § 6d soll bei Umrechnungsgewinnen StPfl nicht schlechter stellen, als es ohne Einführung des Euro der Fall wäre.

3   Die zeitlich befristete (Rn 17) und in der Buchführung nachvollziehbare (§ 6d III) Rücklage kommt für monetäre Posten (Ausleihungen, Forderungen und Verbindlichkeiten, § 6d I 1) sowie für Aktivierungserträge von WG (§ 6d II) in Betracht. Das steuerliche Wahlrecht muss mit dem **Ansatz in der HB** übereinstimmen, § 5 I 2.

4   Im Rahmen der pauschalen Gewinnermittlung gem § 5a („**Tonnagesteuer**") ist die Rücklage gem § 6d nach Maßgabe des § 5a V 3 aufzulösen.

---

1   EuroEG v 9.6.98, BStBl I 98, 860; ausf *Ellerbusch* DB 97, 2085.
2   Zu handelsrechtlichen Umstellungsproblemen, vgl *Hoffmann* DStR 99, 431 und *Zwank* BB 99, 1032.
3   IdF des EuroEG v 9.6.98 BStBl I 98, 860 (862).
4   Zu Einzelheiten der Umrechnungskurse, vgl *BeBiKo*[4] Art 43 EGHGB Rn 10.
5   EU-Kommission, Einführungsschreiben Tz 47, WPg 97, 450 (457).
6   Ebenso *Plewka/Schlösser* DB 97, 337 (341); **aA** *BeBiKo*[4] Art 43 EGHGB Rn 13.

B. Rücklage für monetäre Posten (§ 6d I)

I. Anwendungsbereich. In **persönlicher Hinsicht** kommt § 6d für (un-)beschränkt StPfl in Betracht, die gem § 4 I eine Bilanz erstellen. Bei der Überschussermittlung iSv § 4 III sind Gewinne und Verluste aus der Währungsumstellung im Zeitpunkt des Zuflusses zu berücksichtigen. In **sachlicher Hinsicht** setzt § 6d voraus, dass ein StPfl bestimmte Fremdwährungsgeschäfte tätigt, auf die sich die Euroumstellung gewinnerhöhend auswirkt. Derartige Währungsanpassungen sind erforderlich bei Fremdwährungspositionen im Einzelabschluss sowie bei Konzernen im Hinblick auf Tochterunternehmen innerhalb der Europäischen Währungsunion. § 52 Abs 20[1] bestimmt in **zeitlicher Hinsicht**, dass § 6d erstmals für das Wj Anwendung findet, das nach dem 31.12.98 endet (Rn 1).

II. Monetäre Posten (§ 6d I 1). – 1. Betroffene Einzelposten. Die für die Rücklagenbildung erforderlichen Kursgewinne müssen die im Einzelnen in § 6d I 1 genannten Bilanzpositionen betreffen. Erfasst sind **alle monetären Bilanzposten mit Ausnahme des Fremdwährungskassenbestandes**[2]. Sachlich gilt dies für alle Posten, deren Wert sich vorrangig durch den Nominalwert und den Wechselkurs bestimmt. Soweit Sicherungsgeschäfte zur Absicherung gegen Kursrisiken abgeschlossen sind, kann der StPfl nach den Grundsätzen der Bewertungseinheit von einer Einzelbewertung absehen.

Der Begriff der **Ausleihung** ist nicht deckungsgleich mit den aktivierten Ausleihungen iSv § 266 II HGB. Entscheidend ist vielmehr das Bemühen des Gesetzgebers, alle umrechnungsrelevanten monetären Bilanzposten im Hinblick auf die Rücklagenbildung zu erfassen. **Forderungen** umfassen Schecks und Bankguthaben sowie Wertpapiere mit Forderungs- und Verbindlichkeitscharakter. **Verbindlichkeiten** erlauben den Ausweis einer Rücklage unabhängig davon, ob der StPfl sie iSv § 266 III HGB passiviert. Entscheidend ist insoweit vielmehr der Verbindlichkeitscharakter des Bilanzpostens. Nicht zu den rücklagefähigen Positionen gehören **Aktien** oder **Beteiligungen**.[2]

2. Beteiligte Staaten. Bei den in § 6d I 1 genannten Mitgliedstaaten handelt es sich neben Deutschland um Belgien, Finnland, Frankreich, Irland, Italien, Luxemburg, Niederlande, Österreich, Portugal und Spanien. Es muss sich demnach um monetäre Posten handeln, die auf Währungseinheiten der genannten Staaten oder auf **ECU** lauten.

3. Bilanzierung. Die monetären Posten (Rn 8) sind mit den festgesetzten Umrechnungskursen zwingend umzurechnen. Die **Höhe des realisierten Gewinns** ergibt sich aus der Differenz zw der ursprünglichen Bilanzierung etwa einer Fremdwährungsforderung (AK = Geldkurs des Zugangstages) und dem Eurowert entspr dem zum 1.1.99 festgelegten Wechselkurs. Entgegen allg Bilanzierungsgrundsätzen bilden die historischen AK nicht die Obergrenze für die Wertermittlung. StPfl haben den umgerechneten Posten zu bilanzieren. Das Gesetz hebt (deklaratorisch) den **zwingenden Bilanzansatz** hervor.

III. Rücklagenbildung (§ 6d I 2). Eine Rücklage ist für **jeden einzelnen Bilanzposten** zu bilanzieren (Grundsatz der Einzelbewertung); ein pauschaler Ansatz, der mehrere Posten zusammenfasst, entfällt. § 6d räumt dem StPfl das **Wahlrecht** ein, die Rücklage zu bilden; diese darf (als temporäre Gestaltungsmöglichkeit der Steuerbelastung) auch nur für einzelne Posten passiviert werden. Die optimale Gewinngestaltung verlangt ein Abwägen ua der mit der Rücklagenbildung verbundenen Mehrarbeit und der maximalen Steuerersparnis (Zinsvorteil aus der Steuerstundung).

IV. Auflösung der Rücklage (§ 6d I 3 und 4). Scheidet das WG, dessen Bewertung den Umrechnungsgewinn verursacht hat, aus dem BV aus, hat der StPfl zwingend in dem betr Wj die gebildete Rücklage gewinnerhöhend aufzulösen, § 6d I 3. Dieser Fall tritt insbes ein, wenn die betr Forderung oder Verbindlichkeit erloschen ist. Scheidet das WG nur teilw aus dem BV aus, ist die Rücklage anteilig aufzulösen. § 6d I 4 enthält eine zeitliche Grenze für die Auflösung. Innerhalb des Fünfjahreszeitraums besteht Wahlrecht, die Rücklage (vorzeitig) aufzulösen; spätestens am 31.12.03 hat dies zu geschehen. Die Zulässigkeit der freiwilligen vorzeitigen Auflösung folgt aus dem Wortlaut („spätestens") des Gesetzes; iÜ hat der Gesetzgeber jedenfalls eine derartige Auflösung nicht untersagt.[3]

---

1 IdF des StEntlG 99/00/02 v 24.3.99 BGBl I 99, 402.
2 *BeBiKo*[4] Art 43 EGHGB Rn 22.
3 **AA** *Zwank* BB 99, 1032 (1042).

C. Rücklage für Erträge aus der Aktivierung von Wirtschaftsgütern (§ 6d II)

20 Schwebende Geschäfte erweisen sich nach allg Grundsätzen idR als nicht bilanzierungsfähig (Vermutung der Ausgeglichenheit von Leistung und Gegenleistung).[1] Folglich wurden in der Vergangenheit **schwebende Devisengeschäfte**, die ein StPfl vor allem zur Absicherung gegen Fremdwährungsrisiken abgeschlossen hat, in der Bilanz regelmäßig nicht berücksichtigt. Demgegenüber führt die Festlegung der Euro-Umrechnungskurse zum 1.1.99 (Rn 2) zu einem realisierten Ergebnis mit der Folge, dass nach allg Bilanzierungsgrundsätzen ein Gewinn oder Verlust auszuweisen ist. Um die sofortige Besteuerung der durch einen feststehenden Anspruchsüberschuss eingetretenen Gewinnerhöhung (zeitweilig) zu vermeiden, kann ein StPfl die diesbezüglichen Umrechnungsgewinne ebenfalls in eine zeitlich befristete Rücklage einstellen.

21 § 6d II erfasst Devisenkontrakte, deren Laufzeit über den auf den 31.12.98 folgenden Bilanzstichtag hinausgehen (Devisentermingeschäfte, Währungsoptionen, Devisenswaps, Devisen-Futures).[2] Dabei ist im Einzelnen zu unterscheiden, ob der zu beurteilende Devisenkontrakt einem bestimmten Sicherungszweck dient und mit dem Grundgeschäft eine Bewertungseinheit bildet (Rn 8) oder ob es sich um ein eigenes Handelsgeschäft ohne konkret abzusicherndes Grundgeschäft handelt. § 6d II setzt nämlich unausgesprochen voraus, dass zum betr Bilanzstichtag eine Gewinnrealisierung eingetreten und in der Bilanz auszuweisen ist. Nach wohl hM ist dies für Kursgewinne und -verluste zu bejahen, die bei alleinstehenden derivativen Devisengeschäften (spekulative Handelskontrakte) durch die Währungsfixierung erzielt worden sind.[3] Dagegen ist bei **Bewertungseinheiten**, die der StPfl insbes zur Absicherung von Bilanzposten gebildet hat, zu prüfen, ob der Saldo aus den Erfolgsbeiträgen des (negativen) Grundgeschäfts und des (positiven) monetären Bilanzpostens insgesamt zu einem positiven Umstellungsbeitrag führt, der eine Rücklage erlaubt.

22 In der Rücklage erfasst wird der Umrechnungsgewinn, der dem zu aktivierenden Währungsumstellungsertrag entspricht. Gem § 6d II 2 ist die Rücklage entspr § 6d I 3 (Rn 17) aufzulösen, wenn das schwebende Geschäft abgewickelt ist.

D. Buchnachweis (§ 6d III)

25 Die Buchführung muss **Bildung und Auflösung** der Rücklage ausweisen. Erforderlich ist insbes die Angabe des betr schwebenden Geschäfts, des neubewerteten WG samt Umrechnungsgewinns sowie des ausgeschiedenen WG.

§ 7 Absetzung für Abnutzung oder Substanzverringerung

(1) [1]Bei Wirtschaftsgütern, deren Verwendung oder Nutzung durch den Steuerpflichtigen zur Erzielung von Einkünften sich erfahrungsgemäß auf einen Zeitraum von mehr als einem Jahr erstreckt, ist jeweils für ein Jahr der Teil der Anschaffungs- oder Herstellungskosten abzusetzen, der bei gleichmäßiger Verteilung dieser Kosten auf die Gesamtdauer der Verwendung oder Nutzung auf ein Jahr entfällt (Absetzung für Abnutzung in gleichen Jahresbeträgen). [2]Die Absetzung bemisst sich hierbei nach der betriebsgewöhnlichen Nutzungsdauer des Wirtschaftsguts. [3]Als betriebsgewöhnliche Nutzungsdauer des Geschäfts- oder Firmenwerts eines Gewerbebetriebs oder eines Betriebs der Land- und Forstwirtschaft gilt ein Zeitraum von 15 Jahren. [4]Im Jahr der Anschaffung oder Herstellung des Wirtschaftsguts vermindert sich für dieses Jahr der Absetzungsbetrag nach Satz 1 um jeweils ein Zwölftel für jeden vollen Monat, der dem Monat der Anschaffung oder Herstellung vorangeht. [5]Bei Wirtschaftsgütern, die nach einer Verwendung zur Erzielung von Einkünften im Sinne des § 2 Abs. 1 Nr. 4 bis 7 in ein Betriebsvermögen eingelegt worden sind, mindern sich die Anschaffungs- oder Herstellungskosten um die Absetzungen für Abnutzung oder Substanzverringerung, Sonderabschreibungen oder erhöhte Absetzungen, die bis zum Zeitpunkt der Einlage vorgenommen worden sind. [6]Bei beweglichen Wirtschaftsgütern des Anlagevermögens, bei denen es wirtschaftlich begründet ist, die Absetzung für Abnutzung nach Maßgabe der Leistung des Wirtschaftsguts vorzunehmen, kann der Steuerpflichtige dieses Verfahren statt der Absetzung für Abnutzung in gleichen Jahresbeträgen anwenden, wenn er den auf das einzelne Jahr entfallenden

---

1 *K/S/M* § 5 Rn D 106.
2 *BeBiKo*[4] Art 43 EGHGB Rn 54.
3 EU-Kommission, Einführungsschreiben Tz 73, WPg 97, 450 (459 f); *Schmitz* DB 97, 1480 (1483); **aA** *Ellerbusch* DB 97, 2085 (2089).

Umfang der Leistung nachweist. ⁷Absetzungen für außergewöhnliche technische oder wirtschaftliche Abnutzung sind zulässig; soweit der Grund hierfür in späteren Wirtschaftsjahren entfällt, ist in den Fällen der Gewinnermittlung nach § 4 Abs. 1 oder nach § 5 eine entsprechende Zuschreibung vorzunehmen.

(2), (3) *(aufgehoben)*

(4) ¹Bei Gebäuden sind abweichend von Absatz 1 als Absetzung für Abnutzung die folgenden Beträge bis zur vollen Absetzung abzuziehen:
1. bei Gebäuden, soweit sie zu einem Betriebsvermögen gehören und nicht Wohnzwecken dienen und für die der Bauantrag nach dem 31. März 1985 gestellt worden ist, jährlich 3 Prozent,
2. bei Gebäuden, soweit sie die Voraussetzungen der Nummer 1 nicht erfüllen und die
    a) nach dem 31. Dezember 1924 fertig gestellt worden sind, jährlich 2 Prozent,
    b) vor dem 1. Januar 1925 fertig gestellt worden sind, jährlich 2,5 Prozent

der Anschaffungs- oder Herstellungskosten; Absatz 1 Satz 5 gilt entsprechend. ²Beträgt die tatsächliche Nutzungsdauer eines Gebäudes in den Fällen des Satzes 1 Nr. 1 weniger als 33 Jahre, in den Fällen des Satzes 1 Nr. 2 Buchstabe a weniger als 50 Jahre, in den Fällen des Satzes 1 Nr. 2 Buchstabe b weniger als 40 Jahre, so können an Stelle der Absetzungen nach Satz 1 die der tatsächlichen Nutzungsdauer entsprechenden Absetzungen für Abnutzung vorgenommen werden. ³Absatz 1 letzter Satz bleibt unberührt. ⁴Bei Gebäuden im Sinne der Nummer 2 rechtfertigt die für Gebäude im Sinne der Nummer 1 geltende Regelung weder die Anwendung des Absatzes 1 letzter Satz noch den Ansatz des niedrigeren Teilwerts (§ 6 Abs. 1 Nr. 1 Satz 2).

(5) ¹Bei im Inland belegenen Gebäuden, die vom Steuerpflichtigen hergestellt oder bis zum Ende des Jahres der Fertigstellung angeschafft worden sind, können abweichend von Absatz 4 als Absetzung für Abnutzung die folgenden Beträge abgezogen werden:
1. bei Gebäuden im Sinne des Absatzes 4 Satz 1 Nr. 1, die vom Steuerpflichtigen auf Grund eines vor dem 1. Januar 1994 gestellten Bauantrags hergestellt oder auf Grund eines vor diesem Zeitpunkt rechtswirksam abgeschlossenen obligatorischen Vertrags angeschafft worden sind,
    – im Jahr der Fertigstellung und in den folgenden 3 Jahren jeweils 10 Prozent,
    – in den darauf folgenden 3 Jahren jeweils 5 Prozent,
    – in den darauf folgenden 18 Jahren jeweils 2,5 Prozent,
2. bei Gebäuden im Sinne des Absatzes 4 Satz 1 Nr. 2, die vom Steuerpflichtigen auf Grund eines vor dem 1. Januar 1995 gestellten Bauantrags hergestellt oder auf Grund eines vor diesem Zeitpunkt rechtswirksam abgeschlossenen obligatorischen Vertrags angeschafft worden sind,
    – im Jahr der Fertigstellung und in den folgenden 7 Jahren jeweils 5 Prozent,
    – in den darauf folgenden 6 Jahren jeweils 2,5 Prozent,
    – in den darauf folgenden 36 Jahren jeweils 1,25 Prozent,
3. bei Gebäuden im Sinne des Absatzes 4 Satz 1 Nr. 2, soweit sie Wohnzwecken dienen, die vom Steuerpflichtigen
    a) auf Grund eines nach dem 28. Februar 1989 und vor dem 1. Januar 1996 gestellten Bauantrags hergestellt oder nach dem 28. Februar 1989 auf Grund eines nach dem 28. Februar 1989 und vor dem 1. Januar 1996 rechtswirksam abgeschlossenen obligatorischen Vertrags angeschafft worden sind,
    – im Jahr der Fertigstellung und in den folgenden 3 Jahren jeweils 7 Prozent,

- in den darauf
folgenden 6 Jahren jeweils 5 Prozent,
- in den darauf
folgenden 6 Jahren jeweils 2 Prozent,
- in den darauf
folgenden 24 Jahren jeweils 1,25 Prozent,
b) auf Grund eines nach dem 31. Dezember 1995 und vor dem 1. Januar 2004 gestellten Bauantrags hergestellt oder auf Grund eines nach dem 31. Dezember 1995 und vor dem 1. Januar 2004 rechtswirksam abgeschlossenen obligatorischen Vertrags angeschafft worden sind,
- im Jahr der Fertigstellung
und in den folgenden
7 Jahren jeweils 5 Prozent,
- in den darauf
folgenden 6 Jahren jeweils 2,5 Prozent,
- in den darauf
folgenden 36 Jahren jeweils 1,25 Prozent,
c) auf Grund eines nach dem 31. Dezember 2003 und vor dem 1. Januar 2006 gestellten Bauantrags hergestellt oder auf Grund eines nach dem 31. Dezember 2003 und vor dem 1. Januar 2006 rechtswirksam abgeschlossenen obligatorischen Vertrags angeschafft worden sind,
- im Jahr der Fertigstellung
und in den folgenden
9 Jahren jeweils 4 Prozent,
- in den darauf
folgenden 8 Jahren jeweils 2,5 Prozent,
- in den darauf
folgenden 32 Jahren jeweils 1,25 Prozent,

der Anschaffungs- oder Herstellungskosten. [2]Im Fall der Anschaffung kann Satz 1 nur angewendet werden, wenn der Hersteller für das veräußerte Gebäude weder Absetzungen für Abnutzung nach Satz 1 vorgenommen noch erhöhte Absetzungen oder Sonderabschreibungen in Anspruch genommen hat. [3]Absatz 1 Satz 4 gilt nicht.

(5a) Die Absätze 4 und 5 sind auf Gebäudeteile, die selbstständige unbewegliche Wirtschaftsgüter sind, sowie auf Eigentumswohnungen und auf im Teileigentum stehende Räume entsprechend anzuwenden.

(6) Bei Bergbauunternehmen, Steinbrüchen und anderen Betrieben, die einen Verbrauch der Substanz mit sich bringen, ist Absatz 1 entsprechend anzuwenden; dabei sind Absetzungen nach Maßgabe des Substanzverzehrs zulässig (Absetzung für Substanzverringerung).

BMF BStBl I 05, 826; §§ 9a, 10, 10a, 11c, 11d EStDV; R 7/H 7 EStR 05

Literatur: *Beiser* Nutzungseinlagen sind Aufwandseinlagen – Kritik an der Bodenschatzrechtsprechung des BFH, DStR 95, 635; *Boorberg/Strüngmann/Wendelin* Zur Abnutzbarkeit entgeltlich erworbener Warenzeichen und Arzneimittelzulassungen, DStR 98, 1113; *Fischer* Urteilsanmerkung, FR 99, 845; *Gold* Steuerliche Abschreibungsmöglichkeit für Marken?, DB 98, 956; *Gschwendtner* Zur Absetzung für Substanzverringerung bei im Privatvermögen entdeckten und in das Betriebsvermögen eingelegten Bodenschätzen, DStZ 94, 713; *Hommel* Neue Abschreibungsfristen in der Steuerbilanz – ein Beitrag zu mehr Steuergerechtigkeit?, BB 01, 247; *Jakob/Wittmann* Von Zweck und Wesen steuerlicher Absetzung für Abnutzung, FR 88, 540; *Paus* Berechnung der Abschreibungen im Anschluß an eine Entnahme, BB 93, 1920; *ders* Einlage von Bodenschätzen ins Betriebsvermögen, INF 95, 200; *Pezzer* Die Instandsetzung und Modernisierung von Gebäuden nach der jüngsten Rechtsprechung des BFH, BB 96, 523; *Söffing* Bilanzierung und Abschreibung von Transferzahlungen im Lizenzfußball, BB 96, 523; *Spindler* Zur steuerrechtlichen Behandlung nachträglicher Erschließungskosten, DB 96, 444; *Wolff-Diepenbrock* Die Entscheidungen des Großen Senats des BFH zum Drittaufwand bei Eheleuten, DStR 99, 1642.

A. Grundaussagen des § 7

I. Grundsatzaussage und Systematik. § 7 dient als Einkünfteermittlungsvorschrift im Hinblick auf 1
das Nettoprinzip (§ 2 Rn 6) der **periodengerechten Zuordnung** des Wertverzehrs von abnutzbaren
WG, deren Einsatz sich erfahrungsgemäß über den Zeitraum von mehr als einem Jahr erstreckt. In
diesem Fall darf der StPfl – vorbehaltlich des Wahlrechts gem § 6 II (§ 6 Rn 175) – seine Investition
nicht im Jahr der Anschaffung oder Herstellung in vollem Umfang steuermindernd geltend machen,
vielmehr sind nach im Einzelnen geregelten Vorgaben seine Kosten als WK oder BA auf den Zeitraum des voraussichtlichen betrieblichen Einsatzes zu verteilen. Dieser mit dem betrieblichen Einsatz verbundene Wertverzehr ist steuerlich zu berücksichtigen, unabhängig davon, ob der StPfl im
Streitjahr positive oder negative Einkünfte erzielt.

Die bei der Gewinnermittlung, § 4 I 6 und III 3, sowie der Überschussermittlung, § 9 I 3 Nr 7, glei- 2
chermaßen[1] zu beachtenden Absetzungsregeln zielen unabhängig von der Art der (grds gleichwertigen) Einkünfte auf eine **planmäßige Verteilung** der AK und HK als nicht sofort abziehbarem
Aufwand entspr der Nutzungsentnahme durch den StPfl;[2] dabei stehen – vor allem für die betriebsgewöhnliche Nutzungsdauer – im Regelfall nur Näherungswerte zur Verfügung. Derartige Schätzungen und das gesetzgeberische Konzept einer gleichförmigen Aufwandsermittlung dienen der
Verfahrensvereinfachung. Zugleich eröffnet § 7 dem StPfl eine Reihe von Möglichkeiten, die Höhe
der Einkünfte zu gestalten. Dies gilt insbes bis Ende 07 (Rn 110) für die auf eine Steuerstundung
abzielende Wahl der degressiven AfA, die einer verbesserten Refinanzierung dienen soll.

§ 7 I bestimmt neben der Leistungsabschreibung, Abs 1 S 6, und der AfaA, Abs 1 S 7, die Grundlagen 3
der linearen AfA im Sinne einer gleichmäßigen Kostenverteilung. Diese **Regelabschreibung** ist zwingend vorgeschrieben nur für unbewegliche WG, die keine Gebäude(-teile) gem Abs 4 bis 5a bilden.
Bei beweglichen WG konnte bis zum VZ 07 der StPfl die degressive AfA wählen, der Wechsel zw den
Absetzungsmethoden war in begrenztem Umfang zulässig, Abs 2 und 3. Die Abs 4, 5 und 5a regeln –
weitgehend im Wege der Typisierung (§ 2 Rn 6) – die lineare und degressive AfA von Gebäuden sowie
Gebäudeteilen und ähnlichen Objekten. Die Sonderform der AfS ist in Abs 6 vorgesehen.

Neben den in § 7 geregelten Abschreibungen (Regel-AfA) gewinnen **erhöhte Absetzungen** (§ 7a 4
Rn 3) sowie **Sonderabschreibungen** (§ 7a Rn 4) Bedeutung. Der Subventionscharakter dieser
Abschreibungserleichterungen beeinflusst die Innenfinanzierung. Derartige Bewertungsfreiheiten
eröffnen einen wesentlichen Bereich der steuerlichen Gestaltungsmöglichkeiten (Rn 5). Demgegenüber werden AfA im Rahmen des § 23 III 4 wieder rückgängig gemacht, obgleich es sich bei der
Normal-AfA um „echten" Aufwand handelt.

Gestaltungsempfehlung: Soweit StPfl nach dem progressiven Tarif gem § 32a I versteuert werden, 5
haben sie den **Progressionseffekt** zu beachten. So kann der Liquiditätseffekt für das Vorziehen von
der Anschaffung oder Herstellung eines WG vor einem Jahreswechsel sprechen. Der vorgezogene
Ansatz des Abschreibungsvolumens kann allerdings in späteren Jahren zu einer insgesamt nachteilig hohen Grenzsteuerbelastung führen. Dagegen spricht der sog Zinseffekt – abgesehen von Verlustjahren – durchweg für eine verzögerte Steuerzahlung, indem der StPfl alle Abschreibungsvergünstigungen frühestmöglich nutzt.

II. Sinn und Zweck der Regelung. Im Rahmen der Einkünfteermittlung erfüllen Absetzungen gem 6
§ 7 eine Verteilungsfunktion (Rn 2), indem sie den Erträgen einer Periode die in einem vereinfachten Verfahren gewonnenen Aufwendungen für bestimmte längerlebige WG zuordnen. Im Regelfall
spiegelt dieser Verteilungsgesichtspunkt zugleich den **Wertverzehr** wider, den ein abnutzbares WG
durch den Einsatz zur Einnahmenerzielung erfährt.[3] Dabei finden die zukünftigen Wiederbeschaffungskosten keine Berücksichtigung. AK und HK werden in ihrem Charakter als WK oder BA
nicht berührt, § 7 bestimmt lediglich die erfolgswirksame zeitliche Zuordnung und regelt zT in Form
von Wahlrechten die zulässigen Absetzungsmethoden.

Entspr den planmäßigen Abschreibungen gem **§ 253 II 1 HGB** regelt § 7 die betriebsgewöhnlichen 7
Absetzungen der AfA und AfS. Hiervon zu unterscheiden sind AfaA für außerplanmäßigen Wertverzehr, Teilwertabschreibungen nach § 6 I Nr 1 sowie Steuervergünstigungen iSv § 7a.

---

1 BFH BStBl II 74, 132 (134); BStBl II 06, 754.
2 BFH BStBl II 90, 830 (833 ff); BStBl II 06, 712 (713 f);
BStBl II 06, 754.
3 Zur Bedeutung der Aufwandsverteilung im Verhältnis
zum Wertverzehr: *K/S/M* § 7 Rn A 13 ff; *Jakob/Wittmann*
FR 88, 540 (542 ff) mwN.

8 Soweit § 7 V die **degressive AfA** zulässt, entspringt diese Bestimmung wirtschaftspolitischen Förderzielen. Das vorgezogene Berücksichtigen des AfA-Volumens erleichtert die betreffende Finanzierung. Die von der Regel-AfA abw Abschreibungsform beinhaltet aber keine Steuervergünstigung iSd § 7a, vielmehr soll sie ein bestimmtes Verhalten der StPfl im Sinne einer Lenkungsnorm fördern. Die Finanzierungshilfe soll zB aus konjunktur- und wachstumspolitischen Gründen einen Bauanreiz, etwa für den Mietwohnungsbau, schaffen.[1]

10 III. Entwicklung der Vorschrift. In den letzten Jahrzehnten führten vor allem **konjunkturpolitische Gründe**, die teilw die Refinanzierung fördern sollten, zu Änderungen des § 7. Dies gilt namentlich für die Gebäude-AfA und die degressive AfA bei beweglichen WG (bis 07). Ausgeschlossen bleiben nach wie vor die AfA nach Staffelsätzen für andere WG als Gebäude, die arithmetisch-degressive sowie die progressive AfA.[2] Vereinzelt beschränkt der Gesetzgeber aber auch Abschreibungsmöglichkeiten, um insbes das Steueraufkommen zu erhöhen.

B. Grundregelung der Absetzungen (§ 7 I)

13 I. Allgemeine Grundsätze. – 1. Persönliche Berechtigung zur Absetzung für Abnutzung. Berechtigt, die AfA geltend zu machen, ist der StPfl iSv § 2. Entscheidend ist also idR, wer im Regelfall die AK oder HK getragen hat und als **rechtlicher** oder gem § 39 II Nr 1 AO als **wirtschaftlicher**[3] **Eigentümer** des betr WG Einkünfte erzielt (Rn 50)[4] und in diesem Zusammenhang den Wertverzehr trägt. Allerdings kann die AfA-Befugnis im Einzelfall (Rn 28) unabhängig vom zivilrechtlichen oder wirtschaftlichen Eigentum darauf beruhen, dass der StPfl im eigenen betrieblichen Interesse Aufwendungen auf ein fremdes WG tätigt.[5] Überlässt ein Eigentümer hingegen das WG einem Dritten unentgeltlich im Wege eines obligatorischen oder dinglichen Nutzungsrechts, entfällt idR mangels Einkünfteerzielung eine AfA-Befugnis.[6] Ebenso kann ein StPfl keine AfA geltend machen, der selbst keine HK oder AK getragen hat, sofern Dritte eine unentgeltliche Leistung an den StPfl erbracht und diesen Aufwand steuerlich geltend gemacht haben.[7] Im Regelfall darf ein WG nämlich nur einmal abgeschrieben werden. Die maßgebliche Zuordnung des WG, aus der die AfA-Berechtigung folgt, richtet sich nach allg Grundsätzen (Rn 26). Dabei schließt die AfA-Befugnis eines StPfl die AfA-Berechtigung aller anderen an demselben WG aus.

14 Soweit abnutzbare WG sich im Eigentum von **Ges oder Gemeinschaften** befinden, sind – sofern nicht ausnahmsweise die Ges selbst zur Inanspruchnahme der Steuervergünstigung berechtigt ist – die jeweiligen G'ter AfA-berechtigt. Die Berechtigung ist – vorbehaltlich der Frage des Drittaufwands (Rn 26) – auf den jeweiligen (Ges-)Anteil beschränkt.[8] Entgegen der von der FinVerw vertretenen Auffassung ist dem Gesetz, etwa § 7 V, keine Bestimmung zu entnehmen, dass die Beteiligten die Absetzung nur einheitlich nach derselben Methode geltend machen können;[9] demgegenüber betrifft § 7a VII ausweislich des Wortlauts nur erhöhte Absetzungen und Sonderabschreibungen, nicht hingegen die degressive AfA.

15 Erbbaurechte unterliegen angesichts der zeitlichen Begrenzung im Unterschied zu Grundstücken einem Wertverzehr. Folglich kann der Erbbauberechtigte die AK im Wege der AfA geltend machen;[10] zur Bemessungsgrundlage zählt dabei nicht die Verpflichtung hinsichtlich der Erbbauzinsen, zu berücksichtigen sind vielmehr nur die sonstigen (einmalig anfallenden) Erwerbskosten.[11]

---

1 BFH BStBl II 01, 599 (601).
2 K/S/M § 7 Rn A 87 ff.
3 BFH BStBl II 73, 595 f: Grundstückskäufer vor Eigentumsübertragung; BStBl II 75, 281 (283): Eigenbesitz bei Eigentumsanwartschaft; BStBl II 77, 629 (630): Vorbehaltsnießbrauch bei vorweggenommener Erbfolge; BStBl II 78, 280 (282): Mietereinbauten; BStBl II 85, 126 (127): zur befristeten Weiternutzung berechtigter Grundstücksverkäufer; BStBl II 96, 440: AfA-Befugnis bei Vermächtnisnießbraucher; BStBl II 98, 542: wirtschaftliches Eigentum trotz sog Scheidungsklausel; BStBl II 04, 305 (306); BMF BStBl I 98, 914: Nutzungsberechtigter bei Einkünften aus VuV.
4 BFH BStBl II 79, 551 (552) zur Einkünfteerzielungsabsicht; ausf K/S/M § 7 Rn A 97 ff.
5 BFH BStBl II 95, 281 (284); BFH/NV 97, 643 (644); bestätigt durch BStBl II 99, 778 (779).
6 BFH BStBl II 79, 401 (402); BStBl II 86, 327 (331).
7 BFH BStBl II 06, 754.
8 BFH BStBl II 96, 193 (194); BStBl II 01, 760 (761); BMF BStBl I 96, 1257.
9 In diesem Sinne BFH BStBl II 74, 704 (705); ebenso K/S/M § 7 Rn A 112 ff.
10 BFH BStBl III 64, 187 (188); BStBl II 94, 292.
11 BFH BStBl II 94, 292 (293): Kosten für Übertragung eines Erbbaurechts; BStBl II 94, 934 (935 f): Übernahme der Erschließungskosten; BStBl II 95, 374 (376): Erwerb eines „bebauten" Erbbaurechts.

Dagegen entfällt im Regelfall die Berechtigung des Erbbauverpflichteten, die AfA hinsichtlich des von dem Erbbauberechtigten errichteten Gebäudes geltend zu machen.[1]

Im Rahmen von **Miet- und Pachtverträgen** steht den Vermietern und Verpächtern die AfA zu, sofern nicht ausnahmsweise der Mieter/Pächter wirtschaftliches Eigentum erwirbt.[2] Auch bei einem Wirtschaftsüberlassungsvertrag verbleibt die AfA-Befugnis beim Eigentümer.[3] Bei **Mietereinbauten und -umbauten** ist dagegen AfA-befugt, wer nach allg Grundsätzen als (wirtschaftlicher) Eigentümer anzusehen ist. Hierzu ist der Mieter berechtigt, wenn es sich bei den Mietereinbauten oder -umbauten im Hinblick auf den unterschiedlichen Nutzungs- und Funktionszusammenhang um gegenüber dem Gebäude selbstständige WG (Rn 136) handelt, deren HK der Mieter getragen hat, sofern dieser das WG erfahrungsgemäß länger als ein Jahr zur Einkünfteerzielung nutzt.[4] Auch in sonstigen Einzelfällen kommt bei entgeltlich wie auch im Einzelfall bei unentgeltlich erworbenen Miet- und vergleichbaren Nutzungsrechten eine AfA-Befugnis des Nutzungsberechtigten in Betracht;[5] maßgeblich ist mithin der Umstand, dass nicht der Eigentümer, sondern der Nutzer das betr WG als Erwerbsgrundlage (§ 2 Rn 39) einsetzt. 16

Sind **Bauten auf fremdem Grund und Boden** errichtet, begründet allein das Einverständnis des Grundstückseigentümers kein Eigentum des Nutzungsberechtigten an dem Gebäude. Allerdings erwirbt dieser unter bestimmten Voraussetzungen ein Nutzungsrecht, das er wie bei einem materiellen WG entspr den für Gebäude geltenden Bestimmungen, also nicht über die Nutzungsdauer verteilt, abschreiben kann.[6] 17

Bei **Leasingverträgen** hängt die AfA-Befugnis des Leasinggebers davon ab, ob nach der einzelvertraglichen Gestaltung und entspr den allg Zuordnungsregeln der Leasingnehmer weder zivilrechtliches noch wirtschaftliches Eigentum, § 39 I und II Nr 1 S 1 AO, erlangt hat.[7] 18

Mietkaufverträge eröffnen die AfA-Befugnis für den vermeintlichen Mieter in den Fällen, in denen bei wirtschaftlicher Betrachtungsweise vor allem im Hinblick auf die Kaufpreisbemessung der Kaufvertragscharakter mit gestundeten Kaufpreisraten überwiegt.[8] 19

In **Nießbrauchsfällen** ist zunächst zu unterscheiden, ob der Vertrag nach allg Abgrenzungsmerkmalen wirtschaftliches Eigentum begründet; in diesen Fällen ist der Nießbraucher hinsichtlich des betr WG selbst AfA-befugt, sofern er es zur Einkünfteerzielung einsetzt. In allen übrigen Fällen der entgeltlichen Einräumung dinglicher oder obligatorischer Nutzungsrechte kann der rechtliche Eigentümer, sofern er die AK oder HK getragen hat und die diesbezüglichen Einkünfte erzielt, die AfA für das WG geltend machen.[9] Ist kein wirtschaftliches Eigentum begründet,[10] richtet sich die AfA-Berechtigung des Nießbrauchers hinsichtlich des von dem eigentlichen WG zu unterscheidenden Nießbrauchsrechts danach, ob er das Recht (teil-)entgeltlich erworben hat; bejahendenfalls sind für ein immaterielles WG (Nießbrauchsrecht) AK entstanden, die der Nießbraucher im Wege der AfA verteilt nach der Dauer des Nießbrauchs geltend machen kann.[11] Hat sich der frühere Eigentümer den Nießbrauch vorbehalten, ist der Vorbehaltsbefugte idR AfA-befugt.[12] Gleiches gilt für einen StPfl, der einem Dritten Geld schenkt mit der Aufl, ein im Voraus bestimmtes (zwingend!) Grundstück zu erwerben und an diesem dem Schenker ein Nießbrauchsrecht zu bestellen.[13] Ebenso ist der Erbe, der die Erbschaft mit der Maßgabe ausschlägt, dass ihm ein unentgeltlicher Nießbrauch an den Nachlassgrundstücken eingeräumt wird, befugt, die betr Gebäude-AfA geltend zu machen.[14] Dagegen entfällt beim Zuwendungsnießbrauch[15] wie auch beim Vermächtnisnießbrauch[16] im Regelfall die AfA-Befugnis des Nießbrauchers mangels eigenen Aufwands. Die FinVerw hat ihre weitge- 20

---

1 BFH/NV 02, 18 (19).
2 BFH BStBl II 04, 305 (306); BFH/NV 07, 1241 (1242).
3 BFH BStBl II 93, 327.
4 BFH BStBl II 78, 345 (346); BStBl II 97, 533 und 97, 774 (775) auch zur AfA-Berechnung; H 7.1, ‚Mietereinbauten' EStH.
5 BFH BStBl II 94, 643; BFH/NV 07, 1241 (1242).
6 BFH BStBl II 97, 533 (534 f).
7 BFH BStBl II 94, 643; zur Verwaltungsauffassung Hinweis auf: H 4.2 (1) ‚Leasing' EStH.
8 BFH BStBl III 64, 44; BStBl II 71, 133 (134 f).
9 BFH BStBl II 97, 121 (122).
10 Regelfall: BFH BStBl II 83, 736 (737); BStBl II 1989, 763; FG Leip EFG 04, 52.
11 BFH BStBl II 95, 770 (771 f) zur entgeltlichen Anschaffung; BFH/NV 97, 643 (644).
12 BFH BStBl II 95, 281 (284 f); BStBl II 97, 121 (122).
13 BFH BStBl II 92, 67 (68); BFH/NV 97, 643 (644).
14 BFH BStBl II 98, 431 (432).
15 BFH BStBl II 94, 319 (320); BStBl II 96, 440; BFH/NV 97, 643 (644).
16 BFH BStBl II 96, 440 f.

hend der Rspr folgende Rechtsauffassung zur AfA-Befugnis bei der Vereinbarung von Nutzungsrechten bezüglich der Einkünfte aus VuV in ihrem Schr v 24.7.98 zusammengefasst.[1]

24 **2. Rechtsnachfolger.** Bei unentgeltlichem Erwerb hat der Rechtsnachfolger die AfA-Bemessungsgrundlage des Rechtsvorgängers fortzuführen, § 6 III–VII EStG und § 11d EStDV. Dies betrifft insbes die Fälle der Erbauseinandersetzung (§ 16 Rn 114 ff), während bei entgeltlichen Erwerbsvorgängen der Rechtsnachfolger eigene AK nach § 7 verteilen muss. Hiernach sind bei einer vorweggenommenen Erbfolge[2] wie auch bei Erbauseinandersetzungen[3] entgeltliche Anschaffungen möglich, die zugleich zur AfA-Fortführung im Hinblick auf den Rechtsvorgänger und zur AfA auf eigene Aufwendungen berechtigen.

26 **3. Drittaufwand.** Um sog Drittaufwand (§ 4 Rn 145 ff) handelt es sich bei den Kosten, die ein Dritter trägt und die durch die Einkunftserzielung des StPfl veranlasst sind. Trotz der vier **Entscheidungen des GrS v 23.8.99**[4] sind auch zukünftig aufwendige Vertragsgestaltungen[5] zu erwarten, um dem Eigentümer oder dem Nutzer die angestrebte AfA-Berechtigung zu sichern.

27 Die Behandlung des Drittaufwands gewinnt praktische Bedeutung vor allem bei **Arbeitszimmern/Praxen** in dem (gemeinsam) errichteten Haus oder in der Eigentumswohnung, die ein stpfl (Miteigentümer-)Ehegatte unentgeltlich zur Einkünfteerzielung nutzt. Dabei sind verschiedene Fallkonstellationen zu unterscheiden (§ 4 Rn 148).

28 Vom Drittaufwand (Rn 26) sind die Fälle zu unterscheiden, in denen ein StPfl selbst AK oder HK auf ein (teilw) fremdes WG aufwendet, das er unentgeltlich zur eigenen Einkunftserzielung nutzen darf. Hierbei handelt es sich um **Eigenaufwand** (§ 4 Rn 147). Die betr Nutzungsbefugnis ist nach Auffassung des GrS „wie ein materielles WG" zu behandeln,[6] so dass der Nutzende insoweit die AfA geltend machen kann (Rn 13). Konkret bedeutet dies, dass zwar die Nutzungsbefugnis nicht selbst als WG zu qualifizieren ist,[7] sondern dass die zulässigen Absetzungen für die Nutzungsbefugnis den Grundsätzen für materielle WG folgen. Hiernach richtet sich bei Gebäude-HK die AfA für die Nutzungsbefugnis nach den Regeln über die Gebäudeabschreibung.[8]

30 **4. Pflicht zur Vornahme der Absetzungen.** Nach § 7 I 1 und IV 1 hat der StPfl die AfA vorzunehmen, ein diesbezügliches **Wahlrecht** besteht allenfalls hinsichtlich der Abschreibungsmethode. Dagegen ist bei einer Teilwertabschreibung (Rn 48) die Vornahme der AfA im selben Jahr ausgeschlossen, § 6 I Nr 1 S 3. Im Unterschied zu erhöhten Absetzungen, die an die Stelle der AfA nach § 7 treten, ist die normale AfA im Rahmen des § 7a IV neben einer Sonderabschreibung zulässig.

32 **5. Buchnachweis.** Abgesehen von § 7 II 3 ist ein bestimmter **Buchnachweis nicht vorgesehen.** StPfl können also im Rahmen des § 4 I die AfA auf der Aktivseite (direkte Methode) oder im Wege der Wertberichtigung (indirekte Methode) berücksichtigen.

34 **6. (Grenzen der) Einzelabsetzung.** Der Grundsatz der Einzelbewertung, § 6 I, verlangt eine AfA für jedes selbständige WG; hiernach unterbleibt die Absetzung bei allen unselbständigen WG oder den unselbständigen Teilen eines WG.[9] Zur Vereinfachung erscheint es jedoch zulässig, gleichartige WG bei annähernd gleicher Nutzungsdauer in Gruppen zusammenzufassen.[10] Diese **Sammelbewertung** (§ 6 Rn 116) ist von der Festbewertung (§ 6 Rn 113) zu unterscheiden, bei der eine AfA entfällt.

---

1 BMF BStBl I 98, 914; ergänzend hierzu: OFD M'ster v 26.10.98, FR 98, 1139 mit Schaubild.
2 BFH BStBl II 90, 847 (853 f); BMF BStBl I 93, 80 (81).
3 BFH BStBl II 90, 837 (843 ff); BStBl II 94, 619 (621 f); BStBl II 96, 440 f: keine Rechtsnachfolge des Vermächtnisnießbrauchers; BMF BStBl I 93, 62 (66 ff).
4 BFH BStBl II 99, 778; BStBl II 99, 782; BStBl II 99, 774; BStBl II 99, 787; zu Einzelheiten der Beschlüsse und ihrer dogmatischen Einordnung: *Wolff-Diepenbrock* DStR 99, 1642.
5 Beispiele: BFH BStBl II 96, 192; BStBl II 96, 193 (194); BStBl II 97, 215 (218); BFH/NV 00, 1337; zur Gestaltungsmöglichkeit auch: *Fischer* Urteilsanmerkung FR 99, 1177 (1178).
6 BFH BStBl II 95, 281 (284 f); ebenso: BStBl II 96, 192 (193); BStBl II 98, 402 (404) und BMF BStBl I 96, 1257; weiterhin BStBl II 97, 718 (719) mit Rspr-Übersicht; krit *K/S/M* § 21 Rn B 440 ff.
7 BFH BStBl II 99, 778; erhellend die Urteilsanmerkung v *Fischer* FR 99, 1171 (1172); **aA** BFH BStBl II 99, 523 (524).
8 *Fischer* FR 99, 845 (846).
9 BFH BStBl III 65, 291; BStBl III 66, 672 (674); zur AfA bei verschiedenen Gebäudebestandteilen, vgl Rn 136.
10 BFH BStBl II 93, 276 (277).

7. Fehlerberichtigung und Nachholung. Soweit bei der AfA Fehler unterlaufen sind, richtet sich die **36** Berichtigung bei bestandskräftigen Bescheiden nach **§ 173 AO**. Erforderlich für die Fehlerberichtigung ist das nachträgliche Bekanntwerden von Tatsachen oder Beweismitteln. Nach allg Grundsätzen gilt eine (fehlerhafte) Schätzung selbst nicht als derartige Tatsache; als Änderungsgrundlage kommen nur die Sachverhaltselemente in Betracht, auf denen eine Schätzung beruht. Dies gilt etwa für die Umstände, die Einfluss auf die betriebsgewöhnliche Nutzungsdauer gewinnen.

Hat der StPfl trotz gegenteiliger Verpflichtung (Rn 30) keine AfA vorgenommen, kann er nach hM **37** im Regelfall (anders bei Gebäuden: Rn 142) die **unterlassene AfA** in der Weise **nachholen**, dass er den Buchwert nach der bisher angewandten Absetzungsmethode verteilt. Dies gilt jedoch nicht in den Fällen, in denen der StPfl bewusst zur unberechtigten Steuerersparnis Absetzungen unterlassen hat.[1] Die Nachholung entfällt gleichermaßen, wenn der StPfl im Wege der berichtigenden Einbuchung ein WG (erstmals) nachträglich aktiviert.[2]

Ist insbes wegen unzutr Annahme der Nutzungsdauer die **AfA zu niedrig angesetzt** worden, hat der **38** StPfl im Regelfall den überhöhten Restbuchwert auf die Restnutzungsdauer zu verteilen.[3]

Sofern der StPfl die **AfA zu hoch angesetzt** hat, erfolgt keine (gewinnerhöhende) Korrektur im ersten **39** Jahr, das an sich die steuerrechtliche Änderung zuließe. Da auch ein unzutr niedriger AfA-Satz zum Ausgleich während der Restnutzung entfällt, hat der StPfl auf die ursprünglichen AK/HK den zutr AfA-Satz anzuwenden; hiernach wird der AfA-Fehler erst zum Ende des Abschreibungszeitraums berichtigt.[4]

8. Beginn der Absetzungen (Erstjahr). Die AfA beginnt im **Jahr der Anschaffung** (Lieferung als **41** Verschaffen der Verfügungsmacht) **oder Herstellung** (Fertigstellung als Einsatzbereitschaft), § 9a EStDV; im Falle einer Montage durch den Verkäufer ist deren Abschluss maßgeblich.[5] Nicht erforderlich ist der Nutzungsbeginn oder erstmalige Einsatz im Betrieb, da zumindest die wirtschaftliche Abnutzung schon vor der Ingebrauchnahme beginnen kann. Insoweit genügt im Hinblick auf die erforderliche, aber auch ausreichende Betriebsbereitschaft ein hinreichender Zusammenhang zw Anschaffung/Herstellung und der steuerlich erheblichen Verwendung.[6]

Im Erstjahr hat der StPfl die AfA grds entspr dem Zeitraum vorzunehmen, in dem das betr WG **42** sich im BV befindet oder zur Einkunftserzielung bereitsteht (pro rata temporis); nur in diesem Zeitraum findet ein Wertverzehr statt, der durch Abschreibung berücksichtigt wird.[7] Aus Praktikabilitätsgründen kann auf volle Monate auf- oder abgerundet werden. Die sog **Halbjahresregelung**[8] galt angesichts der Neuregelung in § 7 I 4 (Rn 77) aber nur bis zum VZ 03.

9. Ende der Absetzungen. Der Abschreibungszeitraum währt längstens bis zu dem Zeitpunkt, in **44** dem der betriebliche Einsatz des WG ausläuft. Die betriebsindividuelle Nutzungsdauer endet mit dem betriebstypischen Einsatz.[9] Endet der Einsatz eines WG im BV oder zur Einkünfteerzielung vor Ablauf der betriebsgewöhnlichen Nutzungsdauer etwa durch **Entnahme** oder **Veräußerung**, bemisst sich die AfA nach dem Zeitraum zw dem Jahresbeginn und dem vorgenannten Ereignis.[10] Bei Gebäuden oder Gebäudeteilen, die einem AfA-berechtigten StPfl unentgeltlich zur betrieblichen Nutzung überlassen sind, kann dieser, wenn das Nutzungsverhältnis vorzeitig endet, den Restbuchwert hinsichtlich des Eigenaufwands ausbuchen.[11]

10. Fehlende Abnutzung oder Substanzverringerung. Soweit der tatsächliche Wert von körperlichen **46** Gegenständen gleich bleibt oder zunimmt (Antiquitäten oder Kunstgegenstände), erscheint ein Wertverzehr (Rn 1) fraglich. Angesichts der in § 7 I vorgesehenen Verteilungsfunktion der AK/HK (Rn 2) sind StPfl gleichwohl regelmäßig zur Vornahme der AfA verpflichtet. Denn jedenfalls bei tatsächlichem Gebrauch oder überschaubarer sonstiger Abnutzung findet ein **technischer/mate-**

---

1 BFH BStBl II 72, 271 (272); BStBl II 81, 255 (257); Einzelnachweis bei *K/S/M* § 7 Rn A 40 ff.
2 BFH BStBl II 02, 75 (76).
3 BFH BStBl II 81, 255 (256 f); BStBl II 93, 661 (662); BFH/NV 94, 543 (545 f): unterlassene AfA bei aktiviertem WG.
4 BFH BStBl II 88, 335 (336); BStBl II 93, 661 (662).
5 R 7.4 I 3 und 4 EStR.
6 BFH BStBl II 05, 477 (478).
7 BFH/NV 01, 1641 (1646).
8 BFH BStBl II 78, 151 (152): keine Übertragung der Vereinfachungsregelung auf Überschusseinkünfte; krit zur Halbjahresabschreibung: BFH BStBl II 06, 58 (60).
9 BMF BStBl I 05, 836 (828): Ende der Ablagerung bei Deponie.
10 R 7.4 VIII EStR.
11 BMF BStBl I 96, 1257 mit Einzelheiten.

Lambrecht

rieller Verbrauch statt.[1] Hiernach unterliegen dem Wertverzehr: Werke der sog Gebrauchskunst und tatsächlich genutzte Antiquitäten.[2] Demgegenüber wurde die AfA verneint für WG, die sich trotz Nutzung nicht verbrauchen, bei denen die Abnutzung zeitlich nicht bestimmbar oder der Verschleiß aus anderen Gründen so gering ist, dass die Nutzungsdauer nicht annähernd bestimmt werden kann.[3]

48 **11. Verhältnis zur Teilwertabschreibung (§ 6 I Nr 1 S 2).** Die im Rahmen des § 4 I – also nicht bei § 4 III – zulässige Teilwertabschreibung betrifft die Berichtigung des Buchwerts auf den niederen Teilwert; demnach erfasst sie die Wertminderungen, die von der AfA oder AfS gerade nicht berücksichtigt werden. Trotz dieser **unterschiedlichen Zielsetzungen** können Überschneidungen (Rn 30) eintreten, wenn der StPfl mit der Teilwertabschreibung auch die gebrauchsbedingte Wertminderung abdeckt;[4] in diesem Fall geht die Teilwertabschreibung vor.

50 **II. Kreis der abschreibungsfähigen Wirtschaftsgüter.** Absetzungen setzen voraus, dass es sich nach allg Grundsätzen um ein eigenständiges WG handelt; einzelne wertbildende Faktoren genügen insoweit nicht. Da § 7 die Einkunftsermittlung betrifft, kommen Abschreibungen zudem nur in Betracht, wenn das körperliche oder immaterielle (Rn 51) WG dem Erzielen von Einnahmen im Rahmen einer Einkunftsart gem § 2 I dient; entscheidend ist (im Rahmen der Absicht, Einkünfte zu erzielen, § 2 Rn 48) die Zweckbestimmung durch den StPfl, nicht der tatsächliche Einsatz. Daher entfällt eine AfA bei allen WG, die mit der **privaten Lebensführung** in Zusammenhang stehen. Nutzt ein StPfl WG sowohl zur Einkünfteerzielung als auch privat, kommen anteilige AfA nur in Betracht, wenn § 12 eine derartige Aufteilung nicht ausschließt.[5] Zusätzlich ist im Rahmen der Gewinneinkünfte, § 2 Nr 1, für die Absetzung erforderlich, dass das WG zum Anlagevermögen gehört;[6] denn bei WG des Umlaufvermögens richtet sich die Bewertung nach § 6 I Nr 2 S 1. Mangels Aktivierbarkeit, § 5 II, entfällt die Abschreibung selbstgeschaffener immaterieller WG. Unabhängig von einem möglichen Schrottwert sind die AK/HK kurzlebiger WG sogleich abschreibbar.[7] Bei den Überschusseinkünften steht dabei eine nur vorübergehende Nutzung (Zwischennutzung) zur Einkunftserzielung der AfA nicht entgegen. Schließlich entfällt der Ansatz der AfA, wenn der StPfl die ursprüngliche Absicht der Einkünfteerzielung (§ 2 Rn 48 ff) aufgibt; in diesem Falle sind Aufwendungen, die grds zu AK/HK führen, als **vergeblicher Aufwand** sogleich als WK abziehbar.[8]

51 Der AfA unterliegen nur abnutzbare WG.[6] Das WG muss grds einer **Abnutzung** durch Ver- oder Gebrauch (Rn 46) unterliegen. Der technische (körperlicher Verschleiß durch Gebrauch, Rn 68) oder wirtschaftliche (Verwendbarkeit zeitlich beschränkt, Rn 69) Wertverlust kann unabhängig voneinander geltend gemacht werden; dabei vermag ein wirtschaftlicher Wertzuwachs eine technische Abnutzung nicht zu saldieren.[9] Dies entfällt bei den in § 6 I Nr 2 genannten nicht abnutzbaren WG, für die lediglich eine Teilwertabschreibung (Rn 48) in Betracht kommt. Abschreibungsfähig sind hiernach vor allem alle körperlichen Anlagegegenstände (materielle WG) und immateriellen WG (vermögenswerte Rechtspositionen wie: befristete Rechte, Patente, Wettbewerbsverbote, Computerprogramme, Internetauftritte, Urheberrechte, Belieferungsrechte, Handelsvertreterrechte), sofern sie für sich bewertungsfähig sind und einem (wirtschaftlichen) Wertverzehr unterliegen.[10] § 7 I 3 geht mit der Festlegung der Nutzungsdauer von der Abnutzbarkeit des Geschäfts- oder Firmenwerts (Rn 74) aus; dies war bereits zuvor für den Praxiswert eines Freiberuflers (Rn 75) anerkannt. Dagegen sind solche immateriellen WG nicht abnutzbar, für die trotz zeitlicher Begrenzung mit immer neuen Verlängerungen zu rechnen ist oder aus sonstigen Gründen ein zeitlich bestimmbares

---

1 BFH BStBl II 01, 194 (195); instruktiv mit Kritik an der Rspr *K/S/M* § 7 Rn B 186b und c.
2 BFH BStBl III 65, 382 und BStBl II 78, 164 (165): Gebrauchskunst; BStBl II 86, 355 (356): 100-jährige Schreibtischkombination; BStBl II 89, 922 (923): antike Wohnmöbel; BStBl II 01, 194: ständig genutzte alte Meistergeige.
3 BFH BStBl II 78, 164 (165): Gemälde anerkannter Meister; BStBl II 86, 355 (356): Kunstwerke ohne Gebrauchsabnutzung; BStBl II 90, 50 (52): historische Sammlung optischer Geräte; BStBl II 92, 383 (384): Fernverkehrskonzession; BStBl II 93, 276 (278).
4 *K/S/M* § 7 Rn A 54.
5 BFH BStBl III 64, 455.
6 BFH/NV 01, 1641 (1646).
7 BFH BStBl II 88, 502 (504).
8 BFH BStBl II 74, 161 (162).
9 BFH BStBl II 86, 355 (356); BStBl II 90, 50 (51); BStBl II 01, 194 (195).
10 BFH BStBl II 69, 238 f: Bierlieferungsrecht; BStBl II 79, 38 (39): Abbauberechtigung von Bodensubstanz; BStBl II 79, 369 (371): Wettbewerbsverbot; BStBl II 79, 401 (404): Nutzungsrecht; BStBl II 92, 977 (978 f): Transferentschädigung im Lizenzfußball; BStBl II 98, 775: Belieferungsrecht eines Zeitschriftengrossisten; FG D'dorf EFG 00, 1177: Warenzeichen mwN; zur Abschreibung von Transferleistungen und erhöhten Prämien im Lizenzfußball: *Söffing* BB 96, 523.

Ende nicht erkennbar ist; dies gilt insbes für diejenigen geschäftswertähnlichen WG (Rn 74), deren Wert sich nicht innerhalb eines wenigstens schätzbaren Zeitraums erschöpft.[1] Demnach hängt es von den konkreten Einzelumständen ab, ob – unabhängig von dem Begriff des „geschäftswertähnlichen WG" – ein für sich einzeln zu bewertendes immaterielles WG vorliegt und ob dieses WG wegen individuellen Wertverzehrs in einem bestimmbaren Zeitraum (Nutzungsdauer) abnutzbar ist iSv § 7 I. Für entgeltlich erworbene Warenzeichen (Marken) hat der BFH[2] einen Wertverzehr und damit eine planmäßige Abschreibung verneint. Demgegenüber bejaht die FinVerw ein abnutzbares WG, dessen Nutzungsdauer im Regelfall 15 Jahre beträgt; dies gilt nach nunmehriger Auffassung der Verwaltung[3] auch für entgeltlich erworbenen Arzneimittelzulassungen. Abbausubstanzen gewinnen regelmäßig erst mit hinreichender Konkretisierung, insbes mit Beginn der Ausbeute, den Charakter eines abschreibbaren WG (Rn 197). Aufwendungen für den Erwerb eines Domain-Namens („Internet-Adresse") begründen keine AfA, da es sich idR um ein nicht abnutzbares immaterielles WG handelt.[4] Abweichendes könnte aber für den Fall gelten, dass der Name sich aus einem Schutzrecht ableitet (sog „qualified domain").

Schließlich kommt die AfA nur in Betracht, wenn die Verwendung oder Nutzung sich erfahrungsgemäß auf einen **Zeitraum von mehr als einem Jahr** erstreckt. Dabei unterbrechen vorübergehende Stilllegungen (Leerstand wegen Mieterwechsel oder Reparaturzeiten) die Abschreibungsbefugnis nicht. Abzustellen ist auf das ab Anschaffung oder Herstellung zu berechnende Kj. Unterschreitet die Nutzungsdauer voraussichtlich ein Kj, sind die AK oder HK auch dann in vollem Umfang abziehbare BA, wenn sich die Nutzung über einen Bilanzstichtag erstreckt.[5] 52

Aus dem Grundsatz der Bewertungs- und Abschreibungseinheit folgt die **Einheitlichkeit der Abschreibung**. Weder darf ein nach der Verkehrsauffassung einheitliches WG trotz technischer Möglichkeit in seine Einzelteile zerlegt werden, noch ist ein einzelnes WG mit anderen zu einer Gruppe zusammenzufassen (Rn 34). Scheinbare Ausnahmen vom Grundsatz der Abschreibungseinheit sind nur zulässig, wenn steuerlich von verschiedenen WG auszugehen ist; dies gilt vor allem bei selbstständigen Gebäudeteilen,[6] die in einem von der eigentlichen Gebäudenutzung zu unterscheidenden Nutzungs- und Funktionszusammenhang stehen (Rn 136, 184, 186). 53

StPfl können nur bei beweglichen WG die leistungsbezogene, § 7 I 6, oder degressive AfA, § 7 II, wählen. Demzufolge kommt bei **immateriellen WG**, die nicht als beweglich angesehen werden, lediglich die Regel-AfA in Betracht. 54

III. Bemessungsgrundlage. – 1. Allgemeines. Die AfA bemisst sich nach einer Bezugsgröße, die sich nach allg Grundsätzen (§ 6 Rn 25) entweder nach den (ursprünglichen) Aufwendungen des StPfl (Rn 59) oder einem (fiktiven) Hilfswert (Rn 62) richtet. Bei Mieterein- und -umbauten (Rn 16) bestimmt sich die Höhe der AfA nach den für Gebäude geltenden Grundsätzen.[7] Soweit obligatorische Nutzungsrechte (Rn 16) im Wege der AfA zu berücksichtigen sind, bilden nur die einmaligen Aufwendungen bei Vertragsabschluss die AK, nicht hingegen Pachtvorauszahlungen oder sonstige Einmalzahlungen.[8] 58

Im Rahmen der Aufwandsverteilung (Rn 2) bilden die **AK oder HK die Obergrenze** für die Absetzungen; die Wiederbeschaffungskosten oder ein sonstiger Zeitwert[9] gewinnen keine Bedeutung. Gleichermaßen bleiben die AK unberührt, wenn sich die Verbindlichkeiten aus dem Erwerb eines WG ändern oder Dritte Schadensersatz leisten. Der Umfang der AK und HK iSd § 255 I, II HGB richtet sich nach allg Grundsätzen, Rn 140 und § 6 Rn 26, 34 ff, 52 ff. Hiernach sind die Aufwendungen maßgeblich, die ein StPfl leistet, um einen Vermögensgegenstand zu erwerben. 59

---

1 BFH BStBl II 71, 175 (176); BStBl II 98, 775 (776); FG RhPf EFG 05, 348: Domain-Adresse; FG Nds EFG 05, 420: Vertragsarztzulassung; BMF BStBl I 98, 252: Arzneimittelzulassung.
2 BFH BStBl II 96, 586 (587); aA *Gold* DB 98, 956; *Boorberg/Strüngmann/Wendelin* DStR 98, 1113.
3 BMF v 12.7.99, DStR 99, 1317 (BMF BStBl I 98, 252 ist demnach überholt); ebenso: *Gold* DB 98, 956; *Boorberg/ Strüngmann/Wendelin* DStR 98, 1113.
4 BFH BStBl II 06, 301 (303 f).
5 BFH II 94, 232 (234); *K/S/M* § 7 Rn A 258.
6 BFH BStBl II 74, 132 (134 f); BStBl II 90, 430 (432); BFH GrS 5/97, BStBl II 99, 774; BFH/NV 04, 1397: Dachausbau als selbstständiger Gebäudeteil.
7 BFH BStBl II 97, 533 (535).
8 BFH BStBl II 94, 643 (Leasingsonderzahlung).
9 BFH/NV 01, 897 (898).

60 Die ursprünglichen AK und HK können etwa durch Zuschüsse (ausf: § 6 Rn 30) eine **Minderung** (Rn 64) erfahren.[1] Dies gilt aber nicht zB für Versicherungsleistungen, die also die HK eines neuen WG nicht beeinflussen. Nach allg Grundsätzen ist in diesem Zusammenhang zu beachten, dass insbes die Übertragung einer RfE[2] sowie ein nach Ablauf der betriebsgewöhnlichen Nutzungsdauer verbleibender beachtlicher Restwert (Schrottwert)[3] die für die AfA maßgeblichen AK und HK mindern.

61 Im Einzelfall ist es insbes bei bebauten Grundstücken erforderlich, einzelne (nachträglich angefallenen) Aufwendungen dem Grundstück oder dem Gebäude zuzuordnen[4] und **einheitliche AK** oder **HK**, die etwa auf den Grund und Boden sowie auf das abnutzbare Gebäude/Gebäudeteile entfallen, **aufzuteilen**. Für die Aufteilung ist nach allg Grundsätzen (§ 6 Rn 47) das (zu schätzende) Verhältnis der Teil- oder Verkehrswerte maßgeblich.[5] Auch die für das Sachwertverfahren geltende Wertermittlungsverordnung kann herangezogen werden.[6]

62 Die nach allg Grundsätzen (§ 6 Rn 160 ff) zu ermittelnden **Hilfswerte** sind insbes für die AfA-Berechnung nach Einlage, Entnahme, Nutzungsänderung oder nach dem Übergang zur Buchführung maßgeblich, wobei Einzelheiten der Wertermittlung bei Entnahmen ins PV teilw umstritten sind.[7] Überführt ein StPfl ein WG von einem Betrieb in einen anderen Betrieb oder Betriebsteil, liegt zwar regelmäßig keine Entnahme vor; allerdings konnte der StPfl nach Auffassung der Fin-Verw den Vorgang, sofern die Überführung vor dem 1.1.99 stattfand, wie eine Entnahme behandeln und auf diese Weise die AfA-Bemessungsgrundlage erhöhen.[8]

63 **2. Änderung der Bemessungsgrundlage.** Nachträgliche AK/HK betreffen Aufwendungen nach Anschaffung oder Herstellung des WG, die nach allg Grundsätzen (§ 6 Rn 41, 54) nicht als Erhaltungsaufwand sogleich in vollem Umfang absetzbar sind, vgl auch § 6 I Nr 1a; die im Einzelfall erforderliche Zuordnung (Rn 61) kann auch bei den nachträglich angefallenen Kosten notwendig werden.[9] Gewinnen die nachträglichen Aufwendungen einen Umfang, dass sie zu einem neuen WG geführt haben, sind die genannten nachträglichen Kosten in der Weise zu berücksichtigen, dass sie im Regelfall den letzten Buchwert erhöhen.[10] Soweit die nachträglichen HK nicht zum Entstehen eines anderen WG führen, bilden diese Kosten zusammen mit dem letzten Buchwert den sog Restwert, der auf die neu zu ermittelnde (geschätzte) Restnutzungsdauer zu verteilen ist.[11]

64 Die **nachträgliche Reduzierung** der AK mindert die Höhe der Bemessungsgrundlage. Dies gilt insbes für nachträglich vereinnahmte Investitionszuschüsse (Rn 60). Derartige nachträgliche Minderungen wirken im Rahmen des § 7 IV allerdings nur für die Zukunft.[12]

65 Im Anschluss an eine **Teilwertabschreibung** (Rn 48) hat der StPfl bei beweglichen WG die AfA vom Restwert in der Weise vorzunehmen, dass er den reduzierten Buchwert auf die Restnutzungsdauer verteilt. Nach einer Teilwertabschreibung bei Gebäuden ist dagegen die ursprüngliche Bemessungsgrundlage zu reduzieren, wobei der bisherige AfA-Satz beibehalten wird, § 11c II 2 EStDV.

---

1 BFH BStBl II 92, 999 f; BStBl II 97, 390 (391) mit Einzelnachweis; BFH/NV 00, 1365: Wahlrecht; BFH BStBl II 04, 14: Einzelumstände maßgeblich; FG D'dorf EFG 03, 603: mittelbare Grundstücksschenkung als Zuschuss; R 7.3 IV EStR.

2 BFH BStBl 89 II 697 (699).

3 BFH BStBl II 68, 268 (270): WG aus wertvollem Material; BStBl II 71, 800 (802): nur bei Schrottwert eines Schiffs v erheblichem Gewicht; BStBl II 93, 284 (286): Schlachtwert bei Milchkuh.

4 BFH BStBl II 74, 337 (338): Anliegerbeitrag; BStBl II 97, 811 (812): Erschließungsbeitrag; BFH/NV 02, 1152: Gebäudekosten bei Ersteigerung.

5 BFH BStBl II 96, 215 (216); BFH/NV 99, 37 f; BStBl II 01, 183 (184) zur Einigung der Vertragsparteien; BStBl II 06, 9 zur Aufteilung bei gemischter Schenkung; BFH/NV 03, 769 zum Sachwertverfahren bei Mietwohngrundstücken im PV.

6 BFH BStBl II 85, 252 (254): BStBl II 96, 215 (216); BStBl II 01, 183 (184); BFH/NV 02, 324; FG D'dorf EFG 00, 1177 zur Aufteilung eines Gesamtkaufpreises.

7 BFH BStBl II 83, 759 (760): Gebäude-AfA nach Entnahme; BStBl II 88, 770: Übergang von § 13a zu § 4 I; BStBl II 89, 922 (924 f): Umwidmung von WG; BStBl II 92, 969 (970): Gebäudeentnahme bei BetrAufg; BStBl II 94, 293 (295): Einlage Bodenschatz; BStBl II 94, 749 (750): Wohnungsentnahme im Rahmen des § 52 XV 7; BFH/NV 95, 1056 (1057): Gebäudeentnahme nach BetrAufg; BStBl II 00, 656: Übernahme ins PV nach BetrAufg; FG Bln EFG 03, 684: AfA bei Rückübertragung von Grundstücken nach dem VermG; teilw **abw** Berechnung der AfA-Bemessungsgrundlage: BMF BStBl I 92, 651, sowie R 7.3 VI und 7.4 X EStR und H 7.4 ‚AfA-Volumen' EStH.

8 R 14 II 3 EStR (98).

9 BFH BStBl II 94, 512 (513 f); BFH/NV 07, 1475 (1476) zu § 255 II HGB.

10 Ausf mit Beispielen und Vereinfachungsregeln: R 43 V EStR und H 7.3 ‚Nachträgliche AK/HK' EStH.

11 R 7.4 IX EStR; H 7.3 ‚Nachträgliche AK/HK' und H 7.4 ‚AfA-Volumen' (Beispiele 1 bis 3) EStH.

12 FG Mchn EFG 05, 167 mwN.

IV. Betriebsgewöhnliche Nutzungsdauer (§ 7 I 2, 3, 4). – 1. Regelfall (§ 7 I 2). Die betriebsgewöhnliche Nutzungsdauer bestimmt sich im Grundsatz nach dem Zeitraum, in dem das WG unter Beachtung der jeweiligen betrieblichen Verhältnisse eingesetzt wird.[1] Die voraussichtliche Nutzungsdauer eines WG ist abgesehen von § 7 I 3 regelmäßig nur im Wege der Schätzung zu ermitteln; dabei kommt der mit den eigenbetrieblichen Daten oder Branchenkenntnis unterlegten Beurteilung des StPfl besondere Bedeutung zu. Maßgeblich für die **voraussichtliche Einsatzdauer** ist die objektive Nutzbarkeit unter Berücksichtigung der besonderen betriebstypischen Beanspruchung.[2] Bei Überschusseinkünften umfasst die betriebsgewöhnliche Nutzungsdauer auch den Zeitraum, in dem der StPfl das WG nicht (beruflich) nutzt.[3] Die zu Beginn des Einsatzes nach objektiven Kriterien zu bestimmende Nutzungsdauer ist unabhängig von einer drohenden Enteignung,[4] Erwerb in Abbruchabsicht,[5] Bauauflagen,[6] Zerstörung oder Wiederveräußerung vor vollständiger Abnutzung.[7] Für eine vom Regelfall abweichende kürzere Restnutzungsdauer ist der StPfl darlegungspflichtig.[8]

67

Die Nutzungsdauer wird vorrangig (Rn 69f) durch den **technischen Verbrauch** begrenzt, der den materiellen Verschleiß eines WG betrifft. Abnutzung, Materialermüdung uä begrenzen die (betriebs-) individuelle Nutzung in zeitlicher Hinsicht. Im Regelfall bestimmt die technische Abnutzung den Zeitraum der Nutzungsdauer. Hierbei vermag häufig eine Typisierung die Rechtsanwendung zu vereinfachen (**Beispiel** nach BFH/NV 05, 1298: achtjährige Gesamtnutzungsdauer bei PKW).

68

Unter **wirtschaftlicher** Abnutzung versteht man die Unrentabilität eines WG, wenn es also unabhängig von seinem technischen Verschleiß erfahrungsgemäß nur zeitlich beschränkt zum Erzielen von Einkünften verwendbar ist. Dies setzt voraus, dass der StPfl das WG auch nicht anderweitig wirtschaftlich sinnvoll nutzen oder verwerten (zB: Verkauf mit im Verhältnis zu den AK hohem Erlös) kann; folglich muss die Möglichkeit einer wirtschaftlich sinnvollen (anderweitigen) Nutzung oder Verwertung endgültig entfallen.[9] Der Zeitraum der rentablen Nutzung kann begrenzt werden zB durch Verschiebungen der Mode, Nachfrage oder Produktionsbedingungen.

69

Als drittes Schätzungskriterium kommt die **rechtliche** Nutzungsbegrenzung in Betracht. Ist das WG mit einer bestimmten Rechtsposition verknüpft, begrenzt deren zeitlicher Bestand die Nutzungsdauer gem § 7 I 2.[10] Wenn hiernach der wirtschaftliche oder technische Verschleiß erst nach Ablauf der rechtlichen Nutzungsdauer einträte, ist diese zeitliche Komponente für die Festlegung der Nutzungsdauer bestimmend. Nutzt der StPfl das WG innerhalb eines Pachtbetriebes, ist trotz längerer technischer Nutzungsmöglichkeit die voraussichtliche Pachtdauer maßgeblich für den Abschreibungszeitraum.

70

Sofern die betriebsgewöhnliche Nutzungsdauer nach den vorgenannten Kriterien (Rn 68 ff) unterschiedlich lang ausfällt, kann der StPfl die für ihn **günstigste Möglichkeit wählen**.[7] Eine Saldierung von technischer Abnutzung mit wirtschaftlichem Wertzuwachs entfällt aber.

71

2. Absetzung für Abnutzung-Tabellen. Die vom BMF herausgegebenen AfA-Tabellen dienen im Sinne einer grds zulässigen Typisierung (§ 2 Rn 6) als Hilfsmittel zur Schätzung der Nutzungsdauer. Trotz der Vermutung der inhaltlichen Richtigkeit binden sie die Gerichte im Regelfall nicht.[11] Auch sonstige Verwaltungsäußerungen bieten vergleichbare **Anhaltspunkte** für die betriebsgewöhnliche Nutzungsdauer.[12] Die AfA-Tabelle für allgemein verwendbare Anlagegüter, die für alle nach dem

72

---

1 BFH/NV 01, 1255: Restnutzungsdauer bei gebrauchtem WG.
2 BFH BStBl II 98, 59 (60 f); BStBl II 01, 194 (195); BFH/NV 02, 787 (788): alte Meistergeige 100 Jahre, neue Meistergeige 50 Jahre; BFH BStBl II 06, 368: beruflich eingesetzter PKW 8 Jahre.
3 BFH BStBl II 92, 1000 (1002).
4 FG BaWü EFG 94, 1040.
5 BFH BStBl II 82, 385 (386).
6 BFH BStBl II 80, 743 (744).
7 BFH BStBl II 92, 1000 (1002); BStBl II 98, 59 (61).
8 BFH BStBl II 01, 194 (195).
9 BFH BStBl II 98, 59 (61).
10 BFH BStBl II 68, 5 (7) und BStBl II 97, 533: Nutzungsdauer bei Mieterumbau- und -einbau; BStBl II 92, 977 (981): Nutzungsdauer bei Abschreibung von Transferleistungen für Bundesligaspieler; BFH/NV 97, 643 (644): Dauer bei (auf Lebenszeit eingeräumtem) Nutzungsrecht.
11 BFH BStBl II 92, 1000 (1003); BStBl II 98, 59 (61); BFH/NV 05, 1298; für Verbindlichkeit bei Übergang von § 13a zum Bestandsvergleich: BStBl II 86, 392 (393) und BStBl II 93, 344 (345).
12 BMF BStBl I 96, 643: Nutzungsdauer für Ladeneinbauten, Schaufensteranlagen und Gaststätteneinbauten; H 44 (Mietereinbauten) EStR: Nutzungsdauer bei Mietereinbauten unter Hinweis auf BMF BStBl I 76, 66; BMF BStBl I 01, 175: Film- und Fernsehfonds (Medienerlass); OFD Hann FR 98, 288: Nutzungsdauer bei second-hand-Schiffen.

31.12.00 angeschafften oder hergestellten WG gilt,¹ orientiert sich im Rahmen der Gegenfinanzierung vorrangig an der technischen Nutzungsdauer und verlängert die Abschreibungsfristen zT erheblich. Tatsächlich erscheint aber die Betonung der technischen Nutzungsdauer und das Vernachlässigen der betriebsbezogenen Kriterien nicht zwingend und im Hinblick auf BFH, BStBl II 98, 59, auch nicht geboten. Immerhin geht auch das BMF zutreffend davon aus, dass die AfA-Tabellen lediglich Anhaltspunkte bieten und eine glaubhaft gemachte kürzere Nutzungsdauer den AfA zugrunde zu legen ist. Immerhin bilden die AfA-Tabellen für die FinVerw bindende Dienstanweisungen.

74 **3. Geschäfts- und Firmenwert (§ 7 I 3).** Nach allg Grundsätzen (§ 6 Rn 125) versteht man unter dem Geschäfts- oder Firmenwert den über den Substanzwert der einzelnen materiellen und immateriellen WG abzüglich Schulden hinausgehenden Mehrwert. Nicht zum eigentlichen Geschäftswert gehören die lediglich geschäftswert- oder firmenwertähnlichen WG, die nur in eingeschränktem Umfang nach § 7 I abschreibbar sind (Rn 51).² Im Rahmen der §§ 13 und 15 bestimmt das Gesetz für die (einkommensteuerlich) immateriellen WG Firmen- und Geschäftswert typisierend eine Nutzungsdauer von 15 Jahren. Dementspr ist auch der Geschäftswert einer überwiegend gewerblich geprägten Grundstücksverwaltungs-KG nach § 7 I 3 abzuschreiben, sofern die in dem 15-Jahreszeitraum enthaltene Typisierung (§ 2 Rn 6) nicht zu einer offensichtlich unzutr Besteuerung führt.³ Allerdings entfallen abschreibungsfähige AK für einen erworbenen Geschäftswert, sofern der Käufer eines lebenden Unternehmens dieses nach Erwerb sofort stilllegen will.⁴

75 Demgegenüber hat die Rspr aufgrund des persönlichen Vertrauensverhältnisses zum Praxisinhaber vom Geschäftswert (Rn 74) den **Praxiswert** (§ 6 Rn 125) **freier Berufe**, § 18, unterschieden und diesen schon in der Vergangenheit im Hinblick auf § 6 I Nr 2 S 1 als grds abschreibungsfähiges WG angesehen; typisierend ist die Nutzungsdauer auf 3 bis 5 oder 6 bis 10 Jahre zu schätzen.⁵ § 7 I 3 ist auf den Praxiswert nicht anzuwenden. Dies gilt auch für die Fälle, in denen der Praxiswert sich im Zuge von Übertragungen in einen Geschäftswert wandelt.⁶

76 Bei **sonstigen immateriellen WG** richtet sich die AfA-Ermittlung nach allg Grundsätzen. Maßgeblich ist der Zeitraum, in dem der StPfl das WG voraussichtlich zur Einkünfteerzielung einsetzen wird, innerhalb dessen sich also der mit dem WG verbundene Vorteil verflüchtigt.⁷ In vergleichbarer Weise ist das sog Vertreterrecht eines Handelsvertreters nicht nach § 7 I 3, sondern nach den individuellen Verhältnissen abzuschreiben.⁸ Handelsvertreter und in vergleichbarer Weise Tätige können also die entgeltlich erworbenen „Vertreterrechte", also die Kosten für die dem Vorgänger-Vertreter zustehenden Ausgleichsansprüche, planmäßig deutlich schneller abschreiben als den Geschäfts- oder Firmenwert iSd § 7 I 3.

77 **4. Monatsabrechnung (§ 7 I 4).** Durch das HBeglG 04 hat der Gesetzgeber die auf R 44 II EStR beruhende sog Halbjahresregelung (Rn 42) abgeschafft. Die monatsgenaue Abrechnung für jeden vollen Monat vor dem Monat der Anschaffung oder Herstellung gilt auch für bewegliche WG des AV gem § 7 II, vgl § 7 I 3, nicht aber für degressiv abzuschreibende Mietwohnneubauten gem § 7 V, vgl § 7 V 3. Die Neuregelung betrifft alle WG, die nach dem 31.12.03 angeschafft oder hergestellt werden, § 52 XXI. StPfl können für diese WG nur noch den Monat der Anschaffung oder Herstellung sowie die nachfolgenden verbleibenden Monate des Wj bei der linearen oder degressiven AfA berücksichtigen.

78 **5. Änderung der Nutzungsdauer.** Stellt sich eine wesentliche Änderung der zunächst angenommenen Nutzungsdauer heraus, sind derartige Änderungen durch **Neufestsetzung der Nutzungsdauer** für die Zukunft zu berücksichtigen.

79 **Schätzungsfehler** im Bezug auf die Nutzungsdauer werden, soweit möglich (Rn 36), in der Weise berechtigt, dass nach Erkennen des Fehlers die geänderte Nutzungsdauer zu Grunde zu legen ist.

---

1 BStBl I 01, 860; hierzu krit: *Hommel* BB 01, 247 (248 ff).
2 BFH BStBl II 92, 383 (384) und 92, 529: Güterfernverkehrsgenehmigung, allerdings kommt ggf Teilwertabschreibung (Rn 48) in Betracht; BStBl II 98, 775; BMF BStBl I 96, 372.
3 BFH BStBl II 94, 449 (450).
4 BFH BStBl II 79, 369 (370).
5 BFH BStBl II 94, 449 (450) zum derivativ erworbenen Einzelpraxiswert; BStBl II 94, 590 (591) zum derivativ erworbenen Sozietätspraxiswert.
6 BFH BStBl II 94, 903 (905 f); BFH/NV 97, 751 (753); BFH BStBl II 91, 595 (596): kein Praxiswert bei Buchstelle einer Handwerksinnung.
7 FG D'dorf EFG 00, 1177: Nutzungsdauer Warenzeichen.
8 BFH BStBl II 07, 959 (961) mwN.

V. Berechnung der linearen Absetzung (§ 7 I 1). Die verbreitete AfA in gleichen Jahresbeträgen findet **Anwendung** bei allen beweglichen, immateriellen und unbeweglichen WG, soweit es sich nicht um Gebäude oder Gebäudeteile, § 7 IV bis Va, handelt. 83

Bei der AfA in gleichmäßigen Jahresbeträgen berücksichtigt der StPfl eine der Höhe nach **stets gleich bleibende AfA-Quote**. Dies gilt unabhängig davon, ob er rechnerisch einen einheitlichen AfA-Satz auf die Bemessungsgrundlage oder einen steigenden AfA-Satz auf den jeweiligen Buchwert anwendet. 84

VI. Absetzung für Abnutzung-Bemessungsgrundlage nach Einlage (§ 7 I 5). Hat ein StPfl ein WG zunächst im Rahmen der Einkünfte gem § 2 I Nr 4 bis 7 eingesetzt (Beispiele: Arbeitsmittel im Rahmen des § 19, Gebäude im Rahmen des § 21), konnte er die diesbezüglichen Abschreibungen bereits innerhalb der jeweiligen Überschuss-Einkunftsart geltend machen. Bei einer nunmehrigen Einlage dieses WG in ein BV ist weiterhin als Einlagewert im Grundsatz der Teilwert zu berücksichtigen, jedoch soll eine entspr Erhöhung des Abschreibungsvolumens – ohne zusätzliche neue Aufwendungen – vermieden werden. Um dies sicherzustellen, sieht S 5 eine Minderung der historischen AK oder HK um die tatsächlich in Anspr genommenen (Sonder-)Abschreibungen und (erhöhten) Absetzungen vor. Maßgeblich ist hiernach der sich nach der bisherigen Einkunftserzielung ergebende Restwert. Diese im Jahre 99 eingeführte Einschränkung[1] betrifft nach dem Gesetzeswortlaut und Regelungszusammenhang allein die Ermittlung der AfA-Bemessungsgrundlage im Anschluss an eine **Einlage, die nach dem 31.12.98 vorgenommen** wird, § 52 Abs 21 S 1. 88

§ 7 I 5 lässt den Einlagewert unberührt (Rn 88). Sind bei der früheren Nutzung des WG im Rahmen der Einkünfte gem § 2 I Nr 4 bis 7 **stille Reserven** gebildet worden, bleibt deren Nichtbesteuerung sichergestellt. Die im PV entstandenen stillen Reserven sind der Besteuerung trotz Einlage entzogen, da als Einlagewert die fortgeführten AK oder HK anzusetzen sind.[2] 89

VII. Leistungs-Absetzung für Abnutzung (§ 7 I 6). Die leistungsbezogene AfA kommt bei nur bei solchen beweglichen WG des Anlagevermögens in Betracht, bei denen diese Abschreibungsmethode **wirtschaftlich begründet** ist. Dies ist der Fall, wenn sich der Wertverzehr eines WG in Leistungs- oder Zeiteinheiten ausdrückt, also die tatsächlich eingetretene Abnutzung (Verbrauch) etwa an Hand der geschätzten Kilometer- oder Maschinenlaufleistung erfasst werden kann und diese Vorgehensweise sich zB wegen schwankenden betrieblichen Einsatzes in den einzelnen Wj aufdrängt. Dagegen entfällt § 7 I 6 bei unbeweglichen oder immateriellen WG. 92

Statt der linearen kann der StPfl auch im Rahmen der Überschusseinkünfte[3] die Leistungs-AfA geltend machen. Die Ausübung des **Wahlrechts** setzt voraus, dass er den auf das einzelne Jahr entfallenden Leistungsumfang (Anteil an Gesamtleistung) glaubhaft macht.[4] Im Rahmen der Schätzung sind Plausibilitätsdarlegungen ausreichend; zur Missbrauchsvermeidung müssen allerdings insoweit geeignete Unterlagen aus der Buchführung ersichtlich sein. War die Wahl der Leistungs-AfA ursprünglich zulässig, kann ein StPfl sie auch nach Wegfall der wirtschaftlichen Gründe beibehalten. 93

Die Leistungs-AfA bemisst sich nach der **Anzahl der Leistungseinheiten**, die von der voraussichtlichen Gesamtzahl der Einheiten in dem betr Wj oder Kj verbraucht werden. 94

VIII. Absetzungen für außergewöhnliche Abnutzung (§ 7 I 7). Während die AfA nach § 7 I 1 und 2 die gewöhnliche Abnutzung widerspiegelt, setzt der **Begriff der AfaA** voraus, dass ein bestehendes WG wegen ungewöhnlicher betriebsindividueller Umstände in seiner Nutzungs- oder Funktionsfähigkeit beeinträchtigt ist; betriebsgewöhnliche Vorgänge, mangelnde Ertragsfähigkeit oder Wertminderung allein genügen also nicht.[5] Die durch die außergewöhnliche Abnutzung eingetretene tatsächliche Werteinbuße kann sich auf die Substanz des WG (Substanzeinbuße als technische Abnutzung) wie auch auf die wirtschaftliche Nutzungsfähigkeit (wirtschaftlicher Verbrauch) beziehen. Dabei verlangt die außergewöhnliche Abnutzung das Einwirken auf das WG im Zusammenhang mit dessen steuerbarer Nutzung.[6] Maßgeblich ist der Zustand, in dem sich das WG beim Erwerb befindet. Eine AfaA entfällt also bei von vornherein bestehender Beschränkung wie auch bei überhöhter Entgeltzahlung. 100

---

1 StEntlG 99/00/02 v 24.3.99, BGBl I 99, 402.
2 Ausf *Tiedtke/Wälzholz* DStR 01, 1501 auch mit Gestaltungsvorschlägen.
3 Nachweis der hM bei *K/S/M* § 7 Rn B 122.
4 Nach R 7.4 V 3 EStR ist Nachweis erforderlich.
5 BFH BStBl II 80, 743 (744) und BStBl II 93, 702 (704): verringerte Ertragsfähigkeit bei Mietimmobilie; BStBl II 95, 306 (309): überhöhte Baukosten; FG Mchn EFG 02, 1159: nachträglich eingeschränkte Nutzungsmöglichkeit.
6 BFH BStBl II 04, 592 (593).

101 Hiernach **entfällt** die **AfaA** in folgenden Fällen: während der Herstellung werden unselbstständige Teile wieder beseitigt (BFH BStBl II 95, 306); ein Gebäude wird mangelhaft fertiggestellt, auch wenn der StPfl die Baumängel erst nach Fertigstellung entdeckt (BFH BStBl II 92, 805 (807); BStBl II 93, 702 (703)); das Nutzen von erworbenen Gebäudeteilen als Wohnung nach dem WEG wird untersagt (Einzelfall, vgl BFH BStBl II 04, 592); ein Gebäude wird in Abbruchabsicht erworben (BFH BStBl II 96, 358); das später abgerissene Gebäude wird zuvor nicht zum Erzielen von Einkünften genutzt (BFH BStBl II 02, 805); die Reparatur eines Unfallfahrzeugs wird technisch fehlerfrei ausgeführt, sodass, abgesehen von einem merkantilen Minderwert, keine Substanzeinbuße verbleibt (BFH BStBl II 92, 401 (402); BStBl II 94, 235 f); bei Updating von Standardsoftware (FG Nds EFG 03, 601). Dagegen wird die **AfaA** für **zulässig** erachtet bei Abbruch aus betrieblichen Gründen kurz nach Gebäudeerrichtung;[1] bei erhöhtem Substanzverzehr;[2] bei Verteuerung der Herstellung wegen vollständiger Umplanung[3] oder Bauunternehmerkonkurses;[4] bei Erwerb eines Gebäudes ohne Abbruchabsicht, sofern im Zeitpunkt des Erwerbs das Gebäude technisch oder wirtschaftlich noch nicht verbraucht war;[5] bei Erwerb eines Gebäudes in der Absicht, nur einen Teil abzureißen;[6] bei beruflich veranlasstem Unfall eines im PV gehaltenen Kfz, ohne dass der Schaden repariert wird;[7] bei Diebstahl oder Unterschlagung eines Arbeitsmittels.[8]

102 Die **Höhe der AfaA** bemisst sich ausgehend von den um die AfA gekürzten AK/HK nach der Werteinbuße; entscheidend ist also das Verhältnis zw Buchwert und dem Wert nach Eintritt des Ereignisses (= tatsächliche Substanzeinbuße). Hat der StPfl allerdings die Substanzeinbuße durch Reparaturmaßnahmen behoben, verneint der BFH AfaA; verbleibt lediglich ein merkantiler Minderwert, soll § 7 I 7 entfallen.[9]

103 Im Hinblick auf den Gesetzeswortlaut („zulässig") hat der StPfl regelmäßig ein **Wahlrecht**, die AfaA vorzunehmen; lediglich wenn das WG aus dem BV ausscheidet, soll eine Pflicht zur AfaA bestehen.[10] Der Abzug ist grds in dem VZ vorzunehmen, in dem der Schaden eingetreten ist, spätestens im VZ der Schadensentdeckung.[11] Dabei verbietet sich eine Verrechnung der AfaA mit bereits zugeflossenen oder noch zu erwartenden Versicherungsentschädigungen.[12]

104 Im Jahre 99[13] ergänzte der Gesetzgeber die Regeln zur AfaA gem § 7 um eine **Wertaufholung, Abs 1 S 7 HS 2**, die für alle nach dem 31.12.98 endenden Wj gilt, § 52 Abs 21 S 2. Hiernach haben (nur) StPfl, die ihren Gewinn nach § 4 I oder § 5 ermitteln, eine Zuschreibung vorzunehmen, die den Wegfall der ursprünglich zutr in Anspr genommenen AfaA widerspiegelt. Die Zuschreibung entfällt allerdings – im Unterschied zur Teilwertabschreibung – bei bloßer Werterholung ohne Wegfall des Grundes. Für die mit der Wertaufholung verbundene Gewinnerhöhung, die zugleich die AfA-Bemessungsgrundlage erhöht, ist das FA darlegungspflichtig.

C. Degressive Absetzung (§ 7 II)

110 Durch Gesetz v 14.8.07[14] sind die Abs 2 und 3 ersatzlos aufgehoben worden als Maßnahme der sog Gegenfinanzierung. § 7 II in der bis zum 31.12.07 geltenden Fassung ist letztmalig für bewegliche WG anzuwenden, die der StPfl vor dem 1.1.08 angeschafft oder hergestellt hat, § 52 Abs 21a, S 3.[15]

D. Wechsel zwischen linearer und degressiver Absetzung (§ 7 III)

130 § 7 III ist nach Aufhebung im Jahre 07 letztmalig auf WG anzuwenden, die der StPfl vor dem 1.1.08 angeschafft oder hergestellt hat (Rn 110).

---

1 BFH BStBl II 73, 678.
2 BFH BStBl III 63, 492 (versteckte Gebäudemängel); BStBl II 83, 586 (Sachbeschädigung bei Diebstahl).
3 BFH BStBl II 76, 614.
4 BFH BStBl II 87, 695.
5 BFH BStBl II 78, 620 (624); BFH/NV 04, 787.
6 BFH BStBl II 97, 325 (326).
7 BFH BStBl II 95, 318 (319); BStBl II 98, 443: AfaA im VZ des Schadenseintritts; FG Hess EFG 00, 1377: Unfall bei gebraucht gekauftem PKW.
8 BFH BStBl II 04, 491 (492).
9 BFH BStBl II 94, 235; BStBl II 95, 318 (319); **aA** K/S/M § 9 Rn B 482; diff K/S/M § 21 Rn B 549 mwN.
10 BFH BStBl II 69, 464 (465); dagegen für generelle Pflicht: K/S/M § 7 Rn B 157 mwN.
11 BFH BStBl II 94, 11; BStBl II 94, 12 (13).
12 BFH BStBl II 98, 443.
13 StEntlG 99/00/02 v 24.3.99, BGBl I 99, 402 für alle Werterholungen nach dem Stichtag; **aA** OFD Ffm DStR 01, 1934 (Zuschreibung auch früherer Wertminderung).
14 BGBl I 07, 1912 (1914).
15 G v 14.8.07, BGBl I 07, 1912 (1925).

E. Lineare Absetzung bei Gebäuden (§ 7 IV)

I. Gebäude iSd Abs 4. Abs 4 bestimmt als Regelfall (Ausnahme: Wahl der degressiven AfA, § 7 V, Rn 165) für Gebäude eine lineare AfA, die weitgehend typisierend den Absetzungen nach Abs 1 vorgeht. Dabei unterscheidet S 1 zw (**Nr 1**) Wirtschaftsgebäuden im BV, die nicht Wohnzwecken dienen und für die der Bauantrag nach dem 31.3.85 gestellt worden ist, und sonstigen Betriebs- oder Wohngebäuden, die (**Nr 2b**) vor oder (**Nr 2a**) nach dem 31.12.24 fertiggestellt worden sind. **135**

Der **Gebäudebegriff** (Rn 168) geht zunächst von bewertungsrechtlichen Gesichtspunkten aus. Abgesehen von den Gebäudeteilen gem § 7 Va (Rn 184) zählen hierzu alle Bauwerke auf eigenem oder fremdem Grund und Boden, die nach der Verkehrsauffassung durch räumliche Umschließung Menschen oder Sachen Schutz gegen äußere Einflüsse bieten, den nicht nur vorübergehenden Aufenthalt von Menschen gestatten, fest mit dem Grund und Boden verbunden sowie von einiger Beständigkeit und Standfestigkeit sind.[1] In diesem Sinne bildet eine Eigentumswohnung ein selbstständiges WG Gebäude.[2] Im Grundsatz bilden Gebäude lediglich eine Bewertungseinheit, die einheitlich abzuschreiben ist. Nach dem steuerlichen Gebäudebegriff[3] entscheidet aber im Einzelfall (Rn 53) der (einheitliche) Nutzungs- und Funktionszusammenhang oder etwa die funktionelle Zuordnung als Haupt- und Nebengebäude, ob einzelne Teile des einheitlichen Bauwerks oder Einrichtungen als selbstständige Gebäudeteile den beweglichen WG (Beispiele [vgl § 5 Rn 65]: Betriebsvorrichtung;[4] Scheinbestandteile;[5] bestimmte Praxis- oder Mietereinbauten[6]), den sonstigen unbeweglichen WG (Beispiele: Schaufensteranlage sowie Laden- und Gaststätteneinrichtung;[7] Außenanlagen und Zufahrten;[8] bestimmte Mietereinbauten;[9] Dachausbau[10]) oder dem Gebäude selbst als unselbstständige Gebäudebestandteile[11] zugerechnet werden; so ist die zu einem Wohngebäude gehörende Gartenanlage, nicht hingegen die Umzäunung bei einem Mietwohngrundstück, als selbstständiges WG von dem Gebäude zu unterscheiden.[12] Teile eines einzelnen Raumes erfüllen die Voraussetzungen des Gebäudebegriffs nach § 7 IV nicht. Dagegen ist ein Nutzungsrecht, das durch Baumaßnahmen des Nutzungsberechtigten an einem Gebäude entstanden und wie ein materielles WG mit den HK zu aktivieren ist, wie ein Gebäude zu behandeln.[13] Aus dem Grundsatz der Bewertungseinheit (Rn 53) folgt des Weiteren, dass auch bei Errichtung eines Gebäudes in Bauabschnitten regelmäßig insoweit keine unterschiedlichen WG entstehen.[14] **136**

Die erforderliche Zugehörigkeit zum **notwendigen** oder **gewillkürten BV** (§ 4 Rn 35) schließt die degressive AfA objektbezogen bei Gebäuden aus, die sich im PV (§ 4 Rn 51) des StPfl befinden. Hat dieser das Gebäude einem Dritten überlassen, ist insoweit etwa die gewerbliche Nutzung seitens des Mieters oder Pächters irrelevant. Erzielt der StPfl Einkünfte nach § 21, entfällt demnach die Anwendung des § 7 V. **137**

Ein Gebäude dient keinen fremden oder eigenen **Wohnzwecken**, wenn die nur kurzfristige Nutzung etwa als Ferienwohnung oder Hotelzimmer im Vordergrund steht. Gleiches gilt für Wirtschaftsgebäude, die jedenfalls überwiegend zur Produktion oder sonstigen Zwecken eingesetzt werden und bei denen der Wohncharakter nicht im Vordergrund steht; daher entfällt § 7 IV 1 Nr 1 etwa bei Werks- oder Hausmeisterwohnungen.[15] Im Einzelfall kann bei einem Gebäude hinsichtlich des **138**

---

1 BFH BStBl II 88, 847 (Bürocontainer).
2 BFH BStBl II 02, 472.
3 BFH BStBl II 74, 132 (135); BStBl II 85, 196 (197 f): Doppelgarage bei EFH; BStBl II 97, 533 f; FG BaWü EFG 95, 1008: kein neues WG bei Erweiterungsanbau; FG Nds EFG 05, 271: nachträglich errichtete Garagen bei Mehrfamilienhaus.
4 BFH BStBl II 74, 132 (136); R 7.1 III und H 7.1 ‚Betriebsvorrichtungen' EStH.
5 BFH BStBl II 71, 95 (96f); BStBl II 74, 132 (136); R 7.1 IV und H 7.1 ‚Scheinbestandteile' EStH (insbes Einbauten).
6 BFH BStBl II 97, 553 f; BFH/NV 07, 1241 (1242); H 4.2 III EStH.
7 BFH BStBl III 65, 291 (292); BMF BStBl I 96, 642; R 4.2 III EStR.
8 H 7.1 ‚Betriebsvorrichtungen' EStH.
9 BFH BStBl II 97, 553 f; BStBl II 97, 774 (775); H 4.2 III EStH.
10 BFH/NV 04, 1397 (1398).
11 BFH BStBl II 74, 132 (135 f): Fahrstuhlanlage, Be- und Entlüftungseinrichtung; BStBl II 74, 479 (480): Küchenspüle in Appartementhaus; BStBl II 75, 689 (690): Heizungsanlage; BStBl II 77, 306 (308): Nachrüstung der Heizungsanlage; BStBl II 78, 210 (211): Umzäunung bei Mietwohngrundstück; BStBl II 83, 223: Personenrolltreppe; BStBl II 84, 196: nachträglich errichtete Garage; BStBl II 88, 440 (441): Kassettendecke; BStBl II 93, 545 (Alarmanlage).
12 BFH BStBl II 97, 25 (26).
13 BFH BStBl II 97, 121 (122).
14 BFH BStBl II 75, 412 (414).
15 R 7.2 I – III EStR; BFH BStBl II 92, 1044 (1045): Wohnraumüberlassung bei Seniorenheim; BStBl II 94, 427 (428): Wohnraumüberlassung bei Altenheim; BStBl II 95, 598 zum Arbeitszimmer eines ArbN im eigenen Haus; BStBl II 01, 66: Ferienwohnung.

Wirtschaftsgebäudeteils die AfA nach § 7 IV 1 Nr 1 und hinsichtlich des Wohngebäudeteils die AfA nach § 7 IV 1 Nr 2 in Betracht kommen.

139 Indem § 7 IV 1 Nr 1 auf den **Bauantrag** abstellt, ist der Tag entscheidend, an dem der förmliche Bauantrag oder bei genehmigungsfreien Bauvorhaben die Bauanzeige bei der Baubehörde eingeht.[1] Bauvoranfrage oder Antrag auf Erlass eines Vorbescheides gewinnen insoweit keine Bedeutung.[2] Hat der Bauherr den Bauantrag nach dem Stichtag gestellt, ist diese Voraussetzung auch für einen späteren Erwerber erfüllt.

140 Als **Bemessungsgrundlage** kommen die ggf im Wege der Schätzung[3] (Rn 61) zu ermittelnden AK oder HK (Rn 59f) in Betracht. Bei (rückübertragenen) Gebäuden im Beitrittsgebiet kann der maßgebliche Zeitwert durch Sachverständigengutachten ermittelt werden;[4] sind die HK nicht konkret feststellbar, erscheint die Berechnung ggf nach Maßgabe des BMF-Schr v 21.7.94 sachgerecht.[5] Hierbei sind die allg Grundsätze (§ 6 Rn 54 ff) zur Berücksichtigung des (sonstigen) nachträglichen Aufwands (Rn 63) zu beachten, die im Einzelfall zu einer Erhöhung der ursprünglichen, nur im Wege der AfA zu berücksichtigenden Kosten führen können;[6] dies gilt gleichermaßen für Gebäudeerweiterungen im Wege des Anbaus oder der Aufstockung.[7] Nach Auffassung des BFH sollte auch bei einem teilentgeltlichen Erwerb anschaffungsnaher Aufwand anfallen können,[8] nicht hingegen bei einem in vollem Umfang unentgeltlichen Erwerb.[9] Die geänderte Rspr[10] zum sog anschaffungsnahen Aufwand (§ 6 Rn 63) sowie ab VZ 04 die Neuregelung in § 6 I Nr 1a (§ 6 Rn 64) sind zu beachten. Bei nachträglichen AK oder HK bemisst sich die AfA gem § 7 IV 1 nach der bisherigen Bemessungsgrundlage (Nr 1) oder nach dem Buch- oder Restwert (Nr 2) zuzüglich der nachträglich angefallenen Kosten.[11] Nachträgliche HK können allerdings im Einzelfall (§ 6 Rn 56 ff) auch zum Entstehen eines neuen WG führen; dies gilt etwa für Instandsetzungsarbeiten nach einem Vollverschleiß oder das Einfügen umfangreicher Neubauteile.[12] Dagegen führen die üblichen Aufwendungen für die Instandsetzung und Modernisierung eines Gebäudes (selbst bei hohem Aufwand etwa wegen Reparaturstaus oder bei fehlender Vermietbarkeit wegen Abnutzung oder Verwahrlosung) idR nicht zu nachträglichen HK;[13] gleiches gilt für: vergeblich (Planungs-)-Aufwand bei Aufgabe der Einkünfteerzielungsabsicht (Rn 50 aE); Vorauszahlungen bei einem Bauvorhaben, für die der Bauunternehmer wegen Konkurses keine Bauleistung erbringt;[14] Honorar für nicht erbrachte Architektenleistung bei vorzeitiger Vertragsauflösung.[15] Dient aber der Abriss eines Gebäudes vorrangig dem Errichten eines neuen WG, rechnen die Abrissaufwendungen grds zu den HK des Neubaus.[16] Zum Erwerb mit der Absicht zum Abbruch vgl auch Rn 160 und § 6 Rn 122 f.

---

1 BFH BStBl II 90, 754; R 7.2 IV 2 EStR.
2 BFH BStBl II 80, 411 f; BStBl II 90, 754 (756).
3 BFH BStBl II 78, 620 (625): Bodenanteil bei Gebäude; BStBl II 96, 215 (216): Bodenanteil bei Eigentumswohnung.
4 FG Hess EFG 96, 556.
5 BStBl I 94, 599; FG Thür EFG 98, 179.
6 BFH BStBl II 72, 790 und 931 (932): Kanalanschlusskosten; BStBl II 75, 574 (575 f): Umfang der zu berücksichtigenden Bauplankosten; BStBl II 76, 449 (450): Ansiedlungsbeiträge; BStBl II 77, 714 (715): AK bei Erwerb durch Teilungsversteigerung; BStBl II 84, 306 (307): Kosten für nicht verwirklichte Baupläne; BStBl II 87, 695 (696 f): vergebliche Baukosten wegen Konkurs und für Beweissicherungsverfahren; BStBl II 88, 431 (432 f): Beseitigung von bei der Herstellung eingetretenen Baumängeln; BStBl II 92, 30 (31): umfangreiche Instandsetzungsarbeiten; BStBl II 92, 381 (383): Ablösung eines Wohnrechts; BStBl II 92, 805 (806): Vorauszahlungen auf später erbrachte (mangelhafte) Bauleistungen; BStBl II 93, 488 (489): nachträgliche Ablösung dinglicher Belastungen; BStBl II 93, 544 (545): nachträglicher Einbau einer Alarmanlage; BFH/NV 94, 460 (461): Ablösung eines Vorbehaltsnießbrauchs; BFH/NV 97, 178 (179): Erschließungsbeitrag nach Straßenausbau; BStBl II 97, 811 (812 f): nachträglich erhobene Erschließungsbeiträge; FG Kln EFG 02, 1291: Sanierung in Raten. Ausf zur HK-Problematik bei Gebäudeinstandsetzung und -modernisierung: *Pezzer* DB 96, 849; zur Einordnung nachträglicher Erschließungskosten: *Spindler* DB 96, 444.
7 BFH BStBl II 96, 628 (629) und 639 (640); zur Verwaltungsauffassung mit Einzelbeispielen: BMF BStBl I 96, 1442.
8 BFH BStBl II 96, 588; BMF BStBl I 96, 1258: Nichtanwendung; ebenfalls gegen das vorstehende BFH-Urteil: *Drenseck* Urteilsanmerkung, FR 95, 822.
9 BFH BStBl II 98, 515 (517).
10 BFH BStBl II 03, 569; vgl auch: BMF BStBl I 03, 386.
11 BFH BStBl II 87, 491 (492) zu § 7 IV 1 Nr 1; H 7.3 ‚nachträgliche AK/HK' mit Rspr-Nachweisen und H 7.4 ‚AfA-Volumen' EStH.
12 BFH BStBl II 78, 280 (282); BStBl II 96, 639 (640); BStBl II 99, 282 (283).
13 BFH BStBl II 77, 279 (280); BStBl II 96, 632 (633 f); BStBl II 99, 282 (283); BFH/NV 99, 761: trotz sog Generalüberholung.
14 BFH BStBl II 81, 418 (419); BStBl II 90, 830 (835 f).
15 BFH BStBl II 99, 20 (21).
16 BFH BStBl II 06, 461 (462).

Legt der StPfl ein Gebäude, das er zuvor im Rahmen der Überschusseinkünfte (insbes § 21) eingesetzt hat, in das BV ein, so hat er seit 99 die AfA-Bemessungsgrundlage gem § 7 I 5 (Rn 88) zu ermitteln, **§ 7 IV 1 HS 2**. Hiernach sind die ursprünglichen AK/HK um die tatsächlich in Anspr genommenen (Sonder-)Abschreibungen und (erhöhten) Absetzungen zu mindern. **141**

Hat der StPfl keine oder zu geringe AfA vorgenommen, entfällt eine **Nachholung** in der Weise, dass der Buchwert auf die noch verbleibende Restnutzungsdauer (Rn 37) verteilt wird. Vielmehr wird der Buchwert mit dem bisherigen Vomhundertsatz abgeschrieben, sodass der Abschreibungszeitraum sich verlängert.[1] **142**

II. Typisierte Nutzungsdauer (§ 7 IV 1). Soweit der StPfl nicht von seinem Wahlrecht, § 7 IV 2, Gebrauch macht, bemisst sich die AfA nach den festen Abschreibungssätzen, die aus der gesetzlich vermuteten Nutzungsdauer von 33, 50 oder 40 Jahren folgen, § 7 IV 1. Die tatsächliche Nutzungsdauer im Erwerbszeitpunkt gewinnt insoweit keine Bedeutung. Die der Gesetzesvereinfachung und der Wohnungspolitik dienende Fiktion mit zumeist subventionsähnlichem Charakter gilt auch dann, wenn bei Nutzungsbeginn mit einer längeren Gesamtnutzungsdauer gerechnet werden kann oder nachträgliche HK anfallen.[2] Der Beginn der Nutzung richtet sich für den jeweiligen Eigentümer nach § 11c I 2 EStDV. Im Erstjahr hat der StPfl die AfA ebenso wie im Jahr der Veräußerung oder Entnahme **zeitanteilig** vorzunehmen. Findet ein Eigentumswechsel statt, beginnt der Erwerber – falls die Übertragung nicht unentgeltlich erfolgt ist, §§ 7 und 11d EStDV – erneut mit den Regelsätzen nach § 7 IV 1, sofern er nicht gem S 2 zulässigerweise die kürzere tatsächliche Nutzungsdauer geltend macht (Rn 150). Bei rückübertragenen Gebäuden im Beitrittsgebiet kann der StPfl die AfA ab dem Zeitpunkt der Rückübertragung für den aus § 7 IV zu ermittelnden Zeitraum geltend machen.[3] **145**

III. Tatsächliche Nutzungsdauer (§ 7 IV 2). Abweichungen von der gesetzlichen Typisierung (§ 2 Rn 6) sind nur zulässig, wenn von einer geringeren tatsächlichen Nutzungsdauer auszugehen ist; die betriebsgewöhnliche Nutzungsdauer ist nicht maßgeblich. Dabei ist auf die Restnutzungsdauer, also nicht die Gesamtnutzungsdauer, sowie das Gesamtgebäude (Rn 53) und nicht auf die Nutzungsdauer einzelner Gebäudeteile abzustellen.[4] Beginn und Dauer der Nutzung entspr der Zweckbestimmung richten sich nach **§ 11c I EStDV**.[5] Der StPfl hat ein Wahlrecht, er muss aber die Verkürzung als für ihn günstige Tatsache darlegen und glaubhaft machen; dies gilt etwa für den Entschluss, ein Gebäude abzureißen, und auf diese Weise die Nutzungsmöglichkeit objektiv zu beenden.[6] Der Hinweis auf amtliche AfA-Tabellen[7] (Rn 72) genügt dagegen ebenso wenig wie nicht zeitgemäßer Wohnungsstandard[8] oder die nicht konkretisierte Planung, die Gebäudenutzung zu beenden.[9] Steht der Abriss konkret bevor und wird das Gebäude bis dahin vermietet, kann der StPfl für die Zeit der Zwischennutzung ebenfalls nur AfA nach § 7 IV 1 geltend machen; eine Verkürzung der Nutzungsdauer, § 7 IV 2, entfällt.[10] **150**

Stellt sich im Laufe der Zeit heraus (Rn 36), dass sich die voraussichtliche Nutzungsdauer **verkürzen** wird, hat der insoweit darlegungsbelastete StPfl den restlichen Buchwert auf die Restnutzungsdauer zu verteilen. Ist aufgrund neuer Erkenntnis von einer **verlängerten Nutzungsdauer** auszugehen, hat der StPfl gleichfalls eine Anpassung hinsichtlich der nunmehr als zutr angesehenen Restnutzungsdauer vorzunehmen. Allerdings bilden die typisierten Zeitvorgaben (33/50/40 Jahre) und AfA-Sätze (3/2/2,5 vH) gem § 7 IV 1 die Grenze. Nachträgliche HK führen nicht zu einer Verlängerung der ursprünglich angenommenen Nutzungsdauer; vielmehr sind die nunmehr erhöhten HK mit einem höheren Satz abzuschreiben.[11] **151**

Sofern die (erneute) Änderung sich nicht im Hinblick auf unberechtigt angestrebte Steuervorteile als willkürlich erweist, kann der StPfl zur typisierenden AfA nach Abs 4 S 1 **wechseln**. **152**

IV. AfaA und Teilwertabschreibung (§ 7 IV 3 und 4). StPfl können für Gebäude iSv S 1 die AfaA, § 7 I 7, geltend machen, § 7 IV 3 (Rn 100). Dies setzt voraus, dass ein Gebäude ohne Umbau- oder **160**

---

1 BFH BStBl II 84, 709 (710).
2 BFH BStBl II 72, 176 (177); BStBl II 77, 606 (607).
3 FG Hess EFG 96, 556.
4 BFH BStBl II 77, 606 (607); BStBl II 72, 176.
5 BFH BStBl II 72, 176.
6 BFH BStBl II 85, 126 (127); FG Kln EFG 01, 675 zu den Nachweisanforderungen.
7 BFH BStBl II 72, 176 (177); FG Nds EFG 94, 96.
8 FG Hess EFG 92, 438 (439).
9 FG BaWü EFG 94, 95 f.
10 BFH BStBl II 82, 385 (386 f).
11 BFH BStBl II 71, 142 (143).

Abbruchabsicht erworben wurde und bei dem späteren (Teil-)Umbau oder Abbruch das Gebäude technisch oder wirtschaftlich noch nicht verbraucht war; in diesem Fall kommen AfaA insbes im Hinblick auf die zukünftige Einnahmeerzielung in Betracht.[1] Dagegen entfällt die AfaA, wenn der StPfl das Gebäude bereits in Abbruchabsicht oder zum grundlegenden Umbau erworben hat (§ 6 Rn 122f). In Höhe der außergewöhnlichen Abnutzung reduziert sich die AfA-Bemessungsgrundlage (Restwert), **§ 11c II 1 EStDV**. Eine Erhöhung des AfA-Satzes kommt lediglich ausnahmsweise in Betracht, wenn durch die Sondereinflüsse zugleich die Restnutzungsdauer sich in einem Maße verkürzt hat, dass bei gleich bleibendem AfA-Satz das AfA-Volumen innerhalb der Restnutzungsdauer nicht aufgebraucht würde. Neben der AfaA sind nach allg Grundsätzen (Rn 48) auch bei Gebäuden Teilwertabschreibungen zulässig, die ebenfalls (nur) zu einer Reduzierung der Bemessungsgrundlage führen, § 11c II 2 EStDV.

161 § 7 IV 4 stellt klar, dass StPfl für Gebäude nach Abs 4 S 1 Nr 2 keine AfaA oder Teilwertabschreibung **allein mit der Begründung** herleiten können, für die in Abs 5 S 1 Nr 1 genannten Wirtschaftsgebäude unterstelle der Gesetzgeber eine lediglich 25-jährige Nutzungsdauer.

F. Degressive Absetzung bei Gebäuden (§ 7 V)

165 **I. Gebäude iSd Abs 5.** Bei der degressiven AfA (Rn 8) handelt es sich wie bei der linearen um eine normale Gebäude-AfA, also nicht um erhöhte Absetzungen etwa iSv § 7a III.[2] StPfl können die degressive AfA wählen, sofern sie die im Inland belegenen **Neubauten** (Rn 167) selbst als Bauherrn, § 15 I EStDV, hergestellt oder noch im Jahr der Fertigstellung angeschafft haben; hierbei umfasst der Inlandsbegriff das Hoheitsgebiet iSv § 1 I 1. Die Voraussetzungen einer Herstellung oder Anschaffung als Erwerb der wirtschaftlichen Verfügungsmacht richten sich nach allg Grundsätzen, § 9a EStDV. Dabei bestimmt der Nutzungs- und Funktionszusammenhang des Gebäudes (Rn 168), inwieweit etwa bei **Fertigstellung** in Bauabschnitten oder bei Erwerb eines halbfertigen Gebäudes die Herstellung abgeschlossen oder ein einheitlicher Herstellungsvorgang anzunehmen ist.[3] Ein Wohngebäude ist fertig gestellt, wenn es nach Abschluss der wesentlichen Arbeiten bezugsfertig ist. Bei einer Eigentumswohnung ist entscheidend, ab wann das Beziehen nach objektiven Gesichtspunkten zumutbar ist und insofern unabhängig von einzelnen Restarbeiten (Malerarbeiten, Teile des Bodenbelags oÄ) die Räumlichkeiten bewohnbar sind; sind etwa alle Vorarbeiten für die ausstehenden Installationen abgeschlossen, so ist eine Wohnung trotz fehlenden Waschbeckens oder WC im Einzelfall bezugsfertig.[4] Nicht erforderlich ist die bürgerlich-rechtliche Begründung von Wohnungseigentum und die Abgabe der Teilungserklärung.[5] Bei Betriebsgebäuden kann das Fehlen von Innenputz, Estrich und einiger Türen die Fertigstellung hinauszögern.[6] Hinsichtlich des Zeitpunkts der Fertigstellung bieten sich Gestaltungsmöglichkeiten, indem etwa die gesamte Sanitäranlage erst nach dem Jahreswechsel installiert wird mit der Folge, dass die Bezugsfertigkeit erst im neuen Jahr gegeben ist.

166 Weiterhin darf bei Anschaffungen der Hersteller oder ein Zwischenerwerber[7] (degressive AfA aber auch für Ersterwerber zulässig im Folgejahr) keine degressive AfA, erhöhte Absetzungen oder Sonderabschreibungen in Anspr genommen haben, § 7 V 2. Um die doppelte Begünstigung auszuschließen, gilt dies gleichermaßen, wenn der Hersteller derartige Abschreibungserleichterungen bereits für Anzahlungen auf AK oder für Teil-HK wahrgenommen hat, § 7a II 1. Hat der StPfl das Gebäude im Fertigstellungsjahr aus dem BV entnommen, handelt es sich um einen anschaffungsähnlichen Vorgang iSv § 7 V; gleichwohl entfällt die degressive AfA, wenn er etwa zuvor die degressive AfA geltend gemacht hatte.[8] Allerdings ist die degressive AfA nicht ausgeschlossen, wenn der StPfl für einen Teil seiner Sanierungsaufwendungen erhöhte Absetzungen nach § 7i I 4 in Anspruch nimmt (Ensembleschutz).[9]

---

1 BFH BStBl II 78, 620 (624); BStBl II 79, 551 (553); ausf: BStBl II 02, 805 (806) ebenso bei längerer Leerstandszeit: FG RhPf EFG 99, 1275 (1276f).
2 BFH BStBl II 04, 783 (787).
3 BFH BStBl II 91, 132 (133); BFH/NV 00, 947 mwN.
4 FG M'ster EFG 04, 90.
5 BFH BStBl II 99, 589 (590); BStBl II 02, 472; BFH/NV 02, 1139.
6 BFH BStBl II 89, 203 (204): Wohngebäude; BStBl II 89, 906 (907): Betriebsgebäude.
7 BFH BStBl II 01, 599 (600); *K/S/M* § 7 Rn F 25.
8 BFH BStBl II 92, 909 (910); BStBl II 95, 170 (171).
9 BFH 04, 783 (785); weitergehend noch: *Beck* DStR 04, 1951.

Um einen begünstigungsfähigen **Neubau** handelt es sich nur bei Gebäuden, die in bautechnischer **167** Hinsicht neu erstellt sind (§ 6 Rn 54); ändert der StPfl lediglich durch Umgestaltung die Zweckbestimmung, genügt dies nicht.[1] An dieser Beurteilung ändert nach Ansicht des BFH auch nichts der Umstand, dass eine Gebäudeumgestaltung, die mit einer Funktions- oder Nutzungsänderung einhergeht, zur Herstellung eines neuen Vermögensgegenstandes iSd § 255 II HGB führen kann.[2] **Aus- und Umbauten** (§ 6 Rn 54 ff) führen, jedenfalls solange in bautechnischer Hinsicht wesentliche Gebäudeelemente bestehen bleiben, regelmäßig nicht zu einem nach § 7 V begünstigungsfähigen Gebäude.[3] Ein derartiger Neubau, für dessen Vorliegen der StPfl die Feststellungslast trägt, setzt in bautechnischer Hinsicht vielmehr voraus, dass wirtschaftlich eine Generalüberholung zu einem neuen WG führt oder grundlegende Sanierungsmaßnahmen im Zusammenhang mit einer neuen Zweckbestimmung der Errichtung eines neuen Gebäudes entsprechen.[4] Dabei akzeptiert die Verwaltung „aus Vereinfachungsgründen" die Herstellung eines neuen WG, wenn der betr Bauaufwand zuzüglich des Werts der Eigenleistung in etwa den Verkehrswert des bisherigen WG übersteigt.[5]

Nach allg Grundsätzen (Rn 136) betrifft die AfA ein **Gebäude** als einheitliches WG. Regelmäßig **168** entfällt AfA auf unselbstständige Gebäudeteile. Lediglich getrennte Baulichkeiten bilden grds gesonderte WG.[6]

II. Absetzung in fallenden Sätzen. Die gesetzlich festgelegten **unveränderlichen Staffelsätze** richten **170** sich ohne Rücksicht auf die individuellen Umstände nach den im Einzelnen genannten Gebäudetypen; dies gilt losgelöst von der tatsächlichen Nutzungsdauer. Unabhängig vom Zeitpunkt der Fertigstellung hat der StPfl im Erstjahr auch schon vor der gesetzlichen Klarstellung in § 7 V 3 (Rn 176) stets die gesamte Jahres-AfA und nicht etwa eine anteilige AfA geltend zu machen.[7] Im Veräußerungsjahr ist die degressive AfA dagegen nur zeitanteilig zulässig.[8]

Die weitreichendste Abschreibungserleichterung gilt für Wirtschaftsgebäude gem § 7 IV 1 Nr 1, die **171** der StPfl bis Ende 93 angeschafft oder hergestellt hat, **§ 7 V 1 Nr 1**. Für jüngere Wirtschaftsgebäude ist hingegen die degressive AfA ausgeschlossen, somit nur die AfA nach Abs 4 zulässig. Der maßgebliche Bauantrag (Rn 139) muss nicht von dem StPfl selbst gestellt worden sein, es genügt die Antragstellung durch Rechtsvorgänger.[9] Hinsichtlich des rechtswirksam abgeschlossenen obligatorischen Vertrages ist auf den notariellen Erwerbsvertrag abzustellen. Entscheidend ist der Bindungscharakter,[10] bei Formmangel gilt § 313 S 2 BGB.

Die Staffelsätze in **§ 7 V 1 Nr 2** betreffen betrieblich genutzte Gebäude im PV, die nicht Wohnzwecken **172** dienen.[11] Die degressive AfA ist nur zulässig, sofern die Herstellung oder der Erwerb vor dem 1.1.95 abgeschlossen sind.

Für Mietwohngebäude, soweit sie also nicht eigenen Wohnzwecken (Rn 138) dienen,[12] des BV oder **173** PV differenziert **§ 7 V 1 Nr 3** zw dem Zeitraum 28.2.89 bis 31.12.95 (Buchst a), dem Zeitraum 1.1.96 bis 31.12.03 (Buchst b) und der Zeit danach bis zum 31.12.05 (Buchst c). Der Gesetzgeber[13] hat zum Jahreswechsel 05/06 diese degressive AfA aufgehoben für später angeschaffte oder hergestellte Objekte. Nach Ansicht des Gesetzgebers beinhaltete diese AfA eine nicht mehr zeitgemäße Subvention, da die Wohnraumversorgung über dem Bedarf liege. Die Vereinheitlichung der AfA auf 2 vH entspreche dem tatsächlichen Wertverzehr. Zugleich erhöhe das Abschaffen der degressiven AfA für Neufälle das Steueraufkommen. Hiernach erweist sich die angestrebte Haushaltskonsolidierung als entscheidender Grund für die ab 1.1.06 geltende Regelung.[14] Dementspr sinkt die Rendite vermieteter Immobilien zukünftig in nennenswertem Umfang. StPfl können die degressive AfA

---

1 BFH BStBl II 93, 188 (189); BFH/NV 94, 460 (462).
2 BFH BStBl II 92, 808.
3 BFH BStBl II 77, 725 (726); BFH/NV 94, 705 (706); BFH BStBl II 96, 632 (633 f); BStBl II 98, 625: Dachausbau; FG M'ster EFG 97, 155 (156); FG Mchn DStRE 98, 428: Dachgeschossausbau; ausf zur Verwaltungsauffassung bei Baumaßnahmen am Dachgeschoss: BMF BStBl I 96, 689.
4 BFH/NV 98, 841 (842); BFH BStBl II 04, 783 (784); FG BaWü EFG 05, 856: Dachgeschosserneuerung und Aufstockung als Neubau.
5 R 7.3 V 2 EStR; BMF BStBl I 96, 689 (690) Tz 11.
6 BFH BStBl II 06, 169 (170): Garagen bei Mietwohnungskomplex.
7 BFH BStBl II 74, 704 (705); BFH/NV 06, 1452.
8 BFH BStBl II 77, 835 (836); BFH/NV 94, 780; BStBl II 96, 645 (646); **aA** *K/S/M* § 7 Rn F 33.
9 R 7.2 IV EStR.
10 BFH BStBl II 82, 390 (391 f); BStBl II 83, 315 (317 f) zu Sondergestaltungen.
11 BFH/NV 02, 765 (766): zB an wechselnde Gäste vermietete Ferienwohnung.
12 Verneint bei Übergangswohnheim für Aussiedler und Asylbewerber, FG BaWü EFG 98, 761; zum Begriff des Wohngebäudes: BFH BStBl II 01, 66.
13 BGBl I 05, 3682.
14 BT-Drs 16/105, 4.

allerdings noch in Anspruch nehmen, wenn sie in Herstellungsfällen den Bauantrag vor dem 1.1.06 gestellt und in Anschaffungsfällen den Notarvertrag vor diesem Stichtag rechtswirksam geschlossen haben. Die spätere tatsächliche Fertigstellung des Gebäudes ist insoweit unerheblich. In allen Neufällen kommt nur eine lineare AfA (2 vH) gem § 7 IV 1 Nr 2a in Betracht. Umstritten ist im Einzelfall die Frage, ob einzelne Wohneinheiten in Seniorenwohnanlagen und -stiften oder Altenpflegeheimen Wohnzwecken iSd § 7 V 1 Nr 3 dienen.[1] Dies richtet sich ausweislich der Einzelumstände danach, ob die Möglichkeit einer eigenständigen Haushaltsführung und eine hinreichende (tatsächliche und rechtliche) Sachherrschaft gegeben sind. Regelmäßig verdrängen altersbedingte Serviceleistungen nicht das Nutzen der betr Wohnung (auch) zu Wohnzwecken, sofern die Heimbewohner die erforderliche und für Mieter typische Sachherrschaft über Räume haben, die eine vollständig funktionsfähige Wohneinheit bilden und eigenständige Haushaltsführung zulassen. Hieran ändern bauliche Besonderheiten oder vertraglich vereinbarte (mögliche) Zusatzleistungen nichts. Die Möglichkeit der degressiven AfA gilt auch in Fällen der Umwidmung und zwar ab dem Zeitpunkt, in dem das Gebäude erstmals fremden Wohnzwecken dient; nur dieser zeitanteilige Ansatz entspricht dem Wortlaut und der Intention des Gesetzes.[2]

174 Die Bemessungsgrundlage errechnet sich nach allg Grundsätzen (Rn 58). **Nachträgliche AK oder HK** (Rn 63) verändern den gesetzlich festgelegten Vomhundertsatz nicht, daher verbleibt am Ende des gesetzlich fixierten Abschreibungszeitraums ein nach § 7 IV 1 abzuschreibender Restwert.[3]

175 Bei **häuslichen Arbeitszimmern** kommt – vorbehaltlich der in § 4 V Nr. 6b geregelten Einschränkungen – in Neubauten nur die lineare AfA nach Abs 4 S 2 Nr 2 in Betracht. Absetzungen für Teile von Wirtschaftgebäuden, Abs 5 S 1 Nr 1, entfallen mangels Zugehörigkeit zum BV. Abs 5 S 1 Nr 2 begrenzt die degressive AfA auf ältere Gebäude und Nr 3 verlangt den Einsatz zu Wohnzwecken, der bei einem Arbeitszimmer entfällt.[4]

176 Durch das HBeglG 04 hat der Gesetzgeber die zuvor praktizierte Halbjahresregelung (Rn 42) abgeschafft, § 7 I 4 (Rn 77). **§ 7 V 3** stellt gesetzlich klar, dass die monatsgenaue Regelung in § 7 I 4 nicht für die degressive AfA iSd § 7 V gilt. Zugleich hat der Gesetzgeber für Neubauten die degressive AfA auf 4 vH verringert, § 7 V 1 Nr 3 Buchst c.

180 **III. Wahlrecht.** Sofern die Voraussetzungen des § 7 V erfüllt sind, besteht ein Wahlrecht zw Abs 4 und 5. An die ursprüngliche Wahl der linearen oder degressiven AfA ist der StPfl gebunden, ein **Wechsel ist insoweit regelmäßig ausgeschlossen.**[5] Etwas anderes gilt nur in Fällen der Nutzungsänderung (zB Wechsel von Vermietung zu fremden Wohnzwecken zur Vermietung für fremdgewerbliche Zwecke). Hiernach kommt im Einzelfall auch ein Wechsel zwischen den jeweils geltenden degressiven AfA-Sätzen in Betracht.[6] Gleichermaßen sind Änderungen der tatsächlichen Verhältnisse im Einzelfall (zB nach Veräußerungen) durch Anpassung der Abschreibungsmethode zu berücksichtigen.[7] Dabei können etwa die Miteigentümer eines Wohngebäudes sich unterschiedlich für die AfA nach § 7 IV oder V entscheiden.[8] Obgleich dem Gesetz kein diesbezüglicher Hinweis zu entnehmen ist, lässt die FinVerw auch bei degressiv abgeschriebenen Gebäuden die AfaA, § 7 I 7, zu.[9] Dabei hat der StPfl – auch schon vor der Klarstellung in § 7 V 3 (Rn 176) – im Jahr der Anschaffung oder Herstellung eines Gebäudes die AfA in Höhe des vollen Jahresbetrags abzuziehen (Rn 170).

G. Absetzung bei Gebäudeteilen, Eigentumswohnungen und Ähnlichem (§ 7 Va)

184 **I. Wirtschaftsgüter iSd Abs 5a.** Die vorrangig der Klarstellung dienende Regelung umfasst zunächst **Gebäudeteile** (Rn 136), die sich aufgrund des unterschiedlichen Nutzungs- und Funktionszusammenhangs[10] von dem eigentlichen Gebäude unterscheiden und daher ertragsteuerlich selbst-

---

1 BFH BStBl II 04, 221 (Pflegegebäude ohne Sachherrschaft); BStBl II 04, 223 (Pflegezimmer ohne Sachherrschaft und Kochgelegenheit); BStBl II 04, 225 (Eigentumswohnung als „betreutes Wohnen").
2 FG BaWü EFG 98, 179 (180).
3 BFH BStBl II 87, 491 (492).
4 BFH BStBl II 95, 598; aus Vereinfachungsgründen bejaht R 7.2 III 2 EStR den Wohnzweck bei dem häuslichen Arbeitszimmer eines Mieters.
5 BFH BStBl II 87, 618 (620); BStBl II 92, 909 (910); BStBl II 01, 599 (601); FG Ddorf EFG 03, 1227 (keine Irrtumsanfechtung); FG Nds EFG 04, 487.
6 FG BaWü EFG 98, 179 (180): Umwidmung; BFH BStBl II 06, 51 (gegen R 44 VIII 2 EStR 04); ausf mit Fallvarianten: *Beckermann* DB 89, 1591; *Paus* BB 93, 1922.
7 BFH BStBl II 01, 599 (601).
8 FG SchlHol EFG 05, 1026.
9 R 7.4 XI 2 EStR; krit *K/S/M* § 7 Rn F 36.
10 BFH BStBl II 97, 533 f; BFH/NV 04, 1397.

ständige unbewegliche WG bilden. So ist ein gemischt genutztes Gebäude ggf in eigen- und fremdbetrieblichen Zwecken sowie eigenen oder fremden Wohnzwecken dienende Gebäudeteile aufzuteilen. Ein in bautechnischer Hinsicht neues Gebäudeteil liegt nur dann vor, wenn bezogen auf die zuvor vorhandenen WG ein selbstständiges neues WG hinzugekommen ist; hiernach entfällt bei Umgestaltung oder Erweiterung die degressive AfA für neu geschaffene Wohnungen, die in einem einheitlichen Nutzungs- und Funktionszusammenhang mit einer bereits vorhandenen Wohnung stehen.[1] Zu den die degressive AfA ermöglichenden neuen Gebäudeteilen können nach allg Grundsätzen auch Mietereinbauten und -umbauten (Rn 16) zählen, sofern sie nicht den beweglichen WG (Rn 186) zuzuordnen sind.[2] Rechtfertigt der unterschiedliche Nutzungs- und Funktionszusammenhang im Verhältnis zu dem bereits bestehenden Gebäude die Annahme eines (neuen) selbstständigen WG nicht, handelt es sich bei den Bauaufwendungen um nachträgliche Gebäude-HK.[3]

Nicht von § 7 Va erfasst werden **unselbstständige Gebäudeteile** (Personenaufzüge, Heizungsanlagen[4]), die zusammen mit dem betr Gebäude oder maßgeblichen selbstständigen Gebäudeteil als einheitliches WG abgeschrieben werden. **185**

Ebenso werden transportable Gegenstände, Betriebsvorrichtungen und den Scheinbestandteilen zuzurechnende Einbauten für vorübergehende Zwecke (Rn 136) als **bewegliche WG** angesehen, sodass Abs 5a nicht eingreift. Die gleiche Rechtsfolge gilt für immaterielle WG. **186**

Um **Eigentumswohnungen**, die stets als selbstständiges WG „Gebäude" zu qualifizieren sind, handelt es sich bei den Objekten nach § 1 II Wohnungseigentumsgesetz (WEG). In **Teileigentum stehende Räume** betreffen selbstständige unbewegliche WG, die nicht wie Eigentumswohnungen Wohnzwecken dienen, § 1 III WEG. **187**

II. Absetzungen gemäß Abs 4 und 5. Aus der Verweisung folgt, dass jedes WG iSd Abs 5a für sich abzuschreiben ist. IÜ gelten die in Abs 4 und 5 niedergelegten Grundsätze; dabei sind die HK nicht entspr der Dauer des Nutzungsrechts, sondern nach den für Gebäude geltenden Bestimmungen vorzunehmen.[5] Folglich kann ein StPfl die degressive AfA nur wählen, wenn es sich bei der Eigentumswohnung oder dem selbstständigen Gebäudeteil um einen **Neubau** (Rn 167, § 6 Rn 54) handelt. Diese Voraussetzung wird etwa bei der lediglich rechtlichen Umwandlung einer Eigentumswohnung verneint;[6] dies gilt gleichermaßen für Umbaumaßnahmen an bestehenden Wohnungen oder selbstständigen Gebäudeteilen, die bautechnisch keine Neuherstellung ausmachen.[7] Führen Baumaßnahmen an einem Dachgeschoss zur Begründung von Wohnungseigentum, soll ein Neubau iSd Abs 5a nur in Betracht kommen, wenn der StPfl die Voraussetzungen nach dem WEG (ua Teilungserklärung, Aufteilungsplan, Abgeschlossenheitserklärung) noch im Jahr der Fertigstellung erfüllt.[8] Abgesehen von diesem Sonderfall erfolgt aber die Fertigstellung einer Eigentumswohnung iSd § 7 V 1 unabhängig von den einschlägigen Bestimmungen des WEG (Rn 165). **190**

H. Absetzung für Substanzverringerung (§ 7 VI)

I. Anwendungsbereich der Absetzung für Substanzverringerung. Die Sonderform der AfS verteilt den Erwerbsaufwand im Hinblick auf den Erwerb des Bodenschatzes und beinhaltet nicht vorrangig einen Ausgleich für den Substanzverzehr (Rn 6). Die Abschreibungsregelung betrifft den Aufwand für den Abbau oder die Ausbeutung des Bodenvorkommens; § 7 VI dagegen erfasst weder das Nutzungsrecht noch die Substanzeinbuße des Grundstücks, die mit dem Abbau des Bodenschatzes verbunden ist.[9] Die AfS ist **allein für einzelne WG** zulässig, deren Nutzungsvorrat sich durch Ausbeute verringert; Abs 6 bezieht sich also auch nicht auf das betr Unternehmen insgesamt. **195**

Neben Bergbauunternehmen und Steinbrüchen können auch andere Betriebe die AfS wählen, soweit der Wertverlust durch Substanzverbrauch (Rn 205) eintritt. Um derartige **WG**, deren **Substanz** sich **mengenmäßig vermindert**, handelt es sich insbes bei Kohle-, Mineral-, Lehm-, Kies-, Torf-, und Mergelvorkommen sowie Erdöl- und Erdgasbeständen. Gleichermaßen zählen Abbaube- **196**

---

1 BFH BStBl 98, 625 f.
2 BFH BStBl II 97, 774 (775); R 7.1 VI EStR.
3 FG BaWü EFG 95, 1008: Erweiterungsanbau; FG D'dorf EFG 99, 645: auf Wohngebäude aufgesetzte Maisonette-Wohnung.
4 BFH BStBl II 74, 132 (135 f).
5 BFH BStBl II 97, 533 (535); BFH/NV 04, 1397 (1398).
6 BFH BStBl II 93, 188 (189).
7 BFH/NV 94, 705 (706); BFH/NV 96, 545 (546 f).
8 FG Mchn EFG 98, 936 (937); BMF BStBl I 96, 689 (690); ausdrücklich offen gelassen v BFH BStBl II 99, 589 (590).
9 BFH BStBl II 07, 508 (514); BFH/NV 04, 1165.

rechtigungen (Nutzungsrechte) und sonstige Gewinnungsrechte, die als immaterielle WG einzuordnen sind, zu den sich durch Substanzverbrauch vermindernden WG.[1] Nicht zu den WG iSd Abs 6 zählen: Quellwasservorkommen, selbst wenn sich der Wasservorrat nicht wieder erneuerte;[2] vergleichbare regenerative Güter wie Ausbeute der Erdwärme; die Erdschicht über dem Bodenschatz;[3] die zum Abbau der Bodenschätze eingesetzten Geräte und Maschinen. Die (berg-)rechtliche Einordnung der Bodenschätze im Hinblick auf Bergfreiheit oder Eigentum des Grundeigentümers und Abbauberechtigung richtet sich vornehmlich nach dem Bundesberggesetz.[4]

197 AfS kommt nur bei einem **abschreibungsfähigen WG** (Rn 205) in Betracht. So entfällt eine gesonderte Abschreibung, soweit es lediglich um untrennbar mit dem Grund und Boden verbundene wertbildende Faktoren eines Grundstücks geht.[5] Bodenschätze, die zivilrechtlich mit dem Grund und Boden gem § 905 BGB eine Einheit bilden, sind erst dann selbstständig bewertbar, wenn der Grundeigentümer oder der von diesem zur Aufsuchung und Gewinnung Berechtigte konkrete Schritte unternommen hat, das Aufkommen zur nachhaltigen Nutzung in den Verkehr zu bringen.[6] Hiernach muss der StPfl mit der Aufschließung begonnen haben oder alsbald beginnen (Rn 51 aE). Gleiches gilt, wenn die erforderliche öffentlich-rechtliche Genehmigung zum Abbau vorliegt oder auch ohne bereits erteilte Abbaugenehmigung ein Grundstück unter gesonderter Berechnung eines Kaufpreises für den Bodenschatz an einen Abbauunternehmer veräußert wird, sofern dieser alsbald mit der Ausbeutung beginnen wird.[7] Handelt es sich bei dem Erwerber nicht um einen Abbauunternehmer, ist der alsbaldige Beginn der Aufschließung durch geeignete Unterlagen, etwa den Antrag auf Erteilung einer Abbaugenehmigung, nachzuweisen.[8] Hiernach können die Vertragsparteien auch ohne Vorliegen der Abbaugenehmigung durch entspr Vertragsgestaltung die Entstehung eines eigenständigen WG „Bodenschatz" erreichen. Die Erteilung einer behördlichen Genehmigung führt aber nur dann zur vorgenannten Konkretisierung, wenn sie sich gerade auf die Ausbeutung eines bestimmten Bodenschatzes bezieht.[9] Vor dieser Konkretisierung der Ausbeutung entfallen die Annahme eines selbstständig zu bewertenden WG und damit die Möglichkeit einer bodenschatzbezogenen Abschreibung (Rn 206) in folgenden Fällen: bei einem unentdeckten Bodenschatz; bei einen Bodenschatz, dessen Lage zwar bekannt, der aber etwa aus technischen Gründen bislang nicht ausgebeutet worden oder für den die Erteilung einer Abbaugenehmigung nicht zu erwarten ist;[10] bei einem Kiesvorkommen nach Erstellen eines Hauptbetriebsplanes, aber vor Erteilung der Abbaugenehmigung.[11] Im Einzelfall ist im Rahmen der Steuergestaltung zu erwägen, dass die Zuordnung eines Bodenschatzes (als selbstständiges WG) zum PV durchaus im Interesse des StPfl liegen kann, wenn nämlich mangels Zugehörigkeit zum BV ein auf den Bodenschatz entfallender Veräußerungsgewinn stfrei bliebe. Dies ist gerade auch bei StPfl mit Einkünften gem § 13 mangels gewillkürtem BV (Rn 206 aE) zu berücksichtigen.

200 **II. Verweis auf Abs 1.** Abgesehen von dem in Abs 6 HS 2 vorgesehenen Wahlrecht hinsichtlich des Absetzungsmaßstabs verbleibt es bei den Absetzungsregeln iSd Abs 1. So richtet sich die **persönliche Berechtigung** der AfS nach allg Grundsätzen (Rn 13). Abs 6 ist nicht auf die Gewinneinkünfte beschränkt. Allerdings soll im Rahmen der Überschusseinkünfte der StPfl Abschreibungen nicht linear, sondern nur nach dem Substanzverzehr vornehmen können.[12] AfA-berechtigt ist hiernach regelmäßig der Abbauberechtigte, bei dem sich der Substanzverzehr auswirkt; dies betrifft den Grundeigentümer auch dann, wenn er die Substanzausbeute gegen Entgelt einem Dritten überlassen hat. Macht der StPfl von seinem Wahlrecht keinen Gebrauch, kommt nur die lineare AfA in Betracht.

205 **III. Ausrichtung am Substanzverzehr.** Im Hinblick auf die mit Abs 6 verfolgte Verteilungsfunktion richtet sich die Absetzungshöhe zwar nach dem ausbeutebedingten Wertverlust (Rn 6); hierzu zählen im Einzelfall die Kosten für die Bodenschatzsuche, die Aufschließung, die Abbauvorbereitung

---

1 BFH BStBl II 79, 38 (40); aA *K/S/M* § 7 Rn H 4 und 10.
2 BFH BStBl II 68, 30 (34 f).
3 BFH BStBl II 98, 185 (186): Erdschicht als nicht abnutzbares WG, allerdings Teilwertabschreibung grds zulässig; *K/S/M* § 7 Rn H 11: Erdschicht als unselbständiger Bestandteil des Grundstücks; *Schmidt*[26] § 7 Rn 173: selbstständiges WG und AfaA nach § 7 I 6; *H/H/R* § 7 Rn 563 und 565: selbstständiges WG und AfS.
4 BFH BStBl II 07, 508 (513); ausf auch zur Rechtslage in den neuen Ländern: BMF BStBl I 98, 1221; FG MeVo EFG 00, 306.
5 FG M'ster EFG 04, 1044.
6 BFH BStBl II 07, 508 (514); BMF BStBl I 98, 1221 f.
7 BFH BStBl II 90, 317; BStBl II 98, 657 (658); ausf: BMF BStBl I 98, 1221 (1222).
8 BFH/NV 01, 1256; BMF BStBl I 98, 1221 (1222).
9 FG Nds EFG 98, 354 (358).
10 BFH BStBl II 89, 37 (39).
11 FG SachsAnh EFG 99, 642 (643).
12 BFH BStBl III 67, 460 (461); aA *K/S/M* § 7 Rn H 5.

sowie das Wegschaffen des Deckgebirges.[1] Als **Bemessungsgrundlage** dienen gleichwohl die AK (Rn 58) oder entspr Hilfswerte (Rn 62).[2] Angesichts der Besonderheiten, unter denen ein abschreibungsfähiges WG entsteht (Rn 197), ist die Annahme berücksichtigungsfähiger AK vielfach problematisch. Dies gilt namentlich für Bodenschätze, die in nicht zu einem BV gehörenden Grund und Boden entdeckt werden. Der Große Senat hat nunmehr entschieden[3], dass originär im PV entstandene Bodenschätze mit dem Teilwert im Zeitpunkt der Zuführung in das BV einzulegen sind. Zudem darf der StPfl keine AfS vornehmen.

Hat ein Abbauunternehmer Aufwendungen für das Grundstück und den Bodenschatz geleistet, ist vom entgeltlichen Erwerb eines abschreibungsfähigen WG auszugehen und der Kaufpreis ggf im Wege der Schätzung aufzuteilen.[4] Hat der StPfl den Bodenschatz unentgeltlich im PV erworben, richtet sich die AfS nach den Kosten des Rechtsvorgängers, § 11d I 1 EStDV.[5] Wird der zunächst unbekannte Bodenschatz erst, nachdem das Grundstück im BV oder PV angeschafft oder eingelegt worden ist, entdeckt oder konkretisiert (Rn 197), entfällt mangels entspr Aufwendungen insoweit jegliche AfA, § 11d II EStDV.[6] Hat der StPfl das Grundstück im PV angeschafft und zusammen mit dem Bodenschatz ins gewerbliche BV **eingelegt**, ist nach der Entscheidung des Großen Senats aufwandswirksame AfS ausgeschlossen.[7] **206**

Mit Beginn der Substanzausbeute als Erstjahr der AfS[8] richtet sich die **Höhe** der Abschreibung nach dem häufig nur im Wege der Schätzung zu ermittelnden Verhältnis der abgebauten Menge zum gesamten abbauwürdigen Vorkommen oder zur neu bestimmten Restmenge. Stellt der StPfl die Ausbeutung ein, kann er den Restbetrag der AfS sogleich abziehen. **207**

§ 7a Gemeinsame Vorschriften für erhöhte Absetzungen und Sonderabschreibungen

(1) [1]Werden in dem Zeitraum, in dem bei einem Wirtschaftsgut erhöhte Absetzungen oder Sonderabschreibungen in Anspruch genommen werden können (Begünstigungszeitraum), nachträgliche Herstellungskosten aufgewendet, so bemessen sich vom Jahr der Entstehung der nachträglichen Herstellungskosten an bis zum Ende des Begünstigungszeitraums die Absetzungen für Abnutzung, erhöhten Absetzungen und Sonderabschreibungen nach den um die nachträglichen Herstellungskosten erhöhten Anschaffungs- oder Herstellungskosten. [2]Entsprechendes gilt für nachträgliche Anschaffungskosten. [3]Werden im Begünstigungszeitraum die Anschaffungs- oder Herstellungskosten eines Wirtschaftsguts nachträglich gemindert, so bemessen sich vom Jahr der Minderung an bis zum Ende des Begünstigungszeitraums die Absetzungen für Abnutzung, erhöhten Absetzungen und Sonderabschreibungen nach den geminderten Anschaffungs- oder Herstellungskosten.

(2) [1]Können bei einem Wirtschaftsgut erhöhte Absetzungen oder Sonderabschreibungen bereits für Anzahlungen auf Anschaffungskosten oder für Teilherstellungskosten in Anspruch genommen werden, so sind die Vorschriften über erhöhte Absetzungen und Sonderabschreibungen mit der Maßgabe anzuwenden, dass an die Stelle der Anschaffungs- oder Herstellungskosten die Anzahlungen auf Anschaffungskosten oder die Teilherstellungskosten und an die Stelle des Jahres der Anschaffung oder Herstellung das Jahr der Anzahlung oder Teilherstellung treten. [2]Nach Anschaffung oder Herstellung des Wirtschaftsguts sind erhöhte Absetzungen oder Sonderabschreibungen nur zulässig, soweit sie nicht bereits für Anzahlungen auf Anschaffungskosten oder für Teilherstellungskosten in Anspruch genommen worden sind. [3]Anzahlungen auf Anschaffungskosten sind im Zeitpunkt der tatsächlichen Zahlung aufgewendet. [4]Werden Anzahlungen auf Anschaffungskosten durch Hingabe eines Wechsels geleistet, so sind sie in dem Zeitpunkt aufgewendet, in dem dem Lieferanten durch Diskontierung oder Einlösung des Wechsels das Geld tatsächlich zufließt. [5]Entsprechendes gilt, wenn an Stelle von Geld ein Scheck hingegeben wird.

(3) Bei Wirtschaftsgütern, bei denen erhöhte Absetzungen in Anspruch genommen werden, müssen in jedem Jahr des Begünstigungszeitraums mindestens Absetzungen in Höhe der Absetzungen für Abnutzung nach § 7 Abs. 1 oder 4 berücksichtigt werden.

---

1 BFH BStBl II 79, 143 (144 ff).
2 BFH BStBl II 79, 38 (40); BStBl II 87, 865 (866): Teilwert bei Einlage.
3 BFH BStBl II 07, 508 (514); ausführlich: Kanzler DStR 07, 1101 (1105).
4 BFH BStBl II 79, 624 (625).
5 BFH BStBl II 73, 707; BStBl II 78, 343 (344).
6 BFH BStBl II 94, 846 (847 f); FG Nds EFG 98, 357 (358).
7 BFH BStBl II 07, 508 (515).
8 RFH RStBl 34, 1361 (1362).

(4) Bei Wirtschaftsgütern, bei denen Sonderabschreibungen in Anspruch genommen werden, sind die Absetzungen für Abnutzung nach § 7 Abs. 1 oder 4 vorzunehmen.

(5) Liegen bei einem Wirtschaftsgut die Voraussetzungen für die Inanspruchnahme von erhöhten Absetzungen oder Sonderabschreibungen auf Grund mehrerer Vorschriften vor, so dürfen erhöhte Absetzungen oder Sonderabschreibungen nur auf Grund einer dieser Vorschriften in Anspruch genommen werden.

(6) Erhöhte Absetzungen oder Sonderabschreibungen sind bei der Prüfung, ob die in § 141 Abs. 1 Nr. 4 und 5 der Abgabenordnung bezeichneten Buchführungsgrenzen überschritten sind, nicht zu berücksichtigen.

(7) [1]Ist ein Wirtschaftsgut mehreren Beteiligten zuzurechnen und sind die Voraussetzungen für erhöhte Absetzungen oder Sonderabschreibungen nur bei einzelnen Beteiligten erfüllt, so dürfen die erhöhten Absetzungen und Sonderabschreibungen nur anteilig für diese Beteiligten vorgenommen werden. [2]Die erhöhten Absetzungen oder Sonderabschreibungen dürfen von den Beteiligten, bei denen die Voraussetzungen dafür erfüllt sind, nur einheitlich vorgenommen werden.

(8) [1]Erhöhte Absetzungen oder Sonderabschreibungen sind bei Wirtschaftsgütern, die zu einem Betriebsvermögen gehören, nur zulässig, wenn sie in ein besonderes, laufend zu führendes Verzeichnis aufgenommen werden, das den Tag der Anschaffung oder Herstellung, die Anschaffungs- oder Herstellungskosten, die betriebsgewöhnliche Nutzungsdauer und die Höhe der jährlichen Absetzungen für Abnutzung, erhöhten Absetzungen und Sonderabschreibungen enthält. [2]Das Verzeichnis braucht nicht geführt zu werden, wenn diese Angaben aus der Buchführung ersichtlich sind.

(9) Sind für ein Wirtschaftsgut Sonderabschreibungen vorgenommen worden, so bemessen sich nach Ablauf des maßgebenden Begünstigungszeitraums die Absetzungen für Abnutzung bei Gebäuden und bei Wirtschaftsgütern im Sinne des § 7 Abs. 5a nach dem Restwert und dem nach § 7 Abs. 4 unter Berücksichtigung der Restnutzungsdauer maßgebenden Prozentsatz, bei anderen Wirtschaftsgütern nach dem Restwert und der Restnutzungsdauer.

R 7a/H 7a EStR 05

Übersicht

	Rn		Rn
A. Grundaussagen des § 7a	1	F. Kumulationsverbot (§ 7a V)	30
B. Nachträgliche Anschaffungskosten/ Herstellungskosten (§ 7a I)	10	G. Buchführungsgrenzen (§ 7a VI)	33
C. Teil-Herstellungskosten und Anzahlungen auf Anschaffungskosten (§ 7a II)	18	H. Mehrere Beteiligte (§ 7a VII)	35
D. Mindest-Absetzung für Abnutzung (§ 7a III)	25	I. Aufzeichnungspflichten (§ 7a VIII)	40
E. Sonderabschreibung und Regel-Absetzung für Abnutzung (§ 7a IV)	27	J. Absetzung für Abnutzung im Anschluss an Sonderabschreibung (§ 7a IX)	43

A. Grundaussagen des § 7a

1 § 7a enthält gleichermaßen für Gewinn- und Überschusseinkünfte gemeinsame Vorschriften, die für im EStG oder anderweitig normierte Abschreibungsvergünstigungen Bedeutung gewinnen, soweit nicht spezielle Regelungen den Abs 1 bis 9 vorgehen. Dagegen findet § 7a keine Anwendung etwa bei § 6 II und ähnlichen Bewertungsfreiheiten oder Rücklagen. Die vor allem **ergänzenden Bestimmungen** des § 7a dienen der Rechtsvereinheitlichung, sie enthalten keine eigenständigen Begünstigungstatbestände.[1]

2 Die gemeinsamen Vorschriften gelten für erhöhte Absetzungen, die ein StPfl **anstelle** der AfA nach § 7 I und IV aufgrund eines Wahlrechts geltend machen kann, sowie für Sonderabschreibungen, die **kumulativ** neben der linearen AfA, § 7 I und IV, berücksichtigt werden können. Zu der nicht von § 7a erfassten Regel-AfA zählen ua die Leistungs-AfA nach § 7 I 5, die AfaA nach § 7 I 6 und die degressive AfA nach § 7 II und V.

---

1 BFH BStBl II 92, 558 (559); BFH/NV 98, 575 (576).

Erhöhte Absetzungen treten an die Stelle der normalen AfA. Nicht die planmäßige Verteilung des Aufwands steht im Vordergrund. Nichtfiskalische Zwecke erlauben ein Vorziehen der Abschreibungen. Ohne das Abschreibungsvolumen der Gesamthöhe nach zu verändern, führen die erhöhten Absetzungen zu einer zinslosen Steuerstundung. 3

In vergleichbarer Weise unterstellen **Sonderabschreibungen** einen wirtschaftlich zumeist nicht begründeten (vorzeitigen) Wertverzehr. Indem der Gesetzgeber neben der AfA iSd § 7 diese Abschreibungserleichterung (Bewertungsfreiheit) zulässt, wird die Steuerbemessungsgrundlage (zeitweilig) gemindert (§ 7 Rn 4). 4

In den neuen Bundesländern gewinnt neben den besonderen Abschreibungserleichterungen des EStG, vgl § 58 I, insbes das **FördG** wesentliche Bedeutung für die abschreibungsbezogenen Investitionshilfen.[1] 5

B. Nachträgliche Anschaffungskosten/Herstellungskosten (§ 7a I)

Abs 1 regelt nur die Fälle, in denen ein StPfl erhöhte Absetzungen oder Sonderabschreibungen in Anspr nimmt und sich **innerhalb des Begünstigungszeitraums** die Bemessungsgrundlage ändert; dieser Zeitraum umfasst die Jahre, in denen der StPfl die Abschreibungsvergünstigung wählen kann. Anderenfalls richtet sich die Änderung der AfA-Bemessungsgrundlage nach den allg Regeln (§ 7 Rn 63f).[2] Gleichermaßen erfasst § 7a I nicht die Fälle, in denen gerade die nachträglichen HK eine speziell geregelte Vergünstigung erfahren, vgl § 4 FördG. Fallen im Laufe des Begünstigungszeitraums tatbestandliche Voraussetzungen für die Steuervergünstigung fort, wirkt dies bei bilanzierenden StPfl auf den Beginn des Begünstigungszeitraums zurück.[3] 10

Die Bezugsgröße für die Abschreibungsvergünstigung muss sich geändert haben. Ausgangspunkt bei der Ermittlung der Bemessungsgrundlage sind idR (§ 7 Rn 58) die ursprünglichen Aufwendungen des StPfl oder seines Rechtsvorgängers, §§ 7 und 11d EStDV, in Form der AK einschl der Anschaffungsnebenkosten oder HK. Um **nachträgliche HK oder AK** (§ 6 Rn 41 und 54 ff) handelt es sich, soweit kein neues WG etwa im Wege der Generalüberholung entsteht oder der StPfl die Kosten nicht sogleich als Erhaltungsaufwand berücksichtigen kann (§ 7 Rn 63). 11

§ 7a I 1 und 2 bestimmt, dass für den verbleibenden Zeitraum der begünstigten Nutzung (Begünstigungszeitraum abzüglich bereits verstrichener Wj) die nachträglich entstandenen Kosten in der Weise zu berücksichtigen sind, dass die ursprünglichen um die nachträglichen AK/HK erhöht werden. Da das Gesetz auf das Jahr der Entstehung abstellt, ist es unbeachtlich, wann die nachträglichen Kosten **im Laufe des Jahres tatsächlich** entstanden sind.[4] Dabei bemisst sich der Begünstigungszeitraum nach dem Zeitraum, in dem der StPfl die Abschreibungsvergünstigung wahrnehmen könnte, also unabhängig von der tatsächlichen Inanspruchnahme. 12

Bei **nachträglicher Minderung** ist die Bemessungsgrundlage in der Weise zu ändern, dass die ursprünglich für die AfA maßgebliche Bezugsgröße (Rn 11) entspr zu Beginn des Jahres herabgesetzt wird.[5] 13

Hat der StPfl von der durch § 7a I 1 und 2 eröffneten Möglichkeit keinen Gebrauch gemacht, kommt eine **Nachholung** grds nicht in Betracht; etwas anderes gilt nur in dem Fall einer ausdrücklichen Regelung wie in § 7d I 3. 14

C. Teil-Herstellungskosten und Anzahlungen auf Anschaffungskosten (§ 7a II)

Sofern eine Vorschrift (§§ 7d V, 7f III EStG; § 4 I 5 FördG) es ausdrücklich zulässt, kann ein StPfl erhöhte Absetzungen oder Sonderabschreibungen bereits vornehmen, bevor er das betr WG gem § 9a EStDV angeschafft oder hergestellt hat.[6] Hierzu bestimmt § **7a II 1**, dass anstelle der gewöhnlich für die AfA-Bemessung maßgeblichen AK oder HK die Teil-HK (Rn 19) bzw der Anzahlungen auf AK (Rn 20) treten. Auch ist nicht das Jahr der Anschaffung oder Herstellung maßgeblich, sondern das (jeweilige) Jahr, in dem der StPfl die Anzahlungen auf AK geleistet hat (Rn 22) oder die 18

---

1 Zur Anwendung des FördG BMF BStBl I 93, 279 und BStBl I 96, 1516.
2 BFH/NV 98, 575 (576).
3 BFH BStBl II 02, 134 (135 f).
4 R 7a III 1 EStR; H 7.a „Anzahlungen" (Beispiel 1) EStH.
5 Zu Einzelbeispielen BFH BStBl II 93, 96 (97); H 7.a „Anzahlungen" (Beispiel 2: Zuschuss, u Beispiel 3: Rückforderung eines Zuschusses) EStH.
6 BFH BStBl II 96, 215 (217); zur Gesetzestechnik: BFH BStBl II 01, 437 (438).

Teil-HK entstanden sind. Der Begünstigungszeitraum für die Teil-HK und die Anzahlungen auf AK endet mit Ablauf des Jahres, das der Lieferung oder Fertigstellung vorangeht. Hiervon unabhängig beginnt der Begünstigungszeitraum für das angeschaffte oder hergestellte WG mit dem Jahr der Lieferung oder Fertigstellung.

19 **Teil-HK** betreffen die nach GoB grds aktivierungspflichtigen Aufwendungen gem § 255 II 1 HGB (§ 6 Rn 52ff), die vor dem Wj entstehen, in dem das WG fertiggestellt wird.[1] Zahlungen des Herstellers gewinnen für Begründung von Teil-HK keine Bedeutung; denn Anzahlungen auf Teil-HK sind begrifflich ausgeschlossen.[2] Sofern derartige Kosten aber zu bejahen sind, können am Baufortschritt ausgerichtete Zahlungen aus Vereinfachungsgründen als Anhaltspunkt für die Höhe der entstandenen Teil-HK dienen.[3] Sind aufgrund ausdrücklicher gesetzlicher Bestimmung nachträgliche HK begünstigt, gilt § 7a II auch für die insoweit anfallenden Teil-HK.

20 **Anzahlungen auf AK** umfassen die nach Vertragsschluss und vor der Lieferung tatsächlich geleisteten Zahlungen als Vorleistungen auf das noch zu vollziehende Anschaffungsgeschäft.[4] Dabei entfallen diesbezügliche Anzahlungen, wenn der StPfl sie willkürlich im Sinne fehlender wirtschaftlicher Veranlassung leistet[5] oder der Zahlungsempfänger nicht uneingeschränkt über die Zahlung verfügen kann.[6]

21 Konnte der StPfl bereits vor Lieferung oder Fertigstellung, § 9a EStDV, des WG eine Abschreibungsvergünstigung in Anspr nehmen, regelt **§ 7a II 2**, dass nach der Anschaffung oder Herstellung erhöhte Absetzungen und Sonderabschreibungen nur noch in dem Umfang zulässig sind, wie der StPfl sie noch nicht in Anspr genommen hat. Faktisch werden also die vorzeitig in Anspr genommenen AfA-Beträge verrechnet. Auf diese Weise wird verhindert, dass das Vorziehen der Abschreibungsmöglichkeit vor den Zeitpunkt der Anschaffung oder Herstellung zu einer betragsmäßigen Ausweitung des Abschreibungsvolumens führt.

22 **§ 7a II 3–5** enthalten Einzelbestimmungen, zu welchem Zeitpunkt die Leistung eines StPfl bei Anzahlungen sowie bei der Hingabe eines Wechsels oder Schecks als bewirkt gilt. Entscheidend ist gem § 11 II 1 (§ 11 Rn 11, 27 ff) die Leistungshandlung des StPfl, bei Barzahlung also die Geldübergabe und bei Banküberweisung der Zeitpunkt, in dem der Überweisungsauftrag bei der Bank des Schuldners ein- geht.[7] Dagegen genügt bei Wechsel oder Scheck nicht die Hingabe. Die Sonderregelung verhindert das Vorverlagern der Abschreibungsvergünstigung durch gezielte Gestaltung. Erforderlich ist daher der tatsächliche Zufluss von Geld beim Gläubiger zu dessen freier Verfügung.[8]

D. Mindest-Absetzung für Abnutzung (§ 7a III)

25 Nimmt der StPfl – anstelle der Regel-AfA (Rn 2) – erhöhte Absetzungen (nicht Sonderabschreibungen!) in Anspr, muss der AfA-Betrag zumindest dem der **linearen AfA** entsprechen. In jedem Jahr des Begünstigungszeitraums ist folglich der in § 7 I und IV vorgesehene Aufwand zu berücksichtigen, dabei kommt auch die AfA nach § 7 I 6 oder 7 in Betracht. Eine Ausnahme von diesem Grundsatz gilt nur, wenn aufgrund von Sonderbestimmungen, vgl etwa § 7d I, wegen erhöhter Absetzungen zu Beginn des Abschreibungszeitraums nur noch ein so geringes AfA-Volumen zur Verfügung steht, dass der Betrag der linearen AfA unterschritten werden muss.

E. Sonderabschreibung und Regel-Absetzung für Abnutzung (§ 7a IV)

27 Nimmt ein StPfl – neben der Regel-AfA (Rn 2) – Sonderabschreibungen (nicht erhöhte Absetzungen!) in Anspr, bestimmt Abs 4, dass die **degressive AfA**, § 7 II und V, ausgeschlossen ist. Dies gilt lediglich dann nicht, wenn Sonderregelungen, vgl § 7g I, ausdrücklich Sonderabschreibungen neben der degressiven AfA zulassen. Demnach hat der StPfl zwingend die lineare AfA, § 7 I oder IV, anzusetzen, wenn er die Möglichkeit einer Sonderabschreibung nutzt; dabei kommt auch die AfA nach § 7 I 6 oder 7 in Betracht. Folglich ist die Sonderabschreibung im Regelfall nur mit der linearen AfA, der Leistungs-AfA und der AfA wegen außergewöhnlicher AfA vereinbar.

---

1 BFH BStBl II 86, 367 (368 f); R 7a VI 1 – 3 EStR.
2 BFH BStBl II 82, 426 (427); BFH/NV 89, 307 (308).
3 In diesem Sinne R 7a VI 4 EStR.
4 BFH BStBl II 83, 509; R 7a V 1–3 EStR.
5 BFH BStBl II 87, 492 (493); R 7a V 4–9 EStR; BMF BStBl I 97, 1019.
6 FG D'dorf EFG 02, 1532.
7 BFH BStBl II 87, 673 (674); BFH/NV 89, 307 (308): Leistung auf Sperrkonto; R 7a V 10–12 EStR: Leistung auf Sperrkonto/Verpfändung des Kontos; Senatsverwaltung Bln DStR 96, 1894: Verpfändung des Kontos im sog Ein-Banken-Modell.
8 BFH BStBl II 87, 137; BStBl II 01, 482 (483).

Wechselt der StPfl nach Ablauf des Jahres, in dem das zunächst degressiv abgeschriebene WG angeschafft oder hergestellt wurde, gem § 7 III zur linearen AfA, ist ihm die Inanspruchnahme der Sonderabschreibung gleichwohl nicht verwehrt.[1] Trotz der in § 7a IV zum Ausdruck kommenden Intention des Gesetzgebers, eine Begünstigungskumulation weitgehend zu unterbinden, wollte der Gesetzgeber – nach Auffassung des BFH – das zeitgleiche Nebeneinander von degressiver AfA und Sonderabschreibungen lediglich in demselben Wj vermeiden. 28

F. Kumulationsverbot (§ 7a V)

Abs 5 beschränkt die Möglichkeit, zugleich **für ein bestimmtes WG** mehrere Abschreibungsvergünstigungen in Anspr zu nehmen. Auf diese Weise verhindert § 7a V die mehrfache Begünstigung derselben Aufwendungen. Erfasst die Bewertungsfreiheit nur einen Teil der betreffenden Aufwendungen, bestimmt sich für den übersteigenden Teil die AfA nach § 7 I oder IV, im Einzelfall auch nach § 7 V.[2] Der Begriff des selbstständigen WG richtet sich nach allg Grundsätzen[3]. Dabei gilt das Kumulationsverbot – vorbehaltlich ausdrücklicher Sonderregelungen – nur für erhöhte Absetzungen und Sonderabschreibungen nach dem EStG, nicht aber etwa im Verhältnis zur degressiven AfA nach § 7 V und zur AfaA gem § 7 I 7[4] oder zu Abschreibungsvergünstigungen nach dem InvZulG, BerlinFG oder FördG. 30

Hat ein StPfl für ein WG Sonderabschreibungen oder erhöhte Absetzungen in Anspr genommen und besteht eine derartige Abschreibungsvergünstigung auch für **nachträgliche AK** (§ 6 Rn 41) **oder HK**, beschränkt § 7a V diese Wahl nicht. Denn in diesem Fall ist eine doppelte Begünstigung derselben Aufwendungen ausgeschlossen. 31

G. Buchführungsgrenzen (§ 7a VI)

Die Buchführungspflicht bestimmter StPfl richtet sich nach den in **§ 141 I Nr 4 und 5 AO** festgelegten Größenmerkmalen. Hierzu sieht § 7a VI vor, dass für die Ermittlung dieser Gewinngrenzen die in Anspr genommenen Abschreibungsvergünstigungen, soweit sie die Regel-AfA übersteigen, nicht zu berücksichtigen sind. Die Buchführungspflicht soll also für größere Betriebe nicht allein deswegen entfallen, weil sie über die lineare AfA, § 7 I und IV, hinaus Abschreibungen berücksichtigt haben. Der im Jahre 99 eingefügte **§ 52 Abs 22**[5] beschränkt die letztmalige Anwendung des § 7a VI auf das Wj, das dem Wj vorangeht, für das § 15a erstmals anzuwenden ist. 33

H. Mehrere Beteiligte (§ 7a VII)

An einem WG können mehrere StPfl etwa mit Bruchteils- und Gesamthandseigentum oder als wirtschaftliche Miteigentümer, § 39 AO, beteiligt sein. Grds können nur die G'ter (erhöhte) Absetzungen geltend machen, die selbst die AK oder HK getragen haben, § 39 II Nr 2 AO. Sind, insbes wegen fehlender persönlicher Voraussetzungen, nicht alle Beteiligte zur Inanspruchnahme der Abschreibungsvergünstigung berechtigt, bestimmt **§ 7a VII 1**, dass die insoweit berechtigten Beteiligten die Vergünstigung **nur anteilig** vornehmen dürfen; ohne ausdrückliche gesetzliche Bestimmung, vgl etwa § 1 I 2 FördG, ist also nicht etwa auf die betr PersGes abzustellen.[6] Hierzu ist der Teil der AfA-Bemessungsgrundlage zu bestimmen, der nach der vermögensrechtlichen Zuordnung des WG auf jeden einzelnen der Beteiligten entfällt; maßgeblich ist der jeweilige Kapitalanteil oder Gewinnverteilungsschlüssel.[7] Dabei gilt § 7a VII ausweislich des Wortlauts nicht für die degressive AfA, die als normale AfA iSd § 7 I anzusehen ist. Denn der Zwang zur einheitlichen Vornahme gilt nur für erhöhte Absetzungen und Sonderabschreibungen.[8] 35

Soweit die an einem WG Beteiligten eine Abschreibungsvergünstigung in Anspr nehmen können, muss dies **einheitlich** geschehen, **§ 7a VII 2**; dies gilt nach dem allg Grundsatz einheitlicher Bilanzierung auch für den Fall, dass bei sämtlichen Beteiligten die diesbezüglichen Voraussetzungen erfüllt sind.[9] Das Gebot der einheitlichen Inanspruchnahme umfasst sowohl die Entscheidung, Sonderabschreibungen oder erhöhte Absetzungen (nicht aber degressive AfA, vgl Rn 35) zu wählen, als auch 36

---

1 BFH BStBl II 06, 799 (800).
2 BFH BStBl II 02, 472 (473); BStBl II 04, 783 (787).
3 BFH/NV 98, 575 zu Gebäudebestandteilen.
4 BFH BStBl II 79, 8 (9); BStBl II 04, 783 (787).
5 StEntlG 99/00/02 v 24.3.99, BGBl I 99, 402 (416).
6 BFH BStBl II 01, 760 (761); BStBl II 02, 309.
7 Abw *H/H/R* § 7a Rn 116: Aufteilung auch nach Finanzierungsbeitrag zulässig.
8 FG SchlHol EFG 05, 1026.
9 BFH BStBl II 86, 910 (913) einheitliche Bilanzierung bei PersGes.

die Höhe des geltend gemachten Absetzungsbetrages.[1] Der Zwang zur einheitlichen Bilanzierung lässt sich bei widerstreitenden Interessen ggf umgehen, indem das WG im Sonder-BV nur eines Beteiligten geführt und an die Ges vermietet wird.

I. Aufzeichnungspflichten (§ 7a VIII)

40 Gehören die WG zu einem (Sonder-)BV, sieht § 7a VIII 1 ein im Einzelnen beschriebenes Verzeichnis vor, dessen Führung als materiellrechtliche Voraussetzung für die Inanspruchnahme der Abschreibungsvergünstigung erforderlich ist, um die Steuervergünstigung hinreichend verfolgen zu können. Betroffen sind StPfl mit Gewinneinkünften, § 2 II Nr 1, auch wenn der Gewinn nach § 4 III ermittelt wird. Das Verzeichnis ist angesichts des Gesetzeswortlauts auch dann bereits notwendig, wenn ein StPfl erhöhte Absetzungen oder Sonderabschreibungen für Teil-HK oder Anzahlungen auf AK geltend machen kann. Das **laufend geführte Verzeichnis** erfordert nicht zeitnahe Aufzeichnungen; vielmehr genügt, wenn der StPfl die Einzelangaben in ihrer zeitlichen Reihenfolge vornimmt und zwar bis zu dem Zeitpunkt, in dem er die Abschreibungsvergünstigung in Anspr nimmt.[2] Sofern das Verzeichnis in den Folgejahren Mängel aufweist, steht dies einer Wahl der erhöhten Absetzungen oder Sonderabschreibungen im Erstjahr nicht entgegen. Ein StPfl kann der Aufzeichnungspflicht auch in Schätzungsfällen genügen.

41 Sind die in S 1 genannten Einzelangaben bereits aus der **Buchführung** ersichtlich, ist ein gesondert zu führendes Verzeichnis nicht erforderlich, § 7a VIII 2. Dies gilt etwa auch für ein Bestandsverzeichnis, das den in S 1 aufgeführten Anforderungen entspricht.

J. Absetzung für Abnutzung im Anschluss an Sonderabschreibung (§ 7a IX)

43 § 7a IX regelt allein für Sonderabschreibungen die **Restwertabschreibung** des nach Ablauf des Begünstigungszeitraums verbleibenden Buchwerts (ursprüngliche AK oder HK nach Abzug aller in den Vorjahren geltend gemachten Abschreibungsbeträge) und zwar in der Weise, dass der Restwert an die Stelle der ursprünglichen Bemessungsgrundlage tritt. Dieser Betrag ist für Gebäude, § 7 IV, sowie die in § 7 Va genannten Gebäudeteile, Wohnungen und Räume auf die verbleibende – fiktive – Nutzungsdauer (= typisierte Nutzungsdauer nach § 7 IV 1 oder 2 ./. Begünstigungszeitraum) linear zu verteilen. Auf diese Weise wird die Nutzungsdauer, von der § 7 IV ausgeht, nicht verlängert; vielmehr werden die in § 7 IV genannten AfA-Sätze erhöht.[3] Bei den übrigen WG hat der StPfl nach Abschluss des Begünstigungszeitraums die Restnutzungsdauer (neu) zu bestimmen[4] und den Buchwert als neue Bemessungsgrundlage im Regelfall linear zu verteilen; nur wenn neben der Sonderabschreibung bereits die degressive AfA zulässig war, vgl § 7g I, kann der StPfl während der Restnutzungsdauer weiterhin nach § 7 II abschreiben. § 7a IX erfasst nicht die Restwert-AfA bei erhöhten Absetzungen; diese richtet sich nach den jeweiligen Einzelbestimmungen.

§ 7b Erhöhte Absetzungen für Einfamilienhäuser, Zweifamilienhäuser und Eigentumswohnungen

(1) ¹Bei im Inland belegenen Einfamilienhäusern, Zweifamilienhäusern und Eigentumswohnungen, die zu mehr als 66⅔ Prozent Wohnzwecken dienen und die vor dem 1. Januar 1987 hergestellt oder angeschafft worden sind, kann abweichend von § 7 Abs. 4 und 5 der Bauherr im Jahr der Fertigstellung und in den sieben folgenden Jahren jeweils bis zu 5 Prozent der Herstellungskosten oder ein Erwerber im Jahr der Anschaffung und in den sieben folgenden Jahren jeweils bis zu 5 Prozent der Anschaffungskosten absetzen. ²Nach Ablauf dieser acht Jahre sind als Absetzung für Abnutzung bis zur vollen Absetzung jährlich 2,5 Prozent des Restwerts abzuziehen; § 7 Abs. 4 Satz 2 gilt entsprechend. ³Übersteigen die Herstellungskosten oder die Anschaffungskosten bei einem Einfamilienhaus oder einer Eigentumswohnung 200 000 Deutsche Mark, bei einem Zweifamilienhaus 250 000 Deutsche Mark, bei einem Anteil an einem dieser Gebäude oder einer Eigentumswohnung den entsprechenden Teil von 200 000 Deutsche Mark oder von 250 000 Deutsche Mark, so ist auf

---

1 **AA** *H/H/R* § 7a Rn 118; offen gelassen in BFH BStBl II 90, 953 (954).
2 BFH BStBl II 85, 47 (48); BStBl II 86, 528 (530); zur nachträglichen Berücksichtigung von Sonderabschreibungen, vgl OFD Hann DStR 97, 871.
3 BFH BStBl II 92, 622 (623 f); H 7a ‚Anzahlungen' (Beispiel 4) EStH.
4 R 7a X 2 EStR: Übernahme der ursprünglichen Nutzungsdauer zulässig.

Erhöhte Absetzungen für Einfamilienhäuser § 7b

den übersteigenden Teil der Herstellungskosten oder der Anschaffungskosten § 7 Abs. 4 anzuwenden. [4]Satz 1 ist nicht anzuwenden, wenn der Steuerpflichtige das Einfamilienhaus, Zweifamilienhaus, die Eigentumswohnung oder einen Anteil an einem dieser Gebäude oder an einer Eigentumswohnung

1. von seinem Ehegatten anschafft und bei den Ehegatten die Voraussetzungen des § 26 Abs. 1 vorliegen;
2. anschafft und im zeitlichen Zusammenhang mit der Anschaffung an den Veräußerer ein Einfamilienhaus, Zweifamilienhaus oder eine Eigentumswohnung oder einen Anteil an einem dieser Gebäude oder an einer Eigentumswohnung veräußert; das gilt auch, wenn das veräußerte Gebäude, die veräußerte Eigentumswohnung oder der veräußerte Anteil dem Ehegatten des Steuerpflichtigen zuzurechnen war und bei den Ehegatten im Zeitpunkt der Anschaffung und im Zeitpunkt der Veräußerung die Voraussetzungen des § 26 Abs. 1 vorliegen;
3. nach einer früheren Veräußerung durch ihn wieder anschafft; das gilt auch, wenn das Gebäude, die Eigentumswohnung oder der Anteil im Zeitpunkt der früheren Veräußerung dem Ehegatten des Steuerpflichtigen zuzurechnen war und bei den Ehegatten die Voraussetzungen des § 26 Abs. 1 vorliegen.

(2) [1]Absatz 1 gilt entsprechend für Herstellungskosten, die für Ausbauten und Erweiterungen an einem Einfamilienhaus, Zweifamilienhaus oder an einer Eigentumswohnung aufgewendet worden sind und der Ausbau oder die Erweiterung vor dem 1. Januar 1987 fertig gestellt worden ist, wenn das Einfamilienhaus, Zweifamilienhaus oder die Eigentumswohnung vor dem 1. Januar 1964 fertig gestellt und nicht nach dem 31. Dezember 1976 angeschafft worden ist. [2]Weitere Voraussetzung ist, dass das Gebäude oder die Eigentumswohnung im Inland belegen ist und die ausgebauten oder neu hergestellten Gebäudeteile zu mehr als 80 Prozent Wohnzwecken dienen. [3]Nach Ablauf des Zeitraums, in dem nach Satz 1 erhöhte Absetzungen vorgenommen werden können, ist der Restwert den Anschaffungs- oder Herstellungskosten des Gebäudes oder dem an deren Stelle tretenden Wert hinzuzurechnen; die weiteren Absetzungen für Abnutzung sind einheitlich für das gesamte Gebäude nach dem sich hiernach ergebenden Betrag und dem für das Gebäude maßgebenden Prozentsatz zu bemessen.

(3) [1]Der Bauherr kann erhöhte Absetzungen, die er im Jahr der Fertigstellung und in den zwei folgenden Jahren nicht ausgenutzt hat, bis zum Ende des dritten auf das Jahr der Fertigstellung folgenden Jahres nachholen. [2]Nachträgliche Herstellungskosten, die bis zum Ende des dritten auf das Jahr der Fertigstellung folgenden Jahres entstehen, können abweichend von § 7a Abs. 1 vom Jahr ihrer Entstehung an so behandelt werden, als wären sie bereits im ersten Jahr des Begünstigungszeitraums entstanden. [3]Die Sätze 1 und 2 gelten für den Erwerber eines Einfamilienhauses, eines Zweifamilienhauses oder einer Eigentumswohnung und bei Ausbauten und Erweiterungen im Sinne des Absatzes 2 entsprechend.

(4) [1]Zum Gebäude gehörende Garagen sind ohne Rücksicht auf ihre tatsächliche Nutzung als Wohnzwecken dienend zu behandeln, soweit in ihnen nicht mehr als ein Personenkraftwagen für jede in dem Gebäude befindliche Wohnung untergestellt werden kann. [2]Räume für die Unterstellung weiterer Kraftwagen sind stets als nicht Wohnzwecken dienend zu behandeln.

(5) [1]Erhöhte Absetzungen nach den Absätzen 1 und 2 kann der Steuerpflichtige nur für ein Einfamilienhaus oder für ein Zweifamilienhaus oder für eine Eigentumswohnung oder für den Ausbau oder die Erweiterung eines Einfamilienhauses, eines Zweifamilienhauses oder einer Eigentumswohnung in Anspruch nehmen. [2]Ehegatten, bei denen die Voraussetzungen des § 26 Abs. 1 vorliegen, können erhöhte Absetzungen nach den Absätzen 1 und 2 für insgesamt zwei der in Satz 1 bezeichneten Gebäude, Eigentumswohnungen, Ausbauten oder Erweiterungen in Anspruch nehmen. [3]Den erhöhten Absetzungen nach den Absätzen 1 und 2 stehen die erhöhten Absetzungen nach § 7b in der jeweiligen Fassung ab Inkrafttreten des Gesetzes vom 16. Juni 1964 (BGBl. I S. 353) und nach § 15 Abs. 1 bis 4 des Berlinförderungsgesetzes in der Fassung des Gesetzes vom 11. Juli 1977 (BGBl. I S. 1213) gleich. [4]Ist das Einfamilienhaus, das Zweifamilienhaus oder die Eigentumswohnung (Erstobjekt) dem Steuerpflichtigen nicht bis zum Ablauf des Begünstigungszeitraums zuzurechnen, so kann der Steuerpflichtige abweichend von den Sätzen 1 bis 3 erhöhte Absetzungen bei einem weiteren Einfamilienhaus, Zweifamilienhaus oder einer weiteren Eigentumswohnung im Sinne des Absatzes 1 Satz 1 (Folgeobjekt) in Anspruch nehmen, wenn er das Folgeobjekt innerhalb eines Zeitraums von zwei Jahren vor und drei Jahren nach Ablauf des Veranlagungszeitraums, in

dem ihm das Erstobjekt letztmals zugerechnet worden ist, anschafft oder herstellt; Entsprechendes gilt bei einem Ausbau oder einer Erweiterung eines Einfamilienhauses, Zweifamilienhauses oder einer Eigentumswohnung. ⁵Im Fall des Satzes 4 ist der Begünstigungszeitraum für das Folgeobjekt um die Anzahl der Veranlagungszeiträume zu kürzen, in denen das Erstobjekt dem Steuerpflichtigen zugerechnet worden ist; hat der Steuerpflichtige das Folgeobjekt in einem Veranlagungszeitraum, in dem ihm das Erstobjekt noch zuzurechnen ist, hergestellt oder angeschafft oder einen Ausbau oder eine Erweiterung vorgenommen, so beginnt der Begünstigungszeitraum für das Folgeobjekt abweichend von Absatz 1 mit Ablauf des Veranlagungszeitraums, in dem das Erstobjekt dem Steuerpflichtigen letztmals zugerechnet worden ist.

(6) ¹Ist ein Einfamilienhaus, ein Zweifamilienhaus oder eine Eigentumswohnung mehreren Steuerpflichtigen zuzurechnen, so ist Absatz 5 mit der Maßgabe anzuwenden, dass der Anteil des Steuerpflichtigen an einem dieser Gebäude oder an einer Eigentumswohnung, einem Einfamilienhaus, einem Zweifamilienhaus oder einer Eigentumswohnung gleichsteht; Entsprechendes gilt bei dem Ausbau oder der Erweiterung von Einfamilienhäusern, Zweifamilienhäusern oder Eigentumswohnungen, die mehreren Steuerpflichtigen zuzurechnen sind. ²Satz 1 ist nicht anzuwenden, wenn ein Einfamilienhaus, ein Zweifamilienhaus oder eine Eigentumswohnung ausschließlich dem Steuerpflichtigen und seinem Ehegatten zuzurechnen ist und bei den Ehegatten die Voraussetzungen des § 26 Abs. 1 vorliegen.

(7) Der Bauherr von Kaufeigenheimen, Trägerkleinsiedlungen und Kaufeigentumswohnungen kann abweichend von Absatz 5 für alle von ihm vor dem 1. Januar 1987 erstellten Kaufeigenheime, Trägerkleinsiedlungen und Kaufeigentumswohnungen im Jahr der Fertigstellung und im folgenden Jahr erhöhte Absetzungen bis zu jeweils 5 Prozent vornehmen.

(8) Führt eine nach § 7c begünstigte Baumaßnahme dazu, dass das bisher begünstigte Objekt kein Einfamilienhaus, Zweifamilienhaus und keine Eigentumswohnung mehr ist, kann der Steuerpflichtige die erhöhten Absetzungen nach den Absätzen 1 und 2 bei Vorliegen der übrigen Voraussetzungen für den restlichen Begünstigungszeitraum unter Einbeziehung der Herstellungskosten für die Baumaßnahme nach § 7c in Anspruch nehmen, soweit er diese Herstellungskosten nicht in die Bemessungsgrundlage nach § 7c einbezogen hat.

§ 15 EStDV

1 § 7b gilt für Ein-, Zweifamilienhäuser oder Eigentumswohnungen, die vor dem 1.1.87 hergestellt oder angeschafft worden sind und für vor dem 1.1.87 fertiggestellte Ausbauten oder Erweiterungen. Die Regelung über die erhöhte Absetzung war damit letztmalig im VZ 93 anwendbar. Heute ist nur noch die Restwert-AfA gem § 7b I 2 von Bedeutung, die keine rechtlichen Probleme aufwirft. Zur Auslegung und Anwendung von § 7b wird auf die einschlägigen Kommentierungen in älteren Kommentaren verwiesen.

§ 7c Erhöhte Absetzungen für Baumaßnahmen an Gebäuden zur Schaffung neuer Mietwohnungen

(1) Bei Wohnungen im Sinne des Absatzes 2, die durch Baumaßnahmen an Gebäuden im Inland hergestellt worden sind, können abweichend von § 7 Abs. 4 und 5 im Jahr der Fertigstellung und in den folgenden vier Jahren Absetzungen jeweils bis zu 20 Prozent der Bemessungsgrundlage vorgenommen werden.

(2) Begünstigt sind Wohnungen,
1. für die der Bauantrag nach dem 2. Oktober 1989 gestellt worden ist oder, falls ein Bauantrag nicht erforderlich ist, mit deren Herstellung nach diesem Zeitpunkt begonnen worden ist,
2. die vor dem 1. Januar 1996 fertig gestellt worden sind und
3. für die keine Mittel aus öffentlichen Haushalten unmittelbar oder mittelbar gewährt werden.

(3) ¹Bemessungsgrundlage sind die Aufwendungen, die dem Steuerpflichtigen durch die Baumaßnahme entstanden sind, höchstens jedoch 60 000 Deutsche Mark je Wohnung. ²Sind durch die Baumaßnahmen Gebäudeteile hergestellt worden, die selbstständige unbewegliche Wirtschaftsgüter sind, gilt für die Herstellungskosten, für die keine Absetzungen nach Absatz 1 vorgenommen werden, § 7 Abs. 4; § 7b Abs. 8 bleibt unberührt.

(4) Die erhöhten Absetzungen können nur in Anspruch genommen werden, wenn die Wohnung vom Zeitpunkt der Fertigstellung bis zum Ende des Begünstigungszeitraums fremden Wohnzwecken dient.

(5) ¹Nach Ablauf des Begünstigungszeitraums ist ein Restwert den Anschaffungs- oder Herstellungskosten des Gebäudes oder dem an deren Stelle tretenden Wert hinzuzurechnen; die weiteren Absetzungen für Abnutzung sind einheitlich für das gesamte Gebäude nach dem sich hiernach ergebenden Betrag und dem für das Gebäude maßgebenden Prozentsatz zu bemessen. ²Satz 1 ist auf Gebäudeteile, die selbstständige unbewegliche Wirtschaftsgüter sind, und auf Eigentumswohnungen entsprechend anzuwenden.

BMF BStBl I 92, 115

Literatur: *Spanke* Neue Abschreibungsvergünstigungen für neue Mietwohnungen in bestehenden Gebäuden, DB 90, 143; *Stephan* Zur AfA von nach § 7c EStG nichtbegünstigten Aufwendungen, DB 90, 1584.

A. Grundaussagen des § 7c

§ 7c erlaubt den Ansatz von erhöhten Absetzungen, also nicht Sonderabschreibungen (§ 7a Rn 3f), hinsichtlich der HK für bestimmte neugeschaffene Wohnungen. Die Vorschrift bietet auch ausweislich der Überschrift in zeitlich begrenztem Umfang – für die VZ 89 bis 99 als letztem Jahr des Begünstigungszeitraums – einen steuerrechtlichen **Anreiz zum Erstellen neuen Mietwohnraums**, indem der zumeist kostengünstige Aus- oder Umbau vorhandener Gebäudeflächen zusätzliche abgeschlossene, zur Dauervermietung geeignete Wohnungen schafft. Bereits überbaute Flächen sollen intensiver für Wohnzwecke genutzt werden. An diesem Gesetzeszweck hat sich die Rechtsauslegung zu orientieren.¹ § 7c steht (un-)beschränkt stpfl nat und jur Pers für Gebäude im BV oder PV offen. Angesichts der zeitlichen Vorgaben (Fertigstellung vor dem 1.1.96) schwindet die Bedeutung des § 7c. **1**

Die Abschreibungsvergünstigung ist **beschränkt** auf Wohnungen, die in einem bestimmten Zeitraum (Abs 2 Nr 1 und 2) und ohne öffentliche Haushaltsmittel errichtet worden sind (Abs 2 Nr 3); zudem müssen die Wohnungen fremdvermietet sein (Abs 4). Dabei ist die Förderung begrenzt auf eine Bemessungsgrundlage bis zu DM 60 000 je Wohnung (Abs 3). StPfl müssen ggf die Einzelumstände darlegen und beweisen (**objektive Darlegungslast**).² § 7a I, III, V bis VIII sind zu beachten. Bei Ausbaumaßnahmen kommt alternativ (§ 7a Rn 30) eine Begünstigung nach § 7k in Betracht. **2**

B. Erhöhte Absetzungen (§ 7c I)

Die begünstigte Baumaßnahme erfordert das Schaffen einer **Wohnung**, die der StPfl zur Einkünfteerzielung nutzt. Mangels anderweitiger Regelung ist nach den bewertungsrechtlichen Maßstäben von einer Wohnung auszugehen, wenn eine Mehrheit von Räumen derart zusammengefasst ist, dass sie das Führen eines selbstständigen Haushalts auf Dauer erlauben.³ Hiernach müssen die Räume eine von anderen Räumen eindeutig baulich getrennte, in sich abgeschlossene Einheit bilden und einen eigenen Zugang aufweisen. Demnach stehen gemeinsame Verkehrsflächen mit anderen Wohnungen regelmäßig der Annahme jeweils selbstständiger Wohnungen entgegen. Dies gilt unabhängig davon, ob die Wohnung ein selbstständiges WG oder einen unselbstständigen Gebäudeteil bildet.⁴ § 7c I setzt die Baumaßnahme **an einem Gebäude** voraus; die Art des Gebäudes und die bisherige Nutzung sind unerheblich. Diese Gesetzesformulierung schließt eine Begünstigung für Baumaßnahmen aus, durch die im zeitlichen und räumlichen Zusammenhang mit der Errichtung des Gebäude selbst zugleich eine neue Mietwohnung geschaffen wird.⁵ Vielmehr kommen erhöhte Absetzungen nur in Betracht, wenn das betr Gebäude – auch im Falle eines Neubaus – zunächst zumindest im Wege der Teilfertigstellung bereits fertiggestellt war. Wird neuer Wohnraum durch Aufteilung einer bestehenden Wohnung geschaffen, kann der StPfl nur hinsichtlich eines Objektes erhöhte Absetzungen wählen.⁶ Das betr Gebäude muss sich im **Inland** befinden. Maßgeblich ist der Inlandsbegriff gem § 1 I 1. **5**

---

1 BFH BStBl II 01, 437; BFH/NV 04, 777 (778); *K/S/M* § 7d Rn A 90.
2 BFH BStBl II 90, 752 (753).
3 BFH BStBl II 90, 705 f; BFH/NV 04, 777 (778); BMF BStBl I 92, 115 Tz 1.
4 *Stephan* DB 90, 1584.
5 BFH BStBl II 99, 135.
6 FG Saarl EFG 97, 58; BMF BStBl I 92, 115 (116) Tz 3; **aA** FG BaWü EFG 98, 1459 (§ 7c für alle neu entstandenen Mietwohnungen).

6 StPfl können hinsichtlich des begünstigungsfähigen Aufwands erhöhte Absetzungen, § 7a I, von **höchstens 20 vH jährlich** geltend machen. Die Höchstbeträge können unterschritten werden, allerdings ist die Mindest-AfA nach § 7a III zu berücksichtigen (§ 7a Rn 25). Der Höchstsatz gilt für das Jahr der Fertigstellung unabhängig von dem Zeitpunkt, in dem die Arbeiten an der Wohnung abgeschlossen werden. Berechtigt, die erhöhten Absetzungen geltend zu machen, sind die StPfl, die die Aufwendungen zur Schaffung neuer Wohnungen durch Umbau, Aufstockung, Ausbau oder sonstige Umgestaltung[1] getragen haben; ausgeschlossen von der Vergünstigung sind lediglich Anschaffungsvorgänge. Um eine **begünstigte Herstellung** handelt es sich auch dann, wenn die zur Wohnungserstellung aufgewandten Kosten nachträgliche AK (§ 6 Rn 41) des Gebäudes darstellen. Dagegen erfüllt die bloße Umwidmung von Räumen, also etwa da Nutzen als Wohnraum statt als Geschäftsraum, diese Voraussetzung nicht. Gleichermaßen entfällt § 7c, wenn der StPfl eine bestehende Wohnung lediglich ausbaut oder erweitert.[2] Gem § 7a VII 1 sind bei **mehreren Beteiligten** nur diejenigen begünstigt, die die Voraussetzungen des § 7c erfüllen.[3] Dies entfällt etwa für einen Beteiligten, der seinen Miteigentumsanteil nach Fertigstellung der Wohnung entgeltlich erworben hat. § 7a VII 2 verlangt eine einheitliche Vorgehensweise (§ 7a Rn 36). Die **Ausübung des Wahlrechts** erfolgt durch entspr Angaben in der Steuererklärung. Änderungen finden ihre Grenze in der Bestandskraft der betr Bescheide. Eine Nachholung unterlassener (erhöhter) Absetzungen entfällt.[4]

C. Begünstigte Wohnungen (§ 7c II)

10 Erhöhte Absetzungen kommen nur für Wohnungen in Betracht, für die der StPfl den Bauantrag **nach dem 2.10.89** gestellt (§ 7 Rn 139) oder mit deren Herstellung, sofern ein Antrag nicht erforderlich ist, er nach diesem Zeitpunkt in Form konkreter Baumaßnahmen[5] begonnen hat, § 7c I Nr 1. Schwarzbauten sind nicht begünstigt, bei nachträglicher Genehmigung müssen Baubeginn und Erteilung der Genehmigung nach dem Stichtag liegen.[6] Demgemäß entfällt § 7c bei genehmigungspflichtigen Bauten ohne Baugenehmigung; nachträglich erteilte Genehmigung wirkt nicht zurück. Die Förderung nach § 7c setzt zusätzlich voraus, dass die Wohnung **vor dem 1.1.96** fertiggestellt ist, § 7c I Nr 2; im Beitrittsgebiet darf die Fertigstellung allerdings gem § 57 I nicht vor dem 1.1.91 erfolgt sein (Rn 1). Dabei beinhaltet Fertigstellung, abgesehen von geringen Restarbeiten, die Bezugsfertigkeit.[7] Das betreffende Gebäude (Gebäudeteil) ist bezugsfertig, wenn Fenster und (Außen-)Türen eingebaut, Anschlüsse für Strom und Wasser, Heizung und Sanitäreinrichtung vorhanden sind sowie die Einrichtung einer Küche möglich ist. Schließlich dürfen keine **öffentlichen Mittel** die Baumaßnahme gefördert haben, § 7c I Nr 3. Hierzu zählen alle in einem öffentlichen Haushalt als Haushaltsansatz ausgewiesenen Mittel.[8] Als schädlich erweisen sich, unabhängig von dem Umfang der Förderung, eine lediglich mittelbare Förderung, Zinsverbilligungen oder Aufwendungszuschüsse, nicht jedoch der verbilligte Verkauf von Grundstücken durch eine Gemeinde. Wird die öffentliche Förderung ex tunc rückgängig gemacht, besteht die Möglichkeit, erhöhte Absetzungen geltend zu machen.[9]

D. Bemessungsgrundlage (§ 7c III)

12 Zur **Bemessungsgrundlage** zählen alle mit der Baumaßnahme verbundenen Aufwendungen, die HK (insbes also nicht sogleich abziehbaren Erhaltungsaufwand, § 6 Rn 54) darstellen. Dieser Begriff umfasst Teil-HK iSv § 7a II 1 (§ 7a Rn 19) wie auch innerhalb des Begünstigungszeitraums nachträglich eingetretene Vermögensminderungen iSv § 7a I (§ 7a Rn 11). Begünstigt sind Aufwendungen, die durch die Baumaßnahmen veranlasst sind und mit der Fertigstellung der Wohnung zusammenhängen; unerheblich ist, ob die Maßnahme erforderlich war.[10] § 7c III 1 betrifft auch die Abrisskosten, nicht jedoch den Wert der entfernten Teile sowie der weiterhin noch genutzten Gebäudeteile. Umfasst die einheitliche Baumaßnahme mehrere Wohnungen, ist eine Zuordnung im Wege der Schätzung nach Maßgabe der Nutzflächen[11] oder Kubikmeter umbauten Raums[12] erforderlich.

---

1 *Spanke* DB 90, 143 (144).
2 BFH BStBl II 98, 394 (395).
3 BFH BStBl II 90, 953 (954).
4 BFH BStBl II 84, 709 (710).
5 BMF BStBl I 92, 115 (116) Tz 5.
6 FG Kln EFG 00, 733 (734); FG Nds 10.12.02 – 3 V 372/02; *K/S/M* § 7c Rn C 11; BMF BStBl I 92, 115 (116) Tz 4; *Spanke* DB 90, 143 (144).
7 BFH BStBl II 02, 472; *K/S/M* § 10e Rn B 11; *Spanke* DB 90, 144 (145).
8 *K/S/M* § 7c Rn C 18; BMF BStBl I 92, 115 (116) Tz 9.
9 OFD Nürnberg DStR 93, 1748.
10 BFH/NV 02, 1139; *K/S/M* § 7c Rn D 4; **aA** BMF BStBl I 92, 115 (117) Tz 15; *Spanke* DB 90, 143 (146).
11 BMF BStBl I 92, 115 (117) Tz 17.
12 BFH/NV 02, 1139; *K/S/M* § 7c Rn D 10.

Die Förderung ist – vorbehaltlich des in S 2 geregelten Sonderfalls – auf einen **Höchstbetrag von** 13
DM 60 000 je Wohnung begrenzt, § 7c III 1. Übersteigen die Aufwendungen diese Grenze, darf der
StPfl hinsichtlich des Spitzenbetrages grds keine sonstigen Abschreibungsvergünstigungen in Anspr
nehmen, sondern er kann insoweit die Aufwendungen nur einheitlich mit dem Gebäude abschreiben.[1] Nachdem die über DM 60 000 hinausgehenden Aufwendungen ebenfalls dem Kumulationsverbot unterliegen, erweist es sich im Einzelfall bei hohen HK als vorteilhaft, auf § 7c zu verzichten. Es
ist nämlich mit dem Regelungszweck des § 7a V, die mehrfache Abschreibungsvergünstigung der
selben Kosten zu verhindern (§ 7a Rn 30), nicht vereinbar, neben der Höchstförderung im Rahmen
des § 7c für den darüber hinausgehenden Spitzenbetrag die AfA etwa nach § 82a EStDV in Anspr
zu nehmen, soweit der StPfl die betr Kosten einer der in § 82a EStDV genannten Anlage oder Einrichtung zuzuordnen vermag.[2]

§ 7c III 2 regelt den Sonderfall, dass die Baumaßnahme Gebäudeteile betrifft, die **selbstständige** 14
unbewegliche WG darstellen (§ 7 Rn 184). Soweit der StPfl für die betr HK keine erhöhte Absetzungen nach § 7c I vornimmt, richtet sich die AfA nach § 7 IV.[3] IÜ kann der StPfl statt der erhöhten
Absetzungen nach § 7c III die degressive AfA nach § 7 V ohne betragsmäßige Begrenzung geltend
machen. Dagegen richtet sich die AfA bei selbstständigen beweglichen WG nach § 7 I bis III. Ausdrücklich regelt § 7c III 2 HS 2 das **Verhältnis zu § 7b VIII**. Hiernach schließt § 7c die Anwendung
des § 7b I und II grds nicht aus.[4]

E. Fremdvermietung (§ 7c IV)

§ 7c betrifft nur Wohnungen, die der StPfl **auf Dauer zu fremden Wohnzwecken** vermietet hat; hiernach sind kurzfristig an wechselnde Feriengäste vermietete Ferienwohnungen,[5] Wochenendhäuser
und Gemeinschaftsunterkünfte[6] nicht begünstigt. Entscheidend ist iÜ die Zielsetzung des Vermieters, die Räume überwiegend zu Wohnzwecken zu nutzen, nicht die tatsächliche Nutzung.[7] Als 16
schädlich sind hiernach die Eigennutzung und die dieser Nutzung gleichzustellenden Fallgestaltungen anzusehen; als problematisch kann sich daher insbes die Abgrenzung des gemeinsamen Haushalts von der eigenen Wohnung der unterhaltsberechtigten Kinder erweisen. Ebenso schließt die
Eigennutzung zu gewerblichen Zwecken die erhöhten Absetzungen gem § 7c aus. Demgegenüber
sind etwa Leerstandszeiten vor der ersten Vermietung oder im Zusammenhang mit einem Mieterwechsel unschädlich. Obgleich die Überschrift des § 7c eine förmliche Vermietung nahe legt, gilt die
Vorschrift nach dem Gesetzeszweck (Rn 1) auch in den Fällen, in denen der StPfl die Wohnung
Dritten teilentgeltlich oder unentgeltlich auf Dauer zum Wohnen überlässt.[8]

Die Wohnung muss während des **gesamten Begünstigungszeitraums** fremden Wohnzwecken die- 17
nen.[9] Kommt es während dieser Zeit zu einer schädlichen Nutzung, entfällt insgesamt die Möglichkeit, erhöhte Absetzungen zu beanspruchen. Hat der im Hinblick auf § 153 II AO bei Wegfall der
Steuervergünstigung hinweispflichtige StPfl in den vorangegangenen VZ die Abschreibungsvergünstigung bereits in Anspr genommen, sind die betr Bescheide zu ändern, § 175 I 1 Nr 2 und II
AO.[10] Entfallen die Voraussetzungen für die Abschreibungsvergünstigung nachträglich, wirkt dies
auf den Beginn des Begünstigungszeitraums zurück. Veräußert der StPfl das Gebäude innerhalb des
Begünstigungszeitraums, ist die Voraussetzung, dass die Wohnung fremden Wohnzwecken dient, aus
der insoweit entscheidenden Sicht des Veräußerers jedenfalls dann erfüllt, wenn sich der StPfl den
Einsatz zu Wohnzwecken im Kaufvertrag zusichern lässt.[11] Bei unentgeltlicher **(Gesamt-)Rechtsnachfolge** darf ein Erwerber die Wohnung allerdings nicht selbst nutzen: im Falle der Eigennutzung
sollen die von dem Übertragenden in Anspr genommenen erhöhten Absetzungen zwar nicht rückwirkend entfallen, jedoch darf der Rechtsnachfolger mangels Fremdnutzung § 7c nicht weiter geltend machen.[12]

---

1 BMF BStBl I 92, 115 (118) Tz 20.
2 BFH BStBl II 02, 472; BFH/NV 02, 1139.
3 Ausf BMF BStBl I 92, 115 (117) Tz 19; *Stephan* DB 90, 1584.
4 *K/S/M* § 7c Rn D 18 ff; *Spanke* DB 90, 143 (147); ausf *Stephan* DB 90, 1584 (1587).
5 BFH BStBl II 01, 66; BFH/NV 02, 325.
6 BFH/NV 98, 155 (157): Asylantenheim; BFH/NV 99, 310; FG Hess DStRE 99, 181 (184): Wohnheimplätze zur Aufnahme von Aus- und Übersiedlern.
7 BFH/NV 02, 325 (326); *K/S/M* § 7c Rn E 1 und 4.
8 *K/S/M* § 7c Rn E 12; *Stephan* DB 90, 1584 (1589) mwN.
9 Ähnlich: BFH BStBl II 01, 437 (438).
10 BFH BStBl II 94, 243 (244); BStBl II 02, 134 (135).
11 *K/S/M* § 7c Rn E 17.
12 BMF BStBl I 92, 115 (116) Tz 13.

F. Restwertabschreibung (§ 7c V)

20 Ein Restwert nach Ablauf des Begünstigungszeitraums kommt insbes in Betracht, wenn der StPfl die erhöhten Absetzungen nicht vollständig geltend gemacht hat oder die AK/HK die durch Abs 3 S 1 vorgesehene Höchstgrenze übersteigen. Gem **Abs 5 S 1** erhöht der Restwert im Wege der Addition die AK/HK des Gebäudes. Die einheitliche AfA richtet sich sodann nach den allg Regeln für nachträgliche AK/HK bei Gebäuden (§ 7 Rn 63). Für die Frage, welcher Hundertsatz hinsichtlich des Gebäudes Berücksichtigung findet, wenn das Gebäude etwa aus mehreren selbstständigen WG besteht, ist der Restwert dem Gebäudeteil zuzurechnen, der bereits an Dritte zu Wohnzwecken überlassen ist. **Abs 5 S 2** stellt klar, dass S 1 für Gebäudeteile, die als selbstständige unbewegliche WG anzusehen sind, und Eigentumswohnungen entspr gilt.

§ 7d Erhöhte Absetzungen für Wirtschaftsgüter, die dem Umweltschutz dienen

(1) ¹Bei abnutzbaren beweglichen und unbeweglichen Wirtschaftsgütern des Anlagevermögens, bei denen die Voraussetzungen des Absatzes 2 vorliegen und die nach dem 31. Dezember 1974 und vor dem 1. Januar 1991 angeschafft oder hergestellt worden sind, können abweichend von § 7 im Wirtschaftsjahr der Anschaffung oder Herstellung bis zu 60 Prozent und in den folgenden Wirtschaftsjahren bis zur vollen Absetzung jeweils bis zu 10 Prozent der Anschaffungs- oder Herstellungskosten abgesetzt werden. ²Nicht in Anspruch genommene erhöhte Absetzungen können nachgeholt werden. ³Nachträgliche Anschaffungs- oder Herstellungskosten, die vor dem 1. Januar 1991 entstanden sind, können abweichend von § 7a Abs. 1 so behandelt werden, als wären sie im Wirtschaftsjahr der Anschaffung oder Herstellung entstanden.

(2) Die erhöhten Absetzungen nach Absatz 1 können nur in Anspruch genommen werden, wenn
1. die Wirtschaftsgüter in einem im Inland belegenen Betrieb des Steuerpflichtigen unmittelbar und zu mehr als 70 Prozent dem Umweltschutz dienen und
2. die von der Landesregierung bestimmte Stelle bescheinigt, dass
   a) die Wirtschaftsgüter zu dem in Nummer 1 bezeichneten Zweck bestimmt und geeignet sind und
   b) die Anschaffung oder Herstellung der Wirtschaftsgüter im öffentlichen Interesse erforderlich ist.

(3) ¹Die Wirtschaftsgüter dienen dem Umweltschutz, wenn sie dazu verwendet werden,
1. a) den Anfall von Abwasser oder
   b) Schädigungen durch Abwasser oder
   c) Verunreinigungen der Gewässer durch andere Stoffe als Abwasser oder
   d) Verunreinigungen der Luft oder
   e) Lärm oder Erschütterungen
   zu verhindern, zu beseitigen oder zu verringern oder
2. Abfälle nach den Grundsätzen des Abfallbeseitigungsgesetzes zu beseitigen.

²Die Anwendung des Satzes 1 ist nicht dadurch ausgeschlossen, dass die Wirtschaftsgüter zugleich für Zwecke des innerbetrieblichen Umweltschutzes verwendet werden.

(4) ¹Die Absätze 1 bis 3 sind auf nach dem 31. Dezember 1974 und vor dem 1. Januar 1991 entstehende nachträgliche Herstellungskosten bei Wirtschaftsgütern, die dem Umweltschutz dienen und die vor dem 1. Januar 1975 angeschafft oder hergestellt worden sind, mit der Maßgabe entsprechend anzuwenden, dass im Wirtschaftsjahr der Fertigstellung der nachträglichen Herstellungsarbeiten erhöhte Absetzungen bis zur vollen Höhe der nachträglichen Herstellungskosten vorgenommen werden können. ²Das Gleiche gilt, wenn bei Wirtschaftsgütern, die nicht dem Umweltschutz dienen, nachträgliche Herstellungskosten nach dem 31. Dezember 1974 und vor dem 1. Januar 1991 dadurch entstehen, dass ausschließlich aus Gründen des Umweltschutzes Veränderungen vorgenommen werden.

(5) ¹Die erhöhten Absetzungen nach Absatz 1 können bereits für Anzahlungen auf Anschaffungskosten und für Teilherstellungskosten in Anspruch genommen werden. ²§ 7a Abs. 2 ist mit der Maßgabe anzuwenden, dass die Summe der erhöhten Absetzungen 60 Prozent der bis zum Ende des jeweiligen Wirtschaftsjahres insgesamt aufgewendeten Anzahlungen oder Teilherstellungskosten nicht übersteigen darf. ³Satz 1 gilt in den Fällen des Absatzes 4 sinngemäß.

(6) Die erhöhten Absetzungen nach den Absätzen 1 bis 5 werden unter der Bedingung gewährt, dass die Voraussetzung des Absatzes 2 Nr. 1

1. in den Fällen des Absatzes 1 mindestens fünf Jahre nach der Anschaffung oder Herstellung der Wirtschaftsgüter,
2. in den Fällen des Absatzes 4 Satz 1 mindestens fünf Jahre nach Beendigung der nachträglichen Herstellungsarbeiten

erfüllt wird.

(7) [1]Steuerpflichtige, die nach dem 31. Dezember 1974 und vor dem 1. Januar 1991 durch Hingabe eines Zuschusses zur Finanzierung der Anschaffungs- oder Herstellungskosten von abnutzbaren Wirtschaftsgütern im Sinne des Absatzes 2 ein Recht auf Mitbenutzung dieser Wirtschaftsgüter erwerben, können bei diesem Recht abweichend von § 7 erhöhte Absetzungen nach Maßgabe des Absatzes 1 oder 4 Satz 1 vornehmen. [2]Die erhöhten Absetzungen können nur in Anspruch genommen werden, wenn der Empfänger

1. den Zuschuss unverzüglich und unmittelbar zur Finanzierung der Anschaffung oder Herstellung der Wirtschaftsgüter oder der nachträglichen Herstellungsarbeiten bei den Wirtschaftsgütern verwendet und
2. dem Steuerpflichtigen bestätigt, dass die Voraussetzung der Nummer 1 vorliegt und dass für die Wirtschaftsgüter oder die nachträglichen Herstellungsarbeiten eine Bescheinigung nach Absatz 2 Nr. 2 erteilt ist.

[3]Absatz 6 gilt sinngemäß.

(8) [1]Die erhöhten Absetzungen nach den Absätzen 1 bis 7 können nicht für Wirtschaftsgüter in Anspruch genommen werden, die in Betrieben oder Betriebsstätten verwendet werden, die in den letzten zwei Jahren vor dem Beginn des Kalenderjahres, in dem das Wirtschaftsgut angeschafft oder hergestellt worden ist, errichtet worden sind. [2]Die Verlagerung von Betrieben oder Betriebsstätten gilt nicht als Errichtung im Sinne des Satzes 1, wenn die in Absatz 2 Nr. 2 bezeichnete Behörde bestätigt, dass die Verlagerung im öffentlichen Interesse aus Gründen des Umweltschutzes erforderlich ist.

R 77 EStR 93

Die Subventionsvorschrift in Gestalt erhöhter Absetzungen iSd § 7a I 1 (§ 7a Rn 3) soll umweltpolitische Zielvorgaben unterstützen. Angesichts der zeitlichen Vorgaben (Anschaffung/Herstellung oder nachträgliche HK bis zum 1.1.91) und des begrenzten Begünstigungszeitraums hat die Vorschrift, die gemäß § 57 II im Beitrittsgebiet keine Geltung gewonnen hat, weitgehend ihre **Bedeutung eingebüßt**. 1

§ 7e
(weggefallen)

§ 7f Bewertungsfreiheit für abnutzbare Wirtschaftsgüter des Anlagevermögens privater Krankenhäuser

(1) Steuerpflichtige, die im Inland ein privates Krankenhaus betreiben, können unter den Voraussetzungen des Absatzes 2 bei abnutzbaren Wirtschaftsgütern des Anlagevermögens, die dem Betrieb dieses Krankenhauses dienen, im Jahr der Anschaffung oder Herstellung und in den vier folgenden Jahren Sonderabschreibungen vornehmen, und zwar

1. bei beweglichen Wirtschaftsgütern des Anlagevermögens bis zur Höhe von insgesamt 50 Prozent,
2. bei unbeweglichen Wirtschaftsgütern des Anlagevermögens bis zur Höhe von insgesamt 30 Prozent

der Anschaffungs- oder Herstellungskosten.

(2) Die Abschreibungen nach Absatz 1 können nur in Anspruch genommen werden, wenn bei dem privaten Krankenhaus im Jahr der Anschaffung oder Herstellung der Wirtschaftsgüter und im Jahr der Inanspruchnahme der Abschreibungen die in § 67 Abs. 1 oder 2 der Abgabenordnung bezeichneten Voraussetzungen erfüllt sind.

(3) Die Abschreibungen nach Absatz 1 können bereits für Anzahlungen auf Anschaffungskosten und für Teilherstellungskosten in Anspruch genommen werden.

(4) ¹Die Abschreibungen nach den Absätzen 1 und 3 können nur für Wirtschaftsgüter in Anspruch genommen werden, die der Steuerpflichtige vor dem 1. Januar 1996 bestellt oder herzustellen begonnen hat. ²Als Beginn der Herstellung gilt bei Baumaßnahmen, für die eine Baugenehmigung erforderlich ist, der Zeitpunkt, in dem der Bauantrag gestellt worden ist.

R 82/H 82 EStR 99

A. Grundaussagen des § 7f

1 § 7f, der gemäß § 57 I auch im Beitrittgebiet gilt, erlaubt Sonderabschreibungen (§ 7a Rn 4) hinsichtlich der (Anzahlungen auf) AK oder – im Einzelfall auch nachträglichen – (Teil-)HK bestimmter, dem Anlagevermögen privater Krankenhäuser zuzurechnender WG. Die gem Abs 4 zeitlich begrenzte personenbezogene Vergünstigung soll wie die unmittelbare Förderung durch das Krankenhausfinanzierungsgesetz (KHG) die Erstausstattung und Modernisierung von Krankenhäusern zur Optimierung der kostengünstigen Krankenhausversorgung unterstützen. Durch zinslose Steuerstundung[1] soll § 7f Liquiditätserleichterungen für private Krankenhäuser schaffen, die bei krankenhausspezifischen Investitionen finanziell erheblich belastet werden. An diesem Begünstigungszweck hat sich die Auslegung zu orientieren.[2] StPfl müssen die Einzelumstände darlegen und ggf beweisen (objektive Darlegungslast).[3] § 7a I und II, IV bis IX sind zu beachten, dagegen gewinnen Abs 6 und 8 bei der Ausübung des Bewertungswahlrechts keine praktische Bedeutung. Im Hinblick auf die zeitlichen Vorgaben in Abs 4 und den fünfjährigen Begünstigungszeitraum (§ 7f I) hat die Vorschrift weitgehend ihre **Bedeutung eingebüßt**.

B. Sonderabschreibungen (§ 7f I)

3 Abs 1 S 1 begünstigt nur **WG** iSd § 7 I **des Anlagevermögens** (Beschränkung auf Gewinneinkünfte, § 2 II Nr 1). Folglich entfällt § 7f bei Einkünften aus VuV; dementspr steht im Rahmen einer BetrAufsp dem Besitzunternehmen das Wahlrecht nicht zu. IÜ kommt die Subventionsnorm (un-)beschränkt stpfl nat und jur Pers gleichermaßen zugute; zur Geltung im Beitrittsgebiet, vgl § 57 I.

4 § 7f I 1 betrifft alle neuen oder gebrauchten **abnutzbaren** (un-)beweglichen **WG**, also nicht die technisch unselbständigen Teile eines WG sowie immaterielle WG. Weiterhin entfällt § 7f bei Um- und Einbaumaßnahmen, die nicht zu selbstständigen abnutzbaren WG führen, sondern wegen des einheitlichen Nutzungs- und Funktionszusammenhangs zu dem Gebäude nur einheitlich mit diesem abgeschrieben werden können.[4] Allerdings sind im Hinblick auf BFH BStBl II 84, 805, eigene Baumaßnahmen eines lediglich Nutzungsberechtigten begünstigt.[5] Das betr WG muss dem Anlagevermögen eines **privaten Krankenhauses** zuzurechnen sein, das im **Inland** belegen ist und die Voraussetzungen des Abs 2 erfüllt. In Anlehnung an § 2 KHG enthält R 82 Abs 1–4 EStR 99, die gem R 82 EStR weiter anzuwenden ist, eine zutr Konkretisierung des Krankenhausbegriffs. Dabei sieht die FinVerw die vorübergehende Unterbringung von Aus- und Übersiedlern sowie Asylbewerbern, Obdachlosen und Bürgerkriegsflüchtlingen als unschädlich an.[6] In Abgrenzung zu einer nicht begünstigten, rein ambulanten Einrichtung (Beispiel Röntgeninstitut) genügt eine teilstationäre Unterbringung; ausreichend ist, dass die stationäre Behandlung und Versorgung einen wesentlichen Teil der Gesamtleistung ausmacht.[7] Nicht erforderlich ist die betr Konzession nach der Gewerbeordnung. Durch die Begrenzung auf private Einrichtungen soll die Förderung der seitens der öffentlichen Hand betriebenen Häuser ausgeschlossen sein.[8]

5 Das Wahlrecht gilt nur für WG, die dem **Krankenhausbetrieb dienen**. Nicht ein ausschließliches oder unmittelbares Dienen ist erforderlich, es genügt der objektive Zusammenhang mit der Krankenhausleistung. Hierzu reicht auch der Einsatz im Rahmen der ambulanten Leistungen des begünstigungsfähigen Krankenhauses.[9] Dies gilt nicht bei teilw privater Nutzung; in diesem Fall ent-

---

1 Zum Ausmaß der Liquiditätshilfe vgl *K/S/M* § 7f Rn A 43.
2 BFH/NV 98, 155 (156); BStBl II 01, 437.
3 BFH BStBl II 90, 752 (753).
4 BFH/NV 98, 575.
5 *K/S/M* § 7f Rn B 13.
6 OFD Ffm v 5.9.97 FR 97, 963.
7 BFH BStBl II 95, 249 (250); BMF BStBl I 95, 248: mindestens 1/3 der Gesamtleistung.
8 *K/S/M* § 7f Rn B 7.
9 BFH BStBl II 95, 249 (250).

fällt die Begünstigung hinsichtlich des privat genutzten Teils. Die **Bemessungsgrundlage** für das Bewertungswahlrecht bilden die nach allg Grundsätzen zu bestimmenden AK und HK (§ 7 Rn 59) einschl der im Begünstigungszeitraum angefallenen nachträglichen AK/HK, § 7a Rn 10. Nach der hier vertretenen Ansicht mindern Investitionszuschüsse nach dem KHG nicht die HK, sondern sind als BE zu versteuern.[1] § 7f I enthält ein Wahlrecht, neben der zwingenden AfA nach § 7 I oder IV, vgl § 7a IV, bis zu 50 vH (bewegliche WG) oder 30 vH (unbewegliche WG) im Jahr der Anschaffung/Herstellung oder in den vier Folgejahren geltend zu machen. Nach **Ablauf des Begünstigungszeitraums** ist im Einzelfall gem § 7a IX Restlaufzeit und Absetzungshöhe neu zu bestimmen (§ 7a Rn 43).[2]

C. Begünstigtes Krankenhaus (§ 7f II)

StPfl können die Sonderabschreibungen nur dann geltend machen, wenn das betr Krankenhaus die Voraussetzungen des § 67 I oder II AO erfüllt. Diese indirekte Bezugnahme auf die Bundespflegesatzverordnung beschränkt die Abschreibungserleichterung auf Einrichtungen, die in nennenswertem Umfang Patienten versorgen, die keine über den „Normalbedarf" eines durchschnittlichen Krankenhausbenutzers hinausgehenden (Wahl-)Leistungen beanspruchen.[3] Die Sonderabschreibung ist **in zeitlicher Hinsicht** nur zulässig, wenn das Krankenhaus sowohl im Jahr der Anschaffung/Herstellung des WG (§ 7 Rn 41) als auch im Jahr der Inanspruchnahme der Abschreibungsvergünstigung die abgabenrechtlichen Voraussetzungen erfüllt. Nach dem Begünstigungszweck erweist es sich nicht als schädlich, wenn der Betrieb des Krankenhauses erst im Laufe eines Jahres aufgenommen worden ist oder das Krankenhaus in den nicht vorbezeichneten Jahren die Voraussetzungen des § 67 AO nicht erfüllt.[4]

8

D. Vorzeitige Inanspruchnahme der Sonderabschreibungen (§ 7f III)

Bereits vor der Anschaffung oder Herstellung (§ 7 Rn 41) des WG kann der StPfl die Abschreibungsvergünstigung für **Anzahlungen auf AK** und für **Teil-HK** (§ 7a Rn 19f) geltend machen. Die Finanzierungshilfe wird in zeitlicher Hinsicht vorgezogen, nicht betragsmäßig erweitert; insbes müssen der StPfl und das betr WG die Voraussetzungen des § 7f I und II erfüllen. Die in Abs 3 ausdrücklich begünstigten Kosten sind nach allg Grundsätzen, § 7a II, absetzbar (§ 7a Rn 18); dagegen sind zB Anzahlungen auf Teil-HK ausgeschlossen (§ 7a Rn 19).

10

E. Befristung der Sonderabschreibung (§ 7f IV)

Vorbehaltlich der Regelung in S 2 begrenzt Abs 4 S 1 die Abschreibungserleichterung auf Beschaffungsvorgänge, die bis Ende 1995 in die Wege geleitet sind. Im Falle einer **Bestellung** ist der Abschluss des schuldrechtlichen Vertrages maßgeblich.[5] Übernimmt der StPfl einen Anschaffungsvertrag, ist insoweit nicht die Bestellung durch den Dritten, sondern der Zeitpunkt des Vertragseintritts maßgeblich.[6] Im Falle einer **Herstellung** muss der StPfl hiermit vor dem 1.1.96 begonnen haben. Erforderlich sind kostenrelevante Handlungen, die über die eigentliche Planung hinausgehen.[7] Hat ein Dritter mit der Herstellung des WG begonnen, das der StPfl fertig stellt, geht die Verwaltung zutr davon aus, dass insoweit auf den Zeitpunkt abzustellen ist, in dem der StPfl selbst mit der Fertigstellung begonnen hat.[8] Bei **genehmigungspflichtigen Baumaßnahmen** ist der Stichtag gewahrt, wenn der Bauantrag vor dem 1.1.96 bei der zuständigen Behörde eingegangen ist, Abs 4 S 2. Hat ein Dritter fristgerecht den Antrag gestellt, ist insoweit der Zeitpunkt maßgeblich, in dem der Stpfl selbst mit der Fertigstellung begonnen hat.[9] Soweit eine Baugenehmigung nicht erforderlich ist, richtet sich die Bewertungsfreiheit nach Abs 4 S 1.

12

---

1 K/S/M § 7f Rn B 23 ff mit Nachweis der nicht einheitlichen BFH-Rspr; vgl BFH BStBl II 97, 390 (391 f).
2 BFH BStBl II 92, 622 (623); Einzelheiten K/S/M § 7f Rn B 29.
3 BFH BStBl II 94, 212 (214).
4 BFH BStBl II 01, 437 (438); K/S/M § 7f Rn B 17 und C 3.
5 K/S/M § 7f Rn E 1.
6 Zutr R 82 V 3 EStR (1999).
7 K/S/M § 7f Rn E 2.
8 Zutr R 82 V 4 EStR (1999).
9 Zutr R 82 V 5 EStR (1999).

§ 7g Investitionsabzugsbeträge und Sonderabschreibungen zur Förderung kleiner und mittlerer Betriebe

(1) ¹Steuerpflichtige können für die künftige Anschaffung oder Herstellung eines abnutzbaren beweglichen Wirtschaftsguts des Anlagevermögens bis zu 40 Prozent der voraussichtlichen Anschaffungs- oder Herstellungskosten gewinnmindernd abziehen (Investitionsabzugsbetrag). ²Der Investitionsabzugsbetrag kann nur in Anspruch genommen werden, wenn

1. der Betrieb am Schluss des Wirtschaftsjahres, in dem der Abzug vorgenommen wird, die folgenden Größenmerkmale nicht überschreitet:
   a) bei Gewerbebetrieben oder der selbstständigen Arbeit dienenden Betrieben, die ihren Gewinn nach § 4 Abs. 1 oder § 5 ermitteln, ein Betriebsvermögen von 235 000 Euro;
   b) bei Betrieben der Land- und Forstwirtschaft einen Wirtschaftswert oder einen Ersatzwirtschaftswert von 125 000 Euro oder
   c) bei Betrieben im Sinne der Buchstaben a und b, die ihren Gewinn nach § 4 Abs. 3 ermitteln, ohne Berücksichtigung des Investitionsabzugsbetrages einen Gewinn von 100 000 Euro;
2. der Steuerpflichtige beabsichtigt, das begünstigte Wirtschaftsgut voraussichtlich
   a) in den dem Wirtschaftsjahr des Abzugs folgenden drei Wirtschaftsjahren anzuschaffen oder herzustellen;
   b) mindestens bis zum Ende des dem Wirtschaftsjahr der Anschaffung oder Herstellung folgenden Wirtschaftsjahres in einer inländischen Betriebsstätte des Betriebs ausschließlich oder fast ausschließlich betrieblich zu nutzen und
3. der Steuerpflichtige das begünstigte Wirtschaftsgut in den beim Finanzamt einzureichenden Unterlagen seiner Funktion nach benennt und die Höhe der voraussichtlichen Anschaffungs- oder Herstellungskosten angibt.

³Abzugsbeträge können auch dann in Anspruch genommen werden, wenn dadurch ein Verlust entsteht oder sich erhöht. ⁴Die Summe der Beträge, die im Wirtschaftsjahr des Abzugs und in den drei vorangegangenen Wirtschaftsjahren nach Satz 1 insgesamt abgezogen und nicht nach Absatz 2 hinzugerechnet oder nach Absatz 3 oder 4 rückgängig gemacht wurden, darf je Betrieb 200 000 Euro nicht übersteigen.

(2) ¹Im Wirtschaftsjahr der Anschaffung oder Herstellung des begünstigten Wirtschaftsguts ist der für dieses Wirtschaftsgut in Anspruch genommene Investitionsabzugsbetrag in Höhe von 40 Prozent der Anschaffungs- oder Herstellungskosten gewinnerhöhend hinzuzurechnen; die Hinzurechnung darf den nach Absatz 1 abgezogenen Betrag nicht übersteigen. ²Die Anschaffungs- oder Herstellungskosten des Wirtschaftsguts können in dem in Satz 1 genannten Wirtschaftsjahr um bis zu 40 Prozent, höchstens jedoch um die Hinzurechnung nach Satz 1, gewinnmindernd herabgesetzt werden; die Bemessungsgrundlage für die Absetzungen für Abnutzung, erhöhten Absetzungen und Sonderabschreibungen sowie die Anschaffungs- oder Herstellungskosten im Sinne von § 6 Abs. 2 und 2a verringern sich entsprechend.

(3) ¹Soweit der Investitionsabzugsbetrag nicht bis zum Ende des dritten auf das Wirtschaftsjahr des Abzugs folgenden Wirtschaftsjahres nach Absatz 2 hinzugerechnet wurde, ist der Abzug nach Absatz 1 rückgängig zu machen. ²Wurde der Gewinn des maßgebenden Wirtschaftsjahres bereits einer Steuerfestsetzung oder einer gesonderten Feststellung zugrunde gelegt, ist der entsprechende Steuer- oder Feststellungsbescheid insoweit zu ändern. ³Das gilt auch dann, wenn der Steuer- oder Feststellungsbescheid bestandskräftig geworden ist; die Festsetzungsfrist endet insoweit nicht, bevor die Festsetzungsfrist für den Veranlagungszeitraum abgelaufen ist, in dem das dritte auf das Wirtschaftsjahr des Abzugs folgende Wirtschaftsjahr endet.

(4) ¹Wird in den Fällen des Absatzes 2 das Wirtschaftsgut nicht bis zum Ende des dem Wirtschaftsjahr der Anschaffung oder Herstellung folgenden Wirtschaftsjahres in einer inländischen Betriebsstätte des Betriebs ausschließlich oder fast ausschließlich betrieblich genutzt, sind der Abzug nach Absatz 1 sowie die Herabsetzung der Anschaffungs- oder Herstellungskosten, die Verringerung der Bemessungsgrundlage und die Hinzurechnung nach Absatz 2 rückgängig zu machen. ²Wurden die Gewinne der maßgebenden Wirtschaftsjahre bereits Steuerfestsetzungen oder gesonderten Feststellungen zugrunde gelegt, sind die entsprechenden Steuer- oder Feststellungsbescheide insoweit zu ändern. ³Das gilt auch dann, wenn die Steuer- oder Feststellungsbescheide bestandskräftig geworden sind; die Festsetzungsfristen enden insoweit nicht, bevor die Festsetzungsfrist für den

Veranlagungszeitraum abgelaufen ist, in dem die Voraussetzungen des Absatzes 1 Satz 2 Nr. 2 Buchstabe b erstmals nicht mehr vorliegen. [4]§ 233a Abs. 2a der Abgabenordnung ist nicht anzuwenden.

(5) Bei abnutzbaren beweglichen Wirtschaftsgütern des Anlagevermögens können unter den Voraussetzungen des Absatzes 6 im Jahr der Anschaffung oder Herstellung und in den vier folgenden Jahren Sonderabschreibungen bis zu insgesamt 20 Prozent der Anschaffungs- oder Herstellungskosten in Anspruch genommen werden.

(6) Die Sonderabschreibungen nach Absatz 5 können nur in Anspruch genommen werden, wenn
1. der Betrieb zum Schluss des Wirtschaftsjahres, das der Anschaffung oder Herstellung vorangeht, die Größenmerkmale des Absatzes 1 Satz 2 Nr. 1 nicht überschreitet, und
2. das Wirtschaftsgut im Jahr der Anschaffung oder Herstellung und im darauf folgenden Wirtschaftsjahr in einer inländischen Betriebsstätte des Betriebs des Steuerpflichtigen ausschließlich oder fast ausschließlich betrieblich genutzt wird; Absatz 4 gilt entsprechend.

(7) Bei Personengesellschaften und Gemeinschaften sind die Absätze 1 bis 6 mit der Maßgabe anzuwenden, dass an die Stelle des Steuerpflichtigen die Gesellschaft oder die Gemeinschaft tritt.

BMF BStBl I 03, 331; BStBl I 04, 337; BStBl I 04, 1063
R 7g/H 7g EStR 05

Übersicht

	Rn		Rn
A. Grundaussagen des § 7g	1	2. Hinzurechnung gem § 7g II 1	46
I. Grundsatzaussagen	1	3. Minderung der AK/HK (§ 7g II 2)	48
II. Entwicklung der Vorschrift	3	III. Rückgängigmachen des Abzugs wegen unterbliebener Hinzurechnung (§ 7g III)	53
B. Investitionsabzugsbetrag (§ 7g I bis IV)	10	IV. Rückgängigmachen des Abzugs wegen unzureichender betrieblicher Nutzung (§ 7g IV)	58
I. Bildung des Abzugsbetrages (§ 7g I)	10		
1. Begünstigte Wirtschaftsgüter (§ 7g I 1)	10	**C. Sonderabschreibung (§ 7g V und VI)**	65
2. Höhe des Investitionsabzugsbetrages (§ 7g I 1)	14	I. Allgemeine Grundsätze	65
3. Abzug des Investitionsabzugsbetrages (§ 7g I 1)	16	II. Persönliche Voraussetzungen	67
4. Betriebliche Größenmerkmale (§ 7g I 2 Nr 1)	18	III. Begünstigungsfähige Investitionen (§ 7g V)	69
5. Künftiger Einsatz des Wirtschaftsguts (§ 7g I 2 Nr 2)	25	1. Begünstigte Wirtschaftsgüter	69
6. Nachweispflichten (§ 7g I 2 Nr 3)	31	2. Begünstigungszeitraum	72
7. Abzugsbetrag trotz Verlust (§ 7g I 3)	36	3. Begünstigungsumfang	74
8. Begrenzung des Abzugsbetrages (§ 7g I 4)	39	4. Ausübung des Wahlrechts	76
II. Hinzurechnung des Abzugsbetrages (§ 7g II)	45	IV. Betriebliche Größenmerkmale (§ 7g VI Nr 1)	78
1. Funktion des § 7g II	45	V. Betriebliche Nutzung (§ 7g VI Nr 2)	80
		D. Gesellschaft oder Gemeinschaft (§ 7g VII)	84

Literatur: *Rosarius* Das Betriebsvermögen im Sinne des § 7g EStG, Inf 01, 484.

A. Grundaussagen des § 7g

I. Grundsatzaussagen. § 7g begünstigt die wirtschaftsgutsbezogene Investitionstätigkeit kleiner und mittlerer Wirtschaftseinheiten. Es handelt sich um eine investitionsgut- und betriebsbezogene Form der Unternehmensförderung. Der Investitionsabzugsbetrag (**Abs 1 und 2**) ermöglicht das Vorverlagern von Abschreibungspotenzial in ein Wj, bevor der StPfl das begünstigte WG in einem späteren Wj anschafft oder herstellt. Die **Abs 3 und 4** betreffen den Fall, dass die Investition, für die der StPfl den Abzugsbetrag abgezogen hat, tatsächlich nicht den Voraussetzungen der Abs 1 und 2 genügt. Sonderabschreibungen (**Abs 5 und 6**) wiederum führen zu einem (weiteren) beachtlichen Vorziehen des Abschreibungspotenzials. Beide Wege der indirekten Wirtschaftsförderung verbessern die Wettbewerbssituation kleiner und mittlerer Betriebe, sie erhöhen deren Liquidität, erleichtern die Eigenkapitalbildung und stärken auf diese Weise die Investitions- und Innovationskraft.[1] Immerhin kann ein Unternehmen im Jahr der Anschaffung oder Herstellung Gesamtabschreibungen in Höhe

1

---

1 BT-Drs 16/ 4841, 51.

von 52 vH (40 vH gem § 7g I und II sowie Sonder-AfA in Höhe von 20 vH gem § 7g V) zuzüglich lineare AfA gem § 7 I geltend machen. § 7g bietet insoweit zumindest eine zins- und sicherungsfreie Steuerstundung (Rn 6). Die vorgezogene steuerliche Berücksichtigung betrieblichen Aufwands im Wege des Abzugsbetrages oder der Sonderabschreibung erhöht vorrangig die Liquidität und dient auf diese Weise der Binnenfinanzierung. An diesem Begünstigungszweck zugunsten mittelständischer Unternehmen hat sich die Auslegung der Norm zu orientieren.[1] Dabei will der Gesetzgeber die Investition konkreter ins Auge gefasste WG erleichtern, § 7g dient hingegen nicht der allg Liquiditätsverbesserung.[2]

3 II. Entwicklung der Vorschrift. Trotz jahrelanger nachhaltiger Kritik an § 7g als Instrument der indirekten Wirtschaftsförderung[3] ist die Vorschrift nicht abgeschafft worden. Vielmehr hat der Gesetzgeber im Laufe der Jahre zunächst den Begünstigungsrahmen vor allem im Bereich der **Existenzgründungen** erweitert. Abgesehen von Existenzgründern im Wj, in dem sie mit der Betriebseröffnung beginnen, hat er dagegen die Inanspruchnahme von Sonderabschreibungen gem § 7g I aF ab dem Jahre 2001 (Rn 36) beschränkt auf die Fälle, in denen der StPfl tatsächlich eine Rücklage gem Abs 3 bis 7 aF gebildet hatte, § 52 Abs 23.[4]

4 Im Jahre 2000 sollte § 7g zunächst im Zuge der Unternehmenssteuerreform aufgehoben werden. Tatsächlich hat der Gesetzgeber die Vorschrift lediglich für die Zukunft, **§ 52 Abs 23**,[5] geringfügig in Abs 3 und 4 modifiziert.

5 Durch das Kleinunternehmerförderungsgesetz[6] fügte der Gesetzgeber mit Wirkung ab 1.1.03 in § 7g II Nr 3 aF den S 2 ein (Rn 36). Weitere Modifikationen der sensiblen Sektoren iSd § 7g VIII 2 aF beruhten insbes auf (geänderten) europarechtlichen Vorgaben, vgl § 7g idF des StÄndG 03[7] sowie die diesbezüglichen Änderungen durch das EURLUmsG.[8]

6 Das Unternehmensteuerreformgesetz 08[9] nutzte der Gesetzgeber zu einer tiefgreifenden Umgestaltung des § 7g. Zahlreiche Streitfragen aus der Vergangenheit wurden obsolet, steuersystematische Verbesserungen und vereinfachende Regelungen ließen insbes die zuvor bestehende explizite Fördermöglichkeit für Existenzgründer entfallen.[10] Schließlich hat der Gesetzgeber den Förderumfang zielgenauer ausgestaltet und teilweise ausgeweitet, im Einzelfall aber auch eingeschränkt. Die Änderungen erstreben eine verbesserte steuerliche Begünstigung der Investitionstätigkeit kleiner und mittlerer Betriebe im Wege einer Steuerstundung.[11] Neben einer partiellen Ausweitung des Förderumfangs auf 200 000 € (§ 7g I 4) können StPfl nunmehr im Wj der Investition eine beachtliche Gewinnminderung (§ 7g II) oder etwa in den Folgejahren Sonderabschreibungen geltend machen, ohne zuvor den Investitionsabzugsbetrag gebildet zu haben (§ 7g Abs 5). Zugleich sieht das Unternehmensteuerreformgesetz 08[12] eine differenzierte Regelung für die **zeitliche Anwendung** vor. Der Investitionsabzugsbetrag gilt erstmals für Wj, die nach dem 17.8.07 (Tag der Verkündung) enden. Bei abweichendem Wj kann der Investitionsabzugsbetrag für Unternehmen folglich bereits im Jahr 06/07 Bedeutung gewinnen. Die in der Neufassung geregelte Sonderabschreibung, § 7g V und VI, begünstigt dagegen nur WG, die der StPfl nach dem 31.12.07 anschafft oder herstellt. Für Ansparabschreibungen, die ein StPfl in vor dem genannten Stichtag endenden Wj gebildet hat, bleibt es bei der bisherigen Regelung. Allerdings wirken sich noch vorhandene Ansparabschreibungen iSd § 7g aF auf den Höchstbetrag gem § 7g I 4 aus (Rn 39).

7 Die teilweise deutlich ausgedehnten Abschreibungsvergünstigungen des § 7g bilden nach wie vor eine bevorzugte Möglichkeit der **steuerlichen Gestaltung** im Hinblick auf beachtliche Liquiditätsvorteile. Die legitime Gewinnverlagerung dient insbes der Gewinnglättung und bei sinkendem Grenzsteuersatz der endgültigen Steuerersparnis. Der Ansatz eines Investitionsabzugsbetrages kann auch allein zu dem Zweck sinnvoll sein, im Einzelfall krit Einkommensgrenzen (zB Kindergeld) zu unterschreiten.

---

1 BFH BStBl II 01, 437; BStBl II 04, 182 (184); BStBl II 06, 910 (911).
2 BT-Drs 16/ 4841, 51.
3 K/S/M § 7g Rn A 68.
4 IdF des StBereinG 99 v 22.12.99, BGBl I 99, 2601 (2607).
5 IdF des StSenkG; zur Übergangsregelung: BMF v 29.11.00, DStR 01, 85.
6 Gesetz v 31.7.03, BGBl I 03, 1550.
7 Gesetz v 15.12.03, BGBl I 03, 2645.
8 Gesetz v 9.12.04, BGBl I 04, 3310.
9 Gesetz v 14.8.07, BGBl I 07, 1912.
10 BT-Drs 16/4841, 51.
11 BT-Drs 16/4841, 32 und 51.
12 § 52 Abs 23, vgl Gesetz v 14.8.07, BGBl I 07, 1912 (1925).

B. Investitionsabzugsbetrag (§ 7g I bis IV)

I. Bildung des Abzugsbetrages (§ 7g I). – 1. Begünstigte Wirtschaftsgüter (§ 7g I 1). Das Gesetz begrenzt die Vergünstigung auf die **künftige Anschaffung oder Herstellung** abnutzbarer beweglicher WG des Anlagevermögens. Die Abgrenzung, ob eine künftige Anschaffung oder Herstellung vorliegt, richtet sich nach § 9a EStDV (§ 7 Rn 41). Ist demnach das betr WG bis zum Bilanzstichtag geliefert oder fertig gestellt, entfällt die Bildung eines Abzugsbetrages. Dagegen ist im Hinblick auf den erforderlichen Finanzierungszusammenhang der Zeitpunkt der Bilanzerstellung regelmäßig unerheblich[1]; dies gilt umso mehr, als nach der Gesetzesreform im Jahr 07 der Abzugsbetrag außerbilanziell geltend zu machen ist (Rn 16). 10

Ob ein **abnutzbares bewegliches WG des Anlagevermögens** vorliegt, richtet sich nach allg Grundsätzen. Ein WG ist abnutzbar, wenn durch Abnutzung ein Ver- oder Gebrauch feststellbar ist (§ 7 Rn 46). Demnach kommen die körperlichen Anlagegegenstände sowie im Grundsatz immaterielle WG in Betracht (§ 7 Rn 51). § 7g I umfasst auch die WG, die zukünftig als GWG anzusehen sind. Die frühere Unterscheidung, ob das WG neu ist, hat dagegen ihre Bedeutung verloren. § 7g I gilt gleichermaßen für neuwertige und gebrauchte WG.[2] 11

In **persönlicher Beziehung** können etwa eine atypisch stille Ges oder im Rahmen einer BetrAufsp grds sowohl das Besitz- als auch das Betriebsunternehmen den Investitionsabzugsbetrag bilden.[3] Erforderlich ist lediglich ein aktiv am Wirtschaftsleben teilnehmendes (werbendes) Unternehmen. Eine Betriebsverpachtung im Ganzen genügt insoweit nicht. Das **Wahlrecht**, den Abzugsbetrag zu bilden, können StPfl nach allg Grundsätzen – bis zum Eintritt der formellen Bestandskraft – ausüben. Weitere Einzelheiten zu den persönlichen Anforderungen sind – zum Teil indirekt – in § 7g I 2 (Rn 18) geregelt. So muss der StPfl Einkünfte gem §§ 13, 15 oder 18 EStG erzielen. Die anderen Einkunftsarten sind nicht begünstigt. Der Abzugsbetrag steht einem StPfl aber unabhängig davon offen, ob er seinen Gewinn nach §§ 4 I, 5 oder § 4 III ermittelt. 12

2. Höhe des Investitionsabzugsbetrages (§ 7g I 1). Abgesehen von der absoluten Obergrenze gem § 7g I 4 von 200 000 € (Rn 39) begrenzt der Gesetzgeber in S 1 den Abzugsbetrag auf höchstens 40 vH der AK oder HK. Das auch die Höhe des Abzugsbetrags betr Wahlrecht ist folglich begrenzt. Die Bemessungsgrundlage lässt sich idR nur im Wege der Schätzung ermitteln. Maßgeblich sind die **voraussichtlichen Kosten**. Der StPfl muss hiernach in nachprüfbarer Weise den zu erwartenden Aufwand beziffern. Indem das Gesetz lediglich einen anteiligen Höchstbetrag festsetzt, steht es dem StPfl frei, einen niedrigeren Wert als die bezeichneten 40 vH zu berücksichtigen. Nachdem der Gesetzestext keine diesbezügliche Festlegung enthält, erscheint es auch zulässig, dass ein StPfl den ursprünglich gebildeten Abzugsbetrag innerhalb des durch § 7g I 2 Nr 2a) bezeichneten Zeitraums aufstockt, weil er etwa zunächst unter dem höchst zulässigen Betrag geblieben ist oder sich die voraussichtlichen Investitionskosten erhöht haben. 14

3. Abzug des Investitionsabzugsbetrages (§ 7g I 1). StPfl können den Abzugsbetrag gewinnmindernd geltend machen. Dies geschieht in der Weise, dass der StPf den Abzugsbetrag **außerbilanziell** in die Gewinn- und Verlustrechnung einstellt. Das in der Vergangenheit erforderliche buchungsmäßige Erfassen einer Rücklage ist entfallen. Mithin unterliegt das Bilden und Auflösen des außerbilanziellen Investitionsabzugsbetrages weder den Restriktionen des Maßgeblichkeitsgrundsatzes iSd § 5 I 1 noch den Beschränkungen der Bilanzänderung gem § 4 II. 16

4. Betriebliche Größenmerkmale (§ 7g I 2 Nr 1). S 2 enthält verschiedene **einschränkende Bedingungen**, unter denen StPfl den Investitionsabzugsbetrag geltend machen können. Betriebliche Größenmerkmale (Nr 1) sollen verhindern, dass Großunternehmen und Konzerne eine Förderung erfahren, die kleinen und mittleren Betrieben vorbehalten sein soll.[4] Zudem muss die Absicht zu einer qualifizierten Anschaffung oder Herstellung sowie betrieblichen Nutzung des betreffenden WG (Nr 2) bestehen und der StPfl bestimmte Angaben gegenüber dem FA machen (Nr 3). 18

Das BV oder der (Ersatz-)Wirtschaftswert des jeweiligen Betriebes dürfen die in Abs 1 S 2 Nr 1 genannten Größenmerkmal am Schluss des Wj nicht überschreiten, **§ 7g I 2 Nr 1**. Maßgeblich ist das ggf vom Kj abweichende Wj iSd § 4a, in dem der StPfl den Abzug vornimmt. In dem oder den Folgejahren gewinnt die Änderung der Größenmerkmale insoweit keine Bedeutung. Zwecks Aus- 19

---

1 BFH BStBl II 04, 181 (182).
2 BT-Drs 16/4841, 32.
3 FG RhPf EFG 05, 297 (298).
4 BT-Drs 16/5377, 12.

schluss der Großunternehmen begrenzt Abs 1 S 2 Nr 1 den Kreis der begünstigten Unternehmen; die einzelnen Größenmerkmale beziehen sich getrennt **auf den jeweiligen Betrieb**. Dies gilt auch, wenn der StPfl Inhaber mehrerer Betriebe ist, sowie bei Organschaftsverhältnissen oder im Falle einer BetrAufsp.[1] Bei PersGes sind das BV (einschl des Sonder-BV) sowie der EW der Ges maßgeblich, § 7g VII. Zu beurteilen ist die Größe des BV, zu dessen Anlagevermögen das betr WG gehört. Da § 7g auf die **inländischen Betriebsstätten** abstellt, bleiben ausländische Teile des BV oder Wirtschaftswerts unberücksichtigt.

20 **§ 7g I 2 Nr 1a)** regelt für bilanzierende StPfl, die den Gewinn also nicht nach § 4 III ermitteln (§ 7g I 2 Nr 1c), vgl Rn 22), mit Einkünften gem §§ 15 und 18, dass auf den jeweiligen Betrieb bezogen das BV den Grenzwert von 235 000 € nicht überschreiten darf. Nachdem ein Investitionsabzugsbetrag iSd § 7g I außerbilanziell wirkt, gewinnt dieser selbst keinen Einfluss auf den Buchwert des BV. Dagegen verringern die Minderung der AK oder HK gem § 7g II 2, 1. HS sowie die Sonder-AfA gem § 7g V die jeweilige Bemessungsgrundlagen und somit auch die Bezugsgröße des § 7g I 2 Nr 1a). Der Höchstbetrag gilt bei PersGes oder Gemeinschaften für diese insgesamt, § 7g VII (Rn 84). Dabei sind angesichts der Betriebsbezogenheit des Abzugsbetrages die Wertverhältnisse des BV einschl etwaigen Sonder-BV zu berücksichtigen. Die in § 7g I 2 Nr 1 genannten betrieblichen Größenmerkmale können sich – insbes im Anschluss an eine Außenprüfung – ändern. Im Rahmen der allg Änderungsvorschriften (§§ 164 f und 172 ff AO, § 4 II 2 EStG[2]) kommt die nachträgliche Versagung des § 7g I in Betracht. Werden die Grenzen des § 7g I 2 Nr 1 in vergleichbarer Weise erstmals unterschritten, kann sich dem StPfl nach den gleichen Grundsätzen das Wahlrecht eröffnen, den Abzugsbetrag geltend zu machen.[3] StPfl können demnach versuchen, durch entsprechende gestalterische Maßnahmen (vor allem steuerfreie Rücklagen) die genannten Größenmerkmale zu verringern.[4]

21 **§ 7g I 2 Nr 1b)** begrenzt den Abzugsbetrag bei Einkünften im Rahmen des § 13, soweit der StPfl den Gewinn nicht nach § 4 III ermittelt (§ 7g I 2 Nr 1c), vgl Rn 22), auf die Betriebe, deren (Ersatz-)-Wirtschaftswert den Höchstbetrag von 125 000 € nicht überschreitet. Dieser Höchstbetrag gilt bei PersGes oder Gemeinschaften für diese insgesamt, § 7g VII (Rn 84). Im Laufe des Gesetzgebungsverfahrens wurde für die LuF der Begriff des EW durch den des (Ersatz-)Wirtschaftswerts ersetzt. Dieser umfasst nicht den (privaten) Wohnungswert, das Abstellen auf allein betriebliche Kennzahlen erschien bei einer betriebsbezogenen Steuervergünstigung sachgerecht.[5] Der Wirtschaftswert bestimmt sich entspr allg Grundsätzen nach § 46 BewG, im Beitrittsgebiet der Ersatzwirtschaftswert im Hinblick auf § 57 III nach § 125 BewG. Maßgeblich ist der EW am Schluss des Wj, in dem der StPfl den Abzug vornimmt. Dies ist im Regelfall der EW, der zum Zeitpunkt der letzten Haupt-, Fort- oder Nachfeststellung vor dem Ende des besagten Wj festzustellen war.

22 Durch **§ 7g I 2 Nr 1c)** eröffnet der Gesetzgeber den Abzugsbetrag für StPfl, die Einkünfte nach §§ 13, 15 oder 18 EStG erzielen und ihren Gewinn durch Einnahme- Überschussrechnung gem § 4 III ermitteln. In diesen Fällen kommt die Vergünstigung allerdings nur noch in Betracht, wenn der StPfl ohne Berücksichtigung des Abzugsbetrages höchstens einen Gewinn in Höhe von 100 000 € erzielt. Nachdem auch in diesen Fällen die Beschränkung des § 7g VII gilt (Rn 84), sind lediglich kleinere und allenfalls mittelgroße PersGes und Gemeinschaften begünstigungsfähig. Diese Einschränkung gegenüber der früheren Regelung betrifft – insbes angesichts der Regelung in § 7g VII – vor allem größere Freiberufler-Sozietäten. Maßgeblich für den Grenzwert des § 7g I 2 Nr 1c) ist der Gewinn ohne Berücksichtigung des Investitionsabzugsbetrages. Im Verhältnis zu der in Buchstabe a) geregelten Höchstgrenze von 235 000 € gilt also eine ungleich niedrigere Grenze; im Einzelfall kann es sich daher anbieten, zum Bestandsvergleich gem § 4 I zu wechseln.

25 **5. Künftiger Einsatz des Wirtschaftsguts (§ 7g I 2 Nr 2).** § 7g I 2 Nr 2 regelt Einzelheiten zu dem **beabsichtigten Einsatz** des begünstigungsfähigen WG. Die Förderung bezieht sich auf bestimmte Einzelinvestitionen, deren Abschluss innerhalb der Dreijahresfrist der StPfl darzulegen hat. Indem der Gesetzgeber ausdrücklich auf die voraussichtliche Verwendung abhebt, wird deutlich, dass an diese die Prognoseentscheidung betreffende Darlegungslast des StPfl einerseits keine überzogenen Anforderungen zu stellen sind. Andererseits müssen die näheren Einzelheiten der ins Auge gefass-

---

1 BFH BStBl II 92, 246 (248); R 7g IV 1 u 4 EStR.
2 Hinweis auf § 52 IX idF des StEntlG 99/00/02 v 24.3.99, BGBl I 99, 402.
3 R 7g V EStR; *K/S/M* § 7g Rn C 15.
4 *Rosarius* Inf 01, 484 (486).
5 BT-Drs 16/5377, 11.

ten Investition vor dem konkreten betrieblichen Hintergrund deutlich werden, damit § 7g I nicht zu einem voraussetzungslosen Steuersparmodell degeneriert. Dabei müssen die Voraussetzungen der Nr 2 kumulativ vorliegen. Der Abzugsbetrag ist für alle WG zulässig, die der StPfl **voraussichtlich bis zum Ende des dritten** auf die Bildung des Abzugsbetrages folgenden **Wj** anschaffen oder herstellen wird (Rn 26). Ein diesbezüglicher Abzug im Wj der Investition selbst ist demnach nicht möglich.[1] Die allg Investitionsabsicht genügt nicht, der StPfl muss das Investitionsvorhaben hinsichtlich einzelner konkreter WG darlegen (Rn 1 aE).[2] Glaubhaftmachung ist dagegen nicht erforderlich.[3] Demnach ist die Vorlage eines Investitionsplans oder gar eine feste Bestellung im Regelfall nicht erforderlich. Dem Gesetzeswortlaut ist auch nicht die Forderung zu entnehmen, dass der StPfl das voraussichtliche Investitionsjahr zu bezeichnen hätte.[4] Bei der Prognose einer voraussichtlichen Investition ist aber vor allem im Sinne einer Schätzung zu prüfen, ob die Investition überhaupt möglich ist. Diese Investitionsprognose verhindert iErg ein Übermaß an Mitnahmeeffekten. Nur hinreichend konkretisierte Investitionsvorhaben erlauben den Ansatz eines Abzugsbetrages. Erforderlich ist demnach eine positive Prognoseentscheidung über das zukünftige Investitionsverhalten des StPfl aus der Sicht des jeweiligen Gewinnermittlungszeitraums. § 7g will nur tatsächlich ins Auge gefasste Investitionen fördern.[5] Folglich muss ein StPfl – ähnlich wie bei dem § 7g aF – bei der wiederholten Begünstigung desselben Investitionsvorhabens eine einleuchtende Begründung abgeben. Diese können zB Verzögerungen bei dem Errichten des betreffenden WG oder Lieferprobleme betreffen.[6]

26 Gem § 7g I 2 Nr 2a) muss der StPfl das betreffende WG voraussichtlich in den – dem Wj des Abzuges **folgenden – drei Wj** anschaffen oder herstellen. Hiernach genügt nicht der Beginn der Herstellung. Allerdings ist dem sog **Finanzierungszusammenhang** – vergleichbar wie bei § 7g aF[7] – zwischen dem Abzugsbetrag und der voraussichtlichen Investition Rechnung zu tragen: Der Abzugsbetrag muss also tatsächlich (noch) dazu beitragen, die Finanzierung zu erleichtern. Der StPfl muss bei dem Abzug – nicht nur für den betr Bilanzstichtag, sondern auch noch für den Zeitpunkt der Errichtung, Feststellung und Abgabe des Jahresabschlusses – daher darlegen, dass die voraussichtlichen Investitionen (noch) durchführbar und objektiv möglich sind.[8] Insoweit reicht es nicht, wenn ein StPfl den Abzugsbetrag erstmals in einem Zeitpunkt geltend macht, in dem er zB im Anschluss an eine Außenprüfung einen bereits vorgenommenen Abzugsbetrag wieder gem § 7g III rückgängig machen müsste. Weiterhin müssen der StPfl sein künftiges Investitionsverhalten in einer Weise unterlegen, die den Anforderungen des § 7g I 2 Nr 2a) genügt. Das Merkmal der Voraussichtlichkeit iSd § 7g I 2 Nr 2 stellt dabei (nur) verringerte Anforderungen an das Beweismaß.[9] Im Einzelfall sind die betrieblichen Umstände (betriebliche Entwicklung, wesentliche Betriebserweiterung, anstehende Betriebsübertragung oder Betriebsaufgabe, Fortführen eines „Restbetriebes") zu würdigen. Weiterhin legt der Gesetzeswortlaut es nahe, dass auch der geplante Investitionszeitpunkt nicht zwingend in den einzureichenden Unterlagen vermerkt sein muss.[10]

27 Macht ein StPfl den Abzugsbetrag **vor Abschluss der Betriebseröffnung** oder bei einer **wesentlichen Erweiterung** des Betriebes geltend, verlangte die FinVerw im Rahmen des § 7g aF zur Konkretisierung insbes der Erstausstattung, dass der StPfl aE des betr VZ das WG verbindlich bestellt oder – soweit erforderlich – die für die Herstellung des WG nötige Genehmigung verbindlich beantragt bzw – soweit eine Genehmigung nicht erforderlich ist – mit der Herstellung des WG bereits tatsächlich begonnen hatte.[11] Die verbindliche Bestellung sollte sich auf die wesentlichen Betriebsgrundlagen erstrecken; hierbei handelt es sich um die Anlagegüter, ohne die der StPfl den Betrieb nicht führen kann.[12] Allerdings erscheint es weder nach dem Gesetzestext noch nach dem Fördergedanken als zwingend, wenn in der Vergangenheit BFH und FinVerw der Betriebseröffnung die geplante wesentliche Erweiterung eines bereits bestehenden Betriebes gleichsetzten. Hiernach ist es – insbes im Hinblick auf die Korrekturregelung in § 7g III – nicht erforderlich, dass ein StPfl in den vorbe-

---

1 BT-Drs 16/4841, 52.
2 *K/S/M* § 7g Rn D 14f mwN.
3 BT-Drs 16/ 4841, 52; BFH BStBl II 02, 385 (386); BStBl II 04, 184 (186).
4 BFH/NV 08, 152 (154); **aA** BMF BStBl I 04, 337 Rn 5.
5 BFH BStBl II 07, 860 (861); BFH/NV 07, 1308.
6 BFH/NV 08, 152 (155).
7 BFH BStBl II 04, 181 (182); BStBl II 04, 187 (189); BFH BStBl II 07, 862 (865).
8 BFH BStBl II 07, 862 (865).
9 BFH BStBl II 04, 184 (186); BStBl II 04, 187 (189); BFH/NV 05, 848 (849); BFH/NV 04, 1400 (1401).
10 BFH BStBl II 07, 860 (862); **aA** BMF BStBl I 04, 337 Rn 8.
11 BFH BStBl II 07, 957 (958); BStBl II 07, 704 (706); BMF BStBl I 04, 337 Rn 18 und BStBl I 04, 1063 (auch zum Begriff der wesentlichen Erweiterung); krit hierzu: *Paus* FR 05, 800; zu möglichen Besonderheiten bei Leasinggütern: FG Mchn EFG 03, 382.
12 BFH/NV 05, 2186.

zeichneten Fällen die voraussichtliche Investitionsabsicht in weitergehendem Umfang glaubhaft macht. Diese Verengung erscheint weder vom Gesetzeswortlaut noch von der gesetzgeberischen Intention gedeckt.

28 § 7g I 2 Nr 2b) verlangt des Weiteren, dass der StPfl das betreffende WG voraussichtlich mindestens im Jahr der Anschaffung oder Herstellung sowie im gesamten Folgejahr in einem **inländischen Betrieb** oder einer **inländischen Betriebsstätte** des Betriebes einsetzt.

29 Schließlich muss der StPfl das besagte WG ausschließlich oder fast ausschließlich **betrieblich nutzen**. § 7g I 2 Nr 2b) verlangt, dass der StPfl das betr WG voraussichtlich mindestens bis zum Ende des dem Wj der Anschaffung oder Herstellung folgenden Wj (fast) ausschließlich **betrieblich nutzt**. Das schädliche Nutzen in einem anderen Jahr ist insoweit unbeachtlich. Betriebliche Nutzung setzt voraus, dass der tatsächliche Gebrauch dem Erzielen von Einnahmen dient, somit der private Einsatz ausgeschlossen ist. Da die Nutzung im Betrieb des StPfl selbst zu erfolgen hat, ist auch bei Gebrauchsüberlassungen auf den Einsatz im Betrieb des Vermieters/Leasinggebers abzustellen.[1] Der StPfl nutzt das WG **fast ausschließlich betrieblich**, wenn die schädliche (vor allem private) Mitnutzung nicht mehr als 10 vH ausmacht.[2] Hiervon ist zB auch auszugehen, wenn ein ArbG seinem ArbN (längerfristig) PKW zur Nutzung überlässt.[3] Vermietungen an Dritte erweisen sich regelmäßig als schädlich.

31 6. Nachweispflichten (§ 7g I 2 Nr 3). In formeller Hinsicht muss der StPfl entsprechende Unterlagen bei dem nach den allg Grundsätzen gem §§ 17 ff AO zuständigen FA einreichen. Der Begriff der einzureichenden Unterlagen iSd § 7g I 2 Nr 3 bestimmt sich im Hinblick auf § 60 EStDV nach den abgabenrechtlichen Vorgaben.[4] Hiernach genügen angesichts der wirtschaftsgutbezogenen Förderung entsprechende Erläuterungen **für jedes einzelne WG** mit Hilfe von Einzelbelegen oder auch Listen mit den betreffenden Angaben für die einzelne WG. Die früher erforderliche buchhalterische Erfassung entfällt.

32 Der StPfl muss das betreffende WG seiner **Funktion** nach benennen. Während der ursprüngliche Referentenentwurf noch ein „hinreichendes Bezeichnen" verlangte, geht das Funktionsmerkmal auf eine Bitte des Finanzausschusses zurück.[5] Auf diese Weise soll einerseits deutlich werden, auf welches – später angeschaffte oder hergestellte – konkrete WG sich der Abzugsbetrag bezieht (Rn 46, 54). Andererseits soll das Beschränken auf die Funktion den StPfl der Schwierigkeit entheben, allzu genau sich etwa auf ein bestimmtes Produkt festzulegen. Maßgeblich ist der voraussichtliche Einsatz im Betrieb, mithin die ins Auge gefasste betriebliche Verwendung. Im Hinblick auf die gesetzgeberische Intention, jedem einzelnen WG den betreffenden Abzugsbetrag zuzuordnen, kann aber im Einzelfall nicht zuletzt aus Praktikabilitätsgründen ggf eine zusammenfassende Erläuterung genügen. In Schätzungsfällen scheitert die Inanspruchnahme des Abzugsbetrages dagegen idR an dem Fehlen der diesbezüglichen Angaben iSd § 7g I 2 Nr 3. Nicht erforderlich für den Abzugsbetrag ist jedenfalls ein Investitionsplan oder eine schuldrechtlich wirksame Bestellung oder auch das voraussichtliche Wj der Investition. Notwendig ist jedoch eine ausreichend genaue Bezeichnung (idR keine Sammelbegriffe wie „Maschine", „Büromöbel") im Hinblick auf die konkrete Funktion des jeweiligen WG und die Höhe der voraussichtlichen AK/HK.[6] Hiernach bezieht sich im Regelfall die erforderliche Angabe auf das einzelne WG. Nach den Gesetzesmaterialien entspricht der geplante Erwerb eines LKW der Marke A dem tatsächlichen Erwerb der Marke B, nicht hingegen dem tatsächlichen Erwerb eines PKW.[7] Bei gleicher betrieblicher Funktion kann der StPfl sich aber auch darauf beschränken, entsprechende Gruppen anzugeben (Beispiel: 10 PC für Außendienstmitarbeiter). Je nach den Umständen des Einzelfalls kann sich also auch eine Sammelbezeichnung als unschädlich erweisen. Dies gilt insbes, wenn vor allem bei gleichartigen WG mit jeweils identischen AK in hinreichender Weise es möglich ist, den einzelnen Betrag der ins Auge gefassten Investition einem bestimmten WG zuzuordnen.[8] Die Frage der hinreichenden Konkretisierung hängt demnach von den (betrieblichen) Umständen des Einzelfalls ab. Ungeachtet der Regelung in § 7g III dient

---

1 BT-Drs 16/ 4841, 52; ausf *K/S/M* § 7g Rn C 37 ff.
2 BT-Drs 16/ 4841 S 53; BFH BStBl II 90, 752 (753); R 83 VII EStR.
3 *K/S/M* § 7g Rn C 39 mwN.
4 BT-Drs 16/4841, 52.
5 BT-Drs 16/5452, 14.
6 BT-Drs 16/4841, 52; BFH BStBl II 04, 187 (189); BStBl II 06, 462 (464); FG Kln EFG 05, 1413: Benennen des voraussichtlichen Investitionszeitpunktes nicht erforderlich.
7 BT-Drs 16/4841, 53.
8 BFH/NV 08, 152 (154); FG Bln EFG 05, 594 (596); teilw **aA** BMF BStBl I 04, 337 Rn 15.

der Abzugsbetrag einerseits nicht der voraussetzungslosen Möglichkeit, den Gewinn zu glätten. Nach der zutr Rspr des BFH[1] zu § 7g aF setzt der Investitionsabzugsbetrag andererseits im Hinblick auf den Gesetzeswortlaut nicht voraus, dass der StPfl seine Investitionsabsicht auch glaubhaft macht.

Weiterhin muss der StPfl die **Höhe der voraussichtlichen AK/HK** angeben. Auch an dieses Substantiierungserfordernis sind keine zu hohen Anforderungen zu stellen, nachdem der Gesetzgeber ausweislich des Gesetzeswortlauts lediglich auf die voraussichtlichen Kosten abhebt. 33

7. Abzugsbetrag trotz Verlust (§ 7g I 3). StPfl können den Abzugsbetrag auch dann in Anspruch nehmen, wenn hierdurch ein **Verlust entsteht** oder sich erhöht. Das Entstehen oder Erhöhen eines Verlustes stehen dem Investitionsabzugsbetrag also nicht entgegen. Die Mittelstandsförderung soll nicht an zeitweilig erzielten Verlusten scheitern oder die gem § 10d mögliche flexible Handhabung von Verlusten beschränken. 36

8. Begrenzung des Abzugsbetrages (§ 7g I 4). § 7g I 4 begrenzt die Summe der insgesamt zu berücksichtigenden Beträge (Rn 40) auf 200 000 € je Betrieb. Demnach begünstigt § 7g I im Ergebnis ein **Investitionsvolumen bis zu 500 000 €** (500 000 × 40 % = 200 000). Dieser Höchstbetrag der betriebsbezogenen Förderung gilt bei einer Mehrzahl von Betrieben für jeden Betrieb des StPfl. Allerdings kann auch der einer PersGes oder Gemeinschaft zuzurechnende Betrieb die Abzugsbeträge nach § 7g I nur bis zu dieser Höhe in Anspr nehmen, § 7g VII. 39

Die in § 7g I 4 vorgesehene betragsmäßige Begrenzung bezieht sich vorrangig auf die Summe der Beträge, die der StPfl im **Wj des Abzugs und in den drei vorangegangenen Wj** am jeweiligen Stichtag insgesamt abgezogen hat.[2] Die kumulierten und noch nicht aufgelösten Abzugsbeträge dürfen demnach insgesamt je Betrieb den Betrag von 200 000 € nicht übersteigen. In diesem Zusammenhang bleiben aber zur Ermittlung des Höchstbetrages ggf nach einer Investition gem § 7g II 1, I. HS hinzuzurechnende Beträge oder nach § 7g III und IV rückgängig gemachte Beträge unberücksichtigt. Im Übrigen mindert sich in der Umstellungsphase von dem bis 2007 geltenden § 7g aF der Höchstbetrag von 200 000 € um die noch vorhandenen Ansparabschreibungen.[3] 40

II. Hinzurechnung des Abzugsbetrages (§ 7g II). – 1. Funktion des § 7g II. Das Gesetz regelt in Abs 2 bis 4 die weiteren Folgen, die sich aus der Inanspruchnahme eines Investitionsabzugsbetrages ergeben. Dabei betrifft § 7g II den „**Regelfall**", dass nämlich der StPfl den Abzugsbetrag ordnungsgemäß in Anspruch genommen hat und bis zum Ende des dritten Wj nach Inanspruchnahme des Abzugsbetrages gem § 7g I 2 Nr 2a) das betreffende WG anschafft oder herstellt. Unterbleibt die fristgerechte Anschaffung oder Herstellung, muss der StPfl den Abzug rückgängig machen, § 7g III. Den Fall des nicht hinreichend qualifizierten Einsatzes in einer inländischen Betriebsstätte regelt dagegen § 7g IV. 45

2. Hinzurechnung gem § 7g II 1. Im Jahr der Anschaffung oder Herstellung des begünstigten WG hat der StPfl zwingend den für dieses WG in Anspruch genommenen Abzugsbetrag dem Grunde nach **außerbilanziell** wieder **hinzuzurechnen**. Diese wirtschaftsgutsbezogene Hinzurechnung erfolgt gewinnerhöhend. Demnach muss ein StPfl die ursprünglich gewinnmindernde Inanspruchnahme im Ergebnis rückgängig machen. Abweichungen können sich lediglich bezüglich der Höhe des hinzuzurechnenden Betrages (Rn 47) ergeben. Sofern der StPfl aber neben der zwingenden außerbilanziellen Hinzurechnung in dem Wj der Anschaffung oder Herstellung die AK/HK gem § 7g II 2, 1.HS (Rn 48) gewinnmindernd im größtmöglichen Umfang herabsetzt, entfällt in dem betreffenden Wj eine Gewinnauswirkung. Dies gilt jedenfalls unter der Voraussetzung, dass die bei Inanspruchnahme des Investitionsabzugsbetrages prognostizierten AK/HK dem tatsächlichen Investitionsaufwand entsprechen.[2] Folglich kann der StPfl im Jahr der Anschaffung oder Herstellung des betreffenden WG grds die (zwingend vorgeschriebene) außerbilanzielle gewinnerhöhende Hinzurechnung durch das (im Wege eines Wahlrechts mögliche) gewinnmindernde Kürzen der AK/HK des betreffenden WG im Ergebnis vollständig ausgleichen. 46

---

1 BFH BStBl II 02, 385 (387); BStBl II 04, 182 (184); BStBl II 04, 187 (189); *Paus* DStZ 02, 486; keine Investitionsabsicht bei fehlender Realisierbarkeit: BFH BStBl II 04, 181 (182), nachfolgender Betriebsverpachtung: FG M'ster EFG 04, 1594, oder (bevorstehender) BetrAufg: BFH/NV 05, 848 (849).
2 BT-Drs 16/4841, 52.
3 § 52 Abs 23 S 4 idF des Unternehmensteuerreformgesetzes 08, BGBl I 07, 1912 (1925).

47 § 7g II 1 enthält weitergehende Regelungen zur **konkreten Höhe des Hinzurechnungsbetrages**. Die Hinzurechnung ist in zweifacher Weise begrenzt. § 7g II 1, 1. HS stellt auf die tatsächlich angefallenen AK/HK ab. In Höhe von 40 vH dieser Kosten ist der in Anspruch genommene Abzugsbetrag hinzuzurechnen. Diese tatsächlichen AK/HK können durchaus und werden vielfach sich unterscheiden von den voraussichtlichen AK/HK, die für den ursprünglichen Abzug gem § 7g I 1 maßgeblich waren. Weiterhin ist die zwingend vorzunehmende Hinzurechnung gem § 7g II 1, 2. HS begrenzt auf den tatsächlich nach § 7g I 1 in Anspruch genommenen Abzugsbetrag. Sind demnach die tatsächlich angefallenen AK/HK höher als die ursprünglich („voraussichtlich") unterstellten Kosten, ist eine Zurechnung nur geboten in Höhe des zunächst geltend gemachten Abzugsbetrages. Zudem stand es dem StPfl frei, den Abzugsbetrag für weniger als 40 vH der voraussichtlichen AK/HK in Anspruch zu nehmen. Auch insoweit wirkt die konkrete Höhe des tatsächlichen Abzugsbetrages gem § 7g I 1 begrenzend auf die Hinzurechnung iSd § 7g II 1.

48 **3. Minderung der AK/HK (§ 7g II 2).** Während das Gesetz die Hinzurechnung nach § 7g II 1, 1. HS zwingend vorsieht, stellt § 7g II 2, 1. HS es dem StPfl frei, die nach allg Grundsätzen ermittelten tatsächlichen AK/HK des begünstigten WG im Wj der Anschaffung oder Herstellung – vorbehaltlich bestimmter betragsmäßiger Modifikationen (Rn 49) – um bis zu 40 vH gewinnmindernd herabzusetzen. In einem untechnischen Sinne erweist sich also der gem § 7g I ursprünglich geltend gemachte Abzugsbetrag als auf das tatsächlich angeschaffte oder hergestellte WG als übertragbar mit der Folge, dass die **fakultative Gewinnminderung** insoweit vergleichbar einer Sonder-AfA wirkt. Entschließt sich der StPfl im Sinne des Wahlrechts, die AK/HK zu reduzieren, aktiviert er die betreffenden WG von vornherein mit den geminderten Kosten in der Handels- sowie der Steuerbilanz. Auf diese Weise kann ein StPfl im Fall der Investition in dem betreffenden Wj eine sofortige Abschreibung von 40 vH der AK/HK vornehmen und sich auf diese Weise im Investitionszeitpunkt zusätzliche Liquidität verschaffen.[1] Allerdings führt dieses Herabsetzen der AK/HK konsequenterweise zu einer Verringerung der betreffenden Bemessungsgrundlage, § 7g II 2, 1. HS (Rn 50).

49 Entschließt sich ein StPfl (Wahlrecht), die AK/HK des begünstigten WG im Wj der Anschaffung oder Herstellung herabzusetzen, ist diese gewinnmindernde Maßnahme einerseits auf 40 vH der tatsächlichen AK/HK begrenzt. Andererseits ist die **Herabsetzung begrenzt** auf höchstens den tatsächlichen Hinzurechnungsbetrag nach § 7g II 1. Auf diese Weise will der Gesetzgeber verhindern, dass der StPfl einen höheren Betrag gem § 7g II 2 gewinnmindernd berücksichtigt, als er gem § 7g II 1 gewinnerhöhend zunächst hinzugerechnet hat. Diese Begrenzung in § 7g II 2 1. HS soll missbräuchliche Steuergestaltungen verhindern, dass etwa unterkapitalisierte Tochterunternehmen in einem Konzern zunächst den Abzugsbetrag geltend machen und sodann Investitionen in Millionenhöhe vornehmen.[2] Entsprechen sich die voraussichtlichen AK/HK, für die der StPfl den Abzugsbetrag geltend gemacht hat, und die tatsächliche Investitionssumme, gleichen sich im Ergebnis die Erhöhung gem § 7g II 1, 1. HS und die Minderung gem § 7g II 2, 1. HS aus. Hat der StPfl im Hinblick auf den Abzugsbetrag gem § 7g I 1 ursprünglich höhere Kosten zu Grunde gelegt, als die spätere Investition tatsächlich verursacht hat, übersteigt der Erhöhungsbetrag nach § 7g II 1, 1. HS allerdings den zulässigen Minderungsbetrag des § 7g II 2, 1. HS mit der Folge, dass in Höhe der Differenz sich rückwirkend gem § 7g III 1 der Gewinn erhöht.

50 § 7g II 2, 2. HS regelt im Sinne einer Klarstellung, dass im Falle einer Minderung der AK/HK gem § 7g II 2, 1. HS (Rn 48) sich die **Bemessungsgrundlage** für die einschlägigen Bezugsgrößen (AfA etc) entsprechend **mindert**.

53 **III. Rückgängigmachen des Abzugs wegen unterbliebener Hinzurechnung (§ 7g III).** § 7g III und IV (Rn 58) betreffen unterschiedliche Fälle, in denen entgegen der ursprünglichen Prognoseentscheidung eine begünstigungsfähige Investition im Ergebnis unterbleibt. Abs 3 regelt die Folge, wenn – nachdem ursprünglich der StPfl den Abzugsbetrag geltend gemacht hat – eine Hinzurechnung gem § 7g II 1 unterbleibt (Rn 46). Dies ist insbes der Fall, wenn der StPfl nicht innerhalb des gem § 7g I 2 Nr 2a) vorgesehenen Investitionszeitraumes die Investition tätigt, für die er ursprünglich den Abzugsbetrag gem § 7g I 1 in Anspruch genommen hat. Der Abzug hatte in dem betreffenden Jahr zunächst zu einer Minderung der Steuerschuld geführt. Diesen Vorteil will der Gesetzgeber in der Weise ausgleichen, dass der gewinnmindernde Abzug nach § 7g I 1 wieder rückgängig gemacht wird. Indem der Abzug in dem ursprünglich betroffenen VZ nicht mehr berücksichtigt werden soll, enthält § 7g III eine entsprechende **verfahrensrechtliche Änderungsvorschrift**.[3]

---

1 BT-Drs 16/4841, 32.
2 BT-Drs 16/5377, 12.
3 BT-Drs 16/4841, 53.

54 Aus unterschiedlichen Gründen kann die Anschaffung oder Herstellung des an sich begünstigungsfähigen WG bis zum Ende des dritten auf das Wj des Abzuges folgenden Wj unterbleiben. In diesen Fällen entfällt die zwingend vorgesehene Hinzurechnung iSd § 7g II 1, 1. HS. Vor diesem Hintergrund sieht § 7g III 1. HS vor, dass der ursprünglich gewinnmindernd geltend gemachte Abzug rückgängig zu machen ist. In diesem Zusammenhang spielt es keine Rolle, **welche Gründe** ursächlich waren für die unterbliebene (zeitgerechte) Investition. § 7g III 1 gilt also unabhängig von dem Grund, weswegen die geplante Investition sich verzögert hat oder innerhalb des gesetzlich vorgesehenen Zeitrahmens unterblieben ist. § 7g III greift demnach auch ein, wenn das bei Bildung des Abzugsbetrages vorgesehene WG und das später tatsächlich angeschaffte oder hergestellte WG nicht funktionsgleich (Rn 32) sind.[1] Gleiches gilt, wenn die geforderten Verbleibens- und Nutzungsvoraussetzungen zum Zeitpunkt der Investition nicht erfüllt werden[2] oder der StPfl die an sich begünstigungsfähige Investition wegen Betriebsveräußerung unterlässt.[3] Ohne Ausnahme will der Gesetzgeber die ursprüngliche Gewinnminderung wieder ausgleichen, § 7g III 1. Nachdem das Gesetz insoweit keine Aussage trifft, kann der StPfl, sobald er die Investitionsabsicht aufgibt, allerdings auch schon vorzeitig – also nicht erst zum Ende des zulässigen Investitionszeitraums – den Abzug nach § 7g I 1 durch entsprechende Erklärung gegenüber dem FA rückgängig machen. In ähnlicher Weise kann er auch teilweise die außerbilanzielle Hinzurechnung auslösen, wenn objektiv erkennbar zu erwarten ist, dass die ins Auge gefassten Investitionskosten („voraussichtliche AK/HK") unterschritten werden.

55 Der gewinnmindernde Abzug nach § 7g I 1 ist gem § 7g III 1 rückgängig zu machen. Soweit der Gewinn des maßgebenden Wj noch gar nicht bei einer Veranlagung berücksichtigt wurde, entfällt von vornherein eine diesbezügliche Berücksichtigung im Festsetzungsverfahren. Fand dagegen der geminderte Gewinn bereits Eingang in eine diesbezügliche Steuerfestsetzung oder gesonderte Feststellung, ist der betreffende Bescheid gem **§ 7g III 2** zu ändern. Dies gilt auch dann, wenn der betreffende Steuer- oder Feststellungsbescheid bereits bestandskräftig geworden ist, **§ 7g III 3, 1. HS**. Nach der besonderen Ablaufregelung des **§ 7g III 3, 2. HS** ist insoweit die Festsetzungsfrist für den VZ maßgeblich, in dem das dritte auf das Wj des Abzugs folgende Wj endet. § 7g enthält zwar für diese Fälle keine eigene Verzinsungsregel (mehr), jedoch kann die Änderung nach § 7g III zu einer Verzinsung der daraus entstehenden Steuernachforderung gem § 233a AO führen.[4] Angesichts dieser drohenden Verzinsung werden StPfl eher davon Abstand nehmen, in überzogener Weise Investitionsabzugsbeträge in Anspruch zu nehmen.

IV. Rückgängigmachen des Abzugs wegen unzureichender betrieblicher Nutzung (§ 7g IV). Im **58** Unterschied zu Abs 3 (Rn 53) betrifft § 7g IV den Verstoß gegen die einschlägigen Nutzungs- und Verbleibensvoraussetzungen, nachdem die betreffende Investition zunächst diesen Anforderungen entsprochen hat. Abs 4 regelt demnach die Folgen, wenn der StPfl zutreffend im Jahr der begünstigungsfähigen Investition den Abzugsbetrag gem § 7g II 1, 1. HS gewinnerhöhend hinzugerechnet hat, jedoch in der Folgezeit das betreffende WG nicht auf Dauer in dem gesetzlich vorgesehenen Umfang betrieblich nutzt. § 7g I 2 Nr. 2 b) bestimmt im Einzelnen, dass das WG bis zum Ende des der Anschaffung/Herstellung nachfolgenden Wj (fast) ausschließlich betrieblich zu nutzen ist (Rn 28). **§ 7g IV 1** betrifft mithin den Fall, dass der StPfl diese qualifizierte Nutzung nicht bis zum Ende des dem Wj der Anschaffung oder Herstellung nachfolgenden Wj in einer inländischen Betriebsstätte des Betriebes aufrecht erhält. Nach dem Gesetzeswortlaut ist allein das vorzeitige Ende der qualifizierten betrieblichen Nutzung maßgeblich. Mithin spielen die Gründe für die Beendigung keine Rolle. Aus diesem Grunde kann ein StPfl nicht mit Erfolg geltend machen, er sei aus welchen Gründen auch immer gezwungen gewesen, die betriebliche Nutzung zu beenden. Die erforderliche betriebliche Nutzung entfällt demnach auch, wenn der StPfl das betreffende WG vorzeitig in sein Privatvermögen überführt.[2]

Endet die qualifizierte betriebliche Nutzung vorzeitig, sieht das Gesetz ein **vollständiges Rückgän- 59 gigmachen** der eingetretenen Rechtsfolgen vor. § 7g IV enthält eine entsprechende Änderungsvorschrift sowie eine Ablaufhemmung für die betreffende Festsetzungsfrist.[4] Demnach hat der StPfl (1) den Abzug nach § 7g I rückgängig zu machen. Zudem (2) ist das Herabsetzen der AK/HK gem § 7g II 2, 1. HS rückgängig zu machen. Weiterhin (3) muss der StPfl die Verringerung der Bemessungs-

---

1 BT-Drs 16/4841, 53; BMF BStBl I 04 S 337 Rn 26; *Paus* StBp 97, 290 (294).
2 BT-Drs 16/4841, 52.
3 FG M'ster EFG 02, 387; FG Mchn EFG 05, 274 (275).
4 BT-Drs 16/4841, 53.

grundlage gem § 7g II 2, 2. HS wieder auszugleichen. Schließlich (4) ist die ursprünglich gewinnerhöhende Hinzurechnung gem § 7g II 1 ebenfalls wieder rückgängig zu machen.

60 § 7g IV 2 und 3 enthalten ähnlich wie § 7g III 2 und 3 besondere Änderungsregelungen für den Fall, dass der Investitionsabzugsbetrag bereits Eingang in (bestandskräftige) Veranlagungen gefunden hat. Soweit der Gewinn des maßgebenden Wj noch gar nicht bei einer Veranlagung berücksichtigt wurde, entfällt von vornherein eine diesbezügliche Berücksichtigung im Festsetzungsverfahren. Fand dagegen der geminderte Gewinn bereits Eingang in eine diesbezügliche Steuerfestsetzung oder gesonderte Feststellung, ist der betreffende Bescheid gem **§ 7g IV 2** zu ändern. Dies gilt auch dann, wenn der betreffende Steuer- oder Feststellungsbescheid bereits bestandskräftig geworden ist, **§ 7g IV 3, 1. HS.** Nach der besonderen Ablaufregelung des **§ 7g IV 3, 2. HS** ist insoweit die Festsetzungsfrist für den VZ maßgeblich, in dem das dritte auf das Wj des Abzugs folgende Wj endet.

61 § 7g IV 4 regelt speziell die Anwendung von § 233a AO im Zusammenhang mit dem Rückgängigmachen des Investitionsabzugsbetrages. Endet die qualifizierte betriebliche Nutzung des betreffenden WG vorzeitig, entfällt die besondere Regelung zum Zinslauf gem § 233a IIa AO. Mithin führt das Rückgängigmachen der Anwendung des § 7g I und II nicht zu einem abweichenden Zinslauf iSd § 233a IIa AO.[1]

C. Sonderabschreibung (§ 7g V und VI)

65 **I. Allgemeine Grundsätze.** Wird das begünstigungsfähige WG (Rn 69) entsprechend den gesetzlichen Vorgaben betrieblich genutzt (Rn 80), kann ein StPfl, der die betreffenden Größenmerkmale einhält (Rn 78), Sonder-AfA (nicht erhöhte Absetzungen, § 7a Rn 4 u 27) neben der zwingend vorgeschriebenen (linearen) **AfA gem § 7** geltend machen. § 7a I, V bis IX sind zu beachten. Dabei kommt die Sonderabschreibung unabhängig davon in Betracht, ob der StPfl zuvor für die betr Investition einen Investitionsabzugsbetrag gem § 7g I gewinnmindernd abgezogen hat (Rn 6).[1] Nach allg Grundsätzen wirkt die Sonder-AfA nicht – wie im Falle des Abzugsbetrages – außerbilanziell, sondern kommt in den geminderten Bilanzansätzen oder in den betreffenden Gewinnminderungen im Rahmen der Einnahmeüberschussrechnung zum Ausdruck.

67 **II. Persönliche Voraussetzungen.** Die Abschreibungserleichterung ist beschränkt auf die Gewinneinkünfte, § 2 II Nr 1. § 7g kommt **(un-)beschränkt stpfl nat und jur Pers** gleichermaßen zugute. Unerheblich ist, ob der StPfl den Gewinn nach § 4 I oder III ermittelt.

69 **III. Begünstigungsfähige Investitionen (§ 7g V). – 1. Begünstigte Wirtschaftsgüter.** Nur **selbstständige WG** können abgeschrieben werden, daher entfällt die Sonder-AfA für alle technisch unselbstständigen Teile eines WG; entscheidend für die selbstständige Bewertbarkeit ist im Rahmen der Verkehrsauffassung ua der Nutzungs- und Funktionszusammenhang.[2] Ausdrücklich setzt § 7g V voraus, dass es sich um **abnutzbare WG** handelt. IÜ betrifft die Vorschrift nur **WG des Anlagevermögens** (§ 6 Rn 21). Folglich gilt § 7g nur bei den Gewinneinkünften gem § 2 II Nr 1. Allerdings ist ein WG auch dann dem Anlagevermögen zuzurechnen, wenn es zunächst ins Umlaufvermögen gelangt, der StPfl es jedoch vor Ablauf des betr Kj/Wj ins Anlagevermögen überführt.[3] Die Beschränkung auf **bewegliche WG** schließt vor allem Gebäude und – den Gebäuden vergleichbare – als unbeweglich behandelte WG von der Sonder-AfA aus. Hiernach begünstigt § 7g V zB Scheinbestandteile gem § 95 BGB oder Betriebsvorrichtungen iSv § 68 II BewG, nicht hingegen immaterielle WG.[4]

70 § 7g V gilt nicht nur für **neue WG**. Entscheidend ist also nicht, ob das WG im Sinne einer wirtschaftlichen Nutzung noch ungebraucht ist.[5]

72 **2. Begünstigungszeitraum.** Der fünfjährige Begünstigungszeitraum umfasst das Jahr der Anschaffung oder Herstellung iSv **§ 9a EStDV** (§ 7 Rn 41) sowie die 4 folgenden Jahre. Entscheidend ist der Zeitpunkt der Lieferung bzw der erstmaligen Möglichkeit der bestimmungsgemäßen Nutzung. Erwirbt der StPfl einen Bausatz, ist der Zeitpunkt des Zusammenbaus maßgeblich.[6]

---

1 BT-Drs 16/4841, 53.
2 BFH BStBl II 91, 187 f; BStBl II 96, 542 (543 f).
3 BFH BStBl II 71, 198 (199).
4 *K/S/M* § 7g Rn B 9 ff.
5 BT-Drs 16/4841, 53; BFH BStBl II 80, 341 (342); BStBl II 84, 631 (632).
6 *K/S/M* § 7g Rn B 22.

3. Begünstigungsumfang. Die jährliche Sonder-AfA betrifft maximal 20 vH der maßgeblichen AK/ HK, § 255 I und II HGB. Hat der StPfl im Hinblick auf § 7g II 2, 1.HS die AK/HK gemindert, kann er die Sonder-AfA auch nur von den auf diese Weise reduzierten Beträgen geltend machen. Bei **öffentlichen Investitionszuschüssen** (§ 7 Rn 60) bejaht die Verwaltung gem R 34 II EStR ein Wahlrecht zw Versteuerung als BE oder Minderung der AK/HK; allerdings erscheint das zwingende Versteuern der Zuschüsse als BE vorzugswürdig.[1] Nicht begünstigt sind Anzahlungen auf AK/HK oder Teil-HK, dagegen erhöht sich die ursprüngliche Bemessungsgrundlage gem § 7a I um die nachträglich im Begünstigungszeitraum angefallenen Aufwendungen.

4. Ausübung des Wahlrechts. Sofern auch die Voraussetzungen des Abs 6 (Rn 78) erfüllt sind, kann der StPfl neben der **linearen AfA** gem § 7 I innerhalb des Begünstigungszeitraum in beliebigem Umfang bis zu insgesamt 20 vH der Bemessungsgrundlage geltend machen. Nach Ablauf des fünfjährigen Begünstigungszeitraums richtet sich die Abschreibung des **Restwerts** nach § 7a IX (§ 7a Rn 43). Die in Abs 5 eingeräumte Wahlfreiheit ermöglicht die optimale Gestaltungsfreiheit für den StPfl etwa zur Gewinnglättung.

IV. Betriebliche Größenmerkmale (§ 7g VI Nr 1). Sonderabschreibungen kommen nur in Betracht, wenn der StPfl – ggf also auch die Gesellschaft oder Gemeinschaft gem § 7g VII – die in § 7g VI Nr 1 vorgesehenen betrieblichen **Größenmerkmale** einhält. Das Gesetz bezieht sich dabei auf dieselben Höchstwerte wie in § 7g I 2 Nr 1 (Rn 18). In diesem Zusammenhang gewinnt insbes die nunmehr gem § 7g I 2 Nr 1c) geltende Beschränkung des Gewinns auf 100 000 € bei einer Gewinnermittlung nach § 4 III (Rn 22) Bedeutung. Maßgeblicher Zeitpunkt in diesem Zusammenhang ist der Schluss des Wj, das der Anschaffung oder Herstellung vorangeht.

V. Betriebliche Nutzung (§ 7g VI Nr 2). Das Gesetz verlangt für die Sonderabschreibung dieselbe qualifizierte betriebliche Nutzung des betreffenden WG wie im Falle des Investitionsabzugsbetrages. Aus diesem Grunde benennt § 7g VI Nr 2, 1. HS dieselben Voraussetzungen wie § 7g I 2 Nr 2b). Hiernach muss der StPfl das WG im Jahr der Anschaffung oder Herstellung sowie im darauffolgenden Wj (fast) ausschließlich betrieblich nutzen. Entsprechend der bisherigen Praxis zu § 7g aF ist also eine betriebliche Nutzung von mindestens 90 vH erforderlich.[2] Dabei hat der Gesetzgeber den in der Vergangenheit geltenden Verbleibens- und Nutzungszeitraum um ein Wj erweitert, um einem möglichen Missbrauch vorzubeugen.[3] Allerdings verlangt der Gesetzeswortlaut nicht eine diesbezügliche Nutzung bis zum Ende des Folgejahres. Hiernach käme die Sonderabschreibung auch in Betracht, wenn die betriebliche Nutzung nicht das gesamte Folgejahr umfasst. Jedoch bestimmt **§ 7g VI Nr 2, 2. HS** für diesen Fall die entsprechende Anwendung des § 7g IV. Endet demnach die qualifizierte betriebliche Nutzung des begünstigten WG vor dem Ende des dem Wj der Anschaffung oder Herstellung folgenden Wj, hat der StPfl alle gewinnrelevanten Folgen der Sonderabschreibung vollständig wieder rückgängig zu machen.

D. Gesellschaft oder Gemeinschaft (§ 7g VII)

In Abs 7 bestimmt der Gesetzgeber, dass bei PersGes oder Gemeinschaften diese als StPfl im Rahmen des § 7g anzusehen sind. Mit dem Begriff der Gemeinschaften zielt der Gesetzgeber wohl auf MU'schaften. Dies besagt zum einen, dass die Investitionsabzugsbeträge oder Sonderabschreibungen stets nur einheitlich und nicht etwa nur von einem Teil der Beteiligten geltend zu machen sind. Zum anderen gelten aber insbes die Größenmerkmale iSd § 7g I 2 Nr 1 und VI Nr 1 für diese Zusammenschlüsse insgesamt. Dabei sind für das Prüfen der Größenmerkmale Ergänzungs- und Sonderbilanzen einzubeziehen. Auf diese Weise will der Gesetzgeber das als ungerechtfertigt angesehene **Begünstigen von Großbetrieben** ausschließen.[4]

---

1 Ausf zum Meinungsstand BFH BStBl II 97, 390 (391 ff).
2 BT-Drs 16/4841, 53.
3 BT-Drs 16/4841, 54.
4 BT-Drs 16/5377, 13.

§ 7h Erhöhte Absetzungen bei Gebäuden in Sanierungsgebieten und städtebaulichen Entwicklungsbereichen

(1) ¹Bei einem im Inland belegenen Gebäude in einem förmlich festgelegten Sanierungsgebiet oder städtebaulichen Entwicklungsbereich kann der Steuerpflichtige abweichend von § 7 Abs. 4 und 5 im Jahr der Herstellung und in den folgenden sieben Jahren jeweils bis zu 9 Prozent und in den folgenden vier Jahren jeweils bis zu 7 Prozent der Herstellungskosten für Modernisierungs- und Instandsetzungsmaßnahmen im Sinne des § 177 des Baugesetzbuchs absetzen. ²Satz 1 ist entsprechend anzuwenden auf Herstellungskosten für Maßnahmen, die der Erhaltung, Erneuerung und funktionsgerechten Verwendung eines Gebäudes im Sinne des Satzes 1 dienen, das wegen seiner geschichtlichen, künstlerischen oder städtebaulichen Bedeutung erhalten bleiben soll, und zu deren Durchführung sich der Eigentümer neben bestimmten Modernisierungsmaßnahmen gegenüber der Gemeinde verpflichtet hat. ³Der Steuerpflichtige kann die erhöhten Absetzungen im Jahr des Abschlusses der Maßnahme und in den folgenden elf Jahren auch für Anschaffungskosten in Anspruch nehmen, die auf Maßnahmen im Sinne der Sätze 1 und 2 entfallen, soweit diese nach dem rechtswirksamen Abschluss eines obligatorischen Erwerbsvertrags oder eines gleichstehenden Rechtsakts durchgeführt worden sind. ⁴Die erhöhten Absetzungen können nur in Anspruch genommen werden, soweit die Herstellungs- oder Anschaffungskosten durch Zuschüsse aus Sanierungs- oder Entwicklungsförderungsmitteln nicht gedeckt sind. ⁵Nach Ablauf des Begünstigungszeitraums ist ein Restwert den Herstellungs- oder Anschaffungskosten des Gebäudes oder dem an deren Stelle tretenden Wert hinzuzurechnen; die weiteren Absetzungen für Abnutzung sind einheitlich für das gesamte Gebäude nach dem sich hiernach ergebenden Betrag und dem für das Gebäude maßgebenden Prozentsatz zu bemessen.

(2) ¹Der Steuerpflichtige kann die erhöhten Absetzungen nur in Anspruch nehmen, wenn er durch eine Bescheinigung der zuständigen Gemeindebehörde die Voraussetzungen des Absatzes 1 für das Gebäude und die Maßnahmen nachweist. ²Sind ihm Zuschüsse aus Sanierungs- oder Entwicklungsförderungsmitteln gewährt worden, so hat die Bescheinigung auch deren Höhe zu enthalten; werden ihm solche Zuschüsse nach Ausstellung der Bescheinigung gewährt, so ist diese entsprechend zu ändern.

(3) Die Absätze 1 und 2 sind auf Gebäudeteile, die selbstständige unbewegliche Wirtschaftsgüter sind, sowie auf Eigentumswohnungen und auf im Teileigentum stehende Räume entsprechend anzuwenden.

R 7h/H 7h EStR 05

Literatur: S den Literaturnachweis zu § 7i.

A. Grundaussagen des § 7h

1 § 7h erlaubt – wie schon § 82g EStDV aF – **erhöhte Absetzungen** (§ 7a Rn 3), also keine Sonder-AfA, anstelle der AfA nach § 7 IV und V für bestimmte Gebäude (Rn 6) und selbstständig bewertete Gebäudeteile des BV oder PV. Nachdem § 7h anderweitige Absetzungen zulässt, kommen erhöhte Absetzungen nur in Betracht, wenn StPfl die reguläre AfA in Anspruch nehmen könnten. Dies entfällt etwa bei Gebäuden, die zum BV (Umlaufvermögen) eines gewerblichen Grundstückshandels gehören.[1] Die personenbezogene[2] (also nicht objektbezogene) Abschreibungsvergünstigung steht (un-) beschränkt stpfl nat und jur Pers, also nicht einer PersGes selbst, offen. Der Anwendungsbereich des § 7h überschneidet sich – abgesehen von der Begünstigung nach § 3 InvZulG – teilw mit der Förderung gem §§ 7i, 10f, 10g, 11a und 11b;[3] § 7a V ist zu beachten. Die Subventionsnorm soll durch zinslose Steuerstundung die Wohnraumverbesserung, Bestanderhaltung und Gebäudesanierung unterstützen;[4] an diesem **Begünstigungszweck** hat sich die Auslegung zu orientieren.[5] Der StPfl muss die Einzelumstände darlegen und ggf beweisen (**objektive Darlegungslast**).[6] § 7a I, III und V bis VIII sind zu beachten, Abs 6 gewinnt aber keine praktische Bedeutung. Die Absenkung der Absetzungsbeträge (Rn 4) ab VZ 04 beruht auf dem HBeglG 04.[7]

---

1 BFH BStBl II 03, 291 (294).
2 BFH BStBl II 01, 760 (761).
3 Zu den einzelnen Liquiditätshilfen vgl die Übersicht bei *K/S/M* § 7h Rn A 37; *Kleeberg* FR 97, 174; *Stöcker* BB 00 Beil. 9, S 3f.
4 *Stuhrmann* DStZ 90, 107.
5 BFH/NV 98, 155 (156); BStBl II 01, 437.
6 BFH BStBl II 90, 752 (753).
7 Gesetz v 29.12.03 BGBl I 03, 3076 (3082).

B. Erhöhte Absetzungen (§ 7h I)

Zu den **begünstigungsfähigen Objekten** gehören inländische Gebäude in einem förmlich festgelegten Sanierungsgebiet oder städtebaulichen Entwicklungsbereich, § 7h I 1, sowie die in § 7h I 2 näher bezeichnete Gebäude mit geschichtlicher, künstlerischer oder städtebaulicher Bedeutung. Dabei kommen erhöhte Absetzungen nur in Betracht, wenn der StPfl die reguläre AfA in Anspruch nehmen könnte (Rn 1). Der Gebäudebegriff richtet sich nach dem (einheitlichen) Nutzungs- und Funktionszusammenhang (§ 7 Rn 136). § 7h begünstigt ausschließlich Baumaßnahmen an bestehenden Gebäuden, nicht hingegen Neubauten[1] oder selbstbewohnte Objekte, und zwar nur **Gebäudeinvestitionen**, die auf einem Modernisierungs- und Instandsetzungsgebot gem § 177 BauGB oder einer vertraglichen Vereinbarung mit der Gemeinde beruhen, nicht aber Baumaßnahmen auf ausschließlich freiwilliger Grundlage.[2] Die Förderung entfällt demnach, soweit durch die Baumaßnahme Neubauten oder ein bautechnisch neues Gebäude entstehen, denn zu begünstigen ist im Ergebnis der Erhalt schützenswerter Substanz. Dabei betrifft § 7h I 1 und 2 nur Herstellungsvorgänge,[3] Anschaffungen sind allein durch S 3 begünstigt. **Bemessungsgrundlage** für die erhöhte AfA sind die HK[4] (§ 7 Rn 59 und § 7a Rn 10) für die geförderten Maßnahmen iSd § 7h I 1 und 2.[5] § 7h I 3 betrifft bei einem Erwerber, der kein Bauherr ist, die AK (§ 6 Rn 34), die er nach Erwerb durch Vertrag, Ersteigerung oÄ im Hinblick auf § 7h I 1 und 2 trägt;[6] begünstigt ist also nicht der eigentliche Kaufpreis für das Gebäude. Nicht begünstigt sind Teil-HK,[7] sofort abziehbare WK/BA (insbes Erhaltungsaufwand, vgl aber § 11a) und nicht abziehbare Ausgaben. In Höhe der Zuschüsse aus Fördermitteln sowie bei Zuwendungen privater Dritter entfällt die erhöhte AfA, § 7h I 4. Einlagen in und Entnahmen aus dem BV lassen die Bemessungsgrundlage unberührt.[8]

Bei Vorlage einer Bescheinigung gem § 7h II hat der StPfl das **Wahlrecht**, über die Regel-AfA hinaus bis zu 8 × 9 vH sowie 4 × 7 vH (bis 2003: 10 × 10 vH, vgl Rn 1 aE) der Bemessungsgrundlage geltend zu machen; Nachholung ist nicht zulässig.[9] Bei mehreren Beteiligten ist § 7a VII zu beachten; dabei stehen die erhöhten Absetzungen den Miteigentümern im Verhältnis ihrer Eigentumsanteile zu.[10] Soweit ein Bauträger Sanierungsmaßnahmen an einem Gesamtobjekt durchführt und ein Erwerber eine Steuerbegünstigung nach § 7h beantragt, führt die FinVerw eine gesonderte und einheitliche Feststellung der betreffenden Besteuerungsgrundlagen nach der VO zu § 180 II AO durch, vgl BMF BStBl I 01, 256. Bei PersGes sind allein die einzelnen G'ter abzugsberechtigt; scheidet ein G'ter aus, so sind die begünstigten HK den übrigen G'tern im Rahmen der Anrechnung nur in Höhe der ursprünglichen Beteiligung zuzurechnen,[11] vgl § 7a VII. Die Abfindung an den ausgeschiedenen G'ter bildet nicht erhöht begünstigte AK. Dementsprechend ist ein G'ter nicht begünstigt, der erst nach Abschluss der Baumaßnahme der PersGes beitritt. Der jeweilige Höchstbetrag gilt auch im Jahr der Herstellung oder im Falle einer Veräußerung (keine zeitanteilige Reduzierung[12]). Aus Vereinfachungsgründen verlangt die FinVerw eine **Prüfung, ob die Voraussetzungen des § 7h vorliegen**, nur in dem VZ, in dem die begünstigten Baumaßnahmen fertig gestellt sind.[13] Der **Begünstigungszeitraum** umfasst 12 Jahre. Er beginnt gem § 7h I 1 mit dem Jahr der Herstellung iSv § 9a EStDV (§ 7 Rn 41) oder mit dem Jahr, in dem die geförderte Maßnahme ihren Abschluss findet, § 7h I 3. Nach Ablauf des Zeitraums ist ein **Restwert** zusammen mit dem Gebäude abzuschreiben, § 7h I 5.

C. Bescheinigung (§ 7h II)

Die Ausübung des Wahlrechts erfordert als materielle Voraussetzung eine Bescheinigung iSv § 7h II 1 (Grundlagenbescheid gem §§ 171 X und 175 I 1 Nr 1 AO[14]). Hierzu haben die einzelnen Länder Bescheinigungsrichtlinien erlassen, die bundesweit im Wesentlichen abgestimmt und in den entspr Ministerialblättern veröffentlicht sind.[15] Die weitreichende Bindungswirkung der Bescheinigung erstreckt sich ausweislich des Wortlauts der Vorschrift (nur) auf die Voraussetzungen des Abs 1; kon-

---

1 BFH BStBl II 03, 238 (240); FG Saarl EFG 04, 1201; anders im Einzelfall, wenn Wiederaufbau Modernisierung darstellt, vgl BFH BStBl II 97, 398 (399).
2 R 7h VI 3 EStR.
3 BFH BStBl II 01, 760 (761): keine HK bei G'ter-Wechsel.
4 FG Mchn EFG 89, 167.
5 Einzelheiten bei *K/S/M* § 7h Rn B 19 ff.
6 *Hahn* DB 90, 65.
7 BFH BStBl II 96, 215 (217); BFH/NV 96, 540 (541).
8 R 7h II EStR.
9 R 7h III 2 EStR.
10 R 7h I EStR.
11 BFH BStBl I 01, 760 (761).
12 BFH BStBl II 96, 645 (646).
13 R 7h III 1 EStR.
14 BFH BStBl II 05, 171 (172); BStBl II 07, 373 (374).
15 Fundstellenübersicht: BStBl I 00, 1513; OFD Bln Deutschland spezial Ost 7/2001, 3 mit Einzelheiten.

Lambrecht

kret gebührt den Entscheidungen der Fachbehörde zu den Tatbeständen des Bau- und Raumordnungsrechts Vorrang. Daher muss auch die Gemeinde entscheiden, ob ein Neubau im bautechnischen Sinne noch als Modernisierung oder Instandsetzung anzusehen ist. Dagegen muss die Bescheinigung – im Unterschied zu § 7i – nicht die Höhe der begünstigten HK ausweisen. Hiernach muss sich die Bescheinigung auf das in einem förmlich festgelegten Sanierungsgebiet belegene Gebäude und die geförderten Maßnahmen iSd § 177 BauGB beziehen, vgl R 83a IV EStR. Fehlen diese notwendigen Angaben, ist das zuständige FA an eine derartige Bescheinigung nicht gebunden.[1] Denn die Bindungswirkung kann sich nur auf Merkmale beziehen, die des fachbehördlichen Sachverstandes bedürfen. Unterlässt die Fachbehörde die von ihr geforderten Angaben, entscheiden die FA in eigener Verantwortung. Dies gilt gleichermaßen für die übrigen Tatbestandsmerkmale des § 7h. Folglich bindet die Bescheinigung die Finanzbehörde nicht hinsichtlich der Frage, wer die Aufwendungen getragen hat, ob es sich um AK oder HK handelt und wem diese als Abzugsberechtigten zuzurechnen sind.[2] Hält die FinVerw den Inhalt der Bescheinigung für unzutr, kann sie lediglich bei der betr Gemeinde remonstrieren und den Verwaltungsrechtsweg einschlagen.[3] Etwaige **Zuschüsse** aus den näher bezeichneten Fördermitteln müssen ausgewiesen sein; nachträgliche Zuschussgewährung zwingt zu einer Änderung der Bescheinigung, § 7h II 2. StPfl können eine verweigerte Bescheinigung nicht über das in § 86 III FGO geregelte Verfahren der Urkundenvorlage erzwingen.[4]

D. Ausdehnung der Förderung (§ 7h III)

8   Abs 3 erstreckt die Förderung auf einzelne Objekte. Inwieweit Gebäudeteile **selbstständige unbewegliche WG** bilden, richtet sich nach allg Grundsätzen (§ 7 Rn 136 und 184); die Annahme von Eigentumswohnungen und im Teileigentum stehenden Räumen bestimmt sich nach § 1 II und III WEG (§ 7 Rn 187).

§ 7i   Erhöhte Absetzungen bei Baudenkmalen

(1) ¹Bei einem im Inland belegenen Gebäude, das nach den jeweiligen landesrechtlichen Vorschriften ein Baudenkmal ist, kann der Steuerpflichtige abweichend von § 7 Abs. 4 und 5 im Jahr der Herstellung und in den folgenden sieben Jahren jeweils bis zu 9 Prozent und in den folgenden vier Jahren jeweils bis zu 7 Prozent der Herstellungskosten für Baumaßnahmen, die nach Art und Umfang zur Erhaltung des Gebäudes als Baudenkmal oder zu seiner sinnvollen Nutzung erforderlich sind, absetzen. ²Eine sinnvolle Nutzung ist nur anzunehmen, wenn das Gebäude in der Weise genutzt wird, dass die Erhaltung der schützenswerten Substanz des Gebäudes auf die Dauer gewährleistet ist. ³Bei einem im Inland belegenen Gebäudeteil, das nach den jeweiligen landesrechtlichen Vorschriften ein Baudenkmal ist, sind die Sätze 1 und 2 entsprechend anzuwenden. ⁴Bei einem im Inland belegenen Gebäude oder Gebäudeteil, das für sich allein nicht die Voraussetzungen für ein Baudenkmal erfüllt, aber Teil einer Gebäudegruppe oder Gesamtanlage ist, die nach den jeweiligen landesrechtlichen Vorschriften als Einheit geschützt ist, kann der Steuerpflichtige die erhöhten Absetzungen von den Herstellungskosten für Baumaßnahmen vornehmen, die nach Art und Umfang zur Erhaltung des schützenswerten äußeren Erscheinungsbildes der Gebäudegruppe oder Gesamtanlage erforderlich sind. ⁵Der Steuerpflichtige kann die erhöhten Absetzungen im Jahr des Abschlusses der Baumaßnahme und in den folgenden elf Jahren auch für Anschaffungskosten in Anspruch nehmen, die auf Baumaßnahmen im Sinne der Sätze 1 bis 4 entfallen, soweit diese nach dem rechtswirksamen Abschluss eines obligatorischen Erwerbsvertrags oder eines gleichstehenden Rechtsakts durchgeführt worden sind. ⁶Die Baumaßnahmen müssen in Abstimmung mit der in Absatz 2 bezeichneten Stelle durchgeführt worden sein. ⁷Die erhöhten Absetzungen können nur in Anspruch genommen werden, soweit die Herstellungs- oder Anschaffungskosten nicht durch Zuschüsse aus öffentlichen Kassen gedeckt sind. ⁸§ 7h Abs. 1 Satz 5 ist entsprechend anzuwenden.

(2) ¹Der Steuerpflichtige kann die erhöhten Absetzungen nur in Anspruch nehmen, wenn er durch eine Bescheinigung der nach Landesrecht zuständigen oder von der Landesregierung bestimmten Stelle die Voraussetzungen des Absatzes 1 für das Gebäude oder Gebäudeteil und für die Erforderlichkeit der Aufwendungen nachweist. ²Hat eine der für Denkmalschutz oder Denkmal-

---

1 BFH BStBl II 07, 373 (374); BStBl II 03, 283 (240 f.).
2 BFH BStBl II 03, 910; BStBl II 03, 912; BFH/NV 04, 1021 (1023).
3 BFH BStBl II 07, 373 (374); R 7h IV 4 EStR.
4 BFH/NV 06, 1697.

pflege zuständigen Behörden ihm Zuschüsse gewährt, so hat die Bescheinigung auch deren Höhe zu enthalten; werden ihm solche Zuschüsse nach Ausstellung der Bescheinigung gewährt, so ist diese entsprechend zu ändern.

(3) § 7h Abs. 3 ist entsprechend anzuwenden.

R 7i/H 7i EStR 05

Literatur: *Bajohr* Die finanzielle Förderung der Denkmalpflege in Deutschland, BauR 03, 1147; *Beck* Erhöhte Absetzungen für Gebäude, die unter Denkmalschutz stehen (§ 7i EStG), Der Bauträger 03, 256; *Franzmeyer-Werbe* Das Abstimmungserfordernis als Vorraussetzung der Inanspruchnahme von Steuererleichterungen für Aufwendungen an einem Baudenkmal, DStZ 01, 507; *Kleeberg* Die Kulturförderung mittels der §§ 7i, 10f, 10g und 11b EStG, FR 97, 174; *ders* Die eigengenutzte Wohnung in einem zu einem Betriebsvermögen gehörenden Baudenkmal, FR 98, 774; *König* Steuerrechtliche Fördermöglichkeiten im Denkmalschutz, BuW 98, 330; *Stephan* Zu Wahl- und Gestaltungsmöglichkeiten bei § 10f EStG, DB 92, 8; *Stöcker* Bauförderung bei Sanierung von Gebäuden in Sanierungsgebieten und von Baudenkmalen im Bundesgebiet sowie Förderung von Neubauten in den neuen Ländern und Berlin (Ost), BB 00, Beil. Nr 9 zu Heft 47; *Stuhrmann* Einkommensteuerliche Vergünstigungen bei Baudenkmalen, unter Berücksichtigung der Regelungen durch das Wohnungsbauförderungsgesetz, DStZ 90, 107; *ders* Steuervergünstigung für weder zur Einkunftserzielung noch zu eigenen Wohnzwecken genutzte Baudenkmale und sonstige Kulturgüter (§ 10g EStG), DStR 92, 534; *Wewers* StÄndG 1992: Die Änderungen bei der steuerlichen Förderung des Wohneigentums und der Instandsetzung und Instandhaltung von Kulturgütern (Teil II: §§ 10g und 10h EStG und sonstige Änderungen), DB 92, 753.

A. Grundaussagen des § 7i

§ 7i erlaubt – wie die Vorgängervorschrift § 82i EStDV – **erhöhte Absetzungen** (§ 7a Rn 3), also keine Sonder-AfA, anstelle der AfA nach § 7 IV und V für Baumaßnahmen an bestimmten kulturhistorisch wertvollen Gebäuden, Gebäude(teilen) einer Denkmalgruppe oder Gesamtanlage sowie selbstständig bewerteten Gebäudeteilen des BV oder PV. Die personenbezogene[1] Abschreibungsvergünstigung steht (un-)beschränkt stpfl nat und jur Pers zu. Der Anwendungsbereich des § 7i überschneidet sich – abgesehen von der Begünstigung nach § 3 und § 3a InvZulG – teilw mit der Förderung gem §§ 7h, 10f, 10g, 11a und 11b;[2] § 7a V ist zu beachten. § 7i soll durch zinslose Steuerstundung Sanierungsmaßnahmen im Zusammenhang mit der Denkmalpflege unterstützen, die idR mit erheblichen finanziellen Belastungen verbunden sind. Die Subventionsnorm soll privates Kapital anregen, Baudenkmäler zu erhalten und zu modernisieren. An diesem **Begünstigungszweck** hat sich die Auslegung zu orientieren.[3] Der StPfl muss die Einzelumstände darlegen und ggf beweisen (**objektive Darlegungslast**).[4] § 7a I, III und V bis VIII sind zu beachten, Abs 6 gewinnt keine praktische Bedeutung. § 7i bot bis Ende 05 im Immobilienbereich eine der wenigen verbleibenden Möglichkeiten, hohe steuerliche Spareffekte zu erzielen. Somit erwiesen sich attraktive Denkmäler bis dahin als hervorragende Geldanlage. Nunmehr gilt § 15b auch für zB geschlossene Immobilienfonds. Diese seit dem 10.11.05 (Kabinettbeschluss) vorgesehene Beschränkung der Verlustverrechnung erscheint aber angesichts der Denkmalschutzprobleme durchaus als fragwürdig. Das maßvolle Absenken der Absetzungsbeträge (Rn 5) ab dem VZ 04 beruht auf dem HBeglG 04.[5] Der zeitliche Anwendungsbereich der betr Neufassung richtet sich nach § 52 Abs 23b S 2 EStG idF des HBeglG 04.

B. Erhöhte Absetzungen (§ 7i I)

Zu den **begünstigungsfähigen Objekten** gehören inländische, nach landesrechtlichen Vorschriften als Baudenkmal anerkannte kulturhistorisch wertvolle Gebäude, § 7 I 1, und vergleichbare Gebäudeteile, § 7 I 3. S 4 erweitert den Kreis auf Teile einer Gebäudegruppe oder Gesamtanlage, die als Einheit denkmalpflegerisch zu schützen ist; innergebäudliche Maßnahmen sind idR nicht begünstigt. Allerdings können im Einzelfall auch im Innern eines Gebäudes angebrachte Wandmalereien als Gebäudeteil in Betracht kommen.[6] **Begünstigungsfähige Investitionen** fallen in den Anwendungsbereich des § 7i, wenn sie nach Art und Umfang dem Erhalt des Baudenkmals selbst (Bausubstanz) dienen; entscheidend ist der am Denkmalschutz orientierte Gebäudebegriff, lediglich die Förderung einer Neubaumaßnahme oder eines (im steuerrechtlichen Sinne) Wiederaufbaus sowie die

---

1 BFH BStBl II 01, 760 (761).
2 Zu den einzelnen Liquiditätshilfen vgl Übersicht bei *K/S/M* § 7h Rn A 37; *Kleeberg* FR 97, 174; *Stöcker* BB 00, Beil. Nr 9, S 3; zur Kummulation von § 3a InvZulG und § 7i: *Rosarius* D-spezial 02, 1 (2 f); ausf zur finanziellen Förderung der Denkmalpflege (insbes aller steuerlichen Aspekte) *Bajohr* BauR 03, 1147.
3 BFH/NV 98, 155 (156); BStBl II 01, 437.
4 BFH BStBl II 90, 752 (753).
5 Gesetz v 29.12.03 BGBl I 03, 3076 (3082).
6 BFH BStBl II 04, 945 (946).

Begünstigung von Baumaßnahmen an anderen Gebäuden sind grds ausgeschlossen.[1] Von einem nicht begünstigten Neubau ist auch auszugehen, wenn Baumaßnahmen an einem bestehenden Gebäude einem Neubau gleichkommen.[2] § 7i umfasst nicht allein die zwingend gebotenen Baumaßnahmen, sondern auch diejenigen Maßnahmen, die entweder dem Erhalt dienen **oder** eine Nutzung unter denkmalpflegerischen Aspekten fördern.[3] § 7i I begünstigt ferner Baumaßnahmen, die zu einer **sinnvollen Nutzung** des Baudenkmals, Abs 1 S 1 und 2, erforderlich sind. Dies verlangt eine Gebäudenutzung, die eine dauerhafte Substanzerhaltung gewährleistet. Dagegen betrifft § 7i I 4 den sog Ensembleschutz, soweit es um das äußere Erscheinungsbild geht, aber ohne im baurechtlichen Sinne auf eine Gebäudeidentität abzustellen; im Rahmen des Ensembleschutzes können StPfl im Einzelfall zugleich auch die degressive AfA gem § 7 V in Anspruch nehmen.[4] **§ 7 I 5** begünstigt des Weiteren Investoren, die an Gebäude mit einem sog Sanierungsversprechen erwerben.[5] Baumaßnahmen iSv § 7i I 1 und 2 sind allerdings nur dann begünstigt, wenn sie in Abstimmung mit der landesrechtlich zuständigen Stelle durchgeführt worden sind, **§ 7i I 6**. Hiernach ist das Einverständnis vor Beginn der Baumaßnahmen erforderlich.[6]

4 **Bemessungsgrundlage** für die erhöhte AfA sind die HK iSv § 255 II 1 HGB (§ 7 Rn 59) der begünstigten Baumaßnahme. Nicht begünstigt sind Teil-HK,[7] sofort abziehbare WK/BA (insbes Erhaltungsaufwand, vgl aber § 11b) und nicht abziehbare Ausgaben. Die Abgrenzung von AK oder HK iSd § 255 HGB sowie der sofort abziehbaren WK richtet sich bei § 7i nach den allg Grundsätzen.[8] Hiernach können Instandsetzungs- und Modernisierungmaßnahmen, die für sich allein lediglich Erhaltungsaufwand beinhalten, in der Summe zu einer wesentlichen Verbesserung gem § 255 II HGB führen. Zuschüsse aus öffentlichen Kassen lassen die Abschreibungsvergünstigung entfallen, § 7i I 7. Dies gilt gleichermaßen wegen der fehlenden wirtschaftlichen Belastung des StPfl bei Zuschüssen privater Dritter.[9] Einlagen in und Entnahmen aus dem BV berühren die Bemessungsgrundlage für die erhöhte AfA nicht.[10] Die in **§ 7i I 5** geregelte Förderung betrifft bei einem Erwerber, der kein Bauherr ist, die AK (§ 7 Rn 59), die er nach Erwerb durch Vertrag, Ersteigerung oä im Hinblick auf § 7i I 1 bis 4 trägt.[11] Begünstigt ist also nicht der eigentliche Kaufpreis für das Denkmal (Gestaltungsempfehlung: erst kaufen, dann sanieren).

5 Bei Vorlage einer Bescheinigung gem § 7i II hat der StPfl das **Wahlrecht**, über die Regel-AfA gem § 7 IV und V hinaus bis zu 8 × 9 sowie 4 × 7 vH (bis 2003: 10 × 10 vH, vgl Rn 1 aE) der Bemessungsgrundlage geltend zu machen. Eine Nachholung der (versehentlich) unterlassenen erhöhten AfA ist nicht zulässig.[12] Bei mehreren Beteiligten ist § 7a VII zu beachten (§ 7a Rn 35).[13] Soweit ein Bauträger Sanierungsmaßnahmen an einem Gesamtobjekt durchführt und ein Erwerber eine Steuerbegünstigung nach § 7i beantragt, führt die FinVerw eine gesonderte und einheitliche Feststellung der betreffenden Besteuerungsgrundlagen nach der VO zu § 180 II AO durch, vgl BMF BStBl I 01, 256. Der jeweilige Höchstbetrag gilt auch im Jahr der Herstellung oder im Falle einer Veräußerung, eine zeitanteilige Reduzierung entfällt.[14] Aus Vereinfachungsgründen verlangt die FinVerw eine **Prüfung, ob die Voraussetzungen des § 7i vorliegen**, nur in dem VZ, in dem die begünstigten Maßnahmen fertiggestellt sind.[15] Allerdings ist im Einzelfall eine spätere Prüfung nicht ausgeschlossen; trotz Anerkennung des § 7i im Erstjahr kann ein FA wegen der Abschnittsbesteuerung (§ 2 Rn 17f) bei nachfolgenden Veranlagungen die vorgelegte Bescheinigung ggf beanstanden.[16]

6 Der **Begünstigungszeitraum** umfasst 12 Jahre. Er beginnt gem § 7i I 1 mit dem Jahr der Herstellung iSv § 9a EStDV (§ 7 Rn 41) oder mit dem Jahr, in dem die geförderte Maßnahme ihren Abschluss findet, § 7i I 5. Führt ein StPfl an einem Baudenkmal über mehrere Jahre hinweg verschiedene voneinander abgrenzbare Sanierungsmaßnahmen durch, beginnt der Begünstigungszeitraum mit dem Abschluss jeder vorgenannten Maßnahme und nicht erst mit dem Abschluss der Gesamtsanierung.[17]

---

1 BFH BStBl II 03, 912; BStBl II 03, 916; BStBl II 04, 783 (785).
2 BFH/NV 04, 1021 (1023).
3 BFH BStBl II 03, 916 (917): „weiter" Gebäudebegriff umfasst im Einzelfall Tiefgarage; *Koller* DStR 90, 128; *Kleeberg* FR 97, 174 (175).
4 Ausf BFH BStBl II 04, 783 (786); ausf: *Beck* DStR 04, 1951 und *Paus* DStZ 05, 376.
5 Ausf *Beck* Bauträger 03, 256.
6 *Franzmeyer-Werbe* DStZ 01, 507.
7 BFH BStBl II 96, 215 (217); BFH/NV 96, 540 (541).
8 BFH BStBl II 03, 582 (583).
9 BFH BStBl II 07, 879 (880).
10 R 7i I iVm R 7h II EStR.
11 *Hahn* DB 90, 65 (66).
12 R 7i I iVm R 7h III 2 EStR.
13 BFH BStBl II 01, 760 (761) zu § 7h.
14 BFH/NV 96, 645 (646).
15 R 7i I iVm R 7h III 1 EStR.
16 BFH BStBl II 03, 578 (579).
17 BFH BStBl II 03, 582 (584).

Dies setzt aber voraus, dass die einzelne Baumaßnahme von anderen Maßnahmen sachlich abgrenzbar und als solche fertig gestellt ist. Nach Ablauf des Begünstigungszeitraums ist ein etwaiger **Restwert** zusammen mit dem Gebäude abzuschreiben, § 7i I 8 iVm § 7h I 5.

C. Bescheinigung (§ 7i II)

Die Ausübung des Wahlrechts erfordert als materielle Voraussetzung eine Bescheinigung iSv § 7i II 1[1] (Grundlagenbescheid gem §§ 171 X und 175 I 1 Nr 1 AO[2]). Die Fachbehörde muss sich zur Denkmaleigenschaft des Gebäudes und zur Erforderlichkeit der einzelnen (bezifferten) Aufwendungen äußern. Hält die FinVerw die Bescheinigung für unzutr, kann sie lediglich bei der betr Gemeinde remonstrieren.[3] Dabei beschränkt sich die weitreichende Bindungswirkung der Bescheinigung nach § 7i II 1 auf die Denkmaleigenschaft des Gebäudes sowie darauf, ob die Aufwendungen zum Erhalt der Bausubstanz oder zur sinnvollen Gebäudenutzung erforderlich sind. Tatbestandsmerkmale, die zugleich denkmalschutzrechtlich und steuerrechtlich Bedeutung gewinnen, werden von der Bindungswirkung ebenfalls erfasst.[4] Hiergegen hat allerdings der 10. Senat des BFH mit gutem Grund geltend gemacht, dass im Rahmen des arbeitsteiligen Bescheinigungsverfahrens Äußerungen der Denkmalbehörde nur Bindungswirkung entfalten können, soweit zum Denkmalrecht gehörende Tatbestände angesprochen sind.[5] Über diese denkmalschutzrechtlichen Gesichtspunkte hinaus bewirkt der Grundlagenbescheid keine Bindung.[6] Hinsichtlich der sonstigen Tatbestandsmerkmale müssen die FÄ in eigener Zuständigkeit entscheiden. Folglich entfaltet eine Bescheinigung nur Bindungswirkung, soweit sie sich – ggf in unzutr Weise – auf Maßnahmen an einem an sich denkmalgeschützten Gebäude bezieht.[7] Bescheinigungen für Maßnahmen, die nicht ein denkmalgeschütztes Gebäude selbst betreffen (Neubauten [Rn 3], Tiefgarage als selbstständiges Gebäude[8], Außenanlagen), binden hingegen das FA nicht. Als problematisch können sich hierbei einzelne Baumaßnahmen erweisen, die erst durch einen „einheitlichen Funktions- und Nutzungszusammenhang" Denkmalcharakter gewinnen. In vorbezeichneten Rahmen ist das FA auch hinsichtlich der Höhe der Aufwendungen iSv § 7i, die einen unverzichtbaren Punkt (vgl auch R 83b II 1 Nr 4 EStR) bildet, an den bescheinigten Betrag gebunden.[9] Tatsächlich weist die Beschränkung der Bescheinigung darauf, dass Maßnahmen iSv § 7i I 1 erforderlich waren, die weitergehende Prüfung der steuerrechtlichen Voraussetzungen (Qualifikation als HK, zutr VZ) dem FA zu.[10] Etwaige **Zuschüsse** aus den näher bezeichneten Fördermitteln sind in der Bescheinigung auszuweisen; nachträgliche Zuschussgewährung zwingt zu einer Änderung der Bescheinigung, § 7i II 2. Lehnt die zuständige Denkmalbehörde es ab, eine Bescheinigung nach § 7i II zu erteilen, stellt diese Ablehnung keinen (negativen) Grundlagenbescheid dar, der gem § 175 I 1 Nr 1 AO zur Änderung des betr Steuerbescheids berechtigt.[11] StPfl können eine verweigerte Bescheinigung nicht über das in § 86 III FGO geregelte Verfahren der Urkundenvorlage erzwingen.[12]

D. Ausdehnung der Förderung (§ 7i III)

Abs 3 begünstigt die in § 7i I und II genannten Objekte. Inwieweit Gebäudeteile **selbstständige unbewegliche WG** bilden, richtet sich nach allg Grundsätzen (§ 7 Rn 136 und 184); die Annahme von Eigentumswohnungen und im Teileigentum stehenden Räumen bestimmt sich nach § 1 II und III WEG (§ 7 Rn 187).

---

1 Übersicht über die zuständigen Bescheinigungsbehörden BMF BStBl I 04, 1048; Fundstellenübersicht der Bescheinigungsrichtlinien: BStBl I 04, 1049.
2 BFH BStBl II 01, 796 (798); BStBl II 03, 912; zum Bescheinigungsinhalt, vgl BFH BStBl II 03, 578 (579); R 7h IV 2 EStR und *Franzmeyer-Werbe* DStZ 01, 507 (508).
3 BFH BStBl II 97, 398 (399); R 7i II 2 iVm R 7h IV 4 EStR.
4 BFH BStBl II 03, 912 (913).
5 BFH BStBl II 04, 711 (714); vgl auch *Fischer* FR 04, 836 und FR 05, 30.
6 BFH BStBl II 03, 912 (913); BFH/NV 03, 744; BFH/NV 04, 1021.
7 Zum denkmalschützerischen Gebäude-Identitätsbegriff FG Kln EFG 99, 644.
8 Zur Abgrenzung einer Tiefgarage als (nicht) selbstständiges Gebäude im Hinblick auf den „einheitlichen Nutzungs- und Funktionszusammenhang" vgl BFH BStBl II 97, 176 und BStBl II 03, 916; krit *Fischer* FR 03, 557.
9 BFH BStBl II 03, 578 (579): Höhe der Aufwendungen zwingend.
10 BFH BStBl II 03, 912; *Hahn* DB 90, 65 (66).
11 FG RhPf EFG 06, 675.
12 BFH/NV 06, 1697.

§ 7k Erhöhte Absetzungen für Wohnungen mit Sozialbindung

(1) ¹Bei Wohnungen im Sinne des Absatzes 2 können abweichend von § 7 Abs. 4 und 5 im Jahr der Fertigstellung und in den folgenden vier Jahren jeweils bis zu 10 Prozent und in den folgenden fünf Jahren jeweils bis zu 7 Prozent der Herstellungskosten oder Anschaffungskosten abgesetzt werden. ²Im Fall der Anschaffung ist Satz 1 nur anzuwenden, wenn der Hersteller für die veräußerte Wohnung weder Absetzungen für Abnutzung nach § 7 Abs. 5 vorgenommen noch erhöhte Absetzungen oder Sonderabschreibungen in Anspruch genommen hat. ³Nach Ablauf dieser zehn Jahre sind als Absetzungen für Abnutzung bis zur vollen Absetzung jährlich 3⅓ Prozent des Restwerts abzuziehen; § 7 Abs. 4 Satz 2 gilt entsprechend.

(2) Begünstigt sind Wohnungen im Inland,
1. a) für die der Bauantrag nach dem 28. Februar 1989 gestellt worden ist und die vom Steuerpflichtigen hergestellt worden sind oder
   b) die vom Steuerpflichtigen nach dem 28. Februar 1989 auf Grund eines nach diesem Zeitpunkt rechtswirksam abgeschlossenen obligatorischen Vertrags bis zum Ende des Jahres der Fertigstellung angeschafft worden sind,
2. die vor dem 1. Januar 1996 fertig gestellt worden sind,
3. für die keine Mittel aus öffentlichen Haushalten unmittelbar oder mittelbar gewährt werden,
4. die im Jahr der Anschaffung oder Herstellung und in den folgenden neun Jahren (Verwendungszeitraum) dem Steuerpflichtigen zu fremden Wohnzwecken dienen und
5. für die der Steuerpflichtige für jedes Jahr des Verwendungszeitraums, in dem er die Wohnungen vermietet hat, durch eine Bescheinigung nachweist, dass die Voraussetzungen des Absatzes 3 vorliegen.

(3) ¹Die Bescheinigung nach Absatz 2 Nr. 5 ist von der nach § 3 des Wohnungsbindungsgesetzes zuständigen Stelle, im Saarland von der durch die Landesregierung bestimmten Stelle (zuständigen Stelle), nach Ablauf des jeweiligen Jahres des Begünstigungszeitraums für Wohnungen zu erteilen,
1. a) die der Steuerpflichtige nur an Personen vermietet hat, für die
      aa) eine Bescheinigung über die Wohnberechtigung nach § 5 des Wohnungsbindungsgesetzes, im Saarland eine Mieteranerkennung, dass die Voraussetzungen des § 14 des Wohnungsbaugesetzes für das Saarland erfüllt sind, ausgestellt worden ist, oder
      bb) eine Bescheinigung ausgestellt worden ist, dass sie die Voraussetzungen des § 88a Abs. 1 Buchstabe b des Zweiten Wohnungsbaugesetzes, im Saarland des § 51b Abs. 1 Buchstabe b des Wohnungsbaugesetzes für das Saarland, erfüllen,
   und wenn die Größe der Wohnung die in dieser Bescheinigung angegebene Größe nicht übersteigt, oder
   b) für die der Steuerpflichtige keinen Mieter im Sinne des Buchstabens a gefunden hat und für die ihm die zuständige Stelle nicht innerhalb von sechs Wochen nach seiner Anforderung einen solchen Mieter nachgewiesen hat,
   und
2. bei denen die Höchstmiete nicht überschritten worden ist. ²Die Landesregierungen werden ermächtigt, die Höchstmiete in Anlehnung an die Beträge nach § 72 Abs. 3 des Zweiten Wohnungsbaugesetzes, im Saarland unter Berücksichtigung der Besonderheiten des Wohnungsbaugesetzes für das Saarland durch Rechtsverordnung festzusetzen. ³In der Rechtsverordnung ist eine Erhöhung der Mieten in Anlehnung an die Erhöhung der Mieten im öffentlich geförderten sozialen Wohnungsbau zuzulassen. ⁴§ 4 des Gesetzes zur Regelung der Miethöhe bleibt unberührt.

²Bei Wohnungen, für die der Bauantrag nach dem 31. Dezember 1992 gestellt worden ist und die vom Steuerpflichtigen hergestellt worden sind oder die vom Steuerpflichtigen auf Grund eines nach dem 31. Dezember 1992 rechtswirksam abgeschlossenen obligatorischen Vertrags angeschafft worden sind, gilt Satz 1 Nr. 1 Buchstabe a mit der Maßgabe, dass der Steuerpflichtige die Wohnungen nur an Personen vermietet hat, die im Jahr der Fertigstellung zu ihm in einem Dienstverhältnis gestanden haben, und ist Satz 1 Nr. 1 Buchstabe b nicht anzuwenden.

BMF BStBl I 92, 115

Erhöhte Absetzungen für Wohnungen mit Sozialbindung § 7k

A. Grundaussagen des § 7k

§ 7k erlaubt **erhöhte Absetzungen** (§ 7a Rn 3), also keine Sonder-AfA, anstelle der AfA nach § 7 IV und V für die Anschaffung oder Herstellung der im Einzelnen bezeichneten Mietwohnungen. Die zeitlich begrenzte Förderung betrifft zunächst Sozialwohnungen, die vor dem 1.1.96 fertiggestellt sind; diese Vergünstigung hat der Gesetzgeber ab 1993 auf Werkswohnungen beschränkt, § 7k III 2. Die personenbezogene[1] Abschreibungsvergünstigung steht (un-)beschränkt stpfl nat und jur Pers für Gebäude im BV oder PV offen. § 7k überschneidet sich teilw mit der Förderung gem § 7c; § 7a V ist zu beachten. Durch zinslose Steuerstundung schafft § 7k eine Liquiditätserleichterung bei dem Bau von Sozialwohnungen. An diesem **Begünstigungszweck** hat sich die Auslegung zu orientieren.[2] StPfl müssen die Einzelumstände darlegen und ggf beweisen (**objektive Darlegungslast**).[3] § 7a I, III und V bis VIII sind zu beachten, allerdings gewinnt Abs 6 keine praktische Bedeutung. Angesichts der zeitlichen Vorgabe in § 7k II und des begrenzten Förderzeitraums verliert die Vorschrift, die gem § 57 I auch in den neuen Ländern gilt, zunehmend an Bedeutung.

1

B. Erhöhte Absetzungen (§ 7k I)

Zu den **begünstigungsfähigen Objekten** gehören Wohnungen iSv Abs 2.[4] § 7k I 1 fördert bei einem Erwerber, der kein Bauherr ist, nur Anschaffungen, wenn der Hersteller oder Zwischenerwerber[5] für die betr Wohnung weder die AfA gem § 7 V vorgenommen noch erhöhte AfA oder Sonder-AfA in Anspr genommen hat, **§ 7k I 2. Bemessungsgrundlage** für die erhöhte AfA sind die AK oder HK (§ 7 Rn 59) der begünstigten Baumaßnahme. Nicht begünstigt sind Teil-HK,[6] sofort abziehbare WK und BA (insbes Erhaltungsaufwand) und nicht abziehbare Ausgaben. Bei Vorlage einer Bescheinigung gem § 7k III hat der abschreibungsberechtigte (§ 7 Rn 13) StPfl das **Wahlrecht**, über die Regel-AfA gem § 7 IV und V hinaus in den ersten 5 Jahren **bis zu 10 vH** und in den folgenden 5 Jahren jeweils bis zu **7 vH** der Bemessungsgrundlage geltend zu machen, Nachholung ist nicht zulässig. Bei mehreren Beteiligten ist § 7a VII zu beachten (§ 7a Rn 35). Der einheitliche Höchstbetrag von 10 oder 7 vH gilt auch im Jahr der Herstellung oder Anschaffung, eine zeitanteilige Reduzierung entfällt. Der **Begünstigungszeitraum** umfasst 10 Jahre. Er beginnt gem § 7k I 1 mit dem Jahr der Fertigstellung. Nach Ablauf des Begünstigungszeitraums ist der **Restwert** mit jeweils 3 1/3 vH abzuschreiben, § 7k I 3.

3

C. Begünstigte Wohnung (§ 7k II)

Abs 2 bezeichnet im Einzelnen, welche inländische Wohnung begünstigt ist. Bedeutsam ist vor allem die Voraussetzung, dass die Werkswohnung iSv § 7k III 2 **vor dem 1.1.96 fertiggestellt** (§ 7 Rn 41) sein muss, § 7k II Nr 2. Weiterhin entfällt die erhöhte Absetzung, wenn für die Wohnung Mittel aus öffentlichen Haushalten (un-)mittelbar gewährt werden, § 7k II Nr 3. Dies gilt auch für Zuschüsse nach Maßgabe des „Dritten Förderwegs", selbst wenn der Bewilligungsbescheid die Bezeichnung „nichtöffentliches Baudarlehen" verwendet.[7] Die Fremdvermietung iSd § 7k II Nr 4 muss während des gesamten Verwendungszeitraums andauern. Entfallen diese zeitlichen Voraussetzungen, wirkt dies auf den Beginn des Begünstigungszeitraums[8] zurück.

5

D. Bescheinigung (§ 7k III)

Die Ausübung des Wahlrechts erfordert als materielle Voraussetzung eine Bescheinigung iSv § 7k III 1 (**Grundlagenbescheid** gem §§ 171 X und 175 I 1 Nr 1 AO). Die für jedes Jahr des Verwendungszeitraums erforderliche neue Bescheinigung bindet insoweit das zuständige FA.

7

---

1 BFH BStBl II 01, 760 (761).
2 BFH/NV 98, 155 (156); BStBl II 01, 437.
3 BFH BStBl II 90, 752 (753).
4 Zu den zeitlichen Voraussetzungen vgl BMF BStBl I 92, 115 Rn 30 ff.
5 BMF BStBl I 92, 115 Rn 33.
6 BFH BStBl II 96, 215 (217); BFH/NV 96, 540 (541).
7 FG Nbg EFG 01, 883 (884); FG Nds EFG 01, 65.
8 BFH BStBl II 02, 134 (135).

4. Überschuss der Einnahmen über die Werbungskosten

§ 8 Einnahmen

(1) Einnahmen sind alle Güter, die in Geld oder Geldeswert bestehen und dem Steuerpflichtigen im Rahmen einer der Einkunftsarten des § 2 Abs. 1 Satz 1 Nr. 4 bis 7 zufließen.

(2) ¹Einnahmen, die nicht in Geld bestehen (Wohnung, Kost, Waren, Dienstleistungen und sonstige Sachbezüge), sind mit den um übliche Preisnachlässe geminderten üblichen Endpreisen am Abgabeort anzusetzen. ²Für die private Nutzung eines betrieblichen Kraftfahrzeugs zu privaten Fahrten gilt § 6 Abs. 1 Nr. 4 Satz 2 entsprechend. ³Kann das Kraftfahrzeug auch für Fahrten zwischen Wohnung und Arbeitsstätte genutzt werden, erhöht sich der Wert in Satz 2 für jeden Kalendermonat um 0,03 Prozent des Listenpreises im Sinne des § 6 Abs. 1 Nr. 4 Satz 2 für jeden Kilometer der Entfernung zwischen Wohnung und Arbeitsstätte. ⁴Der Wert nach den Sätzen 2 und 3 kann mit dem auf die private Nutzung und die Nutzung zu Fahrten zwischen Wohnung und Arbeitsstätte entfallenden Teil der gesamten Kraftfahrzeugaufwendungen angesetzt werden, wenn die durch das Kraftfahrzeug insgesamt entstehenden Aufwendungen durch Belege und das Verhältnis der privaten Fahrten und der Fahrten zwischen Wohnung und Arbeitsstätte zu den übrigen Fahrten durch ein ordnungsgemäßes Fahrtenbuch nachgewiesen werden. ⁵Die Nutzung des Kraftfahrzeugs zu einer Familienheimfahrt im Rahmen einer doppelten Haushaltsführung ist mit 0,002 Prozent des Listenpreises im Sinne des § 6 Abs. 1 Nr. 4 Satz 2 für jeden Kilometer der Entfernung zwischen dem Ort des eigenen Hausstands und dem Beschäftigungsort anzusetzen; dies gilt nicht, wenn für diese Fahrt ein Abzug wie Werbungskosten nach § 9 Abs. 2 in Betracht käme; Satz 4 ist sinngemäß anzuwenden. ⁶Bei Arbeitnehmern, für deren Sachbezüge durch Rechtsverordnung nach § 17 Abs. 1 Satz 1 Nr. 4 des Vierten Buches Sozialgesetzbuch Werte bestimmt worden sind, sind diese Werte maßgebend. ⁷Die Werte nach Satz 6 sind auch bei Steuerpflichtigen anzusetzen, die nicht der gesetzlichen Rentenversicherungspflicht unterliegen. ⁸Die oberste Finanzbehörde eines Landes kann mit Zustimmung des Bundesministeriums der Finanzen für weitere Sachbezüge der Arbeitnehmer Durchschnittswerte festsetzen. ⁹Sachbezüge, die nach Satz 1 zu bewerten sind, bleiben außer Ansatz, wenn die sich nach Anrechnung der vom Steuerpflichtigen gezahlten Entgelte ergebenden Vorteile insgesamt 44 Euro im Kalendermonat nicht übersteigen.

(3) ¹Erhält ein Arbeitnehmer auf Grund seines Dienstverhältnisses Waren oder Dienstleistungen, die vom Arbeitgeber nicht überwiegend für den Bedarf seiner Arbeitnehmer hergestellt, vertrieben oder erbracht werden und deren Bezug nicht nach § 40 pauschal versteuert wird, so gelten als deren Werte abweichend von Absatz 2 die um 4 Prozent geminderten Endpreise, zu denen der Arbeitgeber oder der dem Abgabeort nächstansässige Abnehmer die Waren oder Dienstleistungen fremden Letztverbrauchern im allgemeinen Geschäftsverkehr anbietet. ²Die sich nach Abzug der vom Arbeitnehmer gezahlten Entgelte ergebenden Vorteile sind steuerfrei, soweit sie aus dem Dienstverhältnis insgesamt 1080 Euro im Kalenderjahr nicht übersteigen.

§ 4 III LStDV; R 8 LStR

Übersicht

	Rn		Rn
A. Grundaussage der Vorschrift	1	IV. Bewertung von Sachbezügen	44
I. Der Grundtatbestand der Einnahmen	1	1. Sachlicher und persönlicher Geltungsbereich	45
II. Markteinnahmen	3	2. Der geminderte übliche Endpreis am Abgabeort	47
B. Die Vorschrift im Einzelnen	5	3. Bewertung der privaten Nutzung eines betrieblichen Kfz (§ 8 II 2–5)	51
I. Erwerbseinnahmen	5	4. Vereinfachte Bewertung von ArbN-Sachbezügen (§ 8 II 6–8)	57
1. Güter	5	5. Freigrenze (§ 8 II 9)	60
2. Güter in Geld oder Geldeswert	19	V. Rabatte des ArbG (§ 8 III)	61
a) Güter in Geld	19	1. Begriff	61
b) Güter in Geldeswert	22	2. Verhältnis zwischen § 8 II und III	61a
II. Das Zufließen der Einnahmen	26	3. Unternehmenseigene Sachzuwendungen	62
1. Zufluss und Zurechnung	26	4. Bewertung der Sachzuwendungen	69
2. Tatsächliche Entgegennahme	30	5. Freibetrag	71
III. Im Rahmen einer der Einkunftsarten des § 2 I Nr 4–7	40		

Literatur: *Albert* Zur Anwendung der Freigrenze gemäß § 8 Abs 2 Satz 9 EStG, DStZ 98, 124; *ders* Zur Steuerpflicht privater Telefongespräche, insbes von einem Mobiltelefon, DStR 99, 1133; *ders* Was gehört zum Listenpreis iSv § 6 Abs 1 Nr 4 Satz 2 EStG bei der privaten Nutzung dienstlicher Pkw?, FR 04, 880; *ders* Zur Bewertung von Personalrabatten nach § 8 Abs. 3 EStG – insbesondere beim Pkw-Werksangehörigenverkauf, DStR 06, 722; *Bick* Versteuerung fiktiver Zinsvorteile bei Arbeitgeberdarlehen, DB 05, 2046; *v Bornhaupt* Leistungen Dritter als steuerpflichtige Einnahme, BB 99, 1532; *Freye* Gehaltsumwandlungen, 2003; *Giloy* Zuwendungen aus Anlass von Betriebsveranstaltungen, NWB Fach 6, 4315; *Hartmann* Die Lohnsteuer-Richtlinien 2005, INF 04, 903; *Hermann* Die einkommensteuerliche Relevanz von Sachzuwendungen an Arbeitnehmer, 2004; *Lang* Vorteilsbesteuerung im Belegschaftsgeschäft von Versicherungen, StuW 04, 227; *Meyer-Scharenberg* Bewertung geldwerter Vorteile aus Haustarifen in der Versicherungswirtschaft, DStR 05, 1211; *Petereit/Neumann* Leasingfinanzierung aus Zeitwertkonten, BB 04, 301; *Ross/Marzian* Job-Ticket, Entfernungspauschale und Bescheinigungspflicht des Arbeitgebers DStZ 03, 380; *Weber* Standby-Flüge als Belegschaftsrabatt DStR 06, 1024; *Wellisch/Näth* Arbeitszeitkonten – steuerliche und sozialversicherungsrechtliche Behandlung, DStR 03, 309.

A. Grundaussage der Vorschrift

I. Der Grundtatbestand der Einnahmen.
§ 8 I enthält eine **Legaldefinition des Einnahmebegriffs** u damit den Grundtatbestand des steuererheblichen Zuflusses von Gütern. Das Erzielen von Einnahmen führt den StPfl an das Kassenhaus, bei dem er seine ESt zu entrichten hat, um danach in den Garten der Freiheit entlassen zu werden. Von den vier steuererheblichen Fragen, was Einnahmen sind (Einnahmenbegriff), wie hoch sie zu bewerten (Bewertung), wem sie zuzurechnen (sachliche Zurechnung) u wann sie zu versteuern sind (zeitliche Zurechnung), beantwortet § 8 die ersten beiden Fragen: § 8 I bestimmt, dass Einnahmen alle Güter in Geld oder Geldeswert sind, der Begriff der Einnahme also über das Wirtschaftsgut hinaus auch empfangene Nutzungsvorteile umfasst;[1] sodann regeln § 8 II u III, wie hoch Einnahmen in Geldeswert zu bewerten sind.

§ 8 I regelt den Einnahmebegriff – in Übereinstimmung mit seiner systematischen Stellung im Abschnitt II, Kapitel 4 „Überschuss der Einnahmen über die WK" – **für die Überschusseinkünfte** (§ 2 I 1 Nr 4–7). Der Grundtatbestand der die EStPfl begründenden Zugänge von Wirtschaftsgütern kann jedoch je nach Einkunftsart nicht unterschiedlich sein, er erfasst vielmehr in den jeweiligen Zustands- u Handlungstatbeständen der sieben Einkunftsarten einheitlich den steuerbegründenden Markterfolg des Erwerbseinkommens (§ 2 Rn 2). Bei der Gewinnermittlung ergibt schon der BV-Vergleich (§ 4 I, § 5 I) u die Erfassung der betrieblich veranlassten Wertzugänge als Einnahmen (§ 4 III), dass nicht nur Güter in Geld, sondern auch geldwerte Güter in die Bemessungsgrundlage einzubeziehen sind.[2] Deshalb bestimmt die Rspr den im Gesetz nicht definierten Begriff der BE in Parallele zu der Regelung des § 8 als „Zugänge zum BV in Geld oder Geldeswert, die durch den Betrieb veranlasst sind".[3] Allerdings steht der Einnahmebegriff des § 8 deutlich im Mittelpunkt der Überschusseinkünfte, die sich nicht auf einen periodenbezogenen Vermögensvergleich stützen, vielmehr in einer einfachen Geldrechnung die Einnahmen iSd § 8 summieren u die damit zusammenhängenden Aufwendungen (WK) absetzen. Der so gewonnene Saldo, die Überschusseinkünfte (§ 2 II Nr 2), erfasst – mit Ausnahme des § 23 – nicht die Wertsteigerungen (dazu Rn 14) im Erwerbsvermögen. Bei den Überschusseinkünften wird idR kein Vermögen eingesetzt (nichtselbständige Arbeit) oder allein der Ertrag des Vermögens besteuert (Kapitalvermögen, VuV, wiederkehrende Leistungen). Da die Überschusseinkünfte nicht die Veränderung des der Einkünfteerzielung dienenden Vermögens (Erwerbsgrundlage) tatbestandlich aufnehmen, müssen bereits zugegangene Vorteile als Einnahmen erfasst werden; für die Gewinnermittlung durch Vermögensvergleich besteht die Notwendigkeit nicht, so dass diese Nutzungsvorteile grds erst erfasst werden, wenn sie sich in einer Vermögensmehrung in Gestalt von WG iSd §§ 4 ff niedergeschlagen haben.[4] Wenn § 23 III die Einnahmen aus privaten Veräußerungsgeschäften missverständlich[5] als „Gewinn" bezeichnet, bleiben diese Einkünfte dennoch Überschusseinkünfte nach § 2 I 1 Nr 7 iVm § 22 Nr 2. § 8 ist unmittelbar anwendbar. Soweit die Gewinneinkünfte den Überschusseinkünften vorgehen (§ 20 III, § 21 III), findet § 8 keine Anwendung.

---

1 BFH GrS BStBl II 88, 348 (352); BFH BStBl II 99, 213 (214).
2 BFH BStBl II 86, 607 (608); BStBl II 93, 36 u BStBl II 01, 546; ähnlich *K/S/M* § 4 Rn D 62 f.
3 BFH BStBl II 74, 210; BStBl II 88, 433 (434); BStBl II 89, 650 (651); BFH/NV 91, 537 (538); BStBl II 98, 618.
4 BFH GrS BStBl II 88, 348 (352); BFH/NV 96, 130; BStBl II 90, 8.
5 BFH BStBl III 62, 306 (307).

3 **II. Markteinnahmen.** § 8 bestimmt, welche Werte nach Grund u Höhe als **steuerbegründende Einnahmen** zu erfassen sind.[1] Güter, die dem StPfl durch Nutzung (§ 2 Rn 46) der Erwerbsgrundlagen unselbstständige Arbeit, Kapitalvermögen, VuV, Leistungen iSd § 22 (§ 2 Rn 34 ff) zugeflossen sind, bilden den steuerbegründenden Ausgangstatbestand der Markteinnahmen. Sie bestehen im Regelfall unmittelbar in Geld u werden insoweit nach dem Prinzip des Nominalismus bewertet (Rn 20).[2] Einnahmen, die nicht in Geld bestehen (Wohnung, Kost, Dienstleistung u sonstige Sachbezüge), sind gem näherer Bestimmung des § 8 II u III nach dem üblichen Endpreis zu bewerten.

4 § 8 I handelt somit auch von den sachlichen, persönlichen u zeitlichen Voraussetzungen der steuerbegründenden Einnahmen u ihrer Bewertung. Zwar werden diese sachlichen (§§ 13 ff), persönlichen (§§ 2 I, 1 I, §§ 19 ff), zeitlichen (§ 11 I) u bewertungsrechtlichen (§ 8 II u III) Tatbestandsmerkmale in anderen Vorschriften verdeutlicht. § 8 I bleibt aber die **Ausgangsnorm**, die als erste Konkretisierung des § 2 eine gem Art 3 GG folgerichtige u widerspruchsfreie[3] Ausgestaltung u Anwendung des EStG anleitet. § 8 hält die verdeutlichenden Sondervorschriften in einem Grundtatbestand zusammen u unterbindet so eine je nach Einkunftsart differenzierende Handhabung dieser Vorschriften.

B. Die Vorschrift im Einzelnen

5 **I. Erwerbseinnahmen. – 1. Güter.** Der Erfolgstatbestand (§ 2 Rn 75) der Einnahmen bezeichnet den Hinzuerwerb, den der StPfl durch Nutzung einer den Zugang zum Markt verschaffenden Erwerbsgrundlage erzielt hat u deshalb den Staat an diesem Erfolg individuellen Erwerbsstrebens teilhaben lassen muss (§ 2 Rn 4, 75). Die **Einnahme ist also Zunahme**, ist der Zufluss eines „Gutes", der die steuerliche Leistungsfähigkeit des Pflichtigen vermehrt. Nur ein hinzugekommenes Gut, also die Zuwendung des Gutes von einer Pers an die andere, begründet den Einnahmetatbestand. Bloße Wertsteigerungen im bereits vorhandenen Vermögen begründen keine Einnahme. Die Veräußerung von Vermögensgegenständen führt im Rahmen der Überschusseinkünfte nur im Ausnahmefall – § 23 – zu steuerbaren Einnahmen. § 8 besteuert die Ist-Einnahmen, nicht die Soll-Einnahmen.

6 Der **Verzicht** des StPfl auf erzielbare Einnahmen begründet deshalb keine Steuerbarkeit. Auch der Lohnverzicht ist keine Einnahme.[4] Selbst wer auf einen Cent Arbeitslohn verzichtet, um den nächsten Progressionssprung zu vermeiden, wird allein nach den zugeflossenen Einnahmen besteuert; der Missbrauchsgedanke (§ 42 AO) veranlasst nicht die Zurechnung fiktiver Einnahmen.[5] Der nachträgliche **Erlass** einer Forderung, die Einnahmen begründet hätte, schafft keinen Zufluss von Gütern, sofern darin nicht schon eine Einnahmeverwendung liegt, zB wegen der Vereinbarung, der erlassene Betrag sei einem Dritten zuzuwenden. Demgegenüber fließt ein Gut zu, wenn der ArbG dem ArbN eine realisierbare Forderung erlässt, er zB auf eine Schadensersatzforderung wegen Beschädigung eines firmeneigenen Fahrzeuges verzichtet, wenn u soweit die Begleichung der Schadensersatzforderung nicht zum WK-Abzug berechtigt hätte (dort: Fahrt unter Alkoholeinfluss).[6] Der unentgeltliche Verzicht auf Einnahmen begründet also keine Einnahmen. Beim entgeltlichen Verzicht ist das Entgelt Einnahme.[7]

7 **Durch eigene Leistung ersparte Ausgaben** begründen keinen Zufluss von außen, kein Markteinkommen, sind deshalb keine Einnahmen.[8] Die eigenhändige Reparatur an dem vermieteten Haus durch den Hauseigentümer, die trotz Reparaturanspruchs des Mieters unterbliebene Reparatur oder die Selbstbehandlung des Arztes begründen damit keine Steuerbarkeit. Die Ausnahmevorschriften des § 13 II Nr 2 u des früheren (§ 52 XXI 2) § 21 II bestätigen diese Regel. Erspart der StPfl hingegen durch Maßnahmen eines Dritten Aufwendungen, kann sich seine steuerbare Leistungsfähigkeit dadurch mehren, also ein Zufluss von Einnahmen vorliegen.

9 Ein „**Gut**" iSd § 8 I ist somit jeder wirtschaftliche Vorteil, jede Zuwendung, die sich im Vermögen des Empfängers objektiv nutzbringend auswirkt.[9] Der Begriff des Gutes u damit der Einnahmen iSd § 8 ist sehr weit zu fassen u umschließt alle Vermögensvorteile u besonderen Entgelte, die durch

---

1 *Lademann* § 8 Rn 2 mwN.
2 Zu Fremdwährungsgeschäften *K/S/M* § 8 Rn A 231.
3 BVerfGE 84, 239 (271) = BStBl II 91, 654 (664 f); 87, 153 (170) = BStBl II 92, 122 (136); BVerfG BStBl II 93, 413 ff; FG Thür BStBl II 98, 106 (118) stRspr.
4 BFH BStBl II 91, 308 (309).
5 RFHE 38, 44 (46); BFH BStBl II 99, 98 (99).
6 BFH DStR 07, 1159; BFH BStBl II 92, 837 (839); diese Einnahme wird nicht von der Abgeltungswirkung des § 8 II 2 erfasst, BFH DStR 07, 1159.
7 FG Kln EFG 05, 1103.
8 *Lademann* § 8 Rn 36.
9 *K/S/M* § 8 Rn B 55 ff; *H/H/R* § 8 Rn 25.

Nutzung einer Erwerbsgrundlage erzielt werden.[1] Deshalb enthält § 19 I 1 Nr 1 („andere Bezüge u Vorteile") sowie § 20 II 1 Nr 1 („besondere Entgelte oder Vorteile") lediglich eine Klarstellung, die bereits im Einkünftebegriff des § 8 I angelegt ist.[2] Auch empfangene Nutzungsvorteile,[3] ersparte Aufwendungen[4] wie die unentgeltliche Überlassung eines Kfz an den ArbN, die Überlassung einer Wohnung an ArbN ohne Entgelt oder gegen eine unangemessen niedrige Miete, die Gewährung von Freiflügen an ArbN, die zinslose oder zinsgünstige Darlehensgewährung, die kostenlose oder verbilligte Nutzung von Telefon durch den ArbN sind Güter u begründen Einnahmen iSd § 8.

Nimmt der Leistungsempfänger ein ihm wirtschaftlich nicht nützliches geldwertes Gut entgegen (sog **aufgedrängte Bereicherung**), fehlt es an einer Einnahme, weil er zwar etwas entgegengenommen, nicht aber in seiner steuerbaren Leistungsfähigkeit zugenommen hat.[5] Dabei bestimmt sich die Nützlichkeit nicht an subjektiven Kriterien, sondern nach der objektiven Prüfung, ob der Leistungsempfänger einen marktgängigen Wert erhalten hat. Veranlasst der ArbG eine Vorsorgeuntersuchung des ArbN[6] oder stellt er ihm Medikamente zur Verfügung, obwohl die Krankenversicherung des ArbN Untersuchung u Medikamente gezahlt hätte,[7] so hat der StPfl zwar einen Wert entgegengenommen, nicht aber in seiner steuerbaren Leistungsfähigkeit zugenommen. Die „aufgedrängte" ist also letztlich keine Bereicherung. **10**

Keine Einnahmen begründet die **bloße Auswechslung von (privaten) Vermögensgegenständen**, eine Wertsteigerung des eingesetzten PV, das ein bereits als Einkommen versteuertes Vermögen ist, sowie die Veräußerung von Gegenständen, mag auch mit deren Hilfe eine Leistung innerhalb einer Überschusseinkunftsart erbracht werden. Zuflüsse aus reinen Veräußerungstatbeständen sind daher keine Einnahmen. Wird zB das beruflich genutzte Kfz eines ArbN mit Gewinn – bei einem abgeschriebenen WG mit „Buchgewinn" – veräußert, bleibt es bei der Regel, dass diese Veräußerung von Gegenständen nicht zu Einnahmen führt. Verbleibt das WG aber beim bisherigen Eigentümer, führt auch ein Substanzverlust durch eine berufliche Nutzung zu steuerwirksamem Aufwand. Bei Ausbeuteverträgen, durch die der Eigentümer eines Grundstücks einem anderen das Recht zur Bodenausbeutung gegen Entgelt einräumt, liegt eine Grundstücksnutzung, nicht eine Grundstücksveräußerung vor, so dass idR das Nutzungsentgelt als Einnahme zugeflossen ist.[8] Die Abgrenzung zw Veräußerungserlösen u Nutzungsentgelten kann im Einzelfall schwierig sein.[8] So enthalten die Tatbestände in § 20 II Regelungen, unter welchen Voraussetzungen noch eine Kapitalnutzung vorliegt u noch keine außerhalb der Steuerbarkeit liegenden Wertsteigerungen von privaten WG realisiert wurden. Auch § 21 I Nr 4 EStG zeigt, dass es für das Vorliegen eines Nutzungsentgelts nicht darauf ankommt, wie der durch die Nutzung eines WG erzielte Vorteil realisiert wird. Die Abgrenzung zw einer steuerbaren Einnahme in Form eines Nutzungsentgelts u einem aus einer Wertsteigerung realisierten Veräußerungserlös bestimmt sich gem dem allg Veranlassungsprinzip[9] danach, ob der entspr Anteil eines Veräußerungsentgelts eine Verwertung eines durch die erbrachte Leistung bereits entstandenen Anspr[10] (zB beim Verkauf einer Mietforderung in § 21 I Nr 4) ist oder Entgelt für die zukünftige Nutzung des WG darstellt. Soweit der Veräußerungserlös dem Veräußerungstatbestand zuzuordnen ist, bleibt er nur im Rahmen der §§ 17, 23 EStG beachtlich. Dies gilt auch, wenn durch die Veräußerung ein Verlust entsteht. Aufwendungen zur **Substanzerhaltung** des (privaten) Vermögensgegenstandes stellen kompensierend den früheren Zustand wieder her, sind also keine Einnahmen. Gleiches gilt für die der Substanzwiederherstellung oder -erhaltung dienende **Entschädigung**, die immer dann nicht zu Einnahmen führt, wenn sie für die Verletzung höchstpersönlicher Güter oder wegen immaterieller, nicht die Erwerbsgrundlage oder Nutzungshandlung betreffender Schäden geleistet wird oder aber privat veranlasst ist.[11] Auch ein **Schadensersatz**, der allein eine Wertminderung des Privatvermögens ausgleicht, etwa Ersatz für die Verletzung des Arbeitsmittels des ArbN oder des Grundstücks des Vermieters leistet, begründet keine Einnahme des Geschädigten.[12] Etwas anderes gilt, **14**

---

1 Ausf zum Begriff *Hermann* S 77 ff.
2 BFH BStBl II 86, 178 (179).
3 *H/H/R* § 8 Rn 27.
4 BFH BStBl II 86, 178 (180).
5 BFH BStBl II 90, 711 (714); FG Hbg EFG 97, 856 (858).
6 BFH BStBl II 83, 39 (41) wird in BFH/NV 94, 313 zur Abgrenzung zur Kur genannt.
7 *Offerhaus* BB 82, 1061 (1068).
8 Vgl im Einzelnen *K/S/M* § 8 Rn B 14; BVerfG NJW 93, 1189; BFH BStBl II 74, 130; BStBl II 83, 203; BStBl II 93, 296; BFH/NV 03, 1175.
9 Eines eigenen allg Surrogationsprinzips bedarf es dazu nicht; im Einzelnen dazu *H/H/R* § 2 Rn 137.
10 So auch *H/H/R* § 8 Rn 46.
11 *K/S/M* § 8 Rn B 20; vgl auch BFH BStBl II 82, 496 (498); BStBl II 98, 581 (583); FG Mchn EFG 04, 1120 (Entschädigung des Straßenbauamtes für Nutzungsbeeinträchtigungen eines Grundstücks durch Verkehrslärm).
12 BFH BStBl II 94, 11 (12).

wenn die Schadensersatzleistung die Nutzung der Erwerbsgrundlage betrifft. Das ist der Fall, wenn der Schadensersatz gerade aufgrund der Erwerbsrechtsbeziehung erbracht wird, also quasi-vertragliche (culpa in contrahendo) oder vertragliche Schadensersatzansprüche (Verzug, Unmöglichkeit, positive Vertragsverletzung) vorliegen u deshalb die Ausgleichszahlung den Erfolg aus der Nutzung der jeweiligen Erwerbsgrundlage erhöht, wie etwa Abfindungen an ArbN oder Verzugszinsen. Für Entschädigungen, die als Ersatz für Einnahmen gewährt werden,[1] enthält § 24 eine klarstellende Regelung. Auch Schadensersatzleistungen gehören zu den steuerbaren Einnahmen, soweit sie WK ersetzen.

15 **Kein Indiz für eine Einnahme** ist die Abzugsfähigkeit einer Leistung beim Zahlenden (BA, WK, SA). Die Korrespondenzregel der §§ 12 Nr 2, 22 Nr 1 S 2 ist nicht verallgemeinerungsfähig.[2] Der Grundsatz der Individualbesteuerung fordert bei der jeweiligen Pers immer wieder eine eigenständige Qualifikation eines Zufluss- oder Abflusstatbestandes. Auch die Verwendung des versteuerten Einkommens kann zum Zufluss von Einnahmen führen, wenn zB der private Mieter seinen Mietzins an den Vermieter zahlt, das Privatdarlehen Einkünfte aus Kapitalvermögen begründet. Ebenso kann die aufwandlose Zuwendung Einnahmen begründen, zB wenn der ArbG – als Bahn- oder Telefonunternehmer – seinen ArbN die private Nutzung seiner Leistungen gestattet, die ihn nichts kosten,[3] oder wenn die weitere Nutzung von Rechten (Patente, Filme, Informationsdienste) erlaubt wird. Die Beträge brauchen sich auch in ihrer Höhe nicht zu entsprechen. Sowohl bei bestimmten (zB stfreien) Lohnteilen als auch bei verdeckten Gewinnausschüttungen (zB hinsichtlich der USt beim Unterpreisverkauf an einen Anteilseigner) kann sich deshalb die Höhe der steuerlichen Wirkung beim Leistenden u Empfangenden unterscheiden.

16 Keine Einnahmen sind **durchlaufende Gelder** u **Auslagenersatz**.[4] Sie begründen beim Empfänger keinen Zuwachs. Demgegenüber führt der **WK-Ersatz** zu einem Zufluss von Einnahmen. Beim Auslagenersatz ersetzt der ArbG dem ArbN die Kosten, die nach arbeitsrechtlichen oder auftragsrechtlichen Regeln vom ArbG zu tragen sind, weil sie der ArbN in Ausführung seiner Arbeitsleistung in ganz überwiegendem Interesse des ArbG getätigt hat;[5] WK-Ersatz liegt vor, wenn der ArbN nach arbeitsrechtlichen Regeln die Kosten eigentlich selber hätte tragen müssen (§ 19 Rn 114). **Erstattet** ein ArbG einem Berufskraftfahrer im Paketzustelldienst Verwarnungsgelder für verbotswidriges Parken, weil der Fahrer auf Anweisung des ArbG die Verkehrsregeln missachtet hat, so gelten diese Erstattungszahlungen nicht als Einnahmen, weil sie im überwiegend eigenbetrieblichen Interesse des ArbG liegen.[6]

17 Eine Einnahme liegt auch dann vor, wenn der erhaltene Betrag später **zurückgezahlt** werden muss. Die Rückzahlung mindert die Einnahmen[7] im VZ der Rückzahlung als **negative Einnahme**, wenn die Ursache der Rückzahlung in der Einnahme angelegt ist, etwa bei Bestechungsgeldern[8] oder fehlerhaft berechneten Löhnen. Werden stfreie Einnahmen zurückgezahlt, mindern sie wegen § 3c das Einkommen nicht.[9] Ist die Rückzahlung durch zukünftige Einnahmen veranlasst, handelt es sich um WK, die dann wieder auf die Pauschalen nach § 9a anzurechnen sind. In beiden Fällen können WK-Überschüsse entstehen. Für diese negativen Einkünfte gelten keine besonderen Rechtsfolgen, insbes bestehen auch dieselben Verlustbeschränkungen.[10] Fließen Beträge zu, die WK erstatten **(negative WK)**, sind dies Einnahmen. Die Rückgewähr von Aufwendungen, die bisher als SA geltend gemacht werden konnten **(negative SA)**, vermindern nur den Abzug gleichartiger SA, sofern es sich um Überzahlungen handelt.[11] Wird der Betrag aber zurückgezahlt, weil ohne Rechtsgrund geleistet wurde,[12] ändert sich die Rechtsnatur der ursprünglichen Zahlungen. Auch bei ag Belastungen entfällt das Tatbestandsmerkmal der Belastung rückwirkend, wenn es zu einer Erstattung kommt. Der ursprüngliche Bescheid wird gem § 175 I Nr 2 AO korrigiert.

---

1 BFH/NV 04, 768.
2 Vgl BFH BStBl II 02, 796 (Rückflüsse von Aufwendungen); BStBl II 02, 22 (Leistungen an Pensionskassen); s auch BFH DStR 04, 1691 (1693).
3 BFH BStBl II 77, 99 (102f); BStBl II 91, 262.
4 Ausf dazu § 3 Rn 159 und § 19 Rn 113 ff.
5 BFH BStBl II 06, 473 mit Anm *Dahl* BB 06, 2273; BStBl II 95, 906 (907).
6 BFH BStBl II 05, 367; **aA** zu Auflage nach § 153a StPO FG Kln EFG 05, 756 (Rev BFH VI R 10/05) mit Anm *Braun*.
7 HM BFH BStBl II 77, 847 (848); BFH/NV 94, 83 (84); BFH/NV 98, 308 (309); *K/S/M* § 8 B 49; *H/H/R* § 8 Rn 332.
8 BFH BStBl II 00, 396.
9 FinVerw DStR 97, 580.
10 **AA** BFH BStBl II 00, 396.
11 BFH BStBl II 75, 350 (351); BStBl II 96, 646.
12 BFH BStBl II 96, 646 (zu KiSt); BFH BStBl II 99, 95 (zu Sozialversicherungsbeiträgen).

Fließen die eingenommenen Güter wieder ab, so entstehen Ausgaben. Der verwirklichte Tatbestand **18** der Einnahmen bleibt dadurch unberührt. Auch wenn der StPfl Einnahmen an Dritte weiterleitet[1] oder zurückzahlt, ist dieses ein Vorgang der **Einnahmenverwendung**, nicht der Einnahmenerzielung. Selbst wenn der StPfl bereits vor dem Zufluss über Einnahmen verfügt, sie zB abtritt[2] oder zwangsweise, zB durch Forderungspfändung, über die Einnahmen verfügt wird, ist dem StPfl ein Gut zugeflossen; er hat über künftige Einnahmen verfügt. Eine Einnahme fließt auch bei Verrechnung gegenseitiger Ansprüche[3] zu. Daran soll es fehlen, wenn ein als Einnahme zu wertender Betrag nur als unselbstständiger Rechenposten abgezogen wird.[4]

2. Güter in Geld oder Geldeswert. – a) Güter in Geld. Geld ist das inländische gesetzliche Zah- **19** lungsmittel (§ 1 Währungsgesetz), also der Euro. Güter in Geld tragen bereits in der Geldsumme ihren Wert in sich, bedürfen also keiner weiteren Bewertung. Ausländisches Geld muss zwar in Euro umgerechnet werden, bleibt aber ein Gut in Geld.[5] Insbes die Auszahlung von Arbeitslohn in Fremdwährung ist kein Sachbezug (R 8.1 I 6 LStR), der den Bewertungsabschlag von 4 % (§ 8 III 1) u den jährlichen Freibetrag von 1 088 € (§ 8 III 2) verdiente oder die monatliche Freigrenze von 44 € (§ 8 II 9) rechtfertige. Ebenso liegt Barlohn vor, wenn der ArbG private Kosten des ArbN übernimmt.[6] Ein Warengutschein, der zum Einkauf bei Dritten berechtigt, soll dann als Barbezug qualifiziert werden, wenn er einen konkreten Geldbetrag nennt.[7] Ein ursprünglich vereinbarter Barlohn kann in Sachlohn umgewandelt werden.[8]

Geldeinnahmen sind nach dem **Nominalwertprinzip** mit dem Nennbetrag anzusetzen. Dieses gilt auch **20** dann, wenn der Nominalwert die Einnahmen in Jahren hoher Geldentwertung zu hoch erfasst u damit faktisch die Steuerbelastung erhöht,[9] sofern der Gesetzgeber die Kapitalbildung nicht als Quelle der Altersversorgung oder als sonstige existenzsichernde Versorgungsgrundlage gesondert wertet.[10]

Die Bewertung bestimmt sich nach dem **Zeitpunkt des Zuflusses**. Zahlt der Schuldner in ausländi- **21** scher Währung, so kann für die Besteuerung ein Mittelwert zw Zufluss- u Veranlagungszeitraum maßgebend sein.

b) Güter in Geldeswert. Das steuerbegründende Erfordernis des Einnehmens, des Zufließens, lässt **22** sich allerdings nicht im bloßen Geldzuwachs begreifen, sondern erfasst nach § 8 I auch alle Güter in Geldeswert. Dabei handelt es sich um **Vorteile, denen vom Markt ein in Geld ausdrückbarer Wert beigemessen wird.**[11] Auch unentgeltliche oder verbilligte Sachleistungen können Einnahmen, insbes steuerbaren Arbeitslohn darstellen. § 8 II 1 nennt als derartige steuerbegründende Sachbezüge insbes das Überlassen von Wohnung, Kost, Waren u Dienstleistungen. Der Zufluss dieser Güter in Geldeswert kann im Verzehr einer Mahlzeit,[12] im Überlassen von Getränken[13] oder Kleidung,[14] im Überlassen einer Netzkarte der Deutschen Bahn[15] oder eines Jobtickets,[16] im Erwerb von Aktien des ArbG,[17] in der Entgegennahme von Produkten[18] oder sonstigen Waren des Zuwendenden, im Empfang einer Reise[19] oder eines zinsverbilligten Darlehens,[20] in der Nutzung einer Sporteinrichtung, eines Kindergartenplatzes, einer Wohnung,[21] eines Telefons[22] oder Fahrzeugs liegen. Überlässt der ArbG einen Pkw, über dessen Nutzung er verfügen kann, der also sein Eigentum ist, von ihm

---

1 Zu durchlaufenden Posten als Ausnahme vgl Rn 16.
2 BFH BStBl II 85, 330 (331); BStBl II 99, 123 (125).
3 BFH/NV 87, 495.
4 BFH BStBl II 03, 126.
5 BFH BStBl II 05, 135 mit Anm *Fissenewert* HFR 05, 110.
6 BFH BStBl II 06, 914 (Zinszahlungen für Darlehen der ArbN); BStBl II 05, 137 (Fitnessclub des ArbN); BStBl II 03, 331 (Altersvorsorge des ArbN); FG Rh-Pfalz EFG 06, 1159 mit Anm *Peetz* DStZ 07, 1159 (Rev BFH VI R 26/06).
7 R 8.1 I 7 LStR; OFD D'dorf DStR 05, 1316; zum Zeitpunkt des Zuflusses s *Hartmann* INF 04, 903 (904).
8 BFH BStBl II 97, 667; FG M'ster EFG 05, 858; sehr ausführlich dazu *Freye* Gehaltsumwandlungen.
9 Vgl BVerfGE 50, 57 (86) = BStBl II 79, 308 (313); BVerfGE 84, 239 (282f) = BStBl II 91, 654 (669).
10 Zur Zulässigkeit einer solchen besonderen Würdigung BVerfGE 84, 239 (282) = BStBl II 91, 654 (669).
11 *H/H/R* § 8 Rn 23.
12 Zur Bewertung BMF BStBl I 06, 785.
13 BFH BStBl II 91, 720.
14 BStBl II 06, 691 mit Anm *Werner* NWB Fach 6, 4745.
15 BFH/NV 07, 1575.
16 Dazu *Ross/Marzian* DStZ 03, 380; bis 2003 waren Jobtickets gem § 3 Nr 34 stfrei.
17 BFH BStBl II 05, 770; BStBl II 05, 766; BStBl II 01, 813; zum Zufluss bei Aktienoptionen s § 19 Rn 150 („Ankaufsrecht") und bei Wandelschuldverschreibungen s § 19 Rn 150 („Wandeldarlehensverträge und Wandelschuldverschreibungen").
18 BStBl II 05, 205 (Belegschaftsrabatte).
19 BFH BStBl II 06, 30; BFH/NV 05, 682; BStBl II 93, 639; BStBl II 90, 711; weitere Beispiele s § 19 Rn 150.
20 Vgl insb zur Höhe des Zinssatzes BFH BStBl II 06, 781 mit Anm *Werner* NWB Fach 6, 4723 u BMF DStR 07, 1125; s auch *Bick* DB 05, 2046.
21 BFH/NV 07, 425; BFH BStBl II 06, 71; BStBl II 05, 529 mit Anm *Bergkemper* FR 05, 898; BStBl II 04, 1076.
22 BFH BStBl II 86, 178 (180).

gemietet oder geleast ist, so wendet er einen Nutzungsvorteil iSv § 8 II 2 zu.[1] Erstattet er jedoch dem ArbN für dessen eigenen Pkw alle Kosten, so leistet er Barlohn.[2] Selbst ersparte Aufwendungen sind Güter in Geldeswert, wenn sie in entgeltlichen Tauschbeziehungen ihren Grund haben, der Aufwendungspflichtige also nicht nur für sich selbst erspart (Rn 7), sondern die Ersparnis von dem Austauschpartner zugewendet wird. Hier wird deutlich, dass der Zufluss von Einnahmen als steuerbegründender Tatbestand nur den am Markt erzielten Zufluss von Erwerbseinnahmen erfasst, der Erfolgstatbestand also auf den Zustands- u Handlungstatbestand aufbaut (§ 2 Rn 2 ff): Übereignet der ArbG dem ArbN einen Pkw zu einem Preis unter dem Listenpreis, so liegt darin eine Einnahme (Arbeitslohn),[3] während eine entsprechende verbilligte Lieferung des Vaters an den Sohn keine Einnahmen des Sohnes begründet. Überlässt der ArbG dem ArbN aufgrund des Dienstverhältnisses die unentgeltliche Nutzung eines Hauses, so empfängt der ArbN Einnahmen,[4] während die Überlassung desselben Hauses unter Freunden oder Familienangehörigen nicht zu Einnahmen führt. Übernimmt der Vermieter von Werkswohnungen Kosten der den Mietern obliegenden Erhaltung der Mietsache (Schönheitsreparaturen), so fließen den ArbN Einnahmen iSd § 8 I zu,[5] während die Schönheitsreparatur außerhalb des Marktgeschehens, etwa als Freundschaftsdienst, keine steuerbaren Einnahmen begründet. Überlässt der ArbG seinem ArbN Wertpapiere gegen einen fest bezifferten Preisnachlass, so bemisst sich der geldwerte Vorteil nach diesem Nachlass[6] (zu Aktienoptionsrechten § 19 Rn 150 „Ankaufsrecht [Optionsrecht]"). Die Einladung zu Reisen ist grds ein privater Vorgang außerhalb des Erwerbslebens, kann aber, wenn der ArbG sie zur Belohnung bestimmter ArbN oder als Ansporn für weitere Leistungssteigerungen veranstaltet (Belohnungs-, Incentive-Reisen), den Zufluss von Gütern in Geldeswert beim ArbN begründen.[7]

24 Die Güter in Geldeswert **(geldwerte Vorteile)** sind von den **ideellen Vorteilen**[8] zu unterscheiden. Vorteile, die der ArbN aus der Ausgestaltung seines Arbeitsplatzes u der Förderung des Betriebsklimas empfängt, sind Bedingung der Erwerbshandlung, noch nicht Erwerbserfolg. Zudem sind sie kaum in Geldeswert messbar auch deshalb keine Einnahmen. Die räumliche Gestaltung des Arbeitsplatzes, die Bereitstellung moderner Maschinen, das Angebot von Wasch- und Duschgelegenheiten, die Nutzbarkeit von Bibliotheken, Pausen- und Kantinenräumen, das Angebot üblicher Getränke zum Verbrauch im Betrieb oder allg zugängliche Parkplätze[9] begründen keine steuerbaren Einnahmen.[10] Gewährt der ArbG hingegen dem ArbN einen unentgeltlichen Haustrunk, der nicht zum Verbrauch im Betrieb, sondern zum häuslichen Verzehr bestimmt ist, so fließen dem ArbN Einnahmen zu, über die der Empfänger außerhalb des Betriebes frei verfügen kann und die über „bloße **Aufmerksamkeiten**" hinausgehen, die auch im gesellschaftlichen Verkehr ausgetauscht werden.[11] Auch die Überlassung von Sporteinrichtungen und Kindergartenplätzen sind im Rahmen eines Erwerbsrechtsverhältnisses in Geldwert messbar und deshalb Einnahmen (vgl § 19 Rn 112). Massagen, die ein ArbG Beschäftigten an Bildschirmplätzen kostenlos anbietet, können Arbeitslohn sein, sofern sie nicht Fehlzeiten verhindern, die bei Bildschirmarbeitsplätzen häufig sind, und deshalb „im **eigenbetrieblichen Interesse** gewährt" werden.[12] Es muss daher immer ermittelt werden, ob der ArbG eine Leistung nur aus eigenbetrieblichen Gründen anbietet oder daneben noch private Bedürfnisse seiner ArbN befriedigt.[13] Soweit ein Nutzungsrecht zufließt, das teilw zum Erwerb, teilw privat in Anspr genommen wird, muss **aufgeteilt** werden.[14] **Betriebsveranstaltungen**

---

1 Das Überlassen eines Pkw zu verbilligten Leasingraten ist nach FG Kln EFG 07, 249 (Rev BFH VI B 160/06), nicht pauschalierend gem § 8 II 2, sondern gem § 8 II 1 zu bewerten.
2 Vgl BFH BStBl II 01, 844; BStBl II 02, 164.
3 BFH BStBl II 90, 472 (473); BStBl II 93, 687 (690 f); BFH/NV 94, 855 (856).
4 BFH BStBl II 88, 525 (528); BStBl II 93, 686; vgl auch BStBl II 94, 246.
5 BFH BStBl II 74, 8 (10).
6 BFH BStBl II 01, 813.
7 BFH/NV 05, 682; BFH BStBl II 90, 711 (713); vgl BStBl II 93, 639; BFH/NV 01, 1549; weitere Beispiele s § 19 Rn 150.
8 Zur Aufgabe des Begriffs der Annehmlichkeit BFH BStBl II 91, 720 (721); BStBl II 85, 641 (643).
9 S dazu FG Kln EFG 04, 356; vgl aber FG Kln EFG 06, 1516 (vom ArbG angemieteter Parkplatz), dazu OFD M'ster DB 07, 1498.
10 S auch § 19 Rn 123.
11 BFH BStBl II 91, 720 (722).
12 BFH BStBl II 01, 671.
13 S dazu BFH BStBl II 06, 915 (einheitliche Arbeitskleidung); BFH BStBl II 06, 541 (Umbau des Privathauses des ArbN aus Sicherheitsgründen); BFH/NV 04, 957 (Gemeinschaftsverpflegung mit Teilnahmepflicht); FG Thür EFG 04, 716 (Übernahme der Instrumentenversicherungsprämie der Orchestermitglieder durch den ArbG); FG Kln EFG 04, 1622 (Kosten der Raucherentwöhnung); BFH BStBl II 03, 724 mit Anm *Bergkemper* FR 03, 517; BFH/NV 03, 1039; BFH DStR 04, 1691 (Feier des ArbG anlässlich des ArbN- oder G'ter-Geburtstages); § 19 Rn 122, 176.
14 BFH BStBl II 06, 30 mit Anm *Albert* DStR 05, 2150 (Tagungsreise mit touristischem Begleitprogramm); BStBl II 06, 444 (Betriebsausflug mit Werksbesichtigung).

liegen im ganz überwiegend eigenbetrieblichen Interesse, wenn die Aufwendungen des ArbG für den einzelnen Teilnehmer die Freigrenze von 110 € (R 19.5 IV 2 LStR) nicht übersteigen; dabei kommt es nicht darauf an, ob die Veranstaltung mehrtägig ist.[1] Im Einzelnen § 19 Rn 150.

II. Das Zufließen der Einnahmen. – 1. Zufluss und Zurechnung. Die Unterscheidung zw ideellen und geldwerten Vorteilen berührt sich mit dem Erfordernis des Zuflusses, der Einräumung von **Verfügungsgewalt** über die Einnahmen. Soweit der StPfl, insbesondere der ArbN, lediglich **verbesserte Erwerbsbedingungen vorfindet** (s § 19 Rn 122ff), fließt ihm kein geldwertes Gut zu. Aufwendungen eines ArbG für die Erwerbsgrundlagen (§ 2 Rn 34) verbleiben betriebliche Vorkehrungen des ArbG, begründen also nicht den Zufluss von Einnahmen beim ArbN. Bietet der ArbG hingegen die Nutzung von Einrichtungen außerhalb der Erwerbsgrundlagen an (s § 19 Rn 160 „Betriebssport"), so empfangen die ArbN in der privaten Nutzungsmöglichkeit ein geldwertes Gut, das ihnen als Einkommen zufließt. Wird die Zuwendung der Belegschaft als ganzer angeboten, so werden lediglich Erwerbsbedingungen verbessert (s § 19 Rn 122ff); wird die Zuwendung individuell – nach Stellung, Leistung, Zugehörigkeit im Betrieb differenziert – zugemessen, so fließt ein geldwerter Vorteil zu. **26**

Das „Zufließen" in § 8 I erfasst den **Erfolgstatbestand** der Bereicherung durch ein Gut in Geld oder Geldeswert, das durch Nutzung einer Erwerbsgrundlage erzielt worden ist. Während § 11 I 1 mit dem Zufluss die zeitliche Zurechnung meint, also bestimmt, in welchem VZ eine Einnahme anzusetzen ist, die Vorschriften über einzelne Einkunftsarten, etwa § 19 iVm § 2 I 1 LStDV die persönliche Zurechnung regeln, also bestimmen, wem die Einnahmen als Steuerschuldner zuzurechnen sind, entscheidet der Zufluss iSd § 8 darüber, ob überhaupt eine Einnahme vorliegt, also der Grundtatbestand des EStG erfüllt ist.[2] **27**

Der Zufluss des § 8 I setzt somit als dritter Grundtatbestand des EStG, der Erfolgstatbestand (§ 2 Rn 4), voraus, dass der **realisierte Vermögenszuwachs** bereits eingetreten ist, der StPfl also in steuerjuristischer Betrachtungsweise die Verfügungsmacht über das Geld oder geldwerte Gut gewonnen u nicht lediglich eine Forderung auf ein solches Gut erworben hat. Zudem muss die Vermögensmehrung „von außen" kommen u nicht in einer bloßen Wertsteigerung eines vorhandenen Vermögens liegen.[3] Kein Steuerpflichtiger soll ein Einkommen versteuern, das ihm nicht zugeflossen ist.[4] Die Werterhöhung eines Gesellschaftsanteils, über den der G'ter aber nicht frei verfügen kann, ist daher kein Zufluss iSd § 8.[5] In diesem besonderen Realisationserfordernis ist der Zufluss Voraussetzung der Überschusseinkünfte. Eine Gutschrift in Büchern bewirkt einen Zufluss, wenn sie zum Ausdruck bringt, dass der Betrag dem Berechtigten nunmehr zur Verwendung bereitsteht[6] und dieser den Leistungserfolg von sich aus herbeiführen kann.[7] **28**

Der Grundtatbestand des Zufließens ist Voraussetzung für die zeitliche u persönliche Zurechnung[8] der Güter. Der Zeitpunkt des Zuflusses ist prinzipiell Anknüpfungspunkt für die zeitliche Zuordnung der Einnahmen in dem steuererheblichen Veranlagungszeitraum. Auch die persönliche Zurechnung einer Einnahme bestimmt sich grds nach dem Zufluss. Bei Leistungen durch Dritte (Rn 31) oder an Dritte (Rn 32) bestimmt der Tatbestand des Zufließens (§ 8 I) in seiner steuerjuristischen Eigenart, wen eine Güterbewegung zum StPfl macht: Der Einnahmeerfolg ist demjenigen zuzurechnen, der die Erwerbsgrundlage des § 1 I 1 Nr 4–7 mit Erfolg genutzt hat. **29**

2. Tatsächliche Entgegennahme. Einnahmen sind nur zugeflossen, wenn der Empfänger das geldwerte Gut **tatsächlich entgegengenommen hat.** Deswegen ist bei einer betrieblichen Verlosung unter ArbN nicht schon die Gewinnchance, sondern erst der Gewinn ein geldwertes Gut, das steuerbares Einkommen begründet.[9] Tatbestandsbegründend ist jeweils, dass der StPfl den ihm in einem Erwerbsrechtsverhältnis zugewendeten Vorteil – das geldwerte Gut – außerhalb der Erwerbssphäre nutzt, die Bediensteten einer Fluggesellschaft das Angebot von Freiflügen oder verbilligten Flügen tatsächlich angenommen haben,[10] Bundesbahnbedienstete die Freikarte tatsächlich genutzt haben,[11] Bedienstete der Deutschen Bundespost Ferngespräche tatsächlich kostenlos geführt haben,[12] der **30**

---

1 BFH BStBl II 06, 442; BStBl II 06, 439; Änderung der Rspr.
2 K/S/M § 8 Rn A 20; H/H/R § 8 Rn 6.
3 BFH/NV 04, 1088.
4 RFH RStBl 39, 1008; BFH BStBl II 06, 838; BStBl II 05, 770 (Wandeldarlehen).
5 BFH HFR 04, 648.
6 BFH BStBl II 93, 499 (500 f).
7 BFH BStBl II 01, 646.
8 Zur persönlichen Zurechnung ausf *Lademann* § 8 Rn 67 ff.
9 BFH BStBl II 94, 254 (255).
10 BFH BStBl III 66, 101 (102); BStBl II 90, 711.
11 BFH BStBl II 71, 55 (58); BStBl II 90, 711.
12 BFH BStBl II 77, 99 (102 f); BStBl II 90, 711.

ArbN den ihm verbilligt überlassenen Pkw auch tatsächlich genutzt hat,[1] der ArbN an der Belohnungsreise auch tatsächlich teilgenommen hat.[2]

31 Einnahmen fließen durch Nutzung (§ 2 Rn 46 ff) der Erwerbsgrundlage (§ 2 Rn 34 ff), also innerhalb eines Erwerbsrechtsverhältnisses zw ArbG u ArbN, Kapitalertragsschuldner u Gläubiger, Mieter u Vermieter, Rentenschuldner u Rentengläubiger zu. **Leistungen Dritter** sind Einnahmen „im Rahmen einer der Einkunftsarten des § 2 I 1 Nr 4–7", wenn sie vom StPfl durch Nutzung der Erwerbsgrundlage erzielt worden sind. Trinkgelder fließen im Rahmen des § 2 I Nr 4 von Dritten zu, sind aber ausdrücklich befreit (§ 3 Rn 160 f). Bei Leistungen Dritter im Rahmen von Kundenbindungsprogrammen, vor allem den Miles and More-Bonus-Programmen, kann der Dritte die auf diese Leistung entfallende ESt in Form einer pauschalen Steuer übernehmen (§ 37a).[3] Stpfl Leistungen eines Dritten liegen auch dann vor, wenn der ArbG ein wirtschaftlich oder tatsächlich verflochtenes (Konzern-) Unternehmen dazu veranlasst, an seine ArbN eine verbilligte Leistung auszureichen,[4] oder wenn der ArbN bei einer von einem mit dem ArbG wirtschaftlich verflochtenen Dritten veranstalteten Lotterie etwas gewinnt.[5] Haben die Leistungen Dritter hingegen nicht in der steuerbegründenden Erwerbsbeziehung, sondern in anderen Beziehungen ihren Grund, so wird das Einkommen nicht im Rahmen dieser Erwerbsgrundlage erzielt. Deswegen ist die Weiterleitung einer Versicherungsprovision, die eigentlich dem Versicherer zusteht, an den Versicherungsnehmer bei diesem keine stpfl Einnahme.[6] Ebenso sind Belohnungen einer Berufsgenossenschaft an den ArbN für seine Verdienste bei der Unfallverhütung[7] oder Streik- u Aussperrungsunterstützungen durch die Gewerkschaft[8] nicht durch das steuerbegründende Erwerbsrechtsverhältnis veranlasst, sondern beruhen auf einer eigenen, unmittelbaren Beziehung zw dem StPfl u dem Dritten.[9] Ob der von einem Dritten gewährte Vorteil vom StPfl durch Nutzung seiner Erwerbsgrundlage erzielt worden ist, ist insbes für das Arbeitsrechtsverhältnis zu entscheiden.[10] Hat eine Versicherung den ArbN eines ArbG verbilligte Tarife eingeräumt, so kann dieser Vorteil darauf beruhen, dass der ArbG als Vermittler der Versicherungsverträge auf seinen Provisionsanspruch verzichtet und die Versicherung unentgeltlich seinen ArbN vermittelt hat. Der günstigere Tarif könnte dann als ein vom ArbG gewährter, deshalb nach § 8 III zu bewertender Vorteil verstanden werden, der in Grenzen des § 8 III 2 stfrei wäre. Ist der ArbG nicht Vermittler der Versicherung, muss er den Versicherungsvorteil dennoch selbst dem Lohnsteuerabzug unterwerfen, wenn der Dritte – die Versicherung – lediglich als Leistungsmittler fungiert, der Dritte also im Auftrag des ArbG leistet (sog unechte Lohnzahlung eines Dritten).[11] Ist die Vorteilsgewährung eine echte Lohnzahlung eines Dritten, so ist der ArbG nur unter den Voraussetzungen des § 38 I 2 zur Einbehaltung der LSt verpflichtet; Voraussetzung ist insbes, dass der verbilligte Tarif als Frucht der Arbeitsleistung zu beurteilen ist,[12] üblicherweise von einem Dritten gezahlt wird u – zur Wahrung des Verhältnismäßigkeitsprinzips gegenüber dem ArbG – dieser von der Lohnzahlung u ihrer Höhe Kenntnis hat, weil er in den Zahlungsvorgang eingeschaltet ist oder seine ArbN ihn unterrichtet haben.[13]

32 **Leistungen an Dritte**, zB die Bewirtung von Angehörigen des ArbN durch den ArbG bei einer Betriebsveranstaltung,[14] sind ebenfalls Einnahmen, die durch Nutzung der Erwerbsgrundlage zugeflossen sind, wenn sie im Hinblick auf diese Erwerbstätigkeit erbracht werden.[15] Werden Leistungen im Rahmen des Erwerbsrechtsverhältnisses an einen Dritten erbracht, um dem Erwerbenden ein geldwertes Gut zuzuwenden, zahlt zB der ArbG Prämien für Versicherungen des ArbN, der einen eigenen Anspr gegen den Versicherer erwirbt,[16] so begründen diese Leistungen bei dem ArbN einen Einkommenszufluss.[17] Kann der StPfl nicht über Leistungen oder Geldbeträge verfügen, fehlt es auch dann an einer Einnahme, wenn dem Leistenden bereits Aufwand entstanden ist. Deshalb führt

---

1 BFH BStBl II 90, 472 (473).
2 BFH BStBl II 90, 711 (713); ausf dazu *Giloy* NWB Fach 6, 4315.
3 *V Bornhaupt* FR 93, 326 (327).
4 BFH/NV 07, 1851; FG Nds EFG 00, 1323.
5 FG M'ster EFG 05, 687.
6 BFH/NV 04, 952.
7 BFH BStBl III 63, 306 (307).
8 BFH BStBl II 91, 337 (338); BStBl II 99, 323 (324).
9 BFH aaO.
10 ZB bei Versicherungen an ArbN BFH BStBl II 02, 230; BStBl II 93, 687; dazu umfassend *Lang* StuW 04, 227.
11 BFH BStBl II 93, 687; BStBl II 02, 230; dazu umfassend *Lang* StuW 04, 227.
12 BFH BStBl II 93, 117; BStBl II 97, 346; BStBl II 02, 230.
13 BFH BStBl II 02, 230; § 38 Rn 12.
14 BFH BStBl II 79, 390 (392); BStBl II 92, 655 (657 ff).
15 BFH BStBl II 79, 390 (392); BStBl II 91, 308 (309); BStBl II 03, 724; BFH/NV 03, 1039; BStBl II 05, 137; s auch DStR 04, 1691.
16 BFH/NV 07, 1876; BFH/NV 06, 1645; BStBl II 93, 519 (520).
17 BFH BStBl II 03, 34.

die Zusage einer Altersversorgung nicht zu einer Einnahme.[1] Bei Arbeitszeitkonten, die dem ArbN eine spätere Freistellung von der Arbeitsleistung ermöglichen sollen, liegt in der Zeitgutschrift keine Einnahme. Erst wenn der ArbN die Zeitgutschrift in eine Lohnauszahlung umwandeln lässt, ist ein Zufluss vorhanden.[2]

III. Im Rahmen einer der Einkunftsarten des § 2 I Nr 4–7. Der **Erfolgstatbestand** (§ 2 Rn 4, 75 ff) der Einnahmen iSd § 8 setzt voraus, dass die Einnahme durch Nutzung (§ 2 Rn 3, 46 ff) der Erwerbsgrundlagen (§ 2 Rn 2, 34 ff) erzielt worden ist. Mit der ESt nimmt der Staat am Erfolg individuellen Erwerbs durch Nutzung der dem Markt gewidmeten Erwerbsgrundlage teil; die Steuer rechtfertigt sich aus den durch diese Rechtsgemeinschaft bereitgestellten Erwerbsmöglichkeiten (§ 2 Rn 2). § 8 I definiert deshalb den Ausgangstatbestand der Erwerbseinnahmen, deren Besteuerung nach § 2 gerechtfertigt ist. 40

Der Verweis des § 8 I auf den § 2 I Nr 4–7 macht diesen Besteuerungsgrund bewusst u hat rechtssystematisch eine **dreifache Funktion**: Zunächst begrenzt er die Verbindlichkeit des § 8 I auf die **Überschusseinkünfte**: Der Zufluss von Einnahmen, der einerseits die bloße Forderung noch nicht als steuerbegründend anerkennt (Rn 5 ff), andererseits bereits den empfangenen Nutzungsvorteil belastet (Rn 22), gilt nur für die Einkunftsarten, die nicht einen Gewinn durch Vermögensvergleich ermitteln, sondern das Entgelt für eine Arbeitsleistung (§ 19) oder die Nutzung des Privatvermögens (§ 20, § 21, § 22) belasten, bei der nicht durch Handel u Verarbeitung eines Wirtschaftsgutes Einkommen erzielt wird. Lediglich der Ausnahmetatbestand des § 22 Nr 2, 23 besteuert den Erlös aus der Veräußerung eines Gutes, ist aber als privates Veräußerungsgeschäft den Überschusseinkünften zugeordnet worden, wie § 17 umgekehrt die betrieblich geprägten privaten Veräußerungsgeschäfte der Gewinnermittlung zurechnet. 41

Sodann schafft § 8 I die **Besteuerungsgrundlage**, die bei der Regelung einzelner Einkunftsarten nur unzulänglich formuliert ist. Wenn § 19 I 1 die Einkünfte aus nichtselbstständiger Arbeit nur exemplarisch skizziert ("zu den Einkünften ... gehören"), § 20 I u II die gleiche Regelungstechnik verwendet, § 21 u § 22 Nr 3 auf eine Legaldefinition oder exemplarische Erläuterung der gemeinten Einkünfte gänzlich verzichten, genügen diese steuerbegründenden Tatbestände dem Erfordernis des Gesetzesvorbehalts nur, weil der steuerliche Belastungsgrund bereits in § 2 I u II u § 8 definiert worden ist. Der Verweis auf den „Rahmen einer der Einkunftsarten des § 2 I 1 Nr 4–7" bestimmt also den ausfüllungsbedürftigen Rahmen, in dem § 8 I selber wesentliche Vorgaben zeichnet. 42

§ 8 I verdeutlicht schließlich den Zusammenhang zw Erwerbsgrundlage, Nutzungshandlung u Nutzungserfolg. Während bei den Gewinneinkunftsarten die betriebliche Erwerbsgrundlage (der landwirtschaftliche Betrieb, der Gewerbebetrieb, die Praxiseinrichtung der freiberuflichen Tätigkeit) einen sachlich-gegenständlichen Ausgangspunkt für die Nutzungshandlung u den Nutzungserfolg, für BE u BA bereithält, ist die Nutzungshandlung bei den Überschusseinkünften nicht in einem betrieblichen Erwerbsorganismus gebunden u braucht deshalb eine verdeutlichende Zuordnungsregel. § 8 I besagt, dass der Erwerbserfolg – das Zufließen eines Gutes in Geld oder Geldeswert – nur dann eine Steuerlast begründet, wenn er aus der Nutzung einer Erwerbsgrundlage (Arbeit oder Vermögen) hervorgegangen ist, der **Zufluss also in der Erwerbsgrundlage seine Quelle und in der Nutzungshandlung seinen Anlass findet**.[3] Die Einnahme ist daher immer Gegenleistung für die sie erzielende Nutzungshandlung. Arbeitslohn ist die Gegenleistung für den Einsatz der Arbeitskraft, Zinsen u Dividenden sind die Gegenleistung für die Überlassung von Kapital, Mieten u Pachten sind die Gegenleistung für die Überlassung von unbeweglichem Vermögen. Nicht im Rahmen des § 2 I Nr 4–7 zugeflossen sind deshalb die Güter in Geld oder Geldeswert, die dem Empfänger außerhalb eines Erwerbsrechtsverhältnisses zugewendet, zB vom ArbG dem ArbN aus persönlichen Gründen – bei einem privaten Besuch, als Geschenk für das Kind des ArbN anlässlich eines Festes – geschenkt werden. 43

IV. Bewertung von Sachbezügen. § 8 II quantifiziert die steuerbaren Einnahmen in ihrem Wert, soweit sich nicht der Wert bereits daraus ergibt, dass Güter in Geld bestehen. § 8 II 1 sieht für Einnahmen, die nicht in Geld bestehen, als Bewertungsmaßstab grds die um übliche Preisnachlässe geminderten Endpreise am Abgabeort vor. § 8 II 2–5 bewertet die Einnahmen, die in der privaten 44

---

1 Vgl aber FG Nds EFG 04, 724 (Zahlungen einer Rundfunkanstalt an eine Pensionskasse für freie Mitarbeiter).

2 *Pettereit/Neumann* BB 04, 301 (302); *Wellisch/Näth* DStR 03, 309.

3 BFH BStBl II 00, 197.

Nutzung eines betrieblichen Kfz liegen, mit einem Kfz-Listenpreis, hilfsweise mit den anteiligen Kfz-Aufwendungen. § 8 II 6–8 verweist für bestimmte Sachbezüge der ArbN auf die Solzialversicherungsentgeltverordnung, die Werte in einer gegenüber dem Marktwert häufig niedrigeren Höhe vorgibt. § 8 II 9 gewährt eine Freigrenze für die nach S 1 zu bewertenden Sachbezüge in Höhe von 44 € pro Kalendermonat.[1] Daneben enthält § 8 III Sondervorschriften für Personalrabatte (Rn 61 ff), § 19a II für die Überlassung von Vermögensbeteiligungen an ArbN. § 37b pauschaliert Sachzuwendungen bei betrieblichen Sonderzuwendungen und Geschenken. Zur Aufteilung von Nutzungsarten vgl Rn 10.

45 **1. Sachlicher und persönlicher Geltungsbereich.** § 8 II 1 **gilt für Einnahmen iSd § 8 I**, die nicht in Geld bestehen,[2] bewertet also nur die Einnahmen, die allen Voraussetzungen des § 8 I genügen.[3] Anders als die Bewertungsvorschrift des § 6, die nicht an den Begriff der BE, sondern an das WG anknüpft, trifft § 8 II 1 eine Bewertungsregel nur für die Sachbezüge, die als Güter in Geldeswert aus einer Überschusseinkunftsart zugeflossen sind. Allerdings hebt der einheitliche Zusammenklang von Erwerbsgrundlage, Nutzungshandlung u Erfolgstatbestand (§ 2 Rn 2) diese tatbestandlichen Differenzierungen im Ergebnis auf.[4]

46 Die Bewertung nach § 8 II regelt die **Steuerpflicht des Empfängers** der Einnahme, nicht einen etwaigen Abzug beim Geber als BA oder WK. Legt ein StPfl den beim Ausscheiden aus einem Dienstverhältnis von seinem früheren ArbG verbilligt erworbenen Pkw in einen neu eröffneten eigenen Betrieb ein, so anerkennt der BFH[5] den nach § 8 I u II 1 ermittelten geldwerten Vorteil nicht als AK. Aufwendungen für die Anschaffung eines WG setzten eine Vermögensbelastung voraus, die bei einem Sachbezug nicht vorliege, soweit die Sachleistung nicht auf vermögenswerte andere Ansprüche des Leistungsempfängers angerechnet werde. Die durch den Sachbezugswert erhöhten AK sind deshalb nur bei einem Nachweis eines entsprechenden Verzichts auf einen ansonsten zustehenden Arbeitslohn anzuerkennen. Insoweit gewinnen die Typisierungen u Pauschalierungen des § 8 II u III nicht die Kraft konstitutiver Vereinfachung.

47 **2. Der geminderte übliche Endpreis am Abgabeort.** Grds werden Sachbezüge einzeln mit dem üblichen Endpreis am Abgabeort bewertet.[6] **Endpreis** ist der Preis, der einschließlich der USt u sonstiger Preisbestandteile im allg Geschäftsverkehr vom Letztverbraucher in der Mehrzahl der Verkaufsfälle am Abgabeort für gleichartige Waren oder Dienstleistungen tatsächlich gezahlt wird. Er kann den Preislisten,[7] dem örtlichen Mietspiegel,[8] Katalogen, Preisauszeichnungen, Preisschildern, Preisaufdrucken, den Börsenkursen[9] u einer bestehenden Preisbindung entnommen werden. Entscheidend ist der günstigste Preis, zu dem im Umsatz am Markt getätigt werden.[10] Bei der Veräußerung gebrauchter Firmenfahrzeuge an ArbN bestimmt sich deshalb der Endpreis als Händlerverkaufspreis unter Berücksichtigung sowohl des gewerblichen als auch des privaten Gebrauchtwagenmarktes.[11] Maßgeblich ist der „übliche" Endpreis, so dass es auf den persönlichen Nutzen für den Empfänger nicht ankommt.[12] Auch die subjektiven Vorstellungen des ArbG sind unmaßgeblich. Gehen ArbG u ArbN etwa bei einem Verkauf unter Preis von einem zu niedrigen Grundstückswert aus, ist für den geldwerten Vorteil der richtige (höhere) Wert anzusetzen. Werden Leistungen weitergegeben, die der ArbG von Dritten bezieht (zB Reisen bei Reisebüro), ist der Preisnachlass, den der ArbG vom Dritten erhält, nicht zu berücksichtigen. Überlässt die Bahn ihren Mitarbeitern eine Netzkarte, können die privaten und dienstlichen Fahrten nicht, wie beim Kfz (Rn 54), in einem Fahrtenbuch aufgezeichnet werden; die FinVerw[13] empfiehlt, von dem nach § 8 maßgeblichen Wert (Rn 51) den Betrag abzuziehen, der für die nachgewiesenen oder glaubhaft gemachten Fahrten zw Wohnung und Arbeitsstätte und Dienstfahrten nach den jeweils günstigsten Preisen anzusetzen wäre. Bei allein für private Zwecke überlassenen Netzkarten bemisst sich der geldwerte Vorteil

---

1 Absenkung von früher 50 € durch das HBeglG 04 (BGBl I 03, 3076).
2 BFH BStBl II 05, 137: Erstattung von Beiträgen für Sportverein und Fitnessstudio ist zweckgebundene Geldleistung, kein Sachbezug.
3 K/S/M § 8 Rn C 4; H/H/R § 8 Rn 55.
4 So iErg auch BFH BStBl III 61, 183 f; BStBl II 75, 9 (10 f); BStBl II 88, 995 (996).
5 BFH BStBl II 01, 190 (191).
6 BFH BStBl II 93, 687 (690 f).
7 Bei verbilligter Veräußerung gebrauchter Kfz zB die Schwacke-Liste, BFH BStBl II 05, 795.
8 BFH BStBl II 06, 71; BFH/NV 99, 1454; BFH/NV 99, 1452.
9 BFH BStBl II 05, 766 mit Anm Ackert BB 05, 1778.
10 BFH/NV 07, 1851; BStBl II 06, 71.
11 BFH BStBl II 05, 795; BFH/NV 07, 889.
12 BFH BStBl II 88, 995 (999).
13 FinMin Hess DStR 02, 454.

nicht nach den tatsächlich in Anspruch genommenen Fahrten, sondern nach dem Wert der Netzkarte.[1]

Gewährt der ArbG dem ArbN Sachbezüge, die er auch fremden Letztverbrauchern anbietet, so ist sein **eigener Endpreis** maßgeblich. Auch wenn funktionsgleiche u qualitativ gleichwertige Produkte anderer Hersteller oder Dienstleister zu einem billigeren Preis abgegeben werden, bleibt der Empfänger eines geldwerten Vorteils bereichert, wenn er das am Markt höher bewertete Produkt zu einem verbilligten Preis erhält.[2] Zudem wäre der ArbG entgegen dem Verhältnismäßigkeitsprinzip überfordert, wenn er nicht nur den üblichen Endpreis für die konkret empfangene Ware oder Dienstleistung ermitteln, sondern auch die Marktangebote funktionsgleicher u qualitativ gleichwertiger Leistungen u deren übliche Endpreise festzustellen hätte.[3] Werden die dem ArbN gewährten Sachbezüge nicht im allg Geschäftsverkehr angeboten, ist der übliche fremde Endpreis tatsächlich zu ermitteln u äußerstenfalls zu schätzen. **48**

Maßgebend ist der Endpreis am Abgabeort **im Zeitpunkt des Zuflusses**. Hat der Zuwendende, insbes ein ArbG, mehrere Betriebsstätten mit ortsüblich unterschiedlichen Preisen, wird die Sachleistung dennoch für alle ArbN einheitlich nach dem Ort des Angebots des Sachbezuges bewertet werden dürfen (R 8.1 II 6 LStR). **49**

Der übliche Endpreis ist um die **üblichen Preisnachlässe** zu mindern. Die Finanzverwaltung nimmt idR einen 4 %igen Preisabschlag vor (R 8.1 II 9 LStR).[4] Der Nachweis eines höheren üblichen Nachlasses ist möglich (R 8.1 II 4 u 5 LStR). Sonstige wertmindernde Umstände sind zu beachten, insbes wenn die Sachbezüge nicht der üblichen Qualität entsprechen, sie einer unüblichen Nutzungsbindung unterliegen,[5] die Zuwendung mit Auflagen belastet ist, ein Grundstück zB durch eine beschränkte persönliche Dienstbarkeit[6] oder durch die Verpflichtung des ArbN zur Selbstnutzung u Offenheit für Kundenbesichtigungen[7] im Wert gemindert ist. **50**

3. Bewertung der privaten Nutzung eines betrieblichen Kfz (§ 8 II 2–5). Die Sätze 2–5 regeln die Bewertung von Sachbezügen, die in der Nutzung betrieblicher Kfz[8] zu privaten Fahrten bestehen. Sie sind nicht anzuwenden, soweit der ArbN an den ArbG ein angemessenes Entgelt für die Nutzungsüberlassung zahlt; insoweit liegt schon kein Arbeitslohn vor.[9] Satz 2 verweist für die **reinen Privatfahrten**[10] auf die Pauschalregelung des § 6 I Nr 4 S 2,[11] wonach monatlich 1 % des inländischen Kfz-Listenneukaufpreises zuzüglich USt u Sonderausstattung[12] als Zusatzlohn zu versteuern ist, dh ein Jahresbetrag von 12 % dieses Neukaufpreises (§ 6 Rn 162). Bei dieser typisierenden Wertermittlung kommt es weder auf die tatsächlichen Kfz-Aufwendungen noch auf deren Kostentragung an.[13] WK dürfen insoweit gem § 12 Nr 1 S 2 nicht abgezogen werden.[14] Steht der Pkw mehreren ArbN zu, so ist der geldwerte Vorteil (§ 8 II 2) unter den Nutzungsberechtigten aufzuteilen.[15] Eine Zuzahlung des ArbN zu den AK des Kfz mindert den Wert seines Nutzungsvorteils.[14] Hat der ArbN Zugriff auf ein betriebliches Kfz, so spricht die allgemeine Lebenserfahrung (Anscheinsbeweis) für eine private Mitbenutzung, wenn dem ArbN kein eigenes oder nur ein geringwertiges Kfz zur Verfügung steht.[16] Die 1 %-Regelung kommt nicht zur Anwendung, wenn eine Privatnutzung ausscheidet.[17] Das mit dem ArbG vereinbarte Verbot einer privaten Nutzung ist erheblich, wenn es nicht zum Schein vereinbart wird.[18] Mit der pauschalen Nutzungswertbesteuerung sind nur die unmittelbar mit dem Hal- **51**

---

1 BFH/NV 07, 1575.
2 BFH/NV 07, 1851; BStBl II 02, 230; krit hierzu *Meyer-Scharenberg* DB 05, 1211.
3 BFH aaO.
4 Krit hierzu *Hermann* S 115 ff.
5 BFH BStBl III 66, 101 (Freiflüge für die ArbN von Fluggesellschaften); BStBl II 90, 711.
6 RFHE 16, 56 (59).
7 FG RhPf EFG 79, 122 (123).
8 Auch Geländewagen (BFH BStBl II 03, 472; OFD Bln DB 04, 1235) und Wohnmobil (BFH BStBl II 02, 370), nicht Lkw (BMF BStBl I 02, 148 Tz 1; FinMin Saarl DStR 03, 422).
9 FG Mchn EFG 05, 431 mit Anm *Hoffmann*; **aA** BFH BStBl II 07, 269 mit krit Anm *Paus* DStZ 07, 149: Abzug der Nutzungsentschädigung im Rahmen einer
10 Nicht abgegolten sollen sein Fahrten im Rahmen einer Einkünfteerzielung FG Nds EFG 07, 1582 (Rev BFH VI R 38/07).
11 BFH BStBl II 00, 273.
12 BFH BStBl II 05, 563 (Navigationsgerät); OFD Bln (Diebstahlsicherung); zu Winterreifen s *Albert* FR 04, 880 mwN.
13 FG M'ster EFG 06, 1662 (Rev BFH VI R 57/06); FG Mchn EFG 05, 430 (Rev BFH VI R 96/04): Übernahme der Benzinkosten durch den ArbN; FG Mchn EFG 01, 268: Teilübernahme der Vollkaskoversicherung durch den ArbN.
14 FG Mchn EFG 01, 268.
15 BFH BStBl II 03, 311.
16 BFH/NV 05, 1300; BFH/NV 04, 1416; BFH/NV 04, 488; FG D'dorf EFG 06, 888.
17 BFH BStBl II 07, 116.
18 BFH BStBl II 07, 116, dazu *v Bornhaupt* DStR 07, 792; BFH/NV 06, 2281.

ten und dem Betrieb des Kfz zusammenhängenden Aufwendungen abgegolten; übernimmt der ArbG weitere Aufwendungen, die auf Privatfahrten des ArbN entstehen, handelt es sich um Barlohn.[1] Mit abgegolten ist jedoch die Überlassung einer Garage an den ArbN.[2]

52 § 8 II 3 erhöht den Wert der Privatfahrten für jeden Kalendermonat um 0,03 % des Listenneupreises für jeden km der Entfernung zw Wohnung u Arbeitsstätte, wenn das Kfz **auch für Fahrten zw Wohnung u Arbeitsstätte**[3] genutzt werden kann. Ob u wie oft er das Fahrzeug tatsächlich zw Wohnung u Arbeitsstätte nutzt, ist unerheblich.[4] Unerheblich für die pauschalierte Wertermittlung ist auch, dass der ArbN, etwa durch Urlaub, Krankheit, Abwesenheit an der Nutzung des Fahrzeugs gehindert ist oder dass er das ihm überlassene Fahrzeug tatsächlich nur teilw[5] (park and ride) nutzt. Steht hingegen das Fahrzeug während eines vollen Kalendermonats nicht zur Verfügung, so ist insoweit die Voraussetzung des § 8 II 3 nicht gegeben. Die Pauschalierung geht von einer geschätzten Nutzung an 180 Arbeitstagen jährlich oder durchschnittlich 15 Tagen monatlich aus (R 40.2 VI LStR). Wird dem ArbN für Fahrten zw Wohnung u Arbeitsstätte ein Kfz mit Fahrer zur Verfügung gestellt, erhöht die FinVerw den Nutzungswert für diese Fahrten um 50 % (R 8.1 X Nr 1 LStR).

53 Der nach Satz 3 ermittelte **Nutzungswert** ist zusammen mit dem üblichen Arbeitslohn des ArbN im normalen LSt-Abzugsverfahren zu versteuern. Nach § 40 II 2 (§ 40 Rn 24) kann der Nutzungswert bei zu dem nach § 9 I 3 Nr 4, II als WK absetzbaren Beträgen mit einem Pauschalsteuersatz von 15 % abgegolten werden, soweit der ArbN das Fahrzeug für Fahrten zw Wohnung u Arbeitsstätte verwendet. Vom ArbN gezahlte Nutzungsvergütungen oder seine Zuschüsse zu den AK mindern die Lohnzuwendungen des ArbG u damit die Einnahmen des ArbN.[6]

54 Nach § 8 II 4 erhält der StPfl die Möglichkeit, die Pauschalzurechnung nach § 8 II u III dadurch zu vermeiden, dass er für die gesamte Nutzungszeit alle Kfz-Kosten-Belege für sämtliche betrieblichen u privaten Fahrten vorlegt u das Verhältnis der privaten Fahrten u der Fahrten zw Wohnung u Arbeitsstätte zu den übrigen Fahrten durch ein **ordnungsgemäßes**[7] **Fahrtenbuch** (§ 6 Rn 162) nachweist. Die Alternativen des § 8 II 2 u 3 (Pauschalzurechnung) oder des § 8 II 4 (Fahrtenbuch) sind abschließend; eine weitere Möglichkeit steht dem StPfl nicht zur Verfügung. Die Führung eines Fahrtenbuches ist ein geeigneter Nachweis, um die Typisierung eines privaten Nutzungsanteils an einem betrieblichen Kfz durch gesteigerte Mitwirkung bei der Aufwandsermittlung zu vermeiden.[8] Zur Bestimmung der Kfz-Kosten ist im Regelfall von einer achtjährigen Nutzungsdauer des Pkw auszugehen, unabhängig von der amtlichen AfA-Tabelle und der ertragsteuerlichen Behandlung beim ArbG.[9]

56 Die Nutzung eines betrieblichen Kfz zu **Familienheimfahrten** im Rahmen einer doppelten Haushaltsführung (§ 9 Rn 240 ff) ist nach § 8 II 5 HS 1 mit 0,002 % des Listenneupreises (§ 6 Rn 162) für jeden Entfernungskilometer zw dem Ort des eigenen Hausstands u dem Beschäftigungsort zu bewerten. Dies gilt auch dann, wenn der ArbN tatsächlich eine längere Strecke benutzt.[10] Der geldwerte Vorteil wird nach § 8 II 5 HS 2 nicht erfasst, wenn für die jeweilige Fahrt ein WK-Abzug nach § 9 I 3 Nr 5 Sätze 3 u 4 in Betracht käme. Allerdings kann der StPfl seine Aufwendungen für die Familienheimfahrten mit einem aufgrund des Arbeitsverhältnisses überlassenen Kfz nach § 9 I 3 Nr 5 S 5 gerade nicht als WK abziehen. Der ArbG kann nach § 3 Nr 16 für Mehraufwendungen bei doppelter Haushaltsführung, nicht aber für Fahrten zw Wohnung u Arbeitsstätte stfreien Ersatz leisten (§ 3 Rn 55). Die komplizierte Gesamtregelung stimmt Einnahmen u Aufwendungen im Ergebnis so aufeinander ab, dass die Familienheimfahrten des ArbN in einem ihm unentgeltlich überlassenen Firmenfahrzeug einkommensteuerlich ohne Auswirkung bleiben.[11] Nach § 8 II 5 letzter HS ist ein Einzelnachweis nach S 4 möglich. Er wird insbes bei teueren Fahrzeugen günstiger sein.

57 **4. Vereinfachte Bewertung von ArbN-Sachbezügen (§ 8 II 6–8).** Die nach § 8 II 1 grds mit den üblichen Endpreisen anzusetzenden Sachbezüge werden für sehr häufige Sachzuwendungen (Kost, Wohnung, Heizung, Beleuchtung) an rentenversicherungspflichtige ArbN in einem vereinfachten

---

1 BFH BStBl II 06, 72 (Mautgebühren); DStR 07, 1159 (Unfall des ArbN im alkoholisierten Zustand).
2 BFH BStBl II 02, 829; BFH/NV 03, 16.
3 BFH BStBl II 02, 878 (Fahrt zu Wohnung und mehreren Filialen).
4 FG M'ster EFG 05, 775 (Rev BFH VI R 85/04).
5 FG Mchn EFG 06, 958 (Rev BFH VI R 68/05).
6 BFH BStBl II 93, 195 (196).
7 Daran scheitert meist die Anwendung der Fahrtenbuch-Methode, BFH/NV 06, 2281; BFH/NV 07, 715.
8 BFH BStBl II 00, 273 (277).
9 BFH BStBl II 06, 368.
10 FG Kln EFG 03, 1229.
11 Vgl H/H/R § 8 Rn 111.

Verfahren bewertet. Für die Sozialversicherung erlässt die Bundesregierung nach § 17 I Nr 3 SGB IV eine Sozialversicherungsentgeltverordnung.[1] Diese übernimmt S 6 für das Steuerrecht u befähigt damit den ArbG, bei der Erfüllung seiner lohnsteuerlichen wie seiner sozialversicherungsrechtlichen Pflichten die gleiche Bemessungsgrundlage zugrunde zu legen. Die amtlichen Werte gehen den nach § 8 II 1 ermittelten Werten u tariflichen Vereinbarungen vor u werden jährlich angepasst u veröffentlicht. Sie sind zwingend der Besteuerung zugrunde zu legen u lassen keine Ausnahme zu.[2]

§ 8 II 7 erstreckt die Anwendung dieser Werte auch **auf nicht rentenversicherungspflichtige ArbN**, also insbes Beamte, Richter, Soldaten, Pensionäre, bestimmte leitende Angestellte. Eine Ausnahme gilt, wenn die Werte offensichtlich unzutr sind. Der Gesetzgeber dachte hier insbes an die Überlassung einer repräsentativen Wohnung an ein Vorstandsmitglied einer AG.[3] Diese Vorbehaltsklausel gewinnt kaum praktische Bedeutung, zumal auch die Solzialversicherungsentgeltverordnung beim rentenversicherungspflichtigen ArbN die repräsentative Wohnung nicht erfasst. **58**

Nach § 8 II 8 kann die oberste Finanzbehörde für weitere Sachbezüge der ArbN, die nicht von der Solzialversicherungsentgeltverordnung erfasst sind, mit Zustimmung des Bundesministeriums der Finanzen **Durchschnittswerte festsetzen**. Diese Verwaltungsvorschriften enthalten typisierte Schätzungen, binden damit die Gerichte nicht förmlich, werden aber um der Rechtsanwendungsgleichheit u der Vereinfachung willen von den Gerichten beachtet, soweit sie nicht offensichtlich unzutr sind.[4] Die Bedeutung dieser Festsetzungen[5] geht zurück, weil heute überwiegend Barentlohnungen üblich sind. **59**

5. Freigrenze (§ 8 II 9). Die **Vereinfachungsbefreiung** des § 8 II 9 soll den Verwaltungsaufwand bei der Bewertung von Sachbezügen in vertretbarem Rahmen halten,[6] sie will keinen Steuervorteil gewähren. Die mit dem üblichen Endpreis (Satz 1) bewerteten Sachbezüge bleiben außer Ansatz, wenn die Vorteile für den ArbN insgesamt 44 € im Kalendermonat nicht übersteigen. Die Freigrenze ist überschritten, wenn dem ArbN innerhalb eines Monats ein Vorteil von mehr als 44 € zufließt, auch wenn der anteilige Nutzen pro Monat darunter liegt (zB Jahresjobticket).[7] Dabei sind die vom StPfl gezahlten Entgelte anzurechnen. Die Freigrenze gilt nicht für Barlohn,[8] die gem § 8 II 2–8 erfassten Sachbezüge u für die Belegschaftsrabatte, die in § 8 III eine Sonderregelung erfahren haben.[9] Auf Zukunftssicherungsleistungen des ArbG iSd § 40b (§ 40b Rn 5) ist § 8 II 9 nicht anwendbar.[10] Die Bagatellregelung enthält eine Freigrenze; wird diese im jeweiligen Kalendermonat überschritten, unterliegt der gesamte geldwerte Vorteil der Besteuerung. Nicht ausgeschöpfte Freigrenzen können nicht in einen anderen Kalendermonat übertragen werden.[11] **60**

V. Rabatte des ArbG (§ 8 III). – 1. Begriff. Erhält der ArbN von seinem ArbG unentgeltliche oder verbilligte Zuwendungen **(Personalrabatte**[12]**)**, so sind diese Rabatte, wenn sie nach § 8 I, § 19 II 1 steuerbare Einnahmen darstellen,[13] bis 1 080 € jährlich stfrei (§ 8 III 2),[14] sofern sie nicht bereits nach anderen Vorschriften stfrei sind,[15] iÜ abweichend von § 8 II gesondert zu bewerten (§ 8 III 1). **61**

2. Verhältnis zwischen § 8 II und III. § 8 II ist die Grundnorm, die in Übereinstimmung mit dem Lohnbegriff Rabatte des ArbG erst dann und in der Höhe als geldwerten Vorteil erfasst, als der Preis unterschritten wird, der für das gleiche Produkt am Markt von fremden Dritten zu entrichten ist. Vergleichspreis ist dabei grds der günstigste Preis am Markt.[16] Abweichend hiervon geht § 8 III als Spezialnorm grundsätzlich von einem unabhängig von Rabattgewährungen vom ArbG abzugebenden oder auszuzeichnenden Vergleichspreis aus. Dabei wirkt die Vorschrift tendenziell begünstigend, weil noch ein Bewertungsabschlag von vier Prozent und ein Rabattfreibetrag abgezogen **61a**

---

1 BGBl I 06, 3385.
2 BFH/NV 07, 2189; BFH/NV 04, 1087; abschwächend für atypische Sonderfälle BFH BStBl II 04, 1076 (Luxuswohnung) u FG BaWü EFG 05, 367.
3 BT-Drs 11/2157, 141.
4 BFH BStBl III 61, 409 (410 f); BStBl III 65, 302 f.
5 Vgl im Einzelnen *K/S/M* § 8 Rn C 24 ff; *H/H/R* § 8 Rn 137 ff.
6 BT-Drs 13/901, 294; BT-Drs 13/1686, 8.
7 BMF BStBl I 04, 173 OFD Ffm DStR 04, 1046 (Sachgutscheine für ArbN).
8 BFH BStBl II 03, 331 (Zahlungen des ArbG an Zusatzversorgungskassse); BStBl II 05, 137 (Arbeitgeberzuschüsse zum Besuch eines Sport- oder Fitnessclubs).
9 BMF BStBl I 97, 735.
10 BFH BStBl II 03, 492.
11 OFD Erf DStR 96, 429.
12 Ausf zu Bedeutung und Rechtsentwicklung *Lademann* § 8 Rn 170 ff.
13 *K/S/M* § 8 Rn D 2; *H/H/R* § 8 Rn 152.
14 Absenkung von früher 1 224 € durch das HBeglG 04 (BGBl I 03, 3076).
15 FG Bln EFG 03, 1530.
16 BFH BStBl II 06, 71; BStBl 06, 781.

werden dürfen. Diese Vorteilhaftigkeit der Norm kann aber verfehlt werden, wenn der vom ArbG auszuzeichnende Preis und der günstigste Preis am Markt so stark voneinander abweichen, dass trotz des Bewertungsabschlags und des Rabattfreibetrags ein geldwerter Vorteil erfasst wird, der nach dem Maßstab der Grundnorm tatsächlich nicht vorliegt. In diesem Fall hat der ArbN – jedenfalls im Rahmen seiner Veranlagung – die Wahl, die Höhe des geldwerten Vorteils entweder nach der Regelung des § 8 II ohne Bewertungsabschlag und Rabattfreibetrag, oder mit diesen nach der des § 8 III bewerten zu lassen.[1]

61b § 8 III findet nur Anwendung, wenn die Preisnachlässe gem § 8 I als steuerbare Einnahmen zu qualifizieren sind (Rn 22); Preisnachlässe, die außerhalb des Dienstverhältnisses gewährt werden, sind nicht steuerbar. Unerheblich ist, ob die Leistung aus einem gegenwärtigen, früheren oder zukünftigen Dienstverhältnis stammt, sofern nur das jeweilige Dienstverhältnis eine ausreichende Bedingung für die Vorteilsgewährung darstellt.[2] Die Qualifikation der Rabatte als Arbeitslohn[3] ist in ihrer Bedeutung durch den Freibetrag des § 8 III 2 wesentlich entschärft. Allerdings gilt § 8 III nur für die ArbN-Rabatte,[4] nicht zB für den selbstständigen Handelsvertreter[5] oder den Preisnachlass des Freiberuflers, den dieser von seinen Klienten erhält. Innerhalb der ArbN ist wiederum die Mehrzahl von der Anwendung des § 8 III ausgeschlossen, weil sie keine Sachbezüge erhalten (insbes im öffentlichen Dienst[6]) oder sie nicht in verbraucherorientierten Branchen tätig sind (Rn 64). Zuwendungen von Personen aus dem ArbG werden von § 8 III nicht erfasst. Deswegen sollen insbes **Konzernleistungen** nicht unter § 8 III fallen, bei denen Vorteile an ArbN anderer ArbG im Konzern zugewendet oder ein sonstiger überbetrieblicher Belegschaftshandel mit für die ArbN erworbenen Waren betrieben wird.[7] Die Rechtsfolge einer Bewertung der Sachleistung nach den Endpreisen, zu denen der ArbG oder der nächstansässige Anbieter Letztverbrauchern anbietet, dürfte jedoch darauf hinweisen, dass der ArbG nicht Letztanbieter sein muss, sondern in einer Produktions- u Handelskette auch ein Zwischenglied, etwa der Großhändler gegenüber dem Einzelhändler oder der Drucker gegenüber dem Verlag[8] sein kann. Der ArbG muss aber das Endprodukt, nicht nur Teile davon herstellen.[9] Ob ein ArbG im Rahmen einer Unternehmensgruppe ein Produkt herstellt, bemisst sich nach seiner Erwerbsgrundlage u deren Nutzung. Ein Freibetrag, der jeweils im einzelnen Dienstverhältnis gewährt wird, kann bei der Begründung mehrerer Dienstverhältnisse in einem Veranlagungszeitraum vervielfacht werden.

62 **3. Unternehmenseigene Sachzuwendungen.** Waren oder Dienstleistungen bezeichnen alle Sachbezüge, erstrecken also die gesetzlich beabsichtigte Vereinfachung über den engen zivilrechtlichen Sprachgebrauch hinaus auf jeden dem ArbN erbrachten, nicht in Geld bestehenden Sachvorteil.[10] Der BFH[11] versteht in Würdigung des Vereinfachungsanliegens des § 8 III u in gleichheitsgerechter, verfassungskonformer Auslegung unter „Waren oder Dienstleistungen" alle Sachbezüge u damit „die gesamte eigene Liefer- u Leistungspalette des jeweiligen ArbG". § 8 III regelt deshalb insbes auch die verbilligte Nutzungsüberlassung von Grundstücken, Wohnungen,[12] möblierten Zimmern, Kfz, Maschinen u anderen beweglichen Sachen oder die Verbilligung von Zinsdarlehen jenseits des Marktüblichen (nicht nach dem Maß der – damaligen – LStR),[13] Krankenkassenbeiträgen,[14] ferner die Zuwendung von Strom,[15] Wärme, Genussmitteln außerhalb des Betriebs, Beförderung,[16] Beratungs-, Werbe-, Datenverarbeitungs-, Kontenführungs-, Versicherungs- u Reiseveranstaltungsleistungen,[17] eine Verbilligung von Flugkosten, Grundstücksveräußerung, Wohnungs- u Kfz-Miete, von Bankgebühren, Abschlussgebühren, Hotelbenutzungen, Post- u Telefonbenutzung.[18]

---

1 BFH BStBl II 07, 309 (Jahreswagen, eine vom ArbG nicht überwiegend für den Bedarf der ArbN hergestellte und vertriebene Ware); Nichtanwendungserlass des BMF BStBl I 07, 464.
2 BFH BStBl II 97, 330 (331).
3 So grds BFH BStBl II 96, 239 (240); BStBl II 92, 840.
4 Zur verfassungsrechtlichen Einordnung dieser Einschränkung *Lademann* § 8 Rn 177 ff.
5 BFH BStBl II 88, 995 (998 f).
6 Gerechtfertigt durch BFH BStBl II 95, 338 (340).
7 BFH BStBl II 97, 330; BStBl II 93, 356 (357); FG M'ster EFG 07, 1317 (Rev BFH VI R 22/07); FG Kln EFG 05, 1105; BFH/NV 07, 1871; zu verfassungsrechtlichen Bedenken *K/S/M* § 8 Rn DD 22; *H/H/R* § 8 Rn 161; *Meyer-Scharenberg* DStR 05, 1210.
8 BFH BStBl II 03, 154.
9 MIT DStR 03, 110.
10 Vgl Rn 66 und *K/S/M* § 8 Rn D 3, 4; *H/H/R* § 8 Rn 157f.
11 BStBl II 95, 338 (339 f); BStBl II 97, 363 (364).
12 BFH BStBl II 05, 529 mit Anm *Bergkemper* FR 05, 898.
13 BFH BStBl II 95, 338 (340).
14 BFH/NV 05, 205; FG Nds EFG 04, 114.
15 BFH BStBl II 93, 356.
16 Vgl aber FG Bln EFG 03, 1530 (Freifahrtberechtigungen).
17 OFD Bln DB 97, 450 (451).
18 BMF DStR 90, 250.

§ 8 III verwendet – anders als § 8 II – die Begriffe „Waren oder Dienstleistungen", weil der Begriff **63** des Sachbezugs „als Anknüpfungspunkt zu der gewollten Beschränkung auf die eigene unternehmerische Liefer- u Leistungspalette des ArbG sprachlich nicht geeignet war".[1] Die Sonderbewertung oder Befreiung dieser Sachbezüge **gilt nur für unternehmenseigene Sachzuwendungen**, die der ArbG nicht überwiegend für den Bedarf seiner ArbN hergestellt, vertrieben oder erbracht hat. Die vereinfachte Bewertung u der Rabattfreibetrag finden keine Anwendung, wenn der ArbN den als Lohn zu beurteilenden Sachbezug auf Veranlassung des ArbG von einem Dritten erhält, es sich also nicht um Waren oder Dienstleistungen des ArbG handelt.[2] Nimmt an einer für Bankkunden organisierten Reise auch ein ArbN der Bank auf deren Kosten teil, so ist der geldwerte Vorteil nicht nach § 8 III zu bewerten, wenn die Bank lediglich Vermittler u nicht Veranstalter der Reise ist; die bloße Vermittlungstätigkeit ist kein „Vertreiben".[3]

§ 8 III gilt nur für Sachleistungen, die das arbeitgebende Unternehmen **am allg Markt anbietet**[4] **64** u für den Letztverbraucher bestimmt; ob die Sachleistung nur als Teil einer Gesamtleistung angeboten oder gesondert abgerechnet wird, ist nicht entscheidend.[5] Die vereinfachte Bewertung u der Rabattfreibetrag gelten nicht für Leistungen, die der ArbG überwiegend für den Bedarf seiner ArbN herstellt oder aus eigenen Interessen nur für ArbN zur Verfügung stellen will. Entscheidend ist, dass der ArbG die Leistungen zumindest im gleichen Umfang an fremde Dritte erbringt.[6] Nach dieser Ausrichtung auf die Allgemeinheit der Letztverbraucher betrifft § 8 III nur die Anbieter von Verbrauchsgütern (Kaufhäuser, Banken, Versicherungen, Automobilhersteller, Reiseunternehmen), nicht hingegen die Investitionsgüterindustrie. Die Unterscheidung zw ArbG-Leistungen aus einem betriebstypischen Angebot u aus einem arbeitnehmerorientierten Angebot führt zu Ergebnissen, die mit dem Vereinfachungsanliegen des § 8 III u dem Gleichheitssatz kaum zu vereinbaren sind: Von § 8 III erfasst wären danach Kantinenmahlzeiten im Hotelbetrieb, nicht im Metallbetrieb, Betriebsstoffe im Tankstellenbetrieb, nicht bei der zuliefernden Ölfirma, die verbilligte Übereignung eines Autos durch den Autohändler, nicht durch den Zulieferanten, Zinsermäßigungen durch Banken,[7] nicht durch ein produzierendes Gewerbe, auch wenn Darlehen sonst nur an verbundene Unternehmen ausgereicht wurden,[8] die verbilligte Vermietung eines Wohngrundstücks durch ein Wohngrundstücksbauunternehmen,[9] nicht durch sonstige ArbG mit Betriebswohnungen.[10] Standby-Flüge für Mitarbeiter von Fluggesellschaften sollen nach § 8 III zu bewerten sein, wenn die Mitarbeiter die gleichen Beförderungsbedingungen erhalten wie betriebsfremde Fluggäste, jedoch nach § 8 II, wenn die Mitnahme davon abhängig ist, dass ausreichend freie Plätze vorhanden sind.[11]

ArbG-Rabatte werden nur dann nach § 8 III vermindert bewertet oder freigestellt, wenn der ArbN **65** sie **"aufgrund seines Dienstverhältnisses"**, also als Lohn erhalten hat. Der BFH qualifiziert grds jeden im Rahmen eines Arbvertr zugewendeten Sondervorteil, den außerhalb des Unternehmens stehende Dritte so nicht erhalten hätten, als Arbeitslohn.[12] Deshalb wendet eine AOK ihrem beihilfeberechtigten Angestellten Lohn zu, wenn dieser sich bei ihr unter Verzicht auf Beihilfeansprüche in vollem Umfang versichern lässt u dafür eine Beitragsermäßigung erhält.[13] Der ArbN einer Anlagevermittlungsgesellschaft empfängt Lohn, wenn er von dieser Anlageobjekte erhält u hierfür einen als Vermittlungsprovision bezeichneten, dem gewöhnlichen Kunden nicht eingeräumten Preisnachlass erhält.[14] Die verbilligte Überlassung von Jahreswagen ist Lohn,[15] ohne dass die einjährige Veräußerungssperre einen Wertabschlag rechtfertigen könnte.[16] § 8 III ist insoweit keine steuerbegründende, sondern eine Bewertungsnorm.

---

1 BFH BStBl II 95, 338 (339).
2 Zu Leistungen anderer Konzernmitglieder s Rn 61b.
3 BFH BStBl II 97, 363 (364).
4 BFH BStBl II 02, 881; BFH BStBl II 03, 95; BStBl II 03, 371.
5 BFH BStBl II 02, 881.
6 BFH BStBl II 05, 529 mit Anm *Bergkemper* FR 05, 898 (Überlassung der auf dem Schulgelände befindlichen Hausmeisterdienstwohnung); BStBl II 03, 95 (Abgabe von Verhütungsmitteln und Windeln durch Apotheke).
7 Nicht aber Landeszentralbanken (BFH BStBl II 03, 373); zust *Kanzler* FR 03, 21.
8 BFH BStBl II 03, 371; zust *Kanzler* FR 03, 25.
9 BFH BStBl II 95, 338 (340).
10 Krit dazu *K/S/M* § 8 Rn D 21 ff; *H/H/R* § 8 Rn 161.
11 FG D'dorf DStRE 00, 897; kritisch dazu *Weber* DStR 06, 1024.
12 § 19 Rn 120.
13 BFH/NV 05, 205; BStBl II 96, 239 (240 ff).
14 BFH BStBl II 92, 840.
15 BStBl II 93, 687 (690 f); BFH/NV 94, 855 (856).
16 BFH BStBl II 90, 472 (474).

66 § 8 III gilt **nur für Sachzuwendungen**, nicht für Güter in Geld. Sachlohn liegt aber nicht vor, wenn der ArbG u ArbN ein Rechtsgeschäft wie unter fremden Dritten schließen u zur Erfüllung dieses Rechtsgeschäfts Barlohn gezahlt wird.[1] Sachgutscheine, die zum unentgeltlichen Warenbezug beim ArbG berechtigen, sowie Geldgutschriften, die nur durch Wareneinkauf beim ArbG eingelöst werden können, führen formal erst mit dem Warenbezug zu Sachleistungen, dürften aber als verbrieftes Recht zum Zugriff auf das Sortiment des ArbG schon selber als Sachzuwendung behandelt werden müssen.

67 Wird die für den geldwerten Vorteil zu erhebende LSt **nach § 40 pauschaliert**, findet § 8 III keine Anwendung (§ 8 III 1). Der geldwerte Vorteil ist nach § 8 II 1 mit den um übliche Preisnachlässe geminderten üblichen Endpreisen am Abgabeort zu bewerten. Für jeden einzelnen Sachbezug, für den die Voraussetzungen des § 8 III u des § 40 vorliegen, kann zw der Pauschalbesteuerung u der Anwendung des § 8 III gewählt werden.[2]

68 Der ArbG hat auf dem Lohnkonto grds jeden Sachbezug **aufzuzeichnen** u laufend einzeln zu erfassen u die Sachbezüge nach § 8 III gesondert kenntlich zu machen (§ 4 II Nr 3 LStDV).

69 **4. Bewertung der Sachzuwendungen.** Die Sachbezüge des § 8 III 1 werden nach den Grundsätzen des § 8 II bewertet (Rn 47 ff). Von dieser Bewertung nach § 8 II gelten jedoch zwei Ausnahmen:

a) Bietet der ArbG seine Sachleistungen fremden Letztverbrauchern an, so ist sein Angebotspreis für die Bewertung auch dann maßgebend, wenn er vom üblichen Marktpreis abweicht oder der ArbN anderweitig günstiger erwerben könnte.[3]

b) Etwaige Bewertungsungenauigkeiten zulasten des ArbN sollen durch einen pauschalen Abschlag in Höhe von 4 % des Endpreises ausgeglichen werden. Dieses soll selbst dann gelten, wenn die Endpreise feststehen. Von dem so gebildeten Wert des Sachbezugs ist das vom ArbN gezahlte Entgelt abzuziehen u so der zu versteuernde geldwerte Vorteil (Arbeitslohn) zu ermitteln.

70 **Endpreis** ist der Angebotspreis des ArbG nach der PreisangabenVO,[4] nicht der letztlich vereinbarte Preis u etwaige besondere Preiszugeständnisse.[5] Eine Ausnahme von der allg Preisauszeichnung gilt nur, wenn nach den Gepflogenheiten des allg Geschäftsverkehrs tatsächlich ein niedrigerer Preis gefordert u bezahlt wird. Die Finanzverwaltung anerkennt einen solchen „tatsächlichen Angebotspreis" insbes in der Automobilbranche.[6] Bietet der ArbG die Sachbezüge fremden Letztverbrauchern im allg Geschäftsverkehr nicht an, ist für die Bewertung der Endpreis maßgeblich, zu dem der **dem Abgabeort örtlich am nächsten gelegene Abnehmer** anbietet. Der nächstansässige Abnehmer braucht nicht Vertragspartner des ArbG zu sein; es genügt, dass er Waren des ArbG an Letztverbraucher anbietet. Abgabeort ist der Ort, an dem der ArbG seinem ArbN die Sachbezüge verschafft;[7] iSd Verwaltungsvereinfachung kann auch der Verwaltungssitz des ArbG einheitlich als Abgabeort anerkannt werden. Bewertungszeitpunkt ist der Kalendertag, an dem die Sachbezüge verschafft werden.

71 **5. Freibetrag.** Der nach § 8 III 1 ermittelte Arbeitslohn ist nach S 2 **bis zur Höhe von 1 080 € im Kj** stfrei. Der Freibetrag bezieht sich auf das einzelne Dienstverhältnis, nicht auf die einkunftserzielende Tätigkeit des ArbN insgesamt.[8] Der den Freibetrag übersteigende Betrag wird als geldwerter Vorteil gem § 8 I der Einkommensbesteuerung zugrunde gelegt. Hat der ArbG – wirksam auch gegen den Willen des ArbN[9] – eine Pauschalversteuerung nach § 40 gewählt, so findet § 8 III 2 insoweit keine Anwendung.

---

[1] BFH BStBl II 97, 667; FG M'ster EFG 05, 858 (Rev BFH VI R 6/05).
[2] H/H/R § 8 Rn 165.
[3] BFH/NV 07, 1871; H/H/R § 8 Rn 169.
[4] BGBl I 02, 4197.
[5] BFH BStBl II 93, 687 (691).
[6] BMF BStBl I 96, 114; DStR 98, 1514; zur Bewertung von Personalrabatten bei Verkauf von Pkw an Werksangehörige Albert DStR 06, 722.
[7] BT-Drs BStBl II 96, 114; DStR 98, 1514; BT-Drs 11/2157, 141.
[8] H/H/R § 8 Rn 177.
[9] BFH BStBl II 83, 91 (92 f).

§ 9 Werbungskosten

(1) ¹Werbungskosten sind Aufwendungen zur Erwerbung, Sicherung und Erhaltung der Einnahmen. ²Sie sind bei der Einkunftsart abzuziehen, bei der sie erwachsen sind. ³Werbungskosten sind auch

1. Schuldzinsen und auf besonderen Verpflichtungsgründen beruhende Renten und dauernde Lasten, soweit sie mit einer Einkunftsart in wirtschaftlichem Zusammenhang stehen. ²Bei Leibrenten kann nur der Anteil abgezogen werden, der sich nach § 22 Nr. 1 Satz 3 Buchstabe a Doppelbuchstabe bb ergibt.
2. Steuern vom Grundbesitz, sonstige öffentliche Abgaben und Versicherungsbeiträge, soweit solche Ausgaben sich auf Gebäude oder auf Gegenstände beziehen, die dem Steuerpflichtigen zur Einnahmeerzielung dienen;
3. Beiträge zu Berufsständen und sonstigen Berufsverbänden, deren Zweck nicht auf einen wirtschaftlichen Geschäftsbetrieb gerichtet ist;
4. *(aufgehoben)*
5. notwendige Mehraufwendungen, die einem Arbeitnehmer wegen einer aus beruflichem Anlass begründeten doppelten Haushaltsführung entstehen, und zwar unabhängig davon, aus welchen Gründen die doppelte Haushaltsführung beibehalten wird. ²Eine doppelte Haushaltsführung liegt nur vor, wenn der Arbeitnehmer außerhalb des Ortes, in dem er einen eigenen Hausstand unterhält, beschäftigt ist und auch am Beschäftigungsort wohnt;
6. Aufwendungen für Arbeitsmittel, zum Beispiel für Werkzeuge und typische Berufskleidung. ²Nummer 7 bleibt unberührt;
7. Absetzungen für Abnutzung und für Substanzverringerung und erhöhte Absetzungen. ²§ 6 Abs. 2 Satz 1 bis 3 kann mit der Maßgabe angewendet werden, dass Anschaffungs- oder Herstellungskosten bis zu 410 Euro sofort als Werbungskosten abgesetzt werden können.

(2) ¹Keine Werbungskosten sind die Aufwendungen des Arbeitnehmers für die Wege zwischen Wohnung und regelmäßiger Arbeitsstätte und für Familienheimfahrten. ²Zur Abgeltung erhöhter Aufwendungen für die Wege zwischen Wohnung und regelmäßiger Arbeitsstätte ist ab dem 21. Entfernungskilometer für jeden Arbeitstag, an dem der Arbeitnehmer die Arbeitsstätte aufsucht, für jeden vollen Kilometer der Entfernung eine Entfernungspauschale von 0,30 Euro wie Werbungskosten anzusetzen, höchstens jedoch 4 500 Euro im Kalenderjahr; ein höherer Betrag als 4 500 Euro ist anzusetzen, soweit der Arbeitnehmer einen eigenen oder ihm zur Nutzung überlassenen Kraftwagen benutzt. ³Die Entfernungspauschale gilt nicht für Flugstrecken und Strecken mit steuerfreier Sammelbeförderung nach § 3 Nr. 32; in diesen Fällen sind Aufwendungen des Arbeitnehmers wie Werbungskosten anzusetzen, bei Sammelbeförderung der auf Strecken ab dem 21. Entfernungskilometer entfallende Teil. ⁴Für die Bestimmung der Entfernung ist die kürzeste Straßenverbindung zwischen Wohnung und Arbeitsstätte maßgebend; eine andere als die kürzeste Straßenverbindung kann zugrunde gelegt werden, wenn diese offensichtlich verkehrsgünstiger ist und vom Arbeitnehmer regelmäßig für die Wege zwischen Wohnung und Arbeitsstätte benutzt wird. ⁵Nach § 8 Abs. 3 steuerfreie Sachbezüge für Fahrten zwischen Wohnung und Arbeitsstätte mindern den nach Satz 2 abziehbaren Betrag; ist der Arbeitgeber selbst der Verkehrsträger, ist der Preis anzusetzen, den ein dritter Arbeitgeber an den Verkehrsträger zu entrichten hätte. ⁶Hat ein Arbeitnehmer mehrere Wohnungen, so sind die Wege von einer Wohnung, die nicht der Arbeitsstätte am nächsten liegt, nur zu berücksichtigen, wenn sie den Mittelpunkt der Lebensinteressen des Arbeitnehmers bildet und nicht nur gelegentlich aufgesucht wird. ⁷Aufwendungen für die Wege vom Beschäftigungsort zum Ort des eigenen Hausstands und zurück (Familienheimfahrten) können jeweils nur für eine Familienheimfahrt wöchentlich wie Werbungskosten abgezogen werden. ⁸Zur Abgeltung der Aufwendungen für eine Familienheimfahrt ist eine Entfernungspauschale von 0,30 Euro für jeden vollen Kilometer der Entfernung zwischen dem Ort des eigenen Hausstands und dem Beschäftigungsort anzusetzen; die Sätze 3 bis 5 sind entsprechend anzuwenden. ⁹Aufwendungen für Familienheimfahrten mit einem dem Steuerpflichtigen im Rahmen einer Einkunftsart überlassenen Kraftfahrzeug werden nicht berücksichtigt. ¹⁰Durch die Entfernungspauschalen sind sämtliche Aufwendungen abgegolten, die durch die Wege zwischen Wohnung und Arbeitsstätte und durch die Familienheimfahrten veranlasst sind. ¹¹Behinderte Menschen,

1. deren Grad der Behinderung mindestens 70 beträgt,
2. deren Grad der Behinderung von weniger als 70, aber mindestens 50 beträgt und die in ihrer Bewegungsfähigkeit im Straßenverkehr erheblich beeinträchtigt sind,

§ 9 Werbungskosten

können an Stelle der Entfernungspauschalen die tatsächlichen Aufwendungen für die Wege zwischen Wohnung und Arbeitsstätte und für die Familienheimfahrten ansetzen. [12]Die Voraussetzungen der Nummern 1 und 2 sind durch amtliche Unterlagen nachzuweisen.

(3) Absatz 1 Satz 3 Nr. 5 und Absatz 2 gelten bei den Einkunftsarten im Sinne des § 2 Abs. 1 Satz 1 Nr. 5 bis 7 entsprechend.

(4) *(weggefallen)*

(5) [1]§ 4 Abs. 5 Satz 1 Nr. 1 bis 5, 6b bis 8a, 10, 12 und Abs. 6 sowie § 4f gelten sinngemäß. [2]§ 6 Abs. 1 Nr. 1a gilt entsprechend.

R 9.1–9.14 LStR

Übersicht

	Rn		Rn
A. Grundaussage der Vorschrift	1	**G. Arbeitsmittel (§ 9 I 3 Nr 6)**	320
B. Der allgemeine Werbungskosten-Begriff (§ 9 I 1, 2)	10	I. Aufwendungen für Arbeitsmittel	320
		II. Werkzeuge und typische Berufskleidung	324
I. Aufwendungen	11	III. AfA	326
1. Definition nach § 8 I	12	IV. Einzelnachweise (zu Berufskleidung: Rn 325)	327
2. Zeitliche Zuordnung	20	**H. Absetzungen für Abnutzung (§ 9 I 3 Nr 7)**	340
3. Personelle Zuordnung	21	**I. Wege Wohnung/Arbeitsstätte (§ 9 II 1–6, 10)**	350
4. Bedeutung von Gegenansprüchen	28	I. Allgemeine Erläuterungen	351
II. Einnahmeerzielung	41	II. Die Begünstigungsregelung (§ 9 II 1–3, 10)	365
1. Einnahmeerzielung und Vermögenssphäre	42	1. Wohnung	365
2. Steuerpflicht der Einnahmen	47	2. Arbeitsstätte	366
3. Aufwendungen zur Beendigung der Tätigkeit	48	3. Wegeaufwendungen	368
		4. Arbeitnehmer	369
III. Zusammenhang von Aufwendungen und Einnahmen	60	5. Eingeschränkte Entfernungspauschale	375
1. Finalität oder Veranlassungszusammenhang	61	6. Ansatz wie Werbungskosten	380
		7. Abgeltungswirkung	381
2. Notwendigkeit, Üblichkeit und Zweckmäßigkeit der Aufwendungen	63	III. Berechnung des Abzugsbetrages (§ 9 II 2–6)	385
3. Vorab entstandene, nachträgliche und vergebliche Aufwendungen	64	1. Die maßgebende Strecke	386
		a) Flugstrecken und Sammelbeförderung	386
4. Unfreiwillige Aufwendungen	67	b) Wege von mehreren Wohnungen	388
5. Abwehraufwendungen	68	c) Kürzeste Straßenverbindung	389
6. Privat mitveranlasste Aufwendungen	69	d) 20-km-Grenze	393
IV. Abzugsgebot nach § 9 I 2	80	2. Ansatz pro km und Arbeitstag	395
C. Schuldzinsen, Renten, dauernde Lasten (§ 9 I 3 Nr 1)	100	3. Steuerfreie Sachbezüge	398
		4. Höchstbetrag	399
I. Schuldzinsen	102	IV. Einzelnachweise	401
II. Renten	113	**J. Familienheimfahrten (§ 9 II 1, 7–10)**	405
III. Dauernde Lasten	123	I. Allgemeine Erläuterungen	406
D. Öffentliche Abgaben und Versicherungen (§ 9 I 3 Nr 2)	140	II. Die Sonderregelung für Familienheimfahrten	408
E. Beiträge zu Berufsständen und -verbänden (§ 9 I 3 Nr 3)	150	III. Berechnung des Abzugsbetrages (§ 9 II 7, 8)	418
F. Doppelte Haushaltsführung (§ 9 I 3 Nr 5)	240	1. Maßgebende Strecke	419
I. Allgemeine Erläuterungen	241	2. Ansatz pro km und Woche	421
II. Eigener Hausstand	245	3. Steuerfreie Sachbezüge	423
III. Wohnen am Beschäftigungsort	255	**K. Wegekosten Behinderter (§ 9 II 11, 12)**	430
IV. Berufliche Veranlassung der doppelten Haushaltsführung	262	**L. Aufwendungen bei anderen Überschusseinkünften (§ 9 III)**	433
V. Notwendige Mehraufwendungen	270	**M. Nichtabziehbare Werbungskosten, Kinderbetreuungskosten, anschaffungsnaher Aufwand (§ 9 V)**	434
VI. Einzelnachweise	310		

Werbungskosten § 9

Literatur: *Matussek* Zum Werbungskostenbegriff im Einkommensteuerrecht, 2000; *Niermann* Die Entfernungspauschale für Fahrten zwischen Wohnung und Arbeitsstätte sowie für Familienheimfahrten ab 2007, StuW 06, 339; *Söhn* Abzugsbeschränkungen und Abzugsverbote für gemischt veranlasste Aufwendungen, FS Offerhaus, 1999, S 477; *Stapperfend* Über Betriebsausgaben und Werbungskosten, FS Kruse, 2001; *Thomas* Doppelte Haushaltsführung ohne doppelten Haushalt, DStR 06, 2289; *Wesselbaum-Neugebauer* Beschränkung der Entfernungspauschale auf Fernpendler – Die Geister, die ich rief, FR 06, 807.

A. Grundaussage der Vorschrift

Die ESt belastet nach § 2 I die Einkünfte, nicht die Einnahmen. Es wird nicht der individuelle Vermögenszugang erfasst, sondern nur der Vermögenszuwachs, der nicht zur Erhaltung der Erwerbsquelle benötigt wird. Die ESt verschont den erwerbsichernden Aufwand und folgt dem Gebot einer Besteuerung nach der objektiven (erwerbsichernden) finanziellen Leistungsfähigkeit. Die ESt will dem StPfl eine kontinuierliche Einkunftsquelle belassen und zugleich dem Staat eine gleichbleibende Einnahmequelle sichern.[1] Diese Grundentscheidung des § 2 I präzisiert § 2 II Nr 2 für die Überschusseinkünfte dahin, dass Grundlage des zu versteuernden Einkommens der Überschuss der Einnahmen über die WK ist, also der **Nettobetrag** nach Kürzung der Einnahmen um die WK. § 9 knüpft hieran an und definiert den von § 2 II Nr 2 vorgegebenen Begriff der WK.

1

§ 9 I 1 gibt eine allg Definition des Begriffs der WK, und § 9 I 2 ordnet an, dass die als WK zu qualifizierenden Aufwendungen bei der Einkunftsart abzusetzen sind, der sie wirtschaftlich zuzurechnen sind. § 9 I 3 nennt Beispiele für WK, präzisiert den allg WK-Begriff, erweitert diesen im konkreten Beispiel oder grenzt diesen ein. § 9 II nimmt Fahrtaufwendungen Wohnung/Arbeitsstätte und Familienheimfahrten vom Abzug als WK aus und gebietet einen eingeschränkten Abzug wie WK, § 9 III ordnet die Geltung von § 9 I 3 Nr 5 und II auch für andere Überschusseinkunftsarten an. § 9 V überträgt für BA bestehende Abzugsver- und gebote auf WK.

2

Der WK-Begriff unterscheidet sich in der Gesetzesformulierung von dem Begriff der **BA**. Die Rspr legt den Tatbestand der WK und der BA aber angleichend aus und mildert damit den Dualismus der Einkunftsarten (zu § 2 Rn 15). Der Gesetzgeber betont die Nähe zwischen WK und BA durch die Verweisung in § 9 V. § 9 I 1 definiert WK und § 2 II Nr 2 ordnet deren Abzug an, **§ 12 Nr 1 S 2** dagegen verbietet den Abzug von Aufwendungen, welche die allg Lebensführung betreffen. Er nimmt eine Grenzziehung zw als BA oder WK abzugsfähigen Aufwendungen und nicht abzugsfähigen, die Lebensführung betr Kosten vor. § 12 Nr 1 S 2 wirkt deklaratorisch auf den WK-Begriff ein und verdeutlicht, dass Aufwendungen, die rein privat oder zumindest untrennbar privat mitveranlasst sind, den WK-Begriff nicht erfüllen. **SA** sind die in § 10 I aufgezählten Aufwendungen nur, wenn sie keine WK sind. Andererseits gibt es Aufwendungen, die – obwohl sie den WK-Begriff erfüllen – konstitutiv den SA zugeordnet sind, wie zB Rentenversicherungsbeiträge.

3

B. Der allgemeine Werbungskosten-Begriff (§ 9 I 1, 2)

§ 9 I 1 definiert WK als Aufwendungen zur Erwerbung, Sicherung und Erhaltung der Einnahmen, und § 9 I 2 ordnet an, dass sie bei der Einkunftsart abzuziehen sind, bei der sie erwachsen sind.

10

I. Aufwendungen. Unter „Aufwendungen" versteht der allg Sprachgebrauch jede freiwillige Verwendung von Vermögen für bestimmte Zwecke. Der in § 9 I 1 verwendete Begriff ist diesem allg Sprachgebrauch entlehnt, hat jedoch eine eigenständige steuerrechtliche Bedeutung.

11

1. Definition nach § 8 I. Der Begriff der „Aufwendungen" lässt sich im Umkehrschluss aus der Definition der Einnahmen iSv § 8 I ableiten: Aufwendungen iSv § 9 I 1 sind – als Gegenstück zu Einnahmen und gleichbedeutend mit „Ausgaben" – alle Güter in Geld oder Geldeswert, die bei dem StPfl im Rahmen einer der Einkunftsarten des § 2 I Nr 4–7 abfließen.[2] Selbst wenn man den Begriff der „Aufwendungen" allg als Oberbegriff für tatsächliche Ausgaben und betrieblichen Aufwand (iS erfolgswirksamen Wertverzehrs) begreift (§ 2 Rn 5 ff: Erwerbsaufwendungen), können zumindest im Rahmen des § 9 I bei den Überschusseinkunftsarten grds[3] nur Aufwendungen iSv tatsächlichen Ausgaben gemeint sein.[4] Aufwendungen setzen das Abfließen eines Vermögenswertes iSv § 11 voraus. „Abfließen" meint ein Ausscheiden aus dem Vermögen des Aufwendenden durch Verlust der wirt-

12

---

[1] *K/S/M* § 2 Rn A 10.
[2] BFH BStBl II 82, 533 (534); BStBl II 87, 108; BStBl II 94, 289.
[3] Zur Einordnung v § 9 I 3 Nr 7 vgl zu Rn 340 ff.
[4] So auch *Söhn* StuW 91, 271.

schaftlichen Verfügungsmacht. Die Überlassung eines Gegenstandes zur Nutzung ist keine Aufwendung, da keine Güter aus dem Vermögen abfließen. Andererseits liegen Aufwendungen auch dann vor, wenn Beträge vorausgezahlt worden sind, da sie mit ihrer Verausgabung endgültig aus dem Vermögensbereich des StPfl abgeflossen sind.[1]

20 **2. Zeitliche Zuordnung.** WK sind nach dem Abflussprinzip des § 11 II 1 für den VZ abzusetzen, in dem sie geleistet worden sind, unabhängig davon, zu welchem VZ sie wirtschaftlich gehören.[2] Maßgebend ist der Zeitpunkt, in dem der StPfl die wirtschaftliche Verfügungsmacht über die Güter verliert.[3] Es kommt – zB bei Scheckzahlungen oder Banküberweisungen – auf den Zeitpunkt der Leistungshandlung und nicht des Erfolgseintritts an.[4] Wird dem StPfl auf seinem laufenden Konto ein Kredit gewährt, so gelten die Zinsen, die diesem Konto belastet werden, im Zeitpunkt der Buchung als abgeflossen, solange der Kreditrahmen nicht ausgeschöpft ist und die Bank weitere Kreditierung nicht verweigert.[5] Nach § 11 II 2 iVm I 2 gelten allerdings regelmäßig wiederkehrende Ausgaben, die bei dem StPfl kurze Zeit vor Beginn oder nach Beendigung des Wj, zu dem sie wirtschaftlich gehören, abgeflossen sind, als in diesem Kj geleistet. Dabei sieht der BFH als „kurze Zeit" idR einen Zeitraum von 10 Tagen an.[6]

21 **3. Personelle Zuordnung.** § 9 I 1 fragt mit dem Begriff der Aufwendungen lediglich nach dem Abfluss von Gütern in Geld oder Geldeswert und verlangt keinen hierüber hinausreichenden Vermögensvergleich. Dementspr liegen WK auch dann vor, wenn der StPfl die **Mittel von dritter Seite** unentgeltlich oder darlehensweise erhalten hat.

22 Wenn der StPfl in seinen eigenen beruflichen/betrieblichen Interessen **Aufwendungen auf fremdes Eigentum** trägt, ist wegen des steuerlichen Nettoprinzips dieser Aufwand auch dann abziehbar, wenn er sich nicht in einem eigenen bilanzierungsfähigen WG niederschlägt. Der Aufwand wird in diesen Fällen „wie ein materielles WG" behandelt, dh nach den AfA-Regeln[7] (ausf: § 4 Rn 147).

23 Bei **Eheleuten** bedarf die Frage, in welcher Höhe der Einzelne zu den AK bzw HK beigetragen hat, einer näheren Betrachtung. Aufwendungen aus gemeinsamen Guthaben oder Darlehensmitteln („aus einem Topf") werden zB der Immobilie des Eigentümerehegatten zugerechnet und sind in vollem Umfang als für dessen Rechnung aufgewendet anzusehen. Es ist davon auszugehen, dass der Nichteigentümerehegatte seinen Anteil dem Eigentümerehegatten zugewendet hat.[8] Bei gemeinsamer Darlehensaufnahme sind in vollem Umfang WK des Eigentümer-Ehegatten gegeben, nicht aber bei einer Darlehensaufnahme allein des Nichteigentümer-Ehegatten[9] (ausf: § 4 Rn 148–151, 154).

24 Aus dem Grundsatz der Besteuerung nach der persönlichen Leistungsfähigkeit folgt, dass der StPfl die Aufwendungen iSv § 9 I grds persönlich tragen muss. Aufwendungen eines Dritten (sog **Drittaufwand**) können allerdings im Fall der sog **Abkürzung des Zahlungswegs** als Aufwendungen des StPfl zu werten sein. Nicht zu berücksichtigen ist dagegen Drittaufwand auf der Grundlage des sog **Zuwendungsgedankens**. Leistungen im sog **abgekürzten Vertragsweg** (der Dritte schließt im eigenen Namen für den StPfl einen Vertrag und leistet auch selbst die geschuldeten Zahlungen) sind nicht nur bei Bargeschäften des täglichen Lebens als Aufwendungen des StPfl anzuerkennen, sondern – so der BFH in seiner neueren Rspr[10] – allg dann, wenn Zuwendungsgegenstand ein Geldbetrag ist, nicht dagegen bei Dauerschuldverhältnissen und bei Kreditverbindlichkeiten (ausf: zu § 4 Rn 152f).

25 Bei **Personenmehrheiten**, zB Grundstücksgemeinschaften, sind die WK grds entspr dem Beteiligungsverhältnis den einzelnen Beteiligten zuzuordnen. Diese können allerdings – auch mit steuerrechtlicher Wirkung – etwas anderes vereinbaren. Voraussetzung ist, dass in der Vereinbarung keine Verwendung des Einkommens liegt, sondern sie ihren Grund im Gemeinschaftsverhältnis hat.[11] Einem einzelnen Beteiligten können insbes dann überproportional WK zuzurechnen sein, wenn ein

---

1 BFH BStBl II 84, 267.
2 Vgl allerdings zu vor (der üblichen) Fälligkeit geleisteten Zahlungen: BFH BStBl II 84, 426 (Damnum); BStBl II 87, 219 (Haftungs- und Treuhändergebühr).
3 BFH BStBl II 82, 533.
4 BFH BStBl II 81, 305 (306 mwN); BStBl II 86, 453 (454); BStBl II 89, 702.
5 BFH BStBl II 97, 509.
6 BFH BStBl II 74, 547.
7 BFH BStBl II 99, 778; zur Erläuterung: *Fischer* FR 99, 1171 (1172).
8 BFH BStBl II 99, 782; BStBl II 99, 774.
9 BFH BStBl II 00, 310; BStBl II 00, 312 (Umschuldung); BStBl II 00, 314 (abgekürzter Vertragsweg).
10 BFH BStBl II 06, 623.
11 BFH BStBl II 78, 674; BStBl II 80, 244; BStBl II 93, 105.

anderer Beteiligter nicht willens oder in der Lage ist, seinen Anteil zu tragen[1] oder wenn ein Beteiligter das WG in höherem Maße nutzt als die anderen.

4. Bedeutung von Gegenansprüchen. „Aufwendungen" liegen auch dann vor, wenn dem StPfl ein **Rückforderungsanspr** gegen den Empfänger zusteht. Der Erwerb des Anspr auf Rückgewähr betrifft lediglich den Vermögensbereich.[2] Dies gilt dann, wenn der Rückforderungsanspruch durch ein selbständiges Rechtsgeschäft begründet wird, aber auch dann, wenn der Rechtsgrund für die Zahlung von vornherein fehlte oder nachträglich weggefallen ist.[3] Eine Ausnahme wird nur angenommen, wenn Zahlungen vom StPfl irrtümlich erbracht werden.[4] Die rückgewährten WK sind eine durch die Einkunftsart veranlasste Einnahme. Dabei kommt es nicht darauf an, ob der StPfl die WK geltend gemacht hat oder ob sie sich vollständig ausgewirkt haben.[5] Es handelt sich nicht um sog negative WK, die nur bis zu der Höhe der WK im Jahr des Rückflusses verrechnet werden können.[6] Ebenso wie ein Rückforderungsanspruch gegen den Empfänger steht auch ein **Ersatzanspruch** gegen einen Dritten der Annahme von Aufwendungen nicht entgegen.[7] Die Ersatzleistung ist als stpfl Einnahme zu erfassen.[8] 28

II. Einnahmeerzielung. § 9 I 1 setzt Aufwendungen zur Erwerbung, Sicherung und Erhaltung von Einnahmen, dh zur Einnahmeerzielung, voraus. 41

1. Einnahmeerzielung und Vermögenssphäre. Im Rahmen der Überschusseinkünfte des § 2 I Nr 4–7 findet kein Vermögensvergleich statt – es werden keine Vermögensänderungen in der Form des Vermögenszugangs, des Vermögensabgangs und der Wertminderung erfasst –, sondern es werden – abgesehen von § 17 und § 23 – nur Einnahmen und WK gegenübergestellt. Erkennt man überhaupt ein Überschussvermögen an, so ist dieses jedenfalls nicht wertmäßig verhaftet.[9] Hieraus wird schlagwortartig der Satz abgeleitet, WK seien Aufwendungen zur Einnahmeerzielung, nicht Aufwendungen auf das Vermögen.[10] Diese Formulierung ist jedoch missverständlich: Auch die Anschaffung eines abnutzbaren oder nicht abnutzbaren WG (Mietwohngrundstück, Wertpapiere) kann „zur Einnahmeerzielung" dienen, soll aber keinen WK-Abzug begründen. Anderseits sollen aber nach § 9 I 3 Nr 6 der Erwerb von Vermögen (Arbeitsmittel), nach § 9 I 3 Nr 7 die Wertveränderung (AfA) und Erhaltungsaufwendungen zum WK-Abzug führen. Soweit Vermögensgegenstände als Einkunftsgrundlage im Rahmen einer steuerrelevanten Erwerbstätigkeit verwendet werden, weisen substanzbezogene Aufwendungen einen ambivalenten Charakter auf. Es ist deshalb eine diff Betrachtungsweise notwendig. Der WK-Begriff („zur Einnahmeerzielung") muss im Hinblick auf die **Eigenart der Überschusseinkünfte** – bei denen kein Vermögensvergleich vorzunehmen ist – eingegrenzt werden. Es müssen allg Aufwendungen „zur Einnahmeerzielung" (die Einkunftssphäre) von Aufwendungen auf den Vermögensstamm (der Vermögenssphäre) abgegrenzt werden, wobei nach der Art der jeweiligen Aufwendungen zu entscheiden ist, ob der Zusammenhang mit der Einnahmeerzielung oder der Bezug zum Vermögen überwiegt. 42

Der Erwerb sowohl von nicht abnutzbaren wie abnutzbaren WG betrifft die **Vermögenssphäre**. Dementspr werden Aufwendungen zur Anschaffung oder Herstellung von nicht abnutzbaren WG trotz eines wirtschaftlichen Veranlassungszusammenhangs steuerlich nicht erfasst (zB AK eines Grundstücks oder Wertpapiers) und bei abnutzbaren WG ein Sofortabzug versagt (und lediglich AfA zum Abzug zugelassen). Wertveränderungen (zB Wertverluste bei Immobilien oder Aktien) bleiben unberücksichtigt. Ebenso wirken sich bei der Veräußerung von WG anfallende Gewinne oder Verluste – Ausnahmen: § 17 und § 23 – sowie die damit im Zusammenhang stehenden Aufwendungen (zB Gebäudeabbruchkosten zur Erzielung eines höheren Grundstückspreises) nicht aus. 43

Der Zusammenhang mit der **Einnahmeerzielung** führt jedoch zum WK-Abzug, wenn es sich bei den WG um ein Arbeitsmittel (§ 9 I 3 Nr 6) handelt, soweit die Aufwendungen zwar einen Substanzbezug aufweisen, der Einsatz zur Einnahmeerzielung aber vorrangig ist (zB: Zinsen für eine vermietete Immobilie; Kreditkosten für KapVerm[11]), sich das WG in seinem Einsatz zur Einnahmeerzielung abnutzt (§ 9 I 3 Nr 7), Erhaltungsaufwendungen dem Erhalt der Gebrauchsfähigkeit zur Einnahmeer- 44

---

1 BFH BStBl III 65, 256.
2 BFH BStBl II 84, 267 (269).
3 **AA** *K/S/M* § 11 Rn B 70 ff.
4 *K/S/M* § 9 Rn B 63.
5 BFH BStBl II 82, 755.
6 Ausf: *K/S/M* § 9 Rn B 64.
7 **AA** *K/S/M* § 11 Rn B 36 f.
8 BFH BStBl III 67, 570.
9 *Alt* StuW 94, 138, 147.
10 BFH BStBl II 83, 17 (18 f).
11 BFH BStBl II 82, 37; BFH/NV 99, 1323.

zielung dienen oder das WG im Zusammenhang mit einer auf Einnahmeerzielung gerichteten Tätigkeit untergeht (zB: Unfall mit Pkw auf beruflich veranlasster Fahrt).[1] Aufwendungen, die zugleich auf das Vermögen als auch zur Einnahmeerzielung getätigt werden, sind **aufzuteilen**, ansonsten regelmäßig in vollem Umfang als WK abziehbar.[2]

47 **2. Steuerpflicht der Einnahmen.** WK sind nur Aufwendungen zur Erzielung stpfl Einnahmen, nicht dagegen Aufwendungen, mit denen der StPfl stfrei Einnahmen erzielen will, oder Aufwendungen, welche der StPfl ohne Überschusserzielungsabsicht tätigt.

48 **3. Aufwendungen zur Beendigung der Tätigkeit.** WK sind Aufwendungen zur Erwerbung, Sicherung und Erhaltung der Einnahmen, nicht Ausgaben zur Beendigung der Tätigkeit, zB Aufwendungen zum Abbruch eines Mietwohnhauses zwecks Verkaufs des Grundstücks,[3] oder Vorfälligkeitsentschädigungen, die durch die Verpflichtung zur lastenfreien Übertragung veranlasst sind.[4] Nach BFH sind auch Schadensersatz oder Vertragsstrafen bei Rücktritt von einem Vertrag, der zur Begründung einer Einkunftsquelle geführt hätte, sowie Verzugszinsen, die nach Aufgabe der Absicht, ein Vermietungsobjekt zu erwerben, gezahlt werden, keine WK.[5] Ein durch die Absicht der Einkünfteerzielung begründeter Veranlassungszusammenhang wirkt fort, solange er nicht durch eine der privaten Vermögenssphäre zuzurechnende neue Veranlassung überlagert wird. Dementspr können nach Aufgabe der Einkünfteerzielungsabsicht vorab entstandene vergebliche WK abziehbar sein, wenn der StPfl sie trägt, um sich von der Investition zu lösen.[6]

60 **III. Zusammenhang von Aufwendungen und Einnahmen.** Die Aufwendungen müssen einen Zusammenhang mit stpfl Einnahmen aufweisen, der eine Zuordnung zum steuerrelevanten Einnahmeerzielungsbereich und eine Abgrenzung zur steuerlich unerheblichen Sphäre der Einkommensverwendung erlaubt.

61 **1. Finalität oder Veranlassungszusammenhang.** Nach dem Wortlaut von § 9 I 1 „zur Erwerbung, Sicherung und Erhaltung der Einnahmen" muss ein finaler Zusammenhang zw Aufwendungen und Einnahmen bestehen. Die hM in der Literatur und der BFH vertreten jedoch die Ansicht, es reiche ein Veranlassungszusammenhang aus. WK seien alle Aufwendungen, die durch die Erzielung von (stpfl) Einnahmen veranlasst seien.[7] Die hM betont den systematischen Zusammenhang und die Parallele zum BA-Begriff, der sich nach § 4 IV am Veranlassungsprinzip orientiert, und sieht eine unterschiedliche Interpretation von WK- und BA-Begriff als nicht gerechtfertigt an. Es muss objektiv ein Zusammenhang mit der auf Einnahmeerzielung gerichteten Tätigkeit bestehen und es müssen subj die Aufwendungen zur Förderung dieser Tätigkeit gemacht werden. Dabei ist der objektive Zusammenhang stets zwingend, während die subj Absicht je nach Fallgestaltung (zB bei unfreiwilligen Aufwendungen) kein notwendiges Merkmal ist.[8] Die Aufwendungen müssen zu einer Einkunftsart in einem steuerrechtlich anzuerkennenden wirtschaftlichen Zusammenhang stehen. Ob ein solcher besteht, richtet sich nach der – wertenden – Beurteilung des auslösenden Moments und der Zuweisung dieses Bestimmungsgrundes zur einkommensteuerrechtlich relevanten Erwerbssphäre.[9]

63 **2. Notwendigkeit, Üblichkeit und Zweckmäßigkeit der Aufwendungen.** Stehen Aufwendungen in einem objektiven Zusammenhang mit der auf Einnahmeerzielung gerichteten Tätigkeit, so ist unerheblich, ob die Aufwendungen geeignet sind, die Tätigkeit zu fördern, und ob sie nach objektiven Gesichtspunkten üblich, notwendig oder zweckmäßig sind. Der WK-Begriff belässt dem StPfl die Entscheidungsfreiheit, ob und welche Aufwendungen er tätigen will, solange nicht Aspekte der allg Lebensführung eine private Mitveranlassung iSv § 12 begründen.[10] Etwas anderes gilt nur, soweit der allg WK-Begriff durch eine spezialgesetzliche Regelung wie zB in § 9 I 3 Nr 5 („notwendige Mehraufwendungen") eingeschränkt wird.

64 **3. Vorab entstandene, nachträgliche und vergebliche Aufwendungen.** WK sind Aufwendungen, die durch die Erzielung von Einnahmen veranlasst sind. Dementspr können WK auch schon gegeben

---

1 BFH BStBl II 94, 235; BStBl II 93, 518; BStBl II 89, 967.
2 BFH BStBl II 93, 832; BFH/NV 94, 225.
3 BFH BStBl II 79, 551.
4 BFH BStBl II 06, 265.
5 BFH BStBl II 84, 307; BStBl II 82, 495; BFH/NV 90, 94.
6 BFH BStBl II 06, 258.
7 BFH BStBl II 80, 75; BStBl II 81, 735; vgl auch *Stapperfend* FS Kruse, S 539 zur Unterscheidung von kausaler und finaler Veranlassungstheorie.
8 BFH BStBl II 81, 368; BFH/NV 98, 961.
9 BFH BStBl II 90, 817 (823).
10 BFH BStBl II 81, 368 (369).

sein, bevor Einnahmen zufließen (zB Bewerbungskosten, Sprachkurs[1]). Die Aufwendungen müssen allerdings in einem ausreichend konkreten Zusammenhang mit einer bestimmten Einnahmeerzielung stehen. Ein Abzug kommt von dem Zeitpunkt an in Betracht, in dem sich anhand objektiver Umstände feststellen lässt, dass der Entschluss, Einkünfte einer bestimmten Einkunftsart zu erzielen, endgültig gefasst worden ist.[2] So können bei dem Erwerb eines Bauplatzes Finanzierungskosten als **vorab entstandene WK** abgesetzt werden, wenn konkret mit einer Bebauung in absehbarer Zeit gerechnet wird und die Bauabsicht nachhaltig verfolgt wird.[3] Ein zeitlicher Zusammenhang zw Aufwendungen und auf Einnahmeerzielung gerichteter Tätigkeit ist dabei ein Indiz für den geforderten Zusammenhang.[4] Als vorab entstandene WK können **Aufwendungen** auch abzuziehen sein, wenn im Rahmen einer Einkunftsart vorübergehend keine Einnahmen zufließen (zB wegen Unterbrechung der ArbN-Tätigkeit oder fehlender Nutzung eines WG).

Auch Aufwendungen, die erst nach Aufgabe der auf Einnahmeerzielung gerichteten Tätigkeit anfallen, können durch die Erzielung von Einnahmen veranlasst und als **nachträgliche WK** abzugsfähig sein. Voraussetzung ist, dass sie noch im wirtschaftlichen Zusammenhang mit der früheren Einnahmeerzielung stehen. Ein derartiger Zusammenhang besteht zB bei Schadensersatzleistungen oder Leistungen aus einer Haftung als ehemaliger Geschäftsführer,[5] regelmäßig jedoch nicht bei Forschungsaufwendungen eines emeritierten Professors,[6] oder bei Schuldzinsen, die auf die Zeit nach Veräußerung eines Hauses oder einer wesentlichen Beteiligung entfallen.[7] **65**

Aufwendungen sind auch dann als **„vergebliche" WK** abziehbar, wenn die Einnahmeerzielung nicht gelingt. Es genügt, wenn die Aufwendungen mit einer konkreten auf Einnahmeerzielung gerichteten Tätigkeit in einem ausreichend bestimmten Zusammenhang stehen.[8] Aufwendungen für ein nicht verwirklichtes Gebäude zB sind als vergebliche WK abzugsfähig, sofern sie nicht mit einem den gleichen Zweck erfüllenden und in gleicher Weise errichteten Gebäude in Verbindung stehen und dessen AK oder HK zuzurechnen sind.[9] **66**

4. Unfreiwillige Aufwendungen. Auch unfreiwillige Aufwendungen können den WK-Begriff erfüllen. Diese gehören zur Risikosphäre der Erwerbstätigkeit und sind insoweit durch die Einnahmeerzielung veranlasst. WK können zB gegeben sein bei Schadensersatzleistungen des Vermieters wegen Verletzung der Verkehrssicherungspflicht, bei Inanspruchnahme eines ArbN aus einer Bürgschaft zugunsten des ArbG oder bei dem Diebstahl eines Pkw,[10] von Geld oder anderen Privatgegenständen[11] auf einer Dienstreise. **67**

5. Abwehraufwendungen. Bei Aufwendungen zur Abwehr von Gefahren für die Einkunftsquelle wird darauf abgestellt, ob das die Gefahr auslösende Moment durch die Einkunftserzielung als solche (zB die konkrete Verwendung eines WG zur Einkunftserzielung) oder durch private Umstände veranlasst ist.[12] Wenn die Zugehörigkeit eines der Einkunftserzielung dienenden WG zum Vermögen des Stpfl bedroht ist, steht nicht die Absicht der Einkunftserzielung, sondern die Beeinträchtigung des Vermögens im Vordergrund. Ein Veranlassungszusammenhang mit der Erzielung von Einkünften setzt voraus, dass die abzuwehrende Gefahr durch die Einkunftserzielung veranlasst ist.[13] Aufwendungen, die anlässlich güter- oder erbrechtlicher Auseinandersetzungen (Zugewinnausgleich; Pflichtteil) entstehen, weisen regelmäßig keinen ausreichenden Zusammenhang auf.[14] **68**

6. Privat mitveranlasste Aufwendungen. § 12 Nr 1 S 2 grenzt (deklaratorisch) solche Aufwendungen aus dem WK-Begriff aus, die untrennbar durch die Einnahmeerzielung und privat veranlasst sind. Er löst den sich aus dem Mischcharakter dieser Aufwendungen ergebenden Zuordnungskonflikt iS eines Abzugsverbotes, fordert zugleich jedoch im Hinblick auf die bei der Konfliktlösung zurückgedrängten Prinzipien, die Nichtberücksichtigung von untrennbaren Mischausgaben auf ein **69**

---

1 BFH BStBl II 79, 114.
2 BFH BStBl II 92, 819 (821); BStBl II 80, 395.
3 BFH BStBl II 91, 761.
4 BFH BStBl II 96, 529; BStBl II 82, 463; vgl auch BStBl II 91, 744 (746).
5 BFH BStBl III 61, 20.
6 BFH BStBl III 94, 238.
7 BFH BStBl II 92, 289; BFH/NV 95, 675; BFH/NV 95, 880; *Spindler* DStZ 99, 706 (709).
8 BFH BStBl II 90, 830 (836); BStBl II 74, 161.
9 BFH BStBl II 84, 303; BStBl II 79, 14; BStBl II 74, 161.
10 BFH BStBl II 93, 44.
11 BFH BStBl II 95, 744; BStBl II 94, 256.
12 BFH BStBl II 93, 751; BStBl II 97, 772.
13 BFH BStBl II 93, 751; BStBl II 97, 772 (774); vgl auch FG Nds EFG 02, 432 mit Anm.
14 BFH BStBl II 93, 275; BStBl II 93, 434; BStBl II 99, 600; FG RhPf EFG 01, 1593 (Abfindung zur Vermeidung des Versorgungsausgleichs).

von Beckerath

Minimum zu beschränken. Es ist eine Auswahl der Anlässe vorzunehmen und einer unwesentlichen privaten Mitveranlassung die Qualität einer Veranlassung im Rechtssinne abzusprechen (iE: zu § 12 Rn 3–6).

IV. Abzugsgebot nach § 9 I 2. § 9 I 2 greift die von § 2 I angeordnete Trennung nach Einkunftsarten auf und bestimmt nochmals ausdrücklich, dass WK bei der Einkunftsart abzuziehen sind, bei der sie erwachsen sind. „Bei der sie erwachsen" sind bedeutet, dass sie der Einkunftsart zugerechnet werden, der auch die Einnahmen angehören, zu denen sie im Veranlassungszusammenhang stehen. Stehen WK im Zusammenhang mit **mehreren Einkunftsarten**, so sind sie aufzuteilen. Soweit eine Aufteilung nicht möglich oder sachlich die Zuordnung zu einer Einkunftsart unmöglich erscheint, sind die Aufwendungen allein bei der Einkunftsart abzusetzen, bei der sie vorwiegend entstanden sind. § 9 I 2 regelt nicht, wie WK innerhalb derselben Einkunftsart **verschiedenen Einkunftsquellen** zuzuordnen sind. Insoweit sind jedoch – zB für die Frage der Überschusserzielungsabsicht – dieselben Grundsätze wie für die Zuordnung zu den Einkunftsarten anzuwenden.

C. Schuldzinsen, Renten, dauernde Lasten (§ 9 I 3 Nr 1)

Nach § 9 I 3 Nr 1 sind WK auch Schuldzinsen und auf besonderen Verpflichtungsgründen beruhende Renten und dauernde Lasten. Der Gesetzgeber nennt deklaratorisch Anwendungsfälle für die in § 9 I 1 enthaltene Definition des allg WK-Begriffs. Er begrenzt aber zugleich konstitutiv in § 9 I 3 Nr 1 S 2 den Abzug bei Leibrenten auf den Anteil, der sich aus der in § 22 Nr 1 S 3 aufgeführten Tabelle ergibt. § 9 I 3 Nr 1 geht § 10 I Nr 1a vor, der Renten und dauernden Lasten zum Abzug als SA zulässt, wenn sie keine WK sind. Die Regelung des § 9 I 3 Nr 1 korrespondiert mit **§ 22 Nr 1 S 3**, wonach bei Leibrenten Erträge des Rentenrechts zu den stpfl sonstigen Einkünften gehören.

I. Schuldzinsen. Der Begriff der „**Schuldzinsen**" in § 9 I 3 Nr 1 ist – ausgehend von dem für den WK-Begriff geltenden Veranlassungsprinzip – weit auszulegen. Er meint alle durch eine Tätigkeit des Schuldners zum Zweck der Einnahmeerzielung veranlassten Aufwendungen, die er als Entgelt für die darlehensweise Überlassung von Kapital an seinen Gläubiger zu entrichten hat. Zu den Schuldzinsen iSv § 9 I 3 Nr 1 zählen Geldbeschaffungskosten wie zB Bereitstellungszinsen, Bereitstellungsprovisionen, Kreditprovisionen, Bankverwaltungskosten, Bankspesen, Abschlussgebühren eines Bausparvertrages,[1] Entgelte für die Überlassung zuteilungsreifer Bausparverträge oder zinsgünstiger Hypotheken, Notargebühren für die Beurkundung der Hypothekenbestellung[2] und deren Eintragung im Grundbuch, Maklerkosten für die Besorgung der Hypothek, Gebühren für die Prüfung der Beleihungsunterlagen, Kreditgebühren für Teilzahlungskredite, Abrechnungs- und Auszahlungsgebühren, Vorfälligkeitsentschädigungen[3] sowie Reisekosten zur Kreditbesorgung. Schuldzinsen sind außerdem alle Aufwendungen, die als Gegenleistung für die Nutzung des in Anspr genommenen Kapitals geleistet werden, nicht dagegen Ausgaben zur Tilgung des Kredits.[4]

§ 9 I 3 Nr 1 rechnet Schuldzinsen den WK zu, „soweit sie mit einer **Einkunftsart** in wirtschaftlichem Zusammenhang stehen". Sie dürfen nicht der Finanzierung von SA, ag Belastungen oder allg privaten Aufwendungen dienen. Da WK nur im Rahmen der Überschusseinkünfte den Einnahmen gegenüberzustellen sind, müssen Schuldzinsen mit einer Einkunftsart iSv **§ 2 I Nr 4–7** zusammenhängen. Der **wirtschaftliche Zusammenhang** mit einer Einkunftsart (Veranlagungszusammenhang) ist dann gegeben, wenn ein objektiver Zusammenhang dieser Aufwendungen mit der auf Einnahmeerzielung gerichteten Tätigkeit besteht und subj die Aufwendungen zur Förderung dieser Tätigkeit gemacht werden. Um dies zu beurteilen, ist auf den **Zweck** der Schuldaufnahme abzustellen. Mit der erstmaligen Verwendung der Darlehensvaluta wird die Darlehensverbindlichkeit einem bestimmten Zweck unterstellt. Dieser Zweck besteht, sofern das Darlehen nicht vorher abgelöst wird, so lange fort, bis die Tätigkeit oder das Rechtsverhältnis iSd angesprochenen Einkunftsart endet.[5] Eine eindeutige und praktikable Zuordnung ist nur möglich, wenn für die Beurteilung des Veranlassungszusammenhangs **objektive Umstände** maßgebend sind. Ansonsten wäre es ohne weiteres möglich, Darlehen trotz eines objektiv gegebenen Zusammenhangs subj abw zuzuordnen und die Zinsen in einen einkommensteuerrechtlich relevanten Bereich zu verlagern.[6]

---

1 BFH BStBl II 03, 398.
2 BFH BStBl II 03, 399.
3 BFH BStBl II 06, 265; allerdings Veräußerungskosten, wenn sie durch die Verpflichtung zur kostenfreien Übertragung veranlasst sind.
4 BFH BStBl II 86, 143 (146).
5 BFH BStBl II 97, 682 (684).
6 BFH/NV 92, 25.

Für die Beurteilung einer Darlehensverbindlichkeit und den damit verbundenen Schuldzinsenabzug ist grds die **tatsächliche Mittelverwendung** entscheidend.[1] Nur die Beobachtung des Mittelflusses erlaubt eine sichere und verlässliche Abgrenzung. Der StPfl kann bei der jeweiligen Investition frei entscheiden, ob er die Aufwendungen mit Eigen- oder Fremdkapital finanzieren will.[2] Entscheidet sich der StPfl, die der Einnahmeerzielung dienenden Aufwendungen fremd zu finanzieren, behalten die Schuldzinsen grds bis zur Tilgung des Darlehens WK-Charakter.[3] Da es auf die tatsächliche Verwendung ankommt, führt allerdings auch die nur kurzfristige Rückführung einer die Einkunftssphäre betr Schuld dazu, dass die auf den getilgten Teil entfallenden Zinsen keine WK mehr sind. Setzt der StPfl Eigenkapital zur Einkünfteerzielung ein, kann er diese Entscheidung nicht nachträglich durch Aufnahme von Fremdkapital ändern. Die Einbringung in einen Cash-Pool unterbricht den wirtschaftlichen Zusammenhang. Wer einen ab Darlehen empfangenen Geldbetrag nicht dazu nutzt, Aufwendungen iZ mit einer Erwerbstätigkeit zu begleichen, sondern ihn in einen Cash-Pool einbringt, aus dem heraus er später seine Kosten bestreitet, kann Schuldzinsen aus dem aufgenommenen Darlehen nicht als Erwerbsaufwendungen abziehen, sondern nur Schuldzinsen aus einem Darlehen der den Cash-Pool verwaltenden Ges.[4]

106

An die Stelle des bisherigen wirtschaftlichen Zusammenhangs kann ein **neuer wirtschaftlicher Zusammenhang** treten. Wird ein kreditfinanziertes WG veräußert und das Darlehen fortgeführt, so ist die Verwendung des Veräußerungserlöses dafür maßgebend, ob die auf das aufrechterhaltene Darlehen entfallenden Zinsen im wirtschaftlichen Zusammenhang mit einer Einkunftsart stehen.[5] Dabei reicht ein bloßer Willensakt des StPfl zur Herstellung eines wirtschaftlichen Zusammenhangs der fortbestehenden Darlehensschuld zu einer Einkunftsart nicht aus, sondern es müssen äußerlich erkennbare Beweisanzeichen diesen Zusammenhang belegen, zB der zeitliche Zusammenhang, die Übereinstimmung des Kredits und der Ausgaben, eine dem Gläubiger gegenüber abgegebene Begründung für die Weiterführung des Kredits oder wenn der Verkäufer den Kaufpreis von vornherein in seiner Verwendung festlegt.[6] Ein neuer wirtschaftlicher Zusammenhang kann sich auch ergeben, wenn das Finanzierungsobjekt im Rahmen einer anderen Einkunftsart verwendet wird.[7]

107

II. Renten. „Renten" sind – auch aufgrund Wertsicherungsklausel – gleich bleibende Leistungen in Geld (oder auch Sachen) auf die Lebenszeit einer Person oder auf eine in anderer Weise festgelegte Laufzeit (§ 22 Rn 3ff). § 9 I 3 Nr 1 verlangt, dass sie **„auf besonderen Verpflichtungsgründen"** beruhen. Diese Gründe können sich aus dem Gesetz (zB bei Sozialversicherungsrenten), aus einem Vertrag (zB bei Veräußerungsrenten) oder aus einer letztwilligen Anordnung (zB einem Testament) ergeben.

113

Rentenzahlungen sind nur dann als WK zu berücksichtigen, wenn sie **mit einer Einkunftsart iSv § 2 I 1 Nr 4–7 in wirtschaftlichem Zusammenhang** stehen. Besteht kein Zusammenhang mit Einkünften, kommt ein Abzug als SA nach § 10 I Nr 1a in Betracht. Bei einem Zusammenhang mit Gewinneinkünften können BA vorliegen. Der von § 9 I 3 Nr 1 vorausgesetzte wirtschaftliche Zusammenhang besteht bei **Gegenleistungsrenten**, wenn der Rentenverpflichtete ein WG erwirbt, das er zur Erzielung von Überschusseinkünften verwendet (Mietwohngrundstück, Anteil an einer KapGes, auch: Abstandszahlungen an Mieter). Die Rentenzahlungen sind dann über die gesamte zeitliche Streckung in einen Vermögensumschichtungs- und einen Zinsanteil zu trennen (§ 10 Rn 9; zur Ermittlung des Zinsanteils: Rn 115, 123). Der Kapitalwert der Rente führt zu AK für das erworbene WG, von denen nach § 9 I 3 Nr 7 AfA vorzunehmen sind. Der Zinsanteil ist nach § 9 I 3 Nr 1 abzuziehen. Abzugrenzen sind Gegenleistungsrenten von **„Versorgungsleistungen im Rahmen der privaten Vermögensübergabe"** (§ 22 Rn 9ff), die in erster Linie der Versorgung, nicht aber der Erzielung, Sicherung und Erhaltung von Einnahmen dienen.[8] Kein Zusammenhang mit einer Einkunftsart besteht bei **Unterhaltsrenten**, bei denen der Unterhalt des Empfängers im Vordergrund steht (§ 22 Rn 23).

114

Bei Leibrenten (zum Begriff: § 22 Rn 3) ist der Zinsanteil im Ertragsanteil gesetzlich pauschaliert (§ 22 Rn 3). Dementspr ist nach **§ 9 I 3 Nr 1 S 2** bei Leibrenten nur der Anteil abzuziehen, der sich

115

---

1 BFH BStBl II 98, 193 (197); BStBl II 90, 828; BFH/NV 92, 25; zur Zuordnung bei Gebäuden: BFH BStBl II 04, 348; BStBl II 03, 389; BStBl II 05, 597.
2 BFH BStBl II 87, 328; BFH/NV 95, 203.
3 BFH BStBl II 90, 537; BStBl II 97, 682 (684).
4 BFH BStBl II 07, 645.
5 BFH BStBl II 95, 697.
6 BFH BStBl II 97, 682 (685).
7 BFH BStBl II 99, 353 (355).
8 Zur Abgrenzung: BFH BStBl II 02, 183 (184).

nach § 22 Nr 1 S 3a, bb ergibt.[1] Handelt es sich um Leibrenten, die vor dem 1.1.55 zu laufen begonnen haben, um Renten, deren Dauer von der Lebenszeit mehrerer Personen oder einer anderen Person als der des Rentenberechtigten abhängt, oder um Leibrenten, die auf eine bestimmte Zeit beschränkt sind, so ergibt sich der abziehbare Ertragsanteil nach § 9 I 3 Nr 1 S 2 iVm § 22 Nr 1 S 3a S 3 aus den Regelungen in § 55 EStDV.

123 III. Dauernde Lasten. Dies sind – in Abgrenzung zu Renten (Rn 113) – (in Bezug auf Höhe und Zeitabstand) ungleichmäßige oder abänderbare wiederkehrende Leistungen auf eine bestimmte Laufzeit (§ 10 Rn 9). Wie für Renten, so verlangt § 9 I 3 Nr 1 auch für dauernde Lasten, dass sie auf einem **besonderen Verpflichtungsgrund** beruhen (hierzu Rn 113). Ein **wirtschaftlicher Zusammenhang mit einer Einkunftsart iSv § 2 I 1 Nr 4–7** ist – wie bei Renten (Rn 114) – gegeben, wenn der Verpflichtete als **Gegenleistung** ein WG erwirbt, das er zur Erzielung von Einnahmen im Rahmen einer Überschusseinkunftsart verwendet. Auch bei der dauernden Last ist dann – wie bei Kaufspreisraten – über die gesamte zeitliche Streckung hinweg ein Vermögensumschichtungs- und ein Zinsanteil zu trennen. Die kapitalisierte dauernde Last führt zu AK und AfA nach § 7. Der laufende Zinsanteil (zur Ermittlung: § 22 Rn 4) ist sofort als WK abziehbar.[2] Als Gegenleistung vereinbarte dauernde Lasten sind von **Versorgungsleistungen im Rahmen der Vermögensübergabe** abzugrenzen (§ 22 Rn 9 ff).

D. Öffentliche Abgaben und Versicherungen (§ 9 I 3 Nr 2)

140 Steuern „**vom Grundbesitz**" knüpfen an das Innehaben des Grundbesitzes an, wie zB die Grundsteuer. Gemeint sind diese auf dem Grundstück lastenden Realsteuern, nicht Personalsteuern. Ebenso wie die Steuern sind auch die steuerlichen Nebenleistungen abziehbar.[3] Eine der inländischen Grundsteuer ähnliche Steuer, die in einem ausländischen Staat erhoben wird, ist ebenfalls abzugsfähig, wenn die Einkünfte aus dem im Ausland gelegenen Grundbesitz der inländischen ESt unterliegen.[4] „**Sonstige öffentliche Abgaben**" sind Gebühren (zB Kanalanschlussgebühren, Straßenreinigungsgebühren), Beiträge (zB Straßenanliegerbeiträge) und Sonderabgaben (zB eine Feuerwehrabgabe). Öffentliche Abgaben sind allerdings nur dann als WK sofort abzugsfähig, wenn sie nicht als AK des Grundstücks oder HK des Gebäudes zu qualifizieren sind. Den AK des Grundstücks werden Beiträge für die Straßenerstanlage[5], Beiträge zur Schaffung einer Fußgängerzone[6], Wasser-, Strom- und Gasanschlussbeiträge[7] und Kanalanschlussgebühren[8] zugerechnet. HK des Gebäudes sind die Kosten des Hausanschlusses (Hauszuleitung des Ver- bzw Entsorgungsträgers)[9], Ansiedlungsbeiträge[10] und Garagenablösebeiträge[11]. Sofort abzugsfähige WK sind dagegen zB Ergänzungsbeiträge zur Verbesserung von Erschließungsanlagen.[12] Beiträge für gesetzliche oder für freiwillig eingegangene **Versicherungen** sind als WK berücksichtigungsfähig, wenn die Versicherungsleistung an die Stelle einer Einnahme treten soll, die aufgrund des Versicherungsfalles ausgefallen ist (wie zB bei einer Mietausfallversicherung) oder wenn die Versicherung einen Schaden ausgleichen soll, der sonst als WK absetzbar wäre (wie zB bei Schaden durch Feuer, Wasser, Sturm, Glasbruch, Hausbesitzerhaftpflicht, nicht: Hausratversicherung, Privathaftpflichtversicherung, allg Einbruch- und Diebstahlversicherung). Die Versicherungen müssen ein einkünftebezogenes Risiko abdecken. Die in § 9 I 3 Nr 2 genannten Steuern, Abgaben und Versicherungsbeiträge müssen sich auf „**Gebäude**" oder „sonstige Gegenstände" beziehen. Dies wird vor allem im Rahmen der Einkünfte aus VuV in Betracht kommen, sodass es sich aufdrängt, den Begriff des „Gebäudes" in demselben Sinne zu interpretieren wie den gleich lautenden Begriff in § 21 I 1 Nr 1. Andere „**Gegenstände**" können neben beweglichen und unbeweglichen Sachen auch Forderungen, Immaterialgüterrechte und sonstige Vermögensrechte sein. Das Gebäude oder der Gegenstand, auf den sich die Ausgaben beziehen, müssen „dem StPfl zur Einnahmeerzielung dienen". Ansonsten sind die Aufwendungen Ausgaben der privaten Lebensführung iSd § 12 Nr 1.

---

1 Zur Neuregelung durch das AltEinkG: BT-Drs 15/2150, 33.
2 BFH BStBl II 95, 47 (51 ff); BStBl II 95, 169 (auch zur Ermittlung des Zinsanteils).
3 BFH BStBl II 95, 835.
4 K/S/M § 9 Rn D 3; offen gelassen von: BFH BStBl III 64, 5.
5 BFH BStBl III 65 (85); BStBl II 78, 620 (625); BStBl II 94, 842 (843); FG D'dorf EFG 97, 459.
6 BFH BStBl II 83, 111; aber: BStBl II 94, 842.
7 BFH/NV 89, 494 (633).
8 BFH BStBl II 04, 282 (trotz Sickergrube); BStBl II 78, 620 (625); aber: BStBl II 84, 616 (bei besonderen Vorteilen).
9 BFH BStBl III 68, 178.
10 BFH BStBl II 76, 449.
11 BFH BStBl II 84, 702.
12 BFH BStBl II 91, 448; BStBl II 85, 49; BStBl II 87, 333.

E. Beiträge zu Berufsständen und -verbänden (§ 9 I 3 Nr 3)

§ 9 I 3 Nr 3 ist gegenüber dem allg WK-Begriff deklaratorisch. Da die Aufgabe von Berufsständen und -verbänden darin besteht, die beruflichen Belange ihrer Mitglieder wahrzunehmen, sind die Beiträge durch die berufliche Tätigkeit veranlasst. Unter einem **Berufsstand** wird eine Gruppe oder Klasse verstanden, der einzelne Personen ihrem Beruf entspr angehören. „**Berufsverband**" – als Oberbegriff zu dem des Berufsstandes – ist ein Zusammenschluss von nat Pers oder Unternehmen, der allg, aus der beruflichen oder unternehmerischen Tätigkeit erwachsene ideelle oder wirtschaftliche Interessen eines Berufsstandes oder Wirtschaftszweiges wahrnimmt. Beiträge an Berufsverbände sind nach § 9 I 3 Nr 3 nur abziehbar, wenn deren Zweck nicht auf einen **wirtschaftlichen Geschäftsbetrieb** (Legaldefinition: § 14 AO) gerichtet ist. Denn eine mittelbare Förderung von Berufsverbänden ist nicht gerechtfertigt, wenn er mit einem wirtschaftlichen Geschäftsbetrieb in Konkurrenz zu Wirtschaftsunternehmen tritt. „**Beiträge**" sind Pflichtbeiträge, Eintrittsgelder, Umlagen und auch freiwillige Mehrleistungen, wenn sie zur Förderung der beruflichen Interessen verwendet werden sollen.[1] Nicht gemeint sind Aufwendungen für die Teilnahme an Tagungen und Sitzungen, für gesellschaftliche Veranstaltungen oder für private Zwecke der Mitglieder (zB eine Sterbegeldumlage einer Rechtsanwaltskammer)[2], Zahlungen, die auf eine Sonder- oder Gegenleistung[3] des Verbandes abzielen, oder Aufwendungen im Rahmen einer ehrenamtlichen Tätigkeit für den Berufsverband.[4]

150

F. Doppelte Haushaltsführung (§ 9 I 3 Nr 5)

§ 9 I 3 Nr 5 lässt Mehraufwendungen wegen doppelter Haushaltsführung zum Abzug zu, § 9 II begrenzt jedoch den Abzug der Aufwendungen für Familienheimfahrten und § 9 V iVm § 4 V 1 Nr 5 den Abzug von Mehraufwendungen für Verpflegung.

240

I. Allgemeine Erläuterungen. Mehraufwendungen wegen doppelter Haushaltsführung (Mehrverpflegung, Unterkunft am Beschäftigungsort, Familienheimfahrten) sind gemischt, privat und beruflich, veranlasst.[5] Die Qualifizierung als gemischt veranlasst entspricht der nunmehr in § 9 II getroffenen Grundentscheidung, die steuerrechtlich erhebliche Berufssphäre erst „am Werktor" beginnen zu lassen.[6] § 9 I 3 Nr 5 ist deshalb lex specialis und konstitutiv gegenüber § 12 Nr 1 und § 9 I 1.[7] Die Herausnahme von Familienheimfahrten aus dem WK-Bereich, die Begrenzung auf nur eine Familienheimfahrt wöchentlich sowie die Begrenzung auf die Entfernungspauschale in § 9 II 7–8 bestätigen den Charakter der Aufwendungen als gemischt veranlasst und führen von der Ausnahme nach § 9 I 3 Nr 5 S 1, 2, der Abzugsfähigkeit, zurück in Richtung auf das Abzugsverbot.

241

II. Eigener Hausstand. § 9 I 3 Nr 5 S 1 iVm S 2 setzt voraus, dass der StPfl an einem anderen Ort als seinem Beschäftigungsort einen „eigenen Hausstand" unterhält. Dies fordert das Innehaben einer **Wohnung**, in der sich ein Haushalt räumlich entfalten kann. Eine Wohnung ist – wie im Rahmen von § 9 I 3 Nr 4 – jede Unterkunft, die vom ArbN zur Übernachtung genutzt wird. Es kommt nicht darauf an, dass die Räumlichkeiten den bewertungsrechtlichen Anforderungen an eine Wohnung gerecht werden. Die Wohnverhältnisse können vergleichsweise einfach und beengt sein.[8]

245

Für das „Unterhalten" eines eigenen „Hausstands" ist nicht erforderlich, dass in diesem ununterbrochen **hauswirtschaftliches Leben** durch die Anwesenheit von Familienangehörigen herrscht. Es kann ein eigener Hausstand auch dann in der bisherigen Wohnung unterhalten werden, wenn der StPfl dort seinen Lebensmittelpunkt beibehält und sich dort regelmäßig – wenn auch jeweils mit Unterbrechungen an den Arbeitstagen – aufhält.[9] Danach kommt eine doppelte Haushaltsführung auch bei an verschiedenen Orten beiderseits beschäftigten Ehegatten in Betracht (sog dreifache Haushaltsführung),[10] bei Ehegatten, die neben ihrer Hauptwohnung dies. Zweitwohnung am gemeinsamen Beschäftigungsort nutzen,[11] wenn der berufstätige Ehegatte seinen nicht berufstätigen

246

---

1 BFH BStBl II 81, 368.
2 FG RhPf EFG 82, 70.
3 BFH BStBl II 69, 744.
4 Zum Ganzen: *K/S/M* § 9 Rn E 12a ff mwN; BFH BStBl II 81, 368 (371).
5 *Söhn* FS Offerhaus, S 470 (480).
6 BVerfG BStBl II 03, 534 (541); BFH BStBl II 04, 1074.
7 BFH/NV 98, 1216; BFH BStBl II 88, 988; *K/S/M* § 9 Rn G 5.
8 BFH BStBl II 05, 98.
9 BFH BStBl II 07, 891; BFH BStBl II 95, 180 (183); zur Bedeutung dieser neueren Rspr für die Forderung nach „hauswirtschaftlichem Leben" vgl einerseits *K/S/M* § 9 Rn G 60 und andererseits *Blümich* § 9 Rn 349.
10 BFH BStBl II 95, 184.
11 BFH/NV 95, 585; FG D'dorf EFG 99, 889.

von Beckerath

Ehegatten in die Zweitwohnung mitnimmt[1] und auch dann, wenn Partner einer nicht ehelichen Lebensgemeinschaft, die beide berufstätig sind oder von denen sich einer in Erziehungsurlaub befindet, mit ihrem gemeinsamen Kind eine Familienwohnung beziehen.[2]

247 Das Unterhalten eines eigenen Hausstands ist mehr als das Vorhalten einer Wohnung für Besuche oder Ferienaufenthalte. Um die Annahme zu rechtfertigen, der ArbN unterhalte trotz seines Wohnens am Beschäftigungsort einen eigenen Hausstand in einer anderen Wohnung, muss diese sich **als Mittelpunkt seiner Lebensinteressen** (vgl § 9 I 3 Nr 4 S 3) darstellen.[3] Bei verheirateten ArbN ist Lebensmittelpunkt regelmäßig der Aufenthalts- und Wohnort der Familie („Familienhausstand").[4] Ausnahmsweise kann sich der Lebensmittelpunkt an den Beschäftigungsort verlagern, wenn zB der StPfl dort auf Dauer mit einer anderen Frau zusammenlebt und die eheliche Gemeinschaft aufgehoben ist.[5] Bei ledigen ArbN dagegen kann nicht ohne weiteres angenommen werden, dass sich ihr Lebensmittelpunkt weiterhin in der bisherigen Wohnung befindet. Je länger die auswärtige Beschäftigung nicht verheirateter ArbN dauert, umso mehr spricht dafür, dass die eigentliche Haushaltsführung und damit der Mittelpunkt der Lebensinteressen an den Beschäftigungsort verlegt worden ist. Bei nichtverheirateten ArbN erfordert das Unterhalten eines eigenen Hausstandes, dass der ArbN sich in der Wohnung im Wesentlichen nur unterbrochen durch die arbeitsbedingte Abwesenheit und ggf Urlaubsfahrten aufhält.[6]

248 Der StPfl muss einen „eigenen" Hausstand unterhalten. Dies setzt voraus, dass die Wohnung **aus eigenem Recht** (zB Eigentum, eigener Mietvertrag) genutzt wird, wobei nicht nur ein alleiniges, sondern auch ein gemeinsames bzw abgeleitetes Recht ausreicht.[7] Keinen eigenen Hausstand unterhalten zB unverheiratete ArbN, die nach ihrer Schulausbildung weiterhin im Haushalt der Eltern leben.[8] Für derartige ArbN ohne „eigenen" Hausstand „galt" bis einschließlich VZ 03 nach R 43 V LStR aF ein Wohnungswechsel an den Beschäftigungsort, wenn sie den Mittelpunkt ihrer Lebensinteressen am bisherigen Wohnort beibehalten, für eine Übergangszeit als doppelte Haushaltsführung.[9]

249 Ein Haushalt wird nur dann vom StPfl **„unterhalten"**, wenn er sich finanziell und persönlich an dem Haushalt maßgebend beteiligt.[10] Die finanzielle Beteiligung muss nicht in Form von Geldzuwendungen erfolgen. Sie kann auch in der Anschaffung von Haushaltsgegenständen oder Möbeln oder in der Bereitstellung von Wohnraum bestehen. Der Höhe nach ist eine maßgebende finanzielle Beteiligung anzunehmen, wenn die Beiträge für die Unterhaltung des Hausstandes nicht erkennbar unzureichend sind.[11] Die maßgebliche persönliche Mitwirkung ergibt sich aus dem brieflichen und telefonischen Kontakt sowie den vom StPfl durchgeführten Familienheimfahrten, deren Mindestanzahl durch die Entfernung des Beschäftigungsortes vom Hausstand bestimmt wird.[12] Eine persönliche Mitwirkung ist zB zu verneinen, wenn der StPfl aus politischen Gründen nicht mehr in seine Wohnung im Heimatland zurückkehren will oder kann.[13]

255 III. Wohnen am Beschäftigungsort. Nach § 9 I 3 Nr 5 S 2 muss der ArbN außerhalb des Ortes, an dem er einen eigenen Hausstand unterhält, beschäftigt sein und am Beschäftigungsort wohnen. Es müssen der Ort des eigenen Hausstandes und der Beschäftigungsort auseinanderfallen. Der ArbN muss grds in einer anderen politischen Gemeinde als der des Hausstands tätig sein.[14] Allerdings muss der ArbN nicht ausschließlich außerhalb des Ortes seiner Hauptwohnung beschäftigt sein. Der BFH hat die Voraussetzungen des BFH auch dann als erfüllt angesehen, wenn der ArbN neben

---

1 BFH BStBl I 95, 168; FG Thür EFG 98, 1254.
2 FG Nds EFG 05, 264.
3 BFH BStBl II 95, 180 (183).
4 BFH BStBl II 75, 459; BStBl II 79, 219; BStBl II 86, 95; BStBl II 90, 985.
5 BFH BStBl II 07, 891 (Erst- oder Haupthaushalt); FG BaWü, EFG 94, 202.
6 BFH BStBl II 95, 180 (183); ausf zur doppelten Haushaltsführung bei ledigen ArbN: *Henseler* DStR 06, 1443.
7 BStBl II 01, 29 (Anmietung durch Lebenspartner); BStBl II 04, 16 (auch bei Vorbehaltsnießbrauch der Eltern); BStBl II 95, 180 (183); FG Saarl EFG 97, 1305; FG Hess EFG 98, 32 (kein Fremdvergleich); FG BaWü EFG 00, 784 (Leihe; tatsächliche Verfügungsmacht ausreichend); FG Kln EFG 06, 655 (nicht, wenn das Nutzungsrecht nur auf elterlicher Leihe beruht).
8 FG Kln EFG 06, 655; vgl allerdings FG D'dorf EFG 05, 1755 (eigener Hausstand auch bei kostenfreier Überlassung); *Henseler* DStR 06, 1444.
9 Hierzu BFH BStBl II 96, 375; BMF BStBl I 04, 582; BFH BStBl II 05, 475; BFH/NV 06, 2068; *Thomas* DStR 06, 2289.
10 BFH BStBl II 72, 148; BStBl II 86, 306.
11 BFH BStBl II 78, 26; BStBl II 86, 306.
12 R 43 III LStR 99; mindestens eine Heimfahrt im Kj; bei Australien, Indien etc: alle 2 Jahre.
13 BFH BStBl II 72, 148; FG Thür EFG 98, 1254 (1255).
14 BFH BStBl II 72, 262.

einer Beschäftigung am Ort der Zweitwohnung zugleich am Ort seiner Hauptwohnung beschäftigt ist.[1] Auf die Entfernung der beiden Orte voneinander stellt § 9 I 3 Nr 5 S 2 nicht ab. Liegen die beiden Orte aber nur wenige Kilometer auseinander, wird die doppelte Haushaltsführung idR privat veranlasst sein. Über den Wortlaut des § 9 I 3 Nr 5 S 2 hinaus wird eine auswärtige Beschäftigung in Ausnahmefällen auch dann angenommen, wenn Hausstand und Arbeitsstelle innerhalb einer politischen Großstadtgemeinde so weit auseinander liegen, dass ein tägliches Fahren nicht zumutbar erscheint.[2]

Der StPfl muss **„am Beschäftigungsort"** wohnen". Die Wohnung muss sich hierzu nicht in derselben politischen Gemeinde befinden wie die Arbeitsstelle. Es genügt, wenn sie im Einzugsgebiet des Beschäftigungsortes liegt.[3] „Beschäftigungsort" meint den Ort der langfristig und dauerhaft angelegten Arbeitsstätte.[4] Der Bezug einer Unterkunft an ständig wechselnden Tätigkeitsstätten iSd § 4 V 1 Nr 5 S 3 führt demgegenüber nur zu einer vorübergehenden räumlichen Bindung, so dass keine doppelte Haushaltsführung iSd § 9 I 3 Nr 5 begründet wird und sowohl Unterkunfts- als auch Fahrtkosten grds als WK iSv § 9 I 1 (nach Maßgabe von § 4 V 1 Nr 5 S 5) abzugsfähig sind.[5]

256

Ein **„Wohnen"** am Beschäftigungsort verlangt dem Sprachgebrauch nach einen gewissen Dauerzustand, dh nicht nur ein gelegentliches Übernachten in einem Hotel.[6] Andererseits ist keine bestimmte Anzahl von Aufenthaltstagen erforderlich. Es genügt, wenn der ArbN eine festangemietete Wohnung zur jederzeitigen Vfg hat.[7] Da § 9 I 3 Nr 5 S 1 Mehraufwendungen wegen doppelter Haushaltsführung begünstigen will, muss das Wohnen am Beschäftigungsort das Führen eines Haushalts beinhalten. Dieser Zweithaushalt muss allerdings – wie § 9 I 3 Nr 5 S 2 zu entnehmen ist – nicht die Qualität eines „Hausstandes" haben. Es reicht aus, wenn der ArbN in der Wohnung jederzeit übernachten und dort Mahlzeiten einnehmen kann.[8] Fehlt es aber an einem „Wohnen" am Beschäftigungsort und damit einer doppelten Haushaltsführung, so können Kosten für gelegentliche Hotelübernachtungen nach § 9 I 1 abzugsfähig sein.[9]

257

IV. Berufliche Veranlassung der doppelten Haushaltsführung. Die doppelte Haushaltsführung muss nach § 9 I 3 Nr 5 S 1 **„aus beruflichem Anlass begründet"** sein. Dies ist dann der Fall, wenn berufliche Gründe die Einrichtung des Zweithaushalts am Beschäftigungsort veranlasst haben.[10] Die berufliche Veranlassung entfällt nicht allein durch eine Verlegung des Familienwohnsitzes an einen anderen Ort als den Beschäftigungsort.[11] Eine berufliche Veranlassung in diesem Sinne liegt nicht vor, wenn ein verheirateter ArbN seine Familienwohnung aus privaten Gründen vom bisherigen Wohnort, der auch Beschäftigungsort ist, wegverlegt und am Beschäftigungsort einen zweiten Haushalt führt.[12] Eine doppelte Haushaltsführung ist grds auch dann nicht aus beruflichem Anlass begründet, wenn ein ArbN heiratet und neben seiner fortbestehenden Wohnung am Beschäftigungsort mit seinem Ehegatten einen Hausstand an einem anderen Ort gründet. Der BFH hat allerdings im Hinblick auf Art 6 GG eine aus beruflichem Anlass begründete doppelte Haushaltsführung dann angenommen, wenn beide Ehegatten im Zeitpunkt der Eheschließung an verschiedenen Orten beruflich tätig sind und jeweils dort wohnen und anlässlich ihrer Heirat eine der beiden Wohnungen oder eine neue Wohnung an einem dritten Ort zum Familienhausstand machen.[13] ArbN, die erst mit der Begründung der Ehe den doppelten Haushalt einrichten müssen, würden sonst gegenüber – bei Einrichtung des doppelten Haushalts – bereits Verheirateten benachteiligt.[14]

262

Die auswärtige Beschäftigung ist regelmäßig ausreichender **beruflicher Anlass** für die Errichtung des Zweithaushalts am Beschäftigungsort. Eine berufliche Veranlassung besteht, wenn der StPfl eine neue Arbeitsstelle antritt oder im Rahmen des Unternehmens an einen anderen Arbeitsort versetzt wird. Sie ist ebenso gegeben, wenn der StPfl zunächst von seinem Hausstand aus zur Arbeitsstelle fährt und erst später, um Zeit und Fahrtkosten einzusparen, eine Wohnung am

263

---

1 BFH v 24.5.07, VI R 47/03, BStBl II 07, 609.
2 FG Bln EFG 86, 286.
3 BFH BStBl II 72, 134.
4 BFH BStBl II 05, 782; BStBl II 95, 137 (140).
5 BFH BStBl II 05, 782.
6 BFH/NV 98, 1216; FG Hbg EFG 04, 92 (Flugbegleiterin); beachte aber R 43 I 1 LStR.
7 *K/S/M* § 9 Rn G 52; FG Nds EFG 02, 321.
8 *K/S/M* § 9 Rn G 57.
9 BFH BStBl II 04, 1074.

10 BFH BStBl II 82, 297 (298); FG Kln EFG 00, 786 (nicht: Studium).
11 FG D'dorf EFG 06, 563; BFH BStBl II 06, 714 (Verlegung des Familienhausstandes innerhalb desselben Ortes).
12 BFH BStBl II 82, 297.
13 BFH BStBl II 76, 654; BFH/NV 91, 531; FG BaWü EFG 01, 211; zu Fällen nicht ehelicher Lebensgemeinschaften: BFH BStBl II 07, 533 sowie Rn 310 „Nicht eheliche Lebensgemeinschaften".
14 BFH BStBl II 76, 654 (655).

Beschäftigungsort mietet.¹ Die Einrichtung des Zweithaushalts ist auch dann beruflich begründet, wenn private – zB gesundheitliche – Gründe die Entscheidung zw täglichen Fahrten von dem Hausstand aus und der Begründung eines Zweithaushalts bestimmt haben.¹

264 Die Mehraufwendungen wegen doppelter Haushaltsführung sind unabhängig davon abzugsfähig „aus welchen Gründen die doppelte Haushaltsführung beibehalten wird". Der Gesetzgeber ist damit der Rspr des BFH entgegengetreten, nach der auch die **Beibehaltung der doppelten Haushaltsführung** beruflich veranlasst sein musste,² und hat auch – auf die Entscheidung des BVerfG³ – die zwischenzeitlich eingeführte zeitliche Begrenzung auf zwei Jahre entfallen lassen.⁴

270 **V. Notwendige Mehraufwendungen.** Der StPfl kann Aufwendungen für die erste Fahrt zum Beschäftigungsort zwecks Begründung des doppelten Haushalts und für die letzte Fahrt vom Beschäftigungsort zum Ort des eigenen Hausstands, mit der die doppelte Haushaltsführung beendet wird, nach § 9 I 3 Nr 5 S 1 in Höhe der tatsächlichen Kosten bzw in Höhe der Pauschbeträge nach R 9.11 VI iVm R 9.5 I LStR absetzen. Alle weiteren Fahrten sind als **Familienheimfahrten** zu qualifizieren, bei denen die Aufwendungen nur nach Maßgabe von § 9 II 7–10 abziehbar sind.⁵

271 Eine doppelte Haushaltsführung setzt ein Wohnen am Beschäftigungsort voraus. Dementspr sind Aufwendungen für die **Unterbringung** abziehbar wie Ausgaben für Zeitungsannoncen, Miete, Heizung, Licht, Mobiliar und Wohnungsreinigung. Bewohnt der ArbN am Beschäftigungsort eine eigene Wohnung, so geht der WK-Abzug nach § 9 I 3 Nr 5 S 1 einem Abzug nach § 10e aF vor. Eine Eigenheimzulage ist nach § 2 I 2 EigZulG aF nicht zu gewähren.⁶

272 Mehraufwendungen für **Verpflegung** sind nach § 9 V iVm § 4 V 1 Nr 5 mit festen Pauschbeträgen von 24 € bei einer Abwesenheit von 24 Stunden, von 12 € bei einer Abwesenheit von weniger als 24, aber mehr als 14 Stunden und von 6 € bei einer Abwesenheit von weniger als 14 Stunden, aber mindestens 8 Stunden abzusetzen. Die Pauschbeträge stehen dem StPfl nach R 43 VIII 1 LStR für jeden Kalendertag zu, an dem er von seinem Hausstand abwesend ist. Der Abzug der Pauschbeträge ist allerdings nach § 9 V, § 4 V 1 Nr 5 S 6 iVm S 5 auf die ersten 3 Monate nach Aufnahme der Beschäftigung am neuen Beschäftigungsort beschränkt.

273 Der Abzug von Mehraufwendungen wegen doppelter Haushaltsführung ist nicht auf Fahrtkosten, Unterbringungskosten und Verpflegungsmehraufwendungen beschränkt. Bei diesen handelt es sich lediglich um die typischen Mehraufwendungen. Es sind auch **sonstige Mehrausgaben** berücksichtigungsfähig, wie zB die Kosten des Umzugs oder die des Rückumzugs oder – so der BFH – Telefonkosten, wenn das Telefongespräch an die Stelle einer sonst durchgeführten Familienheimfahrt tritt.⁷

274 Die Mehraufwendungen müssen „wegen" einer aus beruflichem Anlass begründeten doppelten Haushaltsführung entstehen, dh sie müssen ihre **Ursache** in der beruflich veranlassten doppelten Haushaltsführung haben. § 9 I 3 Nr 5 ist zwar lex specialis zu § 12 Nr 1 und lässt gemischt veranlasste Aufwendungen zum Abzug zu (Rn 241). Er begrenzt diese Ausnahme jedoch auf Mehraufwendungen wegen einer aus beruflichem Anlass begründeten doppelten Haushaltsführung und fordert damit – im Rahmen gemischter Aufwendungen – eine erneute Abgrenzung zu nicht abzugsfähigen Aufwendungen der allg Lebensführung. Diese Abgrenzung ist vor allem bei den sonstigen Aufwendungen (Rn 273) vorzunehmen. So sind zB Ausgaben für den Besuch von Badeanstalt, Sauna, Kino, Theater oder für warme Kleidung gem § 12 Nr 1 von Abzug ausgenommen. Es ist umstritten, ob die Kosten für einen Fernsehapparat und eine Stereoanlage am Beschäftigungsort abzugsfähig sind.⁸

275 Abziehbar sind nur die **„notwendigen"** Mehraufwendungen. Während es ansonsten bei WK auf deren Notwendigkeit nicht ankommt, hat der Gesetzgeber bei den Mehraufwendungen wegen doppelter Haushaltsführung im Hinblick auf deren Charakter als gemischte Aufwendungen iSv § 12 Nr 1 den Abzug eingeschränkt. „Notwendig" sind nach BFH Unterkunftskosten am Beschäftigungsort nur, wenn sie den Durchschnittsmietzins einer 60 qm-Wohnung am Beschäftigungsort nicht überschreiten.⁹

---

1 BFH BStBl II 79, 520 (521).
2 BFH BStBl II 76, 150; BStBl II 76, 654; BStBl II 78, 26.
3 BVerfG BStBl II 03, 534.
4 BT-Drs 15/1945, 17.
5 Zu Besuchsfahrten des Ehegatten und der Kinder: BFH BStBl II 83, 313.
6 BFH BStBl II 95, 841; BStBl II 00, 692.
7 BFH BStBl II 88, 988; BFH/NV 94, 19.
8 K/S/M § 9 Rn G 130; *Blümich* § 9 Rn 397 mwN.
9 BFH BStBl III 07, 820.

VI. Einzelnachweise

Abordnung. § 9 I 3 Nr 5 wurde bejaht bei der Abordnung eines Referendars zur Ausbildung nach Brüssel auf eigenen Wunsch (FG Hess EFG 69, 176). **310**

Arbeitslosigkeit. Trotz Arbeitslosigkeit können – vor allem bei ausländischen ArbN – Aufwendungen nach § 9 I 3 Nr 5 als vorab entstandene WK abgezogen werden, wenn eine Wohnung am Beschäftigungsort aufrechterhalten wird, um dort einen neuen Arbeitsplatz zu finden (BMF BStBl I 92, 448; FG Hbg EFG 91, 605). Bei inländischen ArbN ist zu prüfen, inwieweit ein ständiger Aufenthalt am Beschäftigungsort (Verpflegungsmehraufwand) beruflich veranlasst ist.

Asylbewerber. Nach BMF soll aus der Gewährung politischen Asyls nicht ohne weiteres auf eine private Veranlassung der doppelten Haushaltsführung und aus dem Unterlassen von Familienheimfahrten für einen Zeitraum von 5 Jahren nicht auf das Fehlen des Lebensmittelpunktes im Heimatland geschlossen werden.

Aufenthaltserlaubnis. Wird diese der Ehefrau eines ausländischen ArbN verweigert, soll die doppelte Haushaltsführung privat veranlasst sein, da sie auf der Staatsangehörigkeit der Ehefrau beruhe (*K/S/M* § 9 Rn G 300 – Aufenthaltserlaubnis – mwN).

Aussiedler. § 9 I 3 Nr 5 wurde wegen fehlender Unterhaltung eines Familienhausstandes verneint, wenn keine Möglichkeit der Rückkehr zum Familienwohnsitz bestand (FG D'dorf EFG 80, 69; **aA** FG BaWü EFG 80, 231).

Beendigung der doppelten Haushaltsführung. Die Kosten im Zusammenhang mit der Auflösung des Zweithaushalts sind beruflich veranlasst, auch wenn die Auflösung auf privaten Motiven beruht (BFH BStBl II 92, 667).

Besuch des Ehegatten. Ein besuchsweiser Aufenthalt des Ehegatten im Zweithaushalt am Beschäftigungsort führt noch nicht zur Verlagerung des „Hausstands" (BFH BStBl II 82, 323; BFH/NV 85, 70; BStBl II 90, 308; BFH/NV 92, 652). Ein Zuzug an den Beschäftigungsort des ArbN ist jedoch anzunehmen, wenn der Besuch mehr als 12 Monate dauert, der Ehegatte am Beschäftigungsort selbst eine Erwerbstätigkeit aufnimmt (BMF BStBl I 92, 448), die bisherige Familienwohnung aufgegeben und eine neue Wohnung am Beschäftigungsort angemietet wird (BFH/NV 87, 292).

Besuchsaufwendungen an verschiedenen Orten berufstätiger Ehegatten ohne Vorliegen einer doppelten Haushaltsführung sind nach § 12 Nr 1 nicht abzugsfähig (aA *Nebling* DStR 07, 1237). Die Regelung des § 9 II über die Berücksichtigung von Aufwendungen bei doppelter Haushaltsführung ist konstitutiv.

Doktorand. Die Voraussetzungen von § 9 I 3 Nr 5 sind erfüllt, wenn dieser eine bezahlte Assistentenstelle innehat, auch wenn er sich überwiegend wegen der Promotion am Beschäftigungsort aufhält (FG M'ster EFG 97, 608; **aA** FG Nds EFG 71, 20).

Doppelehe. Besteht nach islamischem Recht eine wirksame Doppelehe, so ist keine doppelte Haushaltsführung anzuerkennen, wenn zwar die erste Ehefrau mit den Kindern im Heimatland verblieben ist, der ArbN aber mit seiner zweiten Frau am Beschäftigungsort lebt und hier der Mittelpunkt seiner Lebensinteressen ist (BFH BStBl II 88, 584; vgl auch FG Hess EFG 96, 315 zu den Folgen einer Ehescheidung).

Flugkosten sind, soweit sie „notwendig" waren, abzuziehen (*K/S/M* § 9 Rn G 300 – „Flugkosten" – mwN; vgl auch Rn 298).

Fußballspieler s FG D'dorf EFG 02, 1161.

Hausratgegenstände. Aufwendungen sind zu berücksichtigen, soweit sie für die Einrichtung des Zweithaushalts notwendig waren (FG Kln EFG 92, 144).

Leasing. Die Pauschbeträge des § 9 I 3 Nr 5 S 5 gelten auch für Fahrten mit einem geleasten KFZ (*K/S/M* § 9 Rn G 122 mwN).

Nicht eheliche Lebensgemeinschaften. Die Rspr des BFH, nach der eine doppelte Haushaltsführung auch dann anerkannt werden kann, wenn Pers, die an verschiedenen Orten wohnen und dort arbeiten, nach der Eheschließung eine der beiden Wohnungen zur Familienwohnung wählen, ist nicht in jedem Fall auf nicht eheliche Lebensgemeinschaften übertragbar. Die Gründung eines gemeinsamen Haushalts kann aber dann beruflich veranlasst sein, wenn die betreffenden Pers vor der Geburt eines gemeinsamen Kindes an verschiedenen Orten berufstätig sind, dort wohnen und im sachlichen Zusammenhang mit der Geburt des Kindes eine Familienwohnung begründen (BFH BStBl II 07, 533).

Rückkehr der Familie ins Heimatland führt regelmäßig zur Begründung eines doppelten Haushalts aus privatem Anlass.

Rufbereitschaft. Neben den Aufwendungen für Fahrten Wohnung/Arbeitsstätte kann der ArbN nicht die Aufwendungen für eine am Arbeitsort gemietete Unterkunft geltend machen (BFH BStBl II 93, 113).

Spätere Begründung eines Haushalts am Beschäftigungsort nach jahrelangen täglichen Fahrten ist ebenfalls begünstigt.

Telefonkosten sind abzugsfähig, wenn das Telefongespräch an die Stelle einer Familienheimfahrt tritt (BFH BStBl II 88, 988; BFH/NV 89, 92).

Unverheirateter ArbN. Mehraufwendungen sind nach § 9 I 3 Nr 5 absetzbar bei eigenem Hausstand, sonst für eine Übergangszeit nach § 9 I 1 (Rn 248).

Zusammenleben. Ein behelfsmäßiges Zusammenleben von Eheleuten am Beschäftigungsort beendet noch nicht die doppelte Haushaltsführung (vgl auch „Besuch des Ehegatten"). Das Zusammenleben eines verheirateten ArbN mit einer Freundin am Beschäftigungsort kann den Lebensmittelpunkt zum Beschäftigungsort verlagern.

G. Arbeitsmittel (§ 9 I 3 Nr 6)

320 **I. Aufwendungen für Arbeitsmittel.** Der Erwerb sowohl von abnutzbaren wie nicht abnutzbaren WG betrifft grds die Vermögenssphäre (Rn 43). § 9 I 3 Nr 6 lässt jedoch Aufwendungen für Arbeitsmittel zum Abzug zu, weil bei ihnen als Hilfsmitteln zur Einnahmeerzielung das Prinzip der Nichtberücksichtigung der Vermögenssphäre durch den Aspekt der Einnahmeerzielung verdrängt wird (Rn 44). **Arbeitsmittel** iSv § 9 I 3 Nr 6 sind alle WG, die unmittelbar – oder auch mittelbar[1] – der Erledigung beruflicher Aufgaben dienen.[2] Arbeitsmittel kann grds jedes WG sein, zB auch der Telefonanschluss in der Mietwohnung, immaterielle WG wie Computerprogramme, ein dingliches oder obligatorisches Nutzungsrecht oder eine rechtlich geschützte Anwartschaft.[3]

Aufwendungen für Arbeitsmittel sind auch Zinsen für einen Kredit zur Anschaffung des Arbeitsmittels[4], Aufwendungen für dessen Transport aus beruflichen Erwägungen (zB Hinbringen und Abholen wegen einer Reparatur, nicht bei Umzug aus privaten Gründen[5]), Reinigung und Reparatur[6]. Die in § 9 I 3 Nr 6 getroffene Regelung über die Abziehbarkeit der Aufwendungen für Arbeitsmittel hat Vorrang vor der die Kosten der Ausstattung eines häuslichen Arbeitszimmers betr Regelung in § 4 V Nr 6b.[7]

321 Bei Aufwendungen für Gegenstände, die ihrer Art nach auch im Rahmen der privaten Lebensführung verwendet werden, hängt die Zuordnung zu den WK und die Qualifizierung als Arbeitsmittel von § 12 Nr 1 S 2 ab. Sofern keine Trennung anhand von objektiven Merkmalen nach beruflicher und privater Nutzung möglich ist, kommt eine Anerkennung als Arbeitsmittel nur in Betracht, wenn feststeht, dass der ArbN das als Arbeitsmittel zu qualifizierende WG weitaus überwiegend beruflich verwendet und eine private Mitbenutzung von ganz untergeordneter Bedeutung ist.[8] Die Grenze für eine schädliche private Mitbenutzung dürfte bei 10 % liegen.[9] Gesetzliche Aufzeichnungspflichten über den Umfang von beruflicher und privater Nutzung bestehen nicht.[10] Ob eine weitaus überwiegende berufliche Verwendung anzunehmen ist, hängt grds von der tatsächlichen Zweckbestimmung, dh von der tatsächlichen Funktion des WG im Einzelfall ab. Bei der Beweiswürdigung zur Feststellung des Verwendungszwecks spielt der objektive Charakter des WG eine bedeutende Rolle. Ist nicht nachprüfbar oder nicht klar erkennbar, ob der Gegenstand weitaus überwiegend dem Beruf dient, so sind die Aufwendungen für die Anschaffung zu den Kosten der Lebensführung zu rechnen.[11]

---

1 Vgl *v Bornhaupt* FR 00, 971 (974).
2 BFH BStBl II 93, 348; vgl auch BFH/NV 97, 341.
3 *K/S/M* § 9 Rn H 11.
4 BFH BStBl II 89, 356 (357).
5 BFH BStBl II 89, 972.
6 BFH BStBl II 93, 837.
7 BFH BStBl II 98, 351.
8 BFH BStBl II 93, 348; BStBl II 87, 262; BFH/NV 90, 89; 95, 216.
9 *V Bornhaupt* FR 00, 971 (975); BFH BStBl II 87, 262.
10 FG BaWü EFG 01, 352 (freie Beweiswürdigung).
11 BFH BStBl II 93, 348; BStBl II 82, 67.

Die private Mitbenutzung steht einer Qualifizierung als Arbeitsmittel nicht entgegen, wenn anhand   322
von objektiven Merkmalen eine **Aufteilung der Aufwendungen** „leicht und einwandfrei" möglich ist
(zu § 12 Rn 6). Eine Aufteilung im Wege der griffweisen Schätzung wurde bisher schon bei der
gemischten Nutzung eines Pkw, Flugzeugs, Telefons, Kontokorrentzinsen, Kosten der Waschmaschine, Kontoführungsgebühren und Versicherungsprämien zugelassen (zu § 12 Rn 6). Bei **PC** sind
die Grundsätze zur Aufteilung bei gemischter Nutzung („leichte und einwandfreie Aufteilung nach
objektiven Kriterien") nicht anwendbar. Aus § 3 Nr 45 geht hervor, dass der Steuergesetzgeber der
privaten Nutzung von PC eine nachrangige Bedeutung beimisst. Eine private Mitbenutzung bis
etwa 10 % ist unschädlich. Bei einer darüber hinausgehenden privaten Mitbenutzung ist aufzuteilen,
wobei typisierend von einer jeweils hälftigen Nutzung ausgegangen werden kann.[1] Nach R 33 V
LStR können Telekommunikationsaufwendungen als WK abgezogen werden, soweit sie beruflich
veranlasst sind (beruflicher Anteil auf der Grundlage von Aufzeichnungen über Drei-Monats-Zeitraum; Aufwendungen für das Nutzungsentgelt der Telefonanlage sowie für den Grundpreis der
Anschlüsse entspr dem Anteil der Verbindungsentgelte für Telefon und Internet; ohne Einzelnachweis bis 20 % des Rechnungsbetrags, höchstens 20 € monatlich; Gesamtaufwendungen nach dem
Durchschnitt der Rechnungsbeträge über Drei-Monats-Zeitraum). Lässt man allerdings bei Computern eine Aufteilung zu, dürfte das Abzugsverbot in Fällen gemischter Nutzung auch zB bei Diktiergeräten, Taschenrechnern, Musikinstrumenten und Sportgeräten zu überprüfen sein.

II. Werkzeuge und typische Berufskleidung. § 9 I 3 Nr 6 nennt als Beispiel für Arbeitsmittel **Werk-**   324
zeuge. Diese lassen sich als Arbeitsgeräte zur Verrichtung handwerklicher Arbeiten definieren (§ 3
Rn 85). Allerdings ist ein Abzug ausgeschlossen, soweit ein nach § 3 Nr 30 stfreies Werkzeuggeld
gezahlt wird.

Das Tragen von **typischer Berufskleidung** ist beruflich, zugleich aber auch durch das allg menschli-   325
che Bedürfnis, bekleidet zu sein, veranlasst. § 9 I 3 Nr 6 vernachlässigt die private Mitveranlassung
und lässt Aufwendungen für typische Berufskleidung – konstitutiv[2] – zum Abzug zu. Zur typischen
Berufskleidung rechnet **die Rspr** Kleidungsstücke, die nach ihrer Beschaffenheit objektiv nahezu
ausschließlich für die berufliche Verwendung bestimmt und wegen der Eigenart des Berufs notwendig sind,[3] zB Schutzhelme, Sicherheitsschuhe, Amtstrachten,[4] weiße Arztkittel,[5] Arbeitsanzüge, Uniformen,[6] mit Emblem des Arbeitgebers versehene Kleidung,[7] Dienstthemden eines Polizisten[8] und
uniformähnliche Dienstkleidung der Mitarbeiter einer Luftverkehrsgesellschaft.[9] Die Rspr lässt
auch Aufwendungen für ihrer Art nach bürgerliche Kleidung ausnahmsweise zum Abzug zu, wenn
wegen der Besonderheiten des Einzelfalls eine Verwendung zu Zwecken der privaten Lebensführung so gut wie ausgeschlossen erscheint (zB schwarzer Anzug des Leichenbestatters,[10] des Oberkellners[11] oder des Geistlichen,[12] Sportsachen des Lehrers[13] und weiße Hosen eines Arztes[14]). Nicht
anerkannt hat die Rspr dagegen die Abendkleidung einer Instrumentalsolistin,[15] die weißen Hemden, Socken und Schuhe eines Arztes[5] oder Masseurs[16] – soweit nicht aus dem Fachhandel für
Berufsbedarf (?),[5] den Lodenmantel eines Försters,[17] den Trachtenanzug des Geschäftsführers eine
bayerischen Lokals,[18] die Schuhe eines Briefträgers[19] und das weiße Hemd eines Richters[20] und die
einheitlichen Kostüme von Verkäuferinnen.[21] **R 20 I LStR** zählt solche Kleidungsstücke zur typischen Berufskleidung, die als Arbeitsschutzkleidung auf die jeweils ausgeübte Berufstätigkeit zugeschnitten sind oder nach ihrer zB uniformartigen Beschaffenheit oder dauerhaft angebrachten
Kennzeichnung durch Firmenemblem objektiv eine berufliche Funktion erfüllen, wenn ihre private

---

1 BFH BStBl II 04, 958.
2 BFH BStBl II 80, 73; BStBl II 95, 17; *Völlmeke* DB 93, 1590 (1591).
3 BFH BStBl II 96, 202.
4 BFH BStBl III 59, 328; BStBl 93, 837 (Reinigung Dienstthemden).
5 BFH BStBl II 91, 348.
6 BFH BStBl II 80, 75 (76).
7 FG Nds EFG 91, 118.
8 BFH BStBl II 93, 837.
9 FG Hess EFG 93, 648.
10 BFH BStBl II 71, 50; anders BFH/NV 91, 25 (Aushilfsbestatter).
11 BFH BStBl II 79, 519; BFH/NV 88, 703; BStBl II 91, 348.
12 BFH/NV 90, 288; vgl auch FinMin Thür DStR 92, 790 (Frack des Musikers).
13 BFH/NV 90, 765; FG M'ster EFG 97, 334; FG D'dorf EFG 96, 176 (zweifelh).
14 BFH/NV 91, 377.
15 BFH BStBl II 91, 751; aber FinMin Thür DStR 92, 790.
16 BFH/NV 95, 207.
17 BFH BStBl II 96, 202; vgl aber FG Hess EFG 87, 552.
18 BFH BStBl II 80, 73.
19 FG Saarl EFG 94, 237.
20 BFH BStBl III 58, 117; vgl auch BStBl II 80, 75; **aA** BStBl III 59, 328.
21 FG D'dorf EFG 01, 362 (363).

Nutzung so gut wie ausgeschlossen ist. Die **Auslegung** des Tatbestandsmerkmals typische Berufskleidung muss sich daran orientieren, dass Aufwendungen für Berufskleidung – wie für Arbeitsmittel allg – im Hinblick auf § 12 Nr 1 S 2 nur WK sein können, wenn diese nahezu ausschließlich zur beruflichen Verwendung bestimmt ist (Rn 323). Dabei vernachlässigt § 9 I 3 Nr 6 die private Mitveranlassung durch das Bedürfnis, bekleidet zu sein, § 9 I 3 Nr 6 lässt allerdings nur für „typische" Berufskleidung die private Mitveranlassung unerheblich sein. Ob ein Kleidungsstück zur „typischen Berufskleidung" zählt, ist nicht allein nach seiner objektiven Beschaffenheit zu entscheiden. Auch ein Schutzhelm oder ein weißer Arztkittel sind keine typische Berufskleidung, wenn sie ein Finanzrichter anschafft. „Typisch" ist eine Berufskleidung, wenn das Berufsbild und die Eigenart des Berufs das Tragen dieser Kleidung fordert (wegen der Eigenart des Berufs nötige Kleidung).[1] Kleidung ist nicht schon deshalb typische Berufskleidung, weil sie ausschließlich während der Arbeitszeit getragen und am Arbeitsplatz aufbewahrt wird,[2] weil sie bei ihrer beruflichen Verwendung einer besonderen Abnutzung unterliegt[3] weil auf einer beliebigen bürgerlichen Kleidung ein (großes oder kleines) Firmenemblem oder Dienstabzeichen angebracht wird[4] oder weil eine arbeitsvertragliche Verpflichtung besteht, eine bestimmte einheitliche bürgerliche Kleidung zu tragen.[5]

326 **III. AfA.** Aufwendungen für Arbeitsmittel sind nur im Rahmen der Vorschriften über AfA als WK zu berücksichtigen. § 9 I 3 Nr 6 S 2 stellt dies durch **Verweisung auf § 9 I 3 Nr 7** ausdrücklich klar. Dieser meint alle abnutzbaren Arbeitsmittel, die einer selbstständigen Nutzung fähig sind und deren Verwendung oder Nutzung sich erfahrungsgemäß auf einen Zeitraum von mehr als einem Jahr erstreckt, wenn ihre AK netto (ohne USt) 410 € überschreiten.[6] Sind Arbeitsmittel nicht abnutzbar oder kommt eine Verteilung auf mehr als ein Jahr nicht in Betracht, so sind die Aufwendungen voll absetzbar.[7]

IV. Einzelnachweise (zu Berufskleidung: Rn 325)

327 **Arbeitszimmerausstattung.** Zu den als Arbeitsmittel berücksichtigungsfähigen WG zählen ein **Schreibtisch** (BFH BStBl II 86, 355; BStBl II 93, 106, 107; BFH/NV 97, 341) mit den dazugehörenden Gegenständen wie Schreibtischlampe, Schreibtischgarnitur, **Papierkorb** (BFH BStBl II 77, 464; *v Bornhaupt* FR 00, 971, 974) und entspr Sitzgelegenheit sowie, falls der StPfl Fachliteratur (s Bücher) in dem Zimmer aufbewahrt, auch die entspr dafür erforderlichen Regale und Büro- oder **Bücherschränke** (BFH BStBl II 91, 340; FG RhPf EFG 73, 536 – nicht: Teil eine Regals – zweifelh –) nicht hingegen Kunstgegenstände wie Bilder (BFH BStBl II 91, 837; BStBl II 91, 340; BStBl II 93, 506; FG RhPf EFG 92, 65) oder Teppiche (BFH BStBl II 77, 464, 465). Schreibtisch, Stuhl und Lampe sind auch dann Arbeitsmittel, wenn es sich um Antiquitäten handelt (BFH BStBl II 86, 355; *v Bornhaupt* FR 00, 971, 973, zur Ausstattung des Arbeitszimmers im Übrigen § 4 Rn 146). § 9 I 3 Nr 6 hat Vorrang vor § 4 V Nr 6b S 1 iVm § 9 V (BStBl II 98, 351; BMF BStBl I 98, 863; BStBl I 04, 143 Rn 20) – auch nach der Änderung von § 4 V Nr 6b durch das StÄndG 07 (vgl BT-Drs 16/1545, 12).

Bücher. Ob Bücher Arbeitsmittel sind, hängt von ihrem tatsächlichen Verwendungszweck und ihrem Inhalt ab. Die Anschaffung von auf das Fachgebiet des StPfl bezogener **Fachliteratur** durch Lehrer oder Publizisten wird als BA/WK anerkannt, sofern jedes Einzelwerk nachweislich im Unterricht oder für eine Publikation verwendet wird (BFH BStBl II 92, 1015 mwN). Werke der allgemeinbildenden, insbes schöngeistigen Literatur sind nicht bereits deswegen Arbeitsmittel, weil ein Deutschlehrer, Universitätsprofessor für Germanistik (BFH/NV 91, 598 – „konkrete Funktion des Buchs im Einzelfall" –), Publizist (BStBl II 92, 1015, H 44 LStH) oder Literaturwissenschaftler sie zur Vervollkommnung seiner Allgemeinbildung anschafft, wenn nicht nachprüfbar oder nicht klar erkennbar ist, ob sie – ausnahmsweise – weitaus überwiegend ausschließlich dem Beruf oder Betrieb dienen (BFH BStBl II 72, 723; BFH/NV 86, 401). Gleiches gilt auch für andere allgemeinbildende Bücher wie **Nachschlagwerke** und Biographien (BFH BStBl II 82, 67). WK wurden nicht anerkannt für allg Nachschlagewerk eines Lehrers (BFH BStBl II 77, 716 – Brockhaus des Lehrers –; BFH v 28.10.77 – VI R 194/74 nv – Duden des Deutschlehrers –; BStBl III 57, 328 – Brock-

---

1 *K/S/M* § 3 Rn B 31/29; BFH BStBl II 79, 519 (520); FG BaWü EFG 00, 1113.
2 BFH BStBl II 80, 75; BStBl II 91, 348 (349).
3 BFH/NV 87, 33.
4 BFH BStBl II 96, 202; FG BaWü EFG 00, 1113; vgl auch BFH/NV 06, 2169 (Gestellung bürgerlicher Kleidung nicht zwangsläufig Arbeitslohn – unabhängig vom Firmenlogo); **aA** 20 I LStR; vgl auch FG Nds EFG 91, 118; FinMin Nds DStR 96, 1934.
5 FG D'dorf EFG 01, 362 (363).
6 Vgl iE R 44 LStR.
7 *K/S/M* § 9 Rn H 22; sowie Rn 45; zur AfA bei Antiquitäten: *v Bornhaupt* FR 00, 971 (973).

haus, Lehrerin –; BStBl III 59, 262 – Herder –), anders bei Encyclopaedia Britannica eines Englischlehrers (BFH BStBl II 82, 67). Erst wenn die Ermittlungen zu keinem eindeutigen Ergebnis führen, kann der objektive Charakter den Ausschlag geben (BFH/NV 86, 401; BFH/NV 91, 508). Zur griffweisen Schätzung sind FA und FG nicht befugt. Indes sagt der BFH (BStBl II 92, 1015): „Eine Lösung ist im Rahmen einer tatsächlichen Verständigung mit dem FA möglich und wird vielfach sogar das Vernünftigste sein."(!) Nicht anzuerkennen ist idR – außer „unter besonderen Umständen" (BFH/NV 96, 402 – Handelsblatt –; vgl auch FG Kln EFG 94, 199) – der Bezug einer regionalen wie überregionalen **Tages- oder Wochenzeitung** (BFH BStBl II 83, 715 – FAZ –; FG Saarl EFG 92, 518 – Capital; Wirtschaftswoche –; FG Hess EFG 92, 517 – Wirtschaftszeitungen –; FG M'ster EFG 86, 491 – GEO –; FG Saarl EFG 91, 468 – Effecten-Spiegel –; FG BaWü EFG 88, 461 – Wirtschaftsbild –; BFH BStBl II 90, 19 – Spiegel, Zeit –; BFH/NV 90, 701 – Test –; FG Nds EFG 93, 375 – Flight –; FG BaWü EFG 93, 384 – Herald Tribune –), auch nicht durch Kulturkritiker (BFH BStBl II 90, 19; H 12.1 EStR; s aber BFH DB 83, 372 – Handelsblatt –; hiergegen FG BaWü EFG 97, 467; FG Bdbg EFG 02, 1085; FG Hess EFG 02, 1289), der Bezug einer englischen Tageszeitung durch Englischlehrer (FG BaWü EFG 93, 384), anders bei Bezug für ein Wartezimmer.

Hörgerät (BFH BStBl III 54, 174) und **Brille** (BFH BStBl II 93, 193) werden nicht als Arbeitsmittel angesehen.

Kosmetika. Aufwendungen für Kosmetika sind grds Privatausgaben (BFH/NV 91, 306 – Ausnahme für spezielle Schminke für Fotoaufnahmen –).

Musikinstrumente. Der BFH hat im Falle einer Dozentin an einem städtischen Konservatorium einen Flügel (AK 30 600 DM) als Arbeitsmittel anerkannt (BFH BStBl II 89, 356; BFH/NV 87, 88 – Reparaturkosten –). Der BFH hat darauf hingewiesen, dass im Falle eines Konzertpianisten das Beherrschen des Instruments die Grundlage seiner wirtschaftlichen Existenz sei. Ein insbes in privaten Wohnräumen bereitgehaltenes Musikinstrument kann idR nur in den Fällen als Arbeitsmittel anerkannt werden, in denen es der StPfl als Solist, Orchestermusiker oder Instrumentallehrer (zB Dozent an einem Konservatorium) als Grundlage seiner Berufsausübung intensiv beruflich nutzt. Ansonsten haben der BFH und die FG die Anerkennung insbes von Klavier und Flügel als Arbeitsmittel bei Musiklehrern an allgemeinbildenden Schulen ganz überwiegend abgelehnt (BFH/NV 93, 722 – Cembalo eines Gesamtschullehrers –; BFH BStBl II 78, 459 – Musiklehrerin, anders bei Pianist –; FG Mchn EFG 99, 1176 – Sonderschullehrerin –; FG BaWü EFG 98, 643 mwN – Grundschullehrerin –; bejaht: FG Nds EFG 82, 561 – Musiklehrer –; FG M'ster EFG 76, 178 – Cembalo –; FG D'dorf EFG 93, 575).

Nicht anerkannt wurden Musik-CDs eines Gymnasiallehrers (FG Mchn EFG 99, 891).

Sportgeräte können ebenfalls Arbeitsmittel sein (BFH BStBl II 87, 262; FG D'dorf EFG 96, 176; FG M'ster EFG 97, 334). Anerkannt als Arbeitsmittel wurden zB der **Badminton-Schläger** und die **Fußballschuhe** eines Erziehers (BFH BStBl II 87, 262). Nicht als Arbeitsmittel angesehen wurde das **Surfbrett** eines Erziehers bei privater Nutzung von 15 vH (BFH BStBl II 87, 262), eine **Skiausrüstung** eines nebenberuflichen Skilehrers (BFH BStBl II 75, 407), die **Jagdwaffen** eines Forstbeamten (BFH BStBl III 58, 300; BStBl III 60, 163; aA FG Nds EFG 73, 204) oder das Rennrad des Polizeibeamten (FG BaWü EFG 06, 811).

Technische Geräte. Arbeitsmittel können auch ein **Diktiergerät** (BFH BStBl II 71, 327), **Telefon** (R 33 V LStR 02; BFH BStBl II 74, 777; BStBl II 78, 287; BStBl II 81, 131; BStBl II 86, 200; BMF BStBl I 90, 290; BStBl I 93, 908; FR 98, 1143), Taschenrechner (FG Nbg EFG 78, 267), Zeichengerät (BFH BStBl II 85, 89 – Soldat; mittlere Reife –), Schreibmaschine (BFH BStBl II 71, 327; BStBl II 77, 464; FG M'ster EFG 87, 501), oder ein **Computer** – auch Laptops, Notebooks usw einschl Peripherie und Software (BFH BStBl II 04, 958; BFH/NV 96, 207; FinVerw DStR 97, 1367; OFD Magdeburg, 16.4.02, FR 02, 697; bei privater Mitbenutzung: Rn 322) sein. Anerkannt als Arbeitsmittel wurde auch das Tonbandgerät eines Musikers (BFH BStBl II 71, 459 – Musiker –; verneint: BStBl II 71, 327 – Richter –) oder das Teleskop eines Lehrers (FG Bln EFG 04, 1362). Abgelehnt wurde dagegen die Berücksichtigung einer **Videokamera** (BFH/NV 95, 216 – Projektmanager –), eines Videorecorders (BFH BStBl II 92, 195 – Lehrer –; BFH/NV 95, 216 – Manager –; FG Saarl EFG 97, 603 – Richter –), einer Stereoanlage (FG D'dorf EFG 82, 563 – Musiklehrer –; bej: FG Hess EFG 72, 329 – Berufsmusiker –), eines Fernsehgeräts (BFH BStBl III 60, 274; BStBl III 64, 528; BStBl II 71, 21; BStBl II 75, 407), eines Autoradios (FinVerw Hamburg StEK § 9 Nr 84) und eines Heimbüglers (BFH BStBl III 64, 455 – Arzt –).

Tiere. Als Arbeitsmittel anerkannt wurde ein Blindenhund (FG Mchn EFG 85, 390), der Hund eines Försters (BFH BStBl III 60, 163), der **Hund** eines Hausmeisters (FG Hbg 89, 228) und der Wachhund eines Dienstmanns (BMF FR 90, 317), nicht dagegen der Hund eines Landarztes (BFH BStBl II 79, 512) oder eines Schulhausmeisters (BFH/NV 91, 234). Ein Arbeitsmittel wurde bej beim **Reitpferd** des Reitlehrers (FG RhPf EFG 95, 746; FG D'dorf EFG 83, 65).

Transportmittel. Auch diese können Arbeitsmittel sein, zB die **Aktentasche** des Betriebsprüfers (FG Bln EFG 79, 225), der Aktenkoffer des Gewerkschaftssekretärs (BFH v 18.9.81 – VI R 127/77 nv). Anerkannt wurde auch der Reisekoffer eines Flugkapitäns (FG Hess EFG 89, 173 – Flugkapitän –; aA FG Hbg EFG 72, 329) nicht dagegen ein für die Fahrten Wohnung/Arbeitsstätte benutztes **Kfz** (BFH BStBl III 64, 251; FG Bln EFG 88, 557 – Fahrten Wohnung/Arbeitsstätte –; bej: BStBl III 66, 291 – gehbehinderter StPfl –; BStBl II 83, 586 – Ingenieur im Außendienst –; vgl auch *v Bornhaupt* FR 00, 971).

H. Absetzungen für Abnutzung (§ 9 I 3 Nr 7)

340 Nach § 9 I 3 Nr 7 sind WK auch Absetzungen für Abnutzung und für Substanzverringerung – AfA – sowie erhöhte Absetzungen. Es ist allerdings umstritten, ob damit ein WK-Abzug begründet oder ein dem Grunde nach gegebener WK-Abzug der Höhe nach eingeschränkt wird. Nach der **Wertverzehrthese** enthält § 9 I 3 Nr 7 eine für den Bereich der Überschusseinkünfte konstitutive Ausnahmeregel; erst (und nur) diese ermögliche die Abziehbarkeit des durch die Nutzung eines WG verursachten Wertverzehrs (in Form von AfA) als WK. Begreife man § 9 I 3 Nr 7 nicht als Ausnahme, sei kein Grund ersichtlich, warum AK/HK nicht abnutzbarer WG keine sofort absetzbaren WK sein sollen.[1] Nach der **Aufwandsverteilungsthese** dienen AfA nur der Verteilung von (dem Grunde nach gegebenen) WK in Form der AK oder HK eines WG und § 9 I 3 Nr 7 hat nur die (deklaratorische) Bedeutung eines Hindernisses für den Sofortabzug. Die angefallenen Kosten sind der Grund, der Wertverzehr der Maßstab für die Verteilung.[2] Für diese Ansicht dürften die besseren Arg sprechen. Die Regelungen über die AfA sind allg primär vom Verteilungsgedanken bestimmt (zu § 7 Rn 2, 6). Es ist nicht entscheidend, ob sich das WG verbraucht, sondern ob sich Aufwendungen verbrauchen. Vor allem aber ist die Berücksichtigung eines Wertverzehrs den Überschusserzielungseinkünften fremd (Rn 42). Dagegen entspricht ein Abzug von Aufwendungen, welche prinzipiell die Vermögenssphäre betreffen, dem allg WK-Begriff, wenn und soweit sich die Aufwendungen mit dem Einsatz des WG zur Einnahmeerzielung verbrauchen und damit der Zusammenhang mit der Einnahmeerzielung gegenüber dem Bezug zum Vermögen überwiegt (Rn 45).[3] Dass demgegenüber Aufwendungen für nicht abnutzbare WG keine sofort abzugsfähigen WK sind, ergibt sich schon daraus, dass es sich nicht um Aufwendungen „zur Einnahmeerzielung" handelt, sondern um Aufwendungen, welche die Vermögenssphäre betreffen (Rn 44). Der GrS des BFH hat sich iSd Aufwandsverteilungsthese geäußert. Bei dem Abzug von WK (AfA) gehe es nicht um die Nutzung eigenen oder fremden Vermögens, sondern darum, ob der StPfl durch die Einkunftserzielung veranlasst Aufwendungen getragen hat. IdR schlage sich dieser Aufwand in einem bilanzierungsfähigen WG nieder, auf das AfA vorzunehmen seien. Lägen die Voraussetzungen eines bilanzierungsfähigen WG nicht vor, werde der Aufwand „wie ein materielles WG" behandelt, dh nach den AfA-Regeln.[4]

341 § 9 I 3 Nr 7 verweist auf § 7 und die zu **AfA** entwickelten Grundsätze, soweit sie auf Überschusseinkünfte übertragbar sind. Die Höhe der AfA richtet sich nach der voraussichtlichen Nutzungsdauer des WG, die durch den technischen Verbrauch, die wirtschaftliche Abnutzung und die rechtliche Nutzungsberechtigung begrenzt wird (zu § 7 Rn 67ff). Die AfA können ab dem Beginn der Nutzung zur Einnahmeerzielung angesetzt werden (zu § 7 Rn 41f). Hat der StPfl das WG zunächst nicht zur Einnahmeerzielung genutzt, bilden ab der Umwidmung zur Einnahmeerzielung die – nach der Gesamtnutzungsdauer berechneten – fortgeführten (ursprünglichen) AK/HK die AfA-Bemessungsgrundlage.[5] Sind die AfA im Zeitpunkt der Umwidmung bereits verbraucht, können weitere AfA nicht mehr abgezogen werden.[6]

---

[1] *K/S/M* § 9 Rn B 97 f; I 37 f; BFH BStBl II 78, 455; BStBl II 83, 410.
[2] *H/H/R* § 9 Rn 95, 586f; *Blümich* § 9 Rn 108.
[3] BFH BStBl II 90, 830 (836).
[4] BFH GrS 1/97, BStBl II 99, 778 (780 zu C I 2b).
[5] BFH/NV 93, 599.
[6] BFH BStBl II 90, 684.

§ 9 I 3 Nr 7 S 1 lässt „Absetzungen für Abnutzung und für Substanzverringerung" als WK zum Abzug zu. Er verweist damit auch auf § 7 I 5, der Absetzungen für außergewöhnliche technische oder wirtschaftliche Abnutzungen **(AfaA)** für zulässig erklärt (zur AfaA: zu § 7 Rn 100 ff). Eine außergewöhnliche wirtschaftliche AfA liegt vor, wenn die wirtschaftliche Nutzbarkeit und Verwendungsmöglichkeit eines WG durch besondere Umstände gegenüber dem normalen Wertverzehr gesunken ist. Wird ein Arbeitsmittel entwendet, kann dieses nicht mehr genutzt werden. Der Verlust kann im Wege der AfaA zu Erwerbsaufwendungen führen.[1] Eine AfaA muss im VZ des Eintritts, spätestens der Entdeckung des Schadens erfolgen.[2] Ersatzleistungen Dritter sind im VZ des Zuflusses als stpfl Einnahmen zu erfassen. Eine AfaA kommt neben dem Abzug von Reparaturkosten nicht in Betracht, wenn die Reparatur technisch fehlerfrei ausgeführt ist, sie keine Substanzeinbuße mehr hinterlässt und lediglich noch ein merkantiler Minderwert verbleibt.[3] 342

Nach **§ 9 I 3 Nr 7 S 2** können auch über den 31.12.07 hinaus bei GWG, bei denen die AK/HK weniger als 410 € (reiner Warenwert ohne VorSt – unabhängig von umsatzsteuerrechtlicher Abziehbarkeit[4]) betragen, diese AK bzw HK in vollem Umfang in dem Jahr, in dem die Aufwendungen anfallen, als WK abgezogen werden. Zwar wurde § 6 II ab VZ 07 geändert, der Beitrag, bis zu dem die AK/HK von GWG sofort als BA absetzbar sind, auf 150 € gesenkt und für GWG bis 1 000 € ein auf 5 Jahre aufzulösender Sammelposten vorgesehen. Für die Überschusseinkünfte sollte aber die bisherige Regelung erhalten bleiben.[5] 343

I. Wege Wohnung/Arbeitsstätte (§ 9 II 1–6, 10)

§ 9 II bestimmt, dass Aufwendungen für Wege Wohnung/Arbeitsstätte und Familienheimfahrten keine WK sind, lässt diese Aufwendungen aber in begrenztem Umfang wie WK zum Abzug zu. 350

I. Allgemeine Erläuterungen. Die Regelung über die Berücksichtigung von Aufwendungen für Wege Wohnung/Arbeitsstätte war im Laufe **ihrer Entwicklung** verschiedenen Änderungen unterworfen. Es wurden Fahrtkosten mit unterschiedlichen Pauschbeträgen und unter wechselnden Voraussetzungen zum Abzug zugelassen (vgl 2. Aufl, § 9 Rn 161). Zum 1.1.01 wurden die Pauschbeträge für Fahrten mit dem eigenen Kfz durch eine erhöhte Entfernungspauschale ersetzt. Diese wurde in der Folge von 0,40 € und 0,36 € auf 0,30 € gesenkt. Zum 1.1.07 ist die Regelung für Wege Wohnung/Arbeitsstätte grundlegend umgestaltet worden. Die Aufwendungen werden nicht mehr als WK angesehen. Nur bei Fernpendlern ist noch ein Abzug „wie WK" ab dem 21. Entfernungs-km möglich. Außerdem ist die Sonderregelung entfallen, nach der Aufwendungen für die Benutzung öffentlicher Verkehrsmittel, über die Entfernungspauschale hinaus, zusätzlich angesetzt werden konnten (hierzu Rn 382), und es sollen Unfallkosten zukünftig nicht mehr neben der Entfernungspauschale berücksichtigt werden (hierzu Rn 381).[6] 351

Aufwendungen für Fahrten zwischen Wohnung und Arbeitsstätte sind **gemischte Aufwendungen iSd § 12 Nr 1 S 2**.[7] Sie sind wegen der privaten Wahl des Wohnorts zwangsläufig auch privat mit veranlasst. Wäre die bisherige Regelung des § 9 I 3 Nr 4 lediglich deklaratorisch gewesen, hätten Fahrten zur Arbeitsstätte von anderen Orten als der Wohnung uneingeschränkt abzugsfähig sein müssen. Ebenso waren die Ausnahmen von § 9 I 3 Nr 4 S 2–7 aF überzeugend nur zu begründen, wenn § 9 I 3 Nr 4 aF als konstitutiv interpretiert wurde. Auch der Gesetzgeber ist seit 1967 davon ausgegangen, dass es sich um Aufwendungen handelt, welche die private Lebensführung berühren.[8] Das BVerfG hat in seinem Beschluss v 4.12.02 zu der 2-Jahres-Frist bei doppelter Haushaltsführung ausgeführt, die grds Abzugsfähigkeit der Kosten einer doppelten Haushaltsführung sei traditioneller Teil der Grundentscheidung des deutschen ESt-Rechts, die steuerrechtlich erhebliche Berufssphäre nicht erst „am Werkstor" beginnen zu lassen. Damit gehörten vor allem Fahrtkosten Wohnung/Arbeitsstätte zu den im Rahmen des objektiven Nettoprinzips abzugsfähigen beruflichen Aufwendungen, obwohl solche Aufwendungen wegen der privaten Wahl des Wohnorts zwangsläufig auch privat mit veranlasst seien.[9] Vor diesem systematischen Hintergrund ist es zutr, wenn § 9 II 1 aussagt, Aufwendungen für die Wege Wohnung/Arbeitsstätte seien keine WK. Es ist systemgerecht und 352

---

1 BFH BStBl II 04, 491.
2 BFH BStBl II 98, 443.
3 BFH BStBl II 94, 235.
4 BFH BStBl II 1971, 318.
5 BT-Drs 16/4841, 54.
6 BT-Drs 16/1545, 13 f.

7 BVerfG BStBl II 03, 534 (541); *Offerhaus* BB 06, 129; BFH BStBl II 83, 306 (308); *Olbertz* BB 96, 2489 (2491); **aA** *Karrenbrock/Fehr* DStR 06, 1303 (1304 f); *Lenk* BB 06, 1305; vgl auch BFH BStBl II 62, 192.
8 BFH BStBl II 83, 306 (310); *Offerhaus* BB 06, 129 (130).
9 BVerfG BStBl II 03, 534 (541).

von Beckerath

verfassungsrechtlich zulässig, wenn der Gesetzgeber Aufwendungen für Wege Wohnung/Arbeitsstätte vom Abzug ausnimmt und dem Grundsatz folgt, „die Arbeit beginnt am Werkstor".[1]

353 Der Gesetzgeber nimmt in § 9 II 1 einen Prinzipienwechsel zum Werkstorprinzip vor, lässt in § 9 II 2 ff aber weiterhin Aufwendungen für Wege Wohnung/Arbeitsstätte bei Fernpendlern ab dem 21. Entfernungs-km zum Abzug zu. Er hätte auch die Möglichkeit gehabt, es bei dem WK-Abzug zu belassen, ihn aber auf die Berücksichtigung von Fahrten ab dem 21. Entfernungs-km zu beschränken. Es wäre dann allerdings – vor dem Hintergrund der Entscheidung des BVerfG v 4.12.02 (Rn 352) – nach dem sachlich rechtfertigenden Grund für die Abweichung von der Grundentscheidung, die Berufssphäre nicht erst am Werkstor beginnen zu lassen, zu fragen gewesen. Der Gesetzgeber hat sich für den Prinzipienwechsel zum Werkstorprinzip entschieden, so dass nunmehr umgekehrt zu fragen ist, inwieweit er dieses **Werkstorprinzip konsequent umgesetzt** hat.

354 Unsystematisch erscheint es, dass § 9 II 2 Aufwendungen für Wege Wohnung/Arbeitsstätte **„wie WK"** zum Abzug zulässt. Der Gesetzgeber kann Aufwendungen konstitutiv als Werbungskosten, Sonderausgaben oder außergewöhnliche Belastungen definieren. Das dem EStG zugrunde liegende System wird jedoch verlassen, wenn er in § 9 II 2 – wie in § 4f – Aufwendungen wie WK zum Anzug zulässt. Sonderausgaben sind Aufwendungen, die privat, außerhalb der Erwerbshandlung veranlasst, jedoch real oder zumindest typisiert zwangsläufig sind. Der Abzugstatbestand der ag Belastung entlastet von existenzsichernden oder zumindest existenzstützenden Aufwendungen, die der Gesetzgeber wegen ihrer Unvermeidbarkeit zum Abzug zulässt (§ 2 Rn 136). Da § 9 II 2 die Entfernungspauschale als Härtefallregelung „zur Abgeltung erhöhter Aufwendungen" gewährt, wäre eine Einordnung als ag Belastung in Betracht gekommen. Der Gesetzgeber hat sich dafür entschieden, die Aufwendungen für Fernpendler technisch als WK zu behandeln, so dass der Arbeitnehmerpauschbetrag (§ 9a S 1 Nr 1 Buchst a) und das Verfahren der Eintragung eines Freibetrags auf der Lohnsteuerkarte (§ 39a I 1) auf sie anzuwenden sind.[2]

355 Vor dem Hintergrund des Werkstorprinzips ist nach der Rechtfertigung für die ausnahmsweise Berücksichtigung der Aufwendungen **ab dem 21. Entfernungs-km** zu fragen. Der Gesetzgeber begründet § 9 II 2 als Härtefallregelung zur Berücksichtigung überdurchschnittlicher Entfernungen. Diese Begründung ist nicht unproblematisch, da die Entfernungspauschale vollkommen einkommensunabhängig und auch aufwandsunabhängig[3] gewährt wird und die ausschließliche Begünstigung des Fernpendlers umwelt- und verkehrspolitischen Überlegungen widerspricht,[4] die in der Vergangenheit zu einer Begrenzung der maximal berücksichtigungsfähigen km geführt haben (vgl 2. Aufl, § 9 Rn 161). Den Härten, die sich aus dem Prinzipienwechsel für Fernpendler ergeben, hätte der Gesetzgeber überzeugender mit einer großzügigen Übergangsregelung Rechnung getragen.

356 Die Entfernungspauschale als solche – verglichen mit einer Berücksichtigung der tatsächlichen Fahrtaufwendungen – steht in einem Spannungsverhältnis zu dem Prinzip der Besteuerung nach der wirtschaftlichen Leistungsfähigkeit. Für sie sprechen jedoch umwelt- und verkehrspolitische Gründe. Sie vermittelt eine gleich hohe Steuerersparnis, unabhängig davon, ob der StPfl hohe Aufwendungen für eine Kfz-Nutzung oder niedrigere Aufwendungen für die Nutzung öffentlicher Verkehrsmittel hat. Sie führt vor allem zu einer **Steuervereinfachung**.[5] Sie erübrigt die früher notwendige Prüfung, ob der StPfl ein Kfz oder öffentliche Verkehrsmittel benutzt hat. Sie erspart Nachforschungen, ob der StPfl allein in seinem Kfz zur Arbeitsstelle gefahren ist oder in einer Fahrgemeinschaft. In der Literatur und der Rspr der FG ist umstritten, ob § 9 II 1 verfassungsgemäß ist. Verfassungswidrigkeit wird angenommen von *Dreuseck*[6], *Tepke*[7], *Stahlschmidt*[8], *Karrenbrock/Fehr*[9] und *Micker*[10]. Für verfassungsgemäß wird die Neuregelung gehalten von *Wernsmann*[11], *Offerhaus*[12], *Leisner-Egensperger*[13] (mit Einschränkungen). Die FG vertreten ebenfalls unterschiedliche Auffassungen. Das FG Nds und das FG Saarland halten § 9 II 1 für verfassungwidrig. Sie haben in Beschlüssen nach Art 100 I 1 GG das BVerfG angerufen[14] und in einem Verfahren des

---

1 *Offerhaus* BB 06, 129; BT-Drs 16/1969.
2 BT-Drs 16/1545, 13.
3 *Offerhaus* BB 06, 129 (130).
4 *Richter/Theile* StuW 98, 351.
5 Zum verfassungsrechtlichen Gebot: BVerfG BStBl II 97, 518; *Kirchhof* HStR V § 124 Rn 298; *ders* Stbg 97, 193.
6 *Dreuseck* FR 01, 1.
7 *Tepke* in FS Raupach, O6, 177 (184 ff).
8 *Stahlschmidt* FR 06, 818 (822).
9 *Karrenbrock/Fehr* DStR 06, 1303.
10 *Micker* DStR 07, 1145.
11 *Wernsmann* DStR 07, 1149.
12 *Offerhaus* BB 06, 128.
13 *Leisner-Egensperger* BB 07, 639.
14 Nds FG EFG 07, 690; FG Saarland EFG 07, 853.

einstweiligen Rechtsschutzes einen Antrag auf Eintragung eines Freibetrags auf der Lohnsteuerkarte entsprochen[1]. Das FG Kln, das FG Meck-Pomm und das FG Bln haben die Kürzung der Entfernungs-Pauschale für verfassungsgemäß gehalten[2]. Der BFH hat in einem Verfahren des einstweiligen Rechtsschutzes die Fin Verw verpflichtet, einen Freibetrag für Fahrten Wohnung/Arbeitsstätte auf der Lohnsteuerkarte einzutragen. Er hat ernstliche Zweifel an der Verfassungsmäßigkeit des § 9 II bejaht. Diese Zweifel seien augenscheinlich, da diese Frage in der Literatur kontrovers diskutiert werde und in der Rspr zu unterschiedlichen Entscheidungen geführt habe.[3]

§ 9 II 1–6, 10 lässt Aufwendungen für Fahrten zw Wohnung und Arbeitsstätte eingeschränkt zum Abzug zu. Ein weiterreichender Abzug von Aufwendungen ist dagegen bei sog **Dienstreisen** möglich. Eine Dienstreise ist ein Ortswechsel aus Anlass einer vorübergehenden Auswärtstätigkeit des ArbN außerhalb seiner Wohnung und seiner regelmäßigen Arbeitsstätte (§ 19 Rn 160 Dienstreisen). Nach § 9 I 3 Nr 5 sind notwendige Mehraufwendungen, die einem ArbN wegen einer aus beruflichem Anlass begründeten **doppelten Haushaltsführung** entstehen, als WK abzugsfähig, allerdings nach § 9 II 7–10 nur eine Familienheimfahrt wöchentlich, jedoch nicht erst ab dem 21. Entfernungskm. Da Familienheimfahrten zugleich die Voraussetzungen des § 9 II 1–6, 10 erfüllen, wird dem ArbN ein Wahlrecht zugestanden, Mehraufwendungen wegen doppelter Haushaltsführung oder Fahrten Wohnung/Arbeitsstätte geltend zu machen.[4] Neben den Mehraufwendungen wegen doppelter Haushaltsführung können Aufwendungen für Fahrten von der Wohnung am Beschäftigungsort zur Arbeitsstätte abgezogen werden. Eine **Fahrtätigkeit** ist bei ArbN gegeben, die ihre Tätigkeit auf einem Fahrzeug ausüben.[5] Die Aufwendungen für die Fahrten zw Wohnung und Betrieb, Standort, Fahrzeugdepot oder Einsatzstelle sind als Aufwendungen für Fahrten zw Wohnung und Arbeitsstätte oder, wenn der Einsatzort ständig wechselt, nach den Grundsätzen über eine Einsatzwechseltätigkeit zu berücksichtigen.[6] Eine **Einsatzwechseltätigkeit** liegt bei ArbN vor, die typischerweise nur an ständig wechselnden Tätigkeitsstätten eingesetzt werden (§ 19 Rn 160 Einsatzwechseltätigkeit). Bei einer Einsatzwechseltätigkeit können die Fahrtkosten als Reisekosten abgerechnet werden.[7] R 9.4 LStR 08 stellt den Fahrten Wohnung/Arbeitsstätten die **„beruflich veranlasste Auswärtstätigkeit"** gegenüber. Sie liegt gem R 9.4 II LStR 08 vor, wenn der ArbN vorübergehend außerhalb seiner Wohnung und an keiner seiner regelmäßigen Arbeitsstätten beruflich tätig wird. Eine Auswärtstätigkeit liegt ebenfalls vor, wenn der ArbN bei seiner individuellen beruflichen Tätigkeit typischerweise nur an ständig wechselnden Tätigkeitsstätten oder auf einem Fahrzeug tätig wird.

II. Die Begünstigungsregelung (§ 9 II 1–3, 10). – 1. Wohnung. Mit dem Begriff der Wohnung in § 9 II 1, 2 sind alle Unterkünfte gemeint, die von einem ArbN zur Übernachtung genutzt werden und von denen aus er seinen Arbeitsplatz aufsucht.[8] „Wohnung" iSv § 9 II 1, 2 kann die Unterkunft in einem möblierten Zimmer,[9] auf einem Schiff,[10] in einer Holzbaracke,[11] in einem Wohnwagen und auf einem Campingplatz,[11] in der Kaserne oder in einem Baustellenwagen[12] sein. Nach der Vorstellung des Gesetzgebers ist eine „Wohnung" iSd § 9 II 1, 2 grds nur die **eigene Wohnung** des StPfl.[13] § 9 II 6 bestätigt dies, indem er ausdrücklich den Fall regelt, dass ein ArbN mehrere Wohnungen „hat". Begünstigte Fahrten liegen danach nicht vor, wenn der ArbN von einer fremden Wohnung (zB der einer Freundin) oder einem Hotelzimmer zur Arbeitsstätte fährt.[14] Aufwendungen für Fahrten von einer anderen Unterkunft sind nur in Ausnahmefällen zu berücksichtigen, zB wenn die eigene Wohnung des StPfl nicht benutzbar ist (zB beim Übernachten in der Wohnung eines Freundes während der Renovierung der eigenen Wohnung) oder wenn die eigene Wohnung zur Erreichung der Arbeitsstätte nicht geeignet ist (zB bei Übernachtung im Hotel, weil die Wohnung von Arbeitsort zu weit entfernt liegt und der ArbN eine Zweitwohnung am Arbeitsort noch nicht gefun-

---

1 Nds FG DStRE 07, 547.
2 FG Kln EFG 07, 1090; FG Meck-Pomm, 23.5.07, 1 K 497/06; FG BaWü DStRE 07, 538.
3 BFH, 23.8.07, VI B 42/07, BStBl II 07, 799 zur Behandlung von Anträgen auf Eintragung eines Freibetrags: BMF, 4.10.07, BStBl I 07, 722.
4 R 43 VI 2 LStR; BFH BStBl II 88, 990; BStBl II 00, 692 (zu § 10e).
5 R 37 IV LStR.
6 R 38 II LStR.
7 BFH BStBl II 05, 785; zur Mindestentfernung von 30 km: BStBl II 95, 137 (139); R 38 III 1 LStR; BMF v 26.5.05, FR 05, 1180; BFH BStBl II 05, 793.
8 BFH BStBl II 88, 706 (708); R 42 III 1 LStR 00.
9 BFH BStBl III 67, 727.
10 So ausdrücklich: BFH BStBl II 06, 378 (379); **aA** noch: BFH BStBl III 72, 245.
11 BFH BStBl II 75, 278.
12 BFH BStBl II 86, 369.
13 BFH BStBl II 89, 144 (145); BStBl II 88, 706 (708) ist überholt.
14 BFH BStBl II 88, 706 (708).

den hat).[1] Aufwendungen für Fahrten zw einer gemeinschaftlichen Wohnung und der Arbeitsstätte sind nach der Rspr des BFH abziehbar, wenn der StPfl selbst keine weitere Wohnung hat oder er zwar noch eine eigene Wohnung besitzt, in der gemeinschaftlichen Wohnung aber nachweislich seit längerer Zeit ständig lebt und übernachtet[2] (zu Fahrten von mehreren Wohnungen aus: Rn 388). Nicht entscheidend ist, ob der ArbN von der Wohnung aus **„regelmäßig"** zu seiner Arbeitsstätte fährt. § 9 II 2 enthält weder ausdrücklich eine dementspr Tatbestandsvoraussetzung noch ist eine entspr Anforderung aus dem Tatbestandsmerkmal „Wohnung" abzuleiten[3] (vgl allerdings Rn 367 zur „regelmäßigen" Arbeitsstätte; Rn 388 zu Fahrten von mehreren Wohnungen). Der Abzugsbeschränkung des § 9 II 1, 2 unterliegen nicht die **Fahrten zwischen mehreren regelmäßigen Arbeitsstätten.**[4]

366 2. Arbeitsstätte. Unter einer (regelmäßigen) Arbeitsstätte ist der ortsgebundene Mittelpunkt der dauerhaft angelegten beruflichen Tätigkeit des ArbN zu verstehen.[5] Entscheidend ist, ob ein ArbN den Betriebssitz des ArbG's oder sonstige ortsfeste dauerhafte betriebliche Einrichtungen, denen er zugeordnet ist, nicht nur gelegentlich, sondern mit einer gewissen Nachhaltigkeit, d.h. fortdauernd und immer wieder, aufsucht[6]. Nach der Rspr des BFH entspricht der Begriff des Tätigkeitsmittelpunkts iSv § 4 V 1 Nr 5 S 2 dem Begriff der Arbeitsstätte.[7] Nach Auffassung der Fin Verw wird die betriebliche Einrichtung mit einer gewissen Nachhaltigkeit aufgesucht, wenn der ArbN sie durchschnittlich einmal je Arbeitswoche (in der Regel: 52 Wochen ./. 6 Wochen Urlaub = 46 Tätigkeitswochen pro Kalenderjahr) aufsucht[8]. Arbeitsstätte ist idR der Arbeitsplatz im Betrieb des ArbG,[9] kann aber auch ein Arbeitsplatz in einem fremden Betrieb sein, wenn der ArbN dort Arbeiten für seinen ArbG auszuführen hat, wie etwa bei einem Leiharbeitsverhältnis.[10] Bei einem Soldaten ist Arbeitsstätte idR der Ort, an dem seine Truppe stationiert ist oder er zum Einsatz kommt.[9] Es kann auch ein überschaubarer räumlicher Bereich – wie zB bei einem Forstwirt die verschiedenen Distrikte eines Forstamtsbezirkes – eine (weiträumige) Arbeitsstätte bilden.[11] Da der BFH in seiner neueren Rspr unter einer (regelmäßigen) Arbeitsstätte nur noch **ortsfeste betriebliche Einrichtungen** des ArbG versteht, kann sich entgegen früherer BFH-Rspr eine (regelmäßige) Arbeitsstätte nicht mehr auf einem Schiff,[12] in einem Lkw,[13] Bus[14] oder bei Schlafwagenschaffnern in einem Schlafwagen[15] befinden. Die Forderung nach einer ortsfesten Einrichtung des ArbG bedeutet zugleich, dass Fahrten zu einem **Treffpunkt**, von dem aus der ArbN weiterbefördert wird oder an dem er zB einen Bus übernimmt, nicht unter § 9 II 1 fallen.[16] Arbeitsstätte ist nicht das häusliche Arbeitszimmer oder das in der eigenen Wohnung befindliche Büro.[17] Ein ArbN kann auch mehrere Arbeitsstätten – mit der Folge des § 9 II 1, 2 – haben.[18] Für die Annahme einer Arbeitsstätte reicht es allerdings nicht aus, wenn zahlreiche Tätigkeitsstätten in zeitlichem Abstand immer wieder aufgesucht werden, sondern es ist auch eine gewisse zeitliche **Nachhaltigkeit** und Dauerhaftigkeit in der Tätigkeit an diesen Orten erforderlich.[19] Fährt ein ArbN im Außendienst (zB Kundendienstmonteur, Reisevertreter) täglich mehrere Einsatzstellen kurzfristig an, so hat er an diesen Stellen – wegen der fehlenden zeitlichen Nachhaltigkeit der Tätigkeit an diesen Orten – keine Arbeitsstätte iSv § 9 II 1, sondern seine Arbeitsstätte ist – entspr dem Typus „Arbeitsstätte" – auch dann im Betrieb des ArbG, wenn der ArbN diesen jeweils nur kurz aufsucht, um Aufträge entgegenzunehmen oder abzurechnen.[20] „Arbeitsstätte" kann auch eine Fortbildungsstätte sein, zu welcher der ArbN regelmäßig fährt.[21]

---

1 BFH BStBl II 89, 144 (145).
2 BFH BStBl II 89, 144 (145); auch FG Kln EFG 01, 130.
3 BFH BStBl II 79, 219; *K/S/M* § 9 Rn F 11.
4 BFH BStBl II 89, 296; bei mehreren Dienstverhältnissen: FG Kln EFG 00, 167 (Rev VI R 7/00); BFH BStBl II 75, 177.
5 BFH BStBl II 06, 378 (379); BStBl II 05, 789 (791).
6 BFH BStBl II 05, 791.
7 BFH BStBl II 05, 789 (791).
8 OFD Rhld, 7.2.07, ESt-Kartei NW § 9 EStG F 3 Nr 901; BMF BStBl I 05, 960.
9 BFH BStBl II 80, 124.
10 BFH BStBl II 79, 521.
11 FG Nbg EFG 04, 1207 (nicht: Kehrbezirk).
12 So ausdrücklich: BFH BStBl II 06, 378 (379); **aA** noch: BFH BStBl II 72, 245.
13 Vgl BFH BStBl II 05, 788 (Linienbusfahrer); **aA** noch: BFH BStBl II 79, 148.
14 **AA** noch: BFH BStBl II 86, 824.
15 **AA** noch: BFH BStBl II 72, 915.
16 BFH BStBl II 05, 788 (Übernahme auf freier Strecke).
17 BFH/NV 97, 279; 99, 41; BFH BStBl II 94, 468.
18 FG RhPf EFG 03, 605 (Verkehrspilot.); FG Kln EFG 07, 1070 (nur, wenn weitere Arbeitsstätte nicht untergeordnet).
19 BFH BStBl II 05, 788; BStBl II 02, 878 (Bezirksleiter Einzelhandelskette); FG Hess EFG 93, 775 (Schlachthöfe); FG Saarl EFG 94, 285 (Einkaufsmärkte); FG D'dorf EFG 96, 535 (Filialen).
20 BFH BStBl II 94, 422 (Glas- und Gebäudereiniger); *Thomas* DStZ 02, 877 (879).
21 FG D'dorf EFG 02, 1600; FG Hess EFG 06, 101 mwN.

Werbungskosten § 9

§ 9 II 1 in seiner Neufassung ab 1.1.07 regelt nunmehr ausdrücklich, dass nur Fahrten zur **„regelmä-** 367 **ßigen" Arbeitsstätte** gemeint sind. Es sollen damit in Orientierung an Sinn und Zweck des § 9 II Fahrten zw Wohnung und Arbeitsstätte zugunsten des StPfl von anderen beruflich veranlassten Fahrten (Dienstreisen, Fahrten im Rahmen einer Fahr- oder Einsatzwechseltätigkeit) abgegrenzt und bei diesen Fahrtaufwendungen über den Rahmen des § 9 II 1, 2 hinaus zum Abzug zugelassen werden[1] (Rn 357). Nach der Rspr des BFH reicht es für das Vorliegen einer regelmäßigen Arbeitsstätte aus, wenn der ArbN dem Betrieb oder einer ortsfesten Betriebsstätte des ArbG zugeordnet ist und diesen/diese nachhaltig (zB zur Abrechnung von Aufträgen oder Übernahme eines Fahrzeugs) aufsucht.[2] Eine auswärtige Tätigkeitsstätte wird nicht durch bloßen Zeitablauf (von drei Monaten) zur regelmäßigen Arbeitsstätte.[3]

3. Wegeaufwendungen. Der Begriff der **„Aufwendungen"** wird durch § 9 II 2 bestimmt. Die Rege- 368 lung über die Entfernungspauschale begrenzt nicht nur den Abzug von Aufwendungen. Sie unterstellt auch Aufwendungen in Höhe der Pauschale, wenn tatsächlich geringere Beträge entstanden sind und fingiert Aufwendungen, falls keine angefallen sind (Beispiel: zu Fuß, unentgeltliche Mitnahme). § 9 II 2 spricht von Aufwendungen für die **„Wege"** (bis zum 1.1.01: Fahrten). Der StPfl soll die Entfernungspauschale auch dann in Anspr nehmen können, wenn er zu Fuß geht. Außerdem passt der Begriff „Wege" besser für Flüge, die von § 9 II 3 von der Regelung des § 9 II 2 ausgenommen werden.

4. Arbeitnehmer. § 9 II 2 regelt nur Aufwendungen „des ArbN" für Wege zw Wohnung und 369 Arbeitsstätte und betrifft damit zunächst nur Einkünfte aus nichtselbstständiger Arbeit. Nach § 9 III gilt § 9 II bei den anderen Überschusseinkunftsarten jedoch entspr (vgl hierzu Rn 433). § 4 V Nr 6 trifft für die Gewinneinkünfte eine spezielle Regelung für Wege Wohnung/Arbeitsstätte.

5. Eingeschränkte Entfernungspauschale. Nach § 9 II 2 ist zur Abgeltung der Aufwendungen (für 375 die Wege zw Wohnung und Arbeitsstätte) eine **grds verkehrsmittelunabhängige Entfernungspauschale** anzusetzen. Welches Verkehrsmittel (Kfz, Straßenbahn, Fahrrad) der StPfl benutzt, ist grds unerheblich, ebenso, ob er überhaupt ein Verkehrsmittel benutzt oder zu Fuß geht. Es ist auch unerheblich, ob und in welcher Höhe ihm Aufwendungen entstanden sind. Die Abzugsbeschränkung des § 9 II 1, 2 setzt nicht voraus, dass die Arbeitsstätte zum Arbeitseinsatz aufgesucht wird. Sie greift auch ein, wenn die Arbeitsstätte zur Fortbildung aufgesucht wird.[4]

Eine **Ausnahme** von der Pauschalierung der Aufwendungen gilt nach § 9 II 3 bei **Flügen**. Für diese 376 soll die Entfernungspauschale nicht gelten, da diese bei größeren Entfernungen dazu führen könnte, dass die Steuerentlastung erheblich höher ist als die tatsächlichen Kosten. Diese Ausnahme führt allerdings dazu, dass bei StPfl, bei denen die Benutzung eines Flugzeugs in Betracht kommt, festgestellt werden muss, welches Verkehrsmittel sie benutzt haben. Bei Flügen soll es beim Abzug der tatsächlichen Kosten bleiben.[5] Nach § 9 II 4 kann die **verkehrsgünstigere Straßenverbindung** zu Grunde gelegt werden. Dazu aber ist die Feststellung erforderlich, welches Verkehrsmittel der ArbN benutzt. Bei Benutzung eines **Kraftwagens** gilt die Besonderheit, dass nach § 9 II 2 ein Ansatz der Entfernungspauschale über den Höchstbetrag von 4500 € hinaus möglich ist.

Die Entfernungspauschale wird nur **eingeschränkt** gewährt. Sie ist grds nur für die kürzeste Stra- 377 ßenverbindung, nur für Fahrten vom Mittelpunkt der Lebensinteressen, nicht für Flugstrecken und Strecken mit Sammelbeförderung, erst ab dem 21. Entfernungs-km, nur einmal pro Arbeitstag und nur bis zu einem Höchstbetrag anzusetzen (Rn 385 ff).

6. Ansatz wie Werbungskosten. § 9 II 1 bestimmt, dass Aufwendungen für Wege Wohnung/ 380 Arbeitsstätte keine WK sind, § 9 II 2 aber, dass sie „wie WK" abzusetzen sind. Die Aufwendungen sollen technisch wie WK behandelt werden. Dies hat zB zur Folge, dass der Arbeitnehmerpauschbetrag von 920 € (§ 9a S 1 Nr 1 Buchst a) und das Verfahren bei der Eintragung eines Freibetrags auf der Lohnsteuerkarte (§ 39a S 1 Nr 1 Buchst a) auf sie in gleicher Weise wie bei „echten" WK anzuwenden sind. Das bedeutet: Abzug bei der Einkunftsermittlung und Berücksichtigung im Lohnsteuerermäßigungsverfahren nur, soweit sie zusammen mit anderen WK den Arbeitnehmerpauschbetrag übersteigen.[6]

---

1 BFH BStBl II 05, 785; BStBl II 05, 791.
2 BFH BStBl II 05, 788.
3 BFH BStBl II 06, 378 (379).
4 BFH BStBl II 03, 495.
5 BT-Drs 14/4242, 5.
6 BT-Drs 16/1545, 13.

von Beckerath

381 **7. Abgeltungswirkung.** Nach § 9 II 10 werden durch die Entfernungspauschale sämtliche Aufwendungen abgegolten, die durch die Wege Wohnung/Arbeitsstätte veranlasst sind (zB Parkgebühren, Finanzierungskosten). Es können auch **Aufwendungen aufgrund außergewöhnlicher Ereignisse** (wie Unfall, Diebstahl, Motorschaden) nicht mehr gesondert abgesetzt werden. Nach dem Wortlaut „sämtliche Aufwendungen" waren auch Unfallkosten ab 1.1.01 nicht mehr gesondert absetzbar. Die FinVerw hatte diese dennoch zum Abzug zugelassen.[1] Nach der Gesetzesbegründung zum StÄndG 07 sollen auch diese nunmehr abgegolten sein.[2] Die FinVerw ist dem ab 2007 gefolgt.[3] Auch Aufwendungen, die nicht primär mit dem Betrieb des Kfz, sondern der **Benutzung der Straße** zusammenhängen (wie Straßenbenutzungsgebühren, Brückengelder, Fährgelder) können nicht mehr zusätzlich berücksichtigt werden (vgl Rn 401 „Fährverbindung").

382 Nach § 9 II 2 aF konnten anstelle der Entfernungspauschale Aufwendungen für die Benutzung öffentlicher Verkehrsmittel angesetzt werden, soweit sie die Entfernungspauschale überstiegen. Es sollte damit im Kurzstreckenbereich möglich bleiben, die höheren tatsächlichen Kosten abzusetzen. Diese Regelung ist zum 1.1.07 mit der Einführung der 20-km-Grenze entfallen. Der Gesetzgeber hat diese Sonderregelung als sachwidrig angesehen, wenn für die ersten 20 Entfernungs-km keine Aufwendungen abgezogen werden können.[2]

385 **III. Berechnung des Abzugsbetrages (§ 9 II 2–6).** § 9 II enthält verstreut über § 9 II 2–6 Regelungen, die bei der Berechnung des Abzugsbetrags zu beachten sind, in § 9 II 2, 3, 4 und 6 Regelungen, welche die maßgebende Strecke betreffen, in § 9 II 2 Regelungen zum Pauschbetrag und dem maßgebenden Multiplikator, in § 9 II 5 zum Abzug bestimmter Bezüge und in § 9 II 2 zum maßgebenden Höchstbetrag.

386 **1. Die maßgebende Strecke. – a) Flugstrecken und Sammelbeförderung.** Nach § 9 II 3 gilt die Entfernungspauschale nicht für Flugstrecken. Bei **Flugstrecken** sollen nach § 9 II 3, 2. HS – ohne Ausschluss von 20 Entfernungs-km (Abgeltung durch An- und Abfahrtsstrecke zum Flughafen)[4] – die tatsächlichen Kosten wie WK abgezogen werden (Rn 375). Neben den Flugstrecken kann allerdings die Entfernungspauschale für die An- und Abfahrt zu/vom Flughafen (ab dem 21. Entfernungs-km) angesetzt werden.[5] Wird nur der Hinweg mit dem Flugzeug, der Rückweg mit dem Kfz zurückgelegt, ist neben den Flugkosten die halbe Entfernungspauschale anzusetzen.

387 Nach § 9 II 3 gilt die Entfernungspauschale nicht für Strecken mit steuerfreier **Sammelbeförderung nach § 3 Nr 32**. Es wird nicht nur der nach § 9 II 5 abziehbare Betrag um den Wert der stfreien Sammelbeförderung gemindert (vgl die dementspr Regelung des § 9 II 5 für die stfreien Sachbezüge nach § 8 III), sondern es bleibt die Strecke, auf der die Sammelbeförderung erfolgt, unberücksichtigt und es wird so eine Bewertung der Sammelbeförderung erübrigt. Damit das FA eine stfreie Sammelbeförderung erkennen kann, hat der ArbG nach § 41 I Nr 9 auf der LSt-Karte den Buchstaben F einzutragen. Bei stfreier Sammelbeförderung können Zuzahlungen des ArbN, soweit sie auf Strecken ab dem 21. Entfernungs-km entfallen, nach § 9 II 3, 2. HS wie WK angesetzt werden.[6] Werden Strecken ohne stfreie Sammelbeförderung zurückgelegt (zB zu einem Sammelpunkt), sind diese erst ab dem 21. Entfernungs-Kilometer zu berücksichtigen.

388 **b) Wege von mehreren Wohnungen.** Wege von und zu der Wohnung, welche der Arbeitsstätte am nächsten liegt, sind stets zu berücksichtigen. Wege von und zu einer Wohnung, die von der Arbeitsstätte weiter entfernt liegt, dagegen nach § 9 II 6 nur, wenn sie den **Mittelpunkt der Lebensinteressen** des ArbN bildet. Bei einem verheirateten ArbN dürfte dies idR der ständige Aufenthalts- und Wohnort der Familie sein.[7] Bei ledigen ArbN ist der Mittelpunkt der Lebensinteressen idR an dem Wohnort, von dem er überwiegend zur Arbeitsstätte fährt.[8] Der Wohnort, von dem aus der ArbN weniger oft fährt, wird nur dann der Mittelpunkt der Lebensinteressen sein, wenn der ArbN zu diesem Ort besondere persönliche Beziehungen unterhält. Diese persönlichen Beziehungen können ihren Ausdruck in Bindungen an Personen (Eltern, Verlobte, Freundes- und Bekanntenkreis) finden, aber auch zB in Vereinszugehörigkeiten und anderen Aktivitäten.[8] Bei ledigen ArbN nimmt R 42 I 8 LStR den Mittelpunkt der Lebensinteressen an einem weiter entfernten Wohnort, zu dem

---

1 BMF BStBl I 01, 994.
2 BT-Drs 16/1545, 14.
3 BMF v 1.12.06, DB 06, 2779 Tz 4.
4 BT-Drs 16/3368, 39.
5 BMF v 11.12.01, DStR 02, 27 Tz 1.2; BT-Drs 14/4631, 11.
6 BR-Drs 622/1/06, 7 f; BT-Drs 16/3368, 39; BMF v 1.12.06, DB 06, 2779.
7 BFH BStBl II 86, 95; R 42 I 4 LStR.
8 BFH BStBl II 86, 221 (222).

besondere persönliche Beziehungen bestehen, dann an, wenn der ArbN diesen Ort im Durchschnitt mindestens zweimal monatlich aufsucht. Die weiter entfernt liegende Wohnung darf **„nicht nur gelegentlich"** aufgesucht werden. Nach R 42 I 5 LStR muss ein verheirateter ArbN den Wohnort seiner Familie, wenn dieser den Mittelpunkt seiner Lebensinteressen bilden soll, mindestens sechsmal im Kj aufsuchen. Der BFH legt den Begriff „nicht nur gelegentlich" einzelfallbezogen aus und lässt bei sehr weiter Entfernung auch eine geringere Zahl von Fahrten als sechs ausreichen.[1]

c) Kürzeste Straßenverbindung. Für die Berechnung der Entfernungspauschale ist nach § 9 II 4 die **389** **kürzeste Straßenverbindung** zw Wohnung und Arbeitsstätte maßgebend. Dies gilt unabhängig von dem tatsächlich benutzten Verkehrsmittel und auch für Fußgänger. Allerdings kann eine längere Straßenverbindung zugrunde gelegt werden, wenn diese **offensichtlich verkehrsgünstiger** ist. Dies dürfte der Fall sein, wenn zB an Stelle einer Landstraße mit zahlreichen Ortsdurchfahrten und Ampeln eine Autobahn benutzt werden kann, nicht dagegen, wenn sich erst auf Grund von Anschreibungen über die täglichen Fahrtzeiten eine längere Strecke als in geringem Umfang günstiger darstellt. Nach einem BMF-Schreiben vom 11.12.01 soll eine Strecke verkehrsgünstiger (auch „offensichtlich" verkehrsgünstiger?) sein, wenn der ArbN die Arbeitsstätte – trotz gelegentlicher Verkehrsstörungen – in der Regel schneller und pünktlicher erreicht.[2] Nach einer Entscheidung des FG D'dorf ist eine Verbindung offensichtlich verkehrsgünstiger, wenn sie bei einer Entfernung von rund 30 km zu einer Zeitersparnis von mindestens 20 Minuten führt.[3] Weitere Voraussetzung ist, dass die Straßenverbindung vom ArbN regelmäßig für die Wege Wohnung/Arbeitsstätte **benutzt** wird. Es soll der Autofahrer die längere Fahrstrecke nur geltend machen können, wenn er diese tatsächlich nutzt. Der Nutzer öffentlicher Verkehrsmittel und der ArbN, der zu Fuß geht, soll sich nicht auf die für den Autofahrer verkehrsgünstigere Straßenverbindung berufen können. Nicht ausgeschlossen ist allerdings, dass ein Radfahrer, Rollschuhfahrer oder ein Fußgänger (der zB auf der kürzesten Straßenverbindung Wartezeiten an einer Bahnschranke hätte) auf die für ihn verkehrsgünstigere Straßenverbindung verweist. Der Straßenbahnbenutzer kann zwar nicht auf die gegenüber der kürzeren Straßenverbindung längere Straßenbahnstrecke verweisen. Auch er kann aber nunmehr die Mehr-km für die gegenüber der kürzesten Straßenbahnstrecke längere, aber verkehrsgünstigere Straßenbahnstrecke geltend machen.[4] Die Forderung nach einer **„regelmäßigen"** Benutzung[5] dient der Verwaltungsvereinfachung. Vorübergehende Straßenbauarbeiten, Behinderungen durch Schneefall etc sollen unberücksichtigt bleiben. Nutzt der StPfl **verschiedene Verkehrsmittel** (Pkw zum Bahnhof), ist ebenfalls die kürzeste Straßenverbindung, nicht die Summe aller Teilstrecken maßgebend.[6] Bei **Fahrgemeinschaften** ist die kürzeste Straßenverbindung für jeden Teilnehmer zu Grunde zu legen. Umwegstrecken zur Abholung von Mitfahrern bleiben unberücksichtigt. Hat der ArbN bei einem ArbG **mehrere Arbeitsstätten**, fährt er an einem Arbeitstag von seiner Wohnung A 30 km zur Arbeitsstätte B, anschließend 40 km zur Arbeitsstätte C und von dort 50 km zurück zur Wohnung, so ist die halbe Entfernungspauschale für den Weg von A nach B, die tatsächlichen Kosten für den Weg von B nach C und die halbe Entfernungspauschale für den Weg von C nach A anzusetzen.[7] Dies gilt auch, wenn die verschiedenen Arbeitsstätten sich daraus ergeben, dass der ArbN mehrere Dienstverhältnisse hat.[8] Nach einem BMF-Schreiben soll dagegen bei ArbN mit mehreren Dienstverhältnissen die Fahrt zur ersten Arbeitsstätte als Umwegfahrt zur nächsten Arbeitsstätte zu behandeln sein, wobei jedoch die anzusetzende Entfernung höchstens die Hälfte der Gesamtstrecke betragen dürfe.[9] Die Differenzierung danach, ob ein oder mehrere Arbeitsverhältnisse bestehen, erscheint nicht überzeugend. Es ist auch sachlich nicht gerechtfertigt, die Qualifizierung der Fahrt von B nach C davon abhängig zu machen, ob der ArbN von C nach A oder nach B zurückfährt. Unterhält der ArbN **mehrere Wohnungen**, so sind nur die tatsächlich durchgeführten Fahrten jeweils von der einen oder anderen Wohnung zu berücksichtigen.[10]

d) 20-km-Grenze. Nach § 9 II 2 ist erst ab dem 21. Entfernungs-km die Entfernungspauschale **393** anzusetzen. Dieser Ansatz soll „zur Abgeltung erhöhter Aufwendungen" – wie es in § 9 II 2 heißt – erfolgen. Es ist eine Härtefallregelung gewollt, die dem Umstand überdurchschnittlicher Entfer-

---

1 BFH/NV 04, 278 (5 Flüge in die Türkei).
2 BMF BStBl I 01, 994 Tz 1.4 unter Bezugnahme auf BFH BStBl II 75, 852.
3 FG D'dorf EFG 05, 1852.
4 Vgl BMF BStBl I 01, 994 Tz 1.4.
5 Vgl zu diesem Erfordernis bereits BFH BStBl II 75, 852.
6 BMF v 1.12.06, DB 06, 2779 Tz 1.6.
7 BFH BStBl II 89, 296 (298); BStBl II 02, 878.
8 *Drenseck* DB 01, Beil. Nr 1, S 3; *Thomas* DStZ 02, 877 (879).
9 BMF v 1.12.06, DB 06, 2779 Tz 1.8; vgl auch *Niermann* DB 07, 17 (19).
10 FG Nds EFG 05, 1676.

nungs-km bei Fernpendlern Rechnung tragen soll.[1] Sprachlich nicht eindeutig ist es, ob die Entfernungspauschale einschließlich oder ausschließlich des 21. Entfernungs-km angesetzt werden soll, ob also bei 22. Entfernungs-km nur 1 km oder 2 km angesetzt werden sollen. Die Gesetzesbegründung spricht von einer Regelung für Wegstrecken über 20 km.[2] Auch in der Literatur wird einhellig von einer 20-km-Grenze ausgegangen.

395 **2. Ansatz pro km und Arbeitstag.** Die Pauschale beträgt nach § 9 II 2 0,30 € für jeden vollen zu berücksichtigenden Entfernungs-km. Angefangene km sind nicht anzusetzen. Die Pauschale wird **für jeden Arbeitstag**, an dem der ArbN die Arbeitsstätte aufsucht, gewährt, allerdings nur einmal. Die frühere Regelung für Mehrfachfahrten wurde nicht fortgeführt. Es soll damit eine Vereinfachung erreicht und berücksichtigt werden, dass durch zusätzliche Fahrten nicht zwangsläufig zusätzliche Kosten anfallen, so zB nicht bei Zeitkarten für öffentliche Verkehrsmittel.[3] Die Pauschale wird nur für die Arbeitstage angesetzt, an denen der ArbN die Arbeitsstätte tatsächlich aufsucht. Legt der ArbN an einem Arbeitstag nur den Hinweg zurück, übernachtet er an der Arbeitsstätte und legt am nächsten Tag den Rückweg zurück, so steht ihm nur eine halbe Pauschale je Arbeitstag zu. Die Einschränkung, dass für jeden Tag die Entfernungspauschale nur einmal zu berücksichtigen ist, gilt auch **bei atypischen Dienstzeiten**[4] und auch für ArbN, die in **mehreren Dienstverhältnissen** stehen. Auch bei mehreren Dienstverhältnissen kann es nur auf die Entfernung zw Wohnung und Arbeitsstätte, nicht darauf ankommen, ob der ArbN zwischenzeitlich zur Wohnung zurückkehrt.[5] Die FinVerw lässt allerdings bei ArbN, die in mehreren Dienstverhältnissen stehen und denen Aufwendungen für die Wege zu mehreren auseinander liegenden Arbeitsstätten entstehen, den Ansatz der Entfernungspauschale für jeden Weg zur Arbeitsstätte zu, wenn der ArbN zwischenzeitlich in die Wohnung zurückkehrt.[6]

398 **3. Steuerfreie Sachbezüge.** Nach **§ 8 III stfreie Sachbezüge** für Fahrten zwischen Wohnung und Arbeitsstätte (Freifahrten) mindern nach § 9 I 5, 1. HS den abziehbaren Betrag. Ist der ArbG selbst der Verkehrsträger, ist nach § 9 II 5, 2. HS der Preis anzusetzen, den ein dritter ArbG an den Verkehrsträger zu entrichten hätte (vgl auch Rn 401 „ArbG-Leistungen").

399 **4. Höchstbetrag.** Nach § 9 II 2 ist für jeden Arbeitstag eine Entfernungspauschale für jeden vollen Entfernungs-km anzusetzen, in der Summe jedoch **höchstens jährlich 4500 €** (bis zum VZ 04: 5112 €) im Kalenderjahr,[7] wobei sich diese Grenze ursprünglich mit dem früheren Betrag von 5112 € an dem Preis für eine Jahresnetzkarte 1. Klasse der Deutschen Bahn AG orientierte. Die Entfernungspauschale soll bei Nutzern öffentlicher Verkehrsmittel nicht zu einer unverhältnismäßigen „Überkompensation" der Aufwendungen führen. Dementspr kann bei Benutzern von Kfz ein höherer Betrag angesetzt werden. § 9 II 2 sieht keine Herabsetzung des Höchstbetrages vor, wenn das Arbverh nur während eines Teils des VZ besteht oder während des VZ unterschiedliche Entfernungen zurückzulegen sind.

400 Nach § 9 II 2 ist ein höherer Betrag als 4500 € anzusetzen, soweit der ArbN einen eigenen oder ihm zur Nutzung überlassenen **Kraftwagen benutzt**. Die tatsächliche Nutzung eines Kraftwagens kann der StPfl zB durch Vorlage von Inspektionsrechnungen glaubhaft machen. Ein höherer Ansatz als 4500 € ist davon abhängig, dass höhere Kosten nachgewiesen werden. Bei Benutzung eines Kraftwagens (nicht: Motorrades) ist die Entfernungspauschale (nicht die tatsächlichen Kfz-Kosten) über den Höchstbetrag hinaus anzusetzen. Benutzt der StPfl **während eines Teils des Jahres** einen Kraftwagen, ansonsten andere Verkehrsmittel, gilt der Höchstbetrag von 4500 € für den Ansatz der Entfernungspauschale für die Tage, an denen kein Kraftwagen benutzt wurde.[8] Beteiligt sich der StPfl an einer **Fahrgemeinschaft**, gilt der Höchstbetrag für die Tage, an denen er mitgenommen wurde.[9] Bei der Nutzung **verschiedener Verkehrsmittel** an einem Arbeitstag (zB: Kfz zum Bahnhof)

---

1 BT-Drs 16/1545, 13 (vgl auch die dort angegebenen statistischen Daten).
2 BT-Drs 16/1545, 13.
3 BT-Drs 14/4242, 5; BFH/NV 03, 1657; FG SachsAnh EFG 04, 717; Verfassungsbeschwerde unter 2 BvR 2085/03; *Balmes/v Collenberg* BB 04, 1251.
4 BFH BStBl II 03, 893 (Opernsänger).
5 *Drenseck* DB 01, Beil. Nr 1, S 3; **aA** *Goydke* Stbg 01, 311 (316).
6 BMF v 1.12.06, DB 06, 2779 Tz 1.8.
7 Zur Klarstellung, dass es sich um einen Jahresbetrag handelt: StÄndG 01; BR-Drs 399/01, 6 (Beschluss); BT-Drs 14/6877, 4.
8 BMF v 1.12.06, DB 06, 2779; *Apitz* StBp 01, 167 (173); *Morsch* DStR 01, 245 (247).
9 BMF BStBl I 01, 994 Tz 1.3; 1.5 *Apitz* StBp 01, 167 (173); *Morsch* DStR 01, 245 (247).

gilt die Begrenzung nur für den auf öffentliche Verkehrsmittel entfallenden Streckenabschnitt.[1] Nach einem BMF-Schreiben v 1.12.06 soll dabei die maßgebende Entfernung (kürzeste Straßenverbindung) nicht in Teilstrecken im Verhältnis der tatsächlich benutzten Verkehrsmittel aufgeteilt, sondern die Teilstrecke, die mit dem eigenen PKW zurückgelegt wurde, in voller Höhe und der überbleibende Teil als die Teilstrecke angesetzt werden, die auf öffentliche Verkehrsmittel entfällt.[2]

IV. Einzelnachweise

ArbG-Leistungen. Auf die Entfernungspauschale sind die nach § 8 III stfreien Sachbezüge für Fahrten Wohnung/Arbeitsstätte (Rabattfreibetrag), der nach § 40 II 2 pauschal versteuerte Aufwandsersatz und die nach § 8 II 9 stfreien Sachbezüge (44 €-Grenze) anzurechnen (BMF v 1.12.06, DB 06, 2779 Tz 1.9).

401

Behinderte. Diese können die tatsächlichen Aufwendungen an Stelle der Entfernungspauschale absetzen.

Ehegattenfahrgemeinschaft. Jeder Ehegatte kann die Entfernungspauschale ansetzen.

Fährverbindung. Eine Fährverbindung, soweit sie zumutbar und wirtschaftlich sinnvoll ist, ist in die Entfernungsberechnung einzubeziehen. Die Fahrstrecke der Fähre selbst ist dann Teil der maßgebenden Entfernung. Die tatsächlichen Fährkosten sind nicht anzusetzen (Rn 381; BMF v 1.12.06, DB 06, 2779).

Fahrgemeinschaft. Stellen die Teilnehmer abwechselnd ihren Kraftwagen zur Verfügung, so ist für jeden Teilnehmer für jeden Arbeitstag die Entfernungspauschale nach Maßgabe der kürzesten Straßenverbindung ohne Berücksichtigung von Umwegstrecken anzusetzen (Rn 389). Für die Tage, an denen der Teilnehmer mitgenommen wurde, gilt der Höchstbetrag von 4500 € (Rn 400). Setzt nur ein Teilnehmer sein Fahrzeug ein und zahlen die anderen ihm eine Vergütung, so kann der Fahrer die Aufwendungen der Umwegstrecken zum Abholen der Mitfahrer von der Vergütung abziehen. Die verbleibende Mitfahrervergütung ist zu versteuern (*Goydke* Stbg 01, 311, 315). Das BMF-Schr v 1.12.06 (DB 06, 2779) enthält ein ausführliches Berechnungsbeispiel.

Jobticket. Auf Grund der Neuregelung durch das HBeglG 04 ist ab VZ 04 die Steuerbefreiung nach § 3 Nr 34 und die Anrechnung auf die Steuerbefreiung entfallen.

Lohnsteuerkarte. Der ArbN kann nach § 39a einen Freibetrag eintragen lassen, bei Pkw-Nutzung auch über 4500 € hinaus (*Pasch/Höreth/Renn* DStZ 01, 305, 311).

Mehrere Dienstverhältnisse. Auch bei mehreren Dienstverhältnissen gilt für Fahrten zwischen verschiedenen regelmäßigen Arbeitsstätten nicht die Abzugsbeschränkung des § 9 II 2 (Rn 365), es sind die tatsächlichen Kosten abzuziehen (Rn 357). Ein mehrfacher Ansatz der Entfernungspauschale bei zwischenzeitlicher Rückkehr zur Wohnung ist – entgegen BMF – auch bei mehreren Dienstverhältnissen nicht möglich (Rn 395).

Mehrfachfahrten. Die Entfernungspauschale ist nur pro Arbeitstag anzusetzen. Mehrfachfahrten bleiben unberücksichtigt (Rn 395). Eine Ausnahme kommt bei mehreren Dienstverhältnissen in Betracht (vgl „Mehrere Dienstverhältnisse").

Motorschaden. Dieser ist mit der Entfernungspauschale abgegolten (Rn 381 ff).

Umwegstrecken. Die Entfernungspauschale bemisst sich nach der kürzesten Straßenverbindung ohne Umwegstrecken. Für beruflich veranlasste Umwegstrecken sind die tatsächlichen Aufwendungen als WK absetzbar.

Unfallkosten. Diese sind mit der Entfernungspauschale abgegolten (Rn 381 ff).

Verschiedene Verkehrsmittel. Bei Benutzung verschiedener Verkehrsmittel (zB PKW zum Bahnhof) ist die kürzeste Straßenverbindung maßgebend. Das BMF-Schr v 1.12.06 lässt zu, dass die Teilstrecke, die mit dem eigenen PKW zurückgelegt wird, in voller Höhe und der verbleibende Teil als die Teilstrecke angesetzt wird, die auf öffentliche Verkehrsmittel entfällt. Auch in Mischfällen kann sich damit ein höherer Betrag als 4500 € ergeben (BMF-Schr DB 06, 2779 Tz 1.6 mit Berechnungsbeispielen).

---

1 OFD Karlsruhe DB 01, 174; *Blümich* § 9 Rn 308d; *Korn* § 9 Rn 105, 12; **aA** *Morsch* DStR 01, 245 (247).   2 BMF v 1.12.06, DB 06, 2779 Tz 1.6.

Wechsel des Verkehrsmittels. Fährt ein ArbN während eines Teils des Jahres mit dem eigenen PKW, ansonsten mit öffentlichen Verkehrsmitteln, gilt die Begrenzung auf den Höchstbetrag von 4500 € nur für den Zeitraum, in dem öffentliche Verkehrsmittel benutzt werden (Rn 400).

Wechselnde Einsatzstellen. Nach FG Kln (EFG 04, 1819) gilt die Entfernungspauschale nicht für Fahrten zw Wohnung und wechselnden Einsatzstellen (vgl hierzu *Hoffmann* EFG 04, 1820).

J. Familienheimfahrten (§ 9 II 1, 7–10)

405 Ebenso wie Aufwendungen für Wege Wohnung/Arbeitsstätte sind Aufwendungen für Familienheimfahrten im Rahmen einer doppelten Haushaltsführung nur eingeschränkt wie WK steuerlich zu berücksichtigen.

406 **I. Allgemeine Erläuterungen.** Bis zum 1.1.07 wurden Aufwendungen für Familienheimfahrten nach § 9 I 3 Nr 5 in Anknüpfung an die Regelung für Wege Wohnung/Arbeitsstätte mit einer Entfernungspauschale abgegolten. Der Gesetzgeber hat nunmehr die Regelung für Familienheimfahrten aus der Regelung der Aufwendungen für doppelte Haushaltsführung in § 9 I 3 Nr 5 herausgenommen und die Aufwendungen für Familienheimfahrten zusammen mit den Aufwendungen für Wege Wohnung/Arbeitsstätte geregelt. Auch diese können nicht mehr als WK, sondern nur noch wie WK abgezogen werden. Allerdings werden Aufwendungen für Familienheimfahrten nicht erst ab dem 21. Entfernungs-km, sondern schon ab dem ersten km berücksichtigt. Der Gesetzgeber verweist in § 9 II 8 HS 2 nur auf § 9 II 3–5, nicht § 9 II 2. Die Aufwendungen sind auch – wie bisher – nicht nur bis zu einem Höchstbetrag von 4 500 € anzusetzen.

407 Mehraufwendungen wegen doppelter Haushaltsführung sind gemischt, beruflich und privat, veranlasst. § 9 I 3 Nr 5 ist konstitutiv (Rn 241). Dies bedeutet, dass der Gesetzgeber Privataufwendungen in § 9 I 3 Nr 5 konstitutiv zu WK erklärt, in § 9 II 1 Aufwendungen für Familienheimfahrten aus dem WK-Abzug ausgliedert, dann aber in § 9 II 7–10 wiederum Aufwendungen für Familienheimfahrten wie WK zum Abzug zulässt. Der Gesetzgeber hat dieses aus systematischer Sicht verwirrende Hin und Her in Kauf genommen, weil er seine geänderte Grundentscheidung für das Werkstorprinzip „folgerichtig umsetzen" wollte.[1]

408 **II. Die Sonderregelung für Familienheimfahrten.** Während § 9 II 2–6 eine eigenständige Regelung für Aufwendungen für Wege Wohnung/Arbeitsstätte trifft, ergänzt § 9 II 7–10 die Regelung des § 9 I 3 Nr 5 über die Berücksichtigung von Aufwendungen für eine doppelte Haushaltsführung und trifft eine **spezielle Regelung für Familienheimfahrten**, dh Fahrten zwischen Beschäftigungsort (Rn 256 ff) und Ort des eigenen Hausstands (Rn 245 ff).

409 Aufwendungen für Familienheimfahrten können nur für **eine Familienheimfahrt wöchentlich** abgezogen werden. Der Gesetzgeber erachtet Familienheimfahrten nur insoweit als „notwendig". Andererseits läuft der Arbeitnehmer, der nur wenige Familienheimfahrten durchführt, Gefahr, dass eine doppelte Haushaltsführung verneint wird, weil er mangels persönlicher Mitwirkung keinen Hausstand mehr unterhält.

410 Nach § 9 II 7 ist zur Abgeltung der Aufwendungen für eine Familienheimfahrt eine **Entfernungspauschale** von 0,30 € für jeden vollen km zw dem eigenen Hausstand und dem Beschäftigungsort anzusetzen. Die Entfernungspauschale, wie sie für Wege Wohnung/Arbeitsstätte gilt, soll auch für Familienheimfahrten Anwendung finden. Da Familienheimfahrten sich typischerweise über größere Entfernungen erstrecken, kann sich bei Benutzung öffentlicher Verkehrsmittel eine erhebliche Steuerersparnis ergeben. Andererseits wäre eine unterschiedliche Behandlung im Hinblick auf das dem StPfl eingeräumte Wahlrecht (Rn 357) problematisch. § 9 II 7 setzt voraus, dass eine Familienheimfahrt durchgeführt worden ist, verlangt allerdings nicht, dass hierfür Aufwendungen entstanden sind.

411 Die Entfernungspauschale ist grds **verkehrsmittelunabhängig**. Allerdings verweist § 9 II 8 HS 2 auf § 9 II 3 mit der Folge, dass die Entfernungspauschale nicht für Flugstrecken gilt.

412 Aufwendungen für Familienheimfahrten mit einem dem StPfl **im Rahmen einer Einkunftsart überlassenen Kfz** werden nach § 9 II 9 nicht berücksichtigt.[2] Diese Regelung steht im Zusammenhang mit § 8 II 5. Danach ist ein Nutzungswert für ein überlassenes Kfz nicht anzusetzen, soweit die Auf-

---

1 BT-Drs 16/1545, 13.   2 SächsFG EFG 03, 1529 (Kleintransporter).

wendungen für Familienheimfahrten im Rahmen der doppelten Haushaltsführung dem Grunde nach als WK abzugsfähig sind. § 8 II 5 und § 9 II 9 erreichen eine Vereinfachung, indem einerseits auf die Zurechnung als Einnahme verzichtet und andererseits ein WK-Abzug ausgeschlossen wird. Für Familienheimfahrten, die nach § 9 II 7–10 nicht berücksichtigungsfähig sind, bleibt es dagegen bei der Zurechnung des Nutzungswertes.

Nach § 9 II 10 sind durch die Entfernungspauschale sämtliche Aufwendungen abgegolten, die durch die Familienheimfahrt veranlasst sind. Bisher konnten nach § 9 II 2 aF Aufwendungen für die Nutzung öffentlicher Verkehrsmittel angesetzt werden, soweit sie den als Entfernungspauschale abziehbaren Betrag überstiegen. Diese Regelung, die bei Wegen Wohnung/Arbeitsstätte den bei Kurzstrecken möglichen höheren Aufwand für die Nutzung öffentlicher Verkehrsmittel berücksichtigen sollte, ist für die Wege Wohnung/Arbeitsstätte gestrichen worden (Rn 378) und gleichzeitig auch für Familienheimfahrten entfallen. 413

III. Berechnung des Abzugsbetrages (§ 9 II 7, 8). Der Abzugsbetrag für Familienheimfahrten ist ähnlich wie der Abzugsbetrag für Wege Wohnung/Arbeitsstätte zu berechnen. Allerdings wird eine Entfernungspauschale nicht erst ab dem 21. Entfernungs-km angesetzt und es gilt auch kein Höchstbetrag vergleichbar dem Betrag von 4 500 € nach § 9 II 2. 418

1. Maßgebende Strecke. Nach § 9 II 8 HS 2 iVm § 9 II 3 ist die Entfernungspauschale nicht für **Flugstrecken und Strecken mit stfreier Sammelbeförderung** nach § 3 Nr 32 anzusetzen (Rn 386). 419

Die Entfernungspauschale gilt nach § 9 II 7 für Wege zwischen Beschäftigungsort und Ort des eigenen Hausstandes. § 9 II 8 HS 2 verweist auf § 9 II 4, so dass für die Bestimmung der Entfernung die **kürzeste Straßenverbindung** maßgebend ist und eine längere nur dann zugrunde gelegt werden kann, wenn diese offensichtlich verkehrsgünstiger ist und vom Arbeitnehmer regelmäßig benutzt wird (vgl Rn 389). 420

2. Ansatz pro km und Woche. Es ist eine Entfernungspauschale von 0,30 € für jeden vollen Entfernungs-km anzusetzen. Angefangene km sind nicht zu berücksichtigen. Da § 9 II 8 HS 2 nur auf S 5, nicht S 2 verweist, ist die Entfernungspauschale nicht erst ab dem 21. Entfernungs-km zu berücksichtigen. 421

§ 9 II 7 sieht die Berücksichtigung von Fahrten **einmal pro Woche** vor. Der Gesetzgeber stellt nicht auf den wöchentlichen Durchschnitt ab, so dass der Arbeitnehmer seine Familienheimfahrten nicht in der Weise verteilen kann, dass er zB in einer Woche zweimal und in einer anderen Woche nicht fährt. 422

3. Steuerfreie Sachbezüge. Nach § 9 II 8 HS 2 iVm § 9 II 5 mindern nach § 8 III stfreie Sachbezüge den abziehbaren Betrag (Rn 398; aber Rn 412). 423

K. Wegekosten Behinderter (§ 9 II 11, 12)

Behinderte können nach § 9 II 11 anstelle der Entfernungspauschale für die Wege zw Wohnung und Arbeitsstätte und für Familienheimfahrten die tatsächlichen Aufwendungen ansetzen und zwar bei Wegen Wohnung/Arbeitsstätte nicht erst ab dem 21. Entfernungs-km, sondern für die Gesamtstrecke.[1] Sie werden aus sozialen Erwägungen von der Beschränkung auf die Pauschbeträge ausgenommen. Begünstigt sind **Behinderte**, deren Grad der Behinderung mindestens 70 % beträgt, sowie die Behinderten, deren Grad der Behinderung weniger als 70, aber mindestens 50 % beträgt und die in ihrer Bewegungsfähigkeit im Straßenverkehr erheblich beeinträchtigt sind. § 9 II 11 orientiert sich an dem Schwerbehindertengesetz – SchwbG. Er knüpft mit der Tatbestandsvoraussetzung „Beeinträchtigung der Bewegungsfähigkeit im Straßenverkehr" an § 59 I SchwbG an, wonach Schwerbehinderte, die infolge ihrer Behinderung in ihrer Bewegungsfähigkeit im Straßenverkehr erheblich beeinträchtigt sind, unentgeltlich zu befördern sind. Die Zugehörigkeit zum Kreis der von § 9 II 11 Begünstigten hat der Behinderte durch einen entspr Schwerbehindertenausweis nachzuweisen (§ 9 II 12). Die **„tatsächlichen Aufwendungen"** können nachgewiesen oder aber in Anlehnung an die Regelungen für Dienstreisen (mit 0,30 €/Fahrt-km)[2] pauschal geltend gemacht werden. Anders als bei Nichtbehinderten sind auch Aufwendungen für im Rahmen von Abholfahrten anfallende „Leerfahrten" als WK zu berücksichtigen, wenn der StPfl wegen seiner Behinderung nicht selbst fahren kann.[3] 430

1 BT-Drs 16/1545, 14.
2 BMF BStBl I 01, 262.
3 BFH BStBl II 78, 260.

L. Aufwendungen bei anderen Überschusseinkünften (§ 9 III)

433 § 9 I 3 Nr 5 und II sprechen nur von Aufwendungen „des ArbN" für Fahrten Wohnung/Arbeitsstätte und wegen doppelter Haushaltsführung. § 9 III ordnet jedoch die entspr Anwendung bei den anderen Überschusseinkunftsarten an. Es kann zB **ein Mietobjekt** als regelmäßige Tätigkeitsstätte anzusehen sein, wenn der StPfl nahezu täglich zu diesem fährt, um dort Arbeiten zu verrichten. Seine Fahrten sind dann nur nach § 9 III iVm § 9 II abzugsfähig. Ebenso können die Grundsätze der doppelten Haushaltsführung von Bedeutung sein, wenn ein Grundstückseigentümer am Belegenheitsort seiner Mietobjekte eine zweite als Verwaltungsbüro ausgestattete Wohnung unterhält und dort übernachtet.

M. Nichtabziehbare Werbungskosten, Kinderbetreuungskosten, anschaffungsnaher Aufwand (§ 9 V)

434 § 4 IVa schließt den Abzug von Schuldzinsen bei Überentnahmen aus. Diese Regelung gilt allein für Gewinneinkünfte. § 9 V ordnet – anders als seine Vorgängerbestimmung – keine sinngemäße Geltung für die Überschusseinkünfte an, obwohl Bezieher von Überschusseinkünften vergleichbare Möglichkeiten haben.[1]

435 Nach § 9 V iVm **§ 4 V 1 Nr 1–4** sind Aufwendungen für Geschenke, Bewirtung, Gästehäuser, Jagd etc nicht abzugsfähig. Dabei dürfte allerdings der Verweisung auf § 4 V 1 Nr 3 (Gästehäuser) und Nr 4 (Jagd) nur eine geringe praktische Bedeutung zukommen.

436 Erhebliche Bedeutung hat dagegen die Verweisung auf § 4 V 1 Nr 5. Dieser regelt die steuerliche Berücksichtigung von **Mehraufwendungen für Verpflegung** in Fällen, in denen der StPfl vorübergehend von seiner Wohnung und seinem Tätigkeitsmittelpunkt entfernt tätig wird (Dienstreisen, Dienstgänge), bei Einsatzwechsel- und Fahrtätigkeit sowie doppelter Haushaltsführung. Mehraufwendungen für Verpflegung sind nur mit den in § 4 V 1 Nr 5 genannten Pauschbeträgen und nur für die ersten 3 Monate als WK zu berücksichtigen (vgl im Einzelnen zu § 4 Rn 186ff).

437 Nach § 9 V iVm § 4 V 1 Nr 6b ist nicht nur der BA-, sondern auch der WK-Abzug von Aufwendungen für ein **häusliches Arbeitszimmer** eingeschränkt (vgl im Einzelnen zu § 4 Rn 194 ff).

438 § 9 V iVm **§ 4 V 1 Nr 7** beschränkt den Abzug von Aufwendungen als WK, wenn sie die Lebensführung berühren und nach allg Verkehrsauffassung als unangemessen anzusehen sind. Gemeint sind Aufwendungen, die zwar nicht nach § 12 Nr 1 von Abzug ausgeschlossen sind, weil sie im konkreten Fall durch die Einnahmeerzielung veranlasst sind, die aber ihrer Art nach Kosten der Lebensführung sind (zB Aufwendungen für die Einladung von Geschäftsfreunden in ein Nachtlokal) (vgl zu § 4 Rn 200 ff).

439 Nach **§ 4 V 1 Nr 8, 8a und 10 sowie VI** sind Geldbußen und ähnliche Sanktionen (Nr 8), Zinsen auf hinterzogene Steuern (Nr 8a), „Schmiergelder" (Nr 10) und Aufwendungen zur Förderung staatspolitischer Zwecke (VI) nicht als BA und über die Verweisung des § 9 V auch nicht als WK abzugsfähig (vgl zu § 4 Rn 203 ff).

440 Mit der Verweisung auf **§ 4f** wird die Abziehbarkeit von Kinderbetreuungskosten iSv § 4f auf den Bereich der Überschusseinkünfte erstreckt. Kinderbetreuungskosten sind damit wie WK abziehbar.[2]

441 § 9 V 2 ordnet die entspr Geltung von **§ 6 I Nr 1a** (§ 6 Rn 64) an. Es soll die gesetzliche Normierung des anschaffungsnahen Aufwands auch für die Überschusseinkünfte gelten.[3]

§ 9a Pauschbeträge für Werbungskosten

[1]Für Werbungskosten sind bei der Ermittlung der Einkünfte die folgenden Pauschbeträge abzuziehen, wenn nicht höhere Werbungskosten nachgewiesen werden:

1. a) von den Einnahmen aus nichtselbstständiger Arbeit vorbehaltlich Buchstabe b:
   ein Arbeitnehmer-Pauschbetrag von 920 Euro; daneben sind Aufwendungen nach § 4f gesondert abzuziehen;

---

1 Hierzu: *Jakob* DStR 00, 101.
2 BT-Drs 16/643.
3 BT-Drs 15/1562, 33.

b) von den Einnahmen aus nichtselbstständiger Arbeit, soweit es sich um Versorgungsbezüge im Sinne des § 19 Abs. 2 handelt:
ein Pauschbetrag von 102 Euro;
2. von den Einnahmen aus Kapitalvermögen:
ein Pauschbetrag von 51 Euro;
bei Ehegatten, die nach den §§ 26, 26b zusammen veranlagt werden, erhöht sich dieser Pauschbetrag auf insgesamt 102 Euro;
3. von den Einnahmen im Sinne des § 22 Nr. 1, 1a und 5:
ein Pauschbetrag von insgesamt 102 Euro.

²Der Pauschbetrag nach Satz 1 Nr. 1 Buchstabe b darf nur bis zur Höhe der um den Versorgungsfreibetrag einschließlich des Zuschlags zum Versorgungsfreibetrag (§ 19 Abs. 2) geminderten Einnahmen, die Pauschbeträge nach Satz 1 Nr. 1 Buchstabe a, Nr. 2 und Nr. 3 dürfen nur bis zur Höhe der Einnahmen abgezogen werden.

R 9a EStR; H 48 LStR

Literatur: *Kirchhof* Verfassungsrechtliche Maßstäbe für die Steuergesetzgebung, Stbg 97, 193; *Zeitler* Typisierung versus Einzelfallgerechtigkeit – in dubio pro fisco?, DStZ 98, 705.

A. Grundaussage der Vorschrift

I. Gegenstand und systematischer Zusammenhang. Nach § 9a 1 sind Pauschbeträge für WK abzuziehen, wenn der StPfl keine höheren WK nachweist. Allerdings darf der Abzug der Pauschbeträge nach § 9a 2 nicht zu einem Unterschuss führen. § 9a ist **lex specialis zu § 9**. Er stellt für bestimmte Einkunftsarten eine unwiderlegbare gesetzliche WK-Vermutung auf mit der Folge, dass das FA (zumindest) die Pauschbeträge von Amts wegen berücksichtigen muss. § 9a 1 scheint darüber hinaus mit der Formulierung „wenn nicht höhere WK nachgewiesen werden" für jeglichen WK-Abzug über die Pauschbeträge hinaus ein Nachweisgebot im Sinne einer subj Darlegungs- und objektiven Feststellungslast zu enthalten. Tatsächlich handelt es sich aber nur um einen Hinweis darauf, dass § 9a die Berücksichtigung höherer WK nicht ausschließen will. § 9a sieht eine **Vollpauschalierung** von WK vor. Daneben gibt es im Rahmen des § 9 gesetzliche Pauschalen für bestimmte Arten von WK, zB die Entfernungspauschale. (§ 9 II 2–6) oder die Pauschbeträge für Verpflegungsmehraufwendungen (§ 9 V iVm § 4 V Nr 5). Ferner sehen Verwaltungsregelungen Pauschbeträge und Pauschsätze für bestimmte Berufsgruppen und bestimmte Arten von WK vor (Rn 34). Die von § 9a normierten Pauschalen sind nicht nur bei der Ermittlung der Einkünfte iSv § 2 II anzuwenden, sondern sind zB auch von **Bedeutung** für die Bemessung der Opfergrenze bei Unterhaltszahlungen im Rahmen des § 33a[1] oder die Berechnung der eigenen Einkünfte beim Kindergeld.[2]

II. Rechtsentwicklung. Das EStG 1925 sah eine Pauschalierung von WK bei Einkünften aus nicht selbstständiger Arbeit, und das EStG ab 1937 eine Pauschalierung bei Einkünften aus KapVerm und Einnahmen aus Altenteilen vor. Durch das StRG 90 wurde der WK-Pauschbetrag bei den Einkünften aus nicht selbstständiger Arbeit – unter Wegfall des Weihnachts- (600 DM) und des ArbN-Freibetrages (480 DM) – von 564 DM auf 2 000 DM erhöht. Das JStG 96 führte einen Pauschbetrag bei Einkünften aus VuV ein. Dieser wurde durch das StEntlG 99/00/02 gestrichen, da dieser zu einer Verkomplizierung geführt hatte. Aufgrund des AVmG wird der Pauschbetrag nach § 9a 1 Nr 3 auch von Einnahmen iSd § 22 Nr 5 gewährt. Das HBeglG 04 hat den ArbN-Pauschbetrag von 1044 € auf 920 € herabgesetzt. Das AltEinkG hat in § 9 S 1 Nr 1b einen abgesenkten Pauschbetrag bei Versorgungsbezügen und eine eigenständige Abzugsbegrenzung in § 9a S 2 eingeführt. Das Gesetz zur steuerlichen Förderung von Wachstum und Beschäftigung hat § 9a S 1 Nr 1a HS 2 angefügt.

III. Sinn und Zweck der Regelung. § 9a bezweckt eine **Vereinfachung** des Besteuerungsverfahrens. Es soll dem StPfl ein Einzelnachweis seiner WK und der FinVerw eine Überprüfung erspart bleiben. § 9a berücksichtigt in Orientierung an Erfahrungswerten über die Höhe der geltend zu machenden WK und an der zu erzielenden Vereinfachung einen Mindestbetrag von WK und vermeidet unter Außerachtlassung individueller Besonderheiten und Inkaufnahme eines Steuerausfalls im Einzelfall bereits bei der Formulierung des materiellen Steueranspruchs den Aufwand aus seiner verfahrensmäßigen Umsetzung. Der Gesetzgeber entspricht mit § 9a dem verfassungsrechtlichen

---

1 BFH BStBl II 98, 292; *Zeitler* DStZ 98, 705.   2 FG Mchn EFG 99, 340.

Gebot zur Steuervereinfachung.[1] Die Pauschalierung von WK steht allerdings in einem Spannungsverhältnis zu dem Prinzip der **Besteuerung nach der wirtschaftlichen Leistungsfähigkeit.** Es wird um der Vereinfachung willen auf ein exaktes Messen der wirtschaftlichen Leistungsfähigkeit verzichtet. Dies löst Bedenken aus, wenn trotz Nichtberücksichtigung der individuellen Leistungsfähigkeit – wie bei dem aufgehobenen Pauschbetrag bei Einkünften aus VuV – keine Vereinfachung erreicht wird oder wenn bei betragsmäßig erheblichen Pauschbeträgen ein Großteil der Betroffenen deren Abgeltungswirkung ausweichen kann.

10 Gegen den ArbN-Pauschbetrag sind Bedenken geäußert worden, ob in der Besteuerungswirklichkeit die **erzielte Vereinfachung nicht verhältnismäßig gering** sei. Es kann jedoch keinen Verfassungsverstoß darstellen, wenn mit dem ArbN-Pauschbetrag zumindest in dem von ihm vorgegebenen Rahmen eine gesetzliche Grundlage für den Verzicht auf Belegprüfung und Sachverhaltsermittlung durch die FinVerw geschaffen wird. Kritik ist auch daran geäußert worden, dass die Pauschale über den durchschnittlich zu erwartenden WK liege und damit **ArbN übermäßig begünstige.** Der BFH hat jedoch die Pauschale im Hinblick auf die besondere Bedeutung einer Steuervereinfachung im Massenverfahren der ArbN-Besteuerung noch nicht als Überschreitung des gesetzgeberischen Gestaltungsspielraums angesehen.[2] Der BFH hat allerdings einen Verstoß gegen Art 3 GG darin gesehen, dass der Gesetzgeber den hohen ArbN-Pauschbetrag auch in den Fällen ungekürzt gewährt, in denen der ArbG dem ArbN **WK stfrei** (zB nach § 3 Nr 13 oder Nr 16) oder unter den Voraussetzungen pauschaler Lohnversteuerung (§ 40 II 2) ersetzt.[2] Diese Begünstigungskumulation betrifft jedoch nicht die Verfassungsmäßigkeit des § 9a, sondern die der besonderen Entlastungstatbestände.[3]

B. Die einzelnen Pauschbeträge (§ 9a 1)

15 **I. Arbeitnehmerpauschbetrag (§ 9a 1 Nr 1).** Der ArbN-Pauschbetrag von 920 € (Rn 8) nach **§ 9a I Nr 1a** ist „von den Einnahmen aus nichtselbstständiger Arbeit" abzuziehen. Der ArbN erhält den ArbN-Pauschbetrag nur einmal – auch bei Einkünften aus mehreren Dienstverhältnissen und bei einem Wechsel zwischen beschränkter und unbeschränkter StPfl (§ 2 VII 3). Allerdings ist der volle Pauschbetrag auch dann zu gewähren, wenn der StPfl nur während eines Teils des Jahres tätig oder unbeschränkt stpfl war. Bei beschränkt StPfl (Ausnahme: § 50 V 2 Nr 2 S 5) ermäßigt sich der Pauschbetrag, wenn die Einnahmen nicht während des vollen Jahres bezogen werden (§ 50 I 6). Hat der StPfl sowohl laufende als auch außerordentliche Einnahmen aus nicht selbstständiger Arbeit, ist der ArbN-Pauschbetrag vorrangig von den laufenden Einnahmen abzuziehen.[4] Der ArbN-Pauschbetrag ist nach § 39b II 6 Nr 1 bei den Klassen I–V (nicht bei VI) in die nach § 39b VIII vom BMF aufgestellten Programmablaufpläne eingearbeitet und wirkt sich bereits beim LSt-Abzug aus. Da der ArbN-Pauschbetrag in den Monatslohnsteuertabellen nur mit jeweils 1/12 berücksichtigt ist, erhält ein ArbN, der nicht im gesamten VZ Arbeitslohn bezogen hat, den vollen ArbN-Pauschbetrag erst im Rahmen einer ESt-Veranlagung. Bei der **Pauschalierung nach §§ 40, 40a und 40b** wird die Steuer nach dem Arbeitslohn bemessen. Der ArbN-Pauschbetrag bleibt unberücksichtigt.[5] Kinderbetreuungskosten iSv § 4f können neben dem ArbN-Pauschbetrag abgezogen werden.

16 Nach § 9a I Nr 1a ist der ArbN-Pauschbetrag von 920 € nur „vorbehaltlich Buchst b" zu gewähren. Soweit es sich um Versorgungsbezüge iSv § 19 II handelt, beträgt der Pauschbetrag nach **§ 9a I Nr 1b** nur 102 € – wie auch § 9a I Nr 3 für andere Altersbezüge. Der Gesetzgeber hat es nicht als gerechtfertigt angesehen, Pensionären den ArbN-Pauschbetrag von 920 € zu gewähren, weil diesen typischerweise keine WK – insbes nicht für Wege zw Wohnung und Arbeitsstätte – entstünden. In der Vergangenheit habe der erhöhte Pauschbetrag als Ausgleichselement für die zu geringe Besteuerung der Rente gedient. Um den Wegfall des erhöhten WK-Pauschbetrags in der Übergangsphase abzumildern, wurde ein – schrittweise abzubauender – Zuschlag zum Versorgungsfreibetrag eingeführt. Beim Zusammentreffen von Bezügen iSv § 9a I Nr 1a und Versorgungsbezügen iSv § 9a I Nr 1b müssten nach dem Wortlaut von § 9a I Nr 1a und b die Pauschbeträge nebeneinander gewährt werden. Dies widerspräche aber dem Zweck der Neuregelung des § 9a I Nr 1b, neben dem Pausch-

---

1 BVerfG BStBl II 97, 518; *Kirchhof* Der allgemeine Gleichheitssatz, HStR V § 124 Rn 298; *ders* Stbg 97, 193; BFH BStBl II 00, 97 (Pauschbetrag VuV).
2 BFH BStBl II 93, 551 (556).
3 BVerfG BStBl II 97, 518 (520); *Thomas* DStZ 97, 617 (618); BFH BStBl II 98, 59.
4 BFH BStBl II 99, 588.
5 *K/S/M* § 9a B 23 mwN.

betrag nach § 9a I Nr 1a zusätzlich den Pauschbetrag von § 9a I Nr 1b zu gewähren, während bei mehreren Dienstverhältnissen nur der Pauschbetrag von 920 € abzugsfähig ist.

II. Pauschbetrag bei Kapitalvermögen (§ 9a 1 Nr 2). Von den Einnahmen aus KapVerm ist ein Pauschbetrag von 51 € abzuziehen. Auf den verbleibenden Betrag (§ 20 IV: „nach Abzug der WK") ist die Regelung des § 20 IV über den Sparerfreibetrag anzuwenden. Zu den Einnahmen aus Kap-Verm, von denen der Pauschbetrag des § 9a 1 Nr 2 abzuziehen ist, rechnen sämtliche von § 20 erfassten Bezüge. Der Pauschbetrag steht dem StPfl auch bei mehreren Einnahmequellen iSd § 20 nur einmal zu. **Zusammenveranlagten Ehegatten** steht der WK-Pauschbetrag in doppelter Höhe zu, unabhängig davon, ob beide Einnahmen aus KapVerm beziehen. Höhere WK werden bei ihnen nur dann berücksichtigt, wenn diese für beide Ehegatten zusammen mehr als 102 € betragen. Es kann nicht ein Ehegatte die Hälfte des gemeinsamen Pauschbetrages und der andere höhere tatsächliche WK geltend machen.[1] Beziehen die zusammenveranlagten Ehegatten beide Einkünfte aus Kap-Verm und sind die Einkünfte (zB zur Anwendung des § 24a) gesondert zu ermitteln, so können die Ehegatten den verdoppelten Pauschbetrag beliebig unter sich aufteilen. Der WK-Pauschbetrag wird nicht berücksichtigt bei der gesonderten Feststellung von Einkünften aus KapVerm[2] und der Einbehaltung der KapESt.

III. Pauschbetrag bei Einnahmen iSv § 22 Nr 1, 1a, 5 (§ 9a 1 Nr 3). Empfängern von wiederkehrenden Bezügen (§ 22 Nr 1), von Unterhaltsleistungen, die nach § 10 I Nr 1 vom Geber abgezogen werden (§ 22 Nr 1a), und von Leistungen aus Altersvorsorgeverträgen etc (§ 22 Nr 5) steht nach § 9a 1 Nr 3 ein Pauschbetrag von 102 € zu. Der Pauschbetrag ist für alle drei Einkunftsbereiche gemeinsam einmal zu gewähren („von insgesamt 102 €"). Der volle Pauschbetrag steht dem StPfl auch dann zu, wenn er nur während eines Teils des VZ Einkünfte iSv § 22 Nr 1, 1a und 5 bezieht.

C. Der Abzug der Pauschbeträge (§ 9a 2)

Nach § 9a Nr 2 besteht eine Abzugsbegrenzung. Der Pauschbetrag bei Versorgungsbezügen nach § 9a 1 Nr 1b darf nur bis zur Höhe der um den Versorgungsfreibetrag geminderten Einnahmen abgezogen werden. Der ArbN-Pauschbetrag nach § 9a 1 Nr 1a und die Pauschbeträge bei den Einkünften aus KapVerm und denen iSv § 22 dürfen nur bis zur Höhe der Einnahmen abgezogen werden. StPfl mit geringen positiven Einnahmen sollen nicht besser gestellt werden als StPfl ohne steuerrelevante Einnahmen.

D. Werbungskostenpauschalen in Verwaltungsanordnungen

Die FinVerw hat in den LStR und in Einzelanweisungen eine Pauschalierung von WK für bestimmte Berufsgruppen und für bestimmte Arten von WK zugelassen. Es handelt sich um finanzamtliche Schätzungen nach § 162 AO zur vereinfachten Sachverhaltsermittlung.[3] Diese Regelungen führen wegen des Gebots der Gleichbehandlung zu einer **Selbstbindung der Verwaltung**, dh den Finanzbehörden ist es verwehrt, in Einzelfällen, die offensichtlich von der Verwaltungsanweisung gedeckt werden, deren Anwendung ohne triftige Gründe abzulehnen.[4] Die Verwaltungsvorschriften sind unter dem Gesichtspunkt der Gleichmäßigkeit der Besteuerung auch von den FG zu beachten. Ansonsten müsste der StPfl schon im Hinblick auf ein mögliches Klageverfahren Einzelnachweise sammeln. Die von der Verwaltung zugelassenen Pauschalen dürfen allerdings nicht zu einer offensichtlich unzutr Besteuerung führen.[5]

Die LStR sehen **Werbungskostenpauschalen für bestimmte Aufwendungsarten** vor, zB für Fahrtaufwendungen mit dem eigenen Kfz (R 38 iVm H 38 LStR), für Übernachtungskosten bei Auslandsreisen (R 40 II iVm Anhang 39 LStR). Mit diesen Pauschalen werden die tatsächlichen WK geschätzt, so dass der WK-Pauschbetrag nach § 9a 1 Nr 1 nicht daneben beansprucht werden kann.

WK-Pauschalen für bestimmte Berufe sind problematisch, da § 9a entweder den Ansatz des ArbN-Pauschbetrages oder den Nachweis der tatsächlichen WK vorsieht. Die Verwaltung hat diese deshalb zurückgeführt.

---

1 BFH BStBl II 90, 975; R 9a EStR.
2 FG RhPf EFG 99, 705.
3 Ausf *H/H/R* § 9a Rn 65.
4 BFH BStBl II 91, 752 (753).
5 BFH BStBl II 86, 200 (205) mwN.

IdF ab VZ 2009:

§ 9a Pauschbeträge für Werbungskosten

¹*Für Werbungskosten sind bei der Ermittlung der Einkünfte die folgenden Pauschbeträge abzuziehen, wenn nicht höhere Werbungskosten nachgewiesen werden:*

1. a) *von den Einnahmen aus nichtselbstständiger Arbeit vorbehaltlich Buchstabe b:*
      ein Arbeitnehmer-Pauschbetrag von 920 Euro; daneben sind Aufwendungen nach § 4f gesondert abzuziehen;
   b) *von den Einnahmen aus nichtselbstständiger Arbeit, soweit es sich um Versorgungsbezüge im Sinne des § 19 Abs. 2 handelt:*
      ein Pauschbetrag von 102 Euro;
2. *(aufgehoben)*
3. *von den Einnahmen im Sinne des § 22 Nr. 1, 1a und 5:*
   ein Pauschbetrag von insgesamt 102 Euro.

²*Der Pauschbetrag nach Satz 1 Nr. 1 Buchstabe b darf nur bis zur Höhe der um den Versorgungsfreibetrag einschließlich des Zuschlags zum Versorgungsfreibetrag (§ 19 Abs. 2) geminderten Einnahmen, die Pauschbeträge nach Satz 1 Nr. 1 Buchstabe a und Nr. 3 dürfen nur bis zur Höhe der Einnahmen abgezogen werden.*

50 Durch das UntStRefG 08 wurde § 9a 1 Nr 2 aufgehoben und in § 9a 2 die Verweisung auf § 9a 1 Nr 2 und 3 durch die Verweisung nur auf § 9a 1 Nr 3 ersetzt. Es wurde die Regelung des WK-Pauschbetrags in § 9a 1 Nr 2 aufgehoben, weil dieser in dem einheitlichen Sparer-Pauschbetrag von 801 € aufgegangen ist. Die Aufhebung gilt ab dem VZ 09.

4a. Umsatzsteuerrechtlicher Vorsteuerabzug

§ 9b

(1) Der Vorsteuerbetrag nach § 15 des Umsatzsteuergesetzes gehört, soweit er bei der Umsatzsteuer abgezogen werden kann, nicht zu den Anschaffungs- oder Herstellungskosten des Wirtschaftsguts, auf dessen Anschaffung oder Herstellung er entfällt.

(2) Wird der Vorsteuerabzug nach § 15a des Umsatzsteuergesetzes berichtigt, so sind die Mehrbeträge als Betriebseinnahmen oder Einnahmen, die Minderbeträge als Betriebsausgaben oder Werbungskosten zu behandeln; die Anschaffungs- oder Herstellungskosten bleiben unberührt.

R 9b EStR 05

Übersicht

	Rn		Rn
A. Grundaussage der Vorschrift	1	c) USt-Rechnung	15
I. Systematik und Grundsatzaussage des § 9b	1	d) Kein Ausschluss des VorSt-Abzugs	16
II. Das Verhältnis von Einkommensteuer und Umsatzsteuer	2	2. Teilweise Abziehbarkeit (§ 15 Ib, IV UStG)	20
B. Vorsteuerabzug (§ 9b I)	10	3. Vorsteuerbetrag nicht abgezogene Vorsteuer	22
I. Abziehbare Vorsteuerbeträge (§ 9b I)	10	4. Zeitpunkt	25
1. Vorsteuerabzug nach § 15 UStG	11	II. Die frühere Vereinfachungsregelung des § 9b I 2 aF	26
a) Vorsteuerbeträge eines Unternehmers	12	**C. Berichtigung des Vorsteuerabzuges (§ 9b II)**	30
b) Von einem anderen Unternehmer für das Unternehmen des Empfängers	13		

Literatur: *Birkenfeld* Zuordnung von Wohnräumen, wechselndes Recht der Vorsteuerberichtigung und Entwicklungen bei grenzüberschreibenden Umsätzen, UR 04, 265; *Dziadkowsky* Die bilanzmäßige Behandlung nichtabziehbarer Vorsteuern beim Fahrzeugkauf seit 1.4.1999, DStR 00, 456; *Klenk* Umsatzsteuer bei gemeinsamem Erwerb und gemeinsamer Nutzung sowie beim Eigenverbrauch von Gebäuden in Deutschland, UR 04, 145; *Prinz* Irrungen und Wirrungen um § 9b II EStG, FR 93, 713; *ders* Werbungskostenabzug bei veräußerungsbedingter Berichtigung des Vorsteuerabzugs, FR 93, 399; *Robisch* Ertragsteuerliche Folgen aus der umsatzsteuerlichen Teilbarkeit gemischt genutzter einheitlicher Gegenstände,

UR 96, 412; *Schüppen* Werbungskostenabzug gemäß § 9b II EStG bei den Einkünften aus Vermietung und Verpachtung infolge einer Vorsteuerberichtigung, DStR 91, 833; *Schwarz* Änderungen beim Vorsteuerabzug durch das Steuerentlastungsgesetz 1999/2000/2002, UR 99, 154; *Siegmund* Soll ein Unternehmer selbst erstellte Gebäude dem Betriebs-/Unternehmensvermögen oder dem Privatvermögen zuordnen?, DB 07, 1149; *Volb* Vorsteuerkorrektur bei Wirtschaftsgütern des Anlagevermögens, BB 06, 690; *Weber* Die Änderung der umsatzsteuerlichen Vorschriften zur Aufstellung von Rechnungen und zum Vorsteuerabzug durch das Steueränderungsgesetz 2003, DB 04, 337.

A. Grundaussage der Vorschrift

I. Systematik und Grundsatzaussage des § 9b. § 9b regelt die einkommensteuerrechtliche Behandlung der einem StPfl in Rechnung gestellten USt (VorSt) bei den AK und HK. Durch die **deklaratorische Anordnung** des § 9b I wird ausgeschlossen, dass die VorSt, die dem StPfl von FA erstattet wird, ein weiteres Mal über die Erhöhung der AK oder HK steuerlich berücksichtigt wird. § 9b I 2 ist durch das StÄndG 01 aufgehoben worden.[1] Diese Regelung enthielt eine konstitutive Vereinfachungsregelung bei Aufteilung der VorSt nach § 15 IV UStG. Für die Berichtigung des VorSt-Abzuges nach § 15a UStG enthält **§ 9b II** ebenfalls eine **konstitutive Vereinfachungsregelung**. Bei § 9b handelt es sich um eine Steuerkollisionsnorm,[2] die ESt und USt systemgerecht aufeinander abstimmt.

II. Das Verhältnis von Einkommensteuer und Umsatzsteuer. Bei der Gewinnermittlung iSd §§ 4, 5 ist die USt, die ein StPfl in Rechnung stellt, BE. Die Forderung ist einschl der USt zu aktivieren. Gleichzeitig ist die Verpflichtung, die USt an das FA abzuführen, zu passivieren. Bei USt, die dem StPfl in Rechnung gestellt wird (VorSt), handelt es sich ebenso wie bei der an das FA abzuführende USt um BA.[3] Die **USt** ist **regelmäßig erfolgsneutral**, da der passivierten Verpflichtung der aktivierte Anspr gegenüber dem FA auf Erstattung der VorSt gegenübersteht. Die USt auf den Eigenverbrauch ist keine BA (§ 12 Nr 3).[4] Sie ist zu aktivieren und die entspr Schuld gegenüber dem FA zu passivieren; es handelt sich nicht um eine Entnahme.

Bei der Gewinnermittlung nach § 4 III und der Einnahme-Überschuss-Rechnung gehört die an das FA abgeführte USt zu den BA oder WK, sofern sie nicht gem § 9b I den AK oder HK eines WG hinzuzurechnen ist.[5] Vereinnahmte USt (vom StPfl in Rechnung gestellte oder vom FA erstattete) ist BE, nicht negative BA/WK. Maßgebend für den Zeitpunkt der Besteuerung ist der Zeitpunkt der Vereinnahmung/Zahlung oder die Verausgabung oder Verrechnung (§ 11).[6] Fallen der Zeitpunkt der Zahlung der VorSt an den Lieferanten und der Erstattung durch das FA in verschiedene VZ, kann es zu Gewinnverlagerungen kommen, die nicht nach § 11 I 2, II 2 zu korrigieren sind oder Billigkeitsmaßnahmen rechtfertigen.[6] Obwohl die USt idR (Ausnahme: nicht erstattete VorSt) erfolgsneutral behandelt wird, ist sie kein durchlaufender Posten iSd § 4 III 2.[7]

Die Wertgrenze für **GWG** iSd § 6 II (§ 6 Rn 175) ist ohne die in den AK/HK enthaltenen VorSt zu ermitteln, unabhängig davon, ob der VorSt-Betrag umsatzsteuerrechtlich abziehbar ist.[8] Dagegen ist in die Freigrenze für Geschenke nach § 4 V S 1 Nr 1 ein nicht abziehbarer VorSt-Betrag einzubeziehen; dabei bleibt § 15 Ia Nr 1 UStG unberücksichtigt.[9] Zur USt für Eigenverbrauch § 12 Rn 28. Der im Investitionszulagenrecht verwendete Begriff der HK entspricht der steuerrechtlichen Begriffsbestimmung.[10] Die deklaratorische Regelung des § 9b I gilt daher auch im InvZulG, nicht aber die einkommensteuerrechtlichen Vereinfachungsregelungen des § 9b II.[11]

B. Vorsteuerabzug (§ 9b I)

I. Abziehbare Vorsteuerbeträge (§ 9b I). § 9b I ordnet an, dass die abziehbare VorSt nicht zu den AK und HK gehört.[12] Die Regelung gilt **für alle Einkunftsarten**, unterscheidet nicht zw WG des Anlage- und des Umlaufvermögens und gilt auch für die Gemeinkosten, die als Teil der HK/AK

---

1 StÄndG v 20.12.01, BGBl I 01, 3793.
2 *K/S/M* § 2 Rn A 177.
3 BFH BStBl II 79, 625.
4 BFH BStBl II 90, 742; Anm in HFR 90, 552.
5 BFH BStBl II 90, 742; R 9b I EStR 05; vgl auch EFG 01, 1604.
6 BFH BStBl II 82, 755.
7 BFH BStBl II 75, 776; BStBl II 79, 625; BStBl II 93, 17; zur Ausnahme bei Gerichtskosten: BFH v 27.6.96

IV B 69/95 nv; H 9b (Gewinnermittlung nach § 4 III) EStH 05.
8 R 9b II 2 EStR 05.
9 R 9b II 3 EStR 05; H 9b EStH 05 (Freigrenze für Geschenke).
10 BFH BStBl II 96, 427.
11 FG Hess EFG 98, 587; **aA** *Blümich* § 9b Rn 26.
12 Zu den Folgen zu Unrecht als HK erfasster Vorsteuer: BFH BStBl II 06, 712.

behandelt werden.¹ Im Umkehrschluss sind die nicht abziehbaren USt-Beträge den AK/HK zuzuordnen.² Stellt sich heraus, dass VorSt zu Unrecht abgezogen wurden, sind die AK/HK (ggf rückwirkend) zu erhöhen und die WK/BA entspr zu kürzen. Die Rückzahlung bereits erstatteter VorSt an das FA führt in diesem Fall nicht zu Einnahmen oder WK.³

11 **1. Vorsteuerabzug nach § 15 UStG.** Für die Frage, ob der VorSt-Betrag zu den AK oder HK gehört, sind allein die umsatzsteuerliche Regelungen maßgebend.⁴

12 **a) Vorsteuerbeträge eines Unternehmers.** Abziehbar sind nach § 15 UStG die gesetzlich geschuldete Steuer für Lieferungen und sonstige Leistungen, die von einem anderen Unternehmer für sein Unternehmen ausgeführt worden sind (I Nr 1), die entrichtete Einfuhr-USt für eingeführte Unternehmensgegenstände (I Nr 2), die Erwerbssteuer für die aus dem übrigen Gemeinschaftsgebiet erworbenen Unternehmensgegenstände (I Nr 3), die Steuern für Leistungen iSd § 13b I UStG (I Nr 4) und die nach § 13a I Nr 6 UStG geschuldete Steuer für Umsätze, die für ein Unternehmen ausgeführt worden sind (I Nr 5). Zum Abzug der VorSt sind Unternehmer iSd § 2 UStG im Rahmen ihrer unternehmerischen Betätigung im Inland berechtigt.⁵ Mehrere Gemeinschafter als Empfänger einer einheitlichen Leistung können den VorSt-Abzug anteilig geltend machen, wenn nur sie einzeln und nicht in Gemeinschaft Unternehmer sind.⁶ Zum Ausschluss bestimmter Unternehmer aufgrund besonderer Vorschriften Rn 17.

13 **b) Von einem anderen Unternehmer für das Unternehmen des Empfängers.** Grds muss die Lieferung oder Leistung von einem anderen Unternehmer für das Unternehmen des StPfl durchgeführt werden. Steuern, die von einem Nichtunternehmer (Privatperson) in Rechnung gestellt werden, können nicht abgezogen werden, obwohl sie nach § 14 III UStG geschuldet werden. Die Leistung für das Unternehmen des StPfl setzt voraus, dass dieser Leistungsempfänger (idR der Auftraggeber oder Besteller) ist. Personenvereinigungen (Ges und Gemeinschaften) sind von ihren Mitgliedern zu trennen; für eine an ihren G'ter erbrachte Leistung kann die Ges daher keine VorSt geltend machen.⁷ Bei Miteigentümerschaft (insbes von Ehegatten) kommt ein anteiliger VorSt-Abzug in Betracht, wenn nur ein Ehegatte unternehmerisch tätig ist und dieser einen Teil des Gebäudes ausschließlich für seine unternehmerischen Zwecke (zB als Arbeitszimmer) verwendet; diesem steht das Vorsteuerabzugsrecht aus den bezogenen Bauleistungen anteilig zu, soweit der seinem Unternehmen zugeordnete Anteil am Gebäude seinen Miteigentumsanteil nicht übersteigt.⁸ Bei gemeinsamer Auftragserteilung durch mehrere Personen ist ausreichend, dass die Gemeinschaft als solche einem Gemeinschafter Räume unentgeltlich überlässt. Umsatzsteuerrechtlich ist in diesen Fällen von einer einheitlichen Leistung an die Gemeinschaft auszugehen. Lediglich für Zwecke des VorSt-Abzugs ist jeder unternehmerische Gemeinschafter als Leistungsempfänger anzusehen.⁹

14 Der StPfl muss die Lieferung oder sonstige Leistung für sein Unternehmen bezogen haben. Wird ein Umsatz sowohl für das Unternehmen aus auch für nichtunternehmerische Zwecke ausgeführt, wird die Steuer entspr aufgeteilt. Bei untrennbaren Sachen hat der StPfl ein Zuordnungsrecht und kann wählen, ob und inwieweit er den Gegenstand seinem Unternehmen zuordnet.¹⁰ Der VorSt-Abzug richtet sich grds nach dem Umfang der Zuordnung zum Unternehmen. Nach § 15 I 2 UStG ist eine Zuordnung zum Unternehmen ausgeschlossen, wenn der StPfl einen Gegenstand zu weniger als 10 vH für sein Unternehmen nutzt.¹¹

15 **c) USt-Rechnung.** Seit VZ 04¹² setzt der VorSt-Abzug eine vollständige und richtige Eingangsrechnung voraus, die alle in § 14 IV und 14a UStG erforderlichen Angaben enthält.¹³ Vereinfachungen und andere Sonderregelungen bestehen für Kleinbeträge bis 100 € und für Fahrausweise (§ 14 VI

---

1 R 9b I EStR 05.
2 BFH/NV 91, 297.
3 BFH BStBl II 91, 759; H 9b EStH 05.
4 BFH BStBl II 94, 738; FG BaWü EFG 98, 1052; vgl auch BFH v 14.6.07 – IX R 2/07, DStRE 07, 1404.
5 Besonderheiten gelten bei dem Innergemeinschaftlichen Erwerb neuer Fahrzeuge (vgl §§ 1a I Nr 3a; 2a UStG).
6 BFHE 187, 78; *Lange* UStR 99, 17; ggf sind die VorSt-Beträge gesondert und einheitlich festzustellen.
7 BFH/NV 95, 450.
8 BFH BStBl II 07, 13; vgl auch EuGH v 21.4.05 C-25/03, BStBl II 07, 23.
9 BMF BStBl I 07, 90.
10 BFH BStBl II 99, 420; EuGH BStBl II 96, 392; hierzu BMF BStBl I 96, 702.
11 Dazu *Küffner/Zugmaier* DStR 05, 280; *Widmann* DStR 05, 1161 (1164).
12 Die FinVerw räumt allerdings eine Umstellungsfrist bis 1.7.04 ein: BStBl I 04, 258.
13 Zu den Unterschieden zur vorherigen Rechtslage: *Weber* DB 04, 337; zu den weiteren Einzelheiten A 183 ff UStR 05 und BMF BStBl I 04, 62, 258 und 739.

UStG iVm §§ 33, 34 UStDV). Gem § 15 I 1 Nr 1 S 1 UStG ist nur die gesetzlich geschuldete Steuer als VorSt abziehbar.

d) Kein Ausschluss des VorSt-Abzugs. Nicht als VorSt abziehbar sind zB die USt auf bestimmte nicht streng geschäftliche, der Repräsentation dienende oder die Lebensführung berührende Aufwendungen gem § 15 Ia UStG (Aufwendungen für die das Abzugsverbot des § 4 V Nr 1–4, 7, VII, § 12 EStG gilt).[1] Dies gilt nach § 15 Ia 2 UStG nicht für Bewirtungsaufwendungen, soweit § 4 V 1 Nr 2 EStG einen Abzug angemessener und nachgewiesener Aufwendungen ausschließt. VorSt-Beträge sind gem § 15 II UStG vom Abzug ausgeschlossen, wenn die Lieferungen oder Leistungen für stfrei oder gleichgestellte Umsätze verwendet werden und diese in § 15 III UStG davon nicht ausgenommen sind. Die Verwendung eines Teils eines insgesamt dem Unternehmen zugeordneten Betriebsgebäudes für den privaten Bedarf des StPfl schließt den VorSt-Abzug nicht aus.[2] Der StPfl kann in den in § 9 UStG genannten Fällen auf die Steuerbefreiung verzichten, indem er einen Umsatz als stpfl behandelt. Diese sog Option hat nicht nur umsatzsteuerlich sondern auch einkommensteuerrechtlich Vorteile, da der Vermieter die ihm bei der Anschaffung oder Herstellung in Rechnung gestellte VorSt sofort als BA oder WK abziehen kann und sie nicht erst als Bestandteil der AK oder HK im Wege der Abschreibung absetzen muss.[3] Die Option setzt gem § 9 II UStG jedoch voraus, dass der Mieter das Grundstück ausschließlich für Umsätze verwendet oder zu verwenden beabsichtigt, die den VorSt-Abzug nicht ausschließen, so dass die Option nicht nur für Grundstücke, die Wohnzwecken dienen, ausscheidet, sondern auch bei einer Vermietung zB an Banken und Sparkassen, Ärzte, Altenheime, Kindergärten oder private Schulen.[4] Ist die Ausübung der Option (zB bei einer Zwischenvermietung) gem § 42 AO unwirksam, ist die VorSt nicht abziehbar und damit Teil der AK oder HK.[5] Erstattet das FA irrtümlich die VorSt, handelt es sich nicht um Einnahmen; von StPfl zurückzuzahlende Erstattungsbeträge sind weder BA noch WK.[6] Auf die Steuerbefreiung bei Grundstücksverkäufen gem § 4 Nr 9a UStG kann jedoch nur dann wirksam verzichtet werden, wenn der Verzicht in einem notariell beurkundeten Vertrag erklärt wird (§ 9 III 2 UStG idF des HBeglG 04).

Ein Kleinunternehmer ist gem § 19 I 4 UStG nicht zum VorSt-Abzug berechtigt; er kann jedoch mit der Folge des VorSt-Abzugs gem § 19 II UStG zur Umsatzbesteuerung optieren. Zur Anwendbarkeit des § 9b bei Pauschalierung oder Berechnung der USt nach Durchschnittssätzen s Rn 23.

2. Teilweise Abziehbarkeit (§ 15 Ib, IV UStG). § 9b betrifft nur den VorSt-Betrag, soweit er bei der USt abgezogen werden kann, so dass für § 9b die **umsatzsteuerliche Aufteilung maßgeblich ist.** Der VorSt-Betrag ist **aufzuteilen**, wenn der Unternehmer die für sein Unternehmen gelieferten, eingeführten oder innergemeinschaftlich erworbenen Gegenstände **nur zT für Umsätze verwendet, die den VorSt-Abzug ausschließen (§ 15 IV UStG).** Nicht abziehbar ist der Teil der jeweiligen VorSt-Beträge, der den zum Ausschluss von VorSt-Abzug führenden Umsätzen wirtschaftlich zuzurechnen ist. Die nicht abziehbaren Teilbeträge können sachgerecht (entspr der wirtschaftlichen Zuordnung der Umsätze)[7] geschätzt werden (§ 15 IV 2 UStG). Gem § 15 IV 3 UStG ist eine Aufteilung der Steuerbeträge nach dem Verhältnis der Umsätze nur dann zulässig, wenn keine andere wirtschaftliche Zurechnung möglich ist. Vor einer Aufteilung ist zu prüfen, ob die VorSt-Beträge ausschließlich den vorsteuerabzugsschädlichen oder den nicht vorsteuerabzugsschädlichen Umsätzen zuzuordnen sind. Soweit zB bei einem teils betrieblich, teils privat zu Wohnzwecken genutzten Gebäude HK ausschließlich dem Wohnteil zuzuordnen sind, scheidet eine Aufteilung und damit ein teilw VorSt-Abzug aus.[8] Nach § 15 IVa UStG besteht ein eingeschränkter VorSt-Abzug für Fahrzeuglieferer; der VorSt-Betrag ist auf den Steuerbetrag begrenzt, der auf den Fahrzeugerwerb als solchen entfällt. § 15 IVb UStG sieht eine Abzugsbeschränkung für Unternehmer vor, die nicht im Gemeinschaftsgebiet ansässig sind und die nur Steuer nach § 13b II UStG schulden.

Für die Beurteilung, inwieweit bei gemischter Verwendung der VorSt-Abzug ausgeschlossen ist, ist nach dem BFH nicht die vom Unternehmer beabsichtigte Verwendung, sondern die **tatsächliche**

---

1 R 9b III EStR 05.
2 BFH BStBl II 04, 371; EuGH UR 03, 288; einschränkend BMF BStBl I 04, 468; dazu *Birkenfeld* UR 04, 265; **aA** *König* DStR 04, 1072.
3 BFH BStBl II 82, 755; BStBl II 87, 374; H 9b EStH 05.
4 Vgl zu den Auswirkungen *Lademann* § 9b Rn 90.
5 BFH BStBl II 87, 374; BFH/NV 1991, 301.
6 BFH BStBl II 91, 759; *Unverricht* FR 89, 614; **aA** *Maisenbacher* FR 88, 182.
7 BFH BStBl II 80, 533; BStBl II 92, 755.
8 FG Hess EFG 83, 121; vgl auch BFH BStBl II 92, 755.

erstmalige Verwendung der bezogenen Leistungen **maßgebend**.[1] Nach den Urteilen des EuGH zu Fehlmaßnahmen eines nicht insgesamt erfolglosen Unternehmers[2] erscheint dies **problematisch**. Der EuGH stellt für den VorSt-Abzug nur auf den geplanten Umsatz ab. Eine gegenüber der geplanten Verwendung sich ergebende Änderung der tatsächlichen Verwendung wäre dann nach § 15a UStG mit der Folge der Anwendbarkeit des § 9b II zu korrigieren und nicht bereits nach § 15 II, IV UStG zu berücksichtigen.[3]

22 **3. Vorsteuerbetrag nicht abgezogene Vorsteuer.** Entscheidend für die Zuordnung des VorSt-Betrages nach § 9b ist nur die rechtliche Möglichkeit oder Zulässigkeit des VorSt-Abzugs. Deshalb ist unerheblich, ob der Unternehmer die VorSt auch tatsächlich gegenüber dem FA geltend gemacht hat. Es genügt aber nicht, dass der StPfl die Voraussetzungen für den VorSt-Abzug erst noch schaffen kann, indem er zB gem § 9 UStG auf die Steuerbefreiung oder gem § 19 II UStG auf die Besteuerung als Kleinunternehmer verzichtet.[4]

23 Bei Unternehmern, die ihre **VorSt nach Durchschnittssätzen** ermitteln (§ 23 UStG iVm §§ 69, 70 UStDV; § 23a UStG – für Körperschaften iSd § 5 I Nr 9 KStG; § 24 UStG – für Landwirte), weicht häufig die tatsächlich entrichtete von der pauschalierten VorSt ab. Die AK und HK werden dann nicht um die Pauschalen oder Durchschnittssätze, sondern um die tatsächlich berechnete VorSt gemindert, denn § 9b stellt auf den VorSt-Betrag nach § 15 UStG ab.[5] § 23 ff UStG dienen lediglich der Vereinfachung im USt-Recht, schränken aber das Recht zum VorSt-Abzug nicht ein. Durch die Abweichung von pauschalierter und entrichteter VorSt kann es zu Gewinnen oder Verlusten kommen.[6]

25 **4. Zeitpunkt.** Treten die Voraussetzungen für den Abzug der VorSt erst nach Zahlung der VorSt ein, erhält die Zahlung rückwirkend die Eigenschaft von WK.[7] Dies gilt zB wenn der StPfl nach Zahlung der VorSt zur Umsatzbesteuerung optiert oder wenn die Rechnung gem § 14 UStG im Zeitpunkt der Zahlung noch nicht zugegangen ist.[8] Die VorSt ist im Jahr der Zahlung (Abfluss) als WK zu berücksichtigen.[9] Wird die umsatzsteuerrechtliche Aufteilung (§ 15 IV UStG) mit Wirkung für die Vergangenheit geändert, so muss auch die Zurechnung des nicht abziehbaren Teils eines VorSt Betrags zu den AK oder HK des zugehörigen WG entspr berichtigt werden. Sind VorSt nicht als BA oder WK abgezogen, sondern zu Unrecht als HK erfasst worden, kann bei der Gewinnermittlung nach § 4 III der Abzug nicht in späteren VZ nachgeholt werden.[10]

26 **II. Die frühere Vereinfachungsregelung des § 9b I 2 aF.** Nach bis zur Verkündung des StÄndG 01 geltender Gesetzeslage bestand gem § 9b I 2 aF die Möglichkeit, aus Vereinfachungsgründen bei Kleinbeträgen auf die Aktivierung von nicht abzugsfähiger VorSt zu verzichten. Da diese Regelung in der Praxis nur geringe Bedeutung hatte, ist § 9b I 2 aF durch das StÄndG 01 aufgehoben worden.[11] Zu Einzelheiten wird auf die früheren Auflagen verwiesen.[12]

C. Berichtigung des Vorsteuerabzuges (§ 9b II)

30 Bei Änderungen der Verhältnisse gegenüber dem Kj der erstmaligen Verwendung eines WG innerhalb von 5 Jahren bzw bei Grundstücken von 10 Jahren ist der VorSt-Abzug gem § 15a UStG zu berichtigen. Vermietet zB ein StPfl unter Verzicht auf die USt-Freiheit gem § 9 iVm § 4 Nr 12 UStG ein Gebäude zur gewerblichen Nutzung, kann er die auf die HK entfallende USt als VorSt abziehen. Wird das Gebäude innerhalb des Berichtigungszeitraums von 10 Jahren gem § 4 Nr 9a UStG stfrei veräußert, sind die VorSt-Beträge zeitanteilig nach der stpfl Verwendung gem § 15a UStG zu berichtigen. Aufgrund dieser Berichtigung müssten gem § 9b I auch die AK oder HK sowie die AfA angepasst werden. Zur **Vereinfachung** sieht § 9b II vor, dass der ursprüngliche Ansatz der AK oder HK unberührt bleibt und etwaige Mehrbeträge aus einer Erhöhung der VorSt als BE oder Einnahmen und etwaige Rückzahlungen aufgrund einer Kürzung des VorSt-Abzugs als WK oder BA behandelt werden.[13] § 9b II bewirkt, dass sich die VorSt-Berichtigung zeitversetzt auch bei der ESt auswirkt,

---

1 BFH BStBl II 94, 269; BStBl II 94, 278; BFH/NV 96, 584.
2 EuGH BStBl II 96, 655; EuGHE I 98, 1; vgl auch *Klenk* UR 98, 129.
3 *Tipke/Lang*[18] § 14 Rn 174, S 601 f.
4 *Lademann* § 9b Rn 57.
5 *Blümich* § 9b Rn 48; *H/H/R* § 9b Rn 18.
6 Vgl BFH BStBl II 95, 708.
7 BFH BStBl II 82, 755.
8 BFH/NV 96, 41.
9 BFH BStBl II 94, 738.
10 BFH BStBl II 06, 712.
11 StÄndG, BGBl I 01, 3793; s auch BR-Drs 399/01.
12 Vgl dazu auch BFH BStBl II 05, 567.
13 Vgl auch *Volb* BB 06, 690.

denn die unzutr Höhe der AfA wird dadurch ausgeglichen, dass die Mehr- oder Minderbeträge gem § 9b II Hs 1 erfasst werden.[1] Für die Frage der Berichtigung gem § 15a UStG kommt es auf die ursprüngliche tatsächliche Verwendung oder Verwendungsabsicht an.[2]

31 Wird der VorSt-Abzug aufgrund der Veräußerung eines ustpfl vermieteten Gebäudes nach § 15a I iVm IV UStG berichtigt und liegt hierin zugleich die Veräußerung des gesamten Betriebs, so mindert der VorSt-Berichtigungsbetrag nicht den laufenden Gewinn, sondern den Veräußerungsgewinn.[3] IErg wirkt sich bei WG des BV die VorSt-Berichtigung nicht auf den Gewinn aus, da der Abzug des VorSt-Berichtigungsbetrags als BA durch die vorausgegangene Minderung des Buchwerts (niedrigere AK/HK aufgrund VorSt-Abzug) kompensiert wird.[4] VorSt-Beträge, die wegen der **Veräußerung** eines zuvor ustpfl vermieteten Gebäudes gem § 15a IV UStG zurückgezahlt worden sind, können auch bei WG im PV (Einkünften aus VuV) als **WK** abgezogen werden.[5] Für VorSt-Beträge, die auf nachträgliche AK oder HK entfallen, gilt ein eigener Berichtigungszeitraum (§ 15a VI UStG).[6]

32 § 9b II gibt dem StPfl **kein Wahlrecht** und gilt nur für eine Berichtigung nach § 15a UStG, nicht auch für andere Änderungen beim VorSt-Abzug. Wird zB nach einer BP die Aufteilung des VorSt-Betrages nach § 15 IV geändert, ist anders als bei § 9b II die Höhe der AK oder HK rückwirkend anzupassen. § 9b II ist auch nicht bei einer Änderung der Bemessungsgrundlage (§ 17 UStG) anwendbar. Da die AK/HK ohnehin anzupassen sind, bedarf es nicht der Vereinfachungsregelung des § 9b II. Führt eine Berichtigung nach § 15a UStG dazu, dass entgegen dem ursprünglichen Ansatz nunmehr VorSt-Beträge abgezogen werden können, dürfen nach § 9b II die VorSt nicht von den AK/HK abgezogen werden. Es kommt jedoch eine Teilwertabschreibung in Betracht.

5. Sonderausgaben

§ 10

(1) ¹Sonderausgaben sind die folgenden Aufwendungen, wenn sie weder Betriebsausgaben noch Werbungskosten sind oder wie Betriebsausgaben oder Werbungskosten behandelt werden:
1. Unterhaltsleistungen an den geschiedenen oder dauernd getrennt lebenden unbeschränkt einkommensteuerpflichtigen Ehegatten, wenn der Geber dies mit Zustimmung des Empfängers beantragt, bis zu 13 805 Euro im Kalenderjahr. ²Der Antrag kann jeweils nur für ein Kalenderjahr gestellt und nicht zurückgenommen werden. ³Die Zustimmung ist mit Ausnahme der nach § 894 Abs. 1 der Zivilprozessordnung als erteilt geltenden bis auf Widerruf wirksam. ⁴Der Widerruf ist vor Beginn des Kalenderjahres, für das die Zustimmung erstmals nicht gelten soll, gegenüber dem Finanzamt zu erklären. ⁵Die Sätze 1 bis 4 gelten für Fälle der Nichtigkeit oder der Aufhebung der Ehe entsprechend;
1a. auf besonderen Verpflichtungsgründen beruhende, lebenslange und wiederkehrende Versorgungsleistungen, die nicht mit Einkünften in wirtschaftlichem Zusammenhang stehen, die bei der Veranlagung außer Betracht bleiben, wenn der Empfänger unbeschränkt einkommensteuerpflichtig ist. ²Dies gilt nur für
   a) Versorgungsleistungen im Zusammenhang mit der Übertragung eines Mitunternehmeranteils an einer Personengesellschaft, die eine Tätigkeit im Sinne der §§ 13, 15 Abs. 1 Satz 1 Nr. 1 oder des § 18 Abs. 1 ausübt,
   b) Versorgungsleistungen im Zusammenhang mit der Übertragung eines Betriebs oder Teilbetriebs, sowie
   c) Versorgungsleistungen im Zusammenhang mit der Übertragung eines mindestens 50 Prozent betragenden Anteils an einer Gesellschaft mit beschränkter Haftung, wenn der Übergeber als Geschäftsführer tätig war und der Übernehmer diese Tätigkeit nach der Übertragung übernimmt.
   ³Satz 2 gilt auch für den Teil der Versorgungsleistungen, der auf den Wohnteil eines Betriebs der Land- und Forstwirtschaft entfällt;

---

1 Aufgrund dieser Funktion kann der Betrag neben dem WK-Pauschbetrag für VuV gem § 9a S 1 Nr 2 EStG 96 abgezogen werden (BFH/NV 04, 766).
2 Vgl ausf *K/S/M* § 9b Rn C 6 ff.
3 BFH BStBl II 92, 1038.
4 *Lademann* § 9b Rn 137.
5 BFH BStBl II 93, 656; BStBl II 93, 17.
6 A 216 II UStR.

§ 10

1b. Leistungen auf Grund eines schuldrechtlichen Versorgungsausgleichs, soweit die ihnen zu Grunde liegenden Einnahmen beim Ausgleichsverpflichteten der Besteuerung unterliegen;
2. a) Beiträge zu den gesetzlichen Rentenversicherungen oder landwirtschaftlichen Alterskassen sowie zu berufsständischen Versorgungseinrichtungen, die den gesetzlichen Rentenversicherungen vergleichbare Leistungen erbringen;
   b) Beiträge des Steuerpflichtigen zum Aufbau einer eigenen kapitalgedeckten Altersversorgung, wenn der Vertrag nur die Zahlung einer monatlichen auf das Leben des Steuerpflichtigen bezogenen lebenslangen Leibrente nicht vor Vollendung des 60. Lebensjahres oder die ergänzende Absicherung des Eintritts der Berufsunfähigkeit (Berufsunfähigkeitsrente), der verminderten Erwerbsfähigkeit (Erwerbsminderungsrente) oder von Hinterbliebenen (Hinterbliebenenrente) vorsieht; Hinterbliebene in diesem Sinne sind der Ehegatte des Steuerpflichtigen und die Kinder, für die er Anspruch auf Kindergeld oder einen Freibetrag nach § 32 Abs. 6 hat; der Anspruch auf Waisenrente darf längstens für den Zeitraum bestehen, in dem der Rentenberechtigte die Voraussetzungen für die Berücksichtigung als Kind im Sinne des § 32 erfüllt; die genannten Ansprüche dürfen nicht vererblich, nicht übertragbar, nicht beleihbar, nicht veräußerbar und nicht kapitalisierbar sein und es darf darüber hinaus kein Anspruch auf Auszahlungen bestehen.
²Zu den Beiträgen nach den Buchstaben a und b ist der nach § 3 Nr. 62 steuerfreie Arbeitgeberanteil zur gesetzlichen Rentenversicherung und ein diesem gleichgestellter steuerfreier Zuschuss des Arbeitgebers hinzuzurechnen. ³Beiträge nach § 168 Abs. 1 Nr. 1b oder 1c oder nach § 172 Abs. 3 oder 3a des Sechsten Buches Sozialgesetzbuch werden abweichend von Satz 2 nur auf Antrag des Steuerpflichtigen hinzugerechnet.
3. a) Beiträge zu Versicherungen gegen Arbeitslosigkeit, zu Erwerbs- und Berufsunfähigkeitsversicherungen, die nicht unter Nummer 2 Satz 1 Buchstabe b fallen, zu Kranken-, Pflege-, Unfall- und Haftpflichtversicherungen sowie zu Risikoversicherungen, die nur für den Todesfall eine Leistung vorsehen;
   b) Beiträge zu Versicherungen im Sinne des § 10 Abs. 1 Nr. 2 Buchstabe b Doppelbuchstabe bb bis dd in der am 31. Dezember 2004 geltenden Fassung, wenn die Laufzeit dieser Versicherungen vor dem 1. Januar 2005 begonnen hat und ein Versicherungsbeitrag bis zum 31. Dezember 2004 entrichtet wurde; § 10 Abs. 1 Nr. 2 Satz 2 bis 6 und Abs. 2 Satz 2 in der am 31. Dezember 2004 geltenden Fassung ist in diesen Fällen weiter anzuwenden.
4. gezahlte Kirchensteuer;
5. zwei Drittel der Aufwendungen für Dienstleistungen zur Betreuung eines zum Haushalt des Steuerpflichtigen gehörenden Kindes im Sinne des § 32 Abs. 1, welches das dritte Lebensjahr vollendet, das sechste Lebensjahr aber noch nicht vollendet hat, höchstens 4 000 Euro je Kind, sofern die Beiträge nicht nach Nummer 8 zu berücksichtigen sind. ²Satz 1 gilt nicht für Aufwendungen für Unterricht, die Vermittlung besonderer Fähigkeiten sowie für sportliche und andere Freizeitbetätigungen. ³Ist das zu betreuende Kind nicht nach § 1 Abs. 1 oder Abs. 2 unbeschränkt einkommensteuerpflichtig, ist der in Satz 1 genannte Betrag zu kürzen, soweit es nach den Verhältnissen im Wohnsitzstaat des Kindes notwendig und angemessen ist. ⁴Voraussetzung für den Abzug nach Satz 1 ist, dass der Steuerpflichtige für die Aufwendungen eine Rechnung erhalten hat und die Zahlung auf das Konto des Erbringers der Leistung erfolgt ist.
6. *(weggefallen)*
7. Aufwendungen für die eigene Berufsausbildung bis zu 4 000 Euro im Kalenderjahr. ²Bei Ehegatten, die die Voraussetzungen des § 26 Abs. 1 Satz 1 erfüllen, gilt Satz 1 für jeden Ehegatten. ³Zu den Aufwendungen im Sinne des Satzes 1 gehören auch Aufwendungen für eine auswärtige Unterbringung. ⁴§ 4 Abs. 5 Satz 1 Nr. 5 und 6b, § 9 Abs. 1 Satz 3 Nr. 5 und Abs. 2 sind bei der Ermittlung der Aufwendungen anzuwenden.
8. zwei Drittel der Aufwendungen für Dienstleistungen zur Betreuung eines zum Haushalt des Steuerpflichtigen gehörenden Kindes im Sinne des § 32 Abs. 1, welches das 14. Lebensjahr noch nicht vollendet hat oder wegen einer vor Vollendung des 25. Lebensjahres eingetretenen körperlichen, geistigen oder seelischen Behinderung außerstande ist, sich selbst zu unterhalten, höchstens 4 000 Euro je Kind, wenn der Steuerpflichtige sich in Ausbildung befindet, körperlich, geistig oder seelisch behindert oder krank ist. ²Erwachsen die Aufwendungen wegen Krankheit des Steuerpflichtigen, muss die Krankheit innerhalb eines zusammenhängenden Zeitraums von mindestens drei Monaten bestanden haben, es sei denn, der Krankheitsfall tritt unmittelbar im

Anschluss an eine Erwerbstätigkeit oder Ausbildung ein. ³Bei zusammenlebenden Eltern ist Satz 1 nur dann anzuwenden, wenn bei beiden Elternteilen die Voraussetzungen nach Satz 1 vorliegen oder ein Elternteil erwerbstätig ist und der andere Elternteil sich in Ausbildung befindet, körperlich, geistig oder seelisch behindert oder krank ist. ⁴Satz 1 gilt nicht für Aufwendungen für Unterricht, die Vermittlung besonderer Fähigkeit sowie für sportliche und andere Freizeitbetätigungen. ⁵Ist das zu betreuende Kind nicht nach § 1 Abs. 1 oder Abs. 2 unbeschränkt einkommensteuerpflichtig, ist der in Satz 1 genannte Betrag zu kürzen, soweit es nach den Verhältnissen im Wohnsitzstaat des Kindes notwendig und angemessen ist. ⁶Voraussetzung für den Abzug nach Satz 1 ist, dass der Steuerpflichtige für die Aufwendungen eine Rechnung erhalten hat und die Zahlung auf das Konto des Erbringers der Leistung erfolgt ist.

9. 30 Prozent des Entgelts, das der Steuerpflichtige für ein Kind, für das er Anspruch auf einen Kinderfreibetrag nach § 32 Abs. 6 oder auf Kindergeld hat, für den Besuch einer gemäß Artikel 7 Abs. 4 des Grundgesetzes staatlich genehmigten oder nach Landesrecht erlaubten Ersatzschule sowie einer nach Landesrecht anerkannten allgemein bildenden Ergänzungsschule entrichtet mit Ausnahme des Entgelts für Beherbergung, Betreuung und Verpflegung.

(2) Voraussetzung für den Abzug der in Absatz 1 Nr. 2 und 3 bezeichneten Beträge (Vorsorgeaufwendungen) ist, dass sie

1. nicht in unmittelbarem wirtschaftlichen Zusammenhang mit steuerfreien Einnahmen stehen,
2. a) an Versicherungsunternehmen, die ihren Sitz oder ihre Geschäftsleitung in einem Mitgliedstaat der Europäischen Gemeinschaft oder einem anderen Vertragsstaat des Europäischen Wirtschaftsraums haben und das Versicherungsgeschäft im Inland betreiben dürfen, und Versicherungsunternehmen, denen die Erlaubnis zum Geschäftsbetrieb im Inland erteilt ist,
   b) an berufsständische Versorgungseinrichtungen,
   c) an einen Sozialversicherungsträger oder
   d) an einen Anbieter im Sinne des § 80
   geleistet werden.

(3) ¹Vorsorgeaufwendungen nach Absatz 1 Nr. 2 Satz 2 sind bis zu 20 000 Euro zu berücksichtigen. ²Bei zusammenveranlagten Ehegatten verdoppelt sich der Höchstbetrag. ³Der Höchstbetrag nach Satz 1 oder 2 ist bei Steuerpflichtigen, die

1. zum Personenkreis des § 10c Abs. 3 Nr. 1 und 2 gehören, oder
2. Einkünfte im Sinne des § 22 Nr. 4 erzielen und die ganz oder teilweise ohne eigene Beitragsleistungen einen Anspruch auf Altersversorgung erwerben,

um den Betrag zu kürzen, der, bezogen auf die Einnahmen aus der Tätigkeit, die die Zugehörigkeit zum genannten Personenkreis begründen, dem Gesamtbeitrag (Arbeitgeber- und Arbeitnehmeranteil) zur allgemeinen Rentenversicherung entspricht. ⁴Im Kalenderjahr 2005 sind 60 Prozent der nach den Sätzen 1 bis 3 ermittelten Vorsorgeaufwendungen anzusetzen. ⁵Der sich danach ergebende Betrag, vermindert um den nach § 3 Nr. 62 steuerfreien Arbeitgeberanteil zur gesetzlichen Rentenversicherung und einen diesem gleichgestellten steuerfreien Zuschuss des Arbeitgebers, ist als Sonderausgabe abziehbar. ⁶Der Prozentsatz in Satz 4 erhöht sich in den folgenden Kalenderjahren bis zum Kalenderjahr 2025 um je 2 Prozentpunkte je Kalenderjahr. ⁷Beiträge nach § 168 Abs. 1 Nr. 1b oder 1c oder nach § 172 Abs. 3 oder 3a des Sechsten Buches Sozialgesetzbuch vermindern den abziehbaren Betrag nach Satz 5 nur, wenn der Steuerpflichtige die Hinzurechnung dieser Beiträge zu den Vorsorgeaufwendungen nach § 10 Abs. 1 Nr. 2 Satz 3 beantragt hat.

(4) ¹Vorsorgeaufwendungen im Sinne des Absatzes 1 Nr. 3 können je Kalenderjahr bis 2 400 Euro abgezogen werden. ²Der Höchstbetrag beträgt 1 500 Euro bei Steuerpflichtigen, die ganz oder teilweise ohne eigene Aufwendungen einen Anspruch auf vollständige oder teilweise Erstattung oder Übernahme von Krankheitskosten haben oder für deren Krankenversicherung Leistungen im Sinne des § 3 Nr. 14, 57 oder 62 erbracht werden. ³Bei zusammenveranlagten Ehegatten bestimmt sich der gemeinsame Höchstbetrag aus der Summe der jedem Ehegatten unter den Voraussetzungen der Sätze 1 und 2 zustehenden Höchstbeträge.

(4a) ¹Ist in den Kalenderjahren 2005 bis 2019 der Abzug der Vorsorgeaufwendungen nach Absatz 1 Nr. 2 Buchstabe a und 3 in der für das Kalenderjahr 2004 geltenden Fassung des § 10 Abs. 3 mit folgenden Höchstbeträgen für den Vorwegabzug

§ 10

Kalenderjahr	Vorwegabzug für den Steuerpflichtigen	Vorwegabzug im Falle der Zusammenveranlagung von Ehegatten
2005	3 068	6 136
2006	3 068	6 136
2007	3 068	6 136
2008	3 068	6 136
2009	3 068	6 136
2010	3 068	6 136
2011	2 700	5 400
2012	2 400	4 800
2013	2 100	4 200
2014	1 800	3 600
2015	1 500	3 000
2016	1 200	2 400
2017	900	1 800
2018	600	1 200
2019	300	600

zuzüglich des Erhöhungsbetrags nach Satz 3 günstiger, ist der sich danach ergebende Betrag anstelle des Abzugs nach Absatz 3 und 4 anzusetzen. ²Mindestens ist bei Anwendung des Satzes 1 der Betrag anzusetzen, der sich ergeben würde, wenn zusätzlich noch die Vorsorgeaufwendungen nach Absatz 1 Nr. 2 Buchstabe b in die Günstigerprüfung einbezogen werden würden; der Erhöhungsbetrag nach Satz 3 ist nicht hinzuzurechnen. ³Erhöhungsbetrag sind die Beiträge nach Absatz 1 Nr. 2 Buchstabe b, soweit sie nicht den um die Beiträge nach Absatz 1 Nr. 2 Buchstabe a und den nach § 3 Nr. 62 steuerfreien Arbeitgeberanteil zur gesetzlichen Rentenversicherung und einen diesem gleichgestellten steuerfreien Zuschuss verminderten Höchstbetrag nach Absatz 3 Satz 1 bis 3 überschreiten; Absatz 3 Satz 4 und 6 gilt entsprechend.

(5) Nach Maßgabe einer Rechtsverordnung ist eine Nachversteuerung durchzuführen bei Versicherungen im Sinne des Absatzes 1 Nr. 3 Buchstabe b, wenn die Voraussetzungen für den Sonderausgabenabzug nach Absatz 2 Satz 2 in der am 31. Dezember 2004 geltenden Fassung nicht erfüllt sind.

(§ 10 Abs. 1 Nr. 4 erhält ab VZ 2009 folgende Fassung: „gezahlte Kirchensteuer; dies gilt vorbehaltlich § 32d Abs. 2 und 6 nicht für die nach § 51a Abs. 2b bis 2d erhobene Kirchensteuer.")

§§ 29, 30 EStDV; EStR zu § 10; R 10.2 EStR 2005 und 10.2 EStH 2005 – Realsplitting; BMF BStBl I 00, 1118 – Finanzierung unter Einsatz von Lebensversicherungen; BMF BStBl I 04, 143 – häusliches Arbeitszimmer (§ 10 I Nr 7 EStG); BMF BStBl I 04, 922 – Einkommensteuerrechtliche Behandlung von wiederkehrenden Leistungen im Zusammenhang mit der Übertragung von Privat- und Betriebsvermögen; BMF BStBl I 04, 1065 – Steuerliche Förderung der privaten Altersvorsorge und betrieblichen Altersversorgung; BMF BStBl I 05, 429 – AltEinkG; BMF BStBl I 05, 955 – Neuregelung der einkommensteuerlichen Behandlung von Berufsausbildungskosten gem §§ 10 I Nr 7, 12 Nr 5 EStG (ab 2004; ergänzt durch BMF BStBl I 07, 492, betr Studien- und Prüfungsleistungen an ausländische Hochschulen sowie an Berufsakademien); BMF BStBl I 07, 493 – Berücksichtigung von Vorsorgeaufwendungen bei G'ter-Geschäftsführern von KapGes; BMF BStBl I 07, 262 – Anwendung des AltEinkG bei Beiträgen an berufsständische Versorgungseinrichtungen

§ 10 Sonderausgaben

Übersicht

	Rn		Rn
A. Grundfragen des Abzugs von Sonderausgaben	1	10. Allgemeine Voraussetzungen für den Abzug von Vorsorgeaufwendungen (§ 10 II)	19
B. Einzelne Sonderausgaben	7	11. Höchstbeträge für Vorsorgeaufwendungen nach § 10 I Nr 2 (§ 10 III)	20
I. Begrenztes Realsplitting (§ 10 I Nr 1)	7	12. Keine rückwirkende Nachbesserung des SA-Höchstbetrags	21
II. Wiederkehrende Versorgungsleistungen (§ 10 I Nr. 1a)	9	13. Höchstbetrag für die „sonstigen" Aufwendungen nach § 10 I Nr 3 (§ 10 IV)	22
1. Gegenleistungsrente und private Versorgungsrente	9	14. Günstigerprüfung (§ 10 IVa)	23
2. Wiederkehrende Versorgungsleistungen – Grundfragen	10	15. Nachversteuerung (§ 10 V iVm § 30 EStDV)	24
3. Private Versorgungsrente (für Neuverträge ab 2008 geltendes Recht)	10a	IV. Gezahlte Kirchensteuer (§ 10 I Nr 4)	25
4. Schuldrechtlicher Versorgungsausgleich	10b	V. Dienstleistungen für die Betreuung von Kindern (§ 10 I Nr 5 und 8)	25a
III. Vorsorgeaufwendungen (§ 10 I Nr 2, 3, III–IVa)	11	VI. Steuerberatungskosten (§ 10 I Nr 6)	26
1. Vorsorgeaufwendungen im System des EStG	11	VII. Aufwendungen für die Berufsausbildung (§ 10 I Nr 7)	27
2. Die Neuregelung durch das AltEinkG	12	1. Eigene Aufwendungen – Grundsätzliches zum Abzugstatbestand	27
3. Basisversorgung durch „echte" Altersvorsorgeprodukte (§ 10 I Nr 2a)	13	2. Gesetzliche Zuweisung der Ausbildung zur Privatsphäre	28
4. Neue kapitalgedeckte Altersvorsorgeprodukte (§ 10 I Nr 2b – „Rürup-Versicherung")	14	3. Ausbildung für einen Beruf	29
5. Hinzurechnungen zu den Beiträgen nach § 10 I Nr 2a und Nr 2b	14a	4. Erste Ausbildung und Erststudium	30
6. Hausgewerbetreibende	15	5. Umschulung	31
7. Übergangsregelung für kapitalbildende Lebensversicherungen	16	6. Andere Fortbildungskosten	31a
8. Sonstige Vorsorgeaufwendungen	17	7. Weiterbildung in einem nicht ausgeübten Beruf	32
9. Nicht begünstigte Risikoversicherungen	18	8. Ausbildungsdienstverhältnis	33
		9. Umfang und Höhe der abziehbaren Aufwendungen	34
		VIII. Schulgeld (§ 10 I Nr 9)	36

Literatur: *F Braun* Kosten einer weiteren Berufsausbildung – Werbungskosten oder Sonderausgaben?, DStZ 05, 617; *Demuth* Erstattung von SA als rückwirkendes Ereignis, NWB F 2, 9271; *Drenseck* Aufwendungen für berufliche Bildungsmaßnahmen – Anmerkungen zu den Änderungen durch das Gesetz zur Änderung der AO, DStR 04, 1766; *Fischer* Vorsorgeaufwendungen und Altersbezüge – eine erste Entscheidung des BFH zum AltEinkG, NWB Fach 3, 13895; *ders* Die Rechtsnatur von Aufwendungen zur Altersvorsorge FR 2007, 76; *Fehr* Die steuerliche Berücksichtigung von Aufwendungen für ein Studium, DStR 0, 882; *Goverts/Schubert* Besteuerung von Renten aus einer sofort beginnenden fondsgebundenen Rentenversicherung ohne Kapitalwahlrecht, DB 06, 1978; *Jochum* Zur einkommensteuerrechtlichen Behandlung von erstmaliger Berufsausbildung, Erststudium und Promotion, DStZ 05, 260; *Kleiner* Ausbildungs- und Fortbildungskosten, NWB Fach 6, 4599; *Kußmaul/Henkes* Die steuerliche Behandlung von Aus- und Fortbildungskosten unter Berücksichtigung des BMF-Schreibens v 4.11.2005, ZSteu 06, 164; *Lindberg* Neuregelung der einkommensteuerlichen Behandlung von Berufsausbildungskosten, sj 06, 17; *Myßen* Private Altersvorsorge – Soziale Absicherung contra selbstverantwortlicher Altersvorsorge, DStJG 29 (2006), 249; *Müller-Franken* Bildungsaufwand in der Einkommensteuer nach neuem Recht; DStZ 07, 59; *Myßen/Hildebrandt* Vorsorgeaufwendungen bei Gesellschafter-Geschäftsführern, NWB F 3, 14559; *Paus* Neue steuerliche Behandlung von Lebens- und Rentenversicherungen, NWB Fach 3, 14047; *Rimmler* Berufliche Bildungsaufwendungen aus der Sicht systematischer Besteuerung, StuW 05, 117; *Schmid* Ausbildungskosten ab dem Jahr 2004, Stbg 07, 53; *Siegle* Vorsorgeaufwendungen bei Gesellschafter-Geschäftsführern von KapGes, DStR 07, 1662; *Söhn* Berufsausbildungskosten und Fortbildungskosten – Erststudium/Erstausbildung, Zweitstudium/Zweitausbildung, Umschulung, StuW 02, 97; *Thönnes* Steuerliche Berücksichtigung von Aufwendungen für ein Erststudium, SteuerStud 07, 260.

Literatur zur privaten Versorgungsrente und zum **AltEinkG:** S den Literaturnachweis vor § 22.

§ 10

A. Grundfragen des Abzugs von Sonderausgaben

1 SA sind abschließend[1] aufgezählte private Aufwendungen von – grds unbeschränkt;[2] zur fiktiven Stpfl nach § 1a Änderung durch das JStG 2008) – StPfl (§ 50 I 4; § 1a; § 1 III), die wie zB Kinderbetreuungskosten[3] nicht – vorrangig[4] – als BA noch WK abziehbar (s zu Ausbildungskosten Rn 27 ff) sind und die mit Vorrang gegenüber § 12 (s dort Rn 1; zum Abzug von Versorgungsleistungen nach § 10 I Nr 1a § 22 Rn 6) aus Gründen des subj Nettoprinzips (Nichtsteuerbarkeit des indisponiblen Einkommens, zB bei Vorsorgeaufwendungen als Mindestdaseinsvorsorge) oder wegen ihrer Förderungswürdigkeit aus sonstigen Gründen bei der **Ermittlung des Einkommens** (§ 2 IV – Abzug vom Gesamtbetrag der Einkünfte bis zum Betrag 0 €) zum betragsmäßig unbeschränkten oder beschränkten Abzug zugelassen werden (§ 12 S 1; Abzug nach §§ 10a, 10d–i „wie" SA vom Gesamtbetrag der Einkünfte, § 2 IV). Dies gilt auch bei Zahlung der SA „aus dem Vermögen". Die Ergänzung des Einleitungssatzes durch Gesetz v 26.4.06 (BGBl I 06, 1091) mit Wirkung v 6.5.06 bewirkt, dass auch für die Aufwendungen, die unter § 4f oder § 9 V fallen, eine Berücksichtigung als SA ausscheidet. Der Gesetzgeber ist nicht verpflichtet, private Schuldzinsen zum Abzug als SA zuzulassen.[5] Auch die Streichung des SA-Abzugs für **Nachzahlungszinsen** (§ 10 I Nr 5 aF)[6] ist verfassungsgemäß.[7] Das – jüngst vom BFH in Zweifel gezogene (s Kommentierung zu § 12) **Aufteilungsverbot** des § 12 Nr 1 (§ 12 Rn 1) gilt nicht für die Abgrenzung zw BA/WK und SA.[8] IÜ muss die Nutzung eindeutig dem SA-Bereich zuzuordnen sein. Ggf ist eine Aufteilung geboten, soweit der nicht durch § 10 tatbestandlich erfasste „private" Anteil abgrenzbar ist, andernfalls ist der SA-Abzug zu versagen. Kosten eines Rechtsstreits um SA, einer Klage auf Zustimmung zum Realsplitting[9] oder der Finanzierung von Versorgungsleistungen[10] sind nicht nach § 10 abziehbar. Vorsorgeaufwendungen (§ 10 I Nr 2) sind ungeachtet eines Erwerbs von Versicherungsschutz abziehbar, weil das Gesetz den Erwerb einer eigenverantwortlichen Grundsicherung ebenso wie die Mitgliedschaft in einer Religionsgemeinschaft[11] als Existenzbedürfnis sowie Kosten für Steuerberatung und Berufsausbildung als unausweichlich („indisponibel") anerkennt. SA bleiben im Rahmen des § 33 „außer Betracht" (§ 33 Rn 65). Die Behandlung von „**Nebenkosten**" (insbes Zinsen zur Finanzierung von SA,[12] Prozesskosten usw) ist in Bezug auf die einzelnen SA in der Rspr nicht einheitlich; die Abziehbarkeit als SA wird in der Literatur überwiegend abgelehnt.[13] Dem ist zuzustimmen, soweit der Abzug nach Art und Zahlungsempfänger begrenzt ist.[14] Jedenfalls für § 10 I Nr 7–9 gilt nach dem Gesetzeswortlaut das Veranlassungsprinzip.

2 Für den **Zeitpunkt des Abzugs**, auch der nur im Rahmen der Höchstbeträge zu berücksichtigenden Voraus- und Nachzahlungen, gilt § 11;[15] zum Abflussprinzip und zu willkürlich („missbräuchlich") geleisteten Zahlungen s § 11. Die Grundlagen für die Festsetzung der ESt – wie BA/WK, ag Belastung auch die SA – sind nur für den Zeitraum ihrer tatsächlichen Verausgabung (Höchstbetrag ist auch bei Voraus- und Nachzahlungen maßgebend; anders bei Zahlung auf Prämiendepot – Depositenkonto – eines Versicherers[1]) zu ermitteln, in dem die StPfl besteht. Im Falle beschränkter StPfl nicht abziehbare SA (§ 50 I Nr 5) sind auch dann nicht abzugsfähig, wenn sie von dem beschränkt stpfl Erben eines unbeschränkt StPfl geleistet werden und Zeiträume betreffen, in denen der Erblasser noch lebte.[16] Bei **Fremdfinanzierung** von Berufsausbildungskosten (wie auch von BA, WK

---

1 BFH BStBl II 77, 758.
2 S aber EuGH Rs. C346/04 „Conijn" IStR 06, 524 = HFR 06, 930 = BFH/NV 06, Beil 4, 425, betr Steuerberatungskosten; BFH/NV 07, 220; *Rainer* IStR 07, 483; hierzu BMF BStBl I 07, 451.
3 BFH/NV 07, 1312; hierzu *Pfützenreuter* jurisPR-SteuerR 29/2007 Anm 2.
4 BFH BStBl II 95, 259 – betr Abzug „wie" SA; BFH/NV 96, 740 – nicht aufteilbare Aufwendungen für Erwerbstätigkeit und Promotion; Rn 27.
5 BFH BStBl II 99, 81.
6 BFH BStBl II 02, 351 – Berücksichtigung dem Grunde und der Höhe nach; zu Fragen des Abflusses (§ 11 II) BFH/NV 02, 1096.
7 BFH BStBl II 07, 387, *Pfützenreuter* jurisPR-SteuerR 11/2007 Anm 4.
8 BFH BStBl II 89, 967 – durch die Steuerberatung veranlasste Unfallkosten; BStBl II 90, 901 – Arbeitszimmer für Beruf und Berufsausbildung; OFD Erf FR 93, 588 – Unfallversicherung für beruflichen und privaten Bereich; BFH/NV 96, 740 – Erwerbstätigkeit und Promotionsvorhaben.
9 BFH BStBl II 99, 522.
10 BFH BStBl II 02, 413; krit *Tiedtke* ZEV 02, 80; s auch *Tiedtke/Wälzholz* DStR 99, 1794.
11 *Schön* DStZ 97, 385.
12 Abl BFH BStBl II 02, 413.
13 *K/S/M* § 10 Rn B 106ff; *H/H/R* § 10 Rn 24; *Blümich* § 10 Rn 34; aA *Tiedtke/Wälzholz* DStR 99, 11794.
14 BFH BStBl II 99, 522 – Rechtsanwaltskosten im Zusammenhang mit dem Realsplitting (§ 10 I Nr 1; FG Mchn EFG 99, 225 – Fremdfinanzierung einer dauernden Last (§ 10 I Nr 1a).
15 BStBl II 77, 154 – Nachzahlungen zur gesetzlichen Rentenversicherung.
16 BFH BStBl II 92, 550 – allg zum Verhältnis v § 2 VII und § 11 II; BStBl II 84, 587 – unbeschränkte StPfl nur während eines Teils des VZ.

und ag Belastungen) wird die konkrete Aufwendung,[1] nicht die Darlehensrückzahlung abgezogen.[2] **§ 9 I Nr 7** – Verteilung der Wertminderung bei Anschaffung abnutzbarer WG über die **AfA** – ist beim SA-Abzug entspr anwendbar (Rn 34).[3]

Bei teleologischer, verfassungsrechtlich bestätigter[4] Auslegung werden solche „**Aufwendungen**" 3 (= Ausgaben; s auch § 9 Rn 11 ff; Sachleistungen werden entspr § 8 II bewertet) nur solche Ausgaben – dh alle Wertabgaben, die aus dem Vermögen des StPfl abfließen[5] – als SA berücksichtigt, durch die der StPfl tatsächlich wirtschaftlich belastet ist. Hieran fehlt es bei eigener Arbeitsleistung,[6] bei Zahlungen aufgrund eines entgeltlichen Erwerbs[7] oder der entgeltlichen Nutzungsüberlassung (zB gegen wiederkehrende Erbbauzinsen[8]), bei Auflagen an Erben oder Vermächtnisnehmer,[9] die aus dem Nachlass erfüllt und deswegen vom Erben nicht wirtschaftlich getragen werden[10] (einzige Ausnahme hiervon: Abziehbarkeit der privaten Versorgungsrente; s § 22 Rn 12). Auf die „Gegenleistungsrente" – kauf- und darlehensähnliche Verträge (zB Verrentung von Anspr) sowie alle Rechtsvorgänge im Austausch mit einer Gegenleistung – ist § 10 I Nr 1a nicht anwendbar (§ 22 Rn 3). Des- wegen müssen private Schuldzinsen nicht von Verfassungswegen abziehbar sein.[11] Sog Beitrittsspenden mindern nicht die steuerliche Leistungsfähigkeit.[12]

Die wirtschaftliche **Belastung** muss tatsächlich und **endgültig** sein.[13] Hieran fehlt es, wenn schon im 4 Zeitpunkt der Zahlung absehbar ist, dass die Leistung des StPfl – im VZ des Abflusses oder zu einem späteren Zeitpunkt – zurückgefordert werden kann bzw endgültig erstattet wird[14] oder wenn ein durchsetzbarer und nicht zu versteuernder Rückgriffsanspruch gegen einen Dritten besteht, auch wenn der Erstattungsbetrag erst in einem späteren VZ zufließt.[15] Dividenden, Überschussoder Gewinnanteile, die bei Versicherungen auf den Erlebens- oder Todesfall vom Versicherer ausgezahlt oder gutgeschrieben werden, mindern im Jahr der Auszahlung oder Gutschrift grds – anders ua bei Verwendung zur Erhöhung der Versicherungssumme – die abziehbaren SA.[16] Bei SA,[17] insbes bei Versicherungsbeiträgen[18] und KiSt[19] sind die erstatteten Beträge mit den im Jahr der Erstattung gezahlten gleichartigen SA zu verrechnen (Grund: Praktikabilität und Rechtskontinuität), so dass nur der Saldo als SA verbleibt;[20] dies gilt auch dann, wenn die spätere Erstattung bei Veranlagung des Zahlungsjahres feststeht. Anders, wenn im Erstattungsjahr gleichartige SA nicht oder nicht in dieser Höhe angefallen sind. Steht im Zeitpunkt der Zahlung, ggf auch im Zeitpunkt der Erstattung noch nicht fest, ob der StPfl durch eine Aufwendung endgültig wirtschaftlich belastet bleibt, sind die SA im Jahr des Abflusses abziehbar; bei Erstattung des geleisteten Betrages in einem späteren VZ ist die Veranlagung des Zeitraums der Zahlung durch eine entsprechende Kürzung des SA-Abzugs zu ändern. Ist der ESt-Bescheid für das Zahlungsjahr noch nicht bestandskräftig, ist der SA-Abzug um die Erstattung zu mindern; ein bestandskräftiger Bescheid ist nach § 175 I 2 Nr 2 AO zu ändern.[21] Ist im Jahr der Erstattung der SA ein Ausgleich mit gleichartigen Aufwendungen nicht oder nicht in voller Höhe möglich, so ist der SA-Abzug des Jahres der Verausga-

---

1 BFH BStBl II 72, 250; s auch BStBl II 74, 513, BStBl II 92, 834 – Ausbildungsdarlehen und Zuschlag.
2 FG Hbg EFG 00, 548 mwN.
3 BFH BStBl II 93, 676; „Bewertungsfreiheit" für Arbeitsmittel bis zu 410 € (800 DM) einschl USt.
4 BVerfG HFR 89, 271.
5 BFH BStBl II 97, 239.
6 BFH BStBl II 92, 552.
7 BFH BStBl II 95, 47 – Erwerb eines Mietwohngrundstücks gegen „dauernde Last" iSv § 9 I 1 Nr 1 (= Gegenleistungsrente); BStBl II 95, 169 – Erwerb eines Grundstücks gegen wiederkehrende Leistungen in unbestimmter Höhe.
8 BFH BStBl II 90, 13; BStBl II 91, 175; BFH/NV 86, 600 – Miete; BFH/NV 92, 807 – Überlassung eines Nießbrauchs.
9 BFH BStBl II 89, 779 – Grabpflege durch Erben; BStBl II 92, 612 unter 4; BStBl II 93, 874 – Auflage an Erben; BStBl II 95, 413 – Abgeltung von Pflichtteilsansprüchen; BFH/NV 00, 29 – Vermächtnisrente.
10 Vgl zu § 10d BFH BStBl II 99, 653.
11 BFH BStBl II 99, 81.
12 BStBl II 97, 612.
13 BFH BStBl II 99, 95; BVerfG HFR 89, 271; DStRE 02, 996.
14 BFH BStBl II 86, 284; BStBl II 96, 464 – Zahlung von KiSt ohne Rechtsgrund; BStBl II 99, 95; BFH/NV 02, 1096; BFH/NV 04, 1642.
15 BFH BStBl II 96, 566 – Vorkosten nach § 10e VI.
16 BFH BStBl II 70, 314; BStBl II 70, 422.
17 BMF BStBl I 02, 667 = DStR 02, 1304 = StEK § 10 allg Nr 1.
18 BFH BStBl II 70, 422 – Kfz-Haftpflichtversicherung; BStBl II 70, 314 – Lebensversicherung.
19 BFH BStBl II 96, 646; zust BFH/NV 00, 1455; BFH/NV 05, 1304: Verrechnung im Zahlungsjahr, soweit die KiSt nicht mit gezahlter KiSt im Jahr der Erstattung verrechnet werden kann; BFH/NV 06, 1836; FG D'dorf EFG 07, 1052.
20 BFH BStBl II 75, 350.
21 BFH BStBl II 02, 569; BStBl II 04, 1058; unter Bezug hierauf AEAO Rn 2.4 zu § 175 AO; Demuth NWB Fach 2, 9271.

bung – ggf mittels § 175 I Nr 1 AO – insoweit um die nachträgliche Erstattung zu mindern.[1] Eine Kürzung gezahlter KiSt ist auch geboten, soweit es sich um willkürliche, die voraussichtliche Steuerschuld weit übersteigende Zahlungen handelt.[2] Werden zB (Sozial-)Versicherungsbeiträge mangels Versicherungspflicht zurückgezahlt, fällt für den SA-Abzug einschl des Vorwegabzugs (§ 10 I Nr 2, III Nr 2 EStG 1977–1983) ein Tatbestandsmerkmal mit Wirkung für die Vergangenheit fort.[3] Die in § 10 V geregelte Nachversteuerung hat spezialgesetzlich Vorrang.

5 Der Steuerschuldner selbst muss die **Aufwendungen wirtschaftlich getragen haben.**[4] Vom Sozialamt vorgeleisteter Unterhalt führt nicht zu SA-Abzug nach § 10 I Nr 1.[5] Der StPfl selbst muss die Leistung rechtsgrundkonform, dh aufgrund eigener Verpflichtung gegenüber dem Empfänger, zB als Versicherungsnehmer gegenüber dem Versicherer[6] – auch aufgrund eines Vertrags zugunsten Dritter (§§ 328 ff BGB)[7] – oder durch einen Bevollmächtigten gezahlt haben.[8] Es ist ohne Bedeutung, wer der Versicherte ist oder wem die Versicherungssumme oder eine andere Leistung später zufließt. Erhält der StPfl Geld zur Zahlung geschenkt, hat er selbst, nicht der Schenker (§ 12 Nr 2) den SA-Abzug. Schließt der Vater eine Kfz-Haftpflichtversicherung für den Pkw des Kindes ab, entfällt der SA-Abzug beim zahlenden Kind[9] und mangels eigener Aufwendung beim Vater. Ist das Kind Versicherungsnehmer, können Eltern mit der Überweisung der Prämien auch nicht den Zahlungsweg abkürzen;[4] das Kind muss aus eigenen, ggf ihm zugewendeten Mitteln zahlen. Im Rahmen des § 10 I Nr 2 ist Drittaufwand grds nicht abziehbar.[10] Zu Zukunftssicherungsleistungen des ArbG s § 4b Rn 9:[11] Sie sind als SA abziehbar, soweit Beiträge aus steuerbarem Arbeitslohn für Rechnung des ArbN abgeführt werden;[11] zu Hausgewerbetreibenden s Rn 12. Beiträge einer Ges zur Sozialversicherung, die beim G'ter steuerbarer Gewinnanteil oder vGA sind, kann dieser als SA abziehen.[12] SA sind gem § 2 IV vom Gesamtbetrag der Einkünfte abzuziehen, auf einer Ermittlungsstufe also, auf der zusammenveranlagte **Ehegatten** als ein Steuersubjekt mit einer gemeinsamen Berechnungsgrundlage gelten;[13] bei diesen ist daher unerheblich, wer gezahlt hat (§ 26b) – sog „Einheit der Ehegatten beim SA-Abzug".[14] Bei **getrennter Veranlagung** nach § 26b II 1 und bei Veranlagung nach § 26c hat nur der Zahlende den SA-Abzug. Bei der **Gesamtrechtsnachfolge** (§ 1922 BGB) sind nicht erfüllte (§ 11 II) Verpflichtungen des Erblassers aus dem Nachlass zu zahlen; der Erbe ist nicht belastet,[15] es sei denn, die Aufwendungen wären – so zB bei Fortsetzung eines Versicherungsvertrags – in dessen Pers SA (sehr str).[16] Ansonsten ist die Herkunft der Mittel (Schenkung, Erbschaft, Kredit, nicht zweckgebundene stfrei Einnahmen[17] – kein unmittelbarer wirtschaftlicher Zusammenhang) unerheblich.

6 **Verfahrensrecht**: Für den SA-Abzug ist ein **Antrag** nicht erforderlich (Ausnahme: Realsplitting). Der StPfl muss die SA „**nachweisen**" (vgl § 10c I); er trägt nach allg Grundsätzen die objektive Beweislast (Feststellungslast).[18] § 160 AO ist anwendbar. Die Entscheidung über den SA-Abzug wird nur bei der **Veranlagung** (Folgebescheid), nicht im Rahmen der einheitlichen Feststellung

---

1 BFH BStBl II 99, 95; BMF BStBl I 02, 667 = DStR 02, 1304.
2 BStBl III 1963, 141; BFH/NV 00, 1455.
3 BFH BStBl II 99, 95 – Rückabwicklung eines irrtümlich angenommenen Sozialversicherungsverhältnisses.
4 BFH BStBl II 89, 683.
5 FG Saarl EFG 97, 657.
6 BFH BStBl II 89, 862; BStBl II 95, 637; BStBl II 02, 473 mwN – Tochter hat für Mutter Beiträge zur Rentenversicherung nachentrichtet.
7 BFH BStBl II 74, 265.
8 BFH BStBl II 74, 545 – Eltern zahlen für Kind Beiträge zur studentischen Krankenversicherung; BStBl II 89, 862 mwN; BFH/NV 90, 283 – Haftpflichtversicherung durch die Mutter der die Prämien zahlenden Pkw-Haltern (wohl zu formal); BStBl II 95, 637 – Beiträge für Haftpflichtversicherung; BMF DStR 02, 1667 Rn 7; krit K/S/M § 10 Rn B 129ff, E 151 ff.
9 BFH BStBl II 95, 637.
10 BFH BStBl II 89, 683; sehr str, krit zB *Schmidt*[26] § 10 Rn 23 mwN.
11 BFH BStBl II 93, 248.
12 BFH BStBl II 92, 812 – PersGes.
13 BFH BStBl II 91, 690.
14 BFH BStBl II 95, 119.
15 BFH BStBl II 98, 148 – zum Realsplitting, aber verallgemeinerungsfähig: Es fehlt an der beim SA-Abzug regelmäßig vorausgesetzten Belastungssituation, wenn die Aufwendungen durch das ererbte Vermögen gedeckt sind.
16 Vgl BFH BStBl II 97, 239 – Aufwendungen des Erben zur Erfüllung einer Vermächtnisrente keine dauernde Last; **aA** zB *Blümich* § 10 Rn 39ff; s auch BStBl III 60, 140 – Zahlung von KiSt durch Erben abziehbar; BStBl II 74, 270 – Zahlung bei Fortsetzung eines (Bauspar-)Vertrages; zum Realsplitting s Rn 7; zur Versorgungsrente § 22 Rn 8ff.
17 S aber BFH BStBl II 72, 57 – stfreier Zuschuss des ArbG zur Krankenversicherung; zu Zuschüssen nach AFG und BAföG § 3 Rn 11.
18 BFH/NV 90, 98.

getroffen.¹ Nach § 39a I Nr 4 dürfen ohne Ausnahme nur SA iSd § 10 I Nr 1, 1a, 4, 6 bis 9 und des § 10b auf der **LSt-Karte** als vom Arbeitslohn abzuziehender Freibetrag eingetragen werden, nicht aber Versicherungsbeiträge iSd § 10 I Nr 2.²

B. Einzelne Sonderausgaben

I. Begrenztes Realsplitting (§ 10 I Nr 1). Die verfassungsgemäße³ Vorschrift, die den Wegfall des Splittingvorteils abmildern will,⁴ korrespondiert mit **§ 22 Nr 1a** (s dort Rn 29; „Transfer von Einkünften"). Der StPfl kann wählen zw dem Abzug als SA und ag Belastung nach § 33a I.⁵ Abziehbar sind „Aufwendungen" (iSv Ausgaben – Güter, die in Geld oder Geldeswert bestehen, nicht: entgangene Einnahmen) „für den Unterhalt". Dies sind laufende oder einmalige, gesetzliche wie freiwillige **Unterhaltsleistungen** (Begriff wie § 33a „Aufwendungen für den Unterhalt";⁶ insbes Aufwendungen zur Bestreitung der Lebensführung, zB für Ernährung, Wohnung, Kleidung,⁶ auch Nach- und Vorauszahlungen). Abziehbar sind auch Leistungen aufgrund freiwillig begründeter Rechtspflicht,⁷ auch Sachleistungen, die Übernahme von Berufsausbildungskosten, der Steuer nach § 1578 BGB. Kein SA-Abzug bei Tilgung gemeinsamer Schulden sowie für Schuldzinsen aus gemeinsam aufgenommenen Verbindlichkeiten⁸ oder wenn Anspr aus Vermögensauseinandersetzung in Raten oder verrentet gezahlt wird. SA sind „Unterhaltsleistungen ... bis zu 13 805 €". Dieser Betrag ist verfassungskonform realitätsgerecht. Nichtabziehbar sind Prozesskosten⁹ zur Vermeidung und (zweifelh) Schuldzinsen¹⁰ zur Finanzierung von Unterhaltszahlungen (s auch Rn 1). Durch die Antragstellung des Unterhaltsleistenden mit Zustimmung des Empfängers werden die gesamten, in dem Kalenderjahr geleisteten Unterhaltsaufwendungen unbeschadet einer betragsmäßigen Begrenzung durch den Antragsteller oder durch den Höchstbetrag zu SA umqualifiziert. Die der Art nach den SA zuzuordnenden Aufwendungen können auch nicht insoweit als ag Belastungen abgezogen werden, wie sie den für das Realsplitting geltenden Höchstbetrag übersteigen; unerheblich ist es, ob es sich um laufende oder einmalige Leistungen bzw um Nach- oder Vorauszahlungen handelt.¹¹ Der StPfl hat die Wahl zw dem Abzug gemäß und im betragsmäßigen (7 188 €) Rahmen des § 33a (der Empfänger bleibt steuerlich unbelastet!) und nach § 10 I Nr 1.¹² Dem StPfl steht der volle Höchstbetrag – also ohne zeitanteilige Kürzung – zu, auch wenn die Voraussetzungen des § 10 I 1 nicht während des gesamten Kj gegeben waren oder zB die Einmalzahlung erst zum Schluss des Kj erbracht wird.¹¹ Bei Überlassung einer eigenen Wohnung zwecks Unterhaltsgewährung ist deren in entspr Anwendung des § 15 II BewG zu beziffernder Mietwert als SA abziehbar¹³ (zutr wegen der gebotenen betragsmäßigen Korrespondenz mit der Besteuerung des Zuflusses nach § 22 Nr 1a), nach Auffassung des BFH auch die verbrauchsunabhängigen Kosten¹⁴ (wohl zu weitgehend; Grundsteuer, Finanzierungskosten, AfA dürften nicht abziehbar sein). Zur Vermietung an Ehegatten BFH BStBl II 96, 214 – kein Gestaltungsmissbrauch. **Empfänger** ist (nur¹⁵) der geschiedene oder dauernd getrennt lebende (§ 1567 BGB) Ehegatte, wenn beide Ehegatten (zum Geber s § 50 I 5) im Zeitpunkt der Ausgabe (§ 11 II) unbeschränkt stpfl sind oder die Voraussetzungen des § 1a I Nr 1 vorliegen oder ein DBA einschlägig ist.¹⁶ Unterhaltsleistungen, die ein unbeschränkt StPfl von seinem nicht unbeschränkt stpfl geschiedenen oder dauernd getrennt lebenden Ehegatten erhält, sind nicht steuerbar.¹⁷ Wegen des für das Realsplitting geltenden Korrespondenzprinzips¹⁸ kein Abzug von Leistungen, wenn der Empfänger seinen Wohnsitz in einen EG-Mitgliedstaat (hier: Österreich) verlegt, der solche Unterhaltsrenten nicht besteuert, was verfassungsgemäß und EU-konform ist.¹⁹ Bei Wechsel der StPfl während des Kj tritt keine zeitanteilige

---

1 BFH/NV 90, 366; BFH/NV 92, 363 – Abzug von Spenden (§ 10b); BFH BStBl II 93, 11.
2 BFH BStBl II 89, 967.
3 BFH BStBl II 86, 603; BStBl II 90, 1022; BVerfG HFR 88, 35.
4 BFH BStBl II 98, 148.
5 BT-Drs 8/2201, 4 f; ausf *H/H/R* § 10 Rn 26a, 27.
6 BFH BStBl II 02, 130.
7 BFH/NV 89, 779 – nicht: Übernahme gemeinsamer Schulden.
8 BFH/NV 89, 779; BFH/NV 06, 2053; anders, aber zweifelh BFH/NV 07, 1283; hierzu *Fischer* jurisPR-SteuerR 25/2007 Anm 3.
9 BFH BStBl III 57, 191.
10 **AA** FG Kln DStRE 97, 180.
11 BFH BStBl II 01, 338.
12 BFH/NV 95, 777.
13 Zur Vermietung an Ehegatten BFH BStBl II 96, 214 – kein Gestaltungsmissbrauch; s ferner *Arens* DStR 98, 1043.
14 So jetzt BFH BStBl II 02, 130.
15 BVerfG StRK EStG 75 § 10 I Nr 1 R 4a – Regelung verfassungsgemäß
16 Verständigungsvereinbarung mit der Schweiz BMF BStBl I 98, 1392; BFH BStBl II 86, 603; BVerfG DStR 88, 488 – Regelung verfassungsgemäß
17 BFH BStBl II 04, 1047 = BFH/NV 04, 1163 – Grundsatzentscheidung zum Regelungsbereich des § 10 I Nr 1; krit *Söhn* StuW 05, 009.
18 BFH BStBl II 95, 121.
19 EuGH DStR 05, 1265 = BFH/NV 05, Beil. Nr 4, S 294; hierzu *M Lang* SWI 05, 411; BFH HFR 06, 568.

Beschränkung ein.[1] Bei mehreren Unterhaltsberechtigten sind die Leistungen an jeden Empfänger bis zum Höchstbetrag abziehbar. Nichtabziehbar sind Leistungen des Erben nach § 1586b BGB,[2] Leistungen an die ledige Mutter (§ 1615 I)[3] und der bestimmungsgemäße Unterhalt an Kinder[4] sowie Leistungen aus der Auseinandersetzung von Vermögen.

8 Das Gesetz will, dass die Beteiligten den mit dem Realsplitting verbundenen Vorteil einvernehmlich unter sich aufteilen. Der für jedes Kj zu stellende **Antrag**, der wegen seiner rechtsgestaltenden Wirkung nicht – auch nicht übereinstimmend – zurückgenommen oder nachträglich eingeschränkt,[5] wohl aber – auch nach Bestandskraft des ESt-Bescheids – betragsmäßig erweitert werden kann,[6] ist nicht fristgebunden. Nach Bestandskraft des Bescheids ist ggf eine Änderung nach § 175 I Nr 2 AO möglich.[7] Der nur nach Maßgabe des S 3 widerrufbare,[8] bedingungsfeindliche Antrag kann der Höhe nach begrenzt werden,[9] insbes mit dem Effekt, den Zufluss von steuerbarem Einkommen beim Empfänger zu vermeiden. Die Wirkung des Antrags gilt auch für VZ zur ESt und für die LSt-Ermäßigung.[10] Die Entscheidung, ob SA-Abzug oder Abzug ag Belastungen nach § 33a geltend gemacht wird, ist für jeden VZ neu zu treffen. Es bedarf einer notfalls zivilrechtlich (§ 242 BGB)[11] erzwingbaren (§ 10 I Nr 2 S 3 iVm § 894 I ZPO), ausdrücklichen (Anlage U zur ESt-Erklärung), nicht fristgebundenen, unbedingt und nicht beschränkt zu erklärenden, grds auf Dauer bindenden, jedoch nach Maßgabe des S 3f – auch nach gerichtlichem Vergleich – widerrufbaren **Zustimmung** des bezugsberechtigten Ehegatten,[12] die mit Zugang bei dem für den Verpflichteten als auch für den Unterhaltsempfänger zuständigen FA wirksam wird.[13] Für die Änderungsbefugnis nach § 173 I Nr 1 muss sich das für die Veranlagung des Unterhaltsleistenden zuständige FA das Wissen des anderen FA um den Widerruf nicht zurechnen lassen.[13] Das Vorstehende gilt nach § 10 I Nr 1 S 5 auch im Falle der Nichtigkeit oder der Aufhebung der Ehe. Unterhaltsleistungen an den (ehemaligen) nichtehelichen Lebenspartner – etwa nach § 1615 I BGB (ledige Mutter) – sind keine SA.[14] Kann ein Antrag nicht gestellt werden, verbleibt der Abzug nach § 33a I.

II. Wiederkehrende Versorgungsleistungen (§ 10 I Nr. 1a). – 1. Gegenleistungsrente und private Ver-
9 **sorgungsrente.** Grundlegend ist die **Unterscheidung** zw **Gegenleistungsrenten** und dem Sonderrecht der **Vermögensübergabe gegen Versorgungsleistungen** (ausf § 22 Rn 22 ff). Soweit dieses Sonderrecht nicht anwendbar ist, gelten die allg Grundsätze des § 12 und des BA-/WK-Abzugs. Der entgeltliche Leistungsaustausch führt nicht zu einer Minderung der Leistungsfähigkeit des StPfl, der mit dem Abzug der Versorgungsleistungen als SA Rechnung getragen werden soll.[15] Erbringt der Bezieher eine Gegenleistung, ist mangels Belastung (Rn 3) keine als SA mit ihrem vollen Betrag abziehbare Versorgungsleistung denkbar. Bei allen wiederkehrenden Leistungen – wie insbes bei Kaufpreisraten oder darlehensähnlichen Verhältnissen (Beispiel: Verrentung eines Anspr auf Zugewinnausgleich,[16] von Erb- und Pflichtteilsrechten,[17] einer sonstigen Vermögensauseinandersetzung; Zahlung einer Vermächtnisrente[18]) – sind über die gesamte zeitliche Streckung hinweg ein Vermögensumschichtungs- und Zinsanteil von einander zu sondern (früher: „Verrechnung mit dem Wert der Gegenleistung"). Die Zinsanteile sind je nach ihrer steuerrechtlichen Natur als BA/WK zu behandeln.[19] S auch § 22 Rn 4. Nach iErg zutr Auffassung des IX. Senat des BFH sind als **Gegenleistung** vereinbarte abänderbare Leistungen auf Lebenszeit des Veräußerers eine „dauernde Last" iSd § 9 I 3 Nr 1 S 1. Beim **Erwerb eines ertragbringenden** (sonst ergeben sich keine Steuerfolgen) **WG** greift der Vorbehalt im Einleitungssatz des § 10 I zugunsten der Abziehbarkeit von – fremdübli-

---

1 BFH/NV 98, 1349.
2 BFH BStBl II 98, 148.
3 BFH/NV 95, 777.
4 Vgl BFH/NV 96, 889; BFH/NV 00, 841.
5 BFH BStBl II 00, 218; BStBl II 01, 338.
6 BFH BStBl II 07, 5.
7 BFH BStBl II 89, 957; s auch BFH/NV 06, 1985 = DB 06, 2101, betr erweiterten Antrag mit erweiterter Zustimmungserklärung.
8 Zur Wirkung des Widerrufs BFH/NV 07, 903.
9 R 86b I EStR.
10 OFD Mchn FR 96, 841; OFD Ffm StEd 98, 523.
11 BFH BStBl II 89, 192; HFR 99, 55; zB OLG Köln FamRZ 01, 1569; s ferner BFH BStBl II 03, 803: ein ggf rechtswidriges Verhalten des Ehegatten ist auf zivilrechtlichem Wege zu klären.

12 BFH BStBl II 89, 2; BStBl II 90, 1022; BStBl II 89, 957; zur zeitlichen Wirkung des Widerrufs BFH/NV 07, 903.
13 BFH BStBl II 03, 803.
14 BFH/NV 95, 777; BVerfG StEd 98, 386 – Verfassungsbeschwerde erfolglos.
15 BFH BStBl II 90, 13; BVerfG StRK EStG 1975, § 10 I Nr 1a, R 10 a.
16 BFH BStBl II 86, 674.
17 BFH BStBl II 92, 809; BStBl II 93, 298; BFH/NV 00, 414; BFH/NV 00, 414.
18 BFH BStBl II 92, 612; BStBl II 93, 298; BFH/NV 00, 29; Fischer FR 92, 765.
19 BFH/NV 95, 18 – wiederkehrende Leistungen an Miterben; BMF BStBl I 04, 922 Tz 54.

chen – BA/WK.[1] Demnach gehört die kapitalisierte Gegenleistung zu den AK, die nach § 7 zu verteilen sind;[2] sofort als WK abziehbar ist der laufende Zinsanteil nach § 9 I 3 Nr 1 (§ 22 Rn 4).[3] Eine bloße Vermögensumschichtung (im Austausch mit einer Gegenleistung), ein Nutzungsentgelt (zB der Erbbauzins[4]) oder ein wiederkehrendes Honorar für eine Dienstleitung (zB Testamentsvollstreckung) führen zu keiner als SA abziehbaren „Belastung". **Private Schuldzinsen**, auch in Gestalt des pauschalierten Zinsanteils (= Ertragsanteil § 10 I Nr 1a S 2), sind gleichfalls nicht abziehbar.[5] Die Kosten eines Rechtsstreits um die Zahlung[6] oder Zinsen zwecks Finanzierung der Unterhaltszahlung sind keine SA (Rn 1). Aufwendungen eines mit einem vermieteten Grundstück Beschenkten, die auf einen Rückforderungsanspruch des Schenkers wegen Notbedarfs gemäß § 528 I BGB geleistet werden, sind mangels Belastung, welche die subjektive Leistungsfähigkeit mindern würde, nicht nach § 10 I Nr 1a abziehbar.[7]

2. Wiederkehrende Versorgungsleistungen – Grundfragen. Hauptanwendungsfall der nach § 10 I 1a als SA abziehbaren **privaten Versorgungsrente** ist die anlässlich der „unentgeltlichen" (weil nicht gewinnrealisierenden; § 6 Rn 181 ff) steuerrechtlich privilegierten „privaten" (weil nicht im Zusammenhang mit dem Erwerb eines ertragbringenden WG stehenden) **Vermögensübergabe gegen Versorgungsleistungen**. Nur hier wirkt das den Ausschluss der §§ 12, 22 Nr 1 S 2 rechtfertigende Prinzip der vorbehaltenen Vermögenserträge (§ 22 Rn 9).[8] Die „Merkmale" und Voraussetzungen des SA-Abzugs (auch: etwaige Formbedürftigkeit, keine Mindestlaufdauer) erschließen sich aus der Zuordnung zu dem Modell der **Hof- und Betriebsübergabe** und damit dem „Vorbehalt der Vermögenserträge"[9] ausgerichteten Typus der Übergabe von Vermögen im Wege der vorweggenommenen Erbfolge. Diese wird vollzogen idealtypisch unter dem teilw Vorbehalt der nunmehr vom Übernehmer zu erwirtschaftenden Erträge.[10] Weil aus letzterem Grund die beiderseitigen Lebensverhältnisse von Übergeber und Übernehmer verknüpft sind, werden auf dieser Grundlage ihrer Rechtsnatur nach abänderbare Versorgungsleistungen gezahlt. Der als Ausnahme von § 12 Nr 1 zugelassenen Abziehbarkeit entspricht materiell-rechtlich korrespondierend die Steuerbarkeit nach § 22 Nr 1b (bis 2007 einschl: § 22 Nr 1). ZB ist die beim Bezieher nichtsteuerbare Rentenablösung (§ 22 Rn 18) beim Verpflichteten grds nicht abziehbar, die nicht abziehbare in eigener Pers erbrachte Pflegeleistung ist beim Pflegling nicht steuerbar;[11] die Tilgung einer Schadensersatzrente ist beim (privaten) Schädiger nur Vermögensumschichtung. Es wird daher – auch hinsichtlich **Grund und Höhe der abziehbaren Versorgungsleistungen** – auf die Kommentierung zu § 22 verwiesen. Kein Abzug von SA, soweit die vom Übernehmer erzielten Erträge des übergebenen Vermögens wegen Steuerfreiheit, zB aufgrund DBA (Betriebsstätte im Ausland), „bei der Veranlagung außer Betracht bleiben". Bei Renten, Nießbrauchsrechten und sonstigen wiederkehrenden Leistungen, für die der Erwerber bei der ErbSt die jährliche Versteuerung nach **§ 23 ErbStG** beantragt hat, ist die Jahres-ErbSt als „dauernde Last" abziehbar (§ 35 S 3 aF; Vorrang gegenüber § 12 Nr 3).[12] Zinsen zur Finanzierung von Versorgungsleistungen sind nicht als SA abziehbar (Rn 1). Versorgungsleistungen sind nur bei eindeutigen und vertragskonform durchgeführten Vereinbarungen abziehbar (§ 22 Rn 21).

3. Private Versorgungsrente (für Neuverträge ab 2008 geltendes Recht). Der Gesetzgeber des JStG 08 hat Anstoß genommen an der Ausweitung der – so das Tatbestandsmerkmal nach altem Recht – „dauernden Last" vor allem durch den GrS des BFH (BStBl II 04, 95): Es würden Steuergestaltungen ermöglicht, die die Grenzen des historisch überkommenen Rechtsinstituts überschreiten, iErg den privaten Schuldzinsenabzug wieder zulassen und die Abzugsverbote des § 12 Nr 1 und 2 aushebeln (BR-Drs 544/07 S 65 ff). Die einschränkende Neuregelung soll „der Erhaltung und Sicherung von Unternehmen als Garanten von Arbeitsplätzen, als Stätten des produktiven Wachstums und in ihrer gesellschaftlichen Funktion als Ort beruflicher und sozialer Qualifikation dienen". Privates Grund- und Wertpapiervermögen werden unter dem Gesichtspunkt eines mutmaßlich

---

1 BFH BStBl II 96, 676 – Vorabkorrektur einer unangemessen hohen Gegenleistung.
2 BFH BStBl II 95, 47; BStBl II 95, 169.
3 BFH BStBl II 95, 47; BStBl II 95, 169 – auch zu Laufzeit und Zinsfuß
4 BFH BStBl II 91, 175.
5 BFH BStBl II 96, 666; BStBl II 02, 246, gegen FG Kln EFG 01, 626; krit Rose StuW 02, 276.
6 Vgl BFH BStBl II 92, 522 – Kosten einer Klage auf Zustimmung zum Realsplitting.
7 BFH BStBl II 01, 342 Anm Fischer FR 01, 365.
8 BFH GrS BStBl II 92, 78; BStBl II 94, 19.
9 BFH GrS BStBl II 03, 95.
10 BFH BStBl II 97, 813 – „wertender Vergleich"; BFH GrS BStBl II 04, 95.
11 BFH BStBl II 92, 552.
12 BFH BStBl II 94, 690; § 35 war auf die KSt nicht anwendbar, BStBl II 95, 207.

geringeren Bewirtschaftungsaufwands und der größeren Fungibilität aus dem Anwendungsbereich der privaten Versorgungsrente ausgenommen. Aus Gründen der Klarstellung wird die korrespondierende Besteuerung beim Versorgungsempfänger in § 22 Nr 1b ausdrücklich geregelt. Aus Vereinfachungsgründen wird überdies auf die bisherige Unterscheidung zwischen Renten und dauernden Lasten verzichtet. Mit Rücksicht auf die gestalteten Dauersachverhalte „mit zT langer Laufzeit" wird die Einschränkung des SA-Abzugs für vor dem 1.1.08 geschlossene (Alt-)Verträge mit einer fünfjährigen Übergangsfrist aufgeschoben (§ 52 XXIIIe). Zur fiktiven unbeschränkten Stpfl (§ 1a Abs 1a) s die Änderung durch das JStG 08.[1]

10b **4. Schuldrechtlicher Versorgungsausgleich.** Durch den mit Wirkung ab dem VZ 08 eingeführten § 10 I Nr 1b soll die bisherige Abziehbarkeit von Leistungen auf der Grundlage eines schuldrechtlichen Versorgungsausgleichs als SA erhalten bleiben; dadurch wird seinem Rechtscharakter als Transfer steuerbarer und stpfl Einkünfte Rechnung getragen (so bereits BFH/NV 04, 478). Die eigenständige Regelung berücksichtigt, in welchem Umfang die der Leistung zugrunde liegenden Einnahmen (zB nach §§ 19, 22) der Besteuerung unterliegen. Liegt der Leistung eine nur mit dem Ertragsanteil steuerbare Leibrente des Ausgleichsverpflichteten zu Grunde, mindert sich die Steuerbemessungsgrundlage des Verpflichteten nur in Höhe des Ertragsanteils. Soweit die Leistung hingegen auf beim Ausgleichsverpflichteten nach § 19 grds in voller Höhe steuerbaren Versorgungsbezügen beruht, kommt der Abzug in voller Höhe in Betracht. Korrespondierend mit dem Umfang der Abziehbarkeit sind die Leistungen beim Ausgleichsberechtigte steuerbar (§ 22 Nr 1c).

11 **III. Vorsorgeaufwendungen (§ 10 I Nr 2, 3, III–IVa). – 1. Vorsorgeaufwendungen im System des EStG.** Aufwendungen iSd § 10 I Nr 2 und 3 sind in § 10 II legaldefiniert und tatbestandlich umschrieben als Vorsorgeaufwendungen. Sie sind jedenfalls sondergesetzlich (§ 10 III 5) bzw „nach der Systematik des EStG" der Privatsphäre zugewiesen.[2] Dies ist neustens im Hinblick auf die Neuregelung im AltEinkG vehement str. Der BFH ist bei seiner bisherigen Auffassung geblieben.[3] Der Gesetzgeber ist für VZ vor 05 zu einer „Nachbesserung" des die Altersvorsorge betr SA-Abzugs nicht verpflichtet.[4] Der BFH hat im Wege der AdV die spezialgesetzliche (§ 10 III 5) Zuweisung auch der ab 1.1.05 geleisteten ArbN-Beiträge zur gesetzlichen Rentenversicherung zu den SA bestätigt;[5] dies entspricht der Rspr der meisten FG.[6] Die betragsmäßige Beschränkung des Abzugs von **Altersvorsorgeaufwendungen** gem § 10 III ist verfassungsgemäß;[7] verfassungswidrig ist die ohne Kinderkomponente normierte Beschränkung der Beiträge zu **Krankenversicherungen**, soweit mit diesen ein angemessener Versicherungsschutz erlangt wird.[8] Die **FinVerw veranlagt** hinsichtlich der Streitfragen **vorläufig**.[9]

11a Begünstigt sind Beiträge (laufende Beiträge, Einmalzahlungen, Abschlussgebühren, Eintrittsgelder, VersSt) zu bestehenden (abgeschlossenen)[10] gesetzlich abschließend aufgeführten **Personenversiche-**

---

1 BT-Drs 1/7036 S 15.
2 BFH/NV 04, 1245 – Pflichtbeiträge zum Anwaltsversorgungswerk, mwN; BFH/NV 05, 350; BFH/NV 05, 513; BFH/NV 06, 1091; FG RhPf EFG 06, 493 (Rev VIII R 3/06); FG Köln EFG 06, 1893; EFG 07, 836 (Rev X R 9/07); FG Hbg EFG 06, 1839 – Seelotsen (Rev XI R 43/06); zu Problem und Streitstand *Myßen* DStJG 29 (2006) 249 ff.
3 BFH BStBl II 07, 574; hiergegen Verfassungsbeschwerde Az 2 BvR 325/07; *Fischer* FR 07, 76, zur Rechtsnatur der Altersvorsorgeaufwendungen; *ders* NWB F 3, 14405; FG Köln EFG 07, 836 (Rev X R 9/07).
4 X. Senat des BFH: BFH/NV 05, 513; BFH/NV 06, 929; BFH/NV 06, 1383 – Beiträge an ärztliches Versorgungswerk (VZ 94), jeweils mwN; BStBl II 07, = BFH/NV 07, 552, Anm *Fischer* jurisPR-SteuerR 9/2007 Anm 3; *Bolz* AktStR 07, 252; IV. Senat des BFH: BFH/NV 06, 1283. Weitere Rev unter X R 6/07.
5 BFH BStBl II 06, 420; hierzu *Fischer* NWB Fach 3, 13895; *ders* FR 06; *Manz* HFR 06, 461; FG Köln EFG 07, 836 – „Musterverfahren" (Rev X R 7/09); aA *Balke* Stbg 07, 1; *Schneider* INF 06, 386; *Schneider/Bahr* StW 06, 386; *Paus* FR 06, 730; *Söhn* FR 06, 905.

6 ZB FG Nds EFG 05, 1184; EFG 06, 729; FG Nds DStRE 06, 1094; FG Hbg EFG 06, 786 (Nzb X 1/06); FG Hbg EFG 06, 729 (Rev III R 5/06); FG Hess EFG 06, 791; FG RhPf EFG 06, 493.
7 BFH BStBl II 06, 420; BFH/NV 06, 49 mwN: ungeachtet anhängiger Verfassungsbeschwerden.
8 BFH BStBl II 06, 312 – Vorlage an das BVerfG; hierzu *Fischer* NWB Fach 3, 13853; allg zu existenzsichernden Vorsorgeaufwendungen *Englisch* NJW 06, 1025; *Fischer* FR 03, 770; *von Eichborn* DStR 03, 1515.
9 BMF BStBl I 07, 535: für Vz vor 05 beschränkte Abziehbarkeit von Vorsorgeaufwendungen (§ 10 III); für Vz ab 05: beschränkte Abziehbarkeit von Vorsorgeaufwendungen (§ 10 III, IV, IVa); diese Vorläufigkeitsvermerke umfassen auch die beschränkte Abziehbarkeit von Beiträgen zu Krankenversicherungen. Der Vermerk betr Vz ab 05 auch die Frage, ob die Vorschriften aufgrund der Neuregelung durch das AltEinkG verfassungswidrig sind sowie die Nichtabziehbarkeit von Beiträgen zu Rentenversicherungen als vorweggenommene WK bei den Einkünften nach § 22 Nr 1 S 3 Bstb a.
10 BFH BStBl II 72, 484 – auch zur eng begrenzten zeitlichen Vorwirkung bei ausstehender Annahmeerklärung.

rungen[1] aufgrund eigener Verpflichtung (Rn 5), auch bei Vertrag zugunsten eines – nahe stehenden[2] – Dritten. Beiträge zu Lebens- und Krankenversicherungen sind auch bei betrieblicher Veranlassung oder bei Beziehung zu Einkünften insbes aus VuV (§ 21 Rn 125) keine BA/WK; dies auch dann nicht, wenn sie einen betrieblichen Kredit sichern (§ 4 Rn 210f, § 12 Rn 23) oder zur Aufrechterhaltung des Betriebs oder anderweitig zur Finanzierung von ertragbringendem Vermögen abgeschlossen sind.[3] Entscheidend ist, welcher Sphäre das versicherte Risiko zuzuordnen ist; unerheblich ist die Verwendung der Versicherungssumme.[4] Beiträge zu Personenversicherungen sind idR nicht WK/BA.[5]

Zu **betrieblichen**[6] **Versicherungsbeiträgen** s § 4 Rn 210f; zur DirektVers des ArbN durch den ArbG und Pensionskassen s §§ 4b, 4c; zur Beitragsrückerstattung und -verrechnung Rn 4. Die **Aufteilung einer Prämie in BA/WK und SA** ist jedenfalls bei einfacher Trennbarkeit grds möglich,[7] zB bei betrieblicher/privater Kfz-Haftpflicht[8] (für ArbN, bei denen Pauschbeträge für Fahrten zw Wohnung und Arbeitsstätte und Familienheimfahrten abgezogen werden, lässt R 10.5 S 2 EStR einen vollen Abzug als SA zu), Rechtsschutz- oder Einbruchversicherung; Versicherung gegen außerberufliche Unfälle.[9] Prämien für die Kfz-Haftpflichtversicherung für einen gemischt genutzten Pkw sind entspr dem privaten Nutzungsanteil als SA abziehbar (R 10.5 S 1 EStR). Wird der private Nutzungsanteil nach der 1-%-Methode (§ 6 I Nr 4 S 2) ermittelt, sind die Prämien zwecks Bezifferung des als SA abziehbaren Teils mittels Schätzung aufzuteilen.

2. Die Neuregelung durch das AltEinkG. Die am 1.1.05 in Kraft getretene Neuregelung der Vorsorgeaufwendungen durch das AltEinkG erfüllt den Auftrag des BVerfG in seinem Rentenurteil v 6.3.02.[10] Wesentliche Vorgabe des BVerfG ist der Grundsatz, dass Lebenseinkommen einschließlich der Renten aus den gesetzlichen Rentenversicherungen und staatliche Transferleistungen insbes aus dem Bundeszuschuss zu den Sozialversicherungsrenten (nur) einmal – ggf nachgelagert – zu besteuern sind; eine zweifache Erfassung von Einkommensteilen („Doppelbesteuerung") ist gleichheitswidrig.[11] Das AltEinkG will dieser Vorgabe Rechnung tragen (§ 22 Rn 27); ob dies gelungen ist, wird zu prüfen sein.[12] Es orientiert sich weitgehend an dem von der sog Rürup-Kommission entwickelten „Drei-Schichten-Modell".[13] Vorrangig begünstigt sind Aufwendungen für „echte Altersvorsorgeprodukte"; dies sind solche, bei denen die erworbenen Anwartschaften nicht beleihbar, nicht vererblich, nicht veräußerbar, nicht übertragbar und nicht kapitalisierbar sind, bei denen mithin – vergleichbar mit den Ansprüchen aus den gesetzlichen Rentenversicherungen – eine tatsächliche Verwendung für die Altersversorgung gesichert ist. Bei dieser „Basisversorgung" insbes durch die gesetzlichen Rentenversicherungen, durch die berufsständischen Versorgungseinrichtungen[14] als „auf öffentlicher Grundlage beruhendes Ersatzsystem zur gesetzlichen Rentenversicherung", bei noch neu zu „entwickelnden privaten kapitalgedeckten Leibrentenversicherungen, die ein der gesetzlichen Rentenversicherung vergleichbares Leistungsspektrum anbieten", bei der Zusatzversorgung durch Riesterrente (§ 10a) und der betrieblichen Altersversorgung verbleibt es systematisch richtig[15] beim SA-Abzug: Vorsorgeaufwendungen sind der Einkommensverwendung, nicht der Einkommenserzielung zuzurechnen (§ 22 Rn 30).[16] Die Notwendigkeit der Entlastung in der Erwerbsphase folgt – hierzu gibt es keine verfassungsfeste Alternative – aus dem subjektiven Nettoprinzip. Die Absicherung durch Versicherungsschutz für die Lebensrisiken Alter, Krankheit und Tod hat keinen „Sparcharakter"; hierbei ist unerheblich, dass der Erwerb von Versicherungsschutz eine Maßnahme der Einkommensverwendung ist. Nicht begünstigt ist der Aufbau von idR frei verfügba-

---

1 BFH/NV 05, 1796 – betr Berufsunfähigkeitsversicherung: Beiträge sind idR SA, keine WK.
2 BFH BStBl III 53, 36.
3 BFH/NV 97, 842 mwN.
4 BFH BStBl II 83, 101 (103) – Versicherung gegen typische Berufskrankheit; BFH BStBl II 76, 599.
5 BFH/NV 06, 1769, da die abzudeckende Risikoursache zumeist auch im privaten Lebensbereich liegt.
6 BFH BStBl II 72, 538 – ArbN-Ehegatte; BFH/NV 98, 1218 – G'ter; zur Zuordnung von Lebensversicherungen zum BV oder PV OFD D'dorf DStR 03, 1299 = BB 03, 1416.
7 BFH BStBl II 83, 101 (103) – Krankenhaustagegeldversicherung.
8 BFH BStBl II 77, 693; OFD Erf DStR 93, 1449.
9 BMF BStBl I 00, 1204 – Unfallrisiko im beruflichen und außerberuflichen Bereich: keine Bedenken gegen Aufteilung mit jeweils 50 vH des Gesamtbeitrags; s auch § 12 Rn 6, 23.
10 BVerfG BStBl I 02, 618 = BVerfGE 105, 73.
11 Ausf *Fischer* NWB Fach 3, 11985.
12 Vgl BFH BStBl II 06, 420; *Hallerbach* StuB 06, 305.
13 BMF-Schriftenreihe Bd 74 (2003).
14 BMF BStBl I 07, 262.
15 S hierzu die Kontroverse von *Fischer* BB 03, 873 u *Söhn* StuW 03, 332; zum Problem *Myßen* in *K/S/M* § 10a Rn A 27ff, 33ff.
16 BFH/NV 03, 1325 mwN.

ren Kapitalanlagen. Eine laufende Beitragszahlung wird nicht vorausgesetzt.[1] Der Abzug der Beiträge als SA ist beschränkt auf einen Höchstbetrag von 20 000 €, der aber erst im Jahre 2025 voll ausgeschöpft werden kann; dann soll der Gesamtbeitrag zur gesetzlichen Rentenversicherung zu mindestens 60 vH steuerlich abziehbar sein. Der Gesetzgeber verbessert stufenweise die steuerliche Entlastung der Altersvorsorge; korrespondierend hiermit wird die Besteuerung des Ertragsanteils erhöht; damit soll ein verfassungskonformer Übergang zu einer vollständigen nachgelagerten Besteuerung erreicht werden. Die langfristige Übergangsregelung soll Haushaltsrisiken ausschließen. Bezogen auf die Besteuerung des Lebenseinkommens bewirkt die nachgelagerte Besteuerung einen Stundungseffekt.[2] Selbstständig Tätige profitieren in besonderem Maße von der Anhebung der Höchstbeträge.[3] Der Versorgungsfreibetrag (§ 19 II) wird schrittweise abgeschmolzen.

13 **3. Basisversorgung durch „echte Altersvorsorgeprodukte" (§ 10 I Nr 2a).** Hierzu gehören Beiträge zu den gesetzlichen – auch ausländischen[4] – Rentenversicherungen (SGB VI)[5] oder landwirtschaftlichen Alterskassen, und zwar sowohl ArbN- wie ArbG-Beiträge (2006 jeweils 9,75 vH bis zur Beitragsbemessungsgrenze 63 000 € in den alten und 52 800 € in den neuen Bundesländern), einschl der Knappschaftsversicherung, der Altershilfe für Landwirte und der Künstlersozialversicherung, auch freiwillige, zur Höher- und Weiter- und Nachversicherung, auch von Selbstständigen; die Nachentrichtung freiwilliger Beiträge ist nur im Rahmen der Höchstbeträge begünstigt.[6] Begünstigt sind ferner Beiträge zu berufsständischen Versorgungseinrichtungen (Versorgungskassen), die den Rentenversicherungen vergleichbare Leistungen erbringen (gegen Pflichtbeiträge, auch „Kammerbeiträge" von Selbstständigen, zB von Ärzten, Zahnärzten, RA, Notaren, Schornsteinfegern);[7] diese Gleichstellung ist gerechtfertigt, weil es sich um öffentlich-rechtliche Ersatzsysteme zur gesetzlichen Rentenversicherung handelt. Eine ungequotelte Abziehbarkeit ist ungeachtet dessen anzunehmen, dass zu den Leistungen der Alterskassen bzw Versorgungseinrichtungen nicht lediglich Alterseinkünfte gehören. Bieten diese Versorgungseinrichtungen Leistungen an, die nicht zum Leistungsspektrum der gesetzlichen Rentenversicherung gehören, ist eine Begünstigung nach dem nachfolgenden Buchst b möglich.[1] Auch eine ergänzende Absicherung der Berufsunfähigkeit, der verminderten Erwerbsfähigkeit oder von Hinterbliebenen ist möglich. Die zur Grund- oder Basisversorgung gehörenden Renten sind in § 22 Nr 1 S 3 Buchst a aa abschließend aufgezählt.

14 **4. Neue kapitalgedeckte Altersvorsorgeprodukte (§ 10 I Nr 2b – „Rürup-Versicherung")[8].** Die vorstehend genannten Vorsorgeprodukte können ergänzt werden durch nach dem 31.12.04 beginnende, gesetzlich definierte kapitalgedeckte Zusatzversicherungen (Alterssicherung und ergänzende Absicherung des Eintritts der Berufsunfähigkeit, der verminderten Erwerbsfähigkeit und von Hinterbliebenen – Ehegatte und Kinder iSd § 32), wobei die Leistungen grds nur in Form einer auf das Leben bezogenen Leibrente[9] möglich sind (**§ 10 I Nr 2b**), mit der Ausnahme für die Waisenrente, bei der die Leistung auf den Zeitpunkt beschränkt ist, für den der Berechtigte die Voraussetzungen für die Gewährung eines kindbedingten Freibetrags erfüllt. Es handelt sich um eigene[10] Beiträge des StPfl zum Aufbau einer eigenen kapitalgedeckten Altersversorgung gegen Einmalzahlung oder laufende Beiträge. Auch diese sind mit den in § 10 I Nr 2a, § 10a geregelten Vorsorgeinstrumenten insofern vergleichbar, als sie ausschließlich das biometrische „Risiko der Langlebigkeit" abdecken und nicht kapitalbildend wirken, mithin nicht vererblich, übertragbar, nicht beleihbar und nicht kapitalisierbar sind.[11] Eine Zertifizierung wie nach § 10a ist nicht vorgesehen. Nicht begünstigt ist der Aufbau anderer Lebensversicherungen und idR frei verfügbarer Kapitalanlagen (Produkte der Vermögensbildung, die nicht zwangsläufig der Versorgung im Alter dienen). Begünstigt sind auch im

---

1 BT-Drs 15/3004, 17.
2 *Brall/Bruno-Latocha/Lohmann* DVR 04, 409 (431 ff).
3 BFH/NV 99, 163.
4 BFH BStBl II 04, 1014; BMF BStBl I 05, 429 Tz 3, 80; § 3 Nr 62 ist hier nicht anwendbar. Übersicht über ausländische gesetzliche Rentenversicherung OFD Rheinland ESt-Kartei NW § 10 EStG Fach 1 Nr 802.
5 BMF BStBl I 05, 429 Tz 1 ff: Träger der gesetzlichen Rentenversicherung; Erbringung und Nachweis der Beiträge.
6 OFD Koblenz DB 06, 752: Freiwillige Versicherungen und Höherversicherungen, Rentenversicherungsbeiträge von Nichtarbeitnehmern, Beiträge zu Zusatzversicherung; OFD Koblenz v 2.3.07 – S 2221 A-St 32 3.
7 BFH BStBl II 72, 728 – Ärzteschaft; bei teilw beruflich veranlassten Kammerbeiträgen Aufteilung, zB FinMin Sachsen DStR 98, 207 – Abgaben an Ländernotarkasse; H 10.5 EStH – Versorgungsbeiträge Selbstständiger; s die Liste BMF BStBl I 05, 1012.
8 BMF BStBl I 05, 429 Tz 8 ff; OFD Ffm DB 06, 1250; krit zur Rentabilität der „Rürup-Rente" *H-J Fischer/Hoberg* DB 05, 1285.
9 Zu Ausnahmen BMF BStBl I 05, 429 Tz 9.
10 BMF BStBl I 05, 429 Tz 8.
11 Ausf BMF BStBl I 04, 429 Tz 15 ff.

Rahmen der betrieblichen Altersversorgung erbrachte Beiträge. Beitragsempfänger sind auch Pensionsfonds, die dem VAG unterliegen. Die Aufwendungen dürften nicht in unmittelbarem Zusammenhang mit stfreien Einnahmen stehen.[1] Der abziehbare Höchstbetrag ist in § 10 III geregelt.

5. Hinzurechnungen zu den Beiträgen nach § 10 I Nr 2a und Nr 2b. Zu diesen Beiträgen ist der nach § Nr 62 steuerfreie ArbG-Anteil zur gesetzlichen Rentenversicherung und ein diesem gleichgestellter steuerfreier Zuschuss des ArbG hinzuzurechnen (**§ 10 I Nr 2 S 2**). Mit Wirkung v 1.1.08 ist durch das JStG 2008 S 3 das Erfordernis eines Antrags eingefügt worden aufgrund der Überlegung, dass pauschale Beiträge zur Rentenversicherung, die der ArbG bei einer geringfügigen Beschäftigung erbringt, sich bei der Ermittlung des späteren Rentenanspruchs idR kaum auswirken. Von einem solchen Antrag profitiert der Stpfl, wenn er sich für die Entrichtung der Regelsätze zur Sozialversicherung entschieden hat.[2]   14a

6. Hausgewerbetreibende. (Begriff wie R 15.1 II EStR) unterliegen der gesetzlichen Rentenversicherungspflicht; die Beiträge werden jeweils zur Hälfte vom Auftraggeber als ArbG und dem Hausgewerbetreibenden getragen und sind insgesamt vom Auftraggeber abzuführen. Der „ArbN"-Anteil führt in jedem Fall bei diesem zu BE und SA. Gleiches gilt, wenn der Auftraggeber den von ihm wirtschaftlich zu tragenden „ArbG"-Anteil abführt. Entrichtet der Hausgewerbetreibende den vom Auftraggeber zu ersetzenden Anteil selbst, sollen bei ihm nicht SA, sondern BA anzunehmen sein.[3]   15

7. Übergangsregelung für kapitalbildende Lebensversicherungen[4]. Für Kapitallebensversicherungsverträge bzw Rentenversicherungsverträge, die die Voraussetzungen für die Basisvorsorge (§ 10 I Nr 2b) nicht erfüllen und deren Laufzeit nach dem 1.1.05 beginnt, kommt ein SA-Abzug grds nicht mehr in Betracht. **§ 10 I Nr 3b** begünstigt unter der Voraussetzung, dass die Laufzeit der Verträge vor dem 1.1.05 begonnen hat und mindestens ein Versicherungsbeitrag bis zum 21.12.04 entrichtet worden ist, Beiträge (hierzu 4. Aufl Rn 13; zu nach wie vor begünstigten Versicherungen auf den Todesfall Rn 14) zu   16

– Rentenversicherungen ohne Kapitalwahlrecht (§ 10 I Nr 2b bb aF),
– Rentenversicherungen mit Kapitalwahlrecht gegen laufende Beitragsleistung, wenn das Kapitalwahlrecht nicht vor Ablauf von 12 Jahren seit Vertragsabschluss ausgeübt werden kann (§ 10 I Nr 2b cc aF) und
– Kapitalversicherungen gegen laufende Beitragsleistung mit Sparanteil, wenn der Vertrag für die Dauer von mindestens 12 Jahren abgeschlossen worden ist (§ 10 I Nr 2 dd aF).

Ausgeschlossen sind wie bisher fondsgebundene Lebensversicherungen. Es verbleibt auch bei der Regelung für „gebrauchte Lebensversicherungen".

8. Sonstige Vorsorgeaufwendungen[5]. Sie werden gem § 10 I Nr 3 getrennt mit jeweils eigenen Höchstbeträgen (§ 10 IV) gefördert. Nach **§ 10 I Nr 3a** – die Regelung entspricht im Wesentlichen dem bisherigen Recht – begünstigt sind abgeflossene (§ 11 II; Rn 4 – Verrechnung nur innerhalb gleicher Versicherungsarten) Beiträge   17

– an die BfA (= gesetzliche **Arbeitslosenversicherung**, §§ 167 ff AFG; 2002: 3,25 vH bis zur Beitragsbemessungsgrenze) sowie zu privaten Versicherungen. Es handelt sich aus Gründen der gesetzlichen Zuweisung zum SA-Abzug nicht um vorab entstandene WK (§ 9 I 1) zur Erlangung späterer sonstiger Einkünfte nach § 22 Nr 1a (vgl Rn 11);[6]
– zu bestimmten Versicherungen gegen **Erwerbs- und Berufsunfähigkeit** (zu Fremdversicherung § 4 Rn 210f „Versicherungsleistungen"), **Erwerbsunfähigkeitsversicherungen**,[7] „loss-of-licence"-Versicherung der Piloten[8] (str). Die Beiträge werden einmalig oder laufend gezahlt. Vorausgesetzt ist, dass diese Versicherungen nicht zur Basisvorsorge nach § 10 Nr 2b gehören;

---

1 Näheres hierzu BMF BStBl I 05, 429 Tz 18.
2 BT-Drs 16/7036 S 16.
3 BFH BStBl II 83, 196; BStBl II 83, 200; BMF BStBl I 83, 266; zu Recht krit Blümich § 10 Rn 240; K/S/M § 10 Rn E 264. Bei Hausgewerbetreibenden, die selbst die ArbN- und ArbG-Beiträge zur gesetzlichen Rentenversicherung abführen und die ArbG-Beiträge durch entspr erhöhte Stückpreise von den Auftraggebern vergütet bekommen, ist der zusätzliche SA-Höchstbetrag nach § 10 III Nr 2 nicht um den vergüteten ArbG-Beitrag zu kürzen; BFH BStBl II 89, 891.
4 BMF BStBl I 05, 429 Tz 43 ff.
5 Ausf BMF BStBl I 05, 429 Tz 42 ff.
6 BFH/NV 99, 163; BFH/NV 01, 434.
7 BMF DStR 99, 1696.
8 BFH BStBl II 76, 599; H 10.5 EStH; OFD Ffm v 1.11.00 – Werbungskosten beim fliegenden Personal von Fluggesellschaften, Stichwort „Berufsversicherungen".

- zu gesetzlichen und privaten **Krankenversicherungen** einschl der Ersatzkassen – (versicherte Leistungen auch: Krankenhauskosten, Kranken- und Krankenhaustagegeld oder anderweitige Zusatzrisiken;[1] Krankheitskosten sind keine SA), auch Sonderzahlungen und „Notopfer Krankenhaus";[2]
- zur gesetzlichen (§ 1 I, II, § 23 SGB XI; 2002: 0,85 vH bis zur Beitragsbemessungsgrenze wie in der gesetzlichen Krankversicherung) wie auch freiwilligen zusätzlichen privaten **Pflegeversicherung**;
- zur **Unfallversicherung**[3] (zB für Auto- und Flugzeuginsassen);
- zu **Haftpflichtversicherungen** (zB Familien-, Jagd-, Berufs- Tierhaftpflicht). Aufwendungen des ArbN für eine Unfallversicherung, die das Unfallrisiko sowohl im beruflichen als auch im außerberuflichen Bereich abdeckt, sind teils WK, teils SA. Der Gesamtbeitrag einschließlich Versicherungsteuer für beide Risiken ist entspr aufzuteilen;[4]
- zu **Risikoversicherungen, die nur für den Todesfall** eine Leistung vorsehen (vgl § 10 I Nr 2b aa aF). Im Versicherungsfall wird eine Einmalleistung ausgezahlt. Hierzu gehören zB Witwen- und Waisenkassen, Sterbe- und Versorgungskassen;[5] Bausparrisikoversicherung; Versicherungen mit vorgezogener Leistung bei bestimmten schweren Erkrankungen (dread-desease-Versicherungen);[6] uU – soweit nicht ausnahmsweise BA[7] (§ 4 Rn 210f „Versicherungsleistungen"; s auch § 4b) – die Versicherung auf das Leben eines MU'ers/Betriebsangehörigen; BA insbes bei Bezugsberechtigung des Unternehmens.[8] Laufende Beiträge werden nicht vorausgesetzt. Keine SA sind Beiträge zu reinen Erlebensversicherungen, bei denen der Todesfall nicht mitversichert ist.

18   9. Nicht begünstigte Risikoversicherungen. Als SA (uU aber – auch aufteilbar – BA/WK) nicht begünstigt sind insbes **Risikoversicherungen**, die nicht oder nicht nur für den Todesfall eine Leistung vorsehen, Erlebensfall-Risikoversicherung; Rechtsschutzversicherung[9] und reine Sachversicherungen (insbes Kfz-Kasko-, Hausrat-, Hagel-, Feuer-, Wasser-, Diebstahl-, Reisegepäck- und Einbruchversicherung für WG des PV); fondsgebundene Lebensversicherungen (§ 10 I Nr 2b S 4 – Kapitalversicherung, deren – nicht zur Deckung des Versicherungsrisikos und der Verwaltungskosten bestimmter – Sparanteil in Wertpapieren angelegt wird, vgl § 20 I 6 S 5); Versicherung gegen Entführung, weil das Risiko zur privaten Sphäre gehört.

19   10. Allgemeine Voraussetzungen für den Abzug von Vorsorgeaufwendungen (§ 10 II). Vorsorgeaufwendungen dürfen nicht in **unmittelbarem wirtschaftlichen Zusammenhang mit stfreien Einnahmen** (zB nach §§ 7, 15 II USG iVm § 3 Nr 48) stehen (§ 10 II Nr 1); der SA-Abzug ohne Versteuerung der Einnahmen soll verhindert werden (vgl § 3c). Der Tatbestand ist erfüllt, wenn die Vorsorgeaufwendungen und die stfreien Einnahmen nach Entstehung und Zweckbestimmung so miteinander verbunden sind, dass die Beiträge unmittelbar auf Vorgänge zurückzuführen sind, welche die stfreien Einnahmen betreffen; ein finales Verhältnis wird nicht vorausgesetzt. Dies galt schon immer für nach **§ 3 Nr 62** stfreie ArbG-Leistungen. Solches ist ferner anzunehmen bei ArbN-Beiträgen aus zB nach Montageerlass oder bei nach DBA stfreiem Arbeitslohn,[10] für Sonderleistungen nach § 7 USG, § 78 I Nr 1 und 2 ZDG sowie bei stfreien Beträgen, die Landwirte nach dem Gesetz über die Alterssicherung der Landwirte erhalten. Ein nur mittelbarer Zusammenhang liegt vor, wenn sonstige SA aus steuerbefreitem Arbeitslohn gezahlt werden[11] oder wenn Beiträge an Versicherungen den nach § 3 Nr 1a stfreien Leistungen dieser Träger gegenüberstehen. Den Abzug von Beiträgen an in einem Mitgliedstaat der EG ansässige und andere **ausländische Versicherungsgesellschaften** regelt § 10 II 1 Nr 2a konform zum EU-Recht. Sozialversicherungsträger iSd § 10 II 1 Nr 2c sind solche mit Sitz im Inland ebenso wie im Ausland.

---

1 BFH BStBl II 83, 101 – auch bei Versicherung gegen Verdienstausfall.
2 BMF BStBl I 98, 162.
3 BMF DB 63, 1202 – Unfallversicherung mit Prämienrückgewähr.
4 BMF BStBl I 00, 1204.
5 BMF BStBl I 74, 957.
6 BMF BStBl I 97, 825 – Billigkeitsregelung; keine Nachversteuerung bei Veräußerung von Anspr.
7 S auch OFD D'dorf DStZ 03, 588 – Zuordnung von Lebensversicherungen zum BV oder PV.
8 BFH BStBl II 89, 657; ausf BStBl II 97, 343 – Versicherung auf das Leben eines Dritten, eines Angehörigen, des Unternehmers bzw des MU'ers.
9 BVerfG HFR 87, 34.
10 BFH BStBl II 81, 16; BStBl I 93, 149.
11 BFH BStBl II 93, 149.

11. Höchstbeträge für Vorsorgeaufwendungen nach § 10 I Nr 2 (§ 10 III)[1]. Der Abzug von Vorsorgeaufwendungen ist durch einen Höchstbetrag begrenzt. § 10 III sieht aus Gründen der Finanzierbarkeit eine bis zum Jahr 24 schrittweise jährlich um 2 Prozentpunkte ansteigende Berücksichtigung der Vorsorge vor; dieser Anstieg korrespondiert mit dem Ansteigen des Ertragsanteils. Die Entlastung beginnt im Jahre 05 mit 60 vH der begünstigten Beiträge (20 000 €/40 000 €); der in 05 maßgebende Höchstbetrag beträgt mithin 12 000 €/24 000 €. Für jeden **Ehegatten** ist gesondert zu prüfen, ob und ggf in welcher Höhe der gemeinsame Höchstbetrag zu kürzen ist. ArbN- und ArbG-Beiträge werden zusammengerechnet. Die Aufwendungen werden bis zu den genannten **Höchstbeträgen** berücksichtigt, dh ggf auf diese beschränkt. Konzeption des Gesetzes ist, dass jedem StPfl das gleiche steuerlich unbelastete Vorsorgevolumen zur Verfügung steht. **§ 10 III 3** sieht eine vorab vorzunehmende Kürzung vor bei StPfl, die zum Personenkreis des § 10c III Nr 1 und 2 gehören; insbes Beamte (ausf § 10c Rn 3). Zum Personenkreis des § 10c III Nr 2 gehören aber auch ArbN, die nicht der gesetzlichen Rentenversicherungspflicht unterliegen, eine Berufstätigkeit ausüben und in diesem Zusammenhang auf Grund vertraglicher Vereinbarungen Anwartschaftsrechte auf eine Altersversorgung erwerben, zB Ges-Geschäftsführer von KapGes[2] und Vorstandsmitglieder von Aktiengesellschaften; bei diesen ist das Bestehen einer derartigen Altersvorsorgung Tatbestandsvoraussetzung für die Zugehörigkeit für die durch § 10c III definierte Personengruppe. Bei Beziehern von Einkünften aus § 22 Nr 4 ergibt sich nicht zwingend, dass auf Grund der entsprechenden Einkünfte auch eine Altersversorgung gewährt wird. Eine Kürzung des Höchstbetrages ist insoweit nur dann gerechtfertigt, wenn sie im Zusammenhang mit ihrer Tätigkeit eine Altersversorgung ganz oder teilw ohne eigene Beiträge erhalten.[3] Der Höchstbetrag ist nach näherer Maßgabe dieser Bestimmung mit einem **fiktiven Gesamtbeitrag** (Arbeitgeber- und Arbeitnehmeranteil) **zur gesetzlichen Rentenversicherung** zu kürzen.[4] Diese StPfl erhalten einen Teil ihrer Altersversorgung ohne eigene Beitragsleistungen; sie sollen daher bei einer ergänzenden Absicherung nicht höher gefördert werden. Der fiktive Gesamtbeitrag wird ermittelt unter Zugrundelegung des jeweils zu Beginn des Kj gültigen Beitragssatzes zur gesetzlichen Rentenversicherung der Arbeiter und Angestellten und der vom StPfl aus der betr Tätigkeit erzielten stpfl Einnahmen, wobei Einnahmen oberhalb der Beitragsbemessungsgrenze nicht angesetzt werden. Die so ermittelten Vorsorgeaufwendungen sind die Ausgangsgröße für die Anwendung des jeweils maßgebenden vH-Satzes (**§ 10 III 4**). In der **Übergangsphase** beginnt die Abziehbarkeit von SA – „in Kongruenz mit dem moderaten Anwachsen der Besteuerung aus entspr Rentenversicherungen" – im Jahr 05 zunächst mit 60 vH der Gesamtaufwendungen einschl des nach § 3 Nr 62 stfreien ArbG-Anteils. Der vH-Satz steigt in den Folgejahren für alle StPfl jährlich bis 25 um 2 Punkte an. Zu berücksichtigen sind ferner stfreie ArbG-Leistungen iSv § 3 Nr 62 (**§ 10 III 5**).[5] Erhält der StPfl einen stfreien ArbG-Anteil, so hat er in diesem Umfang das ihm zur Verfügung stehende Abzugsvolumen ausgeschöpft.

Es ergibt sich das folgende Berechnungsschema:[6] (1) Ermittlung der geleisteten Leibrentenbeiträge; (2) Ermittlung des Höchstbetrages für den Abzug von Leibrentenbeiträgen; (3) in der Übergangsphase bis 2024 Anwendung der Stufenregelung; (4) rechnerischer Abzug der stfreien ArbG-Beiträge; (5) bis zum Jahr 19 Günstigerprüfung (Rn 23). Das komplizierte Verfahren will sicherstellen, dass StPfl, die wie zB Selbstständige keinen stfreien ArbG-Anteil erhalten oder deren Altersversorgung ohne eigene Beitragsleistung aufgebaut wird, gleichbehandelt werden. Diese Regelung ist verfassungsgemäß; insbes wird das in der Endstufe zu erreichende Fördervolumen den Anforderungen des subjektiven Nettoprinzips gerecht.

12. Keine rückwirkende Nachbesserung des SA-Höchstbetrags. Für die VZ vor 05 bleibt es bei der komplizierten Höchstbetragsberechnung; es besteht in dieser Hinsicht **keine verfassungsrechtliche Pflicht zur Nachbesserung**.[7] Die Verwaltung veranlagt hinsichtlich der beschränkten Abziehbarkeit von Vorsorgeaufwendungen (§ 10 III) vorläufig.[8] Ausf Vorauflage Rn 20.

---

1 Zur Behandlung sog. Minijobs OFD Rheinland Vfg v 1.3.07 – S 2221 A-St 32 3.
2 BMF BStBl I 07, 493.
3 BT-Drs 16/6290 S 76 f.
4 Instruktive Rechenbeispiele bei *Risthaus* DB 04, 1329, 1332; BMF BStBl I 04, 429 Tz 21 ff.
5 BMF BStBl I 05, 429 Tz 37 ff mit instruktiven Beispielen.
6 S die instruktiven Berechnungsbeispiele bei *Brall/Bruno-Latocha/Lohman* DVR 409 (416 ff); krit zur Neuregelung durch das JStG 07 *Risthaus* DB 06, 2773.
7 BFH BStBl II 03, 179; BStBl II 03, 650; *Fischer* FR 03, 770.
8 BMF BStBl II 05, 794; zum Umfang des Vorläufigkeitsvermerks FinMin Saarland DStR 03, 467.

22 **13. Höchstbetrag für die „sonstigen" Aufwendungen nach § 10 I Nr 3 (§ 10 IV)**[1]. Dieser beträgt 2 400 € (§ 10 IV 1). Er mindert sich nach Maßgabe des § 10 IV 2 auf 1 500 € bei StPfl, die ganz oder teilw ohne eigene Aufwendungen einen Anspruch auf vollständige oder teilw Erstattung oder Übernahme von Krankheitskosten haben oder für deren Krankenversicherung Leistungen iSd § 3 Nr 62 oder § 3 Nr 14 (betr stfreie Zuschüsse zur Krankenversicherung der Rentner, § 106 SGB VI) oder – ab VZ 08 – § 3 Nr 57 (stfreie Leistungen der Künstlersozialkasse) erbracht werden (§ 10 IV 2). Keine Kürzung, wenn der ArbG zwar Beiträge zur Rentenversicherung abführt, der StPfl hieraus aber keine Ansprüche erwirbt.[2] Probleme entstehen bei der Nachzahlung von Arbeitslohn.[3] Bei zusammenveranlagten **Ehegatten** bestimmt sich der gemeinsame Höchstbetrag aus der Summe der jedem Ehegatten unter den Voraussetzungen des § 10 IV 1, 2 zustehenden Höchstbeträge.[4] Dem ohne eigene Beitragsleistung „mitversicherten" Ehegatten steht nur der verminderte Höchstbetrag zu. Die Nichtberücksichtigung von **Kindern** ist verfassungswidrig (Rn 11).

23 **14. Günstigerprüfung (§ 10 IVa)**[5]. Nach dem vor VZ 05 geltenden Recht (§ 10 III/§ 3 Nr 62 aF) konnten bei ArbN mit einem Bruttolohn von jährlich bis zu 12 000 €/24 000 € die gesamten Sozialversicherungsbeiträge als SA abgezogen werden; die nach neuem Recht vorgesehene Abziehbarkeit mit 60 vH würde dann zu einer Verschlechterung führen. In den Jahren 05 bis 19 wird daher von Amts wegen geprüft, ob die Anwendung des § 10 III aF zu günstigeren Ergebnissen führt, wobei der Vorwegabzug mit ab dem Jahr 2011 schrittweise verringerten Höchstbeträgen anzusetzen ist.[6] Der höhere Betrag wird bei der Ermittlung der einkommensteuerlichen Bemessungsgrundlage berücksichtigt. Die in die Günstigerprüfung einzubeziehenden Aufwendungen bestimmen sich stets nach neuem Recht. Hierzu gehört nicht der nach § 10 I Nr 2 S 2 hinzuzurechnende Betrag. Die Günstigerprüfung wird auch bei der Vorsorgepauschale (§ 10c) durchgeführt. Für die Jahre 11 bis 19 werden bei der Anwendung des § 10 III idF für das Kj 04 die Höchstbeträge schrittweise nach Maßgabe der Tabelle zu § 10 IVa gekürzt.

Hintergrund der Anfügung von Abs 4a S 2 und 3 mit Wirkung v 1.1.06 ist die Überlegung, dass das bisherige Verfahren bei bestimmten Personengruppen – zB bei ledigen Selbstständigen, die nicht in einer berufsständischen Versorgungseinrichtung pflichtversichert sind – in besonders gelagerten Fällen dazu führte, dass eine zusätzliche Beitragszahlung zugunsten Basisrente die als SA zu berücksichtigenden Beträge nicht erhöht. Es wird nunmehr sichergestellt, dass zusätzliche Beiträge für eine Basisrente immer mit mindestens dem sich nach § 10 III 4, 6 ergebenden Prozentsatz berücksichtigt werden. Dies erfolgt entweder durch den Ansatz der entspr Beiträge im Rahmen des sich nach dem alten Recht ergebenden Abzugsvolumens oder durch einen sog Erhöhungsbetrag. Bemessungsgrundlage für den Erhöhungsbetrag nach S 3 sind die Beiträge nach § 10 I Nr 2 Buchst b. Diese werden allerdings nur insoweit in die Bemessungsgrundlage einbezogen, als sie im Rahmen des Höchstbetrages nach § 10 III angesetzt worden wären. Die Begrenzung wird dadurch erreicht, dass in die Bemessungsgrundlage die Beiträge zu einer Basisrente nur insoweit einbezogen werden, wie sie den um die Beiträge nach § 10 I Nr 2 Buchst a und den nach § 3 Nr 62 stfreien ArbG-Anteil zur gesetzlichen Rentenversicherung und einen diesem gleichgestellten stfreien Zuschuss verminderten Höchstbetrag nicht überschreiten. Wird der Höchstbetrag nach § 10 III 3 gekürzt, dann ist auch nur der gekürzte Höchstbetrag bei der Berechnung des Abzugsvolumens für den Erhöhungsbetrag zu berücksichtigen. Durch diese Regelung wird sichergestellt, dass das bestehende Abzugsvolumen für Altersvorsorgeaufwendungen nicht ausgedehnt wird. Der neu angefügte Abs 4a S 2 stellt darüber hinaus sicher, dass die Neuregelung nicht zu Schlechterstellungen führt, da im Rahmen der Günstigerprüfung mindestens derjenige Betrag als SA anzusetzen ist, der sich ergeben würde, wenn die Günstigerprüfung nach dem bis zum 31.12.05 geltenden Recht durchgeführt worden wäre.

24 **15. Nachversteuerung (§ 10 V iVm § 30 EStDV).** Die Nachversteuerung ist eine Rückgängigmachung des SA-Abzugs in vereinfachter Form zur Sicherung des Vorsorgezwecks; sie ist eine nachträglich erhobene Steuer für vorangegangene VZ und bezweckt die Korrektur der seinerzeit festge-

---

1 Ausf BMF BStBl I 05, 429 Tz 46 ff; instruktiv auch Bay LAfSt v 26.5.06 – S 2221-15 St32/St33.
2 BFH/NV 06, 1073.
3 BFH/NV 06, 2049.
4 Hierzu *Risthaus* DB 04, 1329 (1332 f), mit instruktivem Beispiel.
5 BMF BStBl I 05, 429 Tz 50 ff, mit instruktiven Beispielen; ausf *Risthaus* DB 06, 2006; *J Schneider* SteuerStud 07, 228; zur Günsterprüfung bei G'ter-Geschäftsführern *Myßen/Hildebrandt* NWB F 3, 14559; zur sog Öffnungsklausel OFD Koblenz DStR 06, 1599.
6 BT-Drs 15/3004, 18.

setzten tariflichen ESt.¹ Die Regelung zur Nachversteuerung von Rentenversicherungen gegen Einmalbetrag ist aufgehoben worden, da insoweit die Ermächtigungsgrundlage weggefallen ist. Sie ist im Fall der Bestandskraft der Veranlagung² ein Spezialfall des in § 175 I 1 Nr 2 AO festgeschriebenen Rechtsgedankens mit einem eigenständigen Korrekturtatbestand.³ Jedoch wird der Steuerbescheid, in dem die SA angesetzt worden war, nicht berichtigt; vielmehr ist für den VZ des SA-Abzugs die Steuer zu berechnen, die ohne diesen Abzug festzusetzen gewesen wäre. Der Unterschiedsbetrag zw dieser Steuer und der seinerzeit festgesetzten Steuer ist als Nachsteuer für das Kj zu erheben, in dem das steuerschädliche Ereignis eingetreten ist. § 177 AO ist zu berücksichtigen, so dass bisher nicht geltend gemachte Vorsorgeaufwendungen „nachgeschoben" werden können.⁴

IV. Gezahlte Kirchensteuer (§ 10 I Nr 4). KiSt sind Geldleistungen (auch „Kirchgeld"⁵), welche die 25 als Körperschaften des öffentlichen Rechts anerkannten inländischen Religionsgemeinschaften (Art 140 GG iVm Art 137 VI Weimarer Verfassung) von ihren Mitgliedern aufgrund gesetzlicher Bestimmungen erheben; freiwillige zusätzliche Leistungen sind Spenden (§ 10b).⁶ Wie KiSt sind Beiträge an den Bund evangelisch-freikirchlicher Gemeinschaften in Deutschland und an die Neuapostolische Kirche zu berücksichtigen. Der Abzug als SA ist zulässig im Umfang der tatsächlichen Zahlung unter Berücksichtigung etwaiger Erstattungen (Rn 4).⁷ „Nebenkosten" (Stundungs-, Aussetzungszinsen, Säumnis- und Verspätungszuschläge) sind nicht als SA abziehbar.⁸ Nach R 10.7 EStR können Beiträge der Mitglieder von Religionsgemeinschaften, die mindestens in einem Bundesland als Körperschaften des öffentlichen Rechts anerkannt sind, aber während des ganzen Kj keine KiSt erheben, wie KiSt abgezogen werden.⁹ Maßgeblich sind die gezahlten Kirchenbeiträge; dabei ist die steuerliche Berücksichtigung der insgesamt gezahlten Beiträge begrenzt auf 9 vH der für den VZ endgültig festgesetzten ESt.¹⁰ Die durch das JStG angefügte **Einschränkung des SA-Abzugs im HS 2** hat folgende Bewandtnis: Wird die ESt für Einkünfte aus KapVerm als KapESt erhoben, wird die KiSt bei der Bemessung des für die KapESt geltenden Steuersatzes nach § 32d I mindernd in die Berechnung einbezogen. Damit wird die mit dem SA-Abzug verbundene mindernde Wirkung bereits unmittelbar berücksichtigt. Der Abzug der KiSt als SA im Rahmen der Veranlagung zur ESt wird daher insoweit ausgeschlossen.¹¹

V. Dienstleistungen für die Betreuung von Kindern (§ 10 I Nr 5 und 8). § 10 I Nr 5 und 8 ist mit 25a Wirkung v 6.5.06 eingefügt worden durch Gesetz v 26.4.06 (BGBl I 06, 1091), Nr 8 der Vorschrift idF des StÄndG 07 v 19.7.06 (BGBl I 06, 1652) mit Wirkung v 1.1.07. Die Einfügung des § 4f bezweckt, dass zur besseren Vereinbarkeit von Kinderbetreuung und Beruf erwerbsbedingte Kinderbetreuungskosten für Kinder bis zur Vollendung des 14. Lebensjahres in Höhe von zwei Dritteln der Aufwendungen, höchstens 4 000 € je Kind, wie BA oder WK berücksichtigt werden können. Entsprechendes gilt nach § 10 I Nr 8, wenn nur ein Elternteil erwerbstätig und der andere Elternteil behindert, dauerhaft krank oder in Ausbildung ist (BT-Drs 16/643, 9). Die Ausweitung der steuerlichen Berücksichtigung von Kinderbetreuungskosten stellt die unterschiedlichen Formen der Betreuungsangebote gleich und soll darüber hinaus Anreize geben, um legale Beschäftigungsverhältnisse in Privathaushalten zu schaffen. Mit der **Nr 5** wird typischerweise berücksichtigt, dass bei allen Eltern mit Kindern in dieser Altersgruppe Kinderbetreuungskosten (im Wesentlichen Kindergartenbeiträge) anfallen, unabhängig von Erwerbstätigkeit, Behinderung, Krankheit oder Ausbildung der Eltern. Mit der neuen **Nr 8** sollen zwei Drittel der Kinderbetreuungskosten, höchstens 4 000 € je Kind, die dadurch entstehen, dass ein Elternteil sich in Ausbildung befindet, körperlich, geistig oder seelisch behindert oder dauerhaft krank ist, als SA vom Gesamtbetrag der Einkünfte abgezogen werden können. Bei zusammenlebenden Eltern muss eine der genannten Voraussetzungen bei beiden Elternteilen vorliegen oder der Elternteil, bei dem dies nicht der Fall ist, erwerbstätig sein. Damit können auch derart verursachte Kinderbetreuungskosten in gleichem Umfang wie

---

1 BFH/NV 00, 942.
2 BFH BStBl II 87, 164 – „erhellende Tatsachen"; BStBl III 67, 575.
3 BFH BStBl II 94, 849; s aber zur Nachholung einer unterbliebenen Nachversteuerung FG BaWü EFG 01, 641.
4 BFH BStBl II 94, 849; **aA** nunmehr BFH BStBl II 00, 292 mit zutr abl Anm v Groll.
5 Zu glaubensverschiedenen Ehen BFH/NV 02, 674.
6 BFH BStBl II 75, 708; zu den Sätzen der KiSt als Zuschlagsteuer zur ESt und LSt Meyer NWB Fach 12, 1459; s auch R 10.7 I EStR – Anerkennung mindestens in einem Bundesland; ergänzend OFD Ffm DB 95, 801.
7 S auch BFH BStBl II 75, 350 – versehentlich festgesetzte Zahlung.
8 H/H/R § 10 Rn 206; K/S/M § 10 Rn B 111.
9 BFH BStBl II 02, 201 – Billigkeitsmaßnahme gem § 163 AO.
10 BFH BStBl II 03, 281.
11 BR-Drs 220/07 S 86, 96 ff, 108 f, 114 ff.

rein erwerbsbedingte Kinderbetreuungskosten steuermindernd abgezogen werden (BT-Drs 16/643, 9 f). Nach den Gesetzesmaterialien können Aufwendungen für Unterricht (zB Schulgeld, Nachhilfe-, Fremdsprachenunterricht), die Vermittlung besonderer Fähigkeiten (zB Musikunterricht, Computerkurse) oder für sportliche und andere Freizeitbetätigungen (zB Mitgliedschaft in Sportvereinen oder anderen Vereinen, Tennis-, Reitunterricht usw) nicht als SA berücksichtigt werden. Ist das Kind nicht unbeschränkt estpfl, ist nach den Nr 5 und 8 der als SA zu berücksichtigende Betrag auf das nach den Verhältnissen im Wohnsitzstaat des Kindes notwendige und angemessene Maß zu kürzen. Um Missbrauch vorzubeugen und zur Bekämpfung von Schwarzarbeit bedarf es einer Rechnung der Zahlung auf ein Konto des Leistungserbringers. Aufgrund der Neuregelung durch das JStG 2008 müssen ab dem VZ 2008 die Nachweise nicht mehr der ESt-Erklärung beigefügt werden (ua um Hemmnisse der elektronischen Steuererklärung abzubauen).

26 **VI. Steuerberatungskosten (§ 10 I Nr 6).** Die Vorschrift istaufgehoben mit Wirkung v 1.1.06. Ab diesem Zeitpunkt können Steuerberaterkosten, die weder BA noch WK sind, nicht mehr als SA abgezogen werden. Es wird insoweit auf die 7. Aufl verwiesen. Ein BMF-Schreiben zur Zuordnung von Steuerberatungskosten zu den BA, WK oder Kosten der Lebensführung ist geplant.

VII. Aufwendungen für die Berufsausbildung (§ 10 I Nr 7). – 1. Eigene Aufwendungen – Grundsätz-
27 **liches zum Abzugstatbestand.** Abziehbar sind die eigenen Aufwendungen (Rn 5; zum Ausnahmefall einer ag Belastung § 33 Rn 65f; für Eltern gelten zB § 10 I Nr 9, § 32 VI, § 33a, § 33b V; zum Ersatz der Aufwendungen durch den ArbG A 74 LStR). Die eigenen Aufwendungen dürfen nicht als erwerbsichernder Aufwand abgezogen werden, soweit sie mit stfreien Einnahmen in unmittelbarem wirtschaftlichen Zusammenhang stehen (§ 3c; vgl R 33 IV 3 LStR). Keine Belastung und daher kein SA-Abzug, wenn die speziellen Aufwendungen von Dritten stfrei (§ 3; § 3c Rn 4) erstattet, nicht aber wenn Zuschüsse zur Lebenshaltung gezahlt werden; zur etwa gebotenen Aufteilung enthält R 10.9 EStR für die meisten Ausbildungsförderungen/Stipendien eine Vereinfachungsregelung. Kostenerstattungen nach § 45 AFG sind anzurechnen, nicht hingegen das Unterhaltsgeld nach § 44 AFG (jetzt: §§ 77, 153 SGB III).[1] Von **zusammen veranlagten Ehegatten** kann jeder seinen Höchstbetrag nutzen, wobei unerheblich ist, wer die Kosten trägt; ein nicht ausgenutzter Höchstbetrag ist nicht übertragbar. Nach näherer Maßgabe der Einschränkung in § 12 Nr 5 nF hat der **Abzug von BA/WK Vorrang vor dem SA-Abzug.**[2] Das Aufteilungs- und **Abzugsverbot** gem § 12 Nr 1 S 2 gilt nicht beim Zusammentreffen von WK/Privataufwendungen und abgrenzbaren Berufsausbildungskosten.[3] Aufwendungen für ein häusliches Arbeitszimmer sind entspr der anteilmäßigen Nutzung in WK und SA aufzuteilen, wenn der ArbN das Arbeitszimmer zeitlich nacheinander entweder für berufliche Zwecke oder für Ausbildungszwecke benutzt.[4]

28 **2. Gesetzliche Zuweisung der Ausbildung zur Privatsphäre.** Schon immer hat der Gesetzgeber[5] Aufwendungen für die Ausbildung als steuerrechtlich privat erachtet. Aufgrund Änderung der von der Literatur kritisierten[6] Rspr hatte der BFH Aufwendungen für eine **erwerbsorientierte Berufsausbildung** generell als BA/WK beurteilt:[7] Vorab entstandene WK seien **auch bei einer erstmaligen Berufsausbildung** (im „Pilotfall": zum Piloten/**Verkehrsflugzeugführer** – ATPL/Long Range) unter der Voraussetzung eines „besonders engen" bzw „hinreichend konkreten" sachlichen und zeitlichen Zusammenhangs mit der Erzielung von steuerbaren Einnahmen aus der **angestrebten Tätigkeit** BA/ WK; denn Berufsausbildungskosten seien weder § 10 I Nr 7 noch § 12 Nr 1 zuzuordnen. Indiz für den erforderlichen Zusammenhang sei die alsbaldige Aufnahme der angestrebten Tätigkeit nach Erwerb der angestrebten Qualifikation.[8] Der erforderliche Veranlassungszusammenhang konnte

---

1 BFH BStBl II 04, 890 = BFH/NV 04, 134; hierzu *Thomas* INF 04, 5.
2 BFH/NV 96, 740 – Aufwendungen, die gleichzeitig und ununterscheidbar sowohl mit einer Erwerbstätigkeit als auch mit einem Promotionsvorhaben zusammenhängen, sind insgesamt als WK abziehbar.
3 BStBl II 90, 901 – häusliches Arbeitszimmer für Studierzwecke; BFH/NV 96, 740 mwN.
4 BFH/NV 96, 740; ausf BMF BStBl I 04, 143 Tz 18 – Nutzung eines häuslichen Arbeitszimmers zu Ausbildungszwecken; s nunmehr BMF LStR Anhang 19 I.
5 BT-Drs V/3430, 8 f; BFH BStBl II 93, 108; vgl auch *Weber-Grellet* StuB 03, 746.
6 Nachweise in BFH BStBl II 03, 403; BStBl II 03, 407.
7 BFH/NV 03, 1119 = DStR 03, 1160; BFH/NV 03, 1319; Darstellung der Rspr-Entwicklung bei *Drenseck* DStR 04, 1766.
8 Vgl BFH/NV 03, 1319: Angestrebt waren „(möglichst hohe) Einnahmen aus der angestrebten – und auch verwirklichten – Tätigkeit".

hiernach bei jedweder berufsbezogenen Bildungsmaßnahme erfüllt sein.[1] Vorab entstandene Aufwendungen für eine Ausbildung seien unabhängig davon WK/BA, ob der StPfl (wie bei dem berufsbegleitenden Studium) daneben einer Erwerbstätigkeit nachgehe.[2] Kosten für ein im Anschluss an das Abitur durchgeführtes Hochschulstudium können vorab entstandene WK sein;[3] desgleichen Aufwendungen für studienbegleitende Praktika können auch bei einer erstmaligen Berufsausbildung.[4] Der IV. Senat des BFH hatte einer Abweichung von seiner Rspr[5] „für ein den ausgeübten Beruf sachlich begleitendes erstmaliges Hochschulstudium" zugestimmt. In einem weiteren Schritt hatte der VI. Senat die Anforderung der „berufsbegleitenden" Ausbildung zunächst de facto, später ausdrücklich aufgegeben: Vorab entstandene Aufwendungen für eine Ausbildung könnten vorweggenommene WK/BA in einem angestrebten Beruf unabhängig davon sein, ob der StPfl daneben einer Erwerbstätigkeit nachgeht.[6] Weitergehend waren nach Auffassung des BFH Aufwendungen für ein Medizinstudium und die Promotion[7] – ein ausreichender Veranlassungszusammenhang vorausgesetzt – erwerbsichernder Aufwand; es sollte nicht darauf ankommen, „ob ein neuer, ein anderer oder ein erstmaliger Beruf ausgeübt werden soll".[8] Damit war der Weg frei für eine uneingeschränkte Anerkennung von Studienkosten als vorab entstandene BA/WK. Auch Aufwendungen für die **Promotion** (Erwerb eines Doktortitels) waren nach geänderter Rspr regelmäßig nicht Kosten der Lebensführung.[9] Es kam hiernach nicht (mehr) darauf an, ob die Bildungsmaßnahme innerhalb des bisherigen Berufs zum beruflichen Aufstieg oder zu einem neuen Beruf führte. – Problematisch an der neuen Rspr waren ua die generelle Zuweisung der Ausbildungskosten zur Privatsphäre, die Anwendung des § 3c bei stfreien Ausbildungsförderungsleistungen und bei späterem Wegzug ins Ausland, die Behandlung fehlgeschlagener Aufwendungen, das Verhältnis der neuen Rspr zu §§ 31, 32 iVm §§ 62 ff[10] (Familienleistungsausgleich[11]) sowie Fragen des Drittaufwands.[12] Es stellten sich verfahrensrechtliche Probleme bei uU über mehrere Jahre ggf vorläufig vorzunehmenden Verlustfeststellungen. Die **FinVerw** ist der Rspr gefolgt, soweit eine Vergleichbarkeit mit dem Pilotenfall anzunehmen war.[13] Nach ihrer – wohl zutr – Auffassung[14] führt ein – nicht lediglich berufsbegleitendes – Erststudium zum Erwerb eines „allgemeinen Berufsabschlusses" zum SA-Abzug nach § 10 I Nr 7.

Die Ausbildung und das Erststudium sind durch **Gesetz zur Änderung der AO**[15] mit Wirkung v 1.1.04[16] durch Einfügung des § 12 Nr 5 nF den Lebenshaltungskosten klarstellend[17] zugewiesen worden (ausf BMF-Schr in BStBl I 05, 955). Der Gesetzgeber hat damit die neuere Rspr des VI. Senats des BFH (5. Aufl Rn 28, 31 ff) korrigiert bei gleichzeitiger Anhebung des Höchstbetrages des § 10 I Nr 7. Die Vorschrift will bildungspolitisch wirken und die Abgrenzung zu den BA/WK hin weitgehend erübrigen. Nach § 12 Nr 5 nF gehören zu den Kosten der Lebensführung Aufwendungen für die **erstmalige Berufsausbildung** (die hier enger zu verstehen ist als bei § 32 IV Nr 2a) – der erstmalige Erwerb von Kenntnissen, die zur Aufnahme eines Berufs befähigen,[18] in einem geregelten Ausbildungsgang (vgl § 1 III, §§ 4 ff BBiG) – und das **Erststudium**, auch wenn dieses sich an eine abgeschlossene nichtakademische Berufsausbildung anschließt.[19] § 12 Nr 5 ordnet diese – verfassungsrechtlich zulässige[20] – Typisierung ungeachtet dessen an, dass die erstmalige Berufsausbildung

28a

---

1 BFH BStBl II 03, 403, BStBl II 03, 407, zum berufsbegleitenden Erststudium, BStBl II 04, 889, zum Universitätsstudium im Anschluss an ein Fachhochschulstudium; BFH BStBl II 06, 764; BFH/NV 06, 2250.
2 BFH/NV 03, 997 – Studium zum Dipl-Betriebswirt (FH); hierzu *Fehr* DStR 07, 882.
3 BFH BStBl II 2006, 764.
4 BFH/NV 07, 1291.
5 BFH BStBl III 67, 723; BStBl II 73, 817; BStBl II 98, 239.
6 BFH/NV 03, 997 – Studium zum Dipl-Betriebswirt (FH).
7 BFH DStR 04, 261.
8 BFH BStBl II 04, 891; zu Promotionskosten s auch BFH/NV 04, 928; zum Problem *Thomas* (Richter im VI. Senat) KFR F 3 EStG § 9, 3/03, 123, 125: Bereits der Jura-Student im 1. Semester kann vorab entstandene Erwerbskosten haben; *Bergkemper* FR 03, 202.
9 BFH BStBl II 04, 261; Anm *Bergkemper* FR 04, 413; *Thomas* INF 04, 166; *Ehehalt* BFH-PR 04, 125;
10 AA *Marx* BB 03, 2267 (2271 f).
11 Hierzu BFH DStR 03, 1160: keine Sperrwirkung der Regelungen zum Familienleistungsausgleich.
12 *Weber-Grellet* StuW 03, 746.
13 FinMin Nordrhein-Westfalen DB 03, 1822.
14 FinMin Nordrhein-Westfalen DB 03, 1822, dort auch zu Art und Höhe der abziehbaren Aufwendungen; ferner FinSen Hamburg DStR 03, 1619; OFD Magdeburg v 7.4.04, S 2350 – 25 – St 224 V; Abgrenzung zw Aus- und Fortbildungskosten; inhaltsgleich OFD Karlsruhe DB 03, 2739.
15 Gesetz v 21.7.04, BGBl I 04, 1753; krit zum Gesetzgebungsverfahren *Drenseck* DStR 04, 1766 (1768 ff).
16 Krit zur Rückwirkung *Drenseck* DStR 04, 1766 (1771 f).
17 AA zB *Lindberg* sj 06, 18: rechtsbegründend.
18 BT-Drs 15/339, 11.
19 BT-Drs 15/339, 10; *Jochum* DStZ 05, 260 (264).
20 Sehr str, verneinend zB *Drenseck* DStR 04, 1766; wohl auch *Lindberg* sj 06, 17: Verstoß gegen das objektive Nettoprinzip; krit *Müller-Franken* DStZ 07, 59.

und das Erststudium idR einem Erwerbszweck dienen und die Grundlage für eine erstmalige oder neue berufliche Basis schafft (vgl § 2 I HRG: „Die Hochschulen ... bereiten auf berufliche Tätigkeiten vor"). Aufwendungen für eine **zweite Ausbildung** (insbes im Rahmen einer **Umschulung**, Rn 31), die kein (Erst-)Studium ist, können bei hinreichend konkretem – zumeist vorhandenen – Veranlassungszusammenhang mit einem anschließend auszuübenden Beruf vorweggenommene BA/BK sein.[1] Bis zum Jahre 2003 (einschl) ist die großzügigere, allein auf den Veranlassungszusammenhang abstellende Rspr des VI. Senats anzuwenden; ausf hierzu die 5. Aufl Rn 32 ff.[2] Ab dem Jahre 2004 ist die frühere (neue) Rspr zum berufsbegleitenden Studium überholt.[3]

29 **3. Ausbildung für einen Beruf.** Mit der **Berufsausbildung** muss eine nachhaltige **berufsmäßige Ausübung der erlernten Fähigkeiten** („das für den Beruf typische Können") zur Erzielung von Einkünften angestrebt werden. Erforderlich ist ein konkreter und enger Zusammenhang der Maßnahme mit der Berufstätigkeit sowohl in sachlicher als auch in zeitlicher Hinsicht. Abziehbar sind solche Aufwendungen, mit denen der StPfl das berufstypische Können – nicht lediglich Allgemeinbildung – als Grundlage für einen **künftigen**, zumeist erstmaligen **Beruf** erwirbt. § 32 IV 1 Nr 2a hat eine andere Zwecksetzung[4] (Rn § 32 Rn 11) und ist enger gefasst. Der Beruf muss nicht innerhalb bestimmter bildungspolitischer Vorstellungen des Gesetzgebers liegen, darf sich aber nicht auf eine verbotene Tätigkeit erstrecken.[5] Objektive Umstände müssen erkennen lassen, dass die Kenntnisse durch spätere nachhaltige berufsmäßige Ausübung genutzt werden sollen[6] und nicht lediglich der Ausübung eines Hobbys dienen.[7] Keine Ausbildung ist das Erlernen einer Fremdsprache[8] (anders bei Ausbildung zum Dolmetscher oder wenn eine Fremdsprache aus spezifisch berufsbezogenen Gründen erlernt wird; § 12 Rn 20) oder der deutschen Sprache;[9] es können indes nach allg Grundsätzen vorweggenommene BA/WK sein (§ 12 Rn 20). Nicht als SA abziehbar sind Aufwendungen, mit denen lediglich private Interessen verfolgt werden oder die im Rahmen ehrenamtlicher Betätigung im Wesentlichen nur den Ausgleich der entstandenen Aufwendungen bezwecken.[10] Der Besuch von Allgemeinwissen vermittelnden Schulen (Grund-, Haupt-, Real-, Fachschulen,[11] Fachoberschule,[12] Gymnasien) dient grds der Ausbildung.[13] Der Erwerb von Allgemeinbildung und Grundfertigkeiten (auch an der Volkshochschule; zB Schreibmaschinenkurs, Steptanzunterricht und Schwimmtraining) einer nicht berufstätigen Sportlehrerin[14] ist grds keine Ausbildung, es sei denn, die Kurse haben einen unmittelbaren Bezug zu einem bestimmten Berufsbild und tatsächlich angestrebten Beruf. Hierzu gehören ferner Aufwendungen für Tauch- und Segelexkursionen, für die hauswirtschaftliche Aus- und Weiterbildung, für den Erwerb von Grundkenntnissen der Computernutzung, für den Erwerb des Pilotenscheins[15] (ausf Rn 30 aE) oder eines Führerscheins (Ausnahme bei konkreter Absicht einer Tätigkeit als Bus-,[16] Lkw-, Taxifahrer; § 12 Rn 10);[17] diese Aufwendungen dienen, soweit nicht BA/WK, idR nicht der „Ausbildung für einen Beruf".[18] Gleiches gilt für das Aufrechterhalten der Fluglehrerbefähigung außerhalb einer Erwerbsquelle[19]) sowie andere Aufwendungen ohne aufgrund objektiver Umstände erkennbare Absicht einer späteren Erwerbstätigkeit, zB wenn ein Industriekaufmann psychologische Seminare mit einem nicht homogenen Teilnehmerkreis besucht, in denen nicht primär auf den konkreten Beruf zugeschnittene psychologische Kenntnisse vermittelt werden („Persönlichkeitsbildung",[20] Selbsterfahrung, „Auditing"), oder bei „Ausbildung für eine Liebhaberei" (Sport, Töpfern, Musik, Jagd).[21]

---

1 BMF BStBl I 05, 922 Rn 3.
2 Zusammenfassend OFD Karlsruhe DB 03, 2739.
3 So auch OFD Hann DStR 04, 1790.
4 BFH/NV 04, 929; BFH/NV 04, 1223.
5 BFH BStBl II 88, 494.
6 BFH BStBl II 79, 180; BStBl II 96, 8 – Ski-Übungsleiter; FG RhPf SpuRt 01, 121 – Tauchlehrer; FG RhPf EFG 04, 247 – Studium der Kunstgeschichte.
7 BFH v 25.2.04 VI B 93/03 – Kosten für das Aufrechterhalten der Fluglehrerbefähigung.
8 BFH BStBl II 94, 248; FG Mchn EFG 98, 183.
9 BFH/NV 07, 1561.
10 BFH BStBl II 96, 8 – Ausbildung zum Ski-Übungsleiter des Deutschen Skiverbandes.
11 S aber FG D'dorf EFG 99, 596 – Besuch einer Berufsfachschule für Kosmetik, wenn an bisheriges Wissen angeknüpft wird.
12 BFH BStBl II 06, 717 VI R 5/04.
13 BFH BStBl II 85, 89; BFH/NV 92, 733 – Aufwendungen eines Kriminalbeamten des gehobenen Dienstes zur Vorbereitung auf die Reifeprüfung; Ausnahme bei Ausbildungsverhältnis; BFH/NV 92, 586 – Erlangung der Fachhochschulreife im Bereich Verwaltung; FG Brem EFG 04, 560.
14 FG Hann EFG 02, 754.
15 BFH/NV 97, 107.
16 FG BaWü EFG 07, 179.
17 BFH BStBl II 77, 834.
18 BFH/NV 93, 224 – zu den Voraussetzungen von WK unter Beachtung des § 3c.
19 BFH v 25.2.04 VI B 93/03.
20 BFH BStBl II 95, 393; BStBl II 92, 1036; instruktiv BFH/NV 97, 110 – Psychodrama-/Supervision-Lehrgang einer Bankkauffrau.
21 BFH BStBl II 79, 180 – Apotheker gab vor, Pressefotograf werden zu wollen.

4. Erste Ausbildung und Erststudium. Wie zum früheren Rechtszustand ist es notwendig, hinsichtlich der ersten **Ausbildung** auf „formale" Kriterien für Ausbildungsberufe, für die Ausbildung und ihren Abschluss wie zB eine durch Zeugnisse nachweisbare erstmalige Berufsausbildung abzustellen, zB bei der Ausbildung einer in der Altenpflege Tätigen als Altenpflegerin.[1] Wer nach Abbruch eines Studiums eine Lehre oder eine Ausbildung zum Piloten (Rn 28) absolviert, befindet sich in einer erstmaligen Berufsausbildung.[2] Wenn allerdings der StPfl zuvor etwa eine Handwerkslehre abgeschlossen hat, unternimmt er mit einer nichtakademischen Ausbildung eine **Umschulung** (Rn 31), die als zweite Berufsausbildung zu BA/WK führen kann. Für eine Praxishilfe ohne abgeschlossene Berufsausbildung in einem Massagebetrieb ist die Teilnahme an einem staatlich anerkannten Lehrgang mit dem Ziel, die Erlaubnis zur Tätigkeit unter der Bezeichnung „Masseurin" zu erlangen, Berufsausbildung.[3] Aufwendungen für eine erstmalige, vom Arbeitsamt unterstützte Berufsausbildung (hier: zur Bürokauffrau) sind nur als SA abziehbar.[4] Ein **Erststudium**[5] (an einer Universität, Fachhochschule, Berufsakademie,[6] deren Abschlüsse – anders als bei Wirtschaftsakademien – nach Landesrecht den Fachhochschulen gleichgestellt sind) ist nach der früheren, zulässigerweise[7] typisierenden Rspr, nunmehr ausdrücklich nach **§ 12 Nr 5** Berufsausbildung,[8] auch wenn kein Abschluss erreicht[9] oder angestrebt wird.[10] Die Grundsätze zum Erststudium gelten auch dann, wenn es die Kenntnisse und Fähigkeiten im ausgeübten Beruf, diesen „sachlich begleitend", ergänzt, vertieft oder spezialisiert; vor allem in dieser Hinsicht ist die frühere Rspr (5. Aufl § 10 Rn 31 ff) aufgrund § 12 Nr 5 überholt. Anderes gilt für Aufwendungen nach Abschluss des Erststudiums. ZB ist das Jurastudium des Absolventen einer Fachhochschule – etwa eines Dipl-Finanzwirts oder Dipl-Verwaltungswirts – kein Erststudium. Dieses muss nicht „berufsbegleitend" sein. Der Qualifikation als „staatlich geprüfter Betriebswirt" oder als „staatlich geprüfter Wirtschaftsinformatiker" wird nicht durch ein Studium erworben. ZB ist die Ausbildung eines Sparkassen-Betriebswirts zum Dipl-Betriebswirt (FH) ein Erststudium;[11] ferner das Studium der Pflegepädagogik einer Fachkrankenschwester.[12] Lässt sich eine Sonderschullehrerin zur Psychagogin ausbilden,[13] absolviert sie kein Erststudium. Ein studienbegleitendes Praktikum beim künftigen ArbN ist Teil der Ausbildung. Das Erststudium wird grds mit dem erfolgreichen Studienabschluss beendet,[14] je nach Fachrichtung mit dem Diplom, der Graduierung oder der Promotion. Kosten einer Promotion wurden bisher als privat veranlasst angesehen.[15] Es ist zweifelh, ob eine **Promotion** integraler Bestandteil des Erststudiums ist; dies wird – bedauerlicherweise – „nach der Verkehrsauffassung" (?) für einen Dipl-Chemiker, bei dem idR ein Doktortitel vorausgesetzt wird, anders zu beurteilen sein als für einen Juristen oder Arzt. Nach neuer Rechtslage handelt es sich um Fortbildungskosten, wenn sie sich an ein abgeschlossenes Studium anschließt;[16] insoweit ist die Rechtslage freilich unklar.[17] Die **Ausbildung zum Piloten** fiel nach bisheriger Auffassung zumeist unter § 10 I Nr 7. Hierbei bleibt es, soweit ein Privatflugzeug-Führerschein erworben wird;[18] anderes gilt bei berufsbezogenen Aufwendungen (Rn 33a),[19] sofern nicht bereits eine erste Ausbildung oder ein Erststudium vorausgegangen war. Gleiches gilt für die Vorbereitung eines **Zeitsoldaten** auf den Übergang zum zivilen Beruf.[20] Aufwendungen eines Flugingenieurs für den Erwerb der Erlaubnis für Berufsflugzeugführer 2. Klasse mit dem Ziel, Kopilot zu werden, werden im Anschluss an eine Erstausbildung getätigt.[21]

---

1 BFH/NV 95, 112.
2 Überholt daher BFH v 19.12.03 VI R 31/03 – Fahrlehrer-Ausbildung nach abgebrochenem Lehramtsstudium.
3 BFH BStBl II 92, 661.
4 BFH BStBl II 04, 890 ist überholt.
5 BFH BStBl II 96, 450; BVerfG DStR 93, 1403 – unterschiedliche Behandlung von Berufsausbildungs- und Fortbildungskosten ist verfassungsgemäß.
6 BMF BStBl II 07, Tz 25.
7 BVerfG NJW 94, 847 = StRK EStG 1975 allg R.99: „Mangels eines hinreichend konkretisierten Bezugs der Berufsausbildung zu einer späteren Berufstätigkeit"; **aA** Drenseck DStR 04, 1766 (1771): § 12 Nr 5 sei ein sachlich nicht gerechtfertigter Eingriff in das objektive Nettoprinzip.
8 BFH BStBl III 67, 723; BStBl II 96, 450 mwN.
9 FG BaWü EFG 00, 1379.
10 FG Kln EFG 00, 615.
11 Vgl BFH BStBl II 96, 450.
12 FG M'ster EFG 01, 1122.
13 Vgl BFH/NV 03, 1415.
14 BT-Drs 15/3339, 10 f.
15 BFH/NV 94, 856; BFH/NV 96, 760 – Dienstverhältnis.
16 Zutr *Jochum* DStZ 05, 260 (265): die Promotion sollte der beruflichen Fortbildung zugerechnet werden.
17 Die FinVerw sieht insoweit Abstimmungsbedarf; OFD Hann DStR 04, 1972; zum Problem *Jochum* DStZ 05, 260 (264 f).
18 BFH/NV 04, 167.
19 Ausf mwN OFD Ffm v 1.11.00 – WK beim fliegenden Personal von Fluggesellschaften; ferner § 12 Rn 10.
20 BFH/NV 93, 226 – Waffensystem-Offizier erwirbt Flugzeugführerlizenz.
21 BFH BStBl II 92, 963.

31 5. Umschulung. Die bisherige Rspr des VI. Senats des BFH zu **Aufwendungen für die Umschulung** iSd Ausbildung zu einem weiteren, insbes neuen Beruf, bleiben unberührt.[1] Bei der Umschulung nach Abschluss einer – erstmaligen – Ausbildung entfällt die Sperre des § 12 Nr 5; dann bleibt es dabei, dass es für den WK-/BA-Abzug auf den konkreten und einzelfallbezogenen Veranlassungszusammenhang zu einer späteren Erwerbstätigkeit ankommt. Eine berufliche Veranlassung liegt vor, wenn ein objektiver Zusammenhang mit dem Beruf besteht und die Aufwendungen subjektiv zur Förderung des Berufs getätigt werden; auf die Länge des Zeitraums bis zur Aufnahme der angestrebten Tätigkeit kommt es idR nicht an.[2] Die Aufwendungen hierfür bilden die Grundlage dafür, **von einer Berufs- oder Erwerbsart zu einer anderen überzuwechseln** (Schaffung der Basis für ein neues Berufsfeld/neue Erwerbsart oder Vorbereitung eines Berufswechsels). Sie können vorab entstandene WK/BA sein, wenn sie in einem hinreichend konkreten, objektiv feststellbaren Zusammenhang mit späteren Einnahmen stehen.[3] Auch nach neuer Rechtslage (28a) bleibt es dabei, dass zB die Umschulung einer kaufmännischen Angestellten zur Fahrlehrerin, den beschriebenen Veranlassungszusammenhang vorausgesetzt („um nach Zeiten der Arbeitslosigkeit wieder Einnahmen zu erzielen"), zu erwerbsichernden Aufwendungen führt.[4] „Die Ausbildungskosten für einen zweiten Beruf werden zum Abzug zugelassen, weil der StPfl mit Hilfe des neuen Berufs die Erwerbslosigkeit zu beenden oder zu vermeiden sucht".[5] Wie bisher sind anzuerkennen zB Aufwendungen für die Umschulung eines arbeitslosen Landwirts (Lehrberuf!) zum Dachdecker,[6] für die Nachqualifikation einer Gemeindediakonin zur staatlich anerkannten Sozialpädagogin,[7] für die Umschulung eines Biologielaboranten zum Steuerfachgehilfen,[8] eines arbeitslosen Dipl-Betriebswirts zur Vorbereitung auf die Tätigkeit als Immobilien- und Finanzierungsmakler,[9] einer arbeitslosen Verkäuferin zur Arzthelferin,[10] Aufwendungen einer gelernten Krankenschwester für einen Lehrgang mit dem Ziel, Lehrerin für Pflegeberufe zu werden,[11] Aufwendungen eines katholischen Priesters für ein Pädagogik-Studium.[12] Ohnehin wollte die FinVerw[13] die Rspr zur Umschulung in den Fällen anwenden, in denen der StPfl bereits dauerhaft berufstätig ist oder war. Die Aufwendungen für einen **Meisterlehrgang** können auch dann vorab entstandene WK bzgl der späteren nichtselbständigen Berufstätigkeit als Meister sein, wenn der StPfl vor Lehrgangsbeginn vorübergehend in einem anderen als dem erlernten Beruf tätig und nach Abschluss des Lehrgangs kurzfristig arbeitslos gewesen ist.[14]

31a 6. Andere Fortbildungskosten. Es handelt sich gem § 12 Nr 5 um nach einer abgeschlossenen Ausbildung oder einem abgeschlossenen Erststudium getätigte vorweggenommene oder berufsbegleitende BA/WK. Sie sind steuerrechtlich der Sache nach Umschulungskosten und wie diese zu behandeln. Keine Kosten der Berufsausbildung, sondern **Fortbildungskosten** sind (auch vorab entstandene,[15] jedoch nicht „ins Blaue" getätigte) Aufwendungen der Erwerbssphäre des StPfl, um in dem von ihm erlernten und ausgeübten Beruf[16] auf dem Laufenden zu bleiben oder um „innerhalb des ausgeübten Berufs besser voranzukommen oder aufzusteigen". Ausgenommen hiervon sind nach § 12 Nr 5 Aufwendungen für die erste Berufsausbildung und ein – auch berufsbegleitendes – Erststudium. WK/BA sind jedenfalls – vor allem im Zusammenhang mit einer Umschulung (Rn 31) – im Zweifel anzunehmen bei vorübergehender unfreiwilliger Erwerbslosigkeit.[17] Allg ist eine berufliche Veranlassung gegeben, wenn die Fortbildungsmaßnahme auf dem bisher ausgeübten Beruf aufbaut. Bei abgeschlossener Berufsausbildung können vor Aufnahme der Berufstätigkeit Fortbildungskosten in Form von vorab entstandenen WK vorliegen.[18] Ein Aufbau- bzw Ergänzungsstudium ist die auf dem abgeschlossenen Erststudium aufbauende Spezialisierung oder Qualifizierung innerhalb desselben Berufsbildes; die durch das abgeschlossene Erststudium erwor-

---

1 So auch *Drenseck* DStR 04, 1766 (1770).
2 Hierzu näher BFH/NV 06, 1654.
3 Grundlegend BFH BStBl II 03, 403, mit umfangreicher Darstellung der bisherigen Rspr.
4 BFH BStBl II 03, 403, mit umfangreicher Darstellung der bisherigen Rspr; Anm *Bergkemper* FR 02, 202; *Kreft* FR 03, 203; *Siegers* EFG 03, 211; ausf *v Bornhaupt* NWB Fach 6, 4325.
5 BFH BStBl II 03, 698; Anm *Kanzler* FR 03, 722.
6 BFH/NV 03, 477.
7 BFH/BV 04, 483.
8 BFH/NV 04, 774.
9 BFH/NV 03, 476.
10 BFH/NV 03, 474.
11 BFH/NV 03, 1646.
12 BFH/NV 04, 768.
13 OFD Koblenz DStR 03, 1074.
14 BFH BStBl II 96, 529 – ausreichender Zusammenhang zur bisherigen und künftigen Einkünfteerzielung wurde anerkannt.
15 BFH BStBl II 96, 529.
16 FG RhPf EFG 02, 323: Ausbildung zum Rettungssanitäter im Rahmen des Zivildienstes begründet keinen eigenständigen Beruf.
17 BFH BStBl II 96, 482; BFH/NV 97, 98 – arbeitsloser ArbN.
18 BFH BStBl II 92, 961.

benen Kenntnisse werden ergänzt oder vertieft. Aufwendungen für **Zweit-, Aufbau- und Ergänzungsstudium** sind – nunmehr als Aufwendungen zeitlich nach abgeschlossenem Erststudium – iErg wie bisher **Fortbildungskosten** und damit **BA/WK**, sofern – was idR anzunehmen ist – ein einzelfallbezogener Zusammenhang mit der späteren Erwerbstätigkeit vorliegt.[1] Für ein Zweitstudium ist nicht untypisch, dass die Grundlage für eine neue oder andere berufliche Basis geschaffen werden soll.[2] Der Begriff der Fortbildung war schon bisher im Interesse der Förderung beruflichen Strebens nicht zu eng auszulegen; mit dieser Begr hatte der BFH[3] die Aufwendungen eines Finanzbeamten zur Vorbereitung auf die Steuerberaterprüfung als Fortbildungskosten (abziehbare WK) anerkannt. Auch in dieser Hinsicht kommt es für die **Anerkennung vorab entstandener BA/WK** lediglich darauf an, dass die Aufwendungen in einem hinreichend konkreten, **objektiv feststellbaren Zusammenhang** mit künftigen steuerbaren Einnahmen aus der angestrebten beruflichen Tätigkeit stehen und **subjektiv zur Förderung** dieser steuerlich relevanten Tätigkeit geleistet werden. Hierfür trägt der StPfl die Darlegungs- und Nachweislast.

Bereits nach früherer Rspr waren Aufbau- und Ergänzungsstudien als Fortbildung anerkannt; hinsichtlich des umfangreichen Fallmaterials wird auf die 4. Aufl § 10 Rn 32f verwiesen. Allen Sachverhalten der dort aufgelisteten Entscheidungen ist gemeinsam, dass ein erstes Studium bereits abgeschlossen war; sie lassen sich unter den Stichworten **Ergänzungs- und Zweitstudium** zusammenfassen. Dies vorausgesetzt ist gem dem ab dem 1.1.04 geltenden Recht – mit modifizierter, auf die Weiterbildung nach Abschluss einer erstmaligen Ausbildung oder nach einem erfolgreichen „Erststudium" (§ 12 Nr 5) gestützter Begründung – nur noch nach dem konkreten Veranlassungszusammenhang mit dem späteren Beruf zu fragen. Die folgenden Fälle sind nunmehr unter dem rechtlichen Gesichtspunkt des **Erststudiums** unabhängig von einem konkreten Veranlassungszusammenhang mit einem bereits ausgeübten oder späteren Beruf Ausbildungskosten: Erststudium eines Zeitsoldaten;[4] Studium eines Chemielaboranten an einer Fachhochschule;[5] Medizinstudium (Fachrichtung Orthopädie mit Promotion) einer Krankengymnastin.[6]   **31b**

7. Weiterbildung in einem nicht ausgeübten Beruf. Dieser in § 10 Abs 1 Nr 7 aF verwendete Begriff ist mit Wirkung v 1.1.04 entfallen. Bei fehlender Einkünfteerzielungsabsicht sollte der StPfl mit der Weiterbildung den Anschluss an die berufliche Entwicklung finden.[7] Derartige Aufwendungen sollen nicht mehr abziehbar sein.[8] Bereitet indes der StPfl den Wiedereintritt in das Arbeitsleben vor, sind die Aufwendungen ohnehin WK.[9] Zu **vorab entstandenen** (§ 9 Rn 67) **WK** führen auch Bildungsmaßnahmen des vorübergehend nicht erwerbstätigen, insbes des **arbeitslosen ArbN**, zB Aufwendungen für Fachliteratur, Kurse in seinem erlernten Beruf, wenn er nach Beendigung der Fortbildungsmaßnahme eine Anstellung konkret anstrebt und dem inländischen (§ 3c) Arbeitsmarkt – ggf erst nach Abschluss einer konkreten Weiterbildungsmaßnahme – tatsächlich uneingeschränkt[10] zur Verfügung steht.[11] Der Abzug als WK hat Vorrang.[9] Zu Kosten der Umschulung s Rn 31. Aufwendungen einer StPfl, die sich im Erziehungsurlaub befindet, können vorab entstandene WK sein, wobei der berufliche Verwendungsbezug einer Darlegung bedarf.[12]   **32**

8. Ausbildungsdienstverhältnis. Dieses ist nunmehr durch § 12 Nr 5 der Erwerbssphäre zugeordnet. Die Berufsausbildung ist in der Weise Gegenstand des Dienstverhältnisses, dass die vom ArbN geschuldete Leistung, für die der ArbG ihn bezahlt, in der Teilnahme an den Berufsausbildungsmaßnahmen besteht (zB als Lehrling oder Beamtenanwärter;[13] Verkehrspilotausbildung eines Zeitsoldaten;[14] Hochschulstudium eines Offiziers der Bundeswehr,[15] eines Steuerbeamten;[16] Promotions-   **33**

---

1 BFH BStBl II 92, 961.
2 BFH/NV 03, 1381 – das Universitätsstudium nach Fachhochschulausbildung; BFH/NV 03, 1381 = DStR 03, 1612 Anm *MIT.*
3 BFH BStBl II 93, 108.
4 FG Nds EFG 01, 190.
5 BFH BStBl II 72, 254.
6 BFH BStBl II 04, 891 ist überholt.
7 BFH BStBl II 96, 452.
8 OFD Hann DStR 04, 1790.
9 BFH BStBl II 96, 482.
10 FG D'dorf EFG 99, 888 – verneint bei ausländischem Arzt ohne Berufsausübungserlaubnis.
11 BFH BStBl II 96, 482; BFH/NV 97, 98, dort auch zur Fortbildung im Ausland; *Apitz* DStZ 97, 145, auch zur Anwendung des § 10d und des § 33; FG Nds EFG 99, 19 – Weiterbildung einer arbeitslosen Lehrerin; FG Bdbg EFG 00, 424 – Umschulungskosten einer Arbeitslosen als WK.
12 BFH/NV 03, 1380, Anm *MIT.*
13 BFH BStBl II 96, 482 – Referendar; allg A 34 II, III LStR.
14 BFH/NV 96, 804 mwN.
15 BFH BStBl II 80, 124; BStBl II 81, 216; BStBl II 85, 87 – Studium eines Sanitätsoffizier-Anwärters; BStBl II 85, 89 – Erwerb der mittleren Reife; s aber BStBl II 89, 616; FG SchlHol EFG 01, 1190 – erstmaliges Studium eines Zeitsoldaten an der Fachhochschule sind nicht Gegenstand eines Ausbildungsdienstverhältnisses.
16 BFH/NV 96, 742.

dienstverhältnis¹) – s A 34 II und III LStR. Erfasst ist auch der Bereich der Lehrlingsausbildung (duale Berufsausbildung). Aufwendungen eines wissenschaftlichen Assistenten an einer Hochschule für seine **Habilitation** sind WK.² Aufwendungen für den Besuch einer **Berufsschule** sind idR WK.

34 **9. Umfang und Höhe der abziehbaren Aufwendungen.** Als **Kosten** sind **abziehbar**: insbes tatsächliche Schul-, Lehrgangs-, Vorbereitungs- und Prüfungskosten, Studiengebühren, Materialkosten und „Arbeitsmittel" wie Fachliteratur, Druckkosten der Dissertation; ggf Verteilung der AK – zB für einen Computer – nach Vorschriften über die AfA; uU im Ausbildungsverhältnis begründete Vertragsstrafe.³ **§ 10 I Nr 7 S 5** verweist auf § 4 V 1 Nr 6b (Aufwendungen für ein häusliches **Arbeitszimmer**);⁴ **auf § 9 I 3 Nr 4 und 5, § 9 II Aufwendungen – auch zB Unfallkosten – für Fahrten** zw Wohnung und – regelmäßigem – Ausbildungs- oder Weiterbildungsort; Pauschbeträge für Fahrtkosten Behinderter); auf § 9 I 3 Nr 5 (Mehraufwendungen wegen **doppelter Haushaltsführung**, § 9 Rn 270 ff)⁵ und auf § 4 V 1 Nr 5 (Mehraufwand für Verpflegung⁶). Ist der StPfl für einzelne Ausbildungsabschnitte (zB anlässlich einer Exkursion oder eines Praktikums) vorübergehend außerhalb seiner Bildungsstätte zu Ausbildungszwecken tätig, ist nach allg Grundsätzen zu prüfen, ob es sich insoweit um Dienstreisen handelt. Hat er am Ausbildungsort eine Unterkunft, kann eine Berücksichtigung im Rahmen der doppelten Haushaltsführung in Betracht kommen. Für Fahrtkosten zum Ausbildungs- bzw Studienort kann der StPfl (nur) die Entfernungspauschale nach § 9 I 3 Nr 4 EStG in Anspruch nehmen, auch wenn das Gesetz von „Arbeitsstätte" und nicht von „Bildungsstätte" spricht. Durch die Behandlung der Bildungsstätte als regelmäßige Arbeitsstätte scheidet eine Beurteilung nach Dienstreisegrundsätzen aus, sodass insbes Verpflegungsmehraufwendungen nicht zu berücksichtigen sind. Nicht abziehbar sind hingegen nach Maßgabe des Nr 7 S 4 die Aufwendungen für den Lebensunterhalt, zB Tageszeitungen.⁷ Als letztere Aufwendungen (Verpflegung, Unterkunft und Kleidung) sind nur abziehbar Mehrkosten aufgrund – auch kurzer – **auswärtiger Unterbringung** („außerhalb des Orts..."), ohne dass Voraussetzungen einer doppelten Haushaltsführung vorliegen müssten (§ 10 I Nr 7 S 4).⁸ Schafft ein StPfl für Zwecke seiner Berufsausbildung oder Weiterbildung in einem nicht ausgeübten Beruf abnutzbare **WG von mehrjähriger Nutzungsdauer** an, so sind ebenso wie bei Arbeitsmitteln nur die auf die Nutzungsdauer verteilten AK als SA abziehbar;⁹ die 410-€-Grenze des § 6 II gilt auch hier. Eine „Umwidmung" bisher „neutraler" WG ist möglich. Ein Abzug als SA kommt nicht in Betracht, wenn der StPfl für seine Ausbildung **zweckgebundene**, zB nach § 3 Nr 11 **stfreie Bezüge** nach dem AFG, BAföG, nach § 67 ff, 81 ff SGB III erhält; anders nur, wenn die (auch in einem anderen VZ gezahlten) stfreien Bezüge ganz oder teilw die Lebenshaltungskosten abgelten, zB das Unterhaltsgeld nach §§ 40, 44 AFG, § 13 BAföG;¹⁰ an sich ist eine Aufteilung geboten, wobei R 10.9 EStR eine großzügige Vereinfachungsregelung für den Fall enthält, dass auch Lebenshaltungskosten ersetzt werden. Nach § 11 II ist für die steuerliche Berücksichtigung **kreditfinanzierter Aufwendungen** auf den Zeitpunkt der Verausgabung abzustellen; die Zinsen für das Ausbildungsdarlehen und uU ein etwaiger Zuschlag zur Rückzahlung sind ebenfalls (ggf nachträgliche) Ausbildungskosten.¹¹ Für Verfahren wegen der Zulassung zum Studium aufgewendete Anwaltskosten können SA sein. Die Gesamtkosten sind begrenzt auf 920 € bzw 1 227 € bei auswärtiger Unterbringung.

35 Wo sich bei einem **aus Erwerbszwecken absolvierten Studium eine regelmäßige Arbeitsstätte** befindet bzw unter welchen Voraussetzungen sich der StPfl vorübergehend außerhalb einer solchen befindet, richtet sich nach allg Grundsätzen. Regelmäßige Arbeitsstätte ist dabei der ortsgebundene Mittelpunkt der dauerhaft angelegten beruflichen Tätigkeit des StPf (vgl R 37 II 1 LStR 03). Dies kann bei einem herkömmlichen Studium die Universität, bei einem Fernstudium aber auch die Wohnung des StPfl sein, wenn er seinem Studium im Wesentlichen zu Hause nachgeht; iÜ kann ein Studium aber auch an ständig wechselnden Einsatzstellen absolviert werden.¹²

---

1 BStBl II 91, 637; BFH/NV 96, 740.
2 BFH BStBl III 67, 778.
3 BFH BStBl II 07, 4.
4 BFH BStBl II 90, 901 – zur Promotion genutztes häusliches Arbeitszimmer; ausdrücklich auch für § 10 I Nr 7 BMF v 7.1.04, BStBl I 04, 143.
5 Vgl A 43 LStR. Studenten haben idR keinen eigenen Hausstand.
6 BFH BStBl II 75, 356; A 39 II LStR.
7 FG BaWü EFG 01, 285 – FOCUS; FG Hess EFG 02, 1289; FG BaWü EFG 02, 1085 – Handelsblatt; FG D'dorf DStRE 01, 903 – Neue Züricher Zeitung.
8 BFH BStBl II 92, 1033.
9 BFH BStBl II 93, 676.
10 BFH BStBl II 77, 503; BStBl II 79, 212.
11 BFH BStBl II 92, 834; BFH/NV 93, 163 – Rückzahlung eines Ausbildungsdarlehens; FG Hbg EFG 00, 548 mwN; FG Nbg DStRE 07, 89-keine Abziehbarkeit der Rückzahlung von BAföG.
12 BFH BStBl II 03, 749.

Unter Beachtung der Grenzen, die sich im Hinblick auf die Festsetzungsverjährung bzw die Berichtigungsvorschriften ergeben, können StPfl diese Aufwendungen im Rahmen des § 10d IV geltend machen.

VIII. Schulgeld (§ 10 I Nr 9). Der Gesetzgeber hat sich mit dem SA-Abzug für die indirekte Förderung der betr Privatschulen entschieden, also anstatt direkter Beihilfen eine steuerliche Verbilligung des Schulgeldes gewählt.[1] Begünstigt[2] sind Aufwendungen des StPfl für ein schulpflichtiges[3] Kind (§§ 32, 63), für das er einen Kinderfreibetrag oder Kindergeld erhält. Eigene Aufwendungen des Schülers sind nach § 10 I Nr 7 abziehbar. Die Vorschrift knüpft an durch Art 7 IV GG vorgeprägte und durch Landesgesetze konkretisierte schulrechtliche Begriffe an.[4] Privatunterricht führt nicht zum SA-Abzug. In den einzelnen Bundesländern sind die Rechtsverhältnisse der Ersatzschulen als auch die Anerkennung von Ergänzungsschulen in verfassungsrechtlich zulässiger Weise[5] unterschiedlich geregelt. **Ersatzschulen** (Art 7 IV GG) sind Schulen (ggf auch Hochschulen[6]), die nach dem mit ihrer Errichtung verfolgten Gesamtzweck als Ersatz für eine in dem jeweiligen Bundesland vorhandene oder grds vorgesehene öffentliche Schule dienen sollen;[7] unter den Voraussetzungen des Art 7 IV, V GG haben sie einen Anspr auf staatliche Genehmigung. Erfüllt eine Schule die Voraussetzungen des Art 7 IV GG, so ist kein Platz mehr für eine gegenteilige, auf Landesrecht gründende Entscheidung. „Nach Landesrecht erlaubt" sind solche Ersatzschulen, welche die Voraussetzungen des Art 7 IV GG nicht erfüllen, weil eine vergleichbare Schule in dem Bundesland weder vorhanden noch vorgesehen ist, die aber als Ersatzschulen eigener Art genehmigt werden können. Für den SA-Abzug muss die Ersatzschule durch landesrechtlichen Anerkennungsakt genehmigt bzw nach Landesrecht erlaubt sein:[8] **Ergänzungsschulen**[9] sind – nicht genehmigungsbedürftige – inländische Privatschulen, die keine Ersatzschulen sind; der SA-Abzug von Schulgeld setzt verfassungsrechtlich zulässigerweise[10] die förmliche[11] landesrechtliche Anerkennung als allgemeinbildende Ergänzungsschule voraus.[12] Bei anderen als den in § 10 I Nr 9 genannten Privatschulen scheidet ein steuerlicher Abzug aus. Die Rechtslage betr wissenschaftliche Hochschulen in privater Trägerschaft ist zurzeit umstritten.[13] Ein Abzug als Spende ist aufgrund der von der Schule hierfür erbrachten Gegenleistung ausgeschlossen.[14] In Zweifelsfällen ist eine Rückfrage bei der zuständigen FinBeh zweckmäßig.[15] Die Begrenzung des Abzugs auf 30 vH ist verfassungsgemäß.[16] Krankheitsbedingte Aufwendungen können zusätzlich nach § 33 I, II 1 abziehbar sein.[17]

36

Schulgeld für den Besuch einer **Schule im Ausland**[18] (auch in der **EU**) ist nicht als SA abziehbar, wenn eine entspr Schule auch im Inland wegen Art 7 IV GG nicht förderfähig wäre;[19] dies verstößt weder gegen Art 3 GG noch gegen die Grundfreiheiten und das allg Diskriminierungsverbot des EGV (str).[20] Die Einschränkung ist gerechtfertigt im Hinblick auf die „Verantwortung der Mitgliedstaaten für die Gestaltung des Bildungssystems" (Art 149 I EGV).[21] Mit dieser Maßgabe ist begüns-

37

---

1 BVerfG HFR 04, 690.
2 Allg *Geserich* Spende und Schulgeld im Steuerrecht, 2000.
3 BFH BStBl II 06, 377.
4 BFH BStBl II 97, 615; zuletzt BFH/NV 02, 1037 mwN; zusammenfassend OFD D'dorf DB 05, 2159.
5 BVerfG HFR 04, 690 = NVwZ 04, 976.
6 FG BaWü EFG 06, 976.
7 BVerfGE 90, 107.
8 BFH BStBl II 97, 615 – niedersächsische Schule für nichtärztliche Heilberufe.
9 FG BaWü EFG 06, 976 mwN.
10 BVerfG StEd 99, 98.
11 BFH/NV 03, 467.
12 BFH BStBl II 97, 621; BFH/NV 06, 285: Berechtigung zum Bezug von BAföG reicht nicht aus; BFH/NV 98, 158 – betr Ergänzungsschule in Nordrhein-Westfalen, wo ein Anerkennungsverfahren nicht vorgesehen ist; FG D'dorf EFG 98, 709.
13 Hierzu FG D'dorf EFG 05, 353 (Nzb XI B 176/04); OFD D'dorf DB 05, 2159.
14 BFH/NV 02, 1143.
15 ZB OFD Ffm ESt-Kartei HE § 10 EStG Fach 5 Karte 4; OFD Hann v 20.12.04 ESt-Kartei ND § 10 Nr 5; OFD D'dorf DB 05, 2159; OFD Kiel ESt-Kartei SH EStG Karte 4.7; FinSen Bremen v 17.1.06 – X 2221-6003-11-8; FinSen Hamburg v 17.1.06 – S 2221-6003-11-8.
16 FG SchlH v 8.6.07 – 3 K 10074/03.
17 Hess FG EFG 06, 1249 (Rev III R 30/06).
18 FG RhPf v 11.6.07 – 2 K 1741/06 zum Lyzeum in der Schweiz; allg *Ismer* DStR 06, 1157.
19 BFH BStBl II 05, 473 – Schulgeld an britisches College; zust *Fischer* FR 05, 754; *Ahmann* HFR 05, 644; zum Problem *Fischer* jurisPR-SteuerR 24/2005, Anm 2; **aA** *Ismer* IStR 06, 429; *Meilicke* IStR 2006, 447.
20 BFH BStBl II 05, 473; BFH/NV 06, 42; BFH/NV 06, 266, unter Bezugnahme auf § 7 IV 3 GG.
21 BFH BStBl II 97, 617 – Chorgymnasium in Großbritannien; BFH/NV 99, 918; BFH/NV 02, 1037; BFH/NV 06, 266; FG Hbg EFG 00, 670; FG Mchn v 8.4.02 13 K 2529/01 – Highschool-Besuch in den USA; FG M'ster EFG 03, 1084; **aA** *Meilicke* BB 00, 17 (19); zu Schulgeldern s EuGHE 88, 5365. Die EU-Kommission hat ein Vertragsverletzungsverfahren eingeleitet, und die Generalanwältin Stick-Hackl (Schlussanträge C–318/05 und C–76/05) nehmen die Argumente der Rspr – auch zu Art 7 V GG – nicht zur Kenntnis.

tigt das Schulgeld für „Europäische Schulen"[1] sowie das Schulgeld für von der ständigen Konferenz der Kultusminister der Länder anerkannte Schulen im Ausland.[2] Nicht begünstigt sind an inländische (s vorstehend)/ausländische Hochschulen[3] und Universitäten gezahlte Studiengebühren[4] sowie Aufwendungen für den Besuch einer privaten Highschool in den USA.[5] Der StPfl ist nachweis- und beweispflichtig. Aus dem **Schulgeld** ist das Entgelt für Beherbergung, Betreuung und Verpflegung (insoweit kommt Abzug nach §§ 33a, 33c in Betracht) schätzweise herauszurechnen; in der Praxis ist eine diesbezügliche Bescheinigung der Schule gängig. Für zusätzliche freiwillige Zahlungen kommt ein Spendenabzug (§ 10b) in Betracht.[6] Ausnahmsweise sind Kosten für den Besuch einer Privatschule nach § 33 I abziehbar.[7]

§ 10a   Zusätzliche Altersvorsorge

(1) [1]In der gesetzlichen Rentenversicherung Pflichtversicherte können Altersvorsorgebeiträge (§ 82) zuzüglich der dafür nach Abschnitt XI zustehenden Zulage

in den Veranlagungszeiträumen 2002 und 2003 bis zu	525 Euro,
in den Veranlagungszeiträumen 2004 und 2005 bis zu	1 050 Euro,
in den Veranlagungszeiträumen 2006 und 2007 bis zu	1 575 Euro,
ab dem Veranlagungszeitraum 2008 jährlich bis zu	2 100 Euro

als Sonderausgaben abziehen; das Gleiche gilt für

1. Empfänger von Besoldung nach dem Bundesbesoldungsgesetz oder einem Landesbesoldungsgesetz,
2. Empfänger von Amtsbezügen aus einem Amtsverhältnis, deren Versorgungsrecht die entsprechende Anwendung des § 69e Abs. 3 und 4 des Beamtenversorgungsgesetzes vorsieht,
3. die nach § 5 Abs. 1 Satz 1 Nr. 2 und 3 des Sechsten Buches Sozialgesetzbuch versicherungsfrei Beschäftigten, die nach § 6 Abs. 1 Satz 1 Nr. 2 oder nach § 230 Abs. 2 Satz 2 des Sechsten Buches Sozialgesetzbuch von der Versicherungspflicht befreiten Beschäftigten, deren Versorgungsrecht die entsprechende Anwendung des § 69e Abs. 3 und 4 des Beamtenversorgungsgesetzes vorsieht,
4. Beamte, Richter, Berufssoldaten und Soldaten auf Zeit, die ohne Besoldung beurlaubt sind, für die Zeit einer Beschäftigung, wenn während der Beurlaubung die Gewährleistung einer Versorgungsanwartschaft unter den Voraussetzungen des § 5 Abs. 1 Satz 1 des Sechsten Buches Sozialgesetzbuch auf diese Beschäftigung erstreckt wird und
5. Steuerpflichtige im Sinne der Nummern 1 bis 4, die beurlaubt sind und deshalb keine Besoldung, Amtsbezüge oder Entgelt erhalten, sofern sie eine Anrechnung von Kindererziehungszeiten nach § 56 des Sechsten Buches Sozialgesetzbuch in Anspruch nehmen könnten, wenn die Versicherungsfreiheit in der gesetzlichen Rentenversicherung nicht bestehen würde,

wenn sie spätestens bis zum Ablauf des zweiten Kalenderjahres, das auf das Beitragsjahr (§ 88) folgt, gegenüber der zuständigen Stelle (§ 81a) schriftlich eingewilligt haben, dass diese der zentralen Stelle (§ 81) jährlich mitteilt, dass der Steuerpflichtige zum begünstigten Personenkreis gehört, dass die zuständige Stelle der zentralen Stelle die für die Ermittlung des Mindesteigenbeitrags (§ 86) und die Gewährung der Kinderzulage (§ 85) erforderlichen Daten übermittelt und die zentrale

---

1 BFH/NV 06, 1560 (Änderung der Rspr), Anm Fischer jurisPR-SteuerR 33/2006 Anm. 2: allg *Geserich* Privater gemeinwohlwirksamer Aufwand im System der deutschen ESt und des europäischen Rechts, 1999, S 88f.
2 BFH BStBl II 05, 518; die Voraussetzungen des Art 7 IV GG waren gegeben; so nunmehr R 10.10 EStR: vorauszusetzen ist die Anerkennung der ständigen Konferenz der Kultusminister der Länder.
3 FG D'dorf EFG 02, 398; s aber FG D'dorf EFG 05, 353 – Wissenschaftliche Hochschule in privater Träger-

schaft: landesrechtliche Genehmigung als Ersatzschule muss vorliegen; FG BaWü EFG 06, 976: auch Hochschulen können Ersatzschulen sein.
4 BFH/NV 02, 1037 mwN.
5 BFH/NV 06, 1263.
6 BMF BStBl I 92, 266; FinMin Hessen ESt-Kartei HE § 10b EStG Fach 1 Karte 11.
7 FG Kln EFG 98, 318.

Stelle diese Daten für das Zulageverfahren verwenden darf. ²Bei der Erteilung der Einwilligung ist der Steuerpflichtige darauf hinzuweisen, dass er die Einwilligung vor Beginn des Kalenderjahres, für das sie erstmals nicht mehr gelten soll, gegenüber der zuständigen Stelle widerrufen kann. ³Versicherungspflichtige nach dem Gesetz über die Alterssicherung der Landwirte sowie Personen, die wegen Arbeitslosigkeit bei einer inländischen Agentur für Arbeit als Arbeitsuchende gemeldet sind und der Versicherungspflicht in der Rentenversicherung nicht unterliegen, weil sie eine Leistung nach dem Zweiten Buch Sozialgesetzbuch nur wegen des zu berücksichtigenden Einkommens oder Vermögens nicht beziehen, stehen Pflichtversicherten gleich.

(1a) Sofern eine Zulagennummer (§ 90 Abs. 1 Satz 2) durch die zentrale Stelle oder eine Versicherungsnummer nach § 147 des Sechsten Buches Sozialgesetzbuch noch nicht vergeben ist, haben die in Absatz 1 Satz 1 Nr. 1 bis 5 genannten Steuerpflichtigen über die zuständige Stelle eine Zulagenummer bei der zentralen Stelle zu beantragen.

(2) ¹Ist der Sonderausgabenabzug nach Absatz 1 für den Steuerpflichtigen günstiger als der Anspruch auf die Zulage nach Abschnitt XI, erhöht sich die unter Berücksichtigung des Sonderausgabenabzugs ermittelte tarifliche Einkommensteuer um den Anspruch auf Zulage. ²In den anderen Fällen scheidet der Sonderausgabenabzug aus. ³Die Günstigerprüfung wird von Amts wegen vorgenommen.

(3) ¹Der Abzugsbetrag nach Absatz 1 steht im Fall der Veranlagung von Ehegatten nach § 26 Abs. 1 jedem Ehegatten unter den Voraussetzungen des Absatzes 1 gesondert zu. ²Gehört nur ein Ehegatte zu dem nach Absatz 1 begünstigten Personenkreis und ist der andere Ehegatte nach § 79 Satz 2 zulageberechtigt, sind bei dem nach Absatz 1 abzugsberechtigten Ehegatten die von beiden Ehegatten geleisteten Altersvorsorgebeiträge und die dafür zustehenden Zulagen bei der Anwendung der Absätze 1 und 2 zu berücksichtigen. ³Gehören beide Ehegatten zu dem nach Absatz 1 begünstigten Personenkreis und liegt ein Fall der Veranlagung nach § 26 Abs. 1 vor, ist bei der Günstigerprüfung nach Absatz 2 der Anspruch auf Zulage beider Ehegatten anzusetzen.

(4) ¹Im Fall des Absatzes 2 Satz 1 stellt das Finanzamt die über den Zulageanspruch nach Abschnitt XI hinausgehende Steuerermäßigung gesondert fest und teilt diese der zentralen Stelle (§ 81) mit; § 10d Abs. 4 Satz 3 bis 5 gilt entsprechend. ²Sind Altersvorsorgebeiträge zugunsten von mehreren Verträgen geleistet worden, erfolgt die Zurechnung im Verhältnis der nach Absatz 1 berücksichtigten Altersvorsorgebeiträge. ³Ehegatten ist der nach Satz 1 festzustellende Betrag auch im Falle der Zusammenveranlagung jeweils getrennt zuzurechnen; die Zurechnung erfolgt im Verhältnis der nach Absatz 1 berücksichtigten Altersvorsorgebeiträge. ⁴Werden Altersvorsorgebeiträge nach Absatz 3 Satz 2 berücksichtigt, die der nach § 79 Satz 2 zulageberechtigte Ehegatte zugunsten eines auf seinen Namen lautenden Vertrages geleistet hat, ist die hierauf entfallende Steuerermäßigung dem Vertrag zuzurechnen, zu dessen Gunsten die Altersvorsorgebeiträge geleistet wurden. ⁵Die Übermittlung an die zentrale Stelle erfolgt unter Angabe der Vertrags- und Steuernummer sowie der Zulage- oder Versicherungsnummer nach § 147 des Sechsten Buches Sozialgesetzbuch.

(5) ¹Der Steuerpflichtige hat die zu berücksichtigenden Altersvorsorgebeiträge durch eine vom Anbieter auszustellende Bescheinigung nach amtlich vorgeschriebenem Vordruck nachzuweisen. ²Diese Bescheinigung ist auch auszustellen, wenn im Falle der mittelbaren Zulageberechtigung (§ 79 Satz 2) keine Altersvorsorgebeiträge geleistet wurden. ³Ist die Bescheinigung unzutreffend und wird sie daher nach Bekanntgabe des Steuerbescheids vom Anbieter aufgehoben oder korrigiert, kann der Steuerbescheid insoweit geändert werden. ⁴Die übrigen Voraussetzungen für den Sonderausgabenabzug nach den Absätzen 1 bis 3 werden im Wege der Datenerhebung und des automatisierten Datenabgleichs nach § 91 überprüft.

BMF BStBl I 04, 1065 – Steuerliche Förderung der privaten Altersvorsorge und betrieblichen Altersvorsorgung (Rn 1 ff – Förderung durch Zulage und SA-Abzug; Rn 191 ff – Betriebliche Altersversorgung; Förderung durch SA-Abzug nach § 10a und Zulage nach Abschn XI EStG); ausführlich auch OFD Magdeburg v 28.6.2007 – S 2222-3-St 224.

§ 10a Zusätzliche Altersvorsorge

Übersicht

	Rn		Rn
I. Grundaussagen der Vorschrift	1	III. Sonderausgabenabzug und Günstigerprüfung	6
II. Fördertatbestände der zusätzlichen Altersvorsorge	3	IV. Private Altersvorsorge von Ehegatten	8

Literatur: *BMF* (Hrsg), Vorsorgen und Steuern sparen – Förderung der zusätzlichen kapitalgedeckten Altersvorsorge, Okt 2006 (www.bundesfinanzministerium.de); *Ernst Furtmayr* Das neue Altersvermögensgesetz, 2002; *Gunsenheimer* Die steuerliche Berücksichtigung der Vorsorgeaufwendungen nach dem Alterseinkünftegesetz, SteuerStud 06, 169; *Henkes/Kussmaul* Die „Riester-Rente" nach dem Inkrafttreten des AltEinkG, ZSteu 06, 358; *Myßen* Die private Altersvorsorge nach dem Altersvermögensgesetz, NWB Fach 3, 11645; *ders* Private Altersvorsorge – Soziale Absicherung contra selbstverantwortlicher Altersvorsorge, Steuern im Sozialstaat, DStJG 29 (2006), 249; *Preißer/Sieben* AltEinkG – Die Neuordnung der Besteuerung von Altersvorsorgeaufwendungen und Alterseinkünften, 3. Aufl 2006; *Risthaus* Steuerliche Fördermöglichkeiten für eine zusätzliche private Altersvorsorge nach dem Altersvermögensgesetz (AVmG), DB 01, 1269; *S Wagner* Das AltEinkG, DStZ 06, 580.

1 I. Grundaussagen der Vorschrift. § 10a fördert für die durch die Rentenstrukturreform mit ihrer Absenkung des Leistungsniveaus in der gesetzlichen Rentenversicherung betroffenen Personenkreise[1] und – „wirkungsgleich und systemgerecht" – die von der Absenkung des Höchstversorgungssatzes durch das Versorgungsänderungsgesetz 2001 betroffenen Angehörigen des öffentlichen Dienstes den eigenverantwortlichen Aufbau einer zusätzlichen kapitalgedeckten **betrieblichen** („2. Säule"; § 82 II – Direktversicherung iSd § 4b, Pensionskasse iSd § 4c, Pensionsfonds iSd § 4e) **oder privaten** („3. Säule") **Altersvorsorge** durch einen zusätzlichen – der Abzug von Vorsorgeaufwendungen nach § 10 I Nr 2 iVm § 10 III bleibt unberührt – **Sonderausgabenabzug** (Höchstgrenze, nicht Freibetrag) **oder** („Kombimodell" mit Günstigerprüfung wie beim Kindergeld) – zugunsten Bezieher kleiner Einkommen und kinderreicher Familien – durch eine **progressionsunabhängige Zulage** (§§ 79 ff). Die Zulagen setzen sich zusammen aus den vom Familienstand abhängigen Grundzulagen und den Kinderzulagen für jedes Kind, für das der StPfl Anspruch auf Kindergeld hat. Voraussetzung für die Leistung bestimmter Mindesteigenbeiträge. Die Zulagen gehören zu den als SA im Rahmen der Höchstbeträge von § 10a abziehbaren Aufwendungen. **Gefördert werden „typische"**, weil lediglich das Risiko der Langlebigkeit abdeckende **Vorsorgeprodukte**, aufgrund derer der Berechtigte im Alter eine lebenslange Rente erhält und bei denen zu Beginn der Auszahlungsphase zumindest die eingezahlten Beiträge zur Verfügung stehen; dies entspricht der Fördersystematik des AltEinkG; die Kritik[2] hieran ist unberechtigt. Für den SA-Abzug ist – anders als für die Zulageberechtigung – keine Begrenzung der Anzahl der zu berücksichtigenden Verträge vorgesehen.[3] Die Regelungen werden ergänzt durch das AltZertG, das die steuerrechtlichen Kriterien für förderfähige Altersvorsorgeverträge und deren Zertifizierung normiert. In wirtschaftlicher Hinsicht müssen stets alternative – günstigere – Geldanlagen in Betracht gezogen werden;[4] allerdings ist die **„Riester-Rente"** auch ökonomisch wohl besser als ihr Ruf. Einkommensgrenzen für die Förderung sind nicht vorgesehen.

Das **BMF-Schr in BStBl I 04, 1065** befasst sich – oft anhand von zahlreichen umfänglichen und aufschlussreichen (zugleich aber auch abschreckenden: wer soll dies alles in der Praxis nachvollziehen!?) Beispielen – mit unzähligen Zweifelsfragen Informativ ist die vom BMF herausgegebene Schrift „Vorsorgen und Steuern sparen". Im Internet sind „Zulagenrechner Riesterrente" verfügbar.[5]

3 II. Fördertatbestände der zusätzlichen Altersvorsorge. Die Begünstigung durch SA-Abzug und Zulage setzt unbeschränkte StPfl voraus. **In personeller Hinsicht begünstigt** (§ 10a II)[6] sind die in der gesetzlichen Rentenversicherung – vor allem ArbN – und in der Alterssicherung der Landwirte Pflichtversicherten,[7] uU auch – jedoch wegen der Förderung nur im konkreten Sparjahr nicht rückwirkend – Nachversicherte (§§ 1–4, 229, 229a, 230 SGB VI). Versicherungspflichtig sind Auszubildende und **geringfügig Beschäftigte** iSv § 8 I SGB IV, die auf die Versicherungsfreiheit verzichtet

---

1 BVerfG HFR 03, 409.
2 ZB der CDU/CSU-Fraktion, s Bericht des Finanzausschusses BT-Drs 15004, 8.
3 S im Einzelnen BMF BStBl I 04, 1065.
4 Hierzu Paus INF 01, 617.
5 Www.deutsche-rentenversicherung.de/.../Rente/Riester__Rente/berechnung/zulagenrechner__node.html.
6 BMF BStBl I 04, 1065 Tz 3ff.
7 BMF BStBl I 04, 1065 Tz 3f, 5f, mit Verweisung auf die in Anlage 1 genannten Personen.

haben, ferner Kindererziehende ohne Einkommen für Kindererziehungszeiten (§ 3 S 1 Nr 1 SGB VI), nicht erwerbstätige Pflegepersonen (§ 3 S 1 Nr 1a SGB VI), Wehr- und Zivildienstleistende, Helfer in einem freiwilligen sozialen oder ökologischen Jahr (§ 3 S 1 Nr 2 SGB VI), Beziehen von Lohnersatzleistungen (§ 3 S 1 Nr 3 SGB VI) und von Vorruhestandsgeld nach Maßgabe des § 3 S 1 Nr 4 SGB VI. Bestimmte nicht pflichtversicherte Personen können die Pflichtversicherung beantragen (§ 4 II SGB IV). Als arbeitsuchend gemeldete **Arbeitslose** werden – im Hinblick auf § 193 SGB III – durch § 10a I 3 den Pflichtversicherten gleichgestellt.[1] Zum begünstigten Personenkreis nach § 10a I 1 HS 2, § 10a I 2 gehören **Besoldungsempfänger** (Gleichstellung der Beziehen einer Besoldung nach den Landesbesoldungsgesetzen durch das JStG 08 mit Wirkung v 1.9.06 als Folge der Föderalismusreform) **und diesen gleichgestellte Personen**.[2] In einer ausländischen Rentenversicherung Pflichtversicherte – insbes sog Grenzgänger – können begünstigt sein,[3] ferner unbeschränkt stpfl Bedienstete koordinierter Organisationen.[4] Durch § 10a I Nr 3 wird der in § 230 II SGB VI genannte Personenkreis in die Förderung einbezogen, mithin bestimmte Beschäftigte von Körperschaften, Anstalten und Stiftungen des öffentlichen Rechts oder ihrer Verbände, satzungsmäßige Mitglieder geistlicher Genossenschaften, Diakonissen oder Angehörige ähnlicher Gemeinschaften. § 10a I 1 Nr 5 stellt klar, dass Kindererziehende, die während eines den Kindererziehungszeiten in der gesetzlichen Rentenversicherung vergleichbaren Zeitraums einem der in § 10a I 1 HS 2 genannten Alterssicherungssysteme angehören, in dieser Zeit weiter zum förderberechtigten Personenkreis gehören. **Begünstigt** sind Mitglieder in einer betrieblichen kapitalgedeckten Zusatzversorgungskasse. Nach Neuordnung ua des Versorgungswerks der VBL und sonstiger Zusatzversorgungseinrichtungen mit Wirkung ab 02 können auch die ArbN des öffentlichen Dienstes gefördert werden. Durch das VersorgÄndG 01 werden auch die durch dieses Gesetz betroffenen Pers – **aktive Beamte, Richter, Soldaten, Beziehen von Amtsbezügen** – in die steuerliche Förderung einbezogen. **Nicht begünstigt**[5] (da von der Kürzung des Rentenniveaus nicht betroffen) sind versicherungsfreie Personengruppen (zB Altersvollrentner und Studenten nach Maßgabe des § 5 III SGB VI), grds Selbstständige[6] (Ausnahmen: § 2 S 1 Nr 1–9 SGB VI), ferner die in einer berufsständischen Versorgungseinrichtung Pflichtversicherten, geringfügig Beschäftigte, die nicht auf die Versicherungsfreiheit verzichtet haben, freiwillig Versicherte.

Die entspr persönlichen Voraussetzungen müssen nur während eines Teils des Kj ("Sparjahr") vorgelegen haben. StPfl, die vor Eintritt des Versicherungsfalles aus dem betr Arbverh ausgeschieden sind, können die Förderung auch dann in Anspruch nehmen, wenn sie eine unverfallbare Anwartschaft auf eine (anteilige) Rente aus der Zusatzversorgung haben.

Voraussetzung ist die **Einwilligung in die Weitergabe** der für einen maschinellen **Datenabgleich** erforderlichen Daten von der zuständigen Stelle (§ 81a).[7] Für diese Personen wird – funktionsgleich zur Sozialversicherungsnummer (§ 18f SGB IV) – die Zulagennummer als Ordnungskriterium eingeführt. Die Einwilligung ist eine Anspruchsvoraussetzung für die steuerliche Förderung. Da die nach § 92 II erforderliche Datenübermittlung bis zum 31.12. des dem Beitragsjahr folgenden Kj zu erfolgen hat und der VZ das Beitragsjahr ist, hat sie in dem Beitragsjahr vorzuliegen, für das die steuerliche Förderung beansprucht wird.

Begünstigte Produkte sind solche der privaten Altersvorsorge und Sparbeiträge zugunsten einer betrieblichen Altersvorsorge. Der Anleger muss laufend (vgl H 10.5 „Beitragszahldauer" EStH) freiwillig Beiträge entrichten. Abgesichert werden können – jeweils durch Leistungen in Form einer Rente – auch das **Risiko der verminderten Erwerbsfähigkeit** sowie die Hinterbliebenen. Der Gesetz hat die typische „reine" Rentenversicherung mit einer grds (Ausnahmen bei zusätzlicher Hinterbliebenenversicherung gem § 93 I 3 oder für Ehegatten gem § 93 I 6) höchstpersönlichen Förderung der Altersvorsorge einer bestimmten Person im Blick, die ein biometrisches Risiko abdeckt, aber keine Leistungen an den Erben erbringt; soweit Ausnahmen hiervon steuerlich gefördert werden, ist die

4

---

1 BMF BStBl I 04, 1065 Tz 7.
2 Ausf BMF BStBl I 04, 1065 Tz 5 ff; zu Beamten und sonstigen Bediensteten der EG OFD Rheinland v 10.10.06 S 2222-1004-St 221; OFD Koblenz v 13.9.06 – S 2221 A – St 32 3.
3 BMF BStBl I 04, 1065 Tz 8; OFD Magdeburg ESt-Kartei ST § 10a EStG Karte 2. In sämtlichen ausländischen Rentenversicherungssystemen der Anrainerstaaten der BRD bestehen derartige Pflichtversicherungen, in die sog „Grenzgänger" einbezogen sind. Zu einzelnen Anrainerstaaten der BRD OFD Mchn DB 03, 240.
4 FinSen Bln ESt-Kartei Bln § 10a EStG Nr 802.
5 BMF BStBl I 02, 769 Tz 3 ff mit Anlage 1 Abschn C.
6 BVerfG DB 03, 371 = HFR 03, 409 – der Ausschluss von selbständig tätigen Rechtsanwälten verstößt nicht gegen Art 3 I GG.
7 S auch BMF BStBl I 04, 407 – Frist für Einverständnis nach § 10a Ia.

Auszahlung an die Erben eine steuerschädliche Verwendung (§ 93 I 5). Begünstigt sind ferner **Banksparpläne** und **Investmentfonds**. Die maßgeblichen Kriterien – Mindeststandards der Absicherung durch regelmäßige Zahlungen; erhöhtes Maß an Verbraucherschutz – für das Vorliegen eines Altersvorsorgevertrages im Einzelnen regelt das AltZertG. § 1 I 2 Nr 2 AltZertG begünstigt Verträge, die „eine lebenslange und unabhängig vom Geschlecht berechnete Altersversorgung" vorsehen (sog Unisex-Tarife), was die „Riester-Rente" – anders die von der Neuregelung nicht betroffenen Verträge im betrieblichen Bereich – nicht attraktiver machen wird. Nicht von der Einschränkung betroffen sind vor dem 1.1.06 abgeschlossene Altersvorsorgeverträge.[1] Die steuerliche (nicht: wirtschaftliche, zivilrechtliche, § 2 III AltZertG) Zertifizierung, soweit vorgeschrieben (nicht für die betriebliche Altersversorgung), durch das Bundesaufsichtsamt für das Versicherungswesen als Zertifizierungsstelle ist für die FinVerw bindend (§ 82 I 2).

5 Im Interesse der StPfl verzichtet das Gesetz auf eine einseitige Begünstigung bestimmter Anlageformen in der Anspar- wie in der Auszahlungsphase. Zum Kreis der Anbieter, denen bestimmte Informationspflichten obliegen (§ 7 AltZertG) s § 1 II AltZertG. Die Altersvorsorgeverträge müssen steuerrechtlich – sodann für die FinVerw bindend (§ 1 III AltZertG) – **zertifiziert** sein. Keiner Zertifizierung bedarf es bei Beiträgen zu Direktversicherung, zu Pensionskassen und Pensionsfonds. Die Zertifizierung erfolgt auf Antrag des Anbieters oder eines Spitzenverbandes der Anbieter.

6 **III. Sonderausgabenabzug und Günstigerprüfung**[2]**.** Im Rahmen der Höchstbeträge nach § 10a I sind als SA abziehbar[3] die im VZ aus einem zertifizierten Vertrag zivilrechtlich geschuldeten und auf diesen geleisteten Altersvorsorgebeiträge. Die Beiträge können auch durch Dritte mittels abgekürzten Zahlungswegs erbracht werden.[4] Sie sind regelmäßig wiederkehrende Ausgaben iSv § 11 II.[5] Die dem StPfl zustehende Altersvorsorgezulage (Grund- und Kinderzulage) wird wie ein Eigenbeitrag auf den geförderten Vertrag behandelt. Die Zulage wird unabhängig von der Frage, ob ein SA-Abzug oder die Gewährung der Zulage im Einzelfall günstiger ist, zunächst auf den Altersvorsorgevertrag des Begünstigten gezahlt. Bei den steuerlich geführten StPfl, der unter Vorlage der Bescheinigung[6] nach § 10a V 1 den SA-Abzug beantragt, nimmt das FA eine Günstigerprüfung nach näherer ermittlungstechnischer Maßgabe des § 10a II vor. Nur in Fällen, in denen der SA-Abzug für den StPfl günstiger ist, wird die ESt entsprechend festgesetzt, allerdings um die gezahlte Zulage erhöht. Der SA-Abzug wird gesondert festgestellt (**§ 10a IV 1**),[7] da bei ,schädlicher' Verwendung die bis dahin gewährte Förderung – Zulage und SA-Abzug – nicht durch Aufrollung aller zugrunde liegenden Verwaltungsakte, sondern insgesamt durch einen Bescheid zurückgefordert werden soll. Der sich aus dem zusätzlichen (sich tatsächlich ergebenden) SA-Abzug ergebende Steuervorteil wird nach näherer Maßgabe des § 10a IV vom FA gesondert festgestellt. Durch das JStG 08 ist mit Wirkung ab dem Vz 08 die Korrekturvorschrift des § 10a IV 3 eingeführt worden.

7 Zur **Günstigerprüfung** und zur **gesonderten Feststellung** (§ 10a IV) der zusätzlichen Steuerermäßigung **bei Ehegatten** wird auf die Darstellung der – unsäglich komplizierten – Rechtslage im BMF-Schr BStBl I 04, 1065 (Tz 60 ff, 69 ff) verwiesen. Mit dem § 10a IV 4 wird klargestellt, dass die Steuerermäßigung für Altersvorsorgebeiträge, die der nach § 79 S 2 mittelbar förderberechtigte Ehegatte auf seinen Altersvorsorgevertrag leistet und für die der nach Abs 1 förderberechtigte Ehegatte gem Abs 3 S 2 SA geltend macht, diesem Altersvorsorgevertrag zugeordnet wird.

8 **IV. Private Altersvorsorge von Ehegatten.** Gehören beide (zusammenveranlagte) und unbeschränkt stpfl **Ehegatten** zum nach § 10a I begünstigten Personenkreis, steht die Förderung im Rahmen der Höchstbeträge jedem von ihnen für seine Altersvorsorgebeiträge zu einem je eigenen Altersvorsorgevertrag gesondert zu (**§ 10a III 1**). Die Begrenzung auf den Höchstbetrag nach § 10a I ist jeweils gesondert vorzunehmen. Ist nur ein Ehegatte nach § 10a unmittelbar begünstigt, kommt ein SA-Abzug bis zu der dort genannten Höhe grds nur für seine Altersvorsorgebeiträge sowie für die beiden Ehegatten zustehenden Zulagen in Betracht.[8] Ehepaare haben idR einen Anspruch auf die doppelte Grundzulage. Ist nur einer der – zusammenveranlagten – Ehegatten unmittelbar zulageberechtigt, ist der andere mittelbar berechtigt,[9] wenn beide Ehegatten jeweils einen auf ihren Namen lautenden zertifizierten Vertrag abgeschlossen haben oder der unmittelbar zulageberech-

1 Risthaus DB 04, 1383 (1384).
2 BMF BStBl I 04, 1065 Tz 60 ff.
3 BMF BStBl I 04, 1065 Tz 55 ff.
4 OFD Mchn DB 03, 68, unter Bezugnahme auf BMF.
5 FinMin Bayern DB 03, 477.
6 Hierzu OFD Koblenz v 24.5.07 – S 2222 A-St 32 2.
7 Hierzu BMF BStBl I 02, 767 Tz 70 ff.
8 BMF BStBl I 02, 767 Tz 59 f.
9 Ausf hierzu BMF BStBl I 04, 1065 Tz 10 ff.

tigte Ehegatte über eine förderbare Versorgung iSd § 82 II bei einer Pensionskasse, einem Pensionsfonds oder über eine nach § 82 II förderbare Direktversicherung verfügt. Der nicht versicherungspflichtige Ehegatte hat Anspruch auf die ungekürzte Zahlung, wenn sein versicherungspflichtiger Ehepartner seine Mindestbeiträge „unter Berücksichtigung der den Ehegatten insgesamt zustehenden Zulagen erbracht hat" (§ 86 II 1). Die Übertragung eines nicht ausgeschöpften Abzugsvolumens zwischen den Ehegatten ist nicht möglich. Bei der Günstigerprüfung werden die beiden Ehegatten zustehenden Zulagen mit den sich insgesamt ergebenden Steuervorteilen aus dem zusätzlichen SA-Abzug verglichen. Der nicht pflichtversicherte Ehegatte hat im Hinblick darauf, dass er mittelbar von der Leistungsabsenkung in der gesetzlichen Rentenversicherung betroffen ist, einen abgeleiteten („mittelbaren") eigenen Zulageanspruch (keinen zusätzlichen SA-Abzug), wenn beide Ehegatten jeweils einen auf ihren Namen lautenden Altersvorsorgevertrag abgeschlossen haben (§ 10a III 2) oder der unmittelbar zulageberechtigte Ehegatte über eine förderbare Versorgung iSd § 82 II bei einer Pensionskasse, einem Pensionsfonds oder über eine nach § 82 II förderbare Direktversicherung verfügt. Die von ihm geleisteten Beiträge können nur im Rahmen des dem nach § 10a I begünstigten Ehegatten zustehenden Abzugsvolumens berücksichtigt werden. Für die Günstigerprüfung sind die zusammenveranlagten Eheleute in der Weise als Einheit zu betrachten, dass die sich aus dem zusätzlichen SA-Abzug beider Eheleute ergebende steuerliche Ermäßigung mit dem beiden Ehegatten zustehenden Anspruch auf die Zulage verglichen wird.

Nachweis durch **Bescheinigung auf amtlichem Vordruck**. Das Vordruckmuster ist durch BMF-Schreiben v 28.9.07 bekanntgemacht worden. Ist eine bereits erteilte Bescheinigung materiell unzutreffend und wurde auf Grund dieser falschen Bescheinigung bereits eine bestandskräftige Steuerfestsetzung durchgeführt, ermöglicht mit Wirkung vom 1.1.08 (§ 52 I) der durch das JStG 08 eingefügte **§ 10a V 3** eine **Korrektur**, soweit die geänderte Bescheinigung zu einer von der bisher festgesetzten ESt abweichenden Steuer führt.

9

§ 10b Steuerbegünstigte Zwecke

(1) ¹Zuwendungen (Spenden und Mitgliedsbeiträge) zur Förderung steuerbegünstigter Zwecke im Sinne der §§ 52 bis 54 der Abgabenordnung an eine inländische juristische Person des öffentlichen Rechts oder an eine inländische öffentliche Dienststelle oder an eine nach § 5 Abs. 1 Nr. 9 des Körperschaftsteuergesetzes steuerbefreite Körperschaft, Personenvereinigung oder Vermögensmasse können insgesamt bis zu

1. 20 Prozent des Gesamtbetrags der Einkünfte oder
2. 4 Promille der Summe der gesamten Umsätze und der im Kalenderjahr aufgewendeten Löhne und Gehälter

als Sonderausgaben abgezogen werden. ²Nicht abziehbar sind Mitgliedsbeiträge an Körperschaften, die

1. den Sport (§ 52 Abs. 2 Nr. 21 der Abgabenordnung),
2. kulturelle Betätigungen, die in erster Linie der Freizeitgestaltung dienen,
3. die Heimatpflege und Heimatkunde (§ 52 Abs. 2 Nr. 22 der Abgabenordnung) oder
4. Zwecke im Sinne des § 52 Abs. 2 Nr. 23 der Abgabenordnung

fördern. ³Abziehbare Zuwendungen, die die Höchstbeträge nach Satz 1 überschreiten oder die den um die Beträge nach § 10 Abs. 3 und 4, § 10c und § 10d verminderten Gesamtbetrag der Einkünfte übersteigen, sind im Rahmen der Höchstbeträge in den folgenden Veranlagungszeiträumen als Sonderausgaben abzuziehen. ⁴§ 10d Abs. 4 gilt entsprechend.

(1a) ¹Spenden in den Vermögensstock einer Stiftung des öffentlichen Rechts oder einer nach § 5 Abs. 1 Nr. 9 des Körperschaftsteuergesetzes steuerbefreiten Stiftung des privaten Rechts können auf Antrag des Steuerpflichtigen im Veranlagungszeitraum der Zuwendung und in den folgenden neun Veranlagungszeiträumen bis zu einem Gesamtbetrag von 1 Million Euro zusätzlich zu den Höchstbeträgen nach Absatz 1 Satz 1 abgezogen werden. ²Der besondere Abzugsbetrag nach Satz 1 bezieht sich auf den gesamten Zehnjahreszeitraum und kann der Höhe nach innerhalb dieses Zeitraums nur einmal in Anspruch genommen werden. ³§ 10d Abs. 4 gilt entsprechend.

(2) ¹Zuwendungen an politische Parteien im Sinne des § 2 des Parteiengesetzes sind bis zur Höhe von insgesamt 1 650 Euro und im Falle der Zusammenveranlagung von Ehegatten bis zur Höhe von

§ 10b

insgesamt 3 300 Euro im Kalenderjahr abzugsfähig. ²Sie können nur insoweit als Sonderausgaben abgezogen werden, als für sie nicht eine Steuerermäßigung nach § 34g gewährt worden ist.

(3) ¹Als Zuwendung im Sinne dieser Vorschrift gilt auch die Zuwendung von Wirtschaftsgütern mit Ausnahme von Nutzungen und Leistungen. ²Ist das Wirtschaftsgut unmittelbar vor seiner Zuwendung einem Betriebsvermögen entnommen worden, so darf bei der Ermittlung der Zuwendungshöhe der bei der Entnahme angesetzte Wert nicht überschritten werden. ³In allen übrigen Fällen bestimmt sich die Höhe der Zuwendung nach dem gemeinen Wert des zugewendeten Wirtschaftsguts. ⁴Aufwendungen zugunsten einer Körperschaft, die zum Empfang steuerlich abziehbarer Zuwendungen berechtigt ist, können nur abgezogen werden, wenn ein Anspruch auf die Erstattung der Aufwendungen durch Vertrag oder Satzung eingeräumt und auf die Erstattung verzichtet worden ist. ⁵Der Anspruch darf nicht unter der Bedingung des Verzichts eingeräumt worden sein.

(4) ¹Der Steuerpflichtige darf auf die Richtigkeit der Bestätigung über Spenden und Mitgliedsbeiträge vertrauen, es sei denn, dass er die Bestätigung durch unlautere Mittel oder falsche Angaben erwirkt hat oder dass ihm die Unrichtigkeit der Bestätigung bekannt oder infolge grober Fahrlässigkeit nicht bekannt war. ²Wer vorsätzlich oder grob fahrlässig eine unrichtige Bestätigung ausstellt oder wer veranlasst, dass Zuwendungen nicht zu den in der Bestätigung angegebenen steuerbegünstigten Zwecken verwendet werden, haftet für die entgangene Steuer. ³Diese ist mit 30 Prozent des zugewendeten Betrags anzusetzen.

§ 50 EStDV; R 10b.1–3 EStR 05/H 10b.1–3 EStH 06

Übersicht

	Rn		Rn
A. Grundaussage der Vorschrift	1	**D. Parteizuwendungen (§ 10b II)**	68
I. Gemeinnützige Zuwendungen, Stiftungsförderung und Parteizuwendungen	1	I. Zuwendungen	69
		II. Zuwendungsempfänger	70
		III. Tatsächliche Verwendung	72
II. EStG und EStDV	4	IV. Zuwendungsbestätigung	73
B. Gemeinnützige Zuwendungen (§ 10b I)	11	V. Steuerermäßigung nach § 34g	74
I. Zuwendungen	12	VI. Absolute Obergrenze	75
II. Zur Förderung	14	**E. Sach- und Aufwandszuwendungen (§ 10b III)**	81
1. Unentgeltlichkeit	15	I. Sachzuwendungen	81
2. Teilentgeltlichkeit	17	1. Gegenstand der Sachzuwendung	81
3. Freiwilligkeit	18	2. Bewertung von Sachzuwendungen	82
4. Tatsächliche Verwendung	19	3. Zuwendungsbestätigung bei Sachzuwendungen	83
III. Steuerbegünstigte Zwecke	23	II. Aufwandszuwendungen	84
IV. Zuwendungsempfänger	25	1. Erstattungsanspruch	85
V. Durchlaufspendenverfahren	29	2. Verzicht	87
VI. Zuwendungsbestätigung	32	3. Höhe	89
VII. Rechtsfolge des gemeindienlichen SA-Abzugs	38	4. Zuwendungsbestätigung	90
1. Begrenzter Abzug vom Gesamtbetrag der Einkünfte	38	**F. Vertrauensschutz (§ 10b IV 1)**	96
		I. Umfang	97
2. Spendenvortrag und Abzugsreihenfolge (§ 10b I 3)	42	II. Schutzwürdigkeit	99
		III. Rechtsfolge	100
VIII. Frühere Rechtslage	47	**G. Haftungstatbestand (§ 10b IV 2 und 3)**	106
1. Zuwendungszwecke	47	I. Ausstellerhaftung	107
2. Großspendenregelung (§ 10b I 4, 5 aF)	49	II. Veranlasserhaftung	110
C. Die steuerliche Förderung von Stiftungen	50	III. Haftungsumfang	113
I. Stiftungen	51	IV. Korrespondenzprinzip	114
II. Erweiterter Abzug bei Spenden in den Vermögensstock von Stiftungen (Abs 1a)	54	V. Festsetzung der Haftungsschuld	115
III. Frühere Rechtslage	58	VI. Rückgriff im Innenverhältnis	116

Literatur: *Dißars/Berssenbrügge* Ausgleich von Verlusten aus einem wirtschaftlichen Geschäftsbetrieb und bei Vermögensanlagen gemeinnütziger Vereine, BB 99, 1411; *Crezelius/Rawert* Das Gesetz zur weiteren steuerlichen Förderung von Stiftungen, ZEV 00, 421; *Fischer* Grundfragen der Bewahrung und einer Reform des Gemeinnützigkeitsrechts, FR 06, 1001; *ders* Das Gesetz zur weiteren Förderung des bürgerschaftlichen Engagements, NWB 07, 3515 (Fach 2, S 9439); *Franz* Grundlagen der Besteuerung gemeinnütziger Körperschaften bei wirtschaftlicher Betätigung, 1991; *Fritz* Gesetz zur weiteren Stärkung des bürgerschaftlichen Engagements – Steuerliche Änderungen für gemeinnützige Körperschaften und deren Förderer, BB 07, 2546; *Geserich* Privater, gemeinwohlwirksamer Aufwand im System der deutschen Einkommensteuer und des europäischen Rechts, 1999; *ders* Spende und Schulgeld im Steuerrecht, 2000; *ders* Angemessenheit der Aufwendungen gemeinnütziger Körperschaften für Verwaltung und Spendeneinwerbung, DStR 01, 604; *ders* Das Spendenrecht, DStJG 26, 245; *Gierlich* Vertrauensschutz und Haftung bei Spenden, FR 91, 518; *Gold/Lehfeldt* Steuerbegünstigung von Sachspenden im Umsatzsteuerrecht?, UR 03, 220; *Heger* Gemeinnützigkeit und Gemeinschaftsrecht, FR 04, 1154; *Helios/Schlotter* Spendenabzug und EU-Recht – Zugleich Anmerkung zu FG Münster, Urteil vom 28.10.2005, IStR 2006, Seite 497 – IStR 06, 483; *v Hippel* Steuerrechtliche Diskriminierung ausländischer Nonprofit-Organisationen: ein Verstoß gegen die EG-Grundfreiheiten?, in: Walz/von Auer/von Hippel (Hrsg), Spenden- und Gemeinnützigkeitsrecht in Europa, 2007, S 677; *Hüttemann* Wirtschaftliche Betätigung und steuerliche Gemeinnützigkeit, 1991; *ders* Das Gesetz zur weiteren steuerlichen Förderung von Stiftungen, DB 00, 1584; *ders* Die Neuregelung des Spendenrechts, NJW 00, 638; *ders* Gesetz zur weiteren Stärkung des bürgerschaftlichen Engagements und seine Auswirkungen auf das Gemeinnützigkeits- und Spendenrecht, DB 07, 2053; *Hüttemann/Herzog* Steuerfragen bei gemeinnützigen nichtrechtsfähigen Stiftungen, DB 04, 1001; *Jachmann* Steuerrecht, in: Igl/Jachmann/Eichenhofer, Rechtliche Rahmenbedingungen bürgerschaftlicher Engagements, 2002, S 67; *dies.* Gemeinnützigkeit in Europa, 2006; *Jachmann/Thiesen* Die umsatzsteuerliche Behandlung von Sachspenden, DStZ 02, 355; *P Kirchhof* Private Wissenschaftsförderung im System des deutschen Steuerrechts, in: Ziegler (Hrsg), Mäzene, Stifter und Sponsoren, 1996, S 39; *Kube* Die Zukunft des Gemeinnützigkeitsrechts in der europäischen Marktordnung, IStR 05, 469; *Kümpel* Die steuerliche Behandlung von Zweckbetrieben, DStR 99, 93; *Maier* Die Besteuerung der Stiftung nach der Reform, BB 01, 494; *Mecking* Das Gesetz zur weiteren steuerlichen Förderung von Stiftungen, NJW 01, 203; *Oppermann/Peter* Die steuerrechtliche Haftung für rechtswidrig ausgestellte Spendenbescheinigungen, DStZ 98, 424; *Richter* Anmerkung zu Spendenabzug und Ehegattensplitting, ZSt 05, 144; *Richter/Eichler* Änderungen des Spendenrechts aufgrund des Gesetzes zur weiteren Stärkung des bürgerschaftlichen Engagements, FR 07, 1037; *Schauhoff/Kirchhain* Das Gesetz zur weiteren Stärkung des bürgerschaftlichen Engagements, DStR 07, 1985; *Schießl/Küpperfahrenberg* Steuerrechtliche Haftung der Vorstände von Vereinen und Verbänden – Risiko, Vermeidungsstrategie, Versicherbarkeit, DStR 06, 445; *Schindler* Auswirkungen des Gesetzes zur weiteren steuerlichen Förderung von Stiftungen, BB 00, 2077; *Schneider* Der Spendenabzug ab dem Jahr 2000, DStZ 00, 291; *Teufel* Zur Haftung bei falsch ausgestellten Spendenbescheinigungen bzw zweckwidriger Mittelverwendung, FR 93, 772; *Thiel* Die Neuordnung des Spendenrechts, DB 00, 392; *Thiel/Eversberg* Gesetz zur steuerlichen Förderung von Kunst, Kultur und Stiftung sowie zur Änderung steuerrechtlicher Vorschriften, DB 91, 118; *Tiedtke/Möllmann* Reform des Spenden- und Gemeinnützigkeitsrechts, NJW 07, 3321; *dies.* Spendenabzug und Europarecht, IStR 07, 837; *Wallenhorst* Spendenhaftung: Beantwortete und unbeantwortete Fragen, DStZ 03, 531; *ders* in: Troll/Wallenhorst/Halaczinsky, Die Besteuerung gemeinnütziger Vereine, Stiftungen und der juristischen Personen des öffentlichen Rechts, 5. Aufl 2004; *Walz* Stiftungsreform in Deutschland: Stiftungssteuerrecht, in: Hopt/Reuter (Hrsg), Stiftungsrecht in Europa, 2001, S 197; *Winheller* Aktuelle Entwicklungen im Gemeinnützigkeitsrecht 2006 und ein Ausblick auf 2007, DStZ 07, 165.

A. Grundaussage der Vorschrift

I. Gemeinnützige Zuwendungen, Stiftungsförderung und Parteizuwendungen[1].

Spenden und Mitgliedsbeiträge sind **private Aufwendungen**, die als SA vom Gesamtbetrag der Einkünfte abgezogen werden können. Der gemeindienliche SA-Abzug lässt sich nicht mit der für die SA charakteristischen realen oder zumindest typisierten Zwangsläufigkeit[2] rechtfertigen. Zuwendungen iSd § 10b I sind vielmehr tatbestandlich freiwillige Aufwendungen, ein **altruistisches Vermögensopfer**, das zur selbstlosen Finanzierung öffentlicher Aufgaben verwendet wird. § 10b I entlastet diese uneigennützige, gemeinwohlwirksame Einkommensverwendung durch Minderung der Bemessungsgrundlage in Höhe der gemeindienlichen Ausgaben. Das Steuerrecht folgt insoweit in einem besonders grundrechtssensiblen Bereich – Religion, Kunst, Wissenschaft – den Vorgaben der Freiheitsberechtigten, verstärkt private Freiheitsinitiativen, bietet staatliche Wirkungshilfen trotz staatlichen Gestaltungsverbots, öffnet auch Experimentier- und Pionierräume. Diese Entlastung ist von Verfassungs wegen möglich, nicht notwendig. Deshalb ist der Gesetzgeber berechtigt, aber nicht verpflichtet, den gemeindienlichen SA-Abzug durch Höchstbeträge zu begrenzen.[3] Allerdings sind die gemeinnützigen Zwecke heute zu weit definiert. Diese Frage war 2006 Gegenstand eines Gutachtens des Wis-

1

---

1 Vgl zu den neuesten Entwicklungen im Gemeinnützigkeitsrecht ausf *Winheller* DStZ 07, 165.
2 *K/S/M* § 2 Rn E 9; § 10 Rn B 11.
3 *K/S/M* § 10b Rn A 379; *Geserich* Gemeinwohlwirksamer Aufwand, S 36.

senschaftlichen Beirats beim BMF,[1] das iErg viele Entlastungen für nicht gerechtfertigt erklärt.[2] Das BMF hat sich allerdings von diesem Gutachten distanziert und einen Referentenentwurf für ein „Gesetz zur weiteren Stärkung des bürgerschaftlichen Engagements" v 14.12.06 bekannt gemacht, der die Steuervergünstigungen für gemeinnützige Organisationen und ehrenamtlich Tätige sogar ausweitet. Mit einigen Modifikationen im Gesetzgebungsverfahren ist das Gesetz am 15.10.07 verkündet worden.[3] Die wichtigsten Neuerungen sind insbes die Vereinheitlichung von steuer- und zuwendungsbegünstigten Zwecken, die Vereinheitlichung und Erhöhung der Förderhöchstsätze, die Überarbeitung des Katalogs der durch § 52 II AO begünstigten Zwecke und die Anhebung des Höchstbetrags für die Ausstattung von Stiftungen mit Kapital von 307 000 € auf eine Mio € ohne Beschränkung auf das Gründungsjahr.[4] Das Gesetz tritt nach Art 9 – mit Ausnahme der Änderung des § 23a UStG, die zum 1.1.08 wirksam wurde – mit Wirkung zum 1.1.07 in Kraft. Allerdings gewährt das Gesetz dem Zuwendenden auf Antrag ein Wahlrecht, auf Zuwendungen, die im VZ 07 geleistet werden, § 10b I aF anzuwenden (§ 52 XXIVb 2 und 3 nF). Damit soll vermieden werden, dass der Zuwendende aus dem Wegfall des einjährigen Spendenrücktrags und des Betrags von 20 450 € Nachteile erfährt. Aus diesem Grund wird im Folgenden auch noch die Rechtslage bis zum 31.12.06 dargestellt (Rn 47 ff und 58 ff).

3 Die steuerliche Entlastung von **Zuwendungen an politische Parteien** ist von Verfassungs wegen durch eine absolute Höchstgrenze beschränkt. Der Grundsatz der Staatsfreiheit der Parteien, deren Recht auf Chancengleichheit und das Recht des Bürgers auf gleiche Teilhabe an der politischen Willensbildung erlauben steuerliche Vorteile für Zuwendungen nat Pers an politische Parteien allenfalls insoweit, als diese Zuwendungen innerhalb einer Größenordnung verbleiben, die für den durchschnittlichen Einkommensempfänger erreichbar ist, also dem einkommenstarken Spender kaum größere Abzugsmöglichkeiten bietet als dem einkommenschwachen[5] (Normalspende). Im Gegensatz zu Spenden und Mitgliedsbeiträgen für gemeinnützige Zwecke sind Parteizuwendungen keine altruistischen Vermögensopfer. Geldzuwendungen an eine politische Partei werden nach allg Lebenserfahrung im Eigeninteresse gegeben; die politische Zuwendung verfolgt idR politische oder ökonomische Ziele des Spenders. § 10b II regelt also einen interventionsrechtlichen Tatbestand mit **außersteuerlicher Zielsetzung**. Im Rahmen einer progressiven ESt wäre es deshalb systematisch konsequent gewesen, wenn der Gesetzgeber auf den Abzug von der Bemessungsgrundlage verzichtet und für Zuwendungen an Parteien ausschließlich eine Steuerermäßigung – wie nach § 34g – gewährt hätte. Gleichwohl ist der beschränkte und nachrangige Abzug von der Bemessungsgrundlage vertretbar, da der Zuwendende für seine Zuwendung keinen Gegenwert erhält.[6]

4 **II. EStG und EStDV.** Der gemeindienliche SA-Abzug ist nach der neuesten Reform nunmehr grundsätzlich in § 10b nF geregelt, §§ 48 und 49 EStDV wurden aufgehoben und § 50 EStDV (vgl dazu § 51 Rn 73) geändert. In dem neu gefassten § 10b I wird auf die Vorschriften der §§ 52 bis 54 AO nF verwiesen. Die Tatbestandsvoraussetzungen der Parteizuwendungen ergeben sich weiterhin aus § 10b II, der nicht geändert wurde.

5 In der Vergangenheit standen große Teile des Spendenrechts in der verfassungsrechtlichen Kritik. Beanstandet wurde insbes die Verlagerung wesentlicher Regelungen, beispielsweise der Anerkennung gemeinnütziger Zwecke als besonders förderungswürdig, von der EStDV auf die EStR,[7] weil der Verordnungsgeber gehalten ist, die vom Gesetzgeber erteilten Ermächtigungen selbst wahrzunehmen und sie nicht zu delegieren. Mit der **Änderungsverordnung zur EStDV** wurden die untergesetzlichen Regelungen zur steuerlichen Begünstigung gemeindienlicher Zuwendungen auf eine eigenständige (§ 51 Rn 68 ff) Grundlage gestellt. Ausgehend von einer durch das JStG 1996 neu gefassten Ermächtigung wurden bis zur jetzigen erneuten Reform alle wesentlichen Abzugsvoraussetzungen, soweit sie nicht im Gesetz enthalten sind, durch die EStDV geregelt. Die damaligen Unterermächtigungen entfielen. Insbes wurden der bisherige Empfangsvorbehalt der öffentlichen

---

1 Gutachten des Wissenschaftlichen Beirats beim BMF vom August 2006 „Die abgabenrechtliche Privilegierung gemeinnütziger Zwecke auf dem Prüfstand"; vgl auch die Pressemitteilung Nr 95/2006 des BMF.
2 Vgl dazu krit *Fischer* FR 06, 1001.
3 Gesetz zur weiteren Stärkung des bürgerschaftlichen Engagements vom 10.10.07, BGBl I 07, 2332; zum Gang des Gesetzgebungsverfahrens s BT-Drs 16/5985.
4 Zum Überblick über die Gesetzesänderung s *Hüttemann* DB 07, 2053; *Fischer* NWB 07, 3515 (Fach 2, S 9467).
5 BVerfGE 85, 264 (316) = BStBl II 92, 766 (770).
6 *K/S/M* § 10b Rn A 443.
7 *K/S/M* § 10b Rn A 318.

Hand bei bestimmten als besonders förderungswürdig anerkannten gemeinnützigen Zwecken und damit das Durchlaufspendenverfahren sowie die Möglichkeit der Anerkennung einzelner Organisationen als besonders förderungswürdig abgeschafft (Rn 27, § 51 Rn 35).

B. Gemeinnützige Zuwendungen (§ 10b I)

Durch das Gesetz zur weiteren Stärkung des bürgerschaftlichen Engagements wurde § 10b I neu gefasst. Die Vorschrift übernimmt die bisher in den §§ 48 und 49 EStDV enthaltenen Regelungen über steuerbegünstigte Zwecke und die Zuwendungsempfänger in das EStG. § 10b I 1 verweist nun auf die §§ 52 bis 54 AO und macht dadurch klar, dass alle Zuwendungen zur Förderung der dort genannten Zwecke als SA abzugsfähig sind. Nach bisherigem Recht (§ 10b I aF iVm § 48 II EStDV) waren nicht alle gemeinnützigen Zwecke, die nach § 52 AO aF steuerbegünstigt waren, auch als besonders förderungswürdig anerkannt und damit zuwendungsbegünstigt. Diese Unterscheidung ist aufgehoben worden. Jede Körperschaft, die nach § 52 AO nF als gemeinnützig anerkannt ist, kann also künftig steuerlich abziehbare Zuwendungen entgegennehmen. Wenn allerdings nach § 52 II Nr 24 AO nF auch die Förderung des demokratischen Staatswesens spendenbegünstigt ist, ergeben sich Abgrenzungsprobleme zu den spezielleren Regelungen des § 10b II.[1]

I. Zuwendungen. Der Gesetzgeber hat die Neuformulierung dazu genutzt, die früher im Gesetz enthaltenen Begriffe der „Ausgaben" und der „Zuwendungen" einheitlich unter dem Begriff der „Zuwendungen" zusammenzufassen. Durch den Klammerzusatz wird klargestellt, dass damit Spenden und Mitgliedsbeiträge gemeint sind. Die frühere Regelung in § 48 III EStDV aF wurde dadurch überflüssig. Unter dem neuen Oberbegriff der Zuwendungen werden alle **Wertabgaben** erfasst, die aus dem geldwerten Vermögen des Spenders abfließen[2] und ihn tatsächlich und endgültig wirtschaftlich belasten.[3] Damit kommen als Spenden sowohl Geld- als auch Sachzuwendungen in Betracht. Nutzungen und Leistungen können nicht Gegenstand einer steuerbegünstigten Zuwendung sein (§ 10b III 1). Auch die verbilligte **Überlassung von Waren** ist letztlich Einnahmeverzicht und keine Ausgabe.[4] An einer **endgültigen wirtschaftlichen Belastung** des Spenders fehlt es, wenn der Zuwendungsempfänger (projektgebundene) Mittel zurückzahlt oder an den mit dem Spender zusammen veranlagten Ehegatten zur tatsächlichen Verwendung weiterleitet.[5] Spenden und Mitgliedsbeiträge sind in dem VZ steuermindernd zu berücksichtigen, in dem sie tatsächlich geleistet worden sind (§ 11 II),[5] es sei denn, die Regelung des § 10b I 3 lässt eine Verteilung der Zuwendung zu. Das Eingehen einer **Verbindlichkeit** lässt noch keine Vermögenswerte abfließen; der Schuldner hat erst Ausgaben, wenn er seine Schuld begleicht und damit die Verbindlichkeit erfüllt, er also tatsächlich in seiner Leistungsfähigkeit beeinträchtigt ist. Die Hingabe eines **„Darlehens"** ist Ausgabe, wenn von Beginn an feststeht, dass das Darlehen vom Zuwendungsempfänger nicht zurückgezahlt werden muss. Vereinbarungen, in denen der Spender auf die Rückzahlung einer Darlehensschuld in jährlichen Raten verzichtet, werden nicht als Teilspenden je nach jährlicher Rate anerkannt, wenn dadurch die Spendenhöchstbeträge (§ 10b I 1 nF) umgangen werden (§ 42 AO);[6] nicht erst der (ratenweise) Verzicht, sondern bereits die Hingabe der vollen Darlehenssumme[7] oder eines WG ist als Zuwendung zu beurteilen. Spendet ein Unternehmer **Warengutscheine**, ist der Abfluss erst bewirkt, wenn der Gewinner den Gutschein einlöst. Entsprechendes gilt für **Kollektenbons**, die einem SA-Abzug für das sog Kirchenopfer (Kirchenkollekte) dienen sollen.[8]

Wie sich aus dem Klammerzusatz in § 10b I 1 nF ergibt werden Spenden und Mitgliedsbeiträge grundsätzlich gleich behandelt. Allerdings verzichtet das Gesetz auch nach der Neuregelung nicht darauf, die Abziehbarkeit von **Mitgliedsbeiträgen** zu beschränken (§ 10b I 2 nF). Danach dürfen Mitgliedsbeiträge nicht abgezogen werden, wenn sie an Körperschaften geleistet werden, die den Sport (§ 52 II Nr. 21 AO nF), kulturelle Betätigungen, die in erster Linie der Freizeitgestaltung dienen, die Heimatpflege und Heimatkunde (§ 52 II Nr 23 AO nF) oder Zwecke iSd § 52 II Nr 23 AO nF fördern. Mit dieser Neuregelung sind allerdings Mitgliedsbeiträge abziehbar, wenn Körperschaften zur Förderung kultureller Einrichtungen, zB Theater, Museen oder Musikschulen, Vergünstigungen gewähren, zB in Form von Jahresgaben, verbilligtem Eintritt und Veranstaltungen für Mit-

---

1 *Hüttemann* DB 07, 2053 (2054).
2 BFH BStBl II 92, 748.
3 BFH BStBl II 91, 690.
4 *K/S/M* § 10b Rn B 700.
5 *K/S/M* § 10b Rn B 10; BFH/NV 04, 176.
6 *Thiel/Eversberg* DB 91, 118 (120); FG Mchn EFG 64, 72.
7 FG Mchn EFG 64, 72.
8 *K/S/M* § 10b Rn B 726.

§ 10b Steuerbegünstigte Zwecke

glieder. An der gegenteiligen Rechtsauffassung der Verwaltung wird nicht mehr festgehalten.[1] Auf der anderen Seite versagt § 10b I 2 nF den SA-Abzug für Mitgliedsbeiträge an Körperschaften, die insbes die aktiv ausgeführten eigenen kulturellen Betätigungen der Mitglieder fördern (zB Laienchöre, Laienorchester). **Umlagen** und **Aufnahmegebühren** sind auch künftig wie Mitgliedsbeiträge zu behandeln (Rn 18).

14 **II. Zur Förderung.** Die gemeindienliche SA setzt voraus, dass die Ausgaben zur Förderung steuerbegünstigter Zwecke geleistet worden sind und den Zuwendenden endgültig wirtschaftlich belasten (R 10b.1 I 4 EStR). Steuerwirksam sind nur **Zuwendungen**, die der StPfl unentgeltlich und freiwillig geleistet hat und die vom Zuwendungsempfänger tatsächlich für steuerbegünstigte Zwecke verwendet werden. Zuwendungen sind nicht abziehbar, wenn sie mit der Auflage geleistet werden, sie an eine bestimmte nat Pers weiterzugeben (R 10b.1 I 3 EStR).

15 **1. Unentgeltlichkeit.** Unentgeltlich werden Spenden und Mitgliedsbeiträge geleistet, wenn die Zuwendung „um der Sache willen ohne die Erwartung eines besonderen Vorteils gegeben"[2] wird und die Förderungsleistung erkennbar auf einen der steuerbegünstigten Zwecke ausgerichtet ist.[3] Die steuerliche Entlastung der Spende ist nur gerechtfertigt, wenn sie nicht privat- oder gruppennützig, sondern ausschließlich fremdnützig – zur Förderung des Gemeinwohls – verwendet wird. Ein Spendenabzug ist auch ausgeschlossen, wenn die Zuwendung an den Empfänger unmittelbar und ursächlich mit einem von diesem oder einem Dritten gewährten Vorteil zusammenhängen.[4] Zuwendungen, für die der Geber eine **(konkrete) Gegenleistung** erhält, sind keine unentgeltlichen Leistungen. Eine einheitliche Gegenleistung kann nicht in ein angemessenes Entgelt und eine den Nutzen übersteigende „unentgeltliche" Leistung aufgeteilt werden.[5]

16 Deshalb können weder Eltern, deren Kinder eine gemeinnützige Privatschule[6] besuchen, noch deren Angehörige iSd § 15 AO[7] zur Deckung der **Schul(betriebs)kosten** an den Schulträger steuerwirksame Zuwendungen leisten[8]. Freiwillige Leistungen der Eltern, die über den festgesetzten[9] Elternbeitrag hinausgehen (zB Übernahme von Patenschaften, Einzelspenden für besondere Veranstaltungen oder Anschaffungen außerhalb des normalen Schulbetriebs), lässt die Verwaltung jedoch zum gemeindienlichen SA-Abzug zu.[10] Entsprechendes gilt – haftungsbewehrt[11] – (Rn 106) – auch für andere (Bildungs-)Einrichtungen, beispielsweise Kindergärten,[10] sowie für Fördervereine an öffentlichen Schulen.[12] Auch die Sicherung oder Erhöhung des unternehmerischen Ansehens und die Werbung für Produkte eines Unternehmens **(Sponsoring)** kann schädliche Gegenleistung sein. Aufwendungen des Sponsors können somit BA (§ 4 IV) oder steuerlich nicht abzugsfähige Kosten der Lebensführung (§ 12 Nr 1) sein.[13] Steuererhebliche Aufwendungen für VIP-Maßnahmen unterliegen dem beschränkten BA-Abzug, nicht aber dem gemeindienlichen SA-Abzug.[14] Die sog **Auftragsforschung** dient der Wissenschaft und Forschung (§ 68 Nr 9 AO). Der Erwerb einer **Mitgliedschaft in einem Verein**[15] (ADAC, Krankenpflege- oder Dialysevereine[16]) kann ebenfalls Gegenleistung sein.[17] Schädlich ist nicht nur eine konkrete Gegenleistung, sondern jeder Vorteil, den der Zuwendungsempfänger oder ein Dritter im Zusammenhang mit der Spende oder dem Mitgliedsbeitrag gewährt.[4] Zahlungen an eine gemeinnützige Einrichtung zur Einstellung eines Strafverfahrens nach **§ 153a StPO** sind deshalb nicht abzugsfähig.[18] Ebenfalls nicht abziehbar sind Zuwendungen, die ein Verwaltungshandeln, beispielsweise die Erteilung einer Baugenehmigung, entgelten.[19]

---

1 BT-Drs 16/5200, 16; zur alten Verwaltungsmeinung: BMF-Schr v 19.1.06, IV C 4 – S 2223 – 2/06, BStBl I 06, 216 = DStR 06, 326.
2 BVerfGE 8, 51 (66) = NJW 58, 1131 (1132); BFH BStBl II 88, 220.
3 BFH BStBl II 91, 234.
4 BFH BStBl II 07, 8 (Beitrittsspende an Golfclub).
5 BFH aaO.
6 FinMin MeVo DStR 99, 1813.
7 OFD Mchn StEK EStG § 10b Nr 308.
8 BFH BStBl II 00, 65.
9 H 10b.1 EStH (Elternleistungen an gemeinnützige Schulvereine); BFH BStBl II 00, 65 u BFH/NV 06, 2070.
10 BMF BStBl I 92, 266.
11 **AA** FG SchlHol EFG 98, 1197.
12 FinSen Bln DB 03, 2094.
13 AEAO zu § 64 Nr 7 ff; BMF BStBl I 98, 212; OFD Karlsr DStR 01, 853.
14 *P Kirchhof* S 39 (47); OFD D'dorf StEK EStG § 4 BetrAusg Nr 437.
15 BFH BStBl II 97, 612 (614) mwN.
16 FinMin BaWü StEK AO 77 § 52 Nr 54 Tz 3; StEK AO 77 § 52 Nr 71.
17 Vgl dazu Rn 18.
18 BFH BStBl II 91, 234 (235); FinMin BaWü StEK AO 77 § 52 Nr 54.
19 FG D'dorf DStRE 00, 630.

2. Teilentgeltlichkeit. Die im Leistungsaustausch begründete **Wechselseitigkeit** steht dem gemeindienlichen SA-Abzug entgegen, auch wenn sich Leistung und Gegenleistung nicht entsprechen[1] (Teilentgeltlichkeit). Die Aufteilung einer einheitlichen Zuwendung in einen nicht abzugsfähigen (Entgelt-)Teil und einen abzugsfähigen (Spenden-)Teil lässt die FinVerw nicht zu.[2] Dieses **Aufteilungsverbot** steht der Spende anlässlich der Entgeltfinanzierung einer **Wohltätigkeitsveranstaltung**, beispielsweise eines **Fundraising-Dinners**, jedoch nicht entgegen, wenn ein kostendeckend bemessenes Entgelt **(Deckungsprinzip)** erhoben und eine zusätzliche Spende erbeten wird. Entgelt und Spende sind als zwei zahlungs- und buchungstechnisch unabhängige Vorgänge darzustellen **(Trennungsprinzip)**.[3] Darüber hinaus muss dem StPfl die Teilnahme an der Veranstaltung oder die Entgegennahme der Leistung auch ohne Spende, allein aufgrund des entrichteten Entgelts möglich sein.[4]

3. Freiwilligkeit. Eine Zuwendung ist freiwillig, wenn die Ausgabe ohne rechtliche Verpflichtung geleistet wird oder der Zuwendende die Zahlungsverpflichtung freiwillig begründet hat.[5] Die Freiwilligkeit der Zuwendung wird deshalb durch die im **Stiftungsgeschäft** begründete Rechtspflicht auf Übertragung des Stiftervermögens (§ 82 BGB) nicht beeinträchtigt.[6] Dagegen fehlt es an der erforderlichen Freiwilligkeit,[7] wenn Zahlungen dem StPfl durch einseitigen hoheitlichen Rechtsakt auferlegt sind, wie etwa Zahlungen aufgrund einer **Bewährungsauflage** nach § 56b StGB. Gleiches gilt für Aufwendungen des Erben zur Erfüllung von **Vermächtniszuwendungen** an gemeinnützige oder öffentlich-rechtliche Einrichtungen.[8] Auch bei der ESt-Veranlagung des Erblassers sind derartige Zuwendungen nicht als Spende zu berücksichtigen, weil die in dem Vermächtnis verfügten Beträge erst nach dem Tode aus seinem Vermögen abfließen.[9] **Pflicht- und Eintrittspenden**, die im Zusammenhang mit der Aufnahme in einen Sport- oder Freizeitverein geleistet werden, sind ebenfalls nicht abzugsfähig.[10] Die FinVerw behandelt derartige Zuwendungen als nicht abzugsfähige Beiträge, wenn mehr als 75 vH der neu eingetretenen Mitglieder neben der Aufnahmegebühr eine gleich oder ähnlich hohe Sonderzahlung leisten.[11] **Investitionsumlagen** eines Vereins sind keine steuerlich abzugsfähigen Spenden. Darüber hinaus hat die Verwaltung **Höchstgrenzen für Mitgliedsbeiträge**, Aufnahmegebühren und Investitionsumlagen festgelegt, deren Überschreiten dem Gemeinnützigkeitsstatus von Sport- und Freizeitvereinen entgegensteht.[12] Bei der Rückzahlung von Arbeitslohn an den ArbN sucht die Praxis eine Einzelfallgerechtigkeit je nach konkretem Fall.[13]

4. Tatsächliche Verwendung. Die tatsächliche Verwendung der Zuwendung für einen steuerbegünstigten Zweck ist sachliche „Voraussetzung" des gemeindienlichen SA-Abzugs[14] **(spendenrechtliche Gemeinwohlbindung).** Die Zweckbindung des Spenders wird durch § 10b I aufgenommen und zu einer eigenständigen gesetzlichen Pflicht verfestigt. Der Spender ist aber in seinem Vertrauen auf die Spendenbescheinigung geschützt (Rn 96).

Öffentlich-rechtliche Zuwendungsempfänger sind verpflichtet, Spenden unmittelbar für einen in § 10b I iVm §§ 52 ff AO aufgeführten, **steuerbegünstigten Zweck** zu verwenden. Wirtschaftliche Unternehmungen darf die öffentliche Hand nicht mit Spendenmitteln finanzieren. Der Einsatz von Spendenmitteln in **Betrieben gewerblicher Art**[15] (§ 4 KStG) ist deshalb nicht zulässig, es sei denn, der Betrieb ist als gemeinnützig anerkannt und nach § 5 I Nr 9 KStG von der Körperschaftsteuer befreit.[16]

Gemeinnützige Zuwendungsempfänger haben die in der **Abgabenordnung** begründeten Verwendungsanforderungen zu beachten und dürfen ihre Mittel, damit auch Spenden und Mitgliedsbei-

---

1 BFH/NV 02, 1143 (Leitsatz).
2 FinMin NRW StEK EStG § 10b Nr 197; OFD Nbg StEK EStG § 10b Nr 199.
3 Vgl BMF BStBl I 92, 266.
4 *Heuer* Stiftung & Sponsoring 1/99, 15 (17).
5 BFH BStBl II 91, 258 (259); BFH/NV 1988, 151.
6 BFH BStBl II 92, 504; BStBl II 91, 258; *Wallenhorst* in: Troll/Wallenhorst/Halaczinsky[5], S 374.
7 FG Hbg EFG 87, 76; FG Hess EFG 86, 492; FG BaWü EFG 71, 129.
8 BFH BStBl II 93, 874.
9 BFH BStBl II 97, 239.
10 BFH BStBl II 97, 612; BStBl II 05, 443; DStR 06, 1975; FG Nds EFG 04, 887; EFG 03, 447; FG M'ster EFG 01, 1273; AEAO zu § 52 Nr 1.3.1.7; FG Mchn DStRE 06, 836, Rev eingelegt BFH: XI R 34/05; **aA** FG D'dorf EFG 99, 115; s auch BFH/NV 03, 1586.
11 BMF BStBl I 96, 51; vgl zu den Höchstgrenzen für Mitgliedsbeiträge und Aufnahmegebühren BMF-Schr v 19.5.05, BStBl I 05, 786.
12 AEAO zu § 52 Nr 1; vgl FG Nds DStRE 03, 525; FG M'ster EFG 01, 613.
13 OFD Bln 20.5.03, juris VV-Steuer.
14 BFH BStBl II 92, 748; BStBl II 92, 504.
15 *K/S/M* § 10b B 64; *Wallenhorst* in: Troll/Wallenhorst/Halaczinsky[5], S 419.
16 BMF BStBl I 04, 190.

träge, nur für satzungsmäßige Zwecke verwenden[1] (§ 55 I Nr 1 S 1 AO). Gemeindienliche Zuwendungen müssen deshalb im **ideellen Bereich** oder einem steuerbegünstigten **Zweckbetrieb** der Körperschaft Verwendung finden. Der ideelle Bereich bestimmt sich nach dem in der Satzung niedergelegten nicht wirtschaftlichen, gemeinnützigen Verbandszweck.[2] Dazu reicht es aus, dass der Zuwendungsempfänger eine Tätigkeit vorbereitet, die der Verwirklichung der steuerbegünstigten Satzungszwecke dient.[3] Ein Zweckbetrieb (§ 65 AO) liegt vor, wenn die wirtschaftlichen Unternehmungen zur Verwirklichung der steuerbegünstigten, satzungsmäßigen Zwecke unentbehrlich sind und die gemeinnützige Körperschaft zu gewerblichen Unternehmen nicht in größerem Umfang in Wettbewerb treten wird, als es bei Erfüllung der steuerbegünstigten Zwecke unvermeidbar ist.[4] Zweckbetriebsschädlich ist die wirtschaftliche Betätigung nach Auffassung der Finanzbehörden bereits, wenn ein Wettbewerb mit stpfl Unternehmen möglich ist. Auf die tatsächliche Wettbewerbslage vor Ort soll es nicht ankommen.[5] Wird ein wirtschaftlicher Geschäftsbetrieb (§§ 14, 64 I AO) einer gemeinnützigen Körperschaft von den Finanzbehörden zu Unrecht als steuerbegünstigter Zweckbetrieb (§§ 65 bis 68 AO) behandelt, kann ein Wettbewerber gegen die rechtswidrige Nichtbesteuerung oder zu geringe Besteuerung der gemeinnützigen Körperschaft Klage vor dem Finanzgericht erheben[6] (sog **Konkurrentenklage**). Die Bildung von Vermögen aus Spendenmitteln durch sog Zustiftungen ist zulässig (§ 58 Nr 11 AO). Ein **Ausgleich von Verlusten** im wirtschaftlichen Geschäftsbetrieb und der Vermögensverwaltung mit gemeinwohlgebundenen Mitteln ist nur in engen Grenzen statthaft.[7]

22 Die abgabenrechtliche Gemeinwohlbindung unterwirft darüber hinaus **hohe Werbe- und Verwaltungsausgaben** dem Vorbehalt des Angemessenen.[8] In der Aufbauphase einer gemeinnützigen Körperschaft soll vorübergehend die Verwendung von höchstens 60 vH der Spendeneinnahmen zur Deckung von Werbeaufwendungen und internen Verwaltungskosten für die Gemeinnützigkeit unschädlich sein.[9] Kosten der Mitgliederwerbung müssen sich ebenfalls in einem angemessenen Rahmen halten. Unangemessen ist ein Ausgabeverhalten jedenfalls dann, wenn damit gegen ein gesetzliches Verbot oder gegen die guten Sitten verstoßen wird (Rn 24).[10] Auch die Verleihung von **Preisen und Stipendien** durch gemeinnützige Einrichtungen[11] ist spendenbegünstigt, wenn damit ein Anreiz geschaffen wird, auf gemeinnützigem Gebiet tätig zu werden. Die Ergebnisse einer ausgezeichneten Tätigkeit sind der Allgemeinheit zur Verfügung zu stellen.[11] Preis und Stipendium sind nach offen zu legenden, allgemeingültigen und gemeinnützigkeitsorientierten **„Vergaberichtlinien"** zuzuwenden.[12] Gemeindienliche Zuwendungen dürfen nicht zu **Repräsentationszwecken** bei wissenschaftlichen Tagungen, Vorträgen und ähnlichen Veranstaltungen verwendet werden. Die Finanzierung von Banketten, Festabenden oder der allg Bewirtung der Tagungsteilnehmer aus gemeinwohlgebundenen Mitteln ist nicht zulässig. Die FinVerw beanstandet aber nicht, wenn ein geringer Teil der Mittel für die bei Tagungen üblichen Annehmlichkeiten und kleinen Aufmerksamkeiten verausgabt wird.[13] Die Grenze dürfte heute bei etwa 20 € pro Tag und Teilnehmer liegen, sofern nicht mehr als 15 vH der für die einzelne Veranstaltung zweckgebundenen Zuwendungen hierfür verwendet werden.[14] Allerdings werden viele, vor allem internationale Tagungen ihren gemeinnützigen Zweck nur erreichen, wenn der Rahmen einer Mindestrepräsentation die Erfordernisse der Gegenseitigkeit – des gleichen Willkommens wie im Ausland – nicht verletzt.

23 **III. Steuerbegünstigte Zwecke.** Begünstigt sind **mildtätige** (§ 53 AO), **kirchliche** (§ 54 AO) und **gemeinnützige** (§ 52 AO nF) **Zwecke**. Der Gesetzgeber hat in § 52 II 1 AO nF die gemeinnützigen Zwecke in einem grds abschließenden Katalog aufgeführt. Nach § 52 II 2 AO nF kann ein von einer Körperschaft verfolgter Zweck, der nicht unter S 1 des § 52 II AO nF fällt, für gemeinnützig erklärt werden, falls die Allgemeinheit auf materiellem, geistigem oder sittlichem Gebiet entsprechend selbstlos gefördert wird (sog Öffnungsklausel). Zuständig für diese Erklärung ist gem § 52 II 3 AO nF eine von den obersten Finanzbehörden der Länder zu benennende zentrale Stelle.

---

1 Anders bei Spenden für die Opfer der Hochwasserkatastrophe 2002, BMF DB 02, 2143.
2 *Hüttemann* Wirtschaftliche Betätigung, S 82.
3 BFH BStBl II 03, 930.
4 *Kümpel* DStR 99, 93; *Franz* S 39; vgl allg zur Abgrenzung BFH DStRE 05, 968; BStBl II 04, 798 (801) – für USt.
5 BMF DStR 00, 2132; **aA** BFH BStBl II 00, 705.
6 BFH BStBl II 98, 63.
7 AEAO zu § 55 Nr 4 ff.
8 AEAO zu § 55 Nr 18 ff, BMF BStBl I 03, 483; FG Mchn EFG 01, 538.
9 BFH BStBl II 00, 320.
10 BFH/NV 03, 1025; FG Mchn EFG 01, 1178.
11 FinMin SchlHol StEK KStG 77 § 5 Nr 7.
12 Vgl FinMin Thür StEK AO 77 § 52 Nr 94.
13 OFD Nbg StEK EStG § 10b Nr 233.
14 *K/S/M* § 10b Rn B 175.

Der gemeindienliche SA-Abzug ist ausgeschlossen, wenn sich der finanzierte Zweck gegen die 24
Rechtsordnung richtet.[1] Die **Verletzung von Rechtsgütern und Recht** ist Unrecht, kann deswegen
weder gemeinnützig noch förderungswürdig sein, kommt somit auch für eine steuerliche Entlastung
nach § 10b I nicht in Betracht.[2]

IV. Zuwendungsempfänger. Nach § 10b I 1 Alt 1 nF (früher § 49 Nr 1 EStDV) sind spendenemp- 25
fangsberechtigt **inländische** jur Pers des öffentlichen Rechts, insbes die **Gebietskörperschaften**
(Bund, Länder, Gemeinden, Gemeindeverbände, Zweckverbände), öffentlich-rechtliche (rechtsfähige) **Anstalten** und **Stiftungen, öffentlich-rechtliche Religionsgesellschaften, staatliche Hochschulen**, sofern landesrechtlich vorgesehen auch die **verfasste Studentenschaft** (so dass auch Spendenbescheinigungen des Allgemeinen Studierenden-Ausschusses [AStA] einer Hochschule anerkannt
werden können).[3] Teil- und nicht rechtsfähige Anstalten wie **Hochschulinstitute**,[4] aber auch **Regie- und kommunale Eigenbetriebe** sind keine jur Pers des öffentlichen Rechts, können aber als öffentliche Dienststellen zum Spendenempfang berechtigt sein. Öffentliche Dienststelle iSd § 10b I 1
Alt 2 nF ist jede inländische **Behörde**.[5] Empfangsberechtigt kann auch ein selbstständiges Organ
einer öffentlichen Dienststelle, beispielsweise ein **Elternbeirat**, sein.[6]

§ 10b I 1 Alt 3 nF (früher § 49 Nr 2 EStDV) verleiht **gemeinnützigen Körperschaften**[7] die Empfangs- 26
berechtigung. Eine besondere förmliche Anerkennung als steuerbegünstigte Körperschaft kennt das
Gemeinnützigkeitsrecht bisher nicht. Vielmehr entscheidet das Finanzamt rückblickend im Veranlagungs- oder Festsetzungsverfahren für die jeweilige Steuer und für den jeweiligen Steuerabschnitt
durch einen **Steuer(freistellungs)bescheid**, ob eine Körperschaft nach ihrer Satzung und tatsächlichen Geschäftsführung ausschließlich und unmittelbar gemeinnützigen Zwecken dient[8] (§§ 51 bis 68
AO). Die Verwaltung ist gehalten, die Voraussetzungen der Körperschaftsteuerbefreiung[9] idR alle
drei Jahre zu überprüfen.[10] Bei neu gegründeten Körperschaften erteilen die FÄ auf Antrag eine
vorläufige Bescheinigung über die Gemeinnützigkeit, wenn die Satzung den Gemeinnützigkeitsvoraussetzungen entspricht (vgl AEAO zu § 59 Tz 4). Die Bescheinigung gilt bis zur Bekanntgabe
des – erstmaligen – Steuer(freistellungs)bescheids, längstens jedoch 18 Monate.[11] Die (vorl) Anerkennung als gemeinnützige Körperschaft hat für das Veranlagungs-FA des Gebers, nicht aber im
nachfolgenden (Körperschaftsteuer)Veranlagungsverfahren des Zuwendungsempfängers Bindungswirkung und kann durch **einstweilige Anordnung** (§ 114 FGO) erstritten werden.[12] In dem Steuer
(freistellungs)bescheid oder in der vorl Bescheinigung wird darüber hinaus mitgeteilt, ob und in
welchem Umfang die Körperschaft empfangsberechtigt ist. Auch hier ist einstweiliger Rechtsschutz
zu gewähren, wenn der Antragsteller existenziell auf die Vereinnahmung von Spenden angewiesen
ist. In der Hauptsache ist eine Feststellungsklage zu erheben.[13]

Nach der Abschaffung des Durchlaufspendenerfordernisses (R 10b.1 II 1 EStR) können nunmehr 27
alle gemeinnützigen Körperschaften, die steuerbegünstigte Zwecke iSd § 10b I fördern, selbst steuerwirksame Zuwendungen (Rn 14) entgegennehmen und bescheinigen (unmittelbare, direkte Empfangsberechtigung).

Spenden, die unmittelbar einer **nat Pers** zugewendet werden, sind nicht abzugsfähig. Auch Zuwen- 28
dungen, die an eine Körperschaft mit der Auflage geleistet werden, sie an eine bestimmte nat Pers
weiterzugeben, können nicht abgezogen werden (R 10b.1 I 3 EStR). Aufwendungen für das **Patenschaftsabonnement** einer Zeitung sind jedoch als (Sach-)Spende begünstigt, wenn die Zeitung aus
versandtechnischen Gründen nicht dem körperschaftlich verfassten Empfänger, sondern einzelnen
Studenten übersandt wird.[14]

---

1 *K/S/M* § 10b Rn B 264 u B 443; BFH BStBl II 98, 9; BStBl II 95, 134 (135).
2 *K/S/M* § 10b Rn B 163 u B 443.
3 OFD Ffm DStR 99, 631 (632).
4 BGH NJW 78, 2548.
5 *K/S/M* § 10b Rn B 430 ff.
6 OFD Mchn StEK EStG § 10b Nr 293; OFD Hann StEK EStG § 10b Nr 282.
7 Zur unmittelbaren Zweckverwirklichung vgl FG Bdbg EFG 02, 121 – Blutspendendienst; FG Bdbg EFG 02, 1359 – Golfclub.
8 BFH BStBl II 98, 711.
9 Aber auch die Voraussetzungen des § 3 Nr 6 GewStG.
10 Zu den Einzelheiten: FinMin BaWü StEK KStG 77 § 5 Nr 124.
11 OFD Ffm StEK EStG § 10b Nr 281 Tz 3.
12 BFH BStBl II 00, 320; FG Mchn DStR 01, 705.
13 BFH BStBl II 00, 533.
14 OFD Hann StEK EStG § 10b Nr 128.

28a Ausländische Körperschaften, wie das Kloster Athos,[1] oder eine ausländische Gemeinde[2] sind ebenfalls nicht empfangsberechtigt.[3] Spenden an ausländische Körperschaften des öffentlichen oder privaten Rechts, etwa Zuwendungen, die für die Kapitalausstattung einer ausländischen Stiftung verwendet werden, sind deshalb nicht abzugsfähig, auch wenn die Zuwendung über das Auswärtige Amt oder eine andere spendenempfangsberechtigte (inländische) Körperschaft geleitet wird.[4] Diese Beschränkung der Empfangszuständigkeit steht momentan auf dem europarechtlichen Prüfstand.[5] Der BFH[6] hat dem EuGH die Frage vorgelegt, ob die Versagung der Steuervergünstigung für Auslandsspenden gemeinschaftsrechtswidrig sei. In dem vom BFH vorgelegten Fall begehrte der Revisionskläger in seiner ESt-Erklärung, eine an eine nach portugiesischem Recht als gemeinnützig anerkannte Einrichtung geleistete Sachspende als SA abzuziehen. Das FA versagte den Abzug unter Berufung auf § 10b EStG, das FG gab dem FA Recht. Der BFH macht in der Formulierung der Vorlage deutlich, dass er die Versagung des SA-Abzugs nicht für gemeinschaftsrechtswidrig hält.

Ob der EuGH in der Versagung des SA-Abzugs einen Verstoß gegen Gemeinschaftsrecht sieht, lässt sich nicht aus der Entscheidung in der Rechtssache Stauffer beantworten. Zwar hatte der EuGH[7] in dieser Entscheidung den Ausschluss der Steuerbefreiung nach § 5 I Nr 9 KStG für Vermietungseinkünfte einer gemeinnützigen, beschränkt stpfl ausländischen Stiftung für unvereinbar mit der Kapitalverkehrsfreiheit erklärt. Den Mitgliedstaaten stehe die Entscheidung zu, welche Interessen der Allgemeinheit sie fördern wollen, indem sie Vereinigungen und Stiftungen, die selbstlos mit diesen Interessen zusammenhängende Ziele verfolgen, Vergünstigungen gewähren.[8] Der EuGH beanstandet allerdings, dass einer in einem Mitgliedstaat als gemeinnützig anerkannten Stiftung, die auch die dafür nach dem Recht eines anderen Mitgliedstaats vorgeschriebenen Voraussetzungen erfüllt und deren Ziel die Förderung identischer Interessen der Allgemeinheit ist, das Recht auf Gleichbehandlung allein deshalb verwehrt worden ist, weil sie ihren Sitz nicht im Inland hat.[9] Im Anschluss an diese Ausführungen legt der BFH dar,[10] dass Ausgangspunkt und Maßstab für die Beurteilung der Gemeinnützigkeit allein das innerstaatliche deutsche Recht ist und dass die rechtsstaatlich unverzichtbare Kontrolle dem jeweiligen Fiskus in verhältnismäßiger Weise möglich sein müsse. Deutschland sei aus Gründen des Gemeinschaftsrechts nicht verpflichtet, den Gemeinnützigkeitsstatus ausländischen Rechts anzuerkennen.

29 V. Durchlaufspendenverfahren. Auch nach der Abschaffung des Durchlaufspendenverfahrens als Spendenabzugsvoraussetzung bei mittelbarer Spendenempfangsberechtigung gemeinnütziger Körperschaften bleibt es **weiter zulässig**, einem gemeinnützigen Verein[11] steuerbegünstigte Spenden über eine inländische jur Pers des öffentlichen Rechts oder einer öffentlichen Dienststelle zuzuwenden.[12] Nicht mehr Gebrauch gemacht werden darf allerdings von dem „Listenverfahren".[13] Die Durchlaufstelle muss vor Weiterleitung der Spende prüfen, ob der Zuwendungsempfänger empfangsberechtigt und die Verwendung der Spenden für gemeinnützige Zwecke sichergestellt ist (R 10b.1 II 6 EStR).

32 VI. Zuwendungsbestätigung. Nach § 50 I EStDV (vgl § 51 Rn 73) dürfen Zuwendungen nur abgezogen werden, wenn sie durch eine Zuwendungsbestätigung des Zuwendungsempfängers (bei der Durchlaufspende der Durchlaufstelle, R 10b.1 II 6 EStR) nachgewiesen werden. Diese Bestätigung ist **eine unverzichtbare sachliche Voraussetzung** des gemeindienlichen SA-Abzugs.[14] Ohne Zuwendungsbestätigung ist ein Abzug ausgeschlossen. Aufwendungen, für die – wie bei Straßensammlungen, kirchlichen Kollekten oder Gaben in den Opferstock – keine Zuwendungsbestätigungen ausge-

---

1 FG Bln EFG 95, 1066.
2 FG Mchn v 26.2.02, Az 6 K 306/02.
3 *Geserich* Gemeinwohlwirksamer Aufwand, S 33 mwN; *Jachmann* Gemeinnützigkeit in Europa, S 35; *Heger* FR 04, 1154 (1158); BFH/NV 02, 191; FG M'ster DStRE 06, 721.
4 BMF StEK EStG § 10b Nr 188; BMF BStBl I 05, 902; *Blümich* § 10b Rn 29.
5 Generell zum Thema *v Hippel* in: Walz/v Auer/v Hippel, S 677 ff.
6 BFH DStR 07, 1295 (vorgehend FG M'ster DStRE 06, 721 = IStR 06, 497).
7 EuGH IStR 06, 679 – Centro di Musicologia Walter Stauffer; *Geserich* aaO, S 93 ff; *Heger* aaO; *Jachmann* aaO; *K/S/M* § 10b Rn B 400; vgl zu der der Entscheidung zugrunde liegenden Rechtsfrage *Jachmann* Gemeinnützigkeit in Europa, S 15 ff; *Kube* IStR 05, 469.
8 EuGH aaO, Tz 39.
9 EuGH aaO, Tz 40.
10 BFH DStR 07, 438 = BB 07, 701 = DB 07, 783; **aA** *Helios/Schlotter* IStR 06, 483.
11 Zum Erfordernis der Gemeinnützigkeit des Letztempfängers, BFH BFHE 215, 78 = BStBl II 07, 450.
12 Vgl zu Einzelheiten *K/S/M* § 10b Rn B 456–461.
13 *K/S/M* § 10b Rn B 456; *Thiel* DB 00, 392.
14 *K/S/M* § 10b Rn B 550.

stellt werden, sind deshalb nicht abzugsfähig, auch wenn der StPfl sie auf andere Weise, zB durch eine **eidesstattliche Versicherung** oder eine **„formlose" Bescheinigung** des Zuwendungsempfängers nachweist oder glaubhaft macht.[1] Die Bestätigung muss bis **zum Abschluss der Tatsacheninstanz** vorliegen, kann aber auch noch während einer **Außenprüfung** oder einer **Steuerfahndung** nachgereicht werden.[2] Eine Nachholung im **Revisionsverfahren** ist dagegen nicht möglich (§ 118 II FGO). Eine nachgereichte Zuwendungsbestätigung kann jedoch als rückwirkendes Ereignis die Änderung eines bestandskräftigen Bescheids nach § 175 I Nr 2 AO tragen.[3]

Für die Zuwendungsbestätigung ist seit dem 1.1.00 ein **amtlich vorgeschriebener Vordruck** (Anlage 4 zu R 10b.1 EStR) zu verwenden (R 10b.1 III 1 EStR). Die **allgemeinverbindlichen Mustervordrucke** enthalten umfassende Angaben, von denen der Zuwendungsempfänger in seiner Zuwendungsbestätigung jedoch nur die Angaben übernehmen muss, die auf ihn zutreffen. Die Bestätigungen sind vom Zuwendungsempfänger selbst auszustellen. Hierfür hat die Verwaltung genaue Vorgaben gemacht.[4] Mit Genehmigung des zuständigen Finanzamts kann die Zuwendung auch durch maschinelle Bestätigung ohne eigenhändige Unterschrift nachgewiesen werden (R 10b.1 IV 1 EStR). Zuwendungsbestätigungen wissenschaftlicher **Hochschulen** sind von der für die Personal- und Wirtschaftsverwaltung zuständigen Stelle der Hochschule auszustellen, was in der Bescheinigung durch Verwendung des entspr Briefkopfes zum Ausdruck kommen soll.[5] Besonderheiten gelten auch für Zuwendungsbestätigungen landesrechtlich verselbstständigter **Universitätskliniken**[5] und des **Schulelternbeirats**.[6] 33

Erforderlich ist es insbes, Angaben zum **Empfänger**, zur **Person** des Zuwendenden, zu **Art und Höhe** sowie zum **Zeitpunkt** und **Verwendungszweck**[7] der Zuwendung zu machen. Ist die Zuwendung von einer **PersGes** geleistet worden, genügt es, die Bestätigung für die Ges auszustellen. Die Verwendung im **Ausland** ist ebenfalls in der Zuwendungsbestätigung anzugeben und unterliegt einer erhöhten Nachweispflicht.[8] Gemeinnützige Zuwendungsempfänger haben zusätzlich Angaben zur **KSt-Befreiung** zu machen. **Besondere Muster** finden sich für gemeinnützige Einrichtungen, die mildtätige Zwecke verfolgen oder den Sport fördern. Darüber hinaus sind Zuwendungen an Stiftungen[9] und Sachspenden nach gesonderten Mustern zu bestätigen. Die Zuwendungsbestätigung ist schließlich von mindestens einer durch Satzung oder Auftrag zur Entgegennahme von Zahlungen berechtigten Person zu unterschreiben (R 10b.1 III EStR). 34

Die FÄ sind angewiesen, Zuwendungsbestätigungen unmittelbar empfangsberechtigter Körperschaften, die **nach dem 31.12.92 ausgestellt** worden sind, nicht (mehr) als Nachweis anzuerkennen, wenn das Datum des Steuer(freistellungs)bescheids länger als fünf Jahre oder das Datum der vorläufigen Bescheinigung länger als drei Jahre seit Ausstellung der Bestätigung zurückliegt.[10] Aus Gründen des Vertrauensschutzes berücksichtigt die Verwaltung derartige Zuwendungsbestätigungen letztmalig noch bei der Veranlagung für das Kj, für das sie vorgelegt worden sind, es sei denn, das Datum des Freistellungsbescheids oder der vorläufigen Bescheinigung wurde bereits in der Vergangenheit beanstandet und der Spender darüber unterrichtet. Entsprechendes gilt für den vereinfachten Zuwendungsnachweis nach § 50 II, III EStDV. 35

In bestimmten Ausnahmefällen lässt die FinVerw einen **vereinfachten Zuwendungsnachweis** zu (§ 50 II EStDV, dazu § 51 Rn 73). Zuwendungen zur Hilfe in Katastrophenfällen können durch den Bareinzahlungsbeleg oder die Buchungsbestätigung (Kontoauszug[11]) eines Kreditinstituts nachgewiesen werden, wenn sie innerhalb eines bestimmten Zeitraums auf einem Sonderkonto eines öffentlich-rechtlich verfassten Zuwendungsempfängers oder eines inländischen amtlich anerkannten Verbandes der freien Wohlfahrtspflege einschließlich seiner Mitgliedsorganisationen eingehen (**§ 50 II 1 Nr 1 EStDV**). Die Regelung in **§ 50 II 1 Nr 2a EStDV nF**, nach der zum Nachweis von Zuwendun- 36

---

1 FG Nds EFG 66, 270 (271); OFD Hann DStR 91, 616 (617).
2 FG SchlHol EFG 01, 815.
3 BFH BStBl II 03, 554.
4 BMF BStBl I 00, 592 iVm BMF BStBl I 08, 4, das die Schr des BMF BStBl I 99, 979 und BStBl I 00, 1557 rückwirkend ab dem 1.1.07 aufhebt und ersetzt. Allerdings beanstandet die Verwaltung es nicht, wenn bis zum 30.6.08 die bisherigen Muster für Zuwendungsbestätigungen verwendet werden.
5 OFD Ffm DStR 99, 631.
6 OFD Mchn StEK EStG § 10b Nr 293.
7 **AA** FG SchlHol EFG 01, 815 bis einschl VZ 99 für Spendenzwecke nach Anlage 7 zu R 111 I aF.
8 BMF BStBl I 00, 592; OFD Hann 9.10.02, juris VV-Steuer.
9 BMF BStBl I 08, 4, das das Schr des BMF BStBl I 00, 1557 rückwirkend ab dem 1.1.07 aufhebt.
10 So BMF BStBl I 94, 884.
11 OFD Karlsr DStR 03, 371.

gen bis 200 € der Bareinzahlungsbeleg oder die Buchungsbestätigung eines Kreditinstituts ausreicht, gilt für Zuwendungen an inländische Personen des öffentlichen Rechts und inländische Dienststellen. Nach **§ 50 II 1 Nr 2b EStDV** findet diese Vereinfachungsregelung auf alle gemeinnützigen Körperschaften ebenfalls Anwendung. Allerdings müssen der steuerbegünstigte Zweck, für den die Zuwendung verwendet wird, und die Angaben über die Körperschaftsteuerfreistellung des Empfängers auf dem Beleg aufgedruckt sein. Zusätzlich muss auf dem Beleg angegeben werden, ob es sich bei der Zuwendung um eine Spende oder einen Mitgliedsbeitrag handelt, weil nicht alle Mitgliedsbeiträge abzugsfähig sind (Rn 13).

37 § 50 IV EStDV (vgl § 51 Rn 73) schreibt den buchmäßigen Nachweis der Zuwendungen bei gemeinnützigen Zuwendungsempfängern vor. Die entspr **Aufzeichnungspflichten** ergeben sich bereits aus § 63 III AO. Gemeinnützige Körperschaften haben die Vereinnahmung der Zuwendung und ihre zweckentsprechende Verwendung ordnungsgemäß aufzuzeichnen und **ein Doppel der Zuwendungsbestätigung** aufzubewahren. Bei **Sachzuwendungen** und beim Verzicht auf die **Erstattung von Aufwendungen** müssen sich aus den Aufzeichnungen auch die Grundlage für den vom Empfänger bestätigten Wert der Zuwendung ergeben. Verstöße gegen die Aufzeichnungspflichten können zum Verlust der Gemeinnützigkeit der Körperschaften führen und eine Haftung des Zuwendungsempfängers nach § 10b IV begründen. Für den buchmäßigen Nachweis von Zuwendungen an jur Pers des öffentlichen Rechts und öffentliche Dienststellen bieten die **Haushaltsordnungen** eine ausreichende Grundlage.

VII. Rechtsfolge des gemeindienlichen SA-Abzugs. – 1. Begrenzter Abzug vom Gesamtbetrag der
38 **Einkünfte.** Spenden und steuerwirksame Mitgliedsbeiträge sind als SA vom Gesamtbetrag der Einkünfte abziehbar. Sie können im VZ allerdings nicht in der tatsächlich geleisteten Höhe, sondern nur im Rahmen bestimmter **Höchstbeträge** steuermindernd berücksichtigt werden. Abgezogen werden dürfen bis zu 20 vH des Gesamtbetrags der Einkünfte oder bis zu 4 vT der Summe der gesamten Umsätze und der im Kj aufgewendeten Löhne und Gehälter. Gesamtbetrag der Einkünfte ist die um den Altersentlastungsbetrag (§ 24a), den Entlastungsbetrag für Alleinerziehende (§ 24b) und um den Freibetrag für Land- und Forstwirte nach § 13 III verminderte Summe der Einkünfte (§ 2 III). Eine Differenzierung der Höchstbeträge, wie sie § 10b I 1 u 2 aF vorsah, hat der Gesetzgeber mit der Reform des Gemeinnützigkeitsrechts aufgegeben. Die Vereinheitlichung der Höchstbeträge erübrigt die in der Vergangenheit notwendige Unterscheidung nach dem Zweck der Zuwendung (zur alten Rechtslage siehe Rn 47f).

41 Neben dem einkünfteabhängigen bietet der Gesetzgeber mit der sog **Alternativgrenze** einen gewinnunabhängigen Höchstbetrag an. Danach (§ 10b I 1 nF) ist der SA-Abzug auf 4 vT der Summe der gesamten[1] **Umsätze** und der im Kj aufgewendeten **Löhne** und **Gehälter**[2] beschränkt. Sog **Offenmarktgeschäfte** der Kreditinstitute mit der Bundesbank sind nicht in die Berechnung des Spendenhöchstbetrages einzubeziehen.[3] Die Alternativgrenze wird, sofern für den StPfl günstiger, **von Amts wegen** berücksichtigt. Bei PersGes werden diese Berechnungsgrundlagen nach dem Gewinnverteilungsschlüssel auf die G'ter verteilt (R 10b.3 I 3 EStR).

42 **2. Spendenvortrag und Abzugsreihenfolge (§ 10b I 3).** Die sog Großspendenregelung (zur alten Rechtslage siehe Rn 49) hat der Gesetzgeber mit der Neuregelung des § 10b aufgegeben, was im Gesetzgebungsverfahren höchst umstritten war. Die bisherige Großspendenregelung geht in dem zeitlich unbegrenzten Spendenvortrag auf. Gleichzeitig regelt nun das Gesetz auch die Reihenfolge der Abzüge vom Gesamtbetrag der Einkünfte.[4] Danach sind zunächst die Vorsorgeaufwendungen nach § 10 III und IV und nach § 10c sowie der Verlustabzug nach § 10d abzuziehen. Die abziehbaren Aufwendungen nach § 10b mindern den verbleibenden Restbetrag auf Null.

45 Ist der Höchstbetrag nach § 10b I 1 ausgeschöpft, ist die Spende nach Maßgabe des § 10d IV (§ 10b I 4 nF) in den folgenden VZ zeitlich unbegrenzt vorzutragen. Ein nicht genutztes Spendenvolumen geht allerdings im Erbfall nicht auf die Erben über.[5] Nach alter Rechtslage konnte die Spende in dem der Zuwendung vorausgegangenen und in den folgenden fünf VZ abgezogen werden. Nach § 10d IV ist der verbleibende Verlustabzug am Schluss eines jeden VZ, für den es eine Restgröße gibt, gesondert festzustellen.

---

1 BFH BStBl II 97, 327.
2 *K/S/M* § 10b Rn B 632 ff.
3 FinMin Hess StEK EStG § 10b Nr 314.
4 § 10b I 3 EStG idF des JStG 2008, BGBl I 07, 3150 (3152).
5 FG Kln EFG 05, 1606 (Rev BFH XI R 4/05).

Der unbegrenzte Vortrag und der gleichzeitige Ausschluss des Spendenrücktrages nach § 10b I 3 nF **46** schafft nunmehr gleiche Maßstäbe für die ESt, die GewSt und die KSt. In § 9 Nr 5 S 2 GewStG nF wie auch in § 9 I Nr 2 S 3 KStG nF wird an die Regelung im neu formulierten § 10b I 1 EStG angeknüpft. Das **GewStG** kannte schon vor Änderung keinen Spendenrücktrag, weil der Gesetzgeber vermeiden wollte, dass die Gemeinden bereits vereinnahmte Steuern zurückzahlen müssen.[1] Verbleibendes Spendenvolumen konnte nach § 9 Nr 5 S 4 GewStG aF nur im Rahmen der sechs folgenden Erhebungszeiträume abgezogen werden. Eine bedarfsgerechte Verteilung auf die Erhebungszeiträume war allerdings nicht möglich, weil nach § 9 Nr 5 S 4 GewStG aF der Spendenvortrag nur insoweit zulässig war, als er in den vorangegangenen Erhebungszeiträumen nicht vorgenommen werden konnte.

VIII. Frühere Rechtslage. – 1. Zuwendungszwecke. Durch die Vereinheitlichung der Höchstbe- **47** träge wird sich die für die Rechtsfolge notwendige Unterscheidung nach dem Zweck der Zuwendung erübrigen. Sie bleibt jedoch für das Wahlrecht (§ 52 XXIVb 2 und 3 nF) bedeutsam. Der gemeindienliche SA war nach altem Recht auf 5 vH des Gesamtbetrags der Einkünfte beschränkt, wenn mit der Zuwendung kirchliche, religiöse oder als besonders förderungswürdig anerkannte gemeinnützige Zwecke gefördert wurden. Diente die Zuwendung wissenschaftlichen, mildtätigen oder als besonders förderungswürdig anerkannten kulturellen Zwecken, **verdoppelte** sich der Spendenhöchstbetrag von 5 vH auf 10 vH des Gesamtbetrags der Einkünfte. Diese Differenzierung der Höchstbeträge fand in den unterschiedlichen Zwecken keinen sachlich rechtfertigenden Grund und war deshalb mit dem Gleichheitssatz (Art 3 I GG) nicht vereinbar.[2]

Bei **öffentlich-rechtlichen Zuwendungsempfängern** (§ 49 Nr 1 EStDV aF) richtete sich die Höhe des **47a** gemeindienlichen SA-Abzugs nach dem Zweck, der dem Willen des Spenders entspr durch die Spende tatsächlich gefördert wurde. Der vom öffentlich-rechtlichen Zuwendungsempfänger verfolgte Hauptzweck überlagerte nicht generell andere Zwecke, die durch die konkrete Tätigkeit verwirklicht wurden. Dies galt auch bei kirchlichen Körperschaften des öffentlichen Rechts.[3] Wendete ein Spender einer Kirchengemeinde einen Betrag mit der ausdrücklichen Weisung zu, diesen nicht für einen liturgischen Zweck, sondern für einen bestimmten kulturellen Zweck zu verwenden, und wurde der Beitrag auch dementspr verwendet, so förderte der Spender ausschließlich und unmittelbar kulturelle Zwecke. Der BFH hatte die sog Überlagerungs- oder Abfärbetheorie aufgegeben, nach der – unabhängig vom tatsächlichen Verwendungszweck – eine Zuwendung an eine Körperschaft, die kirchlichen Zwecken dient, zunächst und unmittelbar diese Zwecke fördern soll.[4] Allerdings waren öffentlich-rechtlich verfasste Zuwendungsempfänger gehalten, Aufzeichnungen und Geschäfte getrennt nach einfach und erhöht begünstigten Zwecken zu führen. Bei **gemeinnützigen Zuwendungsempfängern** (§ 49 Nr 2 EStDV aF) bemaß sich die Höhe des gemeindienlichen SA-Abzugs nach dem tatsächlich geförderten Satzungszweck der Körperschaft. Verfolgte eine nach § 49 Nr 2 EStDV aF spendenempfangsberechtigte Körperschaft, Personenvereinigung oder Vermögensmasse neben wissenschaftlichen, mildtätigen oder als besonders förderungswürdig anerkannten kulturellen Zwecken auch Zwecke, die nur bis zu einem Höchstbetrag von 5 vH abzugsfähig waren, wurde der erhöhte SA-Abzug von der FinVerw zugelassen, wenn die Betätigungen nach Satzung und tatsächlicher Geschäftsführung getrennt waren, diese Trennung aufgrund von Aufzeichnungen nachprüfbar war, die Spende tatsächlich für einen Tätigkeitsbereich verwendet wurde, der den erhöhten Abzug rechtfertigte, und die Verwendung für einen solchen Zweck eindeutig bestätigt worden war.[5]

Spendete ein StPfl für **unterschiedlich begünstigte Zwecke**, war der Spendenhöchstbetrag abgestuft **48** zu ermitteln: Zunächst wurden die Spenden für wissenschaftliche, mildtätige und besonders förderungswürdige kulturelle Zwecke bis zu einer Höhe von 5 vH des Gesamtbetrags der Einkünfte abgezogen. Ein eventuell verbleibender Restbetrag konnte zusammen mit den Spenden für einfach begünstigte Zwecke nochmals bis zur Höhe von 5 vH abgezogen werden. Bei **Organgesellschaft und Organträger** waren die Höchstbeträge gesondert zu ermitteln.[6]

---

1 BT-Drs 11/7833, 9.
2 Zur Verfassungsmäßigkeit: *K/S/M* § 10b Rn B 611 f, A 382 f.
3 BFH BStBl II 00, 608.
4 BFH BStBl II 00, 608; BStBl II 00, 533.
5 BMF DStR 01, 129.
6 BFH BStBl II 03, 9.

Kirchhof

49 **2. Großspendenregelung (§ 10b I 4, 5 aF).** Nach alter Rechtslage war gem § 10b I 4, 5 aF eine Einzelzuwendung von mindestens 25 565 € zur Förderung wissenschaftlicher, mildtätiger oder als besonders förderungswürdig anerkannter kultureller Zwecke, die den Spendenhöchstbetrag überschritt, im Rahmen dieser Höchstsätze im VZ der Zuwendung, im (bis 1998 in den zwei) vorangegangenen und in den fünf folgenden VZ abzuziehen. **§ 10d galt entspr.** Die Einzelzuwendung musste für sich allein mindestens 25 565 € betragen und nach der Rspr des BFH die beiden Höchstsätze nach § 10b I 1, 2 aF übersteigen.[1] Der BFH begründete dies mit der Gleichartigkeit des Großspendenabzugs mit den sonstigen SA. Jene dürften bei einem negativen Gesamtbetrag der Einkünfte ebenso wenig in andere VZ zurückgetragen werden. Einzelzuwendung iSd § 10b I 3 aF war jeder einzelne Abfluss einer Zahlung oder die Zuwendung eines WG (R 10b.3 II 1 EStR) und konnte auch vorliegen, wenn mehrere Zahlungen oder die Abgabe mehrerer WG in einem VZ an denselben Empfänger auf einer **einheitlichen Spendenentscheidung** des StPfl beruht (R 10b.3 II 2 EStR).[2] Bei Zuwendungen an eine jur Pers des öffentlichen Rechts oder eine öffentliche Dienststelle war die Großspendenregelung nach R 10b.3 II 3 EStR auch anzuwenden, wenn eine Spende von mindestens 25 565 € als Durchlaufspende geleistet und von der Durchlaufstelle auflagegemäß in Teilbeträgen von jeweils weniger als 25 565 € an verschiedene gemeinnützige Letztempfänger weitergeleitet wurde **(Sammelspende)**. Wurde die Einzelzuwendung von einer PersGes geleistet, konnte ein einzelner G'ter bei seiner ESt-Veranlagung die Großspendenregelung nur in Anspr nehmen, wenn auf ihn ein Spendenanteil von mindestens 25 565 € entfiel (R 10b.3 II 4 EStR). Dagegen war bei der **GewSt** die Verteilungsregelung bereits anwendbar, wenn aus den Mitteln der MU'schaft eine Großspende von 25 565 € geleistet wurde, da nicht der G'ter, sondern die PersGes Subjekt dieser Steuer ist.[3] Die Anwendung der Großspendenregelung setzte voraus, dass die Zuwendung zur Förderung **wissenschaftlicher, mildtätiger** oder **als besonders förderungswürdig anerkannter kultureller Zwecke** gegeben worden war. Die Aufteilung auf verschiedene Förderungszwecke folgte den gleichen Grundsätzen wie bei dem erhöhten SA-Abzug.

C. Die steuerliche Förderung von Stiftungen

50 Durch das „Gesetz zur weiteren steuerlichen Förderung von Stiftungen v 14.7.2000"[4] sind **die steuerlichen Rahmenbedingungen für Stiftungen** verbessert worden. Dieser erste Schritt zu einer grundlegenden, später auch zivilrechtlichen Reform[5] des Stiftungsrechts sollte die mangelnde Stiftungsfreudigkeit in Deutschland anregen, die „auch auf den unzureichenden Regelungsrahmen des Deutschen Stiftungssteuerrechts" zurückzuführen sei.[6] Der Gesetzgeber hält auch mit dem Gesetz zur weiteren Förderung des bürgerschaftlichen Engagements im Grundsatz an der rechtsformspezifischen Privilegierung von Spenden an Stiftungen fest (§ 10b Ia nF). Der Dotationshöchstbetrag für Stiftungen ist auf eine Mio € angehoben und auf Zustiftungen ausgedehnt worden (Rn 59 ff). Der erst im Jahre 2000 eingeführte zusätzliche Sonderausgabenabzug für Spenden an Stiftungen (§ 10b I 3 aF) wird aufgegeben.[7] Die alte Rechtslage wird noch insofern dargestellt (Rn 58 ff), als sie für die Ausnutzung des neu geschaffenen Wahlrechts (§ 52 XXIVb 2 u 3 nF) von Bedeutung ist.

51 **I. Stiftungen.** Empfangsberechtigt sind Stiftungen des öffentlichen Rechts und die nach § 5 I Nr 9 KStG steuerbefreiten Stiftungen des privaten Rechts. Zu diesen Stiftungen gehören jedenfalls alle rechtsfähigen Stiftungen des öffentlichen und privaten Rechts.[8] Die Beschränkung der Abzugstatbestände auf Stiftungen wurde für gleichheitswidrig erachtet, weil sie gemeinnützige Organisationen mit gleichartigen Aufgaben allein wegen der unterschiedlichen Rechtsform ungleich behandele.[9] Das BVerfG hat gegenüber einer allein nach der Rechtsform eines Unternehmers unterscheidenden USt-Befreiung hervorgehoben, dass das Gleichbehandlungsgebot (Art 3 I GG) eine nur nach der Rechtsform unterscheidende Steuerbelastung verbiete.[10] Bei der steuerlichen Entlastung der rechtsfähigen Stiftungen (vgl iÜ Rn 54) liegt der rechtfertigende Grund für die Unterscheidung zw

---

1 BFH BStBl II 04, 736; *K/S/M* § 10b Rn B 643 ff; FG D'dorf StE 03, 608; FG D'dorf EFG 99, 1220.
2 FinMin Bay StEK EStG § 10b Nr 234.
3 OFD M'ster StEK EStG § 10b Nr 251.
4 BGBl I 00, 1034 ff.
5 Gesetz zur Modernisierung des Stiftungsrechts v 15.7.02 (BGBl I 02, 2634), in Kraft seit dem 1.9.02.
6 BT-Drs 14/2340, 1.
7 *Hüttemann* DB 07, 2053 (2056).
8 So noch ausdrücklich Art 6 II des Entw eines StiftungsförderungsG v 1.12.97, BT-Drs 13/9320 – Einführung eines neuen § 10 I Nr 9 EStG; s dazu auch *Thiel* DB 00, 392 (395).
9 *Hüttemann* in: Deutsche Stiftungen, Mitteilungen des Bundesverbandes Deutscher Stiftungen, 3/99, 33 (35); *ders* DB 00, 1586 (1592); vgl auch *Thiel* DB 00, 392 (395 f); *Richter* ZSt 05, 144 (146).
10 BVerfGE 101, 151 (155 ff) = BStBl II 00, 160 (161).

begünstigten und nicht begünstigten Körperschaften jedoch nicht allein in der Organisationsform, sondern in der verlässlichen Bindung der Zuwendungen ausschließlich für gemeinnützige Zwecke. Die rechtsfähige Stiftung benötigt ein Vermögen, das dem Zugriff von Mitgliedern und G'tern entzogen ist und dessen Erträge stetig für gemeinnützige Zwecke zur Verfügung stehen. Der Stifter „bringt ein Kind auf die Welt, das sofort volljährig ist, seinen eigenen rechtserheblichen Willen hat und ihn zwingt, sich diesem Willen zu beugen".[1] Zudem unterliegt die Stiftung der Aufsicht durch die Stiftungsbehörden, die durch ihre dauerhafte Rechtsaufsicht die tatsächliche Einhaltung des Stiftungs- und auch des Steuerrechts gewährleistet.[2] Außerdem fällt die Vermögensausstattung einer Stiftung bei ihrer Auflösung nur um den Preis des Verlustes der Gemeinnützigkeit an den Stifter zurück und kann bei diesem auch eine Schenkungsteuer auslösen, weil die Stiftung als Zuwendende gilt.[3] Bei gemeinnützigen Körperschaften – wie einer GmbH – hingegen bleibt die Rückgewähr der Einlagen im Falle der Auflösung für den Stifter – G'ter – neutral.

52 Allerdings gilt die Abziehbarkeit nach § 10b I 1a auch für Zuwendungen „an nach **§ 5 I Nr 9 KStG steuerbefreite Stiftungen des privaten Rechts**". Unter diesen Begriff der Stiftung fallen herkömmlich auch die unselbstständigen, nicht rechtsfähigen Stiftungen, bei denen das Stiftungsvermögen nicht durch Stiftungsgeschäft und hoheitliche Genehmigung nach § 80 I BGB zur eigenen Rechtsperson erstarkt, sondern in das Eigentum eines anderen Rechtsträgers übergeht, der gegenüber dem Stifter obligatorisch in der Verwendung des Vermögens auf die Verfolgung eines Stiftungszwecks beschränkt ist.[4] Diese nicht rechtsfähigen Stiftungen sind zivilrechtlich überwiegend Treuhandverträge, Auflagenschenkungen oder Erbeinsetzungen und Vermächtnisse unter Auflagen.[5] Auch diese unselbstständigen Stiftungen können Körperschaftsteuersubjekt sein (§ 1 I Nr 5 KStG) und eine Steuerbefreiung gem § 5 I Nr 9 KStG wegen Verfolgung gemeinnütziger Zwecke in Anspr nehmen.[6] Nachdem ursprünglich der Entw eines StiftungsförderungsG v 1.12.97[7] den Abzugsbetrag auf die „rechtsfähige Stiftung des Privatrechts" beschränken wollte, diese Formulierung aber durch die Bezugnahme auf § 5 I Nr 9 KStG ersetzt worden war, deutet auch die Entstehungsgeschichte des § 10b I 3 aF daraufhin, in den Begriff „Stiftungen" auch die nicht rechtsfähigen einzubeziehen.[8] Dennoch dürfte § 10b I 1a grds nicht auf die nicht rechtsfähigen Stiftungen angewandt werden. Die soeben (Rn 51) entwickelte Rechtfertigung der gesetzlich gewählten Tatbestandsabgrenzung gilt nur für die rechtsfähigen Stiftungen mit einem zweckgebundenen Vermögen, einer kontinuitätgewährenden Mitgliederlosigkeit und einer staatlichen Stiftungsaufsicht. Unselbstständige Stiftungen bieten nicht die gleiche Garantie dauerhafter Erfüllung gemeinnütziger Aufgaben und sind anfälliger gegenüber Einflüssen Dritter und des Stifters,[9] es sei denn, die Unselbstständigkeit verweist ausschließlich auf einen Rechtsträger, dessen alleinige Aufgabe die Wahrung des gemeinnützigen Stiftungswesens ist.[10]

53 Nicht in den Anwendungsbereich des § 10b I 1a fallen Körperschaften wie die **„Stiftungs-GmbH"** und der **„Stiftungs-Verein"**.[11] Zwar mögen diese jur Pers den Begriff „Stiftung" in ihrem Namen führen dürfen.[12] Ihre Einbeziehung in den Abzugstatbestand des § 10b I 1a hätte jedoch nahezu jeder gemeinnützigen Körperschaft erlaubt, allein durch Namens- oder Firmenwahl die Höhe des SA-Abzugs ihrer Förderer zu beeinflussen,[13] und damit den Sondertatbestand des § 10b I 1a in einer Weise auszudehnen, dass das Tatbestandselement „Stiftungen" kaum noch Bedeutung gewinnt. § 10b I 1a gilt deshalb nur für Stiftungen des öffentlichen Rechts und für rechtsfähige Stiftungen des privaten Rechts (str).[14]

54 II. Erweiterter Abzug bei Spenden in den Vermögensstock von Stiftungen (Abs 1a). Durch das Gesetz zur weiteren Förderung des bürgerschaftlichen Engagements entfällt die Beschränkung auf

---

1 *Leermann* Die Stiftung als Rechtspersönlichkeit, in: Franz ua, Deutsches Stiftungswesen 1948–1966, 1968, S 153.
2 Vgl *Staudinger/Rawert* BGB[13], Vorbemerkungen zu §§ 80f Rn 61; *Crezelius/Rawert* ZEV 00, 424 f.
3 BFH BStBl II 93, 238; dagegen krit *Meincke* ErbStG[14] § 7 Rn 113; *Crezelius/Rawert* ZEV 00, 425.
4 Vgl *Staudinger/Rawert* BGB[13], Vorbemerkung zu §§ 80 ff Rn 156 ff; *H/H/R* Bd 20 (Steuerreform 1999/ 2000/2002) § 10b Rn R 10; *Hüttemann/Herzog* DB 04, 1001 (1002).
5 *Staudinger/Rawert* aaO; *Crezelius/Rawert* ZEV 00, 425.
6 *H/H/R* aaO; *D/J/P/W* § 5 KStG Rn 49a; *Hüttemann/ Herzog* DB 04, 1001 (1002).
7 BT-Drs 13/9320, Art 6 Nr II.
8 *H/H/R* aaO; *Hüttemann* DB 00, 1584 (1587).
9 Ebenso *Richter* ZSt 05, 144 (146).
10 In dem Sinne auch *K/S/M* § 10b Rn Ba 33 ff.
11 *Hüttemann* DB 00, 1584 (1587).
12 *Staudinger/Rawert* BGB[13], Vorbemerkung zu §§ 80 ff Rn 179.
13 *Hüttemann* aaO.
14 **AA** *Hüttemann* aaO; *H/H/R* aaO; *Mecking* NJW 01, 203 (204).

Spenden in den Vermögensstock einer neu gegründeten Stiftung. Stattdessen werden auch Spenden als sog Zustiftungen in das Vermögen bestehender Stiftungen begünstigt. Nach § 10b Ia nF können Spenden in den Vermögensstock einer Stiftung des öffentlichen Rechts oder einer nach § 5 I Nr 9 steuerbefreiten Stiftung des privaten Rechts **bis zu einem Betrag von einer Mio € (früher 307 000 €)** zusätzlich zu den Höchstbeträgen nach Abs 1 S 1 nF abgezogen werden. Dieser besondere Abzugsbetrag wird wie schon nach alter Rechtslage nur **auf Antrag** des StPfl gewährt (S 1) und kann der Höhe nach innerhalb des Zehnjahreszeitraums nur einmal in Anspr genommen werden (S 2 nF). Ein in einem VZ verbleibender Sonderabzugsbetrag kann in entspr Anwendung des § 10d IV vorgetragen werden (S 3 nF). Allerdings betrifft § 10b die Ermittlung des Einkommens, bei der eine Trennung nach Einkunftsarten nicht mehr möglich ist. Deshalb ist der am Ende eines VZ verbleibende, nicht verbrauchte Sonderabzugsbetrag der Höhe nach gesondert festzustellen.[1]

55 Durch die Verwendung des Begriffs „Spenden" wird klargestellt, dass dieser Abzug ebenso wie nach alter Rechtslage (Rn 60) nicht für Mitgliedsbeiträge gilt. **Begünstigte Empfänger** sind nur Stiftungen des öffentlichen Rechts und idR rechtsfähige Stiftungen des Privatrechts (Rn 51, 52).

56 Nach Abs 1a begünstigt sind nur Zuwendungen, die **„in den Vermögensstock"** geleistet werden, nicht aber bloße Verbrauchsstiftungen, bei denen nicht nur die Erträge des Stiftungsvermögens, sondern auch das Stiftungsvermögen selbst über die Lebensdauer der Stiftung für satzungsgemäße Zwecke verbraucht werden soll.[2] Vermögensstock ist der Bestandteil des Stiftungsvermögens, der nach dem Grundsatz der Vermögenserhaltung dem Stiftungsvermögen ungeschmälert verbleibt, deswegen nicht zur Erfüllung des Stiftungszwecks verbraucht werden darf und vom anderen Vermögen getrennt zu halten ist.[3] Dieses Stiftungskapital wird aus dem vom Stifter hingegebenen Vermögen und aus den Zustiftungen gebildet.

57 Auch hier ist der Wortlaut des § 10b Ia verfassungskonform so auszulegen, dass zusammen veranlagte Ehegatten den Gründungshöchstbetrag zweimal geltend machen können[4] (Rn 59).

58 III. Frühere Rechtslage. Das alte Recht bleibt für das Wahlrecht des § 52 XXIVb 2 und 3 bedeutsam. Der SA-Abzugsbetrag in Höhe von 20 450 € jährlich trat als **zusätzliche Entlastung** neben die Abzugsmöglichkeiten des § 10b I 1 und 2 aF.[5] Der Spender konnte deshalb bei Zuwendungen an eine steuerbefreite Stiftung des privaten Rechts zunächst einen Abzug im Rahmen der allg Höchstbeträge des § 10b I 1 aF vornehmen, sodann den verbleibenden Restbetrag bis zur Höhe von 20 450 € nach § 10b I 3 aF abziehen und schließlich den danach verbleibenden Rest in die Großspendenregelung des § 10b I 4 aF einbeziehen, wenn deren Tatbestandsvoraussetzungen vorlagen.[6]

59 Abzugsberechtigt waren nach § 10b I 3 aF nat Pers, nach der Parallelvorschrift des § 9 I Nr 2 S 3 KStG aF auch die Körperschaft. Bei den nat Pers schien nach dem Wortlaut des § 10b I 3 aF iVm § 26b sowie in der Unterscheidung zu § 10b II aF, der die Höchstbeträge für Zuwendungen an politische Parteien im Fall der Zusammenveranlagung von **Ehegatten** ausdrücklich verdoppelt, der Abzugsbetrag von jährlich bis zu 20 450 € zusammen veranlagten Ehegatten nur einmal gewährt werden zu sollen.[7] Ehegatten hatten deshalb jeder für sich den Abzugsbetrag nur erreichen können, wenn sie nicht mehr zusammenlebten oder die getrennte Veranlagung wählten, die zum Verlust des Splittingtarifs für beide Ehegatten führte. Diese Regelung hätte dem Diskriminierungsverbot des Art 6 I GG, der als besonderer Gleichheitssatz verbietet, Ehe und Familie gegenüber anderen Lebens- und Erwerbsgemeinschaften schlechter zu stellen, widersprochen.[8] Deswegen war der Wortlaut des § 10b I 3 iVm § 26b verfassungskonform so auszulegen, dass jeder der Ehegatten auch bei Zusammenveranlagung eigenständig einen Abzugsbetrag in Höhe von je 20 450 € geltend machen durfte.[9] Die Mittel für diese Zuwendung können dabei auch aus dem Vermögen nur eines der Ehegatten stammen.[10]

---

1 *H/H/R* Bd 20 (Steuerreform 1999/2000/2002) § 10b Rn R 14.
2 *Hüttemann/Herzog* DB 04, 1001 (1006); *Hüttemann* DB 07, 2053 (2057).
3 *H/H/R* Bd 20 (Steuerreform 1999/2000/2002) § 10b Rn R 12.
4 BFH BStBl II 2006, 121 (zum alten Recht); *K/S/M* § 10b Rn A 417 u Ba 65; *Nickel/Robertz* FR 06, 66 (73) für die alte und *Hüttemann* DB 07, 2053 (2057) für die neue Rechtslage.
5 *Crezelius/Rawert* ZEV 00, 421; *Hüttemann* DB 00, 1584 (1588f); vgl auch *Eversberg* Stiftung & Sponsoring 4/00, 3.
6 *Geserich* Stiftung & Sponsoring 1/01, 14.
7 Dazu *Hüttemann* DB 00, 1584 (1588).
8 BVerfGE 99, 216 (232) = BStBl II 99, 182 (188); vgl auch BVerfGE 61, 319 (345ff) = BStBl II 82, 717 (726ff).
9 BFH BStBl II 06, 121; *Geserich* DStJG 26, 245 (261); *Richter* ZSt 05, 144; *Nickel/Robertz* FR 06, 66; abweichend von den Grundsätzen des BFH-Urteils wird in einer Vfg des Bayerischen Landesamt für Steuern v 19.6.06 (DB 06, 1528) verlangt, dass „jeder Ehegatte eine maßgebliche Zuwendung geleistet hat".
10 BFH aaO.

Als **Zuwendungen** iSd Abs 1 S 3 aF galten auch damals schon Spenden, entgegen § 48 III EStDV aF **60** nicht auch Mitgliedsbeiträge, da Stiftungen keine Mitglieder haben und auch den Destinatären keine Mitgliedsrechte zustehen.[1] Nach dem verfassungsrechtlich rechtfertigenden Grund des § 10b I 3 aF (Rn 51) konnte der Abzug lediglich für solche Zuwendungen gewährt werden, die dem Vermögensgrundstock einer Stiftung zugeführt werden. Dementspr sprach auch die Gesetzesbegründung von der „Erhöhung der steuerlichen Abzugsfähigkeit für die Dotation einer Stiftung".[2] Eine Stiftung durfte also nicht nach § 58 Nr 1 und 2 AO die Zuwendungen an andere Körperschaften für die Erfüllung steuerbegünstigter Zwecke weiterleiten.[3] Anderenfalls hätten Spenden-Sammelstiftungen gegründet werden können, um Zuwendungen an Organisationen abzuführen, die ihren Spendern den Abzugsbetrag des § 10b I 3 aF nicht vermitteln können.

Bislang waren Zuwendungen nur absetzbar, wenn sie **„anlässlich der Neugründung"** einer Stiftung **61** geleistet werden. Neugründung ist die durch Stiftungsgeschäft (§ 80 I BGB) und Genehmigung der Stiftungsbehörde wirksam werdende Errichtung.[4] Die Zuwendung ist **„anlässlich"** der Neugründung geleistet, wenn sie vom Stifter als Stiftungsvermögen oder von Dritten als Zustiftungen zur Gründung erbracht werden. Nach der Fiktion des § 10b Ia 2 aF galten auch Zuwendungen bis zum Ablauf eines Jahres nach Gründung der Stiftung als „anlässlich der Neugründung" geleistet. Die Frist begann mit Errichtung der Stiftung, also der Genehmigung des Stiftungsgeschäfts durch die zuständige Behörde. Eine „Vorstiftung" ist – sofern überhaupt zulässig – noch keine Neugründung, jedenfalls solange der Stifter noch ein Widerrufsrecht hat (§ 81 II 1 und 2 BGB), also noch nicht ein verlässlich gemeinnützigkeitsrechtlich gebundenes Stiftungsvermögen entstanden ist. Spätere Zustiftungen oder Zustiftungen nach Verbrauch der in der Zehnjahresfrist berücksichtigungsfähigen Höchstbeträge waren nicht absetzbar.[5]

Begünstigte Zwecke waren die steuerbegünstigten Zwecke iSd §§ 52–54 AO aF. Der Gesetzgeber **62** ging damit bewusst über die Regelung des § 10b I 1 aF insoweit hinaus, als grundsätzlich alle gemeinnützigen Zwecke erfasst wurden.[6] Ausgenommen waren ausdrücklich die Zwecke nach § 52 II Nr 4 AO aF, die im Wesentlichen Freizeitbetätigungen betreffen und deshalb für die Verfolgung eigennütziger Ziele besonders anfällig sind. Diese Ausnahme galt – nach dem eindeutigen Wortlaut, aber ohne ersichtlichen Grund – nicht für § 10b Ia aF.

Die **Rechtsfolge** des § 10b I 3 aF war die Abziehbarkeit von Zuwendungen als SA über die Höchst- **63** beträge des § 10b I 1 u 2 aF hinaus. Bei Zuwendungen an Stiftungen zur Förderung des Wohlfahrtswesens außerhalb der Anlage 1 zu § 48 II EStDV aF, A 6 sowie zur allg Förderung des demokratischen Staatswesens gem § 52 II Nr 3 AO aF war § 10b I 3 aF konstitutiv, begründete also erstmalig und alleinig eine Abzugsmöglichkeit.[7] Zuwendungen an Stiftungen, die gemeinnützige Zwecke iSd § 52 II Nr 4 AO aF förderten, konnten trotz der ausdrücklichen Ausnahme des § 10b I 3 aF im Rahmen des § 10b I 1 aF erfasst werden.[8]

D. Parteizuwendungen (§ 10b II)

Nach § 10b II 1[9] sind Zuwendungen an politische Parteien bis zu einem Höchstbetrag v 1 650 €/ **68** 3 300 € im Kj abziehbar.

I. Zuwendungen. § 10b II fasst Mitgliedsbeiträge und Spenden im Tatbestand „Zuwendungen" **69** zusammen. Mitgliedsbeiträge sind regelmäßige Geldleistungen, die ein Parteimitglied aufgrund **satzungsrechtlicher Vorschriften** an seine Partei entrichtet (§ 27 I 1 ParteiG); Spenden sind nach § 27 I 3 u 4 ParteiG **darüber hinausgehende Zahlungen** ohne Gegenleistung, insbes **Aufnahmegebühren, Sonderumlagen** und **Sammlungen** sowie geldwerte Zuwendungen aller Art, sofern sie nicht üblicherweise unentgeltlich von Mitgliedern außerhalb eines Geschäftsbetriebs zur Verfügung gestellt werden. **Zahlungen von Mandatsträgern**, die aufgrund allg (bindender) **Umlagebeschlüsse** geleistet werden, sind ebenfalls als Spenden abzugsfähig, auch wenn sie im Hinblick auf (künftige) Mandate

---

1 H/H/R aaO.
2 BT-Drs 14/2340, Begr – Allgemeines Lit (A).
3 Hüttemann aaO.
4 Zum Problem der Errichtung einer unselbstständigen Stiftung, die hier nicht in den Anwendungsbereich des § 10b einbezogen wird, vgl H/H/R Bd 20 (Steuerreform 1999/2000/2002) § 10b Rn R 12.
5 Krit dazu Hüttemann DB 00, 1584 (1589 f).
6 BT-Drs 14/2340, 5.
7 H/H/R Bd 20 (Steuerreform 1999/2000/2002) § 10b Rn R 10.
8 OFD Kobl DStR 00, 1603.
9 IdF v Art 4 des Achten Gesetzes zur Änderung des Parteiengesetzes v 28.6.02, BGBl I 02, 2268 = BStBl I 02, 66; anwendbar ab dem VZ 02, K/S/M § 10b Rn A 270.

geleistet werden.¹ Erhält der Geber für seine Zuwendung – steuerjuristisch betrachtet – eine Gegenleistung, fehlt es an einer unentgeltlichen Zuwendung. Die Steuerermäßigung ist auch ausgeschlossen, wenn die Zuwendungen an den Empfänger unmittelbar und ursächlich mit einem von einem Dritten gewährten Vorteil zusammenhängen.² Honorare, die für die Vortragstätigkeit prominenter Mitglieder an Parteien oder Wählervereinigungen gezahlt werden, sind Gegenleistungsentgelte und keine unentgeltlichen Zuwendungen. Erstattet dagegen ein Kandidat der Partei die Kosten seines persönlichen Wahlkampfs, sind die Aufwendungen beruflich veranlasst.³

Persönliche **Wahlkampfkosten** eines Bewerbers um ein (ehrenamtliches) öffentliches (Stadtrats-) Mandat können als BA oder WK abzugsfähig sein,⁴ wenn nicht § 22 Nr 4 S 2 und 3 den WK-Abzug verbieten (§ 22 Rn 38).

70   **II. Zuwendungsempfänger.** Zuwendungsempfänger ist eine politische Partei iSd § 2 ParteiG (§ 34g Rn 17), nicht auch – wie in § 34g – eine Wählervereinigung.⁵ Eine Vereinigung ist nicht schon dann Partei iSd § 10b II, wenn sie die in der Legaldefinition des § 2 ParteiG geregelten **materiellen Voraussetzungen** (§ 34g Rn 17) erfüllt. Sie muss (seit 1984) darüber hinaus auch den in den übrigen zwingenden Vorschriften des Parteiengesetzes geregelten **formellen Anforderungen** genügen.⁶ R 10b.2 1 EStR ist insoweit missverständlich. Den Parteibegriff des § 10b II erfüllen damit Parteien, die im Verzeichnis des Bundeswahlleiters enthalten sind. Vereinigungen, die ihre Unterlagen nicht beim **Bundeswahlleiter** hinterlegt haben (§ 6 III ParteiG), sind nur dann als Parteien iSd § 10b einzustufen, wenn sie als Partei an einer **Bundes- oder Landtagswahl** teilgenommen haben. Im Falle der Hinterlegung der Unterlagen beim Bundeswahlleiter entsteht die Parteieigenschaft iSd § 10b erst ab dem Zeitpunkt der **Hinterlegung**, im Falle der Teilnahme an einer Wahl ab dem Zeitpunkt der Zulassung zu der Wahl. Die Parteieigenschaft endet – von Fällen der vorherigen Auflösung oder des Verbots der Partei abgesehen – mit Ablauf des sechsten Jahres nach der letzten Beteiligung an einer Wahl (§ 2 II ParteiG). Hat die Partei sich nach der Hinterlegung ihrer Unterlagen beim Bundeswahlleiter noch nicht an einer Wahl beteiligt, verliert sie ihre Parteieigenschaft mit Ablauf des sechsten Jahres nach der Hinterlegung.⁷ Eine **Zusammenstellung der spendenempfangsberechtigten politischen Parteien** wird von der FinVerw jährlich bekannt gegeben.⁸ Ist eine Vereinigung in der Zusammenstellung nicht aufgeführt, so erkennen die FÄ die Bestätigungen erst an, wenn die oberste Landesfinanzbehörde die Parteieigenschaft festgestellt hat.⁹ Der Zuwendungsempfänger muss bei Zufluss der Spende politische Partei iSd § 2 ParteiG sein (R 10b.2 I 1 EStR), jedoch nicht im gesamten Kj den Voraussetzungen des Parteiengesetzes genügen.⁹ Auch **regionale Untergliederungen** (Landes-, Bezirks-, Ortsverbände)¹⁰ mit einer eigenen Satzung (§ 6 I 2 ParteiG) und – in die Organisationsstruktur der Partei eingebundene – **Teilorganisationen**,¹¹ nicht aber **parteinahe Stiftungen**¹² oder einer Partei nahe stehende rechtlich und organisatorisch selbständige **(Neben)Organisationen**,¹³ sind empfangs- und bescheinigungsberechtigt.

72   **III. Tatsächliche Verwendung.** Auch Mitgliedsbeiträge und Spenden an politische Parteien sind – haftungsbewehrt – **verwendungsgebunden** und müssen deshalb für die Erfüllung der im Parteiengesetz vorgesehenen Aufgaben der Parteien verwendet werden¹⁴ (§ 1 II, IV ParteiG). Den Gemeinnützigkeitsanforderungen der AO unterliegen politische Parteien jedoch nicht. Parteien sind deshalb weder dem Gebot zeitnaher Mittelverwendung unterworfen, noch müssen sie die staatspolitischen Zwecke eigenhändig durch parteieigene Organe oder Hilfspersonen erfüllen. Sie dürfen sich vielmehr zur Zweckverwirklichung nahe stehender **Organisationen des politischen Vorfelds** bedienen und steuerentlastete Zuwendungen – auch auf Wunsch des Spenders – an Nebenorganisationen weiterreichen.¹³ Der FinVerw steht ein **materielles Prüfungsrecht** für die Verwendung von Parteizuwen-

---

1 BMF BStBl I 03, 286; BFH BStBl II 91, 396 (398).
2 BFH BStBl II 91, 234 (235).
3 BFH BStBl II 91, 396 (398); BStBl II 96, 431; FG Brem EFG 90, 466; **aA** FG M'ster EFG 88, 406.
4 BFH BStBl II 96, 431; FinMin BaWü StEK EStG § 4 BetrAusg Nr 460; OFD Mchn ebd.
5 Zur Verletzung der Chancengleichheit bei unmittelbarer Begünstigung der Parteien zulasten der Wählervereinigungen vgl BVerfGE 99, 69 (80 ff).
6 BFH BStBl II 91, 508 (509); H 10b.2 EStH – Parteieigenschaft.
7 OFD Ffm StEK EStG § 10b Nr 279.
8 *K/S/M* § 34g Rn A 138.
9 OFD Brem StEK EStG § 10b Nr 214.
10 BMF StEK KStG 1977 § 5 Nr 106; FinMin BaWü StEK KStG 77 § 5 Nr 104.
11 BMF StEK KStG 1977 § 5 Nr 106.
12 Vgl OFD Kln StEK EStG § 10b Nr 120.
13 OFD Kln StEK EStG § 10b Nr 167.
14 Zu weitgehend FG BaWü EFG 88, 135; OFD Kln StEK EStG § 10b Nr 167; **aA** *Gierlich* FR 91, 518 (522); Antwort des Parlamentarischen Staatssekretärs *Häfele* v 2.11.88 auf Anfragen der Abgeordneten *Kelly* BT-Drs 11/3310, 8 f und *Tischer* BT-Drs 10/6599, 12.

dungen zu.[1] Die Finanzbehörden haben dabei allerdings die **Selbstorganisation der Parteien** zu achten und zu berücksichtigen, dass sich die Zwecke und Ziele einer Partei nicht so eng wie bei einem gemeinnützigen Zuwendungsempfänger umreißen lassen. Eine Verwendung steuerentlasteter politischer Zuwendungen in einem wirtschaftlichen Geschäftsbetrieb ist jedenfalls nicht zulässig und zu beanstanden.

IV. Zuwendungsbestätigung. Der StPfl hat auch die Voraussetzungen der Parteizuwendung seinem Veranlagungs-FA durch eine besondere Zuwendungsbestätigung nachzuweisen. Nach § 50 I EStDV (vgl § 51 Rn 73) hat diese Bestätigung ebenfalls einen **amtlich vorgeschriebenen Vordruck** (Anlage 4 zu R 10b.1 EStR) zu verwenden, R 10b.2 I 2, 3 EStR (Rn 33). Danach sind Angaben zum Empfänger, zur Person des Spenders sowie zu Art und Höhe der Zuwendung zu machen.[2] Darüber hinaus hat die politische Partei zu bescheinigen, dass die Zuwendung ausschließlich für satzungsgemäße Zwecke verwendet wird, und anzugeben, ob es sich bei der Zuwendung um den Verzicht auf die Erstattung von Aufwendungen handelt. Bei **Sachspenden** ist ein besonderes Muster zu verwenden (Rn 83). Schließlich ist die Bestätigung von mindestens einer durch Satzung oder Auftrag zur Entgegennahme von Zahlungen berechtigten Person zu unterschreiben. Übersteigt die Parteispende den Betrag von 200 € (früher 100 €) nicht, reicht nach § 50 II Nr 2c EStDV nF für den Bareinzahlungsbeleg oder die Buchungsbestätigung eines Kreditinstituts (evtl auch in elektronischer Form[3]) als Nachweis für die Zahlung der Spende aus, wenn der Verwendungszweck der Spende auf dem vom Empfänger hergestellten Einzahlungsbeleg aufgedruckt ist **(vereinfachter Spendennachweis).** Als **Nachweis für** die **Zahlung von Mitgliedsbeiträgen** an politische Parteien lässt die FinVerw die Vorlage von Bareinzahlungsbelegen, Buchungsbestätigungen oder Beitragsquittungen ausreichen (§ 50 III EStDV). 73

V. Steuerermäßigung nach § 34g. Spenden und Mitgliedsbeiträge können nach § 10b II 2 nur insoweit abgezogen werden, als für sie nicht eine Steuerermäßigung nach § 34g gewährt worden ist. Mitgliedsbeiträge und Spenden an politische Parteien nach § 34g S 1 Nr 1 sind damit **zunächst** bis zur Höhe von 1 650 €, bei zusammenveranlagten Ehegatten bis zur Höhe von 3 300 €, im Rahmen des § 34g S 2 zu berücksichtigen. Hat der Zuwendende auch an Wählervereinigungen (§ 34g S 1 Nr 2) gespendet, können sich diese Beträge verdoppeln. Der SA-Abzug kommt folglich nur in Betracht, wenn die Zuwendungen die nach § 34g zu berücksichtigenden Ausgaben übersteigen. Ein Wahlrecht zw dem Abzug der Zuwendungen von der Steuerschuld nach § 34g und dem SA-Abzug nach § 10b II besteht nicht.[4] 74

VI. Absolute Obergrenze. Die steuerliche Begünstigung von Beiträgen und Spenden kann die vorgefundene Wettbewerbslage unter den Parteien verfälschen, wenn sie Parteien bevorzugt, die eine größere Anziehungskraft auf einkommensstarke Bevölkerungskreise ausüben als andere Parteien, und dadurch die Chancengleichheit der Parteien verletzen.[5] Außerdem wird mit **dem Abzug von der Bemessungsgrundlage** der einkommensstarke StPfl in seiner Möglichkeit, durch Zuwendungen an Parteien auf die politische Willensbildung Einfluss zu nehmen, steuerlich begünstigt. Deshalb dürfen nur Durchschnittszuwendungen abgezogen werden, die von der Mehrzahl der StPfl aufgebracht werden und die ihrer Höhe nach politischen Einfluss nicht ausüben können.[6] Politische Zuwendungen dürfen deshalb nur in Höhe von insgesamt 1 650 € und im Falle der Zusammenveranlagung in Höhe von insgesamt 3 300 € im Kj von der einkommensteuerlichen Bemessungsgrundlage abgezogen werden. Es ist unerheblich, ob der StPfl Zahlungen an eine oder mehrere Parteien oder deren Teilorganisationen verwendet. Vielmehr sind alle in einem Kj geleisteten Zuwendungen zusammenzurechnen. Sind Mitgliedsbeiträge als regelmäßig wiederkehrende Ausgaben kurze Zeit vor Beginn oder kurze Zeit nach Beendigung des Kj geleistet worden, sind sie nach § 11 II 2 dem Jahr zuzuordnen, zu dem sie wirtschaftlich gehören. Die **Publizitätsgrenze** (§ 25 III ParteiG) hat für den steuerlichen Abzug von Spenden, die nach dem 31.12.93 geleistet wurden, keine Bedeutung mehr. Bis zu diesem Zeitpunkt war Voraussetzung des Abzugstatbestands, dass Zuwendungen über 40 000 DM im Rechenschaftsbericht der Partei verzeichnet waren. 75

---

1 Vgl FG BaWü EFG 88, 135; OFD Kln StEK EStG § 10b Nr 167.
2 BMF BStBl I 00, 592 und BStBl I 03, 286 iVm BMF BStBl 08, 4, das die Schr des BMF BStBl I 99, 979 und BStBl I 00, 1557 rückwirkend ab dem 1.1.07 aufhebt und ersetzt. Allerdings beanstandet die Verwaltung es nicht, wenn bis zum 30.6.08 die bisherigen Muster für Zuwendungsbestätigungen verwendet werden.
3 OFD Ffm Vfg v 8.2.06 – S 2223 A – 109 – St II 2.06, DB 06, 530.
4 *K/S/M* § 10b Rn C 52 u § 34g Rn A 47.
5 BVerfGE 85, 264 (313 f) = BStBl II 92, 766 (769).
6 BVerfGE 85, 264 (317) = BStBl II 92, 766 (770).

E. Sach- und Aufwandszuwendungen (§ 10b III)

81 **I. Sachzuwendungen. – 1. Gegenstand der Sachzuwendung[1].** Gegenstand der Sachzuwendung sind **WG** (Vermögensgegenstände) und damit sowohl Sachen (§ 90 BGB) als auch nicht körperliche Objekte, wie Energien, die sog Immaterialgüterrechte, werthaltige (Kredit[2])Forderungen, sonstige Vermögensrechte und tatsächliche Zustände, sowie konkrete Möglichkeiten und Vorteile, sofern ihnen im Geschäftsverkehr ein selbstständiger Wert beigelegt wird und sie – allein oder mit dem Betrieb – verkehrsfähig sind.[3] Auch **gebrauchte**[4] und **selbstgeschaffene**[5] **WG**, beispielsweise **Kleidung** oder **Kunstwerke**, können Gegenstand einer Sachzuwendung sein, sofern sie einen über den Gebrauchswert (Nutzungswert) hinausgehenden gemeinen Wert (Marktwert) besitzen. Bewirkt ist die Sachzuwendung mit der Übertragung des **(wirtschaftlichen) Eigentums** auf den Empfänger, der die zugewendeten Gegenstände unmittelbar steuerbegünstigten Zwecken zuführen muss. **Die kostenlose Blutspende** ist keine Sachzuwendung, sondern der Verzicht auf die kommerzielle Verwertung des eigenen Blutes.[6] Steht dem Blutspender dagegen ein Entgelt zu, auf das er nachträglich verzichtet, ist dieser Verzicht als abgekürzte Geldspende (Rn 90) spendenwirksam.

82 **2. Bewertung von Sachzuwendungen.** Sachzuwendungen aus dem **PV** sind mit dem gemeinen Wert anzusetzen (§ 10b III 3). Das ist nach § 9 II BewG der Veräußerungspreis einschließlich der Umsatzsteuer (Verkehrswert).[4] Bei neuen WG kann der Verkehrswert mit dem Anschaffungswert angesetzt werden. Bei gebrauchten WG ist der Wert anhand des Anschaffungspreises, der Qualität, des Alters und des Erhaltungszustandes im Abgabezeitpunkt zu schätzen. Werden Kinder aus Krisengebieten beim Zuwendenden untergebracht und verpflegt, sind die Werte der maßgeblichen Sozialversicherungsentgeltverordnung zugrunde zu legen.[7] Werden mehrere WG gespendet, ist für jeden Gegenstand der Einzelveräußerungspreis zu ermitteln. Eine unabhängig von Alter und Nennwert durchgeführte Pauschalbewertung (Gruppenbewertung) der gespendeten Gegenstände, beispielsweise anhand von Preisgruppen, reicht nicht aus.[8] Wird ein WG, das vom StPfl unmittelbar zuvor aus seinem **Betriebsvermögen** entnommen worden ist, gespendet, kann der Vermögensgegenstand nach § 6 I Nr 4 mit dem Teilwert (§ 6 I Nr 1 S 3, § 10 BewG) oder dem Buchwert angesetzt werden (sog **Buchwertprivileg**) und mit diesem Wert zum Gegenstand der Sachspende gemacht werden (§ 10b III 2). Zuzüglich zum Entnahmewert darf auch die bei der Entnahme anfallende USt abgezogen werden (R 10b.1 I 5 EStR).[9]

83 **3. Zuwendungsbestätigung bei Sachzuwendungen.** Rechtsprechung und Verwaltung stellen an den Nachweis des Wertes der Sachzuwendung, insbes bei gebrauchter Kleidung, **strenge Anforderungen**.[10] Die Zuwendungsbestätigung ist nach **gesondertem Muster** zu gestalten. Der Spender ist verpflichtet, die für eine Schätzung maßgeblichen Faktoren, wie Neupreis (Kaufbeleg), Zeitraum zw Anschaffung und Weggabe und den tatsächlichen Erhaltungszustand, nachzuweisen. Bei Sachspenden muss deshalb aus der Zuwendungsbestätigung der Wert (Einzelveräußerungspreis) und die genaue Bezeichnung der gespendeten Sache ersichtlich sein.[11] Werden mehrere Gegenstände gespendet, muss der Aussteller der Zuwendungsbestätigung den **Einzelveräußerungspreis** jedes einzelnen WG ermitteln und in der Spendenbescheinigung gesondert ausweisen, sofern es sich nicht um Massenware handelt.[12] Lautet die Sachzuwendungsbescheinigung auf einen runden Betrag, schließt die Verwaltung auf eine unzulässige Pauschalbewertung (Gruppenbewertung) der Spende. Fehlende Angaben in der Zuwendungsbestätigung können nur in einer geänderten und hinreichend aufgeschlüsselten Bestätigung nachgeholt werden.[13] Bei Sachzuwendungen sind gemeinnützige Zuwendungsempfänger verpflichtet, die **Wertermittlungsgrundlagen** aufzuzeichnen (§ 50 IV EStDV).

---

1 S auch *Gold/Lehfeldt* UR 03, 220.
2 *Ebenroth/Wolff* RIW 90, 919 ff.
3 BFH BStBl II 92, 977.
4 BFH BStBl II 89, 879.
5 FG Bln EFG 78, 376.
6 OFD Ffm StEK EStG § 10b Nr 273; zum Blutspendendienst vgl FG Bdbg EFG 02, 121.
7 OFD Kobl DStR 04, 1290 zur Sachbezugsverordnung.
8 OFD Hann StEK EStG § 10b Nr 301.
9 *Jachmann/Thiesen* DStZ 02, 355; Abschn 24a und 24b UStR; *Schneider* DStZ 00, 291.
10 FG BaWü EFG 93, 783; H 10b.1 EStH (gebrauchte Kleidung als Sachspenden); OFD Ffm BB 98, 628; OFD Hann StEK EStG § 10b Nr 301; OFD Ffm DStR 04, 180.
11 H 10b.1 EStH (gebrauchte Kleidung als Sachspenden); OFD Ffm BB 98, 628; OFD Hann StEK EStG § 10b Nr 301.
12 OFD Ffm BB 98, 628.
13 OFD Ffm BB 98, 628; OFD Hann StEK EStG § 10b Nr 301.

II. Aufwandszuwendungen. Als Aufwandszuwendung wird die Zuwendung eines Aufwendungsersatz-, Vergütungs- oder Nutzungsentgeltanspr durch Verzicht gegenüber dem empfangsberechtigten Schuldner bezeichnet.[1]

1. Erstattungsanspruch. Die Verkehrssitte begründet eine – **widerlegbare** – **Vermutung**, dass Leistungen ehrenamtlicher Mitglieder für den Verein unentgeltlich und ohne Aufwendungsersatzanspr erbracht werden. Für den Spendenabzug enthält § 10b III 4 deshalb eine eigene steuerrechtliche Regelung, die unabhängig vom Zivilrecht einen besonderen Nachweis für das Bestehen eines Aufwendungsersatzanspr vorschreibt; dieser muss durch **(schriftlichen) Vertrag, Satzung** oder **rechtsgültigen Vorstandsbeschluss** unbedingt und ausdrücklich vor Beginn der aufwandsbegründenden Tätigkeit eingeräumt worden sein. Eine nachträgliche rückwirkende Begründung von Ersatzpflichten durch den Zuwendungsempfänger, beispielsweise durch eine rückwirkende Satzungsänderung, reicht nicht aus.[2]

Erstattungsanspr aus einer Vereinsordnung (beispielsweise einer Reisekostenordnung), die auf einer entspr Satzungsermächtigung beruhen, sind satzungsmäßige Anspr iSd § 10b III 4. Dies soll auch gelten, wenn der Erstattungsanspr auf einem rechtsgültigen Beschluss des Vorstands oder einer Mitgliederversammlung beruht und dieser Beschluss bekannt gemacht wird. Der Aufwendungsersatzanspr ist nicht Entgelt für die geleisteten Dienste, sondern soll dem Spender die Aufwendungen (beispielsweise **Material-** und **Verpflegungsaufwand, PKW-Kosten, Reisekosten, Porto, Übernachtungs-** und **Telefonkosten**)[3] ersetzen, die er für den Zuwendungsempfänger erbracht hat. Aufwendungsersatzanspr nach §§ 27 III iVm 670 BGB von Vorstandsmitgliedern eines Vereines sind keine durch Satzung eingeräumten Anspr.[2] Der ehrenamtliche Aufwand an Zeit und Arbeitskraft bleibt damit ohne steuerliche Bedeutung, ebenso die unentgeltliche Überlassung von Räumen, PKW oder anderen WG. Ein derartiger Verzicht auf Einnahmen begründet keine Ausgaben.[4]

2. Verzicht. Der Verzicht auf Nutzungs- und Leistungsentgelte (beispielsweise Arbeitslohn, Miete, Pacht, Darlehen, uU Leasing)[5] ist keine Aufwandsspende, da dadurch keine Wertabgabe aus dem Vermögen des Zuwendenden bewirkt wird.[6] **Künftige Forderungen** können nicht Gegenstand eines Erlassvertrags nach § 397 BGB sein, zudem stünde § 10b III 5 der Steuererheblichkeit eines bei Entstehen des Anspr beiderseitig gewollten Verzichts entgegen. Vereinbart der Spender eine Nutzungsentgelt oder eine Tätigkeitsvergütung, so ist ein nachträglicher Verzicht auf die Gegenleistung eine Spende des Entgelts. Insoweit ist – ohne weiteren Hinweis – eine Geldzuwendung zu bestätigen.[7] Ein von Beginn an **bestehender einseitiger Verzichtsvorbehalt** des Spenders ist unschädlich, wenn er als Gläubiger die begünstigte Körperschaft auf Zahlung in Anspr nehmen könnte. Der Verzicht auf den Aufwendungsersatzanspr muss **zeitnah** und nicht erst zum Jahreswechsel oder im nächsten VZ erklärt werden.[8] Anderenfalls geht die FinVerw davon aus, dass entweder kein Anspr bestand,[9] oder dass sich die Parteien von Anfang an über die Unentgeltlichkeit der Leistung oder einen Verzichtsvorbehalt einig waren.[10]

Der Aufwendungsersatzanspr darf nicht unter der Bedingung des Verzichts (§ 10b III 5) oder einer vorhergehenden Spende eingeräumt und muss ernsthaft gewollt sein. Wesentliches Indiz für die **Ernsthaftigkeit** des vereinbarten Kostenerstattungsanspr ist die **wirtschaftliche Leistungsfähigkeit**[11] und die **Zahlungsbereitschaft** der Körperschaft. Der Zuwendungsempfänger muss insbes über genügend Mittel zur Erfüllung der eingeräumten Anspr verfügen.[12] Hat der Zuwendungsempfänger in vergleichbaren Fällen bereits Aufwendungsersatz geleistet, wird der Anspr ernsthaft begründet sein.[9]

3. Höhe. Die Höhe der Aufwandszuwendung bemisst sich nach dem vereinbarten Erstattungsanspr. Es darf jedoch **kein unangemessener Aufwendungsersatz** zum Gegenstand des Verzichts gemacht werden.[13] Bei Fahrten mit dem eigenen PKW kann der Erstattungsanspr mit dem steuer-

---

1 FinMin BaWü StEK EStG § 10b Nr 274.
2 BMF BStBl I 99, 591.
3 OFD Kiel StEK EStG § 10b Nr 309.
4 K/S/M § 10b Rn A 463.
5 K/S/M § 10b Rn D 120.
6 OFD Mgdb, 23.2.01, juris VV-Steuer; OFD Ffm, 18.1.01, juris VV-Steuer; Geserich DStJG 26, 267; FG BaWü FGReport 04, 29.
7 OFD Mgdb, 23.2.01, juris VV-Steuer; OFD Ffm, 18.1.01, juris VV-Steuer.
8 FinMin Bay StEK EStG § 10b Nr 287.
9 OFD Ffm StEK EStG § 10b Nr 277 Tz 1.
10 FinMin MeVo StEK EStG § 10b Nr 285.
11 Vgl BMF BStBl I 99, 591.
12 BMF BStBl I 99, 591; aA BStBl II 97, 474 (476).
13 BMF BStBl I 99, 591; FG Mchn EFG 01, 538.

lich anzuerkennenden **Kilometerpauschbetrag** für Dienstreisen angesetzt werden.[1] Pauschaler Aufwendungsersatz für Unterkunft und Verpflegung ist in Höhe der Werte der jeweils gültigen Sozialversicherungsentgeltverordnung[2] angemessen; darüber hinausgehender Aufwand muss durch Einzelnachweise belegt werden.[3]

90 **4. Zuwendungsbestätigung.** Bei dem Verzicht auf den Ersatz der Aufwendungen handelt es sich nicht um eine Zuwendung des Aufwands, sondern um eine **abgekürzte Geldzuwendung.** Es ist deshalb eine Geldzuwendung zu bescheinigen.[4] Eine Zuwendungsbestätigung darf nur erteilt werden, wenn sich der Ersatzanspr auf Aufwendungen bezieht, die zur Erfüllung der **satzungsmäßigen Zwecke** des Zuwendungsempfängers erforderlich waren. Die begünstigte Körperschaft muss jedoch in ihren Unterlagen die **Berechnungsgrundlagen** festhalten und die zutr Höhe des Ersatzanspr belegen können (§ 50 IV EStDV). Deshalb hat der Zuwendende mit seiner Verzichtserklärung eine **Aufstellung** über seine Leistungen einzureichen. Ist der spendenempfangsberechtigten Körperschaft ein entspr Nachweis nicht möglich, sollen Körperschaft und Spender nebeneinander haften.[5]

F. Vertrauensschutz (§ 10b IV 1)

96 § 10b IV 1 schützt das Vertrauen des Spenders in die Richtigkeit der Angaben über einen Sachverhalt, bei dessen Vorliegen die Spende steuerlich abziehbar wäre,[6] die nach den **amtlich vorgeschriebenen Mustern** in der Zuwendungsbestätigung vom Empfänger zu machen sind. Der Text des § 10b IV unterscheidet hier weiterhin zw Spenden und Mitgliedsbeiträgen.

97 **I. Umfang.** Der **Gutglaubensschutz** erstreckt sich auf Art, Höhe und Zeitpunkt der Zuwendung, die Empfangsberechtigung des Ausstellers und die tatsächliche Verwendung des Aufkommens zu dem in der Bestätigung angegebenen Zweck.[7] Die Erklärung der Empfangsberechtigung bestätigt insbes, dass die gemeinnützigen Körperschaften **von der Körperschaftsteuer befreit** sind und der in der Zuwendungsbestätigung angegebene Körperschaftsteuer(freistellungs)bescheid oder die vorläufige Anerkennung der Gemeinnützigkeit noch Geltung besitzen. Darüber hinaus erklärt der Empfänger, dass für die Zuwendung **keine Gegenleistung** gewährt worden ist.[8]

98 Soweit der **vereinfachte Zuwendungsnachweis** (§ 50 II EStDV) zugelassen ist, wird auch das Vertrauen in die Richtigkeit dieser Art von Nachweis geschützt.

99 **II. Schutzwürdigkeit.** Wer die Zuwendungsbestätigung durch **unlautere Mittel** (§ 130 II Nr 2 AO), beispielsweise durch arglistige Täuschung, durch Drohung oder falsche Angaben erwirkt hat, genießt keinen Vertrauensschutz. Durch falsche Angaben erwirkt hat der StPfl die Bestätigung, wenn er die empfangsberechtigte Körperschaft aufgrund objektiv unrichtiger, entscheidungserheblicher Tatsachen veranlasst, die Bestätigung auszustellen. Ein schuldhaftes Verhalten des Zuwendenden ist nicht erforderlich. Eine unrichtige Zuwendungsbestätigung erwirkt daher auch, wer irrig den Wert einer Sachzuwendung zu hoch beziffert. Ebenfalls nicht schutzwürdig ist, wer die Unrichtigkeit der Bestätigung **gekannt oder grob fahrlässig nicht gekannt** hat.[9] Eine Zuwendungsbestätigung ist unrichtig, wenn steuererhebliche Angaben in der Bestätigung falsch oder unvollständig sind, ihr Erklärungswert also nicht der objektiven Sach- und Rechtslage entspricht. Unrichtig ist eine Bestätigung auch, wenn der Zuwendende für die bescheinigte Zuwendung vom Empfänger eine (teilentgeltliche) Gegenleistung erhalten hat.[10] Bösgläubig ist nicht nur, wer von der Unrichtigkeit positiv weiß (Kenntnis), sondern auch, wer die Fehlerhaftigkeit der Bestätigung grob fahrlässig nicht kennt. Grob fahrlässig handelt ein StPfl, wenn er die nach seinen persönlichen Kenntnissen und Fähigkeiten gebotene und zumutbare Sorgfalt in ungewöhnlichem Maße unentschuldbar verletzt.[11] Bei dieser Sorgfaltsprüfung ist typisierend die im allg Verkehr erforderliche Sorgfalt als widerlegbarer

---

1 FinSen Brem StEK EStG § 10b Nr 286; **aA** FG Thür EFG 98, 1640.
2 VO v 21.12.06, BGBl I 06, 3385, zuletzt geändert durch Art 19a des G v 19.12.07, BGBl I 07, 3024, die die vorherige Sachbezugsverordnung ab dem VZ 07 ersetzt hat.
3 OFD Kiel StEK EStG § 10b Nr 309.
4 BMF BStBl I 00, 593; **aA** FG Thür EFG 98, 1640.
5 OFD Kiel BB 98, 1402 f.
6 Zum Ausweis eines nicht zum Abzug berechtigenden Sachverhalts vgl. BFH BFHE 215, 78 = BStBl II 07, 450.
7 BFH/NV 02, 1129; **aA** FG SchlHol EFG 01, 815 bis einschl VZ 99 für Spendenzwecke nach Anlage 7 zu R 111 I aF.
8 BFH/NV 02, 1129; **aA** FG SchlHol EFG 98, 1197.
9 Vgl BFH/NV 03, 908; BFH DStR 06, 1975.
10 BFH BStBl II 00, 65; FG SchlHol EFG 01, 815; **aA** FG SchlHol EFG 98, 1197.
11 BFH DStR 06, 1975; OFD Mchn DStZ 00, 1349.

Maßstab zugrunde zu legen. Die Vertrauensschutzregelung greift nur, wenn der StPfl (noch) **bei Abgabe** der Steuererklärung oder Vorlage der Zuwendungsbestätigung auf die Richtigkeit der Bestätigung vertraut oder vertrauen darf. Ein ursprünglich gutgläubiger StPfl, der auf die Rückforderung einer fehlverwendeten Zuwendung verzichtet, ist ebenfalls nicht schutzwürdig.[1]

III. Rechtsfolge. Der Vertrauensschutz bewirkt, dass die Steuerfestsetzung **nicht** nach §§ 173, 175 AO aufgehoben oder **geändert** werden kann, wenn die Voraussetzungen des gemeindienlichen SA-Abzugs zwar bescheinigt worden sind, tatsächlich aber nicht vorlagen oder nachträglich weggefallen sind. Der Vertrauenstatbestand führt nicht zum Erlöschen des Steueranspr, sondern ändert das Steuerrechtsverhältnis dahingehend, „dass eine Forderung oder ein Recht nicht geltend gemacht werden darf".[2]

G. Haftungstatbestand (§ 10b IV 2 und 3)

Nach § 10b IV 2 haftet für die entgangene Steuer, wer vorsätzlich oder grob fahrlässig eine unrichtige Bestätigung ausstellt **(Ausstellerhaftung)** oder wer veranlasst, dass Zuwendungen nicht zu den in der Bestätigung angegebenen steuerbegünstigten Zwecken verwendet werden **(Veranlasserhaftung)**.[3]

I. Ausstellerhaftung. Als Aussteller haftet der Zuwendungsempfänger, der durch seinen vorsätzlich oder grob fahrlässig handelnden **Repräsentanten** eine unrichtige, dh eine in steuererheblichen Aussagen der objektiven Sach- und Rechtslage nicht entspr oder unvollständige Zuwendungsbestätigung ausstellt und damit den Vertrauensschutz einer Urkunde gem § 50 EStDV (Rn 96) begründet. Eine ursprünglich richtige Bestätigung kann später unrichtig werden, wenn die für die Steuerentlastung erhebliche Sach- und Rechtslage sich nach dem Ausfertigen der Bescheinigung ändert. Die Richtigkeit bemisst sich nach dem Zeitpunkt der Vorlage der Bestätigung, das Verschulden nach dem Zeitpunkt der Ausfertigung. Allerdings kann den Aussteller eine nachträgliche Korrekturverantwortlichkeit treffen. Wird eine ursprünglich unrichtige Bestätigung nachträglich richtig, ist eine Ausstellerhaftung ausgeschlossen, weil der gemeindienliche SA-Abzug nunmehr materiell rechtmäßig ist, dem Staat also keine Steuer entgeht.

Nur der Zuwendungsempfänger, der die Richtigkeit der Bestätigung zu verantworten hat und den Vertrauenstatbestand begründen kann, ist Aussteller und damit **Haftungsschuldner**.[4] Die nat Pers, die eine unrichtige Bestätigung ausfertigt, kann dagegen nicht Aussteller sein. Körperschaft und Partei haften jedoch nur, wenn sie sich das Fehlverhalten ihrer Repräsentanten gem § 31 BGB zurechnen lassen müssen.[5] Deshalb hat der Zuwendungsempfänger lediglich für das Fehlverhalten des Vorstands, einzelner Vorstandsmitglieder, verfassungsmäßig berufener Vertreter sowie sämtlicher selbstständiger und eigenverantwortlicher Funktionsträger einzustehen, die den Zuwendungsempfänger im Rechtsverkehr repräsentieren und den Haftungstatbestand „in Ausführung" und nicht „bei Gelegenheit" der ihnen zustehenden Verrichtung verwirklicht haben. Fertigt ein Funktionsträger die unrichtige Zuwendungsbestätigung außerhalb des ihm zugewiesenen Wirkungskreises aus, haften Körperschaft und Partei hierfür nicht.[6] Ebenfalls nicht für die entgangene Steuer einzustehen hat der Zuwendungsempfänger, wenn die unrichtige Bestätigung von einem nicht berechtigten Dritten ausgefertigt wird. § 10b IV 2 begründet insoweit eine **originäre Haftung des Nichtberechtigten**.[7] Auch jur Pers des öffentlichen Rechts und öffentliche Dienststellen müssen nur für einen Amtsträger[8] einstehen, der in Ausübung eines öffentlichen Amtes handelt.[9] Dies gilt auch, wenn der öffentlich-rechtlich verfasste Empfänger die Zuwendung lediglich als Durchlaufstelle entgegengenommen hat.[10]

Die Haftung setzt voraus, dass der Repräsentant oder Amtsträger die unrichtige Bestätigung vorsätzlich oder grob fahrlässig falsch ausgestellt hat. Auch hier gilt der **subj Fahrlässigkeitsbegriff**. Die

---

1 OFD Ffm StEK EStG § 10b Nr 275.
2 BFH DStR 96, 1201; BStBl II 00, 330; FG D'dorf EFG 96, 917 (919); FG Kln EFG 96, 898.
3 S dazu *Wallenhorst* DStZ 03, 532; OFD Ffm DStR 04, 772.
4 OFD Mchn DStR 00, 1350; *K/S/M* § 10b Rn E 43; *Geserich* Stiftung & Sponsoring 3/01 Rote Seiten, 8; *ders* DStJG 26, 271; *Oppermann/Peter* DStZ 98, 424 (426); **aA** *Schmidt*[26] § 10b Rn 52.
5 FG Kln EFG 98, 757 (758); *Gierlich* FR 91, 518 (520).
6 OFD Ffm StEK EStG § 10b Nr 266; *Thiel/Eversberg* DB 90, 395 (399); *Teufel* FR 93, 772 (774).
7 *K/S/M* § 10b Rn E 48.
8 BFH/NV 02, 1220.
9 *K/S/M* § 10b Rn E 45.
10 BFH BStBl II 03, 128.

handelnde nat Pers muss deshalb bei Ausfertigung der Bescheinigung die Unrichtigkeit positiv gekannt haben oder hätte kennen müssen. Wird die Bescheinigung nachträglich unrichtig, weil eine Voraussetzung der Steuerermäßigung später weggefallen ist, fehlt es an dem erforderlichen Verschulden des Repräsentanten, sofern die Änderung der Sachlage ihm nicht bekannt war und er sie auch nicht hätte kennen müssen. Ein **mitwirkendes Verschulden** des FA am Entstehen eines Steuerausfalls kann die Inanspruchnahme des Haftungsschuldners ermessensfehlerhaft machen[1] oder die Schuld mindern.

110 **II. Veranlasserhaftung.** Nach § 10b IV 2 Alt 2 haftet, wer veranlasst, dass Zuwendungen nicht zu den in der Bestätigung angegebenen steuerbegünstigten Zwecken verwendet werden. Im Gegensatz zu der verschuldensabhängigen Ausstellerhaftung haftet der Veranlasser einer Fehlverwendung für die entgangene Steuer unabhängig vom Verschulden. Das Gesetz gestaltet die Veranlasserhaftung als **Gefährdungshaftung** aus.

111 Eine Zuwendung ist fehlverwendet, wenn sie nicht für den bescheinigten, steuerbegünstigten Zweck verausgabt worden ist. Dies ist insbes der Fall, wenn die gemeinwohlgebundenen Mittel einer privat verfassten Körperschaft nicht in den ideellen Bereich fließen, sondern in einem wirtschaftlichen Geschäftsbetrieb[2] (Rn 21) Verwendung finden. Die Abgrenzung zw einem Zweckbetrieb (Rn 21) und einem stpfl wirtschaftlichen Geschäftsbetrieb ist deshalb auch für den Haftungstatbestand von Bedeutung.[3] Eine Fehlverwendung liegt ebenso vor, wenn steuerbegünstigte Mittel zu einem anderen als dem bescheinigten steuerbegünstigten Zweck verwendet werden,[4] beispielsweise an eine politische Partei weitergegeben,[5] unangemessen hohe Aufwendungen für Verwaltung und Mitgliederwerbung verausgabt[6] oder Rücklagen entgegen § 58 Nr 6 AO gebildet worden sind.[7] Die „nachträgliche Aberkennung" der Gemeinnützigkeit bewirkt dagegen keine Fehlverwendung, denn die verschuldensunabhängige Veranlasserhaftung ginge ansonsten ins Leere, wenn eine spendenempfangende Körperschaft selbst Spendenbescheinigungen ausstellt: Bei ihr liegen nämlich bereits die Voraussetzungen der Verwenderhaftung vor.[8] Insoweit greift auch keine Veranlasserhaftung nach Abs 4 S 2, 2. Alt ein, wenn dem Zuwendungsempfänger nachträglich die Gemeinnützigkeit aberkannt wird, die Spenden aber zweckentsprechend eingesetzt wurden.[9] Parteizuwendungen sind fehlverwendet, wenn sie nicht zur Finanzierung der politischen Willensbildung verausgabt wurden.[10]

112 **Haftungsschuldner** ist, wer die fehlerhafte Verwendung der Spendenmittel veranlasst hat. Anders als bei der Ausstellerhaftung kommt als Haftungsschuldner die nat Pers in Betracht, welche die fehlerhafte Verwendung bewirkt hat. Veranlasser können auch – gesamtschuldnerisch – mehrere Personen sein, wenn beispielsweise eine Fehlverwendung der Zuwendung vom gesamten Vorstand veranlasst worden ist. Auch eine nat Pers, die nicht berechtigt ist, über das Vereinsvermögen zu verfügen, kann Veranlasser sein. Daneben haftet die Empfängerkörperschaft, wenn sie sich das Fehlverhalten ihres Repräsentanten oder Amtsträgers zurechnen lassen muss.[11] Ein Bediensteter eines Landessportbundes, der eine Auftragsspende (Rn 31) fehlverwendet, haftet zusammen mit der Körperschaft, für die er tätig wird.[12]

113 **III. Haftungsumfang.** Die entgangene Steuer, für die der Haftungsschuldner einzustehen hat, ist nach § 10b IV 3 nF pauschal mit 30 vH (früher 40 vH) des zugewendeten Betrags anzusetzen. Als zugewendet gilt der Betrag, der sich aus der Zuwendungsbestätigung ergibt. Die Haftungsschuld bemisst sich deshalb nach dem Betrag, der in der Zuwendungsbestätigung bescheinigt worden ist. Hilfsweise ist auf den tatsächlich fehlverwendeten Betrag als **Bemessungsgrundlage** zurückzugreifen.[13] Die Haftungsschuld beträgt kraft gesetzlicher Typisierung 30 vH der Bemessungsgrundlage; die FinVerw muss und darf den tatsächlichen Steuerausfall nicht ermitteln. Zum Mitverschulden des FA vgl Rn 109.

---

1 BFH/NV 02, 1220.
2 *K/S/M* § 10b Rn B 76.
3 BFH/NV 99, 1089; BFH/NV 99, 1055.
4 *Teufel* FR 93, 772 (773); *Gierlich* FR 91, 518 (520); *Wallenhorst* DB 91, 1410 (1411).
5 BFH DStZ 99, 186.
6 BFH/NV 99, 1089; BFH/NV 99, 1055; FG Kln EFG 98, 755.
7 BFH/NV 99, 1055.
8 *K/S/M* § 10b Rn E 52; BFH BStBl II 04, 352; FG Mchn EFG 03, 1258 (bestätigt durch BFH XI R 40/03 nv); **aA** FG Mchn EFG 01, 838; FG Hess EFG 98, 757 (758).
9 FG Mchn EFG 03, 1258; bestätigt durch BFH XI R 40/03 nv.
10 *K/S/M* § 10b Rn E 53; FG BaWü EFG 88, 135; **aA** *Gierlich* FR 91, 518 (522) mit Hinweis auf BT-Drs 11/3310, 9; BT-Drs 10/6599, 131.
11 OFD Mchn DStR 00, 1350; FG Mchn EFG 03, 1258; FG Hess EFG 98, 757 (758); *K/S/M* § 10b Rn E 56; *Gierlich* FR 91, 518 (519); *Thiel/Eversberg* DB 90, 395 (399); *Teufel* FR 93, 772 (774); *Wallenhorst* DStZ 03, 533 f.
12 OFD Mchn DStR 00, 1349.
13 FG Kln EFG 98, 755 (756).

IV. Korrespondenzprinzip. Der Haftungstatbestand korrespondiert mit dem Vertrauensschutz zugunsten des Zuwendenden.[1] Aussteller und Veranlasser haften deshalb nur, wenn der öffentlichen Hand durch die Anwendung der Vertrauensschutzregelung – typisiert betrachtet – Steuern entgehen. Steuerschuld und Haftungsschuld schließen sich gegenseitig aus.[2] Damit vermag sich der Haftungsschuldner bei **Bösgläubigkeit des Gebers** zu exkulpieren.[3] Der Einwand, der gemeindienliche SA-Abzug sei beim (gutgläubigen) StPfl **ohne steuerliche Auswirkungen** geblieben, ist dem Haftungsschuldner dagegen verwehrt.[4]

114

V. Festsetzung der Haftungsschuld. Die entgangene Steuer wird durch einen **Haftungsbescheid** nach § 191 AO festgesetzt. Zuständig für den Erlass dieses Bescheids ist das Betriebsstätten-FA des Zuwendungsempfängers. Es muss prüfen, ob und in welcher Höhe der Haftungsanspr geltend gemacht werden soll, wenn der gutgläubige Zuwendende als originärer Steuerschuldner wegen des in § 10b IV 1 begründeten Vertrauenstatbestands nicht in Anspr genommen werden kann. Neben dem **Entschließungsermessen** muss die Finanzbehörde bei der Inanspruchnahme mehrerer Haftungsschuldner ihr **Auswahlermessen** beachten.[5] Dabei darf die Verwaltung verschiedene Stufen individueller und funktionaler Verantwortlichkeit unterscheiden, die unterschiedliche Leistungsfähigkeit der Haftungsschuldner einbeziehen[6] sowie berücksichtigen, wem letztlich die Zuwendung zugeflossen[7] ist und der Vorteil aus der rechtswidrig begünstigten Zuwendung verbleibt. Soweit Repräsentanten und Zuwendungsempfänger für die Fehlverwendung steuerbegünstigter Zuwendungen nebeneinander haften (Rn 112), kann die Organisationsverantwortlichkeit des Zuwendungsempfängers seine Primärhaftung begründen.[8] Die Ermessensentscheidung ist im Haftungsbescheid, spätestens in einer Einspruchsentscheidung zu begründen.[9]

115

VI. Rückgriff im Innenverhältnis. Die haftende Körperschaft kann im Innenverhältnis auf die für sie handelnde nat Pers zurückgreifen. Die Rückgriffsmöglichkeit bestimmt sich nach den Besonderheiten des privatrechtlichen Organ- oder Arbeitsverhältnisses, der Amtshaftung (Art 34 S 2 GG) oder des der ehrenamtlichen Tätigkeit zugrunde liegenden Rechtsverhältnisses.[10]

116

§ 10c Sonderausgaben-Pauschbetrag, Vorsorgepauschale

(1) Für Sonderausgaben nach § 10 Abs. 1 Nr. 1, 1a, 4, 5, 7 bis 9 und nach § 10b wird ein Pauschbetrag von 36 Euro abgezogen (Sonderausgaben-Pauschbetrag), wenn der Steuerpflichtige nicht höhere Aufwendungen nachweist.

(2) [1]Hat der Steuerpflichtige Arbeitslohn bezogen, wird für die Vorsorgeaufwendungen (§ 10 Abs. 1 Nr. 2 und 3) eine Vorsorgepauschale abgezogen, wenn der Steuerpflichtige nicht Aufwendungen nachweist, die zu einem höheren Abzug führen. [2]Die Vorsorgepauschale ist die Summe aus
1. dem Betrag, der bezogen auf den Arbeitslohn, 50 Prozent des Beitrags in der allgemeinen Rentenversicherung entspricht, und
2. 11 Prozent des Arbeitslohns, jedoch höchstens 1 500 Euro.

[3]Arbeitslohn im Sinne der Sätze 1 und 2 ist der um den Versorgungsfreibetrag (§ 19 Abs. 2) und den Altersentlastungsbetrag (§ 24a) verminderte Arbeitslohn. [4]In den Kalenderjahren 2005 bis 2024 ist die Vorsorgepauschale mit der Maßgabe zu ermitteln, dass im Kalenderjahr 2005 der Betrag, der sich nach Satz 2 Nr. 1 ergibt, auf 20 Prozent begrenzt und dieser Prozentsatz in jedem folgenden Kalenderjahr um je 4 Prozentpunkte erhöht wird.

(3) Für Arbeitnehmer, die während des ganzen oder eines Teils des Kalenderjahres
1. in der gesetzlichen Rentenversicherung versicherungsfrei oder auf Antrag des Arbeitgebers von der Versicherungspflicht befreit waren und denen für den Fall ihres Ausscheidens aus der

---

1 BT-Drs 11/4305, 2; BT-Drs 11/4176, 16 f; BT-Drs 11/5582, 10.
2 FG SchlHol EFG 98, 1197.
3 *Thiel/Eversberg* DB 90, 395 (399); *Gierlich* FR 91, 518 (521); *Wallenhorst* DB 91, 1410 (1413 f).
4 *K/S/M* § 10b Rn E 73; *Geserich* Spende und Schulgeld im Steuerrecht, Rn 608.
5 FG BaWü DStRE 99, 295 (298); FG Hess EFG 98, 757 (758); FG Kln EFG 98, 756 (757); *K/S/M* § 10b Rn E 57.
6 FG BaWü DStRE 99, 295; FG Kln EFG 98, 753.
7 FG Hess EFG 98, 757 (758).
8 *K/S/M* § 10b Rn E 76; *Geserich* Stiftung & Sponsoring 3/01 Rote Seiten, 10 f; *ders* DStJG 26, 274; **aA** FG Kln EFG 98, 753; FG Hess EFG 98, 757 (758).
9 OFD Mchn DStR 00, 1351; FG Hess EFG 98, 757 (758); **aA** FG Kln EFG 98, 756 (757).
10 *K/S/M* § 10b Rn E 46, 78.

Beschäftigung auf Grund des Beschäftigungsverhältnisses eine lebenslängliche Versorgung oder an deren Stelle eine Abfindung zusteht oder die in der gesetzlichen Rentenversicherung nachzuversichern sind oder
2. nicht der gesetzlichen Rentenversicherungspflicht unterliegen, eine Berufstätigkeit ausgeübt und im Zusammenhang damit auf Grund vertraglicher Vereinbarungen Anwartschaftsrechte auf eine Altersversorgung erworben haben oder
3. Versorgungsbezüge im Sinne des § 19 Abs. 2 Satz 2 Nr. 1 erhalten haben oder
4. Altersrente aus der gesetzlichen Rentenversicherung erhalten haben,

beträgt die Vorsorgepauschale 11 Prozent des Arbeitslohns, jedoch höchstens 1 500 Euro.

(4) ¹Im Fall der Zusammenveranlagung von Ehegatten zur Einkommensteuer sind die Absätze 1 bis 3 mit der Maßgabe anzuwenden, dass die Euro-Beträge nach Absatz 1, 2 Satz 2 Nr. 2 sowie Absatz 3 zu verdoppeln sind. ²Wenn beide Ehegatten Arbeitslohn bezogen haben, ist Absatz 2 Satz 3 auf den Arbeitslohn jedes Ehegatten gesondert anzuwenden und eine Vorsorgepauschale abzuziehen, die sich ergibt aus der Summe
1. der Beträge, die sich nach Absatz 2 Satz 2 Nr. 1 in Verbindung mit Satz 4 für nicht unter Absatz 3 fallende Ehegatten ergeben, und
2. 11 Prozent der Summe der Arbeitslöhne beider Ehegatten, höchstens jedoch 3 000 Euro.

³Satz 1 gilt auch, wenn die tarifliche Einkommensteuer nach § 32a Abs. 6 zu ermitteln ist.

(5) Soweit in den Kalenderjahren 2005 bis 2019 die Vorsorgepauschale nach der für das Kalenderjahr 2004 geltenden Fassung des § 10c Abs. 2 bis 4 günstiger ist, ist diese mit folgenden Höchstbeträgen anzuwenden:

Kalenderjahr	Betrag nach § 10c Abs. 2 Satz 2 Nr. 1 in Euro	Betrag nach § 10c Abs. 2 Satz 2 Nr. 2 in Euro	Betrag nach § 10c Abs. 2 Satz 2 Nr. 3 in Euro	Betrag nach § 10c Abs. 3 in Euro
2005	3 068	1 334	667	1 134
2006	3 068	1 334	667	1 134
2007	3 068	1 334	667	1 134
2008	3 068	1 334	667	1 134
2009	3 068	1 334	667	1 134
2010	3 068	1 334	667	1 134
2011	2 700	1 334	667	1 134
2012	2 400	1 334	667	1 134
2013	2 100	1 334	667	1 134
2014	1 800	1 334	667	1 134
2015	1 500	1 334	667	1 134
2016	1 200	1 334	667	1 134
2017	900	1 334	667	1 134
2018	600	1 334	667	1 134
2019	300	1 334	667	1 134.

R 10c/H 10c EStR 05; BMF BStBl I 05, 429 idF BStBl I 06, 496, Rn 53 ff – Vorsorgepauschale; BMF BStBl I 07, 493 – Berücksichtigung von Vorsorgeaufwendungen bei G'ter-Geschäftsführern von KapGes.

Literatur: *Gunsenheimer* Die steuerliche Berücksichtigung von Vorsorgeaufwendungen nach dem AltEinkG, SteuerStud 06, 169; *Lindberg* Berücksichtigung von Vorsorgeaufwendungen bei Gesellschafter-Geschäftsführern von KapGes, sj 07, 23; *Myßen/Hildebrandt* Vorsorgeaufwendungen bei Gesellschafter-Geschäftsführern, NJW F 3, 14559.

1 I. Grundaussage der Vorschrift. Die Vorschrift will die typischerweise regelmäßig anfallenden SA berücksichtigen und dient damit – ungeachtet ihrer Kompliziertheit – der Vereinfachung. Die Vorsorgepauschale (§ 10 II) ist vom ArbG bei der Berechnung der LSt von Amts wegen zu berücksichtigen. Bei der Veranlagung wird die Vorsorgepauschale abgezogen, wenn der StPfl nicht Aufwendungen nachweist, die zu einem höheren Abzug führen. Die Berechnung orientiert sich seit dem AltEinkG an der Höhe der Sozialversicherungsbeiträge. Bezieht ein StPfl Arbeitslohn, wird ohne Nachweis der halbe Beitrag zur allg Rentenversicherung angerechnet. Hinzu kommen 11 vH des Arbeitslohns, höchstens jedoch 1 500 €. Die vollen Pauschbeträge werden auch dann gewährt, wenn die Voraussetzungen nur während eines Teils des Kj vorgelegen haben.

II. Sonderausgaben-Pauschbetrag (§ 10c I). Der Vorsorgepauschbetrag wird für die aufgelisteten SA abgezogen, wenn der StPfl nicht höhere Aufwendungen nachweist. Er gilt für alle (auch gem § 1 III) unbeschränkt StPfl sowie für beschränkt stpfl ArbN nach Maßgabe des § 50 I 1. Der Pauschbetrag, der bei zusammenveranlagten Eheleuten verdoppelt wird, ist in die LSt-Tabellen eingearbeitet (§ 38c I 5 Nr 2). Zur LSt-Ermäßigung s § 39a I Nr 2, II 4, zu Vorauszahlungen auf die ESt s § 37 III 5. Durch die Anhebung des Nettoeinkommens aufgrund der Erhöhung der Vorsorgepauschale erhöhen sich bei rentenversicherungspflichtigen ArbN die Lohnersatzleistungen nach dem SGB III, insbes das Arbeitslosengeld. **2**

III. Vorsorgepauschale (§ 10c II–IV). Zur Berücksichtigung der Vorsorgepauschale ab VZ 05 BMF BStBl I 05, 429 Rz 53 ff. Die Höhe der Vorsorgepauschale ist abhängig von der Höhe des Arbeitslohns. Sie knüpft dabei an die Höhe der nach § 10 I Nr 2 und 3 abziehbaren Vorsorgeaufwendungen an. Bei rentenversicherungspflichtigen ArbN wird eine Vorsorgepauschale berücksichtigt, die sich zusammensetzt aus fiktiven Beiträgen zur gesetzlichen Rentenversicherung (§ 10c II 2 Nr 1), wobei für die Berechnung auf den Arbeitslohn abzustellen ist,[1] und einem Betrag für die Beiträge zur Kranken-, Pflege- und Arbeitslosenversicherung (§ 10c II 2 Nr 2). Es wird dabei unterstellt, dass die Summe der Arbeitnehmeranteile zur Kranken-, Pflege- und Arbeitslosenversicherung insgesamt ca 11 vH des Arbeitslohns beträgt. Der ArbN muss durch Beiträge zur Renten-/Arbeitslosenversicherung konkret Ansprüche erwerben.[2] Diese **allg Pauschale** betrifft die Vorsorgeaufwendungen iSd § 10 I Nr 2 einschl der Beiträge zur freiwilligen Pflegeversicherung. Berechtigt sind alle ArbN, auch wenn sie nur während eines Teils des Kj Lohn beziehen; sie müssen keine entspr Aufwendungen getätigt haben. Bei der Bemessung des maßgeblichen **Arbeitslohns (§ 10 II)** wird der „Zuschlag zum Versorgungsfreibetrag" (§ 19 II) nicht in die Minderung der Bemessungsgrundlage für die Vorsorgepauschale einbezogen.[3] Der Betrag für Altersvorsorgeaufwendungen (§ 10c II 2 Nr 1) ist bei der Berechnung der Vorsorgepauschale – wie auch beim SA-Abzug (§ 10 I, III) – in einer Übergangsphase begrenzt (zB für 2005 auf 20 vH, weil 50 vH bereits nach § 3 Nr 62 stfrei sind). Der jährliche Anstieg des Betrags mit 2 vH bei den Vorsorgeaufwendungen (§ 10 I, III) wird bei der Berechnung der Vorsorgepauschale – bezogen auf den Arbeitnehmeranteil mit 4 vH – nachvollzogen. **3**

Der Höhe nach ist diese allg Pauschale, die in die LSt-Tabelle eingearbeitet ist (§ 38c I Nr 3) mit dem Ausgangswert von 20 vH ebenso wie der Höchstbetrag nach § 10 III – den Beiträgen zur gesetzlichen Sozialversicherung angepasst.

Für **nicht rentenversicherungspflichtige ArbN** gilt § **10c III**; diese **Sonderpauschale** ist in besondere LSt-Tabellen eingearbeitet (§ 38c II, III). Zu diesem Personenkreis gehören Beamte, Richter, Zeit- und Berufssoldaten, Geistliche (Nr 1), Vorstandsmitglieder von AG, beherrschende G'ter-Geschäftsführer von KapGes (Nr 2),[4] auch bei eigener Zusatzversicherung.[5] Der Vorwegabzug wird nicht gekürzt bei Personen, die nach § 2 I Nr 11 AVG pflichtversichert sind;[6] Pensionäre mit Versorgungsbezügen iSv § 19 II (Nr 3) und gegen Arbeitsentgelt weiterbeschäftigte Bezieher von Altersrenten aus der gesetzlichen Rentenversicherung (Nr 4). Bei gleichzeitigem Bezug von Lohn aus aktiver nichtselbstständiger Arbeit und Witwenversorgung wird die Vorsorgepauschale – nur – nach § 10c III EStG ermittelt.[7] Der nicht rentenversicherungspflichtige beherrschende G'ter-Geschäftsführer einer GmbH wird durch das AltEinkG dem Personenkreis des § 10c III Nr 2 zugeordnet; dies bedeutet insbes, dass nach neuer Rechtslage eine Kürzung des Höchstbetrags nach § 10 III Nr 1 erfolgt; dies auch dann, wenn für ihn nach § 3 Nr 63 stfreie Beiträge des ArbG für die Alterssiche- **4**

---

1 BMF BStBl I 05, 429 Tz 54 f.
2 BFH/NV 06, 1073.
3 Hierzu BT-Drs 15/2150, 37.
4 Ausführlich unter Berücksichtigung der Rspr BMF BStBl I 07, 493; speziell zu G'ter-Geschäftsführern Lindberg sj 07, 23; *Myßen/Hildbrandt* NWB Fach 3, 14559; *Fissenewert* HFR 07, 224.
5 S auch BFH/NV 06, 2049 – nachgezahlter Arbeitslohn.
6 BFH BStBl II 01, 64.
7 FG Bln EFG 00, 487.

§ 10d Verlustabzug

rung gezahlt werden.[1] Sagt die GmbH ihrem Alleingesellschafter[2] oder ihren beiden zu gleichen Teilen beteiligten Gesellschafter-Geschäftsführern die gleiche Altersversorgung zu, so steht jedem von ihnen der Vorwegabzug für Vorsorgeaufwendungen ungekürzt zu.[3] Keine Sonderpauschale erhalten selbstständig Tätige und Abgeordnete sowie versicherungsfreie und auf eigenen Antrag von der Versicherungspflicht befreite ArbN. Da der in § 10c III definierte Personenkreis nicht zwangsläufig Beiträge zur Altersversorgung leistet, beschränkt sich die Höhe der Vorsorgepauschale auf 11 Prozent des Arbeitslohns (zB für Beiträge an eine private Krankenversicherung).

4 Bei **zusammenveranlagten Eheleuten** muss nur ein Teil Arbeitslohn bezogen haben (§ 10c IV). Für sie gilt nach § 10c IV: Hat nur ein Ehegatte Arbeitslohn bezogen, ist Ausgangswert der von ihm bezogene Arbeitslohn; die nach § 10 II, III ermittelten Beträge werden verdoppelt (§ 10c IV 1). Haben beide Eheleute Arbeitslohn bezogen, wird die Vorsorgepauschale nach § 10c IV 2 ermittelt. Instruktive **Berechnungsbeispiele** ergeben sich aus H 10c EStH.

5 **IV. Günstigerrechnung.** Auch bei der Berechnung der Vorsorgepauschale wird nach § **10c V** eine **Günstigerrechnung** durchgeführt, um Schlechterstellungen gegenüber der alten Rechtslage zu vermeiden.[4]

§ 10d Verlustabzug

(1) ¹Negative Einkünfte, die bei der Ermittlung des Gesamtbetrags der Einkünfte nicht ausgeglichen werden, sind bis zu einem Betrag von 511 500 Euro, bei Ehegatten, die nach den §§ 26, 26b zusammen veranlagt werden, bis zu einem Betrag von 1 023 000 Euro vom Gesamtbetrag der Einkünfte des unmittelbar vorangegangenen Veranlagungszeitraums vorrangig vor Sonderausgaben, außergewöhnlichen Belastungen und sonstigen Abzugsbeträgen abzuziehen (Verlustrücktrag). ²Dabei wird der Gesamtbetrag der Einkünfte des unmittelbar vorangegangenen Veranlagungszeitraums um die Begünstigungsbeträge nach § 34a Abs. 3 Satz 1 gemindert. ³Ist für den unmittelbar vorangegangenen Veranlagungszeitraum bereits ein Steuerbescheid erlassen worden, so ist er insoweit zu ändern, als der Verlustrücktrag zu gewähren oder zu berichtigen ist. ⁴Das gilt auch dann, wenn der Steuerbescheid unanfechtbar geworden ist; die Festsetzungsfrist endet insoweit nicht, bevor die Festsetzungsfrist für den Veranlagungszeitraum abgelaufen ist, in dem die negativen Einkünfte nicht ausgeglichen werden. ⁵Auf Antrag des Steuerpflichtigen ist ganz oder teilweise von der Anwendung des Satzes 1 abzusehen. ⁶Im Antrag ist die Höhe des Verlustrücktrags anzugeben.

(2) ¹Nicht ausgeglichene negative Einkünfte, die nicht nach Absatz 1 abgezogen worden sind, sind in den folgenden Veranlagungszeiträumen bis zu einem Gesamtbetrag der Einkünfte von 1 Million Euro unbeschränkt, darüber hinaus bis zu 60 Prozent des 1 Million Euro übersteigenden Gesamtbetrags der Einkünfte vorrangig vor Sonderausgaben, außergewöhnlichen Belastungen und sonstigen Abzugsbeträgen abzuziehen (Verlustvortrag). ²Bei Ehegatten, die nach §§ 26, 26b zusammen veranlagt werden, tritt an die Stelle des Betrags von 1 Million Euro ein Betrag von 2 Millionen Euro. ³Der Abzug ist nur insoweit zulässig, als die Verluste nicht nach Absatz 1 abgezogen worden sind und in den vorangegangenen Veranlagungszeiträumen nicht nach Satz 1 und 2 abgezogen werden konnten.

(3) *(aufgehoben)*

(4) ¹Der am Schluss eines Veranlagungszeitraums verbleibende Verlustvortrag ist gesondert festzustellen. ²Verbleibender Verlustvortrag sind die bei der Ermittlung des Gesamtbetrags der Einkünfte nicht ausgeglichenen negativen Einkünfte, vermindert um die nach Absatz 1 abgezogenen und die nach Absatz 2 abziehbaren Beträge und vermehrt um den auf den Schluss des vorangegangenen Veranlagungszeitraums festgestellten verbleibenden Verlustvortrag. ³Zuständig für die Feststellung ist das für die Besteuerung zuständige Finanzamt. ⁴Feststellungsbescheide sind zu erlassen, aufzuheben oder zu ändern, soweit sich die nach Satz 2 zu berücksichtigenden Beträge ändern und deshalb der entsprechende Steuerbescheid zu erlassen, aufzuheben oder zu ändern ist. ⁵Satz 4 ist entsprechend anzuwenden, wenn der Erlass, die Aufhebung oder die Änderung des Steuerbescheids mangels steuerlicher Auswirkungen unterbleibt. ⁶Die Feststellungsfrist endet nicht, bevor die Fest-

---

1 Zur Problematik der Neuregelung *Risthaus* DB 04, 1329 (1333f.
2 BFH BStBl II 04, 546; BFH/NV 05, 196.
3 BFH BStBl II 05, 634; BFH/NV 05, 1509.
4 Zur Berechnung BMF BStBl I 05, 429 Tz 56 ff.

setzungsfrist für den Veranlagungszeitraum abgelaufen ist, auf dessen Schluss der verbleibende Verlustvortrag gesondert festzustellen ist; § 181 Abs. 5 der Abgabenordnung ist nur anzuwenden, wenn die zuständige Finanzbehörde die Feststellung des Verlustvortrags pflichtwidrig unterlassen hat.

§ 62d EStDV; R 10d/H 10d EStR 05

Übersicht

	Rn		Rn
A. Grundaussagen des § 10d	1	C. Durchführung des Verlustvortrags (§ 10d II)	25
B. Verlustrücktrag (§ 10d I)	6	D. Verweis auf § 2 III aF (§ 10d III aF)	30
I. Persönliche Berechtigung zum Verlustabzug	6	E. Gesonderte Verlustfeststellung (§ 10d IV)	35
II. Durchführung des Verlustrücktrags (§ 10d I)	13		

Literatur: *Hallerbach* Horizontaler Verlustausgleich zwischen zusammenveranlagten Ehegatten nach dem Steuerentlastungsgesetz 1999/2000/2002, DStR 99, 1253; *Hüsing* Die Verlustverrechnung nach neuem Recht, DB 00, 1149; *Laule/Bott* Vererbbarkeit von Verlustvorträgen, DStR 02, 1373; *Paus* Verbindlichkeiten und Verluste des Erblassers – Abzugsmöglichkeiten für den Erben, INF 01, 321; *Raupach/Böckstiegel* Die Verlustregelungen des Steuerentlastungsgesetzes 1999/2000/2002, FR 99, 487; *Risthaus/Plenker* Steuerentlastungsgesetz 1999/2000/2002 – Geänderte Verlustverrechnungsmöglichkeiten im Rahmen der Einkommensteuerfestsetzung, DB 99, 605; *Ritzer/Stangl* Die Mindestbesteuerung nach §§ 2 Abs 3 und 10d EStG in der Fassung des Steuerentlastungsgesetzes 1999/2000/2002 – Teil II, INF 99, 393.

A. Grundaussagen des § 10d

§ 10d mildert die Folgen der durch § 2 VII (§ 2 Rn 153) geregelten **Abschnittsbesteuerung**, indem StPfl nach dem gem § 2 III vorrangigen horizontalen (= innerhalb einer Einkunftsart) und vertikalen (= Summe aller Einkunftsarten) Verlustausgleich im Entstehungsjahr verbleibende Verluste (= negative Einkünfte) mit positiven Einkünften anderer Kj (VZ) durch Rück- und Vortrag verrechnen können. Die Verlustverrechnung tangiert den Grundsatz der Abschnittsbesteuerung im Verhältnis zum abschnittsübergreifenden Nettoprinzip als Ausfluss des Leistungsfähigkeitsprinzips. Die steuertechnischen Regelungen zum Verlustabzug bestimmen (lediglich), wie sich ein Verlust in dem betr oder einem anderen VZ auswirkt. Diese jahresübergreifende Verlustberücksichtigung senkt für alle Einkunftsarten in Abkehr von dem Jahressteuerprinzip (§ 2 Rn 17f) die Durchschnittsbesteuerung des Lebenseinkommens. Auf diese Weise trägt der Gesetzgeber dem Umstand Rechnung, dass die Verteilung positiver und negativer Einkünfte auf verschiedene VZ auch von Zufälligkeiten abhängt, die angesichts der Abschnittsbesteuerung die Besteuerung nach der Leistungsfähigkeit des einzelnen StPfl in ungerechtfertigter Weise verzerren könnten. Der Verlustabzug kommt bei der Veranlagung (§§ 25 I, 46 II Nr 8 S 3) sowie im Vorauszahlungs- und Lohnsteuerabzugsverfahren[1] in Betracht. Dabei besteht zwischen der ESt-Veranlagung und dem selbstständigen Verlustfeststellungsverfahren durchaus ein enger (verfahrenstechnischer) Zusammenhang.[2] Die Geltung im Beitrittsgebiet ist in § 57 IV geregelt. § 8 I und IV KStG verweist vorbehaltlich der besonderen Identitätsvoraussetzung auf § 10d, während § 10a GewStG nur einen ebenfalls ab dem VZ 04 eingeschränkten Verlustvortrag zulässt. 1

Soweit ein StPfl keinen abw Antrag nach S 4 stellt, bestimmt § 10d I Einzelheiten des (im Verhältnis zum Verlustvortrag vorrangigen) zwingend durchzuführenden Verlustrücktrags. Abs 2 legt den Umfang des zeitlich unbegrenzten Verlustvortrags fest. § 10d IV iVm § 179 AO sieht ein besonderes Feststellungsverfahren vor. Weitreichende Änderungsmöglichkeiten der (Feststellungs-)Bescheide, § 10d I 2, 3 und IV 4, mindern die Bestandskraft der betr Einkommensteuerbescheide (= Folgebescheide). 2

Der Gesetzgeber hatte 1999 die Verlustberücksichtigung in §§ 2 III aF und 10d aF grundlegend eingeschränkt; insbes hatte er neben betragsmäßigen und zeitlichen Einschränkungen des Verlustrücktrags das **Mindestbesteuerungskonzept des § 2 III aF** auf den Verlustabzug übertragen. Diese Neuregelung galt ab dem VZ 99. Die Regelungen der §§ 2 III aF und 10d aF begegneten unter dem Gesichtspunkt fehlender Stringenz und übermäßiger Komplexität erheblichen verfassungsrechtlichen Bedenken. 3

---

[1] R 10d V EStR.   [2] BFH/NV 02, 1455.

§ 10d Verlustabzug

4 Im Jahre 2003 gestaltete der Gesetzgeber die Verlustverrechnung neu und hob die in § 2 III 2 bis 8 aF enthaltenen Verlustausgleichbeschränkungen auf.[1] Die Neuregelung gilt gem § 52 Abs 25[2] **erstmals für den VZ 04**. Wegen der einzelnen Übergangsregelungen wird auf § 52 Abs 25 S 2 bis 4 verwiesen.[2] Die Änderungen des § 10d führten zu einer deutlichen (Verfahrens-)Vereinfachung. Zugleich hat der Gesetzgeber die Möglichkeiten des Verlustvortrags aber massiv beschränkt. Die zeitliche Streckung der Verrechnungsmöglichkeit korrespondiert nicht mit dem zeitnahen Besteuern von Gewinnen. Große Einkommensschwankungen können vor allem bei Neugründung im Einzelfall die Unternehmen stark belasten, wenn trotz erlittener Verluste in der Vergangenheit nunmehr Gewinne in erheblichem Maße im Sinne einer Mindestbesteuerung erfasst werden. Dies betrifft im Hinblick auf § 8 I KStG insbes die großen KapGes. Um dieser Mindestbesteuerung bei Verlustvorträgen entgegenzuwirken, sollten Verlustvorträge möglichst „gezielt geplant" werden. Durchschlagende verfassungsrechtliche Bedenken bestehen gegen die Neufassung des Verlustvortrags aber nicht. Die im Einzelfall eintretende Einschränkung des abschnittsübergreifenden Nettoprinzips als Ausdruck des Leistungsfähigkeitsprinzips dürfte der Gesetzgeber ohne Verstoß gegen das allg Willkürverbot in vertretbarer Weise eingeschränkt haben. Denn jedenfalls im Grundsatz erweisen sich in betragsmäßiger und zeitlicher Hinsicht Beschränkungen des Verlustvortrags als verfassungskonform.[3] Hiernach gebietet das Nettoprinzip nicht zwingend den unbeschränkten Verlustvortrag. Im Zuge der Neuregelung änderte der Gesetzgeber auch die einschlägigen Bestimmungen des § 62d EStDV. Die in § 62d II 2 EStDV aF vorgesehene Verdopplung des Höchstbetrages bei zusammenveranlagten Ehegatten übernahm der Gesetzgeber unmittelbar in § 10d I 1. Dagegen regelte er in der Neufassung des § 62d II 2 EStDV[2] erstmals die Aufteilung näher bezeichneter Verluste für den Fall, dass eine zunächst durchgeführte Zusammenveranlagung in einem Folgejahr unterbleibt. Die betr Anwendungsregelung hat der Gesetzgeber in § 84 Abs 3d EStDV[2] getroffen. Allerdings dürfte zukünftig das Europarecht den Gesetzgeber veranlassen, die grenzüberschreitende Verlustverrechnung (insbes bei Auslandsbetriebstätten) neu zu regeln. Im Jahre 07 fügte der Gesetzgeber in § 10d I den neuen S 2 hinzu.[4]

5 Im Verhältnis zu § 10d erweist sich § 15a als vorrangig (§ 15a Rn 73), da § 15a II die nicht ausgleichsfähigen Verluste in beschränkt verrechenbare Verluste umqualifiziert. StPfl können sich daher im Einzelfall bemühen, durch **Sachverhaltsgestaltung** die Beschränkungen des Verlustvortrags durch Überleitung in zunächst nicht verrechenbare Verluste zu vermeiden. Auch iÜ können StPfl sich bemühen, durch gezielte Gestaltung das Verlustpotential zu nutzen. Dabei können im Einzelfall sich aus § 42 AO Grenzen ergeben. Allerdings erweist sich das Nutzen tatsächlich entstandener Verluste regelmäßig als „angemessene" Gestaltung.[5] Darüber hinaus gewinnt § 10d Bedeutung bei den besonderen Verrechnunsbeschränkungen gem §§ 2b, 15 IV, 22 Nr 2 und 3 sowie 23.[6] Erforderlich ist in jedem Falle ein umfassendes „Verlustmanagement", das die Gestaltung zu erwartender und bereits entstandener Verluste umfasst. Hiernach müssen StPfl Sorge tragen, insbes den Untergang von Verlusten zu vermeiden und entstandene Verluste alsbald zu verrechnen.[7]

B. Verlustrücktrag (§ 10d I)

6 **I. Persönliche Berechtigung zum Verlustabzug.** Zum Verlustabzug berechtigt sind unbeschränkt StPfl, § 1 I 1, beschränkt StPfl dagegen nur im Rahmen des § 50 I 2 und II 2. Die bei der Einkünfteermittlung maßgebliche persönliche Zurechnung orientiert sich an dem Grundsatz der Tatbestandsverwirklichung; hiernach kann nur der StPfl den Verlustabzug geltend machen, der den Verlust erlitten hat **(Prinzip der Personenidentität**[8]**).** Aus diesem Grunde eröffnen auch Rechtsgeschäfte grds keine Möglichkeit, den Verlustabzug zu übertragen (Rn 9). Eine Ausnahme von der erforderlichen Personenidentität bildet seit 1962 der **Erbfall,** für den insbes der 1. Senat des BFH trotz heftiger Kritik nicht nur in der Literatur wie schon in der Vergangenheit – vor allem im Hinblick auf die Vorzüge einer Rechtsprechungskontinuität – diese Notwendigkeit unter Hinweis auf die zivilrechtliche Gesamtrechtsnachfolge im Regelfall verneint, sofern der Erblasser den Verlust noch hätte gel-

---

1 Gesetz v 22.12.03, BGBl I 03, 2840.
2 Gesetz v 22.12.03, BGBl I 03, 2840 (2841).
3 BVerfG DStR 91, 1278 (1279); BVerfGE 99, 88 (97); BFH BStBl II 05, 609 (610).
4 Gesetz v 14.8.07, BGBl I 07, 1912 (1915).
5 BFH/NV 02, 240 (241); BFH/NV 03, 205 (206).
6 BMF BStBl I 04, 1097 zu Einzelheiten der sog besonderen Verrechnungskreise.
7 Ausf zu Verlustnutzungsstrategien: *Orth* FR 05, 515.
8 BFH BStBl II 95, 326; BStBl II 05, 262 (265).

tend machen können.¹ Nach dieser Rspr vermag ein Erbe im Jahr des Erbfalls den nicht ausgeglichenen Verlust des Erblassers in seiner Veranlagung zu berücksichtigen. Allerdings müssen die Verluste des Erblassers den Erben wirtschaftlich insbes etwa wegen der Haftung für Nachlassverbindlichkeiten belasten, anderenfalls entfällt ein Verlustabzug.² Eine derartige wirtschaftliche Belastung entfällt etwa, wenn der Erbe, sei es auch nur im Innenverhältnis, tatsächlich nicht haftet (Grund: Freistellung im Innenverhältnis, Nachlassverwaltung, Nachlassinsolvenz). Im Hinblick auf die Anfrage des 11. Senats v 10.4.03³ an den 1. und 8. Senat dürfte aber eine Rechtsprechungsänderung anstehen. Denn tatsächlich gleicht die Entlastung des Erben die Überbesteuerung des Erblassers nicht aus. Zudem beinhaltet der Verlustabzug keinen entspr Vermögenswert iSd § 1922 BGB.⁴ Nachdem der der 1. und der 8. Senat⁵ aber der Divergenzanfrage des 11. Senats nicht zugestimmt haben, wird nunmehr der Große Senat des BFH⁶ entscheiden müssen. Angesichts dieser Ungewissheit sollten potenzielle Erblasser alle Möglichkeiten nutzen, dem Entstehen von Verlusten entgegenzuwirken oder bestehende Verlustvorträge abzubauen. Bis zu der Entscheidung des Großen Senats geht allerdings die FinVerw weiterhin von einem Verlustabzug im Erbfall aus.

Zurechnungssubjekt für den Verlustausgleich im **Konkurs** bleibt der Gemeinschuldner, für das Vergleichs-⁷ und Insolvenzverfahren gilt Entsprechendes. Mithin kann allein der StPfl Verluste, die er außerhalb der vorgenannten Verfahren erlitten hat, gem § 10d abziehen. **7**

Hat eine **PersGes** Verluste erzielt, werden diese zwar zunächst auf der Ebene der Ges ermittelt. Die anteilige Zurechnung dieses Ergebnisses beim G'ter hat jedoch zur Folge, dass nur dieser als nat Pers zum Verlustabzug berechtigt ist.⁸ **8**

Eine (rechtsgeschäftliche) Übertragbarkeit des Verlustabzugs scheitert an der notwendigen Personenidentität.⁹ Bei Umwandlungen ist der Verlustabzug im Rahmen des UmwStG zulässig. Im Falle des **Nießbrauchs** kann der Nießbraucher, der die Einkünfte erzielt, auch den Verlustabzug geltend machen; erst nach Begründung einer **Organschaft** ist der Organträger berechtigt, von der Organgesellschaft erzielte Verluste abzuziehen.¹⁰ **9**

Bei **Ehegatten** gilt ebenfalls für die Verlustberücksichtigung zunächst das Prinzip der Personenidentität (Rn 6). Als Alleinerbe kann der überlebende Ehegatte aber die Verluste des Verstorbenen idR berücksichtigen (Rn 6). Im Übrigen ist bei der Veranlagung von Ehegatten § 62d EStDV zu beachten (Rn 17), im Einzelfall kann sich ein Wechsel der Veranlagungsart empfehlen. **10**

II. Durchführung des Verlustrücktrags (§ 10d I). Für den Verlustabzug außerhalb des Verlustentstehungsjahres kommen nur die nach den allg Grundsätzen ermittelten Erwerbsverluste als **negative Einkünfte** gem § 2 I 1 in Betracht. Hierzu zählt auch der Verlust, den ein wesentlich beteiligter G'ter anlässlich der Auflösung der KapGes gem § 17 II und IV erleidet,¹¹ nicht hingegen negative Einkünfte aus pauschalversteuertem Arbeitslohn sowie stfreie Einnahmen und Einkünfte.¹² Dabei muss der Gesamtbetrag der Einkünfte, § 2 III, trotz des **vorrangigen Verlustausgleichs** innerhalb des betr VZ (Verlustentstehungsjahr) negativ sein. Soweit durch den horizontalen oder vertikalen Ausgleich (Rn 1) gem § 34 I begünstigte Gewinne verrechnet werden, geht die Steuervergünstigung dieser Tarifvorschrift endgültig verloren.¹³ Hat sich ein ProgrVorb im Verlustentstehungsjahr nicht ausge- **13**

---

1 BFH BStBl II 72, 621 (Verlustausgleich); BStBl II 73, 679 (Verlustabzug durch Miterben, wenn ein Erbe den Betrieb fortführt); BStBl II 80, 188 (189); ebenso iErg: R 10d III 4 EStR; aA *K/S/M* § 10d Rn B 195; *L/S/B* EStG § 10d Rn 233; ausf Beispiele zur Verlustberücksichtigung beim Erben: H 10d ,Verlustabzug im Erbfall' EStH.
2 BFH BStBl II 99, 653 (656); BStBl II 02, 487 (488 f); zustimmend: BMF BStBl I 02, 667; *Gosch* DStR 01, 1477; *Paus* INF 00, 321 (323 f) *Laule/Bott* DStR 02, 1373; aA BFH BStBl II 00, 622 (623 f); BFH/NV 01, 162; FG Mchn EFG 02, 673: wirtschaftliche Belastung nicht erforderlich; *Kanzler* FR 00, 875.
3 BFH BStBl II 04, 400.
4 In diesem Sinne: BFH BStBl II 00, 622 (624).
5 BFH BStBl II 04, 414 u BFH/NV 04, 331.
6 BFH, Vorlagebeschluss BStBl II 05, 252.
7 BFH BStBl II 72, 946 (Konkurs); *K/S/M* § 10d Rn B 163.
8 *K/S/M* § 10d Rn B 152.
9 BFH BStBl II 91, 899 (900); R 10d IV 2 EStR.
10 BFH BStBl II 73, 679 (Nießbrauch); FG Hbg EFG 87, 42 (Organschaft).
11 BFH BStBl II 99, 559 (560); BStBl II 01, 385 (387).
12 BFH BStBl II 59, 366 (stfreie Einnahmen, § 3a aF); BStBl III 63, 464 (stfreie Einnahmen aus Schachtelbeteiligung); BStBl II 69, 102 (stfreier Sanierungsgewinn); BStBl II 76, 360 (Freibetrag, § 16 IV); *K/S/M* § 10d Rn B 285f.
13 BFH/NV 97, 223.

wirkt, ist er beim Steuersatz im Verlustabzugsjahr zu berücksichtigen.[1] Einzelne Normen enthalten Verweise auf den Verlustabzug oder spezielle Beschränkungen der Verlustabzugsmöglichkeit.[2]

14 Der rücktragsfähige Verlust (= negativen Einkünfte) ist ab dem VZ 2004 auf insgesamt 511 500 € sowie im Falle der Zusammenveranlagung auf 1 023 000 € je Verlustentstehungsjahr begrenzt, **§ 10d I 1**. Der Höchstbetrag ist grds für jeden StPfl getrennt im Rahmen der Einkommensteuerveranlagung zu berücksichtigen.[3] Bei PersGes und Personengemeinschaften gilt der Höchstbetrag für jeden Beteiligten und zwar unabhängig von der Anzahl seiner Beteiligungen. Dabei bestimmt der Feststellungsbescheid die Höhe des anteiligen Verlustes; über die Abziehbarkeit gem § 10d ist dagegen im Rahmen der individuellen ESt-Festsetzung zu entscheiden. Der Verlust ist ausschließlich in den unmittelbar vorangegangenen VZ zurückzutragen. In dem betr Abzugsjahr ist der Verlust vom Gesamtbetrag der Einkünfte, § 2 III, abzuziehen. Vorbehaltlich eines Verzichts gem § 10d I 4 (Rn 19) sieht das Gesetz den Rücktrag zwingend vor. Lediglich (bislang) nicht veranlagte ArbN müssen Veranlagung in der Frist des § 46 II Nr 8 S 3 beantragen, um den Verlustrücktrag zu ermöglichen.[4] Der Rücktrag geht ausweislich des Gesetzeswortlauts den SA vor, ebenso Neuverluste den Altverlusten, zudem Vortrag vor Rücktrag.[5] Auch insoweit bestehen, selbst wenn iErg der Abzug privater Aufwendungen entfällt, keine verfassungsrechtlichen Bedenken (Rn 4).

15 Die Höhe des Verlustrücktrags wird im Abzugsjahr im Rahmen der Veranlagung ohne eigenes Feststellungsverfahren bestimmt; insoweit gewinnt auch die Feststellung des verbleibenden Verlustvortrags (Rn 35) zum Schluss des Verlustentstehungsjahres für den Rücktrag keine Bedeutung.[6] Dabei sieht **§ 10 I 2** eine ausdrückliche Minderung um die näher bezeichneten Begünstigungsbeträge iSd § 34a III 1 vor. Nach Auffassung des Gesetzgebers kann insoweit auf den Verlustrücktrag verzichtet werden, weil der StPfl den Antrag auf Begünstigung der nicht entnommenen Gewinne im Verlustjahr zurücknehmen kann, so dass dem StPfl der Rücktrag gem § 10d unmittelbar eröffnet wird. Nimmt der StPfl den Antrag nach § 34a I 4 nicht zurück, wird der Verlust nach § 10d II vorgetragen.[7] Weiterhin enthalten **§ 10d I 3 und 4** gegenüber §§ 169 ff und 172 ff AO **spezielle Verjährungs- und Änderungsvorschriften**. Bescheide der Verlustabzugsjahre sind auch bei Bestandskraft in Höhe des (berichtigten) Verlusts zu ändern, § 172 I Nr 2d AO. Der Umfang der nach § 10d I 3 zulässigen Änderung bestimmt sich allein nach der punktuellen Verlustberücksichtigung; allerdings sind nach hM anderweitige Fehler oder Änderungsmöglichkeiten im Rahmen des § 177 II AO zu berücksichtigen.[8] Zur richtigen und vollständigen Verwirklichung des Verlustabzugs sind jegliche (Rechts-)Fehler, die sich auf den Verlustabzug ausgewirkt haben, zu berichtigen.[9] Die allg Verjährungsregeln gelten für das Abzugsjahr insoweit nicht, als durch § 10d I 4 HS 2 die Ablaufhemmung gem § 171 AO punktuell hinausgeschoben wird; hiernach ist die Festsetzungsverjährung des Verlustentstehungsjahres maßgeblich.[10]

16 Allerdings kann der StPfl von der Durchführung des Verlustrücktrags (teilw[11]) absehen; der betr Antrag soll die Höhe des Rücktrags beziffern, **§ 10d I 5 und 6**. Das (Gestaltungs-)Wahlrecht bietet vor allem zum Ausnutzen von Freibeträgen und bei merklichen Schwankungen des Grenzsteuersatzes beachtliche Einsparmöglichkeiten. Der formlose Antrag oder dessen Änderung ist im Grundsatz bis zur Bestandskraft des zu ändernden Steuerbescheides bei dem nach § 19 AO zuständigen FA zu stellen.[12]

C. Durchführung des Verlustvortrags (§ 10d II)

25 Abzugsbeträge, die als **verbleibende Verluste** nicht im Entstehungsjahr ausgeglichen oder in den vorangegangenen VZ zurückgetragen worden sind, hat das FA zwingend in zukünftigen VZ abzu-

---

1 FG Mchn EFG 98, 37 unter Hinweis auf BFH BStBl II 92, 345; **aA** FG RhPf EFG 94, 1044.
2 § 2a I 5; § 15 IV; § 15a I; § 22 Nr 3 S 3f; § 23 III 6f; § 50 I 2 und II 2.
3 R 10d II EStR mit Einzelheiten; BFH BStBl II 00, 491 (495): Rechtsfolgeanordnung.
4 R 10d V 1 EStR.
5 R 10d EStR.
6 FG Kln EFG 99, 1077.
7 BT-Drs 16/4841, 54.
8 BFH BStBl II 93, 29 (30); BStBl II 99, 762 (763) zur Ausübung des Wahlrechts nach § 26; **aA** K/S/M § 10d

Rn B 405 ff; einschränkend: BFH BStBl II 89, 225 (keine erneute Ausübung des Wahlrechts gem §§ 26f nach Bestandskraft); zur Neuausübung vor Bestandskraft: BStBl II 93, 29.
9 BFH/NV 94, 710 (711).
10 BFH BStBl II 93, 231 (232); BStBl II 01, 564 (566); BFH/NV 05, 55 (56).
11 Einzelheiten: R 10d III 5 EStR.
12 R 10d III 1 EStR; Einzelheiten K/S/M § 10d Rn B 356; FG Nds EFG 07, 401 (402): Ablauf der Verjährungsfrist des Verlustentstehungsjahres maßgeblich.

ziehen (Verlustvortrag), § 10d II 1. Die Höhe des Vortrags hängt ua davon ab, ob der StPfl nach § 10d I 4 von dem vorrangigen Rücktrag abgesehen hat (Rn 19). IÜ ist in diesem Zusammenhang entscheidend, inwieweit der StPfl den Verlust in der Vergangenheit nicht gem Abs 1 tatsächlich zurückgetragen hat oder im Rahmen des Verlustvortrags nach Abs 2 objektiv hätte abziehen können, § 10d II 3. Wegen zahlreicher (auch technischer) Einzelheiten des Verlustvortrags wird auf die „Beispiele für den Verlustabzug" in H 10d EStH verwiesen.

Der nach dem Rücktrag iSd Abs 1 verbleibende Verlust wird mit den seit dem VZ 04 (Rn 4) in Abs 2 vorgesehenen Beschränkungen in den folgenden VZ durch Verrechnung abgezogen. Dabei beschränkt § 10d II 1 den Verlustvortrag – vorbehaltlich der Betragserhöhungen gem § 10d II 2 (Rn 27) – betragsmäßig für jedes der Folgejahre dahingehend, dass StPfl nicht ausgeglichene Einkünfte nur bis zu einem Betrag in Höhe von 1 Mio € (sog Sockelbetrag) unbeschränkt abziehen dürfen. Die über diesen Sockelbetrag hinausgehenden Verluste sind dagegen jeweils in den folgenden VZ nur bis zu 60 vH abziehbar. Diese relative Begrenzung auf 60 vH könnte zukünftig weiter abgesenkt werden, wenn im Rahmen einer sog Gegenfinanzierung die Möglichkeiten einer frühzeitigen Verlustnutzung eingeschränkt werden sollen.[1] **26**

Für zusammenveranlagte Eheleute erhöht sich der sog Sockelbetrag iSd § 10d II 1 (Rn 26) auf 2 Mio €, § 10d II 2. Die Regelung entspricht der bis Ende 2003 in § 62d II 2 EStDV aF getroffenen Betragserhöhung (Rn 4). Nunmehr regelt § 62d II 2 EStDV die Verlustberücksichtigung bei zunächst zusammenveranlagten Ehegatten in VZ, in denen keine Zusammenveranlagung mehr erfolgt. **27**

D. Verweis auf § 2 III aF (§ 10d III aF)

Bei der Neugestaltung der Verlustverrechnung (Rn 4) hob der Gesetzgeber § 10d III aF auf.[2] **30**

E. Gesonderte Verlustfeststellung (§ 10d IV)

Die gesonderte Verlustfeststellung soll den Verlustvortrag praktikabel gestalten. Die Feststellung soll im Interesse eines zeitlich unbegrenzten Vortrags zeitnah erfolgen, ohne dass materiell-rechtlich Vor- oder Nachteile für den StPfl entstehen. § 10d IV betrifft den **verbleibenden Verlustvortrag**; hierbei handelt es sich um die negativen Einkünfte, die trotz Rücktrag (Rn 15) und Möglichkeit des Vortrags (Rn 25) sowie erhöht um den festgestellten verbleibenden Verlustvortrag des vorangegangenen VZ nicht ausgeglichen worden sind, § 10d IV 2. Der gem §§ 179 ff AO als selbstständiger VA ergehende Feststellungsbescheid bestimmt allein die Höhe des in künftigen VZ abziehbaren Verlustpotenzials, er regelt nicht den Umfang des tatsächlich berücksichtigten Verlustrücktrags.[3] Ungeachtet des gesonderten Feststellungsverfahrens ist über den Zeitpunkt und die Höhe eines Verlustrücktrags also allein im Abzugsjahr zu entscheiden. Sofern ein Verlust ausgeglichen oder zurückgetragen ist, entfallen mangels eines verbleibenden Verlustes ein Verlustvortrag sowie eine diesbezügliche Verlustfeststellung. **35**

Der verbleibende Verlustvortrag ist – bei mehreren Beteiligten (zB PersGes) einheitlich – von Amts wegen[4] am Schluss des VZ gesondert festzustellen, § 10d IV 1. Die Berücksichtigung von Verlustvorträgen setzt zwingend den Erlass eines entspr Feststellungsbescheides am Schluss des vorangegangenen VZ voraus. Der erstmalige Erlass eines derartigen Feststellungsbescheides kommt allerdings nur in Betracht, wenn der zugrunde liegende ESt-Bescheid im Verlustentstehungsjahr, der zunächst keinen Verlust auswies, noch nach allg AO-Regelungen geändert werden kann.[5] Lautet demnach ein ESt-Bescheid auf 0 €, muss der StPfl innerhalb der Anfechtungsfrist für diesen Bescheid den Erlass eines Feststellungsbescheides über den verbleibenden Verlustabzug beantragen. Im Hinblick auf § 181 V AO gewannen Feststellungsfristen in der Vergangenheit (Rn 40) im Regelfall jedoch, sofern im Verlustentstehungsjahr kein Steuerbescheid ergangen ist, keine Bedeutung.[6] Dem Erlass eines Verlustfeststellungsbescheides steht regelmäßig keine Feststellungsverjährung entgegen. IErg erweist sich der verbleibende Verlustvortrag also als nicht verjährbar, so dass StPfl im Einzelfall noch weit zurückliegende Verluste geltend machen können; dies gilt jedenfalls für VZ, in denen keine ESt-Bescheide ergangen sind und in denen der Verlust entstanden ist. Tatsächlich stehen nur **36**

---

1 Gesetzentwurf v 6.5.05, BR-Drs 321/05.
2 Gesetz v 22.12.03, BGBl I 03, 2840.
3 BFH/NV 00, 564 (567); BFH/NV 03, 904.
4 BFH BStBl II 02, 681.
5 BFH BStBl II 00, 3 (4) zu § 10d III 4 aF.
6 BFH BStBl II 02, 681 (682); BFH/NV 05, 490 (491).

EStBescheide, die einen positiven Gesamtbeitrag der Einkünfte ausweisen, mit Eintritt ihrer Bestandskraft der (späteren) erstmaligen Verlustfeststellung entgegen. Nach der zutr Rspr des BFH kommt also der verfahrensmäßigen Verselbstständigung des Festsetzungsverfahrens gegenüber der materiellen Richtigkeit der Folgebescheide für die nachfolgenden VZ keine maßgebliche Bedeutung zu.

37 Das für die Einkommensbesteuerung nach §§ 19f AO **zuständige FA**, **§ 10d IV 3**, erlässt einen Feststellungsbescheid gem § 179 AO, in dem es den am Schluss des VZ verbleibenden Verlust als selbstständige Besteuerungsgrundlage, § 157 II AO, gesondert feststellt. Diese zeitnahe Festschreibung der Abzugsbeträge ist, da es sich im Verhältnis zu dem betr Ertragsteuerbescheid um einen selbstständigen VA handelt, mit Rechtsmitteln angreifbar.

38 Der Feststellungsbescheid iSd § 10d IV betrifft allein den nicht durch Ausgleich im Entstehungsjahr oder Rücktrag ausgeglichenen Verlust, der vorzutragen ist. Für die Verlustfeststellung gelten die allg Bestimmungen, §§ 179 ff AO, soweit nicht spezielle Regelungen gem § 10d IV vorgehen. Der Feststellungsbescheid ist **Folgebescheid** hinsichtlich eines Feststellungsbescheids des vorangegangenen VZ und zugleich **Grundlagenbescheid**, § 351 II AO, für Steuerbescheide des folgenden VZ sowie den Verlustfeststellungsbescheid zum Schluss des folgenden VZ.[1] Dagegen ist der Steuerbescheid im Verlustentstehungsjahr weder Grundlagenbescheid für den ESt-Bescheid des Verlustrücktragjahres noch für den Verlustfeststellungsbescheid gem § 10d IV.

39 Ändern sich die in § 10d IV 2 genannten Berechnungsgrundlagen (Rn 35), hat das FA den Feststellungsbescheid (Rn 37) zu erlassen, aufzuheben oder zu ändern, wenn und soweit der betr ESt-Bescheid (= Folgebescheid) grds zu ändern wäre, selbst wenn diese Änderung tatsächlich unterbleibt.[2] Hiernach stehen Verlustfeststellungs- und ESt-Bescheid in einem Korrespondenzverhältnis. Allerdings muss die Änderung des Steuerbescheides allein mangels steuerlicher Auswirkung unterbleiben, nicht also wegen fehlender Änderungsmöglichkeit des betr Steuerbescheides.[3] Insoweit besteht im Ergebnis Rechtssicherheit erst ab der (formellen und materiellen) Bestandskraft des ESt-Bescheides, der das Verlustentstehungsjahr betrifft. Hiernach kann der StPfl innerhalb der Einspruchsfrist, (vgl §§ 355 I, 356 II AO), für den ESt-Bescheid erstmalig den Erlass eines Feststellungsbescheids über den verbleibenden Verlustabzug beantragen, auch wenn der ESt-Bescheid auf 0 € lautet und der Einspruch insoweit unzulässig wäre. Aus diesem Grunde ist besondere Sorgfalt geboten, fristgerecht den (zusätzlichen) Antrag zu stellen, den verbleibenden Verlustabzug (in zutr Höhe) gesondert festzustellen (Rn 36). Es handelt sich bei **§ 10d IV 4 und 5** um eine dem § 175 I AO nachgebildete, jedoch im Verhältnis zur AO **eigenständige Korrekturregelung**.[4]

40 Durch das JStG 07 hat der Gesetzgeber den § 10d IV um S 6 erweitert.[5] IErg sollen die für den Verlustvortrag maßgeblichen Bezugsgrößen in den betr Verlustfeststellungsbescheid übernommen werden. Nach der Begründung des Finanzausschusses stellt die Ergänzung sicher, dass sich die Änderungen der maßgeblichen Beträge im Verlustfeststellungsverfahren auswirken können. Zu diesem Zweck bestimmt der erste Halbsatz, dass die Feststellungsfrist nicht endet, solange die Frist für die gesonderte Verlustfeststellung noch läuft. In dem zweiten Halbsatz schließt das Gesetz allerdings nunmehr für den Regelfall die Anwendung von **§ 181 V AO** aus (Rn 36). Auf diese Weise stellt der Gesetzgeber sicher, dass bei der Feststellung des Verlustvortrags eine Festsetzungsverjährung regelmäßig eintritt.[6] Zuvor hatte die Rspr § 181 V AO auf die Feststellung des Verlustvortrages mit der Folge angewandt, dass im Einzelfall keine Feststellungsverjährung eintrat. Demgegenüber verfolgt der Gesetzgeber mit der Ergänzung in S 6 das Ziel, zeitnah über die Höhe des Verlustabzugs zu entscheiden. Hiernach sollen Verlustfeststellungsbescheide grds nur innerhalb der auch für die ESt-Bescheide geltenden, regelmäßig sieben Jahre umfassenden Verjährungsfrist ergehen.[6] Allerdings soll im Einzelfall § 181 V AO dann anwendbar sein, wenn das FA es **pflichtwidrig** unterlassen hat, den Verlustvortrag festzustellen. Nach den Gesetzesmaterialien ist dies der Fall, wenn das FA den Verlust hätte feststellen können, weil ihm der betr Verlust aus einer Steuererklärung bekannt war.[6] Auch in vergleichbaren Fällen sollen den StPfl nicht die Folgen pflichtwidrigen Verhaltens treffen.

---

1 BFH BStBl II 99, 731 (732); R 10d VIII 3–5 EStR mit Einzelheiten.
2 BFH BStBl II 95, 496 (497); BFH/NV 05, 490 (491): Änderung wegen späteren Verlustrücktrags; R 10d VI 4 EStR; K/S/M § 10d Rn D 99.
3 BFH BStBl II 00, 3 (5) zu § 10d III 5 aF; BStBl II 02, 817 (818f).
4 BFH/NV 99, 599 (zu § 10d aF).
5 BT-Drs 16/2712, 43.
6 BT-Drs 16/2712, 44.

§ 10e Steuerbegünstigung der zu eigenen Wohnzwecken genutzten Wohnung im eigenen Haus

(1) [1]Der Steuerpflichtige kann von den Herstellungskosten einer Wohnung in einem im Inland belegenen eigenen Haus oder einer im Inland belegenen eigenen Eigentumswohnung zuzüglich der Hälfte der Anschaffungskosten für den dazugehörenden Grund und Boden (Bemessungsgrundlage) im Jahr der Fertigstellung und in den drei folgenden Jahren jeweils bis zu 6 Prozent, höchstens jeweils 10 124 Euro, und in den vier darauf folgenden Jahren jeweils bis zu 5 Prozent, höchstens jeweils 8 437 Euro, wie Sonderausgaben abziehen. [2]Voraussetzung ist, dass der Steuerpflichtige die Wohnung hergestellt und in dem jeweiligen Jahr des Zeitraums nach Satz 1 (Abzugszeitraum) zu eigenen Wohnzwecken genutzt hat und die Wohnung keine Ferienwohnung oder Wochenendwohnung ist. [3]Eine Nutzung zu eigenen Wohnzwecken liegt auch vor, wenn Teile einer zu eigenen Wohnzwecken genutzten Wohnung unentgeltlich zu Wohnzwecken überlassen werden. [4]Hat der Steuerpflichtige die Wohnung angeschafft, so sind die Sätze 1 bis 3 mit der Maßgabe anzuwenden, dass an die Stelle des Jahres der Fertigstellung das Jahr der Anschaffung und an die Stelle der Herstellungskosten die Anschaffungskosten treten; hat der Steuerpflichtige die Wohnung nicht bis zum Ende des zweiten auf das Jahr der Fertigstellung folgenden Jahres angeschafft, kann er von der Bemessungsgrundlage im Jahr der Anschaffung und in den drei folgenden Jahren höchstens jeweils 4 602 Euro und in den vier darauf folgenden Jahren höchstens jeweils 3 835 Euro abziehen. [5]§ 6b Abs. 6 gilt sinngemäß. [6]Bei einem Anteil an der zu eigenen Wohnzwecken genutzten Wohnung kann der Steuerpflichtige den entsprechenden Teil der Abzugsbeträge nach Satz 1 wie Sonderausgaben abziehen. [7]Werden Teile der Wohnung nicht zu eigenen Wohnzwecken genutzt, ist die Bemessungsgrundlage um den auf den nicht zu eigenen Wohnzwecken entfallenden Teil zu kürzen. [8]Satz 4 ist nicht anzuwenden, wenn der Steuerpflichtige die Wohnung oder einen Anteil daran von seinem Ehegatten anschafft und bei den Ehegatten die Voraussetzungen des § 26 Abs. 1 vorliegen.

(2) Absatz 1 gilt entsprechend für Herstellungskosten zu eigenen Wohnzwecken genutzter Ausbauten und Erweiterungen an einer im Inland belegenen, zu eigenen Wohnzwecken genutzten Wohnung.

(3) [1]Der Steuerpflichtige kann die Abzugsbeträge nach den Absätzen 1 und 2, die er in einem Jahr des Abzugszeitraums nicht ausgenutzt hat, bis zum Ende des Abzugszeitraums abziehen. [2]Nachträgliche Herstellungskosten oder Anschaffungskosten, die bis zum Ende des Abzugszeitraums entstehen, können vom Jahr ihrer Entstehung an für die Veranlagungszeiträume, in denen der Steuerpflichtige Abzugsbeträge nach den Absätzen 1 und 2 hätte abziehen können, so behandelt werden, als wären sie zu Beginn des Abzugszeitraums entstanden.

(4) [1]Die Abzugsbeträge nach den Absätzen 1 und 2 kann der Steuerpflichtige nur für eine Wohnung oder für einen Ausbau oder eine Erweiterung abziehen. [2]Ehegatten, bei denen die Voraussetzungen des § 26 Abs. 1 vorliegen, können die Abzugsbeträge nach den Absätzen 1 und 2 für insgesamt zwei der in Satz 1 bezeichneten Objekte abziehen, jedoch nicht gleichzeitig für zwei in räumlichem Zusammenhang belegene Objekte, wenn bei den Ehegatten im Zeitpunkt der Herstellung oder Anschaffung der Objekte die Voraussetzungen des § 26 Abs. 1 vorliegen. [3]Den Abzugsbeträgen stehen die erhöhten Absetzungen nach § 7b in der jeweiligen Fassung ab Inkrafttreten des Gesetzes vom 16. Juni 1964 (BGBl. I S. 353) und nach § 15 Abs. 1 bis 4 des Berlinförderungsgesetzes in der jeweiligen Fassung ab Inkrafttreten des Gesetzes vom 11. Juli 1977 (BGBl. I S. 1213) gleich. [4]Nutzt der Steuerpflichtige die Wohnung im eigenen Haus oder die Eigentumswohnung (Erstobjekt) nicht bis zum Ablauf des Abzugszeitraums zu eigenen Wohnzwecken und kann er deshalb die Abzugsbeträge nach den Absätzen 1 und 2 nicht mehr in Anspruch nehmen, so kann er die Abzugsbeträge nach Absatz 1 bei einer weiteren Wohnung im Sinne des Absatzes 1 Satz 1 (Folgeobjekt) in Anspruch nehmen, wenn er das Folgeobjekt innerhalb von zwei Jahren vor und drei Jahren nach Ablauf des Veranlagungszeitraums, in dem er das Erstobjekt letztmals zu eigenen Wohnzwecken genutzt hat, anschafft oder herstellt; Entsprechendes gilt bei einem Ausbau oder einer Erweiterung einer Wohnung. [5]Im Fall des Satzes 4 ist der Abzugszeitraum für das Folgeobjekt um die Anzahl der Veranlagungszeiträume zu kürzen, in denen der Steuerpflichtige für das Erstobjekt die Abzugsbeträge nach den Absätzen 1 und 2 hätte abziehen können; hat der Steuerpflichtige das Folgeobjekt in einem Veranlagungszeitraum, in dem er das Erstobjekt noch zu eigenen Wohnzwecken genutzt hat, hergestellt oder angeschafft oder ausgebaut oder erweitert, so beginnt der Abzugszeitraum für das Folgeobjekt mit Ablauf des Veranlagungszeitraums, in dem der Steuerpflichtige das Erstobjekt letztmals zu eigenen Wohnzwecken genutzt hat.

[6]Für das Folgeobjekt sind die Prozentsätze der vom Erstobjekt verbliebenen Jahre maßgebend. [7]Dem Erstobjekt im Sinne des Satzes 4 steht ein Erstobjekt im Sinne des § 7b Abs. 5 Satz 4 sowie des § 15 Abs. 1 und des § 15b Abs. 1 des Berlinförderungsgesetzes gleich. [8]Ist für den Steuerpflichtigen Objektverbrauch nach den Sätzen 1 bis 3 eingetreten, kann er die Abzugsbeträge nach den Absätzen 1 und 2 für ein weiteres, in dem in Artikel 3 des Einigungsvertrages genannten Gebiet belegenes Objekt abziehen, wenn der Steuerpflichtige oder dessen Ehegatte, bei denen die Voraussetzungen des § 26 Abs. 1 vorliegen, in dem in Artikel 3 des Einigungsvertrages genannten Gebiet zugezogen ist und

1. seinen ausschließlichen Wohnsitz in diesem Gebiet zu Beginn des Veranlagungszeitraums hat oder ihn im Laufe des Veranlagungszeitraums begründet oder
2. bei mehrfachem Wohnsitz einen Wohnsitz in diesem Gebiet hat und sich dort überwiegend aufhält.

[9]Voraussetzung für die Anwendung des Satzes 8 ist, dass die Wohnung im eigenen Haus oder die Eigentumswohnung vor dem 1. Januar 1995 hergestellt oder angeschafft oder der Ausbau oder die Erweiterung vor diesem Zeitpunkt fertig gestellt worden ist. [10]Die Sätze 2 und 4 bis 6 sind für im Satz 8 bezeichnete Objekte sinngemäß anzuwenden.

(5) [1]Sind mehrere Steuerpflichtige Eigentümer einer zu eigenen Wohnzwecken genutzten Wohnung, so ist Absatz 4 mit der Maßgabe anzuwenden, dass der Anteil des Steuerpflichtigen an der Wohnung einer Wohnung gleichsteht; Entsprechendes gilt bei dem Ausbau oder bei der Erweiterung einer zu eigenen Wohnzwecken genutzten Wohnung. [2]Satz 1 ist nicht anzuwenden, wenn Eigentümer der Wohnung der Steuerpflichtige und sein Ehegatte sind und bei den Ehegatten die Voraussetzungen des § 26 Abs. 1 vorliegen. [3]Erwirbt im Fall des Satzes 2 ein Ehegatte infolge Erbfalls einen Miteigentumsanteil an der Wohnung hinzu, so kann er die auf diesen Anteil entfallenden Abzugsbeträge nach den Absätzen 1 und 2 weiter in der bisherigen Höhe abziehen; Entsprechendes gilt, wenn im Fall des Satzes 2 während des Abzugszeitraums die Voraussetzungen des § 26 Abs. 1 wegfallen und ein Ehegatte den Anteil des anderen Ehegatten an der Wohnung erwirbt.

(5a) [1]Die Abzugsbeträge nach den Absätzen 1 und 2 können nur für die Veranlagungszeiträume in Anspruch genommen werden, in denen der Gesamtbetrag der Einkünfte 61 355 Euro, bei nach § 26b zusammen veranlagten Ehegatten 122 710 Euro nicht übersteigt. [2]Eine Nachholung von Abzugsbeträgen nach Absatz 3 Satz 1 ist nur für Veranlagungszeiträume möglich, in denen die in Satz 1 genannten Voraussetzungen vorgelegen haben; Entsprechendes gilt für nachträgliche Herstellungskosten oder Anschaffungskosten im Sinne des Absatzes 3 Satz 2.

(6) [1]Aufwendungen des Steuerpflichtigen, die bis zum Beginn der erstmaligen Nutzung einer Wohnung im Sinne des Absatzes 1 zu eigenen Wohnzwecken entstehen, unmittelbar mit der Herstellung oder Anschaffung des Gebäudes oder der Eigentumswohnung oder der Anschaffung des dazugehörenden Grund und Bodens zusammenhängen, nicht zu den Herstellungskosten oder Anschaffungskosten der Wohnung oder zu den Anschaffungskosten des Grund und Bodens gehören und die im Fall der Vermietung oder Verpachtung der Wohnung als Werbungskosten abgezogen werden könnten, können wie Sonderausgaben abgezogen werden. [2]Wird eine Wohnung bis zum Beginn der erstmaligen Nutzung zu eigenen Wohnzwecken vermietet oder zu eigenen beruflichen oder eigenen betrieblichen Zwecken genutzt und sind die Aufwendungen Werbungskosten oder Betriebsausgaben, können sie nicht wie Sonderausgaben abgezogen werden. [3]Aufwendungen nach Satz 1, die Erhaltungsaufwand sind und im Zusammenhang mit der Anschaffung des Gebäudes oder der Eigentumswohnung stehen, können insgesamt nur bis zu 15 Prozent der Anschaffungskosten des Gebäudes oder der Eigentumswohnung, höchstens bis zu 15 Prozent von 76 694 Euro, abgezogen werden. [4]Die Sätze 1 und 2 gelten entsprechend bei Ausbauten und Erweiterungen an einer zu Wohnzwecken genutzten Wohnung.

(6a) [1]Nimmt der Steuerpflichtige Abzugsbeträge für ein Objekt nach den Absätzen 1 oder 2 in Anspruch oder ist er auf Grund des Absatzes 5a zur Inanspruchnahme von Abzugsbeträgen für ein solches Objekt nicht berechtigt, so kann er die mit diesem Objekt in wirtschaftlichem Zusammenhang stehenden Schuldzinsen, die für die Zeit der Nutzung zu eigenen Wohnzwecken entstehen, im Jahr der Herstellung oder Anschaffung und in den beiden folgenden Kalenderjahren bis zur Höhe von jeweils 12 000 Deutsche Mark wie Sonderausgaben abziehen, wenn er das Objekt vor dem 1. Januar 1995 fertig gestellt oder vor diesem Zeitpunkt bis zum Ende des Jahres der Fertigstellung angeschafft hat. [2]Soweit der Schuldzinsenabzug nach Satz 1 nicht in vollem Umfang im Jahr der

Herstellung oder Anschaffung in Anspruch genommen werden kann, kann er in dem dritten auf das Jahr der Herstellung oder Anschaffung folgenden Kalenderjahr nachgeholt werden. ³Absatz 1 Satz 6 gilt sinngemäß.

(7) ¹Sind mehrere Steuerpflichtige Eigentümer einer zu eigenen Wohnzwecken genutzten Wohnung, so können die Abzugsbeträge nach den Absätzen 1 und 2 und die Aufwendungen nach den Absätzen 6 und 6a gesondert und einheitlich festgestellt werden. ²Die für die gesonderte Feststellung von Einkünften nach § 180 Abs. 1 Nr. 2 Buchstabe a der Abgabenordnung geltenden Vorschriften sind entsprechend anzuwenden.

§ 10e ist letztmals anzuwenden, wenn der StPfl im Fall der Herstellung vor dem 1.1.96 mit der Herstellung des Objekts begonnen hat oder im Fall der Anschaffung das Objekt auf Grund eines vor dem 1.1.96 rechtswirksam abgeschlossenen obligatorischen Vertrages oder gleichstehenden Rechtsaktes angeschafft hat. Da die Regelungen nur noch für Altfälle von Bedeutung ist, wird auf die Kommentierung in den Vorauflagen verwiesen.

§ 10f Steuerbegünstigung für zu eigenen Wohnzwecken genutzte Baudenkmale und Gebäude in Sanierungsgebieten und städtebaulichen Entwicklungsbereichen

(1) ¹Der Steuerpflichtige kann Aufwendungen an einem eigenen Gebäude im Kalenderjahr des Abschlusses der Baumaßnahme und in den neun folgenden Kalenderjahren jeweils bis zu 9 Prozent wie Sonderausgaben abziehen, wenn die Voraussetzungen des § 7h oder des § 7i vorliegen. ²Dies gilt nur, soweit er das Gebäude in dem jeweiligen Kalenderjahr zu eigenen Wohnzwecken nutzt und die Aufwendungen nicht in die Bemessungsgrundlage nach § 10e oder dem Eigenheimzulagengesetz einbezogen hat. ³Für Zeiträume, für die der Steuerpflichtige erhöhte Absetzungen von Aufwendungen nach § 7h oder § 7i abgezogen hat, kann er für diese Aufwendungen keine Abzugsbeträge nach Satz 1 in Anspruch nehmen. ⁴Eine Nutzung zu eigenen Wohnzwecken liegt auch vor, wenn Teile einer zu eigenen Wohnzwecken genutzten Wohnung unentgeltlich zu Wohnzwecken überlassen werden.

(2) ¹Der Steuerpflichtige kann Erhaltungsaufwand, der an einem eigenen Gebäude entsteht und nicht zu den Betriebsausgaben oder Werbungskosten gehört, im Kalenderjahr des Abschlusses der Maßnahme und in den neun folgenden Kalenderjahren jeweils bis zu 9 Prozent wie Sonderausgaben abziehen, wenn die Voraussetzungen des § 11a Abs. 1 in Verbindung mit § 7h Abs. 2 oder des § 11b Satz 1 oder 2 in Verbindung mit § 7i Abs. 1 Satz 2 und Abs. 2 vorliegen. ²Dies gilt nur, soweit der Steuerpflichtige das Gebäude in dem jeweiligen Kalenderjahr zu eigenen Wohnzwecken nutzt und diese Aufwendungen nicht nach § 10e Abs. 6 oder § 10i abgezogen hat. ³Soweit der Steuerpflichtige das Gebäude während des Verteilungszeitraums zur Einkunftserzielung nutzt, ist der noch nicht berücksichtigte Teil des Erhaltungsaufwands im Jahr des Übergangs zur Einkunftserzielung wie Sonderausgaben abzuziehen. ⁴Absatz 1 Satz 4 ist entsprechend anzuwenden.

(3) ¹Die Abzugsbeträge nach den Absätzen 1 und 2 kann der Steuerpflichtige nur bei einem Gebäude in Anspruch nehmen. ²Ehegatten, bei denen die Voraussetzungen des § 26 Abs. 1 vorliegen, können die Abzugsbeträge nach den Absätzen 1 und 2 bei insgesamt zwei Gebäuden abziehen. ³Gebäuden im Sinne der Absätze 1 und 2 stehen Gebäude gleich, für die Abzugsbeträge nach § 52 Abs. 21 Satz 6 in Verbindung mit § 51 Abs. 1 Nr. 2 Buchstabe x oder Buchstabe y des Einkommensteuergesetzes 1987 in der Fassung der Bekanntmachung vom 27. Februar 1987 (BGBl. I S. 657) in Anspruch genommen worden sind; Entsprechendes gilt für Abzugsbeträge nach § 52 Abs. 21 Satz 7.

(4) ¹Sind mehrere Steuerpflichtige Eigentümer eines Gebäudes, so ist Absatz 3 mit der Maßgabe anzuwenden, dass der Anteil des Steuerpflichtigen an einem solchen Gebäude dem Gebäude gleichsteht. ²Erwirbt ein Miteigentümer, der für seinen Anteil bereits Abzugsbeträge nach Absatz 1 oder Absatz 2 abgezogen hat, einen Anteil an demselben Gebäude hinzu, kann er für danach von ihm durchgeführte Maßnahmen im Sinne der Absätze 1 oder 2 auch die Abzugsbeträge nach den Absätzen 1 und 2 in Anspruch nehmen, die auf den hinzuerworbenen Anteil entfallen. ³§ 10e Abs. 5 Satz 2 und 3 sowie Abs. 7 ist sinngemäß anzuwenden.

(5) Die Absätze 1 bis 4 sind auf Gebäudeteile, die selbstständige unbewegliche Wirtschaftsgüter sind, und auf Eigentumswohnungen entsprechend anzuwenden.

R 10f iVm R 7h und 7i/H 10f EStR 05

Literatur: S den Literaturnachweis zu § 7i.

§ 10f Steuerbegünstigung für Baudenkmale

A. Grundaussagen des § 10f

1 § 10f erlaubt – in teilweiser Nachfolge zu §§ 82a und 82i EStDV – **bei zu eigenen Wohnzwecken** genutzten Baudenkmalen iSv § 7i, Gebäuden iSv § 7h oder entspr Gebäudeteilen iSv § 10f V den Abzug als SA für bestimmte AK, HK und Erhaltungsaufwand gem § 10f II. Die personenbezogene[1] (also nicht objektbezogene) Vergünstigung steht (un-)beschränkt stpfl nat Pers offen, sofern das Gebäude nicht zur Einkünfteerzielung eingesetzt wird. § 10f überschneidet sich teilw mit §§ 7h, 7i, 10g, 11a und 11b.[2] Dabei erstreckt § 10f die Steuervergünstigung unter vergleichbaren Voraussetzungen auf Gebäude, soweit diese nicht der Einkunftserzielung dienen. Hiernach entfällt etwa die Förde- rung nach § 10f für das häusliche Arbeitszimmer, das der StPfl nicht zu eigenen Wohnzwecken nutzt. Durch zinslose Steuerstundung schafft § 10f Liquiditätserleichterungen zum einen für bestimmte HK/AK bei Baumaßnahmen mit idR erheblichen finanziellen Belastungen; zum anderen werden bestimmte Erhaltungsaufwendungen an den vorgenannten Gebäuden begünstigt. Denkmalpflegerische Bemühungen, Wohnraumverbesserung, Bestanderhaltung und Gebäudesanierung sollen gefördert werden;[3] an diesem **Begünstigungszweck** hat sich die Auslegung zu orientieren.[4] Der StPfl muss die Einzelumstände darlegen und ggf beweisen (**objektive Darlegungslast**).[5] Eine Doppelvergünstigung im Hinblick auf weitere Subventionsnormen ist durch verschiedene Einzelregelungen teilw ausgeschlossen: Der SA-Abzug entfällt, soweit der StPfl die Aufwendungen in die Bemessungsgrundlage nach § 10e oder dem Eigenheimzulagegesetz einbezogen hat, § 10f I 2; wenn er die erhöhte AfA nach §§ 7h oder 7i abgezogen hat, § 10f I 3; wenn er den Erhaltungsaufwand nicht nach §§ 10e VI oder 10i abgezogen hat, § 10f II 2. Dagegen können StPfl unterschiedliche steuerliche Förderungsmöglichkeiten für dieselbe Baumaßnahme in Anspruch nehmen.[6] Denn § 10f I 2 beinhaltet kein ausdrückliches Verbot einer derartigen Mehrfachförderung. Nicht die kumulative Förderung der Baumaßnahme, sondern die Doppelförderung derselben Aufwendungen ist ausgeschlossen. Zur optimalen steuerlichen Förderung besteht eine weitgehende Wahlfreiheit. Soweit ein Bauträger Sanierungsmaßnahmen an einem Gesamtobjekt durchführt und ein Erwerber eine Steuerbegünstigung nach § 10f beantragt, führt die FinVerw eine gesonderte und einheitliche Feststellung der betr Besteuerungsgrundlagen nach der VO zu § 180 II AO durch, vgl BMF BStBl I 01, 256.

B. Abzug wie Sonderausgabe (§ 10f I)

3 Begünstigungsfähig sind inländische Gebäude gem § 7h I 1 in einem Sanierungsgebiet oder städtebaulichen Entwicklungsbereich, die in § 7h I 2 näher bezeichnete Gebäude mit geschichtlicher, künstlerischer oder städtebaulicher Bedeutung sowie Baudenkmale iSv § 7i I; dabei kann das betr Gebäude auch lediglich den Teil einer schützenswerten Einheit gem § 7i I 4 bilden.[7] Der Gebäudebegriff richtet sich nach dem (einheitlichen) Nutzungs- und Funktionszusammenhang (§ 7 Rn 136). § 10f begünstigt ausschließlich Baumaßnahmen an bestehenden Gebäuden, nicht Neubauten oder Baumaßnahmen an einem bestehenden Gebäude, die einem Neubau gleichkommen.[8] Erforderlich ist ein eigenes Gebäude; wirtschaftliches Eigentum gem § 39 AO etwa in Form eines Dauerwohnrechts genügt.[9] Der StPfl muss das Gebäude zu **eigenen Wohnzwecken** nutzen, § 10f I 2. Der Begriff ist wohnungsbezogen wie bei § 10e zu verstehen.[10] Dies ist zu bejahen, wenn bei den fraglichen Gebäuden ein Nutzungs- oder Funktionszusammenhang mit dem vom StPfl genutzten Wohnhaus besteht und sie so zumindest mittelbar Wohnzwecken dienen. Gem § 10f I 4 genügt, dass der StPfl Teile der eigengenutzten Wohnung einem Dritten unentgeltlich zu Wohnzwecken überlässt. Zur Erzielung von Einkünften eingesetzte Objekte können nur im Rahmen der §§ 7h und 7i gefördert werden; dies gilt auch für das häusliche Arbeitszimmer.

4 § 10f begünstigt nur **Gebäudeinvestitionen**, die die Voraussetzungen des § 7h oder § 7i erfüllen. **Bemessungsgrundlage** für die SA gem Abs 1 sind die AK oder HK[11] (§ 7 Rn 59) für die geförderten Maßnahmen, die §§ 7h I 1 bis 3 und 7i I 1, 5 näher bezeichnen. § 10f enthält der Höhe nach keine

---

1 BFH BStBl II 01, 760 (761).
2 Zum Verhältnis der einzelnen Liquiditätshilfen, vgl die Übersicht bei *K/S/M* § 7h Rn A 37; *Kleeberg* FR 97, 174; *Stöcker* BB 00, Beil. Nr 9, S 3; zu Wahl- und Gestaltungsmöglichkeiten insbes im Verhältnis zu 10e *Stephan* DB 92, 8; ausf zu den einzelnen Fördermitteln *Bajohr* BauR 03, 1147.
3 BFH/NV 04, 1021 (1022) mwN.
4 BFH/NV 98, 155 (156); BStBl II 01, 437.
5 BFH BStBl II 90, 752 (753).
6 BFH/NV 04, 1021 (1022).
7 AA *Kleeberg* FR 98, 774 (775).
8 BFH/NV 04, 1021 (1023).
9 *K/S/M* § 10f Rn B 9; Hinweis auf BMF BStBl I 94, 887 Rn 6.
10 FG Nds EFG 06, 1051; *Koller* DStR 90, 128.
11 FG Mchn EFG 89, 167.

Begrenzung der abzugsfähigen SA. Nicht begünstigt sind aber insbes alle erhaltenen Zuschüsse aus öffentlichen Kassen oder auch von privaten Dritten.[1] Sofern keine Doppelförderung vorliegt, hat der abzugsberechtigte (§ 7 Rn 13) StPfl das **Wahlrecht, bis zu 9** (bis VZ 03: 10) **vH** der Bemessungsgrundlage geltend zu machen. Das Wahlrecht betrifft sowohl die Förderungsmöglichkeiten nach dem EigZulG und § 10f als auch die Möglichkeit, den Betrag der Aufwendungen auf die jeweiligen Bemessungsgrundlagen aufzuteilen.[2] Das Recht besteht erstmals in dem Kj, in dem die Baumaßnahme abgeschlossen wird. Bei häufig anzutreffenden baulichen „Gesamtmaßnahmen" setzt die Förderung nach § 10f demgemäß den Abschluss der gesamten Baumaßnahme voraus. Eine Nachholung des (versehentlich) unterlassenen Abzugs ist nicht zulässig.[3] Der einheitliche Höchstbetrag von 9 vH gilt auch im Kj, in dem die Baumaßnahme abgeschlossen wird; eine zeitanteilige Reduzierung entfällt.[4] Dagegen ist der Abzugsbetrag zeitanteilig zu kürzen, wenn das Gebäude im Laufe des Kj veräußert, zeitweilig zur Einkünfteerzielung eingesetzt oder zeitweilig in vollem Umfang (also nicht nur in Teilen) unentgeltlich überlassen wird.[5] Aus Vereinfachungsgründen verlangt die FinVerw eine **Prüfung, ob die Voraussetzungen der §§ 7h und 7i vorliegen**, nur nach dem Kj, in dem die begünstigten Baumaßnahmen fertiggestellt sind.[6] Der **Begünstigungszeitraum** umfasst 10 Jahre. Er beginnt mit dem Jahr, in dem die geförderte Maßnahme ihren Abschluss findet. Wird das begünstigte Objekt während des Verteilungszeitraums **übertragen**, kann der Veräußerer den noch nicht geltend gemachten Teil der SA nicht abziehen. Dem Erwerber steht ein Abzug der (verbleibenden) SA nicht zu, da nur Maßnahmen nach Erwerb begünstigt sind. Gleiches gilt für Fälle der Einzelnachfolge, da § 11d EStDV im Bereich der SA keine Anwendung findet. Dagegen erscheint im Falle der unentgeltlichen Gesamtrechtsnachfolge eine Fortführung der Abzugsberechtigung vertretbar, sofern der Rechtsnachfolger ebenfalls das Gebäude zu eigenen Wohnzwecken nutzt.[7]

C. Erhaltungsaufwand (§ 10f II)

Abs 2 betrifft den **Erhaltungsaufwand** (§ 7 Rn 59) iSv §§ 11a oder 11b am eigenen Gebäude, das zu den begünstigungsfähigen Objekten iSv Abs 1 gehören muss. Entscheidend ist das Entstehen des Aufwands, § 11 II gewinnt keine Bedeutung. Der Aufwand darf allerdings nicht zu den BA/WK gehören, § 10f II 1; vielmehr muss eine Nutzung zu eigenen Wohnzwecken vorliegen, die auch die unentgeltliche Überlassung iSv § 10f I 4 umfasst, § 10f II 4. Die Vergünstigung entfällt im Falle einer **Doppelförderung**, § 10f II 2; Rechtsnachfolger können den Abzug nur in eingeschränktem Maße geltend machen.[8] Setzt der StPfl das Gebäude innerhalb des zehnjährigen Begünstigungszeitraum erstmals zur Einkünfteerzielung ein, kann er im Übergangsjahr den noch nicht berücksichtigten Aufwand wie SA abziehen, **§ 10f II 3**. Abw von Abs 1 ist im Ergebnis eine Nachholung möglich; ggf ist daher eine Vermietung im letzten Jahr des Verteilungszeitraums empfehlenswert.[9]

6

D. Objektbeschränkung (§ 10f III)

Abs 3 beschränkt die Förderung gem § 10f I und II auf **ein Objekt je StPfl**, im Falle einer Zusammenveranlagung können Ehegatten folglich bei zwei Gebäuden den Abzug vornehmen. Dabei führt die Inanspruchnahme nach den Vorläuferbestimmungen zum Objektverbrauch, § 10f III 3.[10] Allerdings beschränkt § 10f III die Förderung lediglich auf ein Objekt; hingegen können bei einem Gebäude mehrere Baumaßnahmen, die der StPfl (auch in verschiedenen selbstgenutzten Wohnungen) gleichzeitig oder nacheinander durchführt, gem Abs 1 und/oder 2 gefördert werden.

8

E. Miteigentümer (§ 10f IV)

Hinsichtlich des Objektverbrauchs wird der Anteil eines jeden Miteigentümers als **eigenes Gebäude iSv Abs 3** gewertet, § 10f IV 1. Bei einem Hinzuerwerb erweitert sich für einen Miteigentümer die Abzugsmöglichkeit gem § 10f IV 2. Durch Verweis auf § 10e V 2 und 3 bestimmt § 10f IV 3 (1. Alt), dass bei **zusammenveranlagten Ehegatten**, die als Miteigentümer beteiligt sind, die Miteigentumsanteile an dem Gebäude wie ein einziges Objekt iSd Objektverbrauchs zu behandeln sind. Erwirbt in

10

---

1 BFH BStBl II 07, 879 (880).
2 FG Leip DStRE 03, 1311 unter Hinweis auf BFH BStBl II 01, 603.
3 R 10f iVm R 7h III 2 EStR; *Koller* DStR 90, 128 (129).
4 *K/S/M* § 10f Rn B 22.
5 *K/S/M* § 10f Rn B 22; *Koller* DStR 90, 128 f.
6 R 10f iVm R 7h III 1 EStR.
7 *K/S/M* § 10f Rn B 12; **aA** *Koller* DStR 90, 128 (130).
8 *K/S/M* § 10f Rn C 3.
9 *Koller* DStR 90, 128 (130); *Stephan* DB 92, 8 (9).
10 Hinweis auf § 52 Abs 27 idF des StEntlG 99/00/02 v 24.3.99, BGBl I 99, 402.

diesen Fällen ein Ehegatte nach dem Tode des anderen oder nach Wegfall der Voraussetzungen gem § 26 I (Scheidung, dauerndes Getrenntleben) dessen Anteil, erstreckt sich die Abzugsmöglichkeit auch auf den hinzuerworbenen Anteil. Schließlich eröffnet § 10f IV 3 (2. Alt) durch den Bezug auf § 10e VII die Möglichkeit der gesonderten und einheitlichen Feststellung.

F. Ausdehnung der Förderung (§ 10f V)

12 Abs 5 erstreckt die Förderung gem § 10f auf im Einzelnen genannte Objekte. Ob Gebäudeteile **selbstständige unbewegliche WG** bilden, richtet sich nach allg Grundsätzen (§ 7 Rn 136, 184); die Annahme von Eigentumswohnungen bestimmt sich nach § 1 II WEG (§ 7 Rn 187).

§ 10g Steuerbegünstigung für schutzwürdige Kulturgüter, die weder zur Einkunftserzielung noch zu eigenen Wohnzwecken genutzt werden

(1) ¹Der Steuerpflichtige kann Aufwendungen für Herstellungs- und Erhaltungsmaßnahmen an eigenen schutzwürdigen Kulturgütern im Inland, soweit sie öffentliche oder private Zuwendungen oder etwaige aus diesen Kulturgütern erzielte Einnahmen übersteigen, im Kalenderjahr des Abschlusses der Maßnahme und in den neun folgenden Kalenderjahren jeweils bis zu 9 Prozent wie Sonderausgaben abziehen. ²Kulturgüter im Sinne des Satzes 1 sind
1. Gebäude oder Gebäudeteile, die nach den jeweiligen landesrechtlichen Vorschriften ein Baudenkmal sind,
2. Gebäude oder Gebäudeteile, die für sich allein nicht die Voraussetzungen für ein Baudenkmal erfüllen, aber Teil einer nach den jeweiligen landesrechtlichen Vorschriften als Einheit geschützten Gebäudegruppe oder Gesamtanlage sind,
3. gärtnerische, bauliche und sonstige Anlagen, die keine Gebäude oder Gebäudeteile und nach den jeweiligen landesrechtlichen Vorschriften unter Schutz gestellt sind,
4. Mobiliar, Kunstgegenstände, Kunstsammlungen, wissenschaftliche Sammlungen, Bibliotheken oder Archive, die sich seit mindestens 20 Jahren im Besitz der Familie des Steuerpflichtigen befinden oder in das Verzeichnis national wertvollen Kulturgutes oder das Verzeichnis national wertvoller Archive eingetragen sind und deren Erhaltung wegen ihrer Bedeutung für Kunst, Geschichte oder Wissenschaft im öffentlichen Interesse liegt,

wenn sie in einem den Verhältnissen entsprechenden Umfang der wissenschaftlichen Forschung oder der Öffentlichkeit zugänglich gemacht werden, es sei denn, dem Zugang stehen zwingende Gründe des Denkmal- oder Archivschutzes entgegen. ³Die Maßnahmen müssen nach Maßgabe der geltenden Bestimmungen der Denkmal- und Archivpflege erforderlich und in Abstimmung mit der in Absatz 3 genannten Stelle durchgeführt worden sein; bei Aufwendungen für Herstellungs- und Erhaltungsmaßnahmen an Kulturgütern im Sinne des Satzes 2 Nr. 1 und 2 ist § 7i Abs. 1 Satz 1 bis 4 sinngemäß anzuwenden.

(2) ¹Die Abzugsbeträge nach Absatz 1 Satz 1 kann der Steuerpflichtige nur in Anspruch nehmen, soweit er die schutzwürdigen Kulturgüter im jeweiligen Kalenderjahr weder zur Erzielung von Einkünften im Sinne des § 2 noch Gebäude oder Gebäudeteile zu eigenen Wohnzwecken nutzt und die Aufwendungen nicht nach § 10e Abs. 6, § 10h Satz 3 oder § 10i abgezogen hat. ²Für Zeiträume, für die der Steuerpflichtige von Aufwendungen Absetzungen für Abnutzung, erhöhte Absetzungen, Sonderabschreibungen oder Beträge nach § 10e Abs. 1 bis 5, den §§ 10f, 10h, 15b des Berlinförderungsgesetzes oder § 7 des Fördergebietsgesetzes abgezogen hat, kann er für diese Aufwendungen keine Abzugsbeträge nach Absatz 1 Satz 1 in Anspruch nehmen; Entsprechendes gilt, wenn der Steuerpflichtige für Aufwendungen die Eigenheimzulage nach dem Eigenheimzulagengesetz in Anspruch genommen hat. ³Soweit die Kulturgüter während des Zeitraums nach Absatz 1 Satz 1 zur Einkunftserzielung genutzt werden, ist der noch nicht berücksichtigte Teil der Aufwendungen, die auf Erhaltungsarbeiten entfallen, im Jahr des Übergangs zur Einkunftserzielung wie Sonderausgaben abzuziehen.

(3) ¹Der Steuerpflichtige kann den Abzug vornehmen, wenn er durch eine Bescheinigung der nach Landesrecht zuständigen oder von der Landesregierung bestimmten Stelle die Voraussetzungen des Absatzes 1 für das Kulturgut und für die Erforderlichkeit der Aufwendungen nachweist. ²Hat eine der für Denkmal- oder Archivpflege zuständigen Behörden ihm Zuschüsse gewährt, so

hat die Bescheinigung auch deren Höhe zu enthalten; werden ihm solche Zuschüsse nach Ausstellung der Bescheinigung gewährt, so ist diese entsprechend zu ändern.

(4) [1]Die Absätze 1 bis 3 sind auf Gebäudeteile, die selbstständige unbewegliche Wirtschaftsgüter sind, sowie auf Eigentumswohnungen und im Teileigentum stehende Räume entsprechend anzuwenden. [2]§ 10e Abs. 7 gilt sinngemäß.

R 10g/H 10g EStR 05

Literatur: S den Literaturnachweis zu § 7i.

A. Grundaussagen des § 10g

§ 10g, der seit 1.1.92 Billigkeitsmaßnahmen der FinVerw iSd § 33 ablöst, erlaubt **bei schutzwürdigen Kulturgütern** für bestimmten Herstellungs- und Erhaltungsaufwand den Abzug als SA. Die personenbezogene[1] (nicht objektbezogene) Vergünstigung steht (un-)beschränkt stpfl nat Pers offen, sofern das Förderobjekt weder zur Einkünfteerzielung noch zu eigenen Wohnzwecken eingesetzt wird. Der Anwendungsbereich des § 10g überschneidet sich teilw mit §§ 7h, 7i, 10f, 11a und 11b.[2] Durch zinslose Steuerstundung schafft § 10g Liquiditätserleichterungen für bestimmte Herstellungs- und Erhaltungsmaßnahmen, die bei fehlenden oder geringen Erträgen mit erheblichen finanziellen Belastungen verbunden sind. An diesem **Begünstigungszweck** hat sich die Auslegung zu orientieren.[3] Der StPfl muss die Einzelumstände darlegen und ggf beweisen (**objektive Darlegungslast**).[4] § 10g enthält eine Sonderregelung zu §§ 10 I Nr 1a und 33.[5] Eine Doppelvergünstigung ist insbes durch § 10g II ausgeschlossen. 1

B. Abzug wie Sonderausgabe (§ 10g I)

Zu den **begünstigungsfähigen Objekten** gehören die (un)beweglichen Kulturgüter iSv § 10g I 2.[6] Es muss sich um ein **eigenes Kulturgut** im Inland handeln; wirtschaftliches Eigentum gem § 39 AO genügt.[7] Die begünstigten Investitionen umfassen die **Herstellungs- und Erhaltungsmaßnahmen**, die an einem Kulturgut erforderlich sind und abstimmungsgemäß[8] durchgeführt werden, § 10g I 3. Hiernach betrifft die Förderung nur die Instandhaltung und Instandsetzung eines Kulturguts, nicht aber dessen Anschaffung oder erstmalige Herstellung sowie die laufenden Unterhaltungskosten (Strom, Versicherungen, Sicherungspersonal).[9] **Bemessungsgrundlage** der SA gem Abs 1 ist der (Netto-)-Aufwand für bestimmte Herstellungs- oder Erhaltungsmaßnahmen; die nur für die Einkünfteerzielung maßgeblichen Zuordnungen wie etwa HK gewinnen insoweit indizielle Bedeutung.[10] Lediglich öffentliche oder private Zuwendungen (Zuschüsse oder Spenden) sowie der Überschuss der aus dem Kulturgut erzielten Einnahmen sind gem § 11 betragsmindernd zu berücksichtigen.[11] § 10g enthält der Höhe nach keine Begrenzung der abzugsfähigen SA. 3

Sofern keine Doppelförderung vorliegt, hat der abzugsberechtigte (§ 7 Rn 13) StPfl das **Wahlrecht, bis zu 9 (bis VZ 03: 10) vH** der Bemessungsgrundlage (Rn 3) geltend zu machen. Das Recht besteht erstmals in dem Kj, in dem die jeweilige Maßnahme abgeschlossen wird, eine Nachholung entfällt.[12] Der einheitliche Höchstbetrag von 9 vH gilt auch im Kj, in dem die Maßnahme abgeschlossen wird (keine zeitanteilige Reduzierung). Dagegen ist der Abzugsbetrag zeitanteilig zu kürzen, wenn das Kulturgut im Laufe des Kj veräußert oder zeitweilig zu eigenen Wohnzwecken genutzt wird. Der **Begünstigungszeitraum** umfasst 10 Jahre. Er beginnt mit dem Jahr, in dem die geförderte Maßnahme ihren Abschluss findet. Wird das begünstigte Objekt während des Verteilungszeitraums **übertragen**, kann der Veräußerer den noch nicht geltend gemachten Teil der SA nicht abziehen. Dem Erwerber steht ein Abzug der (verbleibenden) SA nicht zu, da nur Maßnahmen nach Erwerb begünstigt sind. Gleiches gilt für Fälle der Einzelnachfolge, da § 11d EStDV im Bereich der SA keine Anwendung findet. Dagegen erscheint im Falle der unentgeltlichen Gesamtrechtsnachfolge eine Fortführung der Abzugsberechtigung vertretbar.[13] 4

---

1 BFH BStBl II 01, 760 (761).
2 Zu den einzelnen Liquiditätshilfen vgl die Übersicht bei *K/S/M* § 7h Rn A 37; *Kleeberg* FR 97, 174; ausf zu den einzelnen Förderwegen: *Bajohr* BauR 03, 1147.
3 BFH/NV 98, 155 (156); BStBl II 01, 437.
4 BFH BStBl II 90, 752 (753).
5 *K/S/M* § 10g Rn A 1 und 2; *Stuhrmann* DStR 92, 534.
6 Einzelheiten bei *K/S/M* § 10g Rn B 3 ff.
7 *K/S/M* § 10g Rn B 29.
8 Zu den Abstimmungsvoraussetzungen: *Hahn* DB 90, 65 (66).
9 *Wewers* DB 92, 753 (754); teilw **aA** *K/S/M* § 10g Rn B 19.
10 Einzelheiten bei *K/S/M* § 10g Rn B 19.
11 BFH BStBl II 07, 879 (880).
12 *Stuhrmann* DStR 92, 534 (535).
13 *K/S/M* § 10g Rn B 30.

§ 10h Steuerbegünstigung der unentgeltlich zu Wohnzwecken überlassenen Wohnung

C. Begrenzung der Förderung (§ 10g II)

6 Der StPfl darf das Kulturgut weder zur Einkunftserzielung iSv § 2 noch zu eigenen Wohnzwecken nutzen, **§ 10g II 1**. Die Vergünstigung entfällt weiterhin im Falle einer **Doppelförderung**, § 10g II 1 aE und 2. Setzt der StPfl das Kulturgut innerhalb des zehnjährigen Verteilungszeitraums erstmals zur Einkünfteerzielung ein, kann er im Übergangsjahr den nicht berücksichtigten Aufwand wie SA abziehen, **§ 10g II 3**. Abw von Abs 1 ist folglich im Ergebnis eine Nachholung möglich.

D. Notwendige Bescheinigung (§ 10g III)

8 Der SA-Abzug setzt **die Vorlage einer Bescheinigung** iSv 10g III voraus. Die nach Landesrecht zuständige Behörde[1] muss die in ihren Aufgabenbereich fallenden Voraussetzungen gem Abs 1, die Erforderlichkeit der Aufwendungen sowie die Höhe von (ggf nachträglich) gewährten Zuschüssen bestätigen.[2] Bie Bescheinigung bildet einen Grundlagenbescheid iSd §§ 171 X, 175 I Nr 1 AO. Die Bindungswirkung erstreckt sich nach dem Gesetzeswortlaut auf die erforderlichen Angaben iSd § 10g III, nicht hingegen auf sonstige allein steuerrechtliche Vorgaben.[3]

E. Ausdehnung der Förderung (§ 10g IV)

10 Abs 4 erstreckt die Förderung gem § 10g I auf im Einzelnen genannte Objekte. Inwieweit Gebäudeteile **selbstständige unbewegliche WG** bilden, richtet sich nach allg Grundsätzen (§ 7 Rn 136 und 184); die Annahme von Eigentumswohnungen und im Teileigentum stehenden Räumen bestimmt sich nach § 1 II und III WEG (§ 7 Rn 187).

§ 10h Steuerbegünstigung der unentgeltlich zu Wohnzwecken überlassenen Wohnung im eigenen Haus

[1]Der Steuerpflichtige kann von den Aufwendungen, die ihm durch Baumaßnahmen zur Herstellung einer Wohnung entstanden sind, im Jahr der Fertigstellung und in den drei folgenden Jahren jeweils bis zu 6 Prozent, höchstens jeweils 10 124 Euro, und in den vier darauf folgenden Jahren jeweils bis zu 5 Prozent, höchstens jeweils 8 437 Euro, wie Sonderausgaben abziehen. [2]Voraussetzung ist, dass

1. der Steuerpflichtige nach dem 30. September 1991 den Bauantrag gestellt oder mit der Herstellung begonnen hat,
2. die Baumaßnahmen an einem Gebäude im Inland durchgeführt worden sind, in dem der Steuerpflichtige im jeweiligen Jahr des Zeitraums nach Satz 1 eine eigene Wohnung zu eigenen Wohnzwecken nutzt,
3. die Wohnung keine Ferienwohnung oder Wochenendwohnung ist,
4. der Steuerpflichtige die Wohnung insgesamt im jeweiligen Jahr des Zeitraums nach Satz 1 voll unentgeltlich an einen Angehörigen im Sinne des § 15 Abs. 1 Nr. 3 und 4 der Abgabenordnung auf Dauer zu Wohnzwecken überlassen hat und
5. der Steuerpflichtige die Aufwendungen nicht in die Bemessungsgrundlage nach den §§ 10e, 10 f Abs. 1, §§ 10g, 52 Abs. 21 Satz 6 oder nach § 7 des Fördergebietsgesetzes einbezogen hat.

[3]§ 10e Abs. 1 Satz 5 und 6, Abs. 3, 5a, 6 und 7 gilt sinngemäß.

1 § 10h ist nur begrenzte Zeit anwendbar gewesen, letztmals, wenn der StPfl vor dem 1.1.96 mit der Herstellung begonnen hat (§ 52 Abs 28). Damit hat die Regelung nur noch für Altfälle Bedeutung. Zur Auslegung und Anwendung von § 10h wird auf die Kommentierung in den Vorauflagen verwiesen. Die unentgeltliche Überlassung von Wohnungen an Angehörige ist heute durch § 4 S 2 EigZulG geregelt.

---

1 Übersicht über die zuständigen Behörden BMF BStBl I 99, 823 (824ff) und BStBl I 04, 1048.
2 Zu Einzelheiten der Prüfungskompetenz aus Sicht der FinVerw R 115c EStR.
3 BFH BStBl II 01, 796 (798); BStBl II 04, 912 (913); BFH/NV 04, 1021 (1023).

§ 10i Vorkostenabzug bei einer nach dem Eigenheimzulagengesetz begünstigten Wohnung

(1) ¹Der Steuerpflichtige kann nachstehende Vorkosten wie Sonderausgaben abziehen:
1. eine Pauschale von 1 790 Euro im Jahr der Fertigstellung oder Anschaffung, wenn er für die Wohnung im Jahr der Herstellung oder Anschaffung oder in einem der zwei folgenden Jahre eine Eigenheimzulage nach dem Eigenheimzulagengesetz in Anspruch nimmt, und
2. Erhaltungsaufwendungen bis zu 11 504 Euro, die
   a) bis zum Beginn der erstmaligen Nutzung einer Wohnung zu eigenen Wohnzwecken entstanden sind oder
   b) bis zum Ablauf des auf das Jahr der Anschaffung folgenden Kalenderjahres entstanden sind, wenn der Steuerpflichtige eine von ihm bisher als Mieter genutzte Wohnung anschafft.

²Die Erhaltungsaufwendungen nach Satz 1 Nr. 2 müssen unmittelbar mit der Herstellung oder Anschaffung des Gebäudes oder der Eigentumswohnung zusammenhängen, dürfen nicht zu den Herstellungskosten oder Anschaffungskosten der Wohnung oder zu den Anschaffungskosten des Grund und Bodens gehören und müssten im Fall der Vermietung und Verpachtung der Wohnung als Werbungskosten abgezogen werden können. ³Wird eine Wohnung bis zum Beginn der erstmaligen Nutzung zu eigenen Wohnzwecken vermietet oder zu eigenen beruflichen oder eigenen betrieblichen Zwecken genutzt und sind die Erhaltungsaufwendungen Werbungskosten oder Betriebsausgaben, können sie nicht wie Sonderausgaben abgezogen werden. ⁴Bei einem Anteil an der zu eigenen Wohnzwecken genutzten Wohnung kann der Steuerpflichtige den entsprechenden Teil der Abzugsbeträge nach Satz 1 wie Sonderausgaben abziehen. ⁵Die vorstehenden Sätze gelten entsprechend bei Ausbauten und Erweiterungen an einer zu eigenen Wohnzwecken genutzten Wohnung.

(2) ¹Sind mehrere Steuerpflichtige Eigentümer einer zu eigenen Wohnzwecken genutzten Wohnung, können die Aufwendungen nach Absatz 1 gesondert und einheitlich festgestellt werden. ²Die für die gesonderte Feststellung von Einkünften nach § 180 Abs. 1 Nr. 2 Buchstabe a der Abgabenordnung geltenden Vorschriften sind entsprechend anzuwenden.

§ 10i wurde mit Umstellung der Wohneigentumsförderung auf das Zulagensystem nach dem EigZulG in das EStG eingefügt und sah anstelle des bis dahin geltenden § 10e VI (§ 10e Rn 50) weiterhin den Abzug von Vorkosten vor. Die Vorschrift war erstmals ab dem VZ 96 und letztmals auf Objekte anwendbar, die vor dem 1.1.99 angeschafft oder mit deren Herstellung bis dahin begonnen worden war (§ 52 Abs 29). Zur Auslegung und Anwendung von § 10i wird auf die Kommentierung in den Vorauflagen[1] und auf ältere Kommentarliteratur verwiesen. Ergänzend ist darauf hinzuweisen, dass das FG M'ster die (rückwirkende) Abschaffung des § 10i zum 1.1.99 durch das StEntlG 99/00/02 für verfassungsgemäß hält.[2] 1

6. Vereinnahmung und Verausgabung

§ 11

(1) ¹Einnahmen sind innerhalb des Kalenderjahres bezogen, in dem sie dem Steuerpflichtigen zugeflossen sind. ²Regelmäßig wiederkehrende Einnahmen, die dem Steuerpflichtigen kurze Zeit vor Beginn oder kurze Zeit nach Beendigung des Kalenderjahres, zu dem sie wirtschaftlich gehören, zugeflossen sind, gelten als in diesem Kalenderjahr bezogen. ³Der Steuerpflichtige kann Einnahmen, die auf einer Nutzungsüberlassung im Sinne des Absatzes 2 Satz 3 beruhen, insgesamt auf den Zeitraum gleichmäßig verteilen, für den die Vorauszahlung geleistet wird. ⁴Für Einnahmen aus nichtselbständiger Arbeit gilt § 38a Abs. 1 Satz 2 und 3 und § 40 Abs. 3 Satz 2. ⁵Die Vorschriften über die Gewinnermittlung (§ 4 Abs. 1, § 5) bleiben unberührt.

(2) ¹Ausgaben sind für das Kalenderjahr abzusetzen, in dem sie geleistet worden sind. ²Für regelmäßig wiederkehrende Ausgaben gilt Absatz 1 Satz 2 entsprechend. ³Werden Ausgaben für eine Nutzungsüberlassung von mehr als fünf Jahren im Voraus geleistet, sind sie insgesamt auf den Zeitraum gleichmäßig zu verteilen, für den die Vorauszahlung geleistet wird. ⁴Satz 3 ist auf ein Damnum

---

1 Neuere Rspr BFH/NV 07, 1891; BFH/NV 05, 1263; BFH/NV 05, 697.   2 FG M'ster EFG 02, 986.

oder Disagio nicht anzuwenden, soweit dieses marktüblich ist. ⁵§ 42 der Abgabenordnung bleibt unberührt. ⁶Die Vorschriften über die Gewinnermittlung (§ 4 Abs. 1, § 5) bleiben unberührt.

H 11 EStR

Übersicht

	Rn		Rn
A. Grundaussagen der Vorschrift	1	5. Zu- und Abfluss allein durch Willenserklärungen	35
B. Das Zufluss- und Abflussprinzip	4	a) Aufrechnung	37
I. Anwendungsbereich	4	b) Erlass/Verzicht	39
1. Persönlicher Anwendungsbereich	4	c) Schuldumwandlung	41
2. Sachlicher Anwendungsbereich; Ausnahmeregelungen	5	d) Abtretung	43
II. Zufluss/Abfluss „wirtschaftlicher Verfügungsmacht"	10	6. Beherrschender Gesellschafter	44
III. Sonderfälle	15	IV. Gestaltungsspielraum und Grenzen	45
1. Verfügungsbeschränkungen	15	**C. Ausnahmetatbestände zum Zu- und Abflussprinzip**	51
2. Späterer Verlust wirtschaftlicher Verfügungsmacht	18	I. Regelmäßig wiederkehrende Einnahmen und Ausgaben (§ 11 I 2, II 2)	51
3. Beteiligung Dritter	21	II. Vorauszahlungen bei langfristigen Nutzungsüberlassungen (§ 11 I 3, II 3)	57
4. Bargeldloser Zahlungsverkehr	25	III. Einnahmen aus nichtselbständiger Arbeit (§ 11 I 4 iVm § 38a I 2 und 3, § 40 III 2)	59
a) Überweisung	27		
b) Scheck	29		
c) Kreditkarte	31		
d) Wechsel	33	**D. Einzelnachweise**	65

Literatur: *Beater* Steuerbarkeit und Zuflussprinzip am Beispiel von Buchgutschriften, StuW 96, 12; *Biergans* FS L Schmidt, 1993, S 75; *Offerhaus* Die Rechtsprechung des Bundesfinanzhofs zum Zuflussprinzip, StuW 2006, 317; *Schurmann* Das Zu- und Abflussprinzip des § 11 EStG, SteuerStud 92, 83; *Trzaskalik* Zuflussprinzip und periodenübergreifende Sinnzusammenhänge, StuW 85, 222.

A. Grundaussagen der Vorschrift

1 Die ESt ist Jahressteuer. Die Grundlagen für ihre Festsetzung sind jeweils für ein Kj zu ermitteln (§ 2 VII). Das Veranlagungsverfahren nach Ablauf des Kj (VZ) erfasst das Einkommen, das der StPfl in diesem VZ bezogen hat (§ 25 I). Vermögensveränderungen des StPfl, die Eingang in die Ermittlung des zu versteuernden Einkommens eines Kj finden sollen, müssen deshalb **zeitlich zugeordnet** werden. Nur diese Funktion kommt § 11 zu. Ob und inwieweit überhaupt steuerbare und stpfl Einnahmen oder abziehbare Ausgaben iSd § 11 vorliegen und wem sie zuzurechnen sind, richtet sich nach anderen Vorschriften.[1]

2 Einnahmen sind nach § 11 I 1 grds innerhalb des Kj bezogen, in dem sie dem StPfl zugeflossen sind (**Zuflussprinzip**), Ausgaben gemäß § 11 II 1 grds für das Kj abzusetzen, in dem sie geleistet worden sind (**Abflussprinzip**).[2] Auf die „wirtschaftliche Zugehörigkeit" der Leistung kommt es insoweit nicht an. Dies gilt bis zur unsicheren Grenze des Rechtsmissbrauchs (§ 42 AO) grds auch bei Vorauszahlungen.[3] Damit findet für die Ermittlung der Überschusseinkünfte, (nur) im Fall von § 4 III auch für die Gewinnermittlung sowie für SA und ag Belastungen idR ein einfaches Kassenprinzip (Zahlungsprinzip, Geldverkehrsrechnung)[4] Anwendung – statt komplizierter Buchführungsregeln für den Vermögensvergleich, wie sie das EStG iÜ für die periodengerechte Gewinnermittlung vorschreibt. Von dieser **Vereinfachungsregel** nach Abs 1 S 1 und Abs 2 S 1 macht § 11 in Abs 1

---

1 BFH BStBl II 07, 756 – § 11 kann allerdings mittelbare Auswirkungen haben, wenn sich die Sachlage zu verschiedenen Zeitpunkten anders darstellt; vgl BFH BStBl II 03, 865 (Währungskursschwankungen).
2 Das Gesetz benutzt den Begriff „leisten", nicht „abfließen". Gleichwohl hat sich – in sprachlicher Korrespondenz zum Zuflussprinzip – allg der Begriff Abfluss bzw Abflussprinzip eingebürgert; s schon die amtliche Begründung zu § 11 EStG 1934, unten Rn 10.
3 Zahlt zB ein den Gewinn nach § 4 III ermittelnder Arzt die Praxismiete für das Kj 02 am 15.12.01, hat der Vermieter sie in 01 zu versteuern, der Arzt kann sie (nur) in

01 absetzen. Im Kj 01 angefallene und nicht berücksichtigte Ausgaben können jedenfalls grds nicht im Kj 02 nachgeholt, im Kj 01 zugeflossene und nicht versteuerte Einnahmen nicht im Kj 02 nachversteuert werden. Korrekturen ermöglichen die §§ 172 ff AO, ausnahmsweise auch § 163 S 2 AO. Zum Problem vorläufiger Vermögensverschiebungen Rn 18 f.
4 Ungeachtet dieser Begriffe werden auch nicht in Geld bestehende Vermögensverschiebungen nach § 11 zeitlich zugeordnet; zB **Nutzungsüberlassungen** und **Sachbezüge** iSv § 8 II, dazu Rn 22, 26 ff.

S 2–4, Abs 2 S 2–3 jedoch **Ausnahmen** im Interesse einer zutreffenderen zeitlichen Zuordnung. Schließlich nimmt § 11 in Abs 1 S 5 und Abs 2 S 5 jene Einnahmen und Ausgaben von seinem Anwendungsbereich aus, die im BV-Vergleich nach §§ 4 I, 5 erfasst werden.

B. Das Zufluss- und Abflussprinzip

I. Anwendungsbereich. – 1. Persönlicher Anwendungsbereich. § 11 gilt prinzipiell für **alle** StPfl, dh für unbeschränkt und beschränkt StPfl (bei letzteren für inländische Einkünfte iSd § 49) sowie grds auch für die KSt-Pflicht. Die Einkünfte von unbeschränkt stpfl KSt-Subjekten gelten allerdings nach Maßgabe von § 8 II KStG stets als solche aus GewBetr und werden gem § 5 I durch BV-Vergleich ermittelt (Rn 5), so dass § 11 im Rahmen der KSt iErg nur auf beschränkt KStPfl Anwendung findet, soweit diese nach der sog isolierenden Betrachtungsweise (s § 49 Rn 161f) Einkünfte aus VuV oder KapVerm haben.

2. Sachlicher Anwendungsbereich; Ausnahmeregelungen. § 11 gilt grds umfassend, sein Anwendungsbereich wird jedoch teilweise eingeschränkt. Zunächst erfasst die Norm die **Einkünfteermittlung** für **Überschusseinkünfte**[1] (§ 2 II Nr 2) sowie prinzipiell auch für **Gewinneinkünfte** (§ 2 II Nr 1). Für Letztere ist die Anwendung aber durch den Vorbehalt in § 11 I 5 und II 5 zugunsten der Regelungen über den BV-Vergleich (§§ 4 I, 5) ausgeschlossen, so dass § 11 auf Gewinneinkünfte nur anwendbar bleibt, soweit der Gewinn durch Überschussrechnung nach **§ 4 III** ermittelt wird. Nach seiner systematischen Stellung ist § 11 ferner im Bereich der **Einkommensermittlung** (§ 2 IV, V) auf privat veranlasste Aufwendungen (**SA, ag Belastungen**) anwendbar. Dabei erfasst § 11 auch vorab entstandene sowie nachträgliche Einnahmen und Ausgaben. § 11 ist **analog** anwendbar, soweit es um die zeitliche Zuordnung von Einnahmen/Ausgaben **innerhalb eines Kj** geht, zB bei Rechtsnachfolge (Rn 22) oder Wechsel zw unbeschränkter und beschränkter StPfl. Weicht das Wj vom Kj ab, ist § 11 entspr auf das Wj anzuwenden.[2] Im Einzelnen gilt:

(1) Zu den **Einnahmen** iSv **§ 11 I** zählen Einnahmen nach § 8 sowie – im Rahmen der Überschussrechnung nach § 4 III – **BE** (§ 4 IV). Sie müssen nicht in **Geld**, sondern können – um der Vollständigkeit der Einkommenserfassung sowie der Gesamtgewinngleichheit unabhängig von der Gewinnermittlungsart (s § 4 Rn 11) willen – auch in **anderen Gütern** (zB Sachbezügen iSv § 8 II) bestehen.[3] Um das grds Kassenprinzip des § 11 zu wahren, wird allerdings der bloße Forderungserwerb idR nicht erfasst.

Ausnahmen von der Geltung des Zuflussprinzips nach § 11 I 1 regeln Abs 1 S 2–4 für **regelmäßig wiederkehrende Einnahmen** (Rn 51 ff), Vorauszahlungen für **langfristige Nutzungsüberlassungen** (Rn 57) und (laufenden) **Arbeitslohn** (Rn 59 ff). Ein **Veräußerungsgewinn** nach § 17 II ist im Wesentlichen nach Bilanzierungsgrundsätzen, nicht nach § 11 zu ermitteln.[4] Die Zuflussfiktion nach § 44 II und III ist eine Sonderregelung allein für den Bereich der **KapESt** und lässt § 11 I für die zu veranlagende ESt unberührt.[5] Für die **Abzugsteuer** nach § 50a (ua Aufsichtsratsvergütungen für beschränkt StPfl) gilt als Sonderregelung § 73c EStDV. Der Begriff „entfallen" iSv § 32 IV (und nur er[6]) wird nach wirtschaftlicher Zugehörigkeit bestimmt.[7] Die §§ 32b und 34 I berühren die Geltung des Zuflussprinzips nicht, sondern sind lediglich besondere Tarifvorschriften. Zu **Billigkeitsregelungen** der FinVerw s Rn 48; zu § 42 AO s Rn 47.

(2) **Ausgaben** iSv **§ 11 II** sind **WK** (§ 9), **BA** (§ 4 III, IV), **SA** (§§ 10–10b) sowie **ag Belastungen** (§§ 33, 33a).[8] Andere Aufwendungen (zB nach § 34g) sind idR ähnlich zu behandeln. Korrespondierend zum Begriff der Einnahmen kann auch die Hingabe geldwerter Güter eine Ausgabe iSv § 11 sein (oben Rn 6).

---

1 Nach BFH BStBl II 00, 396; BFH/NV 01, 25 gilt § 11 auch im Rahmen des § 22 Nr 3 (Bestechungsgelder).
2 BFH BStBl II 00, 121 (122) – Land- u Forstwirt, der seinen Gewinn nach § 4 III ermittelt.
3 ZB BFH BStBl II 04, 1076 (1079) – Zufluss bei Wohnungsrecht als Lohn mit laufender Nutzung.
4 BFH BStBl II 80, 494 (497); BFH/NV 96, 898; s auch § 17 Rn 167 ff.
5 BFH BStBl II 99, 223 (224).
6 Für die Ermittlung des Jahresgrenzbetrages bleibt es beim Zuflussprinzip, BFH BStBl II 02, 525.
7 BFH BStBl II 00, 459 (460); bei nicht eindeutiger Zurechnung soll ausnahmsweise doch das Zuflussprinzip gelten; BFH BStBl II 02, 746 (747).
8 Zur Geltung v § 11 II 1 für ag Belastungen BFH BStBl II 82, 744 (745); BStBl II 88, 814 (816); BStBl II 99, 766 (767); FG BaWü EFG 92, 271.

9 Ausnahmen vom Abflussprinzip regeln § 11 II 2–3 für **regelmäßig wiederkehrende Ausgaben** (Rn 51 ff) und Vorauszahlungen bei **langfristigen Nutzungsüberlassungen** (Rn 57). Auch die **AfA-Regelungen** gehen dem § 11 II 1 vor: Aufwendungen für die Anschaffung oder Herstellung von abnutzbaren WG des Anlagevermögens sind nach §§ 4 III 3, 9 I 3 Nr 7 iVm §§ 7 ff zu berücksichtigen;[1] für AK/HK von GWG greift insoweit § 6 II; § 7a II 3–5 liefern Spezialregelungen. § 4 III 4 verschiebt die Abziehbarkeit von AK/HK für nicht abnutzbare WG des Anlagevermögens. Für **Erhaltungsaufwand** gelten zT Sondervorschriften (§§ 4 VIII, 10f II, 11a, 11b, § 82b EStDV). **§ 10b I 4** verteilt den Abzug bei Großspenden abw von § 11 II 1. § 10d (Verlustvor- und -rücktrag) modifiziert die nach Anwendung von § 11 gefundenen Ergebnisse. Dagegen lässt eine Nachversteuerung von SA (§ 10 V, § 30 EStDV) den Abfluss der SA unberührt, beseitigt aber deren Berücksichtigungsfähigkeit. Zu **Billigkeitsregelungen** der FinVerw s Rn 48; zu § 42 AO s Rn 47.

10 II. Zufluss/Abfluss „wirtschaftlicher Verfügungsmacht". § 11 kennt keine Legaldefinition der Begriffe „zufließen" und „leisten" (abfließen). In der amtlichen Begr zu § 11 EStG 1934, auf den der heutige Wortlaut der Norm zurückgeht, heißt es ua: „Ein WG ist dem Berechtigten dann zugeflossen, wenn er über das WG verfügen kann. Das ist nicht nur dann der Fall, wenn es unmittelbar in das Vermögen des StPfl übergegangen ist, sondern auch dann, wenn die Verwirklichung eines Anspr in so greifbare Nähe gerückt und so gesichert ist, dass dies wirtschaftlich dem tatsächlichen Eingang der Leistung gleichzustellen ist, zB idR bei Gutschriften." „Geleistet im Sinn dieser Vorschrift sind Ausgaben in dem Zeitpunkt, in dem sie aus dem Vermögen des StPfl herausfließen. Für den Begriff des ‚Herausfließens' gelten die Ausführungen über den Begriff des ‚Zufließens' entspr."[2] Das Gesetz sieht somit seit § 11 EStG 1934 davon ab, an die Fälligkeit einer Leistung anzuknüpfen.

11 Die Rspr ist dieser Leitlinie bis heute gefolgt.[3] Allerdings zeigt sie bisweilen – auch aus Gründen der Gleichbehandlung zur Gewinnermittlung durch BV-Vergleich – die Tendenz, den durch das Kassenprinzip des § 11 eröffneten Gestaltungsspielraum des StPfl zurückzudrängen. Maßgeblich ist jeweils, ob nach dem **Gesamtbild der Verhältnisse** die **„wirtschaftliche Verfügungsmacht"** erlangt oder verliert. **(1)** Regelmäßig ist Zu- oder Abfluss mit Eintritt des **Leistungserfolges** gegeben (idR mit Übertragung der zivilrechtlichen Inhaberschaft, zB Barzahlung, Übereignung von Sachen; uU schon bei Abtretung oder Erlass einer Forderung oder anderen Verfügungen durch Willenserklärung, s Rn 35 ff; aber auch beim tatsächlichen Empfang von Dienstleistungen oder durch Überlassung von Gegenständen zur Nutzung, s Rn 65). **(2)** Darüber hinaus bejaht die Rspr **Zufluss** uU auch schon bei der **Möglichkeit**, den Leistungserfolg herbeizuführen.[4] So reicht es für den Zufluss aus, wenn der Gläubiger von einem leistungsbereiten und -fähigen Schuldner in die Lage versetzt wird, den Leistungserfolg ohne dessen Zutun herbeizuführen,[5] was etwa bei der Zahlung durch Scheck (Rn 29), Kreditkarte (Rn 31) oder bei Gutschriften in den Büchern des Schuldners (s Rn 65 Gutschrift) von Bedeutung ist. **(3)** Für den **Abfluss** stellt die Rspr oft – den Zeitpunkt zT noch weiter vorverlagernd – auf die **„Leistungshandlung"** des Schuldners ab, die abgeschlossen ist, wenn der StPfl von sich aus alles Erforderliche getan hat, um den Leistungserfolg herbeizuführen[6] (s Rn 27 ff zum bargeldlosen Zahlungsverkehr). Damit geht sie ohne Notwendigkeit vom Ausgangskriterium „Verlust der wirtschaftlichen Verfügungsmacht" ab[7] – denn dass auch nach Begebung des Schecks, Erteilung des Überweisungsauftrags etc die Verfügungsmacht zunächst noch beim Kontoinhaber liegt, dessen Vermögen also noch nicht (sondern erst bei Lastschrift der Bank) gemindert ist, zeigt sich an der Möglichkeit eines Auftrags- bzw Scheckwiderrufs. Indessen kann man die Leistungshandlung jedenfalls dann als genügend ansehen, wenn der Schuldner sie nicht mehr selbst rückgängig machen kann (zB bei der Kreditkarte).

12 Unerheblich für Zu- und Abfluss sind dagegen die **wirtschaftliche Zugehörigkeit** der Leistung (Umkehrschluss aus § 11 I 2, II 2), dh der Zeitraum, für den geleistet wird, sowie (grds) deren **Fällig-**

---

1 Vgl aber Rn 65 „Vorauszahlungen" zu verlorenen Vorauszahlungen auf AK oder HK.
2 RStBl 35, 40; zur Entstehungsgeschichte v § 11 *K/S/M* Rn A 33 ff.
3 ZB BFH BStBl II 07, 719 (Überlassen einer Jahresnetzkarte der Bahn als Zufluss von Arbeitslohn).
4 S etwa BFH BStBl II 01, 482 (483).
5 BFH BStBl II 01, 646 (648).
6 BFH BStBl II 86, 453 (454f) – Abfluss bei Überweisung grds mit Auftragszugang bei der Bank; BFH/NV 00, 825.
7 Abl insoweit auch *K/S/M* § 11 Rn C 55; *L/B/P* § 11 Anhang, Stichworte: Kreditkarte, Scheck, Überweisung; *Blümich* § 11 Rn 41 zur Überweisung (anders aber zum Scheck Rn 45).

keit, so dass der Zahlungsfluss grds auch für Vorauszahlungen[1] maßgeblich ist. Die Rspr unterstellt allerdings in Einzelfällen bei Fälligkeit den Übergang wirtschaftlicher Verfügungsmacht[2] oder sieht in ihr ein Indiz für einen Rechtsmissbrauch (dazu Rn 47).

Zu- und Abfluss sind spiegelbildliche Begriffe, können jedoch **zeitlich auseinander fallen** (zB Belastung einer Überweisung beim Schuldner vor Gutschrift beim Gläubiger). Das gilt erst recht, wenn man mit der Rspr für den Abfluss die Leistungshandlung des Schuldners für ausreichend hält (Rn 11). Der Abfluss findet aber spätestens im Zeitpunkt des Zuflusses statt. **13**

III. Sonderfälle. – 1. Verfügungsbeschränkungen. Ist der Tatbestand des Zuflusses einmal erfüllt, entfällt er bei **nachträglicher** Verfügungsbeschränkung des Empfängers nicht.[3] **15**

Auch im Zeitpunkt des Zuflusses **bestehende** Verfügungsbeschränkungen werden grds als unschädlich angesehen, denn eine (zeitliche, persönliche oder sachliche) Einschränkung der Verfügungsmacht über ein WG (etwa beim der **Testamentsvollstreckung** unterliegenden Erben[4] oder bei Zahlung auf ein **ver- oder gepfändetes Konto**[5] oder ein **Sperrkonto**[6]) hindert deren Zuordnung zum Inhaber[7] idR nicht.[8] Anderes gilt ausnahmsweise, wenn die Verfügungsbeschränkung auf den Aufschub[9] oder die Nichternstlichkeit[10] der Leistung hinausläuft. **16**

2. Späterer Verlust wirtschaftlicher Verfügungsmacht. Zufluss und Abfluss sind tatsächliche Vorgänge. Die **Rückgewähr von Leistungen**[11] in einem späteren VZ (etwa Erstattung von Überzahlungen, Auslagenersatz bei BA und WK) berührt den bereits verwirklichten Steuertatbestand nicht, sondern ist allenfalls **im Jahr des Rückflusses**[12] zu berücksichtigen. Für den Zufluss als Erlangung wirtschaftlicher Verfügungsmacht kommt es nicht darauf an, ob der Empfänger einen rechtlichen Anspruch auf die Leistung hat.[13] „Behaltendürfen" ist kein Merkmal des Zuflusses, vorübergehende wirtschaftliche Verfügungsmacht reicht aus (s aber Rn 65: Durchlaufende Posten). Das soll selbst dann gelten, wenn die Rückzahlungsverpflichtung schon im Leistungszeitpunkt feststeht.[14] **18**

Besonderheiten gelten nach der (umstrittenen) Rspr bei SA und ag Belastungen. Erstattungen sind wegen ihres privaten Charakters (anders als bei BA und WK) nicht bei den Einkünften zu berücksichtigen, sondern sind nach dem „Belastungsprinzip" im Zusammenhang mit der ursprünglichen Leistung zu sehen. Gleichwohl soll die Erstattung von SA aus Gründen der Praktikabilität nicht die Ausgabe im Zahlungsjahr mindern, sondern, weil die StPfl zumeist gleichartigen Aufwand haben, idR nur zu einer **Minderung gleichartiger SA im Erstattungsjahr** führen.[15] Nur ausnahmsweise soll, wenn eine Kompensation im Erstattungsjahr nicht möglich ist (zB mangels gleichartiger SA), doch **19**

---

1 StRspr; zB BFH BStBl II 02, 351 (352); zum dadurch eröffneten Gestaltungsspielraum Rn 45, s ferner Rn 57, 65 Vorauszahlungen.
2 Insbes bei fälligen Forderungen eines **beherrschenden G'ters** gegen eine KapGes; s Rn 44.
3 BFH BStBl II 75, 776 (nachträgliche Pfändung).
4 BFH BStBl II 96, 287 (289).
5 BFH BStBl II 88, 342 (343); BMF BStBl I 95, 809.
6 Zur Gutschrift auf einem **Sperrkonto** zur Sicherung einer Rückzahlungsverpflichtung BFH BStBl II 80, 643; BStBl II 89, 702; ähnliches gilt, soweit der Betrag vom Inhaber als Sicherheit eingesetzt werden kann (BFH/NV 89, 307); zur Gutschrift von Bausparguthaben mit Verfügungsbeschränkung BFH BStBl II 93, 301; die Rspr zur Zahlung auf Sperrkonten beruht zT auf dem Gedanken, dass die Möglichkeit des Gläubigers, den Leistungserfolg zu bewirken, für den Zufluss ausreicht; krit zu dieser Rspr *K/S/M* § 11 Rn B 21, 59.
7 Voraussetzung ist stets, dass eine Position dem Empfänger nach dem Gesamtbild der Verhältnisse zugeordnet werden kann. Hieran kann es etwa im Fall eines **Notar-Anderkontos** fehlen (BFH BStBl II 86, 404: Zufluss an Verkäufer erst bei Auszahlungsreife). **Kautionskonten** sind idR dem Kautionsgeber zuzuordnen (BFH BStBl II 93, 499). Ein anderes soll für noch nicht fällige, unverzinsliche Stornoreservekonten gelten (BFH BStBl II 98, 252).
8 Gleiches gilt für die Überlassung von **Belegschaftsaktien** mit Sperrfrist (vgl aber Rn 65 Optionsrecht), bei denen der ArbN im Erwerbszeitpunkt nahezu alle Befugnisse des Aktionärs (Stimmrecht, Dividendenanspr, Verpfändung) wahrnehmen kann (BFH BStBl II 85, 136; vgl auch BFH/NV 05, 49 zu § 7a II 3 (Überweisung zu treuen Händen).
9 BFH BStBl II 81, 305: Vereinbarung über erst **spätere Scheckvorlage** (Vordatierung als Indiz; zur Feststellungslast BFH/NV 87, 162); BFH BStBl II 82, 469: auf 10 Jahre **festgelegte Gewinnbeteiligung** ohne weitere Dispositionsbefugnis.
10 ZB Übertragungen mit Rückübertragungsklauseln auf **Angehörige**, *L/B/P* § 11 Rn 93; *H/H/R* § 11 Rn 37.
11 Zum Abfluss bei Rückzahlung von Bestechungsgeldern BFH BStBl II 00, 396.
12 BFH BStBl II 06, 911; BStBl II 07, 315; st Rspr.
13 BFH BStBl II 01, 482; BStBl II 06, 830 (Zufluss auch überzahlten Gehalts; spätere Rückzahlung kein rückwirkendes Ereignis iSv § 175 I 1 Nr 2 AO, sondern gesetzlich in Kauf genommene Zufallsfolge von § 11).
14 BFH BStBl II 82, 593; BStBl II 89, 419; BStBl II 90, 287; BFH/NV 98, 308 (Gewinnausschüttung unter Verstoß gegen § 30 GmbHG); Einzelheiten bei *Blümich* § 11 Rn 18 ff; *Trzaskalik* StuW 85, 222; *K/S/M* § 11 Rn A 46 ff, B 70 ff, C 40 ff (zT mit Kritik an der Rspr).
15 BFH BStBl II 96, 646; BStBl II 99, 95; BMF BStBl I 02, 667.

eine Korrektur für das Zahlungsjahr zulässig sein.[1] Indessen setzen **ag Belastungen** eine endgültige Belastung voraus. Spätere Belastungsminderungen (zB Krankenversicherungsleistungen) sind daher grds schon **im ursprünglichen Abzugsjahr** zu berücksichtigen.[2] Siehe iÜ Rn 65 ag Belastungen.

21 **3. Beteiligung Dritter.** Der Erwerb oder Verlust von Verfügungsmacht durch einen (offenen oder verdeckten) **Vertreter** wird dem Vertretenen zugerechnet. Zu-/Abfluss liegt dann nicht beim Vertreter vor, sondern allein beim Vertretenen.[3] Der Zufluss entfällt nicht deshalb, weil der Vertreter des Empfängers die Leistung nicht weiterreicht (Untergang, Unterschlagung der Leistung, Insolvenz). Leistet ein Schuldner **auf Geheiß** des stpfl Gläubigers an einen Dritten, fließt die Leistung dem Gläubiger zu, wenn der Vorgang wirtschaftlich zugleich eine Leistung des Schuldners an den StPfl und eine solche des StPfl an den Dritten darstellt (abgekürzter Zahlungsweg, Durchgangserwerb).[4]

22 Auch bei **Rechtsnachfolge** (zB Erbe, Abtretungsempfänger) ist **nicht** maßgeblich, **für welchen Zeitraum** wirtschaftlich Einnahmen erhalten oder Ausgaben geleistet sind, sondern allein, **wer** im Zahlungszeitpunkt wirtschaftlich die Verfügungsmacht erhalten hat, noch der Rechtsvorgänger oder bereits der -nachfolger (s auch Rn 5).[5]

23 Gesamthandsgemeinschaften (GbR, Erben- und eheliche Gütergemeinschaft; insoweit ähnlich Grundstücks- und Wohnungseigentümergemeinschaft) sind für die ESt insoweit Steuerrechtssubjekte, als sie den Besteuerungstatbestand in gesamthänderischer (oder vergleichbarer) Verbundenheit ihrer Mitglieder erfüllen.[6] WG fließen bei jedem Mitglied idR in dem Zeitpunkt anteilig zu/ab, in dem die Gemeinschaft wirtschaftliche Verfügungsmacht erhält/verliert,[7] bei Zufluss also nicht erst mit Überweisung des Anteils an den einzelnen Gemeinschafter.

25 **4. Bargeldloser Zahlungsverkehr.** Auch beim bargeldlosen Zahlungsverkehr bedient sich der StPfl Dritter (vor allem Kreditinstitute), um Zahlungen zu leisten oder entgegenzunehmen.

27 **a) Überweisung.** Bei **Überweisungen** im Giroverkehr bejaht die Rspr **Abfluss** bereits mit **Zugang des Überweisungsauftrages** an die Bank, falls mit seiner Ausführung zu rechnen ist (ausreichende Deckung durch Guthaben oder Dispositionskredit) und der Betrag dem Empfänger anschließend tatsächlich zugeht, andernfalls im Zeitpunkt der Lastschrift.[8] Zur Kritik s Rn 11. **Zufluss** liegt nicht schon mit Gutschrift bei der Empfängerbank vor,[9] jedoch mit **Gutschrift auf dem Girokonto des StPfl**,[10] unabhängig von der Kenntnis des Gläubigers. Auf die Zahlungsfähigkeit der Bank als Vertreter des StPfl kommt es nicht an (s Rn 21).[11] S auch Rn 65 Notar-Anderkonto, Pfändung, Sperrkonto.

29 **b) Scheck.** Beim (Bar-, Verrechnungs-, Post-) **Scheck** nimmt die Rspr **Abfluss** mit **Hingabe des Schecks** als maßgeblicher Leistungshandlung an,[12] sofern der Scheck alsbald eingelöst und dem Konto des Gläubigers gutgeschrieben wird.[13] Übergabe an die Post reicht aus.[14] Zur Kritik Rn 11. **Zufluss** beim Gläubiger liegt nach der Rspr nicht erst mit Gutschrift, sondern schon mit **Empfang des Schecks** vor, wenn der Scheck gedeckt und nicht spätere Vorlage vereinbart ist;[15] vgl Rn 11.

31 **c) Kreditkarte.** Bei Benutzung einer **Kreditkarte** erfolgt **Zufluss** der Zahlung beim Zahlungsempfänger unstreitig mit **Zahlung des Kartenausgebers** (nicht erst bei Belastung des Bankkontos des

---

1 BFH BStBl II 96, 646 (KiSt trotz Nichtmitgliedschaft); BStBl II 99, 95 (Versicherungsbeiträge ohne Versicherungspflicht); BStBl II 02, 569 (Nachzahlungszinsen); BStBl II 04, 1058 (KiSt-Erstattung).
2 BFH BStBl II 99, 766 (768); s § 33 Rn 9, 16.
3 ZB BFH BStBl II 94, 179 (181) – Handeln für Rechnung des StPfl, sofern Verfügungsmacht übergegangen ist.
4 ZB BFH BStBl II 88, 433 – Überweisung von Beiträgen eines Abgeordneten an seine Partei unmittelbar aus seinen Bezügen: mit Zahlung Zu- **und** Abfluss beim stpfl Abgeordneten; BStBl II 89, 419 (vGA); s ferner BFH BStBl II 92, 941.
5 ZB BFH BStBl II 76, 322: vorschüssige Gehaltszahlungen sind noch dem Erblasser zugeflossen; aA *K/S/M* § 11 Rn B 106.
6 BFH GrS BStBl II 84, 751 (761 f); BStBl II 87, 212 (214); ebenso für **Bruchteilsgemeinschaft** BFH BStBl II 87, 322.
7 Auch bei **Gesamtgläubigerschaft** (§ 428 BGB) fließt die Zahlung an einen Gesamtgläubiger anteilig unmittelbar auch den anderen zu, BFH BStBl II 86, 342.
8 BFH BStBl II 89, 702; BStBl II 97, 509 mwN.
9 BFH BStBl II 92, 232.
10 BFH BStBl II 84, 560.
11 Vgl aber FG Kln EFG 81, 505: eine Zinsgutschrift fließt nicht zu, wenn die Bank (= Schuldner) zahlungsunfähig ist; vgl auch *Beater* StuW 96, 12 (17 f).
12 BFH BStBl II 86, 284 (286); vgl aber § 7a II 5.
13 BFH BStBl II 71, 94.
14 BFH BStBl II 86, 284 (286).
15 BFH BStBl II 81, 305 (306 f); BStBl II 01, 482 (483); vgl BStBl II 96, 4 (5); krit *Blümich* § 11 Rn 44; *L/B/P* § 11 Anhang.

Karteninhabers). Überträgt man die Rspr zum Scheck (s Rn 11, 29), tritt **Abfluss** beim Karteninhaber bereits mit **Unterschrift des Karteninhabers** ein.[1] Dies ist insofern folgerichtig, als die Kreditkarte vorwiegend als Zahlungsmittel genutzt wird und insoweit die Hingabe von Bargeld ersetzt. Hinzu kommt, dass dem Karteninhaber hiernach iErg (anders als idR beim Scheck) keine Möglichkeit bleibt, die Zahlung aufzuhalten. Lehnt man diese Rspr indessen generell ab oder betont man die Kreditfunktion der Kreditkarte, könnte der Betrag erst im Zeitpunkt der Belastung des Bankkontos abfließen.[2]

d) Wechsel. Der **Wechsel** ist als Kreditmittel (anders als der Scheck) nicht sofort zur Zahlung fällig. **Abfluss** beim bezogenen Schuldner liegt daher nicht mit Hingabe, sondern erst mit **Zahlung**, nach teilw vertretener Ansicht jedoch auch schon mit Diskontierung durch die Bank vor.[3] Letzteres erscheint fraglich, sofern der Wechsel nur zahlungshalber begeben wird, der Bezogene somit weiter Schuldner bleibt, ohne bereits aktuell belastet zu sein. **Zufluss** beim Wechselnehmer ist im Zeitpunkt der **Einlösung** oder **Diskontierung** zu bejahen, weil ihm die Wechselsumme dann zur Vfg steht.[4]

5. Zu- und Abfluss allein durch Willenserklärungen. Zu- und Abfluss von Einnahmen und Ausgaben können – außer durch reale Leistungen oder zusammengesetzte Erfüllungshandlungen (wie nach § 929 BGB) – auch allein durch die Abgabe rechtsgeschäftlicher Willenserklärungen bewirkt werden.

a) Aufrechnung. Eine **Aufrechnung** des Schuldners mit einer ihm gegen den Gläubiger zustehenden fälligen Gegenforderung bewirkt das Erlöschen der gegenseitigen Forderungen, soweit sie sich decken (§§ 387ff BGB). Damit **steht** sie wirtschaftlich **einer tatsächlichen Leistung gleich.** Dem Aufrechnenden fließt mit Wirksamwerden der Aufrechnung der Gegenstand seiner Forderung zu und gleichzeitig der Gegenstand seiner eigenen Leistungsverpflichtung ab. Beim Aufrechnungsgegner verhält es sich spiegelbildlich. Entscheidend ist (ungeachtet § 389 BGB) nach hM grds der Zeitpunkt der **Aufrechnungserklärung**,[5] es sei denn, die Aufrechnung ist vor Fälligkeit der Forderung erklärt (dann Zufluss/Abfluss bei Fälligkeit).[6]

b) Erlass/Verzicht. Auch ein **Erlass** (Vertrag iSv § 397 BGB) kann eine Forderung zum Erlöschen bringen. Entsprechendes gilt für einen einseitigen **Verzicht** des Gläubigers. Da Entstehung und Verlust von Forderungen im Bereich der Überschusseinkünfte und der Gewinnermittlung nach § 4 III grds irrelevant sind und fiktive Einnahmen nicht besteuert werden, bleiben Erlass und Verzicht regelmäßig **unbeachtlich**.[7] **Ausnahmen** gelten, falls der Erlass (Verzicht) wirtschaftlich **Einkommensverwendung** darstellt,[8] weil der Gläubiger über die Verwendung des Gegenstandes bestimmen kann, oder wenn ihm eine geldwerte Gegenleistung gegenübersteht.[9] In diesen Fällen vollziehen sich Zu-/Abfluss im Zeitpunkt des – ggf konkludenten – Erlassvertrages (des Verzichts).

c) Schuldumwandlung. Bei der **Schuldumwandlung (Novation)** vereinbaren Gläubiger und Schuldner, dass die alte Schuld erlischt und durch eine andere ersetzt wird. Das Steuerrecht verwendet diese Begriffe unabhängig vom bürgerlichen Recht. Ein zivilrechtlicher Austausch von Forderungen führt nicht notwendig zum Zufluss des Gegenstandes der ursprünglichen Forderung, kann dies aber dann, wenn er wirtschaftlich einen **Zahlungsersatz** unter Abkürzung von Zahlungswegen darstellt, nämlich die Begleichung der Altschuld unter Rückgewähr der Leistung und Begründung einer Neuverpflichtung.[10] Voraussetzung ist, dass der Gläubiger zum maßgeblichen Zeitpunkt tatsächlich in

---

1 So *Schmidt*[26] § 11 Rn 30; *H/H/R* § 11 Rn 120.
2 *L/B/P* § 11 Anhang; wieder anders *Blümich* § 11 Rn 46: mit Zahlung des Kreditkartenunternehmens; ähnlich *K/S/M* § 11 Rn C 18: mit Belastung des Kontos des Kreditkartenherausgebers.
3 *L/B/P* § 11 Anhang; *Lademann* § 11 Rn 28; aA *K/S/M* § 11 Rn C 56; *Blümich* § 11 Rn 49: Einlösung; vgl auch die Spezialregelung in § 7a II 4.
4 BFH BStBl II 71, 624 (626); BStBl II 81, 305 (306); krit *K/S/M* § 11 Rn B 118.
5 BFH BStBl II 86, 284 (286) (Zugang der Erklärung beim Aufrechnungsgegner); BFH/NV 07, 1315.
6 BFH/NV 86, 733; vgl auch BFH BStBl II 83, 289.
7 ZB BFH BStBl II 93, 884 und BStBl II 94, 424 – bedingungsloser Gehaltsverzicht von ArbN; BFH/NV 95, 208; BStBl II 99, 98 – ArbG-Spende ohne Verwendungsbestimmung.
8 Vgl BFH BStBl II 91, 308 (309).
9 ZB BFH BStBl II 92, 837 – betrieblich motivierter Verzicht des ArbG auf Schadensersatzanspruch als Lohnzufluss an ArbN; s auch R 31 XI LStR zu Zinsverzicht gegenüber ArbN; BFH GrS BStBl II 98, 307 (311 f) – Pensionsanwartschaftsverzicht eines G'ters: wegen der Werterhöhung des Beteiligungskapitals verdeckte Einlage – mit Anm *Neumann* FR 97, 925.
10 Zuletzt BFH/NV 00, 825; BFH BStBl II 01, 646; BStBl II 02, 138 (141).

der Lage gewesen wäre, den Leistungserfolg herbeizuführen.[1] Dies ist idR nicht anzunehmen, wenn der Schuldner zahlungsunfähig war.[2] Eine Novation kann auch schon **vor Fälligkeit** der ursprünglichen Schuld vereinbart werden.[3] Zur **Abgrenzung** gegenüber der bloßen **Stundung**, die keinen Zufluss bewirkt (s Rn 65 Stundung), stellt die Rspr[4] maßgeblich darauf ab, ob die Vereinbarung überwiegend im **Interesse des Gläubigers** zustande gekommen ist (dann Wechsel der wirtschaftlichen Verfügungsmacht, dh Novation) oder nicht (dann steuerlich Stundung).[5] Bei gleichwertigen Interessen ist zu fragen, ob die Vereinbarung Ausdruck der freien Dispositionsbefugnis der Beteiligten ist.[6] S auch Rn 65 ArbN-Darlehen, Damnum, Optionsrecht, Zinsen.

43 **d) Abtretung.** Die **Abtretung** (§ 398 BGB) lässt eine Forderung gegen den Schuldner vom alten Gläubiger (Zedent) auf den neuen Gläubiger (Zessionar) übergehen. Da weder Innehabung noch Fälligkeit einer Forderung, sondern erst ihre Erfüllung zum Zufluss führen (Rn 11f), bleibt auch die Abtretung einer fälligen Forderung grds **unbeachtlich.** Das gilt jedenfalls für eine **unentgeltliche** Abtretung (dann Zufluss mit Erfüllung der Forderung gegenüber dem neuen, persönliche Zurechnung der Einnahme aber beim alten Gläubiger; für den Abfluss beim Schuldner ergeben sich keine Besonderheiten). Gleiches gilt aber auch bei **entgeltlicher** Abtretung, soweit diese – wie im Regelfall – **zahlungshalber** (erfüllungshalber) erfolgt. Dann bewirkt die Erfüllung der Forderung nur zugleich Zufluss beim Zessionar **und** beim Zedenten (und zugleich Abfluss beim Schuldner und beim Zedenten; abgekürzter Zahlungsweg). Eine **Ausnahme** greift, wenn die Forderung **an Erfüllungs Statt** abgetreten wird (§ 364 I BGB) und damit das Schuldverhältnis zw Alt- und Neugläubiger erlischt. Die Abtretung bewirkt dann als Erfüllungssurrogat Zufluss beim Zessionar und Abfluss beim Zedenten. Die tatsächliche Erfüllung der Forderung führt (nur noch) zum Vermögenszufluss beim Neugläubiger und zum Abfluss beim Schuldner. Die Rspr geht weiter und lässt diese Ausnahme für Abtretungen an Erfüllungs Statt auch bei Abtretungen **erfüllungshalber** gelten, wenn die abgetretene Forderung „fällig, unbestritten und einziehbar" ist,[7] sieht also auch die Abtretung einer sofort realisierbaren Forderung wirtschaftlich als Zahlung an.

44 **6. Beherrschender Gesellschafter.** Die Rspr unterstellt beim beherrschenden G'ter den Zufluss fälliger Forderungen gegen die beherrschte KapGes.[8] Mangels Interessengegensatzes habe er bereits im Zeitpunkt der **Fälligkeit** (zumeist mit Gewinnverwendungsbeschluss[9]) die Möglichkeit erlangt, den Leistungserfolg herbeizuführen, dh die wirtschaftliche Verfügungsmacht (s Rn 11). Ansonsten hätte er es in der Hand, den Gewinn der KapGes durch Forderungspassivierung zu kürzen (sofern keine vGA vorliegt), ohne beim G'ter Zufluss zu bewirken. Eine **Ausnahme** wird insbes unter der engen Voraussetzung mangelnder Zahlungsfähigkeit oder der **Insolvenzreife** der Ges gemacht.[10] Auch ein Leistungsverweigerungsrecht der Ges kann entgegenstehen.[11] Diese verallgemeinernde Rspr misst der Fälligkeit eine Bedeutung bei, die ihr sonst im Rahmen des § 11 nicht zukommt.[12] Zudem ignoriert sie, dass vernünftige wirtschaftliche Gründe dafür sprechen können, der Ges Liquidität zu belassen. Auch stellt sie den beherrschenden schlechter als andere G'ter. Vielmehr sollte ähnlich wie bei der Novation (Rn 41) gefragt werden, ob die Forderung vorrangig im objektiven Interesse des G'ters oder der Ges stehen blieb. Bei Vorliegen nachvollziehbarer Gründe, etwa um einer Krise iSd § 32a GmbHG vorzubeugen, fehlt es am Zufluss. IÜ bleibt es beim Ergebnis der Rspr. Allerdings dürfen die entspr Maßstäbe wg Art 6 GG nicht ohne weiteres auf **Familienangehö-**

---

1 BFH BStBl II 02, 138 (142).
2 BFH/NV 00, 1191; BFH BStBl II 02, 138 (142).
3 BFH BStBl II 97, 755, 761 und 767.
4 BFH BStBl II 02, 138 (141).
5 **Zufluss bejaht** zB: BFH BStBl II 84, 480 – Hinzurechnung fälliger Zinsen zur Darlehensschuld als Vereinbarungsdarlehen, falls Gläubiger von sich aus Anlage im Betrieb des Schuldners sucht; BFH/NV 88, 224 – Wiederanlage, um zusätzlichen Ertrag zu erzielen; BFH BStBl II 86, 48 – Umwandlung eines Gehaltsanspruch aus freiem Entschluss; BFH BStBl II 01, 646 – Wiederanlage vorgetäuschter Renditen. Dagegen **kein Zufluss,** wenn Schuldner in Zahlungsschwierigkeiten oder zahlungsunwillig ist (BFH BStBl II 82, 139; BStBl II 84, 480; BFH/NV 88, 224: Vfg über wertlose Forderung führt nicht zu Zufluss) oder die Verschiebung der tatsächlichen Leistung sonst allein im Interesse des Schuldners liegt (BFH/NV 95, 208). Zu den Voraussetzungen einer Umschuldung privater in Betriebsschulden BFH GrS BStBl II 98, 193 (199).
6 BFH/NV 03, 1327.
7 BFH BStBl II 81, 305 (306).
8 Grundlegend RFH RStBl 37, 490; fortgeführt zB durch BFH BStBl II 99, 223 (mit abl Anm *Paus* FR 99, 751); BFH/NV 05, 526; FG Mchn EFG 00, 255 (2 beherrschende G'ter).
9 BStBl II 82, 139 (141).
10 BFH BStBl II 84, 480 (482); BStBl II 86, 62; BFH/NV 90, 635.
11 BFH BStBl II 94, 632.
12 Krit zur Rspr *K/S/M* § 11 Rn B 51 f und § 20 Rn B 60; *L/B/P* § 11 Rn 41, je mwN; gegen eine Übertragung der Rspr auf den Nur-Geschäftsführer FG BaWü EFG 98, 1011.

rige des G'ters übertragen werden, insbes gilt auch insoweit keine Vermutung gleichgerichteter wirtschaftlicher Interessen von Ehegatten.[1] Bei Verträgen unter nahen Angehörigen kann der Zufluss nicht generell unterstellt werden, sondern tritt idR erst mit Zahlung ein.[2] Im Einzelfall kann ein Fremdvergleich Aufschluss geben.

IV. Gestaltungsspielraum und Grenzen. Da Zu- und Abfluss unabhängig von wirtschaftlicher Zugehörigkeit und Fälligkeit der Leistung sind (Rn 12) und allein an den Übergang der wirtschaftlichen Verfügungsmacht anknüpfen, entstehen dem StPfl entspr **Gestaltungsspielräume.** Er kann über die zeitliche Steuerung von Einnahmen und insbes von Ausgaben (Vorauszahlungen) die Bemessungsgrundlage der ESt so variieren, dass Steuerlasten auf spätere VZ verschoben werden (Zins- und Liquiditätsvorteil) oder auf einen VZ entfallen, in dem die ESt geringer ausfällt (insbes der individuelle Grenzsteuersatz niedriger ist, Pauschbeträge/zumutbare Eigenbelastung [§ 33 III] ohnehin ausgeschöpft werden oder Gesetzesänderungen – etwa von Tarif- und Freibetragsregelungen – zu Belastungsverschiebungen führen). 45

Wortlaut und Ratio von § 11 nehmen dabei in bewusster Abgrenzung vom BV-Vergleich (§§ 4 I, 5) in Kauf, dass Zusammenballungen wirtschaftlich auf mehrere VZ entfallender Einnahmen und Ausgaben des StPfl progressionswirksam im VZ ihres Zu- oder Abfließens zugerechnet werden. Der Gesetzgeber erkennt somit an, dass es in einzelnen VZ zu steuerlichen „Zufallsergebnissen" kommen kann, die ggf eine erhebliche steuerliche Be- oder Entlastung auslösen.[3] 46

Folglich ist es grds hinzunehmen, wenn der StPfl Zu- und insbes Abfluss im Rahmen seiner zivilrechtlichen Befugnisse (etwa durch Leistung **vor** Fälligkeit) so gestaltet, wie es für ihn steuerlich am vorteilhaftesten ist. Da dies weder dem Wortlaut noch dem Zweck von § 11 widerspricht, liegt **grds kein Rechtsmissbrauch** vor. Das gilt umso mehr, als das wirtschaftliche Eigeninteresse der Parteien ohnehin Gestaltungsmöglichkeiten begrenzt. So führt die Vorverlagerung von Ausgaben zu Zinsverlusten, die von Einnahmen stößt auf entgegengesetzte Interessen des Schuldners. Dies hat die Rspr vielfach respektiert,[4] gelegentlich dagegen Gestaltungen nach § **42 AO** die Anerkennung mit der Begründung versagt, (insbes) **Vorauszahlungen** seien „ohne wirtschaftlich vernünftigen Grund" – vor allem vor Fälligkeit und über das Geschuldete hinaus – geleistet worden.[5] Diese strenge Rspr wird in der Literatur überwiegend kritisiert.[6] Nur soweit die engen Voraussetzungen des § 42 AO vorliegen, kann sie ausnahmsweise gebilligt werden. IÜ bleibt es legitim, das Stichtagsprinzip auszunutzen.[7] 47

Umgekehrt kann § 11 dem StPfl auch erhebliche Nachteile bringen, wenn Einnahmen in einzelnen VZ progressionswirksam zusammentreffen oder Ausgaben in Kj fallen, in denen sie sich nicht oder kaum auswirken. Teilw Entlastung verschaffen zB die Tarifvorschrift des § 34 oder einzelne Sondervorschriften (s Rn 5 ff). Ein **Billigkeitserlass** (§ 163 S 2 AO) kommt regelmäßig nicht in Betracht. Gleichwohl gewährt die FinVerw dem StPfl in bestimmten Fällen[8] die Möglichkeit, Folgen des § 11 durch abw Zuordnungen abzumildern.[9] Ob dies mit dem Gesetz vereinbar ist, darf jenseits von § 11 I 3, II 3 (Rn 57) bezweifelt werden.[10] 48

C. Ausnahmetatbestände zum Zu- und Abflussprinzip

I. Regelmäßig wiederkehrende Einnahmen und Ausgaben (§ 11 I 2, II 2). § 11 I 2 und II 2 regeln als nicht verallgemeinerungsfähige Ausnahmetatbestände die zeitliche Zurechnung regelmäßig wiederkehrender Einnahmen und Ausgaben. Für sie ist – unter weiteren Voraussetzungen – nicht ihr Zu- oder Abfluss (Zeitpunkt, **in dem** sie geleistet werden) maßgeblich, sondern ihre wirtschaftliche 51

---

1 BFH BStBl II 86, 62.
2 FG Kln EFG 95, 419.
3 BFH BStBl II 00, 396 (397) mwN.
4 **Zufluss:** zB BFH BStBl II 84, 267 – Miet- und Pachtvorauszahlungen; BStBl II 86, 284 – Zinsvorauszahlungen für 2 Jahre; allerdings besondere Umstände; **Abfluss:** FG RhPf EFG 88, 641 – Honorarvorauszahlung.
5 BFH BStBl III 63, 141 – willkürlich überhöhte Vorauszahlung von KiSt, um höheren SA-Abzug zu erlangen; BStBl II 87, 219 – Vorauszahlung von Treuhänder-/Haftungsgebühren, Verwaltungskosten, Mietgarantie vor Bezugsfertigkeit; vgl auch BStBl II 89, 702; zum Damnum s Rn 65.
6 Seer DStR 87, 603; K/S/M § 11 Rn A 56, C 36, 63 f (Damnum); L/B/P § 11 Rn 21; eher auf Linie der Rspr dagegen H/H/R § 11 Rn 9f; B/B § 11 Rn 18.
7 So ausdrücklich BFH BStBl II 01, 22 (24) mit Anm Fischer FR 01, 156.
8 Beispiele bei Schmidt[26] § 11 Rn 7; L/B/P § 11 Rn 19f.
9 S auch BMF BStBl I 98, 914 Tz 26, 29 zur Verteilung einmaliger Nießbrauchsentgelte nach bis VZ 03 geltender Rechtslage.
10 Krit etwa (noch vor Einführung von § 11 I 3, II 3); K/S/M § 11 Rn B 125 mwN; dagegen iSd FinVerw BFH BStBl II 81, 161 (163); ebenso zu Zuschüssen nach dem 3. Förderungsweg BFH/NV 04, 1623.

Zugehörigkeit (Zeitraum, **für den** sie geleistet werden). Sinn der Vorschrift ist die Vermeidung von Zufallsergebnissen bei Leistungen um die Jahreswende, speziell bei längerfristig angelegten Leistungsverhältnissen.[1]

52 **Wiederkehrend** sind Leistungen, deren Wiederholung **von vornherein** aufgrund eines bestehenden **Rechtsverhältnisses** in bestimmten Zeitabständen vorgesehen ist,[2] **nicht** also freiwillig **tatsächlich** wiederholt erbrachte Leistungen oder **Ratenzahlungen** auf eine einmalige Leistungspflicht. **Zweimalig** ist schon wiederkehrend.[3] Eine als wiederkehrend vereinbarte Leistung bleibt eine solche auch dann, wenn das zugrunde liegende Rechtsverhältnis rückwirkend aufgelöst wird.

53 **Regelmäßig** kehren Einnahmen/Ausgaben wieder, wenn sie periodisch nach bestimmten Zeitabschnitten und in bestimmten Zeitabständen anfallen, wobei Schwankungen der **Höhe** nach unerheblich sind.[4] **Beispiele** sind Miet- und Pachtzahlungen, Renten, Zinsen, Versicherungsbeiträge, Bausparbeiträge, periodische Abschlagszahlungen, Umsatzsteuervorauszahlungen[5] und Unterhaltszahlungen (soweit regelmäßig und nicht freiwillig, s Rn 65 Unterhaltsleistungen). Für laufenden Arbeitslohn geht die Spezialregelung des Abs 1 S 3 vor (Rn 59 ff).

54 Die Rspr verlangt in **teleologischer Reduktion** von Abs 1 S 2, Abs 2 S 2 ferner zutr, dass die Leistungen in engem zeitlichen Zusammenhang zum Jahreswechsel fällig werden, weil sich nur bei Fälligkeitsterminen um die Jahreswende zufällige Verschiebungen kurzfristiger Zu-/Abflussschwankungen ergeben können:[6] Die am 5.1.02 überwiesene, am 31.12.01 fällige Monatsmiete ist in 01 zu berücksichtigen, nicht dagegen die Nachzahlung der am 30.11.01 fälligen Novembermiete.

55 Als **kurze Zeit** vor Beginn oder nach Ablauf des Kj, innerhalb der die Leistung fällig und erbracht sein muss, sieht die Rspr einen Zeitraum von höchstens **10 Tagen** um den Jahreswechsel an – also die Zeit vom 22.12. bis 10.1.[7]

56 Liegen diese Voraussetzungen vor, richtet sich die zeitliche Zuordnung nicht nach dem Zu- oder Abfluss der Leistung, sondern nach deren **wirtschaftlicher Zugehörigkeit**, also nach dem Zeitraum, für den sie (als Gegenleistung) erbracht wird. Auf den Fälligkeitstermin der Leistung kommt es *insoweit* nicht an (zB Fälligkeit der Dezembermiete 01 am 3.1.02, Zahlung am 5.1.02: Zurechnung in 01).[8]

57 **II. Vorauszahlungen bei langfristigen Nutzungsüberlassungen (§ 11 I 3, II 3).** Eine weitere Ausnahme vom Zu-/Abflussprinzip gilt für Vorauszahlungen, die für eine **Nutzungsüberlassung** von **mehr als fünf Jahren** geleistet werden. Als **Einnahmen können** sie gem § 11 I 3, als **Ausgaben müssen** sie nach § 11 II 3 gleichmäßig auf den Zeitraum verteilt werden, für den sie geleistet worden sind. Dies soll nach dem Willen des Gesetzgebers vor allem für Erbbauzinsen gelten, deren frühere[9] Behandlung damit überholt wird, lässt sich aber auf andere Vorauszahlungen (z B Zuschüsse zu Baukosten; R 21.5 II, III EStR) übertragen. Dagegen bleibt es für ein marktübliches Damnum oder Disagio gem § 11 II 4 beim Abflussprinzip.[10]

59 **III. Einnahmen aus nichtselbstständiger Arbeit (§ 11 I 4 iVm § 38a I 2 und 3, § 40 III 2).** Für den **Zufluss** von Einnahmen aus nichtselbstständiger Arbeit gilt § 11 I 4 als lex specialis zu Abs 1 S 1 und 2. Die Norm verweist auf **Sondervorschriften** des LSt-Rechts zum Zufluss von Arbeitslohn und ordnet damit an, dass diese nicht nur für das LSt-Abzugsverfahren, sondern **auch für die ESt-Veranlagung** gelten.

---

1 BFH BStBl II 87, 16; näher *K/S/M* § 11 Rn B 87; s auch BFH BStBl II 00, 121 mwN: entspr Anwendbarkeit von I 2 und II 2 bei Gewinnermittlung nach § 4 III, auch wenn das Wj vom Kj abweicht.
2 Vgl BFH BStBl II 86, 342; BStBl II 87, 16.
3 HM; aA *H/H/R* § 11 Rn 79 (mindestens dreimalig).
4 Etwa BFH BStBl II 96, 266 (Quartalsabschlusszahlungen der Kassenärztlichen Vereinigungen); BFH/NV 07, 2187 (Umsatzsteuervorauszahlungen, Nullfestsetzungen oder Erstattungen unschädlich).
5 BFH/NV 07, 2187.
6 BFH BStBl II 74, 547 (Fälligkeit am 1.12. reicht nicht); BStBl II 87, 16; dazu *Seer* DStR 87, 603. Die Ausführungen von BFH BStBl II 00, 121 beziehen sich wohl nur auf die wirtschaftliche Zugehörigkeit (s Rn 56).
7 BFH/NV 04, 169 mwN; BFH/NV 07, 2187; stRspr; dagegen *H/H/R* § 11 Rn 80: Verhältnisse des Einzelfalls maßgeblich.
8 BFH BStBl II 87, 16; BStBl II 96, 266; BFH/NV 96, 209; BStBl II 00, 121; ebenso *Theler* DB 87, 1168; *K/S/M* § 11 Rn B 92; *Schmidt*[26] § 11 Rn 24; **aA** BMF BStBl I 02, 1346 (Tz 1) – Zuordnung von Sparzinsen nach Fälligkeit; *H/H/R* § 11 Rn 85.
9 Anders noch BFH BStBl II 05, 159: sofortige Abziehbarkeit im Voraus geleisteter Erbbauzinsen.
10 S Rn 69 Damnum.

Gem Abs 1 S 4 iVm **§ 38a I 2** richtet sich die **zeitliche Zuordnung** von **laufendem Arbeitslohn** **60**
(vgl R 115 I LStR) nicht nach dem Zahlungseingang beim ArbN und auch nicht notwendig nach dessen wirtschaftlicher Zugehörigkeit. Laufender Arbeitslohn gilt vielmehr als in dem Kj bezogen, in dem der Lohnzahlungs- bzw -abrechnungszeitraum **endet**. **Ob** dem ArbN Einnahmen zugeflossen sind, regelt die Vorschrift nicht. § 38a I 2 betrifft nur Arbeitslohn für einen Lohnzahlungs-/-abrechnungszeitraum um den Jahreswechsel; **Vorauszahlungen** für einen erst im Folgejahr beginnenden Zeitraum oder **Nachzahlungen** für einen im Vorjahr abgelaufenen Zeitraum sind im Kj des Zuflusses zu erfassen (näher § 38a).[1]

Für **sonstige** (insbes einmalige) **Bezüge** (zB 13. Monatsgehalt, einmalige Gratifikation etc, näher **61**
R 115 II LStR) bleibt es gem Abs 1 S 4 iVm **§ 38a I 3** bei Geltung des Zuflussprinzips (vgl § 19 Rn 130).

Nach der Fiktion des Abs 1 S 4 iVm **§ 40 III 2** gilt auf den ArbN **abgewälzte pauschale LSt** mit **62**
Abwälzung als zugeflossener Arbeitslohn. Näher § 40.

§ 11 I 4 und der Verweis auf das LSt-Recht beschränken sich auf den Zufluss von Einnahmen. Für **63**
den **Abfluss** sowohl zu erstattenden Arbeitslohns[2] als auch abzugsfähiger WK gilt **§ 11 II**, so dass der tatsächliche Leistungszeitpunkt maßgeblich bleibt.

D. Einzelnachweise

Abtretung s Rn 43. **65**

AfaA ist im Regelfall nur im VZ des wertmindernden Ereignisses abziehbar, BFH BStBl II 98, 443 (Unfallschaden an Pkw).

Ag Belastungen fließen nicht schon bei Eintritt des zwangsläufigen Ereignisses, sondern erst im Zahlungszeitpunkt (zB für die Wiederbeschaffung) ab (BFH BStBl II 82, 744); bei Kreditfinanzierung Abfluss bereits im VZ der Verausgabung, nicht erst bei Kredittilgung (BFH BStBl II 88, 814). Spätere Ersatzleistungen (zB Versicherungen) mindern die ag Belastungen bereits im VZ des Abflusses, da nur endgültige Belastungen zu berücksichtigen sind (BFH BStBl II 99, 766); s iÜ Rn 5, 19; ferner: Darlehen, Unterhaltsleistungen.

Alleingesellschafter s Rn 44.

Angehörige s Rn 44.

Arbeitslohn s Rn 59 ff; ferner: ArbG-/ArbN-Darlehen, Belegschaftsaktien, Erlass, Gewinnchancen, Gutschrift, Nutzungsüberlassung, Optionsrecht, Pfändung, Sachleistungen, Zukunftssicherungsleistungen.

Arbeitszeitkonten s OFD Koblenz DStR 02, 1047 f.

ArbG-Darlehen an ArbN. Leistungen des ArbG an den ArbN über den fälligen Arbeitslohn hinaus können **Vorschuss** auf künftigen Arbeitslohn sein (dann Lohnzufluss mit Auszahlung) oder – als solche nicht steuerbare – **Darlehensgewährung**. Für Ersteres sprechen Kurzfristigkeit und Abrede der Tilgung durch Verrechnung mit künftigem Arbeitslohn, für Letzteres Zinsvereinbarung.

ArbN-Darlehen an ArbG. Dem ArbN kann Arbeitslohn auch dann zufließen, wenn er ihn dem ArbG darlehensweise überlässt (s auch Gutschrift, Schuldumwandlung). Eine bloße Stundung (s dort) reicht hierfür aber nicht aus. Ob der ArbN wirtschaftliche Verfügungsmacht über nicht ausgezahlten Arbeitslohn erhält, ist eine Frage des Einzelfalls (BFH BStBl II 82, 469). **Für einen Zufluss** spricht ein eigenes Interesse des ArbN (Schaffung einer Kapitalanlage, Sicherung des Arbeitsplatzes). **Gegen einen Zufluss** sprechen die Zusage künftiger Leistungen des ArbG ohne Wahlrecht des ArbN zu sofortiger Auszahlung (BFH BStBl II 74, 454: Gewinngutschrift für den Versorgungsfall; BStBl II 82, 469: wegen 10-jähriger Auszahlungssperre kein Zufluss trotz unbedingter Zusage und fester Verzinsung), geringe Verzinsung. Kein Zufluss bei mangelnder Zahlungsfähigkeit oder -willigkeit des ArbG.

---

1 BFH BStBl II 93, 795; BFH/NV 98, 1477; s auch R 115 I Nr 7, II 2 Nr 8 LStR („laufender" Arbeitslohn nur bei Nachzahlung innerhalb von 3 Wochen des folgenden Kj).
2 BFH BStBl II 07, 315.

Arzthonorar. Bei **Direkteinzug** oder Einzug durch **kassenärztliche Vereinigung** Zufluss mit Auszahlung an den Arzt. Abschlagszahlungen der kassenärztlichen Vereinigung sind regelmäßig wiederkehrende Einnahmen iSv Abs 1 S 2 (Rn 51 ff). Ihre Abschlusszahlungen im Januar 02 für das 3. Quartal Kj 01 sollen dem Kj 01 zugerechnet werden (BFH BStBl II 96, 266), selbst wenn sie wegen Ablaufs der Festsetzungsfrist nicht mehr erfasst werden können (BFH/NV 96, 209). Bei Einzug durch **privatärztliche Verrechnungsstelle** Zufluss schon bei Zahlungseingang an diese (H 11 EStH), s Rn 21.

Aufrechnung s Rn 37.

Bank s Sperrkonto sowie Rn 25–33.

Barzahlung ist bei Übergabe des Geldes zu- und abgeflossen – unabhängig vom Bestand einer Zahlungspflicht oder deren Fälligkeit (Rn 12), auch bei Vorauszahlungen (s dort).

Beherrschender Gesellschafter s Rn 44.

Belegschaftsaktien fließen dem ArbN regelmäßig im Erwerbszeitpunkt (zum dann aktuellen Wert) zu, selbst wenn er sich verpflichtet, sie innerhalb eines bestimmten Zeitraumes nicht zu veräußern (BFH BStBl II 85, 136; BStBl II 89, 608); s Rn 16; § 19a Rn 8, 9 ff; ferner Optionsrecht.

Beschränkte Steuerpflicht s Rn 4, 5.

Bonusaktien sind im Zeitpunkt der Depoteinbuchung beim einzelnen Aktionär zu berücksichtigen (BFH BStBl II 05, 468, 473).

Damnum („Abgeld", „Disagio") ist der Unterschiedsbetrag zw dem Nennbetrag (Rückzahlungsbetrag) eines Darlehens und dem Verfügungsbetrag, der dem Darlehensnehmer tatsächlich ausgezahlt wird. Der BGH (NJW 90, 2250; 96, 3337) sieht hierin im Regelfall einen laufzeitabhängigen Ausgleich für einen niedrigeren Nominalzins. Unabhängig davon, ob man ihm deshalb zinsähnlichen Charakter beimisst, kommt es im Rahmen von § 11 für seine zeitliche Zurechnung auf den Zahlungszeitpunkt nach dem Zu-/Abflussprinzip an. Das Damnum ist also, wie § 11 II 4 nun ausdrücklich klarstellt, grds nicht nach wirtschaftlicher Zugehörigkeit auf mehrere VZ der Darlehensüberlassung zu verteilen (vgl zuvor BMF BStBl I 05, 617). Voraussetzung hierfür ist, dass das Damnum als marktüblich angesehen werden kann (idR gegeben bei Zinsfestschreibungszeitraum von mindestens 5 Jahren und Damnum von maximum 5 %; BR-Drs 622/06, 72 f). Im Einzelnen gilt: **(1) IdR** fließt das Damnum mit Auszahlung des (Netto-) Darlehensbetrages beim Darlehensnehmer zu (BFH GrS BStBl III 66, 144; BStBl II 87, 492). Er erhält den Betrag mit der übrigen Darlehenssumme und zahlt ihn sofort zurück, der Zahlungsweg wird durch Verrechnung abgekürzt. **(2)** Bei **ratenweiser** Darlehensauszahlung hängt der Zeitpunkt der Damnumzahlung von der – tatsächlich durchgeführten – zivilrechtlichen Vereinbarung der Beteiligten ab (BFH BStBl II 95, 16). **(3)** Bei Damnum**vorauszahlung** vor Darlehensauszahlung wird ein Abfluss im Zahlungszeitpunkt jedoch nach § 42 AO nicht anerkannt (s Rn 47), wenn wirtschaftliche Gründe für die Vorauszahlung fehlen (BFH BStBl II 87, 492). Die FinVerw nimmt grds marktübliche (idR maximal 5 % der Darlehenssumme) Vorausleistungen bis zu 3 Monaten hin (H 11 EStH; BMF BStBl I 03, 546 (548)); s auch Vorauszahlungen. **(4)** Wird das Damnum durch ein **Tilgungsstreckungsdarlehen** finanziert, fließt es, sofern beide eine rechtliche und wirtschaftliche Einheit bilden, idR erst mit dessen Tilgungsraten ab, BFH BStBl II 75, 330; BFH/NV 95, 293 und 669; FG Kln EFG 95, 1098. – Zur zeitanteiligen Anrechnung des Damnums bei vorzeitiger Rückzahlung BFH BStBl II 03, 126; zum Schuldscheindarlehn BFH BStBl II 94, 93.

Darlehen. Wird eine bestehende Schuld im Vereinbarungswege durch eine Darlehensverbindlichkeit ersetzt, kann darin wirtschaftlich die Begleichung der Forderung unter Rückgewähr des geleisteten Gegenstandes und damit Zu- und Abfluss liegen (s Schuldumwandlung), zB in Fällen des ArbN-Darlehens (s dort). – Leistet der StPfl **Ausgaben** (BA, WK, SA, ag Belastungen) nicht aus eigenen Mitteln, sondern **kreditfinanziert**, fließen sie gleichwohl im Zeitpunkt der Zahlung und nicht erst bei Darlehenstilgung ab (s zB zu ag Belastungen: BFH BStBl II 88, 814; BStBl II 90, 958).

DBA. Der Zeitpunkt des Zu-/Abflusses im Inland steuererheblicher Zahlungsströme richtet sich grds nach § 11 (vgl BFH BStBl II 92, 941: erstattungsfähiger Teil ausländischer Quellensteuer fließt dem Empfänger bereits bei Einbehaltung zu; vgl ferner BFH BStBl II 01, 196); s auch *Portner* IStR 98, 268.

Durchlaufende Posten sind Geld oder andere WG, die der StPfl erkennbar für einen Dritten vereinnahmt oder verausgabt (§ 4 III 2); zB durch Anwalt verauslagte Gerichtskosten. Sie verschaffen dem StPfl keine **eigene** Verfügungsmacht, fließen also nicht **ihm** zu (vgl Rn 21). Zur Abgrenzung zu weitergeleiteten und zurückgezahlten Einnahmen BFH BStBl II 75, 776; zur USt s dort.

Erbbauzinsen fließen grds mit Zahlung zu/ab. Für Vorauszahlungen gelten allerdings die Ausnahmen nach § 11 I 3, II 3 (s Rn 57).

Erbe s Rechtsnachfolge.

Erlass s Rn 39.

Erstattung von Einnahmen/Ausgaben: s Rn 18.

Fälligkeit einer Leistung ist grds ohne Bedeutung für Zu-/Abfluss, s Rn 12, sowie Stundung, Vorauszahlungen; zu Ausnahmen s Rn 44, 45 sowie Damnum, Forderungen, Gutschrift, Vorauszahlungen, Zinsen; zur Bedeutung im Rahmen von § 11 I 2 und II 2 s Rn 54.

Forderungen fließen grds im Zeitpunkt der Einziehung, nicht schon bei Fälligkeit zu, nach der Rspr uU auch schon dann, wenn der Gläubiger von einem leistungsbereiten und leistungsfähigen Schuldner in die Lage versetzt wird, den Leistungserfolg ohne dessen Zutun herbeizuführen (s Rn 11, 44, 45 ff); s auch Damnum, Gutschrift, Vorauszahlungen; zur Vfg über Forderungen durch Aufrechnung, Erlass, Schuldumwandlung, Abtretung s Rn 35 ff.

Gehaltsumwandlung s ArbN-Darlehen, Erlass, Optionsrecht, Schuldumwandlung, Zukunftssicherungsleistungen; zum Gehaltsverzicht s Rn 39.

Geldbeträge s Barzahlung, Gutschrift, Überweisung.

Geldwerte Vorteile s Gewinnchancen, Nutzungsüberlassung, Optionsrecht, Sachleistungen, Wohnungsrecht.

Gewinnchancen. Die Einräumung einer Gewinnchance (zB Verlosung durch den ArbG) bewirkt noch keinen Zufluss (sondern erst ihre Realisierung), BFH BStBl II 94, 254; s auch Optionsrecht.

Gutschrift. (1) auf dem Bankkonto des Empfängers: s Rn 27 ff; **(2) bei sonstigen Dritten** für den Empfänger: s Rn 21 ff; **(3) in den Büchern des Schuldners:** Grds hält die Gutschrift nur buchmäßig das Bestehen einer Verpflichtung fest und verschafft dem Gläubiger **keine** unmittelbare Zugriffsmöglichkeit auf die Leistung, bewirkt also keinen Zufluss. **Ausnahmsweise** ist nach der Rspr die Verwirklichung des Anspr in so greifbare Nähe gerückt und so gesichert, dass sie dem tatsächlichen Eingang der Leistung gleichsteht und Zufluss iSv Abs 1 S 1 vorliegt (vgl Rn 10f), wenn die Gutschrift nach dem Gesamtbild der Verhältnisse zum Ausdruck bringt, dass der Betrag dem Berechtigten **von nun an zur Vfg steht** (BFH BStBl II 84, 480; BStBl II 93, 499; BStBl II 02, 138). Als Indizien für die Verfügungsmacht des Gläubigers wertet die Rspr die Fälligkeit der Schuld und ihre Verzinsung (BFH BStBl II 98, 252) sowie vor allem den Umstand, dass die Gutschrift im **Gläubigerinteresse** an die Stelle der tatsächlichen Auszahlung tritt (BFH BStBl II 97, 755). Zufluss beim Gläubiger setzt in jedem Fall voraus, dass der Schuldner uneingeschränkt **leistungsbereit und -fähig** ist (BFH BStBl II 97, 755; FG M'ster EFG 99, 1116). Regelmäßig ist eine **Mitteilung** über die Gutschrift an den Berechtigten erforderlich (zB BFH BStBl II 75, 350: Gutschrift der Finanzkasse), soweit Gutschrift nicht ausdrücklich vereinbart wurde (BFH BStBl II 93, 499). Bedenken gegen diese Vorverlagerung des Zuflusses durch die Rspr etwa bei *K/S/M* § 11 Rn B 49; *Blümich* § 11 Rn 64; s auch Rn 44 sowie ArbN-Darlehen.

Hinterlegung. Die bloße Sicherheitshinterlegung (§§ 232 ff BGB) bewirkt keinen Zu-/Abfluss. Ein anderes kann für die Hinterlegung nach §§ 372 ff BGB gelten, sofern die Rücknahme nach §§ 376 II, 378 BGB ausgeschlossen ist (*K/S/M* § 11 Rn C 70 Hinterlegung; ähnlich *L/B/P* § 11 Anh; **aA** *Blümich* § 11 Rn 95). Zuvor kann jedenfalls § 373 BGB den Übergang verhindern. Entscheidend ist jeweils das Gesamtbild der Verhältnisse (zB Zufluss beim zunächst unbekannten Gläubiger erst mit Auszahlung; FG Mchn EFG 04, 1295). S auch Sperrkonto sowie Rn 16.

Instandhaltungsrücklage nach WEG. Abfluss nicht schon bei Beitragsleistung der Wohnungseigentümer, sondern erst bei Reparaturaufwendungen (BFH BStBl II 88, 577).

Kapitalerträge s Rn 44 zum beherrschenden G'ter; ferner Schuldverschreibungen, Zinsen; iÜ § 20 Rn 13.

Kaution. Kautionszahlung (zB Mietkaution nach § 551 BGB) führt idR nicht zum Zufluss beim Kautionsnehmer, der sie nur treuhänderisch verwaltet (§ 39 II Nr 1 S 2 Fall 1 AO); BFH BStBl II 93, 499 (mit Abgrenzung in BStBl II 98, 252); s auch Sperrkonto.

Kreditkarte s Rn 31.

Lastschrift auf dem Girokonto des StPfl führt (spätestens; s Rn 27 ff) zum Abfluss. Ist die Bank selbst Empfänger der Leistung (zB Zinsen), gilt dies nur, solange sie dem Kontoinhaber noch Kredit gewährt (BFH BStBl II 97, 509).

Nießbrauch s Nutzungsüberlassung.

Notar-Anderkonto. Entscheidend ist jeweils die wirtschaftliche Zuordnung nach dem Gesamtbild der Verhältnisse; s Rn 16.

Nutzungsüberlassung. Maßgeblich für den Zufluss ist der Zeitpunkt der tatsächlichen Nutzungsmöglichkeit. Räumt der ArbG dem ArbN mit Rücksicht auf das Arbverh unentgeltlich den Nießbrauch an einer Wohnung ein, fließt der geldwerte Vorteil nicht schon mit Bestellung des Nießbrauchs, sondern fortlaufend in Höhe des Nutzungswertes zu (BFH BStBl II 93, 686; H 11 EStH); ebenso bei obligatorischem Wohnrecht (BFH BStBl II 88, 525). Anderes – Zufluss des Nutzungswertes schon bei Erbbaurechtsbestellung – soll bei unangemessen niedrigem Erbauzins gelten, BFH BStBl II 83, 642 (str). Zur Nutzung von Ferienwohnungen als Einkünfte aus KapVerm (Hapimag/Timesharing) s BFH BStBl II 93, 399 (402); BFH/NV 94, 318 (Zufluss jeweils mit Nutzungsüberlassung); zur Verteilung einmaliger Nutzungsentgelte auf mehrere VZ s Rn 48.

Optionsrecht ist das Recht, durch einseitige Erklärung einen Vertrag (insbes Kauf- oder Mietvertrag) zustande zu bringen. Hauptanwendungsfall sind Bezugsrechte von ArbN auf Aktien des eigenen Unternehmens („stock options"). Bei **nicht handelbaren Optionen** führt nicht deren Erwerb, sondern erst die **Rechtsausübung** zum Zufluss (BFH BStBl II 99, 684; BStBl II 01, 509; BStBl II 01, 512; BStBl II 01, 689; BMF BStBl I 03, 234). Bei **verkehrsfähigen**, insbes börsennotierten **Optionsrechten** jedoch idR Zufluss mit **Optionsgewährung** (vgl OFD Bln DB 99, 1241; offen BFH BStBl II 01, 509 (510); vgl die Vorinstanz FG Kln EFG 98, 1634; anders *Haunhorst* DB 03, 1864; str). Näher zu stock options FinMin NRW DStR 03, 689 f; *Herzig/Lochmann* DB 01, 1436 ff; *Bauer/Gemmeke* StB 03, 83 ff; zum Problem der „Glattstellung" FG BaWü EFG 00, 64; *Lampe/Strnad* DStR 00, 1117. Nach gleichen Grundsätzen behandelt werden Wandelschuldverschreibungen (BFH BStBl II 05, 766) und Wandeldarlehen (BFH BStBl II 05, 770), bei denen Zufluss idR erst mit dem Erwerb der Aktien eintritt. Zu Belegschaftsaktien s auch Rn 16. Für die Abtretung von Optionsrechten gelten die Grundsätze der Abtretung von Forderungen, s Rn 43.

Pfändung/Verpfändung eines Kontos, auf das eine Zahlung erfolgt, hindert Zufluss nicht (BFH BStBl II 88, 342; auch anschließende Verpfändung nicht, BStBl II 89, 702; s auch Rn 15 f), bewirkt aber auch noch keinen Zu- oder Abfluss (BStBl II 75, 776).

Rechtsmissbrauch s Rn 47; ferner Damnum, Vorauszahlungen.

Rechtsnachfolge s Rn 5, 22.

SA fallen unter § 11 II (Rn 5, 8). **Erstattung** von SA in späterem VZ reduziert nicht die Ausgabe im Zahlungsjahr, sondern mindert idR nur die **gleichartigen** SA im Erstattungsjahr (Rn 19). Zum Abfluss bei **Kreditfinanzierung** s Darlehen; zur Verteilungsmöglichkeit bei Großspenden § 10b I 4.

Sachleistungen. Sachen fließen mit Verschaffung des wirtschaftlichen Eigentums zu. Dies deckt sich idR mit der zivilrechtlichen Übereignung. Abweichend hiervon kann das wirtschaftliche Eigentum auch mit Übergang von Besitz, Gefahr, Nutzungen und Lasten erworben werden (BFH BStBl II 84, 820; BFH/NV 94, 786 aE; stRspr). Zufluss setzt voraus, dass der Empfänger über den Gegenstand frei verfügen kann (BFH BStBl II 90, 310: werterhöhende Aufwendungen des Erbbauberechtigten fließen dem Grundstückseigentümer erst mit Realisierung des Wertzuwachses zu); s auch Gewinnchancen, Nutzungsüberlassung, Optionsrecht.

Scheck s Rn 29.

Schuldumwandlung s Rn 41; ferner ArbN-Darlehen, Damnum, Zinsen.

Schuldübernahme s Abtretung.

Schuldverschreibungen. Ein Disagio fließt dem Inhaber bei Rückgabe der Schuldverschreibung zu (BFH BStBl II 88, 252). Gleiches gilt beim Bundesschatzbrief Typ B (BMF BStBl I 88, 540 Tz 2.4), anders bei Typ A (jährliche Zinszahlung), näher § 20 Rn 318, 323.

Sozialleistungen. Hat ein Leistungsträger Sozialleistungen (zB Krankengeld) erbracht und entfällt der Anspruch auf sie wegen eines Anspruchs gegen einen anderen Leistungsträger (zB Erwerbsunfähigkeitsrente) mit der Wirkung, dass letzterer dem ersten erstattungspflichtig ist und zugleich seine Leistungspflicht als erfüllt gilt (§§ 103 I, 107 I SGB X), wirkt eine geänderte steuerliche Beurteilung (zB Besteuerung des Ertragsanteils der Rente) auf den Zahlungszeitpunkt zurück, der unverändert Zuflusszeitpunkt bleibt; BFH BStBl II 03, 391.

Spenden s SA.

Sperrkonto. Überweisung auf ein Sperrkonto hindert Zufluss nicht, Rn 16; s Kaution.

Stille Ges. Der **Zufluss von Gewinnanteilen** richtet sich nach § 11 I. § 44 III regelt nur den KapESt-Abzug (hM). Zufluss grds erst nach Bilanzerstellung (§ 232 I HGB) mit Zahlung oder Gutschrift (s dort; zB BFH BStBl II 91, 147: Wiederauffüllung der durch Verluste geminderten Einlage des stillen G'ters durch Gutschrift als Zufluss). Für den **Abfluss von Verlustanteilen** ist grds der Verrechnungszeitpunkt nach dem Ges-Vertrag maßgeblich; mangels einer solchen Abrede frühestens der Zeitpunkt der Feststellung des Jahresabschlusses (BFH BStBl II 88, 186). Zum Abfluss bei Verlust der Einlage bei Insolvenz FG D'dorf EFG 93, 710, beim Vergleich FG BaWü EFG 93, 228; s ferner *Geuenich* DStR 98, 57.

Stückzinsen s § 20 II Nr 3 (dort Rn 370 ff); näher H 20.2 EStH sowie *Harenberg* FR 99, 196.

Stundung löst idR **keinen Zufluss** beim Gläubiger aus. Auch die Vereinbarung von Stundungszinsen allein, die zwar ein gewisses Interesse des Gläubigers begründen kann (zum Interesse als maßgeblichem Abgrenzungsmerkmal zur Schuldumwandlung s Rn 41), führt nicht notwendig zum Zufluss. Verzögert der Gläubiger die Zahlung im eigenen Interesse, während der Schuldner leistungsfähig und -bereit ist, liegt eine Schuldumwandlung vor.

Treuhandkonto. Zahlungen fließen idR nicht dem Treuhänder, sondern dem Treugeber zu (BFH BStBl II 86, 404: Zinsen auf Notar-Anderkonto), s Rn 16.

Überweisung s Rn 27 sowie Sperrkonto, Pfändung/Verpfändung.

Umbuchung s ArbN-Darlehen; Aufrechnung, Erlass, Gutschrift, Schuldumwandlung.

Ungerechtfertigte Bereicherung s Rn 18 f.

Unterhaltsleistungen iSv § 33a können nach der Rspr idR nicht für Zeiten geltend gemacht werden, die **vor** der Zahlung selbst liegen, auch wenn sie hierfür bestimmt sind (BFH BStBl II 92, 32 mwN). § 11 I 2, II 2 gelten nicht für sporadische Zahlungen (BFH/NV 92, 101).

USt ist nach der Rspr kein durchlaufender Posten (BFH BStBl II 82, 755; krit *K/S/M* § 11 Rn A 29). Gezahlte (auch abziehbare) Vorsteuer und an das FA abzuführende Zahllast sind danach Ausgaben, erhaltene USt und erstattete Vorsteuer Einnahmen, für die das Zu- und Abflussprinzip gelten. Am Zeitpunkt der Zurechnung ändert sich auch bei nachträglichem Eintritt der Vorsteuerabzugsvoraussetzungen nichts; geleistete Zahlungen können dann rückwirkend die Eigenschaft von WK oder BA erhalten (BFH/NV 96, 41). S auch Gutschrift.

Verlust. Soweit Vermögensverluste als **BA** oder **WK** abgezogen werden können, sind sie idR zum (nach wirtschaftlichen Kriterien zu bestimmenden) Zeitpunkt des Verlusteintritts abgeflossen (vgl BFH/NV 98, 450 mwN). Reparaturkosten nach bloßen Beschädigungen sind allerdings wohl erst im Zeitpunkt der Zahlung anzusetzen. Siehe ferner ag Belastungen, Vorauszahlungen.

Verlustanteile stiller Gesellschafter sind erst nach Feststellung des Jahresabschlusses (mit Berechnung des individuellen Verlustanteils) abzugsfähig (BFH/NV 07, 1118).

Verpfändung s Pfändung/Verpfändung.

Verrechnung s ArbN-Darlehen, Aufrechnung, Erlass, Damnum, Gutschrift, Schuldumwandlung.

Verzicht s Rn 39.

VGA (Begriff s § 20 Rn 71). Zufluss im Zeitpunkt der Vorteilszuwendung, auch bei Leistung an Dritte (BFH BStBl II 89, 419; vgl Rn 21); s Erlass; Nutzungsüberlassung, Optionsrecht, Sachleistungen; zur vGA beim beherrschenden G'ter s Rn 44.

Vorauszahlungen sind, soweit § 11 reicht, grds im VZ der Zahlung zuzurechnen (BFH BStBl II 02, 351). Ein anderes gilt bei Umsatzsteuervorauszahlungen (s Rn 53) und Zahlungen für langfristige Nutzungsüberlassungen (s Rn 57). Aus der Anwendung des Zuflussprinzips erwachsene **Gestaltungsspielräume** des StPfl (Rn 45) schränkt die Rspr zT unter dem Gesichtspunkt des **Rechtsmissbrauchs** (§ 42 AO) ein, wenn Vorauszahlungen „ohne vernünftigen wirtschaftlichen Grund" geleistet werden (Rn 47, s auch Damnum). Umgekehrt lässt die FinVerw gelegentlich aus **Billigkeitserwägungen** (§ 163 S 2 AO) die Aufteilung insbes einmaliger Nutzungsentgelte für mehrere VZ zu (Rn 48). **Verlorene Vorauszahlungen** auf **AK** oder **HK** unterfallen nicht den AfA-Regelungen, sondern sind grds verausgabt, sobald der Verlust endgültig feststeht (BFH GrS BStBl II 90, 830; BStBl II 92, 805; BStBl II 02, 758). Zur Vorauszahlung von Arbeitslohn s Rn 60.

Vorsteuer s USt.

Wandelschuldverschreibung s Optionsrecht.

Wechsel s Rn 33.

Wirtschaftsjahr. Weicht das Wj (im Fall von § 4 III) vom Kj ab, ist § 11 auf das Wj anzuwenden (BFH BStBl II 00, 121).

Wohnungsrecht als Lohnbestandteil. Zufluss mit laufender Nutzung (BFH BStBl II 04, 1076).

Zahlungsunfähigkeit s Rn 11, 21, 27, 29; ArbN-Darlehen, Schuldumwandlung, Stundung.

Zinsen, Zufluss. Zinsen fließen grds mit Zahlung zu; uU kann auch schon die Gutschrift auf einem Konto des StPfl (s Rn 27) oder in den Büchern des Schuldners (s Gutschrift) genügen, grds auch bei Verfügungsbeschränkungen (zB BStBl II 93, 301: Bausparzinsen; s Rn 15f). Werden sie dem Kapital des Gläubigers zugeschlagen, kommt eine Novation in Betracht (s Rn 41). Sparzinsen sind regelmäßig wiederkehrende Leistungen und damit bei Zahlung/Gutschrift um die Jahreswende dem VZ ihrer wirtschaftlichen Zugehörigkeit zuzurechnen (Abs 1 S 2, Abs 2 S 2; BFH BStBl II 75, 696; s Rn 51 ff), wobei es auf die Eintragung im Sparbuch nicht ankommt, wenn der Gläubiger nach der zugrunde liegenden Vereinbarung (AGB) mit Jahresablauf über die Zinsen verfügen kann. Für den **Abfluss** von Zinsen gilt Entspr. Siehe iÜ BMF BStBl I 02, 134; § 20 Rn 315; ferner Lastschrift, Damnum, Vorauszahlungen.

Zukunftssicherungsleistungen. Die zeitliche Zuordnung von Zukunftssicherungsleistungen des ArbG für seinen ArbN steht im Zusammenhang ihrer Einordnung als (aktuell oder später verfügbarer) Lohn (§ 19) oder als (künftige) wiederkehrende Bezüge (§ 22). Bedeutsam ist idR, ob der ArbG dem ArbN einen Anspr gegen Dritte verschafft. **(1)** Leistungen des ArbG für Rechnung des ArbN an einen Dritten (zB Sozialversicherungsträger, Direktversicherer [§ 4b], Pensionskassen [§ 4c]) fließen dem ArbN gegenwärtig zu, wenn er bereits einen **unentziehbaren Rechtsanspruch gegen den Dritten** erwirbt (BFH BStBl II 94, 246; BFH/NV 06, 1645; BFH BStBl II 07, 581; BFH/NV 07, 1876) und er der Zukunftssicherung ausdrücklich oder stillschweigend zustimmt (§ 2 II Nr 3 S 2 LStDV). Wirtschaftlich betrachtet stellt der ArbG dem ArbN Mittel zur Verfügung, die dieser für die Beitragszahlung aufwendet. Die Zukunftssicherungsleistungen fließen beim ArbN sogleich wieder ab (als SA). Ob der erworbene Anspr des ArbN rechtlich und wirtschaftlich als sicher erscheint, ist nicht maßgeblich (BFH BStBl II 94, 246). **(2)** An einem solchen **Anspr** gegen den Dritten und damit am Zufluss **fehlt** es (noch), wenn der ArbG die Prämienzahlung nur zugesagt hat, bei irrtümlich gezahlten ArbG-Anteilen zur Rentenversicherung (BFH BStBl II 92, 663; ArbN erlangt insoweit keinen Anspr), wenn dem ArbG ein Heimfallrecht zusteht (vgl BFH BStBl II 75, 275), wenn sich der Anspr nur gegen den ArbG (nicht gegen die Versorgungseinrichtung) richtet (BFH BStBl II 94, 246; **aA** v Bornhaupt DStZ 94, 152) oder wenn materiell der ArbG die ArbN-Rechte ausübt (BFH BStBl II 00, 406 zur Gruppenversicherung; vgl aber auch BFH BStBl II 00, 408). Gleiches soll bei Leistungen an Unterstützungskassen (§ 4d) gelten (FG Kln EFG 98, 875; vor dem Hintergrund der Rspr des BAG fraglich). Ebenso verhält es sich, wenn der ArbG lediglich eine **Versorgungszusage aus eigenen Mitteln** gibt (Beamtenpension; Versorgungszusage mit -rückstellung, BFH BStBl II 05, 890; BStBl II 07, 402) oder bei einer Rückdeckungsversicherung Leistungen als Versicherungsnehmer anspart (vgl § 2 II Nr 3 aE LStDV; zur Abgrenzung Rückdeckung/Direktversicherung BFH/NV

88, 564 mwN). Die Versorgungsleistungen fließen dann jeweils erst bei **Auszahlung** zu. S allg § 19 Rn 150; BMF BStBl I 00, 354, 1204 (hierzu *Niermann* DB 00, 347; *Ebel* FR 00, 241; *Barein* StB 00, 250). Einen Sonderfall betraf FG M'ster EFG 92, 461 (Einkauf in Rentenversicherung).

§ 11a Sonderbehandlung von Erhaltungsaufwand bei Gebäuden in Sanierungsgebieten und städtebaulichen Entwicklungsbereichen

(1) ¹Der Steuerpflichtige kann durch Zuschüsse aus Sanierungs- oder Entwicklungsförderungsmitteln nicht gedeckten Erhaltungsaufwand für Maßnahmen im Sinne des § 177 des Baugesetzbuchs an einem im Inland belegenen Gebäude in einem förmlich festgelegten Sanierungsgebiet oder städtebaulichen Entwicklungsbereich auf zwei bis fünf Jahre gleichmäßig verteilen. ²Satz 1 ist entsprechend anzuwenden auf durch Zuschüsse aus Sanierungs- oder Entwicklungsförderungsmitteln nicht gedeckten Erhaltungsaufwand für Maßnahmen, die der Erhaltung, Erneuerung und funktionsgerechten Verwendung eines Gebäudes im Sinne des Satzes 1 dienen, das wegen seiner geschichtlichen, künstlerischen oder städtebaulichen Bedeutung erhalten bleiben soll, und zu deren Durchführung sich der Eigentümer neben bestimmten Modernisierungsmaßnahmen gegenüber der Gemeinde verpflichtet hat.

(2) ¹Wird das Gebäude während des Verteilungszeitraums veräußert, ist der noch nicht berücksichtigte Teil des Erhaltungsaufwands im Jahr der Veräußerung als Betriebsausgaben oder Werbungskosten abzusetzen. ²Das Gleiche gilt, wenn ein nicht zu einem Betriebsvermögen gehörendes Gebäude in ein Betriebsvermögen eingebracht oder wenn ein Gebäude aus dem Betriebsvermögen entnommen oder wenn ein Gebäude nicht mehr zur Einkunftserzielung genutzt wird.

(3) Steht das Gebäude im Eigentum mehrerer Personen, ist der in Absatz 1 bezeichnete Erhaltungsaufwand von allen Eigentümern auf den gleichen Zeitraum zu verteilen.

(4) § 7h Abs. 2 und 3 ist entsprechend anzuwenden.

R 11a iVm R 7h/H 11a EStR 05

Literatur: S den Literaturnachweis zu § 7i.

A. Grundaussagen des § 11a

Während § 7h durch erhöhte Absetzungen von bestimmten AK/HK die Finanzierung von Gebäuden in Sanierungsgebieten und städtebaulichen Entwicklungsbereichen fördert, begünstigt § 11a den **Erhaltungsaufwand** hinsichtlich der betr Gebäude. § 11a I räumt dem StPfl das Wahlrecht ein, zwecks **optimaler Steuergestaltung** Erhaltungsaufwand, der an sich sogleich als WK/BA abziehbar ist, abw von § 11 in einem fünfjährigen Verteilungszeitraum geltend zu machen. An diesem Begünstigungszweck hat sich die Auslegung zu orientieren.[1]

1

B. Verteilung des Erhaltungsaufwands (§ 11a I)

Der **Erhaltungsaufwand** umfasst Aufwendungen, durch die ein StPfl ein hergestelltes WG weder erweitert noch über seinen ursprünglichen Zustand hinaus wesentlich verbessert.[2] Begünstigt ist der im jeweiligen Kj/Wj entstandene Aufwand unabhängig vom Stand der Baumaßnahme, Rechnungslegung oder Leistung iSv § 11 II.[3] Der Erhaltungsaufwand muss Maßnahmen iSv § 177 BauGB, **§ 11a I 1**, betreffen oder Maßnahmen, zu denen sich der Gebäudeeigentümer iSv **§ 11a I 2** gegenüber der Gemeinde verpflichtet hat. Der StPfl hat das **Wahlrecht**, den nach Abzug von Zuschüssen noch von ihm zu tragenden Erhaltungsaufwand auf 2 bis 5 Jahre gleichmäßig zu verteilen. Bilanzierende StPfl haben im Hinblick auf § 4 VIII die Zu- und Abrechnung außerbilanzmäßig vorzunehmen.[4] Die Wahl im Erstjahr ist vorbehaltlich einer zulässigen Änderung des Wahlrechts bindend.[5] Soweit ein Bauträger Sanierungsmaßnahmen an einem Gesamtobjekt durchführt und ein Erwerber eine Steuerbegünstigung nach § 11a beantragt, führt die FinVerw eine gesonderte und einheitliche Feststellung der betreffenden Besteuerungsgrundlagen nach der VO zu § 180 II AO durch, vgl BMF BStBl I 01, 256.

3

---

1 BFH/NV 98, 155 (156); BStBl II 01, 437.
2 BFH BStBl II 96, 632 (633 ff); Einzelnachweis *K/S/M* § 11a Rn B 2.
3 *K/S/M* § 11a Rn B 12.
4 *K/S/M* § 11a Rn B 6 mwN; **aA** *Hahn* DB 90, 65 (67).
5 BFH/NV 97, 635; *K/S/M* § 11a Rn B 11.

C. Einzelvoraussetzungen (§ 11a II bis IV)

5 Endet die Möglichkeit, den restlichen Erhaltungsaufwand noch geltend zu machen, vorzeitig, kann der StPfl den **gesamten Restbetrag** im Jahr der Veräußerung, Einbringung oder Einlage etc als WK oder BA geltend machen, § 11a II. Allerdings ist die Nachholung einer in den Vorjahren (versehentlich) unterbliebenen Geltendmachung ausgeschlossen.[1] Bei Miteigentum richtet sich der zu berücksichtigende Abzug nach dem Verhältnis der Eigentumsanteile.[2] Miteigentümer und in vergleichbarer Weise Beteiligte dürfen gem § 11a III den Erhaltungsaufwand nur **auf den gleichen Zeitraum** verteilen. Abs 4 **erklärt** das Bescheinigungsverfahren gem § 7h II und die Erstreckung auf die in § 7h III genannten Objekte **für anwendbar**.[3] Die Bescheinigung bildet einen Grundlagenbescheid iSd §§ 171 X, 175 I Nr 1 AO. Die Bindungswirkung erstreckt sich nur auf die Einzelumstände der durch § 11a I geförderten Maßnahmen, hingegen nicht auf die sonstigen steuerrechtlichen Vorgaben.[4]

§ 11b Sonderbehandlung von Erhaltungsaufwand bei Baudenkmalen

[1]Der Steuerpflichtige kann durch Zuschüsse aus öffentlichen Kassen nicht gedeckten Erhaltungsaufwand für ein im Inland belegenes Gebäude oder Gebäudeteil, das nach den jeweiligen landesrechtlichen Vorschriften ein Baudenkmal ist, auf zwei bis fünf Jahre gleichmäßig verteilen, soweit die Aufwendungen nach Art und Umfang zur Erhaltung des Gebäudes oder Gebäudeteils als Baudenkmal oder zu seiner sinnvollen Nutzung erforderlich und die Maßnahmen in Abstimmung mit der in § 7i Abs. 2 bezeichneten Stelle vorgenommen worden sind. [2]Durch Zuschüsse aus öffentlichen Kassen nicht gedeckten Erhaltungsaufwand für ein im Inland belegenes Gebäude oder Gebäudeteil, das für sich allein nicht die Voraussetzungen für ein Baudenkmal erfüllt, aber Teil einer Gebäudegruppe oder Gesamtanlage ist, die nach den jeweiligen landesrechtlichen Vorschriften als Einheit geschützt ist, kann der Steuerpflichtige auf zwei bis fünf Jahre gleichmäßig verteilen, soweit die Aufwendungen nach Art und Umfang zur Erhaltung des schützenswerten äußeren Erscheinungsbildes der Gebäudegruppe oder Gesamtanlage erforderlich und die Maßnahmen in Abstimmung mit der in § 7i Abs. 2 bezeichneten Stelle vorgenommen worden sind. [3]§ 7h Abs. 3 und § 7i Abs. 1 Satz 2 und Abs. 2 sowie § 11a Abs. 2 und 3 sind entsprechend anzuwenden.

R 11b iVm R 7i/H 11b EStR 05

Literatur: S den Literaturnachweis zu § 7i.

A. Grundaussagen des § 11b

1 Während § 7i durch erhöhte Absetzungen von bestimmten AK oder HK die Finanzierung von Baudenkmalen und einzelner Gesamtanlagen fördert, begünstigt § 11b den **Erhaltungsaufwand** hinsichtlich der betr Gebäude. Dies erscheint sinnvoll, da bei den genannten Objekten vielfach (aperiodisch) erhebliche Aufwendungen anfallen. Wegen der vergleichbaren Voraussetzungen wird auf die Kommentierung zu § 7i verwiesen. § 11b 1 und 2 räumt StPfl das Wahlrecht ein, zwecks **optimaler Steuergestaltung** Erhaltungsaufwand, der an sich sogleich als WK oder BA abziehbar ist, abw von § 11 in einem fünfjährigen Verteilungszeitraum geltend zu machen, um auf diese Weise bestmöglich der Progressionsbesteuerung entgegen zu wirken. An diesem, auf eine indirekte Subvention abzielenden Begünstigungszweck hat sich die Auslegung zu orientieren.[5]

B. Verteilung des Erhaltungsaufwands

3 Der **Erhaltungsaufwand** umfasst Aufwendungen, durch die ein StPfl ein hergestelltes WG weder erweitert noch über seinen ursprünglichen Zustand hinaus wesentlich verbessert.[6] Begünstigt ist der im jeweiligen Kj oder Wj entstandene Aufwand unabhängig vom Stand der Baumaßnahme, Rechnungslegung oder Leistung iSv § 11 II.[7] Der Erhaltungsaufwand muss Maßnahmen an einem Baudenkmal, **§ 11b S 1**, betreffen oder sich auf ein Gebäude(-teil) beziehen, das den Teil einer Gebäu-

---

1 K/S/M § 11a Rn C 5.
2 R 11a iVm R 7h I EStR.
3 Fundstellennachweis der länderspezifischen Bescheinigungsrichtlinien: BStBl I 04, 1049.
4 BFH BStBl II 01, 796 (798); BStBl II 03, 912; BFH/NV 04, 1021 (1023).
5 BFH/NV 98, 155 (156); BStBl II 01, 437.
6 BFH BStBl II 96, 632 (633 ff); Einzelnachweis: K/S/M § 11a Rn B 2.
7 K/S/M § 11a Rn B 12.

degruppe oder Gesamtanlage iSv § 7i I 4 bildet, **§ 11b S 2**. Der StPfl hat das **Wahlrecht**, den nach Abzug von Zuschüssen noch von ihm zu tragenden Erhaltungsaufwand auf 2 bis 5 Jahre gleichmäßig zu verteilen. Bilanzierende StPfl haben im Hinblick auf § 4 VIII die Zu- und Abrechnung außerbilanzmäßig vorzunehmen.[1] Die Wahl im Erstjahr ist vorbehaltlich einer zulässigen Änderung des Wahlrechts bindend.[2] **§ 11b S 3** bestimmt die Erstreckung auf die in § 7h III genannten Objekte (§ 7h Rn 8) und erklärt einzelne Bestimmungen der §§ 7i und 11a für anwendbar. Soweit ein Bauträger Sanierungsmaßnahmen an einem Gesamtobjekt durchführt und ein Erwerber eine Steuerbegünstigung nach § 11b beantragt, führt die FinVerw eine gesonderte und einheitliche Feststellung der betreffenden Besteuerungsgrundlagen nach der VO zu § 180 II AO durch, vgl BMF BStBl I, 256.

7. Nicht abzugsfähige Ausgaben

§ 12

[1]Soweit in den §§ 4f, 10 Abs. 1 Nr. 1, 2 bis 5, 7 bis 9, §§ 10a, 10b und den §§ 33 bis 33b nichts anderes bestimmt ist, dürfen weder bei den einzelnen Einkunftsarten noch vom Gesamtbetrag der Einkünfte abgezogen werden

1. die für den Haushalt des Steuerpflichtigen und für den Unterhalt seiner Familienangehörigen aufgewendeten Beträge. [2]Dazu gehören auch die Aufwendungen für die Lebensführung, die die wirtschaftliche oder gesellschaftliche Stellung des Steuerpflichtigen mit sich bringt, auch wenn sie zur Förderung des Berufs oder der Tätigkeit des Steuerpflichtigen erfolgen;
2. freiwillige Zuwendungen, Zuwendungen auf Grund einer freiwillig begründeten Rechtspflicht und Zuwendungen an eine gegenüber dem Steuerpflichtigen oder seinem Ehegatten gesetzlich unterhaltsberechtigte Person oder deren Ehegatten, auch wenn diese Zuwendungen auf einer besonderen Vereinbarung beruhen;
3. die Steuern vom Einkommen und sonstige Personensteuern sowie die Umsatzsteuer für Umsätze, die Entnahmen sind, und die Vorsteuerbeträge auf Aufwendungen, für die das Abzugsverbot der Nummer 1 oder des § 4 Abs. 5 Satz 1 Nr. 1 bis 5, 7 oder Abs. 7 gilt; das gilt auch für die auf diese Steuern entfallenden Nebenleistungen;
4. in einem Strafverfahren festgesetzte Geldstrafen, sonstige Rechtsfolgen vermögensrechtlicher Art, bei denen der Strafcharakter überwiegt, und Leistungen zur Erfüllung von Auflagen oder Weisungen, soweit die Auflagen oder Weisungen nicht lediglich der Wiedergutmachung des durch die Tat verursachten Schadens dienen;
5. Aufwendungen des Steuerpflichtigen für seine erstmalige Berufsausbildung und für ein Erststudium, wenn diese nicht im Rahmen eines Dienstverhältnisses stattfinden.

R 12.1 – 12.6/H 12.1 – 12.6 EStR; R 33 ff/H 33 ff LStR

Übersicht

	Rn		Rn
A. Grundaussagen der Vorschrift	1	C. Freiwillige Zuwendungen und Zuwendungen aufgrund einer freiwillig begründeten Rechtspflicht und an unterhaltsberechtigte Personen (§ 12 Nr 2)	27
B. Aufwendungen für den Haushalt des Steuerpflichtigen und den Unterhalt seiner Familienangehörigen (§ 12 Nr 1)	2		
I. Abzugsverbot bei Aufwendungen für die Lebensführung	2	D. Nicht abziehbare Steuern (§ 12 Nr 3)	28
II. Aufteilungsverbot (S 2)	3	E. Geldstrafen (§ 12 Nr 4)	29
III. Einzelnachweise	7	F. Erstmalige Berufsausbildung (§ 12 Nr 5)	30

Literatur: *Drenseck* Gedanken zum Aufteilungs- und Abzugsverbot – § 12 Nr 1 Satz 2 EStG im Wandel, FS Offerhaus, 1999, S 497; *Eisendick* Das Aufteilungs- und Abzugsverbot, 1995; *Scheich* Das Abzugsgebot und -verbot gemischter Aufwendungen, 1996; *Völlmeke* Die Rechtsprechung des BFH zu § 12 EStG, DStR 95, 745; *Wissenschaftlicher Beirat Ernst & Young* Aufteilungs- und Abzugsverbot nach § 12 Nr 1 S 2 EStG, BB 04, 1024.

---

[1] *K/S/M* § 11a Rn B 6 mwN; **aA** *Hahn* DB 90, 65 (67). [2] BFH/NV 97, 635; *K/S/M* § 11a Rn B 11.

A. Grundaussagen der Vorschrift

1 Der verfassungsgemäße[1] § 12 dient (bezogen allein auf die Ausgabenseite, nicht auf die Einnahmen[2]) der **Abgrenzung** von **Erwerbs-** (Einkommenserzielung) und **Privatsphäre** (Einkommensverwendung), indem er insbes das Veranlassungsprinzip für BA (§ 4 IV) und WK (§ 9 I 1) konkretisiert und klarstellt, dass Aufwendungen für die private Lebensführung das Erwerbseinkommen nicht mindern. Der speziell geregelte Abzug privat veranlasster Aufwendungen als SA und ag Belastungen bleibt unberührt. Dieses in § 12 Nr 1–5 im Einzelnen entfaltete **Abzugsverbot** für privaten Aufwand wird mit einem in § 12 Nr 1 S 2 punktuell zum Ausdruck gebrachten, aber allg geltenden **Aufteilungsverbot** für (untrennbar) gemischte, dh sowohl beruflich als auch privat veranlasste Aufwendungen verbunden. Sie werden einheitlich, also auch mit ihrem der Einkünfteerzielung dienenden Anteil als privat eingeordnet und nicht als BA oder WK anerkannt, soweit nicht spezialgesetzlich ein anderes bestimmt ist (zB für Fahrten zwischen Wohnung und Arbeitsstätte, doppelte Haushaltsführung). Dieses Aufteilungsverbot beschränkt sich auf die Abgrenzung erwerbsbezogen/privat und gilt nicht für die Zuordnung zu verschiedenen Einkunftsarten oder beim Zusammentreffen von Erwerbsaufwendungen (BA/WK) und SA.[3] § 12 ist mangels einer Privatsphäre der Ges nicht auf die Einkommensermittlung der KapGes anwendbar,[4] jedoch kann nach gleichen Kriterien zu beurteilen sein, ob eine vGA vorliegt.[5] Die Norm greift dagegen direkt ein, wenn eine PersGes die bei ihrem G'ter nicht abziehbaren Kosten der Lebensführung übernimmt.[6] Bei Verträgen zwischen nahen Angehörigen ist ggf ein Fremdvergleich anzustellen, um berufliche und private Leistungen (Unterhalt, § 12 Nr 1, 2) abzugrenzen.[7]

B. Aufwendungen für den Haushalt des Steuerpflichtigen und den Unterhalt seiner Familienangehörigen (§ 12 Nr 1)

2 **I. Abzugsverbot bei Aufwendungen für die Lebensführung.** § 12 Nr 1 meint über den engeren Wortlaut von S 1 hinaus allg Aufwendungen für die private Lebensführung des StPfl und seiner Familie, zB für Wohnung, Ernährung, Kleidung, kulturelle Bedürfnisse, auch für Aus- und Fortbildung der Kinder (s Rn 7 ff). Sie sind grds keine BA/WK und finden im Grundfreibetrag sowie im Familienleistungsausgleich Berücksichtigung.

3 **II. Aufteilungsverbot (S 2).** § 12 Nr 1 S 2 verlängert das Abzugsverbot durch ein allg Aufteilungsverbot für gemischten Aufwand, kraft dessen Aufwendungen, die in untrennbarer Verbindung sowohl betrieblich/beruflich als auch privat veranlasst sind, einheitlich als privat zu behandeln, also insgesamt nicht abziehbar sind. Nur soweit sich die Aufwendungen nach objektiven Merkmalen leicht und einwandfrei trennen lassen, bleibt ein anteiliger Abzug möglich, es sei denn, der erwerbsbezogene Teil ist von untergeordneter Bedeutung (R 12.1 EStR).

Die Vorschrift dient der Besteuerungsgleichheit. Sie soll, so der GrS des BFH,[8] insbes verhüten, dass Aufwendungen mit Bezug zur privaten Lebensführung „als vom StPfl durch den Betrieb veranlasst dargestellt werden, ohne dass für das FA die Möglichkeit besteht, diese Angaben nachzuprüfen und die tatsächliche berufliche oder private Veranlassung festzustellen. Der Gesetzgeber geht davon aus, dass wenn einmal eine der Lebensführung dienende Aufwendung vorliegt, die gleichzeitige Förderung des Berufes nicht beachtet wird. Denn schließlich fördern fast alle Aufwendungen für die Lebensführung, so insbes für eine gesunde Ernährung, eine gute Kleidung oder eine anständige Lebenshaltung überhaupt, fast immer gleichzeitig die Einkünfte aus dem Beruf."

Die hiergegen erhobene Kritik,[9] das Aufteilungs- und Abzugsverbot diene gerade nicht der steuerlichen Gerechtigkeit, wenn und soweit es den Abzug von betrieblich/beruflich veranlassten Aufwendungen verhindere, hat zu einer zuletzt großzügigeren Praxis geführt, die immer häufiger die Aufteilbarkeit vormals als untrennbar eingestufter Mischausgaben anerkennt.[10]

---

1 Vgl BVerfGE 47, 1 (19 f).
2 BFH BStBl II 03, 724 (726); BStBl II 06, 30.
3 BFH BStBl II 90, 901.
4 BFH DStR 97, 492 = BFH/NV 97, 190.
5 BFH BStBl II 05, 666.
6 BFH/NV 97, 560 mwN.
7 Hierzu BFH BStBl II 07, 294.
8 BFH GrS BStBl II 71, 17 – Schreibmaschine und Tonbandgerät eines Richters.
9 Darstellung des Streitstands bei *Schmidt*[26] § 12 Rn 14 mwN; *Eisendick* S 32 ff; *Völlmeke* DStR 95, 751; *Drenseck* S 499 ff.
10 S zB die Vorlage des BFH an den GrS zur (vom vorlegenden Senat bejahten) Frage, ob Reisekosten bei gemischt betrieblich/beruflich und privaten Reisen aufgeteilt werden können (BFH BStBl II 07, 121).

Die **Reichweite des Aufteilungs- und Abzugsverbots** ist in **3 Schritten** zu prüfen:[1]

(1) Es muss sich um eine **gemischte Aufwendung** handeln. Typischerweise berufsbedingte Aufwendungen (zB Arztkittel, Spezialwerkzeug) sind nicht „gemischt", daher unabhängig von § 12 Nr 1 S 2 abzugsfähig. Bei üblicherweise „gemischten" Aufwendungen (zB bürgerliche Kleidung, Kosmetika) greift die **Vermutung** einer **nicht lediglich geringfügigen privaten Mitnutzung**. Der StPfl muss sie substantiiert entkräften und die tatsächlich ausschließlich berufliche/betriebliche Verwendung nachweisen; er trägt insoweit (bei strengen Anforderungen) die Feststellungslast. Die bloße Behauptung eines Ausnahmesachverhalts genügt nicht.[2] Dies gilt auch bei ungewöhnlich hohen Aufwendungen.[3]

Die Abgrenzung zwischen rein berufsbedingten und gemischten Aufwendungen ist anhand der Anforderungen der jeweiligen Berufsgruppe und unter Berücksichtigung der Besonderheiten des Einzelfalls durchzuführen. Instruktiv BFH/NV 93, 722: Das Cembalo eines Musiklehrers an einer Schule wird vermutlich auch zu privaten Zwecken genutzt, was aber durch eingehende Feststellungen zum Umfang der privaten und beruflichen Nutzung widerlegt werden kann. Dagegen darf bei einem Konzertpianisten oder Klavierlehrer, bei dem die Beherrschung des Instrumentes die Grundlage seiner wirtschaftlichen Existenz darstellt, eine intensive berufliche Nutzung idR angenommen werden.

(2) Wenn es sich grds um gemischte Aufwendungen handelt, ist zu fragen, ob der Zusammenhang entweder mit der Lebensführung oder mit der Einkünfteerzielung von **untergeordneter Bedeutung** ist,[4] dh weniger als 10 vH ausmacht. Der Aufwand wird dann allein nach seinem überwiegenden Charakter behandelt. Ob eine private (Mit-) Veranlassung nicht nur von untergeordneter Bedeutung ist, ist eine Frage tatrichterlicher Würdigung.[5]

(3) Falls der Zusammenhang sowohl mit der Lebensführung als auch mit der Erwerbstätigkeit nicht von untergeordneter Bedeutung ist, bleibt zu fragen, ob eine **Trennung anhand „objektiver Merkmale"** (zB Flächenanteil beim Arbeitszimmer, Fahrleistung eines Pkw) „leicht und einwandfrei nachprüfbar" möglich ist. Eine Trennung durch **griffweise Schätzung** wird (bei steigender Tendenz) **nur ausnahmsweise** zugelassen; zB bei der gemischten Nutzung eines Pkw[6] oder eines vergleichbaren Verkehrsmittels[7], bei der Nutzung des Telefons (Rn 21), in neuerer Zeit auch bei (Kontokorrent-)Zinsen (§ 4 Rn 159 ff; § 9 Rn 102 ff), Kontoführungsgebühr,[8] Prämien für Versicherungen mit gemischtem Charakter (Rn 23), Kosten eines teilw beruflich/betrieblich genutzten Computers (Rn 9) etc.

III. Einzelnachweise

Arbeitsmittel. Arbeitsmittel (§ 9 I 3 Nr 6: „zB Werkzeuge und typische Berufskleidung"; zu Werkzeugen auch § 3 Nr 30) sind solche WG, die nach ihrer tatsächlichen **Zweckbestimmung**, dh nach der Funktion im Einzelfall, unmittelbar und so gut wie ausschließlich (privater Nutzungsanteil weniger als 10 vH) der sinnvollen und effektiven Erledigung der beruflichen Arbeiten dienen.[9] Gemischte Aufwendungen für Arbeitsmittel werden immer öfter im Wege der Schätzung aufgeteilt.[10] Näheres s § 9 Rn 320 ff; zum **Arbeitszimmer** s § 4 Rn 194 ff.

Ausbildung. Zu Kosten der eigenen Ausbildung s Nr 5 (Rn 30) und § 10 Rn 27 ff. – Aus- und Fortbildung der **Kinder** zählen grds zur privaten Lebensführung und sind damit allenfalls als SA oder ag Belastungen abzuziehen.[11] Dies gilt auch, wenn die Ausbildung eine spätere Unternehmensnachfolge vorbereiten soll.[12] Dagegen kann eine Aus- und Fortbildung im elterlichen Betrieb für diesen (nur) dann zu BA führen, wenn sie einem Fremdvergleich standhält.[13]

---

1 Jakob LB, § 3 Rn 20.
2 BFH BStBl II 92, 195.
3 BFH/NV 86, 160 – Abendkleider, Kleider im Folklore-Look einer Sängerin bei ihren Bühnen- und Fernsehauftritten; BStBl II 90, 49 – Schauspielerin und Fernsehansagerin.
4 BFH BStBl II 87, 262 – Sportkleidung und -geräte; großzügig FG SachsAnh EFG 00, 168 mwN.
5 BFH/NV 01, 809.
6 BFH GrS BStBl II 71, 17.
7 BFH BStBl II 78, 93 (Flugzeug); BStBl II 01, 575 (Motorboot).
8 BFH BStBl II 84, 560.
9 Vgl zB BFH/NV 01, 809 zum Pferd einer Reitlehrerin (tatrichterliche Würdigung).
10 Übertrieben zB BFH BStBl II 93, 838: Aufteilung der Kosten einer Waschmaschine bei Reinigung privater und typischer Berufskleidung im Wege der Schätzung anhand von Erfahrungen der Verbraucherverbände.
11 BFH BStBl II 01, 132 (Schulgeld einer fremdsprachigen Schule bei Versetzung ausländischer Eltern ins Inland).
12 BFH BStBl II 98, 149 (Rückzahlungsklausel unbeachtlich).
13 BFH/NV 98, 952.

9 Computer. Ausgaben für privat angeschaffte, aber beruflich genutzte Computer sind bei nur unwesentlicher privater Mitbenutzung (bis zu 10 vH) ganz, bei gemischter Nutzung anteilig (ggf im Wege der Schätzung, zB auf 50 vH) abziehbar.[1] Anders als nach der älteren Rspr steht das Aufteilungsverbot nicht mehr entgegen. Vgl § 9 Rn 322, 327.

10 Flug-, Führer- und Jagdschein. Aufwendungen für den privaten Flugsport einschl der Flüge, die zur Erhaltung der Privatpilotenlizenz erforderlich sind, sind keine WK, auch wenn die beim Fliegen gewonnenen Erfahrungen für die Berufsausübung nützlich sind.[2] Dies gilt auch für den Fluglotsen,[3] den Arzt für Flugmedizin[4] oder den mit Luftfahrtunfällen befassten Zivilrichter.[5] Ausbildungskosten für Berufspiloten[6] sind hingegen nach allg Grds zu behandeln; s § 10 Rn 30. Der Erwerb eines Führer- oder Jagdscheins[7] führt nur zur WK, wenn er unmittelbare Voraussetzung für die Berufsausübung (zB als Lkw-[8] oder Taxifahrer) ist.[9]

11 Gesellschaftliche Veranstaltungen, Bewirtung, Geschenke. (R 4.10 EStR; zur Bewirtung von ArbN, Kundschaftsessen/-trinken § 4 Rn 176 ff, zu Geschenken § 4 Rn 172 ff). Die Zuordnung derartiger Aufwendungen zur beruflichen oder privaten Sphäre ist unter Würdigung aller Umstände des Einzelfalls zu treffen, wobei die einstmals strenge Rspr mit der Zeit großzügiger geworden ist.

Indiz für die Beurteilung gesellschaftlicher Veranstaltungen ist namentlich ihr **Anlass**.[10] Einladungen zu einem **Geburtstagsfest** sind grds privater Natur. Dies gilt selbst dann, wenn ausschließlich Geschäftsfreunde und Mitarbeiter des Unternehmens geladen sind.[11] Gleiches gilt für Feiern, die in engem zeitlichem Zusammenhang mit dem Geburtstag eines Unternehmers oder einem persönlichen Jubiläum[12] stehen.[13] Anders kann es sich verhalten, wenn auslösendes Moment für die Veranstaltung nicht die Ehrung des Jubilars ist[14] oder das Fest den Charakter eines üblichen Betriebsfestes hat.[15] Neben dem Anlass ist „auch von Bedeutung, wer als Gastgeber auftritt, wer die Gästeliste bestimmt, ob es sich bei den Gästen um Kollegen, Geschäftsfreunde oder Mitarbeiter (des Steuerpflichtigen oder des Arbeitgebers), um Angehörige des öffentlichen Lebens, der Presse, um Verbandsvertreter oder um private Bekannte oder Angehörige des Steuerpflichtigen handelt. Zu berücksichtigen ist außerdem, in wessen Räumlichkeiten bzw. an welchem Ort die Veranstaltung stattfindet und ob das Fest den Charakter einer privaten Feier aufweist".[16] Insbesondere eine Bewirtung in der eigenen Wohnung des StPfl kann (muss aber nicht) für nicht abzugsfähigen Repräsentationsaufwand sprechen.[17] (Vgl auch § 19 Rn 120 ff zur Einnahmenseite, für die § 12 zwar nicht gilt, zu der die jüngere Rspr[10] aber inhaltliche Parallelen gezogen hat.)[18]

---

1 BFH BStBl II 04, 958; BFH/NV 04, 1386.
2 StRspr; zuletzt BFH BStBl II 05, 202 (203).
3 BFH/NV 92, 725.
4 **AA** FG Nbg EFG 92, 508.
5 BFH/NV 04, 338.
6 BFH BStBl II 05, 202.
7 BFH BStBl III 60, 163 – Jagdschein eines Forstbeamten.
8 FG M'ster EFG 98, 941 – Nutzung des Lkw-Führerscheins außerhalb des Berufs nicht erkennbar.
9 BFH BStBl II 69, 433.
10 BFH BStBl II 07, 317; BStBl II 07, 459.
11 BFH BStBl II 92, 524; BFH/NV 97, 560 mwN; BMF DStR 92, 1403 mwN.
12 BFH/NV 94, 367 – 30. Jahrestag des Bestehens der kfm Gehilfenprüfung.
13 BFH/NV 97, 560, mwN; BFH/NV 99, 467 mwN.
14 BFH BStBl II 92, 359 unter II. 2d.
15 FG BaWü EFG 03, 50.
16 BFH BStBl II 07, 317 (Empfang eines Berufsoffiziers anlässlich der Übergabe seiner Dienstgeschäfte bei Verabschiedung in den Ruhestand kann Werbungskosten begründen); BStBl II 07, 459 (Gartenfest für Betriebsangehörige zum 25jährigen Dienstjubiläum als Werbungskosten).
17 R 4.10 VI 8 EStR, H 12.1 EStH; anders BFH BStBl II 07, 459 (Gartenfest für Betriebsangehörige).

18 Auf der Grundlage der bisherigen, nun in Bewegung geratenen Rspr war die **Abziehbarkeit** von BA/WK in folgenden Fällen zu **verneinen**: Dienstjubiläum eines Geschäftsführers mit erfolgsabhängigen Einkünften (BFH/NV 91, 85); Empfang, zu dem ein ArbN – auch mit erfolgsabhängigen Bezügen – anlässlich des Antritts einer neuen herausgehobenen betrieblichen Stellung Geschäftspartner des ArbG mit deren Ehepartnern einlädt (BFH BStBl II 84, 557); anders evtl bei Einladung für Mitarbeiter (BFH BStBl II 84, 557); Einladung von Geschäftsfreunden in den Karnevalsverein des Unternehmers (BFH BStBl II 94, 843); aus privaten Gründen übernommene Aufwendungen für die Bewirtung von Berufskollegen (BFH/NV 93, 730); Bewirtungskosten für Mandanten, Berufskollegen und Mitarbeiter, die einem Rechtsanwalt (BFH BStBl II 92, 524) oder ranghohen Beamten aus Anlass eines besonderen persönlichen Ereignisses (Geburtstag, Beförderung, Amtseinführung) entstehen (BFH BStBl II 93, 403; BStBl II 93, 350 – Beförderung zum Präsidenten des Amtsgerichts; BFH BStBl III 62, 539 – Ernennung eines Chefarztes zum Professor; BFH/NV 91, 436 – Dienstjubiläum; BFH/NV 97, 560; BFH/NV 99, 467 – Geburtstag); Bewirtungskosten anlässlich Antrittsvorlesung (FG BaWü EFG 00, 311); Bewirtungskosten eines Sachgebietsleiters für seine Kollegen (FG BaWü EFG 00, 312).

Auch **Bewirtungsaufwendungen von ArbN** können WK sein.[1] Als Indiz hierfür spricht insbes eine erfolgsabhängige Entlohnung.[2] Soweit Kosten für die Bewirtung von Geschäftsfreunden des ArbG beim ArbN WK sind, kann er sie ohne die sich aus § 4 V Nr 2 2 ergebenden Einschränkungen absetzen (s aber § 3 Nr 50).[3] Aufwendungen eines ArbN für eine Weihnachtsfeier mit Mitarbeitern oder für ein Arbeitsessen mit Berufskollegen sind regelmäßig keine WK.

Geschenke sind grds nach den gleichen Regeln zu beurteilen. So sind Präsente eines angestellten Chefarztes an das Krankenhauspersonal[4] oder Geschenke unter Behördenleitern[5] nicht abziehbar.

Hauspersonal. Kosten für Hauspersonal (Kinderfrau, Haushaltshilfe) zählen jenseits von §§ 4f, 9 V, 10 I Nr 5, 8 und § 35a zur außersteuerlichen Privatsphäre. Wird das Personal sowohl im Haushalt als auch im Betrieb tätig, sind die Kosten idR nach den geleisteten Arbeitsstunden aufteilbar.[6]

12

Persönlichkeitsentfaltung. Kurse zur Persönlichkeitsentfaltung (auch: Gruppendynamik, Selbsterfahrung,[7] Rhetorik, Gedächtnistraining, Gesprächsführung, Kommunikationstraining[8]) gehören grds zur Lebensführung.[9] Dies auch, wenn der ArbG bezahlten Bildungsurlaub gewährt[10] sowie unabhängig von einer arbeits-/beamtenrechtlichen Anerkennung als Fortbildungsmaßnahme. Ob die Teilnahme von Personen, deren Beruf nicht die psychologische oder psychotherapeutische Behandlung, Betreuung oder Unterrichtung anderer Menschen ist, an einem Lehrgang, der auch psychologische Erkenntnisse vermittelt, als eine berufsspezifische und damit zu WK führende Fortbildungsmaßnahme angesehen werden kann, hängt insbes davon ab, ob der Lehrgang auf die allg Persönlichkeitsentwicklung – auch mit Aspekten des allg Berufslebens oder verschiedener Berufe – oder auf die **Vermittlung von berufsbezogenen** – dh auf den Beruf zugeschnittenen und für den Beruf wichtigen – psychologischen **Erkenntnissen** angelegt ist[11] und wer Veranstalter (IHK, Unternehmensberater oder aber Volkshochschule) ist. Es sind jeweils im Einzelfall Feststellungen zu treffen; eine diesbezügliche Lebenserfahrung gibt es nicht.[12] Private Anwendungsmöglichkeiten können sich zwangsläufig und untrennbar aus den im beruflichen Interesse erforderlichen und damit so gut wie ausschließlich beruflich veranlassten Erkenntnissen und Fertigkeiten ergeben. Aufwendungen einer angestellten Dipl-Psychologin für eine Psychoanalyse können als Fortbildungskosten abziehbare WK sein, wenn die damit gewonnene Selbsterfahrung für ihre berufliche Tätigkeit erforderlich ist.[13] Aufwendungen für die Ausbildung zur Shiatsu-Praktikerin können bei einer Heilerzieherin WK sein.[14] Anzuerkennen sind uU auf den Beruf zugeschnittene Supervision für Lehrer,[15] Kurs für Gesprächsführung,[16] Seminare in Gestaltpädagogik und Gestalttherapie. Nicht abziehbar sind Kurse für Neurolinguistisches Programmieren,[17] Scientology-Kurs,[18] WILL-Kurs,[19] Interaktions- und Kommunikationstraining[20] oder allg psychologische Seminare.[21]

15

Reisen. Differenzierend zu betrachten sind Reisen[22] (zu Studienaufenthalten Rn 20; zu Incentive-Reise und Reisekostenzuschuss des ArbG § 19 Rn 150 „Prämien und Incentives"; zur Reise als Betriebseinnahme § 4 Rn 251 „Incentive-Reisen"). Entscheidend ist, ob die Aufwendungen objektiv durch besondere berufliche Gegebenheiten veranlasst sind und ob die Befriedigung privater Interessen wie Erholung, Bildung, Erweiterung des allg Gesichtskreises nach dem Anlass der Reise, dem vorgesehenen (berufsbezogenen) Programm und der tatsächlichen Durchführung nahezu ausgeschlossen ist.[23]

16

---

1 BFH/NV 07, 1643.
2 BFH BStBl II 07, 721.
3 BFH BStBl II 84, 433; BFH/NV 91, 445.
4 BFH BStBl II 85, 2286.
5 BFH BStBl II 95, 273.
6 BFH BStBl II 80, 117; FG Mchn EFG 98, 937.
7 FG Nds EFG 98, 1510 – Interaktions- und Kommunikationstraining.
8 Diff FG Nbg EFG 99, 1249.
9 OFD Ffm FR 96, 648; FG RhPf EFG 99, 887 – Aufwendungen eines Hauptschullehrers für eine Ausbildung in „pädagogischer Psychosynthese" keine WK.
10 BFH BStBl II 95, 393.
11 BFH BStBl II 95, 393 – Teilnahme eines Industriekaufmanns an psychologischen Seminaren; BFH/NV 97, 110; BFH/NV 02, 182 – Aufwendungen einer Lehrerin für psychologische Seminare.
12 BFH/NV 02, 182.
13 BFH BStBl II 92, 1036 (zu großzügig); s ferner FG Hbg EFG 00, 616 – Ausbildung einer Heilpraktikerin zur Shiatsu-Praktikerin; FG Kln EFG 99, 599 – Fortbildung einer Dipl-Sozialpädagogin und Leiterin einer Kindertagesstätte zum NLP-Practitioner.
14 FG Hbg EFG 00, 616.
15 FG Nds EFG 96, 1025; **aA** FG Kln EFG 96, 850; BFH/NV 97, 110 – Psychodrama-/Supervision-Lehrgang; BFH/NV 02, 182.
16 FG RhPf EFG 95, 8.
17 FG BaWü EFG 98, 639 – Lehrer; FG RhPf EFG 98, 180 – Chefarzt.
18 FG Hbg EFG 96, 136; FG BaWü EFG 97, 1098.
19 FG RhPf EFG 95, 662 – Dipl-Pädagoge; **aA** FG RhPf EFG 95, 164 – Gymnasiallehrer.
20 FG Nds EFG 98, 1510.
21 BFH/NV 06, 1474.
22 Vgl hierzu die Anfrage an den GrS BFH BStBl II 07, 121; die bisherige Rspr zusammenfassend OFD Ffm DStR 00, 551; R 12.2 EStR.
23 BFH GrS BStBl II 79, 213.

Reisen, denen ein offensichtlich oder durch substantiierte Angaben nachgewiesener **unmittelbarer beruflicher/betrieblicher Anlass** oder **Zweck** zugrunde liegt – zB das Aufsuchen eines Geschäftsfreundes, das Halten eines Vortrags,[1] eine sonstige aktive Teilnahme an einem Fachkongress,[2] Besuch einer Messe[3] oder die Durchführung eines Forschungsauftrags, eine am Reiseziel auszuübende künstlerische Tätigkeit,[4] Verfassen eines wissenschaftlichen Fachbuchs,[5] idR nicht von Reiseberichten[6] – sind zumeist der beruflichen (betrieblichen) Sphäre zuzurechnen, selbst wenn die zwischen den einzelnen Veranstaltungsabschnitten verbleibende Zeit „in mehr oder weniger großem Umfang auch für private Unternehmungen genutzt werden kann."[7] Keinesfalls darf die Verfolgung solcher privater Interessen den Schwerpunkt der Reise bilden.[8] Die Reise kann durch besondere berufliche Belange wie durch die spezielle Tätigkeit des StPfl und/oder auf Weisung des ArbG veranlasst sein.[9]

17 **Fehlt ein unmittelbarer beruflicher Anlass**, müssen die Beurteilungsmerkmale, die jeweils für eine private oder berufliche (betriebliche) Veranlassung sprechen, gegeneinander abgewogen werden.[10] Abzustellen ist bei der gebotenen **Beurteilung des Gesamtbilds** auf die Art der dargebotenen Information, den Teilnehmerkreis, die Reiseroute und den Charakter der aufgesuchten Orte als beliebte Ziele des Tourismus, die fachliche Organisation, die Gestaltung der Wochenenden und Feiertage sowie die Art des benutzten Beförderungsmittels. Die Reisetage müssen dann „wie normale Arbeitstage mit betrieblicher Tätigkeit ausgefüllt sein".[11] An den vom StPfl zu erbringenden Nachweis des beruflichen Charakters der Reise sind strenge Anforderungen zu stellen.[12] Die tatsächliche Teilnahme muss aufgrund (glaubhafter) Bescheinigungen, Mitschriften usw feststehen.[13] Nach Abwägung aller Umstände des Falles greift das Abzugsverbot, wenn bei der Reise die Lebensführung ins Gewicht fällt und nicht von ganz untergeordneter Bedeutung ist.[14] Eine Reise ist grds als Einheit zu werten, soweit sich nicht ein durch den Beruf veranlasster abgrenzbarer Teil (**Einzelaufwendungen**) – zB einzelne Reiseabschnitte, zusätzliche Übernachtungskosten, Kongressgebühren, nicht aber anteilig die Kosten der An- und Rückreise[15] – nach objektiven Maßstäben sicher und leicht abgrenzen lässt.[16] Zum Zufluss von – sodann nicht abziehbar verausgabten – Vorteilen als Arbeitslohn (insbes „Incentive-Reise") bzw Betriebseinnahme § 19 Rn 150 „Prämien und Incentives". Eine nicht unerhebliche **private Mitveranlassung** wird indiziert durch **Begleitumstände** wie die nicht beruflich bedingte **Mitnahme der Ehefrau** und/oder anderer Familienangehöriger[17] (grds auch dann, wenn die Begleitung aus gesundheitlichen und beruflichen Gründen erforderlich ist)[18] und durch den **Reiseverlauf**. Insbes bei zeitlichem Zusammenhang mit Urlaub (vorangehendem oder nachfolgendem Privataufenthalt) sind die An- und Rückreisekosten grds nicht abziehbar.[19] Keine WK bei Fernreise einer nichtselbständig tätigen sozialpädagogischen Fachkraft als Einzelbetreuerin mit dem betreuten verhaltensgestörten Kind zwecks erlebnispädagogischer Maßnahme.[20] Reist ein Unternehmer mit Familienangehörigen auf Einladung des ausländischen Geschäftspartners, sind grds nur seine eigenen Aufwendungen BA.[21]

18 Eigenständige Betrachtung verdienen **Auslandsgruppenreisen** (wobei Gleiches auch für Inlandsgruppenreisen gelten dürfte, so dass keine Europarechtswidrigkeit anzunehmen ist).[22] Werden sie

---

1 Restriktiv BFH BStBl II 97, 157.
2 BFH/NV 97, 18 – restriktiv zur „unmittelbaren beruflichen Veranlassung".
3 FG BaWü EFG 98, 276; zutr anders FG Hbg EFG 99, 325 – Besuch der CeBit ohne konkreten beruflichen Anlass.
4 BFH BStBl II 87, 208 (Reise einer Künstlerin auf die Seychellen, um dort zu malen; zweifelh); vorsichtiger BFH/NV 93, 652 (Italienreise eines Malers).
5 BFH BStBl II 91, 92 – abl zur Mitwirkung an einem Fremdsprachenbuch für die Sekundarstufe 1.
6 BFH BStBl II 80, 152 – „typische Bildungsreise" einer Reisejournalistin.
7 BFH BStBl II 93, 674; BStBl II 03, 369 mit Anm *Pust* HFR 03, 126; BFH/NV 01, 904.
8 BStBl II 93, 559.
9 BFH/NV 02, 1030 – Hochschullehrer als stellvertretender Exkursionsleiter; BFH BStBl II 03, 369 – Teilnahme einer wissenschaftlichen Hilfskraft einer Universität an von ihr organisierter Exkursion. – Als beruflich veranlasst anerkannt wurde sogar (sehr zweifelh) der Aufenthalt eines Autors auf Sylt zwecks Fertigstellung eines Manuskripts; Nds FG EFG 03, 597 (10 Tage im Monat Februar).
10 BFH GrS BStBl II 78, 213.
11 BFH BStBl II 94, 350 mwN.
12 BFH BStBl II 90, 736.
13 BFH BStBl II 89, 91.
14 BFH BStBl II 96, 19; BFH/NV 98, 851.
15 BFH GrS BStBl II 79, 213; BFH/NV 97, 401.
16 BFH BStBl II 92, 898 – Großzügiger jetzt BFH BStBl II 07, 121 (Vorlage an den GrS): Aufteilung entspr der jeweiligen Zeitanteile.
17 BStBl II 96, 273.
18 BFH BStBl II 95, 744; BFH/NV 01, 443.
19 BFH BStBl II 92, 898; BFH/NV 97, 290.
20 BFH/NV 98, 449.
21 BFH/NV 98, 961.
22 Grundlegend hierzu BFH GrS BStBl II 79, 213.

zumindest auch im Interesse an allg Information und allg beruflicher Fortbildung sowie um des Erlebniswertes willen durchgeführt, fehlt regelmäßig der erforderliche berufliche Zweck. Als **gewichtige Indizien**[1] kommen hierbei in Betracht einerseits die Organisation durch einen Fachverband für einen im Wesentlichen gleichartigen (homogenen) **Teilnehmerkreis** (OFD Hann DB 99, 408: FinVerw kann Teilnehmerverzeichnisse anfordern) mit straff sowie berufsbezogen durchorganisiertem Reiseprogramm mit Teilnahmepflicht[2] und anderseits eine weit auseinandergezogene **Reiseroute mit häufigem Ortswechsel** und mit Besuch von Orten, die auch beliebte Ziele der Touristik darstellen, Gelegenheit zu Erholung, Vergnügungen und persönlichem Erleben, wobei diese Umstände nicht lediglich notwendigerweise hingenommene Begleiterscheinung der beruflichen Informationsvermittlung sind. Der WK-Abzug ist ausgeschlossen, wenn die Mitveranlassung durch die private Lebensführung nicht von ganz untergeordneter Bedeutung ist. Sofern bei der nämlichen Reise eindeutig abgrenzbare beruflich veranlasste Teile mit nicht vernachlässigbaren privaten Teilen verbunden sind, können die **Aufwendungen für Hin- und Rückreise** nicht als WK berücksichtigt werden. – Nicht anerkannt wurden ua[3] Aufwendungen für Reisen von zugleich touristischem Interesse, insbes bei Lehrern (namentlich zur Vorbereitung von Klassenfahrten,[4] auch zu Fortbildungszwecken[5]), ebenso bei Hochschuldozenten[6]. Umgekehrt hat die notwendig kasuistische Rspr in zahlreichen Fällen (bei sich abzeichnender Tendenz zu einer großzügigeren Handhabung) den Abzug von WK/BA gebilligt.[7]

Der berufliche (betriebliche) Zweck fehlt ferner idR bei sog **Kongressreisen**. Es muss aufgrund von Aufzeichnungen oder glaubhaften Bestätigungen feststehen, dass der Kläger an allen Veranstaltungen teilgenommen hat,[8] dass die Fortbildungsveranstaltung straff organisiert und durchgeführt wird und insofern die Befriedigung privater Interessen nahezu ausgeschlossen ist.

Einzelfälle: Nicht als BA/WK anerkannt wurden Aufwendungen für Fortbildungsveranstaltung an einem beliebten Ferienort im Ausland in der Hauptsaison mit ausreichend Zeit für Freizeitmöglichkeiten (BFH BStBl II 90, 1059; BFH/NV 97, 219); vom Deutschen **Anwaltsverein** veranstalteter zweiwöchiger Fortbildungskurs in Sils Maria bei konkreter Möglichkeit von Freizeit- und typischen Urlaubsbetätigungen (BFH/NV 95, 959; BFH/NV 97, 219). „Privat" ist ein **Kongress** von Radiologen in Davos mit vierstündiger Mittagspause (BFH/NV 97, 18), wenn Veranstalter die Tagung bewusst so gestaltet, dass die Teilnehmer Freizeit und Beruf miteinander verbinden können. Für Reisen an einen Urlaubsort im **Inland** gilt nichts anderes (BFH BStBl II 94, 350; BFH/NV 95, 959). Private Mitveranlassung indiziert der **Erlebnis- und Erholungswert** von **Schiffsreisen**, zB Steuerberater-Symposium auf dem Fährschiff „Finnjet" (BFH BStBl II 89, 19); Schiffsreise mit beruflicher

19

---

1 BFH GrS BStBl II 79, 213; BFH BStBl II 91, 575; H 12.2 EStH; ausf OFD Ffm DStR 00, 551.
2 BFH BStBl II 83, 409; BStBl II 93, 612; BFH/NV 97, 469.
3 Nicht anerkannt wurden ferner Kosten der USA-Reise von Verkäufern für Maschinen zur Herstellung von fast food (BFH/NV 96, 30); Studienreise von Juristen nach Japan trotz straffer Reiseorganisation (BFH BStBl II 93, 612; BFH/NV 97, 469); freiwillig durchgeführte Studienfahrt von Referendaren mit allgemeintouristischem Programm (BFH/NV 91, 232; BFH/NV 92, 240; BFH/NV 92, 813; s aber BFH/NV 93, 653: anders, wenn die Reisetage wie Arbeitstage mit berufsfördernden Veranstaltungen ausgefüllt und allgemeintouristische Aspekte nur von untergeordneter Bedeutung sind oder wenn offensichtlich ein unmittelbarer beruflicher Anlass geben ist; BFH BStBl II 93, 674; BFH/NV 01, 904).
4 BFH/NV 05, 42 – Lehrerinformationsfahrt an den Gardasee; anders zuvor FG Kln EFG 00, 619.
5 BFH/NV 07, 681 – Reise des Kollegiums einer katholischen Hauptschule nach Israel; BFH/NV 92, 730 (731) – Reise einer Lehrerin, die an der Grundschule auch türkische Kinder unterrichtet, durch die Türkei im Rahmen einer Fortbildungsmaßnahme für Lehrer; großzügiger BFH/NV 06, 728 (Gruppenreise im Rahmen einer Lehrerfortbildung, zu der anschließend ein größeres Kompendium angefertigt wurde); BFH BStBl II 06, 782 (gemeinsamer Snowboardkurs von Sportlehrern).
6 BFH/NV 97, 469; BFH/NV 93, 612; BStBl II 91, 575 – zB Gruppenreise eines Hochschul-Geographen ohne engen Bezug zu konkreten Projekten in Forschung oder Lehre; BFH/NV 91, 371 (372) – Reise eines Dozenten im Fach katholische Theologie für eine Gruppenreise nach Israel bzw zu religionsgeschichtlich bedeutsamen Zielen; vgl aber BFH BStBl II 03, 369 – Exkursion in US-Nationalparks.
7 Anerkannt wurden Aufwendungen eines Berufsschülers für eine im Rahmen eines Ausbildungsdienstverhältnisses als verbindliche Schulveranstaltung durchgeführte Klassenfahrt (BFH BStBl II 92, 531). Aufwendungen eines Geographiestudenten für eine Auslandsexkursion sind ausschließlich beruflich veranlasst, wenn nach der Studienordnung die Exkursion obligatorischer Teil des (Ergänzungs-)Studiums ist (BFH/NV 02, 1444; BFH/NV 03, 468). Abziehbar sind Kosten der Hin- und Rückreise und die Kosten der Fahrten zwischen Wohnung und Arbeitsstätte eines Rechtsreferendars anlässlich Wahlstation in Kapstadt (BFH BStBl II 75, 421); uU Aufwendungen eines hauptverantwortlichen Reiseleiters im Auftrag des ArbG, auch bei Reisen, die von vertriebsorientierten Unternehmen veranstaltet werden (BFH BStBl II 93, 674; BFH/NV 01, 903).
8 BFH BStBl II 90, 736; BFH/NV 95, 959.

Fortbildungsveranstaltung für Zahnärzte (BFH/NV 95, 1052); anders möglicherweise (BFH/NV 99, 611), wenn die Reisetage „wie normale Arbeitstage mit beruflicher Tätigkeit" ausgefüllt werden (BFH BStBl II 91, 92) oder bei nachgewiesenem konkretem Bezug der Reise zur betrieblichen Tätigkeit; zur Schiffsreise ferner BFH BStBl II 96, 273). Private (Mit-)Veranlassung indizieren das **Freizeit- und Sportangebot** (nicht jedoch übliche Freizeit zur Regeneration) am Zielort und touristisch interessante Orte mit Besichtigungen (BFH BStBl II 82, 69 – Sahara-Reise eines Geographie-Professors; BFH/NV 97, 469 – Indienreise einer Pastorin ohne unmittelbaren beruflichen Zweck bzw Anlass; BFH BStBl II 91, 575 – Gruppenreise eines Geographie-Professors ohne konkreten Forschungsauftrag); so zB bei Lehrgang eines Arztes zum Erwerb der Bezeichnung „Sportmedizin" (BStBl II 96, 158 mwN; abziehbar sind nur die Lehrgangsgebühren; FG D'dorf EFG 02, 968). **Anerkannt** wurde dagegen die Reise eines Sportlehrers aus Anlass eines Ski- oder Snowboardkurses (BFH BStBl II 06, 782; Modifikation der bisherigen Rspr).

20 **Studienaufenthalte/Fremdsprachenkurse.** Studienaufenthalte/Fremdsprachenkurse sind wg Art 49 EGV im Inland und im EU-Ausland grds gleich zu behandeln.[1] Entscheidend ist, ob der Kurs auf die besonderen betrieblichen oder beruflichen Bedürfnisse und Belange des StPfl ausgerichtet ist.[2] Es muss ein konkreter Zusammenhang mit der Berufstätigkeit bestehen, was nach dem Gesamtbild der Verhältnisse zu entscheiden ist. Eine fachspezifische Sprachfortbildung iSd Erlernens einer Fachsprache ist idR betrieblich/beruflich veranlasst. Benötigt der StPfl zur Ausübung seines Berufs auch allg Kenntnisse einer bestimmten Fremdsprache, genügt ein entspr Kurs.[3] Ein Veranlassungszusammenhang kann uU auch beim Erwerb von Grundkenntnissen einer Sprache vorliegen, wenn bereits die nächste Stufe des beruflichen Fortkommens des StPfl Fremdsprachenkenntnisse erfordert und der Erwerb von Grundkenntnissen die Vorstufe zum Erwerb qualifizierter Fremdsprachenkenntnisse ist oder für die angestrebte Tätigkeit Grundkenntnisse der betr Sprache ausreichen. Der Nachweis einer wegen fehlender Fremdsprachenkenntnisse von vornherein erfolglosen Bewerbung kann nicht verlangt werden.[4] Bei auswärtigen Kursen (im In- und Ausland) kann zu berücksichtigen sein, in welcher Gegend und zu welcher Jahreszeit der Kurs durchgeführt wird. Von Bedeutung sind ferner der Umfang der unterrichtsfreien Zeit einschließlich der Wochenenden sowie die Möglichkeit der Befriedigung allgemeintouristischer Interessen.[5] Allerdings belegen übliche Freizeiten zur Regeneration bei einem Intensiv-Sprachkurs noch nicht eine relevante private (Mit-) Veranlassung.[6] Die Anerkennung oder Förderung durch den ArbG als Fortbildungsmaßnahme oder die Gewährung von Bildungsurlaub ist unerheblich. Fehlt die berufliche Veranlassung der gesamten Reise, können die reinen Lehrgangskosten gleichwohl abziehbar sein. § 3c ist zu beachten.[7]

Einzelnachweise: Anerkannt wurden zB der Besuch eines zum Erwerb der Lehrbefähigung im Fach Französisch absolvierten (obligatorischen) Intensiv-Sprachkurses an einer französischen Partneruniversität[8] und der ein ergänzendes Staatsexamen im Lehrfach Englisch vorbereitende Sprachkurs in Großbritannien.[9] **Nicht anerkannt** wurden (noch ohne Berücksichtigung des EG-Rechts) zB Kosten der Reise einer Lehrerin nach England mit Wochenendausflug, wobei von insgesamt zehn Arbeitstagen ein Tag sowie drei Nachmittage mit der Verfolgung **allgemeintouristischer Zwecke** verbracht wurden, trotz homogenen Teilnehmerkreises, Schulbesuchen in Exeter und berufsbezogenen Seminarthemen (BStBl II 96, 10); der Aufenthalt eines Englischlehrers in Oxford und Stratford-upon-Avon (BFH/NV 97, 647); eines Englischlehrers während der Ferien an einer englischen Universität mit Kursen allgemeinbildenden Inhalts (BFH/NV 95, 26); Besuch des „Canadian Studies Seminars for European Educators" durch Gymnasiallehrer (BFH/NV 97, 476); Sprachkurs für Spanischlehrer und Unterrichtsstunden mit politischen, wirtschaftlichen, geographischen oder kulturellen Themen (BFH/NV 97, 470); Intensivkursus für Neugriechisch einer Sozialarbeiterin in einer Beratungsstelle für griechische Gastarbeiter in Griechenland – der ArbG hatte Kursgebühren übernommen und Fortbildungsurlaub gewährt; für private Mitveranlassung sprachen das umfangreiche Beiprogramm des Kurses mit kulturellen Veranstaltungen, Ausflügen und Führungen zur Hauptferienzeit, schließlich der sich zeitlich anschließende Erholungsurlaub (BFH/NV 98, 851); dreiwöchiger Italienisch-Grundkurs einer Reiseverkehrsfrau in Rom (BFH BStBl II 93, 787).

1 EuGH IStR 99, 694; BFH BStBl II 03, 765 (766 f).
2 BFH BStBl II 94, 248; BStBl II 03, 765 (768).
3 BFH BStBl 03, 765 (768).
4 BFH BStBl II 02, 579; Änderung der Rspr, s BFH BStBl II 94, 248.
5 BFH BStBl II 80, 746; BFH/NV 95, 26; BFH/NV 98, 851.
6 BFH BStBl II 02, 579.
7 BFH BStBl II 92, 666.
8 BFH/NV 02, 182.
9 BFH/NV 06, 1075.

Telefon. Wird ein privater Telefonanschluss sowohl privat als auch beruflich genutzt (das einzelne **21** Gespräch ist keine gemischte Aufwendung), sind die Kosten einschl (im selben Verhältnis) Grund- und Anschlussgebühr ggf im Schätzwege aufzuteilen.[1] Umgekehrt sind bei einem überwiegend beruflich genutzten Telefon die privat veranlassten Telefongespräche vom WK-Abzug auszuschließen. Der StPfl muss uU Aufzeichnungen für einen repräsentativen Zeitraum führen. Hierzu sowie ua zur Aufteilung der vom ArbG ersetzten Gebühren für Telefon in der Wohnung des ArbN s R 21e, 22, 33 V LStR.

Verpflegungsaufwendungen. Verpflegungsaufwendungen sind der privaten Lebensführung zuzuordnen. **22** Allerdings sind Mehraufwendungen für Verpflegung infolge einer Auswärtstätigkeit in § 4 V Nr 5, § 9 V vorrangig spezialgesetzlich geregelt (§ 4 Rn 186f), so dass § 12 nicht eingreift.[2] **Sonderfälle**: Kosten für „Testessen" eines Spitzengastronomen in Konkurrenzbetrieben sind privat.[3] Ein anderes gilt bei Aufwendungen eines Restaurantkritikers, bei denen aber ein Abschlag für „Haushaltsersparnis" vorzunehmen ist.[4]

Versicherungsbeiträge. Die Abzugsfähigkeit von Versicherungsprämien folgt dem Charakter des **23** **versicherten Risikos**. Ist es privater Natur, sind die Beiträge allenfalls SA (zB wenn die Versicherung vom Unternehmen auf das Leben oder den Todesfall des (Mit-)Unternehmers[5] oder eines nahen Angehörigen abgeschlossen worden ist, auch wenn ein betrieblicher Kredit abgesichert wird). Hat das versicherte Risiko seine Ursache im beruflichen/betrieblichen Bereich, sind Prämien als BA/WK abziehbar (zB Versicherung auf das Leben eines ArbN oder Geschäftspartners, wenn das Unternehmen bezugsberechtigt ist[6]). Beiträge zur Rechtsschutzversicherung können betrieblich/beruflich veranlasst sein.[7] Bei Versicherungen mit **gemischtem Charakter** ist eine Aufteilung im Wege der Schätzung (zB hälftig) zulässig.[8] Zu betrieblichen Versicherungen § 4 Rn 85, 251 („Versicherungsleistungen"), Rn 252 („Versicherungen"); zu WK bei VuV § 9 Rn 140.

Wohnung. Aufwendungen für die Wohnung, die den Mittelpunkt der Lebensführung darstellt,[9] sind **24** typische Kosten der Lebensführung. Dies gilt auch für die Zweit-Familienwohnung,[10] ebenso für die Nutzung einer **Ferienwohnung** in einem typischen Feriengebiet[11] einschl der Fahrtkosten zur Ferienwohnung und der Aufwendungen während des Ferienaufenthalts.[12] Ausnahmsweise können betrieblich/beruflich veranlasste Aufwendungen für eine Wohnung BA/WK sein, zB räumlich abgegrenzt als **Arbeitszimmer** (§ 4 Rn 194 ff) oder bei **doppelter Haushaltsführung** (§ 4 Rn 192; § 9 Rn 240 ff). Der Wohnwagen eines Schaustellers kann dessen BV sein.[13]

Wohnungswechsel (Umzug). Kosten für den Wohnungswechsel (Umzug) (bei Erstattung greift § 3 **25** Nr 13, 16) gehören zur privaten Lebensführung, es sei denn, die berufliche Tätigkeit ist der entscheidende Grund für den Umzug und private Umstände spielen nur eine ganz untergeordnete Rolle. Ein Wohnungswechsel ist gem H 41 LStR beruflich veranlasst zB bei der erstmaligen Aufnahme einer beruflichen Tätigkeit[14] oder bei Umzug aus Anlass eines **Arbeitsplatzwechsels** (auch bei Versetzung auf eigenen Wunsch, str),[15] ebenso bei Ein- oder Auszug aus einer **Dienstwohnung** auf Weisung des ArbG.[16] Macht der ArbG eine vorgesehene Versetzung rückgängig, sind die dem ArbN durch die Aufgabe seiner Umzugsabsicht entstandenen vergeblichen Aufwendungen WK.[17] Hin- und Rückumzugskosten sind WK, wenn ein ausländischer ArbN für eine von vornherein bestimmte Zeit in das Inland versetzt wird;[18] anders bei Beendigung der Berufstätigkeit.[19] Ein grds

---

1 BFH BStBl II 86, 200.
2 BFH BStBl II 95, 324.
3 BFH/NV 96, 539.
4 BFH/NV 01, 162.
5 BFH BStBl II 92, 563 (Teilhaberversicherung); hierzu *Ritzrow* StBp 02, 177.
6 BFH BStBl II 97, 343 mwN, mit Hinweis auf § 4b; BFH/NV 97, 842; *Dankmeyer* DB 98, 1434.
7 BFH/NV 97, 346; DStR 98, 1357.
8 BFH BStBl II 93, 519 (Reisegepäckversicherung); BFH/NV 97, 346 (Rechtsschutzversicherung; hierzu BMF DStR 98, 1357); BMF DStR I 00, 1204 = DStR 00, 1262 (freiwillige Unfallversicherung des ArbN); OFD D'dorf DStZ 03, 588 (Lebensversicherung); R 10.5 S 1 EStR (Kfz-Haftpflichtversicherung); vgl auch BFH BStBl II 90, 901 (Aufteilung zw WK und SA außerhalb von § 12). Soweit eine Versicherung hierbei verschiedene Risiken abdeckt, muss der Versicherer die Anteile bescheinigen.
9 BFH BStBl II 94, 323; BFH/NV 03, 1182.
10 BFH BStBl II 76, 766; BStBl II 79, 700 – Zweitwohnung am Ort einer zweiten beruflichen Niederlassung.
11 BFH BStBl II 94, 350 mwN.
12 BFH BStBl II 93, 399.
13 BFH BStBl II 75, 172; BStBl II 75, 760.
14 **AA** FG D'dorf EFG 00, 485.
15 **AA** FG Nds DStRE 02, 411.
16 BFH BStBl II 77, 117.
17 BFH BStBl II 00, 584.
18 BFH BStBl II 93, 722.
19 BFH BStBl II 97, 207; BFH/NV 00, 37 – Politiker; FG D'dorf EFG 98, 642.

beruflich veranlasster Umzug kann auch „in Etappen" stattfinden („Zwischenwohnung").[1] Für die Berücksichtigung von BA eines Unternehmers gelten entspr Grundsätze.[2]

Umzugskosten werden auch ohne berufliche Veränderung anerkannt, wenn der erforderliche **Zeitaufwand für den Weg zwischen Wohnung und Arbeitsstätte erheblich vermindert** worden ist, dh bei einer Fahrtzeitverkürzung von einer Stunde täglich (wesentliches Indiz),[3] und wenn damit für den ArbN eine solche tägliche Wegezeit verbleibt, wie sie im Berufsverkehr als normal angesehen wird. Es kommt auf eine **Gesamtbewertung** der ursprünglichen Fahrzeit, der Wegezeitverkürzung und der nach dem Umzug verbleibenden Fahrzeit an. Die nach dem Umzug verbliebene Entfernung zur neuen Arbeitsstätte kann aber ein Indiz dafür sein, dass der Umzug nicht nahezu ausschließlich beruflich veranlasst war. Die Fahrzeitersparnisse sind für jeden Ehegatten gesondert zu ermitteln und nicht zu saldieren, so dass auch eine gegenläufige Verlängerung der Wegstrecke für den anderen Ehegatten nicht den Abzug der gesamten Umzugskosten versperrt.[4] Auch sonstige erhebliche Verbesserungen der Weg- oder Arbeitsbedingungen[5] (Umsteigen auf öffentliche Verkehrsmittel, Fußweg wird ermöglicht) können zu berücksichtigen sein. Es genügt aber nicht, dass in der neuen Wohnung ein Arbeitszimmer eingerichtet werden kann.[6] Liegen diese objektiven Kriterien vor, ist es unerheblich, ob der StPfl zB in eine größere Familienwohnung oder in ein eigenes EFH zieht oder anlässlich der Eheschließung mit einem Partner zusammenzieht.[7] Hingegen ist ein Umzug aus Anlass einer Trennung/Scheidung grds privat veranlasst.[8] Ein anderes soll wiederum gelten, wenn der ausziehende Ehegatte den neuen Wohnort so wählt, dass sich zu seinem Arbeitsplatz eine erhebliche Fahrzeitersparnis ergibt.[9]

Art und Höhe der Kosten werden in R 41, H 41 LStR umfassend benannt, sind aber gleichwohl nur maßgeblich, soweit sie mit dem allg WK-Begriff vereinbar[10] sind. Nach R 41 II LStR werden Kosten bis zur Höhe der Beträge anerkannt, die ein Beamter nach dem BUKG oder der AUV erhält.[11] Nicht als WK (und als ag Belastung) abziehbar ist das Schuldgeld, das ein ausländischer AN mit vorübergehendem Inlandsaufenthalt aufwenden muss, um seinem Kind die allg Schulbildung an einer fremdsprachigen Privatschule zu ermöglichen.[12] Das BMF[13] gewährt einen pauschalen Höchstbetrag für umzugsbedingte Unterrichtskosten für ein Kind nach § 9 II des BUKG. Werden die in den Verwaltungsanweisungen festgelegten Grenzen eingehalten, prüft die Verwaltung nicht, ob die Umzugskosten der Höhe nach WK darstellen; bei höheren Kosten ist eine Einzelfallprüfung erforderlich. Aufwendungen für die Ausstattung der neuen Wohnung sind keine WK.[10] Aufwendungen für den Verkauf des bisher bewohnten Eigenheims (zB Maklergebühr, Vorfälligkeitsentschädigung bei Darlehensablösung) einschließlich zwischenzeitlich angefallener Finanzierungskosten sind keine WK bei § 19 (ggf aber relevant bei § 23).[14] Aufwendungen im Vermögensbereich können ausnahmsweise WK sein, wenn der ArbG eine von ihm vorgesehene Versetzung rückgängig macht.[15] **BA/WK** sind Maklerkosten (Kosten der Beschaffung einer Mietwohnung,[16] nicht jedoch solche bei Einzug ins eigene Haus und entspr Grundbuch- und Notariatskosten, Grunderwerbsteuer und andere Nebenkosten, da insoweit die Vermögenssphäre betr AK, auch nicht in der Höhe fiktiver Aufwendungen für die Vermittlung einer gleichwertigen Mietwohnung),[17] Beförderungskosten, pauschale Umzugsnebenkosten.[10] Prozesskosten teilen als Folgekosten das steuerliche Schicksal des Streitge-

---

1 FG RhPf EFG 01, 432.
2 BFH BStBl II 88, 777 mwN.
3 BFH BStBl II 01, 585; BStBl II 06, 598; stRspr.
4 BStBl 06, 598 im Anschluss an BFH BStBl II 01, 585; BStBl II 02, 56.
5 BFH BStBl II 88, 777 – praxisnahe Wohnung eines Arztes.
6 BFH BStBl II 93, 610.
7 BFH BStBl II 01, 585. Ein anderes gilt, wenn der StPfl nach privat veranlasstem Einzug ins Eigenheim eine neue Beschäftigung am Ort aufnimmt; BFH/NV 06, 1273.
8 FG Hess EFG 96, 311; FG BaWü EFG 98, 91; FG D'dorf EFG 00, 248.
9 Beiläufig BFH BStBl II 01, 585.
10 BFH BStBl II 03, 314.
11 BMF BStBl I 98, 931 – Höchst-/Pauschbeträge; zu Unterrichtskosten BMF BStBl I 01, 542; BStBl I 03, 416; ferner BMF BStBl I 99, 680; BFH BStBl II 87, 188 – Zuzug eines Ausländers; einschränkend FG Bdbg EFG 00, 483 und FG Saarl EFG 01, 1491, betr Gardinen und Vorhänge – nur soweit die Regelungen des BUKG mit dem WK-Begriff vereinbar sind; einschränkend ferner FG D'dorf DStRE 01, 1079 zum Ausstattungsbeitrag nach § 12 I S 1 AUV.
12 BFH BStBl II 01, 132; zust *MIT* DStR 02, 154; krit *Fröschl* HFR 01, 431.
13 BMF BStBl I 03, 416.
14 BFH BStBl II 92, 492; BStBl II 00, 474 mwN; BStBl II 00, 476; allg zu Grundstückskosten im Zusammenhang mit berufsbedingtem Umzug *v Bornhaupt* NWB Fach 6, 4201.
15 BFH BStBl II 00, 584; *v Bornhaupt* NWB Fach 6, 4202, auch betr Verhältnis zum Spekulationsgeschäft.
16 BFH BStBl II 72, 458; R 41 I 1 LStR.
17 BStBl II 95, 895; BStBl II 00, 586.

genstandes des Rechtsstreits. Privat veranlasst sind solche zur Abwehr erbrechtlicher Ansprüche (anders wenn es sich um eine entgeltliche Erbauseinandersetzung geht oder die Inhaberschaft eines Unternehmens bzw, einer MU'er-Stellung in Frage gestellt wird).[1] Nicht abziehbar ist eine Mietausfallentschädigung ohne Beschränkung für längstens sechs Monate.[2] Keine BA/WK sind die Aufwendungen für Renovierung[3] und Installationsarbeiten, Einrichtungs- und Ausstattungsgegenstände der neuen Wohnung,[4] Telefonanschluss,[5] Zwischenlagerung von Möbeln.[6]

Sonstiges. Aufwendungen zu folgenden Zwecken sind wegen privater Mitveranlassung **nicht betrieblich/beruflich veranlasst**: Ausschmückung – anders bei Ausstattung (s § 4 Rn 194 ff; § 9 Rn 327) – von Arbeitszimmern/Diensträumen;[7] Betrieb eines Radio- und Fernsehgeräts am Arbeitsplatz;[8] **Bildung**, insbes Erlangung des Abiturs,[9] grds auch Hochschulstudium und Promotion (vgl Rn 30 und § 10 Rn 27 ff); **Deutschkurse** von Ausländern;[10] **Diebstahl** betrieblicher WG während privater Mitnutzung;[11] **Ehescheidung**[12] und Ehevertrag;[13] Übernahme eines **Ehrenamts**, zB als Honorarkonsul;[14] **Einbürgerung**;[15] Erwerb **elektrischer Geräte**, die auch Freizeitzwecken dienen (zB Fernsehapparat;[16] Videorecorder/Videokamera eines Lehrers[17] oder eines Projektmanagers;[18] Geräte der Unterhaltungselektronik;[19] „typische Spielecomputer"[20]); Anschaffung **medizinisch-technischer Hilfsmittel** (zB Brille, Kontaktlinsen, Hörgerät;[21] **Musik-CDs** eines Gymnasiallehrers;[22] **Sport** (Fitnesscenter);[23] **Tageszeitung** eines Lehrers;[24] Errichtung eines **Testaments** auch betr BV;[25] Mitgliedschaft in (Sport-) **Vereinen**;[26] Freistellung vom Wehrdienst.[27] Die **persönliche Sicherheit** gehört zur privaten Lebensführung.[28] Zahlungen nach Entführung des Unternehmers sind keine BA.[29] Die Kosten eines Freiberuflers zur Wiederherstellung seiner **Gesundheit** sind nur dann BA, wenn es sich um eine typische Berufskrankheit handelt oder wenn der Zusammenhang zwischen der Erkrankung und dem Beruf eindeutig feststeht.[30] **Schadensersatzleistungen** teilen die Einordnung des sie begründenden Umstandes (ggf Schwerpunktbildung).[31] Zum **Sponsoring** BMF BStBl I 98, 212 Rn 8; zu Folgeaufwendungen bei **strafbaren Handlungen** Rn 29.

C. Freiwillige Zuwendungen und Zuwendungen aufgrund einer freiwillig begründeten Rechtspflicht und an unterhaltsberechtigte Personen (§ 12 Nr 2)

Sinn und Zweck der mehr verwirrenden als klärenden Vorschrift sind umstritten. Sie regelt ergänzend zu Nr 1 typische Leistungen in der Privatsphäre, die nicht als BA/WK abgezogen werden dürfen.[32] Die Vorschriften über SA (zB § 10b) und ag Belastungen (zB § 33a) haben grds Vorrang. Namentlich § 10 I Nr 1a bleibt unberührt, so dass private **Unterhaltsrenten** nicht abziehbar sind, wohl aber als SA berücksichtigungsfähige Leibrenten und dauernde Lasten, die im Rahmen der steuerlich privilegierten unentgeltlichen **Vermögensübergabe gegen Versorgungsleistungen** geleistet werden (Näheres s zu §§ 10 u 22, insbes § 10 Rn 9f, § 22 Rn 2 ff, 23 ff).[33]

---

1 BFH/NV 01, 1262 mwN.
2 BFH BStBl II 94, 323.
3 FG Hbg EFG 98, 1386.
4 BFH/NV 91, 445 – Kochherd; allg BFH BStBl II 03, 314; FG Bdbg EFG 00, 483 – Gardinen.
5 FG Bdbg EFG 00, 483.
6 FG SchlHol EFG 98, 358; FG Kln EFG 00, 162 – auch zum Bezug einer „Zwischenwohnung".
7 BFH BStBl II 93, 506; BStBl II 98, 351; FG Kln EFG 03, 518; vgl aber BFH/NV 97, 341: Orientteppich im Arbeitszimmer als Ausstattung und damit WK (zweifelh).
8 FG RhPf EFG 97, 952.
9 BFH/NV 92, 733.
10 BFH/NV 07, 1561; BFH/NV 07, 2096.
11 BFH BStBl II 07, 762 (Diebstahl eines betrieblichen PKW während eines privaten Umweges).
12 BFH BStBl II 77, 462.
13 BFH BStBl III 58, 165.
14 FG Hbg 94, 99, zweifelh.
15 BFH BStBl II 84, 588; BFH/NV 86, 150; H 12.1 EStH.
16 BFH BStBl II 75, 407.
17 BFH BStBl II 92, 195; H 12.1 EStH.
18 BFH/NV 95, 216.
19 BFH/NV 94, 18: für Anerkennung als betrieblich/beruflich sind „eingehende Feststellungen" erforderlich.
20 BStBl II 93, 348; s aber Rn 9.
21 BFH BStBl II 93, 193; BFH/NV 03, 1052; BFH/NV 05, 2185.
22 FG Mchn EFG 99, 891.
23 BFH/NV 07, 1690 (Polizeibeamter).
24 BFH/NV 05, 1300.
25 FG Nds EFG 00, 1372.
26 ZB FG M'chn EFG 97, 1105 – Golfclub.
27 BFH BStBl II 86, 459.
28 BFH BStBl II 06, 541; BMF BStBl I 97, 696 Tz 4.
29 BFH BStBl II 81, 303; BStBl II 81, 303 – G'ter einer PersGes.
30 BFH BStBl II 69, 179.
31 BFH BStBl II 06, 182.
32 Vgl BFH BStBl II 92, 468; aA *Schmidt*[26] § 12 Rn 27 – ohne Bedeutung für BA/WK.
33 Vgl BFH BStBl II 04, 820; BStBl II 05, 434; BStBl II 06, 797 BMF BStBl I 04, 922.

D. Nicht abziehbare Steuern (§ 12 Nr 3)

28 Steuern sind grds nur abziehbar, wenn sie BA/WK sind. Die **ESt** und ihre **Annexsteuern** (KiSt, SolZ) sind grds privater Natur.[1] Damit sind sie mit Ausnahme der KiSt, die nach dem vorrangigen § 10 I Nr 4 geltend gemacht werden kann, nicht abziehbar. Eine „sonstige Personensteuer" war die VSt. Unter § 12 Nr 3 fallen die ErbSt und SchenkSt;[2] sie gehören daher beim teilentgeltlichen Erwerb nicht zur AfA-Bemessungsgrundlage.[3] Das die **USt** betr Abzugsverbot will eine Gleichstellung mit dem privaten Endverbraucher (Nichtunternehmer) erreichen, der die ihm beim Erwerb von WG mit dem Entgelt überwälzte USt nicht abziehen kann; für den Unternehmer entstünde ein Vorteil, wenn er die USt auf Umsätze, die Entnahmen sind, gewinnmindernd berücksichtigen könnte. Aus demselben Grund sind die in § 12 Nr 3 genannten VorSt-Beträge auf nichtabziehbare Aufwendungen nicht abziehbar. Das Abzugsverbot wirkt sich bei der Gewinnermittlung nach § 4 III erst im Zeitpunkt der Zahlung der USt aus.[4] **Steuerliche Nebenleistungen** (§ 12 Nr 3 HS 2 iVm § 3 IV AO) wie Stundungszinsen (§ 234 AO),[5] Säumniszuschläge (§ 240 AO), Verspätungszuschläge (§ 152 AO), Zwangsgelder (§ 329 AO) und Kosten (§§ 337 ff AO) teilen das Schicksal der Hauptleistung. Gleiches gilt für **Rechtsverfolgungskosten** in Steuerstreitigkeiten.[6]

E. Geldstrafen (§ 12 Nr 4)

29 Nicht abziehbar sind in einem **Strafverfahren** festgesetzte Geldstrafen. Diese Rechtsfolgen sind, auch wenn sie in sachlichem Zusammenhang mit der Einkünfteerzielung stehen, Sühne für (eigenes) **kriminelles Unrecht** und Ahndung persönlicher Schuld. Die strafrechtliche Anordnung des Verfalls der Gewinne aus einer Straftat hatte jedenfalls bei einer Verfallsanordnung nach dem bis 1992 geltenden Nettoprinzip keinen strafähnlichen Charakter; die Rechtslage nach dem ab 1992 geltenden Bruttoprinzip ist ungeklärt.[7] Die Anwendungsbereiche des § 4 V 1 Nr 8 (betr Geldbußen, Ordnungsgelder und Verwarnungsgelder) und derjenige des § 12 Nr 4 schließen sich gegenseitig aus (vgl § 4 Rn 203 ff). Die von einem ausländischen Gericht festgesetzte Geldstrafe muss in wesentlichen Grundsätzen der deutschen Rechtsordnung (ordre public; vgl § 328 I Nr 4 ZPO; Art 6 EGBGB) entsprechen.[8] **Folgeaufwendungen** zB bei Inanspruchnahme aus Haftung,[9] Wiedergutmachungsleistungen und Kosten eines Strafverfahrens (Gerichtskosten, Strafverteidigung)[10] können – bei Tatbegehung in Ausübung beruflicher Tätigkeit – betrieblich/beruflich veranlasst und abziehbar sein;[11] dies gilt nur, wenn die dem StPfl zur Last gelegte Tat ausschließlich und unmittelbar aus seiner Erwerbstätigkeit heraus erklärbar ist, also nicht nur gelegentlich der Erwerbstätigkeit und nicht mit abw Zielrichtung (zB bewusste Schädigung des ArbG) erfolgte.[12] Zu ggf anteiligen Steuerberaterkosten s § 10 Rn 26.

F. Erstmalige Berufsausbildung (§ 12 Nr 5)

30 Der Gesetzgeber hat mit Rückwirkung zum VZ 04 eine neue Nr 5 eingeführt,[13] die eine zwischenzeitliche Änderung in der Rspr[14] berichtigt. Damit sind nun Aufwendungen für eine erstmalige Berufsausbildung sowie für ein Erststudium, sofern diese nicht im Rahmen eines Dienstverhältnisses stattfinden, keine vorweggenommenen BA/WK. Sie können höchstens nach Maßgabe des gleichzeitig geänderten § 10 Nr 7 als SA geltend gemacht werden (Näheres s § 10 Rn 27 ff).

---

1 Vgl BFH BStBl II 98, 621 – Schadensersatz gegen Steuerberater wegen zu hoher ESt-Festsetzung beim Mandanten nicht steuerbar.
2 BFH BStBl II 84, 27.
3 FG M'ster EFG 94, 37.
4 BFH BStBl II 90, 742.
5 BFH BStBl II 92, 342.
6 BFH/NV 05, 2186.
7 BFH/NV 00, 1161.
8 BFH BStBl II 92, 85.
9 BFH BStBl II 04, 641 (642 f); BFH/NV 04, 1648.
10 BFH BStBl II 95, 457 – Wiederaufnahme von Straf- und Disziplinarverfahren.
11 BFH BStBl II 86, 518; BStBl II 89, 831; BStBl II 90, 20; BStBl II 95, 457.
12 StRspr, zusammengefasst in BFH BStBl II 04, 641 (642).
13 BGBl I 04, 1753 f.
14 BFH BStBl II 03, 403; BStBl II 03, 407; BStBl II 03, 698.

8. Die einzelnen Einkunftsarten

a) Land- und Forstwirtschaft (§ 2 Abs. 1 Satz 1 Nr. 1)

§ 13 Einkünfte aus Land- und Forstwirtschaft

(1) ¹Einkünfte aus Land- und Forstwirtschaft sind

1. Einkünfte aus dem Betrieb von Landwirtschaft, Forstwirtschaft, Weinbau, Gartenbau und aus allen Betrieben, die Pflanzen und Pflanzenteile mit Hilfe der Naturkräfte gewinnen. ²Zu diesen Einkünften gehören auch die Einkünfte aus der Tierzucht und Tierhaltung, wenn im Wirtschaftsjahr

für die ersten 20 Hektar	nicht mehr als 10 Vieheinheiten,
für die nächsten 10 Hektar	nicht mehr als 7 Vieheinheiten,
für die nächsten 20 Hektar	nicht mehr als 6 Vieheinheiten,
für die nächsten 50 Hektar	nicht mehr als 3 Vieheinheiten,
und für die weitere Fläche	nicht mehr als 1,5 Vieheinheiten

je Hektar der vom Inhaber des Betriebs regelmäßig landwirtschaftlich genutzten Flächen erzeugt oder gehalten werden. ³Die Tierbestände sind nach dem Futterbedarf in Vieheinheiten umzurechnen. ⁴§ 51 Abs. 2 bis 5 des Bewertungsgesetzes ist anzuwenden. ⁵Die Einkünfte aus Tierzucht und Tierhaltung einer Gesellschaft, bei der die Gesellschafter als Unternehmer (Mitunternehmer) anzusehen sind, gehören zu den Einkünften im Sinne des Satzes 1, wenn die Voraussetzungen des § 51a des Bewertungsgesetzes erfüllt sind und andere Einkünfte der Gesellschafter aus dieser Gesellschaft zu den Einkünften aus Land- und Forstwirtschaft gehören;
2. Einkünfte aus sonstiger land- und forstwirtschaftlicher Nutzung (§ 62 des Bewertungsgesetzes);
3. Einkünfte aus Jagd, wenn diese mit dem Betrieb einer Landwirtschaft oder einer Forstwirtschaft im Zusammenhang steht;
4. Einkünfte von Hauberg-, Wald-, Forst- und Laubgenossenschaften und ähnlichen Realgemeinden im Sinne des § 3 Abs. 2 des Körperschaftsteuergesetzes.

(2) ¹Zu den Einkünften im Sinne des Absatzes 1 gehören auch

1. Einkünfte aus einem land- und forstwirtschaftlichen Nebenbetrieb. ²Als Nebenbetrieb gilt ein Betrieb, der dem land- und forstwirtschaftlichen Hauptbetrieb zu dienen bestimmt ist;
2. der Nutzungswert der Wohnung des Steuerpflichtigen, wenn die Wohnung die bei Betrieben gleicher Art übliche Größe nicht überschreitet und das Gebäude oder der Gebäudeteil nach den jeweiligen landesrechtlichen Vorschriften ein Baudenkmal ist;
3. die Produktionsaufgaberente nach dem Gesetz zur Förderung der Einstellung der landwirtschaftlichen Erwerbstätigkeit.

(3) ¹Die Einkünfte aus Land- und Forstwirtschaft werden bei der Ermittlung des Gesamtbetrags der Einkünfte nur berücksichtigt, soweit sie den Betrag von 670 Euro übersteigen. ²Satz 1 ist nur anzuwenden, wenn die Summe der Einkünfte 30 700 Euro nicht übersteigt. ³Im Fall der Zusammenveranlagung von Ehegatten verdoppeln sich die Beträge der Sätze 1 und 2.

(4) ¹Absatz 2 Nr. 2 findet nur Anwendung, sofern im Veranlagungszeitraum 1986 bei einem Steuerpflichtigen für die von ihm zu eigenen Wohnzwecken oder zu Wohnzwecken des Altenteilers genutzte Wohnung die Voraussetzungen für die Anwendung des § 13 Abs. 2 Nr. 2 des Einkommensteuergesetzes in der Fassung der Bekanntmachung vom 16. April 1997 (BGBl. I S. 821) vorlagen. ²Der Steuerpflichtige kann für einen Veranlagungszeitraum nach dem Veranlagungszeitraum 1998 unwiderruflich beantragen, dass Absatz 2 Nr. 2 ab diesem Veranlagungszeitraum nicht mehr angewendet wird. ³§ 52 Abs. 21 Satz 4 und 6 des Einkommensteuergesetzes in der Fassung der Bekanntmachung vom 16. April 1997 (BGBl. I S. 821) ist entsprechend anzuwenden. ⁴Im Fall des Satzes 2 gelten die Wohnung des Steuerpflichtigen und die Altenteilerwohnung sowie der dazugehörende Grund und Boden zu dem Zeitpunkt als entnommen, bis zu dem Absatz 2 Nr. 2 letztmals angewendet wird. ⁵Der Entnahmegewinn bleibt außer Ansatz. ⁶Werden

1. die Wohnung und der dazugehörende Grund und Boden entnommen oder veräußert, bevor sie nach Satz 4 als entnommen gelten, oder

2. eine vor dem 1. Januar 1987 einem Dritten entgeltlich zur Nutzung überlassene Wohnung und der dazugehörende Grund und Boden für eigene Wohnzwecke oder für Wohnzwecke eines Altenteilers entnommen,

bleibt der Entnahme- oder Veräußerungsgewinn ebenfalls außer Ansatz; Nummer 2 ist nur anzuwenden, soweit nicht Wohnungen vorhanden sind, die Wohnzwecken des Eigentümers des Betriebs oder Wohnzwecken eines Altenteilers dienen und die unter Satz 4 oder unter Nummer 1 fallen.

(5) Wird Grund und Boden dadurch entnommen, dass auf diesem Grund und Boden die Wohnung des Steuerpflichtigen oder eine Altenteilerwohnung errichtet wird, bleibt der Entnahmegewinn außer Ansatz; der Steuerpflichtige kann die Regelung nur für eine zu eigenen Wohnzwecken genutzte Wohnung und für eine Altenteilerwohnung in Anspruch nehmen.

(6) ¹Werden einzelne Wirtschaftsgüter eines land- und forstwirtschaftlichen Betriebs auf einen der gemeinschaftlichen Tierhaltung dienenden Betrieb im Sinne des § 34 Abs. 6a des Bewertungsgesetzes einer Erwerbs- und Wirtschaftsgenossenschaft oder eines Vereins gegen Gewährung von Mitgliedsrechten übertragen, so ist die auf den dabei entstehenden Gewinn entfallende Einkommensteuer auf Antrag in jährlichen Teilbeträgen zu entrichten. ²Der einzelne Teilbetrag muss mindestens ein Fünftel dieser Steuer betragen.

(7) § 15 Abs. 1 Satz 1 Nr. 2, Abs. 1a, Abs. 2 Satz 2 und 3, §§ 15a und 15b sind entsprechend anzuwenden.

§ 51 EStDV; R 13.1–13.6/H 13.1–13.5 EStR

Übersicht

	Rn		Rn
A. Allgemeines	1	1. Die Betriebsverpachtung im Ganzen	33
B. Einkünfte aus Land- und Forstwirtschaft	2	2. Besondere Gestaltungen	37
I. Die Einkunftsart der Land- und Forstwirtschaft	2	a) Verpachtung mit Substanzerhaltungspflicht	37
II. Formen land- und forstwirtschaftlicher Einkünfte gemäß § 13 I	4	b) Wirtschaftsüberlassungsvertrag	39
		III. Nießbrauch	40
1. Einkünfte aus Land- und Forstwirtschaft iSv § 13 I Nr 1	4	IV. Nutzungsberechtigung nach § 14 HöfeO	41
a) Landwirtschaft	4	V. Hofübergabe	42
b) Forstwirtschaft	5	VI. Land- und forstwirtschaftliche Mitunternehmerschaft	44
c) Wein- und Gartenbau	6		
d) Land- und forstwirtschaftliche Tierzucht und Tierhaltung	7	D. Gewinnermittlung	47
		I. Allgemeines	47
2. Einkünfte aus sonstiger land- und forstwirtschaftlichen Nutzung iSv § 62 BewG (§ 13 I Nr 2)	12	II. Buchführungspflicht	48
		III. Gewinnermittlung nach § 4 I	53
		1. Betriebsvermögen	53
3. Einkünfte aus Jagd (§ 13 I Nr 3)	13	2. Entnahme	56
4. Einkünfte aus Realgemeinden (§ 13 I Nr 4)	14	3. Aktivierung/Bewertung/Absetzung für Abnutzung	58
III. Formen land- und forstwirtschaftlicher Einkünfte gemäß § 13 II	15	4. Betriebseinnahmen	62
		5. Betriebsausgaben	63
1. Einkünfte aus land- und forstwirtschaftlichen Nebenbetrieben (§ 13 II Nr 1)	15	6. Übergangsbilanz	64
		7. Besonderheiten beim forstwirtschaftlichen Betrieb	65
2. Nutzungswert der Wohnung (§ 13 II Nr 2, IV, V)	20	8. Bodenschätze	67
3. Produktionsaufgaberente (§ 13 II Nr 3)	24	9. Strukturwandel	68
IV. Abgrenzung der Einkünfte aus Land- und Forstwirtschaft	25	IV. Gewinnermittlung nach § 4 III	69
1. Abgrenzung zum Gewerbebetrieb	25	V. Gewinnermittlung bei Mitunternehmerschaften (§ 13 VII)	70
2. Abgrenzung zur Liebhaberei	29	E. Begünstigungen der Land- und Forstwirtschaft	71
V. Sondereinnahmen	31	I. Freibetrag nach § 13 III	71
C. Persönliche Zurechnung der Einkünfte aus Land- und Forstwirtschaft	32	II. Verteilung der Steuer nach § 13 VI	72
I. Grundsätzliches	32	III. Sonstige	73
II. Betriebsverpachtung	33	F. Gestaltungshinweise	74

Literatur: *Bahrs* Die Agrarreform 2005: ein neues Kapitel im landwirtschaftlichen Steuerrecht, Inf 06, 176; *Bolin/Butke* Abgrenzung der Einkünfte aus Land- und Forstwirtschaft zur Liebhaberei, Inf 00, 70; *Giere* Einkommensteuer und Gewinnermittlung in der Landwirtschaft 2006/2007, 2007; *Haakshorst* BFH-Rechtsprechung zur Land- und Forstwirtschaft im Jahr 2006, NWB Fach 3a, 2481 (24/2007); *Hiller* Das Steuerentlastungsgesetz 1999/2000/2002 und seine Berührungspunkte mit der Land- und Forstwirtschaft, Inf 99, 289; *ders* Die Bewertung des Grund und Bodens in der Bilanz landwirtschaftlicher Betriebe, Inf 02, 103; *Jachmann* Zur Entnahme von Grundstücken aus einem landwirtschaftlichen Betriebsvermögen, DStR 95, 40; *Märkle* Brennpunkte der Abgrenzung zwischen land- und forstwirtschaftlicher und gewerblicher Tätigkeit, DStR 98, 1369; *Ostmeyer* Abwicklung landwirtschaftlicher Pachtverhältnisse mit eiserner Verpachtung, Inf 00, 7; *Ritzrow* Mitunternehmerschaft bei Ehegatten in der Land- und Forstwirtschaft, StBp 07, 17; *Schild* Pauschalierende Ermittlung des Gewinns aus Weinbau. Ein Beispiel praxisbewährter Verwaltungsvereinfachung, Inf 07, 382; *v Schönberg* Die ertragsteuerlichen Folgen bei der Veräußerung und Entnahme von Grund und Boden und immateriellen Wirtschaftsgütern in der Land- und Forstwirtschaft, DStZ 01, 145; *Schoor* Das Verpächterwahlrecht bei Verpachtung eines ganzen Betriebs, DStR 97, 1; *Stephany* Die Besteuerung von Ausgleichsflächen, Inf 03, 658; *ders* Steuerliche Behandlung von Photovoltaik- und Biogas-Anlagen bei Land- und Forstwirten, AUR 06, 5; *Wiegand* Die Besteuerung der Land- und Forstwirtschaft aus Sicht der BFH-Rechtsprechung des Jahres 2006, Inf 07, 141; *ders* Die Besteuerung der Land- und Forstwirtschaft aus Sicht von Gesetzgebung, Rechtsprechung und Verwaltung im Jahre 2006, StW 07, 151.

A. Allgemeines

§ 13 enthält keine Definition des Begriffs der LuF.[1] In § 13 I, II werden in nicht erschöpfender Weise Formen von Einkünften aus LuF aufgezählt. § 13 knüpft an § 2 I 1 Nr 1 an. Für die Erwerbsgrundlage LuF sieht das EStG diverse Sonderregelungen vor: § 13a gestattet – ausgehend von der Einordnung der LuF als Gewinneinkunftsart (§ 2 II Nr 1) – zusätzlich zur Gewinnermittlung durch BV-Vergleich (§ 4 I) und durch Überschussrechnung (§ 4 III) die Ermittlung des Gewinns nach Durchschnittssätzen. § 13 III gewährt einen allg Freibetrag, der aus sozialpolitischen Gründen der Subventionierung kleiner und mittlerer Vollerwerbsbetriebe dient.[2] Neben dem Freibetrag nach § 13 III sind weitere besondere Freibeträge vorgesehen (§ 13a VI; § 14 S 2, § 14a I). In § 13 VII werden § 15 I 1 Nr 2, Ia, II 2 und 3, §§ 15a und 15b für entspr anwendbar erklärt. Für Veräußerungs- und Aufgabegewinne trifft § 14 eine – dem § 16 weitgehend entspr – Sonderregelung. Bei außerordentlichen Einkünften wird gem § 34 II Nr 1 eine Tarifvergünstigung gewährt. Verlustausgleich und Verlustabzug sind beschränkt (§ 2a I 1 Nr 1; § 13 VII iVm §§ 15a und 15b). Bestimmte Leistungen werden stfrei gestellt (§ 3 Nr 1a, b, c, d; 17; 27; 62). § 13 VI gestattet die Steuerzahlung in Raten bei Sacheinlagen in einen der gemeinschaftlichen Tierhaltung dienenden Betrieb. § 4a sieht einen abw Gewinnermittlungszeitraum vor und § 37 II 1 ermächtigt zu abw Vorauszahlungszeitpunkten.

B. Einkünfte aus Land- und Forstwirtschaft

I. Die Einkunftsart der Land- und Forstwirtschaft. LuF ist die planmäßige **Nutzung der Naturkräfte, vor allem des Bodens**, zur Erlangung ersetzbarer Stoffe, die sich mit Hilfe der Naturkräfte erneuern (Urproduktion;[3] zum Substanzabbau s Rn 19), **und** die **Verwertung** der gewonnenen pflanzlichen und tierischen Erzeugnisse durch Verkauf[4] oder als Futtermittel für die Tierhaltung.[5] Ein **Betrieb** der LuF setzt eine selbstständige nachhaltige Betätigung iSv § 13 voraus, die mit der Absicht der Gewinnerzielung unternommen wird (§ 15 II 1).[6] Die Gewinnerzielungsabsicht kann Nebenzweck sein, während die Beteiligung an einem luf Betrieb, die lediglich der Verlusterzielung zur Minderung der Steuerbelastung via Verlustausgleich oder durch steuerbegünstigte Veräußerungsgewinne iSv §§ 14, 14a dient, von § 13 nicht erfasst ist (§ 13 VII iVm § 15 II 2, 3). Die Betätigung muss sich auch als eine Beteiligung am allg wirtschaftlichen Verkehr darstellen.[7] Diese Beteiligung fehlt, wenn alle Erzeugnisse vom Betriebsinhaber oder seiner Familie verbraucht werden. Dagegen kann eine Beteiligung am allg Verkehr vorliegen, wenn die Leistungen zwar nur an Angehörige, dafür aber entgeltlich erbracht werden.[8]

---

1 Vgl *H/H/R* § 13 Rn 40.
2 FG Nds EFG 00, 745 (746), aus diesem Grund kann der Freibetrag auch nicht auf Einkünfte aus KapVerm analog angewendet werden.
3 *Leingärtner* Kap 5.
4 Zum Verkauf im Hofladen vgl *Bolin* Inf 01, 365 ff.
5 BFH BStBl II 92, 651 (652); R 15.5 I 1 EStR
6 BFH/NV 01, 1248 (1249).
7 BFH BStBl II 02, 80 (81); *Leingärtner* Kap 3 Rn 2; **aA** *Märkle/Hiller*[9] Rn 152.
8 BFH BStBl II 02, 80 (81) mit Anm *v Schönberg* HFR 02, 390.

3 LuF kann als Einzelunternehmen oder in MU'schaft (s dazu Rn 44 ff) betrieben werden. KapGes erzielen kraft **Rechtsform** stets Einkünfte aus GewBetr (§§ 8 II KStG, 2 II 1 GewStG), andere Körperschaften ggf kstpfl Einkünfte aus LuF (vgl auch Rn 14). Gegen die Steuerfreistellung nach § 1 I Nr 6 KStG, wodurch der Privatwald in wettbewerbsverzerrender Weise benachteiligt wird, bestehen verfassungsrechtliche Bedenken (Art 3 I GG).[1] **Gewerbliche Einkünfte** erzielt eine luf PersGes bei Beteiligung einer KapGes als Geschäftsführer (§ 15 III Nr 2) sowie bei Beteiligung der luf PersGes an einer gewerblich tätigen anderen PersGes (§ 15 I Nr 2).[2] Hält ein G'ter einer luf PersGes den Anteil an dieser in seinem gewerblichen BV, so werden die Einkünfte hieraus auf der Gesellschaftsebene als solche aus LuF festgestellt (§§ 179, 180 AO) und gem § 4a II Nr 1 zeitlich zugeordnet, während es sich beim G'ter um gewerbliche Einkünfte handelt.

II. Formen land- und forstwirtschaftlicher Einkünfte gemäß § 13 I. – 1. Einkünfte aus Land- und Forstwirtschaft iSv § 13 I Nr 1. – a) Landwirtschaft. Landwirtschaft ist die planmäßige Nutzung der
4 natürlichen Kräfte des Bodens zur Erzeugung und Verwertung von lebenden Pflanzen und Tieren,[3] dh im Wesentlichen die Bewirtschaftung von Acker und Dauergrünland. Eigene Flächen sind nicht erforderlich, ebenso kein voller landwirtschaftlicher Besatz (Betriebsgebäude, Inventar usw).[4] Bei einer eigenbewirtschafteten Fläche von mindestens 3000 m^2 kann idR ein landwirtschaftlicher Betrieb angenommen werden.[5] Pilzzucht ist Landwirtschaft, ebenso die Herstellung von Getreidekeimlingen oder von Humus aus pflanzlichen Abfällen des Betriebs (Rn 17)[6] und die Ausbringung von Klärschlamm auf eigenbewirtschafteten Feldern.[7]

5 **b) Forstwirtschaft.** Forstwirtschaft ist Bodenbewirtschaftung zur Gewinnung von Walderzeugnissen, insbes Holz, soweit sie nicht einem landwirtschaftlichen oder gewerblichen Betrieb angehört. Für die Annahme eines Forstbetriebs genügt nicht schon jede Forstfläche iSd BWaldG. Erforderlich ist eine **gewisse Größe**,[8] die die Erzielung eines Totalgewinns ermöglicht.[9] Kann nach Ablauf der Umtriebszeit ein ins Gewicht fallender Gewinn erzielt werden, so ist nicht entscheidend, welcher Gewinn rechnerisch auf die einzelnen Jahre der gesamten Umtriebszeit entfällt. Die planmäßige Aufforstung eines nicht unbedeutenden Areals ist Indiz dafür, dass die Gewinnerzielung durch Holznutzungen beabsichtigt ist.[10] Jedoch kann auch Wald, der durch Samenanflug oder ggf durch Stockausschlag entstanden ist, ab einer gewissen Größe einen Forstbetrieb begründen.[11] Der Forstwirt nimmt hier jedenfalls an dem jährlichen Wertzuwachs des Holzes teil. In einem Zeitraum von fünf Tagen ist es aber objektiv unmöglich, eine Wertsteigerung durch Ausnutzen des Waldwachstums zu erzielen, so dass während dieser Zeit keine Einkünfte aus Forstwirtschaft erzielt werden.[12] Der forstwirtschaftliche Betrieb kann Nachhaltsbetrieb oder aussetzender Betrieb sein.[13] Bei **Nachhaltsbetrieben** ermöglichen Art und Alter der vorhandenen Baumbestände eine planmäßige jährliche Nutzung, während bei **aussetzenden Betrieben** die vorhandenen Baumbestände keine jährlichen Nutzungen gestatten, sondern erst der Kahlhieb nach mehreren Jahrzehnten Ertrag bringt. Als typische aussetzende forstwirtschaftliche Betriebe gelten so Bauernwaldungen, welche regelmäßig nur eine Holzart und eine Altersklasse enthalten und bei Schlagreife kahlgeschlagen werden.[14] Allein die Intensität der Bewirtschaftung ist bei forstwirtschaftlichen Betrieben nicht entscheidend für die Gewinnerzielungsabsicht. Wurden allerdings überhaupt keine Bewirtschaftungsmaßnahmen vorgenommen, liegt kein forstwirtschaftlicher Betrieb vor.[15] Gerade bei aussetzenden Betrieben ist hinsichtlich der Totalgewinnprognose auf die langfristigen, ggf generationsüberschreitenden Wertsteigerungen durch das natürliche Holzwachstum abzustellen, so dass idR auch bei langjährigen Verlusten nicht von Liebhaberei auszugehen ist.[16]

6 **c) Wein- und Gartenbau. Weinbau** ist die planmäßige, auf die Erzeugung von Weinreben gerichtete Bewirtschaftung von Grundstücken mit Weinstöcken einschl der Verwertung der Reben, insbes

---

1 *H/H/R* § 13 Rn 3.
2 BFH BStBl II 96, 264 (266).
3 BFH BStBl II 92, 651 (652); R 15.5 I EStR.
4 BFH/NV 01, 1248 (1250).
5 BFH/NV 95, 592 (593); BMF StEK § 13 Nr 198.
6 *Leingärtner* Kap 5 Rn 4 ff, 35; zur Verwertung organischer Abfälle s R 15.5 IV EStR.
7 FG RhPf EFG 05, 1683 (Rev IV R 24/05) mit Unterscheidung von Transportentgelten.
8 BFH DB 01, 1394 (1395).
9 BFH BStBl II 89, 718 (719 f).
10 BFH BStBl II 89, 718 ff: schon bei 3,2 ha, selbst wenn im Wesentlichen nur eine einzige Altersklasse vorhanden ist.
11 BFH BStBl II 00, 524; BFH/NV 00, 1455.
12 FG Mchn EFG 00, 361 (362).
13 BFH BStBl II 91, 566 (567) mwN.
14 Vgl *F/P/G* Rn A 1007.
15 FG Mchn EFG 00, 1319.
16 BFH/NV 00, 1455 (1457).

Herstellung des Weins (mosten, keltern, lagern), sofern insoweit nicht – vor allem infolge hohen Zukaufs (dazu Rn 16f)[1] – eine gewerbliche Tätigkeit vorliegt. Der Wein ist das Erg landwirtschaftlicher Urproduktion, wofür aber allein der Bearbeitungsprozess nicht ausreicht. Bei ausschließlicher Verwendung selbst erzeugten Grundweins gehört die Herstellung von Winzer-Sekt zum luf Betrieb.[2] IÜ gilt die Umsatzgrenze nach R 15.5 III 2 EStR (vgl dazu aber Rn 17).[3] Bei Verpachtung (Rn 33 ff) eines Weinguts mit sich daran anschließender Bewirtschaftung durch den Verpächter im Auftrag und nach Weisung des Pächters erfolgt eine Zuordnung zu luf oder gewerblichen Einkünften danach, ob es sich bei dieser Vertragsgestaltung um einen (verdeckten) Kaufvertrag über die Lieferung des produzierten Weins – dann LuF – oder um einen Dienstleistungsvertrag – dann GewBetr – handelt.[4] **Gartenbau** ist die verfeinerte Bodenbewirtschaftung zur Erzeugung hochwertiger Pflanzen (Blumen, Gemüse).[5] Friedhofsgärtnerei ist Gartenbau. Sie wird jedoch wie die Landschaftsgärtnerei idR gewerblich betrieben.[6] Unter dem Oberbegriff des Gartenbaus fällt weiter das Betreiben von Baumschulen.[7] Einkünfte aus LuF liegen auch vor, wenn der Baumschulbetrieb sog Kostpflanzen bei Dritten aufziehen lässt, soweit das Aufzuchtrisiko (und die Verfügungsmacht) bei ihm verbleibt.[8] Nicht erforderlich ist, dass der Kostgeber die Kostpflanzen selbst erzeugt hat.

d) Land- und forstwirtschaftliche Tierzucht und Tierhaltung. Land- und forstwirtschaftliche **Tierzucht und Tierhaltung** wird – abgesehen von den Fällen des § 13 I Nr 2 (dazu Rn 12) – bodenabhängig durch (potenzielle) Verwertung der erzeugten Pflanzen nach Maßgabe des § 13 I Nr 1 S 2–5 betrieben. Es muss sich um **Tiere** handeln, die nach der Verkehrsauffassung **typischerweise in landwirtschaftlichen Betrieben** gezogen oder gehalten werden[9] und der luf Betrieb muss eine ausreichende Ernährungsgrundlage für die Tiere bieten. Die in § 13 I Nr 1 genannte Grenze der Futtergrundlage darf nicht überschritten werden, auch wenn die Tiere nicht tatsächlich mit Erzeugnissen des Betriebs gefüttert werden müssen. Ob neben Pferden, Rindvieh, Schafen, Ziegen, Schweinen, Geflügel und Damwild auch **Pelztiere** (§ 51 V BewG) zur LuF zählen, ist danach zu entscheiden, ob die Tiere mit Erzeugnissen der Bodenproduktion des Betriebs ernährt werden können, was bei Fleischfressern nicht der Fall ist.[10] Handelt es sich iÜ um nicht typischerweise in luf Betrieben gehaltene Tiere, insbes **Kleintiere**, die als Haustiere oder als Lebendfutter für andere Tiere verwendet werden (Hunde, Katzen, Vögel, Meerschweinchen, Hamster, Zierfische, Brieftauben, Ratten, Mäuse; nicht aber Wachteln, Straußen, Lamas, Alpakas, Schlachtkaninchen,[11] die landwirtschaftliche Tiere sind[12]), liegt ein Gewerbe oder Liebhaberei vor.[13] **Tierhaltung** umfasst die Ernährung und Pflege eigener wie fremder Tiere (sog Pensionstierhaltung).[14] Ein GewBetr liegt vor, wenn zugekaufte Jungtiere im Betrieb keinen nennenswerten Zuwachs erfahren, so dass sie nicht der Weiterzucht oder Mast dienen.[15] Eine **Brüterei**, in der Küken aus Eiern gewonnen und als Eintagsküken weiterveräußert werden, ist GewBetr. Werden überwiegend Küken für die zum luf Betrieb gehörende Legehennenfarm oder Hähnchenmästerei ausgebrütet, ist die Brüterei Bestandteil des luf Betriebs. Werden die erzeugten Küken überwiegend verkauft, so kann bei überwiegender Eigenerzeugung der Brüteier ein luf Nebenbetrieb vorliegen.[16] Zucht und Haltung von (auch fremden) **Reit- und Rennpferden** ist – sofern es sich nicht um Liebhaberei handelt –[17] LuF, in der Verbindung mit Reitunterricht jedoch GewBetr.[18] Einem luf Betrieb zuzuordnen ist auch die bloße Gelände- und Gebäudeverpachtung mit Versorgung der Tiere, ebenso das Betreiben eines Reiterhofes, wenn außer der Vermietung der Pferde keine weiteren ins Gewicht fallenden Leistungen erbracht werden.[19] Die Ausbildung der Pferde, insbes als Dressur- oder Rennpferd, kann nur bis zum ersten Anreiten zur LuF gerechnet werden.[20] Gewerblich ist das entgeltliche Zurschaustellen von Tieren.[21]

---

1 Eingehend *Schild* Inf 97, 421 ff.
2 BMF BStBl I 96, 1434; im Einzelnen *Schild* Inf 97, 421 ff.
3 S auch OFD Kln FR 97, 649 (650).
4 BFH BStBl II 02, 221 (223) dazu *v Schönberg* HFR 02, 497.
5 *Schmidt*[26] § 13 Rn 77.
6 S R 15.5 VII EStR; *Schild* DStR 97, 642 (646).
7 Vgl BR-Drs 475/99 u §§ 61, 125 VI Nr 3, 142 II Nr 4 BewG.
8 FG BaWü EFG 98, 1003.
9 Vgl Anlage 1 zu § 51 BewG; R 13.2 I EStR.
10 *Leingärtner* Kap 6 Rn 18, 71; vgl BFH BStBl II 03, 507 (508).
11 FG Nds EFG 07, 1151 Verkauf von Kaninchenblut als luf Tätigkeit.
12 FinVerw BaWü DB 99, 1832.
13 BFH BStBl II 05, 347 mit Anm *Kanzler* FR 05, 548.
14 S auch FG Brem EFG 96, 794; FG M'ster EFG 05, 1762.
15 *F/P/G* Rn A 297.
16 BFH/NV 98, 1338.
17 *Ritzrow* StWa 04, 127.
18 Eingehend dazu *Lüschen/Willenborg* Inf 99, 577.
19 BFH BStBl II 89, 416.
20 OFD Ffm Inf 82, 91; OFD Koblenz DStR 89, 681 (682); **aA** BFH BStBl II 04, 742; FG Kln EFG 89, 176 f; FG Nds EFG 06, 1671 (Rev IV R 34/06); *Schmidt*[26] § 13 Rn 79.
21 *Märkle/Hiller*[9] Rn 186.

8 Werden die **Vieheinheiten-Grenzen des § 13 I Nr 1** nachhaltig überschritten, liegt gewerbliche Tierzucht oder Tierhaltung vor.[1] Hierfür ist der **Tierbestand** nach § 51 BewG mit Anl 1 und 2 entspr dem Futterbedarf in Vieheinheiten umzurechnen. Durch das Gesetz zur Anpassung steuerlicher Vorschriften der LuF[2] wurde die Vieheinheiten-Staffel in § 13 und § 21 BewG für Wj, die nach dem 30.6.98 beginnen, an den in der LuF eingetretenen Strukturwandel angepasst.[3] Für die Vieheinheiten-Grenzen relevant sind nur Tiere mit einer gewissen Mindestverweildauer im Betrieb, die mit etwa 3 Monaten anzusetzen ist.[4] § 13 I Nr 1 bestimmt die Zahl der Vieheinheiten, die bei einer bestimmten landwirtschaftlichen Nutzfläche (Futtergrundlage) nicht überschritten werden darf. Der Umrechnungsschlüssel ergibt sich aus R 13.2 EStR, sofern die dort angegebenen Schlüsselwerte nicht offensichtlich unzutr sind.[5] Der letzte angefangene ha wird bei der Umrechnung nicht als voller ha berücksichtigt. **Regelmäßig landwirtschaftlich genutzte Flächen** (§ 51 BewG)[6] können neben den dem Betriebsinhaber gehörenden auch gepachtete Flächen[7] sein, sofern der Pächter das volle Bewirtschaftungsrisiko trägt und es sich nicht um einen gesonderten Betrieb (Rn 9) handelt.[8] Erforderlich ist, dass die Flächen der landwirtschaftlichen Nutzung dienen. Dies ist auch bei Brachland sowie bei nach § 52 BewG bewerteten Sonderkulturen der Fall.[9] Werden Flächen aufgrund eines staatlichen Förderprogramms vorübergehend nicht oder nur eingeschränkt landwirtschaftlich genutzt, so gelten sie regelmäßig als selbst bewirtschaftet.[10] Zur landwirtschaftlichen Nutzfläche zählen auch Hofflächen, Gebäudeflächen und Hausgärten bis zu einer Größe von 10 ar, soweit sie der LuF dienen (§ 40 III BewG), nicht aber Flächen, die der Forstwirtschaft, dem Weinbau/Gartenbau oder der sonstigen luf Nutzung gewidmet sind, ebenso wenig Flächen der Nebenbetriebe, von Abbauland, Geringstland und Unland.

9 Die Vieheinheiten-Grenzen beziehen sich auf den einzelnen landwirtschaftlichen **Betrieb** (§ 33 I BewG). Ob mehrere räumlich voneinander getrennte Betriebsstätten einen einheitlichen luf Betrieb bilden, ist aufgrund einer Gesamtbetrachtung der betrieblichen Verhältnisse zu entscheiden, wobei auch die Entfernung zw den Betriebsstätten zu berücksichtigen ist. Eine feste Grenze für die höchstzulässige Entfernung gibt es nicht.[11] Bei Grundstücken im Umkreis von 40 km kann jedoch prima facie von einer einheitlichen Bewirtschaftung ausgegangen werden. Bei **Lohntierhaltung** – der Eigentümer gibt seine Tiere in fremde Aufzucht und Haltung, wobei es sich für den Halter um eine landwirtschaftliche Betätigung handelt – sind im Hinblick auf die Vieheinheiten-Grenzen beim Eigentümer dessen selbst gehaltene Tiere mit den in Pension gegebenen Tieren zusammenzurechnen. Gleiches gilt für den Halter.[12] Beim Zusammenschluss mehrerer luf Betriebe zu einer **PersGes**, in die die Betriebe ihre landwirtschaftlichen Nutzflächen (zT) einbringen oder sie die Nutzung von Flächen überlassen, ist für die Berechnung der Vieheinheiten-Grenzen die der PersGes zur Verfügung stehende landwirtschaftliche Nutzfläche maßgeblich, wobei die Vieheinheiten-Grenzen regelmäßig geringer sind als die Summe der den Einzelbetrieben vor ihrem Zusammenschluss zur Verfügung stehenden Vieheinheiten. Bei **gemeinschaftlicher Tierzucht und Tierhaltung** (§ 13 I Nr 1 S 5 iVm § 51a BewG)[13] können die Mitglieder die sich aufgrund der landwirtschaftlich genutzten Flächen ihres eigenen Betriebs ergebenden Vieheinheiten (zT) auf die Gemeinschaft übertragen mit der Folge, dass sich die Vieheinheiten des jeweiligen Einzelbetriebs entspr mindern (§ 51a III, IV BewG). Die landwirtschaftlichen Nutzflächen müssen nicht durch die Kooperation bewirtschaftet werden (§ 51a II BewG).[14]

10 Bei **nachhaltiger Überschreitung** der Vieheinheiten-Grenzen – dh in einem Zeitraum von ca 3 bis 4 aufeinanderfolgenden Wj – wäre nach allg Grundsätzen der gesamte Betrieb als ein einheitlicher GewBetr zu qualifizieren. Abw davon zählt R 13.2 II EStR nur den **überschießenden Tierbestand** nicht zum landwirtschaftlichen Betrieb; seine Verwertung führt zu gewerblichen Einkünften. Als

---

1 R 13.2 I, 15.5 I, II EStR.
2 BStBl I 98, 930.
3 *Kruhl* BB 98, 1289.
4 A 1.03 I BewRL.
5 *Leingärtner* Kap 6 Rn 44 ff.
6 S dazu R 13.2 III EStR.
7 UU auch ohne ein solches Nutzungsrecht, wenn die Nutzung einvernehmlich erfolgt und der Pächter die Aufwendungen trägt s BFH BStBl II 03, 13 (15); **aA** Vorinstanz FG Nds EFG 02, 622 (623).
8 *F/P/G* Rn A 42.
9 *Schmidt*[26] § 13 Rn 81.
10 Gesetz zur Gleichstellung stillgelegter und landwirtschaftlich genutzter Flächen, BGBl I 95, 910; R 13.2 III 1 EStR.
11 BFH/NV 97, 749 f; FG Nds EFG 99, 825.
12 *Lademann* § 13 Rn 39.
13 Dazu FG Thür EFG 07, 1155 (Rev IV R 13/07): alle formalen und sachlichen Voraussetzungen des § 51a BewG müssen erfüllt sein.
14 *Leingärtner* Kap 7 Rn 1.

gewerbliche Tierhaltung ausgesondert wird stets ein ganzer Tierzweig.[1] Die weniger flächenabhängigen Tierzweige werden vor den mehr flächenabhängigen ausgesondert, dh Geflügel und Schweine vor Schafen, Pferden und Rindern. Innerhalb jeder Gruppe werden zuerst Zweige des Tierbestands mit der geringeren Anzahl von Vieheinheiten und dann Zweige mit der größeren Anzahl von Vieheinheiten zur landwirtschaftlichen Nutzung gerechnet (§ 51 II 3 BewG). Die verbleibenden Tierbestände dürfen zusammen die Vieheinheiten-Grenzen nicht mehr überschreiten. Der **GewBetr** beginnt, sobald der StPfl durch eine Ausweitung der Tierzucht und Tierhaltung erheblich über die Vieheinheiten-Grenzen hinaus oder durch eine wesentliche Verminderung der landwirtschaftlichen Nutzflächen ohne gleichzeitige Reduzierung der Tierzucht und Tierhaltung zu erkennen gibt, dass er den Betrieb dauerhaft umstrukturieren will.[2] Von einer dauerhaften Umstrukturierung zum GewBetr ist insbes auszugehen, wenn dem bisherigen Charakter des Betriebs nicht mehr entspr Investitionen vorgenommen, vertragliche Verpflichtungen eingegangen oder WG angeschafft werden, die jeweils dauerhaft dazu führen, dass die Vieheinheiten-Grenzen überschritten werden.[3] Der GewBetr beginnt im ersten Jahr der Überschreitung der Vieheinheiten-Grenzen.[4] Die Überschreitung in den Folgejahren ist lediglich Beweisanzeichen, vergleichbar der Situation beim sog gewerblichen Grundstückshandel (§ 15 Rn 114ff). Dies gilt ausnahmslos.[5] Eine begonnene gewerbliche Tierzucht und Tierhaltung verliert nicht rückwirkend ihren gewerblichen Charakter, wenn der StPfl bereits nach weniger als 3 Jahren wieder zur landwirtschaftlichen Tierzucht und Tierhaltung übergeht.[2] Der Dreijahreszeitraum ist objektbezogen und beginnt beim Wechsel des Betriebsinhabers nicht neu.[6]

Zum **Verlustausgleich** bei gewerblicher Tierhaltung s § 15 IV,[7] zur **Verarbeitung** von Fleisch s Rn 17. **11 Tierhaltung im Gartenbau-, Weinbau- oder Forstbetrieb** ist der LuF zuzurechnen, wenn sie in engem wirtschaftlichem Zusammenhang mit dem Betrieb steht, insbes die erforderlichen Futtermittel überwiegend im eigenen Betrieb gewonnen werden oder das Vieh im Wesentlichen nur zur Eigenversorgung gehalten wird.[8]

2. Einkünfte aus sonstiger land- und forstwirtschaftlichen Nutzung iSv § 62 BewG (§ 13 I Nr 2). Zur **12** sonstigen luf Nutzung iSv § 13 I Nr 2 iVm **§ 62 BewG** zählen insbes Binnenfischerei (Küsten- und Hochseefischerei ist gewerblich[9]), Teichwirtschaft, Fischzucht für Binnenfischerei und Teichwirtschaft, Imkerei, Wanderschäferei und Saatzucht. **Bodenunabhängige Tierzucht und Tierhaltung** ist erfasst, wenn die erzeugten Tiere letztlich zur menschlichen Ernährung bestimmt sind.[10] **Fischzucht** ist die Erzeugung von Fischen unter Ausnutzung der Naturkräfte, insbes die Erzeugung von Speisefischen, von Futterfischen und Setzlingen als Vorstufe für die Erzeugung von Speisefischen wie auch die Erzeugung von Köderfischen für Angler von Speisefischen, nicht aber die Zucht von Zierfischen.[11] Auch der Betrieb einer Großanlage zur Fischmästung und -verarbeitung ist nicht als gewerbliche Tierzucht oder Tierhaltung zu qualifizieren,[12] sofern nicht überwiegend zugekaufte Fische verarbeitet werden (Rn 17). Der Zukauf von Tieren ist jedoch unschädlich, wenn sie nicht nur vorübergehend im Betrieb verweilen und so die Tierhaltung nicht den Charakter eines Handelsbetriebs bekommt. Zur bodenunabhängigen Tierzucht und Tierhaltung zählt – neben der nicht abschließenden Aufzählung in § 62 BewG – auch die **Zucht von Weich- und Krebstieren.** Gleiches gilt für die **Nützlingsproduktion**, auch für die Vermarktung. Das **Räuchern** von Forellen ist im Rahmen einer Forellenteichwirtschaft keine relevante Be- oder Verarbeitung, sondern lediglich als Haltbarmachung des landwirtschaftlichen Urprodukts zu begreifen. **Saatzucht** iSd § 62 I Nr 6 BewG ist nur die Erzeugung von Zuchtsaatgut und liegt daher nicht vor, wenn Saatgut vermehrt und vertrieben wird, das nicht selbst erzeugt wurde.[13] Dagegen handelt es sich um Einkünfte aus LuF, wenn das vom StPfl gestellte Saatgut von Dritten vermehrt wird, um Vermehrungsmaterial zu erzeugen und der StPfl das Aufzuchtrisiko trägt.[13] Zur sonstigen luf Nutzung zählen auch Weihnachtsbaumkulturen.[14]

---

1 Vgl dazu *Leingärtner* Kap 6 Rn 62 ff.
2 *F/P/G* Rn A 59.
3 R 15.5 II 1, 2 EStR.
4 FG Nds EFG 03, 454 (455).
5 **AA** R 13.2 II 7, 15.5 II 3 EStR: GewBetr ab dem 4. Jahr der Überschreitung der Vieheinheiten-Grenzen; *Leingärtner* Kap 6 Rn 55, 57 für Fälle, in denen die Höchstgrenzen während eines Zeitraums von 3 Wj regelmäßig überschritten werden und kein Entschluss des StPfl zum Strukturwandel vorliegt.
6 Vgl R 15.5 II 4 EStR.
7 S dazu BFH BStBl II 96, 85.
8 *Leingärtner* Kap 6 Rn 72.
9 *H/H/R* § 13 Rn 284.
10 BFH BStBl II 87, 467 ff.
11 BFH BStBl II 87, 467 (469f).
12 Vgl aber FG Nds EFG 95, 232 f: Fischzucht in künstlichen Stahlbehältern keine Teichwirtschaft.
13 FG BaWü EFG 98, 1003.
14 Zur Bewertung s OFD Mchn ESt-Kartei § 13a Nr 5.7.

13 **3. Einkünfte aus Jagd (§ 13 I Nr 3).** Einkünfte aus Jagd sind solche aus LuF, wenn die Jagd **mit einem luf Betrieb in Zusammenhang** steht; andernfalls handelt es sich – sofern die Jagd auch nicht im Zusammenhang mit einem GewBetr steht – um Liebhaberei. Der Zusammenhang besteht, wenn die Jagd dem luf Betrieb in der Weise dient, dass sie den luf genutzten Grundflächen zugute kommt (Verhinderung von Wildschäden, Abstimmung der Hege mit luf Arbeiten).[1] Erforderlich ist, dass die zum Betrieb gehörenden Flächen einen Eigenjagdbezirk bilden (§ 7 BJagdG) oder der Land- und Forstwirt Mitglied einer Jagdgenossenschaft ist und ihm nach § 11 II BJagdG ein Teil eines Jagdbezirks verpachtet worden ist, der zum überwiegenden Teil aus seinen gepachteten luf Grundflächen besteht.[2] Die bloße Zupachtung eines Jagdbezirks begründet grds keine luf Betätigung. Einkünfte aus einer zusätzlich zur Eigenjagd zugepachteten Jagd stehen nur dann in ausreichendem Zusammenhang mit dem luf Betrieb, wenn die Zupachtung auf zwingenden öffentlich-rechtlichen Gründen beruht,[3] zur ordnungsgemäßen Bewirtschaftung des luf Betriebs erforderlich ist oder wenn die zugepachteten Jagdflächen überwiegend eigenbetrieblich genutzt werden.[4] Bringt eine in Zusammenhang mit dem luf Betrieb ausgeübte Jagd **Verluste**, so ist der Betrieb dennoch insges ein Erwerbsbetrieb. Ohne Zusammenhang mit der LuF oder mit einem GewBetr liegt idR Liebhaberei vor. IÜ gilt § 4 V Nr 4. Das **Eigenjagdrecht** ist ein selbstständiges immaterielles WG (vgl § 140 I 2 BewG).[5]

14 **4. Einkünfte aus Realgemeinden (§ 13 I Nr 4).** Berg-, Wald-, Forst- und Laubgenossenschaften sowie ähnliche[6] Realgemeinden iSv § 3 II KStG sind gem § 13 I Nr 4 als luf MU'schaft zu behandeln. Soweit jedoch die Realgemeinde einen GewBetr unterhält oder verpachtet, der über den Rahmen eines Nebenbetriebs hinausgeht, ist sie kstpfl (§ 3 II KStG).[7]

III. Formen land- und forstwirtschaftlicher Einkünfte gemäß § 13 II. – 1. Einkünfte aus land- und
15 **forstwirtschaftlichen Nebenbetrieben (§ 13 II Nr 1).** Ein Nebenbetrieb zu einem luf Unternehmen liegt vor, wenn die Verbindung zw beiden Betätigungen planmäßig im Interesse des luf Hauptbetriebs besteht, die gewerbliche Betätigung der LuF zu dienen bestimmt ist und die gesamte Tätigkeit auch nach der Verkehrsauffassung als Einheit erscheint, wobei die LuF dem Unternehmen das Gepräge gibt (s auch Rn 25).[8] Dabei kann ein luf Nebenbetrieb nur bestehen, wenn ders StPfl den luf Hauptbetrieb unterhält. Als gewerbliche Nebenbetriebe zu einem luf Betrieb kommen insbes Absatzbetriebe, Be- und Verarbeitungsbetriebe und Substanzbetriebe in Betracht.

16 Die Veräußerung eigener luf Produkte in einem **Absatzbetrieb** kann direkt vom Hof oder in einem eigenen Ladengeschäft oder vom Marktstand erfolgen. Ein sog Handelsgeschäft liegt vor, wenn der Land- und Forstwirt seine selbst gewonnenen luf Erzeugnisse in einem Ladenlokal veräußert, das aufgrund seiner Entfernung vom Betrieb der LuF oder aufgrund seiner Organisationsstruktur als eigenständige Betriebsstätte anzusehen ist.[9] Erzeugerbetrieb und Handelsgeschäft bilden einen einheitlichen Betrieb, wenn die eigenen Erzeugnisse zu mehr als 40 vH im Handelsgeschäft abgesetzt werden oder zwar die Grenze von 40 vH unterschritten wird, aber der Wert des Zukaufs fremder Erzeugnisse 30 vH des Umsatzes des Handelsgeschäfts nicht übersteigt.[10] Ob der einheitliche Betrieb einen luf Betrieb oder einen GewBetr darstellt, entscheidet sich nach den unter Rn 25 ff dargestellten Kriterien. Ein Handelsgeschäft ist selbstständiger GewBetr, wenn die Grenze von 40 vH unterschritten wird und der Wert des Zukaufs fremder Erzeugnisse 30 vH des Umsatzes des Handelsgeschäfts übersteigt oder wenn der Absatz der eigenen Erzeugnisse zwar die Grenze von 40 vH übersteigt, diese jedoch im Verhältnis zur gesamten Absatzmenge des Handelsbetriebs von untergeordneter Bedeutung sind und der Erzeuger- und Handelsbetrieb in der Betriebsführung voneinander unabhängig sind und beide Betriebe nach außen als selbstständige Betriebe auftreten.[11] Für den Umsatzvergleich ist grds auf das Verhältnis der auf dem Zukauf beruhenden Umsätze zum Gesamtumsatz abzustellen.[12] Die vereinfachende Orientierung am Einkaufswert im Vergleich zum Gesamtumsatz kommt jedenfalls dann nicht in Betracht, wenn der auf die zugekauften Erzeugnisse entfallende Umsatzteil durch Kostenfaktoren, die im Einkaufswert der Fremderzeugnisse keinen Niederschlag

---

1 BFH BStBl II 02, 692 (694) mit Anm v *Schönberg* HFR 03, 28.
2 BFH BStBl II 79, 100 (102 f); FG RhPf EFG 04, 1682.
3 FG RhPf EFG 04, 1682.
4 BFH/NV 97, 103 f; FG Mchn EFG 96, 703.
5 BMF BStBl I 99, 593.
6 Dazu FG Brem EFG 04, 1551.
7 Partielle KStPfl s *H/H/R* § 13 Rn 302.
8 BFH BStBl II 98, 359 (360); BFH/NV 95, 772 f.
9 *Bolin* Inf 01, 365 (371).
10 R 15.5 VI 2 Nr 1u 2 EStR; *Bolin* Inf 01, 365 (371); FG Nds EFG 07, 210 (Rev IV R 21/06).
11 R 15.5 VI 4 Nr 1u 2 EStR; *Bolin* Inf 01, 365 (371).
12 *Blümich* § 13 Rn 151.

finden, in erheblichem Maß beeinflusst wird.[1] Jenseits der genannten Grenzen liegt idR entweder ein selbstständiger GewBetr neben dem luf Betrieb oder ein einheitlicher GewBetr mit einem an sich luf Nebenbetrieb vor. Zum **Ausschank von selbst erzeugten Getränken** s R 15.5 VIII EStR.

Die **Be- und Verarbeitung** dient nach R 15.5 III 1 EStR als Nebenbetrieb der LuF, wenn **überwiegend im eigenen Hauptbetrieb erzeugte Rohstoffe** be- oder verarbeitet werden[2] und die dabei gewonnenen Erzeugnisse überwiegend für den Verkauf bestimmt sind, oder wenn ein Land- und Forstwirt Umsätze aus der Übernahme und Be- oder Verarbeitung von Rohstoffen (zB organische Abfälle[3]) erzielt, indem er die dabei gewonnenen Erzeugnisse nahezu ausschließlich im eigenen Betrieb der LuF verwendet und die Erzeugnisse jeweils im Rahmen einer ersten Stufe der Be- oder Verarbeitung, die noch dem luf Bereich zuzuordnen ist, hergestellt werden (geringfügige Weiterverarbeitung).[4] Entspr gilt nach R 15.5 III 2 EStR aus Vereinfachungsgründen auch für Produkte der zweiten (gewerblichen) Verarbeitungsstufe, wenn diese zur Angebotsabrundung im Rahmen der Direktvermarktung eigener luf Produkte abgegeben werden und der Umsatz daraus nicht mehr als 10 300 € im Wj beträgt. Hierunter fallen nach Interpretation der FinVerw[5] nur solche Erzeugnisse, die einen sachlichen Zusammenhang mit den direkt vermarkteten Erzeugnissen haben, wobei eine Angebotsabrundung durch Produkte der zweiten Bearbeitungsstufe stets gegeben ist, wenn vergleichbare Produkte aus der ersten Stufe der Be- und Verarbeitung im Rahmen eines Nebenbetriebs vermarktet werden. Richtigerweise ist die **Grenze eines schädlichen Zukaufs fremder Erzeugnisse von höchstens 30 vH** (vgl Rn 16) auch für die Beurteilung, ob ein Be- oder Verarbeitungsbetrieb als landwirtschaftlicher Nebenbetrieb oder als GewBetr zu behandeln ist, heranzuziehen.[6] IÜ kann es nicht auf die Unterscheidung zw erster und zweiter Bearbeitungsstufe ankommen, da diese im Gesetz keine Stütze findet und auch keine eindeutige Zuordnung gestattet.[7] Die Entscheidung, ob ein landwirtschaftlicher Nebenbetrieb vorliegt, kann auch nicht davon abhängig gemacht werden, ob es sich bei den hergestellten Erzeugnissen nach der Verkehrsauffassung noch um landwirtschaftliche Produkte handelt.[8] Maßgeblich ist vielmehr der **Vergleich** mit einer gewerblichen Produktionsweise, dh **mit** den Typenmerkmalen einer entspr konkreten **gewerblichen Tätigkeit**.[9] Für die Abgrenzung von luf Nebenbetrieb und selbstständigem GewBetr ist primär auf den Umfang der Veränderung der landwirtschaftlichen Produkte abzustellen. Ein luf Nebenbetrieb liegt vor, wenn der Land- und Forstwirt einen Teil seiner landwirtschaftlichen Urerzeugnisse nach nur geringfügiger Bearbeitung[10] in einem Ladengeschäft absetzt, etwa wenn Milch zu Butter, Quark oder Käse verarbeitet und erst so verkauft wird.[11] Unterscheidet sich die vom Land- und Forstwirt betriebene Weiterverarbeitung aber nicht wesentlich von der üblicher Handwerks- und GewBetr, so ist ein selbstständiger GewBetr anzunehmen. Aus Vereinfachungsgründen kann eine solche gewerbliche Tätigkeit dann dem luf Betrieb zugeordnet werden, wenn sie gegenüber dem luf Betrieb im Umfang nicht ins Gewicht fällt (nicht mehr als 10 vH des Umsatzes im luf Betrieb sowie innerhalb der Grenze des § 19 I UStG).[12] IÜ ist etwa die mit der Tätigkeit eines Metzgers vergleichbare Herstellung bratfertiger Fleischstücke oder die Verarbeitung zu Wurstwaren GewBetr. Bei **MU'schaft** gilt ab VZ 05 nach R 15.5 III 3 EStR, dass ein Nebenbetrieb nur dann vorliegen kann, wenn er ausschließlich von Land- und Forstwirten betrieben wird und nur in deren Hauptbetrieben erzeugte Rohstoffe be- oder verarbeitet werden oder nur Erzeugnisse gewonnen werden, die ausschließlich in diesen Betrieben verwendet werden.

Die Erzeugung von **Biogas** aus im eigenen luf Betrieb anfallender Biomasse ist grds Teil der luf Urproduktion, kann aber bei Vorliegen der Voraussetzungen von R 15.5 III EStR Nebenbetrieb sein.[13] Ein luf Nebenbetrieb ist im Einzelnen anzunehmen, wenn die für den Betrieb der Biogasan-

---

1 BFH BStBl II 89, 284.
2 BFH BStBl II 98, 359 (360): Brennerei.
3 Zur unmittelbaren Verwertung organischer Abfälle s R 15.5 IV EStR.
4 R 15.5 III 1 EStR.
5 OFD Kln FR 97, 649 (650).
6 BFH BStBl II 89, 284 (286).
7 BFH BStBl II 97, 427 (429); dazu Nichtanwendungserlass BMF BStBl I 97, 629.
8 BFH BStBl II 97, 427 (429); **aA** *Leingärtner* Kap 12 Rn 13; *Märkle/Hiller*[9] Rn 177, 182.
9 *Zugmaier* Inf 97, 579 (580).
10 FG Mchn EFG 06, 106 Einfüllen von Gurken in Gläser.
11 BFH BStBl II 97, 427 (429).
12 BFH BStBl II 97, 427 (429 f).
13 R 15.5 XI 4 EStR; OFD Köln FR 97, 649 (650); BMF BStBl I 06, 248 u 417; *Stephany* AUR 06, 5.

lage verwendeten Rohstoffe zwar überwiegend im eigenen luf Hauptbetrieb erzeugt wurden, das durch die Be- und Verarbeitung gewonnene Erzeugnis jedoch überwiegend zum Verkauf bestimmt ist oder wenn die Biomasse gegen Entgelt erworben wird und das daraus selbst erzeugte Biogas nahezu ausschließlich im eigenen luf Betrieb verwendet wird.[1]

19 **Substanzbetriebe** (Abbauland iSv § 43 BewG), zB Sandgruben, Kiesgruben, Torfstiche, werden im Grundsatz dem GewBetr zugeordnet, außer es handelt sich um einen luf Nebenbetrieb (§ 15 I 1 Nr 1 S 2). Ein solcher liegt vor, wenn die gewonnene Substanz überwiegend im eigenen luf Betrieb verwendet wird.[2] Zum Abbau durch einen Dritten s Rn 67.

20 **2. Nutzungswert der Wohnung (§ 13 II Nr 2, IV, V).** Da die Übergangsregelung zum selbstgenutzten Wohneigentum Ende 98 ausgelaufen ist, wurde § 52 XV aF gestrichen. Die Regelung der Baudenkmäler wurde in § 13 II Nr 2, IV, die Regelung zur stfreien Entnahme von Altenteilswohnungen in § 13 V übernommen.[3] Der **Nutzungswert der Wohnung** des Land- und Forstwirts gehört gem § 13 II Nr 2, IV 1 zu den Einkünften aus LuF, soweit das Gebäude oder der Gebäudeteil ein Baudenkmal iSd landesrechtlichen Vorschriften darstellt, die Wohnung die bei vergleichbaren Betrieben übliche Größe nicht überschreitet,[4] und im VZ 86 wie auch danach ununterbrochen zu eigenen Wohnzwecken oder zu Wohnzwecken des Altenteilers genutzt wurde. Wohnung in diesem Sinne ist eine in sich abgeschlossene, mehr als ca 20 m² große Zusammenfassung von Räumen, welche baurechtlich zum dauernden Aufenthalt von Menschen geeignet ist und über einen eigenen Zugang und eine Koch- und Wohngelegenheit verfügt.[5] Ab VZ 87 zur Selbstnutzung angeschafftes oder hergestelltes Wohneigentum wird von Anfang an nicht BV, es sei denn, es ist gem § 13 IV 1 iVm § 52 XV 3 aF wie ein Altobjekt zu behandeln (Bauantrag vor dem 1.1.87 und Nutzung der Wohnung im Jahr der Fertigstellung zu Wohnzwecken entweder des StPfl oder eines Altenteilers). Wird eine Wohnung nach der Abschaffung der Besteuerung des Nutzungswerts der eigengenutzten Wohnung aufgrund eines Altenteilsvertrags überlassen, kann der Nutzungswert der Wohnung, wenn § 13 II Nr 2 nicht mehr angewendet werden kann, beim Altenteilsverpflichteten nicht als dauernde Last nach § 10 I Nr 1a abgezogen werden; er ist beim Altenteiler auch nicht als wiederkehrende Bezüge nach § 22 Nr 1 S 1 zu erfassen.[6]

21 Mit Ablauf des VZ, in dem **die Nichtanwendung der Nutzungswertbesteuerung** nach § 13 II Nr 2 **beantragt (§ 13 IV 2)**[7] wurde, gelten die betroffenen Wohnungen sowie der dazugehörende Grund und Boden als **stfrei entnommen** (§ 13 IV 4, 5).[8] Es können auf diese Weise bis zu drei Wohnungen (bei drei Generationen) entnommen werden.[9] Der Gewinn bleibt auch bei **Veräußerung oder Entnahme** einer Wohnung stfrei **(§ 13 IV 6)**. Die Wohnung muss bis zur Veräußerung oder Entnahme der Nutzungswertbesteuerung unterliegen (§ 13 IV 6 Nr 1 iVm S 4).[10] Da § 13 IV 6 Nr 1 eine sachliche Steuerbefreiung darstellt, scheidet der betroffene Gewinn bei der Berechnung des Veräußerungsfreibetrages nach §§ 14, 16 IV aus.[11] Ein etwaiger Entnahmeverlust bleibt berücksichtigungsfähig.[12] Nach der Entnahme ist der BA-Abzug von Schuldzinsen während der Eigennutzung im PV ausgeschlossen.[13] Bei einer **entgeltlichen Nutzungsüberlassung der Wohnung vor dem 1.1.87** ist der Entnahmegewinn nach **§ 13 IV 6 Nr 2** stfrei, wenn die Wohnung und der dazugehörende Grund und

---

1 Vgl auch *F/P/G* Rn A 343b; *Hiller/Horn* Inf 05, 221; *Wiegand* Inf 05, 667.
2 R 15.5 III 4 EStR.
3 Zu den verfassungsrechtlichen Bedenken wegen der alleinigen Begünstigung der Einkünfte aus LuF vgl *Hiller* Inf 98, 449 (450).
4 BFH BStBl II 04, 945 – 376 qm Wohnfläche überschreitet übliche Größe bei Betrieb von 131 ha nicht.
5 *Hiller* Inf 98, 449 (451); *ders* Inf 01, 6 (7). Die Identität einer Wohnung kann trotz erheblichen Umbaus und Zusammenlegung mit einer anderen Wohnung fortbestehen s BFH BStBl II 03, 644 (645); BFH/NV 03, 1552; *v Schönberg* HFR 02, 588. Mehrere kleine Wohnungen können als eine Wohnung in Betracht kommen, sofern sie einheitlich genutzt werden, s BFH BStBl II 04, 277 mit Anm *v Schönberg* HFR 04, 530.
6 OFD Mchn DStR 01, 1117.
7 BFH/NV 03, 1552 Antrag auch für ein bereits abgelaufenes, aber noch nicht bestandskräftig veranlagtes Kj; FG Mchn EFG 04, 28 Antrag jedenfalls bei bestandskräftiger und endgültiger Veranlagung nicht widerrufbar.
8 Zur Auswirkung auf § 4 IVa s OFD Koblenz DStR 03, 1483.
9 *v Schönberg* HFR 02, 25.
10 BFH BStBl II 01, 275 (276); offen gelassen in BFH DStZ 99, 100 f.
11 *Schmidt*[26] § 13 Rn 190 „Veräußerung einer Wohnung".
12 BMF BStBl I 86, 528 A I II 7.
13 BFH BStBl II 97, 454; s aber zur Abzugsfähigkeit von Aufwendungen für Erhaltungsmaßnahmen vor Wegfall der Nutzungswertbesteuerung unabhängig vom Zahlungszeitpunkt BFH BStBl II 03, 837 f; auch BFH/NV 03, 1159.

Boden nach dem 31.12.86 für eine dauernde[1] Nutzung zu Wohnzwecken des StPfl oder eines Altenteilers entnommen wird, soweit nicht Wohnungen vorhanden sind, die Wohnzwecken des Eigentümers des Betriebs oder Wohnzwecken eines Altenteilers dienen und die unter § 13 IV 4 oder 6 Nr 1 fallen.[2] Entgeltlichkeit setzt voraus, dass für die Nutzungsüberlassung ein Miet- oder Pachtzins ausdrücklich vereinbart und gezahlt wird.

Gem § 13 V ist der **Entnahmegewinn stfrei**, der durch die **Bebauung** von zum luf BV gehörenden Grund und Boden[3] mit einem – tatsächlich entspr genutzten[4] – **Wohnhaus** für den StPfl (= Betriebseigentümer) oder einen Altenteiler (tatsächliche Nutzung durch Altenteiler) entsteht, selbst wenn der StPfl die Steuerfreiheit für Entnahmegewinne nach § 13 IV voll ausgeschöpft hat. Nach der **Objektbegrenzung** des § 13 V gilt dies jedoch nur für eine Betriebsleiterwohnung und für eine Altenteilerwohnung (Wohnung, die im Eigentum des Betriebsinhabers steht und von ihm dem bisherigen Betriebsinhaber als Versorgungsleistung schuldrechtlich oder dinglich gesichert unentgeltlich zur Wohnnutzung überlassen wird). § 13 V ist auch anzuwenden, wenn der Grund und Boden erst nach dem 31.12.86 BV geworden ist. Die Objektbegrenzung ist personenbezogen, so dass ein neuer Betriebsinhaber – Rechtsnachfolger iSv § 6 III wie auch entgeltlicher oder teilentgeltlicher Erwerber – unabhängig von der Inanspruchnahme des § 13 V durch den Rechtsvorgänger eigene begünstigte Objekte errichten kann.[5] Die Anwendung der Steuerbefreiungen bei MU'schaften ist umstritten. Unproblematisch ist sie auf im Sonder-BV befindliche Grundstücke anwendbar.[6] Bei Wohnungen, die auf gesamthänderisch gebundenem Grund und Boden errichtet und von den MU'ern unentgeltlich genutzt werden, ist die Steuerbefreiung wegen der Personenbezogenheit der Objektbegrenzung für jeden MU'er oder dessen Altenteiler anzuwenden.[7] Dies gilt jedoch nicht bei Veräußerung eines Grundstücks an einen G'ter zur Errichtung einer Wohnung.[8] § 13 V ist nicht anzuwenden bei **Nutzungsänderungen** einer Wohnung, die nicht unter § 13 IV fällt, wie auch bei **Erweiterungen** einer bereits zum PV gehörenden Betriebsleiter- oder Altenteilerwohnung, für die Grund und Boden des BV beansprucht wird,[9] ebenso nicht bei Entnahme der **Pächterwohnung** durch Betriebsübergang auf den Pächter und Hoferben.[10] Ein Umbau/Ausbau muss so umfassend sein, dass bei wirtschaftlicher Betrachtung von der Neuerrichtung einer Wohnung auszugehen ist.[11] Bei einem Umbau eines Altgebäudes ist nur der nackte Grund und Boden stfrei zu entnehmen, während der durch die Entnahme des vorhandenen Gebäudes entstehende Gewinn stpfl ist.[11]

Zur Wohnung dazugehörender **Grund und Boden** liegt vor, wenn vor der Entnahme ein Nutzungs- und Funktionszusammenhang mit der Wohnung besteht und eine Zweckbestimmung für die künftige Wohnungsnutzung vorgesehen ist.[12] Dem Umfang nach erstreckt sich die stfreie **Entnahme** des zu einer Wohnung gehörenden Grund und Boden nach Rspr[13] und Verwaltungsauffassung[14] nur auf die für die künftige private Nutzung erforderlichen[15] und üblichen Flächen,[16] selbst wenn weitere Flächen im Entnahmezeitpunkt als **Hausgarten**[17] genutzt werden. Dem ist insoweit zu folgen, als die Nichtbeanstandungsgrenze von ca 1000 m² für einen Hausgarten[18] weder einen Anspruch auf Entnahme weiterer 1000 m² Grund und Boden neben der mit der Wohnung bebauten Fläche begründet[19] noch der Umfang der stfrei zu entnehmenden Gartenflächen grds auf 1000 m² begrenzt ist.[20] Für die Feststellung der üblichen Größe sind die örtlichen Verhältnisse zu berücksichtigen.[21] IÜ ist

---

1 BFH BStBl II 04, 947.
2 BMF BStBl I 86, 528 A III 2b; BFH/NV 99, 175; nach FG Nds EFG 03, 1476 nur vor dem 1.1.87 leer stehende Wohnung entspr anwendbar.
3 *F/P/G* Rn A 178d; BMF BStBl I 97, 630.
4 BFH BStBl II 06, 68.
5 *F/P/G* Rn A 178d.
6 Hierbei ist jedoch § 6 V 3 zu beachten; s auch BFH/NV 03, 1407.
7 **AA** *Lademann* § 13 Rn 84d: nicht bei Personenhandelsgesellschaften.
8 BFH BStBl II 99, 53 (54 f).
9 *F/P/G* Rn A 178e.
10 BMF DStZ 91, 477.
11 *F/P/G* Rn A 178f.
12 BFH BStBl II 01, 762; BStBl II 02, 815 (816); BStBl II 04, 419 (420) mit Anm *v Schönberg* HFR 04, 431.
13 BFH BStBl II 97, 50 (51f); FG Nds EFG 99, 1020.
14 BMF BStBl I 97, 630 f sowie dazu FR 98, 533; BStBl I 98, 129 u OFD Hann DStZ 02, 421.
15 *Urban* DStR 98, 1375 (1376); *Hiller* Inf 01, 6 (9); vgl zu Indizien, die für/gegen die Erforderlichkeit sprechen, FinMin Niedersachsen FR 98, 532 f.
16 FG Mchn EFG 04, 28 (29).
17 *Hiller* Inf 98, 449 (452).
18 BMF BStBl I 97, 630; BStBl I 86, 528 A III 6 iVm R 133a IV 2 u 3 EStR 86/90.
19 BFH BStBl II 97, 50 (52).
20 BMF FR 98, 533; FinMin Niedersachsen FR 98, 532; auch ein Hausgarten von 1442 m² kann zur Wohnung dazugehörenden Grund und Boden darstellen, ebenso ein Garten von 2790 m² (entnommene Gesamtfläche 3400 m²) FG SchlHol EFG 01, 628 (630).
21 BFH BStBl II 01, 762 (763).

jedoch auf die Zielsetzung abzustellen, die schon § 52 XV aF zugrunde lag, einen Übergang von der betrieblichen Nutzungswertbesteuerung zur Privatgutlösung zu schaffen. Dementspr ist der Grund und Boden als zur Wohnung gehörend zu qualifizieren, der auch nach § 13 II Nr 2 der Nutzungswertbesteuerung unterlag;[1] er darf die bei Betrieben gleicher Art übliche Größe nicht überschreiten. Eine Bindung an die bewertungsrechtliche Behandlung (§ 33 II BewG) besteht nicht. Zu einer Wohnung sind insbes die bebaute Fläche sowie Zier- und Hausgärten in unmittelbarer Nähe des Wohngebäudes zu zählen,[2] soweit ihr Umfang dem bei Betrieben gleicher Art Üblichen entspricht. Auch ein zu mehr als 90 vH privat genutzter Garten, der sich ca 400 m vom Hofgebäude entfernt befindet, kann noch zur Wohnung dazugehörenden Grund und Boden darstellen.[3] Jedenfalls können der Wohnung nur Zugänge, Zufahrten, Stellflächen und Gärten zugeordnet werden, die **zu mehr als 90 vH privat genutzt** werden.[4] Bei einer nicht privaten Nutzung von mindestens 10 vH besteht die Möglichkeit der Beibehaltung als – gewillkürtes – BV.[5] Maßgeblich sind die tatsächlichen Verhältnisse im Entnahmezeitpunkt.[6] Darauf ist jedoch nicht abzustellen, wenn eine zuvor anderweitig genutzte Fläche erst kurze Zeit vor der Entnahme des Wohngrundstücks einer Nutzung als Haus- oder Ziergarten zugeführt wurde und zeitnah nach dem Wegfall der Nutzungswertbesteuerung wieder anderweitig genutzt wird.[7] Der Teil des zur Wohnung gehörenden Grund und Bodens, der den üblichen Umfang übersteigt, wird **nicht** schon mit Wegfall der Nutzungswertbesteuerung **stpfl entnommen**.[8] Dabei ist es nicht erforderlich, dass der StPfl ausdrücklich erklärt, dass die Fläche nach dem Wegfall der Nutzungswertbesteuerung zur Verwendung als betriebliche Nutzfläche bestimmt ist, und dass mit dieser Nutzung innerhalb von 2 Jahren tatsächlich begonnen wird.[9]

24 3. Produktionsaufgaberente (§ 13 II Nr 3). Die **Produktionsaufgaberente** nach dem Gesetz zur Förderung der Einstellung der landwirtschaftlichen Erwerbstätigkeit[10] ist, soweit nicht nach § 3 Nr 27 stfrei (Höchstbetrag von 18 407 €), gem § 13 II Nr 3 den Einkünften aus LuF zuzurechnen.[11] Mit Aufgabe des nicht mehr aktiv bewirtschafteten Betriebs ist die Produktionsaufgaberente den nachträglichen Einkünften aus LuF zuzurechnen (§ 24 Nr 2).[12] Da es sich um gesetzliche und nicht um entgeltlich erworbene Ansprüche handelt, ist die Produktionsaufgaberente nicht zu aktivieren, sondern im Zeitpunkt des Zuflusses als laufende BE zu erfassen.[11] Bei Gewinnermittlung nach § 13a ist die Produktionsaufgaberente mit dem Grundbetrag abgegolten.[13]

25 IV. Abgrenzung der Einkünfte aus Land- und Forstwirtschaft. – 1. Abgrenzung zum Gewerbebetrieb. Da auch der luf Betrieb den Anforderungen des § 15 II 1 (dazu § 15 Rn 10 ff) zu genügen hat, ist er nach seinem Gegenstand vom GewBetr abzugrenzen. Die Abgrenzung zum GewBetr ist im Hinblick auf die besondere Gewinnermittlungsart des § 13a, besondere Begünstigungen (Rn 71 ff), die fehlende GewStPfl der luf Betriebe und die GrSt-Pflicht der luf Betriebe als solche (§ 2 Nr 1 GrStG) bedeutsam. Hierfür enthält R 15.5 EStR Vereinfachungsregeln,[14] die auch nebeneinander angewendet werden können. Liegt eine **teils gewerbliche, teils luf Betätigung** vor, so hängt die getrennte oder einheitliche Beurteilung als GewBetr oder LuF von der wirtschaftlichen Verknüpfung beider Bereiche ab. Zwei selbstständige Betriebe liegen vor, wenn entweder keine Verbindung zw beiden Betrieben besteht oder die Verbindung zw beiden lediglich zufällig, vorübergehend und ohne Nachteile für die gesamte Betätigung lösbar ist.[15] Von einem einheitlichen Betrieb ist auszugehen, wenn die Verbindung planmäßig im Interesse des Hauptbetriebs gewollt ist, dh eine Betätigung der anderen zu dienen bestimmt ist und die Betätigung insgesamt nach der Verkehrsauffassung als

---

1 Vgl auch *Schuh/Burkart/Völlinger* Inf 97, 201 ff; *Scheich* Inf 97, 584 (586); *Hiller* Inf 01, 6 (7).
2 Ein enger räumlicher Zusammenhang ist nicht erforderlich, BFH BStBl II 02, 78 (79); *Kanzler* FR 02, 639.
3 BFH BStBl II 02, 78 (79) mit Anm *MK* DStRE 02, 222; ähnlich BFH/NV 03, 904.
4 BFH BStBl II 00, 470; *Hiller* Inf 98, 449 (451 f).
5 BMF BStBl I 97, 630; § 4 Rn 45.
6 *F/P/G* Rn A 171i.
7 Weitergehend OFD Mchn StEd 95, 136 f: stpfl Entnahme generell bei einer Nutzungsänderung der Fläche nach dem 31.12.86.
8 BMF BStBl I 04, 442; BFH BStBl II 04, 272 mit Anm *v* *Schönberg* HFR 04, 220; BFH/NV 05, 1273; *Hiller* Inf 01, 6 (9).
9 So noch BMF BStBl I 98, 129.
10 FELEG v 21.2.89, BGBl I 89, 233.
11 OFD Mchn StEK § 13 Nr 585.
12 OFD Chemnitz FR 97, 242 (243).
13 OFD Chemnitz FR 97, 242 (243); diff OFD Mchn StEK § 13 Nr 585.
14 Vgl auch OFD Köln FR 97, 649 f; zur Überschreitung der Grenzen aufgrund v Naturkatastrophen BMF v 4.6.02 IV D 2-S – 0336 – 4/02 Tz 4.2.6.
15 R 15.5 I 4 EStR.

Einheit erscheint.[1] Dabei handelt es sich um einen luf Betrieb, wenn die LuF dem Unternehmen das Gepräge gibt, die gewerbliche Betätigung nur dienender Bestandteil der LuF, dh Nebenbetrieb (vgl Rn 15 ff) ist. Ein GewBetr liegt vor, wenn das Gewerbe dem Unternehmen das Gepräge gibt und die LuF nur untergeordnete Bedeutung hat.[2]

Beim **Zukauf fremder Erzeugnisse** insbes zum Zweck der Weiterveräußerung liegt insgesamt ein GewBetr vor, wenn dauernd und nachhaltig fremde Produkte über den betriebsnotwendigen Umfang hinaus zugekauft werden. Ein steuerschädlicher Zukauf setzt dabei voraus, dass die fremden Erzeugnisse nicht im Rahmen des eigenen betrieblichen Erzeugungsprozesses bearbeitet werden. Unter den Voraussetzungen von R 15.5 V EStR – Umsatzgrenze von 30 vH – ist jedoch grds ein luf Betrieb anzuerkennen (dazu schon Rn 16 f).[3] Der dabei maßgebliche Begriff der „betriebstypischen Erzeugnisse" (R 15.5 V 2 EStR) soll einerseits über die bloße Hilfsfunktion der Zukäufe hinausgehen, andererseits aber eine vollkommene Ausweitung auf den Handel mit jeglichen luf Erzeugnissen nicht zulassen.[4] Zur Bestimmung der „üblichen Produktpalette" iSv R 15.5 V 3 EStR ist nicht auf den konkreten Betrieb, sondern auf die Branche abzustellen. Der Verkauf betriebsuntypischer Handelswaren führt unabhängig von der Höhe des darauf entfallenden Umsatzes, welcher am Einkaufswert gemessen wird,[5] zur Gewerblichkeit, wobei – wegen objektiver Trennbarkeit – idR ein selbstständiger GewBetr neben dem luf Betrieb vorliegt. Bei Bestimmung der Umsatzgrenze gem R 15.5 V 4, 5 EStR ist aus Vereinfachungsgründen vom Einkaufswert auszugehen, sofern nicht der erkennbar auf den Zukauf entfallende Umsatzanteil überwiegt. Erkennbarkeit meint, dass ordnungsgemäß Aufzeichnungen geführt werden, aus denen der auf die Zukäufe entfallende Umsatzanteil ermittelt werden kann. Jedoch ist dieses sog Einkaufswert-Umsatzverfahren ungeeignet für die Feststellung des tatsächlichen Anteils von Fremderzeugnissen am Gesamtumsatz.[6] Anzuwenden ist das sog Umsatz-Vergleichsverfahren, wonach das Verhältnis der Umsätze der selbst erzeugten Produkte und der zugekauften Waren zum Gesamtumsatz maßgebend ist, weil der Einkaufswert der zugekauften Erzeugnisse nichts über den Anteil der Fremderzeugnisse am Gesamtumsatz aussagt.

26

Die selbstständige **Erbringung von Dienstleistungen**[7] bildet grds einen eigenen GewBetr. Die Zuordnung zur LuF setzt eine enge Verbindung zum luf Betrieb voraus:[8] Die Dienstleistung muss entweder im Zusammenhang mit dem Verkauf von luf Erzeugnissen stehen,[9] unter Einsatz von typischen luf Maschinen/Geräten des luf BV des StPfl erbracht werden,[10] oder es müssen typische luf Tätigkeiten für Dritte durchgeführt werden.[11] Dienstleistungen wie Grabpflege oder Gartengestaltung werden aus Vereinfachungsgründen der LuF zugerechnet, soweit hierbei die Umsätze aus selbstgewonnenen luf Erzeugnissen überwiegen und der Umsatz aus diesen Dienstleistungen 50 vH des Gesamtumsatzes des Betriebs nicht übersteigt.[12] Eine **Maschinen- oder Transportgemeinschaft**, die nicht nur für die beteiligten Land- und Forstwirte arbeitet, sondern auch für Dritte, ist eine gewerbliche Einkünfte erzielende MU'schaft.[13] Solange jedoch die jeweilige Maschine von den Beteiligten nur in den eigenen luf Betrieben genutzt wird und die Kosten nach Köpfen oder dem Grad der Nutzung geteilt werden, ist bei jedem Beteiligten sein Anteil an den AK als BV-Gegenstand zu behandeln.[14] Schafft der Land- und Forstwirt eigens für einen Einsatz für Dritte eine Maschine an und kann diese nicht dem luf BV zugeordnet werden, so handelt es sich insoweit um einen selbstständigen GewBetr, selbst wenn die Maschine gelegentlich in der eigenen Landwirtschaft eingesetzt wird.[15] Von einer gesonderten gewerblichen Tätigkeit ist auch dann auszugehen, wenn der Umsatz aus solchen Dienstleistungen nachhaltig ein Drittel des Gesamtumsatzes oder 51.500 € übersteigt.[15] Die Verbindung von Leistungen für Dritte mit der **Lieferung von zugekauften**

27

---

1 BFH/NV 95, 772; zur Einordnung bei BetrAufsp Gurn Inf 05, 670.
2 BFH/NV 95, 772; R 15.5 I 6 EStR; zum Hofladen vgl Bolin Inf 01, 365 ff.
3 OFD Kln FR 97, 649 (650 f).
4 OFD Kln FR 97, 649 (650 f); Bracke Inf 97, 389 f.
5 FinMin Mecklenburg-Vorpommern DB 98, 2500.
6 BFH BStBl II 81, 518; BStBl II 89, 284; FG Kln EFG 00, 488 (489 f); Blümich § 13 Rn 151.
7 Für Maschinenlohnarbeiten BFH BStBl II 04, 512 mit Anm v Schönberg HFR 04, 663; zu Klärschlammtransporten FG RhPf EFG 05, 1683 (Rev IV R 24/05).
8 S dazu eingehend F/P/G Rn A 348 ff.
9 S dazu die Umsatzgrenzen in R 15.5 VII, VIII EStR sowie Bracke Inf 97, 389 (391 f).
10 S dazu die Umsatzgrenzen nach R 15.5 IX EStR.
11 S dazu R 15.5 X EStR.
12 R 15.5 VII 2 EStR.
13 OFD Hann ESt-Kartei § 13 Nr 2.8.
14 Wendt FR 96, 265 (280).
15 BFH BStBl II 07, 516.

Produkten – insbes lohnunternehmerische Leistungen unter Verwendung von durch den StPfl im eigenen Namen gekauften Spritz- und Düngemitteln oder Saatgut – führt zur Begründung eines GewBetr.[1] R 15.5 IX EStR ist nicht einschlägig.[2] Diese Gewerblichkeit ist zu vermeiden, indem die erforderlichen Zusatzstoffe vom Leistungsempfänger im eigenen Namen oder auch vom leistenden Land- und Forstwirt im Namen des Leistungsempfängers eingekauft werden.

28 Zur Unterscheidung der luf von der **gewerblichen Tierzucht oder Tierhaltung** s Rn 7 ff. Zur **Energieerzeugung**[3] s R 15.5 XI EStR, speziell zu Biogas auch Rn 18. Wird die durch Wind-, Solar- oder Wasserkraft erzeugte Energiemenge zu mehr als 50 vH in ein Versorgungsnetz eingespeist, so ist die Energieanlage notwendiges gewerbliches BV.[4] Bei **Vermietung von Fremdenzimmern** ist nach R 15.5 XII 2 EStR aus Vereinfachungsgründen keine gewerbliche Tätigkeit anzunehmen, wenn weniger als 4 Zimmer und[5] weniger als 6 Betten zur Beherbergung von Fremden bereitgehalten werden und keine Hauptmahlzeit angeboten wird. IÜ ist für einen GewBetr eine pensionsartige Organisation zu verlangen. **Erwerb und Veräußerung von Grundstücken** zur luf Nutzung sind idR luf Hilfsgeschäfte. Gewerblichkeit ist anzunehmen, wenn der StPfl eine über die Parzellierung und Veräußerung hinausgehende Aktivität entfaltet,[6] insbes die Aufstellung eines Bebauungsplans betreibt und/oder sich aktiv an der Erschließung des Areals beteiligt,[7] oder wenn er nachhaltig luf Grundstücke veräußert, die er bereits in Veräußerungsabsicht erworben hat; insoweit gelten die allg Grundsätze der sog Drei-Objekt-Grenze (s dazu § 15 Rn 116 ff).[8]

29 **2. Abgrenzung zur Liebhaberei.** Allg zur Liebhaberei s § 2 Rn 48 ff, 75 f. Es gilt bei LuF – anders als bei GewBetr (§ 15 Rn 43) – nicht der Beweis des ersten Anscheins, dass eine Gewinnerzielungsabsicht vorliegt.[9] Bei luf Betrieben können künftige Gewinne über einen Zeitraum von ca 20 Jahren berücksichtigt werden.[10] Bei sehr geringem Totalgewinn kann die Gewinnerzielungsabsicht zweifelh sein.[11] In den maßgeblichen Totalgewinn sind **stille Reserven** einzubeziehen,[12] so dass Liebhaberei erst mit deren rechnerischer Aufzehrung angenommen werden kann. Zur Einbeziehung sachlich stfrei gestellter Beträge (insbes nach § 14, 14a) s § 2 Rn 48 f. Bei gepachteten Betrieben ist der Totalgewinn auf die **vereinbarte Dauer der Pacht** zu beziehen. Bei **Gewinnermittlung nach § 13a** kommt Liebhaberei nur in Betracht, wenn die Durchschnittssatzgewinne nachhaltig negativ sind,[13] nicht aber, wenn gem § 13a positive Gewinne fingiert werden.[14] Das Vorliegen einer Liebhaberei kann vom StPfl erst nach Wechsel zur Gewinnermittlung nach § 4 I oder III (§ 13a Rn 5) durch die Steuerbilanz nachgewiesen werden.[15]

30 Bei einer geringen Fläche („Faustregel": ca 3000 m^2) ist im Rahmen einer allg landwirtschaftlichen Bewirtschaftung nicht von einer Erwerbstätigkeit auszugehen.[16] Einzelne wirtschaftlich **abgrenzbare Betriebsteile eines Gesamtbetriebes** können selbstständig zu beurteilen sein.[17] Eine Pferdezucht ist kein selbstständig zu beurteilender Betriebsteil, wenn sie in die übrige Landwirtschaft voll integriert ist, weil Weiden, Betriebsanlagen und Personal ohne Unterschied in beiden Betriebszweigen eingesetzt werden. Auch eine zum luf Betrieb gehörende Jagd ist nicht isoliert zu betrachten.[18] Gehören dagegen zu einem luf Gutshof eine Landwirtschaft und eine Forstwirtschaft, die beide von ihrer Größe her für sich lebensfähige Betriebe darstellen, so ist die Frage der nichtsteuerbaren negativen Einkünfte aus Liebhaberei grds getrennt zu beurteilen (s auch Rn 13). **Verluste während einer**

---

1 *Wendt* FR 96, 265 (278).
2 *F/P/G* Rn A 353b.
3 *Märkle* DStR 98, 1369 (1372).
4 *F/P/G* Rn A 347; zur steuerlichen Behandlung von Photovoltaik-Anlagen vgl *Koepsell* Inf 98, 165, 201.
5 Bis VZ 00 „oder" R 135 XII 2 EStR 99.
6 *Hiller* Inf 00, 619.
7 BFH BStBl II 01, 673 (674); BStBl II 06, 166; FG M'ster EFG 05, 1530 (Rev IV R 34/05); FG M'ster EFG 07, 1435.
8 BMF BStBl I 04, 434 Rn 27; vgl *v Schönberg* DStZ 05, 61; aA FG M'ster EFG 07, 1435.
9 BFH/NV 97, 21; BFH/NV 97, 668.
10 Vgl *Schmidt*^{26} § 13 Rn 4: bei klassischer Landwirtschaft 10–20 Jahre.
11 BFH/NV 05, 854 (763 DM).
12 BFH BStBl II 98, 727 (728); *Lademann* § 13 Rn 125; nicht dagegen die im selbstgenutzten Wohnhaus des Landwirts und Forstwirts gebundenen stillen Reserven, spätestens ab 1999 (Ende der Nutzungswertbesteuerung) s BFH/NV 05, 854; **aA** FG Mchn EFG 05, 1171 (Rev IV R 12/05).
13 Vgl BFH BStBl II 03, 702 mit Anm *v Schönberg* HFR 03, 850.
14 BFH/NV 07, 2049.
15 BFH BStBl II 00, 524.
16 BFH BStBl II 93, 430 (431 f); BFH/NV 95, 592 (593).
17 *Bolin/Butke* Inf 00, 70 (73); **aA** *K/S/M* § 13 Rn 141; *Hiller* StWa 02, 259 (265): keine isolierte Betrachtung, auch wenn es sich um TB handelt.
18 BFH BStBl II 79, 100 (101 ff).

Anlaufphase (bei LuF regelmäßig 8–10 Jahre[1]) stehen der Annahme eines luf Betriebs grds nicht entgegen, es sei denn, es handelt sich von Beginn an um einen typischen Liebhabereibetrieb, was sich – freilich vorbehaltlich eines Gegenbeweises – häufig bei nebenberuflichen Pferdezucht- bzw Pferdehaltungsbetrieben, Sportangeln oder nicht ernsthaftem Betreiben eines Gutsbetriebs ergeben wird.[2] Eine Gewinnerzielungsabsicht ist daher nicht anzunehmen, wenn der StPfl eine ursprünglich als Hobby begonnene kleine Pferdezucht nicht aufgibt, sondern unverändert beibehält. Insbes muss die Pferdezucht auf hinreichend breiter Basis betrieben werden, da dort die Qualität aus der Quantität kommt.[3] Eine Trabpferdezucht ist keine Liebhaberei, wenn über mehrere Jahre hinweg aus der Haltung des Trabers Gewinne erzielt werden, weil hierin ein Beweisanzeichen für die Gewinnerzielungsabsicht liegt.[4] Bei kleinen Flächen[5] steht das Unterschreiten eines mutmaßlichen Jahresgewinns von 512 € der Annahme eines **Forstbetriebes** nicht entgegen, sofern nach Ablauf der Umtriebszeit ein ins Gewicht fallender Gewinn erzielt werden kann (vgl auch Rn 5).[6] Auch bei großen Forstflächen kann – ungeachtet eines öffentlich-rechtlichen Bewirtschaftungszwangs – Liebhaberei zu bejahen sein.[7]

V. Sondereinnahmen. Einkünfte aus KapVerm wie auch Einkünfte aus VuV sind zu den Einkünften aus LuF zu rechnen, soweit sie wirtschaftlich zu diesen gehören (§§ 20 III, 21 III; vgl aber zum Ausbeutevertrag Rn 67). Zinseinnahmen eines Genossen aus der Gewährung eines Darlehens an eine landwirtschaftliche Genossenschaft können als Einkünfte aus KapVerm zu qualifizieren sein, sofern gegenüber Nichtmitgliedern keine messbaren Vorteile erzielt werden.[8] Erfüllt ein im Bereich der Liebhaberei verwirklichter Vorgang die Tatbestandsmerkmale einer gegenüber der LuF subsidiären **anderen Einkunftsart**, so ist er bei dieser zu erfassen.[9] 31

C. Persönliche Zurechnung der Einkünfte aus Land- und Forstwirtschaft

I. Grundsätzliches. Einkünfte aus LuF werden demjenigen zugerechnet, der den Betrieb auf eigene Rechnung und Gefahr führt. Das kann neben dem Eigentümer der luf Nutzflächen der Pächter des Betriebs (Rn 33 ff), der auf der Grundlage eines Wirtschaftsüberlassungsvertrages (Rn 39) oder nach § 14 HöfeO (Rn 41) Nutzungsberechtigte, der Nießbrauchsberechtigte (Rn 40) oder ein MU'er (Rn 44 ff) sein. 32

II. Betriebsverpachtung. – 1. Die Betriebsverpachtung im Ganzen. Pacht ist die entgeltliche[10] Überlassung eines Gegenstands zur Nutzung durch einen anderen (§§ 581 ff BGB). Pachtverhältnisse **zw nahen Angehörigen** sind nach allg Grundsätzen steuerlich anzuerkennen, wenn sie klar und eindeutig vereinbart sowie tatsächlich vollzogen sind u wenn Vertragsgestaltung wie Vertragsdurchführung dem zw Fremden Üblichen entsprechen (dazu § 4 Rn 252 „Angehörige"). Bei einer (Teil-)Betriebsverpachtung im Ganzen erzielt der **Verpächter**, solange der (Teil-)Betrieb nicht aufgegeben wird (Rn 36), in Gestalt der Pachteinnahmen weiterhin Einkünfte aus LuF.[11] Der **Pächter** erzielt Einkünfte aus LuF.[12] Die Pachtzahlungen sind BA. Erhaltungsaufwand zugunsten von Pachtgegenständen ist betrieblich veranlasst, wenn er sich als Pachtentgelt darstellt.[13] Aufwendungen auf 33

---

1 BFH BStBl II 83, 2 (4); FG Saarl EFG 98, 92; zum Einwand unvorhergesehener Ereignisse (schwere Erkrankung) bei darüber hinausgehenden Verlusten BFH/NV 03, 1303 mwN.
2 BFH/NV 05, 1511 mit Anm *v Schönberg* HFR 05, 964; für Liebhaberei spricht es dabei insbes, wenn die Verluste durch anderweitige Einkünfte oder hohes Vermögen ausgeglichen werden können s BFH BStBl II 03, 804 (805) mit Anm *Kanzler* FR 03, 1096, oder wenn ein Landwirt, dem keine laufenden Mittelzuflüsse von außen zur Verfügung stehen, den Betrieb nicht über die notwendige Anlaufzeit hinaus geführt hätte oder hätte führen können, während dies einem StPfl möglich ist, der über andere Geldmittel verfügt, s BFH/NV 05, 560.
3 BFH BStBl II 00, 227.
4 BFH/NV 00, 1090.
5 BFH BStBl II 89, 718: 3 ha mit gutem Holzbestand.
6 Vgl dazu *Bolin/Butke* Inf 00, 70 (74 f).
7 BFH/NV 05, 1511 mit Anm *v Schönberg* HFR 05, 964 (90 ha).
8 FG Nds EFG 02, 619; BFH BStBl II 98, 301 (302) zu Genossenschaftsanteilen als notwendiges BV.
9 *F/P/G* Rn A 207.
10 Bei Unterschreiten um 50 vH des ortsüblichen Pachtzinses ist von einer unentgeltlichen Nutzungsüberlassung auszugehen *Schmidt*[26] § 13 Rn 26; **aA** BFH BStBl II 99, 652 (653).
11 BFH/NV 98, 834; 07, 2084; dagegen erzielt ein Nicht-Land- und Forstwirt keine Einkünfte aus LuF, wenn er den luf Betrieb im unmittelbaren Anschluss an den Erwerb verpachtet vgl *v Schönberg* HFR 01, 864.
12 Zum Prognosezeitraum für die Gewinnerzielungsabsicht FG D'dorf EFG 05, 946 (Rev IV R 15/05): an Pachtdauer auszurichten.
13 BFH/NV 95, 379 (380); BFH/NV 95, 591 (592).

Pachtgegenstände kann der Pächter dann als BA abziehen, wenn das eigenbetriebliche Interesse des StPfl an der Nutzung des fremden WG für die Übernahme des Aufwandes maßgeblich war.[1] AfA steht dem Pächter nur für WG in seinem Eigentum zu, nicht für die Pachtgegenstände.[2] Trägt der Pächter aber zu aktivierende Aufwendungen auf einen Pachtgegenstand, dann kann er AfA zwar nicht auf den Pachtgegenstand, aber auf ein „Quasi"-WG (Behandlung des Aufwandes „wie ein materielles WG" s § 4 Rn 147; § 7 Rn 28) geltend machen.[3] Zum Übergang der Buchführungspflicht s Rn 51. Zu den Voraussetzungen der **Betriebsverpachtung im Ganzen** (auch TB-Verpachtung)[4] s § 16 Rn 322 ff. Sofern die konkrete Möglichkeit einer späteren Eigenbewirtschaftung besteht, ist auch die parzellenweise Verpachtung als Betriebsverpachtung mit der Möglichkeit der Fortführung des BV einzuordnen.[5] Hierfür ist nicht zu verlangen, dass die Pachtverträge alle zum selben Zeitpunkt enden.[6] Eine Unterscheidung zw Haupt- und Nebenerwerbsbetrieben ist nicht zu treffen.[7] Als Fortführung des Betriebs in anderer Form hat die Betriebsverpachtung keinen Einfluss auf **Bestand und Zuordnung des BV** (vgl auch Rn 54).[8] Zu den **wesentlichen Betriebsgrundlagen** zählen insbes die selbstbewirtschafteten (dh nicht verpachteten) Nutzflächen samt Feldinventar und stehender Ernte,[9] die Hofstelle mit den selbstgenutzten Wirtschaftsgebäuden und sonstigen Anlagen, sowie die für die Bewirtschaftung wesentlichen immateriellen WG (zB Milchquote[10] oder Rübenlieferrechte). Anders als bei der Betriebsveräußerung bestimmen sich die wesentlichen Betriebsgrundlagen allein nach ihrer Funktion und nicht danach, ob in ihnen erhebliche stille Reserven ruhen (s § 16 Rn 55 ff, 324 und § 14 Rn 8). Das **lebende und tote Inventar** ist bei Eigentumsbetrieben grds nicht zu den wesentlichen Betriebsgrundlagen zu rechnen, da es idR – uU auch gemessen an der Betriebsgröße mit nicht ganz unerheblichen Mitteln – leicht wiederbeschafft werden könnte.[11] Bei einem reinen Pachtbetrieb ist das im Eigentum des Pächters stehende Inventar jedoch wesentliche Betriebsgrundlage.

34 Unschädlich für das Vorliegen einer Betriebsverpachtung im Ganzen ist es, wenn **WG nicht mitverpachtet** werden, die für die Fortführung des Betriebes nicht ins Gewicht fallen,[12] oder wenn Pachtverhältnisse über einzelne Flächen aufrecht erhalten werden, die bei der Betriebsverpachtung schon bestanden haben und nicht im Zusammenhang mit der beabsichtigten Betriebsverpachtung begründet worden sind. Werden selbstbewirtschaftete Nutzflächen zurückbehalten, so dürfen sie im Verhältnis zur Gesamtfläche nur von untergeordneter Bedeutung sein, dh idR nicht mehr als 10 vH ausmachen, wobei jedoch auch die absolute Größe und die Ertragsfähigkeit der Böden zu berücksichtigen sind.[13] Auch bei sog **Flächenpacht** (zu den wesentlichen Betriebsgrundlagen gehörende Wirtschaftsgebäude werden nicht mitverpachtet) ist eine Betriebsfortführung möglich, wenn die Wirtschaftsgebäude in einem Zustand bleiben, dass bei Beendigung des Pachtverhältnisses die Wiederaufnahme des luf Betriebes in seiner bisherigen Gestalt ohne weiteres möglich ist.[14] Hierfür ist eine Vermietung an Dritte für die Dauer der Pacht ohne bauliche Veränderung unschädlich.[15] Die bei der Betriebsfortführung zurückbehaltenen WG bleiben BV des Verpächters. Bei ihrer Entnahme oder Veräußerung entsteht ein laufender Gewinn; §§ 14, 14a I-III sind nicht anwendbar.

35 Werden **die wesentlichen Betriebsgrundlagen** zu Beginn oder während des Pachtverhältnisses wesentlich und nachhaltig **verändert, umgestaltet oder veräußert**, so führt dies zwangsläufig zu einer BetrAufg (dazu grds § 16 Rn 300 ff), wenn eine spätere identitätswahrende Fortführung des luf Betriebs nicht mehr möglich ist,[16] und zwar auch dann, wenn der Verlust der Fortführungsmöglichkeit dem Verpächter nicht bewusst ist.[17] Eine Hofstelle mit selbstgenutzten Wirtschaftsgebäuden

---

1 BStBl II 95, 281 (284); BFH/NV 96, 891 (893); BFH BStBl II 04, 780 mit Anm *Kanzler* FR 04, 1002.
2 *Wendt* FR 96, 265 (274).
3 BFH BStBl II 99, 778 (780); *Valentin* EFG 02, 449 (450).
4 *Schoor* DStR 97, 1 (2); SenVerw Bremen DStR 00, 1308; R 16 V EStR.
5 BFH BStBl II 03, 16 (17); BFH/NV 98, 834; 05, 674; 07, 1640.
6 BFH BStBl II 92, 521 (523).
7 BFH/NV 97, 558 f.
8 BFH/NV 98, 311 f; BStBl II 99, 55 (56); *Haakshorst* NWB Fach 3d, 627 (631).
9 *F/P/G* Rn D 67.
10 **AA** *Lademann* § 13 Rn 118n.
11 BFH/NV 96, 110 f.
12 So die Hofstelle BFH/NV 04, 1647.
13 BFH BStBl II 90, 428 (429); BStBl II 86, 808 (810); BStBl II 85, 508 (509 f).
14 BFH BStBl II 99, 398 sowie *Haakshorst* NWB Fach 3d, 627 (631); BFH/NV 97, 834.
15 *Schmidt*[26] § 13 Rn 33; **aA** *Märkle* Inf 82, 526 (530); zur Übergangsregelung vgl BFH BStBl II 96, 188 ff sowie BMF I 90, 770.
16 BFH/NV 98, 699 f; BStBl II 97, 561 (563 f); FG BaWü EFG 98, 544.
17 BFH BStBl II 98, 373.

kann zwar wesentliche Betriebsgrundlage sein, mit der Zerstörung, Umgestaltung oder Veräußerung der Hofstelle eines verpachteten Betriebs ist aber nicht zwangsläufig eine BetrAufg verbunden.[1] Auch die Entnahme oder Veräußerung von Betriebsgrundstücken aus dem verpachteten Betrieb hat idR keinen Einfluss auf das Fortbestehen eines im Ganzen verpachteten luf Betriebs, es sei denn, die im Eigentum des Verpächters verbleibenden Flächen würden für die Fortführung eines luf Betriebs nach Pachtende nicht mehr ausreichen.[2] Allein darauf, ob die verbleibenden Flächen eine ertragbringende Bewirtschaftung ermöglichen, kann jedoch nicht abgestellt werden (vgl § 14 Rn 12).[3] Von einer einheitlichen Verpachtung der wesentlichen Betriebsgrundlagen kann freilich nicht mehr ausgegangen werden, wenn deutlich mehr als die Hälfte der landwirtschaftlichen Nutzfläche veräußert oder entnommen wird, es sei denn die Veräußerung beruht auf äußerem Zwang oder ersatzbeschaffte Grundstücke werden wieder dem Pachtbetrieb zugeführt.

Solange die wesentlichen Betriebsgrundlagen als einheitliches Ganzes verpachtet sind und der Betrieb nicht (zwangsweise) aufgegeben ist (so bei Verpachtung an eine MU'schaft, an der der Verpächter als MU'er beteiligt ist[4]), hat der Verpächter das **Wahlrecht**, den (Teil-)Betrieb fortzuführen oder aufzugeben (zur Aufgabeerklärung vgl § 14 Rn 12).[5] Der Verpächter kann den verpachteten Betrieb jederzeit durch Erklärung der BetrAufg gegenüber dem FA aufgeben. Die BetrAufg tritt dann grds mit Eingang der Erklärung beim FA ein;[6] nach Ansicht der FinVerw ist die BetrAufg für den vom StPfl gewählten Zeitpunkt anzuerkennen, wenn die Aufgabeerklärung spätestens drei Monate nach diesem Zeitpunkt abgegeben wird.[7] Das Verpächterwahlrecht geht bei Betriebsübertragungen nach **§ 6 III** auf den **Rechtsnachfolger** über.[8] Bei **entgeltlichem Erwerb** ist das Verpächterwahlrecht ausgeschlossen, wenn nicht der Betrieb zunächst selbst bewirtschaftet wird.[9] Etwas anderes kommt nur in Betracht, wenn der StPfl ein luf Anwesen zu seinem bisherigen luf Betrieb hinzuerwirbt und nach dem Erwerb zwar nicht sofort selbst bewirtschaftet, aber mit der bekundeten Absicht erworben hat, den Betrieb alsbald selbst zu übernehmen und seinen diesbezüglichen Willen auch verwirklicht.[10] Bei einem **teilentgeltlichen Erwerb** tritt der Erwerber hinsichtlich des Wahlrechts in die Rechtsstellung des ursprünglichen Betriebsinhabers ein, wenn das Teilentgelt nicht höher ist als der Buchwert des Kapitalkontos des Übertragenden (vgl auch § 14 Rn 7).

2. Besondere Gestaltungen. – a) Verpachtung mit Substanzerhaltungspflicht. Eine **Verpachtung mit Substanzerhaltungspflicht (eisernes Inventar)**[11] liegt vor, wenn der Pächter verpflichtet ist, das übernommene Inventar (§§ 97, 98 Nr 2 BGB) bei Pachtende im gleichen Realwert zurückzugeben (§ 582a BGB). Wirtschaftlicher Eigentümer des **Umlaufvermögens** (insbes Feldinventar und stehende Ernte) ist – auch bei Eigentumsvorbehalt – der **Pächter.** Er hat die übernommenen WG zu aktivieren und gleichzeitig einen Passivposten in Höhe der Rückgabeverpflichtung (Sachwertdarlehen) auszuweisen. Der **Verpächter** hat grds seinen Rückgabeanspruch zu aktivieren. Er kann auf Aktivierung seiner Sachwertforderung verzichten, wenn er zuvor auch das Umlaufvermögen, dessen Überlassung zur Entstehung der Sachwertforderung geführt hat, in zulässiger Weise nicht aktiviert hat.[12] Die Übergabe als Sachwertdarlehen führt nicht zu einer Gewinnrealisierung.[13] Ist im Pachtvertrag vereinbart, dass der Verpächter bei Beendigung der Pacht Vorräte und Feldbestände gegen Entschädigung vom Pächter zu übernehmen hat, so kann er hierfür keine Rückstellung und keinen passiven RAP ausweisen. Von einer gewinnrealisierenden Veräußerung ist auszugehen, wenn bei Vertragsschluss feststeht, dass der Pächter die übernommenen Sachen wegen ihrer besonderen Eigenart nach ihrer Verwertung nicht in gleicher Güte, Menge oder Qualität zurückgeben kann (zB Wein bestimmter Qualität).[14]

---

1 BFH BStBl II 03, 755 (756 f) mit Anm *v Schönberg* HFR 03, 1052 sowie NWB Fach 3, 13345; BFH/NV 05, 1046 mit Anm *v Schönberg* HFR 05, 961; krit *Hiller* Inf 03, 815.
2 BMF BStBl I 00, 1556; BFH/NV 06, 50 Abverkäufe von Ländereien.
3 BFH BStBl II 93, 430 (432).
4 BFH/NV 04, 1247 Betrieb besteht nur noch in Form von Sonder-BV fort.
5 BFH DB 01, 2176 (2177); BFH/NV 98, 834; vgl auch SenVerw Bremen DStR 00, 1308 f.
6 BFH BStBl II 03, 755 (756).
7 R 16 V 6 EStR; *Bolin* Inf 01, 39 (40).
8 *Heidrich/Rosseburg* NWB Fach 3, 12699 f; BFH/NV 06, 2073; 07, 2088.
9 BFH BStBl II 02, 791 (792); 96, 188 f.
10 BFH BStBl II 02, 791 (792); BStBl II 92, 134.
11 Dazu BMF BStBl I 02, 262; *Ostmeyer* Inf 02, 357.
12 BFH BStBl II 85, 391 (393); BStBl II 86, 399 (400).
13 *Leingärtner* Kap 42 Rn 67, 35.
14 *Leingärtner* Kap 42 Rn 37.

38 **Anlagevermögen** bleibt – oder wird bei Neuanschaffungen – zivilrechtlich und wirtschaftlich Eigentum des **Verpächters**. Dieser ist berechtigt, AfA und Sonderabschreibungen vorzunehmen. Gleichzeitig muss er jedoch einen Anspruch auf Substanzerhaltung aktivieren,[1] der jährlich mit dem Teilwert zu bewerten ist.[2] Da dabei von den Wiederbeschaffungskosten auszugehen ist, kommt es zu einer laufenden Gewinnverwirklichung.[3] Der Verzicht des Verpächters auf den Anspruch auf Substanzerhaltung stellt einen Zufluss beim Verpächter dar (bei Gewinnermittlung nach § 4 III). Dies gilt auch dann, wenn der Betrieb während der Pachtzeit im Wege der vorweggenommenen Erbfolge auf den Pächter übergeht.[4] Der **Pächter** hat für seine Ersatzverpflichtung eine Rückstellung zu bilden (Pachterneuerungsrückstellung), deren Höhe durch die Abnutzung der gepachteten WG während der Pachtzeit und durch die Wiederbeschaffungskosten am jeweiligen Bilanzstichtag bestimmt wird.[5] Der Pächter kann Wertverzehr nur für solche WG gewinnmindernd geltend machen, bei denen dies im Pachtvertrag vorgesehen ist.[6] Im Fall der **Ersatzbeschaffung** ist der Erlös für das ausgeschiedene WG als BE des Pächters zu behandeln. Die AK/HK des Ersatzguts sind bis zur Höhe der Rückstellung mit dieser zu verrechnen. Ein übersteigender Betrag wird als Wertausgleichsanspruch aktiviert.[7] Beim Verpächter ist das Ersatzgut mit den AK/HK des Pächters zu aktivieren und gleichzeitig der Substanzerhaltungsanspruch aufzulösen. Zur Behandlung vor dem 1.4.02 geschlossener Pachtverträge s 3. Aufl. Ausnahmsweise kann der Pächter das eiserne Inventar mit den Buchwerten des Verpächters ansetzen und AfA vornehmen, wenn die eiserne Verpachtung im Vorgriff auf eine Hofübertragung vorgenommen wird und wenigstens einer von beiden (Verpächter oder Pächter) seinen Gewinn nicht nach § 4 I ermittelt (Buchwertmethode).[8] In diesem Fall darf der Verpächter keine Abschreibungen vornehmen. Bei der späteren unentgeltlichen Übertragung des Betriebs ergibt sich keine Gewinnauswirkung.

39 **b) Wirtschaftsüberlassungsvertrag.** Beim **Wirtschaftsüberlassungsvertrag** übernimmt der den Hof tatsächlich Bewirtschaftende (Kind oder anderer Angehöriger) gegen Übernahme der Versorgung der Eltern oder der ursprünglichen Betriebsinhaber den Betrieb unentgeltlich.[9] Unternehmerrisiko und alleiniges Nutzungsrecht am luf Vermögen gehen dabei auf den Nutzungsberechtigten über.[10] Es handelt sich um Pacht, wobei der Nutzungsberechtigte lediglich zu sog Altenteilsleistungen oder einem nicht angemessenen Entgelt verpflichtet ist.[11] Die **Einkünftezurechnung beim Nutzungsberechtigten** setzt voraus, dass das alleinige Nutzungsrecht für einen nicht nur vorübergehenden Zeitraum (etwa 9 Jahre) oder bis zum Erbfall nach außen erkennbar eingeräumt ist, dass der Nutzungsberechtigte das lebende oder tote Inventar als Eigentümer übernimmt oder jedenfalls die volle Verfügungsmacht im Sinne einer Verpachtung mit eisernem Inventar erlangt[12] und dass er die alleinige Entscheidungsbefugnis über alle zur Betriebsführung erforderlichen Maßnahmen hat. Als Nutzungsberechtigter kommt neben dem zukünftigen Hoferben auch eine andere Pers, etwa der Vater oder Ehegatte des Verpächters, in Betracht.[13] Der **Nutzungsberechtigte** erzielt aus der laufenden Betriebsbewirtschaftung Einkünfte aus LuF. Er ist hinsichtlich der WG des unbeweglichen Anlagevermögens einschließlich der wesentlichen Bestandteile der Grundstücke nicht AfA-berechtigt.[14] Bei einem Wirtschaftsüberlassungsvertrag mit eisernem Inventar (s dazu Rn 37f) besteht hinsichtlich des Umlaufvermögens ein Sachwertdarlehen ohne Gewinnrealisierung.[15] Der **Hofeigentümer** hat das Wahlrecht zur Erklärung der BetrAufg. Macht er hiervon keinen Gebrauch, so erzielt er weiterhin Einkünfte aus LuF, wenn auch nicht in Gestalt der Versorgungsleistungen (s dazu Rn 42).[16] BA stellen neben der AfA für die abnutzbaren unbeweglichen WG des Anlagevermögens etwa Versicherungsprämien, Darlehenszinsen oder öffentliche Abgaben (zB GrSt) dar.[17] Zur

---

1 BFH BStBl II 93, 89 f.
2 BFH BStBl II 98, 505 (509); *Leingärtner* Kap 42 Rn 78; *Wendt* FR 96, 265 (275).
3 *H/H/R* § 5 Rn 1463.
4 BFH BStBl II 00, 309; krit dazu *F/P/G* Rn A 663a.
5 BFH BStBl II 98, 505 (506 ff).
6 BFH BStBl II 00, 286 f.
7 BFH BStBl II 93, 89 (90).
8 BMF BStBl I 02, 262 (263).
9 FG Nds EFG 06, 105 zur Unterscheidung zw Versorgungsleistung und Pachtzins.
10 BFH/NV 94, 539.
11 *Schmidt*[26] § 13 Rn 40.
12 FG Nds EFG 04, 1681 kein Wirtschaftsüberlassungsvertrag bei fehlender voller Verfügungsmacht über das Inventar.
13 BFH BStBl II 93, 395 (397).
14 BFH BStBl II 93, 327 f; BMF BStBl I 93, 337.
15 *Schmidt*[26] § 13 Rn 42.
16 BFH/NV 94, 14 (15).
17 *Kanzler* FR 92, 239 (244 f).

Behandlung der vertragsgemäß übernommenen Leistungen nach den Grundsätzen der Vermögensübergabe gegen Versorgungsleistungen s § 22 Rn 9 ff.[1]

III. Nießbrauch. Die Bestellung eines Nießbrauchs (§§ 1030 ff BGB)[2] an einem luf Betrieb führt zum Nebeneinander eines ruhenden luf Eigentümerbetriebs und eines wirtschaftenden Betriebs des Nießbrauchers. Für die Einkünftezurechnung ist zw **Unternehmensnießbrauch**, bei dem die Einkünfte aus dem belasteten Unternehmen dem Nießbraucher zuzurechnen sind, und Ertragsnießbrauch, der auf die Einkünftezurechnung keinen Einfluss nimmt, zu unterscheiden. Beim **entgeltlichen** Unternehmensnießbrauch treten grds dieselben steuerlichen Wirkungen ein wie bei der Betriebsverpachtung (Rn 33 ff). Der Nießbrauchsbesteller bleibt wirtschaftlicher Eigentümer des Anlagevermögens; er ist zu AfA und etwaigen Sonderabschreibungen berechtigt. Das Entgelt aus dem Nießbrauch führt zu Einkünften aus LuF oder – bei BetrAufg – aus VuV. Der Nießbrauchsberechtigte hat die Aufwendungen für das Nutzungsrecht zu aktivieren und auf die Nutzungsdauer abzuschreiben.[3] Beim **unentgeltlichen** Unternehmensnießbrauch ist zw Vorbehaltsnießbrauch und Zuwendungsnießbrauch zu unterscheiden. Beim **Vorbehaltsnießbrauch** überträgt der den Betrieb weiterführende luf Unternehmer das Eigentum auf den künftigen Hoferben, behält sich aber den lebenslangen Nießbrauch vor. Zivilrechtlicher Eigentümer wie Nießbraucher erzielen Einkünfte aus LuF.[4] Der Nießbraucher ist wirtschaftlicher Eigentümer und AfA-berechtigt, wobei Bemessungsgrundlage seine tatsächlichen Aufwendungen sind.[5] Der Nießbrauchsbesteller erzielt ggf Einkünfte aus der Veräußerung oder Entnahme von Grundstücken wie auch aus einer etwaigen BetrAufg oder -veräußerung.[6] Beim **Zuwendungsnießbrauch** bestellt der Hofeigentümer dem künftigen Hoferben einen Nießbrauch an dem luf Betrieb, auf dessen Grundlage der Nießbraucher diesen bewirtschaftet. Der Nießbraucher erzielt Einkünfte aus LuF. Er darf weder sein Nießbrauchsrecht als immaterielles WG aktivieren und abschreiben – hierfür sind ihm keine relevanten Aufwendungen entstanden – noch die AfA von den AK/HK des Hofeigentümers absetzen.[7]

IV. Nutzungsberechtigung nach § 14 HöfeO.[8] Das dem **überlebenden Ehegatten** eines verstorbenen Hofeigentümers nach § 14 HöfeO nF[9] zustehende Verwaltungs- und Nutzungsrecht am Hof entspricht bei wirtschaftlicher Betrachtung der Berechtigung eines Nießbrauchers. Dem Nutzungsberechtigten sind die Erträge aus dem luf Betrieb als Einkünfte aus LuF zuzurechnen. Bei deren Ermittlung ist die AfA von den AK oder HK des Erblassers nicht abziehbar.[10] Der **Hoferbe** erzielt luf Einkünfte etwa aus der Veräußerung oder Entnahme von Grundstücken. Die Nutzungsüberlassung des toten und lebenden Inventars folgt den Grundsätzen der eisernen Verpachtung (Rn 37f). IErg hat der überlebende Ehegatte einen um den unzulässigen AfA-Abzug erhöhten Gewinn aus LuF zu versteuern, ohne dass dem minderjährigen Hoferben ein entspr Steuervorteil entsteht. Um dies zu vermeiden, sollte das **Nutzungsrecht nach § 14 HöfeO vertraglich abbedungen** werden. Alternativ kann der überlebende Ehegatte den Betrieb in Ausübung seines Rechts nach § 14 HöfeO an den Hoferben und Eigentümer des Betriebs verpachten, so dass dieser die volle Verfügungsmacht über den Betrieb erlangt. Ein solcher **Pachtvertrag** ist steuerlich jedoch nur anzuerkennen, wenn der Hoferbe tatsächlich in der Lage ist, den Betrieb zu bewirtschaften und sich der überlebende Ehegatte nicht maßgeblich an der Bewirtschaftung beteiligt.[11] Es handelt sich dann um eine unentgeltliche Betriebsübertragung (§ 6 III), wobei die Pachtzahlung die Versorgung des Ehegatten sicherstellen soll und einkommensteuerrechtlich als Altenteilsleistung zu behandeln ist.

---

1 Im Grundsatz können alle vertragsgemäß übernommenen Leistungen als SA abgezogen werden, sofern es sich nicht um Unterhaltsleistungen handelt; doch kommt auch ein Abzug als BA in Betracht; BFH BStBl II 93, 546; BStBl II 03, 644 mit Anm v *Schönberg* HFR 02, 588 (589); BFH/NV 03, 1546; vgl BMF BStBl I 03, 405.
2 Vgl auch BMF BStBl I 98, 914.
3 BFH BStBl II 81, 68 (69 f); aA *Schmidt*[26] § 13 Rn 47: Abgrenzung der Aufwendungen durch RAP.
4 BFH BStBl II 96, 440 (441).
5 BFH BStBl II 96, 440.
6 *Blümich* § 13 Rn 34.
7 BFH BStBl II 96, 440 zum Vermächtnisnießbrauch.
8 *Lange/Wulff/Lüdtke-Handjery*[10] § 14.
9 BGBl I 76, 1933 zuletzt geändert BGBl I 00, 897, anwendbar in Niedersachsen, Nordrhein-Westfalen, Schleswig-Holstein und Hamburg; zur entspr Regelung in § 23 HöfeO Rheinland-Pfalz vgl GVBl 67, 138 (141).
10 Vgl BFH BStBl II 96, 440 (441); BMF BStBl I 96, 1257.
11 *F/P/G* Rn A 276d.

42 **V. Hofübergabe.** Bei der Hofübergabe geht der Hof an den Erben unentgeltlich (Erbfall oder vorweggenommene Erbfolge) und im Ganzen über. Als vorweggenommene Erbfolge (§ 16 Rn 138 ff) kann die Hofübergabe eine Vermögensübergabe oder **Unternehmensnachfolge gegen Versorgungsleistungen** sein.[1] Zur Frage, wer als Hofübernehmer und wer als Empfänger der Versorgungsleistungen in Betracht kommt, s § 22 Rn 12 f. Zum Problemkreis, wann Unentgeltlichkeit anzunehmen ist, siehe § 16 Rn 139. Der Betrieb wird **im Ganzen** übergeben, wenn alle wesentlichen Betriebsgrundlagen (s dazu Rn 33) in einem einheitlichen wirtschaftlichen Vorgang auf den Erwerber übergehen (dazu § 16 Rn 55 ff). Es ist unschädlich, wenn Grundstücke zurückbehalten werden, denen im Verhältnis zum übergebenen Gesamtbetrieb nur untergeordnete Bedeutung zukommt.[2]

43 Liegt eine Hofübergabe vor, so hat der Erwerber die **Buchwerte des Rechtsvorgängers** ohne Realisierung der stillen Reserven fortzuführen (§ 6 III). Bei Hofübergabe während des Wj ist für Übergeber und Erwerber ein **Rumpf-Wj** zu bilden (§ 4a).[3] Zur ertragsteuerlichen Behandlung der Altenteilsleistungen beim Verpflichteten und beim Empfänger siehe § 16 Rn 140 und § 22 Rn 9 ff. Der Wert von unbaren Altenteilsleistungen (Verpflegung, Heizung, Beleuchtung) kann am Maßstab der Sachbezugswerte des § 1 I SachBezV in der jeweils geltenden Fassung geschätzt werden.[4]

44 **VI. Land- und forstwirtschaftliche Mitunternehmerschaft.** Eine luf MU'schaft kommt vor allem in 2 Varianten vor: als gemeinschaftliche Einkünfteerzielung durch nahe Angehörige, insbes Ehegatten, sowie zw Nutzungsberechtigtem und Eigentümer. MU'schaft ist weiter die Erbengemeinschaft. Hat eine Gemeinschaft lediglich die Koordinierung der Interessen der Beteiligten bei der Bewirtschaftung von Grund und Boden zum Zweck, so handelt es sich idR nicht um eine MU'schaft; zu Maschinengemeinschaften s Rn 27. Ein geringes MU'risiko kann durch ein stark ausgeprägtes Initiativrecht kompensiert werden.[5] Für die Feststellung einer MU'schaft kann in Fällen von geringerer Bedeutung auf ein formelles Feststellungsverfahren (§ 180 I Nr 2a AO) verzichtet werden.[6]

45 Eine MU'schaft begründende konkludent vereinbarte gesellschaftsrechtliche Bindung **zw Ehegatten** kann gerade in der LuF regelmäßig angenommen werden, wenn Eheleute ohne ausdrücklichen Gesellschaftsvertrag durch den beiderseitigen Einsatz eigener luf Grundstücke gemeinsam die LuF betreiben.[7] Grund hierfür ist die spezifische Funktion von Grund und Boden für die LuF. Steht je ein Teil der bewirtschafteten Flächen, der nicht lediglich von untergeordneter Bedeutung, dh – entspr den Grundsätzen für wesentliche Betriebsgrundlagen (vgl Rn 33, § 14 Rn 8) – nicht kleiner als 10 vH der Nutzfläche ist,[8] im Alleineigentum eines Ehegatten, so ist idR auf das Vorliegen eines Gesellschaftsverhältnisses zu schließen,[9] sofern zw den Ehegatten kein Nutzungsüberlassungsverhältnis besteht, dh das Nutzungsrecht nicht vom Eigentum vertraglich abgespalten ist,[10] und beide Ehegatten im luf Betrieb mitarbeiten, wobei jedoch die Art der beigetragenen Leistung sehr unterschiedlich[11] und insbes der Beitrag der Ehefrau weit geringer sein kann als der des Ehemannes.[12] Zu verlangen ist jedoch, dass die Bewirtschaftung der landwirtschaftlichen Flächen und die Verwertung der gewonnenen Erzeugnisse einem einheitlichen Plan unterliegen.[13] Ergibt sich der für die Annahme einer MU'schaft erforderliche Beitrag eines Ehegatten nicht aus seinem Alleineigentum an Grund und Boden, so kann er auch in Gestalt anderer für den luf Betrieb wesentlicher WG erbracht werden (zB Eigentum an den Stallgebäuden bei einem Viehhaltungsbetrieb, Zuckerrübenlieferrecht bei einem Betrieb, der in erheblichem Umfang Zuckerrüben erzeugt oder Milchquote bei einem Milchviehbetrieb).[14] Die Regelvermutung zugunsten einer MU'schaft von Ehegatten setzt

---

1 Vgl dazu nur *Hipler* DStR 01, 1918 ff; BFHE 184, 337; BStBl II 97, 315; BStBl II 96, 672 (674); BStBl II 96, 676 (678); BMF BStBl I 02, 893.
2 *Märkle/Hiller*[9] Rn 411d: idR nicht mehr als 10 vH der eigenen landwirtschaftlichen Nutzfläche.
3 BFH BStBl II 80, 8 (9).
4 OFD Mchn DStR 01, 1117.
5 BFH DStR 07, 2002; and vorgehend FG Leip EFG 05, 1111.
6 BFH/NV 90, 485 ff.
7 BFH BStBl II 04, 500 mit Anm *Kanzler* FR 04, 711; s auch *Märkle/Hiller*[9] Rn 282a; ebenso BFH BStBl II 06, 165 für den Fall der Gütergemeinschaft.
8 *Kanzler* FS Schmidt, S 379 (386); anders BFH BStBl II 83, 636 (637); BStBl III 62, 214 (20 vH); in BStBl II 04, 500 (501 f) offen gelassen.
9 BFH BStBl II 94, 462 f.
10 BFH BStBl II 87, 17 (20).
11 BFH BStBl II 87, 20 (22).
12 BFH/NV 96, 27.
13 *Schmidt*[26] § 13 Rn 60.
14 *F/P/G* Rn A 470.

jedoch stets voraus, dass jeder Ehegatte überhaupt ein (originäres) Fruchtziehungsrecht am luf Grund und Boden hat. Eigentum am toten und lebenden Inventar ist allein kein Vermögensbeitrag für die Begründung einer Ehegatten-Innengesellschaft.[1] Gleiches gilt für einen Anteil an der Hofstelle.[2] Da das Fruchtziehungsrecht über die Zurechnung der Einkünfte aus LuF entscheidet,[3] sind auch die von einem Ehegatten gepachteten Flächen als taugliche Grundlage für eine Ehegatten-Innengesellschaft anzuerkennen.[4] Der BFH[5] will demgegenüber dem Pächter-Ehegatten die Stellung eines Verwalters zuschreiben und die in seinem Eigentum stehenden WG dem Unternehmer-Ehegatten (Eigentümer von Grund und Boden) zurechnen, obwohl dieser nicht (alleiniger) wirtschaftlicher Eigentümer ist.[6] Ist ausnahmsweise der luf Grund und Boden nicht von ausschlaggebender Bedeutung für den luf Betrieb, so kann, wenn keine anzuerkennenden Vertragsbeziehungen zw den Ehegatten bestehen, ungeachtet ihrer Vermögensbeiträge nicht von einer MU'schaft ausgegangen werden. Liegt eine Ehegatten-MU'schaft vor, so kann sie nur durch eindeutige vertragliche Vereinbarung **beendet** werden.[7] Nach dem Tod eines Ehegatten treten mangels einer solchen Vereinbarung dessen Erben in die Stellung als MU'er ein.[8] Wird eine im gemeinsamen Eigentum von Eheleuten stehende und im gemeinsamen luf Betrieb bewirtschaftete Forstfläche in das Alleineigentum eines Ehegatten übertragen, spricht eine tatsächliche Vermutung dafür, dass die bestehenden wirtschaftlichen Beziehungen aufrecht erhalten bleiben und es sich nunmehr um Sonder-BV des Ehegatten handelt, nicht jedoch um einen selbstständigen Forstbetrieb.[9]

46 Für die **MU'schaft mit Kindern** sind die Grundsätze der Ehegatten-Innengesellschaft jedenfalls nicht in vollem Umfang anzuwenden.[10] Vielmehr ist maßgeblich darauf abzustellen, ob wesentliches Vermögen, insbes Grund und Boden, einheitlich bewirtschaftet wird und Eltern wie Kinder gemeinsam verantwortlich im Betrieb mitarbeiten. Die fortgesetzte Gütergemeinschaft ist MU'schaft.[11] Eine **MU'schaft zw Nutzungsberechtigtem und Eigentümer** kommt in Betracht, wenn ein Nießbraucher oder der nutzungsberechtigte Ehegatte nach § 14 HöfeO und der Hofeigentümer gemeinsam den Hof bewirtschaften. Die hierbei erzielten Einkünfte sind ihnen dann entspr den getroffenen Vereinbarungen gemeinsam zuzurechnen.

D. Gewinnermittlung

47 **I. Allgemeines.** Der Gewinn luf Betriebe kann **durch Vermögensbestandsvergleich** (§ 4 I), **nach Durchschnittssätzen** (§ 13a) oder **durch Überschussrechnung** (§ 4 III)[12] ermittelt werden, je nachdem, ob der StPfl aufgrund gesetzlicher Verpflichtungen Bücher führen muss und ob er die Grenzen des § 13a I 1 Nr 2–4 überschreitet (dazu § 13a Rn 2f). Nicht buchführungspflichtige StPfl, die diese Grenzen nicht überschreiten, müssen, sofern sie keinen Antrag nach § 13a II (§ 13a Rn 5) stellen, den Gewinn nach Durchschnittssätzen ermitteln, was sich aufgrund des zT erheblich unter dem tatsächlichen Gewinn liegenden erfassten Gewinns günstig auswirken kann (vgl § 13a Rn 1). Erfüllt der StPfl seine Verpflichtung zur Buchführung oder seine Aufzeichnungspflicht im Rahmen von § 4 I oder III nicht, so ist der **Gewinn** entspr den Grundsätzen des § 4 I oder III **zu schätzen.**[13] Auch bei der Schätzung nach § 4 III können die auf § 4 I basierenden Richtsätze herangezogen werden.[14] Bei der Schätzung kann sich das FA an der oberen Grenze des Schätzungsrahmens orientieren, weil der StPfl möglicherweise Einnahmen verheimlichen will.[15] Der Schätzungsrahmen wird bei der weitgehend üblichen Richtsatzschätzung durch die aus Vergleichsbetrieben ermittelten Richtsätze selbst gezogen und lässt keinen Raum für die Berücksichtigung von individuellen gewinnmindernden Besonderheiten des Betriebs des Schätzungslandwirts.[16] Der StPfl kann die Schätzung aber jederzeit durch Einrichtung einer Buchführung oder Führung von Aufzeichnungen, die eine Gewinnermittlung nach § 4 III ermöglichen, vermeiden.

---

1 BFH BStBl II 93, 395 (396).
2 BFH BStBl II 94, 462 (463).
3 Vgl BFH BStBl II 94, 462 (463).
4 *F/P/G* Rn A 469; **aA** BFH BStBl II 83, 73; BStBl II 94, 462 f; BStBl II 04, 500.
5 BFH/NV 95, 114 (116).
6 Vgl *F/P/G* Rn A 470.
7 BFH/NV 95, 202 (203).
8 FG BaWü EFG 96, 649 (650).
9 BFH BStBl II 95, 592 ff.
10 *F/P/G* Rn A 475a.
11 Zur stillen Ges mit nahen Angehörigen s OFD Mchn FR 97, 426 f.
12 Zur Ermittlung des Gewinns aus Weinbau vgl OFD Koblenz StEd 03, 43 ff.
13 Dazu BFH/NV 01, 3 (5); OFD Hann DStR 97, 1289; OFD Mchn ESt-Kartei § 13 Nr 23; *Leingärtner* Kap 28 Rn 1; *H/H/R* § 13 Rn 29.
14 BFH BStBl II 99, 481 (483); vgl auch *Haakshorst* NWB Fach 3d, 627.
15 BFH/NV 01, 3 (5); BFH BStBl II 01, 484 (485).
16 BFH BStBl II 01, 484 (485 f).

48 **II. Buchführungspflicht.** Nach § 140 AO hat derjenige, der nach anderen Gesetzen als den Steuergesetzen Bücher und Aufzeichnungen zu führen hat, die für die Besteuerung von Bedeutung sind, diese Verpflichtungen auch für die Besteuerung zu erfüllen. In der LuF sind neben §§ 238 ff HGB insbes die folgenden Buchführungs- und Aufzeichnungsvorschriften relevant.[1] Forstsamen- und Forstpflanzenbetriebe: Bücher, § 17 II Forstvermehrungsgutgesetz;[2] Landwirte, die mit frischem Geflügelfleisch handeln: Aufzeichnungen nach §§ 2, 14 und Anlage 1 GeflügelfleischhygieneVO;[3] Getreide und Futtermittel verarbeitende Betriebe: Geschäftsbücher, § 15 Getreide-Ausfuhr- und -Verarbeitungs-ÜberwachungsVO;[4] Verkäufer von Schlachtvieh: Marktschlussscheine, § 10 I Vieh- und Fleischgesetz.[5] Eine sog Auflagenbuchführung durch die Landwirtschaftskammer oder eine freiwillige Buchführung als Testbetrieb iSd Landwirtschaftsgesetzes[6] begründen keine Buchführungspflicht iSv § 140 AO.

49 Die Buchführungspflicht nach **§ 141 I AO**[7] beginnt bei Überschreiten der betriebsbezogenen **Grenzwerte** für den Jahresumsatz von 350 000 €, für den Wirtschaftswert der selbstbewirtschafteten luf Flächen von 25 000 € oder für den Gewinn aus LuF von 30 000 €. Maßgeblich ist der **Umsatz im Kj.** **Wirtschaftswert** ist der nach § 46 BewG errechnete Wert der selbstbewirtschafteten luf Flächen. Der Wohnungswert iSv § 47 BewG bleibt außer Betracht.[8] Verpachtete Flächen müssen ab- und gepachtete Fläche hinzugerechnet werden. Nach einem öffentlichen Förderprogramm stillgelegte Flächen gelten für die Ermittlung des Wirtschaftswerts als selbstbewirtschaftet.[9] Soweit sich der Wirtschaftswert nicht ausschließlich aus dem EW-Bescheid ergibt, ist er nach bewertungsrechtlichen Vorschriften – einschl von Ab- und Zuschlägen (§ 41 BewG) – fiktiv festzustellen.[10] Die Einzelertragswerte der im EW erfassten Nebenbetriebe sind nicht maßgeblich.[11] Für luf Betriebe in den **neuen Bundesländern** ist der Ersatzwirtschaftswert der selbst genutzten Flächen iSv §§ 125 ff BewG maßgeblich. Insgesamt bestimmt sich der Wirtschaftswert nach dem **Zeitpunkt**, zu dem die FinVerw die Feststellung iSv § 141 I 1 AO trifft.[12] Maßgeblich für die **Gewinngrenze** nach § 141 I 1 Nr 5 AO ist bei abw Wj (§ 4a I 2 Nr 1 S 1) der zeitlich aufgeteilte und auf das jeweilige Kj entfallende Gewinn des beginnenden und des endenden Wj. Bezieht sich bei Neugründung oder Übernahme eines luf Betriebs der Gewinn auf weniger als 12 Monate, so wird der zeitanteilige Gewinn nicht auf einen Jahresgewinn umgerechnet.[13] Der Gewinnabzug nach § 5 FördG wird nicht berücksichtigt.[14] Stfreie Rücklagen sind nicht hinzuzurechnen, ausgenommen die nach § 3 V FSchAusglG.[15]

50 **Beginn und Ende der Buchführungs- und Aufzeichnungspflicht** nach **§ 140 AO** bestimmen sich nach den außersteuerlichen Gesetzen. Einer besonderen Mitteilung durch das FA bedarf es hier nicht. Für den Beginn der Buchführungspflicht nach **§ 141 AO** sind jedoch die Feststellungen der Finanzbehörde nach § 141 I 1 AO sowie die entspr Mitteilung über den Beginn der Buchführungspflicht (§ 141 II 1 AO) Voraussetzung. Die Buchführungspflicht nach § 141 I 1 AO endet gem § 141 II 2 AO mit dem Ablauf des Wj, das auf das Wj folgt, in dem die Finanzbehörde feststellt, dass die Voraussetzungen nach § 141 I nicht mehr vorliegen. Die Buchführungspflicht gem § 141 AO endet nicht bei Rechtsänderungen, auch hier bedarf es der Feststellung durch das FA.[16]

51 Gem **§ 141 III AO geht** die **Buchführungspflicht** auf denjenigen **über**, der den Betrieb im Ganzen (§ 14 Rn 2) zur Bewirtschaftung als Eigentümer oder – entgeltlicher wie unentgeltlicher – Nutzungsberechtigter übernimmt (Rn 33 ff). Wird ein TB eines einheitlichen luf Betriebs einem anderen zur Nutzung überlassen, der andere TB weiterhin vom Land- und Forstwirt selbst bewirtschaftet, so geht die Buchführungspflicht nicht über.[17] Mit dem Übergang der Buchführungspflicht nach § 141

---

1 Vgl auch AEAO 77, BStBl I 98, 630 (702); vgl iÜ *Lademann* Anhang zu § 13 Rn 11.
2 BGBl I 02, 1658.
3 BGBl I 01, 4098 u BGBl I 03, 2304.
4 BGBl I 95, 593.
5 BGBl I 77, 477.
6 Art 75 EGAO, BGBl I 76, 3341.
7 Änderung durch Gesetz v 31.7.03, BGBl I 03, 1550 ab Kj 04.
8 *F/P/G* Rn B 26.
9 BGBl I 95, 910.
10 S dazu im Einzelnen *F/P/G* Rn B 31 ff.
11 BFH BStBl II 90, 606 ff.
12 *F/P/G* Rn B 39.
13 *F/P/G* Rn B 40.
14 Dazu, dass nach der Entscheidung der Europäischen Kommission vom 3.9.98 keine Sonderabschreibungen nach dem FördG und keine Investitionszulagen nach dem InvZulG 96 zur Verarbeitung und Vermarktung landwirtschaftlicher Erzeugnisse gewährt werden dürfen, BMF DStR 98, 1720.
15 *Blümich* § 13 Rn 230; OFD Hann StEK § 13 Nr 677.
16 *Schmidt*[26] § 13 Rn 129.
17 BFH BStBl II 94, 677 f; BFH/NV 04, 753 für die Rückpacht einzelner Teile eines übergebenen Hofes.

III AO fällt sie – da betriebsbezogen – beim bisherigen Buchführungspflichtigen weg,[1] unabhängig davon, ob der Übergebende die Aufgabe des Betriebs erklärt. So geht etwa beim **Wirtschaftsüberlassungsvertrag** (Rn 39) mit der Übernahme der Bewirtschaftung des Betriebs eine bestehende Buchführungspflicht auf den Nutzungsberechtigten über; beim Hofeigentümer erlischt sie, auch wenn er den Betrieb fortführt.[2] Die Buchführungspflicht kann aber für den Übergebenden hinsichtlich des nicht aufgegebenen Betriebs wegen Überschreitens einer Gewinngrenze erneut begründet werden.[2] Mit Ablauf des Pachtverhältnisses endet die Buchführungspflicht des Pächters.

52 Nach § 141 I 4 AO braucht sich die Bestandsaufnahme nicht auf **das stehende Holz** (Rn 65) zu erstrecken. Bei Betrieben mit jährlicher Fruchtfolge kann aus Vereinfachungsgründen trotz § 6 I Nr 2 auch für **Feldinventar und stehende Ernte** auf eine Bestandsaufnahme und Bewertung verzichtet werden.[3] Nach § 142 AO ist ein **Anbauverzeichnis** zu führen,[4] nach § 144 AO ein **Warenausgangsbuch**.[5] Gem § 148 AO können die Finanzbehörden **Buchführungserleichterungen** aus sachlichen Gründen nach pflichtgemäßem Ermessen bewilligen. § 148 AO gestattet insbes bei voraussichtlich nur einmaligem Überschreiten der Buchführungsgrenzen des § 141 I AO die Befreiung von der Buchführungspflicht.

53 **III. Gewinnermittlung nach § 4 I. – 1. Betriebsvermögen.** Als luf BV geeignet sind neben dem luf genutzten Grund und Boden hiervon **selbstständige WG** wie etwa Aufwuchs, ein Zuckerrübenlieferrecht (immaterielles WG),[6] ein Eigenjagdrecht (Rn 13), besondere Anlagen im Boden, etwa Drainagen, und Bodenschätze (s Rn 67). Gleiches gilt für die Milchreferenzmenge (oder Milchquote; immaterielles WG, s auch Rn 60 und § 55 Rn 6),[7] die eine Beschränkung der Milchproduktion in Höhe der Milchreferenzmenge vornimmt und daher wesentliche Bedeutung für die Einkommenssituation in der deutschen Landwirtschaft hat. Diese selbstständigen WG und Nutzungsbefugnisse gehören gem § 55 I 2 nicht zum Grund und Boden und sind daher nicht von der Ermittlung des pauschalen Bodenwerts erfasst[8] (vgl § 55 Rn 6). Die Grasnarbe ist kein vom Weideland selbstständiges WG. Eine Dauerkultur ist als geschlossene Pflanzenanlage, die während einer Reihe von Jahren regelmäßig Erträge durch ihre zum Verkauf bestimmten Früchte und Pflanzenteile liefert, ein einheitliches bewegliches WG des Anlagevermögens.[9] Mehrjährige Kulturen gehören zum Umlaufvermögen.[10] Aus Mitteln des BV angeschaffte Wertpapiere sind bei einem Landwirt nicht grds ebenfalls BV.[11] Eine mit einem Pachtvertrag über ein luf genutztes Grundstück final zusammenhängende Darlehensforderung gehört zum BV.[12]

54 **Notwendiges luf BV**[13] sind alle WG, die dem luf Betrieb unmittelbar zu dienen bestimmt sind, insbes der im wirtschaftlichen Eigentum des Betriebsinhabers stehende **Grund und Boden**, soweit er **selbstbewirtschaftet** wird,[14] einschließlich Weideland.[15] Ein hinzuerworbenes Grundstück wird notwendiges BV, wenn seine sofortige eigenbetriebliche Nutzung objektiv möglich ist und aus zwingenden Umständen – insbes aus Erklärungen oder dem Verhalten des Land- und Forstwirts – erkennbar ist, dass er das Grundstück zum Zwecke der betrieblichen Nutzung angeschafft hat.[16] Notwendiges BV bilden auch Flächen, die als Einzelflächen betriebsbedingt **verpachtet**[17] oder vorübergehend **nicht bestellt** werden, Flächen, die im Rahmen von Ersatzflächenpools mit naturschutzrechtlichen **Auflagen** belastet werden,[18] wie auch Flächen mit geringer Ertragsfähigkeit (insbes Geringstland).[19] Dauerhaft, dh für mindestens 2 oder 3 Wj[20] stillgelegte oder ungenutzte Flächen

---

1 *Tipke/Kruse* § 141 AO Rn 56; *Felsmann* StBp 83, 184 (185).
2 *F/P/G* Rn B 77.
3 BMF BStBl I 81, 878 Tz 3.1.3.
4 Vgl im Einzelnen BMF BStBl I 81, 878 Tz 3.3.
5 S dazu BMF BStBl I 81, 878 Tz 4.
6 BFH BStBl II 03, 58 (59); BFH/NV 04, 258 (259); BFH/NV 04, 617; BFH/NV 04, 1393; *Valentin* EFG 01, 1433.
7 Eingeführt am 2.4.84 durch MilchgarantiemengenVO (MGVO, BGBl I 84, 720); ersetzt mit Wirkung ab 1.4.00 durch ZusatzabgabenVO (ZusAbgV, BGBl I 00, 27) und mit Wirkung ab 1.4.04 durch MilchabgabenVO (MilchAbgV, BGBl I 04, 462, zum In- und Außerkrafttreten Art 2); vgl eingehend *Märkle/Hiller*[9] Rn 88a ff; *v Schönberg* DStZ 02, 525 u FR 98, 253 ff; *Bahrs* Inf 00, 683 (684).
8 Zur Milchreferenzmenge vgl *Bahrs* Inf 00, 683 (684).
9 BMF BStBl I 90, 420; zum Anlagevermögen/Umlaufvermögen im Umlegungsverfahren *Sorgenfrei* Inf 01, 615.
10 BMF BStBl I 81, 878 Tz 3.2.
11 BFH/NV 97, 651.
12 FG Nds EFG 04, 553.
13 S dazu umfassend *F/P/G* Rn B 318 ff.
14 BFH BStBl II 93, 430 (431).
15 FG M'chen EFG 07, 1579 (NZB IV B 39/07) unabhängig davon, dass es zum Preis von Bauland erworben wurde.
16 BFH BStBl II 92, 134 f; vgl FG M'chen EFG 07, 181.
17 *Blümich* § 13 Rn 272.
18 BMF BStBl I 04, 716.
19 *F/P/G* Rn B 321.
20 *Märkle/Hiller*[9] Rn 214.

(Brachland) sind dagegen gewillkürtes oder entnehmbares geduldetes BV.[1] Dies gilt nicht, wenn eine Fläche aufgrund eines öffentlichen Förderprogramms brach liegt oder stillgelegt wird und die Regelungen des AgrarstrukturG[2] oder des Gesetzes zur Gleichstellung stillgelegter und landwirtschaftlich genutzter Flächen[3] anzuwenden sind.[4] Dann gelten die stillgelegten Flächen als selbstbewirtschaftet. Notwendiges BV sind weiter luf **Aufwuchs**, **Wirtschaftsgebäude**, **Anlagen** auf oder im Grund und Boden, das tote und lebende **Inventar**, Vorräte, Forderungen aufgrund von Lieferungen und Leistungen, Anteile an den Maschinen einer Maschinengemeinschaft (vgl aber Rn 27) oder Aktien einer Zuckerfabrik, mit deren Besitz eine Rübenanbauverpflichtung verbunden ist.[5] WG, die bei **Verpachtung des Betriebs** (Rn 33 ff) unter Betriebsfortführung dem Pächter zur eigenbetrieblichen Nutzung überlassen werden, bleiben notwendiges BV;[6] sie sind grds entnehmbar, da der Betriebsverpächter jederzeit die Möglichkeit hat, sie durch BetrAufg in das PV zu überführen.[7] Ein landwirtschaftliches Grundstück bleibt jedoch trotz Ausbuchung und Entnahmeerklärung gegenüber dem FA notwendiges BV des Verpachtungsbetriebes, solange es im Rahmen des Gesamtbetriebs mitverpachtet und landwirtschaftlich genutzt wird.[8] Eine vom Verpächter hinzugekaufte Nutzfläche, die dazu geeignet und bestimmt ist, dem verpachteten Betrieb auf Dauer zu dienen, wird mit Einbeziehung in das Pachtverhältnis unabhängig von der Marktkonformität des Pachtzinses notwendiges BV.[9] Unerheblich ist, ob das Grundstück im Erwerbszeitpunkt an einen fremden Landwirt verpachtet ist.[10] Grund und Boden und ein darauf errichtetes **Gebäude** sind grds nur einheitlich als BV oder PV zu qualifizieren.[11] Wird ein Gebäude teilw eigenbetrieblich genutzt, so gehört der zum Gebäude gehörende Grund und Boden anteilig zum notwendigen BV.[12] Erwirbt ein Land- und Forstwirt einen weiteren selbstständigen luf Betrieb in der erklärten Absicht, ihn alsbald als eigenständigen Betrieb zu bewirtschaften, kommt es selbst dann zur Bildung von BV, wenn die Absicht wieder aufgegeben wird, ihrer alsbaldigen Verwirklichung aber keine Hindernisse entgegenstanden.[13]

55 **Gewillkürtes luf BV**[14] liegt vor, wenn ein WG weder die Voraussetzungen für notwendiges BV noch für notwendiges PV erfüllt, den luf Betrieb zu fördern geeignet ist, also in einer gewissen objektiven Beziehung zum Betrieb steht, und der StPfl es subj dem BV zuordnet (§ 4 Rn 42 ff).[15] Erforderlich ist, dass die Nutzung des jeweiligen WG in der LuF möglich ist.[16] Ein hinzuerworbenes Grundstück kann nicht gewillkürtes BV eines luf Betriebs sein, wenn es der StPfl von Anfang an nicht für landwirtschaftliche Zwecke bestimmt hat, etwa bei Erwerb zwecks Errichtung eines Mietwohnhauses.[17] Die entfernte Möglichkeit einer Verpfändung eines erworbenen Grundstücks für betriebliche Zwecke genügt ebensowenig wie die Verwendung etwaiger Veräußerungserlöse oder Mieteinnahmen im luf Bereich.[18] Erwirbt jedoch ein Land- und Forstwirt zu seinem bereits bestehenden Betrieb eine weitere Hofstelle mit landwirtschaftlich genutzten Flächen und einem Wohnhaus hinzu und vermietet er das Wohnhaus sodann an einen betriebsfremden Dritten, so kann er das Haus als BV behandeln.[16] Die Verpachtung ehemals eigenbetrieblich genutzter Flächen verändert die Zuordnung vom notwendigen BV hin zum gewillkürten BV mit der Folge, dass diese Flächen entnommen werden können.[19] Dem gewillkürten BV gleichzustellen war das sog **geduldete BV.** Hierauf war abzustellen, solange die Bildung von gewillkürtem BV bei Gewinnermittlung nach § 4 III oder § 13a nicht anerkannt war.[20] Gewillkürtes BV können etwa aus nicht betrieblichen Gründen verpachtete,[19] uU auch mit einem Miets- oder Geschäftshaus bebaute[21] oder brachliegende ehemalige landwirtschaftliche Nutzflächen sein, weiter Anteile an Forst- oder Weidegenossenschaften, die nicht zum notwendigen BV gehören,[22] bei Betriebsübertragungen unter Vorbehaltsnießbrauch nicht übertragene Grundstü-

---

1 Vgl BFH BStBl II 93, 391 (392).
2 BGBl I 88, 1053.
3 BGBl I 95, 910.
4 Anm v *Schönberg* HFR 01, 1055 (1056).
5 BFH BStBl II 04, 280.
6 BFH DB 01, 2176 (2177).
7 *F/P/G* Rn B 321.
8 BFH/NV 98, 311 (312).
9 BFH BStBl II 99, 55.
10 BFH/NV 99, 55 (56).
11 *Hiller* Inf 01, 6.
12 R 4.2 VII EStR; *F/P/G* Rn B 321.
13 BFH BStBl II 93, 752 (754).
14 S dazu umfassend *F/P/G* Rn B 334 ff; auch *Zaisch* GodStFachtg 04, 63.
15 S nur BFH/NV 00, 1086.
16 BFH/NV 00, 317 (318).
17 Vgl FG D'dorf EFG 06, 1499.
18 Vgl auch *F/P/G* Rn B 338 ff.
19 BFH BStBl II 02, 356 (357).
20 Vgl noch 3. Aufl; s nun aber BFH BStBl II 04, 985.
21 BFH BStBl II 03, 16; BFH/NV 00, 713 (715); BFH/NV 05, 547; *Leingärtner* Kap 24 Rn 138.
22 Auch der bilanzierte Genossenschaftsanteil an einem Elektrizitätswerk: FG BaWü EFG 07, 498 (Rev IV R 5/07).

cke, wenn sie weiter dem Nießbrauchsbetrieb dienen[1] sowie Flächen von untergeordneter Bedeutung, die mit einem entgeltlichen **Erbbaurecht**[2] belastet sind.[3] Letzteres ist anzunehmen, wenn die mit dem Erbbaurecht belasteten Flächen nicht mehr als 10 vH der gesamten landwirtschaftlichen Fläche ausmachen. Jenseits dieser Geringfügigkeitsgrenze scheidet die Behandlung nicht landwirtschaftlich genutzter Grundstücke als gewillkürtes BV aus, wenn sie aufgrund ihres Umfangs das Gesamtbild der luf Tätigkeit in der Weise wesentlich verändern würden, dass die Vermögensverwaltung die luf Betätigung verdrängte.[4] Entscheidend ist, dass die verbleibende LuF hinsichtlich Flächenumfang, Rohertrag, tatsächlichem Betriebsgewinn (ohne Erbbauzinsen) und Wert überwiegt.[5] Wird ein Erbbaurecht (zugunsten eines Angehörigen) **unentgeltlich** bestellt und das Grundstück anschließend vom Erbbauberechtigten bebaut, so führt dies zur Entnahme.[6] Gleiches gilt für eine **teilentgeltliche** Erbbaurechtsbestellung, wenn das Teilentgelt weniger als 50 vH des ortsüblichen Vollentgelts beträgt, sofern nicht der StPfl im Einzelfall besondere Umstände nachweist, wonach das Grundstück gleichwohl gewillkürtes BV geblieben ist.[6] Nicht gewillkürtes oder geduldetes BV sein können nach dem 31.12.86 errichtete oder nach der Übergangsregelung des §§ 52 XV aF, 13 IV stfrei entnommene selbstgenutzte Wohnungen oder Altenteilerwohnungen wie auch alle dauerhaft unentgeltlich zur Nutzung überlassenen WG.[7]

2. Entnahme. Durch die Entnahme (§ 4 Rn 87 ff) verliert ein WG die Eigenschaft als luf BV.[8] Bei WG des geduldeten oder gewillkürten BV reicht eine Entnahmeerklärung dem FA gegenüber.[9] Erforderlich ist iÜ eine eindeutige Entnahmehandlung.[10] Die **betriebliche Zuordnung** muss stets **aufgegeben** werden (zB bei Flächen: keine eigene Bewirtschaftung, kein Erlangen von Flächenstilllegungsprämien).[11] Als schlüssige Entnahmehandlung kommt bei buchführenden Landwirten insbes eine entspr Buchung in Betracht.[12] Zur Entnahme führt auch die Bebauung eines Grundstücks des BV mit einem privaten Wohnzwecken dienenden Haus.[13] Die **Nutzungsänderung** eines bislang landwirtschaftlich genutzten Grundstücks, durch die das Grundstück nicht zu notwendigem PV wird, ist als solche keine Entnahmehandlung.[14] Die Mitteilung zur Weinbaukartei über die Verpachtung einer Weinbaufläche[15] oder die Erklärung von Einkünften aus VuV[16] genügen ebenso wenig. **Abbauland**, das bisher luf genutzt war, wird gewillkürtes/geduldetes BV, wenn der Land- und Forstwirt die Ausbeute nicht selbst durchführt und das Grundstück später wieder landwirtschaftlich nutzen will. Landwirtschaftlich genutzte Grundstücke werden nach der Rspr nicht dadurch entnommen, dass **keine ertragreiche Bewirtschaftung mehr möglich** ist, weil der Betrieb ständig verkleinert wurde (vgl § 14 Rn 12).[17] Werden Grundstücke eines luf BV ab einem bestimmten Zeitpunkt lediglich noch zu Liebhabereizwecken, etwa als Futtergrundlage für einige aus Passion gehaltene Pferde genutzt, werden sie deshalb nicht automatisch entnommen.[18] Eine gewinnrealisierende Entnahme ist weiterhin möglich.[19] Unerheblich ist für sich allein auch die Tatsache, dass betrieblich genutzte Flächen **Bauland** oder Bauerwartungsland werden. Die Überführung eines **aussetzenden Forstbetriebs** in das PV ist – anders als die Überführung landwirtschaftlich genutzter Grundflächen – nur bei vollständiger Beendigung des Holzwachstums durch Abhieb oder bei einer solchen Umwidmung denkbar, dass eine forstwirtschaftliche (Weiter-)Nutzung praktisch ausgeschlossen ist. Bei Einbringung von Grundstücken im **Umlegungsverfahren/Flurbereinigungsverfahren** setzt sich die Eigenschaft des BV an den erlangten Grundstücken fort.[20]

---

1 BFH/NV 99, 1075 (1076).
2 Zur bilanziellen Behandlung vgl *Weber-Grellet* DStR 98, 1343 (1345).
3 BFH BStBl II 93, 342 (343); BFH/NV 05, 674.
4 Vgl *F/P/G* Rn B 341d, 389; R 4.2 IX 4 EStR.
5 Vgl BFH BStBl II 03, 16 (17); OFD Mchn FR 97, 920.
6 OFD Mchn FR 97, 920.
7 *Schmidt*[26] § 13 Rn 139.
8 Vgl dazu, insbes zur Entnahme v Grundstücken *Jachmann* DStR 95, 40 ff mwN.
9 BFH BStBl II 02, 356 (357); *Seeger* FR 02, 829; *v Schönberg* HFR 02, 592.
10 BFH BStBl II 85, 395 (396 f); BFH/NV 05, 334; FG Nds EFG 04, 245 (246).
11 *V Schönberg* HFR 01, 1055 (1056).
12 Zur Situation bei Gewinnermittlung nach § 4 III u § 13a BFH/NV 05, 1265; BFH/NV 06, 2245; vgl *Jachmann* DStR 95, 40 (44).
13 FG Mchn EFG 05, 1527 (Rev IV R 44/05) auch zum Entnahmezeitpunkt (Baubeginn).
14 BFH/NV 06, 1281; 07, 2084.
15 BFH/NV 99, 1210 f.
16 BFH/NV 02, 1135 (1136); BFH/NV 05, 1265.
17 BFH BStBl II 93, 430 (431); *Hiller* Inf 03, 575 (578).
18 BFH BStBl II 86, 516 (517 f).
19 BFH BStBl II 02, 680 (81).
20 *Sorgenfrei* Inf 01, 615; BFH BB 95, 2096 (2097); vgl aber BFH/NV 04, 30; FG BaWü EFG 07, 677 (NZB IV B 25/07).

§ 13 Einkünfte aus Land- und Forstwirtschaft

57 Als **Entnahmewert** ist der Teilwert anzusetzen (§ 6 I Nr 4 S 1), dh insbes bei Bau- oder Bauerwartungsland, auch wenn dieses noch landwirtschaftlich genutzt wird, idR der Verkehrswert.[1] Zur Entnahme von landwirtschaftlichem Grund, wenn dieser mit Altenteiler- oder Betriebsleiterwohnungen bebaut wird, vgl Rn 22.

58 **3. Aktivierung/Bewertung/Absetzung für Abnutzung.** **Tiere**[2] sind Umlaufvermögen (§ 6 I Nr 2), wenn sie von vornherein zur Veräußerung bestimmt sind (zB Mastschweine), iÜ (Zucht- und Milchvieh) Anlagevermögen (§ 6 I Nr 1).[3] Sie sind grds einzeln zu bewerten. Daneben ist eine Gruppenbewertung nach § 240 IV HGB möglich. Bei der **Einzelbewertung** kommt neben einer betriebsindividuellen Ermittlung der dem jeweiligen Tier zurechenbaren AK und HK der Ansatz von Richtwerten der Finanzverwaltung oder von Werten aus vergleichbaren Musterbetrieben in Betracht.[4] Bei der **Gruppenbewertung** werden die am Bilanzstichtag vorhandenen Tiere in Gruppen zusammengefasst, die nach Tierarten[5] und Altersklassen gebildet sind und mit dem gewogenen Durchschnittswert bewertet werden (§ 240 IV HGB, R 13.3 EStR).[6] Auch hier ist neben der betriebsindividuellen Wertermittlung eine Orientierung an vergleichbaren Musterbetrieben oder der Ansatz von Richtwerten möglich.[7] Bemessungsgrundlage für **AfA** ist die Differenz zw AK/HK und Schlachtwert (Veräußerungserlös, der bei vorsichtiger Beurteilung nach Beendigung der Nutzung erzielbar sein wird).[8] Auch dieser kann betriebsindividuell, mit Wertansätzen aus vergleichbaren Musterbetrieben oder mit den Richtwerten des BMF[9] ermittelt werden. Bei Inanspruchnahme von § 6 II sind die AK/HK bis zur Höhe des Schlachtwerts abzusetzen.[10] Bis einschl Wj 93/94 konnte die von der FinVerw ursprünglich anerkannte **Viehdurchschnittsbewertung** beibehalten werden, wonach insbes die gesamten AK/HK der AfA unterlagen. Durch die neuen Bewertungsgrundsätze ergeben sich demgegenüber regelmäßig höhere Wertansätze. Die FinVerw lässt aus Billigkeitsgründen die Bildung einer Rücklage von 9/10 des saldierten Gewinnerhöhungsbetrages zu.[11] Eine sich beim Übergang von einer zunächst verwaltungsseitig zugelassenen Durchschnittsbewertung zur Gruppenbewertung (§ 240 IV HGB) ergebende Werterhöhung ist in der Bilanz zu erfassen. Handelt es sich hierbei um Vieh, das vor dem BMF-Schr v 22.2.95 zulässigerweise niedriger bewertet wurde, ist die Differenz als „Quasi-Einlage" nach § 4 I 1 zu neutralisieren.[12] Nach dem Grundsatz der **Bewertungsstetigkeit**[13] ist eine einmal gewählte Bewertungsmethode wie auch das Wertermittlungsverfahren für die jeweilige Tiergruppe grds beizubehalten.[14] Der Grundsatz der Bewertungsstetigkeit ist nicht berührt, wenn der Viehbestand nicht mehr mit den alten, von der FinVerw vorgehaltenen Durchschnittswerten, sondern mit den neuen Gruppenwerten[15] angesetzt wird. Dadurch wird die Bewertungsmethode nicht geändert, vielmehr waren nur deren Ergebnisse bisher falsch.[16] Es widerspricht auch nicht dem Grundsatz der Bewertungsstetigkeit, vorhandene einzelne Tiere weiter einzeln zu bewerten und für hinzugekommene Tiere jederzeit zur Einzelbewertung überzugehen und dabei das Wahlrecht nach § 6 II auf Sofortabschreibung geringwertiger WG zu beanspruchen.[17] Bei Inanspruchnahme von § 6 II ist dann aber grds ein (verbleibender) Schlachtwert zu berücksichtigen.[18] Der Landwirt kann auch nur für einen Teil der Neuzugänge die Bewertungsfreiheit nach § 6 II beanspruchen. Allerdings kann er für die übrigen Tiere, für die er nicht die Sofortabschreibung gewählt hat, nicht die Gruppenbewertung anwenden.[19] Noch nicht geborene Tiere sind nicht zu bewerten.[20] Die **Abschreibung beginnt** bei Vatertieren mit Beginn der ersten Deckperiode, bei Muttertieren mit der ersten Geburt. Reitpferde gelten mit dem Abschluss

---

1 OFD Mchn FR 96, 683; zur Ermittlung des Entnahmewerts luf Grundstücke *Bolin/Müller* Inf 02, 449 ff u 98, 289 ff.
2 Grds zur Bewertung von Tieren in luf tätigen Betrieben s BFH HFR 97, 477 f; BStBl II 93, 284 ff; BMF BStBl I 01, 864 ff.
3 *L/B/P* § 13 Rn 252; *Hiller* Inf 00, 618.
4 S dazu BMF BStBl I 01, 864, Spalte 2–3 der Anlage.
5 Aufgrund der BSE-Krise kann auf den Bilanzstichtag 30.4.01 innerhalb der Gruppe Rindvieh eine besondere Gruppe für schlachtreife Tiere gebildet werden (OFD Hann DStR 02, 404).
6 S dazu BMF BStBl I 01, 864 Tz 14 sowie Spalte 6–7 der Anlage.
7 BFH/NV 97, 835 f.
8 § 7 Rn 60; BFH BStBl II 99, 14 (16); dazu *Haakshorst* NWB Fach 3d, 627 (628).
9 BMF BStBl I 01, 864 Tz 24 u Spalte 4–5 der Anlage.
10 BMF BStBl I 01, 864 Tz 25; BFH BStBl II 01, 549 (551); anders noch BMF BStBl I 95, 179 Tz 25.
11 BMF BStBl I 95, 179 Tz 33; zu Einzelheiten *F/P/G* Rn B 751 ff.
12 BFH BStBl II 99, 14 (17).
13 BMF BStBl I 01, 864 Tz 19 f.
14 BFH/NV 97, 394; BFH BStBl II 88, 672 ff; **aA** *H/H/R* § 6 Rn 92 f.
15 BMF BStBl I 01, 864 Tz 18 u Spalte 6–7 der Anlage.
16 BFH BStBl II 98, 14 (16).
17 BFH BStBl II 01, 549 (550); BFH/NV 01, 1021.
18 H 40 EStR 03; BMF BStBl I 01, 864 Tz 25.
19 BMF BStBl II 01, 548 (549).
20 BMF BStBl I 01, 864 Tz 7.

des Zureitens als fertiggestellt.[1] Die vor der Geburt eines Jungtiers entstandenen HK sind nur auf kalkulatorischem Weg von den HK und Erhaltungsaufwendungen des Muttertiers abgrenzbar.[2]

Feldinventar und stehende Ernte brauchen bei einjähriger Fruchtfolge nicht bilanziert zu werden (zur Pacht vgl Rn 33 ff).[3] Die Kulturzeit richtet sich nicht nach der Aufzucht im Betrieb des StPfl, sondern nach der üblichen Kulturzeit.[4] Das in das BV eingelegte Feldinventar muss nicht aktiviert werden, ist aber bei der Gewinnermittlung nach § 4 I als Einlage gewinnmindernd zu berücksichtigen.[5] IÜ wäre der gesamte Bestand, nicht die einzelne Parzelle zu bewerten. Grds gilt auch hier der Grundsatz der Bewertungsstetigkeit (dazu § 6 Rn 18), wenn von der Billigkeitsregelung (Nichtbewertung) kein Gebrauch gemacht wird. Dagegen kann von der Nichtaktivierung zur Aktivierung gewechselt werden.[6] Zum **stehenden Holz** s Rn 65. In den **neuen Bundesländern** können für die Bewertung von Feldinventar und stehender Ernte anstelle der Einzel-HK aus Vereinfachungsgründen als Durchschnittswerte die Standard-HK des BML-Jahresabschlusses angesetzt werden.[7] Für selbstgewonnene Vorräte, die nicht zum Verkauf bestimmt sind, können die niedersächsischen Durchschnittswerte angesetzt werden. Bei **mehrjährigen Kulturen und Dauerkulturen** sind die Kosten der Erstanlage zu aktivieren (bezogen auf die durch Lage, Alter und Fruchtart jeweils gekennzeichnete einzelne Anlage als maßgebliches WG), während Pflegekosten – auch soweit sie in der Zeit vor der Ertragsreife anfallen – nicht aktiviert werden müssen.[8] Die AfA beginnt bei Dauerkulturen im Wj des ersten Vollertrags.[9] Macht der StPfl von den ha-**Richtsätzen der FinVerw**[10] keinen Gebrauch, hat er eine den tatsächlichen AK/HK entspr Einzelbewertung vorzunehmen, die eine exakte mengenmäßige Erfassung der Pflanzenbestände zum Bilanzstichtag und eine zutr Verteilung der angefallenen Kosten auf die einzelnen Pflanzenkulturen in den unterschiedlichen Kulturperioden erfordert. Auch ein nachträglicher Übergang zu den tatsächlichen AK/HK ist für den gesamten Bestand möglich, wenn die Bewertung anhand einer körperlichen Bestandsaufnahme vorgenommen wird.[4] Von Grund und Boden **getrennter Aufwuchs** (Ernte; zum geschlagenen Holz vgl Rn 65) ist als Vorratsvermögen zu bewerten. Wie Gemeinkosten brauchen **Pflegekosten** für Pflanzenbestände gärtnerischer Betriebe – soweit geringfügig, dh nicht bei Pflanzen unter Glas – nicht aktiviert zu werden.[11] Sofern die Flächenbewertung nach Hektarwerten gewählt wird, handelt es sich um Festwerte, so dass AfA oder Sonderabschreibungen für Dauerkulturen des Anlagevermögens ausscheiden.[12] In die Durchschnittsbewertung von Baumschulkulturen nach ha-Richtsätzen sind auch die am Bilanzstichtag abgeräumten und vorübergehend (wenige Monate) mit anderen Pflanzen (zB Mais) bestellten Flächen einzubeziehen.[13]

Bei einer **entgeltlich erworbenen Milchreferenzmenge**[14] ist AfA nach § 7 I grds nicht zulässig, sondern allenfalls Teilwert-AfA, weil es sich um ein unbefristetes Recht handelt.[15] Die Auffassung der FinVerw, es handle sich um ein auf 10 Jahre befristetes Recht, ist jedoch aus Billigkeitsgründen zu akzeptieren, da sich der Markt bei der Preisfindung an der auf 10 Jahre gezahlten Milchaufgabevergütung orientiert hatte.[16] Auch eine **zugeteilte Milchreferenzmenge** ist als selbstständiges WG zu bilanzieren[17] (zu § 55 I, VI s § 55 Rn 6). Der Buchwert der originären Milchreferenzmenge ist aus dem gem § 55 festgestellten Wert des Grund und Bodens abzuleiten.[18] Wird eine Milchquote ohne Fläche veräußert,[19] so entsteht ein laufender Gewinn;[20] es ist kein RAP zu bilden.[21] Bei einer

---

1 *Leingärtner* Kap 29a Rn 206; **aA** für Gebrauchstiere *L/B/P* § 13 Rn 257: Beginn des Zureitens.
2 BMF BStBl I 01, 864 Tz 7; **aA** *Schmidt*[26] § 13 Rn 154: am Bilanzstichtag noch nicht geborene Tiere sind mit ihren Teil-HK zu bilanzieren.
3 R 14 II 3 EStR; *Meier* Inf 05, 106; vgl auch BFH HFR 99, 12 (13).
4 BFH HFR 99, 12 (13).
5 FG MeVO EFG 98, 1630.
6 BFH BStBl II 00, 422; R 14 II 3, 4 EStR.
7 Dazu FinMin Sachsen DStR 97, 2023; DStR 98, 606.
8 BMF BStBl I 81, 878 Tz 3.2.1; BStBl I 90, 420; OFD Kiel BB 02, 2381; *Leingärtner* Kap 29a Rn 221.
9 *Blümich* § 13 Rn 299.
10 Zur Bewertung mehrjähriger Baumschulkulturen s BMF BStBl I 97, 369; zur Anpassung an den Euro BStBl I 02, 147; weiterhin BMF BStBl I 02, 526; BStBl I 06, 493.
11 BMF BStBl I 81, 878 Tz 3.2.1.
12 *Schmidt*[26] § 13 Rn 156.
13 FG Nds EFG 89, 100 f; BMF BStBl I 06, 493 Tz 1.3.
14 S grds BMF BStBl I 03, 78.
15 *Schmidt*[26] § 13 Rn 164.
16 *v Schönberg* FR 98, 253 (255); *ders* DStZ 01, 145 (151); *Lademann* § 13 Rn 118i; BMF BStBl I 03, 78 Tz 28.
17 BFH BStBl II 03, 61 (63); *v Schönberg* FR 98, 253 (255 ff, 263); **aA** *Schmidt*[26] § 13 Rn 164.
18 BFH BStBl II 03, 61 (63); 64 (66); *Bahrs* Inf 00, 683 (685 f); *Riegler* DStZ 03, 685 (687 ff); zur erforderlichen Berichtigung der Buchansätze des Grund und Bodens nach § 4 II 1 FG M'ster EFG 07, 1315 (Rev IV R 18/07).
19 Dazu OFD Koblenz StEK § 13 Nr 674; *F/P/G* Rn A 1490d ff.
20 Zur Bewertung *v Schönberg* FR 98, 253 (256 ff, 263); *Bahrs* Inf 00, 683.
21 BMF BStBl I 95, 148; *F/P/G* Rn A 1490d.

BetrAufg ist sie mit dem gemeinen Wert zu berücksichtigen.[1] Seit dem 1.4.00 können Milchreferenzmengen – abgesehen von wenigen Ausnahmefällen[2] (unmittelbarer Übergang bzw. unmittelbare Übertragung zugunsten von Gesamtbetriebsnachfolgern, von ausscheidenden Gesellschaftern, von „Erben", von Pächtern bei flächengebundener Rückgewähr von Milchreferenzmengen bei vor dem 1.4.00 abgeschlossenen Pachtverträgen sowie unmittelbare Überlassung der Milchreferenzmenge an einen anderen Milcherzeuger im Falle getöteter oder verendeter Milchkühe für zwei aufeinanderfolgende Zwölfmonatszeiträume[3]) – nur noch flächenlos über regionale Verkaufsstellen (sog Börsen) zu best Terminen entgeltlich erworben werden.[4] Die Milchreferenzmenge ist dann in der Bilanz mit den AK anzusetzen.

61 **Teilwertabschreibungen**[5] kommen – in den Grenzen von § 6 I Nr 1 S 4, Nr 2 S 3 (§ 6 Rn 107 ff) – auf luf Grund und Boden in Betracht, wenn dessen Teilwert auf Dauer[6] nicht nur geringfügig, dh jedenfalls mehr als 10 vH des ursprünglich bilanzierten Werts, unter die AK/HK fällt, was der StPfl durch aussagekräftige Unterlagen nachzuweisen hat.[7] Eine Teilwertabschreibung ist nicht zulässig bei einem aus betrieblichen Gründen gezahlten Überpreis bei der Anschaffung des WG.[8] Der Ansatz eines WG mit dem über den AK/HK liegenden Teilwert nach § 6 I Nr 2 S 4 aF ist nach den Änderungen durch das StEntlG 99/00/02 nicht mehr möglich. Insbes im Bereich der Forstwirtschaft kann nunmehr das geschlagene Holz nicht mehr im Zeitpunkt der Trennung vom Boden mit dem Teilwert angesetzt werden (Rn 65f; § 34b Rn 8).

62 **4. Betriebseinnahmen. Nutzungsvergütungen** sind BE, wenn die vermieteten, verpachteten oder auch zwangsweise für öffentliche Zwecke überlassenen WG zum luf BV (Rn 53 ff) gehören.[9] Stellen sie wirtschaftlich Erträge für eine bestimmte Zeit nach dem Abschlussstichtag dar, so ist nach § 5 V 1 Nr 2 ein passiver RAP zu bilden.[10] Hierfür ist ausreichend, dass sich rechnerisch eine bestimmte Mindestzeit aus der vertraglichen Vereinbarung entnehmen lässt.[11] Bei einer unbefristeten Dauerleistung ist ein RAP längstens in einem Zeitraum von 25 Jahren aufzulösen, sofern die Parteien nichts anderes vereinbart haben.[12] **Entschädigungen für Wirtschaftserschwernisse,** die bei der Veräußerung einer Fläche oder eines TB für künftige nachteilige Betriebsführung geleistet werden, zB beim Bau einer Straße quer durch das Betriebsgelände, so dass Umwege nötig werden, gehören zu den laufenden, nicht abgrenzbaren BE. Gleiches gilt für Entschädigungsforderungen wegen **Enteignung**.[13] Entschädigungen nach der Nichtvermarktungs-Entschädigungsverordnung[14] wie auch Entschädigungen wegen Verfassungswidrigkeit von § 6 VI Milch-Garantiemengen-Verordnung (MGVO) aF fallen unter § 24 Nr 1a.[15] Zur **Milchaufgabevergütung** s 3. Aufl. Entgelte für das sog **Quotenleasing** sind laufende BE.[16] Ab dem 1.4.00 ist der Abschluss neuer Leasing- und Pachtverträge über Milchreferenzmengen ausgeschlossen.[17] Pachtverträge über eine Milchreferenzmenge nach § 7 MGVO, die vor dem 1.4.00 geschlossen worden sind, können aber zw den bisherigen Vertragsparteien verlängert werden.[18] Der Überlassende bildet für die Zeit nach dem Bilanzstichtag einen passiven RAP, den er im folgenden Wj gewinnerhöhend aufzulösen hat. Der Übernehmer hat einen aktiven RAP auszuweisen, den er im folgenden Wj gewinnmindernd aufzulösen hat.[19] **Ausgleichsleistungen nach dem LaFG**[20] sind luf BE, ebenso **Einnahmen aus der Einrichtung von Ersatzflächenpools**[21] und die **Flächenstilllegungsprämie**.[22] Bei Gewinnermittlung nach § 4 I und abweichendem Wj ist die jährliche Flächenstilllegungsprämie in dem Wj anteilig zu erfas-

---

1 BFH BStBl II 03, 64 (65); *Fischer-Tobies/Schmitz* Inf 94, 73 (75 f).
2 Dazu *Netzer* Agrarrecht 01, S 133 ff.
3 § 7a MilchAbgV, BGBl I 04, 462.
4 § 8 MilchAbgV, BGBl I 04, 462.
5 Zur Teilwertbewertung des Grund u Bodens *Hiller* Inf 02, 103; zur Wertaufholung s FinMin Niedersachsen DStR 02, 1220.
6 Für einen Beurteilungszeitraum v 3 Jahren, uU auch wesentlich kürzer, *Hiller* Inf 02, 103 (104), v 5 Jahren *Ringwald* Inf 99, 321 (322) bzw v 5–10 Jahren *F/P/G* Rn B 737a.
7 *Schmidt*[26] § 13 Rn 148 f.
8 BFH/NV 99, 305; verhältnismäßige Minderung des Überpreises bei Minderung des Marktpreises BFH/NV 02, 1021 (1022).
9 Dazu *F/P/G* Rn A 750 ff.
10 BFH BStBl II 95, 202 f.
11 BFH BStBl II 95, 202 (204).
12 BFH BStBl II 95, 202 (204); dazu BMF BStBl I 95, 183; *F/P/G* Rn A 755 ff; s auch *Risthaus* Inf 96, 489 ff.
13 FG Mchn EFG 05, 586.
14 BGBl I 93, 1510.
15 OFD Hann ESt-Kartei LuF § 13 EStG Nr 1.27 f.
16 *F/P/G* Rn A 1490.
17 Vgl § 7 MilchAbgV, BGBl I 04, 462.
18 § 12 I MilchAbgV, BGBl I 04, 462.
19 BMF BStBl I 91, 497 (498) Tz 2a.
20 BGBl I 89, 1435.
21 BMF BStBl I 04, 716.
22 Vgl BGBl I 88, 1053 (1054); *H/H/R* § 13 Rn 50.

sen, in dem die fragliche Ernte üblicherweise angefallen wäre.[1] Die Beihilfen nach dem Flächenstilllegungsgesetz 91[2] sind laufende BE. Zur Produktionsaufgaberente s Rn 24.

5. Betriebsausgaben. Aufwendungen zur **Bodenverbesserung** sind laufende BA, wenn sie die Steigerung der Ertragsfähigkeit der Ackerkrume betreffen.[3] Dagegen liegen HK von Grund und Boden vor, wenn die Aufwendungen die Urbarmachung bisher landwirtschaftlich nicht nutzbarer Flächen betreffen. Der **Austausch einzelner Pflanzen** in Baumkulturen führt zu sofort abzugsfähigen BA, auch wenn die einzelne Pflanze regelmäßig nicht als WG angesehen wird, so dass die Sofortabschreibung nach § 6 II nicht greift. Wird der gesamte Bestand an Pflanzen gleichen Alters, gleicher Art und gleicher Lage und Güte als WG angesehen, so handelt es sich um Reparaturaufwendungen[4] (Erhaltungsaufwendungen).[5] Wird dagegen mit dem Austausch der einzelnen Bäume planmäßig auf mehrere Jahre eine Neuanlage bezweckt, sind die Aufwendungen als HK zu aktivieren. Die **Milchabgabe** für Überschussmilch ist laufende BA, die **Abgaben**, die der Land- und Forstwirt **aufgrund von EG-Vorschriften** im Interesse der Vermeidung einer luf Überproduktion zu leisten hat,[6] insbes die Mitverantwortungsabgabe Getreide sowie die von den Zuckerrübenerzeugern erhobene besondere Großtilgungsabgabe Zucker sind BA. Informationsreisen, bei denen aus betrieblichen Gründen luf Betriebe an weit entfernt liegenden Fremdenverkehrszentren besichtigt werden, können im Einzelfall überwiegend betrieblich veranlasst und damit BA sein.[7] 63

6. Übergangsbilanz. Beim **Übergang von der Gewinnermittlung nach Durchschnittssätzen zum Bestandsvergleich**[8] ist das zu diesem Zeitpunkt vorhandene BV in einer Übergangsbilanz auszuweisen, worin die abnutzbaren WG des Anlagevermögens nach § 6 I Nr 1 S 1 mit den AK/HK vermindert um die übliche AfA (§ 7) anzusetzen sind. Es kann nicht davon ausgegangen werden, dass ein Land- und Forstwirt bei seiner bisherigen Gewinnermittlung nach § 13a Bewertungswahlrechte ausgeübt habe, die von buchführenden Land- und Forstwirten üblicherweise ausgeübt werden. Der BFH[9] gesteht dem Landwirt bei der Aufstellung der Übergangsbilanz erstmals ein Wahlrecht zu, ob er seine selbstgewonnenen, nicht zum Verkauf bestimmten Futtervorräte aktivieren oder nach der Vereinfachungsregelung der FinVerw auf die Aktivierung verzichten will.[10] Der Landwirt ist an das ausgeübte Wahlrecht nicht gebunden; er kann jederzeit zur Aktivierung seiner Feldbestände übergehen.[11] Die für die Bewertung des Viehbestandes in der Übergangsbilanz und in den Folgebilanzen maßgeblichen AK/HK können im Rahmen einer Gruppenbewertung (Rn 58) ermittelt werden. Hierbei kann auf Wertermittlungen in Musterbetrieben zurückgegriffen werden. Die Durchschnittswerte der FinVerw müssen nicht übernommen werden.[12] Auch in der Übergangsbilanz eines zur Buchführung übergehenden **Schätzungslandwirts** sind die WG mit den Werten anzusetzen, mit denen sie zu Buche stünden, wenn der Gewinn von Anfang an durch Bestandsvergleich ermittelt worden wäre.[13] Der Landwirt ist nicht an die Schätzwerte der FinVerw gebunden.[14] Hat es ein StPfl beim Übergang von der Gewinnermittlung nach § 13a zur Buchführung unterlassen, für periodenübergreifende Aufwendungen RAP zu bilden, so sind die RAP in der Bilanz für das erste Wj gewinnerhöhend anzusetzen, dessen Veranlagung insgesamt abänderbar ist.[15] 64

7. Besonderheiten beim forstwirtschaftlichen Betrieb.[16] Aktivierungspflichtig sind jedenfalls Erstaufforstungskosten[17] und Waldanschaffungskosten, soweit sie auf das stehende Holz entfallen.[18] Auf die periodische Bewertung von Waldbeständen wird aus Vereinfachungsgründen verzichtet (§ 141 I 4 AO).[19] Die AK für einen erworbenen Waldbestand sind jedoch fortzuführen und mindern bei späterer Veräußerung den entstehenden Gewinn.[19] Der Abzug der AK/HK wird vom Gewinn 65

---

1 OFD Nürnberg DStR 89, 783.
2 BGBl I 91, 1582.
3 FG Nds EFG 95, 878 (879).
4 *Schmidt*[26] § 13 Rn 156.
5 Zur Vereinfachung durch eine Nichtbeanstandungsgrenze von 1 600 € s OFD Kiel BB 02, 2381; zur Erleichterung bei Naturkatastrophen BMF v 4.6.02 IV D 2 – S 0336–3/02 Tz 4.2.2 u FinMin Bayern StEd 03, 168.
6 *H/H/R* § 13 Rn 54.
7 BFH/NV 00, 695.
8 Dazu *Opel* FR 98, 41 ff.
9 BStBl II 88, 672 ff.
10 Zu Recht krit *Opel* FR 98, 41 (44 ff).
11 BFH BStBl II 00, 422.
12 BFH BStBl II 93, 284 ff; eine Bilanzberichtigung nach Bestandskraft der Veranlagung scheidet aber aus BFH/NV 03, 1155.
13 BFH BStBl II 93, 272 ff; BMF DStZ/E 85, 7; aA *F/P/G* Rn B 868c.
14 BFH BStBl II 93, 276 ff.
15 FG Nds EFG 97, 945.
16 Zu Aufforstungskosten u AK/HK s OFD Hann v 6.9.01 S 2232 – StH 225.
17 BFH BStBl III 63, 361 (362); *Leingärtner* Kap 44 Rn 10.
18 *Kleeberg* FR 98, 189.
19 BFH BStBl II 95, 779 (780).

nach R 34b.2 I 3 EStR nur dann zugelassen, wenn es sich dabei um die Abholzung von wesentlichen Teilen des aktivierten Waldes handelt und nicht nur um das Herausschlagen einzelner Bäume.[1] Für Wj, die vor dem 1.1.99 begannen, konnten nach R 212 I EStR 99 die aktivierten AK oder HK jedes nach objektiven Kriterien abgrenzbaren Baumbestandes jährlich um 3 vH gemindert werden.[2] Ein bei der Veräußerung eines Waldgrundstücks erzielter einheitlicher Kaufpreis muss zur Ermittlung des auf Grund und Boden und aufstehendes Holz entfallenden Gewinns oder Verlusts nach dem Verhältnis der Teilwerte aufgeteilt werden. In den Teilwert für das aufstehende Holz sind nicht nur die hiebreifen Bestände, sondern auch junge und mittelalte Bestände einzubeziehen. **Sofort abzugsfähig** sind Aufforstungsmaßnahmen bei einem bereits bestehenden forstwirtschaftlichen Betrieb, die nicht zu einer erheblichen Vermehrung des Waldbestandes führen.[3] Etwas anderes gilt, wenn es sich um HK handelt. Dabei ist nach der gebotenen wirtschaftlichen Betrachtung nicht der gesamte Waldbestand eines forstwirtschaftlichen Betriebes als einheitliches WG zu betrachten, sondern jeder nach objektiven Kriterien, insbes Alter, Holzart und räumlicher Lage, abgrenzbare Teil des stehenden Holzes.[4] Insoweit sind auch Wiederaufforstungskosten zu aktivieren.[5] Sofern die Wiederaufforstung zu laufenden BA führt, kann bei einer Wiederaufforstungsverpflichtung eine entspr Rückstellung gebildet werden.[6] Durch **Trennung vom Grund und Boden** wird das Holz zu Umlaufvermögen, welches nach § 6 I Nr 2 mit den AK/HK zu bewerten ist (zum Kalamitätsholz vgl Rn 66).[7] Zu den HK gehören neben den Erwerbs- und Aufzuchtkosten auch die Bringungs- und sonstigen Bearbeitungskosten.[8] Soweit sich die HK nicht ermitteln lassen – was häufig der Fall sein wird –, sind sie zu schätzen.[9]

66 Nach § 3 I FSchAusglG[10] kann bei Bildung eines betrieblichen Ausgleichsfonds in gleicher Höhe eine gewinnmindernde **Rücklage** gebildet werden. Diese darf 100 vH, die jährliche Zuführung zur Rücklage 25 vH der im Durchschnitt der vorangegangenen 3 Wj erzielten nutzungssatzmäßigen Einnahmen (tatsächliche Holzroherlöse) nicht übersteigen (zum Nutzungssatz vgl § 34b IV Nr 1). Über- oder Unternutzungen sind im maßgeblichen Dreijahreszeitraum nicht auszugleichen.[11] Gem **§ 4a FSchAusglG** kann von der Aktivierung des eingeschlagenen **Kalamitätsholzes** (zT) abgesehen werden. Dann wirken sich Kosten, die in der Folge der Nichtaktivierung den Gewinn bereits gemindert haben, bei der Berechnung des Veräußerungsgewinns, der nach **§ 5 FSchAusglG** (vgl auch § 34b Rn 11) dem ermäßigten Steuersatz des § 34b unterliegt, nicht aus.[12] Gem § 7 FSchAusglG kann an Bilanzstichtagen, die in die Zeit der **Einschlagsbeschränkung** fallen, der Mehrbestand an bestimmten Holzvorräten mit einem um 50 vH niedrigeren Wert angesetzt werden.

67 **8. Bodenschätze.** Zu Bodenschätzen s § 5 Rn 165. Die Frage, ob nur der Grund und Boden oder auch der Bodenschatz veräußert wird, ist insoweit relevant, als Bodenschätze, die auf Grundstücken im luf BV entdeckt werden, idR im PV entstehen[13] und damit der Veräußerungsgewinn stfrei wäre. Notwendiges luf BV sind Bodenschätze nur, wenn sie von Anfang an überwiegend für Zwecke der LuF gewonnen und verwertet werden (zB Bau von Forstwegen oder Betriebsgebäuden), oder wenn sie im eigenen luf Nebenbetrieb verwertet werden.[14] Ein originär im BV entstehendes WG ist in der Bilanz nicht mit den fiktiven AK/HK, sondern höchstens mit dem Erinnerungswert anzusetzen.[15] Zur Einlage eines im PV entdeckten Bodenschatzes (zu AK § 6 Rn 51) in ein BV vgl § 5 Rn 165; zur AfS s § 7 Rn 205 f. Zwingend zum PV gehören Bodenschätze, deren Gewinnung gegen Entgelt Dritten überlassen wird (**Ausbeutevertrag**). Das Entgelt aus dem Ausbeutevertrag gehört zu den Einkünften aus

---

1 Gegen das Erfordernis des wesentlichen Teils, da so der Großkahlschlag gegenüber einem ökologisch günstigeren Einschlag auf vielen Kleinflächen steuerlich begünstigt wird *K/S/M* § 13 Rn B 199; zur Abgrenzung des wesentlichen Teils *Woltmann* Inf 01, 553 (555).
2 S *Woltmann* Inf 01, 553 u Inf 02, 139; **aA** (keine Rechtsgrundlage, weil Wald nicht abnutzbares WG des Anlagevermögens) FG Kln EFG 05, 523; für die Zulässigkeit der übergangslosen Streichung der Vorschrift auch SächsFG EFG 04, 1593; *Hiller* Inf 02, 9.
3 BFH BStBl III 63, 357 (360).
4 Vgl auch BFH BStBl II 95, 779 (780); *F/P/G* Rn B 779; *Leingärtner* Kap 44 Rn 2; *Hiller* FR 98, 512 (513); **aA** *Kleeberg* FR 98, 189; *K/S/M* § 13 Rn B 195: WG ist der einzelne Baum.
5 Vgl *Leingärtner* Kap 44 Rn 10, 14; **aA** *Kleeberg* FR 98, 189.
6 *Leingärtner* Kap 44 Rn 14.
7 BFH BStBl III 67, 3; RFH RStBl 44, 50 (51); *K/S/M* § 13 Rn B 211; *Blümich* § 13 Rn 290; *Hiller* Inf 00, 618.
8 BFH BStBl III 67, 3 (4).
9 *Leingärtner* Kap 44 Rn 30.
10 BStBl I 85, 591 (592).
11 *Schmidt*[26] § 13 Rn 101; OFD Hann StEK § 13 Nr 677.
12 OFD Hann StEK § 13 Nr 677.
13 BFH BStBl II 94, 846 mwN; FG Hess EFG 03, 1377; zur Einordnung als eigenständiges WG FG M'ster EFG 06, 1510.
14 BMF BStBl I 98, 1221 (1222).
15 BFH BStBl II 99, 638 (644); **aA** *Schmidt*[26] § 6 Rn 140: Bodenschatz (Buchwertaufteilung nach dem Verhältnis der Teilwerte).

VuV.[1] Die Grundstücke bleiben luf BV. Die durch die Ausbeutung bewirkte Wertminderung an den betroffenen Grundstücken vollzieht sich im Rahmen des BV. Sie führt grds zu einer Teilwertabschreibung (§ 6 I Nr 2 S 2) und einer entspr Entnahme (§ 4 I 1, 2), deren Höhe den Umfang der WK bei den Einkünften aus VuV bestimmt. Dies gilt aber nicht für einen nach § 55 VI außer Betracht bleibenden Veräußerungs- oder Entnahmeverlust, der auch nicht via Teilwertabschreibung vorweggenommen werden kann. Die Wertminderung ist erst nach Abschluss der Ausbeute zu berücksichtigen.[2] Bei den Einkünften aus LuF zu erfassen ist auch die **Oberflächenentschädigung**.

9. Strukturwandel. Bei einem **Strukturwandel** (vgl Rn 10) **vom luf Betrieb zum GewBetr**[3] sind die im Grund und Boden enthaltenen stillen Reserven nicht aufzudecken.[4] Entsprechendes gilt bei der Überführung von WG aus dem gewerblichen BV in das luf BV desselben StPfl (§ 6 V 1). **68**

IV. Gewinnermittlung nach § 4 III[5]. Zur Geldrechnung nach § 4 III s § 4 Rn 11, 107 ff; zum Zufluss-/Abflussprinzip, das auch iRd Einkünfte aus LuF zu beachten ist, §§ 11 I 4, 4 III, s § 11 Rn 5 ff. Seinem Wortlaut nach regelt § 11 zwar nur die Zuordnung zu einem bestimmten Kj. Grundgedanke des § 11 ist es aber, die Erfassung der Einnahmen und Ausgaben in dem Zeitabschnitt sicherzustellen, zu dem sie wirtschaftlich gehören, so dass die Vorschrift auch für das vom Kj abw Wj gem § 4a gelten muss.[6] So gelten gem § 11 I 2 laufende Pachteinnahmen eines Land- und Forstwirts als in dem Wj bezogen, zu dem sie wirtschaftlich gehören. Zum gewillkürten BV bei Gewinnermittlung nach § 4 III s § 4 Rn 112.[7] Aufwendungen für WG des Umlaufvermögens sind **sofort als BA abzugsfähig.** Bei einem **forstwirtschaftlichen Betrieb** können die bei der Gewinnermittlung nach § 4 I 1 aktivierungspflichtigen Aufforstungskosten (s dazu Rn 65) nicht sofort als BA abgezogen werden (§ 4 III 4). Gem **§ 51 EStDV** können bei forstwirtschaftlichen Betrieben, die nicht zur Buchführung verpflichtet sind und die den Gewinn nicht nach § 4 I ermitteln, die BA auf Antrag mit einem Pauschsatz von 65 vH der Einnahmen aus der Holznutzung abgezogen werden.[8] Der Pauschsatz beträgt 40 vH, soweit das Holz auf dem Stamm verkauft wird. Durch die Anwendung dieser Pauschsätze sind die BA im Wj der Holznutzung einschl der Wiederaufforstungskosten unabhängig vom Wj ihrer Entstehung abgegolten. Für das Aufräumen von Windbrüchen gewährte Beihilfen mindern den BA-Pauschbetrag.[9] Nach § 4 FSchAusglG[10] beträgt nach Eintritt von **Kalamitäten** der von den Einnahmen aus Holznutzungen[11] abziehbare Pauschsatz für BA iSv § 51 EStDV im Wj der Einschlagsbeschränkung 90 vH, bei Verkauf des Holzes auf dem Stamm 65 vH der Einnahmen aus der Holznutzung. Bemessungsgrundlage für den erhöhten Pauschsatz sind die im Zeitraum der Einschlagsbeschränkung erzielten Einnahmen aus ordentlicher und außerordentlicher Holznutzung sowie aus Holznutzungen, die auf einen Einschlag im vorangegangenen Wj zurückzuführen sind und aus Holznutzungen der von der Einschlagsbeschränkung nicht betroffenen Holzarten.[12] Eine **Rücklage für Ersatzbeschaffung** kann auch fortgeführt werden, wenn der StPfl von der Gewinnermittlung nach § 4 I zur Einnahmen-Überschussrechnung nach § 4 III übergeht.[13] **69**

V. Gewinnermittlung bei Mitunternehmerschaften (§ 13 VII). Für die Gewinnermittlung bei luf MU'schaften gelten gem § 13 VII die §§ 15 I 1 Nr 2, 15a entspr.[14] Gem § 13 VII iVm § 15a können beschränkt haftende G'ter von luf PersGes die ihre Kapitaleinlage übersteigenden Verluste zwar mit Gewinnen aus der Beteiligung, die in späteren Jahren anfallen, verrechnen, iÜ aber nicht abziehen oder nach § 10d ausgleichen. **70**

E. Begünstigungen der Land- und Forstwirtschaft

I. Freibetrag nach § 13 III. Durch das StEntlG 99/00/02 wurde der Freibetrag in § 13 III 1 auf 670 € abgesenkt und ist nur noch bis zu einer Summe der Einkünfte[15] von 30 700 € anwendbar (§ 13 III 2).[16] Der erhöhte Freibetrag bei Zusammenveranlagung ist auch dann zu gewähren, wenn nur **71**

---

1 BFH BStBl II 98, 185 (186); BStBl II 94, 840 (841); FG MeVO EFG 00, 306 (307).
2 FG MeVO EFG 00, 306 (308).
3 R 15.5 II EStR.
4 *Wendt* FR 98, 264 (273 f).
5 Zur Gewinnermittlung beim Obst- und Gemüsebau s OFD Koblenz StEd 04, 184.
6 BFH BStBl II 00, 121 (122).
7 BFH BStBl II 04, 985; zum geduldeten BV s 3. Aufl.
8 Vgl dazu eingehend *Leingärtner* Kap 44 Rn 35 ff.
9 OFD Hann FR 75, 16; OFD M'ster FR 75, 427.
10 BStBl I 85, 591.
11 FG BaWü EFG 99, 1068.
12 OFD Hann StEK § 13 Nr 677; OFD Mchn/Nürnberg StEK § 13 Nr 678.
13 BFH BStBl II 99, 488 (490 f); dazu *Haakshorst* NWB Fach 3d, 627 (629).
14 Dazu eingehend etwa *Leingärtner* Kap 15 Rn 65 ff.
15 Nach alter Rechtslage: Einkommen.
16 BGBl I 99, 304 (310).

ein Ehegatte Einkünfte aus LuF hat.[1] Der – personenbezogene – Freibetrag ist ein Jahresbetrag. Er kann nur abgezogen werden, soweit positive Einkünfte aus LuF erzielt worden sind. Der Freibetrag wird nach der Zusammenrechnung der Einkünfte gem § 26b bei der Ermittlung des Gesamtbetrags der Einkünfte abgezogen. Gegenüber §§ 14, 14a ist § 13 III nachrangig, da es sich dabei um Steuerbefreiungen bei der Einkünfteermittlung handelt.[2] Bei der Ermittlung der Veranlagungsgrenze iSv § 46 II 1 Nr 1 ist der Freibetrag nach § 13 III abzuziehen. Bei der Berechnung des Altersentlastungsbetrages nach § 24a ist § 13 III nicht zu berücksichtigen. Für die Buchführungsgrenze gem § 141 I Nr 5 AO ist der Freibetrag ohne Bedeutung. Abzuziehen ist er bei der **Einkommensteuerveranlagung** jedes MU'ers, nicht bei der Gewinnfeststellung einer MU'schaft.

72 **II. Verteilung der Steuer nach § 13 VI.** Die Übertragung einzelner WG aus einem luf BV auf eine KapGes führt zur Gewinnrealisierung. Werden WG in einen gemeinschaftlichen Betrieb der Tierhaltung iSv § 34 VIa BewG gegen die Gewährung von Mitgliedschaftsrechten eingebracht, so kann die auf den Entnahmegewinn entfallende Steuer gem § 13 VI ratenweise auf bis zu 5 Jahre verteilt werden.

73 **III. Sonstige.** **§ 3 Nr 17** belässt Zuschüsse zum Beitrag nach § 32 des Gesetzes über die Alterssicherung der Landwirte, **§ 3 Nr 27** den Grundbetrag der Produktionsaufgaberente und das Ausgleichsgeld nach dem Gesetz zur Förderung der Einstellung der landwirtschaftlichen Erwerbstätigkeit bis zum Höchstbetrag von 18 407 € stfrei. **§§ 6b und 6c** gestatten die Übertragung stiller Reserven aus der Veräußerung gewisser Anlagegüter eines luf Betriebs. Bei der Gewinnermittlung nach Durchschnittssätzen gem **§ 13a** wird idR ein geringerer als der tatsächlich erzielte Gewinn erfasst, was sich gegenüber der Gewinnermittlung bei buchführenden Landwirten, Überschussrechnern oder Schätzlandwirten günstiger auswirkt.[3] **§§ 14 und 14a** regeln Vergünstigungen im Zusammenhang der Besteuerung der Veräußerungsgewinne aus LuF. **§ 34b** gewährt ermäßigte Steuersätze auf außerordentliche Einkünfte aus Forstwirtschaft. **§ 34d Nr 1** bezieht die Einkünfte aus LuF in die ausländischen Einkünfte iSv § 34c ein. **§ 34e** sieht unter bestimmten Voraussetzungen eine Steuerermäßigung bei Einkünften aus LuF vor. Das **FSchAusglG**[4] gewährt eine Reihe steuerlicher Entlastungen: vgl insbes § 3 (stfreie Rücklage), § 4 (Erhöhung des Pauschsatzes für BA), § 4a (Absehen von der Aktivierung von Kalamitätsholz), § 5 (ermäßigter Steuersatz für Kalamitätsnutzung).[5] Dazu Rn 65f, 69.

F. Gestaltungshinweise

74 Eine **Betriebsteilung** – durch teilw Übertragung der luf Nutzfläche im Wege vorweggenommener Erbfolge oder Verpachtung oder durch Aufteilung der luf Tierhaltung – bringt steuerliche Vorteile, indem der Freibetrag nach § 13 III und die Steuerermäßigung nach § 34e zweimal in Anspruch genommen werden können. Ggf kann die Buchführungspflicht oder ein Übergang zum GewBetr vermieden werden. Voraussetzung der steuerlichen Anerkennung einer Betriebsteilung ist nicht, dass schon vorher TB bestanden haben.[6] Es müssen jedoch zwei rechtlich und tatsächlich – vor allem organisatorisch – getrennte Unternehmen entstehen. Erforderlich sind insbes eine entspr Änderung oder Begründung steuerlich anzuerkennender Arbeitsverträge, getrennte Buchführung, getrennter Einkauf, Verrechnung der Maschinenverwendung sowie getrennte Tierhaltung.

75 Die **Kooperation luf Betriebe**[7] in Gestalt von Ernteteilungsverträgen (sog cropsharing) oder Bewirtschaftungsverträgen mit dem Ziel, die Kosten des einzelnen Betriebes durch bessere Gesamtauslastung der vorhandenen Maschinen zu verringern, das Ernterisiko zu verteilen oder die Mitarbeit eines erfahrenen Ackerbauern zu erreichen, führt zur **luf MU'schaft** (Rn 44 ff, 70), sofern auf gemeinsames Risiko gemeinwirtschaftlich bewirtschaftet wird. Hierfür spricht eine insgesamt erfolgsabhängige Beteiligung am Ertrag.[8] Die gemeinschaftlich bewirtschafteten Flächen sind Sonder-BV des Flächeneigentümers; sie dienen einem etwaigen daneben bestehenden luf Einzelbetrieb nicht mehr als Grundlage für die luf Tierhaltung iSv § 13 I Nr 1 und sind bei der Ermittlung des Wirtschaftswerts iSv § 141 I Nr 3 AO nicht zu berücksichtigen.[9] Liegt keine MU'schaft, sondern ein **partiarisches Rechtsverhältnis** mit alleiniger Weisungsbefugnis eines Land- und Forstwirts vor, so

---

1 *Leingärtner* Kap 47 Rn 5.
2 *Dankmeyer/Giloy* § 13 Rn 154.
3 *K/S/M* § 13a Rn A 56.
4 BStBl I 85, 591.
5 Zur Rücklagenbildung bei Betrieben, die von der BSE-Krise betroffen sind, BMF BStBl I 01, 254.
6 *Schmidt*[26] § 13 Rn 72.
7 S dazu eingehend *Wendt* FR 96, 265 ff.
8 Zu Einzelheiten s *F/P/G* Rn A 290p ff.
9 *F/P/G* Rn A 290r.

sind allein diesem die Erträge aus der Flächenbewirtschaftung zuzurechnen. Die Getreidelieferungen an seinen Vertragspartner (Lohnunternehmer) sind als Honorar für dessen Tätigkeit zu behandeln.[1] Diese stellt LuF dar, wenn sie sich auf Arbeits- und Maschineneinsatz beschränkt und die Umsatzgrenze nach R 15.5 IX EStR nicht überschritten ist (vgl dazu Rn 32). Erbringt der Lohnunternehmer jedoch im Rahmen des einheitlichen Werkvertrages auch typisch gewerbliche Leistungen (zB Lieferung von Saatgut), so liegt insgesamt eine gewerbliche Betätigung vor. In Betracht kommt auch eine pachtähnliche Vereinbarung, wobei die Erträge aus der Bewirtschaftung dem die luf Arbeiten tatsächlich Ausführenden (Pächter) zuzurechnen sind, der die Lieferung der luf Erzeugnisse an den Grundeigentümer (Verpächter) als BA (Pachtentgelt) abziehen kann.[2] Bei einer **stillen Ges mit nahen Angehörigen** kann die Einlage des Stillen auch in der Erbringung seiner Arbeitskraft bestehen.[3] Er erzielt Einkünfte aus KapVerm und kann den Sparerfreibetrag (§ 20 IV) nutzen.

§ 13a Ermittlung des Gewinns aus Land- und Forstwirtschaft nach Durchschnittssätzen

(1) [1]Der Gewinn ist für einen Betrieb der Land- und Forstwirtschaft nach den Absätzen 3 bis 6 zu ermitteln, wenn

1. der Steuerpflichtige nicht auf Grund gesetzlicher Vorschriften verpflichtet ist, Bücher zu führen und regelmäßig Abschlüsse zu machen, und
2. die selbst bewirtschaftete Fläche der landwirtschaftlichen Nutzung (§ 34 Abs. 2 Nr. 1 Buchstabe a des Bewertungsgesetzes) ohne Sonderkulturen (§ 52 des Bewertungsgesetzes) nicht 20 Hektar überschreitet und
3. die Tierbestände insgesamt 50 Vieheinheiten (Anlage 1 zum Bewertungsgesetz) nicht übersteigen und
4. der Wert der selbst bewirtschafteten Sondernutzungen nach Absatz 5 nicht mehr als 2 000 Deutsche Mark je Sondernutzung beträgt.

[2]Der Gewinn ist letztmalig für das Wirtschaftsjahr nach Durchschnittssätzen zu ermitteln, das nach Bekanntgabe der Mitteilung endet, durch die die Finanzbehörde auf den Beginn der Buchführungspflicht (§ 141 Abs. 2 der Abgabenordnung) oder den Wegfall einer anderen Voraussetzung des Satzes 1 hingewiesen hat.

(2) [1]Auf Antrag des Steuerpflichtigen ist für einen Betrieb im Sinne des Absatzes 1 der Gewinn für vier aufeinander folgende Wirtschaftsjahre nicht nach den Absätzen 3 bis 6 zu ermitteln. [2]Wird der Gewinn eines dieser Wirtschaftsjahre durch den Steuerpflichtigen nicht durch Betriebsvermögensvergleich oder durch Vergleich der Betriebseinnahmen mit den Betriebsausgaben ermittelt, ist der Gewinn für den gesamten Zeitraum von vier Wirtschaftsjahren nach den Absätzen 3 bis 6 zu ermitteln. [3]Der Antrag ist bis zur Abgabe der Steuererklärung, jedoch spätestens zwölf Monate nach Ablauf des ersten Wirtschaftsjahres, auf das er sich bezieht, schriftlich zu stellen. [4]Er kann innerhalb dieser Frist zurückgenommen werden.

(3) [1]Durchschnittssatzgewinn ist die Summe aus

1. dem Grundbetrag (Absatz 4),
2. den Zuschlägen für Sondernutzungen (Absatz 5),
3. den nach Absatz 6 gesondert zu ermittelnden Gewinnen,
4. den vereinnahmten Miet- und Pachtzinsen,
5. den vereinnahmten Kapitalerträgen, die sich aus Kapitalanlagen von Veräußerungserlösen im Sinne des Absatzes 6 Satz 1 Nr. 2 ergeben.

[2]Abzusetzen sind verausgabte Pachtzinsen und diejenigen Schuldzinsen und dauernden Lasten, die Betriebsausgaben sind. [3]Die abzusetzenden Beträge dürfen insgesamt nicht zu einem Verlust führen.

(4) [1]Die Höhe des Grundbetrags richtet sich bei der landwirtschaftlichen Nutzung ohne Sonderkulturen nach dem Hektarwert (§ 40 Abs. 1 Satz 3 des Bewertungsgesetzes) der selbst bewirtschafteten Fläche. [2]Je Hektar der landwirtschaftlichen Nutzung sind anzusetzen

---

1 F/P/G Rn A 290s.
2 F/P/G Rn A 290t.
3 Vgl zu den Voraussetzungen der steuerlichen Anerkennung OFD Mchn FR 97, 426 f.

§ 13a Ermittlung des Gewinns aus Land- und Forstwirtschaft nach Durchschnittssätzen

1. bei einem Hektarwert
   bis 300 Deutsche Mark   205 Euro,
2. bei einem Hektarwert
   über 300 Deutsche Mark
   bis 500 Deutsche Mark   307 Euro,
3. bei einem Hektarwert
   über 500 Deutsche Mark
   bis 1 000 Deutsche Mark   358 Euro,
4. bei einem Hektarwert
   über 1000 Deutsche Mark
   bis 1 500 Deutsche Mark   410 Euro,
5. bei einem Hektarwert
   über 1 500 Deutsche Mark
   bis 2 000 Deutsche Mark   461 Euro,
6. bei einem Hektarwert
   über 2 000 Deutsche Mark   512 Euro.

(5) ¹Als Sondernutzungen gelten die in § 34 Abs. 2 Nr. 1 Buchstabe b bis e des Bewertungsgesetzes genannten Nutzungen, die in § 34 Abs. 2 Nr. 2 des Bewertungsgesetzes genannten Wirtschaftsgüter, die Nebenbetriebe (§ 34 Abs. 2 Nr. 3 des Bewertungsgesetzes) und die Sonderkulturen (§ 52 des Bewertungsgesetzes). ²Die Werte der Sondernutzungen sind aus den jeweils zuletzt festgestellten Einheitswerten oder den nach § 125 des Bewertungsgesetzes ermittelten Ersatzwirtschaftswerten abzuleiten. ³Bei Sondernutzungen, deren Werte jeweils 500 Deutsche Mark übersteigen, ist für jede Sondernutzung ein Zuschlag von 512 Euro zu machen. ⁴Satz 3 ist bei der forstwirtschaftlichen Nutzung nicht anzuwenden.

(6) ¹In den Durchschnittssatzgewinn sind über die nach den Absätzen 4 und 5 zu ermittelnden Beträge hinaus auch Gewinne, soweit sie insgesamt 1 534 Euro übersteigen, einzubeziehen aus
1. der forstwirtschaftlichen Nutzung,
2. der Veräußerung oder Entnahme von Grund und Boden und Gebäuden sowie der im Zusammenhang mit einer Betriebsumstellung stehenden Veräußerung oder Entnahme von Wirtschaftsgütern des übrigen Anlagevermögens,
3. Dienstleistungen und vergleichbaren Tätigkeiten, sofern diese dem Bereich der Land- und Forstwirtschaft zugerechnet und nicht für andere Betriebe der Land- und Forstwirtschaft erbracht werden,
4. der Auflösung von Rücklagen nach § 6c und von Rücklagen für Ersatzbeschaffung.

²Bei der Ermittlung der Gewinne nach den Nummern 1 und 2 ist § 4 Abs. 3 entsprechend anzuwenden. ³Der Gewinn aus den in Nummer 3 genannten Tätigkeiten beträgt 35 Prozent der Einnahmen.

R 13a.1–13a.2/H 13a.1–13a.2 EStR

Übersicht

	Rn		Rn
A. Grundaussagen der Vorschrift	1	3. Gesondert zu ermittelnde Gewinne (§ 13a VI)	12
B. Das Recht zur Gewinnermittlung nach Durchschnittssätzen	2	a) Allgemeines	12
I. Voraussetzungen (§ 13a I 1)	2	b) Gewinne aus forstwirtschaftlicher Nutzung (§ 13a VI 1 Nr 1)	13
II. Wechsel der Gewinnermittlungsart	4	c) Gewinne aus Veräußerung oder Entnahme von Grund und Boden und Gebäuden sowie von Anlagegütern im Zusammenhang mit einer Betriebsumstellung (§ 13a VI 1 Nr 2)	14
1. Wegfall der Voraussetzungen für die Gewinnermittlung nach Durchschnittssätzen (§ 13a I 2)	4		
2. Antrags- und Wahlrecht nach § 13a II	5		
3. Gewinnkorrekturen beim Wechsel der Gewinnermittlungsart	6	d) Dienstleistungen und vergleichbare Tätigkeiten (§ 13a VI 1 Nr 3)	15
C. Der Durchschnittssatzgewinn	7	e) Gewinne aus der Auflösung von Rücklagen nach § 6c und für Ersatzbeschaffung (§ 13a VI 1 Nr 4)	16
I. Gewinnermittlung nach § 13a III	7		
II. Grundbetrag (§ 13a IV)	8		
III. Hinzurechnungen zum Grundbetrag	9	4. Vereinnahmte Kapitalerträge (§ 13a III 1 Nr 5 idF StÄndG 01)	17
1. Miet- und Pachtzinsen (§ 13a III 1 Nr 4)	9		
2. Sondernutzungen (§ 13a V)	10	IV. Abzüge vom Grundbetrag (§ 13a III 2)	18

§ 13a Ermittlung des Gewinns aus Land- und Forstwirtschaft nach Durchschnittssätzen

Literatur: *Bahrs* Die Agrarreform 2005: ein neues Kapitel im landwirtschaftlichen Steuerrecht, Inf 06, 176; *Hiller* Durchschnittssatzgewinn in der Landwirtschaft nach dem neuen § 13a EStG, Inf 99, 449, 487; *ders* Die Bodengewinnbesteuerung in der Land- und Forstwirtschaft, StW 07, 75; *Kanzler* Der Wechsel der Gewinnermittlungsart, FR 99, 225; *ders* Die neue Durchschnittssatzgewinnermittlung für Land- und Forstwirte – oder: einfach und zielgenau in die Verfassungswidrigkeit, DStZ 99, 682; *ders* StEntlG 99/00/02 Änderungen bei den Einkünften aus Land- und Forstwirtschaft, FR 99, 423.

A. Grundaussagen der Vorschrift

Der Gewinn aus LuF wird gem § 13a nach Durchschnittssätzen ermittelt, soweit § 13a I dies vorsieht **1** und der StPfl nicht gem § 13a II eine andere Art der Gewinnermittlung wählt. § 13a gilt für inländische Betriebe von unbeschränkt wie beschränkt StPfl (§§ 1 IV, 49 I Nr 1).[1] Da die Vorschrift an den für den einzelnen Betrieb festgestellten Einheitswert anknüpft, gilt sie auch für den Betrieb einer MU'schaft oder Tierhaltungsgemeinschaft iSd § 13 I Nr 1 S 5.[2] Bei der Ermittlung nach § 13a handelt es sich um eine **selbstständige Gewinnermittlungsart** neben § 4 I und § 4 III, die faktisch 2 Gewinnermittlungen beinhaltet: die Ermittlung des eigentlichen Durchschnittssatzgewinns (§ 13a IV, V) und die der gem § 13a III Nr 3, VI gesondert zu ermittelnden Gewinne. Bei der Durchschnittssatzgewinnermittlung wird nicht der tatsächliche Gewinn festgestellt, sondern ein typisierter Gewinn auf der Basis einer Gewinnschätzung mit gesetzlich festgelegten Durchschnittswerten angesetzt.[3] Sie umfasst die in § 13a III festgelegten Bestandteile des Durchschnittssatzgewinns. Da bei Gewinnermittlung nach § 13a typischerweise ein erheblich unter dem tatsächlichen Gewinn liegender Gewinn erfasst wird,[4] erscheint die Regelung im Hinblick auf das Gebot einer gleichmäßigen Besteuerung nach der wirtschaftlichen Leistungsfähigkeit[5] verfassungsrechtlich bedenklich.[6] **§ 34e** ist nicht neben § 13a anwendbar.[7]

B. Das Recht zur Gewinnermittlung nach Durchschnittssätzen

I. Voraussetzungen (§ 13a I 1). Die Gewinnermittlung nach § 13a III–VI setzt gem § 13a I **kumu- 2 lativ** voraus, dass der StPfl nicht buchführungspflichtig ist (s dazu § 13 Rn 48 ff), die selbstbewirtschaftete landwirtschaftliche Nutzfläche ohne Sonderkulturen 20 ha nicht überschreitet,[8] die Tierbestände die in § 13a I 1 Nr 3 festgelegte Grenze nicht übersteigen und dass der Wert der selbstbewirtschafteten Sondernutzungen nicht mehr als 2 000 DM pro Sondernutzung beträgt. Nachträgliche Einkünfte aus LuF (§ 24 Nr 2) sind nicht nach § 13a I zu ermitteln. Als **Fläche der landwirtschaftlichen Nutzung** (§ 13a I 1 Nr 2 iVm § 34 II Nr 1a BewG[9]) gilt neben den auf die landwirtschaftliche Nutzung entfallenden Hof- und Gebäudeflächen[10] – ohne den zu Wohnzwecken genutzten Grund und Boden – auch die stillgelegte Fläche.[11] Als **selbstbewirtschaftet** werden die eigenen und die gepachteten, jedoch nicht die zur Nutzung an Dritte überlassenen Flächen erfasst.[12] Auch die im Sonder-BV befindliche Fläche gilt als von einer MU'schaft selbstbewirtschaftet.[13] Mangels selbstbewirtschafteter, landwirtschaftlich genutzter Fläche ist § 13a nicht anwendbar bei reinen Forstbetrieben mit ausschließlicher Waldnutzung sowie bei Betrieben mit ausschließlichen Sonderkulturen und -nutzungen.[14] Für die Prüfung der Grenzen des § 13a I 1 Nr 3 sind die **Tierbestände** nach § 51 BewG mit Anlage 1 sowie R 13.2 EStR in Vieheinheiten umzurechnen.[15] Das **Überschreiten** der Grenzen in § 13a I 1 Nr 2, 3 muss **nachhaltig** sein, dh es muss im Laufe eines Wj objektiv erkennbar sein, dass durch Maßnahmen des StPfl oder eines Dritten der Betrieb

---

1 BFH BStBl II 98, 260; *Leingärtner* Kap 26a Rn 9; *L/B/P* § 13a Rn 20.
2 *L/B/P* § 13a Rn 21.
3 *L/B/P* § 13a Rn 12; FG M'chen EFG 07, 1681 (Rev IV R 47/07).
4 Vgl zur alten Rechtslage Bundesrechnungshof BT-Drs 13/2600 Tz 39.
5 Zusammenfassend *Jachmann* Steuergesetzgebung zw Gleichheit und wirtschaftlicher Freiheit, 99, insbes sub B mwN.
6 Für Verfassungswidrigkeit *Hiller* Inf 99, 449; *L/B/P* § 13a Rn 5; zu verfassungsrechtlichen Anforderungen vgl *K/S/M* § 13a Rn A 37, 76.
7 S *K/S/M* § 13a Rn A 21; ob durch die Gesetzesänderung eine „zielgenaue Ausrichtung" der Durchschnittssatzgewinnermittlung erreicht wurde (BT-Drs 14/265,

177), erscheint eher fraglich (krit *Kanzler* FR 99, 423 (424); *Hiller* Inf 99, 449 (453 f)).
8 Nach alter Rechtslage 25,6 ha bei durchschnittlichem Wert von 1 250 DM.
9 Vgl dazu Abschn 1.08 BewRl.
10 **AA** *Kanzler* DStZ 99, 682 (685).
11 *Engel* NWB Fach 3d, 613 (615).
12 Die Belastung mit Naturschutzauflagen im Rahmen von Ersatzflächenpools ist für die Selbstbewirtschaftung aber unschädlich; BMF BStBl I 04, 716.
13 *Hiller* Inf 99, 449 (450).
14 *L/B/P* § 13a Rn 26.
15 R 13a.1 I 1 EStR; *Kanzler* DStZ 99, 682 (686); *L/B/P* § 13a Rn 57; nur auf Anlage 1 zum BewG abstellend *Hiller* Inf 99, 449 (450 f).

§ 13a Ermittlung des Gewinns aus Land- und Forstwirtschaft nach Durchschnittssätzen

in seiner Größe oder Struktur nachhaltig verändert werden soll.[1] Hinsichtlich der Flächen- und Tierbestandsgrenze entfaltet der EW-Bescheid keine rechtliche Bindungswirkung. Bei den **Sondernutzungen** (§ 13a V) ist die Grenze nach § 13a I 1 Nr 4 nicht einheitlich auf die zusammengefassten sonstigen landwirtschaftlichen Nutzungen, sondern auf jede einzelne (§ 62 I BewG) anzuwenden.[2] Die forstwirtschaftliche Nutzung ist nur bei der Bestimmung des Anwendungsbereichs der Durchschnittssatzgewinnermittlung als Sondernutzung zu berücksichtigen, während bei der Gewinnermittlung der tatsächliche Gewinn zu ermitteln ist (§§ 13a V 4, VI 1 Nr 1; Rn 13) und eine Pauschalierung nicht in Betracht kommt (§ 13a V 3). § 13a gelangt für den ganzen Betrieb nicht zur Anwendung, wenn der Wert einer Sondernutzung über 2 000 DM liegt, während es dagegen unschädlich ist, dass der StPfl mehrere Sondernutzungen unterhält, von denen aber jede einzelne die 2 000-DM-Grenze nicht übersteigt.[3]

3 Die Durchschnittssatzgewinnermittlung bestimmt sich bei **Neueröffnung eines Betriebs** ausschl nach § 13a I 1.[4] Eine Mitteilung nach § 13a I 2 ist nicht erforderlich. Die Gewinnermittlung nach Durchschnittssätzen geht – abgesehen von Fällen der Gesamtrechtsnachfolge – nicht auf einen **Erwerber** oder Pächter eines Betriebs über.[5] Dies gilt auch bei der Einbringung eines Betriebs in eine PersGes.[6] § 13a gelangt – anders als nach § 13a I 1 Nr 2, IV 2 aF (Ausgangswert 0) – auch bei einer Betriebsverpachtung (selbstbewirtschaftete Fläche ist 0; vgl iÜ zur Verpachtung § 13 Rn 33 ff) zur Anwendung.[7] Die Pachtzinsen werden durch § 13a III 1 Nr 4 als Einnahmen erfasst (Rn 9).[8]

II. Wechsel der Gewinnermittlungsart. – 1. Wegfall der Voraussetzungen für die Gewinnermittlung
4 **nach Durchschnittssätzen (§ 13a I 2).** Die Finanzbehörde hat gem § 13a I 2 durch eine **Mitteilung** (rechtsgestaltender VA)[9] auf den Beginn der Buchführungspflicht (§ 141 II AO) oder den Wegfall der Voraussetzungen des § 13a I 1 Nr 2, 3 und 4 hinzuweisen. Die Gewinnermittlung nach Durchschnittssätzen entfällt ab dem Wj, das auf das Wj folgt, in dem die Mitteilung zugegangen ist.[10] Grds ist bis zur Bekanntgabe der Mitteilung der Gewinn weiterhin nach § 13a zu ermitteln.[11] Die Mitteilung dient der Rechtssicherheit des StPfl.[12] Eine rückwirkende Buchführungspflicht kann nicht begründet werden, da eine solche Pflicht nachträglich nicht erfüllbar ist. Jedoch entfällt die Möglichkeit zur Gewinnermittlung nach Durchschnittssätzen auch ohne entspr Mitteilung des FA dann, wenn der StPfl in seiner Steuererklärung wissentlich falsche Angaben macht, aufgrund derer das FA die Voraussetzungen für diese Gewinnermittlungsart weiterhin bejaht.[13] In solchen Fällen bedürfen StPfl nicht des Schutzes der Mitteilung. Das FA kann dann den Gewinn schätzen. Das Ergehen der Mitteilung kann für den Zeitpunkt unterstellt werden, zu dem sie bei rechtzeitiger Kenntnis der maßgebenden Umstände ergangen wäre. Die Mitteilung kann mit einem Steuerbescheid verbunden werden oder gleichzeitig mit der Mitteilung über die Feststellung des Bestehens der Buchführungspflicht ergehen.[14] Anders als § 141 I 1 AO sieht § 13a I 2 neben der Mitteilung keine besondere Feststellung durch das FA vor. Gegen die Mitteilung ist der Einspruch (§ 347 I Nr 1 AO) statthaft.[15] Maßgeblich für den Wegfall der Voraussetzungen nach § 13a I 1 Nr 2, 3 und 4 sind **die tatsächlichen Verhältnisse**. § 13a ist weiterhin anzuwenden, wenn das FA aufgrund der ihm bekannten Verhältnisse eine Mitteilung nach § 13a I 2 erlassen hat, bis zum Beginn des folgenden Wj jedoch die Voraussetzungen für die Gewinnermittlung nach Durchschnittssätzen wegen einer Änderung der Verhältnisse wieder vorliegen;[16] es tritt auch keine Jahressperre ein. Konstitutiv ist die Mitteilung iSv § 13a I 2 nur für den Wegfall der Voraussetzungen der Gewinnermittlung nach Durchschnittssätzen.[17] Das Erfordernis des Fehlens einer solchen Mitteilung als negative Tatbestandsvoraussetzung für die Zulässigkeit der Gewinnermittlung nach Durchschnittssätzen ist § 13a I 2 nicht zu entnehmen. Es bedarf jedoch gem § 141 II 2 AO einer Mitteilung über den Wegfall der Voraussetzungen

---

1 *Kanzler* DStZ 99, 682 (683 f, 689); **aA** *Hiller* Inf 99, 449 (450 f): ausschlaggebend ist der Beginn des Wj; nach alter Rechtslage wurde R 15.5 II EStR entspr herangezogen (*H/H/R* § 13a Rn R 7).
2 R 13a.1 I 2, 13a.2 II 2 EStR; *Engel* NWB Fach 3d, 613 (618); **aA** *Hiller* Inf 99, 449 (451); *Kanzler* DStZ 99, 682 (686).
3 *H/H/R* § 13a Rn R 7; *L/B/P* § 13a Rn 25.
4 BFH/NV 97, 856 (Ausscheiden eines G'ters aus einer zweigliedrigen PersGes).
5 R 13a.1 V EStR; *K/S/M* § 13a Rn B 9d, 12.
6 BFH BStBl II 94, 891 (892 f).
7 *Blümich* § 13a Rn 7; **aA** *Kanzler* DStZ 99, 682 (685); *L/B/P* § 13a Rn 26.
8 *Hiller* Inf 99, 487 (488); *Engel* NWB Fach 3d, 613 (616).
9 *F/P/G* Rn C 121.
10 *K/S/M* § 13a Rn B 10b.
11 *Lademann* § 13a nF Rn 57.
12 *v Schönberg* HFR 02, 392.
13 BFH BStBl II 02, 147; **aA** Vorinstanz.
14 *F/P/G* Rn C 121, 121c.
15 *L/B/P* § 13a Rn 33.
16 R 13a.1 III 6 EStR.
17 Zu Einschränkungen BFH BStBl II 02, 147 (148).

nach § 141 I AO, sofern nach dieser Vorschrift eine Buchführungspflicht bestand.[1] Die Mitteilung nach § 13a I 2 kann sich nur auf vergangene Verhältnisse stützen.[2] Sie kann danach nicht so ausgelegt werden, als würde sie einen Hinweis auf den Wegfall der Voraussetzungen für die Gewinnermittlung nach Durchschnittssätzen auch im Hinblick auf eine spätere Änderung der Verhältnisse enthalten. Die Mitteilung nach § 13a I 2 soll dem Land- und Forstwirt rechtzeitig (mindestens ein Monat vor Beginn des neuen Wj) bekannt gegeben werden, damit er sich auf die neue Gewinnermittlungsart einstellen kann.[3] Da es sich aber nicht um eine gesetzliche Frist handelt, lassen geringfügige Überschreitungen die Wirksamkeit der Mitteilung unberührt.[4] Zudem bedarf eine künftig zu fertigende Überschussrechnung keiner zeitaufwendigen Vorkehrungen. Besteht keine Buchführungspflicht, so hat der StPfl nach wirksamer Bekanntgabe der Mitteilung die **Wahl**, ab Beginn des auf die Mitteilung folgenden Wj den tatsächlichen Gewinn nach § 4 I oder § 4 III zu ermitteln.[5] Der StPfl kann nicht durch Androhung und Festsetzung von Zwangsgeld zur Gewinnermittlung durch Bestandsvergleich oder durch Ansatz des Überschusses der BE über die BA gezwungen werden.[6] Der Gewinn ist erforderlichenfalls zu schätzen.

2. Antrags- und Wahlrecht nach § 13a II. Gem § 13a II kann der StPfl bei Vorliegen der Voraussetzungen des § 13a I beantragen, den Gewinn nicht nach § 13a III–VI zu ermitteln. Der Antrag ist für 4 Wj bindend. Eine **wirksame Antragstellung** ist nur bis zur Abgabe der Steuererklärung, jedoch spätestens 12 Monate nach Ablauf des ersten Wj, auf das sich der Antrag bezieht (Ausschlussfrist), möglich. Innerhalb der Frist kann der Antrag auch zurückgenommen werden (§ 13a II 4), nicht jedoch ein in der abgegebenen Steuererklärung gestellter Antrag.[7] Bei schuldloser Fristversäumnis kann sowohl für die Stellung des Antrags wie auch für die Rücknahme eine Wiedereinsetzung in den vorigen Stand (§ 110 AO) beantragt werden. Gem § 13a II 3 ist der Antrag schriftlich zu stellen. Eine konkludente Antragstellung, etwa durch Beifügung einer Überschussrechnung, ist möglich, sofern der StPfl unzweifelhaft seiner Besteuerung den tatsächlichen Gewinn zugrunde legen will.[8] Das in der Anlage L vorgesehene Kästchen muss nicht unbedingt angekreuzt sein.[9] In einem verspäteten Antrag kann ein wirksam gestellter Antrag für das folgende Wj zu sehen sein, wenn der Landwirt bislang seinen Gewinn stets durch Bestandsvergleich ermittelt hat und bereits feststeht, dass er seinen Betrieb danach aufgegeben hat.[10] Nach der Gesetzesbegründung ist die tatsächliche Führung von Büchern oder die Aufzeichnung der BE und BA eine Wirksamkeitsvoraussetzung für das Antragswahlrecht.[11] Werden nach der Antragstellung keine Bücher geführt, so ist der Gewinn nicht mehr nach den Grundsätzen der gewählten Gewinnermittlungsart zu schätzen (§ 162 AO).[12] Nach **Ablauf des Vierjahreszeitraums** wird – sofern kein neuer Antrag nach § 13a II gestellt wird – der Gewinn wieder nach Durchschnittssätzen ermittelt.[13] Dies gilt auch, wenn zuvor zwischenzeitlich die Voraussetzungen des § 13a I weggefallen sind, aber der StPfl nicht zur Buchführung aufgefordert oder darauf hingewiesen wurde, dass der Gewinn nicht mehr nach Durchschnittssätzen zu ermitteln ist.[14] Die Bindungsfrist gilt auch, wenn aufgrund eines Antrags eine Gewinnermittlung nach § 13a aF unterblieben ist und der Zeitraum von 4 Jahren erst nach Inkrafttreten des § 13a idF des StEntlG 99/00/02 endet. Liegen die Voraussetzungen des § 13a I nicht vor, so ist die Gewinnermittlung nach Durchschnittssätzen bis zur entspr Mitteilung des FA (§ 13a I 2) vorzunehmen.[15] Durch die **Wahl der Besteuerung nach den tatsächlichen Betriebsergebnissen** kann der StPfl insbes eine Berücksichtigung erhöhter Absetzungen oder etwaiger Verluste sowie die Steuerermäßigung nach § 34e erreichen. Der Wegfall des Verweises in § 13a II Nr 2 aF auf § 141 AO bedeutet keine sachliche Änderung.[16]

---

1 R 13a.1 III 3 EStR.
2 *L/B/P* § 13a Rn 31.
3 Vgl BMF BStBl I 98, 630 (703) Tz 4 zu § 141 AO; R 13a.1 II 1 EStR; OFD D'dorf DB 99, 877.
4 BFH/NV 07, 1750; FG Nds EFG 00, 1183 (1184).
5 *Märkle/Hiller*[9] Rn 14a; *L/B/P* § 13a Rn 26.
6 BFH/NV 93, 346 (348); *Märkle/Hiller*[9] Rn 14a; **aA** *Schmidt*[26] § 13a Rn 5; *Kanzler* FR 93, 761 (762).
7 *K/S/M* § 13a Rn C 6; *Blümich* § 13a Rn 13.
8 BFH BStBl II 93, 125 ff.
9 BFH BStBl II 88, 530 (532).
10 BFH/NV 94, 863 f.
11 BT-Drs 14/443, 27; ebenso R 129 IV 3 EStR 99; *Engel* NWB Fach 3d, 613 (616); *H/H/R* § 13a Rn 9; abl *L/B/P* § 13a Rn 71; nach § 13a II aF musste die Gewinnermittlung für das erste Wj erfolgen (BFH BStBl II 93, 549 f; R 127 III 3 EStR 96); zur alten Rechtslage auch BFH/NV 05, 881 (geordnete Belegsammlung genügt nicht).
12 *Leingärtner* Kap 26a Rn 52; zutr anders zur Rechtslage vor Geltung des StBereinG 99 *Leingärtner* Kap 26a Rn 51; hiergegen *Engel* NWB Fach 3d, 613 (616).
13 *Blümich* § 13a Rn 14; R 13a.1 III 1, 2 EStR; nach dem ursprünglichen Gesetzesentwurf (BT-Drs 14/265, 11) sollte eine Rückkehr zu § 13a nicht mehr möglich sein.
14 R 13a.1 IV 2 Nr 4 lit b EStR.
15 *K/S/M* § 13a Rn B 10b; **aA** *L/B/P* § 13a Rn 71.
16 BT-Drs 14/443, 59.

6 **3. Gewinnkorrekturen beim Wechsel der Gewinnermittlungsart.** Der Gesamtgewinn in der Totalperiode muss – notfalls nach einer Korrektur im Zeitpunkt des Wechsels – gleich hoch sein, auch wenn nach §§ 4 I, 5 und § 4 III der Periodengewinn unterschiedlich ausfallen kann (§ 4 Rn 220, 217 ff, zur Übergangsbilanz s § 13 Rn 64). Die Durchschnittssatzgewinnermittlung nach § 13a enthält Elemente des § 4 I (§ 13a IV, V)[1] und der Einnahmenüberschussrechnung nach § 4 III (§ 13a III 1 Nr 4, VI).[2] Beim Übergang zum Bestandsvergleich oder zur Überschussrechnung kommen die Folgen der R 4.6 EStR nur insoweit zur Anwendung, als im Rahmen des § 13a ein jeweils anderes Gewinnermittlungssystem anwendbar war.[3] Beim Übergang zu § 4 I sind die WG in der Übergangsbilanz mit den Werten anzusetzen, die sich ergeben hätten, wenn von Anfang an ein Bestandsvergleich stattgefunden hätte.[4] Eine Korrektur hat auch dann zu erfolgen, wenn es beim Wechsel zur Gewinnermittlung nach § 13a zu einem Übergang in ein anderes Gewinnermittlungssystem kommt (s § 4 Rn 227).[5] Ansparrücklagen nach § 7g sind beim Übergang von § 4 III zu § 13a als Übergangsgewinn zu erfassen.[6]

C. Der Durchschnittssatzgewinn

7 **I. Gewinnermittlung nach § 13a III.** Der Durchschnittssatzgewinn nach § 13a III setzt sich zusammen aus dem Grundbetrag (§ 13a IV), den Zuschlägen für Sondernutzungen (§ 13a V), den nach § 13a VI gesondert zu ermittelnden Gewinnen, den vereinnahmten Pachtzinsen (§ 13a III 1 Nr 4) sowie den vereinnahmten Kapitalerträgen (§ 13a III 1 Nr 5 idF StÄndG 01[7]). Von der sich so ergebenden Zwischensumme sind gem § 13a III 2 verausgabte Pachtzinsen und sonstige BA in Gestalt von Schuldzinsen und dauernden Lasten abzuziehen.[8] Die normale AfA kann nicht abgezogen werden, weil sie in den Durchschnittssatzgewinnen bereits berücksichtigt ist.[9] Der Ausfall einer Forderung aus der Veräußerung von Umlaufvermögen kann nicht gewinnmindernd veranschlagt werden. Der **Nutzungswert der Wohnung des Betriebsinhabers** (§ 13a III 1 Nr 4 iVm VII aF) ist nicht mehr zu berücksichtigen. Der Durchschnittssatzgewinn ist für das **Wj** zu ermitteln. Bei einem Rumpf-Wj sind die Bestandteile des Durchschnittssatzgewinns nur für dieses zu erfassen, sofern nicht – so bei Pacht- und Schuldzinsen sowie Gewinnkorrekturen nach § 13a VI – der tatsächliche Zu- und Abfluss maßgeblich ist. Anteilig nach der Zahl der vollen Monate anzusetzen sind danach der Grundbetrag[10] und der Wert der Sondernutzungen.[11] Alle übrigen BE und BA sind in der tatsächlichen Höhe zu erfassen, soweit sie im jeweiligen Rumpf-Wj angefallen sind.[12]

8 **II. Grundbetrag (§ 13a IV)[13].** Der Grundbetrag ist nach dem Hektarwert (§ 40 I 3 BewG) der selbstbewirtschafteten landwirtschaftlichen Nutzfläche (Rn 2)[14] zu errechnen. Der EW-/GrSt-Messbescheid ist Grundlagenbescheid für die Hektarwertgruppeneinteilung im Rahmen der ESt-Festsetzung/Gewinnfeststellung.[15] Abzustellen ist auf volle ha.[16] Hinsichtlich des für die Bewertung maßgeblichen Zeitpunkts ist nicht auf den Beginn des Wj,[17] sondern auf eine nachhaltige Nutzung der selbstbewirtschafteten Fläche abzustellen.[18]

---

1 R 13.5 II 2 EStR.
2 *Kanzler* FR 99, 225 (234).
3 *Kanzler* FR 99, 225 (233 ff).
4 BFH BStBl II 03, 801 (802); ggf Schätzung R 13.5 II 3 EStR.
5 R 130 VII EStR 01; vgl auch *Leingärtner* Kap 26a Rn 125: Erfassung von Zu- und Abrechnungen beim Wechsel der Gewinnermittlungsart im Rahmen der Durchschnittssatzgewinnermittlung; nach alter Rechtslage waren die Korrekturposten durch den weggefallenen § 13a VIII aF gesondert zu erfassen; nach **aA** *Märkle/Hiller*[9] Rn 24a ist der Übergangsgewinn in diesem Fall mit dem Grundbetrag abgegolten, es bestehe keine Möglichkeit der steuerlichen Erfassung.
6 FG Mchn EFG 06, 957.
7 StÄndG 01 BGBl I 01, 3794.
8 Vgl das Schema bei *H/H/R* § 13a Rn R 10; *L/B/P* § 13a Rn 95.
9 *K/S/M* § 13a Rn B 27; anders im Rahmen von § 13a III 1 Nr 4 (Rn 9); vgl auch § 5 FördG.
10 *Leingärtner* Kap 26a Rn 62; *L/B/P* § 13a Rn 94, 96.
11 R 13a.2 VII 1 EStR.
12 *Lademann* § 13a nF Rn 173; *L/B/P* § 13a Rn 94, 96.
13 Zum Erlass der auf dem Ansatz des Grundbetrages beruhenden ESt infolge der BSE-Krise s BMF BStBl I 01, 254 u OFD Karlsruhe DStZ 02, 346 u infolge von Naturkatastrophen (Hochwasser) BMF v 4.6.02 – IV D 2 – S 0336 – 4/02 Tz 4.2 u FinMin Bayern StEd 03, 168.
14 Vgl R 13a.2 I 1 EStR iVm R 13.2 III 1 EStR.
15 *Kanzler* DStZ 99, 682 (688); *Leingärtner* Kap 26a Rn 63; *Hiller* Inf 99, 449 (452); *L/B/P* § 13a Rn 118.
16 *Leingärtner* Kap 26a Rn 64; *Kanzler* DStZ 99, 682 (688); **aA** *Hiller* Inf 99, 449 (454).
17 *Hiller* Inf 99, 449 (454).
18 *Leingärtner* Kap 26a Rn 64.

III. Hinzurechnungen zum Grundbetrag. – 1. Miet- und Pachtzinsen (§ 13a III 1 Nr 4). Nach § 13a III 1 Nr 4 werden eingenommene Miet-[1] und Pachtzinsen in voller Höhe[2] erfasst, sofern sie zu den Einkünften aus LuF gehören. Als **Miet-/Pachtobjekt** kommt nicht nur ein Grundstück oder ein dingliches Nutzungsrecht (zB Nießbrauch, Erbbaurecht) in Betracht, sondern auch jedes andere WG des **BV**.[3] Eine unzulässige Analogie bedeutete es jedoch, wollte man vereinnahmte Schuldzinsen einbeziehen.[4] Ebenso werden Flächenstilllegungsprämien nicht mit einbezogen,[5] da die entspr Flächen als selbstbewirtschaftete Flächen schon in den Grundbetrag eingegangen sind. Nach altem Recht wurden die Einnahmen aus der Verpachtung von anderen Gegenständen als Grundstücken zT unter § 13a VIII Nr 3 aF gefasst.[6] Diese Sichtweise ist jedenfalls nach dem ersatzlosen Wegfall von § 13a VIII Nr 3 aF nicht aufrechtzuerhalten. Gewillkürtes BV kann bei der Gewinnermittlung nach Durchschnittssätzen nicht gebildet werden.[7] Damit sind Pachtzinsen für hinzuerworbene luf genutzte Flächen, die verpachtet sind oder dem Veräußerer pachtweise zur Nutzung überlassen werden, nicht als BE iSv § 13a III 1 Nr 4 anzusetzen.[8] Werden WG im Zusammenhang mit Dienstleistungen oder vergleichbaren Tätigkeiten (§ 13a VI 1 Nr 3) von untergeordneter Bedeutung überlassen, gilt § 13a III 1 Nr 4. Es handelt sich um keinen Sondergewinn nach § 13a VI 1 Nr 3. Die durch die Verpachtung veranlassten **Aufwendungen** (GrSt, Landwirtschaftskammerbeiträge, Berufsgenossenschaftsbeiträge, AfA) sind abzugsfähig.[9] Sie sind ggf zu schätzen.[10] Erforderlich ist, dass der Verpächter die Aufwendungen trägt. Die Miet- und Pachteinkünfte sind nach § 4 III zu ermitteln.[11]

2. Sondernutzungen (§ 13a V). Als Sondernutzung gelten die weinbauliche, die gärtnerische (zB Obst-, Gemüsebau, Baumschulen) und die sonstige luf Nutzung (§ 34 II Nr 1 b–e BewG), das Abbauland, das Geringstland und das Unland (§ 34 II Nr 2 BewG) sowie die Nebenbetriebe (§ 34 II Nr 3 BewG) und die Sonderkulturen (§ 52 BewG) (zur forstwirtschaftlichen Nutzung vgl Rn 2, 13). Gewinne aus Sondernutzungen sind **pauschal** mit 512 € pro Sondernutzung zu erfassen, soweit der Wert der Sondernutzung jeweils über 500 DM liegt.[12] Liegt der Wert unter der **Bagatellgrenze**, wird die Sondernutzung durch den Grundbetrag abgegolten.[13] Steigt der Wert über die Wertgrenze und wird dies dem StPfl nicht mitgeteilt (§ 13a I 2), ist die Gewinnermittlung nach § 13a beizubehalten (vgl Rn 4), wobei der Zuschlag von 512 € pro Sondernutzung nicht erhöht werden kann.[14] Der EW-/Ersatzwirtschaftswert bildet zwar die Grundlage für die Wertermittlung, doch sind Flächen- oder Nutzungsänderungen auch ohne Fortschreibung zu berücksichtigen.[15] Wenn der letzte EW-/GrSt-Messbescheid keinen Wert für die Sondernutzung veranschlagt, ist der Wert entspr den Grundsätzen nach §§ 33 ff, 125 BewG zu ermitteln.[16] **Verluste** sind nicht ausgleichsfähig. Selbst bei nachgewiesenen Verlusten ist der Gewinnzuschlag anzusetzen. Bei Betrieben, die nur Sondernutzungen unterhalb der Wertgrenze von 500 DM unterhalten, ist zwar eine Durchschnittssatzgewinnermittlung durchzuführen, aber der Gewinn ist mit 0 € zu veranschlagen.[17] Der Zuschlag gem § 13a V 3 fällt für jede einzelne sonstige luf Nutzung an (vgl auch Rn 2).[18] Ein **Nebenbetrieb** (§ 42 BewG) muss ertragsteuerlich mit dem Hauptbetrieb ein einheitliches Unternehmen bilden (vgl § 13 Rn 15 ff).[19] Andernfalls ist für ihn der Gewinn selbstständig zu ermitteln. § 34e kann dann für den Nebenbetrieb in Anspr genommen werden.

Die erstmalige pauschale Veranschlagung der Sondernutzungen im Wj 99/00 bedeutet einen Wechsel der Gewinnermittlungsart (§§ 13a VIII Nr 1 aF, 4 III zu §§ 13a V, 4 I), welcher einen **Übergangs-**

---

1 Dazu, dass Mieteinnahmen auch schon nach § 13a VIII Nr 3 aF anzusetzen waren, etwa *F/P/G* Rn C 237.
2 Einschließlich vereinnahmter Nebenkosten, FG M'chen EFG 07, 1681 (Rev IV R 47/07).
3 R 13a.2 IV 2 EStR; *Hiller* Inf 99, 487 (488).
4 So aber *Leingärtner* Kap 26a Rn 87.
5 R 13a.2 IV 5 EStR.
6 *Leingärtner* Kap 26 Rn 188 (Milchquote); *F/P/G* Rn C 282 ff (Maschinen u Gerätschaften); aA *Lademann* § 13a nF Rn 101 ff; vgl dazu *Engel* NWB Fach 3d, 613 (618).
7 *Märkle/Hiller*[9] Rn 253b.
8 *K/S/M* § 13a Rn D 3b.
9 *Hiller* Inf 99, 487 (488); *K/S/M* § 13a Rn D 3; aA BFH BStBl II 03, 345 (346) mit Anm v *Schönberg* HFR 03, 562; R 130 IV 4 EStR 03.
10 Vgl OFD Hann ESt-Kartei § 13a Nr 1.1 IV Tz 3: 2,5 vH des Vergleichswerts der verpachteten Flächen.
11 *Lademann* § 13a nF Rn 106.
12 Nach § 13a VIII Nr 1 aF waren die Gewinne in tatsächlicher Höhe zu ermitteln.
13 *Engel* NWB Fach 3d, 613 (617).
14 *H/H/R* § 13a Rn R 12; *Engel* NWB Fach 3d, 613 (617); *L/B/P* § 13a Rn 132; aA *Kanzler* DStZ 99, 682 (689 f): mehrfacher Ansatz des Gewinnzuschlags.
15 Vgl dazu *Kanzler* DStZ 99, 682 (689); *Leingärtner* Kap 26a Rn 76; *L/B/P* § 13a Rn 131.
16 *Hiller* Inf 99, 449 (451).
17 *H/H/R* § 13a Rn R 13.
18 R 13a.2 II 2 EStR; *Engel* NWB Fach 3d, 613 (618); aA *Hiller* Inf 99, 449 (451); *Leingärtner* Kap 26a Rn 72.
19 S *Leingärtner* Kap 26 Rn 132.

gewinn nach sich zieht.[1] Die Grundsätze des Übergangs von der Einnahmenüberschussrechnung zur Durchschnittssatzgewinnermittlung (vgl Rn 6; § 13 Rn 64) sind anwendbar. Der Übergangsgewinn kann jedoch nicht innerhalb des gesondert zu ermittelnden Gewinns erfasst werden, da § 13a VIII Nr 1 aF ersatzlos gestrichen wurde.[2]

12 **3. Gesondert zu ermittelnde Gewinne (§ 13a VI). – a) Allgemeines.** Die Gewinne aus § 13a VI 1 Nr 1 und 2 sind zwingend nach § 4 III zu ermitteln.[3] Bei der forstwirtschaftlichen Nutzung kann die Pauschalisierungsregelung des § 51 I EStDV angewendet werden. In Anlehnung daran findet bei den Dienstleistungen ebenfalls eine pauschale Bewertung statt (§ 13a VI Nr 3, 3). Bei der **Ermittlung der Gewinne nach § 13a VI** sind steuerliche Begünstigungsvorschriften grds anwendbar, nicht jedoch § 34e. In eine im Rahmen von § 13a VI zu erstellende Überschussrechnung sind beispielsweise geleistete und vereinnahmte Pacht- und Schuldzinsen einzubeziehen, soweit sie auf die fraglichen Sondernutzungen entfallen. Insgesamt sind alle BA anzusetzen, die einem Tatbestand des § 13a VI direkt zugeordnet werden können oder anteilig auf den Sondergewinnbereich entfallen.[4] Der Sondergewinn ist nach den Grundsätzen der Einnahmenüberschussrechnung zu **schätzen**, wenn der Landwirt weder eine Buchführung eingerichtet noch Aufzeichnungen geführt hat, die eine Gewinnermittlung durch Betriebsvermögensvergleich oder Einnahmenüberschussrechnung ermöglichen.[5] Einer Aufforderung zur Gewinnermittlung bedarf es nicht.[6] **Verluste** aus einzelnen Betriebsteilen sind mit Gewinnen aus anderen Betriebsteilen auszugleichen. Ergibt sich bei den gesondert zu ermittelnden Gewinnen insgesamt ein Verlust, so ist dieser bei der Ermittlung des Durchschnittssatzgewinns abzuziehen (Rn 17).[7] Ergibt sich bei den gesondert zu ermittelnden Gewinnen nach § 13a VI insgesamt ein **Gewinn**, so ist hiervon ein betriebsbezogener **Freibetrag von 1 534 €** abzuziehen. Der Freibetrag wird nur bis zur Höhe des Gewinnsaldos gewährt, kann also zu keinem Verlust führen.[8]

13 **b) Gewinne aus forstwirtschaftlicher Nutzung (§ 13a VI 1 Nr 1).** Zur forstwirtschaftlichen Nutzung s § 34 II Nr 1b BewG, § 13 Rn 5. Bei der forstwirtschaftlichen Nutzung ist nach § 13a V 4 weiterhin der tatsächliche Gewinn gesondert zu ermitteln und der Freibetrag von 1 534 € zu gewähren (§ 13a VI 1 Nr 1). **Einnahmen** werden aus dem Verkauf von Holz, Baum- und Waldfrüchten, Wild und forstwirtschaftlich genutzten WG sowie der Jagdpacht,[9] soweit diese Forstflächen betrifft, und aus forstwirtschaftlichen Nebenbetrieben erzielt. Als **BA** können sämtliche Aufwendungen abgezogen werden, die mit der forstwirtschaftlichen Nutzung in Zusammenhang stehen (zB Holzeinschlagskosten, Pflegekosten, Bodenverbesserungskosten, Nachaufforstungskosten und Aufwendungen für das Forstbetriebswerk oder für Forstbetriebsgutachten).[10] Es besteht auch die Möglichkeit, die aus der Holznutzung stammenden BA pauschal anzusetzen (§ 51 EStDV).[11] § 34b ist auf Gewinnzuschläge aus außerordentlicher Holznutzung und aus Kalamitätsnutzung anzuwenden, sofern der Gewinn nicht wegen des Freibetrags in § 13a VI 1 stfrei bleibt.[12] Aufgrund der zwingenden Gewinnermittlung nach § 4 III (§ 13a VI 2) gelangen die Vergünstigungen des FSchAusglG (dazu § 13 Rn 66) nicht zur Anwendung.[13]

14 **c) Gewinne aus Veräußerung oder Entnahme von Grund und Boden und Gebäuden sowie von Anlagegütern im Zusammenhang mit einer Betriebsumstellung (§ 13a VI 1 Nr 2).** Für den Begriff der Entnahme gilt § 4 I 2, 4 (§ 13 Rn 56, § 4 Rn 87 ff).[14] Bei Gewinnermittlung nach § 13a muss die Entnahme grds in der Anlage L zur ESt-Erklärung ausdrücklich und eindeutig erklärt werden.[15] Zur Ermittlung des **Entnahmegewinns** sind vom Entnahmewert des Grund und Bodens dessen AK als BA abzuziehen (§ 4 III 4 iVm § 13a VI 2). Bei **vor dem 1.7.70** angeschafftem Grund und Boden gilt der nach § 55 ermittelte Betrag als AK (§ 55 I). Gem § 13a VI 2 iVm § 4 III 5 ist ein **Anlagenverzeichnis** zu führen. **Betriebsumstellung** ist die wesentliche Änderung der landwirtschaftlichen

---

1 *Kanzler* DStZ 99, 682 (689); *Leingärtner* Kap 26a Rn 70.
2 *Hiller* Inf 99, 487 (488).
3 Deshalb will *Kanzler* Inf 00, 513 (514 f) § 4 IVa jedenfalls bei der Ermittlung nach § 13a VI anwenden, obwohl dies gesetzlich nicht vorgesehen ist; dazu auch *Eggesieker/Ellerbeck* BB 00, 1763: „sinngemäße Anwendung"; **aA** BMF BStBl I 00, 588.
4 *Blümich* § 13a Rn 33.
5 *Blümich* § 13a Rn 32.
6 BFH BStBl II 98, 145.
7 R 130a VIII 5 EStR 99.
8 *Märkle/Hiller*[9] Rn 34a.
9 *L/B/P* § 13a Rn 254, 219; **aA** *Blümich* § 13a Rn 36.
10 *Leingärtner* Kap 26 Rn 142.
11 Vgl FG BaWü EFG 99, 1068 (Verfahren eingestellt).
12 *F/P/G* Rn C 259.
13 *Blümich* § 13a Rn 37.
14 Auch BFH/NV 95, 873; 06, 543; *Jachmann* MittBayNot 96, 333 ff; *dies.* DStR 95, 40 ff.
15 BFH/NV 02, 1135; 06, 543; 06, 1281.

Betriebsorganisation.[1] Der Aufgabe- oder Veräußerungsgewinn nach § 14 wird nicht erfasst, da in diesen Fällen der Gewinn nach § 4 I ermittelt wird.[2] Die Veräußerung oder Entnahme von Einzel-WG des Anlagevermögens fällt nur unter § 13a VI 1 Nr 2, soweit sie einen zeitlichen und sachlichen Bezug zu einer Betriebsumstellung aufweist. Bei einer Betriebsverpachtung ohne Aufgabeerklärung (§ 13 Rn 33 ff)[3] ist der Veräußerungsgewinn der nicht mitverpachteten WG nach § 13a VI 1 Nr 2 zu erfassen.

d) Dienstleistungen und vergleichbare Tätigkeiten (§ 13a VI 1 Nr 3). Die Leistungen müssen dem Bereich der LuF zuzurechnen sein (zB Fuhr- oder Ernteleistungen, Hand- und Spanndienste für eine Teilnehmergemeinschaft einer Flurbereinigung, Pensionstierhaltung, Beherbergung von Fremden, sofern es sich nicht um bloße Mieteinnahmen iSd § 13a III 1 Nr 4 handelt)[4] und dürfen nicht für einen anderen luf Betrieb erbracht werden.[5] Erfasst sind insbes Einkünfte, die eigentlich gewerblich wären, aber zur Vereinfachung bei der LuF erfasst werden (R 15.5 IV, VIII–X, XII EStR; § 13 Rn 27).[6] Nach § 13a VI 3 sind diese Einkünfte nur mit 35 vH anzurechnen. Über diese Pauschalierung des BA-Abzugs hinausgehend können tatsächlich entstandene höhere Aufwendungen nicht nach § 4 III abgezogen werden.[7]

15

e) Gewinne aus der Auflösung von Rücklagen nach § 6c und für Ersatzbeschaffung (§ 13a VI 1 Nr 4). Die Gewinne aus der Auflösung von Rücklagen (vgl auch § 6c Rn 9) waren bereits nach § 13a VIII Nr 3 aF zu erfassen.[8] Der Freibetrag kann bei einer ratierlichen Auflösung der Rücklage mehrfach in Anspr genommen werden. Nicht ausgeschöpfte Freibeträge können aber nicht in einem folgenden Wj nachgeholt werden.[7] Bei der RfE (R 6.6 VI EStR) wird der Auflösungsbetrag erfasst, während der Zufluss der Entschädigung stfrei bleibt.[9]

16

4. Vereinnahmte Kapitalerträge (§ 13a III 1 Nr 5 idF StÄndG 01). Nach § 13a III 1 Nr 5 (neu eingefügt durch StÄndG 01[10]) werden dem Durchschnittssatzgewinn auch die vereinnahmten Kapitalerträge, die sich aus Kapitalanlagen von Veräußerungserlösen im Sinne des § 13a VI 1 Nr 2 ergeben, hinzugerechnet. Die Einführung dieser Regelung soll dazu beitragen, ungewollte Steuerausfälle zu vermeiden.[11] Im Hinblick darauf, dass derartige Kapitalerträge im Einzelfall eine erhebliche Größenordnung erreichen können, und dass sie weder mit dem Grundbetrag abgegolten sind, noch unter § 13a III 1 Nr 4 (vereinnahmte Miet- und Pachtzinsen) subsumiert werden können, wurde diese Regelung für erforderlich gehalten. Die Erfassung der Kapitalerträge aus diesen Betriebsvorgängen wird damit gerechtfertigt, dass es sich um einen über die gewöhnliche Betriebstätigkeit hinausgehenden Vorgang handelt. Erträge aus anderen Kapitalanlagen bleiben von der Besteuerung verschont. Darin und in der Geltung erst für nach dem 31.12.01 beginnende Wj besteht eine Besteuerungslücke.[12] Die Kapitalanlage muss zum BV gehören. Die vereinnahmten Beträge sind um angefallene unmittelbar mit der Kapitalanlage zusammenhängende Kosten (BA) zu kürzen.[13] Die Vorschrift ist erstmals für Wj anzuwenden, die nach dem 31.12.01 beginnen (§ 52 XXXI 2 idF Gesetz v 23.7.02[14]), also für Wj 02 bzw Wj 02/03. Die Kapitalerträge sind auch für solche Kapitalanlagen steuerlich zu erfassen, die auf vor dem Inkrafttreten erzielten Veräußerungserlösen bzw vorheriger Verwendung zur Anschaffung einer Kapitalanlage beruhen.[15] Es ist somit nicht erforderlich, dass der Veräußerungserlös gem § 13a VI 1 Nr 2 idF StEntlG 99/00/02 erfasst wurde. Es müssen lediglich die Tatbestandsmerkmale dieser Vorschrift verwirklicht sein.[16]

17

IV. Abzüge vom Grundbetrag (§ 13a III 2). Gem § 13a III 2 sind verausgabte Pachtzinsen, Schuldzinsen und dauernde Lasten, die BA darstellen, vom Durchschnittssatzgewinn (§ 13a III 1) abzuziehen, soweit dadurch kein Verlust entsteht (§ 13a III 3). Sofern die Abzugsbeträge auf Teile des Durchschnittssatzgewinns entfallen, bei denen der Gewinn in tatsächlicher Höhe ermittelt wird, müssen sie auch bei diesen berücksichtigt werden. Verausgabte **Pachtzinsen** sind im Zeitpunkt des

18

---

1 R 41a IV EStR 96; nach § 13a VIII Nr 3 aF musste es sich um außergewöhnliche Geschäftsvorfälle handeln, die im Vergleichswert des Betriebes nicht berücksichtigt waren.
2 *Kanzler* DStZ 99, 682 (691).
3 BFH BStBl II 97, 512.
4 Weitere Beispiele bei *Leingärtner* Kap 26a Rn 115f; FG M'ster EFG 05, 1762 Pensionstierhaltung.
5 BFH BStBl II 07, 516.
6 BT-Drs 14/265, 178.
7 *H/H/R* § 13a Rn R 13.
8 BFH BStBl II 88, 55 (56f).
9 *Hiller* Inf 99, 487 (491); aA *Kanzler* DStZ 99, 682 (692) u *Leingärtner* Kap 26a Rn 124: Rückgriff auf § 13a VI 1 Nr 2.
10 BGBl I 01, 3794.
11 BT-Drs 14/7341, 23.
12 *Hiller* Inf 02, 321 (322).
13 Rn 9; *Hiller* Inf 02, 321 (322); aA *F/P/G* Rn C 242c.
14 BGBl I 02, 2715.
15 *F/P/G* Rn C 242c; aA *Leingärtner* Kap 26a Rn 97.
16 *F/P/G* Rn C 242c.

Abflusses (§ 11 II) abzugsfähig. Bei der Grundstückspacht gibt es keine Abzugsbeschränkung in Höhe des auf das gepachtete Grundstück entfallenden Grundbetrags (§ 13a VI 1 aF).[1] Obwohl die Mietzinsen nicht ausdrücklich genannt werden, können sie entspr ihrer Erfassung auf der Einnahmenseite (§ 13a III 1 Nr 4) abgezogen werden.[2] Der Miet-/Pachtgegenstand ist nicht auf Grundstücke beschränkt; in Betracht kommen auch Gebäude, bewegliche WG und Rechte.[3] **Schuldzinsen** für Geld- und Sachdarlehen sind – abgesehen von § 13a III 3 – nach § 13a III 2, soweit BA, unbeschränkt abzugsfähig. Bei denkmalgeschützten Wohnungen iSv § 13 IV (vgl § 13 Rn 20) wird der Nutzungswert über den VZ 98 hinaus in Ermangelung einer Regelung in § 13a durch den Grundbetrag nach § 13a IV abgegolten.[4] Damit sind die Schuldzinsen für derartige Objekte weiterhin abzugsfähig.[5] Zinszuschüsse mindern den abziehbaren Betrag. **Dauernde Lasten** (§ 9 Rn 123) sind insoweit abziehbar, als es sich um BA handelt; hierunter fallen nicht Altenteilslasten, die als SA abzugsfähig sind (vgl § 13 Rn 43).[6] Die **Verlustausschlussklausel** nach § 13a III 3 bezieht sich nur auf § 13a III 2.[7] Dagegen kann insbes aufgrund einer negativen Summe der Sondergewinne ein Gesamtverlust entstehen.[8]

19 Der Grundbetrag deckt grds in typisierender Weise alle nicht gesondert zu erfassenden BE und BA ab. Daneben kommen **Abzüge** lediglich aufgrund **von § 6c, R 6.6 IV, VI EStR, § 10d u § 13 III** in Betracht. **Nicht** abgezogen werden können insbes AfA sowie erhöhte Absetzungen gem §§ 7, 7b,[9] 7c, 7d, g, 7h, 7i, 7k, § 82a EStDV. Auch Erhaltungsaufwendungen können nicht gesondert geltend gemacht werden.[10]

§ 14 Veräußerung des Betriebs

[1]Zu den Einkünften aus Land- und Forstwirtschaft gehören auch Gewinne, die bei der Veräußerung eines land- oder forstwirtschaftlichen Betriebs oder Teilbetriebs oder eines Anteils an einem land- und forstwirtschaftlichen Betriebsvermögen erzielt werden. [2]§ 16 gilt entsprechend mit der Maßgabe, dass der Freibetrag nach § 16 Abs. 4 nicht zu gewähren ist, wenn der Freibetrag nach § 14a Abs. 1 gewährt wird.

R 14/H 14 EStR

Übersicht

	Rn			Rn
A. Grundaussagen der Vorschrift	1		1. Hoferbfolge	9
B. Veräußerungsgegenstand	2		2. Vorweggenommene Erbfolge	10
C. Veräußerung/Aufgabe	6	III.	Aufgabe	11
I. Veräußerung	6	D.	Veräußerungs- und Aufgabegewinn	13
II. Übertragungen im Zusammenhang mit der Erbfolge	9	E.	Steuerbegünstigungen	18

Literatur: *Hiller/Weber* Gestaltungsmöglichkeiten bei Hofübergabeverträgen, Inf 97, 680; *Kanzler* Ermittlung des Betriebsaufgabegewinns und Zeitpunkt einer Betriebsaufgabe bei Abgabe einer rückwirkenden Aufgabeerklärung, FR 06, 380; *Märkle* Die Betriebsunterbrechung und der ruhende Betrieb in der Ertragsbesteuerung, BB 02, 17; *Meyne-Schmidt* Betriebsaufgabe von verpachteten landwirtschaftlichen Betrieben, StBp 04, 235; *Wendt* Zur Grauzone zwischen Betriebsaufgabe und Betriebsänderung, FR 98, 264; *Zugmaier* Das Verpächterwahlrecht bei der Verpachtung gewerblicher land- und forstwirtschaftlicher sowie freiberuflicher Betriebe, FR 98, 597.

A. Grundaussagen der Vorschrift

1 Die gesonderte Erfassung der Realisierung stiller Reserven durch Veräußerung oder Aufgabe eines (Teil-)Betriebs oder Anteils an einem BV in § 14 dient als Anknüpfungspunkt für steuerliche

---

1 *H/H/R* § 13a Rn R 10.
2 *Kanzler* DStZ 99, 681 (690); *Hiller* Inf 99, 487 (488); **aA** *Engel* NWB Fach 3d, 613 (616 f).
3 *Hiller* Inf 99, 487 (488); **aA** allerdings noch zur alten Rechtslage bei Milchreferenzmengen *F/P/G* Rn C 313.
4 BT-Drs 14/265, 178; *Schmidt*[26] § 13a Rn 17.
5 *Blümich* § 13a Rn 23.
6 *Kanzler* DStZ 99, 682 (690); *Blümich* § 13a Rn 24.
7 *Blümich* § 13a Rn 25; **aA** R 13a.2 VI 5 EStR.
8 *Hiller* Inf 99, 487 (489).
9 Nach Streichung von § 52 EStDV durch das StBereinG 99.
10 *Kleeberg* AgrarR 01, 306 (308).

Begünstigungen (§§ 14a, 16 IV, 34). Die Neuregelung des § 34 I ab 1.1.99 wird, anders als die Vorgängernorm, den Besonderheiten des § 14 nicht gerecht, solange sich die generelle Tarifprogression nicht erheblich verringert.[1] Dabei entspricht § 14 nach Inhalt und Bedeutung § 16. Der Freibetrag ist bei Veräußerungsvorgängen, die nach dem 31.12.95 stattfinden, nur einmal im Leben zu gewähren. Der Freibetrag nach § 16 IV ist ausgeschlossen, wenn der Freibetrag nach § 14a I gewährt wird. Bei Veräußerungen ab dem 1.1.01 kommt ausschließlich der Freibetrag nach §§ 14, 16 IV in Betracht, weil § 14a I–III ab dem 1.1.01 ersatzlos wegfällt.

B. Veräußerungsgegenstand

Zum Gegenstand der **LuF** s § 13 Rn 2 ff. Der **Betrieb** umfasst die Gesamtheit der WG des luf BV (§ 13 Rn 53 ff). Auch die Bewirtschaftung von Stückländereien ist Betrieb. Erforderlich ist eine einheitliche Bewirtschaftung. Diese ist auch bei Grundstücken im Umkreis von ca 40 km möglich. Ob bei mehreren Hofstellen ein einheitlicher Betrieb vorliegt, hängt von dem Gesamtbild der Verhältnisse im Einzelfall unter Berücksichtigung der Verkehrsanschauung ab. 2

Landwirtschaftlicher **TB** ist ein mit einer gewissen Selbstständigkeit ausgestatteter, organisatorisch in sich geschlossener und für sich lebensfähiger Teil eines Gesamtbetriebs, von dem seiner Natur nach eine eigenständige betriebliche Tätigkeit ausgeübt werden kann.[2] Es gelten grundsätzlich dieselben Maßstäbe wie im gewerblichen Bereich (vgl § 16 Rn 60 ff).[3] Diese Maßstäbe sind jedoch für Betriebe der LuF nur bedingt aussagekräftig. Eigene Hofstelle, Personal und AV sind für die Abgrenzung bedeutsamer als zB die eigene Buchführung, Gewinnermittlung oder Abnehmer.[4] Maßgeblich ist das Gesamtbild der Verhältnisse beim Betriebsinhaber/Veräußerer.[5] Die zum jeweiligen Betriebsteil gehörenden WG müssen eindeutig abgrenzbar sein. Indizien für einen TB sind eine besondere Inventarausstattung, ein eigener Arbeitnehmerstamm oder eine getrennte Abrechnung.[6] Zur Anerkennung als TB ist aber eine gesonderte Buchführung nicht erforderlich.[7] Mehrere selbstständige Betriebsteile eines Gesamtbetriebs können auch dann TB sein, wenn sie gleichartige luf Betätigungen ausüben. Der luf Nebenbetrieb (§ 13 Rn 15 ff) ist TB,[8] **nicht** aber **einzelne WG**, etwa Wohngebäude mit Stallungen. Das gesamte **lebende und tote Inventar** kann nur bei einem gepachteten Betriebsteil einen TB ausmachen.[7] Wird bei einer BetrAufsp BV veräußert, dann ist für dessen Qualifizierung als TB allein auf die Abgrenzbarkeit der Betätigung bei der Besitz-Ges abzustellen, die idR als einheitliche Verpachtungstätigkeit anzusehen ist (dazu § 16 Rn 60 ff).[9] Wenn die veräußerten WG bei der Betriebs-Ges einer abgesonderten Tätigkeit dienen, wird dies der Besitz-Ges nicht zugerechnet.[10] Entspr ist bei der Betriebsverpachtung zu verfahren.[11] 3

Ein **forstwirtschaftlicher TB** ist anzunehmen, wenn der Erwerber die Teilfläche als selbstständiges, lebensfähiges Forstrevier fortführen kann.[12] Es kommt insbes nicht auf einen eigenen Betriebsplan und eine eigene Betriebsabrechnung für die Teilfläche beim Veräußerer an.[13] Bei aussetzenden Betrieben kann nicht entscheidend sein, ob der übertragene Teil für sich lebensfähig ist, weil auch der gesamte Wald oft über Jahrzehnte hinweg bis zur Hauptnutzung keine nennenswerten Erträge abwirft. Bei Veräußerung einer Teilfläche von 88,2 ha eines Nachhaltsbetriebes setzt die Annahme eines forstwirtschaftlichen TB weder voraus, dass für die veräußerten Flächen bereits ein eigener Betriebsplan sowie eine eigene Betriebsabrechnung vorlagen, noch dass die veräußerte Fläche selbst einen Nachhaltsbetrieb mit unterschiedlichen Holzarten und Altersklassen bildet. Um zu vermeiden, dass die Mehrzahl der Forstbetriebe der Steuervergünstigungen nach §§ 14, 16, 34 verlustig gehen, werden an den forstwirtschaftlichen TB keine hohen Anforderungen gestellt.[14] Die hier geltenden Grundsätze können im Hinblick auf die unterschiedliche Struktur aber nicht auf die landwirtschaftliche Betätigung übertragen werden. 4

---

1 *K/S/M* § 14 Rn A 49.
2 R 14 III EStR; *K/S/M* § 14 Rn B 3.
3 *Märkle/Hiller*⁹ Rn 385; *F/P/G* Rn D 74a.
4 BFH/NV 01, 1248 (1250).
5 Vgl BFH BStBl II 03, 838 (839).
6 *F/P/G* Rn D 74.
7 *K/S/M* § 14 Rn B 4.
8 *Blümich* § 14 Rn 14; krit *Märkle/Hiller*⁹ Rn 385.
9 BFH/NV 98, 690; BFH/NV 94, 617; **aA** *Tiedtke/Wälzholz* BB 99, 765 (767 ff).
10 BFH/NV 98, 690.
11 **AA** wohl BFH BStBl II 98, 735 (736 f).
12 Früher wurde zw Nachhaltsbetrieben, dh Betrieben, die durch unterschiedliche Holzarten und Altersklassen planmäßig jährliche Holzernten ermöglichen, und aussetzenden Betrieben ohne regelmäßige Holznutzung unterschieden; dazu *Leingärtner* Kap 44 Rn 141.
13 *K/S/M* § 14 Rn B 5.
14 BFH BStBl II 91, 566 (568); s auch OFD Mchn ESt-Kartei § 13 Nr 13.3.

5 **Anteil** an einem luf BV ist der Anteil an einer luf MU'schaft (§ 13 Rn 44 ff) wie auch ein Teil eines MU'anteils[1] (Teilanteilsveräußerung mit Übertragung eines entspr Bruchteils des Sonder-BV[2]), ebenso die Beteiligung an einer Realgemeinde (§ 3 II KStG), nicht aber der Miteigentumsanteil an einem bisher im Alleineigentum eines StPfl stehenden Betriebs.[3]

C. Veräußerung/Aufgabe

6 **I. Veräußerung.** (Teil-)Betriebsveräußerung ist die entgeltliche Übertragung des (wirtschaftlichen) Eigentums an allen[4] wesentlichen Betriebsgrundlagen des (Teil-)Betriebs auf eine andere Rechtsperson in einem einheitlichen Übertragungsakt sowie im Zusammenhang mit der Beendigung der mit dem veräußerten (Teil-)Betrieb verbundenen Tätigkeit (vgl dazu § 16 Rn 50 ff). Werden WG, die keine wesentliche Betriebsgrundlage sind, zurückbehalten, ist § 14 gleichwohl anwendbar. Ist bei der Anteilsveräußerung dieselbe Pers auf der Veräußerer- und auf der Erwerberseite beteiligt, so liegt lediglich laufender Gewinn vor.[5] Der StPfl trägt die Feststellungslast für die Behauptung, das veräußerte Grundstück sei schon vorher aufgegeben worden.[6]

7 Eine **entgeltliche** Übertragung liegt vor, wenn Leistung und Gegenleistung nach kaufmännischen Gesichtspunkten ausgewogen sind.[7] Bei einer **unentgeltlichen** Übertragung eines (Teil-)Betriebs oder MU'anteils gilt § 6 III.[8] Eine unentgeltliche Übertragung eines forstwirtschaftlichen Betriebs liegt jedoch nicht vor, wenn der Erwerber das Grundstück schon wenige Tage nach der Schenkung veräußert, weil der Erwerber in dieser kurzen Zeit keinen forstwirtschaftlichen Betrieb führen konnte.[9] Von einer unentgeltlichen Übertragung ist auch auszugehen, wenn der Erwerber Gegenleistungen erbringt, die lediglich der Versorgung des Übertragenden dienen (§ 13 Rn 42f). Hiervon zu unterscheiden ist die Veräußerung gegen wiederkehrende Bezüge, die vom Kaufpreisgedanken bestimmt sind.[10] Bei einer – einheitlich als Betriebsveräußerung zu qualifizierenden – **teilentgeltlichen** Betriebsübertragung wird vom Übergeber erst dann ein Gewinn verwirklicht, wenn das Veräußerungsentgelt das Buchwert- oder Kapitalkonto des Betriebs oder Anteils übersteigt (Einheitstheorie).[11]

8 **Wesentliche Betriebsgrundlagen** sind WG, die zur Erreichung des Betriebszwecks erforderlich sind und ein besonderes Gewicht für die Betriebsführung besitzen (funktionale Betrachtungsweise; vgl dazu § 16 Rn 55 ff),[12] sowie – anders als bei der Betriebsverpachtung (dazu § 13 Rn 33f) – auch WG, in denen erhebliche stille Reserven ruhen.[13] Maßgeblich sind die Verhältnisse des jeweiligen Betriebes am Tag der Veräußerung aus der Sicht des Veräußerers. Bei Veräußerung eines MU'anteils sind die ideellen Anteile an den WG der MU'schaft und ein entspr Anteil an den wesentlichen WG des Sonder-BV zu übertragen.[14] Das lebende und tote Inventar ist idR nur beim reinen Pachtbetrieb wesentliche Betriebsgrundlage (§ 13 Rn 33).[15] Die luf Nutzfläche ist idR wesentliche Betriebsgrundlage, sofern sie nicht nach Größe (ca 10 vH) oder Bonität von untergeordneter Bedeutung ist.[16] Fremd bewirtschaftete luf Nutzfläche sowie Wirtschafts- und Wohngebäude sind idR keine wesentlichen Betriebsgrundlagen.[17] Keine wesentlichen Betriebsgrundlagen sind weiter: luf Grundstücke, die zur Abfindung weichender Erben dienen, bereits vor der Veräußerung verpachtete Grundstücke, WG des gewillkürten BV (vgl § 13 Rn 55) und Eigentümer- und Altenteilerwohnung.[18]

9 **II. Übertragungen im Zusammenhang mit der Erbfolge. – 1. Hoferbfolge.** Soweit für den Betrieb keine höferechtliche Sondernachfolge gilt (insbes in Bayern, Berlin, im Saarland und in den neuen Bundesländern), bilden die Miterben eine MU'schaft (§ 13 Rn 44).[19] Eine nach der HöfeO erfolgte Hoferbfolge begründet bezüglich des Hofes keine Erbengemeinschaft oder MU'schaft zw dem Hof-

---

1 BFH BStBl II 98, 475 (477); BStBl II 95, 407; R 139 IV EStR 03; s auch *Wendt* Stbg 99, 1; *F/P/G* Rn D 84.
2 BFH BStBl II 01, 26.
3 *F/P/G* Rn D 84; BFH BStBl II 00, 123 (126).
4 BFH/NV 07, 1853 Milchlieferungsrecht nicht einzige wesentliche Betriebsgrundlage eines Milchviehbetriebs.
5 *K/S/M* § 14 Rn B 9.
6 BFH/NV 06, 1652.
7 *Leingärtner* Kap 50 Rn 6.
8 Vgl dazu *F/P/G* Rn D 95; zur Anwendbarkeit der 10 vH-Grenze BFH/NV 06, 53.
9 FG Mchn EFG 00, 361 f.
10 Dazu BMF BStBl I 02, 893 Tz 4 f, 42 ff; *Strahl* KÖSDI 98, 11575 f.
11 BFH BStBl II 95, 770 (772); BStBl II 93, 436 f; BStBl II 86, 811 (814); FG D'dorf EFG 98, 873 (874).
12 BFH BStBl II 85, 508 (509).
13 BFH BStBl II 98, 104 (105 f); BStBl II 96, 409 (412); *K/S/M* § 14 Rn B 7.
14 *K/S/M* § 14 Rn B 6; BFH BStBl II 01, 26.
15 BFH BStBl II 90, 373 (375); *K/S/M* § 14 Rn B 6, 4.
16 BFH BStBl II 90, 428; BStBl II 82, 20.
17 *Blümich* § 14 Rn 12.
18 *K/S/M* § 14 Rn B 6.
19 BMF BStBl I 93, 62 Tz 3.

erben und den weichenden Miterben, die nur schuldrechtliche Abfindungs-Anspr erhalten.[1] Der Hoferbe hat die Buchwerte fortzuführen (§ 6 III).[2] Der Hof gehört nur seinem Wert nach zum Nachlass. Abfindungszahlungen nach §§ 12, 13 HöfeO sind kein Entgelt.[3] Hinsichtlich des hoffreien Vermögens, für welches die anderen Nachkommen des Erblassers zu Erben eingesetzt werden, ist von einer Entnahme beim Erblasser auszugehen.[4] Bei abweichenden landesgesetzlichen Regelungen, die zunächst den Rechtsübergang auf die Erbengemeinschaft vorsehen, gelten die allg Grundsätze der Erbauseinandersetzung (dazu § 16 Rn 109 ff. Die Auseinandersetzung von Miterben als sog geborene MU'er eines luf Betriebs vollzieht sich wie die Auseinandersetzung von PersGes'tern im Wege der **Sachwertabfindung** der weichenden Erben oder durch **Realteilung** (§ 16 III 2–4 idF UntStFG[5]) mit oder ohne Ausgleichs- oder Abfindungszahlung (§ 16 Rn 330 ff; § 6b Rn 7, 11, 18, 21).[6]

2. Vorweggenommene Erbfolge. Zur Frage, wann es sich bei einem Vertrag zur Vorwegnahme der Erbfolge (vgl zur Hofübergabe § 13 Rn 55f) um eine entgeltliche, teilentgeltliche oder unentgeltliche Veräußerung handelt, siehe § 16 Rn 135 ff. Bei **teilentgeltlichen** Übertragungen greift § 14 ein, wenn Abstandszahlungen an den Übergeber oder Zahlungsverpflichtungen an Dritte höher sind als der Buchwert oder das Kapitalkonto (Rn 7).[7] Diese Grundsätze sind auch auf luf Betriebe, die der **HöfeO** unterliegen, anzuwenden;[8] § 17 HöfeO soll lediglich den Abfindungs-Anspr der Geschwister nach §§ 12, 13 HöfeO entstehen lassen, fingiert aber nicht umfassend den Erbfall.[9] Unstreitig gelten die Grundsätze der vorweggenommenen Erbfolge für die Übertragung von hoffreiem Vermögen.[10] Erwirbt jemand im Wege vorweggenommener Erbfolge einen luf Betrieb unter dem **Vorbehalt des Nießbrauchs** des bisherigen Eigentümers und veräußert er während der Dauer des Nießbrauchs den luf Betrieb weiter, so ist der bei der Veräußerung erzielte Veräußerungsgewinn ihm zuzurechnen. Behält der Erblasser bei der im Wege vorweggenommener Erbfolge erfolgten Übertragung eines luf Betriebs Flächen in einem Umfang zurück, der die unentgeltliche Betriebsübertragung nicht gefährdet, führt dies nicht zur Zwangsentnahme dieser Flächen, wenn sie groß genug sind, als Grundlage eines fortgeführten, verkleinerten Betriebs zu dienen; wird der verkleinerte **Restbetrieb** dem Hofnachfolger zur Nutzung überlassen, steht dem Erblasser das Verpächterwahlrecht zu.[11]

III. Aufgabe. Eine der Veräußerung gleichgestellte BetrAufg (§§ 14 S 2 iVm 16 III 1) ist anzunehmen, wenn der StPfl auf der Grundlage eines **erkennbaren einheitlichen Entschlusses** die **wesentlichen Grundlagen** des Betriebs (Rn 8) in einem **einheitlichen wirtschaftlichen Vorgang innerhalb kurzer Zeit** (idR innerhalb von 1 bis $1^{1/2}$ Jahren) an **verschiedene Abnehmer** veräußert oder (zT) in das **PV** überführt, so dass der Betrieb als selbstständiger Organismus des Wirtschaftslebens zu bestehen aufhört (dazu § 16 Rn 300 ff).[12] Die Vererbung eines verpachteten luf Betriebs an eine Körperschaft des öffentlichen Rechts führt mit dem Tod des Erblassers zu einer BetrAufg, wenn sie den Betrieb nicht als stpfl Betrieb gewerblicher Art iSv § 1 I Nr 6, 4 I KStG fortführt.[13] Die **Betriebseinstellung** ist als BetrAufg anzusehen, wenn sich aus äußerlich erkennbaren Umständen eindeutig ergibt, dass sie endgültig ist[14] oder wenn der Land- und Forstwirt eine entspr eindeutige Erklärung abgibt.[15] Zur Aufgabe eines MU'anteils (§ 14 S 2 iVm § 16 III 1) s § 16 Rn 330 ff.[16] Die Begr einer **BetrAufsp** durch Vermietung wesentlicher Betriebsgrundlagen schließt die vorangehende Aufgabe eines Betriebs, zu dessen BV die zur Nutzung überlassenen WG gehörten, nicht aus, wenn der StPfl zuvor seine luf Betätigung beendet hat.[17]

---

1 BFH BStBl II 87, 561 (562); FG Nds EFG 91, 105 f.
2 *Hiller* Inf 93, 361; *Blümich* § 14 Rn 21, 28.
3 *K/S/M* § 14 Rn B 26.
4 BMF BStBl I 93, 62 Tz 91; *Blümich* § 14 Rn 28; *F/P/G* Rn D 117c, 120a; *K/S/M* § 14 Rn B 26.
5 BGBl I 01, 3858; zur Realteilung s *Stephany* Inf 02, 718 ff.
6 Vgl BFH GrS BStBl II 90, 837 (843 ff); BFH/NV 05, 334.
7 *Blümich* § 14 Rn 22; *K/S/M* § 14 Rn B 16.
8 *F/P/G* Rn D 89d.
9 *Schmidt*[26] § 14 Rn 21; *Blümich* § 14 Rn 24; **aA** BMF BStBl I 93, 80 Tz 44: Auf Abfindungen und Ergänzungsabfindungen, die der Übernehmer eines luf Betriebs nach §§ 12, 13, 17 II HöfeO an andere Abkömmlinge des Übergebers zahlen muss, sind die Grundsätze der ertragsteuerlichen Behandlung der Erbauseinandersetzung anzuwenden.
10 BMF BStBl I 93, 80 Tz 44 aE.
11 BFH/NV 05, 1062.
12 BFH/NV 97, 649 (650).
13 BFH BStBl II 98, 509 (510); **aA** *Hiller* Inf 93, 217 (219).
14 FG D'dorf EFG 07, 254 (Rev IV R 56/06).
15 Vgl BFH BStBl II 98, 379 f; BFH/NV 04, 31; auch ein Zeitraum von 25 Jahren zwischen Betriebseinstellung und Veräußerung führt nicht notwendig zur Zwangs-BetrAufg BFH/NV 05, 1295.
16 Vgl auch *Leingärtner* Kap 50 Rn 64 f.
17 BFH BStBl II 06, 652 mit Anm *Wendt* BFH-PR 06, 340.

12 Wird ein luf Betrieb ohne BetrAufg-Erklärung mit der Absicht eingestellt, die noch vorhandenen Betriebsgrundstücke nach und nach zu veräußern, so liegt eine **Betriebsabwicklung** vor.[1] Die dabei durch die Veräußerung der Betriebsgrundstücke erzielten Veräußerungsgewinne sind laufender Gewinn aus LuF. Die Verwertung der wesentlichen Betriebsgrundlagen innerhalb von sechs Monaten ist idR keine Betriebsabwicklung.[2] Die **Verpachtung** (§ 13 Rn 33) der wesentlichen Betriebsgrundlagen ist bloße **Betriebsunterbrechung**, wenn der StPfl oder sein Rechtsnachfolger[3] beabsichtigt, seine luf Tätigkeit wieder aufzunehmen und fortzuführen,[4] und dies nach den gegebenen Verhältnissen auch möglich erscheint.[5] Aus Gründen der Sachverhaltsfeststellung wird dabei die Verpachtung als bloße Betriebsunterbrechung behandelt, wenn der StPfl dem FA gegenüber keine BetrAufg-Erklärung abgibt.[6] Eine rückwirkende Erklärung ist nicht möglich. Eine konkludente Aufgabeerklärung muss erkennbar von dem Bewusstsein getragen sein, dass infolge der Aufgabeerklärung die stillen Reserven versteuert werden.[7] Dafür genügt weder die Beantragung einer Rente wegen Unternehmensaufgabe[8] und die Beantragung der Löschung des Hofvermerks aus der Höferolle[9] noch der in der USt-Erklärung enthaltene Vermerk, dass die Weinbaufläche verpachtet und der Weinverkauf eingestellt wird.[10] Behält der StPfl zu den wesentlichen Betriebsgrundlagen gehörende WG zurück und veräußert er nur wiederbeschaffbare Betriebsgrundlagen, so dass er den Betrieb jederzeit wieder aufnehmen kann, liegt ebenfalls bloße Betriebsunterbrechung vor.[11] Um eine **Betriebsstilllegung** handelt es sich dagegen, wenn der Betrieb für einen überschaubaren Zeitraum – im Einzelfall kann dieser einige Jahre dauern – stillgelegt und seine Identität gewahrt wird.[12] Die Veräußerung wesentlicher Teile des BV ist bei möglicher Fortführung des Betriebs nur dann BetrAufg, wenn dies dem FA ausdrücklich erklärt wird.[13] Eine Veränderung der Hofstelle (zB Zerstörung von Gebäuden) schließt eine Fortführung nicht aus.[14] Nach der Rspr führt eine **Verkleinerung des Betriebs** auch dann, wenn eine ertragbringende luf Betätigung nicht mehr möglich ist, noch nicht zur BetrAufg,[15] ebenso wenig der Umstand, dass die luf Nutzung ohne Gewinnerzielungsabsicht, also als **Liebhaberei** (§ 13 Rn 29f) betrieben wird,[16] sondern erst eine auf die BetrAufg gerichtete äußerlich erkennbare Handlung oder ein entspr Rechtsvorgang.[17]

D. Veräußerungs- und Aufgabegewinn

13 Der **Veräußerungsgewinn** ist der Unterschiedsbetrag zw dem Veräußerungserlös und dem nach § 4 I ermittelten Wert des BV (Summe der Buchwerte der veräußerten WG abzüglich der Veräußerungskosten, §§ 14 S 2; 16 II). Nachträgliche Änderungen des Veräußerungspreises wie auch der für die Ermittlung des Veräußerungsgewinns maßgeblichen Höhe des BV wirken steuerrechtlich auf den Zeitpunkt der Veräußerung zurück.[18] Zum Veräußerungspreis gehört auch die Übernahme von Verbindlichkeiten durch den Erwerber; der Ausgleich eines negativen Kapitalkontos rechnet dagegen zum Veräußerungsgewinn.[19] Nicht zum Veräußerungspreis zählt weiter ein Abernterecht des Veräußerers. Veräußerungskosten sind Aufwendungen, die in unmittelbarer sachlicher Beziehung zum Veräußerungsvorgang stehen. Sie sind auch dann bei der Ermittlung des begünstigten Veräußerungsgewinns abzuziehen, wenn sie bereits im VZ vor dem Entstehen des Veräußerungsgewinns angefallen sind.

14 Zum **BetrAufg-Gewinn** gehören gem § 14 S 2 iVm § 16 III 6, 7 idF UntStFG[20] (bzw § 16 III 4, 5 idF StEntlG 99/00/02) iVm § 16 II neben den im Rahmen der BetrAufg durch die Veräußerung von WG des BV erzielten Veräußerungsgewinnen auch die stillen Reserven der zurückbehaltenen und ins

---

1 BFH/NV 97, 225 (226); *K/S/M* § 14 Rn D 2.
2 *K/S/M* § 14 Rn D 14.
3 BFH/NV 01, 433 (434); BFH/NV 99, 1073 (1074).
4 BFH/NV 99, 1198 (1199); BFH/NV 04, 31 gilt auch bei Verpachtung nur eines Teils der wesentlichen Betriebsgrundlagen.
5 BFH/NV 03, 1554 (1555); *Bolin* Inf 01, 39 (40).
6 BMF BStBl I 00, 1556; FG M'ster EFG 02, 1593; s allerdings zu dem durch den sogenannten Verpachtungserlass v 17.12.1965 in Niedersachsen geschaffenen Vertrauenstatbestand FG Nds Inf 07, 326.
7 BFH HFR 98, 645 (646); BFH/NV 98, 1345.
8 BFH/NV 01, 433 (434): Beantragung einer Landabgaberente.
9 BFH HFR 98, 645 (646).
10 FG RhPf EFG 98, 1261.
11 *K/S/M* § 14 Rn D 3.
12 *K/S/M* § 14 Rn D 4.
13 BFH BStBl II 99, 398.
14 BFH/NV 05, 1046 mit Anm *v Schönberg* HFR 05, 961.
15 BFH/NV 97, 649; BFH/NV 04, 1634; BFH/NV 05, 1042; *Bolin* Inf 01, 39 (40).
16 *K/S/M* § 14 Rn D 10.
17 BFH/NV 96, 398 (399); FG Mchn EFG 97, 737 (739).
18 BFH GrS BStBl II 93, 894 (896); BStBl II 93, 897 (901 f); dazu *Fichtelmann* Inf 94, 103 ff.
19 *K/S/M* § 14 Rn C 3.
20 BGBl I 01, 3858.

PV überführten WG.[1] Der Aufgabegewinn kann zum einen durch **Vermögensvergleich**, dh durch Gegenüberstellung des bis zum Aufgabebeginn fortentwickelten letzten BV als Aufgabeanfangsvermögen mit dem sich durch Ansatz der Werte des § 16 III ergebenden Aufgabeendvermögen ermittelt werden. Verbindlichkeiten sind dabei sowohl im Ausgangs- als auch im Endvermögen zu berücksichtigen. Der Aufgabegewinn kann auch durch **Gegenüberstellung von Ertrag und Aufwand** des Aufgabevorgangs ermittelt werden. Dies entspr in § 16 II für den Veräußerungsgewinn vorgesehenen Berechnung. Danach sind dem Veräußerungspreis (insbes Entgelt und gemeiner Wert der ins PV überführten WG)[2] der Wert des abgehenden BV und die Veräußerungskosten gegenüberzustellen. Bei TB-Veräußerung erstreckt sich der Bestandsvergleich nur auf das BV des TB.[3] Werden die vorhandenen Verbindlichkeiten in das PV übernommen, so können sie zu Vereinfachungszwecken bei der Gegenüberstellung von Aufgabeanfangs- und Aufgabeendvermögen weggelassen werden.[4] Ist der aufzugebende Betrieb buchmäßig überschuldet, so mindert der Überschuldungsbetrag nicht den Aufgabegewinn.[5]

Bei der **Ermittlung des begünstigten Gewinns** sind alle WG des BV, die mitveräußert oder zurückbehalten werden, mit dem steuerlichen Wert vom Veräußerungspreis oder Entnahmewert abzuziehen. Die Produktionsaufgaberente nach dem FELEG ist nicht zu erfassen (§ 13 Rn 24).[6] Werden die Buchwerte von Grund und Boden nach § 55 I angesetzt, so darf ein Verlust aus dem Grundstücksverkauf den Veräußerungsgewinn nicht mindern (§ 55 VI; zur Veräußerung von Grund und Boden mit einer Milchreferenzmenge vgl § 13 Rn 60, § 55 Rn 14, 18 ff). Haben sich die Bestandsaufnahmen hinsichtlich forstwirtschaftlicher Flächen nicht auf das stehende Holz erstreckt, so sind die AK oder Erstaufforstungskosten für das stehende Holz abzüglich etwaiger Absetzungen maßgeblich.[7] War der Veräußerer schon vor dem 21.6.48 Eigentümer der forstwirtschaftlichen Fläche, so ist im Veräußerungserlös anstelle des Buchwerts der Betrag anzusetzen, mit dem das stehende Holz in dem für den 21.6.48 maßgeblichen EW des forstwirtschaftlichen (Teil-)Betriebs enthalten war.[8] Wurden Feldinventar und stehende Ernte nach R 14 II 3 EStR nicht aktiviert, so gehört die bei der Veräußerung oder Aufgabe hierfür gezahlte Entschädigung zum Veräußerungserlös und beim Übernehmer zu den sofort abzugsfähigen BA des laufenden Wj. Hat der Verkäufer das Recht, die Ernte auf dem Halm bei Fruchtreife nach Übergabe des Betriebs noch abzuernten, so erzielt er aus den geernteten Früchten nachträgliche luf Einkünfte iSv § 24 Nr 2. Dabei handelt es sich nicht um einen Teil des von § 14 erfassten Veräußerungsgewinns.[9]

Zeitlich sind Gewinne aus der Veräußerung oder Aufgabe eines luf Betriebs in dem VZ **zu erfassen**, in dem sie entstanden sind (§ 4a II Nr 1 S 2).[10] Ein Aufgabegewinn ist in dem VZ zu versteuern, in dem die Voraussetzungen der BetrAufg vorliegen. Erstreckt sich die BetrAufg über einen längeren Zeitraum (vgl § 16 Rn 300 ff)[11] – sie beginnt grds mit der Einstellung der werbenden Tätigkeit und endet insbes mit der Veräußerung des letzten, zu den wesentlichen Betriebsgrundlagen gehörenden WG –, so entsteht der Aufgabegewinn aus der Veräußerung von WG im Rahmen dieser BetrAufg mit Übergang des wirtschaftlichen Eigentums an den jeweiligen WG.[12] Für WG, die nicht zur Veräußerung bestimmt sind, entsteht der Aufgabegewinn in dem Zeitpunkt, in dem sie während des Zeitraums der BetrAufg ausdrücklich ins PV überführt werden oder – falls dies nicht geschieht – in dem Zeitpunkt, in dem nach Einstellung der werbenden Tätigkeit alle anderen wesentlichen Betriebsgrundlagen veräußert oder entnommen worden sind. Soweit die FinVerw die Ermittlung des BetrAufg-Gewinns auf einen längstens 3 Monate zurückliegenden Zeitpunkt zulässt,[13] handelt es sich um die Übertragung von Werten, die für einen früheren Zeitpunkt ermittelt wurden, auf den BetrAufg-Zeitpunkt im Hinblick auf den Erfahrungsgrundsatz, dass sich die Werte in einem Zeitraum von 3 Monaten regelmäßig kaum verändern.[14]

---

1 *K/S/M* § 14 Rn D 18.
2 FG D'dorf StE 06, 84 zum gemeinen Wert kann der kapitalisierte Wert des durch Verpachtung erzielbaren höheren Jahresertrags hinzuzurechnen sein.
3 *K/S/M* § 14 Rn A 32.
4 BFH BStBl II 96, 415.
5 BFH BStBl II 96, 415; *K/S/M* § 14 Rn D 19.
6 *K/S/M* § 14 Rn C 3.
7 BFH BStBl III 63, 357.
8 BFH BStBl II 70, 747 f; BStBl III 60, 306 ff.
9 *Blümich* § 14 Rn 48; **aA** *F/P/G* Rn D 133b.
10 BFH BStBl II 06, 906 zur Erhöhung des BetrAufg-Gewinns durch Zahlung aufgrund einer Nachforderungsklausel (Bauland); vgl *F/P/G* Rn D 190.
11 *K/S/M* § 14 Rn D 14.
12 *K/S/M* § 14 Rn D 19.
13 Vgl R 16 V 6, 7 EStR.
14 BFH BStBl II 85, 456 (457); BStBl II 06, 581 mit Anm *Kanzler* FR 06, 380 – keine Wertübertragung bei zwischenzeitlichen bedeutenden Wertveränderungen.

§ 14a Vergünstigungen bei der Veräußerung land- und forstwirtschaftlicher Betriebe

17 Hat der seinen Betrieb aufgebende Land- und Forstwirt den **Gewinn nach § 4 III oder § 13a ermittelt**, so ist die Veräußerungs-/Aufgabebilanz so aufzustellen, als ob der Betrieb bisher seinen Gewinn nach § 4 I ermittelt hätte.[1] Die sich daraus ergebenden Zu- und Abrechnungen (§ 13a Rn 6) sind laufender Gewinn. Die Buchwerte sind aus der Buchführung, dem nach § 4 III 5 zu führenden Verzeichnis oder aus sonstigen Aufzeichnungen des StPfl zu entnehmen, erforderlichenfalls auf den Zeitpunkt der Betriebsveräußerung oder -aufgabe zu schätzen.[2]

E. Steuerbegünstigungen

18 Ein Veräußerungs- wie Aufgabegewinn wird nur bei Überschreiten des **Freibetrags nach § 13 III und nach § 14 S 2 iVm § 16 IV** (vgl § 14a Rn 12) besteuert. Der Freibetrag wird – auch bei Veräußerung eines TB – stets in voller Höhe gewährt. Als außerordentliche Einkünfte unterliegen Veräußerungsgewinne iSv § 14 dem ermäßigten Steuersatz nach § 34 I. Veräußerungsgewinne iSv § 14 sind nicht mit dem Durchschnittssatzgewinn des § 13a abgegolten und nicht nach § 34e begünstigt.

§ 14a Vergünstigungen bei der Veräußerung bestimmter land- und forstwirtschaftlicher Betriebe

(1) [1]Veräußert ein Steuerpflichtiger nach dem 30. Juni 1970 und vor dem 1. Januar 2001 seinen land- und forstwirtschaftlichen Betrieb im Ganzen, so wird auf Antrag der Veräußerungsgewinn (§ 16 Abs. 2) nur insoweit zur Einkommensteuer herangezogen, als er den Betrag von 150 000 Deutsche Mark übersteigt, wenn

1. der für den Zeitpunkt der Veräußerung maßgebende Wirtschaftswert (§ 46 des Bewertungsgesetzes) des Betriebs 40 000 Deutsche Mark nicht übersteigt,
2. die Einkünfte des Steuerpflichtigen im Sinne des § 2 Abs. 1 Satz 1 Nr. 2 bis 7 in dem Veranlagungszeitraum der Veräußerung vorangegangenen beiden Veranlagungszeiträumen jeweils den Betrag von 35 000 Deutsche Mark nicht überstiegen haben. [2]Bei Ehegatten, die nicht dauernd getrennt leben, gilt Satz 1 mit der Maßgabe, dass die Einkünfte beider Ehegatten zusammen jeweils 70 000 Deutsche Mark nicht überstiegen haben.

[2]Ist im Zeitpunkt der Veräußerung ein nach Nummer 1 maßgebender Wirtschaftswert nicht festgestellt oder sind bis zu diesem Zeitpunkt die Voraussetzungen für eine Wertfortschreibung erfüllt, so ist der Wert maßgebend, der sich für den Zeitpunkt der Veräußerung als Wirtschaftswert ergeben würde.

(2) [1]Der Anwendung des Absatzes 1 und des § 34 Abs. 1 steht nicht entgegen, wenn die zum land- und forstwirtschaftlichen Vermögen gehörenden Gebäude mit dem dazugehörigen Grund und Boden nicht mitveräußert werden. [2]In diesem Fall gelten die Gebäude mit dem dazugehörigen Grund und Boden als entnommen. [3]Der Freibetrag kommt auch dann in Betracht, wenn zum Betrieb ein forstwirtschaftlicher Teilbetrieb gehört und dieser nicht mitveräußert, sondern als eigenständiger Betrieb vom Steuerpflichtigen fortgeführt wird. [4]In diesem Falle ermäßigt sich der Freibetrag auf den Teil, der dem Verhältnis des tatsächlich entstandenen Veräußerungsgewinns zu dem bei einer Veräußerung des ganzen land- und forstwirtschaftlichen Betriebs erzielbaren Veräußerungsgewinn entspricht.

(3) [1]Als Veräußerung gilt auch die Aufgabe des Betriebs, wenn

1. die Voraussetzungen des Absatzes 1 erfüllt sind und
2. der Steuerpflichtige seinen land- und forstwirtschaftlichen Betrieb zum Zweck der Strukturverbesserung abgegeben hat und dies durch eine Bescheinigung der nach Landesrecht zuständigen Stelle nachweist.

[2]§ 16 Abs. 3 Satz 4 und 5 gilt entsprechend.

(4) [1]Veräußert oder entnimmt ein Steuerpflichtiger nach dem 31. Dezember 1979 und vor dem 1. Januar 2006 Teile des zu einem land- und forstwirtschaftlichen Betrieb gehörenden Grund und Bodens, so wird der bei der Veräußerung oder der Entnahme entstehende Gewinn auf Antrag nur insoweit zur Einkommensteuer herangezogen, als er den Betrag von 61 800 Euro übersteigt. [2]Satz 1 ist nur anzuwenden, wenn

---

1 *Lademann* § 14 Rn 342 f.; *K/S/M* § 14 Rn A 29.   2 *Schmidt*[26] § 14 Rn 33.

1. der Veräußerungspreis nach Abzug der Veräußerungskosten oder der Grund und Boden innerhalb von zwölf Monaten nach der Veräußerung oder Entnahme in sachlichem Zusammenhang mit der Hoferbfolge oder Hofübernahme zur Abfindung weichender Erben verwendet wird und
2. das Einkommen des Steuerpflichtigen ohne Berücksichtigung des Gewinns aus der Veräußerung oder Entnahme und des Freibetrags in dem dem Veranlagungszeitraum der Veräußerung oder Entnahme vorangegangenen Veranlagungszeitraum den Betrag von 18 000 Euro nicht überstiegen hat; bei Ehegatten, die nach den §§ 26, 26b zusammen veranlagt werden, erhöht sich der Betrag von 18 000 Euro auf 36 000 Euro.

³Übersteigt das Einkommen den Betrag von 18 000 Euro, so vermindert sich der Betrag von 61 800 Euro nach Satz 1 je angefangene 250 Euro des übersteigenden Einkommens um 10 300 Euro; bei Ehegatten, die nach den §§ 26, 26b zusammen veranlagt werden und deren Einkommen den Betrag von 36 000 Euro übersteigt, vermindert sich der Betrag von 61 800 Euro nach Satz 1 je angefangene 500 Euro des übersteigenden Einkommens um 10 300 Euro. ⁴Werden mehrere weichende Erben abgefunden, so kann der Freibetrag mehrmals, jedoch insgesamt nur einmal je weichender Erbe geltend gemacht werden, auch wenn die Abfindung in mehreren Schritten oder durch mehrere Inhaber des Betriebs vorgenommen wird. ⁵Weichender Erbe ist, wer gesetzlicher Erbe eines Inhabers eines land- und forstwirtschaftlichen Betriebs ist oder bei gesetzlicher Erbfolge wäre, aber nicht zur Übernahme des Betriebs berufen ist; eine Stellung als Mitunternehmer des Betriebs bis zur Auseinandersetzung steht einer Behandlung als weichender Erbe nicht entgegen, wenn sich die Erben innerhalb von zwei Jahren nach dem Erbfall auseinandersetzen. ⁶Ist ein zur Übernahme des Betriebs berufener Miterbe noch minderjährig, beginnt die Frist von zwei Jahren mit Eintritt der Volljährigkeit.

(5) ¹Veräußert ein Steuerpflichtiger nach dem 31. Dezember 1985 und vor dem 1. Januar 2001 Teile des zu einem land- und forstwirtschaftlichen Betrieb gehörenden Grund und Bodens, so wird der bei der Veräußerung entstehende Gewinn auf Antrag nur insoweit zur Einkommensteuer herangezogen, als er den Betrag von 90 000 Deutsche Mark übersteigt, wenn

1. der Steuerpflichtige den Veräußerungspreis nach Abzug der Veräußerungskosten zur Tilgung von Schulden verwendet, die zu dem land- und forstwirtschaftlichen Betrieb gehören und vor dem 1. Juli 1985 bestanden haben, und
2. die Voraussetzungen des Absatzes 4 Satz 2 Nr. 2 erfüllt sind.

²Übersteigt das Einkommen den Betrag von 35 000 Deutsche Mark, so vermindert sich der Betrag von 90 000 Deutsche Mark nach Satz 1 für jede angefangenen 500 Deutsche Mark des übersteigenden Einkommens um 15 000 Deutsche Mark; bei Ehegatten, die nach den §§ 26, 26b zusammen veranlagt werden und bei denen das Einkommen den Betrag von 70 000 Deutsche Mark übersteigt, vermindert sich der Betrag von 90 000 Deutsche Mark nach Satz 1 für jede angefangenen 1000 Deutsche Mark des übersteigenden Einkommens um 15 000 Deutsche Mark. ³Der Freibetrag von höchstens 90 000 Deutsche Mark wird für alle Veräußerungen im Sinne des Satzes 1 insgesamt nur einmal gewährt.

(6) Verwendet der Steuerpflichtige den Veräußerungspreis oder entnimmt er den Grund und Boden nur zum Teil zu den in den Absätzen 4 und 5 angegebenen Zwecken, so ist nur der entsprechende Teil des Gewinns aus der Veräußerung oder Entnahme steuerfrei.

(7) Auf die Freibeträge nach Absatz 4 in dieser Fassung sind die Freibeträge, die nach Absatz 4 in den vor dem 1. Januar 1986 geltenden Fassungen gewährt worden sind, anzurechnen.

R 14a/H 14a EStR

Übersicht

	Rn		Rn
A. Grundaussagen der Vorschrift	1	I. Begünstigungsvoraussetzungen	5
B. Freibetrag bei Betriebsveräußerung/ Betriebsaufgabe (§ 14a I–III)	2	II. Freibetrag	10
		D. Freibetrag zur Schuldentilgung (§ 14a V)	11
C. Freibetrag zur Abfindung weichender Erben (§ 14a IV)	5	E. Konkurrenzen	12

Literatur: *Gmach* Die Kunst der Steuergesetzgebung am Beispiel der jüngsten Änderungen des § 14a Abs 4 EStG, FR 94, 78; *ders* Steuerbegünstigte Abfindung weichender Erben auch bei noch nicht bestimmter Hofübergabe, Inf 94, 45.

§ 14a Vergünstigungen bei der Veräußerung land- und forstwirtschaftlicher Betriebe

A. Grundaussagen der Vorschrift

1 § 14a enthält zwei unterschiedliche, voneinander unabhängige Teilregelungen.[1] **§ 14a I–III** erweitert gegenüber § 14 die ermäßigte Besteuerung von Gewinnen aus der Veräußerung und Aufgabe kleinerer luf Betriebe, indem bis zum 31.12.00 ein Freibetrag von 150 000 DM gewährt wird. **§ 14a IV** gewährt bis zum 31.12.05 bei Veräußerung oder Entnahme von luf Grund und Boden zur Abfindung weichender Erben einen Freibetrag von 61 800 € für jeden weichenden Erben. Nach **§ 14a V** wird für die Veräußerung von Grund und Boden bis 31.12.00 ein Freibetrag von 90 000 DM gewährt, wenn der Veräußerungserlös zur Tilgung von Altschulden verwendet wird. Gem **§ 14a VI** wird auch die teilw begünstigte Verwendung des Veräußerungserlöses oder des entnommenen Grund und Bodens erfasst. Der **Veräußerungs- oder Aufgabegewinn** iSv § 14a I–III zählt zu den außerordentlichen Einkünften nach § 34 I, II, während der Veräußerungs- oder Entnahmegewinn nach § 14a IV, V laufender Gewinn ist.

B. Freibetrag bei Betriebsveräußerung/Betriebsaufgabe (§ 14a I–III)

2 Gem § 14a I wird der Gewinn aus der **Veräußerung eines luf Betriebs im Ganzen** bis 31.12.00 (§§ 14, 16 II; § 14 Rn 6) zur ESt nur herangezogen, soweit er den Freibetrag von 150 000 DM übersteigt. Der Freibetrag wird **für jeden Betrieb** einmal gewährt. Bei mehreren räumlich getrennten Betriebsstätten ist nach der Gesamtbetrachtung aller betrieblichen Verhältnisse, wie etwa räumliche Entfernung, organisatorische, wirtschaftliche und finanzielle Zusammenhänge, zu entscheiden, ob ein einzelner oder mehrere Betriebe vorliegen.[2] Bei MU'schaft ist der Freibetrag nach dem Beteiligungsverhältnis im gesonderten Feststellungsverfahren aufzuteilen.[3] Die Veräußerung von MU'anteilen ist nur begünstigt, wenn die MU'schaft ihren gesamten Betrieb oder sämtliche MU'er ihre Anteile in zeitlichem Zusammenhang und aufgrund eines einheitlichen Entschlusses veräußern. Bei einer teilentgeltlichen Betriebsveräußerung wird nicht in ein entgeltliches und ein unentgeltliches Geschäft aufgeteilt, so dass der Freibetrag bei Vorliegen der Voraussetzungen voll gewährt wird.[4] Der Freibetrag wird auf **Antrag** gewährt (§ 14a I 1). Die **Einkünfte** des StPfl ohne die Einkünfte aus LuF dürfen in den dem VZ der Veräußerung vorangegangenen beiden VZ jeweils 35 000 DM und bei nicht dauernd getrennt lebenden Ehegatten den doppelten Betrag nicht überstiegen haben (§ 14a I 1 Nr 2). Einnahmen und Aufwendungen, die nicht der Steuerpflicht unterliegen, bleiben unberücksichtigt.[5] Der für den Zeitpunkt der Veräußerung maßgebende **Wirtschaftswert** (§ 46 BewG)/Ersatzwirtschaftswert (§ 57 III) des Betriebs darf 40 000 DM nicht übersteigen (§ 14a I 1 Nr 1).[6] Hierfür sind die im EW-Bescheid festgestellten Werte für Eigentumsflächen und Gebäude maßgebend; Zu- und Abschläge (§ 41 BewG) sind zu berücksichtigen. Bei Verpachtung oder Pachtung eines luf Betriebs ist der Wirtschaftswert nach §§ 49, 34 IV iVm § 19 III Nr 2 BewG in einen Verpächter- und einen Pächteranteil aufzuteilen.[7] Ist der Wirtschaftswert im Zeitpunkt der Veräußerung noch nicht festgestellt oder eine Wertfortschreibung, deren Voraussetzungen vorliegen, noch nicht durchgeführt, so ist gem § 14a I 2 auf den Wirtschaftswert abzustellen, der sich bei einer Einheitsbewertung für den Veräußerungszeitpunkt ergäbe.

3 Die zum luf Vermögen gehörenden **Gebäude** samt dem dazugehörigen Grund und Boden müssen **nicht mitveräußert** werden. Sie gelten dann als – zum Teilwert (§ 6 I Nr 4 S 1)[8] – entnommen (§ 14a II 2). Der Entnahmegewinn ist Bestandteil des Veräußerungsgewinns und nach § 34 I zu besteuern.[9] Nach § 14a II 3, 4 ist ein **anteiliger Freibetrag** zu gewähren, wenn der StPfl einen forstwirtschaftlichen TB zurückbehält und als eigenständigen Betrieb fortführt (Eigenbewirtschaftung oder Verpachtung),[10] jedoch nicht, wenn er ihn an einen Nachfolger übergibt, in eine PersGes einbringt oder in einen ihm gehörenden TB eingliedert.[11]

4 Die **BetrAufg** (§ 14 Rn 11) ist unter den Voraussetzungen des § 14a I (§ 14a III 1 Nr 1) der Betriebsveräußerung im Ganzen gleichgestellt, wenn der Betrieb zum Zweck der **Strukturverbesserung** (§ 41 I c des Gesetzes über eine Altershilfe für Landwirte[12]) abgegeben und dies durch eine Bescheini-

---

1 Zur Rechtsentwicklung s etwa *Blümich* § 14a Rn 2 ff.
2 *K/S/M* § 14a Rn B 3.
3 *K/S/M* § 14a Rn B 1; *F/P/G* Rn D 229.
4 *K/S/M* § 14a Rn B 10.
5 *K/S/M* § 14a Rn B 6.
6 Dazu im Einzelnen *Leingärtner* Kap 50 Rn 113 f.
7 *K/S/M* § 14a Rn B 5.
8 *K/S/M* § 14a Rn C 2; **aA** *F/P/G* Rn D 213 (gemeiner Wert); *Blümich* § 14a Rn 16 (gemeiner Wert).
9 *H/H/R* § 14a Rn 97; *F/P/G* Rn D 213.
10 FG Mchn EFG 03, 993; vgl auch *Blümich* § 14a Rn 18.
11 *K/S/M* § 14a Rn C 6.
12 BGBl I 69, 1017 (1018).

gung der zuständigen Stelle nachgewiesen wird (§ 14a III 1 Nr 2).[1] **Zuständige Behörden** sind in Baden-Württemberg das Landwirtschaftsamt, in Bay und Sachs das Amt für Landwirtschaft, in Hess das Amt für Landwirtschaft und Landentwicklung, in Niedersachsen das Amt für Agrarstruktur, in Nordrhein-Westfalen der Geschäftsführer der Kreisstelle der Landwirtschaftskammer, in Rheinland-Pfalz die Bezirksregierung, im Saarland die Landwirtschaftsschule und Wirtschaftsberatungsstelle, in Schleswig-Holstein das Amt für Land- und Wasserwirtschaft.[2] Die Bescheinigung wird nur auf **Antrag** erteilt. Diesem sind geeignete Nachweise beizufügen, um die Prüfung zu ermöglichen, dass die BetrAufg der Verbesserung der Agrarstruktur dient.[3] Entspr der unterschiedlichen Agrarstruktur in den Flächenstaaten weichen die landesrechtlichen Regelungen über die Voraussetzungen für die Bescheinigungserteilung voneinander ab. Die Aufgabe eines luf TB oder eines MU'anteils ist nicht begünstigt.[4] Die bei der Aufgabe **nicht veräußerten WG** sind mit dem gemeinen Wert anzusetzen (§§ 14a III 2, 16 III 5 aF; da § 14a I–III nur für Veräußerungen vor dem 1.1.01 gilt, betrifft die Verweisung den Gesetzesstand vor dem UntStFG).

C. Freibetrag zur Abfindung weichender Erben (§ 14a IV)

I. Begünstigungsvoraussetzungen. § 14a IV 1 begünstigt den **Gewinn aus der Veräußerung** (§ 6b Rn 6, 9) oder **Entnahme** (§ 4 Rn 87 ff; § 6 Rn 160f; § 13 Rn 56) von Teilen des (nackten[5]) **Grund und Bodens eines luf BV** durch den StPfl im Begünstigungszeitraum (**1.1.80 bis 31.12.05**). Ob eine Veräußerung in den Zeitraum fällt, bestimmt sich nach dem Übergang der wirtschaftlichen Verfügungsmacht. Begünstigt ist sowohl der künftige **Erblasser** als auch der **Hofübernehmer**.[6] Der Abgefundene muss nicht gegenüber dem Abfindenden Erbe sein, sondern nur als Erbe weichen.[7] Der Freibetrag wird auf **Antrag** des StPfl gewährt. Antragsberechtigt ist der StPfl, der den Gewinn erzielt hat, nämlich der Erblasser, der Hofübernehmer, der Hoferbe oder der Miterbe, sofern sie Abfindungen leisten.[8] Bei **MU'schaft** ist jeder MU'er antragsberechtigt. Der nicht form- oder fristgebundene Antrag ist bei dem für die gesonderte und einheitliche Feststellung zuständigen FA zu stellen (str).[9] Er kann nicht auf den zeitanteiligen Gewinn eines Kj beschränkt werden.[10]

Der StPfl muss den Veräußerungsnettoerlös[11] oder den entnommenen Grund und Boden innerhalb von 12 Monaten nach Veräußerung oder Entnahme in sachlichem Zusammenhang[12] mit der Hoferbfolge oder Hofübernahme **zur Abfindung weichender Erben** verwenden (§ 14a IV 2 Nr 1). Entnommener und verwendeter Grund und Boden müssen identisch sein.[13] Der Grund und Boden muss nicht zum BV des übergehenden Betriebes gehört haben.[14] **Weichender Erbe** ist gem § 14a IV 5 HS 1, wer gesetzlicher Erbe eines Eigentümers eines luf Betriebes ist oder bei gesetzlicher Erbfolge wäre, aber nicht zur Übernahme des Betriebes berufen ist. In dem notariellen Schenkungsvertrag muss zivilrechtlich wirksam bestimmt sein, dass die Grundstücksschenkung bei einer späteren Hofübergabe oder Erbauseinandersetzung angerechnet wird (§ 2050 BGB), weil die Grundstücksschenkung sonst nicht zur Abfindung weichender Erben erfolgt. Keine weichenden Erben sind Vermächtnisnehmer, die nicht zugleich gesetzliche Erben sind, wie auch der Hofübernehmer oder voraussichtliche Hoferbe.[15] Im Hinblick auf § 1931 BGB kommt der Ehegatte als weichender Erbe in Betracht, sofern Anspr des Ehegatten aus dem Erbfall abgefunden werden.[16] Die Übertragung von Grund und Boden auf in Gütergemeinschaft lebende Ehegatten ist auch insoweit als begünstigte Verwendung iSv § 14a IV anzusehen, als der nicht erbberechtigte Ehegatte des weichenden Erben Eigentümer wird.[17] Eine begünstigte Verwendung liegt auch dann vor, wenn ein luf MU'ehegatte aus seinem SonderBV ein zivilrechtlich in seinem Alleineigentum stehendes Grundstück entnimmt und damit den anderen MU'ehegatten als weichenden Erben abfindet.[18]

---

1 Bei Betriebsabgabe vor BetrAufg müssen die Voraussetzungen nach § 14 III 1 Nr 1 und 2 bei Betriebsabgabe vorliegen; FG Mchn EFG 03, 993 für Verpachtung.
2 *F/P/G* Rn 215b; *K/S/M* § 14a Rn D 2; *Leingärtner* Kap 50 Rn 112.
3 S dazu *K/S/M* § 14a Rn D 3.
4 *K/S/M* § 14a Rn D 1.
5 *H/H/R* § 14a Rn 152f.
6 *H/H/R* § 14a Rn 150.
7 BFH BStBl II 88, 490 (492); *H/H/R* § 14a Rn 150.
8 *K/S/M* § 14a Rn E 6.
9 *H/H/R* § 14a Rn 154; zum Verfahren auch FG Nds EFG 98, 258.
10 *Blümich* § 14a Rn 10.
11 *H/H/R* § 14a Rn 161.
12 Ein zeitlicher Zusammenhang muss nicht bestehen *K/S/M* § 14a Rn E 5; FG Hess DStRE 03, 584 (585).
13 *H/H/R* § 14a Rn 175.
14 BFH/NV 06, 2064.
15 *K/S/M* § 14a Rn E 3.
16 BFH BStBl II 98, 621.
17 *Leingärtner* Kap 48 Rn 52; *K/S/M* § 14a Rn E 5.
18 FG Mchn EFG 07, 510 jedenfalls dann, wenn entnommenes Grundstück nach Entnahme nicht mehr für Zwecke des luf Betriebs genutzt wird.

§ 14a Vergünstigungen bei der Veräußerung land- und forstwirtschaftlicher Betriebe

7 **Der den Hof übernehmende und Ausgleichszahlungen leistende Miterbe** kann den Freibetrag nach § 14a IV in Anspr nehmen, wenn er zur Beschaffung der dafür erforderlichen Mittel Betriebsgrundstücke veräußert. Im Geltungsbereich der HöfeO besteht hinsichtlich des Hofvermögens keine Erbengemeinschaft. IÜ wird nach § 14a IV 5 HS 2 ein Mitglied der Erbengemeinschaft als weichender Erbe behandelt, wenn sich die Erbengemeinschaft binnen zwei Jahren seit dem Erbfall, bei einem minderjährigen Miterben nach Eintritt seiner Volljährigkeit (§ 14a IV 6), über den Betrieb auseinandersetzt.[1] Der Freibetrag ist auch zu gewähren, wenn der Betrieb gleichzeitig im Wege **vorweggenommener Erbfolge** auf den Hofnachfolger übertragen wird, der die Buchwerte nach § 6 III fortführt.[2] Dabei sind landwirtschaftliche Nutzflächen, auch wenn sie mehr als 10 vH der gesamten Nutzfläche des Betriebs ausmachen (vgl § 14 Rn 8), dann nicht als wesentliche Betriebsgrundlage zu behandeln, wenn sie anlässlich der Übertragung des übrigen BV auf den dem Hoferben weichenden Erben als Abfindung übereignet werden und die dabei aufgedeckten stillen Reserven nach § 14a stfrei bleiben.[3] Entspr der ratio von § 14a IV, die Hofnachfolge zu erleichtern, ist § 6 III neben § 14a IV anzuwenden.[4]

8 § 14a IV soll die Erhaltung und Fortführung des Betriebes erleichtern. Dementspr ist die Begünstigung ausgeschlossen, wenn die Abfindung weichender Erben nicht mit dem Bestreben der Betriebserhaltung, sondern dem der Betriebsveräußerung oder -aufgabe einhergeht. Die Erhaltung des Hofes ist stillschweigend vorausgesetzt. Der Betrieb wird aber nicht zerschlagen, wenn der Hofeigentümer bei einer Betriebsverpachtung die BetrAufg erklärt, da eine Übertragung möglich bleibt.[5] Der Betrieb muss mit allen seinen wesentlichen Betriebsgrundlagen übergehen (mit Ausnahme der für die Abfindung verwendeten Betriebsgrundlagen).[6] Dabei ist es unschädlich, wenn weichende Erben mit bislang land- und forstwirtschaftlich genutzten Grundstücken abgefunden werden; ebenso ist es unschädlich, wenn dem möglichen Hoferben nicht der überwiegende Teil der Nutzflächen verbleibt.[7] Die Verwendung zur Abfindung weichender Erben **in sachlichem Zusammenhang mit der Hoferbfolge oder Hofübernahme** kann auch vorliegen, wenn die Person des Hoferben/Hofübernehmers noch nicht feststeht.[8] Erforderlich ist nur, dass die Tendenz zur Erleichterung der Hoferbfolge/Hofübernahme durch die Abfindung des weichenden Erben besteht und Klarheit darüber herrscht, dass der Abgefundene selbst nicht Hoferbe wird und er sich die Zuwendung auf seine Erbschaft oder seine Abfindungsansprüche anrechnen lassen muss.[9] Wird der Abgefundene Erbe oder Hofübernehmer oder wird der Betrieb überhaupt nicht übergebe, sondern vom Hofeigentümer veräußert oder aufgegeben oder wird der Betrieb nach seiner Übergabe vom Hofübernehmer nicht fortgeführt, weil er von vornherein beabsichtigt hatte, ihn alsbald zu veräußern oder aufgeben, so ist nach § 175 I Nr 2 AO zu verfahren.[10] Hierbei erfasst die Aufhebung oder Änderung des Steuerbescheids aufgrund von § 175 I Nr 2 AO auch die bei der ursprünglichen Gewährung des Freibetrags unterlaufenen Rechtsfehler.[11] Ein bereits gewährter Freibetrag ist aus Billigkeitsgründen zu belassen, wenn nachträglich eingetretene zwingende Umstände die vorgesehene Handhabung unmöglich gemacht haben, insbes Tod oder schwere und bleibende Erkrankung des vorgesehenen Hofnachfolgers. § 175 I Nr 2 AO ist auch anzuwenden, wenn ein Ehegatte bei seiner Abfindung noch nicht auf seinen Altenteilsanspruch nach § 14 II HöfeO verzichtet hat und später die Abfindung zurückzahlt.[12] Eine Nachabfindung aufgrund § 13 HöfeO oder getroffener Vereinbarung ist nicht nach § 14a IV begünstigt.[13] Die **Verwendungsfrist** beginnt ab dem Zeitpunkt zu laufen, von dem an der Veräußerer normalerweise über den Veräußerungspreis verfügen kann, dh mit Eintragung des Eigentumsübergangs im Grundbuch.[14] Die Leistung des Veräußerungserlöses vor Beginn der Zwölfmonatsfrist schließt die Begünstigung ebenso wenig aus[15] wie die Abfindung auf Grundlage eines Kredites und die Rückführung des Kredites durch den Veräußerungserlös innerhalb der Verwendungsfrist.[16] Eine Fristverlängerung aus Billigkeitsgründen kommt grds nicht in Betracht.[17]

---

1 *K/S/M* § 14a Rn E 2.
2 BFH BStBl II 96, 476 f.
3 BFH BStBl II 96, 476 (477 f); aA *Schmidt*[26] § 13 Rn 30.
4 BFH BStBl II 96, 476 (478).
5 BFH BStBl II 02, 813 (814).
6 *Hiller* Inf 00, 166; R 14a I 4 EStR.
7 BFH/NV 05, 1042.
8 BFH BStBl II 93, 788; *K/S/M* § 14a Rn E 3.
9 *Leingärtner* Kap 48 Rn 48.
10 BFH BStBl II 01, 122 (123); BFH BStBl II 93, 788 ff; *Hiller* Inf 00, 166 (167).
11 BFH BStBl II 01, 122.
12 BFH BStBl II 98, 621.
13 BFH BStBl II 99, 57 (58 f); FG BaWü EFG 04, 801; FG M'ster EFG 05, 781; *Blümich* § 14a Rn 32; zweifelnd *Schmidt*[26] § 14a Rn 7.
14 **AA** *H/H/R* § 14a Rn 162.
15 BFH/NV 06, 2064; *F/P/G* Rn D 302.
16 FG Mchn EFG 04, 1296.
17 *H/H/R* § 14a Rn 162; **aA** *F/P/G* Rn D 302.

Der volle Freibetrag nach § 14a IV wird nur gewährt, wenn das in § 14a IV 2 Nr 2 bezeichnete **Einkommen** des StPfl (ohne Gewinn aus der zu beurteilenden[1] Veräußerung oder Entnahme und ohne den Freibetrag, aber einschl der Einkünfte aus LuF) in dem dem VZ der Veräußerung oder Entnahme vorangegangenen VZ die Einkommensgrenze von 18 000 € bzw 36 000 € bei Zusammenveranlagung nicht übersteigt. **StPfl** ist derjenige, der die begünstigte Veräußerung/Entnahme vorgenommen hat. Bei der Einkommensgrenze (§ 14a IV 2 Nr 2) sind frühere begünstigte Entnahme- und Veräußerungsgewinne nicht zu berücksichtigen.[2] **Zusammenveranlagung** und Ehegatteneigenschaft müssen für die Verdoppelung der Einkommensgrenze sowohl im VZ der Veräußerung/Entnahme als auch im vorangegangenen VZ erfüllt sein.[3] Bei höherem Einkommen verringert sich der Freibetrag entspr der **Gleitklausel** des § 14a IV 3.

II. Freibetrag. Der personenbezogene Freibetrag steht unabhängig von der Zahl seiner Betriebe jedem StPfl nur **einmal** zu, jedoch **für jeden weichenden Erben**.[4] Bei PersGes/MU'schaft steht der Freibetrag jedem MU'er in voller Höhe zu. Da nur die Veräußerung oder Entnahme von **Grund und Boden** begünstigt ist, ist vor Abzug des Freibetrags der Veräußerungspreis oder Entnahmewert ggf nach dem Verhältnis der Teilwerte von Grund und Boden und Gebäuden oder Grund und Boden und aufstehendem Holz aufzuteilen. Für die Gebäude oder das stehende Holz kann eine Begünstigung nach §§ **6b, 6c** in Betracht kommen. Soweit der Freibetrag nach § 14a IV **überschritten** ist, liegt laufender Gewinn aus der Veräußerung oder Entnahme vor, der auch nicht mit einem ermäßigten Steuersatz besteuert wird (vgl § 34 II Nr 1). Der den Freibetrag übersteigende Gewinn ist nach §§ 6b, 6c übertragbar. Bei **teilw Verwendung** des Veräußerungserlöses **zur Abfindung weichender Erben** wird der Freibetrag zu dem entspr Teil gewährt (§ 14a VI). Der Freibetrag ist nicht durch die Höhe des erbrechtlichen Anspr des weichenden Erben begrenzt; erforderlich ist nur, dass der Zuwendungsempfänger dem Grunde nach gesetzliche Erb-Anspr hat.[5] Insbes sind Leistungen zur Abfindung weichender Erben auch insoweit nach § 14a IV begünstigt, als sie den Betrag übersteigen, der den weichenden Erben nach der HöfeO zusteht.[6] Finden MU'er gleichzeitig denselben weichenden Erben ab, so erhalten sie den Freibetrag anteilig im Verhältnis des jedem zuzurechnenden Entnahme- oder Veräußerungsgewinns.[7] Bei **Abfindung** eines weichenden Erben **in mehreren Schritten** und/oder von mehreren Pers sind aufgrund von Abfindungen für ihn bereits gewährte Freibeträge anzurechnen.[8] Auf die Freibeträge nach § 14a IV in der geltenden Fassung sind die Freibeträge, die nach § 14a IV in den vor dem 1.1.86 geltenden Fassungen gewährt worden sind, anzurechnen (§ 14a VII). Bei BetrAufg durch den StPfl entfällt der bereits gewährte Freibetrag nachträglich wieder in voller Höhe.[9]

D. Freibetrag zur Schuldentilgung (§ 14a V)

§ 14a V gewährt bei Veräußerungen **bis zum 31.12.00** eine personenbezogene sachliche Steuerbefreiung.[10] Die **Begünstigungsvoraussetzungen** entspr weitgehend denen zu § 14a IV (Veräußerung von Teilen des luf Grund und Bodens, Begünstigungszeitraum, Antragserfordernis[11]). Die Entnahme ist jedoch nicht begünstigt. Bei **MU'schaft** kann jeder MU'er den Freibetrag beanspruchen.[12] Bei Rechtsnachfolge iSv **6 III** tritt der Rechtsnachfolger auch bezüglich des Bestands an betrieblichen Altschulden in die Rechtsstellung des Rechtsvorgängers ein und kann den vollen Freibetrag neben oder nach dem Rechtsvorgänger beanspruchen.[13] Die veräußerten Grundstücke müssen zum **BV desselben Betriebs** gehört haben, dessen Schulden getilgt werden.[14] Der Veräußerungserlös, vermindert um die Veräußerungskosten, muss zur **Tilgung von Altschulden** verwendet werden, die (noch) zu dem luf Betrieb gehören und vor dem 1.7.85 bestanden haben.[15] Die jeweilige Schuld darf nicht zwischenzeitlich getilgt worden sein.[16] Dies gilt auch für eine Kontokorrentschuld. Die in begünstigter Weise zu tilgenden Schulden müssen Geldschulden und betrieblich veranlasst sein; iÜ kommt es

---

1 BFH BStBl II 98, 623.
2 BFH BStBl II 98, 621; BStBl II 98, 623; **aA** *F/P/G* Rn D 311.
3 *H/H/R* § 14a Rn 185.
4 *K/S/M* § 14a Rn E 1; *Blümich* § 14a Rn 39.
5 *Leingärtner* Kap 48 Rn 42; *K/S/M* § 14a Rn E 5; **aA** *H/H/R* § 14a Rn 172 (Erbverzicht).
6 BFH BStBl II 95, 371 (373); **aA** *Schmidt*[26] § 14a Rn 13; *Märkle/Hiller*[9] Rn 393.
7 *Blümich* § 14a Rn 39.
8 R 14a II 4 EStR.
9 BFH BStBl II 93, 788.
10 *H/H/R* § 14a Rn 202; *Blümich* § 14a Rn 48.
11 Zur Antragsberechtigung vgl *K/S/M* § 14a Rn F 5.
12 R 133c I 3, 4 EStR 99; **aA** wohl *H/H/R* § 14a Rn 204.
13 R 133c I 5 EStR 99.
14 *K/S/M* § 14a Rn F 2.
15 *Blümich* § 14a Rn 44.
16 R 133c II EStR 99.

auf Art und Entstehungsgrund nicht an. Bei Novation einer ursprünglich begünstigten Altschuld oder Umwandlung einer betrieblichen Kontokorrentschuld in eine langfristige Schuld ist entspr der gebotenen wirtschaftlichen Betrachtung vom Fortbestand der Altschuld auszugehen.[1] Die Verwendung zur Schuldentilgung muss nicht in einem zeitlichen Zusammenhang mit der Veräußerung stehen.[2] Erforderlich ist jedoch der unmittelbare Einsatz der durch die Veräußerung erzielten Mittel für die Schuldentilgung.[3] Ein schon bestandskräftiger Einkommensteuerbescheid kann infolge der späteren Schuldentilgung nach § 175 I Nr 2 AO zu ändern sein.[4] Erwirbt der StPfl mit dem Veräußerungserlös zunächst andere WG und tilgt er die Betriebsschulden mit dem Erlös dieser WG, so ist dies von § 14a V nicht erfasst.[5] Unerheblich ist demgegenüber, dass der StPfl den Erlös bis zur Schuldentilgung verzinslich bei einer Bank anlegt.[6] Wird dagegen eine Rücklage gebildet, kann der Freibetrag nach Auflösung der Rücklage nicht mehr in Anspruch genommen werden.[7] Auch der Freibetrag nach § 14a V ist an die **Einkommensgrenzen** des § 14a IV 2 Nr 2 geknüpft (§ 14a V 1 Nr 2). Bei höheren Einkommen vermindert er sich nach der **Gleitklausel** des § 14a V 2. Gem § 14a V 3 wird der Freibetrag für alle Veräußerungen iSv § 14a V 1 unabhängig von der Zahl der vom StPfl bewirtschafteten Betriebe insgesamt nur **einmal** gewährt,[8] wobei er jedoch in mehreren Schritten und mehreren VZ bis zur vollen Höhe ausgenutzt werden kann.[9] Bei lediglich **teilw Verwendung** des Veräußerungserlöses zur Schuldentilgung wird der Freibetrag anteilig gewährt (§ 14a VI). Eine § 14a VII entspr Anrechnungsklausel besteht nicht, so dass nach früheren Fassungen des § 14a in Anspr genommene Freibeträge für Schuldentilgung nicht anzurechnen sind.

E. Konkurrenzen

12 Im Hinblick auf **§ 14a III 1 Nr 2** ist idR eine Wahlfeststellung zw Veräußerung/§ 14a I und Aufgabe/ § 14a III nicht möglich. Gegenüber **§ 13 III** haben § 14a I–III und § 14a IV, V Vorrang.[10] Zw den Begünstigungen der **§§ 14, 16 IV** und § 14a I–III hat der StPfl ein Wahlrecht, das für verschiedene Betriebe auch unterschiedlich ausgeübt werden kann.[11] Gleiches gilt für das Verhältnis von **§§ 14, 16 IV** und § 14a IV, welche insbes bei der Veräußerung eines forstwirtschaftlichen TB zusammentreffen können.[12] Die Freibeträge nach §§ 14, 16 IV oder § 14a I–III einerseits und § 14a IV, V andererseits können bei einer BetrAufg oder Betriebsveräußerung **nicht nebeneinander** gewährt werden.[13] Etwas anderes gilt, wenn nach Entnahme einer Teilfläche oder Veräußerung eines TB der verbleibende Betrieb fortgeführt wird.[14] § 14a IV und § 14a V sind **nebeneinander** anwendbar.[15] Zur parallelen Anwendung von § 14a IV und § 6 III vgl Rn 7.

b) Gewerbebetrieb (§ 2 Abs. 1 Satz 1 Nr. 2)

§ 15 Einkünfte aus Gewerbebetrieb

(1) ¹Einkünfte aus Gewerbebetrieb sind
1. Einkünfte aus gewerblichen Unternehmen. ²Dazu gehören auch Einkünfte aus gewerblicher Bodenbewirtschaftung, z. B. aus Bergbauunternehmen und aus Betrieben zur Gewinnung von Torf, Steinen und Erden, soweit sie nicht land- oder forstwirtschaftliche Nebenbetriebe sind;
2. die Gewinnanteile der Gesellschafter einer Offenen Handelsgesellschaft, einer Kommanditgesellschaft und einer anderen Gesellschaft, bei der der Gesellschafter als Unternehmer (Mitunternehmer) des Betriebs anzusehen ist, und die Vergütungen, die der Gesellschafter von der Gesellschaft für seine Tätigkeit im Dienst der Gesellschaft oder für die Hingabe von Darlehen oder für die Überlassung von Wirtschaftsgütern bezogen hat. ²Der mittelbar über eine oder mehrere Personengesellschaften beteiligte Gesellschafter steht dem unmittelbar beteiligten Gesellschafter gleich; er ist als Mitunternehmer des Betriebs der Gesellschaft anzusehen, an der er mittelbar

---

1 BFH BStBl II 96, 217; BFH/NV 96, 534 u 597f; *K/S/M* § 14a Rn F 3.
2 *K/S/M* § 14a Rn F 4.
3 *Blümich* § 14a Rn 46.
4 FG Nds EFG 07, 403 (Rev IV R 6/07).
5 *F/P/G* Rn D 330.
6 *L/B/P* § 14a Rn 122.
7 BFH/NV 07, 1846; **aA** vorgehend FG Kln EFG 05, 1926.
8 *Lademann* § 14a Rn 175, 179.
9 *Blümich* § 14a Rn 48.
10 *Blümich* § 14a Rn 9.
11 *K/S/M* § 14a Rn A 42.
12 *F/P/G* Rn D 282; zT **aA** *H/H/R* § 14a Rn 145, 152.
13 FG Mchn EFG 92, 661 (662); *K/S/M* § 14a Rn A 43.
14 *Lademann* § 14a Rn 58.
15 *H/H/R* § 14a Rn 145; *Blümich* § 14a Rn 9; *K/S/M* § 14a Rn A 43.

beteiligt ist, wenn er und die Personengesellschaften, die seine Beteiligung vermitteln, jeweils als Mitunternehmer der Betriebe der Personengesellschaften anzusehen sind, an denen sie unmittelbar beteiligt sind;
3. die Gewinnanteile der persönlich haftenden Gesellschafter einer Kommanditgesellschaft auf Aktien, soweit sie nicht auf Anteile am Grundkapital entfallen, und die Vergütungen, die der persönlich haftende Gesellschafter von der Gesellschaft für seine Tätigkeit im Dienst der Gesellschaft oder für die Hingabe von Darlehen oder für die Überlassung von Wirtschaftsgütern bezogen hat.

²Satz 1 Nr. 2 und 3 gilt auch für Vergütungen, die als nachträgliche Einkünfte (§ 24 Nr. 2) bezogen werden. ³§ 13 Abs. 5 gilt entsprechend, sofern das Grundstück im Veranlagungszeitraum 1986 zu einem gewerblichen Betriebsvermögen gehört hat.

(1a) ¹In den Fällen des § 4 Abs. 1 Satz 4 ist der Gewinn aus einer späteren Veräußerung der Anteile ungeachtet der Bestimmungen eines Abkommens zur Vermeidung der Doppelbesteuerung in der gleichen Art und Weise zu besteuern, wie die Veräußerung dieser Anteile an der Europäischen Gesellschaft oder Europäischen Genossenschaft zu besteuern gewesen wäre, wenn keine Sitzverlegung stattgefunden hätte. ²Dies gilt auch, wenn später die Anteile verdeckt in eine Kapitalgesellschaft eingelegt werden, die Europäische Gesellschaft oder Europäische Genossenschaft aufgelöst wird oder wenn ihr Kapital herabgesetzt und zurückgezahlt wird oder wenn Beträge aus dem steuerlichen Einlagenkonto im Sinne des § 27 des Körperschaftsteuergesetzes ausgeschüttet oder zurückgezahlt werden.

(2) ¹Eine selbstständige nachhaltige Betätigung, die mit der Absicht, Gewinn zu erzielen, unternommen wird und sich als Beteiligung am allgemeinen wirtschaftlichen Verkehr darstellt, ist Gewerbebetrieb, wenn die Betätigung weder als Ausübung von Land- und Forstwirtschaft noch als Ausübung eines freien Berufs noch als eine andere selbstständige Arbeit anzusehen ist. ²Eine durch die Betätigung verursachte Minderung der Steuern vom Einkommen ist kein Gewinn im Sinne des Satzes 1. ³Ein Gewerbebetrieb liegt, wenn seine Voraussetzungen im Übrigen gegeben sind, auch dann vor, wenn die Gewinnerzielungsabsicht nur ein Nebenzweck ist.

(3) ¹Als Gewerbebetrieb gilt in vollem Umfang die mit Einkünfteerzielungsabsicht unternommene Tätigkeit
1. einer offenen Handelsgesellschaft, einer Kommanditgesellschaft oder einer anderen Personengesellschaft, wenn die Gesellschaft auch eine Tätigkeit im Sinne des Absatzes 1 Satz 1 Nr. 1 ausübt oder gewerbliche Einkünfte im Sinne des Absatzes 1 Satz 1 Nr. 2 bezieht,
2. einer Personengesellschaft, die keine Tätigkeit im Sinne des Absatzes 1 Satz 1 Nr. 1 ausübt und bei der ausschließlich eine oder mehrere Kapitalgesellschaften persönlich haftende Gesellschafter sind und nur diese oder Personen, die nicht Gesellschafter sind, zur Geschäftsführung befugt sind (gewerblich geprägte Personengesellschaft). ²Ist eine gewerblich geprägte Personengesellschaft als persönlich haftender Gesellschafter an einer anderen Personengesellschaft beteiligt, so steht für die Beurteilung, ob die Tätigkeit dieser Personengesellschaft als Gewerbebetrieb gilt, die gewerblich geprägte Personengesellschaft einer Kapitalgesellschaft gleich.

(4) ¹Verluste aus gewerblicher Tierzucht oder gewerblicher Tierhaltung dürfen weder mit anderen Einkünften aus Gewerbebetrieb noch mit Einkünften aus anderen Einkunftsarten ausgeglichen werden; sie dürfen auch nicht nach § 10d abgezogen werden. ²Die Verluste mindern jedoch nach Maßgabe des § 10d die Gewinne, die der Steuerpflichtige in dem unmittelbar vorangegangenen und in den folgenden Wirtschaftsjahren aus gewerblicher Tierzucht oder gewerblicher Tierhaltung erzielt hat oder erzielt. ³Die Sätze 1 und 2 gelten entsprechend für Verluste aus Termingeschäften, durch die der Steuerpflichtige einen Differenzausgleich oder einen durch den Wert einer veränderlichen Bezugsgröße bestimmten Geldbetrag oder Vorteil erlangt. ⁴Satz 3 gilt nicht für die Geschäfte, die zum gewöhnlichen Geschäftsbetrieb bei Kreditinstituten, Finanzdienstleistungsinstituten und Finanzunternehmen im Sinne des Gesetzes über das Kreditwesen gehören oder die der Absicherung von Geschäften des gewöhnlichen Geschäftsbetriebs dienen. ⁵Satz 4 gilt nicht, wenn es sich um Geschäfte handelt, die der Absicherung von Aktiengeschäften dienen, bei denen der Veräußerungsgewinn nach § 3 Nr. 40 Satz 1 Buchstabe a und b in Verbindung mit § 3c Abs. 2 teilweise steuerfrei ist, oder die nach § 8b Abs. 2 des Körperschaftsteuergesetzes bei der Ermittlung des Einkommens außer Ansatz bleiben. ⁶Verluste aus stillen Gesellschaften, Unterbeteiligungen oder sonstigen Innengesell-

schaften an Kapitalgesellschaften, bei denen der Gesellschafter oder Beteiligte als Mitunternehmer anzusehen ist, dürfen weder mit Einkünften aus Gewerbebetrieb noch aus anderen Einkunftsarten ausgeglichen werden; sie dürfen auch nicht nach § 10d abgezogen werden. [7]Die Verluste mindern jedoch nach Maßgabe des § 10d die Gewinne, die der Gesellschafter oder Beteiligte in dem unmittelbar vorangegangenen Wirtschaftsjahr oder in den folgenden Wirtschaftsjahren aus derselben stillen Gesellschaft, Unterbeteiligung oder sonstigen Innengesellschaft bezieht. [8]Satz 6 und 7 gelten nicht, soweit der Verlust auf eine natürliche Person als unmittelbar oder mittelbar beteiligter Mitunternehmer entfällt.

R 15 EStR 05

Übersicht

	Rn		Rn
A. Grundaussagen der Vorschrift	1	**V. Gewerbebetrieb kraft Rechtsform**	130
I. Sachlicher Regelungsgegenstand – Norminhalt	1	1. Körperschaften	130
II. Systematik	5	2. Gewerblich geprägte Personengesellschaft (§ 15 III Nr 2)	132
III. Anwendungsbereich	8	3. Einheitliche Beurteilung und Abfärbung (§ 15 III Nr 1)	140
B. Einkünfte aus Gewerbebetrieb (§ 15 I 1 Nr 1 iVm § 15 II)	10	VI. Persönliche Zurechnung	147
I. Tatbestandsmerkmale des Gewerbebetriebs (§ 15 II)	10	VII. Fortdauer des Besteuerungsrechtes für Anteile an einer SE nach Sitzverlegung (§ 15 Ia)	170
1. Einkommensteuerlicher Begriff des Gewerbetriebes	10	**C. Gewerbliche Einkünfte der Mitunternehmer (§ 15 I 1 Nr 2 iVm § 15 III)**	200
2. Positive Begriffsmerkmale	16	I. Grundlagen – Transparenzprinzip	200
a) Selbstständigkeit	17	1. Gesellschafter als Einkommen- und Körperschaftsteuersubjekte	200
b) Nachhaltigkeit	23	2. Gesellschaft als partielles Steuersubjekt	202
c) Teilnahme am allgemeinen wirtschaftlichen Verkehr	27	3. Gemeinsamer Gewerbebetrieb – Gewerbebetrieb der Personengesellschaft	208
d) Gewinnerzielungsabsicht	34		
3. Negative Abgrenzungsmerkmale	51	II. Gesellschafts- und Gemeinschaftsverhältnisse	211
II. Abgrenzung gegenüber Land- und Forstwirtschaft (§ 13)	54	1. Gesellschaftsverhältnis als Rechtsverhältnis zum Führen eines Gewerbebetriebs auf gemeinsame Rechnung	211
III. Abgrenzung gegenüber selbstständiger Arbeit (§ 18)	60		
IV. Abgrenzung gegenüber Vermögensverwaltung (§§ 20, 21)	69	2. Einzelne Gesellschafts- und Gemeinschaftsverhältnisse	214
1. Vermietung und Verpachtung	69	a) OHG, KG und GbR als Außengesellschaften	214
2. Betriebsverpachtung	74		
3. Betriebsaufspaltung	75	b) Stille Gesellschaft, Unterbeteiligung und andere Innengesellschaften	222
a) Grundlagen	75		
b) Rechtsform	79	c) Erbengemeinschaft und Gütergemeinschaft	236
c) Nutzungsüberlassung – Gewinnerzielung	86		
d) Gewerbliche Tätigkeit des Betriebsunternehmens	87	d) Nießbrauch am Gesellschaftsanteil	239
e) Personelle Verflechtung	88	III. Subjektive Zurechnung – Mitunternehmer	243
f) Sachliche Verflechtung	95	1. Funktion des (Mit-)Unternehmerbegriffes	243
g) Betriebsvermögen des Besitzunternehmens	98	2. Mitunternehmerrisiko und Mitunternehmerinitiative	246
h) Rechtsfolgen	104		
i) Übertragung von Wirtschaftsgütern	107	3. (Verdecktes) Gesellschafts-Verhältnis und (faktische) Mitunternehmerschaft	252
j) Begründung und Beendigung	111		
4. Gewerblicher Grundstückshandel	114	4. Mitunternehmerschaft und Familien-PersGes	255
a) Generelle Abgrenzung zur Vermögensverwaltung	114	**D. Gewinnermittlung und -verteilung bei Mitunternehmerschaften**	300
b) 3-Objekt-Grenze und enger zeitlicher Zusammenhang	116	I. Grundlagen	300
c) Beteiligung an Gesellschaften und Gemeinschaften	122	1. Zweistufige Gewinnermittlung – Gesellschaftsgewinn und Sondergewinne	300
d) Beginn, Umfang und Beendigung	128		
5. Verwaltung von Kapitalvermögen – Wertpapierhandel	129	a) Gewinnanteil und Sondervergütungen	300

	Rn
b) Sondervergütungen, Sonder-BA und Sonder-BV	303
c) Weitere Sonder-BE, Sonder-BA und Sonder-BV	304
2. Sonderbilanzen	307
a) Sonderbilanzen für die Gewinnermittlung, Maßgeblichkeit	307
b) Additive Gewinnermittlung	311
c) Korrespondierende Bilanzierung	313
II. Ergänzungsbilanzen/Ergänzungsbereich	316
1. Anwendungsbereich	316
2. Entgeltlicher Erwerb eines Mitunternehmeranteils	319
a) Bildung der Ergänzungsbilanz	319
b) Fortführung und Auflösung	325
3. Einbringung in eine Personengesellschaft nach § 24 UmwStG	328
4. Umwandlung auf eine Personengesellschaft	332
5. Personenbezogene Steuervergünstigungen	334
6. Korrekturbilanz zur Gesellschaftsbilanz	336
7. Ergänzungsbilanz und Bilanzierung einer Beteiligung an der PersGes	338
8. Ergänzungsbilanz und Maßgeblichkeit	341
III. Das Betriebsvermögen der Mitunternehmerschaft – Übersicht	346
IV. Gesellschaftsvermögen und Gesellschaftsbilanz	350
1. Betriebsvermögen und Privatvermögen	350
a) Notwendiges Betriebsvermögen	350
b) Notwendiges Privatvermögen	351
c) Schuldzinsenabzug	357
d) Gesellschafter-Fremdfinanzierung (s auch Rn 345a)	363a
2. Bilanzielle Behandlung von Privatvermögen und privatem Aufwand	364
3. Entnahmen	366
4. Einlagen	369
5. Entgeltliche Leistungen an Gesellschafter	375
6. Einheitliche Bilanzierung	377
7. Gewinnverteilung	380
V. Sonderbetriebsvermögen und Sonderbilanz	382
1. Sondervergütungen	382
a) Sachlicher Anwendungsbereich	382
b) Vorrangige Zuordnung – keine Subsidiarität	387
c) Zeitliche Zurechnung – nachträgliche Einkünfte	390
d) Sondervergütungen für Dienste	393
aa) Begriff der Dienstleistungen für die Gesellschaft	393
bb) Pensionsrückstellungen	395
e) Nutzungsüberlassungsvergütungen	397
f) Darlehensvergütungen	398
2. Sonderbetriebsvermögen, Sonderbetriebsaufwand und Sonderbetriebserträge	400

	Rn
a) Sonderbetriebsvermögen	400
aa) Aktives Sonderbetriebsvermögen (I und II)	400
bb) Forderungsausfall – Verzicht	403
cc) Notwendiges Sonder-BV II	406
dd) Passives Sonder-BV	412
b) Sonderbetriebserträge und Sonderbetriebsaufwand	413
VI. Doppelstöckige Mitunternehmerschaften	417
1. Sonderbetriebsvermögen der mittelbaren Mitunternehmer	417
2. Doppelte Gewinnfeststellung – Obergesellschaft kein Mitunternehmer	420
3. Ergänzungsbilanzen	423
VII. Schwesterpersonengesellschaften	424
1. Zuordnungsproblematik	424
2. Leistungen an einen G'ter als Einzelunternehmer	425
3. Schwestergesellschaft an gewerbliche Schwestergesellschaft	431
a) Leistende nicht gewerbliche Schwestergesellschaft	431
b) Leistungen gewerblicher Schwestergesellschaft	433
aa) Entgeltliche Leistungen	433
bb) Unentgeltliche oder verbilligte Leistungen	436
VIII. GmbH & Co KG, GmbH & atypisch Still	440
1. Gewerbliche Einkünfte und Mitunternehmerstellung	440
2. Sonderbetriebsvermögen und Sondervergütungen	444
3. Verdeckte Gewinnausschüttungen	447
IX. Übertragung von WG bei MU'schaften	448
1. Übersicht	448
2. Entgeltliche Übertragungen	449
3. Unentgeltliche Übertragung und Überführung von Wirtschaftsgütern aus und in Sonderbetriebsvermögen	450
4. Offene gesellschaftsrechtliche Einlagen – Übertragung gegen Gesellschaftsrechte	453
5. Verdeckte gesellschaftsrechtliche Sacheinlagen – „unentgeltliche" Übertragung in das Gesellschaftsvermögen	458
6. Offene (Minderung der Gesellschaftsrechte) und verdeckte („unentgeltliche") gesellschaftsrechtliche Entnahmen/Übertragungen	460
7. Beteiligung von Kapitalgesellschaften als Mitunternehmer	463
E. Beteiligung an einer nicht gewerblichen Personengesellschaft (Zebragesellschaft)	466
F. Einkünfte des Komplementärs einer KGaA (§ 15 I 1 Nr 3)	500
I. Grundlagen	500
II. Einkünfte der persönlich haftenden Gesellschafter	503

	Rn		Rn
G. Verluste aus gewerblicher Tierzucht, Termingeschäften und stillen Gesellschaften (§ 15 IV)	600	III. Termingeschäfte iSd § 15 IV 3–5	609
I. Zielsetzung und Verfassungsgemäßheit	600	IV. Wirkungen des Verlustausgleichsverbotes	618
II. Gewerbliche Tierzucht oder Tierhaltung	603	V. Stille Gesellschaften und Unterbeteiligungen	619

A. Grundaussagen der Vorschrift

1 **I. Sachlicher Regelungsgegenstand – Norminhalt.** § 15 I Nr 1 erläutert (im Wege einer Zirkeldefinition), was die in § 2 I Nr 2 genannten **Einkünfte aus GewBetr** sind, nämlich: Einkünfte aus gewerblichen Unternehmen. Ausdrücklich werden dazu nach Nr 1 S 2 auch Einkünfte aus gewerblicher Bodenbewirtschaftung gerechnet. Die Vorschrift wird letztlich erst durch § 15 II mit Inhalt gefüllt, der erst die Tatbestandsmerkmale für die Klassifizierung von Einkünften als gewerbliche Einkünfte enthält.

2 § 15 I 1 Nr 2 ergänzt die Nr 1 für die **G'ter/Gemeinschafter von PersGes** und gleichgestellten Gemeinschaften, indem er bestimmt, dass diese ebenfalls gewerbliche Einkünfte beziehen, sofern die G'ter/Gemeinschafter als **MU'er** des Betriebes anzusehen sind. Dabei muss es sich um einen GewBetr iSd Nr 1 und des § 15 II handeln. § 15 I 1 Nr 2 S 2 bezieht den mittelbar über eine PersGes beteiligten G'ter (sog **doppelstöckige Ges**) als MU'er in die Ges, an der er nur mittelbar beteiligt ist (Untergesellschaft), mit ein. § 15 I 1 Nr 3 erklärt die Gewinnanteile und Sondervergütungen des **Komplementärs einer KGaA** zu gewerblichen Einkünften. Dies gilt unabhängig davon, ob die KGaA eine originär gewerbliche Tätigkeit ausübt oder nicht. Für Sondervergütungen, die als nachträgliche Einkünfte von MU'er oder Komplementär der KGaA oder seinem Rechtsnachfolger bezogen werden, ordnet § 15 I 2 an, dass diese ebenfalls zu den Einkünften aus GewBetr gehören.

2a Der durch das SEStEG[1] eingefügte § 15 Ia ergänzt die zur Sicherung des Besteuerungsrechtes eingefügte Entstrickungsregelung des § 4 I 3 und 4 für Einkünfte aus GewBetr. Danach besteuert Deutschland Gewinne aus einer Anteilsveräußerung auch nach einer Sitzverlegung einer Europäischen Ges (SE) oder Europäischen Genossenschaft (SCE) weiter, auch wenn dem an sich ein DBA mit Zuweisung des Besteuerungsrechtes an einen anderen Staat entgegenstünde.

3 § 15 III ergänzt § 15 I 1 Nr 2 und § 15 II bzgl der Einkünfte von MU'ern. Nach § 15 III Nr 1 führt die Tätigkeit einer OHG, KG oder anderen PersGes in vollem Umfange zu Einkünften aus GewBetr, sofern auch nur ein Teil der Tätigkeit der Ges eine originäre gewerbliche Tätigkeit iSd § 15 I 1 Nr 1 darstellt (Abfärbewirkung). Die Abfärbewirkung tritt nach der Ergänzung des Abs 3 Nr 1 durch das JStG 07[2] auch ein, wenn die (Ober-) Ges lediglich eine Beteiligung an einer gewerblichen MU'er-Ges hält und dadurch gewerbliche Einkünfte iSd Abs 1 Nr 2 bezieht.

§ 15 III Nr 2 qualifiziert die Tätigkeit einer gewerblich geprägten PersGes auch dann als GewBetr, wenn an sich originär keine gewerblichen Einkünfte vorlägen.

4 § 15 IV 1 und 2 enthält ein lenkungspolitisches Verlustausgleichs- und Abzugsverbot für Verluste aus gewerblicher Tierzucht und -haltung, sowie in S 3 und 5 für gewerbliche Termingeschäfte und die Veräußerung von Aktien und anderen Anteilen an Körperschaften. § 15 IV 6 statuiert mit Wirkung ab VZ 03 ein weiteres Verlustausgleichverbot für die mitunternehmerische Beteiligung einer KapGes an einer KapGes durch eine Innenges oder eine Unterbeteiligung.

5 **II. Systematik.** § 15 regelt Art und Umfang der Gewinneinkunftsart Einkünfte aus GewBetr iSd §§ 2 I Nr 2, 2 II Nr 1. Er grenzt diese Einkunftsart zugleich gegenüber den übrigen 6 Einkunftsarten und den nicht estpfl Vermögensveränderungen ab. Die Vorschrift erfasst nur den **laufenden Gewinn** als Teil der Einkünfte aus GewBetr. Sie wird insoweit ergänzt durch **§ 16**, der Veräußerungs- und Aufgabegewinne aus der **Veräußerung/Aufgabe** von ganzen (Gewerbe-)Betrieben, Teilbetrieben oder MU'anteilen zu den Einkünften aus GewBetr rechnet und durch die Sondervorschrift des **§ 17**,

---

[1] Gesetz über steuerliche Begleitmaßnahmen zur Einführung der Europäischen Gesellschaft und zur Änderung weiterer steuerlicher Vorschriften (SEStEG) v 7.12.06, BGBl I 06, 2782; Materialien Entw BReg BT-Drs 16/2710; Bericht und Beschlussempfehlung Finanzausschuss BT-Drs 16/3315 u 16/3369.

[2] Jahressteuergesetz 2007 v 13.12.06, BGBl I 06, 2878; Materialien Entw BReg BT-Drs 16/2712; Bericht und Beschlussempfehlung Finanzausschuss BT-Drs 16/3368 und 16/3325.

wonach auch Veräußerungs- und Liquidationsgewinne aus im PV gehaltenen **Anteilen an KapGes** zu Einkünften aus GewBetr gehören, sofern die Beteiligung mindestens 1 vH beträgt. Spezielle **Verlustausgleichs- und (Abzugs)beschränkungen** für Einkünfte aus GewBetr bei lediglich beschränkter Haftung des (Mit)Unternehmers und im Zusammenhang mit Steuerstundungsmodellen enthalten **§ 15a und § 15b**. Umstrukturierungen gewerblicher Unternehmen, insbes Umwandlungen nach dem UmwG und Einbringungen in KapG und PersG sind spezialgesetzlich im UmwStG geregelt.

Die Abgrenzung zu den anderen Einkunftsarten hat primär Bedeutung für die Einkunftsermittlungsart und den Umfang der Einkünfte. Da es sich um eine Gewinneinkunftsart handelt, sind sämtliche Vermögensänderungen hinsichtlich der WG des BV für die Gewinnermittlung zu berücksichtigen. Die Gewinnermittlung erfolgt grds durch BV-Vergleich nach §§ 4 I, 5 I im Wege der Bilanzierung unter Beachtung handelsrechtlicher Grundsätze ordnungsgemäßer Buchführung (Maßgeblichkeit). Diese ist nach §§ 140, 141 AO verpflichtend, soweit bereits nach außersteuerlichen Gesetzen eine Buchführungspflicht besteht (§ 140 AO) oder die Umsatz- oder Gewinngrenzen des § 141 AO überschritten werden. Für die nicht unter §§ 140, 141 AO fallenden Gewerbetreibenden ist die Einnahme/Überschussrechnung nach § 4 III zulässig. Sie können aber freiwillig den Gewinn durch BV-Vergleich ermitteln und müssen dies, wenn sie Bücher führen.

6

Die Abgrenzung hat iÜ insbes für die **Gewerbe(ertrag)steuer** Bedeutung. Im Gegenzug erfolgt nur für gewerbliche Einkünfte eine Steuerermäßigung nach § 35[1]. § 35 belegt nunmehr auch gesetzlich den ökonomischen Befund, dass die GewSt eine Zusatz-ESt auf gewerbliche Einkünfte ist. Das BVerfG[2] hält zwar daran fest, dass die ESt auf die Leistungsfähigkeit in Form der Zahlungsfähigkeit des StPfl (Subjektsteuer), hingegen die GewSt auf die Ertragskraft des GewBetr abstelle (Objektsteuer), gesteht dem Gesetzgeber aber zu, die „Zusatzbelastung" mit GewSt im Wege einer Gesamtbetrachtung von ESt und GewSt durch Ermäßigung bei der ESt ohne Verstoß gegen den Gleichheitssatz zu kompensieren.

7

Für die **ErbSt**[3] spielt die Qualifizierung als BV eines GewBetr ua für die Bewertung, § 12 V ErbStG, für den Freibetrag und Bewertungsabschlag nach § 13a ErbStG sowie die Tarifbegrenzung nach § 19a ErbStG eine Rolle. Dazu verweist § 95 **BewG** hinsichtlich des Begriffes des BV ausdrücklich auf § 15 I und II, ebenso § 97 I Nr 5 BewG auf § 15 III und in der Sache auf die Einbeziehung des Sonder-BV in das gewerbliche BV.

III. Anwendungsbereich. – Literatur: *Gündisch* Analoge Abkommensanwendung zur Überwindung von Qualifikationskonflikten, IStR 05, 829; *Kahle* Die Ertragsbesteuerung der Beteiligung an einer ausländischen Personengesellschaft, StuB 05, 666; *Krabbe* Personengesellschaften und Unternehmensgewinne nach DBA, IStR 02, 145; *Ch Schmidt* Personengesellschaften im internationalen Steuerrecht nach dem OECD-Bericht, IStR 01, 489; *ders* Personengesellschaften im Abkommensrecht, WPg 02, 1134, 1232; *Wassermeyer* Qualifikationskonflikte bei doppelstöckigen Mitunternehmerschaften IStR 06, 273; *Weggenmann* Einordnungskonflikte bei Personengesellschaften im Recht der deutschen DBA, Diss Nürnberg 2002; *ders* Sondervergütungen einer ausländischen Personengesellschaft, IStR 02, 1.

§ 15 gilt wegen § 1 I unmittelbar nur für Einkünfte aus GewBetr nat Pers als StPfl. Dabei gilt er über § 1 IV iVm § 49 I 2 auch für beschränkt stpfl Pers, soweit danach inländische Einkünfte aus GewBetr vorliegen, insbes bei inländischen Betriebstätten oder ständigem Vertreter im Inland.[4] Dies gilt auch für die gewerblichen Einkünfte aus internationalen MU'er-Ges. Diese liegen ua vor, a) wenn eine deutsche PersGes (auch) ausländische (nicht im Inland ansässige) G'ter hat (beschränkt stpfl, § 49 I Nr 2) oder im Ausland Betriebsstätten (ausländische Einkünfte nach § 34d Nr 2) unterhält oder b)

8

---

1 Vgl dazu BMF BStBl I 07, 701.
2 BVerfG v 21.6.06 – 2 BvL 2/99, BVerfGE 116,164 =DB 06, 1817 (zu § 32c aF). Bei diesem zur Ausgangspunkt ist freilich wenig überzeugend, dass die Zusatzbelastung nur für Einkünfte, die dem Spitzensteuersatz unterlagen, gemindert wurde. Das BVerfG hat diese Ungleichbehandlung allerdings – jedenfalls für eine begrenzte Übergangszeit – durch das Lenkungsziel der „Standortsicherung" (bedauerlicherweise) als gerechtfertigt angesehen. § 32c idF des StÄndG 07 v 19.7.06, BGBl I 06, 1652 = BStBl I 06, 432 privilegierte für 2007 mit eben derselben Begr der Standortsicherung sowie eines spezifischen Unternehmerrisikos Gewinneinkünfte oberhalb des Spitzensteuersatzes (Begrenzung auf 42 %!), unabhängig davon, ob eine Zusatzbelastung durch GewSt eintritt oder nicht. Nachdem § 32c mit Wirkung letztmalig für den VZ 2007 anzuwenden ist, darf wohl angenommen werden, dass das BVerfG diese Regelung als „für eine Übergangszeit" gerechtfertigt ansehen wird.
3 S aber BVerfG v 7.11.06 – 2 BvL 10/02, BStBl II 07, 192 zur Verfassungswidrigkeit des ErbStG mit Weitergeltungsanordnung bis zu einer Neuregelung durch den Gesetzgeber bis spätestens 31.12.08.
4 Vgl aber zur isolierenden Betrachtungsweise BFH BStBl II 05, 550 u BMF BStBl I 05, 844 (Rechtsüberlassung Sportler).

eine ausländische PersGes inländische G'ter hat (unbeschränkt stpfl mit ausländischen Einkünften, § 1 I iVm § 34d) oder im Inland eine Betriebsstätte unterhält (beschränkte StPfl für ausländische G'ter). Der Sitz der Geschäftsleitung der PersGes sowie weitere Betriebsstätten der PersGes sind, soweit die PersGes transparent, dh nicht selbst, sondern ihre G'ter, besteuert wird, jeweils als Betriebsstätten des/der MU'er zu behandeln.[1] Bei Erfüllung der sonstigen Voraussetzungen sind jeweils die MU'er selbst als abkommensberechtigt anzusehen. Zu Sonderbetriebseinnahmen s Rn 386.

9 Über §§ 7 I iVm § 8 I, II KStG iVm §§ 1–3 KStG gilt § 15 auch für unbeschränkt und beschränkt stpfl Körperschaften, soweit diese danach Einkünfte aus GewBetr beziehen.

B. Einkünfte aus Gewerbebetrieb (§ 15 I 1 Nr 1 iVm § 15 II)

I. Tatbestandsmerkmale des Gewerbebetriebs (§ 15 II).
– **Literatur:** *Kirchhof /Pezzer* Subjektive Merkmale für die Erzielung von Einkünften; *Schön* Subjektive Tatbestandsmerkmale in der Einkommensermittlung; *Sieker/Weber-Grellet* Die Feststellung subjektiver Tatbestandsmerkmale im Besteuerungsverfahren DStR 07, Beihefter Heft 11; *Dötsch* Subjektive Tatbestandsmerkmale und innere Tatsachen im Rahmen der EinkunftsermittlungFR 07, 589 (Vorträge im Rahmen des steuerrechtswissenschaftlichen Symposiums im BFH).

10 **1. Einkommensteuerlicher Begriff des Gewerbetriebes.** Der einkommensteuerliche Begriff des GewBetr ergibt sich seit 1983 (StEntlG 84) unmittelbar aus dem EStG. Die Vorschrift des § 15 II geht zurück auf § 1 I GewStDV, der seinerseits die Rspr des preußischen OVG[2] und des RFH[3] kodifizierte. Seither verweist richtigerweise umgekehrt § 2 I 2 GewStG für den Begriff des GewBetr auf § 15. Der GewBetr iSd EStG wird danach durch folgende 4 positive Merkmale gekennzeichnet: (1) Selbstständigkeit (2) Nachhaltigkeit (3) Teilnahme am allg wirtschaftlichen Verkehr und (4) Gewinnerzielungsabsicht. Außerdem ergibt sich aus § 15 II, dass der GewBetr durch eine Betätigung des StPfl konstituiert wird. Wie bei allen Einkunftsarten ergibt sich die Einkunftsart aus dem Handlungstatbestand, der vom StPfl verfolgten Tätigkeit. GewBetr iSd § 15 ist daher eine vom StPfl ausgeübte Tätigkeit, nicht ein dem StPfl zurechenbares Objekt. Als Veräußerungsgegenstand iSd § 16 kommt allerdings der GewBetr als zu veräußerndes Objekt (Zusammenfassung aller der gewerblichen Tätigkeit dienenden WG) in Betracht.

11 Negativ wird der GewBetr in § 15 II dadurch abgegrenzt, dass es sich nicht um eine Tätigkeit handeln darf, die (1) als Ausübung von LuF oder (2) selbstständiger Arbeit oder (3) als private Vermögensverwaltung[4] (Einkünfte aus VuV oder KapVerm) anzusehen ist. Die letztere Einschränkung ergibt sich nicht unmittelbar aus dem Wortlaut des § 15 II, folgt aber daraus, dass andernfalls Einkünfte aus §§ 20, 21 niemals in Betracht kämen, weil dabei immer zugleich die positiven Merkmale des § 15 II erfüllt wären und wegen der Subsidiaritätsklauseln der §§ 20 III, 21 III Einkünfte aus GewBetr vorrangig wären. Daher muss davon ausgegangen werden, dass § 15 II voraussetzt, dass der Rahmen privater Vermögensverwaltung zur Erzielung von Einkünften aus §§ 20, 21 überschritten wird, wenn gewerbliche Einkünfte vorliegen sollen.

12 Umstritten ist, ob es sich bei dem GewBetr-Begriff des § 15 II um einen kernbereichsbeschreibenden offenen Typusbegriff[5] handelt oder um einen abschließend durch die genannten Tatbestandsmerkmale definierten Begriff.[6] Bereits durch zweckentsprechende Auslegung der positiven und negativen Tatbestandsmerkmale des § 15 II sind zutr Einordnungen zu erzielen, so dass es des Typusbegriffes hier nicht bedarf.

13 Einkommensteuerlicher und gewerbesteuerlicher Tatbestand des GewBetr stimmen überein, § 2 I 2 GewStG. Allerdings wird die GewSt auf den im Inland betriebenen GewBetr beschränkt. Darüber hinausgehend soll aus dem **Objektcharakter der GewSt** zu folgern sein, dass bloße Vorbereitungshandlungen im GewSt-Recht im Unterschied zum Einkommensteuerrecht noch keine sachliche

---

1 Vgl BFH v 9.8.06 – II R 59/05, BFH/NV 06, 2326 mwN (ergangen zur VSt, aber gleichermaßen für ESt geltend).
2 OVGSt 6, 385; 7, 418, 421; 10, 382.
3 RFHE 28, 21.
4 Vgl insoweit BFH BStBl II 84, 751 (762); BStBl II 95, 617.
5 Dazu *Tipke/Lang*[18] § 5 Rn 51f.

6 Für Typusbegriff ua *Tipke/Lang*[18] § 9 Rn 415; *Schachtschneider* Steuerverfassungsrechtliche Probleme der Betriebsaufspaltung, 2004; *Fischer* FR 95, 803; BFH BStBl II 98, 332; BFH/NV 98, 1467; abl *Weber-Grellet* FS Beisse, 1997, S 551; *Jung* Grundstückshandel, 1998, S 2.

GewStPfl begründen.[1] Umgekehrt sollen aus demselben Grunde Veräußerungsgewinne nach § 16 nicht mehr der sachlichen GewStPfl unterliegen (s § 16 Rn 13f).[2]

Der **Unternehmerbegriff des UStG** ist nicht deckungsgleich mit dem Begriff des gewerblichen Unternehmers. Übereinstimmung besteht hinsichtlich des Merkmals der Selbstständigkeit. Dies dient hier wie im UStG zur Abgrenzung gegenüber der nicht selbstständig ausgeübten Tätigkeit. IÜ aber ist der Unternehmerbegriff des UStG weiter. Er umfasst neben den Gewinneinkünfte kennzeichnenden Tätigkeiten (LuF, selbstständige Arbeit) insbes auch bloß vermögensverwaltende Tätigkeiten. Außerdem genügt hier bloße Einnahmeerzielungsabsicht. Für PersGes und andere nicht rechtsfähige Gemeinschaften ist, abw vom Transparenzprinzip des § 15 I Nr 2, zu beachten, dass umsatzsteuerlich die PersGes/Gemeinschaft selbst der Unternehmer ist und nicht ihre G'ter. Auf der anderen Seite führen die den Sondervergütungen zugrunde liegenden Tätigkeiten (Dienstleistungen, Nutzungsüberlassungen an die Ges) bei Nachhaltigkeit und Selbstständigkeit zur Unternehmereigenschaft der G'ter. Die entspr Tätigkeiten und WG sind dem G'ter als sein Unternehmen zuzurechnen.

14

Der einkommensteuerliche Begriff des GewBetr ist auch **nicht** mit dem zivilrechtlichen (vgl ua § 112 BGB, § 1822 Nr 3 und 4, 1823 BGB) und **handelsrechtlichen Begriff des GewBetr (§§ 1, 2 HGB) identisch.** Für beide ist die Gewinnerzielungsabsicht nicht erforderlich. Entspr gilt auch für den Begriff des GewBetr iSd **GewO** (§§ 1, 14, 35),[3] der jedenfalls nicht erfordert, dass ein Totalgewinn erstrebt wird. Soweit allein durch die Eintragung in das Handelsregister die Kfm-Eigenschaft begründet wird oder jedenfalls zugunsten der Geschäftspartner vermutet wird, begründet dies keine Gewerblichkeit iSd EStG. Daher verbleibt es bei **luf Einkünften** selbst dann, wenn das Unternehmen nach § 3 II iVm **§ 2 HGB** eingetragen ist **(Kann-Kfm)** oder bei **Einkünften aus §§ 20, 21**, falls eine **vermögensverwaltende Ges als OHG oder KG** in das Handelsregister eingetragen ist, §§ 105 II, 161 HGB. Ebenso wenig begründet die Eigenschaft als **eingetragener Schein-Kfm**, § 5 HGB, Gewerblichkeit iSd § 15.

15

2. Positive Begriffsmerkmale. Die positiven Tatbestandsmerkmale der **Selbstständigkeit, Nachhaltigkeit und** der **Teilnahme am allg Wirtschaftsverkehr** dienen der Abgrenzung zu a) den Einkunftsarten aus nicht selbstständiger Arbeit, § 19, zu den gelegentlichen sonstigen Einkünften, § 22 Nr 3 und b) zu den nicht steuerbaren Vermögensveränderungen außerhalb der Einkunftsarten. Die Gewinnerzielungsabsicht/Überschusserzielungsabsicht ist ein allen Einkunftsarten gemeinsames Merkmal,[4] das missverständlicherweise vom Gesetzgeber nur für die Einkünfte aus GewBetr besonders hervorgehoben wird (s § 2 Rn 48f).

16

a) Selbstständigkeit. Durch das Merkmal der selbstständigen Betätigung unterscheidet sich der GewBetr, § 15, von der Ausübung nichtselbstständiger Arbeit, § 19. Die selbstständige Tätigkeit ist dadurch gekennzeichnet, dass sie auf eigene Rechnung **(Unternehmerrisiko)** und in eigener Verantwortung **(Unternehmerinitiative)** ausgeübt wird.[5] Der gewerbetreibende StPfl wird auf eigene Rechnung und Gefahr tätig, wenn er das Erfolgsrisiko, insbes das Vergütungsrisiko,[6] trägt. Grds ist auch erforderlich, dass die Tätigkeit auf seiner Initiative beruht, letztlich auf seinen Willen zurückzuführen ist. Dies ist auch dann der Fall, wenn er sich zur Ausübung seiner gewerblichen Tätigkeit fremder Arbeitskräfte bedient. Maßgebend ist insoweit, dass diese seinem Geschäftswillen untergeordnet sind und deshalb ihre Tätigkeit im Außenverhältnis dem Gewerbetreibenden als ArbG zuzurechnen ist. Dies gilt auch, soweit sich der Gewerbetreibende leitenden Personals (Geschäftsführer, Vorstandsmitglieder, Prokuristen usw) bedient und diesen die Initiative überlässt. Entscheidend ist auch dann, dass diese Initiative des Leitungspersonals nur entfaltet werden kann, weil dies auf den Willen des Gewerbetreibenden zurückzuführen ist. Soweit der Gewerbetreibende selbst nicht handlungsfähig ist, kommt es nicht auf die von ihm willentlich entfaltete Unternehmerinitiative an, sondern auf die für ihn von den **gesetzlichen Vertretern** oder Pflegern (nat Pers, insbes minderjährige Kinder)[7] oder für ihn handelnden **Organen** (jur Pers, nicht rechtsfähige Vereine) entfaltete Unternehmerinitiative. Dasselbe gilt, soweit zwar keine allg Handlungsunfähigkeit vorliegt, aber dem

17

---

1 BFH BStBl II 98, 478; R 18 GewStR.
2 R 38 (3), R 39 GewStR; BFH BStBl II 96, 527.
3 Dazu *Stober* NJW 92, 2133; VG Hamburg NVwZ 91, 806 (zwar Gewinnerzielungsabsicht, aber nicht als Totalüberschuss).
4 BFH BStBl II 85, 424; BStBl II 84, 751; BStBl II 91, 333.

5 BFH BStBl II 89, 414; BStBl II 91, 66 mwN.
6 BFH BStBl II 99, 534; BStBl II 88, 497; BStBl II 90, 64; BStBl II 97, 188.
7 BFH BStBl II 89, 414; anders aber bei Handeln für eigene Rechnung BFH BStBl II 92, 300.

Gewerbetreibenden für den Geschäftsbereich seines GewBetr die Verfügungsbefugnis fehlt und deshalb für ihn **besondere (Amts-)Verwalter** handeln (müssen). Dies betrifft ua die Zurechnung der Tätigkeit des **Testamentsvollstreckers,**[1] **des Insolvenz(Konkurs)verwalters,**[2] **des Nachlassverwalters,** soweit der GewBetr der besonderen Verwaltung unterliegt und dem Inhaber die Verfügungsbefugnis darüber genommen ist.

18 Der Begriff der **Selbstständigkeit** ist steuerrechtlich übereinstimmend im EStG in den §§ 15, 13, 18 und § 19 auszulegen. Insoweit schließen sich bezogen auf **eine Tätigkeit** ArbN-Eigenschaft mit Einkünften aus § 19 und Unternehmereigenschaft mit Einkünften aus §§ 15, 13 oder 18 aus. Soweit jemand daher bezogen auf eine Tätigkeit ArbN iSd § 19 iVm §§ 1, 2 LStDV ist (s dazu § 19 Rn 25f), bezieht er keine Einkünfte aus § 15. Ebenfalls übereinstimmend ist der Begriff der Selbstständigkeit in § 2 UStG verwendet. Ob eine Tätigkeit selbstständig oder unselbstständig ausgeübt wird, ist daher im ESt-, GewSt- und USt-Recht übereinstimmend zu beurteilen.[3] Die **Ausübung hoheitlicher Funktionen**, insbes die Wahrnehmung öffentlicher Aufgaben als **beliehener Unternehmer** schließt weder umsatzsteuerlich noch einkommensteuerlich die Annahme einer selbstständigen Tätigkeit als Gewerbetreibender[4] aus. Hingegen besteht **keine Deckungsgleichheit zum** ArbN-Begriff im **Arbeits- und Sozialrecht**. Hier kann einerseits die besondere Schutzbedürftigkeit eine weitere Auslegung des ArbN-Begriffes verlangen als steuerrechtlich geboten ist, andererseits kann umgekehrt aus der Sphärentheorie folgen, dass der spezielle Schutz des Arbeitsrechtes steuerlich Unselbstständigen nicht uneingeschränkt zugute kommen soll.[5] Daher steht eine sozialversicherungspflichtige Beschäftigung als **Scheinselbstständiger** nach § 7 IV SGB IV oder nach § 2 Nr 9 SGB VI (arbeitnehmerähnliche Selbstständige) einerseits nicht der Annahme entgegen, dass Einkünfte aus GewBetr bezogen werden,[6] andererseits werden angestellte Vorstandsmitglieder und Geschäftsführer steuerlich auch dann unselbstständig tätig, wenn sie arbeitsrechtlich nicht als ArbN behandelt werden.[7]

19 Für die **Unselbstständigkeit** einer Tätigkeit sprechen ua die **Weisungsgebundenheit** hinsichtlich Ort, Zeit und Inhalt der Tätigkeit, feste Arbeitszeiten, verhältnismäßig einfache Tätigkeiten ohne besonderen Kapitaleinsatz, Lohnfortzahlung bei Krankheit und Urlaub, weitgehend erfolgsunabhängige Entlohnung, Schulden der Arbeitskraft und nicht eines bestimmten Erfolges, längere Tätigkeit für nur einen (ArbG) Vertragspartner. Der Einbehaltung oder Nichteinbehaltung von LSt und/oder Sozialversicherungsbeiträgen kommt indizielle Bedeutung[8] zu. Umgekehrt sprechen für die **Selbstständigkeit** ua eigenes Bestimmungsrecht über Ort, Zeit und Umfang der Tätigkeit, keine Eingliederung in einen fremden Betrieb, Einfluss auf die Höhe der Einnahmen und Aufwendungen durch Entfaltung eigener Aktivitäten, das Recht, die übertragenen Tätigkeiten von anderen ausführen zu lassen, die Beschäftigung von eigenen ArbN, fehlende Anspr auf Fortzahlung einer Entlohnung bei Krankheit oder Urlaub, das Schulden eines Erfolges hinsichtlich des übernommenen Auftrages/der übernommenen Arbeiten und nicht nur der Erbringung der Arbeitsleistung.[9] Die für und gegen die Selbstständigkeit sprechenden Merkmale sind gegeneinander abzuwägen. Maßgebend für die endgültige Einordnung ist das **Gesamtbild der Verhältnisse**.[10]

20 Ob eine **Nebentätigkeit oder Aushilfstätigkeit** unselbstständig oder selbstständig ausgeübt wird, ist nach den allg Abgrenzungsmerkmalen (§ 1 I und II LStDV) zu entscheiden. Dabei ist die Nebentätigkeit oder Aushilfstätigkeit idR für sich allein zu beurteilen. Die Art einer etwaigen Haupttätigkeit ist für die Beurteilung nur wesentlich, wenn beide Tätigkeiten unmittelbar zusammenhängen. **Gelegenheitsarbeiter**, die zu bestimmten, unter Aufsicht durchzuführenden Arbeiten herangezogen werden, sind auch dann ArbN, wenn sie die Tätigkeit nur für einige Stunden ausüben.[11] Einnahmen aus der Nebentätigkeit eines ArbN, die er im Rahmen des **Dienstverhältnisses für denselben ArbG** leistet, für den er die Haupttätigkeit ausübt, sind Arbeitslohn (zB nebenberufliche Lehr- und Prüfungstätigkeit), wenn dem ArbN aus seinem Dienstverhältnis Nebenpflichten obliegen, die zwar im

---

1 BFH BStBl II 78, 499; BStBl II 95, 714; vgl aber BStBl II 87, 33 (Treuhandlösung bei Komplementäranteil) und BStBl II 91, 191 zur USt.
2 BFH BStBl II 72, 784.
3 BFH BStBl II 99, 534; BStBl II 95, 559; BStBl II 88, 804.
4 BFH BStBl II 99, 534; BStBl II 97, 295; BStBl II 95, 559 – zur USt vgl EuGHE 91, 4247.
5 Vgl BFH BStBl II 99, 534; BStBl II 88, 804; BStBl II 80, 303 vgl auch BGH NJW 87, 2751.
6 BFH BStBl II 99, 534; R 134 (3) EStR 99.
7 BFH BStBl II 80, 303.
8 BFH BStBl II 02, 565; BFH BStBl II 99, 534; BStBl II 93, 155.
9 Vgl ua BFH BStBl II 99, 534; BStBl II 85, 661; BStBl II 88, 804; BStBl II 90, 64; BStBl II 95, 559.
10 BFH BStBl II 95, 559 mwN.
11 BFH BStBl II 74, 301.

Arbeitsvertrag nicht ausdrücklich vorgesehen sind, deren Erfüllung der ArbG aber nach der tatsächlichen Gestaltung des Dienstverhältnisses und nach der Verkehrsauffassung erwarten darf, auch wenn er die zusätzlichen Leistungen besonders vergüten muss.[1]

Nach dem Gesamtbild der Verhältnisse ist **Selbstständigkeit bejaht** worden **(Einzelfälle** s auch § 19 Rn 100): **Anlageberater** (BFH BStBl II 89, 24); **Bauleiter** (BFH BStBl II 88, 497); **Bezirksschornsteinfeger** (BFH BStBl II 97, 295); **Beliehene Unternehmer** (BFH BStBl II 99, 539 und BFH BStBl II 95, 559); **Flugzeugführer** (BFH BStBl II 02, 565); **Freie Mitarbeit** (BFH BStBl II 93, 155); **Fremdenführer** (BFH BStBl II 86, 851); **Generalagent** (BFH BStBl III 61, 567); **Generalagenten eines Krankenversicherungsunternehmens** (BFH BStBl III 67, 398); **Handelsvertreter** (BFH BStBl II 75, 115 und BVerfG BStBl II 78, 125); **Hausgewerbetreibender** (BFH BStBl II 83, 200 im Unterschied zu Heimarbeitern); **Reisevertreter** (BFH BStBl III 52, 79; BStBl III 62, 149); Bauhandwerker als **„Schwarzarbeiter"** (BFH BStBl II 75, 513); **Software-Berater** (BFH BStBl II 95, 888); **Telefonverkäufer** (BFH/NV 89, 541); **Werbedame** (BFH BStBl II 85, 661); **Werbeveranstalter** (BFH BStBl II 83, 182); **Bezirksstellenleiter der Lotto- und Totounternehmen** (BFH BStBl II 68, 193 und 718); nebenberufliche Tätigkeit als **Makler und Finanzierungsvermittler** (BFH BStBl II 89, 572); **Künstler** (BMF BStBl I 90, 638 und BFH BStBl II 96, 493); **Rundfunkermittler** (BFH BStBl II 99, 534 und BStBl II 79, 53; BStBl II 79, 188); **Versicherungsvertreter** (BFH BStBl II 78, 137; BStBl III 59, 425; BStBl III 59, 437; BStBl III 61, 567; BStBl III 67, 398 und R 134 (1) EStR 99); **Opernsängerin** (BFH BStBl II 79, 493); **Fahrlehrer als Subunternehmer** (BFH BStBl II 97, 188); **Arztvertreter** (BFH BStBl III 53, 142); **Beratungsstellenleiter eines LStHilfevereins** (BFH BStBl II 88, 273); **Diakonissen** (BFH BStBl III 65, 525); **Fotomodell** (BFH BStBl III 67, 618); **Gerichtsreferendar** (BFH BStBl II 68, 455); **Gutachter** (BFH BStBl II 91, 749); **Hausverwalter** für Wohnungseigentümergemeinschaft (BFH BStBl III 66, 489); **Lehrbeauftragte** (BFH BStBl III 58, 360); **Lotsen** (BFH BStBl II 87, 625); **Notariatsverweser** (BFH BStBl II 68, 811); **Vertrauensleute einer Buchgemeinschaft** (BFH BStBl III 60, 215).

Hingegen sind als **unselbstständig** und damit **als ArbN** angesehen worden **(Einzelfälle): Amateursportler** (BFH BStBl II 93, 303); **Apothekervertreter** als Urlaubsvertreter (BFH BStBl II 79, 414); **Artist** (BFH BStBl III 51, 97); **Buchhalter** (BFH BStBl III 55, 256 und BStBl II 80, 303); **Büffetier** (BFH BStBl III 63, 230); **Gelegenheitsarbeiter** (BFH BStBl II 74, 301); **Heimarbeiter** (R 15.1 II EStH); **Helfer von Wohlfahrtsverbänden** (BFH BStBl II 76, 134); **Musiker in einer Gastwirtschaft** (BFH BStBl II 76, 178); **Oberarzt in** Privatpraxis des Chefarztes (BFH BStBl II 72, 213); **Rechtspraktikant** der einstufigen Juristenausbildung (BFH BStBl II 85, 465 und BStBl II 86, 184); **Reisevertreter** (BFH BStBl III 62, 149); **Sanitätshelfer des Deutschen Roten Kreuzes** (BFH BStBl II 94, 944); **Stromableser** (BFH BStBl II 93, 155); **Vorstandsmitglied** einer AG (BFH BStBl III 60, 214), einer Familienstiftung (BFH BStBl II 75, 358), einer Genossenschaft (BFH BStBl II 69, 185).

b) Nachhaltigkeit. Nach § 15 II ist zur Annahme eines GewBetr eine **nachhaltige Betätigung** erforderlich. Eine geschäftsmäßige Tätigkeit ist nachhaltig, wenn sie auf eine bestimmte Dauer und regelmäßig auf Wiederholung angelegt ist.[2] Nachhaltigkeit ist jedenfalls immer dann zu bejahen, wenn die Tätigkeit von der Absicht getragen ist, sie zu wiederholen und daraus eine ständige **Erwerbsquelle** zu machen.[3] Da die Wiederholungsabsicht eine innere Tatsache ist, kommt den tatsächlichen Umständen besondere Bedeutung zu. Das Merkmal der Nachhaltigkeit ist bei einer Mehrzahl von gleichartigen Handlungen im Regelfall zu bejahen.[4] Bei erkennbarer Wiederholungsabsicht kann bereits eine einmalige Handlung den Beginn einer fortgesetzten Tätigkeit begründen.[5]

Eine **einmalige Tätigkeit** ist im Allg nicht nachhaltig.[6] Das kann auch auf mehrere Tätigkeiten zutreffen, die im Einzelfall als nur eine einzige einheitliche und damit als einmalige Handlung zu werten sein können.[7] Eine einmalige Tätigkeit kann aber nachhaltig sein, wenn sie in dem für das Merkmal nachhaltig erforderlichen Willen ausgeübt wird, sie (bei sich bietender Gelegenheit) zu wiederholen,[8] oder wenn sie sich auf andere Weise als durch die tatsächliche Wiederholung objektiv

---

1 BFH BStBl II 72, 212; vgl auch BFH BStBl II 01, 496 (Honorar an leitenden Angestellten für Beratung bei Verkauf des Unternehmens).
2 So zur USt ua BFH BStBl II 95, 559; BStBl II 91, 776; BStBl II 94, 274.
3 BFH BStBl II 99, 390; BStBl II 96, 369 und 232.
4 BFH BStBl II 99, 390; BStBl II 88, 293 und BStBl II 92, 143.
5 BFH BStBl II 91, 66.
6 BFH BStBl II 86, 88; BStBl II 05, 164 (Verkauf von mehr als 3 Objekten durch ein Verkaufsgeschäft!).
7 RFH RStBl 39, 926 und RStBl 29, 69.
8 BFH BStBl III 62, 264.

als nachhaltig darstellt[1] oder wenn aus den Umständen auf den Willen des Handelnden zu schließen ist, das Geschäft bei sich bietender Gelegenheit zu wiederholen.[2] Auch eine einmalige Handlung stellt aber eine nachhaltige Betätigung dar, wenn sie als weitere Tätigkeiten des StPfl ein dauerhaftes Dulden oder Unterlassen auslöst.[3] Nachhaltig sind auch Einzeltätigkeiten, die Teil einer in organisatorischer, technischer und finanzieller Hinsicht aufeinander abgestimmten Gesamttätigkeit sind,[4] etwa die Förderung der Verwertungsreife einer Erfindung.[5] Im Allgemeinen wird es an einer Wiederholungsabsicht fehlen, wenn derjenige, der tätig wird, noch unentschlossen ist, ob er seine Tätigkeit wiederholen wird. Eine bestimmte Zeitdauer der Tätigkeiten ist für den Begriff nachhaltig nicht zu fordern.[6] Deshalb ist Nachhaltigkeit auch dann anzunehmen, wenn die Tätigkeiten von vornherein nur für eine abgegrenzte Zeit beabsichtigt sind, wenn die Tätigkeiten zeitweilig unterbrochen werden, oder wenn sich die Tätigkeiten nur in größeren Zeitabständen wiederholen.[7]

25 Im Gegensatz zur nachhaltigen Betätigung steht die **lediglich gelegentliche Betätigung.** Durch gelegentliche Tätigkeiten soll gerade keine ständige oder zumindest vorübergehende Erwerbsquelle geschaffen werden. Nicht nachhaltige Veräußerungen der Substanz von Vermögenswerten unterliegen – abgesehen von §§ 17, 23 – mangels Einkunftsart nicht der ESt,[8] hingegen werden gelegentlich gegen Entgelt erbrachte sonstige Leistungen von § 22 Nr 3 erfasst, insbes die dort genannten gelegentlichen Vermittlungen und Vermietungen, aber auch bindende Kaufangebote[9] gegen Beteiligung am Gewinn bei Gelegenheitsinnengesellschaften,[10] Stillhalterposition bei Wertpapieroptionen[11] und die Verwertung von (praktisch wohl nicht vorkommenden) Zufallserfindungen.[12] Die Abgrenzung der nachhaltigen Tätigkeit von der gelegentlichen Betätigung spielt insbes eine Rolle für die Beurteilung des **gewerblichen Grundstückshandels** (dazu unter Rn 114f).

26 Die Feststellung, ob eine bestimmte Tätigkeit mit Wiederholungswillen ausgeübt worden ist und ob sie objektiv als nachhaltig zu werten ist, obliegt dem FG als Tatsacheninstanz. Die Nichtfeststellbarkeit der erforderlichen Tatsachen geht zulasten desjenigen Beteiligten, der sich zur Ableitung bestimmter steuerrechtlicher Folgen auf die Nachhaltigkeit beruft.[13]

27 **c) Teilnahme am allgemeinen wirtschaftlichen Verkehr.** Die von § 15 II verlangte **Beteiligung am allg wirtschaftlichen Verkehr** hat die Aufgabe, Tätigkeiten aus dem gewerblichen Bereich auszuklammern, die nicht auf einen Güter- oder Leistungsaustausch unter Inanspruchnahme des allg Marktes gerichtet sind. Die Funktion des Merkmals besteht in der Trennung des Markteinkommens von anderen Vermögensmehrungen.[14] Das Merkmal ist Ausdruck der Markteinkommenstheorie, der das EStG grds hinsichtlich der Erfassung der Einkunftsarten folgt (s § 2 Rn 47). Das Merkmal dient insbes dazu, bloße Vermögensumschichtungen innerhalb der privaten Vermögenssphäre aus dem Einkünftebegriff, hier aus den gewerblichen Einkünften, auszuschalten.

28 Die Beteiligung am allg wirtschaftlichen Verkehr verlangt grds, dass der Gewerbetreibende als **Anbieter von entgeltlichen Leistungen** für andere Abnehmer am allg Markt auftritt. **Nicht genügend** ist ein Auftreten als bloßer **Abnehmer von** entgeltlich angebotenen **Leistungen**.[15] Dies allerdings liegt nicht vor bei der verzinslichen Geldanlage bei einer Bank.[16] Ausgeschieden werden zunächst alle Vermögensmehrungen durch „Eigenleistungen" an sich selbst. Ebenso werden solche „**Leistungen" an andere** ausgeschieden, die **auf familiärer Grundlage** erbracht werden, selbst wenn insoweit Zahlungen aus dem Vermögen des „Leistungsempfängers" erfolgen.[17] Die Abgrenzung ist hier äußerst problematisch. Entscheidend kommt es dabei darauf an, dass die entspr „Leistungen"

---

1 BFH BStBl II 96, 232; BFH/NV 98, 853; BStBl II 77, 728.
2 BFH BStBl II 69, 282.
3 BFH BStBl III 64, 139.
4 BFH BStBl II 86, 88.
5 BFH BStBl II 04, 218; BStBl II 98, 567.
6 RFHE 8, 121; RFH RStBl 42, 13.
7 BFH BStBl II 91, 66; BStBl II 79, 530.
8 BFH BStBl II 95, 640; BStBl II 83, 201; BStBl II 90, 1026; BStBl II 91, 300.
9 BFH BStBl II 77, 631; BStBl II 85, 264; zur Verfassungsgemäßheit vgl BVerfG v 17.1.78, 1 BvR 972/77, StRK EStG bis 1974, § 22 Nr 3 Rspr 22.
10 BFH BStBl II 94, 96.
11 BFH BStBl II 91, 300.
12 BFH BStBl II 98, 567.
13 BFH BStBl II 86, 88; BStBl II 77, 728.
14 *Schön* FS Vogel, 2000, S 661.
15 BFH BStBl II 70, 865 (nachhaltiger Abschluss von Spielverträgen, Lotto, Toto für den Spieler), anders aber BFH/NV 94, 622 und BFH/NV 98, 854 für Leistungen von Berufsspielern.
16 So aber BFH BStBl II 90, 1073 – allerdings iErg zutr, da noch private Vermögensverwaltung.
17 BFH BStBl II 99, 776 (Pflege eines Angehörigen, vgl aber § 3 Nr 36 Befreiung – klarstellend?); vgl auch BStBl II 79, 80; BStBl II 94, 298; BStBl II 96, 359 (Reinigungstätigkeiten, Telefondienst, Vermietungen im Familienkreis ohne entspr schuldrechtliche Verträge).

nicht generell auch gegenüber Dritten erbracht würden. Soweit hingegen die Bezahlung causa für das Erbringen der Leistung ist, liegt selbst dann eine Teilnahme am allg wirtschaftlichen Verkehr vor, wenn der Empfänger ein naher Angehöriger ist.[1]

Problematisch ist, **ob** eine Teilnahme am allg wirtschaftlichen Verkehr immer voraussetzt, dass überhaupt eine **Leistung** erbracht wird. Daher sollen bloße **Differenzgeschäfte** (Termin- und Optionsgeschäfte **ohne physische Erfüllung**) im Finanzsektor mangels Leistungsaustausch (keine Lieferung oder sonstige Leistung) nicht zur Teilnahme am wirtschaftlichen Geschäftsverkehr führen.[2] Dem könnte schon mit Rücksicht auf § 15 IV 3 und § 23 I Nr 4 so jetzt[3] nicht mehr gefolgt werden. Träfe dies zu, könnte iÜ auch für branchentypische Differenzgeschäfte das Vorliegen eines GewBetr nicht bejaht werden.[4] Denn die Teilnahme am allg wirtschaftlichen Verkehr gehört auch und gerade für branchentypische Geschäfte zu den Grundvoraussetzungen des GewBetr. Tatsächlich ist zu differenzieren: Für den Regelfall wird eine gewerbliche Tätigkeit nicht allein dadurch begründet, dass der StPfl am Markt als Leistungsabnehmer auftritt und für die empfangene Leistung Geld aufwendet. Kennzeichnend ist vielmehr, dass er seinerseits am Markt Leistungen erbringt. In Ausnahmefällen kann aber auch eine nachhaltig entfaltete Tätigkeit als Erwerber bereits zu einer gewerblichen Tätigkeit führen, wenn weitere Verwertungshandlungen durch Leistungserbringung nicht mehr erforderlich sind, um Gewinne zu realisieren. Dies trifft etwa für das **echte Factoring-Geschäft** zu.[5] Entscheidend ist, dass bereits eine nachhaltig entfaltete Tätigkeit auf der Erwerberseite verbunden mit späteren Verwertungshandlungen genügt, um sich eine „Erwerbsquelle" zu schaffen. Maßgebend muss allerdings sein, dass der StPfl bereits beim Erwerb als gewerbsmäßiger Marktteilnehmer auftritt. Nicht anders verhält es sich bei Differenzgeschäften. Auch hier wird die Teilnahme am wirtschaftlichen Verkehr nicht allein dadurch ausgeschlossen, dass (auch im umsatzsteuerlichen Sinne) keine Leistungen erbracht werden. Dies schließt nur aus, dass sonstige Einkünfte nach § 22 Nr 3 vorliegen.[6] Daher kann auch die Durchführung von Differenzgeschäften eine Teilnahme am wirtschaftlichen Geschäftsverkehr begründen und zu einer gewerblichen Tätigkeit führen.[7] Dann ist allerdings erforderlich, dass die Beteiligung als Teilnehmer an Differenzgeschäften den Rahmen einer privaten Vermögensverwaltung überschreitet[8] (Rn 129).

29

Die Teilnahme am wirtschaftlichen Verkehr erfordert, dass die Tätigkeit des StPfl **nach außen in Erscheinung**[9] tritt. Er muss sich mit seiner Tätigkeit, normalerweise mit seinen **Leistungen, an die Allgemeinheit der Marktteilnehmer** wenden. Nicht erforderlich ist, dass spezielle Werbemaßnahmen erfolgen oder die Leistungen einer Mehrzahl von Interessenten angeboten werden.[10] Es ist auch nicht erforderlich, dass allg für das Publikum erkennbar wird, dass der StPfl Leistungen für die Allgemeinheit anbietet. Es genügt bereits die Erkennbarkeit für die beteiligten Kreise.[11] Das Unterhalten eines eigenen Geschäftslokales indiziert zwar eine Teilnahme am wirtschaftlichen Verkehr, ist aber nicht notwendige Voraussetzung.[12] Vorbehaltlich der Abgrenzung zu den anderen Gewinneinkunftsarten und der Vermögensverwaltung können Leistungen aller Art Gegenstand der Teilnahme am allg wirtschaftlichen Verkehr sein, ua Veräußerungen von beweglichen und unbeweglichen Sachen und immateriellen Gütern, Nutzungsüberlassungen, Dienst- und Werkleistungen. Abnehmer der Leistungen können ihrerseits Gewerbetreibende und andere Unternehmer mit Gewinneinkunftsarten, aber auch private Endabnehmer sein. Eine Beteiligung am allg wirtschaftlichen Verkehr liegt auch dann vor, wenn der StPfl tatsächlich seine Leistungen nur an einen Abnehmer erbringt.[13] Entscheidend ist insoweit nicht, dass die Leistungen tatsächlich an eine Vielzahl von Marktteilnehmern erbracht werden – dies scheitert oftmals schon daran, dass ein derartiger Kundenstamm aus tatsächlichen Gründen nicht aufgebaut werden kann oder dass der Kunde auf Exklu-

30

---

1 BFH BStBl II 02, 338 (Buchhaltung gegenüber Vater und Ehemann).
2 BFH BStBl II 97, 399; BStBl II 89, 39.
3 Vgl aber zutr BFH BStBl II 82, 618 zur Verneinung eines Spekulationsgeschäfts nach früherer Rechtslage mangels Leistungsaustausches.
4 Insoweit aber GewBetr auch bei Termin- und Optionsgeschäften bei BFH BStBl II 97, 399 und bereits BStBl II 81, 658.
5 Zur umsatzsteuerlich Beurteilung vgl EuGH v 20.6.03 – Rs C 305/01, EuGHE 03, 6729 = BStBl II 04, 688 und BFH BStBl II 04, 667.
6 BFH BStBl II 91, 300.
7 BFH BStBl II 84, 132 (Devisen- und Edelmetalltermingeschäfte); BStBl II 99, 466.
8 BFH BStBl II 84, 132 und BStBl II 99, 448 (zum Wertpapierhandel).
9 BFH BStBl II 99, 448; BStBl II 91, 66.
10 BFH BStBl II, 91, 631; BStBl II 89, 621; BStBl III 57, 355.
11 BFH BStBl II 02, 565; BStBl II 80, 389.
12 BFH BStBl III 62, 127; BStBl II 64, 137.
13 BFH BStBl II 03, 464 (Vermietung und Verkauf von Wohnmobilen); BStBl II 02, 565 und BStBl II 00, 404; BStBl II 91, 631 (Generalagent einer Versicherung).

sivität Wert legt –, sondern dass die **Leistungen an den Abnehmer**, wenn auch unter Ausschluss weiterer Marktteilnehmer, **in seiner Eigenschaft als Marktteilnehmer** und nicht aus anderen Gründen erbracht werden.[1] Dies ist jedenfalls dann regelmäßig gegeben, wenn der Abnehmer seinerseits die Leistungen für einen eigenen GewBetr bezieht. Dagegen fehlt eine Teilnahme am allg wirtschaftlichen Verkehr, wenn die Leistungen zwar entgeltlich an andere Pers erbracht werden, aber dies nicht seinen Grund in deren Eigenschaft als Marktteilnehmer hat, sondern auf anderen Gründen beruht.[2]

31 Nicht erforderlich ist, dass die eigentliche Vermarktung der Leistung nach außen durch den StPfl selbst erfolgt. Er kann sich dabei sowohl **angestellter Hilfspersonen**, aber auch selbstständiger **Vertreter oder Makler** bedienen. Deren Verkaufsaktivitäten sind dann dem die eigentliche Leistung erbringenden StPfl zuzurechnen.[3] Ebenfalls nimmt am allg Marktgeschehen teil, wer zwar Leistungen auf eigene Rechnung und Gefahr an Marktteilnehmer als Abnehmer erbringt, aber diese über die Pers des Leistenden täuscht, indem er seine Marktteilnahme verschleiert[4] und über einen **Strohmann** tätig wird.[5]

32 In Ausübung **hoheitlicher Gewalt** erbrachte Leistungen durch die Träger der öffentlichen Gewalt selbst begründen für diese keine Teilnahme am allg wirtschaftlichen Verkehr, selbst wenn sie entgeltlich erfolgen (Gebühren, Beiträge).[6] Es muss sich dabei um der öffentlichen Hand **vorbehaltene Aufgaben** handeln und diese müssen von ihr selbst wahrgenommen werden.[7] Für Betriebe gewerblicher Art von jur Pers des öffentlichen Rechtes ist allerdings nach § 4 I 2 KStG eine Beteiligung am allg wirtschaftlichen Verkehr auch nicht erforderlich. Diese Ausnahme hat ihren Grund ausschließlich darin, Wettbewerbverzerrungen zugunsten der öffentlichen Hand zu vermeiden. Sie lässt sich nicht auf die gewerbliche Tätigkeit nat Pers oder anderer jur Pers als solcher der öffentlichen Hand übertragen. Soweit sich die öffentliche Hand zur Erfüllung ihrer Aufgaben privater Leistungserbringer bedient oder diese als **beliehene Unternehmer** gegenüber der Allgemeinheit tätig werden, liegt für die betr Unternehmer eine Teilnahme am allg wirtschaftlichen Verkehr vor.[8]

33 **Verbotene oder unsittliche Leistungen** schließen die Annahme einer Teilnahme am allg wirtschaftlichen Verkehr nicht aus. Sie können daher zu einer gewerblichen Tätigkeit führen, so etwa Schmuggeltätigkeit,[9] Untreuehandlungen durch eigenmächtiges Betreiben von Bankgeschäften,[10] das Betreiben eines Bordells,[11] Zuhälterei,[12] Telefonsex,[13] berufliches Glücksspiel.[14] Dagegen soll „gewerbliche Prostitution" gerade keinen GewBetr begründen, sondern zu Einkünften aus § 22 Nr 3 oder § 19 führen.[15]

34 **d) Gewinnerzielungsabsicht.** Die in § 15 II ausdrücklich zum Tatbestandsmerkmal des GewBetr erhobene **Absicht, Gewinn zu erzielen,** ist auch für die übrigen 2 Gewinneinkunftsarten erforderlich. Es handelt sich um einen Unterfall der für alle Einkunftsarten (stillschweigend) geforderten **Einkünfteerzielungsabsicht.**[16] Die Funktion dieses allen Einkunftsarten gemeinsamen Merkmals besteht **einerseits** darin, die Einkunftserzielungssphäre von der einkommensteuerlich irrelevanten **Einkommensverwendungssphäre** abzugrenzen. Insoweit verdeutlicht dieses Merkmal lediglich den

---

1 BFH BStBl II 03, 510 (zum gewerblichen Grundstückshandel bei Veräußerung an Mieter und Mandanten); vgl BStBl II 03, 394 mwN (Kinder/Angehörige/nahe stehende Ges).
2 BFH BStBl II 71, 173 (Pkw-Überlassung an Angestellte gegen Kostenersatz); vgl aber BFH BStBl II 02, 338 (Buchhaltung für Betrieb des Ehemannes als Marktteilnahme); zweifelh aber BStBl II 73, 727 (Erlangung von Pfandgeld für gesammelte leere Flaschen); BFH v 20.7.07 – XI B 193/06, BFH/NV 07, 1887 (zutr verneint für von Beamtem verlangte Bestechungsgelder für Auftragsvergabe im Namen des Dienstherren).
3 BFH BStBl II 99, 448; BStBl II 96, 367; BStBl II 91, 66 (für Wertpapiergeschäfte vermittels Banken); BFH/NV 91, 321 und BFH/NV 87, 646 (Grundstücksmakler).
4 BFH BStBl II 91, 802 (Wertpapierverkauf eines ungetreuen Bankangestellten auf eigene Rechnung ohne Kenntnis der Bank).
5 BFH BStBl II 71, 620 (Wertpapierverkäufe am grauen Markt über Bank als Strohmann).
6 BFH BStBl II 88, 615; vgl auch § 4 V KStG.
7 Vgl insoweit zur USt, EuGHE 91, 4247 (Steuereintreiber); EuGHE 87, 1471 (Notar).
8 BFH BStBl II 99, 534 (Rundfunkermittler); BStBl II 97, 295 (Bezirksschornsteinfegermeister); BStBl II 95, 559 (Rettungswache).
9 BFH BStBl III 57, 160.
10 BFH BStBl II 91, 802.
11 BFH BStBl III 61, 518; BVerfG HFR 96, 597; FG D'dorf EFG 96, 177.
12 BFH/NV 92, 277.
13 BFH BStBl II 00, 610.
14 FG M'ster EFG 96, 267.
15 BFH GrS BStBl III 64, 500; BGH HFR 90, 582 (für „angestellte" Prostituierte); BFH BStBl II 70, 185; s aber BStBl II 87, 653 zur USt (Unternehmer!); zu Recht zweifelnd BFH BStBl II 00, 610.
16 Statt vieler BFH BStBl II 85, 424.

sich bereits aus § 12 Nr 1 S 2 ergebenden Grundsatz, dass **Aufwendungen für die Lebensführung** nicht das objektive Einkommen mindern dürfen. Dies ist die Grundlage für das Ausscheiden des Ausgleichs von „Verlusten" aus **Liebhaberei**[1] aus dem horizontalen und vertikalen Verlustausgleich und -abzug nach § 2 III und § 10d. Bei den sog **Liebhabereiverlusten** handelt es sich der Sache nach um Aufwendungen für die Lebensführung (s § 2 Rn 48f). Zum anderen geht es darum, dass ggf außerhalb der Einkunftsarten **im privaten Vermögensbereich Vermögensmehrungen** erstrebt werden. Dafür getätigte Aufwendungen sind ebenfalls nicht als Verluste aus einer Einkunftsart ausgleichs- oder abzugsfähig. Dies gilt auch dann, wenn die Aufwendungen als Aufwendungen einer Einkunftsart erscheinen sollen, insbes bei den vermögensverwaltenden Einkünften.

Die Rspr versteht die Gewinnerzielungsabsicht als **subj Tatbestandsmerkmal**.[2] Dafür spricht in der Tat zunächst der Gesetzeswortlaut des § 15 II. Dabei soll es sich um ein **zweigliedriges Tatbestandsmerkmal** handeln mit einer objektiven und subj Komponente. Erstens gehe es um eine objektive Ergebnisprognose aufgrund der bisherigen Entwicklung, etwa langanhaltender Verlustperioden, und zweitens um die subj Ausübung der Tätigkeit aus persönlicher Neigung als Ausdruck der persönlichen Lebensführung.[3] Allerdings sei die Gewinnerzielungsabsicht als „innere Tatsache" ausschließlich anhand äußerer Merkmale zu beurteilen. Aus äußeren Umständen müsse auf das Vorliegen oder Fehlen der Gewinnerzielungsabsicht geschlossen werden.[4]

35

Dem ist insoweit zu folgen, als jede Tätigkeit innerhalb der Einkunftsarten auf finaler (willenmäßiger) Steuerung durch den StPfl beruht. Insoweit liegt allen Einkunftsarten zwingend eine subj Komponente zugrunde. Die überflüssigerweise klarstellend allein bei § 15 zum Tatbestandsmerkmal erhobene Gewinnerzielungsabsicht bringt dabei zum Ausdruck, dass die **final entfaltete Tätigkeit** (auch) darauf gerichtet sein muss, einen Gewinn (bzw einen Einnahmeüberschuss bei den übrigen Einkünften) zu erzielen. Dabei muss die Gewinnerzielung weder das vorrangige Motiv sein, noch ist erforderlich, dass eine Absicht im technischen Sinne etwa des Strafrechtes vorliegt, die zur übrigen Tatbestandsverwirklichung hinzutritt. Es genügt, wenn die Gewinnerzielungsabsicht nur **Nebenzweck** ist, § 15 II 3. Sofern eine Tätigkeit äußerlich die Merkmale des GewBetr (oder einer anderen Einkunftsart) erfüllt und **objektiv tatsächlich zu Gewinn** (Überschuss) führt, ist daher auch das (subj) Merkmal der Gewinnerzielungsabsicht erfüllt. Denn wenn final eine iÜ als gewerblich zu qualifizierende Tätigkeit ausgeübt wird (Teilnahme am allg Wirtschaftsverkehr durch entgeltliche Leistungserbringung) und dabei Gewinn erzielt wird, ist nicht vorstellbar, dass der StPfl nicht zumindest in Kauf genommen hat, dass er dabei erfolgreich sein könnte. IErg zutr geht die Rspr davon aus, dass bei tatsächlich objektiv erzielten Gewinnen das Vorliegen eines GewBetr nicht mangels Gewinnerzielungsabsicht verneint werden kann.[5] S auch § 2 Rn 49f.

36

Tatsächlich geht es bei der vom Gesetzgeber missverständlich als positives Tatbestandsmerkmal formulierten Gewinnerzielungsabsicht nicht darum, positive Ergebnisse aus einer äußerlich objektiven Betätigung in den Einkunftsarten aus der Einkommensbesteuerung „mangels Gewinnerzielungsabsicht" auszuschließen – dies wäre völlig unvereinbar mit einer Besteuerung des Markteinkommens nach der Leistungsfähigkeit –, sondern es geht ausschließlich darum, Aufwendungen für die Lebensführung oder für Vermögensmehrungen außerhalb der Einkunftsarten nicht als einkommensmindernd zu berücksichtigen und daher insoweit einen **horizontalen oder vertikalen Verlustausgleich** (und interperiodischen Verlustabzug) nicht zuzulassen. Daher spielt die fehlende Gewinnerzielungsabsicht nicht nur faktisch, sondern auch rechtlich nur dann eine Rolle, wenn es um die Frage der Verlustberücksichtigung geht. Die vermeintlich fiskalische Unterscheidung zw der immer notwendigen Berücksichtigung positiver Ergebnisse (Gewinn) und dem Ausschluss der Berücksichtigung von „Verlusten" wegen fehlender Gewinnerzielungsabsicht stellt keinen Verstoß gegen das **objektive Nettoprinzip** dar, sondern verwirklicht dies im Gegenteil.

37

Die Gewinnerzielungsabsicht ist zu bejahen, wenn die Tätigkeit des StPfl darauf gerichtet ist, **für die Dauer seiner gewerblichen Betätigung** einen **Totalgewinn** zu erzielen. Der Totalgewinn ergibt sich durch einen **BV-Vergleich** iSd § 4 I oder eine Einnahme/Überschussrechnung nach § 4 III[6] für die

38

---

1 BFH GrS BStBl II 84, 751; BFH BStBl II 91, 333.
2 BFH BStBl II 84, 751; BStBl II 90, 278; BStBl II 98, 663; krit dazu *Seeger* FS Schmidt, 1993, S 38 ff; *Weber-Grellet* DStR 93, 980; *Lang* FR 97, 201.
3 Vgl BFH BStBl II 98, 663 und 727; BVerfG DStR 98, 1743; BFH/NV 99, 1204.
4 Statt vieler BFH BStBl II 07, 874; BFH BStBl II 98, 663; GrS BStBl II 84, 751.
5 BFH BStBl II 91, 333; BStBl II 95, 718; BStBl II 96, 369.
6 Zur Totalgewinnprognose bei Landwirten mit Gewinnermittlung nach Durchschnittssätzen s BFH BStBl II 03, 702.

gesamte Dauer vom Beginn der Tätigkeit bis zu ihrer Aufgabe.[1] Danach muss sich eine Vermögensmehrung ergeben bzw ein Überschuss der BE über die BA. Einzubeziehen sind, weil es sich um eine Gewinneinkunftsart handelt, auch (steuerbare) Aufgabe- und Veräußerungsgewinne nach § 16,[2] auch wenn sie nach § 16 IV befreit sind.

39 Bei den Überschusseinkunftsarten sind nicht steuerbare Vermögensmehrungen aus der Veräußerung des Erwerbsvermögens hingegen nicht zu berücksichtigen. Soweit wegen § 15 III 1 (**Abfärbung**), § 15 III 2 (**Rechtsform**) oder sonst (zB BetrAufsp) eine **Umqualifizierung** vermögensverwaltender Einkünfte **in gewerbliche Einkünfte** stattfindet, ist dies vorrangig zu berücksichtigen. Denn die Qualifizierung einer Einkunftsart ist notwendigerweise vor der Einkunftsermittlung erforderlich. Es ist daher in diesen Fällen unter Einbeziehung der steuerbaren Veräußerungsgewinne[3] zu entscheiden, ob ein Totalgewinn erzielt werden kann. Unerheblich ist, ob isoliert gesehen bei den Überschusseinkünften ein Überschuss erzielbar wäre.[4]

40 Generell sind alle steuerbaren Vermögensmehrungen (BE) zu berücksichtigen, auch wenn aus subventionellen Gründen eine Steuerbefreiung erfolgt, zB stfreie Investitionszulagen.[5] **Kalkulatorische Aufwendungen und Erträge** sind, wie sonst auch, nicht zu berücksichtigen. Eine kalkulatorische Mindestverzinsung des eingesetzten Kapitals ist daher ebenso wenig erforderlich wie irgendeine sonstige Mindestgröße des tatsächlichen Gewinnes, solange nur insgesamt für die Totalperiode sich ein positives Ergebnis ergibt. Soweit aus subventionellen Gründen **erhöhte Absetzungen, Sonderabschreibungen** oder andere Aufwendungen periodisch zu Verlusten führen, ist dies für den Totalgewinn bei den Gewinneinkünften[6] ohne Bedeutung, da sich dies in späteren Perioden und spätestens bei BetrAufg ausgleicht. S auch § 2 Rn 49c.

41 Zur Einbeziehung der Erfolgsprognose bei unentgeltlicher Gesamt-[7] und Einzelrechtsnachfolge s § 2 Rn 49b, 54, 76.

42 Soweit der StPfl verschiedene, voneinander abgrenzbare Tätigkeiten verfolgt (**Segmentierung**), ist für jeden Tätigkeitsbereich gesondert zu entscheiden, ob er mit Gewinnerzielungsabsicht tätig wird. Aufwendungen für die Lebensführung können nicht dadurch zu betrieblich veranlassten Aufwendungen werden, dass sie äußerlich mit gewinnbringenden gewerblichen Tätigkeiten zusammengefasst werden (§ 2 Rn 50a). Es bleibt dann dabei, dass derartige „Verluste" mangels betrieblicher Veranlassung schon nicht in den **horizontalen Verlustausgleich** innerhalb der Einkünfte aus GewBetr einbezogen werden dürfen.[8] Dies gilt auch bei PersGes.[9] Allerdings muss eine Segmentierung möglich sein.[10] Soweit Tätigkeiten miteinander verzahnt sind, sich gegenseitig bedingen und in einem Förder- und Sachzusammenhang stehen, dürfen sie nicht in gewinnbringende zu berücksichtigende Bereiche und auszuschließende verlustbringende Bereiche separiert werden. Insoweit kann auch eine einkünfteartenübergreifende Betrachtung geboten sein (§ 2 Rn 51).[11]

43 Das Fehlen oder Vorhandensein der Gewinnerzielungsabsicht kann nur aufgrund **objektiver äußerer Umstände** beurteilt werden, nicht aufgrund von Absichtserklärungen des StPfl. Maßgebend ist dabei, wie sich die Verhältnisse aus der Sicht des StPfl bei einer an objektiven Gegebenheiten orientierten Erfolgsprognose darstellten.[12] Dabei können einzelne Umstände den Anschein für eine Tätigkeit außerhalb der Gewinneinkunftsarten begründen (nach Ansicht der Rspr ein **Anscheinsbe-**

---

1 Vgl aber BFH BStBl II 04, 455 (in der Vergangenheit erzielte Gewinne ohne Bedeutung bei erst späterem Wegfall der Gewinnerzielungsabsicht, etwa gegen Ende der Berufstätigkeit).
2 BFH/NV 99, 1003; BFH/NV 97, 408.
3 BFH BStBl II 03, 282.
4 BFH BStBl II 97, 202 mwN.
5 *Groh* DB 84, 2424.
6 Zur Problematik bei zeitlich begrenzter Vermietung s § 21 Rn 27 sowie BFH BStBl II 03, 580 und 695.
7 Vgl BFH BStBl II 00, 674 (Generationenbetrieb LuF).
8 BFH BStBl II 95, 718 (Tanzschule und Getränkeverkauf); BStBl II 91, 129; BFH/NV 99, 1081 (Segelyacht); BStBl II 86, 293 (Pferdehaltung bei LuF); BStBl II 91,
452 (LuF); BStBl II 91, 625 (Schlachttierhaltung bei Fleischfabrik).
9 BFH BStBl II 97, 202 (Hubschraubervermietung im Rahmen BetrAufsp).
10 Verneint von BFHE 204, 21 für Motorsportverein mit teils gewinnbringenden, teils verlustbringenden Veranstaltungen gleicher Art.
11 BFH BStBl II 03, 602 (nichtselbständige und selbständige Arbeit eines Künstlers – abwegig allerdings die Ausführungen des BFH zu den Besonderheiten des Künstlerberufes mit angeblich fehlender planmäßiger Betriebsführung und Kalkulation).
12 BFH BStBl II 97, 202.

weis,[1] der jedoch vom StPfl widerlegt werden kann[2]). Bei einem **neu gegründeten GewBetr** soll der – vom FA entkräftbare – Beweis des ersten Anscheins für eine Gewinnabsicht[3] sprechen. **Verluste in der Anlaufphase** entkräften diesen Anscheinsbeweis nicht, wenn der StPfl auf die Verluste reagiert und den Betrieb umstrukturiert oder einstellt.[4] Die Anlaufphase soll, von Ausnahmefällen erkennbarer Führung eines verlustbringenden Betriebes zur Befriedigung persönlicher Bedürfnisse (Freizeitgesteltung, Hobby) abgesehen, zumindest mit 5 Jahren anzunehmen sein.[5] Führt der StPfl dagegen die verlustbringende Tätigkeit unverändert fort, ist dies ein Beweisanzeichen dafür, dass er die Tätigkeit aus persönlichen, im Bereich der Lebensführung liegenden Gründen ausübt.[6] Steht aufgrund der Entwicklung eindeutig fest, dass der Betrieb, so wie ihn der StPfl betrieben hat, **von vornherein keine nachhaltigen Gewinne** abwerfen konnte, sind auch Verluste in der Anlaufphase ein Indiz für fehlende Gewinnabsicht, selbst wenn der StPfl den Betrieb aufgrund der Verluste später einstellt.[7] Dasselbe gilt bei einer Erweiterung des bestehenden GewBetr um eine zusätzliche Tätigkeit.[8] Bei Verlustgesellschaften (dazu Rn 46) soll umgekehrt der – vom StPfl widerlegbare – Anscheinsbeweis für eine fehlende Gewinnerzielungsabsicht sprechen.[9]

Grds sollen allerdings auch langfristige **Verluste allein nicht** ausreichen, um einen für Gewinnabsicht sprechenden Anscheinsbeweis zu entkräften. Es müssten vielmehr **weitere Umstände** hinzukommen, welche auf eine Ausübung der verlustbringenden **Tätigkeit** aus persönlichen, die **Lebensführung betr Gründen (sog Liebhaberei)** hinweisen. Als solche Umstände sind ua angesehen worden, dass vermietete Gegenstände der Freizeitgestaltung (Motorboot, Segelyacht, Wohnmobil usw) dienen, ein verlustbringender Betrieb aus Gründen der Familientradition[10] oder aus Altersstarrsinn[11] fortgeführt wird, eine Tätigkeit nur nebenberuflich ausgeübt wird und der StPfl aufgrund hoher anderer Einkünfte Verluste finanziell tragen kann.[12] Ist ein Betrieb nach der Art der Tätigkeit objektiv geeignet, einen Totalgewinn zu erwirtschaften und spricht die Art der Tätigkeit nicht für eine die Lebensführung berührende Tätigkeit, so sollen auch längerfristige Verluste nicht die Annahme begründen, dass es sich um eine Tätigkeit außerhalb der Einkunftsarten handelt.[13] Dem ist insoweit zu folgen, als vorrangig zu untersuchen ist, ob die geltend gemachten Aufwendungen überhaupt als BA zu berücksichtigen sind oder nicht mangels betrieblicher Veranlassung § 4 IV oder nach § 12 Nr 1 S 2 oder § 4 V vom BA-Abzug ausgeschlossen sind.[14] Kommt dies aber nicht infrage, so begründet entgegen BFH aaO auch eine langjährige subj schlechte Betriebsführung, die nur wegen anderweitig hoher positiver Einkünfte aufrechterhalten werden kann und aufrechterhalten wird, die fehlende Gewinnerzielungsabsicht, ohne dass noch zusätzliche private Motive (und vor allem eine spekulative Motivforschung!) hinzutreten müssten.[15]

44

Änderungen hinsichtlich der Gewinnerzielungsabsicht sind ab ihrem – aus den äußeren Umständen ableitbaren – Eintritt zu berücksichtigen. Wird eine zunächst ohne Gewinnerzielungsabsicht ausgeübte Tätigkeit später mit Gewinnerzielungsabsicht fortgesetzt, so stellt dies die **Eröffnung eines GewBetr** dar. Daher sind danach erzielte Gewinne (und Verluste) zu berücksichtigen, auch wenn vorherige „Verluste" als Kosten der Lebensführung nicht zu berücksichtigen waren.[16] Umgekehrt sind bis zum Wegfall der Gewinnerzielungsabsicht angefallene Verluste zu berücksichtigen, ebenso

45

---

1 Krit zu Recht gegenüber den Begriffen Anscheins- und Indizienbeweis in diesem Zusammenhang *Weber-Grellet* DStR 98, 873; bei im Grundsatz aber *Anzinger* Anscheinsbeweis und tatsächliche Vermutung, Diss Darmstadt 2005, § 12 A; richtigerweise geht es um Rechtsanwendung und Subsumtion bei feststehendem Sachverhalt.
2 StRspr zB BFH GrS BStBl II 84, 751; BFH BStBl II 97, 202; BFH/NV 99, 1081.
3 BFH BStBl II 97, 202 mwN; BFH BStBl II 97, 668.
4 BFH/NV 03, 1298 (aber keine Anlaufphase bei Einbringung eines Verlustbetriebes nach § 24 UmwStG); BFH BStBl II 85, 205; BStBl II 90, 278; BStBl II 95, 722.
5 BFH BStBl II 07, 874.
6 BFH BStBl II 00, 227; BFH/NV 99, 1081.
7 BFH BStBl II 83, 2; BStBl II 85, 205; BStBl II 88, 10; BFH/NV 90, 768; BStBl II 97, 202; BFH/NV 99, 168.
8 BFH/NV 99, 1081.
9 BFH BStBl II 96, 219.
10 BFH BStBl II 03, 804 (Weingut).
11 BFH BStBl II 03, 85 (Architekt).
12 BFH/NV 99, 1081 mwN; BFH BStBl II 88, 10; BFH/NV 90, 768; BStBl II 89; BStBl II 03, 85 (Architekt); **aA** möglicherweise BStBl II 89, 663 zur Ausgleichsmöglichkeit wegen anderweitig hoher Einkünfte.
13 BFH BStBl II 04, 1063 (Einzelhändler Boote und Bootszubehör); BFH BStBl II 03, 85 (Architekt); BStBl II 02, 276 (Steuerberater); BStBl II 98, 663 (RA) unter Hinweis auf BStBl II 86, 289 (Getränkehandel).
14 BFH BStBl II 03, 282.
15 Vgl auch *Theissen* StuW 99, 255; *Keune* KFR 99, 15; *Rößler* DStZ 99, 338; iErg ebenso, aber haarspalterisch BFH BStBl II 03, 85; abl jedenfalls für „echte Verluste" BFH BStBl II 04, 1063 und BFH/NV 07, 1492 (gewerbliche Ferienwohnung).
16 Vgl BFH BStBl II 91, 564 (zu Verlust-Ges).

wie Verluste in der Abwicklungsphase.[1] Nach Auffassung der Rspr soll der durch Wegfall der Gewinnerzielungsabsicht eintretende **Strukturwandel** nicht zur Aufgabe des GewBetr nach § 16 führen, sondern zu **„eingefrorenem BV"** (s § 16 Rn 313).[2]

46 **Verlustzuweisungsgesellschaften** unterhalten **keinen GewBetr**. Die Absicht, den G'tern **Steuervorteile durch Verlustzuweisungen** zu verschaffen, begründet keine Gewinnerzielungsabsicht. Dies stellt das Gesetz in § 15 II 2 nunmehr ausdrücklich allg klar.[3] Von einer typischen Verlustzuweisungsgesellschaft ist nach der Rspr insbes auszugehen, wenn a) die Ges nicht über ausreichendes Eigenkapital verfügt, um die beabsichtigte wirtschaftliche Tätigkeit zu finanzieren und b) sich dieses Kapital über eine Vielzahl von Anlegern beschafft und c) sich hierzu die Rechtsform einer GmbH und Co KG oder einer atypisch stillen Ges wählt, sowie d) und das erforderliche Kapital zu einem Großteil fremdfinanziert, um Verlustzuweisungen von mehr als 100 % zu erreichen.[4] Für Verlustzuweisungsgesellschaft wird – widerleglich – vermutet, dass sie zumindest anfänglich keine Gewinnerzielungsabsicht haben. Soweit diese Vermutung widerlegt wird,[5] ist zusätzlich – wie allg – bei PersGes auch noch zu prüfen, ob auf der Ebene des G'ters Gewinnerzielungsabsicht vorliegt. Ist dies zu verneinen, sind ihm mangels MU'schaft keine Verlustanteile zuzurechnen.[6]

47 Verlustzuweisungsgesellschaft sind nur ein besonders wichtiger Anwendungsfall fehlender Gewinnerzielungsabsicht aus anderen Gründen als der Aufwendungen für die Lebensführung, nämlich zur Erzielung einer (einkommensteuerlich irrelevanten) **Vermögensmehrung nach Steuern**. Hier ist es zumindest sprachlich missglückt, von „Liebhaberei" zu sprechen. Rechtlich ist die Unterscheidung insoweit von Bedeutung als es hier genügt, festzustellen, dass „Verluste" erstrebt wurden, um nach Steuern eine Vermögensmehrung zu erzielen. Der Feststellung zusätzlicher auf Aufwendungen für die Lebensführung hindeutender Umstände bedarf es nicht[7] mehr. Der hauptsächliche Anwendungsbereich liegt insoweit allerdings eher bei den Überschusseinkunftsarten, insbes bei den Einkünften aus VuV,[8] weil im Bereich der Gewinneinkünfte Vermögensmehrungen im BV erfasst werden. Hier kommen **„Gewinne durch Steuerminderung"** regelmäßig nur bei befristeter Beteiligung an Ges während einer Verlustphase[9] oder bei Verlustgesellschaft[10] in Betracht.

48 Zum Verhältnis „Liebhaberei" und § 2b (s § 2b Rn 2, 15) und § 15b (§ 15b Rn 12).

49 **Gewinnerzielungsabsicht** ist ua in folgenden **Einzelfällen bejaht** worden: Druckerei (BFH/NV 91, 364); Erfinder (BFH BStBl II 85, 424); Fußballtrainer (BFH/NV 94, 93); Gästehaus (BFH BStBl II 85, 455); GWG für Rechtsnachfolger (BFH/NV 99, 1336); Kunstmaler (BFH/NV 89, 696); RA (BFH BStBl II 98, 663); Reitschule und Pferdeverleih (BFH BStBl II 85, 205 und BStBl II 86, 293); Trabergestüt (BFH/NV 89, 692); Trabrennstall (BFH/NV 91, 333); Vermietung Tennishalle (BFH/NV 95, 866).

50 Hingegen ist ua in folgenden **Einzelfällen Gewinnerzielungsabsicht verneint** worden: Automatenaufsteller (BFH/NV 93, 745); Farm in Paraguay (BFH/NV 99, 757 und BFH/NV 98, 950); Film KG (BFH/NV 88, 627); Gebrauchtwagenhandel (BFH/NV 99, 1204); Gestüt, Pferdezucht (BFH BStBl II 00, 227); Getränkegroßhandel, langjährige Verluste (BFH BStBl II 86, 289); Kraftwerksbetrieb (BFH/NV 97, 571); Motorboot, Vermietung (BFH/NV 99, 1081); Motorsegler, Vercharterung (BFH/NV 88, 300); Schriftstellerei eines RA (BFH BStBl II 85, 515); Segelyacht, Vermietung (BFH/NV 90, 768); Weingut (BFH BStBl II 03, 804; BFH/NV 97, 668); Wohnmobil, Vermietung (FG Brem EFG 98, 281).

---

1 Vgl BFH BStBl II 02, 809 (zu Schuldzinsen nach Übergang zu Liebhabereibetrieb).
2 BFH BStBl II 02, 809; BStBl II 93, 430; s auch § 8 VO zu § 180 AO – Feststellung der stillen Reserven; krit zu Recht *Wendt* FR 98, 264; *K/S/M* § 16 Rn F 41.
3 Im Anschluss an BFH GrS BStBl II 84, 751 unter Aufgabe der sog Baupaten-Rspr BStBl II 72, 700.
4 BFH BStBl II 96, 219; BStBl II 91, 564; BStBl II 92, 328; vgl auch BFH BStBl II 01, 789 (zu VuV – Immobilienfonds).
5 Vgl dazu für Filmfonds BMF BStBl I 01, 175 (realistische Erlösprognose anhand Lizenzverträgen).
6 BFH/NV 99, 1336.
7 BFH BStBl II 03, 580; BStBl II 96, 219, ebenso BFH/NV 99, 75 mwN (Steuerersparnis als Lebensführung betrachtend).
8 Vgl dazu ua BFH BStBl II 03, 580; BStBl II 98, 771 und BMF BStBl I 98, 1444 (generelle Vermutung für Einkünfteerzielungsabsicht bei VuV), anders aber bei befristeten Mietkaufmodellen, BStBl II 95, 116; BStBl II 95, 778; BStBl II 99, 468 (Immobilienfonds), bei auch selbst genutzten Ferienwohnungen BStBl II 99, 668; BStBl II 92, 23; BStBl II 97, 42, oder sonst auch nur bedingter kurzfristiger Verkaufsabsicht, BStBl II 93, 658; BFH/NV 94, 301; vgl auch BMF BStBl II 04, 933.
9 BFH/NV 99, 1336; BFH BStBl II 93, 538; vgl auch BFH BStBl II 03, 282 (zur Fortführung eines verlustbringenden Einzelunternehmens bis zur Schuldentilgung).
10 BFH BStBl II 04, 1063.

3. Negative Abgrenzungsmerkmale. Die positiven Tatbestandsmerkmale des GewBetr (Selbstständigkeit, Nachhaltigkeit, Teilnahme am allg wirtschaftlichen Verkehr und Gewinnerzielungsabsicht) grenzen die gewerblichen Einkünfte nicht ausreichend gegenüber anderen Einkunftsarten ab. Sie erfüllen mit Ausnahme des Merkmals der Selbstständigkeit (Abgrenzung zu den Einkünften aus nicht- selbstständiger Arbeit) primär die Funktion der Abgrenzung zu nicht einkommensteuerbaren Vorgängen der bloßen Vermögensebene. Bei den übrigen **Unternehmenseinkünften (Gewinneinkunftsarten § 2 II 1)** muss übereinstimmend ebenfalls eine selbstständige nachhaltige Betätigung unter Teilnahme am allg wirtschaftlichen Verkehr ausgeübt werden. Daher erfolgt hier die Abgrenzung zum GewBetr negativ dadurch, dass die Einkünfte aus LuF nach § 13 und aus selbstständiger Arbeit nach § 18 ausdrücklich aus dem GewBetr-Begriff ausgeklammert werden. Bejahendenfalls ergibt sich dann als negative Folge, dass kein GewBetr vorliegt.

51

Für die Abgrenzung zu den übrigen (außer § 19) Überschusseinkunftsarten, § 2 II 2, enthält das Gesetz keine expliziten Abgrenzungsmerkmale. Auch bei den Einkünften aus KapVerm, § 20, und VuV, § 21, liegen **Nachhaltigkeit** und **Teilnahme am allg wirtschaftlichen Verkehr** sowie **Einkünfteerzielungsabsicht** vor. Gegenüber den Unternehmenseinkünften liegt allerdings ein eingeschränkter Umfang der Betätigung vor. Diese beschränkt sich hier auf die bloße entgeltliche Überlassung von Nutzungen eigenen Vermögens an Dritte. Daher müssen letztlich die Vermögenseinkünfte ebenfalls negativ aus dem GewBetr ausgenommen werden.

52

Vermögensumschichtungen (insbes Veräußerungen) des zur Erzielung von Vermögenseinkünften genutzten Vermögens führen nicht zu Vermögenseinkünften. Vorbehaltlich der Erfassung als Einkünfte aus privaten Veräußerungsgeschäften, § 22 Nr 2 iVm § 23, oder § 17, sind sie **nicht einkommensteuerbar**, es sei denn, die Vermögensumschichtungen erfüllen ihrerseits die Merkmale eines **GewBetr.** Nur für diese letztere Frage spielen dann allerdings die positiven Merkmale des GewBetr eine Rolle, weil es hier der Sache nach um die Abgrenzung der einkommensteuerlich relevanten Betätigung als Gewerbetreibender von der einkommensteuerlich irrelevanten Vermögensumschichtung im privaten Bereich geht und nicht nur um die Abgrenzung zu Vermögenseinkünften. Für diese Abgrenzung zum nicht steuerbaren Bereich kommt dann insbes den Merkmalen der **Nachhaltigkeit** und der **Teilnahme am allg wirtschaftlichen Verkehr** durch die Veräußerungsakte Bedeutung zu.

53

II. Abgrenzung gegenüber Land- und Forstwirtschaft (§ 13). LuF ist die **planmäßige Nutzung der Naturkräfte des Bodens und** die **Verwertung der** hierdurch gewonnenen pflanzlichen oder tierischen **Erzeugnisse** (§ 13 Rn 2). Ein LuF Betrieb (entspr GewBetr) liegt bei Erfüllung dieser Voraussetzungen nur vor, wenn die Nutzung und Verwertung aufgrund einer mit Gewinnerzielungsabsicht vorgenommenen selbstständigen nachhaltigen Betätigung unter Teilnahme am allg wirtschaftlichen Verkehr erfolgt. Wegen weiterer Einzelheiten s Ausführungen zu § 13.

54

Der **Abgrenzung zum GewBetr** kommt **einkommensteuerlich** wegen der Besonderheiten der Gewinnermittlung bei LuF besondere Bedeutung zu (dazu § 13 Rn 47f; 71–73; § 13a Rn 1). Vor allem aber hat sie Bedeutung, weil luf Betriebe nicht der **GewSt** unterliegen. Umgekehrt unterliegen nur Betriebe der LuF als solche der **GrSt.**

55

Die Abgrenzungsproblematik umfasst: (1) die generelle Begrenzung auf die Erzeugung von pflanzlichen und tierischen Produkten unter Ausnutzung der Naturkräfte des Bodens und ihre Verwertung **(Urproduktion)**; (2) die Einbeziehung landwirtschaftlicher **Nebenbetriebe** in die Einkünfte aus LuF; und (3) die spezielle Problematik der Abgrenzung von luf Tierzucht und Tierhaltung von **gewerblicher Tierhaltung und -zucht.**

56

Die Einkünfte aus LuF ergeben sich aus einer Tätigkeit der **Urproduktion.** Vorbehaltlich der Einkünfte aus sonstiger luf Nutzung (§ 13 Rn 12) setzt dies eine **bodenabhängige Produktion** voraus (s § 13 Rn 4 ff und 7 f). Dagegen führt der **Handel mit fremderzeugten luf Produkten** zu gewerblichen Einkünften. Die geringfügige **Weiterverarbeitung** (und Veräußerung) **luf Produkte** zum Zwecke der Vermarktung gehört als Nebenbetrieb noch zur luf Betätigung (§ 13 Rn 17). **Dienstleistungen und Nutzungsüberlassungen** (zB Maschinenvermietung, Fuhrbetrieb, Landschaftspflege, Ferienzimmer), begründen mangels Urproduktion keine luf Einkünfte[1], sondern führen grds zu gewerblichen Ein-

57

---

1 S aber BFH BStBl II 07, 516, BFH BStBl II 04, 512 (bei Einsatz auch im eigenen Betrieb dann GewBetr, wenn Umsatz aus Dienstleistungen absoluten Betrag von 51 500 € übersteigt oder Einsatz im eigenen Betrieb von untergeordneter Bedeutung, dh weniger als 10 %).

künften (§ 13 Rn 27). **Substanzausbeutungsbetriebe** (Gewinnung von vorhandenen Bodenbestandteilen[1]) gehören nach der ausdrücklichen Bestimmung des § 15 I Nr 1 S 2 zu den GewBetr, es sei denn es handele sich um luf Nebenbetriebe (§ 13 Rn 19).

58 Soweit danach (Rn 57) der StPfl neben einer originären Tätigkeit im Bereich der LuF (Urproduktion) auch weitere an sich gewerbliche Tätigkeiten entfaltet, kommt eine einheitliche Beurteilung als Einkünfte aus LuF nur in Betracht, wenn sich die weitere Tätigkeit als **luf Nebenbetrieb** (§ 13 Rn 15f) darstellt oder wenn die weitere Tätigkeit gegenüber dem luf Betrieb von wirtschaftlich geringer Bedeutung ist (**landwirtschaftliche Nebenleistung**).[2] Bei **gemischten Tätigkeiten** muss unterschieden werden zw: (a) Vorhandensein getrennter Betriebe (LuF und Gew), die getrennt zu behandeln sind (§ 13 Rn 25); (b) einem GewBetr mit (an sich luf) Nebenbetrieb, der einheitlich als GewBetr zu behandeln ist (§ 13 Rn 25, 15f); (c) einem luf Hauptbetrieb mit (an sich gew) Nebenbetrieb, der einheitlich als luf Betrieb zu behandeln ist; (d) luf Betrieb mit wirtschaftlich geringfügiger (an sich gewerblicher) Nebenleistung. Zu differenzieren ist zw: **(1) Absatzbetrieben** (§ 13 Rn 16, 26); **(2) Be- und Verarbeitungsbetrieben** (§ 13 Rn 17); **(3) Substanzausbeutebetrieben** (§ 13 Rn 19, 67); **(4) Dienstleistungen, Vermietungen** (§ 13 Rn 27).

59 Die **Abgrenzung zur gewerblichen Tierzucht und -haltung** erfolgt für die typischerweise in landwirtschaftlichen Betrieben gehaltenen Tiere (§ 13 Rn 7) anhand der Vieheinheiten – Grenzen[3] (§ 13 Rn 8–10). Das Züchten und Halten von nicht der menschlichen Ernährung dienenden Kleintieren ist immer gewerbliche Tätigkeit.[4]

60 **III. Abgrenzung gegenüber selbstständiger Arbeit (§ 18).** Ein **GewBetr liegt nicht vor**, wenn die selbstständige nachhaltige mit Gewinnerzielungsabsicht unter Teilnahme am allg Verkehr erfolgte Betätigung sich als **Ausübung eines freien Berufes oder als andere selbstständige Arbeit** darstellt, § 15 II 1. Aus der Sicht des § 18 muss eine die positiven Merkmale des § 15 II erfüllende Betätigung zusätzlich die Merkmale des § 18 I erfüllen, um zu Einkünften aus § 18 zu führen (§ 18 Rn 65), aus der Sicht des § 15 II scheiden dann **(negatives Tatbestandsmerkmal)** gewerbliche Einkünfte aus.

61 Im Einzelnen kommen daher gewerbliche Einkünfte nicht in Betracht: – **(1)** bei der Ausübung **wissenschaftlicher** (§ 18 Rn 69), **künstlerischer** (§ 18 Rn 73), **schriftstellerischer** (§ 18 Rn 77), **unterrichtender** (§ 18 Rn 80) **und erzieherischer Tätigkeit** (§ 18 Rn 85), § 18 I Nr 1 S 2; **(2)** bei der Berufstätigkeit innerhalb der **Katalogberufe** (Heilberufe, § 18 Rn 88, Rechts- und Wirtschaftsberatung, § 18 Rn 95, Technische Berufe § 18 Rn 108, und Medienberufe, § 18 Rn 120), § 18 I Nr 1 S 2; **(3)** bei Ausübung eines den Katalogberufen **ähnlichen Berufes** (§ 18 Rn 124), § 18 I Nr 1 S 2 letzte Alt und **(4)** bei **sonstiger selbstständiger Arbeit** (§ 18 Rn 150), § 18 I Nr 3.

62 Die wesentliche **Bedeutung der negativen Ausgrenzung** der Einkünfte aus selbstständiger Arbeit aus den Einkünften aus GewBetr liegt darin, dass **keine GewSt** anfällt.

63 Eine Qualifizierung als **gewerbliche Einkünfte** statt Einkünfte aus selbstständiger Arbeit kann in Betracht kommen, weil a) die **persönlichen Voraussetzungen (Berufsqualifikation)** beim StPfl **fehlen**, b) die Tätigkeit **nicht** die **charakteristischen Merkmale eines freien Berufes** aufweist, insbes **kein ähnlicher Beruf** vorliegt, c) keine **leitende und eigenverantwortliche Tätigkeit** ausgeübt wird, d) eine untrennbare **gemischte Tätigkeit** ausgeübt wird.

64 Die freiberufliche Tätigkeit ist – zumindest nach der Vorstellung des historischen Gesetzgebers (§ 18 Rn 2) – durch persönlichen Arbeitseinsatz des Freiberuflers (im Gegensatz zum Einsatz von Kapital und Einsatz abhängiger ArbN) gekennzeichnet. Hinzukommen können bei bestimmten Katalogberufen (ua Heilberufe, Rechtsberatung) **Ausbildungs- und Zulassungsvoraussetzungen.** Fehlt dem StPfl diese **persönliche Berufsqualifikation,** liegen gewerbliche Einkünfte vor.[5] Daher liegen bei

---

1 Zur Behandlung der „Einlage eines Bodenschatzes" vgl Vorlagebeschluss BFH GrS BStBl II 07, 508 (Einlage mit dem Teilwert, aber keine Absetzungen für Substanzverringerung).
2 BFH BStBl II 04, 512 (Umsatzgrenzen entspr R 15.5 IX EStR als zutr materiellrechtliche Typisierungen!); vgl auch BFH BStBl III 57, 26 (Wettbewerbsverzerrungen dürfen nicht zu befürchten sein).
3 Zu Tierzucht und -haltung im Ausland vgl BFH BStBl II 04, 742.
4 BFH BStBl II 05, 347.
5 Vgl BFH BStBl II 03, 721 (Sprachheilpädagogin); BStBl II 03, 21 (Fußpfleger/Heilpraktiker – Ausführungen zur Verfassungsmäßigkeit der GewSt); BStBl II 04, 509 (Krankenpfleger); BFH/NV 04, 783 (Krankenpfleger).

Fortführung einer freiberuflichen Praxis durch den oder die **Erben** gewerbliche Einkünfte vor,[1] wenn der oder die Erben nicht die Berufsqualifikation besitzen. Dies gilt auch, wenn treuhänderisch für eine Übergangszeit ein Vertreter bestellt ist[2] (§ 18 Rn 50, 145) oder im Falle einer Verpachtung durch den Erben bis zur Erlangung der Berufsqualifikation.[3] Bei **PersGes** mit an sich freiberuflicher Tätigkeit führt die **Beteiligung von G'tern ohne Berufsqualifikation**, namentlich von KapGes,[4] insgesamt zu gewerblichen Einkünften aller MU'er (§ 18 Rn 34).[5] Entsprechendes gilt bei Fortführung durch eine **Erbengemeinschaft**.

Soweit bestimmte Tätigkeiten – wissenschaftlich, künstlerisch[6] usw – oder die Katalogtätigkeiten als freiberuflich gekennzeichnet werden, führen nur die für diese **Tätigkeit typischen Leistungen**[7] (dazu jeweils bei § 18) zu freiberuflichen Einkünften, nicht auch außerhalb dieser liegende Leistungen des StPfl (§ 18 Rn 65). Eine Quelle der Auseinandersetzung ergibt sich aus der Frage, wann ein den **Katalogberufen ähnlicher Beruf** vorliegt. Dieser muss hinsichtlich der **für den einzelnen Katalogberuf charakteristischen Merkmale ähnlich** sein, nämlich bzgl Art der Tätigkeit, Ausbildungs- und Zulassungsvoraussetzungen.[8] Entsprechendes gilt für die Gruppenähnlichkeit zu den Einkünften aus auf die Vermögensverwaltung gerichteten Tätigkeiten in § 18 I 3.[9] **65**

Zur Bedeutung der **qualifizierten eigenverantwortlichen Leitung**[10] s § 18 Rn 138 f. **66**

Bei **gemischten Tätigkeiten**, dh teils gewerblicher Tätigkeit, teils freiberuflicher Tätigkeit ist zu differenzieren: **(a)** Es liegen **nebeneinander gewerbliche Einkünfte und freiberufliche Einkünfte** vor, wenn zw den Tätigkeiten entweder schon keinerlei Zusammenhang besteht oder wenn die Tätigkeiten sich trotz sachlichem und wirtschaftlichem Zusammenhang trennen lassen. Dann ist von einem von der freiberuflichen Tätigkeit getrennten GewBetr auszugehen, für den der Gewinn gesondert zu ermitteln ist, ggf im Wege der Schätzung.[11] Dies ist insbes der Fall, wenn ein Freiberufler neben berufstypischen Leistungen weitere Leistungen erbringt, die außerhalb der die freiberufliche Tätigkeit charakterisierenden Leistungen liegen, zB Handel mit Waren, Darlehensgewährungen, andere Geldgeschäfte, Treuhändertätigkeit bei Bauherrengemeinschaften.[12] Von einer Trennbarkeit ist prinzipiell auszugehen; **(b)** Es liegt ein **einheitlicher GewBetr** vor, wenn die isoliert gesehenen gewerblichen und freiberuflichen Tätigkeiten so miteinander verflochten sind, dass sie nach der Verkehrsauffassung als einheitliche Tätigkeit erscheinen, und wenn die **gewerbliche Tätigkeit** der einheitlichen Tätigkeit das **Gepräge** gibt;[13] **(c)** Es liegen **einheitlich Einkünfte aus selbstständiger Arbeit** vor, wenn bei nach der Verkehrsauffassung einheitlicher Tätigkeit wie unter (b) die **freibe- 67**

---

1 BFH BStBl II 94, 922; BStBl II 93, 716; BMF BStBl I 93, 62; anders nur für nachträgliche Einkünfte BFH BStBl II 93, 716.
2 BFH BStBl II 81, 865; vgl aber BStBl III 63, 189.
3 BFH BStBl II 93, 36.
4 BFH BStBl II 04, 303 mwN.
5 BFH BStBl II 87, 124; BFH/NV 97, 751; vgl aber BFH BStBl II 01, 241 (Zusammenschluss unterschiedlicher freier Berufsangehöriger); aA *Lang* FS Schmidt, 1993, S 297; *Korn* DStR 95, 1249; *Pinkernell* Einkünfterechnung bei Personengesellschaften, S 172 f; *Bodden* Einkünftequalifikation bei Mitunternehmern, S 57 f.
6 Dazu BFH BStBl II 05, 362 (für Restaurator grds verneint); BFH BStBl II 06, 709 (Graphikdesigner für Gebrauchswerbung verneint).
7 BFH BStBl II 07, 266 (verneint für Wirtschaftsprüfer als Treuhänder für Immobilienfondskommanditisten); vgl aber BFH BStBl II 07, 118 (Bauleitertätigkeit eines Wirtschaftsingenieurs (Dipl Ing Ökonom) – erfolgreich abgeschlossene Ausbildung und Betätigung auf einem Hauptbereich des Katalogberufes reicht aus).
8 Vgl BFH BStBl II 07, 519 (Umweltauditorin/klinischer Handelschemiker); BFH BStBl II 07, 177 und BStBl II 04, 954 (zu Heilberufen); BFH BStBl II 04, 989 (EDV – Anwendungssoftwareentwicklung); BStBl II 03, 761 (Datenschutzbeauftragter); BStBl II 03, 27 (beratender Betriebswirt/Umweltmarketing); BStBl II 03, 25 (Personalberater); BStBl II 02, 565 (Flugzeugführer/Ingenieur); BStBl II 90, 64 (Ausbildung und Berufsausübung); BStBl II 91, 769 (Autodidakt); BStBl II 93, 100 (Autodidakt); BStBl II 91, 878 (Ingenieur); BStBl II 99, 167 (Spielervermittler); vgl auch BMF BStBl I 04, 1030.
9 Vgl insoweit BFH BStBl II 05, 288 (persönlicher Betreuer gem §§ 1896f BGB) und BFH BStBl II 04, 509 (häusliche Pflege).
10 Vgl auch BFH BStBl II 02, 581 u BMF BStBl I 03, 170 (Laborarzt – keine absoluten Grenzen für Mitarbeiterzahl); BFH BStBl II 02, 202 (RA/Insolvenzverwalter – Vervielfältigungstheorie für § 18 I 3 weiterhin); BStBl II 04, 509 (Krankenpfleger); BFH/NV 04, 783 (Krankenpfleger).
11 BFH BStBl II 04, 363 (Arzt mit gewerblicher Klinik); BStBl II 92, 353; BStBl II 92, 413; BStBl II 94, 650.
12 BFH BStBl II 03, 25 (Personalvermittlung/Mitarbeiterschulung); BStBl II 90, 534 (Treuhänder); BStBl II 84, 129 (Kapitalanlagen); BStBl II 85, 15 (Vermittlung Möbelverkauf); BStBl II 79, 574 (Medikamentenverkauf).
13 BFH/NV 88, 737 (Lizenzvergabe); BFH BStBl II 72, 291 (Veräußerung schlüsselfertiger Häuser); BStBl II 95, 732 (Laboratoriumsarzt); BStBl II 97, 567 (Computerhardwareveräußerung, falls nicht ausnahmsweise nur dienend).

Reiß

rufliche Tätigkeit das **Gepräge** gibt (§ 18 Rn 30, 31, 33).[1] Eine enge Verflechtung liegt insbes vor, wenn ein einheitlicher Erfolg gegenüber einem Auftraggeber geschuldet wird und die dazu erforderliche Gesamttätigkeit sich aus einer Vielzahl einzelner Leistungselemente zusammensetzt.[2] Eine gewerbliche Prägung ist immer dann anzunehmen, wenn es sich – unabhängig von den Anteilen an der Tätigkeit oder dem Umsatz – um der jeweiligen freiberuflichen Tätigkeit wesensfremde Leistungen handelt und die gewerblichen Leistungselemente nicht lediglich notwendigen Hilfscharakter haben.[3]

68 Bei **PersGes** führen – im Unterschied zum Einzelunternehmer – wegen der **Abfärbewirkung** nach § 15 III Nr 1 (s Rn 140f) auch **trennbare gemischte Tätigkeiten** insgesamt einheitlich zu Einkünften aus GewBetr (§ 18 Rn 35).[4] Dies gilt auch für stille Ges bei Beteiligung des Stillen sowohl an freiberuflichen als auch gewerblichen Einkünften.[5] Liegt eine einheitlich zu beurteilende gemischte Tätigkeit mit freiberuflichem Gepräge vor, verbleibt es auch bei einer PersGes bei freiberuflichen Einkünften der G'ter[6].

IV. Abgrenzung gegenüber Vermögensverwaltung (§§ 20, 21). – 1. Vermietung und Verpachtung.
69 Die **Vermietung** oder Verpachtung von unbeweglichem Vermögen, insbes **Grundstücken**, begründet für sich allein keinen GewBetr, sofern nicht weitere Sonderleistungen oder andere Umstände hinzutreten, die der Tätigkeit einen gewerblichen Charakter geben.[7] Dies folgt bereits aus § 21 und wird unterstützt durch § 14 AO.

70 Im Vordergrund muss dabei die entgeltliche **Nutzungsüberlassung des Grundstückes** oder Grundstücksteiles stehen. Auf die Dauer und Eigentumsverhältnisse (Untervermietung) kommt es grds nicht an. Auch wenn für die Verwaltung vermieteten umfangreichen Grundbesitzes ein „in kfm Weise eingerichteter Geschäftsbetrieb" erforderlich ist, verbleibt es bei Einkünften aus VuV.[8] Dies gilt auch bei Vermietung durch eine OHG oder KG gem § 105 II HGB iVm § 2 HGB, falls diese daneben keine eigenständige gewerbliche Tätigkeit entfaltet, § 15 III 1. In den Rahmen der privaten Vermögensverwaltung fallen die Vermietung von unbebauten Grundstücksflächen (zB für Verkaufsstände,[9] Abstellplätze Kfz) und von Gebäuden bzw Gebäudeteilen (Wohnungen, Geschäftsräume, Garagen). Bei der Überlassung von Wohnräumen führt auch eingeschlossene Gebrauchsüberlassung von Möbeln sowie die Erbringung üblicher untergeordneter Nebenleistungen (Reinigung, Frühstück) noch nicht zu einer gewerblichen Tätigkeit (**möblierte Zimmer, Ferienzimmer,**[10] Ferienwohnungen[11]).

71 Der Rahmen privater Vermögensverwaltung wird jedoch überschritten, wenn die Gebrauchsüberlassung der Grundstücksfläche sich als einheitlicher Teil einer über sie hinausgehenden Gesamtleistung darstellt[12] oder wenn zu ihr erhebliche weitere Sonderleistungen[13] hinzutreten oder wenn wegen des häufigen Wechsels bei kurzfristiger Überlassung eine besondere Organisation vorgehalten wird.[14] GewBetr ist danach nicht nur das Betreiben eines Hotels, das Betreiben einer Fremdenpension und eines Wohnheimes und Asylheimes,[15] sondern auch die Vermietung von **Ferienwohnungen**, soweit die Wohnung in einer Ferienwohnanlage zusammen mit anderen hotelmäßig professionell angeboten wird oder soweit, insbes bei mehreren Ferienwohnungen, Zusatzleistungen – auch über einen Geschäftsbesorger – erbracht werden, die nicht mehr im Haushalt des StPfl miterledigt werden können, sondern eine eigene unternehmerische Organisation verlangen.[16]

72 Die **Vermietung einzelner beweglicher Sachen** (zB Wohnmobile, Boote) führt grds zu Einkünften aus sonstigen Leistungen nach § 22 Nr 3,[17] sofern nicht Liebhaberei vorliegt. Auch hier wird jedoch der Rahmen privater Vermögensverwaltung überschritten, wenn erhebliche Zusatzleistungen

---

1 BFH BStBl II 90, 17 (Geldgeschäfte als Hilfsgeschäfte); BStBl II 80, 571 (Darlehensgewährung zur Honorarsicherung); nach BFH BStBl II 05, 362 soll der StPfl die Feststellungslast dafür tragen, dass sich eine freiberufliche Prägung nicht feststellen lässt; mE unzutr.
2 BFH BStBl II 99, 215 (Software-Lernprogramm).
3 BFH BStBl II 97, 567.
4 BFH BStBl II 2002, 202 (RA, Insolvenzverwaltung, Vervielfältigung); BStBl II 97, 567; BStBl II 98, 258.
5 BFH BStBl II 95, 171.
6 Vgl auch *Kempermann* FR 07, 577.
7 BFH BStBl II 97, 247 mwN.
8 BFH BStBl III 64, 364.
9 BFH BStBl III 64, 367.
10 BFH BStBl II 85, 211; vgl auch R 135 (12) EStR.
11 BFH/NV 05, 1040; BFH BStBl 97 II, 247.
12 BFH BStBl II 89, 211 (Tennisplätze); BStBl II 03, 520 und BStBl II 88, 1001 (bewachter Parkplatz); BStBl II 83, 80 (Campingplatz); R 15.7 II EStR (2) (Messestände).
13 BFH/NV 89, 44 (Zimmervermietung an Dirnen gewerbsmäßig).
14 BFH BStBl II 99, 619 mwN.
15 BFH v 30.9.03 – IV B 29/02, BFH/NV 04, 330 mwN; BFH BStBl II 84, 722 u BStBl II 83, 80.
16 BFH/NV 04, 945; BFH/NV 03, 1425; BFH BStBl II 99, 617; BStBl II 97, 247.
17 R 15.7 (3) EStR; BFH BStBl II 98, 778.

erbracht werden oder eine unternehmerische Organisation vorgehalten wird.[1] Werden nachhaltig mehrere bewegliche Gegenstände an wechselnde Nutzer „vermietet" (Ruderbootverleih, Autoverleih usw) liegt schon wegen der erforderlichen Organisation gewerbliche Tätigkeit vor. Werden Vermietung und nachhaltige kurzfristige Veräußerungen miteinander aufgrund eines einheitlichen Geschäftskonzeptes untrennbar verwoben, namentlich weil nur unter Einbeziehung von Veräußerungserfolgen überhaupt ein positives Ergebnis erzielbar wird, liegt ein einheitlicher GewBetr vor.[2] Allein daraus, dass vermietete bewegliche Wirtschaftsgüter bereits vor Ablauf der gewöhnlichen oder tatsächlichen Nutzungsdauer gegen neue, funktionstüchtigere Wirtschaftsgüter ausgetauscht werden, ergibt sich aber noch nicht eine gewerbliche Tätigkeit[3].

Die Entwicklung und Veräußerung von **Patenten und Urheberrechten** fällt grds unter die gewerblichen oder freiberuflichen Einkünfte.[4] Dazu gehören auch die aus der (zeitlich begrenzten) Lizenzvergabe entstehenden Einkünfte, auch soweit iÜ der Betrieb eingestellt wird.[5] Einkünfte aus VuV nach § 21 I 3 kommen insoweit nur für erworbene und weitervermietete Rechte in Betracht.[6] **73**

2. Betriebsverpachtung. Die **Verpachtung eines Betriebes** stellt als solche keine gewerbliche Tätigkeit dar. Sie fällt unter die Einkünfte aus VuV, soweit Grundstücke und das übrige Anlagevermögen vermietet werden, § 21 I Nr 1 und 2. Wird auch ein Geschäftswert mit verpachtet, führt dies jedoch zu gewerblichen Einkünften.[7] Allerdings wird dem früheren Gewerbetreibenden[8] (und seinem unentgeltlichen Rechtsnachfolger)[9] ein Wahlrecht gewährt, die **Betriebsverpachtung nicht als BetrAufg** zu behandeln. Dann erzielt er durch die Verpachtung weiterhin **Einkünfte aus GewBetr**, die allerdings mangels „werbenden Betriebes" nicht der GewSt unterliegen[10] (wegen weiterer Einzelheiten § 16 Rn 322f). Auch außerhalb einer Betriebsverpachtung kann die Vermietung von Grundstücken nach Einstellung der werbenden Tätigkeit wegen des **Ruhens des GewBetr** weiterhin als zu gewerblichen Einkünften führend zu behandeln sein[11] (§ 16 Rn 317f). **74**

3. Betriebsaufspaltung. – Literatur: *Drüen* Über konsistente Rechtsfortbildung – Rechtsmethodische und verfassungsrechtliche Vorgaben am Beispiel des richterrechtlichen Institutes der Betriebsaufspaltung, GmbHR 05, 69; *Fischer* Gewerbesteuerfreiheit erstreckt sich auch auf das Besitzunternehmen, NWB 06, 2413; *Hoffmann* Teilwertbestimmung auf Beteiligungen und eigenkapitalersetzenden Darlehen an die Betriebskapitalgesellschaft, GmbHR 04, 593; *ders* Betriebsaufspaltung als Gestaltungsfalle, GmbH-StB 05, 155; *Kempermann* Betriebsaufspaltung: Beherrschung der Geschäfte des täglichen Lebens als Voraussetzung der personellen Verflechtung, GmbHR 05, 317; *Lederle* Begründung der echten Betriebsaufspaltung durch Übertragung von Einzelwirtschaftsgütern, GmbHR 04, 985; *Neufang* Einstimmigkeits- und Mehrheitsbeschlüsse bei der Betriebsaufspaltung, DB 04, 730; *Piltz* Gewerbesteuerpflicht bei Betriebsaufspaltung über die Grenze, IStR 05, 173; *Schachtschneider* Steuerverfassungsrechtliche Probleme der Betriebsaufspaltung und der verdeckten Gewinnausschüttung, 2004, S 159; *Schießl* Betriebsaufspaltung über die Grenze, StuW 06, 43; *Schulze zur Wiesche* Einstimmigkeitsprinzip und Regelung der Geschäftsführung, WPg 04, 751; *ders* Betriebsaufspaltung: Umfang von Betriebsvermögen und Sonderbetriebsvermögen der Besitzgesellschaft, StB 06, 55; *Söffing* Betriebsaufspaltung: Beherrschung einer GbR durch den alleinigen Geschäftsführer, BB 04, 1303; *ders* Aktuelles zur Betriebsaufspaltung, BB 06, 1529; *Streck* Betriebsaufspaltung: Erweiterter Anwendungsbereich der Personengruppentheorie, Stbg 04, 126; *Weber-Grellet* Betriebsaufspaltung: Verdeckte Einlage von Wirtschaftsgütern des bisherigen Einzelunternehmers in das Betriebsvermögen einer im Wege der Bargründung errichteten GmbH, FR 05, 94; *Wendt* Gewerbesteuer – Erstreckung der Gewerbesteuerbefreiung der Betriebs(kapital)gesellschaft auf das Besitz(personen)unternehmen, FR 06, 789; frühere Literatur s 5. Aufl.

---

1 BFH BStBl II 99, 619 (verneint für Segelyacht); BStBl II 98, 778 und BFH/NV 98, 831 (verneint für Wohnmobil).
2 BFH/NV 07, 2004 (Leasing und Verkauf von Flugzeugen); BFH BStBl II 03, 464 (Leasing von Wohnmobilen); BFH v 4.7.02 – IV B 44/02, BFH/NV 02, 1559 (Flugzeugleasing mit Verkauf).
3 BFH BStBl II 07, 768 (Vermietung von 40 Maschinen über einen Zeitraum von 12 Jahren, veräußert wurden 7, davon 5 innerhalb von 2 Jahren).
4 BFH BStBl II 04, 218; BStBl II 98, 567 (anders nur die praktisch nicht vorkommende Zufallserfindung; BStBl II 70, 306.
5 BFH BStBl III 67, 674 (auch zu Know-how); BStBl II 78, 672.
6 BFH BStBl II 70, 567.
7 BFH BStBl II 94, 922.
8 BFH BStBl II 98, 388 mwN; grundlegend GrS BStBl III 64, 124.
9 BFH BStBl II 93, 36.
10 BFH BStBl II 98, 735; R 11 (3) GewStR; anders allerdings bei KapGes und gewerblich geprägter PersGes oder Abfärbung nach § 15 III Nr 1 BFH BStBl II 05, 778 (dann auch keine Anwendung der Kürzung nach § 9 Nr 1 S 2 GewStG); BFH/NV 96, 213 und wenn zugleich eine BetrAufsp vorliegt, BFH/NV 00, 1135.
11 BFH BStBl II 02, 722 (fehlgeschlagene Betr-Aufsp); BFH BStBl II 96, 276; BStBl II 97, 561 (Wechsel Grundstückshandel zu Vermietung; BStBl II 98, 379 (Fortführung einer Vermietung nach Einstellung des übrigen Betriebes).

Reiß

75 **a) Grundlagen.** Bei der BetrAufsp wird die von **Besitzunternehmen** entfaltete Tätigkeit der (normalerweise entgeltlichen) **Nutzungsüberlassung** von Grundstücken und anderen Gegenständen des Anlagevermögens an das **Betriebsunternehmen** nicht als lediglich vermögensverwaltend (VuV, KapVerm) angesehen, sondern als das **Betreiben eines GewBetr**.[1] Es handelt sich um eine **gewerblich qualifizierte Vermietung**.[2] Die besondere Qualifikation einer an sich dem äußeren Anschein nach nur vermögensverwaltenden Tätigkeit als GewBetr folgt aus der engen **sachlichen und personellen Verflechtung**[3] zw dem Besitzunternehmen und dem Betriebsunternehmen. Die das Besitzunternehmen beherrschende Pers oder Personengruppe nimmt über die Nutzungsüberlassung von für das Betriebsunternehmen wesentlichen Betriebsgrundlagen am allg wirtschaftlichen Verkehr in einer besonders intensiven Weise teil, die den Rahmen bloßer Vermögensverwaltung durch Fruchtziehung aufgrund Nutzungsüberlassung überschreitet. Aufgrund der engen personellen Verflechtung besteht einerseits eine Einfluss- und Beherrschungsmöglichkeit auf die Betriebsgesellschaft, andererseits trägt der Besitzunternehmer (oder die Besitzunternehmer) auch in besonderer Weise das Risiko eines Fehlschlages des Geschäfts im Betriebsunternehmen mit. Entscheidend ist dabei, dass sich dieses Risiko nicht auf den Verlust oder die Wertminderung der Beteiligung am Betriebsunternehmen beschränkt – dieses Risiko betrifft die Beteiligung am Betriebsunternehmen –, sondern es geht um die besondere Risikostruktur hinsichtlich der dem Betriebsunternehmen überlassenen WG. Dieses Risiko wird wegen der engen personellen Beziehungen vom Besitzunternehmer eingegangen und deshalb handelt es sich für ihn um eine qualifizierte gewerbliche Vermietung. Nach der ständigen Formulierung der Rspr hat diese steuerliche Beurteilung der Betätigung des Besitzunternehmens als gewerblich ihren Grund darin, dass die „hinter dem Besitz – und dem Betriebsunternehmen stehenden Pers einen **einheitlichen geschäftlichen Betätigungswillen** haben, der (über das Betriebsunternehmen) auf die Ausübung einer gewerblichen Betätigung gerichtet ist".[4]

76 Die **Rechtsgrundlage** für diese Behandlung ergibt sich aus § 15 I iVm §§ 21, 20.[5] Abgesehen davon, dass bereits §§ 21 III und 20 III einen Vorrang gewerblicher Einkünfte vorsehen für Betätigungen, die ihrer Art nach auch zu den Einkünften aus VuV oder KapVerm gehören könnten, ist auch unstr, dass auch Nutzungsüberlassungen oder Kapitalüberlassungen dann zu einer gewerblichen Tätigkeit führen, wenn sie sich als einheitlicher Teil einer übergreifenderen Gesamtleistung darstellen. Letztlich nichts anderes liegt der Qualifizierung der Nutzungsüberlassung im Rahmen einer BetrAufsp als GewBetr zugrunde. Die Qualifizierung als gewerblich beruht hier darauf, dass die sich aus der engen sachlichen und personellen Verflechtung ergebenden Risiken hinsichtlich der zur Nutzung überlassenen WG sich nicht mehr als bloße Fruchtziehung aus privaten Vermögensgegenständen ansehen lassen.[6] Soweit der Rspr vorgehalten wird, sie entbehre der gesetzlichen Grundlage,[7] ist dem nicht zu folgen.[8] Auch das BVerfG hat diese Kritik[9] zutr zurückgewiesen.

77 Es liegt auch **kein unzulässiger Durchgriff** durch die steuerrechtlich und zivilrechtlich ggf als **KapGes** verselbständigte Betriebsgesellschaft vor.[10] Abgesehen davon, dass auch im Zivilrecht (Insolvenzrecht, Arbeitsrecht) den Besonderheiten der Risikostruktur bei einer BetrAufsp Rechnung getragen werden muss und wird,[11] kann von einem Durchgriff überhaupt keine Rede sein. Der Eindruck eines Durchgriffes könnte zwar aufgrund der Formulierung der Rspr entstehen, wonach wegen des einheitlichen geschäftlichen Betätigungswillens der „hinter dem Besitz- und Betriebsunternehmen stehenden Pers" von einer gewerblichen Betätigung des Besitzunternehmens „über das Betriebsunternehmen" auszugehen sei.[12] Tatsächlich geht es aber – entgegen der Auffassung des

---

1 Grundlegend BFH GrS BStBl II 72, 63; BFH BStBl III 60, 513; BVG BStBl II 69, 389.
2 BFH BStBl II 91, 405; so auch schon BVG BStBl II 69, 389.
3 StRspr, statt vieler BFH BStBl II 93, 134; BStB II 94, 466; s auch GrS BStBl II 72, 63; BVerfG BStBl II 69, 389 u BStBl II 85, 475.
4 BFH BStBl II 98, 478; BStBl II 97, 569 mwN.
5 BFH BStBl II 92, 246.
6 Das BVerfG spricht zu Recht von einer „qualifizierten Verpachtung", BVerfG v 25.3.04 – 2 BvR 944/00, HFR 04, 691.
7 *Schachtschneider* Steuerverfassungsrechtliche Probleme der Betriebsaufspaltung, 2004; *Knobbe-Keuk*[9] § 22 X 2; vgl auch *Mössner* Stbg 97, 1; *Felix* StB 97, 145.

8 Vgl *Beisse* FS Schmidt, 1993, S 455; *Weber-Grellet* FR 98, 955.
9 BVerfG v 25.3.04 – 2 BvR 944/00, HFR 04, 691 mit Anm *Kanzler* FR 05, 140; BVerfGE 25, 28 u BVerfGE 69, 188.
10 BVerfG BStBl II 69, 389.
11 Str ist bereits, ob nicht auch handelsrechtlich ein GewBetr vorliegt, vgl (verneinend) *Schön* DB 98, 1169 mwN, (bej) *Hopt* ZGR 87, 145; zum sog Haftungsdurchgriff und zu eigenkapitalersetzenden Nutzungsüberlassungen vgl BGHZ 95, 330; 109, 55; 121, 31; BAG DStR 96, 433; BSG GmbHR 95, 46.
12 BFH BStBl II 98; BStBl II 97, 569 und auch schon BStBl II 81, 39.

X. Senates[1] (s auch Rn 87, 87a) – nicht darum, dass dem Besitzunternehmen die gewerbliche Tätigkeit des Betriebsunternehmens qualifizierend zugerechnet wird, sondern der oder die (bei einer PersGes) Besitzunternehmer selbst betätigen sich durch die Nutzungsüberlassung wegen der besonderen Risikostruktur bei der sog BetrAufsp gewerblich.

Entgegen dem missverständlichen Ausdruck **BetrAufsp** liegt auch nicht ein – aufgespaltener – Betrieb vor, sondern es handelt sich um **zwei getrennte GewBetr** mit jeweils selbstständigen Rechtsträgern als StPfl. Für die einkommensteuerliche (und gewerbesteuerliche) Behandlung ist auch die Unterscheidung zw echter und unechter BetrAufsp ohne Belang. Von einer **echten (oder klassischen) BetrAufsp** wird gesprochen, wenn ein **ursprünglich einheitlicher Betrieb** des oder der StPfl (PersGes) in der Weise aufgeteilt wird, dass das operative Geschäft vom Betriebsunternehmen fortgeführt wird, wobei wesentliche Teile des bisherigen Anlagevermögens dem Besitzunternehmen zugeteilt werden, aber von diesem dem Betriebsunternehmen zur Nutzung überlassen werden. Eine **unechte BetrAufsp** ist letztlich nur negativ dadurch zu kennzeichnen, dass vorher **kein einheitlicher Betrieb** vorlag. Es werden vielmehr zwei gleichzeitig oder nacheinander errichtete, von vornherein selbstständige Unternehmen miteinander in ders Weise wie bei der echten BetrAufsp sachlich und personell verbunden.[2] Beide Konstellationen sind jedoch dadurch gekennzeichnet, dass eine sachliche und personelle Verflechtung besteht. Die Rspr lehnt zutr eine unterschiedliche steuerliche Behandlung ab, da die Behandlung der jeweiligen Nutzungsüberlassung bei gleichen Tatbestandsvoraussetzungen als gewerblich nicht davon abhängig gemacht werden kann, auf welche Entstehungsgeschichte die Tatbestandsverwirklichung zurückzuführen ist.[3]

78

b) Rechtsform. Das **Betriebsunternehmen** hat idR die Rechtsform einer **KapGes,** während das **Besitzunternehmen** entweder ein **Einzelunternehmer** oder eine **PersGes mit nat Pers** als G'ter ist.[4] Bei dieser klassischen Konstellation wirkt sich die Qualifizierung des Besitzunternehmens als GewBetr wegen des Unterschiedes der Einkunftsarten besonders gravierend aus. Die Einkünfte unterliegen der GewSt und die zur Nutzung überlassenen WG stellen BV dar. IErg wird damit eine vergleichbare Situation wie bei den Sondervergütungen und dem Sonder-BV bei den MU'ern einer gewerblich tätigen PersGes herbeigeführt, soweit es die prinzipielle Behandlung der WG als BV und die Erfassung bei der GewSt betrifft. Allerdings bleibt der Unterschied zu beachten, dass bei der BetrAufsp 2 getrennte GewBetr vorliegen, während das Sonder-BV und die Sondervergütungen in den einheitlich bei einer PersGes bestehenden GewBetr einzubeziehen sind (Rn 300f).

79

Das **Betriebsunternehmen** kann auch die Rechtsform einer **PersGes** haben.[5] Eine **mitunternehmerische BetrAufsp**[6] liegt vor, wenn auch **das Besitzunternehmen** die Rechtsform einer **PersGes** hat. Es ist allerdings zu differenzieren: a) Die Besitz-PersGes ist nicht selbst als G'ter an der Betriebsgesellschaft beteiligt. Es besteht lediglich G'ter-Identität oder jedenfalls Beherrschungsidentität (Rn 88f) – sog **Schwester-PersGes.** Dann ist von einem eigenen GewBetr der Besitzgesellschaft auszugehen **(Vorrang der BetrAufsp).**[7] Bei der Betriebsgesellschaft liegt **kein Sonder-BV** der G'ter der Betriebsgesellschaft vor; b) Die vermietende oder sonst nutzungsüberlassende Ges ist ihrerseits als G'ter (Obergesellschaft) und MU'er (s aber Rn 417, 420) an der operativen Ges (Untergesellschaft) beteiligt – **sog doppelstöckige Ges.** Dann stellen die zur Nutzung überlassenen WG **Sonder-BV** der Obergesellschaft bei der Untergesellschaft dar **(Vorrang des Sonder-BV).**[8] Es liegt insoweit keine BetrAufsp vor, weil nach der ausdrücklichen Anordnung des § 15 I 2, 2. Alt von Sondervergütungen auszugehen ist, die in den GewBetr der nutzenden Ges zwingend einzubeziehen sind. Dann kann daneben nicht noch ein weiterer GewBetr der nutzungsüberlassenden Ges (G'ter) bestehen. § 15 I 2, 2. Alt verdrängt insoweit die ansonsten anzunehmende BetrAufsp (s Rn 420, 421).

80

---

1 BFH BStBl II 06, 661 (Urteil) u BFH BStBl II 04, 607 (Vorlagebeschluss). Die dort vertretene „Infektionstheorie" entzieht ihrerseits dem angeblich nur richterrechtlich geschaffenen „nicht unumstrittenen Rechtsinstitut" der BetAufsp jegliche Legitimation. So denn auch konsequent *Schachtschneider* Steuerverfassungsrechtliche Probleme der Betriebsaufspaltung, 2004, S 40 (41).
2 Vgl BVerfG BStBl II 85, 475 und BStBl II 69, 389.
3 BFH BStBl III 62, 104; BVG BStBl III 69, 389; vgl auch BFH BStBl II 97, 460; BStBl II 91, 801.
4 BFH BStBl II 82, 479; BStBl II 94, 23.
5 BFH BStBl II 98, 329; BStBl II 95, 452.
6 BFH BStBl II 98, 325; BStBl II 85, 622.
7 BFH BStBl II 98, 325 und 328; BStBl II 99, 483; BStBl II 96, 82 und 93.
8 BFH BStBl II 01, 316; BStBl II 00, 399; BMF BStBl I 98, 583.

81 Die FinVerw hat wegen des Rspr-Wandels bzgl des Vorranges der BetrAufsp bei Schwester-PersGes eine **Übergangsregelung** für Wj nach dem 31.12.98 getroffen.[1]

82 Ein **Einzelunternehmen** als nat Pers kann **kein Betriebsunternehmen** sein.[2] Dies folgt schon daraus, dass hier eine Beherrschung nicht möglich ist. Bei einer Nutzungsüberlassung durch eine vom Einzelunternehmer beherrschte KapGes oder PersGes/gemeinschaft (GbR, rein vermögensverwaltende OHG oder KG nach § 105 II HGB, Erbengemeinschaft), beherrscht nicht diese den Einzelunternehmer, sondern allenfalls umgekehrt. Allerdings sind die überlassenen WG bei Überlassung durch eine nicht gewerblich tätige Personengemeinschaft dann anteilig als BV des Einzelunternehmers zu behandeln.[3]

83 Besitzunternehmen kann eine nat **Einzelperson**,[4] eine **PersGes/gemeinschaft**[5] oder eine **KapGes**[6] (**sog kapitalistische BetrAufsp**) sein. Besitzunternehmen können auch sein: Andere jur Pers des Privatrechts[7] und Körperschaften des öffentlichen Rechts.

84 Bei einer **KapGes als Besitzunternehmen** liegt BetrAufsp vor, wenn die KapGes selbst an der Betriebs-KapGes beherrschend beteiligt ist (**vermögensmäßige Verbindung**)[8] oder eine Betriebs-PersGes über eine rechtsfähige Stiftung oder als Komplementär KapGes nur mittelbar beherrscht[9] (bei unmittelbarer Beteiligung bestünde Vorrang von § 15 I 2). Keine BetrAufsp soll hingegen vorliegen, wenn nur G'ter-Identität besteht (Schwester-KapGes)[10] (Rn 94). Bei einer PersGes als Betriebs- unternehmen ist allerdings bei Erfüllung der sonstigen Voraussetzungen eine BetrAufsp doch anzunehmen, wenn die Anteile an der Besitz-KapGes zum Sonder-BV der G'ter der PersGes gehören (sog **umgekehrte BetrAufsp**).[11]

85 Da eine KapGes ohnehin wegen § 8 II KStG nur gewerbliche Einkünfte hat, spielt die Frage nach dem Vorliegen einer BetrAufsp regelmäßig nur eine Rolle, soweit es für **Steuervergünstigungen** und **Investitionszulagen** auf Zugehörigkeitsvoraussetzungen, Verbleibensvoraussetzungen oder andere Voraussetzungen[12] in einer eigenen Betriebsstätte im Fördergebiet ankommt. Für die BetrAufsp wird allerdings – obwohl zwei GewBetr vorliegen – als unschädlich angesehen, dass Investitionen des Besitzunternehmens in einer Betriebsstätte des Betriebsunternehmens erfolgen. Dazu verlangt die Rspr eine **vermögensmäßige Verbindung**.[13] Dazu ist erforderlich, dass die die Beherrschung ermöglichende Beteiligung an der Betriebs-KapGes unmittelbar vom Besitzunternehmen gehalten wird oder bei einer PersGes als Besitzunternehmen sich zumindest im Sonder-BV der G'ter befindet.[11] Bei der mitunternehmerischen BetrAufsp (Schwester-PersGes) besteht eine vermögensmäßige Verbindung an sich nicht,[14] denn die Beteiligungen können nicht jeweils zum Sonder-BV bei der jeweils anderen Ges gehören.[15] Dennoch hat der BFH zutr entschieden, dass auch bei mitunternehmerischen BetrAufsp Investitionen in der Betriebsstätte des Betriebsunternehmens begünstigt sind.[16] Bei Beteiligung der Besitz-PersGes an der Betriebs-PersGes ist allein die Betriebs-PersGes antragsberechtigt – Vorrang des Sonder-BV (Rn 80).[17]

86 c) Nutzungsüberlassung – Gewinnerzielung. Die gewerbliche Tätigkeit des Besitzunternehmens besteht in der **Nutzungsüberlassung** zumindest einer wesentlichen Betriebsgrundlage (Rn 95) an das

---

1 BMF BStBl I 98, 583.
2 **AA** *Schulze zur Wiesche* DB 83, 634.
3 BFH BStBl II 78, 299.
4 BFH BStBl II 99, 615; BFHE 185, 230.
5 BFH BStBl II 05, 830 u BFH/NV 06, 1266 (Bruchteilseigentümer als GbR); BFH BStBl II 98, 325 (KG); BStBl II 87, 120 (Erbengemeinschaft); BStBl II 89, 363 (Bruchteilsgemeinschaft); BFH/NV 07, 147 mit Anm. *Kanzler*, FR 07, 242; BFH BStBl II 93, 876 (Gütergemeinschaft); BStBl II 97, 569 (Wohnungseigentümergemeinschaft) – ebenso FinVerw (OFD Rostock v 14.10.99 S 2241 – St 231 und Bayrisches FinMin 10.6.99 31 a S – 2241 – 123/17).
6 BFH BStBl II 95, 8; BStBl II 93, 723.
7 BFH/NV 97, 825 (Verein).
8 BFH BStBl II 95, 75; FinVerw DStR 96, 427.
9 BFH BStBl II 82, 662; BStBl II 83, 136.
10 BFH BStBl II 95, 75.
11 BFH BStBl II 93, 723.
12 Vgl auch BFH BStBl II 04, 85 (Zurechnung der Eintragung in die Handwerksrolle durch Betriebsunternehmen an das Besitzunternehmen) mit Anm *Steinhauff* KFR 04, 121.
13 BFH BStBl II 99, 607; BStBl II 99, 610; BFH/NV 99, 1122; BFH/NV 98, 497; BStBl II 96, 428; BStBl II 95, 75; BStBl II 93, 723; ebenso jetzt die FinVerw BMF BStBl I 99, 839; BStBl I 00, 451.
14 BFH BStBl II 96, 428 (verneinend – allerdings für den Sonderfall gegenseitiger Vermietung zweier aktiver Schwester-PersGes).
15 Vgl *Patt/Rasche* DStZ 99, 127; vgl auch FG Nds EFG 98, 1483 (Investitionszulage bei Vorrang von Sonder-BV); BMF BStBl I 98, 538.
16 BFH BStBl II 03, 272 (allerdings nicht bei bereits originärer gewerblicher Tätigkeit des „Besitzunternehmens").
17 BFH BStBl II 01, 316.

Betriebsunternehmen. Dabei ist unerheblich, auf welcher causa die Nutzungsüberlassung beruht. Es kommen einerseits **schuldrechtliche Miet- oder Pachtverträge** in Betracht, aber auch Nutzungsüberlassungen aufgrund **dinglichen Rechtes**, zB **Nießbrauch und Erbbaurecht**.¹ Auch **unentgeltliche Nutzungsüberlassungen** (Leihe, unentgeltlicher Nießbrauch) können eine BetrAufsp begründen. Allerdings muss das Besitzunternehmen als GewBetr nach § 15 II einen Gewinn erstreben. Dies ist bei der klassischen BetrAufsp zu einer Betriebs-KapGes auch bei einer unentgeltlichen Nutzungsüberlassung zu bejahen. Denn da die Anteile an der Betriebsgesellschaft dem Besitzunternehmen selbst unmittelbar zustehen (Besitz-KapGes oder Einzelunternehmer) oder jedenfalls zu seinem BV rechnen (Sonder-BV der G'ter bei einer Besitz-PersGes), liegt eine **Gewinnerzielungsabsicht** auch bei unentgeltlicher Nutzungsüberlassung vor.² Dadurch werden entweder Gewinnausschüttungen oder eine Wertsteigerung der Anteile erzielt. Anders sieht es aber bei der unentgeltlichen Nutzungsüberlassung zw Schwester-PersGes aus, weil hier die Anteile an der nutzenden Ges nicht zum (Sonder)-BV bei der überlassenden PersGes gehören können. Daher begründet mangels Gewinnerzielungsabsicht hier die **unentgeltliche Nutzungsüberlassung keine mitunternehmerische BetrAufsp**.³ Stattdessen werden die überlassenen WG Sonder-BV bei der nutzenden Schwester-PersGes.

d) Gewerbliche Tätigkeit des Betriebsunternehmens. Das operative Betriebsunternehmen unterhält normalerweise einen originären GewBetr nach § 15 I iVm II. Es genügt aber auch ein **GewBetr kraft Abfärbung**, § 15 III Nr 1, kraft **gewerblicher Prägung**, § 15 III Nr 2, oder kraft **Rechtsform**, § 8 II KStG. Fraglich könnte hingegen sein, ob es auch genügt, dass ein Betriebsunternehmen Einkünfte nach § 18 oder § 13 erzielt. Dies scheidet allerdings für die klassische BetrAufsp zu einer (inländischen) KapGes wegen § 8 II KStG aus. Es käme aber gegenüber einer freiberuflichen Schwester-PersGes oder einer Erbengemeinschaft oder Gütergemeinschaft mit Einkünften aus LuF als Betriebsgesellschaft an sich in Betracht. Die Rspr und hM gehen davon aus, dass das Betriebsunternehmen einen GewBetr unterhalten muss, dessen Gewerblichkeit auf das Besitzunternehmen „abfärbt".⁴ Dem ist nicht zu folgen.⁵ Denn eine Vermietungstätigkeit kann weder durch einen auf die Ausübung einer gewerblichen Tätigkeit gerichteten Betätigungswillen noch dazu von „hinter den Unternehmen stehenden Personen" zu einer gewerblichen Tätigkeit werden, noch lässt sich aus der Entstehungsgeschichte des „Rechtsinstitutes der Betriebsaufspaltung" zur Sicherung der GewSt heute noch etwas für die einkommensteuerliche Auslegung ableiten. Der angebliche gewerbliche Betätigungswille ist eine reine Unterstellung. Die vom Besitzunternehmen, dh vom Unternehmer oder den Mitunternehmern des Besitzunternehmens selbst in den Fällen personeller und sachlicher Verflechtung entfaltete Tätigkeit der Nutzungsüberlassung ist wegen der besonderen Risikostruktur aus sich selbst heraus gewerbliche Tätigkeit und nicht durch Zurechnung der vom Betriebsunternehmen entfalteten gewerblichen Tätigkeit. Eine derartige Zurechnung der ggf sogar von einem anderen StPfl (BetriebsKapGes) entfalteten Tätigkeit sieht das Gesetz in § 15 nicht vor. Auf jeden Fall würde sie sich verbieten, wenn das Betriebsunternehmen nur kraft seiner Rechtsform gewerbliche Einkünfte bezöge. Gerade auch diese Fallkonstellationen werden aber zutr von der hM ebenfalls als BetrAufsp behandelt.⁶

Inzwischen nimmt die Rspr nicht nur an, dass bei der BetrAufsp die einkommensteuerliche Qualifikation der Einkünfte der/des Besitzunternehmers sich erst daraus herleite, dass im Betriebsunternehmen vom dortigen StPfl gewerbliche Einkünfte erzielt werden, sondern auch ansonsten soll quasi per Abfärbung eine **Merkmalszurechnung** von beim Betriebsunternehmen erfüllten Tatbestandsmerkmalen zu den vom Besitzunternehmer erzielten Einkünften erfolgen. Unter Aufgabe der bisherigen Rspr⁷ sollen namentlich Befreiungen nach § 3 GewStG, deren das Betriebsunternehmen teilhaftig wird, auch auf das Besitzunternehmen zu erstrecken sein, wie der X. Senat zu § 3 Nr 20 GewStG unter Zustimmung des I., IV. und VIII. Senates entschieden hat.⁸ Für Befreiungen nach

---

1 BFH BStBl II 02, 662.
2 BFH BStBl II 98, 254; BStBl II 91, 713.
3 BMF BStBl II 98, 96; insoweit abl (zu Unrecht) *Neu* DStR 98, 1251; *Hoffmann* GmbHR 98, 824.
4 BFH BStBl II 06, 173; BStBl II 04, 607; BStBl II 98, 254; BStBl II 81, 39; *Schmidt*²⁶ § 15 Rn 856; *Brandenberg* JbFfSt 97/98, 288; *Neu* DStR 98, 1250.
5 So auch *Patt/Rasche* GmbHR 97, 481.
6 *Schmidt*²⁶ § 15 Rn 856.

7 BFH BStBl II 84, 115 (keine Erstreckung der Befreiung nach § 11 GewStDV 1968 für Krankenanstalten auf Besitzgesellschaft) BFH/NV 86, 362 (keine Erstreckung der Befreiung nach § 3 Nr 13 GewStG für private Schulen); BFH/NV 92, 333 (keine Erstreckung der Befreiung nach § 3 Nr 20 GewStG für Alten- und Pflegeheim); BFH/NV 98, 743; BFH BStBl II 02, 662 (zu § 3 Nr 20 GewStG Krankanstalt).
8 BFH BStBl II 06, 662.

dem GrStG ist die entgegenstehende Rspr des II. Senates freilich noch nicht aufgegeben worden.[1] Die Aufgabe der bisherigen Rspr wird wie folgt begründet: a) Ungeachtet der zivil- und steuerrechtlichen Selbstständigkeit werde die „genuin vermögensverwaltende" Vermietungstätigkeit des Besitzunternehmens nur deshalb als gewerblich qualifiziert, weil das Besitzunternehmen „über das Betriebsunternehmen auf die Ausübung einer gewerblichen Betätigung gerichtet" sei, und b) ließe sich die „Umqualifizierung" einer an sich vermögensverwaltenden Betätigung nur unter Berücksichtigung von außerhalb des Besitzunternehmens liegenden Gegebenheiten begründen (nämlich gewerbliche Tätigkeit des Betriebsunternehmens, Beherrschung des Betriebsunternehmens durch personelle und sachliche Verflechtung). Daher könne c) die im Formalen haftende Begr, es handele sich um selbstständige Unternehmen, nicht überzeugen. Eine solche formale Trennung entzöge vielmehr dem richterrechtlich geschaffenen Institut der BetrAufsp den Boden. Wenn aber die Qualifikation der Gewerblichkeit der Einkünfte des Besitzunternehmens sich nicht aus einer „Abfärbung" oder „Infektion" der beim Betriebsunternehmen vorliegenden gewerblichen Einkünfte herleite, sei es d) verfassungsrechtlich unter dem Aspekt einer folgerichtigen Umsetzung der Belastungsentscheidungen[2] geboten, umgekehrt auch Begünstigungen für die gewerblichen Einkünfte des Betriebsunternehmens auf die Einkünfte des Besitzunternehmens zu erstrecken. Schließlich sei dies auch teleologisch deshalb geboten, weil andernfalls die als Verschonungssubventionen gewährten Befreiungen für das Betriebsunternehmen konterkariert würden, wenn beim Besitzunternehmen bei späterer Ausschüttung eine Nachbelastung stattfände.

Die genannten Gründe vermögen nicht zu überzeugen. Insbes trifft es nicht zu, dass nur durch eine Merkmalszurechnung der von einem anderen StPfl verwirklichten Tatbestandsmerkmale die Qualifikation als gewerbliche Einkünfte möglich sei. Im Gegenteil unterläge eine angeblich erfolgende Umqualifizierung genuin vermögensverwaltender Einkünfte aufgrund des von einem anderen StPfl (KapGes als Steuersubjekt!) verwirklichten Tatbestandes angesichts fehlender gesetzlicher Anordnung zu einer solchen „Umqualifizierung" erheblichen verfassungsrechtlichen Bedenken. Und wenn man die GewSt-Befreiungen schon als „Verschonungssubventionen" interpretiert, so ist zu berücksichtigen, dass die Gewährung von die Besteuerung nach der Leistungsfähigkeit durchbrechenden Steuersubventionen nicht der Rspr obliegt, sondern allein dem Gesetzgeber. Eine Erweiterung durch die Rspr wäre allenfalls zulässig, wenn entweder offenkundig ein gesetzgeberisches Versehen zu konstatieren wäre oder aber ein Verstoß gegen den Gleichheitsgrundsatz vorläge. Beides ist nicht erkennbar. Mit dem Schritt zurück zur Einheitsbetrachtung befindet sich die Rspr iÜ auf einem gefährlichen Wege. Wenn es denn auf den „einheitlichen geschäftlichen Betätigungswillen" der „hinter" (sic!) dem Betriebs- und Besitzunternehmen stehenden Personen – der übrigens eine reine Fiktion ist – ankäme, so ließe sich eben auch in Frage stellen, weshalb dann bei der kapitalistischen BetrAufsp einerseits dem Besitzpersonenunternehmen die Wohltaten des § 11 I Nr 1 und § 11 II GewStG und bei der Betriebs-KapGes der Abzug von Geschäftsführergehältern für als solche tätige G'ter zugute kommt. Kurz gesagt, die Rspr hat sich auf eine abschüssige Bahn begeben. Aber München locuta.

88 **e) Personelle Verflechtung.** Die personelle Verflechtung verlangt, dass das Betriebsunternehmen und das Besitzunternehmen von einem **einheitlichen geschäftlichen Betätigungswillen**[3] getragen sind. Dieser muss sich insbes auch **auf das Nutzungsverhältnis** hinsichtlich der überlassenen wesentlichen Betriebsgrundlagen beziehen, so dass es nicht gegen den Willen des Besitzunternehmers aufgelöst werden kann.[4] In stRspr wird formuliert, dass die „hinter den beiden Unternehmen stehenden Pers"[5] diesen einheitlichen Betätigungswillen haben. Richtigerweise kann es aber nicht darum gehen, ob hinter dem Unternehmen stehende Pers einen solchen Willen haben. Sondern es geht schlicht darum, ob der (oder die) **Besitzunternehmer selbst** kraft ihrer G'ter-Stellung und/oder etwaiger Geschäftsführungs- und Vertretungsbefugnisse das Betriebsunternehmen so beherrschen, dass bzgl der zur Nutzung überlassenen WG in beiden Unternehmen einheitliche Entscheidungen – sog einheitlicher Geschäfts- und Betätigungswille – durchgesetzt werden können.[6] Bei einer PersGes/Gemeinschaft kommt es dabei auf die **Willensentfaltung durch die G'ter**/MU'er an, bei der

---

1 BStBl II 03, 485 (Nichtzurechnung bei GrSt-Befreiung an Besitzunternehmen).
2 So BFH BStBl II 06, 661 unter Berufung auf *Seer* BB 02, 1833; *Söffing* BB 98, 2289; *Drüen* GmbHR 05, 69.
3 So grundlegend BFH GrS BStBl II 72, 63 und seither stRspr, vgl statt vieler BFH BStBl II 97, 437.
4 BFH BStBl II 97, 44.
5 Statt vieler BFH BStBl II 97, 596.
6 BFH BStBl II 06, 415 (es genügt die Möglichkeit der Durchsetzung!).

KapGes auf die Willensbildung durch deren Organe, mithin Geschäftsführer/Vorstand und G'ter-Versammlung. Dabei kommt der **G'ter-Versammlung** die maßgebliche Bedeutung zu. Dies versteht sich für die GmbH, bei der der Geschäftsführer nach § 43 GmbHG weisungsabhängig ist, von selbst. Es ist aber auch für die AG zu bejahen – trotz der eigenverantwortlichen Leitung gem § 76 AktG durch den Vorstand –, weil auch hier sichergestellt ist, dass sich auf Dauer in der AG, wie in der GmbH, nur ein geschäftlicher Betätigungswille entfalten kann, der vom Vertrauen der Mehrheit der G'ter getragen wird.[1]

Der einheitliche geschäftliche Betätigungswille wird durch die personelle Verflechtung sichergestellt. Diese ist jedenfalls bei **Beteiligungsidentität** (vollständig übereinstimmende Beteiligungsverhältnisse) oder **Beherrschungsidentität** (dieselben G'ter, aber in unterschiedlichem Umfang an Besitz- und Betriebsgesellschaft) zu bejahen. Es genügt aber auch grds eine **Mehrheitsbeteiligung** (mehr als 50 %) an beiden Unternehmen.[2] Maßgeblich ist, dass die an beiden Unternehmen mit Mehrheit beteiligten G'ter (**Personengruppentheorie**) durch gleichgerichtete Interessen verbunden sind und dadurch ein einheitlicher Betätigungswille sichergestellt ist. Daran sollte es allerdings fehlen, wenn die Beteiligungsverhältnisse der an beiden Ges beteiligten G'ter extrem entgegengesetzt sind,[3] aber diese Auffasung wurde zutr aufgegeben.[4] Eine personelle Verflechtung kann auch über ein Treuhandverhältnis begründet werden, weil dann die Gesellschaftsanteile dem Treugeber zuzurechnen sind.[5]

89

Die **Mehrheitsbeteiligung** ist allerdings nur dann ausreichend, wenn sie im Einzelfall ausreicht, um den Willen in Bezug auf die Nutzungsüberlassung im jeweiligen Unternehmen durchzusetzen. Maßgeblich dafür ist die **Regelung über die Geschäftsführungsbefugnis**. Gilt im **Besitzunternehmen** insoweit kraft **Gesetzes** oder vertraglicher Vereinbarung das **Einstimmigkeitsprinzip** (so für die BGB-Ges, § 709 I BGB) für die Geschäftsführung und damit auch für die Nutzungsüberlassung der wesentlichen Betriebsgrundlagen, so scheidet eine personelle Verflechtung bei Beteiligung eines **Nur-Besitz-G'ters** aus.[6] Entspr gilt bei gesellschaftsvertraglicher Vereinbarung eines qualifizierten Mehrheitsprinzips (zB 75 %), soweit die Mehrheit ohne den Nur-Besitz-G'ter nicht herzustellen ist. Ist aber der Nur-Besitz-G'ter von der Geschäftsführung ausgeschlossen und liegt diese nur in den Händen aller oder auch nur eines der beherrschenden G'ter, so steht der Annahme einer Beherrschung nicht entgegen, dass bei Grundlagengeschäften, zu denen die Nutzungsüberlassung jedenfalls nicht gehört, auch die Nur-Besitz-G'ter zustimmen müssen.[7] Es kann daher jeweils durch entspr Ausgestaltung des Gesellschaftsvertrages dafür gesorgt werden, dass bei Beteiligung eines Nur-Besitz-G'ters die Voraussetzungen der personellen Verflechtung nicht gegeben sind.[8] Entgegen der früheren Auffassung der FinVerw[9] reicht mangels rechtlicher Beherrschungsmöglichkeit eine rein tatsächliche Beherrschung (Rn 93) nicht aus. Allerdings soll für **Ausnahmefälle** – wirtschaftliches Druckpotenzial oder Drohpotenzial aus anderen Gründen gegenüber **Nur-Besitz-G'tern** – eine faktische Machtstellung dennoch genügen[10] (Rn 93). Ein bloßes **Stimmrechtsverbot** für die beherrschenden G'ter in der Besitzgesellschaft für Geschäfte im Zusammenhang mit der Nutzungsüberlassung, wenn es tatsächlich nicht praktiziert wird oder bedeutungslos ist,[11] schließt die personelle Verflechtung jedoch nicht aus, ebenso wenig wie eine fehlende Befreiung vom Verbot des Selbstkontrahierens.[12]

90

---

1 So (für die GmbH) BFH BStBl II 97, 44; BStBl II 89, 455.
2 BFH GrS BStBl II 72, 63; stRspr vgl BFH BStBl II 94, 466.
3 BFH BStBl II 94, 466; BStBl II 72, 796; BStBl II 89, 152.
4 BFH v 23.12.03 – IV B 45/02 unter Hinweis auf BFH BStBl II 00, 417; vgl auch BStBl II 03, 757.
5 BFH/NV 04, 1109; BFH BStBl II 87, 858.
6 BFH BStBl II 02, 771; BStBl II 02, 722; BStBl II 02, 774; BFH/NV 2000, 601.
7 BFH BStBl II 03, 757 mit Anm *Kempermann* FR 03, 965; BFH v 23.12.03 – IV B 45/02.
8 BFH/NV 99, 1033 (KG mit vereinbartem Einstimmigkeitsverhältnis auch für K'dist).

9 So bisher BMF BStBl I 85, 121 und 89, 39, aber aufgehoben durch BMF BStBl I 02, 1028 (dort auch Übergangsregelung für Altfälle vor dem 1.1.02 – an der dort vorgesehenen Änderungsmöglichkeit nach § 174 AO bei bestandskräftigen Bescheiden zur Ermöglichung der Erfassung der stillen Reserven bestehen ernstliche Zweifel, BFH BStBl II 06, 158).
10 BMF BStBl I 02, 1028; BFH v 3.2.04 – III B 114/03, BFH/NV 04, 1109; BFH BStBl II 02, 771; BStBl II 02, 774 (aber einschränkend bzgl wirtschaftlichem Druck durch schuldrechtliche Überlassung der wesentlichen Betriebsgrundlagen).
11 BFH BStBl II 86, 296; BFH/NV 90, 562; **aA** möglicherweise BFH BStBl II 84, 212.
12 BFH BStBl II 07, 165.

91 Bei einem **Betriebsunternehmen** in der Form einer KapGes genügt ebenfalls grds die **Mehrheit der Anteile**, soweit nicht durch Satzung für G'ter-Beschlüsse das Einstimmigkeitsprinzip[1] abw von § 47 I GmbHG auch für gewöhnliche Geschäfte[2] oder ein qualifiziertes Mehrheitsprinzip für die Bestellung und Abberufung der Geschäftsführer zulässigerweise vereinbart ist.[3] Entscheidend ist allerdings die **Stimmrechtsmehrheit**, die sich normalerweise aus der Anteilsinnehabung ergibt. Daher kann auch bei Minderheitsanteilsinnehabung der in der Besitzgesellschaft herrschenden Personengruppe eine BetrAufsp gegeben sein, wenn durch **Stimmrechtsbindungsverträge oder Stimmrechtsvollmachten mit/von Nur-Betriebs-G'tern** diese Gruppe auch in der Betriebsgesellschaft ihren Willen durchsetzen kann.[4] Umgekehrt entfällt die Beherrschungsmöglichkeit, falls wegen Stimmrechtsbindung zugunsten von Nicht-Besitz-G'tern trotz Anteilsmehrheit keine Beherrschungsmöglichkeit in der Betriebsgesellschaft besteht.[5] Unerheblich ist es allerdings, wenn die an der Betriebsgesellschaft mit Mehrheit beteiligten G'ter zwar von Beschlüssen der G'ter-Versammlung über Geschäfte mit dem Besitzunternehmen kraft Gesetzes oder Satzungsbestimmung ausgeschlossen sind, sie aber Geschäftsführer sind, soweit diese Geschäfte – wie regelmäßig – lediglich zu den von der Geschäftsführung wahrzunehmenden Geschäften des täglichen Lebens gehören, weil und sofern ihnen die Geschäftsführung nicht gegen ihren Willen entzogen werden kann.[6] Bei mitunternehmerischer BetrAufsp muss in der **Betriebs-PersGes**[7] bei Beteiligung von Minderheits-Nur-Betriebs-G'tern das Mehrheitsprinzip gelten oder der Nur-Betriebs-G'ter muss von der Geschäftsführung ausgeschlossen sein, zB K'dist.

92 Für **Ehegatten und Kinder** gelten grds dies. Grundsätze. Sie können wie einander fremde G'ter eine geschlossene **Personengruppe** bilden, die mit Mehrheit das Besitz- und Betriebsunternehmen beherrscht.[8] Unzulässig ist allerdings die **Zusammenrechnung von Ehegatten- und Kinderanteilen** nur wegen des Ehe- oder Familienverhältnisses. Auch eine insoweit aufgestellte widerlegliche Vermutung gleichgerichteter Interessen widerspricht **Art 6 iVm Art 3 GG**.[9] Wie bei Fremden auch kann sich allerdings aus **Stimmrechtsbindungen oder -vollmachten**[10] die Beherrschungsidentität ergeben, nicht dagegen aus konfliktfreiem Zusammenleben oder Herkunft der Mittel.[11] Daher scheidet eine BetrAufsp grds aus, wenn am Besitzunternehmen nur der eine und am Betriebsunternehmen nur der andere Ehegatte beteiligt ist **(sog Wiesbadener Modell)**.[12] Anders ist es selbstverständlich, wenn tatsächlich jeweils ein verdecktes Gesellschaftsverhältnis an beiden Ges vorliegt[13] oder der Anteil jeweils nur treuhänderisch für den anderen Ehegatten gehalten wird. Bei **minderjährigen Kindern** soll nach Ansicht der FinVerw ohne weitere hinzutretende Umstände eine Zurechnung der Kinderanteile dann zulässig sein, wenn an beiden Ges die für das Kind vermögenssorgeberechtigten Elternteile beteiligt sind.[14] Allerdings soll dann aus Billigkeitsgründen bei Eintritt der Volljährigkeit ein Wahlrecht zur Fortsetzung der gewerblichen Vermietung bestehen.[15]

93 Fraglich ist, ob und unter welchen Voraussetzungen auch ohne (ausreichende) gesellschaftsrechtliche Beteiligung eine BetrAufsp kraft **faktischer Beherrschung** in Betracht kommt. Die Rspr hat in einem Ausnahmefall die faktische Beherrschung **der Betriebsgesellschaft** durch die dort als Geschäftsführer angestellten Besitz-G'ter und Ehemänner der fachunkundigen G'terinnen der Betriebsgesellschaft bejaht,[16] inzwischen aber in weitgehend vergleichbaren Fällen stets abgelehnt,[17]

---

1 Dazu BFH/NV 92, 553.
2 Vgl dazu BFH v 24.11.04 – IV B 15/03, BFH/NV 05, 545 (BetrAufsp bejaht bei Beteiligung eines Nurbesitz-G'ters trotz Einstimmigkeitsprinzips, weil Mietvertrag bereits bestand und nur gekündigt werden konnte).
3 BFH BStBl II 91, 405; BStBl II 93, 876.
4 BFH BStBl II 97, 437.
5 BFH/NV 98, 852.
6 BFH BStBl II 06, 415; BStBl II 97, 44; BStBl II 89, 455; vgl auch BStBl II 82, 479 (mitbestimmte AG).
7 BFH BStBl II 93, 134.
8 BFH BStBl II 94, 466; BStBl II 93, 876 (Gütergemeinschaft).
9 BVerfG BStBl 85, 475; BFH BStBl II 93, 134 statt vieler.
10 BFH/NV 90, 99; BMF BStBl I 86, 537.
11 BFH BStBl II 90, 500.
12 BFH BStBl II 89, 152 und 155.
13 Vgl auch BFH BStBl II 86, 913 und BStBl II 87, 858 (planmäßige gemeinsame Gestaltung des Zusammenwirkens in mehreren Ges).
14 R 15.7 (8) EStR; **aA** Felix StB 97, 145 mwN.
15 R 16 (2) EStR.
16 BFH BStBl II 76, 750.
17 BFH BStBl II 99, 445; BStBl II 90, 500; BStBl II 89, 155; BFH/NV 99, 700; BFH/NV 99, 268; vgl auch BFH BStBl II 84, 714 (Besitz-G'ter nur Geschäftsführer in Betriebs-KapGes mit Kindern als G'ter); BStBl II 86, 3, 59 (Vater und Tochter in Besitz-GbR und Mutter und Schwiegersohn in Betriebs-GmbH und Co KG); BStBl II 89, 152 (Einzelunternehmer an GmbH mit nicht völlig fachunkundiger Ehefrau als Allein-G'terin); FR 00, 818 (Vater, Mutter und Tochter in Besitz-, aber in Betriebsgesellschaft nur Vater und Tochter).

wenngleich sie weiterhin Ausnahmefälle für möglich hält.[1] Eine sog faktische Beherrschung des Betriebsunternehmens würde voraussetzen, dass die mit Mehrheit nur an der Betriebsgesellschaft beteiligten G'ter von ihren Stimmbefugnissen keinen Gebrauch machen können[2] und stattdessen die Besitz-G'ter auch ohne gesellschaftsrechtliche Stimmbefugnisse ihren Willen durchsetzen können. Dies ist bejaht worden bei Vorliegen einer (widerruflichen) Vollmacht für den lediglich mit Minderheit an der Betriebs-KapGes beteiligten Besitzunternehmer,[3] wonach dieser auch den Mehrheitsbesitz der Anteile aufgrund der Vollmacht vom Vollmachtgeber erwerben konnte. Tatsächlich liegt hier kein Fall lediglich faktischer Beherrschung vor, sondern rechtliche Beherrschung kraft der bestehenden Vollmacht, vergleichbar der Stimmrechtsbindung.

Eine **mittelbare Beteiligung** kann **Beherrschungsidentität bei der Betriebsgesellschaft** vermitteln,[4] etwa indem eine Mehrheitsbeteiligung des Besitzunternehmens an einer KapGes besteht, die ihrerseits mehrheitlich an der Betriebs-KapGes beteiligt ist,[5] oder bei mittelbarer Beteiligung über eine KG.[6] Die Betriebsgesellschaft kann auch eine PersGes, insbes eine GmbH & Co KG sein.[7] Der mittelbaren Beteiligung wird zutr die Beherrschung über eine Stiftung[8] durch die Besitz-G'ter gleichgesetzt. **Umgekehrt** soll allerdings die am Besitzunternehmen bestehende **mittelbare Beteiligung** des Betriebsunternehmers oder der das Betriebsunternehmen beherrschenden G'ter **über eine KapGes** – im Unterschied zur mittelbaren Beteiligung über eine PersGes – nicht ausreichen, um zw den beiden Ges eine personelle Verflechtung zu begründen.[9] Diesen auf ein angebliches Durchgriffsverbot gestützten Entscheidungen ist nicht zu folgen.[10] Denn entscheidend kann allein sein, ob im Besitz- und Betriebsunternehmen in Bezug auf die Nutzungsüberlassung eine einheitliche Willensbildung gewährleistet ist. Dies ist gleichermaßen der Fall, wenn die Betriebsgesellschaft nur mittelbar vom Besitzunternehmer beherrscht wird, wie auch, wenn Betriebs- und Besitzgesellschaft mittelbar von denselben Pers beherrscht werden.[11] Dies kann nicht davon abhängen, ob die Anteile an der die Beherrschung vermittelnden KapGes zum Sonder-BV der G'ter der Betriebs-(Pers)Ges gehören oder nicht. Für das Investitionszulagenrecht mag etwas anderes gelten,[12] da hier an sich ohnehin im Gegensatz zum Ausgangspunkt der Existenz zweier selbstständiger GewBetr eine Zurechnung von Merkmalen des Betriebsunternehmens zum Besitzunternehmen zugelassen wird (Rn 85).

f) Sachliche Verflechtung. Die erforderliche sachliche Verflechtung wird darin gesehen, dass dem Betriebsunternehmen vom Besitzunternehmen **materielle**[13] oder **immaterielle WG**[14] zur Nutzung überlassen werden und diese **beim Betriebsunternehmen** zumindest **eine wesentliche Betriebsgrundlage** darstellen. Nicht erforderlich ist, dass die WG ihrerseits dem Besitzunternehmer zu Eigentum gehören.[15] Umgekehrt genügt auch eine **mittelbare Nutzungsüberlassung** über eine quasi treuhänderisch zwischengeschaltete Person an das Betriebsunternehmen, wenn vertraglich oder faktisch sichergestellt ist, dass die WG ihrerseits der Betriebsgesellschaft zur Nutzung überlassen werden. Eine gesellschaftsrechtliche Beherrschung der zwischengeschalteten Person durch das Besitzunternehmen ist nicht erforderlich.[16] Zu den wesentlichen Betriebsgrundlagen gehören diejenigen WG, die vom Betriebszweck gefordert werden und für die Betriebsführung besonderes Gewicht besitzen.[14] Maßgebend ist allein die **funktionale Bedeutung** des überlassenen WG für das Betriebsunternehmen. Ob und inwieweit das WG von erheblichem Wert ist oder ob es erhebliche **stille Reserven** enthält (quantitative Betrachtung), spielt – anders als für die Betriebsveräußerung nach § 16 (§ 16 Rn 56)[17] – keine Rolle.[18] Zutr wird auf die funktionale Bedeutung beim Betriebsunternehmen abgestellt, obgleich es um die Frage nach der Beurteilung der Tätigkeit des Besitzunterneh-

---

1 BFH v 3.2.04 – III B 114/03, BFH/NV 04, 1109; BFH BStBl II 02, 771; BStBl II 02, 774.
2 BFH/NV 91, 454; BFH/NV 99, 700.
3 BFH BStBl II 97, 437.
4 BFH BStBl II 02, 363.
5 BFH BStBl II 88, 537; BStBl II 93, 134.
6 Schmidt[26] § 15 Rn 835.
7 BFH BStBl II 83, 136 und 82, 60; BFH/NV 94, 265.
8 BFH BStBl II 82, 662.
9 BFH BStBl II 99, 532 (zu § 9 Nr 1 S 5 GewStG); BStBl II 93, 134; BStBl II 95, 75.
10 So auch Schmidt[26] § 15 Rn 835.
11 Vgl BFH BStBl II 99, 168 (zu § 9 Nr 1 S 5 aber nur bei Schwester-PersGes).
12 Vgl BFH BStBl II 93, 773 und BStBl II 95, 75.
13 So ua für Grundstücke BFH BStBl II 99, 715.
14 BFH BStBl II 99, 281.
15 BFH BStBl II 89, 1014; BFH/NV 93, 95.
16 BFH BStBl II 02, 363; s aber BFH BStBl II 07, 378 (keine sachliche Verflechtung bei unentgeltlicher Überlassung an GbR durch MU'er und Weitervermietung durch GbR an von MU'er beherrschte GmbH, weil vorher von GbR selbst genutzt – mE zweifelh!).
17 BFH BStBl II 98, 104; BStBl II 96, 409.
18 BFH BStBl II 89, 1014; BStBl II 98, 104.

mens als gewerblich geht. Die besondere Risikostruktur, die aus der an sich vermeintlich nur vermietenden Tätigkeit eine gewerbliche macht, ergibt sich letztlich daraus, dass das personell verflochtene Betriebsunternehmen das ihm überlassene WG funktional für seine betrieblichen Zwecke benötigt und wegen der Interessenübereinstimmung der oder die Besitzunternehmer dies in besonderer Weise berücksichtigen, etwa durch Beschränkung ihrer Kündigungsbefugnisse bei schlechter wirtschaftlicher Lage. Daher ist auch unerheblich, ob das Betriebsunternehmen jederzeit am Markt ein gleichwertiges WG von einem anderen erwerben oder mieten könnte[1] oder ob die WG auch von anderen Unternehmen sinnvoll genutzt werden könnten.[2]

96 Für (bebaute und unbebaute) **Grundstücke** hat die Rspr die sachliche Verflechtung bejaht, wenn a) das Grundstück auf die Bedürfnisse des Betriebs zugeschnitten ist, insbes das Gebäude für Zwecke des Betriebsunternehmens errichtet oder hergerichtet wurde oder b) die Betriebsführung durch die Lage des Grundstücks bestimmt ist oder c) das Grundstück aus anderen innerbetrieblichen Gründen für das Betriebsunternehmen unentbehrlich ist (Auffangklausel).[3] Danach ist bei Grundstücken die Wesentlichkeit nahezu immer zu bejahen, insbes für Laden-,[4] Fabrik-[5] und Werkstatt- und Lagergebäude.[6] Nichts anderes kann aber für Bürogebäude zumindest dann gelten, wenn es sich um Dienstleistungsbetriebe handelt, deren Dienstleistung büromäßig erstellt wird.[7] Auch für Handels-, Dienstleistungs- und Produktionsbetriebe bejahen Rspr und FinVerw nunmehr die Wesentlichkeit, wenn das Gebäude benötigt wird (zB für die Geschäftsleitung[8]), für die Zwecke geeignet ist und nicht von völlig untergeordneter Bedeutung ist.[9] Auch Lagergebäude[10] wie Grundflächen für die Lagerung[11] sind grds wesentliche Betriebsgrundlagen für Produktions- und Handelsbetriebe. Soweit es sich um Dienstleistungsunternehmen handelt, sind Grundstücke, auf denen oder mit denen die Dienstleistungen erbracht werden, wesentliche Betriebsgrundlagen.[12] Ausnahmsweise sind Grundstücke dann keine wesentliche Betriebsgrundlage, wenn im Verhältnis zu vorhandenem eigenem Grundbesitz und/oder zu von fremden Dritten angemieteten Grundstücken die vom Besitz-G'ter angemieteten Grundstücke quantitativ und qualitiv (Allerweltsgebäude) ohne Bedeutung sind.[13]

97 **Bewegliches Anlagevermögen**, insbes Maschinen, gehört dann zu den wesentlichen Betriebsgrundlagen, wenn es nicht völlig unbedeutend im Verhältnis zu eigenem Anlagevermögen oder zu von Fremden gemieteten Anlagevermögen ist.[14] Auch hier kann es auf die abstrakte Möglichkeit, dieses auch von Dritten beschaffen zu können, nicht ankommen. Allerdings soll dies nicht gelten, wenn eine kurzfristige Wiederbeschaffung möglich ist und das WG für die Fortführung der Produktion nicht unerlässlich ist.[15] **Immaterielle WG**, insbes **Patente**, stellen wesentliche Betriebsgrundlagen dar, wenn die Umsätze des Betriebsunternehmens in erheblichem Umfang auf der Überlassung der WG beruhen.[16]

98 **g) Betriebsvermögen des Besitzunternehmens.** Zum **notwendigen BV** des Besitzunternehmers gehören neben den dem Betriebsunternehmen überlassenen wesentlichen Betriebsgrundlagen auch **alle** übrigen für sich nicht wesentlichen **dem Betriebsunternehmen zur Nutzung überlassenen WG.** Die Qualifizierung setzt nicht voraus, dass sie für die Betriebsgesellschaft notwendig, erforderlich oder unentbehrlich sind.[17] Es genügt, dass sie geeignet sind, die Vermögens-, Liquiditäts- oder

---

1 BFH BStBl II 93, 718; BStBl II 96, 409; *Kempermann* FR 93, 536.
2 BFH BStBl II 93, 718; BStBl II 97, 565.
3 BFH BStBl II 97, 565 mwN im Anschluss an BStBl II 93, 718.
4 BFH BStBl II 92, 723; BStBl II 91, 336; BStBl II 91, 405; BStBl II 92, 723; BStBl II 93, 245.
5 BFH BStBl II 89, 363; BFH/NV 90, 562; BStBl II 92, 347; BFH/NV 92, 312; BStBl II 92, 830; BStBl II 93, 233.
6 BFH/NV 04, 180 (auch bei Nutzung nur für die Überbrückungszeit); BFH v 20.4.04 – VIII R 13/03, BFH/NV 04, 1253 mwN; BStBl II 00, 621; BStBl II 93, 718; BStBl II 93, 876; BStBl II 97, 44 und 437.
7 BFH BStBl II 97, 565 (Werbeagentur); BFH/NV 98, 1001; BStBl II 91, 773 (Entwicklung, Fertigung und Büro); abl *Kempermann* DStR 97, 1441; *Binz* DStR 96, 565.
8 BFH BStBl II 06, 804 (Teil eines EFH als Büro für Geschäftsleitung einer Unternehmensberatungs-GmbH).
9 BFH/NV 03, 1321; BFH/NV 03, 910; BFH BStBl II 00, 621 mit Anm *Fischer* FR 01, 33; BMF BStBl I 01, 634 und BStBl I 02, 88, 647 (mit Übergangsregelung bis 31.12.02); verneinend noch BFH BStBl II 71, 61 u BFH/NV 86, 360.
10 BFH/NV 95, 597; BFH/NV 94, 228.
11 BFH BStBl II 89, 1014; BStBl II 98, 478.
12 BFH BStBl II 03, 757 (Steuerberatungs-GmbH); BStBl II 97, 569 (Hotel); BStBl II 81, 39 (Kurheim).
13 BFH/NV 03, 41; BFH BStBl II 93, 245.
14 BFH BStBl II 96, 527.
15 BFH/NV 04, 1262 unter Hinweis auf BStBl II 93, 710; BStBl II 79, 300 und BStBl II 80, 81.
16 BFH BStBl II 99, 279 mwN; BStBl II 94, 168; BStBl II 89, 455; vgl auch FG M'ster EFG 96, 434 (Taxikonzession).
17 BFH BStBl II 99, 281.

Ertragslage der Betriebsgesellschaft zu verbessern und damit den Wert der Beteiligung an der Betriebsgesellschaft zu erhöhen. Daher gehören auch **Darlehen,**[1] **Patente und Erfindungen, unwesentliche Grundstücke**[2] usw, die **ein Einzelbesitzunternehmer** der Betriebs-KapGes zur Nutzung überlässt, zum notwendigen BV.[3] Dies soll jedenfalls dann gelten, wenn ein unmittelbarer wirtschaftlicher Zusammenhang mit der Nutzungsüberlassung der wesentlichen Betriebsgrundlagen besteht.[4] Dies wird kaum je zu verneinen sein.

Die **Anteile an der Betriebs-KapGes**[5] sowie **Anteile an einer KapGes,**[6] die eine mittelbare Beherrschung der Betriebsgesellschaft (Rn 94) ermöglichen, gehören zwingend zum notwendigen BV des Besitzunternehmers. Dagegen führen Vergütungen für Dienstleistungen des Besitzunternehmers an die Betriebsgesellschaft nicht zu gewerblichen Einkünften beim Besitzunternehmer, sondern zu Einkünften aus nicht selbstständiger (zB **Geschäftsführergehalt**) oder selbstständiger Arbeit (zB freiberufliche Tätigkeit).[7]

99

Bei der **Besitz-PersGes** gehören alle WG des Gesellschaftsvermögens einschl der an Dritte zur Nutzung überlassenen WG sowie Darlehensforderungen[8] und stille Beteiligungen[9] zum BV. Dies folgt aus § 15 III Nr 1, soweit sich die Tätigkeit nicht ohnehin schon als originär gewerblich darstellt.[10] Die Abfärbung erstreckt sich allerdings nicht auf WG, die nicht zum Gesellschaftsvermögen gehören, sondern im Eigentum der G'ter stehen oder diesen sonst persönlich zuzurechnen sind. Diese können allerdings Sonder-BV II bei der Besitzgesellschaft sein.[11]

100

Zum **notwendigen Sonder-BV (II)** der G'ter der Besitz-PersGes gehören die **Anteile an der Betriebs-KapGes**[12] sowie Anteile an KapGes, die einen mittelbaren Einfluss auf das Betriebsunternehmen[13] gewähren (Rn 94) oder Anteile, die sonst für das Besitzunternehmen wirtschaftlich von besonderem Vorteil[14] sind, namentlich Anteile an wichtigen Kunden der Betriebs-KapGes.[15] Sofern allerdings die KapGes einen erheblichen eigenen Geschäftsbereich hat, ist die Zurechnung zum Sonder-BV des Besitzunternehmens nur dann gerechtfertigt, wenn aus besonderen Umständen sich ergibt, dass die Beteiligung vorrangig im Interesse der Besitzgesellschaft gehalten wird.[16]

101

Grundstücke[17] und andere WG, die unmittelbar vom G'ter der Besitzgesellschaft dem Besitzunternehmen zur Weitervermietung an das Betriebsunternehmen überlassen werden, stellen notwendiges Sonder-BV (I) dar.[18] Aber auch unmittelbar dem Betriebsunternehmen zur Nutzung überlassene WG können ebenfalls **Sonder-BV (II)** bei der Besitzgesellschaft sein. Dies kommt allerdings nur in Betracht, sofern die Überlassung letztlich dem Interesse des Besitzunternehmens oder der Beteiligung des Besitzunternehmers an dieser dient durch Verbesserung der Vermögens- und Ertragslage der Betriebsgesellschaft und dadurch bedingte Erhöhung des Werts der Beteiligung.[19] Die Abgrenzung soll anhand der „Veranlassung" erfolgen.[20] Als wesentliche Indizien für eine Veranlassung im Interesse der Besitz-PersGes werden angesehen:[21] (a) Überlassung zu nicht fremdüblichen Bedingungen;[22] (b) Nutzungsdauer abhängig von der Dauer der Beteiligung am Betriebsunternehmen;[23] (c) nach Zweckbestimmung nur für das Betriebsunternehmen geeignet oder sonst für dieses unverzichtbar;[24] (d) enger zeitlicher Zusammenhang mit Begründung der BetrAufsp.[25] Ansonsten ist davon auszugehen, dass die unmittelbare Nutzungsüberlassung zu Einkünften des Überlassenden

102

---

1 BFH BStBl II 05, 354.
2 BFH BStBl II 91, 405.
3 BFH BStBl II 78, 378; BStBl II 95, 452; BStBl II 99, 281.
4 BFH BStBl II 91, 405; BStBl II 99, 281 mwN.
5 BFH BStBl II 07, 772; BFH BStBl II 91, 713; BFH/NV 99, 1468.
6 BFH BStBl II 82, 60.
7 BFH BStBl II 70, 722.
8 BFH BStBl II 05, 354 (s dort aber auch Abgrenzung zur verdeckten Einlage, falls nur im Interesse eines G'ters der Besitzgesellschaft, der am Darlehensnehmer beteiligt ist); BFH BStBl II 05, 694.
9 BFH BStBl II 91, 569.
10 BFH BStBl II 05, 354; BFH BStBl II 98, 254.
11 BFH BStBl II 99, 279.
12 BFH BStBl II 00, 255; BStBl II 99, 547; BStBl II 99, 715; BStBl II 91, 832; BStBl II 93, 328.
13 BFH BStBl II 82, 662.
14 BFH BStBl II 98, 383.
15 BFH BStBl II 05, 354; BFH BStBl II 05, 833 (Anteile an zwischengeschalteter Holding).
16 BFH BStBl II 98, 383; BStBl II 93, 328.
17 BFH BStBl II 99, 715; BStBl II 99, 357; BStBl II 97, 569; BStBl II 95, 452.
18 BFH BStBl II 05, 340.
19 BFH BStBl II 05, 340; BStBl II 05, 830; vgl auch *Gosch* StBp 97, 216; *Kempermann* FS Flick, 1997, S 445; *Schulze zur Wiesche* FR 99, 14.
20 BFH BStBl II 99, 715; BStBl II 99, 357.
21 Vgl BFH BStBl II 99, 357 und 715.
22 BFH BStBl II 93, 864 und BStBl II 95, 452 (zu Darlehen).
23 BFH BStBl II 95, 452.
24 BFH BStBl II 75, 781; FR 99, 297.
25 BFH BStBl II 97, 530.

aus § 21[1] oder aus einem eigenen GewBetr führt, etwa wenn er selbst bereits wesentlich beteiligt ist und wesentliche Betriebsgrundlagen zur Nutzung überlässt.[2] Bei Vermietung durch Eigentümergemeinschaften, an denen ein Besitzunternehmer beteiligt ist, kommt auch Sonder-BV II bzgl des Eigentumsanteils/Bruchteils beim Besitz-G'ter in Betracht.[3] Bei einer mitunternehmerischen BetrAufsp genießt aber die Zuordnung zum Sonder-BV I bei der Betriebsgesellschaft den Vorrang vor der Zuordnung zum Sonder-BV der Besitzgesellschaft.[4] Die Feststellungslast für das Vorliegen von Son- der-BV II trifft die FinVerw.[5] Unter denselben Voraussetzungen können auch (einfache und eigenkapitalersetzende) **Darlehensforderungen**[6] gegen die Betriebsgesellschaft und als negatives Sonder-BV II **Bürgschaften** für die BetrG (Rückstellungen dafür in Sonderbilanz, falls Regressanspruch nicht werthaltig)[7] zum Sonder-BV II gehören.

103 **Gewillkürtes BV** kommt in Betracht bei Einzelunternehmern, Erbengemeinschaften, Gütergemeinschaften als Besitzunternehmen und als **gewillkürtes Sonder-BV** für die G'ter einer Besitz-PersGes. Dazu gehört insbes **an Dritte vermieteter Grundbesitz**, sofern er als BV ausgewiesen ist. Es muss insoweit eine eindeutige Zuordnungsentscheidung – etwa durch Bilanzierung – getroffen worden sein.[8]

104 **h) Rechtsfolgen.** Der (Einzelunternehmer, jur Pers) oder die (PersGes/gemeinschaft) Besitzunternehmer beziehen **gewerbliche Einkünfte**, § 15, und der Gewerbeertrag unterliegt der GewSt.[9] Es besteht kein einheitlicher GewBetr mit dem Betriebsunternehmen.[10] Der Gewinn des Besitzunternehmens ist durch BV-Vergleich zu ermitteln.[11] Dies gilt allerdings nur, soweit die Grenzen des § 141 AO überschritten sind. **Teilwertabschreibungen** auf Forderungen gegen die Betriebsgesellschaft sind grds unter denselben Voraussetzungen wie gegen Dritte zulässig.[12] Allerdings ist jedenfalls bei eigenkapitalersetzenden Darlehen auch die funktionale Bedeutung für das Besitzunternehmen zu berücksichtigen,[13] ebenso wie bei einer Teilwertabschreibung auf die Anteile an der Betriebsgesellschaft. Es besteht kein genereller Grundsatz korrespondierender Bilanzierung.[14] Umstritten war, ob eine **zeitkongruente Bilanzierung von Gewinnausschüttungen** erforderlich ist.[15] Dies ist zu verneinen, da eine phasengleiche Bilanzierung nach allg Bilanzierungsgrundsätzen unzulässig ist.[16] Offen ist aber, ob nicht hinsichtlich der Forderungen und Verbindlichkeiten aus dem die BetrAufsp begründenden Pachtvertrag eine korrespondierende Bilanzierung verlangt wird,[17] sowie bei Pachterneuerungsrückstellungen.[18]

105 **Verzichtet** das Besitzunternehmen **auf Forderungen** (Pacht, Miete, Darlehen usw) gegenüber der Betriebsgesellschaft, so führt dies in Höhe des werthaltigen Teiles zu nachträglichen AK der Beteiligung und bei der Betriebs-KapGes zu einer Einlage, nicht aber ein bloßer Rangrücktritt.[19] Hinsichtlich des nicht werthaltigen Teiles entsteht durch Teilwertabschreibung beim Besitzunternehmen Aufwand und beim Betriebsunternehmen Ertrag. Soweit die Anteile an der KapGes im Sonder-BV der G'ter des Besitzunternehmens stehen, soll der Aufwand im Sonder-BV entstehen.[20] **Unangemessen hohe Nutzungsvergütungen** durch eine Betriebs-KapGes führen zu **vGA**.[21] Unentgeltliche Nutzungsüberlassungen oder zu niedrige Nutzungsvergütungen führen nach den Grundsätzen über die

---

1 BFH BStBl II 99, 279; BStBl II 97, 530.
2 BFH BStBl II 97, 226.
3 BFH BStBl II 05, 340 (Ehegattengemeinschaft zu je 50 %, nur ein Ehegatte Besitz-G'ter).
4 BFH BStBl II 05, 830.
5 BFH BStBl II 99, 357.
6 BFH BStBl II 06, 618; BStBl II 01, 335; BStBl II 95, 452.
7 BFH BStBl II 02, 733; BFH/NV 03, 900.
8 BFH BStBl II 99, 279; BStBl II 87, 120; BStBl II 94, 172.
9 BFH BStBl II 98, 478.
10 BFH BStBl II 80, 94 (jeweils eigene Wj); BStBl II 92, 246 (§ 7g getrennt); vgl aber BFH v 16.12.03 – VIII R 89/02, BFH/NV 04, 936 (Missbrauch nach § 42 AO bei Wahl unterschiedlicher Wj).
11 BFH/NV 98, 1202; BFH BStBl II 89, 714.
12 BFH BStBl II 89, 714.
13 BFH BStBl II 04, 416 mit Anm *Gosch* StBp 04, 146; *Tiedchen* KFR 04, 215; *Hoffmann* GmbHR 04, 593;
BFH BStBl II 06, 618 mit (krit) Anm *Wassermeyer* DB 06, 296 (keine Teilwertabschreibung wegen Unverzinslichkeit).
14 BFH BStBl II 99, 547; bej BStBl III 66, 147 u 589 sowie für die Warenrückgabeverpflichtung BStBl II 75, 700.
15 BFH BStBl II 99, 547 (jedenfalls verneinend für Jahresabschluss Tochter nach Mutter); vgl iÜ Vorlagebeschluss I. Senat BStBl II 99, 551 (generell verneinend).
16 BFH BStBl II 01, 185; überholt BMF BStBl I 99, 822.
17 Vgl BFH BStBl II 89, 714.
18 Vgl BFH BStBl 98 II, 505 (abl für normale Pacht); vgl auch BMF BStBl I 02, 262 (korrespondierend bei eiserner Verpachtung!) sowie BFH BStBl II 00, 286 und 309 (zu LuF!).
19 BFH BStBl II 06, 618; BFH GrS BStBl II 98, 307.
20 BFH BStBl II 98, 652.
21 Zu bewertungsrechtlichen Fragen bei der Bedarfsbewertung vgl BFH BStBl II 05, 426 (Ansatz der vereinbarten und nicht einer üblichen – niedrigeren – Miete).

Nutzungseinlage nicht zu Gewinnkorrekturen.[1] Allerdings sind **Gewinnkorrekturen** durch Nutzungsentnahme nach § 12 iVm § 4 dann in Höhe einer anteiligen BA-Kürzung beim Besitzunternehmen erforderlich, wenn an der Betriebsgesellschaft Familienangehörige beteiligt sind, die nicht am Besitzunternehmen gleich beteiligt sind.[2] Ein **Geschäftswert** verbleibt bei der echten BetrAufsp beim Besitzunternehmen, wenn dieses an das Betriebsunternehmen alle wesentlichen Betriebsgrundlagen nur verpachtet und jederzeit den Betrieb wieder selbst aufnehmen kann. Werden hingegen die geschäftswertbildenden Faktoren endgültig übertragen, wird auch der Geschäftswert veräußert, resp verdeckt eingelegt.[3] Eine anteilige Entnahme kommt dann auch bei disquotaler Beteiligung von Familienangehörigen an der Betriebsgesellschaft in Betracht (s Rn 108, 110).[4]

106 Bzgl der **GewSt** kann beim Betriebsunternehmen die Hinzurechnung von **Dauerschuldzinsen** nach § 8 Nr 2 GewStG[5] und der Hälfte der Miet- und Pachtzinsen nach § 8 Nr 7 GewStG in Betracht kommen. Da das Besitzunternehmen der GewSt unterliegt, scheidet § 8 Nr 7 GewStG allerdings aus, soweit nicht ein Betrieb oder Teilbetrieb überlassen wurde.[6] Beim Besitzunternehmen ist für Gewinnausschüttungen die Kürzungsvorschrift des § 9 Nr 2a GewStG anwendbar. Umgekehrt erfolgt insoweit keine Anrechnung nach § 35.[7] Die Kürzungsvorschrift des § 9 Nr 1 S 2 für ausschließlich Grundbesitz verwaltende KapGes kommt nicht in Betracht.[8] Eine körperschaftsteuerliche und gewerbesteuerliche **Organschaft** schied früher mangels wirtschaftlicher Eingliederung aus, sofern das Besitzunternehmen nicht noch eine weitere gewerbliche Tätigkeit neben der Nutzungsüberlassung betrieb,[9] anders aber nach hM bei der USt.[10] Ab Erhebungszeitraum 02 kann auch eine Besitzgesellschaft Organträger sein.[11] Es ist aber in Übereinstimmung mit der körperschaftsteuerlichen Organschaft ein Gewinnabführungsvertrag erforderlich, §§ 2 II, 36 II GewStG idF UntStFG. Eine Zurechnung von steuerbegünstigenden Merkmalen der BetriebsGes auf das Besitzunternehmen für die GewSt erfolgt nach hM (s Rn 87a).[12] Dasselbe soll auch für den Bereich der **Investitionszulagen und Steuerbegünstigungen** nach dem FördGebG gelten (Rn 85).[13]

107 **i) Übertragung von Wirtschaftsgütern.** Die Übertragung von WG auf das Betriebsunternehmen im Laufe der Gründung oder später stellt bei Entgeltlichkeit einen normalen Gewinn realisierenden Vorgang für das Besitzunternehmen und eine Anschaffung für das Betriebsunternehmen dar. Entgeltlichkeit liegt auch bei einer Schuldübernahme vor.[14] Handelt es sich um eine **offene Sacheinlage in eine KapGes**, so liegt nach Auffassung der Rspr jedenfalls aufseiten des Einbringenden **ein tauschähnlicher Vorgang** vor.[15] Inzwischen bejaht die Rspr auch aufseiten der aufnehmenden Ges einen kaufähnlichen Anschaffungsvorgang.[16] Bei der **offenen Sacheinlage in die Betriebs-KapGes** liegt für das einlegende Besitzunternehmens ein veräußerungsähnlicher Vorgang vor mit der Gewährung (Wertsteigerung) der Anteile als Gegenleistung (s § 16 Rn 17). Die Bewertungsvorschrift des § 6 VI 1 ist insoweit anwendbar und verlangt für die übertragenen WG den Ansatz mit dem gemeinen Wert. Beim Besitzunternehmen ergibt sich eine Gewinnrealisierung. Bei der **offenen Sacheinlage in eine Betriebs-PersGes** findet § 6 VI keine Anwendung (Rn 453f).

108 Bei der **verdeckten Sacheinlage** in die **Betriebs-KapGes** erhöhen sich nach § 6 VI 2 die **AK der Anteile** an der Betriebs-KapGes um den **Teilwert** der eingelegten WG. Dem entspricht aufseiten der Betriebsgesellschaft der Ansatz mit dem Teilwert. Bei einer **disquotalen verdeckten Sacheinlage** zugunsten von an der Betriebs-KapGes, aber nicht am Besitzunternehmen beteiligten Angehörigen ist ebenfalls § 6 VI 2 anzuwenden. Im Besitzunternehmen liegt insoweit eine gewinnrealisierende

---

1 BFH GrS BStBl II 88, 348.
2 BFHE 185, 230.
3 Vgl BFHE 171, 282 = DStR 93, 1174 einerseits und BFH BStBl II 01, 771; BFH BStBl II 05, 378 (andererseits).
4 BFH BStBl II 05, 378; anders aber BFHE 185, 230; BFH/NV 98, 1160 (falls Geschäftswert bei Besitzunternehmen verbleibt).
5 Vgl BFH BStBl II 05, 102 (doppelte Hinzurechnung bei Betriebs- und Besitzgesellschaft).
6 BFH/NV 98, 702; vgl aber EuGH IStR 99, 691 (§ 8 Nr 7 GewStG verstößt gegen Niederlassungsfreiheit).
7 Zu Auswirkungen des § 35 auf die BetrAufsp s *Kessler/Teufel* DStR 01, 869.
8 BFH BStBl II 92, 347 mwN; vgl auch BStBl 99, 532 und 168.
9 BFH v 17.9.03 – I R 95/01, BFH/NV 04, 808; BFH BStBl II 89, 668; BStBl II 88, 456.
10 BFH BStBl II 94, 129; BFH/NV 96, 273; BFH/NV 98, 1272.
11 BMF BStBl I 05, 1038 Tz 16.
12 BFH BStBl II 06, 662; BFH/NV 07, 149 (anhängiges Verfahren Verfassungsbeschwerde 1 BvR 19/07).
13 BFH BStBl II 03, 272 (zur mitunternehmerischen BetrAufsp); BStBl II 99, 607 und 610 (zur vermögensmäßigen Verbindung).
14 BMF DStR 98, 766.
15 BFH BStBl II 99, 209; BStBl II 92, 404 mwN; ebenso BMF BStBl I 76, 418; *Groh* DB 97, 1683.
16 BFH BStBl II 00, 230; BFH/NV 03, 88.

Veräußerung mit Entnahme der Gegenleistung (s § 16 Rn 22, 23 Wertsteigerung der Anteile) vor.[1] Zu erhöhen sind die AK der Beteiligung an der KapGes für die begünstigten Angehörigen. Zur **verdeckten Einlage in eine Betriebs-PersGes** (Rn 453f).

109 Zusammenfassend ist festzustellen, dass die Begründung einer echten BetrAufsp mit einer Betriebs-KapGes seit dem 1.1.99 **steuerneutral nicht mehr möglich** ist (§ 6 Rn 191). Bis dahin wurde die steuerneutrale Überführung von WG zu Buchwerten bei Einbringung in PersGes auf eine analoge Anwendung des § 24 UmwStG gestützt,[2] ab 1.1.01 folgt dies aus § 6 V 3 idF StSenkG. Auch die erfolgsneutrale Einbringung in die Betriebs-KapGes wurde – entgegen § 20 UmwStG – wegen der Besonderheit einer BetrAufsp von der FinVerw und der hL für zulässig gehalten, allerdings ohne auch nur ansatzweise dafür eine Rechtsgrundlage benennen zu können.[3] Dies hat der BFH nunmehr aus Gründen der Rechtskontinuität „unter Hintanstellung von Bedenken" bestätigt.[4]

110 Erfolgt eine **unentgeltliche Anteilsübertragung** auf nicht am Besitzunternehmen beteiligte Angehörige, so liegt im Besitzunternehmen (ggf Sonder-BV) eine Entnahme[5] vor. Eine Kapitalerhöhung bei der Betriebsgesellschaft führt zu einer Entnahme im Besitzunternehmen, soweit ein Dritter (Familienangehöriger) die neuen Anteile gegen Zahlung lediglich des Nennwertes übernimmt, ohne für vorhandene stille Reserven ein Aufgeld zahlen zu müssen.[6] Wird durch Forderungsverzicht[7] eine disquotale Einlage zugunsten von Nur-Betriebs-G'tern geleistet, so sind die AK der vom Besitzunternehmen gehaltenen Anteile nur anteilig zu erhöhen und iÜ liegt eine Entnahme vor.[8]

111 **j) Begründung und Beendigung.** Die BetrAufsp kann bewusst herbeigeführt werden, indem ein bisher einheitliches Unternehmen auf 2 **Rechtsträger aufgeteilt** wird – sog echte BetrAufsp. Dabei ist gleichgültig, ob – wie im Regelfall – das Betriebsunternehmen ausgegründet wird oder umgekehrt das Besitzunternehmen. Denkbar wäre auch, dass das bisher einheitliche Unternehmen geteilt auf 2 neu gegründete Rechtsträger übertragen wird. Die Übertragung der Vermögensgegenstände kann durch **Einzelrechtsübertragung** oder nach dem UmwG, insbes durch **Spaltung oder Verschmelzung**, vollzogen werden. Nachdem eine erfolgsneutrale Vermögensübertragung – außer auf PersGes und § 20 UwStG – nicht mehr möglich ist, wird bei einer geplanten echten BetrAufsp regelmäßig das Betriebsunternehmen ausgegründet werden. Ggf können dann Ersatzneuanschaffungen bereits im Betriebsunternehmen vorgenommen werden. Für die steuerliche Beurteilung ist unerheblich, ob bewusst eine echte BetrAufsp herbeigeführt wurde oder ob bewusst oder unbewusst die Voraussetzungen einer personellen und sachlichen Verflechtung nachträglich geschaffen wurden. Sobald diese eintreten (etwa mit Beginn der Nutzungsüberlassung oder umgekehrt durch nachträglichen Eintritt der personellen Verflechtung), beginnt die gewerbliche Tätigkeit des Besitzunternehmers. Soweit die überlassenen **WG** nicht schon bisher BV waren, werden sie zu diesem Zeitpunkt **in das BV eingelegt**, § 4 I 5 iVm § 6 I 6, andernfalls werden sie unter Fortführung der Buchwerte nach § 6 V 1 in das Besitzunternehmen überführt. Die Zuordnung zu einem durch die BetrAufsp begründeten GewBetr entfällt nicht deshalb, weil die WG schon vorher zu einem GewBetr gehörten – keine Subsidiarität der BetrAufsp.[9]

112 Die **BetrAufsp endet** mit Wegfall entweder der personellen oder der sachlichen Verflechtung, gleichgültig aus welchem Grunde. So kann die personelle Verflechtung durch Veräußerungen (einschließlich Verschmelzung[10]) der Anteile an der Betriebs- oder Besitzgesellschaft[11] entfallen, aber auch durch Erbfall,[12] Eintritt der Volljährigkeit[13] oder Insolvenz.[14] Die sachliche Verflechtung endet jedenfalls mit Beendigung der Nutzungüberlassung der (letzten) wesentlichen Betriebsgrundlage,

---

1 Vgl BFH BStBl II 05, 378 (Der BFH geht für die Zeit vor Inkrafttreten des § 6 VI 2 davon aus, dass die verdeckt eingelegten WG zunächst beim Besitzunternehmen entnommen werden und sodann vom Begünstigten verdeckt in die KapGes eingelegt werden. Dieses Umweges bedarf es nicht. Richtigerweise liegt eine entgeltliche Veräußerung vor mit Entnahme der Gegenleistung.).
2 Statt vieler BFH BStBl II 86, 333; BMF BStBl I 78 Rn 56; iErg ebenso *K/S/M* § 15 Rn 172.
3 BMF BStBl I 85, 97; DStR 96, 427 und DStR 98, 766; *Beisse* FS Schmidt, 1993, S 455; *Märkle* BB 94, 831; aA *Thiel* FR 98, 413; *Patt/Rasche* DStZ 97, 473.
4 BFH BStBl II 05, 378.
5 BMF BStBl I 85, 97.
6 BFH BStBl II 06, 287; vgl auch schon BFH BStBl II 91, 832.
7 Vgl BFH GrS BStBl II 98, 307.
8 *Thiel* FS Haas, 1996, S 353.
9 BFH BStBl II 02, 537.
10 Vgl BFH BStBl II 01, 321; *Kempermann* FR 01, 352.
11 BFH BStBl II 94, 23.
12 Vgl aber BFH v 21.4.05 – III R 7/03 (Erbengemeinschaft weiterhin als Durchgangsbesitzunternehmer), BFH/NV 05, 1974.
13 R 16 (2) S 3 EStR mit Billigkeitsmaßnahme.
14 BFH v 30.8.07 – IV R 50/05, DStR 07, 2201; BFH BStBl II 97, 460.

aber auch durch Beendigung der gewerblichen (werbenden) Tätigkeit des Betriebsunternehmens trotz Fortsetzung der Nutzungsüberlassung.[1]

Der **Wegfall der personellen oder sachlichen Verflechtung** führt nach st Rspr des BFH grds zu einer **Gewinn realisierenden BetrAufg.**[2] Der Gewinn unterliegt nicht der GewSt.[3] Dabei sind die stillen Reserven sowohl in den zur Nutzung überlassenen WG als auch in den Anteilen an der Betriebs-KapGes oder sonstigem Sonder-BV aufzudecken (Rn 102, 103).[4] Allerdings entfällt eine BetrAufg, wenn – wie häufig bei der echten und unechten BetrAufsp – zugleich die Voraussetzungen einer **Betriebsverpachtung** erfüllt – sog **qualifizierte BetrAufsp** – sind und keine Aufgabe erklärt wird,[5] wenn das Besitzunternehmen ohnehin eine gewerbliche Tätigkeit ausübt,[6] wenn die Besitzgesellschaft nach § 8 II KStG oder § 15 III 2 (gewerblich geprägt) oder § 15 III 1 (Abfärbung) weiterhin gewerbliche Einkünfte erzielt oder sonst Einkünfte aus LuF oder selbstständiger Arbeit erzielt oder wenn bei Beendigung einer mitunternehmerischen Betriebsaufspaltung die überlassenen Wirtschaftsgüter wieder Sonderbetriebsvermögen werden[7]. IÜ hatte die Rspr es früher für andere Konstellationen abgelehnt,[8] § 16 III einzuschränken. Neuerdings vermeidet die Rspr aber durch eine **Ausweitung des Verständnisses der Betriebsunterbrechung**[9] (Rn § 16 Rn 317f) die in der Tat unbilligen Folgen einer Zwangsrealisierung stiller Reserven. Dem ist zu folgen. Allerdings sollte sich die Rspr dazu durchringen, grds davon auszugehen, dass ohne Aufgabeerklärung[10] auch nach Wegfall der personellen oder sachlichen Verflechtung weiterhin BV vorliegt und einkommensteuerlich gewerbliche Einkünfte erzielt werden.[11]

4. Gewerblicher Grundstückshandel. – Literatur: *Anzinger* Anscheinsbeweis und tatsächliche Vermutung im Ertragsteuerrecht, 2006, zugleich Diss Darmstadt 2005; *Fischer* Gewerblicher Grundstückshandel: Zurechnung von Grundstücksgeschäften bei Zwischenschaltung Dritter, FR 05, 949; *ders* Immobilien: Gewerblicher Grundstückshandel durch Verkauf und anschließende Bebauung von einem Objekt, FR 05, 991; Florstedt Typusbegriffe im Steuerrecht, StuW 07, 314; *Fratz/Löhr* Gewerblicher Grundstückshandel: Besonderheiten bei der Veräußerung von Anteilen an Personengesellschaften, DStR 05, 1044; *Heuermann* Implikationen des gewerblichen Grundstückshandels und subjektive Zurechnung einer gewerblichen Tätigkeit, StBp 05, 239; *Kempermann* Gewerblicher Grundstückshandel: Nachhaltigkeit in „Ein Objekt Fällen", DStR 06, 265; *Kratsch* Bestandsaufnahme und Kritik der Rechtsprechung zum gewerblichen Grundstückshandel, INF 04, 575, 618; *ders* Zum Umfang des Betriebsvermögens beim gewerblichen Grundstückshandel, INF 05, 898; *Lammersen* Gewerblichkeit von Grundstücksveräußerungen, DStZ 04, 549, 595; *Leisner-Egensperger* Grundstückshandel im Steuerrecht, FR 07, 813; *Lüdicke/Naujok* Abgrenzung zwischen privater Vermögensverwaltung und gewerblichem Grundstückshandel, DB 04, 1796; *Schmidt-Liebig* Abgrenzung zwischen gewerblichen und privaten Grundstücksgeschäften[4], 2002; *Söffing* Gewerblicher Grundstückshandel – Anmerkungen zum BMF-Schreiben, DStR 04, 793; *Söffing/Seitz* Gewerblicher Grundstückshandel: Private Vermögensverwaltung trotz Veräußerungsabsicht –eine verfassungskonforme Auslegung, DStR 07, 1841; *Streck/Mack/Schwedhelm* Ein-Objekt-Veräußerung als gewerblicher Grundstückshandel, Stbg 04, 24; *Vogelgesang* Entwicklungen beim gewerblichen Grundstückshandel, Stbg 05, 116; *ders* Gewerblicher Grundstückshandel und Drei-Objekt-Grenze, BB 04, 183; frühere Literatur s 5. Aufl.

a) Generelle Abgrenzung zur Vermögensverwaltung. Sowohl der An- und Verkauf von unveränderten bebauten und unbebauten Grundstücken **(Grundstückshändler)** als auch die Errichtung von Bauwerken auf fremden Grundstücken **(Bauunternehmer)** und die Errichtung von Bauwerken auf eigenem Grundstück mit anschließender Veräußerung des bebauten Grundstückes **(Bauträger)** können die Merkmale einer gewerblichen Tätigkeit **(GewBetr)** iSd § 15 II (und auch iSd §§ 1, 2 HGB) begründen. Auf der anderen Seite folgt bereits aus § 22 Nr 2 iVm § 23 I Nr 1 **(private Veräußerungsgeschäfte)**, dass nicht jede Grundstücksveräußerung bereits zu einer gewerblichen Tätigkeit führen kann. Außerdem ergibt sich aus § 21 **(Einkünfte aus VuV)**, dass nicht jeder Erwerb mit einer

---

1 BFH BStBl II 06, 591; BStBl II 98, 325.
2 BFH BStBl II 02, 527; BStBl II 98, 326 mwN; vgl auch BStBl II 01, 321 (Beendigung einer BetrAufsp durch Verschmelzung der Betriebsgesellschaft wegen Wegfalls der persönlichen Verflechtung).
3 BFH BStBl II 02, 537.
4 BFH BStBl II 01, 321; BStBl II 94, 23.
5 BFH BStBl II 02, 527 (unecht); BStBl II 98, 326 (echt).
6 Vgl BFH BStBl II 01, 321.
7 BFH v 30.8.07 – IV R 50/05, DStR 07, 2201.
8 Vgl BFH BStBl II 89, 363 mit umfangreichen Nachweisen.
9 BFH BStBl II 06, 591 (für Grundstücksvermietung) mit Anm *Heuermann* StBp 06, 269 u BFH/NV 06, 1266 (für Erfinder GbR nach Beendigung der sachlichen Verflechtung); so bereits BFH BStBl II 97, 460 (für Einstellung des Konkursverfahrens); BFH BStBl II 02, 722 (fehlgeschlagene BetrAufsp, keine BetrAufg trotz Veräußerung des Anlagevermögens an die Pächterin bei Zurückbehaltung des Grundstückes).
10 So *Wendt* FR 98, 264.
11 *K/S/M* § 16 Rn F 35; vgl auch *Wendt* FR 06, 868.

Veräußerung nach längerer Fruchtziehungsperiode zur Annahme von gewerblichen Einkünften führen kann. Die Rspr nimmt die insoweit gebotene Abgrenzung zur privaten Vermögensverwaltung danach vor, ob die **Ausnutzung substanzieller Vermögenswerte durch Umschichtung (GewBetr)** oder die **Nutzung von Grundbesitz im Sinne einer Fruchtziehung** durch Selbstnutzung oder Vermietung im Vordergrund steht (**private Vermögensverwaltung**).[1] Dabei sei zur Abgrenzung auf das Gesamtbild der Verhältnisse und die Verkehrsanschauung abzustellen. Umstritten ist, ob hierbei der Rückgriff auf einen **Typusbegriff des GewBetr** hilfreich ist.[2]

115 Für die Annahme einer gewerblichen Tätigkeit durch Grundstücksveräußerungen sei insoweit erforderlich, dass der StPfl bereits bei Erwerb des Grundstückes (Händler) oder Errichtung (Bauträger) mit mindestens **bedingter Verkaufsabsicht**[3] gehandelt habe. Habe der StPfl innerhalb eines engen Zeitraumes mehrere Objekte erworben oder errichtet und dann veräußert, sei vom Vorliegen einer zumindest bedingten Veräußerungsabsicht auszugehen. Dagegen spreche eine langfristige Vermietung zu Wohnzwecken[4] oder nicht nur kurzfristige Eigennutzung[5] gegen die bedingte Veräußerungsabsicht bereits bei Erwerb oder Errichtung. Hier stelle sich die **Veräußerung als Abschluss der privaten Vermögensverwaltung** dar, selbst wenn es sich um umfangreichen Grundbesitz handele, der fremdfinanziert worden sei und der Veräußerer nicht branchenfremd sei.[6] Eine langfristige Fruchtziehung wird jedenfalls nicht angenommen, wenn sie kürzer als 5 Jahre ist. Die bedingte Veräußerungsabsicht ist mangels längerfristiger Fruchtziehung selbst dann zu bejahen, wenn die Veräußerung konkret durch Krankheit, Verluste, schlechte Vermietbarkeit, Eintritt einer finanziellen Notlage oder andere subj Beweggründe veranlasst wurde.[7] Die bloße Berufung darauf, sich entgegen der ursprünglichen Absicht einer längerfristigen Vermögensnutzung zu einer Veräußerung entschlossen zu haben, sei zur Widerlegung der Vermutung ungeeignet.[8] De facto wird richtigerweise ausschließlich anhand des objektiv verwirklichten Sachverhaltes entschieden. Es sollte daher auch verbal darauf verzichtet werden, eine subj Verkaufsabsicht zu verlangen.[9]

116 **b) 3-Objekt-Grenze und enger zeitlicher Zusammenhang.** Die Rspr hat im Wege normfüllender Typisierung[10] zum Zwecke der Gleichheit der Rechtsanwendung[11] und im Interesse der Rechtssicherheit die **3-Objekt-Grenze** entwickelt. Danach wird die Grenze privater Vermögensverwaltung überschritten, wenn im engen zeitlichen Zusammenhang zw Erwerb und Veräußerung **mehr als 3 Objekte** veräußert werden.[12] Handelt es sich dabei um mehrere Veräußerungen, liegt auch Nachhaltigkeit vor. Werden mehr als 3 Objekte allerdings an nur einen Erwerber aufgrund eines einheitlichen Kaufvertrages veräußert, ist Nachhaltigkeit nicht indiziert. Es bedarf dann zusätzlicher Umstände, ua längerfristige Verkaufsbemühungen, um von einer **Nachhaltigkeit** ausgehen zu können.[13] Der Zahl der veräußerten Objekte und dem engen zeitlichen Zusammenhang kommt aller-

---

1 StRspr, statt vieler BFH GrS BStBl II 95, 617, nunmehr GrS BStBl II 02, 291.
2 Bej ua *Zugmaier* FR 99, 997 mwN; verneinend ua *Weber-Grellet* DStR 95, 1341; scharf ablehnend *Florstedt* StuW 07, 314; vermittelnd BFH GrS BStBl II 02, 291 (gesetzliche Tatbestandsmerkmale als Mindesterfordernisse, aber „typisches Bild eines Gewerbetreibenden" muss vorliegen); vgl auch *Anzinger* S 294f (300, 338 Unterscheidung bedeutungslos bei Abstellen auf alsbaldige Veräußerungsabsicht als subj Tatbestandsmerkmal) vgl auch einerseits *Fischer* FR 02, 597 und andererseits *Mössner* FS Kruse, 2001, S 161.
3 BFH GrS BStBl II 02, 291; krit insoweit *Weber-Grellet* FR 00, 826; BFH/NV 99, 766; BFH BStBl II 92, 135.
4 BFH/NV 05, 1060 (nicht bei Gewerbeobjekten!).
5 BFH/NV 05, 1535; BFH BStBl II 03, 133 u BStBl II 03, 245; s aber BFH/NV 05, 1802 (vorübergehende kurzfristige Eigennutzung schließt Veräußerungsabsicht nicht aus).
6 BFH/NV 99, 766 mwN.
7 BFH BStBl II 03, 510 (Krankheit und finanzielle Situation); s auch BStBl II 03, 297 (günstiges Angebot trotz geplanter langfristiger Vermietung zur Alterssicherung bei gewerblicher Grundstückshändler) mit Anm *Weber-Grellet* FR 03, 400; BFH/NV 99, 1320 (schlechte Vermietbarkeit); BFH/NV 01, 1340 (finanzielle Notlage).
8 BFH BStBl II 03, 510; BStBl II 99, 401.
9 Dezidiert aA *Anzinger* S 312f (alsbaldige Veräußerungsabsicht als subj Tatbestandsmerkmal).
10 BFH BStBl II 00, 28.
11 BFH GrS BStBl II 95, 617.
12 BFH/NV 99, 1533 mwN.
13 BFH BStBl II 07, 885 (Erschließungsaktivitäten, Baureifmachung, ggf auch durch Dritte, falls gemeinsame Zielsetzung); BFH BStBl II 05, 164 (grds Wiederholungsabsicht erforderlich oder Vielzahl von auf Veräußerung gerichteten Tätigkeiten); BFH/NV 05, 1267 (Nachhaltigkeit bei Veräußerung von 10 Eigentumswohnungen an einen Erwerber wegen weiterer Veräußerung); BFH BStBl II 03, 291 (Nachhaltigkeit bejaht wegen mehrerer Verkäufe); BStBl II 03, 294; BFH BStBl II 06, 672 (Nachhaltigkeit bejaht wegen umfangreicher Aktivitäten); BStBl II 04, 868 (Nachhaltigkeit verneint für unbebautes Grundstück aus 5 Parzellen an einen Erwerber); BFH/NV 04, 781 (Nachhaltigkeit auch bei Veräußerung an mehr als einen, aber weniger als 4 Erwerber); BFH BStBl II 04, 950 (Nachhaltigkeit bei Veräußerung von 2 in mehrere Eigentumswohnungen aufgeteilten Häusern an zwei Erwerber); vgl auch *Vogelgesang* Stbg 05, 116.

dings lediglich **indizielle Bedeutung** zu.[1] Das Überschreiten der 3-Objekt-Grenze soll auch nicht stets die Nachhaltigkeit indizieren.[2]

Als **enger zeitlicher Zusammenhang** wird ein Zeitraum von **5 Jahren** angesehen.[3] Bei Herstellung, Modernisierung und Sanierung beginnt die Frist erst mit Abschluss der Arbeiten.[4] Für die Frage, ob die Veräußerung innerhalb von 5 Jahren erfolgte, ist auf den Abschluss des Kaufvertrages abzustellen, nicht auf die dingliche Übereignung.[5] Der zeitliche Zusammenhang von nicht mehr als fünf Jahren muss sowohl zwischen der Anschaffung bzw Errichtung und der Veräußerung der Objekte als auch zwischen den Veräußerungen bestehen.[6] Es handelt sich nicht um eine starre Zeitgrenze.[7] Je kürzer der Zeitabstand zw Erwerb und Veräußerung sei, desto eher sei von einer gewerblichen Tätigkeit auszugehen. Umgekehrt können auch außerhalb des 5-Jahres-Zeitraumes liegende Veräußerungen mit einbezogen werden.[8] Generell wird von folgender Abstufung ausgegangen: Innerhalb von 5 Jahren wird Gewerblichkeit indiziert und kann nur bei außergewöhnlichen Umständen ausgeschlossen sein, innerhalb eines zehnjährigen Betrachtungszeitraumes nach Ablauf der 5 Jahre müssen weitere Indizien für die Gewerblichkeit sprechen, zB nur geringfügige zeitliche Überschreitung, eine große Anzahl weiterer Veräußerungen, Branchennähe, kontinuierlich weitere Verkäufe[9] und außerhalb des 10-Jahres-Zeitraumes ist grds davon auszugehen, dass sich die Veräußerungen als Abschluss der privaten Vermögensverwaltungen darstellen.[10]

117

Als **Zählobjekte** sind selbstständig veräußerbare in- und ausländische[11] Grundstücke jeder Art, ua **unbebaute Grundstücke**,[12] **Ein- und Zweifamilienhäuser, Eigentumswohnungen**,[13] auch **Mehrfamilienhäuser und Gewerbebauten, auch Großbauten**,[14] bestehende Erbbaurechte anzusehen[15], nicht aber die **Bestellung eines Erbbaurechtes**[16] und auch nicht Garagen als Zubehör.[17] Einheitlich genutzte zivilrechtliche Grundstücke im Sinne einer Bewertungseinheit gem § 70 BewG sind lediglich als ein Objekt anzusehen,[18] umgekehrt soll ein zivilrechtliches Grundstück bei Veräußerung an einen Erwerber nur als ein Objekt angesehen werden können, selbst wenn es mit mehreren Gebäuden bebaut wurde.[19] Wird ein Grundstück geteilt, auch bei Aufteilung in **Teileigentum**, liegen anschließend mehrere Objekte vor. Ebenfalls als Objekte zählen insoweit **Miteigentumsanteile**[20] an den genannten Objekten. Keine Zählobjekte sind Grundstücke, die nach dem VerkehrsflächenbereinigungsG veräußert werden.[21] Zählobjekte sind auch solche Grundstücke, die ohnehin schon Umlaufvermögen eines bestehenden GewBetr sind.[22] Auf Größe und Wert kommt es nicht an.

118

Bei **unbebauten Grundstücken** kommt es auf die Veräußerung von mehr als 3 Objekten innerhalb des engen zeitlichen Zusammenhanges seit Erwerb an, auch wenn **nur ein Grundstück erworben** und dann parzelliert wurde,[23] anders aber bei Veräußerung nach langjähriger eigener Vermögensverwaltung. Ebenso ist es bei Erwerb eines Mehrfamilienwohnhauses mit anschließender Aufteilung

119

---

1 BFH GrS BStBl II 02, 291; BFH BStBl II 02, 811; krit insoweit *Anzinger* S 325f, 338.
2 BFH BStBl II 05, 164.
3 BFH BStBl II 03, 510; BStBl II 98, 346; BStBl II 92, 143 mwN; BMF BStBl I 90, 884.
4 BMF BStBl I 04, 434; BFH BStBl II 03, 291.
5 BFH BStBl II 03, 291 mit Anm *Weber-Grellet* FR 03, 398.
6 BFH BStBl II 07, 375; BFH BStBl II 04, 738.
7 BFH/NV 05, 1541; BFH BStBl II 03, 245; BStBl II 02, 538; BFH/NV 99, 1320.
8 BFH BStBl II 03, 245 u BFH/NV 02, 1453 (dort auch zur Bedeutung eines kurzen einheitlichen Verwertungszeitraumes).
9 BFH/NV 05, 1794; BFH BStBl II 04, 738; BFH/NV 04, 1399.
10 BMF BStBl I 04, 434; BFH/NV 99, 1320; BFH BStBl II 92, 135; BMF BStBl I 90, 884; BFH/NV 97, 396; FG Nds EFG 98, 653 (9 Jahre).
11 FinVerw DStR 93, 1481; vgl auch FG BaWü v 12.12.02 – 14 K 153/01, EFG 03, 1322 (beschränkt StPfl bei inländischem Gundstückshandel) u FG Hbg v 17.1.03 – VI 153/01 (ausländischer Grundstückshandel, aber DBA).
12 BFH BStBl II 96, 367.
13 BFH GrS BStBl II 95, 617; bei einheitlicher Wohnung können auch 2 Wohnungsrechte nur als ein Objekt zählen, BFH BStBl II 92, 1007; vgl aber BStBl II 02, 571 (jedes zivilrechtliche Wohnungseigentum ist ein Objekt – es sei denn einheitliche Verpflichtung zur Übertragung mehrerer Wohnungsrechte umfassender Wohnung schon bei Vertragsabschluss).
14 BFH BStBl II 00, 28; BStBl II 01, 530.
15 BFH/NV 2002, 1559.
16 BFH BStBl II 07, 885.
17 BFH BStBl II 03, 238; BMF BStBl I 04, 434.
18 BFH BStBl II 02, 571 (für eine Wohnung aus mehr als einem Wohnungseigentum); offen gelassen von BHF BStBl II 04, 868 (unbebautes Grundstück aus 5 Parzellen).
19 BFH BStBl II 04, 227; vgl aber **aA** zur BFH BStBl II 05, 35 mit (krit) Anm *Söffing* DStR 05, 1930 (mehrere Mehrfamilienhäuser = mehrere Objekte, selbst wenn zivilrechtlich nur 1 Grundstück).
20 BFH BStBl II 99, 401; BStBl II 96, 367; BFH/NV 99, 859 (offen, ob auch, falls unter 10 %).
21 BMF v 22.3.04 – IV A 6 – S 2240 – 151/03.
22 BFH/NV 05, 1532.
23 BFH BStbl II 07, 375; BFH BStBl II 96, 367; BFH/NV 96, 608.

in Eigentumswohnungen und Veräußerung von mehr als 3 davon.[1] Unabhängig von der Zahl der veräußerten Objekte und/oder der Dauer einer vorhergehenden Vermögensverwaltung ist Gewerblichkeit dann zu bejahen, wenn der Veräußerer außer der Veräußerung erhebliche weitere Aktivitäten zur Verbesserung seiner Verwertungsmöglichkeiten entfaltet, etwa durch **umfangreiche Modernisierung**[2] oder vorherige **Erschließung als Bauland**,[3] nicht aber bei Veräußerung nach Sanierung, wenn nicht feststellbar ist, dass die Sanierung schon mit unbedingter Veräußerungsabsicht erfolgte.[4] Unter denselben Voraussetzungen stellt sich auch die **Veräußerung von Grundstücken durch einen Landwirt als GewBetr** dar,[5] ansonsten verbleibt es bei der Veräußerung von luf Anlagevermögen.[6] Die Überführung in den GewBetr erfolgt hier zum Buchwert, § 6 V 1.

120 Die **3-Objekt-Grenze** gilt gleichermaßen für die **Errichtung und Veräußerung** von Gebäuden (Produktion) wie für den Erwerb und die Veräußerung (Handel) mit unveränderten Objekten.[7] (Durch)- Gehandelte und erschlossene Grundstücke sind gleichermaßen Zählobjekte und zur Bestimmung der 3-Objekt-Grenze zu addieren.[8] Ihr kommt allerdings ohnehin nur eine Indizwirkung zu. Es handelt sich nicht um eine Freigrenze. Auch bei Veräußerung von **weniger als vier Objekten** kann daher ein gewerblicher Grundstückshandel vorliegen. Dies sei dann der Fall, wenn bei Erwerb/Herstellung bereits nachweisbar eine **unbedingte Veräußerungsabsicht** vorlag.[9] Auch auf das Vorliegen einer zweifelsfrei von vornherein bestehenden unbedingten Veräußerungsabsicht kann nur aus den äußeren Umständen geschlossen werden.[10] Als solche äußeren Umstände sehen der GrS, die Folgerechtsprechung und die FinVerw ua an: Verkauf bereits vor Bebauung,[11] Bebauung bereits auf Rechnung und nach den Wünschen des Erwerbers, kurzfristige Finanzierung des Bauvorhabens, Einschaltung eines Maklers oder Veräußerungsannoncen bereits während der Bauzeit, Abschluss eines Vorvertrages mit einem künftigen Erwerber, Übernahme erheblicher Gewährleistungspflichten, Einräumung von Ankaufsrechten für den Mieter.[12] Selbst bei Veräußerung nur eines Objektes kann dann auch die Nachhaltigkeit zu bejahen sein.[13] Für Veräußerungen vor dem 1.6.02 wendet die FinVerw die Rspr des GrS nicht zum Nachteil des StPfl an.[14] Auch wenn der GrS eine generelle Unterscheidung danach, ob der Typus Grundstückshändler (mehr als drei Objekte notwendig) oder der Typus Bauträger, Bauunternehmer (schon ein „Groß"objekt genügt)[15] oder ob eine besondere Wertschöpfung[16] vorliegt, zutr abgelehnt hat, zeigt sich, dass insbesondere bei einer kurzfristigen Veräußerung noch während oder kurz nach der Errichtungsphase von Gebäuden von einer unbedingten Veräußerungsabsicht ausgegangen wird. Umgekehrt kann ausnahmsweise trotz Veräußerung von mehr als drei Objekten die Gewerblichkeit zu verneinen sein, wenn eindeutige äußerlich erkennbare Anhaltspunkte gegen eine von Anfang an bestehende – auch nur bedingte – Veräußerungsabsicht sprechen wie bei langfristigen über fünf Jahre hinausgehenden Mietverträgen oder einer auf längere Dauer angelegten Eigennutzung zu Wohnzwecken.[17]

---

1 BMF BStBl I 04, 434; BFH BStBl II 90, 1057; BFH/NV 96, 747.
2 BMF BStBl I 04, 434 (nur bei Entstehung eines WG anderer Marktgängigkeit); BFH BStBl II 94, 463.
3 Vgl BFH BStBl II 74, 6; BStBl II 86, 666; BStBl II 91, 844; BStBl II 96, 232; vgl aber Bayrisches FinMin FR 97, 427 (städtebaulicher Vertrag soll nicht reichen).
4 BFH BStBl II 04, 868.
5 BFH BStBl II 93, 342; BStBl II 86, 666; OFD M'ster v 30.6.97 LEXinform 0138849; vgl auch BMF v 22.7.99 – IV C 2 – S-2135 – 15/99 (zur Umwidmung luf Grundstücke, Besitzzeitanrechnung während Zugehörigkeit zum luf Vermögen).
6 BFH BStBl II 01, 673; BFH BStBl II 06, 166 (bloße Parzellierung zum Verkauf genügt nicht).
7 BFH GrS BStBl II 02, 291.
8 BFH BStBl II 07, 375.
9 BFH BStBl II 05, 606; BFH BStBl II 03, 294 und BStBl II 03, 250 im Anschluss an BFH GrS BStBl II 02, 291.
10 BFH BStBl II 03, 286 mit krit Anm *Weber-Grellet* FR 03, 301 (Veräußerung von zwei Objekten während der Bauphase); BFH BStBl II 03, 238; BStBl II 03, 291; BStBl II 02, 291.
11 BFH/NV 05, 890; nach BFH BStBl II 05, 606 muss die unbedingte Verkaufsabsicht vor Abschluss der Bauverträge vorliegen. Unmaßgeblich ist der tatsächliche Beginn der Bauarbeiten.
12 BFH/NV 05, 698; BMF BStBl I 04, 434; vgl auch BFH BStBl II 03, 286; BStBl II 03, 238 mit Anm *Kempermann* FR 03, 247; BFH BStBl II 02, 811.
13 BFH BStBl II 06, 260.
14 BMF BStBl I 04, 434.
15 BFH BStBl II 98, 346; BStBl II 96, 303; **aA** für Wohngebäude BFH/NV 97, 108 (VIII. Senat).
16 So noch BMF BStBl I 01, 512.
17 BMF BStBl I 04, 434; BFH BStBl II 03, 510; BStBl II 03, 245 (langjährige Eigennutzung); BStBl II 03, 297; BStBl II 03, 133; BFH/NV 03, 243; vgl aber einschränkend BFH/NV 04, 1089 für gewerblich genutzte Objekte.

Veräußerungen sind jedenfalls alle **entgeltlichen Objektübertragungen** zu fremdüblichen Bedingungen wie Kauf oder Tausch. Dagegen sind **unentgeltliche Übertragungen**[1] ebenso wie Übertragungen im Wege der **Realteilung**[2] außer Betracht zu lassen, weil es insoweit schon an einer Teilnahme am allg wirtschaftlichen Verkehr fehlt. Dagegen soll die **Einbringung in KapGes und PersGes gegen Gewährung von Gesellschaftsrechten** als Grundstücksveräußerung iSd indiziellen 3-Objekt-Grenze zu werten sein,[3] nicht aber die verdeckte Einlage. Dem ist für den vom BFH entschiedenen Sonderfall – Übernahme von Verbindlichkeiten neben der Gewährung von Gesellschaftsrechten und Weiterveräußerung der eingebrachten Grundstücke durch die allein beherrschte GmbH – zu folgen. Die KapGes wurde hier erkennbar wie ein Käufer als Marktteilnehmer eingeschaltet, um durch diese ungewöhnlich dreiste Sachverhaltsgestaltung den gewerblichen Grundstückshandel zu vermeiden. Hier dürfte auch dann nicht anders entschieden werden, wenn die Grundstückseinbringung im Wege der verdeckten Sacheinlage erfolgt wäre.[4] Soweit jedoch Grundstücke verdeckt oder im Wege offener Sacheinlagen in KapGes oder PersGes eingebracht werden und dort als normales Anlagevermögen genutzt werden, sind diese Einbringungen, auch wenn es sich für den Einbringenden um entgeltliche Veräußerungsgeschäfte handelt (s § 16 Rn 17, 22f zur Einbringung in KapGes, s aber Rn 454, 457 zu PersGes), mangels Teilnahme am allg wirtschaftlichen Verkehr gerade nicht geeignet, einen gewerblichen Grundstückshandel zu begründen. Veräußerungen gegen bloße Kostenerstattung – aus privaten Erwägungen an Angehörige – sollen mangels Gewinnerzielungsabsicht nicht zu berücksichtigen sein,[5] anders aber für verbilligte Veräußerungen über Selbstkosten.[6] Die entgeltliche Bestellung von **Erbbaurechten** an unbebauten Grundstücken führt nicht zu einer Veräußerung des Objektes,[7] anders bzgl Bauwerken.[8] Die bloße Veräußerung (im Gegensatz zu substantiell durch Bau- oder Erschließungsmaßnahmen veränderten[9]) **unentgeltlich** (oder im Wege einer Vermögensauseinandersetzung) **erworbener Objekte**[10] innerhalb eines engen zeitlichen Zusammenhanges ist weder beim Erwerber noch beim Schenker zu berücksichtigen, etwa die Veräußerung ererbten[11] oder im Wege der vorweggenommenen Erbfolge geschenkten Grundbesitzes.[12] Die Zurechnung einer bedingten Verkaufsabsicht des Rechtsvorgängers kann weder bei Einzelrechtsnachfolge – entgegen der Ansicht der FinVerw auch nicht bei vorweggenommener Erbfolge[13] – noch bei Gesamtrechtsnachfolge in Betracht kommen,[11] noch kann dem Schenker die anschließende Veräußerung durch den Beschenkten zugerechnet werden.[14] Davon zu unterscheiden ist, dass der **Gesamtrechtsnachfolger** bzgl des ererbten GewBetr notwendigerweise gewerbliche Einkünfte erzielt.

c) Beteiligung an Gesellschaften und Gemeinschaften. Für die Frage, ob die 3-Objekt-Grenze durch Veräußerungen im engen zeitlichen Zusammenhang überschritten wurde oder ob sonst eine gewerbliche Tätigkeit zu bejahen ist – etwa wegen unbedingter Veräußerungsabsicht (Rn 120) –, ist zunächst auf die **Ebene der PersGes/Gemeinschaft** (ua Erbengemeinschaft, Gütergemeinschaft, Bruchteilsgemeinschaft) abzustellen.[15] Dabei sind auch Veräußerungen zwischen beteiligungsidentischen Schwester-PersGes zu berücksichtigen.[16] Bejahendenfalls liegt für diese und damit für ihre G'ter/Gemeinschafter als MU'er **ein gemeinsamer GewBetr** vor.[17] Verneinendenfalls begründen außerhalb der – dann **lediglich vermögensverwaltenden** – **PersGes** entfaltete **eigene gewerbliche Aktivitäten der G'ter** im Grundstückssektor weder für die PersGes als solche noch für die anderen G'ter einen GewBetr.[18] Dies gilt ebenso für die gewerbliche Betätigung von G'tern als MU'er in anderen PersGes. Allerdings sollen **beteiligungsidentische PersGes** und Bruchteilsgemeinschaften[19]

---

1 BFH BStBl II 03, 238; allerdings können die vom „unentgeltlichen Erwerber" anschließend vorgenommenen Veräußerungsgeschäfte dem Schenker zuzurechnen sein bei bloßer Einschaltung als Strohmann oder nach § 42 AO; vgl auch BFH/NV 03, 162 und *Gosch* StBp 03, 124.
2 BFH BStBl II 96, 599.
3 BFH BStBl II 03, 394 (Einbringung in KapGes); ebenso BMF BStBl 04, 434.
4 Aber offen gelassen von BFH BStBl II 03, 394.
5 So BFH BStBl II 02, 811 (zweifelh); ebenso BFH/NV 02, 1571 (für teilentgeltliche Veräußerungen).
6 BFH/NV 05, 1033 (an Schwestergesellschaft und an G'ter).
7 BFH BStBl II 07, 885; BFH BStBl II 98, 665 mwN; BStBl II 93, 342; vgl aber BFH/NV 89, 580.
8 BFH/NV 99, 859.
9 Dazu BFH BStBl II 07, 375 (unentgeltlich erworbenes Grundstück als Zählobjekt wegen Baureifmachung).
10 BFH/NV 96, 747 mwN; vgl aber BFH BStBl II 05, 41 (Erwerb durch Zwangsversteigerung bei Miteigentümern nur bzgl des Anteils des anderen Miterben).
11 BFH BStBl II 01, 530.
12 BFH BStBl II 07, 375.
13 So aber BMF BStBl I 04, 434 Tz 9; krit zu Recht *Söffing* DStR 04, 793.
14 Vgl allerdings BFH/NV 05, 1559 u BFH/NV 03, 162 (Zurechnung unter dem Gesichtspunkt von § 42 AO).
15 BFH BStBl II 94, 463; BStBl II 91, 345.
16 BFH BStBl II 06, 259.
17 BFH BStBl II 02, 811; BFH/NV 02, 1581; zur Bindungswirkung vgl BFH/NV 03, 1281.
18 BFH GrS BStBl II 95, 617.
19 BFH BStBl II 96, 369; BFH/NV 93, 538.

zusammenzufassen sein, sofern sie nicht ohnehin schon einen GewBetr unterhalten. Auch bei einer Realteilung (Rn 121) wird der PersGes weder diese selbst als Veräußerung zugerechnet, noch eine spätere Veräußerung des übertragenen Grundstückes durch den abgefundenen G'ter,[1] wohl aber wird dem G'ter die Veräußerung des durch Realteilung erworbenen Objektes zugerechnet. Für den Zeitraum ist auf den Erwerb bei der PersGes und die Zugehörigkeit des G'ters zu dieser, nicht auf die Zuteilung durch Realteilung abzustellen.

123 Dagegen sind auf der **Ebene der G'ter** für die Frage, ob die 3-Objekt-Grenze überschritten wurde, neben den eigenen Veräußerungen auch **Veräußerungen von Objekten durch die PersGes** mit einzubeziehen. Dies gilt sowohl für an sich lediglich vermögensverwaltende als auch für gewerbliche PersGes, soweit deren GewBetr gerade auf Grundstückshandel oder Bauträgeraktivitäten gerichtet ist.[2] Insoweit findet ein **„Durchgriff"** durch die PersGes statt. Nicht zu berücksichtigen sind allerdings Grundstücksveräußerungen als bloße Hilfsgeschäfte einer gewerblich tätigen PersGes außerhalb des Grundstückssektors. Ebenfalls zu berücksichtigen sind Objektveräußerungen anderer PersGes, an denen der G'ter beteiligt ist. Für den zeitlichen Zusammenhang ist auf die Dauer der Beteiligung des G'ters abzustellen.[3]

124 Auf der Ebene des G'ter zu berücksichtigen sind auch **Anteilsveräußerungen an grundstücksbesitzenden PersGes**, gleichgültig, ob vermögensverwaltend oder gewerblich.[4] Dabei führt jede Veräußerung eines Anteiles grds zu so vielen Objektveräußerungen, wie die PersGes an Grundstücken zu ihrem Vermögen zählt.[5] Auf den Umfang der Beteiligung kann es nicht ankommen. Die FinVerw[6] vertritt allerdings die Auffassung, dass Beteiligungen unter 10 % nicht zu berücksichtigen seien, es sei denn, ihr Wert beträgt mehr als 250 000 €. Für die Veräußerung von Anteilen an **Immobilienfonds** in Form der PersGes gilt nicht anderes.[7] Ein eigener GewBetr kann auch allein durch die Veräußerung von mehr als 3 Anteilen an vermögensverwaltenden grundbesitzenden PersGes entstehen. Anteilsveräußerungen an bereits gewerblichen PersGes werden bereits bei der einheitlichen und gesonderten Gewinnfeststellung erfasst, stellen aber Zählobjekte dar.[5]

125 Bei Veräußerung durch PersGes und Anteilsveräußerungen ist insbes **für die GewSt** von Bedeutung, wieviele GewBetr bestehen und wem diese zuzurechnen sind. Dabei ist wie folgt zu differenzieren: Bei PersGes, die selbst schon auf der Ebene der Ges wegen Überschreitens der 3-Objekt-Grenze (oder aus anderen Gründen) **gewerbliche MU'schaften** sind, gehören die Veräußerungen zu ihrem (gemeinsamen) GewBetr. Daneben begründet dann eine (oder mehrere) Objektveräußerung durch den G'ter einen (weiteren) eigenen GewBetr des G'ters.[8] Objektveräußerungen durch an sich nur **vermögensverwaltend tätige PersGes** sind hingegen anteilig in den eigenen GewBetr des G'ters mit einzubeziehen.[9] Dabei kann sich der GewBetr des G'ters auch erst dadurch ergeben, dass ihm ohne eigene Veräußerungen Objektveräußerungen aus mehreren PersGes, an denen er beteiligt ist, zuzurechnen sind.

126 **Verfahrensrechtlich** ist nach Auffassung des GrS das Wohnsitz-FA für die Feststellung der Einkunftsart und der Höhe zuständig (s Rn 470). Für die GewSt besteht insoweit keine Bindung an die Feststellungen im Gewinnfeststellungsbescheid.[10] G'ter sind im Gewinnfeststellungsverfahren nicht Dritte.[11] Bestandskräftige Veranlagungen sind ggf nach § 173 AO änderbar, nicht nach § 175 I Nr 2 AO.[12]

---

1 BFH BStBl II 96, 599.
2 BFH BStBl II 03, 250; BFH GrS BStBl II 95, 617; BFH BStBl II 96, 369; BMF BStBl I 90, 884.
3 Penne/Holz WPg 95, 753.
4 BFH BStBl II 03, 250; BFH/NV 02, 1559.
5 BFH BStBl II 03, 250.
6 BMF BStBl I 04, 434; aA BFH BStl II 07, 885 (jedenfalls dann, wenn ein mit weniger als 10 % beteiligter G'ter über eine Generalvollmacht verfügt oder sonst die Geschäfte einer GrundstücksGes maßgeblich mitbestimmt).
7 BFH/NV 99, 1067 und 859; vgl aber Schmidt-Liebig BB 98, 563 (nicht, wenn wirtschaftlich nur Kapitalanlage); vgl auch Kempermann DStR 96, 1158; Bitz DStR 98, 433; Hofer DStR 00, 1635.
8 FG Mchn EFG 99, 839; BFH/NV 02, 1559.
9 BFH BStBl II 04, 699.
10 BFH BStBl II 04, 699; vgl aber BFH BStBl II 04, 901 zur Aufhebung nach § 35b GewStG bei Änderung des ESt-Bescheides bzgl Einkünftequalifikation.
11 BFH BStBl II 04, 914.
12 BFH BStBl II 07, 375 mit Anm Paus DStZ 07, 220; BFH BStBl II 00, 306.

Veräußerungen durch eine **KapGes** sowie der Anteile an KapGes sind in die 3-Objekt-Grenze grds **127** nicht einzubeziehen.[1] Es findet kein „Durchgriff" statt.[2] Wird allerdings zwecks Abschirmung eine nahestehende KapGes durch den oder die beherrschenden G'ter lediglich zwischengeschaltet, um die 3-Objekt-Grenze zu vermeiden, so kann bereits die einmalige Veräußerung an die KapGes die Nachhaltigkeit und Beteiligung am allg wirtschaftlichen Verkehr begründen.[3] Der StPfl muss sich die von der KapGes vorgenommenen Veräußerungen als seine Beteiligung am allg wirtschaftlichen Verkehr zurechnen lassen, wenn die KapGes ohne eigenes Risiko und eigene Gewinnchancen nur als quasi Tatwerkzeug für den das Geschehen beherrschenden StPfl handelt.[4] Im Einzelfall kann sich die Zwischenschaltung einer KapGes auch als rechtsmissbräuchlich iSd § 42 AO darstellen.[5] Das wird namentlich bejaht bei einer lediglich formalen Zwischenschaltung einer KapGes, um die 3-Objekt-Grenze zu umgehen. Indiziell ist insbes, wenn der KapGes kein wesentlicher Gewinn aus einer Weiterveräußerung verbleibt.[2] Von KapG im Auftrage des (beherrschenden) G'ters entfaltete Aktivitäten zur Projektierung, Baureifmachung und Vermarktung eines Grundstückes muss sich der G'ter als Auftraggeber zurechnen lassen.[6]

d) Beginn, Umfang und Beendigung. Bei Errichtung beginnt der gewerbliche Grundstückshandel **128** grds im Zeitpunkt des Beginns der Herstellung des Objekts/Stellung des Bauantrags, bei Erwerb und Veräußerung ist der Zeitpunkt des Erwerbs maßgeblich,[7] bei Modernisierung/Sanierung der Zeitpunkt des Beginns der Modernisierungsmaßnahmen.[8] Dies gilt entspr für die Erschließung und Veräußerung von unbebauten Grundstücken. Mit Beginn sind Grundstücke, die bisher PV waren, mit dem Teilwert in den Betrieb einzulegen, § 6 I Nr 5 und 6, hingegen Grundstücke aus einem anderen Eigen- oder Sonder-BV mit dem Buchwert,[9] § 6 V 1 und 2. Die Parzellierung und Veräußerung auch einer Vielzahl von zu einem luf Betrieb gehörenden Grundstücken führt nicht schon zur Begr eines gewerblichen Grundstückshandels, sofern keine darüber hinaus gehenden Aktivitäten entfaltet werden.[10] Die Veräußerung führt zu Einkünften aus § 13. Grundstücke, die innerhalb der letzten 3 Jahre vor dem Zeitpunkt der Zuführung im PV angeschafft oder hergestellt worden sind, sind höchstens mit den AK oder HK, ggf vermindert um die AfA bis zum Zeitpunkt der Einlage anzusetzen. Allerdings dürfte regelmäßig anzunehmen sein, dass bereits bei Erwerb ein gewerblicher Grundstückshandel begründet wurde.[11] Im Zeitpunkt des Beginns des gewerblichen Grundstückshandels entspr der Teilwert idR dem gemeinen Wert.[12] Alle zur Veräußerung bestimmten Grundstücke gehören zum BV, nicht die nachweisbar zur Vermögensanlage bestimmten.[13] Die Grundstücke gehören zum Umlaufvermögen, so dass auch bei zwischenzeitlicher Vermietung AfA und § 6b nicht zulässig sind.[14] Die Veräußerung der Grundstücke oder ihre Überführung in das PV im Zusammenhang mit der Aufgabe des gewerblichen Grundstückshandels führt zu laufendem, nicht nach §§ 16, 34 begünstigtem Gewinn (s § 16 Rn 411). Der Gewinn unterliegt der GewSt. Dies gilt auch, wenn der gesamte Grundstücksbestand im Ganzen an einen Erwerber veräußert wird.[15] Grds ist der Gewinn durch BV-Vergleich zu ermitteln (§ 141 AO, § 140 AO iVm § 2 HGB).[16] Bei Nichtüberschreiten der Grenzen des § 141 AO und falls kein in kaufmännischer Weise eingerichteter Geschäftsbetrieb vorliegt, kann auch die Gewinnermittlung nach § 4 III gewählt werden, allerdings muss diese Wahl auch ausgeübt werden.[17]

5. Verwaltung von Kapitalvermögen – Wertpapierhandel. – Literatur: *Bauer/Gemmeke* Gesetz zur Förderung von Wagniskapital, DStR 04, 1470; *Behrens* Besteuerung des Carried Interests nach dem Hal-

---

[1] FinVerw DStR 97, 1208; so wohl auch BFH BStBl II 98, 721; vgl aber *Gosch* StBp 96, 135 und *Weber-Grellet* DStR 96, 625 (für beherrschende G'ter).
[2] BFH BStBl II 04, 787.
[3] BFH BStBl II 96, 232.
[4] BFH BStBl II 98, 667; vgl auch *von Groll* StuW 95, 326; *Gosch* DStZ 96, 417 und StBp 99, 23; abl BFH BStBl II 04, 787 (aber Anwendung von § 42 AO).
[5] BFH BStBl II 98, 721; vgl auch *Fischer* FR 04, 1068.
[6] BFH v. 12.9.07 – X B 192/06.
[7] BFH BStBl II 02, 537.
[8] BMF BStBl I 04, 434.
[9] BFH BStBl II 04, 914 (von Sonder-BV in Sonder-BV!); BStBl II 03, 133 (so schon zur alten Rechtslage vor § 6 V 1 wegen des weiten Betriebsbegriffes).
[10] BFH BStBl II 06, 166.
[11] Vgl BFH BStBl II 04, 914.
[12] BFH BStBl II 91, 840.
[13] BFH/NV 04, 486; BFH/NV 04, 194; BFH BStBl II 94, 463.
[14] BFH BStBl II 03, 291; BStBl II 02, 537; BStBl II 91, 519; vgl aber BStBl II 96, 369.
[15] BFH BStBl II 06, 160; BStBl II 03, 467 mwN; BStBl II 95, 388; vgl auch FG Hbg v 13.5.04 – V 53/04, EFG 04, 1563 (laufender Gewinn auch bei Veräußerung von MU'anteilen an Ges, die gewerblichen Grundstückshandel betreibt).
[16] Vgl BFH/NV 97, 403.
[17] BMF BStBl I 04, 434 und BFH BStBl II 90, 287 verlangen Ausübung der Wahl bereits zu Beginn des Gewinnermittlungszeitraums (zweifelh).

beinkünftverfahren, FR 04, 1211; *Friedrichs/Köhler* Gesetz zur Förderung von Wagniskapital, DB 04, 1638; *dies.* Die drei Fassungen des BMF Schreibens v 16.12.03 und offene Fragen bei der Besteuerung von Private-Equity Fonds, DB 06, 1396; *Geerling/Ismer* Die Aufweichung der Abfärbewirkung und die Auswirkung auf die Besteuerung des Carried Interest, DStR 05, 1596; *Plewka/Schienke* Aufgabe der BFH Rechtsprechung zur Abfärbewirkung und Auswirkungen auf die steuerliche Behandlung von Private Equity Fonds, DB 05, 1076; *Rodin* Einkommensteuerliche Behandlung von Venture Capital, DB 04, 103; *Watrin/Strufferf* Steuerbegünstigung für das carried interest, BB 04, 1888; *Wiese/Klass* Einkommensteuerliche Behandlung von Private Equity und Venture Capital Fonds, FR 04, 324; frühere Literatur s 5. Aufl.

129 Durch das UntStRefG 08[1] erfolgt eine grundlegende Erweiterung der Einkünfte aus KapVerm im § 20 II. Danach werden auch **Gewinne aus Veräußerungen** von Anteilen an Körperschaften (Nr 1), aus Termingeschäften (Nr 3), aus der Veräußerung stiller Beteiligungen (Nr 4), aus Hypotheken und Grundschulden zugrundeliegenden Forderungen (Nr 5) sowie ganz allgemein aus Kapitalforderungen jeder Art (Nr 7) als **Einkünfte aus KapVerm** behandelt. Die Änderungen sind nach §52a idF UnterStRefG 08 grds erst ab dem **Veranlagungszeitraum 09** anzuwenden. Erfasst werden Gewinne aus Veräußerungen und **Termingeschäften**, soweit der Erwerb erst nach dem 31.12.08 erfolgte. Ebenfalls zu den Einkünften aus KapVerm gehören dann nach § 20 I Nr 11 die bisher von § 22 Nr 3 erfassten **Stillhalterprämien** für die Einräumung von Optionen. Bisher von § 23 I S 1 Nr 4 erfasste Termingeschäfte sowie die Veräußerung von Wertpapieren nach § 23 I S 1Nr 2 innerhalb eines Jahres seit der Anschaffung fallen dann unter § 20 idF UntStRefG 08. Erfolgte die Anschaffung/der Rechtserwerb vor dem 1.1.09 bleibt es bei der Anwendung des § 23 I S 1 Nr 2 und 4 in der bisherigen Fassung.

Die nachfolgenden Ausführungen zur Abgrenzung der privaten Verwaltung von KapVerm vom gewerblichen Wertpapierhandel behalten ihre Bedeutung auch für Veranlagungszeiträume ab 09. Dies betrifft zunächst einmal Veräußerungen von Anteilen an KapGes und Kapitalforderungen jeder Art, die vor dem 1.1.09 erworben wurden. Hier wird es weiterhin um die Abgrenzung zur privaten Vermögensverwaltung gehen. Für nach dem 31.12.08 erworbene Wertpapiere/Kapitalforderungen jeder Art stellt sich zwar nicht mehr die Abgrenzungsfrage zwischen privater Vermögensverwaltung und steuerbaren privaten Veräußerungsgeschäften nach §23 und gewerblichem Wertpapierhandel. Aber es ergibt sich dann die **gleiche Abgrenzungsproblematik** wie bisher **gegenüber den Einkünften aus KapVerm**. Sie bleibt trotz dann genereller Steuerbarkeit von Veräußerungserfolgen unter dem Gesichtspunkt der **Sonderbehandlung von Einkünften aus KapVerm** im Hinblick auf den gesonderten Steuertarif von 25 %, die Abgeltungswirkung nach §§ 32d, 43 V, das Verlustausgleichsverbot mit anderen Einkünften nach § 20 VI, den Ausschluss des Abzuges von Werbungskosten und die GewSt bedeutsam. Auch nach dem UntStRefG 08 verbleibt es bei der **Subsidiarität der Einkünfte aus KapVerm** gegenüber den Einkünften aus GewBetr, § 20 VIII idF UntStRefG 08.

Die Rspr grenzt ebenso wie bei Grundstücken den **Handel mit Wertpapieren** als GewBetr von der Umschichtung im Rahmen der privaten Vermögensanlage zur Erzielung von Einkünften aus § 20 (KapVerm) zumindest verbal danach ab, ob lediglich der Beginn (Ankauf) oder das Ende (Verkauf) einer auf Fruchtziehung gerichteten Tätigkeit (Private Vermögensverwaltung) oder die Verwertung der Vermögenssubstanz in den Vordergrund trete. Im Zweifel solle von Bedeutung sein, ob sich der StPfl „wie ein Händler" verhält.[2] Allerdings ließen sich Wertpapiere – im Gegensatz zu Grundstücken – leicht und schnell erwerben und veräußern. Dem Charakter der Vermögensanlage in Wertpapieren entspräche es, dass sie nicht nur auf die Erzielung von Zins- und Dividendenerträgen ausgerichtet seien, sondern auch Wertveränderungen durch An- und Verkauf genutzt würden, um dadurch Erträge in Form von Kursgewinnen zu erzielen. Daraus folge, dass selbst bei häufigem Umschlag von Wertpapieren der Bereich der privaten Vermögensverwaltung noch nicht verlassen werde. Daher seien Wertpapiergeschäfte selbst in größerem Umfang im Allg noch zur privaten Vermögensverwaltung (in Zukunft den Einkünften aus KapVerm) zu rechnen.[3] Der An- und Verkauf von Wertpapieren überschreite die Grenze zur gewerblichen Betätigung nur in besonderen Fällen. Dafür sprächen ua: das Unterhalten eines Büros oder einer Organisation zur Durchführung von Geschäften, Ausnutzung eines Marktes unter Einsatz beruflicher Erfahrungen; Anbieten von Wertpapiergeschäften einer breiteren Öffentlichkeit gegenüber, Fremdfinanzierung, Ausnutzen von

---

1 V 14.8.07, BGBl I, 1912 = BStBl I 2007, 630.
2 BFH BStBl II 05, 25; BStBl II 01, 706; BStBl II 98, 448; BStBl II 97, 399 mwN.
3 BFH/NV 05, 51; BFH BStBl II 04, 408; BStBl II 01, 706; BStBl II 99, 448; BFH/NV 99, 706; BFH BStBl II 97, 399; BStBl II 91, 631.

Kursdifferenzen ohne Einsatz eigenen Vermögens in „banktypischer" Weise.¹ Ein gewerblicher Wertpapierhandel soll nur dann vorliegen, wenn die Tätigkeit dem Leitbild eines Wertpapierhandelsunternehmens (Handeln für andere!) oder eines Finanzunternehmens (Handeln für eigene Rechnung, aber als Haupttätigkeit und unmittelbar gegenüber den Marktteilnehmern ohne Zwischenschaltung von Banken) iSd KWG entspreche.²

IÜ ist nach der Rechtsprechung zu differenzieren zwischen der noch zur Vermögensverwaltung gehörenden häufigeren Umschichtung von börsenfähigen Aktien und dem gewerblichen **Handel mit Unternehmensbeteiligungen**. Erfolgt die Gründung und Beteiligung an KapGes (GmbH und nicht börsenfähige AG) vornehmlich mit dem Ziel, die Beteiligungen anschließend zu veräußern, liegt ein Gewerbetrieb vor.³ Bei **Termin- und Optionsgeschäften** (s § 23 Rn 10) soll es mangels Leistung (Spielcharakter) bereits an einer Teilnahme am allg wirtschaftlichen Verkehr mangeln.⁴ Dem ist so jedenfalls nicht zu folgen. Unabhängig davon, dass private Termingeschäfte und Optionsgeschäfte **(Differenzgeschäfte)** nach § 23 I Nr 4 (ab 09 nach § 20 II Nr 3) erfasst werden, lassen sich Termin- und Optionsgeschäfte nicht mit der Teilnahme an Rennwetten und Lotteriespielen⁵ auf eine Stufe stellen.⁶ Andererseits sollen sowohl der Wertpapierhandel als auch spekulative (und selbstverständlich hedge) Termin- und Optionsgeschäfte nicht nur bei Banken und anderen Finanzierungsinstituten der Geschäftsgegenstand eines GewBetr sein können, sondern auch bei anderen Gewerbetreibenden jedenfalls im Rahmen des gewillkürten BV zum GewBetr gehören,⁷ bzw bei KapGes notwendigerweise. ⁸

Richtigerweise hätte bereits der häufige An- und Verkauf von Wertpapieren bzw der häufige Abschluss von Termingeschäften den GewBetr begründen sollen. § 23 I Nr 2 und Nr 4 erfassen nur solche Tätigkeit, die nicht nachhaltig iSv häufig und wiederholt ausgeübt werden. Soweit Wertpapiere zur Erzielung von Kursgewinnen (und nicht zur Erzielung höherer Gewinnausschüttungen) häufig umgeschichtet werden, sprengt gerade dies den Umfang einer auf Fruchtziehung gerichteten Vermögensanlage. Die insoweit einengende Rspr verlässt ihren zutr Ausgangspunkt, wenn sie Erträge aus dem An- und Verkauf bei Wertpapieren als bloße Fruchtziehung behandelt. Allerdings bestätigt die durch das UntStRefG für Veranlagungszeiträume ab VZ 09 geltende Erfassung von Veräußerungsgewinnen aus Wertpapieren und Kapitalforderungen jeder Art die bisherige Rspr, so dass eine Aufgabe dieser Rspr für die Zeit bis 09 nicht (mehr) erwartet werden kann und sollte. Die von der Rspr entwickelten Abgrenzungskriterien werden dann ihre Bedeutung für die Einordnung von Veräußerungserfolgen unter § 20 oder § 15 behalten.

129a Sog **private equity fonds** als Kapitalsammelstellen (für sog **venture capital**) können in der Rechtsform von KapGes oder in der Rechtsform von PersGes – regelmäßig als GmbH & Co KG – organisiert sein. Für Fonds in der Rechtsform der **KapGes** oder als **gewerblich geprägte PersGes** gem § 15 III Nr 2 stellt sich die Veräußerungstätigkeit der erworbenen Beteiligungen ohnehin als **GewBetr** dar. Grds sind Veräußerungserfolge nach § 8b II und VI KStG befreit, bzw unterliegen nach § 3 Nr 40a dem Halbeinkünfteverfahren. Die Befreiungen sind allerdings nach § 8 VII KStG, § 3 Nr 40 S 3 HS 2 ausgeschlossen, wenn es sich um Finanzunternehmen iSd KWG handelt⁹ und die Anteile mit dem Ziel der kurzfristigen Erzielung eines Eigenhandelserfolges erworben wurden.¹⁰

Problematisch ist hingegen die Abgrenzung zur Vermögensverwaltung, sofern die gewerblich geprägte PersGes vermieden wird, etwa durch Übernahme der Geschäftsführung durch einen der

---

1 BFH BStBl II 05, 25 mwN; s aber BStBl II 99, 448 und BFH/NV 05, 51 (Fremdfinanzierung auch bei privater Vermögensverwaltung).
2 BFH BStBl II 04, 408 mit Anm Weber-Grellet FR 04, 596 unter Berufung auf die Verkehrsanschauung, artspezifische Besonderheiten, des Typus des Händlers und den entgegengesetzten Typus des privaten Anlegers mit Hinweis auf die umsatzsteuerliche Rspr des EuGH zum Begriff des StPfl bei Wertpapierverwaltung (EuGHE Slg 96 I-3013 u Slg 00 I-9567); vgl auch BFH BStBl II 04, 995 (Handel mit Optionen).
3 BHF BStBl II 01, 809; krit *Groh* DB 01, 2276.
4 BStBl II 97, 399; BStBl II 89, 39; BStBl II 88, 248; vgl aber BStBl II 01, 706; BStBl II 84, 132 und BFH/NV 88, 230; FG BaWü EFG 96, 1146.
5 Dazu RFHE 21, 244; RFH RStBl 28, 181; BFH BStBl II 70, 411 und 865.
6 BFH BStBl II 82, 618; BStBl II 89, 39; FG BaWü EFG 96, 1146; vgl auch BGH XI ZR 296/98, NJW 00, 359.
7 BFH BStBl II 99, 466; BFH/NV 97, 114; BFH/NV 97, 651 (Landwirt); BFH/NV 98, 1477 (Freiberufler); vgl auch BFH v 8.8.01 – I-R-106/99, BFHE 196, 173.
8 BFH BStBl II 03, 487.
9 Dazu BMF BStBl I 02, 712 (bej, falls Veräußerung von Anteilen die Haupttätigkeit darstellt).
10 Nach BMF BStBl I 04, 40 soll bei einer mittelfristigen Anlage von 3-5 Jahren davon auszugehen sein, dass kein kurzfristiger Eigenhandelserfolg erstrebt wird.

Reiß

Fonds-Initiatoren, der zugleich G'ter wird. Die Abgrenzung ist nach denselben Kriterien vorzunehmen, die für den Wertpapierhandel einer Einzelperson gelten (Rn 129). Abzustellen ist dabei auf die von der Fondsgesellschaft insgesamt entfalteten Aktivitäten. Die einzelnen Anleger haben sich die geschäftliche Organisation der Fondsgesellschaft insgesamt zurechnen zu lassen, ebenso die Anzahl der Veräußerungen sowie die Einschaltung von mit der Fondsgesellschaft verbundenen gewerblichen „Inkubatoren". Da das Geschäftsziel primär darin besteht (unbedingte Veräußerungsabsicht!), durch Veräußerungen erworbener Beteiligungen Vermögensmehrungen zu erzielen, wäre richtigerweise schon deshalb ein GewBetr zu bejahen. Denn der Geschäftsbetrieb ist gerade nicht auf eine Fruchtziehung, sondern auf die Erzielung von Vermögensmehrungen durch Substanzumschichtung ausgerichtet.[1] Die FinVerw vertritt eine großzügigere Auffassung. Danach liegen lediglich **vermögensverwaltende Fonds** vor, sofern lediglich mittelfristige Veräußerungen (drei bis fünf Jahre) geplant sind. Außerdem soll erforderlich sein: a) Keine Fremdfinanzierung außer kurzfristiger Zwischenfinanzierung durch Bankkredite und keine Übernahme von Sicherheitsleistungen durch den Fonds; b) keine umfangreiche eigene Organisation; c) kein Anbieten einer breiteren Öffentlichkeit unter Handeln auf fremde Rechnung; d) keine größeren Reinvestitionen der Veräußerungserlöse und e) kein Eingreifen in die Geschäftsführung der Beteiligungsunternehmen.[2] Soweit danach kein Gewerbebetrieb anzunehmen ist, tritt eine Steuerbarkeit bzgl der Veräußerungserfolge nur unter den Voraussetzungen der §§ 17, 23 ein. Für § 17 ist in sog Bruchteilsbetrachtung auf die jeweilige Beteiligungshöhe pro Anteilseigner abzustellen.[3] Zu beachten sind allerdings die ab VZ 09 eintretenden Änderungen durch das UntStRefG 08 (Rn 129). Zutr erkennt die Lobby, dass die großzügige Auffassung der FinVerw im geltenden Recht keine Grundlage findet. Nach dem Gesetzentwurf der BuReg zur Modernisierung der Rahmenbedingungen für KapGes (MoRaKG)[4] soll daher – außerhalb des EStG! – für WagniskapitalbeteiligungsGes eine spezifische Bereichsausnahmevorschrift[5] zu § 15 EStG geschaffen werden, indem – abweichend von den Kriterien des § 15 EStG – die Tätigkeit von WagniskapitalbeteiligungsGes in der Form von PersGes, sofern keine gewerbliche Prägung nach § 15 III vorliegt, kraft Gesetzes als lediglich vermögensverwaltend eingestuft wird. Voraussetzung dafür soll sein, dass die Ges, außer über TochterkapitalGes, neben dem Halten und Veräußern von Anteilen keine weiteren (schädlichen) Tätigkeiten ausübt. Die im Gesetzesentwurf als „insbesondere" schädlich bezeichneten Tätigkeiten orientieren sich an den von der FinVerw aaO aufgestellten Kriterien mit Ausnahme der Unterhaltung eigener Geschäftsräume und einer geschäftsmäßigen Organisation, die unschädlich sein sollen.

Umstritten war, wie eine disquotale Beteiligung an Veräußerungserlösen (sog **carried interest**) durch als Kommanditisten beteiligte Geschäftsführer oder sonstige „Sponsoren" zu behandeln ist. Soweit mit der disquotalen Beteiligung gerade eine besondere Tätigkeit oder der Einsatz eigener Kenntnisse abgegolten wurde, handelte es sich entgegen vielfachen Stellungnahmen in der teilw interessegeleiteten Literatur nicht um eine Beteiligung an einem nicht steuerbaren Veräußerungserfolg. Vielmehr erzielt der Betreffende an sich erfolgsabhängige steuerbare Einnahmen aus § 15 (bei nachhaltiger Tätigkeit schon durch Werbung der Anleger), ausnahmsweise aus § 18 I Nr 3 (Vergütung für Vermögensverwaltung) oder aus § 22 Nr 3 (gelegentliche Leistungen).[6] Die Erfolgsabhängigkeit steht der Annahme einer Vergütung für an den Fonds geleistete Dienste, Nutzungs- oder Kenntnisüberlassungen nicht entgegen.[7] Die Steuerbarkeit kann nicht dadurch umgangen werden, dass die besonderen Dienste gesellschaftsvertraglich als Beitrag geschuldet werden. Aus §§ 15, 18 oder 22 Nr 3 werden entgeltlich erbrachte Leistungen nicht ausgenommen, weil sie sich zivilrechtlich als geschuldeter oder freiwilliger Gesellschaftsbeitrag erweisen. Gesetzesinitiativen zur Sonder-

---

1 Anders aber BFH BStBl II 01, 706 für Veräußerung von Wertpapieren; fraglich, ob nicht nach BFH BStBl II 04, 408 gerade bei professionell gemanagten Fonds durch die „Sponsoren" das Bild eines Finanzunternehmens nach dem KWG gegeben ist.

2 BMF v 16.12.03, BStBl I 04, 40; vgl bereits Erlassentwurf des BMF v 28.11.01 – IV A 6 – S – 2240 – 0/01 II; zur Kritik an den einzelnen Merkmalen vgl ua *Blumers/Witt* DB 02, 60; *Hey* BB 02, 870; *Gocksch/Watrin* DB 02, 341.

3 BFH BStBl II 00, 686; zur Abgrenzung Werbungskosten, Anschaffungskosten und Aufwendungen auf der Vermögensebene s OFD Rhld (koordinierter Ländererlass) v 8.1.07, DB 07, 135.

4 V. 7.9.07, BT-Drs 16/6311. Als Zweck der gesetzlichen Regelung wird ausdrücklich die von den betroffenen Unternehmen geforderte Herstellung von „Rechtssicherheit" angegeben.

5 Zu Recht krit insoweit Stellungnahme des Bundesrates zum Gesetzentwurf, BR-Drs v 10.10.07 BT Drs 16/6648.

6 So zutr BMF BStBl I 04, 40 (verdeckte Entgelte für Tätigkeit nach § 18 I Nr 3!).

7 **AA** überwiegend die Literatur, vgl *Herzig/Gocksch* DB 02, 600; *Watrin* BB 02, 811.

behandlung des carried interest als Teil eines (nicht) nach § 17 zu besteuernden Gewinnes wurden insoweit zutr nicht umgesetzt.[1]

Allerdings ist der Gesetzgeber dem Anliegen insofern gefolgt, als er nunmehr ausdrücklich in § 18 I Nr 4 Vergütungen für Leistungen zur Förderung des Gesellschaftszwecks eines Beteiligten an einer vermögensverwaltenden Ges, deren Zweck im Erwerb, Halten und der Veräußerung von Anteilen an KapGes besteht, zu Einkünften aus selbstständiger Arbeit erklärt, wenn die Vergütung unter der Voraussetzung erfolgt, dass die Beteiligten ihr eingezahltes Kapital vollständig zurückerhalten haben.[2] Das gesetzgeberische Bonbon besteht darin, dass für diese Einkünfte nach § 3 Nr 40a das Halbeinkünfteverfahren gilt[3]. Nach § 18 I Nr 4 HS 2 findet § 15 III auf solche Vergütungen keine Anwendung, so dass das Halbeinkünfteverfahren nach § 3 Nr 40a auch dann Anwendung findet, wenn das carried interest einer gewerblich geprägten Ges oder einer Ges nach § 15 III Nr 1 (Abfärbung) gewährt wird. Ausweislich der Begr zum Beschluss des Finanzausschusses soll § 3 Nr 40a iVm § 18 I Nr 4 auch Anwendung finden, wenn der durch das carried interest Begünstigte eine KapGes ist.[4] Dem Wortlaut des § 3 Nr 40a iVm § 18 I 4 kann man dies angesichts von § 8 II KStG freilich nicht entnehmen. Ist eine KapG Träger des Carried Interest liegen laufende gewerbliche Einkünfte vor, die weder nach § 8b KStG, noch nach § 3 Nr 40a anteilig zu befreien sind (aA § 3 Rn 141b).[5] Nach der Übergangsregelung des § 52 IVc ist das Halbeinkünfteverfahren des § 3 Nr 40a anzuwenden, sofern entweder die vermögensverwaltende Ges nach dem 31.3.02 gegründet wurde oder soweit Vergütungen gewährt werden für die Veräußerung von nach dem 7.11.03 erworbenen Anteilen. Soweit § 18 I Nr 4 iVm § 3 Nr 40a nicht eingreift, bleibt es bei der bisherigen Beurteilung, dh volle Besteuerung als Einkünfte, es sei denn, nach bisheriger (örtlicher) Verwaltungspraxis wurde günstiger (nicht) besteuert.[6]

Die Regelung des § 18 I Nr 4 iVm § 3 Nr 40a ist und wird damit begründet, dass sie die Innovationsförderung für den Mittelstand und technologieorientierter Unternehmensgründungen fördert und stabile und berechenbare Rahmenbedingungen für Wagniskapitalgesellschaften schafft.[7] Steuersystematisch ist die Regelung nicht zu rechtfertigen.[8] Es handelt sich schlicht um eine Privilegierung. Weshalb iÜ die „Beschaffung von Wagniskapital", nicht aber der Einsatz des Wagniskapitals – ein solches wird auch bei Einzelunternehmen und PersGes von den Unternehmern eingesetzt! – begünstigt werden soll, wird das Geheimnis des Gesetzgebers und seiner Ratgeber bleiben.[9] Allerdings wird man § 18 I Nr 4 entnehmen müssen, dass der Gesetzgeber davon ausgeht, dass eine vermögensverwaltende Ges auch dann vorliegt, wenn ihr Zweck von vornherein auch und gerade auf die Veräußerung von Anteilen an KapGes gerichtet ist, sofern dem nur für eine gewisse Zeit ein Halten der Anteile vorgeschaltet ist. Das ist – auch unter Berücksichtigung der angeblich artspezifischen Besonderheiten der privaten Vermögensverwaltung von Wertpapieren[10] – mit den üblichen

---

1 So aber Gesetzesinitiative Bayern/Sachsen/Hamburg zur Besteuerung von Wagnis-KapGes, BR-Drs 201/03 v 2.4.03, BT-Drs 15/1405 v 2.4.03; vgl dazu *Hohaus/Inhester* DB 03, 1080.
2 Gesetz zur Förderung von Wagniskapital v 30.7.04, BGBl I 04, 2013 = BStBl I 04, 846.
3 Eine an sich gebotene Umstellung auf das Teileinkünfteverfahren ab VZ 09 ist bisher weder durch das UntStRefG 08 noch durch das JStG 08 erfolgt, ist aber im RegE zum MoRaKG vorgesehen, BT-Drs 16/6311 unter Art 3 Änderungen des EStG, s auch BT-Drs 16/6648 unter 13. zur Ergänzung des § 3c II EStG.
4 BT-Drs 15/3336 v 16.6.04.
5 A.A. *Schmidt*[26], EStG, § 18 Rn 287 und § 3 unter ABC Wagniskapital und die ganz hM unter Berufung auf die Gesetzesbegründung BT-Drs 15/3336.; vgl aber *Watrin/Stuffert* BB 2004, 1888. Ausweislich § 1 EStG gilt das EStG für nat Pers, so auch § 3 Nr 40a. Allerdings verweist § 8 I KStG für die Ermittlung des Einkommens auf das EStG. Nach § 8 II KStG ist jedoch für KapG alle Einkünfte als Einkünfte aus GewBetr zu behandeln, also nicht als Einkünfte aus selbstständiger Arbeit. § 3 Nr 40a verweist aber auf Einkünfte aus selbstständiger Arbeit in § 18 I Nr 4. Das Gesetz ist klüger als die Gesetzesbegründer, die die (möglicherweise) gewollte Privilegierung auch von KapG als Carry Holder unter der abenteuerlichen (aber misslungenen) Umqualifizierung von gewerblichen Einkünften einer KapG in Einkünfte aus selbstständiger Arbeit (sic!) verstecken wollten. § 8b II KStG ist auf den Carried Interest nicht anwendbar, weil es sich dabei nicht um einen Veräußerungserfolg, sondern um eine erfolgsabhängige Tätigkeitsvergütung handelt.
6 BMF v 16.12.03, BStBl I 04, 40 Tz 26; Bayrisches Staatsfinanzministerium v 21.6.04, DB 04, 1642.
7 BT-Drs 15/3336 v 16.6.04; so jetzt auch Begr RegEntw, zum MoRaKG, BT-Drs 16/6311.
8 **AA** *Behrens* FR 04, 1211 (Kompromiss zwischen Einordnung als Leistungsentgelt und Einordnung als Gewinn aus Veräußerung von Anteilen an KapGes).
9 Zur nicht öffentlichen Anhörung vor dem Finanzausschuss wurden ausschließlich Beratungsfirmen und selbst betroffene Verbände geladen, s BT-Drs 15/3336 v 16.4.04.
10 Aber wohl kaum durch einen professionell geleiteten Fonds, vgl BFH BStBl II 04, 419 zu den Finanzunternehmen nach Kredit-WG als angebliche Prototypen gewerblicher Wertpapierhändler.

Auslegungskriterien zur Abgrenzung des GewBetr von der privaten Vermögensverwaltung völlig unvereinbar.[1] Die Außerkraftsetzung des § 15 III bezieht sich auf den Fonds-Initiator/Carry Holder (so zutr § 18 Rn 159), nicht auf den Fonds als PersGes selbst.[2] Mit einer folgerichtigen Umsetzung der durch § 2 getroffenen Belastungsentscheidung hat eine derartige Gesetzgebung nichts zu tun.

V. Gewerbebetrieb kraft Rechtsform. – Literatur: *Fischer* Personengesellschaften: Keine Abfärbewirkung bei Beteiligung einer vermögensverwaltenden Personengesellschaft, FR 05, 143; *Gosch* Zur Abfärbung der „Gewerblichkeit" der Untergesellschaft auf eine vermögensverwaltende oder land- und forstwirtschaftliche Obergesellschaft, StBp 05, 59; *Groh* Abfärberegelung auch bei gewerblicher Beteiligung einer Personengesellschaft, DB 05, 2430; *Hallerbach* Keine Abfärbewirkung nach § 15 III 1 durch Beteiligungseinkünfte, FR 05, 792; *Heuermann* Entfärbungen – Reduktionen der Abfärbewirkung, DB 04, 2548; *Hey* Gewerbesteuer zwischen Bundesverfassungsgericht und Steuergesetzgeber, FR 04, 907; *Kempermann* Bestandsaufnahme zur Abfärberegelung, DStR 02, 664; *Stapperfend* Die Infektion im Einkommensteuerrecht – Ein Beitrag zum Krankheitsbild des Einkommensteuerrechts, StuW 06, 303; *Weber-Grellet* Keine Abfärbewirkung gewerblicher Beteiligungseinkünfte, StuB 05, 167; frühere Literatur s 5. Aufl.

130 **1. Körperschaften.** Die Abgrenzung der Einkunftsarten untereinander gem § 15 II spielt keine Rolle, soweit das Gesetz anderweitig vorschreibt, dass Einkünfte aus GewBetr vorliegen. Nach **§ 8 II KStG** aF gehörten bei **Körperschaften** mit Verpflichtung zur **Buchführung** nach dem (deutschen) **HGB alle Einkünfte** zu **Einkünften aus GewBetr** (s aber Rn 129a). Darunter fallen insbes die **KapGes**, aber auch die eingetragene Genossenschaft und der VVaG sowie die **Betriebe gewerblicher Art** von jur Pers des öffentlichen Rechtes. Ab dem VZ 06 wird für unbeschränkt stpfl Körperschaften iSd § 1 I Nr 1–3 KStG die Umqualifizierung aller Einkünfte in gewerbliche Einkünfte unabhängig davon vorgenommen, ob eine Pflicht zur Führung von Handelsbüchern nach deutschem HGB besteht oder nicht (§ 8 II KStG idF SEStEG[3] iVm § 34 I).

Nach mittlerweile stRspr des I. Senats soll die Tätigkeit einer KapGes auch insoweit als GewBetr gelten, als sie nicht unter § 15 II oder eine andere Einkunftsart des EStG fallen würde.[4] Dem ist nicht zu folgen.[5] Nur für die Betriebe gewerblicher Art bestimmt § 4 I 2 KStG ausdrücklich, dass bei ihnen weder Gewinnerzielungsabsicht noch Beteiligung am allg wirtschaftlichen Verkehr zur Annahme von Einkünften aus GewBetr erforderlich sind. Die Auffassung des I. Senates führt allerdings auch dann, wenn eine KapGes ausschließlich im Freizeit/Liebhabereiinteresse ihrer G'ter tätig wird, dazu, dass eineGewinnerzielungsabsicht nicht fehlen kann. Denn der I. Senat qualifiziert dann die gesamten „Verluste" als dem Steuerbilanzgewinn hinzuzurechnende vGA. Insoweit zutr betont der I. Senat, dass für die Abgrenzung die gleichen Kriterien wie zur steuerlich unbeachtlichen „Liebhaberei" bei nat Pers gelten müssen.[6]

131 Einkünfte **ausländischer KapGes** sind bis zum VZ 05, soweit sie nicht nach deutschem HGB buchführungspflichtig sind, nur dann als Einkünfte aus GewBetr zu qualifizieren, wenn sie die Merkmale des § 15 II erfüllen. Ab dem VZ 06 ist allein darauf abzustellen, ob die ausländische Körperschaft einer inländischen Körperschaft iSd § 1 I Nr 1–3 KStG vergleichbar ist. Im Rahmen der **beschränkten StPfl** sind allerdings Veräußerungen gem § 49 I Nr 2f durch ausländische KapGes immer als Einkünfte aus GewBetr zu behandeln[7] (§ 49 Rn 63) und unterliegen der beschränkten StPfl auch ohne Vorliegen einer Betriebsstätte. Umgekehrt gilt bei den Subsidiaritätseinkünften die isolierende Betrachtungsweise des § 49 II auch für KapGes[8] (§ 49 Rn 159, 160).

132 **2. Gewerblich geprägte Personengesellschaft (§ 15 III Nr 2).** Die Tätigkeit einer **gewerblich geprägten PersGes** gilt nach § 15 III Nr 2 immer und in vollem Umfange als GewBetr (s aber Rn 129a). Die Vorschrift hat Bedeutung für die Abgrenzung zu anderen Einkunftsarten (insbes zu vermögens-

---

1 Vgl die gesamte Rspr zum gewerblichen Grundstückshandel, aber auch zum Handel mit beweglichen Gegenständen bei eingeplanter vorheriger entgeltlicher Nutzungsüberlassung, etwa BFH BStBl II 03, 464 mwN.
2 So auch Gesetzesbegründung BT-Drs 15/3336; *Schmidt*[26] § 18 Rn 286 (nur Empfänger-PersGes als „Carry-Holder"); vgl auch *Geerling/Ismer* DStR 05, 1596 (nur der Iniator); aA *Behrens* FR 04, 1211 (beide).
3 Gesetz zur Einführung der Europäischen Gesellschaft und zur Änderung weiterer steuerrechtlicher Vorschriften (SEStEG) v 7.12.06, BGBl I 06, 2782.
4 BFH v 22.8.07 – I R 32/06, DB 07, 2517 mit Anm *Hüttemann* DB 07, 2508; BFH BStBl II 03, 487; BFHE 182, 123 (unter Aufgabe von BFH BStBl II 70, 470); BFH BStBl II 97, 548; s auch *Wassermeyer* FS Haas, 1996, S 401; anders aber für den Verein BFH v 19.11.03 – I R 33/02, BFHE 204, 21.
5 *Schön* FS Flume, 1998, S 265; *Pezzer* StuW 98, 76.
6 BFH v 15.5.02 – I R 92/00, BFHE 199, 217 = DB 02, 2082; vgl auch BFH BStBl II 03, 487.
7 BFH BStBl II 04, 344.
8 BFH BStBl II 84, 620; BStBl II 70, 428.

verwaltenden und den übrigen Gewinneinkünften), für die GewSt (s § 16 Rn 13f)[1] und für die ErbSt.[2] Sie qualifiziert nicht etwa eine nicht unter die Einkunftsarten – etwa mangels Gewinnerzielungsabsicht – fallende Tätigkeit als GewBetr.[3] Die Vorschrift wurde durch das StBerG 86[4] eingeführt. Sie stellte die Reaktion des Gesetzgebers auf die Aufgabe der alten GeprägeRspr[5] durch den GrS[6] im Jahre 1984 dar. Die angeordnete rückwirkende Geltung ist verfassungsgem.[7] Die Vorschrift ermöglicht nunmehr den **GewBetr auf Antrag**. Für an sich vermögensverwaltende Tätigkeiten können durch entspr Sachverhaltsgestaltungen, insbes hinsichtlich der Geschäftsführungsbefugnis (Rn 138), leicht die Voraussetzungen für oder gegen einen GewBetr geschaffen werden.

133 Eine gewerblich geprägte PersGes liegt vor, wenn a) es sich um eine **PersGes** handelt **und** b) an ihr eine oder mehrere **KapGes als persönlich haftende G'ter** beteiligt sind **und** c) **nur** diese **KapGes oder Nicht-G'ter** zur **Geschäftsführung** befugt sind. Bei doppel- oder mehrstöckigen PersGes steht die gewerblich geprägte PersGes einer KapGes gleich. Das Leitbild der gesetzlichen Regelung ist die GmbH & Co KG, mit der GmbH als phG'ter und Geschäftsführer und nat Pers als Kdist. Zur Vermeidung von Umgehungen wird auch die KG erfasst, bei der ihrerseits eine gewerblich geprägte GmbH & Co KG phG'ter und Geschäftsführer ist.

134 Negativ setzt § 15 III Nr 2 voraus, dass die PersGes nicht ohnehin nach § 15 II die Merkmale des GewBetr erfüllt oder nach § 15 III Nr 1 iVm § 15 II in vollem Umfang eine gewerbliche Tätigkeit ausübt. Daher kann bei einer **BetrAufsp** nur die Betriebsgesellschaft, nicht die Besitzgesellschaft gewerblich geprägt sein.[8] Allerdings ermöglicht § 15 III Nr 2 es gerade, die Folgen einer BetrAufg nach § 16 zu vermeiden, wenn die Voraussetzungen einer BetrAufsp entfallen (Rn 113). Soweit bei der doppel- oder mehrstöckigen PersGes auch die Beteiligung einer gewerblich geprägten PersGes anstelle einer KapGes genügt, ist allerdings für die beteiligte Obergesellschaft nicht zu verlangen, dass sie ihrerseits nicht originär gewerblich tätig ist.[9]

135 **PersGes** sind grds alle PersGes des BGB und HGB, dh die **BGB Ges** (einschl der Innengesellschaft), die **OHG** und die **KG** einschl der **Stillen Ges** sowie die entspr Gesellschaftsformen ausländischen Rechtes.[10] Dagegen kommen Erben- und Gütergemeinschaft nicht in Betracht. Problematisch ist die Einordnung der Partenreederei.[11] **KapGes** sind die AG, GmbH und die KGaA gem § 1 I Nr 1 KStG einschl der VorGes, wenn es zur Eintragung in das Handelsregister kommt, und die entspr Ges ausländischen Rechtes[12], nicht hingegen andere jur Pers wie die Stiftung, die eingetragene Genossenschaft oder der VVaG. Daher fällt die **Stiftung & Co KG** nicht unter § 15 III Nr 2.

136 **PhG'ter** ist ein G'ter, der im Außenverhältnis den Gesellschaftsgläubigern grds neben der Ges (Gesellschaftsvermögen) mit seinem (übrigen) Eigenvermögen unbeschränkt haftet (schuldet). Das gesetzliche Leitbild ist die persönliche Haftung der **OHG G'ter** und des **Komplementärs** einer KG nach §§ 128, 161 II HGB. Den Gegensatz bietet die beschränkte Haftung der K'disten nach § 171 HGB. Die persönliche Haftung muss kraft Gesetzes aufgrund der Gesellschaftsform bestehen. Unerheblich sind Haftungsbeschränkungen kraft Vertrages gegenüber einzelnen Gläubigern oder umgekehrt vertragliche Haftungserweiterungen. Bei der **GbR** haften die G'ter ebenfalls grds unbeschränkt. Eine **GbR mbH** ist gesellschaftsrechtlich unzulässig,[13] auch soweit nur die Haftung für vertragliche Schulden auf das Gesellschaftsvermögen beschränkt werden soll. Insoweit sind allenfalls einzelvertragliche Vereinbarungen möglich. Soweit der BFH unter Verkennung dieser nunmehr durch den BGH geklärten Rechtslage für die sog **Schein-KG** anders entschieden hatte,[14] ist diese

---

1 Nach BFH BStBl II 04, 464 bestehen gegen die Einbeziehung der gewerblich geprägten PersGes in die GewSt keine verfassungsrechtlichen Bedenken.
2 Die Begünstigungen nach § 13a und § 19a ErbStG sollen allerdings nach den Plänen der BReg für gewerblich geprägte PersGes abgeschafft werden, vgl Stellungnahme zum Gesetzentwurf zur Verringerung steuerlicher Missbräuche und Umgehungen, BT-Drs 16/520 v 2.2.06.
3 BFH/NV 99, 169; BFH BStBl II 97, 202 (zur Gewinnerzielungsabsicht/BV-Mehrung, nicht Überschuss) mwN.
4 BStBl I 85, 735 mit Wirkung ab 25.12.85.
5 Vgl BFH BStBl II 73, 405; BStBl II 72, 799.
6 BFH BStBl II 84, 751.
7 BFH BStBl II 98, 286 mwN (dort auch zur „Steuerfreistellung" für Veräußerungen/Entnahmen zw dem 31.10.84 und 11.4.85; im Einzelfall können für Altfälle auch bei Veräußerungen außerhalb dieses Zeitraumes Billigkeitsmaßnahmen geboten sein, BMF BStBl I 86, 129; BFH BStBl II 90, 259.
8 **AA** *Autenrieth* DStZ 89, 99.
9 BFH BStBl II 01, 162.
10 BFH BStBl II 98, 296 (zur limited partnership).
11 Dazu *Groh* DB 87, 1006.
12 BFH/NV 07, 1232.
13 BGHZ 142, 315.
14 BFH BStBl II 96, 82; BStBl II 87, 553.

Rspr überholt. Allerdings ist seit dem 1.7.98[1] zu beachten, dass die in das Handelsregister eingetragene **vermögensverwaltende PersGes** nach §§ 105 II, 161 HGB **echte OHG bzw echte KG** ist, so dass sich die Problematik weitgehend erledigt hat. Die FinVerw geht zutr davon aus, dass bei der vermögensverwaltenden GbR mbH von Anbeginn kein GewBetr vorgelegen hat. Aus Gründen des Vertrauensschutzes wird jedoch auf Antrag (bis 31.2.01) weiterhin vom Vorliegen eines GewBetr von Anbeginn ausgegangen, wenn bis zum 31.12.01 durch Eintragung eine Umwandlung in eine KG erfolgt.[2] Andernfalls sind vermeintlich auf die **GbR** übergegangene stille Reserven aufzudecken und zu versteuern. Die Änderung bestandskräftiger Bescheide des Einbringenden wird von der FinVerw auf § 174 III AO gestützt.[3] Daran bestehen ernsthafte Zweifel.[4]

137 Bei der **stillen Ges** nach § 230 HGB, etwa einer **GmbH & Still**,[5] oder bei InnenGes nach § 705 BGB, soll der nach außen auftretende G'ter als phG'ter anzusehen sein. Die GmbH und Still falle daher bei Erfüllung der übrigen Voraussetzungen (keine Geschäftsführungsbefugnis des Stillen!) unter § 15 III Nr 2. Bei einer **atypischen Unterbeteiligung** am Gesellschaftsanteil an einer KapGes (oder an einer gewerblich geprägten PersGes) soll hingegen § 15 III Nr 2 keine Anwendung finden.[6] Dem ist jedenfalls bzgl der Unterbeteiligung am Anteil an einer gewerblich geprägten PersGes zu folgen. Denn auf die Unterbeteiligungsgesellschaft ist schon deshalb § 15 I Nr 2 anzuwenden, weil die gewerblich geprägte PersGes wegen § 15 III Nr 2 als MU'er gewerbliche Einkünfte bezieht[7] und eine Untergesellschaft iSd § 15 I Nr 2 S 2 zu einer doppelstöckigen PersGes führt.[8] Richtigerweise ist § 15 III Nr 2 entgegen der hM ohnehin auf atypisch stille Ges und atypische Unterbeteiligungen nicht anzuwenden (Rn 230).

138 Die **Befugnis zur Geschäftsführung** ergibt sich aus dem Gesellschaftsvertrag[9] und/oder den ergänzenden gesetzlichen Bestimmungen, nämlich § 709 BGB (Gesamtgeschäftsführung), §§ 114, 115 HGB (Einzelgeschäftsführung aller), §§ 161, 164 HGB (nur Komplementäre). Sie betrifft das **Innenverhältnis, nicht** die **Vertretung nach außen**. Gesellschaftsvertraglich kann, abw vom Regelstatut, etwa dem Kdisten Geschäftsführungsbefugnis eingeräumt werden und dem Komplementär diese entzogen werden.[10] Es kann auch Nicht-G'tern (zumindest neben G'tern) gesellschaftsvertraglich Geschäftsführungsbefugnis eingeräumt werden. Lediglich für die Vertretung nach außen verlangt das Gesellschaftsrecht zwingend eine organschaftliche Vertretung durch einen phG'ter. Für § 15 III Nr 2 ist aber allein die Geschäftsführungsbefugnis maßgebend. Daher lässt sich § 15 III Nr 2 leicht vermeiden, indem auch nat Pers als K'dist die Geschäftsführungsbefugnis zusätzlich (oder allein) neben (anstelle) der KapGes eingeräumt wird.[11] Soweit auch **KapGes als K'disten** beteiligt sind, ist § 15 III Nr 2 teleologisch entgegen dem zu weit geratenen Wortlaut dahin einzuschränken, dass er auch anwendbar bleibt, wenn der KapGes als K'dist zusätzlich oder allein die Geschäftsführungsbefugnis zusteht.[12] Besteht eine **GbR nur aus KapGes** ist schon nach dem Wortlaut § 15 III Nr 2 anzuwenden,[13] denn auch Gesamtgeschäftsführung ist Geschäftsführung durch alle KapGes.

139 Hinsichtlich der **Rechtsfolgen** ist die gewerblich geprägte Ges in vollem Umfange wie eine echt gewerblich tätige Ges zu behandeln. Mit Eintritt der Tatbestandsvoraussetzungen liegt eine Betriebseröffnung iSd § 6 I Nr 6 vor, falls vorher keine gewerbliche Tätigkeit ausgeübt wurde. Andernfalls wird bei Wegfall einer originären gewerblichen Tätigkeit und Fortsetzung einer an sich vermögensverwaltenden Tätigkeit der GewBetr jetzt als gewerblich geprägt fortgesetzt. Es kommt weder zu einer BetrAufg, noch zu einer Betriebseröffnung. Umgekehrt führt der **Wegfall** der tatbestandlichen Voraussetzungen zu einer **BetrAufg** nach § 16,[14] falls nicht eine gewerbliche Tätigkeit vorher aufgenommen wird. Dies kann auch durch Schaffung der Voraussetzungen für

---

1 HandelsrechtsreformG, BGBl I 98, 1474; dazu *Schmidt* NJW 98, 2161; *Schön* DB 98, 1169.
2 BMF BStBl I 00, 1198; BStBl I 01, 614; vgl auch *Petersen/ Rothenfußer* GmbHR 00, 801; *Limmer* DStR 00, 1230.
3 BMF BStBl I 01, 614.
4 BFH/NV 04, 913 mwN (dort auch zur Anwendbarkeit des § 176 I Nr 3 AO).
5 BFH BStBl II 98, 328; BFH/NV 99, 199; *Gschwendtner* DStZ 98, 335.
6 *Schmidt*[26] § 15 Rn 228, 367, 359.
7 BFH BStBl II 99, 794; BStBl II 98, 137; GrS BStBl II 74, 414.
8 BFH BStBl II 98, 137.
9 BFH BStBl II 96, 523.
10 BGHZ 51, 198.
11 Nicht ausreichend ist es, wenn die K'disten lediglich die Komplementär-GmbH als deren Geschäftsführer vertreten, BFH/NV 04, 949.
12 Vgl BFH BStBl II 96, 93 (allerdings zu einer GbR); *Schmidt*[26] § 15 Rn 222, 229; aA FinVerw R 15.8 (6) EStR.
13 BFH BStBl II 96, 93.
14 R 16 (2) EStR.

eine BetrAufsp erfolgen. Die **GewStPfl** beginnt erst mit der werbenden Tätigkeit und endet mit der tatsächlichen Einstellung.[1]

3. Einheitliche Beurteilung und Abfärbung (§ 15 III Nr 1). § 15 III Nr 1 schreibt als **Rechtsfolge** 140 vor, dass die von einer PersGes ausgeübte Tätigkeit **in vollem Umfange als GewBetr „gilt"**, wenn die Ges auch eine Tätigkeit iSd Abs 1 S 1 Nr 1 ausübt. Durch das JStG 07[2] wurde der Wortlaut des § 15 III 1 dahingehend erweitert, dass diese Rechtsfolge auch eintritt, wenn die Ges „gewerbliche Einkünfte im Sinne des Abs 1 Nr 2 bezieht" (Rn 140a).

Der Zweck des § 15 III Nr 1 besteht darin, die von den G'tern vermittels der PersGes erzielten Einkünfte **einheitlich nur als Einkünfte aus GewBetr** zu qualifizieren (s aber Rn 129a). Voraussetzung dafür ist – im Unterschied zu § 15 III Nr 2 (gewerblich geprägt) –, dass die PersGes zT eine originär gewerbliche Tätigkeit iSd § 15 I Nr 1 S 1 ausübt. Daneben muss sie zumindest noch eine weitere Tätigkeit ausüben, die isoliert gesehen zu anderen Einkunftsarten (Gewinn- oder Überschusseinkünften) führen würde. Die Anwendung des § 15 III Nr 1, 1. Alt setzt also voraus, dass zumindest **2 voneinander abgrenzbare Tätigkeiten** ausgeübt werden, von denen eine sich als gewerblich und die andere sich an sich nicht als gewerblich darstellt, etwa freiberuflich § 18,[3] oder luf,[4] § 13, oder vermögensverwaltend nach §§ 20, 21.[5] Soweit innerhalb der PersGes einige G'ter an sich nur freiberuflich tätig werden, aber andere G'ter gewerblich, führt § 15 III Nr 1 dennoch insgesamt zu gewerblichen Einkünften für alle G'ter[6] (§ 18 Rn 35). Dagegen soll die Abfärbung nicht eintreten, wenn die PersGes mit einem zum (gewillkürten) Sonder-BV eines freiberuflichen MU'ers gehörenden Grundstück nur vermögensverwaltend (durch Weitervermietung) tätig wird, aber der Anteil eines G'ters an den an sich vermögensverwaltenden Einkünften aus nur in seiner Person liegenden Gründen als gewerblich zu qualifizieren ist.[7] Richtigerweise kommt insoweit freilich schon keine Zurechnung zum freiberuflichen Sonder-BV in Frage. Die Abfärbung tritt auch dann ein, wenn die gewerbliche Tätigkeit von der GewSt befreit ist. Allerdings erstreckt sich dann die Befreiung auch auf die nur wegen der Abfärbung als gewerblich qualifizierten Einkünfte.[8] Die Abfärbung nach § 15 III 1 hat nur Bedeutung für die Einkünftequalifikation der G'ter bei der ESt und für die GewSt, nicht für andere Steuerarten.[9]

§ 15 III 1 idF des JStG 07 bestimmt in der 2. Alt nunmehr ausdrücklich, dass eine Abfärbung (Qualifizierung sämtlicher Einkünfte als Einkünfte aus GewBetr) auch dann eintritt, wenn die Ges „gewerbliche Einkünfte nach Abs 1 Nr 2 bezieht", dh ihrerseits als G'ter (mit Unternehmerrisiko und Unternehmerinitiative) an einer gewerblichen MU'schaft beteiligt ist. Nach § 52 Abs 32a idF JStG 07 ist § 15 III 1 in der erweiterten Fassung (rückwirkend) auch für VZ vor 2006 anzuwenden. 140a

Sowohl nach dem Wortlaut als auch nach dem unmissverständlich sich aus den Materialien[10] ergebenden Willen des Gesetzgebers führt daher jede Beteiligung einer iÜ an sich daneben nur Einkünfte aus vermögensverwaltender Tätigkeit und/oder Gewinneinkünfte aus § 13 oder § 18 erzielenden transparent zu besteuernden Ges (GbR) an einer gewerblichen MU'schaft insgesamt zu gewerblichen Einkünften der Ges und damit für die an ihr beteiligten G'ter. Vorbehaltlich ausreichender gesellschaftsrechtlicher Befugnisse zur Begr von MU'er-Risiko und -Iniative führt die Beteiligung an einer gewerblich tätigen (Unter-) Ges mithin dazu, dass die sich beteiligende (Ober-) Ges ihrerseits insgesamt zu einer gewerblichen MU'schaft wird und ihre G'ter ihrerseits MU'er bei der (Ober-) Ges und (mittelbare) MU'er bei der (Unter-) Ges, an der die Beteiligung besteht, werden.[11] Eine (weitere) Beteiligung an einer solchen Ges führt ihrerseits dann ebenfalls zur Anwendung des § 15 III 1, 2. Alt für die sich beteiligende Ges und ihre G'ter.

---

1 R 18 I und 19 I GewStR; BFH BStBl II 98, 745.
2 Jahressteuergesetz 2007 v 13.12.06, BGBl I 06, 2878.
3 Vgl BFH BStBl II 02, 478 (Bildberichterstatter mit Weitergabe von Aufträgen ohne eigenverantwortliche Einflussnahme); BStBl II 89, 797; BMF BStBl I 97, 566 (ärztliche Gemeinschaftspraxis).
4 Vgl BFH BStBl II 91, 625.
5 BFH BStBl II 98, 254; BStBl II 99, 275 (BetrAufsp).
6 BFH BStBl II 93, 324; vgl auch BStBl II 04, 303; BStBl II 02, 149; BStBl II 03, 21 (jeweils zur Beteiligung einer KapGes als MU'er) und BVerfG v 9.7.03 – 2 BvR 2317/02, NJW 04, 3264 (Verfassungsbeschwerde nicht zur Entscheidung angenommen!).
7 BFH BStBl II 07, 378 mit Anm *Wendt* FR 07, 83 (Zahnarzt GbR vermietet ihr von einem G'ter unentgeltlich überlassenes Grundstück an eine Dental GmbH, die von diesem G'ter beherrscht wird).
8 BFH BStBl II 00, 152.
9 BFH BStBl II 06, 92 (Pauschalierung von LSt für luf Aushilfskräfte nach § 40a).
10 RegEntw BT-Drs 16/2712 v 25.9.06 Art 1 Nr 11 (S 9, 44); Beschluss und Bericht Finanzausschuss BT-Drs 16/3325 u 16/3368 v 8.11.06 (unverändert aus RegEntw übernommen).
11 Vgl dazu BFH BStBl II 01, 359 (II. 4. b).

Die auch für VZ vor 2006 vorgeschriebene (rückwirkende) Anwendung beruht darauf, dass es sich nach der vom Gesetzgeber übernommenen Auffassung der BReg lediglich um eine Klarstellung der schon vor der Ergänzung durch das JStG 07 bestehenden Rechtslage handeln soll.[1] Daran ist zutr, dass schon nach früherer Rspr das bloße Halten einer Beteiligung an einer gewerblichen MU'schaft als Untergesellschaft immer zur Abfärbung führte.[2] Diese Rspr ist allerdings 2004 durch den IX. Senat unter Zustimmung des IV. Senates zutr aufgegeben worden, soweit die Obergesellschaft ansonsten lediglich vermögensverwaltend tätig ist. Hingegen ist die bisherige Rspr zur Abfärbung durch bloße Beteiligung aufrechterhalten worden, falls die sich beteiligende Ges (richtig: die an ihr beteiligten MU'er) mitunternehmerische Einkünfte aus LuF oder selbstständiger Arbeit erzielen würden.[3] Die FinVerw reagierte mit einem Nichtanwendungserlass[4] und kündigte die gesetzliche Neuregelung an. Die angeordnete (rückwirkende) Anwendung auch für VZ vor 2006 ist namentlich erfolgt, um ansonsten erforderliche Übergangsregelungen zu vermeiden.[5] Dies isoliert vermöchte freilich eine Rückwirkung zulasten des StPfl nicht zu rechtfertigen. Zutr ist allerdings, dass seit der Entscheidung des IX. Senates objektiv eine unklare Rechtslage bestand. Richtigerweise dürfte daher hinsichtlich der Anwendung für VZ vor Inkrafttreten des JStG 07 unter Vertrauensschutzgesichtspunkten wie folgt zu differenzieren sein: Die rückwirkende Anwendungsregelung ist uneingeschränkt zugunsten der StPfl anzuwenden. Sie stellt insoweit quasi eine gesetzliche Vertrauensschutzregelung zugunsten der StPfl dar. Angesichts der bisherigen Rspr zur Beteiligung von Ges mit Gewinneinkünften ist sie uneingeschränkt auch zulasten des StPfl anzuwenden, da insoweit, ungeachtet der nicht überzeugenden Differenzierung zwischen vermögensverwaltenden Ges und mitunternehmerischen Ges mit Gewinneinkünften, die bisherige Rspr in der Tat gesetzlich bestätigt wird. Insoweit konnte sich ein zu schützendes Vertrauen nicht bilden. Für die Beteiligung von lediglich vermögensverwaltenden Ges widerspricht die rückwirkende Anwendung zulasten der StPfl allerdings dem verfassungsrechtlichen Rückwirkungsverbot. Eine lediglich deklaratorische Klarstellung der Rechtslage liegt insoweit gerade nicht vor. Vielmehr hatte der IX. Senat zutr § 15 III 1 aF teleologisch einschränkend dahingehend ausgelegt, dass die Abfärbung bei einer ansonsten lediglich vermögensverwaltend tätigen Ges nicht eintreten könne, weil angesichts der ohnehin gesonderten Feststellung der Beteiligungseinkünfte weder Abrenzungsschwierigkeiten im Hinblick auf die einkommensteuerliche Einkommensermittlung noch für den Gewerbeertrag zu befürchten waren. Angesichts des klar entgegenstehenden Gesetzeswortlautes kommt eine verfassungskonforme einschränkende Auslegung allerdings nicht in Betracht. Es bedarf insoweit vielmehr einer Vorlage an das BVerfG.

Die Gesetzesänderung ist iÜ auch für die Zukunft verfehlt. Soweit angesichts der (verfehlten) Rspr zur Abschirmwirkung von mitunternehmerischen Ges namentlich der IV. Senat die Befürchtung äußerte, dass bei fehlender Abfärbung eine „Weiterleitung" der gewerblichen Beteiligungseinkünfte an die G'ter der beteiligten Obergesellschaft nicht möglich sei und die von § 15 I Nr 2 S 2 angeordnete (mittelbare) MU'er-Eigenschaft bei der Untergesellschaft umgangen werde,[6] ist dem nicht zu folgen[7] (Rn 420 f). Richtigerweise stellt die Tätigkeit der Ges iSd § 15 III 1 angesichts der transparenten Besteuerung immer zugleich eine Tätigkeit der G'ter der Ges als der eigentlichen MU'er dar. Beteiligungseinkünfte werden ebenfalls nicht von der Ges erzielt, sondern dies ist eine abkürzende Metapher dafür, dass sie von den G'tern als MU'er erzielt werden. Die transparent (richtig also nicht) zu besteuernde Ges ist gerade kein einkommensteuerliches Zurechnungssubjekt von Einkünften und Einkommen. Gewerbliche Beteiligungseinkünfte werden einkommensteuerlich iÜ immer nur aufgrund einer Tätigkeit/Betätigung der einkommensteuerlichen Zurechnungssubjekte erzielt, wie sich aus § 15 I iVm § 15 II ergibt. Insoweit ist es zutr, dass der Wortlaut des § 15 III 1 aF sehr wohl zuließ, auch Beteiligungseinkünfte aus einer gewerblichen MU'schaft als durch eine Tätigkeit iSd Abs 1 Nr 1 erzielt zu betrachten.[8] Aber weder Sinn und Zweck des § 15 III 1 aF gebo-

---

1 Begr RegEntw BT-Drs 16/2712, 44.
2 BFH BStBl II 96, 264; BStBl II 01, 359 (364).
3 BFH BStBl II 05, 383 u einschränkend Beschluss v 6.11.03 – IV ER – S – 3/03, BStBl II 05, 376; vgl auch *Heuermann* DB 04, 2584 u *Stapperfend* StuW 06, 303.
4 BMF BStBl I 05, 698.
5 Vgl Begr RegEntw BT-Drs 16/2712, 44 (45).
6 BFH BStBl II 05, 376; zur Problematik vgl auch *Fischer* FR 05, 143; *Groh* DB 05, 2430; *Heuermann* DB 04, 2548; *Schmidt/Wacker*[26] § 15 Rn 189.
7 Zutr insoweit *Heuermann* DB 04, 2548; verfehlt *Stapperfend* StuW 06, 303 (308).
8 Unzutr insoweit die Begr des IX. Senates, BFH BStBl II 05, 383, dass Einkünfte nach § 15 I Nr 2 nicht auf einer gewerblichen Tätigkeit iSd § 15 I Nr 1 der G'ter als der Zurechnungssubjekte beruhen.

ten eine Erstreckung der Abfärbewirkung, wenn lediglich eine gewerbliche Tätigkeit/Betätigung zur Erzielung von „Beteiligungseinkünften" in der Beteiligungsgesellschaft entfaltet wird, noch erfordert die „Weiterleitung" der Beteiligungseinkünfte als gewerbliche Einkünfte, dass angenommen werden muss, dass insgesamt eine gewerbliche MU'schaft bei der beteiligten PersGes vorliegt. Anstatt § 15 III 1 um die nunmehrige Alt zu ergänzen, dass auch das „Beziehen gewerblicher Einkünfte im Sinne des Abs 1 Nr 2" insgesamt zur Abfärbung führt, hätte der Gesetzgeber besser daran getan, den verfehlten Schlussfolgerungen der Rspr über eine Abschirmwirkung der MU'schaft als angeblicher alleiniger MU'er bei der Untergesellschaft entgegenzutreten.[1]

Unbefriedigend und verfehlt ist die nunmehr ausdrücklich angeordnete uneingeschränkte Abfärbewirkung aufgrund einer bloßen Beteiligung an einer gewerblichen MU'schaft deshalb, weil sie weder unter Vereinfachungsgesichtspunkten für die Einkünfteermittlung noch zum Schutze des GewSt-Aufkommens erforderlich ist. Man kann schon jetzt prophezeien, dass sie erneut zu der Fragestellung führen wird, ob ein Verstoß gegen den Gleichheitsgrundsatz vorliegt oder jedenfalls die Verhältnismäßigkeit verletzt wird, wenn auch geringfügige – evtl äußerst geringfügige – Beteiligungen die Abfärbung auslösen. Ob insoweit der bloße Wunsch, angeblich schwierige Übergangsregelungen zu vermeiden, zur verfassungsrechtlichen Rechtfertigung des Festhaltens an einer Regelung auch für die Zukunft ausreichen wird, kann man bezweifeln, wenn die Regelung weder von der Sache her geboten ist – es handelt sich an sich nicht um gewerbliche Einkünfte – noch einem Vereinfachungseffekt, noch der typisierten Abwehr möglicher Umgehungen der GewSt dienen kann. Hier dürfte auch ein dem Gesetzgeber durchaus zuzubilligender weiter Ermessensspielraum überschritten sein.

Liegt **nur eine insgesamt einheitlich zu beurteilende Gesamttätigkeit** vor, so muss vorrangig für diese anhand der sie prägenden Merkmale bestimmt werden, ob es sich um gewerbliche Einkünfte nach § 15 I Nr 2 iVm § 15 II handelt oder um eine andere Einkunftsart.[2] Auf die derart einheitlich zu beurteilende Tätigkeit ist § 15 III Nr 1 nicht anwendbar.[3] Von einer derartig einheitlichen Gesamttätigkeit ist nur dann auszugehen, wenn die einzelnen Elemente der Tätigkeit so miteinander verflochten sind, dass eine Trennung willkürlich erscheint, etwa bei einem einheitlich geschuldeten Erfolg gegenüber einem Auftraggeber.[3]

141

Vorbild für § 15 III Nr 1 dürfte die Regelung des HGB gewesen sein, wonach die Geschäfte einer **OHG oder KG** immer und in vollem Umfange zu deren Handelsgeschäften gehören, wie aus § 6 HGB folgt.[4] Steuerlich geht § 15 III Nr 1 allerdings darüber hinaus, indem er nicht nur die OHG und KG, sondern **jede PersGes** erfasst. Die Vorschrift dient damit zunächst einmal der **Vereinfachung,** indem sie eine einheitliche Gewinnermittlung ermöglicht. Soweit es sich um eine OHG oder KG handelt, schafft sie zugleich die Voraussetzungen für eine unkomplizierte Anwendung des **Maßgeblichkeitsprinzips** nach § 5 I. Die Einbeziehung aller PersGes rechtfertigt sich steuerlich daraus, dass im Rahmen des § 15 alle PersGes grds gleich behandelt werden, gleichgültig ob HandelsGes oder nicht.[5] Dies ist steuerlich auch geboten, weil andernfalls der jederzeit mögliche Übergang von und zur GbR jeweils zu einem Wechsel der Einkunftsart mit allen Folgen etwa für die Entnahmevorschriften führen würde. Allerdings führt § 15 III Nr 1 dadurch – verglichen mit der Tätigkeit eines Einzelunternehmers (als nat Pers) – zu steuerlich abw Rechtsfolgen. Während bei diesem verschiedene neben einem GewBetr ausgeübte Tätigkeiten nach den jeweiligen Tatbestandsmerkmalen der Einkunftsarten zu qualifizieren sind, werden für die G'ter einer PersGes, die auch gewerblich tätig ist, alle Einkünfte (insoweit wegen der Rechtsform der PersGes) als gewerbliche qualifiziert.

142

Gegen die einheitliche Qualifizierung als GewBetr wird der Vorwurf der **Verfassungswidrigkeit** erhoben, da der G'ter und MU'er einer PersGes einkommensteuerlich **ungleich gegenüber** dem **Einzelunternehmer** behandelt werde.[6] Dieser Vorwurf ist angesichts der gravierenden Unterschiede

143

---

1 Die G'ter der Obergesellschaft können daher als MU'er der Untergesellschaft bei dieser Sondervergütungen beziehen und Sonder-BV haben, auch wenn die Obergesellschaft außer den Beteiligungseinkünften keine gewerblichen Einkünfte bezieht, vgl BFH BStBl II 06, 838, der dazu allerdings sich, für die Rechtslage vor Einfügung des § 15 I Nr 2 S 2 auf einen Ausnahmefall des „Durchgriffes" berufen zu müssen; aA unzutr *Müller/Funk/Müller* BB 05, 2270 (2275).

2 BFH BStBl II 92, 413; BStBl II 94, 864; BStBl II 93, 324.
3 BFH BStBl II 97, 567.
4 BGH NJW 60, 1852.
5 BGH GrS BStBl II 91, 691.
6 *Schulze-Osterloh* GS Knobbe Keuk, 1997, S 531; *Seer* FR 98, 1022; FG Nds BB 98, 1453 (als unzulässig zurückgewiesen BVerfG DStR 99, 109); erneute Vorlage FG Nds v 21.4.04, EFG 04, 1065 mit Anm *Hey* FR 04, 876.

in der steuerlichen Behandlung der Einkunftsarten, insbes mit Rücksicht auf die GewSt, verständlich, aber unbegründet.[1] Eine Verfassungswidrigkeit der ungleichen Behandlung der Einkunftsarten innerhalb des EStG oder der GewSt würde jedoch nicht die Regelung des § 15 III Nr 1 tangieren. Vielmehr bedürfte es dann der Abschaffung dieser Differenzierungen. Die unterschiedliche Behandlung gegenüber dem Einzelunternehmer ist sachlich begründet. Es liegen unterschiedliche Sachverhalte vor. Trotz transparenter Besteuerung der PersGes gibt es keinen Verfassungsgrundsatz der steuerlichen Gleichbehandlung von Einzelunternehmer und MU'er in jeder Hinsicht. Der Gleichheitsgrundsatz verlangt Gleichbehandlung aller StPfl, nicht nur Gleichbehandlung von sich gewerblich betätigenden Einzel- und MU'ern. Hält man iÜ die Differenzierungen zw den Einkunftsarten für verfassungsrechtlich tolerabel – etwa hinsichtlich des Dualismus der zeitlichen Erfassung und der GewStPfl –, ist nicht erkennbar, warum gerade eine vollständige Gleichbehandlung von Einzelunternehmer und MU'er von Verfassungs wegen geboten sein sollte. Vielmehr kann der Gesetzgeber hier durchaus dem Gedanken der Vereinfachung der Gewinnermittlung Rechnung tragen.

144 Die Rspr hatte § 15 III Nr 1 zutr dahin verstanden, dass jede auch **geringfügige gewerbliche Tätigkeit**[2] dazu führt, dass dann einheitlich für die PersGes nur ein GewBetr besteht. Inzwischen hat allerdings der XI. Senat entschieden, dass bei einem **„äußerst geringen Anteil"** originär gewerblicher Einkünfte keine Umqualifizierung zu erfolgen habe.[3] Aus einer verfassungskonformen Auslegung des § 15 III Nr 1, nämlich dem Grundsatz der Verhältnismäßigkeit, soll sich ergeben, dass bei § 15 III Nr 1 zu differenzieren ist zw einer nach wie vor „schädlichen" geringen gewerblichen Tätigkeit und einer „unschädlichen" „äußerst geringfügigen" gewerblichen Tätigkeit. Dies verspricht spannende Streitigkeiten[4] über die Frage, ab wann bereits eine, wenn auch nur geringe gewerbliche Tätigkeit vorliegt (bejaht für 6 % des Gesamtumsatzes) und wo die „äußerst geringfügige Tätigkeit" endet (noch bejaht für 1,25 %),[5] ob ausschließlich auf einen Umsatzanteil abzustellen sei oder auch an eine in Anlehnung an die Freibetragsgrenze nach § 11 I zu bestimmende Geringfügigkeitsgrenze.[6] Derartige Differenzierungen dienen weder der Rechtssicherheit, noch einer gleichheitssatzgemäßen Besteuerung, noch werden sie von der Verfassung verlangt.[7]

145 **PersGes** sind neben der **OHG und KG** auch die **GbR** und die atypisch **stille Ges**[8] einschl der BGB-Innengesellschaft auch in Form von **Unterbeteiligungen**[9] § 15 III Nr 1 findet hingegen keine Anwendung auf die Erbengemeinschaft,[10] die eheliche Gütergemeinschaft[9] und reine Bruchteilsgemeinschaften. Soweit eine Bruchteilsgemeinschaft im Rahmen einer BetrAufsp einen GewBetr unterhält, tritt hinsichtlich der fremdvermieteten Grundstücksteile keine Abfärbewirkung ein.[11]

146 **Ausweichmöglichkeiten**, um der Abfärbewirkung zu entgehen, bietet die Verlagerung (Ausgliederung) der gewerblichen Tätigkeit auf nur einen der beteiligten G'ter oder auf eine **personenidentische Schwestergesellschaft** – sog **Ausgliederungsmodell**[12] (s aber Rn 454f). Die sog Abfärbewirkung beschränkt sich auf die Tätigkeiten der jeweiligen PersGes. Eine Zusammenfassung mehrerer zivilrechtlich verselbstständigter PersGes zu einer einzigen steuerlichen MU'schaft findet nicht statt,[13] so dass – allerdings ist klare Trennung erforderlich[14] – die Abfärbewirkung auf die nicht gewerblich tätige Schwestergesellschaft nicht eintreten kann.

---

1 BVerfG v 26.10.04 – 2 BvR 246/98, FR 05, 139; BFH BStBl II 02, 221.
2 BFH BStBl II 95, 171; BStBl II 98, 254; BStBl II 98, 603.
3 BFH BStBl II 00, 229; ebenso auch der IV. Senat BFH BStBl II 02, 221.
4 Vgl Sachverhalt in BFH BStBl II 05, 383 (Anteil von 1,16 % äußerst geringfügig?); vgl auch BFH/NV 04, 954 (2,81 %, evtl 10 % des Umsatzes noch geringfügig).
5 Oberhalb dieser Grenze soll es nach mit dem BMF abgestimmter Verwaltungsauffassung der OFD Rheinland v 9.6.06, DB 06, 1348 bei Gemeinschaftspraxen durch Abgabe von Arzneien im Rahmen der sog integrierten Versorgung zu einer „Infektion" kommen. Vgl auch OFD Frkf v 28.02.04, DB 07, 1282.
6 So erwogen von BFH/NV 04, 954 im Anschluss an *Kempermann* DStR 02, 664.
7 Vgl auch BFH BStBl II 03, 355 u BFH BStBl II 06, 659 (zur Ausschließlichkeit bei § 9 Nr 1 S 2 GewStG) mit Anm *Wendt* FR 03, 159 und nunmehr auch der XI. Senat zu § 7g VII (kein Existenzgründer auch bei äußerst geringfügiger Beteiligung selbst an nur gewerblich geprägter PersGes) BFH BStBl II 06, 903.
8 BFH BStBl II 95, 171; *Kempermann* FR 95, 22; *Ruban* DStZ 95, 637.
9 R 15.8 V EStR.
10 BFH BStBl II 87, 120.
11 BFH BStBl II 99, 279.
12 BFH BStBl II 98, 603 mwN; BStBl II 97, 202; BStBl II 95, 171; BMF BStBl I 97, 566.
13 Vgl aber BFH BStBl II 96, 369 (Zusammenfassung von GbR und Bruchteilsgemeinschaft bei gewerblichem Grundstückshandel).
14 Dazu BMF BStBl I 97, 566; BFH BStBl II 98, 603.

VI. Persönliche Zurechnung. Die Einkünfte aus GewBetr sind demjenigen Steuersubjekt zuzurechnen, das die nach § 15 II den GewBetr konstituierende Betätigung „unternimmt". Das Gesetz bezeichnet ihn als **Unternehmer** (MU'er), wenn auch nur im Zusammenhang mit den Einkünften aus der Betätigung im Rahmen einer OHG, KG oder anderen Ges, § 15 I Nr 2. Aber schon in § 15 I Nr 1 S 1 werden die Einkünfte aus GewBetr als Einkünfte aus Unternehmen bezeichnet. Dieses Unternehmen (Objekt/Erwerbsgrundlage s § 2 Rn 34f) ist dem Unternehmer (Subjekt) zuzurechnen und diesem sind auch die aus dem Unternehmen fließenden (dort erwirtschafteten) Einkünfte zuzurechnen. Die Zurechnungskriterien für den MU'er iSd § 15 I Nr 2 und den (Einzel)Unternehmer des § 15 I Nr 1 müssen daher auch grds übereinstimmen,[1] abgesehen von dem Unterschied, dass bei der PersGes und den diesen gleichzustellenden Gemeinschaften die von § 15 II verlangte Betätigung „gemeinsam" von den (Mit)Unternehmern „unternommen" wird.

147

Nach der st Rspr ist Unternehmer und damit Zurechnungssubjekt für die gewerblichen Einkünfte dasjenige Steuersubjekt (nat Pers für die ESt und Körperschaft für die KSt), das das (Unternehmer)Risiko trägt und die (Unternehmer)Initiative entfalten kann.[2] Dabei kennzeichnet das Unternehmerrisiko die Chance und die Gefahr, dass die Betätigung GewBetr unmittelbar zu Vermögensmehrungen (Gewinn) oder -minderungen (Verlust) im Vermögen des Unternehmers führt. Die Unternehmerinitiative kennzeichnet, dass die Betätigung auf den Willen des Unternehmers zurückzuführen ist und seiner Einflussmöglichkeit unterliegt. Unternehmerrisiko und Unternehmerinitiative konkretisieren für die Gewinneinkünfte das allg Merkmal des „Erzielens" von Einkünften, wie es § 2 I grds für alle Einkunftsarten verlangt (§ 2 Rn 55f).[3] Dabei sich ergebende Abstufungen sind dem jeweiligen Tatbestand zu entnehmen, etwa einerseits § 19, der eine persönlich zu erbringende Dienstleistung verlangt gegenüber § 15, der jedenfalls nicht verlangt, dass die am Markt angebotenen Leistungen persönlich vom Unternehmer erstellt wurden.

148

Unternehmerrisiko trägt derjenige, **für dessen Rechnung** das **Gewerbe betrieben** wird, wie – auch für die einkommensteuerliche Zurechnung zutr – § 5 I GewStG formuliert. Dabei wird das Gewerbe (= die Betätigung iSd § 15 II) für dessen Rechnung betrieben, dem unmittelbar der Erfolg oder Misserfolg der entgeltlichen (wirtschaftliche!) Leistungserbringung am Markt (Beteiligung am allg Verkehr) zugute kommt. Unproblematisch ist dabei die Zurechnung, wenn der Unternehmer bereits im **Außenverhältnis** als **Leistungserbringer** auftritt und ihm der Erfolg oder Misserfolg aus der Leistungserbringung im Innenverhältnis verbleibt. Dazu gehören alle Gestaltungen, bei denen die Leistungen im Namen des Unternehmers erbracht werden, sei es durch ihn selbst, seine ArbN oder selbst (Sub)-Unternehmer. Unerheblich ist dabei, ob der Unternehmer selbst im eigenen Namen handelt oder für ihn in **offener Stellvertretung** gehandelt wird. Als weitere Voraussetzung muss insoweit negativ hinzukommen, dass im **Innenverhältnis keine rechtlich durchsetzbaren** (schuldrechtliche oder sonstige) **Anspr gegen einen Dritten** bestehen, wonach dieser einen Gewinn (die Vermögensmehrung) zu beanspruchen oder einen Verlust (Vermögensminderung) zu tragen hat. Dabei ist allerdings nicht auf die einzelne Leistungserbringung abzustellen, sondern darauf, ob die gesamte nachhaltige Betätigung in ihrem Erfolgssaldo (Gewinn oder Verlust) durchsetzbar einem anderen als dem nach außen Handelnden vermögensmäßig zugute kommt oder ihm zur Last fällt.[4]

149

Im Einzelnen ist danach unproblematisch, dass bei der **Insolvenz** nicht der Insolvenzverwalter, sondern der **Gemeinschuldner**[5] und bei der **Testamentsvollstreckung**[6] nicht der Testamentsvollstrecker, sondern der (oder die) **Erbe**(n) Unternehmer und Zurechnungssubjekt sind. Entspr gilt für die Nachlassverwaltung[7] oder bei gesetzlicher Vertretung durch die Eltern zur Führung eines Geschäftes durch einen Minderjährigen. Bei der Testamentsvollstreckung ist allerdings zivilrechtlich zw der (fremdnützigen) Treuhandlösung und der Vollmachtlösung zu unterscheiden. Bei der Treuhandlösung wird das Geschäft nach außen im Namen des Testamentsvollstreckers geführt, aber für Rechnung des/der Erben.[8] Auch dann sind dem/den Erben die Einkünfte aus GewBetr persönlich zuzurechnen.[9]

150

---

1 BFH GrS BStBl II 93, 616 (621).
2 StRspr, statt vieler BFH GrS BStBl II 93, 616 mwN.
3 *Ruppe* DStJG 1 (78), 7; *Tipke/Lang*[18] § 9 Rn 150; BFH BStBl II 94, 615.
4 *Schön* FS Offerhaus, 1999, S 400; vgl auch BFH BStBl II 79, 40; BStBl II 76, 643.
5 BFH BStBl II 72, 784.
6 BFH BStBl II 96, 322 (auch zum Rechtsbehelfsverfahren).
7 BFH BStBl II 92, 781.
8 Zu den zivilrechtlichen Gründen (Unvereinbarkeit der beschränkten Erbenhaftung) vgl BFH BStBl II 91, 191.
9 BFH BStBl II 95, 714; BStBl II 78, 499; anders zur USt BStBl II 91, 191.

151 Die treuhänderische Testamentsvollstreckung ist nur ein Anwendungsfall des allg Grundsatzes, dass bei der **fremdnützigen Treuhandschaft** die Einkünfte dem **Treugeber** und nicht dem Treuhänder zuzurechnen sind.[1] Der Treuhänder scheidet als Unternehmer iSd einkommensteuerlichen Zurechnungssubjektes aus, weil er gerade kein Unternehmerrisiko trägt, ungeachtet seiner Haftung (Schuldnerschaft) im Außenverhältnis.[2] Allerdings trifft denjenigen, der behauptet, er führe ein Unternehmen lediglich als Treuhänder, dafür die Nachweispflicht. § 159 AO enthält insoweit einen allg Rechtsgedanken. Umgekehrt ist auch ein **offener Stellvertreter** persönliches Zurechnungssubjekt, wenn er im Innenverhältnis auf eigene Rechnung handelt.[3] Dies folgt schon daraus, dass er bei fehlender Vollmacht selbst verpflichtet wird oder bei Bestehen einer Vollmacht im Innenverhältnis gerade wieder ein Treuhandverhältnis vorliegt. Bei sog **Strohmannverhältnissen** ist zu differenzieren: Handelt es sich um echte Treuhandverhältnisse – der sog Strohmann hat einen durchsetzbaren Anspr auf einerseits Ersatz des Verlustes, andererseits ist zur Abführung des Gewinnes verpflichtet – so erfolgt die Zurechnung beim **Hintermann**. Unerheblich ist insoweit, dass der Hintermann nicht im Handelsregister eingetragen ist.[4] Soweit allerdings solche Anspr effektiv gerade nicht bestehen, sondern lediglich unverbindlich in Aussicht gestellt ist, dass dem Strohmann das Risiko abgenommen wird, ist der Strohmann der Unternehmer, weil er effektiv das Risiko trägt. Eine eventuelle tatsächliche Abführung des Gewinnes ist dann nichts anderes als Einkommensverwendung, soweit nicht Arbeitslohn für die vom angeblichen Hintermann erbrachte Tätigkeit vorliegt oder eine verdeckte MU'schaft zu bejahen ist. Dies betrifft insbes die Fallkonstellationen, bei denen dem Hintermann das Führen eines GewBetr gewerberechtlich oder neben seiner anderweitigen Tätigkeit untersagt ist und er einen Strohmann (oder häufig eine Strohfrau) dazu überredet, nach außen den früher von ihm geführten GewBetr fortzuführen. In diesen Fällen soll der GewBetr gerade nicht nur zum Schein vom Strohmann geführt werden, sondern tatsächlich, weil andernfalls das Gewerbe nicht geführt werden dürfte.[5]

152 Die **Eigentumsverhältnisse** an den dem GewBetr dienenden WG sind unerheblich. Ein GewBetr kann auch mit gepachteten oder gemieteten WG geführt werden.[6] Ebenso führt der sog **Unternehmensnießbrauch** (vgl § 22 HGB) zur persönlichen Zurechnung beim Nießbraucher.[7] Dagegen führt der sog **Ertragsnießbrauch** (Nießbrauch am Gewinnstammrecht) – seine zivilrechtliche Zulässigkeit unterstellt[8] – nicht zur Zurechnung beim Nießbraucher.[9] Die Zurechnung scheitert nicht erst an der fehlenden (Mit)Unternehmerinitiative, sondern bereits am fehlenden Unternehmerrisiko, da weder eine Verlusttragung in Betracht kommt noch eine Beteiligung an den stillen Reserven vorliegt. Anders ist es, wenn der **Nießbrauch am Gesellschaftsanteil** (Rn 239f) selbst eingeräumt wird. Dies entspricht dem Unternehmensnießbrauch[10] mit der Besonderheit, dass sowohl der Besteller als auch der Nießbraucher gemeinsam (Mit)Unternehmer des GewBetr sind. **Gewinnvermächtnisse** begründen für den Vermächtnisnehmer mangels Risikotragung (und mangels Unternehmerinitiative) keine Unternehmerstellung. Aufseiten des Belasteten liegen keine BA vor.[11] Vgl auch § 2 Rn 60.

153 Die **Unternehmerinitiative** äußert sich in den unternehmerischen Entscheidungen. Für MU'er wird im Allg darauf abgestellt, ob eine gesellschaftsrechtliche Teilhabe an Entscheidungen vorgesehen ist, wie sie Geschäftsführern und leitenden Angestellten obliegen.[12] Allerdings soll bei MU'ern genügen, dass Kontroll- und Widerspruchsrechte zustehen, wie sie nach dem Regelstatut des HGB

---

1 BFH BStBl II 93, 574; BStBl II 93, 538; GrS BStBl II 91, 691; vgl aber BFHE 152, 230 (Treuhänder als MU'er, aber nur verfahrensrechtlich!).
2 BFH/NV 05, 1994; vgl aber BFH BStBl II 94, 615 (zu VuV Zurechnung beim angeblichen „Treuhänder", der aber das Risiko zu tragen hatte); vgl aber zum sog Treuhandmodell bei der GewSt OFD Magdeburg v 4.4.05, DStZ 05, 424.
3 Vgl BFH BStBl II 92, 300 (dort allerdings zweifelh vom Sachverhalt).
4 BFH BStBl II 92, 330.
5 Vgl aber genau umgekehrt BFH/NV 04, 27 (Hintermann als Alleinunternehmer, obwohl Strohfrau allein nach außen auftrat und Gewerbe auf ihren Namen angemeldet war); vgl auch BFH BStBl II 05, 168 (Hintermann – ausnahmsweise – als Alleinunternehmer bei Handelsvertretung, obwohl die Strohfrau erfolgreich einen Ausgleichsanspruch nach § 89b einklagte!) mit Anm *Fischer* FR 05, 256.
6 BFH BStBl II 93, 327 (unentgeltliche Überlassung).
7 BFH BStBl II 96, 440 (zu Vermächtnisnießbrauch bei LuF, aber keine AfA); BStBl II 87, 722 (Vorbehaltsnießbrauch bei LuF), BStBl II 81, 396; vgl auch *Söffing/Jordan* BB 04, 353 und *Schulze zur Wiesche* BB 04, 355.
8 Vgl dagegen *Schön* StbJb 96/97, 45.
9 BFH BStBl II 95, 714; BStBl II 95, 241; BStBl II 92, 605; BStBl II 92, 330; BStBl II 91, 809; vgl auch *Haas* FS Schmidt, 1993, S 316.
10 BFH BStBl II 95, 241.
11 BFH BStBl 95 II, 714; vgl aber BStBl II 92, 300 (Gewinn- und Verschaffungsvermächtnis bzgl Betrieb).
12 BFH BStBl II 97, 272.

einem K'disten zustehen.[1] Mindestens in dieser rudimentären Form müsse die MU'er-Initiative kumulativ zum Unternehmerrisiko hinzutreten.[2] Richtigerweise ist darauf abzustellen, dass die unternehmerischen Entscheidungen auf den Willen des Unternehmers zurückzuführen sein müssen, nicht aber müssen sie de facto von ihm getroffen werden. Daher ist zu Recht völlig unstr, dass der Einzelunternehmer sich eines Geschäftsführers, Prokuristen etc bedienen kann und nicht etwa in persona die Entscheidungen treffen muss. Entscheidend ist allein, dass der angestellte Geschäftsführer etc seine Entscheidungsbefugnis vom Unternehmer ableitet und dieser sich notfalls auch von ihm trennen kann. Soweit allerdings der Unternehmer handlungsunfähig ist, kommt es auf den Willen der für ihn handelnden gesetzlichen Vertreter (Eltern), Amtswalter (Testamentsvollstrecker, Insolvenzverwalter) oder Organe (Körperschaften) an. Daraus kann aber nicht hergeleitet werden, dass die Unternehmerinitiative bedeutungslos für die persönliche Zurechnung sei.[3]

154 Nichts anderes kann für PersGes gelten. Soweit dort G'ter nach Gesellschaftsvertrag oder Regelstatut (K'dist bei der KG) von der Geschäftsführung ausgeschlossen sind, ist ihnen die vom G'ter-Geschäftsführer entfaltete Unternehmerinitiative nicht anders als bei einem angestellten Geschäftsführer zuzurechnen. Die Geschäftsführungsbefugnis beruht auch hier auf dem Willen des von ihr nach dem von ihm abgeschlossenen Vertrag ausgeschlossenen G'ter. Der geschäftsführende G'ter bedarf auf Dauer des Vertrauens auch der von der Geschäftsführung ausgeschlossenen G'ter. Er hat auf deren Interessen Rücksicht zu nehmen, da die Geschäftsführung für „gemeinsame Rechnung" erfolgt. Daher kann von einem Fehlen der Unternehmerinitiative nur dann ausgegangen werden, wenn der von der Geschäftsführung ausgeschlossene G'ter sich vertraglich so entrechtet hat – die zivilrechtliche Zulässigkeit dahingestellt[4] –, dass die Geschäftsführung durch die geschäftsführenden G'ter nicht mehr im gemeinsamen Interesse erfolgen muss. Dies ist etwa der Fall, wenn dem G'ter keinerlei Widerspruchsrecht auch bei über den gewöhnlichen Betrieb hinausgehenden Handlungen zusteht (vgl § 163 HGB), Kündigungsrechte durch einseitige Benachteiligungen praktisch nicht ausgeübt werden können oder umgekehrt Kündigungen des G'ters durch einseitige benachteiligende Abfindungsregeln ermöglicht werden,[5] einseitige und ungewöhnliche Entnahmebeschränkungen bestehen. Bei Treuhandverhältnissen ist der MU'anteil dem Treugeber zuzurechnen. Bei einer atypischen Unterbeteiligung (Rn 235) ist der auf den atypisch Unterbeteiligten entfallende Anteil diesem und nicht dem Hauptbeteiligten zuzurechnen[6].

170 VII. Fortdauer des Besteuerungsrechtes für Anteile an einer SE nach Sitzverlegung (§ 15 Ia). § 15 Ia idF SEStEG ergänzt die durch das SEStEG neu eingefügten Regelungen in § 4 I EStG und § 12 I KStG zur Entstrickung bei Verlust oder Einschränkung des deutschen Besteuerungsrechtes für den Fall einer Sitzverlegung einer SE (Europäische Gesellschaft) oder SEC (Europäische Genossenschaft). Erfolgt eine derartige Sitzverlegung aus Deutschland oder einem anderen Mitgliedstaat in einen anderen Mitgliedstaat der Gemeinschaft, so darf diese Sitzverlegung bei ihren Anteilseignern/Mitgliedern nicht eine unmittelbare Besteuerung auslösen, Art 10d I Fusionsrichtlinie 90/434/EWG.[7] Demzufolge ordnet § 4 I 4 EStG idF SEStEG an, dass eine entspr Sitzverlegung abw von § 4 I 3 nicht zu einer Entstrickung von Anteilen an einer SE oder SEC durch eine Entnahme wegen eines Ausschlusses oder Beschränkung des Besteuerungsrechtes der Bundesrepublik führen darf.[8] Für unter § 17 EStG fallende Anteile an einer SE oder SEC trifft § 17 V 2 eine entspr Regelung, wonach für diese Anteile die ansonsten nach § 17 V 1 geltende Fiktion einer Veräußerung der Anteile zum gemeinen Wert bei Ausschluss oder Beschränkung des Besteuerungsrechtes nicht gilt. Ebenso wird nach § 12 I 2. HS KStG durch Verweisung auf § 4 I 4 EStG ausgeschlossen, dass die Sitzverlegung einer SE oder SEC als Veräußerung ihrer Anteile zum gemeinen Wert gem § 12 I 1. HS behandelt wird, falls das Besteuerungsrecht der Bundesrepublik ausgeschlossen oder eingeschränkt wird.

---

1 BFH GrS BStBl II 84, 751; BFH BStBl II 89, 762; vgl aber BStBl II 89, 758.
2 BFH BStBl II 97, 272; BStBl II 94, 702 mwN.
3 **AA** *Schön* FS Offerhaus, 1999, S 385.
4 BFH BStBl II 81, 663 (auch bei Unwirksamkeit schädlich).
5 Vgl BFH BStBl II 96, 269 (mangelnde Kontrollrechte, einseitige Kündigungsrechte mit Buchwertabfindung, Beschränkung der Entnahmebefugnisse); BStBl II 79, 620 (unschädlich Buchwertklausel bei eigener Kündigung); BFH/NV 87, 567 (unübliche, einseitige Beschränkung von Entnahmebefugnissen); BStBl II 95, 449 (noch ausreichende Kontrollrechte).
6 BFH BStBl II 07, 868 (zum Verlustausgleichspotential für § 15a, aber allg gültig).
7 Richtlinie 90/434/EWG v 23.7.90, ABlEG Nr L 225/1 v 20.8.90 in der zuletzt durch die Richtlinie 2005/19/EG v 17.2.05, ABlEU Nr L 58/19 zur Änderung der Richtlinie 90/434/EWG geänderten Fassung.
8 Vgl auch Begr RegEntw BT-Drs 16/2710, 28 u Bericht Finanzausschuss BT-Drs 16/3369, 12.

Die bloße Sitzverlegung einer SE oder SEC wird freilich nur in Ausnahmefällen dazu führen können, dass das Besteuerungsrecht Deutschlands schon dadurch hinsichtlich eines Gewinnes aus der Veräußerung der Anteile an der SE ausgeschlossen oder beschränkt wird. Denn wenn die Anteile zu einer inländischen Betriebsstätte gehören, so ändert sich durch die bloße Sitzverlegung der SE oder SEC nichts. Denkbar wäre freilich, dass ein DBA das Besteuerungsrecht Deutschlands hinsichtlich der Anteilsveräußerung abw von Art 13 II und Art 21 II OECD-MA auf in Deutschland ansässige Ges beschränkt.

171 Soweit nach § 4 I 4 EStG idF SEStEG danach ausgeschlossen ist, dass bereits die Sitzverlegung als die Besteuerung auslösende Entnahme/Entstrickung behandelt wird, ordnet § 15 Ia 1 an, dass die spätere tatsächliche Veräußerung der Anteile nach der Sitzverlegung noch der Besteuerung in Deutschland unterliegt. Die Besteuerung ist dabei so vorzunehmen als hätte keine Sitzverlegung stattgefunden. Ausdrücklich wird insoweit angeordnet, dass eine etwaige entgegenstehende Bestimmung eines DBA, wonach Deutschland die Veräußerung nach der Sitzverlegung nicht mehr besteuern dürfte, zu missachten ist – **treaty overriding**. Europarechtlich wird diese Bestimmung als durch Art 10d II der Fusionsrichtlinie 90/434/EWG gedeckt angesehen.[1] Dieser bestimmt, dass die Anwendung des Art 10d I (Verbot der Besteuerung wegen Sitzverlegung) die Mitgliedstaaten nicht hindere, den Gewinn aus einer späteren Veräußerung der Anteile der ihren Sitz verlegenden SE oder SEC zu besteuern. Sachlich bedeutet die Regelung des § 15 Ia, dass die Anteile an der sitzverlegenden SE oder SEC ungeachtet etwaiger entgegenstehender DBA-Regelungen in Deutschland bis zu einer tatsächlichen Veräußerung steuerverstrickt bleiben und bei einer Veräußerung der volle Gewinn zu besteuern ist. Dies ist in der Tat europarechtlich durch Art 10d II der Fusionsrichtlinie gedeckt. Unter dem Aspekt eines völkerrechtsfreundlichen Verhaltens, das durch die Fusionsrichtlinie nicht verboten wird, bleibt freilich fragwürdig, dass danach auch ein treaty overriding angeordnet wird, soweit auch stille Reserven erfasst werden, die sich überhaupt erst nach der Sitzverlagerung gebildet haben. Legt man den Regelungen der DBA die allerdings umstrittene Auslegung zugrunde, dass sie einer Erfassung von Veräußerungsgewinnen nicht entgegenstehen, soweit dabei nur die bereits während des Bestehens der (unbeschränkten oder beschränkten) StPfl gebildeten stillen Reserven erfasst werden, hätte sich eine Missachtung von Deutschland abgeschlossener DBA vermeiden lassen, wenn die Besteuerung des Gewinnes aus der Veräußerung auf die Höhe der bei Sitzverlegung bereits vorhandenen stillen Reserven beschränkt worden wäre. Die europarechtliche Unbedenklichkeit[2] rechtfertigt den offenen Verstoß gegenüber dem Vertragspartner jedenfalls nicht.

§ 15 Ia 2 stellt der späteren Veräußerung die verdeckte Einlage in eine KapGes, die Auflösung der SE oder SEC und die Kapitalherabsetzung bei ihnen gleich sowie die Ausschüttung oder Rückzahlung von Beträgen aus dem steuerlichen Einlagenkonto iSd § 27 KStG. Es handelt sich dabei um Vorgänge, die nach innerstaatlichem Recht auch sonst als Veräußerungen behandelt werden, respektive einer Veräußerung gleichgestellt werden, vgl §§ 6 VI 2, 17 IV, 20 I Nr 1 S 3, 23 I 5 Nr 2 EStG. Bei diesen Vorgängen gehen die Anteile entweder auf ein anderes Rechtssubjekt über (verdeckte Einlage) oder aber (ganz oder teilw) unter (Auflösung und Kapitalherabsetzung). Die Vorgänge erfolgen für den bisherigen Anteilsinhaber nicht unentgeltlich und werden insofern zutr einer Veräußerung gleichgestellt, respektive sind entgeltliche Veräußerungen.

172 § 15 Ia ist zeitlich anwendbar für nach dem 31.12.05 endende Wj, § 52 Abs 30a idF SEStEG.

Für zum BV bei LuF und bei selbstständiger Arbeit gehörende Anteile an einer SE oder SEC wird in § 13 VII und in § 18 IV 2 die entspr Geltung des § 15 Ia angeordnet und in § 52 Abs 30a für die zeitliche Geltung dieselbe Regelung wie für § 15 Ia getroffen. Für die zeitliche Anwendung des § 12 I KStG iVm § 15 Ia EStG bestimmt § 34 VIII KStG ebenfalls, dass die Vorschrift für nach dem 31.12.05 endende Wj anwendbar ist.

C. Gewerbliche Einkünfte der Mitunternehmer (§ 15 I 1 Nr 2 iVm § 15 III)

I. Grundlagen – Transparenzprinzip. – Literatur: *List* Personengesellschaften im Wandel zivil- und steuerrechtlicher Beurteilung, BB 04, 1473; frühere Literatur s 4. Aufl.

---

[1] Begr RegEntw BT-Drs 16/2710, 28 u Bericht Finanzausschuss BT-Drs 16/3369, 12.

[2] Vgl auch *Benecke/Schnittger* IStR 06, 765 (768) zu möglichen europarechtlichen Bedenken, falls es zu einer Doppelbesteuerung der stillen Reserven kommt.

1. Gesellschafter als Einkommen- und Körperschaftsteuersubjekte. Die **PersGes** ist als solche **200** weder Einkommen- noch KSt-Subjekt. Dies sind nach § 1 nur nat Pers und nach § 1 bis § 3 KStG nur Körperschaften. Für die insoweit krit Abgrenzung zw nichtrechtsfähigen Personenvereinigungen als KSt-Subjekte und Personenvereinigungen, denen diese Eigenschaft nicht zukommt, bestimmt § 3 KStG ausdrücklich, dass nicht rechtsfähige Personenvereinigungen nur dann persönlich kstpfl sind (Steuersubjekt), wenn ihr Einkommen weder nach KStG noch nach EStG bei „anderen StPfl" zu versteuern ist. § 15 I S 1 Nr 2 ordnet iSd § 3 KStG an, dass bei der OHG, KG und „anderen Ges" (Rn 211) das „Einkommen der Personenvereinigung" nicht bei der Personenvereinigung, sondern bei deren G'tern zu versteuern ist. § 15 I Nr 2 handelt allerdings nur von den gewerblichen Einkünften als einer Grundlage des Einkommens eines Steuersubjektes. Insoweit bestimmt er, dass der von einer Ges iSd § 15 I Nr 2 erwirtschaftete Gewinn anteilig (Gewinnanteil) zu den Einkünften aus GewBetr bei den G'tern gehört. Da nach § 2 I 1 nur solche Einkünfte bei dem StPfl der ESt unterliegen, die der StPfl „erzielt", folgt im Zusammenhang mit § 15 I Nr 2 daraus, dass der dort genannte Gewinnanteil (am Gewinn der Ges) von dem jeweiligen G'ter iSd § 2 I „erzielt" wird. Dies lässt sich zwanglos dahin verstehen, dass die Zurechnung des Gewinnanteils an den jeweiligen G'ter deshalb erfolgt, weil er zusammen mit den anderen G'tern den Handlungstatbestand des GewBetr erfüllt hat, nämlich durch gemeinsame nachhaltige Betätigung iSd § 15 II. Dem G'ter wird nach § 15 I S 1 Nr 2 nicht ein Gewinnanteil zugerechnet, der durch die gewerbliche Betätigung eines Dritten (der Ges) erwirtschaftet wurde, sondern durch seine eigene, allerdings gemeinsam mit anderen ausgeübte Betätigung. Ihm wird als Gewinnanteil auch nicht eine fremde Vermögensmehrung der Ges zugerechnet, sondern „sein Anteil" an der Vermögensmehrung (oder Vermögensminderung) im gemeinschaftlichen Vermögen (Gesellschaftsvermögen). **Einkommen- oder KSt-Subjekt** ist daher nur **der G'ter**.[1] Vgl auch § 2 Rn 55 f.

Die Zurechnung des Gewinnanteils als eigene gewerbliche Einkünfte des G'ters erfolgt bereits mit **201** der im Gesellschaftsbereich eingetretenen Vermögensmehrung, unabhängig davon, ob der Gewinnanteil vom G'ter entnommen wird oder nicht, selbst wenn temporär keine Entnahmebefugnis besteht. Insoweit besteht eine grundlegend andere Rechtslage als im Verhältnis Körperschaft und Anteilseigner. Da dort die Vermögensmehrung der Körperschaft selbst als dem Steuersubjekt zugerechnet wird, kommen für den Anteilseigner erst bei einer Ausschüttung eigene Einkünfte in Betracht. Bis zu einer Ausschüttung entfaltet die **Körperschaft** hinsichtlich der thesaurierten Gewinne eine **Abschirmwirkung**. Diese Abschirmwirkung stellt das Fundament des **Trennungsprinzips** dar. Demgegenüber entfaltet die Ges des § 15 I Nr 2 gerade keine Abschirmwirkung. Vielmehr gilt wegen der unmittelbaren anteiligen Zurechnung des Erfolgstatbestandes (Gewinn) das **Transparenzprinzip**. Dies bedeutet allerdings nicht, dass im Wege des **Durchgriffes** dem G'ter die Tatbestandsverwirklichung durch die (als dritte Pers gedachte) PersGes zugerechnet wird,[2] sondern ihm wird des Ergebnis eigener Tatbestandsverwirklichung zugerechnet. Dabei ist, wie grds bei gemeinsamer Tatbestandsverwirklichung, selbstverständlich, dass der G'ter sich auch die Tatbeiträge der anderen G'ter zurechnen lassen muss, solange diese im Rahmen der vom Willen aller getragenen gemeinsamen Zweckverfolgung handeln.[3]

2. Gesellschaft als partielles Steuersubjekt. Nach der Rspr soll die **PersGes zwar nicht ESt-Subjekt** **202** **sein, aber doch Subjekt der Gewinnerzielung, Gewinnermittlung und Einkünftequalifikation.**[4] Sie sei **partielles Steuersubjekt**.[5] Die Lehre von der partiellen Steuersubjektfähigkeit der PersGes ist in bewusstem Gegensatz zur sog **Bilanzbündeltheorie**[6] entwickelt worden. Nach dieser maßgeblich von Becker[7] vertretenen Auffassung war die PersGes einkommensteuerlich als nicht vorhanden zu fingieren. Die gemeinsame Gesellschaftsbilanz sollte nichts anderes sein als das Bündel der Einzelbilanzen der G'ter.[8] Demgegenüber wird nunmehr zutr der Verselbstständigung des gemeinsam betriebenen GewBetr der G'ter gegenüber Einzelbetrieben der G'ter und auch der zivilrechtlichen Verselbstständigung der PersGes gegenüber den G'tern Rechnung getragen. Dabei ist für die steuerliche Einordnung allerdings unerheblich, ob die PersGes zivilrechtlich als der Rechtsträger des

---

1 *K/S/M* § 15 Rn E 38 f; *Pinkernell* Einkünftezurechnung bei Personengesellschaften, S 172f; *Bodden* Einkünftequalifikation bei Mitunternehmern, S 57f; *Tipke/Lang*[18] § 18 Rn 11.
2 So aber *Raupach* FS Beisse, 1997, S 403.
3 Vgl auch *Fischer* FS Beisse, 1997, S 189.
4 Vgl *Gschwendtner* DStZ 98, 335.
5 BFH GrS BStBl II 84, 751; GrS BStBl II 91, 691; GrS BStBl II 95, 617; BStBl II 98, 328.
6 Dazu *K/S/M* § 15 Rn E 28 f.
7 *Becker* Grundlagen, 40, 94.
8 RFH RStBl 37, 937.

Gesellschaftsvermögens angesehen wird[1] oder ob das Gesellschaftsvermögen lediglich als verselbständigte Vermögensmasse angesehen wird (Gesamthandsvermögen), dessen Rechtsträger die G'ter in ihrer gesamthänderischen Verbundenheit sind. Zu Recht hat der GrS es abgelehnt,[2] unterschiedliche Folgerungen daraus herzuleiten, ob zivilrechtlich einer unter § 15 I Nr 2 fallenden Ges vollst, partielle oder gar keine Rechtsfähigkeit zukomme.[3] Vielmehr geht es darum, dem zivilrechtlichen Befund, dass die PersGes (und andere ihr gleichstehende Gesamthandsgemeinschaften) jedenfalls insoweit verselbstständigt und zivilrechtlich auch Rechtsträger sind, dass Rechtsgeschäfte zw ihnen (bzw der Gesamtheit der G'ter) und dem einzelnen G'ter wie unter fremden Dritten möglich sind, auch steuerlich Rechnung zu tragen und nicht entgegen der auch wirtschaftlich relevanten getrennten Vermögensmassen und Vermögenszuständigkeiten die PersGes hinwegzufingieren. De lege ferenda erhobenen Forderungen wegen der nunmehr zivilrechtlich anerkannten Rechtsfähigkeit die mitunternehmerische PersGes nach dem Vorbild der Körperschaft intransparent zu besteuern, sollte der Gesetzgeber allerdings nicht folgen.[4] Sowohl international als auch dogmatisch problematisch ist nicht die transparente Besteuerung von MU'schaften, sondern die ungelöste Problematik einer wirtschaftlichen Doppelbesteuerung bei Körperschaften.

203 Die **neue Lehre von der Steuersubjektfähigkeit** der PersGes soll erklären, dass (1) **Veräußerungsgeschäfte** zw der PersGes und umgekehrt **zu Bedingungen wie unter Fremden** auch ebenso steuerlich behandelt werden (Rn 449); (2) alle **anderen Leistungen** (Vermietungen, Dienstleistungen, Darlehensgewährungen etc) der **PersGes an** ihre **G'ter** zu fremdüblichen Bedingungen ebenfalls nach den normalen Regelungen behandelt werden (Rn 375); (3) normal zu behandelnde Leistungsbeziehungen zw gewerblichen **Schwester-PersGes** möglich sind (Rn 424f); (4) auch **Innen**gesellschaften einen eigenen GewBetr unterhalten;[5] (5) eine PersGes ihrerseits MU'er einer anderen PersGes sein kann (Rn 420).[6] Sie ist insoweit identisch mit der **Einheitstheorie**, wonach die steuerliche Würdigung primär von der **Einheit der Ges** auszugehen habe.[7] Danach soll die Einkünftequalifikation, Einkünfteerzielung und Einkünfteermittlung primär auf der Ebene der Ges erfolgen. Verfahrensrechtlich ist die PersGes und auch die Bruchteilsgemeinschaft nach neuerer Rspr, selbst wenn sie nur vermögensverwaltend tätig wird, selbst beteiligtenfähig und klagebefugt.[8] Vgl auch § 2 Rn 56, 57.

204 Auf der anderen Seite sei aber zu berücksichtigen, dass die PersGes nicht das ESt-Subjekt sei, sondern die G'ter. Diese seien die **MU'er des Betriebes der PersGes** und damit letztlich steuerlich die Träger des Unternehmens.[9] Daher seien auf einer zweiten Ebene auch die sich aus der persönlichen Sphäre der G'ter ergebenden Merkmale für diesen zusätzlich zu berücksichtigen. Daraus ergäbe sich ein **duales System**. Dies führe einerseits dazu, dass **zusätzlich zum Gesellschaftsbereich** zu berücksichtigen seien (1) die Sonderbereiche der G'ter mit ihren Sonder-BV, ihren Sondervergütungen und Sonder-BA (Rn 382f) und (2) die Ergänzungsbereiche (Rn 316f) der G'ter. Andererseits sei aber für die Frage, ob der G'ter einen eigenen GewBetr unterhält, auch die Betätigung in der PersGes mitzuberücksichtigen (Rn 75 BetrAufsp; Rn 123 gewerblicher Grundstückshandel).

205 Darüber hinausgehend wird bei der **nicht gewerblich tätigen PersGes**, insbes bei der lediglich vermögensverwaltend tätigen PersGes, die Einkünftequalifikation und daraus folgend die Einkünfteermittlung nicht abschließend anhand der auf der Ebene der PersGes verwirklichten Tatbestandsmerkmale entschieden, sondern unter Einbeziehung der Ebene der G'ter. Gehört daher die Beteiligung an der PersGes zu einem gewerblichen Unternehmen des G'ters, erzielt dieser in der PersGes anteilig gewerbliche Einkünfte (Rn 125, 126 zum Grundstückshandel) – sog **Zebragesellschaft** (Rn 466).

206 Die neuere Gesetzgebung[10] schwankt konzeptionslos. Ausdruck dessen ist die geradezu hilflose gesetzliche Regelung mit totaler Kehrtwendung in § 6 V idF StEntlG und idF StSenkG zur Überführung und Übertragung von WG von und in BV zw MU'er und MU'schaft (Rn 453f), die Rege-

---

1 So nunmehr BGHZ 146, 341 auch für die GbR-Außengesellschaft.
2 BFH GrS BStBl II 91, 617.
3 Rechtsfähigkeit auch der BGB-Außengesellschaft nunmehr ausdrücklich bej BGH II ZR 331/00, NJW 01, 1056; zur terminologischen Konzeptionslosigkeit des Zivilrechtsgesetzgebers s § 14 II BGB („rechtsfähige Personengesellschaft") einerseits und § 93 InsO („Gesellschaft ohne Rechtspersönlichkeit") andererseits.
4 *Hennrichs* StuW 02, 201 f.
5 BFH BStBl II 98, 328; *Gschwendtner* DStZ 98, 335.
6 BFH GrS BStBl II 91, 691; BFH BStBl II 99, 794.
7 BFH BStBl II 91, 873.
8 BFH/NV 04, 1323 und BFH/NV 04, 1325.
9 BFH GrS BStBl 93 II, 616; GrS BStBl II 95, 617.
10 StEntlG 99/00/02, BGBl I 99, 402 mit Wirkung ab 1.1.99; StSenkG v 23.10.00, BGBl I 00, 1433.

lung zur Realteilung (§ 16 Rn 340f) sowie das Verbot der Übertragung stiller Reserven nach § 6b X von und auf WG der Ges und nunmehr wieder umgekehrt durch das UntStFG.

Der Rspr ist in den Ergebnissen weitgehend zuzustimmen, insbes hinsichtlich der Abkehr von der Bilanzbündeltheorie. Allerdings ist sie in der Begr verfehlt, soweit sie sich auf eine angebliche partielle Steuersubjektfähigkeit der PersGes beruft. Auch iErg ist ihr insoweit nicht zu folgen, als sie bei der doppelstöckigen PersGes die beteiligte Obergesellschaft als MU'er und damit materielles Zurechnungssubjekt behandelt (Rn 420). Die iÜ weitgehend zutr Ergebnisse lassen sich zwanglos daraus erklären, dass die **G'ter als MU'er** gemeinsam handelnd den gesetzlichen **Handlungstatbestand des GewBetr** erfüllen und dass bei Rechtsbeziehungen zw der PersGes und dem G'ter zu berücksichtigen ist, dass die **PersGes** zivilrechtlich und auch wirtschaftlich eine **verselbstständigte Wirkungs- und Handlungseinheit** darstellt.[1] **207**

3. Gemeinsamer Gewerbebetrieb – Gewerbebetrieb der Personengesellschaft. § 15 I Nr 2 ist nur anwendbar, wenn die erzielten Gewinnanteile am Gewinn der PersGes aus einer gewerblichen Betätigung stammen. Die G'ter in ihrer Gesamtheit als Mitglieder der Ges entfalten auf der Ebene der Ges eine originär gewerbliche Betätigung iSd § 15 I Nr 1 iVm § 15 II. Dies gilt auch bei Beteiligung einer steuerbefreiten Körperschaft als G'ter und MU'er. Insoweit liegt für sie ein wirtschaftlicher Geschäftsbetrieb vor.[2] Die gemeinsame gewerbliche Betätigung lässt sich abgekürzt als der GewBetr der PersGes bezeichnen. Bei einer **Außengesellschaft** müssen daher die Tatbestandsmerkmale des GewBetr bereits auf der Ebene der PersGes[3] erfüllt sein, dh sie muss sich nachhaltig durch Beteiligung am allg wirtschaftlichen Verkehr betätigen (Rn 23f). Negativ darf es sich nicht um eine selbstständige Arbeit (Rn 60), LuF (Rn 54) oder um Vermögensverwaltung (Rn 69) handeln. Eine Unselbstständigkeit kommt für PersGes nicht in Betracht. Sie kann auch nicht Organgesellschaft sein. Bei einer **Innengesellschaft** muss der nach außen auftretende Unternehmer im Außenverhältnis eine gewerbliche Betätigung iSd § 15 II entfalten. Diese stellt sich im maßgeblichen Innenverhältnis als die von den MU'ern der Innengesellschaft entfaltete gemeinsame gewerbliche Betätigung dar,[4] weil der im Außenverhältnis tätige Unternehmer die Geschäfte auch für Rechnung des atypisch still Beteiligten führt. **208**

Keine originär gewerbliche Tätigkeit ist bei **gewerblich geprägten PersGes** erforderlich (Rn 132). Auch eine Innengesellschaft kann gewerblich geprägte Ges sein[5] (Rn 137). Bei einer PersGes, die neben einer originär gewerblichen Tätigkeit (außer in äußerst geringem Umfange) noch andere Tätigkeiten ausübt, ist die gesamte Tätigkeit als gewerblich zu behandeln – sog **Abfärbung** (Rn 140). Zur Abfärbung führt das bloße Halten einer Beteiligung an einer originär gewerblichen, gewerblich geprägten oder ihrerseits der Abfärberegelung unterliegenden (Unter)PersGes. Die entgegenstehende Rspr[6] wurde zwar aufgegeben, aber der Gesetzgeber ist dem entgegengetreten (s Rn 140a). **209**

Die **Gewinnerzielungsabsicht** (Rn 34f) muss nach Ansicht der Rspr bereits auf der Ebene der Ges bestehen. Dabei soll auf den Totalgewinn unter Einschluss des Sonder-BV abzustellen sein.[7] Sodann muss auch noch auf der Ebene des einzelnen G'ter Gewinnerzielungsabsicht bestehen.[8] Daran kann es etwa fehlen, wenn innerhalb einer befristeten G'ter-Beteiligung ein Totalgewinn für diesen G'ter nicht erzielt werden kann. Ein derartiger G'ter ist kein MU'er, so dass ihm auch kein Gewinnanteil als gewerbliche Einkünfte zugerechnet werden kann. **210**

Richtigerweise kann es aber nur darum gehen, dass unter Einbeziehung von Sonder- und Ergänzungsbereich für jeden G'ter einzeln zu prüfen ist, ob für ihn Gewinnerzielungsabsicht zu bejahen ist. Trifft dies für 2 und mehr als 2 in einer PersGes verbundene G'ter zu, so erzielen sie gemeinsam Einkünfte nach § 15 I Nr 2. Trifft dies nur noch für einen G'ter zu, so werden nur von diesem Einkünfte nach § 15 I Nr 1 erzielt. Wenn etwa bei einer zweigliedrigen Ges objektiv zu erwarten ist, dass im Gesamthandsbereich nur Verluste eintreten werden, aber im Sonderbereich eines G'ters Gewinne, die den Verlust im Gesellschaftsbereich übersteigen, so macht es wenig Sinn, zunächst auf

---

1 *K/S/M* § 15 Rn E 41.
2 BFH BStBl II 01, 449.
3 BFH GrS BStBl II 84, 751.
4 BFH BStBl II 86, 311; BStBl II 98, 328.
5 BFH BStBl II 98, 328.
6 BFH BStBl II 96, 264.
7 BFH BStBl II 97, 202; BFH/NV 95, 866; BFH/NV 04, 1372 (auch für doppelstöckige PersGes mit deutscher Ober- und ausländischer Untergesellschaft).
8 BFH BStBl II 93, 538; BStBl II 99, 468 (für VuV Immobilienfonds).

Reiß

der Ebene der Ges die Gewinnerzielungsabsicht zu bejahen, um sodann auf der Ebene der G'ter festzustellen, dass der G'ter ohne Sonder-BV ohne Gewinnerzielungsabsicht tätig wird. Davon zu unterscheiden ist freilich, dass die werbende Tätigkeit auf gemeinsame Rechnung durchgeführt werden muss, damit eine MU'schaft vorliegt.[1] Bei allen PersGes kann wie bei einem Einzelunternehmer für einzelne Geschäftsbereiche die Gewinnerzielungsabsicht fehlen[2] (Segmentierung – Rn 42).

II. Gesellschafts- und Gemeinschaftsverhältnisse. – 1. Gesellschaftsverhältnis als Rechtsverhältnis zum Führen eines Gewerbebetriebs auf gemeinsame Rechnung. § 15 I Nr 2 erfasst neben den als Prototypen für transparente Ges genannten **OHG** und **KG** ausdrücklich auch **andere Ges**, bei denen der G'ter als Unternehmer (MU'er) des Betriebes anzusehen ist. Zivilrechtlich beruhen Ges auf einem **Gesellschaftsvertrag**. Als andere Ges kommen neben der **GbR** schon nach dem zivilrechtlichen Ges Begriff die **Stille Ges**, § 230 HGB, und andere BGB-**Innengesellschaften** sowie die **Partenreederei**, §§ 489 ff HGB in Betracht. Unerheblich ist insoweit, ob der Gesellschaftsvertrag zivilrechtlich fehlerhaft ist. Auch die sog **faktische oder fehlerhafte Ges** ist, soweit der Gesellschaftsvertrag ins Werk gesetzt wurde, als Ges zu behandeln.[3] Lediglich solche Ges, die ihrerseits selbst als Körperschaften behandelt werden, §§ 1–3 KStG, scheiden für § 15 I Nr 2 aus, insbes die KapGes.[4] Bei **ausländischen Ges** kommt es auf einen **Typenvergleich**[5] an. Unabhängig von der zivilrechtlichen Rechtsfähigkeit (jur Pers oder nicht) und steuerrechtlichen (Steuersubjekt oder nicht) Qualifikation nach dem betr ausländischen Recht entscheidet die Ähnlichkeit einerseits zur OHG, KG oder GbR und andererseits zur AG oder GmbH. Eine Sitzverlegung in das Inland führt nicht dazu, dass eine ausländische EU-KapGes als aufgelöst und als mitunternehmerische PersGes zu behandeln wäre.[6]

212 Die Rspr nimmt zutr an, dass der Begriff der Ges in § 15 I Nr 2 nicht im engeren zivilrechtlichen Verständnis verstanden werden dürfe. Vielmehr seien unter den einkommensteuerlichen Begriff der Ges in § 15 auch „wirtschaftlich vergleichbare Gemeinschaftsverhältnisse" zu subsumieren.[4] Dazu gehören ua die **Erbengemeinschaft**,[7] sie beruht nicht auf Vertrag, und die **Gütergemeinschaft**,[8] sie beruht auf einem Ehevertrag und nicht auf einem Gesellschaftsvertrag. Darüber hinausgehend wurden als mitunternehmerische „Ges" iSd § 15 I Nr 2 auch angesehen **Bruchteilsgemeinschaften**[9] sowie eine Vermietergemeinschaft aus **Eigentümer und Nießbraucher**.[10] Da einerseits echte auf Gesellschaftsvertrag beruhende Außen- wie Innengesellschaften erfasst werden, andererseits aber auch Gemeinschaften ohne Gesellschaftsvertrag, aber mit Gesamthandseigentum und darüber hinausgehend auch mit Bruchteilseigentum und sogar eine Gemeinschaft aus einem Eigentümer und einem Fruchtziehungsberechtigten, stellt sich die Frage, was denn eigentlich das „wirtschaftlich vergleichbare Gemeinschaftsverhältnis" als kennzeichnendes Merkmal konstituiert. Dieses Merkmal kann nur darin gesehen werden, dass ein **Rechtsverhältnis** besteht, wonach der GewBetr auf **gemeinsame Rechnung** mehrerer geführt wird. Bei den echten Ges und der Partenreederei besteht schon vertraglich im Führen der gemeinsame Zweck, § 705 BGB, § 489 HGB im Führen eines GewBetr zum Erwerb für gemeinschaftliche Rechnung. Bei den anderen „wirtschaftlich vergleichbaren Gemeinschaftsverhältnissen" ergibt es sich aus den jeweiligen gesetzlichen Bestimmungen, falls ein auf Erwerb gerichteter GewBetr unterhalten wird. Kennzeichnend für das Betreiben auf gemeinsame Rechnung ist dabei, dass die Beteiligten kraft des bestehenden Rechtsverhältnisses, beruhe es auf Vertrag oder Gesetz, an einer Vermögensmehrung (Gewinn) partizipieren und das Risiko einer Vermögensminderung (Verlust) mittragen.[11]

213 Nach der Rspr soll eine MU'schaft iSd § 15 ausscheiden, wenn kein Gesellschaftsverhältnis oder vergleichbares Gemeinschaftsverhältnis vorliegt. Insbes sollen Austauschverhältnisse, wie Dienst-, Arbeits-, Darlehens-, Miet- und Pachtverträge, keine mitunternehmerische „Ges" begründen können, wenn sie in Wahrheit nicht verdeckte zivilrechtliche Gesellschaftsverhältnisse sind, also insbes eine stille Innengesellschaft nach § 705 BGB darstellen. Eine MU'schaft könne auch nicht auf rein

---

1 Vgl BFH BStBl II 05, 752 (Bürogemeinschaft, Sozietät als GbR).
2 BFH BStBl II 97, 202.
3 BFH BStBl II 85, 363.
4 BFH GrS BStBl II 84, 751.
5 BFH BStBl II 91, 444; BStBl II 98, 296.
6 Vgl EuGH v 30.9.03 – Rs C 167/01 (Inspire Art), GmbHR 03, 1260; EuGH v 5.11.02 – Rs C 208/00, Slg 02 I-9919 (Überseering); BGH v 13.3.03 – VII ZR 370/98, BB 03, 915.
7 BFH BStBl II 90, 837.
8 BFH BStBl II 06, 165; BStBl II 93, 574.
9 BFH GrS BStBl II 95, 617.
10 BFH BStBl II 80, 432.
11 Vgl auch *Fischer* FS Beisse, 1997, S 189 und FR 98, 813.

tatsächliche Beziehungen begründet werden – **keine faktische MU'schaft**.[1] Andererseits wird gerade aus einem unbeanstandeten faktischen Verhalten – hier Entnahmen und Einlagen, Gehaltsverzicht – auf das Vorliegen eines verdeckten Gesellschaftsverhältnisses geschlossen.[2] Dem ist iErg zu folgen. Richtigerweise kommen Austauschrechtsverhältnisse gerade mangels gemeinsamer Zweckverfolgung nicht als Rechtsverhältnisse für das Betreiben eines GewBetr auf gemeinsame Rechnung in Betracht. Ob ein Austauschverhältnis vorliegt, kann aber nicht allein aufgrund der von den Parteien gewählten Bezeichnung entschieden werden,[3] sondern ist durch Vertragsauslegung zu bestimmen. Darüber hinausgehend kann aus dem tatsächlichen Verhalten auf das Vorliegen eines Rechtsverhältnisses geschlossen werden, wonach der GewBetr für gemeinsame Rechnung betrieben wird. Das tatsächliche Verhalten begründet dann nicht als solches die MU'schaft, sondern es indiziert das Vorliegen eines entspr Rechtsverhältnisses. „Ges" iSd § 15 I Nr 2 ist daher jedes Rechtsverhältnis, kraft dessen ein GewBetr für Rechnung mehrerer von diesen geführt wird. Unerheblich ist, ob dieses Rechtsverhältnis iSd Gesellschaftsrechtes als Ges zu qualifizieren ist oder nicht.[4]

2. Einzelne Gesellschafts- und Gemeinschaftsverhältnisse. – a) OHG, KG und GbR als Außengesellschaften. Das Gesetz nennt die **OHG und KG** als **typische Ges**, die dazu führen, dass die G'ter gewerbliche Einkünfte erzielen. Auch für diese Ges ist jedoch Voraussetzung, dass die OHG- oder KG-G'ter als „Unternehmer (MU'er) des Betriebes anzusehen" sind[5] (dazu Rn 243f). Der Relativsatz ist auch auf die OHG- und KG-G'ter zu beziehen. Dies lässt der Wortlaut nicht nur zu, sondern es ist auch geboten. Denn die Zurechnung von gewerblichen Einkünften setzt für alle Gemeinschaftsrechtsverhältnisse voraus, dass die Beteiligten sich als Unternehmer des GewBetr betätigen, weil andernfalls eine Zurechnung zu ihren gewerblichen Einkünften nicht zu rechtfertigen wäre (Rn 147). **214**

Für die **phG'ter** einer OHG und GbR[6] sowie die Komplementäre der KG soll sich die MU'schaft bereits aus der **persönlichen Haftung** ergeben.[7] Daher soll auch der **Treuhänder** als phG'ter MU'er sein, selbst wenn er keine Kapitaleinlage geleistet hat, im Innenverhältnis nicht am Gewinn und Verlust teilhat und ihm ein unbeschränkter Freistellungsanspruch gegen die übrigen G'ter zusteht. Dem ist – entgegen der Auffassung des VIII. Senates – nicht zu folgen.[8] Dafür ist unerheblich, ob zivilrechtlich der „**angestellte Komplementär**" G'ter ist.[9] Ebenso wenig wie ein solcher G'ter für Fragen des Insolvenzschutzes bei der betrieblichen Altersversorgung als Unternehmer angesehen werden kann,[10] kann er dies für steuerliche Zwecke. Ohne Gewinnbeteiligung wird ein GewBetr nicht auf Rechnung des betr G'ters geführt.[11] Rein schuldrechtliche Vergütungen begründen ohne sonstige gesellschaftsrechtliche Gewinnbeteiligung nicht die Unternehmerstellung. Sofern sich die Haftung realisieren sollte, führt dies beim „angestellten Komplementär" zu WK aus § 19 oder beim Treuhänder zu BA in seinem GewBetr oder bei selbstständiger Tätigkeit nach §§ 15, 18,[12] ansonsten in der Tat zu einem unbeachtlichen Verlust auf der Vermögensebene.[13] Eine Gewinnbeteiligung liegt allerdings vor, wenn für die aus dem Gesellschaftsverhältnis folgende Übernahme der persönlichen unbeschränkten Haftung eine sog Haftungsprämie gewährt wird. Dabei handelt es sich immer um eine Teilnahme am Gewinn (Vorweggewinn) und nicht um eine schuldrechtliche Vergütung für eine Haftungsübernahme, weil die Haftung zwingend mit der G'ter-Stellung verbunden ist und insoweit nicht noch schuldrechtlich versprochen werden kann (Rn 383).[14] Insoweit genügt dann auch bei einem Ausschluss der Verlustbeteiligung im Innenverhältnis das Haftungsrisiko im Außenverhältnis, um zu bejahen, dass der GewBetr auch für Rechnung des Komplementärs geführt wird.[15] Daher ist **215**

---

1 Vgl BFH/NV 03, 1564 (keine MU'schaft durch Ausnutzung faktischer Machtstellung); BFH GrS BStBl II 84, 751; BFH BStBl II 98, 480; BStBl II 97, 272; BStBl II 94, 282; BFH/NV 99/167; vgl auch *Priester* FS Schmidt, 1993, S 331.
2 BFH BStBl II 98, 480.
3 BFH BStBl II 98, 480 mwN.
4 Vgl auch *Tipke/Lang*[18] § 18 Rn 17; *Schulze-Osterloh* FS Schmidt, 1993, S 307.
5 BFH GrS BStBl II 84, 751; GrS BStBl II 93, 616.
6 BGH II ZR 371/98, DStR 99, 1704 zur unbeschränkten Haftung der GbR-G'ter.
7 BFH BStBl II 06, 595; BStBl II 93, 270; BStBl II 87, 33 und 553; BFHE 152, 230.
8 BFH BStBl III 56, 4; zur Bedenken in BStBl II 89, 722 und für das Bewertungsrecht ausdrücklich abw BStBl II 93, 270.
9 Dazu Nachweise in BFH BStBl II 87, 33.
10 BGHZ 77, 233; BGH WM 81, 814.
11 So auch BFH BStBl II 00, 183.
12 BFH/NV 05, 1994 (zum Treuhand-K'disten).
13 BFH BStBl II 00, 183 (wie Darlehensgeber).
14 Insoweit kommt auch umsatzsteuerlich kein Leistungsaustausch in Betracht. Entgegen BMF BStBl I 04, 240 kommt auch nicht ausnahmsweise in Betracht, dass ein phG'ter die Haftung gegen gewinnunabhängiges Sonderentgelt übernehmen könne und dann im Leistungsaustausch tätig werde.
15 BFH BStBl II 87, 553.

bei der **GmbH & Co KG** die Unternehmerstellung der GmbH als phG'ter auch dann zu bejahen, wenn ihr lediglich eine Haftungsvergütung zugesagt wird und sie iÜ keinen Kapitalanteil erhält.

216 Soweit Kdist entspr dem Regelstatut der KG beteiligt sind, wird der GewBetr auch auf ihre Rechnung betrieben.[1] Sie sind daher MU'er des Betriebes (Rn 255f), es sei denn, sie sind lediglich fremdnützige Treuhänder.[2]

217 Rein **vermögensverwaltende OHG und KG (Eintragung ist erforderlich)** betreiben handelsrechtlich ein kfm Gewerbe, §§ 105 II, 161 HGB. Steuerlich fallen sie jedoch mangels originärer gewerblicher Einkünfte iSd § 15 II nicht unter § 15 I Nr 2, es sei denn, es liege wegen ausschließlicher Beteiligung von KapGes eine gewerblich geprägte OHG (Rn 138) vor oder eine gewerblich geprägte KG, weil nur KapGes als Komplementäre vorhanden sind (Rn 132f). Soweit handelsrechtlich auch bei **fehlender Gewinnabsicht** eine OHG oder KG vorliegt,[3] begründet dies steuerlich dennoch keine gewerblichen Einkünfte (Rn 34, 46).[4]

218 Die **GbR** kann zu jedem beliebigen Zweck gegründet werden. Die persönliche und unbeschränkte G'ter-Haftung besteht kraft Gesetzes und kann außer durch Individualvertrag nicht beschränkt werden. Als MU'schaft kommt sie nur in Betracht, wenn eine gewerbliche Tätigkeit entfaltet wird, aber dafür **kein in kfm Weise eingerichteter Geschäftsbetrieb** erforderlich ist, § 105 HGB iVm § 1 II HGB. GbR sind auch die **Hilfsgemeinschaften, wie Büro-, Labor-,**[5] **Apparate- und Werbegemeinschaften**. Dies kann auch auf Koproduktionsgemeinschaften von Film- und Fernsehproduzenten zutreffen, wenn diese lediglich kostendeckend arbeiten und die Verwertungsrechte nur bei den Koproduzenten selbst verbleiben,[6] ansonsten handelt es sich um gewerbliche MU'schaften. Mangels eigenst (gemeinsamer) Gewinnerzielungsabsicht stellen Hilfsgemeinschaften jedoch keine MU'er-Gemeinschaften dar.[7] Vielmehr sind die BA anteilig den GewBetr der beteiligten G'ter zuzuordnen. Zu diesem Zweck ist verfahrensrechtlich allerdings eine gesonderte Feststellung durchzuführen, VO zu § 180 II AO.[8] **Arbeitsgemeinschaften**, insbes im Baugewerbe, stellen grds selbstst MU'schaften dar.[9] Für die sog kleine Arbeitsgemeinschaft, eine GbR zur Durchführung nur eines Werkvertrages, ist nach § 180 IV AO eine einheitliche und gesonderte Gewinnfeststellung nicht erforderlich. Gewerbesteuerlich gelten sie als Betriebsstätten der beteiligten Partner, § 2a GewStG. Werden Leistungen der Partner an die Arge wie unter fremden Dritten vergütet, findet auch eine Gewinnrealisierung statt.[10] **Joint-Ventures** liegt häufig eine GbR zur gemeinsamen Zweckverfolgung grenzüberschreitender wirtschaftlicher Aktivitäten der Partner zugrunde.[11] Ihre Behandlung erfolgt nach den normalen Regeln für die GbR.

219 Die auf die Gründung einer KapGes gerichtete **Vorgründungsgesellschaft** (vor Abschluss des notariellen Gesellschaftsvertrages) stellt eine GbR dar, deren Zweck auf die Errichtung der KapGes gerichtet ist. Ihr Vermögen geht auch mit der späteren Errichtung und Eintragung der KapGes nicht automatisch auf diese über, sondern es bedarf der Übertragung auf diese.[12] Daraus wird zutr gefolgert, dass die Vorgründungsgesellschaft nicht als KapGes behandelt werden kann. Ihr Gewinn sei vielmehr den G'tern als MU'ern einer GbR[13] zuzurechnen, es sei denn, es handle sich wegen der Vielzahl der Mitglieder und der besonderen körperschaftlichen Struktur um einen nicht rechtsfähigen Verein.[14] Dagegen geht das Vermögen der **Vorgesellschaft** (ab Abschluss des notariellen Gründungsvertrages) mit der Eintragung der KapGes automatisch auf die KapGes über. Demzufolge ist dieser dann auch der bereits von der Vorgesellschaft erwirtschaftete Gewinn zuzurechnen[15] bzw die Vorgesellschaft bereits als KapGes zu behandeln.[16] Allerdings setzt dies voraus, dass es zu einer Eintragung kommt. Fraglich ist, ob bei der Vorgründungsgesellschaft nicht angenommen werden muss,

---

1 BFH GrS BStBl II 84, 751.
2 BFH/NV 05, 1994.
3 Münch Komm HGB § 1 Rn 23.
4 BFH BStBl II 99, 468 (zu VuV).
5 Zu ärztlichen Labormeinschaften BMF BStBl I 03, 170.
6 Vgl BMF BStBl I 01, 175 (MU'schaft aber bei gemeinsamer Vermarktung – auch bei fehlender MU'schaft keine Anwendung des § 2a GewStG).
7 BFH BStBl II 05, 752; BFH BStBl II 86, 666; BStBl I 04, 947.
8 FinVerw DStR 96, 1484; BMF BStBl I 03, 170 für ärztliche Labormeinschaften; zur Antragsberechtigung nach dem InvZulG 99 vgl BMF BStBl I 01, 379 und BFH BStBl II 04, 947.
9 BFH BStBl II 93, 577.
10 BMF BStBl I 98, 251; **aA** Paus FR 98, 994.
11 Vgl Sieker IStR 97, 385; IdW WPg 93, 441.
12 BFH BStBl II 90, 91.
13 BFH BStBl II 99, 836.
14 R 2 IV KStR; BFH BStBl III 52, 172.
15 BFH BStBl II 73, 568.
16 BFH BStBl II 93, 352; anders aber (MU'schaft und GbR) bei der sog unechten Vorgesellschaft, BFH/NV 03, 1304.

dass die G'ter treuhänderisch für die noch zu errichtende KapGes tätig werden, so dass jedenfalls bei erfolgender Eintragung doch eine Zurechnung zur KapGes erfolgen müsste.[1] Verfahrensrechtlich würde § 175 I Nr 2 AO die entspr Änderungsmöglichkeiten eröffnen.

Die **Partnerschaft** ist eine spezielle Gesellschaftsform für die **freien Berufe**. Sie ist weitgehend der OHG angenähert. Dadurch unterscheidet sie sich von der Sozietät, die eine GbR darstellt. Angehörige der Partnerschaft können nur nat Pers sein. Mangels Ausübung eines GewBetr fällt die Partnerschaft unter § 18 (§ 18 Rn 33), es sei denn, einem Partner fehlt die berufliche Qualifikation oder es fehlt an der eigenverantwortlichen und leitenden Tätigkeit (Rn 66). **220**

Die **EWIV**[2] ist eine europarechtliche supranationale Ges. Soweit sie im Inland ihren Sitz hat, sind auf sie ergänzend die Vorschriften über die OHG anzuwenden. Ist sie im Nebenzweck auf Gewinnerzielung gerichtet, stellt sie eine MU'schaft dar. Ansonsten ist sie Hilfsgesellschaft für die GewBetr ihrer Mitglieder (Rn 218). Abw von den normalen Regelungen ist die EWIV nicht Schuldner der GewSt, sondern ihre Mitglieder schulden gesamtschuldnerisch, § 5 I 4 GewStG. **221**

b) Stille Gesellschaft, Unterbeteiligung und andere Innengesellschaften. Die **stille Ges des HGB** verlangt, dass der Stille sich **am Handelsgewerbe** eines anderen beteiligt, § 230 HGB. Der Hauptbeteiligte kann EinzelKfm, OHG, KG oder auch eine KapGes sein. Zivilrechtlich liegt eine stille Ges auch dann vor, wenn die KapGes oder OHG und KG iSd EStG keine originär gewerbliche Tätigkeit ausüben, sondern die Gewerblichkeit lediglich auf der Rechtsform beruht, § 6 HGB iVm § 105 II, 161 HGB. Die Besonderheit der stillen Ges besteht darin, dass kein Gesamthandseigentum für die G'ter der stillen Ges entsteht. Soweit der Stille eine Einlage in das Vermögen erbringt, leistet er sie in das Vermögen des Hauptbeteiligten, bei einer OHG oder KG als Hauptbeteiligten mithin in deren Gesamthandsvermögen. Im **Außenverhältnis** wird das **Handelsgewerbe allein von Hauptbeteiligten** geführt. Nur er wird aus den Geschäften berechtigt und verpflichtet. Im Innenverhältnis verlangt eine stille Ges zwingend eine **Gewinnbeteiligung des Stillen**, § 231 II HGB. Nach dem Regelstatut nimmt der stille G'ter am Verlust nur bis zur Höhe seiner Einlage teil,[3] ihm stehen nur sehr eingeschränkte Kontrollrechte zu (Mitteilung des Jahresabschlusses, Prüfung der Richtigkeit), an der Geschäftsführung nimmt er nicht teil, in der Insolvenz hat er die Stellung eines normalen Insolvenzgläubigers. Eine rückständige Einlage hat er zur Insolvenzmasse zu entrichten. Soweit im Gesellschaftsvertrag im Wesentlichen keine abw Vereinbarungen getroffen werden, spricht man von einer **typischen stillen Ges.** Die Verlustbeteiligung kann ausgeschlossen werden. In diesen Fällen ist die Abgrenzung zum partiarischen Darlehen problematisch.[4] **222**

Eine **atypisch** stille Ges im zivilrechtlichen Sinne liegt vor, wenn dem Stillen im Gesellschaftsvertrag abw vom Regelstatut wesentlich umfangreichere Befugnisse und Pflichten eingeräumt werden.[5] Insbes können ihm im Innenverhältnis Geschäftsführungsbefugnisse eingeräumt werden oder zusätzliche Kontrollrechte, denen ggf im Außenverhältnis Vertretungsbefugnisse korrespondieren, und vor allem kann er auch hinsichtlich der vermögensrechtlichen Seite einerseits nicht nur am laufenden Gewinn beteiligt werden, sondern auch an den stillen Reserven einschl eines Geschäftswertes sowie umgekehrt am Verlust über den Betrag seiner Einlage hinaus und mit Wirkung für das Außenverhältnis dadurch, dass er als Eigenkapitalgeber in der Insolvenz zu behandeln ist. **223**

Steuerlich kann die stille Ges beim Stillen zu Einkünften aus § 20 I Nr 4 führen oder zu Einkünften aus § 15 I Nr 2. Entspricht die Stellung des Stillen dem Regelstatut der §§ 230f HGB – **typische stille Ges** – so ist § 20 I Nr 4 anwendbar. Dagegen fällt die stille Ges unter die „anderen Ges" des § 15 I Nr 2, wenn die Stellung des Stillen nach dem Gesellschaftsvertrag erheblich über die ihm nach dem Regelstatut zukommenden Befugnisse und Pflichten hinausgeht – **atypisch stille Ges.** Für die steuerliche Wertung stellt die Rspr zutr auf einen Vergleich mit den Befugnissen ab, die einem K'disten nach dem Regelstatut der §§ 161f HGB zukommen. Danach ist von einer atypischen stillen Ges steuerlich jedenfalls auszugehen, wenn dem Stillen die Mitwirkungs- und Kontrollbefugnisse nach §§ 164, 168 HGB zukommen, er an den stillen Reserven beteiligt ist und mit seiner Einlage auch im **224**

---

1 Vgl BFH BStBl II 99, 836 (zur Problematik bei einer Investitionszulage).
2 AblEG Nr L 85/1; Ausführungsgesetz BGBl I 88, 514.
3 Vgl dazu BFH BStBl II 02, 858 (dennoch Verlustzuweisung über Bestand der Einlage hinaus, so dass negatives Kapitalkonto entsteht – mE unzutr Auslegung des § 232 HGB).
4 Vgl dazu BFH BStBl II 06, 334 (Abgrenzung von Bedeutung für Hinzurechnung nach § 8 Nr 3 oder Nr 1 GewStG).
5 Zur zivilrechtlichen Abgrenzung vgl *Schulze-Osterloh* FS Kruse, 2001, S 377.

Außenverhältnis hinter den übrigen Gläubigern zurücksteht.[1] Unerheblich ist hingegen, dass weder eine unmittelbare dingliche Berechtigung an den Vermögensgegenständen des Hauptbeteiligten besteht, noch eine unmittelbare Außenhaftung in Betracht kommt.[2]

225 **Ohne Gewinnbeteiligung** scheidet sowohl eine typische als auch eine atypische stille Ges aus. Soweit bei schuldrechtlichen Austauschverträgen gewinnabhängige Entgelte gewährt werden, zB partiarische Darlehen, Tantiemen bei Dienst- und Arbeitsverträgen, reicht dies grds nicht aus.[3] Keine Gewinnbeteiligungen stellen auch umsatzabhängige Entgelte,[4] zB bei Pachten und Mieten, dar. Allerdings ist im Einzelfall zu prüfen, ob nicht entgegen den Bezeichnungen anhand der tatsächlichen Durchführung sich ergibt, dass unter dem Deckmantel von Austauschverträgen in Wahrheit doch eine Beteiligung am Gewinn vorliegt. Dafür stellen Anhaltspunkte ua dar, dass ungewöhnlich hohe umsatzabhängige Provisionen oder gewinnabhängige Bezüge als Lohn[5] vereinbart werden, dass feste Entgelte laufend der Ertragslage angepasst werden ohne Rücksicht auf den Umfang der erbrachten Leistung,[6] dass de facto Entnahmen und Einlagen getätigt werden.[7] Die Rspr geht in diesen Fällen vom Vorliegen einer verdeckten atypisch stillen Ges (oder einer BGB-Innengesellschaft) aus. Dem ist jedenfalls insoweit zu folgen, dass von einem Rechtsverhältnis (Rn 213) auszugehen ist, bei der GewBetr im Innenverhältnis auch für Rechnung des verdeckt Stillen geführt wird.[8] Derartige verdeckte Rechtsverhältnisse sind typischerweise nur bei einem Naheverhältnis zw den vermeintlichen Austauschparteien anzunehmen, insbes bei **Familienbeziehungen.**

226 Wie aus § 20 I Nr 4 folgt, reicht eine bloße Gewinnbeteiligung nicht aus, um von einer mitunternehmerischen stillen Ges auszugehen. Die im steuerlichen Sinne **atypische Ges** setzt voraus, dass der Hauptbeteiligte das Handelsgewerbe umfassend auch für Rechnung des Stillen führt. Dazu ist grds erforderlich, dass der Stille sowohl an **laufenden Gewinn und Verlust** und an den **stillen Reserven einschl Geschäftswert**[9] bei Auflösung der stillen Ges beteiligt ist (MU'er-Risiko) und ihm zumindest die Kontrollrechte nach § 233 HGB[10] (rudimentäre MU'er-Initiative) zustehen. Ob eine bloße Beteiligung an den stillen Reserven ohne Beteiligung am laufenden Gewinn genügt, ist fraglich.[11] Jedenfalls wäre eine MU'schaft des Stillen zu verneinen, wenn zugleich keine Verlustteilnahme vorliegt. Der vertraglichen Beteiligung an den stillen Reserven kommt weder im positiven noch im negativen Sinne Bedeutung zu, wenn solche nach der Art des Geschäftes weder vorhanden noch zu erwarten sind.[12]

227 Insbes bei verdeckten stillen Ges wird eine vertragliche Vereinbarung über eine Beteiligung an den stillen Reserven häufig ausdrücklich nicht getroffen. Die Rspr lässt ausnahmsweise genügen, dass eine hohe Beteiligung am laufenden Gewinn bei erheblicher Vermögenseinlage auch ohne Beteiligung an den stillen Reserven vorliegt, wenn kompensatorisch erhebliche Verwaltungsbefugnisse für die Geschäftsführung bestehen.[13]

228 Dabei sollen auch Geschäftsführungsbefugnisse genügen, die sich nur mittelbar für den Stillen ergeben.[14] Das klassische Beispiel ist die **(atypische?) GmbH & Still** mit Beteiligung des die GmbH beherrschenden G'ter-Geschäftsführers.[15] Dem ist entgegen der Kritik zu folgen. Denn wenn es genügt, dass derart weitreichende Verwaltungsbefugnisse für die Stillen die fehlende Beteiligung an den stillen Reserven kompensieren, so wäre es eine reine Formalie, wenn ihre ausdrückliche Einräumung im Vertrag über die stille Ges verlangt würde, obgleich dazu angesichts der ohnehin bestehenden Verwaltungs- und Kontrollbefugnisse keinerlei Bedürfnis besteht. Auch bei **beherrschenden**

---

1 BFH BStBl II 96, 269; BStBl II 94, 700.
2 BFH BStBl II 95, 171; BStBl II 86, 311.
3 BFH/NV 99, 295; BStBl II 90, 500; BStBl II 89, 705; BStBl II 94, 282.
4 BFH BStBl II 94, 645.
5 BFH BStBl II 86, 10; BStBl II 98, 480; BStBl II 96, 66.
6 BFH/NV 93, 518.
7 BFH BStBl II 98, 480; BStBl II 87, 601.
8 Zur zivilrechtlichen Würdigung vgl *Priester* FS Schmidt, 1993, S 331.
9 BFH/NV 03, 601; BFH/NV 03, 36; BFH BStBl II 86, 311; vgl aber BFH/NV 04, 1080 (keine Beteiligung am Geschäftswert, aber hohe Gewinn- und Verlustbeteiligung und Mitgeschäftsführer).
10 BFH BStBl II 94, 635.
11 BFH BStBl II 94, 700.
12 BFH/NV 93, 647; BFH BStBl II 81, 424; krit *Knobbe-Keuk*[9] § 9 II 4c; *Weber-Grellet* GmbHR 94, 144.
13 BFH/NV 04, 188 mwN; BFH/NV 03, 1308.
14 BFH/NV 04, 631; BFH BStBl II 94, 702 (GmbH & Still); BFHE 163, 336, 346 (GmbH & Co KG und Still); vgl auch BStBl II 99, 286 (einerseits GmbH als Geschäftsführer der stillen Ges, andererseits Weisungsbefugnis der stillen Ges gegenüber der GmbH).
15 Bei einem nicht die GmbH beherrschenden G'ter-Geschäftsführer kommt eine atypische stille Ges ohne Beteiligung an den stillen Reserven nur bei besonderem Gewicht seiner Einlage in Betracht, BFH v 15.1.04 – VIII B 62/03.

G'tern kommt allerdings nur eine typische GmbH & Still in Betracht, wenn nur eine Beteiligung am laufenden Gewinn vorliegt und/oder eine auf die Einlage beschränkte Verlustteilnahme, sofern eine derartige Vereinbarung hinsichtlich des der GmbH verbleibenden Gewinnes auch mit Nicht-G'tern getroffen worden wäre. Eine GmbH & Still kann nicht bereits deshalb angenommen werden, weil der beherrschende G'ter über die von ihm zu leistende Stammeinlage hinaus weitere Leistungen an die GmbH bewirkt. Derartige Leistungen haben mangels anderweitig klarer Vereinbarung ihre Grundlage im GmbH-Gesellschaftsverhältnis.[1] Das Vorliegen einer (zusätzlichen) stillen Ges muss sich aus klaren im Voraus getroffenen Vereinbarungen ergeben.[2]

Strittig ist, ob bei der atypischen Ges die **Einkünftefärbung bei dem Hauptbeteiligten** auch für die Einkünfte der Beteiligten an der atypischen Ges maßgeblich ist.[3] Der BFH leitet inzwischen aus der Steuersubjektfähigkeit der atypischen Ges her, dass sich die einkommensteuerliche Qualifikation der Einkünfte der atypischen Ges nach deren Tätigkeit und nicht nach der des Hauptbeteiligten richte.[4] Danach lägen bei Beteiligung an einer vermögensverwaltenden KapGes, § 8 II KStG, oder einer gewerblich geprägten PersGes, § 15 III Nr 2, für den atypisch still Beteiligten grds vermögensverwaltende Einkünfte vor, während der Hauptbeteiligte wegen seiner Rechtsform weiterhin gewerbliche Einkünfte erzielt. Die atypisch stille Ges müsste demzufolge als Zebragesellschaft (Rn 466f) behandelt werden. Allerdings stellt sich die atypisch stille Ges selbst als gewerblich geprägt dar,[5] wenn – wie nach dem Regelfall für die stille Ges – dem atypisch Stillen keine Geschäftsführungsbefugnis zusteht. Dem soll leicht dadurch abgeholfen werden können, dass dem Stillen im Innenverhältnis Geschäftsführungsbefugnis erteilt wird.[6] Dadurch soll die grds gebotene Gleichstellung der atypisch stillen Ges mit der KG[7] erreicht werden. So wie bei dieser § 15 III Nr 2 über die manipulierbare Regelung bzgl der Geschäftsführung den GewBetr auf Antrag eröffnet, ist dies dann auch bei der atypisch stillen Beteiligung an einer KapGes oder gewerblich geprägten PersGes möglich. 229

Dem ist nicht zu folgen. § 15 III Nr 2 ist auf die Außengesellschaft zugeschnitten. Die an sich schon fragwürdige Regelung über die Manipulierbarkeit durch Einräumung der Geschäftsführungsbefugnis an nat Pers als lediglich beschränkt haftende G'ter macht nur Sinn, weil über die Geschäftsführungsbefugnis ggf Ersatzanspr außenstehender Dritter den geschäftsführenden G'ter trotz nur beschränkter Haftung treffen könnten, und sei es im Regress. Diese Situation ist weder bei der atypisch stillen Ges noch bei der atypischen Unterbeteiligung gegeben. IÜ ist die Geschäftsführungsbefugnis sowohl bei der atypisch stillen Ges als auch bei einer Unterbeteiligung völlig frei manipulierbar und auch eigentlich ohne jede Bedeutung,[8] weil die Geschäfte ohnehin nur vom Unternehmer oder dem Hauptbeteiligten geführt werden können. In der stillen Ges wie in der Unterbeteiligungsges sind keine Geschäfte zu führen. Allenfalls kann es dabei um Weisungsbefugnisse gehen, wie der tätige Unternehmer oder der Hauptbeteiligte die Geschäfte zu führen habe. Darauf aber stellt § 15 III Nr 2 gerade nicht ab. Es bedarf auch nicht der Anwendung des § 15 III Nr 2, um zu zutr Ergebnissen zu gelangen. Wer sich atypisch still an einem Unternehmen beteiligt oder eine atypisch stille Unterbeteiligung eingeht, beteiligt sich an den Einkünften des Unternehmers oder des G'ters. Er kann an diesen nur so beteiligt werden, wie sie beim Hauptbeteiligten vorliegen. Dies ergibt sich schlicht schon aus § 15 I Nr 2 iVm § 15 II, III Nr 1 und 2 oder § 8 II KStG. Die gegenteilige Auffassung führt auch zu völlig unangemessenen Ergebnissen. Die Einkünftequalifikation wird danach von der völlig substanzlosen Wortwahl abhängig gemacht, ob dem Stillen Geschäftsführungsbefugnisse eingeräumt werden – dann nicht gewerbliche Einkünfte – oder „nur" Weisungsbefugnisse – dann gewerbliche Einkünfte.[9] Solchen in der Sache substanzlosen Manipulationsmöglichkeiten sollte die Rspr nicht einmal bei Vorschriften wie § 15 III Nr 2 die Hand reichen. Nicht anders verhält es sich bei Unterbeteiligungen. 230

---

1 BFH BStBl II 86, 599.
2 BFH/NV 98, 1339; BFH/NV 97, 662; BFH BStBl II 89, 720.
3 Bej FinVerw DStR 96, 1406; *Blaurock* BB 92, 1692; BFH BStBl II 86, 311; verneinend *Schmidt*[26] § 15 Rn 359; *Gschwendtner* DStZ 98, 335; *Groh* DB 87, 1006.
4 BFH/NV 02, 1447; BFH/NV 99, 169 unter Berufung auf BFH BStBl II 98, 328.
5 BFH BStBl II 99, 286.
6 So *Gschwendtner* DStZ 98, 335.
7 BFH BStBl II 99, 286 (zu GmbH & Still und GmbH & Co KG).
8 Vgl auch BFH BStBl II 98, 400 („die Innengesellschaft hat keine Organe").
9 Vgl den Sachverhalt in BFH BStBl II 99, 286.

231 Die stille Ges nach § 230 HGB setzt eine Beteiligung am Handelsgewerbe voraus. Soweit eine stille Beteiligung an einem gewerblichen Unternehmen erfolgt, das nicht die Kriterien des Handelsgewerbes erfüllt, etwa keinen in kfm Weise eingerichteten Geschäftsbetrieb erfordert, liegt eine **BGB-Innengesellschaft** vor. Sie wird sowohl in zivilrechtlicher[1] wie in steuerlicher Hinsicht[2] grds ebenso wie die stille Ges des HGB behandelt. Auch hier ist entspr zw der typischen und atypischen Innengesellschaft zu unterscheiden.

232 Str ist, ob für die atypisch stille Ges neben der HB des nach außen tätigen Unternehmers auch eine **eigene Steuerbilanz** der stillen Ges besteht.[3] Der Streit ist materiell bedeutungslos. In der Sache ist zweifelsfrei der Gewinn sowohl des tätigen Teilhabers als auch der des Stillen aufgrund eines BV-Vergleiches gem §§ 5 I, 4 I zu ermitteln, wenn der tätige Teilhaber nach § 140 AO iVm § 238 HGB buchführungspflichtig ist oder wenn die Gewinngrenzen des § 141 AO unter Einbeziehung des Sonderbereiches des Stillen überschritten werden. Ebenfalls unstr ist, dass die Einlage des atypisch Stillen in steuerlicher Hinsicht Eigenkapital und nicht eine Forderung gegen den tätigen Teilhaber darstellt. Zweifellos kann formal eine Steuerbilanz der atypischen stillen Ges auch schlicht dadurch erstellt werden, dass sie aus der HB des tätigen Unternehmers gem § 60 II 1 EStDV durch Zusätze und Anm abgeleitet wird, etwa indem die Einlage als Eigenkapital (des Stillen) gekennzeichnet wird. Auch handelsrechtlich sollte iÜ verlangt werden, dass bei einer atypisch stillen Ges die Einlage des Stillen als für die übrigen Gläubiger eigenkapitalgleich gekennzeichnet wird.

233 Hinsichtlich des **Umfanges des BV** bestehen zw einer atypisch stillen Ges und Außengesellschaft keine Unterschiede. Die **GmbH & Still** ist insoweit ebenso wie die **GmbH & Co KG** zu behandeln, insbes auch hinsichtlich der Zugehörigkeit der GmbH-Anteile zum **Sonder-BV** und der Geschäftsführervergütungen[4] (Rn 440f). Allerdings kommen für den tätigen Teilhaber weder Sondervergütungen noch Sonder-BV in Betracht. Entspr Vereinbarungen im Gesellschaftsvertrag führen vielmehr zu Gewinnverteilungsabreden in Form eines Gewinnvorabs für den tätigen G'ter oder für die Nutzung von bestimmten Vermögensgegenständen. Insoweit kann auch vereinbart werden, dass die Beteiligung des Stillen sich nicht auf diese Gegenstände (ihre stillen Reserven) erstreckt.

234 Für die **GewSt** kann die stille Ges mangels dinglicher Vermögenszuständigkeit abw von § 5 I 3 GewStG **nicht Steuerschuldner** sein. Gleichwohl sind die G'ter die Unternehmer, für deren Rechnung das Gewerbe betrieben wird, § 5 I 2 GewStG. Sie sind sachlich stpfl. Der GewSt-Bescheid ist an den tätigen Teilhaber zu richten.[5] Wird er gleichwohl an die stille Ges gerichtet, ist er nicht nichtig.[6] **Verfahrensrechtlich** ist hinsichtlich der Einkünfte **eine einheitliche und gesonderte Feststellung** nach § 180 I 2a AO durchzuführen. Dies gilt auch dann, wenn zivilrechtlich mehrere stille Ges vorliegen, sofern diese sich jeweils auf den gesamten Betrieb des Inhabers des Geschäftes beziehen.[7] Hingegen liegen mehrere GewBetr vor, wenn die atypisch stillen G'ter sich nur an einzelnen, unterschiedlichen Geschäftsbereichen beteiligen. Dann sind auch verfahrensrechtlich mehrere GewSt-Bescheide zu erlassen und mehrere einheitliche und gesonderte Gewinnfeststellungen durchzuführen.[8] Der tätige Teilhaber soll – anders als bei Außengesellschaften – nicht nach § 352 I 1 AO, § 48 I 3 FGO in Prozessstandschaft einspruchs- und klagebefugt sein.[9]

235 Eine **Unterbeteiligung** liegt vor, wenn der G'ter einer PersGes[10] einem anderen eine Beteiligung an seinem Gesellschaftsanteil einräumt. Zivilrechtlich liegt dann eine **BGB-Innengesellschaft** vor. Wie bei der stillen Ges und nach denselben Kriterien ist zw typischen und atypischen Unterbeteiligungen zu unterscheiden.[11] Die **typische Unterbeteiligung** führt zu Einkünften aus § 20 I 4 und zu **Sonderbetriebsaufwand** des G'ters der Hauptgesellschaft. Bei der **atypischen Unterbeteiligung** bezieht auch der Unterbeteiligte gewerbliche **Einkünfte als MU'er** nach § 15 I 2. Es bestehen nach herrschender Auffassung 2 MU'schaften, nämlich die HauptGes und die Unterbeteiligungsgesellschaft.[12]

---

1 BGH NJW 82, 99.
2 BFH BStBl II 82, 186 (Filmrechte); BFH/NV 90, 19 (Filmherstellung); BFH BStBl II 71, 620 (An- und Verkauf von Wertpapieren); BStBl III 65, 71 (verneinend bei Gewinnpooling).
3 Bej BFH/NV 02, 1447; vgl auch *Ruban* DStZ 95, 637; *Groh* BB 93, 1882; *Knobbe-Keuk* § 9 II 4c; *Gschwendtner* FS Klein, 1994, S 751.
4 BFH/NV 03, 1308 mwN; BFH BStBl II 99, 286 mwN auch zur Gegenansicht.
5 BFH BStBl II 95, 764; BStBl II 95, 794.
6 BFH BStBl II 95, 626.
7 BFH/NV 02, 1447; BFH BStBl II 99, 286.
8 BFH BStBl II 98, 685.
9 BFH BStBl II 98, 401.
10 Zur Unterbeteiligung an einem GmbH-Anteil vgl BFH BStBl II 05, 857 (keine MU'schaft, sondern wirtschaftliches Eigentum!) u BHF BStBl II 06, 253.
11 BFH BStBl II 96, 269.
12 BFH BStBl II 07, 868; BFH BStBl II 92, 512.

Der Unterbeteiligte ist nicht G'ter der Hauptgesellschaft und auch nicht deren MU'er.[1] Allerdings liegt nach zutr Ansicht insoweit dann eine **doppelstöckige MU'schaft**[2] vor, so dass auch auf Leistungen des Unterbeteiligten an die Hauptgesellschaft § 15 I 2 anwendbar ist (Unterbeteiligter als mittelbarer MU'er Rn 419). **Verfahrensrechtlich** ist für die Beteiligten der Untergesellschaft eine eigene einheitliche und gesonderte Gewinnfeststellung durchzuführen, es sei denn, alle Beteiligten seien mit einer Zusammenfassung bei der Hauptgesellschaft einverstanden, § 179 III AO.[3]

c) Erbengemeinschaft und Gütergemeinschaft. Geht ein GewBetr mit dem Tode des Erblassers auf eine **Erbengemeinschaft** über, werden alle Miterben mit dem Tode „geborene" MU'er.[4] Dies gilt auch für diejenigen Erben, die den GewBetr nicht auf Dauer fortführen bis zur Erbauseinandersetzung (§ 16 Rn 109f).[5] Der GewBetr kann von der Erbengemeinschaft auch auf Dauer fortgeführt werden.[6] Die Erbengemeinschaft ist „andere Ges" iSd § 15 I 2 (wirtschaftlich vergleichbares Gemeinschaftsverhältnis). Die **Abfärberegelung** des § 15 III Nr 1 gilt nicht für die Erbengemeinschaft.[7] Zur Rückbeziehung der Zurechnung der laufenden Einkünfte bei der Erbauseinandersetzung s § 16 Rn 111. **236**

Gehört zum Nachlass der **Anteil an einer PersGes**, ist zu differenzieren zw einer **einfachen Nachfolgeklausel**[8] (§ 16 Rn 247), einer **qualifizierten Nachfolgeklausel**[9] (§ 16 Rn 250), der **Auflösung durch Tod**[10] (§ 16 Rn 236) und der **Fortsetzung** der Ges nur unter den Alt-G'tern[11] (§ 16 Rn 243). **237**

Gehört zum Gesamtgut bei Bestehen einer ehelichen **Gütergemeinschaft** (§ 1415f BGB) ein GewBetr, so sind die Ehegatten grds als MU'er einer „anderen Ges" (wirtschaftlich vergleichbares Gemeinschaftsverhältnis) anzusehen.[12] Dies gilt unabhängig davon, ob beiden Ehepartnern die Verwaltungsbefugnis zusteht oder nur einem von ihnen. Allerdings soll eine MU'schaft zu verneinen sein, wenn für den GewBetr kein wesentlicher Kapitaleinsatz erforderlich ist und der Gewinn im Wesentlichen von der persönlichen Leistung des handelsrechtlichen Inhabers des GewBetr abhängt.[13] Dies erscheint zweifelh. Ein Verstoß gegen Art 6 GG ist nicht erkennbar, wenn der GewBetr für Rechnung des Gesamtgutes geführt wird, vgl § 1442 BGB. Soll die MU'schaft vermieden werden, so darf der GewBetr nicht für gemeinsame Rechnung betrieben werden. Dann bedarf es der jederzeit durch Ehevertrag möglichen Vereinbarung von Vorbehaltsgut. Soweit sich der Güterstand nach ausländischem Zivilrecht bestimmt, gilt entspr, wenn dieses der deutschen Gütergemeinschaft ähnliche Regelungen enthält.[14] Hingegen besteht keine MU'schaft der Ehegatten, soweit der GewBetr zum Vorbehalts- oder Sondergut nur eines Ehegatten gehört.[15] Bei der **fortgesetzten Gütergemeinschaft** sind der überlebende Ehegatte und die Abkömmlinge MU'er. Allerdings stehen die laufenden Erträge nur dem überlebenden Ehegatten zu.[16] Eine MU'schaft besteht auch, soweit der Güterstand der **Eigentums- und Vermögensgemeinschaft** nach §§ 13f FGB DDR fortgeführt wird (Art 234 EGBGB) oder wenn zwar nunmehr Zugewinngemeinschaft besteht, aber weiterhin die wesentlichen Betriebsgrundlagen des GewBetr im gemeinschaftlichen Eigentum stehen und beide Ehepartner an den unternehmerischen Entscheidungen teilhaben.[17] **238**

d) Nießbrauch am Gesellschaftsanteil. Beim **Nießbrauch am Gesellschaftsanteil**[18] ist zu differenzieren. Je nach vertraglicher Ausgestaltung kann es sich um einen bloßen **Ertragsnießbrauch** handeln oder um einen echten Unternehmensnießbrauch. Beim Ertragsnießbrauch bleibt nur der Nießbrauchbesteller (Mit-) Unternehmer. Die Rechte des Nießbrauchers beschränken sich auf den Anspr auf den laufenden Gewinnanteil (sog **Nießbrauch am Gewinnstammrecht**[19]). Das Unternehmen wird weiterhin allein vom Nießbrauchbesteller und den übrigen G'tern geführt. Diesem ist **239**

---

1 Vgl aber BFH BStBl II 74, 480 (Unterbeteiligter als MU'er der Hauptgesellschaft bei besonders starker Stellung; überholt durch doppelstöckige MU'schaft).
2 BFH BStBl II 98, 137.
3 BFH BStBl II 07, 868; BFH GrS BStBl II 74, 414.
4 BFH GrS BStBl II 90, 837.
5 BFH/NV 05, 1974 (Erbengemeinschaft weiterhin als Durchgangsbesitzunternehmer).
6 BGHZ 92, 259; BFH BStBl II 88, 245.
7 BFH BStBl II 90, 837; BMF BStBl I 93, 62.
8 BFH BStBl II 99, 291.
9 BFH BStBl II 92, 512.
10 BFH BStBl II 95, 241.
11 BFH BStBl II 94, 227; BStBl II 98, 290.
12 BFH BStBl II 06, 165; BFH GrS BStBl II 84, 751.
13 BFH BStBl II 77, 201; BStBl II 80, 634; BStBl II 81, 63 (für Handelsvertreter); BStBl II 77, 836 (Installateur); BStBl II 90, 377 (Erfinder); krit Schmidt-Liebig StuW 89, 110.
14 BFH BStBl II 99, 384 mwN.
15 BFH BStBl II 77, 201.
16 BFH BStBl II 93, 430; BStBl II 75, 437.
17 BMF BStBl I 92, 542; vgl auch BFH BStBl II 04, 500 (zu konkludenter Ehegatten-MU'schaft in der LuF wegen gemeinsamen Grundstückseigentums!).
18 Dazu Götz/Jorde FR 03, 998.
19 BFH BStBl II 91, 809; BStBl II 76, 592; zur zivilrechtlichen (Un-)Zulässigkeit vgl Schön StbJb 96/97, 45.

daher auch steuerlich der ihm gebührende Gewinnanteil allein als seine gewerblichen Einkünfte zuzurechnen.[1] Ist der Nießbrauch unentgeltlich eingeräumt worden, so liegt auf Seiten des Nießbrauchbestellers eine unbeachtliche Einkommensverwendung zugunsten des Nießbrauchers vor. Handelt es sich um eine entgeltliche Nießbrauchsbestellung, so stellt sich das Entgelt für den Nießbrauchbesteller als betrieblicher Ertrag dar (Sonder-BE) und die „Gewinnabführung" als betrieblicher Aufwand.[2] Der Nießbraucher bezieht vorbehaltlich § 20 III Einkünfte aus KapVerm nach § 20 I 7. Der Ertragsnießbrauch ist dadurch gekennzeichnet, dass dem Nießbraucher hinsichtlich der Führung des Unternehmens keinerlei Mitwirkungsrechte zustehen. Entspr Grundsätze gelten bei einem **Vermächtnisnießbrauch** im Verhältnis Erbe und Vermächtnisnießbraucher.[1]

240 Demgegenüber wird der **Nießbraucher** beim echten **Unternehmensnießbrauch** am Gesellschaftsanteil **MU'er** des GewBetr. Dies ist jedenfalls zu bejahen, wenn die Einräumung des Nießbrauches durch die sog **Treuhandlösung** vollzogen wird, bei der dem Nießbraucher bis zur Beendigung des Nießbrauches der Gesellschaftsanteil mit der Verpflichtung zur Rückübertragung übertragen wird. Hier nimmt der Nießbraucher einerseits die Verwaltungsbefugnisse des G'ters wahr und ist am laufenden Gewinn und Verlust beteiligt. IÜ trägt er im Umfange der G'ter-Stellung auch im Außenverhältnis das Risiko, etwa bei nicht erbrachter Einlage oder Rückgewähr der Einlage. Dem **Nießbrauchbesteller** stehen zwar lediglich schuldrechtliche Rückübertragungsanspr zu. Gleichwohl bleibt er neben dem Nießbraucher MU'er als Treugeber (Rn 151),[3] so dass ihm der auf ihn entfallende Anteil am Gewinn, soweit er nicht dem Nießbraucher gebührt, zuzurechnen ist. Dies betrifft nach der gesetzlichen Regelung jedenfalls den Gewinn aus der Auflösung stiller Reserven. Dieser ist dann zwar handelsrechtlich dem Kapital des Nießbrauchers (oder Gewinnrücklagen) gutzuschreiben, aber steuerlich dem Treugeber zuzurechnen.

241 Zivilrechtlich ist anerkannt, dass der PersGes-Anteil auch mit einem Nießbrauch belastet werden kann (**echte Nießbrauchlösung**),[4] so dass es der Treuhandlösung nicht bedarf. Dem **Nießbraucher** stehen dann die aus der dinglichen Berechtigung fließenden Rechte auch gegen die übrigen Mit-G'ter zu. Dies betrifft die vermögensrechtliche Seite hinsichtlich seines Anspr auf den entnahmefähigen laufenden Gewinn und Kontroll- und Stimmrechte. Dabei kann dahinstehen, ob diese im Verhältnis zu den anderen G'tern nur gemeinsam mit dem Nießbrauchbesteller ausgeübt werden können oder ob sie hinsichtlich der laufenden Geschäfte nur vom Nießbraucher ausgeübt werden. Jedenfalls ist es dem Nießbraucher insoweit möglich, MU'er-Initiative zu entfalten. Er wird daher **MU'er**. Auf der anderen Seite behält der **Nießbrauchbesteller** jedenfalls die Kompetenz zur Mitwirkung an Grundlagenbeschlüssen, es können auch gesellschaftsvertraglich weitere Angelegenheiten der laufenden Geschäftsführung seiner Zustimmung bedürfen,[5] und er bleibt an den stillen Reserven beteiligt. Der Nießbrauchbesteller bleibt daher ebenfalls **MU'er**.

242 IErg ist sowohl bei der Treuhandlösung als auch bei der echten Nießbrauchlösung von einer **gemeinsamen MU'er-Stellung von Nießbraucher und Nießbrauchbesteller**[6] auszugehen, vorausgesetzt, dass nach den getroffenen (und durchgeführten) Vereinbarungen oder nach der gesetzlichen Regelung Nießbraucher und Nießbrauchbesteller zumindest gemeinsam an Entscheidungen in der Ges zu beteiligen sind (jedenfalls durch Kontroll- und Widerspruchsrechte) und der Nießbraucher zumindest am laufenden (gesellschaftsrechtlich entnahmefähigen) Gewinn und hinsichtlich dieses auch an den laufenden Verlusten beteiligt ist. Davon ist nach den gesetzlichen Bestimmungen über den Nießbrauch auszugehen, wenn keine abw Vereinbarungen getroffen sind.[7]

III. Subjektive Zurechnung – Mitunternehmer. – 1. Funktion des (Mit-)Unternehmerbegriffes.

243 Nach § 15 I 2 S 1 sind den G'tern einer OHG, KG oder „anderen Ges" ihre Gewinnanteile dann (und nur dann) als (eigene) Einkünfte aus GewBetr zuzurechnen, wenn sie **Unternehmer (MU'er) des Gew Betr** sind. § 15 I 2 trifft insoweit eine spezielle **klarstellende Regelung für** die **subj Zurechnung von Einkünften aus GewBetr**, die gemeinsam durch mehrere (MU'er) erzielt werden.

---

1 BFH BStBl II 95, 714.
2 Vgl auch *Schön* ZHR 158 (94), 229; *Haas* FS Schmidt, 1993, S 315.
3 **AA** zu Unrecht FG BaWü, EFG 06, 1672 (Treuhandvorbehaltsnießbrauch an geschenktem Gesellschaftsanteil unzutr als rein fremdnützig angesehen und MU'schaft des Nießbrauchbestellers verneint!).
4 BGH NJW 99, 571; BGHZ 58, 316.
5 BGH NJW 99, 571; vgl auch BStBl II 97, 530.
6 Vgl BFH BStBl II 96, 523; vgl auch *Söffing/Jordan* BB 04, 353 und *Schulze zur Wiesche* BB 04, 355.
7 BFH BStBl II 95, 214; *Schulze zur Wiesche* FR 99, 281.

Für den **Einzelgewerbetreibenden** ergibt sich die subj Zurechnung der objektiv in § 15 I Nr 1 **244**
bezeichneten Einkünfte aus GewBetr aus § 15 II iVm § 2 I (Rn 147, 148). Danach erfolgt die subj
Zurechnung bei demjenigen, der die in § 15 II verlangte Betätigung „unternimmt". Der Unternehmer als Zurechnungssubjekt des GewBetr ist derjenige, der das Vermögensrisiko (**Unternehmerrisiko**) der Betätigung trägt und der entweder selbst die Betätigung entfaltet oder dem sie zuzurechnen ist, weil andere für ihn mit seinem Willen oder kraft Gesetzes handeln (**Unternehmerinitiative**).
Der Hinweis auf den MU'er des GewBetr in § 15 I 2 hat insoweit die klarstellende Bedeutung zu
bestätigen, dass auch mehrere **gemeinsam einen GewBetr** betreiben können und dabei gemeinsam
Unternehmerrisiko tragen und Unternehmerinitiative entfalten können, dass dies aber auch erforderlich ist, um ihnen die Einkünfte aus dem gemeinsamen GewBetr (anteilig) als ihre Einkünfte
zuzurechnen. Daher wird zutr angenommen, dass die G'ter-Stellung auch bei einer OHG und KG
allein gerade **nicht genügt**, um die persönliche Zurechnung zu begründen.[1] Zugleich verdeutlicht
§ 15 I 2 auch, dass die subj Zurechnung nicht verlangt, dass der Unternehmer allein das Risiko trägt
und er sich allein betätigt. Allein insoweit besteht eine spezielle Problematik der persönlichen
Zurechnung bei sog MU'schaften, indem hier zu entscheiden ist, ob eine ausreichende Risikobeteiligung und eine ausreichende Entscheidungsbefugnis besteht. Denn anders als beim Einzelunternehmer trägt der MU'er jedenfalls nicht allein das Risiko und entscheidet nicht allein.

Der Zusammenhang zw der persönlichen Zurechnung bei Einzelgewerbetreibenden und MU'ern **245**
wird adäquat in § 5 I 2 **GewStG** ausgedrückt. Danach ist Unternehmer der, für dessen Rechnung das
Gewerbe betrieben wird. Die PersGes wird zwar in § 5 I 3 GewStG zum Schuldner der GewSt
erklärt, aber Unternehmer können schon mangels Steuersubjektfähigkeit der PersGes für die ESt
und KSt nur diejenigen G'ter sein, für deren Rechnung das Gewerbe betrieben wird. Anders sieht
dies freilich die Rspr. Danach soll auch eine PersGes ihrerseits MU'er sein können.[2] Das Merkmal
des Betreibens für Rechnung des Unternehmers umfasst sowohl den vermögensmäßigen Erfolg
(Unternehmerrisiko) der Betätigung, der sich unmittelbar im Vermögen des Unternehmers niederschlägt als auch die Tätigkeit (Unternehmerinitiative) selbst. Denn eine Betätigung kann nur dann
unmittelbar zu einer positiven Erfolgsauswirkung im Vermögen eines anderen führen, wenn sie mit
dessen Willen unternommen wird oder kraft Gesetzes für ihn erfolgt.

2. Mitunternehmerrisiko und Mitunternehmerinitiative. MU'er-Risiko bedeutet unmittelbare Teil- **246**
habe am Erfolg oder Misserfolg des GewBetr in Form der Vermögensmehrung oder -minderung.
Unerheblich ist dabei, dass bei Gesamthandsgemeinschaften das Vermögen gesamthänderisch
gebunden ist, bzw im Außenverhältnis der PersGes als Rechtsträger zuzurechnen ist.[3] Auch dann
kommt dem MU'er spätestens bei der Auseinandersetzung „sein Anteil" zugute. Bei atypischen
Innengesellschaften werden jedenfalls unmittelbare schuldrechtliche Anspr begründet, die ebenfalls
unmittelbar das Vermögen des Innen-G'ters berühren. Ausreichendes MU'er-Risiko in diesem
Sinne trägt jedenfalls derjenige G'ter, der am **laufenden Gewinn und Verlust** und auch an den **Stillen Reserven** sowie an einem **Geschäftswert**[4] beteiligt ist. Problematisch ist jedoch die Beurteilung,
wenn keine in diesem Sinne umfassende vermögensmäßige Teilhabe besteht.

Eine MU'schaft kommt jedenfalls nicht in Betracht, wenn es schon an jeglicher **Gewinnbeteiligung** **247**
fehlt. Eine solche liegt freilich schon vor bei einer, ggf auch festen Haftungsvergütung. Besteht diese
zwar formal, ist aber objektiv erkennbar, dass ein Gewinn für den G'ter für die Dauer seiner Beteiligung nicht erzielt werden kann, so ist dieser G'ter nicht MU'er.[5] Soweit der VIII. Senat zur Bejahung einer MU'er-Stellung des Komplementärs, respektive des G'ters einer GbR die unbeschränkte
Außenhaftung wegen des damit immer verbundenen Risikos für ausreichend erachtet,[6] falls dem
G'ter kompensierende starke Initiativrechte – namentlich Geschäftsführungsbefugnis und/oder Vertretungsbefugnis – zustehen, ist dem jedenfalls dann nicht zu folgen, wenn eine Gewinn- und Verlustbeteiligung vollständig ausgeschlossen ist.

---

1 BFH GrS BStBl II 93, 616; aA *Knobbe-Keuk*[9] § 9 II 3c.
2 BFH GrS BStBl II 91, 616; BStBl II 99, 794.
3 AA de lege ferenda *Henrich* StuW 02, 201.
4 BFH BStBl II 06, 595; BFH GrS BStBl II 84, 751 u BStBl II 93, 616.
5 Vgl BFH BStBl II 86, 896 und BFH/NV 91, 432 (befristete Gter-Stellung); BStBl II 89, 722; BStBl II 00, 183 (nur fest verzinste Kommanditeinlage).
6 BFH BStBl II 06, 595 (Nach dem Sachverhalt war freilich ein Gewinnanteil vereinbart, wenn auch in Form eines Festbetrages, der aber nur bei erfolgreicher Realisierung des Projektes anfiel, so dass insoweit durchaus ein Risiko hinsichtlich des Gewinnanspruches bestand. Außerdem war eine Kostentragungspflicht für den Fall des Scheiterns des Projektes vereinbart.).

Reiß

248 Grds ist auch eine **Verlustbeteiligung** erforderlich. Von einem Unternehmerrisiko kann nicht gesprochen werden, wenn den Betreffenden keinerlei Vermögensverlust treffen kann. Daher scheidet eine MU'er-Stellung jedenfalls aus, wenn der G'ter im Innenverhältnis an Verlusten nicht beteiligt ist und ihn auch im Außenverhältnis keine persönliche Haftung trifft und er keine Einlage geleistet hat.[1] Umgekehrt kann genügen, dass der Beteiligte seine Einlage aus Gewinnen zu erbringen hat und diese nicht entnehmen darf.

249 Eine **persönliche Außenhaftung** ist allerdings nicht erforderlich.[2] Dies folgt schon daraus, dass § 15 I 2 erkennbar nicht nur Kdist erfassen will, die ihre Einlage nicht geleistet haben. Umgekehrt soll eine persönliche Außenhaftung immer ein MU'er-Risiko begründen,[3] selbst wenn im Innenverhältnis ein Freistellungsanspr besteht (Rn 215). Zumindest ist dann aber eine Gewinnbeteiligung erforderlich und nicht lediglich ein schuldrechtlicher Vergütungsanspr.[4]

250 **MU'er-Initiative** bedeutet Teilhabe an den gemeinsam zu treffenden unternehmerischen Entscheidungen. Anders als beim Einzelunternehmer kann diese bei MU'ern abgestuft sein. Sie reicht von der Alleingeschäftsführungsbefugnis und alleiniger Außenvertretung auf der einen Seite bis zu bloßen Kontroll- und Widerspruchsbefugnissen, wie sie einem K'disten nach dem Regelstatut des HGB (§§ 166, 164 HGB)[5] oder einem stillen G'ter nach § 233 HGB[6] zustehen.

251 Die Rspr geht zutr davon aus, dass über die Frage der persönlichen Zurechnung eines Anteils an den gewerblichen Einkünften an den MU'er anhand einer **Gesamtwürdigung** zu entscheiden ist. Dabei kann ein schwächer ausgeprägtes MU'er-Risiko durch eine stärker ausgeprägte Teilhabe an der MU'er-Initiative kompensiert werden und umgekehrt.[7] Daher ist bei schwacher MU'er-Initiative – wie sie regelmäßig bei der stillen Ges und bei Unterbeteiligungen vorliegt (Rn 226, 235) – eine Beteiligung am Gewinn, Verlust und an den stillen Reserven einschl Geschäftswert erforderlich, während bei ausgeprägter MU'er-Initiative (Einzelgeschäftsführungsbefugnis) umgekehrt bereits eine Beteiligung am laufenden Gewinn und Verlust oder stattdessen sogar die bloße Außenhaftung (Rn 249) genügen kann. Dies wiederum spielt eine Rolle bei verdeckten MU'schaften (Rn 253, 227).

252 **3. (Verdecktes) Gesellschafts-Verhältnis und (faktische) Mitunternehmerschaft.** Wenngleich ein Gesellschaftsverhältnis nach zutr Ansicht der Rspr (Rn 244) nicht genügt, um die persönliche Zurechnung zu begründen, soll es doch umgekehrt unabdingbar sein, um eine MU'schaft bejahen zu können. Allerdings wird dieser Grundsatz zunächst einmal dadurch durchbrochen, dass außer dem Gesellschaftsverhältnis auch andere vergleichbare Gemeinschaftsverhältnisse genügen (Rn 211). Außerdem ist auch der **Treugeber** als Nicht-G'ter MU'er[8] (Rn 151), ebenso der Nießbraucher (Rn 241) und der wirtschaftliche Eigentümer eines Gesellschaftsanteils.[9] Letztlich dient die Betonung der Rspr, es sei ein Gesellschaftsverhältnis erforderlich, nur der (zutr) Ablehnung einer rein **faktischen MU'schaft** (Rn 213). Dem ist insoweit zu folgen, als ein Rechtsverhältnis zw den MU'ern erforderlich ist, aus dem sich ergibt, dass der GewBetr für gemeinsame Rechnung der MU'er geführt wird. Dafür genügen **weder reine Austauschverträge noch** ein bloß **faktisches Verhalten**.

253 Andererseits sind vertragliche Beziehungen nicht anhand der von den Parteien gewählten Bezeichnung und/oder der durch sie erfolgten rechtlichen Qualifizierung einzuordnen, sondern maßgeblich ist, was die Parteien wirklich vereinbart und durchgeführt haben. Insoweit muss notwendigerweise auch das bisherige faktische Verhalten gewürdigt werden. Ergibt sich dabei, dass tatsächlich der GewBetr auf gemeinsame Rechnung auch des angeblichen Austauschpartners geführt wurde, so liegt eine **verdeckte MU'schaft** vor. Die Rspr geht dann vom Vorliegen eines **verdeckten (Innen-)Gesellschaftsverhältnisses** aus. Daran ist jedenfalls zutr, dass das Führen eines GewBetr auf gemeinsame Rechnung **Gesellschaftszweck iSd § 705 BGB** sein kann (Rn 213). Von einem insoweit bestehenden verdeckten (Rechts-) Gesellschaftsverhältnis ist dann auszugehen, wenn sich aus den bestehenden

---

1 BFH BStBl II 87, 553; BFH/NV 99, 1196; vgl auch BStBl II 93, 289 (geschenkte stille Beteiligung).
2 BFH BStBl II 92, 330.
3 BFH BStBl II 06, 595 (falls starke Initiativbefugnisse); BFH BStBl II 87, 33; aber offen gelassen vom IV. Senat, BFH BStBl II 89, 722.
4 BFH/NV 05, 1994 (zum Treuhand-K'disten); **aA** offenbar der VIII. Senat für den Komplementär/phG'ter, BFH BStBl II 06, 595.
5 BFH GrS BStBl II 84, 751; BFH BStBl II 94, 635.
6 BFH BStBl II 94, 635.
7 BFH/NV 07, 2394 ; BFH BStBl II 06, 595; BStBl II 98, 480; BStBl II 96, 66.
8 BFH GrS BStBl II 91, 691; BFH BStBl II 93, 574.
9 BFH BStBl II 94, 645.

vertraglichen Beziehungen und der tatsächlichen Durchführung ergibt, dass der vermeintliche Nicht-G'ter am Unternehmerrisiko teilhat und MU'er-Initiative entfalten kann. Dazu muss jedenfalls eine Gewinnbeteiligung vorliegen und auch ein Verlustrisiko bestehen. Die normalerweise fehlende (oder jedenfalls nicht offen gelegte) Beteiligung an den stillen Reserven einschl eines Geschäftswertes kann kompensiert werden durch eine besonders ausgeprägte Beteiligung am laufenden Gewinn und durch eine starke Stellung hinsichtlich der laufenden Verwaltung (Geschäftsführerbefugnisse). Dabei ist gerade nicht darauf abzustellen, ob diese sich nur aus einem Anstellungsvertrag ergeben. Denn dieser kann Teil des verdeckten Rechtsverhältnisses sein. Eine verdeckte MU'schaft kommt namentlich auch dann in Betracht, wenn nach außen ein Geschäft durch eine Strohfrau/einen Strohmann für einen Hintermann geführt wird, sofern nicht wegen eines Treuhandverhältnisses allein der Hintermann als Unternehmer anzusehen ist (Rn 151).[1]

Indizien für eine verdeckte MU'schaft sind gewinnabhängige hohe Bezüge, unangemessen hohe Vergütungen für angeblich im Austauschverhältnis erbrachte Leistungen oder umgekehrt der Verzicht oder die Nichtgeltendmachung vereinbarter angemessener Entgelte, wenn Verluste drohen, freie Entnahmen und Einlagen wie ein G'ter,[2] auch wenn diese als „unverzinsliche Darlehen gebucht" werden. Auf der anderen Seite reicht eine bloße Bündelung des Risikos aus einzelnen Austauschverträgen nicht.[3] Im Einzelnen wurde verdeckte MU'schaft **bejaht** bei hohen gewinnabhängigen Bezügen und tatsächlichem Verhalten wie G'ter (BFH BStBl II 98, 480; BStBl II 96, 66; BStBl II 86, 10 und 802), bei Verpachtung zu unüblichen Konditionen (BFH BStBl II 86, 798), bei nicht durchgeführter Betriebsübertragung (BFH BStBl II 87, 601; BFH/NV 88, 34). Bei **Film- und Fernsehfonds** als Produktionsunternehmen (Hersteller) bejaht die FinVerw zutr die MU'schaft für an der Fonds-Gesellschaft (in der Rechtsform der GbR, KG, GmbH & Co KG) nicht beteiligte Dritte, soweit diese an den Einspielergebnissen, an Lizenzerträgen aus von ihnen auf den Fonds übertragenen Rechten beteiligt sind und Einfluss auf Finanzierung, technische und künstlerische Gestaltung sowie den Vertrieb des Films nehmen können.[4] Die Bejahung der MU'schaft indiziert aber nicht die Herstellereigenschaft.[5] Hingegen wurde MU'schaft **verneint** bei bloßer Bündelung von Risiken aus Austauschverträgen, soweit die Entgelte, auch wenn sie gewinnabhängig sind, angemessen sind und ein angemessener Gewinn verbleibt oder wenn lediglich umsatzabhängige Vergütungen vereinbart werden, auch wenn sich aus Anstellungsverträgen mit der PersGes selbst oder mittelbar aus einem Geschäftsführeranstellungsvertrag mit der persönlich haftenden GmbH eine Geschäftsführungsbefugnis ergibt (BFH BStBl II 94, 282; BStBl II 94, 645; BStBl II 90, 500; BFH/NV 93, 14; BStBl II 89, 705; BStBl II 88, 62; BStBl II 87, 111; BStBl II 87, 28 und 766; BStBl II 86, 599; BStBl II 85, 363). Im Tatsächlichen ist die verdeckte MU'schaft eine Problematik, die sich bei vermeintlichen Austauschverträgen mit **Ehegatten** des oder der G'ter der PersGes ergibt. Unter Fremden würden derart unübliche Austauschverträge nicht geschlossen, sondern entweder offen ein Gesellschaftsverhältnis vereinbart oder aber Austauschverträge zu üblichen Bedingungen. Daher kann allerdings eine verdeckte MU'schaft auch nicht deshalb abgelehnt werden, weil sie unter Fremden so nicht üblich wäre.[6]

4. Mitunternehmerschaft und Familien-PersGes. Während die verdeckte MU'schaft im Tatsächlichen eine Problematik bei Ehegatten darstellt – Vermeidung der MU'schaft ist erwünscht! –, liegt die Problematik der Gewinnzurechnung und -verteilung bei sog Familien-PersGes im Tatsächlichen in der Beteiligung von Kindern (Enkelkindern) an PersGes. Hier ist die MU'schaft regelmäßig erwünscht zur faktischen Erreichung eines **„Familiensplittings"**.[7] Die steuerliche Rechtsfrage besteht in der zutr Abgrenzung zw der Einkünfteerzielung durch den StPfl einerseits gem § 2 I iVm §§ 15 I 2, 15 II und der **unbeachtlichen Einkommensverwendung** im Rahmen der Einkünfteermittlung nach § 12 Nr 1 und 2 andererseits.[8] Danach dürfen insbes Zuwendungen aufgrund einer freiwillig begründeten Rechtspflicht oder gegenüber unterhaltsberechtigten Pers nicht bei den Einkunftsarten abgezogen werden. Dem ist allerdings bereits durch eine zutr Interpretation des MU'er-Begriffes in § 15 I 2 als dem Zuordnungssubjekt der gewerblichen Einkünfte Rechnung zu tragen. So wie § 12 Nr 1 und 2 weitgehend nur klarstellende Funktion dahin gehend haben, dass die dort genannten Aufwen-

---

1 **AA** wohl BFH v 1.7.03 – VIII R 61/02, BFH/NV 04, 27.
2 BFH BStBl II 98, 480.
3 BFH BStBl II 94, 282.
4 BMF BStBl I 01, 175 (dann dürfte allerdings auch zivilrechtlich schon eine atypische Innengesellschaft vorliegen).
5 BMF v 5.8.03, BStBl I 03, 406; (unzutr) abl *Zacher* DStR 03, 1861 und *v Wallis/Schuhmacher* DStR 03, 1857.
6 BFH BStBl II 96, 133.
7 *Tipke/Lang*[18] § 18 Rn 43.
8 BVerfGE 43, 109; *Schmidt*[26] § 15 Rn 743.

dungen mangels betrieblicher Veranlassung schon keine BA sind,[1] verdeutlicht § 12 Nr 1 und 2 auch, dass eine persönliche Zurechnung von Einkünften nicht dazu führen darf, dass Zuwendungen aufgrund freiwillig begründeter Rechtspflicht nicht mehr demjenigen zugerechnet werden, der sie erzielt hat. Im Zusammenhang mit § 15 I 2 ergibt sich daraus, dass auch bei einer zivilrechtlich bestehenden G'ter-Stellung die Einkünfte G'tern nicht zuzurechnen sind, soweit sie entweder insgesamt nicht MU'er sind, weil der GewBetr nicht auch auf ihre Rechnung geführt wird, oder soweit die ihnen zivilrechtlich zustehenden Gewinnanteile dem MU'er-Risiko und der von ihnen oder für sie entfalteten MU'er-Initiative nicht entsprechen.

256 Eine MU'er-Stellung kann dem Grunde nach nur bejaht werden, wenn a) ein **zivilrechtlich wirksamer Vertrag** besteht, b) dieser auch **tatsächlich durchgeführt** wird und c) dem G'ter diejenigen **vermögensmäßigen Rechte und Mitwirkungsbefugnisse** eingeräumt werden, die nach dem **Regelstatut** einem **K'disten** zustehen.[2]

257 Bei der **Aufnahme minderjähriger Kinder** bedarf es eines **Abschlusspflegers** (bei mehreren getrennt für jedes Kind), §§ 1909, 1629, 1795 BGB und einer **vormundschaftlichen Genehmigung**,[3] § 1822 Nr 3 BGB. Die Rückwirkung der Genehmigung – allerdings nicht auf einen Zeitpunkt vor Vertragsabschluss[4] – ist auch steuerlich beachtlich, soweit sie unverzüglich beantragt wurde.[5] Str ist, ob über § 41 AO wegen tatsächlicher Durchführung dennoch eine MU'er-Stellung zu bejahen ist.[6] Dies kann nicht generell ausgeschlossen werden. Allerdings ist bei minderjährigen Kindern zu beachten, dass bei Unwirksamkeit des Vertrages eine tatsächliche Durchführung sich praktisch bis zum Eintritt der Volljährigkeit nicht feststellen lässt. Ein langjähriger Schwebezustand ist aber steuerlich nicht hinzunehmen. Daher kann § 41 AO nur dann ausnahmsweise tatbestandlich vorliegen, wenn ein erkannter Formmangel unverzüglich geheilt wird und die tatsächliche Durchführung zweifelsfrei erfolgte.[7] Der Mitwirkung eines **Dauerergänzungspflegers in der Ges** bedarf es nicht, auch wenn die gesetzlichen Vertreter ihrerseits geschäftsführende G'ter sind. Str ist allerdings, ob für Vertragsabschlüsse der PersGes mit den minderjährigen Kindern – etwa Anmietung eines Grundstückes – ein Ergänzungspfleger zu bestellen ist. Ein etwaiger Formfehler ist hier auch rückwirkend heilbar, wenn der Vertrag bis dahin durchgeführt wurde und unverzüglich der Ergänzungspfleger bestellt wird.[8]

258 Für Außengesellschaften bedarf der Vertrag nicht der notariellen Form, auch wenn es sich um eine Schenkung handelt. Hingegen ist bei der **schenkweisen Begr Stiller Beteiligungen** und Unterbeteiligungen **notarielle Form** erforderlich.[9]

259 Die **Durchführung** des Vertrages setzt voraus, dass die Eltern als gesetzliche Vertreter für das Kind die Rechte und Pflichten der Vermögenssorge in der Ges wahrnehmen und nicht die diesem zustehenden Rechte als eigene behandeln. Daher steht der Durchführung entgegen, wenn Gewinnanteile des Kindes von dem an der Ges beteiligten Elternteil entnommen und für eigene Zwecke verwendet werden.[10] Eine Verwendung zum Unterhalt des Kindes ist unschädlich, soweit sie sich in den Grenzen des § 1602 BGB hält.[11]

260 Die dem Kind eingeräumte Rechtsstellung als G'ter darf nicht (zugunsten der Eltern/Großeltern als G'ter) so eingeschränkt sein, dass sie praktisch bedeutungslos ist. Als Anhaltspunkt dafür dienen die einem Kdisten nach dem Regelstatut des HGB zustehenden Rechte. Im Einzelnen wurde eine **MU'er-Stellung verneint** bei Nichtbeteiligung an den stillen Reserven einschl Geschäftswert[12] sowohl bei Ausscheiden als auch bei Auflösung,[13] bei einseitigen **Hinauskündigungsklauseln zum Buchwert**,[4] bei kurzfristig **befristeter Mitgliedschaft**,[14] bei uneingeschränkter **einseitiger Änderungs-**

---

1 Vgl insoweit BFHE 185, 230 (zu niedrige Pachtentgelte gegenüber Familien-GmbH).
2 BFH GrS BStBl II 84, 751; BFH BStBl II 96, 269.
3 BFH BStBl II 73, 287, 307, 309; vgl auch BMF BStBl I 01, 171 (zu VuV – Abschlusspfleger auch bei Einräumung eines Nießbrauches erforderlich, anders aber wenn Vormundschaftsgericht Pfleger nicht für erforderlich hält).
4 BFH BStBl II 96, 269.
5 BFH BStBl II 92, 1024.
6 Bej *Knobbe-Keuk*[9] § 12 I 1; *Schön* FS Klein, 1994, S 476; verneinend BFH BStBl II 86, 798; *Bordewin* DB 96, 1359; vgl auch BFH/NV 00, 176.
7 Vgl BFH BStBl II 07, 294 (Darlehensvertrag mit minderjährigen Enkeln, Zinsen wurden tatsächlich gezahlt!), aber Nichtanwendungserlass BMF BStBl I 07, 441.
8 BFH BStBl II 00, 386.
9 BFH BStBl II 94, 635.
10 BFH BStBl II 86, 802.
11 **AA** möglicherweise BFH BStBl II 89, 414; wie hier *Seer* DStR 88, 600.
12 Ungenügend auch pauschale Abfindung BFH/NV 93, 647.
13 BFH BStBl II 92, 330.
14 BFH BStBl II 76, 324.

möglichkeit des Gesellschaftsvertrages mit Stimmenmehrheit,[1] nicht aber bei bloßen Mehrheitsbeschlüssen über die laufenden Geschäfte,[2] bei **freier Widerruflichkeit der Schenkung** (nicht bei begrenzten Rückfallklauseln) des Gesellschaftsanteils.[3] Andererseits ist eine MU'schaft trotz langer Kündigungsfrist und Ausschluss des Widerspruchsrechtes mit Buchwertabfindung nur bei eigener Kündigung anerkannt worden.[4] Unschädlich sind auch Beschränkungen des Kündigungs- und Entnahmerechtes, die für alle G'ter gleichermaßen gelten,[5] aber auch bei einseitiger Einschränkung nur für die K'disten.[6] Ist die MU'er-Stellung zu verneinen, kann gleichwohl eine typisch stille Beteiligung mit Einkünften aus § 20 I 4 zu bejahen sein.[7]

Die Grundsätze zur Anerkennung der MU'er-Stellung in Familien-PersGes sind auch bei der **Familien-GmbH & Co KG,** der **Familien-GmbH & atypisch Still** sowie entspr Unterbeteiligungen anzuwenden. Dies gilt auch dann, wenn die Eltern/Großeltern zumindest nach außen lediglich an der KapGes als G'ter und Geschäftsführer beherrschend beteiligt sind.[8] IÜ wird häufig eine verdeckte MU'schaft (Rn 252) vorliegen. **261**

Auch wenn eine MU'schaft **dem Grunde nach zu bejahen** ist, kann eine im Verhältnis zur vermögensmäßigen Beteiligung und zur Tätigkeit in der Ges **unangemessene Gewinnverteilung** vorliegen. Der der MU'er-Stellung nicht adäquate Teil der überhöhten Gewinnverteilung stellt sich als unbeachtliche Einkommenszuwendung durch den als G'ter tätigen Elternteil (oder durch die von diesem beherrschte GmbH) dar, § 12 Nr 1 oder 2.[9] Daher ist dieser Teil dem zuwendenden Elternteil (bzw der beherrschten GmbH) zuzurechnen. Im Falle einer GmbH liegt dann zugleich eine vGA vor.[10] Grds ist ein Fremdvergleich durchzuführen. Die Gewinnbeteiligung ist insoweit anzuerkennen, als sie dem entspricht, was auch einem Nichtangehörigen für dessen Leistungsbeiträge als Gewinnbeteiligung zugesagt worden wäre.[11] **262**

Für die **schenkweise Begründung oder Übertragung** eines **KG-Anteils**,[12] einer atypisch stillen Beteiligung oder Unterbeteiligung in einer Familien-PersGes hat die Rspr **typisierend** zum Zwecke der Gleichbehandlung und im Interesse der Rechtssicherheit eine Gewinnverteilung für angemessen angesehen, die zu nicht mehr als einer **Durchschnittsrendite von 15 % des tatsächlichen Wertes** des Gesellschaftsanteils führt, sofern das Kind nicht mitarbeitet[13] und eine Beteiligung am Gewinn und Verlust vorliegt. Bei Verlustausschluss soll die Durchschnittsrendite sich auf nicht mehr als 12 % belaufen dürfen.[14] Die Begrenzung soll aber nicht in dieser typisierenden Weise gelten, wenn der **MU'er-Anteil** durch Einlage **entgeltlich** (und sei es auch mit von dritter Seite geschenkten Mitteln) erworben wurde.[11] Fraglich erscheint, ob insoweit die für stille Beteiligungen aufgestellten Begrenzungen von 35 % bzw 25 % (ohne Verlustbeteiligung) als maßgebend angesehen werden.[15] Eine Korrektur der vereinbarten Gewinnverteilung ist auch bei schenkweise eingeräumter Unterbeteiligung oder der Schenkung eines Anteils an einem Gesellschaftsanteil unzulässig, wenn iÜ eine **Fremdgesellschaft** besteht und die Gewinnverteilung quotal zur Anteilsübertragung erfolgt, soweit der Gewinnanteil lediglich die kapitalmäßige Beteiligung abgilt.[16] Der Rspr ist, soweit sie eine Angemessenheitsprüfung für erforderlich hält, grds zu folgen. Allerdings sind die Typisierungen nahezu willkürlich, was die Renditesätze betrifft. Sie erweisen sich allerdings weitgehend als wirkungslos (Rn 264). Es würde genügen, unabhängig davon, ob ein geschenkter oder ein gegen Einlage erworbener Anteil vorliegt, eine Angemessenheitsprüfung nach dem Maßstab einer Gleichbehandlung hinsichtlich der erbrachten Tätigkeiten und der erbrachten Kapitaleinlagen vorzunehmen.[17] **263**

---

1 BFH BStBl II 89, 762; vgl aber BStBl II 89, 758.
2 BFH BStBl II 01,186.
3 BFH BStBl II 74, 740; BStBl II 89, 877; BStBl II 94, 635.
4 BFH BStBl II 89, 758.
5 BFH BStBl II 87, 54.
6 BFH BStBl II 01, 186.
7 BFH BStBl II 96, 269; vgl aber zur (Nicht)Anerkennung typisch stiller Beteiligungen und Darlehen BFH BStBl II 02, 685.
8 BFH BStBl II 79, 670; BStBl II 86, 798; BFH/NV 92, 452.
9 BFH GrS BStBl II 73, 5.
10 Vgl BFH BStBl II 95, 549.
11 BFH BStBl II 80, 437.
12 BFH GrS BStBl II 73, 5; BFH BStBl II 87, 54; BStBl II 80, 437; BFH/NV 92, 452 (nicht bei Beteiligung Fremder); BStBl II 94, 635.
13 BFH BStBl II 01, 299 mwN; BFH/NV 85, 327 (ebenso bei unbedeutender Mitarbeit).
14 BFH BStBl II 90, 10; BStBl II 73, 650 (zur typisch stillen Beteiligung).
15 BFH BStBl II 01, 299 mwN; BStBl II 73, 395; BStBl II 82, 387; BFH/NV 95, 103.
16 BFH BStBl II 02, 460.
17 Vgl *Kanzler* DStZ 96, 117; *Westerfelhaus* DB 97, 2033; FG D'dorf EFG 98, 1681.

264 Der **tatsächliche Wert** des Anteils ist aus dem Unternehmenswert abzuleiten. Dabei sind alle stillen Reserven einschl eines Geschäftswertes aufzudecken. Die Gewinnerwartungen schlagen sich im Geschäftswert nieder. Der Unternehmenswert ist sodann nach Maßgabe der Kapitalanteile und hinsichtlich der stillen Reserven nach Maßgabe des Gewinnverteilungsschlüssels[1] auf die G'ter zu verteilen. Für die Gewinnverteilung bis zur Höhe einer Durchschnittsrendite von 15 % ist auf den zu erwartenden (Rest-)Gewinn (nach Vorwegberücksichtigung angemessener Tätigkeitsvorabvergütungen[2]) abzustellen. Erweist sich die Prognose als unzutr, ist dies unschädlich.[3] De facto kann bei diesem Vorgehen wegen der Berücksichtigung zukünftiger Gewinnerwartungen im Geschäftswert und der Verteilung nach dem Gewinnverteilungsschlüssel eine unangemessene Gewinnverteilung praktisch nur dann vorkommen, wenn entweder die Tätigkeitsvorabvergütungen nicht zutr berücksichtigt werden oder die Gewinnverteilung völlig unproportional zu den buchmäßigen Kapitalanteilen ist. Die schenkweise Einräumung einer Unterbeteiligung mit quotaler Gewinnberechtigung in einer Fremd-KG ist anzuerkennen.[4]

D. Gewinnermittlung und -verteilung bei Mitunternehmerschaften

Literatur: *Gschwendtner* Sondervergütungen und sonstige Sonderbetriebseinnahmen bei mittelbaren Leistungsbeziehungen, DStR 05, 771; *Söffing* Zur Rechtfertigung von Sonderbetriebsvermögen II, DStR 03, 1105; *Tiedtke/Hils* Das Sonderbetriebsvermögen nach dem StEntlG 99/00/02, DStZ 04, 482.

I. Grundlagen. – 1. Zweistufige Gewinnermittlung – Gesellschaftsgewinn und Sondergewinne.
300 **– a) Gewinnanteil und Sondervergütungen.** Nach § 15 I 2 bestehen die gewerblichen Einkünfte des MU'ers aus seinem **Gewinnanteil** (am Gewinn der Ges) **und den** (von der Ges bezogenen) **Sondervergütungen.** Dabei handelt es sich um Vergütungen der Ges für vom MU'er an die Ges erbrachte Leistungen in Form von a) **Dienstleistungen,** b) Kapitalüberlassung (**Darlehensgewährung**) und c) **Nutzungsüberlassung** von WG (Miete, Pacht). Die als MU'er erzielten gewerblichen Einkünfte setzen sich schon nach dem Wortlaut des § 15 I 2 insoweit aus **2 Einzelkomponenten**[5] zusammen, einmal aus seinem Anteil an dem gemeinsam mit den anderen MU'ern erwirtschafteten Gewinn/Verlust und zum anderen aus den allein erwirtschafteten Sondervergütungen.

301 Zur Bestimmung des **Gewinnanteils** bedarf es zunächst einer Ermittlung des Gesellschaftsgewinnes. Diese **Gewinnermittlung erster Stufe** erfolgt bei Bestehen einer Buchführungspflicht durch BV-Vergleich gem §§ 4 I, 5 I. Dabei sind ausschließlich die WG **und Schulden des Gesellschaftsvermögens** sowie Entnahmen und Einlagen aus dem bzw in das Gesellschaftsvermögen zu berücksichtigen. Entspr sind bei einer Gewinnermittlung nach § 4 III nur Zuflüsse (BE) und Abflüsse (BA) zum bzw vom Gesellschaftsvermögen zu berücksichtigen. Gesellschaftsvermögen ist bei Außengesellschaften das **Gesamthandsvermögen**, bei der stillen Ges und anderen Innengesellschaften das für gemeinsame Rechnung geführte Vermögen des nach außen hin tätigen Unternehmers, bei der atypischen Unterbeteiligung ist es der vom Hauptbeteiligten gehaltene (Ges-) Anteil (am Gesellschaftsvermögen). Aus dem so ermittelten **Gesellschaftsgewinn** wird der **Gewinnanteil des MU'ers** anhand der gesellschaftsvertraglich bestimmten Gewinnverteilung bestimmt (oder in Ermangelung einer solchen nach dem gesetzlichen Gewinnverteilungsschlüssel, vgl §§ 722 BGB, 121, 168, 231 HGB). § 15 I 2 folgt hinsichtlich der Technik der Gewinnermittlung und Gewinnverteilung völlig den handelsrechtlichen Regelungen,[6] vgl § 120 HGB. Die **Steuerbilanz der Ges** ist eine unter Beachtung der Maßgeblichkeit aus der HB abgeleitete Bilanz. Soweit nach Handelsrecht die Ges ein voll-kfm Gewerbe betreibt (OHG und KG), ist auch die **konkrete Maßgeblichkeit** des § 5 I 2 zu beachten. Daher ist für die Gesellschaftsbilanz eine **Einheitsbilanz** möglich und wird auch regelmäßig so zumindest im mittelständischen Bereich erstellt.

302 Die **Sondervergütungen** sind **in der (HB und Steuerbilanz) Gesellschaftsbilanz** als **Aufwand** zu behandeln. Je nach Sachverhalt handelt es sich um sofort abzugsfähigen betrieblichen **Aufwand** oder um aktivierungspflichtigen **Herstellungsaufwand**,[7] ausnahmsweise auch um Anschaffungskos-

---

1 Vgl BFH BStBl II 02, 460 (Anteil an stillen Reserven und Geschäftswert!); aA wohl FinVerw StEK EStG § 15 Nr 75 (Kapitalanteile ohne stille Reserven).
2 BFH/NV 86, 327.
3 BFH BStBl II 73, 489; BFH/NV 95, 103; BFH/NV 92, 452.
4 BFH BStBl II 02, 460.
5 K/S/M § 15 Rn E 1 f.
6 K/S/M § 15 Rn E 3.
7 BFH BStBl II 96, 427; BStBl II 87, 553; BStBl II 79, 763.

ten (s Rn 393).¹ Soweit die Zahlung noch aussteht, sind **Fremdverbindlichkeiten** auszuweisen. Aus § 15 I 2 ergibt sich insoweit aber, dass die Sondervergütungen beim G'ter zu seinen gewerblichen Einkünften gehören. Als solche sind sie in einer **zweiten Gewinnermittlungsstufe für den MU'er** zu erfassen. IErg vermindern Sondervergütungen daher nicht die gewerblichen Einkünfte aller MU'er, sondern führen lediglich zu einer anderen Verteilung. Sie mindern als BA anteilig die Einkünfte aller MU'er und erhöhen als BE allein die Einkünfte des betr MU'ers. Da für die **Gewerbeertragsteuer** die gewerblichen Einkünfte aller MU'er der betr Ges² einschl der Sondervergütungen maßgebend sind,³ **mindern Sondervergütungen nicht den Gewerbeertrag**. Darin besteht einer der gravierendsten rechtsformabhängigen Besteuerungsunterschiede zw der KapGes und der PersGes.

b) Sondervergütungen, Sonder-BA und Sonder-BV. Mit den Sondervergütungen zusammenhängende Aufwendungen, die den MU'er allein treffen, stellen ihrerseits, da betrieblich veranlasst, BA dar, § 15 I 2 Alt 2 (Sondervergütungen) iVm § 4 IV. Da sie nicht die Gesamtheit der G'ter betreffen, werden sie als **Sonder-BA** bezeichnet. In die Gewinnermittlung der 2. Stufe sind daher neben den Sondervergütungen auch die Sonder-BA einzubeziehen. Soweit Sondervergütungen und Sonder-BA aus der Nutzungsüberlassung von WG oder der Darlehensgewährung resultieren, sind auch die zugrunde liegenden WG bzw die Darlehensforderung als **(Sonder)-BV** des MU'ers bei der Ges anzusehen. Dies folgt schlicht daraus, dass das Gesetz die Sondervergütungen zu den gewerblichen Einkünften rechnet und daher auch die den Sondervergütungen zugrundeliegenden WG gewerbliches BV sein müssen. Sie dienen der Erzielung gewerblicher Einkünfte.⁴ Die Bedeutung dieser Einbeziehung in das BV liegt darin, dass dann auch Veräußerungserfolge aus der Veräußerung der WG des Sonder-BV zum Gewinn aus GewBetr gehören. **303**

c) Weitere Sonder-BE, Sonder-BA und Sonder-BV. Der MU'er kann als G'ter seiner Ges auch WG zur **Nutzung** überlassen, ihr **Dienste** erbringen oder ihr unverzinsliche **Darlehen** gewähren, **ohne** dafür ein **gesondertes Entgelt** zu verlangen. Gesellschaftsrechtlich liegen dann, falls so im Gesellschaftsvertrag vereinbart, **gesellschaftsrechtliche** Beitragsleistungen vor. Solche **Beiträge** können auch ohne vertragliche Verpflichtung zur Förderung des Gesellschaftszweckes erbracht werden. Handelsbilanziell handelt es sich dabei nicht um das Eigenkapital erhöhende Einlagen. Vielmehr schlagen sich diese Beiträge bilanziell dadurch im Gewinn der Ges nieder, dass entspr Aufwendungen erspart werden. Der handelsbilanzielle **Jahresüberschuss** wird gerade **nicht** um **Einlagen** korrigiert. **304**

Steuerbilanziell liegen ebenfalls **keine Einlagen** vor, so dass auch hier der Steuerbilanzgewinn nicht zu korrigieren ist.⁵ Die unentgeltlich erbrachten **Beitragsleistungen** dienen dem G'ter dazu, den Gewinn der Ges und damit seinen **Gewinnanteil** zu erhöhen. Daraus folgt zunächst einmal, dass dadurch veranlasste Aufwendungen nach § 15 I 2 Alt 1 (Gewinnanteil) iVm § 4 IV **(Sonder)-BA** des G'ters sind. Sie sind daher in die Gewinnermittlung der 2. Stufe einzubeziehen. Da insoweit auch die zugrunde liegenden WG dem MU'er zur Erzielung seines Gewinnanteiles dienen, stellen auch sie **(Sonder)-BV** dar.⁶ Zum **(notwendigen) Sonder-BV** gehören daher alle **positiven und negativen WG (Schulden) des G'ters/MU'ers**, die ihm zur Erzielung seines Gewinnanteils oder seiner Sondervergütungen dienen.⁷ **305**

Rspr⁸ und die ihr folgende Literatur⁹ unterscheiden insoweit zw **Sonder-BV I** und Sonder-BV II. Zum Sonder-BV I werden alle WG gezählt, die der G'ter unmittelbar seiner Ges, sei es entgeltlich, sei es unentgeltlich, **zur Nutzung** überlässt oder die sonst unmittelbar dem Betrieb der PersGes dienen. Zum **Sonder-BV II** sollen hingegen diejenigen WG gehören, die zwar nicht von der Ges **306**

---

1 BFH BStBl II 01, 717 (Eigenkapitalprovisionen an Anlegerkommanditisten bei gewerblich geprägtem Immobilienfonds).
2 Zur Berücksichtigung von § 8b VI KStG und § 3 Nr 40 EStG bei Beteiligung von KapG und nat Pers als MU'er für die Ermittlung des stpfl Gewerbeertrags vgl BFH BStBl II 07, 279 und dem jetzt folgend BMF BStBl I 07, 302 gegen BMF BStBl I 2003, 292 Tz 57. Soweit der BFH aaO die Kürzung nach § 8b V auch bei Beteiligungen an Drittstaatenkapitalgesellschaften für offenkundig gegen die Kapitalverkehrsfreiheit verstoßend ansieht, steht dies im Widerspruch zur Rspr des EuGH, EuGH v 6.11.07 – RsC 415/06 [Stahlwerk Ergste Westig].
3 Ganz zutr hM vgl BFH GrS BStBl II 93, 616; GewStR 39 II; **aA** *Schön* DStR 93, 185;
4 Nahezu allg Meinung, statt vieler BFH GrS BStBl II 93, 616; *K/S/M* § 15 Rn E 9, 12, 15, 57; **aA** *Knobbe-Keuk* StuW 74, 32; *Kruse* DStJG 2 (1979), 37; *Schön* DStR 93, 185; *Tiedtke/Hils* DStZ 04, 482 (für Sonder-BV II).
5 BFH GrS BStBl II 88, 348.
6 Vgl insoweit *Schön* DStR 93, 185.
7 *K/S/M* § 15 Rn E 17, 57 f; *Raupach* DStZ 92, 692.
8 Statt vieler BFH BStBl II 98, 104; BStBl II 99, 714; BStBl II 94, 250.
9 Statt vieler *Schmidt*²⁶ § 15 Rn 506f; *Lang* FS Schmidt, 1993, S 291.

genutzt werden, aber gleichwohl dem MU'er zur **Begr** oder **Stärkung** seiner **Beteiligung** dienen. Die Unterscheidung ist ohne Erkenntniswert und eher verwirrend. Sie erklärt sich allein daraus, dass bei Sonder-BV I die Zugehörigkeit zum notwendigen BV unzweifelh ist, während gerade häufig str ist, ob WG des G'ters seiner Beteiligung dienen und daher zum notwendigen BV gehören (Rn 406f).

307 **2. Sonderbilanzen. – a) Sonderbilanzen für die Gewinnermittlung, Maßgeblichkeit.** Die Gewinnermittlung auf der 2. Stufe (Sondergewinnermittlung für den jeweiligen MU'er) erfolgt getrennt von der Gewinnermittlung des Gesellschaftsgewinnes. Weder dürfen in der **Handels- noch Steuerbilanz der Ges** die dem G'ter gehörenden Vermögensgegenstände/seine Schulden noch die ihm allein zuzurechnenden positiven oder negativen WG (des Sonder-BV) ausgewiesen werden. Korrespondierend dürfen in der GuV der Ges die Sondervergütungen, andere Sonderbetriebserträge und Sonderaufwendungen nicht ausgewiesen werden. Allein dies ermöglicht auch die Aufstellung von **Einheitsbilanzen.** Für das Sonder-BV und die Sonderbetriebserträge sowie Sonderbetriebsaufwendungen sind jeweils **gesonderte Sonderbilanzen** und Sonder-GuV aufzustellen.

308 Die **Gewinnermittlung** für den Gesellschaftsbereich und die Sonderbereiche hat nach **einheitlichen Prinzipien** zu erfolgen. Denn ungeachtet der Trennung von Gesellschaftsvermögen und Sonder-BV wird **nur ein einheitlicher GewBetr** von den MU'ern betrieben. Die Sonderbereiche stellen keine eigenen GewBetr der MU'er dar. Soweit nach §§ 140, 141 AO **Bilanzierungspflicht** besteht, ist der Gewinn daher sowohl im Gesellschaftsbereich als auch in den Sonderbereichen der MU'er einheitlich durch **BV-Vergleich** nach §§ 4 I, 5 I zu ermitteln. Eine isolierte Gewinnermittlung nach § 4 III nur für die Sonderbereiche ist unzulässig.[1] Danach besteht **Bilanzierungspflicht** nach §§ 4 I, 5 I zwingend bei der **OHG und KG** gem § 140 AO iVm § 238 HGB und iÜ nach **§ 141 AO**, soweit die dortigen Gewinn- und Umsatzgrenzen überschritten werden. Dafür ist auf die **Addition des Gesellschaftsgewinnes und der Sondergewinne** der MU'er abzustellen.[2] Soweit danach keine Bilanzierungspflicht besteht und auch nicht freiwillig Bücher geführt werden, ist der Gewinn einheitlich nach § 4 III durch Überschussrechnung zu ermitteln. Aus der einheitlichen Bilanzierungspflicht für den Ges- und Sonderbereich folgt, dass **Sondervergütungen periodisch** in demselben Wj zu erfassen sind, in dem sie in der Steuerbilanz der Ges als sofortiger oder Herstellungsaufwand zu erfassen sind.[3]

309 **Str** ist allerdings, **wer** für den Sonderbereich die **Buchführungspflicht zu erfüllen** hat. Nach Auffassung der Rspr soll die MU'schaft zumindest formell auch für die Sonderbereiche (und Ergänzungsbereiche) der MU'er zuständig sein.[4] Dies hat Bedeutung vor allem, soweit gewillkürtes Sonder-BV nur bei Bilanzierung anzuerkennen ist oder die Ausübung von Wahlrechten durch Bilanzierung kenntlich wird. Der Auffassung der Rspr ist nicht zu folgen. Sowohl die Erklärungs- als auch die Buchführungspflichten sind von dem allein materiell betroffenen MU'er[5] auch formell zu erfüllen. Dabei kann er sich allerdings – auch durch den Geschäftsführer – vertreten lassen.[6] Die Rspr erkennt richtigerweise allerdings ausdrücklich an, dass über etwaige Wahlrechte einschließlich der Bildung gewillkürten Sonder-BV materiell die Entscheidung nur vom betroffenen G'ter selbst zu treffen ist, beharrt aber darauf, dass die Sonderbilanz formell von der MU'schaft (von der Geschäftsführung?) unter Beachtung der Entscheidung des betroffenen MU'ers aufzustellen sei. Für eine derartige Beachtung soll eine (widerlegbare) Vermutung bei nicht ausgeschiedenen G'tern bestehen.[7]

310 Soweit handelsrechtlich für die **Personenhandelsgesellschaft** nach § 238 HGB Buchführungspflicht besteht, ist im Gesellschaftsbereich die abstrakte und die konkrete **Maßgeblichkeit** zu beachten. Für den **Sonderbereich** gilt die **abstrakte Maßgeblichkeit nach § 5 I 1** ebenfalls. Allerdings kommt die konkrete Maßgeblichkeit nicht in Betracht, soweit für die im Sonderbereich bilanzierten WG des Sonder-BV keine Buchführungspflicht besteht. Dies trifft dann zu, wenn diese WG nicht zu einem eigenen Handelsgewerbe des MU'ers gehören. Hier kommt mangels handelsrechtlicher Buchfüh-

---

1 BFH BStBl II 95, 246; BStBl II 92, 797; *K/S/M* § 15 Rn E 11; **aA** *Knobbe-Keuk*[9] § 11 I.
2 *K/S/M* § 15 Rn E 92f.
3 BFH GrS BStBl II 91, 691; BFH BStBl II 96, 219 und 427; *K/S/M* § 15 Rn 350.
4 BFH BStBl II 06, 418; BFH v 25.3.04 – IV R 49/02, BFH/NV 04, 1247; BFH BStBl II 91, 401; BStBl II 92, 797; vgl aber BStBl II 93, 21 und BStBl II 96, 568.
5 Dazu BFH BStBl II 96, 568.
6 *K/S/M* § 15 Rn E 92f; *Rose* FS Moxter, 1994, S 1089; *H/H/Sp* AO Tz 20 vor § 140.
7 BFH BStBl II 06, 418 (nachträgliche Bildung einer Rücklage nach § 6b in Sonderbilanz für ausgeschiedenen Gesellschafter für veräußertes Sonder-BV).

rung durch den MU'er eine konkrete Maßgeblichkeit nicht in Betracht. Nach wohl hM soll dies allerdings auch gelten, wenn die Vermögensgegenstände/WG zu einem eigenen Handelsgewerbe des MU'ers gehören,[1] zB bei Beteiligung einer KapG als MU'er an einer PersGes. Dies wird daraus abgeleitet, dass auch in diesen Fällen die Zugehörigkeit zum Sonder-BV den Vorrang vor der Zugehörigkeit zum eigenen GewBetr genießt (Rn 389). Daher sollen die entspr WG zwar in der eigenen HB, nicht aber in der daraus abgeleiteten Steuerbilanz zu bilanzieren sein, sondern eben nur in der Sonderbilanz.[2] Diese aber sei lediglich eine Steuerbilanz ohne korrespondierende HB. Dem ist nicht zu folgen. Vielmehr gilt insoweit auch im **Verhältnis HB und Steuer-(Sonder-)Bilanz** die **konkrete Maßgeblichkeit nach § 5 I 2**.[3] Daher kann von originär steuerrechtlichen Wahlrechten, etwa nach § 6b oder für die RfE, auch im Sonderbereich nur dann Gebrauch gemacht werden, wenn in der eigenen HB im Rahmen der handelsrechtlichen Öffnungsklauseln, §§ 247 III, 254, 273, 279 II, 280 II HGB, die **sog umgekehrte Maßgeblichkeit** beachtet wird.

b) Additive Gewinnermittlung. Die gewerblichen Einkünfte eines MU'ers aus seiner Beteiligung ergeben sich aus der Addition seines Gewinnanteils zuzüglich des von ihm erzielten Sondergewinnes. Dies bringt bereits das Gesetz in § 15 I 2 deutlich zum Ausdruck, indem es dem MU'er seinen „**Gewinnanteil**" **und** seine **(Sonder-)Vergütungen** als gewerbliche Einkünfte zurechnet. Einer Zusammenfassung des Gewinnes der PersGes (= Gewinnanteile aller MU'er) und der Sondergewinne aller MU'er zu einem **Gesamtgewinn der MU'schaft** bedarf es für die ESt und KSt nicht, da die PersGes selbst kein Steuersubjekt ist.

311

Eine derartige Addition zu einem Gesamtgewinn der MU'schaft ist allerdings für **Zwecke der GewSt** erforderlich, weil hier **nur ein einheitlicher GewBetr** für Rechnung aller MU'er, § 5 I 2 GewStG, betrieben wird und weil die **PersGes insoweit Steuerschuldner ist**, § 5 I 3 GewStG. Auch hier sind jedoch die MU'er die StPfl und die Steuersubjekte und nicht die PersGes.[4] Der **Gewerbeertrag** nach § 7 umfasst sowohl die Gewinnanteile aller G'ter als auch die Sondergewinne der MU'er. Nur für die GewSt ist es daher sinnvoll von einem Gesamtgewinn der MU'schaft zu sprechen, der die Ausgangsgröße für den Gewerbeertrag darstellt. **Lediglich verfahrensrechtlich** wird nach §§ 180 I 2a, 179 AO als Zwischengröße auch der Gesamtgewinn der MU'schaft einheitlich und gesondert festgestellt, aber nur zu dem Ziel, diesen dann auf die MU'er als Steuersubjekt zu verteilen. Sowohl zur Ermittlung des Gesamtgewinnes der MU'schaft (als Zwischengröße und für den Gewerbeertrag) als auch der gewerblichen Einkünfte des einzelnen MU'ers bedarf es lediglich einer **additiven Gewinnermittlung**.[5] Die von *Döllerer*[6] in Anlehnung an Vorstellungen der Konzernrechnungslegung entwickelte **konsolidierte Gesamtbilanz** und deren Weiterentwicklung zur **strukturierten Gesamtbilanz** durch *Uelner*[7] stellen überflüssige Umwege dar, weil es gerade nicht darum geht, für ein Steuersubjekt MU'schaft dessen konsolidierte Einkünfte zu ermitteln.[8]

312

c) Korrespondierende Bilanzierung. Die Gedanken von Döllerer und Uelner über eine Zusammenfassung der Ergebnisse aus der Gesellschaftsbilanz und den Sonderbilanzen durch Konsolidierung und anschließende Strukturierung werden in ihrer materiellen Bedeutung jedoch durch die von Rspr[9] und hL[10] vertretene Ansicht der **additiven Gewinnermittlung mit korrespondierender Bilanzierung** aufgenommen. Danach sollen zwar für die **Bilanzierung im Sonderbereich** grds die materiellen Grundsätze ordnungsgem Buchführung nach § 5 I gelten, aber für Forderungen nach § 15 I 2 Alt 2 **(Sondervergütungen)** soll letztlich eine Konsolidierung durch Anwendung des **Grundsatzes korrespondierender Bilanzierung** erfolgen. Daraus wird – iErg zutr – einerseits abgeleitet, dass **Sondervergütungen zeit- und betragsgleich** in der Gesellschaftsbilanz (als Aufwand/Verbindlichkeit/Rückstellung) und in der Sonderbilanz (als Ertrag, Forderung/Aktivposten) zu erfassen seien. Zugleich wird daraus aber auch abgeleitet, dass insoweit für die Sonderbilanz das **Imparitätsprinzip** außer Kraft gesetzt sei. Daher soll etwa eine **Teilwertabschreibung auf Darlehensforderun-**

313

---

1 *K/S/M* § 5 Rn B 153; *Schmidt*[26] § 15 Rn 475; evtl BFH BStBl II 92, 958 und BStBl II 89, 881 (beide Sachverhalte betreffen allerdings nicht buchführungspflichtige MU'er!); *Schön* FR 94, 658; *Wassermeyer* DStJG 14 (1991), 29; vgl aber BStBl II 79, 750.
2 *Schmidt*[26] § 15 Rn 544.
3 *K/S/M* § 15 Rn E 11, 344 f.
4 *K/S/M* § 15 Rn E 81 f.
5 BFH GrS BStBl II 91, 691; *K/S/M* § 15 Rn E 62 f; *Gschwendtner* DStR 95, 914.
6 DStZ 83, 173.
7 JbFfSt 79/80, 338.
8 *K/S/M* § 15 Rn 62f.
9 BFHE 184, 571; BFH BStBl II 96, 219; BStBl II 93, 792; BStBl II 93, 714.
10 *Schmidt*[26] § 15 Rn 404; *Gschwendtner* DStZ 98, 777; *Gosch* DStZ 94, 193; *Lang* FS Schmidt, 1993, S 291; *Groh* StuW 95, 383.

gen gegen die Ges wegen des Ausfallrisikos[1] oder wechselkursbedingt[2] vor Vollbeendigung der Ges nicht möglich sein. Konsequenterweise werden auch **Rückstellungen in der Sonderbilanz** wegen drohender Inanspruchnahme aus **persönlicher Haftung oder Bürgschaft**[3] nicht zugelassen. Dem liegt die Auffassung zugrunde, dass Forderungen des G'ters gegen die Ges aus Sondervergütungen, Darlehen, **Ausgleichsansprüchen** sowie Aufwendungsersatz wegen Geschäftsführung für die Ges nach §§ 675, 670 BGB, § 110 HGB (Sozialanspr) sich **in der Gesamtbilanz der MU'schaft in „Eigenkapital"** verwandeln und dieses nicht abgeschrieben werden könne. Ein etwaiger Verlust könne insoweit erst bei Vollbeendigung der Ges berücksichtigt werden[4] (s aber Rn 404).

314 Demgegenüber wird im Schrifttum teilw vertreten, dass für die Sonderbilanzen uneingeschränkt die allg Bilanzierungsprinzipien auch auf den von § 15 I 2 erfassten Bereich anzuwenden seien (**additive Gewinnermittlung ohne korrespondierende Bilanzierung**)[5] oder das **Korrespondenzprinzip eingeschränkt** nur auf die Sondervergütungen[6] selbst anzuwenden sei. Richtigerweise lässt sich aus § 15 I 2 lediglich ableiten, dass die Gewinnermittlung für den Gesellschaftsbereich und die Sonderbereiche nach demselben Prinzip erfolgen muss, dh entweder insgesamt durch Bilanzierung nach §§ 4 I, 5 I oder durch Überschussrechnung nach § 4 III. Daher ergibt sich, wie die Rspr verlangt, eine periodengleiche Erfassung im Ges- und Sonderbereich schon nach allg Bilanzierungsprinzipien. Dies gilt auch für die umstrittenen Pensionsrückstellungen (Rn 395).

315 Hinsichtlich des **Imparitätsprinzip**es bedarf es iErg allerdings einer **Modifikation** wegen der fehlenden Steuersubjektqualität der PersGes. Es kann – ungeachtet der Verselbstständigung der Vermögensmasse des Gesellschaftsvermögens – nicht in Betracht kommen, dass der MU'er temporär Verluste aus dem Sonderbereich geltend machen kann, soweit diesen auf ihn anteilig entfallende Gewinne im Gesellschaftsbereich zwingend entsprechen müssen. Denn der MU'er soll nach seiner Leistungsfähigkeit besteuert werden. Diese aber ist auch nicht temporär gemindert, soweit Verlusten im Sonderbereich anteilig zwingend Gewinne im Gesellschaftsbereich entsprechen müssen. Dies ist aber kein Sonderproblem der korrespondierenden Bilanzierung im Sonderbereich, sondern gilt gleichermaßen auch im Verhältnis zu einem eigenen GewBetr des MU'ers. Daher scheidet eine Teilwertabschreibung, soweit nach § 6 I 1 und 2 überhaupt noch zulässig, jedenfalls in der Höhe aus, in der der MU'er am Gewinn der PersGes beteiligt ist. Darüber hinausgehend sollte eine Teilwertabschreibung wegen Ausfallrisikos auch immer dann ausscheiden, wenn der MU'er bei der PersGes über ein negatives Kapitalkonto in gleicher oder höherer Höhe verfügt.[7] Denn insoweit ist er entweder ausgleichsverpflichtet, oder aber ihm wäre bei Auflösung der Ges ein entspr Gewinn zuzurechnen. Umgekehrt verbietet sich auch, eine gewinnmindernde Teilwertabschreibung für eine Forderung gegen den G'ter anzuerkennen, soweit dieser in der Ges über ein positives Kapitalkonto verfügt. Auch darüber hinausgehend darf ihm insoweit nicht anteilig ein Verlust zugerechnet werden.

II. Ergänzungsbilanzen/Ergänzungsbereich. – Literatur: *Ley* Ergänzungsbilanzen beim Erwerb von Personengesellschaftsanteilen, KÖSDI 01, 12982; *Mayer* Steuerbilanzielle Behandlung von Mehrwerten einer Beteiligung an doppelstöckigen Personengesellschaften, DB 03, 2034; *Paus* Neue Ergänzungsbilanzen bei Übertragung einzelner Wirtschaftsgüter, FR 03, 59; *Schoor* Aufstellung und Fortentwicklung von Ergänzungsbilanzen, StBp 06, 212, 255.

316 **1. Anwendungsbereich. Ergänzungsbilanzen** (oder Ergänzungsrechnungen bei einer Gewinnermittlung nach § 4 III) sind erforderlich, wenn sich vom G'ter getragene Mehr- oder Wenigeraufwendungen in seinem in der Gesellschaftsbilanz ausgewiesenen Kapitalanteil nicht niedergeschlagen haben bzw in einer Gesamthandsüberschussrechnung nicht berücksichtigt werden können. Die Berücksichtigung dieser Mehr- oder Minderaufwendungen ist spätestens erforderlich, wenn der Gesellschaftsanteil veräußert wird oder der G'ter ausscheidet oder wenn die Ges aufgelöst und beendet wird, § 16 I 2, 16 III. Denn spätestens dann müssen zur Errechnung des Veräußerungsgewinnes bzw Aufgabegewinnes nach § 16 II alle vom G'ter getätigten Aufwendungen im Wert des Anteils am BV berücksichtigt werden. Richtigerweise sind die Mehr- oder Minderaufwendungen

---

1 BFH BStBl II 93, 594.
2 BFH BStBl II 93, 714.
3 BFH BStBl II 89, 881; BStBl II 91, 94.
4 BFH/NV 07, 1489 (auch bei Bürgschaft des G'ters der Obergesellschaft für Verbindlichkeit der Untergesellschaft); BFH BStBl II 96, 226; BFH/NV 05, 1523; BFH/NV 03, 1490 mwN.
5 *Knobbe-Keuk*[9] § 11 V; *Thiel* StuW 84, 104; *Kusterer* DStR 93, 1209.
6 *Sieker* Eigenkapital, S 81f; *Raupach* DStZ 92, 692.
7 *K/S/M* § 15 Rn E 78f.

aber nicht erst bei Beendigung des mitunternehmerischen Engagements zu berücksichtigen, sondern schon bei der laufenden Gewinnermittlung.[1]

Ergänzungsbilanzen finden Anwendung: a) bei der **entgeltlichen Veräußerung eines MU'anteils, § 16 I 2** oder 16 I 3[2] **für den Erwerber;** b) bei der **Einbringung eines Betriebes**, Teilbetriebes oder MU'anteils in **eine PersGes, § 24 UmwStG** und eines MU'anteils in eine KapGes, § 20 UmwStG (s Rn 328f); c) bei der **Umwandlung einer KapGes in eine PersGes, §§ 2ff UmwStG** (s Rn 332f); d) bei der Übertragung von EinzelWG auf eine MU'schaft (Rn 453f) und e) bei der **Inanspruchnahme persönlicher Steuervergünstigungen durch einzelne G'ter** (s Rn 334). Gesetzlich erwähnt werden sie ausdrücklich in § 24 UmwStG und § 6 V 4. 317

2. Entgeltlicher Erwerb eines Mitunternehmeranteils. – a) Bildung der Ergänzungsbilanz. Beim **entgeltlichen Erwerb eines Gesellschaftsanteiles** werden in einer Ergänzungsbilanz die **Mehr- oder Minderaufwendungen des Erwerbers** gegenüber dem buchmäßigen Kapitalanteil (Kapitalkonto) des Veräußerers in einer **positiven (Mehraufwand) oder negativen (Minderaufwand) Ergänzungsbilanz** erfasst. 319

Beim **unentgeltlichen Erwerb** ergibt sich dafür wegen der zwingend angeordneten **Buchwertfortführung** nach § 6 III 2 keine Notwendigkeit.[3] Der Erwerber tritt insoweit hinsichtlich der von ihm zu verrechnenden Aufwendungen voll in die Rechtsstellung des Übertragenden ein. Dessen Aufwendungen drücken sich bereits im in der Gesellschaftsbilanz vom Erwerber fortzuführenden Kapitalanteil aus. 320

Mehraufwendungen werden in der Ergänzungsbilanz nach Maßgabe der entspr dem Gewinnverteilungsschlüssel anteilig auf den Erwerber entfallenden **stillen Reserven auf** die WG **des Gesellschaftsvermögens** verteilt einschl nicht bilanzierter **immaterieller WG** und eines **Firmenwertes** (Aktivseite)[4] und auf der Passivseite wird ein positives Ergänzungskapital ausgewiesen. Nicht restlos geklärt ist, ob zunächst die Mehraufwendungen auf die bilanzierten WG, sodann auf die nicht bilanzierten immateriellen WG und erst zum Schluss auf einen Firmenwert zu verteilen sind (sog **Stufentheorie**).[5] Richtigerweise hat die Verteilung unabhängig von einer Bilanzierung gleichmäßig nach dem Verhältnis der Teilwerte zu erfolgen.[6] Wegen der Schwierigkeiten der Ermittlung eines Firmenwertes und dessen üblicher Behandlung als Residualgröße erscheint allerdings im Interesse der Objektivierung zutr, nur einen verbleibenden Restbetrag auf den Firmenwert zu verteilen **(modifizierte Stufentheorie)**.[7] Soweit feststeht, dass der Mehraufwand die anteilig auf den Erwerber entfallenden stillen Reserven übersteigt (für deren Vorhandensein spricht eine Vermutung)[8] – de facto dürfte dies nur beim Erwerb durch einen oder die Mit-G'ter in Betracht kommen, wenn dadurch ein **lästiger G'ter**[9] zum Ausscheiden veranlasst wird –, liegt sofort abzugsfähiger Betriebsaufwand vor. Entgegen der Rspr handelt es sich aber nicht um Sonderbetriebsaufwand,[10] sondern um Aufwand im Ergänzungsbereich.[11] 321

Bei **Minderaufwendungen** erfolgt (auf der Passivseite der Ergänzungsbilanz) eine Zuordnung zu den WG des Gesellschaftsvermögens durch „Abstockung".[12] Diese hat, sofern nicht im Einzelfall nachweisbar ist, dass der Minderpreis wegen einer Wertminderung bestimmter WG erfolgte, verteilt auf alle WG des Anlage- und Umlaufvermögens zu erfolgen. Allerdings scheiden Geldbestände für eine Abstockung aus.[13] Ebenfalls kommt keine Verteilung auf Verbindlichkeiten und Rückstellungen durch „Aufstockung" in Betracht.[14] Ungeklärt ist, nach welchem Maßstab die Abstockungen auf die WG zu verteilen sind (Buchwerte oder Teilwerte?).[15] Der Ausweis eines **negativen** 322

---

1 Nahezu allg Meinung, vgl BFH BStBl II 06, 847; BFH BStBl II 96, 68; *Schmidt*[26] § 15 Rn 462; *K/S/M* § 15 Rn E 250; **aA** *Marx* StuW 94, 191.
2 So zutr *Glanegger* DStR 04, 1686 gegen FG Mchn EFG 03, 1691 (s Rn 505).
3 BFH BStBl II 99, 269.
4 BFH BStBl II 94, 745.
5 BFH BStBl II 79, 302; BStBl II 84, 747.
6 BFH BStBl II 94, 458; *Siegel* DStR 91, 1230.
7 BFH BStBl II 95, 246; BMF BStBl I 98, 268 Tz 22.08, 24.04 (allerdings zu §§ 20, 24 UmwStG).
8 BFH BStBl II 95, 246; vgl auch BStBl II 84, 584 (vorzeitiges Ausscheiden bei Übernahmeklausel zum Buchwert).
9 BFH BStBl II 93, 706; BStBl II 92, 647; BStBl II 79, 302 (für den Fall des Ausscheidens).
10 BFH BStBl II 93, 706; BStBl II 94, 224.
11 *K/S/M* § 15 Rn E 246.
12 BFH BStBl II 95, 770 und 831.
13 BFH BStBl II 98, 180.
14 BFH BStBl II 98, 180; *K/S/M* § 15 Rn E 258; **aA** *Weber-Grellet* Bilanzsteuerrecht[6], 236.
15 *K/S/M* § 15 Rn E 258 (Buchwerte); *Weber-Grellet*[6], 236 (Teilwerte); vgl auch *Strahl* DStR 98, 515; *Kempf/Obermann* DB 98, 180.

Geschäftswertes soll nicht in Betracht kommen.[1] **Ein Erwerbsgewinn** scheidet, da unvereinbar mit dem Realisationsprinzip, immer aus.[2] Bei Zuzahlungen des Veräußerers (negativer Kaufpreis) ist zur notwendigen Neutralisierung des Erwerbsvorganges allerdings dann zwingend in der Ergänzungsbilanz ein passiver Ausgleichsposten anzusetzen. Problematisch ist freilich dessen (gewinnrealisierende) spätere Auflösung.[3] Richtigerweise sollte angenommen werden, dass die Auflösung entspr dem Eintritt der negativen Ergebnisse zu erfolgen hat, derenthalben die Zuzahlung erfolgte.

Anders soll es sein, wenn die Minderzahlung dem Erwerber aus „betrieblichen Gründen" zugewendet wurde.[4] Dem ist nicht zu folgen.[5] Praktisch gibt es solche teilentgeltlichen Zuwendungen „aus betrieblichen Gründen" auch nicht.[6] Vielmehr handelt es sich bei diesen Fällen regelmäßig um teilentgeltliche Erwerbe unter Buchwert, für die nach § 6 III der Erwerber in vollem Umfange den Buch- wert des Kapitalanteils fortzuführen hat.[7] Sollte es ausnahmsweise anders sein, so ist dem durch Abstockung der Buchwerte im möglichen Umfange Rechnung zu tragen und einem darüber hinaus gehenden Betrag durch Bildung eines passiven Ausgleichspostens Rechnung zu tragen. Liegt allerdings eine spezielle Risikoübernahme des Erwerbers für ein vom Veräußerer bisher zu tragendes Risiko vor, zB Übernahme von dessen Haftungsrisiken, so ist von einer sofortigen Gewinnrealisierung auszugehen, sofern nicht die Voraussetzungen vorliegen, das übernommene Risiko bereits gewinnmindernd durch eine Rückstellung (in einer Sonderbilanz für den Erwerber!) zu berücksichtigen.

323 Die **Übernahme negativer Kapitalanteile in der Gesellschaftsbilanz durch den Erwerber** führt nicht zu AK.[8] Der insoweit vorliegende Aufwand von Null durch den Erwerber drückt sich in der Ergänzungsbilanz dadurch aus, dass dort in gleicher Höhe ein **positives Ergänzungskapital** ausgewiesen wird. Soweit die Übernahme des negativen Kapitalanteils dadurch begründet ist, dass auf den Erwerber anteilige **stille Reserven** übergehen, sind diese wie bei einem Mehraufwand auf die WG des Gesellschaftsvermögens zu verteilen (Rn 319). Decken die stillen Reserven nicht den Betrag des übernommenen negativen Kapitalanteils, so entsteht **kein Erwerbsverlust**. Vielmehr ist ein **aktiver Ausgleichsposten**[9] zu bilden. Dieser ist in der Folgezeit korrespondierend zu dem dem Erwerber in der Gesellschaftsbilanz zugewiesenen Gewinnanteilen gewinnmindernd aufzulösen. Damit wird bilanztechnisch zum Ausdruck gebracht, dass bis zum Ausgleich des negativen Kapitalanteils durch die zugewiesenen Gewinnanteile vom Erwerber kein Gewinn erzielt wird, auf der anderen Seite aber die Übernahme des negativen Kapitalanteils nicht zu einem sofortigen Verlust führt.[10] Wird das negative Kapitalkonto in der Gesellschaftsbilanz durch Einlagen ausgeglichen, führt auch dies nicht zu einem sofortigen Verlust. Soweit bei Ausscheiden des Erwerbers der Ausgleichsposten noch nicht wegen zugewiesener Gewinnanteile gewinnmindernd aufgelöst wurde, tritt dann bei Ausscheiden ein Verlust ein.[11]

324 Der Bildung eines aktiven Ausgleichspostens bei Übernahme eines negativen Kapitalanteils entspricht die Bildung eines **passiven Ausgleichspostens** bei **Minderaufwendungen** und Übernahme eines positiven Kapitalkontos bei Vorhandensein **negativer Kapitalanteile der anderen G'ter**. Der Minderaufwand wird in der Ergänzungsbilanz durch den Ausweis eines negativen Ergänzungskapitals zum Ausdruck gebracht. Soweit eine Abstockung der WG nicht möglich ist (Rn 320), ist ein passiver Ausgleichsposten in der Ergänzungsbilanz zu bilden.[12] Dieser ist nach Maßgabe der dem MU'er in der Gesellschaftsbilanz zugewiesenen Verlustanteile, spätestens bei seinem Ausscheiden, gewinnerhöhend aufzulösen. Der passive Ausgleichsposten hat mit einem negativen Geschäftswert nichts zu tun,[13] soweit er seine Existenz ausschließlich dem Vorhandensein negativer Kapitalanteile

---

1 BFH BStBl II 94, 745; vgl aber BFH BStBl II 06, 656 (offen gelassen, aber jedenfalls zwingend Ausweis eines passiven Ausgleichspostens).
2 BFH BStBl II 06, 656; BStBl II 99, 269; BStBl II 98, 180; BStBl II 94, 45; vgl aber zutr anders für den irrealen Fall, dass das Gesellschaftsvermögen nur aus Geld besteht, Groh FS Klein, 1994, S 815; Siegel StuW 95, 390; vgl auch K/S/M § 15 Rn E 261.
3 Vgl BFH BStBl I 06, 656.
4 BFH BStBl II 74, 50; Schmidt[26] § 16 Rn 511.
5 Zu Recht zweifelnd BFH BStBl II 97, 241; BStBl II 95, 770.
6 K/S/M § 16 Rn C 64.
7 BFH BStBl II 95, 770.
8 BFH/NV 07,1845; BFH BStBl II 99, 266; K/S/M § 15 Rn E 248.
9 BFH BStBl II 95, 246 (VIII. Senat) geht mit demselben Ergebnis von einem außerbilanziellen „Merkposten" aus; dazu K/S/M § 15 Rn E 247.
10 BFH BStBl II 99, 266; BStBl II 99, 269; BStBl II 95, 246; BStBl II 94, 745.
11 BFH BStBl II 99, 266; BStBl II 02, 748 (dort auch zu Sanierungsgewinn).
12 BFH BStBl II 94, 745.
13 K/S/M § 15 Rn E 262 f mwN; aA ua Hoffmann DStR 94, 1762; Ernsting WPg 98, 405.

der übrigen G'ter verdankt (vgl aber Rn 322 für Zuzahlungen des Veräußerers). Damit erübrigen sich insoweit für die Steuerbilanz jegliche Spekulationen, wie ein imaginärer negativer Geschäftswert[1] aufzulösen sei.

b) Fortführung und Auflösung. Die in den Ergänzungsbilanzen ausgewiesenen **Korrekturpositionen** zum in der Gesellschaftsbilanz ausgewiesenen **Kapitalanteil** des MU'ers und zu **WG des Gesellschaftsvermögens** sind **schon während des Bestehens der MU'schaft** fortzuentwickeln. Dies gilt gleichermaßen für positive wie negative Ergänzungsbilanzen. Bei **Abgang der WG** aus dem Gesellschaftsvermögen sind die Korrekturposten in der Ergänzungsbilanz erfolgswirksam aufzulösen. Dies betrifft vor allem **die Veräußerung** von **Umlauf- und nicht abnutzbarem Anlagevermögen.** Sie führt zu zusätzlichem Aufwand (positive Ergänzungsbilanz) oder zu einer Verminderung des Aufwands (negative Ergänzungsbilanz).[2] Bei **abnutzbarem Anlagevermögen** ergeben sich **zusätzliche AfA** (positive Ergänzungsbilanz) oder eine Verminderung der Abschreibungen (negative Ergänzungsbilanz). Im Einzelnen sind Details str.[3] Bei positiven Ergänzungsbilanzen sind die aktivierten Mehraufwendungen auf die voraussichtliche Nutzungsdauer des WG abzuschreiben. Eine automatische Bindung an die Abschreibungsdauer oder die AfA-Methode in der Gesellschaftsbilanz besteht entgegen der hM[4] nicht, etwa wenn das WG bereits abgeschrieben war. **Sonderabschreibungen**, erhöhte Absetzungen usw können **nicht in Ergänzungsbilanzen** vorgenommen werden (anders bei § 24 UmwStG, Rn 331), ebenfalls nicht § 6 II.[5] **Teilwertabschreibungen** sind bei dauernder Wertminderung zulässig, soweit die in der Ergänzungsbilanz aktivierten Mehraufwendungen nicht mehr durch die anteilig auf den G'ter entfallenden stillen Reserven im WG gedeckt werden.[6] Bei **negativen Ergänzungsbilanzen** hat die **AfA-Korrektur** allerdings unter Bindung an die AfA-Methode und Nutzungsdauer in der Gesellschaftsbilanz zu erfolgen.[7]

Positive wie negative Ergänzungsbilanzen sind iÜ aufzulösen, wenn die **MU'schaft** des G'ters durch entgeltliche Veräußerung, dieser gleichgestelltes Ausscheiden gegen Abfindung oder die Beendigung der Ges **endet.** Die Auflösung erfolgt grds **erfolgswirksam** und wird bei der Höhe des Veräußerungsgewinnes nach § 16 I 2 berücksichtigt. Das **Ergänzungskapital** stellt neben dem Kapitalanteil in der Gesellschaftsbilanz den (Buch)**Wert des (Ges)Anteils am BV** iSd § 16 II dar.

Bei der **unentgeltlichen Übertragung des MU'anteils** ist vom Erwerber auch das Ergänzungskapital zum Buchwert fortzuführen, § 6 III. Bei der **Realteilung** durch Zuweisung von **BV** haben die Realteiler nunmehr zwingend die Buchwerte fortzuführen, § 16 III 2. Dabei ergeben sich die fortzuführenden Buchwerte aus der Gesellschaftsbilanz und allen (positiven wie negativen) Ergänzungsbilanzen. Das Kapital in den Eröffnungsbilanzen der Realteiler ist erfolgsneutral den fortgeführten Buchwerten anzupassen[8] (§ 16 Rn 350).

3. Einbringung in eine Personengesellschaft nach § 24 UmwStG. Bei der Einbringung eines **Betriebes, Teilbetriebes oder eines MU'anteils** gewährt § 24 UmwStG ein Wahlrecht, die eingebrachten WG in der Gesellschaftsbilanz „einschl ihrer Ergänzungsbilanzen" mit den Buchwerten (anstelle eines Teilwertansatzes) fortzuführen. Dadurch wird für den Einbringenden die Entstehung eines Veräußerungsgewinnes vermieden (§ 16 Rn 26f). Das Wahlrecht ist in der (Steuer)Bilanz der aufnehmenden PersGes einheitlich für alle eingebrachten WG auszuüben. Maßgebender Zeitpunkt ist deren Einreichung zusammen mit der Steuer(Feststellungs)erklärung. Eine Änderung der ausgeübten Wahl nach Eintritt der Bestandskraft des Gewinnfeststellungsbescheides ist eine unzulässige rückwirkende Sachverhaltsgestaltung und keine zulässige Bilanzänderung.[9]

Bei Teilwertansatz entsteht ein nach §§ 24 III UmwStG, 16 IV, 34 begünstigter Veräußerungsgewinn. Allerdings ist die Einschränkung des § 24 III 3 iVm § 16 II 3 zu beachten, wonach der Gewinn als laufender gilt, soweit der Einbringende als MU'er an der Ges beteiligt ist[10] (§ 16 Rn 33).

---

1 Dazu *Bachem* BB 95, 350; *Pickardt* DStR 97, 1095; *Siegel* StuW 95, 390; *Flies* DStZ 97, 660.
2 BFH BStBl II 96, 68; BStBl II 81, 730.
3 *K/S/M* § 15 Rn E 251, 264 mwN.
4 Vgl *Schmidt*[26] § 15 Rn 465; **aA** zutr *Niehues* StuW 02, 116.
5 *K/S/M* § 15 Rn E 251 mwN; **aA** *Schmidt*[26] § 15 Rn 468, § 16 Rn 483 f; vgl aber BFH BStBl II 06, 128 (zu Sonderabschreibungen nach dem FördG bei Erwerb sämtlicher Anteile einer mit dem Erwerb untergehenden GbR = handels- wie steuerrechtlich AK für deren WG und daher Sonderabschreibungen).
6 Vgl *Niehues* StuW 02, 116; *Ley* KÖSDI 01, 12982.
7 *K/S/M* § 15 Rn E 265.
8 BFH BStBl II 96, 70 (damals allerdings noch Wahlrecht).
9 BFH BStBl II 06, 847.
10 Dazu BMF BStBl I 98, 268 Tz 24.15 f.

330 Nach herrschender Auffassung soll § 24 UmwStG auch anwendbar sein, wenn a) ein weiterer G'ter in eine bestehende PersGes gegen Bareinlage eintritt;[1] b) wenn die Kapitaleinlagen der Alt-G'ter erhöht werden[2] oder c) wenn die Beteiligungsverhältnisse geändert werden.[3] Dem ist nicht zu folgen, denn es liegt weder zivilrechtlich noch wirtschaftlich die Einbringung eines Betriebes, Teilbetriebes oder MU'anteiles vor.[4] Es liegt vor allem keine Veräußerung von Anteilen an MU'anteilen vor, die es vermittels § 24 UmwStG zu neutralisieren gelte (§ 16 Rn 29). Zutr hatte auch der IV. Senat Zweifel angemeldet und jedenfalls auf die bloße (unentgeltliche) Beteiligungsänderung § 24 UmwStG nicht angewendet.[5]

331 Wird unter obiger Voraussetzung der Anwendbarkeit des § 24 UmwStG die **Buchwertfortführung** gewählt, kann dies technisch mit Hilfe **negativer Ergänzungsbilanzen** (Ansatz in der Gesellschaftsbilanz zum realen, von den G'tern für angemessen erachteten Wert, normalerweise Teilwert – sog **Bruttomethode**) oder durch **korrespondierende positive und negative Ergänzungsbilanzen** (Ansatz in der Gesellschaftsbilanz zu Buchwerten und Anpassung der Kapitalanteile der G'ter – sog **Nettomethode**) geschehen. Von der jeweils gewählten Technik hängt die steuerliche Behandlung nicht ab. Vielmehr führen beide Methoden steuerlich zu denselben Ergebnissen.[6] Die in den Ergänzungsbilanzen angesetzten Korrekturposten sind bei Abgang der WG erfolgswirksam aufzulösen. Für das abnutzbare Anlagevermögen sind nach § 24 IV iVm § 22 I iVm § 12 III UmwStG in vollem Umfange die **bisherigen AfA, erhöhten Absetzungen, Sonderabschreibungen**, Bewertungsfreiheiten fortzuführen.[7] Soweit demgegenüber in der Gesellschaftsbilanz höhere Abschreibungen in Anspr genommen werden, hat in der negativen Ergänzungsbilanz eine korrespondierende gewinnerhöhende Aufwandsminderung (negative Abschreibung) stattzufinden. Bei der Nettomethode werden bereits in der Gesell- schaftsbilanz die steuerlich zutr Abschreibungen verrechnet. In den positiven und negativen Ergänzungsbilanzen muss dann eine korrespondierende Auflösung erfolgen mit Zusatzaufwand in der positiven Ergänzungsbilanz und negativem Aufwand in der negativen Ergänzungsbilanz.[8]

332 4. Umwandlung auf eine Personengesellschaft. Geht das Vermögen einer **KapGes durch Umwandlung** (Verschmelzung, Auf-und Abspaltung oder Formwechsel) **auf eine PersGes** über (beim Formwechsel nur steuerlich wie Vermögensübergang), ergibt sich für die bisherigen G'ter der untergehenden KapGes ein Übernahmegewinn oder Übernahmeverlust in Höhe der Differenz zw dem auf sie übergehenden Anteil am Vermögen der PersGes und dem Buchwert der untergehenden Anteile an der KapGes, soweit die Anteile im BV gehalten wurden, es sich um einbringungsgeborene Anteile nach § 21 UmwStG aF[9] handelte oder eine Beteiligung nach § 17 vorlag. Für unter das UmwStG idF SEStEG fallende Umwandlungen ist der Umwandlungsgewinn nach § 4 V 2 zu vermindern, soweit die Bezüge nach § 7 UmwStG nF zu Einkünften aus KapVerm (Ausschüttungen) nach § 20 I 1 EStG gehören (Umwandlung gilt als Ausschüttung offener Rücklagen, dh des Eigenkapitals abzgl steuerliches Einlagekonto nach § 27 KStG inklusive umgewandelten Nennkapitals). Der Übernahmegewinn ist auf der Ebene der übernehmenden PersGes zu ermitteln, §§ 4 IV, 5 UmwStG. Er unterliegt, erhöht um einen Anrechnungsbetrag nach § 50c EStG aF, der Besteuerung, seit dem 1.1.01 nach § 4 VII UmwStG idF StSenkG allerdings bei nat Pers entspr § 3 Nr 40 nur zur Hälfte und bei Körperschaften befreit. Für Umwandlungen, die unter das UmwStG idF SEStEG fallen, ist allerdings § 8b III KStG (5 % des Veräußerungsgewinnes als nicht abzugsfähige BetrAusg) zu beachten. Ein verbleibender **Übernahmeverlust** war bis zum 1.1.01 nach § 4 VI UmwStG durch Aufstockung der WG „in der **Bilanz der PersGes einschl ihrer Ergänzungsbilanzen**" zu **neutralisieren (sog step up)**.[10] Nach § 4 VI UmwStG idF StSenkG wird ein Übernahmeverlust nicht mehr berücksichtigt; nach § 4 VI UmwStG idF SEStEG für darunter fallende Umwandlungen allerdings für nat Pers nunmehr doch wieder, allerdings begrenzt bis zur Hälfte der Bezüge, die unter § 7 UmwStG

---

[1] BFH BStBl II 06, 847 = FR 06, 874 mit Anm *Kempermann* aaO, S 882; BFH BStBl II 99, 604 u BStBl 95, 599; BMF BStBl I 98, 268 Tz 24.01.

[2] BFH BStBl II 06, 847 ; offen gelassen in BFH BStBl II 99, 604.

[3] BFH BStBl II 06, 847 – mit Anm *Kempermann* aaO, S 882; *Schmidt*[26] § 16 Rn 567; BMF BStBl I 98, 268 Tz 24.02.

[4] *K/S/M* § 16 Rn C 65 f; *Groh* DB 96, 2356; *Döllerer* DStR 85, 295.

[5] BFH BStBl II 99, 604.

[6] Vgl aber *K/S/M* § 15 Rn E 286 f zur unterschiedlichen Bedeutung für die HB und für die K'disten-Haftung.

[7] BFH/NV 07, 333 (zu § 82f EStDV).

[8] BFH BStBl II 06, 847 ; BFH BStBl II 96, 68; BMF BStBl I 98, 268 Tz 24.14.

[9] Vgl zur Weitergeltung des § 5 IV aF für bereits entstandene einbringungsgeborene Anteile § 27 III UmwStG idF SEStEG.

[10] BMF BStBl I 98, 268 Tz 04.33.

fallen, dh zu den Einkünften aus KapVerm iSd § 20 I 1 EStG gehören. Für KapGes ist ein Übernahmeverlust nicht zu berücksichtigen, es sei denn, er entfalle auf Anteile, deren Veräußerung nach § 8b VII oder § 8b VIII 1 KStG nicht befreit nach § 8b II KStG gewesen wäre.

Zur Technik der **Aufstockung** bis zum 31.1.01 s 4. Aufl. 333

5. Personenbezogene Steuervergünstigungen. Soweit für die Gewinnermittlung personenbezogene 334 Steuerbegünstigungen bestehen, die dafür erforderlichen Voraussetzungen aber nicht von allen G'tern erfüllt werden, werden diese technisch durch Erstellung **negativer Ergänzungsbilanzen für die begünstigten G'ter** oder auch gleichwertig durch die Erstellung positiver Ergänzungsbilanzen für die nicht begünstigten G'ter berücksichtigt. Problematisch ist nicht die Technik, sondern die Frage, ob es sich um personenbezogene Begünstigungen oder ob es sich um sog betriebsbezogene (gesellschaftsbezogene) Begünstigungen handelt. Dies ist durch Auslegung der jeweiligen Norm zu bestimmen,[1] sofern nicht bereits im Gesetz ausdrücklich die PersGes selbst als berechtigt bezeichnet wird, so zB § 1 FördGG und § 1 InvZulG. Als in diesem Sinne personenbezogen werden etwa **subventionell erhöhte Abschreibungen** nach §§ 7c bis 7k angesehen, aber auch § 7 V (s auch Rn 344, 379) und ebenso mit Wirkung ab 1.1.02[2] wieder **§ 6b** (s § 6b Rn 15f).

6. Korrekturbilanz zur Gesellschaftsbilanz. Die Ergebnisse aus den Ergänzungsrechnungen modifi- 336 zieren den dem G'ter zuzurechnenden Gewinnanteil nach § 15 I 2 Alt 1. Die Ergänzungsbilanz stellt sich als **Teil der Gewinnermittlung erster Stufe**, nämlich des Anteils am Gesellschaftsgewinn dar.[3] Ebenso stellt das positive oder negative Ergänzungskapital eine Modifikation des in der Gesellschaftsbilanz ausgewiesenen Kapitalanteils(kontos) dar. **Ergänzungsbilanzen und Sonderbilanzen sind streng zu trennen.** In **Sonderbilanzen** (und Sonder-GuV) werden **WG (Aufwendungen und Erträge) des G'ters** erfasst, die der Gewinnerzielung des G'ters im Rahmen des gemeinsamen GewBetr der Ges dienen. Hingegen erfasst die **Ergänzungsbilanz keine eigenen WG des G'ters.** In der **Ergänzungs-GuV** werden auch **keine eigenen laufenden Aufwendungen und Erträge des G'ters** erfasst. Vielmehr handelt es sich entweder um die **Verteilung von Mehr- oder Minderaufwendungen aus der Anschaffung** des MU'anteils, soweit sie sich im dort ausgewiesenen Kapitalanteil nicht wider- spiegeln (entgeltlicher Erwerb eines MU'anteils, Einbringung nach § 24, 20 UmwStG und Umwandlung nach §§ 3 ff UmwStG), um ein technisches Mittel zur Fortführung von Buchwerten (Einbringung von Einzel-WG nach § 6 V 3) oder um zusätzliche subventionelle personenbezogene Steuervergünstigungen bei der Ermittlung der Bemessungsgrundlage Gewinnanteil. Die Ergänzungsbilanz stellt insoweit eine (ergänzende) steuerliche **Korrekturbilanz**[4] **zur Steuerbilanz der Ges dar.**

Die Unterscheidung zw **Ergänzungsbereich** und Sonderbereich gewinnt erhebliche **Bedeutung für** 337 **§ 15a.** Das Ergänzungskapital ist Teil des Kapitalkontos des K'disten nach § 15a I und III.[5] Hingegen bleibt der Sonderbereich für § 15a I und II sowohl bzgl des Kapitalkontos als auch der verrechenbaren Verlust und Gewinne außer Betracht[6] (§ 15a Rn 25).

7. Ergänzungsbilanz und Bilanzierung einer Beteiligung an der PersGes. Str ist – aber nahezu ohne 338 praktische Auswirkung – was in Ergänzungsbilanzen „bilanziert" wird. Nach wohl immer noch hM werden jedenfalls beim entgeltlichen Erwerb eines MU'anteils in der Ergänzungsbilanz die anteiligen (Mehr- oder Minder-)**AK** des G'ters an den einzelnen **WG des Ges-BV** bilanziert, weil der Anteil an einer PersGes steuerrechtlich kein WG sei.[7] Nach der Gegenauffassung handelt es sich um die **spiegelbildliche Bilanzierung** der AK **der Beteiligung**,[8] soweit sie den übernommenen Kapitalanteil übersteigen. Bei Minderaufwendungen werden nach beiden Auffassungen die in der Gesellschaftsbilanz zu hoch ausgewiesenen AK korrigiert, allerdings einmal die zu hohen AK der WG, nach der Gegenauffassung die zu hohen AK der Beteiligung.

---

1 Vgl *K/S/M* § 15 Rn E 198 f.
2 Zur abw Behandlung für die Jahre 99 bis 01 vgl BFH BStBl II 06, 538.
3 BFH BStBl II 06, 847; BFH BStBl II 96, 68.
4 Vgl BFH BStBl II 06, 847; BFH BStBl II 02, 854.
5 BFH BStBl II 01, 166; BStBl II 93, 706.
6 StRspr s BFH BStBl II 01, 621 mwN; grundlegend BStBl II 92, 167; s auch BStBl II 99, 592 und BStBl II 00, 347 (Eigenkapital ersetzendes Darlehen).
7 *Schmidt*[26] § 15 Rn 461, § 16 Rn 480; BFH BStBl II 06, 128; BStBl II 98, 180; BStBl II 95, 831 mwN; GrS BStBl II 91, 691.
8 Mit Unterschieden im Detail *Schön* FR 94, 658; *Gschwendtner* DStR 93, 817; *Groh* StuW 95, 338; *Reiß* StuW 86, 342.

339 Der **Gegenauffassung** ist insoweit zu folgen, als der **entgeltliche Erwerb einer Beteiligung** nicht steuerlich umzudeuten ist in die Anschaffung einzelner WG des Gesellschaftsvermögens. Außerdem ist ihr darin zu folgen, dass die **Beteiligung** an einer PersGes in der Hand des G'ters **auch steuerlich ein WG** ist. Allerdings bedarf es mangels eigenen GewBetr weder steuerlich noch handelsrechtlich einer Bilanzierung. Ebenso wie aber handelsrechtlich die Beteiligung in einer eigenen HB des G'ters zu erfassen ist, falls er handelsrechtlich bilanzierungspflichtig ist, ist die **Bilanzierung in einer eigenen Steuerbilanz** erforderlich, wenn der G'ter einen eigenen GewBetr unterhält.[1]

340 Allerdings folgt aus § 15 I 2, dass der Gewinnanteil des G'ters zwingend aus der Steuerbilanz der Ges (und nicht aus seiner eigenen!) abzuleiten ist. Daraus ziehen §§ 180 I 2a, 179 AO lediglich die verfahrensrechtlichen Konsequenzen, indem sie eine einheitliche und gesonderte Gewinnfeststellung vorschreiben. Insoweit kann steuerlich eine eigenständige Gewinnermittlung in der eigenen Steuerbilanz nicht in Betracht kommen. Aus § 15 I 2 ergibt sich, dass für eine eigene Steuerbilanz zwingend der auf der Gesellschaftsebene ermittelte Gewinnanteil zu übernehmen ist. Der Ergänzungsbilanz kommt insoweit die Bedeutung zu, dass in der Gesellschaftsrechnung nicht erfasste oder zu hoch erfasste Aufwendungen des G'ters für die Ermittlung des Gewinnanteils iSd § 15 I 2 berücksichtigt werden. Es wäre ein Unding, lediglich für die Mehr- oder Minderaufwendungen eine selbstständige Gewinnermittlung in einer eigenen Steuerbilanz vorzuschreiben. Dies verlangt, dass die Mehr- oder Minderaufwendungen für den Erwerb der Beteiligung den WG des Gesellschaftsvermögens zugeordnet werden. Insoweit sind sie zwar keine AK der WG, aber sie müssen für die von § 15 I 2 vorgeschriebene Gewinnermittlung auf der Ebene der PersGes weitgehend wie solche behandelt werden.[2] Die **Beteiligung** als WG wird als solche **weder in der Gesellschaftsbilanz noch in der Ergänzungsbilanz** steuerlich bilanziert, sondern in der eigenen Steuerbilanz des G'ters. Allerdings ergibt sich wegen § 15 I 2 als spezieller steuerlicher Norm, dass die **Beteiligung** an der PersGes **in einer eigenen Steuerbilanz** zwingend mit dem steuerlichen Kapitalanteil aus der Gesellschaftsbilanz einschl der Ergänzungsbilanz (**Spiegelbildmethode**) zu bewerten ist. Nach Auffassung des I. Senates soll der MU'anteil einer KapGes zwar in der eigenen Steuerbilanz der KapG als „auszuweisen", jedoch nicht zu bewerten sein.[3] Das ist schlicht falsch. Ein in der Bilanz anzusetzendes WG ist auch zu bewerten. IÜ bedarf es des Ansatzes und der Bewertung auch in der eigenen Steuerbilanz der KapGes auch im Hinblick auf § 27 KStG. Zutr kann nur sein, dass die Beteiligung in der eigenen Steuerbilanz der KapGes in Übereinstimmung mit dem Kapitalanteil (einschließlich Ergänzungsbilanz) bei der MU'schaft zu bewerten ist und insofern auf der Ebene der KapGes keine „eigenständige Bewertung" mehr erfolgen kann und darf. Insoweit ist nach § 5 VI iVm § 15 I 2 eine abw handelsrechtliche Bewertung für die Steuerbilanz unbeachtlich.

341 **8. Ergänzungsbilanz und Maßgeblichkeit.** Nach wohl herrschender Auffassung scheidet eine **Maßgeblichkeit** der HB sowie die sog **umgekehrte Maßgeblichkeit** im Verhältnis Handels- und Ergänzungsbilanz aus. Dies ergibt sich zum einen schon zwingend, wenn **Ergänzungsbilanzen** als **rein steuerliche Korrekturbilanzen** angesehen werden, denen ein handelsrechtliches Pendant fehlt.[3] Zum anderen folgt es daraus, dass nach absolut herrschender handelsrechtlicher Auffassung die Beteiligung an einer PersGes handelsrechtlich – entgegen einer früher vertretenen Auffassung – nicht nach der sog Spiegelbildmethode oder nach Equity-Grundsätzen mit dem Kapitalanteil des Beteiligten in der HB der PersGes bilanziert werden darf.[4]

342 Im Widerspruch dazu verlangte die FinVerw allerdings für die personenbezogene Übertragung stiller Reserven nach § 6b die Beachtung der umgekehrten Maßgeblichkeit. Danach sollte die Übertragung einer § 6b Rücklage von einer KapGes auf WG der PersGes nur zulässig sein, wenn a) in der **Steuerbilanz der KapGes** der Bilanzposten (sic!) **Beteiligung an PersGes** gemindert wird und b) **in der HB** entspr verfahren wird.[5] Nunmehr geht auch die FinVerw davon aus, dass in der HaBi der KapGes für den Beteiligungsansatz nicht die umgekehrte Maßgeblichkeit gilt.[6] Dem ist nicht so.

---

1 *K/S/M* § 15 Rn E 244, E 314 f mwN.
2 Zu Sonderabschreibungen nach dem FördG bei Erwerb von Gesellschaftsanteilen für den Sonderfall des Erwerbs aller Anteile durch einen Erwerber mit der Folge ihres sofortigen Unterganges, vgl BFH BStBl II 06, 128 (Kaufpreis = AK für die WG der untergehenden Gest); vgl auch BFH/NV 07, 333 (zu § 82f EStDV bei Erwerb eines KG-Anteils).
3 BFH BStBl II 04, 804.
4 *Bürkle/Knebel* DStR 98, 1067, 1890; *HFA* IdW 1/91, WPg 91, 334; vgl auch *HFA* IdW 1/93 u *HFA* 2/93 in IdW Fachnachrichten 93, 277 und 94, 1; weitere Nachweise in *K/S/M* § 15 Rn E 316.
5 FinVerw (OFD Rostock) DStR 00, 75; so bereits BMF BB 94, 900; FinVerw DStR 93, 279; FR 94, 168; ebenso *Groh* FS Haas, 1996, S 139; **aA** *Schön* FR 94, 658.
6 BMF v. 15.1.08 – IV B 2 – S 2139/07/0003.

Die sog **Spiegelbildmethode** ist **handelsrechtlich** zumindest **zulässig**. Dies folgt aus der Integration der handelsrechtlichen Regelungen der §§ 120ff HGB in die §§ 238f HGB.[1] In einer eigenen Steuerbilanz ist iÜ die Beteiligung an einer PersGes, wenn sie BV ist, nach §§ 4 I, 5 I auszuweisen,[2] allerdings gem § 15 I 2 mit dem steuerlichen Kapitalanteil zu bewerten (Rn 339). Danach steht der grds Anwendbarkeit der Maßgeblichkeit, soweit sie nicht im Widerspruch zum vorrangigen § 15 I 2 steht, nichts entgegen. Die umgekehrte Maßgeblichkeit folgt dann aus §§ 247 III, 254, 273, 279 II HGB. **343**

Daher können wahlweise eingeräumte **personenbezogene Steuervergünstigungen** auf der Ebene der PersGes in Ergänzungsbilanzen oder in der Gesellschaftsbilanz nur geltend gemacht werden, wenn in der Handels (und Steuer-)Bilanz des Beteiligten die Beteiligung entspr niedriger angesetzt wird. Insoweit ist die umgekehrte Maßgeblichkeit zwingend zu beachten, bei zwingendem steuerlichen Ansatz ist allerdings § 5 VI EStG maßgebend.[3] **344**

In den Fällen des **entgeltlichen Erwerbs** eines MU'anteils kommt eine konkrete Maßgeblichkeit nach § 5 I 2 deshalb nicht in Betracht, weil steuerlich die Ergänzungsbilanzen zwingend von §§ 15 I 2, 16 verlangt sind. Allerdings ist die Aufstellung einer **Einheitsbilanz** handelsrechtlich entgegen der hM **zulässig** (Rn 343). Bei der **Einbringung** eines MU'teiles **nach § 20, § 24 UmwStG** ist entgegen der Rspr[4] § 5 I 2 ebenfalls zu beachten. Das Wahlrecht nach § 20 II UmwStG ist zwar in der Steuerbilanz (steuerliche Ergänzungsbilanz!) der PersG auszuüben, aber materiell durch die aufnehmende KapGes. Dabei ist das Wahlrecht übereinstimmend mit der in der eigenen HB der KapGes ausgeübten Wahl auszuüben. Bei der **Umwandlung nach §§ 3ff UmwStG** ist handelsrechtlich bereits die Beteiligung an der PersGes mit den sich aus dem Wert der Anteile an der KapGes (zumindest Buchwert) ergebenden AK anzusetzen, so dass sich normalerweise handelsrechtlich schon kein „Übernahmeverlust" ergibt. Für eine umgekehrte Maßgeblichkeit ist mangels Wahlrechtes allerdings kein Platz.[5] Für unter das UmwStG idF SEStEG fallende Umwandlungen ist das Maßgeblichkeitsprinzip ausdrücklich aufgegeben worden.[6] **345**

Bei der **G'ter-Fremdfinanzierung nach § 8a KStG** aF[7] treten zur Bestimmung des handelsrechtlichen anteiligen Eigenkapitals an die Stelle des Buchwertes der Beteiligung an einer PersGes die anteiligen Buchwerte der Vermögensgegenstände der PersGes, § 8a II 3 KStG. Die anteiligen Buchwerte umfassen sowohl die Aktiva als auch die Passiva, wie sie in der HB der PersGes bilanziert sind. IErg wird mithin der handelsbilanzielle Ansatz der Beteiligung an der PersGes in der HB der KapGes durch die anteilig der KapGes entspr ihrer Beteiligung an der PersGes zuzurechnenden Vermögensgegenstände und Schulden der PersGes ersetzt. Dies ist dann notwendig, wenn die PersGes ihrerseits Beteiligungen an anderen KapGes hält, um die Vorschriften über die Kürzung um die Buchwerte der Beteiligung an anderen KapGes nach § 8a II 2 KStG erfüllen zu können, respektive um bestimmen zu können, ob die Holdingregelung nach § 8a IV KStG Anwendung findet. Zu verteilen ist der Höhe nach der Betrag, wie er sich für die Beteiligung an der PersGes in der HB der KapGes ergibt. Steuerliche Wertansätze bei der KapGes oder bei der PersGes spielen keine Rolle.[8] **345a**

Sonder-BV und Sonderbilanzen sind nicht gesondert (nochmals) zu berücksichtigen. Die Gegenstände des Sonder-BV werden schon dadurch berücksichtigt, dass sie in der HB der KapGes erfasst sind. Nach Auffassung der FinVerw[9] sollen auch **Ergänzungsbilanzen nicht zu berücksichtigen** sein. Dem liegt die Auffassung zugrunde, dass es sich nur um rein steuerliche Ergänzungsrechnungen handelt,[10] die bei § 8a KStG deshalb nicht zu berücksichtigen seien, weil dieser insgesamt nur auf das handelsbilanzielle EK abstellt. Dieser Auslegung ist iErg nicht zu folgen. Ergänzungskapital (positives wie negatives) ist zur Errechnung der Eigenkapitalquote einzubeziehen, soweit es sich im handelsbilanziellen Ansatz der Beteiligung niedergeschlagen hat, etwa Mehr- oder Minderpreise beim Erwerb gegenüber dem Stand des Kapitalanteils des Veräußerers. Die Nichtberücksichtigung

---

1 *K/S/M* § 15 Rn E 318f; *Reiß* DStR 98, 1887; *Hebeler* BB 98, 206.
2 **AA** die hM s ua *früher Schmidt*[26] § 15 Rn 690 mwN; jetzt *Schmidt*[26] (Ausweis als Merkposten nach der Spiegelbildmethode); wie hier FinVerw DStR 00, 75; BMF BB 94, 900; BFH/NV 03, 1515; s auch *Mayer* DB 03, 2034; *Nickel/Bodden* FR 03, 391.
3 *K/S/M* § 15 Rn E 319f; vgl auch BFH BStBl II 02, 134.
4 BFH BStBl II 04, 804.
5 Zur formwechselnden Umwandlung vgl BFH BStBl II 06, 568 u 455; vgl näher *K/S/M* § 15 Rn E 322f.
6 Vgl Begr RegEntw BT-Drs 16/2710, 34.
7 § 8a KStG nF iVm § 4h EStG (Zinsschranke) gilt erstmals für nach dem 25.5.07 beginnende Wirtschaftsjahre, die erst nach dem 31.12.07 enden, § 34 VIa idF UntStRefG 08.
8 *Reiß* BB 05, Beil. Nr 3, S 29.
9 BMF BStBl I 04, 593 Tz 32, 33.
10 So dezidiert auch BFH BStBl II 04, 804.

von eigenen (Mehr- oder Minder-) Aufwendungen bei Erwerb der Beteiligung an der PersGes durch die KapGes, wie sie von der FinVerw durch Nichtberücksichtigung von Ergänzungsbilanzen gefordert wird, ist mit der Grundentscheidung des § 8a KStG unvereinbar, der gerade auf das handelsbilanzielle Eigenkapital der KapGes abstellt. Es geht nicht darum, dass lediglich steuerliches Ergänzungskapital nicht zu berücksichtigen ist, sondern es geht darum, dass der Gesetzgeber hier zwingend vorgeschrieben hat, dass das handelsrechtliche EK für Zwecke der Bestimmung der Eigenkapitalquote so zu errechnen ist als sei die Beteiligung handelsrechtlich durch die anteiligen Vermögensgegenstände und Schulden bei der PersGes ersetzt. Die Nichtberücksichtigung von sog steuerlichen Ergänzungskapital würde – anders als die Nichtberücksichtigung von Sonderkapital – dazu führen, dass echtes handelsbilanzielles Mehr- oder Minderkapital überhaupt nicht berücksichtigt wird[1] (s auch Rn 363a). Allerdings geht es nicht darum, steuerliches Mehr- oder Minderkapital zu berücksichtigen, sondern es geht um die Berücksichtigung des handelsrechtlich auf die Beteiligung an einer PersGes entfallenden Kapitals unter Berücksichtigung der Sonderbestimmungen des § 8a II 2, bzw § 8a IV KStG hinsichtlich des auf die Beteiligung an KapGes entfallenden Eigenkapitals.

346 **III. Das Betriebsvermögen der Mitunternehmerschaft – Übersicht.** Das BV des MU'ers umfasst einerseits seinen **Anteil am Gesellschaftsvermögen** – Erste Stufe – **und die WG des Sonder-BV** – **zweite Stufe.** Zum BV des gemeinsam betriebenen GewBetr aller MU'er – der MU'schaft – (Rn 311, 312) gehören mithin einerseits die **WG des (gemeinsamen) Gesellschaftsvermögens** und andererseits die **WG der einzelnen MU'er.** Gesellschaftsvermögen ist bei Außengesellschaften das Gesamthandsvermögen (§§ 718, 719, 1416, 2033 BGB) und bei der stillen Ges und anderen Innengesellschaften das für gemeinsame Rechnung (gemeinsamer Zweck) gehaltene Vermögen des tätigen Inhabers des Geschäftes (§ 230 HGB).

347 WG rechnen gem den **allg Grundsätzen nach § 4 I** nur dann zum BV des StPfl, wenn sie ihm vermögensmäßig persönlich zuzurechnen sind (sog wirtschaftliches Eigentum). Dies gilt uneingeschränkt auch für die von MU'ern gemeinsam erzielten gewerblichen Einkünfte nach § 15 I 2. Dabei ist allerdings für die **persönliche Zurechnung** der WG zu beachten, dass diese dem MU'er über seinen Anteil am Gesellschaftsvermögen auch insoweit iErg anteilig zugerechnet werden als sie ihm nicht allein, sondern nur zusammen mit den übrigen MU'ern gehören. Das Steuerrecht nimmt insoweit den **zivilrechtlich vorgeprägten wirtschaftlichen Sachverhalt (Gesellschaftsvermögen** als gemeinsames Vermögen) uneingeschränkt zur Kenntnis und ordnet lediglich die persönliche Zurechnung des Anteils an der erzielten Vermögensmehrung und damit mittelbar des Anteils am Vermögen als Gewinnanteil zu den eigenen Einkünften des MU'ers an. Diese persönliche Zurechnung steht in **keinerlei Widerspruch zum Zivilrecht**, im Gegenteil. Denn ungeachtet des von § 719 BGB ausgeschlossenen Verfügungsrechtes über den (isolierten) Anteil am Gesellschaftsvermögen ist dieses auch zivilrechtlich den einzelnen G'ter als integraler Teil des allein ihnen zuzurechnenden Vermögensgegenstandes/WG Gesellschaftsanteil zuzurechnen. Die Regelung des § 15 I 2 über die persönliche Zurechnung des Gewinnanteils findet iÜ ihre vollständige komplementäre zivilrechtliche Entsprechung in § 120 HGB und §§ 721, 722 BGB. Als völlig selbstverständlich spricht § 120 HGB davon, dass dem G'ter „sein Anteil" am Gewinn (als der ihm „zukommende Gewinn") zugeschrieben wird und zwar zu seinem („des G'ters") „Kapitalanteil". Die zivilrechtliche Anerkennung der Rechtsfähigkeit der PersGes ändert erkennbar nichts daran, dass – wie gerade § 120 HGB belegt – im Innenverhältnis das Vermögen der PersGes den G'tern – anders als bei KapGes – als ihr Vermögensanteil zugerechnet wird.

348 Neben der persönlichen Zurechnung ist allerdings erforderlich, dass die WG **sachlich** der Einkünfteerzielung dienen. Die **Eigenschaft** BV kommt nach § 4 I nur solchen **WG** zu, die vom StPfl dazu eingesetzt werden, dem **Betrieb zu dienen.** Im Zusammenhang mit § 15 müssen die WG mithin objektiv dazu eingesetzt werden, der Gewinnerzielung im Rahmen der nachhaltig unternommenen Betätigung GewBetr zu dienen. Dies gilt gleichermaßen für **WG des Gesellschaftsvermögens und** des **Eigenvermögens des G'ters.** Hinsichtlich der **sachlichen Zurechnung von WG zum BV** gibt es **keine Maßgeblichkeit der HB.**[2] Es handelt sich um eine originäre steuerrechtliche Zurechnungsfrage, die im Zivil- und Handelsrecht keine Parallele hat. Außerdem kann die für eine dem Gleich-

---

1 Wie hier iErg *Prinz/Ley* FR 03, 378; *Dötsch/Pung* DB 04, 91; **aA** *Endres/Kroninger* FR 04, 378; *Blumenberg/Lechner* BB 04, 1765 (aber krit); zu Gestaltungsüberlegungen durch Umstrukturierungen vgl *Haritz/Asmus* GmbHR 04, 929.
2 *K/S/M* § 15 Rn 101 mwN.

heitssatz entspr Besteuerung nach dem Maße der finanziellen Leistungsfähigkeit bedeutsame Abgrenzung zw Aufwendungen für die Einkünfteerzielung und **Aufwendungen für die private Lebensführung** nicht davon abhängig gemacht werden, ob ein GewBetr gemeinsam von mehreren MU'ern oder allein von einem gewerblichen Unternehmer betrieben wird.[1]

Auch im Bereich der MU'schaft nach § 15 I 2 ist daher nach den allg einkommensteuerlichen Kriterien, wie sie auch für den Einzelunternehmer gelten, zu differenzieren zw **notwendigem BV, gewillkürtem BV und notwendigem PV der MU'er als der Steuersubjekte.** Dies hat nichts damit zu tun, dass der MU'er dem Einzelunternehmer gleichgestellt werden müsse, sondern folgt daraus, dass alle Steuersubjekte gleichbehandelt werden müssen. Nach der Grundentscheidung des EStG dürfen daher weder Aufwendungen für die Lebensführung, § 12, noch Verluste auf der privaten Vermögensebene (Dualismus der Einkunftsarten), § 2, einkünftemindernd berücksichtigt werden. Dies gilt gleichermaßen für Einzelunternehmer, MU'er und jeden anderen StPfl. Gleichbehandlung der Steuersubjekte ist verlangt, nicht nur Gleichbehandlung von Einzelunternehmer und MU'er. 349

IV. Gesellschaftsvermögen und Gesellschaftsbilanz. – 1. Betriebsvermögen und Privatvermögen. – a) Notwendiges Betriebsvermögen. Positive wie negative WG (Schulden) des Gesellschaftsvermögens sind grds **notwendiges BV**, sofern sie nicht notwendiges PV sind (Rn 351f). WG des Gesellschaftsvermögens können **kein gewillkürtes BV**[2] sein. Dies folgt nicht aus der angeblichen Maßgeblichkeit der HB (Rn 348), sondern aus § 4 I iVm § 15 III Nr 1 jedenfalls für **PersGes**, anders für die Erbengemeinschaft[3] und die Gütergemeinschaft und Bruchteilsgemeinschaften (Rn 145). Wenn danach eine PersGes mit gewerblichen Einkünften notwendigerweise immer einen einheitlichen GewBetr unterhält, müssen ihre WG auch **notwendiges BV** sein.[4] Sofern für völlig geringfügige gewerbliche Tätigkeiten neben einer hauptsächlich vermögensverwaltenden Tätigkeit Ausnahmen[5] anerkannt werden sollten (Rn 144), käme dann allerdings auch gewillkürtes BV in Betracht. Allerdings scheint die Rspr **neuerdings** im Zusammenhang mit Wertpapier und Devisentermingeschäften davon auszugehen, dass insoweit **auch lediglich gewillkürtes BV** in Betracht komme.[6] Dem ist nicht zu folgen. 350

b) Notwendiges Privatvermögen. Auch **WG des Gesellschaftsvermögens** sind jedoch notwendiges **PV**, wenn sie trotz zivilrechtlicher Zugehörigkeit zum Gesamthandsvermögen nicht der gemeinsamen Einkünfteerzielung der MU'er dienen, sondern der **privaten Lebensführung eines oder mehrerer MU'er**. Darüber hinausgehend gehören auch solche WG, die zwar nicht der persönlichen Lebensführung dienen, aber deren **Erwerb nicht betrieblich veranlasst** ist, weil sie nicht der gemeinsamen Einkünfteerzielung dienen sollen, sondern nur der Verlustverlagerung in den betrieblichen Bereich, nicht zum BV. Ob insoweit handelsrechtlich eine Bilanzierungspflicht nach § 238 HGB besteht (so für die OHG und KG) oder nicht (so für die GbR), muss schon deshalb unerheblich sein,[7] weil steuerrechtlich die MU'er der zivilrechtlich unterschiedlichen Ges gleichbehandelt werden, §§ 15 I 2, 15 III. Ob für KapGes etwas anderes zu gelten hat,[8] kann hier dahinstehen. 351

Die Rspr hat ua in folgenden **Einzelfällen BV verneint**: Erwerb wertloser **Darlehensforderung** vom G'ter (BFH BStBl II 75, 804; BStBl II 76, 668); (unentgeltliches) **Darlehen** an G'ter (BFH BStBl II 83, 598); unentgeltliche Nutzungsüberlassung **EFH** (BFH BStBl II 90, 319; BFH/NV 96, 460); **Liebhabereivermögen** (Gestüt, Tierzucht, Hubschrauber – BFH BStBl II 92, 202); (Devisen-, Gold-, Waren-) **Termingeschäfte** (BFH BStBl II 81, 658; BStBl II 97, 402; BFH/NV 97, 114; vgl aber BStBl II 99, 466); **Versicherungsverträge** zur **Abdeckung privater Risiken, ua Lebensversicherung, Krankentagegeldversicherung** (BFH BStBl II 92, 653; BStBl II 90, 1017; BFH/NV 94, 539 und BFH/NV 94, 306 – anders, wenn auf das Leben von Dritten, BStBl II 97, 343 und anders **Insassenunfallversicherung für betriebliche Fahrten,** BStBl II 78, 212); **Wertpapiergeschäfte** (BFH BStBl II 99, 448; BStBl II 81, 658). 352

---

1 So auch die stRspr, vgl ua BFH BStBl II 96, 642; BStBl II 88, 418; BStBl II 99, 448.
2 HM; vgl BFH BStBl II 88, 418; *Schmidt*[26] § 15 Rn 481.
3 BFH BStBl II 87, 120.
4 *K/S/M* § 15 E 100.
5 Vgl BFH BStBl II 00, 229 (allerdings im Verhältnis zu freiberuflicher Tätigkeit).
6 BFH BStBl II 99, 468; vgl auch BStBl II 97, 343 (Lebensversicherung).
7 AA *Woerner* BB 76, 1145; *Knobbe-Keuk*[9] § 4 III.
8 So BFHE 199, 217 (Bootsvercharterung) u BFH/NV 05, 1816; BStBl II 97, 548; BFHE 182, 123; *Wassermeyer* FS Haas, 1996, S 401; aA *Schön* FS Flume, 1998, S 265; *Pezzer* StuW 98, 76.

353 Der Rspr ist uneingeschränkt zu folgen, soweit sie, ungeachtet der Zugehörigkeit von Vermögensgegenständen zum Gesellschaftsvermögen, die Abgrenzung zur für die Einkünfteermittlung unbeachtlichen Sphäre der Lebensführung der MU'er nach denselben Kriterien wie für Einzelunternehmer vornimmt. Allerdings ist der zugrundeliegende rechtlich und wirtschaftlich relevante Tatbestand zu berücksichtigen, dass die Ges – anders als der Einzelunternehmer – auch gegenüber dem MU'er entgeltlich Leistungen zur Einkünfteerzielung erbringen kann. Daher sind **entgeltlich zur Nutzung überlassene WG**[1] wie auch **verzinsliche Darlehensforderungen** grds **notwendiges BV**, ungeachtet der **Verwendung beim MU'er** für dessen **private Zwecke**.

354 Speziell für **Darlehensforderungen an G'ter** ist gegenüber **Entnahmen** abzugrenzen. Allein entscheidendes Kriterium ist insoweit, **ob schuldrechtlich eine Rückzahlungsverpflichtung** besteht. Verneinendenfalls liegt eine Entnahme vor.[2] Soweit danach eine Darlehensforderung vorliegt, ist sie **BV**, sofern sie zu **fremdüblichen Konditionen** dem G'ter eingeräumt wurde.[3] Umgekehrt ist sie **notwendiges PV aller G'ter**, wenn sie **unverzinslich und ungenügend gesichert ist**. Str ist, ob bei unentgeltlich oder zinsverbilligten Darlehen, soweit die Refinanzierungskosten höher sind[4] und auch kein betrieblicher Anlass zur verbilligten Darlehensgewährung vorliegt,[5] auch bei ausreichender Sicherheit BV oder PV vorliegt.[6] Nur sofern BV zu bejahen ist, führt der Ausfall (Teilwertabschreibung) zu BA. Allerdings sollte richtigerweise kein BA-Abzug zugelassen werden, soweit der G'ter selbst als MU'er beteiligt ist (Rn 315).

355 Auch **Gesellschaftsschulden** sind nur **Verbindlichkeiten des BV (Betriebsschulden)**, wenn sie **betrieblich veranlasst** wurden.[7] Naturgem kommt der **Abgrenzung zur privaten Lebenssphäre** gerade auf der **Passivseite der Bilanz** eine besondere Bedeutung zu. Als privat veranlasst werden von der Rspr angesehen: **Darlehenverbindlichkeiten** und Verbindlichkeiten aus **typisch stiller Ges** zur Finanzierung von Entnahmen der G'ter, ua zum Kauf eines **Motorbootes**, Bau eines **Wohnhauses**, zur Finanzierung von **Zugewinnausgleich, Pflichtteil** (BFH BStBl II 03, 656; BStBl II 91, 516; BStBl II 90, 319), zur Begleichung von **Steuerschulden** (BFH BStBl II 91, 514), ebenso **Bürgschaftsverbindlichkeiten der Ges** zugunsten des G'ters (BFH BStBl II 92, 647; BStBl II 76, 778), Darlehensverbindlichkeiten gegenüber Angehörigen (Kindern) der G'ter aus für diese nicht frei verfügbaren geschenkten Mitteln (BFH BStBl II 02, 685; BStBl II 99, 524; vgl aber BFH BStBl II 01, 393).

356 Betrieblich veranlasst ist hingegen die **Rückzahlung von G'ter-Darlehen** oder sonstigen **Fremdverbindlichkeiten** gegenüber dem G'ter, unabhängig davon, ob es sich um **Sonder-BV** handelt oder nicht.[8] Dagegen ist die Auszahlung von Gewinnanspr nicht betrieblich veranlasst, sondern steuerlich Entnahme. Str ist, ob die Refinanzierung von Sondervergütungen als betrieblich veranlasst anzusehen ist oder nicht. Richtigerweise ist dies wegen der in § 15 I 2 Alt 2 erfolgten Gleichstellung mit einem Gewinnvorab zu verneinen.[9]

357 **c) Schuldzinsenabzug.** Durch § 4 IVa ist der Schuldzinsenabzug speziell geregelt worden. In Reaktion auf die Rspr zum sog Zweikontenmodell[10] wurde die in der Tat anstößige liquiditätsbezogene Betrachtung nunmehr durch eine auf das Eigenkapital abstellende Betrachtung ersetzt (§ 4 Rn 159f).

358 § 4 IVa lässt die Abgrenzung zw **Betriebsschulden und Privatschulden unberührt**. Die oben angesprochene Rspr (Rn 355) zu **Gesellschaftsschulden** als notwendigem **PV** bleibt maßgebend. Soweit danach **Schulden des PV** vorliegen, sind die **Schuldzinsen** schon nach § 4 IV mangels betrieblicher Veranlassung nicht als BA abziehbar.[11] § 4 IVa **begrenzt erst den Schuldzinsenabzug für Betriebsschulden**. Technisch handelt es sich um **nichtabziehbare BA** wie schon bisher nach § 4 V. § 4 IVa

---

1 BFH BStBl II 90, 961; FinVerw DB 95, 900, 2448; *K/S/M* § 15 Rn E 102.
2 *K/S/M* § 15 Rn E 153 f.
3 BFH BStBl II 00, 390; BStBl II 96, 642; FinVerw DStR 94, 582.
4 Marktüblichkeit der Zinsen ist nicht verlangt *K/S/M* § 15 Rn E 154; **aA** FinVerw DB 94, 658.
5 Dazu BFH BStBl II 96, 642 und FinVerw DStR 94, 582 (Finanzierung von Sonder-BV, G'ter als Kunde).
6 Für BV und Nutzungsentnahme *Schmidt*[26] § 15 Rn 630;

Bolk BuW 95, 270; *Ruban* FS Klein, 1994, S 781; für PV *K/S/M* § 15 E 105, 152; FinVerw DStR 94, 582.
7 BFH BStBl II 91, 516; BStBl II 91, 765.
8 BFH BStBl II 91, 226.
9 *K/S/M* § 15 Rn E 110 mwN; **aA** *Schmidt*[26] § 15 Rn 488, *Bader* FR 98, 449.
10 BFH GrS BStBl II 91, 817 und BStBl II 98, 193.
11 BFH BStBl II 06, 125 und 504 (dort auch zur Frage der Berücksichtigung von Unterentnahmen vor dem 1.1.99); vgl auch BMF BStBl I 06, 416.

baut insoweit auf dem bisherigen Veranlassungsprinzip auf. Soweit danach Gesellschaftsschulden schon nicht betrieblich veranlasst sind, ermöglicht § 4 IVa auch bei Unterentnahmen keinen BA-Abzug. Erforderlich ist daher eine zweistufige Prüfung des Schuldzinsabzugs.

Für PersGes wird von der FinVerw[1] und wohl überwiegend in der Literatur[2] vertreten, dass § 4 IVa **gesellschaftsbezogen** auszulegen sei (so auch Crezelius § 4 Rn 169). Aus der angeblichen Steuersubjektqualität der PersGes wird gefolgert, dass auf den gesamten Zinsaufwand und auf die **Überentnahmen aller MU'er** und das **gesamte Eigenkapital aus der Gesellschaftsbilanz, aus Ergänzungsbilanzen und Sonderbilanzen** abzustellen sei. Durch **zivilrechtliche Abreden (sic!)** soll geregelt werden, wer von den G'tern die zusätzliche ESt und GewSt zu tragen habe.[3] Die FinVerw vertritt gar die Auffassung, dass die Hinzurechnung der nichtabziehbaren Schuldzinsen nach dem allg Gewinnverteilungsschlüssel zu erfolgen habe, die MU'er aber dafür auch eine abw (irgendeine?) Verteilung vereinbaren können. Dem ist der BFH zutr nicht gefolgt[4]. § 4 IVa begrenzt den Schuldzinsenabzug für das jeweilige **ESt-Subjekt**. Er knüpft iÜ an (Über)Entnahmen an. Diese tätigen die jeweiligen G'ter als MU'er, nicht die PersGes. Es sollte daher selbstverständlich sein, dass **§ 4 IVa** jeweils **nur auf** den G'ter angewendet werden darf, der **eine Überentnahme** tätigt. Die sog gesellschaftsbezogene Lösung verstößt gegen fundamentale Besteuerungsprinzipien. Den MU'er gehen Überentnahmen seiner Mit-G'ter weder etwas an, noch kann er sie verhindern. Die Annahme, dass die Betroffenen zivilrechtlich vereinbaren könnten, bei wem die Hinzurechnung und damit die Besteuerung erfolgen soll, ist abenteuerlich. Die sog gesellschaftsbezogene Auslegung läuft auf eine Art „Sippenhaft" hinaus. **§ 4 IVa ist gesellschafterbezogen auszulegen.**[5] Daher ist zwingend auf die **Entnahmen, Einlagen und den Gewinnanteil einschließl der Sondergewinne des jeweiligen MU'ers** abzustellen. Maßgebend ist der **Kapitalanteil** des G'ters in der Gesellschaftsbilanz, in seiner **Ergänzungsbilanz** und in seiner **Sonderbilanz**. Eine auf Überentnahmen entfallende GewSt ist zivilrechtlich von demjenigen MU'er zu tragen, der die Überentnahmen getätigt hat. Der betriebsbezogene Sockelbetrag des Mindestabzugs von 2050 € ist jedoch je MU'schaft nur einmal zu gewähren und nach den auf die MU'er entfallenden Schuldzinsquoten aufzuteilen (s aber Rn 361).

359

Problematisch erscheint das Verhältnis von **Entnahmen in der Gesellschaftsbilanz** (einschl Ergänzungsbilanz) und in der **Sonderbilanz**. Hier ist für den jeweiligen MU'er auf die **Addition der Überentnahmen in Ges- und Sonderbilanz** abzustellen. Soweit der G'ter **Sondervergütungen** erhält, liegen zwar auf der Ebene der Ges keine **Entnahmen** vor, wohl aber **im Sonderbereich**, falls die Sondervergütungen dort nicht verbleiben, etwa Gehalt, Mieten, Darlehenszinsen[6] usw. Die insoweit erforderliche Zusammenfassung der Entnahmen und Einlagen im Gesellschaftsbereich und Sonderbereich für den einzelnen MU'er entspricht auch dem telos des Gesetzes. Es geht darum, dass der StPfl nicht über den Betrieb seine privaten Aufwendungen finanziert. Dies unterstellt das Gesetz, wenn Überentnahmen getätigt werden. Unter diesem Aspekt sind Gesellschaftsbereich und Sonderbereich völlig gleichwertige Betriebsbereiche. Vermögensverschiebungen zw Ges- und Sonderbereich sind daher weder geeignet, Überentnahmen zu begründen, noch umgekehrt Überentnahmen „gestalterisch" zu vermeiden. Das vom G'ter gewährte Darlehen führt zu einer Einlage (im Sonderbereich), die Rückzahlung des Darlehens zu einer Entnahme (im Sonderbereich). Das dem G'ter gewährte Darlehen (zu fremdüblichen Bedingungen) führt nicht zu einer Entnahme. Die Zinsen stellen keine Einlage dar. Dient das Darlehen der Beteiligung an der Ges als negatives Sonder-BV II, sind die Zinsen im Sonderbereich als Sonder-BA abziehbar. Die Zinsen im Sonderbereich sind im Rahmen des § 4 IVa 4, 5 nicht abziehbar, soweit der G'ter (im Gesamthands- und Sonderbereich) Überentnahmen getätigt hat. Zinsaufwendungen im Sonderbereich sind hinsichtlich der Gewinnauswirkung nur für den betroffenen G'ter ggf im Rahmen des § 4 IVa nicht abziehbar. Die übrigen G'ter sind davon nicht betroffen. Umgekehrt sind an den G'ter zu zahlende Zinsen für die übrigen G'ter (im Gesamthandsbereich) BA, die im Rahmen des § 4 IVa nicht abziehbar sind, falls diese G'ter Überentnahmen tätigen. Die gegenteilige Ansicht der Verwaltung mit Saldierung beruht auf

360

---

1 BMF BStBl I 00, 588; BMF BStBl I 05, 1019.
2 *Korn* KÖSDI 00, 12283; *Hegemann/Querbach* DStR 00, 408; *Kohlhaas* DStR 00, 901; *Neufang* Stbg 00, 901; FG M'ster EFG 03, 74 Rev BFH VIII R 90/02.
3 *Korn* KÖSDI 00, 1821.
4 BFH v 29.3.07 – IV R 72/02, DStR 07, 1515 mit Anm *Wacker* BB 07, 1936 u *Heuermann* StBP 07, 313; vgl bereits andeutend BFH/NV 06, 789.

5 Zutr *Groh* DStR 01, 105; *Reiß* StuW 00, 399; *Wendt* FR 00, 417; *Prinz* FR 00, 135; *Meyer/Ball* INF 00, 76; so jetzt auch *Schmidt*[26] § 15 Rn 430 (anders noch 23. Aufl).
6 Verfehlt daher BMF BStBl I 00, 588 Tz 32, soweit dort angenommen wird, Zinszahlungen an den G'ter blieben ohne Auswirkung im Rahmen des § 4 IVa.

der abzulehnenden gesellschaftsbezogenen Auslegung des § 4 IVa bzw auf der mangelnden Trennung von Sonder-BV und Gesellschaftsvermögen.

361 Der Begriff der **Entnahme** ist in § 4 IV a ebenso wie in § 4 I 2 zu verstehen. Richtigerweise ist von einem **weiten Entnahmebegriff** auszugehen[1] (Rn 366; **aA** § 4 Rn 9 3f). Daher liegt entgegen der Auffassung der FinVerw[2] eine Entnahme nur vor, wenn eine Überführung in den privaten Bereich des StPfl erfolgt oder eine nicht betrieblich veranlasste Wertabgabe an einen Dritten erfolgt. Dies wird durch die Bewertungsvorschrift des § 6 V 1–3 nicht widerlegt, sondern bestätigt. Dies entspricht auch für § 4 IVa der ratio des Gesetzes. Es macht keinen Sinn, Schuldzinsen nicht zum Abzug wegen Überentnahmen zuzulassen, wenn die angeblichen Überentnahmen dazu dienten, einem anderen Betrieb desselben StPfl Mittel zuzuführen. Hier wird kein privater Aufwand finanziert. Daher liegen auch bei **Überführung aus dem Sonderbereich in einen Eigenbetrieb** und umgekehrt auch **keine Entnahmen** iSd § 4 IVa vor. Sieht man von der Beteiligung an MU'schaften ab, ist der Mindestabzug von 2050 € auch für alle „Betriebe" des Stpfl nur einmal zu gewähren.

362 Zur Rechtslage vom 1.1.99–31.12.00 s 4. Aufl.

363 Soweit eine **KapGes MU'er** ist, kann diese mangels privater Sphäre keine **Überentnahmen iSd § 4 IVa bei der PersGes** tätigen. Eine andere Frage ist, inwieweit bei der KapG vGA vorliegen, wenn sie die gesellschaftsrechtlich entnommenen Mittel (keine Entnahme iSd § 4 I bei der PersGes) aus außerbetrieblichen Gründen an ihren G'ter weitergibt. Auch bei der KapGes selbst dürften Überentnahmen iSd § 4 IVa nicht denkbar sein. Allerdings ist hinsichtlich eines Zinsaufwandes von einer vGA auszugehen, soweit die Zinsen durch einen Finanzierungsbedarf wegen Überausschüttungen an die G'ter entstanden sind.

363a **d) Gesellschafter-Fremdfinanzierung (s auch Rn 345a).** Erfolgt unter den Voraussetzungen des **§ 8a V KStG** a. F. eine **G'ter-Fremdfinanzierung über die PersGes**, an der eine **KapGes als G'ter/MU'er** beteiligt ist, so sind die unter § 8a V KStG aF fallenden Schuldzinsen/Vergütungen für Fremdkapital, soweit sie an sich den Gewinnanteil der KapGes gemindert haben, bereits auf der Ebene der PersG diesem wieder – als „verdeckte Gewinnausschüttungen" – hinzuzurechnen. Sie mindern mithin iErg nicht den der KapGes zuzurechnenden Anteil am Gewinn der PersGes gem § 15 I Nr 2 Alt 1.[3] Verfahrensrechtlich ist dies auch bereits im Rahmen der einheitlichen und gesonderten Gewinnfeststellung bei der PersGes zu berücksichtigen. Gewerbesteuerlich sind die in „verdeckte Gewinnausschüttungen" umqualifizierten Schuldzinsen mithin im Gewerbeertrag der PersGes zu erfassen. Auf der Ebene der KapGes wird dieser für Zwecke der KSt der um die umqualifizierten Schuldzinsen erhöhte Gewinnanteil zugerechnet. Bei der GewSt ist auf den (erhöhten) Gewinnanteil die Kürzung des § 9 Nr 2 GewStG anzuwenden. Beim fremdfinanzierenden Anteilseigner der KapGes ist der entspr umqualifizierte Zinsanteil als Gewinnausschüttung gem § 20 I 1 EStG zu behandeln. Soweit die Beteiligung an der KapGes in einem GewBetr gehalten wird, findet die Kürzungsvorschrift des § 9 Nr 2a GewStG Anwendung.[4]

Ist der **fremdfinanzierende Anteilseigner** der KapGes selbst **MU'er bei der PersGes**, gehören die an ihn zu entrichtenden Zinsen wie auch die zugrunde liegende Forderung zu seinen Sondervergütungen, resp zum Sonder-BV. Soweit allerdings wegen § 8a V KStG eine Umqualifizierung der Zinsen in vGA erfolgt, ist der Gewinnanteil der KapGes entspr zu erhöhen und die Sondervergütungen des Anteilseigners sind entspr zu vermindern. In Höhe der umqualifizierten Zinsen bezieht der Anteilseigner Gewinnausschüttungen nach § 20 I Nr 1 EStG von der KapGes. Gehören die Anteile an der KapGes allerdings zum Sonder-BV des Anteilseigners bei der MU'schaft (s Rn 410), so gehört auch die „verdeckte Gewinnausschüttung" nach § 8a KStG zu den Sonderbetriebserträgen (Rn 413, 444) des Anteilseigners, die bereits im Rahmen der einheitlichen und gesonderten Gewinnfeststellung zu erfassen sind.[5] Gewerbesteuerlich erfolgt insoweit dann allerdings eine Kürzung nach § 9 Nr 2a GewStG. IErg mindern mithin die an den Anteilseigner und MU'er gezahlten Schuldzinsen insge-

---

[1] BFH BStBl II 03, 133; BStBl II 02, 537; *K/S/M* § 15 Rn E 159, 146 f mw N; BFHE 192, 516 mwN.
[2] BMF BStBl I 00, 588 Tz 10; BMF BStBl I 05, 1019; s auch *Wacker* BB 07, 1936 (offen lassend).
[3] So zutr BMF BStBl I 04, 593; **aA** *Dötsch/Pung* DB 04, 91 (Berücksichtigung erst auf der Ebene der KapGes).
[4] BMF BStBl I 04, 593 Tz 48 f.
[5] BMF BStBl I 04, 593; vgl auch *Kohlruss* Stbg 04, 312; *Bennecke/Schnittger* IStR 04, 475; *Rödder/Schuhmacher* DStR 04, 1449; *Mensching* DStR 04, 408; *Prinz zu Hohenlohe/Heurung* DB 03, 2566.

samt nicht den Gewerbeertrag. Dieser erhöht sich aber auch nicht um die als Sonderbetriebsertrag zusätzlich zu erfassende vGA auf die Anteile des Sonder-BV.[1]

2. Bilanzielle Behandlung von Privatvermögen und privatem Aufwand. WG des **notwendigen PV** dürfen in der **Steuerbilanz der Ges** nicht bilanziert werden. Daher kommt es zwingend zu einem **Auseinanderfallen von Handels- und Steuerbilanz.** Bei einer **Anschaffung** dieser WG liegt eine **Entnahme** der dazu erforderlichen **Geldmittel** durch alle G'ter[2] vor. Etwaige Finanzierungsschulden sind **keine Betriebschulden.** Werden ursprünglich betriebliche WG später auf Dauer für private Zwecke der MU'er genutzt, liegt eine **Entnahme des WG** vor. Die **Entnahme wie der steuerliche Entnahmegewinn ist allen MU'ern nach dem Gewinnverteilungsschlüssel** zuzurechnen,[3] unabhängig davon, zu wessen Gunsten die Anschaffung oder Entnahme des WG erfolgte. 364

Private Verbindlichkeiten der Ges dürfen von vornherein in der Steuerbilanz nicht bilanziert werden. Ihre **Tilgung** führt zu **Entnahmen. Keine BA,** sondern Entnahmen liegen auch vor, wenn **Aufwendungen für die Lebensführung der MU'er** von der Ges getragen werden. § 12 Nr 1 ist uneingeschränkt auch bei PersGes anzuwenden.[4] Entnahmen und **keine BA** liegen danach ua vor bei Aufwendungen für die **Jagd** (BFH BStBl II 83, 668), **Karnevalssitzungen** (BFH BStBl II 94, 843), Studienreisen (BFH BStBl II 96, 273), **Steuererklärungen der G'ter** (BFH BStBl II 84, 301; BStBl II 94, 907; BFH/NV 96, 22), **Tageszeitungen** BFH BStBl II 83, 715), **Vereinsmitgliedschaft, Freizeitvereine** (BFH BStBl II 93, 53; BStBl II 92, 840), **Spenden**[5] (BFH BStBl II 91, 70), **Geldstrafen** (BFH BStBl II 92, 85), **Geburtstagsfeier** (BFH/NV 97, 560). 365

3. Entnahmen. Es ist **zu differenzieren** zw **handelsrechtlichen und steuerlichen Entnahmen.** Handelsrechtlich liegt eine Entnahme **aus dem Gesellschaftsvermögen** vor, wenn dem G'ter oder auf seine Rechnung einem Dritten **Geld oder ein Vermögensgegenstand** aus dem Gesellschaftsvermögen **ohne Gegenleistung zulasten seines Kapitalanteils** zugewendet wird. Unerheblich ist, ob beim G'ter eine Verwendung für betriebliche oder private Zwecke erfolgt.[6] Demgegenüber ist von einer **steuerlichen Entnahme nach § 4 I 2** nur auszugehen, wenn **Geld oder WG** aus dem Gesellschaftsbereich ohne angemessene Gegenleistung in den **Privatbereich des G'ters** übertragen oder einem Dritten zu Lasten des G'ters oder der G'ter zugewendet werden. Aus § 6 V 1 und 2 folgt, dass der Gesetzgeber die Überführung von WG aus einem Betrieb des StPfl in einen anderen Betrieb desselben StPfl nicht als gewinnrealisierende Entnahme behandelt wissen will. Daher kann unter „anderen betriebsfremden Zwecken" iSd § 4 I 2 nur die Überführung in einen nicht mehr den steuerlichen Zugriff beim StPfl gestattenden Bereich verstanden werden **(sog weiter Betriebsbegriff**[7] **– aA** aber § 4 Rn 93f). Dasselbe muss gelten, soweit WG aus dem gemeinsamen GewBetr der MU'schaft in BV des MU'ers übertragen werden (s Rn 448f). 366

Für Zwecke der GewSt ist allerdings zu beachten, dass dort der Gewerbeertrag für den einzelnen Betrieb des StPfl zu ermitteln ist. Unterhält der StPfl daher mehrere Betriebe (etwa Einzelbetrieb und MU'er oder MU'er in mehreren MU'schaften), darf der gewerbliche Gewinn nicht willkürlich zw den GewBetr verschoben werden. Die Überführung von WG und Geld aus einem in einen anderen GewBetr des StPfl darf daher im abgebenden Betrieb weder den GewErtrag mindern noch im aufnehmenden erhöhen. Dem ist dadurch Rechnung zu tragen, dass jeweils technisch eine Entnahme und Einlage zum Buchwert erfasst werden. Einkommensteuerlich handelt es sich aber nicht um gewinnrealisierende Entnahmen oder Einlagen. Werden solche „technischen Entnahmen" als betrieblich veranlasste Betriebsausgaben getarnt, ist das Ergebnis zu korrigieren.[8] Der Sache nach liegt hier handelsrechtlich kein Aufwand, sondern eine „verdeckte" Entnahme vor. Werden auf diese Weise stille Reserven auf einen anderen GewBetr des/der StPfl verlagert, ist dies allerdings hinzunehmen, weil § 7 GewStG auf das EStG verweist und dort mangels Entnahme kein Gewinnrealisationstatbestand vorliegt.

---

1 BMF BStBl I 04, 593 Tz 53.
2 Vgl BFH BStBl II 02, 724 (Versicherungsanspruch der Gesellschaft für privates Risiko).
3 *K/S/M* § 15 Rn E 112, 160; BFH BStBl II 00, 390 mwN; *Hellwig* FS Döllerer, 1988, S 205.
4 BFH BStBl II 92, 647.
5 Aber SA nach § 10b; für den Höchstbetrag ist auf den einzelnen MU'er abzustellen, FinVerw BB 98, 1671.
6 *K/S/M* § 15 Rn E 144.
7 BFH BStBl II 05, 378; BStBl II 03, 133 mwN; BStBl II 02, 537.
8 Vgl BFH BStBl II 01, 299 (überhöhte Leistungsentgelte an Schwester-PersGes des MU'ers bei fehlendem Interessengegensatz).

Reiß

Abw vom handelsrechtlichen Entnahmebegriff umfasst § 4 I 2 steuerlich auch **Nutzungsentnahmen**. Im Unterschied zum Handelsrecht liegt steuerlich eine Entnahme auch vor, wenn das WG zwar Gesellschaftsvermögen bleibt, aber steuerlich **notwendiges PV** wird (Rn 364). Zur Übertragung von WG des Gesellschaftsvermögens in ein eigenes BV des MU'ers s Rn 448 f.

Bei **Veruntreuungen** (insbesondere von Kundengeldern), **Unterschlagungen und Diebstahl** durch einen Mit-G'ter liegt weder steuerlich noch handelsrechtlich eine Entnahme vor. Bei bilanzierenden MU'schaften steht dem Verlust ein gegen den MU'er gerichteter Ersatzanspruch gegenüber, so dass sich an sich keine Gewinnauswirkung ergäbe. Werden Kundengelder auf ein eigenes Konto des MU'ers „umgeleitet", ist dennoch von einer Einnahme bei der MU'schaft auszugehen, soweit der Kunde befreiend leistet, weil ihm gegenüber der G'ter zum Zahlungsempfang für die Ges befugt ist. Die Rspr nimmt allerdings zunächst nur eine Sonder-BE des veruntreuenden G'ters an.[1] Eine Aktivierung des Ersatzanspruches komme bis zur Anerkennung durch den veruntreuenden G'ter nicht in Betracht. Korrespondierend kann der veruntreuende G'ter erst mit Anerkennung/Erfüllung des Ersatzanspruches einen den Zufluss der Sonder-BE rückgängig machenden Aufwand geltend machen. Folgt man dem, bedeutet dies bei Auseinanderfallen von gewinnrealisierender Leistungserbringung und Vereinnahmung in verschiedenen Gewinnermittlungszeiträumen, dass zunächst im Gesamthandsbereich gewinnrealisierend eine Forderung aus Leistungen zu bilanzieren ist, die mit der Unterschlagung bei Vereinnahmung aufwandswirksam auszubuchen ist. Zugleich ist dann eine Sonder-BE des veruntreuenden G'ters in dieser Höhe zu berücksichtigen. Mit Anerkennung des (realisierbaren!) Ersatzanspruches ist sodann einerseits erfolgswirksam im Gesamthandsbereich der Ersatzanspruch zu erfassen und im Sonderbereich ein entspr Aufwand (= Rückgängigmachung der Sonder-BE) zu berücksichtigen.

Bei Gewinnermittlung nach § 4 III führen Unterschlagung und Diebstahl von BV richtigerweise zunächst zu einer Einnahme und zugleich BA im Gesamthandsbereich, denen erst bei Leistung des Ersatzes dann eine verbleibende BE folgt. Korrespondierend dazu erzielt der ungetreue G'ter mit Vereinnahmung zunächst eine Sonder-BE in Höhe des veruntreuten Betrages und nicht nur anteilig in Höhe seiner Gewinnbeteiligung und bei Ersatzleistung entsteht ihm eine Sonder-BA. Soweit die Ges auf die Geltendmachung des Ersatzanspruches „verzichtet", liegt eine Entnahme aller G'ter vor, wenn dieser Verzicht seine Ursache in den privaten Beziehungen der G'ter zum Unterschlagenden hat (Familiengesellschaften!).

367 Bei der **Gegenstandsentnahme** durch **Übertragung eines WG** auf den G'ter in dessen PV (oder einen von ihm bestimmten Dritten) ist mangels anderweitiger Abreden ein etwaiger sich nach § 6 I 4 ergebender **Entnahmegewinn** (Differenz Buchwert/Teilwert) allen G'tern nach dem vereinbarten **Gewinnverteilungsschlüssel** zuzurechnen.[2] Die Entnahme ist hingegen zu Lasten des Kapitalanteils des entnehmenden G'ters zu erfassen. Wird in der HB (eventuell aber Einheitsbilanz!) sowohl der Gewinn als auch die Entnahme allein dem entnehmenden G'ter zugerechnet, stellt dies eine konkludente Änderung der Gewinnverteilungsabrede dar. Vorbehaltlich der Angemessenheit bei Familien-PersGes (Rn 262 f) ist dies zu respektieren.[3] Davon ist auch auszugehen, wenn handelsbilanziell (mit Zustimmung aller G'ter!) nur eine Entnahme zum Buchwert erfolgte. Eine Schenkung liegt vor, wenn in der HB (Einheitsbilanz!) Entnahme und Entnahmegewinn anteilig allen G'tern zugerechnet werden.[4] Bei unangemessener Gewinnverteilung in Familien-PersGes ist dementspr steuerlich eine Schenkung anzunehmen mit Zurechnung des Gewinnes und der Entnahme beim Schenkenden.[5] Die rein steuerliche Gegenstandsentnahme trotz Verbleibens im Gesamthandsvermögen (Rn 364, 352, 354) ist allen G'tern zuzurechnen.[6] Nur hinsichtlich der Nutzungsvorteile liegt eine Schenkung vor (unentgeltliche Grundstücksnutzung und unverzinsliche Darlehen).

368 Nutzungsentnahmen sind vorbehaltlich der Sonderregelung für die private Pkw-Nutzung in § 6 I Nr 4 S 2 mit den Selbstkosten zu bewerten (§ 6 Rn 161). Ein Gewinnzuschlag scheidet aus.[7] Ist allerdings eine **KapGes MU'er**, so ist anteilig auch bei Bewertung von Nutzungsentnahmen von den für die Bewertung von vGA geltenden Grundsätzen auszugehen, sofern der Nutzende G'ter der Kap-

---

1 BFH v 22.6.06 – IV R 56/04, DStR 06, 1788 mit Anm *MK*; vgl auch BFH BStBl II 01, 238; BStBl II 00, 670; *K/S/M* § 15 Rn E 161 f mwN.
2 BFH BStBl II 96, 276; vgl auch BStBl II 00, 390.
3 BFH BStBl II 86, 17; BFH/NV 95, 103.
4 BFH BStBl II 96, 276; BStBl II 95, 81.
5 *K/S/M* § 15 E 145.
6 BFH BStBl II 96, 642.
7 BFH BStBl II 90, 8; vgl aber BStBl II 01, 395 (Unfallschaden, Vorlage an GrS).

Ges ist.¹ Sind die Aufwendungen handelsrechtlich (Einheitsbilanz!) als Aufwand behandelt worden, ist ein steuerlicher Mehrgewinn und die Entnahme allein dem nutzenden G'ter zuzurechnen, vorbehaltlich der Angemessenheit bei Familien-PersGes.²

4. Einlagen. Handelsrechtlich liegt eine **Einlage** vor, soweit der G'ter (oder auf seine Rechnung ein Dritter!) **Geld oder WG (nicht aber Nutzungen!)** ohne weitere **Gegenleistung** aufgrund einer Beitragverpflichtung oder auch als freiwilligen Beitrag **auf** die Ges **(in das Gesellschaftsvermögen)** überträgt. Die handelsrechtliche Einlage **erhöht das Gesellschaftsvermögen.** Von einer **offenen** handelsrechtlichen **Einlage** wird gesprochen, wenn die Einlage dem **Kapitalanteil des G'ters** gutgebracht wird. Eine **verdeckte Einlage** liegt vor, wenn entweder das WG nicht oder nicht zum vollen Wert erfasst wird (und daher auch kein Zugang auf dem Kapitalkonto erfasst wird!) oder wenn der Vermögenszugang handelsrechtlich als Ertrag ausgewiesen wird. Ob und inwieweit dies handelsrechtlich zulässig ist, bleibe dahingestellt.³ **369**

Eine **steuerliche Einlage** nach § 4 I 5 kommt im Unterschied zur handelsrechtlichen Einlage **nicht in Betracht,** soweit auf PersGes **WG des BV** übertragen werden (s Rn 366, 448f). **370**

Problematisch ist, ob bei der **offenen gesellschaftsrechtlichen Einlage aus dem PV** eine steuerliche **Einlage** vorliegt. Der VIII. Senat und nunmehr auch die FinVerw verneinen dies. Sie gehen von einem **tauschähnlichen Anschaffungsgeschäft**⁴ aus. Die PersGes soll eine – offenbar durch steuerliche Einlage? – **Einlageforderung in Geld** (aus der Beitragsverpflichtung im Gesellschaftsvertrag) **als AK** aufwenden, um den Gegenstand zu erlangen. Dem ist richtigerweise nicht zu folgen. Bei freiwilligen Übertragungen besteht weder eine Geld- noch eine Sachverpflichtung. Es ist eine reine Fiktion, dass jeder vertraglich vereinbarten Sachleistungsverpflichtung an sich eine Geldverpflichtung zugrunde liegt. Die für KapGes bestehende Ausfallhaftung des G'ters bei einer Überbewertung der Sacheinlage (§ 9 GmbHG, §§ 27, 36a AktG) besteht bei einem Pers-G'ter nicht, auch nicht für den K'disten. Sie bewirkt übrigens selbst bei einer KapGes nicht, dass eine vertragliche Sachleistungsverpflichtung in eine Geldverpflichtung umzudeuten ist. Tatsächlich wendet die PersGes (wie auch eine KapGes) außer der Sacheinlageforderung nichts auf, um das WG zu erhalten. Der Untergang der auf die Übertragung des WG gerichteten Einlageforderung kann nicht als Anschaffungsaufwand angesehen werden. Anders wäre nur dann zu entscheiden, wenn steuerlich bereits eine Einlageforderung als Einlage zu werten wäre. Ob dies handelsrechtlich so ist oder auch steuerlich bei KapGes,⁵ kann hier dahinstehen. Denn für die PersGes folgt schon aus dem Wortlaut des § 4 I 5, dass der Gesetzgeber erst die „zugeführte" Einlage als Einlage betrachtet. Dies wird iÜ durch § 15a bestätigt (§ 15a Rn 43, 107). Daher ist auch bei der **offenen gesellschaftsrechtlichen Einlage** eines WG aus dem PV des MU'ers von einer nach § 6 I 5 mit dem **Teilwert** zu bewertenden **Einlage** auszugehen⁶ (Rn 456). **371**

Eine davon zu trennende Frage ist, ob aufseiten des **einbringenden MU'ers** eine **Veräußerung** vorliegt. Dies ist von Bedeutung für §§ **17, 23.** Da der Gesetzgeber in § 23 I 5 Nr 2 nur die **verdeckte Einlage in KapGes** – analog § 17 I 2 – unmittelbar als Veräußerung behandelt, hingegen die Einlage in ein BV nach § 23 I 5 Nr 1 nur fiktiv als Veräußerung behandelt, wenn eine tatsächliche Veräußerung innerhalb von 10 Jahren seit Anschaffung erfolgt, ist schon daraus zu folgern, dass die offene Einlage in eine KapGes per se als Veräußerung⁷ angesehen wird. Hingegen wird die (offene wie verdeckte) Einlage in eine PersGes offenbar nicht per se als Veräußerung iSd § 23 angesehen. Richtigerweise ist insoweit nicht von einer Veräußerung auszugehen (**aA** *Fischer* § 23 Rn 12).⁸ Wenn der Gesetzgeber zutr nur die verdeckte und offene Einlage in eine KapGes übereinstimmend als „Veräußerung" behandelt, so ist auch umgekehrt die offene wie die verdeckte Einlage in eine PersGes nicht als „Veräußerung" zu behandeln.⁹ Die vom VIII. Senat angenommene Gleichbehandlung **372**

---

1 BFH BStBl II 86, 17.
2 *K/S/M* § 15 Rn E 150; vgl auch *Gosch* StBp 96, 79; *Bolk* BuW 95, 97; *Hellwig* FS Döllerer, 1988, S 205.
3 Vgl dazu *K/S/M* § 15 Rn E 169 mwN.
4 BFH BStBl I 00, 230; BMF BStBl I 00, 462 u BStBl I 04, 1190; so auch BFH v 5.6.02 – IR 6/01, GmbHR 03, 50 im Anschluss an BFH BStBl II 00, 230; vgl aber BStBl II 04, 344 (Veräußerung nur bei Gutschrift auf Fremdkapitalkonto, nicht bei Gutschrift auf Kapitalkonto!) mit Anm *Kempermann* FR 02, 1058.
5 Zutr verneinend *Schmidt/Hageböke* DStR 03, 1813.
6 So auch früher BMF BStBl I 78, 8 Tz 49 (sog MU'er-Erlass); *K/S/M* § 6 F 75; anders jetzt BMF BStBl I 00, 462.
7 So schon bisher BFH BStBl I 92, 404; BMF BStBl I 76, 418; *Groh* DB 97, 1683.
8 *K/S/M* § 15 E 171 zu § 17.
9 So auch BFH BStBl II 04, 344 (zu § 49 I Nr 2f in Bezug auf eine gesellschaftsrechtliche Einlage).

Reiß

gesellschaftsrechtlicher offener Einlagen in KapGes und PersGes verkennt, dass steuerlich zwar die KapGes, nicht aber die PersGes eigenes Steuersubjekt ist (Rn 455). Insoweit kann das Steuerrecht einer eventuellen Gleichbehandlung gesellschaftsrechtlicher Einlagen im Handelsrecht nicht folgen.

373 Folgte man mit der FinVerw der Rspr des VIII. Senates, kämen bei PerGes nur **verdeckte Einlagen als steuerliche Einlagen** in das Gesellschaftsvermögen **nach § 4 I 5** in Betracht, dh Einlagen, bei denen in der HB (Einheitsbilanz?) keine Gutschrift oder keine ausreichende Gutschrift zum Kapitalanteil oder ein Ertragsausweis erfolgte[1] (Rn 369). Demgegenüber ist in der **Steuerbilanz** das WG bei verdeckter wie offener Einlage mit dem **Teilwert** nach § 6 I 5 zu bewerten. Auf der Ebene der empfangenden PersGes ergeben sich allerdings auch beim Ausgangspunkt der Rspr des VIII. Senates **keine unterschiedlichen Ergebnisse**. Denn entweder entspricht die Gutschrift auf dem Kapitalkonto (als angebliche AK) bereits dem Teilwert oder es liegt in Höhe der **Differenz** eine **verdeckte Einlage** vor.[2] Bei einer über dem Teilwert liegenden Gutschrift auf dem Kapitalkonto müsste hingegen von einer verdeckten Entnahme ausgegangen werden.

374 **Nutzungseinlagen** sieht weder die Handels- noch die Steuerbilanz[3] vor. Das der Ges **zur Nutzung überlassene WG** wird **Sonder-BV** durch eine **Einlage des WG im Sonderbereich.**[4] Der Gesellschaftsgewinn ist nicht um einen fiktiven Aufwand zu korrigieren. Überlässt der G'ter ein WG nur kurzfristig zur Nutzung – etwa Pkw –, so liegt ebenfalls nur eine **Aufwandseinlage im Sonderbereich**[5] vor. Überlassen Dritte der PersGes oder dem G'ter WG zur Nutzung, so führt dies weder im Gesellschaftsbereich noch im Sonderbereich zu einer Nutzungseinlage. **Drittaufwand** ist **nicht anzuerkennen**.[6] Bei einer **sog Einlage eines Nutzungsrechtes gegen Gewährung von Gesellschaftsrechten** (offene Einlage gegen Gutschrift auf dem Kapitalkonto) soll hingegen ein **tauschähnlicher Vorgang** (Rn 371) vorliegen.[7] Bei der PersGes sei ein aktiver RAP oder ein immaterielles WG Nutzungsrecht zu aktivieren. Im **Sonderbereich** sei das **WG und ein passiver RAP** zu erfassen. Dem ist zumindest für die Steuerbilanz nicht zu folgen. Vielmehr bewendet es wie bei bloßer Nutzungsüberlassung bei der Einlage des WG in das Sonder-BV.[8]

375 **5. Entgeltliche Leistungen an Gesellschafter.** Entgeltliche Leistungen (Dienst- und Werkleistungen, Nutzungsüberlassungen, Darlehensgewährung) der Ges an ihren G'ter auf **schuldrechtlicher Grundlage zu fremdüblichen Bedingungen** werden nach normalen bilanzrechtlichen Kriterien für entgeltliche Geschäfte behandelt. Sie stellen **keine** (negativen) **Sondervergütungen nach § 15 I 2** dar und sind auch nicht anteilig in teils entgeltliche Geschäfte, teils Nutzungsentnahmen und Geldeinlagen zu splitten (wie nach der Bilanzbündeltheorie Rn 202f).[9] Entspr gilt für die **Veräußerung von WG** an den G'ter.[10] Unter Berufung auf § 39 II Nr 2 AO soll allerdings bei lediglich vermögensverwaltenden PersGes (und Bruchteilsgemeinschaften) eine Leistung der PersGes an ihren G'ter im Umfange von dessen Beteiligung „steuerlich nicht anzuerkennen sein"[11] (s auch Rn 425f).

376 Erfolgen die **Leistungen und Veräußerungen** (für den Privatbereich) wegen der G'ter-Stellung verbilligt **(teilentgeltliche Geschäfte)**, so liegen **verdeckte Entnahmen**[12] vor. Diese sind in Höhe der Differenz zum Teilwert bei Veräußerungen bzw zu den Selbstkosten bei Leistungen zu bewerten, § 6 I 4 (Rn 368). Nach insoweit zutr Auffassung der FinVerw ist bei Veräußerungen in der Weise aufzuteilen, dass im Verhältnis Entgelt zu Verkehrswert eine Veräußerung vorliegt und iÜ eine Entnahme **(Trennungstheorie)**.[13] Diese Differenzierung kann nur noch Bedeutung gewinnen, wenn sich für Entnahmegewinne und Veräußerungsgewinne unterschiedliche Rechtsfolgen ergeben, etwa bei § 6b.[14] Umgekehrt liegen **verdeckte Geldeinlagen** vor, wenn mit Rücksicht auf die G'ter-Stellung ein **überhöhter Preis** gezahlt wird. Bei verbilligten oder übertreuerten Leistungen und Veräußerungen mit Rücksicht auf die G'ter-Stellung für den betrieblichen Bereich liegen nicht gewinnrealisierende verdeckte „technische Entnahmen" vor (Rn 366).[15]

---

1 BMF BStBl I 00, 462 II 1a-c.
2 Nach BMF BStBl I 00, 462 II 1c ist allerdings beim Veräußerer aufzuteilen nach dem Verhältnis Gutschrift auf dem Kapitalkonto zu gemeinem Wert des eingelegten Gegenstandes.
3 BFH GrS BStBl II 88, 348.
4 Statt vieler BFH BStBl II 94, 458.
5 BFH GrS BStBl II 88, 348; BStBl III 53, 337.
6 BFH GrS BStBl II 99, 778; BFH BStBl II 99, 782; BStBl II 99, 787.
7 *Schmidt*[26] § 15 Rn 515; § 5 Rn 208, 176.
8 *K/S/M* § 15 Rn 178; s auch BFH GrS BStBl II 88, 348; BStBl II 98, 307.
9 BFH BStBl II 96, 642; BStBl II 83, 598; BStBl II 81, 307.
10 BFH GrS BStBl II 81, 164; BFH BStBl II 83, 598.
11 BFH BStBl II 04, 929 und BFH BStBl II 04, 898.
12 BFH BStBl II 86, 17.
13 BMF BStBl I 78, 8; DStR 98, 766; BStBl I 94, 601 (zur Realteilung); BStBl I 00, 462 II 1c u II 3.
14 *K/S/M* § 15 Rn E 189.
15 Vgl BFH BStBl II 01, 299.

6. Einheitliche Bilanzierung. In der aus der HB abgeleiteten Steuerbilanz ist, da es sich um den gemeinsamen GewBetr der MU'er handelt, einheitlich zu bilanzieren. **Ansatz- und Bewertungswahlrechte** müssen von den G'tern einheitlich ausgeübt werden.[1] Für Sonderabschreibungen und erhöhte Absetzungen schreibt dies § 7a VII 2 ausdrücklich vor. 377

Für sog **personenbezogene (subventionelle) Gewinnermittlungsvorschriften** ist allerdings davon abzuweichen, wenn nicht alle MU'er die persönlichen Voraussetzungen erfüllen. Dann ist es gleichwohl zulässig, dass für denjenigen MU'er, der die Voraussetzungen erfüllt, die Vorschrift angewendet wird. Technisch erfolgt dies mittels Ergänzungsbilanz (Rn 334). 378

Im Zusammenhang mit der Besteuerung der MU'er nach § 15 I 2 ist str, wie **nach einem G'ter-Wechsel** zu verfahren ist, wenn der neue G'ter sachliche Voraussetzungen, zB Herstellung (zB § 7 V, 7h), nicht erfüllt und/oder bei Verbleibens- und Bindungsvoraussetzungen (zB § 7d VI), wenn diese von ausgeschiedenen G'ter nicht mehr erfüllt werden. Soweit das Gesetz allerdings ausdrücklich die PersGes als begünstigt bezeichnet, so § 1 FördG, § 1 InvZulG, stellt sich diese Problematik nicht. Hinsichtlich des ausgeschiedenen G'ters erfolgt bei Bindungs- und Verbleibensvoraussetzungen ein rückwirkender Wegfall der Vergünstigung,[2] der verfahrensrechtlich nach § 175 I 2 AO zu berücksichtigen ist. Die Vergünstigung ist dann auch nicht dem Erwerber oder dem Alt-G'tern zu gewähren.[3] Soweit ein bestimmtes investives Verhalten gefordert wird, zB Herstellung oder Modernisierung, ist die begünstigende Gewinnermittlungsvorschrift für den Erwerber des Gesellschaftsanteils nicht anwendbar. Für ihn sind nur die normalen Gewinnermittlungsvorschriften anzuwenden.[4] 379

7. Gewinnverteilung. Der **Gewinnanteil des MU'ers** am **Steuerbilanzgewinn** der Ges ergibt sich aus dem gesellschaftsvertraglich vereinbarten Gewinnverteilungsschlüssel oder aus den gesetzlichen Vorschriften, §§ 722 BGB, 121, 168, 231 HGB. Er ist den MU'ern zum Ende des Wj zuzurechnen, gleichgültig, ob Entnahmebefugnisse bestehen oder nicht.[5] Bei Familien-PersGes ist eine unangemessene Verteilung steuerlich zu korrigieren (Rn 262f). Auch **steuerliche Mehr- oder Mindergewinne** wegen abw Ansatz- und Bewertungsvorschriften[6] einschl handelsrechtlicher Bilanzierungshilfen[7] sowie wegen handelsrechtlich als Aufwand behandelter **nicht abziehbarer BA**[8] sind nach dem vereinbarten Gewinnverteilungsschlüssel zuzurechnen (s aber Rn 359 zu Schuldzinsen nach § 4 IVa). Dies gilt auch für bereits ausgeschiedene G'ter, etwa bei einer nachträglich stattfindenden Betriebsprüfung.[9] Bei der Zurechnung von Entnahmegewinnen ist zu differenzieren (Rn 367, 368). 380

Änderungen der Gewinnverteilungsabrede entfalten **keine Rückwirkung.** Daher können einem neu eintretenden G'ter weder für frühere Wj,[10] noch für das laufende Wj[11] Verluste rückwirkend zugewiesen werden. Allerdings kann für den noch nicht abgelaufenen Teil des Wj vereinbart werden, dass der neue MU'er überproportional am Gewinn/Verlust des Restjahres beteiligt wird.[12] Bei **Sonderabschreibungen** nach dem FördG soll ein Wahlrecht bestehen, neu eintretende G'ter ab Beginn des Wj rückwirkend und disquotal daran zu beteiligen.[13] Eine echte Rückwirkung liegt nicht vor, soweit ein Streit über die Beteiligung durch einen **Vergleich** beigelegt wird.[14] 381

V. Sonderbetriebsvermögen und Sonderbilanz. – 1. Sondervergütungen. – a) Sachlicher Anwendungsbereich. § 15 I 2 ordnet die **(Sonder)Vergütungen** für **Dienstleistungen, Darlehensgewährungen und Nutzungsüberlassungen** den Einkünften aus GewBetr zu. Der Vorschrift kommt **konstitutive** Bedeutung zu. Denn ohne diese Vorschrift würden die entspr Leistungen des G'ters zu anderen Einkunftsarten führen, §§ 18, 19, 20, 21. Erfasst werden **nur Leistungen des MU'ers** an die Ges, nicht umgekehrt Leistungen der Ges an den G'ter (Rn 375). Ebenfalls **nicht** von § 15 I 2 erfasst wer- 382

---

1 BFH BStBl II 86, 910; *Gschwendtner* DStZ 98, 335 (für Innengesellschaften).
2 BFH BStBl II 02, 134; BStBl II 94, 243 (zu § 7d).
3 BFH BStBl II 01, 760 (zu § 7h); **aA** BStBl II 94, 243; s aber *K/S/M* § 15 Rn E 206.
4 BFHE 215, 260 (zu § 82f EStDV); BFH BStBl II 01, 760; **aA** *K/S/M* § 15 Rn E 207 f mwN.
5 BFH BStBl II 88, 663.
6 BFH BStBl GrS II 91, 691.
7 **AA** insoweit BFH BStBl II 90, 965; dagegen *K/S/M* § 15 Rn 218.
8 *K/S/M* § 15 Rn E 216; **aA** *Knobbe-Keuk*[9] § 10 II; vgl auch *Bolk* BuW 95, 227; *Ritzrow* StBp 99, 1.
9 BFH/NV 04, 1526; BStBl II 97, 241; *K/S/M* § 15 Rn E 215.
10 BFH BStBl II 87, 558.
11 BFH BStBl II 96, 5; BStBl II 95, 246; BStBl II 93, 538; *K/S/M* § 15 Rn E 219 mwN auch zur Gegenmeinung.
12 BFH BStBl II 87, 558; BStBl II 84, 53.
13 BFH BStBl II 05, 33; BMF BStBl I 96, 1516 Tz 6 (allerdings zu Gebäuden im PV); dagegen *K/S/M* § 15 Rn E 229.
14 BFH BStBl II 99, 291; BStBl II 97, 535; BStBl II 75, 603.

den **Veräußerungsgeschäfte (Lieferungen)** des **MU'ers** an seine Ges[1] und schon gar nicht umgekehrt Veräußerungen an ihn.

383 **Problematisch** ist die Abgrenzung zw **Sondervergütungen** und **Beitragsleistungen gegen Gewinnvorab**. Von Sondervergütungen ist auszugehen, wenn die Leistung a) ausschließlich auf einer eigenständigen **schuldrechtlichen causa** (Austauschvertrag) beruht[2] oder b) zwar auch als Beitrag geschuldet wird, aber zugleich eine schuldrechtliche causa besteht. Davon ist auszugehen, wenn für die Leis- tung ein **gewinnunabhängiges Entgelt** vereinbart wurde, sei es in gesondertem Vertrag oder im Gesellschaftsvertrag. Umgekehrt ist von einem gesellschaftsrechtlichen Beitrag mit Gewinnvorab auszugehen, wenn dem G'ter in einer Verlustsituation kein zu erfüllender Zahlungsanspr zusteht.[3] Zu den Sondervergütungen sind auch Zahlungsansprüche auf **Aufwendungsersatz für die Geschäftsführung** oder andere Sozialansprüche nach §§ 110 HGB, 713 BGB iVm § 670 BGB zu zählen.[4] Eine dem phG'ter zugesagte (auch feste, bei Verlust zu gewährende) Haftungsvergütung kann allerdings immer nur ein Gewinnvorab sein und niemals Sondervergütung. Denn die Übernahme der Haftung ist untrennbarer Teil der G'ter-Stellung und kann daher weder zusätzlich versprochen, geschuldet, noch als Leistung gegen Entgelt erbracht werden. Auch umsatzsteuerlich kann auch nicht ausnahmsweise hier ein Leistungsaustausch angenommen werden.[5]

384 Dem Kapitalanteil gutzuschreibende **Gewinnansprüche** gehören **nicht** zu den **Sondervergütungen**. Dies gilt unabhängig davon, ob hinsichtlich des Gewinnanteils Entnahmebefugnisse bestehen oder nicht oder ob die bedungene Einlage überschritten wird. Dies betrifft auch den Gewinnanteil des K'disten. Dieser ist jedoch als Forderung im Sonder-BV und Verbindlichkeit im Gesellschaftsbereich zu behandeln, wenn die gesetzliche Regelung des § 167 II HGB nicht vertraglich abbedungen wurde.

385 Fraglich erscheint, ob auf einer schuldrechtlichen causa beruhende Leistungsvergütungen **immer unter § 15 I 2** fallen. Rspr und Literatur gehen davon aus, dass Sondervergütungen nur anzunehmen seien, wenn sie ihre **Veranlassung im Gesellschaftsverhältnis** hätten (positive Formel)[6] oder umgekehrt keine Sondervergütung vorläge, wenn jeglicher Zusammenhang mit der G'ter-Stellung fehle[7] (negative Formel). Tatsächlich ist bisher in keinem Falle das Vorliegen einer Sondervergütung ausgeschlossen worden.[8] Als denkbare Ausnahmen wurden erwähnt: Erwerb eines MU'anteils durch bisherigen AN mit anschließender Beendigung des Arbverh, Erwerb eines Sparguthabens durch Erbfall durch G'ter einer Bank, Prozessführung eines an einer Publikums-KG beteiligten RA.

386 § 15 I 2 ist grds auch bei **internationalen MU'schaften** anwendbar, nämlich für den unbeschränkt StPfl bei Beteiligung an einer ausländischen PersGes (Betriebsstätte im Ausland)[9] oder umgekehrt für einen beschränkt StPfl bei Beteiligung an einer deutschen PersGes (Betriebsstätte im Inland).[10] Betriebsstätten der PersGes sind jeweils Betriebsstätten des MU'ers.[11] Dies gilt grds auch für atypische stille Ges.[12] Regelmäßig sehen die DBA Deutschlands vor, dass für inländische Betriebsstätten das deutsche Besteuerungsrecht aus § 49 I 2a aufrechterhalten bleibt und für Betriebsstätten im Ausland die Freistellungsmethode mit ProgrVorb für aktive Einkünfte[13] anzuwenden ist. Allerdings sind bei Anwendbarkeit eines DBA die Sondervergütungen regelmäßig nicht dem Unternehmensartikel (Art 7 OECD MA) zuzuordnen, sondern dem Belegenheitsartikel für Grundstücke (Art 6)

---

1 BFH BStBl II 00, 339.
2 BFH GrS BStBl II 91, 691; BStBl II 93, 616.
3 BFH/NV 05, 1785 (zur Bedeutung der Vereinbarungen im Gesellschaftsvertrag); BFH BStBl II 01, 621 (Tätigkeitsvergütung als Gewinn vorab); BStBl II 99, 284 (als Sondervergütung).
4 So auch BFH BStBl II 99, 284; anders noch BStBl II 94, 282; vgl *K/S/M* § 15 Rn E 337.
5 **AA** BMF BStBl I 04, 240.
6 BFH BStBl II 82, 192; BStBl II 83, 571; BStBl II 79, 757.
7 BFH BStBl II 80, 269, 271, 275, 499.
8 Vgl *K/S/M* § 15 Rn E 339.
9 Vgl BFH/NV 06, 2326 mwN; BFH BStBl II 95, 563; BStBl II 95, 683; BStBl II 93, 714.
10 BFH BStBl II 83, 774.
11 BFH BStBl II 92, 937; BStBl II 03, 191 (zu DBA Schweiz und UK und Zuordnungproblematik) mit Anm *Gosch* StBp 03, 92; BFHE 200, 251.
12 BFH BStBl II 99, 812 (Schweiz); BFHE 216, 276 mit Anm *Wassermeyer* IStR 07, 334 (UK).
13 Vgl auch BFH BStBl II 07, 521 zur Anwendung des Progressionsvorbehaltes bei Subjektqualifikationskonflikt (Behandlung als KapGes im Ausland, aber als MU'schaft nach innerstaatlichem Recht); zur europarechtlichen Zulässigkeit eines Wechsels zur Anrechnungsmethode nach § 20 II und III AStG bei Niedrigbesteuerung EuGH v 6.12.07-RsC 298/05 [Columbus Container].

oder den Dividenden-, Zins- und Lizenzartikeln (10–12).[1] Soweit das Besteuerungsrecht Deutschlands nach dem DBA für Sondervergütungen bestehen bleibt, bezieht der StPfl innerstaatlich gewerbliche Einkünfte, gleichgültig unter welchem Artikel des DBA die Sondervergütungen einzuordnen sind.[2] Ungeachtet der transparenten Besteuerung sind Vertragsbeziehungen zwischen der PersGes und den MU'ern nicht zu negieren, sondern daraus resultierende Forderungen, Verbindlichkeiten und Erträge/Aufwendungen jeweils nach den einschlägigen Vorschriften der DBA vorrangig zu qualifizieren.[3]

b) Vorrangige Zuordnung – keine Subsidiarität. Die unter § 15 I 2 fallenden **Sondervergütungen** sind auch dann als **Teil der gewerblichen Einkünfte des MU'ers beim gemeinsamen GewBetr der PersGes** zu erfassen, wenn es sich ansonsten ebenfalls um **Gewinneinkünfte** handeln würde, etwa aus **LuF**[4] oder aus **freiberuflicher Tätigkeit.**[5] Darüber hinausgehend vertritt die Rspr zutr die Auffassung, dass § 15 I 2 eine **Zuordnung der Sondervergütungen und der WG des Sonder-BV zum GewBetr der MU'schaft** auch dann bewirke, wenn die Vergütungen andernfalls zu einem **eigenen GewBetr des MU'ers** gehören würden. Insoweit besteht ein **Vorrang der Zuordnung zum GewBetr der MU'er** vor der Zuordnung zum eigenen GewBetr und **keine Subsidiarität.**[6] Endet die Sonder-BV Eigenschaft – etwa wegen Veräußerung oder Aufgabe – so tritt wieder die Zuordnung zum eigenen Betrieb ein.[7]

387

Für die ESt hat diese vorrangige Zuordnung zum GewBetr der MU'schaft an sich wenig Bedeutung, abgesehen von der ggf erfolgenden Umqualifizierung in gewerbliche Einkünfte. Allerdings sind dann insoweit auch spezielle Einkünfteermittlungsvorschriften für andere Einkunftsarten, etwa die WKPauschbeträge nach § 9a, Befreiungen (§ 3 Nr 30–34, 39, 51, 62) oder Freibeträge (§ 13 III) nicht anwendbar. Von erheblicher Bedeutung ist allerdings die **Zuordnung** von Sonder-BV **zum MU'anteil** nach § 16 I 2 bei der Veräußerung eines MU'anteils oder der Einbringung nach §§ 20, 24 UmwStG. Hier versagt die Rspr die Begünstigung nach §§ 16, 34 bzw 20, 24 UmwStG, wenn Sonder-BV als wesentliche Betriebsgrundlage nicht mit übertragen wird,[8] sondern in ein anderes BV des StPfl überführt wird. Die **Hauptbedeutung** liegt bei der **GewSt.** Hier wirkt sich nicht nur die **Umqualifizierung** in gewerbliche Einkünfte naturgem auf den **Gewerbeertrag** aus. Vielmehr bewirkt auch die **Zuordnung** an sich schon gewerblicher Einkünfte **zum GewBetr der MU'ers** gravierende Unterschiede, etwa wegen bestehender **Hebesatzunterschiede** oder beim **Verlustausgleich nach § 10a GewStG.** Darüber hinausgehend können sich aus der Zuordnung auch erhebliche Folgen dort ergeben, wo Einkunftsermittlungsnormen oder außersteuerliche Begünstigungsvorschriften an die Zugehörigkeit eines WG zu einem bestimmten Betrieb oder zu einer Betriebsstätte anknüpfen, etwa nach dem **FördG** oder dem **InvZulG.**[9]

388

Verfahrensrechtlich sind die Sondervergütungen in die **einheitliche und gesonderte Gewinnfeststellung** bei der MU'schaft nach §§ 179, 180 I 2a AO einzubeziehen. Bei Doppelberücksichtigung liegen widerstreitende Steuerfestsetzungen nach § 174 AO vor.[10] **Bilanziell** sollen Sondervergütungen und zugrunde liegendes Sonder-BV (etwa das vermietete Grundstück) aus einer eigenen Steuerbilanz des StPfl (etwa bei einer KapGes als MU'er) zu eliminieren sein (oder als Teil der Beteiligung zu behandeln sein), weil sie zwingend (schon) in einer Sonderbilanz zu erfassen sind. Dem ist nicht zu folgen (Rn 310).

389

---

1 Vgl *Weggenmann* IStR 02, 1; *Ch Schmidt* WPg 02, 1134; *Kleineidam* RIW 03, 734; vgl auch BFHE 214, 518 (Darlehen- und Zinsforderungen nach DBA Frankreich 59/69) u BFH/NV 04, 771 (keine tatsächliche Zugehörigkeit von zum Sonder-BV gehörenden Anteilen an luxemburgischen KapGes und deren Dividenden zur luxemburgischen Betriebsstätte einer GbR von Inländern als Holding); anders aber, wenn auch der ausländische Staat enstpr dem deutschen Recht Sonder-BV kennt, vgl insoweit zu Österreich BFH BStBl II 00, 399; vgl aber FG Bad-Württ, EFG 06, 667 mit zust Anm *Ismer/Kost* IStR 07, 120 (Sondervergütungen/Zinsen an in USA ansässige G'ter).
2 Vgl BFH BStBl II 00, 336; BStBl II 95, 683; BStBl 97 II 313; BStBl II 91, 444.
3 BFHE 214, 518; *Gosch* StBp 2003, 92, 96; *Gosch* FS Wassermeyer, 2005, S 263f.
4 Vgl BFH/NV 04, 1247 für Verpachtung eines luf Betriebes an eine OHG – auch gegenüber Betriebsverpachtung besteht Vorrang des Sonder-BV!
5 BFH BStBl II 79, 757.
6 Grundlegend BFH BStBl II 79, 750 und seither stRspr, vgl BStBl II 94, 282; BStBl II 96, 93; BStBl II 99, 483; krit *Söffing* DB 07, 1994.
7 Vgl BFH BStBl II 02, 737 (Tilgung auf abgeschriebene Forderung Gewinn im Einzelbetrieb).
8 BFH BStBl II 03, 194; BFH BStBl. II 01, 26; BFH BStBl II 95, 890; BStBl II 91, 635.
9 Vgl BFH BStBl II 99, 328; s auch BMF BStBl I 96, 111; BStBl I 96, 1516.
10 BFH BStBl II 97, 170.

390 **c) Zeitliche Zurechnung – nachträgliche Einkünfte.** Sondervergütungen liegen nur vor, wenn die zugrunde liegenden **Leistungen** in einem **Zeitraum** erbracht werden, in dem die mitunternehmerische **G'ter-Stellung** bestand.[1] Der Zeitpunkt des Zuflusses ist unerheblich. Mithin scheiden sowohl „vorgesellschaftliche" als auch „nachgesellschaftliche" Leistungen aus.

391 Daher bleiben **Pensionsrückstellungen** für **ArbN** auch dann bestehen, wenn der ArbN später MU'er wird.[2] Dies gilt auch bei Umwandlung einer KapGes in eine PersGes.[3] Wird der G'ter nach der Umwandlung abgefunden, liegen keine Sondervergütungen vor, sondern bei der Ges Tilgung einer Fremdverbindlichkeit und bei dem G'ter Arbeitslohn.[4] Wird die Pensionszusage während der Zugehörigkeit zur Ges weitergeführt, stellen die Zuführungen dafür dann allerdings Sondervergütungen dar (Rn 395). Scheidet ein G'ter umgekehrt aus der Ges aus, bleibt aber ArbN, so stellen weitere Zuführungen zur Pensionsrückstellung keine Sondervergütungen mehr dar, auch wenn der Arbeitsvertrag bereits zur Zeit der Gesellschaftszugehörigkeit geschlossen wurde. Entspr gilt bei Umwandlung in eine KapGes.[5]

392 Soweit Sondervergütungen für während der Gesellschaftszugehörigkeit erbrachte Leistungen des G'ters erst nach seinem Ausscheiden oder von einem Rechtsnachfolger (Witwen/Waisen) bezogen werden, ordnet § 15 I 2 an, dass diese **nachträglichen Einkünfte zu den Einkünften aus GewBetr nach § 15 I 2** gehören. Dies ist an sich eine Selbstverständlichkeit. Die Bedeutung der Vorschrift liegt im Bereich der GewSt. Denn nachträgliche gewerbliche Einkünfte nach § 24 Nr 2 rechnen normalerweise wegen der Einstellung des GewBetr nicht mehr zum Gewerbeertrag. Wegen § 15 I 2 sind aber auch **Versorgungsbezüge an ausgeschiedene G'ter und an Nicht-G'ter (Witwen/Waisen)** in die Einkünfte der MU'er aus laufendem GewBetr und damit in den Gewerbeertrag einzubeziehen.[6] Auch **verfahrensrechtlich** werden damit Nicht-G'ter in die einheitliche und gesonderte Feststellung einbezogen. Die ab 1986 geltende Vorschrift stellt die gesetzgeberische Reaktion auf eine verfehlte Rspr[7] dar, wonach Sondervergütungen nicht von Nicht-G'tern bezogen werden konnten. Sie hat besondere Bedeutung für **Pensionen,** die nach früherer Auffassung nicht durch eine Pensionsrückstellung (Rn 396) berücksichtigt werden durften.[8] Soweit für laufende Pensionen nach damaliger Auffassung zulässigerweise Pensionsrückstellungen gebildet wurden, kann deren Auflösung für Wj nach 1986 nicht verlangt werden.[9] § 15 I 2 ist auch anwendbar nach Ausscheiden des vorletzten G'ters aus einer Ges.[10]

393 **d) Sondervergütungen für Dienste. – aa) Begriff der Dienstleistungen für die Gesellschaft.** Der Begriff der **Tätigkeiten im Dienste** der Ges ist **weit zu fassen.** Er umfasst sowohl unselbstständig erbrachte Dienstleistungen, insbes Leistungen aufgrund von **Arbeitsverträgen** (§ 611, 622 BGB),[11] als auch selbstständig erbrachte Dienstleistungen[12] (§§ 611, 621 BGB), auch an sich **freiberufliche Dienstleistungen,**[13] sowie **Werkleistungen** (§ 631 BGB). Unerheblich ist, ob die Leistungen bei der Ges zu sofort abziehbaren Betriebsausgaben oder zu Herstellungsaufwand führen. **Nicht erfasst** werden **Veräußerungsgeschäfte.** Daher kommen Sondervergütungen regelmäßig nicht in Betracht, wenn in der Gesellschaftsbilanz eine Aktivierung von WG mit Anschaffungskosten zu erfolgen hat. Allerdings sind auch bei gewerblich geprägten Immobilienfonds an Initatioren oder Dritte, auch wenn sie zugleich K'disten sind, gezahlte Eigenkapitalvermittlungsprovisionen – abw von handelsrechtlichen Bilanzierungsgrundsätzen – für die Anlegerkommanditisten als Anschaffungskosten der Immobilie zu behandeln.[14] Die Berufung auf § 42 AO war allerdings überflüssig[15] (aA § 21 Rn 113, 116). Keine Dienstleistungen sind auch **Werklieferungen aufgrund Werklieferungsvertrages** (§ 651

---

1 BFH BStBl II 94, 250; BStBl II 76, 746.
2 BFH BStBl II 75, 437; BStBl II 77, 798.
3 BFH BStBl II 77, 798; BMF BStBl I 98, 268 Tz 06.03.
4 BFH BStBl II 81, 422.
5 BFH BStBl II 97, 799; BMF BStBl I 98, 268 Tz 20.44 f.
6 BFHE 185, 1; BFH BStBl II 94, 455; BMF BStBl I 92, 190; aA *Flume* FS Döllerer, 1988, S 133.
7 BFH BStBl II 84, 431; BStBl II 93, 26; BStBl II 94, 740; dazu *K/S/M* § 15 Rn E 352.
8 Dazu BFH BStBl II 94, 740 mwN.
9 BFHE 185, 1 (entgegen der Auffassung der FinVerw BMF BStBl I 92, 190); vgl auch BFH BStBl II 93, 26.
10 FG Hbg EFG 92, 70; *K/S/M* § 15 Rn E 353.
11 BFH BStBl II 01, 353 (auch zur LSt-Anrechnung nach § 36 II EStG); BStBl II 96, 515; BStBl II 92, 812.
12 BFH BStBl II 88, 128 (Vermittlungsleistung Werbung von K'dist); BStBl III 67, 630 (Vermittlungsleistungen Grundstück); BStBl II 87, 553 (Baubetreuung).
13 BFH BStBl II 79, 757 (763); BStBl II 87, 553 (Architekt); BStBl II 80, 269 (Steuerberater).
14 BFH BStBl II 01, 717; abl *Arndt* BB 02, 1617; Übergangsregelung bis 04 BMF BStBl I 02, 1352.
15 In der Sache geht es darum, dass auch die Einschaltung einer gewerblichen PersGes mit MU'ern nicht dazu führen darf, unter Berufung auf die angebliche Eigenschaft der PersGes als Gewinnermittlungssubjekt normale Anschaffungkosten der Anleger in sofort abzugsfähige Betriebsausgaben zu „verwandeln".

BGB). Maßgebend sollte sein, ob nach zivilrechtlichen Kriterien eine Eigentumsverschaffungspflicht (Werklieferungsvertrag) besteht oder nicht. Abw von der zivilrechtlichen Rechtslage[1] sollen allerdings nach der Rspr Bauleistungen auf fremden Grundstücken als nicht unter § 15 I 2 fallende Veräußerungsgeschäfte zu behandeln sein, jedenfalls dann, wenn der Umfang des verwendeten Materials (wie Warenlieferung) nicht nur von untergeordneter Bedeutung ist.[2]

Die **Vergütung** kann in Geld oder geldwerten Gütern bestehen, einmalig (etwa Abfindungszahlungen) oder laufend zu zahlen sein. Auch Auslagenersatz für Tätigkeiten im Dienste der Ges stellt Vergütungen dar,[3] denen allerdings zugleich Sonder-BA gegenüberstehen. Abzugrenzen ist allerdings zum Gewinnvorab (Rn 383). Nicht anwendbar sind die für ArbN geltenden Befreiungsvorschriften in § 3, ua § 3 Nr 62 (**ArbG Beiträge zur Sozialversicherung, Zuschüsse Lebensversicherung**),[4] § 3 Nr 9 (**Abfindungen Arbverh**).[5] Unerheblich ist, ob die Sondervergütung in der Gesellschaftsbilanz zu sofortigem Aufwand führt oder als Herstellungsaufwand zu bilanzieren ist.[6] **394**

bb) Pensionsrückstellungen. Pensionsrückstellungen zugunsten von (als ArbN beschäftigten oder sonst aufgrund schuldrechtlichem Dienstvertrag tätigen) G'tern sind (für Zusagen nach dem 31.12.86, Art 28 EGHGB) in der HB und **Steuerbilanz zwingend** zu bilden. Die Zuführungen zur Pensionsrückstellung stellen Sondervergütungen des tätigen G'ters dar. **Korrespondierend** zur Rückstellung in der Steuerbilanz der Ges sind daher in der **Sonderbilanz des begünstigten G'ters** eine **Forderung** und **Sonderbetriebsvergütungen**[7] zu erfassen. Nach hM ergibt sich dies aus dem Grundsatz der **korrespondierenden Bilanzierung** (Rn 313).[8] Dessen bedarf es aber nicht. Denn auch nach allg Bilanzierungsgrundsätzen liegt bereits ein bilanzierungsfähiges WG in der Hand des G'ters vor.[9] Dass bei ArbN erst mit Zufluss zu besteuern ist, beruht darauf, dass dort eine Überschusseinkunftsart vorliegt und nicht etwa darauf, dass kein bilanzierungsfähiges WG vorläge. **395**

Allerdings hatte die Rspr zunächst offen gelassen, ob der korrespondierende Anspr allein in der Sonderbilanz des begünstigten MU'ers zu erfassen ist oder ob eine anteilige **Bilanzierung bei allen MU'ern** erforderlich oder möglich ist.[10] Richtigerweise kann nur eine **Bilanzierung in der Sonderbilanz für den begünstigten MU'er** erfolgen.[11] Für eine Bilanzierung bei den anderen MU'ern, denen nichts zufließen wird, die im Gegenteil belastet sind, ist keine Rechtsgrundlage ersichtlich[12]. Soweit nach früherer Rspr die Pensionsrückstellung in der Steuerbilanz[13] nicht zugelassen wurde, ist dies überholt. Es liegt nicht lediglich eine Gewinnverteilungsabrede vor. Eine Zurechnung bei allen MU'ern oder gleichbedeutend eine Nichtbilanzierung in der Gesellschaftsbilanz durch bloße Verabredung einer Gewinnverteilung lässt sich auch nicht durch „Gestaltung" erreichen,[14] wenn dem betr MU'er tatsächlich eine Pensionszusage erteilt wird. Wäre sie als Gewinnverteilungsabrede zu verstehen, so müsste der betr Gewinnanteil dem begünstigten MU'er bereits im betr Jahr voll zugewiesen werden,[15] iÜ würde bei einer Verlustsituation kein Anspruch entstehen. Soweit gegen diese Lösung Bedenken[16] angemeldet werden, ist ihnen nicht zu folgen.[17] Sie beruhen letztlich darauf, die Ungleichbehandlung wegen der zeitlichen Unterschiede bei Überschusseinkunftsarten und Bilanzierung zu beklagen. Dem ist aber nicht punktuell gerade nur bei Pensionsrückstellungen zu begeg- **396**

---

1 Zur zivilrechtlichen Seite BGH NJW 76, 1536 (§§ 93, 94, 95, 946 BGB).
2 BFH BStBl II 00, 339; ebenso schon Vorinstanz FG Bln EFG 98, 1003.
3 BFH BStBl II 99, 284; bei der Ges liegt insoweit allerdings Aufwand vor, BStBl II 85, 325.
4 BFH BStBl II 92, 812 mwN; BStBl II 96, 427; vgl aber BStBl II 03, 34 mit Anm *Bolk* FR 03, 839 (ArbG-Anteil kein Lohnbestandteil, weil a) kein Zufluss und b) kein Vermögensvorteil für den ArbN. Die Begr steht in klarem Widerspruch zur Entscheidung des GrS BFH BStBl II 71, 177. Dem Urteil ist auch in der Sache nicht zu folgen. Vgl auch BVerfG BStBl II 02, 618. Jedenfalls lässt es sich nicht auf § 15 I S 1 Nr 1 übertragen, so zutr BFH/NV 07, 2413.
5 BFH BStBl II 96, 515.
6 BFH BStBl II 96, 427; BStBl II 87, 553; BStBl II 79, 763; *Kempermann* FR 98, 427.
7 BFHE 185, 1; *Gschwendtner* DStZ 98, 777; *Gosch* StBp 98, 138.
8 BFHE 185, 1; 184, 571; BFH BStBl II 93, 792.
9 BFH GrS BStBl II 98, 305; *Gosch* StBp 98, 138.
10 BFH BStBl II 93, 298; BFHE 184, 571; BFH BStBl II 02, 724.
11 BFH v 30.3.06 – IV R 25/04, DB 06, 1986.
12 S aber *Fuhrmann/Claas* Wpg 07, 77 (abweichende gesellschaftsvertragliche Vereinbarung soll zulässig sein, mE unzutr, solange zivilrechtlich Gesellschaft die Aufwendungen zu tragen hat); s auch *Otto* DStR 07, 268; *Kolbe* StuP 07, 109.
13 BFH BStBl II 77, 798 mwN; BFHE 184, 571 mwN.
14 **AA** *Westerfelshaus* DB 89, 93.
15 Vgl auch BFH/NV 02, 976 (verfehlt allerdings die Annahme, dass Aufwendungsersatz als Gewinn vorab vereinbart werden könne!).
16 *Flume* FS Döllerer, 1988, S 139; *Sieveking* DB 87, 1267; *Söffing* BB 99, 96; *Knobbe-Keuk*[9] § 11 IV 3.
17 *Gschwendtner* DStZ 98, 777; *Gosch* StBp 98, 138.

nen. **Rückdeckungsversicherungsbeiträge** für Pensionsansprüche der MU'er stellen keine BA dar, sondern Entnahmen.[1]

397 **e) Nutzungsüberlassungsvergütungen.** § 15 I 2 erfasst alle Nutzungsvergütungen für eine zeitlich begrenzte Nutzungsüberlassung aufgrund schuldrechtlicher Verträge, **Miete, Pacht**,[2] auch durch Nichteigentümer (Untervermietung)[3] sowie Entgelte für Nutzungsüberlassungen aufgrund dinglicher Rechte, **Nießbrauch, Erbbaurecht**[4] Gegenstand der Nutzungsüberlassung können **Grundstücke**,[5] **bewegliche Sachen (zB Maschinen, Inventar)**[6] oder **Rechte (zB Patente, Lizenzen)**[7] sein. Unerheblich ist auch hier, ob ein Einmalentgelt oder laufende Zahlungen erfolgen. Soweit allerdings das wirtschaftliche Eigentum übertragen wird (evtl beim **Leasing**), scheidet § 15 I 2 aus. Sondervergütungen liegen auch vor, wenn wegen untergeordneter Bedeutung ein Grundstücksteil (§ 8 EStDV) ausnahmsweise nicht als Sonder-BV bilanziert werden muss.[8]

398 **f) Darlehensvergütungen.** Der Begriff ist weit zu fassen. Erfasst wird jede **Hingabe von** (aus der Sicht der empfangenden PersGes) **Fremdkapital gegen Entgelt**.[9] Daher fallen unter § 15 I 2 nicht nur das **klassische verzinsliche Darlehen**, sondern auch partiarische Darlehen, die Beteiligung als **typisch stiller G'ter**,[10] **eigenkapitalersetzende Darlehen**,[11] die Übernahme von Bürgschaften gegen **Avalprovision**,[12] die Zurverfügungstellung von **Genußrechtskapital**, die Stundung von Forderungen aus Lieferverbindungen oder anderen Leistungen gegen **Stundungszinsen**[13] auch ohne Novation in ein Darlehen. Erfasst werden auch **Giro-, Festgeld- und Sparguthaben**[14] sowie verzinsliche Kontokorrentguthaben aus laufendem Geschäftsverkehr gegen die PersGes, nicht umgekehrt. Auch für die kurzfristige Überlassung von Geldbeträgen ist keine Ausnahme vorgesehen.[15] **Nicht erfasst** werden hingegen – mangels Leistung – reguläre **Verzugszinsen** aus **Lieferforderungen**,[16] anders aber für zu erfassende Forderungen aus Nutzungsüberlassungen, Dienstleistungen oder Darlehensüberlassungen.

399 **Keine Sondervergütung, sondern Gewinnvorab** stellt die (Vorab-)**Verzinsung des (echten) Kapitalanteils in der Gesellschaftsbilanz** (vgl § 121 I HGB) dar.[17] **Problematisch** kann dabei die **Abgrenzung** von Kapitalanteilen zu Fremdverbindlichkeiten (Darlehensverbindlichkeiten) der Ges sein (§ 15a Rn 42). Unerheblich ist, wie das Konto in der Bilanz (evtl fälschlich!) bezeichnet wird (Kapitalkonto II, III, Darlehenskonto usw). Allein entscheidend ist, ob es sich im Verhältnis zu Drittgläubigern und übrigen G'tern um „**nachrangiges Eigenkapital**" handelt oder nicht. Entscheidend dafür ist, ob eine gesonderte **schuldrechtliche causa** vorliegt (**Fremdkapital**), auch bei **Rangrücktrittsvereinbarung**,[18] oder ob das Kapital durch gesellschaftsrechtliche Einlagen und/oder Gewinnanteile gebildet wurde.[19] Konten, die Einlagen, Entnahmen, Gewinn- und Verlustanteile aufnehmen und bei Ausscheiden oder Liquidation in die Ermittlung des Abfindungsguthabens eingehen, sind Eigenkapitalkonten,[20] auch wenn sie negativ sind.[21] Die Verzinsung negativer Eigenkapitalkonten führt nicht zu betrieblichen Erträgen, sondern stellt Gewinnverteilung dar.[22] Werden beim K'disten entspr §§ 167 II, 169 HGB sog **Festkapitalkonten** für die bedungene und übereinstimmde Haftungseinlage geführt und daneben ein getrenntes sog **Verlustkonto**, so können weitere Konten, die nur Gewinnanteile aufnehmen, Fremdkapitalkonten sein.[23] Denn sie repräsentieren eine echte Verbindlichkeit der Ges (Forderung des K'dist, § 169 I HBG). Hingegen sind Konten, auf denen **Verlustan-**

---

1 BFH BStBl II 02, 724 mit Anm *Gosch* StBp 02, 281.
2 BFH BStBl II 79, 757.
3 BFH BStBl II 86, 304.
4 BFHE 163, 346; BFH BStBl II 04, 353 (entschädigungsloser Übergang des Gebäudes bei Ablauf des Erbbaurechts).
5 EFH BStBl II 94, 458; BStBl II 89, 37 und BStBl II 94, 846 (einschl Bodenschatz; vgl auch BMF DStR 98, 1679).
6 BFH BStBl II 80, 40; FG Nds EFG 95, 833 (Betriebsinventar); FG D'dorf EFG 98, 1674 (Gaststätte).
7 BFH BStBl II 99, 281 mwN.
8 BFH BStBl II 78, 647.
9 BFH BStBl II 83, 570.
10 BFH BStBl II 01, 229; BStBl II 84, 605.
11 BFH BStBl II 00, 347.
12 FG Mchn EFG 84, 345.
13 BFH BStBl II 79, 673.
14 BFH BStBl II 80, 275.
15 AA *Schmidt*[26] § 15 Rn 594, 535; nur scheinbar anders BFH BStBl II 87, 564 (Schwester-PersGes!).
16 *K/S/M* § 15 Rn E 182.
17 BFH BStBl II 94, 88.
18 BFH BStBl II 93, 502; BStBl II 92, 532.
19 *K/S/M* § 15 Rn E 133 f.
20 BGHZ 104, 33; BFH BStBl II 01, 171; BStBl II 04, 344.
21 Vgl auch *Ley* KÖSDI 02, 13459.
22 BFH BStBl II 01, 171.
23 BFH BStBl II 04, 344; vgl aber zutr BFH BStBl II 97, 36 (Indiz eher für Kapitalkonto!); *K/S/M* § 15 Rn E 142.

teile verrechnet werden, immer **Eigenkapitalkonten**.[1] Dies trifft auch dann zu, wenn eine Verrechnung mit gesondert geführten Verlustkonten erst bei Ausscheiden erfolgen soll.[2]

2. Sonderbetriebsvermögen, Sonderbetriebsaufwand und Sonderbetriebserträge. – a) Sonderbetriebsvermögen. – aa) Aktives Sonderbetriebsvermögen (I und II). WG, die dem MU'er zur Erzielung von **Sondervergütungen oder seines Gewinnanteils dienen** und ihm wirtschaftlich allein zuzurechnen sind,[3] sind BV iSd § 4 I, denn sie dienen der Erzielung gewerblicher Einkünfte (Rn 303, 305). Dafür hat sich die – nicht besonders glückliche Bezeichnung[4] (der MU'er unterhält gerade keinen Sonderbetrieb!) – Sonder-BV eingebürgert. Die Rspr unterscheidet zw sog **Sonder-BV I und Sonder-BV II**. Daraus ergeben sich aber keinerlei rechtlich relevante Unterschiede.[5] Als **Sonder-BV I** werden alle WG betrachtet, die der MU'er der Ges entgeltlich (Sondervergütungen) oder unentgeltlich (Beitragsleistung) **zur Nutzung** durch unmittelbaren Einsatz im Betrieb der PersGes überlässt (bereits ab Anschaffung, wenn zur späteren Überlassung bestimmt[6]). **Sonder-BV II** sind alle übrigen WG, die dem G'ter **zur Erzielung seines Gewinnanteiles** dienen, ua (aber nicht nur) der **Stärkung seiner Beteiligung dienen oder sonst für das Unternehmen förderlich sind.**[7] Der **Unterscheidung** kommt **keinerlei rechtliche Relevanz**.[8] zu. Sie hat allein eine praktische Bedeutung. Bei **Sonder-BV I** liegt – außer für gemischt genutzte WG mit teilw privater Nutzung – immer **notwendiges BV** vor, weil unzweifelh ist, dass das WG dem GewBetr dient. Hingegen kann für nicht der Ges zur Nutzung überlassene WG gerade zweifelh sein, ob sie der Beteiligung dienlich sind oder sonst der Erzielung des Gewinnanteils förderlich. Soweit dies der Fall ist, liegt auch **notwendiges Sonder-BV II** vor. **Gewillkürtes Sonder-BV** ist nur für **Sonder-BV II** und gemischt genutzte WG denkbar. Eine Zuordnung zum Sonder-BV I bei der nutzenden Gesellschaft geht einer Zuordnung zum Sonder-BV II bei einer weiteren MU'schaft vor.[9] Anteile des Organträgers an der Organgesellschaft können Sonder-BV II des Organträgers bei einer MU'schaft sein, an der der Organträger beteiligt ist.[10]

Im selben Umfang, in dem bei entgeltlicher Nutzungsüberlassung Sondervergütungen vorliegen (Rn 397), sind die zugrundeliegende WG **auch bei unentgeltlicher Überlassung Sonder-BV I**, sei es aufgrund **schuldrechtlichen Leihvertrages**, aufgrund **dinglichen Nutzungsrechtes** oder aufgrund **gesellschaftsrechtlichen Beitrags**. Unerheblich ist, ob die PersGes das überlassene WG selbst unmittelbar nutzt oder ihrerseits einem Dritten zur Nutzung überlässt (zB **Untervermietung**).[11]

Ebenso sind unverzinsliche **Darlehensforderungen** und andere **Fremdkapitalüberlassungsforderungen Sonder-BV I** (Rn 398). **Auszunehmen** sind lediglich Forderungen aus **Lieferverkehr**, soweit sie nicht wegen der G'ter-Stellung gestundet werden und Finanzierungsfunktion bei der PersGes[12] übernehmen. **Sonder-BV I der MU'er bei der Darlehensnehmerin** sind auch **Darlehensforderungen einer gewerblich tätigen Schwester-PerGes**, die wegen der G'ter-Stellung zu unüblichen Konditionen gewährt werden und deshalb bei der darlehensgewährenden PersGes nicht zu deren BV gehören.[13] Es kann hier nichts anderes gelten wie bei Darlehensgewährung durch vermögensverwaltende Schwester-PersGes (Rn 431, 438).

bb) Forderungsausfall – Verzicht. Speziell für **Darlehens- und andere Forderungen des Sonder-BV I** vertritt die Rspr und hL **die korrespondierende Bilanzierung** (Rn 313).[14] Infolgedessen werden Teilwertabschreibungen bei Forderungsausfall[15] nicht zugelassen. Auch sonst – etwa bei Fremdwäh-

---

1 BFH BStBl II 97, 36; BStBl II 94, 88; BStBl II 88, 551; *K/S/M* §15a Rn B 420f; BFH BStBl II 00, 390; BStBl II 01, 621.
2 Zutr BFH BStBl II 05, 598 (zu sog gesplitteten Einlagen, Finanzplandarlehen).
3 Vgl BFH BStBl II 02, 741 (Sonder-BV bei Bauwerk auf Ehegattengrundstück!).
4 *K/S/M* § 15 Rn E 331.
5 Vgl BFH BStBl II 06, 874.
6 BFH BStBl II 01, 316.
7 BFH BStBl II 06, 874.
8 S aber *Schmidt*[26] § 15 Rn 509; BHF BStBl II 97, 432 (Sonder-BV II keine wesentliche Betriebsgrundlage für § 20 UmwStG), aber unzutr, s BFH BStBl II 98, 104 (Sonder-BV II wie SBV I wesentliche Betriebsgrundlage für § 16).
9 BFH BStBl II 05, 830; BStBl II 88, 679.
10 BFH BStBl II 06, 361 (Gewinn aus der Veräußerung der Anteile ist dann im Rahmen der MU'schaft zu erfassen und nicht unmittelbar beim veräußernden Organträger).
11 BFH BStBl II 91, 800.
12 BFH BStBl II 92, 585 (Stundung, Finanzierung); BStBl II 81, 427 (Forderung gegen Vertriebsgesellschaft).
13 *K/S/M* § 15 Rn E 374 (375); BFH BStBl II 85, 6; *Schmidt*[26] § 15 Rn 552; unklar BFH BStBl II 96, 642 (notwendiges PV?); *Groh* DStZ 96, 673.
14 BFH BStBl II 00, 347 mwN; BStBl II 97, 277; BStBl II 96, 219; BStBl II 96, 226.
15 BFH BStBl II 97, 277; BStBl II 93, 714; BStBl II 96, 226; BStBl II 96, 228.

rungsforderungen – kommt das Imparitätsprinzip nicht zur Geltung.[1] Dies gilt auch für Forderungen gegenüber einer **ausländischen MU'schaft**. Zum Sonder-BV I gehören insoweit auch **Rückgriffsforderungen aus Bürgschaftsinanspruchnahme**. Konsequenterweise dürfen auch **Bürgschaftsrückstellungen**[2] in einer Sonderbilanz nicht passiviert werden bzw Bürgschaftsverbindlichkeiten sind durch einen gleich hohen Ansatz der Rückgriffsforderung schon in der Sonderbilanz auszugleichen. IErg kann ein **Verlust** erst bei **Vollbeendigung der MU'schaft** geltend gemacht werden.[3]

404 Der **Forderungsverzicht** auf eine **werthaltige Forderung** führt in der Gesellschaftsbilanz zu einer Erhöhung des oder der Kapitalanteile. Ob er allein dem verzichtenden G'ter (Normalfall) oder allen G'tern zugute kommt, hängt von den zugrundeliegenden Vereinbarungen ab. Im letzteren Falle liegt eine (mittelbare) Schenkung vor.[4] In der Sonderbilanz **vermindert** sich das **Sonderkapital**. Zivilrechtlich, nicht steuerlich, liegt eine Einlage vor[5] (Rn 370). Wird auf eine **wertgeminderte Forderung verzichtet**, ist die Behandlung str.[6] Nach der Rspr des GrS zum Forderungsverzicht gegenüber KapGes[7] müsste von einem Ertrag in Höhe des nicht werthaltigen Teiles im Gesellschaftsbereich und einem Aufwand im Sonderbereich ausgegangen werden. Auf der anderen Seite steht dem das **Prinzip der korrespondierenden Bilanzierung** entgegen. Danach ist eine **Teilwertabschreibung** gerade **nicht möglich**. Daher ist davon auszugehen, dass bei wertgeminderten Forderungen der Vorgang erfolgsneutral sowohl im Sonderbereich als auch im Gesellschaftsbereich bleibt. IErg erleidet der verzichtende MU'er dann auch hier erst bei Vollbeendigung einen Verlust. Fraglich ist, ob für die Zeit vom 1.1.99 bis 31.12.00 durch **§ 6 V 3 idF StEntlG eine Änderung** eingetreten war. Danach waren WG zum Teilwert vom Sonder-BV in das Gesellschaftsvermögen zu überführen. Dies könnte zu der Annahme führen, dass der Forderungsverzicht zum „niedrigeren Teilwert" erfolgen müsse, so dass Aufwand im Sonderbereich und Ertrag im Gesellschaftsbereich entstünde.[8] Dem ist nicht zu folgen. Bei korrespondierender Bilanzierung hat die Forderung im Sonder-BV niemals einen niedrigeren Teilwert. Bei einer **Forderungsveräußerung** an Außenstehende verliert die Forderung den Charakter als Sonder-BV.[9] Bei einer entgeltlichen Veräußerung zu Fremdbedingungen tritt in Höhe der Differenz zum Preis eine Aufwandsrealisierung im Sonder-BV ein,[10] ebenso bei einer Entnahme.[11] Das Prinzip der korrespondierenden Bilanzierung würde hier verlangen, dass in Höhe der Wertminderung in der Gesellschaftsbilanz ein korrespondierender Erfolg ausgewiesen und dem G'ter gutgeschrieben wird. Dafür sieht der BFH zutr keine Rechtsgrundlage.[12]

405 Liegt umgekehrt ein **Forderungsverzicht der Ges** gegen den G'ter oder eine ihm nahe stehende Pers (auch KapGes) aus außerbetrieblichen Gründen vor, so liegt eine mit dem Teilwert nach **§ 6 I 4 zu bewertende Entnahme** vor, wenn es sich beim G'ter um eine private Verbindlichkeit handelt.[13] Andernfalls ist nunmehr § 6 V 3 anzuwenden. Da nach insoweit zutr hM nicht das Korrespondenzprinzip gilt, führt dies bei wertgeminderten Forderungen zutr zu Aufwand im Gesellschaftsbereich und Ertrag im eigenen Betrieb des G'ters. Beim **Verzicht zugunsten einer KapGes**, an der MU'er beteiligt sind, führt dies bei der KapGes zu Ertrag[14] in Höhe der Wertminderung. Sofern die **Anteile an der KapGes** allerdings in **Sonder-BV II** gehalten werden, soll der Verzicht erst im Sonder-BV erfolgen, weil vorher die Forderung in das Sonder-BV überführt worden sei.[13] Bei Anwendung von § 6 V 3 führt dies allerdings nunmehr dazu, dass der Aufwand bereits im Gesellschaftsvermögen eintritt. Das ist auch iErg zutr, denn der Verlust wurde von allen G'tern erlitten. Allerdings bedarf es dazu nicht erst des Umweges über § 6 V 3. Vielmehr liegt entgegen der Rspr von vornherein beim Verzicht zugunsten eines G'ters auf eine Forderung gegen einen nahestehenden Dritten (hier KapGes) im Gesellschaftsvermögen eine nach § 6 I 4 zu bewertende Entnahme vor und im Sonderbereich eine nach § 6 I 5 zu bewertende Einlage (nachträgliche AK der Beteiligung). Nicht anders könnte entschieden werden, wenn die Anteile an der KapGes zu einem eigenen BV des MU'ers gehören würden.

---

1 BFH BStBl II 97, 277; BStBl II 93, 713.
2 BFH BStBl II 97, 277; BStBl II 91, 64.
3 BFH BStBl II 06, 874; BFH BStBl II 03, 871 mwN; BStBl II 97, 277; BStBl II 93, 747.
4 Vgl auch *Heisenberg* KÖSDI 01, 12590.
5 Nur scheinbar anders BFH BStBl II 02, 854 (Einlage im Gesellschaftsbereich und Entnahme im Sonderbereich – in der Sache handelt es sich um korrespondierende erfolgsneutrale Behandlung).
6 S *Pyszka* BB 98, 1557; *Farnschläger/Kahl* DB 98, 793; *Paus* FR 01, 113.
7 BFH GrS BStBl II 98, 307.
8 So *Schmidt*[26] § 15 Rn 550 (allerdings mit Zurechnung ausschließlich beim Verzichtenden).
9 Vgl aber BFH BStBl II 02, 685 (weiterhin Sonderkapital bei schenkweiser Abtretung an Kind unter Auflage, Forderung weder einzuziehen noch abzutreten = nicht vollzogene Schenkung!).
10 BFH v 1.3.05 – VIII R 5/03, BFH/NV 05, 1523.
11 BFH BStBl II 91, 18; BStBl II 85, 243.
12 BFH/NV 05, 1523.
13 BFH BStBl II 98, 652.
14 BFH GrS BStBl II 98, 305.

cc) Notwendiges Sonder-BV II. Notwendiges Sonder-BV II stellen alle **WG** dar, die dem MU'er **406** entweder zur Erzielung seines **Gewinnanteiles** oder **seiner Sondervergütungen** dienen, es sei denn, sie seien der Ges unmittelbar zur Nutzung überlassen (dann Sonder-BV I). Als klassischer **Anwendungsfall** des Sonder-BV II gelten die **Anteile an der Komplementär GmbH**[1] bei der **GmbH & Co KG**, die von einem K'disten gehalten werden. Sie ermöglichen ihm über die GmbH Einflussnahme bei der MU'schaft. Die dadurch bewirkte Stärkung seiner Beteiligung als MU'er (K'dist!, nicht als G'ter der GmbH!) dient der Erzielung seines Gewinnanteils. Sonder-BV II ist aber auch ein vom MU'er selbst genutztes WG, zB **Grundstückteil**[2] oder ein Kfz, das ihm zur Erzielung von Sondervergütungen für der Ges geleistete Dienste dient, zB Arbeitsleistungen oder höhere Dienste (Rn 393).

Anders als für Sonder-BV I kommt für das Sonder-BV II auch **gewillkürtes Sonder-BV** nach denselben Grundsätzen wie bei einem Einzelunternehmer in Betracht,[3] mithin – entgegen einer beiläufigen Äußerung des BFH[4] – nicht isoliert für Schulden. Die normale Interessenlage ist allerdings so, dass auf die Begr von gewillkürtem Sonder-BV II kein Wert gelegt wird. Gewillkürtes Sonder-BV wird erst interessant, wenn durch eine Nutzungsänderung ein WG die Eigenschaft als notwendiges BV verliert. Hier bietet das gewillkürte (Sonder-)BV die Möglichkeit, eine Entnahme und damit die Aufdeckung stiller Reserven zu vermeiden (zur Buchführung Rn 309). Gewillkürtes Sonder-BV II wurde von der Rspr bejaht: für **fremdvermietete Grundstücke** (BFH BStBl II 98, 461; BStBl II 91, 216); Grundstück als Tauschobjekt (BFH BStBl II 77, 150), als Vorratsgelände (BFH BStBl II 81, 731), als mit Vorbehaltsnießbrauch belastet (BFH BStBl II 86, 713) oder mit Zuwendungsnießbrauch (BFH BStBl II 95, 241). **407**

Der **Umfang des notwendigen Sonder-BV II** richtet sich nach denselben Kriterien wie sie für den Einzelunternehmer nach § 4 I gelten.[5] Es ist lediglich der Besonderheit Rechnung zu tragen, dass es um WG des StPfl geht, die vom StPfl entweder zur Erzielung des gemeinsamen Gewinnes (und damit seines Gewinnanteils!) oder seiner Sondervergütungen eingesetzt werden. Eine Beschränkung auf einen sog „unmittelbaren Einsatz" ist ebenso wenig anzuerkennen wie bei einem Einzelunternehmer. Maßgeblich ist vielmehr der Veranlassungszusammenhang.[6] Daher genügt zu Recht eine **mittelbare Grundstücksüberlassung über einen Dritten**[7] ebenso, wie die Überlassung von Grundstücken[8] und anderen WG an die PersGes zur Vermarktung durch diese. **408**

Besondere Bedeutung hat das Sonder-BV II bei der **BetrAufsp** (Rn 101f). Auch hier ist im selben Umfange von notwendigem BV auszugehen wie bei einem Einzelbesitzunternehmer. Zum notwendigen Sonder-BV I (Vermietung über die Besitz-PersGes) oder Sonder-BV II (unmittelbare Vermietung an die Betriebsgesellschaft) gehören daher nicht nur die für das Betriebsunternehmen wesentlichen Betriebsgrundlagen (Rn 98f). Problematisch ist hier allerdings die Abgrenzung gegenüber einem eigenen GewBetr oder sonst eigenen Einkünften des G'ters. Zutr geht die Rspr insoweit mangels Sondervergütungen nicht von einem Zuordnungsvorrang des Sonder-BV II aus, sondern stellt auf die „Veranlassung" ab[9] (Rn 102). Dies ist zu verallgemeinern. Bei einer **Konkurrenz zw** Sonder-BV II und **eigenem BV** oder auch nur **privatem Erwerbsvermögen** gibt es **keinen Zuordnungsvorrang des Sonder-BV II**. Vielmehr kommt eine Zuordnung zum Sonder-BV II nur in Betracht, wenn vorrangig das WG im Interesse (Veranlassung) der Erzielung des Gewinnanteils bei der PersGes eingesetzt wird. **409**

Neben Grundstücken spielen **Anteile an KapGes** eine besondere Rolle als **notwendiges Sonder-BV II**. Bei der **GmbH (KapGes) & Co KG**[10] sowie bei der gleichzubehandelnden **GmbH (KapGes) & (atypisch) Still**[11] stellen die von den K'disten oder atypisch stillen G'tern gehaltenen Anteile an der KapGes immer notwendiges Sonder-BV II dar, wenn die Rolle der KapGes sich darin erschöpft, phG'ter zu sein. Soweit sie dies in mehreren Ges ist, gehören die Anteile zum Sonder-BV bei der **410**

---

1 BFH BStBl II 93, 706; BStBl II 92, 937.
2 BFH BStBl II 88, 667; BStBl II 97, 530.
3 BFH BStBl II 95, 241.
4 BFH BStBl II 06, 874.
5 BFH BStBl II 98, 383; verfehlt *Söffing* DStR 03, 1103; *Tiedtke/Hils* DStZ 04, 482 (für Sonder-BV II gäbe es keine Rechtsgrundlage!).
6 BFH BStBl II 06, 874 ; **aA** möglicherweise BFH BStBl II 97, 530 (unmittelbare Stärkung oder Begründung der Beteiligung); ebenso BStBl II 99, 357.
7 BFH BStBl II 05, 578; BStBl II 94, 250 (Vermietung über Dritten); BStBl II 94, 796 (Erbbaurecht an Dritten zur Vermietung an PersGes).
8 BFH BStBl II 91, 789.
9 Vgl auch BFH BStBl II 99, 357; BStBl II 99, 715 mwN.
10 BFH BStBl II 93, 706; BStBl II 92, 937; BStBl II 91, 510 (doppelstöckig).
11 BFH BStBl II 99, 286 mwN auch zur Gegenmeinung.

zuerst gegründeten Ges.[1] Hingegen stellen die Anteile **kein** (notwendiges) **Sonder-BV II** dar, wenn die KapGes über einen nicht völlig unbedeutenden **eigenen Geschäftsbetrieb** verfügt.[2] Nur ausnahmsweise können auch Anteile an einer K'disten-GmbH zum Sonder-BV II gehören.[3] Anteile an einer KapGes können darüber hinausgehend auch dann Sonder-BV II sein, wenn **besonders enge wirtschaftliche Beziehungen zur PersGes** bestehen, immer bei der **BetrAufsp**,[4] der **Organschaft**[5] aber auch etwa im Verhältnis **Herstellungs- und Vertriebsunternehmen**[6] oder sonst bei **wirtschaftlicher Abhängigkeit**.[7] Normale Geschäftsbeziehungen, auch besonders intensive, reichen allerdings nicht aus.[8]

411 Zum Sonder-BV II gehört (bis 2001) auch der Anspr auf **KSt-Anrechnung**. Dies soll auch dann gelten, wenn die **Anteile an der KapGes** zum Gesellschaftsvermögen gehören,[9] weil zivilrechtlich insoweit kein gesamthänderischer Anspr der Ges besteht, sondern von vornherein nur individuelle Anspr des jeweiligen StPfl.[10] Der entspr Ertrag gehört auch zum Gewerbeertrag. Hinsichtlich des Anspr auf **Anrechnung** von **KapESt** liegt Beteiligungsertrag und zugleich eine Entnahme vor, bei von der PersGes selbst gehaltenen Anteilen im Gesellschaftsbereich.

412 **dd) Passives Sonder-BV.** Passives Sonder-BV stellen **Verbindlichkeiten des MU'ers** dar, die ihm durch **Erwerb der Beteiligung** an der MU'schaft entstanden sind, ua Kaufpreis,[11] fremdfinanzierte Einlagen[11] oder durch **Erwerb von aktiven WG des Sonder-BV** (I und II)[12] oder sonst durch die **Bestreitung von betrieblichem Aufwand**.[13] Die Unterscheidung zw Sonder-BV I und II ist hier vollends sinn- los. Gewillkürtes passives Sonder-BV gibt es isoliert nicht. Sofern ein Zusammenhang mit gewillkürtem aktivem Sonder-BV besteht, handelt es sich dann als Folge der Willkürung des aktiven Sonder-BV um notwendiges passives Sonder-BV.

Schulden, Bürgschaftsverbindlichkeiten, Garantiezusagen sind dann notwendiges passives Sonder-BV, wenn sie in unmittelbarem wirtschaftlichen Zusammenhang mit dem Betrieb der PersGes oder der Beteiligung stehen (Zusammenhang mit aktivem Sonder-BV I oder Schulden der Ges oder mit dem Erwerb der Beteiligung). Darüber hinaus gehend aber auch, wenn sie ansonsten wirtschaftlich durch die Beteiligung an der PersGes veranlasst wurden, zB Verbürgung für Darlehensschulden eines Dritten, um diesem die Aufnahme oder Fortsetzung der Geschäftsbeziehungen zur PersGes zu ermöglichen.[14] Schuldzinsen für passives Sonder-BV sind Sonder-BA. Soweit nach bisheriger Rspr durch geschickte Steuerung (sog Zweikontenmodell) auch im Sonderbereich **private Verbindlichkeiten** in betriebliche **Sonderbetriebsverbindlichkeiten umgeschuldet** werden konnten,[15] verbleibt es zwar dabei. Aber § 4 IVa begrenzt nunmehr den Abzug der Zinsen als Sonder-BA (Rn 357f).

413 **b) Sonderbetriebserträge und Sonderbetriebsaufwand.** Sonderbetriebserträge sind außer den **Sondervergütungen** (Rn 393f) vor allem **Erträge** aus der **Veräußerung von WG des Sonder-BV**. Es handelt sich bei den Sonderbetriebserträgen wie bei den Sondervergütungen um solche Erträge, die der MU'er allein oder anteilig in einer anderen vermögensverwaltenden Gemeinschaft (Rn 424, 431) erzielt (im Unterschied zum Gewinnanteil), die er aber nicht von der MU'schaft bezieht (im Unterschied zu den Sondervergütungen). § 15 I 2 zählt mit dem Gewinnanteil und den Sondervergütungen die Einzelkomponenten der Einkünfte des MU'ers aus GewBetr nicht vollständig auf. Die Erfassung von Sonderbetriebserträgen und Sonder-BA folgt aber zwingend aus § 4 I bzw § 4 III iVm § 2 I und § 15 I 2. Denn es handelt sich um Erträge und Aufwand, die durch den gemeinsam betriebenen GewBetr „veranlasst" sind (Rn 304f). Hinsichtlich der Gewinnermittlung sind diese **sog Son-**

---

1 FinVerw DStR 98, 1793; aA *Knobbe-Keuk*[9] § 11 II 2.
2 BFH BStBl II 99, 286; BStBl II 91, 510.
3 BFH BStBl II 01, 825 (GmbH als wesentlicher Kapitalgeber und ohne sonstige eigene Funktion).
4 BFH BStBl II 04, 216; BStBl II 02, 733; BStBl II 99, 715; BFH/NV 99, 1468.
5 BFH BStBl II 04, 216 (sofern für Eingliederungsvoraussetzung erforderlich!); beachte aber BFH BStBl II 06, 361 (Vorrang als Sonder-BV II bei Untergesellschaft als MU'schaft, falls Organträger dort beteiligt, jedenfalls bei Veräußerung des MU'anteils).
6 BFH BStBl II 98, 652.
7 BFH BStBl II 98, 383; s auch *Schulze zur Wiesche* DStZ 07, 602.
8 BFH BStBl II 07, 378 mwN.
9 BFH BStBl II 96, 531; BMF BB 96, 2297; BStBl I 98, 268 Tz 04.13; krit zu Recht *Groh* BB 96, 631; *Altmann* BB 98, 631 – handelsrechtlich ist ungeachtet BGH NJW 95, 1088 davon auszugehen, dass bei der PersGes wie bei einer KapGes die Beteiligungserträge den KSt-Anrechnungsanspruch umfassen; vgl auch *K/S/M* § 20 Rn E 7.
10 BGH NJW 95, 1088.
11 BFH GrS BStBl II 90, 817.
12 BFH BStBl II 93, 509; BStBl II 93, 706 (Erwerb von Komplementäranteilen Sonder-BV II).
13 BFH BStBl II 92, 404.
14 BFH BStBl II 06, 874 = BB 06, 2407 mit Anm *Marx*.
15 Vgl ua BFH BStBl II 98, 511.

der-BE ebenso wie Sondervergütungen in der zweiten Gewinnermittlungsstufe (Rn 307) zu erfassen. Verfahrensrechtlich sind sie in die einheitliche und gesonderte Gewinnfeststellung einzubeziehen. Die Problematik korrespondierender Bilanzierung (Rn 313) stellt sich nicht. Solche Sonder-BE sind ua **Mieterträge**,[1] **Erbbauzinsen**,[2] **Zinsen**[3] von Dritten für WG des Sonder-BV II, aber auch Provisionen für den Beitritt zu einer Publikums-PersGes,[4] Vergütungen für über eine zwischengeschaltete KapGes erbrachte Geschäftsführerleistungen[5] oder andere Dienstleistungen[6] oder für Nutzungsüberlassungen durch zwischengeschaltete Dritte[7] und nach Auffassung der Rspr Schmiergelder und unterschlagene BE (s auch Rn 366).[8]

Neben den Veräußerungserfolgen spielen **Entnahmegewinne im Sonderbereich** eine bedeutende Rolle. Die Entnahme nach § 4 I 2 iVm § 6 I 4 setzt eine Überführung des WG in den **außerbetrieblichen Bereich des StPfl** voraus, dh außerhalb der Gewinneinkunftsarten. Demgemäß sind bei Überführung in einen **eigenen GewBetr, in einen LuF-Betrieb oder freiberuflichen Betrieb** die **Buchwerte** fortzuführen, § 6 V 1 und 2. Zur Übertragung von und in Gesamthandsvermögen sowie unentgeltlich zw MU'ern s Rn 453 f. Abgesehen von der isolierten **Entnahme eines WG des Sonder-BV** durch Überführung in den außerbetrieblichen Bereich, etwa durch **Nutzungsänderung oder unentgeltliche Übertragung**,[9] kommt es zu „Zwangsentnahmen" bei **Beendigung der MU'er-Stellung**, ua durch **Veräußerung des MU'anteils, Ausscheiden aus der MU'schaft**,[10] **Vollbeendigung der MU'schaft, Umwandlung in eine KapGes**.[11] Soweit die MU'schaft nicht beendet wird, kann durch die Bildung **gewillkürten Sonder-BV II** die Entnahme vermieden werden (Rn 407). Davon ist auszugehen, wenn das WG weiterhin in einer Sonderbilanz bilanziert wird. Bei Beendigung der MU'schaft kann durch die Bildung von gewillkürtem BV in einem eigenen Betrieb oder als Sonder-BV II bei einer anderen MU'schaft die „Zwangsentnahme" vermieden werden, § 6 V 2.

414

Sonderbetriebsaufwendungen sind alle Aufwendungen, die dem **MU'er (allein)** entstehen und durch den **Betrieb „veranlasst"** sind, § 4 IV. Veranlassung durch den Betrieb liegt vor, wenn ein Zusammenhang zu a) dem **Gewinnanteil** b) zu den **Sondervergütungen** (Rn 382f) oder c) zu sonstigen **Sonderbetriebserträgen** (Rn 413) besteht. Daran fehlt es etwa bei einer als **MU'er beteiligten KapGes** hinsichtlich ihrer **Gründungskosten** und ihrer Jahresabschlusskosten.[12] Sonder-BA sind danach ua: **Gründungsaufwand für PersGes** (BFH/NV 96, 461); **Finanzierungsaufwand** (Zinsen, Gewinnanteil des typisch Unterbeteiligten – BFH BStBl II 98, 511; BStBl II 93, 706; BStBl II 74, 414; BStBl II 84, 605); **Mietaufwand, Reparaturaufwand, Grundsteuer** (BFH BStBl II 86, 304; BStBl III 67, 180); **Prozesskosten** im Zusammenhang mit Geschäftsführung, gegen andere G'ter (BFH BStBl II 86, 139).

415

Die Regeln über **nichtabziehbare BA**, § 4 IVa, 4 V, 4 VII sowie über die Nichtabziehbarkeit von **Aufwendungen für die Lebenssphäre nach § 12**[13] sind uneingeschränkt anwendbar, ebenso bei Körperschaften als MU'er § 10 KStG. Soweit es sich um aktivierungspflichtigen Anschaffungs- oder Herstellungsaufwand handelt, kommt ein Abzug nur über die AfA nach § 7, über die Teilwertabschreibung nach § 6 I oder bei Abgang der WG in Betracht. Mehr- oder Minderanschaffungsaufwand für den MU'anteil ist nicht als Sonderbetriebsaufwand, sondern über **Ergänzungsbilanzen** zu erfassen (Rn 318f). Das gilt entgegen der Rspr[14] auch für die Abfindung an den **lästigen G'ter** (Rn 321).

416

VI. Doppelstöckige Mitunternehmerschaften. – 1. Sonderbetriebsvermögen der mittelbaren Mitunternehmer. Seit dem **StÄndG 92** (mit Wirkung für Wj nach dem 31.12.91) bestimmt § 15 I 1 Nr 2 S 2, dass der **mittelbar über eine PersGes (doppelstöckig)** oder über mehrere PersGes (mehrstöckig) **beteiligte G'ter** dem **unmittelbar beteiligten G'ter gleichsteht**. Die Gesetzesänderung erfolgte

417

---

1 BFH BStBl II 81, 314.
2 BFH BStBl II 94, 796.
3 BFH BStBl II 99, 367; BStBl II 95, 452 (BetrAufsp).
4 BFH BStBl II 01, 717 und BStBl II 99, 828.
5 BFH BStBl II 03, 191 (Managementleistungen von nat Pers und KapGes als K'disten); BStBl II 99, 720.
6 BFH BStBl II 05, 390 (Büroarbeiten durch K'distin für KG über GmbH erbracht).
7 BFH BStBl II 05, 578; BFH BStBl II 94, 796; BStBl II 94, 250.
8 BFH BStBl II 06, 838; BFH BStBl II 01, 237; BStBl II 68, 740; krit zutr *Hellwig* FS Döllerer, 1988, S 205 (Teil des Gesamtgewinnes).
9 BFH BStBl II 93, 225 (auch bei Nießbrauchsvorbehalt).
10 BFH BStBl II 93, 889.
11 BFH BStBl II 88, 829.
12 BFH BStBl II 96, 295.
13 BFH BStBl II 92, 524 (Geburtstagsfeier); BStBl II 94, 843 (Karnevalssitzung mit Geschäftsfreunden); BStBl II 90, 1017 (ärztliche Untersuchung, Kranken-Lebensversicherung); BStBl II 86, 139 (Erbstreit); BStBl II 86, 139 (Vermächtnisaufwendungen).
14 BFH BStBl II 93, 706; BStBl II 94, 224.

in Reaktion auf eine Entscheidung des GrS des BFH,[1] wonach bei **Beteiligung einer PersGes (Obergesellschaft) an einer PersG (Untergesellschaft)** nur die Obergesellschaft, nicht aber die G'ter der Obergesellschaft MU'er bei der Untergesellschaft sind. Die dadurch statuierte **Abschirmwirkung der Obergesellschaft** hatte zur Folge, dass die **MU'er der Obergesellschaft** für Leistungen an die Untergesellschaft **keine Sondervergütungen** iSd § 15 I 1 Nr 2 bezogen und die der Untergesellschaft zur Nutzung überlassenen WG **kein Sonder-BV** waren. IErg behandelte die Rspr die PersGes als Obergesellschaft wie eine KapGes, obwohl nur die letztere selbstständiges Einkommen-(Körperschaft-) Steuersubjekt ist. Dem ist der Gesetzgeber mit § 15 I 1 Nr 2 S 2 zu Recht entgegengetreten.

418 Nunmehr heißt es in § 15 I 1 Nr 2 S 2 ausdrücklich: „Der mittelbar über eine oder mehrere PersGes beteiligte G'ter **steht dem unmittelbar beteiligten G'ter gleich.**" Ausdrücklich bezeichnet ihn das Gesetz als MU'er des Betriebes der Untergesellschaft. Daraus folgt unstr, dass der mittelbar über eine PersGes beteiligte G'ter für von ihm an die Untergesellschaft erbrachte Leistungen iSd § 15 I 1 Nr 2 (Dienste, Darlehensgewährungen, Nutzungsüberlassungen) **Sondervergütungen** bezieht, also **gewerbliche Einkünfte** hat und die der Untergesellschaft entgeltlich oder unentgeltlich zur Nutzung überlassenen WG **Sonder-BV I** sind. Hinsichtlich dieser Sondervergütungen und dieses Sonder-BV sind ebenso wie bei einem unmittelbar beteiligten MU'er **Sonderbetriebserträge und Sonderbetriebsaufwand** möglich. Dies betrifft auch **mittelbare Vergütungen** von der Untergesellschaft, etwa als angestellter Geschäftsführer der Komplementär GmbH bei der Obergesellschaft für bei der Untergesellschaft geleistete Dienste (Geschäftsführung).[2] Auch insoweit sind **Pensionsrückstellungen** (Rn 396) in einer Sonderbilanz bei der Untergesellschaft zu neutralisieren. **Anteile an der Komplementär GmbH** in der **Unter**gesellschaft gehören ebenso wie beim unmittelbar beteiligten MU'er zum **Sonder-BV II** des mittelbar beteiligten MU'ers bei der Untergesellschaft.[3] Isolierte Veräußerungen und Entnahmen des Sonder-BV bei der Untergesellschaft fallen nicht unter §§ 16 I 2, 34, da ohne zumindest anteilige Veräußerung des Gesellschaftsanteils keine Veräußerung eines MU'anteils vorliegt.[4]

419 Tatbestandlich verlangt § 15 I 1 Nr 2 S 2, dass der mittelbar beteiligte G'ter bei der Obergesellschaft MU'er ist und **die vermittelnde Ober**gesellschaft **MU'er** bei der Untergesellschaft ist (**Kette von MU'schaften**). Erkennbar (und an sich selbstverständlich) will der Gesetzgeber damit erreichen, dass als mittelbarer MU'er wie als unmittelbarer MU'er nur derjenige G'ter in Betracht kommt, der ausreichend MU'er-**Risiko** trägt und MU'er-**Initative** entfalten kann (Rn 246f). Bei einer mittelbaren Beteiligung setzt dies voraus, dass über die **vermittelnde Beteiligung** der entspr Einfluss ausgeübt werden kann. Dies, nicht mehr und nicht weniger, besagt § 15 I 1 Nr 2 S 2. Hält die Obergesellschaft eine Beteiligung an einer gewerblichen Untergesellschaft als Komplementär, als K'dist mit Rechten, die dem Regelstatut entsprechen, als atypisch stiller G'ter, so ist § 15 I 1 Nr 2 S 2 immer erfüllt, vorbehaltlich dass der G'ter der Obergesellschaft dort MU'er ist.[5] Die **Obergesellschaft – genauer gesagt, ihre G'ter –** ist (sind) bereits durch das Halten der Beteiligung **gewerblich** tätig (s Rn 140a).[6] Eine mehrstöckige PersGes liegt auch bei einer **atypischen Unterbeteiligung**[7] vor.

420 2. Doppelte Gewinnfeststellung – Obergesellschaft kein Mitunternehmer. Der über eine PersGes mittelbar beteiligte MU'er ist **in vollem Umfange dem unmittelbar beteiligten MU'er gleichzustellen.** Er ist in vollem Umfange MU'er der Untergesellschaft. Die Rspr sieht dies freilich **anders**,[8] muss sich dann aber auf einen angeblich als Ausnahme zulässigen „Durchgriff" berufen, um zu vertretbaren Ergebnissen zu kommen.[9] Nach der verfehlten Rspr soll auch materiell nur die **die Obergesellschaft ihrerseits echter MU'er der Untergesellschaft** sein. Es wird also wie folgt differenziert: Unmittelbare MU'er sind die nat Pers, KapGes und PersGes, soweit sie unmittelbare G'ter sind, hingegen nur mittelbare MU'er, die MU'er der Obergesellschaft. Dies wirkt sich – nach der Intervention des Gesetzgebers – zwar nicht mehr bzgl des Umfanges des Sonder-BV aus. Auswirkungen

---

1 BFH GrS BStBl II 91, 691; zur Kritik *Lang* StuW 91, 205.
2 BFHE 184, 566 (dort auch zur Zwangsauflösung von Pensionsrückstellung nach § 52 VIII EStG 92).
3 Zutr *Schmidt*[26] § 15 Rn 617; aA *Söffing* FR 92, 185.
4 *Ley* KÖSDI 97, 11082 mwN auch zur Gegenauffassung, die aber spätestens durch BFH GrS BStBl II 00, 123 überholt ist.
5 Zu mehrstöckigen MU'schaften bei Film- und Fernsehfonds vgl BMF BStBl I 01, 175.
6 BFH BStBl II 96, 264; überholt BFH BStBl II 05, 383 u BFH BStBl II 05, 376 durch JStG 07.
7 BFH BStBl II 98, 137.
8 BFH BStBl II 99, 794 mwN; BStBl II 01, 731.
9 BFH BStBl II 06, 838 (Sonder-BE des über eine Obergesellschaft nur mittelbar an der Untergesellschaft beteiligten G'ters für veruntreute Gelder!).

ergeben sich aber hinsichtlich des auf die Obergesellschaft entfallenden Gewinnanteils und ihres Sonder-BV bei der Untergesellschaft. Weder der Gewinnanteil noch der Sonderbereich der Obergesellschaft soll auf der Ebene der Untergesellschaft auch nur anteilig den mittelbar beteiligten MU'ern zuzurechnen sein. Vielmehr erfolge diese Zurechnung erst auf der Ebene der Obergesellschaft. Erst dort werde das auf die Obergesellschaft entfallende Ergebnis aus deren Gewinnanteil und deren Sonderbereich Teil des Gewinnes der Obergesellschaft, der als solcher dann auf deren MU'er zu verteilen sei. Andererseits wird aber zutr angenommen, dass bei doppelstöckigen PersGes Betriebstätten der Untergesellschaft auch Betriebstätten des G'ter der Obergesellschaft für DBA-Zwecke sind (s Rn 386).[1]

421 Lediglich **verfahrensrechtlich** hat allerdings ein **mehrstufiges Feststellungsverfahren** stattzufinden.[2] Es sind **zwei einheitliche und gesonderte Gewinnfeststellungen** durchzuführen.[3] Auf der Ebene der Untergesellschaft – auch wenn es sich um eine ausländische PersGes handelt[4] – sind den unmittelbaren MU'ern einschl der Obergesellschaft (als Abkürzung für die MU'er der Obergesellschaft, aber nicht als einkommensteuerliches Zurechnungssubjekt![5]) deren Gewinnanteile am Gesellschaftsgewinn (einschl etwaiger Ergänzungsbilanzanteile[6]) sowie deren Sondergewinne[7] zuzurechnen und außerdem den mittelbar beteiligten MU'ern (nur) deren Sondergewinne. Auf der Ebene der Obergesellschaft wird deren Gewinn einschl des Gewinnanteils und Sondergewinnes aus der Untergesellschaft einheitlich und gesondert festgestellt und auf deren MU'er verteilt.[8] **Materiell** handelt es sich jedoch bereits auf der Ebene der Untergesellschaft um gewerbliche **Einkünfte der mittelbaren MU'er**, denn die PersGes ist kein Zurechnungssubjekt für Einkünfte. Sie kann daher auch **keine Abschirmwirkung** entfalten.[9] Die Obergesellschaft ist verfahrensrechtlich Beteiligter des Feststellungsverfahrens und handelt in Prozessstandschaft für ihre materiell betroffenen G'ter als MU'er auch der Untergesellschaft.[10]

422 Die Rspr sieht dies freilich anders. Dies wirkt sich zwar bei der ESt und KSt iErg nicht aus, wohl aber bei der **GewSt**. Dort kommt es bei **einem G'ter-Wechsel in der Ober**gesellschaft zu dem Ergebnis, dass dieser sich nicht auf den **Gewerbeverlust nach § 10a GewStG** auswirkt. Das Ergebnis ist schlechterdings katastrophal. Einerseits wird demjenigen MU'er, der zunächst unmittelbar beteiligt war und den Verlust erlitten hat, der Verlustausgleich versagt (außer für Verluste im Sonderbereich), wenn er jetzt nur noch mittelbar über die Obergesellschaft beteiligt ist,[11] andererseits wird dem Handel mit Verlusten Tür und Tor geöffnet, wenn nur eine PersGes zwischengeschaltet wird.[12] Dies widerspricht diametral § 5 I 2 GewStG.[13] Es ist nicht nachvollziehbar, wieso die PersGes nicht der Unternehmer ihres eigenen Betriebes sein kann – wie der GrS zutr erkannt hat[14] – wohl aber MU'er des GewBetr der Untergesellschaft sein soll. Inzwischen werden aus der angeblichen Steuer-

---

1 BFH BStBl II 03, 631 mit Anm *Gosch* StBp 03, 95.
2 Vgl BFH BStBl II 07, 87 mwN (zur Einheitswertfeststellung).
3 Dazu *Söhn* StuW 99, 328; BFH BStBl II 04, 353; BStBl II 90, 38.
4 BFH/NV 05, 1560; BFH/NV 04, 1372 (allerdings Voraussetzung, dass nicht nur ein G'ter im Inland stpfl ist, resp neben der inländischen Obergesellschaft weitere Inlandsbeteiligte vorhanden sind).
5 **AA** *Söhn* StuW 99, 328 (entgegen Söhn werden die Einkünfte schon bei der Untergesellschaft den MU'ern der Obergesellschaft in ihrer Verbundenheit als MU'er der Untergesellschaft und nicht der Obergesellschaft als einem „einkünfteerzielungsfähigen Subjekt" zugerechnet, dem aber dann doch keine Einkünfte zugerechnet werden können).
6 *K/S/M* § 15 Rn E 253; § 15a Rn B 253, 254.
7 Vgl BFH v 20.9.07 – IV R 68/05 zum Erfordernis der gesonderten und einheitlichen Feststellung bei der Untergesellschaft bzgl des Sonderbetriebsergebnisses der Obergesellschaft zur Erfassung von positivem und negativem Sonderbetriebsvermögen I und II der Obergesellschaft bei der Untergesellschaft wegen des Bilanzierungsvorrangs bei der MU'schaft.

8 BFH BStBl II 95, 467.
9 Vgl zutr auch BFH/NV 04, 1707 (Zurechnung und Verrechnung von Verlusten aus gewerblicher Tierzucht nach § 15 IV mit Veräußerungsgewinn aus Anteil an der Obergesellschaft) und BFH BStBl II 04, 231 (Anwendung des § 15a auch bei doppelstöckiger PersGes); **aA** BFH BStBl II 05, 376 und BStBl II 05, 383 (möglicherweise).
10 So zutr BFH BStBl II 07, 87 (allerdings unter überflüssiger Berufung auf die MU'er-Eigenschaft der Obergesellschaft) – Verfassungsbeschwerde eingelegt – 1 BvR 571/07.
11 BFH BStBl II 01, 731; BStBl II 01, 149 (zutr allerdings, soweit eine mittelbare Weiterbeteiligung über eine KapGes nicht genügt); BStBl II 99, 794; so auch schon, aber für die Rechtslage vor dem StÄndG 92 BStBl II 97, 179; **aA** zu Recht *Bordewin* DStR 96, 1594.
12 *K/S/M* § 15 Rn E 86; s auch *Schmidt* FS Moxter, 1994, S 1125.
13 Vgl dazu BFH GrS BStBl II 93, 616.
14 BFH GrS BStBl II 93, 616; vgl auch *Schmidt* FS Moxter, 1994, S 1125.

subjektivität der PersGes in „zivilrechtlicher Betrachtungsweise" für den Handel mit Verlusten auch im Bereich des § 8 IV KStG (Mantelkauf) dieselben verfehlten Folgerungen gezogen.[1]

423 **3. Ergänzungsbilanzen.** Soweit beim Erwerb eines Gesellschaftsanteils an der Obergesellschaft Mehr- oder Minderaufwendungen gegenüber dem übernommenen Kapitalanteil geleistet werden, die anteilig auf die Beteiligung an der Untergesellschaft entfallen, ist bei der Untergesellschaft für den Erwerber eine positive oder negative **Ergänzungsbilanz** zu bilden, in der die Mehr- oder Minderaufwendungen als Mehr- oder Minderkapital ausgewiesen und den entspr WG der Untergesellschaft zugeordnet werden[2] (Rn 318f). Zugleich muss aber auch für diesen Teil eine Ergänzungsbilanz (also doppelt!) bei der Obergesellschaft gebildet werden.[3] Nur auf diese Weise lässt sich für § 15a zutr das Kapitalkonto bei der OG bilanziell abbilden (vgl auch § 15a Rn 47).[4] Die Auflösung hat a) bei Veräußerung der entsprechenden WG der Untergesellschaft und b) bei Veräußerung des Anteils an der Obergesellschaft zu erfolgen.[5] Die Gewinnauswirkungen für den MU'er ergeben sich auf der Ebene der Untergesellschaft. Auf der Ebene der Obergesellschaft ist die Ergänzungsbilanz erfolgsneutral korrespondierend aufzulösen. Davon zu unterscheiden ist, dass auch für die Obergesellschaft nur bei der Untergesellschaft eine Ergänzungsbilanz zu bilden ist, soweit diese Mehr- oder Minderaufwendungen bei Erwerb der Beteiligung an der Untergesellschaft aufwendete. Materiell handelt es sich auch hier dann um Ergänzungsbilanzen der mittelbaren MU'er auf der Ebene der Untergesellschaft.

424 **VII. Schwesterpersonengesellschaften. – 1. Zuordnungsproblematik.** Soweit sog **Schwester-PersGes a) entgeltliche Leistungen** der in § 15 I 2 genannten Art (Dienstleistungen, Nutzungsüberlassungen, Kapitalüberlassung) oder **b) die entspr Leistungen** mit Rücksicht auf das Gesellschaftsverhältnis **unentgeltlich erbringen,** stellt sich die Frage, ob diese Leistungen den MU'ern der **empfangenden PersGes** als deren **Sonderleistungen (Sondervergütungen, Sondererträge, Sonderaufwand, Sonder-BV)** zuzuordnen sind **oder** ob sie bei (den G'tern) der leistenden **Schwester-PersGes zu erfassen** sind. In der Sache geht es um ein Zuordnungsproblem zu a) entweder zu verschiedenen GewBetr (leistende oder empfangende PersGes) oder b) sogar zu unterschiedlichen Einkunftsarten. Die Rspr hat hier bzgl der Zuordnung zu a) geschwankt,[6] hingegen bei der Zuordnung zu b) immer der Zuordnung zu den gewerblichen Einkünften nach § 15 I 2 bei der empfangenden PersGes[7] den Vorrang eingeräumt. Dem ist uneingeschränkt zu folgen. Von Schwester-PersGes wird gesprochen, soweit die G'ter der beiden PersGes ganz oder teilw identisch sind.

425 **2. Leistungen an einen G'ter als Einzelunternehmer.** Ausgangspunkt für die Betrachtung sollten **Leistungen einer PersGes oder Gemeinschaft an ihren G'ter für dessen GewBetr sein.** Hier ist zutr danach zu differenzieren, ob die **leistende PersGes/Gemeinschaft** ihrerseits einen **GewBetr** unterhält oder **keinen GewBetr** betreibt. Unbestritten ist (nach Verabschiedung der Bilanzbündeltheorie) **§ 15 I 2 Alt 2 nicht** auf **Leistungen der mitunternehmerischen PersGes an ihre G'ter** anwendbar (Rn 377). Daraus folgt, dass bei **entgeltlichen Leistungen einer gewerblichen MU'schaft** an ihren G'ter als Einzelunternehmer auch nicht anteilig bei diesem gewerbliche Einkünfte zu erfassen sind, sondern dass es dabei verbleibt, dass bei der PersGes die Entgelte in ihren Gewinn und damit in die

---

[1] Vgl BFH BStBl II 04, 614 u BFH/NV 03, 348; zum für zulässig erklärten Verlusthandel mit GmbH–Mänteln bei Zwischenschaltung funktionsloser KapGes Holdings s BFH BStBl II 04, 616 mit Anm *Gosch* DStR 03, 1917. Diese kontraproduktive Art von Rspr provoziert auch überflüssige Vorschriften wie § 15 I Nr 2 S 2. Es sollte sich verstehen, dass der von § 8 IV KStG angeordnete „Durchgriff" auf die G'ter-Ebene nicht dadurch von der Rspr konterkariert werden darf, dass sie die Zwischenschaltung von Holdings, sei es als PersGes oder KapGes akzeptiert und damit zu Umgehungen geradezu einlädt. Selbst wenn man dem aber folgen wollte, ist die PersGes eben gerade kein Steuersubjekt.

[2] Vgl BFH/NV 04, 1707 unter Hinweis auf *Groh* DB 91, 879.

[3] *K/S/M* § 15 Rn E 256; aber str, vgl *Nickel/Bodden* FR 03, 391; *Seibold* DStR 98, 438; *Schmidt*[26] § 15 Rn 471, 619 (nur bei Untergesellschaft); *Ley* KÖSDI 01, 12982 (nur bei Obergesellschaft).

[4] Vgl BFH BStBl II 04, 231 zur Anwendung des § 15a bei doppelstöckiger PersGes. Wird nur bei der Untergesellschaft eine Ergänzungsbilanz gebildet, müssen die entspr Veränderungen bei der Obergesellschaft „außerbilanziell" berücksichtigt werden. Dies erschwert die Nachvollziehbarkeit. Vgl auch *Mayer* DB 03, 2034; *Roser* EStB 06, 149.

[5] Vgl BFH/NV 04, 1707 für die parallele Problematik bei Verlusten/Gewinnen aus § 15 IV.

[6] BFH BStBl II 99, 348 mwN; BStBl II 98, 325; BStBl II 96, 82 (Vorrang Zuordnung zur leistenden PersGes) gegen BStBl II 85, 622 (Vorrang Zurechnung bei leistungsempfangender PersGes nach § 15 I 2).

[7] BFH BStBl II 98, 325 mwN; BStBl II 79, 763 (freiberufliche GbR); BStBl II 95, 241 (Erbengemeinschaft); BFH/NV 90, 428 (Bruchteilsgemeinschaft).

gewerblichen Einkünfte der MU'er (Gewinnanteil) eingehen.[1] Im GewBetr des Einzelunternehmers entsteht – wie bei Bezug von fremden Dritten – betrieblicher Aufwand. Dies ist darin begründet, dass die **Zuordnung zu den gewerblichen Einkünften der MU'er der leistenden PersGes nach § 15 I 2 den Vorrang vor der Zuordnung zum eigenen GewBetr nach § 15 I 1** genießt.

Handelt es sich hingegen um eine sog **vermögensverwaltende PersGes oder Gemeinschaft (Erbengemeinschaft, GbR, Gütergemeinschaft, Bruchteilsgemeinschaft)**, so ist auf diese ohnehin schon § 15 insgesamt nicht anwendbar. Die Frage kann dann nur sein, ob die **erbrachten Leistungen und** die zugrunde liegenden **WG anteilig** dem gemeinsam mit den anderen G'tern/Gemeinschaftern Leistenden als seine **(mittelbaren)** Leistungen an sich selbst für seinen GewBetr **zuzurechnen** sind. Dies ist **zu bejahen**, weil die PersGes – gleichgültig ob gewerbliche MU'schaft oder nicht – kein Steuersubjekt ist, sondern das Transparenzgebot („Durchgriff", besser Zurechnung an die G'ter) gilt. Daraus folgt dann, dass die Leistungen und WG **anteilig dem GewBetr des empfangenden G'ters**[2] zuzurechnen sind. Dies bedeutet etwa für die **entgeltliche und unentgeltliche Nutzungsüberlassung** (Miete, Pacht, Nießbrauch, Leihe usw) und die **entgeltliche oder unentgeltliche Kapitalüberlassung**, dass die **WG anteilig BV des GewBetr des Empfängers** (bzw bei Schulden anteilig keine Verbindlichkeit) sind und dass die Entgelte **anteilig keine BA** im eigenen GewB sind, aber auch keine Einnahmen bei der vermögensverwaltenden Gesellschaft.[3] Umgekehrt sind die im Rahmen der vermögensverwaltenden PersGes/Gemeinschaft anteilig vom Einzelunternehmer getätigten Aufwendungen, **Betriebsaufwand** in seinem **GewBetr**. 426

Werden von einer an sich **gewerblich tätigen MU'schaft unentgeltlich Leistungen** für den (GewBetr des) G'ter(s) erbracht, sind diese **nicht** durch den (gemeinsamen) GewBetr der **MU'schaft**, sondern durch den Einzel-GewBetr des G'ters „**veranlasst**", **§ 4 IV**. Daher sind die dafür angefallenen Aufwendungen **keine BA im GewBetr der MU'schaft, wohl aber im (Einzel)GewBetr des G'ters, denn durch ihn wurden sie veranlasst.** 427

Fraglich kann nur sein, ob die **zugrunde liegenden WG** dann auch kein BV bei der **MU'schaft** sind oder insoweit notwendiges PV oder anteiliges BV im GewBetr des empfangenden G'ters. Hier ist zu differenzieren: Handelt es sich um zur (vorübergehenden) Nutzung überlassene WG (Leihe, unentgeltlicher Nießbrauch), besteht kein Anlass, anzunehmen, dass die WG nicht später wieder der Einkünfteerzielung bei der an sich gewerblich tätigen PersGes dienen können. Daher **können** sie dort zumindest **BV bleiben**.[4] Lediglich der insoweit anfallende Aufwand ist nicht durch den GewBetr der PersGes, sondern durch den GewBetr des Einzelunternehmers veranlasst. Daher ist er auch diesem zuzuordnen. Technisch erfolgt dies durch eine sog **Aufwandseinlage im Einzelunternehmen** und durch eine **Aufwandsentnahme im gemeinsamen GewBetr**. Dadurch wird vor allem richtigerweise gewährleistet, dass etwaige stille Reserven nicht wegen der vorübergehenden außerbetrieblichen Nutzung aus der Sicht der PersGes schon aufgedeckt werden müssen, andererseits aber **bleiben die stillen Reserven bei allen MU'ern** zur steuerverhaftet. 428

Bei **unentgeltlichen Darlehensgewährungen** für einen eigenen GewBetr des MU'ers ist demgegenüber davon auszugehen, dass steuerlich die unverzinsliche Darlehensforderung, falls für die Unverzinslichkeit keine betrieblichen Gründe bestehen, insgesamt als außerbetrieblich begründet anzusehen ist. **Steuerlich** liegt daher **bei der PersGes eine Entnahme** vor, so dass später **keine Teilwertabschreibung** möglich ist. Allerdings liegt beim Darlehensnehmer eine anteilige Betriebsschuld vor hinsichtlich des auf die übrigen MU'er entfallenden Anteils an der Forderung. Ebenso ist zu entscheiden, wenn die leistende **PersGes freiberuflich tätig ist** oder es sich um eine PersGes mit luf Einkünften handelt. 429

Problematisch erscheint demgegenüber, ob **entgeltliche Leistungen freiberuflicher mitunternehmerischer PersGes** (oder mit luf Einkünften) **für den GewBetr eines G'ters** ebenfalls (Rn 426) als anteilig vom G'ter für seinen eigenen GewBetr erbrachte Leistungen (an sich selbst) anzusehen sind. Die Frage ist hier, ob § 18 IV iVm § 15 I 2 (bzw § 13 VII iVm § 15 I 2) oder ob § 15 I 1 vorrangig ist. Dafür gibt § 15 II gerade keine Antwort. Denn dort geht es darum, dass die genannten Ein- 430

---

1 So schon BFH BStBl III 66, 625; BStBl II 81, 307; s auch BFH/NV 96, 360 (für Vermietungen von Grundstücken); BStBl II 83, 598; BStBl II 81, 307 (für Dienstleistungen – Baubetreuung; Handelsvertreter); BStBl II 96, 642 (für Darlehensgewährung).
2 BFH BStBl II 73, 209; BStBl II 78, 299 mwN (Vermietung durch Bruchteilseigentümer); BStBl II 76, 557 (für Vermietung durch GbR).
3 Vgl BFH BStBl II 04, 929 und BStBl II 04, 898.
4 BFH BStBl II 95, 241.

künfte aus dem Bereich des GewBetr ausgenommen werden. Hier aber steht in Frage, welchem von 2 Betrieben eine Tätigkeit zuzuordnen ist, wenn sie sich zugleich als (gemeinsam mit anderen ausgeübte) freiberufliche Betätigung (luf Betätigung) und als eigene gewerbliche Betätigung (Vorleistung für den eigene GewBetr) darstellt. Richtigerweise ist hier von einem Vorrang der gewerblichen Tätigkeit auszugehen.[1]

3. Schwestergesellschaft an gewerbliche Schwestergesellschaft. – a) Leistende nicht gewerbliche Schwestergesellschaft. Werden **Leistungen** der in § 15 I 2 genannten Art von einer selbst nicht gewerblichen Schwester-PersGes an eine gewerblich tätige PersGes erbracht, so wendet die Rspr § 15 I 2 bei der leistungsempfangenden MU'schaft an. Es erfolgt ein **sog Durchgriff** bei der leistenden PersGes. Die Leistungen und die zugrunde liegenden WG werden (anteilig) als **Sondervergütungen und Sonder-BV der MU'er bei der leistungsempfangenden PersGes** behandelt.[2] Zugleich sind damit verbundener Aufwand als **Sonderbetriebsaufwand** und etwaige Veräußerungserlöse als **Sonderbetriebserträge** zu erfassen.

431

Nach nunmehriger Auffassung der Rspr soll dies ein **ausnahmsweise zulässiger Durchgriff** durch die nicht gewerbliche Schwester-PersGes sein.[3] An sich erfasse § 15 I 2 nur **unmittelbare Leistungen der MU'er** an ihre PersGes. Sei aber die leistende PersGes nicht selbst gewerblich tätig, gebiete der Grundsatz der **Gleichbehandlung zum gewerblichen Einzelunternehmer** den Durchgriff durch „das beschränkt steuerrechtsfähige Steuerrechtssubjekt PersGes". Daher müsse hier ausnahmsweise die **mittelbar** über die nicht gewerblich tätige PersGes erbrachte Leistung der MU'er (bei der leistungsempfangenden PersGes) der **unmittelbar erbrachten Leistung gleichgestellt werden.** Dem ist uneingeschränkt iErg, nicht in der Begründung zu folgen. Angesichts der dem EStG zugrunde liegenden transparenten Besteuerung der PersGes (genauer: der transparenten Besteuerung der G'ter einer PersGes) ist es eine Selbstverständlichkeit, dass iSd EStG **Leistungen einer PersGes immer als Leistungen der Mitglieder der PersGes** zu behandeln sind. Von lediglich mittelbaren Leistungen kann keine Rede sein. Dass es sich in Wahrheit nicht um ein Problem der Anwendung des § 15 I 2 handelt, zeigt gerade der von der Rspr insoweit zutr bemühte **Vergleich zu Leistungen an das Einzelunternehmen** eines MU'ers (Rn 425, 426). Hier ergibt sich die Zuordnung zum GewBetr des leistungsempfangenden G'ters aus § 15 I 1 iVm § 4 I, nämlich Einbeziehung aller WG und aller Leistungen des StPfl, die seinem GewBetr dienen. Löst man sich von der verfehlten Vorstellung einer „beschränkten Steuerrechtsfähigkeit der PersGes" bzw der PersGes als einem „Gewinn- oder Einkünfteermittlungssubjekt", so bedarf es keines „ausnahmsweisen Durchgriffes", um die zutr Ergebnisse zu erklären.

432

b) Leistungen gewerblicher Schwestergesellschaften. – aa) Entgeltliche Leistungen. Handelt es sich um **Leistungen gewerblicher Schwestergesellschaften**, wendet die Rspr hingegen § 15 I 2 bei der leistungsempfangenden MU'schaft nicht an. Es verbleibt mithin dabei, dass die WG zum BV der leistenden PersGes gehören und die Entgelte zu ihren Erträgen. Bei der leistungsempfangenden MU'schaft liegen **kein Sonder-BV, keine Sondervergütungen, kein Sonderbetriebsaufwand** vor.[4] Für die Rspr folgt dies nunmehr aus der beschränkten Steuerrechtsfähigkeit der PersGes. § 15 I 2 erfasse daher **nicht** die **lediglich mittelbar über eine PersGes erbrachten Leistungen** der MU'er. Dem ist uneingeschränkt iErg, nicht in der Begründung zu folgen (Rn 432). Die Erklärung liegt schlicht darin, dass eine Konkurrenzsituation zw § 15 I 1 Nr 2 Alt 1 (Gewinnanteil) und § 15 I 1 Nr 2 Alt 2 zu lösen ist. Während für die Konkurrenzsituation § 15 I 1 Nr 1 zu § 15 I 1 Nr 2 Alt 2 die Rspr die **Subsidiaritätstheorie abgelehnt** hat (Vorrang der MU'schaft vor eigenem GewBetr – Rn 387) und § 15 I 1 Nr 2 zutr als **Zuordnungsnorm**[5] versteht, geht es hier um die **konkurrierende Zuordnung zw 2 gewerblichen MU'schaften.** Hier wird zutr von einem **Vorrang der Zuordnung** zum GewBetr der leistenden PersGes (**zum gemeinsamen GewBetr** der MU'er bei **der leistenden PersGes**) ausgegangen. Dies hat weder etwas mit dem Verbot eines Durchgriffs, noch mit dem Ausschluss lediglich mittelbar erbrachter Leistungen aus § 15 I 1 Nr 2 zu tun. Dies bestätigt auch hier der Vergleich zu Leistungen an den eigenen GewBetr eines MU'ers. Hier genießt ebenfalls die Zuordnung zum gemeinsamen GewBetr nach § 15 I 1 Nr 2 Alt 1 den Vorrang vor der Zuordnung zum eigenen GewBetr nach § 15 I 1 Nr 1. Dies widerspricht nicht der Ablehnung der Subsidiaritätstheorie, sondern bestätigt diese Ablehnung sogar indirekt.

433

---

1 BFH BStBl II 98, 325; BStBl II 79, 763.
2 BFH BStBl II 05, 830; BStBl II 99, 348; BStBl II 98, 325; BStBl II 95, 241; BStBl II 79, 763.
3 BFH BStBl II 98, 325; BStBl II 99, 348.
4 BFH BStBl II 05, 830; BStBl II 99, 348; BStBl II 98, 325 mwN.
5 StRspr seit BFH BStBl II 79, 750; vgl auch BStBl II 99, 483; BStBl II 98, 325.

Der Vorrang der **Zuordnung zur leistenden gewerblichen MU'schaft** wird von der Rspr zutr sowohl bei **originär gewerblichen PersGes, bei gewerblich geprägten PersGes**,[1] bei **Außen- und InnenGes**[2] angenommen. Entgegen früherer Auffassung[3] wird auch für die sog mitunternehmerische BetrAufsp keine Ausnahme gemacht.[4] Vielmehr gilt auch hier der Vorrang der Zurechnung zur leistenden Besitz-PersGes – **sog Vorrang der mitunternehmerischen BetrAufsp**.[5] Soweit das sog Besitzunternehmen allerdings keine MU'schaft ist, sondern ein Einzelunternehmen einschl einer KapGes, verbleibt es bei der Anwendung von § 15 I 2 bei der leistungsempfangenden MU'schaft, weil § 15 I 2 Vorrang vor § 15 I 1 hat.[6] **434**

Mittlerweile ist str, ob nicht auch für **Leistungen freiberuflicher** (oder luf) **MU'schaften** entgegen der bisherigen Rspr[7] ein „Durchgriff" ausgeschlossen sein müsse.[8] Es ist aber an der zutr bisherigen Rspr uneingeschränkt festzuhalten. Denn bei Leistungen einer freiberuflichen MU'schaft an ihren **MU'er** für dessen GewBetr stellt sich exakt dasselbe Zuordnungsproblem. Hier genießt die Zuordnung zum eigenen GewBetr nach § 15 I 1 den Vorrang zur Zuordnung zu den freiberuflichen Einkünften nach § 18 IV 2.[9] Dann darf bei Leistungen an gewerbliche Schwester-PersGes nicht anders entschieden werden. **435**

bb) Unentgeltliche oder verbilligte Leistungen. Werden die Leistungen wegen der G'ter-Stellung **unentgeltlich** für das Unternehmen einer gewerblichen Schwester-PersGes (oder auch den Einzel-GewBetr eines MU'ers) erbracht, so **fehlt** es bei der leistenden MU'schaft an einer **betrieblichen Veranlassung**. Bei Nutzungsüberlassungen von WG – auch Wesentlicher – bleiben diese dennoch **BV der überlassenden MU'schaft** (Rn 428). Allerdings sind die entstehenden Aufwendungen einschließl AfA **Sonderbetriebsaufwand des/der MU'er bei der empfangenden PersGes** (technische **Aufwandseinlage**) und daher bei der leistenden PersGes zu neutralisieren (technische **Aufwandsentnahme**). Werden umgekehrt überhöhte Leistungsentgelte gezahlt, so liegen hinsichtlich des überhöhten Teiles keine BA, sondern verdeckte Entnahmen (bei der zahlenden Ges) und verdeckte Einlagen (bei der leistenden Ges) vor[10] (Rn 366). **436**

Demgegenüber ist bei **verbilligten Nutzungsüberlassungen** zu differenzieren. Erreicht das Entgelt die Aufwendungen oder übersteigt es sie, verbleibt es bei der Behandlung als entgeltliche Leistung (Rn 433). Anders als bei KapGes gibt es bei Einzelunternehmen und PersGes keinen Grundsatz, dass Leistungen nur gewinnrealisierend entnommen werden dürfen.[11] Bei Beteiligung einer KapGes als MU'er ist allerdings von einer vGA auszugehen.[12] Liegt das Entgelt unter dem Aufwand, ist in Höhe der Differenz eine Aufwandsentnahme und Aufwandseinlage zu erfassen. **437**

Für **unentgeltliche Darlehensgewährungen** ist allerdings davon auszugehen, dass nicht nur eine technische Aufwands/Nutzungsentnahme vorliegt, sondern die Darlehensforderung selbst nicht mehr BV der überlassenden PersGes ist, sondern **(anteilig) in das Sonder-BV der MU'er bei der darlehensnehmenden MU'schaft gem § 6 V 3 überführt wurde**[13] (s Rn 453f). Soweit davon ausgegangen wird, dass eine **Entnahme in das PV** der an beiden Gesellschaften beteiligten MU'er vorliege,[14] ist dies unzutr. Dasselbe sollte gelten, soweit das Darlehen zu **nicht kostendeckenden Entgelten** (keine fremdüblichen Konditionen) überlassen wird.[15] **438**

Bei der sog mitunternehmerischen **BetrAufsp** ist zu beachten, dass bei **unentgeltlicher** oder nicht kostendeckender **Überlassung** die vermeintliche **Besitz-PersGes** mangels Gewinnerzielungsabsicht, § 15 II, keinen GewBetr unterhält. Daher ist hier dann § 15 I 2 einschlägig[16] (**Zurechnung bei der MU'schaft**), weil nur die Leistung einer vermögensverwaltenden PersGes vorliegt (Rn 431). Anders **439**

---

1 BFH BStBl II 98, 325; BStBl II 96, 82; BStBl II 96, 93.
2 BFH BStBl II 98, 328.
3 BFH BStBl II 85, 622; BMF BStBl I 96, 86.
4 Allerdings Übergangsregelung aus Billigkeitsgründen für Wj vor dem 1.1.99, BMF BStBl I 98, 583.
5 BFH BStBl II 99, 483 mwN; erstmals BStBl II 96, 82; jetzt auch BMF BStBl I 98, 583; vgl auch *Kloster/Kloster* GmbHR 00, 111.
6 BFH BStBl II 05, 830.
7 BFH BStBl II 79, 763; BStBl II 99, 483; BStBl II 98, 325.
8 Vgl *Schmidt*[26] § 15 Rn 606, 533; *Kempermann* FS Flick, 1997, S 445.
9 *K/S/M* § 15 Rn E 369; BFH BStBl II 83, 212.
10 BFH BStBl II 01, 299.
11 BFH BStBl II 83, 598; BStBl II 95, 241; BStBl II 95, 637; *K/S/M* § 15 Rn E 154.
12 BFH BStBl II 86, 17.
13 BFH BStBl II 85, 6; *K/S/M* § 15 Rn E 374; *Schmidt*[26] § 15 Rn 552, 603.
14 So möglicherweise BFH BStBl II 96, 642; *Groh* DStZ 96, 673.
15 *K/S/M* § 15 Rn E 374, 375; FinVerw DStR 94, 582; **aA** (nur Aufwandsentnahme) *Schmidt*[26] § 15 Rn 630; *Ruban* FS Klein, 1994, S 781; *Bolk* BuW 95, 270.
16 Zutr BMF BStBl I 98, 583; *Brandenberg* DB 98, 2488; **aA** *Hoffman* GmbHR 98, 824; *Neu* DStR 98, 1250.

als bei der BetrAufsp zu einer KapGes kommt nicht in Betracht, die Wertsteigerung der zum BV des Besitzunternehmens gehörenden Anteile an der KapGes durch Ersparung von Aufwendungen für die Gewinnerzielungsabsicht zu berücksichtigen.

VIII. GmbH & Co KG, GmbH & atypisch Still. – Literatur: *Steinacker* Die GmbH und Still im Steuerrecht, Diss Erlangen 1993.

440 **1. Gewerbliche Einkünfte und Mitunternehmerstellung.** Die GmbH & Co KG wie auch die (weitgehend – s aber Rn 230) gleich zu behandelnde GmbH & atypisch Still[1] sind ungeachtet der Beteiligung von KapGes **MU'schaften** iSd § 15 I 2. Dies gilt selbst dann, wenn alle G'ter KapGes sind. Soweit sie nicht originär gewerblich tätig sind, einschl der Abfärberegelung des § 15 III Nr 1 (Rn 140), ergibt sich aus § 15 III 2 die Gewerblichkeit – **gewerblich geprägte PersGes** für die GmbH & Co KG (Rn 132f) und nach Ansicht der Rspr auch für die GmbH & Still, soweit nicht auch Ges als nat Pers haften oder zur Geschäftsführung berufen sind (Rn 137).[2] Dagegen soll die Gewerblichkeit für nat Pers als atypisch stille G'ter bei der GmbH & Still mit an sich vermögensverwaltender Tätigkeit nicht gegeben sein, wenn den atypisch stillen G'tern bei der InnenGes Geschäftsführungsbefugnis eingeräumt wird (Rn 229).[3] Dem ist nicht zu folgen (Rn 230). Ein atypisch still Beteiligter kann die Einkünfte nur in der Qualifikation übernehmen, in der sie beim Hauptbeteiligten vorliegen.

441 Für die **GmbH** als phG'ter bzw als nach außen allein auftretender Unternehmer soll sich die **MU'er-Stellung** bereits aus der **unbeschränkten Außenhaftung**[4] ergeben. Sie trage daher **immer Unternehmerrisiko**. Dem ist auch für eine GmbH als Komplementärin nicht zu folgen (Rn 215, 246, 249). Unabdingbar ist zumindest eine Gewinnbeteiligung.[5] Diese kann allerdings auch in einem Gewinnvorab bestehen. Fraglich ist, ob dies auch genügt, wenn der Gewinnvorab in einer festen Verzinsung der Einlage oder des Stammkapitals besteht.[6] Zwar trifft es nicht zu, dass dann zivilrechtlich ein Darlehensverhältnis vorliege – denn gleichwohl liegt haftendes Eigenkapital mit Nachrang nach allen, auch nachrangigen Darlehen – vor. Zutr hat aber die Rspr entschieden, dass bei einer ausschließlichen Festverzinsung des Kapitalanteils eines K'disten, selbst in Verlustjahren bei gleichzeitigem Ausschluss der Teilnahme am übrigen Gewinn und Verlust, der K'dist zwar G'ter, nicht aber MU'er sei.[7] Steuerlich beziehe er daher lediglich Einkünfte aus KapVerm nach § 20 wie ein Darlehensgeber oder stiller G'ter. Gründe, weshalb für den „angestellten Komplementär" etwas anderes gelten sollte, sind trotz der unbeschränkten Außenhaftung nicht erkennbar.

442 Auch der **„angestellte K'dist"** ohne Gewinnbeteiligung ist nicht MU'er, selbst wenn er iÜ aufgrund schuldrechtlicher Dienstverträge (Arbeitsvertrag), Darlehensverträge, Nutzungsüberlassungsverträge Vergütungen erhält und an der Komplementär-GmbH beteiligt ist,[8] vorbehaltlich, dass sich diese vermeintlichen schuldrechtlichen Verträge nicht als (verdeckte) Beitragsverpflichtungen aus einem verdeckten Gesellschaftsverhältnis erweisen (Rn 252f). Bei entspr Ausgestaltung liegt bei einer GmbH und Still dennoch nur eine typisch stille Ges vor.[9] Zur MU'er-Stellung des Stillen bei der GmbH & Still s Rn 227, 228.

443 Bei einer **Familien-GmbH & Co KG oder Familien-GmbH & atypisch Still** ist die **MU'schaft** von Angehörigen (insbes **minderjährigen Kindern**) nach denselben Grundsätzen wie bei anderen Familien-PersGes zu beurteilen. Ebenso ist es hinsichtlich der (noch) angemessenen Gewinnverteilung (Rn 255, 261, 262f). Dabei ist gleichgültig, ob die Eltern/Großeltern auch noch an der PersGes beteiligt sind oder nur an der GmbH.[10] Letzterenfalls ist der unangemessene Gewinnanteil der GmbH als vGA zuzurechnen, falls nicht eine verdeckte MU'schaft auch des vermeintlichen Nicht-G'ters vorliegt (Rn 252f).

---

1 BFH BStBl II 99, 286.
2 BFH BStBl II 98, 328.
3 BFH/NV 99, 169; BFH BStBl II 98, 328; s auch *Gschwendtner* DStZ 98, 335.
4 BFH BStBl II 06, 595; BStBl II 87, 33; BStBl II 85, 85; BStBl II 87, 553.
5 Vgl BFH/NV 99, 1196; BFH BStBl II 00, 183 (allerdings zum K'disten).
6 Bei BFH BStBl II 77, 346 (richtigerweise dürfte zumindest nicht nur auf das Stammkapital abgestellt werden, sondern auf das vorhandene Kapital, denn auch damit haftet die GmbH schließlich).
7 BFH BStBl II 00, 183.
8 BFH BStBl II 00, 183 mwN.
9 Vgl aber BFH BStBl II 94, 702; BStBl II 99, 286 (nur Beteiligung am laufenden Gewinn und Verlust).
10 BFH/NV 92, 452; BFH BStBl II 86, 798.

2. Sonderbetriebsvermögen und Sondervergütungen. Die einem K'disten[1] oder atypisch stillen G'ter[2] als **MU'er** gehörenden **Anteile an der (Komplementär)GmbH** sind dessen **Sonder-BV (II)**, sofern die GmbH nicht einen eigenen wesentlichen Geschäftsbetrieb unterhält[3] (Rn 406, 410). Offene und verdeckte **Gewinnausschüttungen** auf diese Anteile führen beim MU'er zu **Sonderbetriebserträgen**,[4] ebenso wie Gewinne aus der **Veräußerung der Anteile**.[5] Es handelt sich um laufende Gewinne, außer bei vollständiger Veräußerung des MU'anteils nach § 16 I 2[6] oder Veräußerung einer 100 %igen Beteiligung (§ 16 Rn 69f). 444

Bei doppelstöckigen GmbH & Co KGs gehören GmbH-Komplementär-Anteile an der Obergesellschaft zum Sonder-BV der MU'er der Untergesellschaft, falls sie von diesen gehalten werden.[3] Liegt zugleich eine MU'er-Beteiligung an der Obergesellschaft vor, erscheint eine Zurechnung zum Sonder-BV bei der Obergesellschaft vorrangig, es sei denn, diese habe keinen wesentlichen eigenen Geschäftsbetrieb. Dann ist vom Sonder-BV II bei der Untergesellschaft auszugehen, unabhängig davon, ob die G'ter der Obergesellschaft nur „mittelbare MU'er" sind oder auch mit eigenem Sonder-BV bei der Untergesellschaft „unmittelbare MU'er"[7] (Rn 420, 412). 445

Tätigkeitsvergütungen des Kdisten oder atypisch stillen G'ters für die **Geschäftsführung** oder andere Dienstleistungen gehören zu den **Sondervergütungen nach § 15 I 2**, wenn die Leistungen aufgrund bestehender schuldrechtlicher Vertragsbeziehungen unmittelbar der KG (oder der GmbH bei der GmbH & atypisch Still) geschuldet werden, hingegen zu den gleich zu behandelnden sonstigen **Sonderbetriebserträgen** (Rn 413), wenn die Leistung über die GmbH erbracht wird, weil sie dieser vertraglich geschuldet wird.[8] Im letzteren Falle liegen bei der GmbH als MU'er zugleich **Sondervergütungen** (für die von der KG als Aufwendungsersatz geschuldete Vergütung) und **Sonderbetriebsaufwendungen** (für die dem K'disten geschuldete Vergütung) vor. Dies alles gilt auch für Pensionsrückstellungen (Rn 396).[9] Ist der Begünstigte allerdings nicht MU'er, wird die in der Gesamthandsbilanz zu bildende Rückstellung nicht durch eine korrespondierende Forderung im Sonderbereich ausgeglichen.[10] Sonderbetriebserträge liegen auch vor, soweit eine Schwester-KapGes[11] lediglich zwischengeschaltet wird. 446

3. Verdeckte Gewinnausschüttungen. Bei einer **unangemessenen Gewinnverteilung**[12] zulasten der GmbH liegen zugleich vGA der GmbH zugunsten der als MU'er beteiligten K'dist oder atypisch stillen G'ter vor. Diese – bis 2001 zuzüglich des KSt-Anrechnungsanspr (Rn 411) – erhöhen als Sonderbetriebserträge (Rn 444) deren gewerbliche Einkünfte. Sie gehören auch zum Gewerbeertrag nach § 7 GewStG, der dann allerdings nach § 9 Nr 2a GewStG zu kürzen ist. Eine vGA (einschl Gewinnaufschlag) ist auch bei unentgeltlicher oder verbilligter Leistungsabgabe oder Güterveräußerung an die G'ter oder denen nahestehende Pers anzunehmen.[13] Umgekehrt liegt eine verdeckte Einlage mit der Folge nachträglicher AK vor, wenn die Gewinnverteilung zulasten der übrigen MU'er und GmbH G'ter die GmbH unangemessen begünstigt.[14] **Verfahrensrechtlich** ist bei der einheitlichen und gesonderten Gewinnfeststellung bereits über das Vorliegen einer vGA zu entscheiden.[15] 447

IX. Übertragung von WG bei MU'schaften. – Literatur: *Böhme/Forster* Trennungstheorie im Rahmen von Übertragungen nach § 6 Abs 5, BB 03, 1979; *Brandenberg* Aktuelle steuerrechtliche Entwicklungen bei Personengesellschaften, Stbg 04, 65; *v Campenhausen* Steuersubjekt – und objektbezogene stille Reserven bei Ergänzungsbilanzen nach § 6 Abs 5 EStG, DB 04, 1282; *Crezelius* Gewährung von Gesellschaftsrechten bei § 6 Abs 5 EStG, §§ 20, 24 UmwStG, DB 04, 397; *Groh* Teilwerteinbringung von betrieblichen Einzelwirtschaftsgütern in Personengesellschaften, DB 03, 1403; *Mayer* Notwendiges Zusammentreffen von § 24 UmwStG und § 6 Abs 5 EStG, DStR 03, 1553; *Niehus* Zur Anwendung von Realteilungsgrundsätzen und § 6b auf die Übertragung von Wirtschaftsgütern bei Schwesterpersonengesellschaften, FR 05, 278; *Osterma-*

---

1 BFH/NV 96, 736; BFH BStBl II 95, 714 mwN.
2 BFH BStBl II 99, 286; **aA** *Steinacker* Die GmbH & Still im Steuerrecht, Diss 1993.
3 BFH BStBl II 91, 510.
4 BFH BStBl II 95, 714; BStBl II 96, 66.
5 BFH BStBl II 99, 286.
6 BFH BStBl II 83, 771.
7 Vgl zu dieser (falschen) Differenzierung BFH BStBl II 99, 794.
8 BFH BStBl II 03, 191 mwN.
9 BFH/NV 06, 1293 (auch zum Bilanzenzusammenhang in der Sonderbilanz!); BFH BStBl II 93, 298; BFHE 185, 1; 184, 571; vgl auch BFH/NV 02, 976.
10 BFH/NV 02, 976 mit Anm *Gosch* StBp 02, 248.
11 BFH BStBl II 99, 720.
12 Vgl dazu BFH BStBl II 68, 152, 174, 175, 671; BStBl II 77, 346 (angemessene Verzinsung der Einlage und des Haftungsrisikos).
13 BFH BStBl II 86, 17; BFH/NV 95, 103.
14 BFH BStBl II 91, 172.
15 BFH BStBl II 98, 578.

yer/Riedel Übertragung von Einzelwirtschaftsgütern einschließlich Schulden zwischen Schwesterpersonengesellschaften, BB 03, 1305; *Reiß* Einbringung von Wirtschaftsgütern des Privatvermögens in das Betriebsvermögen einer Mitunternehmerschaft, DB 05, 358; *Schulze zur Wiesche* Übernahme von Verbindlichkeiten bei der Übertragung von Einzelwirtschaftsgütern, DB 04, 1388; frühere Literatur s 5. Aufl.

448 **1. Übersicht.** Die **Übertragung/Überführung einzelner WG aus BV in BV im Rahmen einer MU'schaft** wurde erstmals durch das StEntlG[1] im Rahmen der Bewertungsvorschrift des § 6 V ausdrücklich gesetzlich geregelt. Allerdings umfasst die Regelung tatbestandlich nur Überführungen/Übertragungen von Einzel-WG, die zu einem BV oder Sonder-BV des MU'ers oder der MU'schaft gehören in ein BV des MU'ers oder der MU'schaft. Nicht in § 6 V geregelt ist die Übertragung aus PV in BV und umgekehrt (s Rn 457, 460). Schließlich umfasst § 6 V nicht normale entgeltliche Veräußerungen. Außerdem ist die Regelung beschränkt auf die **Übertragung/Überführung von Einzel-WG**. Die Übertragung von **Betrieben, Teilbetrieben und MU'anteilen** auf eine MU'schaft gegen Gewährung von Gesellschaftsrechten ist in § 24 UmwStG geregelt (s § 16 Rn 26f) und für unentgeltliche Übertragungen auf einen anderen MU'er in § 6 III (§ 16 Rn 38), die Übertragung von Teilbetrieben und MU'anteilen von der MU'schaft auf den MU'er im Rahmen einer Realteilung hingegen in § 16 III (s § 16 Rn 346f). Auch für die Übertragung von Einzel-WG auf den MU'er im Rahmen einer Realteilung enthalten § 16 III 2–4 Spezialregelungen (s § 16 Rn 340f).

Die Gesetzgebung in diesem Bereich ist durch eine beispiellose Hektik und Prinzipienlosigkeit gekennzeichnet.[2] Trotz mehrfacher Nachbesserungen ist auch die nunmehrige Regelung durch das UntStFG prinzipienloses Stückwerk geblieben. Zu den Irrungen und Wirrungen bis zum UntStFG vgl 5. Aufl.

Die Komplexität der steuerlichen Behandlung der Übertragung von WG im Rahmen einer steuerlichen MU'schaft folgt aus der transparenten Besteuerung der MU'er bei weitgehender rechtlicher Verselbstständigung der PersGes im Zivilrecht. Dies führt einerseits zur Anerkennung, dass zwischen dem MU'er (G'ter) und der MU'schaft (Ges) gewinnrealisierende Umsatzakte stattfinden können. Andererseits wird dem MU'er (G'ter) der Gewinn der Ges anteilig als von ihm erzielter Gewinn zugerechnet. Dies impliziert, dass ihm steuerlich auch das BV der Ges anteilig zugerechnet wird, bzw sein Sonder-BV vollständig. Insoweit ist zu beantworten, wie steuerlich die Übertragung von WG auf gesellschaftsrechtlicher Basis – also nicht wie unter fremden Dritten – vom G'ter auf die Ges und umgekehrt zu behandeln ist. Dabei sind die steuerlichen Unterschiede zwischen BV und Nicht-BV zu beachten, auch wenn diese zivilrechtlich gerade keine Rolle spielen. Aus der rein steuerlich bedeutsamen Rolle eines dem MU'er/G'ter allein zuzurechnenden Sonder-BV – aber im Rahmen des gemeinsamen Betriebs der MU'schaft – folgt die weitere Problematik, wie die Überführung von und in ein solches Sonder-BV steuerlich zu behandeln ist. Daraus ergeben sich folgende Grundfragen:

1. Wie ist die Überführung von WG des MU'ers in das Sonder-BV des MU'ers und umgekehrt aus seinem Sonder-BV zu behandeln – Überführung ohne Rechtsträgerwechsel (Rn 450)?

2. Wie sind Übertragungsvorgänge mit Rechtsträgerwechsel auf und von der PersGes im Rahmen einer MU'schaft zu behandeln?

Dabei ist mit Rücksicht auf die beteiligten Rechtsträger (zivil- und steuerrechtlich) einerseits und die Zugehörigkeit zum BV oder PV (steuerlich) zu differenzieren zw a) vollentgeltlichen Veräußerungen zw dem einzelnen MU'er und der Ges (der Gesamtheit der G'ter) sowie zw den MU'ern zu fremdüblichen Bedingungen (Rn 449), b) der unentgeltlichen Übertragung von WG des MU'ers auf andere MU'er oder Dritte (Rn 450), c) der offenen gesellschaftsrechtlichen Einlage („gegen Gewährung von Gesellschaftsrechten") in das Gesellschaftsvermögen aus BV (Rn 453f) oder PV (Rn 457) von einzelnen WG oder betrieblichen Einheiten (Rn 456), d) der verdeckten Einlage („unentgeltlich") in das Gesellschaftsvermögen (Rn 458), e) der offenen gesellschaftsrechtlichen („gegen Minderung von Gesellschaftsrechten") und verdeckten Entnahme („unentgeltlich") von einzelnen WG oder betrieblichen Teileinheiten aus dem Gesellschaftsvermögen in ein anderes BV oder in PV (Rn 460f).

---

1 V 24.3.99, BGBl I, 402; BT-Drs 14/23.

2 *Reiß* StbJb 01/02, 281 ff mit Nachweisen zur Rechtsentwicklung.

2. Entgeltliche Übertragungen. Entgeltliche Veräußerungen einzelner WG zu fremdüblichen Bedingungen aus dem **BV der Ges oder dem Sonder-BV** werden auch dann als **normale gewinnrealisierende Geschäftsvorfälle** behandelt, wenn sie zw der Ges (den MU'ern gemeinsam) und dem G'ter (dem einzelnen MU'er) stattfinden[1] oder zw den einzelnen MU'ern. Derartige Veräußerungsvorgänge **fallen nicht unter § 6 V 3** (s § 6 Rn 189). Dies wird negativ in § 6 V 3 klargestellt.[2] Denn es handelt sich dabei weder um unentgeltliche Übertragungen, noch um Übertragungen gegen Gewährung oder Minderung von Gesellschaftsrechten. Dasselbe gilt für Veräußerungen zwischen **Schwester-PersGes**.[3] Das Steuerrecht respektiert, dass bereits zivilrechtlich **getrennte Vermögensmassen** vorliegen. Gleichgültig ist, ob die Anschaffung für ein eigenes BV,[4] für Sonder-BV[5] oder für PV[6] erfolgt. Hier liegt die eigentliche Bedeutung der Abkehr von der sog Bilanzbündeltheorie (Rn 202). § 6b ist – bei Vorliegen der übrigen Voraussetzungen – zur Gewinnneutralisierung anwendbar.[7] Ebenso werden **Veräußerungen aus dem BV eines Eigenbetriebs oder dem PV eines MU'ers** an die Ges oder einen anderen MU'er in dessen Sonder-BV, Eigenbetrieb oder PV behandelt. Veräußerungen von WG des PV sind allerdings nur unter den Voraussetzungen der §§ 17, 23 steuerbar. **Entgeltlichkeit** liegt auch bei **Übernahme von Schulden**,[8] – nach zutr Auffassung von Rspr und FinVerw auch bei wirtschaftlichem Zusammenhang mit dem übertragenen WG (Bruttobetrachtung)[9] – vor. Der Vorgang kann nicht in eine nach § 6 V 3 Nr 1 erfolgsneutrale Übertragung des aktiven WG auf die Ges gegen Gewährung von Gesellschaftsrechten und eine ebenfalls erfolgsneutrale Übertragung der Verbindlichkeit nach § 6 V 3 Nr 1 gegen Minderung der Gesellschaftsrechte aufgespalten werden.[10] Nicht übernommene Schulden, die im wirtschaftlichen Zusammenhang mit einem gegen Gewährung von Gesellschaftsrechten übertragenen WG stehen, werden allerdings zum Buchwert nach § 6 V 2 zwingend in das Sonder-BV überführt. Eine anschließende Übernahme in das Gesellschaftsvermögen gegen Belastung des Kapitalkontos fällt nicht unter § 6 V 3 Nr 1. Vielmehr handelt es sich hier um eine rein buchtechnische Verschleierung der in Wahrheit vorliegenden entgeltlichen Veräußerung. Dasselbe gilt, wenn eine vereinbarte Zahlung dadurch verschleiert wird, dass das WG nach § 6 V 3 Nr 1 als zum Buchwert eingebracht behandelt wird und der „Kaufpreis" anschließend entnommen wird. Nicht anders verhält es sich, wenn ein wirtschaftlich beabsichtigter Tausch dadurch verschleiert wird, dass der Vorgang als jeweils nach § 6 V 3 Nr 1 erfolgsneutrale Übertragung gegen Gewährung und Minderung von Gesellschaftsrechten behandelt wird.

Teilentgeltliche Übertragungen sind nach Auffassung der FinVerw in einen entgeltlichen Teil und eine unentgeltliche Übertragung aufzuteilen.[11] Dem ist für die Übertragung von WG von und in gesamthänderisches BV nicht zu folgen. Eine Gewinnrealisation tritt nur ein, wenn das Entgelt den Buchwert übersteigt und nur in dieser Höhe; ist das Entgelt unter Buchwert ist der Buchwert fortzuführen – **Einheitstheorie**.[12] Erreichen Entgeltzahlung (Schuldenübernahme, Gutschrift auf einem Fremdkapitalkonto) und Gutschrift zum Kapitalkonto (Gewährung von Gesellschaftsrechten) zusammen den Teilwert/gemeinen Wert des übertragenen WG, liegt nach Auffassung der Rspr ein **vollentgeltliches Geschäft** vor. In diesen Fällen hat auch nach Auffassung der Rspr eine Aufteilung in eine erfolgsneutrale Übertragung gegen Gesellschaftsrechte (insoweit anteilige Buchwertfortführung durch negative Ergänzungsbilanz zulässig) und eine erfolgswirksame Übertragung (Differenz Entgelt und anteiliger Buchwert) gegen Entgelt nach der **Trennungstheorie** zu erfolgen.[13] Die Aufteilung hat dabei nach dem Verhältnis des Entgeltes zum Teilwert und der Gutschrift zum Kapitalkonto zum Teilwert zu erfolgen. Es läge in der – allerdings geleugneten – Logik dieser Entscheidung, dass auch bei einem teilentgeltlichen Geschäft (Entgelt und Kapitalgutschrift niedriger als Teilwert) nicht anders verfahren werden kann.[14] Die Entscheidung selbst lässt dies allerdings offen.

---

1 StRspr vgl BFH GrS BStBl II 93, 616; erstmals BFH BStBl II 76, 744, 745, 748.
2 Vgl bereits BMF BStBl I 01, 367 zu § 6 V 3 idF StSenkG; dazu auch *Reiß* BB 01, 1225 u BB 00, 1965.
3 Vgl BFH BStBl II 01, 229 mwN.
4 BFH BStBl II 76, 744.
5 BMF BStBl I 78, 8 (Tz 29, 30).
6 BFH BStBl II 81, 84.
7 BFH BStBl II 81, 84; BStBl II 86, 350; FinVerw gem Vfg der OFD Koblenz v 23.12.03, DB 04, 890; **aA** zu Unrecht *Brandenberg* DStZ 02, 551.
8 BFH/NV 98, 836; BFH BStBl II 00, 230; FinVerw BStBl I 01, 367; BStBl I 98, 583.
9 BFH BStBl II 02, 440; BMF BStBl I 98, 583; **aA** *Groh* DB 02, 1904; *Böhme/Forster* BB 03, 1979; *Schulze zur Wiesche* DB 04, 1388.
10 So aber *Groh* DB 02, 1904 u DB 03, 1403; *Böhme/Forster* BB 03, 1979; *Ostermayer/Riedel* BB 03, 1305.
11 BMF BStBl I 01, 367 (Aufteilung nach Verhältnis Kaufpreis/Verkehrswert).
12 BFH BStBl II 01, 229; BFHE 192, 516.
13 BFH BStBl II 02, 420.
14 Insoweit zutr *Brandenberg* DStZ 02, 551 (558); **aA** *Wendt* FR 02, 53 (62).

Beispiel:

a) Ein WG mit Teilwert von 5000 und Buchwert von 1000 wird übertragen gegen Zahlung von 4000 und Gutschrift zum Kapitalkonto von 1000. Nach Auffassung der Rspr liegt ein vollentgeltliches Geschäft vor, so dass der Übertragende einen Gewinn von 4000 – (⅘ von 1000 =) 800 anteiliger Buchwert = 3200 = ⅘ der stillen Reserven realisiert. In der Bilanz der Ges ist das WG mit (5000 Gesamthandsbilanz – 200 ErgBil =) 4800 anzusetzen.

b) wie oben, aber die Zahlung beträgt nur 2500 und die Gutschrift weiterhin 1000. Dann entspricht es der Logik der Entscheidung, dass ein Gewinn von 2500 – (½ von 1000 =) 500 = 2000 = ½ der stillen Reserven realisiert wird.

Der neueren Rspr ist nicht zu folgen. Sie steht im Widerspruch zur bisherigen Rspr. Wenn es zutr ist, dass bei einer teilentgeltlichen Veräußerung, etwa zum Buchwert ohne Gutschrift zum Kapitalkonto, keine anteilige Gewinnrealisierung erfolgt,[1] darf nicht anders entschieden werden, wenn dem G'ter zusätzlich noch eine Gutschrift zum Kapitalkonto in der Gesellschaftsbilanz erteilt wird, aber dies steuerlich gerade durch eine Ergänzungsbilanz rückgängig gemacht wird. Andernfalls würde die Verlagerung stiller Reserven auf andere G'ter bei der verdeckten Einlage toleriert, aber bei Sicherstellung der Besteuerung der stillen Reserven bei demselben Steuersubjekt eine anteilige Gewinnaufdeckung verlangt. Dies ist evident sachwidrig. Der Einheitstheorie ist daher uneingeschränkt sowohl bei voll entgeltlichen als auch bei teilentgeltlichen Geschäften zu folgen.[2]

Beispiel:

a) Ein WG mit Teilwert von 5000 und Buchwert von 1000 wird zum Buchwert, mithin teilentgeltlich, an die Ges veräußert. Bei Anwendung der Einheitstheorie wird bei diesem teilentgeltlichen Geschäft kein Gewinn durch Veräußerung realisiert. Nachdem § 6 V 3 auch den Übergang stiller Reserven auf andere MU'er toleriert, kommt auch kein Entnahmegewinn in Betracht.

b) wie unter a, aber dem Kapital des einbringenden G'ters werden in der Gesellschaftsbilanz 4000 gutgeschrieben, die in einer Ergänzungsbilanz neutralisiert werden. Wollte man hier der Rspr des BFH zu vollentgeltlichen Geschäften folgen, müsste von einer Gewinnrealisierung in Höhe von 1000 – 200 = 800 ausgegangen werden. Dies ist schlechterdings unvertretbar, wenn im Falle a) zutr keine Gewinnrealisation angenommen wird.

3. Unentgeltliche Übertragung und Überführung von Wirtschaftsgütern aus und in Sonderbetriebsvermögen. § 6 V 2 bestimmt, dass bei der Überführung von WG aus einem Eigen-BV in Sonder-BV des MU'ers oder umgekehrt und zwischen verschiedenen Sonder-BV **desselben StPfl** gewinneutral die Buchwerte fortzuführen sind. Dies ist eine bare Selbstverständlichkeit, da weder ein Veräußerungsvorgang vorliegt, noch eine Entnahme zu betriebsfremden Zwecken. Die Regelung bestätigt den von der Rspr zutr ohnehin vertretenen weiten Betriebsbegriff (s Rn 366) und den finalen Entnahmebegriff, jedenfalls hinsichtlich der Rechtsfolge fehlender Gewinnrealisierung.[3]

Werden WG des Sonder-BV hingegen in das PV überführt oder **unentgeltlich auf Dritte** ohne betrieblichen Anlass **übertragen**, liegt eine **mit dem Teilwert zu bewertende Entnahme** nach § 4 I 2 iVm § 6 I 4 vor, weil hier die Erfassung der stillen Reserven nicht mehr gesichert ist. Erfolgt die unentgeltliche Übertragung **aus betrieblichem Anlass**, führt dies beim Übertragenden zu Sonderbetriebsaufwand in Höhe des Buchwertes, der vorbehaltlich § 4 V 1 gewinnmindernd zu behandeln ist. Beim Erwerber ist hingegen § 6 IV anwendbar, falls bei ihm ein betrieblich veranlasster Zufluss vorliegt (s 6 Rn 184). Dies gilt auch, wenn die Übertragung auf einen anderen MU'er bei derselben MU'schaft erfolgt. § 6 V 3 ist insoweit nicht anwendbar.[4]

Die Rspr hatte allerdings unter Verkennung des Subjektcharakters der ESt bei unentgeltlicher **Übertragung auf einen anderen MU'er aus privater Veranlassung** in dessen Sonder-BV eine Buchwertfortführung zugelassen.[5] Weil die Erfassung der stillen Reserven im GewBetr der MU'schaft gesichert sei und der Funktionszusammenhang zum Betrieb der MU'schaft erhalten bleibt, verneinte sie das Vorliegen einer Entnahme. Diese verfehlte Rspr[6] – sie verstieß gegen das Subjektsteuerprinzip und deklarierte die MU'schaft entgegen § 1 EStG zu einem Steuersubjekt, dem stille Reserven zugeordnet werden können – ist durch § 6 V 3 Nr 3 nunmehr gesetzlich sanktioniert wor-

---

1 So BFH BStBl II 01, 229; BFHE 192, 516.
2 So auch *Groh* DB 03, 1403; *Düll* DStR 00, 1713.
3 BFH BStBl II 03, 133 mwN; BFHE 192, 516; BFH GrS BStBl II 1975, 168 mwN; **aA** *Hey* in *Tipke/Lang*[18], § 17 Rn 233 (enger Betriebsbegriff, aber Rechtsfolgen wie bei weitem Betriebsbegriff).
4 *van Lishaut* DB 00, 1784; **aA** *Brandenberg* FR 00, 1182; *Wendt* FR 02, 53.
5 BFH/NV 01, 548; BFH BStBl II 99, 263; BStBl II 93, 93, 225; BStBl II 86, 313 (unter Nießbrauchvorbehalt).
6 *Knobbe-Keuk*[9] § 11 III 2a; *Biergans* FS Schmidt, 1993, S 75.

den. § 6 V 3 lässt ausdrücklich bei der **unentgeltlichen Übertragung in das Sonder-BV eines anderen MU'ers bei derselben MU'schaft** aus privater Veranlassung die Buchwertfortführung und damit die Verlagerung stiller Reserven auf ein anderes Steuersubjekt zu. Zu beachten ist allerdings **die dreijährige Sperrfrist** des § 6 V 4. Bei Nichteinhaltung durch den Erwerber, kommt es rückwirkend durch den Teilwertansatz zur Gewinnrealisation. Eine Vermeidung der Anwendung der Sperrfrist durch Fortführung der stillen Reserven mittels negativer Ergänzungsbilanz kommt nicht in Betracht. Denn nach der Schenkung ist das übertragene WG dem Schenker nicht mehr zuzurechnen.[1]

Die Vorschrift lässt sich dogmatisch nicht einordnen.[2] Sie verstößt gegen die grundlegende Belastungsentscheidung des EStG in § 2 I (Besteuerung des Einkommens bei dem, der es erzielt hat!). Sie privilegiert unter Verstoß gegen Art 3 GG willkürlich die unentgeltliche Übertragung von Sonder-BV auf einen anderen MU'er bei derselben MU'schaft gegenüber der unentgeltlichen Übertragung von WG durch Einzelunternehmer oder MU'er auf andere Stpfl in deren BV oder Sonder-BV bei einer anderen MU'schaft. Die Vorschrift eröffnet iÜ trotz der dreijährigen Sperrfrist einfache Umgehungsmöglichkeiten, zB das WG zum Buchwert später in ein eigenes BV oder Sonder-BV bei einer anderen MU'schaft[3] zu übertragen und von dort dann wieder unentgeltlich auf andere MU'er. Ist übertragender MU'er eine KapGes, genießt allerdings § 8 III KStG (vGA) den Vorrang (s auch Rn 454, 463). Wird umgekehrt auf eine KapGes übertragen, so ist nach § 6 V 5 der Teilwert anzusetzen. Für die Zeit vom 1.1.99 bis 31.12.00 schrieb § 6 V 3 idF StEntlG richtigerweise immer den Teilwertansatz vor. Der Gesetzgeber wäre gut beraten, wenn er die verfassungswidrige Privilegierung der unentgeltlichen Übertragung von Sonder-BV auf einen anderen MU'er wieder beseitigen würde.

Soweit Sonder-BV ausnahmsweise[4] selbst einen **Teilbetrieb** darstellt, führt die Übertragung auf einen anderen MU'er, aber auch auf einen Dritten, schon nach § 6 III **nicht** zur **Gewinnrealisierung** (§ 6 Rn 186b). Dasselbe gilt, wenn Sonder-BV zusammen mit dem MU'anteil oder dem Bruchteil eines MU'anteils unentgeltlich übertragen wird (§ 16 Rn 249f, 256). Der Sache nach liegt hier bereits keine Entnahme oder BetrAufg vor.[5]

452

4. Offene gesellschaftsrechtliche Einlagen – Übertragung gegen Gesellschaftsrechte. Eine **gesellschaftsrechtliche Einlage** liegt vor, wenn der G'ter Geld oder andere WG auf die PersGes aufgrund gesellschaftsvertraglicher Verpflichtung oder als zulässigen freiwilligen Beitrag überträgt, ohne dass er dafür von der Ges ein gesondertes Entgelt erhält (Rn 369f, 449). Die gesellschaftsrechtliche Einlage **erhöht das Gesellschaftsvermögen**, weil ihr kein Abfluss aus dem Gesellschaftsvermögen gegenübersteht. Um eine offene Einlage handelt es sich, wenn und soweit die Vermögensmehrung dem Kapitalanteil des einbringenden G'ters gutgebracht wird, vgl § 121 HGB. Unerheblich für die gesellschaftsrechtliche Behandlung ist es, ob die Einlage aus BV oder PV des G'ters stammt. Soweit das WG einem Dritten (auch anderen G'ter) gehört, der es für Rechnung des G'ters einbringt, ist im Verhältnis zur Ges der G'ter der Einbringende, dh es handelt sich um die Sacheinlage des G'ters. Im Deckungsverhältnis zum G'ter kann dann je nach Sachlage ein entgeltliches Geschäft oder eine Schenkung vorliegen.

453

Steuerlich geht die Rspr davon aus, dass die **Übertragung eines einzelnen WG in das Gesellschaftsvermögen** (gesellschaftsrechtliche **Sacheinlage**) aus bisherigem Einzel- oder Sonder-BV des MU'ers **ein tauschähnliches Veräußerungsgeschäft** darstelle. Als Gegenleistung wird die „**Gewährung von Gesellschaftsrechten**"[6] angesehen. Allerdings wurde bis zum 1.1.99 ein Wahlrecht zur Buchwertfortführung oder zum Teilwertansatz zugebilligt.[7] Dieses **Wahlrecht** wurde durch § 6 V 3 mit Wirkung ab 1.1.99 **beseitigt**. Für die Zeit vom 1.1.99 bis 31.12.00 wurde zwingend gewinnrealisierend der Teilwertansatz (§ 6 V 3 idF StEntlG) vorgeschrieben. Seit dem 1.1.01 wird umgekehrt zwingend die **erfolgsneutrale Buchwertfortführung** verlangt, nämlich nach **§ 6 V 3 Nr 1** bei Übertragung aus **eige-**

454

---

1 *Schmidt*[26] § 15 Rn 675; **aA** *Rödder/Schuhmacher* DStR 01, 1634; vgl auch *Wendt* FR 02, 53; *von Lishaut* DB 00, 1784.
2 Vgl BFH BStBl II 05, 378.
3 Entgegen *Schmidt*[26] § 15 Rn 675 folgt aus der Möglichkeit dieses zweistufigen Verfahrens aber nicht, dass § 6 V 3 gegen seinen klaren Wortlaut schon dahin ausgelegt werden dürfte, dass die unmittelbare Überführung in das Sonder-BV bei einer anderen MU'schaft schon zum Buchwert erfolgen dürfe.
4 BFH BStBl II 79, 554; *K/S/M* § 16 Rn B 278.
5 Vgl *K/S/M* § 16 B 79f.
6 BFH BStBl II 76, 748 (Einbringungsurteil); BStBl II 81, 419.
7 BStBl II 76, 748; BStBl II 82, 17; BStBl II 88, 374; BStBl II 93, 889.

nem BV, und nach **Nr 2** bei Übertragung aus **Sonder-BV derselben oder einer anderen MU'schaft** in das „**Gesamthandsvermögen einer Mitunternehmerschaft**". Die Bezeichnung als „Gesamthandsvermögen" ist ein gesetzgeberischer Missgriff. Gesamthandsvermögen haben nur AußenGes, die Gütergemeinschaft und die Erbengemeinschaft. Der vom Gesetzgeber hergestellte Bezug zur MU'schaft kennzeichnet aber hinreichend deutlich, dass tatsächlich das den MU'ern gemeinsam zuzurechnende vergesellschaftete Vermögen gemeint ist. § 6 V 3 ist daher auch bei **atypisch stillen MU'schaften** anzuwenden (**aA** § 6 Rn 188a).[1]

Das Gesetz nimmt mit der Formel von der „Übertragung gegen Gewährung von Gesellschaftsrechten" einerseits die Rspr auf, wonach es sich um tauschähnliche Vorgänge handeln soll, bestimmt aber in der Rechtsfolge Buchwertfortführung zugleich, dass kein gewinnrealisierender Tauschvorgang und auch keine Entnahme anzunehmen ist. Dem Grunde nach liegt bei der **offenen Sacheinlage** aus BV des MU'ers auch **weder** eine gewinnrealisierende **Entnahme** im eigenen BV vor – es fehlt an einer Überführung in den privaten oder einen anderen berufs- oder betriebsfremden Bereich[2] – **noch** eine tauschähnliche **Veräußerung**. Soweit die Rspr Parallelen zur Sacheinlage bei KapGes zieht,[3] sind diese steuerlich verfehlt, weil die PersGes anders als die KapGes gerade kein anderes Steuersubjekt ist.[4] Die offene Sacheinlage fällt nicht unter die Bewertungsvorschrift des § 6 VI 1 (§ 6 Rn 190, 192).[5] Dies stellt nunmehr § 6 VI 4 ausdrücklich klar. Systematisch zu rechtfertigen ist angesichts der Grundentscheidung für eine transparenten Besteuerung der MU'er allein die Buchwertfortführung, soweit die Erfassung der stillen Reserven bei demselben StPfl gesichert bleibt.[6] Technisch ist dies über eine (negative) steuerliche Ergänzungsbilanz zu bewältigen. Eine Buchwertfortführung durch negative Ergänzungsbilanz kommt allerdings nach allgemeinen Grundsätzen nicht in Betracht, soweit der Verkehrswert anderen MU'ern als dem Übertragenden handelsrechtlich gutgeschrieben wird. Insoweit liegt entweder im Deckungsverhältnis eine gewinnrealisierende Veräußerung an die anderen MU'er bei Entgeltlichkeit vor oder eine Entnahme im abgebenden Betrieb[7] (vgl § 16 Rn 36 und 38, 40).

§ 6 V 3 Nr 1 und 2 lassen allerdings seit dem 1.1.01, ohne jede dogmatische Fundierung und in Verkennung der bisherigen Rechtslage,[8] die **Buchwertfortführung** auch zu, wenn es zu einer **Verlagerung der stillen Reserven auf andere MU'er** – kommt. Dies folgt aus der in **§ 6 V 4** enthaltenen **Sperrfrist**.

Danach wird rückwirkend der Teilwertansatz verlangt, wenn innerhalb von drei Jahren nach Abgabe der Steuererklärung für den übertragenden MU'er das übertragene WG bei der MU'schaft veräußert oder entnommen wird. Da andererseits diese Rechtsfolge nicht eintreten soll, wenn die bis zur Übertragung entstandenen stillen Reserven durch Erstellung einer **Ergänzungsbilanz** dem übertragenden G'ter zugeordnet worden sind, ergibt sich zwingend, dass der Gesetzgeber nunmehr die Verlagerung stiller Reserven auf einen anderen MU'er toleriert, wenn nur die Sperrfrist eingehalten wird.

Die Entstehungsgeschichte für diese weitere Kehrtwendung kann nur als abenteuerlich bezeichnet werden (dazu 5. Aufl).

Im Einzelnen ist nunmehr bzgl **offener gesellschaftsrechtlicher Einlagen aus BV gegen Gewährung von Gesellschaftsrechten** wie folgt zu unterscheiden:

Die Gesellschaftsrechte werden dem Übertragenden selbst gewährt (Gutschrift auf seinem Kapitalkonto in der Gesellschaftsbilanz). Nach § 6 V 3 Nr 1 oder 2 sind zwingend die Buchwerte fortzuführen. Erfolgt die Buchwertfortführung bereits in der Gesellschaftsbilanz, gehen dadurch stille Reserven unentgeltlich auf andere MU'er über. Dann ist die Sperrfrist des § 6 V 4 zu beachten. Erfolgt in der Gesellschaftsbilanz ein Ansatz zum Verkehrswert, so ist zwingend steuerlich eine negative Ergänzungsbilanz aufzustellen, weil die Buchwerte steuerlich fortgeführt werden müssen. Bei dieser Konstellation greift die Sperrfrist nicht ein. Diese Regelung ist sachgerecht, weil eine Verlagerung

---

1 *Wendt* FR 02, 53; *Reiß* BB 00, 1956; **aA** *Brandenberg* DStZ 02, 551 (555).
2 Vgl R 4.3 (2) II EStR.
3 So BFH BStBl II 00, 230; BStBl II 88, 374; vgl auch *Schmidt*[26] § 5 Rn 208, 637.
4 *Reiß* StuW 00, 399.
5 So jetzt auch iErg FinVerw, BMF BStBl I 01, 367 und die ganz hM, vgl *Schmidt*[26] § 15 Rn 664 mwN bereits zu § 6 V 3 idF StSenkG.
6 *Groh* DB 02, 1904; vgl auch *K/S/M* § 15 Rn 172, 173.
7 So nunmehr zutr BFHE 192, 516 (allerdings für die Überführung aus dem Gesamthandsvermögen in Einzel-BV).
8 Vgl BFHE 192, 516.

stiller Reserven gerade nicht stattfindet. Dem Grunde nach liegt schon kein Gewinnrealisierungstatbestand vor, weder – entgegen der hM – ein Tauschvorgang, noch eine Entnahme zu betriebsfremden Zwecken. Entgegen dem Wortlaut greift die Sperrfrist auch dann nicht ein, wenn die bis zur Übertragung entstandenen stillen Reserven dem Übertragenden anders als vermittels einer Ergänzungsbilanz zugeordnet werden. Es ist schlicht zu ignorieren, dass der Gesetzgeber sich nicht entblödet, die Voraussetzung der Zuordnung der stillen Reserven zum Übertragenden an eine Buchhaltungstechnik zu knüpfen. Entscheidend ist allein, dass eine Zuordnung der stillen Reserven zum Übertragenden erfolgt ist und es deshalb an einem Gewinnrealisierungstabestand fehlt.

Die **Gesellschaftsrechte** werden (teilw) **anderen G'tern gewährt** (Gutschrift auf Kapitalkonto anderer G'ter). Wird der Verkehrswert des WG in der HB der Ges nicht vollständig dem Kapitalanteil des übertragenden MU'ers, sondern ganz oder teilw anderen MU'ern gutgebracht, so liegt im abgebenden BV oder Sonder-BV des übertragenden MU'ers eine Veräußerung vor, soweit der übertragende MU'er dafür ein **Entgelt** von den begünstigten MU'ern erhält. Hinsichtlich der Veräußerung kommt es steuerlich zu einer Gewinnrealisierung. Eine Neutralisierung durch Erstellung einer negativen Ergänzungsbilanz ist nicht zulässig. § 6 V 3 Nr 1 und 2 sind für den übertragenden G'ter nicht anwendbar, weil im Verhältnis zur Ges nicht er die Einlage erbringt, sondern der oder die G'ter, denen die Gesellschaftsrechte gewährt werden.

Fraglich erscheint jedoch, wie die **unentgeltliche Zuwendung** an die anderen MU'er zu behandeln ist. An sich gebietet § 6 I 4 den gewinnrealisierenden Teilwertansatz, weil eine Entnahme zu betriebsfremden Zwecken vorliegt. Nachdem für die verdeckte Einlage in das Gesamthandsvermögen zugunsten von anderen MU'ern verfehlterweise jedoch die Buchwertfortführung zugelassen wird (Rn 458), darf für die offene Einlage mit Gutschrift zum Kapitalanteil des begünstigten anderen MU'ers nicht anders entschieden werden. Daher ist auch in diesen Fällen von einer Übertragung gegen Gewährung von Gesellschaftsrechten iSd § 6 V 3 Nr 1 oder 2 auszugehen, die steuerlich zu einer Buchwertfortführung durch **Ergänzungsbilanzen für die begünstigten MU'er** zwingt. Allerdings ist dann die Sperrfrist des § 6 V 4 zu beachten, weil die stillen Reserven nicht dem übertragenden MU'er zugeordnet worden sind. Eine unentgeltliche Übertragung iSd § 6 V 3 liegt nicht vor, denn es erfolgt durch die Gutschrift zu den Kapitalanteilen eine „Gewährung von Gesellschaftsrechten".

Falls der Einbringende eine KapGes als MU'er ist und die begünstigten MU'er iÜ G'ter der KapGes, liegt bei der KapGes allerdings eine gewinnrealisierende vGA vor.[1] Zwar müsste nach den normalen Regeln der Gesetzesauslegung § 6 V 3 EStG als lex specialis den Vorrang vor § 8 III KStG haben. § 6 V 5 und 6 ordnen insoweit auch nichts anderes an. Denn es wird kein Anteil der Körperschaft an dem WG begründet oder erhöht, im Gegenteil vermindert sich der Anteil. In der Sache kann aber nicht angenommen werden, dass § 6 V 3 auch noch auf die Gewinnrealisation durch vGA verzichtet, wenn diese nur über eine Übertragung von WG im Rahmen einer MU'schaft erfolgt (s Rn 463). Der Blick auf die KapGes als MU'er erweist aber nur, wie verfehlt die gesetzgeberische Entscheidung auch für nat Pers als MU'er ist.

Die von § 6 V 3 Nr 1 und 2 verlangte **„Gewährung von Gesellschaftsrechten"** stellt nichts anderes dar, als die offen durch Gutschrift auf den Kapitalanteilen ausgewiesene Vermögensmehrung im Gesellschaftsvermögen. Der Sache nach handelt es sich **handelsrechtlich** um **offene Sacheinlagen,** die dem Kapitalanteil des Einbringenden gutgebracht werden. Werden für den G'ter **mehrere (echte) Kapitalkonten** geführt, ist unerheblich, auf welchem Kapitalkonto des G'ters die Gutschrift erfolgt. Die Gewährung von Gesellschaftsrechten iSd § 6 V 3 Nr 1 und 2 stellt allein darauf ab, dass dem Kapitalanteil des G'ters der Wert vermögensmäßig gutgebracht wird. Ob dadurch auch die Gewinnverteilung oder etwaige Stimmrechte beeinflusst werden, ist völlig unmaßgeblich. Der G'ter einer PersGes hat zivilrechtlich ohnehin nur ein einheitliches Gesellschaftsrecht. Die verfehlte Rede von der „Gewährung des Gesellschaftsrechts", die der Gesetzgeber kritiklos übernommen hat, zielt allein auf die vermögensmäßige Beteiligung des G'ters am Gesellschaftsvermögen. Nach zutr Auffassung des BMF liegt eine „Gewährung von Gesellschaftsrechten" vor, wenn sich das Kapitalkonto des G'ters erhöht, das für seine Beteiligung am Gesellschaftsvermögen maßgeblich ist.[2] Dies trifft aber für sämtliche echte Kapitalkonten des G'ters zu, im Unterschied zu Verbindlichkeiten, bzw Forderungen zwischen Ges und G'ter. Die Abgrenzung ist allein danach vorzunehmen, ob handels-

455

---

[1] Vgl BFH BStBl II 05, 867; *Groh* DB 03, 1403 (1408). [2] BMF BStBl I 00, 462; BStBl I 04, 1190.

rechtlich in der Gesellschaftsbilanz Eigenkapital der G'ter vorliegt oder Fremdkapital.[1] Unerheblich ist hingegen, ob steuerlich Sonder-BV und Sondereigenkapital vorliegt. Auch wenn sich bei gesvertraglicher Vereinbarung sog fester Kapitalkonten I die Stimmrechte und die Gewinnverteilung nur nach dem Verhältnis dieser Festkapitalkonten richten, bleiben daneben geführte Kapitalkonten II und weitere Kapitalkonten (etwa sog Verlustkonten) für die Beteiligung des G'ters am Gesellschaftsvermögen (mit) maßgeblich. Denn zum einheitlichen Kapitalanteil (= Gesellschaftsrechte iSd § 6 V 3) gehört jedes Kapitalkonto, das im Falle der Liquidation oder des Ausscheidens in das Auseinandersetzungsguthaben einzubeziehen ist. Zur Abgrenzung von (echten) Kapitalkonten und Verbindlichkeits-/Forderungskonten kann daher in vollem Umfange auf die Rspr zu § 15a zurückgegriffen werden[2] (s Rn 399; § 15a Rn 42). Erfolgt eine Übertragung gegen Gutschrift auf einem Verbindlichkeitskonto der Ges, liegt insoweit eine (teil)entgeltliche Veräußerung vor (Rn 449).[3] Entgegen einer verbreiteten Auffassung[4] repräsentieren auch sog **„gesamthänderische Rücklagen"** Gesellschaftsrechte iSd § 6 V. Auch sie verkörpern schlicht Kapital, das spätestens im Falle der Liquidation/des Ausscheidens anteilig zu berücksichtigen ist. Freischwebendes, keinem G'ter zuzuordnendes Kapital gibt es bei der PersGes nicht. Die Gutschrift zu einer gesamthänderischen Rücklage ist daher als Gewährung von Gesellschaftsrechten an den übertragenden G'ter und an die übrigen G'ter entspr dem Gewinnverteilungsschlüssel zu behandeln und entgegen der Auffassung der FinVerw nicht als „unentgeltlich".[5] Die Buchwertfortführung durch Ergänzungsbilanzen ist dann zwingend (s Rn 454).

456 Werden **Betriebe, Teilbetriebe oder MU'anteile** oder Anteile an MU'anteilen gegen Gewährung von Gesellschaftsrechten eingebracht, verbleibt es bei dem durch **§ 24 UmwStG** gewährten Wahlrecht. Dies gilt auch dann, wenn die **begünstigten Einheiten teilw auf fremde Rechnung** eingebracht werden für den auf eigene Rechnung eingebrachten Teil (§ 16 Rn 35f). **§ 6 III verlangt** hingegen die Buchwertfortführung, **soweit unentgeltlich** durch Schenkung für fremde Rechnung eingebracht wird (§ 6 Rn 181b). § 6 V ist insgesamt nicht anwendbar.

457 Für die **offene Sacheinlage aus PV** gehen Rspr und FinVerw mittlerweile ebenfalls von einem tauschähnlichen **Veräußerungsgeschäft und Anschaffungsgeschäft**[6] aus (Rn 371). Die Gutschrift auf dem Kapitalkonto soll die AK der Ges darstellen. Entspricht diese dem Teilwert, liegen demnach auch steuerlich AK in Höhe des Teilwertes vor. Liegt sie darunter, geht die Rspr von einer verdeckten Einlage in Höhe der Differenz aus. Auf diese ist dann aber § 4 I 2 iVm § 6 I 4 anzuwenden, so dass iErg immer ein Ansatz mit dem Teilwert erfolgt (Rn 372). Die Auffassung von Rspr[7] und FinVerw[8] führt bei offener Sacheinlage von WG des PV zur Gewinnrealisierung bei § 17 und § 23. Dem ist nicht zu folgen[9] (Rn 371, 459; **aA** § 23 Rn 12). Vielmehr liegt **steuerlich** nur eine mit dem **Teilwert zu bewertende Einlage** nach § 4 I 2 iVm § 6 I 5 vor.[10] Soweit allerdings auch Schulden übernommen werden, liegt eine teilentgeltliche Anschaffung und Veräußerung[11] vor. Weshalb es unter dem Aspekt einer Veräußerung nach § 23 (oder 17) einen Unterschied machen soll, ob gegen Gewährung von Gesellschaftsrechten ein Grundstück des PV (oder eine Beteiligung) auf eine MU'schaft oder eine vermögensverwaltende Ges übertragen wird,[12] ist nicht einsichtig zu machen. §§ 23 und 17 differenzieren danach, ob an wen veräußert wird, sofern denn tatsächlich eine Veräußerung vorliegt. Bei der Übertragung in BV bei einer MU'schaft gegen Gewährung von Gesellschaftsrechten ist daher richtigerweise § 23 I 5 Nr 1 anzuwenden, nicht aber bereits die Übertragung als Veräußerung zu behandeln.

---

1 S auch *Crezelius* DB 04, 397.
2 Vgl dazu zutr zusammenfassend BFH BStBl II 05, 598 (maßgeblich die „gesamthänderische Bindung", die sich darin äußert, dass bei Ausscheiden eine Verrechnung mit eventuellen Verlusten stattzufinden hat).
3 Vgl auch BFH BStBl II 04, 344 zu § 49 I 2f EStG.
4 *Strahl* StbJb 00/01, 155 (172 f); *Schmidt*[26] § 15 Rn 665; *Brandenberg* DStZ 02, 551 (558); zu Recht zweifelnd *v Lishaut* DB 00, 1784.
5 **AA** BMF BStBl I 04, 1190; *Schmidt*[26] § 15 Rn 665; *Düll* StbJb 02/03, 117; unklar *Crezelius* DB 04, 397.
6 BFH BStBl II 00, 230; BMF BStBl I 00, 462.

7 Vgl aber BFH BStBl II 04, 344 (zu § 49 I 2 f EStG keine entgeltliche Veräußerung bei Einbringung gegen Gutschrift auf echtem Kapitalkonto) mit (insoweit abl) Anm *Kempermann* FR 02, 1058.
8 BMF BStBl I 00, 462 u BStBl I 04, 1190.
9 *Reiß* DB 05, 358; richtig früher die FinVerw BMF BStBl 78, 8 (Tz 49); *Groh* GS Knobbe-Keuk, 1997, S 433; *ders* DB 02, 1904.
10 So auch *Groh* DB 03, 1403.
11 BFH/NV 98, 836; BMF BB 94, 2318.
12 Zutr insoweit BFH BStBl II 05, 324 (Einbringung in Vermietungs-GbR keine Anschaffung!).

Beispiel nach BMF[1]: E bringt ein Grundstück mit AK 180 000 zum Wert von 240 000 in eine Ges ein. Der andere G'ter bringt 240 000 Geld ein. Beide G'ter erhalten eine dem Wert der eingebrachten Gegenstände entsprechende Gutschrift zu ihrem Kapitalanteil. Sie sind entsprechend dem Wert ihrer Einlagen zu je 50 % beteiligt. Handelt es sich bei der Ges um eine MU'schaft, soll für E eine Veräußerung nach § 23 I 1 an die MU'schaft vorliegen, die zu einem Überschuss von 60 000 führt. Handelt es sich hingegen um eine rein vermögensverwaltende Ges, soll in Bruchteilsbetrachtung nur von einer anteiligen Veräußerung an den anderen G'ter auszugehen sein, was zu einem Überschuss von lediglich 30 000 führt. Richtigerweise liegt jedoch bei Übertragung in eine MU'schaft eine Einlage vor. Die Erfassung der bereits im PV gebildeten stillen Reserven wird über § 23 I 5 gesichert, falls innerhalb von zehn Jahren eine Veräußerung erfolgen sollte.

5. Verdeckte gesellschaftsrechtliche Sacheinlagen – „unentgeltliche" Übertragung in das Gesellschaftsvermögen. Werden **WG aus einem BV des MU'ers** (Sonder-BV oder eigener Betrieb) ohne offene Gewährung von Gesellschaftsrechten (= Gutschrift zum Kapital(anteil)) oder Gutschrift unterhalb des Teilwertes in das Gesellschaftsvermögen eingebracht, ist nach § 6 V 3 Nr 1 und 2 ebenfalls eine Bewertung zum **Buchwert** zwingend. Das Gesetz bezeichnet die **verdeckte gesellschaftsrechtliche Sacheinlage** (dh eine Einlage ohne (ausreichende) Gutschrift zum Kapital) verfehlterweise als **„unentgeltlich"**, während es die offene Sacheinlage gegen Gutschrift zum Kapitalanteil als Übertragung gegen Gewährung von Gesellschaftsrechten bezeichnet. Zutreffenderweise werden die verdeckten gesellschaftsrechtlichen Einlagen als sog unentgeltliche Übertragungen und die Übertragungen gegen „Gewährung von Gesellschaftsrechten" nach § 6 V 3 Nr 1 und 2 aber gleichbehandelt, weil – abgesehen von der Buchung! – kein sachlicher Unterschied besteht. In beiden Konstellationen wird das Gesellschaftsvermögen um den Verkehrswert des übertragenen WG gemehrt. In beiden Fällen muss die Ges dafür nichts aufwenden. Sie hat entgegen der Ansicht der Rspr[2] keine AK[3] (Rn 371; § 16 Rn 17). In beiden Konstellationen werden die G'ter nicht entreichert, weil die Vermögensmehrung bei der Ges zugleich zu einer den Abgang des WG ausgleichenden Wertsteigerung der Gesellschaftsanteile führt. Allerdings führt die verdeckte Einlage – unentgeltliche Übertragung iSd § 6 V 3 Nr 1 und 2 – dazu, dass die Vermögensmehrung allen G'tern nach Maßgabe des Gewinnverteilungsschlüssels zugute kommt. Insoweit ist mit einer verdeckten Einlage immer zugleich eine anteilige Zuwendung an die übrigen MU'er im Umfange von deren Gewinnbeteiligung verbunden. In diesem Umfange liegt in der verdeckten Einlage auch eine unentgeltliche Zuwendung des Einbringenden an die übrigen MU'er, soweit diese nicht ihrerseits dafür an den Einbringenden ein Entgelt zahlen – dann gewinnrealisierende Veräußerung – oder ihrerseits in eben demselben Umfange verdeckte Einlagen tätigen. Diese unentgeltliche Zuwendung stellt der Sache nach, wenn dafür kein Ausgleich erfolgt, eine Entnahme im Betrieb (Sonder-BV) des verdeckt Einbringenden dar. Daher wäre an sich insoweit eine Gewinnrealisation nach § 6 I 4 geboten.[4] § 6 V 3 Nr 1 und 2 ordnen dennoch unter Verstoß gegen das Subjektsteuerprinzip die gewinnneutrale Buchwertfortführung in vollem Umfange an (s Rn 454) und tolerieren damit die Verlagerung stiller Reserven auf andere Steuersubjekte.

Nach dem Wortlaut gilt dies sogar, wenn die „unentgeltliche Übertragung" durch eine KapGes als MU'er zugunsten der übrigen MU'er erfolgt, die ihrerseits G'ter der KapGes sind. Trotz des Wortlautes und der eigentlich nach dem Spezialitätsgrundsatz vorrangigen Anwendung des § 6 V 3 Nr 1 und 2 ist aber davon auszugehen, dass die Grundsätze der **vGA nach § 8 III KStG** vorrangig zu beachten sind (Rn 454), so dass jedenfalls bei einer KapGes als Einbringende von einer (anteiligen) Gewinnrealisation auszugehen ist.[5]

Beispiel: Einbringung eines WG aus eigenem BV mit Buchwert von 100 (Teilwert 500) in eine MU'schaft, an der der Einbringende E und sein Sohn S zu je 50 % beteiligt sind.

Nach § 6 V 3 Nr 1 ist bei gewollter Buchwertfortführung in der handelsrechtlichen Gesellschaftsbilanz unter Gutschrift von 100 zum Kapitalanteil des E in der Steuerbilanz zu tolerieren, dass 200

---

[1] BMF BStBl I 00, 1383 (1384).
[2] BFH BStBl II 00, 230; BMF BStBl I 00, 462; so nunmehr auch BFH v 5.6.02 I R 6/01, GmbHR 03, 50 im Anschluss an BFH BStBl II 04, 230; vgl aber BFH BStBl II 04, 344 (Veräußerung nur bei Gutschrift auf Fremdkapitalkonto, nicht bei Gutschrift auf Kapitalkonto!) mit Anm *Kempermann* FR 2002, 1058.
[3] *Schmidt/Hageböke* DStR 03, 1813; auch die G'ter haben keine AK, vgl BFH BStBl 05 II, 324 (für vermögensverwaltende GbR).
[4] Vgl BFHE 192, 516.
[5] So zutr BFH BStBl II 05, 867; *Schmidt*[26] § 15 Rn 675; vgl auch BMF BStBl I 05, 458 (Vorrang der Regelungen über die vGA und verdeckte Einlage vor § 6 III bei unentgeltlichen Betriebsübertragungen).

stille Reserven auf den Sohn übergegehen. Handelte es sich bei E um eine KapGes und bei S um deren Allein-G'ter, ordnet § 6 V 3 Nr 1 an sich dasselbe an. Es muss aber davon ausgegangen werden, dass hier § 8 III KStG den Vorrang genießt, so dass auf der Ebene der KapGes eine vGA im Wert von 200 anzunehmen wäre und iÜ eine Einlage des S bei der MU'schaft. Das WG müsste daher in der steuerlichen Bilanz der MU'schaft mit 100 + 200 (Ergänzungsbilanz für S) angesetzt werden, bzw mit 500 in der Gesellschaftsbilanz und mit –200 in einer Ergänzungsbilanz für die E-KapG.

Die **Sperrfrist des § 6 V 4** gewinnt insbesondere für „unentgeltliche Übertragungen" iSd § 6 V 3 Nr 1 und 2 durch verdeckte Sacheinlagen Bedeutung. Von derartigen „unentgeltlichen Übertragungen" ist auszugehen, wenn dem Einbringenden handelsrechtlich in der Gesellschaftsbilanz lediglich der unter dem Teilwert liegende Buchwert gutgebracht wird und er für die übergehenden stillen Reserven von den begünstigten MU'ern keinen Ausgleich erhält. In Höhe des übersteigenden Teilwertes liegt dann eine „unentgeltliche Übertragung" vor. Wird das WG anschließend innerhalb der dreijährigen Sperrfrist – beginnend ab Abgabe der Steuererklärung für den übertragenden MU'er! – von der Ges veräußert oder von einem MU'er – auch ihm selbst! – entnommen, so ist rückwirkend für das Jahr der Übertragung auf die MU'schaft im abgebenden BV gewinnrealisierend der Teilwert anzusetzen. Bei der MU'schaft ist ebenfalls der Teilwert rückwirkend anzusetzen, so dass ggf die Erklärungen und Feststellungen für das Jahr der Übertragung und die Zwischenjahre bis zur Veräußerung nach § 175 I 2 AO zu ändern sind. Der Teilwert ist in vollem Umfange rückwirkend anzusetzen, auch soweit der Übertragende nach dem Gewinnverteilungsschlüssel an den bis zur Übertragung entstandenen stillen Reserven partizipiert, es mithin insoweit gar nicht zu einer Verlagerung stiller Reserven kommt.[1] Erkennbar eröffnet § 6 V 4 erhebliche Gestaltungsspielräume zur rückwirkenden Gewinnverlagerung in passende Zeiträume gerade wenn der Übertragende erheblich am Gesellschaftsgewinn beteiligt ist. Hinsichtlich der „unentgeltlichen" Übertragung kommt die Zuordnung stiller Reserven zum Übertragenden durch Ergänzungsbilanzen nicht in Betracht. Wird dem Kapitalanteil des übertragenden G'ters und/oder den Kapitalanteilen der Mit-G'ter in der Gesellschaftsbilanz bereits der Wert des übertragenen WG gutgebracht, so liegt keine „unentgeltliche" Übertragung vor, sondern eine Übertragung gegen Gewährung von Gesellschaftsrechten (Rn 454). Dasselbe gilt bei Gutschrift zu sog gesamthänderischen Rücklagen (Rn 455).

459 Bei der verdeckten Sacheinlage aus dem **PV des MU'ers** liegt auch nach Auffassung der FinVerw und der Rspr[2] steuerlich eine **mit dem Teilwert zu bewertende Einlage** vor, §§ 4 I 5, 6 I 5. Soweit in §§ 6 VI 2, 17 I 2 und in § 23 I 5 Nr 2[3] die verdeckte **Einlage in KapGes** einer **Veräußerung** gleichgestellt wird (§ 6 Rn 191), gilt dies erkennbar **nicht** für die **verdeckte Einlage in eine PersGes** (§ 23 Rn 12). Dies ist eine auch sachlich zutr Wertung des Gesetzgebers, weil dem StPfl bei der PersGes – anders als bei dem selbstständigen Steuersubjekt KapGes – das verdeckt eingelegte WG weiterhin zugerechnet wird. Soweit dies nicht der Fall ist, liegt ebenfalls keine Veräußerung, sondern eine Schenkung an die Mit-G'ter vor. Eine **unterschiedliche Behandlung** der **verdeckten** (keine Veräußerung) und der **offenen gesellschaftsrechtlichen Einlage** (Veräußerung) aus PV, wie sie sich nunmehr für die PersGes, nicht aber für die KapGes, ergibt, **entbehrt jeder** inneren **Rechtfertigung**. Die offene wie die verdeckte Einlage mehren tatsächlich das Gesellschaftsvermögen im gleichen Umfange. Das Steuerrecht knüpft an reale Vermögensveränderungen, nicht an Buchungsakte an. Soweit die offene Einlage auch ausdrückt, dass die Vermögensmehrung bei der PersGes dem Einbringenden und nicht den anderen G'tern zugute kommt, begründet dies unter dem Gesichtspunkt der Veräußerung gerade keinen Unterschied.[4] IÜ ist die Diskriminierung der offenen gesrechtlichen Einlage als Veräußerung nach §§ 23, 17 alles andere als hilfreich. Gut beratene StPfl werden dann auf verdeckte Einlagen als angeblich „unentgeltlich" ausweichen (s aber Rn 455 und 458 zur gesamthänderischen Rücklage), bzw das WG nur als Sonder-BV zur Nutzung überlassen (s auch § 23 Rn 12).

460 **6. Offene (Minderung der Gesellschaftsrechte) und verdeckte („unentgeltliche") gesellschaftsrechtliche Entnahmen/Übertragungen.** Werden WG aus dem Gesellschaftsvermögen offen oder verdeckt ohne sonstige schuldrechtliche causa nach dem Gesellschaftsvertrag zulässigerweise oder mit

---

1 **AA** *Schmidt*[26] § 6 Rn 537; *Rödder/Schuhmacher* DStR 01, 1637.
2 BFH BStBl II 00, 230; BMF BStBl I 00, 462 u BStBl II 04, 1190; vgl auch BFH BStBl II 87, 705 (für KapGes).
3 StBereinG 99, BR-Drs 636/99.
4 Vgl näher *Reiß* DB 05, 358.

Zustimmung aller G'ter entnommen, so liegt auch steuerlich eine mit dem **Teilwert zu bewertende Entnahme nach § 4 I 2 iVm § 6 I 4** vor, wenn die WG in das **PV des MU'ers** übernommen werden.[1] Die Annahme der FinVerw, dass bei einer offenen gesrechtlichen Entnahme gegen Minderung der Gesellschaftsrechte anders als bei der verdeckten Entnahme eine Veräußerung vorliegt,[2] ist abzulehnen.[3] Daher kommt auch eine Anwendung von § 6b auf Sachentnahmen nicht in Betracht.

Hingegen liegt weder eine Entnahme noch eine Veräußerung vor, wenn die WG des Gesellschaftsvermögens in das **Sonder-BV** (bei derselben oder einer anderen MU'schaft!)[4] **oder BV eines eigenen Betriebs des MU'ers** übernommen werden, soweit die Erfassung der stillen Reserven – bei demselben StPfl – gesichert bleibt. **§ 6 V 3 Nr 1 (in BV eines eigenen Betriebes) und Nr 2 (in Sonder-BV)** sieht daher für Übertragungen die gewinnneutrale Buchwertfortführung vor. § 6 V 3 Nr 1 und 2 differenziert tatbestandlich, nicht aber in der Rechtsfolge der Buchwertfortführung, zw einer **Übertragung gegen Minderung der Ges Rechte** und einer **unentgeltlichen Übertragung**. Der Sache nach geht es um die offene gesrechtliche Sachentnahme (= Übertragung gegen Minderung der Gesellschaftsrechte) und die verdeckte gesrechtliche Sachentnahme (= unentgeltliche Übertragung). Korrespondierend zur offenen Sacheinlage gehen § 6 V 3 Nr 1 und 2 von einer Übertragung gegen Minderung von Gesellschaftsrechten aus, soweit die eintretende Verminderung des Gesellschaftsvermögens **buchmäßig dem Kapitalanteil des MU'ers belastet** wird, auch hier einschließlich sog gesamthänderischer Rücklagen (Rn 454, 455). Ein tauschähnlicher Vorgang liegt hier entgegen der hM ebensowenig wie bei der offenen Einlage vor. Die Annahme, dass die Ges Gesellschaftsrechte zurückerhalte, ist offenkundig verfehlt. Bei der als „unentgeltliche Übertragung" bezeichneten verdeckten Sachentnahme ohne (vollständige) Verminderung des Kapitalanteils liegt die Sache ebenso. Die Bezeichnung als unentgeltlich ist allerdings falsch. Die gesellschaftsrechtlichen Sacheinlagen und Sachentnahmen, gleichgültig, ob Verbuchungen auf den Kapitalkonten einschließlich sog Rücklagekonten erfolgen oder nicht, entziehen sich der Einordnung in „Veräußerungsvorgänge" oder „unentgeltliche" Übertragungen. Steuerlich liegen schlicht keine gewinnrealisierenden Veräußerungen und auch keine Entnahmen vor.

461

§ 6 V 3 Nr 1 und 2 sehen eine Fortführung der Buchwerte allerdings auch dann vor, wenn die Erfassung der stillen Reserven bei demselben StPfl nicht gesichert ist. Auch hier wird, wie aus § 6 V 4 folgt – vorbehaltlich der Einhaltung der dreijährigen Sperrfrist (Rn 454) –, die Verlagerung von stillen Reserven durch Buchwertfortführung uneingeschränkt zugelassen.

Anders als bei der offenen gesellschaftsrechtlichen Einlage in eine MU'schaft (Rn 454, 455) ist bei der gesrechtlichen Sachentnahme eine Fortführung der bis zur Übertragung gebildeten stillen Reserven für die übrigen MU'er mittels **Ergänzungsbilanz** allerdings nicht möglich. Daher ist bei der „unentgeltlichen Übertragung" und der Übertragung gegen Minderung der Gesellschaftsrechte" immer die **Sperrfrist** zu beachten. Dies stellt keine sachliche Ungleichbehandlung gegenüber der gesrechtlichen Sacheinlage dar, sondern beruht schlicht auf einem unterschiedlichen Sachverhalt. Nach der Übertragung auf den G'ter kann das WG den übrigen MU'ern weder ganz noch teilw weiter zugerechnet werden. Ergänzungsbilanzen kommen aber nur für WG in Betracht, die steuerlich dem MU'er zuzurechnen sind.[5] Wird das in eigenes BV oder Sonder-BV übertragene WG innerhalb der Sperrfrist veräußert oder entnommen, ist daher rückwirkend bei der MU'schaft gewinnrealisierend der Teilwert des WG anzusetzen. Dies gilt auch, soweit die stillen Reserven bis zur Übertragung ohnehin auf den erwerbenden MU'er entfielen, § 6 V 4. Zur Übertragung auf eine Körperschaft s Rn 463.

§ 6 V 3 ist nicht anwendbar bei der Übertragung von WG zwischen **Schwester-PersGes**. Der Sache nach liegt, sofern keine entgeltliche Veräußerung vorliegt, handelsrechtlich eine offene oder verdeckte Sachentnahme bei der abgebenden und eine offene oder verdeckte Sacheinlage bei der aufnehmenden Schwester-PersGes vor. Bei derartigen Übertragungen konnten vor der Einführung des § 6 V jedenfalls im Umfange der Beteiligungsgleichheit erfolgsneutral die Buchwerte fortgeführt werden.[6] Soweit die Erfassung der stillen Reserven bei denselben Steuersubjekten gesichert bleibt,

---

1 Grundlegend BFH BStBl II 77, 823; vgl auch BStBl II 90, 132; BStBl II 88, 418.
2 BMF BStBl I 00, 462 und 1383.
3 So auch *Schmidt*[26] § 15 Rn 668, 669.
4 Unklar insoweit BMF BStBl I 01, 367.
5 *Wendt* FR 02, 53; zweifelnd *Rödder/Schuhmacher* DStR 01, 1634; bej *Paus* FR 03, 53.
6 BFH BStBl II 01, 229; vgl auch BStBl II 95, 589; so schon BStBl II 70, 618.

fehlt es an einem steuerlichen Realisationstatbestand.[1] Daraus folgt die Buchwertfortführung, denn es liegt die Überführung von einem BV der MU'er in ein anderes BV der MU'er vor. Nach dem weiterhin geltenden finalen Entnahmbegriff (Rn 366) fehlt es an einer Entnahme.[2] Ein gewinnrealisierender Tauschvorgang liegt weder bei der abgebenden, noch bei der aufnehmenden MU'schaft vor. Um die Buchwertfortführung zu bejahen, bedarf es daher keiner Rechtsanalogie zu § 6 V 1 oder 2.[3] Schon gar nicht ist aus dem Fehlen dieser Konstellation in § 6 V 3 ein Umkehrschluss abzuleiten, wonach ein Teilwertansatz erfolgen müsse.[4] Die unbegründete abw Auffassung in der Begründung zur Regierungsvorlage[5] vermag das Fehlen eines gesetzlichen Realisierungstatbestandes nicht zu ersetzen. § 6 V 3 als bloße Bewertungsvorschrift enthält einen solchen nicht.[6] Es ist daher völlig unerheblich, ob § 6 V 3 als eine abschließende Bewertungsregel ist oder nicht. Mangels Realisierungstatbestandes ist die Übertragung unter Schwester-PersGes erfolgsneutral.

Fraglich ist allerdings, ob dies nur bei voller Beteiligungsidentität auch der Höhe nach gilt. Angesichts der in den Fällen des § 6 V 3 zugelassenen Verlagerung stiller Reserven zwischen den MU'ern muss die Buchwertfortführung auch zugelassen werden, wenn Beteiligungsidentität der Höhe nach nicht besteht. Zwar liegt insoweit dann an sich eine steuerliche Entnahme vor, die nach § 6 I 4 gewinnrealisierend ist. Die analoge Anwendung des § 6 V 3 auch entgegen dem vermutlichen gesetzgeberischen Willen ist jedoch in verfassungskonformer Auslegung geboten, weil andernfalls eine willkürliche Ungleichbehandlung erfolgen würde. Insoweit ist dann allerdings auch die Sperrfrist zu beachten. Bei vollständiger Beteiligungsidentität auch der Höhe nach bedarf es hingegen auch keiner Einhaltung der Sperrfrist.

462 Handelt es sich nicht um einzelne WG, sondern um **Betriebe, Teilbetriebe oder MU'anteile** einschl Sonder-BV bei einer anderen MU'schaft (doppelstöckige PersGes), so sind nach § 16 III 2 bei einer **Realteilung zwingend die Buchwerte** fortzuführen (§ 16 Rn 340f). § 16 III 2 verlangt in Anpassung an § 6 V 3 konsequenterweise die Buchwertfortführung bei der Realteilung auch dann, wenn den Realteilern Einzel-WG in ihr BV zugeteilt werden. Für diesen Fall wird – ebenfalls in Übereinstimmung mit § 6 V 4 – allerdings in § 16 III 3 ebenfalls eine dreijährige Sperrfrist eingeführt (§ 16 Rn 340f). Werden Teilbetriebe, MU'anteile und Bruchteile davon von der PersGes unter Fortbestehen ihres Betriebes iÜ **unentgeltlich auf Dritte** übertragen, ordnet § 6 III ebenfalls die **erfolgsneutrale Buchwertfortführung** an. Dies ist systematisch zutr, da insoweit **weder** eine **Veräußerung** noch eine **BetrAufg oder Entnahme** vorliegt. Hier ist auch die Verlagerung stiller Reserven auf ein anderes Steuersubjekt zu rechtfertigen. Zur Übertragung von Teilbetrieben und MU'anteilen bei Ausscheiden gegen Sachwertabfindung s § 16 Rn 337 f.

463 **7. Beteiligung von Kapitalgesellschaften als Mitunternehmer.** Die vorstehenden Grundsätze sind im Grundsatz auch anzuwenden, wenn eine KapGes (oder ein anderes KSt-Subjekt) als MU'er offene und verdeckte Sacheinlagen erbringt oder umgekehrt Sachentnahmen tätigt. Allerdings sind wegen des Trennungsprinzips die Vorschriften über die verdeckte Gewinnausschüttung nach § 8 III KStG und umgekehrt über die verdeckten Einlagen auch in Rahmen von Übertragungsvorgängen bei einer MU'schaft vorrangig,[7] wenn an dieser eine KapGes (oder andere Körperschaft) als MU'er beteiligt ist (Rn 454, 458). Dies muss nach der Rückkehr zum klassischen KSt-System durch das sog Halbeinkünfteverfahren erst recht angenommen werden. Denn die partielle, bzw vollständige Befreiung für Gewinnausschüttungen nach § 3 Nr 40, bzw § 8b I KStG, setzt zwingend voraus, dass dann auf der Ebene der KapGes eine Einmalbelastung mit KSt stattgefunden hat. Daher kommt bei Übertragungsvorgängen nach § 6 V 3 Nr 1 und 2 eine Buchwertfortführung nur in Betracht, soweit keine vGA vorliegt (Rn 458).

Erfolgt eine Übertragung eines WG von der MU'schaft auf die KapGes gegen „Minderung der Gesellschaftsrechte" (= offene Sachentnahme) oder (teilw) „unentgeltlich" (= verdeckte Sachent-

---

1 BFH BStBl II 01, 229 (231), der allerdings verfehlterweise von einem Wahlrecht wegen „Gewährung von Gesellschaftsrechten" ausgeht.
2 Zutr *Groh* DB 02, 1904; iErg ebenso *Reiß* BB 01, 1225; *Wendt* FR 02, 53.
3 So *Schmidt*[26] § 15 Rn 683; *Korn/Strahl* KÖSDI 00, 12597; s auch *Niehus* FR 05, 278.
4 So aber ua *Kloster/Kloster* GmbHR 00, 1129; *Brandenberg* FR 00, 1182; *ders* DStZ 02, 551 (555); *Kemper/Kunold* DStR 00, 2119.
5 BT-Drs 14/7343.
6 Verfehlt *Brandenberg* DStZ 02, 551 (555), wonach aus § 6 V sogar folgen soll, dass der Gesetzgeber bei entgeltlichen Veräußerungen § 6b für nicht anwendbar ansehen könnte.
7 *Groh* DB 03, 1403; *Rödder/Schuhmacher* DStR 00, 1458.

nahme), so sind auch hier vorrangig wegen des Trennungsprinzips die Regeln über die verdeckte Einlage, § 8 I KStG iVm § 4 I 5 EStG anzuwenden. Hinsichtlich der bis zur Übertragung anteilig auf die übrigen MU'er entfallenden stillen Reserven ist eine Buchwertfortführung daher unzulässig. Vielmehr tätigen die übrigen MU'er (und G'ter der KapGes) im Umfange der auf sie entfallenden stillen Reserven bei der KapGes eine verdeckte Einlage. Das WG ist daher insoweit bei der KapGes anteilig mit dem Teilwert (Buchwert + anteilige stille Reserven der übrigen MU'er) anzusetzen. Um die verdeckte Einlage erhöhen sich auch die AK der Anteile an der KapGes. Auf der Ebene der MU'schaft liegt eine nach § 6 I 4 gewinnrealisierende, mit dem (anteiligen) Teilwert anzusetzende Entnahme der übrigen MU'er vor. Der Gewinn ist ausschließlich den übrigen MU'ern, nicht der KapGes, zuzurechnen (Rn 461). An diesen Rechtsfolgen ist wie bisher festzuhalten. § 6 V 5 erfasst diese Konstellation ebenfalls, weil bei der Sachentnahme der Anteil der Körperschaft sich um die bisherigen Anteile der übrigen MU'er erhöht. Er bestätigt insoweit allerdings lediglich die sich bereits aus § 6 I 4 ergebende Rechtsfolge.

Nach § 6 V 5 ist der Teilwert anzusetzen, soweit bei einer Übertragung nach § 6 V 3 der Anteil einer KapGes an dem übertragenen WG mittelbar oder unmittelbar begründet wird[1] oder sich erhöht. Die Vorschrift soll einer unberechtigt erscheinenden Erschleichung des Halbeinkünfteverfahrens nach § 3 Nr 40 EStG, bzw § 8b II KStG durch Verlagerung stiller Reserven auf Anteile an KapGes vorbeugen. Nach § 6 V 6 ist insoweit (rückwirkend) auch dann der Teilwert anzusetzen, wenn sich innerhalb von sieben Jahren nach der Übertragung zu einem späteren Zeitpunkt der Anteil einer KapGes (oder eines sonstigen KSt-Subjektes) aus einem anderen Grund unmittelbar oder mittelbar erhöht oder erstmals begründet wird. Für diese eher dunklen gesetzlichen Anordnungen findet sich lediglich die überaus kurze Begründung des Vermittlungsausschusses, es müsse vermieden werden, dass die grds stpfl Veräußerung an „Objektgesellschaften" unterlaufen werde.[2]

464

Richtigerweise war allerdings eine erfolgsneutrale Einbringung zum Buchwert mit Übergang stiller Reserven auf eine beteiligte KapGes schon bis zur Neuregelung durch § 6 V 3 und 4 gar nicht möglich gewesen. Vielmehr war und ist weiterhin von einer verdeckten Einlage des MU'ers in seine KapGes auszugehen, die einerseits zu nachträglichen Erhöhung der AK an der KapGes führt,[3] § 6 VI 2, andererseits zu einer gewinnrealisierenden anteiligen Entnahme des WG nach § 4 I 2 iVm § 6 I 4 mit seinem Teilwert im abgebenden Betrieb des MU'ers und zu einer anteiligen Einlage des WG durch die KapGes nach § 4 I 5 iVm § 6 I 5 mit dem anteiligen Teilwert in die MU'schaft führt (Rn 458, 463). Hier hat erst § 6 V 3 und 4 für Übertragungen ab dem 1.1.01 die grds Änderung herbeigeführt, dass auch die Verlagerung stiller Reserven durch Buchwertfortführung generell zugelassen wird (Rn 454). Erst vor diesem Hintergrund erweist sich die Sonderregelungen des § 6 V 5 zumindest klarstellend als nötig. § 6 V 5 ist insoweit zu entnehmen, dass bei Beteiligung von KapGes als MU'er die normalen Regeln über die Behandlung von Entnahmen gelten, soweit auf andere MU'er entfallende stille Reserven auf die KapGes bei der ansonsten für zulässig erklärten Buchwertfortführung übergehen würden.

465

Im Einzelnen findet § 6 V 5 Anwendung: a) Bei Übertragung eines WG auf die MU'schaft im Wege der offenen und verdeckten **Sacheinlage durch einen anderen MU'er**, soweit dem Einbringenden nicht der volle Verkehrswert gutgebracht wird; b) bei offenen und verdeckten **Sachentnahmen der KapGes** durch Übertragung des WG auf sie und c) bei der unentgeltlichen Übertragung eines WG des Sonder-BV eines anderen MU'ers auf eine als MU'er beteiligte KapGes. Hingegen ist nicht § 6 V 5, sondern § 6 V 3 (Buchwertfortführung) anzuwenden, wenn trotz eines Übertragungsvorganges keine stillen Reserven auf die KapGes verlagert werden. Dies betrifft etwa die Einbringung eines WG in eine MU'schaft, an der eine KapGes zwar als MU'er, nicht aber vermögensmäßig beteiligt ist,[4] sofern ihr auch nach dem Gewinnverteilungsschlüssel kein Anteil an den stillen Reserven zusteht. Weder § 6 V 5 noch eine vGA liegt vor, wenn eine KapGes (oder eine gewerblich geprägte PersGes) aus ihrem Vermögen ein WG in das Gesellschaftsvermögen der MU'schaft überträgt, an der sie zu 100 % vermögensmäßig beteiligt ist.[5]

---

1 Die Erweiterung „begründet wird" erfolgte erst durch das UntStFG.
2 Begr Vermittlungsausschuss, S 4 zur Beschlussempfehlung BT-Drs 14/3760. Nach der Gesetzesbegründung zu § 6 V 5 u 6 UntStFG soll generell das Verfügen über WG durch Veräußerung von Anteilen an KapGes „ohne vorherige Teilwertrealisation" vermieden werden, BR-Drs 638/01.
3 Vgl BFH BStBl II 01, 234; *Groh* DB 03, 1403; *Rödder/Schuhmacher* DStR 00, 1458.
4 So insoweit zutr *Brandenberg* FR 00, 1182.
5 BMF v 7.2.02 – IV A 6 – S 2241 – 94/01, DStR 02, 635.

Zu a): Das WG ist dann mit dem Buchwert zuzüglich der nach dem Gewinnverteilungsschlüssel anteilig auf die KapGes übergehenden stillen Reserven (= anteiliger Teilwert) anzusetzen. In Höhe der zugewendeten stillen Reserven erfolgt eine Zuschreibung zum Kapitalanteil der KapGes bei der MU'schaft, denn insoweit liegt dort eine verdeckte Einlage der KapGes vor, § 4 I 5 iVm § 6 I 5. Hinsichtlich der übergehenden stillen Reserven kommt es beim einbringenden MU'er in dessen Betrieb (Sonder-BV) zu einer Gewinnrealisation, § 6 V 5 iVm § 6 I 4, bzw § 6 VI 2. Zugleich erhöhen sich die AK seiner Anteile an der KapGes, § 6 VI 2. Soweit hingegen bei einer offenen Sacheinlage eines anderen MU'ers durch Ergänzungsbilanz diesem die bis zur Übertragung gebildeten stillen Reserven zugeordnet bleiben, ist § 6 V 5 nicht anwendbar, weil sich der Anteil der KapGes an dem übertragenen WG weder unmittelbar noch mittelbar erhöht noch ein solcher begründet wird. § 6 V 5 verlangt den Teilwertansatz nur, „soweit ... der Anteil ... begründet wird oder sich erhöht". Es greift in diesem Fällen auch die Sperrfrist des § 6 V 4 nicht. Der gegenteiligen Auffassung ist nicht zu folgen.[1] Sie wird weder vom Wortlaut verlangt, noch ergibt sie einen Sinn. Denn ohne Verlagerung stiller Reserven auf die KapGes kann es zu der befürchteten Erschleichung des Halbeinkünfteverfahrens nicht kommen. Bei der Übertragung eines WG in Gesamthandsvermögen wird ein Anteil der KapGes in der Höhe begründet oder erhöht sich in dem Umfang, in dem auf ihren Kapitalkonten buchmäßig eine Gutschrift erfolgt zuzüglich ihres Anteils an den stillen Reserven nach dem Gewinnverteilungsschlüssel. Anteil am WG ist mithin nur der Anteil an den ansonsten auf die KapGes übergehenden stillen Reserven.[2]

Zu b): Wird umgekehrt ein WG im Wege der offenen oder verdeckten Sachentnahme auf die KapGes übertragen, ist ebenfalls nur zwingend der Teilwert anzusetzen, soweit der Anteil der KapGes an dem übertragenen WG begründet wird oder sich erhöht. Dies ist nicht der Fall, soweit die Belastungen der Kapitalkonten zuzüglich anteiliger stiller Reserven dem Verkehrswert entsprechen, weil sich insoweit Minderung des Anteils auf Gesellschaftsebene und Erhöhung des Anteils im eigenen BV oder Sonder-BV ausgleichen. Soweit durch eine Buchwertfortführung auf andere MU'er entfallende stille Reserven auf die KapGes verlagert werden, ist § 6 V 5 einschlägig. Das WG ist daher mit dem Buchwert zuzüglich der nach dem Gewinnverteilungsschlüssel auf die anderen MU'er entfallenden stillen Reserven anzusetzen. Die anderen MU'er realisieren bei der MU'schaft in dieser Höhe Gewinn, § 6 V 5 iVm § 6 I 4. Bei der KapGes liegt eine verdeckte Einlage vor. Außerdem erhöhen sich die AK der anderen MU'er (= G'ter der KapGes) um die aufgedeckten stillen Reserven im WG.[3] Eine Neutralisierung der auf die anderen MU'er entfallenden stillen Reserven nach § 6 V 4 durch Ergänzungsbilanz kommt nicht in Betracht (Rn 461).

Zu c): Wegen der in § 6 V 3 Nr 3 systemwidrig eingeräumten Möglichkeit der Verlagerung stiller Reserven durch unentgeltliche Übertragung von Sonder-BV auf einen anderen MU'er ist der Teilwert nach § 6 V 5 auch dann anzusetzen, wenn von einem andern MU'er ein WG des Sonder-BV unentgeltlich auf die KapGes in deren Sonder-BV bei derselben MU'schaft übertragen wird. Hier wird besonders deutlich, dass über § 6 V 5 nur diejenige Rechtslage wieder hergestellt wird, die ohne die verfehlte Sonderregelung des § 6 V 3 Nr 3 ohnehin gelten würde, nämlich, dass auf Seiten des Übertragenden eine an sich gewinnrealisierende Entnahme zu betriebsfremden Zwecken vorliegt. Auch hier müssen dann die weiteren Konsequenzen hinsichtlich der Annahme einer verdeckten Einlage bei der KapGes und der Erhöhung der AK der Anteile an der KapGes gezogen werden. Der umgekehrte Fall der „unentgeltlichen" Übertragung eines WG des Sonder-BV durch die KapGes auf einen anderen MU'er bei derselben MU'schaft ist nicht in § 6 V 5 geregelt. Denn hier begründet oder erhöht die KapGes nicht ihren Anteil am WG, sondern verliert ihn im Gegenteil. Allerdings ist hier dann § 8 III KStG (vGA) vorrangig anzuwenden und verdrängt § 6 V 3 Nr 3 (Rn 454, 458, 463). Auch dies zeigt nur, wie – auch handwerklich – katastrophal unvollkommen die Regelung des § 6 V ist.

Die Regelung des § 6 V 6 soll verhindern, dass erst nach einer Übertragung zum Buchwert der Anteil einer KapGes an dem übertragenen WG begründet wird oder sich erhöht. Dies betrifft ua den **Formwechsel** einer PersG in eine KapGes nach § 25 UmwStG und den **nachträglichen Eintritt** einer KapGes in eine PersGes. Hier ist der Ansatz des Teilwertes auf eine maximal siebenjährige Rückwirkung beschränkt.

---

[1] So aber van *Lishaut* DB 01, 1519; *Schmidt*[26] § 15 Rn 687u § 6 Rn 539; *Wendt* FR 02, 53; wie hier *Düll* StbJb 02/03, 117; *Kloster* GmbHR 02, 717.

[2] *Groh* DB 03, 1403; *Mitsch* INF 02, 77.

[3] Vgl *Reiß* BB 00, 1965.

Die Regelung ist für die unter das UmwStG aF fallenden Vorgänge völlig überflüssig. Denn der befürchtete Missbrauch des Halbeinkünfteverfahrens wird bereits durch § 3 Nr 40 S 3 und 4, bzw § 8b IV KStG verhindert. Nach dem Gesetzeswortlaut wären § 6 V 6 und § 3 Nr 40 S 2–4 sowie § 8b IV KStG bei Veräußerung innerhalb von 7 Jahren nebeneinander anzuwenden. Man wird aber anzunehmen haben, dass § 6 V 6 vorrangig anzuwenden ist und sich deshalb die AK an den Anteilen für § 21 UmwStG rückwirkend im entspr Umfange erhöhen.[1] Der Erfolg des § 6 V 6 besteht nur darin, dass der Gewinn rückwirkend im Jahr der Übertragung erfasst wird, statt erst bei der Veräußerung der Anteile. Für unter das UmwStG idF SEStEG fallende Vorgänge entfällt eine Konkurrenz zu § 3 Nr 40 S 3 EStG und § 8b IV KStG, weil diese Vorschriften zusammen mit der Regelung in § 21 UmwStG aF über einbringungsgeborene Anteile aufgehoben wurden. Insoweit kommt nunmehr ohnehin nur noch die Anwendung von § 6 V 6 EStG in Betracht. § 6 V 6 ist auch für den nachträglichen Eintritt einer KapGes in eine MU'schaft überflüssig; denn auch hier sind bei angemessener Gewinnverteilung keine Verschiebungen stiller Reserven auf die Anteile an der KapGes zu befürchten. Entspricht die vereinbarte Gewinnverteilung nicht den Beiträgen der G'ter, ist insoweit eine steuerliche Korrektur über § 8 III KStG, bzw nach den Regeln über die verdeckte Einlage herbeizuführen. Es bedarf also nicht des § 6 V 6. Für den Formwechsel hätte sich eine Sonderregelung bei § 25 UmwStG angeboten.

E. Beteiligung an einer nicht gewerblichen Personengesellschaft (Zebragesellschaft)

Literatur: *Dürrschmidt/Friedrich-Vache* Materiell- und verfahrensrechtliche Aspekte der Einkünfteermittlung bei der Zebragesellschaft, DStR 05, 1515; *Fischer* Feststellung der Einkünfte bei einer Zebragesellschaft, NWB 05, 2847; *Heuermann* Abschied von der Ping Pong Lösung bei Zebragesellschaften, StBp 05, 268; *Kempermann* Kein Ping Pong Verfahren bei Zebragesellschaften, FR 05, 1030; *Lüdicke* Mehrstufiges Feststellungsverfahren bei Zebragesellschaften, DB 05, 1813; *Niehus* Die steuerrechtliche Ungleichbehandlung von Zebragesellschaftern und Mitunternehmern, DStZ 04, 143; frühere Literatur s 4. Aufl.

Von einer sog **Zebragesellschaft** wird gesprochen, wenn die Ges an sich eine lediglich **vermögensverwaltende Tätigkeit** ausübt mit Einkünften aus § 20 (KapVerm), § 21 (VuV), wenn aber **einzelne G'ter** aus in ihrer Pers liegenden Gründen **Einkünfte aus GewBetr** beziehen. Klassischer Anwendungsfall ist die **Beteiligung einer KapGes als G'ter** an einer vermögensverwaltenden PersGes, soweit nicht § 15 III 2 (gewerblich geprägt) eingreift. Es kommt aber auch in Betracht, dass eine nat Pers die **Beteiligung** an einer vermögensverwaltenden PersGes **im Interesse eines eigenen GewBetr** hält.[2] Außerdem kann sich durch Zusammenschau mehrerer Beteiligungen an vermögensverwaltenden PersGes ergeben, dass für einen oder mehrere der G'ter in ihrer Pers ein GewBetr begründet wird. Dies betrifft vornehmlich den **gewerblichen Grundstückhandel** (Rn 122, 126). **466**

Für die sog Zebragesellschaft ist str, a) wie die Einkünfte der G'ter zu ermitteln sind und b) wie verfahrensrechtlich hinsichtlich der einheitlichen und gesonderten Gewinnfeststellung vorzugehen ist. Beide Fragen sind füglich auseinander zu halten. Allenfalls hat sich das Verfahrensrecht wegen seiner dienenden Rolle dem materiellen Recht anzupassen, nicht umgekehrt. **467**

Materiell ist unstr, dass die **Zebragesellschaft keine MU'schaft nach § 15 I 2 ist**.[3] Unstr ist auch, dass die übrigen G'ter **vermögensverwaltende Einkünfte** beziehen, während der **gewerblich Beteiligte Einkünfte aus GewBetr nach § 15 I 1**, oder § 15 I 2 oder § 8 II KStG bezieht. Ebenfalls unstr ist, dass für die nicht gewerblich beteiligten G'ter die vermögensverwaltenden Einkünfte einheitlich nach den Grundsätzen der Überschussrechnung § 2 II 2 iVm §§ 8, 9, 11 zu ermitteln sind.[4] Dabei soll allerdings eine sog Bruchteilsbetrachtung hinsichtlich der Zurechnung der WG stattfinden,[5] so dass Veräußerungsgewinne der Beteiligten nach §§ 17, 23 nicht in die einheitliche und gesonderte Feststellung einzubeziehen sind. Dagegen wird für den betrieblich Beteiligten darum gestritten, a) ob dessen Einkunftsanteil zunächst als Anteil an den Überschusseinkünften zu ermitteln sei (1. Stufe) und sodann in gewerbliche Einkünfte umzuqualifizieren sei (2. Stufe)[6] oder b) ob dessen gewerbliche Einkünfte von vornherein nur innerhalb seines GewBetr zu ermitteln seien[7] oder c) ob auf der Ebene der PersGes eine doppelte Ergebnisermittlung stattzufinden habe, nämlich nach Überschuss- **468**

---
1 Vgl BFH BStBl II 00, 508.
2 BFH BStBl II 97, 39; vgl auch BFH BStBl II 01, 798 (Freiberufler).
3 *Schmidt*[26] § 15 Rn 200; s aber *Niehus* DStZ 04, 143.
4 *Schmidt*[26] § 15 Rn 202.
5 BFH BStBl II 00, 686; BFH/NV 01, 17.
6 FinVerw BMF BStBl I 94, 282; BStBl I 96, 1521; BStBl I 99, 592.
7 BFH BStBl II 91, 345 (zum gewerblichen Grundstückshandel).

grundsätzen für die anderen G'ter und nach Gewinnermittlungsgrundsätzen für den gewerblich Beteiligten.[1] Dem fügte der IX. Senat im Vorlagebeschluss an den GrS die Variante d) an, wonach einerseits wie bei a) auf der Ebene der PersGes eine einheitliche und gesonderte Feststellung der Einkünfte als vermögensverwaltend zu erfolgen habe, aber andererseits wie bei b) erst das für den GewB des G'ters zuständige FA sowohl über die Einkunftsart als auch die Höhe der Einkünfte im ESt-Bescheid verbindlich entscheide.[2] Dieser Auffassung hat sich (bedauerlicherweise) der GrS angeschlossen.[3]

469 Hält man sich an das Gesetz, ist die Antwort hinsichtlich der Einkünfteermittlung eindeutig. Das Gesetz schreibt für die Ermittlung gewerblicher Einkünfte vor, dass diese als Gewinneinkünfte zu ermitteln sind und zwar nach § 4 I iVm §§ 140, 141 AO durch Bilanzierung, sonst nach § 4 III. Von einer Ermittlung nach Überschussgrundsätzen und anschließender Umqualifizierung auf der Ebene des G'ters weiß das Gesetz nichts. Die steuerliche Bilanzierungspflicht trifft das Steuersubjekt. Löst man sich von der unzutr Auffassung von der PersGes als einem Gewinn/Einkünfteermittlungssubjekt, so ist klar, dass nur aus der Pers des G'ters entschieden werden kann, ob Bilanzierungspflicht besteht oder eine Gewinnermittlung nach § 4 III möglich ist. Soweit danach Bilanzierungspflicht für den eigenen GewBetr des G'ters besteht, ist dessen Gewinnanteil an den Einkünften der PersGes durch Bilanzierung zu ermitteln. Dafür ist es völlig unerheblich, ob die PersGes nach Handelsrecht bilanzierungspflichtig ist oder nicht. Fraglich kann demnach richtigerweise nicht sein, ob der Gewinn durch Bilanzierung zu ermitteln ist und auch nicht, wen die Bilanzierungspflicht trifft. Die steuerliche Bilanzierungspflicht trifft immer den StPfl bzgl seiner Einkünfte. Wird ein gemeinsamer GewBetr iSd § 15 I 2 unterhalten, handelt es sich bei der aus der HB abgeleiteten Steuerbilanz der Ges um **die gemeinsame Steuerbilanz der MU'er als StPfl**. Ist die Ges handelsrechtlich nicht bilanzierungspflichtig, wohl aber der G'ter, so verbleibt es bei seiner Bilanzierungspflicht. Davon zu trennen ist die Frage, dass er sich zur Erfüllung dieser Pflicht auch der Ges bedienen kann.

470 Str konnte allenfalls sein, ob der Gewinnanteil an den Einkünften **verfahrensrechtlich einheitlich und gesondert festzustellen** ist, obwohl von den Beteiligten unterschiedliche Einkunftsarten bezogen werden. Dies wurde bisher grds bejaht.[4] Denn der Zweck der einheitlichen und gesonderten Einkünftefeststellung, nämlich die Verfahrensökonomie sowie die Vermeidung widersprechender Entscheidungen, gebieten die gesonderte und einheitliche Feststellung auch bei unterschiedlichen Einkunftsarten, sofern eine Beteiligung an ders Einkunftsquelle vorliegt.[5] Dem ist nunmehr der GrS jedenfalls für die Konstellation der Zebragesellschaft entgegengetreten. Danach entscheidet nur das Wohnsitz-FA des betrieblich beteiligten G'ters verbindlich über Art und Höhe von dessen Einkünften. Der GrS meint, dass Feststellungen im Rahmen der einheitlichen und gesonderten Einkünftefeststellung sich nur auf solche Merkmale erstrecken können, die von allen Beteiligten gemeinsam auf der Ebene der PersGes verwirklicht werden, nicht hingegen auf solche Tatbestandsmerkmale, die ein oder einige Beteiligte allein außerhalb der PersGes verwirklichten. Er geht daher davon aus, dass im Falle der Zebragesellschaft die PersGes (sic!) und ihre G'ter gemeinsam zunächst Einkünfte vermögensverwaltender Art erzielen, die sich sodann „außerhalb der Zebragesellschaft" in gewerbliche Einkünfte „umwandeln", die erst außerhalb der PersGes in gewerbliche Einkünfte „umzuqualifizieren" seien.

Die Entscheidung ist zutr, soweit sie darauf verweist, dass es für das sog Ping-Pong-Verfahren[6] an einer gesetzlichen Grundlage fehlt.[7]

Verfahrensrechtlich bedeutet sie iÜ einen Schritt zurück. Denn die einheitliche und gesonderte Einkünftefeststellung wird nunmehr iErg dahingehend eingeschränkt, dass diese nur für dieselbe Einkunftsart in Betracht kommt. Wenn, wie der GrS ausführt, nur das Wohnsitz-FA verbindlich über Art und Höhe der betrieblichen Einkünfte des Beteiligten entscheidet, hat das Ges-FA insoweit mithin keine Entscheidung zu treffen. Von einer vorl Feststellung von Einkünften nach Art und Höhe, die sodann aber doch nicht verbindlich ist, sondern außerhalb des Feststellungsverfahrens noch der Art nach umzuqualifizieren und der Höhe[8] nach umzurechnen wäre, weiß die AO nichts zu berichten. Mithin hat das Ges-FA insoweit überhaupt keine (auch keine nur vorl verbindlichen)

---

1 BFH BStBl II 99, 401; BStBl II 97, 39; BFH/NV 99, 859.
2 BFH BStBl II 03, 167.
3 GrS BFH v 11.4.05 – GrS 2/02, BStBl II 05, 679.
4 BFH BStBl II 99, 401; BStBl II 97, 39.
5 BFH BStBl II 96, 5 (8); BStBl II 97, 39.
6 BFH/NV 00, 827 (AdV); BFH/NV 00, 306 (AdV); BFH BStBl II 99, 401; BStBl II 99, 390; BStBl II 01, 798.
7 Insoweit zutr die Kritik des IX. Senates, BFH BStBl II 03, 167.
8 Vgl dazu auch BFH/NV 06, 230.

Feststellungen zu treffen. Die AO kennt iÜ hinsichtlich der Einkünftefeststellung auch nicht eine Feststellung, die sich allein auf die Zurechnung der Einkünfte beschränkt, während über die Art und Höhe dann ein anderes FA die verbindliche Entscheidung zu treffen hätte. Folglich muss das G'ter-FA auch über die Zurechnung verbindlich entscheiden. Es trifft auch nicht zu, dass Gründe der Praktikabilität und Verfahrensökonomie dafür sprächen, die verbindliche Entscheidung über Art und Höhe der Einkünfte erst vom G'ter-FA treffen zu lassen. Denn bzgl der auf der Ebene der PersGes erfolgten Geschäftsvorfälle ist erkennbar das Ges-FA näher am Geschehen. Hier bedarf einerseits der G'ter der Information durch die Geschäftsführung der Ges und andererseits das Wohnsitz-FA der Auskünfte durch das Ges-FA. Dies trifft selbst für den Fall des gewerblichen Grundstückshandels zu und erst recht für die anderen Fälle einer betrieblichen Beteiligung.[1] Die Ausführungen zur besseren Wahrung des Steuergeheimnisses übersehen schlicht, dass ohnehin regelmäßig eine Offenlegung der Verhältnisse gegenüber der Geschäftsführung der PersGes erforderlich sein wird, um die notwendigen Informationen für die „Umrechnung" zu erhalten, zB von Zufluss – zu Bilanzierungszeitpunkten, von einer Versagung der AfA während der Zeit der Vermietung usw. Eine Verletzung des Steuergeheimnisses läge auch nicht vor, § 30 IV Nr 1 AO. Die G'ter sind im Einkünftefeststellungsverfahren keine Dritten.[2]

Der Große Senat hat verbindlich nur über die verfahrensrechtlichen Fragen entschieden. Hinsichtlich des materiellen Rechtes ist darauf hinzuweisen, dass für den „Zebra-G'ter" gewerbliche Einkünfte vorliegen. Er erzielt auch nicht vorl zunächst auf der Ebene der PersGes materiell vermögensverwaltende Einkünfte, sondern von Anbeginn gewerbliche Einkünfte. Dem EStG ist auch eine eigene Einkunftsart „Beteiligungseinkünfte" fremd. Insoweit müssen dann für die Gewinnermittlung **Steuerbilanzen** oder § 4 III Rechnungen und für die vermögensverwaltenden Einkünfte **Überschussrechnungen** erstellt werden. Allerdings findet nach der Entscheidung des GrS auf der Ebene der PersGes nur noch **eine Einkünfteermittlung für die vermögensverwaltenden Einkünfte**[3] und verfahrensrechtlich dafür eine einheitliche und gesonderte Einkünftefeststellung statt. Für die Gewinnermittlung müssen dann auf der Ebene des betrieblich beteiligten G'ters in der Steuerbilanz dieses G'ters, respektive in dessen Einnahme/Überschussrechnung nach § 4 III die entspr Geschäftsvorfälle aus dem Bereich der PersGes, soweit sie ihm anteilig zuzurechnen sind, erfasst werden. Materiellrechtlich bleibt es allerdings dabei, dass auch dem Zebra-G'ter – wie bei § 15 I Nr 2 – ein Anteil an der gemeinsam erzielten Vermögensmehrung als seine Einkünfte aus GewBetr zuzurechnen ist. Um diesen Anteil zu bestimmen, muss jedoch zwingend die Vermögensmehrung nach den Grundsätzen der Gewinnermittlung und nicht nach den Grundsätzen der Einnahme/Überschusseinkünfte ermittelt werden. Verfahrensrechtlich scheiden allerdings nunmehr bindende Feststellungen dazu auf der Ebene der PersGes aus. Man darf bezweifeln, ob diese Entscheidung wirklich dem Ordnungszweck des Feststellungsverfahrens gerecht wird, divergierende Entscheidungen der FÄ auszuschließen, wie der GrS meint.[4] Die Entscheidung des GrS verkennt iÜ, dass die PersGes gerade kein Zurechnungssubjekt für Einkünfte ist und programmiert entgegen der Zielrichtung der einheitlichen und gesonderten Feststellung widersprüchliche Entscheidungen bis in die gerichtliche Ebene.

Soweit im Feststellungsbescheid des Ges-FA dennoch Feststellungen zu Art und Höhe der Einkünfte des betrieblich beteiligten G'ters getroffen worden sind, binden diese nach Ansicht des GrS das Wohnsitz-FA nicht, da sich die Feststellungswirkung nicht darauf erstreckt. Es handelt sich dabei mithin um unverbindliche „Meinungsäußerungen" ohne jede rechtliche Bedeutung. Es bedarf auch keiner Aufhebung dieser „Feststellungen".

Da die vermögensverwaltende Zebragesellschaft nicht unter § 15 I 2 fällt, ist § 15 I 2 für an sie erbrachte Leistungen der betrieblich Beteiligten nicht anwendbar. Die Entgelte dafür sind nicht als Sondervergütungen, sondern als normale betriebliche Erträge im eigenen GewBetr zu erfassen. Bei der Ermittlung des Gewinnes und Gewinnanteils für den betrieblich Beteiligten sind sämtliche **Einkünfteermittlungsvorschriften für die Gewinnermittlung** anzuwenden, ua **Sonderabschreibungen, erhöhte Absetzungen, Teilwertabschreibungen**. Die Veräußerung der Beteiligung an der Zebrage-

471

472

---

1 Zu Recht krit insoweit *Lüdicke* DB 05, 1813.
2 BFH BStBl II 04, 914.
3 So zutr die Rspr, BFH BStBl II 99, 401; aA FinVerw BMF BStBl I 99, 592 (Umqualifizierung erst auf Ebene des G'ters durch Wohnsitz-FA).
4 Krit insoweit *Dürrschmidt/Friedrich-Vache* DStR 05, 1515.

sellschaft fällt nicht unter § 16 I 2.[1] Zu erfassen sind aber die damit verbundenen Veräußerungserfolge nach § 15 I 1.

473 In die eigene **Steuerbilanz des G'ters** sind die Ergebnisse, wie sie sich auf der Ebene der PersGes für einen betrieblich beteiligten G'ter ereignen, zu übernehmen. In der Sache bedarf es quasi als Vorrechnung der Aufstellung einer Steuerbilanz für die PersGes, die allerdings nur für und vom betrieblich beteiligten G'ter zu erstellen ist. Der daraus sich sodann für ihn ergebende „Gewinnanteil" ist dann, ebenso wie die anteiligen WG und Schulden, in seine Bilanz zu übernehmen.

474 Erbringt eine **vermögensverwaltende PersGes** allerdings lediglich **Leistungen** für einen GewBetr des G'ters oder für eine gewerbliche **Schwester-PersGes** (Rn 424f), ist **nicht** von einer **Zebragesellschaft** im obigen Sinne auszugehen. Hier erfolgt bei der gewerblichen Schwester-PersGes oder im eigenen GewBetr bereits die anteilige Zuordnung der Erträge, Aufwendungen und der WG als BV (Rn 426, 431). Auch insoweit erfolgt weder materiell noch verfahrensrechtlich eine einheitliche Gewinnermittlung auf der Ebene der überlassenden PersGes.[2]

F. Einkünfte des Komplementärs einer KGaA (§ 15 I 1 Nr 3)

I. Grundlagen. – Literatur: *Bock* Die steuerlichen Folgen des Erwerbs eines KGaA-Komplementäranteils, GmbHR 04, 554; *Glanegger* Ergänzungsbilanzen und Gewinnfeststellungen für den persönlich haftenden Gesellschafter einer KGaA, DStR 04, 1686; *Hageböke/Koetz* Die Gewinnermittlung des persönlich haftenden Gesellschafters einer KGaA durch Betriebsvermögensvergleich, DStR 06, 193; *Kollruss* Die hybride Rechtsfrom der GmbH & Co KGaA, GmbHR 03, 709; *ders* KGaA Komplementär und Gewerbesteueranrechnung, WPg 05, 1040; *Kusterer* Die Kommanditgesellschaft auf Aktien im Wandel, FR 03, 502; *ders* Ergänzungsbilanz des persönlich haftenden Gesellschafters einer KGaA, DStR 04, 77; *Kusterer/Rupp* Die KGaA – Folgen der mitunternehmerischen Einordnung, EStB 03, 397; *Mahlow* Die Kommanditgesellschaft auf Aktien und das Vorliegen einer vGA, DB 03, 1540; *Schmincke/Heuel* § 8 Nr 4 GewStG: Gewerbesteuerfalle bei der Kapitalgesellschaft & Co KGaA, FR 04, 861; *Schulte* Wechsel des persönlich haftenden Gesellschafters einer KGaA erfolgsneutral möglich, DStR 05, 951; *Winkelmann* Die KGaA als Alternative zur Mehrmütterorganschaft, BB 03, 1649; frühere Literatur s 4. Aufl.

500 Die KGaA (§§ 278–290 AktG) ist eine Ges **mit eigener Rechtspersönlichkeit**, bei der mindestens ein G'ter den Gesellschaftsgläubigern unbeschränkt haftet (phG'ter) und die übrigen G'ter an dem in Aktien zerlegten Grundkapital beteiligt sind, ohne persönlich für die Verbindlichkeiten der Ges zu haften (Kommanditaktionäre). Während für die KGaA die Vorschriften des AktG über die AG anzuwenden sind, § 278 III AktG, bestimmt sich das Rechtsverhältnis der phG'ter untereinander und zu den Kommanditaktionären in ihrer Gesamtheit nach den Vorschriften des HGB über die KG, § 278 II AktG.[3] Als phG'ter kommen dabei neben nat Pers auch jur Pers (zB GmbH) oder PersGes (auch GmbH & Co KG) in Betracht.[4] Die KGaA selbst ist KapGes.

501 Die KGaA ist **eigenständiges KSt-Subjekt**, § 1 I Nr 1 KStG. Die **Gewinnanteile** der phG'ter (soweit sie nicht auf das Grundkapital gemachte Einlagen betreffen, insoweit Kommanditaktionär) sowie ihre **Vergütungen für die Geschäftsführung** sind nach **§ 9 I 1 KStG** von kstpfl Einkommen der KGaA abzuziehen. Sie mindern als **BA nach § 4 IV** das kstpfl Einkommen, weil dies ausdrücklich nach § 9 I 1 KStG so angeordnet ist.[5] Handelsrechtlich liegt richtigerweise kein Aufwand vor, sondern Gewinnverteilung mit Gewinnvorab für den oder die phG'ter. Soweit den phG'tern andere **(Sonder)Vergütungen** (für Dienste und für die Überlassung von WG oder Kapital) gewährt werden, unterliegen diese ebenfalls nicht der KSt, weil es sich der Sache nach bereits handels- und steuerrechtlich um betrieblichen Aufwand handelt. Korrespondierend hierzu unterliegen nach § 15 I 1 Nr 3 die **Gewinnanteile und Sondervergütungen** bei den phG'tern als Einkünfte aus GewBetr der ESt (falls nat Pers) oder der KSt (falls jur Pers).[6] Zur GewSt s §§ 8 Nr 4, 9 Nr 2b GewStG, R 52 GewStR.[7]

---

1 **AA** *Niehus* DStZ 04, 143 (Zebra-G'ter als MU'er zu behandeln!).
2 Vgl BFH BStBl II 04, 898 u BStBl II 04, 929.
3 Die KGaA ist ungeachtet § 278 II AktG zivilrechtlich keine Gesamthand. Der BFH verneint daher auch für die GrESt die Anwendbarkeit der §§ 5 und 6 GrEStG, BFH/NV 05, 1627.
4 BGHZ 134, 392; vgl nunmehr auch § 279 II AktG (eingefügt durch Handelsrechtreformgesetz v 22.6.98).
5 *H/H/R* KStG § 9 Rn 54; *D/E/J/W* KStG § 9 Rn 43.
6 BFH BStBl II 89, 881.
7 BFH BStl II 91, 253; BStBl II 84, 381.

Der Gewinn aus GewBetr der phG'ter ist nach hM **nicht** im Rahmen einer **einheitlichen und gesonderten Gewinnfeststellung** zu ermitteln, wenn nur ein phG'ter an der KGaA beteiligt ist.[1] Eine einheitliche und gesonderte Gewinnfeststellung für die Komplementäre einerseits und die KGaA soll ausscheiden, weil nach Steuerrecht die Gewinnanteile der Komplementäre bei der KGaA als BA nach § 9 Nr 1 KStG zu behandeln sind und KGaA und phG'ter nicht gemeinsame MU'er des Gew-Betr sind. Dem ist nicht zu folgen. § 181 II Nr 1 iVm § 180 I Nr 2a AO verlangen lediglich eine Beteiligung mehrerer Personen an derselben Einkunftsquelle. Dies liegt im Verhältnis KGaA als KSt-Subjekt und phG'ter als ESt- oder KSt-Subjekt vor. Denn steuerlich werden die Einkünfte aus dem einen, einheitlich von der KGaA betriebenen GewBetr (nur) teilw der KGaA und teilw dem phG'ter zugerechnet, mag dies auch technisch dadurch erfolgen, dass der Gewinnanteil des phG'ter bei der KGaA als BA behandelt wird. Der Zweck der einheitlichen und gesonderten Feststellung, widersprechende Entscheidungen zu vermeiden, verlangt auch eine einheitliche Feststellung durch alleinige Zuständigkeit des betr FA.[2] Handelsrechtlich ist umstritten, ob für die Gewinnverteilung zw Komplementären und Kommanditaktionären zunächst eine Bilanz nach dem Recht der KG aufzustellen ist und sodann erst eine endgültige Bilanz nach dem Recht der AG für den auf die Kommanditaktionäre entfallenden Gewinnanteil.[3] Richtigerweise kann für die KGaA als KapGes nur eine einheitliche Bilanzierung nach §§ 264f HGB in Betracht kommen. Aus § 286 III und IV AktG folgt nur, dass der Gewinn- und Verlust(anteil) des phG'ters nicht gesondert angegeben zu werden braucht, nicht aber, dass es sich für die KGaA um Aufwand bzw um Ertrag handelt. Mit der Informationsfunktion der Handelsbilanz ist es völlig unvereinbar, Gewinn- oder Verlustanteile des phG'ters in der HB und GuV handelsrechtlich als Aufwand oder Ertrag zu behandeln. 502

II. Einkünfte der persönlich haftenden Gesellschafter. Die phG'ter einer KGaA sind – anders als die G'ter einer KG – im Gesetz nicht als MU'er bezeichnet, sie sind aber als solche zu behandeln.[4] Auf das Vorliegen der MU'er-Voraussetzungen soll es dabei nicht ankommen.[5] Dem ist jedoch ebenso wenig zu folgen wie für „angestellte Komplementäre" bei einer OHG oder KG (Rn 441, 442). Der Komplementär einer KGaA ist „Unternehmer" iSd § 15, soweit er Unternehmerrisiko trägt. Dazu gehört Teilnahme am Gewinn. MU'er ist er nur deshalb nicht, weil zumindest bei alleiniger Komplementärstellung es an weiteren MU'ern fehlt. Die Kommanditaktionäre sind dies gerade nicht. Im Verhältnis zur KGaA scheidet eine MU'schaft deshalb aus, weil das KStG im Unterschied zum AktG den Gewinnanteil des Komplementärs als BA behandelt wissen will. 503

Der **Gewinn der phG'ter** ist durch **BV-Vergleich** (§ 5) bei der KGaA in deren Gesellschaftsbilanz zu ermitteln, ungeachtet des Umstandes, dass in deren Steuerbilanz sodann der Gewinnanteil als abziehbare BA zu behandeln ist. Daher kommt es auf einen Zufluss beim Komplementär nicht an. Wie bei einer anderen MU'schaft ist er unter Berücksichtigung von Sonder- und Ergänzungsbilanzen für den phG'ter zu ermitteln.[6] Zu den Einkünften gehören nach § 15 I Nr 3 neben den Gewinnanteilen Vergütungen für die Tätigkeit im Dienst der Ges, für die Hingabe von Darlehen und für die Überlassung von WG sowie die Vergütungen, die als nachträgliche Einkünfte bezogen werden (§ 15 I 2). Die Einkünfte unterliegen bis 2000 der Tarifbegrenzung nach § 32c aF,[7] ab 01 ist § 35 anwendbar. 504

Entspr den Grundsätzen zur Gewinnermittlung bei MU'schaften haben die phG'ter WG, die dem Betrieb der KGaA (un)mittelbar dienen, in **Sonderbilanzen** zu erfassen. **Pensionszusagen** an die phG sind korrespondierend zur Steuerbilanz der KGaA ebenfalls in Sonderbilanzen zu erfassen (Rn 395).[8] Bei mittelbarer Beteiligung über eine Personenhandelsgesellschaft, zB GmbH und Co KG, als phG'ter ist § 15 I 2 auf die MU'er der PersGes anwendbar.[9] Die Aufstellung von Ergänzungsbilanzen kommt unter denselben Voraussetzungen wie bei OHG und KG in Betracht 505

---

1 FG Hbg v 14.11.02, V – 231/99, EFG 03, 711; FG M'ster v 16.1.03, 7-K–5340/01, EFG 03, 670; so auch BFH v 21.7.67, VI 270/65, nv; RFH RStBl 30, 345 verneint die einheitliche und gesonderte Gewinnfeststellung grds, offen gelassen von BFH BStBl II 89, 881.
2 *Glanegger* DStR 04, 1686; so auch AO-Referenten Bund/Länder Sitzung AO III 02 TOP 19 zitiert nach *Mahlow* DB 03, 1540 (dies abl!).
3 Nachweise BFH BStBl II 89, 881; vgl auch *Seithe* DB 98, 1044.
4 BFH BStBl II 86, 72; R 138 (4) EStR.
5 BFH BStBl II 84, 381; BStBl II 86, 72; BStBl II 89, 881; aus bewertungsrechtlicher Sicht BFH/NV 87, 633.
6 BFH BStBl II 89, 881.
7 *Kusterer* DStR 97, 11; vgl aber zu Sondervergütungen FG D'dorf v 18.2.05 – 1 K 897/00, EFG 05, 880 nrkr (Az BFH X R 6/05) – keine Kürzung nach § 32c.
8 Vgl *Patt/Rasche* DB 93, 2400; **aA** *Gocke* DB 94, 2162.
9 **AA** *Hempe/Siebels* DB 01, 2268.

(Rn 316 f), ua bei Wechsel der phG'ter (Rn 318 f) oder Einbringungsvorgängen gegen Gesellschaftsrechte (Rn 324)[1] nach § 24 UmwStG.[2]

506 **Kein Sonder-BV** sind die Anteile am Grundkapital **(Kommanditaktien)** die von den phG'tern gehalten werden.[3] Sie sind nicht geeignet, die Einflussmöglichkeiten des Komplementärs zu verstärken. Ausschüttungen auf diese Anteile sind Einkünfte aus KapVerm (§ 20 I Nr 1) und mit Zufluss (§ 11) zu versteuern. Soweit dem Komplementär unangemessene Gewinnanteile, Geschäftsführervergütungen oder Sondervergütungen zugesagt sind, sollen diese gleichwohl nach § 9 I 1 KStG oder § 4 IV als BA bei der KGaA abziehbar sein.[4] Dem ist allerdings dann nicht zu folgen, wenn der Komplementär zugleich Kommanditaktionär ist. Denn dann handelt es sich um vGA an den Kommanditaktionär. Insoweit liegen dann auch bei ihm Einkünfte aus § 20 I 1 und nicht aus § 15 I 3 vor. Ist dies nicht der Fall, scheidet eine Unangemessenheit per se aus.[5] Allenfalls kommen Untreuehandlungen des phG'ters in Betracht, die dann aber zu Ersatzansprüchen führen.

G. Verluste aus gewerblicher Tierzucht, Termingeschäften und stillen Gesellschaften (§ 15 IV)

600 **I. Zielsetzung und Verfassungsgemäßheit.** Ziel des **Ausgleichs- und Abzugsverbotes** in § 15 IV 1–2 ist es, die traditionelle, mit Bodenwirtschaft verbundene luf Tierzucht und -haltung vor der industriellen Tierveredelungsproduktion zu schützen. Ausgeglichen werden soll der Wettbewerbsnachteil der Landwirte, die regelmäßig nicht über andere zum Verlustausgleich geeignete Einkünfte verfügen.[6]

601 Das durch das StEntlG 99/00/02 eingeführte Ausgleichs- und Abzugsverbot in § 15 IV 3 soll sicherstellen, dass **Verluste aus betrieblichen Termingeschäften** nur mit Gewinnen aus derartigen Geschäften verrechnet werden können. Der Gesetzgeber will es als Folgeänderung zur Neufassung des § 23 I Nr 4 verstanden wissen.[7] Durch das StVergAbG wurde für Verluste von KapGes aus Beteiligung an InnenGes mit/an KapGes zur Flankierung der Abschaffung der körperschaftsteuerlichen Mehrmütterorganschaft in § 15 IV 6 ein Verlustausgleichs- und -abzugsverbot eingeführt.

602 Nach st Rspr bestehen gegen die Vorschrift, soweit sie Verluste aus gewerblicher Tierzucht betrifft, **keine verfassungsrechtlichen Bedenken** iSd Art 3 I GG.[8] Zu den verfassungsrechtlichen Bedenken hinsichtlich der Termingeschäfte und der stillen Gesellschaften s Rn 614 und 624.

603 **II. Gewerbliche Tierzucht oder Tierhaltung.** Gewerbliche Tierzucht im Sinne dieser Vorschrift ist jede Tierhaltung, der nach den Vorschriften des § 13 I iVm § 51 und § 51a BewG keine eigene landwirtschaftliche Nutzfläche als Futtergrundlage zur Vfg steht.[9]

604 Trotz der nach dem Wortlaut uneingeschränkten Anwendung des § 15 IV auf alle Verluste aus gewerblicher Tierzucht und Tierhaltung wird von Rspr und Lehre eine **teleologische Einengung** vorgenommen, soweit keine Wettbewerbsituation zur traditionellen Landwirtschaft besteht, insbes die landwirtschaftliche Nutzfläche ohnehin nicht als Futtergrundlage für die Tierhaltung in Betracht kommt (Fleischfresser).[10] Das **Ausgleichs- und Abzugsverbot** greift danach **nicht** ein für: die Zucht und Haltung landwirtschaftsfremder Tierarten im Zoo oder Zirkus,[11] industriell betriebene Fischzucht und -mästerei,[12] eine selbstständige Brüterei,[13] die Haltung landwirtschaftlicher Tierarten für andere gewerbliche oder freiberufliche Zwecke[14] als Tierzucht und Tierhaltung.[15]

---

1 **AA** (unzutr) FG Mchn v 10.7.03, EFG 03, 1691; wie hier *Bock* GmbHR 04, 554; *Kusterer* DStR 04, 77; *Gianegger* DStR 04, 1687; *Niedner/Kusterer* DB 98, 2405 und GmbHR 98, 584; *Schütz/Dümischen* DB 00, 2446.
2 *Schulte* DStR 05, 951.
3 BFH BStBl II 89, 881.
4 *Schmidt*[26] § 15 Rn 890; *Fischer* DStR 97, 1519; *Schaumburg* DStZ 98, 525; *Crezelius* ua JbFfSt 98/99.
5 Weitergehend (unzutr) *Mahlow* DB 03, 1540 (entgegen Mahlow kann eine Zurechnung als vGA bei der KGaA und damit letztlich bei den Kommanditaktionären gerade nicht in Betracht kommen, wenn der phG'ter nicht auch beherrschender Kommanditaktionär ist).
6 BFH BStBl II 81, 359 mit Verweis auf BT-Drs VI/1934, VI/2350; ebenso BStBl II 90, 152.
7 Vgl BT-Drs 14/23 zu § 15 IV.
8 Vgl BVerfGE 29, 337; ebenso BFH BStBl II 81, 359; ausf zur Berufsfreiheit BStBl II 88, 264.
9 Vgl BFH BStBl II 83, 36; zum einheitlichen Betrieb der LuF bei mehreren räumlich getrennten Betriebsstätten vgl FG Nds EFG 99, 825.
10 BFH BStBl II 03, 507 (Nerzzucht – allg für Fleischfresser).
11 BFH BStBl II 88, 264.
12 FG Brem EFG 86, 601.
13 BFH BStBl II 90, 152.
14 BFH BStBl II 88, 264 (Brauereipferde, Reitschule).
15 BFH BStBl II 03, 507.

§ 15 IV 1 findet auch **keine Anwendung,** soweit **Gewerblichkeit nur wegen** der **Rechtsform** nach § 15 III 2 oder Abfärbewirkung nach § 15 III 1 eintritt.[1] **605**

Wird die gewerbliche Tierzucht oder -haltung iSd § 15 IV mit einer anderen gewerblichen Tätigkeit im Rahmen eines **einheitlichen GewBetr** ausgeübt, dürfen die Verluste aus der gewerblichen Tierzucht oder -haltung nicht mit einem Gewinn aus der anderen gewerblichen Tätigkeit innerhalb des einheitlichen GewBetr verrechnet werden. Der auf die gewerbliche Tierzucht oder -haltung entfallende Verlust ist ggf durch Schätzung zu ermitteln.[2] **606**

Verfahrensrechtlich ist im Rahmen der gesonderten Feststellung nach §§ 179, 180 AO über Höhe und Verteilung der Verluste zu entscheiden. Die Entscheidung über die Versagung des Verlustausgleichs oder -abzugs ist bei der Einkommensteuerveranlagung zu treffen.[3] **607**

§ 15 IV 1–2 erfasst alle Verluste aus der gewerblichen Tierzucht oder -haltung[4] einschl der Verluste aus der **Veräußerung oder der Aufgabe.** **608**

III. Termingeschäfte iSd § 15 IV 3–5. – Literatur: *Haisch* Steuerliche Behandlung von Swapgeschäften, DStZ 04, 511; *Haisch/Danz* Verluste aus Termingeschäften im Betriebsvermögen, DStZ 05, 850; *Häuselmann/Wagner* Grenzen der Einbeziehung von Aktienderivaten in das Halbeinkünfteverfahren, BB 02, 2170; *Herbst* Besteuerung von Swapgeschäften, DStZ 03, 148; *Wagner* Das Verlustausgleichsverbot nach § 15 Abs 4, insbesondere bei Termingeschäften, DStZ 03, 978.

Positiv setzt das **Ausgleichs- und Abzugsverbot** nach § 15 IV 3 für Verluste aus **Termingeschäften** voraus, dass der Verlust im Bereich der **Einkünfte aus GewBetr** entstanden ist. Für Verluste aus Termingeschäften im Bereich privater Veräußerungsgeschäfte (ab VZ 09 Einkünfte aus § 20 II Nr 3) statuieren § 23 III 8 und 9 ein Ausgleichs- und Abzugsverbot (s § 23 Rn 10, 23). Kein entspr Verbot gilt für Termingeschäfte im Bereich der selbstständigen Arbeit und der LuF. Der **Begriff Termingeschäfte** ist im EStG nicht weiter gesetzlich definiert. Dessen bedarf es auch nicht. Schon nach allgemeinem Verständnis handelt es sich um Geschäfte (Verträge), die von beiden Seiten erst zu einem späteren Zeitpunkt (Termin) zu erfüllen sind. Die für das EStG maßgebende Einschränkung ergibt sich daraus, dass es sich um solche Termingeschäfte handeln muss, die auf einen **Differenzbetrag oder** einen durch den Wert einer **veränderlichen Bezugsgröße** bestimmten **Geldbetrag** oder **Vorteil** gerichtet sind. Darunter fallen jedenfalls alle **Finanztermingeschäfte** iSd **§ 2 II a WpHG** und Termingeschäfte iSd **§ 1 XI Nr 2 S 4 KWG.** Erfasst werden mithin **Derivate** iSd § 2 II WpHG und des **§ 1 XI Nr 2 S 4 KWG.** Es handelt sich dabei um **Fest- oder Optionsgeschäfte,** deren Preis unmittelbar oder mittelbar vom Börsen- oder Marktpreis von **609**

Wertpapieren, Geldmarktinstrumenten, Waren oder Edelmetallen, dem Kurs von **Devisen,** von **Zinssätzen** oder anderen Erträgen abhängt, mithin ua Waren- und Devisentermingeschäfte mit Differenzausgleich einschl der Swaps, Index-Optionsgeschäfte oder Futures. Die unter § 15 IV 3 EStG fallenden Termingeschäfte sind jedoch weiter als die vom KWG und WpHG sowie von § 340b und § 340h HGB erfassten Termingeschäfte. Spezifische aufsichtrechtliche Gesichtspunkte des KWG und WpHG können für das EStG keine Rolle spielen – etwa der Handel an einem geregelten Markt. § 15 IV 3 EStG betrifft daher – da über WpHG und das KWG hinausgehend – ganz allg Geschäfte, die auf einen Differenzausgleich gerichtet sind oder ein Recht auf Zahlung eines Geldbetrages oder auf einen sonstigen Vorteil (zB Lieferung von Wertpapieren) einräumen, der sich nach anderen Bezugsgrößen (zB Wertentwicklung von Wertpapieren, Indices, Futures, Zinssätzen, Währungskursen) bestimmt.[5] Nach Auffassung der FinVerw werden auch Termingeschäfte erfasst, die nur auf die physische Lieferung von WG gerichtet sind.[6] Typische Termingeschäfte sind ua Futures oder Forwards- und Optionsgeschäfte für den Käufer , auch wenn ausnahmsweise anstelle eines möglichen Differenzgleichs, bzw Zahlung eines Geldbetrages, eine reale Erfüllung erfolgt. Unerheblich ist, dass in den Fällen der „Glattstellung" bereits eine „Veräußerung" iSd § 23 I Nr 2 vorliegt.[7] Jedenfalls für die Anwendung des § 15 IV 3 sind Optionsgeschäfte als „Terminge-

---

1 BFH BStBl II 85, 133; BStBl II 91, 625; vgl aber BStBl II 01, 349 zur Geltung auch für KapGes.
2 BFH BStBl II 96, 85; so auch FinVerw H 138c „Gemischte Betriebe" EStR.
3 BFH BStBl II 86, 146.
4 BFH BStBl II 81, 359.
5 So auch amtliche Begr BT-Drs 14/443.
6 Bayrisches Landesamt für Steuern v 9.3.07 –S 2119 -1 St 32/St 33, DStR 07, 719; BMF v 23.9.05 – IV B2 – S 2119 – 7/05, DB 05, 2269; so auch *Schmidt*[26] § 15 Rn 902; **aA** *Schmittman/Wepler* DStR 01, 1783; *Tibo* DB 01, 2369; *Haisch/Danz* DStZ 05, 850.
7 Vgl dazu BFH BStBl II 03, 752; FG Kln v 22.1.03 – 14 K 3337/99, EFG 03, 853.

schäfte" zu behandeln. Dagegen fällt die **Leistung des Stillhalters** nicht unter § 15 IV 3, da sie bei fehlender Gewerblichkeit nicht nach § 22 Nr 2 iV § 23 I 4, sondern nach § 22 Nr 3 (ab VZ 09 nach § 20 I Nr. 11) zu erfassen wäre.[1] Unerheblich ist, ob die Termingeschäfte zivilrechtlich dem Differenzeinwand nach §§ 762, 764 BGB ausgesetzt sind oder ob dies wegen § 37e WpHG bei Finanztermingeschäften nicht der Fall ist.[2]

610 15 IV 4 statuiert **zwei Ausnahmen** vom Verlustausgleichsverbot. **Sektoral-funktional** werden solche Termingeschäfte ausgenommen, die zum **gewöhnlichen Geschäftsbetrieb bei Kreditinstituten** iSv § 1 I KWG, **Finanzdienstleistungsinstituten** iSv § 1 I a KWG oder **Finanzunternehmen** iSv § 1 III KWG (die Aufzählung ist abschließend) gehören. Zum **gewöhnlichen Geschäftsbetrieb** gehören die vom Gegenstand der unternehmerischen Tätigkeit umfassten Geschäfte, nämlich solche Geschäfte, bei denen das Unternehmen regelmäßig als Mitbewerber am Markt auftritt einschließlich ergänzender Hilfsgeschäfte (vgl §§ 164, 275 II Nr 14, 277 I HGB). Nicht verlangt ist, dass diese Geschäfte die Haupttätigkeit der genannten Unternehmen ausmachen. **Rein funktional** werden für alle Gewerbetreibenden Termingeschäfte ausgenommen, die der Absicherung von Geschäften des gewöhnlichen Geschäftsbetriebs dienen – **sog Hedging**.[3] Erforderlich ist insoweit ein unmittelbarer Zusammenhang und Deckungsgleichheit zwischen abzusicherndem Grundgeschäft und dem Sicherungsgeschäft mit gegenläufiger Risikorichtung. Bei der Absicherung einer Mehrzahl von Geschäften muss darauf abgestellt werden, ob eine Bewertungseinheit im Sinne eines Makro-Hedging vorliegt. Bleibt nach Abschluss des Sicherungsgeschäftes das Grundgeschäft unerwartet im Umfange hinter dem Sicherungsgeschäft zurück, unterliegen Verluste aus dem Sicherungsgeschäft nicht dem Ausgleichsverbot. Besteht von vornherein keine Deckungsgleichheit, ist fraglich, ob zumindest im Umfange der Deckungsgleichheit von einem Sicherungsgeschäft auszugehen ist.

611 15 IV 5 enthält eine **Sonderregelung** für Verluste aus der **Absicherung (Hedging) von Aktiengeschäften.** Hier gilt wieder das **Verlustausgleichsverbot**, wenn nach § 3 Nr 40 S 1 Buchstabe a und b, § 3c II der Veräußerungsgewinn aus der Aktienveräußerung teilw stfrei ist – also dem Halbeinkünfteverfahren (ab VZ 09 dem Teileinkünfteverfahren) unterliegt – oder nach § 8b II KStG außer Ansatz bleibt. Durch die Verweisung wird bewirkt, dass Verluste aus Geschäften über die Absicherung von Aktiengeschäften – außer bei Kreditinstituten, Finanzdienstleistungsinstituten und Finanzunternehmen – immer dem Ausgleichs- und Abzugsverbot unterliegen. Bei den genannten Finanzinstituten unterliegen sie dann nicht dem Abzugs- und Ausgleichsverbot, wenn die abgesicherten Aktiengeschäfte ihrerseits in vollem Umfange der Besteuerung unterliegen, weil die partielle Befreiungsvorschrift nach § 3 Nr 40 S 1 Buchstaben a und b nicht anwendbar ist (s § 3 Rn 139) bzw § 8b II KStG wegen § 8b VII, VIII KStG nicht zur Anwendung kommt.

612 Insoweit ergibt sich aus § 3 Nr 40 S 5 und 6 EStG bzw § 8b VII KStG, dass Gewinne aus der Veräußerung von Aktien bei **Kreditinstituten** und **Finanzdienstleistungsinstituten** dann der vollen Besteuerung unterliegen, wenn die betreffenden Aktien dem **Handelsbuch** gemäß § 1 XII KWG (s § 3 Rn 139) zuzurechnen sind. Soweit nach § 2 XI KWG wegen Unterschreitens der Größenmerkmale kein Handelsbuch geführt werden muss, ist für steuerliche Zwecke darauf abzustellen, ob die betreffenden Aktien ohne diese Befreiung dem Handelsbuch zuzurechnen wären.[4] Unmaßgeblich ist eine gegen § 1 XII KWG verstoßende fehlerhafte konkrete Einordnung durch das Institut. Umwidmungen sind nur bei Änderung der Zweckbestimmung zulässig und müssen dokumentiert werden, § 1 XII 6 KWG.[5] Für **Finanzunternehmen** nach § 1 III KWG – diese haben kein Handelsbuch zu führen – betrifft dies Aktien, die mit dem Ziel der **kurzfristigen Erzielung eines Eigenhandelserfolges** erworben wurden. Die FinVerw[4] versteht dieses Merkmal zutr dahin, dass es sich um Umlaufvermögen handeln muss. Finanzunternehmen umfassen Unternehmen, deren Haupttätigkeit darin besteht: 1. Beteiligungen zu erwerben (Holdinggesellschaften, vermögensverwaltende Kapitalgesellschaften); 2. Geldforderungen zu erwerben (Factoring); 3. Leasinggeschäfte; 4. Handel mit Finanzinstru-

---

1 So zutr *Tibo* DB 01, 2369; vgl auch BFH BStBl II 07, 608; BStBl II 04,995; BFH BStBl II 03, 752.
2 Vgl insoweit BGH NJW 00, 358 (dort auch zur weiten Auslegung des Börsentermingeschäftes einschl solcher Geschäfte, bei denen eine Glattstellung nicht möglich ist und die bloße Spiel- und Differenzgeschäfte sind – Bandbreitenoptionsscheine Typ „Hamster" und „knockout").
3 Zu Hedging bzw zu Bewertungseinheiten vgl *Tönnies/Schiersmann* DStR 97, 714 f und 756 f.
4 BMF BStBl I 02, 712.
5 Vgl auch BMF BStBl I 02, 712.

menten (Wertpapierhandel); 5. Anlageberatung (Finanzinstrumente); 6. Unternehmensberatung (Finanzierung, Strategie, Unternehmenskauf) sowie 7. Geldmaklergeschäfte zu betreiben.[1]

Die Sonderregelung bzgl der Zulässigkeit eines Verlustausgleichs bei den genannten Finanzinstitutionen wird damit begründet, dass die Aktiengeschäfte einschließlich etwaiger Dividendenbezüge voll der Besteuerung unterliegen.[2]

Differenziert wird innerhalb der **Finanzdienstleister** entspr § 1 KWG mit **Sitz in Deutschland** (hier Handelsbuch maßgebend), **Sitz in der EG** oder einem Vertragsstaat des EWR (hier Zweckrichtung bei Erwerb maßgebend, nicht Handelsbuch, auch bei Zweigniederlassung im Inland[3]) und solchen mit **Sitz in Drittstaaten**. Bei letzteren ist § 3 Nr 40 S 5 und § 8b VII nicht anwendbar, so dass bei ihnen entspr Veräußerungsgeschäfte, falls sie im Inland nach § 49 EStG überhaupt steuerbar sind, dem Halbeinkünfteverfahren unterliegen bzw nach § 8b II KStG befreit sind. Für Finanzinstitute mit **Sitz in Drittstaaten** kommt ein Verlustausgleich daher **nur bei Hedging-Geschäften** nach § 15 IV 4 in Betracht. Die Ausnahme für Finanzdienstunternehmen iSd KWG kann auf Drittlandsunternehmen nicht angewendet werden. Sie sind keine Kreditinstitute, Finanzdienstinstitute oder Finanzunternehmen iSd KWG, es sei denn, sie unterhalten im Inland eine Zweigstelle.[4]

613

Unter dem **verfassungsrechtlichen Aspekt** des Gleichheitsgrundsatzes sind die Differenzierungen des § 15 IV 5 isoliert gesehen unbedenklich. Die Normadressaten befinden sich insoweit als Folgewirkung der Steuerbefreiung nach § 3 Nr 40 S 1 Buchst a und b EStG, § 8b II KStG in unterschiedlicher Lage. Auf einem anderen Blatt steht, ob die in § 3 Nr 40 S 5 und 6 EStG und § 8b VII, VIII KStG vorgesehenen Ausnahmen ihrerseits iVm § 3c EStG vor Art 3 GG zu rechtfertigen sind. So will unter dem Gesichtspunkt einer Besteuerung nach der Leistungsfähigkeit wenig einleuchten, weshalb Eigenhandelsgeschäfte über Aktien nur bei unter das KWG fallenden Unternehmen voll zu besteuern sind einschließlich der Verlustberücksichtigung, nicht aber bei anderen Gewerbetreibenden. Dabei kommt es für unter das KWG fallende Unternehmen nicht darauf an, ob der Aktienhandel hauptgeschäftlich betrieben wird oder nicht. Weshalb beispielsweise die Veräußerung von Aktien des Umlaufvermögens durch eine das Leasinggeschäft betreibende KapGes zu besteuern ist, nicht aber durch eine Versicherungsgesellschaft – es sei denn, sie betriebe auch Bankgeschäfte[5] oder es handele sich um Kapitalanlagen nach § 8b VIII – dürfte kaum einsichtig zu machen sein. Die Anknüpfung an das KWG in § 3 Nr 40 S 5 und 6 EStG und § 8b VII, VIII KStG ist für steuerliche Zwecke offenkundig sachwidrig. Die insoweit nicht zu rechtfertigende Ungleichbehandlung wird nicht dadurch aufgehoben, dass mit der Besteuerung die Wohltat der Berücksichtigung von Betriebsausgaben und Verlusten verbunden ist und umgekehrt.

614

Soweit nach § 15 IV 3 für **Verluste aus Termingeschäften**, die **keine Hedging-Geschäfte** sind, ein Ausgleichs- und Abzugsverbot statuiert wird, von dem dann in § 15 IV 4 lediglich (inländische und EG) Kredit- und Finanzdienstleistungsinstitute sowie Finanzunternehmen iSd KWG ausgenommen werden, verstößt die Regelung schon isoliert gegen Art 3 GG. Denn einerseits werden Gewinne aus Termingeschäften sowohl bei Finanzinstituten iSd KWG als auch bei anderen Gewerbetreibenden unterschiedslos besteuert, hingegen wird ein Verlust aus Termingeschäften nur bei Finanzinstituten zum Ausgleich mit anderen Gewinnanteilen zugelassen, falls sie zu deren gewöhnlichem Geschäftsverkehr gehören. Für diese Differenzierung fehlt es an einem rechtfertigenden sachlichen Grund. IÜ muss auch die Vereinbarkeit mit Art 12 GG bezweifelt werden. Es ist nicht zu sehen, weshalb das Steuerrecht berufen sein sollte, hier hinsichtlich der steuerlichen Folgen von Verlusten zwischen solchen, die bei Finanzinstituten eintreten und solchen, die bei anderen StPfl eintreten, zu differenzieren, wenn der Abschluss von Termingeschäften bei beiden Gruppen von der Berufsfreiheit umfasst wird und Gewinne daraus unterschiedslos der Besteuerung unterliegen. Unter dem Gesichtspunkt der Belastungsgleichheit wie auch der Berufsfreiheit ist es auch kein sachgerechtes Kriterium, danach zu differenzieren, ob etwa Finanztermingeschäfte auf eigene Rechnung als Haupttätigkeit betrieben werden oder nicht. Im ersteren Falle sind die Verluste ausgleichsfähig, weil

---

1 Vgl BMF BStBl I 02, 712; außerdem *Tibo* DB 01, 2369; *Milatz* DB 01, 1066.
2 BT-Drs 14/4626, 5 (6) sowie S 14 (15).
3 So auch zutr BMF BStBl I 02, 712.
4 Diese gilt nach § 53 KWG als Kreditinstitut oder Finanzdienstleistungsinstitut, so dass auch die Regeln über die Führung des Handelsbuches gelten.
5 Vgl § 2 I Nr 4 und III KWG; vgl aber nunmehr ab VZ 04 die Sonderregelung in § 8b VIII KStG für Lebens- und Krankenversicherungsunternehmen mit Aufhebung der Abs 1-7 § 8b KStG (zur Begr Finanzausschuss BT-Drs 15/1684).

Reiß

es sich dann nach § 1 III Nr 5 KWG um ein Finanzunternehmen handeln würde, im letzteren Falle nicht, falls nicht aus anderen Gründen ein Finanzunternehmen vorliegt. Soweit vom Gesetzgeber dem Verlustausgleichsverbot des § 15 IV 3 die Funktion zugemessen sein sollte, einer unberechtigten Verlagerung von nach § 23 I 4 nicht ausgleichbaren Verlusten in den gewerblichen Bereich vorzubeugen, verstößt es gegen das Verhältnismäßigkeitsprinzip, wenn dafür in Kauf genommen wird, dass auch echte betriebliche Verluste aus Termingeschäften betroffen werden.[1] Dem muss vielmehr durch eine sachgerechte Abgrenzung von gewerblichen Einkünften und privater Vermögensverwaltung, bzw ab VZ 09 zu den Kapitaleinkünften, Rechnung getragen werden (s Rn 129).

616 Das erst durch das StSenkG eingeführte Ausgleichsverbot für Hedging-Geschäfte zur Absicherung von Aktiengeschäften nach § 15 IV 4 und 5 gilt nach § 52 Abs 32a erstmals für Verluste des VZ 02, bei abw Wj für Verluste, die im Wj 02/03 eintreten. Für Termingeschäfte, die sich nicht auf Anteile an unbeschränkt stpfl Ges beziehen, war das Verlustausgleichsverbot nach § 52 I erstmals ab VZ 01 anzuwenden.

618 **IV. Wirkungen des Verlustausgleichsverbotes.** Ein **Ausgleich** mit anderen positiven Einkünften **im selben VZ** des StPfl oder des mit ihm zusammenveranlagten Ehegatten ist nach S 1 ausgeschlossen. Auch ein **Verlustvor- oder -rücktrag** nach § 10d ist insoweit unzulässig. Hingegen wird durch die Norm nicht ausgeschlossen, dass ein StPfl, der in **mehreren** eigenen Betrieben oder MU'schaften **gewerbliche Tierzucht** oder -haltung betreibt oder Differenzgeschäfte tätigt, Verluste aus dem einen Betrieb mit Gewinnen aus dem anderen Betrieb ausgleicht. Ein Ausgleich zw Tierzucht und Differenzgeschäften in anderen Bereichen ist ausgeschlossen. Dies gilt auch für zusammenveranlagte **Ehegatten,** wenn jeder der Ehegatten gewerbliche Tierzucht oder Tierhaltung betreibt.[2] S 2 lässt einen **Verlust- vor- oder -rücktrag in das vorangegangene und in spätere Wj nur auf Gewinne aus gewerblicher Tierzucht** oder -haltung bzw Differenzgeschäften des StPfl oder seines mit ihm zusammenveranlagten **Ehegatten** nach Maßgabe des § 10d zu. Dies gilt auch für Gewinne iSd § 16 aus der Veräußerung eines Betriebes oder Teilbetriebes der gewerblichen Tierzucht oder -haltung,[3] oder eines MU'anteils daran.[4] Die nicht ausgeglichenen Verluste sind vom FA gesondert festzustellen.[5]

V. Stille Gesellschaften und Unterbeteiligungen. – Literatur: *Förster* Änderungen durch das StVergAbG, DB 03, 899; *Füger* Steuerplanerische Überlegungen nach Änderungen bei der Organschaft, BB 03, 1755; *Groh* Verluste in der stillen Gesellschaft, DB 04, 668; *Hegemann/Querbach* Die stille Beteiligung von Kapitalgesellschaften, GStB 03, 268; *dies.* Praktische Hinweise zum StVergAbG, Stbg 03, 197; *Kessler/Reitsam* Die typische stille Gesellschaft als Alternative zur Organschaft, DStR 03, 269 u 315; *Rödder/Schuhmacher* Das StVergAbG, DStR 03, 805; *Schulze zur Wiesche* Die GmbH & atypisch Still – der große Verlierer, BB 03, 713; *Wagner* Die stille Gesellschaft im StVergAbG, Inf 03, 618; *ders* Fragen der Verlustverrechnung bei „exotischen Gesellschaften", StuB 06, 337.

619 Der mit Wirkung ab VZ 03 (s § 52 Rn 1) durch das StVergAbG eingeführte § 15 IV 6 statuiert ein weiteres Verlustausgleichs- und abzugsverbot. Vom allg Verlustausgleich nach § 2 III und dem Verlustabzug nach § 10d werden **gewerbliche Verluste einer KapGes aus stillen Ges**, Unterbeteiligungen und sonstigen InnenGes an KapGes ausgeschlossen.

Mit Wirkung ab 04 wurde § 15 IV 6 durch das Gesetz zur Umsetzung der Protokollerklärung der BReg zum StVergAbG durch die Sätze 6–8 ersetzt. § 15 IV 6 in der für den VZ 03 geltenden Fassung statuierte nur für still beteiligte KapGes als MU'er ein Verlustausgleichsverbot. Dieses konnte leicht umgangen werden, indem eine PersGes als still beteiligter MU'er zwischengeschaltet wurde. Durch die ab dem VZ 04 geltende Fassung von § 15 IV 6 bis 8 idF Gesetz zur Umsetzung der Protokollerklärung zum StVergAbG[6] wird dies nunmehr verhindert.[7] § 15 IV 6 ordnet jetzt für jegliche still als MU'er Beteiligten oder Unterbeteiligten ein Verlustausgleichsverbot für die Verluste aus der stillen Beteiligung/Unterbeteiligung an einer KapGes an. Davon nimmt dann allerdings § 15 IV 8 nat Pers aus, soweit diese selbst unmittelbar oder mittelbar (über eine PersGes) beteiligte MU'er sind. Das Verlustausgleichsverbot betrifft daher nicht mehr lediglich beteiligte KapGes, sondern alle Steuersubjekte, namentlich des § 1 KStG, mit Ausnahme nat Pers. § 15 IV 6–8 führte nur insoweit zu einer Gesetzesänderung gegenüber § 15 IV 6 aF. Eine Rückwirkung

---

1 Vgl BFH BStBl II 03, 487.
2 BFH BStBl II 89, 787; ebenso FinVerw H 15.10 EStH „Ehegatten".
3 BFH BStBl II 95, 467.
4 BFHE 206, 557 (auch zu doppelstöckigen PersGes).
5 Vgl FG M'ster EFG 95, 973.
6 Gesetz zur Umsetzung der Protokollerklärung der BReg zum StVergAbG v 22.12.03, BGBl I 03, 2840.
7 Vgl Entwurf BReg und Beschluss Finanzausschuss BT-Drs 15/1518 und BT-Drs 15/1684.

für den VZ 03 ist vom Gesetzgeber zutr nicht angeordnet worden. Problematisch ist allerdings die unechte Rückwirkung, die sich für den VZ 03 ergeben hat.[1]

Abgesehen von der personellen Erweiterung des Ausgleichsverbotes ergeben sich sachlich (s dazu Rn 620–624) keine Änderungen. Zu beachten sind allerdings die ab VZ 04 geänderten Verlustabzugsgrenzen des § 10d, die gem § 15 IV 7 maßgeblich sind.

Tatbestandlich setzt § 15 IV 6 und 8 voraus: a) Eine **mitunternehmerische stille Ges**, sonstige Innengesellschaft (GbR) oder eine Unterbeteiligung (GbR) mit gewerblichen Einkünften; b) Der Hauptbeteiligte muss eine KapGes sein. Der im Innenverhältnis unmittelbar oder mittelbar Beteiligte darf keine nat Pers sein. c) einen **Verlust(anteil) des still (Unter)Beteiligten** aus der Innengesellschaft/Unterbeteiligung. 620

Zu a) 15 IV 6 verlangt, dass der im Innenverhältnis oder qua Unterbeteiligung Beteiligte **MU'er** ist. Daher muss insgesamt eine mitunternehmerische Innengesellschaft vorliegen – KapGes & Still. Bzgl der Untergesellschaft ist eine Untergesellschaft am Ges-(MU')anteil gemeint, der von einer KapGes gehalten wird, nicht die „Unterbeteiligung" an einem KapGes-Anteil – zB Unterbeteiligung am von einer KapGes gehaltenen Gesellschaftsanteil in einer OHG, KG oder GbR.[2] Soweit keine atypische stille Beteiligung oder Unterbeteiligung vorliegt, greift allerdings für den typisch still Beteiligten § 20 I Nr 4 S 2 ein. Es müssen mithin gewerbliche Einkünfte für den Hauptbeteiligten und den Innen-G'ter/Unterbeteiligten vorliegen. Bei einer MU'schaft mit einer inländischen KapGes ist dies wegen § 8 II KStG ohnehin der Fall. Bei Beteiligung an einer ausländischen KapGes liegen für eine im Innenverhältnis beteiligte KapGes ebenfalls wegen § 8 II KStG zwingend gewerbliche Einkünfte vor.

Das Verlustausgleichsverbot greift nicht ein, wenn eine mitunternehmerische Außengesellschaft vorliegt.

Zu b) Die mitunternehmerische Innengesellschaft muss **mit einer KapGes** bestehen. Bei einer Unterbeteiligung muss eine KapGes den MU'anteil an einer PersGes halten und in Bezug auf diesen MU'anteil eine Unterbeteiligung bestehen. Der Innen-G'ter, respektive Unterbeteiligte darf keine nat Pers sein, § 15 IV 8. Ist ihrerseits eine PersGes als Innen-G'ter oder als Unterbeteiligter beteiligt, greift das Verlustausgleichsverbot insoweit nicht ein, als an der PersGes nat Pers beteiligt sind. Das Verlustausgleichsverbot greift mithin weder bei einer Beteiligung im Innenverhältnis durch nat Pers noch bei einer aus nat Pers bestehenden PersGes ein. Hingegen greift es ein, soweit entweder unmittelbar oder mittelbar (über PersGes) KapGes (oder andere Körperschaften) beteiligt sind. Für den VZ 03 konnte hingegen das Verlustausgleichsverbot dadurch umgangen werden, dass eine PersGes als Innen-G'ter oder Unterbeteiligter zwischengeschaltet wurde. Ein Durchgriff bei Beteiligung von KapGes über PersGes fand nicht statt.

Zu c) Das Verlustausgleichsverbot betrifft nur den **Verlust(anteil) der im Innenverhältnis** mitunternehmerisch still (unter) **beteiligten KapGes** (Körperschaft), nicht der hauptbeteiligten KapGes. Dies folgt daraus, dass § 15 IV 6 nur für die still (unter)beteiligte KapGes einen Verlustabzug mit Gewinnen aus derselben Unterbeteiligung oder Innengesellschaft zulässt. Daher muss § 15 IV 6 sinnvollerweise so interpretiert werden, dass Verlustanteile der hauptbeteiligten KapGes aus einem Verlust der stillen Ges nicht vom Verlustausgleichsverbot betroffen sind, obgleich der Verlust aus einer mitunternehmerischen stillen Ges oder sonstigen Innengesellschaft auch den Verlustanteil des Hauptbeteiligten umfasst. Diese Interpretation wird bestätigt durch das parallel eingeführte Verlust- abzugsverbot in § 20 I Nr 4 S 2 mit Verweisung auf § 15 IV 6. § 20 I Nr 4 betrifft schon nach seinem eindeutigen Wortlaut nur den still Beteiligten und nicht den Hauptbeteiligten. IÜ entspricht nur diese Auslegung auch dem gesetzgeberischen Ziel, die Abschaffung der körperschaftsteuerlichen Mehrmütterorganschaft durch das Verlustausgleichsverbot für still Beteiligte zu flankieren und dadurch eine befürchtete Umgehung zu verhindern. 621

---

1 BFH BStBl II 05, 351 hält für ernstlich zweifelhaft, ob die unechte Rückwirkung für den VZ 03 verfassungsgemäß ist.
2 Die „atypische" Unterbeteiligung an einem KapGes-Anteil führt nicht zu einer MU'schaft, sondern ggf zum partiellen Übergang des wirtschaftlichen Eigentums, vgl BFH BStBl II 05, 857, kann bei § 15 IV 6 mithin nicht gemeint sein.

Der **Verlust aus der Beteiligung** umfasst jedenfalls den **Anteil am Gesellschaftsverlust**, bzw aus der Beteiligung des Hauptbeteiligten, der auf die im Innenverhältnis mitunternehmerisch beteiligte KapGes entfällt.

Fraglich ist, ob auch **Verluste im Sonderbereich** des Stillen unter das Verlustausgleichverbot fallen. Dafür spricht, dass zum gewerblichen Gewinn des MU'ers, auch des atypisch Stillen, auch sein Sondergewinn und -verlust gehört. Parallelen zu § 15a sind verfehlt, weil § 15 IV 6 gerade echte Verluste vom Verlustausgleich ausschließt und nicht – wie § 15a – nur solche, für die der MU'er nur mit zukünftigen Gewinnen haftet. § 15 IV 6 verdankt seine Existenz nicht zivilrechtlichen Haftungsbeschränkungen. Eine Einschränkung nur auf den Verlustanteil am Gesellschaftsgewinn/Verlust unter Ausschluss eines Verlustes im Sonderbereich wird allerdings für teleologisch geboten angesehen, weil die gesetzgeberische Zielsetzung – Flankierung der Abschaffung der Mehrmütterorganschaft – nur verlange, dass bei der hauptbeteiligten KapGes angefallene Verluste nicht auf den Stillen „verlagert" würden.[1] Eigene Verluste im Sonderbereich fänden bei der Organschaft keine Parallele. Einer derart einschränkenden teleologischen Einschränkung kann – entgegen der hM[2] – nicht gefolgt werden. Die Motive des Gesetzgebers haben im Gesetzeswortlaut keinen Ausdruck gefunden. IÜ liegt ohnehin eine grds Fehlvorstellung vor. Bei den von § 15 IV 6 betroffenen Verlusten des still Beteiligten handelt es sich sowohl bzgl des Anteils am Gesellschaftsverlust als auch bzgl des Verlustes im Sonderbereich um echte, eigene Verluste des Stillen. Die angebliche Parallele zur Organschaft, bei der in der Tat Verluste des Organges dem Organträger zugerechnet (auf ihn transferiert!) werden, besteht nicht. Da zwischen Verlustanteilen am Gesellschaftsverlust und Verlusten im Sonderbereich kein qualitativer Unterschied besteht, würde eine teleologische Einschränkung nur zu einer weiteren Ungleichbehandlung wirtschaftlich gleicher Sachverhalte führen. Auch bzgl des Ausgleichsverbotes für den Anteil am Verlust der Innengesellschaft erfasst § 15 IV 6 iÜ Sachverhalte, bei denen sich jede Parallele zur Mehrmütterorganschaft verbietet, ohne dass deshalb eine teleologische Einschränkung in Betracht käme. § 15 IV 6 verlangt tatbestandlich weder subjektiv noch objektiv eine Umgehung der Abschaffung der Mehrmütterorganschaft vermittels stiller Beteiligungen (Rn 624). Kurz gesagt, § 15 IV 6 verdankt zwar seine Entstehung einer befürchteten Umgehung der Abschaffung der körperschaftsteuerlichen Mehrmütterorganschaft, aber er knüpft tatbestandlich und in den Rechtsfolgen in keiner Weise an die Voraussetzungen der Mehrmütterorganschaft an. Er muss daher aus sich selbst gerechtfertigt werden. Auch aus § 20 I Nr 4 S 2 lässt sich für § 15 IV 6 kein anderes Ergebnis herleiten. Zum einen kennt § 20 I 4 gerade keinen Sonderbereich, zum anderen legt der abw Wortlaut nahe, bei § 20 I Nr 4 den „Anteil am Verlust des Betriebes" so zu verstehen, dass damit nur der auf den Stillen entfallende Anteil am „Geschäftsverlust" der Innengesellschaft gemeint ist (s *v Beckerath* § 20 Rn 204).

622 Als Rechtsfolge statuiert § 15 IV 6 ein Verlustausgleichs – und Verlustabzugsverbot mit anderen **Gewinnen** als **aus derselben (stillen) Innengesellschaft oder Unterbeteiligung.** Verluste aus der Beteiligung können mithin nur mit einem Gewinn aus dieser Beteiligung im vorangegangen VZ bis zur Höhe von 511 500 € gem § 10d I 1 verrechnet werden (Rücktrag) oder mit Gewinnen aus dieser Beteiligung in zukünftigen VZ (Verlustvortrag). Zu den Gewinnen aus der Beteiligung, mit denen Verluste verrechnet werden können, gehört außer dem Anteil am laufenden Gesgewinn und dem **Gewinn im Sonderbereich**[3] auch ein **Veräußerungsgewinn** nach § 16 aus der Veräußerung der Beteiligung.[4] Fraglich ist, ob umgekehrt auch ein **Veräußerungs/Aufgabeverlustverlust aus § 16** unter das Ausgleichs – und Abzugsverbot fällt. Dies ist hier zwar grds zu bejahen (s aber *v Beckerath* § 20 Rn 204). Soweit allerdings ein Rücktrag nach § 10d nicht möglich ist und ein Vortrag wegen der Veräußerung nicht mehr in Betracht kommt, ist der Ausgleich mit anderen Einkünften zuzulassen. Denn 15 IV 6 soll nicht den Verlustausgleich endgültig ausschließen, sondern lediglich in die Zukunft durch „Verrechnung" verlagern. Kommt eine solche Verlagerung nicht mehr in Betracht, gebietet das Leistungsfähigkeitsprinzip zwingend einen Verlustausgleich. Das Antragsrecht nach § 10d I 7 sowie die nach § 10d vorrangige Berücksichtigung vor SA, außergewöhnlichen Belastungen und anderen Abzugsbeträgen gilt auch für die nach § 15 IV 6 zulässige Verlustverrechnung mit Gewinnen aus derselben Beteiligung.

---

1 So *Förster* DB 03, 899 und *Rödder/Schuhmacher* DStR 03, 805.
2 *Schmidt*[26] § 15 Rn 909; *Korn/Strahl* KÖSDI 03, 13715; *Förster* DB 03, 899; *Rödder/Schuhmacher* DStR 03, 805; wie hier *Hegemann/Querbach* StB 03, 197.
3 **AA** *Förster* DB 03, 899; *Rödder/Schuhmacher* DStR 03, 805; *Schulze zur Wiesche* WPg 03, 586.
4 **AA** *Förster* DB 03, 899 (kein Verlusttransfer!).

Das **Verlustausgleichsverbot nach § 15a** bleibt durch das zusätzliche Verlustausgleichsverbot nach § 15 IV 6 unberührt. Praktische Bedeutung gewinnt § 15 IV 6 allerdings primär dann, wenn die Verluste nicht zur Entstehung eines negativen Kapitalkontos führen, weil dann § 15a nicht eingreift. Kommt es zur Entstehung eines negativen Kapitalkontos, sind § 15a und § 15 IV 6 nebeneinander anzuwenden. Bedeutung gewinnt dies, soweit sich die Rechtsfolgen unterscheiden. So kommt etwa bei Entstehung eines neg Kapitalkontos nach § 15a II nur eine Verrechnung mit künftigen Gewinnen aus der Beteiligung, aber kein Rücktrag nach § 10d in Betracht. Dabei verbleibt es auch dann, wenn zugleich die Voraussetzungen des § 15 IV 6 vorliegen, der an sich einen Rücktrag zuließe. Abgesehen von der Unbeachtlichkeit der Entstehung eines negativen Kapitalkontos unterscheidet sich § 15 IV 6 auch durch die Einbeziehung von Gewinnen und Verlusten im Sonderbereich (s Rn 621, 622). **623**

Das spezielle Verlustausgleichsverbot des § 15 IV 6 für im Innenverhältnis als MU'er an KapGes beteiligte KapGes verstößt **gegen Art 3 GG**. Denn mit dieser Spezialregelung wird lediglich für im Innenverhältnis mitunternehmerisch beteiligte KapGes an KapGes ein Sonderrecht geschaffen, wonach nur diesen MU'ern ein sofortiger Verlustausgleich versagt wird. Eine solche Regelung könnte nur dann vor Art 3 GG Bestand haben, wenn in Bezug auf das Ziel der Einkommensbesteuerung zwischen den von § 15 IV 6 betroffenen MU'ern als Normadressaten und nicht davon betroffenen MU'ern Unterschiede von solchem Gewicht bestünden, die eine unterschiedliche Behandlung bzgl des sofortigen Verlustausgleiches rechtfertigen würden. Dies trifft zunächst schon einmal nicht zu, soweit § 15 IV 6 lediglich auf MU'er Anwendung findet, die an einer Innengesellschaft beteiligt sind. Der Gesetzgeber verlässt die von ihm selbst – zutr – statuierte Sachgesetzlichkeit, wenn er für die Zurechnung von Gewinnen und Verlusten nicht zwischen Außen- und Innengesellschaft in § 15 I 2 differenziert, aber eine solche Differenzierung nunmehr nur für den sofortigen Verlustausgleich in § 15 IV 6 einführt. Dies wäre nur dann zu rechtfertigen, wenn mitunternehmerische Verluste des atypisch Stillen ein anderes Gewicht als die eines MU'ers an einer Außenges hätten. Dies trifft erkenn- bar – außerhalb der unechten Verluste iSd § 15a – nicht zu. Auch die Differenzierung bei mitunternehmerischen Innengesellschaften danach, ob der Beteiligte eine KapGes ist oder eine nat Pers entbehrt – solange die KapGes wie die nat Pers als Steuersubjekt und MU'er im Rahmen des § 15 I 2 behandelt wird – jeder inneren Rechtfertigung. Unter dem Gesichtspunkt der Zurechnung von Einkommen hat die KapGes ebenso wie eine nat Pers aus ihrer mitunternehmerischen Beteiligung an der Innenges einen Verlust im Sinne einer Vermögenseinbuße erlitten. IÜ betrifft der Verlust der KapGes letztlich immer auch nat Pers als Anteilseigner. **624**

Die vom Gesetzgeber vorgenommenen Differenzierungen gewinnen vermeintlich ihre Rechtfertigung daraus, dass § 15 IV 6 Umgehungen der Abschaffung der körperschaftsteuerlichen Mehrmütterorganschaft verhindern soll. Daraus erklärt sich das Abstellen auf eine Beteiligung an einer KapGes im Unterschied zur Beteiligung an einer PersGes, weil nur eine KapGes Organgesellschaft sein kann. Daraus erklärt sich auch, dass auf Beteiligungen vermittels Innengesellschaft abgestellt wird, weil die Beherrschung durch eine Mehrmütterorganschaft typischerweise vermittels einer bloßen Innengesellschaft der Mehrmütter hergestellt wurde. Diese Zielvorstellung vermag die von § 15 IV 6 vorgenommenen Einschränkungen des Verlustausgleichs nur für mitunternehmerisch still Beteiligte schon deshalb nicht zu rechtfertigen, weil § 15 IV 6 weder auf Anwendung findet, wenn subjektiv eine Umgehung der Abschaffung der Mehrmütterorganschaft verfolgt wird, noch auch objektiv nur solche Konstellationen erfasst, die das wirtschaftlichen Ergebnis – sofortige Zurechnung von Verlusten der Organgesellschaft beim Mutterunternehmen – einer Mehrmütterorganschaft herbeiführen. Vielmehr wird von § 15 IV 6 grds jede mitunternehmerische Innenbeteiligung durch eine KapGes an einer KapGes erfasst, auch wenn von einer Beherrschung der hauptbeteiligten KapGes keine Rede sein kann. Auf der anderen Seite werden Mehrheitsbeteiligungen durch nat Pers nicht erfasst, obwohl diese durchaus Organträger sein können. § 15 IV 6 wäre daher einerseits viel zu weit gefasst und andererseits wäre er wegen des Ausschlusses nat Pers zu eng gefasst, wenn vermittels Innengesellschaften tatsächlich die Abschaffung der Mehrmütterorganschaft umgangen werden könnte. Tatsächlich ist weder die Innen- noch die Außengesellschaft geeignet, die Abschaffung der Mehrmütterorganschaft missbräuchlich oder überhaupt zu umgehen. Der MU'er des § 15 I 2 – KapGes oder nat Pers – als Innen- wie als Außen-G'ter erleidet selbst – vorbehaltlich § 15a – einen Verlust durch eine eigene Vermögenseinbuße. Auf ihn wird weder ein Verlust eines anderen MU'ers transferiert, noch ein Anteil am Verlust der MU'schaft. Das wirtschaftliche Ergebnis des Transfers eines fremden Verlustes – der Organgesellschaft – zur Verrechnung mit eigenen Gewinnen ist über eine MU'schaft gerade nicht herzustellen. Nur wer Mein und Dein nicht unterscheiden kann, kann auf die Idee kommen, dass eine MU'schaft und eine Organschaft in Bezug auf die Verlustzurechnung wirtschaftlich denselben Sachverhalt abbilden.[1] Wie abwegig diese Vorstellung ist, zeigt sich schon daran, dass sowohl die Gewinnanteile als auch die Verlustanteile – gerade anders als bei der Organschaft – dem MU'er- und nicht etwa einem anderen wie bei der Organschaft – richtigerweise trotz § 15 IV 6 weiterhin zugerechnet werden. Es wird nichts transferiert, lediglich der sofortige Verlustausgleich für eigene Verluste wird verhindert. Handelt es sich aber um eigene und nicht um „transferierte" Verluste, so kann ein imaginärer angeblicher wirtschaftlicher Verlusttransfer es auch nicht rechtfertigen, dass nur für qua Innengesellschaften als MU'er beteiligte KapGes der sofortige Verlustausgleich untersagt wird, während er für alle übrigen MU'er erhalten bleibt.

§ 15a Verluste bei beschränkter Haftung

(1) [1]Der einem Kommanditisten zuzurechnende Anteil am Verlust der Kommanditgesellschaft darf weder mit anderen Einkünften aus Gewerbebetrieb noch mit Einkünften aus anderen Einkunftsarten ausgeglichen werden, soweit ein negatives Kapitalkonto des Kommanditisten entsteht oder sich erhöht; er darf insoweit auch nicht nach § 10d abgezogen werden. [2]Haftet der Kommanditist am Bilanzstichtag den Gläubigern der Gesellschaft auf Grund des § 171 Abs. 1 des Handelsgesetzbuchs, so können abweichend von Satz 1 Verluste des Kommanditisten bis zur Höhe des Betrags, um den die im Handelsregister eingetragene Einlage des Kommanditisten seine geleistete Einlage übersteigt, auch ausgeglichen oder abgezogen werden, soweit durch den Verlust ein negatives Kapitalkonto entsteht oder sich erhöht. [3]Satz 2 ist nur anzuwenden, wenn derjenige, dem der Anteil zuzurechnen ist, im Handelsregister eingetragen ist, das Bestehen der Haftung nachgewiesen wird und eine Vermögensminderung auf Grund der Haftung nicht durch Vertrag ausgeschlossen oder nach Art und Weise des Geschäftsbetriebs unwahrscheinlich ist.

(2) Soweit der Verlust nach Absatz 1 nicht ausgeglichen oder abgezogen werden darf, mindert er die Gewinne, die dem Kommanditisten in späteren Wirtschaftsjahren aus seiner Beteiligung an der Kommanditgesellschaft zuzurechnen sind.

(3) [1]Soweit ein negatives Kapitalkonto des Kommanditisten durch Entnahmen entsteht oder sich erhöht (Einlageminderung) und soweit nicht auf Grund der Entnahmen eine nach Absatz 1 Satz 2 zu berücksichtigende Haftung besteht oder entsteht, ist dem Kommanditisten der Betrag der Einlageminderung als Gewinn zuzurechnen. [2]Der nach Satz 1 zuzurechnende Betrag darf den Betrag der Anteile am Verlust der Kommanditgesellschaft nicht übersteigen, der im Wirtschaftsjahr der Einlageminderung und in den zehn vorangegangenen Wirtschaftsjahren ausgleichs- oder abzugsfähig gewesen ist. [3]Wird der Haftungsbetrag im Sinne des Absatzes 1 Satz 2 gemindert (Haftungsminderung) und sind im Wirtschaftsjahr der Haftungsminderung und den zehn vorangegangenen Wirtschaftsjahren Verluste nach Absatz 1 Satz 2 ausgleichs- oder abzugsfähig gewesen, so ist dem Kommanditisten der Betrag der Haftungsminderung, vermindert um auf Grund der Haftung tatsächlich geleistete Beträge, als Gewinn zuzurechnen; Satz 2 gilt sinngemäß. [4]Die nach den Sätzen 1 bis 3 zuzurechnenden Beträge mindern die Gewinne, die dem Kommanditisten im Wirtschaftsjahr der Zurechnung oder in späteren Wirtschaftsjahren aus seiner Beteiligung an der Kommanditgesellschaft zuzurechnen sind.

(4) [1]Der nach Absatz 1 nicht ausgleichs- oder abzugsfähige Verlust eines Kommanditisten, vermindert um die nach Absatz 2 abzuziehenden und vermehrt um die nach Absatz 3 hinzuzurechnenden Beträge (verrechenbarer Verlust), ist jährlich gesondert festzustellen. [2]Dabei ist von dem verrechenbaren Verlust des vorangegangenen Wirtschaftsjahres auszugehen. [3]Zuständig für den Erlass des Feststellungsbescheids ist das für die gesonderte Feststellung des Gewinns und Verlustes der Gesellschaft zuständige Finanzamt. [4]Der Feststellungsbescheid kann nur insoweit angegriffen werden, als der verrechenbare Verlust gegenüber dem verrechenbaren Verlust des vorangegangenen Wirtschaftsjahres sich verändert hat. [5]Die gesonderten Feststellungen nach Satz 1 können mit der gesonderten und einheitlichen Feststellung der einkommensteuerpflichtigen und körperschaftsteuerpflichtigen Einkünfte verbunden werden. [6]In diesen Fällen sind die gesonderten Feststellungen des verrechenbaren Verlustes einheitlich durchzuführen.

(5) Absatz 1 Satz 1, Absatz 2, Absatz 3 Satz 1, 2 und 4 sowie Absatz 4 gelten sinngemäß für andere Unternehmer, soweit deren Haftung der eines Kommanditisten vergleichbar ist, insbesondere für

---

1 S auch *Groh* DB 04, 668.

1. stille Gesellschafter einer stillen Gesellschaft im Sinne des § 230 des Handelsgesetzbuchs, bei der der stille Gesellschafter als Unternehmer (Mitunternehmer) anzusehen ist,
2. Gesellschafter einer Gesellschaft im Sinne des Bürgerlichen Gesetzbuchs, bei der der Gesellschafter als Unternehmer (Mitunternehmer) anzusehen ist, soweit die Inanspruchnahme des Gesellschafters für Schulden in Zusammenhang mit dem Betrieb durch Vertrag ausgeschlossen oder nach Art und Weise des Geschäftsbetriebs unwahrscheinlich ist,
3. Gesellschafter einer ausländischen Personengesellschaft, bei der der Gesellschafter als Unternehmer (Mitunternehmer) anzusehen ist, soweit die Haftung des Gesellschafters für Schulden in Zusammenhang mit dem Betrieb der eines Kommanditisten oder eines stillen Gesellschafters entspricht oder soweit die Inanspruchnahme des Gesellschafters für Schulden in Zusammenhang mit dem Betrieb durch Vertrag ausgeschlossen oder nach Art und Weise des Geschäftsbetriebs unwahrscheinlich ist,
4. Unternehmer, soweit Verbindlichkeiten nur in Abhängigkeit von Erlösen oder Gewinnen aus der Nutzung, Veräußerung oder sonstigen Verwertung von Wirtschaftsgütern zu tilgen sind,
5. Mitreeder einer Reederei im Sinne des § 489 des Handelsgesetzbuchs, bei der der Mitreeder als Unternehmer (Mitunternehmer) anzusehen ist, wenn die persönliche Haftung des Mitreeders für die Verbindlichkeiten der Reederei ganz oder teilweise ausgeschlossen oder soweit die Inanspruchnahme des Mitreeders für Verbindlichkeiten der Reederei nach Art und Weise des Geschäftsbetriebs unwahrscheinlich ist.

R 15a EStR 05

Übersicht

	Rn		Rn
A. Grundaussage der Vorschrift	1	**D. Minderung und Erhöhung von Einlage und Haftung nach § 15a III**	190
I. Gegenstand und Systematik	1	I. Einlageminderung nach § 15a III 1–2, 4	193
II. Entstehungsgeschichte und Motive des Gesetzgebers	8	1. Kapitalkonto	194
		2. Entnahme	195
III. Zweck der Regelung	11	3. Kausalität der Entnahme	196
B. Grundtatbestand und Rechtsfolgen des § 15a I 1 und II	21	4. Haftung im Sinne von § 15a I 2	200
		5. Rechtsfolgen	220
I. Anteil am Verlust der KG	22	II. Haftungsminderung nach § 15a III 3–4	235
II. Negatives Kapitalkonto	40	1. Minderung des Haftungsbetrags	236
1. Maßgeblichkeit der Steuerbilanz	41	2. Ausgleichsfähige Verluste im 11-Jahres-Zeitraum	241
2. Bemessung nach der geleisteten Einlage	43	3. Rechtsfolgen	242
3. Der maßgebende Kapitalkontenstand	44	III. Einlageerhöhung und Haftungserweiterung	261
III. Kommanditistenstellung	45	**E. Die gesonderte Feststellung nach § 15a IV**	270
IV. Ausgleichsverbot und Verrechnungsgebot	70	I. Der Gegenstand der Feststellung (§ 15a IV 1)	271
1. Ausgleichsverbot nach § 15a I 1	71		
2. Verrechnungsgebot des § 15a II	73	II. Die Berechnung nach § 15a IV 2	280
C. Erweiterter Verlustausgleich nach § 15a I 2, 3	100	III. Die Zuständigkeit für den Erlass des Bescheides (§ 15a IV 3)	281
I. Haftung nach § 171 I HGB	101	IV. Anfechtung des Feststellungsbescheides (§ 15a IV 4)	282
1. Gesellschaftsrechtliche Regelung	102		
2. Die steuerrechtliche Anknüpfung	103	V. Verbindung mit der Feststellung der Einkünfte (§ 15a IV 5, 6)	286
3. Nichtberücksichtigung anderer Verpflichtungstatbestände	107	**F. Ausdehnung auf andere Unternehmer nach § 15a V**	300
II. Eintragung im Handelsregister	131		
III. Nachweis der Haftung	135	I. Sinngemäße Geltung bei vergleichbarer Haftung	302
IV. Vertraglicher Ausschluss einer Vermögensminderung	137	II. Stille Gesellschafter (§ 15a V Nr 1)	314
V. Unwahrscheinlichkeit einer Vermögensminderung	160	III. BGB-Gesellschafter (§ 15a V Nr 2)	320
1. Unwahrscheinlichkeit	161	IV. Gesellschafter ausländischer Personengesellschaften (§ 15a V Nr 3)	335
2. Art und Weise des Geschäftsbetriebs	162		
3. Vermögensminderung aufgrund der Haftung	165	V. Haftungslose Verbindlichkeiten (§ 15a V Nr 4)	350
VI. Rechtsfolge	166	VI. Partenreeder mit beschränkter Haftung (§ 15a V Nr 5)	360

§ 15a Verluste bei beschränkter Haftung

Literatur: *Bolk* FS zum 20jährigen Bestehen der Fachhochschule für Finanzen in NRW in Nordkirchen, 1997, S 47 ff; *Brandenberg* Aktuelle Entwicklungen zu § 15a EStG: Mindestbesteuerung, Wechsel im Gesellschafterstatus, vorgezogene Einlagen, DB 04, 1632; *Claudy/Steger* Einlagen und § 15a EStG, DStR 04, 1504; *Helmreich* Verluste bei beschränkter Haftung und § 15a EStG, 1998; *Jakob* FS Felix, 1989; *Kempermann* Neue Rechtsprechung zu § 15a EStG: Einlagen bei negativem Kapitalkonto und Wechsel der Gesellschafterstellung, DStR 04, 1515; *Ley* Die Anwendung von § 15a EStG und doppelstöckige Personengesellschaften, DStR 04, 1498; *Lüdemann* Verluste bei beschränkter Haftung, 1998; *Nickel/Bodden* Verlustausgleich und Verlustverrechnung nach § 15a EStG bei doppelstöckigen Kommanditgesellschaften, FR 03, 391; *Rogoll* Die Funktionsweise des § 15a EStG – zur Notwendigkeit, Anzahl und Fortentwicklung von Korrektur- und Merkposten, BB 04, 1819; *Ruban* FS Klein, 1994, S 781; *Steger* Überhöhte Entnahmen eines Kommanditisten im Anwendungsbereich des § 15a EStG, DB 06, 2086; *Watrin/Sievert/Nußmann* Steuerliche Konsequenzen von Beteiligungsumwandlungen im Rahmen von § 15a EStG, BB 04, 1529.

A. Grundaussage der Vorschrift

1 I. Gegenstand und Systematik. § 15a beschränkt den Ausgleich von Verlusten aus Beteiligungen mit beschränkter Haftung. Diese dürfen nur mit anderen Einkünften ausgeglichen werden, wenn sie zu einem Kapitalverzehr führen oder wegen einer ausnahmsweise bestehenden Haftung eine gegenwärtige Vermögensminderung bedeuten.

2 § 15a I 1 regelt für K'disten eine Verlustausgleichsbeschränkung, falls Verluste die Entstehung oder Erhöhung eines negativen Kapitalkontos zur Folge haben. § 15a I 2 normiert eine **Ausnahme** für den Fall, dass der K'dist nach § 171 I HGB haftet. Allerdings darf nach § 15a I 3 eine Vermögensminderung nicht ausgeschlossen oder unwahrscheinlich sein. § 15a normiert als **Rechtsfolge** in Abs 1 S 1 negativ, dass die Verluste nicht mit anderen Einkünften ausgeglichen und nach § 10d abgezogen werden dürfen. § 15a II regelt positiv, dass sie die Gewinne aus der Beteiligung in späteren Jahren mindern dürfen. § 15a III enthält eine **ergänzende Regelung** für den Fall Einlage- oder Haftungsminderung. § 15a IV regelt die **verfahrensmäßige Umsetzung**. Und § 15a V ordnet die sinngemäße Anwendung der Abs 1–4 für andere Unternehmer an. § 52 Abs 33 S 1 und 2 schränken die zeitliche Anwendung bei Verlusten aus dem **Betrieb von Seeschiffen** ein.[1] § 52 Abs 33 S 3 und 4 befassen sich mit dem Ausscheiden von G'tern mit negativem Kapitalkonto. Beruht das negative Kapitalkonto auf ausgleichsfähigen Verlusten, so gilt der Betrag, den der G'ter nicht ausgleichen muss, als Veräußerungsgewinn iSv § 16, und es sind bei den anderen MU'er entspr Verlustanteile anzusetzen. Nach § 52 Abs 33 S 5 sind bei der Anwendung von § 15a III nur Verluste iSv § 15a zu berücksichtigen.

8 II. Entstehungsgeschichte und Motive des Gesetzgebers. Bis zur Einführung des § 15a konnten Verluste beschränkt haftender G'ter auch dann mit positiven Einkünften ausgeglichen werden, wenn dies zu einem negativen Kapitalkonto führte, es sei denn, es konnte mit einem Ausgleich des negativen Kapitalkontos nicht mehr gerechnet werden. Die „Verlusthaftung mit künftigen Gewinnanteilen" wurde als ausreichende Rechtfertigung für eine gegenwärtige Berücksichtigung der Verluste angesehen. Diese Rechtslage wurde von **Verlustzuweisungsgesellschaften** ausgenutzt, deren Konzept es war, hohe Buchverluste – zB durch Inanspruchnahme von erhöhten Absetzungen – zu schaffen. Der Gesetzgeber versuchte erfolglos, diesen Ges mit sog Verlustklauseln zu begegnen. Dem Vorschlag, dem negativen Kapitalkonto die steuerliche Anerkennung zu versagen, folgte der BFH nicht. Es wurde deshalb durch Gesetz v 20.8.80 § 15a eingeführt.

11 III. Zweck der Regelung. Die Bekämpfung der Verlustzuweisungsgesellschaften war Anlass, kann aber nicht sachlich rechtfertigender Grund für § 15a sein. Es wäre nicht plausibel, warum bei K'disten „normaler" KG Verluste steuerlich unberücksichtigt bleiben, nur weil K'disten anderer KG Steuervorschriften in missbilligter Weise ausnutzen. Sachlicher Grund und Zweck von § 15a kann nur sein, die steuerliche Behandlung des negativen Kapitalkontos von K'disten allg zu regeln und den Ausgleich von Verlusten von einer **gegenwärtigen wirtschaftlichen Belastung** (Vermögensminderung) abhängig zu machen. Bei der Ausgestaltung des § 15a hat der Gesetzgeber diesen Grundgedanken allerdings nicht konsequent umgesetzt. Er hat sich in Einzelfragen von seinem Anliegen der Bekämpfung von Verlustzuweisungsgesellschaften leiten lassen. So ist es nach dem Zweck des § 15a zB nicht verständlich, warum § 15a I 2 einen Verlustausgleich nur bei einer Haftung nach § 171 HGB zulässt oder warum nach § 15a III nicht auch eine Einlageerhöhung zu einer Umwandlung von ver-

---

[1] BFH BStBl II 01, 166; BFH/NV 01, 10.

rechenbaren Verlusten führt. Es ergibt sich so ein Spannungsverhältnis, das die vom historischen Anliegen bestimmte gesetzliche Vorgabe in Zweifel zieht und den Rechtsanwender vor die Wahl zw der vom Grundgedanken oder der vom historischen Anliegen bestimmten Lösung stellt.

B. Grundtatbestand und Rechtsfolgen des § 15a I 1 und II

§ 15a I 1 trifft eine Regelung für den „Anteil am Verlust der KG" (hierzu unter I), wenn dieser zur Entstehung oder Erhöhung eines „negativen Kapitalkontos" (hierzu unter II) führt und er einem „K'disten" (hierzu unter III) zuzurechnen ist. Es gilt dann ein Ausgleichsverbot nach § 15a I 1 und ein Verrechnungsgebot nach § 15a II (hierzu unter IV). **21**

I. Anteil am Verlust der KG. § 15a I 1 setzt nach § 15 I 1 Nr 2 zuzurechnende negative Einkünfte („der einem K'disten zuzurechnende Anteil am Verlust der KG") voraus. Ansonsten kann § 15a nur nach §§ 13 V, 18 V, 20 I Nr 4 oder 21 I 2 entspr anzuwenden sein. Die KG muss eine **MU'schaft** iSv § 15 I 1 Nr 2 (zu § 15 Rn 200 ff) sein. Hierzu muss sie – sofern sie nicht gewerblich geprägt iSv § 15 III Nr 2 ist – ein gewerbliches Unternehmen iSv § 15 I 1 Nr 1 iVm II betreiben. An der hierfür erforderlichen Gewinnerzielungsabsicht fehlt es, wenn eine KG so konzipiert ist, dass sie allein den G'tern Steuervorteile verschaffen soll.[1] Bei Verlustzuweisungsgesellschaften wird vermutet, dass sie keine Gewinnerzielungsabsicht haben.[2] **22**

Der K'dist muss **MU'er** (zu § 15 Rn 243 ff) sein. Das hierzu notwendige MU'er-Risiko fehlt bei einem beschränkt haftenden G'ter, der nur mit seiner Einlage am Verlust beteiligt ist und wegen Befristung keine konkrete Aussicht auf einen seine Einlage übersteigenden Gewinnanteil hat[3] MU'er können nat Pers, jur Pers – insbes KapGes – und auch PersGes wie OHG und KG sein. Ist eine PersGes MU'er, ist für sie – und nicht ihre G'ter – § 15a anzuwenden. **23**

Die **Verlustzurechnung** nach § 15 I 1 Nr 2 orientiert sich an der gesellschaftsvertraglichen Regelung der Gewinn- und Verlustverteilung, zu der auch eine Vereinbarung über eine abw Verlustverteilung zur Vermeidung eines negativen Kapitalkontos gehören kann. Die Zurechnung eines Verlustes scheidet aus, wenn ein Ausgleich mit zukünftigen Gewinnanteilen nicht mehr in Betracht kommt.[4] **24**

„Anteil am Verlust der KG" ist der auf den G'ter entfallende Verlustanteil aus der **Steuerbilanz der Ges einschl des Ergebnisses aus einer etwaigen Ergänzungsbilanz**, nicht dagegen ein Verlust aus dem Sonder-BV. Es soll nur für die Verluste ein Ausgleich ausgeschlossen sein, die wegen Erschöpfung des Kapitalkontos und Überschreitens der Haftsumme den beschränkt haftenden G'ter wirtschaftlich nicht gegenwärtig belasten. Verluste im Bereich des Sonder-BV hat auch ein beschränkt haftender G'ter uneingeschränkt zu tragen. WG in einer Ergänzungsbilanz gehören zum Gesellschaftsvermögen, und es werden in der Ergänzungsbilanz lediglich für den einzelnen G'ter Werte angesetzt, die von den Werten in der Steuerbilanz abweichen. Da nur Verlustanteile aus dem Gesamthandsbereich dem Ausgleichsverbot unterliegen, nicht Verluste aus dem Bereich des Sonder-BV, kommt der Unterscheidung der beiden Bereiche besondere Bedeutung zu (zur Abgrenzung von Sondervergütungen für Dienstleistungen, Darlehens- und Nutzungsüberlassungen gegen Gewinnvorab: § 15 Rn 382 ff).[5] Der steuerliche Berater muss ggf Strategien zur Vermeidung von Verlusten im Gesamthandsbereich entwickeln: Vermeidung von Zinsaufwand im Gesamthandsbereich durch Finanzierung über persönliche Darlehen der K'disten, niedriger Ansatz von Nutzungsentgelten und Tätigkeitsvergütungen, Umwandlung von Vergütungen auf schuldrechtlicher in solche auf gesellschaftsrechtlicher Basis, Erwerb von abnutzbaren WG im Sonder-BV. **25**

Soweit in dem Verlustanteil lt Steuerbilanz nach **§ 8b KStG oder § 3 Nr 40** (zur Hälfte) **steuerfreie Beträge** enthalten sind, sind diese außerhalb der Bilanz verlusterhöhend abzuziehen. Entsprechend sind nach § 3c I oder II nicht abzugsfähige Beträge verlustmindernd hinzuzurechnen. Nach § 8b KStG, § 3 Nr 40 steuerfreie Beträge erhöhen aber – wie Einlagen – das Verlustausgleichspotential. **26**

II. Negatives Kapitalkonto. Zentrales Tatbestandsmerkmal des § 15a ist das des „negativen Kapitalkontos". Der einem K'disten zuzurechnende Verlust darf nicht ausgeglichen werden, soweit ein negatives Kapitalkonto entsteht oder sich erhöht. **40**

---

1 BFH BStBl II 84, 751 (767).
2 BFH BStBl II 91, 564; BFH BStBl II 01, 789 (793).
3 BFH/NV 86, 332; BFH BStBl II 86, 896 (899); BStBl II 84, 751 (769).
4 BFH BStBl II 81, 164; *Grantz* GStb 06, 202.
5 Vgl auch *Helmreich* Verluste, S 56; *Groh* DStZ 01, 358 mwN; BFH BStBl 01, 621; *Grantz* GStb 06, 202.

41 1. Maßgeblichkeit der Steuerbilanz. Die Frage, welcher Bilanz das negative Kapitalkonto iSd § 15a zu entnehmen ist, war in der Vergangenheit heftig umstritten. In diesem Meinungsstreit hat sich der BFH zu Recht – entgegen der Gesetzesbegründung – für eine Maßgeblichkeit der Steuerbilanz **ohne Einbeziehung des Sonder-BV** ausgesprochen.[1] Denn wenn das Tatbestandsmerkmal „Anteil am Verlust der KG" den Verlustanteil nach der Steuerbilanz der Ges meint, gebietet es die Messlogik, auch den Begriff des negativen Kapitalkontos auf die Steuerbilanz zu beziehen. Soll nach dem Zweck des § 15a ein Verlust unberücksichtigt bleiben, der keine gegenwärtige wirtschaftliche Belastung bedeutet, kann positives und negatives Sonder-BV nicht in das Verlustausgleichspotenzial einbezogen werden. Denn kürzt man ein positives Kapitalkonto in der Gesellschaftsbilanz um negatives Sonder-BV, so bleibt eine tatsächlich von K'disten getragene wirtschaftliche Belastung, der Verlust der Einlage, unberücksichtigt. Bezieht man positives Sonder-BV ein, so wird ein Verlust ausgeglichen, obwohl dieser den K'disten nur in Form einer „Verlusthaftung mit künftigen Gewinnen" betrifft.

42 Für die Besteuerungspraxis bedeutet dies, dass Verluste bis zur Höhe der geleisteten Einlage auch dann ausgeglichen werden können, wenn der K'dist über negatives Sonder-BV verfügt – weil er zB seine Einlage fremdfinanziert hat. Andererseits erweitert positives Sonder-BV das Verlustausgleichspotenzial nicht, so dass G'ter-Darlehen das Verlustausgleichsvolumen nicht erhöhen. Eine weitere **Konsequenz** ist, dass Ges- und Sonder-BV für die Bestimmung des Verlustausgleichsvolumens voneinander abgegrenzt werden müssen. Es ist von Bedeutung, ob die Konten einer PersGes Kapitalkonten oder Forderungs- und Schuldkonten sind (Indizien für Kapitalkonto: Verbuchung von Verlustanteilen; Einbeziehung in die Ermittlung des Abfindungsguthabens; Verbuchung von Entnahmen und Einlagen).[2] Es ist zu fragen, ob G'ter-Darlehen nicht nur in der Gesamtbilanz in EK umqualifiziert werden, sondern schon in der Steuerbilanz EK darstellen (zB das Darlehen bei der „gespliteten Einlage"; das eigenkapitalersetzende Darlehen; das Darlehen mit Rangrücktritt; Finanzplandarlehen).[3] Nach der Rspr des BFH wird durch die Hingabe eines Darlehens das Kapitalkonto iSd § 15a I 1 nicht bereits deswegen erhöht, weil das Darlehen in den Finanzierungsplan der Ges einbezogen ist. Das von einem K'disten gewährte „Darlehen" erhöht – unabhängig von seiner Bezeichnung – sein Kapitalkonto iSv § 15a I 1 nur dann, wenn es den vertraglichen Bestimmungen zufolge während des Bestehens der Ges vom K'disten nicht gekündigt werden kann und wenn das Guthaben im Falle seines Ausscheidens oder der Liquidation mit einem evtl bestehenden negativen Kapitalkonto verrechnet wird.[4] Ebenso ist erheblich, ob ein Abzug nach § 6b in der Gesamtbilanz, der Ergänzungsbilanz oder in der Sonderbilanz vorgenommen wird.[5] Der steuerliche Berater muss negative Kapitalkonten nach der Gesamthandsbilanz vermeiden, zB durch die Gestaltung von negativen Konten als Schuldkonten und von positiven Konten als Kapitalkonten, eine fremdfinanzierte Kapitalerhöhung, die Umwandlung von G'ter-Darlehen, den Verzicht auf Leistungs- und Nutzungsentgelte, die Zurechnung der Verluste auf den Komplementär oder eine Zusammenfassung mit einem Tätigkeitsbereich mit positiven Einkünften.[6]

43 2. Bemessung nach der geleisteten Einlage. § 15a will den Verlustausgleich von einer gegenwärtigen wirtschaftlichen Belastung abhängig machen (Rn 11). Dem entspräche es, das Kapitalkonto nach der bedungenen Einlage zu bemessen. In der Gesetzesbegründung wird jedoch ausdrücklich von der Begrenzung des Verlustausgleichs auf die „geleistete" Einlage gesprochen.[7] § 15a I 2 sieht eine Erweiterung des Verlustausgleichsvolumens bei einer die „geleistete" Einlage übersteigenden Haftsumme vor. Und nach § 15a III löst bereits eine Entnahme ohne gleichzeitige Herabsetzung der Pflichteinlage eine Gewinnzurechnung aus. Dieser Maßgeblichkeit der geleisteten Einlage entspricht es, dass das Verlustausgleichsvolumen zwar durch Einlagen in Form von Bareinzahlungen und die Sacheinlage eine Forderung gegen einen Dritten erhöht werden kann, dagegen eine bloß

---

1 BFH BStBl II 92, 167 (172); Übergangsregelung: BMF BStBl I 92, 123; ergänzt durch BMF DB 92, 2274; BStBl I 93, 976.
2 Vgl hierzu BFH BStBl II 04, 344; BStBl II 01, 171; BStBl II 00, 347; BStBl II 97, 36; FG Kln EFG 05, 1691; FG Hbg EFG 07, 405; BMF v 30.5.97, DStR 97, 1004 (1005); *K/S/M* § 15a Rn B 420 ff; *Ruban* FS Klein, S 781 (784); *Rödel* INF 07, 456.
3 BFH v 13.10.98, DStR 99, 16 (19); *K/S/M* § 15a Rn B 440 ff; *Ruban* FS Klein, S 781 (785 ff); *van Lishaut* FR 94, 273; *Pyszka* BB 99, 665 (Finanzplankredite); FG SchlHol EFG 05, 103 (Finanzplandarlehen); BFH BStBl II 00, 347 (kapitalersetzendes Darlehen); FG D'dorf EFG 99, 214 (Darlehen-Entnahme).
4 BFH BStBl II 05, 598; *Prinz* Stbg 06, 49 (58).
5 *Bordewin* DStR 94, 852.
6 Ausf: *K/S/M* § 15a Rn A 434–445.
7 BT-Drs 8/3648, 16; BFH BStBl II 88, 5 (10); BStBl II 92, 232; BFH/NV 98, 576.

buchmäßige Verlustübernahme (indem der Kommanditist eine Einlagenforderung der Ges gegen sich selbst begründet – es sei denn, die Ges tritt die Forderung an einen Dritten ab[1] – oder indem der Kommanditist durch Belastung seines Darlehenskontos eine Forderung der Ges gegen sich schafft) nicht ausreicht.[2]

3. Der maßgebende Kapitalkontenstand. Ob ein Verlustausgleich oder nur eine -verrechnung zu erfolgen hat, richtet sich nach dem Kapitalkonto zum Bilanzstichtag des Wj, in dem der Verlustanteil zuzurechnen ist.[3] Beim Zusammentreffen von Einlagen und Verlustanteilen ist das Kapitalkonto am Schluss des Vorjahres mit dem Kapitalkonto zum Ende des Wj nach dem Verbuchen von Einlagen und Verlustanteil zu vergleichen, dh: es kann mit einer Einlage zum Ende des Wj das Verlustausgleichspotenzial erhöht werden.[4] Treffen Verlustanteile und Entnahmen zusammen, ist ein Verlustausgleich ausgeschlossen, wenn am Bilanzstichtag das Kapital durch Entnahmen bereits so weit gemindert ist, dass kein ausreichendes Kapital zur Abdeckung des Verlustes mehr vorhanden ist. 44

III. Kommanditistenstellung. § 15a I–IV gilt nur für „K'disten". K'dist ist nach § 161 I HGB der G'ter einer PersGes, dessen Haftung gegenüber den Ges-Gläubigern auf den Betrag einer bestimmten Vermögenseinlage beschränkt ist. § 15a I 1 knüpft an die **handelsrechtliche G'ter-Stellung** am Bilanzstichtag[5] an, ohne nach ihrem materiellen Gehalt im konkreten Fall zu fragen. Der Regelung des § 15a I 2, 3 bedürfte es nicht, wenn bereits das Tatbestandsmerkmal des K'disten nach dem materiellen Gehalt der G'ter-Stellung fragte.[6] 45

K'dist kann auch eine OHG, KG oder GbR sein, nicht dagegen andere Gesamthandsgemeinschaften oder ein nicht rechtsfähiger Verein.[7] Ist eine PersGes K'dist und MU'er[8], so unterliegt der auf sie entfallende Anteil auch dann den Beschränkungen des § 15a, wenn ihre G'ter, wie zB bei einer OHG, unbeschränkt haften. Bei einer **doppelstöckigen KG** fließen den G'tern der BeteiligungsGes die Beteiligungseinkünfte aus der GrundGes nur über das Ergebnis der BeteiligungsGes zu. Ein Gewinnanteil mindert den eigenen Verlust der die Beteiligung haltenden Ges. Ein Verlust aus der GrundGes ist der BeteiligungsGes zuzurechnen. Es muss jedoch durch gesonderte Zurechnung auf die G'ter der BeteiligungsGes sichergestellt werden, dass ein nur verrechenbarer Verlust nicht mit eigenen Gewinnen der BeteiligungsGes ausgeglichen wird.[9] Bei der Anwendung des § 15a auf das eigene Ergebnis der BeteiligungsGes ist von dem Kapitalkonto des G'ters unter Außerachtlassung der verrechenbaren Verluste der GrundGes auszugehen. Ansonsten käme es zu einer Kumulation der Verlustausgleichsbeschränkungen.[10] 47

Bei einer **Treuhand** hinsichtlich eines KG-Anteils ist der Treugeber MU'er und dementspr, obwohl zivilrechtlich nicht K'dist, auch im Rahmen des § 15a als solcher zu behandeln.[11] Für die Unterbeteiligung an einem Kommanditanteil wird zwar vertreten, dass der **Unterbeteiligte** einem Treugeber gleichstehe. Es spricht jedoch mehr dafür, die Unterbeteiligung unter § 15a V Nr 2 zu fassen.[12] 48

IV. Ausgleichsverbot und Verrechnungsgebot. § 15a I 1 verbietet – negativ –, den Anteil am Verlust der KG mit anderen Einkünften aus GewBetr oder aus anderen Einkunftsarten auszugleichen, und § 15a II gebietet – positiv –, diesen Anteil mit Gewinnen zu verrechnen, die dem K'disten in späteren Wj aus seiner Beteiligung zuzurechnen sind. 70

1. Ausgleichsverbot nach § 15a I 1. Gegenüber den Verlusten aus dem Gesamthandsbereich sind **Sonderbilanzgewinne** ebenfalls „andere" Einkünfte aus GewBetr. Der K'dist wird auch dann, wenn ein Sonderbilanzgewinn angefallen ist, durch einen Anteil am Verlust der Ges wirtschaftlich nicht 71

---

1 BFH BStBl II 04, 231; BFH/NV 05, 533.
2 FG M'ster EFG 03, 535; aA *Jahndorf/Reis* FR 07, 424.
3 BFH/NV 03, 894 (Zugang auf Ges-Konto); zur Erhöhung durch stfreie Einnahmen: *Ley* KÖSDI 04, 14374 (14383).
4 BFH v 14.10.03 – VIII R 32/01, DStR 04, 24, 26 (zeitgruente Einlage); zur Einlage durch Banküberweisung beachte: BStBl II 92, 232; zur Maßgeblichkeit des Buchungstags beim Empfängerkonto: OFD Rostock DStR 01, 2115; BFH/NV 03, 894.
5 Zum Wechsel vom K'dist zum Komplementär: BFH BStBl II 04, 423; *Watrin/Sievert/Nußmann* BB 04, 1529;
FG Nbg EFG 03, 299; zum Wechsel vom Komplementär zum K'dist: BFH BStBl II 04, 118.
6 **aA** *K/S/M* § 16 Rn C 84.
7 Zur GbR: BGH BB 01, 1966; *Elsing* BB 03, 909 (912).
8 Zur Stellung als MU'er: BFH BStBl II 91, 691.
9 Ausf: *K/S/M* § 15a Rn B 254; BFH v 18.12.03, IV B 201/03, DB 04, 357; *Ley* DStR 04, 1498; *Sundermeier* DStR 94, 1477 (1479); **aA** *Seibold* DStR 98, 438.
10 *K/S/M* § 15a Rn B 255; *Ley* DStR 04, 1498 (1500); *Nickel/Bodden* FR 03, 391.
11 BT-Drs 8/4157, 2 f; *Stuhrmann* DStR 97, 1716.
12 *Kempermann* FR 98, 248 (249); *K/S/M* § 15a Rn 267.

von Beckerath

gegenwärtig belastet (vgl auch Rn 73).¹ Nicht ausgeschlossen ist nach § 15a I 1 ein Ausgleich mit einem **Gewinn aus der Veräußerung** des MU'anteils,² soweit dieser Gewinn auf der Veräußerung von Gesellschaftsvermögen beruht (zu dieser Einschränkung: Rn 73). Das Verlustausgleichsverbot des § 15a I 1 bezieht sich nicht auf das Gesellschaftsvermögen der PersGes. Gewinn aus dem Gesellschaftsvermögen wird aber auch realisiert, wenn der K'dist seinen Anteil an der PersGes veräußert.

73 **2. Verrechnungsgebot des § 15a II.** § 15a II qualifiziert die nicht ausgleichsfähigen Verluste in beschränkt verrechenbare Verluste um. Maßgebend für Abs 2 ist dementspr die **Reichweite** des Ausgleichsverbotes nach Abs 1. Nur der Verlust, der nicht ausgeglichen werden „darf", wird nach Abs 2 verrechenbar, nicht der Verlust, der wegen fehlender positiver Einkünfte nicht ausgeglichen werden konnte. Die verrechenbaren Verluste mindern die Gewinne, die dem K'disten in späteren Wj aus seiner Beteiligung an der KG zuzurechnen sind. „Beteiligungsgewinne" in diesem Sinne sind **nur Gesellschaftsgewinne und keine Sonderbilanzgewinne**.¹ Der haftungslose Verlust wird erst dann zu einer gegenwärtigen wirtschaftlichen Belastung, wenn Gewinne im Gesellschaftsbereich anfallen. Gewinne im Sonder-BV muss der K'dist nicht zur Abdeckung des negativen Kapitalkontos in der Gesellschaftsbilanz verwenden. Keine „Gewinne" iSv § 15a II sind **steuerfreie Gewinne** iSv § 3 Nr 40, § 8b I, II KStG.³ Ein „Gewinn aus der Beteiligung" ist auch ein **Gewinn aus der Veräußerung des MU'anteils** (vgl Rn 72).² Da Gewinne aus dem Sonder-BV keine Gewinne „aus der Beteiligung" iSd § 15a II sind, sind Verluste mit einem Gewinn aus der Veräußerung des MU'anteils nicht zu verrechnen, soweit dieser sich aus der Veräußerung des Sonder-BV ergibt.⁴ Umstritten ist allerdings, ob bei Übertragung eines negativen Kapitalkontos, das auf nur verrechenbaren Verlusten beruht, überhaupt ein Veräußerungsgewinn anfällt. Dies ist zu verneinen.⁵ Denn der BFH hat die Annahme eines stpfl Veräußerungsgewinns damit begründet, der K'dist, der steuerlich die Vorteile des Verlustausgleichs habe in Anspr nehmen können, müsse auch die Nachteile bei der Ermittlung des Veräußerungsgewinns in Kauf nehmen.⁶ Diese Begr trifft nicht für negative Kapitalkonten aus nur verrechenbaren Verlusten zu.

76 Ein nicht ausgleichsfähiger Verlust kann nach § 15a II nur mit Gewinnen aus ders Beteiligung verrechnet werden. Es ist eine **Identität des Anteils** notwendig. Entscheidend ist nicht die zivilrechtliche, sondern die einkommensteuerrechtliche Identität des MU'anteils. Nimmt eine KG eine andere gewerbliche Betätigung auf, so ist umstritten, ob eine Identität der Beteiligung iSd § 15a II gegeben ist.⁷ Veräußert der K'dist seinen Anteil und erwirbt er den eines Dritten, so greift § 15a II nicht ein. Nicht ausgeschlossen ist eine Verrechnung dagegen, wenn der G'ter seine Beteiligung später zurückerwirbt oder sich der Beteiligungsumfang ändert. Die geforderte Anteilsidentität kann eine Fortführung nicht verbrauchter verrechenbarer Verluste bei Umwandlung von einer PersGes in eine andere hindern. Im Fall der Verschmelzung bleibt für Verluste aus der aufnehmenden Ges das Recht zur Verlustverrechnung erhalten, nicht dagegen für Verluste aus der untergehenden PersGes.⁸ Bei der Aufspaltung endet die aufgespaltene Ges, sodass es an der Anteilsidentität fehlt.⁹ Der K'dist kann bei der Abspaltung seine noch nicht verbrauchten Verluste weiterhin mit Gewinnen der verbleibenden, nicht aber mit solchen der abgespaltenen Ges verrechnen.¹⁰

77 Nach § 15a II sind die Gewinne zu mindern, die „dem K'disten" in späteren Wj zuzurechnen sind. § 15a II fordert die **Identität des Beteiligten**. Bei einer Treuhand kann nicht der Treuhänder nach Auflösung des Treuhandvertrages die dem Treugeber zugerechneten Verlustanteile verrechnen. Der entgeltliche **Erwerber** kann nicht die verrechenbaren Verluste des Veräußerers geltend machen.¹¹ Geht der Anteil unter Lebenden oder von Todes wegen unentgeltlich über, ist nach dem Grundgedanken der §§ 7 I EStDV, 6 III die Beteiligtenidentität gewahrt.¹² Der Erbe kann Verluste des Erb-

---

1 BFH BStBl II 99, 163.
2 BFH BStBl II 95, 467 (470).
3 BFH FR 02, 1173 (zu Sanierungsgewinn iSv § 3 Nr 66 aF).
4 In diesem Sinne BFH BStBl II 95, 467 (470).
5 *K/S/M* § 15a Rn B 332; *K/S/M* § 16 Rn C 83; FG Rh-Pf EFG 07, 1018; **aA** FG Kln EFG 95, 1054.
6 BFH BStBl II 64, 359 (361); BStBl II 81, 164 (170).
7 Bej: BFH BStBl II 86, 136 (138).
8 *Bolk* Beschränkung, S 75; *Helmreich* Verluste, S 277; K/S/M § 15a Rn B 489; **aA** *Rödder/Schumacher* DB 98, 99 (102).
9 *Helmreich* Verluste, S 278; *K/S/M* § 15a Rn B 490; **aA** *Bolk* Beschränkung, S 75f.
10 *Bolk* Beschränkung, S 75; *Helmreich* Verluste, S 278; K/S/M § 15a Rn B 491.
11 BFH BStBl II 99, 653 (655); *Kröner* Verrechnungsbeschränkte Verluste, S 308; *Holzschuh* DB 83, 629; **aA** *Meilicke* StbJb 83/84, S 95 (117); vgl auch BFH BStBl II 95, 246 (248).
12 *Kreile* FS Ritter, S 167 (177); BFH v 11.5.95 – IV R 44/93, DB 95, 1690.

lassers abziehen, da er durch sie wirtschaftlich belastet ist.[1] Bei der **Umwandlung einer PersGes in eine KapGes** können nicht verbrauchte verrechenbare Verluste nicht auf die KapGes übertragen werden, da es an der nach § 15a II notwendigen Beteiligtenidentität fehlt.[2] Noch vorhandene verrechenbare Verluste können nur zur Minderung eines Einbringungsgewinns bei der übertragenden PersGes genutzt oder ausnahmsweise als ausgleichsfähig behandelt werden, wenn nachträgliche Einlagen erbracht worden sind, die noch nicht durch Verluste verbraucht wurden.[3] Bei einer **formwechselnden Umwandlung** einer PersGes in eine Offene HandelsGes, Ges bürgerlichen Rechts oder ein Einzelunternehmen bleibt sowohl der Beteiligte als auch der „Anteil" identisch. Bei der **Einbringung von MU'anteilen** in eine KapGes wechselt der Beteiligte, so dass verrechenbare Verluste nicht fortgeführt werden können.[4] Dagegen ist bei der Einbringung in eine PersGes sowohl die Beteiligtenidentität als auch die Identität des Anteils gegeben.[5] Bei der **Anwachsung** durch Austritt des vorletzten Mit-G'ters ist dem verbleibenden ehemaligen G'ter sein verrechenbarer Verlust weiterhin zuzurechnen und mit künftigen Gewinnen aus dem Einzelunternehmen zu verrechnen.[6]

C. Erweiterter Verlustausgleich nach § 15a I 2, 3

§ 15a I 2 und 3 normieren gesetzestechnisch eine Ausnahme von dem Ausgleichsverbot des § 15a I 1. Inhaltlich ist § 15a I 2, 3 Teil einer gemeinsamen Grundaussage: Verluste bedeuten eine gegenwärtige Vermögensminderung, wenn sie zum Verlust von Kapital führen oder der G'ter im Außenverhältnis für Schulden der Ges einstehen muss. 100

I. Haftung nach § 171 I HGB. § 15a I 2 knüpft an Tatbestand und Rechtsfolge des § 171 I HGB an und schließt zugleich andere Verpflichtungstatbestände als Grundlage für einen Verlustausgleich aus. 101

1. Gesellschaftsrechtliche Regelung. Der K'dist haftet nach § 171 I HGB bis zur Höhe seiner „Einlage" (richtig: Haftsumme). Die Haftung ist ausgeschlossen, soweit die Einlage geleistet ist. Voraussetzung ist eine objektive Wertdeckung (Sacheinlage: Verkehrswert; Einlage durch Aufrechnung: tatsächlicher Wert)[7] und eine Leistung „auf die Einlage".[8] Nach § 172 IV 1 HGB gilt die Einlage als nicht geleistet, soweit sie zurückgezahlt worden ist. Allerdings sind nach dem Zweck des § 172 IV HGB angemessen abgewickelte Verkehrsgeschäfte keine Einlagenrückgewähr. Der Rückzahlung steht es nach § 172 IV 2 HGB gleich, wenn ein K'dist Gewinnanteile entnimmt, während sein Kapitalanteil durch Verluste unter den Betrag der Einlage herabgemindert ist oder durch die Entnahme herabgemindert wird. Die Haftung des K'disten erschöpft sich auch durch Befriedigung von Gesellschaftsgläubigern in Höhe der Haftsumme. 102

2. Die steuerrechtliche Anknüpfung. § 15a I 2 verweist mit der Anknüpfung an „die Haftung aufgrund des § 171 I HGB" **auch auf die Regelungen** von §§ 172 I und III und 174 HGB (Maßgeblichkeit der handelsrechtlichen Eintragung), § 172 IV HGB (Wiederaufleben der Haftung bei Rückgewähr der Einlage bzw Gewinnentnahmen), § 172 VI HGB (keine Einlage in Form von Anteilen an einem phG'ter) und § 173 HGB (Haftung bei Eintritt als K'dist). Er verweist dagegen nicht auf die unbeschränkte Haftung nach § 176 HGB, nach § 172 II HGB[9] und nach § 172a HGB iVm § 32b GmbHG (Rn 107). Ob der K'dist nach § 171 I HGB haftet, ist **nach handelsrechtlichen Regeln** zu beurteilen. So liegt eine Einlage iSv § 171 I HGB auch dann vor, wenn ein ausschließlich privat genutzter Vermögensgegenstand (steuerlich notwendiges PV) ohne Änderung der Nutzungsart in das Gesellschaftsvermögen eingebracht wird. Anderseits fehlt es an einer haftungsbefreienden Einlage, wenn eine Sacheinlage nicht auf die Einlageschuld geleistet wird.[10] Das Verlustausgleichsvolumen nach § 15a I 2 lässt sich deshalb nicht ohne weiteres als Differenz zur eingetragenen Haftsumme aus dem Kapitalkonto der Steuerbilanz ableiten. Die Haftung nach § 171 I HGB muss **„am Bilanzstichtag"** bestehen. An diesem ist über die Zurechnung des entstandenen Verlustes zu entscheiden. 103

---

[1] BFH BStBl II 99, 653 (655); vgl auch BStBl II 02, 487; Strnad Vererbung des Verlustabzugs, S 190 ff.
[2] Helmreich Verluste, S 269; K/S/M § 15a Rn B 480.
[3] R 15a IV EStR; K/S/M § 15a Rn B 481.
[4] K/S/M § 15a Rn 496.
[5] Widmann/Mayer UmwStG, § 24 Rn 407; **aA** Bolk Beschränkung, S 73; Helmreich Verluste, S 281.
[6] Rautenstrauch/Adrian DStR 06, 359.
[7] BGHZ 95, 188; BFH/NV 98, 576 (577).
[8] FG Hbg EFG 05, 1431 (zum Verkauf unter Wert und zur Sacheinlage); FG Hbg EFG 07, 405 (zur Behandlung einer nicht auf die Einlageverpflichtung geleisteten Kapitaleinzahlung).
[9] BFH BStBl II 93, 665.
[10] FG Hbg EFG 05, 1431.

107 **3. Nichtberücksichtigung anderer Verpflichtungstatbestände.** Eine Haftung im Außenverhältnis kann sich auch aus § 172 II HGB (Haftung aufgrund handelsüblicher Bekanntmachung), aus § 172a HGB iVm § 32a GmbHG (eigenkapitalersetzende Darlehen), aus § 176 I HGB (Haftung vor Eintragung der Ges), aus § 176 II HGB (Haftung bei Eintritt vor Eintragung), einer Bürgschaft oder einem Schuldbeitritt ergeben. Mit dem Zweck des § 15a (Rn 9) ist die **Außerachtlassung dieser Haftungsgrundlagen** nicht vereinbar. Verluste sind in den genannten Fällen wirtschaftlich ebenso belastend wie im Fall des § 171 I HGB. Dennoch ist eine analoge Anwendung von § 15a I 2 nicht möglich. Der Gesetzgeber hat bewusst den erweiterten Verlustausgleich auf den Fall der Haftung nach § 171 I HGB beschränkt.[1] Der BFH hat es auch abgelehnt, über den Ansatz eines Aufwendungsersatzanspruchs bzw einer Rückstellung in der Sonderbilanz einen Verlustausgleich zuzulassen: Der G'ter könne nicht anders behandelt werden als ein G'ter, der unmittelbar an die Ges eine Einlage leiste, damit diese ihre Gläubiger befriedige. Für Einlageverpflichtungen könne auch keine gewinnmindernde Rückstellung in der Sonderbilanz gebildet werden.[2] § 15a I 2 lässt auch eine **Verpflichtung zur Erbringung einer ausstehenden Einlage** unberücksichtigt. Nach dem Zweck des § 15a ist dies nicht plausibel, zumal die Einlageforderung von den Gläubigern gepfändet werden kann. Es ist deshalb vorgeschlagen worden, das Kapitalkonto iSv § 15a I 1 nicht nach der geleisteten, sondern der vereinbarten Einlage zu bemessen (hierzu Rn 43 ff), § 15a III im Fall der Einlageerhöhung mit umgekehrter Rechtsfolge entspr anzuwenden und verrechenbare Verluste in ausgleichsfähige Verluste umzuwandeln (hierzu: Rn 261 ff) oder zumindest bei einer **von § 167 III HGB abw Vereinbarung**, nach welcher der K'dist im Innenverhältnis voll an Verlusten teilnimmt, § 15a nicht anzuwenden (hierzu Rn 46).[3]

131 **II. Eintragung im Handelsregister.** Nach § 15a I 3 muss derjenige, dem der Anteil zuzurechnen ist, im Handelsregister eingetragen sein. Mit dieser Voraussetzung sollte die Tätigkeit von Verlustzuweisungsgesellschaften eingeschränkt werden, die bei sog Massen-KG mit Treuhand-K'disten arbeiteten. Die Forderung gilt allerdings allg für alle KG. Ihre Funktion kann deshalb nur sein, **die Arbeit der FinVerw zu vereinfachen,** (vgl Rn 142). Es reicht nicht aus, wenn die Eintragung am Bilanzstichtag angemeldet und bis zur Bilanzaufstellung vollzogen ist. Die hM fordert zu Recht die **Eintragung am Bilanzstichtag.**[4] § 15a I 2 verlangt eine Haftung „am Bilanzstichtag" und § 15a I 3 enthält lediglich eine nähere Inhaltsbestimmung dieser Forderung. **Treuhand und atypische Unterbeteiligung** sind Anwendungsfälle, allerdings scheitert hier ein erweiterter Verlustausgleich schon daran, dass Treugeber und Unterbeteiligter nicht nach § 171 I HGB haften, sondern nur nach § 670 BGB zur Freistellung verpflichtet sind. Bei der **Gesamtrechtsnachfolge** – und auch der Sonderrechtsnachfolge – wird der Kommanditanteil auch ohne Eintragung im Handelsregister den Nachfolgern zugerechnet, und diese haften nach § 171 I HGB.[5] Es wird deshalb vertreten, in Fällen der Gesamtrechtsnachfolge reiche die Eintragung des Rechtsvorgängers.[6] Dies widerspricht jedoch dem Gesetzeszweck, die Arbeit der FinVerw zu vereinfachen. Außerdem verbliebe kein Anwendungsbereich mehr für die Forderung nach einer Eintragung im Handelsregister.

135 **III. Nachweis der Haftung.** Nach § 15a I 3 trifft den StPfl die objektive Feststellungslast, ob am Bilanzstichtag eine Haftung nach § 171 I HGB bestand. Zugleich wird dem StPfl – unter Einschränkung des Untersuchungsgrundsatzes – die subj Feststellungslast, die entspr Behauptungs- und Beweisführungslast, auferlegt. Es soll so die Tätigkeit der FinVerw erleichtert werden. Verlangt wird die Darlegung und ggf Beweisführung bezüglich der Voraussetzungen des § 171 I HGB: Eintragung einer bestimmten Haftsumme, kein Haftungsausschluss durch Leistung der Einlage oder haftungsschädliche Einlagenrückgewähr (vgl Rn 102). Dagegen ist nicht der Nachweis notwendig, dass die KG am Bilanzstichtag Schulden hatte. § 15a I 2 lässt das abstrakte Risiko einer Inanspruchnahme ausreichen. Erbracht werden kann der Nachweis zB durch Vorlage eines Handelsregisterauszugs und eine Entwicklung des (handelsrechtlichen) Kapitalkontos.

137 **IV. Vertraglicher Ausschluss einer Vermögensminderung.** Für einen erweiterten Verlustausgleich darf eine Vermögensminderung aufgrund der Haftung nicht durch Vertrag ausgeschlossen sein. Dies entspricht dem Gesetzeszweck, den Ausgleich von Verlusten von dem Vorliegen einer gegenwärti-

---

1 BFH BStBl II 93, 665 (666); BStBl II 98, 109 (110); BStBl II 00, 265; R 15a III 5 EStR.
2 BFH BStBl II 91, 64 (66); BFH/NV 98, 576 (577).
3 *K/S/M* § 16 Rn C 84.
4 R 15a III 2, 3 EStR; OFD Rostock DStR 01, 2115; FG Mchn EFG 96, 434; FG MeVo EFG 98, 550 (551); vgl auch BFH BStBl II 93, 665.
5 *Schlegelberger* HGB § 173 Rn 37f.
6 *Ehmcke* § 15a EStG, S 90.

gen wirtschaftlichen Belastung (Vermögensminderung) abhängig zu machen. Das Verlustausgleichsvolumen soll nur erweitert werden, wenn das **Risiko der Inanspruchnahme** aufgrund der Haftung nach § 171 I HGB konkret besteht. Eine Vermögensminderung aufgrund der Haftung kann durch einen Vertrag mit einem **Dritten** ausgeschlossen sein, zB durch einen Versicherungsvertrag, einen Garantievertrag, einen Vertrag auf Haftungsfreistellung oder die Vereinbarung einer Bankbürgschaft für den gesetzlichen Regressanspruch des K'disten.[1] Eine Vermögensminderung aufgrund der Haftung wird nicht durch den **Gesellschaftsvertrag** ausgeschlossen, wenn die Haftsumme höher als die Pflichteinlage ist. Die Vermögensminderung entfällt dann nicht aufgrund des Vertrages, sondern des gesetzlichen Rückgriffsanspr. Nichts anderes gilt, wenn der gesetzliche Rückgriffsanspr im Vertrag wiederholt wird. Durch Verträge mit den **Gläubigern** der Ges ist eine Vermögensminderung aufgrund der Haftung im Regelfall nicht auszuschließen. Ein Haftungsausschluss lässt sich nicht gegenüber Delikts- und Bereicherungsgläubigern sowie Gläubigern aus gesetzlichen Schuldverhältnissen (zB USt, Sozialversicherungsbeiträge) erreichen.

V. Unwahrscheinlichkeit einer Vermögensminderung. Nach § 15a I 3 darf eine Vermögensminderung aufgrund der Haftung nicht nach Art und Weise des Geschäftsbetriebs „unwahrscheinlich" sein. 160

1. Unwahrscheinlichkeit. Mit der Eintragung der Haftsumme ist idR ein echtes wirtschaftliches und nicht nur formaljuristisches Risiko verbunden und ein solches nur zu verneinen, wenn die finanzielle Ausstattung der Ges und deren Liquidität (nicht nur stichtagsbezogen) im Verhältnis zum Gesellschaftszweck so außergewöhnlich günstig sind, dass die Inanspruchnahme des K'disten nicht zu erwarten ist.[2] § 15a I 3 verlangt für den Verlustausgleich nicht die positive Feststellung, dass eine Vermögensminderung wahrscheinlich ist, sondern lässt es ausreichen, dass kein Fall der Unwahrscheinlichkeit vorliegt. 161

2. Art und Weise des Geschäftsbetriebs. Neben der 1. Alt von § 15a I 3, dem vertraglichen Ausschluss einer Vermögensminderung, ist die 2. Alt als **Auffangtatbestand** zu verstehen.[3] Es sollen die Fälle erfasst werden, in denen zwar kein rechtlicher Haftungsausschluss besteht, aber aus tatsächlichen Gründen eine Inanspruchnahme unwahrscheinlich ist. Allein die Tatsache, dass die KG nur einen **beschränkten Geschäftszweck** verfolgt, zB einen Anlagegegenstand (ein Schiff oder ein bebautes Grundstück) erwerben und vermieten soll, reicht allerdings nicht aus (Solvenz des Vertragspartners, Erhalt des Vertragsgegenstandes, Verwertbarkeit im Fall vorzeitiger Vertragsauflösung). Der BFH ist von einer widerlegbaren Vermutung für die Unwahrscheinlichkeit einer Vermögensminderung bei sog **Modernisierungsfonds** ausgegangen.[4] Das FG D'dorf hat die Unwahrscheinlichkeit einer Vermögensminderung bei einer Ges angenommen, deren Geschäftsbetrieb sich (nach Art einer BetrAufsp) auf die langfristige Vermietung beweglichen Anlagevermögens an nur zwei Geschäftspartner beschränkte.[5] Dagegen hat der BFH keine Unwahrscheinlichkeit der Vermögensminderung bei einer KG angenommen, die ein Hotelgrundstück zum Betrieb eines Hotelrestaurants erworben hatte,[2] und auch nicht bei einer KG, die eine Bauunternehmung mit Hoch- und Stahlbetonbau betrieb, bei der Gewährleistungs- und Garantieverpflichtungen entstehen konnten.[6] 162

3. Vermögensminderung aufgrund der Haftung. Bei einer Außenhaftung bedeutet ein Verlust auch dann eine gegenwärtige wirtschaftliche Belastung, wenn der K'dist außerdem noch zur Erbringung seiner Einlage verpflichtet ist. Das FG RhPf hat allerdings eine Vermögensminderung „aufgrund der Haftung nach § 171 I HGB" als unwahrscheinlich angesehen, wenn dem K'disten nur eine Inanspruchnahme droht, die nicht über seine Verpflichtung zur Leistung der Pflichteinlage hinausgeht.[7] 165

VI. Rechtsfolge. § 15a I 2 erweitert das Verlustausgleichsvolumen nach S 1: Verlustanteile dürfen, auch soweit ein negatives Kapitalkonto entsteht oder sich erhöht, in Höhe des Betrages ausgeglichen werden, um den die Haftsumme die geleistete Einlage übersteigt. Die Verlustausgleichsmaßstäbe, das Kapitalkonto iSd § 15a I 1 und die Haftsumme iSd § 15a I 2, stehen im Zusammenhang. Einlagen erhöhen das Kapitalkonto und das Verlustausgleichsvolumen nach § 15a I 1. Sie wirken gleichzeitig haftungsbefreiend und mindern das Verlustausgleichsvolumen nach § 15a I 2. Entnahmen reduzieren das Kapitalkonto, können aber haftungsschädlich sein. Zahlenmäßig bemisst sich 166

---

1 Zum fehlenden Haftungsausschluss bei einem Unterbeteiligungsvertrag: FG Hbg EFG 04, 1514.
2 BFH BStBl II 92, 164.
3 BFH BStBl II 92, 164 (166).
4 BFH BStBl II 94, 492 (495).
5 FG D'dorf v 15.3.94 – 16 K 184/89 F, nv.
6 BFH BStBl II 94, 627 (628).
7 FG RhPf EFG 86, 560 (561).

von Beckerath

der Ausgleichsmaßstab von § 15a I 1 allerdings nach Steuer- und der von S 2 nach Handelsrecht. Besteht an dem Kommanditanteil eine **atypische Unterbeteiligung**, mindert sich der erweiterte Verlustausgleich des Kommanditisten nach BFH entsprechend der Höhe der Unterbeteiligung.[1]

167 Die Rechtsfolgenanordnung des § 15a I 2 berücksichtigt keine **haftungsbegrenzenden Ausnahmetatbestände** – zB wenn die Haftung über einen bestimmten Betrag hinaus durch Vertrag ausgeschlossen ist. Auch derartigen Tatbeständen muss aber – und zwar im Rahmen von § 15a I 3 – Rechnung getragen werden. Denn es wäre nicht plausibel, dass bei einem vollständigen Ausschluss einer Vermögensminderung ein Verlustausgleich ausgeschlossen, bei einem betragsmäßig sehr weitgehenden vertraglichen Ausschluss jedoch ein uneingeschränkter Verlustausgleich möglich sein soll. § 15a I 3 ist im Wege der Auslegung folgender Inhalt zu geben: „wenn und **soweit** eine Vermögensminderung ... nicht ... ausgeschlossen oder ... unwahrscheinlich ist".

168 Aus dem Gesetzeswortlaut „**können** ... ausgeglichen werden" in § 15a I 2 und der in § 15a I 3 normierten **Nachweispflicht** folgt kein **Wahlrecht** des StPfl, ob und in welchem Umfang er von dem erweiterten Verlustausgleich Gebrauch machen will.[2] Der Wortlaut „können" ist nicht eindeutig. Nach § 15a II erfolgt eine Verrechnung mit zukünftigen Gewinnen nur, soweit der Verlust nach Abs 1 nicht ausgeglichen werden „darf". Verzichtete der StPfl im Rahmen eines Wahlrechts nach § 15a I 2 auf einen Verlustausgleich, so wäre eine spätere Verrechnung nach Abs 2 ausgeschlossen, da der Verlust nach Abs 1 ausgeglichen werden durfte. Auch nach dem Zweck des § 15a ist ein Wahlrecht nicht plausibel. Ein Ausgleich ist geboten, und es kann keine spätere Verrechnung erfolgen, da die Verlustanteile keine Belastung zukünftiger Gewinne beinhalten.[3]

D. Minderung und Erhöhung von Einlage und Haftung nach § 15a III

190 § 15a III ergänzt § 15a I 1, II und I 2, 3 in den Fällen der Einlage- und der Haftungsminderung. **Zweck des § 15a III** ist es, den Verlustausgleich nach § 15a I 1 oder 2 rückgängig zu machen, wenn die wirtschaftliche Belastung, die diesen zunächst gerechtfertigt hat, nachträglich entfällt. **Gesetzestechnisch** wird der Verlustausgleich nicht durch eine Änderung der Gewinnfeststellung für das Jahr der Verlustentstehung rückgängig gemacht, sondern in der Weise, dass die Minderungsbeträge als fiktiver laufender Gewinn des Jahres der Einlage- oder Haftungsminderung zugerechnet werden. Zugleich mindern nach § 15a III 4 die zugerechneten Beträge die Gewinne des K'disten in dem Wj der Einlage- oder Haftungsminderung oder in späteren Wj aus seiner Beteiligung. Die frühere Saldierung wird wieder fiktiv zerlegt: in einen (verrechenbaren) Beteiligungs-Verlustanteil des K'disten und einen ebenso hohen „Gewinn", beide nach § 15a III so zu behandeln, als wäre die Saldierung durch § 15a I verhindert worden.[4] Aus dem Gedanken der Rückgängigmachung eines nach § 15a I vorgenommenen Verlustausgleichs folgt, dass in § 15a III nur eine Verringerung der exakt **gleich definierten Ausgleichsmaßstäbe**, wie sie in § 15a I zur Bestimmung des Verlustausgleichsvolumens verwandt werden, gemeint sein kann. Außerdem ist der K'dist möglichst so zu stellen, als ob von vornherein nur die verringerten Verlustausgleichsmaßstäbe gegolten hätten. Der fiktive Gewinn, der dem K'disten nach § 15a III zuzurechnen ist, ist der gedachte Betrag, mit dem der nach § 15a I ausgleichsfähige Verlust im Verlustentstehungsjahr saldiert worden ist (Rn 221).

193 **I. Einlageminderung nach § 15a III 1–2, 4.** Voraussetzungen von § 15a III 1–2 sind, dass ein negatives Kapitalkonto durch Entnahmen entsteht oder sich erhöht und dass nicht aufgrund der Entnahmen eine nach § 15a I 2 zu berücksichtigende Haftung be- oder entsteht.

194 **1. Kapitalkonto.** Der Begriff des Kapitalkontos in § 15a III 1 ist ders wie in § 15a I 1 (Rn 191). Gemeint ist das Kapitalkonto, das sich aus der Steuerbilanz der Ges ergibt (Rn 41).

195 **2. Entnahme.** Der **Begriff der Entnahme** in § 15a III 1 lässt sich an dem Begriff der Entnahme iSd § 4 I 2 orientieren.[5] Allerdings liegt § 15a III ein besonderer Betriebsbegriff zugrunde. „Entnahme" kann nur einen Vorgang meinen, der das Kapitalkonto iSd § 15a III 1 als Verlustausgleichsmaßstab reduziert. Keine Entnahme ist die unentgeltliche Übertragung nicht aktivierbarer WG oder die Veräußerung von WG zum Buchwert. Andererseits muss jeder Vorgang erfasst werden, mit dem der G'ter der Gesamthand Kapital entzieht, das den Verlustausgleich ermöglicht hat. Da § 15a III 1 das

---

1 BFH, 19.4.07, IV R 70/04, DStR 07, 1520.
2 AA *Schmidt*[26] § 15a Rn 123.
3 So auch: *Lüdemann* Verluste, S 177 ff; *Helmreich* Verluste, S 86.
4 FG Kln EFG 00, 934 (zur Minderung um Gewinnanteile).
5 FG Kln EFG 01, 1142 (keine Entnahme durch Teilanteilsverkauf).

Kapitalkonto der Steuerbilanz meint, kann eine Entnahme iSv § 15a III 1 liegen in der Überführung von WG aus dem BV der KG ins PV, das Sonder-BV oder ein anderes BV, nicht dagegen aus dem Sonder-BV ins PV. Da sich der Entnahmebegriff auf das Gesamthandsvermögen bezieht, sind Rechtsbeziehungen iSd § 15a I 2 zw Ges und G'ter zu beachten.[1]

3. Kausalität der Entnahme. Beim Zusammentreffen von Entnahmen mit einem Beteiligungsgewinn ist das Kapitalkonto lt Schlussbilanz nach Verbuchung von Entnahmen und Gewinnanteilen mit dem Kapitalkonto lt Schlussbilanz des Vorjahres zu vergleichen, es werden also **Entnahmen und Gewinnanteile** saldiert. Die sich ergebende Differenz zw den Kapitalkonten wird bei einem Überhang der Entnahmen über die Gewinnanteile wertend der causa „Entnahme" zugeordnet (vgl Rn 44). Beim Zusammentreffen von **Entnahmen mit Verlustanteilen** ist das negative Kapitalkonto primär als durch den Verlustanteil und nur hinsichtlich des verbleibenden Differenzbetrags als durch die Entnahme verursacht zu werten. Nach § 15a I 1 soll ein Verlustausgleich nur zugelassen werden, wenn ausreichendes Kapital zur Abdeckung des Verlustes vorhanden ist. **196**

4. Haftung im Sinne von § 15a I 2. Nach § 15a III 1, HS 2 erfolgt keine Gewinnzurechnung, soweit aufgrund der Entnahme eine nach § 15a I 2 zu berücksichtigende Haftung be- oder entsteht. Dem K'disten ist der Verlustausgleich zu belassen, wenn zwar die Voraussetzungen für einen Verlustausgleich nach § 15a I 1 nicht mehr gegeben sind, (nunmehr) aber die Voraussetzungen für einen Verlustausgleich nach § 15a I 2. Die **Einlagenrückgewähr** iSd § 172 IV 1 und die Gewinnentnahme iSd § 172 IV 2 HGB lassen eine eingetretene Haftungsbegrenzung entfallen und können eine alternative Verlustausgleichsberechtigung nach § 15a I 2 begründen.[2] Entnahmen lösen allerdings keine Haftung aus, wenn der K'dist Beträge entnimmt, ohne die Haftsumme zu unterschreiten, oder wenn zuvor getätigte Entnahmen schon eine Haftung in Höhe der Haftsumme ausgelöst haben. § 15a III 1 nennt zwar nur § 15a I 2, verweist jedoch auch auf **die Voraussetzungen des S 3**. Es entspricht dem Zweck des § 15a III 1 HS 2, auf eine Gewinnzurechnung zu verzichten, wenn alternativ die Voraussetzungen für einen Verlustausgleich nach § 15a I 2 und 3 erfüllt sind. **200**

5. Rechtsfolgen. § 15a III macht den Verlustausgleich rückgängig, indem er den als ausgleichsfähig qualifizierten Verlust als fiktiven Gewinn zurechnet.[3] Gleichzeitig begründet er einen verrechenbaren Verlust, der zur Minderung von Gewinnen aus der Beteiligung zur Vfg steht. Es werden die ausgleichsfähigen Verluste in verrechenbare Verluste umgepolt. **220**

Der nach § 15a III zuzurechnende Gewinn ist der gedachte Betrag, mit dem der nach § 15a I ausgleichsfähige Verlust im Verlustentstehungsjahr saldiert worden ist. Er hat den Charakter von „anderen Einkünften aus GewBetr" oder „Einkünften aus anderen Einkunftsarten" iSd § 15a I 1, nicht den Charakter eines Gewinns aus der Kommanditbeteiligung.[4] Der nach § 15a III 1 zuzurechnende **fiktive Gewinn** fällt dementspr nicht unter die nach § 15a III 4 oder nach § 15a II zu mindernden „Gewinne aus seiner Beteiligung". **221**

Nach **§ 15a III 2** darf der zuzurechnende Betrag den Betrag der Verlustanteile nicht übersteigen, die im Wj der Einlageminderung und den 10 vorangegangenen Wj ausgleichs- und abzugsfähig gewesen sind. Die ausgleichsfähigen Verluste der Vorjahre sind allerdings nicht nur Höchstgrenze des Zurechnungsbetrages, sondern Grundvoraussetzung für die Gewinnzurechnung. Ohne ausgleichsfähige Verluste in den Vorjahren ist kein Verlustausgleich rückgängig zu machen (vgl § 15a III 3). Entspr dem Gesetzeszweck können Entnahmen nicht zu einer Gewinnzurechnung führen, soweit hierzu auf Verluste zurückgegriffen werden müsste, die aufgrund der Außenhaftung nach § 15a I 2 ausgleichsfähig waren.[5] In diesem Fall wird nicht nachträglich durch die Entnahme die Grundlage für einen erfolgten Verlustausgleich entzogen. **222**

Nach dem Wortlaut des § 15a III 2 wird der als Gewinn zuzurechnende Betrag durch die Summe der im 11-Jahres-Zeitraum ausgleichsfähigen Verluste begrenzt. Der Zweck des § 15a III fordert darüber hinaus jedoch die Saldierung mit Gewinnen innerhalb des 11-Jahres-Zeitraums. Der K'dist soll so gestellt werden, als habe der durch Einlageminderung verringerte Verlustausgleichsmaßstab bereits zu Beginn des 11-Jahres-Zeitraums bestanden. Es ist eine **Nebenrechnung** vorzunehmen, die **223**

---

1 *Ruban* FS Klein, S 781 (797).
2 Zum Wiederaufleben der Außenhaftung durch eine Einlageminderung bei zweckgebundenem Agio: FG Hbg EFG 07, 1760.
3 Zur Begrenzung der Zurechnung auf den Entnahmebetrag auch in den Fällen des § 52 Abs 19, § 82f EStDV: BFH v 13.7.06, IV R 67/04, DB 06, 2437.
4 BFH BStBl II 02, 458.
5 *Steger* DB 06, 2086 (2087).

nur solche Verluste erfasst, die im 11-Jahres-Zeitraum ausgleichsfähig waren, obwohl sie bei einer Reduzierung des Verlustausgleichsmaßstabes nur verrechenbar gewesen wären, ohne jedoch tatsächlich verrechnet werden zu können. Nur diese Verluste sollen in nur verrechenbare Verluste umgewandelt werden. Hierfür genügt es nicht, die Summe der Verlustanteile um die Summe der Gewinnanteile zu kürzen, sondern es muss schrittweise für die einzelnen Perioden untersucht werden, inwieweit eine Verrechnung nach § 15a II hätte erfolgen können, wenn von vornherein der Verlustausgleichsmaßstab reduziert gewesen wäre.[1]

224 § 15a III 4 gewährt dem G'ter, nachdem der frühere Verlustausgleich durch die Zurechnung eines fiktiven Gewinns rückgängig gemacht wurde, ein **Verrechnungsvolumen**, wie es ihm zugestanden hätte, wenn der Verlustausgleich von vornherein versagt worden wäre. § 15a III 4 enthält gegenüber § 15a II allerdings die Besonderheit, dass die verrechenbaren Verluste bereits mit Gewinnen desselben Wj (Gesellschaftsgewinne, keine Sonderbilanzgewinne – vgl Rn 73) verrechnet werden dürfen.

235 II. Haftungsminderung nach § 15a III 3–4. Nach § 15a I bemisst sich das Verlustausgleichsvolumen nach dem Kapitalkonto und der Haftsumme iSd § 171 I HGB. Dementspr führt auch die Verminderung der Außenhaftung nach § 15a III 2–3 zu einer Rückgängigmachung des Verlustausgleichs.

236 1. Minderung des Haftungsbetrags. Eine „Minderung" des Haftungsbetrages kann vorliegen, wenn die in das Handelsregister eingetragene Haftsumme herabgesetzt wird. Eine **Herabsetzung der Haftsumme** bedeutet allerdings keine Minderung des Haftungsbetrages, wenn die Haftsumme der geleisteten Einlage entspricht, da dann eine überschießende Außenhaftung nicht besteht. Durch **Leistung der Einlage** kann keine „Minderung des Haftungsbetrages" eintreten, da ansonsten eine tatsächliche Vermögenseinbuße des K'disten unberücksichtigt bliebe.[2] Erst recht ist eine auf die Haftung erbrachte Leistung an die Gesellschaftsgläubiger keine Haftungsminderung. Es entfällt nicht das Risiko der Inanspruchnahme, sondern realisiert sich. „Haftungsbetrag iSd § 15a I 2" ist nur der Haftungsbetrag, für den zugleich auch die **Voraussetzungen des § 15a I 3** erfüllt sind. Dementspr liegt eine Haftungsminderung auch dann vor, wenn die Voraussetzungen des § 15a I 3 entfallen, zB eine Vermögensminderung durch Vertrag ausgeschlossen wird.

241 2. Ausgleichsfähige Verluste im 11-Jahres-Zeitraum. Neben der Haftungsminderung ist weitere Voraussetzung, dass im Wj der Haftungsminderung und den 10 vorangegangenen Wj Verluste nach Abs 1 S 2 ausgleichs- oder abzugsfähig waren. Es muss dem K'disten ein Verlust zugerechnet worden sein, der zu einem negativen Kapitalkonto führte, aber dennoch nach § 15a I 2 ausgleichsfähig war. Da § 15a III 3 ausgleichsfähige in nur verrechenbare Verluste umwandeln soll, darf die Ausgleichsfähigkeit nicht durch § 15a I 3 ausgeschlossen gewesen sein.

242 3. Rechtsfolgen. Dem K'disten wird nach § 15a III 3 der Betrag der Haftungsminderung als **Gewinn** zugerechnet. Dieser Gewinn ist ebenso wie der Gewinn nach § 15a III 1 kein „Gewinn aus der Beteiligung", dh dieser wird weder durch verrechenbare Verluste aus Vorjahren noch durch die Verrechnungsbeträge nach § 15a III 4 gemindert. Nach § 15a III 3 ist der Betrag der Haftungsminderung **„vermindert um aufgrund der Haftung tatsächlich geleistete Beträge"** zuzurechnen. Denn die Herabsetzung der Haftsumme ist eine „Haftungsminderung" nur, soweit der G'ter nicht bereits der Haftung entsprochen hat. § 15a III 3 HS 2 ordnet die **sinngemäße Geltung von S 2** an, dh der zuzurechnende Betrag darf den Betrag der Verlustanteile nicht übersteigen, der im 11-Jahres-Zeitraum aufgrund der überschießenden Außenhaftung nach § 15a I 2–3 ausgleichsfähig war. Dabei sind – wie im Fall der Einlageminderung (Rn 223) – zwischenzeitlich angefallene Gewinnanteile mindernd zu berücksichtigen. Der K'dist erhält so zugleich ein **Verrechnungsvolumen**, wie es ihm zugestanden hätte, wenn der Verlustausgleich von vornherein versagt worden wäre, wobei § 15a III 4 eine Verrechnung bereits mit Gewinnen desselben Wj zulässt (vgl Rn 224).

261 III. Einlageerhöhung und Haftungserweiterung. § 15a III 1 und 2 regeln den Fall der Einlageminderung. § 15a enthält aber keine Regelung, nach der eine spätere **Erhöhung der Einlage** bis dahin nur verrechenbare Verluste ausgleichsfähig werden lässt. Hierfür fehlt ein sachlicher Grund. Wenn spätere Gewinne dazu führen, dass bis dahin nicht ausgleichsfähige Verluste sich nunmehr steuerlich auswirken dürfen, so müsste dies ebenso für spätere Einlagen gelten. Diese werden durch die

---

1 BFH BStBl II 03, 798.
2 BFH BStBl II 89, 1018 (1020); vgl allerdings *K/S/M* § 15a Rn D 129 zur Eingrenzung entspr dem Substitutionsgedanken.

Verluste sofort verbraucht. Eine entspr Anwendung von § 15a III steht jedoch im Widerspruch zu dem klar erkennbaren Willen des Gesetzgebers, der bewusst von einer § 15a III 1–2 entspr Regelung für den Fall der Einlageerhöhung abgesehen hat.[1] Eine Einlage führt allerdings dazu, dass **Verluste desselben Wj** nicht zur Entstehung oder Erhöhung eines negativen Kapitalkontos führen und damit ausgleichsfähig sind (sog zeitkongruente Einlage – Rn 44). Eine Einlage, die zum Ausgleich eines negativen Kapitalkontos geleistet wird und im Wj der Einlage nicht durch ausgleichsfähige Verluste verbraucht wird, bewirkt außerdem nach einer Entscheidung des BFH v 14.10.03, dass **Verluste nachfolgender Wj** in diesem Umfang ausgleichsfähig sind, selbst wenn durch diese (erneut) ein negatives Kapitalkonto entsteht oder sich erhöht. Es sei ein außerbilanzieller Korrekturposten zu bilden und fortzuentwickeln, der es erlaube, aufgrund der geleisteten Einlage Verluste trotz Entstehens oder Erhöhung eines negativen Kapitalkontos als ausgleichsfähig zu behandeln.[2] Krit ist zu dieser Entscheidung anzumerken, dass sie zwar der Einzelfallgerechtigkeit dient, aber zu einer weiteren erheblichen Verkomplizierung führt[3] und die Linie der bisherigen Rspr verlässt, welche die sonstigen (gewichtigeren) Ungereimtheiten des § 15a (zB die fehlende Berücksichtigung anderer Haftungstatbestände – Rn 107) hingenommen hat.[4] Einfacher wäre es gewesen, wenn der BFH dann doch (vgl S 2–5 dieses Abs) Einlagen zu einer Umqualifizierung von verrechenbaren in ausgleichsfähige Verluste hätte führen lassen. Die FinVerw hat die Urteile des BFH zunächst nicht angewandt[5], hat diese Anwendung aber nunmehr mit BMF-Schreiben vom 19.11.07[6] angewiesen. Soweit Einlagen auch nach dieser neueren Rspr des BFH nicht zum Verlustausgleich genutzt werden konnten, ist jedenfalls **im Zeitpunkt der Aufgabe oder Veräußerung** des MU'anteils ein nach Saldierung mit dem Aufgabe- oder Veräußerungsgewinn verbleibender verrechenbarer Verlust bis zur Höhe der nachträglich geleisteten Einlagen als ausgleichsfähig abzuziehen.[7] Folgt man der BFH-Rspr, so stellt sich die weitere Frage, ob nicht auch ein **negativer Korrekturposten** bei überhöhten Entnahmen (sog Mehrentnahmen) gebildet werden muss, die in Ermangelung einer Nachversteuerungsmöglichkeit steuerunschädlich geblieben sind. Dieser Korrekturposten wäre dann durch spätere Einlagen aufzulösen.[8]

Ebenso wie die Einlageerhöhung führt auch die **Haftungserweiterung** oder die Umwandlung der Rechtsstellung in die eines phG'ters nicht zu einer Umwandlung von verrechenbaren in ausgleichsfähige Verluste.[9] Wenn schon die Einlageerhöhung nicht zu einer Umwandlung führt, ist es konsequent, eine solche auch nicht für den Fall der Haftungserweiterung zuzulassen. Allerdings werden nachfolgende Verluste in dem entspr Umfang ausgleichsfähig.[10]

262

E. Die gesonderte Feststellung nach § 15a IV

§ 15a IV ordnet die gesonderte Feststellung des verrechenbaren Verlustes an und regelt zugleich die Berechnung des festzustellenden Betrages, die Zuständigkeit für den Erlass des Feststellungsbescheides, den Umfang seiner Anfechtbarkeit und die Verbindung mit der gesonderten und einheitlichen Feststellung der Einkünfte.

270

I. Der Gegenstand der Feststellung (§ 15a IV 1). Nach § 15a IV 1 soll der „nach Abs 1 nicht ausgleichs- oder abzugsfähige Verlust eines K'disten" – vermindert nach § 15a II und vermehrt nach § 15a III – festgestellt werden. Gemeint ist: es soll das zum Ende des Wj vorhandene **Verrechnungsvolumen** (der für eine Minderung zukünftiger Gewinne noch vorhandene Betrag an verrechenbaren Verlusten), aber auch dessen **Berechnungsgrößen** festgeschrieben werden. Feststellungsgegenstand ist allerdings nicht allein das Verrechnungsvolumen, sondern auch dessen **Berechnungsgrößen.** Der

271

---

1 BT-Drs 8/4157, 3; BFH/NV 98, 1078; BFH BStBl II 96, 226 (231); BStBl II 00, 265; FG Bln EFG 02, 1302 (Einlagenüberschüsse); *Braun* EFG 01, 1552 zur unbeschränkten Haftung des Rechtsnachfolgers.
2 BFH BStBl II 04, 359; BFH, 26.6.02, IV R 28/06, BFH/NV 07, 1982; *Kratzsch* GStB 07, 387; BMF 14.4.04, DB 04, 1070 (Nichtanwendungserlass); *Wacker* DB 04, 11; *Rogall* BB 04, 1819; vgl auch die Alternativlösung von *Hempe/Siebels/Obermaier* DB 04, 1460 sowie die Fortentwicklung durch FG Nbg EFG 06, 1833 (Rev IV R 28/06) und FG Hbg EFG 07, 1236 (Rev IV R 10/07; von atypisch stillem G'ter geleistete Einlage). FG M'ster EFG 07, 1874 (erneutes negatives Kapitalkonto).
3 *HG* DStR 04, 28; *Wacker* DB 04, 11 (12); *Brandenberg* DB 04, 1632 (1635); *Niehus/Wilke* FR 04, 677; *Ley* KÖSDI 04, 14374; vgl auch *Kempermann* DStR 04, 1515.
4 *Claudy/Steger* DStR 04, 1504.
5 BMF 14.4.04, BStBl I 04, 463; *Brandenberg* DB 04, 1632; *Prinz* Stbg 06, 49 (58); *Wacker* StbJb 04/05, 169 (199).
6 BMF-Schreiben v 19.11.07, DB 07, 2620.
7 BFH BStBl II 96, 226; BStBl II 02, 748; BFH v 14.10.03, VIII R 38/02, DStR 04, 31 (33); R 15a IV EStR.
8 Ausf: *Steger* DB 06, 2086.
9 BFH BStBl II 04, 115.
10 BFH BStBl II 04, 359.

Bescheid nach § 15a IV enthält – wie der Bescheid nach § 180 I Nr 2a AO[1] – mehrere rechtlich selbstständige Feststellungen. Es wird in ihm umfassend über die Ausgleichsfähigkeit eines Verlustes des jeweiligen Wj, eine Verrechnung nach § 15a II, eine Hinzurechnung nach § 15a III und die Höhe des Verrechnungsvolumens entschieden.[2] Entspr diesem Regelungsgehalt sind die Feststellungsbescheide nach **§ 180 I 2a AO und § 15a IV** gegeneinander abzugrenzen und wechselseitig voneinander abhängig. Der Bescheid über die gesonderte und einheitliche Feststellung der Einkünfte nach §§ 179, 180 I 2a AO ist Grundlagenbescheid für den Bescheid nach § 15a IV. In ihm wird bindend über die Höhe des Gewinn- bzw Verlustanteils vor Anwendung des § 15a[3] und auch über die Frage, ob Tätigkeitsvergütungen und Zinsen ab Sonder-BA oder Gewinnvorab zu erfassen sind[4], entschieden. Der Bescheid nach § 15a IV ist seinerseits wiederum Grundlagenbescheid für den Bescheid nach § 180 I 2a AO. In ihm wird bindend festgestellt, ob ein Verlust ausgleichsfähig oder nur verrechenbar ist, ob eine Gewinnminderung nach § 15a II, § 15a III 4 vorzunehmen ist, ob eine Gewinnzurechnung nach § 15a III zu erfolgen hat und wie hoch das Verrechnungsvolumen ist.[5] Lediglich dann, wenn das FA von der durch § 15a IV 5 eingeräumten Möglichkeit, die Bescheide nach § 15a IV und 180 I 2a AO miteinander zu verbinden, keinen Gebrauch macht, wird in dem Bescheid nach § 180 I 2a AO nicht der sich nach Anwendung von § 15a ergebende und bei der Veranlagung anzusetzende Gewinn bzw Verlust ausgewiesen. Die Formulierung „**vermindert um die nach Abs 2 abzuziehenden ... Beträge**" weist ausschließlich auf § 15a II hin. Der nach § 15a IV festzustellende Betrag muss jedoch auch um die bereits nach § 15a III 4 verbrauchten Abzugsbeträge gekürzt werden.[6] Gem § 15a IV 1 sind die nach § 15a III hinzuzurechnenden Beträge in den festzustellenden Betrag einzubeziehen. Dann müssen sie, soweit sie verbraucht worden sind, auch herausgerechnet werden.

280 **II. Die Berechnung nach § 15a IV 2.** § 15a IV 2 ergänzt die Aussagen des § 15a IV 1, indem er anordnet, dass für die Berechnung des vorhandenen Verrechnungsvolumens von dem verrechenbaren Verlust des vorangegangenen Wj (genauer: dem **festgestellten Verrechnungsvolumen** aE des vorangegangenen Wj) auszugehen sei. § 15a IV 2 und § 15a IV 1 lässt sich insoweit folgendes Berechnungsschema entnehmen:[7]

festgestelltes Verrechnungsvolumen aE des Vorjahres ....

+ nach § 15a I nicht ausgleichsfähiger Verlust des laufenden Wj ....

./. zur Verrechnung mit Gewinnanteilen des laufenden Wj nach § 15a II und
§ 15a III 4 genutzte verrechenbare Verluste ....

+ Beträge aus Einlage- und Haftungsminderung gem § 15a III _____

Betrag der noch vorhandenen verrechenbaren Verluste ....

281 **III. Die Zuständigkeit für den Erlass des Bescheides (§ 15a IV 3).** Nach § 15a IV 3 ist das für die gesonderte Feststellung des Gewinnes zuständige FA auch für den Erlass des Feststellungsbescheides iSd § 15a IV zuständig. § 15a IV 3 verweist damit auf § 18 I 2 AO und die Zuständigkeit des sog **Betriebs-FA**.

282 **IV. Anfechtung des Feststellungsbescheides (§ 15a IV 4).** Nach § 15a IV 4 kann der Feststellungsbescheid nur angegriffen werden, soweit der verrechenbare Verlust sich gegenüber dem verrechenbaren Verlust des vorangegangenen Wj verändert hat. § 15a IV 4 bestätigt damit die von § 182 I AO angeordnete **Bindungswirkung** des für das Vorjahr erlassenen Feststellungsbescheides. Der K'dist kann rügen, der verrechenbare Verlust sei gegenüber dem Vorjahr zu Unrecht niedriger festgesetzt worden, da das FA fälschlich von einem Verbrauch ausgegangen sei. Er kann – über den Wortlaut hinaus – auch geltend machen, das FA habe zu Unrecht das Verrechnungsvolumen nicht oder nicht ausreichend erhöht. Ausgeschlossen ist aber eine Anfechtung mit Gründen, welche den verrechenbaren Verlust aus Vorjahren betreffen.

---

1 BFH BStBl II 88, 544 (545).
2 BFH/NV 90, 638; BFH BStBl II 96, 226 (227); vgl auch den Vordruck der FinVerw: Anlage 1, 2, 3 B(V).
3 BFH/NV 95, 971 (972); BFH BStBl 01, 621.
4 BFH BStBl II 01, 621.
5 BFH/NV 95, 971 (792); BFH BStBl II 07, 687.
6 So auch der Vordruck ESt 1, 2, 3 B (V).
7 Vgl auch das (weiterentwickelte) Schema ESt 1, 2, 3 B(V); dazu, dass die Anlage ESt 1, 2, 3 B (U) keine Feststellung enthält: BFH BStBl II 07, 687.

283 In dem Bescheid nach § 15a IV wird nicht nur das Verrechnungsvolumen bindend festgestellt, sondern auch über die Ausgleichsfähigkeit eines in dem betr Wj angefallenen Verlustes, die Minderung eines Gewinns nach § 15a II und § 15a III 4 oder eine Hinzurechnung nach § 15a III entschieden. Der StPfl muss dementspr Einwendungen zur Anwendung des § 15a durch Anfechtung des Bescheides nach § 15a IV erheben (Rn 272). § 15a IV 4 schränkt die Anfechtung des Bescheides nach § 15a IV insoweit nicht ein.

284 Für die **Klagebefugnis** ist von Bedeutung, ob der einzelne K'dist alleiniger Adressat des Bescheides über die gesonderte Feststellung des verrechenbaren Verlustes ist oder diese mit der gesonderten und einheitlichen Feststellung der Einkünfte verbunden und gem § 15a IV 6 einheitlich durchgeführt wird. Im ersten Fall ist ausschließlich der K'dist als persönlich Betroffener klagebefugt. Erfolgt dagegen die gesonderte Feststellung des verrechenbaren Verlustes iVm der Feststellung der Einkünfte, greift § 48 FGO ein. Zwar ist auch dann der Bescheid ein selbstständiger VA.[1] Er ist jedoch ein einheitlicher Feststellungsbescheid „über" Einkünfte aus GewBetr bzw ein „Bescheid über die einheitliche oder gesonderte Feststellung von Besteuerungsgrundlagen".[2] Der einzelne K'dist ist nach § 48 I Nr 5 FGO klagebefugt, weil ihn die Höhe seines verrechenbaren Verlustes persönlich angeht.[3] Daneben ist nach der Rspr des BFH auch die KG selbst nach § 48 I Nr 1 FGO klagebefugt.[4] Diese Rspr des BFH ist allerdings abzulehnen. Bei Fragen, bei denen der Beteiligte, den diese Fragen angehen, selbst klagen kann, bedarf es keines Handelns von Prozessstandschaftern.[5] Außerdem erscheint es nicht plausibel, dass die Klagebefugnis der Ges davon abhängen soll, ob das FA von der Möglichkeit Gebrauch macht, die Feststellung nach § 15a IV 5 mit der gesonderten und einheitlichen Feststellung der Einkünfte zu verbinden.[6] In Verfahren gegen Feststellungsbescheide nach § 15a IV ist **vorl Rechtsschutz** ebenso zu gewähren wie in anderen Fällen der Anfechtung eines Feststellungsbescheides.[7]

286 **V. Verbindung mit der Feststellung der Einkünfte (§ 15a IV 5, 6).** Der Bescheid über die gesonderte Feststellung des verrechenbaren Verlustes und der Bescheid über die gesonderte Feststellung der Einkünfte sind selbstständige und **selbstständig anfechtbare VA**, auch wenn sie nach § 15a IV 5 miteinander verbunden werden.[8] Unzutreffend erscheint deshalb die Ansicht des FG Mchn, das FA erlasse einen negativen VA über das Nichtvorliegen verrechenbarer Verluste, wenn es für einen Gewinnfeststellungsbescheid einen Vordruck verwende, der Eintragungen nach § 15a vorsehe, aber nicht enthalte.[9] Nach § 15a V 6 sind die gesonderten Feststellungen des verrechenbaren Verlustes, wenn sie mit der gesonderten und einheitlichen Feststellung der Einkünfte verbunden werden, „**einheitlich**" durchzuführen. Damit lässt sich erreichen, dass die Fragen, die sich für mehrere oder alle K'disten stellen, in derselben Weise beurteilt werden.

F. Ausdehnung auf andere Unternehmer nach § 15a V

300 § 15a V erstreckt den mit dem Tatbestandsmerkmal des K'disten vorgegebenen Geltungsbereich des § 15a auf andere beschränkt haftende Unternehmer. Der Gesetzgeber berücksichtigt, dass auch andere Unternehmensformen zur Verlustzuweisung eingesetzt wurden. Wie bei § 15a I–IV reicht jedoch der allg Gesetzeszweck des § 15a V über das Regelungsanliegen, Verlustzuweisungsmodellen zu begegnen, hinaus. So stellt gerade § 15a V den Rechtsanwender wiederholt vor die Entscheidung zw der am Grundgedanken des § 15a orientierten systemgerechten Lösung und der Fortschreibung von in den Abs 1–4 getroffenen systemwidrigen Einzelentscheidungen.

302 **I. Sinngemäße Geltung bei vergleichbarer Haftung.** § 15a V erstreckt die Geltung auf „andere **Unternehmer**, soweit deren Haftung der eines K'disten vergleichbar ist". Der Begriff des Unternehmers ist dabei in Anlehnung an die Definition des MU'ers iSv § 15 I 2 zu bestimmen.

303 Beim K'disten sind für die Frage der „**Vergleichbarkeit der Haftung**" seine Haftung im Außenverhältnis und seine Verlustteilnahme im Innenverhältnis zu unterscheiden. Nach der iErg zutr hM ist

---

1 BFH BStBl II 88, 5 (7).
2 BFH BStBl II 88, 617 (618); FG M'ster EFG 90, 112.
3 BFH BStBl II 88, 5 (7); BFH/NV 98, 1358 (1359).
4 BFH BStBl II 88, 5 (7); BStBl II 93, 706 (707); BFH/NV 98, 1358 (Beiladung des K'disten).
5 *Beermann/Gosch* § 48 FGO Rn 231, 212 ff.
6 So aber ausdrücklich diff BFH BStBl II 93, 706 (707).
7 BFH BStBl II 88, 617 (618).
8 BFH BStBl II 93, 706 (707); BStBl II 99, 592; FG BaWü EFG 04, 575 (Einwendungen gegen Gewinnfeststellungsbescheid im Verfahren gegen § 15a IV-Bescheid).
9 FG Mchn EFG 04, 261.

allein auf die Außenhaftung abzustellen.¹ Beim K'disten wird eine Haftung aus anderen Gründen als dem des § 171 I HGB, eine ausstehende Pflichteinlage und eine interne Verlustausgleichspflicht nicht berücksichtigt, und es sprechen Wortlaut und Entstehungsgeschichte des § 15a V dafür, dass diese in § 15a I getroffene (dem Grundgedanken des § 15a widersprechende) Regelung in § 15a V fortgeschrieben werden soll.

304 Außer für die in § 15a V Nr 1–5 ausdrücklich genannten Unternehmer kommt eine Anwendung von § 15a V für den **OHG-G'ter**, den **Komplementär**, den verdeckten **MU'er**, den Partner einer **Partnerschaft** und auch den **Einzelkaufmann** in Betracht. Auf die Einbeziehung auch des Einzelunternehmers weist der einleitende Satzteil von § 15a V hin, in dem von Unternehmern die Rede ist. Dass OHG-G'ter, Komplementäre und Einzelkaufleute in den Nr 1–5 nicht erwähnt werden, dagegen so spezielle Gesellschaftsformen wie die der Reederei, ist damit zu erklären, dass der Gesetzgeber offenbar auf Beispiele aus der Praxis zurückgegriffen hat.

305 § 15a I–IV sollen sinngemäß für andere Unternehmer gelten, „**soweit**" deren Haftung vergleichbar ist. In der Literatur wird unter Hinweis auf § 15a I 3 dieses „soweit" iSv „wenn" interpretiert.² Dem ist nicht zuzustimmen.³ Es ist vielmehr umgekehrt das „wenn" in § 15a I 3 iSv „soweit" zu verstehen (Rn 167). Verluste, die den Haftungshöchstbetrag übersteigen, bedeuten keine gegenwärtige wirtschaftliche Belastung.

306 § 15a V ordnet die sinngemäße **Geltung von § 15a I 1** an. Während bei einem K'disten eine Einlage typisch ist, müssen Unternehmer iSv § 15a V zT keine Einlage leisten (zB ArbN als verdeckte MU'er) oder es kommt der Einlage keine vergleichbare Bedeutung zu (Partenreeder, BGB-G'ter). Sie können damit Verluste nur ausgleichen, soweit sie im Außenverhältnis haften.

307 § 15a V verweist nicht auf die Vorschriften, die einen Verlustausgleich bei einer überschießenden Haftung nach § 171 I HGB zulassen bzw an diese anknüpfen. Der Grund für diese **eingeschränkte Verweisung** ist, dass bei den Unternehmern iSd § 15a V eine Anwendung von § 15a I–IV ohnehin nur in Betracht kommt, „soweit" ihre Haftung im Außenverhältnis ausgeschlossen ist (Rn 305).

314 **II. Stille Gesellschafter (§ 15a V Nr 1).** Eine **stille Ges** iSv § 230 HGB liegt vor, wenn zw einem Unternehmensträger und einem stillen G'ter zur Erreichung eines gemeinsamen Zwecks ein Gesellschaftsvertrag geschlossen wird, kraft dessen der stille G'ter ohne Bildung eines Gesellschaftsvermögens mit einer Einlage am Unternehmen beteiligt ist und eine Gewinnbeteiligung erhält.⁴ § 15a V Nr 1 fordert eine stille Ges, „bei der der stille G'ter als Unternehmer **(MU'er)** anzusehen ist" (sog atypische stille Ges). Ist der G'ter kein MU'er, so kann § 15a über § 20 I 4 anzuwenden sein.

315 § 15a V Nr 1 setzt keine Haftungsbeschränkung voraus. Auch für den stillen G'ter gilt jedoch die allg Klausel des § 15a V, nach der § 15a I–IV nur sinngemäß anzuwenden ist, „soweit seine **Haftung der eines K'disten vergleichbar** ist". Dies ist der Fall, denn im Außenverhältnis haftet ausschließlich der Inhaber des GewBetr. Die „Haftung" des Stillen für die eigene Einlageverpflichtung oder eine Verlustteilnahme im Innenverhältnis kann nicht zum Verlustausgleich führen (Rn 303),⁵ auch nicht die Übernahme schuldrechtlicher Außenverpflichtungen.⁶ Für den atypischen stillen G'ter, dessen Haftung dem gesetzlichen Regelstatut entspricht, findet **§ 15a I 1, II, III 1, 2, 4 und IV** Anwendung (Rn 306f).

320 **III. BGB-Gesellschafter (§ 15a V Nr 2).** Nach **§ 705 BGB** verpflichten sich mehrere G'ter durch einen Gesellschaftsvertrag gegenseitig, die Erreichung eines gemeinsamen Zwecks in der durch den Vertrag bestimmten Weise zu fördern. Die GbR besitzt zivilrechtlich Rechtsfähigkeit,⁷ es haften die G'ter aber für Schulden der Ges prinzipiell auch mit ihrem PV.⁸ § 15a V 2 verlangt eine **MU'er-Stellung** des BGB-G'ter und eine MU'schaft, die ein gewerbliches Unternehmen iSd § 15 betreibt. Ansonsten kommt eine Anwendung von § 15a über § 18 IV oder § 21 I 2 in Betracht.

---

1 BFH BStBl II 02, 339 (342); BStBl II 96, 226 (228); BFH/NV 94, 784; vgl allerdings auch BStBl II 96, 128 zur Bedeutung einer Freistellungserklärung gegenüber bürgenden Mitgesellschaftern.
2 *Jakob* FS Felix, S 145 Fn 112.
3 BStBl II 94, 490 (492); BStBl II 94, 496 (498); BStBl II 96, 128 (130).
4 *Groh* FS Schmidt, S 439 (449); BFH BStBl II 02, 339 (340).
5 BFH BStBl II 03, 705; BFH/NV 98, 576 (577); 98, 823; *Hitzemann* DStR 98, 1708.
6 BFH BStBl II 03, 705.
7 BGH v 29.1.01, NJW 01, 1056.
8 BGH v 27.9.99, DStR 99, 1704.

§ 15a gilt für BGB-G'ter, „soweit die Inanspruchnahme für Schulden im Zusammenhang mit dem Betrieb durch Vertrag ausgeschlossen oder nach Art und Weise des Geschäftsbetriebs unwahrscheinlich ist". Diese Tatbestandsvoraussetzung erinnert an § 15a I 3, enthält jedoch eine andere inhaltliche Aussage. § 15a I 3 normiert eine Ausnahme von dem Verlustausgleichsverbot für K'disten bei einer überschießenden Außenhaftung. § 15a V Nr 2 bezieht dagegen ausnahmsweise BGB-G'ter, die grds keine Regelungsadressaten von § 15a sind, in die Regelungen des § 15a ein.[1] **321**

Nach § 15a V 2 muss „die **Inanspruchnahme des G'ters für Schulden**" ausgeschlossen sein. Aufgrund dieser Maßgeblichkeit der Inanspruchnahme – und nicht der Vermögensminderung aufgrund der Haftung (wie nach § 15a I 3) – stehen Ausgleichs- oder Rückversicherungsansprüche gegen Dritte einer Anwendung von § 15a nicht entgegen.[2] Zugleich wird verhindert, dass für BGB-G'ter eine Verlustausgleichbeschränkung allein schon aufgrund eines gesellschaftsvertraglichen Rückgriffsanspruch eintritt. Ausgeschlossen sein muss eine Inanspruchnahme des G'ters, welche über den Zugriff auf die geleistete Einlage hinausgeht („Einlage + 1"). Die Inanspruchnahme muss Schulden **„im Zusammenhang mit dem Betrieb"** betreffen.[3] **322**

Die Inanspruchnahme muss – so die 1. Alt – **„durch Vertrag ausgeschlossen"** sein. Nach der Rspr des BGH ist hierzu eine individuelle Abrede mit dem Geschäftsgegner erforderlich, dass dieser sich allein an das GesVermögen halten will.[4] Eine Inanspruchnahme ist nicht „durch Vertrag ausgeschlossen", wenn zwar im Gesellschaftsvertrag eine Haftungsbeschränkung vorgesehen ist, der G'ter sich aber gegenüber den Gläubigern verpflichtet hat, für Schulden der Ges persönlich einzustehen,[5] wenn der G'ter lediglich eine quotale Haftungsbeschränkung entspr seinem Gesellschaftsanteil vereinbart[6] oder er sich durch eine (interne) Freistellungserklärung verpflichtet hat, bürgende MitGes anteilig von der Inanspruchnahme freizustellen.[7] Nach der Rspr des BFH wird die Vergleichbarkeit der Haftung mit der eines K'disten nicht dadurch ausgeschlossen, dass BGB-G'ter – anders als K'disten – für **deliktische oder öffentlich-rechtliche Anspr** haften. Es handele sich – so der BFH – um Ausnahmefälle, die die grds Übereinstimmung der Haftungslagen nicht berührten.[6] Diese Rspr wird zu Recht kritisiert.[8] Der BFH prüft nicht die tatbestandlichen Voraussetzungen des § 15a V Nr 2 und vermeidet die klare Aussage, eine Inanspruchnahme sei – obwohl gesetzliche Anspr nicht durch Vertrag auszuschließen sind – durch Vertrag ausgeschlossen. Außerdem negiert er die Haftungsrisiken nach der zivilrechtlichen Rechtslage.[9] Ein Ausschluss der Inanspruchnahme durch Vertrag ist deshalb nur in Ausnahmefällen – zB bei Innengesellschaften mit verdeckten Treuhändern – anzunehmen.[10] Ansonsten kommt eine Anwendung der 2. Alt von § 15a V Nr 2 in Betracht. Nach der Rspr des BFH ist eine Inanspruchnahme bei einem nicht nach außen auftretenden G'ter einer **BGB-InnenGes** stets „durch Vertrag ausgeschlossen" (Rn 315). Die in § 15a V Nr 2 vorausgesetzte „Inanspruchnahme des G'ters für Schulden im Zusammenhang mit dem Betrieb" meine die Haftung gegenüber den Ges-Gläubigern, nicht die interne Ausgleichspflicht (Rn 315).[11] An dieser Anwendung von § 15a auf BGB-InnenGes ändert sich auch dann nichts, wenn der Innen-G'ter Mitschuldner von Verbindlichkeiten wird.[12] **323**

§ 15a ist auf BGB-G'ter auch anzuwenden, wenn eine Inanspruchnahme „nach Art und Weise des Geschäftsbetriebs unwahrscheinlich" ist. § 15a V Nr 2 konkretisiert damit die Grundaussage des § 15a, einen Ausgleich bei Verlusten zu versagen, die keine gegenwärtige wirtschaftliche Belastung bedeuten, und zugleich die Forderung des § 15a V nach der Vergleichbarkeit der Haftung mit der eines K'disten. Das Tatbestandsmerkmal der **Unwahrscheinlichkeit** muss dementspr eng ausgelegt werden. Während der K'dist den Verlustausgleichsbeschränkungen unterworfen wird, weil er über seine Einlage hinaus haftet, gilt dies für den BGB-G'ter bereits, wenn seine Inanspruchnahme „unwahrscheinlich" ist. Der BFH hat zwar entschieden, dass bei Modernisierungsfonds und anderen Bauherrengemeinschaften das Fehlen eines Inanspruchnahmerisikos indiziert sei.[13] In der Literatur ist diese Rspr des 9. Senats – vor allem wegen ihrer Abweichung von der des 8. Senats – zu Recht **324**

---

1 BFH BStBl II 94, 490 (491).
2 *Jakob* FS Felix, S 111 (142, Fn 108); FG Mchn EFG 07, 1597.
3 BFH BStBl II 96, 128 (130).
4 BGH v 27.9.99, DStR 99, 1704.
5 BFH BStBl II 94, 490 (491); BStBl II 96, 128 (129).
6 BFH BStBl II 94, 492 (495).
7 BFH BStBl II 96, 128.
8 *Jakob* FS Felix, S 111 (148); *K/S/M* § 15a Rn F 101 ff.
9 *K Schmidt* JbFfSt 86/87, S 187 mwN.
10 *Jakob* FS Felix, S 111 (148).
11 BFH BStBl II 02, 339 (342).
12 BFH BStBl II 02, 464; BStBl II 03, 705.
13 BFH BStBl II 94, 490; BStBl II 94, 492 (495 f).

auf Kritik gestoßen.[1] Die FinVerw hat hierauf in einem Erlass v 30.6.94 die Entscheidung des 9. Senats dahin interpretiert, dass die vom 9. Senat getroffenen Aussagen nur bei besonderen risikobegrenzenden Vereinbarungen zugrunde zu legen seien.[2] § 15a V 2 verlangt eine Unwahrscheinlichkeit **„nach Art und Weise des Geschäftsbetriebs"**. Während die 1. Alt („durch Vertrag ausgeschlossen") die rechtliche Gestaltung meint, hebt die 2. Alt auf die tatsächlichen Verhältnisse ab, ist aber zugleich Auffangtatbestand zur 1. Alt.

325 Da der BGB-G'ter den Verlustausgleichsbeschränkungen nur unterworfen wird, „soweit" eine Inanspruchnahme über die geleistete Einlage hinaus ausgeschlossen oder unwahrscheinlich ist, steht ihm neben dem Verlustausgleichsvolumen aufgrund seines Kapitalkontos ein **Verlustausgleichspotenzial** nach Maßgabe seiner verbleibenden Haftung zur Vfg. Allerdings hat der BFH zw den beiden Alt des § 15a V Nr 2 differenziert. In den Fällen des § 15a V Nr 2, 1. Alt seien Verluste ausgleichsfähig, soweit die Haftung betragsmäßig reiche. In den Fällen des § 15a V Nr 2, 2. Alt sei dagegen eine Beschränkung auf den Betrag, in dessen Höhe der Haftende aller Wahrscheinlichkeit nach tatsächlich in Anspr genommen werde, nicht gerechtfertigt. Es genüge, dass das Risiko einer persönlichen Inanspruchnahme erheblich sei.[3]

335 **IV. Gesellschafter ausländischer Personengesellschaften (§ 15a V Nr 3).** § 15a V Nr 3 erfasst **Personenvereinigungen**, bei denen der G'ter nach § 15 I 1 Nr 2 als MU'er besteuert wird. Ob die Ges nach ausländischem Zivilrecht KapGes ist oder ob sie im Ausland als Steuersubjekt besteuert wird, ist nicht maßgebend. **„Ausländisch"** iSv § 15a V Nr 3 sind Ges mit einer Rechtsform nach ausländischem Gesellschaftsrecht. In seiner **1. Alt** fragt § 15a V Nr 3 danach, ob die Haftung des G'ters nach dem gesetzlichen Haftungsstatut dieser Ges der K'disten-Haftung gleicht. So hat die deutsche KG in Frankreich eine Parallele in der société en commandite simple, in Großbritannien und USA in der ltd. partnership, in Dänemark in der Kommanditselskab und in den Niederlanden in der commanditaire vennootschap. In seiner **2. Alt** fragt § 15a V Nr 3 nach einer Parallele zu dem gesetzlichen Haftungsstatut der stillen Ges (zu diesem: Rn 314). Das Institut der stillen Ges findet sich in Europa zB in Belgien, Griechenland, Italien, Österreich, Liechtenstein, Luxemburg und der Tschechischen und Slowakischen Republik. Die **3. Alt** des § 15a V 3 soll die Fälle erfassen, in denen nach der gesetzlichen Regelung keine Haftungsbeschränkung besteht, in denen aber die Inanspruchnahme des G'ters durch Vertrag ausgeschlossen oder nach Art und Weise des Geschäftsbetriebs unwahrscheinlich ist (vgl Rn 323 ff).[4]

350 **V. Haftungslose Verbindlichkeiten (§ 15a V Nr 4).** § 15a V Nr 4 verwendet denselben **Unternehmer**begriff wie § 15a V in seinem Einleitungssatz. **„Verbindlichkeiten"** sind alle „haftungslosen" betrieblichen Schulden ohne Rücksicht auf ihre schuldrechtliche Qualifikation oder betriebswirtschaftliche Funktion. Mit der Abhängigkeit von **„Erlösen"** sind sowohl Brutto- als auch Nettoerlöse gemeint.

351 § 15a V Nr 4 hatte schon in der Vergangenheit einen eingeschränkten Anwendungsbereich. Nach der Rspr des BFH waren Verbindlichkeiten, die nur **aus den Reingewinnen** der folgenden Jahre zu tilgen sind, grds mangels gegenwärtiger wirtschaftlicher Belastung nicht passivierungsfähig.[5] Bei einer bloßen wirtschaftlich-faktischen Abhängigkeit war § 15a V Nr 4 nicht anzuwenden („zu tilgen sind").[6] Der BFH hat allerdings eine Passivierung von Krediten für möglich erachtet, die **aus künftigen Erlösen** zu tilgen sind.[7] Für diese Rspr bestanden allerdings (zunächst) Nichtanwendungserlasse.

352 Der Gesetzgeber hat mit dem StBereinG 99 die Frage der Passivierung „haftungsloser" Verbindlichkeiten (an der systematisch richtigen Stelle) geregelt.[8] Nach **§ 5 IIa** sind für Verpflichtungen, die nur zu erfüllen sind, soweit künftig Einnahmen oder Gewinne anfallen, Verbindlichkeiten oder Rückstellungen erst anzusetzen, wenn die Einnahmen oder Gewinne angefallen sind. Damit hat § 15a V 4 nur noch für vor dem 1.1.99 beginnende Wj Bedeutung.[9]

---

1 *Kaligin* DStZ 84, 521 (523).
2 BMF BStBl I 94, 355.
3 BFH BStBl II 94, 490 (492); BStBl II 94, 496 (498).
4 Zur Anwendung von § 15a bei ausländischen PersGes auf inländische und ausländische G'ter mit und ohne DBA: *K/S/M* § 15a Rn F 188 ff.
5 BFH BStBl II 81, 164 (169); BStBl II 95, 246 (248).
6 FG RhPF DB 81, 1909; BT-Drs 8/3648, 18.
7 BFH BStBl II 97, 320; BStBl II 98, 244; BFH v 17.12.98 – IV R 21/97, DB 99, 276; BFH v 4.2.99 – IV R 54/97, DB 99, 880.
8 BT-Drs 14/2070, 40.
9 Ausf *K/S/M* § 15a Rn F 221.

VI. Partenreeder mit beschränkter Haftung (§ 15a V Nr 5). Die Reederei ist eine eigene gesellschaftsrechtliche Rechtsform mit der Besonderheit, dass sie an das Eigentum an einem Schiff gebunden ist. Sie kann Trägerin von Rechten und Pflichten sein. Die **Mitreeder** haften nach § 507 HGB für die Verbindlichkeiten der Reederei unmittelbar und primär, allerdings nur anteilig. Sie trifft nach § 500 I HGB eine Nachschusspflicht. Allerdings können sie sich nach § 501 II HGB von Nachschüssen für künftige Ausgaben dadurch befreien, dass sie ihre Schiffspart ohne Anspr auf Entschädigung aufgeben. Außerdem kann der Reeder nach § 486 I HGB seine Haftung für Seeforderungen und nach § 486 II HGB für Ölverschmutzungsschäden beschränken. **360**

Die Reederei muss eine **MU'schaft** iSd § 15 I 1 Nr 2 sein, und es muss der Mitreeder die Stellung eines MU'ers haben. § 15a I–IV ist anzuwenden, wenn seine „persönliche **Haftung**" ausgeschlossen ist. Der Ausschluss der Haftung muss sich auf rechtsgeschäftliche und gesetzliche Anspr erstrecken. Es wird deshalb idR eine Vereinbarung mit einer finanzierenden Bank, nach welcher der Mitreeder aus der Schiffshypothek nicht in Anspr genommen wird, nicht ausreichen. Hinzu kommen müssten Versicherungsverträge zur Abdeckung gesetzlicher Risiken oder Haftungsbeschränkungen nach den in § 486 HGB genannten internationalen Übereinkommen. § 15a V Nr 5 spricht von „**Verbindlichkeiten der Reederei**". Er berücksichtigt damit, dass die Reederei selbst Trägerin von Rechten und Pflichten ist. Bei der Frage der „**Unwahrscheinlichkeit der Inanspruchnahme**" ist den Besonderheiten der Reederei (Schwankungen bei den Frachtraten sowie den Schiffs- und Schiffsverwertungspreisen; Bonität des Charterers; Vollstreckung im Ausland) Rechnung zu tragen. **361**

§ 15b Verluste im Zusammenhang mit Steuerstundungsmodellen

(1) ¹Verluste im Zusammenhang mit einem Steuerstundungsmodell dürfen weder mit Einkünften aus Gewerbebetrieb noch mit Einkünften aus anderen Einkunftsarten ausgeglichen werden; sie dürfen auch nicht nach § 10d abgezogen werden. ²Die Verluste mindern jedoch die Einkünfte, die der Steuerpflichtige in den folgenden Wirtschaftsjahren aus derselben Einkunftsquelle erzielt. ³§ 15a ist insoweit nicht anzuwenden.

(2) ¹Ein Steuerstundungsmodell im Sinne des Absatzes 1 liegt vor, wenn auf Grund einer modellhaften Gestaltung steuerliche Vorteile in Form negativer Einkünfte erzielt werden sollen. ²Dies ist der Fall, wenn dem Steuerpflichtigen auf Grund eines vorgefertigten Konzepts die Möglichkeit geboten werden soll, zumindest in der Anfangsphase der Investition Verluste mit übrigen Einkünften zu verrechnen. ³Dabei ist es ohne Belang, auf welchen Vorschriften die negativen Einkünfte beruhen.

(3) Absatz 1 ist nur anzuwenden, wenn innerhalb der Anfangsphase das Verhältnis der Summe der prognostizierten Verluste zur Höhe des gezeichneten und nach dem Konzept auch aufzubringenden Kapitals oder bei Einzelinvestoren des eingesetzten Eigenkapitals 10 Prozent übersteigt.

(4) ¹Der nach Absatz 1 nicht ausgleichsfähige Verlust ist jährlich gesondert festzustellen. ²Dabei ist von dem verrechenbaren Verlust des Vorjahres auszugehen. ³Der Feststellungsbescheid kann nur insoweit angegriffen werden, als der verrechenbare Verlust gegenüber dem verrechenbaren Verlust des Vorjahres sich verändert hat. ⁴Handelt es sich bei dem Steuerstundungsmodell um eine Gesellschaft oder Gemeinschaft im Sinne des § 180 Abs. 1 Nr. 2 Buchstabe a der Abgabenordnung, ist das für die gesonderte und einheitliche Feststellung der einkommensteuerpflichtigen und körperschaftsteuerpflichtigen Einkünfte aus dem Steuerstundungsmodell zuständige Finanzamt für den Erlass des Feststellungsbescheids nach Satz 1 zuständig; anderenfalls ist das Betriebsfinanzamt (§ 18 Abs. 1 Nr. 2 der Abgabenordnung) zuständig. ⁵Handelt es sich bei dem Steuerstundungsmodell um eine Gesellschaft oder Gemeinschaft im Sinne des § 180 Abs. 1 Nr. 2 Buchstabe a der Abgabenordnung, können die gesonderten Feststellungen nach Satz 1 mit der gesonderten und einheitlichen Feststellung der einkommensteuerpflichtigen und körperschaftsteuerpflichtigen Einkünfte aus dem Steuerstundungsmodell verbunden werden; in diesen Fällen sind die gesonderten Feststellungen nach Satz 1 einheitlich durchzuführen.

Übersicht

	Rn		Rn
A. Grundaussagen der Vorschrift	1	**C. Steuerstundungsmodell (§ 15b II)**	35
I. Sachlicher Regelungsgegenstand – Norminhalt	1	I. Modellhafte Gestaltung aufgrund vorgefertigten Konzepts	35
II. Systematik	6	1. Fondsgesellschaften	35
III. Anwendungsbereich	12	2. Alleiniger Anleger	40
B. Verlustausgleichsbeschränkung (§ 15b I)	17	II. Möglichkeit zur Erzielung steuerlicher Vorteile durch Verlustverrechnung	46
I. Ausschluss der Anwendung von §§ 2 III und 10d nach § 15b I 1	17	III. Verlust/negative Einkünfte im Zusammenhang mit Steuerstundungsmodell, § 15b I 1 iVm § 15b II 3	49
II. Verlustverrechnung mit Einkünften aus derselben Einkunftsquelle, § 15b I 2	19	IV. Verfassungsrechtliche Aspekte	52
1. Eingeschränkte Verlustverrechnung	19	**D. Nichtaufgriffsgrenze (§ 15b III)**	53
2. Dieselbe Einkunftsquelle	21	**E. Gesonderte Verlustfeststellung (§ 15b IV)**	56
3. Vorrangiger Verrechnungskreis	26		
III. Vorrang vor § 15a, Konkurrenz zu anderen Verlustausgleichsbeschränkungen	28		

Literatur: *Beck* Verlustausgleichsverbot bei Steuerstundungsmodellen: Der neue § 15b EStG, DStR 06, 61; *Brandtner/Raffel* § 15b EStG Die neue Regelung der Verlustverrechnung bei Steuerstundungsmodellen, BB 06, 639; *Brandtner/Lechner/Schmidt* Verluste bei Steuerstundungsmodellen: Anmerkungen zum Anwendungsschreiben des BMF, BB 07,1922; *Fleischmann* Steuersparfonds – Gibt es eine Zukunft, DSWR 06, 115; *ders* Anmerkung zum Anwendungsschreiben des BMF, DB 07, 1721; *Fleischmann/Meyer-Scharenberg* Der neue § 15b –EStG – Der endgültige Tod der Steuersparmodelle, DB 06, 353; *Grützner* Zum eingeschränkten Ausgleich und Abzug von Verlusten, StuB 07, 650; *Kaligin* Zweifelsfragen bei der Anwendung des § 15b EStG, WPg 06, 375; *Lechner/Lemaitre* Zweifel an der Anwendung des § 15b EStG bei doppelstöckigen Strukturen, DStR 06, 689; *Lindberg* § 15b EStG – das endgültige Aus für Steuersparmodelle?, Inf 06, 269; *Lüdicke/Naujok* Beschränkung der Verlustverrechnung im Zusammenhang mit Steuerstundungsmodellen, DB 06, 744; *Naujok* Anmerkungen zum Anwendungsschreiben zu § 15b; *ders* Verfassungswidrigkeit des § 15b, BB 07, 1365; *Patt/Patt* Der negative Ankündigungseffekt bei der Schaffung von § 15b EStG – ein Beitrag zur Steuergesetzgebung, DB 06, 1865; *Pohl* Zur Anwendung des § 15b auf doppelstöckige Strukturen, DStR 07, 382; *Söffing* § 15b EStG und die fremdfinanzierte Leibrentenversicherung, DStR 06, 1585; *Speidel* Das Verlustausgleichsverbot des § 15b – Auswirkungen und Lösungsansätze, Stbg 06, 418.

A. Grundaussagen der Vorschrift

1 **I. Sachlicher Regelungsgegenstand – Norminhalt.** § 15b I 1 begründet ein **Verlustausgleichs- und -abzugsverbot** für Verluste aus gewerblichen Einkünften. Die gewerblichen Verluste müssen **im Zusammenhang mit einem Steuerstundungsmodell** stehen.

Der Begriff des Steuerstundungsmodells wird in § 15b II gesetzlich näher erläutert. Das Verlustausgleichsverbot betrifft sowohl den horizontalen Verlustausgleich mit anderen, nicht im Zusammenhang mit einem Steuerstundungsmodell stehenden positiven, gewerblichen Einkünften als auch den vertikalen Verlustausgleich mit positiven Einkünften aus anderen Einkunftsarten gem § 2 III.

2 § 15b I 1 HS 2 erstreckt dieses Verbot auch auf den **Verlustabzug nach § 10d**, so dass gewerbliche Verluste aus Steuerstundungsmodellen auch nicht zurückgetragen werden dürfen, respektive ein Verlustvortrag nach § 10d nicht in Betracht kommt. Auch insoweit wird mithin ein Verlustrücktrag und ein Verlustvortrag zum Ausgleich mit den übrigen gewerblichen und anderen Einkünften ausgeschlossen.

Stattdessen lässt § 15b I 2 lediglich einen auf positive Einkünfte aus derselben Einkunftsquelle beschränkten Verlustvortrag für künftige Jahre zu.

Nach § 15b I 3 ist § 15a insoweit nicht anzuwenden. Die Regelung des § 15b I genießt mithin den Vorrang.

3 § 15b II erläutert den in Abs 1 verwendeten Begriff des Steuerstundungsmodells. Danach liegt ein **Steuerstundungsmodell** vor, wenn steuerliche Vorteile durch negative Einkünfte erzielt werden sollen und dies auf einer „modellhaften Gestaltung" beruht. Nach § 15b II 2 ist dies der Fall, wenn dem StPfl aufgrund eines vorgefertigten Konzeptes die Möglichkeit geboten werden soll, Verluste mit seinen übrigen (positiven) Einkünften zu verrechnen. Ausreichend dafür ist es, dass diese Verrechnungsmöglichkeit zumindest in der Anfangsphase der Investition des StPfl geboten werden soll. § 15b II 3 regelt, dass es unerheblich ist, auf welchen Vorschriften die negativen Einkünfte (im Zusammenhang mit dem Steuerstundungsmodell) beruhen.

§ 15b III schränkt den Anwendungsbereich des § 15 I iVm § 15b II ein. Das Verlustausgleichs- und -abzugsverbot greift danach nicht ein, wenn in der Anfangsphase das Verhältnis der prognostizierten Verluste zur Höhe des gezeichneten und nach dem Konzept auch aufzubringenden Kapitals 10 vH nicht übersteigt. Bei Einzelinvestoren wird auf das Verhältnis der prognostizierten Verluste zum eingesetzten EK abgestellt. § 15b III enthält insoweit eine **Nichtaufgriffsgrenze** (safe haven) zur Vermeidung der Anwendbarkeit des § 15b I, unabhängig davon, ob iSd § 15b II ein Steuerstundungsmodell vorliegt oder nicht. 4

§ 15b IV enthält **verfahrensrechtliche Vorschriften**. Nach § 15b IV 1 ist der nicht ausgleichsfähige Verlust jährlich gesondert iSd § 179 I AO festzustellen. 15b IV 2 und 3 bestimmen, dass für die Feststellung von dem verrechenbaren Verlust des Vorjahres auszugehen ist und die Feststellung nur insoweit angegriffen werden kann als gegenüber dem Vorjahr eine Veränderung festgestellt wird. § 15b IV 4 und 5 treffen weitere verfahrensrechtliche Bestimmungen für den (Regel)Fall, dass es sich bei dem Steuerstundungsmodell um „eine Gesellschaft oder Gemeinschaft handelt". Dann ist für die gesonderte Feststellung des nicht ausgleichfähigen, lediglich verrechenbaren Verlustes nach § 15b IV 1 das für die einheitliche und gesonderte Feststellung der Einkünfte nach § 180 I Nr 2 Buchst a AO zuständige FA zuständig. Die gesonderte Feststellung des nach § 15b lediglich verrechenbaren Verlustes kann mit der gesonderte und einheitlichen Feststellung der Einkünfte verbunden werden. Dann ist auch die gesonderte Feststellung nach § 15b einheitlich (für alle Beteiligten) durchzuführen. 5

II. Systematik. § 15b statuiert für gewerbliche Einkünfte aus einer Einkunftsquelle, die im Zusammenhang mit einem Steuerstundungsmodell steht, ein **horizontales und vertikales Verlustausgleichsverbot**. Er schränkt insoweit § 2 II Nr 2 iVm § 2 I Nr 2 und § 15 ein als ein horizontaler Verlustausgleich innerhalb derselben Einkunftsart, nämlich Einkünfte aus GewBetr, ausgeschlossen wird. Eingeschränkt wird auch der vertikale Verlustausgleich nach § 2 III mit den Ergebnissen der anderen Einkunftsarten. 6

Im selben Umfang wie für den sofortigen Verlustausgleich nach § 2 III wird auch ein Verlustabzug nach § 10d ausgeschlossen, so dass insoweit auch kein Verlustrücktrag auf das Vorjahr und Verlustvortrag auf die übrigen gewerblichen Einkünfte und auch andere Einkünfte zugelassen wird.

Die nicht ausgleichfähigen Verluste aus einem Steuerstundungsmodell bleiben jedoch mit zukünftigen Gewinnen aus derselben Einkunftsquelle verrechenbar. Insoweit handelt es sich nicht um einen endgültigen Ausschluss jeglicher Verlustverrechnungsmöglichkeit. 7

Sofern sich eine spätere Verrechnungsmöglichkeit mit positiven Einkünften aus derselben Einkunftsquelle ergibt, wird das objektive Nettoprinzip des § 2 III nicht endgültig verletzt. Allerdings kommt es nur zu einer zeitlich verschobenen Berücksichtigung. Insoweit besteht eine Parallele zur Beschränkung des Verlustabzugs nach § 10d durch die sog Mindestbesteuerung. Hier wie dort wird ein zeitnaher übergreifender Verlustausgleich beschränkt.

Auch eine lediglich **zeitliche Streckung von Verlustausgleichsmöglichkeiten** begegnet allerdings angesichts der zeitnahen Besteuerung von Gewinnen grundsätzlichen auch verfassungsrechtlichen Bedenken (**aA** § 10d Rn 4[1]) unter dem Gesichtspunkt einer Besteuerung nach der gegenwärtigen Leistungsfähigkeit (vgl § 2 Rn 82).

Freilich stellt § 15b II auf Verluste aus Steuerstundungsmodellen ab, durch die **steuerliche Vorteile** erzielt werden sollen. Dies deutet auf eine jedenfalls objektiv missbräuchliche Ausnutzung von Möglichkeiten hin, künstliche Verluste zu generieren, die nicht wirklich zu einer Verminderung der gegenwärtigen Leistungsfähigkeit führen. Dafür scheint auch die Begründung zum Gesetz[2] zu sprechen, wenn dort ausgeführt wird, durch § 15b solle zu **mehr Steuergerechtigkeit** beigetragen werden, indem **fragwürdige Steuersparmodelle** eingeschränkt würden, die zur **Senkung der Steuerbelastung** genutzt würden.

---

[1] Unter Hinweis auf BVerfGE 99, 88 (97).   [2] Gesetzentwurf CDU/CSU u SPD v 25.11.05, BT-Drs 16/107.

Allerdings geht § 15b II 3 davon aus, dass ein Steuerstundungsmodell zur Generierung zunächst negativer Einkünfte unter Ausnutzung jeglicher Einkünfteermittlungsnorm geschaffen werden kann, nicht nur sog Lenkungsnormen. Auch insoweit ist es jedenfalls ein Armutszeugnis, dass der Gesetzgeber des EStG sich offenbar nicht in der Lage sieht, die Einkünfteermittlungsnormen so auszugestalten, dass sie den StPfl nicht zunächst zur Verursachung von dann durch Verlustausgleichsbeschränkungen zu bekämpfenden Verlusten einladen, weil dies nach Steuern einen ökonomischen Gewinn verspricht. Not täte stattdessen eine Überprüfung der Einkünfteermittlungsnormen, soweit diese solche modellhaften Gestaltungen erst ermöglichen. Bei Lenkungsnormen besteht ein evidenter Konsequenzmangel, wenn einerseits gerade an den Steuersparanreiz zur Erreichung des Förderzieles unter Hintanstellung einer Besteuerung nach der Leistungsfähigkeit angeknüpft wird, dann aber Verlustausgleichsverbote eben diesen Effekt konterkarieren.

8 Ein von der Wirkungsweise dem § 15b **vergleichbares Verlustausgleichsverbot** findet sich auch in **§ 2a für Auslandsverluste** bei sog passiven Einkünften. Auch hier wird sowohl der sofortige horizontale und vertikale Verlustausgleich sowie der Verlustabzug nach § 10d ausgeschlossen und lediglich eine Verlustverrechnung mit zukünftigen positiven Einkünften derselben Art und aus demselben Staat zugelassen. Keine Übereinstimmung besteht allerdings zwischen dem Begriff derselben Einkunftsquelle und Einkünften derselben Art.

9 **Weitere Verlustausgleichsverbote** finden sich in § 15 IV 1 und 2 für Verluste aus **gewerblicher Tierzucht und -haltung,** in § 15 IV 3 bis 5 für **Verluste aus Termingeschäften,** in § 15 IV 6–8 für **Verluste aus der Beteiligung als stiller G'ter/Innen-G'ter an KapGes** und in § 23 III 8 für **Verluste aus privaten Veräußerungsgeschäften.** Gemeinsam ist diesen Verlustausgleichsverboten, dass anders als nach § 15b und § 2a auch ein Rücktrag entspr § 10d auf entspr Gewinne im Vorjahr zugelassen wird. Wie bei § 15b liegt diesen Verlustausgleichsverboten im Wesentlichen die Erwägung zugrunde, dass die zugrunde liegenden, die Verluste generierenden, Tätigkeiten vom Gesetzgeber jedenfalls dann als der deutschen Volkswirtschaft nicht nützlich beurteilt werden, wenn durch Verluste das übrige deutsche Steueraufkommen nachteilig tangiert wird. Unverkennbar sollen die Verlustausgleichsverbote ihrerseits lenkend in dem Sinne wirken, dass bereits ein Engagement zu solchen Tätigkeiten behindert werden soll.

10 Eine völlig andere Qualität kommt dem **Verlustausgleichsverbot nach § 15a für den K'disten** zu. Hier dient das Verlustausgleichsverbot dazu, zu verhindern, dass lediglich zukünftig zu erwartende Gewinnschmälerungen bereits als gegenwärtige Verluste behandelt werden können. Dies ist – ungeachtet möglicher Detailkritik an der Ausgestaltung des § 15a – prinzipiell berechtigt, weil die Zulassung eines sofortigen Verlustausgleichs für erst zukünftig zu erwartende Gewinnschmälerungen in der Tat mangels gegenwärtig bestehender Minderung der Leistungsfähigkeit einen ungerechtfertigten Steuervorteil bewirken würde.

11 Insgesamt zeigt die Vielzahl von mittlerweile das deutsche ESt-Recht durchziehenden Verlustausgleichsverboten, unabhängig von verfassungsrechtlichen und bzgl des § 2a auch europarechtlichen Bedenken[1], dass der Gesetzgeber seiner Aufgabe nicht nachkommt, die Einkünftermittlungsvorschriften einschließlich Lenkungsvorschriften in sich konsistent zu gestalten, so dass sie wirklich die Leistungsfähigkeit messen oder bewusst für Lenkungszwecke durchbrechen, was dann gleichermaßen sowohl für positive als auch negative Einkünfte gelten muss.

12 **III. Anwendungsbereich.** Nach seinem **sachlichen Anwendungsbereich** gilt § 15b unmittelbar nur für **gewerbliche Verluste** aus Steuerstundungsmodellen. Allerdings wird nach dem Vorbild des § 15a das Verlustausgleichsverbot durch **entspr Anwendung** auch auf **Verluste aus Landwirtschaft,** § 13 VII, **aus selbstständiger Arbeit,** § 18 IV, **auf Einkünfte aus KapVerm,** § 20 II b[2] **aus VuV,** § 21 I 2 und **aus wiederkehrenden Bezügen,** § 22 Nr 1 S 1 HS 2 erstreckt.

In allen Konstellationen ist allerdings Voraussetzung, dass es sich überhaupt um steuerlich relevante Verluste bei den Gewinneinkunftsarten, respektive Überschüsse der WK über die Einnahmen bei den Überschusseinkunftsarten handelt. Sofern bereits die **Einkünfteerzielungsabsicht** zu verneinen

---

1 EuGH v 29.3.07 – Rs.C 347/04 (Rewe), BStBl II 07, 492.
2 Durch JStG 2007 (BGBl I 06, 2878) wurde mit § 20 II b EStG angeordnet, § 15b sinngemäß allg auf Einkünfte aus KapVerm anzuwenden und nicht, wie vorher lediglich auf Einkünfte aus stillen Beteiligungen. Außerdem wurde insoweit bestimmt, dass ein vorgefertigtes Konzept auch vorliegt, wenn die positiven Einkünfte nicht der tariflichen ESt unterliegen. Zeitlich ist § 15b in der geänderten Fassung rückwirkend bereits für den VZ 06 anzuwenden, § 52 Abs 37d nF.

ist, liegen schon keine Verluste/negative Einkünfte im Zusammenhang mit einem Steuerstundungsmodell vor[1]. Hier scheidet eine Verlustverrechnung mit positiven Einkünften ohnehin definitiv aus (vgl § 15 Rn 46 zu **Verlustzuweisungsgesellschaften**).

Der **persönliche Anwendungsbereich** erstreckt sich auf **unbeschränkt und beschränkt** stpfl natürliche Personen. Über § 7 I iVm § 8 I, II KStG iVm §§ 1–3 KStG gilt § 15b auch für unbeschränkt und beschränkt stpfl **Körperschaften**, soweit diese danach Einkünfte aus GewBetr beziehen. Soweit dies nicht der Fall ist, sind die Vorschriften über die entspr Anwendung (Rn 12) bei den anderen Einkunftsarten ebenfalls zu beachten. 13

Der **zeitliche Anwendungsbereich** ergibt sich aus § 52 Abs 33a.[2] Danach ist § 15b erstmals für den VZ 05 anzuwenden und nur auf solche Verluste aus Steuerstundungsmodellen, denen der StPfl **nach dem 10.11.05 beigetreten** ist **oder** für die nach dem 10.11.05 mit dem **Außenvertrieb** begonnen wurde. Als Beginn des Außenvertriebs wird der Zeitpunkt bestimmt, zu dem die Voraussetzungen für die Veräußerung konkret bestimmbarer Fondsanteile vorliegen und die Ges selbst oder über ein Vertriebsunternehmen mit Außenwirkung an den Markt herangetreten ist. Dem Beginn des Außenvertriebs werden gleichgestellt der Beschluss über eine Kapitalerhöhung und die Reinvestition von Erlösen in neue Projekte. Erfasst werden mithin alle Steuerstundungsmodelle in Gestalt von **geschlossenen Fonds,** mit deren Außenvertrieb erstmals nach dem 10.11.05 begonnen wird – neue Fonds –, aber auch der nach dem 10.11.05 erfolgende erstmalige Beitritt zu einem bereits bestehenden Fonds durch einen bisher nicht beteiligten StPfl sowie die nach dem 10.11.05 erfolgende Übernahme weiterer Fondsanteile eines bereits bestehenden Fonds durch die bisherigen G'ter wie auch die Reinvestition von Erlösen nach dem 10.11.05 durch einen schon vor dem 11.10.05 bestehenden Fonds in neue Projekte. Bei Anteilsübertragungen an Altfonds ist der Zeitpunkt des Abschlusses des Übertragungsvertrages maßgeblich, bei Erwerb über einen Treuhänder der Zeitpunkt des Erwerbs vom Treuhänder. Bei unentgeltlicher Rechtsnachfolge in einen Gesellschafts/Gemeinschaftsanteil tritt der Erwerber an die Stelle des Rechtsvorgängers. Maßgeblich ist insoweit, ob bereits beim Rechtsvorgänger eine Beteiligung an einem Steuerstundungsmodell vorlag.[3] Für den Sonderfall, dass das Steuerstundungsmodell nicht auf einem (geschlossenen) Fonds in Form einer Ges/Gemeinschaft beruht, namentlich auch bei einer Einzelinvestition, ist § 15b anwendbar, falls die jeweilige Investition nach dem 10.11.05 rechtsverbindlich getätigt wurde. Unter rechtsverbindlicher Investition ist zu verstehen, dass für den StPfl bereits eine unbedingte Zahlungsverpflichtung – ohne Vorbehalts- und Rücktrittsklauseln – besteht.[4] 14

Der zeitliche Anwendungsbereich des § 15b wird durch § 52 Abs 33a (und die entspr Verweisungen in § 52 Abs 30a, 34b, 36a, 37d, 38 S 2) auf einen Zeitpunkt vor Inkrafttreten des Gesetzes am Tag nach der Verkündigung vorverlegt. Diese **Rückwirkung** wurde von der Mehrheit des Gesetzgebers unter Hinweis auf die Vermeidung eines negativen Ankündigungseffektes für gerechtfertigt und verfassungsrechtlich zulässig gehalten.[5] Das Datum des 10. November wurde gewählt, weil seit dem 8.11.05 in der Presse über eine Absichtserklärung der scheidenden BReg berichtet wurde, die Verlustverrechnungsmöglichkeiten namentlich aus Medien- und anderen Fonds einzuschränken.[6] Die neue BReg hatte einen dem § 15b entspr Kabinettsbeschluss erst am 24.11.05 gefasst. Der Gesetzesvorschlag der Großen Koalitionsparteien datiert v 29.11.05. Auch bei Berücksichtigung der Besonderheiten der neuen Regierungsbildung und des negativen Ankündigungseffektes bestehen **gravierende verfassungsrechtliche Bedenken** unter dem Aspekt des rechtsstaatlich gebotenen Vertrauensschutzes gegenüber einer Stichtagsregelung, die auf Absichtserklärungen einer aus dem Amt scheidenden BReg und darüber erfolgte Presseberichterstattung abstellt.[7] Das Mindeste, was verlangt werden muss, ist das Vorliegen eines Kabinettsbeschlusses; richtigerweise sollte allerdings ohnehin grds auf die Verkündung im Gesetzblatt abgestellt werden. Aus diesem Grunde bestehen auch erhebliche ver- 15

---

1 BMF BStBl I 07, 542.
2 Eingefügt durch Gesetz zur Beschränkung der Verlustverrechnung im Zusammenhang mit Steuerstundungsmodellen v 22.12.05, BGBl I 05, 3683.
3 BMF BStBl I 07, 542 Tz 25 und 27 f.
4 Begr Gesetzentwurf v 29.11.05, BT-Drs 16/107 unter Hinweis auf BVerfGE 97, 67 (82).
5 Begr Gesetzentwurf v 29.11.05, BT-Drs 16/107 unter Hinweis auf BVerfGE 97, 67 (82); FA v 14.12.05, BT-Drs 16/254; vgl auch BT-Protokolle 16. Wahlperiode 8. Sitzung v 15.12.05, S 434 ff.
6 Ein förmlicher Kabinettsbeschluss wurde gerade nicht gefasst, weil ein Minister die Zustimmung versagte, vgl dazu Abgeordneter Frechen, BT-Protokolle 16. Wahlperiode 8. Sitzung v 15.12.05, S 452.
7 Vgl auch *Patt/Patt* DB 06, 1865.

fassungsrechtliche Bedenken[1] gegen die Anordnung in § 52 Abs 37d, dass die durch § 20 II b idF des JStG 07 allg für Kapitaleinkünfte erfolgte Erstreckung der entspr Anwendung des § 15b bereits rückwirkend für den gesamten VZ 06 gelten soll.

16 Mit dem Inkrafttreten des § 15b wird der bisherige **§ 2b (Verlustzuweisungsgesellschaften)** aufgehoben. An seine Stelle tritt § 15b einschließlich der seine entspr Anwendung für andere als gewerbliche Einkünfte vorschreibenden Regelungen (Rn 14).

Der wesentliche Unterschied besteht einerseits darin, dass in § 15b nicht nur auf Beteiligungen an Ges, Gemeinschaften und ähnlichen Modellen abgestellt wird. Außerdem wird das Steuerstundungsmodell breiter als in § 2b definiert, namentlich nicht unter Bezug auf einen Renditevergleich vor und nach Steuern.

Die Anordnung der Weitergeltung des § 2b für nach dem 4.3.99 und vor dem 11.11.05 erworbene Beteiligungen an Verlustzuweisungsmodellen iSd § 2b in § 52 Abs. 4 ist mit der Stichtagsregelung für § 15b abgestimmt.[2]

B. Verlustausgleichsbeschränkung (§ 15b I)

17 **I. Ausschluss der Anwendung von §§ 2 III und 10d nach § 15b I 1.** § 15b I 1 schließt sowohl den innerperiodischen horizontalen Verlustausgleich mit den übrigen Einkünften aus GewBetr aus als auch den ertikalen Verlustausgleich mit anderen Einkunftsarten. Ebenso wird ein überperiodischer Verlustabzug nach § 10d ausgeschlossen. Zugelassen wird nach § 15b I 2 lediglich eine Verlustverrechnung (Gewinnminderung) mit Gewinnen aus derselben Einkunftsquelle in folgenden Wj. Dies setzt freilich voraus, dass es in Zukunft noch zu solchen Gewinnen kommt, andernfalls wirkt sich das Verlustabzugsverbot endgültig aus und bewirkt nicht lediglich eine gewollte liquiditätsverschlechternde zeitlich Verschiebung in die Zukunft.

18 Ein Verlustvortrag nach § 10d und ggf bereits ein Verlustausgleich nach § 2 III mit Verlusten aus einem Steuerstundungsmodell ist allerdings entgegen dem vermeintlichen Wortlaut des § 15b I 1 zuzulassen, wenn wegen feststehender **Aufgabe der Einkunftsquelle** zukünftige Gewinne aus dieser nicht mehr anfallen können. Der Wortlaut des § 15b I steht dem nicht entgegen. Denn es ist der Zusammenhang mit § 15b I 2 zu beachten. An die Stelle des Verlustausgleichs- und -abzugsverbotes nach §§ 2 III und 10d soll danach die Verrechnung mit künftigen Gewinnen aus derselben Einkunftsquelle treten. Es soll mithin gerade nicht zu einer definitiven Nichtberücksichtigung von Verlusten kommen. Als zu verhindernder steuerlicher Vorteil wird auch ausdrücklich nur die temporäre Hinausschiebung der Steuerzahlung durch Verrechnung der Verluste mit den übrigen Einkünften angesehen, § 15b II 1 und 2. IÜ spricht dafür auch die Bezeichnung als Steuerstundungsmodell im Gesetzestext. § 15b I 1 ist daher auch so interpretieren, dass ein Verlustausgleich nach § 2 III und ein Verlustvortrag nach § 10d nur so lange ausgeschlossen sind, wie eine Verrechnung der Verluste aus dem Steuerstundungsmodell mit zukünftig zu erwartenden Gewinnen aus derselben Einkunftsquelle nach § 15b I 2 überhaupt noch möglich erscheint. Dies ist ausgeschlossen, wenn die dem Steuerstundungsmodell zugrunde liegende Einkunftsquelle nicht mehr besteht. Soweit dann unter Berücksichtigung eines nach § 15 I 2 zu mindernden evtl Gewinnes aus der Aufgabe/Veräußerung der Einkunftsquelle noch ein sich lediglich verrechenbarer Verlust bestehen bleibt, würde die endgültige Versagung zu einem definitiven Verstoß gegen das objektive Nettoprinzip führen. Diese Auslegung entspricht auch den Gesetzesmaterialien, wonach die Verluste nicht endgültig „verloren" gehen, sondern nur zeitlich „gestreckt" werden sollen.[3] Davon kann aber keine Rede mehr sein, wenn die Einkunftsquelle aufgegeben wird. § 15 I 1 ist daher verfassungskonform dahingehend auszulegen, dass das Verlustausgleichs- und -abzugsverbot nicht mehr eingreift, nachdem die Einkunftsquelle des Steuerstundungsmodells beim StPfl nicht mehr besteht.[4]

---

1 Vgl zur Problematik einer unechten Rückwirkung mit Abstellen auf den VZ die Vorlagebeschlüsse des BFH v 2.8.06 XI R 30/03 u XI R 34/02, DStR 06, 1879; vgl auch *Hey* DStR 07, 1 f.

2 Zu Rückabwicklungsklauseln und § 2b vgl OFD M'ster/ OFD Rhld. v 13.3.06 – S 2118 – 29 – St 12, DStR 06, 643.

3 Gesetzentwurf CDU/CSU u SPD v 25.11.05, BT-Drs 16/ 107; unklar hingegen Beschlussempfehlung des FA v 14.12.05, BT-Drs 16/554 mit dem Hinweis auf endgültige Verluste wegen zu optimistischer Modellannahmen, was aber wohl dahingehend zu verstehen ist, dass die Einführung des § 15b bereits verhindern werde, dass solche Modelle in Zukunft überhaupt noch praktiziert werden.

4 Vgl auch *Brandtner/Raffel* BB 06, 639.

II. Verlustverrechnung mit Einkünften aus derselben Einkunftsquelle, § 15b I 2. – 1. Eingeschränkte Verlustverrechnung. An die Stelle eines sofortigen Verlustausgleichs innerhalb der Einkünfte aus GewBetr oder nach § 2 III tritt nach § 15b I 2 eine Verlustverrechnung mit **zukünftigen Gewinnen aus derselben Einkunftsquelle**. Die erlittenen Verluste „mindern die Einkünfte, die der Steuerpflichtige in den folgenden Wirtschaftsjahren aus derselben Einkunftsquelle bezieht". 19

Seinem Wortlaut nach lässt § 15b I lediglich eine Verlustverrechnung mit zukünftigen Gewinnen aus derselben Einkunftsquelle zu. Ein **Verlustrücktrag** auf Gewinne aus derselben Einkunftsquelle in der Vergangenheit ist danach **ausgeschlossen**. Diese Konstellation dürfte freilich ohnehin nur ausnahmsweise in Betracht kommen, da die Steuerstundungsmodelle typischerweise darauf gerichtet sind, schon in der Anfangsphase steuerliche Verluste zu generieren. Immerhin lässt sich nicht ausschließen, dass auch nach einer Gewinnphase aus derselben Einkunftsquelle Verluste generiert werden und das Modell darauf gerichtet war. Der Ausschluss eines auf Gewinne aus derselben Einkunftsquelle beschränkten Rücktrages ist jedoch unbedenklich, soweit jedenfalls die Möglichkeit einer Verrechnung mit zukünftigen Gewinnen besteht. 20

2. Dieselbe Einkunftsquelle. Die nach § 15b I 2 zulässige Verlustverrechnung ist nur mit positiven Einkünften aus **derselben Einkunftsquelle** zulässig. Die jeweilige Einkunftsquelle ergibt sich aus dem Investitionsgegenstand, in den gem dem Konzept des jeweiligen Steuerstundungsmodells die vom StPfl getätigte Investition durch Aufbringung von finanziellen Mitteln erfolgt. 21

Sofern es sich um eine Steuerstundungsmodell handelt, dem die Beteiligung mehrerer StPfl in Form einer Ges oder Gemeinschaft (Rn 35f) zugrunde liegt, ergibt sich die Einkunftsquelle aus dem Geschäftsgegenstand, der nach dem zugrunde liegenden Vertrag von den Gemeinschaftern/der Ges verfolgt werden soll und verfolgt wird, etwa die Herstellung eines oder mehrerer Filme (Medienfonds), einer oder mehrerer Windkraftanlagen usw. Für den StPfl ist Einkunftsquelle dann seine Beteiligung an dieser Gemeinschaft (sein MU'anteil) einschl eines etwaigen Sonderbereiches. Insoweit findet eine Saldierung von Überschüssen und Verlusten bei den einzelnen Investitionsobjekten statt, die vom Geschäftsgegenstand des Fonds umfasst werden.[1]

Bei doppel- und mehrstöckigen Konstruktionen (zB Dachfonds) stellt allerdings für den gesellschaftsrechtlich nur an der Obergesellschaft beteiligten StPfl auch die mittelbare Beteiligung an der jeweiligen Untergesellschaft seine Einkunftsquelle dar. Ist die Obergesellschaft daher an mehreren Untergesellschaften beteiligt, handelt sich für den Obergesellschafter als StPfl um mehrere Einkunftsquellen iSd § 15b I 2. Ein Ausgleich der Verluste aus einer Beteiligung an einer als Steuerstundungsmodell zu qualifizierenden Untergesellschaft mit anderen positiven Einkünften ist daher auch auf der Ebene der Obergesellschaft weder mit deren eigenen Einkünften, noch mit zuzurechnenden positiven Einkünften aus anderen Untergesellschaften für den G'ter der Obergesellschaft möglich. Der Verlustanteil an der Untergesellschaft wird an den G'ter der Obergesellschaft „weitergegeben" und unterliegt bei ihm den Beschränkungen des § 15b. Dies folgt gerade daraus, dass die Obergesellschaft kein StPfl ist und ihr deshalb auch keine Vorteile iSd § 15b geboten werden können. ISd § 15b ist daher bei mehrstöckigen Konstruktionen auf die jeweils an der Obergesellschaft beteiligten StPfl abzustellen. Diese entfaltet gerade keine „Abschirmwirkung". Ist die Obergesellschaft selbst ebenfalls als Steuerstundungsmodell zu qualifizieren, so sind auf ihrer Ebene die eigenen Einkünfte und die Einkünfte aus den nicht als Steuerstundungsmodellen zu qualifizierenden Untergesellschaften zu saldieren. Der daraus sich ergebende Verlustanteil des Gesellschafters der Obergesellschaft unterliegt dann ebenfalls (ggfls zusätzlich) den Ausgleichsbeschränkungen des § 15b.[2]

Sofern es sich um ein Steuerstundungsmodell handelt, an dem allein der StPfl beteiligt ist (Rn 40), ergibt sich hier die Einkunftsquelle aus der konkreten Investition, die der StPfl gem dem Konzept des Modells tätigt, etwa die alleinige Finanzierung der Herstellung eines Filmes aufgrund eines vorgefertigten Konzeptes, dem die Generierung von vorübergehenden Verlusten zugrunde liegt.

Einkunftsquelle ist verkürzt mithin die jeweilige **Beteiligung** des betr StPfl **am jeweiligen Steuerstundungsmodell**,[3] wobei die Beteiligung auch eine 100 %ige (Allein-) Beteiligung sein kann (Rn 40).

---

1 BMF BStBl I 07, 542 Tz 13.
2 So auch Begr zum Gesetzentwurf, BT-Drs 106/107, S7; BMF BStBl I 07, 542 Tz 21: *Pohl* DStR 2006, 382; **aA** *Lechner/Lemaitre* DB 06, 689 und DStR 07, 935; *Lüdicke/Naujok* DB 2006,747; *Naujok* DStR 2007, 1601.
3 So ausdrücklich Begr zum Gesetzentwurf, BT-Drs 106/107.

22 Die im **Zusammenhang mit einem Steuerstundungsmodell stehende**n lediglich verrechenbaren **Verluste** und die mit ihnen **verrechenbaren positiven Einkünfte** weisen **dieselbe Einkunftsquelle** auf. Das verbindende Element ist die jeweils zugrunde liegende Einkunftsquelle. Der Umfang der Einkunftsquelle wird durch die dem Stundungsmodell zugrunde liegende Konzeption bestimmt, soweit dieses durch Investitionen des StPfl tatsächlich umgesetzt wird. Die Einkunftsquelle kann nicht unabhängig vom zugrunde liegenden Konzept des Steuerstundungsmodells bestimmt werden.

23 Zwischen Einkunftsart iSd **7 Einkunftsarten** und **Einkunftsquelle** iSd § 15b besteht **keine** Identität oder sonstige **Deckungsgleichheit**. Regelmäßig werden aus der Einkunftsquelle nur Teile der Einkünfte einer bestimmten Einkunftsart des StPfl generiert. Im Falle des § 15b werden Verluste in der Einkunftsart Einkünfte aus GewBetr erzielt. Soweit in anderen Einkunftsarten Verluste oder negative Einkünfte aus Steuerstundungsmodellen generiert werden, ist ggf § 15b entspr anzuwenden (Rn 12).

Zu welcher Einkunftsart die aus der Einkunftsquelle erzielten (positiven oder negativen) Einkünfte gehören, bestimmt sich nach den allg Kriterien der §§ 13 f. Maßgeblich ist auf die vom jeweiligen StPfl entfaltete Betätigung abzustellen.

24 Soweit dem Steuerstundungsmodell eine **Beteiligung mehrerer StPfl** in Form einer **Ges** oder Gemeinschaft zugrunde liegt – typischerweise sog **geschlossene Fonds** –, bestimmt sich die **Einkunftsart** zunächst nach den gemeinsam verwirklichten Tatbestandsmerkmalen auf der Ebene der Ges/Gemeinschaft. Bei einer gewerblichen **MU'schaft** nach § 15 I Nr 2 werden mithin gewerbliche Einkünfte von allen Beteiligten erzielt. § 15 I Nr 2 ist dann in vollem Umfange anwendbar. Zu den aus derselben Einkunftsquelle iS des § 15b I 2 zu berücksichtigenden erzielten gewerblichen Einkünften positiver (Gewinne) wie negativer (Verluste) Art gehören dann – abw von § 15a – auch **Verluste** und **Gewinne aus dem Sonder-BV**.[1]

Zu beachten ist aber, dass bei einer lediglich **vermögensverwaltenden Tätigkeit** auf der Ebene der Ges von einzelnen beteiligten StPfl dennoch gewerbliche Einkünfte aus der Einkunftsquelle erzielt werden, falls der StPfl die Beteiligung in einem gewerblichen BV hält, sei es, weil kraft Rechtsform ohnehin nur gewerbliche Einkünfte erzielt werden können, § 8 II KStG, § 15 III Nr 2 EStG, sei es, weil aus anderen Gründen die Beteiligung an der **gemeinsamen Einkunftsquelle** zu einem eigenen GewBetr des StPfl gehört. Trotz Beteiligung an einer gemeinsamen Einkunftsquelle im Zusammenhang mit einem Steuerstundungsmodell kann es bei den Beteiligten mithin zu unterschiedlich zu qualifizierenden Einkunftsarten kommen – sog **Zebragesellschaften**. § 15b ist dann nur für denjenigen StPfl einschlägig, der gewerbliche Einkünfte erzielt (s. auch Rn 46a). Für die anderen Beteiligten kann sich aber in den anderen Einkunftsarten eine entspr Anwendung ergeben (Rn 12). Auch insoweit sind dann für den an einer lediglich vermögensverwaltenden Personengesellschaft beteiligten StPfl durch die Beteiligung veranlasste Sonderwerbungskosten und Sondereinnahmen bei der entsprechenden Anwendung des § 15b im Rahmen der jeweiligen Einkunftsart einzubeziehen und gehören zur selben Einkunftsquelle.

25 Die **Identität der Einkunftsquelle** wird durch einen **Wechsel der Einkunftsart** nicht berührt. Auch nach einem solchen Wechsel bleibt die **Verrechnungsmöglichkeit** gem § 15b I 2 erhalten. Das gilt gleichermaßen für den Fall eines Wechsels von gewerblichen Einkünften zu anderen Einkünften, wie auch umgekehrt oder bei einem Wechsel innerhalb anderer Einkunftsarten.

Beispiel[2]: a) Ein Gewerbetreibender erwirbt einen Immobilienfondsanteil und ordnet ihn seinem BV zu. Nach Ablauf von 5 Jahren veräußert er seinen GewBetr unter Zurückbehaltung des Immobilienfondsanteils. Bisher noch nicht verrechnete gewerbliche Verluste im Zusammenhang mit dem Immobilienanteil nach § 15b I 1 bleiben weiterhin verrechenbar mit den zukünftig aus dem Immobilienanteil zu erzielenden Einkünften aus VuV gem § 15b I 2.

b) Aus dem Erwerb eines Immobilienanteils werden zunächst negative Einkünfte aus VuV erzielt. Der Anteil wird nach 3 Jahren vom StPfl in ein eigenes BV eingelegt. Die noch nicht verrechneten negativen Einkünfte aus VuV nach § 21 I 2 iVm § 15b bleiben weiterhin verrechenbar mit den aus dem Fondsanteil erzielten gewerblichen Einkünften.

---

1 So zutr BMF BStBl I 07, 542 Tz 13,18,19; vgl auch Begr zum Gesetzentwurf, BT-Drs 106/107.

2 Nach Begr Gesetzesvorlage BT-Drs 16/107.

3. Vorrangiger Verrechnungskreis. Die Verlustverrechnung nach § 15b I 2 mit Gewinnen aus derselben Einkunftsquelle genießt den Vorrang vor einem Verlustausgleich nach § 2 III oder Verlustabzug nach § 10d. Verrechenbare Verluste aus § 15b I 1 mindern daher vorrangig zunächst gewerbliche Gewinne – oder bei Wechsel der Einkunftsart positive Einkünfte der anderen Einkunftsart – aus derselben Einkunftsquelle. Die Verrechnung mit Gewinnen in den Folgejahren aus § 15b I 2 genießt insoweit auch Vorrang vor einem horizontalen Verlustausgleich.[1] Erst ein nach der Verlustverrechnung noch verbleibender Gewinn/Überschuss nimmt am horizontalen, vertikalen Verlustausgleich sowie am Verlustabzug nach § 10d teil.

26

Beispiel: Nicht verrechenbare gewerbliche Verluste von –100 000 aus Immobilienfonds in den Jahren 01 bis 04. In 05 nunmehr positive Einkünfte von +20 000 aus dem Immobilienfonds bei VuV. Außerdem gewerbliche Einkünfte von +50 000 laufender Gewinn und +100 000 Veräußerungsgewinn nach § 16 sowie –50 000 übrige Einkünfte bei VuV.

Die verrechenbaren Verluste mindern die Einkünfte aus VuV iHv +20 000 aus dem Immobilienfonds, so dass noch verrechenbare Verluste von –80 000 verbleiben. Die Verrechnung genießt den Vorrang vor einem horizontalen Ausgleich bei VuV. Im Rahmen von § 2 III sind vorrangig der laufende Gewinn aus § 15 iHv +50 000 und die negativen verbleibenden Einkünfte von –50 000 aus VuV auszugleichen. Es verbleibt ein begünstigter Veräußerungsgewinn nach § 16 von +100 000.

Soweit lediglich verrechenbare Verluste nicht (mehr) vorhanden sind, nehmen Gewinne/Überschüsse aus der Einkunftsquelle ganz normal am horizontalen und vertikalen Verlustausgleich und Verlustabzug teil.

Die Verlustverrechnung nach § 15b I 2 mit positiven Einkünften aus derselben Einkunftsquelle ist – anders als nach § 2b (§ 2b Rn 94), § 15 IV 2 und 7 (§ 15 Rn 618, 622) – nicht entspr § 10d der Höhe nach begrenzt. Eine rückwirkende Verrechnung mit Gewinnen aus dem Vorjahr kommt ohnehin nicht in Betracht (Rn 20).

27

III. Vorrang vor § 15a, Konkurrenz zu anderen Verlustausgleichsbeschränkungen. Nach § 15b I 3 ist § 15a „insoweit nicht anzuwenden". Das „insoweit" bezieht sich auf die Anwendbarkeit des § 15b I 1 und 2. Dadurch soll nach der Begr zum Gesetzentwurf zum Ausdruck gebracht werden, dass § 15b Vorrang vor der Anwendung des § 15a hat.[2] Das Verlustausgleichs- und -abzugsverbot des § 15b I 1 soll jedenfalls ebenso vorrangig zu beachten sein wie die Verlustverrechnungsmöglichkeit mit positiven Einkünften aus derselben Einkunftsquelle.

28

Die Frage einer Konkurrenz zwischen § 15a und § 15b kann sich freilich nur stellen, soweit für beide Vorschriften der Tatbestand erfüllt ist. Soweit lediglich der Tatbestand einer der Vorschriften erfüllt ist, versteht es sich von selbst, dass dann die jeweilige Vorschrift in vollem Umfange anzuwenden ist.

Daher lässt § 15b I 1 einen horizontalen wie vertikalen Verlustausgleich bei einem an einem Stundungsmodell beteiligten K'disten auch dann nicht zu, wenn bei ihm kein negatives Kapitalkonto entsteht oder sich erhöht oder er dennoch wegen übersteigender Hafteinlage haftet, so dass § 15a I nicht eingreift. Der insoweit nicht ausgleichsfähige Verlust bleibt im Rahmen des § 15b I 2 nur mit zukünftigen positiven Einkünften aus dieser Einkunftsquelle unabhängig von § 15a II verrechenbar. Liegen umgekehrt nur die Voraussetzungen des § 15a vor, nicht aber die des § 15b, versteht es sich von selbst, dass § 15a in vollem Umfange anwendbar bleibt.

§ 15b I 3 kann daher nur Bedeutung gewinnen, wenn sowohl § 15b als auch § 15a tatbestandsmäßig erfüllt sind. Es muss mithin jedenfalls eine mitunternehmerische Beteiligung eines beschränkt haftenden K'disten ein einem Steuerstundungsmodell vorliegen. Dann ist, ausweislich des Wortlautes, § 15a nicht anzuwenden, selbst wenn er tatbestandlich vorliegt, soweit auch § 15b I eingreift. Bedeutung kommt dieser Regelung namentlich dann zu, wenn zwar nach § 15a II eine Verlustverrechnung möglich wäre, aber nach § 15b I 2 nicht. Dann ist die Verrechnung nach § 15a II nicht anzuwenden.

29

Beispiel: K erzielt in 01 einen Verlustanteil von 500 000, der sowohl nach § 15a wegen der Entstehung eines negativen Kapitalkontos als auch nach § 15b I 1 nicht ausgleichsfähig, sondern nur verrechenbar ist. In 02 wird dem K ein Gewinnanteil von 500 000 aus dem Gesamthandsbereich zugewiesen und außerdem erzielt er im Sonderbereich einen Verlust von 400 000.

---

[1] Vgl auch BMF BStBl I 04, 1097 allerdings zu §§ 2b und 10d.

[2] Gesetzentwurf CDU/CSU u SPD v 29.11.05, BT-Drs 16/107.

Nach § 15a II würde sich der Gewinnanteil des K von 500 000 in 02 um den verrechenbaren Verlust aus 01 iHv 500 000 mindern. Ein lediglich verrechenbarer Verlust bliebe nicht. Es verbliebe bei einem sofort ausgleichsfähigen Verlust von 400 000 im Sonderbereich.

Nach § 15b I 2 entsteht in 02 lediglich ein Gewinn von 500 000 – 400 000 = + 100 000. Dieser mindert sich nach § 15b I 2 um 100 000 verrechenbarer Verlust aus 01. Es verbleibt ein lediglich verrechenbarer Verlust von 400 000 für die Jahre ab 03. Eine Verlustverrechnung nach § 15a I ist ausgeschlossen.

30 **Unterschiede** im Umfange eines lediglich verrechenbaren Verlustes nach § 15a und § 15b können sich namentlich dadurch ergeben, dass bei § 15a Verluste im Sonderbereich immer sofort ausgleichsfähig sind und gerade keine Saldierung von **Verlusten oder Gewinnen im Sonderbereich** mit Verlust- oder Gewinnanteilen im Gesamthandsbereich stattfindet. Hingegen umfasst § 15b I auch Gewinne und Verluste des MU'ers im Sonderbereich, falls es sich bei der Beteiligung an der MU'schaft insgesamt um eine Einkunftsquelle im Zusammenhang mit einem Steuerstundungsmodell handelt.[1]

31 Nicht anwendbar ist auch die **Gewinnzurechnung wegen Einlagenminderung** nach § 15a III, soweit ein Verlustausgleich oder -abzug wegen § 15b I 1 in der Vergangenheit nicht vorgenommen werden konnte, obwohl er nach § 15a I nicht ausgeschlossen war, weil damals kein negatives Kapitalkonto bestand oder sich erhöhte.

32 Im Verhältnis zu § 15a ist mithin zu beachten: Liegen im Jahr der erstmaligen Entstehung des Verlustes sowohl die Voraussetzungen des § 15a und des § 15b vor, so genießt die Anwendung des § 15b Vorrang. Bei der Anwendung nur des § 15b verbleibt es dann in vollem Umfange auch in den Folgejahren. § 15a ist daneben nicht, auch nicht teilw, anzuwenden. Soweit im Verlustentstehungsjahr entweder nur die Voraussetzungen des § 15a oder des § 15b vorliegen, verbleibt es bzgl dieses Verlustes auch in den Folgejahren nur bei der Anwendung der jeweiligen Vorschrift. Die Frage einer Nichtanwendung von § 15a stellt sich dann nicht.

33 Dasselbe Verhältnis wie zwischen § 15b und § 15a gilt auch dann, wenn im Rahmen anderer Einkunftsarten § 15b und/oder § 15a entspr anwendbar sind (Rn 12).

34 Die übrigen speziellen Verlustverrechnungsbeschränkungen nach § 2a, § 15 IV 2 und 7, § 20 I Nr 4, bzw zukünftig § 20 II b idF JStG 07, § 22 Nr 3, § 23 III 8 sind bei Vorliegen ihrer Tatbestandsvoraussetzungen ggf neben § 15b anwendbar. IErg kommen die jeweils strengere Verlustausgleichsbeschränkung und die eingeschränktere Verlustverrechnung zum Zuge.[2]

1. Beispiel: Ein Verlust erfüllt zugleich die Voraussetzungen des § 15b I und des § 2a I. Im Folgejahr erzielt der StPfl positive Einkünfte derselben Art und aus demselben Staat, aber nicht aus derselben Einkunftsquelle. Eine Verlustverrechnung mit den positiven Einkünften derselben Art nach § 2a I 3 kommt nicht zum Zuge, da § 15b I 1 eine Verrechnung ausschließt.

2. Beispiel: Ein Verlust erfüllt zugleich die Voraussetzungen des § 15 IV 1 und des § 15b. Im Vorjahr war ein Gewinn aus gewerblicher Tierzucht erzielt worden. Im Folgejahr wird aus derselben Einkunftsquelle ein Gewinn aus gewerblicher Tierzucht erzielt.

Ein Rücktrag auf den Verlust aus gewerblicher Tierzucht das Vorjahr im Umfang des § 10d scheidet schon deshalb aus, weil § 15b einen solchen Rücktrag nicht kennt, selbst wenn es sich um dieselbe Einkunftsquelle handeln sollte. Eine Verlustverrechnung mit dem Gewinn des Folgejahres ist sowohl nach § 15b I 2 als auch nach § 15 IV 2 zulässig. Aber die Verrechnung ist nach § 15 IV 2 nur im Rahmen der Begrenzungen des § 10d zulässig. Soweit mithin der Gewinn aus gewerblicher Tierzucht und zugleich aus dem Stundungsmodell 1 Million übersteigt, ist die Verlustverrechnung für das Folgejahr darüber hinaus nur zu 60 % möglich, obwohl § 15b I 2 isoliert gesehen eine betragsmäßig unbegrenzte Verrechnung im Folgejahr zugelassen hätte.

C. Steuerstundungsmodell (§ 15b II)

35 **I. Modellhafte Gestaltung aufgrund vorgefertigten Konzepts. – 1. Fondsgesellschaften.** Wie die Vorgängerregelung des § 2b zielt § 15b primär auf (geschlossene) Fonds in Form von Ges oder Gemeinschaften, durch die den an der Ges als MU'er iSd § 15 Beteiligten jedenfalls in der Anfangs-

---

[1] BMF BStBl I 07, 542; Begr zum Gesetzentwurf CDU/CSU u SPD v 29.11.05, BT-Drs 16/107.

[2] A A BMF BStBl I 07, 542 Tz 22- 24. Danach soll immer ein Vorrang des § 15 Ib bestehen. Die Begründung, dass § 15b jeweils die speziellere Vorschrift sei, ist aber unzutreffend; s auch *Naujok* DStR 2007, 1601(1606).

phase Verlustanteile zugewiesen werden, respektive bei der sie Verlustanteile erzielen. Soweit die Ges/Gemeinschaft ihrerseits nicht gewerblich tätig wird, sondern entweder in einer anderen Gewinneinkunftsart oder in einer Überschusseinkunftsart, ordnen § 13 VII, § 18 IV 2, bzw § 20 II b, § 21 I 2, § 22 Nr 1 S 1 HS 2 die entspr Anwendung an. Die Begr zum Gesetzentwurf und das Anwendungsschreiben des BMF[1] nennen denn auch als beispielhaft für Steuerstundungsmodelle ua Medienfonds, Gamefonds, New Energy Fonds, Lebensversicherungszweitmarktfonds, Wertpapierhandelsfonds und Immobilienfonds.

Derartige Fonds, an denen mehrere StPfl beteiligt sind, können Steuerstundungsmodelle iSd § 15b II sein.

Auf die **Rechtsform** der Ges oder Gemeinschaft kommt es nicht an. Es kommen daher neben der BGB-Ges, der OHG, der KG oder auch nur einer Bruchteilsgemeinschaft auch entspr **ausländische Rechtsformen** in Betracht. Voraussetzung ist allerdings, dass nach deutschem Steuerrecht eine **transparente Besteuerung** bei den G'tern, Gemeinschaftern erfolgt, denn nur dann erzielen die an der Ges beteiligten StPfl negative Einkünfte, die ihnen unmittelbar zuzurechnen sind. **36**

Zu einem Steuerstundungsmodell werden derartige Ges oder Gemeinschaften jedoch nur dann, wenn aufgrund eines **vorgefertigten Konzeptes** dem an der Ges beteiligten StPfl die Möglichkeit zur Verlustverrechnung geboten werden soll. Die von § 15b II verlangte **modellhafte Gestaltung** ergibt sich gerade aus dem vorgefertigten Konzept. **37**

Dem Begriff des vorgefertigten Konzeptes ist zu entnehmen, dass sowohl der **Geschäftsgegenstand der Ges**, namentlich die **Art der** zu tätigenden **Investition**, wie auch die **Konstruktion der Ges/Gemeinschaft** selbst, nicht durch die an ihr Beteiligten im Einzelnen ausgehandelt werden, sondern bereits vorher oder auch erst nach dem Beitritt (so genannte Blindpools) durch den oder die Initiatoren festgelegt worden sind. Die **Initiatoren/Anbieter** dieses vorgefertigten Konzeptes sind häufig insgesamt Außenstehende; sie können sich aber auch selbst beteiligen, häufig dann allerdings nur geringfügig.

Typischerweise sieht bereits das Konzept vor, dass der Ges nach ihrer Gründung weitere noch zu werbende „**Anleger**" als G'ter beitreten können. Oftmals werden **Treuhandkonstruktionen** gewählt, wobei die Treuhänder schon von den Initiatoren ausgewählt werden. Kennzeichnend ist weiter, dass der gem dem vorgefertigten Konzept abgeschlossene Gesellschaftsvertrag auch nach Beitritt weiterer Anleger als G'ter diesen jedenfalls nicht die Möglichkeit zu einer Änderung des Gesellschaftsvertrages einräumt, die dem Konzept zuwiderlaufen würde. Die G'ter/Anleger werden auch nicht selbst im Rahmen der Ges für diese tätig. Ihre Rolle beschränkt sich für den Regelfall darauf, haftendes (Eigen-)Kapital zur Verfügung zu stellen, sich ohne Einfluss auf die Geschäftsführung kapitalmäßig zu beteiligen.[2]

Dem Tatbestandsmerkmal der modellhaften Gestaltung aufgrund eines vorgefertigten Konzeptes ist jedenfalls zu entnehmen, dass dieses Konzept dem StPfl, für den die Beteiligung an der Ges sodann die Einkunftsquelle aus dem Steuerstundungsmodell ist, **von außen angeboten** wird. Es ist gerade nicht von ihm entwickelt worden. Soweit es sich um eine Gesellschafts- oder Gemeinschaftskonstruktion handelt, ist diese bereits vor der Gründung der Ges konzeptionell entwickelt. Dem StPfl wird lediglich die Möglichkeit geboten, **zu den festgelegten Konditionen** der Gemeinschaftskonstruktion **beizutreten**.

Häufig wird es so sein, dass zunächst die Ges von den Initiatoren bereits selbst als G'ter oder durch von diesen eingeschalteten Pers, ggf KapGes, gegründet wird. Die eigentliche Kapitalaufbringung erfolgt sodann aber erst durch den von vornherein im Konzept und im demgemäß ausgestalteten Gesellschaftsvertrag vorgesehenen Beitritt der „Anleger" als weitere G'ter/Gemeinschafter. Denkbar ist allerdings auch, dass bereits der Abschluss des Gesellschaftsvertrages davon abhängig gemacht wird, dass bereits einige nicht an der Konzeptionsentwicklung beteiligte Anleger als Gründungs-G'ter gewonnen wurden.

---

1 Gesetzentwurf BT-Drs 16/107; BMF BStBl I 07, 542 Tz 7.
2 BMF BStBl I 07, 542 Tz 7 sieht daher in einer dementsprechenden bloßen kapitalmäßigen Beteiligung ein Indiz für das Vorliegen eines Steuerstundungsmodells, falls in der Anfangsphase Verlustzuweisungen erfolgen; krit insoweit *Naujok* DStR 2007, 1601.

Reiß

38 Soweit auch die Initiatoren oder von diesen eingeschaltete Pers, namentlich in der Gründungsphase, sich an der Ges/Gemeinschaft beteiligen, könnte fraglich sein, ob diese Beteiligung auch für sie eine Beteiligung an einem Steuerstundungsmodell darstellt.

Dies dürfte grds zu bejahen sein. Zwar könnten hier deshalb Zweifel bestehen, weil es sich für diese nicht um von anderen entwickeltes „vorgefertigtes Konzept" zur Verlustverrechnung zu handeln scheint, da das Konzept gerade von ihnen entwickelt wurde.

Es ist jedoch zu differenzieren zwischen der Rolle als Initiator und Entwickler der Konzeptes und der Rolle des zu den Bedingungen des entwickelten Konzeptes beitretendem G'ter/Gemeinschafter. Treten die Initiatoren zu denselben Bedingungen wie die übrigen Anleger der modellhaft vorgefertigten Gemeinschaftskonstruktion bei, so sind sie insoweit ebenfalls wie diese zu behandeln. Ausschlaggebend ist dann nicht, dass das Konzept von ihnen entwickelt wurde, sondern dass sie sich wie die übrigen Anleger zu den Bedingungen des vorgefertigten Konzeptes beteiligen. Diese Unterscheidung ist freilich nur möglich und dann allerdings auch geboten, wenn es neben den Initiatoren überhaupt übrige G'ter gibt und nach dem Konzept auch gerade geben soll. Auf deren Beitritt muss das Konzept auch in erster Linie zielen, während der gleichzeitigen Beteiligung von Initiatoren nur eine Hilfsfunktion, namentlich bei der Gründung und zur Vertrauensbildung, zukommen darf.

39 An einer modellhaften Gestaltung aufgrund eines vorgefertigten Konzeptes fehlt es daher, wenn an der inhaltlichen Ausgestaltung des Gesellschaftsvertrages einschließlich der Festlegung des Geschäftsgegenstandes oder der sonstigen Gemeinschaftskonstruktion sämtliche Beteiligten inhaltlich mitwirken, respektive mitwirken können. Ebenso fehlt es daran, wenn eine derartige Gemeinschaft kraft Gesetzes eintritt, etwa bei der Erbengemeinschaft.[1] Dies gilt auch dann, wenn für sämtliche Beteiligten erkennbar ist, dass zunächst die gemeinsame Betätigung zu Verlusten führen wird, namentlich in der Anfangsphase. Dies betrifft gleichermaßen die Gründung von Einzelunternehmen wie auch MU'schaften bei den Gewinneinkünften, aber auch die Begr einer gemeinsamen Überschusseinkünfteerzielungsquelle, etwa bei VuV. § 15b findet daher auf (auch vorhersehbare) Anlaufverluste bei **Existenz- und Firmengründern** keine Anwendung. Die Abgrenzung ist freilich problematisch. Entscheidend ist hier gerade, dass es bei Existenz – und Unternehmensgründungen an einem vorgefertigten, fremdbestimmten Konzept fehlt, das auf steuerliche Vorteile durch Verlustverrechnung abzielt. Ebenfalls scheiden als Steuerstundungsmodelle aber auch Konstruktionen aufgrund vorgefertigter, fremdbestimmter Konzepte aus, wenn diese nicht auf Vorteil durch Verlustverrechnung abzielen, sondern auf steuerliche Vorteile wegen Steuerbefreiungen oder Nichtsteuerbarkeit wirtschaftlicher Erfolge (s Rn 48). Dies kann für **Venture Capital und Private Equity Fonds** zutreffen.[2] Freilich kann es nicht auf die selbst gewählte Bezeichnung ankommen, sondern es ist anhand der Ges/Fondskonstruktion und des Geschäftsgegenstandes zu prüfen, ob objektiv Vorteile durch Verlustverrechnung mit negativen Einkünften erzielt werden sollen oder ob es um andere Vorteile geht, selbst wenn Anlaufverluste absehbar sind.

40 **2. Alleiniger Anleger.** Eine für den StPfl als Steuerstundungsmodell zu qualifizierende Einkunftsquelle setzt nicht notwendigerweise voraus, dass im Rahmen eines Gesellschafts- oder Gemeinschaftsverhältnisses mehrere StPfl an derselben Quelle beteiligt sind. Die Neuregelung erfasst auch die Anlage- und Investitionstätigkeit einzelner StPfl außerhalb einer Ges oder Gemeinschaft.[3] Anders als die Vorgängervorschrift des § 2b (s § 2b Rn 29) setzt § 15b II lediglich eine modellhafte Gestaltung aufgrund eines vorgefertigten Konzeptes voraus. Sie verweist für „ähnliche Modelle" nicht wie § 2b auf Ges und Gemeinschaften als Referenzmodell. Die für § 2b bestehende Streitfrage, ob ein Verlustzuweisungsmodell auch vorliegen könne, wenn nicht mehrere StPfl sich in einer einer Ges oder Gemeinschaft vergleichbaren Weise zu gemeinsamer Einkünfteerzielung verbinden, ist für § 15b insoweit nunmehr dahingehend beantwortet, dass ein Steuerstundungsmodell auch vorliegen kann, wenn nur ein einzelner StPfl daran beteiligt ist.

---

1 Davon zu unterscheiden ist freilich, dass eine Erbengemeinschaft Rechtsnachfolger in eine Beteiligung an einem Steuerstundungsmodell sein kann.

2 BMF BStBl I 07, 542 Tz 1, 7; vgl auch Begr zum Gesetzenwurf, BT-Drs 106/107 mit dem Hinweis auf „Existenzgründer" und „typische Verlustsituationen bei VuV außerhalb modellhafter Gestaltungen" sowie Empfehlung des FA, BT-Drs 16/254, mit dem Hinweis auf Existenzgründungen in Form einer PersGes oder zum Zwecke gemeinsamer Forschung und Entwicklung.

3 So ausdrücklich auch die Begr zum Gesetzentwurf, BT-Drs 106/107.

41 Unproblematisch für die Annahme einer modellhaften Gestaltung ist es zunächst einmal, wenn sogar eine gesellschaftsrechtliche Fondskonstruktion besteht, etwa in der Form einer GmbH & Co ohne Vermögensbeteiligung und Ergebnisbeteiligung der GmbH an der Ges, aber lediglich ein Anteilseigner sämtliche nach dem Konzept vorgesehenen Gesellschaftsanteile erwirbt. Unerheblich ist insoweit, ob sich dies mehr oder weniger zufälligerweise ergibt oder von den Initiatoren so geplant ist. Der alleinige Anleger darf nur nicht derjenige sein, der das Konzept selbst entwickelt hat.

Erst recht unproblematisch ist es, wenn zwar gesellschaftsrechtlich nur ein G'ter mit Beteiligung am Gesellschaftsvermögen vorhanden ist, aber dieser fremdnützig treuhänderisch den Anteil für mehrere Anteilsinhaber hält. Soweit der gesellschaftsrechtliche Anteil steuerlich aufgeteilt den mehreren Treugebern zuzurechnen sind, handelt es sich schon gar nicht um eine Alleinbeteiligung.

42 Auch unabhängig von dem Bestehen gesellschaftsrechtlicher oder sonstiger auf eine Mehrzahl von Beteiligten angelegter Konstruktionen kommt ein Steuerstundungsmodell aber auch in Betracht, wenn die modellhafte Gestaltung von vornherein darauf abzielt, dass davon jeweils einzelne StPfl getrennt von anderen Gebrauch machen können.

Von einer modellhaften Gestaltung aufgrund eines vorgefertigten Konzepts kann freilich nur ausgegangen werden, wenn das Konzept nicht durch die von § 15b zu treffenden StPfl selbst als den Investoren oder erst in ihrem Auftrag entwickelt worden ist. Dem in § 15b angesprochenen Steuerstundungsmodell liegt vielmehr zugrunde, dass außenstehende Initiatoren ein Konzept entwickeln, um es danach erst noch zu findenden Anlegern anbieten zu können.

Aus der Sicht der Initiatoren zielt die modellhafte Gestaltung darauf ab, dass von dem Modell durch mehrere StPfl, wenn auch nicht notwendigerweise in Gemeinschaft, Gebrauch gemacht werden kann. Kennzeichnend für die modellhafte Gestaltung aufgrund vorgefertigten Konzeptes ist daher die auf ein **mehrfaches Gebrauchmachen** durch mehrere StPfl **angelegte Grundkonzeption**. Dies kann in der Weise geschehen, dass sich nach dem Konzept von vornherein mehrere StPfl in Gemeinschaft an dem Investitionsprojekt beteiligen – so grds die Fondsmodelle. Es genügt aber auch, dass ein Konzept vorgefertigt wurde, wonach mehreren StPfl einzeln **gleichartige Investitionsmöglichkeiten** ermöglicht werden, die auf demselben Konzept beruhen. Dies trifft beispielsweise **für Renten- und Lebensversicherungsmodelle** gegen fremdfinanzierte Einmalbeträge oder den Erwerb von Eigentumswohnungen zu.[1] Ein Steuerstundungsmodell liegt dann nur für diejenigen StPfl vor, die die das Steuerstundungsmodell begründenden aufwands- und verlustgenerierenden Leistungen (Rn 43) tatsächlich in Anspruch nehmen. Für die Modellhaftigkeit im Rahmen eines vorgefertigten Konzeptes spricht namentlich bei Steuerstundungsmodellen außerhalb von gemeinsamen Fondskonstruktionen, dass den Einzelanlegern jeweils Verträge über gleichgerichtete Leistungen mit identischen Vertragspartnern angedient werden.[2]

43 Davon ist auszugehen, wenn von außenstehenden Initiatoren ein Konzept entwickelt wird, wonach einzelnen Anlegern angeboten wird, diesen zur Durchführung einer Investition ein ganzes **Bündel von Verträgen** über Haupt- Zusatz und Nebenleistungen mit von den Initiatoren bereits ausgesuchten Leistungsträgern anzudienen, wobei die Aufspaltung in verschiedene Leistungen durch die Generierung sofort abziehbaren Aufwandes zu Verlusten führen soll. Die Bündelung der Leistungsträger zur Durchführung der vorgesehenen Gesamtmaßnahme erfolgt bereits im Vorhinein durch die Initiatoren. Dem eigentlichen Investor kommt insoweit kein maßgeblicher Einfluss zu, auch wenn er ggf zw verschiedenen, aber bereits vom Initiator ausgesuchten Leistungsträgern noch auswählen darf.

Ob die Leistungsträger rechtlich und/oder finanziell mit dem Initiator verbunden sind oder sonst in seinem Lager stehen, ist unerheblich. Entscheidend ist allein, dass sie nicht von dem Anleger/Investor ausgesucht werden, sondern die Leistung des Initiators bereits darin besteht, dem Investor die Leistungsträger gebündelt präsentieren zu können.

---

[1] Vgl zur Konstruktion BFH BStBl II 00, 267 u BFH v 16.9.04 – X R 29/02, BFH/NV 05, 559 = BFHE 208, 129; zur Anwendung des § 15b insoweit vgl *Söffing* DStR 06, 1585.
[2] BMF BStBl I 07, 542 Tz 8 und 11. Die dort erwähnten „gleichgerichteten Leistungsbeziehungen" stehen weder alternativ noch kumulativ neben dem „vorgefertigten Konzept", sondern sind gleichfalls Teil dieses vorgefertigten Konzeptes, aA *Naujoks* DStR 2007,1601 (1604); s auch *Brandtner/Lechner/Schmidt* BB 07, 1922.

Ein Steuerstundungsmodell scheidet freilich aus, wenn es an einer vorgefertigten Konzeption für eine dem StPfl anzubietende modellhafte Gestaltung fehlt. Handelt es sich nicht darum, dass dem StPfl eine Gestaltung angeboten wird, sondern liegt in Wahrheit nur das Angebot zum Erwerb eines bereits fertigen oder eines noch durch den Leistenden herzustellenden Leistungsgegenstandes vor, so fehlt es an einer modellhaften Gestaltung, so etwa beim bloßen Erwerb vom Bauträger, sofern nicht weitere Zusatz – und Nebenleistungen von diesem, diesem nahe stehenden Personen oder von ihm vermittelten Leistungsträgern in Anspr genommen werden.[1] Das bloße Angebot zum Erwerb eines modernisierungsbedürftigen Objektes, selbst wenn es den Erwerbern durch in Aussichtstellen steuerlicher Vorteile schmackhaft gemacht wird, etwa durch Hinweis auf erhöhte Absetzungen nach § 7h und 7i EStG für Objekte in Sanierungsgebieten und für Baudenkmäler, lässt sich nicht als vorgefertigtes Konzept zur Möglichkeit einer Verlustverrechnung für den StPfl kennzeichnen, sondern es dient allein dem Absatz des Leistungsgegenstandes. Dies muss auch dann gelten, wenn der Veräußerer, zB ein Bauträger, zugleich die Durchführung der Modernisierungsmaßnahmen übernimmt. Dies muss allerdings – entgegen der Auffassung der FinVerw – auch dann gelten, wenn es sich um eine Fondskonstruktion handelt[2], die sich auf Erwerb und Modernisierung derartiger Objekte beschränkt.

44 Das Vorliegen eines Modells wird freilich nicht ausgeschlossen, wenn das vorgefertigte Konzept durch einen der späteren Leistungsträger selbst entwickelt wird und er damit zugleich die Rolle eines Initiators übernimmt. Dies kann sowohl dadurch geschehen, dass er bereits die Auswahl weiterer zur Durchführung des Projektes erforderlicher Leistungsträger besorgt als auch dadurch, dass er selbst als Leistungsträger für weitere Leistungen auftritt und diese selbst anbietet.[3] Man wird dann freilich verlangen müssen, dass gerade diese Bündelung von verschiedenen Leistungen zur Generierung von bereits im Modell dem Anleger in Aussicht gestellten Verlusten wegen sofort abziehbaren Aufwandes aufgrund der Aufspaltung der Leistungen beiträgt und die Attraktivität des Angebotes darauf beruht.

45 Klassisches Beispiel für solche auf Vertragsbündelung beruhende **Vertragsmodelle** waren die sog **Bauherrenmodelle** mit der Bündelung von Bauhandwerkerverträgen, Finanzierungs- und Finanzierungsvermittlungsverträgen, Verwaltungsverträgen und Mietgarantieverträgen. Bei einer derartigen konzeptionell bereits vorgesehenen Bündelung von Verträgen kommt eine Anwendung des § 15b allerdings auch dann in Betracht, wenn kein Herstellungs-, sondern ein Anschaffungsvorgang gegeben ist, sofern diese Qualifikation nicht bereits dazu führt, dass mangels sofort abziehbarer Aufwendungen schon gar keine prognostizierten Verluste entstehen. Wenngleich den Bauherrenmodellen häufig bereits eine auf eine Mehrzahl von Beteiligten zielende Konstruktion in Form einer Eigentümergemeinschaft zugrunde lag, kommt es darauf nicht an. Für den Erwerb von einzelnen Eigentümerwohnungen vom Bauträger sieht die FinVerw allerdings Vereinbarungen über die Inanspruchnahme von Leistungen zur Bewirtschaftung und Verwaltung als nicht schädlich an.[4] Dieser teleologischen Einschränkung dürfte letztlich zugrunde liegen, dass derartige Leistungen immer zu sofort abziehbarem Aufwand führen. Will man § 15b derart teleologisch einschränken, lässt sich dies freilich nicht nur auf den Erwerb von Eigentümerwohnungen durch einzelne StPfl beschränken.

46 **II. Möglichkeit zur Erzielung steuerlicher Vorteile durch Verlustverrechnung.** Das dem Modell zugrunde liegende Konzept muss gerade darauf abzielen, dass durch **Verlustverrechnung mit positiven übrigen Einkünften** des StPfl ein „**steuerlicher Vorteil** erzielt werden soll", § 15b II 1 und 2.

Voraussetzung ist daher zunächst einmal, dass von dem Initiator ein Konzept für eine Investition durch noch zu findende Anleger entwickelt wird, nach dem diesen die Entstehung steuerlicher Verluste versprochen wird. Jedenfalls für den Erfolg der Anlegerwerbung ist auch erforderlich, dass dem Anleger nach Steuern ein Vermögenszuwachs durch Verlustverrechnung versprochen wird. Entscheidend für die Anwendbarkeit des § 15b ist mithin insoweit zunächst die **Prognose eines steuerlichen Verlustes**, verbunden mit der in Aussichtstellung eines Vermögenszuwachses nach Steuern durch eine temporäre Steuerersparnis vermittels einer Verlustverrechnung beim Anleger mit dessen übrigen positiven Einkünften.

---

1 BMF BStBl I 2007, 542, Tz 9; vgl auch FA BT-Drs 16/254.
2 Insoweit aA BMF BStBl I 07, 542 Tz 9.
3 So ausdrücklich FA BT-Drs 16/254 für Erwerb vom Bauträger bei Erbringung von weiteren Leistungen wie Mietgarantien, Finanzierungsvermittlung usw.
4 BMF BStBl I 07, 542 Tz 9.

Bei Beteiligung mehrerer an einer Ges oder Gemeinschaft (Fondskonstruktionen) können die in Aussicht gestellten modellhaft prognostizierten Verluste sich nur auf den Anteil an den gemeinsam erzielten Einkünften (bei gewerblichen Mitunternehmereinkünften den Gewinn/Verlustanteil iSd § 15 I Nr 2 S 1 1. Alternative) beziehen, sich aber auch auf den Sonderbetriebsvermögensbereich, respektive bei lediglich vermögensverwaltenden Ges auch auf die durch die Beteiligung veranlassten Sonderwerbungskosten und – Sondereinnahmen, beziehen. Ein Steuerstundungsmodell liegt daher auch dann vor, wenn sich erst durch Einbeziehung von modellhaft vorgesehenen Sonderbetriebsausgaben/ Sonderaufwendungen prognostizierte Verluste/negative Einkünfte ergeben. Umfasst die modellhafte Konzeption nicht etwaige Sonderaufwendungen, namentlich etwaige Finanzierungsaufwendungen für die aufzubringende Einlage, sind diese Aufwendungen für die Beurteilung der Frage, ob ein Steuerstundungsmodell vorliegt, außer Betracht zu lassen. Ergeben sich erst durch die Einbeziehung von modellhaft konzipierten Sonderbetriebsausgaben/Sonderaufwendungen prognostizierte Verluste/negative Einkünfte für den StPfl, so liegt nur für denjenigen Ges/Beteiligten eine Teilnahme an einem Steuerstundungsmodell vor, der das Modell entsprechend umsetzt, nicht für Beteiligte, die davon gerade nicht Gebrauch machen. Es ist mithin gesondert für jeden Beteiligten zu entscheiden, ob für ihn ein Steuerstundungsmodell vorliegt.

46a

Bei **vermögensverwaltenden Personengesellschaften** soll freilich nach Auffassung der FinVerw bereits auf der Ebene der Personengesellschaft zu entscheiden sein, ob ein Steuerstundungsmodell vorliegt oder nicht[1]. Diese Aussage bezieht sich allerdings primär darauf, dass nach hM auf der Ebene der vermögensverwaltenden Personengesellschaft lediglich Überschusseinkünfte festzustellen sind, die erst auf der Ebene des betrieblich beteiligten Gesellschafters in gewerbliche Einkünfte umqualifiziert werden. Diese Umqualifizierung auf der Ebene des G'ters soll für die Frage nach dem Vorliegen eines Steuerstundungsmodells für diesen G'ter auch dann unerheblich sein, wenn sich durch die Umqualifizierung die Höhe der Einkünfte ändert. Dem ist nicht zu folgen. § 15b statuiert eine Verlustverrechnungsbeschränkung für StPfl, dh für der Einkommen – oder Körperschaftsteuer unterliegende Steuersubjekte. Ob sich für diese ein zu erwartender Verlust/zu erwartende negative Einkünfte ergeben, kann nur unter Berücksichtigung der Höhe der in der jeweiligen Einkunftsart zu erzielenden Einkünfte bestimmt werden. Auch bei einer Beteiligung an einer vermögensverwaltenden Personengesellschaft ist mithin jeweils für jeden G'ter anhand der bei ihm vorliegenden Verhältnisse zu bestimmen, ob ihm anhand eines vorgefertigten Modells negative Einkünfte bei einer Beteiligung in Aussicht gestellt wurden.

Eine Beteiligung an einem Steuerstundungsmodell setzt voraus, dass aufgrund des **vorgefertigten Konzeptes** eine Anwerbung von StPfl gerade mit dem Versprechen der Erlangung steuerlicher Vorteile durch Verlustverrechnungsmöglichkeit stattfindet. Es muss gerade insoweit eine **Vermarktung** aufgrund dieses Konzeptes **gegenüber anderen Pers** als den Entwicklern des Konzeptes stattfinden. Unschädlich ist allerdings, wenn sich die Initiatoren auch selbst beteiligen, falls die Konzeption gerade eine gemeinsame Beteiligung mit mehreren noch anzuwerbenden StPfl vorsieht (Rn 38).

47

Die Vermarktung erfolgt typischerweise vermittels schriftlicher **Anlegerprospekte** und/oder anderer dem potentiellen Anlegerkreis zugänglich gemachter Werbeunterlagen. Erforderlich ist dies aber nicht.[2] Es kommt auch eine gezielte mündliche **Ansprache potentieller Anleger** in Betracht, selbst wenn deren Kreis von vornherein eng begrenzt gehalten wird.

Der versprochene Steuervorteil muss gerade in der Verrechnung positiver Einkünfte des StPfl mit den prognostizierten Verlusten bestehen. Soweit die Konzeption **andere Steuervorteile** verspricht, etwa die Erzielung steuerbefreiter, etwa nach **DBA befreiter positiver Auslandseinkünfte**,[3] oder ermäßigt zu besteuernde Einkünfte oder Vermögensmehrungen außerhalb der Einkunftsarten, liegt kein Steuerstundungsmodell vor. Beispielhaft werden insoweit Fondskonstruktionen zum Erwerb, Halten und Veräußern von Anteilen an KapGes genannt (**Private Equity und Capital Venture Fonds**, dazu § 15 Rn 129a).[4] Beruht der versprochene Vorteil allerdings aus einer Kombination von einer zunächst angestrebten Verlustverrechnung mit anschließender begünstigter Besteuerung von Überschüssen, ist § 15b anwendbar, wie beispielsweise bei **Renten- und Lebensversicherungsmodellen** gegen eine fremdfinanzierte Einmalzahlung, wobei der Vorteil auf der Kombination eines am Anfang verrechenbaren Überschusses von WK mit positiven Einkünften und späterer begünstigter

48

---

1 BMF BStBl I 2007, 542 Tz 20.
2 So zutr die Begr zum Gesetzentwurf, BT-Drs 106/107.
3 Dazu *Fleischmann* DSWR 06, 115; *Speidel* Stbg 06, 418.
4 Begr in der Empfehlung FA BT-Drs 16/254.

Besteuerung der Renten lediglich mit dem Ertragsanteil beruhen kann.[1] Für den Sonderfall eines Steuerstundungsmodells im Zusammenhang mit Kapitaleinkünften bestimmt § 20 II b idF JStG 07 ausdrücklich, dass ein Steuerstundungsmodell auch vorliegen könne, wenn die positiven Einkünfte nicht der tariflichen ESt unterliegen. Der Sinn dieser speziellen Regelung nur für Kapitaleinkünfte erschließt sich nicht.[2] Auch hier ist zu verlangen, dass jedenfalls zunächst einmal ein Überschuss der WK über die Einnahmen eintritt, weil andernfalls weder ein Ausgleich noch eine Verrechnung mit positiven Ergebnissen aus einer anderen Einkunftsquelle denkbar sind. Es genügt aber, dass der Vorteil in erster Linie auf der späteren begünstigten Besteuerung der positiven Einkünfte beruht und nicht so sehr auf dem zeitlichen Effekt.

Sind ausländische Verluste nach einem DBA zwar freigestellt, aber im Rahmen des **(negativen) Progressionsvorbehaltes** gemäß § 32b I Nr 3 und II Nr 2 für die Bestimmung des besonderen Steuersatzes mindernd zu berücksichtigen, steht § 15b I dieser „Verlustverrechnung" im Rahmen der Bestimmung des Steuersatzes entgegen, wenn gerade wegen dieses Effektes eine modellhafte Gestaltung zur Erzielung negativer ausländischer Einkünfte erfolgte.[3]

III. Verlust/negative Einkünfte im Zusammenhang mit Steuerstundungsmodell, § 15b I 1 iVm § 15b

49 **II 3.** Der nach § 15b I 1 nicht mit positiven Einkünften aus anderen Einkunftsquellen auszugleichende **Verlust im Zusammenhang mit einem Steuerstundungsmodell** muss aufgrund der Anwendung von Gewinn – respektive Einkünfteermittlungsvorschriften entstanden sein.

Zwar spricht § 15b II 3 davon, dass es ohne Belang sei, auf welchen Vorschriften die negativen Einkünfte beruhen. Es müssen aber gerade **negative Einkünfte** entstanden sein, die vorbehaltlich § 15b I entweder schon innerhalb einer Einkunftsart durch horizontalen Verlustausgleich oder nach § 2 III durch vertikalen Verlustausgleich ausgleichbar wären, respektive nach § 10d im Wege des Verlustabzugs berücksichtigt werden könnten. Ob negative Einkünfte entstanden sind, ergibt sich jedoch nur durch die Anwendung der Einkunftsermittlungsvorschriften des EStG und ggf ergänzender Vorschriften für Körperschaften des KStG. Soweit das EStG seinerseits für die Einkünfteermittlung auf außerhalb des EStG bestehende Vorschriften verweist – namentlich für die Gewinnermittlung bei Gewerbetreibenden auf die handelsrechtlichen Grundsätze ordnungsgemäßer Buchführung – sind auch diese Vorschriften mit einbezogen. Andere Vorschriften des EStG, die nicht mehr die Einkünfteermittlung, sondern erst die Einkommen, § 2 IV oder das zu versteuernde Einkommen, § 2 V, betreffen, wie etwa Vorschriften zu SA und ag Belastungen, kommen als Grundlage eines Steuerstundungsmodells nach § 15b I und II nicht in Betracht. Dasselbe gilt grundsätzlich auch für Tarifvorschriften. Soweit allerdings erst durch Steuerbefreiungen oder Außeransatzlassen bestimmter Erträge innerhalb einer Einkunftsart negative Einkünfte entstehen und dies in das Konzept einbezogen wird, liegt ein Stundungsmodell bei Erfüllung der übrigen Voraussetzungen vor. Aus § 20 II b ergibt sich nicht etwa im Umkehrschluss Anderes.

50 Innerhalb der Einkünfteermittlungsvorschriften, deren Anwendung zur Entstehung negativer Einkünfte führt, unterscheidet das Gesetz nicht danach, welcher Zweck mit der jeweiligen Ermittlungsvorschrift verfolgt wird. Es spielt weder eine Rolle, ob eine **steuersubventionelle Lenkungsvorschrift**, etwa erhöhte Absetzungen nach §§ 7h bis 7k,[4] oder eine **Vereinfachungsvorschrift**, wie etwa § 6 II, oder aus Gründen der Vorsicht bestehende **Bilanzierungsverbote**, wie etwa für selbst hergestellte immaterielle WG des Anlagevermögens[5] gem § 5 II oder **Vorschriften zur Einkunftsermittlungsart**, etwa die Einnahme/Überschussermittlung nach § 4 III, zur modellhaften Erzielung negativer Einkünfte eingesetzt werden. Dies bringt § 15b II 3 unmissverständlich zum Ausdruck, wenn es danach ohne Belang ist, auf welchen Vorschriften die negativen Einkünfte beruhen.

51 Vom sofortigen Verlustausgleichs- und Verlustabzugsverbot nach § 15b I sind nur solche Verluste betroffen, die im **Zusammenhang** mit einem Steuerstundungsmodell stehen. Das sind diejenigen **tat-**

---

1 Allerdings muss insgesamt eine Überschusserzielung zu prognostizieren sein, vgl dazu BFH BStBl II 00, 267 u BFH v 16.9.04 – X R 29/02, BFH/NV 05, 559 = BFHE 208, 129.
2 Eine Begr für diese vermeintliche Erweiterung findet sich – außer dem lapidaren Hinweis auf Umgehungen – in der Begr nicht, vgl BT-Drs 16/2712, 50.
3 So zutreffend BMF BStBl I 542 Tz 24. Mit einem Vorrang des § 15b vor § 2a EStG hat dies freilich nichts zu tun.
4 Vgl dazu FA BT-Drs 16/254 und Beitrag des Abgeordneten *Schäfer* Plenarprotokoll 16/8 der 8. Sitzung Deutscher Bundestag, S 446; krit insoweit *Fleischmann/Meyer-Scharenberg* DB 06, 353.
5 Darauf beruhen weitgehend die Medienfonds, die geradezu beispielgebend als durch § 15b zu bekämpfen genannt werden.

sächlich eingetretenen Verluste, die der StPfl aufgrund seiner Beteiligung/Teilnahme an der durch das Steuerstundungsmodell geschaffenen und in ihrem Umfange bestimmten Einkunftsquelle „erlitten" hat.

Ein Zusammenhang mit dem Steuerstundungsmodell besteht allerdings auch bzgl dieser Einkunftsquelle nur, soweit die tatsächlichen Verluste gerade auf der vorgefertigten Konzeption beruhen und insoweit jedenfalls dem Grunde nach den versprochenen, prognostizierten Verlusten entsprechen.

Die in § 15b II 1–3 angesprochenen negativen Einkünfte sind dem Grunde nach identisch mit den Verlusten des § 15b I 1, für die ein Zusammenhang mit dem Steuerstundungsmodell verlangt wird. § 15b I handelt von solchen tatsächlichen Verlusten, die nach dem vorgefertigten Konzept iSd § 15b II 2 gerade planmäßig angestrebt werden, um sie zur Verrechnung einsetzen zu können und die dann auch tatsächlich wunschgemäß eintreten.

Eine Verlustausgleichsbeschränkung nach § 15b I tritt daher für nach dem Konzept **nicht vorgesehene, ungeplante Verluste** nicht ein. Dies betrifft nicht nur solche ungeplanten und gegebenenfalls nicht vorhergesehenen Verluste, denen schon gar keine auf einem Steuerstundungsmodell basierende Einkunftsquelle zugrunde liegt.[1] Vielmehr trifft § 15b I auch solche Verluste mangels Zusammenhangs mit dem Steuerstundungsmodell nicht, deren Eintreten gerade nicht nach dem vorgefertigten Konzept prognostiziert wurde. Dies betrifft namentlich auch solche zusätzlichen Verluste, die auf betrügerischen Vorspiegelungen der Initiatoren beruhen. Dazu gehört freilich nicht das Ausbleiben versprochener späterer Erträge. S aber Rn 18 zu Verlusten bei endgültiger Aufgabe der Einkunftsquelle.

Die FinVerw vertritt allerdings eine weitergehende Auffassung. Danach sollen, falls dem Grunde nach ein Steuerstundungsmodell vorliegt, alle zu tatsächlich eintretenden Verlusten führenden Aufwendungen zu berücksichtigen sein, zB unerwartet eintretende Erhaltungsaufwendungen oder im Sonderbereich anfallende Sonderverluste, selbst wenn hinsichtlich des Sonderbereiches gerade keine modellhafte Einbeziehung in das konzeptionierte Steuerstundungsmodell vorlag[2]. Dem ist hinsichtlich völlig unerwarteter Aufwendungen nicht zu folgen. Es fehlt insoweit an einem Zusammenhang mit dem Steuerstundungsmodell. Bezüglich der Einbeziehung des nicht von der modellhaften Konzeption umfassten Sonderbereiches ist zu differenzieren. Zutreffend ist, dass, falls eine Beteiligung an einem Steuerstundungsmodell vorliegt (dazu Rn 46a), die durch das Steuerstundungsmodell gebildete Einkunftsquelle den Sonder(betriebs)bereich umfasst (Rn 21, 24), auch wenn dieser nicht in die vorgefertigte modellhafte Konzeption einbezogen worden ist. Dort anfallende Gewinne oder Verluste mindern oder erhöhen daher grundsätzlich den der Verrechnungsbeschränkung des § 15b I 1 unterliegenden tatsächlichen Verlust des an der Ges beteiligten StPfl. Sie gehören umgekehrt zu den nach § 15b I 2 zu berücksichtigenden Einkünften aus derselben Einkunftsquelle. Soweit allerdings im Sonderbereich völlig unerwartete Aufwendungen eintreten, sind auch diese mangels Zusammenhanges mit dem Steuerstundungsmodell nicht in das Verrechnungsverbot einzubeziehen.

IV. Verfassungsrechtliche Aspekte. Gegenüber der **Vorgängernorm des § 2b** ist vielfach geltend gemacht worden, dass sie mangels **rechtsstaatlicher Bestimmtheit** und damit **Vorhersehbarkeit** ihrer Anwendung **für den StPfl** verfassungswidrig sei (§ 2b Rn 15). Dies beruhte namentlich auf den Unklarheiten zur Bestimmung der Vorsteuer- und Nachsteuerrendite nach § 2b S 3 zwecks Feststellung, ob die Erzielung eines steuerlicher Vorteils im Vordergrund stand, aber auch auf der Unschärfe des Tatbestandsmerkmals des „ähnlichen Modells" in S 1.[3]

52

Diese Bedenken fehlender Bestimmtheit bestehen gegenüber § 15b nicht mehr.[4] Auf die Bestimmung eines „steuerlichen Vorteils" anhand von nicht durch den Gesetzgeber festgelegten Parametern zur Bestimmung von Vorsteuer- und Nachsteuerrenditen stellt § 15b ohnehin nicht ab. Auch

---

1 Dazu ausdrücklich FA, BT-Drs 16/254 mit dem Hinweis normale Anlaufverluste bei „normaler" unternehmerischer Tätigkeit und Entwurfsbegründung, BT-Drs 16/107 mit dem Hinweis auf „typische Verlustsituationen" bei VuV „außerhalb modellhafter Gestaltungen".
2 BMF BStBl I 2007, 542 Tz 19.
3 Vgl insoweit zu § 2b *Birk/Kulosa* FR 99, 433; *Raupach/Böckenstiegel* FR 99, 617; *Söffing* DB 00, 2340; *Elicker* FR 02, 1041; *Marx/Löffler* DStR 00, 1665; *Kaminski* BB 00, 1605; zur Auslegung durch die Verwaltung vgl BMF BStBl I 00, 1148.
4 **AA** allerdings weitgehend die Literatur; vgl ua *Kaligin* WPg 06, 375; *Söffing* DB 06, 1585; *Naujok* BB 07, 1365; *Brandtner/Lechner/Schmidt* BB 07, 1922.

dem in **§ 15b I** verwendeten Tatbestandsmerkmal des „**Steuerstundungsmodells**" fehlt es angesichts der näheren gesetzlichen Bestimmung in § 15b II nicht an **ausreichender Bestimmtheit**. Diese erfolgte nunmehr auch durch den Gesetzgeber. Unschädlich ist dabei, dass der Gesetzgeber dabei weitgehend auf erst von der Finanzverwaltung entwickelte Begriffsmerkmale[1] zur Auslegung des in § 2b noch ohne weitere Präzisierung verwendeten Modellbegriffes zurückgegriffen hat, namentlich hinsichtlich des Einsatzes eines vorgefertigten Konzeptes. Es bestehen angesichts der ausdrücklichen gesetzliche Regelung, dass ohne Belang ist, auf welchen Einkunftsermittlungsnormen die Entstehung der bereits konzipierten negativen Einkünfte beruht, auch keine Unklarheiten dahingehend, anhand welcher Normen zwischen sog unechten und echten Verlusten unterschieden werden soll.

Verfassungsrechtlich problematisch ist – abgesehen von der Rückwirkungsproblematik (Rn 15) – aber die nicht folgerichtige Ausgestaltung (Rn 7) der Einkünfteermittlungsnormen. Soweit es sich um Lenkungsnormen handelt, wird der Lenkungszweck geradezu konterkariert. Soweit es sich um einfache Fiskalnormen handelt, ist nicht zu sehen, weshalb das bewusste Gebrauchmachen von ihnen unter dem Aspekt einer angestrebten Besteuerung nach der Leistungsfähigkeit gerade erst dann zu bekämpfen ist, wenn dadurch Verluste generiert werden. Sofern die jeweilige Ermittlungsnorm nicht zu einer nach Einschätzung des Gesetzgebers zutr Abbildung der Leistungsfähigkeit führt, ist diese selbst zu ändern.

Selbst wenn man aber annehmen wollte, dass gerade erst die bewusste Planung von Verlusten zur Erlangung eines Steuervorteils unter Ausnutzung von durch die Ermittlungsnormen sich ergebenden Spielräumen unter Gesichtspunkten einer Besteuerung nach der tatsächlich vorhandenen Leistungsfähigkeit einzuschränken ist, so ist nicht ersichtlich, weshalb dies nur dann geboten sein sollte, wenn das zugrunde liegende Konzept von anderen (Initiatoren) vorgefertigt wird. Es müsste dies dann gleichermaßen gelten, wenn der StPfl selbst seine steuerlichen Verhältnisse unter Ausnutzung der vom EStG angebotenen Einkünfteermittlungsnormen entspr günstig gestaltet. Freilich zeigt dieses unmögliche Verlangen nur, dass es im Grundsätzlichen verfehlt ist, eine Besteuerung nach der Leistungsfähigkeit erst über Verlustausgleichsbeschränkungen herstellen zu wollen.

D. Nichtaufgriffsgrenze (§ 15b III)

53 § 15b III übernimmt eine zu § 2b lediglich in einer Verwaltungsanweisung[2] festgelegte Nichtaufgriffsgrenze in das Gesetz. Danach ist die Verlustverrechnungsbeschränkung des § 15b I nicht anzuwenden, wenn das **Verhältnis** der kumulierten **prognostizierten Verluste** zum **aufzubringenden (Eigen)-Kapital** 10 vH[3] nicht übersteigt. Die Nichtaufgriffsgrenze gewinnt Bedeutung nur dann, wenn an sich die Voraussetzungen eines Steuerstundungsmodells nach § 15b II zu bejahen sind. Steht freilich fest, dass das Verhältnis nicht überschritten wird, bedarf es insoweit keiner Prüfung mehr. Der Sache nach handelt es um eine Bagatellregelung. Soweit das Verhältnis der Verluste zum einzusetzenden EK die genannte Grenze von 10 % nicht übersteigt, werden die durch uneingeschränkte Verlustverrechnung zu erzielenden „steuerlichen Vorteile" vom Gesetzgeber als irrelevant eingeschätzt.

54 Abzustellen ist einerseits auf die Summe der **prognostizierten Verluste** in der **Anfangsphase** und andererseits auf das **einzusetzende Kapital** des StPfl. Die Summe der prognostizierten Verluste ergibt sich aus dem dem Steuerstundungsmodell zugrunde liegenden vorgefertigten Konzept. Nicht die tatsächlich eintretenden Verluste, sondern die **konzeptionell versprochenen Verluste** sind insoweit maßgeblich[4]. Dies ist schon deshalb erforderlich, weil es ohnehin einer Beurteilung ex ante bedarf, da bereits bei der ersten Veranlagung nach Erwerb der Einkunftsquelle eines Steuerstundungsmodells beurteilt werden muss, ob § 15b III eingreift oder nicht. Eine unrichtige Prognoserechnung ist nicht zugrunde zu legen. Wird eine (berichtigte) Prognoserechnung nicht vorgelegt, bedarf es hinsichtlich der prognostizierten Verluste im Hinblick auf die Einhaltung der 10 % Grenze einer Schätzung[5].

---

[1] Vgl BMF BStBl I 99, 543; BStBl I 00, 1148 und 1563; BMF BStBl I 01, 588.
[2] Vgl BMF BStBl I 01, 588.
[3] Die Nichtaufgriffsgrenze wurde allerdings deutlich von 50 % auf 10 % herabgesetzt.
[4] So zutreffend BMF BStBl I 07, 542 Tz 16.
[5] BMF BStBl I 07, 542 Tz 16.

Der **zeitliche Umfang der Anfangsphase** ergibt sich ebenfalls aus dem zugrunde liegenden Konzept. Es ist derjenige Zeitraum, in dem konzeptionell aus der Einkunftsquelle zunächst Verluste/negative Einkünfte erzielt werden sollen.[1] Der Begriff der Anfangsphase ist in § 15b II und § 15b III übereinstimmend zu verstehen. Auf den geplanten Verlusten „zumindest in der Anfangsphase" beruht der erstrebte steuerliche Vorteil durch Verlustverrechnung. Modelle zur Steuerersparnis, bei denen zunächst Überschüsse erzielt werden sollen, denen erst in späteren Perioden unterhalb der Überschüsse liegende Verluste folgen, etwa weil dann erst mit hohen übrigen Einkünften zu rechnen ist, sind von § 15b nicht betroffen. Die Anfangsphase kann also je nach Konzept einen oder mehrere Veranlagungszeiträume umfassen. Wird eine mit der Investition in ein Steuerstundungsmodell beginnende geplante Verlustphase ausnahmsweise schon konzeptionell vorgesehen durch einen VZ mit positivem Ergebnis unterbrochen oder liegt ein solcher VZ schon zu Beginn vor, so vermindert dieses positive Ergebnis die Summe der prognostizierten Verluste aus der Anfangsphase.

Bzgl der **Vergleichsgröße aufzubringendes (Eigen-)Kapital** differenziert das Gesetz danach, ob dem Steuerstundungsmodell eine gemeinsame Beteiligung mehrerer an derselben Investition in Form einer Gesellschafts-/Gemeinschaftskonstruktion (Rn 35f) oder eine Einzelinvestition durch einen Alleinanleger (Rn 40) zugrunde liegt. 55

Bei den **Gesellschafts-/Fondskonstruktionen** kommt es auf das „**gezeichnete und nach der Konzeption auch aufzubringende Kapital**" an. Unter gezeichnetem Kapital ist derjenige Betrag zu verstehen, zu dessen Einzahlung sich der Anleger (G'ter/Gemeinschafter) gegenüber der Gemeinschaft rechtsverbindlich verpflichtet hat. Bei einer PersGes ist es der Betrag der nach dem Gesellschaftsvertrag **geschuldeten Einlage**. Dies dürfte im Regelfall auch der Betrag sein, der nach dem zugrunde liegenden Konzept auch tatsächlich aufzubringen ist.

Vornehmlich der Vermeidung von Umgehungen dient es, wenn nicht lediglich auf den Betrag der gezeichneten Einlage abgestellt wird. Vermieden werden soll, dass durch „Zeichnung" nicht erforderlicher Beiträge, die dann letztlich nicht eingefordert werden, die Nichtaufgriffsgrenze des § 15b III manipuliert werden kann. Soweit die gezeichnete Einlage nicht bereits eingefordert ist, sondern darüber erst noch eine Entscheidung getroffen werden muss, ist der nicht eingeforderten Teil der Einlage abzuziehen, wenn mit einer Einforderung nach dem Konzept des Steuerstundungsmodells während der Anfangsphase nicht zu rechnen ist. Maßgebend ist mithin die Summe der innerhalb der Anfangsphase, für die die Verluste prognostiziert sind, tatsächlich zu leistenden und geleisteten Zahlungen, gleichgültig, ob es sich um Einmalzahlungen, Teilzahlungen oder Nachschüsse handelt.

Wird die gesellschaftsrechtlich geschuldete Einlage vom G'ter selbst fremdfinanziert, ist dies grds unerheblich. Anders ist es freilich zu beurteilen, wenn eine Fremdfinanzierung auf Gesellschafterebene bereits konzeptionell vorgesehen ist. Dann ist das (negative) Sonder(betriebs)vermögen Teil des Steuerstundungsmodells (Rn 46). Das gezeichnete Kapital ist insoweit um den fremdfinanzierten Teil zu mindern.[2] Korrespondierend dazu gehören dann die vom G'ter/Gemeinschafter aufzubringenden Fremdfinanzierungsaufwendungen zu den prognostizierten (Sonder-)Verlusten aus dem Steuerstundungsmodell, andernfalls nicht.

Bei **Einzelinvestoren** stellt das Gesetz auf das **eingesetzte EK** ab. Es muss sich freilich um im Rahmen des Stundungsmodells eingesetztes EK handeln. Da dessen Umfang sich nach dem vorgefertigten Konzept bestimmt, ist auch hier die freilich im Gesetz nicht ausdrücklich ausgesprochene Voraussetzung zu erfüllen, dass der Einsatz dieses EK dem zugrunde liegenden Konzept entsprechen muss. Problematisch könnte für die ex ante erforderliche Beurteilung sein, dass das Gesetz auf das eingesetzte EK abstellt. Für die ex ante erforderliche Beurteilung wird man insoweit zunächst einmal auf das nach der Konzeption einzusetzende EK abzustellen haben. Bleibt sodann allerdings das tatsächlich eingesetzte EK hinter dem konzeptionell einzusetzenden EK zurück, bedarf es ggf einer rückwirkenden Korrektur im Hinblick auf die Anwendbarkeit des § 15b III.

E. Gesonderte Verlustfeststellung (§ 15b IV)

Verfahrensrechtlich sieht § 15b IV 1 für den nach § 15b I nicht ausgleichsfähigen Verlust eine **gesonderte Feststellung iSd § 179 AO** vor. Gesondert festzustellen ist der für diesen VZ sich ergebende 56

---

[1] Entwurfsbegründung, BT-Drs 16/107.

[2] BMF BStBl I 07, 542 Tz 17, 18; vgl auch BMF BStBl I 01, 588 (allerdings zu § 2b).

lediglich verrechenbare Verlust nach § 15b I 2. § 15b IV 2 ergänzt dies allerdings dahingehend, dass für die gesonderte Feststellung von dem (festgestellten) iSd § 15b I 2 verrechenbaren Verlust des Vorjahres auszugehen ist. IErg wird dadurch nicht lediglich der verrechenbare Verlust des betr VZ gesondert festgestellt, sondern auch das für die Zukunft insgesamt nach § 15b I 2 verbleibende Verrechnungsvolumen.

§ 15b I 3 stellt insoweit allerdings klar, dass der Feststellungsbescheid nur in dem Umfange angegriffen werden kann, als sich eine Änderung gegenüber dem (bereits festgestellten) verrechenbaren Verlust des Vorjahres ergeben hat. Anfechtbar ist die gesonderte Feststellung demnach nur im Umfang der durch den verrechenbaren Verlust des laufenden Jahres bewirkten Änderung, respektive einer Änderung durch eine Verlustverrechnung mit einem in diesem Jahr erzielten verrechenbaren Gewinn aus derselben Einkunftsquelle. Es handelt sich bei § 15b I 3 um eine dem § 351 II AO vergleichbare Regelung. Hier wie dort soll die Bestandskraft des **Grundlagenbescheid**es respektiert werden. Im Verhältnis zum nachfolgenden Feststellungsbescheid nach § 15b IV 1 und 2 ist der Feststellungsbescheid für das Vorjahr insoweit ein Grundlagenbescheid iSd § 182 AO. Die gesonderten Feststellungen sind ihrerseits jeweils Grundlagenbescheide gegenüber den ESt- oder KSt-Bescheiden als **Folgebescheide**.

57 Für die gesonderte Feststellung ist nach § 15b IV 4 HS 2 iVm § 18 I Nr 2 AO das **Betriebsstätten-FA zuständig**, falls aufgrund des Steuerstundungsmodells **gewerbliche Einkünfte** durch einen **Alleinanleger** (Rn 40) erzielt werden. Ist § 15b im Rahmen von **Einkünften anderer Art** nur entspr anwendbar (Rn 12), so dürfte für die Gewinneinkünfte § 18 Nr 1 oder Nr 3 AO entspr anzuwenden sein. Für die entspr Anwendung des § 15b im Rahmen der Überschusseinkünfte muss wohl auf § 24 AO (Ersatzzuständigkeit) zurückgegriffen werden. Regelmäßig wird dann das Wohnsitz-FA zuständig sein.

Handelt es sich bei dem Steuerstundungsmodell um eine **Fondskonstruktion** (Rn 35f) mit mehreren an den Einkünften iSd § 180 I Nr 2a AO gemeinsam Beteiligten, so ist für die **gesonderte Feststellung** der verrechenbaren Verluste das **FA örtlich zuständig**, das auch für die **einheitliche und gesonderte Feststellung der Einkünfte** zuständig ist, § 15b IV 4 HS 1. Bei Gewinneinkünften folgt die Zuständigkeit dann aus § 18 Nr 1 bis 3, bei anderen Einkünften aus § 18 I Nr 4 AO.

58 Gesonderte Feststellungen nach § 15b IV und die gesonderte (und einheitliche) Feststellung der Einkünfte nach § 180 I Nr 2a AO können miteinander verbunden werden, § 15b IV HS 1. Dann sind auch die **verrechenbaren Einkünfte** nach § 15b I 2 für die Beteiligten nicht nur nach § 15b IV 1 jeweils gesondert festzustellen, sondern sie sind ihnen gegenüber auch **einheitlich** festzustellen, § 15b IV 5 HS 2. Die Verbindung der einheitlichen und gesonderten Feststellung der Einkünfte nach § 180 I Nr 2a AO und der gesonderten und einheitlichen Feststellung der lediglich verrechenbaren Verluste nach § § 15b I 2 ändert nichts daran, dass es sich dabei um zwei verschiedene, selbstständig anfechtbare Feststellungen und Verwaltungsakte handelt.[1]

59 § 15b IV entspricht mit seinen verfahrensrechtlichen Regelungen den in § 15a IV getroffenen Regelungen weitgehend (dazu § 15a Rn 270f).

§ 16 Veräußerung des Betriebs

(1) ¹Zu den Einkünften aus Gewerbebetrieb gehören auch Gewinne, die erzielt werden bei der Veräußerung

1. des ganzen Gewerbebetriebs oder eines Teilbetriebs. ²Als Teilbetrieb gilt auch die das gesamte Nennkapital umfassende Beteiligung an einer Kapitalgesellschaft; im Fall der Auflösung der Kapitalgesellschaft ist § 17 Abs. 4 Satz 3 sinngemäß anzuwenden;
2. des gesamten Anteils eines Gesellschafters, der als Unternehmer (Mitunternehmer) des Betriebs anzusehen ist (§ 15 Abs. 1 Satz 1 Nr. 2);
3. des gesamten Anteils eines persönlich haftenden Gesellschafters einer Kommanditgesellschaft auf Aktien (§ 15 Abs. 1 Satz 1 Nr. 3).

²Gewinne, die bei der Veräußerung eines Teils eines Anteils im Sinne von Satz 1 Nr. 2 oder 3 erzielt werden, sind laufende Gewinne.

---

1 Vgl zur entspr Problematik bei § 15a IV BFH BStBl II 93, 706 u BStBl II 99, 592.

(2) ¹Veräußerungsgewinn im Sinne des Absatzes 1 ist der Betrag, um den der Veräußerungspreis nach Abzug der Veräußerungskosten den Wert des Betriebsvermögens (Absatz 1 Satz 1 Nr. 1) oder den Wert des Anteils am Betriebsvermögen (Absatz 1 Satz 1 Nr. 2 und 3) übersteigt. ²Der Wert des Betriebsvermögens oder des Anteils ist für den Zeitpunkt der Veräußerung nach § 4 Abs. 1 oder nach § 5 zu ermitteln. ³Soweit auf der Seite des Veräußerers und auf der Seite des Erwerbers dieselben Personen Unternehmer oder Mitunternehmer sind, gilt der Gewinn insoweit jedoch als laufender Gewinn.

(3) ¹Als Veräußerung gilt auch die Aufgabe des Gewerbebetriebs sowie eines Anteils im Sinne des Absatzes 1 Satz 1 Nr. 2 oder 3. ²Werden im Zuge der Realteilung einer Mitunternehmerschaft Teilbetriebe, Mitunternehmeranteile oder einzelne Wirtschaftsgüter in das jeweilige Betriebsvermögen der einzelnen Mitunternehmer übertragen, so sind bei der Ermittlung des Gewinns der Mitunternehmerschaft die Wirtschaftsgüter mit den Werten anzusetzen, die sich nach den Vorschriften über die Gewinnermittlung ergeben, sofern die Besteuerung der stillen Reserven sichergestellt ist; der übernehmende Mitunternehmer ist an diese Werte gebunden. ³Dagegen ist für den jeweiligen Übertragungsvorgang rückwirkend der gemeine Wert anzusetzen, soweit bei einer Realteilung, bei der einzelne Wirtschaftsgüter übertragen worden sind, zum Buchwert übertragener Grund und Boden, übertragene Gebäude oder andere übertragene wesentliche Betriebsgrundlagen innerhalb einer Sperrfrist nach der Übertragung veräußert oder entnommen werden; diese Sperrfrist endet drei Jahre nach Abgabe der Steuererklärung der Mitunternehmerschaft für den Veranlagungszeitraum der Realteilung. ⁴Satz 2 ist bei einer Realteilung, bei der einzelne Wirtschaftsgüter übertragen werden, nicht anzuwenden, soweit die Wirtschaftsgüter unmittelbar oder mittelbar auf eine Körperschaft, Personenvereinigung oder Vermögensmasse übertragen werden; in diesem Fall ist bei der Übertragung der gemeine Wert anzusetzen. ⁵Soweit einzelne dem Betrieb gewidmete Wirtschaftsgüter im Rahmen der Aufgabe des Betriebs veräußert werden und soweit auf der Seite des Veräußerers und auf der Seite des Erwerbers dieselben Personen Unternehmer oder Mitunternehmer sind, gilt der Gewinn aus der Aufgabe des Gewerbebetriebs als laufender Gewinn. ⁶Werden die einzelnen dem Betrieb gewidmeten Wirtschaftsgüter im Rahmen der Aufgabe des Betriebs veräußert, so sind die Veräußerungspreise anzusetzen. ⁷Werden die Wirtschaftsgüter nicht veräußert, so ist der gemeine Wert im Zeitpunkt der Aufgabe anzusetzen. ⁸Bei Aufgabe eines Gewerbebetriebs, an dem mehrere Personen beteiligt waren, ist für jeden einzelnen Beteiligten der gemeine Wert der Wirtschaftsgüter anzusetzen, die er bei der Auseinandersetzung erhalten hat.

(4) ¹Hat der Steuerpflichtige das 55. Lebensjahr vollendet oder ist er im sozialversicherungsrechtlichen Sinne dauernd berufsunfähig, so wird der Veräußerungsgewinn auf Antrag zur Einkommensteuer nur herangezogen, soweit er 45 000 Euro übersteigt. ²Der Freibetrag ist dem Steuerpflichtigen nur einmal zu gewähren. ³Er ermäßigt sich um den Betrag, um den der Veräußerungsgewinn 136 000 Euro übersteigt.

(5) Werden bei einer Realteilung, bei der Teilbetriebe auf einzelne Mitunternehmer übertragen werden, Anteile an einer Körperschaft, Personenvereinigung oder Vermögensmasse unmittelbar oder mittelbar von einem nicht von § 8b Abs. 2 des Körperschaftsteuergesetzes begünstigten Steuerpflichtigen auf einen von § 8b Abs. 2 des Körperschaftsteuergesetzes begünstigten Mitunternehmer übertragen, ist abweichend von Absatz 3 Satz 2 rückwirkend auf den Zeitpunkt der Realteilung der gemeine Wert anzusetzen, wenn der übernehmende Mitunternehmer die Anteile innerhalb eines Zeitraums von sieben Jahren nach der Realteilung unmittelbar oder mittelbar veräußert oder durch einen Vorgang nach § 22 Abs. 1 Satz 6 Nr. 1 bis 5 des Umwandlungssteuergesetzes weiter überträgt; § 22 Abs. 2 Satz 3 des Umwandlungssteuergesetzes gilt entsprechend.

R 16 EStR 05; R 38–40 GewStR

Übersicht

	Rn		Rn
A. Grundaussagen und Systematik	1	2. Begünstigte außerordentliche Einkünfte	8
I. Sachlicher Regelungsgegenstand – Norminhalt	1	3. Veräußerungsgewinne und Gewerbesteuer	13
II. Systematik	5	4. Unentgeltliche Übertragung und interpersonelle Verlagerung stiller Reserven	15
1. Veräußerungs- und Aufgabegewinne im dualistischen Einkünftekonzept	5	5. Unternehmensumstrukturierungen nach dem UmwStG	16

	Rn
a) Einbringung in eine Kapitalgesellschaft nach § 20 UmwStG	16
b) Verdeckte Einlage in Kapitalgesellschaft als Betriebsaufgabe	21
c) Offene Einbringung in eine Personengesellschaft nach § 24 UmwStG	26
d) Verdeckte Einlage in eine Personengesellschaft	40
III. Anwendungsbereich	41
B. Die Veräußerung des Gewerbebetriebs oder eines Teilbetriebs nach § 16 I 1	50
I. Der ganze Gewerbebetrieb als Objekt der Veräußerung	50
1. Gewerbebetrieb als Tätigkeit und Vermögensmasse	50
2. Einstellung der bisherigen Tätigkeit	53
3. Übertragung der wesentlichen Betriebsgrundlagen	55
4. Veräußerung durch eine Personengesellschaft	59
II. Der Teilbetrieb als Objekt der Veräußerung	60
III. Die 100%ige Beteiligung als Objekt der Veräußerung	69
IV. Die (entgeltliche) Veräußerung	80
1. Übertragung auf einen anderen Rechtsträger	80
2. Veräußerungspreis/Entgelt	85
3. Veräußerung gegen wiederkehrende Bezüge	92
C. Unentgeltliche und teilentgeltliche Übertragungen nach § 6 III und I	96
I. Allgemeine Abgrenzung zur Veräußerung	96
II. Erbfall	101
1. Alleinerbe	101
2. Erbengemeinschaft und Erbauseinandersetzung	109
a) Erbanfall	109
b) Erbauseinandersetzung	114
aa) Reale Nachlassteilung	114
bb) Andere Arten der Auseinandersetzung	129
III. Schenkung unter Lebenden – vorweggenommene Erbfolge	135
1. Unentgeltliche und teilentgeltliche Betriebsübertragungen	135
2. Teilentgeltliche Betriebsübertragung – Einheitstheorie	137
3. Vorweggenommene Erbfolge	138
a) Gleichstellungsgelder, Abstandszahlungen	138
b) Sonderinstitut der Versorgungsleistungen	140
D. Veräußerung und unentgeltliche Übertragung eines Mitunternehmeranteils	200
I. Veräußerung eines Mitunternehmeranteils	200
1. Gegenstand der Veräußerung	200
2. Sonderbetriebsvermögen und Anteilsübertragung	206

	Rn
3. Die Veräußerungsfälle	215
4. Besteuerung des Veräußerers	221
II. Unentgeltliche Übertragung	232
1. Erbfall – Tod eines Mitunternehmers	232
a) Zivilrechtliche Ausgangslage	232
b) Steuerliche Behandlung	236
aa) Auflösung der Gesellschaft	236
bb) Fortsetzung nur unter Altgesellschaftern	243
cc) Nachfolge der Erben in Gesellschaftsanteil	247
dd) Erbfallschulden	255
2. Übertragung unter Lebenden – Vorweggenommene Erbfolge	256
E. Veräußerung des Anteils des persönlich haftenden Gesellschafters einer KGaA, § 16 I 3	257
F. Die Aufgabe des Gewerbetriebs und eines Mitunternehmeranteils, § 16 III und V	300
I. Tatbestand der Betriebsaufgabe	300
1. Abgrenzung zu Veräußerung, unentgeltlicher Übertragung und sukzessiver Abwicklung	300
2. Formen der Betriebsaufgabe	304
3. Aufgabe der Tätigkeit und Übertragung der wesentlichen Betriebsgrundlagen	309
a) Unbeschränkte Steuerpflicht	315b
b) Beschränkte Steuerpflicht	315c
4. Aufgabe eines Teilbetriebs	316
II. Betriebsunterbrechung und Betriebsverpachtung	317
1. Betriebsunterbrechung	317
2. Betriebsverpachtung	322
III. Ausscheiden eines Gesellschafters und Realteilung einer Personengesellschaft	330
1. Ausscheiden unter Sachwertabfindung – Aufgabe des Mitunternehmeranteils	330
2. Realteilung einer Personengesellschaft	340
a) Zuweisung von Einzelwirtschaftsgütern	341
b) Zuweisung von Teilbetrieben	346
G. Veräußerungs- und Aufgabegewinn, § 16 II und III	400
I. Gewinnermittlung	400
1. Gewinnermittlung durch Betriebsvermögensvergleich	400
2. Veräußerungspreis Aufgabewert	402
3. Buchwert des Betriebsvermögens	407
4. Veräußerungs-/Aufgabekosten	412
II. Rückwirkende Ereignisse	413
III. Nachträgliche Einkünfte aus GewBetr	416
H. Freibetrag nach § 16 IV für Veräußerungs- und Aufgabegewinne	500
I. Zweck	500
II. Sachliche Steuerbefreiung	501
III. Tatbestandsvoraussetzungen	503
IV. Antragserfordernis und Einmalgewährung	507
V. Personengesellschaft	509
VI. Einzelfragen	511

§ 16 Veräußerung des Betriebs

A. Grundaussagen und Systematik

Literatur: *Gassner* Die verdeckte Einlage in Kapitalgesellschaften, 2004; *Kanzler* Grundfragen der Besteuerung betrieblicher Veräußerungsgewinne, FR 03, 1; *Kerssenbrock/Rundshagen* Die steuerneutrale Übertragung von Betriebsvermögen einer Personengesellschaft, BB 04, 2490; *Marenbach* Die Erweiterung einer Kapitalbasis der GmbH: (Verdeckte) Einlage und Gesellschafterdarlehen, Diss Hamburg 2006; *dies.* Konsequenzen von verdeckten Einlagen bei mehreren Gesellschaftern, DStR 06, 1919; *Schmidt/Hageböke* Offene Sacheinlagen als entgeltliche Anschaffungsgeschäfte?, DStR 03, 1813; *Strahl* Einbringung in eine Kapitalgesellschaft nach neuem Umwandlungsrecht, KÖSDI 07, 15442; frühere Literatur s 4. Aufl.

I. Sachlicher Regelungsgegenstand – Norminhalt. § 16 I bestimmt, dass auch **Veräußerungsgewinne** aus der Veräußerung von (16 I 1) **a) ganzen GewBetr und b) Teilbetrieben** sowie (16 I 2) **c) MU'anteilen** und (16 I 3) **Komplementäranteilen an einer KGaA** zu den **gewerblichen Einkünften** gehören. Als Teilbetrieb iSd § 16 wird dabei auch die 100 %ige **Beteiligung an einer KapGes** angesehen, § 16 I Nr 1 S 2. 1

§ 16 III 1 ergänzt § 16 I, indem die **Aufgabe des GewBetr** oder eines MU'anteils oder des **Komplementäranteils** der **Veräußerung gleichgestellt** werden. Auch der insoweit entstehende **Aufgabegewinn** führt zu gewerblichen Einkünften. Die **Realteilung einer MU'schaft** wird in § 16 III 2 bis § 16 III 4 behandelt. Sie ist grds erfolgsneutral durch Buchwertfortführung zu behandeln, sofern die Erfassung der stillen Reserven sichergestellt ist; bei Übertragung von Einzel-WG auf Körperschaften ist allerdings der gemeine Wert anzusetzen. Der durch das SEStEG[1] neu eingefügte § 16 V ergänzt und modifiziert die Regelung des § 16 III 2–4 über die Realteilung für den Sonderfall, dass im Rahmen der Realteilung bei Zuweisung von Teilbetrieben Anteile an einer Körperschaft von einem nicht nach § 8b II KStG (nat Pers) begünstigten Mitunternehmer auf einen nach § 8b II begünstigten Mitunternehmer (Körperschaft) übertragen werden. Er ordnet – abw von der Grundregelung der Buchwertfortführung in § 16 III – an, dass rückwirkend auf den Zeitpunkt der Realteilung der gemeine Wert anzusetzen ist, wenn die im Zuge der Realteilung erworbenen Anteile innerhalb von 7 Jahren nach der Realteilung von der empfangenden Körperschaft veräußert werden. Der Veräußerung werden Übertragungen nach § 22 I 6 Nr 1–5 UmwStG idF SEStEG gleichgestellt. 2

§ 16 II und 16 III 5–8 enthalten Einzelheiten zur **Ermittlung** des **Veräußerungs- oder Aufgabegewinnes**. Veräußerungsgewinn ist die **Differenz zw** (gemeinem) Wert des **Veräußerungspreises** abzgl **Veräußerungskosten** und **(Buch-)Wert des** veräußerten **BV**. Für die Aufgabe wird insoweit bestimmt, dass an die Stelle des einheitlichen Veräußerungspreises für den GewBetr die Veräußerungspreise für die einzelnen WG oder deren gemeine Werte treten. Für den Sonderfall der **Liquidation einer KapGes**, die der Veräußerung der 100 %igen Beteiligung gleichgestellt ist, bestimmt § 16 I Nr 1 S 2 durch Verweisung auf § 17 IV 3, dass derjenige Teil der Liquidationsauskehrung, der nach § 20 I 1 oder 2 zu den Einnahmen aus KapVerm führt, nicht zum Veräußerungspreis gehört. Um diesen Betrag fällt mithin der Veräußerungsgewinn niedriger aus. 3

§ 16 IV enthält eine **sachliche Steuerbefreiung** für Veräußerungs- und Aufgabegewinne bis zu einem **Freibetrag von 45 000 €**. Diese sachliche Steuerbefreiung wird allerdings nur StPfl gewährt, die das **55. Lebensjahr** vollendet haben oder **dauernd berufsunfähig** sind. Der Freibetrag ist **nur einmal** auf Antrag zu gewähren. Übersteigt der Veräußerungs-/Aufgabegewinn den Betrag von 136 000 €, so vermindert sich der Freibetrag um den übersteigenden Betrag. Mit Wirkung ab dem VZ 04 wurde der Freibetrag von bisher 51 200 € auf 45 000 € und die Kappungsgrenze von 154 000 € auf 136 000 € durch das HBeglG 04[2] gesenkt. 4

II. Systematik. – 1. Veräußerungs- und Aufgabegewinne im dualistischen Einkünftekonzept. Mit der Einbeziehung von Veräußerungs- und Aufgabegewinnen in die gewerblichen Einkünfte konkretisiert § 16 die Grundsatznorm des § 2 I 2 iVm § 15 hinsichtlich der sachlichen StPfl der Einkünfte aus GewBetr. § 16 und die ihm **korrespondierenden Vorschriften** der §§ 14, 14a sowie 18 III erfassen **Veräußerungsgewinne nur** bei den **Gewinneinkunftsarten**. Sie sind folgerichtiger Ausdruck der **dualistischen Einkünftekonzeption**, die dem EStG unverändert seit dem preußischen EStG – mit der kurzen Unterbrechung des REStG 1920 – zugrunde liegt.[3] 5

Die Erfassung von Veräußerungs- und Aufgabegewinnen schließt eine ansonsten sich ergebende Lücke bei der Gewinnermittlung durch BV-Vergleich. Sichergestellt wird, dass durch die Erfassung 6

---

[1] SEStEG v 12.12.06, BGBl I 06, 2782.
[2] HBeglG 04 v 29.12.03, BGBl I 03, 3076.
[3] Vgl *K/S/M* § 16 Rn A 60 f zur geschichtlichen Entwicklung.

von Veräußerungsgewinnen auch die bisher nicht realisierten stillen Reserven zum letztmöglichen Zeitpunkt erfasst werden. Dabei entspricht die Erfassung des Veräußerungsgewinnes dem allg **Realisationsprinzip**. Hingegen ergibt sich die Notwendigkeit der Erfassung auch eines **Aufgabegewinnes** bei bloßer Überführung der WG in den außerbetrieblichen Bereich aus der **dualistischen Einkünftekonzeption**. Ebenso wie durch die **Entnahme einzelner WG** nach § 4 I 2 stille Reserven wegen der Bewertung mit dem Teilwert nach § 6 I 4 steuerlich aufgedeckt werden, ist dies bei der **BetrAufg** durch die Bewertung mit dem **gemeinen Wert** der Fall. § 16 III 1 enthält insoweit einen vom allg Realisationsprinzip abw **speziellen steuerlichen Realisationstatbestand** als ultima ratio.

7 Die Erfassung des **Veräußerungs- und Aufgabegewinnes** noch bei dem StPfl entspricht zugleich dem **Subjektsteuerprinzip**. Der Gewinn soll als Teil des Einkommens von demjenigen versteuert werden, der ihn erwirtschaftet hat. Soweit es um die Erfassung des **Veräußerungsgewinn**es geht, stimmen **Subjektsteuerprinzip und Realisationsprinzip** überein. Der Gewinn ist noch von demjenigen StPfl zu versteuern, der ihn durch Veräußerung des GewBetr, Teilbetriebes oder MU'anteils tatsächlich realisiert hat. Beim **Aufgabegewinn** trifft dies nur insoweit zu, als tatsächlich einzelne WG des Betriebes veräußert wurden. Hingegen wird durch § **16 III 1** dem **Subjektsteuerprinzip** der **Vorrang vor** dem **Realisationsprinzip** eingeräumt, soweit steuerlich eine Gewinnrealisation auch für nicht veräußerte WG des Betriebes verlangt wird.

8 **2. Begünstigte außerordentliche Einkünfte.** Die Einbeziehung der Veräußerungsgewinne in den Kreis der Einkünfte aus GewBetr und der übrigen Gewinneinkünfte wird angesichts der Folgerichtigkeit gem dem dualistischen Einkünftekonzept weitgehend als lediglich **deklaratorisch betrachtet**.[1] Damit werden Ursache und Folgen verwechselt. Zutr ist, dass erst die Regelung des § 16 den konsequenten Schlussstein für eine Besteuerung der Gewinneinkunftsarten gem der **Reinvermögenszugangstheorie** im Gegensatz zur Quellenbesteuerung setzt.[2] Dies ändert aber nichts daran, dass erst durch die gesetzgeberische Entscheidung im § 16 zur Erfassung auch der Veräußerungs- und Aufgabegewinne die **Tatbestandsmäßigkeit der Besteuerung** geschaffen wird. Der von § 4 I und 5 I vorgeschriebene BV-Vergleich setzt einen bestehenden GewBetr voraus. Ein **Veräußerungspreis** nach § 16 II würde vom BV-Vergleich gerade nicht mehr erfasst. Vor allem aber stellt die **BetrAufg** als sog **Totalentnahme** gerade **keine Entnahme iSd § 4 I 2** dar, denn diese erfolgt aus einem bestehenden Betrieb zu betriebsfremden Zwecken.[3]

9 Vor dem Hintergrund der quellentheoretischen Begrenzung der Einkünfte ist die Einbeziehung der Veräußerungs- und Aufgabegewinne stets als **außerordentlich** empfunden worden.[4] Veräußerungs- und Aufgabegewinne verkörpern danach jedenfalls keinen dauerhaften Zuwachs an Leistungsfähigkeit. Daher hat der Gesetzgeber seit jeher Veräußerungs- und Aufgabegewinne als **außerordentliche Einkünfte** – allerdings in ständig wechselndem Umfange[5] – begünstigt. Die Begünstigungen bestanden in **Freibeträgen (jetzt § 16 IV)** und jeweils **ermäßigten Tarifen (jetzt § 34)**. Allerdings sind diese Begünstigungen in der jüngeren Vergangenheit jeweils eingeschränkt worden.[6] Seit dem **VZ 96**[7] wird der **Freibetrag** nur noch **wegen Alters** (Vollendung des 55. Lebensjahres) **und Berufsunfähigkeit** gewährt und auch nur **einmal (subjektbezogen)** während der Lebensdauer.[8] Die **Tarifermäßigung mit dem halben Steuersatz** wurde vorübergehend durch die Fünftelregelung des § 34 I ersetzt.[9] Durch das Steuersenkungsergänzungsgesetz (StSenkErgG) wurde sie ab dem 1.1.01 in § 34 III wie-

---

1 *Schmidt*[26] § 16 Rn 6.
2 Dazu *K/S/M* § 2 Rn A 15, 32 f; § 16 Rn A 66 (zur Nichtsteuerbarkeit der Geschäftsveräußerung nach PreußEStG), A 71 f (zur Nichtsteuerbarkeit nach dem EStG 1920).
3 *K/S/M* § 16 Rn A 24.
4 Vgl *Strutz* REStG 25, § 30 Anm 2.
5 Vgl dazu *K/S/M* § 16 Rn A 84, 85 (EStG 1925 – Freibetrag von 10 000 und ermäßigter Steuersatz), A 90 (EStG 34 – Freigrenze von 10 000 und ermäßigter Steuersatz), A 93 (Nachkriegsentwicklung – zunächst Beseitigung jeglicher Begünstigung durch KontrollratsG Nr 12, dann aber wieder Freibeträge und ermäßigter Steuersatz, seit 1984 erhöhter Freibetrag bei Alter und Berufsunfähigkeit).

6 Tarifermäßigung § 34 ursprünglich halber Steuersatz unbegrenzt, seit dem 1.1.90 nur noch bis 30 Mio, seit dem 1.8.97 nur noch bis 15 Mio; vgl dazu BMF BStBl I 98, 268; *Gosch* DStZ 98, 1356.
7 § 52 Abs 19 JStG 96, jetzt § 52 Abs 34 S 2.
8 Veräußerungen und Aufgaben vor dem 1.1.96 werden aber nicht (als schädlich) berücksichtigt, § 52 Abs 34 S 2 idF StBereinG 99.
9 § 52 Abs 47 idF StBereinG 99; zur möglichen Verfassungswidrigkeit wegen der (unechten?) Rückwirkung auf den 1.1.99 vgl Vorlagebeschlüsse BFH v 2.8.06 – XI R 30/03 u XI R 34/02, DStR 06, 1879 u BFH BStBl II 03, 257 (Az BVerfG 2 BvL 1/03).

der eingeführt.¹ Mit Wirkung ab dem VZ 04 wurde der ermäßigte Steuersatz des § 34 III auf **56 % des durchschnittlichen Steuersatzes** angehoben. Wie bei § 16 IV kann die Ermäßigung nur einmal im Leben² in Anspr genommen werden und nur, wenn der StPfl das 55. Lebensjahr vollendet hat oder dauernd berufsunfähig ist. Außerdem wird sie begrenzt auf einen Betrag von insgesamt 5 Millionen.³

Trotz der Einschränkungen der Begünstigungen auf einen **nur noch aus sozialpolitischen Gründen** gewährten **Freibetrag nach § 16 IV** kommt der Abgrenzung zu den laufenden Gewinnen durch die Wiedereinführung des ermäßigten Steuersatzes große Bedeutung zu. Die Tarifermäßigung durch die Fünftelregelung nach § 34 I wirkt sich begünstigend nur bei Einkommen und Veräußerungsgewinnen „mittlerer Größe" aus. Bei sehr geringen laufenden Einkünften ist sie günstiger als § 34 III.⁴ Der StPfl hat die Wahl zwischen der Anwendung des § 34 III oder I. Soweit die Voraussetzungen des § 34 III nicht vorliegen, kommt nur die Anwendung nach § 34 I in Betracht. **10**

Obgleich der Sache nach ein Teil des Veräußerungsgewinnes wird durch § 16 II 3 ein **Veräußerungsgewinn fiktiv als laufender Gewinn** behandelt, **soweit Veräußerer und Erwerber dieselben Pers sind**. Dies betrifft die Veräußerung von und an **PersGes**, an denen der Veräußerer oder Erwerber jeweils als **MU'er** beteiligt ist. Dafür genügt auch eine mittelbare Beteiligung über eine andere PersGes als MU'er⁵ (§ 15 Rn 420), nicht aber eine Beteiligung an einer KapGes.⁶ Dasselbe gilt nach **§ 16 III 5 für den Aufgabegewinn**, allerdings **nur**, soweit er aus der **Veräußerung einzelner WG** resultiert, **nicht bei Überführung in das PV**. Eine entspr Anwendung ist in **§ 24 III 3 UmwStG** enthalten für die Einbringung von Betrieben, Teilbetrieben und MU'anteilen in eine PersGes gegen Gewährung von Gesellschaftsrechten (Rn 26f). **11**

Durch die Regelung soll vermieden werden, dass einerseits der Veräußerungsgewinn lediglich begünstigt besteuert wird, andererseits aber der zugleich als partieller Erwerber auftretende Veräußerer den auf ihn entfallenden Kaufpreisanteil über die AK der WG durch AfA oder bei Abgang der WG als den laufenden Gewinn mindernden Aufwand geltend machen kann.⁷ Nach Maßgabe des bei der Erwerberin für ihn geltenden Gewinnverteilungsschlüssels liegt für den Veräußerer lediglich ein als laufender Gewinn zu besteuernder Gewinn vor.⁸ **12**

Beispiele: a) V veräußert (bringt ein) seinen Einzelbetrieb an (in) die MU'schaft, an deren Gewinn er zu 1/4 beteiligt ist. Der Veräußerungs-/Einbringungsgewinn ist zu 1/4 als laufender zu besteuern.

b) Die V-PersGes (V1, V2, V3 zu je 1/3) veräußert (bringt ein) ihren Betrieb an (in) die E-PersGes (V1, V2, V3 und F zu je 1/4). Der Veräußerungsgewinn ist für V1, V2, V3 zu 3/4 ein laufender und zu 1/4 begünstigt.

3. Veräußerungsgewinne und Gewerbesteuer. Mittelbar kommt der Abgrenzung zw laufenden Einkünften und außerordentlichen Veräußerungs- und Aufgabegewinnen nach § 16 auch für die GewSt erhebliche Bedeutung zu. Das **GewStG 1935** nahm **Gewinne nach § 16 EStG ausdrücklich vom Gewerbeertrag** aus. Seit dem Reichsgewerbesteuergesetz 1936 ist eine solche explizite Einschränkung nicht mehr im GewStG enthalten.⁹ Ungeachtet der uneingeschränkten Verweisung des § 7 GewStG für den Gewerbeertrag auf den **Gewinn aus GewBetr** nach den **Vorschriften des EStG**, gehen **Rspr**¹⁰ und **FinVerw**¹¹ weiter davon aus, dass **Veräußerungs- und Aufgabegewinne grds nicht** der **GewSt** unterliegen. Begründet wird dies mit dem angeblichen Objektcharakter der GewSt, wonach die GewSt nur Gewinne und Verluste des **werbenden Betriebs** erfasse. Danach unterliegt weder die Veräußerung oder Aufgabe eines ganzen GewBetr noch eines Teilbetriebes noch eines MU'anteils¹² (anders aber bzgl darin enthaltenen laufenden Gewinnes aus zum Umlaufvermögen **13**

---

1 Nach Ansicht der Rspr war eine auch 99 und 00 erfassende rückwirkende Wiederherstellung verfassungsrechtlich nicht geboten, BFH BStBl II 03, 341; BFH v 7.3.03 – IV B 163/02, FR 03, 584.
2 Unschädlich sind allerdings begünstigte Veräußerungen vor dem 1.1.01 nach alten Fassungen des § 34.
3 Ab VZ 02 5 Mio € gem § 52 Abs 47.
4 Vgl *Kroschel/Wellich* BB 98, 2550; *Richter* DStR 98, 1950.
5 *Schiffers* BB 94, 1469.
6 Dazu *Pyszka/Kamphaus* DStR 98, 108 mit Gestaltungsempfehlung zur anschließenden Umwandlung nach §§ 2 ff UmwStG in eine PersGes.
7 BT-Drs 12/5630 u 12/7945.
8 BFH BStBl II 04, 754.
9 S dazu *K/S/M* § 16 Rn A 44.
10 BFH BStBl II 96, 527; BStBl II 95, 770.
11 R 38 III, R 39 I 1 GewStR 98.
12 BFH BStBl II 82, 707.

der MU gehörenden Grundstücken)[1] durch nat Pers[2] der GewSt. Dies gilt selbst dann, wenn im Einzelfall die Tarifermäßigung nach § 34 nicht zu gewähren ist, etwa weil zu Zwischenwerten eingebracht wurde oder weil nur einzelne WG bei Buchwertfortführung iÜ – etwa Sonderbetriebsvermögen – entnommen werden.[3] Ein als laufender Gewinn nach § 24 II 3 UmwStG, § 16 II 3 zu behandelnder Veräußerungsgewinn unterliegt hingegen der GewSt.[4] Konsequenterweise muss dies auch (ab 02!) für die Veräußerung des Bruchteils eines MU'anteils nach § 16 I 2 idF UntStFG gelten.[5] Die isolierte **Veräußerung einer 100 %igen Beteiligung an** einer **KapGes** soll der **GewSt** unterliegen, weil es sich nur um einen fiktiven Teilbetrieb für § 16 I 1 handele,[6] anders aber, wenn sie im Zusammenhang mit einer Betriebs- oder Teilbetriebsveräußerung/aufgabe erfolgt.[7] Ebenfalls sollen **bei** einer **KapGes** sowie anderen Körperschaften nach § 1 KStG die **Veräußerungs- und Liquidationsgewinne** uneingeschränkt der **GewSt** unterliegen.[8] Dies wird aus der Fiktion des § 2 II 1 GewStG gefolgert. Das Anknüpfen an die Rechtsform begründe keine verfassungswidrige Ungleichbehandlung, weil sich nat Pers und jur Pers grds unterschieden.[9]

Auch für KapGes als MU'er unterlagen bis zum 1.1.02 **Gewinne aus der Veräußerung eines MU'anteils nicht** der **GewSt**,[10] wohl aber die Veräußerung von über eine Mehrmütterorganschaft als GbR-Innengesellschaft gehaltenen Anteilen an Organgesellschaften.[11] Dies galt auch für einen auf einen MU'anteil entfallenden Teil des Übertragungsgewinnes bei einer Umwandlung in eine PersGes[12] und bei der Veräußerung „einbringungsgeborener Anteile" nach § 24 UmwStG an PersGes aus der Einbringung von Betrieben durch KapGes.[13] Nach Umwandlungen[14] einer KapGes in eine PersGes ist § 18 III (früher IV) UmwStG zu beachten, wonach bei Veräußerung oder Aufgabe des Betriebs, Teilbetriebs oder MU'anteils innerhalb von 5 Jahren seit der Umwandlung ein sich ergebender Veräußerungs- oder Aufgabegewinn der GewSt unterliegt,[15] aber nicht zu einer Ermäßigung nach § 35 EStG führt.[16] 18 II UmwStG ordnet an, dass ein Übernahmegewinn- oder Übernahmeverlust[17] bei der Umwandlung auf eine PersGes für die GewSt nicht zu berücksichtigen ist.

Mit Wirkung ab 1.1.02 wurde allerdings § 7 GewStG durch das UntStFG[18] dahingehend geändert, dass nunmehr nach § 7 S 2 GewStG der Gewinn aus der Veräußerung oder Aufgabe eines Betriebes

---

1 BFH BStBl II 07, 777.
2 BFH BStBl III 62, 438; BStBl II 00, 316; vgl aber anders BFH DB 01, 1536 für im BV gehaltenen Anteil an vermögensverwaltender PersGes.
3 BFH/NV 05, 353 (Einbringung und Teilveräußerung); BFH BStBl II 94, 809 (Spitzenausgleich Realteilung); BStBl II 88, 374 (Einbringung zu Buchwerten mit Entnahme einzelner WG); BFH BStBl II 00, 316 (wesentliches Sonder-BV bei qualifizierter Nachfolgeklausel); vgl aber BFHE 192, 534 (GewSt bei Veräußerung des Anteils an einem MU'anteil ohne anteiliges Sonder-BV).
4 BFH BStBl II 04, 754 mwN auch zur Gegenauffassung; R 39 I Nr 1 S 3 GewStR; BMF BStBl I 98, 268 Tz 24.06.
5 BFH BStBl II 07, 777; OFD D'dorf v 10.9.02, FR 02, 1191; vgl bereits BFHE 192, 534 = BStBl II 05, 173 (GewStPfl bei nicht begünstigter Bruchteilsveräußerung wegen Zurückbehaltung von Sonder-BV); aA Neyer BB 05, 577.
6 BStBl II 93, 131, mwN; offen in BFHE 194, 421 = DB 01, 1536.
7 BFH BStBl II 02, 537.
8 BFH/NV 96, 366 mwN; RFH RStBl 40, 476; 42, 274; R 40 II GewStR; BFH BStBl II 02, 155; auch im Falle einer Organschaft zu einer nat Pers, BFH BStBl II 04, 515.
9 BFH BStBl II 02, 155.
10 BFH BStBl II 97, 224; BStBl II 90, 699: ebenso R 40 II GewStR.
11 BFH BFHE 194, 421 = DB 01, 1536; allerdings ist nunmehr § 8b II KStG zu beachten.
12 BFH BStBl II 90, 699.
13 BFH BStBl II 97, 224; R 40 II GewStR; BMF BStBl I 98, 268 Tz 18.03 u 21.13.
14 Zur Behandlung des Formwandels als Vermögensübergang iSd § 18 IV aF vgl BFH BStBl II 04, 474 mit Anm Gosch StBp 02, 184 u Wacker KFR 02, 271.
15 Vgl aber BFH v 16.11.05 – XR 6/04, DB 06, 257 = BFHE 211, 518 und BFH v 20.11.06- VIII R 47/05, BFH/NV 2007, 637 (teleologische Einschränkung bzgl vorher vorhandener stiller Reserven beim aufnehmenden Rechtsträger), allerdings aufgrund der Änderung des § 18 III S 1 durch das JStG 08 für Umwandlungen mit Anmeldung zur Eintragung nach dem 31.12.07 überholt. Danach sind nunmehr ausdrücklich auch stille Reserven zu berücksichtigen, die bereits vor der Umwandlung im Betriebsvermögen der übernehmenden Ges vorhanden waren, vgl BT-DrS 16/6981 und BT-DrS 16/7036 (Beschluss und Bericht FinAusschuss zum JStG 08).
16 § 18 IV 3 idF UntStFG (die Regelung ist ebenso verfassungsrechtlich fragwürdig, wie der generelle Ausschluss der Anteilseigner von KapGes von der Anrechnung nach § 35 EStG).
17 Zur Berücksichtigung eines Übernahmeverlustes bis 1999 vgl BFH BStBl II 01, 35 gegen BMF BStBl I 98, 268 Tz 18.02.
18 Die Änderung durch Einfügung des Satzes 2 wurde allerdings durch das Solidarpaktfortführungsgesetz v 20.12.01, BGBl I, 3955 versehentlich „überschrieben", und diese Überschreibung wurde ihrerseits durch Art 5 des Gesetzes zur Änderung des SteuerbeamtenausbildungsG v 26.7.02, BGBl I, 2715 „repariert". Die rückwirkende Geltung ab 1.1.02 gem § 36 I GewStG dürfte dennoch verfassungsrechtlich unproblematisch sein, vgl auch Christoffel DB 02, 660.

oder Teilbetriebes einer MU'schaft, eines MU'anteils und des Anteils des phG'ters einer KGaA, soweit er nicht auf unmittelbar beteiligte nat Pers entfällt, also insbesondere bei KapGes als MU'er, zum Gewerbeertrag gehört.[1] Ebenfalls gehört nunmehr auch der Gewinn aus der Veräußerung eines Betriebes, Teilbetriebes oder MU'anteils, soweit er auf eine MU'schaft entfällt, zum Gewerbertrag. Denn insoweit sind deren G'ter, selbst wenn es sich nur um nat Pers handelt – doppelstöckige PersGes – nicht unmittelbar beteiligt. Zur Anrechnung bzw. Nichtanrechnung von Veräußerungsgewinnen nach § 35[2] s dort Rn 8, 14.

Weder dem EStG noch dem GewStG waren bis zur Änderung des § 7 GewStG diese diffizilen Unterscheidungen zu entnehmen. Sie sind auch in der Sache nicht gerechtfertigt.[3] Die GewSt ist eine schlichte Sonderertragsteuer auf den Gewerbeertrag, die den Unternehmer zusätzlich zur ESt/KSt trifft. Hält man dies für unbedenklich, gibt es keinen Grund, gerade Veräußerungs- und Aufgabegewinne auszunehmen. Hier wird schlicht – ohne Rücksicht auf spätere gesetzliche Entwicklungen – in ungebrochener Tradition an die Rspr des preußischen OVG zur GewSt angeknüpft. Die nunmehrige partielle Sonderregelung in § 7 S 2 GewStG bleibt Stückwerk und verschärft die für die GewSt – anders als für die ESt – nicht zu rechtfertigenden Rechtsformunterschiede. Sie dürfte einer Überprüfung am Maßstabe des Art 3 GG kaum standhalten.[4] **14**

4. Unentgeltliche Übertragung und interpersonelle Verlagerung stiller Reserven. Nicht erfasst von § 16 I oder III wird die **unentgeltliche Übertragung von Betrieben**, Teilbetrieben und MU'anteilen **auf ein anderes Steuersubjekt.** Hier schließt nunmehr **§ 6 III** eine bisher bestehende gesetzliche Lücke.[5] Er bestätigt die Auslegung des § 16, wonach der unentgeltliche Übergang der von § 16 erfassten wirtschaftlichen Einheiten nicht als steuerlich gewinnrealisierende BetrAufg anzusehen ist und auch nicht dem Entnahmetatbestand des § 4 I 2 unterfällt.[6] In Konsequenz dessen wird bei der unentgeltlichen Betriebsübertragung eine **interpersonelle Übertragung stiller Reserven auf den Rechtsnachfolger** angeordnet. § 6 III schafft dafür eine ausreichende **gesetzliche Grundlage**, indem er für den Rechtsnachfolger die **zwingende Fortführung der Buchwerte** anordnet[7] (§ 6 Rn 181). Für den Fall der unentgeltlichen Übertragung der in § 16 I genannten wirtschaftlichen Einheiten räumt der Gesetzgeber dem Realisationsprinzip den Vorrang vor dem Subjektsteuerprinzip ein.[8] **15**

5. Unternehmensumstrukturierungen nach dem UmwStG. – a) Einbringung in eine Kapitalgesellschaft nach § 20 UmwStG. Für die offene Sacheinlage von Betrieben, Teilbetrieben und MU'anteilen gegen Gewährung von neuen Gesellschaftsrechten an der aufnehmenden unbeschränkt stpfl KapGes enthält § 20 UmwStG eine dem § 16 vorgehende **Sonderregelung.** Nach § 20 UmwStG aF wurde der KapGes das Wahlrecht[9] gewährt, das eingebrachte BV mit dem Buchwert oder mit den Teilwerten (oder mit Zwischenwerten) anzusetzen. Nach § 20 IV UmwStG gilt der von der KapGes gewählte Ansatz für den Einbringenden zugleich als Veräußerungspreis für die übertragene Wirtschaftseinheit und als AK für die erworbenen neuen Anteile. Bei der Einbringung eines MU'anteils ist die Wahl in der Steuerbilanz der MU'schaft (einschließlich Ergänzungsbilanz) und nicht in der Steuerbilanz der KapGes auszuüben.[10] **16**

Mit Wirkung nach Verkündung (12.12.06) des **SEStEG**[11] wird die Bewertung zum Teilwert durch die **Bewertung mit dem gemeinen Wert** ersetzt. Die Bewertung zum Buchwert oder zu einem Zwischenwert bleibt auf Antrag zulässig, soweit das Besteuerungsrecht der Bundesrepublik hinsichtlich des Gewinnes aus einer Veräußerung des eingebrachten Betriebsvermögens **nicht ausgeschlossen oder beschränkt** wird, § 20 II UmwStG idF SEStEG. Wie bisher gilt der Wert, mit dem das einge-

---

1 S dazu *Behrens/Schmidt* BB 02, 861; *Füger/Rieger* DStR 02, 933; *Förster* DB 02, 1394.
2 Vgl zur Verwaltungsauffassung BMF BStBl I 2007, 701 Rz 9u 10.
3 Insoweit zutr noch die Bedenken in BFH BStBl II 02, 155.
4 Vgl BFHE 194, 421 = DB 01, 1536; **aA** BFH BStBl II 02, 155.
5 Eingefügt durch das StEntlG 99/00/02 mit Wirkung ab 1.1.99.
6 Zur geschichtlichen Entwicklung des § 7 I EStDV vgl *K/S/M* § 16 Rn B 79 f.
7 Nach hM war dies allerdings die auch schon bis zum 1.1.99 durch § 7 I EStDV angeordnete Rechtsfolge, vgl BFH BStBl II 96, 476; BStBl II 95, 367; BFH GrS BStBl II 90, 847; vgl aber *K/S/M* § 16 Rn B 80 (Wahlrecht zur Behandlung als BetrAufg).
8 Vgl dazu *K/S/M* § 16 Rn B 80; BFH BStBl II 06, 457.
9 Allerdings zwingender Teilwertansatz nach § 20 III UmwStG, soweit das Besteuerungsrecht Deutschlands hinsichtlich der gewährten Gesellschaftsrechte ausgeschlossen ist; zur Frage einer (fehlenden) Maßgeblichkeit beim Formwechsel vgl BFH BStBl II 06, 596 und nunmehr BMF BStBl I 06, 445.
10 BFH BStBl II 04, 804.
11 Gesetz über steuerliche Begleitmaßnahmen zur Einführung der Europäischen Gesellschaft und zur Änderung weiterer steuerrechtlicher Vorschriften (SEStEG) v 12.12.06, BGBl I 06, 2782.

brachte Vermögen angesetzt wird, für den Einbringenden als Veräußerungspreis und als AK für die gewährten Anteile an der KapGes (oder Europäischen Genossenschaft). Soweit allerdings das Besteuerungsrecht der Bundesrepublik hinsichtlich eines Gewinnes aus der Veräußerung des eingebrachten BV im Zeitpunkt der Einbringung ausgeschlossen ist (und auch nicht durch die Einbringung begründet wird), ist der gemeine Wert als AK für die gewährten Anteile anzusetzen, § 20 III UmwStG idF SEStEG.

17 Die offene Sacheinlage von Betrieben, Teilbetrieben und MU'anteilen stellt sich sowohl handelsrechtlich[1] als auch steuerrechtlich[2] iSd § 16 I **für den Einbringenden** als **tauschähnliches Veräußerungsgeschäft** dar. Entgegen der Rspr[3] liegt aber mangels AK kein tauschähnliches Anschaffungsgeschäft für die Ges vor.[4] Vorbehaltlich der Sonderregelung in § 20 UmwStG würde daher nach § 16 II ein Veräußerungsgewinn in Höhe der Differenz zw dem (gemeinen) Wert der gewährten neuen Anteile als Veräußerungspreis und dem Buchwert des eingebrachten BV abzgl Veräußerungskosten beim Einbringenden anfallen.

18 Durch die **Sonderregelung des § 20 UmwStG** kann bei Wahl der Buchwertfortführung das **Entstehen eines Veräußerungsgewinnes** für den Einbringenden **vermieden** werden. Allerdings müssen die stillen Reserven in den übernommenen WG bei der KapGes und zugleich in den gewährten neuen Anteilen fortgeführt werden. Durch diese **Verdoppelung der stillen Reserven** wird zugleich gesichert, dass diese weiterhin steuerverhaftet bleiben und auch **keine interpersonelle Verlagerung** stattfindet. Insoweit ordnete § 21 UmwStG aF hinsichtlich der dem Einbringenden gewährten Anteile an der aufnehmenden KapGes an, dass diese **sog einbringungsgeborenen Anteile** steuerverhaftet bleiben. Bei späterer Veräußerung der Anteile[5] unterliegt ein Veräußerungsgewinn nach § 21 aF iVm § 16 der Besteuerung und ist auch nach § 34 begünstigt. Werden bereits bei der Sacheinlage die Teilwerte[6] angesetzt, ist sowohl die Freibetragsregelung des § 16 IV als auch die Tarifbegünstigung des § 34 anwendbar. Werden Zwischenwerte angesetzt, ist § 34 nicht anwendbar, § 20 V, 27 IVc UmwStG. Bei Buchwertfortführung unter Überführung unwesentlicher WG in das PV ist der Entnahmegewinn nicht begünstigt.[7] § 16 IV und § 34 sind bei der Einbringung von Teilen von MU'anteilen nicht mehr anwendbar,[8] § 20 V 3.

Mit der Änderung des UmwStG durch das SEStEG wurde die Konzeption einer dauernden Verdoppelung und Fortführung stiller Reserven durch die Konstruktion einbringungsgeborener Anteile in § 21 UmwStGaF ausdrücklich aufgegeben[9] und durch eine rückwirkende Besteuerung des Einbringungsgewinnes ersetzt, wenn innerhalb von 7 Jahren nach dem Einbringungszeitpunkt eine Veräußerung der für die Einbringung erhaltenen Anteile erfolgt. Als Einbringungsgewinn (I) ist dann rückwirkend der Betrag anzusetzen, um den der gemeine Wert des eingebrachten BV abzgl der Kosten für den Vermögensübergang den von der übernehmenden KapGes angesetzten (Buch- oder Zwischen-) Wert übersteigt. Dieser Einbringungsgewinn gilt als Veräußerungsgewinn iSd § 16, ist aber nicht nach § 16 IV und § 34 begünstigt. Stattdessen wird er für jedes seit dem Einbringungszeitpunkt abgelaufene Zeitjahr um ein Siebtel vermindert. Der Einbringungsgewinn erhöht zugleich die AK für die gewährten (und veräußerten) Anteile, § 22 I UmwStG idF SEStEG. Die übernehmende KapGes kann auf Antrag den versteuerten Einbringungsgewinn, soweit die Steuer entrichtet wurde!, im Wj der (steuerschädlichen) Veräußerung der gewährten Anteile durch den Einbringenden gewinnneutral als Erhöhungsbetrag ansetzen und ab diesem Zeitpunkt Abschreibungen nach § 7 I, IV und V nach den ursprünglichen AK/HK des Einbringenden, respektive bei § 7 II nach dem

---

1 *K/S/M* § 16 Rn B 18, 19 mwN.
2 BFH BStBl II 96, 342; BStBl II 92, 404; BStBl II 87, 705; BStBl II 86, 623; vgl auch BFH BStBl II 06, 569 zur entspr steuerlichen, nicht handelsrechtlichen Beurteilung des Formwechsels nach § 25 UmwStG.
3 BFH BStBl II 04, 344 im Anschluss an BFH BStBl II 00, 230.
4 *Schmidt/Hageböke* DStR 03, 1813; vgl aber BFH BStBl II 04, 686 (GrESt als AK bei Einbringung einer PersGes durch Verschmelzung – zutr, denn insoweit liegen AK vor!).
5 Der Veräußerung gleichgestellt wird nach § 21 II UmwStG der spätere Wegfall des Besteuerungsrechtes Deutschlands, die Liquidation der KapGes, die verdeckte Einlage in eine KapGes. Außerdem ist eine Besteuerung auch ohne Veräußerung auf Antrag möglich.
6 Dazu BMF BStBl I 98, 268 Tz 22.11 (Auflösung aller stillen Reserven einschl Geschäftswert).
7 BFH BStBl II 92, 406.
8 S auch *Patt* EStB 03, 344.
9 Vgl dazu Begr Entw BReg BT-Drs 16/2710, 27 (Vereinfachung, Vermeidung der unsystematischen (sic!) Verdoppelung stiller Reserven auf der Ebene des Anteilseigners und der KapGes); S 46 f zu § 22 (Sicherung der Besteuerung wegen anschließender Anwendung von § 8b oder Ausschluss deutschen Besteuerungsrechtes); Begr Finanzausschuss BT-Drs 16/3369, 25, 28 (Umstellung auf rückwirkende Besteuerung des Einbringungsgewinnes).

Buchwert, erhöht um den Erhöhungsbetrag, soweit er auf die entspr WG entfällt, vornehmen, § 23 II und III UmwStG idF SEStEG. Lediglich für vor Inkrafttreten des SEStEG erfolgte Einbringungen bleibt § 21 UmwStG aF für die dabei entstandenen einbringungsgeborenen Anteile erhalten.

§ 22 I 6 Nr 1–6 UmwStG idF SEStEG regelt, dass bestimmte Vorgänge einer (schädlichen) Veräußerung der Anteile gleichstehen, ua unentgeltliche Übertragung der Anteile auf eine KapGes; jede sonstige entgeltliche Übertragung, soweit sie nicht nachweislich zu Buchwerten nach §§ 20, 21 UmwStG erfolgte; Auflösung und Kapitalherabsetzung bei der KapGes, an der die Anteile bestehen; Einbringung der erhaltenen Anteile nach §§ 20, 21 UmwStG zum Buchwert und Veräußerung dieser Anteile durch die übernehmende KapGes oder der dafür erhaltenen Anteile durch den Einbringenden (Kettenveräußerung), Verlust der EU-Eigenschaft der übernehmenden KapGes oder der EU- Zugehörigkeit des Einbringenden, es sei denn, das Recht zur Besteuerung des Gewinns aus den erhaltenen Anteilen wird nicht ausgeschlossen und beschränkt.

Anders als bei der unentgeltlichen Übertragung (Rn 8) führt die Einbringung nach § 20 UmwStG trotz Buchwertfortführung bei der KapGes hinsichtlich der übertragenen WG nicht zu einer interpersonellen Verlagerung der stillen Reserven. Die Erfassung der stillen Reserven bei demselben Steuersubjekt wird dadurch bewirkt, dass die stillen Reserven aus den in die KapGes eingebrachten WG auf die vom StPfl erworbenen Anteile übertragen werden (allerdings unter Beibehaltung der Buchwerte auch für die übernehmende KapGes). Während bei der **unentgeltlichen Übertragung nach § 6 III** der **fehlenden Realisation** mangels entgeltlicher Veräußerung um den gewollten Preis einer **interpersonellen Verlagerung stiller Reserven** auf den Erwerber Rechnung getragen wird (daher keine BetrAufg iSd § 16 III), bewirkt die von **§ 20 UmwStG** zugelassene Buchwertfortführung umgekehrt, dass trotz an sich vorliegendem **entgeltlichen Realisationsaktes** noch **keine Versteuerung** erfolgen muss, dafür aber **keine interpersonelle Verlagerung** stattfindet. Damit wird dem Umstand Rechnung getragen, dass der Einbringende über die KapGes sein bisheriges unternehmerisches Engagement fortsetzt. Weil jedoch die KapGes selbst Steuersubjekt ist und daher eine echte Übertragung auf ein anderes Steuersubjekt vorliegt, stellt sich die offene Sacheinlage auch steuerlich als echtes Veräußerungsgeschäft dar. Daher bedurfte es der gesetzlichen Sonderregelung des § 20 UmwStG, um eine steuerliche Gewinnrealisation auszuschließen. **19**

Für die Rechtslage nach Inkrafttreten des SEStEG gilt dies allerdings nicht mehr uneingeschränkt (Rn 18). IErg wird aber auch hier die Erfassung der stillen Reserven auch beim Einbringenden jedenfalls für einen Siebenjahreszeitraum partiell gesichert. Bei einer vorzeitigen Veräußerung (oder einem gleichgestellten Vorgang) erfolgt eine rückwirkende Aufdeckung der stillen Reserven in Gestalt des nachträglich zu erfassenden und nicht begünstigt zu erfassenden Einbringungsgewinnes, allerdings vermindert um je 1/7 je abgelaufenen Zeitjahres. Der Gewinn aus der Veräußerung der Anteile vermindert sich entspr. Hinsichtlich des (um den Einbringungsgewinn verminderten) Gewinnes aus der Veräußerung der Anteile greift dann das Halbeinkünfteverfahren, respektive die Befreiung nach § 8b II KStG ein.

Bei der Einbringung von **MU'anteilen** in eine KapGes setzt die Anwendung des § 20 UmwStG nach Auffassung der Rspr voraus, dass auch WG, die **wesentliches Sonder-BV** des einbringenden MU'ers darstellten, **auf die KapGes** gegen Gewährung von neuen Anteilen an dieser **übertragen** werden. Die bloße **Nutzungsüberlassung** (entgeltlich oder unentgeltlich) **genügt nicht**.[1] Entsprechendes gilt, wenn der ganze GewBetr einer MU'schaft in eine KapGes eingebracht wird, sei es durch Einzelrechtsübertragung, sei es durch Verschmelzung oder Formwechsel. Die Rspr geht zutr davon aus, dass dies als Einbringung sämtlicher MU'anteile in die KapGes durch die MU'er anzusehen ist. Daher ist § 20 UmwStG dann auf denjenigen MU'er nicht anwendbar, der sein wesentliches Sonder-BV nicht auf die KapGes überträgt. Soweit das bisherige Sonder-BV an die KapGes vermietet wird und die Voraussetzungen einer BetrAufsp vorliegen (§ 15 Rn 75f) oder das **Sonder-BV** in ein anderes BV des MU'ers zum **Buchwert** überführt wird, geht die Rspr dann von einem **Zwang zur Gewinnrealisierung wegen** eines **tauschähnlichen Veräußerungsgeschäftes** hinsichtlich des eingebrachten Gesellschaftsanteiles aus[2]. Dabei soll es sich um einen **laufenden Gewinn** handeln. Problematisch erscheint insoweit, wo die Rechtsgrundlage dafür zu finden ist, wenn weder § 20 UmwStG noch § 16 I 2 anwendbar sind. Offenbar geht die Rspr insoweit stillschweigend davon aus, dass von **20**

---

1 BFH BStBl II 96, 342; aA *K/S/M* § 16 B 38. 2 BFH v 13.4.07 – IV B 81/06, BFH/NV 07, 1939.

§ 15 I 1 die Veräußerung des Gesellschaftsanteils ohne das wesentliche Sonder-BV erfasst wird.[1] Eine wahlweise Aufdeckung der stillen Reserven in dem zurückbehaltenen Sonder-BV ist unzulässig. Dies ergibt sich nunmehr auch zweifelsfrei aus § 6 V 1 und 2. Wird allerdings das wesentliche Sonder-BV in PV überführt, so ist insgesamt § 16 III 1 anwendbar. Wird nur der **Bruchteil eines Gesellschaftsanteiles** eingebracht, ergibt sich hinsichtlich des Erfordernisses einer quotalen Miteinbringung wesentlichen Sonder-BV für § 20 UmwStG dieselbe Problematik wie bei der Veräußerung nur eines Bruchteils des Gesellschaftsanteils nach § 16 I 2 (Rn 214, 214a). Zwar sind §§ 16 IV, 34 ab 1.1.02 ohnehin nicht anwendbar. Die Parallele zum Erfordernis einer Teilbetriebseinbringung spricht aber dafür, auch die Buchwertfortführung hinsichtlich des Gesellschaftsanteils ebenfalls nur zuzulassen, wenn auch das Sonder-BV quotal mit eingebracht wird.

21 **b) Verdeckte Einlage in Kapitalgesellschaft als Betriebsaufgabe.** Die **verdeckte Sacheinlage von Betrieben**, Teilbetrieben und MU'anteilen in KapGes fällt nicht unter § 20 UmwStG, weil dafür gerade keine neuen Anteile an der KapGes gewährt werden.[2] Es gilt hier dasselbe **wie bei der verschleierten Sachgründung**.[3] Nach Auffassung der neueren Rspr soll auch **keine Veräußerung iSd § 16 I vorliegen**.[4] Vielmehr handele es sich um eine **unentgeltliche Betriebsübertragung auf die KapGes**. Diese sei dann allerdings nach **§ 16 III als BetrAufg** zu behandeln. **§ 16 III** soll dabei **Vorrang vor § 6 III** genießen. Dies soll **jedenfalls dann** gelten, **wenn die Anteile** an der KapGes **im PV** gehalten werden.

22 Dem ist iErg hinsichtlich der Unanwendbarkeit des § 6 III uneingeschränkt zu folgen, aber nicht in der Begründung. Bei einer **unentgeltlichen Übertragung auf die KapGes** würde § 6 III den Vorrang beanspruchen. § 16 III wäre gerade nicht einschlägig (Rn 8, 15). Von einer Sicherstellung der Versteuerung beim Übertragenden weiß § 6 III nichts. Bei einer unentgeltlichen Übertragung iSd § 6 III würde genügen, dass die KapGes die Buchwerte fortführt und damit die Versteuerung der stillen Reserven bei dieser gesichert ist.[5] Daher kann nicht die Anwendung des § 6 III auch dann nicht in Betracht kommen, wenn die **Anteile an der KapGes sich im BV** des verdeckt Einlegenden befinden und dort verbleiben.[6] Denn dann käme es iErg exakt zu denselben Rechtsfolgen wie sie sich bei Anwendung des § 20 UmwStG mit Buchwertfortführung ergeben. Es kann aber nicht der Sinn der zutr begründeten Ablehnung der Anwendung des § 20 UmwStG auf verdeckte Sacheinlagen oder der verschleierte Sachgründungen sein, dieses Ergebnis dann auf dem Umweg über § 6 III herzustellen.[7] Richtigerweise ist vielmehr davon auszugehen, dass die verdeckte Einlage auf Seiten des Einbringenden eine gewinnrealisierende **Veräußerung iSd § 16 I** darstellt und keine unentgeltliche Übertragung (**aA** § 6 Rn 183a). Dem steht nicht entgegen, dass er keine neuen Gesellschaftsrechte erhält. Die Gegenleistung besteht in der durch die verdeckte Einlage eintretenden Wertsteigerung seiner Anteile. Mangels Entreicherung handelt es sich **nicht um eine unentgeltliche Übertragung**. Unerheblich ist dabei, dass diese Wertsteigerung nur als „Reflex" der verdeckten Einlage eintritt und die KapGes keine Gegenleistung aufwendet. Dies ist – entgegen der neueren Rspr[8] – auch bei einer offenen Sacheinlage nicht anders (§ 15 Rn 453f, 458). Die Rspr sollte den eingeschlagenen Irrweg verlassen und zur früher auch von ihr vertretenen Auffassung der Gleichbehandlung offener und verdeckter Einlagen als gewinnrealisierende Veräußerungen[9] zurückkehren.[10]

23 Allerdings hat der Gesetzgeber in Reaktion auf die verfehlte Rspr für den Sonderfall der verdeckten **Einlage von Anteilen an einer KapGes in eine KapGes** in § 17[11] (§ 17 Rn 120) die Gleichbehandlung mit einer **Veräußerung** ausdrücklich angeordnet und behandelt[12] auch die **verdeckte Einlage eines WG in eine KapGes** als **Veräußerung** iSd § 23. Außerdem wird in § 6 VI 2 angeordnet, dass bei

---

1 S auch *K/S/M* § 15 Rn E 276.
2 BFH BStBl II 06, 457.
3 BFH BStBl II 87, 705; BStBl II 91, 512.
4 BFH BStBl II 06, 457; BStBl II 02, 463 (zu wesentlicher Beteiligung); BFH BStBl II 91, 512; BStBl II 89, 271; BStBl II 87, 705.
5 AA *Tiedtke/Wälzholz* DB 99, 2026.
6 So jetzt auch BFH BStBl II 06, 457 jedenfalls für die Einlage einer 100 %igen Beteiligung; offen gelassen von BFHE 192, 534 abl zutr *Gebel* DStR 98, 269; iErg ebenso *Schmidt*[26] § 16 Rn 201, § 5 Rn 639, § 6 Rn 551; *Weber-Grellet* DB 98, 1532.
7 S dazu *K/S/M* § 16 Rn B 39 f, B 341; verkannt von *Tiedtke/Wälzholz* DB 99, 2026.
8 BFH BStBl II 00, 230 mwN.
9 BFH BStBl II 67, 733; BStBl II 75, 505; BStBl II 80, 494.
10 *K/S/M* § 16 Rn B 46 f; vgl auch *Groh* DB 97, 1683; die neuere BFH Rspr abl auch *Meilicke/Heidel* FR 94, 693; vgl auch *Weber-Grellet* DB 98, 1532; zur Rechtslage in Österreich (Tausch) vgl *Gassner* aaO.
11 Seit dem VZ 92 in Reaktion auf BFH BStBl II 89, 271 u BStBl II 90, 615; vgl BStBl II 98, 692; BFHE 183, 174.
12 § 23 I 5 idF StBereinG 99, BStBl II 00, 13 mit Wirkung ab 1.1.00 gem § 52 Abs 39.

der **verdeckten Einlage eines Einzel-WG in eine KapGes** die **AK** der Anteile an der KapGes **um den Teilwert** des verdeckt eingelegten WG **zu erhöhen** sind.[1] In der Sache wird damit angeordnet, dass die verdeckte **Einlage eines Einzel-WG** in eine KapGes als (zum Teilwert) gewinnrealisierender **Tauschvorgang** zu behandeln ist[2] (s auch §5 Rn 158 und §6 Rn 191). Für die Einlage von Betrieben und MU'anteilen kann nichts anderes gelten. Spätestens diese gesetzlichen Änderungen sollten die Rspr veranlassen, die Auffassung aufzugeben, bei der verdeckten Sacheinlage in eine KapGes liege keine entgeltliche Veräußerung vor[3] (Rn 22).

Von der verdeckten Sacheinlage eines Betriebes, Teilbetriebes oder MU'anteils in eine KapGes ist zu unterscheiden, dass ein **Betrieb usw im Erbwege**[4] **oder durch Schenkung auf eine KapGes übertragen** wird, an der der Übertragende nicht beteiligt ist. Hier nimmt die Rspr eine **unentgeltliche Übertragung nach §6 III auf die KapGes** mit der Folge der Buchwertfortführung und der dann zutr Verneinung einer BetrAufg oder Betriebsveräußerung nach §16 III an.[5]

24

Allerdings dürfte zu differenzieren sein. Von einer **unentgeltlichen Übertragung auf die KapGes** kann nur dann die Rede sein, wenn an der KapGes keine dem Erblasser nahestehenden G'ter beteiligt sind. Dies kommt praktisch kaum vor.[6] Dagegen ist bei Beteiligung von dem Erblasser oder Schenker nahestehenden G'tern davon auszugehen, dass der Betrieb, Teilbetrieb oder MU'anteil vom Erblasser oder Schenker verdeckt zugunsten der Mit-G'ter in die KapGes eingebracht wird. Gleichgültig, ob die Einbringung als durch die G'ter oder für die G'ter erfolgt anzusehen ist, ist §20 UmwStG mangels Gewährung neuer Gesellschaftsrechte nicht anwendbar. Fraglich kann nur sein, ob iSd §6 III von einer unentgeltlichen Betriebsübertragung auf die G'ter der KapGes auszugehen ist oder von einer entgeltlichen Veräußerung iSd §16 I noch durch den Erblasser bzw Schenker. Hier könnte von einer mittelbaren unentgeltlichen Übertragung des Betriebes auf den oder die G'ter der KapGes ausgegangen werden.[7] Aber auch dann kommt eine Anwendung des §6 III nicht in Betracht. Denn selbst wenn man insoweit die begünstigten G'ter als verdeckt Einlegende betrachten wollte, so realisieren sie mit der verdeckten Einlage einen Veräußerungsgewinn nach §16 I. §20 UmwStG ist gerade nicht anwendbar. Richtigerweise ist aber davon auszugehen, dass noch der Erblasser (s aber Rn 101) oder der Schenker den Betrieb etc an die KapGes iSd §16 I veräußert und erst die Gegenleistung in Gestalt der Wertsteigerung der Anteile dem oder den G'tern der KapGes zuwendet und damit seinem BV entnimmt.[8] Demzufolge sind die AK der Anteile an der KapGes bei dem oder den G'tern zu erhöhen. Werden die Anteile in einem BV gehalten, liegt insoweit eine Einlage iSd §4 I 5 vor. Die Bewertung hat mit dem Teilwert der durch die Betriebsveräußerung erfolgten Wertsteigerung der Anteile an der KapGes zu erfolgen. Dieser wird dem gemeinen Wert des auf die KapGes übertragenen Betriebes, Teilbetriebes oder MU'anteils entsprechen.

25

c) Offene Einbringung in eine Personengesellschaft nach §24 UmwStG. Die **offene Einbringung** von **Betrieben, Teilbetrieben und MU'anteilen** in eine **PersGes gegen Gewährung von Gesellschaftsrechten** (dh gegen offene Gutschrift zum handelsrechtlichen Kapitalanteil, §15 Rn 453, 456) wird von Rspr[9] und hL[10] im Einklang mit der Behandlung der offenen Einlage in eine KapGes als **tauschähnliche Veräußerung iSd §16 I** angesehen. Allerdings greift vorrangig die **Spezialregelung**

26

---

1 Eingefügt durch StEntlG 99/00/02 mit Wirkung ab 1.1.99 §52 Abs 16 S 18.
2 Von einem gewinnrealisierenden Vorgang bei der verdeckten Einlage aus einem BV ging die Rspr schon bisher aus – vgl BFH GrS BStBl II 88, 348 mwN. Entgegen der Auffassung v BFH BStBl II 89, 271 käme jedoch ohne Annahme einer tauschähnlichen Veräußerung weder der Ansatz von AK bei der Beteiligung noch eine Gewinnrealisierung in Betracht, wenn eine unentgeltliche Übertragung vorläge.
3 Zu den skandalösen Folgen der verfehlten Gesetzesauslegung bei §17 EStG vor der Änderung durch das StändG 92 vgl BFH BStBl II 02, 463.
4 BFH BStBl II 98, 509; BStBl II 93, 799; BStBl II 90, 246; BStBl III 62, 351.
5 BFH BStBl II 06, 457; krit *Groh* GS Knobbe-Keuk, 1997, S 433; vgl auch *Thiel/Eversberg* DStR 93, 1881.
6 Vgl allerdings den ungewöhnlichen Sachverhalt in BFH BStBl II 93, 799 mit Erbeinsetzung der KapGes hinsichtlich auch der Anteile an ihr selbst und anschließender Übertragung an soziale Einrichtungen. Klassisch dagegen die Vererbung v Betrieben an kirchliche Körperschaften, vgl dazu BFH BStBl II 98, 509; II 90, 246. Insoweit wäre auch eine Vererbung an eine KapGes denkbar, deren Anteile von kirchlichen oder sonst gemeinnützigen Einrichtungen gehalten werden.
7 So wohl *Tiedtke/Wälzholz* DB 99, 2046; vgl auch BFH BStBl II 01, 234.
8 Vgl aber BFH BStBl II 05, 378 (Entnahme der eingelegten WG); so auch zur schenkungssteuerlichen Seite BFH BStBl II 05, 845 (Schenkung des Anteils an der KapGes!) mwN.
9 BFH GrS BStBl II 00, 123 mwN; BFH BStBl II 94, 856; BStBl II 88, 374.
10 *Schmidt*[26] §15 Rn 472, §16 Rn 22, 413.

des § 24 UmwStG ein.[1] Danach gewährt § 24 UmwStG mit dem **Wahlrecht zur Buchwertfortführung** (§ 15 Rn 328) eine Privilegierung zur Vermeidung einer ansonsten gewinnrealisierenden Veräußerung nach § 16 I.

27 Damit wird der grundlegende Unterschied zw der Einbringung in eine KapGes und in eine PersGes verkannt. Nur im ersteren Falle liegt für den einbringenden G'ter eine Veräußerung vor, weil die WG des Betriebes usw auf ein anderes Steuersubjekt übertragen werden. Hingegen fehlt es an einer Übertragung auf ein anderes Steuersubjekt, soweit die Einbringung in eine PersGes erfolgt, bei der der Einbringende zusammen mit den anderen G'tern – und nicht die PersGes – das Steuersubjekt ist (§ 15 Rn 453f). Soweit daher iSd § 24 UmwStG dem Einbringenden durch Gutschrift zu seinem Kapitalanteil einschl einer sog gesamthänderischen Rücklage[2] Gesellschaftsrechte gewährt werden, liegt gerade keine Veräußerung iSd § 16 I vor. Erst das von § 24 UmwStG gewährte **Wahlrecht zum gewinnrealisierenden Teilwertansatz bei der PersGes** ermöglicht nach § 24 III 2 die Anwendung des § 16 einschl § 16 IV und 34,[3] allerdings eingeschränkt nach § 24 III 3 (Rn 11, 12).

§ 24 II UmwStG idF SEStEG sieht allerdings nunmehr statt des Teilwertansatzes den Ansatz des **gemeinen Wertes** vor. Soweit das Besteuerungsrecht der Bundesrepublik nicht ausgeschlossen oder beschränkt wird, kann stattdessen auf Antrag der Buchwert fortgeführt werden oder ein Zwischenwert angesetzt werden. Die Neukonzeption ist vor dem Hintergrund zu sehen, dass allg das Besteuerungsrecht der Bundesrepublik bei Tauglichmachung des UmwStG für eine europarechtskonforme Besteuerung gesichert werden soll. Daher auch der Ansatz des gemeinen Wertes anstelle des Teilwertes. Die Neuregelung ändert nichts daran, dass der Sache nach an sich keine Veräußerung vorliegt, weil und soweit es nicht zu einem Übergang auf ein anderes Steuersubjekt kommt. Der zwingende Ansatz des gemeinen Wertes, soweit das Besteuerungsrecht ausgeschlossen oder beschränkt wird, entspricht der Neuregelung der Entnahmen durch Entstrickung in § 4 I 3 und § 6 I Nr 4 S 1 2. HS EStG idF SEStEG, wonach auch hier allg die Entnahme neuer Art mit dem gemeinen Wert zu bewerten ist. IErg bleibt das Wahlrecht, nunmehr allerdings nur auf bis zur Einreichung der Schlussbilanz zu stellenden Antrag bei dem für die übernehmende PersGes zuständigen FA.

28 **Einbringungsobjekte** iSd § 24 UmwStG sind nur die auch in § 16 I genannten wirtschaftlichen Einheiten, dh der ganze **GewBetr, Teilbetriebe und MU'anteile** (sowie Anteilen an MU'anteilen, s aber Rn 39). Als Teilbetrieb ist auch die zu einem BV gehörende[4] **100 %ige Beteiligung an einer KapGes** anzusehen.[5] § 24 UmwStG ist **nicht** auf die Einbringung von **Einzel-WG** anzuwenden. Einer analogen Anwendung ist jedenfalls ab 1.1.99 durch § 6 V 3 die Grundlage entzogen (§ 15 Rn 453f). Die Einbringung kann durch **Einzelrechtsübertragung**, aber auch durch **Umwandlung** (Verschmelzung, Aufspaltung, Abspaltung und Ausgliederung) auf eine PersGes **nach den Vorschriften des UmwG oder durch Anwachsung** erfolgen.[6] Entscheidend ist, dass die betr WG **in das Vermögen der Pers-Ges übertragen** werden. Der Formwechsel einer KapGes in eine PersGes fällt hingegen unter § 9 UmwStG. Der sog Formwechsel einer PersGes/MU'schaft in eine andere stellt weder eine Veräußerung dar, noch fällt er unter § 24 UmwStG,[7] unabhängig davon, ob er zivilrechtlich möglich ist oder nicht.

29 Nach Rspr und hM soll § 24 UmwStG auch für die Alt-G'ter anwendbar sein bei **bloßem Eintritt eines weiteren G'ters** und bei **Änderung der Beteiligungsverhältnisse** durch Leistung weiterer Einlagen (sog **Kapitalerhöhung**), obgleich die PersGes unverändert als solche bestehen bleibt (§ 15 Rn 330).[8] Verlangt wird allerdings, dass der Beitretende zumindest eine Einlage zu leisten hat[9]. Dem ist auch mit dieser Einschränkung nicht zu folgen. Mangels eines Veräußerungsvorganges für die Alt-G'ter – sie bleiben wertmäßig unverändert beteiligt!, sie tauschen auch nicht einen Teil ihrer Beteiligung an den Altgütern gegen eine Beteiligung an den eingebrachten Gütern ein[10] – ist die

---

1 BFH GrS BStBl II 00, 123, 64 mwN.
2 Vgl dazu BFH v 25.4.06 – VIII R 52/04, FR 06, 874.
3 K/S/M § 16 Rn B 65, § 15 Rn E 266.
4 S auch Begr Entw SEStEG zu § 24 UmwStG, BT-Drs 16/2710, 50.
5 BMF BStBl I 98, 268 Tz 24.03.
6 BMF BStBl I 98, 268 Tz 24.01.
7 BFH BStBl II 90, 561 (auch für den Wechsel von atypisch stiller Ges zur Gesamthandsgesellschaft und umgekehrt); vgl auch BFH v 20.9.07 – IV R 10/07 (Wechsel stille Gesellschaft zu GbR und Wechsel zurück zu stiller Gesellschaft).
8 BFH BStBl II 06, 847 mwN u Anm *Kempermann* FR 06, 882.
9 BFH v 20.9.07 – IV R 70/05 (Aufnahme einer GmbH ohne Einlage als phG in KG). Nicht genügt die Erhöhung der Beteiligungsquote wegen erhöhtem Arbeitseinsatz mangels Einlagefähigkeit der Arbeitsleistung, vgl dazu auch BFH BStBl II 99, 604.
10 AA aber die hM, s BFH v 20.9.07 – IV R 70/05.

Buchwertfortführung daher zwingend und wird nicht erst durch eine vom Normzweck her wirtschaftlich gebotene Anwendung des § 24 UmwStG ermöglicht.[1] Erst die (verfehlte) Annahme, dass in den genannten Fällen auch für die Alt-G'ter an sich eine Veräußerung von Anteilen an deren MU'anteilen vorläge, (ver)führt die hM dazu, diesem Ergebnis dann durch die angeblich notwendige Gewährung eines Wahlrechtes zur Buchwertfortführung über die (entspr) Anwendung des § 24 UmwStG zu entgehen, um zum materiell richtigen Ergebnis einer fehlenden Gewinnrealisation zu gelangen. Damit freilich wird sinnwidrig für die Alt-G'ter auch die Wahl eröffnet, nach Belieben ggf auch einen (angeblichen) Einbringungsgewinn zu kreieren. Dafür besteht keinerlei Rechtfertigung. Dies erst recht nicht, nachdem nunmehr § 6 V und § 16 III 2 für vergleichbare Konstellationen eine zwingende Buchwertfortführung vorsehen. Zu beanstanden ist nicht, dass die Buchwertfortführung über die vermeintlich notwendige Anwendung des § 24 UmwStG eröffnet wird, sondern dass dadurch auch die Gewinnrealisierung ohne Realisationsvorgang nach Wahl eröffnet wird. Soweit durch den Beitritt oder die Leistung weiterer Einlagen es zu einer Änderung der Gewinnbeteiligung kommt und damit zu einer veränderten Zuordnung stiller Reserven käme, kann der zwingenden Fortführung der bisherigen Zuordnung technisch durch Ergänzungsbilanzen Rechnung getragen werden (§ 15 Rn 316f).

Einbringungssubjekte können nur solche Steuersubjekte sein, die ihrerseits **MU'er** bei der aufnehmenden PersGes sein können. Denn § 24 UmwStG verlangt, dass der Einbringende MU'er ist oder mit der Einbringung wird. Danach kommen **nat Pers**, **KapGes** und andere Körperschaften in Betracht. Nach herrschender Auffassung kann auch eine PersGes ihrerseits nicht nur G'ter, sondern auch MU'er sein. Dem ist richtigerweise nicht zu folgen.[2] In diesen Fällen sind die an der einbringenden PersGes beteiligten MU'er die Einbringungssubjekte, allerdings in ihrer Verbundenheit (§ 15 Rn 420).

Für § 24 UmwStG idF SEStEG gelten, wie bisher, keine subjektiven Einschränkungen des Anwendungsbereiches. Es findet mithin keine Anwendungsbeschränkung auf in der EU ansässige Ges oder nat Pers statt, § 2 II 2 UmwStG, so dass auch in Drittstaaten ansässige Ges oder nat Pers als Einbringende und MU'er von § 24 UmwStG Gebrauch machen können.[3]

Auf die Übertragung der Einbringungsobjekte (Rn 28) ist § 24 – entgegen der Auffassung des IV. Senates – **nur** insoweit **anwendbar** als die „**Gegenleistung**" in der „**Gewährung von Gesellschaftsrechten**" besteht.[4] Die Einbringung stellt sich als gesellschaftsrechtlich geschuldeter oder freiwillig erbrachter Beitrag dar, dem als „Gegenleistung" gegenübersteht, dass sich das Vermögen der Ges mehrt. Diese Erhöhung wird bei der offenen Einlage buchmäßig dem (den) Kapitalanteil(en) des oder der G'ter gutgebracht. Der Kapitalanteil seinerseits repräsentiert die Vermögensseite des Gesellschaftsrechtes und gewinnt spätestens bei der Auseinandersetzung Bedeutung. Soweit hingegen für die Übertragung von der Ges eine echte Gegenleistung in Form einer Zahlung, Schuldübernahme (anderer Verbindlichkeiten als der Verbindlichkeiten des eingebrachten Betriebes oder Teilbetriebes) oder auf sonstige Art gewährt wird, liegt für den Übertragenden keine Einbringung nach § 24 UmwStG vor, sondern eine Veräußerung (§ 15 Rn 328). Eine Veräußerung liegt insbes auch vor, soweit der Gegenwert nicht dem Kapitalanteil, sondern einem echten Darlehenskonto/Verbindlichkeit gutgebracht wird.[5]

Problematisch kann die Behandlung sein, wenn die nach § 24 UmwStG begünstigten Einheiten **teilw gegen Gewährung von Gesellschaftsrechten** und **teilw gegen** einen **von der Ges zu zahlenden Kaufpreis** eingebracht werden. Fraglich kann hier die Anwendung des § 24 UmwStG überhaupt sein, weil dann die begünstigte Einheit teilw veräußert und teilw eingebracht wird. Gleichwohl bleibt § 24 insoweit anwendbar als für die Einbringung der begünstigten Einheit Gesellschaftsrechte in Form der Gutschrift zum Kapitalanteil gewährt werden.

Wird hinsichtlich des gegen Gesellschaftsrechte eingebrachten Teiles der **Teilwertansatz gewählt**, so ergibt sich letztlich ein **Gewinn** in Höhe der Differenz zw dem Teilwertansatz abzgl Buchwert der eingebrachten Einheit. Die **Rspr** hat für den vergleichbaren Fall der teilw Einbringung für fremde

---

1 So aber BFH BStBl II 06, 847.
2 *K/S/M* § 15 Rn E 271.
3 S auch Begr Finanzausschuss BT-Drs 16/3369, 21.
4 So zutr BFH BStBl II 95, 599; **aA** nunmehr BFH BStBl II 01, 178.
5 BMF BStBl I 01, 543 u BStBl I 98, 268 Tz 24.08; vgl auch BFH BStBl II 00, 230 (allerdings bzgl der Einbringung einer Beteiligung nach § 17) und BStBl II 04, 344.

Reiß

Rechnung (Rn 35 f) sowohl den **Freibetrag** des § 16 IV als auch die **Tarifermäßigung** des § 34 gewährt, indem sie einheitlich § 24 III 2 UmwStG angewendet hat.[1] Dem ist jedenfalls iErg zu folgen, auch wenn man § 24 UmwStG richtigerweise nur insoweit für anwendbar hält als keine Gegenleistung außer durch „Gewährung von Gesellschaftsrechten" erfolgt.[2] Gleichwohl ergibt sich die **zutr Rechtsfolge** der Anwendbarkeit von § 16 IV und § 34 daraus, dass eine **Kombination von teilw entgeltlicher Veräußerung** nach § 16 I **und teilw Einbringung** nach § 24 UmwStG für die in §§ 16 und 24 UmwStG jeweils übereinstimmend begünstigte Einheit vorliegt. Soweit dann alle stillen Reserven aufgedeckt werden, besteht angesichts der insoweit übereinstimmenden Tatbestandsvoraussetzungen und übereinstimmender Rechtsfolgen von § 24 III 2 UmwStG und §§ 16 I, 16 IV, 34 kein Anlass, die Vergünstigungen nicht zu gewähren (s Rn 36). Für die Rechtslage nach Inkrafttreten des § 24 UmwStG idF SEStEG ist ebenso zu entscheiden, soweit nunmehr der gemeine Wert angesetzt wird, respektive anzusetzen ist.

34 Wird hingegen für den eingebrachten Teil zulässigerweise die **Buchwertfortführung** (oder ein Zwischenwert) gewählt, so kann ein sich **aus der Veräußerung ergebender Gewinn nicht neutralisiert** werden, auch nicht durch negative Ergänzungsbilanzen (§ 15 Rn 328).[3] Denn § 24 UmwStG ist auf den entgeltlich veräußerten Teil gerade nicht anwendbar. Soweit allerdings der Kaufpreis unterhalb des Buchwertes der eingebrachten Einheit bleibt und dem steuerlichen Kapitalanteil des Einbringenden lediglich die Differenz gutgeschrieben wird, entsteht kein Gewinn. Da die Erfassung der stillen Reserven bei demselben Steuersubjekt gesichert bleibt, besteht insoweit kein Anlass zu einer sofortigen Versteuerung. IErg ist hier der für teilentgeltliche Übertragungen begünstigter Einheiten geltenden Einheitstheorie zu folgen (Rn 137), obgleich keine teilw unentgeltliche Übertragung auf ein anderes Steuersubjekt vorliegt. Liegt der Kaufpreis oder liegen Kaufpreis und Erhöhung des Kapitalanteils oberhalb des Buchwertes der eingebrachten (und veräußerten) Einheit, ist der entstehende **Gewinn** allerdings **nicht nach § 16 IV, § 34 begünstigt**.[4] Denn mangels Aufdeckung aller stillen Reserven fehlt es gerade an übereinstimmenden Rechtsfolgen in § 16 und § 24 UmwStG. Anders war allerdings bis 02 auf der Basis der bisherigen vom GrS ohne ausdrückliche Billigung mitgeteilten Rspr[5] zu entscheiden, wenn es sich bei der eingebrachten Einheit um einen MU'anteil handelte. Denn der Sache nach lag dann die **Veräußerung des Bruchteils eines MU'anteils** an die PersGes (genauer an die MU'er der PersGes) vor (Rn 220). Ab 1.1.02 schließt allerdings § 16 I 2 idF UntStFG insoweit die Anwendung von §§ 16 IV, 34 aus.

35 Wird eine nach § 24 UmwStG begünstigte Einheit **auf fremde Rechnung eingebracht**, ist zu differenzieren zw dem Einbringungsverhältnis (**Valutaverhältnis**) zur PersGes und dem Deckungsverhältnis.[6] Nur für das Valutaverhältnis kann **§ 24 UmwStG** gelten.[7] In diesem Verhältnis ist iSd § 24 UmwStG derjenige der Einbringende, dem die Gesellschaftsrechte durch Gutschrift zu seinem Kapitalanteil gewährt werden, dh derjenige, für dessen Rechnung eingebracht wird.[8] Im **Deckungsverhältnis** hingegen liegt zw dem Übertragenden und dem begünstigten G'ter bei Zahlung an den Übertragenden eine **Veräußerung oder** bei unentgeltlichem Handeln eine **unentgeltliche Übertragung** vor. Soweit die von § 24 begünstigte Einheit insgesamt für fremde Rechnung eingebracht wird, liegt für den bisherigen Inhaber des Betriebes, Teilbetriebes, MU'anteils eine **Veräußerung nach § 16 I oder eine unentgeltliche Übertragung nach § 6 III** vor. Die Veräußerung der Einheit erfolgt dabei weder eine juristische Sekunde vor, noch eine logische Sekunde nach der Einbringung, sondern genau mit der Einbringung.[9] Soweit etwa ein ganzer Betrieb für fremde Rechnung eingebracht wird, trifft erkennbar nicht zu, dass der bisherige Inhaber des Betriebes auch nur für eine juristische Sekunde G'ter wird und erst anschließend „Gesellschaftsrechte" in Gestalt einer Übertragung des Kapitalanteils auf den Käufer/Beschenkten überträgt. Ebenso unzutr ist es, dass vor der Einbrin-

---

1 Vgl BFH GrS BStBl II 00, 123 unter Hinweis auf BStBl II 81, 568; BStBl II 82, 622; BStBl II 82, 62; BStBl II 84, 518.
2 Anders nunmehr wieder BFH BStBl II 01, 178 (im zu Unrecht geleugneten Gegensatz zu BFH BStBl II 95, 599 u BFH BStBl II 00, 123).
3 Vgl BFH BStBl II 01, 178; BFH GrS BStBl II 00, 123; *Offerhaus* GS Knobbe-Keuk, 1997, S 499; *K/S/M* § 16 Rn B 72.
4 BFH GrS BStBl II 00, 123; BFH/NV 03, 479.
5 BFH BStBl II 95, 407; BStBl II 95, 599; BStBl II 82, 211; RFH RStBl 34, 1360.
6 *K/S/M* § 16 Rn B 72 f; BFH GrS BStBl II 00, 123.
7 BFH BStBl II 95, 599.
8 **AA** BFH BStBl II 01, 178 gegen BFH BStBl II 95, 599 u BFH BStBl II 00, 123.
9 Vgl insoweit einerseits BMF BStBl I 01, 543; BFH BStBl II 95, 599 (Veräußerung vor Einbringung); andererseits BFH BStBl II 01, 178 (Veräußerung nach Einbringung); ebenso *Offerhaus* FS Widmann, 2000, S 441; *Geissler* FR 01, 1029.

gung der Betrieb dem Käufer/Beschenkten übertragen wurde. Dies ändert aber nichts daran, dass der Betrieb im Deckungsverhältnis veräußert, bzw geschenkt wurde. Im Valutaverhältnis erbringt dann nur der im Deckungsverhältnis Begünstigte an „seine" Ges eine unter § 24 UmwStG fallende Sacheinlage.[1] Das Wahlrecht nach § 24 UmwStG ist insoweit allerdings bedeutungslos, weil bei entgeltlichem Erwerb AK und Teilwert/gemeiner Wert regelmäßig identisch sind. Bei einer unentgeltlichen Übertragung nach § 6 III könnte allerdings dem Begünstigten die Wahlmöglichkeit des § 24 UmwStG nicht versagt werden. Er und nicht der Übertragende[2] hätte dann nach § 24 III 2 UmwStG einen nach §§ 16 IV, 34 begünstigten Gewinn zu versteuern.

Wird ein Betrieb (oder andere wirtschaftliche Einheit nach §§ 16 I, 24 UmwStG) **teils auf eigene Rechnung, teils auf fremde Rechnung** gegen Zahlung eines Kaufpreises (oder sonstiges Entgelt) auf die Ges übertragen, ist nach zutr Ansicht der Rspr wie folgt zu unterscheiden: Hinsichtlich der Einbringung für eigene Rechnung kann der **Buchwertansatz** gewählt werden. Die Kaufpreiszahlung führt zu einem nicht durch neg Ergänzungsbilanz zu neutralisierenden **laufenden Gewinn**. Bei Wahl des **Teilwertansatzes/gemeinen Wertes** (für Einbringungen nach Inkrafttreten des SEStEG) liegt ein nach §§ 16 IV, 34 begünstigter Gewinn vor.[3] Dem folgt zutr auch die FinVerw.[4] **36**

Die Begr dafür liegt allerdings – entgegen der Rspr des IV. Senates – nicht darin, dass § 24 UmwStG bei Teilwertansatz/Ansatz des gemeinen Wertes für den Übertragenden insgesamt anwendbar wäre, so dass ein nachfolgender Veräußerungsgewinn „nicht mehr in Erscheinung trete".[5] Vielmehr sind § 24 UmwStG für den auf eigene Rechnung und §§ 16 I, 16 IV, 34 für den auf fremde Rechnung eingebrachten Teil deshalb nebeneinander anzuwenden, weil einerseits tatsächlich eine Einheit iSd § 24 I UmwStG, § 16 übertragen wird und bei Teilwertansatz/Ansatz des gemeinen Wertes für den eigenen Teil nach § 24 III 2 UmwStG sich hinsichtlich der Aufdeckung der stillen Reserven übereinstimmende Tatbestandsvoraussetzungen und Rechtsfolgen mit § 16 ergeben (s Rn 34). Hier wäre es unverständlich, wenn für die Veräußerung im Deckungsverhältnis die Vergünstigungen der §§ 16 IV, 34 nur deshalb nicht angewendet würden, weil im Deckungsverhältnis nur die teilw Veräußerung der Einheit vorliegt.[6] Daher sind §§ 16 I, 16 IV und 34 für die Veräußerung im Deckungsverhältnis entspr anzuwenden. Bei Buchwertansatz nach § 24 für den auf eigene Rechnung eingebrachten Teil der Einheit fehlt es jedoch hinsichtlich der Tatbestandsvoraussetzungen und der Rechtsfolgen an einer Übereinstimmung mit § 16 I, weil nicht alle stillen Reserven aufgedeckt werden.[7] Daher kann hier §§ 16 I, 16 IV, 34 auch nicht entspr angewendet werden.[8] Da § 24 UmwStG auf die Veräußerung im Deckungsverhältnis nicht anwendbar ist, kann der Veräußerungsgewinn auch nicht durch Erstellung einer negativen Ergänzungsbilanz neutralisiert werden.[9] **Im Valutaverhältnis** liegt immer die Einbringung des **ganzen Betriebs** durch **Veräußerer und Erwerber** vor.[10]

Die Auffassung der Rspr bedeutet letztlich, dass § 24 UmwStG und § 16 I unterschiedlich interpretiert werden, obgleich sie dieselben wirtschaftlichen Einheiten betreffen. § 24 UmwStG ist für den Übertragenden auch dann anwendbar, wenn die ganze Einheit lediglich teilw gegen Gewährung von Gesellschaftsrechten an ihn eingebracht wird. Dagegen ist § 16 I nicht anwendbar, wenn die wirtschaftliche Einheit nur teilw veräußert wird, es sei denn, es erfolge für den nicht veräußerten Teil dennoch eine Versteuerung durch Aufdeckung der stillen Reserven (Rn 33, 36). **37**

---

1 Vgl auch BFH BStBl II 01, 234.
2 Anders noch *K/S/M* § 15 Rn E 273 (an der dortigen Auffassung kann angesichts der nunmehr in § 6 III zwingend angeordneten Buchwertfortführung nicht festgehalten werden).
3 BFH BStBl II 01, 178; BFH GrS BStBl II 00, 123 unter Hinweis auf BFH BStBl II 81, 568; BStBl II 82, 622; BStBl II 84, 518.
4 BMF BStBl I 01, 543 unter Änderung der bisherigen Auffassung in BMF BStBl 98, 268 (sog UmwStErlass).
5 BFH BStBl II 01, 178 (181).
6 Darin liegt der entscheidende Unterschied zu BFH GrS BStBl II 00, 123.
7 BFH GrS BStBl II 00, 123.
8 BFH GrS BStBl II 00, 123; nach BFH BStBl II 01, 178 soll dies aus § 24 III 2 UmwStG folgen. Aber § 24 UmwStG ist insoweit gerade nicht anwendbar. Vgl auch BFH BStBl II 04, 1068 mit Anm *Kempermann* FR 05, 198 u FG Mchn v 8.10.03, EFG 04, 205 zur Anwendung des § 42 AO bei Umgehung durch das sog Zwei-Stufen Modell.
9 BFH GrS BStBl II 00, 123 mit Anm *Kempermann* FR 00, 149.
10 Der Annahme von *Offerhaus* FS Widmann, 2000, S 441, wonach zunächst der Betrieb nur vom bisherigen Inhaber eingebracht werde und anschließend erst im Vollzug eines vorher eingeräumten Anwartschaftsrechts eine Übertragung des Kapitalanteils stattfinde, bedarf es nicht. Sie stellt nicht nur eine Fiktion dar, sondern steht iÜ auch im Widerspruch zur Entscheidung des GrS in BFH BStBl 00, 123, der ausdrücklich die Anwendung von §§ 16 I 2, 16 IV u 34 ablehnte.

38 Probleme bereitete diese Auffassung für den **klassischen Fall der Einbringung eines Einzelunternehmens** teils auf eigene Rechnung, teils unentgeltlich **zugunsten** etwa von **Kindern**.[1] Hier liegt neben einer teilw Einbringung nach § 24 UmwStG für eigene Rechnung eine teilw unentgeltliche Einbringung für fremde Rechnung im Deckungsverhältnis vor. Fraglich konnte insoweit die Anwendung des § 6 III 1 erscheinen. **§ 6 III 1 HS 1** verlangt die **unentgeltliche Übertragung** eines **Betriebes, Teilbetriebes oder MU'anteils** und entspricht damit bis auf das Merkmal der Unentgeltlichkeit dem § 16 I. Stellt man allein auf das Deckungsverhältnis ab, fehlt es daran, weil die Einheit nur teilw unentgeltlich übertragen wird. Mit Wirkung für den VZ 02 erfasst § 6 III 1 2. HS allerdings ausdrücklich auch die **unentgeltliche Aufnahme** einer nat Pers **in ein Einzelunternehmen**. Dadurch wird klarstellend (s § 6 Rn 181b) die bisherige Besteuerungspraxis abgesichert,[2] wonach auch für die Zeit vor dem 1.1.02 zutr von der hM angenommen wurde, dass der Vorgang insgesamt steuerneutral durch Einbringung zum Buchwert erfolgen konnte.[3]

6 III 2 trifft eine Sonderregelung für den Fall, dass bei der unentgeltlichen Aufnahme einer nat Pers in ein bestehendes Einzelunternehmen oder bei der unentgeltlichen Übertragung eines Teils eines MU'anteils WG des bisherigen BV oder Sonder-BV nicht mit übertragen werden. Hier bleibt die Buchwertfortführung für die eingebrachten WG dennoch zwingend, wenn die zurückbehaltenen WG „weiterhin zum (Sonder-)BV (des Einbringenden bei) derselben (neu gegründeten) MU'schaft gehören". Zu weiteren Einzelheiten s § 6 Rn 181b und 182 f.

39 Werden **Betriebe, Teilbetriebe und MU'anteile** nach § 24 UmwStG offen eingebracht, so setzt die Anwendung der §§ 16 IV, 34 I und III nach § 24 III 2 UmwStG voraus, dass das eingebrachte **BV bei der PersGes mit den Teilwerten/gemeinen Werten** angesetzt wird. Nicht mehr begünstigt ist die Einbringung von Anteilen an MU'anteilen, §§ 24 III 4 aF, 27 VII UmwStG, bzw nunmehr § 24 III 2 idF SEStEG.

Da die Rspr **auch WG des Sonder-BV** als Teil des MU'anteils betrachtet, wird verlangt, dass auch bisher wesentliches Sonder-BV mit den Teilwerten/gemeinen Werten angesetzt wird. Dies ist unproblematisch möglich, wenn das Sonder-BV zusammen mit dem Gesellschaftsanteil in die aufnehmende Ges gegen Gewährung von Gesellschaftsrechten tatsächlich eingebracht wird. Das Wahlrecht nach § 24 UmwStG geht insoweit dem § 6 V 3 vor.[4] Sofern aber die bisherigen WG des Sonder-BV weiterhin im Eigentum des Einbringenden verbleiben und lediglich an die Unter-Ges vermietet bleiben oder an die aufnehmende Ges vermietet werden und daher **Sonder-BV** bleiben, stellt sich die Frage, ob ein **Teilwertansatz** überhaupt möglich ist. Die Rspr hat dies bejaht.[5] Sie entnimmt entgegen dem Wortlaut und Sinn des § 24 UmwStG – dieser verlangt a) eine Einbringung, dh eine Übertragung des WG auf die PersGes und b) eine Gewährung von Gesellschaftsrechten, beides liegt nicht vor! – dem § 24 UmwStG ein derartiges Wahlrecht. Hält man § 24 UmwStG – entgegen der hier vertretenen Auffassung[6] – für anwendbar, so geht er allerdings dem § 6 V 1 und 2, die eine Buchwertfortführung verlangen, vor.[7] Bei Teilwertansatz/Ansatz des gemeinen Wertes sind die aufgedeckten stillen Reserven im Sonder-BV allerdings nach § 24 III 3 UmwStG voll als laufender Gewinn zu versteuern.[8] Zutr behandelt die Rspr iÜ die Einbringung des GewBetr durch die PersGes gegen Gewährung von Gesellschaftsrechten an ihre G'ter unter gleichzeitiger Auflösung der einbringenden PersGes als Einbringung sämtlicher MU'anteile durch die bisherigen MU'er.

40 **d) Verdeckte Einlage in eine Personengesellschaft.** Anders als bei der verdeckten Einlage in eine KapGes (Rn 21) ist bei der verdeckten Einlage der in § 16 erwähnten wirtschaftlichen Einheiten in eine PersGes davon auszugehen, dass keine Veräußerung iSd § 16 vorliegt. Auch eine BetrAufg nach § 16 III scheidet aus. Die WG des Betriebes werden weder einzeln veräußert noch in das PV überführt. Soweit dem Übertragenden handelsrechtlich zumindest der Buchwert gutgebracht wird, liegt schon dem Wortlaut nach jedenfalls auch eine Einbringung iSd § 24 UmwStG vor. Bei einer (auch handelsrechtlichen) Buchwerteinbringung kann allenfalls fraglich sein, ob nicht hinsichtlich der auf die übrigen G'ter übergehenden stillen Reserven eine BetrAufg oder Entnahme anzuneh-

---

1 *K/S/M* § 15 Rn E 273.
2 Begr Entw UntStFG BR-Drs 638/01 zu § 6 III; zur Besteuerungspraxis vgl OFD D'dorf DB 99, 1980.
3 Vgl *Schmidt*[26] § 16 Rn 204; *Offerhaus* FS Widmann, 2000, S 441; *Brandenberg* FR 00, 745; **aA** *H/H/R/Patt* Steuerreformband I, § 6 Rn 99; *Röhrig* EStB 99, 246; *Geissler* FR 01, 1029.
4 *Hörger/Förster* DStR 00, 401; *Breidenbach/van Lishaut* DB 99, 1234.
5 BFH BStBl II 94, 458.
6 Vgl auch *K/S/M* § 15 Rn E 276 f u BFH BStBl II 96, 342 zur Einbringung nach § 20 UmwStG.
7 *Schmidt*[26] § 16 Rn 413.
8 BFH BStBl II 01, 178.

men ist. Dies ist bei nat Pers als MU'er zu verneinen. Denn im Deckungsverhältnis zu den übrigen G'tern ist auch bei einer verdeckten Einlage wie bei der offenen Einlage § 6 III anzuwenden (dazu Rn 38). Wirtschaftlich sind völlig identische Sachverhalte gegeben, gleichgültig ob im Wege der offenen Einlage gegen Gutschrift auf den Kapitalkonten oder verdeckt ohne solche Gutschriften ein Betrieb teilw auf eigene Rechnung und teilw unentgeltlich zugunsten von Dritten, hier von G'tern, eingebracht wird. In beiden Fällen erhöht sich tatsächlich das BV der PersGes und damit der Wert der Anteile der G'ter an diesem BV. Die tatsächliche Werterhöhung der Anteile, nicht ihre Verbuchung auf den Kapitalkonten, stellt die von § 24 UmwStG verlangte „Gewährung von Gesellschaftsrechten" dar. Die steuerliche Behandlung hat an die reale Änderung der Vermögensverhältnisse und nicht an ihre Verbuchung anzuknüpfen. Bei der sog verdeckten Einlage liegt daher eine Kombination von § 24 UmwStG im Valutaverhältnis und § 6 III im Deckungsverhältnis vor, soweit anderen MU'ern unentgeltlich stille Reserven zugewendet werden. Ist der übertragende oder begünstigte MU'er eine KapGes, ist § 6 III allerdings nicht anzuwenden. Vielmehr liegt hinsichtlich der auf andere MU'er übergehenden stillen Reserven dann eine vGA nach § 8 III KStG,[1] bzw bei Zuwendung an eine KapGes eine gewinnrealisierende verdeckte Einlage vor (Rn 21f).

III. Anwendungsbereich. Für **unbeschränkt StPfl** ist § 16 uneingeschränkt auch hinsichtlich im Ausland belegener Betriebe, Teilbetriebe oder MU'anteile an inländischen PersGes mit ausländischen Betriebsstätten oder an ausländischen MU'schaften mit in- und ausländischen Betriebsstätten anwendbar. Ob eine MU'schaft vorliegt, entscheidet sich anhand eines Typenvergleichs mit deutschen MU'schaften, etwa den PersGes,[2] aber auch der Gütergemeinschaft[3] oder Erbengemeinschaft. Hinsichtlich ausländischer Betriebsstätten ist allerdings häufig das Besteuerungsrecht entspr Art 7 iVm Art 23 OECD-Musterabkommen durch Freistellung unter ProgrVorb ausgeschlossen. Soweit die Anrechnungsmethode oder § 34c eingreift, sind §§ 16 IV, 34 vorrangig anzuwenden.[4] § 16 ist auch **für beschränkt StPfl** anzuwenden, soweit inländische Betriebsstätten unterhalten werden oder die Veräußerung im Inland belegenes unbewegliches Vermögen oder Sachinbegriffe oder in inländische Register eingetragene Rechte umfasst, § 49 I 2 a und f. Hinsichtlich des inländischen Betriebsstättenvermögens sowie des im Inland belegenen unbeweglichen Vermögens bleibt das Besteuerungsrecht normalerweise auch nach den DBA aufrechterhalten. § 16 gilt auch für **Körperschaften** aufgrund der **Verweisung in § 8 I KStG**. Allerdings ist vom Tatbestand her **§ 16 IV nicht** anwendbar und § 34 gilt als Tarifnorm **nicht** für Körperschaften. Hält man daher § 16 lediglich für deklaratorisch, hat er für Körperschaften keine Bedeutung. Im Falle einer **Organschaft** zu einer nat Pers ist trotz Zurechnung des Einkommens § 34 **nicht** anwendbar für den von der Körperschaft erzielten Veräußerungsgewinn.[5]

B. Die Veräußerung des Gewerbebetriebs oder eines Teilbetriebs nach § 16 I 1

Literatur: *Neumann* Der Teilbetrieb – Gründe für seine Reformbedürftigkeit, EStB 02, 437; *Rogall* Sonderbetriebsvermögen und der Konflikt zwischen Einbringung eines Teilbetriebs und eines Teil-Mitunternehmeranteils, DB 05, 410; *Schulze zur Wiesche* Betriebsübertragungen gegen Raten, Renten, StBp 05, 52; frühere Literatur s 4. Aufl.

I. Der ganze Gewerbebetrieb als Objekt der Veräußerung. – 1. Gewerbebetrieb als Tätigkeit und Vermögensmasse. § 16 I 1 bezeichnet als Objekt der Veräußerung den „ganzen GewBetr". Damit knüpft § 16 I 1 an den Begriff des GewBetr in § 15 II an. Dort allerdings ist der GewBetr als eine vom StPfl „unternommene Betätigung" gekennzeichnet. Eine Tätigkeit als solche ist zwar nicht übertragbar. Die Tätigkeit GewBetr wird jedoch regelmäßig unter Einsatz von **WG** unternommen, die dann ihrerseits zum **BV des GewBetr** des StPfl nach § 4 I gehören. Die Veräußerung nach § 16 I 1 setzt danach jedenfalls voraus, dass die dem GewBetr dienenden WG auf einen Erwerber übertragen werden. Allerdings bewirkt die Übertragung sämtlicher WG des bisherigen GewBetr des StPfl nicht, dass dieser als solcher übertragen wird. Entscheidend ist vielmehr, dass der GewBetr als sog **„lebender Organismus des Wirtschaftslebens" auf einen Erwerber** übertragen wird.[6] Gemeint ist damit, dass der Erwerber in den Stand versetzt wird, die bisher vom Veräußerer ausgeübte Betätigung GewBetr in gleicher Weise wie bisher der Veräußerer fortzuführen. Dies setzt

---

1 Vgl BFH BStBl II 05, 867.
2 Vgl BFH BStBl II 00, 274 u 336 zur US limited partnership.
3 BFH BStBl II 99, 384.
4 BFH BStBl II 91, 455.
5 BFH BStBl II 04, 515.
6 Statt vieler BFH BStBl II 92, 380.

grds voraus, dass **a)** auf den Erwerber alle bisher bilanzierten und nicht bilanzierten WG des **BV rechtlich übertragen** werden, **b)** dem Erwerber der **Eintritt in rechtlich nicht übertragbare Beziehungen** ermöglicht wird, soweit es in der Macht des Veräußerers steht (ua Kundenbeziehungen, Lieferantenbeziehungen) und **c)** der **Veräußerer seine** bisherige **Tätigkeit** GewBetr **nicht** neben dem Erwerber **fortsetzt**. Kurz gesagt, die Veräußerung des ganzen GewBetr ist der **Vollzug des zivilrechtlichen Unternehmenskaufs**. Auch dort ist Gegenstand des schuldrechtlichen Vertrages das Unternehmen als solches und nicht nur die einzelnen zu ihm gehörenden Vermögensgegenstände. Dem steht nicht entgegen, dass nach dem sachenrechtlichen Spezialitätsgrundsatz das Unternehmen als solches nicht Gegenstand einer dinglichen Übereignung sein kann.[1]

51 Eine Veräußerung liegt nur vor, wenn der GewBetr auf **einen Erwerber**[2] übertragen wird. Ein Erwerber ist insoweit auch eine MU'schaft. Ob der Erwerber den GewBetr tatsächlich fortsetzt oder nicht, ist unerheblich.[3] Werden die WG des bisherigen BV einzeln an **verschiedene Erwerber** unter Zerschlagung des bisherigen betrieblichen Organismus veräußert, liegt eine allerdings gleichzubehandelnde **BetrAufg** vor. Dasselbe gilt, wenn die bisherigen WG des BV in das PV übernommen werden.[4] Dagegen liegt die Einzelveräußerung von WG vor, die zu laufendem Gewinn führt, wenn iÜ WG des wesentlichen BV zurückbehalten werden und unter zwingender Buchwertfortführung[5] nach § 6 V 1 oder 2 in ein anderes BV oder Sonder-BV (auch anderer Gewinneinkunftsart!) des StPfl überführt werden.[6]

52 Nach der Rspr soll eine Veräußerung des GewBetr auch bei einem erst im **Aufbau begriffenen GewBetr** vor Aufnahme der werbenden Tätigkeit möglich sein,[7] sofern bereits **wesentliche Betriebsgrundlagen** vorhanden sind.[8] Dem ist nicht uneingeschränkt zu folgen. Zutr ist zwar, dass die Aufnahme einer werbenden Tätigkeit nicht verlangt werden kann und auch unerheblich ist, ob sich bereits stille Reserven gebildet haben. Sofern aber bisher **weder Kundenbeziehungen noch Lieferantenbeziehungen** bestehen und „übertragen" werden, kann von der Veräußerung eines GewBetr nicht die Rede sein. Vielmehr werden dann **einzelne**, möglicherweise besonders wesentliche **WG übertragen**. Dass insoweit für den Veräußerer **laufende Einkünfte** aus GewBetr entstehen – auch vor Aufnahme der werbenden Tätigkeit – besagt nicht, dass daher von einer Veräußerung des GewBetr iSv § 16 I 1 ausgegangen werden müsse.[9] Umgekehrt kann ein bereits **zerstörter Betrieb** nicht mehr veräußert werden.[10] Allerdings kommt insoweit eine **BetrAufg** in Betracht.[11]

53 **2. Einstellung der bisherigen Tätigkeit.** Die Veräußerung des GewBetr setzt voraus, dass der Veräußerer seine **bisherige gewerbliche Tätigkeit vollständig aufgibt**.[12] Daran fehlt es insbes, wenn der angebliche Veräußerer mit neuen Betriebsmitteln oder von einem anderen Ort aus seine Tätigkeit gegenüber dem bisherigen **aktuellen oder auch potenziellen Kundenkreis** unverändert fortsetzt. Unerheblich ist, ob dies mit Zustimmung des Erwerbers oder vertragswidrig geschieht. **Nicht** verlangt ist hingegen, dass der Veräußerer sich hinfort **jeglicher gewerblicher Betätigung enthält**.[13] Diese darf nur nicht der bisher ausgeübten gleichartig und gegenüber demselben Abnehmerkreis ausgeübt werden. Aufgegeben werden muss **diejenige Tätigkeit, die mit dem veräußerten BV bisher verbunden war**.[14] Dies liegt auch dann vor, wenn nach dem **Austausch von Betriebsmitteln** mit verbesserter Technik gleichartige Leistungen erbracht werden[15] oder bisher selbst erbrachte Leistungen nunmehr lediglich besorgt werden[16] oder unterschiedliche Genehmigungsvoraussetzungen für der Sache nach gleichartige Leistungen[17] erforderlich sind. Handelt es sich hingegen um **völlig andersartige Leistungen**, ist unerheblich, dass kein Ortswechsel stattgefunden hat und die andersartigen

---

1 Vgl dazu *K/S/M* § 16 Rn 53f.
2 BFH BSBl II 01, 282 mwN.
3 R 16 (1) I EStR.
4 BFH BStBl II 95, 890; BStBl II 89, 357.
5 Bis 98 gewährte die FinVerw bei Überführung in eine andere Gewinneinkunftsart ein Wahlrecht zur gewinnrealisierenden Entnahme, R 14 II EStR 98.
6 BFH BStBl II 96, 342; BStBl II 94, 709; BStBl II 87, 342.
7 BFH BStBl II 92, 380 (Veräußerung eines einzelnen Schiffes einer Partenreederei).
8 Vgl auch BFH BStBl II 89, 458; RFH RStBl I 36, 766.
9 So aber *Wälzholz* Teilbetriebsbegriff, Diss 1999, S 99, 105, 187u FG D'dorf EFG 00, 1246; ebenso iErg die FinVerw H 16 (1) EStR u BMF BStBl I 98, 268 Tz 15.10; *L/B/P* § 16 Rn 44; *Schmidt*[26] § 16 Rn 91; *H/H/R* § 16 Rn 110.
10 BFH BStBl II 70, 738.
11 BFH BStBl II 82, 707.
12 BFH BStBl II 01, 282; BStBl II 96, 527; BStBl II 89, 973; BFH/NV 01, 33 u 588 (zu freiberuflicher Praxis).
13 BFH BStBl II 96, 527.
14 BFH BStBl II 96, 527; BStBl II 94, 838.
15 BFH BStBl II 84, 245 (Druckerei – anderes Verfahren).
16 BFH BStBl II 89, 357 (Spediteur/Frachtführer).
17 BFH BStBl II 74, 37 (Güterfern- und -nahverkehr).

Leistungen an denselben Kundenkreis erbracht werden. Werden **gleichartige Leistungen** (etwa nach einem Ortswechsel) **an einen völlig neuen Kundenkreis** erbracht, ist dies ebenfalls unschädlich.[1] Abzustellen ist darauf, ob es sich nach den Verhältnissen des übertragenen Betriebes um einen auch potentiell neuen Kundenkreis handelt oder nicht.[2]

Eine Einstellung der bisherigen Tätigkeit liegt auch vor, wenn der Veräußerer beim Erwerber in unselbständiger Tätigkeit oder als dessen Subunternehmer[3] gegenüber dem nunmehrigen Kundenkreis des Erwerbers tätig wird oder bei Veräußerung an eine KapGes[4] deren G'ter wird. Bei Veräußerung an eine MU'schaft[5] ist für die grds Anwendung des § 16 I 1 unschädlich, dass der Veräußerer bei dieser MU'er ist oder wird. Dies ergibt sich nunmehr zwingend aus § 16 II 3, 16 III 3 und § 24 III 3 UmwStG.[6] Mit der angeblichen Steuerrechtssubjektivität der MU'schaft hat dies nichts zu tun. Allerdings wird insoweit wegen der teilw Identität des Steuersubjekts zutr die teilw Behandlung als laufender Gewinn vorgeschrieben (Rn 11, 12, 28). Soweit darüber hinausgehend für LuF (§ 14 Rn 6) und freiberufliche Tätigkeiten (§ 18 Rn 164) „Geringfügigkeitsgrenzen" oder „Besonderheiten" von der Rspr[7] und Verwaltung[8] anerkannt sind, ist dem jedenfalls nicht für die Veräußerung eines GewBetr zu folgen.[9] Eine Beendigung der bisherigen Tätigkeit liegt nicht vor, wenn lediglich das BV veräußert und zurückgepachtet wird[10] oder das BV unter Nießbrauchsvorbehalt veräußert wird, iÜ aber die Tätigkeit gerade fortgesetzt wird.[11] **54**

3. Übertragung der wesentlichen Betriebsgrundlagen. Die Veräußerung des ganzen GewBetr setzt neben der Übertragung/Einstellung des bisherigen Tätigkeitsbereiches die Übertragung der WG des BV als weiteres Tatbestandsmerkmal auf den Erwerber voraus. Allerdings genügt nach zutr Auffassung von Rspr[12] und Lehre die Übertragung der **wesentlichen Betriebsgrundlagen.** Diese teleologische Einschränkung des Wortlautes ist notwendig, um den Tatbestand des § 16 I nicht aller praktischen Relevanz zu entkleiden. **55**

Problematisch ist bei diesem Ausgangspunkt, wonach sich die Wesentlichkeit bestimmt. Für § 16 ist dabei der **additiv funktional – quantitativen Betrachtungsweise**[13] zu folgen.[14] Denn einerseits wird der GewBetr als übertragungsfähiger Organismus durch diejenigen WG gekennzeichnet, die funktional der vom StPfl ausgeübten Tätigkeit dienen und zum anderen geht es um die Ermittlung eines letztlich nach § 16 IV und § 34 zu begünstigenden Gewinnes. Insoweit sind daher auch quantitative Umstände zu berücksichtigen. Die insbes in § 34 berücksichtigte Milderung der Besteuerung wegen der zusammengeballten Auflösung stiller Reserven verlangt umgekehrt bereits, dass im Tatbestand des § 16 solche Übertragungen ausgenommen werden, bei denen eine erhebliche stille Reserven nicht aufgedeckt werden. Daher scheidet eine nach §§ 16, 34 begünstigte Veräußerung immer aus, wenn WG mit erheblichen stillen Reserven in engem zeitlichen Zusammenhang vor der Veräußerung[15] oder bei der Veräußerung[16] zum Buchwert in ein anderes BV des StPfl überführt werden. **Wesentliches BV** iSd § 16 sind daher alle WG, die **funktional** unmittelbar der betrieblichen Leistungserstellung dienen und darüber hinausgehend auch solche WG, die **erhebliche stille Reserven** enthalten, auch wenn sie funktional nicht wesentlich sind. Anders ist für die unentgeltliche Übertragung zu entscheiden (Rn 96) und für die Einbringung nach § 20 UmwStG.[17] Hier genügt die funktionale **56**

---

1 Anders allerdings, wenn bisheriges BV nicht übertragen wird und/oder wesentliche Geschäftsbeziehungen aufrecht erhalten werden, BFH BStBl II 97, 236 (Bezirkshändler – Wechsel des Bezirks).
2 Vgl insoweit BFH BStBl II 89, 973; BStBl II 85, 131 (Einzelhandel, Bäckerei, Tankstelle); BStBl II 90, 55 (Fahrschule); BStBl II 78, 562 u BFH/NV 87, 571 (Steuerberater, Statiker).
3 BFH/NV 95, 109.
4 BFH BStBl II 89, 873.
5 BFH BStBl II 94, 838; BStBl II 94, 856.
6 So zutr *Wälzholz* Teilbetriebsbegriff, Diss 1999, S 99, 177.
7 BFH BStBl II 93, 182; BStBl II 94, 925 (Freiberufler); BStBl II 85, 508 (LuF, Rückpachtung) – dazu *K/S/M* § 16 Rn 219; *Kanzler* FR 96, 678.
8 H 18.3 EStR (10 % unschädlich).
9 **AA** FG M'ster EFG 98, 1465; *Glanegger* DStR 98, 1329.
10 BFH/NV 93, 161; *Gosch* StBp 93, 20; **aA** *Wälzholz* Teilbetriebsbegriff, Diss 1999, S 177; *Tiedtke/Wälzholz* DStR 99, 269.
11 **AA** *Tiedtke/Wälzholz* DStR 99, 269, zur Beurteilung als unentgeltliche gestreckte Betriebsübertragung nach § 6 III; *K/S/M* § 16 Rn B 138; vgl auch *Schießl* DStZ 07, 113.
12 So bereits RFH StuW 35 Nr 217 und seither stRspr, vgl BFH BStBl II 96, 527.
13 BFH BStBl II 98, 104; *K/S/M* § 16 Rn B 235.
14 BFH BStBl II 98, 104; BStBl II 96, 409; BStBl II 94, 838; so auch FinVerw H 139 III EStR; abl *Dötsch* GS Knobbe-Keuk, 1997, S 411 (rein funktional).
15 BFH BStBl II 01, 229.
16 BFH BStBl II 01, 229; BStBl II 97, 236; BStBl II 96, 527; BStBl II 96, 409.
17 BFH BStBl II 98, 104; BStBl II 96, 342; *Schmidt*[26] § 16 Rn 101; anders noch *K/S/M* § 16 Rn 228; diff BMF BStBl I 00, 1253 (bei Teilwertansatz auch stille Reserven wesentlich, nicht bei Buchwertfortführung).

Wesentlichkeit, weil entweder § 34 ohnehin nicht anwendbar ist (so bei § 6 III) oder aber nach der (problematischen) Entscheidung des Gesetzgebers bis zum 1.1.02 auch dann anwendbar war, wenn nicht alle stillen Reserven aufgedeckt wurden (so § 20 V 1 UmwStG). Mit Wirkung ab 1.1.02 wird allerdings der ermäßigte Steuersatz nach § 34 sowie § 16 IV nur noch bei Teilwertansatz/Ansatz des gemeinen Wertes gewährt, §§ 20 V, 27 UmwStG idF UntStFG, ebenso nunmehr nach § 20 IV UmwStG idF SEStEG. Fraglich erscheint, ob daraus die Konsequenz zu ziehen ist, dass bei Zurückbehaltung lediglich quantitativ wesentlichen BV's dann § 20 UmwStG überhaupt nicht mehr anwendbar ist oder nur §§ 34, 16 IV nicht anzuwenden sind, falls lediglich quantitativ wesentliches BV nicht eingebracht wurde, aber die Buchwertfortführung nach § 20 UmwStG möglich bleibt. Die letztere Auslegung ist zu bevorzugen, weil erkennbar lediglich die Anwendung einer begünstigten Besteuerung ohne Aufdeckung aller stillen Reserven verhindert werden soll, nicht aber die erfolgsneutrale Buchwerteinbringung. Für § 24 UmwStG stellt sich an sich dieselbe Frage, nachdem auch hier § 24 III idF UntStFG und SEStEG die Anwendung von §§ 16 IV und 34 nur bei Teilwertansatz/Ansatz des gemeinen Wertes zulässt. Allerdings bleibt hier die Buchwertfortführung ohnehin unproblematisch möglich. Denn sie wäre auch bei Verneinung der Anwendbarkeit von § 24 UmwStG nach § 6 V 3 zwingend.

57 **Funktional wesentlich** sind danach alle WG, die unmittelbar der betrieblichen Leistungserstellung dienen. Dazu gehört **das** zur Leistungserstellung verwendete **Anlagevermögen** im Unterschied zu lediglich der innerbetrieblichen Verwaltung dienendem Anlagevermögen. Daher ist nach der **Art der erbrachten Leistungen an den Abnehmerkreis** zu differenzieren. Für Fabrikationsbetriebe sind die Fabrikgrundstücke, Fabrikgebäude, Maschinen funktional wesentlich,[1] nicht aber Bürogrundstücke,[2] für Lagerbetriebe die Lagergrundstücke, für Transportunternehmer die Transportmittel, für Handels- und Dienstleistungsbetriebe die für den Publikumsverkehr genutzten Grundstücke und Gebäude, für weite Teile des Dienstleistungsgewerbes auch Büro- und Verwaltungsräume,[3] in denen die Dienstleistung erstellt wird, für gewerbliche vermögensverwaltende PersGes die zur Einkünfteerzielung eingesetzten WG.[4] Für **immaterielle WG** des Anlagevermögens[5] ist entspr zu entscheiden. Bei der BetrAufsp sind wesentlich alle Wirtschaftsgüter, die die personelle (Anteile an der Betriebsgesellschaft)[6] oder sachliche Verflechtung begründen (§ 15 Rn 99, 101). Unerheblich ist, ob diese WG bilanziert sind oder nicht.[7] Ohne Belang ist auch, ob die zur Leistungserstellung genutzten WG am Markt jederzeit leicht beschaffbar sind oder nicht,[8] ob sie für die speziellen Bedürfnisse des Betriebs hergerichtet waren oder nicht. Ausnahmen sollen allerdings für WG von untergeordneter Bedeutung gelten, die jederzeit wiederbeschaffbar seien.[9] Zur Veräußerung bestimmtes **Umlaufvermögen** gehört stets zu den funktional wesentlichen Betriebsgrundlagen.[10] Wird Umlaufvermögen mit der Absicht der Weiterveräußerung an den bisherigen Abnehmerkreis zurückbehalten, ist der GewBetr noch nicht veräußert oder aufgegeben. Die Zurückbehaltung unter gleichzeitiger Überführung in das PV ist allerdings unter dem Gesichtspunkt der ergänzenden BA nach § 16 III zu erfassen. Forderungen aus Lieferungen und Leistungen, aktive RAP, Anzahlungen, Verbindlichkeiten und Rückstellungen sind für die Leistungserstellung nicht funktional wesentlich.

58 WG des **gewillkürten BV** sind per definitionem nicht funktional wesentlich. Sie sind allerdings **quantitativ wesentlich**, wenn sie erhebliche **stille Reserven enthalten. Stfreie Rücklagen**, etwa eine **6b-Rücklage**, sind ebenfalls niemals funktional wesentlich, sondern können nur quantitativ wesentlich sein. Werden solche Rücklagen bei der Betriebsveräußerung aufgelöst, so erhöht dies den Veräußerungsgewinn. Werden sie fortgeführt,[11] scheidet wegen der quantitativen Betrachtungsweise eine begünstigte Betriebsveräußerung aus, gleichgültig, ob die Rücklage aus der Veräußerung einer wesentlichen oder unwesentlichen Betriebsgrundlage herrührte, sofern die Rücklage erhebliche

---

1 BFH BStBl II 98, 388 mwN; BStBl II 94, 838; BStBl II 89, 458.
2 BFH/NV 01, 894; s aber BFH BStBl II 00, 621; BFH/NV 00, 1135.
3 BFH v 24.10.02 – X R 118/98, BFH/NV 02, 1130; BFH BStBl II 00, 621; BFH/NV 00, 1135; BFH/NV 01, 894.
4 BFH BStBl II 01, 282 (Grundstücke und Wertpapiere).
5 BFH BStBl II 90, 420 (Fernverkehrsgenehmigung); BFHE 170, 363 (Geschäftswert); BStBl II 97, 573 (Kundenstamm); BStBl II 97, 236 (Vertretervertrag); BFH/NV 01, 33 u BFH/NV 03, 773 (Mandantenstamm).
6 BFH BStBl II 07, 772.
7 Vgl BFH v 16.12.04 – IV R 3/03, BFH/NV 05, 879 (Praxiswertbestandteil).
8 BFH BStBl II 94, 15.
9 BFH BStBl II 03, 838 (Fahrschule für Schulungswagen); BFH BStBl II 93, 710; vgl auch BStBl II 98, 388 mwN (offen lassend zur Betriebsverpachtung).
10 **AA** BFH/NV 93, 233 für Warenbestand eines Einzelhändlers.
11 Dazu BFH/NV 97, 754.

stille Reserven enthält.[1] Wird eine 6b-Rücklage allerdings erst für den Veräußerungsgewinn gebildet, soweit er auf begünstigte WG entfällt, ist die Anwendung der Begünstigung des § 34 ausgeschlossen, § 34 I 4, III 6 (s auch § 34 Rn 30).

4. Veräußerung durch eine Personengesellschaft. § 16 I ist dem Grunde nach auch anwendbar, wenn eine PersGes ihren Betrieb veräußert.[2] Bei Veräußerung an einen fremden Erwerber steht der Anwendung des § 16 I nicht entgegen, dass die MU'er eigene GewBetr unterhalten oder an anderen MU'schaften beteiligt bleiben, selbst in identischer Zusammensetzung. Allerdings ist § 16 II 3 zu beachten (Rn 11, 12). Es besteht ein Sachverhaltsgestaltungswahlrecht, ob der MU'er von der PersGes den ganzen Betrieb oder von den anderen MU'ern deren MU'anteile erwirbt.[3] Nach Auffassung der Rspr kann **Sonder-BV** auch zu den wesentlichen Betriebsgrundlagen gehören,[4] auch Sonder-BV II. Sofern dieses – wie regelmäßig – für die betriebliche Leistungserstellung funktional nicht wesentlich sein sollte, kann sich die Wesentlichkeit aus quantitativen Gründen wegen erheblicher stiller Reserven ergeben.[5] Jedoch ist die Begünstigung der §§ 16 IV, 34 nur für denjenigen MU'er zu versagen, der sein wesentliches Sonder-BV nach § 6 V 1 und 2 zu Buchwerten in ein anderes eigenes BV oder Sonder-BV bei einer anderen MU'schaft überführt,[6] nicht für die übrigen MU'er. Wird unwesentliches Sonder-BV nach § 6 V 1 und 2 zu Buchwerten fortgeführt, steht dies der Anwendung des § 16 I nicht entgegen. Wird wesentliches Sonder-BV anlässlich der Veräußerung in das PV überführt, liegt insoweit eine BA nach § 16 III vor. 59

II. Der Teilbetrieb als Objekt der Veräußerung. Bereits seit dem REStG 1925 wird die Veräußerung eines Teilbetriebes (nach dem Wortlaut des § 30 „eines Teiles des GewBetr") prinzipiell mit der Veräußerung des „GewBetr als Ganzem" gleichbehandelt.[7] Allerdings wurde der Freibetrag nach heute § 16 IV nur anteilig gewährt.[8] Diese Unterscheidung ist seit dem VZ 96 hinfällig.[9] Nunmehr ist auch für die Anwendung des § 16 IV wie schon immer des § 34 unerheblich, ob der ganze GewBetr oder ein Teilbetrieb veräußert wird. Vor dem Hintergrund des früher wichtigen Unterscheidung zw ganzem GewBetr und lediglich Teilbetrieb wurde und wird vertreten, dass ein StPfl als **nat Pers mehrere selbstständige GewBetr**[10] unterhalten kann. Demgegenüber soll eine **KapGes** und auch eine **MU'schaft nur einen einheitlichen GewBetr** unterhalten können.[11] Ob dem für die GewSt zu folgen ist, kann hier dahinstehen.[12] Für die ESt einer nat Pers war auch und gerade für § 16 IV aF davon auszugehen, dass bei einem StPfl alle zur selben Zeit ausgeübten gewerblichen Betätigungen nur einen einheitlichen GewBetr bilden. Denn es machte keinen Sinn, jemandem, der angeblich mehrere GewBetr unterhält, bei Veräußerung eines davon, den vollen Freibetrag zu gewähren, hingegen bei angeblich lediglich einem Teilbetrieb lediglich einen anteiligen. 60

Nachdem der Unterscheidung zw ganzem GewBetr und Teilbetrieb nunmehr für § 16 IV keine Bedeutung mehr zukommt, kann zur Abgrenzung des Teilbetriebes vom ganzen GewBetr auf die ohnehin **fragwürdige Formel** von dem Teilbetrieb als „**ein mit einer gewissen Selbstständigkeit ausgestatteter organisatorisch geschlossener Teil des Gesamtbetriebes, der für sich allein lebensfähig ist**"[13] verzichtet werden,[14] soweit sie den Teilbetrieb als Teil des „Gesamtbetriebs" vom voll selbstständigen anderen GewBetr desselben StPfl nach den Verhältnissen des Einzelfalles abgrenzen sollte.[15] Es handelt sich um tautologische Bezeichnungen für das Ergebnis der Wertung Teilbetrieb, ohne dass die Kriterien ersichtlich werden, auf denen diese Wertung beruht.[16] Stattdessen ist auf eben dieselben Kriterien abzustellen, die den GewBetr als Objekt der Veräußerung kennzeichnen. 61

---

1 AA FinVerw R 6b.2 X 3 EStR; wie hier *Schmidt*[26] § 16 Rn 108; *K/S/M* § 16 Rn B 244.
2 Vgl BFH BStBl II 94, 856.
3 BFH BStBl II 03, 700.
4 BFH BStBl II 98, 104; BStBl II 95, 980.
5 BFH BStBl II 98, 104; **aA** möglicherweise BStBl II 96, 342 (zur Einbringung nach § 20 UmwStG).
6 BFH BStBl II 98, 104; BStBl II 94, 458 (zu § 24 UmwStG; BStBl II 96, 342 (zu § 20 UmwStG).
7 Dazu *K/S/M* § 16 Rn A 82.
8 Vgl BFH BStBl II 01, 101 (voller Freibetrag, falls zunächst einer von 2 Teilbetrieben unentgeltlich übertragen wird und anschließend der „Restbetrieb" veräußert wird).
9 Geändert durch JStG 96, zur erstmaligen Anwendung § 52 Abs 34.
10 *Schmidt*[26] § 16 Rn 141, Rn 146; BFH BStBl II 89, 376; BStBl II 84, 486.
11 BFH BStBl II 89, 467.
12 Abl zu Recht *Schuhmacher* StuW 81, 111; anders aber die stRspr BFH BStBl II 97, 573; BStBl II 89, 901; BFH/NV 90, 261 und die FinVerw R 16 GewStR.
13 So stRspr, vgl BFH BStBl II 96, 409; BStBl II 95, 403; BStBl II 89, 653; BFH/NV 89, 1209.
14 **AA** *Wälzholz* Teilbetriebsbegriff, Diss 1999, S 150 f (Teilbetrieb verlange weniger Selbstständigkeit als der volle Betrieb).
15 So BFH BStBl II 89, 379; BStBl II 84, 486; *Schmidt*[26] § 16 Rn 148; zur Kritik *K/S/M* § 16 Rn B 280 f.
16 *K/S/M* § 16 Rn B 257.

62 GewBetr als ganzer wie Teilbetrieb werden gekennzeichnet durch die **gewerbliche Tätigkeit** und das dieser dienende **wesentliche BV**. Von einem **Teilbetrieb** kann daher nur dann die Rede sein, wenn **unterscheidbare, voneinander abgrenzbare Leistungen am Markt angeboten werden** und diese mit **voneinander getrennten Betriebsmitteln** erstellt werden. Der Teilbetrieb verlangt insoweit, dass für die Leistungserstellung jeweils andere **WG des Anlagevermögens und verschiedenes Personal** eingesetzt werden.[1] Er verlangt auch einen jeweils **eigenständigen Kundenstamm** für die voneinander abgrenzbaren Leistungen, wobei allerdings dies Pers Abnehmer sowohl der einen wie der anderen **Leistungen** sein kann, falls diese **der Art nach unterschiedlich** sind. Werden der Art nach **gleichartige Leistungen** einem klar getrennten aktuellen und potentiellen Kundenstamm angeboten – etwa wegen **räumlicher Trennung** – liegen ebenfalls Teilbetriebe vor, sofern getrenntes Personal und unterschiedliche WG des BV verwendet werden.[2] Kennzeichnend für einen Teilbetrieb ist insoweit auch das **Vorhandensein eigenständiger Geschäftswerte** für den jeweiligen Bereich.[3]

63 Abwechselnd unter den tautologischen Stichworten der **selbstständigen Lebensfähigkeit**[4] des Teilbetriebes und/oder der **gewissen organisatorischen Selbstständigkeit** sollen nach der Rspr idR,[5] aber nicht immer,[6] ein eigener Kundenkreis und eigene Einkaufsbeziehungen notwendig sein. **Abgrenzungsmerkmale** seien ua **räumliche Trennung** vom Hauptbetrieb,[7] **gesonderte Buchführung** (aber nicht unbedingt und nicht ausreichend[8]), **eigenes Personal**,[9] **eigenes Anlagevermögen**,[10] **eigener Kundenstamm**,[11] eigene Verwaltung, selbstständige Organisation, **ungleichartige Tätigkeiten**.[12] Allerdings bräuchten diese nicht alle erfüllt zu sein, sondern aus diesem Sammelsurium ist dann nach dem Gesamtbild der Verhältnisse[13] mit unterschiedlichem Gewicht für Fertigungs-, Handels- und Dienstleistungsbetriebe zu entscheiden, ob ein Teilbetrieb vorliegt oder nicht.[14] Speziell für **Einzelhandelsfilialen** soll gelten, dass das leitende Personal auch bei der Preisgestaltung mitwirkt und auch beim Wareneinkauf (BFH BStBl II 80, 690; BStBl II 79, 15; BFH/NV 97, 481; BFH/NV 94, 694; BFH/NV 92, 516). Dies soll aber auch allg für Handelsbetriebe und Großhandelsbetriebe gelten (BFH/NV 94, 694). Andererseits soll unschädlich sein, dass ein Teilbetrieb sich einer zentralen Einkaufsorganisation bedient (BFH BStBl II 80, 51). Dies müsse dann auch für einen Filialbetrieb gelten, sofern die Filiale die Ware beim Hauptbetrieb „wie bei einem selbstständigen Lieferanten" (sic!) ordert (BFH/NV 98, 1208). Die Mitgestaltung bei den Warenverkaufspreisen sei zwar regelmäßig zu fordern (BFH/NV 97, 481), aber letztlich hänge dies von der Art des Vertriebs- oder den Branchenverhältnissen ab (BFH/NV 98, 1208). Über eine mehr oder weniger einleuchtende Kasuistik gelangt man auf diese Weise nicht hinaus.[15]

64 Aus der Kasuistik: **Teilbetrieb bejaht: Aufbau, Teilbetrieb im** (BFH BStBl II 89, 458; BStBl II 92, 380); **Automatenvertrieb** (BFH/NV 98, 1209; BFH/NV 91, 291); **Barbetrieb** (BFH BStBl II 77, 42 – neben Hotel); **Besitzunternehmen, Grundstücksgruppen** als selbstständige Verwaltungskomplexe (BFH/NV 98, 690) oder neben originärer gewerblicher Tätigkeit (BFH BStBl II 05, 395) oder an verschiedene Teilbetriebe (FG BaWü EFG 98, 737); **Blumenladen** (BFH BStBl II 79, 732 – neben Gärtnerei); **Brauereigaststätte** (BFH BStBl III 67, 47; BFH/NV 90, 102); **Druckereien** (und Zeitungsverlag BFH BStBl II 77, 45; verschiedene – FG BaWü EFG 93, 748); **Einzelhandelsfiliale** (BFH/NV 98, 1209 – Tabakhandel); **Fahrschulfiliale** (BFH BStBl II 90, 55); **Fertigungsbetriebe** (BFH BStBl II 79, 557 – bei eigenem Programm); **Friseurläden** (BFH BStBl II 80, 642 – auch am selben Ort); **Gastwirtschaften** (BFH BStBl II 98, 735 – räumlich getrennt, auch verpachtete); **Grundstücksverpachtung** (BFH BStBl II 98, 735; BFH/NV 99, 176 – neben eigenem originären GewBetr); **Handels- und Reparaturbetrieb** (BFH BStBl II 79, 15 – Kfz, in anderem Ort); **Herstellungsbetrieb** (BFH BStBl II 73, 838 – neben Zweigstelle für Vertrieb und Reparatur); **Hotel** (BFH BStBl III 64, 504 – eines von mehreren; BStBl II 82, 691 – von Brauerei verpachtet; BStBl II 89, 376 – neben Appartementhaus; BStBl II 77, 42 – neben Barbetrieb); **Kinderverkehrspark bei**

---

1 BFH/NV 98, 1209 mwN; anders aber soll es bei Freiberuflern sein BFH BStBl II 03, 838 (Fahrschule).
2 BFH/NV 98, 1209; BFH/NV 97, 761.
3 BFH BStBl II 96, 576.
4 Nach BFH BStBl II 76, 415; BFH BStBl II 96, 409 besagt dies, dass von dem Unternehmensteil/Teilbetrieb seiner Struktur nach eine betriebliche Tätigkeit ausgeübt werden kann (sic! - richtigerweise stellt hingegen der Teilbetrieb eine Tätigkeit dar!).
5 BFH/NV 92, 516.
6 BFH/NV 98, 1209.
7 BFH BStBl II 89, 376; BStBl II 96, 409.
8 Dazu BFH BStBl II 84, 486; BStBl II 90, 55.
9 BFH BStBl II 89, 653; BStBl II 83, 113.
10 BFH BStBl II 96, 409.
11 BFH BStBl II 05, 208; BFH/NV 97, 761; BFH/NV 94, 694.
12 BFH/NV 98, 1209; BFH BStBl II 93, 182 (bei Handelsbetrieben von untergeordneter Bedeutung); BFH/NV 97, 746 (bei Freiberuflern von großer Bedeutung).
13 So auch BFH/NV 99, 38.
14 BFH/NV 98, 1208.
15 Zur Kritik *K/S/M* § 16 Rn B 268 f.

Schausteller (BFH/ NV 90, 699); **Kinotheater** (FG Saarl EFG 73, 378 – räumlich getrennte); **Malergeschäft** (BFH BStBl II 89, 653 – Mastenanstrich neben Gipser- und Malergeschäft); **Schiff** (BFH BStBl III 66, 168 – falls Zweigunternehmen; BStBl II 92, 380 – Partenreederei, betriebsbereites Schiff als vollständiger GewBetr); **Spielautomaten** (FG Kln EFG 99, 470); **Tankstellen** (BFH BStBl II 89, 973); **Taxi** (FG Nbg EFG 72, 600); **Transportunternehmen** (BFH/NV 94, 694 – Güterfern- und Nahverkehr bei räumlicher Trennung und verschiedenem Kundenkreis); **Verlag** (BFH BStBl II 83, 113 – mehrere Fachgebiete); **Weinbau und Weinhandel** (BFH BStBl III 67, 391).

Teilbetrieb verneint: Besitzunternehmen, einzelne Grundstücke (BFH/NV 03, 317); **Betonpumpenbetrieb**, neben Betonherstellung (FG M'ster EFG 98, 1465); **Dentallabor** (BFH BStBl II 94, 352; BFH/NV 95, 497); **Einzelhandelsfiliale** (BFH BStBl II 77, 66; BStBl II 80, 51; BStBl II 80, 690; BFH/ NV 92, 516); **Eisdiele/ Gaststätte** (BFH/NV 07, 1661); **Handelsvertretung** (BFH BStBl II 68, 123; BStBl II 72, 899 – Aufgabe, Verkleinerung einzelner Bezirke); **Milchlieferungsrecht** (BFH/NV 07, 1853); **Omnibuslinie mit Omnibus** (BFH StRK EStG s§ 16 R 52); **Reisebüro** (BFH BStBl II 78, 672 – Veräußerung eigener Omnibusse); **Schaustellerfahrgeschäft, einzelnes** (FG Kln EFG 98, 269); **Schiff** (BFH BStBl II 73, 361 – eines von mehreren; BStBl III 66, 271 – im Bau befindlich); **Spediteur** (BFH BStBl II 89, 357 – neben Frachtführer bei Beibehaltung Kundenstamm; **Stromversorgungsnetz** (FG BaWü EFG 99, 605); **Tankstelle** (BFH BStBl II 80, 498); **Taxi** (BFH BStBl II 73, 361); **Transportunternehmen** (BFH/NV 97, 761 – Güterfern- und -nahverkehr, kein getrennter Kundenstamm, gemeinsames Anlagevermögen). 65

Der **Teilbetrieb** muss vor Veräußerung **bereits beim Veräußerer** vorhanden sein.[1] Es genügt nicht, dass erst beim Erwerber mehrere zusammen veräußerte WG von diesem einer betrieblichen Tätigkeit gewidmet werden und dafür eine ausreichende Betriebsgrundlage bieten.[2] § 16 handelt von der Besteuerung des Veräußerers und nicht von der des Erwerbers. Daher kann es nur auf die bei ihm – spätestens zum Zeitpunkt der Veräußerung – vorliegenden Verhältnisse ankommen. Weder die Globalisierung noch eine angeblich abw Rspr des EuGH rechtfertigen, den Teilbetriebsbegriff des § 16 aus der Sicht des Erwerbers zu bestimmen.[3] § 16 ist schlichtes nationales begünstigendes Recht, für dessen Auslegung dem EuGH keine Kompetenz zukommt. Gestaltungen zur Schaffung von Teilbetrieben können nur dann erfolgreich sein, wenn tatsächlich noch vor der Veräußerung getrennte Tätigkeitsbereiche mit getrenntem Personal und getrennt genutzten WG geschaffen werden. Dies kann nicht erst in der logischen Sekunde vor der Veräußerung geschehen. Für die **BetrAufsp, Betriebsverpachtung** oder sonst **gewerblich geprägte Vermögensverwaltung** gelten keine anderen Grundsätze[4]. Es kann nicht in Betracht kommen, dem Besitz- oder Verpachtungsunternehmen Verhältnisse des Betriebsunternehmens in Bezug auf dort vorhandenen TB zuzurechnen oder fiktiv getrennte gewerbliche Betätigungen zu unterstellen.[5] 66

Die Veräußerung eines TB setzt voraus, dass der **gesonderte Tätigkeitsbereich „übertragen"** wird, dh dass diese Tätigkeit vom Übertragenden vollständig einzustellen ist (Rn 53f), und alle dieser Tätigkeit dienendenden **wesentlichen Betriebsgrundlagen** (Rn 55f) auf einen Erwerber übertragen werden. Eine begünstigte TB-Veräußerung scheidet bei einer BetrAufsp daher aus, wenn nicht auch die Anteile an der Betriebsgesellschaft mit veräußert werden[6]. Unerheblich ist, ob der Erwerber den (Teil) Betrieb fortführt oder nicht.[7] 67

Die **Zurückbehaltung wesentlicher Betriebsgrundlagen** unter Buchwertfortführung iÜ BV schließt die Annahme einer Teilbetriebsveräußerung aus. Dies kann insbes bei **Grundstücken**, die **räumlich getrennt für Teilbetriebe** genutzt werden, zu Schwierigkeiten bei der Übertragung führen. Gleichwohl hat die Rspr zutr die Veräußerung eines Teilbetriebes verneint, wenn der betr Grundstücksteil nicht mit veräußert wurde.[8] Ausreichend ist allerdings die Übertragung wirtschaftlichen Eigentums am entspr Grundstücksteil.[9] 68

---

1 BFH BStBl II 96, 409; BFH/NV 98, 1209.
2 BFH BStBl II 78, 672; BStBl II 76, 415.
3 So aber *Schulze zur Wiesche* DStR 00, 305; vgl auch *Neumann* EStB 02, 437.
4 Zu Teilbetrieben bei BetrAufsp zw einem Besitzunternehmen und mehreren Betriebsgesellschaften BFH BStBl II 07, 772 und BFH/NV 1998, 690.
5 BFH/NV 03, 317 mwN; offengelassen von BFH BStBl 07, 772 unter Hinweis auf BFH BStBl II 06,661; **aA** *Wälzholz* Teilbetriebsbegriff, Diss 1999, S 192f; *Tiedke/ Wälzholz* FR 1999, 117.
6 BFH BStBl II 07, 772.
7 BFH BStBl II 80, 51.
8 BFH/NV 99, 1329; BFH BStBl II 96, 409; abl *Gosch* StBp 96, 248; vgl auch *Rogall* DB 05, 410.
9 So Bayerisches Landesamt für Steuern v 6.3.06 – S 1978c – 6 St 32/St 33, DB 06, 644; dazu auch *Kutt* DB 06, 1132.

69 **III. Die 100 %ige Beteiligung als Objekt der Veräußerung.** Als **Teilbetrieb** gilt nach § 16 I 1 auch die **100 %ige Beteiligung an einer KapGes.** Diese Fiktion wurde erst durch das StÄndG 65 in § 16 aufgenommen. Daher wird von hM und Rspr vertreten, dass – anders als sonst der Teilbetrieb – die Veräußerung der 100 %igen Beteiligung der GewSt unterliege[1] und ihre unentgeltliche Übertragung auch nicht unter § 6 III (früher § 7 I EStDV) falle.[2] Hingegen wird im Rahmen des § 24 UmwStG auch die 100 %ige Beteiligung erfasst.[3] Für § 20 UmwStG aF genügten auch Anteile unter 100 %, soweit die übernehmende KapGes die Mehrheit der Anteile bereits besaß oder erlangte, § 20 I 2 UmwStG. Allerdings war dann § 16 IV nicht anzuwenden, § 20 V 4 UmwStG aF.

Für Einbringungen nach Inkrafttreten des SEStEG ist die Einbringung von Anteilen in eine KapGes nunmehr zusammenfassend in § 21 UmwStG idF SEStEG geregelt. Auch die Einbringung einer 100 %igen Beteiligung fällt daher nunmehr nicht mehr unter § 20 UmwStG idF SEStEG, sondern ebenfalls wie auch die Einbringung einer sonstigen die Mehrheitsbeteiligung vermittelnden Beteiligung unter § 21 I UmwStG idF SEStEG.[4] Bei diesem qualifizerten Anteilstausch bleibt die Buchwertfortführung auf Antrag grds zulässig. Für den Einbringenden ergibt sich allerdings ein Veräußerungsgewinn in Höhe der Differenz zwischen Buchwert und gemeinem Wert, wenn hinsichtlich der eingebrachten Anteile oder der erhaltenen Anteile das Besteuerungsrecht der Bundesrepublik ausgeschlossen oder eingeschränkt wird. Soweit eine derartige Besteuerung nach Art 8 der Fusionsrichtlinie 90/434/EWG nicht stattfinden darf – Einbringung von Anteilen an EU-Ges in EU-Ges – ordnet Art 21 II 3 Nr 2 UmwStG idF SEStEG an, dass der Gewinn aus einer späteren Veräußerung der erhaltenen Anteile in gleicher Weise zu besteuern ist, wie der Gewinn aus einer Veräußerung der hingegebenen Anteile zu besteuern gewesen wäre, auch wenn ein DBA einer derartigen Besteuerung an sich entgegen steht. Es wird mithin ausdrücklich eine Nichtbeachtung des DBA – **treaty overriding** – angeordnet.

Der hM ist weder zu § 6 III (Rn 99) noch zur GewSt (Rn 13) zu folgen. Voraussetzung für die Anwendung des § 6 III ist allerdings, dass die Beteiligung beim Erwerber BV wird. Andernfalls liegt eine BetrAufg nach § 16 III vor.[5]

70 Der Tausch gegen eine **wert-, art- und funktionsgleiche Beteiligung** fällt unter § 16 I 1. Vorbehaltlich § 20 UmwStG aF und § 21 idF SEStEG kommt eine Buchwertfortführung[6] jedenfalls ab 1999 nicht mehr in Betracht. Dem sog **Tauschgutachten** ist spätestens durch § 6 VI die Grundlage entzogen worden (§ 6 Rn 190). Dem eindeutigen gesetzgeberischen Willen ist auch im Rahmen der Auslegung des § 16 Rechnung zu tragen.

71 Die Beteiligung muss das **gesamte Nennkapital** umfassen und im **BV** gehalten werden. Bei PersGes ist dies der Fall, wenn die Beteiligung im Gesellschaftsvermögen gehalten wird oder zu 100 % im Sonder-BV eines MU'ers. Nach hM sollte allerdings auch genügen, dass die Beteiligung teils im GesBereich, teils im Sonder-BV der MU'er gehalten wird, weil die MU'schaft einen einheitlichen GewBetr darstelle und das Sonder-BV zum MU'anteil gehöre.[7]

72 Als Veräußerung bzw Aufgabe eines Teilbetriebs wird auch die **Auflösung und Liquidation der KapGes** behandelt,[8] nicht aber die **bloße Kapitalherabsetzung**. An die Stelle des Veräußerungspreises tritt dabei der Liquidationserlös. In Reaktion auf die (verfehlte) Rspr des BFH[9] bestimmt ab 1997[10] § 16 I Nr 1 S 2 iVm § 17 IV 3, dass der Liquidationserlös insoweit nicht zum Veräußerungspreis gehört als er zu Einnahmen aus KapVerm nach § 20 I 1 und 2 gehört. Als Veräußerungserlös wird mithin nur der Betrag erfasst, für den das steuerliche Einlagenkonto im Sinne des § 27 KStG verwendet wird. Soweit die KapGes nach dem UmwG ohne Liquidation umgewandelt wird (Verschmelzung, Formwechsel), sind die Vorschriften der §§ 3f und 11f UmwStG vorrangig anwendbar.[11]

---

1 BFH BStBl II 93, 131.
2 BFH BStBl II 06, 457; *Schmidt*[26] § 16 Rn 161.
3 BMF BStBl I 98, 268 Tz 24.03; so auch Begr BReg im Entw SEStEG, BT-Drs 16/2710, 50 zu § 24, aA *Rasche* GmbHR 07, 793.
4 Vgl auch Begr BReg im Entw SEStEG, BT-Drs 16/2710, 42 zu § 20u S 45f zu § 21.
5 BFH BStBl II 82, 751.
6 Zur früheren Rechtslage BFH BStBl III 59, 30 (sog Tauschgutachten).
7 BFH BStBl II 95, 705; so auch *Schmidt*[26] § 16 Rn 162; R 16 III 7 EStR; **aA** *K/S/M* § 16 Rn B 284.
8 BFH BStBl II 91, 624.
9 BFH BStBl II 95, 705; dagegen bereits *K/S/M* § 16 Rn B 295.
10 Eingefügt durch JStG 97, BT-Drs 13/5952.
11 Dazu BMF BStBl I 98, 268 Tz 5.09 u 13.05.

Auf die Veräußerung einer 100 %igen Beteiligung nach dem 31.12.01 (Wj der KapGes = Kalenderjahr), bzw nach dem 31.12.02 (abw Wj) ist vorrangig zunächst die Befreiung nach § 3 Nr 40 S 1b und sodann bei Erfüllung der Voraussetzungen § 16 IV (Freibetrag) anzuwenden. Die Steuersatzermäßigung nach § 34 ist nicht anzuwenden, weil nach § 3 Nr 40 eine hälftige Befreiung eintritt (s § 34 Rn 31). Bei Kapitalgesellschaftern als MU'ern tritt bereits nach § 8b II KStG eine Befreiung ein. Dies gilt auch im Rahmen des UmwStG, §§ 20 V aF, 20 IV idF SEStEG, 24 III UmwStG. Zur GewSt s Rn 13.

IV. Die (entgeltliche) Veräußerung. – 1. Übertragung auf einen anderen Rechtsträger. Veräußerung iSd § 16 I ist die (entgeltliche) Übertragung der dort genannten wirtschaftlichen Einheiten auf einen anderen Rechtsträger. Hinsichtlich der Betriebe und Teilbetriebe muss einerseits der **Tätigkeitsbereich** und andererseits das **wesentliche BV** übertragen werden. Wie sich die Übertragung im Einzelnen vollzieht, hängt von dem zu übertragenden Objekt ab. Hinsichtlich des Tätigkeitsbereiches einschl des Kundenstammes und des Geschäftswertes kommt eine rechtsgeschäftliche Übertragung nicht in Betracht. Hier ist ein **faktisches Verhalten** erforderlich, dass dem Erwerber den faktischen Erwerb ermöglicht, also etwa die Einweisung in den Tätigkeitsbereich, die Nennung der Kunden, der Lieferanten, die Mitwirkung bei der Überleitung von Verträgen usw. Letztlich entscheidend ist insoweit, dass der Veräußernde jedenfalls **faktisch** durch **Beendigung** seiner **bisherigen Tätigkeit** dem Erwerber ermöglicht, diese Tätigkeit einschl der Aufnahme von Beziehungen zu Kunden und Lieferanten fortzusetzen. Für die 100 %ige Beteiligung an einer KapGes spielt dies naturgemäß keine Rolle. Hier genügt schlicht die Übertragung durch Abtretung, vorausgesetzt, dass damit auch das „wirtschaftliche Eigentum" übertragen wird (Rn 81). 80

Hinsichtlich der **WG des wesentlichen BV** kommt es auf die Art des zivilrechtlichen Vermögensgegenstandes an, wie die Übertragung vollzogen wird. An **Sachen** ist **Eigentum** zu **verschaffen**, Rechte und Forderungen sind **abzutreten** usw. Entscheidend ist, dass dem Erwerber die WG bzw Vermögensgegenstände des wesentlichen BV so übertragen werden, dass sie steuerlich gesprochen in das **wirtschaftliche Eigentum des Erwerbers** übergehen bzw handelsbilanziell gesprochen vom Vermögen des Erwerbers gehören. Soweit keine einzelnen rechtsgeschäftlichen Verfügungen erforderlich sind, sondern sich der Übergang gesetzlich vollzieht, etwa im Erbgang (aber unentgeltlich) oder nach dem UmwG (volle oder partielle Gesamtrechtsnachfolge), genügt auch dies. 81

Die Übertragung auf **einen anderen Rechtsträger** muss auf einem **einheitlichen Vorgang** beruhen, um eine Betriebsveräußerung zu sein. Andernfalls liegt lediglich eine **nicht begünstigte sukzessive Veräußerung von Einzel-WG** vor, die zu laufendem betrieblichen Ertrag führt. Dem steht nicht entgegen, dass sich die Veräußerung jedenfalls bei rechtsgeschäftlicher Übertragung notwendigerweise in Form von **Einzelakten rechtsgeschäftlicher Erfüllungshandlungen** (Verfügungen) vollzieht. Daher kann eine Veräußerung iSd § 16 I auch **zeitlich gestreckt** erfolgen, indem die notwendigen Erfüllungshandlungen sukzessive erfolgen. Die Veräußerung ist dann erst mit der **letzten der Erfüllungshandlungen** beendet. § 16 I knüpft zeitlich an die Realisation durch Übertragungsakte, nicht an einen etwaigen zugrunde liegenden Verpflichtungsvertrag an.[1] Allerdings ist dem Verpflichtungsvertrag häufig zu entnehmen, dass es sich um einen einheitlichen Vorgang im Sinne einer Veräußerung nach § 16 I handelt, weil dort der Betrieb (Teilbetrieb) als Veräußerungsgegenstand (**Unternehmenskauf**) bezeichnet ist. Das Vorliegen **mehrerer Kausalgeschäfte** soll der Annahme einer Veräußerung nicht entgegenstehen, wenn sie auf **einem einheitlichen Entschluss** beruhen.[2] Häufig wird in diesen Fällen allerdings eher eine zeitlich gestreckte BetrAufg vorliegen (Rn 302). 82

Soweit die **Einzelübertragungsakte** in verschiedene VZ fallen, tritt auch erst dann jeweils **Gewinnrealisation** ein. Eine Rückbeziehung auf den Zeitpunkt des ersten Übertragungsaktes erfolgt ebenso wenig wie umgekehrt eine Erfassung erst im VZ des letzten Übertragungsaktes.[3] Allerdings ist – ungeachtet der Zuordnung zu verschiedenen VZ – der Gewinn einheitlich als Veräußerungsgewinn zu qualifizieren.[4] Der Freibetrag nach § 16 IV ist – nur einmal – bis zur Höchstgrenze zu gewähren, falls nicht die – ebenfalls einheitlich zu bestimmende – Grenze von 154 000 € überschritten wird. 83

---

1 BFH BStBl II 03, 67 (zu LuF); so auch für die Haftung des Betriebsübernehmers nach § 75 AO, vgl BFH BStBl II 03, 226.
2 BFH BStBl II 89, 653; vgl auch BStBl II 94, 15 zu § 7 I EStDV (jetzt § 6 III).
3 BFH BStBl II 92, 392; zu Veräußerungen im Schnittpunkt zweier Kalenderjahre vgl BFH BStBl II 99, 269.
4 Vgl BFH BStBl II 05, 637; BStBl II 05, 395.

Die Tarifermäßigung des § 34 ist jeweils für den im jeweiligen VZ realisierten Gewinn anzuwenden.[1] Die Anwendung des § 34 III ist auf einen Betrag von 5 Mio begrenzt. Fällt der Veräußerungsgewinn für einen Veräußerungsvorgang in mehreren VZ an und übersteigt der gesamte Veräußerungsgewinn diesen Betrag, so hat eine anteilige Zuordnung der 5 Mio zu den verschiedenen VZ nach dem Verhältnis der realisierten Teile des Veräußerungsgewinnes zu erfolgen.

84 Die Übertragung muss auf **einen anderen Rechtsträger** erfolgen. Im steuerlichen Kontext kann dies grds nur bedeuten, dass eine **Übertragung auf ein anderes Steuersubjekt** erfolgt. Dies sind nur **nat Pers und Körperschaften**. Nachdem zutr wegen der getrennten Vermögensmassen nach Abkehr von der Bilanzbündeltheorie aber bei Einzelveräußerungen gewinnrealisierende Veräußerungsgeschäftsvorfälle zw PersGes und MU'ern und umgekehrt auch steuerlich wie im Zivilrecht als solche berücksichtigt werden, ist § 16 I zutr auch auf Veräußerungen zw **PersGes und MU'ern und umgekehrt**[2] (Rn 59). Insoweit ist die **PersGes anderer Rechtsträger, aber nicht Steuersubjekt**. Da es sich aber letztlich bei § 16 I um die Voraussetzungen für steuerliche Begünstigungen nach §§ 16 IV, 34 handelt, werden diese nach § 16 II 3, 16 III 3 und § 24 III 3 zutr versagt, soweit durch ihre Anwendung begünstigte Gewinne in kor- respondierende laufende Verluste bei demselben Steuersubjekt umfunktioniert würden (Rn 11, 12).

85 **2. Veräußerungspreis/Entgelt.** § 16 I erfasst, wie sich zweifelsfrei aus § 16 II und III ergibt, nur Übertragungen gegen **Entgelt (Veräußerungspreis).** Entgelt ist dabei jede geldwerte Zuwendung, die der Erwerber oder für ihn ein Dritter dem Veräußerer oder für ihn einem Dritten zuwendet. Maßgebend ist, dass zw der **Übertragung** der wirtschaftlichen Einheit auf der einen Seite und einer dafür **aufzuwendenden Gegenleistung** ein **kausaler Zusammenhang** besteht. Die Gegenleistung muss wegen der Übertragung der wirtschaftlichen Einheit aufgewendet werden und sie muss dem Übertragenden oder mit seinem Willen einem Dritten zugute kommen. Die Art der Gegenleistung spielt keine Rolle, es kann sich um Geld (Kaufvertrag), andere WG oder Leistungen handeln (Tausch, tauschähnlich), um einmalige oder wiederkehrende Leistungen.

86 Der Betriebsveräußerung liegt normalerweise ein gegenseitiger schuldrechtlicher Vertrag zugrunde (Kaufvertrag, Tauschvertrag). Dann gehört die **Gegenleistung** für den Veräußerer zu seinem **Veräußerungspreis** und führt beim Erwerber zu **AK**. Auf eine derartige **Korrespondenz kommt es** aber letztlich **nicht an**. Einerseits können die AK auch weitere Aufwendungen umfassen, die nicht dem Veräußerer zugute kommen. Andererseits kann wegen der Übertragung beim Veräußerer eine Vermögensmehrung eintreten, ohne dass der Erwerber eigene Aufwendungen hat. Für § 16 I ist allein darauf abzustellen, dass wegen der Übertragung **beim Veräußerer** (oder einem von ihm begünstigten Dritten) ein **geldwerter Vermögenszugang** eintritt, gleichgültig, ob dem auf Seiten des Erwerbers Aufwendungen entsprechen oder nicht. Der Vermögenszugang muss allerdings **kausal** auf die **Übertragung** zurückzuführen sein.

87 Die entgeltliche Veräußerung unterscheidet sich von der unentgeltlichen Übertragung dadurch, dass bei der **Veräußerung** dem **Vermögensabgang** durch die Übertragung ein **Vermögenszugang entspricht**, während genau dies bei der unentgeltlichen Übertragung nicht der Fall ist. Die **unentgeltliche Übertragung** ist durch eine einseitige **Entreicherung um den Übertragungsgegenstand** gekennzeichnet.

88 Daher stellt die **gesellschaftsrechtliche Einbringung von Betrieben** usw in eine KapGes und in eine PersGes **keine unentgeltliche Übertragung** dar, weil sie zu keiner Entreicherung führt. Allerdings stellt nur die **offene wie verdeckte Einlage** in eine **KapGes** eine **Veräußerung** dar, weil bei ihr eine Übertragung auf ein anderes Steuersubjekt erfolgt (Rn 16f). Hingegen stellt die **Einlage in eine PersGes** wegen der weiteren Zurechnung zum Einbringenden keine Übertragung auf ein anderes Steuersubjekt dar und daher auch **keine Veräußerung** (Rn 26f). Nur soweit die Einlage anderen G'tern willentlich zugute kommt, liegt an diese eine unentgeltliche Übertragung vor (Rn 38, 40). Umgekehrt stellt aus demselben Grund auch die **Realteilung einer PersGes weder Veräußerung noch unentgeltliche Übertragung** dar (Rn 340).

---

1 Zur Frage der Berücksichtigung der nach früherem Recht geltenden Begrenzung des tarifbegünstigten Gewinnes von 30 Mio DM (ab 90 bis 31.7.97) bzw 15 Mio DM (ab 1.8.97 bis 31.12.98) vgl *K/S/M* § 16 Rn E 11, F 12 mwN zur Gegenmeinung.
2 BFH BStBl II 03, 700.

Die **Übernahme von Schulden** (etwa in Anrechnung auf den Kaufpreis) stellt **Entgelt** dar.[1] Dasselbe **89** gilt, soweit der (Teil) Betrieb zur **Tilgung von privaten Verbindlichkeiten des Veräußerers erfüllungs- halber oder an Erfüllungs Statt** übertragen wird, zB zur Abgeltung von Unterhaltsansprüchen oder eines Zugewinnausgleichs nach Scheidung[2] es sei denn, die Verbindlichkeit sei ihrerseits durch Schenkung oder Erbfall begründet (Rn 105). Ob die Gegenleistung BV wird oder nicht, ist für den Begriff der entgeltlichen Veräußerung völlig unerheblich.[3] Dies muss jedenfalls für § 16 gelten, der gerade von der Beendigung der betrieblichen Tätigkeit handelt. Eine nicht betrieblich veranlasste Veräußerung kann es hier nicht geben. IÜ gilt es aber auch für die entgeltliche Veräußerung von Einzel-WG aus einem bestehenden Betrieb. Die entgegenstehende Rspr des BFH[4] ist schlicht unzutr (**aA** § 6b Rn 6), weil es nicht darauf ankommen kann, ob eine erlangte Gegenleistung anschließend zur Tilgung einer privaten Verbindlichkeit verwendet wird oder ob dies von vornherein vereinbart ist.

Allerdings ist wegen des **Übertragungsgegenstandes Betrieb** oder Teilbetrieb zu differenzieren. Der **90** Betrieb oder Teilbetrieb iSd § 16 I umfasst vermögensmäßig sowohl die **aktiven WG des BV** als auch die **Betriebsschulden als passive WG des BV**. Soweit daher der Betrieb (Teilbetrieb) mit Aktiven und Passiven veräußert wird, stellen die vom Erwerber übernommenen (Teil) **Betriebsschulden kein Entgelt** dar.[5] Sie **mindern** vielmehr von vornherein den **Wert des BV** als Saldo aus Aktiva und Passiva. Dies wird auch von § 16 II bestätigt, der als Veräußerungsgewinn gerade den Unterschiedsbetrag zw Veräußerungspreis und Wert des BV (= Kapital) abzgl Veräußerungskosten bezeichnet. Daher stellt sich die Übertragung eines Betriebes (Teilbetriebs) mit allen Aktiva und Passiva ohne Zahlung eines Kaufpreises oder Gewährung sonstiger Vorteile und ohne Übernahme anderer Verbindlichkeiten grds als unentgeltliche Übertragung dar.

Dies gilt auch, wenn der buchmäßige Wert des BV negativ ist (**negatives Kapitalkonto**), sofern der **91** tatsächliche Wert wegen stiller Reserven höher ist.[6] Anders kann es allerdings sein, wenn der tatsächliche Wert des BV negativ ist, dh die Verbindlichkeiten des Aktiva übersteigen. Hier geht die Rspr zutr davon aus, dass dann auch bei bloßer Übernahme von Aktiva und Passiva ein entgeltlicher Erwerb vorliegen kann. In diesem Falle stellt die **Übernahme** (zumindest) der (überschießenden) **Passiva** für den Veräußerer **Entgelt** dar und für den Erwerber liegt ein entgeltlicher Erwerb mit AK vor.[7] Nach der Rspr soll insoweit entscheidendes Kriterium sein, ob seitens der Beteiligten subj eine Schenkung beabsichtigt ist.[8] Die unentgeltliche Übertragung bei negativem tatsächlichen Wert des BV wäre dann ihrerseits außerbetrieblich veranlasste Zuwendung des Erwerbers an den Übertragenden.

3. Veräußerung gegen wiederkehrende Bezüge. Die Betriebsveräußerung gegen Raten, Renten **92** oder andere wiederkehrende Bezüge – sog **Gegenleistungsrente** – ist abzugrenzen von der **Vermögensübertragung gegen private Versorgungsleistungen** (Rn 140; § 6 Rn 22; § 22 Rn 9f). Unter Fremden besteht eine Vermutung für eine Veräußerung, unter Familienangehörigen, insbes Eltern/Kinder, eine nur schwer widerlegbare Vermutung[8] – die Beteiligten müssen Leistung und Gegenleistung gegeneinander abgewogen haben und subjektiv von der Gleichwertigkeit ausgegangen sein[9] – für Versorgungsleistungen.[6]

Soweit danach eine Veräußerung vorliegt, ist der Veräußerungsgewinn grds im VZ der Gewinnver- **93** wirklichung durch Übertragung des Betriebs zu besteuern. Der Ermittlung des Veräußerungsgewinnes ist der Kapitalwert der wiederkehrenden Bezüge zugrunde zu legen.[10] Der Gewinn ist nach §§ 16 IV, 34 begünstigt. § 34 findet allerdings keine Anwendung, soweit für Anteile an KapGes nach § 3 Nr 40b das Halbeinkünfteverfahren Anwendung findet. Die in den wiederkehrenden Bezügen enthaltenen Zinsanteile sind nach § 20 I 7[11] oder nach § 22 Nr 1 bei Leibrenten[12] zu besteuern, wenn die

---

1 BFH GrS BStBl II 90, 847; BStBl II 95, 367.
2 BFH BStBl II 03, 282.
3 *K/S/M* § 16 Rn B 11; vgl aber BFH BStBl II 96, 60 u BStBl II 82, 18.
4 BFH BStBl II 96, 60 mwN.
5 BFH BStBl II 99, 269; BFH GrS BStBl II 90, 847; BMF BStBl I 93, 80 Tz 29.
6 BFH BStBl II 99, 269 mwN.
7 BFH BStBl II 99, 269; BStBl II 95, 770; BStBl II 94, 745.
8 Vgl aber BFH BStBl II 04, 211.
9 So BMF v 26.8.02, BStBl I 02, 893 im Anschluss an BFH BStBl II 96, 669; BStBl II 92, 465.
10 Nach Ansicht der FinVerw R 16 XI EStR Anwendung des BewG und eines Zinssatzes v 5,5 %, falls nicht anders vereinbart, vgl aber BFH BStBl II 78, 295 (versicherungsmathematischer Wert).
11 BFH/NV 93, 87 (für Zeitrenten).
12 BFH BStBl II 93, 15 (für Leibrenten, allerdings zu § 17).

Forderung notwendiges PV sein sollte.[1] Wegen der Nichtgewährung des Sparerfreibetrages nach § 20 IV hat der X. Senat für private Gegenleistungsrenten zutr wegen eines möglichen Verstoßes gegen Art 3 GG das BVerfG angerufen.[2] Für Betriebsveräußerungen sollte allerdings richtigerweise davon ausgegangen werden, dass die Kaufpreisforderung/die Gegenleistungsrente BV bleibt[3] (Rn 417), so dass die Zinsanteile zu nachträglichen BE führen. Auch dann stellt sich allerdings die Frage nach der Verfassungsgemäßheit bzgl der Versagung eines „Sparerfreibetrages".

94 Für **Leibrenten, Kaufpreisraten mit Laufzeit von mindestens 10 Jahren** und **langlaufende Zeitrenten**, sofern auch der Versorgung dienend, gewährt die FinVerw[4] im Anschluss an die Rspr zu wagnisbehafteten Bezügen[5] ein **Wahlrecht**, auch bei Teilbetriebsveräußerung.[6] Richtigerweise sollte das Wahlrecht wegen der eingeschränkten Zugriffsmöglichkeit bei langfristigen Bezügen immer gewährt werden.[7] Danach kann statt einer Sofortversteuerung nach §§ 16, 34 auch eine **Zuflussbesteuerung nach § 15 iVm § 24 Nr 2** gewählt werden.[8] Es entfällt dann allerdings die Begünstigung nach § 16 IV und § 34. Bereits bei Zufluss sind die Raten in einen Zins- und Tilgungsanteil aufzuteilen.[9] Der Zinsanteil unterliegt sofort der Besteuerung, der Tilgungsanteil führt erst nach Verrechnung mit dem Buchwert zu nachträglichen Einkünften aus GewBetr. Soweit er auf Anteile an KapGes entfällt, ist allerdings die hälftige Befreiung nach § 3 Nr 40b zu beachten.[10] Für einen neben den laufenden Bezügen gewährten **Einmalbetrag** besteht das Wahlrecht nicht. Übersteigt er den Buchwert, ist er nach § 16 IV, 34 begünstigt.[11] Die nachträgliche Ablösung wiederkehrender Bezüge durch eine Einmalzahlung ist nach §§ 16, 34 begünstigt.[12] Zwingend ist wegen fehlender Realisation bei fortdauernder Beteiligung an den Betriebsergebnissen eine Zuflussbesteuerung bei **umsatz- oder gewinnabhängigen Bezügen**.[13]

95 Der **Erwerber** hat die Verbindlichkeit mit ihrem **versicherungsmathematischen Barwert** zu passivieren und als AK auf die materiellen und immateriellen WG einschl Geschäftswert zu verteilen (s auch § 6 Rn 149).[14] Fällt die Verbindlichkeit durch Tod des Berechtigten weg, ist sie gewinnerhöhend aufzulösen.[15] Eine Erhöhung wegen einer **Wertsicherungsklausel** beeinflusst die AK nicht. Sie ist erfolgswirksam ab Eintritt zu passivieren.[16] Bei Erwerb gegen umsatz- und gewinnabhängige Bezüge entstehen AK erst mit jeweiliger Erfüllung. Dies gilt gleichermaßen für materielle wie immaterielle WG.[17] Auch die Buchwerte sind nicht zunächst erfolgsneutral fortzuführen.[18]

C. Unentgeltliche und teilentgeltliche Übertragungen nach § 6 III und I

Literatur: *Hallerbach* Ertragsteuerliche Behandlung der Erbengemeinschaft und ihrer Auseinandersetzung, StuB 06, 572; *Schoor* Steuerliche Folgen beim Tod eines Einzelunternehmers, DStZ 03, 791; *ders* Der neue Erlass zur Erbauseinandersetzung, INF 06, 669 und 708; *Schulze zur Wiesche* Die ertragsteuerliche Behandlung der Erbengemeinschaft und ihrer Auseinandersetzung, StBp 06, 269; *Spiegelberger* Renaissance der vorweggenommenen Erbfolge, DStR 04, 1105; *Zimmermann* Verbindlichkeiten als Anschaffungskosten bei der Erbauseinandersetzung? DB 06, 1392; frühere Literatur s 4. Aufl.

96 **I. Allgemeine Abgrenzung zur Veräußerung.** § 6 III enthält für die unentgeltliche Übertragung eines Betriebes, Teilbetriebes und MU'anteils lediglich eine **Bewertungsvorschrift.** Danach sind für den **Übertragenden** die sich nach den Vorschriften über die Gewinnermittlung ergebenden **(Buch-)Werte** anzusetzen und der **Übernehmende** hat diese **(Buch-)Werte fortzuführen.** Dadurch wird die

---

1 So BFH BStBl II 98, 379; offen nach BFH BStBl II 00, 179.
2 BFH BStBl II 02, 183 (Az BVerfG 2 BvL 3/02).
3 So *K/S/M* § 16 Rn B 175; *Dötsch* FS Beisse, 1997, S 139; vgl auch BFH/NV 99, 686 (zum BewG).
4 R 16 (11) zu Leibrente und H 16 (11) EStR zu länger dauernden Bezügen.
5 BFH BStBl II 74, 452; BStBl II 89, 409 (Leibrente); BStBl II 84, 829 u BFHE 165, 75 (mehr als 25 Jahre Zeitrente); BStBl II 68, 653 (Kaufpreisraten länger als 10 Jahre).
6 BFH BStBl II 84, 829.
7 *K/S/M* § 16 Rn B 168.
8 Wird die Wahl nicht (ordnungsgemäß) ausgeübt, ist die Sofortversteuerung der Normalfall, BFH/NV 99, 1330; zu Vorteilhaftigkeitsüberlegungen vgl *Kiesewetter/Schipke* DB 04, 1677; zum Zeitpunkt der Wahlrechtsausübung BFH v 8.3.05 – IV B 73/03, BFH/NV 05, 1531 (auch noch nach Ablauf des Veräußerungsjahres).
9 BFH BStBl II 96, 665; BStBl II 93, 298; so nunmehr auch *Schmidt*[26] § 16 Rn 245.
10 BMF BStBl I 04, 1187; s auch Übergangsregelung in R 16 (11) S 7u 8 EStR.
11 BFHE 165, 75.
12 BFH BStBl II 04, 493 mit Anm *Weber-Grellet* FR 04, 588.
13 BFH BStBl II 02, 532 mit Anm *Seeger* FR 02, 882; vgl auch *Schulze zur Wiesche* Stbg 04, 280.
14 BFH BStBl II 96, 672; BStBl II 92, 465.
15 BFH BStBl II 91, 796.
16 BFH BStBl II 95, 47.
17 *K/S/M* § 16 Rn B 183; **aA** BFH BStBl II 95, 246; BStBl II 89, 549.
18 So aber *Schmidt*[26] § 16 Rn 235.

unentgeltliche Übertragung für den Übertragenden zu einem **gewinnneutralen Vorgang**. Die Buchwertfortführung durch den Erwerber führt allerdings zu einer **interpersonellen Verlagerung stiller Reserven** vom Übertragenden auf den Erwerber. Nicht in § 6 III ist geregelt, wann **tatbestandsmäßig** eine unentgeltliche Übertragung vorliegt. Dies ergibt sich lediglich **negativ aus** § 16 und ergänzend aus §§ 20, 24 UmwStG.

Die **unentgeltliche Übertragung von Betrieben, Teilbetrieben und MU'anteilen** ist negativ dadurch gekennzeichnet, dass sie **nicht gegen Entgelt (Veräußerungspreis)** erfolgt. Dadurch unterscheidet sie sich von der **Veräußerung nach § 16 I**. Sie führt dazu, dass der Betrieb, Teilbetrieb oder MU'anteil als **Organisationseinheit zur Erzielung gewerblicher Einkünfte** nach § 15 für den Erwerber erhalten bleibt. Die wirtschaftliche Einheit wird gerade **nicht zerschlagen**. Dadurch unterscheidet sie sich von der **BetrAufg nach § 16 III**. Die unentgeltliche Übertragung führt zu einer interpersonellen Verlagerung stiller Reserven vom Übertragenden auf den Erwerber. Dadurch unterscheidet sie sich von den **Einbringungen nach §§ 20, 24 UmwStG**. Bei diesen wird entweder noch vom Einbringenden Gewinn realisiert oder die stillen Reserven verbleiben bei (bei § 20 UmwStG auch, bei § 24 UmwStG allein) dem Übertragenden. Unter § 4 I als **Entnahme** für den Übertragenden und als **Einlage** für den Übernehmenden fällt sie deshalb nicht, weil dort ein bestehender Betrieb vorausgesetzt wird, dem Einzel-WG entnommen oder zugeführt werden.

97

Schon der systematische Zusammenhang zw § 6 III und § 16 (sowie §§ 20, 24 UmwStG) wie auch die insoweit weitgehend übereinstimmende Terminologie in der gesetzlichen Bezeichnung der betroffenen wirtschaftlichen Einheiten erfordern jedenfalls im Grundsätzlichen eine **übereinstimmende Auslegung hinsichtlich der Begriffe Betrieb, Teilbetrieb und MU'anteil**.[1] Für § 6 III ergeben sich insoweit **2 str Problemkreise**.

98

Einmal geht es darum, ob wie bei § 16 I 1 die **100 %ige Beteiligung an einer KapGes** dem Teilbetrieb gleichzustellen ist. Dies sollte entgegen der hM[2] bejaht werden (Rn 69). Ein Umkehrschluss ist schon deshalb nicht gerechtfertigt, weil die hM bei § 24 UmwStG trotz Nichterwähnung ebenfalls die 100 %ige Beteiligung zutr als Teilbetrieb behandelt. Allerdings kann nicht in Betracht kommen, dass die Übertragung in PV des Übernehmenden erfolgt. Dann liegt eine Betriebaufgabe vor.[3] Bei einer Übernahme in BV ist aber nicht zu sehen, weshalb hier die interpersonelle Verlagerung stiller Reserven intolerabel sein sollte.

99

Zum anderen ist str, wie die **wesentlichen Betriebsgrundlagen** zu bestimmen sind. Dabei ist im Ausgangspunkt übereinstimmend festzustellen, dass auch die unentgeltliche Übertragung einerseits die Übertragung der wesentlichen Betriebsgrundlagen verlangt, aber andererseits auch genügen lässt. Hier ist der zutr Auffassung der Rspr und FinVerw zu folgen,[4] dass **abw von § 16** die **Wesentlichkeit ausschließlich funktional** zu bestimmen ist. Quantitative Gesichtspunkte des Vorhandenseins stiller Reserven spielen keine Rolle, weil dem telos des § 6 III – die Fortführung des Betriebes durch den unentgeltlichen Erwerber zu begünstigen – auch dann entsprochen wird, wenn lediglich quantitativ bedeutsames BV zurückbehalten wird. Die Begünstigung des §§ 34 und 16 IV, die bei § 16 I die Einbeziehung quantitativ bedeutsamen BV verlangt (Rn 56), spielt hier gerade keine Rolle. Soweit **quantitativ bedeutsames BV** dann **in PV** überführt wird, ist ein **laufender Entnahmegewinn** und kein nach §§ 16 VI, 34 begünstigter Betriebsaufgabegewinn zu besteuern.[5]

100

Unerlässlich auch für die unentgeltliche Übertragung des ganzen Betriebes oder Teilbetriebes ist die **Beendigung** der bisherigen **gewerblichen Tätigkeit** durch den Übertragenden. Anderes gilt allerdings für die nunmehr in § 6 III 1 2. HS ausdrücklich geregelte unentgeltliche **Übertragung eines Teilanteils an einem MU'anteil** sowie die **Einbringung eines Einzelunternehmens** in eine MU'schaft zugunsten der **unentgeltlichen Aufnahme einer natürlichen Person als MU'er**. Wird eine nat Pers unentgeltlich in eine bestehende PersGes aufgenommen, liegt insoweit für die übrigen MU'er die Übertragung von Teilanteilen ihrer MU'anteile vor. Nur für diese Konstellation der Fortsetzung der bisherigen gewerblichen Tätigkeit im Rahmen einer gemeinsamen MU'schaft ist die Beendigung

---

1 Es ist allerdings eine beklagenswerte Gesetzgebungstechnik, wenn in § 6 III, in § 16 I 2 u in § 16 III 2 jeweils unterschiedliche Begriffe für den Anteil eines MU'ers verwendet werden; ebenso in §§ 6 V, 6b X u § 15 I 2 zur sog MU'schaft.
2 BFH BStBl II 06, 457 mwN.
3 K/S/M § 16 Rn B 287.
4 BFH BStBl II 98, 104; BStBl II 95, 890; BStBl II 81, 566; so auch *Schmidt*[26] § 16 Rn 102; K/S/M § 16 Rn B 236; BMF BStBl I 00, 1253.
5 BFH BStBl II 81, 566.

der bisherigen gewerblichen Tätigkeit nicht erforderlich. Erfolgt die unentgeltliche Einräumung einer G'ter – und MU'stellung allerdings zulasten einer an der MU'schaft beteiligten KapGes, so liegt insoweit eine vGA vor, so dass § 6 III insoweit nicht anwendbar ist.

Wird **funktional wesentliches BV** nicht mit übertragen, sondern nach § 6 V 1 oder 2 **zum Buchwert in das BV** oder Sonder-BV eines **anderen Betriebes oder einer anderen MU'schaft** des Übertragenden überführt, liegt hinsichtlich der unentgeltlich übertragenen WG keine unter § 6 III fallende begünstigte Übertragung der Einheit vor. Vielmehr ist von einer Entnahme der unentgeltlich übertragenen WG auszugehen, die zur Entstehung eines **laufenden Entnahmegewinns** für den Übertragenden führt. Zur Sonderregelung des § 6 III 2 im Rahmen des Fortbestehens derselben MU'schaft s § 6 Rn 182a.

Wird **funktional wesentliches BV** zurückbehalten und in **PV überführt**, liegt insgesamt eine BetrAufg nach § 16 III vor. Fraglich kann hier aber mit Rücksicht auf das gesetzgeberische Ziel der Ermöglichung einer zunächst einkommensteuerlich unbelasteten Nachfolge (ganz oder teilw) in das Unternehmen – um den Preis der Verlagerung stiller Reserven auf den Nachfolger – sein, ob bei § 6 III 1 hinsichtlich der Funktionalität nicht einschränkend gegenüber § 16 genügen sollte, dass dem Nachfolger mit den übertragenen WG die Fortsetzung des Betriebs oder Teilbetriebs im bisherigen Umfange ermöglicht wird, auch wenn einzelne bisher funktional wesentliche WG nicht unentgeltlich mit übertragen werden. Eine derartige **teleologische Einschränkung** erscheint geboten, weil es bei § 6 III 1 – anders als bei § 16 – nicht darum geht, eine begünstigende Besteuerung eines Veräußerungsgewinnes ohne Aufdeckung aller stillen Reserven zu vermeiden. Daher sollte § 6 III 1 auch dann anwendbar sein, wenn auf den Nachfolger nicht alle bisher funktional wesentlichen WG übertragen werden, sofern dem Nachfolger die Fortsetzung des übertragenen Betriebs, Teilbetriebs mit den unentgeltlich übertragenen WG im bisherigen Umfange ermöglicht wird. Dazu kann auch genügen, dass etwa bisherige wesentliche Betriebsgrundlagen (zB Grundstücke) unentgeltlich oder entgeltlich zur Nutzung überlassen werden. Die bisherige Rspr steht dem allerdings entgegen.[1] Die Einführung des § 6 III 2 sollte Anlass sein, diese Rspr zu überprüfen (s auch Rn 252f, 256). Allerdings kann dann für die in das PV überführten funktional wesentlichen WG ebenso wie für lediglich quantitativ wesentlichen WG nur in Betracht kommen, dass von einem laufenden Entnahmegewinn auszugehen ist.

101 **II. Erbfall. – 1. Alleinerbe.** Der Erbfall ist – neben der Schenkung unter Lebenden – der klassische Fall der unentgeltlichen Übertragung eines Betriebes iSd § 6 III. Beim Erblasser liegt weder eine gewinnrealisierende Veräußerung noch eine BetrAufg vor. Der Erbe übernimmt den Betrieb mit den Buchwerten. Ein Wahlrecht zur Aufstockung auf die Teilwerte besteht nicht.[2] Der Erbe tritt auch **steuerlich in die Rechtsstellung des Erblassers** ein, so dass er zwingend ab dem Erbfall gewerbliche Einkünfte erzielt.[3] Dies gilt selbst dann, wenn er unmittelbar nach dem Erbfall den Betrieb veräußert oder aufgibt. Der **Veräußerungs-** oder Aufgabegewinn nach § 16 ist dann dem **Erben zuzurechnen.**[4] Dies gilt selbst dann, wenn die Veräußerung noch auf ein Verhalten des Erblassers zurückzuführen ist, aber erst vom Erben vollzogen wird, zB zur Erfüllung eines noch vom Erblasser abgeschlossenen Kaufvertrages oder zur Erfüllung einer von ihm angeordneten Aufl.[5] Ein bis zum Erbfall angefallener Gewinn ist noch dem Erblasser zuzurechnen. Eine BetrAufg noch durch den Erblasser liegt allerdings vor, wenn in der Hand des Erben wegen dessen Rechtsform ein GewBetr nicht mehr vorliegen kann,[6] zB, wenn mit dem Tode des Erblassers eine BetrAufsp endet und das Besitzunternehmen von einer jur Pers des öffentlichen Rechtes geerbt wird.

102 Auf den Erben geht ein **Verlustvortrag nach § 10a GewStG** nicht über.[7] Hinsichtlich eines **Verlustabzuges nach § 10d** ist dies str[8] s § 2 Rn 110.

103 Bei **Ausschlagung** der Erbschaft gilt zivilrechtlich der Anfall an den Ausschlagenden nicht als erfolgt, § 1953 BGB. Der Nachlass gilt insoweit bereits mit dem Todesfall auf den endgültigen Erben

---

1 BFHE 192, 534; BFH BStBl II 82, 20; BStBl II 90, 428.
2 Das gilt spätestens seit dem VZ 99 mit der gesetzlichen Regelung in § 6 III. Für die Zeit davor entsprach es ebenfalls der hM (BFH BStBl II 96, 476; BStBl II 95, 367), war aber str, aA zB *K/S/M* § 16 Rn B 80; *L/B/L* § 16 Rn 20.
3 BFH GrS BStBl II 90, 837; BStBl II 96, 287.
4 BFH BStBl II 92, 392.
5 BFH BStBl II 98, 705.
6 BFH BStBl II 98, 508 (Kirche als jur Pers des öffentlichen Rechtes erbt LuF Betrieb).
7 BFH BStBl II 94, 331.
8 Dazu BFH BStBl II 05, 262 u BStBl II 04, 400 (Anfrage- u Vorlagebeschluss – kein Übergang); aber BFH BStBl II 02, 487 u BMF BStBl I 02, 667 (Übergang bejaht).

als übergegangen. Steuerlich ist dem jedenfalls dann nicht zu folgen, wenn die Ausschlagung zugunsten des endgültigen Erben entgeltlich erfolgt. Dann ist von einem unentgeltlichen Übergang auf den Aus- schlagenden auszugehen und von einer Betriebsveräußerung an den endgültigen Erben.[1] Der Ausschlagende verwirklicht den Veräußerungstatbestand nach § 16 I 1 und dem endgültigen Erben entstehen AK. Ebenso ist zu entscheiden, wenn die Ausschlagung unentgeltlich zugunsten des endgültigen Erben erfolgt. Dann liegt ein **zweifacher unentgeltlicher Erwerb** nach § 6 III vor, nämlich vom Erblasser an den Ausschlagenden und von diesem an den endgültig begünstigten Erben. Auch bei der **Vor- und Nacherbschaft** ist ertragsteuerlich von einer zweifachen unentgeltlichen Übertragung auszugehen.

Von einem unentgeltlichen Erwerb ist insoweit auch auszugehen, wenn dem Ausschlagenden für die Ausschlagung ein Nießbrauch am Betrieb eingeräumt wird.[2] Folgt man der Rspr hinsichtlich der Behandlung einer Betriebsübertragung gegen Versorgungsbezüge (Rn 107), liegt auch bei **Ausschlagung gegen Zusage von Versorgungsbezügen** eine unentgeltliche Übertragung vor.[3] **104**

Vom Erben zu erfüllende **Erbfallschulden** (Vermächtnisse, Pflichtteilsanspr, Erbersatzanspr des nichtehelichen Kindes,[4] Abfindungsschulden nach der HöfeO)[5] stellen kein Entgelt für den Erwerb dar. Es liegt daher **keine Betriebsveräußerung durch den Erblasser** oder die Begünstigten vor. Auch beim **Erben** entstehen mangels entgeltlichem Erwerb **keine AK**. Die entspr Schulden sind **keine Betriebsschulden**, so dass **Zinsen nicht** als **BA** abzugsfähig sind.[6] Dies gilt auch nach einer Ablösung durch ein Darlehen oder einer Novation.[7] Anders soll es sein bei Umwandlung eines Pflichtteilsanspr in eine stille Beteiligung.[8] Soweit solche Schulden mit liquiden Mitteln des Betriebes getilgt werden und für betriebliche Ausgaben Schulden aufgenommen werden, sind diese zwar dann BV. Es ist aber § 4 IVa wegen der Entnahmen zu beachten. **105**

Sachvermächtnisse hinsichtlich einzelner WG führen zu Entnahmen erst beim Erben,[9] gleichgültig, ob das WG beim Vermächtnisnehmer in ein BV oder PV überführt wird. Bei einem **Vorausvermächtnis** zugunsten eines (Mit) Erben ist bei Überführung in dessen BV nach §§ 6 V 3 zwingend der Buchwert fortzuführen. Bei einem **Kaufvermächtnis** liegt allerdings eine entgeltliche Veräußerung vor. Ist Gegenstand des Vermächtnisses ein **ganzer Betrieb, Teilbetrieb oder MU'anteil**, liegt eine **zweifache unentgeltliche Übertragung** vor,[10] vom Erblasser auf den Erben und von diesem auf den Vermächtnisnehmer. Laufende Einkünfte bis zur Erfüllung des Vermächtnisses sind grds dem Erben zuzurechnen. Anders kann es nur dann sein, wenn der Vermächtnisnehmer bereits ab dem Erbfall de facto die Sachherrschaft über den Betrieb ausübte.[11] Werden **Geldvermächtnisse** oder sonstige Erbfallschulden (**Pflichtteilsanspruch**) durch **Hingabe von WG des BV aus dem Nachlass an Erfüllungs Statt** getilgt, liegen – entgegen der Rspr des III. Senates – für den Erben gleichwohl Entnahmen und für den Gläubiger ein **unentgeltlicher Erwerb** vor. Bei Übertragung von GewBetr, Teilbetrieben oder Mitunternehmeranteilen ist daher § 6 III anzuwenden.[12] **106**

Vermächtnisse zu **wiederkehrenden Leistungen** begründen, wie andere Geldvermächtnisse auch, lediglich private Schulden des Erben. Ihre Erfüllung auch mit Mitteln des Betriebes stellt Einkommensverwendung dar, die beim Erben nicht zu BA führt und beim Vermächtnisnehmer nicht zu Einkünften.[13] Anders soll es sein, wenn es sich um **vermächtnisweise zugewendete Versorgungsleistungen** an Personen innerhalb des Generationennachfolgeverbundes (s § 22 Rn 13) handelt. Hier **107**

---

1 BMF BStBl I 06, 253 Tz 37; *Groh* DB 92, 1312.
2 Vgl BFH BStBl II 98, 431; BMF BStBl I 98, 914 Tz 39.
3 Vgl BFH BStBl II 97, 32.
4 Früher § 1934a BGB, durch ErbrechtsgleichstellungsG 97 aufgehoben.
5 So BFH BStBl II 92, 392 (Erbersatzanspruch); BStBl II 93, 275; BStBl II 97, 284 (Vermächtnisse); BStBl II 94, 619; BStBl II 94, 623; BStBl II 97, 284 (Pflichtteilsschuld); BStBl II 94, 623; BStBl II 87, 561 (höferechtliche Abfindung).
6 BFH BStBl II 95, 714; BStBl II 95, 413; BStBl II 94, 619 u 623 unter Aufgabe der früheren entgegengesetzten Rspr; daher Übergangserlass BMF BStBl I 94, 603 mit Anwendung ab VZ 95.
7 BFH BStBl II 97, 284; BStBl II 94, 623.
8 BFH BStBl II 94, 619.
9 BFH GrS BStBl II 90, 837; BMF BStBl I 06, 253 Tz 60.
10 BFH BStBl II 93, 36; BStBl II 95, 714; BMF BStBl I 06, 253 Tz 61.
11 BFH BStBl II 92, 330.
12 So BFH BStBl II 81, 19; *K/S/M* § 16 Rn B 106; **aA** BFH BStBl II 05, 554 (entgeltliche Veräußerung und Anschaffung – Entgegen der Auffassung des III. Senates wird ein Zugewinnausgleichsanspruch – anders als der Pflichtteilsanspruch – nicht unentgeltlich erworben, s Rn 121 – iErg ist das Urteil freilich zutr, da der Pflichtteilsanspruch nicht aus dem Nachlass, sondern aus eigenem BV des Erben erfüllt wurde); dagegen zutr *Tiedke/Langheim* FR 07, 368.
13 BFH BStBl II 92, 612; BStBl II 94, 633.

wird in Parallele zur Betriebsübertragung in vorweggenommener Erbfolge (Rn 140) beim **Erben** ein **Abzug als SA** zugelassen und beim **Vermächtnisnehmer** eine **Besteuerung als wiederkehrende Bezüge** verlangt.[1]

108 Die Erfüllung eines **Nießbrauchvermächtnisses am GewBetr** führt beim Erben zu einem ruhenden Betrieb.[2] Die Einräumung des Nießbrauches stellt kein Entgelt des Erben dar, so dass auf Seiten des Erblassers auch keine Veräußerung vorliegt. Es handelt sich vielmehr gleichwohl um eine unentgeltliche Übertragung iSd § 6 III, die allerdings zunächst beim Erben zu einem ruhenden Betrieb führt. Anders als beim Vorbehaltsnießbrauch stehen die AfA dem Erben zu.[3] Neben dem ruhenden Betrieb des Erben unterhält der Nießbraucher einen eigenen „wirtschaftenden Betrieb".

109 **2. Erbengemeinschaft und Erbauseinandersetzung. – a) Erbanfall.** Wird der Erblasser durch mehrere Erben (**Erbengemeinschaft**) beerbt, ist zu differenzieren zw dem **Erbanfall und der Erbauseinandersetzung**.

110 Wie beim Alleinerben führt der Erbanfall dazu, dass der Nachlass (insgesamt und ungeteilt) auf die Erbengemeinschaft übergeht. Gehört zum Nachlass ein GewBetr, so liegt eine **unentgeltliche Übertragung nach § 6 III** auf die Erbengemeinschaft vor. Die Erbengemeinschaft (alle Miterben in ihrer Verbundenheit) wird Inhaber des Unternehmens und alle Miterben werden **geborene MU'er** iSd § 15 I 2. Die Erbengemeinschaft kann zivilrechtlich Unternehmensträger sein[4] und stellt steuerlich eine **MU'schaft** iSd § 15 I 2 dar.[5] Alle Miterben werden auch dann MU'er, wenn die Erbengemeinschaft insgesamt nicht beabsichtigt, den GewBetr fortzuführen oder auch einzelne Miterben von vornherein beabsichtigen, ihren Anteil zu veräußern oder aus der Erbengemeinschaft auszuscheiden.

111 Str ist allerdings, ob dies auch dann gilt, wenn aufgrund einer vom Erblasser verfügten **Teilungsanordnung** der GewBetr nur einem der Miterben zuzuweisen ist. Hier wird teilw vertreten, dass dann der begünstigte Erbe bereits ab Erbfall als der wirtschaftliche Unternehmer anzusehen sei.[6] Die Rspr folgt dem jedoch im Grundsatz nicht.[7] Allerdings soll die Teilungsanordnung insoweit zu berücksichtigen sein als dem begünstigten Erben der **laufende** Gewinn bereits ab dem Todesfall zugewiesen wird, wenn die Teilungsanordnung auch so vollzogen wird. Nach Auffassung der FinVerw[8] im Anschluss an den BFH[9] soll insoweit eine **Ausnahme vom Rückwirkungsverbot** anzuerkennen sein, wenn die Auseinandersetzung gem der Teilungsanordnung den Umständen des Einzelfalls gemäß zügig erfolgt, ggf auch über einen längeren Zeitraum hinaus. Auch ohne Vorliegen einer Teilungsanordnung wird wird eine rückwirkende Auseinandersetzungsvereinbarung innerhalb von **6 Monaten**[10] regelmäßig anerkannt. Die weichenden Miterben bleiben dann dennoch für eine „logische Sekunde" MU'er.[11] IErg erscheint es widersprüchlich, einerseits dem Begünstigten den laufenden Gewinn ab Erbfall allein zuzurechnen, andererseits aber alle Miterben als MU'er anzusehen. Richtigerweise sollte, falls tatsächlich der GewBetr bis zur Auseinandersetzung nur auf Rechnung des Begünstigten geführt wird, davon ausgegangen werden, dass dieser auch der alleinige Unternehmer ist. Die übrigen Miterben sind dann mangels Beteiligung am Gewinn gerade keine MU'er. Anders ist allerdings dann zu entscheiden, wenn der Begünstigte den übrigen Miterben einen Wertausgleich aus eigenem Vermögen wegen auf die weichenden Miterben entfallender stiller Reserven zu leisten hat. Insoweit sind die übrigen Miterben dann auch an den stillen Reserven beteiligt und dadurch MU'er.

112 Führt die Erbengemeinschaft den Betrieb zunächst oder auf Dauer fort (**fortgesetzte Erbengemeinschaft**), ist der laufende Gewinn den Miterben im Rahmen von § 15 I 2 nach dem Verhältnis der Erbanteile zuzurechnen.[12] Alle Regeln des § 15 I 2 auch bzgl Sonder-BV gelten uneingeschränkt für die Miterben als MU'er. Allerdings ist § 15 III 1 (Abfärbung) nicht auf die Erbengemeinschaft anwendbar (§ 15 Rn 145).[13]

---

1 BFH BStBl II 97, 32; BMF BStBl I 96, 1508 Tz 29.
2 BFH BStBl II 99, 399 (zu LuF).
3 BFH BStBl II 96, 440; BStBl II 99, 399 (zu LuF).
4 BGHZ 92, 259; BFH BStBl II 88, 245.
5 BFH GrS BStBl II 90, 837.
6 *Flume* DB 90, 2390; vgl auch *Groh* DB 91, 724.
7 BFH BStBl II 99, 291; BStBl II 92, 510; BFH/NV 94, 847; vgl auch BMF BStBl I 93, 62 Tz 76.
8 BMF BStBl I 06, 253 Tz 8 u 9.
9 BFH BStBl II 99, 291.
10 BFH BStBl II 02, 850; BFH v 21.4.05 – III R 7/03, BFH/NV 05, 1974; BMF BStBl I 06, 253 Tz 8.
11 BFH v 21.4.05 – III R 7/03, BFH/NV 05, 1974 (daher auch einheitliche und gesonderte Feststellung selbst bei Rückbeziehung erforderlich); BMF BStBl I 06, 253 Tz 8 (Durchgangserwerb der Erbengemeinschaft).
12 BFH BStBl II 92, 392.
13 BFH GrS BStBl II 90, 837; BMF BStBl I 06, 253 Tz 4 u 47.

Versilbert die **Erbengemeinschaft** zur Vorbereitung der Auseinandersetzung den Betrieb, so liegt **113** eine **Betriebsveräußerung nach § 16 I 1** oder eine BetrAufg nach § 16 III 2 vor. Der nach § 16 IV, 34 begünstigte Gewinn ist auf die Miterben nach ihren Erbteilen aufzuteilen. Davon ist auch auszugehen, wenn der **Betrieb von einem der Miterben käuflich** erworben wird.[1] Allerdings ist dann § 16 II 3 zu beachten. Soweit die Rspr für den Erwerb von Nachlassgegenständen des PV durch einen Miterben entschieden hat, dass eine entgeltliche Veräußerung nur vorliege, soweit der Miterbe mehr aufzuwenden habe als ihm nach seinem Erbanteil zustehe,[2] sind diese Grundsätze nicht auf die Betriebsveräußerung zu übertragen.[3] Dies würde der vom GrS zutr betonten Behandlung der Erbengemeinschaft als normaler MU'schaft widersprechen.[4] § 16 II 3 bestätigt aber gerade, dass im Einklang mit der Veräußerung von Einzel-WG zw der MU'schaft und den MU'ern normale gewinnrealisierende Betriebsveräußerungen (Rn 59) stattfinden können. Veräußert einer der Miterben seinen Erbteil, so liegt, soweit dieser einen Anteil am GewBetr umfasst, die **Veräußerung eines MU'anteils** (Rn 200) vor.[5]

b) Erbauseinandersetzung. – aa) Reale Nachlassteilung. Soweit den Erben in der Erbauseinandersetzung entspr ihrem Erbteil durch reale Teilung Nachlassgegenstände zugewendet werden, handelt es sich um einen **unentgeltlichen Erwerb.** Es liegt kein Tausch Nachlassgegenstände gegen Aufgabe der Beteiligung an der Erbengemeinschaft vor. Ungeachtet der Trennung von Erbfall und Erbauseinandersetzung verbleibt es dabei, dass der Miterbe die ihm durch die Erbauseinandersetzung zugeteilten Nachlassgegenstände unentgeltlich erwirbt. Insoweit ist zu berücksichtigen, dass der Erbfall zu einem unentgeltlichen Übergang auf die Erbengemeinschaft führt und die Erbauseinandersetzung den unentgeltlichen Vermögensübergang auf die einzelnen Miterben nur vollendet, soweit sie nur entspr ihrer Erbbeteiligung Nachlassgegenstände erhalten. Zutr geht daher die Rspr auch steuerlich davon aus, dass für den erwerbenden Miterben insoweit **weder AK** entstehen, noch bei der Erbengemeinschaft oder den anderen Miterben **eine entgeltliche Veräußerung** vorliegt.[6] Vielmehr liegt eine **unentgeltliche Übertragung von der Erbengemeinschaft** auf den Erben vor. **114**

Hingegen liegen für den erwerbenden Miterben AK und für den oder die übrigen Miterben Veräußerungsvorgänge vor, soweit dem erwerbenden Miterben aus dem Nachlass wertmäßig mehr zugeteilt wird als seinem Erbteil entspricht und er dafür einen (Spitzen-)Ausgleich zu leisten hat. Problematisch ist insoweit, wie eine gemessen am Erbteil überproportionale Übernahme von Nachlassverbindlichkeiten zu behandeln ist. Die FinVerw geht zutr unter Berufung auf die Entscheidung des GrS[7] davon aus, dass Nachlassverbindlichkeiten bei der Erbauseinandersetzung frei zugeteilt werden können und dies nicht zu AK, respektive Veräußerungsentgelten führt, solange iErg jeder Miterbe saldiert lediglich einen seiner Erbquote entspr Anteil am Nachlass erhält und nicht aus eigenem Vermögen einen Ausgleich für einen Mehrempfang zu leisten hat.[8] Demgegenüber hat der IX. Senat bzgl einer Erbauseinandersetzung über PV entschieden, dass eine überquotale Übernahme von Verbindlichkeiten einer Erbengemeinschaft zu AK führe.[9] Die FinVerw hat mit einem Nichtanwendungserlass reagiert.[10] Das Urteil ist in der Tat nicht mit der Entscheidung des GrS vereinbar.[11] Zutr wäre es freilich, zwischen Erblasserschulden (frei zuteilbar) und erst bei der Erbengemeinschaft entstandenen Verbindlichkeiten zu differenzieren (insoweit AK und Entgelt, soweit überproportionaler Anteil übernommen wird!).

Besteht der Nachlass sowohl **aus einem GewBetr und übrigem PV** ist daher unmittelbar **§ 6 III** mit **115** **zwingender Buchwertfortführung** anzuwenden, wenn der **GewBetr** im Ganzen **einem** (oder mehreren) **der Miterben** in der Auseinandersetzung zugeteilt wird, während der (oder die) andere(n) das PV erhalten. Ein Wahlrecht zur gewinnrealisierenden BetrAufg besteht nicht (mehr). Ein Anwendungsfall des § 16 III 1 und 2 liegt nicht vor, weil weder der GewBetr aufgegeben wurde noch eine Aufteilung der WG des GewBetr auf die MU'er erfolgte. Vielmehr ist der GewBetr auf einen von ihnen unentgeltlich übertragen worden. Eine in diesem Sinne erfolgsneutrale Übertragung kann auch dadurch erreicht werden, dass Schulden des Erblassers im Innenverhältnis der Miterben frei zugeordnet werden.[12] Dies gilt auch für Betriebsschulden, da diese kein wesentliches BV darstellen.

1 K/S/M § 16 Rn B 92.
2 BFH BStBl II 92, 727; BFH/NV 92, 24; BMF BStBl I 06, 253 Tz 15.
3 AA *Schmidt*[26] § 16 Rn 609, 639; vgl aber BFH BStBl II 96, 310 zum Ausscheiden eines Miterben.
4 BFH GrS BStBl II 90, 837.
5 BFH GrS BStBl II 90, 837; BFH/NV 91, 738.
6 BFH GrS BStBl II 90, 837; BMF BStBl I 06, 253 Tz 10.
7 BFH GrS BStBl II 90, 837 unter C II 2 a.
8 BMF BStBl I 06, 253 Tz 18, 23.
9 BFH BStBl II 06, 296 mit abl Anm *Wacker* DStR 05, 2014.
10 BMF BStBl I 06, 306.
11 Vgl auch *Zimmermann* DB 06, 1392.
12 BFH GrS BStBl II 90, 837; BMF BStBl I 06, 253 Tz 18.

116 Wird hingegen das BV eines **GewBetr unter die Miterben aufgeteilt**, ist zu differenzieren. Es liegt dann eine Realteilung iSd § 16 III 2 vor. Soweit die WG von den Miterben in ihr **PV überführt** werden, liegt eine **BetrAufg** iSd § 16 III 1 vor. Diese führt für die **Miterben** als MU'er zu einem begünstigten **BetrAufg-Gewinn**. Erfolgt hingegen eine **Übernahme in eigenes BV der Miterben**, so sind nach § 16 III 2 zwingend die Buchwerte fortzuführen.[1] Allerdings ist nach § 16 III 3 bei einer **Realteilung** durch **Übertragung von Einzel-WG** zwingend rückwirkend der gemeine Wert anzusetzen, wenn innerhalb einer **Sperrfrist** übertragener **Grund und Boden**, übertragene **Gebäude** oder **andere wesentliche Betriebsgrundlagen** veräußert oder entnommen werden. Die Sperrfrist endet drei Jahre nach Abgabe der Steuererklärung der MU'schaft für den VZ der Realteilung. Der Sinn dieser Sperrfrist ist dunkel. Für die Erbauseinandersetzung über einen Einzelbetrieb macht die Sperrfrist keinen Sinn. Ohnehin wird von § 6 III 1 akzeptiert, dass ohne Gewinnrealisierung stille Reserven vom Erblasser auf die Miterben übergehen. Die angeordnete Rückwirkung führt dazu, dass der durch Ansatz des gemeinen Wertes realisierte Gewinn allen Miterben nach dem Verhältnis ihrer Erbanteile zuzurechnen wäre. Weshalb dies erforderlich ist, wenn im Zuge einer Realteilung übertragene **wesentliche Einzel-WG** eines Betriebes innerhalb der Sperrfrist vom Miterben veräußert oder entnommen werden, nicht aber, wenn ganze Betriebe, Teilbetriebe oder MU'anteile einem Miterben zugeteilt wurden und sodann von diesem veräußert oder aufgegeben werden, wird das Geheimnis der Gesetzesverfasser bleiben. Richtigerweise sollte man § 16 III 3 auf die Realteilung des Betriebes einer Erbengemeinschaft als MU'schaft nicht anwenden, weil hier ohnehin keine von § 6 III nicht tolerierte Verschiebung stiller Reserven droht. § 16 III 3 ist teleologisch dahingehend einzuschränken, dass er nur die Realteilung einer MU'schaft betrifft, bei der die MU'er die stillen Reserven selbst erwirtschaftet/erzielt haben.

117 Soweit den Miterben und MU'ern **Teilbetriebe oder MU'anteile** zugeteilt werden, besteht **kein Wahlrecht zur Realisierung eines Betriebsaufgabegewinnes**.[2] Aus der zwingenden Buchwertfortführung ist zu folgern, dass die **Kapitalkonten** der Miterben zunächst **erfolgsneutral den Buchwerten** der übernommenen Teilbetriebe **anzupassen** sind. Es könnte zwar zweifelhaft sein, ob die Buchwerte auch dann durch Kapitalkontenanpassung fortzuführen sind, wenn es dadurch zu einer interpersonellen Verlagerung stiller Reserven kommt (Rn 350, 351). Dies ist im Rahmen der Erbauseinandersetzung – anders als bei der normalen Realteilung – grds unproblematisch, weil ohnehin die stillen Reserven nicht von den Erben erwirtschaftet wurden. Allerdings sollte eine steuerliche Auslegung so erfolgen, dass nicht über das Steuerrecht einzelne Miterben benachteiligt werden (dazu Rn 118).

118 Soweit ein GewBetr so aufgeteilt wird, dass **nur** von einem **Teil der Miterben Teilbetriebe** oder MU'anteile übernommen werden, von anderen aber Einzel-WG in ein BV, ist der Vorgang insgesamt erfolgsneutral, § 16 III 2. Ein Aufgabegewinn entsteht allerdings, soweit Einzel-WG veräußert oder in PV übernommen werden, § 16 III 1, 6 und 7. Dasselbe gilt, wenn in einem Nachlass mehrere Betriebe vorhanden sind, von denen aber einer oder einige zerschlagen werden. Fraglich kann insoweit sein, wer den entstehenden Aufgabegewinn zu versteuern hat. Der gesetzlichen Regelung aus § 16 III 2 und § 6 III sollte hier folgende Wertung entnommen werden. Der Gesetzgeber nimmt den Erbfall nicht zum Anlass, eine sofortige Gewinnrealisation zu verlangen, soweit Betriebseinheiten übertragen werden. Der Preis dafür besteht darin, dass nur der Übernehmende die stillen Reserven später zu versteuern hat. Der Aufgabegewinn ist daher nur von den übrigen Miterben zu versteuern, soweit der den Betrieb oder Teilbetrieb übernehmende Miterbe durch die erforderliche Buchwertanpassung mindestens so viel oder mehr an stillen Reserven übernimmt, wie seinem Anteil daran nach der Erbquote entspricht. Hingegen hat auch der übernehmende Miterbe einen Anteil am Aufgabegewinn zu versteuern, soweit die von ihm fortzuführenden stillen Reserven geringer sind als sein Anteil an den gesamten stillen Reserven.[3] PV braucht insoweit nicht berücksichtigt zu werden. Für Erbauseinandersetzungen sind bei Übertragung von Einzel-WG zum Buchwert in eigene Betriebe auch die dort zwangsweise fortgeführten stillen Reserven zu berücksichtigen.

119 Beispiel: Der Nachlass bestehe aus Betrieb 1 (B1) mit Buchwert von 100 (Teilwert 900) und Betrieb 2 (B2) mit Buchwert 200 (Teilwert 500) sowie PV mit Wert von 600. Erbe 1 (E1) und Erbe E2 sind zu 1/2 Miterben. A.) Werden die Betriebe zerschlagen (oder alternativ veräußert zu 900 und 500), so entsteht ein nach § 16 IV, 34 begünstigter Aufgabe-/Veräußerungsgewinn von 1 400 − 300 = 1 100. Dieser entfällt zu je

---

1 BMF BStBl I 06, 253 Tz 10–12.
2 So bis zum 1.1.99 BFH GrS BStBl II 90, 837.
3 **AA** *Schmidt*[26] § 16 Rn 551u 615 (Aufgabegewinn immer nur von den übrigen zu versteuern).

550 auf E1 und E2. B.) Übernimmt E1 B1 (tatsächlicher Wert 900) zuzüglich Einzel-WG (tatsächlicher Wert 100) des B2 (Zerschlagung von B2 unter Übernahme in PV) und E2 den Rest von B2 (400) und das PV (600), so entsteht ein Aufgabegewinn von 300 hinsichtlich des B2, während für B1 nach § 6 III (bzw § 16 III 2, falls TB) die Buchwerte fortzuführen sind. Dieser Aufgabegewinn ist ausschließlich von E2 zu versteuern, weil E1 mit 800 stillen Reserven in B1 mehr als seinen Anteil von sich nur 550 fortzuführen hat. C.) Wird hingegen B2 von E1 übernommen zuzüglich Einzel-WG aus B1 (zerschlagen und in PV übernommen), so entsteht ein Aufgabegewinn von 800. Dieser ist zu 550 von E2 und zu 250 von E1 zu versteuern, weil E1 lediglich 300 stille Reserven in dem von ihm übernommenen Betrieb fortführt gegenüber einem Anteil von 550 an den gesamten stillen Reserven.

120 Soweit der Nachlass im Wesentlichen aus einem GewBetr besteht und mangels Teilbetrieben vor dem Erbfall eine erfolgsneutrale Erbauseinandersetzung durch Übernahme von TB nicht sofort möglich ist, können die Voraussetzungen dafür auch erst nach dem Erbfall geschaffen werden, indem die Erbauseinandersetzung erst erfolgt, nachdem Teilbetriebe geschaffen wurden. Wird der Betrieb hingegen nur von einem der Miterben fortgesetzt, werden aber dem weichenden Erben bisher wesentliche Betriebsgrundlagen zugeteilt, ist von einer Sachwertabfindung auszugehen (Rn 132f).

121 Werden bei einem sog **Mischnachlass** einem Teil der Erben ausschließlich WG des PV und einem anderen Teil der oder die Betriebe zugewiesen, so führt dies nicht zu einer anteiligen Gewinnrealisierung. Vielmehr sind iErg die nicht mit BV abgefundenen Erben so zu behandeln als ob sie von Anbeginn nicht am Betrieb beteiligt waren. Die mit Betrieben abgefundenen Erben führen nach § 6 III die Buchwerte fort. Entsprechendes gilt nach § 16 III 2, soweit von einem Teil der Miterben Teilbetriebe, MU'anteile oder Einzel-WG in ein eigenes BV übernommen werden. Die Grundsätze der erfolgsneutralen Erbauseinandersetzung über Mischvermögen können nicht auf die Auseinandersetzung bei Beendigung einer **Zugewinngemeinschaft** über gemeinsames BV und PV angewendet werden. Sie können auch nicht auf die Auseinandersetzung bei Beendigung einer **Gütergemeinschaft** angewendet werden. Denn in beiden Fällen – anders als bei der Erbauseinandersetzung – erwerben die Beteiligten die ihnen zugewiesenen Güter – einerseits den Betrieb und andererseits das PV – nicht unentgeltlich. Vielmehr liegen gewinnrealisierende Veräußerungen durch Tauschvorgänge vor (s Rn 340).

122 Nach hM sollen die Grundsätze der erfolgsneutralen Erbauseinandersetzung auch anwendbar sein, wenn die Erbengemeinschaft zunächst den GewBetr für längere Zeit fortführt und die Auseinandersetzung durch reale Teilung erst Jahre später erfolgt. Es wird nicht unterschieden zw bereits beim Erblasser gebildeten stillen Reserven und erst von der Erbengemeinschaft erwirtschafteten.[1] Dem ist nicht zu folgen.[2] Vielmehr ist bei längerer Fortsetzung des GewBetr durch die Erbengemeinschaft davon auszugehen, dass bei späterer Auseinandersetzung die normalen Regeln über das Ausscheiden bzw die Veräußerung von MU'anteilen gelten.

123 **Keine rein unentgeltliche Übertragung**, sondern eine **teilentgeltliche Veräußerung** liegt hingegen vor, wenn ein Miterbe für die Übertragung des GewBetr oder eines Teilbetriebes **einen Ausgleich** zahlen muss (**Spitzenausgleich**), weil der Wert des übernommenen Betriebes den Wert seines Erbanteils übersteigt. Veräußerer sind insoweit der oder die übrigen Miterben als MU'er. Diese erzielen einen gem § 7 S 2 GewStG nicht der GewSt unterliegenden[3] **Veräußerungserlös** und dem übernehmenden Erben entstehen **AK**.[4] Der Vorgang ist **aufzuteilen** in eine **unentgeltliche Übertragung und eine entgeltliche Veräußerung**. Dies gilt gleichermaßen für den Fall, dass von dem Miterben ein ganzer GewBetr übernommen wird wie auch für den Fall, dass lediglich ein Teilbetrieb übernommen wird. Hinsichtlich der Rechtsgrundlagen ist zu differenzieren. Von § 16 III 2 wird an sich nur die Konstellation erfasst, dass **ein GewBetr unter die Miterben aufgeteilt** wird, nicht hingegen, dass ein ganzer GewBetr einem der Miterben zugeteilt wird und ebenso nicht die Konstellation, dass **2 selbstständige GewBetr** bei der Erbengemeinschaft bestehen (s aber Rn 60), die verschiedenen Miterben zugewiesen werden. Nachdem aber das früher bestehende Wahlrecht, die Realteilung als BetrAufg erfolgswirksam zu behandeln, durch § 16 III 2 auch bei Zuweisung von Teilbetrieben ausdrücklich beseitigt wurde, bedarf es einer einheitlichen Behandlung sowohl der Zuweisung von Teilbetrieben durch Realteilung im Rahmen der Erbauseinandersetzung einer Erbengemeinschaft als MU'schaft als auch der Zuweisung ganzer GewBetr gegen Ausgleichszahlung. Daher ist, wie bisher,

---

1 BFH GrS BStBl II 90, 837; *Schmidt*[26] § 16 Rn 639.
2 *K/S/M* § 16 Rn B 98.
3 BMF BStBl I 06, 253 Tz 14.
4 BFH BStBl II 90, 837; BMF BStBl I 06, 253 Tz 14.

davon auszugehen, dass sowohl die Vorschriften über die Behandlung einer unentgeltlichen Übertragung als auch über die entgeltliche Veräußerung anzuwenden sind.

124 Fraglich ist dann, wie die unentgeltliche Teil mit Anwendung des § 6 III, bzw § 16 III 2 und der entgeltliche Teil der Höhe nach zu bestimmen sind. Für die Erbauseinandersetzung mit Zahlung eines Spitzenausgleiches ist nach **Ansicht der FinVerw und hM**[1] davon auszugehen, dass im **Verhältnis** des Wertes des Erbanteils zum Verkehrswert des übernommenen Betriebs ein **unentgeltlicher Erwerb** und iÜ eine **entgeltliche Veräußerung** vorliege. Demgegenüber hat der BFH für den Fall einer **Realteilung** einer PersGes (nicht Erbengemeinschaft) vertreten, dass bei Buchwertfortführung in Höhe der **gesamten Ausgleichszahlung** ein **Gewinn** realisiert werde mit entspr AK für den Erwerber.[2] Richtigerweise sollte hinsichtlich des Spitzenausgleiches der Auffassung des BFH zur Realteilung gefolgt werden, allerdings mit der Einschränkung, dass nur insoweit von einer Gewinnrealisierung auszugehen ist als mit dem Spitzenausgleich ein Mehr an stillen Reserven abgegolten wird. Hingegen ist der Spitzenausgleich neutral zu behandeln, soweit lediglich Buchwertdifferenzen ausgeglichen werden. Jede andere Behandlung verschärft noch die ohnehin schon problematische Verlagerung stiller Reserven bei der voll unentgeltlichen Übertragung. In der Sache handelt es sich bei der hier vertretenen Auffassung um die ansonsten anerkannte Anwendung der Einheitstheorie (Rn 136) auf die teilentgeltliche Veräußerung von Betrieben,[3] die lediglich insoweit zu modifizieren ist als gem §§ 6 III, 16 III 2 vorab die Kapitalanteile der Miterben an die Buchwerte der von ihnen übernommenen Betriebe anzugleichen sind und hinsichtlich der übernommenen Buchwerte der Erbe insoweit voll in die Rechtstellung des Erblassers einrückt (zB Vorbesitzzeit nach § 6b).

125 **Beispiel:** Der für E1 und E2 zu je 1/2 angefallene Nachlass bestehe aus Betrieb B1 mit Buchwert von 100 (+ stille Reserven 800) und B2 mit Buchwert von 200 (+ stille Reserven 300). E1 übernimmt B1 und E2 übernimmt B2. Zum Ausgleich zahlt E1 an E2 einen Betrag von (900 Wert B1 – 700 Wert Erbteil) = 200. Die gesamten stillen Reserven betragen 1 100. Davon wären bei einer Gesamtauflösung auf E1 und E2 je 550 entfallen. E2 führt in dem von ihm übernommenen B2 bei Buchwertfortführung lediglich 300 stille Reserven fort, während E1 ohne Ausgleich 800 fortzuführen hätte. Daher ist hier davon auszugehen, dass E2 den Spitzenausgleich in vollem Umfang zu versteuern hat und zwar als laufenden Gewinn, da nicht alle stillen Reserven aufgedeckt wurden.[4] Im gleichen Umfange liegen bei E1 AK vor, so dass bei ihm sich die später zu versteuernden stillen Reserven von 800 (– 200 =) auf 600 mindern. Dann versteuert E1 immer noch 50 mehr als E2 (200 + 300). Auf der Basis der hM hingegen erwirbt E1 zu 700/900 unentgeltlich und zu 200/900 entgeltlich. Danach hätte zwar E2 lediglich 200 – 2/9 von 100 = 178 zu versteuern, aber um den nicht gerechtfertigten Preis, dass E1 iErg 622 zu versteuern hätte. Wandelt man das Beispiel dahin ab, dass der Buchwert des B 1 beträgt mit stillen Reserven von 100, so hätte E1 gleichwohl an E2 eine Ausgleichszahlung von 200 zu leisten. Nach der hM wäre auch hier davon auszugehen, dass E2 für 200 seinen Buchanteil von 200/900 an B1 veräußert, so dass er einen Gewinn von 200 – 2/9 von 800 = 18 zu versteuern hätte. IErg würde danach E2 statt 200 anteilige stille Reserven bei Erbfall nun 318 zu versteuern haben, während E1 nunmehr 82 zu versteuern hätte. Richtigerweise sollte hier davon ausgegangen werden, dass der Spitzenausgleich in vollem Umfange neutral behandelt wird, so dass es dabei verbleibt, weil von § 16 III 2 bzw § 6 III so angeordnet, dass E1 und E2 die Buchwerte fortführen und jeweils deshalb stille Reserven von 100 bzw 300 bei Auflösung zu versteuern haben.

126 Nicht anders ist bei einem **Mischnachlass** zu entscheiden. Werden hier allerdings einem Teil der Erben der oder die Betrieb(e) zugeteilt, während der oder die anderen PV erhalten, so ist bei Ausgleichszahlung durch die Übernehmer des Betriebes schon davon auszugehen, dass die **mit PV abgefundenen Erben** auch am **Buchwert und an den stillen Reserven** nur noch in Höhe des Anteils beteiligt sind, zu dem die **Abfindung** aus dem PV den **Wert ihres Erbanteils nicht deckte**.

127 Die Erbauseinandersetzung kann sich auch **sukzessive** vollziehen. Eine sog **gegenständliche Teilauseinandersetzung liegt vor**, wenn einem Miterben in **Anrechnung auf seinen Erbteil** bereits Nachlassgegenstände zugewiesen werden, er aber noch an der Erbengemeinschaft personell beteiligt ist. Erfolgt die Zuweisung der übernommenen WG in voller Anrechnung auf den Erbteil, liegt ein unentgeltlicher Erwerb vor. Daher ist § 6 III bzw § 16 III 2 mit **Buchwertfortführung ohne Gewinn-**

---

1 BMF BStBl I 06, 253 Tz 14–17; *Schmidt*[26] § 16 Rn 619, 549 mwN; vgl auch zu weiteren Lösungen *Seeger* DB 92, 1010 (unentgeltlich nur in Höhe der Erbquote); *Esser* DStZ 97, 439 (vorherige Veräußerung eines Anteils an den übernehmenden Erben).

2 BFH BStBl II 94, 607; dazu BMF BStBl I 94, 601 Nichtanwendungserlass.

3 BFH BStBl II 93, 436 im Gegensatz zur Trennungstheorie bei der Veräußerung von PV, BStBl II 91, 793 und bei Einzel-WG.

4 BFH BStBl II 94, 607.

realisierung anzuwenden, wenn **GewBetr, Teilbetriebe oder MU'anteile** zugewiesen werden. Wird dem Miterben nur eine **anteilige Anrechnung in Höhe seiner Erbquote** gewährt, während er iÜ zahlt, liegt ein **teilentgeltliches Geschäft** vor. Die übrigen Miterben erzielen einen Veräußerungsgewinn nach § 16 I 1 und dem Ausscheidenden entstehen insoweit entspr AK. Hinsichtlich seiner Erbquote sind die Buchwerte fortzuführen.[1] Die Einheitstheorie (Rn 137) dürfte hier deshalb nicht anwendbar sein, weil bei der gegenständlichen Teilauseinandersetzung die Beteiligungsverhältnisse am verbleibenden Restnachlass gerade unverändert bleiben sollen. Nach Auffassung der FinVerw sollen allerdings bei weiteren Teilauseinandersetzungen innerhalb von 5 Jahren unter dem Gesichtspunkt umgekehrter Ausgleichzahlungen rückwirkende Korrekturen erforderlich sein.[2] Dafür besteht bei Erbauseinandersetzungen über BV ohnehin kein Bedürfnis, weil hier Veräußerungsgewinne zu erfassen sind. Ob dafür angesichts der Änderung des § 23 mit der Verlängerung der Frist auf 10 Jahre bei Einbeziehung von Grundstücken des PV noch ein Bedürfnis besteht, erscheint fraglich.

128 Dieselben Grundsätze gelten auch bei gegenständlicher Teilauseinandersetzung mit Zuweisung von Einzel-WG in ein eigenes BV. Hingegen ist bei der **Zuweisung von Einzel-WG des BV** eine Gewinnrealisation anzunehmen, soweit diese in PV übernommen werden. Da der Miterbe allerdings weiterhin MU'er bleibt und auch der Betrieb bestehen bleibt, liegt keine Realteilung vor, so dass sich die Gewinnrealisation aus § 4 I 2 iVm § 6 I 4 (Entnahme)ergibt. Der Gewinn ist allen MU'ern anteilig nach dem Verhältnis ihrer Erbteile zuzurechnen.[3] Ein voll entgeltliches Geschäft und keine Teilauseinandersetzung liegt hingegen vor, wenn der Miterbe Gegenstände des BV käuflich zum normalen Preis erwirbt. Bei Anrechnung nur entspr seiner Erbquote entsteht gleichwohl in voller Höhe (Differenz Teilwert – Buchwert) Gewinn, weil bei Überführung in PV zusätzlich hinsichtlich des Eigenanteils eine Entnahme vorliegt. Bei Erwerb für ein BV unter Anrechnung entspr der Erbquote ist hingegen der der Erbquote entspr Teil des Buchwertes fortzuführen. IÜ erfolgt eine Gewinnrealisierung in Höhe der Differenz zwischen Kaufpreis und Restbuchwert.

129 **bb) Andere Arten der Auseinandersetzung.** Nach § 2033 BGB kann der Miterbe auch seinen **Erbteil veräußern.** Soweit zum Nachlass auch ein GewBetr gehört, führt dies zugleich zur **Veräußerung des MU'anteils nach § 16 I 2**. Es entsteht ein **begünstigter Veräußerungsgewinn** in Höhe der Differenz zw dem Veräußerungspreis und dem sich aus der Erbquote ergebenden Anteil am Buchwert des Nachlassbetriebes.[4] Bei einem **Mischnachlass** ist der **Erwerbspreis** nach dem Verhältnis der Verkehrswerte der verschiedenen Nachlassbestandteile **aufzuteilen**.[5] Für den Erwerber entstehen entspr AK. **Erwerber kann auch ein Miterbe sein.** Erwirbt **ein Miterbe sämtliche Erbteile** der übrigen Miterben, so ist damit zugleich die **Erbengemeinschaft und die MU'schaft** beendet.

130 Das **Ausscheiden eines Miterben aus der Erbengemeinschaft** gegen **Barabfindung** ist hinsichtlich seiner Beteiligung als MU'er am GewBetr als **Veräußerung seines MU'anteils** an die verbleibenden Miterben nach § 16 I 2 zu behandeln. Dies gilt ebenso, wenn nur ein Miterbe übrig bleibt.[6] Auch dann ist die Erbengemeinschaft und die MU'schaft beendet. Ebenso wie bei der Veräußerung des Erbteils entsteht für den Ausscheidenden ein nach §§ 16 IV, 34 begünstigter Gewinn in Höhe der Differenz zw der Abfindung und seinem nach der Erbquote bestimmten Anteil am Buchwert des Betriebes. Bei einem Mischnachlass ist die Abfindung im Verhältnis der Verkehrswerte aufzuteilen.[7] Dieselbe Folge ergibt sich, wenn die Erbengemeinschaft den Betrieb oder den gesamten Nachlass auf einen Miterben gegen Abfindung der übrigen überträgt.[8] Davon zu unterscheiden ist, dass die Erbengemeinschaft den Betrieb auch insgesamt an einen der Miterben und MU'er veräußern kann (Rn 112). Dadurch würden dann auch die auf den Erwerbenden entfallenden stillen Reserven aufgedeckt.

131 Problematisch erscheint die Abgrenzung zw Veräußerung des MU'anteils und gleichgestelltem Ausscheiden einerseits und der erfolgsneutralen Realteilung nach § 16 III 2 bzw nach § 6 III, wenn dem weichenden Erben **liquide Mittel** des GewBetr zugeteilt werden. Geht man hier von einer Veräußerung des MU'anteils aus, so ergibt sich ein Veräußerungsgewinn für den weichenden Erben, geht man von einer realen Teilung aus, so könnte der Vorgang erfolgsneutral sein.

---

1 BMF BStBl I 06, 253 Tz 56.
2 BFH BStBl I 06, 253 Tz 58, 59.
3 BMF BStBl I 06, 253 Tz 57 (eine abw schriftliche Vereinbarung mit Zurechnung nur zum entnehmenden Erben soll aber zulässig sein!).
4 BMF BStBl I 06, 253 Tz 39.
5 BFH BStBl II 96, 310.
6 BFH BStBl II 99, 269 mwN.
7 BFH BStBl II 96, 310; BMF BStBl I 06, 253 Tz 46.
8 BFH GrS BStBl II 90, 837.

Reiß

Beispiel: Der Nachlass besteht aus einem GewBetr mit liquiden Mitteln von 500 sowie zwei (Teil-)Betrieben mit Wert von je 500, aber Buchwert von 100 (TB1) und 300 (TB2). Erben sind E1, E2 und E3 zu je 1/3. E3 scheidet aus und erhält die liquiden Mittel als Abfindung. E1 übernimmt TB1, E2 TB 2. Hier erzielt E3 einen Veräußerungs-/Aufgabegewinn von 500 – 300 = 200. Dementspr sind 200 stille Reserven aufzudecken, die zu 2/3 auf TB1 und zu 1/3 auf TB2 entfallen. Dementspr führt E1 TB1 mit Buchwert von 100 + 133 1/3 = 233 1/3 und E2 TB2 mit Buchwert von 366 2/3 fort. Nur scheinbar bestünde auch die Möglichkeit zu einem erfolgsneutralen Ausscheiden, wenn vorab eine Kapitalkontenanpassung an die übernommenen WG einschließlich der liquiden Mittel erfolgen würde.

Richtigerweise kommt bei bloßer Zuteilung liquider Mittel für den Ausscheidenden nur eine Gewinnrealisation in Betracht. Er macht Kasse. Es liegt die Aufgabe seines MU'anteils vor. Die Buchwertfortführung hinsichtlich liquider Mittel ist nur für diejenigen Miterben möglich, die Teilbetriebe oder Sachgüter in eigenes BV übernehmen. Soweit ein Mischnachlass besteht, ist vorab der Anteil des Ausscheidenden am GewBetr um den Betrag zu mindern, der ihm aus dem übrigen Vermögen zugeteilt wird. Soweit den Ausscheidenden allerdings Teilbetriebe zugewiesen werden, können (vorhandene, nicht erst durch Kreditaufnahme geschaffene!) liquide Mittel und entspr Verbindlichkeiten frei verteilt werden, ohne dass es zu Gewinnrealisierungen kommt.[1] Richtigerweise ist ebenso zu entscheiden, wenn es sich nicht um Teilbetriebe handelt, sondern um mehrere GewBetr.

132 Vollzieht sich das **Ausscheiden gegen** eine **Sachabfindung in das PV** (Rn 334f), so entsteht für den **Ausscheidenden** in Höhe der Differenz zw dem gemeinen Wert des zugeteilten WG bzw der Höhe seines Abfindungsanspr und dem Buchwert seines MU'anteils ein **nach §§ 16 IV, 34 begünstigter Gewinn**. Die insoweit aufgedeckten stillen Reserven sind anteilig den WG des GewBetr einschl dem zur Sachabfindung verwendeten WG zuzuordnen. In Höhe der Differenz zw dem insoweit aufgestockten Buchwert des zur Abfindung verwendeten WG und dessen Teilwert entsteht für die **verbliebenen Miterben** als MU'er ein **laufender Gewinn**.[2] Wird hingegen ein **Teilbetrieb oder MU'anteil zugewiesen oder Einzel-WG in ein BV übernommen**, so sind zwingend die Buchwerte fortzuführen. Insoweit entsteht weder ein Veräußerungsgewinn für den Ausscheidenden noch ein laufender Gewinn für die Verbleibenden. Allerdings sehen § 16 III 3 und § 6 V 4 eine Sperrfrist von drei Jahren seit Abgabe der Erklärung für den VZ der Übertragung vor, innerhalb derer das zum Buchwert übertragene WG nicht veräußert oder entnommen werden darf, andernfalls rückwirkend der Teilwert anzusetzen ist. § 16 III 3 und § 6 V 4 sind aber teleologisch einzuschränken, soweit es um bereits vom Erblasser erwirtschaftete stille Reserven geht (Rn 116).

133 Str ist, ob bei dem Ausscheiden unter Sachwertabfindung aus einem GewBetr der Sache nach eine unter § 16 III fallende **Realteilung** vorliegt,[3] bzw die Aufgabe eines MU'anteils oder **die Veräußerung** eines MU'anteils nach § 16 I 2. Die Rspr ging bisher von einem Vorrang des § 16 I 2 aus.[4] Angesichts der übereinstimmenden Rechtsfolgen kann dies für die Zeit ab 1.1.01 an sich dahinstehen (s aber Rn 338, 343). Denn bei Übernahme in ein PV entsteht zwingend ein Aufgabe- bzw Veräußerungsgewinn nach § 16 I 2 oder § 16 III 1 und für die Übernahme in BV sind sowohl nach § 16 III 2 als auch nach § 6 V 3 zwingend erfolgsneutral die Buchwerte fortzuführen (Rn 132).

134 Für die Zeit vom 1.1.99 bis 31.12.00 erscheint die Abgrenzung aber problematisch, wenn dem Ausscheidenden als Sachwertabfindung ein **Einzel-WG** als **wesentliche Betriebsgrundlage des bisherigen GewBetr** zugewiesen wird, aber gleichwohl der (verkleinerte) Betrieb von dem (zweigliedrige MU'schaft) oder den übrigen Miterben (mehrgliedrige MU'schaft) fortgeführt wird.

Beispiel: Einzelhandelsbetrieb auf eigenem Ladengrundstück des Erblassers. Der ausscheidende Miterbe erhält das Grundstück und vermietet es an den (oder die) verbleibenden Miterben, der (die) das Geschäft iÜ unverändert fortführ(en)t. Da Teilbetriebe nicht vorhanden waren und sind und das Grundstück funktional wesentlich war (Rn 96), müsste nach § 16 III 2 idF StEntlG angenommen werden, dass allen Erben lediglich Einzel-WG zugewiesen wurden mit der absonderlichen Folge, dass von vollständiger Gewinnrealisation auch für die den Betrieb fortführenden Erben auszugehen wäre. Dem kann auch nicht durch eine weitere Einschränkung des Begriffes der wesentlichen Betriebsgrundlage für die unentgeltliche Übertragung begegnet werden. Daher sollte übereinstimmend angenommen werden, dass bei Fortführung des bisherigen Betriebes durch einen der Miterben, wenn auch nach Zuweisung funktional wesentlicher Betriebsgrundlagen an die weichenden Erben, zunächst ein Ausscheiden des weichenden Erben gegen

---

[1] BMF BStBl I 06, 253 Tz 30 iVm Tz 24f; vgl auch *Söffing* DB 91, 828; *Seeger* DB 92, 1010.

[2] Vgl BFH BStBl II 73, 655; BStBl II 96, 194; BMF BStBl I 06, 253 Tz 51 f.

[3] So Gesetzesbegründung BT-Drs 14/23.

[4] BFH BStBl II 99, 269 mwN; **aA** *K/S/M* § 16 Rn B 103.

Sachwertabfindung mit der Folge einer Gewinnrealisierung nach §§ 16 I 2, 16 III 1 StEntlG stattfand und keine Realteilung.

Die Problematik hat sich zwar durch § 16 III 2 idF UntStFG nunmehr erledigt (Rn 133). Richtigerweise ist aber davon auszugehen, dass keine Realteilung vorliegt, sondern nur eine unter § 16 III 1 fallende Aufgabe des MU'anteils (Rn 331, 333).

III. Schenkung unter Lebenden – vorweggenommene Erbfolge. – 1. Unentgeltliche und teilentgeltliche Betriebsübertragungen. Die **Schenkung** ist neben dem Erbfall der Hauptanwendungsbereich der **unentgeltlichen Übertragung nach § 6 III.** Allerdings ist letztlich nur entscheidend, dass der Übertragende keine vermögenswerte Leistung erhält, sondern einseitig entreichert wird. Daher ist auch die Übertragung etwa gegen **Erb- oder Pflichtteilsverzicht** eine unentgeltliche Übertragung, unabhängig davon, dass es sich zivilrechtlich nicht um eine Schenkung handelt.[1] Ebenso verhält es sich mit der **unbenannten Zuwendung unter Ehegatten**.[2] Entscheidend ist, dass insoweit keine vermögensmäßigen gegenwärtigen Verbindlichkeiten bestehen. Konsequenterweise entstehen für den Erwerber auch keine AK, denn er wendet keinen gegenwärtigen Bestandteil seines Vermögens auf.

135

Die in § 6 III genannten wirtschaftlichen Einheiten müssen aufgrund eines **einheitlichen Vorganges** auf den Erwerber übertragen werden (Rn 82).[3] Dabei stellen übernomme **Passiva des Betriebes** kein Entgelt dar, weil die Einheit selbst einschl der zugehörigen Verbindlichkeiten der steuerliche Übertragungsgegenstand ist.[4] Eine einseitige Entreicherung und damit keine Veräußerung liegt auch vor, soweit **Nutzungsrechte vorbehalten werden**[5] oder Dritten **Nutzungsrechte zugewendet werden**.[6] Dabei ist gleichgültig, ob es sich um schuldrechtliche[7] oder dingliche Nutzungsrechte (**Nießbrauch**) handelt und wie rechtlich die Einräumung erfolgt. Ebenso sind an Dritte zu erbringende **Sachleistungen aus dem Betrieb**,[8] aus den Erträgen an sie zu leistende Zahlungen, ihnen am Betrieb einzuräumende Gewinnbeteiligungen usw kein Entgelt. Maßgebend ist insoweit, dass es bei der einseitigen Entreicherung um die wirtschaftliche Einheit verbleibt.

136

2. Teilentgeltliche Betriebsübertragung – Einheitstheorie. Hingegen liegt ein Entgelt und damit eine Veräußerung auch dann vor, wenn ein Entgelt den tatsächlichen Wert des Betriebes unterschreitet und dies bewusst in Bereicherungsabsicht erfolgt, wie etwa bei der **gemischten Schenkung**. Str ist hier, wie einerseits § 6 III und andererseits § 16 II anzuwenden sind. Die Rspr[9] folgt hier zutr[10] bei der **teilentgeltlichen Veräußerung** der in § 16 I 1 und § 6 III genannten wirtschaftlichen Einheiten der **sog Einheitstheorie**. Danach ist die Übertragung iErg als **voll unentgeltliche Übertragung nach § 6 III mit der Folge der Buchwertfortführung** zu behandeln, wenn das Entgelt geringer ist als der Buchwert der übertragenen wirtschaftlichen Einheit. Es entsteht kein Verlust. Hingegen entsteht ein **begünstigter Veräußerungsgewinn**, wenn das Entgelt den Buchwert übersteigt. Eine Aufteilung in einen unentgeltlichen Teil und eine entgeltliche Veräußerung findet nicht statt. Dies muss auch umgekehrt für den Erwerber gelten.[11] Bei ihm sind daher einheitlich AfA auf seine AK insgesamt vorzunehmen. Umgekehrt setzt er die AfA des Übertragenden fort und tritt auch sonst in seine Rechtsstellung ein (zB Vorbesitzzeit nach § 6b), wenn seine Aufwendungen geringer als der Buchwert sind.[12] Der entgegengesetzten Auffassung der FinVerw ist nicht zu folgen.[13] Ungeachtet dessen bleiben Zinsen für die Finanzierung des Teilentgeltes betrieblich veranlasste BA, auch wenn das Entgelt unterhalb des Buchwertes liegt[14] und die Schuld nicht passiviert werden kann.[15]

137

3. Vorweggenommene Erbfolge. – a) Gleichstellungsgelder, Abstandszahlungen. Die **vorweggenommene Erbfolge** stellt einen Sonderfall der Schenkung unter Lebenden dar, die durch die Motivationslage des Schenkers gekennzeichnet ist, sein Vermögen oder Teile seines Vermögens bereits zu Lebzeiten auf die prospektiven Erben zu übertragen. Sie ist häufig damit verbunden, dass der

138

---

1 Vgl BFH DStR 00, 196; BStBl II 92, 809.
2 Zur ErbSt vgl BFH BStBl II 94, 366; R 15 ErbStR.
3 BFH BStBl II 94, 15.
4 BFH GrS BStBl II 90, 847.
5 BFH BStBl II 06, 15; BStBl II 91, 791 mwN; v 17.11.04 – I R 96/02, BFHE 208, 197.
6 BFH BStBl II 90, 888 (keine AfA für Nießbraucher); vgl aber Rn 107 für Erbfall.
7 BFH BStBl II 89, 768.
8 BFH GrS BStBl II 90, 847; K/S/M § 16 Rn B 142 (Erfüllung führt zu Entnahme beim Erwerber).
9 BFH BStBl II 93, 436; BStBl II 86, 811; BMF BStBl I 93, 80 Tz 35; Groh DB 90, 2187; krit Schmidt FS Clemm, 1996, S 349; Stobbe StuW 96, 289.
10 Dazu K/S/M § 16 Rn B 143 f.
11 BFHE 193, 549.
12 BFH BStBl II 95, 367.
13 BFHE 193, 549 gegen BMF BStBl I 93, 80 Tz 38 f.
14 BFH BStBl II 91, 450; BMF BStBl I 93, 80 Tz 38.
15 Allerdings str nach Aufgabe der Sekundärrechtsprechung durch BFH BStBl II 94, 619, 623, 625. Anders als für die dort entschiedenen Fallgestaltungen liegen hier aber betrieblich veranlasste Verbindlichkeiten vor.

Übernehmer seinerseits gewisse Pflichten zu erfüllen hat und kann auch mit Erb- und Pflichtteilsverzichten verbunden werden. Je nach Ausgestaltung kann es sich dann zivilrechtlich um **reine Schenkungen, gemischte Schenkungen oder Schenkungen unter Auflage** oder Verträge besonderer Art handeln. Für die steuerliche Behandlung ist die zivilrechtliche Einordnung letztlich belanglos.[1] Auch eine Gleichbehandlung mit den steuerlichen Folgen des Erbfalles ist nur insoweit gerechtfertigt als der gleiche wirtschaftliche Sachverhalt zugrunde liegt, nämlich eine unentgeltliche Übertragung der in § 16 I 1 und § 6 III genannten Einheiten.

139 Daher wird nunmehr zutr angenommen, dass vom Übernehmer zu erbringende Gegenleistungen wie **Abstandszahlungen an den Übergeber** (der sog „Übergabeschilling" des Leibgedinges[2]), **Gleichstellungsgelder an Geschwister** (oder andere Dritte) sowie die **Übernahme von Verbindlichkeiten** (anderer als der des übernommenen Betriebes) **des Übertragenden** Entgelt darstellen.[3] In diesen Fällen liegt daher gerade kein unentgeltlicher Betriebsübergang vor, sondern eine **teilentgeltliche Betriebsveräußerung nach § 16 I 1** (bzw § 16 I 2 oder I 3, falls es sich um einen MU'anteil handelt). Unbeachtlich ist, dass im Erbfalle weder der Schuldenübergang auf die Erben, noch gegenüber Dritten zu erfüllende Erbfallschulden (Vermächtnisse, Pflichtteilsanspr) zu einem entgeltlichen Betriebsübergang führen würden (Rn 104). Die Betriebsveräußerung führt nach Maßgabe der **Einheitstheorie** (Rn 137) nur dann zu einem **Veräußerungsgewinn nach § 16 II** und AK des Erwerbers, wenn das Entgelt den Buchwert übersteigt. Sind die Entgelte erst später zu erbringen oder in wiederkehrender Form (aber Rn 92f), ist der Barwert maßgebend.[4] Werden zusammen mit unter § 16 I fallende Einheiten noch weitere Wirtschaftsgüter, etwa Grundstücke, teilentgeltlich übertragen, ist die von den Parteien vorgenommene Aufteilung des (Teil)Entgeltes der Besteuerung zugrunde zu legen, in Ermangelung einer solchen Aufteilung ist das Entgelt nach dem Verhältnis der Verkehrswerte aufzuteilen.[5]

140 **b) Sonderinstitut der Versorgungsleistungen.** Werden Betriebe, Teilbetriebe oder MU'anteile[6] gegen **wiederkehrende Versorgungsbezüge** vom bisherigen Inhaber (Eigentümer) übertragen, läge nach allg Kriterien beurteilt eine teilentgeltliche Veräußerung vor. Denn der Entreicherung um den Betrieb steht ein Vermögenszugang in Gestalt des Anspr auf die wiederkehrenden Versorgungsbezüge gegenüber. In Anlehnung an die besondere zivilrechtliche Natur des sog „Leibgedingevertrages" insbes bei der Übergabe landwirtschaftlicher Höfe hat die Rspr[7] allerdings das **Sonderinstitut der unentgeltlichen Übergabe von Betrieben etc gegen Versorgungsbezüge** entwickelt.[8] Danach handelt es sich trotz der übernommenen Versorgungsbezüge einerseits um eine **unentgeltliche Übertragung des Betriebs nach § 6 III 1** mit der Folge der Buchwertfortführung und andererseits sind die Versorgungsbezüge keine BA und keine nach § 12 nicht abziehbaren Unterhaltsrenten.[9] Statt dessen liegen beim **Übernehmenden SA nach § 10 I Nr 1a** und beim **Übertragenden wiederkehrende Bezüge nach § 22 Nr 1** vor. Insoweit ist dann noch zu differenzieren zw lediglich mit dem Ertragsanteil zu berücksichtigenden (Leib-)**Renten** – falls ausdrücklich gleichbleibende Leistungen vereinbart – und voll zu berücksichtigenden **dauernden Lasten** – dies ist der Regelfall.

141 Das Sonderinstitut der Vermögensübergabe gegen Versorgungsbezüge wird – abgesehen von der Berufung auf die historische Entwicklung – im Wesentlichen mit folgenden Erwägungen (s § 22 Rn 9, 10) **gerechtfertigt**: Es diene dem **generationsübergreifenden Erhalt von Familienvermögen, sichere die Versorgung der weichenden Generation** und führe zu vergleichbaren Ergebnissen wie ein vorbehaltenes Nutzungsrecht **(vorbehaltene Erträge)**.[10] Das BVG sieht in einer diese Grundsätze berücksichtigenden Auslegung der §§ 16, 10, 12, 22 keinen Verstoß gegen den aus dem Gleichheitsgrundsatz abzuleitenden Grundsatz der Besteuerung nach der Leistungsfähigkeit.[11] Zu den Elementen des Typus „Vermögensübernahme gegen Versorgungsbezüge" s § 22 Rn 11 (existenzsichernde Wirtschaftseinheit), § 22 Rn 12 (Empfänger der Wirtschaftseinheit), § 22 Rn 13 (Empfänger der Versorgungsbezüge), § 22 Rn 14–16 (Dauer, Abänderbarkeit und Art der Versorgungsleistun-

---

1 BFH GrS BStBl II 90, 847 (unter Aufgabe der früheren entgegengesetzten Rspr); vgl auch BFH DStR 00, 196.
2 RGZ 81, 311; 152, 104.
3 BFH GrS BStBl II 90, 847; BMF BStBl I 93, 80.
4 BFH BStBl II 96, 676; BStBl II 91, 794; vgl auch BStBl II 91, 791 (ungewisses Ereignis, nachträgliche AK und nachträgliche Einkünfte, richtiger wohl Änderung des Veräußerungsgewinnes, BStBl II 93, 897).
5 BMF BStBl I 07, 269 und BFH BStBl II 06, 9.
6 Typische existenzsichernde Einheiten, vgl BMF v 26.8.02, BStBl I 02, 893.
7 Vgl zur Entwicklung der Rspr BFH GrS BStBl II 90, 847 u BFH BStBl II 00, 188 (Vorlagebeschluss X R 46/97).
8 In dieser Form erstmals BFH BStBl III 65, 706.
9 BFH v 12.5.03 – GrS1/00, BStBl II 04, 95.
10 BFH GrS BStBl II 90, 847; BStBl II 00, 188; BStBl II 02, 646; BStBl II 02, 653; BFH v 7.3.06 – X R 12/05, BFH/NV 06, 1395.
11 BVG DStR 93, 315.

gen). Wegen der unterschiedlichen Rechtsfolgen ist der Typus Vermögensübergabe abzugrenzen gegenüber a) **entgeltlichen Veräußerungen von Betrieben etc. nach § 16 I**, 14, 18 oder einzelnen WG, insbes Grundstücken (§ 22 Rn 22), b) gegenüber **nicht abziehbaren Unterhaltsleistungen nach § 12** (§ 22 Rn 23) und c) innerhalb des Sonderinstitutes nach **Renten oder dauernden Lasten** (§ 22 Rn 10, 15). Eine Betriebsübertragung gegen Versorgungsbezüge kommt nur in Betracht, wenn die Versorgungsbezüge aus der erzielbaren Nettoerträgen[1] erbracht werden können – insoweit ist eine Prognose erforderlich – und wenn der Betrieb über einen positiven Unternehmenswert[2] verfügt. Die FinVerw hält die Sonderregelung entgegen der Entscheidung des GrS auch für anwendbar, wenn kein ausreichender Unternehmenswert vorhanden ist. IÜ ist auch von den (Netto) Erträgen kein „Unternehmerlohn" abzuziehen. Bei vom Erwerber fortgeführtem Betrieb soll eine „Beweiserleichterung" dafür sprechen, dass der Betrieb ausreichende Nettoerträge abwerfe.[3] Die 50 %-Grenze ist zur Abgrenzung von Versorgungsleistungen und nicht abziehbaren Unterhaltsleistungen bei ertragbringenden Wirtschaftseinheiten, namentlich Betrieben, auch von der FinVerw fallen gelassen worden. Allerdings hält die FinVerw insoweit daran fest, als sie bei einer Vermögensübertragung von Privatvermögen gegen Entgelt in Form wiederkehrender Bezüge insgesamt von Unterhaltsleistungen nach § 12 Nr 2 ausgehen will, wenn der Barwert der Leistungen mehr als doppelt so hoch wie der Wert des übertragenen Vermögens ist. Dem ist jedenfalls für die Übertragung von BV nicht zu folgen. Vielmehr ist dann aufzuteilen. In Höhe des angemessenen Kaufpreises, dh in Höhe des Wertes des übertragenen Einheit, liegt ein(e) entgeltliche(r) Erwerb/Veräußerung vor. Nur der übersteigende Teil ist nicht abziehbare Unterhaltsleistung.[4]

Wird der gegen Versorgungsbezüge übernommene Betrieb weiterveräußert, endet grds die Sonderregelung, wenn nicht mit dem Erlös zeitnah eine andere existenzsichernde und ausreichend ertragbringende Wirtschaftseinheit erworben wird. Das kann ein anderer Betrieb sein, aber auch ein WG des PV, zB ein Mietshaus. Ist dies nicht der Fall, so sind die nach der Veräußerung erfolgenden wiederkehrenden Leistungen nicht mehr als SA nach § 10 I Nr 1a abziehbar und beim Empfänger nicht mehr nach § 22 Nr 1 steuerbar, sondern als Unterhaltsleistungen nach § 12 Nr 2 zu behandeln.[5] **141a**

Dies alles ist jedenfalls für Betriebsübertragungen gegen Versorgungsbezüge, ungeachtet der erneuten Bestätigung durch den GrS und der „Nichtbeanstandung" durch das BVG (Rn 141) in der Sache nicht überzeugend (aA § 22 Rn 9f). Das Sonderinstitut der unentgeltlichen Übertragung gegen Versorgungsbezüge hätte aufgegeben werden sollen, jedenfalls für die Übertragung von Betrieben und betrieblichen Einheiten im Sinne des § 16. Der Gesetzgeber hat freilich nunmehr mit dem JStG 08 in § 10 I Nr 1a und § 22 Nr 1b gerade umgekehrt für die Übertragung von Betrieben, TB, MU'anteilen und mind 50 %igen Anteilen an GmbHs, soweit der Übertragende als Geschäftsführer tätig war und der Übernehmer diese Tätigkeit fortsetzt, gegen lebenslange Versorgungsbezüge die Behandlung als Sonderbetriebsausgaben einerseits und als sonstige Einkünfte andererseits ausdrücklich festgeschrieben, sie allerdings auch auf diese Konstellationen beschränkt. Nach § 52 Abs 23e gilt dies grds erst für Versorgungsleistungen, die auf nach dem 31.12.07 vereinbarten Vermögensübertragungen beruhen. Für vor diesem Zeitpunkt erfolgte Vermögensübertragungen gegen Versorgungsbezüge (Altverträge) verbleibt es aus Vertrauensschutzgründen bei der bisherigen Behandlung.[6] **142**

---

1 BFH GrS 1/00 BStBl II 04, 95 (Nettoerträge nicht identisch mit steuerlichem Gewinn, sondern eine Art entnahmefähiger cash flow, ein Unternehmerlohn ist nicht abzuziehen); **aA** noch BMF BStBl I 02, 893 (sog Typ II, falls zwar keine ausreichenden Nettoerträge, aber Wert des Betriebes überschlägig 50 % oder mehr der Versorgungsbezüge). Nach BMF v 8.1.04, BStBl I 04, 191 können diese Grundsätze auf übereinstimmenden Antrag von Übergeber und Übernehmer vorläufig weiter angewendet werden, aber nach BMF BStBl I 04, 922 ist das BMF-Schr v 8.1.04 grds nicht mehr anzuwenden, allerdings ergibt sich nunmehr dieselbe Übergangsregelung aus Tz 65.
2 BFH GrS 2/00, BStBl II 04, 100; vgl auch *Kempermann* DStR 03, 1736.
3 FinVerw BMF BStBl I 04, 922 Tz 8, 23 u 24.
4 Vgl BFH BStBl II 05, 130 (für Übertragung von PV); BFH v 13.12.05 – XR 61/01, BFH/NV 06, 1003 (nachträgliche Erhöhung einer Versorgungszusage).
5 BMF BStBl I 04, 922 Tz 28 f; Nach der dort unter Tz 68 getroffenen Übergangsregelung können allerdings Übergeber und Übernehmer übereinstimmend daran festhalten, die Übertragung gem den Rz 21–21.13 des BMF-Schr v 26.8.02, BStBl I, 893 als entgeltliche Veräußerung ab dem Zeitpunkt der Übertragung auf den Dritten zu behandeln, falls der Betrieb aufgrund eines vor dem 1.11.04 abgeschlossenen Vertrages übertragen wird.
6 Vgl Beschluss und Bericht des FinAusschusses v 7.11. und 8.11.07 BT-DrS 16/6981 und 16/7036 dort auch zu der Anwendung des neuen Rechts, falls das übertragene Vermögen (Grundstück) nur deshalb einen ausreichenden Ertrag bringt, weil ersparte Aufwendungen zu den „Erträgen" gerechnet werden.

D. Veräußerung und unentgeltliche Übertragung eines Mitunternehmeranteils

I. Veräußerung eines Mitunternehmeranteils. – Literatur: *Nickel/Klein* Qualifizierte Nachfolge in Mitunternehmeranteile, FR 03, 954; *Schulze zur Wiesche* Sonderbetriebsvermögen und Anteilsübertragungen, StBp 04, 63; *Schweelik* Veräußerung nießbrauchsbelasteter Personengesellschaftsanteile, GmbHR 06, 1096; *Strahl* Die Bedeutung der Gesamtplanrechtsprechung bei Umstrukturierung von Personengesellschaften, FR 04, 929; *Tiedtke/Hils* Sonder-Betriebsvermögen bei qualifizierter Nachfolge, ZEV 04, 411; weitere Literatur s 4. Aufl.

200 1. Gegenstand der Veräußerung. Gem § 16 I 1 Nr 2 gehört zu den Einkünften aus GewBetr auch der Gewinn aus der Veräußerung **des gesamten Anteils des G'ters**, der MU'er iSd § 15 I 2 ist. Nach § 16 II ist Veräußerungsgewinn der Betrag, um den der Veräußerungspreis den Wert des **Anteils am BV** übersteigt. Nach § 6 III ist der **Anteil des MU'ers am Betrieb** Gegenstand einer unentgeltlichen Übertragung und nach §§ 24, 20 UmwStG kann ein **MU'anteil** Gegenstand einer Sacheinbringung sein. In der Sache wird trotz unterschiedlicher gesetzlicher Formulierung der Übertragungsgegenstand bezeichnet. Die Veräußerung als entgeltliche Übertragung des MU'anteils umfasst danach in Parallele zur Veräußerung des ganzen GewBetr oder eines Teilbetriebs 2 Seiten, nämlich die Übertragung des Tätigkeitsbereiches und des Vermögens. Bei § 16 I Nr 2 geht es darum, dass dem Erwerber durch die Veräußerung eine Position verschafft wird, die ihn iSd § 15 I 2 zu einem MU'er macht. Das GesVerhältnis oder andere Rechtsverhältnis (§ 15 Rn 208, 211), das die Stellung eines MU'ers vermittelt, muss auf den Erwerber übertragen werden. Auf der anderen Seite geht es auch um die **vermögensrechtliche Seite.** Dem Erwerber muss der **bisherige Anteil am BV** übertragen werden. Wird die vermögensmäßige Seite des MU'anteils dadurch ausgehöhlt, dass in engem zeitlichem Zusammenhang mit einer anschließenden Veräußerung des Gesellschaftsanteils wesentliche Betriebsgrundlagen des Gesellschaftsvermögens zum Buchwert ohne Aufdeckung der stillen Reserven in ein anders BV des oder der MU'er übertragen wird, versagt die Rspr teleologisch zutr die Tarifbegünstigung nach §§ 16 IV, 34 (s Rn 56).[1] Durch § 16 I 2 idF UntStFG[2] wird ausdrücklich geregelt, dass die Veräußerung eines Anteils (Bruchteil) am MU'anteil nur als laufender Gewinn besteuert wird (Rn 214).

201 **Zivilrechtlich** kann der G'ter einer **Gesamthandsaußengesellschaft** nicht isoliert über seinen Anteil am Gesellschaftsvermögen verfügen, § 719 BGB. Unbeschadet dessen kann er jedoch mit Zustimmung der übrigen G'ter, die ggf bereits im Gesellschaftsvertrag vorgesehen sein kann, über seine **Gesellschafterstellung** einschl aller damit verbundenen Mitgliedschaftsrechte (Mitwirkungsrechte, Beteiligung am Gewinn, Entnahmebefugnisse usw) verfügen. Die notwendige Folge ist dann, dass insoweit auch der **vermögensmäßige Anteil am Gesellschaftsvermögen** auf den Erwerber übergeht. Für die **Erbengemeinschaft** besteht die Besonderheit, dass nur der Miterbe nach § 2033 BGB über seinen Anteil am Nachlass verfügen kann. Der Erwerber wird dann zwar nicht Miterbe, aber auf ihn gehen notwendigerweise sämtliche Verwaltungs- und Verfügungsbefugnisse des veräußernden Miterben über. Bei der **stillen Ges** und anderen **Innen-Ges** besteht zwar zivilrechtlich gerade keine dingliche Mitberechtigung am Gesellschaftsvermögen. Auch hier ist aber die **Gesellschafterstellung** als solche mit Zustimmung der übrigen G'ter **übertragbar.** Damit gehen notwendigerweise auch die **schuldrechtlichen Beziehungen** über, die bei einer atypischen Innen-Ges **die vermögensmäßige Beteiligung** des Stillen am Gesellschaftsvermögen begründen (§ 15 Rn 222f). Für die Gütergemeinschaft scheidet eine Übertragung der Gemeinschafterstellung auf einen Dritten notwendigerweise aus.

202 **Steuerlich** folgt aus diesen zivilrechtlichen Vorgaben, dass eine Veräußerung des MU'anteils bei Außen- wie Innengesellschaften die **Übertragung des Gesellschaftsanteils** als solchen erfordert. Eine **isolierte Vermögensübertragung** fällt **nicht unter § 16 I 1 Nr 2.** Dies betrifft allerdings nur **WG des Sonder-BV** (Rn 213), da bei Gesellschaftsvermögen eine isolierte Vermögensübertragung schon gar nicht möglich ist.

203 Der Gesellschaftsanteil einschl seiner vermögensmäßigen Bezüge ist unstritig zivilrechtlich und handelsbilanziell ein **Vermögensgegenstand**. Steuerlich soll er allerdings kein WG sein. Stattdessen wird angenommen, dass die zivilrechtlich nicht existierenden **Anteile an den WG der Ges** Gegen-

---

[1] BFH BStBl II 01, 229.
[2] Für Veräußerungen nach dem 31.12.01, § 52 Abs 34.

stand der Veräußerung und des Erwerbs sind.[1] Dem ist nicht zu folgen. Auch steuerlich stellt der Gesellschaftsanteil ein WG dar. Allerdings hat die **Bilanzierung** in einer eigenen Steuerbilanz des Erwerbers nach der sog **Spiegelbildmethode** zu erfolgen (§ 15 Rn 338f). Das Sonder-BV ist weder handelsbilanziell Teil des Vermögensgegenstandes Gesellschaftsanteil noch steuerbilanziell Teil dieses WG. Eine davon zu trennende Frage ist es, ob die Anwendung von § 16 I 1 Nr 2 und § 16 III 1 mit der Folge der Anwendung von §§ 16 IV, 34 auch die Veräußerung wesentlichen Sonder-BV verlangt (Rn 206f).

§ 16 I 1 Nr 2 erfasst nur **Anteile an gewerblichen Ges/Gemeinschaften** (§ 15 Rn 208f) einschl **204** gewerblich geprägter nach § 15 III 2 (§ 15 Rn 132) und einheitlich als gewerblich zu beurteilender nach § 15 III 1 (§ 15 Rn 140) sowie der qua BetrAufsp gewerblich tätiger Besitz-Ges (§ 15 Rn 75). Nicht unter § 16 I 1 Nr 2 fällt die Beteiligung an einer lediglich vermögensverwaltend tätigen Ges, auch wenn die Beteiligung für den G'ter zu seinem GewBetr gehört (sog **Zebra-Ges**, § 15 Rn 462).[2]

Bei einer **doppelstöckigen PersGes** (§ 15 Rn 417) gehört auch der Anteil der Ober-Ges an der **205** Unter-Ges zu den von § 16 I 1 Nr 2 erfassten MU'anteilen. Der Gewinn aus seiner Veräußerung ist bei den G'tern der Ober-Ges nach § 34 begünstigt.[3] § 16 IV ist ebenfalls anzuwenden, unabhängig davon, dass die Ober-Ges kein Lebensalter hat. Es kommt auf das Alter von deren G'tern an,[4] denn diese sind die eigentlichen MU'er (§ 15 Rn 420, 422). Die isolierte Veräußerung von WG des Sonder-BV der Obergesellschafter bei der Unter-Ges fällt hier so wenig wie sonst auch unter § 16 I 1 Nr 2 (Rn 202).[5]

2. Sonderbetriebsvermögen und Anteilsübertragung. Die WG des **Sonder-BV dienen dem MU'er** **206** zur Erzielung gewerblicher Erträge im Rahmen seiner mitunternehmerischen Beteiligung an der PersGes. Soweit es sich um sog Sonder-BV II (§ 15 Rn 400) handelt, ergibt sich die Sonderbetriebsvermögenseigenschaft sogar nur deshalb, weil die WG der Erzielung des Anteils am Gewinn der Ges dienen. Soweit es sich um Sonder-BV I handelt, gilt dies gleichermaßen für die der Ges unentgeltlich zur Nutzung überlassenen WG. Die WG und die damit zusammenhängenden Erträge und Aufwendungen sind **allein dem betr MU'er** zuzurechnen. Es handelt sich um **seine WG**, nicht die der übrigen MU'er und auch nicht um die der MU'schaft.

Daraus ist zunächst einmal zu folgern, dass **Sonder-BV** allein **für den betr MU'er** eine **wesentliche** **207** **Betriebsgrundlage** seiner MU'schaft sein kann, hingegen ohne Einfluss auf die Behandlung der übrigen MU'er ist. Soweit die **PersGes** selbst als **Gewinnermittlungssubjekt** angesehen wird (§ 15 Rn 202), ist Sonder-BV, da ihr erst gar nicht zurechenbar, auch nicht als deren wesentliche Betriebsgrundlage anzusehen.[6] Richtigerweise kann es aber gar nicht um die der PersGes selbst gehen, da sie kein Steuersubjekt ist. Die Differenzierung ist wichtig, falls eine **Veräußerung des Betriebes**, Teilbetriebes oder MU'anteils (bei doppelstöckiger PersGes) **durch die PersGes** (die Gesamtheit der G'ter) erfolgt. Wird dabei Sonder-BV eines G'ters nicht mitveräußert, kann dies die Anwendung des **§ 16 I 1 Nr 1** bzw § 16 I 1 Nr 2 (bei Veräußerung eines MU'anteils) und damit der **§§ 16 IV, 34** für die übrigen MU'er nicht hindern. Nicht anders darf entschieden werden, wenn bei einer doppelstöckigen PersGes diese ihren MU'anteil aufgibt, denn dies ist nichts anderes als die Aufgabe der MU'anteile der G'ter der Ober-Ges an der Unter-Ges (Rn 240).

Fraglich kann insoweit allein sein, ob auch **für** denjenigen **MU'er**, der für ihn wesentliche **WG des** **208** **Sonder-BV nicht mit veräußert**, sondern zum Buchwert nach § 6 V in ein eigenes BV oder anderes Sonder-BV übernimmt, **§ 16 IV und § 34 ausgeschlossen** sind. Die Rspr und die ihr folgende hM[7] bejahen dies uneingeschränkt. Denn bei Übernahme von wesentlichem Sonder-BV in ein eigenes BV könne nicht davon ausgegangen werden, dass der MU'er seinen MU'anteil veräußert oder aufgegeben habe.[8]

---

1 Statt vieler BFH BStBl II 98, 180; BStBl II 86, 333; Schmidt[26] § 16 Rn 452, 480; zur Gegenmeinung K/S/M § 16 Rn C 27 f.
2 BFH BStBl II 97, 39; K/S/M § 16 Rn C 23.
3 BFH BStBl II 95, 467.
4 **AA** Schmidt[26] § 16 Rn 401; wie hier Ley KÖSDI 97, 11079.
5 **AA** Felix BB 94, 690.
6 K/S/M § 16 Rn C 47.
7 Schmidt[26] § 16 Rn 407, 414; Gebel DStR 96, 1880; Patt/Rasche DStR 96, 645; **aA** K/S/M § 16 Rn C 52; Schön BB 88, 1866; Knobbe-Keuk StbJb 91, 792, 228.
8 BFH BStBl II 03, 194; BStBl II 95, 890; BStBl II 91, 635 (zur Veräußerung); BStBl II 98, 104 (zur BetrAufg); BStBl II 96, 342 (zu § 20 UmwStG); BStBl 94 II, 458 (zu § 24 UmwStG).

209 Dem ist der ratio nach für § 16 IV und § 34 zu folgen. Denn Steuersubjekt ist der jeweilige MU'er. Soweit daher das Sonder-BV für ihn eine wesentliche Betriebsgrundlage darstellt, ist an sich – aus denselben Gründen wie bei einem Einzelunternehmer keine Betriebsveräußerung – bei Zurückbehaltung wesentlichen BV eine begünstigte Veräußerung nicht anzunehmen. Fraglich ist dann allerdings, ob für die Erfassung eines **laufenden Gewinns** aus der Veräußerung des Gesellschaftsanteils überhaupt eine Rechtsgrundlage besteht (Rn 220). Rechtsgrundlage kann dann jedenfalls nicht § 16 I 1 Nr 2 sein. Auch § 15 I 2 scheidet aus, weil er gerade nicht die Veräußerung des Gesellschaftsanteils durch den MU'er allein umfasst. Daher kommt nur § 15 I 1 in Betracht. Dies erscheint auch vertretbar.[1] Die Nichtanwendung des § 34 – nicht aber des § 16 IV – ließe sich allerdings auch schon damit rechtfertigen, dass es an der Außerordentlichkeit mangelt, wenn nicht alle stille Reserven aufgedeckt werden (s § 34 Rn 10, 16).

210 Für § 16 I 1 Nr 2 sind **additiv funktionale und quantitative Kriterien** zur Bestimmung der wesentlichen Betriebsgrundlage (Rn 56) maßgebend, hingegen ist für die **unentgeltliche Übertragung** (Rn 96) und die Einbringung nach § 20 nur die **funktionale Betrachtungsweise** maßgebend.[2] Sieht man – entgegen der hier vertretenen Meinung – in § 24 UmwStG (Rn 26, 27) einen Veräußerungsfall, so müsste bei Einbringung eines MU'anteils zur Gewährung der Buchwertfortführung – wie auch zur Anwendung der §§ 16 IV, 34 bei Teilwertansatz für die Einbringung des Gesellschaftsanteils, soweit nicht auf den Einbringenden entfallend – verlangt werden, dass auch wesentliches Sonder-BV auf die aufnehmende PersGes übertragen wird (Rn 39).[3] Aus § 24 III 3 UmwStG folgt aber klar, dass bei Einbringung von Teilen eines MU'anteils lediglich die Anwendung von §§ 16 IV, 34 ausgeschlossen wird, nicht aber die Buchwertfortführung. Dann kann für die isolierte Einbringung des Gesellschaftsanteils unter Zurückbehaltung des Sonder-BV nichts anders gelten. Dies folgt iÜ für die hM bereits aus 6 V 3. Denn wenn die isolierte Übertragung nicht unter § 16 I 1 Nr 2 fällt, muss auch hinsichtlich des Gesellschaftsanteils davon ausgegangen werden, dass Anteile an den Einzel-WG auf die Ges übertragen werden. Problematisch ist aber, dass aus der nunmehrigen Rspr[4] folgt, dass die unentgeltliche Übertragung des gesamten MU'anteils unter Lebenden unter Zurückbehaltung funktional wesentlichen Sonder-BV die Anwendung des § 6 III ausschließt und zu einer Aufgabe des MU'anteils führt (s aber Rn 252f).

211 Danach ist insgesamt wie folgt hinsichtlich des Sonder-BV zu differenzieren: Wird der Gesellschaftsanteil **einschl des wesentlichen Sonder-BV** veräußert, liegt eine **begünstige Veräußerung** nach § 16 I 1 Nr 2 vor. Eine begünstigte Aufgabe des MU'anteils[5] soll vorliegen, wenn der Gesellschaftsanteil unentgeltlich übertragen wird, und das Sonder-BV zurückbehalten und in das PV überführt wird (s aber Rn 252f). Bei einer **unentgeltlichen Übertragung** einschließlich des **funktional wesentliche Sonder-BV** ist § 6 III jedenfalls anwendbar mit der Folge der Buchwertfortführung.[6] Bei einer Einbringung mit Übertragung des wesentlichen Sonder-BV sind §§ 20, 24 UmwStG mit Wahlrecht anwendbar. Soweit **unwesentliches Sonder-BV** in BV übernommen wird, sind insoweit nach § 6 V die Buchwerte fortzuführen; wird es **in das PV** überführt, ist dies bei Veräußerung des Gesellschaftsanteils unter dem ergänzenden Gesichtspunkt der **BetrAufg** begünstigt zu erfassen,[7] hingegen bei unentgeltlicher Übertragung nach § 6 III als **laufender Entnahmegewinn**[8] nach § 4 I 2 iVm § 6 I 4.

212 Wird hingegen **nur der Gesellschaftsanteil** veräußert, eingebracht oder unentgeltlich übertragen und wesentliches **Sonder-BV in anderes BV** des StPfl zwingend nach § 6 V 2 zum Buchwert überführt, so liegt hinsichtlich des Gesellschaftsanteils **keine Veräußerung nach § 16 I 1 Nr 2**, keine unentgeltliche Übertragung nach § 6 III (s aber Rn 256) und keine Einbringung nach §§ 20, 24 UmwStG vor. Vielmehr entsteht unter dem Gesichtspunkt der Veräußerung nach § 15 I 1 bzw bei unentgeltlicher Übertragung unter dem Gesichtspunkt der Entnahme (Rn 252, 253) ein laufender Gewinn. Ebenso dürfte die Rspr entscheiden, wenn der zwar ganze Gesellschaftsanteil veräußert wird, aber das wesentliche Sonder-BV zum Buchwert auf den Erwerber oder einen anderen MU'er nach § 6 V 3 übertragen wird.[9] Bei der isolierten Einbringung des Gesellschaftsanteils in eine PersGes ist aller-

---

1 Anders noch K/S/M § 15 Rn E 276.
2 BFH BStBl II 98, 104.
3 BFH BStBl II 94, 458 lässt allerdings bei Teilwertansatz die Überführung in Sonder-BV genügen, aber kaum vereinbar mit GrS BStBl II 00, 123 u BStBl II 96, 342.
4 BFHE 192, 534; BFH BStBl II 95, 890; BStBl II 99, 269.
5 BFH BStBl II 03, 194; BStBl II 99, 269 mwN; BStBl II 95, 890.
6 BFH BStBl II 95, 770.
7 BFH BStBl II 95, 890; BStBl II 92, 559.
8 BFH BStBl II 88, 374.
9 Vgl BFH BStBl II 03, 194.

dings dann § 6 V 3 anzuwenden. Nach § 6 V 3 ist der Buchwert fortzuführen, soweit die Erfassung der stillen Reserven gesichert bleibt.

Wird **lediglich wesentliches Sonder-BV** isoliert veräußert oder unentgeltlich übertragen, sind weder § 16 I 1 Nr 2, noch § 6 III oder §§ 20, 24 UmwStG anwendbar. Es liegt auch weder eine Teilveräußerung noch Teilaufgabe des MU'anteils vor.[1] Unabhängig davon, ob man Sonder-BV als wesentliche Betriebsgrundlage für einen MU'anteil ansieht oder nicht, wird mit der Übertragung isolierten Sonder-BV niemals auch nur teilw ein MU'anteil übertragen (Rn 202).[2] Denn nur der Gesellschaftsanteil, nicht aber das Sonder-BV, vermittelt die MU'er-Stellung. Sonder-BV kann daher wesentliche Betriebsgrundlage für einen MU'anteil, nicht aber Teil des MU'anteils sein. Allerdings könnte ausnahmsweise Sonder-BV selbst die Voraussetzungen eines Teilbetriebes erfüllen, etwa die 100%ige Beteiligung an einer KapGes. **213**

Für die **Veräußerung eines An(Bruch)teils am MU'anteil** nach dem 31.12.01 schließt § 16 I 2 die Anwendung der §§ 16 IV, 34 aus. Dies gilt auch dann, wenn wesentliches Sonder-BV zusammen mit dem Bruchteil veräußert wird. **214**

Bis zum 31.12.2001 wurde die Bruchteilsveräußerung grds als begünstigt angesehen[3] (s Rn 220). Str war allerdings die Behandlung von Sonder-BV.[4] Die Rspr verlangt für die Anwendung der §§ 16 IV, 34 die **proportionale Mitübertragung von wesentlichem Sonder-BV**.[5] Daran fehlt es sowohl bei der Zurückbehaltung des gesamten Sonder-BV im BV des Übertragenden, aber auch bei einer im engen zeitlichen Zusammenhang mit der Bruchteilsveräußerung vorgenommenen unentgeltlichen Übertragung des WG des Sonder-BV zu Buchwerten auf einen MU'er oder den Erwerber des Teilanteils.[6] Maßgeblich sei, dass bei beiden Konstellationen die stillen Reserven nicht zumindest proportional anteilig aufgedeckt werden. Zu Sonder-BV bei unentgeltlicher Übertragung (s Rn 251f; 256). **214a**

3. Die Veräußerungsfälle. Veräußerung iSd § 16 I 1 Nr 2 ist die entgeltliche **Übertragung des Gesellschaftsanteils** (oder Gemeinschaftsanteils) **auf einen anderen Erwerber.** Dabei ist gleichgültig, ob sich der Übergang rechtstechnisch durch **echte unmittelbare Übertragung** vollzieht oder durch Ausscheiden des Alt-G'ters und Eintritt des Neugesellschafters.[7] Als entgeltliche Veräußerung sieht die hM auch die Einbringung nach §§ 20, 24 UmwStG an. Dies trifft nur für § 20 UmwStG zu (Rn 17, 27). Auch die **formwechselnde Umwandlung einer PersGes in eine KapGes** nach § 25, 20 UmwStG stellt eine Veräußerung der MU'anteile dar. Es sind aber jeweils die §§ 20, 24 UmwStG vorrangig anzuwenden. **215**

Erwerber können auch ein oder alle **Mitgesellschafter** sein. Auch hier ist gleichgültig, wie sich der Übergang rechtstechnisch vollzieht. Dies kann durch **unmittelbare Übertragung** des Gesellschaftsanteils geschehen, wobei sich die Anteile dann in der Hand des Erwerbers vereinen, da bei der PersGes der G'ter nur einen Gesellschaftsanteil hält (eventuell anders, falls Testamentsvollstreckung), oder auch durch **Ausscheiden des Alt-G'ters** und **Anwachsung bei dem oder den Alt-G'tern** nach §§ 736, 738 BGB. Dies gilt auch bei **Ausscheiden** des vorletzten G'ters **aus einer zweigliedrigen Ges** mit Fortführung des Betriebes als **Einzelunternehmen** (vgl §§ 738 BGB, 131 II HGB iVm 140 I 2 HGB). **216**

Die Rspr geht daher zutr davon aus, dass auch das **Ausscheiden des G'ters eine Veräußerung iSd § 16 I 1 Nr 2** sein kann und nicht eine Aufgabe des MU'anteils darstellen muss.[8] Allerdings ist zu differenzieren. Das Ausscheiden des G'ters stellt eine entgeltliche Veräußerung an die Alt-G'ter dar, wenn diese das **Entgelt aus eigenem gesellschaftsfremden Vermögen** entrichten. Hingegen ist von der **Aufgabe des MU'anteils iSd § 16 III 1** auszugehen, wenn der ausscheidende G'ter entspr § 738 BGB die **Abfindung aus dem Gesellschaftsvermögen erhält**[9] oder keine Abfindung zu beanspru- **217**

---

1 Vgl BFH BStBl II 91, 510; *Düll/Fuhrmann/Eberhard* DStR 01, 1773.
2 BFH BStBl II 91, 510; *K/S/M* § 16 Rn C 49.
3 Vgl BFH GrS BStBl II, 123.
4 Vgl einerseits *K/S/M* § 16 Rn C 51; *Märkle* FR 97, 135; *Tismer/Ossenkopp* FR 92, 39 (keine quotale Mitveräußerung notwendig) und andererseits *Tiedke/Wälzholz* DB 99, 2026; *Patt/Rasche* DStR 96, 645; *Althans* BB 93, 1060 (quotale Mitveräußerung erforderlich).
5 BFH BStBl II 07, 524; BStBl II 06, 173 u 176; BFH BStBl II 03, 194; BStBl II 01, 26; BFHE 192, 534.
6 BFH BStBl II 03, 194.
7 Zur entgeltlichen Ablösung eines Vorbehaltsnießbrauches am Gesellschaftsanteil als Veräußerung eines MU'anteils vgl *Schweelik* GmbHR 06, 1096 (allerdings unzutr bzgl Surrogation am Veräußerungserlös!).
8 BFH BStBl II 99, 269 mwN; BStBl II 97, 241; BStBl II 95, 407.
9 *K/S/M* § 16 Rn C 103 f.

chen hat. Soweit die Rspr auch diese Fälle als Veräußerung behandelt wissen will,[1] ist dies zwar regelmäßig wegen der Gleichbehandlung von Veräußerung und Aufgabe des MU'anteils unschädlich. Die Unterscheidung bewährt sich aber etwa bei § 15a und auch bei der Sachwertabfindung (s Rn 330f). Bei § 15a wird von der Rspr in der Sache zutr zw der Aufgabe des MU'anteils und Veräußerung und Erwerb unterschieden. Nur bei der bloßen Aufgabe ist den Altg'tern der dem Ausscheidenden zuzurechnende Gewinn als Verlust sofort zuzurechnen.[2] Weil kein Erwerb und keine Veräußerung vorliegt, erleiden die Alt-G'ter in den Fällen des bloßen Ausscheidens selbst einen Verlust und treten gerade nicht lediglich in die Position des Ausscheidenden ein, wie dies bei Veräußerung und Erwerb der Fall ist (Rn 228). Auch iÜ können der oder die verbleibenden MU'er nicht als Rechtsnachfolger des Ausscheidenden behandelt werden, wenn dieser nur erhält, was ihm aus dem Gesellschaftsvermögen zusteht.[3]

218 Verzichtet der G'ter zugunsten der Alt-G'ter auf eine ihm an sich zustehende Abfindung,[4] liegt im Ausscheiden die **unentgeltliche Übertragung nach § 6 III**. Keine unentgeltliche Übertragung, sondern eine Veräußerung nach § 16 I 2 liegt jedoch vor, wenn aus einer KapGes & Co die zugleich an der KapGes beteiligten K'disten ausscheiden und ihre MU'anteile „entschädigungslos" der KapGes anwachsen (Rn 21–23). Der **Eintritt** eines neuen G'ters gegen Erbringung der Einlage in das Gesellschaftsvermögen – im Unterschied zu Ausgleichszahlungen an die G'ter – stellt weder für die Alt-G'ter eine (anteilige) Veräußerung ihres MU'anteils oder ihrer angeblichen Anteile an den WG der Ges dar, noch ist die Einlage dafür ein Entgelt (s aber Rn 29).[5]

219 Bei **atypischen Innen-Ges einschl atypischer Unterbeteiligungen** gelten dieselben Grundsätze. Danach liegt eine Veräußerung vor bei entgeltlicher Übertragung der Beteiligung auf einen Dritten (nur mit Zustimmung zulässig), bei Beendigung der stillen Ges und Abfindung des Stillen aus übrigem Vermögen des Hauptbeteiligten,[6] ansonsten Aufgabe des MU'anteils (Rn 217). Veräußert der Hauptbeteiligte das Unternehmen an einen Dritten, mit dem die stille Ges fortgesetzt wird, so liegt für den Hauptbeteiligten eine Veräußerung nach § 16 I 1 Nr 2 vor, ebenso bei Veräußerung an den Stillen, wobei dessen Anteil untergeht, aber keine Aufgabe der MU'er-Stellung vorliegt, sondern diese in der nunmehrigen Alleinunternehmerstellung aufgeht. Wird das Unternehmen unter Beendigung der stillen Ges an einen Dritten veräußert, so liegt ein Fall des § 16 I 1 Nr 1 vor. Für wesentliches Sonder-BV des Stillen gelten die allg Grundsätze (Rn 211f). Der **„Formwechsel"** von einer atypisch stillen Ges in eine KG und umgekehrt sowie die Änderung einer atypischen Unterbeteiligung in eine unmittelbare Gesellschafterstellung lassen die Identität des MU'anteiles unberührt.[7] Letzteres nimmt die hM zwar ebenfalls an,[8] es lässt sich aber kaum mit der Annahme vereinbaren, bei der doppelstöckigen PersGes sei der nur mittelbar Beteiligte nicht MU'er der Unter-Ges (§ 15 Rn 420).

220 Die hM ging davon aus, dass unter § 16 I Nr 2 aF (bis zum 31.12.01) auch die Veräußerung **des Anteils am Anteil eines MU'ers** falle.[9] Nachdem der Gesetzgeber mit § 16 I 2 ausdrücklich bestimmt hat, dass die Veräußerung eines Bruchteils des MU'anteils zukünftig als laufender Gewinn zu behandeln ist, sollte es für die Vergangenheit dabei bewenden, die Bruchteilsveräußerung als begünstigt zu behandeln[10] (zu Sonder-BV Rn 214a). Vorbehaltlich eines Missbrauches nach § 42 AO war daher durch das sog **Zweistufenmodell** die Begünstigung des § 16, 34 bei entgeltlicher Veräußerung von Praxisanteilen zu erreichen.[11] Zur unentgeltlichen Übertragung s Rn 247, 256.

221 4. Besteuerung des Veräußerers. Zeitpunkt der Veräußerung und damit der Gewinnrealisierung ist der Zeitpunkt, zu dem der MU'anteil (Gesellschaftsanteil und wesentliches Sonder-BV) auf den Erwerber übergeht. Das ist bei der Übertragung eines Gesellschaftsanteiles der Augenblick, in dem die **Abtretung des Gesellschaftsanteils** wirksam wird. Auf den Abschlusszeitpunkt des schuldrechtlichen Vertrages kommt es nicht an.[12] Schuldrechtliche Rückbeziehungen sind steuerlich unbeacht-

---

1 So BFH BStBl II 99, 269; ebenso die FinVerw Bremen Erlass v 25.10.02, GmbHR 02, 1264.
2 § 52 Abs 33 S 3u 4; vgl statt vieler *Schmidt*[26] § 15a Rn 222; BFH BStBl II 95, 246.
3 **AA** BFH BStBl II 02, 756 (zu BerlFG – Gesamtrechtsnachfolge/keine Veräußerung).
4 Vgl BFH BStBl II 99, 269.
5 *K/S/M* § 16 Rn C 65.
6 BFH BStBl II 94, 243; BFH/NV 97, 838 (aber ohne Unterscheidung, woher Abfindung stammt).
7 BFH BStBl II 90, 561.
8 *Schmidt*[26] § 16 Rn 422 einerseits u 401, 407 andererseits.
9 Vgl BFH GrS BStBl II 00, 123 mwN.
10 BFH BStBl II 04, 1068; BStBl II 06, 176.
11 Vgl BFH/NV 07, 1268; BFH BStBl II 04,1068 (Missbrauch, falls gestufter Eintritt innerhalb eines Jahres oder falls Aufstockung bereits bei Gründung der Sozietät vorgesehen).
12 BFH BStBl II 93, 228; BStBl II 93, 666; BStBl II 95, 770.

lich.¹ Ebenso ist für die Übertragung der WG des Sonder-BV maßgebend, wann diese dem Erwerber in sein Vermögen (wirtschaftliches Eigentum) übertragen worden sind. Fallen die Zeitpunkte auseinander, auch in verschiedene VZ, tritt auch die Gewinnrealisation gestreckt ein. Auch dann verbleibt es aber bei einem einheitlichen Veräußerungsgewinn, sofern von einem einheitlichen Vorgang auszugehen ist (Rn 82). Bei Übertragungen im Schnittpunkt zweier Jahre stellt die Rspr zur darauf ab, ob die Abtretung noch im alten Jahr (mit Wirkung ab 31.12.²) oder erst im neuen Jahr (mit Wirkung ab 1.1.³) wirksam wird. Vormundschaftsgerichtliche Genehmigungen wirken zurück, wenn sie unverzüglich beantragt wurden.⁴

Bei der **Veräußerung** gegen **wiederkehrende Bezüge** hat der Veräußernde nach denselben Grundsätzen wie bei der Veräußerung eines Betriebs ein Wahlrecht zw sofortiger nach §§ 16 IV, 34 begünstigter Besteuerung und einer Besteuerung als nachträgliche gewerbliche Einkünfte nach § 15 I 2 iVm § 24 Nr 2 (Rn 92).⁵ **222**

Für den Veräußerer ergibt sich ein **Gewinn**, wenn der Veräußerungspreis abzgl Veräußerungskosten **über dem Buchwert seines steuerlichen Kapitalanteils** liegt. Hinsichtlich des Gesellschaftsanteils ist der Buchwert des Kapitalanteils (Kontos) aus der **Steuerbilanz der Ges zuzüglich einer eventuellen Ergänzungsbilanz für den Veräußernden** im Zeitpunkt des Überganges (Rn 221) maßgebend. Bei einem **negativen Kapitalanteil** ist dieser – falls nicht eine unentgeltliche Übertragung vorliegt – iErg dem übrigen Veräußerungspreis hinzuzurechnen.⁶ Der Sache nach stellen die überschießenden Schulden, die der Erwerber mit übernimmt, Entgelt dar (Rn 90, 91). Soweit hinsichtlich des negativen Kapitalkontos eine **Ausgleichspflicht** bestehen bleibt, tritt kein Gewinn ein. Bilanziell hat der Veräußerer in Höhe der Ausgleichspflicht eine Verbindlichkeit zu passivieren.⁷ Darauf entfallende Schuldzinsen sind nachträgliche BA. Auch wenn das negative Kapitalkonto aus **lediglich verrechenbaren Verlusten nach § 15a** entstanden ist, soll sein Wegfall „gewinnerhöhend" zu berücksichtigen⁸ sein (aber § 15a Rn 75). **223**

Wird **Sonder-BV** ebenfalls an den Erwerber veräußert, gehört der Kaufpreis dafür zum Veräußerungsentgelt.⁹ Dann gehört auch der **Buchwert des Sonderkapitals** zum Buchwert des MU'anteils. Wird das Sonder-BV an andere Erwerber veräußert, § 16 III 6, oder in PV überführt, ist ebenso zu verfahren. Für in das PV überführte Sonder-BV ist nach § 16 III 7 der gemeine Wert anzusetzen. Der Sache nach liegt eine Kombination aus Veräußerung nach § 16 I 1 Nr 2 und Aufgabe des MU'anteils vor.¹⁰ Wird unwesentliches Sonder-BV nach § 6 V zum Buchwert in ein anderes BV überführt, ist insoweit der Buchwert dieses WG vom Buchwert des Sonderkapitals abzusetzen, so dass kein Erlös und kein Aufwand berücksichtigt wird. **224**

Bei einer fortbestehenden **Außenhaftung** des Veräußerers mindert eine wahrscheinliche Inanspruchnahme durch die Gesellschaftsgläubiger den Veräußerungsgewinn, sofern davon auszugehen ist, dass ein Freistellungsanspr sich nicht realisieren lässt. Bilanziell ist insoweit eine den Veräußerungsgewinn mindernde Rückstellung zu bilden. Kommt es nicht zu einer Inanspruchnahme, ist der Veräußerungsgewinn rückwirkend zu erhöhen. Umgekehrt mindert eine spätere unerwartete Inanspruchnahme rückwirkend den Veräußerungsgewinn.¹¹ **225**

Der Buchwert des Kapitalanteils ist auf den Zeitpunkt der Übertragung(sakte) zu ermitteln, ggf durch Schätzung. Ein bis dahin entstandener Gewinnanteil ist als laufender Gewinn noch dem Veräußerer zuzurechnen. Er erhöht den Kapitalanteil und mindert folglich den Veräußerungsgewinn.¹² Bei einer Gewinnermittlung nach § 4 III ist zur Ermittlung des Veräußerungsgewinnes von einem Übergang zur Bilanzierung auszugehen. Ein Übergangsgewinn gehört zum laufenden Gewinn.¹² Weder eine echte Veräußerung noch das Ausscheiden eines G'ters führen allerdings zu einem bilan- **226**

---

1 BFH BStBl II 99, 291 mwN zu Ausnahmen wegen Vergleich BStBl II 90, 837 u kurzfristig BStBl II 85, 55 (zur technischen Vereinfachung bis 3 Monate).
2 BFH BStBl II 95, 770.
3 BFH BStBl II 93, 228 u 666.
4 BFH BStBl II 82, 846; BStBl II 81, 453.
5 BFH BStBl II 00, 179.
6 BFH BStBl II 93, 436; vgl auch BStBl II 99, 266 u 269 (für Erwerberseite).
7 BFH BStBl II 78, 149.
8 BFH BStBl II 96, 474 (allerdings sind dann die noch nicht verbrauchten verrechenbaren Verluste gegenzurechnen); vgl aber *K/S/M* § 16 Rn C 89; *K/S/M* § 15a Rn B 331 – kein Gewinn mangels vorheriger Verlustberücksichtigung.
9 BFH BStBl II 95, 154; BStBl II 91, 635; BStBl II 88, 829.
10 BFH BStBl II 95, 112; BStBl II 95, 465.
11 BFH GrS BStBl II 93, 897 u 894; BFH BStBl II 93, 747.
12 BFH BStBl II 00, 179.

ziellen Rumpf-Wj. Es besteht keine Verpflichtung zur Aufstellung einer Zwischenbilanz.[1] Anders ist es, wenn durch Ausscheiden des vorletzten G'ters eine Vollbeendigung der PersGes eintritt.[2]

227 Auch bei einer **teilentgeltlichen Veräußerung** ergibt sich nur dann ein Gewinn entspr § 16 II, wenn der Veräußerungspreis den Buchwert übersteigt. Eine Aufteilung in einen unentgeltlichen und entgeltlichen Teil findet nicht statt – Einheitstheorie (Rn 137).

228 Der **Erwerber** tritt hinsichtlich des Anteils am Gesellschaftsvermögen in die Rechtstellung des Veräußerers ein. Er führt insoweit das **Kapitalkonto in der steuerlichen Gesellschaftsbilanz** fort. Darüber hinausgehende **Mehraufwendungen** sind in einer **Ergänzungsbilanz** zu aktivieren und fortzuführen (§ 15 Rn 318f). Auch bei Übernahme eines negativen Kapitalanteils entsteht **kein Erwerbsverlust**, selbst wenn keine stillen Reserven vorhanden sind (§ 15 Rn 323).[3] Soweit allerdings ein K'dist mit negativem Kapitalkonto ausscheidet und dieses nicht ausgleichen muss, ist den Alt-G'tern jetzt der von ihnen zu tragende Verlust zuzurechnen.[4] Es handelt sich aber nicht um einen „Erwerbsverlust",[5] sondern um die nunmehrige Zurechnung der früher bereits eingetretenen Verluste. Die Alt-G'ter sind auch nicht Erwerber (Rn 217).

229 Auch Mehraufwendungen zur Abfindung eines **lästigen G'ters** sind zu aktivieren, es sei denn, es stehe fest, dass weder in den materiellen oder immateriellen WG der Ges noch in einem Geschäftswert[6] stille Reserven vorhanden sind.[7] Nur dann liegt sofort abziehbarer **Aufwand im Ergänzungsbereich** vor[8] (§ 15 Rn 321). Auch wenn der ausscheidende G'ter nach dem Vertrag bei eigener Kündigung nur den Buchwert zu beanspruchen hätte, ist nicht davon auszugehen, dass bei einem „einvernehmlichen" vorzeitigen Ausscheiden eine Mehrzahlung nicht auf stille Reserven entfällt.[9]

230 Liegt der Veräußerungspreis abzgl Veräußerungskosten **unterhalb des steuerlichen Buchwertes des Kapitalanteils** des Veräußerers, entsteht ein **Verlust**. Hinsichtlich der Berücksichtigung des **Ergänzungskapitals und des Sonder-BV sowie Sonderkapitals** gelten dies Grundsätze wie bei einem Gewinn (Rn 223, 224).[10] Handelt es sich um eine **teilentgeltliche Veräußerung**, entsteht kein Verlust oder anteiliger Gewinn – Einheitstheorie (Rn 227, 137).

231 Der **Erwerber** hat niedrigere AK für den Gesellschaftsanteil als in der Steuerbilanz der Ges im übernommenen Kapitalanteil (Rn 228) für ihn auszuweisen ist. Der **Minderbetrag** ist in einer negativen **Ergänzungsbilanz** auszuweisen unter Abstockung der WG (§ 15 Rn 322)[11]. Der Ausweis eines negativen Geschäftswertes kommt nicht in Betracht (§ 15 Rn 323, 324). Auch soweit eine Abstockung nicht möglich ist, entsteht **kein Erwerbsgewinn** (§ 15 Rn 322). Soweit der BFH in einem Einzelfall anders entschieden hat,[12] handelt es sich erkennbar um ein überholtes Urteil.[13] Die Annahme einer teilentgeltlichen Veräußerung unter Buchwert aus betrieblichen Gründen[14] ist ein Widerspruch in sich. Liegen betriebliche Gründe vor, erleidet der Veräußerer einen Verlust und hat der Erwerber geringere AK. § 6 III ist bei einer Übertragung aus betrieblichen Gründen nicht anwendbar. Eine Rechtsgrundlage zur Bilanzierung oberhalb von AK ist nicht ersichtlich.

232 **II. Unentgeltliche Übertragung. – 1. Erbfall – Tod eines Mitunternehmers. – a) Zivilrechtliche Ausgangslage.** Beim Tod eines MU'ers ergeben sich besondere Probleme hinsichtlich der steuerlichen Würdigung daraus, dass zusätzlich zu den normalen Folgen eines **Erbfall**es die **gesellschaftsrechtlichen Besonderheiten** hinsichtlich der Übertragbarkeit und Vererbbarkeit von Gesellschaftsanteilen beachtet werden müssen. Anders als GmbH-Anteile oder Aktien sind Gesellschaftsanteile an PersGes nicht ohne weiteres vererbbar. Außerdem kommt bei einer Mehrheit von Erben hinzu, dass die **Erbenge-**

---

1 BFH BStBl II 89, 312; BStBl II 79, 159.
2 BFHE 186, 50.
3 BFH BStBl II 99, 266; BStBl II 99, 269.
4 BFH BStBl II 95, 246.
5 So aber *Schmidt*[26] § 16 Rn 501.
6 Auch im Falle einer anschließenen Umwandlung ist nur der Abfindungsbetrag als AK/Teilwert zu aktivieren, BFH BStBl II 03, 10.
7 BFH BStBl II 93, 706; BStBl II 92, 747.
8 BFH BStBl II 95, 246 (dort allerdings als Sonderbetriebsaufwand angesehen).
9 BFH BStBl II 75, 807; BStBl II 75, 236; BStBl II 86, 311;

aA BStBl II 84, 584 (für vorzeitiges Ausscheiden bei Übernahmerecht zum Buchwert).
10 Vgl auch BFH BStBl II 98, 180 (zu Veräußerung bei negativem Kapitalkonto unter Verzicht auf Forderungen des Sonder-BV).
11 BFH v 12.7.07 – IV B 80/06; BFH/NV 07, 2262 (dort auch zur GewSt – Auflösung Ergänzungsbilanz als gewstpfl laufender Gewinn – nicht „Erwerbsgewinn").
12 BFH BStBl II 74, 50.
13 Vgl BFH BStBl II 06, 656; BStBl II 99, 269; BStBl II 99, 266 mwN; BStBl II 97, 241 (angeblich offen lassend, aber erkennbar abl).
14 So aber *Schmidt*[26] § 16 Rn 510, 511.

meinschaft als solche **nicht G'ter einer werbenden PersGes** sein kann. Auf der anderen Seite gelten für die WG des steuerlichen **Sonder-BV** die **normalen Regeln über den Erbfall**. Danach fallen die WG des Sonder-BV in den allg Nachlass. Besteht eine Mehrheit von Erben, gehen diese WG mit dem Tode des G'ters auf die Erbengemeinschaft über. Es bedarf dann noch der normalen Erbauseinandersetzung, um die WG auf einen der Erben zu übertragen, falls sie nicht versilbert werden.

Hinsichtlich der **Folgen des Todes** eines G'ters differenziert das Gesellschaftsrecht zw den **verschiedenen Gesellschaftsformen**. Bei der **GbR** führt der Tod eines G'ters zur **Auflösung** der Ges, § 727 BGB, ebenso bei der **atypisch stillen Ges**. Die Ges wird liquidiert. Der oder die Erben nehmen in dem Umfange am Liquidationserlös teil, wie ansonsten der Erblasser als G'ter daran teilgenommen hätte. Bei der **OHG** (ebenso bei der Partnerschaft, § 9 PartGG) führt der Tod zum **Ausscheiden des G'ters** unter **Fortbestehen der Ges ohne** den oder **die Erben**, § 131 II HGB.[1] Diese erben aber den **Abfindungsanspr** des G'ters. Bei der **KG** bleibt der Gesellschaftsanteil **bestehen** und geht auf den oder die Erben über, § 177 HGB. Die Ges wird mit den Erben fortgesetzt. Allerdings wird bei einer **Mehrheit von Erben nicht** die **Erbengemeinschaft G'ter**, sondern die **einzelnen Miterben**. Der bisherige Gesellschaftsanteil des K'disten wird aufgespalten.

233

Für alle Gesellschaftsformen gilt aber, dass im **Gesellschaftsvertrag abw Bestimmungen** hinsichtlich der Auflösung oder des Fortbestehens getroffen werden können, die dann **Vorrang vor der gesetzlichen Regelung** haben. Soweit nach Gesellschaftsvertrag oder aufgrund der gesetzlichen Regelung die Ges nicht durch den Tod aufgelöst wird und der Tod auch nicht das Ausscheiden zur Folge hat, bleibt der Gesellschaftsanteil bestehen. Der Gesellschaftsanteil ist (nur) dann **vererbbar**. Allerdings fällt er nicht in den allg Nachlass. Vielmehr fällt er nur an den oder die Erben, die im Gesellschaftsvertrag bestimmt sind – sog **Sondererbfolge in den Gesellschaftsanteil**. Allerdings können **nur Erben** (testamentarische oder gesetzliche) als **Sondererbfolger** im Gesellschaftsvertrag bestimmt werden. Soll der Gesellschaftsanteil auf **Dritte** übertragen werden, ist dies nur im Wege des **Durchgangserwerbs** möglich, entweder durch einen **Vermächtnisanspruch mit Durchgangserwerb der Erben** oder durch eine **Eintrittsklausel** mit treuhänderischem Durchgangserwerb der Alt-G'ter.

234

Je **nach gesellschaftsvertraglicher Regelung und** ergänzender gesetzlicher Regelung lassen sich daher **bei PersGes** die folgenden Konstellationen unterscheiden: (1) **Auflösung der Ges** – Der Erbe oder die Erbengemeinschaft tritt an die Stelle des G'ters in die Abwicklungsgesellschaft ein. Insoweit kann auch die Erbengemeinschaft für den Zeitraum bis zur Vollbeendigung G'ter sein; (2) **Fortsetzung der Ges** nur unter den **Alt-G'tern** – Auf den oder die **Erben** geht durch den Erbfall lediglich der auf Geld gerichtete **Abfindungsanspr** nach §§ 736, 738, 740 BGB über; (3) **Nachfolge der Erben** in den Gesellschaftsanteil anstelle des Erblassers – Dabei lassen sich 2 Gestaltungen unterscheiden. Es können alle Erben zu Nachfolgern in den Gesellschaftsanteil berufen sein – sog **einfache Nachfolgeklausel** – oder nur ein Erbe bzw nur ein Teil der Erben – **sog qualifizierte Nachfolgeklausel**. In beiden Fällen werden die Erben als solche und nicht die Erbengemeinschaft G'ter. Bei der einfachen Nachfolgeklausel teilt sich der Gesellschaftsanteil. Bei der qualifizierten Nachfolgeklausel werden die nicht berufenen Erben auch nicht durchgangsweise G'ter. Der Gesellschaftsanteil fällt nicht in den gemeinsamen Nachlass – sog **Sondererbfolge**. Soweit der qualifizierte Erbe mehr erhält als ihm wertmäßig gem seinem Erbanteil zustehen würde, entsteht – mangels abw erbrechtlicher Vfg – ein **Wertausgleichsanspr** der übrigen Miterben gegen den qualifizierten Erben. Auch bei der qualifizierten Nachfolge fallen die **WG des Sonder-BV** wie alle anderen Vermögensgegenstände in den gemeinsamen Nachlass.

235

b) Steuerliche Behandlung. – aa) Auflösung der Gesellschaft. Bei **Auflösung der Ges** entsteht durch **Veräußerung des Betriebs** auf der Ebene der Ges ein **Veräußerungsgewinn nach § 16 I 1 Nr 1.** An diesem nehmen der Erbe oder die Erben als MU'er teil.[2] Der Gesellschaftsanteil ist für Zwecke der Abwicklung vom Erblasser auf die **Erbengemeinschaft** unentgeltlich nach § 6 III einschl des Sonder-BV übergegangen. Soweit bis zur Vollbeendigung noch laufende Gewinne erzielt werden, nehmen die Erben daran nach Maßgabe des § 15 I 2 teil. Bei Bestehen einer Erbengemeinschaft liegt eine doppelstöckige PersGes iSd § 15 I Nr 2 S 2 zwar nicht vor, aber letztlich ergeben sich keine unterschiedlichen Folgen. Die **Miterben sind MU'er der Abwicklungsgesellschaft.**

236

---

[1] Seit 1.7.98 durch HRefG (bis dahin ebenfalls Auflösung der Ges, Übergangsregelung bis 31.12.01 Art 41 EGHGB).

[2] BFH BStBl II 95, 241.

237 Wird der **Betrieb** nicht veräußert, sondern durch Veräußerung an Dritte **zerschlagen**, so liegt nach § 16 III 1 **eine Aufgabe des GewBetr** vor. Es ergeben sich dieselben Folgen wie bei § 16 I 1 Nr 1. Wird allerdings das BV nicht an Dritte veräußert, sondern unter die Alt-G'ter und die Erben verteilt, liegt eine Realteilung nach § 16 III 2 für die Alt-G'ter und die Miterben vor (dazu Rn 340f).

238 Einigen sich der oder die Erben mit den Alt-G'tern auf eine **Fortsetzung der Ges**, so wird aus der Abwicklungsgesellschaft wieder eine werbende Ges. Die **Erben bleiben steuerlich MU'er**. Zivilrechtlich teilt sich dann allerdings der Gesellschaftsanteil wie bei der einfachen Nachfolgeklausel.[1] Insoweit liegt zugleich eine Teilerbauseinandersetzung vor. Auch steuerlich ist der Kapitalanteil auf die Miterben nach ihrer Erbquote aufzuteilen. Sonder-BV ist unverändert fortzuführen, da alle Miterben MU'er bleiben. Sieht man in der Teilung des Gesellschaftsanteils eine Übertragung von der Erbengemeinschaft auf die einzelnen Miterben, so handelt es sich jedenfalls um eine unter § 6 III 1 HS 2 fallende unentgeltliche Übertragung von Teilen des MU'anteils. Richtigerweise ist aber davon auszugehen, dass schon mit dem Erbfall jeder Miterbe entspr seinem Erbteil MU'er wird, so dass schon zu diesem Zeitpunkt der Anteil am MU'anteil des Erblassers unentgeltlich nach § 6 III 1 HS 2 auf jeden Miterben übertragen wird.

239 Einigen sich die Erben und die Alt-G'ter auf ein **Ausscheiden der Erben unter Abfindung**, liegt eine **Aufgabe des MU'anteils** nach § 16 III 1 vor, wenn die Abfindung aus dem Gesellschaftsvermögen entrichtet wird (Rn 330f), ansonsten die Veräußerung des MU'anteils nach § 16 I Nr 2 an die Alt-G'ter (Rn 217).

240 Übernimmt **ein**er von mehreren **Miterben** den Gesellschaftsanteil **allein gegen Abfindung** der übrigen Miterben, so veräußern diese ihren gesamten MU'anteil nach **§ 16 I 1 Nr 2** an den übernehmenden. Es liegt nicht die Veräußerung eines Bruchteils am Anteil durch die Erbengemeinschaft nach § 16 I 2 vor. Wird das (anteilig den weichenden Miterben gehörende) Sonder-BV mit übertragen, gehört der entstehende Gewinn ebenfalls zu deren begünstigtem Veräußerungsgewinn. Wird es umgekehrt auf die weichenden Miterben übertragen, realisiert der verbleibende Miterbe einen laufenden Gewinn aus der Veräußerung seines Anteils am Sonder-BV an die weichenden Miterben. Handelt es sich für diese um **wesentliches Sonder-BV**, muss nach der Rspr[2] davon ausgegangen werden, dass die weichenden Erben hinsichtlich der Veräußerung des Gesellschaftsanteils lediglich einen laufenden Gewinn nach § 15 I 1 erzielt haben, wenn sie das übernommene Sonder-BV zwingend zum Buchwert (hinsichtlich ihres Anteils) nach § 6 V 3 in ein eigenes BV übernehmen (Rn 208f). Bei Überführung in PV ist insgesamt von einem durch einen Aufgabegewinn ergänzten Veräußerungsgewinn auszugehen (Rn 211).

241 Werden die **weichenden Miterben** mit anderen Nachlassgegenständen abgefunden und erfolgt dies **noch im Rahmen der Erbauseinandersetzung**, so ist von einer **unentgeltlichen Übertragung des MU'anteils** nach § 6 III von der Erbengemeinschaft/den Miterben an den fortführenden Erben auszugehen (Rn 121). Problematisch ist allerdings die **Behandlung des Sonder-BV**. § 16 III 2 ist nicht anwendbar. Denn es geht nicht um die Realteilung des Gesellschaftsvermögens, sondern um die Zuweisung eines MU'anteils einschl Sonder-BV im Rahmen der Erbauseinandersetzung. Daher ist insgesamt von einer unentgeltlichen Übertragung nach § 6 III auszugehen, wenn dem fortführenden Miterben auch das Sonder-BV zugewiesen wird. Wird es hingegen den übrigen Miterben zugewiesen, entsteht bei unwesentlichem Sonder-BV ein Entnahmegewinn für die Erbengemeinschaft (fortführende und weichende Erben), wenn das WG in PV überführt wird.

242 Bei **Überführung in ein eigenes BV** eines weichenden Miterben ist hinsichtlich seines Anteils am Sonder-BV nach § 6 V 2 der Buchwert fortzuführen. Handelt es sich **um wesentliches Sonder-BV**, so müsste von einer **Aufgabe des MU'anteils nach § 16 III 1** durch die Erbengemeinschaft ausgegangen werden, wenn § 6 III 1 mangels Übertragung aller wesentlichen Betriebsgrundlagen nicht anwendbar ist. Allerdings wäre, da nicht die Erbengemeinschaft der MU'er ist, sondern die Miterben, nur für die weichenden Erben von einer Aufgabe ihrer MU'anteile auszugehen (Rn 207). Das Ergebnis ist dennoch absolut unbefriedigend und kontraproduktiv.

§ 6 III 2 ist nicht anwendbar. Denn dort wird vorausgesetzt, dass das zurückbehaltene Sonder-BV weiterhin zum BV „derselben Mitunternehmerschaft" gehört. Daran fehlt es aber gerade, wenn es

---

[1] BFH BStBl II 95, 241.

[2] BFHE 194, 97 = DB 01, 456; BFHE 192, 534 (allerdings lag nach dem Sachverhalt keine unentgeltliche Übertragung vor).

in ein eigenes BV des weichenden Erben zum Buchwert überführt wird. Hier rächt sich, dass der moderne Gesetzgeber erkennbar nur noch in der Lage ist, undurchdachte punktuelle Regelungen zu treffen. Richtigerweise kann daher aus § 6 III 2 kein Umkehrschluss dahin gezogen werden, dass bei Zurückbehaltung wesentlichen Sonder-BV und Überführung zum Buchwert in ein anderes BV eine Buchwertfortführung nach § 6 III 1 auch im Falle der Erbauseinandersetzung unter Einbeziehung eines MU'anteils nicht in Betracht kommt. Vielmehr sollte für den Fall der Erbauseinandersetzung angenommen werden, dass eine unentgeltliche Übertragung eines MU'anteils nach § 6 III 1 und nicht eine Aufgabe eines MU'anteils nach § 16 III 1 vorliegt, wenn im Rahmen der Erbauseinandersetzung lediglich der Gesellschaftsanteil einem der Miterben zugewiesen wird, wesentliches Sonder-BV aber einem weichenden Miterben. Insoweit muss genügen, dass der weichende Miterbe kein MU'er bleibt. Entscheidend ist letztlich auch hier, dass es sich um die Verteilung des gesamten BV des Erblassers handelt und bei diesem kein BV zurückbleibt. Für diese Behandlung spricht die Parallele zur Behandlung der qualifizierten Erbfolge in einen MU'anteil bei Vorhandensein von wesentlichem Sonder-BV (s Rn 253, 256). Wird das wesentliche Sonder-BV beim weichenden Miterben in PV übernommen, so ist der Gewinn nicht nach §§ 16, 34 begünstigt.

bb) Fortsetzung nur unter Altgesellschaften. Bei **Fortsetzung der Ges** nur unter den Alt-G'tern – bei einer zweigliedrigen Ges Fortsetzung als Einzelunternehmen – erwerben die Erben lediglich einen **Abfindungsanspr**. Dessen Höhe richtet sich nach den Vereinbarungen im Gesellschaftsvertrag. Mangels solcher ist der Verkehrswert des Gesellschaftsanteiles maßgebend. Da die Erben zu keinem Zeitpunkt G'ter werden, geht die Rspr davon aus, dass noch durch den **Erblasser eine Veräußerung nach § 16 I 1 Nr 2** an die Alt-G'ter erfolgt sei.[1] Auch wenn man dem folgen will, ist aber von einer Aufgabe des MU'anteils durch den Erblasser auszugehen, wenn die Erben aus dem Gesellschaftsvermögen – und nicht aus dem Eigenvermögen der Alt-G'ter (Rn 217) – abgefunden werden. Um die aufgedeckten stillen Reserven sind die bisherigen Buchwerte bei der Ges aufzustocken. Soweit **Sonder-BV des Erblassers** vorhanden ist, ist es nach dieser Auffassung zwingend mit dem Tode durch den Erblasser zum gemeinen Wert in dessen PV überführt,[2] auch wenn es anschließend von einem oder allen Erben in ein eigenes BV überführt wird. Insoweit liegt dann eine Einlage vor. Noch beim Erblasser entsteht ein nach §§ 16 IV, 34 **begünstigter Veräußerungsgewinn**.[3] Dieser umfasst neben dem Saldo aus Abfindungsanspr und Buchwert des Gesellschaftsanteils auch den Unterschiedsbetrag zw gemeinem Wert und Buchwert des Sonder-BV. Die Auffassung der hM ist keineswegs zwingend. Geht man davon aus, dass der Erblasser bis zu seinem Tode MU'er war und die Erben wie beim Tode eines Einzelunternehmers zwingend in die steuerliche Stellung des Erblassers eintreten – selbst wenn sie den GewBetr nicht fortführen wollen oder können – ließe sich auch vertreten, dass erst den Erben die Veräußerung oder Aufgabe zuzurechnen ist.[4] **243**

Ist vertraglich ein **Abfindungsanspr ausgeschlossen**, liegt eine **unentgeltliche Übertragung des MU'anteils** nach § 6 III auf den oder die **Alt-G'ter** vor. Nicht zu folgen ist der Auffassung, dass dies nur gelte, wenn zu den Alt-G'tern familiäre Beziehungen bestehen und andernfalls von einer betrieblichen Veräußerung auszugehen sei, die zu einem Veräußerungsverlust beim Erblasser und einem Erwerbsgewinn bei den Alt-G'tern führe[5] (Rn 231). **244**

Besteht für die Alt-G'ter lediglich ein Recht, die Übernahme zu erklären (**Übernahmeklausel zugunsten der Alt-G'ter**), während bei Nichtausübung die Ges mit den Erben fortgesetzt wird, führt erst die Ausübung des Übernahmerechtes zu einer **Veräußerung** nach § 16 I 1 Nr 2 **durch die Erben**, denen dann auch der Veräußerungsgewinn zuzurechnen ist.[6] **245**

Besteht **zugunsten Dritter** oder eines oder mehrerer Erben eine **Eintrittsklausel** mit der Maßgabe, dass diese bei Eintritt den Gesellschaftsanteil des Erblassers ohne Leistung einer Einlage erwerben, andernfalls aber von den Alt-G'tern eine Abfindung zu leisten ist, so liegt im Falle der Ausübung der Eintrittsklausel ein **unentgeltlicher Erwerb nach § 6 III mit Buchwertfortführung** vor,[7] andernfalls eine Veräußerung noch durch den Erblasser (wie Rn 242). **246**

---

1 BFH BStBl II 03, 237.
2 Nach BFH BStBl II 03, 237 ist allerdings die Entnahme mit dem Buchwert nach § 6 I 4 EStG zu bewerten, wenn der Erbe zu den begünstigten Körperschaften gehört.
3 BFH BStBl II 98, 290; BStBl II 94, 290; BMF BStBl I 06, 253 Tz 72 f.
4 *K/S/M* § 16 Rn B 123.
5 So aber *Bolk* DStZ 86, 547.
6 *L/B/P* § 16 Rn 1031.
7 Vgl BFH BStBl II 94, 625; BMF BStBl I 06, 253 Tz 70 (Eintritt allerdings nur innerhalb von 6 Monaten); *K/S/M* § 16 Rn B 126.

247 **cc) Nachfolge der Erben in Gesellschaftsanteil.** Sind sämtliche Erben zur Nachfolge in den Gesellschaftsanteil berufen – **sog einfache Nachfolgeklausel** – so werden sie **mit dem Tode des Erblassers MU'er**.[1] Der Gesellschaftsanteil geht – allerdings schon **geteilt** – gem § 6 III 1 HS 2 auf die Miterben über. Einer weiteren Erbauseinandersetzung bedarf es nicht mehr. Zivilrechtlich **ungeteilt** geht allerdings das **bisherige Sonder-BV** auf die Miterbengemeinschaft über. Steuerlich ist gleichwohl für jeden Miterben sein Anteil am Sonder-BV entspr seiner Erbquote als sein Sonder-BV zu erfassen.[2]

248 Dies gilt nach der Rspr auch dann, wenn eine **Teilungsanordnung** des Erblassers besteht, wonach nur einer der Erben den Gesellschaftsanteil in der Auseinandersetzung erhalten soll.[3]

Bis zum Vollzug der Teilungsanordnung bleiben die anderen Miterben MU'er. Allerdings soll bei vollzogener Teilungsanordnung für den laufenden Gewinn eine rückwirkende Gewinnzuweisung ab dem Todeszeitpunkt zulässig sein (Rn 111).[4] Werden in Vollzug der Teilungsanordnung oder auch aufgrund freier Vereinbarung die Gesellschaftsanteile der übrigen Miterben auf einen übertragen, liegen für die Übertragenden **Veräußerungen nach § 16 I 1 Nr 2** vor, falls der begünstigte Miterbe **dafür aus eigenem Vermögen eine Zahlung** zu leisten hat. Handelt es sich hingegen um eine Übertragung des MU'anteils im Rahmen **der Erbauseinandersetzung** unter Berücksichtigung der Verteilung des übrigen Nachlasses unter die Miterben, liegt eine **unentgeltliche Übertragung nach § 6 III** vor. Diese umfasst auch die Übertragung des anteiligen Sonder-BV. § 6 III geht insoweit § 6 V 3 vor.

249 Zweifelh ist, wie die **vollständige Übertragung** von **WG des Sonder-BV** im Rahmen der **Erbauseinandersetzung auf einen der Miterben und MU'er** zu behandeln ist, etwa, weil dieses nach einer Teilungsanordnung nur einem der Miterben zuzuteilen ist. Nach dem bis zum 1.1.99 anwendbaren Mitunternehmererlass[5] konnte Sonder-BV ohnehin zum Buchwert auf einen anderen MU'er übertragen werden. Dies gilt ab 1.1.01 nach § 6 V 3 erneut. Für die Zeit ab 1.1.99 bis 31.12.00 steht dem scheinbar § 6 V 3 idF StEntlG entgegen. Für die Erbauseinandersetzung ist allerdings vorrangig § 6 III anzuwenden. Der begünstigte MU'er hat nach § 6 III 1 2. HS unentgeltlich einen Bruchteil des MU'anteils und das gesamte Sonder-BV unentgeltlich übertragen erhalten. Daher sind die Buchwerte fortzuführen. Eine quotale Aufteilung des Sonder-BV kann jedenfalls im Erbfall nicht verlangt werden, da der Erblasser den Betrieb nicht fortführt. Es werden ohnehin von ihm weder quantitativ noch funktional wesentliche WG zurückbehalten.

250 Bei der **sog qualifizierten Nachfolge** wird nur **ein** (oder nur einige) **Miterbe G'ter**. Er tritt in vollem Umfange in die Gesellschafterstellung des Erblassers ein. Die übrigen Miterben erlangen demgemäß auch keinen Abfindungsanspr gegen die G'ter, sondern allenfalls einen **Wertausgleichsanspr** gegen den qualifizierten Nachfolger, falls der Gesellschaftsanteil mehr wert ist als dessen rechnerischer Anteil am Nachlass. Rspr und FinVerw[6] gehen davon aus, dass allein der qualifizierte Nachfolger MU'er wird, weil nur er G'ter wird. Auch soweit der qualifizierte Nachfolger einen Wertausgleich zu leisten hat, wird **nicht** von einer **Veräußerung** durch den Erblasser oder die übrigen Miterben ausgegangen. Konsequenterweise werden bei qualifizierten Nachfolgern AK verneint und die **Wertausgleichschuld** als **private Verbindlichkeit** behandelt.[7]

251 Da die WG des **Sonder-BV auf die Erbengemeinschaft** übergehen und damit anteilig auf die nicht qualifizierten Miterben, liegt hinsichtlich deren Anteile nach Auffassung der Rspr noch eine **Entnahme des Erblassers** vor, die bei diesem zu laufendem **nicht nach §§ 16 IV, 34 begünstigtem Gewinn** führt.[8] Gleichwohl unterliegt dieser Gewinn nicht der GewSt.[9]

252 Problematisch ist bei dieser Sicht der Dinge, ob nicht insgesamt von einer **Aufgabe des MU'anteils** ausgegangen werden müsste, wenn es sich um funktional **wesentliches Sonder-BV** handelt[10] (Rn 210,

---

1 BFH BStBl II 95, 714.
2 BFH BStBl II 97, 535.
3 BFH BStBl II 99, 291; BStBl II 92, 510; BMF BStBl I 06, 253 Tz 7 f iVm 67 f u BMF BStBl I 93, 62 Tz 76; **aA** *Flume* DB 90, 2390; *Knobbe-Keuk*[9] § 22 VI 4 (nur begünstigter Erbe wird MU'er).
4 BMF BStBl I 06, 253 Tz 7 u 8; BStBl I 93, 62 Tz 9 iVm BMF BStBl I 03, 1392; BStBl II 99, 291.
5 BStBl I 78, 8.
6 BFH BStBl II 94, 625; BStBl I 93, 298; BStBl II 92, 512; BMF BStBl I 06, 253 Tz 72 f; wohl auch hL vgl *Schmidt*[26] § 16 Rn 672 mwN; **aA** (alle Miterben MU'er und bei Wertausgleich Veräußerung) *K/S/M* § 16 Rn B 122; *Groh* DStR 94, 413; *Gebel* BB 95, 173; *Siegmann* NJW 95, 481; *Knobbe-Keuk*[9] § 22 VI 4 (Erblasser als Veräußerer).
7 BFH BStBl II 94, 625.
8 BFH BStBl II 92, 512; BFH/NV 98, 1127 mwN.
9 BFH/NV 98, 1127; BFH BStBl II 00, 316.
10 So *Geck* DStR 00, 2031 (jedenfalls bzgl des überschießenden Teils bei inkongruenter Zuweisung von Sonder-BV).

212). Diese Frage ist stillschweigend in den Erbfällen zwar immer verneint worden.[1] Der VIII. Senat hat dies für die **qualifizierte Nachfolge** ausdrücklich bestätigt unter Hinweis auf die „gravierenden steuerrechtlichen Folgen" die eine Gewinnaufdeckung der stillen Reserven im Erbfall haben würde.[2] Auf der anderen Seite wird aber für die Übertragung eines MU'anteils unter Lebenden (Rn 210, 212) vertreten, dass die **Zurückbehaltung wesentlichen Sonder-BV** auch bei **Überführung in das PV** insgesamt zu einer Aufgabe des MU'anteils nach § 16 III führe und eine unentgeltliche Übertragung nach § 6 III gerade ausschließe.[3] Ebenso soll eine unentgeltliche Übertragung nach § 6 III ausscheiden, wenn funktional wesentliches Sonder-BV zum Buchwert in ein eigenes BV überführt wird.[4] Dieser Widerspruch kann nicht dadurch aufgelöst werden, dass für den unentgeltlichen Übergang nach § 6 III und korrespondierend für den Begriff der Aufgabe eines MU'anteils bei der Übertragung unter Lebenden davon ausgegangen wird, es müsse auch wesentliches Sonder-BV mit übertragen werden, hingegen im Erbfall darauf verzichtet wird, weil andernfalls die Folgen „katastrophal" wären.[5] § 6 III differenziert nicht zw einer Übertragung unter Lebenden und von Todes wegen.

Richtigerweise sollte für die unentgeltliche Übertragung des Gesellschaftsanteils unter Lebenden wie von Todes wegen wie folgt **differenziert werden:** Bei Zurückbehaltung und **Überführung des Sonder-BV in PV** ist – entgegen der Rspr[6] – von einer **unentgeltlichen Übertragung des MU'anteils** nach § 6 III 1 verbunden mit einem laufenden Entnahmegewinn bzgl des Sonder-BV auszugehen, bei Überführung des Sonder-BV zum Buchwert nach § 6 V ist hinsichtlich des Gesellschaftsanteils von einer gewinnrealisierenden nicht nach § 34 begünstigten Entnahme (s Rn 310) auszugehen.[7] Unentgeltliche wie entgeltliche Übertragung des MU'anteils setzen – wie bei einem Betrieb oder Teilbetrieb – voraus, dass die gewerbliche Tätigkeit mit den bisherigen funktional wesentlichen WG eingestellt wird. Daran fehlt es, wenn das bisherige wesentliche Sonder-BV vom Übertragenden in einen „anderen gewerblichen Betrieb" (aber Rn 60) oder Teilbetrieb oder anderes Sonder-BV (nach § 6 V zu Buchwerten!) überführt wird (s aber Rn 256). Daran fehlt es nicht, wenn die WG des Sonder-BV in PV überführt werden. Dem Gesichtspunkt der fehlenden geballten Aufdeckung stiller Reserven wird dadurch Rechnung getragen, dass ein laufender Entnahmegewinn und nicht ein begünstigter Veräußerungsgewinn besteuert wird. IErg ist daher der Rspr zu folgen, soweit sie ausdrücklich bei der qualifizierten (Erb) Nachfolge eine Aufgabe des MU'anteils verneint,[2] weil die auf die nichtqualifizierten Erben entfallenden Anteile am Sonder-BV zunächst in das PV des Erblassers entnommen werden. Maßgebend für die Anwendung des § 6 III 1 muss insoweit sein, dass beim Erblasser kein BV zurückbleibt.

Bei der sog **Teilnachfolgeklausel** wird ebenfalls nur einer der Miterben G'ter, aber nur zu einem seiner Erbquote entspr Bruchteil des bisherigen Anteils. Die übrigen Miterben sind von den Alt-G'tern für den Rest abzufinden. Insoweit verwirklicht dann noch der Erblasser einen Veräußerungsgewinn (Rn 243), während hinsichtlich des fortführenden Miterben eine unentgeltliche Übertragung nach § 6 III vorliegt (Rn 247f). Hinsichtlich des Sonder-BV ergeben sich dieselben Rechtsfolgen wie bei der qualifizierten Nachfolge.

dd) Erbfallschulden. Sind der oder die Erben eines Gesellschaftsanteils mit Erbfallschulden belastet (Vermächtnisse, Pflichtteilsanspr), so führt dies nicht zu AK für den Erwerb des MU'anteils. Die Schulden stellen auch kein negatives Sonder-BV dar (Rn 105). Soweit Sachvermächtnisse aus dem Sonder-BV zu erfüllen sind, liegen bei dem oder den Erben Entnahmen im Sonderbereich vor (Rn 106). Ist der Gesellschaftsanteil selbst Gegenstand eines Vermächtnisses oder sind die Erben verpflichtet, dem Vermächtnisnehmer eine atypische Unterbeteiligung einzuräumen, erwirbt der Vermächtnisnehmer seinerseits unentgeltlich nach § 6 III vom Erben.[8]

---

1 Vgl Nachweise bei BFH BStBl II 00, 316; BStBl II 94, 515; BStBl II 92, 512; BFH/NV 98, 959; BFH/NV 98, 1127; vgl auch BMF BStBl I 05, 458 Tz 23 iVm BStBl I 93 Tz 83–85.
2 BFH BStBl II 00, 316.
3 BFH BStBl II 00, 316; BStBl II 95, 890; BStBl II 99, 269; BMF BStBl I 05, 458 Tz 5; *Schmidt*[26] § 16 Rn 435, vgl aber § 16 Rn 672, 674.
4 BFHE 192, 534; vgl auch (zur Veräußerung) BFHE 194, 97 = DB 01, 456; BFH BStBl II 01, 229; BStBl II 95, 890; BMF BStBl I 05, 458 Tz 6.
5 So BFH BStBl II 00, 316 u FG BaWü EFG 98, 1403 (Vorinstanz).
6 BFH BStBl II 95, 890.
7 So auch BFHE 192, 534 = DB 00, 2147 (nicht nach § 34 begünstigte Aufgabe des MU'anteils).
8 BFH BStBl II 95, 714.

256 **2. Übertragung unter Lebenden – Vorweggenommene Erbfolge.** Wird ein MU'anteil im Weg der vorweggenommenen Erbfolge unter Lebenden übertragen, gelten dieselben Grundsätze wie bei der Übertragung von Betrieben und Teilbetrieben, etwa hinsichtlich der Behandlung von **Gleichstellungsgeldern** und Abfindungszahlungen (Rn 138) oder der **Übertragung gegen Versorgungsbezüge** (Rn 140) und der Anwendung der **Einheitstheorie** bei teilentgeltlicher Veräußerung (Rn 137).

Schon die Parallele zum Erbfall bei einfacher Nachfolgeklausel (Rn 247) gebietet allerdings, dass auch die **Übertragung eines „Bruchteils" des Gesellschaftsanteils** – zur entgeltlichen Veräußerung s Rn 214 – als **unentgeltliche Übertragung nach § 6 III** – anerkannt wird, wenn der gesamte Gesellschaftsanteil auf mehrere „vorweggenommene Erben" übertragen wird. Dies bestätigt nunmehr § 6 III 1 HS 2 ausdrücklich. Dabei kann das Sonder-BV auch nur einem der „vorweggenommen Erben" zugewiesen werden. Eine quotale Aufteilung kann für § 6 III 1 2. HS jedenfalls dann nicht verlangt werden, wenn der Übertragende den gesamten Gesellschaftsanteil und das Sonder-BV, wenn auch aufgeteilt, unentgeltlich überträgt. Die fünfjährige Behaltensfrist des § 6 III 2 greift in diesen Fällen nicht ein. § 6 III 2 geht davon aus, dass vom Übertragenden die WG zurückbehalten werden. Dies trifft nicht zu, wenn der gesamte MU'anteil einschließlich des Sonder-BV übertragen wird, wenn auch aufgeteilt auf mehrere Rechtsnachfolger.

Problematisch erschien nach § 6 III aF hingegen die Beurteilung für den praktisch wichtigen Fall der lediglich teilw Übertragung eines Gesellschaftsanteiles unter voller (oder überquotaler) Zurückbehaltung wesentlichen Sonder-BV, wenn der Übertragende selbst G'ter und MU'er bleibt. Hier hatte der IV. Senat (überflüssigerweise) ausdrücklich entschieden, dass § 6 III aF keine Anwendung findet,[1] obwohl der Sachverhalt dazu keinen Anlass bot, denn § 6 III ist ohnehin bei einer Einlage in eine KapGes nicht anwendbar (Rn 21f). Dieser Rspr wurde durch § 6 III 2 idF UntStFG ab VZ 01 der Boden entzogen. Danach ist die Buchwertfortführung auch dann geboten, wenn bei der unentgeltlichen Aufnahme einer nat Pers in ein Einzelunternehmen (dazu Rn 38 und 100) oder bei der Teilübertragung eines MU'anteils WG des bisherigen BV oder des Sonder-BV nicht mit übertragen werden, sondern zurückbehalten werden. Allerdings müssen sie dann weiterhin „zum (Sonder-)Betriebsvermögen derselben MU'schaft gehören". Außerdem besteht bei der unterquotalen Übertragung von Sonder-BV eine Sperrfrist von 5 Jahren seit unentgeltlicher Übertragung für den unentgeltlichen Rechtsnachfolger, während der der unentgeltlich erworbene MU'anteil nicht veräußert – auch nicht teilw – oder aufgegeben werden darf. Wird die Sperrfrist nicht eingehalten, ist rückwirkend von einer Aufgabe des übertragenen MU'anteils auszugehen. §§ 16 IV und 34 sind dann nicht anzuwenden, § 16 III 1 iVm § 16 I 2. Die Sperrfrist betrifft nur die (vollständige oder teilw) Veräußerung oder Aufgabe des übertragenen MU'anteils. Dieser umfasst allerdings auch übertragenes funktional wesentliches Sonder-BV.[2] Bei einer unentgeltlichen Weiterübertragung oder bei Einbringung nach §§ 20, 24 UmwStG unter Buchwertfortführung ist die Sperrfrist vom Rechtsnachfolger einzuhalten.[3] Nicht erforderlich ist, dass die zurückbehaltenen WG während der gesamten Sperrfrist Sonder-BV bei derselben MU'schaft sind. Sie können daher später nach § 6 V 1 oder 2 zum Buchwert in ein anderes Sonder-BV oder eigenes BV überführt oder nach § 6 V 3 Nr 2 in ein anderes Gesamthandsvermögen übertragen werden – so ua, wenn infolge einer unentgeltlichen Übertragung von Anteilen an MU'anteilen mit anteiligem Sonderbetriebsvermögen eine BetrAufsp entsteht[4] – oder auch in PV entnommen werden (s auch § 6 Rn 182a).

Aus der ausdrücklichen „Privilegierung" der unentgeltlichen Übertragung eines Teilanteils eines MU'anteils in § 6 III 1 HS 2 ist die Konsequenz zu ziehen, dass eine überquotale unentgeltliche Mitübertragung des Sonder-BV für die Anwendung des § 6 III 1 HS 2 unschädlich ist.[5] Die Sperrfrist des § 6 III 2 findet bei vollständiger oder überquotaler Übertragung des Sonder-BV keine Anwendung.

Wird funktional[6] **wesentliches Sonder-BV** zurückbehalten und **in PV** überführt, sollte dies entgegen der Rspr und FinVerw[7] auch bei einer unentgeltlichen Übertragung des gesamten Gesellschaftsanteils unter Lebenden nicht als Aufgabe des MU'anteils gewertet werden, sondern als unentgeltliche

---

1 BFHE 192, 534 = DB 00, 2147.
2 **AA** *Schiffers* GmbH-StB 05, 139 u 175.
3 Vgl BMF BStBl I 05, 456.
4 BMF BStBl II 06, 766; vgl auch BFH BStBl II 05, 830.
5 Die FinVerw will mit demselben Ergebnis eine Aufteilung in quotale Übertragung nach § 6 III und iÜ nach § 6 V vornehmen, BMF BStBl I 05, 456 Tz 16.
6 Im Rahmen des § 6 III kommt für die Wesentlichkeit nur die funktionale Betrachtung zur Anwendung, BMF BStBl I 05, 458 Tz 3.
7 BFH BStBl II 95, 890; BMF BStBl I 05, 458 Tz 5.

Übertragung nach § 6 III 1 des MU'anteils verbunden mit laufendem Entnahmegewinn bzgl der zurückbehaltenen WG.[1] Andernfalls ergibt sich ein unheilbarer Widerspruch zur Behandlung der qualifizierten Nachfolge in einen MU'anteil beim Erbfall (s Rn 252, 253). Entscheidend für diese Wertung kann nur sein, dass beim Erblasser kein wesentliches Sonder-BV als BV zurückbehalten wird und er auch nicht mehr MU'er ist. Dann darf für die Übertragung unter Lebenden nicht anders entschieden werden, wenn auch hier **der gesamte Gesellschaftsanteil** übertragen wird und bisher wesentliches Sonder-BV vom Übertragenden nicht als BV fortgeführt wird. Aus § 6 III 2 ist kein Umkehrschluss abzuleiten. Er bezieht sich nach seinem Sinnzusammenhang in Reaktion auf die zu konterkarierende Rspr nur auf die Fallgestaltungen, bei denen der Übertragende weiterhin gewerblich tätig bleibt und wegen dieser Tätigkeit WG des BV nicht mit überträgt. Hier soll die Anwendung des § 6 III 1 nur dann ermöglicht werden, wenn die WG BV bei „derselben" MU'schaft bleiben.[2]

E. Veräußerung des Anteils des persönlich haftenden Gesellschafters einer KGaA, § 16 I 3

Korrespondierend zu § 15 I Nr 2 zählen nach § 16 I 1 Nr 3 auch die Gewinne aus der Veräußerung des Anteils eines phG'ters einer KGaA zu den Einkünften aus GewBetr. Die Gleichstellung des phG'ters mit einem MU'er – unabhängig davon, ob die Voraussetzungen für eine MU'schaft tatsächlich vorliegen (§ 15 Rn 503) – wird konsequent weitergeführt. Die geltenden Grundsätze für § 16 I 1 Nr 2 sind sinngemäß anzuwenden. **257**

Der zu veräußernde Anteil des phG'ter (Mitgliedschaft) besteht in seinem schuldrechtlichen Anspr gegenüber der Ges, insbes dem Gewinnanspr und der Beteiligung am Liquidationserlös bzw dem Abfindungsguthaben bei Ausscheiden. Insoweit ist die Stellung des phG'ter der eines atypisch stillen G'ters vergleichbar, da dinglich anders als bei der Außen-Ges keine anteilige gesamthänderische Zurechnung des Vermögens der KGaA zum phG'ter und den Kommanditaktionären in Betracht kommt. Auf der anderen Seite ist er aber aufgrund der persönlichen Haftung und der zwingenden Vertretungsbefugnis voll dem Komplementär einer KG vergleichbar. Es kommt hinzu, dass trotz der fehlenden dinglichen Zurechnung im Verhältnis zu den Kommanditaktionären das Kapital (BV iSd § 4 I) wie bei einer KG in einen dem phG'ter zuzurechnenden Kapitalanteil und das übrige Kapital aufzuteilen ist. Der phG'ter ist zwar kein Gesamthandseigentümer, er wird aber vollständig so behandelt.[3] Eine fiktive Umdeutung der Veräußerung des Anteils in eine Veräußerung von Bruchteilen von WG des Gesellschaftsvermögens der KGaA kann hier überhaupt nicht in Frage kommen. Diese Vorstellung ist aber ohnehin verfehlt (Rn 203). Veräußerungsgegenstand ist der Gesellschaftsanteil **des phG'ter** als Vermögensgegenstand und als **steuerliches WG**. Auch zivilrechtlich kann, falls dies in der Satzung vorgesehen ist, darüber verfügt werden. Allerdings bedarf es dann eines weiteren phG'ter, da die KGaA nicht ohne phG'ter sein kann. Die Verfügung über den Gesellschaftsanteil bewirkt, wie bei einer PersGes, dass zwingend auch die vermögensrechtlichen Bezüge (Gewinnanteil, Anteil am Liquidationserlös) übertragen werden. **258**

Das **Sonder-BV**, zu dem von den phG'tern gehaltene Kommanditaktien gerade nicht gehören[4] (§ 15 Rn 506), stellt keinen Bruchteil des Anteils iSv § 16 I 1 Nr 3 dar. Unter denselben Voraussetzungen wie bei einem MU'er nach § 16 I 1 Nr 2 kann es aber als wesentliche Betriebsgrundlage angesehen werden (Rn 206f). Seine Veräußerung führt daher nur zu tarifbegünstigten Veräußerungsgewinnen, wenn sie im Zusammenhang mit der Veräußerung eines Anteils iSv § 16 I 1 Nr 3 erfolgt. **259**

Die Veräußerungsfälle sind übereinstimmend mit § 16 I 1 Nr 2 zu beurteilen. Ebenso wie der entgeltliche Gesellschafterwechsel eine Veräußerung nach § 16 I 1 Nr 3 darstellt, kann das Ausscheiden eines phG'ters zu einem Aufgabegewinn nach § 16 III führen (Rn 217). Für die Teilveräußerung eines Anteils und unentgeltliche Übertragung gelten die normalen Regeln (Rn 214, 256, 253) entspr. Der Eintritt eines weiteren phG'ters gegen Einlage in das Gesellschaftsvermögen ist nicht als Veräußerung von Bruchteilen der Anteile der bisherigen phG'ter zu sehen (Rn 218).[5] Ebenso wird der unentgeltliche Gesellschafterwechsel nicht von § 16 I 1 Nr 3, sondern von § 6 III erfasst. Bei der Ermittlung des Veräußerungs- bzw Aufgabegewinns ist dem Veräußerungspreis abzgl Veräuße- **260**

---

1 Nach Rspr und FinVerw kommt diese Behandlung nur bei Zurückbehaltung funktional nicht wesentlichen Sonder-BV in Frage, BMF BStBl I 05, 458 Tz 8; BFH BStBl II 88, 374.
2 BMF BStBl I 05, 468 Tz 6.
3 Anders allerdings für die GrESt nach BFH v 27.4.05 – II B 76/04, BFH/NV 05, 1627 mit problematischer Begr.
4 BFH BStBl II 89, 881.
5 *K/S/M* § 16 Rn D 7; **aA** ua *H/H/R* § 16 Rn 166.

rungskosten der steuerliche Buchwert des Kapitalanteils aus der Gesellschaftsbilanz einschl einer eventuellen Ergänzungsbilanz gegenüberzustellen (Rn 223). Sonder-BV ist ebenso wie bei jedem MU'er gem § 16 I 1 Nr 2 zu berücksichtigen (Rn 224). Auch §§ 20, 24 UmwStG sind auf die Einbringung des Anteils anwendbar.[1]

F. Die Aufgabe des Gewerbetriebs und eines Mitunternehmeranteils, § 16 III und V

Literatur: *Bauschatz* Realteilung mitunternehmerischer Besitzgesellschaften, FR 04, 571; *Heß* Realteilung einer Personengesellschaft, DStR 06, 777; *Heuermann* Betriebsunterbrechung und Betriebsaufgabe, StBp 06, 269; *Hiller* Zweifelsfragen zum Verpächterwahlrecht, INF 06, 658; *Kölpin* Realteilung mit Spitzenausgleich, StuB 06, 751; *Musil* Realteilung von Personengesellschaften, BB 05, 1291; *Patt* Umwandlung einer Personengesellschaft in eine Kapitalgesellschaft, EStB 05, 106; *Paus* Betriebsverpachtung im Ganzen – Vielseitiges Gestaltungsistrument, EStB 03, 137; *ders* Offene Fragen bei der Realteilung, DStZ 06, 285; *Regierer/Meining* Realteilung mit Spitzenausgleich für Einnahme/Überschussrechner, DStZ 06, 474; *Reiche* Personengesellschaften im Konzern – Vermögensübertragungen zwischen Schwesterpersonengesellschaften, StuB 06, 626; *Rogall* Ertragsteuerliche Implikationen der nicht verhältniswahrenden Teilung von Personengesellschaften, DStR 05, 992; *ders* Steuerneutrale Bar- und Sachwertabfindung beim Ausscheiden aus Personengesellschaften – Zum Verhältnis von § 6 V und § 16, DStR 06, 731; *ders* Realteilung einer Personengesellschaft, FR 06, 336; *Schoor* Der neue Realteilungserlass, INF 06, 306; *Schulze zur Wiesche* Die steuerliche Behandlung von Spaltungs- und Ausgliederungsvorgängen bei Personengesellschaften, DStZ 04, 366; *ders* Ausscheiden eines Gesellschafters gegen Sachwertabfindung, Stbg 06, 374; *Schuster* -Korrektur angezeigt- Gedanken zum Verpächterwahlrecht, FR 07, 584; *Stahl* Betriebsaufgabe und -unterbrechung – Gestaltungsmöglichkeiten, KÖSDI 06, 15125; *ders* Gestaltunghinweise und Steuerfallen bei der Realteilung, DStZ 06, 548; *Stopper* Die Betriebsaufgabe als Gewinnausweistatbestand, Diss Hamburg 2005; *Stuhrmann* Zur Realteilung durch Bar- und Sachwertabfindung, DStR 05, 1355; *Wendt* Erwerb des Gewerbebetriebs. Voraussetzung einer Realteilung, FR 03, 659; *ders* Betriebsaufspaltung: Betriebsunterbrechung beim vormaligen Besitzunternehmen, FR 06, 828; *Winkelmann* Die Realteilung – eine Zwischenbilanz, BB 04, 130; frühere Literatur s 4. Aufl.

I. Tatbestand der Betriebsaufgabe. – 1. Abgrenzung zu Veräußerung, unentgeltlicher Übertragung
300 **und sukzessiver Abwicklung.** § 16 III 1 ordnet hinsichtlich der Rechtsfolgen an, dass die **Aufgabe des GewBetr** sowie eines MU'anteils **als Veräußerung** zu behandeln ist.

301 Begrifflich unterscheidet sich die BetrAufg von der Betriebsveräußerung und unentgeltlichen Betriebsübertragung dadurch, dass bei diesen der **Betrieb** als organisatorische Einheit von Betriebsmitteln erhalten bleibt und zusammen mit dem Tätigkeitsbereich auf **einen Erwerber entgeltlich oder unentgeltlich übertragen** wird, während der **Betrieb** bei der **BetrAufg zerschlagen** wird.[2]

302 Die **privilegierte Behandlung des Betriebaufgabegewinnes** als Veräußerungsgewinn mit Anwendung der **§§ 16 IV und 34** verlangt gleichermaßen wie die Veräußerung eine klare **Abgrenzung zum laufenden Gewinn**. Ebenso wie die Veräußerung muss sich daher die BetrAufg in **einem einheitlichen Vorgang** vollziehen. Die BetrAufg muss daher schon tatbestandlich von der **sukzessiven Abwicklung eines Betriebs** unterschieden werden. Hier ergeben sich größere Abgrenzungsschwierigkeiten als bei der Veräußerung, weil die Veräußerung an einen Erwerber sich klar von einer sukzessiven Abwicklung unterscheidet. Eine BetrAufg liegt daher nur vor, wenn die Abwicklung sich innerhalb eines kurzen Zeitraumes zwischen der ersten vom Aufgabeentschluss getragenen Aufgabehandlung und der Veräußerung/Entnahme der letzten wesentlichen Betriebsgrundlage (Aufgabezeitraum) vollzieht.[3] Die Dauer des noch anzuerkennenden Zeitraums hängt von den Verwertungsmöglichkeiten ab und kann sich über mehrere VZ erstrecken.[4] Zur Veräußerung bestimmte wesentliche Betriebsgrundlagen können nicht zur Abkürzung des Aufgabezeitraumes entnommen werden.[5]

303 Schließlich ist denkbar, dass sich der Gegenstand der gewerblichen Tätigkeit in sachlicher (**Strukturwandel**) oder räumlicher Hinsicht (**Betriebsverlegung**) verändert oder die Tätigkeit nur zeitlich unterbrochen wird (**Betriebsunterbrechung**). Hier kann im Einzelnen zweifelh sein, ob von einer

---

1 *Schulte* DStR 05, 951.
2 BFH BStBl II 05, 637.
3 Zu Beginn und Beendigung der BetrAufg in der Insolvenz vgl BFH BStBl II 03, 871.
4 BFH BStBl II 05, 395; BFH BStBl II 03, 67; vgl auch BStBl II 01, 282 (weniger als 3 VZ); BStBl II 01, 798 (weniger als

3 Jahre); BStBl II 94, 15 (ausnahmsweise auch länger als 3 VZ); BV/NV 00, 246 (3/4 Jahr in 2 VZ).
5 BFH BStBl II 01, 282 mwN; vgl auch BFH v 30.8.07 – IV R 5/06, DB 07, 2748 (Flucht eines Landwirtes – Betriebsaufgabe eines aktiv bewirtschafteten Betriebes erst beendet mit Veräußerung der Ländereien, keine vorherige Entnahme).

BetrAufg mit privilegiertem Aufgabegewinn oder einem **Fortbestehen des Betriebs ohne Gewinnverwirklichung** auszugehen ist. Keine BetrAufg stellt bei Körperschaften der Eintritt einer Befreiung nach § 5 KStG dar. Insoweit gilt die Sonderregelung des § 13 I, III KStG (laufender Gewinn durch Teilwertansatz). Die Aufgabe eines wirtschaftlichen Geschäftsbetriebes durch Überführung in den gemeinnützigen Bereich nach § 5 I 9 KStG wird insoweit begünstigt als sie gewinnneutral zum Buchwert nach § 13 IV KStG erfolgt.[1]

2. Formen der Betriebsaufgabe. Die BetrAufg als Zerschlagung des Betriebs kann sich **dem Grunde** nach in **3 Formen** hinsichtlich der Behandlung der **WG des bisherigen BV** vollziehen. 304

Erstens können die **WG des BV** einzeln an **verschiedene Erwerber veräußert** werden (oder zwar an einen Erwerber, aber nicht als fortzuführende organisatorische Einheit mit bisherigem Tätigkeitsbereich). Insoweit ordnet § 16 III 6 an, dass die **Einzelveräußerungspreise** als **Aufgabepreis** anzusehen sind. Nach § 16 III 5 ist bei einer Veräußerung an einen bisherigen MU'er durch die MU'schaft dann allerdings zu beachten, dass der dabei entstehende Gewinn – anders als bei Überführung in PV – nicht begünstigt ist.[2] 305

Zweitens können die **WG des BV in das PV** des StPfl überführt werden. Insoweit ordnet **§ 16 III 7** an, dass die **gemeinen Werte** als **Aufgabepreis** anzusetzen sind. 306

Drittens können die **WG des gemeinsamen BV bei einer MU'schaft** real unter die MU'er verteilt werden (**Realteilung**). Insoweit ordnet § 16 III 2 an, dass sowohl bei der Zuteilung von **Teilbetrieben** und **MU'anteilen** als auch bei der Zuteilung von **Einzel-WG** die Realteilung **nicht** als gewinnrealisierende BetrAufg zu behandeln ist, sondern von den Realteilern die Buchwerte fortzuführen sind, sofern die WG in ein BV der Realteiler übernommen werden. Eine **BetrAufg** nach § 16 III 1 liegt dann vor, wenn die WG von den Realteilern **in PV** übernommen werden (s Rn 340f). 307

Denkbar ist auch eine **Kombination der verschiedenen Formen.** So kann etwa die Zerschlagung des Betriebs teilw durch Einzelveräußerung und teilw durch Überführung in PV erfolgen. Wegen der gleichen Rechtsfolgen ist auch eine **Kombination aus Betriebsveräußerung und BetrAufg** möglich. Dies betrifft die Veräußerung oder Überführung in PV von nicht wesentlichen Betriebsgrundlagen im engen Zusammenhang mit einer Betriebsveräußerung. Dann ist einheitlich von einem **begünstigten Veräußerungsgewinn** auszugehen, in den auch die Erfolge aus der Veräußerung der Einzel-WG (oder ihrer Überführung in PV) einzubeziehen sind. 308

3. Aufgabe der Tätigkeit und Übertragung der wesentlichen Betriebsgrundlagen. Allen 3 Formen ist **gemeinsam**, dass die bisherige gewerbliche Tätigkeit des oder der StPfl aufgegeben wird und die WG des BV dieser Tätigkeit nicht mehr dienen. Dies ist die grds Gemeinsamkeit zur Betriebsveräußerung, die es auch rechtfertigt, BetrAufg und Betriebsveräußerung gleich zu behandeln. Wird die bisherige gewerbliche Tätigkeit – und sei es auch mit neuem BV – fortgesetzt, so fehlt es an einer BetrAufg. Die isolierte Veräußerung der WG – und sei es auch an nur einen Erwerber – führt zu laufendem Gewinn. Ob die bisherige Betätigung eingestellt wurde oder nicht, bestimmt sich nach denselben Kriterien wie bei der Betriebsveräußerung (Rn 53, 54). 309

Wie bei der Betriebsveräußerung setzt die BetrAufg voraus, dass **alle wesentlichen Betriebsgrundlagen veräußert** werden. Der Veräußerung gleichgestellt wird die **Überführung in PV**. Auch dabei werden durch Ansatz des gemeinen Wertes **alle stillen Reserven** aufgedeckt. Werden wesentliche **Betriebsgrundlagen in ein anderes BV** desselben StPfl oder in ein Sonder-BV des StPfl bei einer anderen MU'schaft überführt – nach § 6 V zwingend zum Buchwert –, so liegt ungeachtet der Einstellung der werbenden Tätigkeit **keine BetrAufg** vor. Die Veräußerung der übrigen WG führt zu laufendem Gewinn, ebenso die Überführung in PV (**laufender Entnahmegewinn**). Der IV. Senat hält allerdings für möglich, dass bei einem landwirtschaftlichen Betrieb durch Einstellung der Tätigkeit ein Aufgabegewinn nach § 14 iVm § 16 III entstehen kann, obwohl zeitgleich mit der Beendigung der Tätigkeit für den luf Betrieb bisher wesentliches Grundvermögen im Rahmen einer BetrAufsp zu gewerblichem BV wird. Dem könne jedoch die vorherige BetrAufg durch Überführung in das PV vorausgegangen sein.[3] Das erscheint jedenfalls angesichts der nunmehrigen Regelung in § 6 V EStG mit der Anordnung einer zwangsweisen Buchwertfortführung bei der 310

---

1 BMF BStBl I 02, 221.
2 Zu (allerdings missbrauchsanfälligen) Gestaltungsempfehlungen insoweit vgl *Stahl* KÖSDI 06, 15125.
3 BFH BStBl II 06, 652.

Überführung von WG auch in BV einer anderen Einkunftsart sehr problematisch (s aber Rn 313). Voraussetzung ist dann jedenfalls, dass § 6 V einschränkend dahin verstanden werden darf, dass er jedenfalls für die Neugründung eines anderen Betriebes unter Einbringung bisherigen BV aus einem aufgegebenen Betrieb nicht anwendbar ist, sofern der StPfl eine vorangehende Überführung in das PV erklärt (Rn 313).

311 Die **wesentlichen Betriebsgrundlagen** sind sowohl nach der **Funktionalität** (Rn 56f) **als auch quantitativ** zu bestimmen. Soweit allerdings bei einer **unentgeltlichen Betriebsübertragung** lediglich **quantitativ**, nicht aber funktional **bedeutsames BV zurückbehalten** wird, liegt eine BetrAufg nicht vor. Wird dieses BV in PV überführt, entsteht unter dem Gesichtspunkt der Entnahme ein laufender, nicht nach §§ 16 IV, 34 begünstigter Gewinn (Rn 56, 96).

312 **Keine BetrAufg** liegt danach insbes bei der **bloßen Betriebsverlegung** vor.[1] Dies gilt auch dann, wenn sie mit einem **Strukturwandel** verbunden ist, etwa vom Handels- zum Produktionsbetrieb[2] oder vom Groß- zum Einzelhandel. Eine **BetrAufg verbunden mit der Neueröffnung** eines Betriebs liegt hingegen vor, wenn der StPfl mit **neuem BV** gegenüber einem **anderen Abnehmerkreis** oder völlig andersartigem Tätigkeitsbereich tätig wird.[3]

313 Die Rspr **verneint** auch bei einem mit einem **Wechsel der Einkunftsart** verbundenen **Strukturwechsel** eine **BetrAufg**,[4] solange die Erfassung der stillen Reserven gesichert ist, etwa beim Wechsel von GewBetr zu LuF und umgekehrt oder allg innerhalb der Gewinneinkunftsarten. Auf die GewSt kommt es dabei nicht an.[5] In der Sache handelt es sich dabei um eine zutr teleologische Einschränkung des Betriebsaufgabetatbestandes hinsichtlich der Rechtsfolgen. Weil keine Gewinnrealisierung durch Veräußerungsakte stattgefunden hat und die Erfassung der stillen Reserven gesichert bleibt, erscheint die Annahme einer Zwangsrealisation der stillen Reserven verfehlt.[6] Unter diesem Aspekt einer teleologischen Einschränkung des Betriebsaufgabetatbestandes zugunsten des StPfl erscheint es gut vertretbar, mit dem IV. Senat[7] anzunehmen, dass jedenfalls bei Einstellung einer luf Tätigkeit eine BetrAufg auch dann angenommen werden kann, wenn ein Teil der wesentlichen Betriebsgrundlagen unmittelbar anschließend in einem GewBetr verwendet wird und der Rest veräußert wird. Freilich räumt man dann in der Sache dem StPfl ein Wahlrecht ein, entweder von der Buchwertfortführung des § 6 V Gebrauch zu machen oder eine Überführung in das PV vorzunehmen mit anschließender Einlage. Richtiger erscheint es demgegenüber anzunehmen, dass für Zwecke der GewSt von der Neugründung eines GewBetr auszugehen und insoweit die übernommenen WG in teleologischer Einschränkung des § 7 S 1 GewStG nur für Zwecke der Ermittlung des Gewerbeertrages mit dem Teilwert zu berücksichtigen ist. An einer BetrAufg soll es auch fehlen beim Strukturwechsel[8] zu einem **Liebhabereibetrieb**. Dem ist nicht zu folgen. Der Übergang zum Liebhabereibetrieb ist willentliche Überführung in das PV.[9]

314 Umgekehrt wird eine **BetrAufg bejaht** bei **Wegfall** der personellen oder sachlichen Verflechtung bei der **BetrAufsp**[10] (§ 15 Rn 113) oder der Tatbestandsvoraussetzungen für eine **lediglich gewerblich geprägte PersGes**[11] (§ 15 Rn 139).

315 Eine **BetrAufg** wäre an sich zutr[12] auch zu **bejahen bei Entstrickung durch Ausscheiden aus der inländischen StPfl**. Fraglich ist freilich einerseits schon nach nationalem Recht iVm etwaigen DBA, inwieweit etwa durch Wohnsitz/Sitzverlegung/Veränderung der Ansässigkeit es zu einem Ausscheiden aus der deutschen (unbeschränkten und beschränkten) StPfl hinsichtlich im Inland bereits

---

1 BFH BStBl II 85, 91; vgl auch BStBl II 03, 124 (zu LuF Betriebsverlegung auch bei größerer Entfernung, falls Stammkundschaft erhalten bleibt).
2 BFH/NV 97, 226.
3 BFH BStBl II 76, 670; BStBl II 76, 672.
4 BFH GrS BStBl II 75, 168; BStBl II 87, 342; BStBl II 93, 36.
5 BStBl II 89, 187.
6 *K/S/M* § 16 Rn F 42.
7 BFH BStBl II 06, 652 (Das Urteil ist erkennbar dadurch beeinflusst, dass auch eine Verstrickung mit GewSt vermieden werden sollte. IÜ legte der Sachverhalt eher nahe, dass das angebliche luf BV schon vorher gewerbliches BV war.); vgl auch BFH v 30.8.07 – IV B 40/07, BFH/NV 08, 35 (Überführung von luf Ver-

mögen in gewerbliches Betriebsvermögen schließt BetrAufg grds nicht aus).
8 BFH BStBl II 02, 809; BStBl II 00, 524; BStBl II 82, 381; BStBl II 93, 430 – das BV soll „eingefroren bleiben"; Feststellung der Werte nach § 180 II AO iVm § 8 VO zu § 180 II, BGBl I 86, 2663.
9 *K/S/M* § 16 Rn F 41; Schuldzinsen bleiben Betriebsausgabe, soweit Schuldenüberhang, aA *Weber-Grellet* FR 02, 1227.
10 BFH BStBl II 98, 325 (Insolvenz); BStBl II 97, 460 (Wegfall der personellen Verflechtung) mwN; krit *K/S/M* § 16 Rn F 35.
11 R 16 (2) Abs 2 EStR.
12 *K/S/M* § 16 Rn F 63 f.

gebildeter stiller Reserven kommen kann. Dies sollte nach früherer Rspr etwa bei Verlegung des Betriebs in einen DBA Staat mit Freistellungsmethode[1] der Fall sein,[2] wäre aber auch bei Wohnsitzverlegung zu bejahen, falls dadurch das BV aus der deutschen Besteuerung ausscheidet,[3] wenn nicht zugleich eine beschränkte StPfl hinsichtlich des BV wegen Verbleibens einer inländischen Betriebsstätte begründet wird. Bei Bestehen einer beschränkten StPfl ist problematisch, inwieweit bei einer veränderten Zuordnung von WG nunmehr zu einer ausländischen Betriebsstätte (Verlagerung von WG in eine ausländische Betriebsstätte) die Erfassung bereits im Inland entstandener stiller Reserven gesichert bleibt.

Inzwischen ist freilich der europarechtlichen Entwicklung Rechnung zu tragen. Aus der Rspr des EuGH zur Beachtung der Grundfreiheiten, namentlich der Niederlassungs- und Kapitalverkehrsfreiheit, folgt insoweit, dass, auch bei Beachtung der Zuständigkeit der Mitgliedstaaten für die direkten Steuern, diese ihre Kompetenz unter Beachtung der Grundfreiheiten des EGV auszuüben haben.[4] Der EuGH hat daraus für die hier interessierende Fragestellung abgeleitet, dass ein Eingriff in die Grundfreiheiten jedenfalls unter dem Aspekt der Behinderung vorliegt, wenn durch eine Wohnsitz/Sitzverlagerung/Verlagerung der Ansässigkeit und das dadurch bedingte Ausscheiden aus der persönlichen StPfl stille Reserven aufgedeckt und unmittelbar sofort versteuert werden müssen, obwohl eine derartige Rechtsfolge nicht einträte, wenn lediglich im Inland eine entspr Ansässigkeitsverlagerung erfolgte. Noch nicht ausdrücklich entschieden hat er über die Frage, ob auch das endgültige Ausscheiden aus der beschränkten StPfl durch Überführung von WG aus der inländischen in eine ausländische Betriebsstätte (einschließlich der kompletten Verlagerung der inländischen Betriebsstätte in das Ausland) unter dem Aspekt der Niederlassungsfreiheit/ Kapitalverkehrsfreiheit einer sofortigen Besteuerung der stillen Reserven entgegensteht. Für eine unterschiedliche Behandlung sind freilich Gründe nicht ersichtlich.

Er hat allerdings gleichzeitig betont, dass die Aufteilung der Besteuerungsrechte[5] weiterhin in der Kompetenz der Mitgliedstaaten verbleibt. Unter diesem Aspekt können die Mitgliedstaaten in Berücksichtigung des Territorialitätsprinzipes die Aufteilung in entspr DBA auch so vornehmen, dass demjenigen Staat das Besteuerungsrecht verbleibt, in dem sich die stillen Reserven gebildet haben. Auch insoweit hat dann der betr Mitgliedstaat freilich zu beachten, dass die Besteuerung sich (auch zeitlich) nicht diskriminierend gegenüber vergleichbaren Inlandsvorgängen auswirken darf. Ob und inwieweit ein verbleibendes Besteuerungsrecht nach innerstaatlichem Recht sodann durch DBA-Regelungen eingeschränkt wird, ist der jeweiligen DBA-Regelung zu entnehmen. Soweit danach das innerstaatliche Besteuerungsrecht auch hinsichtlich der im Inland gebildeten stillen Reserven eingeschränkt wird, rechtfertigt dies im Verhältnis zu Mitgliedstaaten (EWR-Staaten) gerade keine „Wegzugs/Verlagerungsbesteuerung" durch § 16 III. Vielmehr haben sich die Mitgliedstaaten dann an der von ihnen in eigener Verantwortung vorgenommenen Aufteilung der Besteuerungsrechte festhalten zu lassen.[6]

Für die (europarechtskonforme) Auslegung des Betriebsaufgabetatbestandes des § 16 III folgt daraus, dass weder die Ansässigkeitsverlagerung mit Ausscheiden aus der unbeschränkten StPfl noch eine etwaige Verlagerung von WG mit der Folge eines Ausscheidens aus der beschränkten StPfl, zu einer sofortigen Besteuerung eines Aufgabegewinnes führen darf. Eine europarechtskonforme Auslegung des § 16 III verlangt insoweit nunmehr, in diesen Fällen jedenfalls nicht schon von einer Ersatzrealisation durch Entnahme/BetrAufg auszugehen.[7] Vielmehr darf, vorbehaltlich einer entspr Aufteilung der Besteuerungsrechte zwischen den Mitgliedstaaten, eine effektive Besteuerung im Wegzugsstaat erst stattfinden, wenn ein Realisationstatbestand – gemessen am innerstaatlichen

---

1 BFH BStBl II 77, 76; anders bei Anrechnungsmethode, BStBl II 72, 760 und bei nachträglichem Abschluss eines DBA, BFH BStBl II 82, 381.
2 Krit dazu K/S/M § 16 Rn F 71.
3 BFH BStBl II 78, 494.
4 Vgl statt vieler EuGH v 11.3.04 – Rs C-9/02 (De Lasteyrie du Saillant), Slg 04 I-2409; EuGH v 13.12.05 – Rs C-446/03 (Marks & Spencer), Slg 05 I-10837; EuGH v 7.9.06 – Rs C 470/04 (N).
5 Vgl dazu EuGH v 13.12.05 – Rs C-446/03 (Marks & Spencer), Slg 05 I-10837; EuGH v 12.5.98 – Rs C-336/96 (Gilly), Slg 98 I-2793; EuGH v 12.9.02 – Rs C-385/00 (De Groot), Slg 02 I-11819; EuGH v 23.2.06 – Rs C-513/03 (van Hilten-van der Heijden), Slg 06 I-1957.
6 Zur Berücksichtigung von DBA-Regelungen bei der Frage, ob ein Verstoß gegen die Grundfreiheiten vorliegt vgl, EuGH v 19.1.06 – Rs C-265/04 (Bouanich) und Schlussanträge Generalanwalt Geelhoed v 27.4.06 – Rs C-170/05 (Denkavit) mwN.
7 Vgl EuGH v 21.11.02 – Rs C-436/00 (X & Y), Slg 02, 10829; EuGH v 8.3.01 – Rs C-397/98 u C-410/98 (Metallg), Slg 01 I-1727; EuGH v 11.3.04 – Rs C-9/02 (Lasteyrie du Saillant), Slg 04 I-2431; EuGH v 7.9.06 – Rs C-470/04 (N).

Recht unter Ausklammerung gerade an den Wegzug/die Verlagerung in einen anderen Mitgliedstaat anknüpfender Tatbestände – stattgefunden hat, auch wenn dieser erst nach dem Wegzug/der Verlagerung erfolgt. Etwaige Ermittlungs- und Erhebungsschwierigkeiten sieht der EuGH – etwas blauäugig – unter Hinweis auf die Amtshilfe und Beitreibungsrichtlinie – nicht als Rechtfertigungsgründe an. Lediglich eine Feststellung der bei Wegzug/Verlagerung vorhandenen stillen Reserven (auch durch Steuerfestsetzung unter zinsloser Stundung) erachtet der EuGH für gerechtfertigt.[1]

Unter Beachtung dieser Rspr dürfte weder das Ausscheiden aus der unbeschränkten StPfl durch Wohnsitz/Sitz/Ansässigkeitsbegründung in einem anderen Mitgliedstaat (EWR-Staat) noch eine Betriebsverlagerung in einen anderen EG- (oder EWR-) Staat zu einer die sofortige Besteuerung auslösenden BetrAufg nach § 16 III führen. Konsequenterweise sollte dann allerdings insoweit schon das innerstaatliche nationale Recht (mithin § 1 EStG und § 1 KStG sowie § 1 IV iVm § 49 I Nr 2 und II EStG) dahingehend ausgelegt werden, dass das Besteuerungsrecht hinsichtlich stiller Reserven, die während der unbeschränkten oder beschränkten StPfl im Inland gebildet wurden, auch nach Wegzug/Verlagerung in einen anderen Mitgliedstaat erhalten bleibt. Beides ist für das gegenwärtige Recht allerdings umstritten.[2] Der Gesetzgeber sollte dies daher ausdrücklich regeln. In den DBA ist sodann zu regeln, ob und inwieweit das innerstaatlich fortbestehende Recht zur Besteuerung der stillen Reserven aufrechterhalten werden soll.

315a Eine derartige **Entstrickungsregelung** sieht nunmehr das Gesetz über steuerliche Begleitmaßnahmen zur Einführung der Europäischen Gesellschaft und zur Änderung weiterer steuerlicher Vorschriften (SEStEG)[3] durch Änderung des § 4 EStG und ergänzend des § 12 KStG vor. **§ 4 I 3 iVm § 6 I Nr 4 S 1 EStG** idF SEStEG bestimmt insoweit, dass der **Ausschluss oder die Beschränkung des Besteuerungsrechtes** der BRD einer **Entnahme für betriebsfremde Zwecke** gleich steht. Diese gleichstehende Entnahme ist mit dem gemeinen Wert zu bewerten. Nach **§ 12 I KStG** idF SEStEG gilt es als **Veräußerung** oder Überlassung **zum gemeinen Wert**, wenn das Besteuerungsrecht der Bundesrepublik hinsichtlich des Gewinns aus der Veräußerung oder Nutzung eines WG **ausgeschlossen oder beschränkt** wird.

Problematisch an dieser Regelung ist zunächst einmal, dass das Gesetz selbst insoweit ausdrücklich gerade nicht die umstrittene Frage beantwortet, ob und wann denn ein Ausschluss oder eine Beschränkung des Besteuerungsrechtes hinsichtlich im Inland während des Bestehens der unbeschränkten oder beschränkten StPfl gebildeter stiller Reserven eintritt, falls durch Ansässigkeitsverlagerung die unbeschränkte StPfl endet und auch keine beschränkte StPfl bestehen bleibt oder falls eine beschränkte StPfl durch Verlagerung in Bezug auf bisher steuerverstrickte WG endet. Vielmehr wird stillschweigend in Anknüpfung an die bisherige Rspr zum finalen Entnahmebegriff[4] und die davon teilw (im Billigkeitswege?) abw Auffassung der FinVerw[5] im Grundsatz davon ausgegangen, dass die genannten Vorgänge, sei es schon nach innerstaatlichem Recht (beschränkte StPfl) oder jedenfalls unter Berücksichtigung von DBA (bei fortbestehender unbeschränkter StPfl) zu einem Ausschluss oder einer Beschränkung des Besteuerungsrechtes hinsichtlich bereits im Inland gebildeter stiller Reserven führen können. Unter Zugrundelegung des bisherigen Verständnisses wäre danach nunmehr eine gewinnrealisierende Entstrickung anzunehmen:

a) Unbeschränkte Steuerpflicht

315b – Entstrickung tritt bei **Beendigung der unbeschränkten StPfl** hinsichtlich aller WG ein, für die nicht zugleich nach § 1 IV EStG, § 2 Nr 1 KStG iVm § 49 EStG eine beschränkte StPfl (inländische Betriebsstätte) begründet wird. Nicht erfasst werden WG, bei denen schon während des Bestehens der unbeschränkten StPfl das Besteuerungsrecht wegen eines DBA mit Freistellungsmethode nicht bestand.

---

1 EuGH v 7.9.06 – Rs C-470/04 (N) mit Hinweis auf die (Amtshilfe-)Richtlinie 2004/106/EG des Rates v 16.11.04 (ABlEU Nr L 359, 30) und die (Beitreibungs-)Richtlinie 76/308/EWG des Rates v 15.3.76 in der durch die Richtlinie 2001/44/EG des Rates v 15.6.01 (ABlEG Nr L 175, 17) geänderten Fassung.
2 Vgl *Wassermeyer* DB 06, 1176.
3 V 12.12.06, BGBl I 06, 2782; Entw BReg v 25.9.06, BT-Drs 1627/10.
4 Grundlegend BFH BStBl II 70, 175 (Überführung in ausländische Betriebsstätte mit DBA Freistellung = Entnahme), vgl ebenso BFH BStBl II 89, 187; BStBl II 72, 760; BStBl II 71, 631; gebilligt von BFH GrS BStBl II 75, 168; BFH BStBl II 76, 246 (nachträglicher Abschluss eines DBA = keine Entnahme mangels willentlicher Handlung).
5 BMF BStBl I 99, 1076 (Betriebsstättenerlass) geht jedenfalls für den Fall fortbestehender unbeschränkter StPfl davon aus, dass eine Gewinnrealisation erst mit Realisation eintritt, also nicht schon durch Entnahme, anders aber bei Verbringen aus inländischer Betriebsstätte eines beschränkt StPfl.

– Entstrickung tritt bei **Fortdauer der unbeschränkten StPfl** auch ein, soweit durch Verlagerung von WG in das Ausland die Besteuerung in Deutschland wegen eines DBA mit Freistellungsmethode ausgeschlossen wird[1] oder wenn bei einem DBA mit Anrechnungsmethode (respektive innerstaatlicher Anrechnung nach § 34c bei Nichtbestehen eines DBA), soweit eine Anrechnung zu erfolgen hätte, die Besteuerung beschränkt wird (ausländische Betriebsstätte).[2]
– Entstrickung tritt ferner ein, soweit von der Anrechnungsmethode durch Neuabschluss oder Änderung zur Freistellungsmethode übergegangen wird.[3]

b) Beschränkte Steuerpflicht. Hier tritt Entstrickung immer ein, soweit Veräußerungserfolge des WG nicht mehr von einer vorher bestehenden beschränkten StPfl umfasst werden und auch nicht eine unbeschränkte StPfl begründet wurde. Dies betrifft namentlich die Überführung von WG aus einer inländischen Betriebsstätte in das Ausland, soweit dadurch die Zugehörigkeit zur inländischen Betriebsstätte beendet wird.[4] 315c

Die Neuregelungen unterliegen unter Berücksichtigung der bisherigen Rspr des EuGH, soweit das Verhältnis zu Mitgliedstaaten (EWR-Staaten) betroffen ist, erheblichen Bedenken unter dem Aspekt einer nicht verhältnismäßigen Einschränkung der Grundfreiheiten der Niederlassungsfreiheit und der Kapitalverkehrsfreiheit. Gegenüber Drittstaaten (Kapitalverkehrsfreiheit) dürfte hingegen die Verhältnismäßigkeit jedenfalls dann zu bejahen sein, wenn keine der Amtshilfe- und BeitreibungsVO entspr wirksamen Instrumente bestehen. Eine europarechtskonforme Besteuerung hinsichtlich der zulässigen Besteuerung der stillen Reserven, soweit sie während des Bestehens einer StPfl in Deutschland gebildet wurden, darf danach erst stattfinden, wenn eine Realisation oder Ersatzrealisation nach denselben Maßstäben wie sie im Inland gelten, stattgefunden hat. Soweit die Regelungen in den DBA entgegenstehen, vermag dies einer sofortige Besteuerung europarechtlich gerade nicht zu rechtfertigen. Vielmehr bedürfte es dann einer (einvernehmlichen) Änderung der DBA, respektive die Mitgliedstaaten haben sich an der von ihnen vorgenommenen Aufteilung der Besteuerungsrechte festhalten zu lassen.

Unabhängig davon, ob die Neuregelungen zur Entstrickung europarechtskonform sind oder nicht, führen die genannten Vorgänge, auch wenn sie zur Folge haben, dass ein bisheriges inländisches Besteuerungsrecht bzgl eines gewerblichen Betriebes/Teilbetriebes endet, im Verhältnis zu Mitglied- und EWR-Staaten nicht zur Anwendung des § 16, namentlich nicht des § 16 III iVm §§ 16 IV und 34. Denn die erforderliche Gleichbehandlung mit entspr innerstaatlichen Verlagerungen verbietet es dann auch, die Fortsetzung des Betriebes im Ausland, respektive die Verwendung wesentlichen BV zur Erzielung von Gewinneinkünften im Ausland als begünstigte BetrAufg im Inland zu behandeln.[5]

Insgesamt ist die Neuregelung sowohl unter europarechtlichen als auch innerstaatlichen Aspekten als wenig gelungen zu betrachten. Der Sache nach geht es um die Aufteilung von Besteuerungsrechten im Hinblick auf während des Bestehens der unbeschränkten oder beschränkten StPfl gebildete Reserven. Dies hat – ungeachtet der durchaus verständlichen früheren Rspr zum finalen Entnahmebegriff – mit einer Überführung von WG aus dem betrieblichen Bereich in einen nicht der Besteuerung von Veräußerungsgewinnen unterliegenden privaten (vermögensverwaltenden) Bereich in einem die Niederlassungs-Kapitalverkehrfreiheit gewährleistenden Europa wenig zu tun. Statt dessen hätte es sich angeboten, offensiv mit der innerstaatliche Regelung deutlich zu machen, dass es um die vom EGV vorausgesetzte Zulässigkeit der Aufteilung der Besteuerungsrechte zwischen den Mitgliedstaaten geht und nicht um eine Überführung in einen (fiktiven) betriebsfremden Bereich. Die Grundregel hätte demnach lauten sollen, dass die Beendigung der unbeschränkten oder beschränkten StPfl das Recht der BRD bestehen lässt, die während des Bestehens der StPfl gebildeten stillen Reserven weiterhin bei ihrer Auflösung zu besteuern. Die Höhe der stillen Reserven 315d

---

1 BFH BStBl II 89, 187; BStBl II 70, 175.
2 So ausdrücklich Begr zum Entw SEStEG BT-Drs 16/2710, 28 in Abweichung von der bisherigen Rspr vgl BFH BStBl II 89, 187 u BFH BStBl II 70, 175.
3 Anders die bisherige Rspr vgl BFH BStBl II 76, 246.
4 So die FinVerw BMF BStBl I 99, 1076 (Überführung von inländischer Betriebsstätte in ausländisches Stammhaus – hier wird deshalb sofortige Gewinnrealisierung verlangt).

5 Verfehlt daher insoweit die Kritik am fehlenden Verweis in § 16 auf die Entstrickungsregelung im Entw bei *Stadler/Elser* BB Special 8 zu Heft 44/06, 18 (21); Zutr geht die Begr zum Entw, BT-Drs 16/2710 zu § 6 davon aus, dass auch immaterielle Werte und ein Firmenwert erfasst werden und der gemeine Wert sich unter Berücksichtigung ihrer betrieblichen Funktion, die erhalten bleibt!, bestimmt (Bewertung der Sachgesamtheit).

wäre im Einklang mit den Regelungen in Art 7 II und III und Art 9 I OECD-Musterabkommen schon innerstaatlich als Differenz zwischen dem Buchwert und dem Fremdvergleichspreis zu bestimmen. Bei zur Veräußerung bestimmtem Umlaufvermögen dürfte eine Gewinnrealisation insoweit erst mit der (im Ausland erfolgenden) Veräußerung angenommen werden. Bei nicht zur Veräußerung bestimmtem Anlagevermögen geht es um die zutr Zuordnung der AK/HK als BA zu den inländischen und ausländischen Erlösen. **§ 4g EStG** idF SEStEG bietet insoweit eine unvollkommene Teillösung nur für den Fall eines Fortbestehens der unbeschränkten StPfl bei abnutzbarem Anlagevermögen mit der zunächst erfolgsneutralen Bildung eines über 5 Jahre gewinnerhöhend aufzulösenden **Ausgleichspostens**.[1]

316 **4. Aufgabe eines Teilbetriebs.** Auch wenn in § 16 III 1 nicht ausdrücklich erwähnt, wird auch die **Aufgabe eines Teilbetriebs** der begünstigten Teilbetriebsveräußerung **gleichgestellt**. Wie bei der Teilbetriebsveräußerung muss bereits **vor der Aufgabe ein TB** (Rn 62, Rn 66) bestanden haben. Die den TB konstituierende gesonderte **Tätigkeit** muss **eingestellt** werden und sämtliche **wesentlichen Betriebsgrundlagen des Teilbetriebs** müssen innerhalb eines kurzen Aufgabezeitraumes (Rn 302) **veräußert oder in PV** überführt werden[2] (Rn 67). Der Annahme einer Teilbetriebsaufgabe steht insbes entgegen, dass Personal, wesentliche materielle oder immaterielle WG einschl des Kundenstammes in den fortgeführten (Teil) Betrieb übernommen werden. Dies gilt auch dann, wenn es sich um zivilrechtlich einheitliche Sachen handelt (etwa Grundstücke), die vor Aufgabe teilw dem einen, teilw dem anderen Teilbetrieb dienten (Rn 68).

317 **II. Betriebsunterbrechung und Betriebsverpachtung. – 1. Betriebsunterbrechung.** Die BetrAufg verlangt die Beendigung der bisher ausgeübten gewerblichen Betätigung. Wird die **werbende Tätigkeit lediglich vorübergehend** eingestellt, so liegt **keine BetrAufg** vor. Dies ist selbstverständlich etwa für eine Unterbrechung der Tätigkeit wegen Urlaubs, Krankheit usw und gilt natürlich auch für **Saisonbetriebe**. Hier ist ohne jede Erklärung des StPfl klar, dass objektiv lediglich eine Unterbrechung vorlag. Es besteht auch kein Wahlrecht, etwa die Betriebsunterbrechung als BetrAufg zu behandeln.[3]

318 Die **Rspr** ist inzwischen aber **darüber weit hinausgegangen**, **ohne** allerdings **klare Konturen** erkennen zu lassen.[4] Die Betriebsunterbrechung soll nunmehr den Oberbegriff auch für die **Betriebsverpachtung** als schon bisher anerkannten Sonderfall des Fehlens einer BetrAufg und besser eines de facto **Wahlrechtes zur BetrAufg** darstellen.[5] Völlig unklar ist insoweit die Abgrenzung gegenüber einerseits der Betonung, dass die Rspr es ablehne, dem StPfl nach Einstellung der werbenden Tätigkeit „ewiges BV" zu belassen[6] und andererseits der Betriebsverpachtung. Praktisch ist nunmehr auch bei Fehlen der Voraussetzungen einer Betriebsverpachtung (Rn 322) de facto ein Wahlrecht zur Vermeidung der BetrAufg durch Behandlung als Betriebsunterbrechung kreiert worden.[7]

319 Eine **bloße Betriebsunterbrechung** soll demnach vorliegen, wenn der StPfl zwar seinen **Betrieb eingestellt** oder seine **Tätigkeit beendet habe**, aber **keine eindeutige Aufgabeerklärung** gegenüber dem FA abgegeben wurde. Demzufolge liegt eine **BetrAufg nur** vor, wenn die **werbende Tätigkeit** einge-

---

1 Für die Behandlung abnutzbaren Anlagevermögens dürfte der richtige Weg darin bestehen, dass die im Inland – durch gemessen am Wertverzehr zu hohe Abschreibungen – gebildeten stillen Reserven verteilt auf die restliche Nutzungsdauer zu versteuern sind. Der Sache nach handelt es sich um eine Korrektur der bisher zu niedrig erfassten Gewinne im Inland. Korrespondierend sind die Erträge im EG-Ausland um entspr Abschreibungen zu mindern. Mit dem Realisationsprinzip im engeren Sinne ist hier in Wahrheit nicht weiter zu kommen, weil eine echte Realisation durch Veräußerung regelmäßig weder im Inlandsfall noch im grenzüberschreitenden Falle eintritt. Der vergleichbare Inlandsfall ist nicht die spätere Veräußerung des abnutzbaren Anlagevermögens, sondern die weitere Nutzung im Inland. Es geht im Kern nicht um die Zuordnung eines etwaigen Gewinnes aus der Veräußerung des Anlagegutes, sondern um die zutr Zuordnung der Anschaffungs/Herstellungaufwendungen zu den mit Hilfe des Anlagegutes erzielten Erträgen.

2 BFH BStBl II 05, 395.
3 Vgl ua BFH BStBl III 66, 459 (Handelsvertreter mit neuer Vertretung); BStBl II 90, 383 (Ferienwohnungen werden zwischenzeitlich nicht über Organisation vermietet); BStBl II 92, 392 (Bildung RfE nach Zerstörung wesentlicher Betriebsgrundlagen durch Brand).
4 Vgl einerseits BFH BStBl II 98, 379 (nackte Grundstücksvermietung als Betriebsunterbrechung) und andererseits BStBl II 98, 373 (nackte Grundstücksvermietung keine Betriebsverpachtung oder -unterbrechung).
5 BFH BStBl II 98, 388; vgl auch BGH v 23.10.03 – IX ZR 149/02, NJW 04, 444 zur Schadensersatzpflicht des Beraters bei unzutr Beratung hinsichtlich der Ausübung des Wahlrechtes.
6 So BFH BStBl II 97, 561 (Beteiligung an GmbH im BV nach Einstellung des Einzelunternehmens nicht mehr BV); BStBl II 96, 246.
7 Vgl BFHE 188, 397; vgl auch BFH BStBl II 06, 591; *Heuermann* StBp 06, 269; *Wendt* FR 06, 828.

stellt und eine **Aufgabeerklärung** abgegeben wurde. Allerdings soll Letztere ausnahmsweise dann nicht erforderlich sein, wenn sich aus den **äußeren Umständen eindeutig** ergäbe, dass der **Betrieb endgültig aufgegeben** werden soll. Derartige Umstände werden nicht darin gesehen, dass ein bisheriger **Grundstückshändler** Grundstücke nunmehr lediglich vermögensverwaltend vermietet,[1] dass die **Vermietung von Grundbesitz** wie bisher **fortgeführt** wird,[2] auch wenn es sich nicht um einen GewBetr handelte, dem Grundstücke das Gepräge gaben, dass ein Teil der Betriebsgrundlagen verpachtet wird und die anderen „in Reserve gehalten" werden,[3] dass ein Teil der Betriebsgrundlagen verpachtet und der andere Teil an den Pächter veräußert wird, wenn die veräußerten WG wieder zurückerworben wer- den können,[4] dass wegen Einstellung der werbenden Tätigkeit der Betriebsgesellschaft dieser überlassene Grundstücke von der bisherigen Besitzgesellschaft anderweitig an Fremde vermietet werden.[5] Zusammenfassend soll Voraussetzung für die Annahme eines ruhenden Betriebs im Sinne einer Betriebsunterbrechung sein, dass a) die zurückbehaltenen WG erlauben, den Betrieb in gleichartiger oä Weise wieder aufzunehmen (objektives Merkmal) und b) die Absicht bestehe, den Betrieb später wiederaufzunehmen (subj Merkmal). Von einer **Fortführungsabsicht** sei aber grds auszugehen, bis der StPfl eindeutig erkläre, er werde die gewerbliche Tätigkeit nicht wieder aufnehmen. Erst zu diesem Zeitpunkt liegt dann eine BetrAufg vor.[6]

Zum Verständnis erscheint es erforderlich, die zugrunde liegende Problematik darzustellen. Das Sachproblem stellt sich wie folgt dar: Wird die **werbende Tätigkeit eingestellt**, aber funktional und **quantitativ wesentliches BV zurückbehalten** und nunmehr an sich **vermögensverwaltend genutzt** (insbes bei Grundstücksvermietungen), würde die Annahme einer **BetrAufg** zu einer sofortigen **Besteuerung** zwingen. Dies erscheint jedoch einerseits angesichts des **Fehlen**s eines Zuflusses **von Liquidität** problematisch und wäre auch in der Tat nicht gerechtfertigt, wenn die werbende **Tätigkeit lediglich vorübergehend eingestellt** wurde. Ob die Einstellung lediglich vorübergehend oder endgültig war, hängt jedoch zunächst von den subj Absichten des StPfl ab. An solche **inneren Tatsachen** kann die Besteuerung erkennbar nicht anknüpfen, wenn nicht auf einen eng begrenzten Zeitraum abgestellt wird, innerhalb dessen die Absicht objektiv verwirklicht wird (Urlaub, Krankheit, Saisonbetriebe). Geradezu typisch wird dies durch die von der Rspr zu entscheidenden Fälle dokumentiert. Im Jahr der Einstellung der werbenden Tätigkeit wird regelmäßig bei Vorhandensein erheblicher stiller Reserven vom StPfl vorgetragen, er beabsichtige die gewerbliche Tätigkeit später wieder aufzunehmen. Werden Jahre später die angeblich weiterhin BV eines ruhenden Betriebs darstellenden WG gewinnrealisierend veräußert – möglicherweise erst durch die Erben – wird vorgetragen, dass eine Absicht, die werbende Tätigkeit wieder aufzunehmen, nie bestanden habe. Daher sei von einer BetrAufg in der – verjährten – Vergangenheit auszugehen, die nunmehr nicht mehr besteuert werden dürfe.[7] **320**

Richtigerweise sollte die Rspr sich nunmehr offen dazu bekennen, dass BV als solches mit der Konsequenz nachträglicher gewerblicher Einkünfte nach § 24 Nr 2 auch außerhalb einer Betriebsverpachtung im Ganzen fortgeführt werden kann, soweit es weiterhin der Einkünfteerzielung dient und der StPfl es nicht ausdrücklich anlässlich der Beendigung seiner bisherigen werbenden gewerblichen Tätigkeit durch Aufgabeerklärung „entnimmt". Damit würde auch der erforderliche Gleichklang zur Fortführung von ehemals notwendigem BV als gewillkürtes BV bei einem werbenden Betrieb hergestellt werden.[8] Auf das Merkmal der Möglichkeit vermittels der zurückbehaltenen WG den Betrieb in gleichartiger oder ähnlicher Weise in einem überschaubaren Zeitraum wieder aufzuneh- **321**

---

1 BFH BStBl II 96, 246.
2 BFH BStBl II 98, 379; BFH/NV 99/350.
3 BFHE 188, 397.
4 BFHE 188, 397 (fehlgeschlagene BetrAufsp wegen Einstimmigkeit im Besitzunternehmen).
5 BFH BStBl II 06, 591 (Neubegründung einer Betriebsgesellschaft nicht ausgeschlossen oder sogar Aufnahme einer eigenen echten gewerblichen Tätigkeit der bisherigen Besitzgesellschaft mit den nunmehr vermieteten Grundstücken auch noch nach Jahrzehnten!); vgl auch BFH v 2.2.06 IX B 91/05, BFH/NV 06, 1266 (Erfinder GbR als vormalige Besitzgesellschaft nach Wegfall der sachlichen Verflechtung).
6 BFH BStBl II 06, 581; BFH/NV 06, 397 mwN; BFH BStBl II 88, 260.
7 Vgl die Sachverhalte in BFH BStBl II 04,10; BFH BStBl II 98, 373 u 379; vgl auch BFHE 188, 397 (fehlgeschlagene BetrAufsp) und BStBl II 98, 388 (keine Betriebsverpachtung, wenn nur Grundstück verpachtet).
8 Vgl *K/S/M* § 16 Rn F 30; vgl aber entgegengesetzt *Eberhard* Betriebsverpachtung, 1999, S 237f mwN (zwingend immer BetrAufg steuersystematisch geboten).

men und die Unterstellung einer Fortführungsabsicht[1] sollte, da es ohnehin nur ein Lippenbekenntnis ist, verzichtet werden.

322 **2. Betriebsverpachtung.** Bei der **Betriebsverpachtung** gesteht die Rspr seit längerem dem StPfl de facto ein **Wahlrecht** zu.[2] Er oder sein Bevollmächtigter[3] kann bei Beginn der Verpachtung, aber auch noch später, gegenüber dem FA die BetrAufg erklären.[4] Die BetrAufg tritt dann grds erst im Zeitpunkt des Zugangs der Aufgabeerklärung ein.[5] Es bedarf einer ausdrücklichen, eindeutigen Aufgabeerklärung.[6] Die bloße Erklärung von Einkünften aus VuV soll nicht genügen.[7] Wird die Aufgabe nicht erklärt, so erzielt der Verpächter weiterhin **Einkünfte aus GewBetr**, die aber **nicht** der **GewSt** unterliegen, da es sich um einen ruhenden Betrieb handele.[8] Soweit subventionelle Gewinnermittlungsvorschriften eine aktive gewerbliche Tätigkeit voraussetzen, sind sie nicht auf die gewerbliche Betriebsverpachtung anzuwenden.[9]

323 Gegenstand der Verpachtung kann auch ein **Teilbetrieb** sein.[10] Allerdings soll es sich zwingend um eine gewerbliche Tätigkeit handeln, wenn die Verpachtung des Teilbetriebs dem Gesamtbetrieb weiterhin dient oder wenn Verpächter eine gewerblich geprägte PersGes ist oder § 15 III 1 eingreift (Abfärbung).[11] Auch Grundstücke als ehemaliges Sonderbetriebsvermögen, das nach einer Realteilung dem Eigentümer zurückgegeben wird, sollen – jedenfalls bei Einkünften aus LuF – Gegenstand eines Verpachtungsbetriebes sein können.[12]

324 **Sachliche Voraussetzung** für die Annahme einer Betriebsverpachtung (Teilbetriebsverpachtung) ist, dass **der GewBetr als solcher** (als geschlossener lebensfähiger Organismus)[13] verpachtet wird und nicht lediglich einzelne WG. Daher verlangt die Betriebsverpachtung die **Verpachtung der wesentlichen Betriebsgrundlagen.** Maßgeblich ist insoweit die **Funktionalität.**[14] Allerdings soll eine Betriebsverpachtung – je nach Art des Betriebes – auch vorliegen können, wenn das bewegliche Anlagevermögen und Umlaufvermögen (insbes Waren)[15] an den Pächter veräußert wird und jederzeit leicht wiederbeschafft werden könne.[16] Eine Grundstücksverpachtung – auch an branchenfremden Pächter und unter Verlust des goodwill[17] – könne dann Betriebsverpachtung sein, wenn dieses – ausnahmsweise? – die alleinige wesentliche Betriebsgrundlage dargestellt habe.[18]

325 Dem **Verpächter** muss objektiv die Möglichkeit verbleiben, den **GewBetr nach Beendigung des Pachtverhältnisses wieder aufzunehmen**.[19] Daher führen grundlegende Umgestaltungen – nicht aber bloße Umstrukturierungen wie Verkleinerungen oder ein Pächterwechsel nach vorübergehender Betriebsunterbrechung[20] – durch Pächter oder Verpächter, die diese Möglichkeit vollständig beseiti-

---

1 Vgl dazu statt vieler nunmehr der VIII. Senat in BFH BStBl II 06, 591 mwN (überschaubarer Zeitraum soll auch noch bis zu 13 Jahre Betriebsunterbrechung zumindest vorliegen, und eine ähnliche Tätigkeit einerseits bei späterer Vermietung an eine möglicherweise neu begründete Betriebsgesellschaft aufgenommen werden können, aber auch an die bisherige, falls diese ihre werbende Tätigkeit möglicherweise wieder aufnimmt, oder aber Verwendung der Grundstücke für einen eigenen Groß- oder Einzelhandel!) und BFH v 24.3.06 – VIII R 98/01, BFH/NV 06, 1287 mwN (keine feste Höchstdauer, mehr als 30 Jahre!); BFH v 20.7.07 – X B 131/06; BFH/NV 07, 2100 (Zeitraum von 22 Jahren seit erstmaliger Verpachtung); vgl auch *Wendt* FR 06, 868 (zur fiktiv unterstellten Fortsetzungsabsicht).
2 Grundlegend BFH GrS BStBl III 64, 124; vgl auch BFH BStBl II 98, 388.
3 Vgl BFH/NV 07, 1640 (Steuerberater als Bevollmächtigter nach § 80 AO).
4 BFH BStBl II 93, 36; BStBl II 88, 260.
5 BFH BStBl II 03, 755 mwN, FinVerw lässt eine Rückwirkung bis zu 3 Monaten zu, auch in abgelaufenes Kj R 16 V EStR. Dies wird aus Vereinfachungsgründen von der Rspr gebilligt, soweit nicht mit erheblichen Wertveränderungen zu rechnen ist, vgl dazu BFH BStBl II 06, 581 mit Anm *Kanzler* FR 06, 380.
6 BFH BStBl II 05, 160 (liegt diese vor, kommt es auf Unkenntnis der steuerlichen Folgen nicht an); vgl aber BFH/NV 04, 1639 (Bewusstsein erforderlich, dass stille Reserven versteuert werden müssen).
7 BFH BStBl II 93, 36; BFH/NV 96, 398; BFH/NV 98, 1345.
8 BFH BStBl II 98, 735; grundlegend GrS BStBl III 64, 124; anders aber, wenn gewerblich geprägte PersGes oder Abfärbung nach § 15 III Nr 1 vgl BFH BStBl II 05, 778 (dann auch keine Anwendung der Kürzung nach § 9 Nr 1 S 2 GewStG).
9 BFH BStBl II 02, 136 (zu § 7g EStG).
10 R 16 V EStR; BFH BStBl II 98, 735 zur GewSt.
11 BFH BStBl II 78, 73.
12 BFH v 27.6.07 – IV B 113/06; BFH/NV 07, 2257.
13 BFH GrS BStBl III 64, 124; BStBl II 98, 388.
14 BFH BStBl II 98, 388.
15 BFH BStBl II 80, 181.
16 BFHE 188, 397 mwN; BFH BStBl II 93, 710.
17 BFH BStBl II 04, 10 (Großhandel).
18 Dies wurde bejaht BFH BStBl II 85, 205 (Reitanlage); BFH/NV 93, 233; BFH/NV 99, 1198 (Großhandelsbetrieb, Grundstück an Einzelhändler vermietet!) und verneint BFH BStBl II 98, 388 (Holzverarbeitung); BStBl II 94, 23 (Autohandel).
19 BFH BStBl II 04, 10; BStBl II 98, 388.
20 Dazu BFH BStBl II 03, 755 (zu LuF).

gen, zur **BetrAufg**, etwa die nachträgliche[1] **Veräußerung oder Entnahme aller wesentlichen Betriebsgrundlagen**[2] oder die Umgestaltung des Pachtbetriebes durch Aufnahme einer andersartigen Tätigkeit.[3]

Die **Nutzungsüberlassung** muss nicht auf einem Pachtvertrag beruhen. Es genügt jede entgeltliche (**Miete, Pacht, Nießbrauch**) oder **unentgeltliche Nutzungsüberlassung**[4] (Wirtschaftsüberlassungsverträge, Nießbrauch) auf schuldrechtlicher oder dinglicher Basis.[5] 326

Kein Wahlrecht zur Behandlung **als gewerbliche Einkünfte** besteht, wenn der Verpächter nicht vorher selbst gewerblich tätig war, sondern den Betrieb zum Zwecke der Verpachtung erwarb[6] – dann erwirbt er schon lediglich PV und erzielt **zwingend Einkünfte aus VuV**. Anders ist es bei **unentgeltlichem Erwerb** eines noch nicht verpachteten Betriebs.[7] Bei unentgeltlichem Erwerb eines verpachteten Betriebs tritt der Erwerber in die Rechtsstellung des Verpächters ein. Hatte dieser bereits die Aufgabe erklärt, verbleibt es dabei. Umgekehrt kann der Erwerber jederzeit die Aufgabe erklären. Bei teilentgeltlichem Erwerb ist entspr der Einheitstheorie (Rn 137) wie bei entgeltlichem Erwerb zu entscheiden, wenn das Entgelt höher als der Buchwert ist.[8] 327

Kein Wahlrecht zur BetrAufg besteht auch, wenn sich die Nutzungsüberlassung **ohnehin als gewerblich** darstellt, etwa bei **BetrAufsp, bei Sonder-BV, bei gewerblich geprägten oder der Abfärbung unterliegenden PersGes**.[9] Fallen die jeweiligen Voraussetzungen dafür weg, bestehen aber dann die sachlichen Voraussetzungen für eine Betriebsverpachtung (noch), so besteht ab diesem Zeitpunkt das Wahlrecht zur Erklärung einer BetrAufg oder aber zur Fortführung als gewerbliche Einkünfte.[10] 328

Ein **Geschäftswert** wird auch bei BetrAufg nicht aufgedeckt. Er geht weder unter noch ist er „privatisierbar", sondern bleibt **notwendiges BV**. Gleichwohl ist der verbleibende Aufgabegewinn begünstigt nach §§ 16 IV, 34 zu besteuern. Wird er an den Pächter mit verpachtet, erzielt der Verpächter nachträgliche BE nach § 24 Nr 2, ebenso bei nachträglicher Veräußerung des Geschäftswertes. Die nachträglichen BE sind nicht nach §§ 16 IV, 34 begünstigt.[11] Die bloße Verpachtung des Geschäftswertes kann, falls er die wesentliche Betriebsgrundlage ist, auch bei Veräußerung des (leicht wiederbeschaffbaren) Anlage – und Umlaufvermögens Grundlage einer Betriebsverpachtung sein, so dass es an einer BetrAufg fehlt[12], wenn keine Aufgabeerklärung erfolgte. 329

III. Ausscheiden eines Gesellschafters und Realteilung einer Personengesellschaft. – 1. Ausscheiden unter Sachwertabfindung – Aufgabe des Mitunternehmeranteils. Scheidet ein G'ter aus einer Ges aus (auch aus einer zweigliedrigen) und besteht die Ges iÜ fort (bzw geht das bisherige Gesellschaftsvermögen auf den verbliebenen G'ter durch Anwachsung über, § 738 BGB iVm § 140 I HGB), so steht dem Ausgeschiedenen ein Abfindungsanspr für den auf die oder den verbliebenen G'ter übergegangenen Anteil des Ausscheidenden am Gesellschaftsvermögen zu. Dieser Anspr ist an sich auf Geld gerichtet. Er kann mit Mitteln des Gesellschaftsvermögens erfüllt werden oder durch Eigenmittel der verbleibenden G'ter. Wird er mit Mitteln des Gesellschaftsvermögens erfüllt, verändert sich wertmäßig der Anteil der verbliebenen G'ter nicht. Das Gesellschaftsvermögen nimmt schlicht um den dem Ausgeschiedenen zugeteilten Betrag ab. Wird er hingegen aus Eigenmitteln erfüllt, so erhöht sich der Anteil der verbliebenen G'ter um den bisher dem Ausgeschiedenen zukommenden Anteil. 330

---

1 Vgl aber BFH/NV 07, 1004 mit Anm *Kanzler* FR 07, 800 und Anm *Bitz* GmbHR 07, 548 (Einschränkung des Tätigkeitsbereiches schon mit oder vor Beginn der Verpachtung, dann spätere Umgestaltung unschädlich, soweit Wiederaufnahme des eingeschränkten Umfanges möglich und beabsichtigt).
2 BFH BStBl II 94, 922; BFH/NV 01, 16 (aber nur, wenn danach Betr auch verkleinert nicht mehr fortführbar); zeitlich endet Betriebsverpachtung erst mit der Übertragung, BFH/NV 01, 773.
3 Vgl aber BFH/NV 05, 1046 und BFH BStBl II 04, 10 (Verpachtung auch an branchenfremdes Unternehmen!).
4 BFH BStBl II 95, 55; BStBl II 93, 327, 395.
5 BFH BStBl II 96, 440.
6 BFH BStBl II 89, 863; BStBl II 96, 188; BStBl II 91, 829 (Erwerb eines bereits verpachteten Betriebs); vgl aber BStBl II 03, 124 (Erwerb und teilw sofortige Verpachtung bei LuF).
7 BFH BStBl II 93, 36.
8 **AA** *Schmidt*[26] § 16 Rn 705.
9 Dann besteht auch GewStPfl, BFH/NV 96, 213; FinVerw Bremen, S-2240–8–181 v 31.5.00.
10 BFH/NV 05, 1292; BFH BStBl II 02, 527 (unechte qualifizierte BetrAufsp); BStBl II 98, 735 (Abfärbung, gewerbliche Prägung entfällt); BStBl II 98, 325 (echte BetrAufsp entfällt).
11 BFH BStBl II 02, 387; BStBl II 94, 922; BStBl II 89, 606; BStBl II 82, 456.
12 BFH v 5.6.07 – III – S – 6/07 (AdV); BFH/NV 07, 2256.

331 Die Rspr hat bisher beide Konstellationen übereinstimmend als **Anteilsveräußerung nach § 16 I 1 Nr 2** behandelt (s Rn 217).[1] Dies ist insofern unproblematisch, als Veräußerung und Aufgabe nach § 16 III ausdrücklich gleich zu behandeln sind. Richtigerweise ist aber zu differenzieren. Das **Ausscheiden** unter **Abfindung aus dem Gesellschaftsvermögen** stellt sich als bloße **Aufgabe des MU'anteils** dar, weil die Verbliebenen dadurch keinen größeren Anteil am Gesellschaftsvermögen erlangen als sie schon vorher besaßen. Umgekehrt erhält der Ausscheidende nur seinen vermögensmäßigen Anteil aus dem Gesellschaftsvermögen. Für beide Seiten handelt es sich sachlich weder um eine entgeltliche oder unentgeltliche Übertragung auf ein anderes Steuerrechtssubjekt noch um eine Gesamtrechtsnachfolge (s Rn 340), sondern schlicht um die Verteilung des bis dato gemeinsamen Vermögens.[2]

333 Die **Sachwertabfindung** eines ausscheidenden G'ters und die Abfindung in Geld aus Mitteln des Gesellschaftsvermögens stellt daher entgegen der Auffassung der Rspr den **Hauptanwendungsfall** der **Aufgabe eines MU'anteils** dar.[3] Daneben sind schon bisher als Aufgabe eines MU'anteils angesehen worden a) die **Veräußerung oder Überführung** in PV von **Sonder-BV** anlässlich der isolierten Veräußerung des Gesellschaftsanteils[4] b) die Veräußerung des **Gesellschaftsanteils ohne** Übertragung der **Mitunternehmerstellung**.[5]

334 Die Sachwertabfindung besteht darin, dass der **Abfindungsanspr** des ausscheidenden G'ters nach § 738 BGB abw vom Regelfall aufgrund Vereinbarung der G'ter **durch Übertragung von Sachgütern (WG) aus dem Gesellschaftsvermögen** auf den Ausscheidenden **erfüllt** wird. Im Unterschied zur Realteilung bleibt der Betrieb erhalten und wird von den oder dem verbleibenden G'ter fortgeführt (Rn 340).

335 Bei **Übernahme** der **WG in das PV** erzielt der Ausscheidende einen **Aufgabegewinn nach § 16 III 1 iVm § 16 II** in Höhe der Differenz zw dem **Buchwert seines Anteils am BV** (Kapitalanteil in Gesellschaftsbilanz und Ergänzungsbilanz) und dem **gemeinen Wert** der übertragenen WG.[6] Der Ansatz des gemeinen Wertes – anstatt des Teilwertes (s § 15 Rn 460 zur Sachentnahme) – ergibt sich aus § 16 III 7 und 8. Auf der Ebene der MU'schaft entsteht für die verbleibenden MU'er nach hM[7] in Höhe der Differenz zwischen dem gemeinen Wert und den um die Anteile des Ausscheidenden an den stillen Reserven aufgestockten Buchwerten der zugeteilten WG ein laufender Gewinn.

336 Bei der **Übernahme in BV** muss wegen der ständigen unmotivierten Änderungen durch den Gesetzgeber seit dem StEntlG differenziert werden: a) Durch die **Neuregelung des § 6 V 3** ist das bis zum 1.1.99 von der FinVerw[8] und hL[9] gewährte **Wahlrecht zur erfolgsneutralen Behandlung** der Sachwertabfindung bei Übernahme der WG in ein eigenes BV **entfallen**. Unter der Geltung des **StEntlG** vom 1.1.99 bis 31.12.00 (vgl § 52 Abs 16a) wurde zwingend ein begünstigter Aufgabegewinn durch Ansatz der **Teilwerte** realisiert. Die Konkurrenz zum Ansatz des gemeinen Wertes nach § 16 III 5 idF StEntlG war zugunsten der Anwendung von § 6 V 3 zu lösen, weil die WG aus BV in BV gelangen. Auf der Basis der hM entstand außerdem bei der MU'schaft ein laufender Gewinn in Höhe der Differenz zwischen dem Teilwert und dem um die anteiligen stillen Reserven aufgestockten Buchwert des/der übertragenen WG (s Rn 335).[10]

337 Mit Wirkung ab 1.1.01 schreibt § 6 V 3 zwingend die Fortführung der Buchwerte vor, soweit **einzelne WG** aus dem Gesamthandsvermögen einer MU'schaft in BV eines MU'er übertragen werden. Dies trifft auch zu bei der Sachwertabfindung in ein BV.[11] Eine Realteilung liegt nicht vor[12] (Rn 340). § 16 III 7 ist nicht anwendbar, weil die Abfindung in BV übernommen wird (Rn 336). IÜ

---

1 BFH BStBl II 99, 269 mwN.
2 Vgl auch BFH BStBl II 92, 385; BStBl II 95, 700 (Realteilung als Erfüllung von Auseinandersetzungsanspruch).
3 *AA* dezidiert BFH BStBl II 99, 269.
4 BFHE 192, 534; BFH BStBl II 95, 890.
5 BFH BStBl II 86, 896 (wegen Kurzfristigkeit trotz Übertragung des Gesellschaftsanteils Erwerber kein MU'er).
6 Ist eine Abfindung in Sachgütern vereinbart, entsteht erst gar kein auf Geld gerichteter Abfindungsanspruch. Daher liegt auch keine Leistung an Erfüllungs Statt vor. IÜ ergibt sich auch dann keine andere Lösung, solange Abfindungsansprüche in Geld und gemeiner Wert des Gegenstandes einander entsprechen. Ansonsten wäre von teilentgeltlichen Vorgängen auszugehen.
7 BFH BStBl II 96, 194; BStBl II 73, 655; **aA** zutr *K/S/M* § 16 Rn C 112–114 (laufender Entnahmegewinn nur, soweit in den zugeteilten WG mehr stille Reserven als im MU'anteil des Ausscheidenden).
8 BMF BStBl I 78, 8 Tz 77, 57; BStBl I 93, 62 Tz 55 (zu Erbengemeinschaft).
9 S *K/S/M* § 16 C 115 mwN.
10 BFH BStBl II 96, 194; BStBl II 73, 655.
11 So zutr *Schmidt*[26] § 16 Rn 524.
12 *AA* Schulze zur Wiesche FR 00, 976; *v Lishaut* DB 00, 1784.

fehlt es aber auch wegen der Übernahme der WG in ein eigenes BV auch an einer BetrAufg nach § 16 III 1 für den ausscheidenden MU'er. Die zwingend angeordnete Buchwertfortführung bewirkt, dass weder für den Ausscheidenden ein Aufgabe-/Veräußerungsgewinn entsteht, noch für die verbleibenden G'ter ein laufender Gewinn.[1] Stattdessen kommt es durch Kapitalkontenanpassung zu einem Überspringen stiller Reserven zw den MU'ern. Das Ausscheiden gegen Sachwertabfindung stellt sich als Übertragung von Einzel-WG gegen „Minderung der Gesellschaftsrechte" aus dem Gesamthandsvermögen der MU'schaft in ein eigenes BV des Ausscheidenden oder in sein Sonder-BV bei einer anderen MU'schaft dar (§ 15 Rn 460f). Wie sich aus § 6 V 4 ergibt, nimmt der Gesetzgeber entgegen der früheren Rechtslage ausdrücklich die Verlagerung stiller Reserven zwischen den MU'ern auch bei der Übertragung von Einzel-WG aus dem Gesamthandsvermögen in das BV eines MU'ers in Kauf. Allerdings ist dann die dreijährige Sperrfrist des § 6 V 4 ab Abgabe der Erklärung zur einheitlichen Gewinnfeststellung zu beachten. Die Erstellung einer Ergänzungsbilanz, durch die die bis zum Ausscheiden entstandenen stillen Reserven in den übertragenen WG, soweit sie auf die verbleibenden G'ter entfallen, diesen zugeordnet werden, ist nicht möglich, weil diesen die WG nach Übertragung nicht mehr zugeordnet werden können (§ 15 Rn 461). Es greift daher immer die Sperrfrist bei Ausscheiden gegen Sachwertabfindung. Werden auch Schulden übernommen, liegt insoweit eine (teil)entgeltliche Veräußerung vor.

Handelt es sich bei dem ausscheidenden MU'er um eine **KapGes**, ist allerdings § 6 V 5 zu beachten. Dieser erfordert den Teilwertansatz, soweit der Anteil der KapGes an dem übertragenen WG sich erhöht. IErg müssen daher die anteilig auf die übrigen MU'er entfallenden stillen Reserven aufgelöst werden und noch von diesen versteuert werden (§ 15 Rn 463, 464). Problematisch ist hingegen, wie zu verfahren ist, wenn der Ausscheidende eine nat Pers ist, hingegen zu den verbleibenden MU'ern eine KapGes gehört. Hier führt die von § 6 V 3 Nr 1 und 2 verlangte Anpassung der Kapitalkonten dazu, dass ggf bisher von der KapGes zu versteuernde stille Reserven nunmehr vom Ausscheidenden zu versteuern sind und umgekehrt. Eine vGA oder verdeckte Einlagen liegen nach herkömmlichen Kategorien bemessen nicht vor, soweit der Ausscheidende wertmäßig nicht mehr oder weniger erhält als seinem Auseinandersetzungsanspruch entspricht.

Angesichts des Trennungsprinzips erscheint aber doch fraglich, ob der Wegfall der potenziellen steuerlichen Belastung, bzw die zusätzlich eintretende steuerliche Belastung bzgl der bis zum Ausscheiden gebildeten stillen Reserven, soweit sie durch die Kapitalkontenanpassung verlagert würden, bei Beteiligung einer KapGes tatsächlich hinzunehmen sind. Nach Steuern betrachtet wendet die KapGes dem Ausscheidenden etwas zu, wenn sie zu seinen Gunsten eine zusätzliche steuerliche Belastung zu tragen hätte, bzw umgekehrt wendet der Ausscheidende der KapGes etwas zu, wenn er bisher auf die KapGes entfallende stille Reserven durch Kapitalkontenanpassung zu übernehmen hätte. Es erscheint daher immerhin erwägenswert, die Kapitalkontenanpassung bei Beteiligung von KapGes im Umfange der ansonsten von oder auf diese übergehenden stillen Reserven nicht zuzulassen, sondern von einer vorherigen Gewinnrealisation auszugehen, soweit ansonsten bisher anderen MU'ern zuzurechnende stille Reserven auf die KapGes übergingen oder umgekehrt von dieser auf die übrigen G'ter. Fraglich ist allerdings, ob dafür – außer der Berufung auf das Trennungsprinzip – eine Rechtsgrundlage besteht. Auch dies belegt, wie fragwürdig die vom Gesetzgeber des UntStFG zugelassene Verlagerung stiller Reserven sich erweist.

Beispiel: A: An der MU'schaft sind beteiligt mit Gewinnbeteiligung zu je 1/3 a) KapGes b) G 1 und c) G 2. Die Kapitalanteile aller MU'er betragen je 100 Buchwert, aber der tatsächliche Wert beträgt je 500. G 2 scheidet aus und übernimmt WG I mit Buchwert und Teilwert von 500. In der MU'schaft verbleiben WG II Buchwert 100 (Teilwert 1 000) und WG III Buchwert 200 (Teilwert 500) sowie Verbindlichkeiten von 500. Die an sich von § 6 V 3 Nr 1 und 2 verlangte Kapitalkontenanpassung führt bei G 2 zu einer Anpassung um + 400 und bei der KapGes sowie G 1 zu je – 200. IErg werden die KapGes und G 1 je 200 mehr an stillen Reserven bei ihrer Auflösung und G 2 400 weniger zu versteuern haben. Bei einer Betrachtung vor Steuern liegt allerdings keine vGA vor, weil G 2 wertmäßig nur erhält, was ihm als Auseinandersetzungsanspruch zusteht.

Zu erwägen erscheint aber immerhin, ob aus dem Trennungsprinzip nicht folgt, dass G 2 die anteilig auf ihn entfallenden stillen Reserven von 1/3 von 1200 = 400 zu $^{1}/_{2}$ = 200 zu versteuern hat, weil andernfalls die KapGes eben diese 200 mehr versteuern müsste. In der Steuerbilanz der MU'schaft wäre dann in einer

---

1 Vgl *Schmidt*[26] § 16 Rn 522, 524 (Anwendung der Realteilungsgrundsätze).

positiven Ergänzungsbilanz für die KapGes ein steuerliches Mehrkapital von 200 (verteilt zu 2/3 = 133 1/3 auf WG II und 1/3 = 66 2/3 auf WG III) zum Ausgleich der Minderung um 200 in der Gesellschaftsbilanz auszuweisen.

B: Abwandlung: wie oben, aber die KapGes scheidet aus und erhält WG I. Hier würde die KapGes bei Kapitalkontenanpassung iErg 400 weniger und G 1 und G 2 je 200 mehr zu versteuern haben. Auch hier kann bei einer Betrachtung vor Steuern weder von einer vGA noch von einer verdeckten Einlage ausgegangen werden, weil die KapGes wertmäßig nur erhält, was ihr als Auseinandersetzungsanspruch zusteht. § 6 V 5 führt nicht weiter, weil bzgl des übertragenden WG I ohnehin der Buchwert bereits dem Teilwert entspricht, WG II und III aber nicht übertragen werden und sich iÜ der Anteil der KapGes an diesen WG nicht erhöht, sondern im Gegenteil vermindert. Zu erwägen ist auch hier, ob nicht davon ausgegangen werden muss, dass die KapGes die anteilig auf sie entfallenden stillen Reserven von 1/3 von 1200 = 400 in den zurückbleibenden WG zu versteuern hat, weil andernfalls die vom Trennungsprinzip vorausgesetzte Einmalbesteuerung bei der KapGes nicht eintritt.

338 Besteht die Sachwertabfindung in einem **Teilbetrieb oder MU'anteil**, sind von dem Ausscheidenden ebenfalls **zwingend** die **Buchwerte fortzuführen**.

Dies ergab sich für die Rechtslage nach dem StEntlG (von 1999–2000) für das Ausscheiden unter Sachwertabfindung aus einer notwendigen **analogen Anwendung von § 16 III 2 idF StEntlG iVm § 6 V 3**. Eine unmittelbare Anwendung scheidet aus, weil das Ausscheiden gegen Sachwertabfindung einerseits keine Realteilung (s Rn 340) darstellt.[1] Andererseits sollte § 6 V idF StEntlG mit dem Teilwertansatz erkennbar gerade nicht angewendet werden, sofern die in § 6 III oder § 16 III 2 genannten Einheiten und nicht lediglich Einzel-WG übertragen wurden. Die insoweit lückenhafte gesetzliche Neuregelung[2] konnte sinnvoll nur durch analoge Anwendung des § 16 III 2 idF StEntlG für das Ausscheiden gegen Sachwertabfindung mit einem Teilbetrieb oder MU'anteil geschlossen werden. Der Gesetzgeber hat seit dem StEntlG in allen Fassungen von §§ 16 III, 6 III und 6 V klar zu erkennen gegeben, dass er für die Übertragung von Teilbetrieben und MU'anteilen außerhalb von §§ 20, 24 UmwStG jedenfalls kein Wahlrecht zwischen Buch- und Teilwertansatz mehr zulassen will. Dann kommt schon aus allg Erwägungen bei der Sachwertabfindung in BV nur die Buchwertfortführung in Betracht, soweit die Erfassung der stillen Reserven gesichert ist, weil kein steuerlicher Realisationstatbestand vorliegt. Die erforderliche Buchwertfortführung beim MU'er kann nur durch analoge Anwendung von § 16 III 2 idF StEntlG gesichert werden.

Für die Rechtslage nach dem 31.12.00 gem §§ 6 V 3–6, 16 III 2–4 sind bei der Sachwertabfindung mit Teilbetrieben oder MU'anteilen in jedem Falle die Buchwerte fortzuführen, gleichgültig, ob § 16 III 2–4 analog angewendet werden oder § 6 V 3–6. Unterschiede ergeben sich allerdings bzgl der Sperrfrist. Diese greift nach § 16 III 3 bei der Realteilung nur ein, soweit lediglich einzelne WG übertragen werden, nicht hingegen bei der Übertragung von Teilbetrieben oder MU'anteilen. Wegen der aus der Sicht der MU'er gleichgelagerten Sachlage zwischen einer Realteilung unter Zuweisung von Teilbetrieben und MU'anteilen und dem Ausscheiden unter Zuteilung von Teilbetrieben und MU'anteilen sollte allerdings auch beim Ausscheiden § 16 III 3 analog und nicht § 6 V 4 angewendet werden. Wird daher beim Ausscheiden gegen Sachwertabfindung dem Ausscheidenden ein Teilbetrieb oder MU'anteil zugeteilt, greift die dreijährige Sperrfrist (s Rn 337) gerade nicht. Die Übernahme der dem Teilbetrieb zuzuordnenden Schulden stellt bei der gebotenen analogen Anwendung des § 16 III 2–4 kein (Teil-)Entgelt dar, anders als bei der (teil-)entgeltlichen Übertragung von Einzel-WG gegen Schuldübernahme außerhalb einer Realteilung. Zur Anwendung des § 16 V idF SEStEG s Rn 347a.

339 Für **den ausscheidenden** und die **verbliebenen G'ter** ergibt sich **keine Gewinnrealisation**, sofern die stillen Reserven im aufgegebenen MU'anteil und den übertragenen WG deckungsgleich sind. Ist dies nicht der Fall, müssen die buchmäßigen **Kapitalanteile** sowohl des Ausscheidenden als auch der verbleibenden G'ter **erfolgsneutral** den jeweils fortgeführten **Buchwerten** der verbliebenen bzw übernommenen WG **angepasst** werden.[3] Die dadurch zwingend erfolgende Verlagerung stiller Reserven wird im Anschluss an die bisherige Rspr[4] zur Realteilung hingenommen (dazu Rn 350).

---

1 *Reiß* StuW 95, 199; **aA** *Schmidt*[26] § 16 Rn 536; *Stuhrmann* DStR 05, 1355.
2 Nach der (insoweit unzutr) Gesetzesbegründung des StEntlG sollte auch das Ausscheiden eines G'ters gegen Sachwertabfindung v § 16 III 2 erfasst werden, BT-Drs 14/23; aus den Begr zum UntStFG ist zum Begriff der Realteilung nichts zu entnehmen, vgl BR-Drs 638/01 (BReg) u BT-Drs 14/7343, 14/7344 (Finanzausschuss).
3 *Schmidt*[26] § 16 Rn 522, 524.
4 BFH BStBl II 92, 385.

2. Realteilung einer Personengesellschaft. Der gesetzlich in § 16 III 2 verwendete **Begriff der Realteilung** wird vom Gesetzgeber nicht definiert. Lediglich die Rechtsfolge wird teilw bestimmt. § 16 III 2 regelt die Rechtsfolgen lediglich, wenn bei einer Realteilung das Gesellschaftsvermögen in BV der MU'er (Realteiler) übernommen wird. Insoweit wird sowohl für die Übertragung von Teilbetrieben und MU'anteilen als auch von einzelnen WG für die „Ermittlung des Gewinns der MU'schaft" die Buchwertfortführung angeordnet. Von den Rechtsfolgen her wird daher die Realteilung bei Übernahme der WG der MU'schaft in das BV der MU'er nicht als gewinnrealisierende BetrAufg, sei es der MU'schaft, sei es der MU'er behandelt. Eine Übernahme in das „jeweilige BV der einzelnen MU'er" umfasst die Übertragung in einen eigenen (auch erst neu gegründeten) Betrieb sowie in Sonder-BV bei einer anderen MU'schaft. Sie liegt entgegen der Auffassung der FinVerw[1] auch vor bei unmittelbarer Übertragung in das Gesellschaftsvermögen einer anderen MU'schaft (Schwestergesellschaft), soweit an dieser die bisherigen MU'er der realgeteilten PersGes beteiligt sind.[2] Klar aber, dass der steuerlichen Realteilung iSd § 16 III 2 die Verteilung des bisherigen BV der MU'schaft auf die MU'er zugrunde liegt. Der offenkundige Zusammenhang mit der ansonsten in § 16 III behandelten BetrAufg gebietet, unter einer Realteilung nur eine mit der **Beendigung der bisherigen MU'schaft** verbundene Verteilung des gesamten bisherigen BV auf die bisherigen MU'er zu verstehen. Damit schließt der Gesetzgeber an das bisherige Verständnis in der Rspr an, die die Realteilung als **Auflösung und Beendigung der MU'schaft** versteht, wobei abw vom Normalfall der Liquidation das Gesellschaftsvermögen[3] nicht versilbert wird, sondern in natura (**Naturalteilung**) unter die MU'er verteilt wird.[4] Für den Begriff, nicht für die Rechtsfolgen, ist gleichgültig, ob die WG bei den Realteilern BV oder PV werden.[5] Eine Realteilung im Sinne des § 16 III 2 liegt demnach nicht vor, wenn die MU'schaft, wenn auch verkleinert, bestehen bleibt. Daher stellt sich das **Ausscheiden eines MU'ers gegen Sachwertabfindung** – auch bei Abfindung mit einem **Teilbetrieb** – nicht als Realteilung dar (s aber Rn 338).[6] Als Realteilung ist hingegen das **Ausscheiden des vorletzten G'ters bei Sachwertabfindung aus dem Gesellschaftsvermögen** zu behandeln, weil auch hier die MU'schaft endet und das Gesellschaftsvermögen verteilt wird. Die dabei angewendete Rechtstechnik – Einzelübertragung an den Ausscheidenden und Anwachsung beim verbleibenden G'ter oder Auflösung und Verteilung – darf keine Rolle spielen.[7] Steht dem Ausscheidenden allerdings kein Auseinandersetzungsanspruch zu, so setzt der verbleibende Allein-G'ter seine bisher als MU'er ausgeübte gewerbliche Tätigkeit als Alleinunternehmer fort. Steuerlich liegt keine Gesamtrechtsnachfolge vor,[8] aber die Buchwertfortführung ist mangels steuerlichem Rechtsübergang selbstverständlich. Allerdings ist nicht zu verkennen, dass in der Sache zwischen einem Ausscheiden des MU'er und der Realteilung jedenfalls für den Ausscheidenden kein relevanter wirtschaftlicher Unterschied besteht. Das Gesetz ist daher füglich so auszulegen, dass sich auch steuerlich keine abw steuerlichen Rechtsfolgen ergeben.[9] Dagegen liegt die Veräußerung des MU'anteils oder des Betriebes durch die PersGes vor, wenn der ausscheidende G'ter mit Geld oder WG des übernehmenden G'ters abgefunden wird oder der den Betrieb erwerbende G'ter an die PersGes zu zahlen hat.[10] Auf die Beendigung einer ehelichen „Zugewinngemeinschaft"[11] sowie auf die zivilrechtliche Realteilung des Gesamtgutes einer Gütergemeinschaft mit Mischnachlass sind weder § 16 III 2 noch die Grund-

---

[1] BMF BStBl I 06, 228 unter IV; dazu auch *Reiche* StuB 06, 626; *Schulze zur Wiesche* StBp 06, 260.
[2] Wie hier noch OFD Bln v 3.3.03 – St 122 – S 2242 – 1/03; *Schmidt*[26] § 16 Rn 546; *Niehues* FR 05, 278; **aA** *Brandenberg* Stbg 04, 65 u wohl *Schulze* Stbg 03, 435.
[3] Bei atypischen Innengesellschaften/stillen Ges das steuerlich den MU'ern zugerechnete Vermögen des Hauptbeteiligten; zu Innengesellschaften vgl *Stahl* DStZ 06, 548.
[4] BFH BStBl II 92, 385.
[5] Nur scheinbar enger BFH v 29.4.04 – IV B 124/02, BFH/NV 04, 1395 – Realteilung nur bei Übernahmen in BV in Abgrenzung zur BetrAufg; ebenso BMF BStBl I 06, 228.
[6] So zutr auch BMF BStBl I 06, 228 unter II., H/H/R § 16 Rn 11, 15; *Schulze zur Wiesche* Stbg 06, 374 (aber unzutr, dass Veräußerung vorliege); **aA** *Blumers ua* BB 99, 1786 (immer Realteilung bei Sachwertabfindung); vermittelnd *Schmidt*[26] § 16 Rn 536 (Realteilung bei Zuweisung von Teilbetrieben, MU'anteil, 100 %iger KapGes-Anteil), so auch BFH BStBl II 72, 419 (allerdings wird dort der Begriff eher beiläufig verwendet und werden aus ihm keine Rechtsfolgen abgeleitet).
[7] **AA** die FinVerw BMF BStBl I 06, 228 unter II. und möglicherweise auch die stRspr vgl BFH BStBl II 99, 269 mwN. Im Urteilsfalle erfolgte allerdings gerade keine Abfindung mit Sachwerten. Vgl auch BFH BStBl II 03, 700 zur Abfindung mit Geld.
[8] Vgl iErg zutr BFH BStBl II 02, 756 (Gesamtrechtsnachfolge – aber verfehlt, denn PersGes ist kein StPfl und bzgl des Ausscheidenden liegt keine Gesamtrechtsnachfolge vor, ebenso wenig kann der Verbleibende sein eigener Gesamtrechtsnachfolger sein).
[9] Insoweit zutr BFH BStBl II 72, 419 (problematisch allerdings die Zulassung der Verlagerung stiller Reserven durch Kapitalkontenanpassung).
[10] BFH BStBl II 03, 700.
[11] BFH BStBl II 02, 519.

sätze über die Erbauseinandersetzung anzuwenden,[1] wenn ein Gemeinschafter das BV und der andere das Privatvermögen übernimmt. Vielmehr liegt für den Ausscheidenden dann die Veräußerung seines MU'anteils vor (s Rn 121). Eine Veräußerung durch Tausch der MU'anteile oder zwei umgekehrte Betriebsveräußerungen und keine Realteilung liegen vor, wenn zwei MU'schaften mit denselben MU'ern in der Weise „auseinandergesetzt" werden, dass die Betriebe jeweils von einem der MU'er „übernommen" werden.[2]

341 **a) Zuweisung von Einzelwirtschaftsgütern.** Werden den Realteilern lediglich **Einzel-WG zugeteilt**, lag nach § 16 III 2 idF StEntlG für jeden der betroffenen MU'er die **Aufgabe seines MU'anteils** vor. Konsequenterweise musste im zeitlichen Anwendungsbereich des § 16 III 2 StEntlG[3] auch die Aufgabe des Betriebs durch eine PersGes (= alle MU'er) – unabhängig davon, ob den G'tern Geld oder Einzel-WG zugewiesen wurden – immer als Aufgabe der MU'anteile durch die MU'er – und nicht als BetrAufg durch die MU'schaft – behandelt werden. Der Aufgabegewinn entstand gesondert auf der Ebene jedes MU'ers. § 16 III 2 idF UntStFG kehrt ab 1.1.01[4] wieder zu der bis 1999 vertretenen Auffassung der Rspr zurück, dass bei der Realteilung ein Gewinn bereits auf der Ebene der MU'schaft zu ermitteln ist („bei der Ermittlung des Gewinns der MU'schaft"). Das bis 1999 von der Rspr[5] gewährte Wahlrecht zwischen gewinnneutraler Buchwertfortführung und gewinnrealisierendem Teilwertansatz ist allerdings auch durch § 16 III 2–4 idF UntStFG nicht wieder eingeführt worden.

342 Bei **Übernahme in das PV** realisieren die MU'er einen **Aufgabegewinn** in Höhe der Differenz zw dem **gemeinen Wert** der ihnen zugeteilten Einzel-WG und dem Buchwert ihres Kapitalanteils (Gesellschaftsbilanz und Ergänzungsbilanz), § 16 III 1 iVm § 16 III 8.

343 Bei **Übernahme in BV** der Realteiler bestimmt § 16 III 2, dass die **Buchwerte** anzusetzen sind. Auch Verbindlichkeiten sind als übertragbare Einzel-WG zu behandeln und mit dem Buchwert fortzuführen. Erfolgt die Zuteilung im Rahmen einer Realteilung, liegt – anders als bei Übertragungen im Rahmen des § 6 V – keine (teilentgeltliche) Veräußerung vor, solange der Realteiler insgesamt saldiert lediglich Aktiva und Verbindlichkeiten in Höhe seines Auseinandersetzungsanspruches erhält. Vorbehaltlich der Sonderregelung für KapGes in § 16 III 4 führt daher die Realteilung ab 1.1.01 zu **keiner Gewinnrealisation**, wenn die Erfassung der stillen Reserven gesichert ist. Allerdings sieht § 16 III 4 in Parallele zu § 6 V 4 (§ 15 Rn 454, 461) eine **dreijährige Sperrfrist** vor. Diese beginnt mit der Realteilung und endet 3 Jahre nach Abgabe der Steuererklärung der MU'schaft (Erklärung zur einheitlichen und gesonderten Feststellung) für den VZ der Realteilung. Werden von den Realteilern die zum Buchwert in das eigene BV übernommenen Einzel-WG innerhalb dieser Sperrfrist **veräußert oder entnommen**, sind rückwirkend für den VZ der Realteilung statt der Buchwerte gewinnrealisierend die **gemeinen Werte** anzusetzen. Bereits bestandskräftige Veranlagungen für die MU'schaft und für den Realteiler sind nach § 175 I 2 AO zu ändern.[6] Abw von § 6 V 4 greift die Sperrfrist allerdings nicht bei Übertragung jedweden Einzel-WG, sondern nur bei der Übertragung von **Grund und Boden, Gebäuden** und anderen „**wesentliche(n) Betriebsgrundlagen**". Dies dürfte – entgegen der Auffassung der FinVerw [7] – dahin zu verstehen sein, dass auch für Grund, Boden und Gebäude die Sperrfrist nur greift, wenn sie – wie allerdings regelmäßig – wesentliche Betriebsgrundlagen bilden. Dafür sollte auch hier ausschließlich die **funktionale Betrachtungsweise** maßgeblich sein. Es muss iÜ davon ausgegangen werden, dass im Zuge der Realteilung zugewiesenes, zur Veräußerung bestimmtes **Umlaufvermögen** iSd § 16 III 4 niemals eine wesentliche Betriebsgrundlage darstellt.[8] Die Sperrfrist des § 16 III 4 greift ausdrücklich nur ein, „soweit bei einer Realteilung ... einzelne Wirtschaftsgüter übertragen werden", mithin nicht, soweit Teilbetriebe oder MU'anteile zugewiesen werden. Der durch den rückwirkenden Ansatz der gemeinen Werte entstehende unter § 7 S 2 GewStG fallende Gewinn ist allen MU'ern nach dem Gewinnverteilungsschlüssel zuzuweisen.[9] Veräußerungen liegen nach Auffassung der FinVerw auch bei Einbringungen nach

---

1 Offen in BFH BStBl II 02, 519.
2 BFH BStBl II 03, 700; dazu *Wendt* FR 03, 659.
3 V 1.1.99 bis 31.12.00, vgl § 52 Abs 34 idF UntStFG.
4 Für Realteilungen nach dem 31.12.00, vgl § 52 Abs 34 idF UntStFG.
5 BFH BStBl II 92, 385; BStBl II 94, 607.
6 BMF BStBl I 06, 228 unter IX.
7 BMF BStBl I 06, 228 unter VIII.
8 So auch BMF BStBl I 06, 228 unter VIII.; Die als Vorbild für die Sperrfrist des § 16 III 4 dienende 7-jährige Behaltungsfrist in § 16 III 4 RegEntw, BR-Drs 638/01, bezog sich daher auch ausdrücklich nur auf Anlagevermögen.
9 BMF BStBl I 06, 228 unter IX. lässt eine bei entspr Vereinbarung im Gesellschaftsvertrag oder „schriftlicher Vereinbarung" auch eine alleinige Zurechnung beim entnehmenden oder veräußernden Realteiler zu.

§§ 20, 24 sowie Formwechsel nach § 25 UmwStG und Buchwertübertragung gegen Gewährung von Gesellschaftsrechten nach § 6 V vor.[1] Dem ist insoweit zu folgen, als es durch die Realteilung zu einer Verlagerung stiller Reserven in den weiter übertragenen Einzel-WG gekommen ist.

Aus der Regelung des § 16 III 3 wie des § 6 V 4 muss zwingend entnommen werden, dass der Gesetzgeber, vorbehaltlich der Einhaltung der Sperrfrist, die Verlagerung stiller Reserven zwischen den MU'ern (dazu § 15 Rn 454) im Zuge einer Realteilung toleriert, jedenfalls, soweit keine KapGes als MU'er beteiligt sind (Rn 345). Technisch erfolgt dies durch (erfolgsneutrale) Kapitalkontenanpassung an die Buchwerte der von den Realteilern übernommenen WG des BV.

Sonder-BV wird – entgegen der Auffassung der FinVerw[2] – von der Realteilung des Gesellschaftsvermögens nicht erfasst. Soweit es wegen der Aufgabe des MU'anteils **zwingend PV** wird, erhöht sich der **Aufgabegewinn** um die Differenz von Buchwert und gemeinem Wert. Der Aufgabegewinn ist nach §§ 16 IV, 34 insgesamt begünstigt. § 16 III 5 iVm § 16 II 3 ist nicht anwendbar.[3]

344

Wird bisheriges **Sonder-BV in ein eigenes BV** überführt, verlangt § 6 V 2 zwingend die Fortführung der Buchwerte. Auch auf der Ebene der MU'schaft entsteht nach § 16 III 2 insoweit kein Aufgabegewinn.

Soweit nach §§ 16 III 2, 6 V 3 **StEntlG** (v 1.1.99 bis 31.12.00) für die Übertragung von einzelnen WG des Gesellschaftsvermögens gewinnrealisierend die Teilwerte anzusetzen waren (Rn 341), war für die Überführung von Sonder-BV dennoch die Buchwertfortführung nach § 6 V 2 zwingend.[4] Dem MU'er war auch kein **Wahlrecht** zur Aufdeckung des Gewinns durch Teilwertansatz zu gewähren.[5] Handelte es sich um **wesentliches Sonder-BV** (Rn 56, 209f), war insgesamt von einem **laufenden Gewinn** auszugehen. Denn wenn Sonder-BV wesentliche Betriebsgrundlage für einen MU'anteil ist, liegt bei Überführung in ein eigenes BV keine Aufgabe des MU'anteils vor.

Bei **Beteiligung von KapGes** (und andere KStPfl) trifft **§ 16 III 4** eine **Sonderregelung**. Hier ist immer zwingend **gewinnrealisierend** der **gemeine Wert** anzusetzen, soweit **einzelne WG** im Zuge der Realteilung auf diese unmittelbar oder mittelbar (bei Beteiligung über eine PersGes) übertragen werden.[6] Dadurch soll „generell" vermieden werden, dass die Vorteile des Halbeinkünfteverfahrens durch Anteilsveräußerung nach einer gewinnneutralen Übertragung der WG auf die KapGes genutzt werden können.[7] § 16 III 4 verlangt ausnahmslos die Gewinnrealisation, auch wenn es nicht zu einer Verlagerung stiller Reserven auf die Anteile an KapGes kommt.[8] Er unterscheidet sich dadurch jedenfalls im Wortlaut von der Parallelregelung bei § 6 V 5, bei der der Teilwertansatz nur verlangt wird, „soweit sich der Anteil der KapGes an dem übertragenen WG erhöht oder erst begründet wird" (s § 15 Rn 464), während bei § 16 III 4 schlicht darauf abgestellt wird, dass „einzelne Wirtschaftsgüter" auf die KapGes (oder andere Körperschaft) „unmittelbar oder mittelbar übertragen werden". Allerdings will die FinVerw anscheinend in Anlehnung an die Regelung in § 6 V 5 eine teleologische Einschränkung vornehmen, da sie eine Buchwertfortführung nur insoweit nicht zulassen will, als die Körperschaft „nicht schon bisher mittelbar oder unmittelbar an dem übertragenen Wirtschaftsgut beteiligt war".[9] Der durch den Ansatz des gemeinen Wertes entstehende Gewinn ist den MU'ern nach dem Gewinnverteilungsschlüssel zuzuweisen. Er ist als laufender Gewinn zu behandeln, soweit nicht in der Person des MU'er insgesamt wegen ausschließlicher Übernahme von WG in PV ein Aufgabegewinn nach § 16 III 1, 2 iVm § 16 III 8 vorliegt. Damit wird eine maßlose Missbrauchsabwehr betrieben, die ohne sachlichen Grund KapGes (und ihre Anteilseigner) als MU'er benachteiligt. Soweit bei einer Realteilung eine Verlagerung stiller Reserven zwischen den MU'er nicht erfolgt, kann es zu einer missbräuchlichen Ausnutzung des Halbeinkünfteverfahrens nicht kommen. Die „generelle" Regelung behandelt unterschiedslos sowohl befürchtete missbräuchliche Gestaltungen und normale Umstrukturierungen gleich. Es muss bezweifelt werden, ob eine derartige Typisierung den Anforderungen des Art 3 GG entspricht.

345

---

1 BMF BStBl I 06, 228 unter VIII.
2 BMF BStBl I 06, 228 unter III. u IX.; so auch *Schmidt*[26] § 16 Rn 543; *Kölpin* StuB 06, 751.
3 *Reiß* StuW 95, 199; aber str, vgl *Groh* DB 96, 2356.
4 AA *Schulze zur Wiesche* DStZ 99, 425 (vorrangige Anwendung von § 16 III 2 auch auf Sonder-BV, daher gemeiner Wert).
5 AA noch *Schmidt*[26] § 16 Rn 547 (Wahlrecht zu erwägen).
6 Die Begr der BReg verweist lediglich darauf, dass die in § 6 V enthaltene Einschränkung der Steuerneutralität für Übertragungen auf KapGes auch bei der Realteilung zu beachten sei, BR-Drs 638/01.
7 BR-Drs 638/01; durch den FinAusschuss ist insoweit keine Änderung erfolgt, BT-Drs 14/7343 u 7344 (gestrichen wurde lediglich die vorgesehene Behaltensfrist bei nachfolgender Veräußerung durch nat Pers als MU'er).
8 Dies ausdrücklich bei *Schmidt*[26] § 16 Rn 553, 555; anders nunmehr *Schmidt*[26] § 16 Rn 555.
9 BMF BStBl 06, 228 unter I.

Beispiel: Die MU'schaft verfüge über Grundstück I (Buchwert 100/gem Wert 1 000) und Grundstück II (Buchwert 100/gem Wert 200). An ihr sind beteiligt mit Gewinnverteilung 10 : 90 die nat Pers N (Buchwert 100/gem Wert 200) und die KapGes K (Buchwert 100/gem Wert 1 000). Im Zuge der Realteilung wird der KapGes das Grundstück I und dem N das Grundstück II zugewiesen. Nach dem eindeutigen Gesetzeswortlaut entsteht wegen des Ansatzes des gem Wertes auf der Ebene der MU'schaft ein Gewinn von 900. Dieser ist zu 810 der KapGes und zu 90 dem N zuzuweisen. Wegen der iÜ angeordneten Buchwertfortführung für die nat Pers muss sodann aber wieder eine erfolgsneutrale Kapitalkontenanpassung im Umfange von –90 bei N und +90 bei der KapGes erfolgen, so dass iErg die KapGes weniger als vor der Realteilung wird zu versteuern haben (s aber Rn 337 zum Trennungsprinzip). Folgt man der teleologischen Einschränkung durch die FinVerw, wäre allerdings der Ansatz des gemeinen Wertes nur insoweit erforderlich, als die KapGes nicht schon vorher mittelbar am übertragenen Grundstück beteiligt war, nämlich zu 5/6 (1000/1200), so dass ein Ansatz des Grundstückes mit dem bisherigen Buchwert von 100 zuzüglich 1/6 der stillen Reserven von 900 = 150 = insgesamt 250 erforderlich wäre. Der insoweit entstehende Gewinn von 150 wäre dann allerdings konsequenterweise nur dem N zuzurechnen. Anschließend hat dann allerdings wieder eine (erfolgsneutrale) Kapitalkontenanpassung zu erfolgen.

Bei einer erfolgsneutralen Realteilung zu Buchwerten wären allerdings keinerlei stille Reserven auf die KapGes und damit auf die Anteile an ihr verlagert worden. Ohne die nunmehr verlangte Kapitalkontenanpassung wären die Anteile an der KapGes vor wie nach der Realteilung 1 000 wert gewesen. Eine missbräuchliche Nutzung des Halbeinkünfteverfahrens kommt gar nicht in Betracht, wenn keine stillen Reserven zwischen den MU'ern verlagert werden.

Ließe der Gesetzgeber generell bei der Realteilung wie beim Eintritt in eine Ges gem § 24 UmwStG – außerhalb von § 6 III – eine Verlagerung stiller Reserven zwischen den MU'ern nicht zu, bedürfte es auch keiner Sonderregelungen für KapGes als MU'er, weil eine missbräuchliche Ersetzung der normalen Veräußerungen durch das Halbeinkünfteverfahren nicht zu befürchten wäre.

346 **b) Zuweisung von Teilbetrieben.** Werden den Realteilern Teilbetriebe oder MU'anteile[1] zugeteilt, so sind ebenfalls nach § 16 III 2 die **Buchwerte** fortzuführen. Erfolgt allerdings im Anschluss an die Realteilung eine Einbringung nach § 24 UmwStG, so bleibt das Wahlrecht nach § 24 UmwStG für die aufnehmende PersGes unberührt, ggf mit der Folge eines Einbringungsgewinnes nach § 24 III UmwStG.[2] Als Teilbetrieb ist auch die 100 %ige Beteiligung an einer KapGes anzusehen.[3] Die erfolgsneutrale Buchwertfortführung setzt hier aber voraus, dass die Beteiligung ihrerseits Teilbetrieb bleibt. Dies ist nur möglich, wenn sie in ein BV übernommen wird.

Die Unterscheidung, ob Teilbetriebe oder MU'anteile oder ob lediglich Einzel-WG zugeteilt werden, ist mit Rücksicht auf die **Sperrfrist des § 16 III 4** von Bedeutung. Denn diese greift **nicht** ein, wenn im Zuge der Realteilung Teilbetriebe oder MU'anteile zugeteilt werden. Außerdem gewinnt sie bei **Beteiligung von KapGes** Bedeutung (Rn 347).

347 Das Gesetz geht zutr davon aus, dass für die MU'er keine gewinnrealisierende Aufgabe vorliegt, sondern die bisherige gewerbliche Tätigkeit als MU'er in Alleinunternehmerschaft oder als MU'er einer anderen MU'schaft fortgesetzt wird. Richtigerweise gilt dies auch wieder bei Überführung von einzelnen WG. Die für die Übertragung einzelner WG auf KapGes nach § 16 III 4 angeordnete Gewinnrealisierung durch Ansatz des gemeinen Wertes (Rn 345) gilt nicht für die Zuweisung von Teilbetrieben und MU'anteilen an KapGes im Zuge der Realteilung. Diese Differenzierung ist nicht plausibel. Unter dem Gesichtspunkt einer Verhinderung der missbräuchlichen Inanspruchnahme des Halbeinkünfteverfahrens (Rn 345), bzw der Umgehung von stpfl Veräußerungen, kann allenfalls angenommen werden, dass diese im Faktischen für die Übertragung eines Teilbetriebs schwieriger sind, aber wohl kaum für die Übertragung eines MU'anteils oder einer 100 %igen Beteiligung an einer KapGes.

347a Für den Sonderfall der Zuweisung von **Anteilen an einer Körperschaft** im Rahmen einer Realteilung an eine als Realteiler beteiligte Körperschaft trifft nunmehr allerdings § 16 V idF des SEStEG mit Wirkung ab dem Tag nach Verkündigung des SEStEG[4] eine Sonderregelung, sofern die Zuweisung der Anteile an der Körperschaft Teil der **Zuweisung eines Teilbetriebes** an eine von § 8b II KStG begünstigte Körperschaft als Realteiler ist und an der realgeteilten PersGes auch nicht von § 8b II KStG begünstigte MU'er beteiligt waren. Der Grundfall ist mithin die Realteilung einer

---

[1] Nach zutr Auffassung der FinVerw auch Teile von Mitunternehmeranteilen, BMF BStBl I 06, 228 unter III.
[2] Vgl BFH BStBl II 04, 893.
[3] So auch BMF BStBl I 06, 228 unter III.
[4] Vgl § 52 Abs 34 S 7 EStG idF SEStEG v 12.12.06, BGBl I 06, 2782.

MU'schaft, an der nat Pers und KapGes beteiligt waren und die dahingehend real geteilt wird, dass der KapGes ein Teilbetrieb einschließlich dazu gehörender Anteile an einer (anderen) KapGes zugewiesen wird, respektive der KapGes wird bei der Realteilung eine einem TB gleichstehende 100 %ige Beteiligung an einer KapGes zugewiesen (Rn 69). Für diese Konstellation bestimmt nunmehr § 16 V EStG in Abweichung von § 16 III 2, dass rückwirkend auf den Zeitpunkt der Realteilung der Buchwertansatz durch den Ansatz des gemeinen Wertes ersetzt wird, wenn die KapGes als Realteilerin die ihr im Zuge der Realteilung zugewiesenen Anteile innerhalb von 7 Jahren nach der Realteilung veräußert. Dies führt dann (rückwirkend) noch auf der Ebene der realgeteilten PersGes zu einem (Aufgabe-)Gewinn, der seinerseits, soweit er auf MU'er entfällt, die nicht nach § 8b II KStG begünstigt sind, dem Halbeinkünfteverfahren nach § 3 Nr 40b EStG unterfällt und für den eine Begünstigung nach § 34 ausscheidet. Der Veräußerung innerhalb von 7 Jahren steht es gleich, wenn die Anteile innerhalb dieser Frist durch einen unter § 22 I 6 Nr 1–6 UmwStG idF SEStEG fallenden Vorgang weiter übertragen werden (ua unentgeltliche Übertragung, Ketteneinbringung). In entspr Anwendung des § 22 II 3 idF SEStEG ist der zu versteuernde (Aufgabe-)Gewinn wie ein Einbringungsgewinn II nach § 22 UmwStG für jedes seit dem Zeitpunkt der Realteilung abgelaufene Zeitjahr um ein Siebtel zu kürzen. Die Veräußerung der zugeteilten Anteile durch die erwerbende KapGes bleibt nach § 8b II KStG befreit. Auf den Veräußerungsgewinn ist allerdings § 8b III KStG (5 % als nicht abziehbare BA) anwendbar. Der Veräußerungsgewinn ergibt sich in Höhe des erzielten Preises abzgl des rückwirkend angesetzen gemeinen Wertes. Für die an sich gebotene entspr Anwendung des § 22 II 4 UmwStG – ursprünglich angesetzter Buchwert + Einbringungsgewinn II als nachträglich AK) – fehlt eine entspr Verweisung in § 16 V idF SEStEG.

Beispiel[1]: An der X-OHG sind die X-GmbH und die nat Pers N zu je 50 % beteiligt. Bei der Realteilung in 07 (1.7.07) erhält die X-GmbH die 100 %ige Beteiligung an der Y-GmbH (Buchwert 100; gemeiner Wert 200) und X den TB T (Buchwert 50; gemeiner Wert 200). Die Kapitalanteile der X-GmbH und des N betrugen je 75 (Wert je 200). Die X-GmbH veräußerte die Anteile an der Y-GmbH am 2.7.09 für 250.

In 07 werden von den Realteilern die Buchwerte übernommen und unter Anpassung der Kapitalkonten (X-GmbH 75 + 25) und N (75–25) fortgeführt.

Rückwirkend für 07 ist wegen der Veräußerung in 09 für die Beteiligung an der Y-GmbH der gemeine Wert von 200 anzusetzen. Es ergibt sich ein Aufgabegewinn von 200 – 100 = 100, der zu 50 auf die X-GmbH und zu 50 auf den N entfällt. Der auf die X-GmbH entfallende Teil ist nach § 8b II KStG befreit. Der auf den N entfallende Teil ist zur Hälfte befreit, mithin mit 5/7 von 25 als nicht nach § 34 begünstigter Gewinn zu besteuern.

Die Veräußerung der Anteile an der Y-GmbH in 09 durch die X-GmbH führt zu einem nach § 8b II befreiten Veräußerungsgewinn. Dabei bleibt es. Nach § 8b III KStG gelten 5 % des Veräußerungsgewinnes als nicht abziehbare BA. Auch dabei bleibt es. Problematisch könnte die Höhe des Veräußerungsgewinnes sein. Richtigerweise wird man annehmen müssen, dass der Veräußerungsgewinn von (250 – 100 =) 150 sich auf (250 – 200 =) 50 vermindert und nicht auf 250 – (100 + 5/7 von 100) = 78,57, da § 16 V gerade nicht auf §§ 21 II 1 und 22 II 4 UmwStG idF SEStEG verweist.

§ 16 V ist auch bei lediglich mittelbarer Übertragung der Anteile auf eine KapGes im Zuge der Realteilung anwendbar und auch bei lediglich mittelbarer Veräußerung der erhaltenen Anteile. Dies trifft beispielsweise bei einer doppelstöckigen PersGes zu, wenn an der Obergesellschaft eine KapGes beteiligt ist und bei der Realteilung der Untergesellschaft der Obergesellschaft die Anteile an der KapGes zugewiesen werden und von ihr innerhalb des Siebenjahreszeitraums veräußert werden.

§ 16 V dient der Schließung einer Lücke zur Sicherung des Halbeinkünfteverfahrens, nachdem durch die Änderungen des § 8b IV KStG aF durch das SEStEG – Aufhebung des § 8b IV KStG aF für nach Inkrafttreten des SEStEG erfolgende Einbringungen nach §§ 20, 21 UmwStG – es keine „schädlichen Veräußerungen" iSd § 8b IV KStG aF innerhalb der Siebenjahresfrist mehr geben kann und andererseits bei der Zuweisung von Teilbetrieben einschließlich von dazu gehörenden Anteilen an KapGes, oder der gleichgestellten Zuweisung einer 100 %igen Beteiligung, an eine nach § 8b II begünstigte Körperschaft als Realteiler § 16 III 4 mangels Zuweisung von Einzel-WG nicht anwendbar ist. Werden einer Körperschaft als Realteiler Anteile an einer KapGes hingegen als Einzel-WG zugewiesen, bleibt es bei der Anwendung des § 16 III 4, so dass von vornherein der gemeine Wert der Anteile schon in der Realteilungsbilanz anzusetzen ist (Rn 345, 347).

---

1 Nach Begr Finanzausschuss BT-Drs 16/3369.

Seinem Wortlaut nach ist § 16 V nicht anwendbar, wenn Anteile an einer KapGes auch bei Übertragung eines Teilbetriebs nicht im Zuge einer Realteilung zugewiesen werden, sondern als Sachwertabfindung an eine als MU'er ausscheidende KapGes unter Fortbestand der MU'schaft (Rn 338). Anwendbar wären dann allerdings § 6 V 4 und S 5 (Teilwertansatz). Auch hier sollte jedoch stattdessen § 16 V analog angewendet werden.

348 Die Übertragung eines Teilbetriebs liegt nur vor, wenn alle für diesen TB **funktional wesentlichen WG** auf den Realteiler übertragen werden. **Verbindlichkeiten**, Forderungen,[1] nur quantitativ wesentliche Betriebsgrundlagen können hingegen **frei zugeordnet** werden, um eine Realteilung ohne Spitzenausgleich möglichst weitgehend zu ermöglichen. **Sonder-BV eines G'ters** ist entgegen der Auffassung der FinVerw und hM[2] nicht in die Realteilung nach § 16 III 2 einzubeziehen,[3] weil es kein gemeinsames Vermögen der MU'schaft ist. Eine erfolgsneutrale Zuteilung des Sonder–BV kann daher nur im Rahmen von § 6 V 2 erfolgen. Soweit Sonder-BV wesentliches BV eines Teilbetriebes war und dieser einem anderen MU'er zugeteilt wird, muss für die erfolgsneutrale Zuweisung des Teilbetriebes genügen, dass dem Übernehmer die Fortsetzung des Nutzungsverhältnisses ermöglicht wird. Letztlich ist aber nach § 16 III 2 bedeutungslos, ob bei Nichtzuweisung des Sonder-BV ein TB übernommen wurde, weil auch bei Zuteilung von einzelnen WG keine Gewinnrealisation eintritt, soweit nicht eine Zuweisung an eine KapGes erfolgte. Auch hier muss aber genügen, dass der KapGes die Fortsetzung des Nutzungsverhältnisses ermöglicht wird. Wird im Zuge einer Realteilung (wesentliches oder unwesentliches) Sonder-BV auf einen Nichteigentümer-MU'er zum Ausgleich von Wertunterschieden übertragen, liegt ein entgeltlicher Spitzenausgleich vor. § 6 V 3 Nr 3 ist nicht anzuwenden, da die Übertragung nicht unentgeltlich erfolgt und das WG auch nicht Sonder-BV bei derselben MU'schaft bleibt. Verbleibt das Sonder-BV beim Eigentümer, so hat dieser nach § 6 V 2 bei Fortführung als BV zwingend den Buchwert fortzuführen.

349 Wird ein **MU'anteil** ungeteilt einem der Realteiler zugewiesen (Realteilung bei der Ober-Ges einer doppelstöckigen PersGes), bedarf es für die Buchwertfortführung keiner Zuteilung des wesentlichen Sonder-BV an diesen Realteiler. Zwar liegt dann nur die Zuweisung von Einzel-WG vor, aber nach § 16 III 2 führt auch die Zuweisung von Einzel-WG nicht mehr zu einer gewinnrealisierenden BetrAufg. Bei der Realteilung können auch Bruchteile von MU'anteilen zugeteilt werden. § 16 I 2 steht nicht entgegen, da es nicht um die Frage einer Begünstigung des Veräußerungsgewinnes geht. Eine (proportionale) Zuweisung von Sonder-BV ist nicht erforderlich. Werden zugleich im Zuge der Realteilung andere WGüter der Obergesellschaft in das PV der Realteiler übernommen, ist der dabei entstehende Gewinn als laufender Gewinn nicht nach §§ 16, 34 begünstigt.[4]

350 Werden **allen Realteilern Teilbetriebe oder MU'anteile** zugewiesen, ist die **Realteilung zwingend erfolgsneutral.** Für nach dem 31.12.00 erfolgende Realteilungen gilt dies auch bei Zuteilung von Einzel-WG. Im Anschluss an die frühere Rspr des BFH[5] führt die von § 16 III 2 zwingend angeordnete Buchwertfortführung dazu, dass es zu einer **Verlagerung der stillen Reserven** zwischen den MU'ern kommen kann. Buchtechnisch müssen die Kapitalkonten der Realteiler erfolgsneutral den Buchwerten der jeweils übernommenen Teilbetriebe und Einzel-WG angepasst werden. Werden nur einem Teil der Realteiler Teilbetriebe und Einzel-WG in das BV zugewiesen, während die anderen Einzel-WG in das PV erhalten, so müssen auch hier die Kapitalkonten der Übernehmer der Teilbetriebe und Einzel-WG in das BV und korrespondierend die Kapitalkonten der übrigen Realteiler mit Übernahme in das PV den Buchwerten der übernommenen Einzel-WG vorab angepasst werden.

Beispiel: Die PersGes bestehe aus 2 Teilbetrieben mit TB 1 mit Buchwert 100 (+ stille Reserven 200) und TB 2 mit Buchwert 500 (+ stille Reserven 100). Beteiligt sind G1, G2 und G3 zu je 1/3 und Kapitalanteilen von je 200. G1 erhält TB 1 und G2 und G3 Einzel-WG des aufgeschlagenen TB 2 im Wert von je 300. Dann muss der Kapitalanteil von G1 von 200 auf 100 angepasst werden, während die Kapitalanteile von G2 und G3 je von 200 auf 250 zu erhöhen sind. IErg wird G1 in Zukunft 100 mehr zu versteuern haben, während G2 und G3 statt zutr je 100, nur je 50 zu versteuern haben. Bei Überführung in PV haben G2 und G3 diese 50 sofort zu versteuern, bei Überführung in BV wegen der Buchwertfortführung ebenfalls erst in Zukunft.

---

1 Vgl BFH BStBl II 94, 607; BFH/NV 98, 836; BMF BStBl I 93, 62 Tz 17 (zur Erbengemeinschaft); BStBl I 98, 268 Tz 15.02 f (zur Spaltung von KapGes).
2 BMF BStBl I 06, 228 unter III. u IX.; *Schmidt*[26] § 16 Rn 544.
3 *Hörger ua* DStR 99, 565; *Blumers ua* BB 99, 1786.
4 BFH/NV 07, 902.
5 Erstmals für die Realteilung begründet in BFH BStBl II 72, 419; seither mit wechselnden Begr stRspr des BFH, vgl BStBl II 92, 385; BStBl II 94, 607; BStBl II 95, 900.

Dem damit verbundene **Verstoß gegen das Subjektsteuerprinzip**[1] kann seit 1.1.99 auch nicht durch Ausübung der Wahl zur Gewinnrealisierung entgangen werden. Es erscheint fraglich, ob verfassungsrechtlich haltbar ist, dass per gesetzlicher Anordnung unter Durchbrechung des in § 2 I 1 niedergelegten systemtragenden (dazu § 2 Rn 1, 22, 25, 67f) Subjektsteuerprinzips der ESt[2] bestimmt werden darf, dass ein Realteiler die von einem anderen Realteiler erwirtschafteten stillen Reserven zwingend zu versteuern hat. Er könnte dieser Folge nur noch dadurch ausweichen, dass er der Realteilung nicht zustimmt, sondern die Liquidation durch Veräußerung verlangt. Zumindest muss aber angenommen werden, dass Ausgleichszahlungen zur Abdeckung steuerlicher Mehrbelastungen außerbetrieblichen Charakter haben und beim Empfänger nicht der Besteuerung unterliegen.[3]

351

Eine verfassungskonforme Neuinterpretation der Realteilungsgrundsätze, die das systemtragende Prinzip der Individualbesteuerung (§ 2 Rn 67, 68) zum Tragen bringt, ist angesichts des klaren Wortlautes v § 16 III 3 und des insoweit korrespondierenden § 6 V 4 nicht mehr möglich, auch wenn der erstmals ausdrücklich ausgesprochene Vorbehalt der „Sicherung der Besteuerung der stillen Reserven" ihn umgekehrt zunächst nahelegt. Die in § 16 III 3 eingeführte Sperrfrist macht überhaupt nur dann einen beschränkten Sinn (Rn 343, 345), wenn die Verlagerung stiller Reserven zwischen den MU'ern iÜ zulässig ist. Dies bestätigt iÜ die vom Gesetzgeber auch bei § 6 V 4 ohne jedes bisherige Vorbild eingeführte Sperrfrist (§ 15 Rn 454). Die Sperrfrist steht der an sich vom Subjektsteuerprinzip gebotenen Interpretation entgegen, dass die Realteilung nicht zu Buchwerten zulässig ist, soweit die Besteuerung der **stillen Reserven** nicht **bei demselben Steuersubjekt gesichert** bleibt. Die Einführung der Sperrfristen in § 6 V 4 und § 16 III 3 bewirkt erst die sodann durch die Sperrfristen nur unvollkommen zu bekämpfenden befürchteten Missbräuche.

Die durch den Gesetzgeber bei der Realteilung zugelassene Buchwertfortführung auch bei Verlagerung stiller Reserven führt trotz Einführung der Sperrfristen zu schweren Wertungswidersprüchen. So erlaubt § 16 III 2 die Buchwertfortführung, wenn einzelne WG, Teilbetriebe und MU'anteile auf nat Pers als MU'er übertragen werden, obwohl dabei stille Reserven aus dem MU'anteil einer KapGes auf eine nat Pers übergehen können. Jedenfalls § 16 III 4 steht dem nicht entgegen (s Rn 345), denn dieser verlangt den Ansatz des gemeinen Wertes nur bei Übertragung eines Einzel-WG auf die KapGes. Das ist dann der Weg, um die Definitivbesteuerung auf der Ebene der KapGes zu vermeiden. Eine vGA liegt trotz Verlagerung stiller Reserven nach bisherigem Verständnis nicht vor, wenn den Realteilern nicht mehr zugewendet wird als ihnen wertmäßig zusteht (s aber Rn 337).

352

Beispiel: In der MU'schaft sind beteiligt KapGes K mit Buchwert 100 (Wert 1000) und N mit Buchwert 900 (Wert 1000). Das BV umfasst WG I (Buchwert 100/TWert 1000) und MU'anteil II (Buchwert 900/ Teilwert 1000). N erhält WG I und die KapGes MU'anteil II. Nach § 16 III 4 ist nicht zu beanstanden, dass von der KapGes durch Buchwertanpassung stille Reserven in Höhe von 800 auf den N übergehen.

§ 16 III 2 erlaubt umgekehrt ohne Eingreifen einer Sperrfrist auch die Verlagerung stiller Reserven aus dem MU'anteil einer nat Pers auf den MU'anteil einer KapGes, sofern der KapGes nur Teilbetriebe oder MU'anteile zugeteilt werden. Lediglich einzelne WG sind ausgenommen (Rn 343, 346). Über die Zuweisung von Teilbetrieben oder MU'anteilen kann daher sogar ohne Einhaltung einer Sperrfrist entgegen der Zielsetzung in § 6 V 4 bis 6 (s § 15 Rn 463, 464) und § 16 III 4 sogar mittelbar die Verlagerung stiller Reserven auf Anteile an KapGes erreicht werden, um dadurch von den Vergünstigungen des Halbeinkünfteverfahrens statt normaler Veräußerung Gebrauch zu machen. Allerdings ist insoweit dann zu berücksichtigen, dass die KapGes in Zukunft noch die übergegangenen stillen Reserven zu versteuern haben wird. Aber dies hätte auch bei Zulassung der Buchwertfortführung in den Fällen der §§ 6 V 4 bis 6 gegolten, bzw bei § 16 III 3, wird dort aber zutr vom Gesetzgeber gerade nicht für ausreichend angesehen, um eine Verlagerung stiller Reserven auf KapGes zuzulassen.

Beispiel: (wie oben), aber WG I Buchwert 900/Teilwert 1000 und MU'anteil II Buchwert 100/Teilwert 1000 und Kapitalanteil KapGes 900 Buchwert/Teilwert 1000 sowie N Buchwert 100/Teilwert 1000. Die Übernahme des MU'anteils durch die KapGes erfolgt zum Buchwert von 100 ohne Sperrfrist. Durch Kapitalkontenanpassung gehen 800 stille Reserven aus dem MU'anteil des N auf den MU'anteil der KapGes über. Es greift weder die Sperrfrist des § 16 III 3 ein, noch wird nach § 16 III 4 der Ansatz des gemeinen Werts verlangt, denn die KapGes erhält bei der Realteilung kein Einzel-WG übertragen. Bei einer

---

1 Deutlich erkannt von BFH BStBl II 72, 419.
2 Nach § 2 I 1 sind Einkünfte von demjenigen zu versteuern, der sie „erzielt" hat.
3 Vgl BFH BStBl II 72, 419.

Veräußerung der Anteile an der KapGes wäre die hälftige Befreiung nach § 3 Nr 40, bzw vollständige Befreiung nach § 8b II KStG zu gewähren, denn die Anteile an der KapGes sind nicht einbringungsgeboren nach § 21 UmwStG, § 3 Nr 40 S 3 EStG, bzw § 8b VI KStG.

Ließe man bei nat Pers sogar zu, dass die Buchwerte selbst dann fortgeführt werden können, wenn die stillen Reserven ohne Gegenwert unentgeltlich zugewendet werden, weil dies angeblich aus § 16 III 2 folge, stellt sich die Frage nach dem Verhältnis von § 16 III 2 und der vGA nach § 8 III KStG, bzw bei umgekehrter Konstellation einer verdeckten Einlage, wenn es sich um KapGes als MU'er handelt. Richtigerweise deckt allerdings der Begriff der Realteilung in § 16 III 2 nur die Zuteilung von WG, Teilbetrieben und MU'anteilen, die in Erfüllung des Auseinandersetzungsanspruchs erfolgen und nicht unentgeltliche Zuwendungen. Für Letztere kann allenfalls die Anwendung des § 6 III in Betracht kommen. Dieser ist aber nicht auf die Übertragung von Einzel-WG und auf gesellschaftlicher Basis erfolgende vGAs, bzw verdeckte Einlagen anzuwenden.

Beispiel: An der MU'schaft sind beteiligt Vater V (Buchwert 100/TWert 900) und Sohn S (Buchwert 0/TWert 100). Die Bilanz der MU'schaft weist aus: WG I (Buchwert 50/Teilwert 950) und WG II (Buchwert 50/Teilwert 50). Unter Kapitalkontenanpassung um –50 bei V und +50 bei S übernimmt V WG II und S WG I. Dann gehen stille Reserven in Höhe von 850 (950 –100; bzw 900 –50) auf S über. Handelte es sich bei V um eine KapGes und S um den Anteilseigner, läge offenkundig eine vGA in Höhe von 850 vor. Umgekehrt müsste von einer verdeckten Einlage ausgegangen werden, wenn V der Anteilseigner und S eine KapGes wäre. Richtigerweise ist auch im Falle nat Pers nicht von einer zulässigen gewinnneutralen Realteilung nach § 16 III 2 auszugehen, soweit dem Realteiler mehr zugewendet wird als seinem Ausgleichsanspruch entspricht, sondern von einer unter §§ 4 I 2, 6 I 4 fallenden Entnahme für den unentgeltlich Zuwendenden. Allerdings ist § 6 III vorrangig, wenn ganze Betriebe, Teilbetriebe oder (Anteile an) MU'anteile zugewendet werden.

Insgesamt kann dem Gesetzgeber nur geraten werden, bei §§ 6 V und 16 III 2 bis 4 nachzubessern und generell die Buchwertfortführung nur in dem Umfange zuzulassen, zu dem die Besteuerung der stillen Reserven bei dem selben Steuersubjekt, dh dem MU'er, auf den sie bis zur Übertragung (anteilig) entfallen, gesichert bleibt. Nur auf diese Weise und nicht durch Sperrfristen und Sonderregelungen für KapGes als MU'er lässt sich die auch verfassungsrechtlich gebotene Gleichbehandlung von Steuersubjekten, gleichgültig, ob diese als Einzelunternehmer oder MU'er tätig werden, erreichen, und iÜ eine Diskriminierung oder Privilegierung der Anteilseigner von KapGes vermeiden.

353 Wird ein **Spitzenausgleich** geleistet, weil die jeweils übernommenen Teilbetriebe mehr wert sind als dem Realteiler gebührt, so ist unstrittig, dass dies zu einer **Gewinnrealisierung** führt. Nach früherer allerdings str Rspr sollte der Spitzenausgleich zu einem laufenden Gewinn beim Empfänger führen.[1] Die FinVerw nahm hingegen an, dass der Gewinn bei Zuteilung von Teilbetrieben begünstigt sei,[2] hingegen nicht bei Zuteilung von Einzel-WG. Für 16 III 2 idF StEntlG (1999 und 2000) ist zwingend davon auszugehen, dass ein Spitzenausgleich an denjenigen Realteiler, der lediglich Einzel-WG erhält, zu seinem begünstigten Aufgabegewinn gehört, während umgekehrt ein Spitzenausgleich an den Empfänger eines Teilbetriebs nur laufenden Gewinn darstellen kann, weil dieser gerade seinen MU'anteil nicht aufgegeben hatte. Für § 16 III 2 idF UntStFG führt der Spitzenausgleich hingegen immer nur zu laufendem unter § 7 S 2 GewStG fallenden, nicht nach §§ 16, 34 EStG begünstigten Gewinn,[3] weil bei Überführung in BV nie eine BetrAufg vorliegt. Der Spitzenausgleich führt für den Leistenden zu AK.

354 Str ist, **in welcher Höhe** im Falle des **Spitzenausgleichs ein Gewinn** entsteht. Während die Rspr annahm, dass in voller Höhe des Spitzenausgleichs ein Gewinn entstehe,[4] – geht die FinVerw und die hM[5] davon aus, dass nur im Verhältnis des Spitzenausgleichs zum Wert der übernommenen WG eine Veräußerung vorliege. Der Spitzenausgleich ist demnach noch um einen anteiligen Buchwert zu mindern.

Beispiel: Die PersGes besteht aus 2 Teilbetrieben TB 1 mit Buchwert 100 (+ stille Reserven 300) und TB 2 mit Buchwert von 100 (+ stille Reserven 100). G1 und G2 sind je zu 1/2 beteiligt. G1 übernimmt TB 1 und zahlt an G2 einen Spitzenausgleich von 100. Dann hat nach der Rspr G2 einen laufenden Gewinn von 100 zu versteuern, während er nach der hM lediglich 75 = 100 – 1/4 von 100 Buchwert zu versteuern hätte.

---

1 BFH BStBl II 94, 607.
2 BMF BStBl I 94, 601.
3 BMF BStBl I 06, 228 unter VI.

4 BFH BStBl II 94, 607; so auch *Reiß* DStR 95, 1129.
5 BMF BStBl I 06, 228 unter VI. Tz 14–16; *Schmidt*[26] § 16 Rn 549 mwN.

Diese **Streitfrage ist durch § 16 III 2 nicht erledigt.** § 16 III 2 betrifft nur die Buchwertfortführung für **355** den Teil des Teilbetriebes oder der WG, der dem Realteiler in Vollzug seines Abfindungsanspr zugewiesen wird. Es ist der zutr Rspr zu folgen (Rn 124f). Der Spitzenausgleich ist laufender Gewinn, soweit er einen Mehrerwerb an stillen Reserven abgilt, hingegen neutral, soweit lediglich Buchwertdifferenzen abgegolten werden.

G. Veräußerungs- und Aufgabegewinn, § 16 II und III

Literatur: *Küspert* Anteilsveräußerung und gewerblicher Grundstückshandel, DStR 07, 746.

I. Gewinnermittlung. – 1. Gewinnermittlung durch Betriebsvermögensvergleich. Nach § 16 II ist **400** der **Veräußerunggewinn** zwingend durch einen Vergleich des Veräußerungspreises mit dem nach **§ 4 I oder § 5 ermittelten BV** abzgl der Veräußerungskosten zu ermitteln. Entspr gilt für die Veräußerung eines MU'anteils. Dabei tritt an die Stelle des BV der Anteil am BV. Für die Ermittlung des **Aufgabegewinnes** verweist § 16 III auf § 16 II, so dass auch hier dieselben Grundsätze gelten. Der Zeitpunkt der Gewinnverwirklichung bestimmt sich nach den allg Gewinnrealisierungsgrundsätzen. Die Gewinnrealisierung kann insbes bei der BetrAufg daher in verschiedene VZ fallen[1] (s Rn 83). Da § 16 II einen Vergleich zum Buchwert des BV verlangt, muss bei einer **Gewinnermittlung nach § 4 III** zwingend zunächst zur Gewinnermittlung durch BV-Vergleich übergegangen werden. Ein sich dabei ergebender Übergangsgewinn oder -verlust ist Teil des laufenden Gewinnes des letzten Wj.[2] Der Wechsel zur Gewinnermittlung nach § 4 I ist auch dann erforderlich, wenn anschließend der Übernehmer den Gewinn wieder nach § 4 III ermittelt. Das gilt auch bei Einbringung in eine PersG nach § 24 UmwStG, selbst bei Buchwertfortführung.[3]

Bestimmungsgrößen für den Veräußerungsgewinn (im Folgenden immer zugleich auch als Aufgabe- **401** gewinn verstanden) sind ausschließlich **3 Faktoren**, nämlich der **Veräußerungspreis, die Veräußerungskosten und der (Buch)wert des BV**. Die wegen der Privilegierung des Veräußerungsgewinnes nach § 16 IV, 34 wichtige **Abgrenzung zum laufenden Gewinn** ergibt sich quantitativ dadurch, dass Geschäftsvorfälle, die nicht den Veräußerungsvorgang betreffen, einerseits nicht als Veräußerungspreis oder Veräußerungskosten berücksichtigt werden dürfen und andererseits in ihren Auswirkungen bereits im Buchwert des BV erfasst sein müssen.

2. Veräußerungspreis Aufgabewert. Veräußerungspreis ieS ist die **Gegenleistung**, die der Veräußerer **vom Erwerber** für die Übertragung erhält. Dies kann in Geld, in der Übernahme von Verbindlichkeiten des Veräußerers (außer den übertragenen Betriebsschulden) oder in jeder anderen Gegenleistung bestehen. Im letzteren Falle (Tausch) ist die Gegenleistung mit dem gemeinen Wert zu bewerten.[4] Längerfristig gestundete unverzinsliche oder niedrig verzinsliche Forderungen sind mit ihrem Barwert anzusetzen.[5] Fremdvalutaforderungen sind mit dem Wechselkurs im Zeitpunkt der Veräußerung zu berücksichtigen.[6] Bei wiederkehrenden Bezügen soll von einem Zinssatz von 5,5 % auszugehen sein, wenn nichts anderes vereinbart ist.[7] Bei einer Wertsicherungsklausel soll eine spätere Erhöhung den Veräußerungspreis nicht rückwirkend beeinflussen, sondern bei Zufluss als Einkünfte aus KapVerm nach § 20 I 7 zu erfassen sein.[8] **402**

Zum Veräußerungspreis ieS gehören auch Leistungen, die ein Dritter auf Anweisung des Erwerbers **403** an den Veräußerer wegen der Veräußerung zahlt. Umgekehrt gehören auch Leistungen des Erwerbers an Dritte auf Anweisung des Veräußerers zum Veräußerungspreis.

Soweit die Veräußerung des Betriebes unmittelbar **Leistungen Dritter** auslöst, gehören diese auch **404** dann zum Veräußerungspreis, wenn sie nicht auf Veranlassung des Erwerbers gezahlt werden, zB Zahlungen von Versicherungen[9] oder bei der Aufgabe Stillegungsgelder,[10] Prämien,[11] Entgelte für Wettbewerbsverbote.[12]

---

1 Vgl BFH BStBl II 05, 637; BStBl II 05, 395.
2 BFH BStBl II 05, 707; BStBl II 98, 290; BStBl II 00, 179; vgl auch BStBl II 02, 287 (für Wechsel vor anschließender Einbringung nach § 24 UmwStG).
3 OFD Hannover v 25.1.07, DStR 07, 772 (abgestimmt Bund/Länderebene).
4 BFH BStBl II 78, 295; BStBl II 69, 238.
5 BFH BStBl II 78, 295; BStBl II 84, 550 (aber anders, wenn unbestimmte Fälligkeit).
6 BFH BStBl II 78, 295.
7 R 16 XI EStR.
8 BFH/NV 93, 87; vgl aber *K/S/M* § 16 Rn E 91.
9 BFH BStBl II 82, 708.
10 BFH BStBl II 81, 396; BFH/NV 98, 1354.
11 BFH BStBl II 92, 457.
12 BFH BStBl II 96, 409.

405 Bei der **Aufgabe fehlt** mangels Erwerbers ein **einheitlicher Veräußerungspreis**. An die Stelle dessen treten die **Veräußerungspreise** für die im Rahmen der Aufgabe veräußerten Einzel-WG, § 16 III 6. Soweit die WG in das PV übernommen werden, ist nach § 16 III 7 und für die Realteilung nach § 16 III 8 der **gemeine Wert** iSd § 9 II BewG[1] anzusetzen. Bei Grundstücken[2] ist dies der je nach Sachlage aus Verkäufen abzuleitende oder der nach Ertrags- oder Sachwertmethode gemäß der WertermittlungsVO[3] zu schätzende Verkehrswert, bei Umlaufvermögen der Einzelveräußerungspreis,[4] bei Wertpapieren und Anteilen an KapGes der Wert nach § 11 BewG.[5] Werden die WG nach § 6 V 2 in ein anderes BV zum Buchwert überführt, ist der Buchwert vom Kapital zur Errechnung des Veräußerungs-/Aufgabegewinns abzusetzen.

406 Werden unwesentliche Betriebsgrundlagen bei der Betriebsveräußerung an andere Erwerber veräußert oder in das PV übernommen, so sind die Veräußerungserlöse, bzw die gemeinen Werte als Teil des Veräußerungspreises zu behandeln.

407 **3. Buchwert des Betriebsvermögens.** Der (Buch-)Wert des BV ergibt sich bei der Veräußerung eines Betriebes aus der auf den Veräußerungszeitpunkt aufzustellenden **Schlussbilanz**.[6] Insoweit besteht auch bei der Veräußerung ein „**formeller Bilanzenzusammenhang**". Das Schlusskapital der regulären Jahresbilanz, ggf für ein Rumpf-Wj, bildet zugleich das „Anfangskapital" zur Errechnung des Veräußerungsgewinns. Sämtliche Ansatz- und Bewertungsvorschriften des EStG und über § 5 des HGB sind zur Errechnung/Bestimmung des Wertes des BV zu beachten.[7] Bei einer Gewinnermittlung nach § 4 III ist auf den Veräußerungszeitpunkt bzw Aufgabezeitpunkt eine entspr „Anfangsbilanz" zu erstellen. Allerdings begründet § 16 II keine selbstständige Bilanzierungspflicht formeller Art auf den Veräußerungszeitpunkt.[8] Daher besteht etwa bei der Veräußerung eines MU'anteils weder die Verpflichtung noch die Berechtigung zur Bildung eines Rumpf-Wj. Gleichwohl ist der Wert des Anteils am BV aufgrund einer „informellen Zwischenbilanz" zu ermitteln und notfalls zu schätzen.[7]

408 Der **Anteilswert eines MU'ers** umfasst seinen Kapitalanteil in der Gesellschaftsbilanz, ein etwaiges Ergänzungskapital und das Sonderkapital. Wird ein Regressanspruch aus der Begleichung von Betriebsschulden der PersGes gegen die anderen MU'er wertlos, vermindert dies als Sonderbetriebsaufwand den Veräußerungs-/Aufgabegewinn.[9] Zu Mehrgewinnen durch Betriebsprüfung für ausgeschiedene MU'er § 15 Rn 380.

409 **Zurückbehaltene WG des BV** sind, soweit sie nicht in das PV überführt wurden, aus dem zur Errechnung des Veräußerungsgewinnes zu berücksichtigenden Wert des BV (Kapital) auszuklammern. Für aktive WG bedeutet dies, dass das Kapital um die Buchwerte dieser WG zu mindern ist. Dies betrifft ua nicht auf den Erwerber übertragene Forderungen, die trotz Betriebsveräußerung notwendigerweise Rest-BV bleiben. Umgekehrt ist für nicht vom Erwerber übernommene Verbindlichkeiten das Kapital entspr zu erhöhen.[10]

410 Vom Erwerber **übernommene Verbindlichkeiten** einschl Rückstellungen des Betriebs gehören nicht zum Veräußerungspreis. Sie wirken sich über den Ansatz des Wertes des BV als Saldo von Aktiva und Passiva aus. Entspr ist es auch bei der Übertragung eines MU'anteils einschließlich übernommener Schulden aus dem Sonder-BV.[11] Bei einem **negativen (Buch-)Wert des BV (oder Anteils)** erhöht das buchmäßig negative Kapital den Veräußerungsgewinn bzw mindert einen Veräußerungsverlust. Soweit allerdings dennoch die Inanspruchnahme des Veräußerers droht und der Freistellungsanspruch gegen den Erwerber wertlos ist, ist das Kapital entspr zu erhöhen, indem eine Rückstellung als fortgeführte Verbindlichkeit behandelt wird.[12]

---

1 BFH BStBl II 85, 456.
2 BFH BStBl II 03, 635 (ggf Aufteilung nach Nutzflächenanteilen, nicht nach Ertragswertanteilen); BFH/NV 00, 184 (Sachwert); BStBl II 90, 497 (Ertragswert); zu den Besonderheiten bei der Veräußerung/Aufgabe von LuF-Betrieben bzgl Grundstücken und damit verbundener Lieferrechte (Milch/Zucker) vgl BFH BStBl II 03, 54, 56, 58, 61, 64; zur Berücksichtigung eines Nutzungsrechtes bei hergestelltem Gebäude auf Ehegattengrundstück FG RhPf v 9.10.03 – 6 K 1944/00.
3 BGBl I 88, 2209.
4 BFH BStBl II 89, 879 (Marktpreis).
5 BFH BStBl II 99, 286; vgl auch BFH/NV 00, 554 (zur eingeschränkten Anwendbarkeit des Stuttgarter Verfahrens); BFH/NV 00, 30 (ausnahmsweise auch aus nachfolgenden Verkäufen).
6 Nach BFH BStBl II 05, 637 soll auch bei einer gestreckten Aufgabe eine Schlussbilanz auf einen bestimmten Zeitpunkt (Beendigung der betrieblichen Tätigkeit) aufzustellen sein. ME fraglich.
7 BFH BStBl II 91, 802.
8 BFH BStBl II 81, 460.
9 BFH/NV 99, 1593.
10 *K/S/M* § 16 Rn E 48, 49.
11 BFH BStBl II 02, 519.
12 BFH BStBl II 91, 64 zu Sonder-BV.

Für die **Abgrenzung von begünstigtem Veräußerungsgewinn und laufendem Gewinn** kommt dem **zutr Ansatz des Wertes des BV** als Schlusskapital für die laufende Gewinnermittlung und quasi Anfangskapital für die Ermittlung des Veräußerungsgewinnes die maßgebliche Bedeutung zu. Ob Geschäftsvorfälle noch beim Schlusskapital und damit den laufenden Gewinn berührend zu berücksichtigen sind oder erst für den Veräußerungsgewinn als Veräußerungspreis oder Veräußerungskosten, ergibt sich **nicht aus einem zeitlichen Aspekt**, sondern danach, ob ein Veranlassungszusammenhang zur Veräußerung besteht.[1] **AfA,**[2] **Sonderabschreibungen**, erhöhte Absetzungen sind noch **zulasten des laufenden Gewinnes** gewinnmindernd vorzunehmen, ebenso die Auflösung aktiver RAP,[3] die Bildung von **Rückstellungen und stfreien Rücklagen**,[4] soweit dafür die Voraussetzungen vorliegen. Umgekehrt sind **stfreie (Anspar-)Rücklagen** erst zugunsten des Veräußerungsgewinnes aufzulösen, soweit die **Auflösung** durch die Veräußerung veranlasst wurde.[5] Der **Ausgleichsanspruch des Handelsvertreters**[6] ist noch zugunsten des laufenden Gewinnes zu aktivieren. Die Veräußerung von **Umlaufvermögen** an den bisherigen Kundenkreis[7] gehört immer zum laufenden Gewinn, auch wenn sie während eines **Räumungsverkaufes**[8] erfolgt oder ein **gewerblicher Grundstückshändler**[9] zugleich mit der Veräußerung der Grundstücke seinen Betrieb aufgibt. Dasselbe gilt auch bei der Veräußerung von Anlagevermögen durch gewerbliche Vermietungs/Leasingunternehmen im rein zeitlichen Zusammenhang mit einer BetrAufg.[10] Diese Grundsätze zur Abgrenzung von Veräußerungsgewinn und laufendem Gewinn gelten auch dann, wenn lediglich ein MU'anteil veräußert oder aufgegeben wird. Daher sind bei originär gewerblich tätigen MU'schaften Gewinne, die zwar anlässlich der Veräußerung/Aufgabe eines MU'anteils realisiert werden, aber auf stille Reserven in Grundstücken des Umlaufvermögens entfallen, nicht zum nach § 16, 34 begünstigten Veräußerungsgewinn zu rechnen, sondern zum laufenden Gewinn und unterliegen auch der GewSt.[11]

4. Veräußerungs-/Aufgabekosten. Veräußerungs- und Aufgabekosten sind nur solche Aufwendungen, die in einem Veranlassungszusammenhang mit der Veräußerung stehen.[12] Auch hier kommt es nicht darauf an, ob sie zeitlich vor oder nach dem Übergang des Betriebes oder seiner Zerschlagung anfallen. Zu den Veräußerungskosten gehören ua Notar-, Inserat-, Reise-, Beratungs-, Gutachterkosten, Vermittlungsprovisionen,[13] Prozesskosten wegen Veräußerungsvorgangs,[14] Vorfälligkeitskosten einer Kreditablösung,[15] Abfindungen für Pensionsansprüche,[1] Verkehrsteuern, soweit sie an den Veräußerungsakt anknüpfen,[16] nicht aber die GewSt, selbst wenn sie ausnahmsweise Veräußerungsgewinne umfasst,[17] nicht die Ablösung erbrechtlicher Verpflichtungen und freiwillig begründeter Rentenverpflichtungen[18].

II. Rückwirkende Ereignisse. Der Veräußerungsgewinn kann sich aufgrund späterer Ereignisse ändern. Bei der Besteuerung eines Veräußerungsgewinnes handelt es sich um die aperiodische Besteuerung eines besonderen Vorganges. Wegen der privilegierten Besteuerung kommt der Abgrenzung zum laufenden Gewinn eine erhebliche Bedeutung zu. Daher müssen zeitlich später eintretende Ereignisse, die auf eine der drei bei der Ermittlung des Veräußerungsgewinnes berücksichtigten Komponenten Einfluss nehmen, auch noch für die Besteuerung des Veräußerungsgewinnes berücksichtigt werden.[19] Verändern sich daher nachträglich der Veräußerungspreis oder die Veräußerungskosten oder der Wert des BV, ändert sich auch der Veräußerungsgewinn. Soweit diese

---

1 BFH BStBl II 05, 559.
2 Vgl BFH BStBl II 06, 58 (zur Abgrenzung von Anlage- und Umlaufvermögen bei Erwerb kurze Zeit vor Betriebsveräußerung/-aufgabe).
3 BFH BStBl II 84, 713.
4 Vgl BMF BStBl I 96, 1441 (zu § 7g); BFH BStBl II 92, 392 (zu RfE); BStBl II 90, 978.
5 BFH/NV 07, 1862 u 824 mit Anm *Schulze-Osterloh* BB 07, 996 (beachte aber: Bildung unzulässig, falls bei Erstellung des Jahresabschlusses bereits wegen Veräußerung des Betriebes feststeht, dass eine Anschaffung ausscheidet); BFH BStBl II 05, 596 zur Ansparrücklage nach § 7g; Nichtanwendungserlass BMF BStBl I 05, 859.
6 BFH BStBl II 91, 218; BFH/NV 98, 1354.
7 Anders wenn an den Erwerber oder Rücklieferung an den Lieferanten, BFH BStBl II 81, 798; BStBl II 89, 368.

8 BFH BStBl II 89, 602.
9 BFH BStBl II 06, 160 u BStBl II 03, 467 mwN; vgl aber BFH v 30.11.04 – VIII R 15/00, BFH/NV 05, 1033 (bzgl zurückbehaltener und vermieteter Grundstücke, insoweit begünstigter Aufgabegewinn).
10 BFH v 26.2.07 – IV R 49/04; BFH/NV 07, 2004.
11 BFH BStBl II 07, 777; BFH BStBl II 06, 160; vgl auch *Wendt* FR 07, 554; aA *Frtz/Löhr* DStR 2005, 1044; *Küspert* DStR 07, 746.
12 BFH BStBl II 05, 559; BStBl II 00, 458.
13 BFH BStBl II 91, 628.
14 BFH BStBl II 98, 621.
15 BFH BStBl II 00, 458 gegen BFH BStBl II 82, 691.
16 BFH BStBl II 89, 563 (USt).
17 BFH BStBl II 78, 100 (100 %ige Beteiligung an KapGes).
18 BFH/NV 07, 2397.
19 *K/S/M* 16 Rn E 83 f.

Reiß

Ereignisse nachträglich eintreten, wirken sie materiell auf den Veräußerungszeitpunkt zurück. Verfahrensrechtlich ist dem durch Änderung der Veranlagung nach § 175 I 2 AO Rechnung zu tragen.[1] Zwischen dem später eintretenden Ereignis und dem Veräußerungsgeschäft muss ein sachlicher Zusammenhang bestehen. Daran fehlt es, wenn sich das spätere Ereignis als neues selbstständiges Rechtsgeschäft darstellt, das nicht bereits im ursprünglichen Veräußerungsgeschäft angelegt war.[2]

414 Der Veräußerungsgewinn ist daher nachträglich zu vermindern bei nachträglichem vollständigen oder teilw **Ausfall des Veräußerungskaufpreises**,[1] auch bei Rentenforderungen,[3] soweit Sofortversteuerung gewählt wurde und bei Minderungen des Kaufpreises. Allerdings soll der vorzeitige Tod des Rentenberechtigten kein solches Ereignis darstellen.[4] Das erscheint fraglich. Die Wahl zur Sofortversteuerung ändert nichts daran, dass der Veräußerer über seine Leistungsfähigkeit hinaus besteuert wird, wenn ihm ein Veräußerungserlös zugerechnet wird, den er nicht erhält. Dagegen wirken nachträgliche Kursänderungen nicht zurück.[5] Für den Veräußerer soll ein rückwirkendes Ereignis auch vorliegen, wenn ein Kauf wegen Eintritts einer auflösenden Bedingung oder eines Vergleiches darüber rückabgewickelt oder aufgehoben wird.[6] Entsprechendes gilt auch für einen Aufgabegewinn,[7] selbst wenn die Änderung bzgl der Veräußerungspreise (einvernehmliche Aufhebung und Veräußerung an einen anderen Erwerber!) einzelner WG erst mehr als 10 Jahre nach der BetrAufg eintritt. Umgekehrt erhöht sich bei einer nachträglichen Erhöhung des Veräußerungspreises der Veräußerungs-/Aufgabegewinn.[8]

415 Ändern sich **Veräußerungskosten** nachträglich, ist der Veräußerungsgewinn ebenfalls rückwirkend zu ändern.[9] Zur nachträglichen Verminderung des Veräußerungsgewinnes führt eine bei der Veräußerung nicht bereits berücksichtigte Inanspruchnahme wegen vom Erwerber übernommener Verbindlichkeiten. Umgekehrt erhöht sich der Veräußerungsgewinn nachträglich, wenn eine zu hoch berücksichtige drohende Inanspruchnahme tatsächlich geringer ausfällt. Werden ungewisse Forderungen oder Verbindlichkeiten als Rest-BV fortgeführt (zwingend) und demzufolge beim Anfangskapital nach § 16 II nicht berücksichtigt, ist nach Maßgabe der tatsächlichen Inanspruchnahme der Veräußerung/Aufgabegewinn zu korrigieren.[10] Soweit eine als Rest-BV fortgeführte gewisse Verbindlichkeit später vom Gläubiger erlassen wird, soll es sich auch dabei um ein den Aufgabegewinn beeinflussendes rückwirkendes Ereignis handeln.[11] Die Tilgung einer abgeschriebenen, in ein anderes BV überführten Forderung führt im neuen Betrieb zu laufendem Gewinn, nicht zur rückwirkenden Korrektur des Veräußerungsgewinns.[12]

416 III. Nachträgliche Einkünfte aus GewBetr. Die Veräußerung oder Aufgabe des GewBetr führt zwar notwendigerweise zur Beendigung der bisherigen gewerblichen Betätigung. Sie hat aber nicht zur Folge, dass danach nicht noch nachträgliche gewerbliche Einkünfte anfallen können. Von der Existenz derartiger **nachträglicher Einkünfte** geht § 24 Nr 2 erkennbar aus. Dazu gehören ua Veräußerungsrenten bei Wahl zur späteren Versteuerung (Rn 92), Umsatz – und gewinnabhängige Kaufpreisbezüge (s Rn 94) sowie die Veräußerung eines Geschäftswertes nach erklärter BetrAufg (s Rn 329).

417 Insoweit kann auch noch trotz Einstellung der werbenden Tätigkeit **gewerbliches BV** vorhanden sein.[13] Str ist allerdings im Einzelnen, in welchem Umfange derartiges BV nach Betriebsveräußerung weiterbesteht oder in PV überführt wurde. Dabei kann es sich per se **nur um unwesentliche Betriebsgrundlagen** handeln, weil bei Zurückbehaltung wesentlicher Betriebsgrundlagen keine Betriebsveräußerung oder BetrAufg vorliegen kann. Dazu erkennt die Rspr allerdings berechtigterweise eine Ausnahme an. Bei der **Betriebsverpachtung** bleibt ein **Geschäftswert** auch dann Rest-BV,[14] wenn eine BetrAufg erklärt wurde (Rn 329). Zutr wird iÜ angenommen, dass jedenfalls **unge-**

---

1 BFH GrS BStBl II 93, 897.
2 BFH BStBl II 06, 15 (unentgeltliche Übertragung unter Nießbrauchsvorbehalt und spätere entgeltliche Ablösung des Nießbrauches – zu § 17).
3 BFH BStBl II 00, 179.
4 BFH BStBl II 02, 532; BStBl II 00, 179 mwN; **aA** *K/S/M* § 16 Rn E 91.
5 **AA** noch *K/S/M* § 16 Rn E 91.
6 So BFH BSBl II 04, 107, allerdings zu § 17; vgl aber BFH BStBl II 00, 424 (Rückveräußerung des getäuschten Erwerbers an den Veräußerer!).
7 Vgl BFH BStBl II 06, 307.
8 Vgl BFH v 31.8.06 IV R 53/04, BFH/NV 06, 2198 (Erhöhung nach Betriebsaufgabezeitpunkt aufgrund vereinbarter Nachforderungsklausel bei Umwidmung zu Bauland).
9 BFH/NV 98, 573, 701.
10 BFH BStBl II 94, 564, BFH/NV 95, 1060; FG M'ster EFG 95, 439; **aA** *Dötsch* FS Beisse, 1997, S 139.
11 BFH BStBl II 97, 509; **aA** zutr *Dötsch* FS Beisse, 1997, S 139.
12 BFH BStBl II 02, 737.
13 *K/S/M* § 16 Rn E 71; *Schmidt*[26] § 16 Rn 371 mwN; **aA** *Trszaskalik* DB 83, 194.
14 BFH BStBl II 02, 387; BStBl II 94, 922.

wisse **Verbindlichkeiten und Forderungen**[1] BV bleiben. Hier ist allerdings auch der Ansatz bei BV zur Ermittlung des Veräußerungsgewinnes nur ein ungewisser, so dass bei späterer Gewissheit der Veräußerungsgewinn rückwirkend zu berichtigen ist. IÜ sollte ohnehin anerkannt werden, dass betrieblich veranlasste Forderungen und Verbindlichkeiten nicht willkürlich entnommen werden können. Sie bleiben bis zu ihrem Erlöschen BV.[2]

Daher sind auch eventuelle **Zinsen** grds BE oder BA.[3] Zutr versagt die Rspr allerdings den **BA-Charakter** für Schuldzinsen, soweit die Schuld aus dem Veräußerungserlös hätte gedeckt werden können, falls der Ablösung keine bereits im betrieblichen Bereich begründete Hindernisse entgegenstanden.[4] Können betriebliche Verbindlichkeiten nicht getilgt werden, weil kreditfinanzierte WG des früheren BV (zB Grundstücke) nunmehr zur Erzielung von Überschusseinkünften eingesetzt werden, so sind Zinsen für ein umschuldendes neues Darlehen als WK abziehbar.[5] Ebenso muss hinsichtlich der Zinsen für die bisherigen betrieblichen Verbindlichkeiten entschieden werden, wenn keine Umschuldung erfolgt. Betrieblich begründete Schulden und dafür anfallende Zinsen sind generell bis zur Höhe des Wertes der in das PV übernommenen Wirtschaftsgüter nunmehr diesen (anteilig) zuzuordnen. Werden die Wirtschaftsgüter dann im Rahmen einer anderen Einkunftsart genutzt, stehen die Schuldzinsen nunmehr in einem wirtschaftlichen Zusammenhang mit dieser Einkunftsart.[6] Die Einschränkung des BA-Abzugs nach **§ 4 IVa** wegen Überentnahmen ist auch bei Veräußerung/Aufgabe des Betriebs zu beachten, soweit wegen verbleibender Restbetriebsschulden noch Zinsen anfallen. Ein Veräußerungs-/Aufgabegewinn vermindert die bisherigen Überentnahmen.[7] Soweit der Veräußerungserlös zur Tilgung von Betriebsschulden verwendet wird, liegen keine Entnahmen vor, wohl aber, soweit er in PV überführt wird. Werden Restbetriebsschulden mit privaten Mitteln getilgt, liegen zu Unterentnahmen führende Einlagen vor. Ein Veräußerungsverlust erhöht nicht die Überentnahmen des Verlustjahres. Er ist allerdings mit Unterentnahmen der Vorjahre sowie ggf mit Unterentnahmen der Folgejahre zu verrechnen. Die **Kaufpreisforderung aus der Betriebsveräußerung** soll notwendigerweise PV werden.[8] Insoweit wäre dann auch für § 4 IVa von einer Entnahme auszugehen. Richtigerweise bleibt die Forderung bis zu ihrer Tilgung notwendiges BV und darauf anfallende Zinsen führen zu nachträglichen BE. Das gilt jedenfalls, solange noch Restbetriebsschulden bestehen.[9]

Offen ist, ob die nachträglichen Einkünfte nach § 4 III zu ermitteln sind, ob § 141 AO maßgeblich ist oder ob generell ein Wahlrecht besteht.[10] **Verfahrensrechtlich** sind nachträgliche Einkünfte für den ausgeschiedenen MU'er bei MU'schaften nicht in die einheitliche und gesonderte Feststellung einzubeziehen.[11]

418

H. Freibetrag nach § 16 IV für Veräußerungs- und Aufgabegewinne

I. Zweck. Der **Zweck** der Vorschrift besteht darin, bei geringen Veräußerungsgewinnen auftretende Härten durch die Gewährung völliger Steuerbefreiungen zu beseitigen.[12] Schließlich ist zu beachten, dass § 16 I, II in einem unlösbaren Zusammenhang mit den Regelungen des § 16 IV und des § 34 steht. Mit ihnen soll ein Härteausgleich für die punktuelle Besteuerung der – teilw über einen längeren Zeitraum entstandenen – stillen Reserven geschaffen werden.[13]

500

II. Sachliche Steuerbefreiung. Der Freibetrag nach § 16 IV ist als **sachliche Steuerbefreiung** bereits bei der Ermittlung der Einkünfte aus GewBetr abzuziehen. Somit werden Verluste aus anderen Einkunftsarten nicht durch den nach § 16 IV stfreien Teil eines Veräußerungs-/Aufgabegewinns aufgezehrt. Ebenfalls werden im Rahmen des nach § 2 III unbeschränkt zulässigen horizontalen Verlustausgleichs Verluste aus GewBetr nicht durch den nach § 16 IV stfreien Veräußerungsgewinn ausgeglichen. Zur Berücksichtigung des nach § 34 begünstigten übersteigenden Gewinns im Rahmen

501

---

1 BFH BStBl II 94, 564.
2 Anders allerdings die Rspr BFH BStBl II 98, 144; s aber K/S/M § 16 Rn E 77f.
3 Vgl BFH BStBl II 02, 737 (nachträgliche Schuldzinsen nach Übergang zur Liebhabereibetrieb).
4 BFH BStBl II 07, 642; BFH BStBl II 01, 573; BStBl II 98, 144; BStBl II 85, 823.
5 BFH BStBl II 01, 573.
6 BFH BStBl II 07, 642.
7 BMF BStBl I 05, 1019 Tz 9.
8 BFH BStBl III 98, 379; offen in BStBl II 00, 179; **aA** zutr *Dötsch* FS Beisse, 1997, S 139 mwN.
9 BFN/NV 00, 686.
10 BFH BStBl II 00, 120; BFHE 185, 1; BFH BStBl II 97, 509 mwN; vgl auch K/S/M § 16 Rn E 81.
11 BFH BStBl II 02, 532.
12 BFH BStBl II 76, 360; BStBl II 92, 437; BStBl II 98, 623.
13 BFH GrS BStBl II 93, 897.

des § 2 III s § 2 Rn 91. Erzielt der StPfl zB neben einem Veräußerungs-/Aufgabegewinn noch einen Verlust aus der Veräußerung/Aufgabe eines MU'anteils, bleibt dieser Verlust **voll ausgleichs- und abzugsfähig**; er kann mit anderen positiven Einkünften ausgeglichen werden.[1] Dem könnten nur Sondernormen wie §§ 15a, 15 IV oder 15b entgegenstehen. Unterliegen laufende Verluste einer Ausgleichsbeschränkung, so hat diese Vorrang. Trifft dann ein nicht ausgleichsfähiger Anteil am laufenden Verlust mit einem an sich nach den §§ 16, 34 begünstigten Veräußerungsgewinn aus derselben Quelle zusammen, so hat diese rechtliche Beurteilung zur Folge, dass laufender Verlust und Veräußerungsgewinn miteinander verrechnet werden.[2] Trotz Steuerfreiheit des Aufgabegewinns bestimmt sich die Bemessungsgrundlage für ein ehemaliges Betriebsgebäude nach dem gemeinen Wert,[3] ebenso die AK/HK eines Grundstücks bei Veräußerung nach § 23 nach einer BetrAufg.[4]

502 In den Fällen des **§ 16 I 2, 16 II 3 und § 16 III 5** definiert der Gesetzgeber einen aufgedeckten Gewinn anteilig als laufenden Gewinn. Daraus folgt, dass diese Gewinnanteile nicht zum Veräußerungsgewinn nach § 16 IV 1 und 3 gehören.[5] Sie werden damit auch nicht in die Ermittlung der Freibetragsgrenze einbezogen und können folglich nicht zu einer Abschmelzung des Freibetrages führen.[6]

Bzgl des rückwirkend zu erfassenden Gewinnes nach § 16 V idF SEStEG ist zu differenzieren. Er ist Teil des nach § 16 IV begünstigten Aufgabegewinnes aus der Aufgabe eines Teilbetriebes, soweit es sich um die Zuteilung einer 100 %igen Beteiligung handelt. Er ist hingegen nicht Teil des Veräußerungsgewinnes nach § 16 IV, soweit eine nicht 100 %ige Beteiligung lediglich als WG des zugewiesenen Teilbetriebes zunächst zum Buchwert zugeteilt wurde. Zwar schließt § 22 II 1 2. HS UmwStG die Anwendung des § 16 IV für den Fall der Einbringung einer (auch 100 %igen) Beteiligung zum Buchwert und nachträglicher Veräußerung innerhalb der Siebenjahresfrist gerade aus, aber § 16 V verweist darauf nicht. Es verbleibt mithin bei der Grundregel, dass der Aufgabegewinn auch bei einem TB unter § 16 IV fällt, ebenso wie bei der Veräußerung eines Teilbetriebes. Anders ist es freilich, wenn die (nicht 100 %ige) Beteiligung nur ein zum Teilbetrieb gehörendes WG war, weil dann angesichts der Buchwertfortführung iÜ keine Aufgabe eines Teilbetriebs vorliegt.

503 III. Tatbestandsvoraussetzungen. Tatbestandliche Voraussetzung für die Gewährung des Freibetrages ist, dass der StPfl im Zeitpunkt der Veräußerung/Aufgabe entweder das 55. Lebensjahr vollendet hat oder im sozialversicherungsrechtlichen Sinne dauernd berufsunfähig ist. Für die Frage, ob eine Veräußerung iSd § 16 IV wegen dauernder Berufsunfähigkeit erfolgt ist, ist auf das Kausalgeschäft abzustellen, das seinerseits den Rechtsgrund für das nachfolgende Veräußerungsgeschäft bildete.[7] Demgegenüber reicht es aus, wenn der StPfl im Zeitpunkt des Erfüllungsgeschäftes bzw des Endes der BetrAufg das 55. Lebensjahr vollendet hat.[8] Die Vollendung tritt mit Ablauf des Tages ein, der dem 55. Geburtstag vorangeht, § 108 AO iVm §§ 187 II 2, 188 II BGB. Die Veräußerung oder Aufgabe muss zeitlich nach diesem Zeitpunkt erfolgen. Erfolgt die Veräußerung und insbes die Aufgabe zeitlich gestreckt in mehreren Akten, kommt es nicht auf den Beginn, sondern auf die materielle Vollendung des Vorganges an. Maßgebend dafür muss die Einstellung der bisherigen werbenden Tätigkeit sein.

504 Welche Kriterien für eine **dauernde Berufsunfähigkeit** gegeben sein müssen, bestimmt sich allein nach dem Sozialversicherungsrecht in § 240 II SGB.[9] Verweisungsberufe in § 240 II 2 SGB sind nur dann zu berücksichtigen, wenn sie im aufgegebenen/veräußerten Betrieb ausgeübt werden können. Die sozialversicherungsrechtliche Beurteilung kann insoweit von der steuerrechtlichen abweichen. Feststellungen des Sozialversicherungsträgers sind somit für steuerliche Zwecke nicht über § 171 X AO bindend.[10]

505 Eine Betriebsveräußerung wegen dauernder Berufsunfähigkeit iSd § 16 IV 1 liegt auch vor, wenn ein StPfl zunächst seinen **Betrieb verpachtet** und anschließend nach Erlangung der Gewissheit, dau-

---

1 BFH BStBl II 95, 467.
2 BFH BStBl II 95, 467 (zu § 15a); vgl aber BFH/NV 00, 977 (keine Verrechnung von Veräußerungsgewinn im Sonder-BV und lediglich verrechenbarem Verlust im Gesamthandsbereich).
3 BFH BStBl II 00, 656.
4 BMF BStBl I 00, 1383 Tz 33.
5 **AA** Schmidt[26] § 16 Rn 578.
6 R 16 XIII 8 EStR.
7 BFH BStBl II 95, 893; **aA** Schoor DStZ 04, 627.
8 Kanzler FR 95, 851; Schmidt[26] § 16 Rn 579; BMF v 20.12.05, BStBl I 06, 7.
9 Nach § 240 II SBG VI liegt Berufsunfähigkeit vor, wenn die Erwerbsfähigkeit auf weniger als 6 Stunden gesunken ist, vgl auch H 16 (14) EStR.
10 Schmidt[26] § 16 Rn 579; **aA** Kanzler FR 95, 851; Wendt FR 00, 1199.

ernd berufsunfähig zu bleiben, veräußert.¹ Bei Veräußerung des Betriebes nach dem Tod des Inhabers liegt keine Veräußerung wegen Berufsunfähigkeit iSd § 16 IV 1 vor.² Vielmehr müssen die Voraussetzungen des § 16 IV 1 in der Pers des Erben erfüllt sein.³ Dies gilt allerdings nicht, wenn der Betrieb zwar erst nach dem **Tod des Erblassers** übertragen wurde, der Verkauf jedoch zeitlich noch vor dessen Tod erfolgte.⁴

Aus den Tatbestandsvoraussetzungen des § 16 IV 1 ergibt sich zwingend, dass die Norm **nur für nat Pers** zur Anwendung kommt. Die Voraussetzungen des § 16 IV 1 müssen in der Pers des Veräußerers gegeben sein, auf den Ehegatten kommt es auch bei Zusammenveranlagung nicht an.⁵ Wird der ganze GewBetr einer MU'schaft veräußert, steht jedem einzelnen MU'er, der als nat Pers die Kriterien des § 16 IV 1 erfüllt, der Freibetrag in voller Höhe zu.⁶ **506**

IV. Antragserfordernis und Einmalgewährung. Der Freibetrag wird gem § 16 IV 1 **nur auf Antrag** des StPfl gewährt und ist beim FA zu stellen. Dem Gesetz sind hierfür weder Form- noch Fristvorschriften zu entnehmen, so dass der Antrag nicht schon in der ESt-Erklärung des StPfl enthalten sein muss, in der er einen Veräußerungs-/Aufgabegewinn ausweist. Es genügt, den Antrag bis zur Bestandskraft des betr Steuerbescheides zu stellen. **507**

Nach Maßgabe des § 16 IV 2 steht jedem StPfl als nat Pers der Freibetrag **nur einmal im Leben** zu. Der Freibetrag ist **stets in voller Höhe** zu gewähren. Es kommt nicht darauf an, ob der StPfl einen ganzen GewBetr, einen TB, MU'anteil oder auch nur einen Bruchteil seines MU'anteils veräußert/aufgibt. Unerheblich ist auch, ob der StPfl voll- oder teilentgeltlich veräußert hat. Das Entgelt für die Veräußerung muss lediglich höher sein als die Buchwerte. Hat der StPfl bereits vor dem 1.1.96 Veräußerungsfreibeträge in Anspr genommen, bleibt dies nach § 52 Abs 34 S 5 unberücksichtigt. Die Gewährung des Freibetrages ist hingegen ausgeschlossen, wenn dem StPfl für eine Veräußerung oder Aufgabe, die nach dem 31.12.95 erfolgt ist, ein Freibetrag nach § 14 S 2, § 16 IV oder § 18 III 2 bereits gewährt worden ist.⁷ Die **Einmalgewährung** des Freibetrages für jede Gewinneinkunftsart gesondert ist abzulehnen. Entscheidend ist, ob dem StPfl in seiner Pers bisher schon einmal ein Freibetrag gewährt wurde oder nicht.⁸ **Nicht verbrauchte Teile** des Freibetrages können nicht bei anderen Veräußerungen/Aufgaben in Anspr genommen werden.⁹ **508**

V. Personengesellschaft. Veräußert eine **PersGes** ihren Betrieb oder Teilbetrieb oder gibt sie ihn auf, steht der volle Freibetrag jedem natürlichen MU'er zu, der die persönlichen Voraussetzungen erfüllt. Der Freibetrag wird dem StPfl (nat Pers) auf Antrag stets in voller Höhe unter Berücksichtigung der Freibetragsgrenze von 136 000 € gewährt, wenn die persönlichen Voraussetzungen dafür erfüllt sind. **509**

Gehörte zum veräußerten oder aufgegebenen (Einzel-)Betrieb (oder zu einem MU'anteil) eine (weitere) **mitunternehmerische Beteiligung** (auch im Sonderbetriebsvermögen) und wird diese ebenfalls veräußert oder aufgegeben, so steht dem StPfl der volle Freibetrag für den veräußerten bzw aufgegebenen Betrieb oder für den veräußerten bzw aufgegebenen MU'anteil zu. Der StPfl hat insofern ein **Wahlrecht**, für welchen aufgedeckten Veräußerungs-/Aufgabegewinn er den Freibetrag beantragen möchte.¹⁰ Bei Beteiligung einer PersGes als MU'er **(doppelstöckige PersGes)** ist nach § 15 I 1 Nr 2 S 2 von Gesetzes wegen der Durchgriff auf die an der Ober-Ges beteiligten nat Pers notwendig, auch wenn der BFH in der Ober-Ges den MU'er an der Unter-Ges sieht.¹¹ Veräußert ein natürlicher MU'er seinen Anteil an der Ober-Ges oder gibt er ihn auf, so liegen – entgegen der Auffassung der FinVerw¹² – daher **2 Veräußerungs-** bzw Aufgabetatbestände vor, für die der MU'er wiederum wahlweise den vollen Freibetrag unter den weiteren Voraussetzungen des § 16 IV beanspruchen kann.¹³ Voraussetzung hierfür ist insbes, dass die im Sonder-BV (wesentliche Betriebs- **510**

---

1 BFH BStBl II 86, 601.
2 Vgl BFH BStBl II 85, 204.
3 Vgl BFH/NV 91, 813.
4 Vgl BFH BStBl II 95, 893.
5 Vgl BFH BStBl II 80, 645.
6 R 16 XIII 3 EStR
7 Vgl R 16 XIII 5 EStR; ebenso OFD Cottbus DB 97, 1439.
8 **AA** *Schmidt*²⁶ § 16 Rn 581.
9 Vgl R 16 XIII 4 EStR.
10 Ebenso FinVerw in R 16 XIII 6 u 7 EStR; OFD Koblenz v 28.2.07; DStR 07, 992.
11 Vgl BFH GrS BStBl II 91, 691; als Reaktion darauf wurde mit dem StRefG 92 (BGBl I 92, 297) der Durchgriff in § 15 I 1 Nr 2 S 2 normiert.
12 OFD Koblenz v 28.2.07 (abgestimmt zwischen Bund und Ländern) – S 2243 A – St 313, DStR 07, 992.
13 Vgl *Ley* KÖSDI 97, 11081; **aA** *Schmidt*²⁶ § 16 Rn 582 (nur 1 Freibetrag!); offen in BFH v 1.7.04 – IV R 67/00, BFH/NV 04, 1707 = BFHE 206, 557.

grundlage) des G'ters an der Ober- und/oder Unter-Ges steckenden stillen Reserven mit realisiert werden.[1] Entsteht durch Aufgabe oder Veräußerung des Betriebes oder Teilbetriebes der **UnterGes** ein Gewinn, so ist dieser im **Durchgriff** auch für den natürlichen MU'er der Ober-Ges nach § 16 IV begünstigt. Ebenso begünstigt ist für den G'ter (nat Pers) der OberGes der Verkauf bzw die Aufgabe der Beteiligung an der Unter-Ges durch die Ober-Ges.[2] Insoweit handelt es sich um einen einheitlichen Vorgang, für den die an der Obergesellschaft beteiligten MU'er bei Vorliegen der übrigen Voraussetzungen §§ 16 und 34 beanspruchen können.[3]

511 **VI. Einzelfragen.** Vollzieht sich die Veräußerung oder Aufgabe in **mehreren VZ**, ist der Freibetrag nur einmal zu gewähren. Er ist auf die beiden (mehreren) VZ aufzuteilen. Aus der nur eingeschränkten Bedeutung der Abschnittsbesteuerung für den außerordentlichen Aufgabe-/Veräußerungsgewinn folgt, dass eine Aufteilung nach dem **Verhältnis der Gewinnanteile** zutr ist. Eine Aufteilung nach den Gewinnanteilen ist ebenfalls erforderlich, wenn der Veräußerungsgewinn auch dem Halbeinkünfteverfahren unterliegende Gewinne aus der Veräußerung von Anteilen an Körperschaften umfasst.[4] Dem StPfl wird durch das **Antragsrecht** in § 16 IV nicht eingeräumt, von einer Aufteilung des Freibetrages abzusehen.[5] Entsteht insgesamt ein **Veräußerungsverlust**, so ist kein Freibetrag zu gewähren. Die auf den Grundsatz der Abschnittsbesteuerung gestützte Gegenauffassung[6] verkennt, dass die periodengerechte Gewinnermittlung für den Veräußerungsgewinn gerade keine uneingeschränkte Geltung beanspruchen kann.[7] Verfahrensrechtlich kann die Veranlagung für den ersten VZ vorläufig erfolgen, solange nicht feststeht, ob insgesamt überhaupt ein Veräußerungsgewinn entsteht oder die Freibetragsgrenze von 136 000 € noch überschritten wird. IÜ bietet § 175 I Nr 2 AO und § 174 AO[8] eine verfahrensrechtliche Korrekturmöglichkeit.

512 Soweit eine Besteuerung als nachträgliche Einkünfte (**Zuflussversteuerung**) gewählt wurde, kann kein Freibetrag abgezogen werden. Wird außerdem ein **Einmalbetrag** geleistet, ist der Freibetrag für einen Gewinn aus der Differenz von Einmalbetrag und Buchwert zu gewähren. Ein dabei nicht verbrauchter Freibetrag kann nicht von den bei Zufluss zu versteuernden Bezügen abgezogen werden.[9] Die Rspr berücksichtigt den Barwert der **wiederkehrenden Bezüge** als Teil des Veräußerungspreises, soweit es um die Einschränkung des Freibetrages nach § 16 IV 3 geht, wenn die Freibetragsgrenze überschritten wird.[10]

513 Werden früher **gebildete Rücklagen** im Zusammenhang mit der Veräußerung/Aufgabe des Betriebes aufgelöst, ist der daraus resultierende Gewinn auch dann Teil des nach § 16 IV begünstigten Veräußerungsgewinnes, wenn die Auflösung bereits in einem VZ vor der Übertragung des übrigen BV erfolgen muss,[11] etwa bei einer RfE. Nach hM soll die Fortführung einer früher nach § 6b gebildeten Rücklage der Anwendung des § 16 IV nicht entgegenstehen, wenn die Rücklage bei der Veräußerung eines nicht zu den wesentlichen Betriebsgrundlagen gehörenden WG gebildet wurde.[12] Dem ist nicht zu folgen[13] (s auch § 34 Rn 30).

514 Der Freibetrag von 45 000 € **ermäßigt** sich nach § 16 IV 3 um den Betrag, um den der Veräußerungsgewinn 136 000 € übersteigt. Dies entspricht dem Grundgedanken des § 16 IV, die partielle Steuerbefreiung zur Schonung des StPfl nur bei kleineren Veräußerungsgewinnen zu gewähren. Der Freibetrag entfällt mithin vollständig, wenn der Veräußerungsgewinn die **Freibetragsgrenze von 136 000 € + 45 000 €** erreicht.

515 Bei mitunternehmerischen PersGes ist im einheitlichen und gesonderten Gewinnfeststellungsverfahren nach §§ 180 I Nr 2a, 179 AO über das Vorliegen, die Höhe und die Verteilung eines Veräuße-

---

1 Vgl *Ley* KÖSDI 97, 11082.
2 Vgl *Ley* KÖSDI 97, 11082; **aA** *Schmidt*[26] § 16 Rn 401.
3 OFD Frkf. v 16.11.07 – EStK § 15 EStG Fach 2 Karte 14 (dort zum „Ausweis" der Beteiligung an der Untergesellschaft nach der Spiegelbildmethode in der Steuerbilanz der Obergesellschaft und zur Ermittlung des Veräußerungsgewinnes als Differenz zwischen Veräußerungspreis und Kapitalkonto der Obergesellschaft).
4 So zutr BMF BStBl I 06, 7; **aA** *H/H/R* § 16 Rn 470.
5 **AA** *Kanzler* FR 95, 851.
6 Vgl *H/H/R* § 16 Rn 470.
7 Vgl BFH BStBl II 91, 802.
8 Vgl dazu BFH BStBl II 05, 637.
9 Vgl BFH BStBl II 89, 409.
10 Vgl BFH BStBl II 06, 75; **aA** *K/S/M* § 16 Rn G 10.
11 Vgl BFH BStBl II 92, 392.
12 Vgl *H/H/R* § 16 Rn 460; R 6b.2 (10) EStR; *Söffing* FR 72, 52.
13 *K/S/M* § 16 Rn G 11.

rungsgewinnes nach § 16 I 1 Nr 1 oder Nr 2 zu entscheiden.¹ Über die Gewährung wegen Berufsunfähigkeit oder Vollendung des 55. Lebensjahres und die **Höhe** des dem einzelnen MU'er zustehenden Freibetrages wird erst im Veranlagungsverfahren durch das **Wohnsitz-FA** entschieden.²

§ 17 Veräußerung von Anteilen an Kapitalgesellschaften

(1) ¹Zu den Einkünften aus Gewerbebetrieb gehört auch der Gewinn aus der Veräußerung von Anteilen an einer Kapitalgesellschaft, wenn der Veräußerer innerhalb der letzten fünf Jahre am Kapital der Gesellschaft unmittelbar oder mittelbar zu mindestens 1 Prozent beteiligt war. ²Die verdeckte Einlage von Anteilen an einer Kapitalgesellschaft in eine Kapitalgesellschaft steht der Veräußerung der Anteile gleich. ³Anteile an einer Kapitalgesellschaft sind Aktien, Anteile an einer Gesellschaft mit beschränkter Haftung, Genussscheine oder ähnliche Beteiligungen und Anwartschaften auf solche Beteiligungen. ⁴Hat der Veräußerer den veräußerten Anteil innerhalb der letzten fünf Jahre vor der Veräußerung unentgeltlich erworben, so gilt Satz 1 entsprechend, wenn der Veräußerer zwar nicht selbst, aber der Rechtsvorgänger oder, sofern der Anteil nacheinander unentgeltlich übertragen worden ist, einer der Rechtsvorgänger innerhalb der letzten fünf Jahre im Sinne von Satz 1 beteiligt war.

(2) ¹Veräußerungsgewinn im Sinne des Absatzes 1 ist der Betrag, um den der Veräußerungspreis nach Abzug der Veräußerungskosten die Anschaffungskosten übersteigt. ²In den Fällen des Absatzes 1 Satz 2 tritt an die Stelle des Veräußerungspreises der Anteile ihr gemeiner Wert. ³Weist der Veräußerer nach, dass ihm die Anteile bereits im Zeitpunkt der Begründung der unbeschränkten Steuerpflicht nach § 1 Abs. 1 zuzurechnen waren und dass der bis zu diesem Zeitpunkt entstandene Vermögenszuwachs auf Grund gesetzlicher Bestimmungen des Wegzugsstaats im Wegzugsstaat einer der Steuer nach § 6 des Außensteuergesetzes vergleichbaren Steuer unterlegen hat, tritt an die Stelle der Anschaffungskosten der Wert, den der Wegzugsstaat bei der Berechnung der der Steuer nach § 6 des Außensteuergesetzes vergleichbaren Steuer angesetzt hat, höchstens jedoch der gemeine Wert. ⁴Satz 3 ist in den Fällen des § 6 Abs. 3 des Außensteuergesetzes nicht anzuwenden. ⁵Hat der Veräußerer den veräußerten Anteil unentgeltlich erworben, so sind als Anschaffungskosten des Anteils die Anschaffungskosten des Rechtsvorgängers maßgebend, der den Anteil zuletzt entgeltlich erworben hat. ⁶Ein Veräußerungsverlust ist nicht zu berücksichtigen, soweit er auf Anteile entfällt,

a) die der Steuerpflichtige innerhalb der letzten fünf Jahre unentgeltlich erworben hatte. ²Dies gilt nicht, soweit der Rechtsvorgänger an Stelle des Steuerpflichtigen den Veräußerungsverlust hätte geltend machen können;
b) die entgeltlich erworben worden sind und nicht innerhalb der gesamten letzten fünf Jahre zu einer Beteiligung des Steuerpflichtigen im Sinne von Absatz 1 Satz 1 gehört haben. ²Dies gilt nicht für innerhalb der letzten fünf Jahre erworbene Anteile, deren Erwerb zur Begründung einer Beteiligung des Steuerpflichtigen im Sinne von Absatz 1 Satz 1 geführt hat oder die nach Begründung der Beteiligung im Sinne von Absatz 1 Satz 1 erworben worden sind.

(3) ¹Der Veräußerungsgewinn wird zur Einkommensteuer nur herangezogen, soweit er den Teil von 9 060 Euro übersteigt, der dem veräußerten Anteil an der Kapitalgesellschaft entspricht. ²Der Freibetrag ermäßigt sich um den Betrag, um den der Veräußerungsgewinn den Teil von 36 100 Euro übersteigt, der dem veräußerten Anteil an der Kapitalgesellschaft entspricht.

(4) ¹Als Veräußerung im Sinne des Absatzes 1 gilt auch die Auflösung einer Kapitalgesellschaft, die Kapitalherabsetzung, wenn das Kapital zurückgezahlt wird, und die Ausschüttung oder Zurückzahlung von Beträgen aus dem steuerlichen Einlagenkonto im Sinne des § 27 des Körperschaftsteuergesetzes. ²In diesen Fällen ist als Veräußerungspreis der gemeine Wert des dem Steu-

---

1 BFH BStBl II 03, 335 (dort auch zur notwendigen Beiladung der PersGes sowie ausgeschiedener G'ter, falls Vorliegen einer MU'schaft str); s auch BFH BStBl 03, 194 (zur nicht notwendigen Beiladung des Erwerbers des MU'anteils, falls nur Streit über Qualifikation als Veräußerungsgewinn, nicht aber über Höhe); vgl aber BFH v 29.11.06 – I R 78/05, BFH/NV 07, 1091 mit Anm *Hoffmann* GmbHR 07, 611 (über das Vorliegen einer vGA bei verbilligter Veräußerung eines MU'anteils durch eine KapG als MU'er ist im KSt-Verfahren der KapG zu entscheiden!).
2 Vgl BFH BStBl II 95, 893 (895); BStBl II 94, 607 (614); BStBl II 98, 573.

erpflichtigen zugeteilten oder zurückgezahlten Vermögens der Kapitalgesellschaft anzusehen. ³Satz 1 gilt nicht, soweit die Bezüge nach § 20 Abs. 1 Nr. 1 oder Nr. 2 zu den Einnahmen aus Kapitalvermögen gehören.

(5) ¹Die Beschränkung oder der Ausschluss des Besteuerungsrechts der Bundesrepublik Deutschland hinsichtlich des Gewinns aus der Veräußerung der Anteile an einer Kapitalgesellschaft im Fall der Verlegung des Sitzes oder des Orts der Geschäftsleitung der Kapitalgesellschaft in einen anderen Staat stehen der Veräußerung der Anteile zum gemeinen Wert gleich. ²Dies gilt nicht in den Fällen der Sitzverlegung einer Europäischen Gesellschaft nach Artikel 8 der Verordnung (EG) Nr. 2157/2001 und der Sitzverlegung einer anderen Kapitalgesellschaft in einen anderen Mitgliedstaat der Europäischen Union. ³In diesen Fällen ist der Gewinn aus einer späteren Veräußerung der Anteile ungeachtet der Bestimmungen eines Abkommens zur Vermeidung der Doppelbesteuerung in der gleichen Art und Weise zu besteuern, wie die Veräußerung dieser Anteile zu besteuern gewesen wäre, wenn keine Sitzverlegung stattgefunden hätte. ⁴§ 15 Abs. 1a Satz 2 ist entsprechend anzuwenden.

(6) Als Anteile im Sinne des Absatzes 1 Satz 1 gelten auch Anteile an Kapitalgesellschaften, an denen der Veräußerer innerhalb der letzten fünf Jahre am Kapital der Gesellschaft nicht unmittelbar oder mittelbar zu mindestens 1 Prozent beteiligt war, wenn

1. die Anteile auf Grund eines Einbringungsvorgangs im Sinne des Umwandlungssteuergesetzes, bei dem nicht der gemeine Wert zum Ansatz kam, erworben wurden und
2. zum Einbringungszeitpunkt für die eingebrachten Anteile die Voraussetzungen von Absatz 1 Satz 1 erfüllt waren oder die Anteile auf einer Sacheinlage im Sinne von § 20 Abs. 1 des Umwandlungssteuergesetzes vom 7. Dezember 2006 (BGBl. I S. 2782, 2791) in der jeweils geltenden Fassung beruhen.

(7) Als Anteile im Sinne des Absatzes 1 Satz 1 gelten auch Anteile an einer Genossenschaft einschließlich der Europäischen Genossenschaft.

§§ 53 u 54 EStDV; R 17/H 17 EStR 05
BMF BStBl I 94, 257; BStBl I 98, 163; DStR 98, 1754; BStBl I 99, 545; OFD Kiel FR 00, 161; FR 01, 1125

Übersicht

	Rn		Rn
A. Grundaussagen der Vorschrift	1	V. 5-Jahres-Zeitraum (§ 17 I 1)	75
I. Sinn und Zweck	1	VI. Erweiterte Steuerpflicht infolge unentgeltlich erworbener Anteile (§ 17 I 4)	90
II. Verfassungsmäßigkeit	5		
III. Anwendungsbereich	10	**C. Veräußerung (§ 17 I 1 und 2)**	100
1. Persönlicher Anwendungsbereich	10	I. Allgemeines, Begriff der Veräußerung	100
a) Nat Pers	11	II. Kauf und Tausch	105
b) PersGes	12	III. Zwangsweise Übertragungen	110
c) KapGes	13	IV. Einlage von Anteilen in eine Kapitalgesellschaft	115
2. Sachlicher Anwendungsbereich; Verhältnis zu anderen Vorschriften	20	V. Verdeckte Einlage von Anteilen in eine Kapitalgesellschaft (§ 17 I 2)	120
a) §§ 4, 5, § 6 I Nr 5 S 1, §§ 16, 20, 32d, 34, 35	20		
b) § 22 Nr 3, § 23 I 1 Nr 2	24	VI. Übertragung auf eine Personengesellschaft	125
c) § 13 UmwStG nF/aF, § 22 UmwStG nF, § 21 UmwStG aF	27	VII. Übertragung in das Betriebsvermögens eines Einzelbetriebes	132
d) § 13 VI KStG, § 6 AStG, § 2 I AStG	30	VIII. Veräußerung von Bezugsrechten	135
3. Zeitlicher Anwendungsbereich, Rechtsentwicklung	34	IX. Kapitalherabsetzung und Liquidation	138
B. Beteiligungsvoraussetzungen (§ 17 I)	40	X. Einziehung von Anteilen	141
I. Anteile an einer Kapitalgesellschaft (§ 17 I 1, 3 und 4, § 17 VII nF)	40	XI. Erwerb eigener Anteile	145
		XII. Austritt und Ausschluss eines Gesellschafters	148
II. Nominelle Beteiligung am Nennkapital (§ 17 I 1 und 3)	48	XIII. Umwandlungen	151
III. Zurechnung der Beteiligung	60	XIV. Schenkungen	155
IV. Unmittelbare und mittelbare Beteiligung (§ 17 I 1)	70	XV. Erwerbe von Todes wegen	158

	Rn
XVI. Zeitpunkt der Veräußerung	163
XVII. Bagatellgrenze (§ 17 I 1 aF)	166
D. Veräußerungsgewinn, Veräußerungsverlust (§ 17 II)	167
I. Gewinnermittlung eigener Art	167
II. Veräußerungspreis	178
1. Begriff	178
2. Höhe und Umfang des Veräußerungspreises	184
a) Kauf	184
b) Tausch	185
c) Wiederkehrende Bezüge	187
3. Unangemessene Gegenleistung, verdeckte Einlage (§ 17 II 2)	189
4. Wertbestimmung in Zuzugsfällen (§ 17 II 3 und 4 nF)	191
5. Nachträgliche Änderung des Veräußerungspreises	192
III. Veräußerungskosten	195
IV. Anschaffungskosten	200
1. Begriff	200
2. Ursprüngliche Anschaffungskosten	205
3. Nachträgliche Anschaffungskosten	212
a) Einlagen	214
b) Darlehen	220
c) Bürgschaften, Sicherheitsleistungen	230
4. Sonstige Erwerbsfälle	234
5. Unentgeltlicher Erwerb (§ 17 II 5 nF, § 17 II 3 aF)	240
6. Anschaffungsnebenkosten	245
E. Rechtsfolgen der Anteilsveräußerung (§ 17 II, III)	247
I. Allgemeines	247
1. Verfahrensrecht	248

	Rn
II. Veräußerungsgewinn (§ 17 II 1)	251
III. Freibetrag (§ 17 III)	253
IV. Veräußerungsverlust (§ 17 II 6 nF, § 17 II 4 aF)	260
1. Bei unentgeltlichem Anteilserwerb (§ 17 II 6a nF, § 17 II 4a aF)	262
2. Bei entgeltlichem Anteilserwerb (§ 17 II 6b nF, § 17 II 4b aF)	264
F. Auflösung der Kapitalgesellschaft, Kapitalherabsetzung, Ausschüttung oder Rückzahlung von Einlagen (§ 17 IV)	271
I. Allgemeines	271
II. Auflösung der Kapitalgesellschaft (§ 17 IV 1)	278
1. Begriff, Tatbestand	278
2. Zeitpunkt	284
3. Ermittlung des Liquidationsgewinns (§ 17 IV 2)	286
4. Nachträgliche Anschaffungskosten	290
III. Herabsetzung und Rückzahlung von Nennkapital (§ 17 IV 1)	294
1. Begriff, Tatbestand	294
2. Zeitpunkt	295
3. Ermittlung des Herabsetzungsgewinns (§ 17 IV 2)	297
IV. Rückzahlung von Einlagen (§ 17 IV 1)	298
V. Spaltung des ausgekehrten Vermögens in Veräußerungspreis und Einnahmen aus Kapitalvermögen (§ 17 IV 3)	305
VI. Wirkungen des § 17 IV 3 und Gestaltungen	310
G. Ausdehnung des Besteuerungsrechts bei Sitzverlegungen (§ 17 V)	320
H. Ausdehnung des Besteuerungsrechts bei Einbringungen (§ 17 VI)	330

Literatur: *Bahns* Die rückwirkende steuerliche Berücksichtigung von Ereignissen bei Anteilsveräußerungen nach § 17 EStG, FR 04, 317; *Balmes/Kotyrba* Rückwirkende Wertzuwachsbesteuerung, FR 99, 1044; *Birk/Kulosa* Verfassungsrechtliche Aspekte der Steuerreform, FR 99, 433, 436; *Bornheim* Die Erweiterung der Besteuerung nach § 17 I durch das StSenkG, DB 01, 162; *Buciek* Das kapitalersetzende Darlehen im Steuerrecht, Stbg 00, 109; *Büchele* Die verdeckte Einlage im Bilanz- und Gesellschaftsrecht, DB 99, 2336; *Crezelius* Die Rückbeziehung in § 17 I 1 EStG, DB 03, 230; *ders* Währungsgewinne bei § 17 EStG, DB 05, 1924; *Dötsch/Pung* Die Änderung des § 17 durch das StEntlG 1999 ff, DB 99, 1352; *Ebling* FS Flick, 1997, S 679; *Eilers/Wienands* Die Veräußerung von GmbH-Anteilen nach Maßgabe der geänderten §§ 17, 22 Nr 2, 23, GmbHR 99, 505; *dies.* Gestaltungsüberlegungen und Fallbeispiele zur Veräußerung von GmbH-Anteilen, GmbHR 00, 405; *Fleischer* Der Finanzplankredit im Gesamtgefüge der einlagegleichen Gesellschafterleistungen, DStR 99, 1774; *Früh* Eigenkapitalersetzende Gesellschafterkredite, GmbHR 99, 842; *Gerl/Sturm* Der neue § 17 II 4, DB 96, 1102; *Gosch* Zur Veräußerung wesentlicher Anteile an Kapitalgesellschaften im Gesamthandseigentum, StBp 00, 28; *ders* Zur Rückübertragung einer wesentlichen Beteiligung bei Leistungsstörung, StBp 00, 219; *ders* Zum Abzug von Drittaufwand als nachträgliche Anschaffungskosten iSv § 17, StBp 01, 148; *Gratz/Müller* Die nicht wesentliche Beteiligung an Kapitalgesellschaften – ein Auslaufmodell?, DStR 96, 281; *Groh* Gemischte Schenkung und gemischte Sacheinlage im Ertragsteuerrecht, StuW 84, 217; *Gschwendtner* Darlehensverluste eines wesentlich an einer Kapitalgesellschaft beteiligten Gesellschafters in der Rechtsprechung des BFH, DStR, Beihefter zu 32/1999; *Herzig/Förster* Problembereiche bei Veräußerung von Anteilen an Kapitalgesellschaften bei wesentlichen Beteiligungen, DB 97, 594; *dies.* StEntlG 1999 ff: Die Änderung von § 17 und § 34 mit ihren Folgen, DB 99, 711; *Hoffmann* Nachträgliche Anschaffungskosten bei Forderungsverlusten des Gesellschafters im Rahmen des § 17, GmbHR 97, 1140; *ders* Steuergestaltungen bei bilanziellen Stützungsmaßnahmen von Kapitalgesellschaften, GmbHR 99, 848; *Landsittel/Haug* Die verfassungswidrige Absenkung der wesentlichen Beteiligung an Kapitalgesellschaften nach § 17 I, BB 99, 2218; *Nacke/Intemann* Verlustausgleichsbeschränkung nach § 17 II 4, NWB Fach 3, 12303; *Paus* Auflösungsverlust des GmbH-Gesellschafters bei kreditfinanzierten Bürgschaftszahlungen, FR 07, 23; *Peetz* Entstehung des Auflösungsverlusts gem § 17, GmbHR 07,

1022; *Pyszka* Beschränkte Verlustberücksichtigung nach § 17 II 4, DStR 97, 309; *Reis* Problemfelder und Gestaltungshinweise zum „neuen § 17", INF 01, 81; *Saenger* Die Kreditbürgschaft des GmbH-Gesellschafters, GmbHR 99, 837; *Schmidt/v Busekist/Drescher* Rechtsentwicklungen zur Veräußerung von Anteilen an Kapitalgesellschaften gem § 17 EStG, FR 07, 1; *Schweyer/Dannecker* § 17: Anwartschaft und wesentliche Beteiligung, BB 99, 1732; *dies.* Der neue § 17 und das alte Problem mit der Rückwirkung, BB 99, 2375, 2480; *Sieger/Aleth* Finanzplankredite: Stand der Rechtsprechung und offene Fragen, GmbHR 00, 462; *Siewert* Können eigenkapitalersetzende Maßnahmen eines Gesellschafter-Geschäftsführers einer GmbH zu Werbungskosten im Rahmen seiner Einkünfte aus nichtselbstständiger Arbeit führen?, DB 99, 2231; *Söffing* Einbringung einer nicht wesentlichen Beteiligung gegen Gewährung von Gesellschaftsrechten in eine Kapitalgesellschaft, BB 99, 1358; *Steinbeck* Zur systematischen Einordnung des Finanzplankredits, ZGR 00, 503; *Strahl* Aktuelle Hinweise zu § 17, KÖSDI 00, 12260; *ders* Rechtsentwicklungen zur Veräußerung von Anteilen an KapGes iSd § 17, KÖSDI 07, 15657; *Wendt* Änderungen bei betrieblichen und privaten Veräußerungsgeschäften, FR 99, 333; *Wermeckes* Das StEntlG 1999 ff und die rückwirkende Änderung des EStG im Lichte des Verfassungsrechts, DStZ 99, 479; *Wiese/Schmid* Steuerliche Behandlung von Verlusten aus Gesellschafter-Darlehen und -Bürgschaften, GmbHR 99, 698.

A. Grundaussagen der Vorschrift

1 I. Sinn und Zweck. Anders als realisierte Gewinne aus der Veräußerung von WG im BV unterliegen entspr Veräußerungsgewinne aus PV grds nicht der ESt. Eine Ausnahme hiervon macht § 17 (neben § 23 bei privaten Veräußerungsgeschäften) sowie – insoweit gem § 27 III UmwStG nF fortgeltend – § 21 UmwStG aF (einbringungsgeborene Anteile) bzw – für Umwandlungsvorgänge, deren Eintragung in das Handelsregister nach dem 12.12.06 angemeldet wurden (§ 27 I UmwStG nF) – § 22 II UmwStG nF (sperrfristverhaftete Anteile) und § 13 II 2 u 3 UmwStG nF, § 13 II UmwStG aF (verschmelzungsgeborene Anteile)). Veräußerungen bestimmter, im PV gehaltener Beteiligungen an KapGes stellen hiernach einen stpfl Tatbestand dar, indem entspr Veräußerungsgewinne und -verluste in gewerbliche Einkünfte umqualifiziert werden. Der Regelung liegen **mehrfache Zwecke** zugrunde: **(1)** Sicherstellung der stillen Reserven, die in derartigen Beteiligungen ruhen, und damit des Zuwachses an persönlicher Leistungsfähigkeit, **(2)** steuerliche Gleichbehandlung von Beteiligungen an KapGes mit MU'anteilen (§§ 15, 16), **(3)** bislang – unter dem System der KSt-Vollanrechnung – überdies die **Verhinderung von Anteilsrotationen**, mittels derer versucht wurde, bei Beteiligungen oberhalb der (bisherigen, s Rn 48) Wesentlichkeitsgrenze von mindestens 10 vH (bis zum VZ 98: mehr als 25 vH) stpfl Gewinnausschüttungen in stfreie oder gem § 34 steuerbegünstigte Gewinne (vgl § 34 II Nr 1 aF) umzufunktionieren; § 17 sollte hier wenigstens eine Einmalbesteuerung sicherstellen.[1] Der BFH hält solche Gestaltungsmodelle allenfalls in Ausnahmefällen für missbräuchlich (§ 42 AO), in denen die Veräußerung der Anteile an eine eigens errichtete GmbH erfolgt, die kurzfristig später liquidiert wird, ansonsten jedoch nicht[2] (s im Einzelnen 2. Aufl Rn 312f).[3] Allerdings hat der Gesetzgeber dem – erstmals für Anteilserwerbe im VZ 97[4] – zunächst durch § 50c XI aF und – vom VZ 99 an – sodann durch die Absenkung der Besteuerungsgrenze auf 10 vH vorgebeugt. **(4)** Nach dem Systemwechsel vom körperschaftsteuerlichen Anrechnungs- auf das (bisherige) Halbeinkünfte- und (jetzige) Teileinkünfte-Verfahren (s § 3 Rn 112 ff; § 20 Rn 41 ff) und der Absenkung der Besteuerungsgrenze auf nunmehr 1 vH haben sich entspr Gestaltungen letztlich erledigt. Seitdem (zur zeitlichen Geltung s Rn 34) werden Dividenden und Veräußerungsgewinne im Grundsatz gleich behandelt (vgl § 3 Nr 40; § 8b KStG); Veräußerungsgewinne aus Anteilen an KapGes unterliegen unabhängig davon dem Halb- bzw Teileinkünfteverfahren, ob es sich um solche im BV (§ 3 Nr 40a, b) oder aus PV (§ 3 Nr 40c) handelt. Zu Ungleichbehandlungen kommt es nur noch für nicht iSv § 17 Beteiligte, im Wesentlichen also nur noch für (private) **Streubesitzaktionäre** börsennotierter AG. Die Konsequenz, auch deren private Veräußerungsgewinne (über § 23 hinaus) steuerlich zu erfassen, ist zunächst nicht gezogen und erst jetzt (vom VZ 09 an) im Rahmen der Schaffung des schedulierten Abgeltungssteuersatzes für Kapitaleinkünfte (§ 32d, vgl § 52a XV) verwirklicht worden. Zuvor wurde eine solche Besteuerung als praktisch kaum kontrollierbar ange-

---

1 BT-Drs 7/1470, 263.
2 BFH (I. Senat und aus Sicht des Veräußerers) BStBl II 99, 729; BStBl II 98, 90; BStBl II 01, 260; DStR 01, 1883; DStR 06, 1938; demgegenüber abgrenzend BFH (IV. Senat) BStBl II 03, 854; s auch BFH (VIII. Senat und aus Sicht des Erwerbers) BStBl II 99, 729; DStRE 04, 736.
3 Einen umfassenden und aktuellen Überblick gibt *D/J/P/W* § 17 Rn 241 ff.
4 Vgl aber BMF BStBl I 98, 912 (914): rückwirkende Anwendung.

sehen,[1] sie war wohl auch nicht erwünscht, um den Aktienmarkt nicht zu behindern. Andererseits wurde die Herabschleusung der Beteiligungsgrenze auf 1 vH für unumgänglich gehalten, offiziell, um der Gefahr zu begegnen, dass durch rechtzeitige Anteilsverkäufe vor Gewinnausschüttung die Besteuerung nach dem (bis zum VZ 08:) Halb- bzw (vom VZ 09 an:) Teileinkünfteverfahren umgangen werden könnte.[2] Bei Licht betrachtet stellt sich die Reduzierung aber als eine schlichte fiskalische Gegenfinanzierungsmaßnahme dar, um die politikübliche und einen echten Steuerreformwillen bereits im Ansatz konterkarierende „Aufkommensneutralität" zu sichern. Denn Anteilseigner mit einem lediglich 10 %igen Anteil waren wohl auch schon bislang kaum jemals in der Lage, die Ausschüttungspolitik des Unternehmens zu beeinflussen.[3]

II. Verfassungsmäßigkeit. § 17 ist im Grundsatz **verfassungsgemäß**.[4] Dies betrifft sowohl den 5
Umstand, dass nach Maßgabe der Vorschrift auch private Veräußerungsgewinne besteuert werden, als auch die Höhe der für die Besteuerung gem § 17 bislang beachtliche Wesentlichkeitsgrenze von 10 vH (bis zum VZ 98: 25 vH). Das BVerfG weist zu Recht auf die Freiheit des Gesetzgebers hin, Steuerquellen zu erschließen. Die Grenze von 10 vH und zuvor 25 vH rechtfertigte sich zum einen im Hinblick auf dadurch ausgelöste Sperrminoritäten, zum anderen durch steuerliche Schachtelprivilegien (zB § 9 Nr 2a, 7, 8 GewStG), die ihrerseits an eine Beteiligungsquote von 10 vH anknüpfen. Diese Erwägungen tragen zwar nicht die nunmehrige – grds mit erstmaliger Wirkung vom VZ 01 (zum zeitlichen Geltungsbereich im Einzelnen s § 36 Rn 2) anzuwendende – Absenkung der Besteuerungsgrenze auf lediglich 1 vH (und damit in Höhe der bis zum VZ noch stfrei Bagatellgrenze gem § 17 I 1 aF, s Rn 166). Auch diese Reduzierung dürfte allerdings als solche grds verfassungsrechtliche Bedenken aufwerfen. Als problematisch und **gleichheitsrechtlich nicht zweifelsfrei** erweist sich angesichts der deutlich geminderten Beteiligungsvoraussetzungen, des dadurch erleichterten Besteuerungszugriffs und die Entwicklung des § 17 zum „Massentatbestand" jedoch das Fehlen einer absoluten Beteiligungsgrenze und die dadurch bedingte unterschiedslose Besteuerung 1 %iger Beteiligungen an Groß- wie Kleinst-KapGes. Mit der nunmehrigen steuerlichen Erfassung jeglichen Streubesitzes nicht zu vereinbaren ist überdies die **systematische Einbeziehung** der Veräußerungsgewinne und -verluste in solche aus GewBetr; richtigerweise handelt es sich nicht mehr um solche, sondern um private Veräußerungsgeschäfte iSv § 22 Nr 2 iVm § 23 (s dazu auch Rn 24). Die vom VZ 09 an geltende schedulierte Abgeltungssteuer, die sich flächendeckend als ‚capital gain tax' auf Veräußerungsgewinne erstreckt, tut ihr Übriges. Es ist zu erwarten (und zu hoffen), dass der Gesetzgeber über kurz oder lang dieser systematischen Veränderung Rechnung tragen wird. Als ein erstes Anzeichen in diese Richtung ließ sich die Streichung des Begriffs der „wesentlichen Beteiligung" ansehen (welche im Rahmen dieser Kommentierung als in der Praxis nach wie vor „vertraute" Bezeichnung des Besteuerungstatbestandes in § 17 zuweilen allerdings beibehalten wird). – Zur verfassungsrechtlichen Beurteilung der inhaltlich rückwirkenden Absenkung der Besteuerungsgrenze auf 1 vH (und bereits zuvor auf 10 vH) s Rn 79 sowie der Beschränkungen des Abzugs von Veräußerungsverlusten gem § 17 II 6 nF, § 17 II 4 aF idF des StEntlG 99 ff Rn 260.

III. Anwendungsbereich. – 1. Persönlicher Anwendungsbereich. Seinem persönlichen Anwen- 10
dungsbereich nach ist § 17 unbeschränkt. Erfasst werden im Grundsatz als Veräußerer sowohl nat als auch jur Pers, unbeschränkt als auch beschränkt StPfl. Im Einzelnen gilt es allerdings zu unterscheiden:

a) Nat Pers. (1) Ein unbeschränkt StPfl veräußert Anteile an einer KapGes mit Sitz und Geschäfts- 11
leitung, nach der ‚Überseering'-Entscheidung des EuGH[5] in Zuzugsfällen (s dazu neuerdings § 17 II 3 nF, Rn 191) auch nur mit Geschäftsleitung (s im einzelnen Rn 279) im Inland: Es handelt sich um den Grundtatbestand des § 17. **(2)** Ein unbeschränkt StPfl veräußert Anteile an einer KapGes mit Sitz und Geschäftsleitung im Ausland: Der StPfl erzielt ausländische Einkünfte iSv § 34d Nr 4b, die

---

1 Vgl auch FG D'dorf EFG 07, 1573 Rev IX R 15/07: trotz drohenden Vollzugsdefizits bei § 17 keine automatische Auskunftspflicht gem § 218 I 1 Nr 3 AO ohne hinreichenden konkreten Anlass.
2 Vgl BT-Drs 14/2683, 114.
3 Zutr *Korn* § 17 Rn 3.1.
4 BVerfG BStBl II 70, 160; HFR 86, 424; BFH BStBl III 60, 409; BStBl III 64, 624; BStBl III 69, 67; BFH/NV 95, 973.

5 EuGH GmbHR 02, 1137 – Überseering, wonach die Sitztheorie in Zuzugsfällen gegen gemeinschaftsrechtliche Freiheiten gem Art 43 u Art 48 EG verstößt, was zur Folge hat, dass die KapGes in Folge des Zuzugs durch Verlegung ihres tatsächlichen Sitzes in das Inland ihr Rechtskleid verliert; s zwischenzeitlich auch BGH DB 03, 818; anders verhält es sich derzeitiger Rechtslage nach wohl noch in Wegzugsfällen; s Rn 279, aber einschränkend zB *Thömmes* IWB Fach 11a, 632; *Birk* IStR 03, 469 (472 f).

im Inland besteuert werden,[1] ggf unter Anrechnung ausländischer Steuer, § 34c I. Besteht ein DBA, gilt grds nichts anderes (vgl Art 13 V OECD-MA). **(3)** Ein beschränkt StPfl veräußert Anteile an einer KapGes mit Sitz oder Geschäftsleitung im Inland: Ein Veräußerungsgewinn ist gem § 49 I Nr 2e beschränkt stpfl. Dabei sind die Anteile PV oder BV einer ausländischen Betriebsstätte,[2] wenn sie nicht zum BV einer inländischen Betriebsstätte gehören (§ 49 I Nr 2a). S im Einzelnen § 49 Rn 54 ff.[3] Abweichungen können sich bei Vorliegen eines DBA ergeben, das regelmäßig das Besteuerungsrecht des Wohnsitzstaates des Veräußerers vorsieht (Art 13 V OECD-MA).[4] **(4)** Ein beschränkt StPfl veräußert Anteile an einer KapGes mit Sitz und Geschäftsleitung im Ausland: In diesem Fall fehlt es mangels inländischer Anknüpfung an beschränkt stpfl Einkünften.[5] Ist der Erwerber zur Anrechnung der KSt berechtigt, der Veräußerer hingegen nicht, war bis zum VZ 00 § 50c I 1 aF zu beachten.

12 **b) PersGes.** Werden die Anteile an der KapGes im Gesamthandsvermögen einer PersGes gehalten, ist § 17 nur anwendbar, wenn die Anteile nicht im BV der PersGes stehen, weil diese nicht betrieblich (freiberuflich, luf) tätig ist. In diesem Fall werden die Anteile und Vermögenszuwächse gem § 39 II Nr 2 AO anteilig bei den G'tern erfasst (**Bruchteilsbetrachtung**, Rn 61). Das gilt auch im Falle der (atypisch stillen, nicht aber nur stillen[6]) **Unterbeteiligung** an dem Ges-Anteil (Rn 60)[7] und grds ebenso, wenn die Beteiligung iSv § 17 im Gesamthandsvermögen einer **ausländischen PersGes** steht (§ 17 iVm § 49 I Nr 2e), vorausgesetzt allerdings, das Besteuerungsrecht (der PersGes oder auch deren G'ter) wird nicht durch ein DBA dem anderen Vertragsstaat zugewiesen und die PersGes ist nicht als solche abkommensberechtigt (vgl Art 13 V OECD-MA).[8] Ansonsten erfolgt von hier aus eine anteilige Zurechnung und Erfassung des Veräußerungsgewinns bei jedem einzelnen G'ter[9] und – wegen der isolierenden Betrachtungsweise (§ 49 II) – unabhängig davon, ob die Anteile zum BV oder PV der PersGes gehören.[10] Die Bruchteilsbetrachtung kommt auch im Hinblick auf Beteiligungen an sog Venture Capital und Private Equity Fonds zum Zuge; die Beteiligungen des Fonds an Beteiligungsunternehmen (sog Portfolio-Ges) sind anteilig den Kapitalanlegern, nicht aber dem Fonds zuzurechnen.[11] Das gilt allerdings nicht für den erhöhten Gewinnanteil (,carried interest') der an der Fonds-Ges (unmittelbar oder mittelbar) beteiligten Initiatoren; dieser Gewinnanteil stellt verdecktes Entgelt dar.[12]

13 **c) KapGes.** Auf KapGes ist § 17 (über § 8 I KStG) grds nicht anwendbar. Da (inländische) KapGes stets (nur) BV haben (§ 8 II KStG),[13] sind „private" Veräußerungsgewinne nicht denkbar. § 17 kann aber bei steuerbefreiten Körperschaften[14] oder beschränkt kstpfl KapGes bedeutsam sein.

2. Sachlicher Anwendungsbereich; Verhältnis zu anderen Vorschriften. – a) §§ 4, 5, § 6 I Nr 5 S 1,
20 **§§ 16, 20, 32d, 34, 35.** Einkünfte aus der Veräußerung von Anteilen an KapGes sind zwar kraft besonderer Regelung in § 17 I 1 solche aus **GewBetr (§ 2 I Nr 2)**.[15] Dementspr bezieht sich die Ermittlung des Veräußerungsgewinns oder -verlusts zuflussunabhängig auf den Zeitpunkt der Gewinn- oder Verlustentstehung (Rn 163); beim Erwerb, Halten und Veräußern der Anteile muss **Gewinnerzielungsabsicht** bestehen (Rn 100). Ungeachtet dessen werden von § 17 allein solche Gewinne erfasst, die bei der Veräußerung von Anteilen an KapGes anfallen, die im **PV** gehalten werden. Gewinne aus der Veräußerung im BV (oder im SBV) gehaltener Anteile unterfallen bereits den allg Gewinnermittlungsvorschriften der §§ 4 und 5, so dass es der Regelung in § 17 nicht mehr bedarf.[16] Anteile im (Sonder-)BV sind allerdings für die Prüfung der Frage heranzuziehen, ob der StPfl die Beteiligungsgrenze in § 17 I erreicht (Rn 62). IÜ obliegt es seinem freien Wahlrecht, ob er zunächst im BV oder im PV gehaltene Anteile veräußert (Anteilsbezogenheit des § 17, Rn 90).[17] Steht die **Alleinbeteiligung** an einer KapGes im **BV**, wird der Gewinn aus der Anteilsveräußerung

---

1 BFH BStBl II 89, 794.
2 BFH BStBl II 67, 45; BStBl II 89, 271.
3 BFH BStBl III 67, 45.
4 BFH BStBl II 90, 379; BStBl II 90, 381.
5 *Crezelius* DStR 97, 1712.
6 Vgl BFH BStBl II 03, 638 zu § 36a II 2.
7 BFH BStBl II 00, 686 (688); BFH/NV 06, 491; BFH/NV 01, 17.
8 Dazu *Schaumburg*[2] Rn 16, 168 ff.
9 Ausf *Ernst & Young* § 17 Rn 52.
10 *Ernst & Young* § 17 Rn 52.
11 BMF BStBl I 04, 40 Tz 21; OFD Ffm FR 07, 154.
12 BMF BStBl I 04, 40 Tz 23.
13 BFH DStR 97, 492.
14 S aber OFD M'ster DStR 82, 685 f: wesentliche Beteiligung ist kein wirtschaftlicher Geschäftsbetrieb einer gemeinnützigen Körperschaft.
15 BFH BStBl II 86, 596; BStBl II 95, 722.
16 BFH BStBl II 02, 733 = DStR 02, 444 (446) mit Anm *HG*; BStBl II 05, 694 = GmbHR 05, 1193 mit Anm *Hoffmann*; BStBl II 05, 707 (unter II.3.); R 17 I EStR 05.
17 BFH BStBl II 78, 77.

nicht als laufender Gewinn erfasst, sondern als Veräußerungsgewinn (Teilbetrieb) iSd § 16 I 1 Nr 1 S 2. Das ermöglicht ggf die volle Verlustberücksichtigung, wohingegen die private Alleinbeteiligung den Restriktionen des § 17 II 6 nF, § 17 II 4 aF (Rn 260 ff) unterworfen ist. Dem betrieblich allein Beteiligten stehen auch die im Vergleich zu § 17 III (Rn 253) günstigeren Freibeträge gem § 16 IV zur Verfügung. Bis zum VZ 01 bestand überdies der Vorteil des ermäßigten Steuersatzes gem § 17 III, § 34 II, den § 16 I Nr 1, IV nur gewährte, wenn die Beteiligung das gesamte Nennkapital umfasste. Seit Einführung des körperschaftsteuerlichen Halbeinkünfteverfahrens ist dieser Vorteil entfallen. Soweit Veräußerungsgewinne dem Halb- bzw – vom VZ 09 an – dem Teileinkünfteverfahren unterliegen, ist die Anwendung des § 34 I und II ausgeschlossen: § 17 ist seitdem nicht mehr in § 34 II Nr 1 als Quelle außerordentlicher Einkünfte aufgeführt; für Anteile im BV folgt dies explizit aus § 3 Nr 40. Zur Bewertung von Anteilen iSv § 17 I und VI, die in ein BV eingelegt werden, mit den historischen AK statt mit dem Teilwert s **6 I Nr 5 S 1 HS 2b** und dazu Rn 127, 330. – Abw von Anteilen, die im BV gehalten werden (vgl § 20 III aF, § 20 VIII nF), gehören Erträge aus Beteiligungen iSd § 17 zu den Einkünften aus KapVerm iSv **§ 20 I 1**. Die Veräußerungsgewinne selbst betrifft das aber unbeschadet der (ab 1.1.09 geltenden, vgl § 52a XVII nF) Systemumstellung auf die schedulierte Abgeltungssteuer (**§ 32d**) und der danach grds angeordneten Einbeziehung solcher Gewinne zu den Kapitaleinkünften (vgl § 20 II 1 Nr 1 nF) nach wie vor nicht; diese Gewinne bleiben solche aus Gewerbebetrieb und unterfallen deswegen nicht der Abgeltungssteuer, allerdings wohl im Grds gem § 43 IV der KapESt. – Zu den Einkünften aus KapVerm gehört gem **§ 7 UmwStG nF** (zur erstmaligen Anwendung s Rn 1, 27) auch bei einem iSv § 17 I Beteiligten das anteilige steuerliche Eigenkapital abzgl Einlagen; zuvor bezog sich dies nur auf *nicht* iSv § 17 Beteiligte (§ 7 UmwStG aF), und zwar auch dann, wenn er im Ausland ansässig war.[1] Konsequenz des Konzeptionswechsels im UmwStG ist die Aufteilung des Übernahmeergebnisses in einen Dividendenteil (vgl § 7 UmwStG nF) und in einen Restteil (vgl § 4 VI, VII UmwStG nF) und damit in abkommensrechtlicher Hinsicht das Recht Deutschlands zum entspr (anteiligen) KapESt-Abzug. **Teilwertabschreibungen** (§ 6 I Nr 2 S 2) sind nicht zulässig. Auch unterliegen Veräußerungsgewinne iSd § 17 (bislang) nicht der **GewSt**,[2] weswegen auch keine GewSt-Anrechnung gem § 35 in Betracht kommen kann (§ 35 Rn 14). Vgl demgegenüber vom Erhebungszeitraum 2001 an § 7 S 2 GewStG im Hinblick auf den Gewinn aus der Veräußerung oder der Aufgabe iSd § 16. Fehlte der Zusammenhang mit einer Betriebsaufgabe, war der nach § 16 I 1 Nr 1 S 2 zu erfassende Gewinn im Gegensatz zu jenem nach § 17 auch bereits zuvor gewstpfl.

b) § 22 Nr 3, § 23 I 1 Nr 2. § 23 II 2 bestimmt bislang ausdrücklich, dass § 17 auf private Veräußerungsgewinne gem § 23 I 1 Nr 2 **keine Anwendung** findet (s aber auch Rn 5 zu den systematischen Bedenken infolge der Absenkung der Beteiligungsgrenze auf 1 vH; ferner Rn 100). Gleiches gilt bei beschränkt StPfl (§ 49 I Nr 8), nicht aber bei sog Durchgangserwerben iSv § 23 I 1 Nr 2. Der – für den StPfl ungünstigeren – Spekulationsbesteuerung kommt hiernach also Vorrang vor der Regelung des § 17 zu; innerhalb der Spekulationsfrist richtet sich die Besteuerung der Veräußerung wesentlicher/qualifizierter Kapitalbeteiligungen nach § 23, nicht nach § 17. Bis zur Einfügung der Anwendungsregelung in § 23 vom VZ 94 an hatte der BFH[3] das Konkurrenzverhältnis zw § 17 und § 23 zugunsten von § 17 gelöst. Durch die daraufhin erfolgte gesetzliche Regelung in § 23 II 2 wird die sich aus § 23 III 1 ergebende Subsidiarität von § 23 in systemwidriger Weise unterlaufen.[4] Ein weiterer Systembruch liegt darin, dass der Vorrang von § 23 nur zulasten von § 17, nicht aber § 16 geht. In der Gleichbehandlung mit § 16 liegt aber die Legitimation für § 17 (Rn 1). – Für Wertpapiere, welche **nach dem 31.12.08 erworben** werden, ist das alles nicht mehr von Bedeutung, weil in § 23 II 2 die bisherige uneingeschränkte Subsidiarität der Norm festgeschrieben wird; der bisherige Vorbehalt zulasten des § 17 wird mit der Einführung der **Abgeltungssteuer** ersatzlos aufgehoben.

24

c) § 13 UmwStG nF/aF, § 22 UmwStG nF, § 21 UmwStG aF. – (1) Bisherige und insoweit für Umwandlungen mit Anmeldung zur Eintragung in ein öffentliches Register bis zum 12.12.06 fortgeltende Rechtslage (vgl § 27 III UmwStG idF des SEStEG[5]): Werden im PV gehaltene Anteile veräußert, die infolge **Sacheinlage** einer wesentlichen/qualifizierten Beteiligung[6] durch Einbringung eines Betriebs, Teilbetriebs, MU'anteils oder bestimmter Anteile an KapGes in eine KapGes (nach

27

---

[1] Str, s D/W Art 13 MA Rn 136.
[2] Vgl A 39 I 2 Nr 2 GewStR.
[3] BFH BStBl II 93, 292; BFH/NV 94, 615; dem folgend BMF BStBl I 94, 711.
[4] *Frotscher* § 17 Rn 14.
[5] V 7.12.06 BGBl I 06, 2782.
[6] BMF DB 93, 1164.

einer Kapitalerhöhung) gegen Gewährung neuer Anteile an dieser Ges erworben wurden (= sog **einbringungsgeborene Anteile**), so richtete sich die Besteuerung für Umwandlungen, deren Eintragung in ein öffentliches Register bis zum 12.12.06 beantragt wurde, nicht nach § 17, sondern nach **§ 21 I 1 UmwStG aF** (iVm § 16),[1] allerdings nur dann, wenn die eingebrachten WG beim Einbringungsvorgang (nach Wahl des Einbringenden) unter dem Teilwert angesetzt worden sind. Wurden stille Reserven hingegen bereits aufgedeckt (§ 21 I 1 iVm § 20 II 1, III UmwStG aF), richtete sich die Besteuerung nach § 17. Die einbringungsgeborenen Anteile waren hiernach überdies von Bedeutung dafür, ob die Grenze der wesentlichen/qualifizierten Beteiligung vorlag.[2] **(2) Rechtslage für Umwandlungen mit Anmeldung zur Eintragung in ein öffentliches Register nach dem 12.12.06** (vgl § 27 I UmwStG idF des SEStEG): Das System der sog einbringungsgeborenen Anteile wurde durch das SEStEG für Umwandlungen, deren Eintragung in ein öffentliches Register nach dem 12.12.06 beantragt wurde, abgeschafft (s aber auch nachfolgend zu den Ausnahmen „infizert-alt-einbringungsgeborener" Anteile). **§ 20 II 1 UmwStG nF** (für die Sacheinlage) und **§ 21 I 1 UmwStG nF** (für den Anteilstausch) schreiben seitdem den prinzipiellen Ansatz des eingebrachten Vermögens mit dem **gemeinen Wert** vor, gem **§ 20 III 2 und § 21 II 2 UmwStG nF** gilt das auch aus G'ter-Ebene zwingend, soweit hinsichtlich des Gewinns aus der Veräußerung des eingebrachten BV das deutsche Besteuerungsrecht im Zeitpunkt der Einbringung ausgeschlossen ist und auch nicht durch die Einbringung begründet wird. Abgesehen von der letzteren Konstellation kann unter den Voraussetzungen des **§ 20 II 2 UmwStG nF** statt dessen auf Antrag der **Buch-** oder ein **Zwischenwert** angesetzt werden, sofern **(1)** sichergestellt ist, dass das eingebrachte BV später bei der übernehmenden Körperschaft der KSt unterfällt (§ 20 II Nr 1 UmwStG nF), **(2)** die Passivposten das eingebrachte BV nicht übersteigen (§ 20 II Nr 2 UmwStG nF) und **(3)** das Recht Deutschlands hinsichtlich der Besteuerung des Gewinns aus der Veräußerung des eingebrachten BV bei der übernehmenden Ges nicht ausgeschlossen oder beschränkt ist (§ 20 II Nr 3 UmwStG nF). Gem § 21 I 2 gilt das auch für den qualifizierten Anteilstausch bei Erlangung der Mehrheit der Stimmrechte an der erworbenen Ges; auf den Erhalt des deutschen Besteuerungsrechts kommt es hierbei nicht an (s auch § 23 IV UmwStG aF). Für den Fall des Wertansatzes unterhalb des gemeinen Werts bestimmt **§ 22 I 1 und II 1 UmwStG nF** (anstelle der früheren einbringungsgeborenen Anteile) den **Grundsatz der nachträglichen Besteuerung** der im Zeitpunkt der Einbringung vorhandenen stillen Reserven **rückwirkend** (= mit rückwirkender Wertermittlung!) beim Einbringenden, und zwar immer dann, wenn eine **Veräußerung der erhaltenen Anteile** durch den Einbringenden **innerhalb einer Sperrfrist von 7 Jahren** erfolgt (= **sperrfristverhaftete Anteile**). Zu diversen Veräußerungsersatztatbeständen s § 22 I 6 UmwStG nF, zur verfahrensrechtlichen Umsetzung s **§ 22 I 2 und II 2 UmwStG nF iVm § 175 I 1 Nr 2 AO**. Die nachträglich und rückwirkend zu versteuernden stillen Reserven werden jährlich linear um ein Siebtel abgebaut, weil gesetzlich (und in Einklang mit Art 11 I Fusionsrichtlinie) unterstellt und vermutet wird, dass die Wahrscheinlichkeit dafür, die Einbringung habe nur veräußerungsvorbereitenden Zwecken dienen sollen, kontinuierlich abnimmt. Zur Ermittlung des Veräußerungsgewinns (als sog **Einbringungsgewinn I** in den Fällen der Anteilseinbringung im Rahmen einer Sacheinbringung) s § 20 I iVm § 22 I UmwStG nF bzw (als sog **Einbringungsgewinn II** in den Fällen eines eigenständigen Anteilstauschs) s § 21 I iVm § 22 II UmwStG nF; Wertveränderungen innerhalb der Sperrfrist bleiben grds unbeachtlich (was im Einzelfall vorteilhaft, aber ebenso nachteilig sein kann). IÜ gelten die allg Regeln, also auch § 17. Abw von der Sacheinbringung soll der Anteilstausch keine rückbeziehende Einbringung ermöglichen, was aber – wegen der subsidiären Anwendung von § 2 UmwStG nF anstelle der Spezialregelung des § 20 VI UmwStG nF – in der gesetzgeberischen Umsetzung misslungen sein dürfte.[3] Zu beachten ist die **Ausnahme**, dass es nach wie vor kraft Infektion zur **Neuschaffung (alt-)einbringungsgeborener Anteile** (mit den bisherigen Rechtsfolgen) kommen kann, nämlich bei Einbringung (auch) solcher einbringungsgeborener Anteile, vgl **§ 20 III 4 iVm § 21 II 6 UmwStG nF**. – Wird eine im PV gehaltene wesentliche/qualifizierte Beteiligung an der übertragenden Ges im Zuge einer Verschmelzung zu einer Beteiligung an der übernehmenden Ges, gelten die **verschmelzungsgeborenen Anteile gem § 13 II 2 UmwStG aF** als solche iSv § 17. Daran hat sich im Prinzip infolge der grds Systemumstellung des UmwStG durch das SEStEG und nach Maßgabe gem § 13 II 2 u 3 UmwStG nF nichts geändert. Abw zur früheren Rechtslage gem § 13 I iVm II 2 UmwStG aF entfällt bei einer (antragsabhängigen) Buchwertfort-

---

1 BFH BStBl II 94, 222; s auch BStBl II 01, 321, 323 für in einbringungsgeborene umgewandelte, ursprünglich verschmelzungsgeborene Anteile.
2 BFH aaO; BMF BStBl I 78, 235 Tz 53.
3 Vgl *Dötsch/Pung* DB 06, 2763 (2769).

führung nach Maßgabe von **§ 13 II 1 UmwStG nF** allerdings die andernfalls nach wie vor (§ 13 I UmwStG nF) bestimmte Anschaffungsfiktion; statt dessen treten die verschmelzungsbedingt erhaltenen neuen Anteile in die steuerliche Position der untergehenden Anteile ein (§ 13 II 3 UmwStG nF). Zu den Einzelheiten s Rn 234 und im Zusammenhang mit der Gesellschaftsauflösung Rn 278 f.

d) § 13 VI KStG, § 6 AStG, § 2 I AStG. Durch **§ 13 VI KStG, § 6 AStG aF/nF** (idF des SEStEG, zur zeitlichen Anwendung s § 21 XII AStG nF) wird der Anwendungsbereich von § 17 **erweitert.** Dessen Besteuerungsfolgen treten hiernach nicht nur bei Anteilsveräußerungen ein, sondern auch bei surrogierenden **Entstrickungssachverhalten,** nämlich **(1)** Beendigung der Steuerbefreiung und Beginn der persönlichen StPfl (§ 13 VI KStG), **(2)** Beendigung der unbeschränkten StPfl (§ 6 I 1 AStG nF/aF) (was sich – wohl vom Gesetzgeber unbemerkt – trotz Wegzugs bei Vorliegen der tatbestandlichen Voraussetzungen des § 1 III leichthin durch einen Antrag auf Behandlung als fiktiv unbeschränkt stpfl konterkarieren lässt, s § 1 Rn 43), **(3)** unentgeltliche Anteilsübertragung auf einen nicht unbeschränkt StPfl (§ 6 I 2 Nr 1 AStG nF, § 6 III Nr 1 AStG aF), nach § 6 I 2 Nr 1 AStG nF nunmehr auch von Todes wegen (was aber wohl erfordert, dass der Erbe im Ausland wohnt), **(4)** Begr der (abkommensrechtlichen, vgl § 4 III OECD-MA) Ansässigkeit in einem ausländischen Staat (§ 6 I 2 Nr 2 AStG nF, § 6 III Nr 2 AStG aF), das aber gem § 6 I 3 AStG vorbehaltlich des Besteuerungsaufschubs gem § 17 V 2, § 15 Ia, **(5)** Einlage der Anteile in einen ausländischen Betrieb oder eine ausländische Betriebsstätte (§ 6 I 2 Nr 3 AStG nF, § 6 III Nr 3 AStG aF), **(6)** Tausch der Anteile gegen Anteile an einer ausländischen KapGes (§ 6 I 3 iVm § 21 II 2 UmwStG nF, § 6 III Nr 4 AStG aF, **(7)** nach der Auffangvorschrift des § 6 I 2 Nr 4 AStG nF auch bei dem Ausschluss oder der Beschränkung des deutschen Besteuerungsrechts hinsichtlich des Gewinns aus der Anteilsveräußerung aufgrund anderer Ereignisse. Bislang bezog sich der Besteuerungszugriff nach § 6 I 1 AStG aF nur auf Beteiligungen an inländischen KapGes, fortan bezieht er sich nach § 6 I 1 AStG nF auch auf Beteiligungen an ausländischen KapGes, was letztlich gerechtfertigt ist, weil auch Art 13 V OECD-MA Deutschland das entspr Besteuerungsrecht zuweist.[1] – Im Falle der sog Wegzugsbesteuerung gem § 6 I AStG aF (Rn 7) sollte es nach bisherigem Verständnis des BFH weder gegen Art 3 I GG noch gegen das **EU-Diskriminierungsverbot** verstoßen, dass anders als beim umgekehrten Fall des Zuzugs aus dem Ausland auch im Inland erzielte Wertzuwächse und dass im Gegensatz zum Inländer beim Wegzug latente Ertragsteuerlasten sofort besteuert wurden.[2] Dieses Verständnis war spätestens seit Ergehen des EuGH-Urteils v 11.3.04 C 9/02 ‚Lasteyrie du Saillant‛[3] jedenfalls uneingeschränkt nicht länger haltbar.[4] Die EG-Kommission hatte deswegen gegen Deutschland ein Vertragsverletzungsverfahren eingeleitet. Die FinVerw wandte § 6 AStG aF dennoch vorerst weiter an, gewährte jedoch AdV[5] und stundete die festgesetzte Steuer entgegen § 6 V AStG von Amts wegen.[6] Überdies wurde die Steuer gem § 227 AO erlassen, soweit der (tatsächliche) Veräußerungsgewinn iSd § 17 II niedriger war als der Vermögenszuwachs gem § 6 AStG aF und die Wertminderung im EG- und – aber mit gewissen Einschränkungen – auch im EWR-Mitgliedstaat unberücksichtigt blieb.[7] Durch **§ 6 AStG nF** idF des **SEStEG** wird der gewandelten EG-rechtlichen Einschätzung (endlich) Rechnung getragen und die bisherige Verwaltungsregelung im Gesetz selbst umgesetzt: Zwar wird nach wie vor der Wertzuwachs bei Beteiligungen iSd § 17 bei Wegzug von StPfl in das EG/EWR-Ausland besteuert und die Steuer insoweit auch festgesetzt, sie wird sodann aber insoweit bei Begr der unbeschränkten StPfl im Zuzugsstaat – zinslos und unbesichert – bis zur Realisierung eines Veräußerungsgewinns oder eines gleichgestellten Sachverhalts gestundet (§ 6 V AStG nF); die Stundung ist allerdings in den Fällen der verdeckten Einlage gem § 17 I 2 sowie der Tatbestandsverwirklichung des § 17 IV zu widerrufen (§ 6 IV 2 AStG nF). Zu den Besonderheiten des § 6 III AStG nF s § 17 II 4 nF Rn 191. – Unabhängig davon ist § 17 auch für StPfl bedeutsam, die gem (dem europarechtlich ebenfalls nicht länger haltbaren, bislang aber vom Gesetzgeber ‚standhaft‛ beibehaltenen) § 2 I AStG der hiernach bestimmten **erweiterten beschränkten StPfl** unterfallen, weil sie infolge der Beteiligung an einer KapGes iSv § 17 I wesentliche wirtschaftliche Interessen im Inland haben (**§ 2 III Nr 1 AStG**). Ohnehin ist die Einbeziehung der inländischen Beteiligung als wesentlich nach der Absenkung der steuer-

---

1 Krit hinsichtlich etwaiger Unabgestimmtheiten zw § 6 I AStG und § 49 I Nr 2e (aber wohl nur in Grenzfällen) *Wassermeyer* DB 06, 1390.
2 BFH BStBl II 98, 558.
3 DStR 04, 551.
4 Wohl ganz hM, für viele zB *Lehner* JZ 04, 730; *Kraft* RIW 04, 366; *Schnitger* BB 04, 804; *Gosch* BFH-PR 04, 246; *Kleinert/Probst* DB 04, 673; *Lausterer* DStZ 04, 299; *Wassermeyer* GmbHR 04, 613.
5 OFD Bln GmbHR 04, 1296.
6 BMF BStBl I 05, 714.
7 BMF aaO.

lich relevanten Beteiligungsquote auf 1 vH fragwürdig geworden; sie benachteiligt den G'ter einer KapGes in ungerechtfertigter Weise gegenüber dem Kommanditisten einer MU'schaft (§ 15 I Nr 2), für den § 2 III Nr 1 AStG nach wie vor an einem Grenzwert von 25 vH festhält.

34 3. Zeitlicher Anwendungsbereich, Rechtsentwicklung. § **17 idF des StSenkG** (Absenkung der Wesentlichkeitsschwelle auf 1 vH) ist, soweit Anteile an unbeschränkt stpfl Ges veräußert werden, grds erstmals auf Veräußerungen anzuwenden, die nach Ablauf des ersten Wj der KapGes, deren Anteile veräußert werden, vorgenommen werden, für das das KStG idF des StSenkG 00 erstmals anzuwenden ist (§ 52 Abs 34a S 1 idF des StEuGlG[1]). Maßgebend sind also die Verhältnisse der KapGes, deren Anteile veräußert werden. Das bedeutet, dass bei übereinstimmendem Wj = Kj (und damit im Regelfall) § 17 erstmals vom VZ 02 an anzuwenden ist (vgl § 34 I KStG). Weicht das Wj vom Kj ab und beginnt das erste im VZ 01 endende Wj vor dem 1.1.01, kommt § 17 idF des StSenkG erstmals im VZ 03 zur Anwendung (vgl § 34 Ia KStG). Für Veräußerungen, die vor dem in § 52 Abs 34a S 1 genannten Zeitpunkt vorgenommen wurden, bleibt es bei der Anwendung von § 17 aF (§ 52 Abs 34a S 1 HS 2 idF des StEuGlG). Abw davon sollten die abgesenkte Wesentlichkeitsschwelle des § 17 I sowie das (bisherige) Halbeinkünfteverfahren gem § 3 Nr 40 S 1c, § 3c II nach § 52 I bei Beteiligungen an inländischen KapGes, die sich **in Liquidation** befinden, – und damit prinzipiell auch für Auflösungsgewinne und -verluste iSd § 17 IV (s aber auch zum insoweit maßgeblichen Zeitpunkt Rn 284) – sowie an **ausländischen KapGes** bereits vom VZ 01 an anzuwenden sein: **(1)** Bei Beteiligungen an inländischen Liquidations-Ges mangels eines Wj im Abwicklungszeitraum (= Besteuerungszeitraum iSv § 11 KStG);[2] der Besteuerungszeitraum gem § 11 KStG[3] betrifft aber nur die Gesellschaftsebene und ist mit jener des G'ters nicht zwingend verknüpft; ein im VZ 01 realisierter Auflösungsverlust ist also voll zu berücksichtigen.[4] Und **(2)** bei Auslands-Beteiligungen, weil § 52 Abs 34a S 1 ebenso wenig wie § 52 IVb Nr 2 für Auslands-Ges einschlägig ist.[5] Der EuGH hat in dieser Ungleichbehandlung zwischen in- und ausländischen Anteilen einen Verstoß gegen die EG-rechtliche Kapitalverkehrsfreiheit (Art 56 EG) gesehen.[6]

35 § **17 idF des StEntlG 99 ff** (Absenkung der Wesentlichkeitsschwelle auf 10 vH; Änderung des Verlustausgleichs gem § 17 II 4 aF, jetzt § 17 II 6 nF) ist gem § 52 I idF des StEntlG 99 ff erstmals vom VZ 99 an anzuwenden. Allerdings wandte die FinVerw diese Neuregelung in § 17 II 4 aF, jetzt § 17 II 6 nF im Vorgriff auf eine insoweit beabsichtigte gesetzliche Änderung der Anwendungsregelung auch bereits auf noch nicht bestandskräftig veranlagte Fälle der VZ 96 bis 98 an.[7]

36 Die Neuregelungen des § 17 durch das **SEStEG** (s Rn 27) sind erstmals vom VZ 07 (§ 52 I idF des SEStEG) anzuwenden. Sie betreffen im Wesentlichen § 17 II 3 u 4 nF sowie die neuen Vorschriften des § 17 V, VI und VII.

B. Beteiligungsvoraussetzungen (§ 17 I)

40 I. Anteile an einer Kapitalgesellschaft (§ 17 I 1, 3 und 4, § 17 VII nF). Von § 17 wird der Gewinn aus der Veräußerung von Anteilen an einer KapGes erfasst. Was unter **KapGes** zu verstehen ist, ergibt sich aus § **1 I Nr 1 KStG**. Es sind dies vor allem AG, KGaA, GmbH, nach Maßgabe von § **17 VII nF** auch Anteile an einer Genossenschaft einschließlich der Europäischen Genossenschaft (SCE).[8] Zu der gesetzlichen Ergänzung in § 17 VII sah sich der Gesetzgeber veranlasst, weil Anteile an nicht nach deutschem Recht gegründeten Genossenschaften und der Europäischen Genossenschaft ebenfalls veräußerbar sind. **Nicht** unter § 17 fallen hiernach Erwerbs- und Wirtschaftsgenossenschaften (§ 1 GenG), VVaG (§§ 15–53 VAG), wirtschaftliche Vereine. Um Anteile iSv § 17 handelt es sich ausweislich der Legaldefinition in § 17 I 3 bei Aktien, GmbH-Anteilen, Genussscheinen

---

1 BGBl I 00, 1790; BStBl I 01, 3.
2 BMF DB 04, 1289; OFD Koblenz DStR 04, 771; OFD Ffm DB 05, 2048 (2050); OFD Magdeburg v 22.9.06 ESt Kartei Sachsen-Anhalt § 17 EStG Karte 11; FinMin Brbg v 24.9.07 34-S 2259-1/01; s auch BMF BStBl I 03, 434; FG Hess v 18.5.04 – 11 K 500/04 (nv).
3 S dazu (auch zur erstmaligen Anwendung des Halbeinkünfteverfahrens gem § 34 XIV KStG 2002) BFH DB 06, 2104; s auch BFH/NV 08, 314.
4 Zutr deswegen BFH BFH/NV 07, 1566; 1501 (Nichtanwendung FinMin Brbg v 24.9.07 34-S 2259-1/01; s *Oltmanns* DB 05, 2713.
5 OFD Koblenz DStR 04, 771.
6 EuGH v 18.12.07 C-436/06 ‚Gronfeldt' (auf Vorabentscheidungsersuchen FG Hbg EFG 07, 46); s auch bereits zur AdV: BFH BStBl II 06, 523; OFD Magdeburg v 22.9.06 ESt-Kartei ST § 17 Karte 11; *Milatz* GmbHR 06, 663; *Schnorr* FR 06, 529; *Englisch* IStR 06, 350; *Schmidt/v Busekist/Drescher* FR 07, 1, 9.
7 BMF BStBl I 00, 1199; s dazu BFH/NV 01, 936.
8 Dazu *Mahi* DB 04, 967; *Mock* GPR 04, 213; *Schulze/Wiese* ZfgG 56, 108.

oä Beteiligungen und Anwartschaften auf solche Beteiligungen. Maßgeblich ist nur die Kapitalbeteiligung; auf die **Stimmrechte** kommt es nicht an,[1] so dass auch Anteile mit mehrfachen oder ohne Stimmrechte(n) erfasst werden.

Aktien sind Anteile am Grundkapital einer AG (§ 1 II, VI, VIII AktG, unter Einbeziehung von Vorzugs- und Mehrstimmrechtsaktien gem §§ 11, 12 AktG, Zwischenscheinen, §§ 10 III, 8 IV AktG), auch einer KGaA (§ 278 I AktG). Unterhält der persönlich haftende Kommanditaktionär allerdings nach § 15 I Nr 3 einen GewBetr, bedarf es § 17 nicht mehr, da die Veräußerungsgewinne bereits diesem GewBetr unterfallen. **GmbH-Anteile** sind Geschäftsanteile an einer GmbH. **Genussscheine** iSv § 17 (vgl auch § 20 II 1 Nr 1 nF) stellen (verbriefte oder nicht verbriefte[2]) Forderungsrechte gegen eine KapGes dar, die zu einer Beteiligung am Gewinn und am Liquidationserlös berechtigen (vgl § 8 III 2 KStG, § 20 I Nr 1).[3] Wird lediglich eine Gewinnbeteiligung gewährt, handelt es sich hingegen um bloße Gläubigerrechte, nicht um eine Kapitalbeteiligung, da § 17 die Wertsteigerung bei Veräußerungen erfassen will.[4] Dementspr fallen Einkünfte aus derartigen Genussrechten nicht unter § 20 I Nr 1, sondern unter § 20 I Nr 8. – Ob der Inhaber des Genussscheins an den Liquidationserlösen partizipiert, erweist sich immer nur am Einzelfall. Der FinVerw genügt es, wenn die Kapitalrückzahlung nicht vor der Liquidation verlangt werden kann.[5] Dem ist nicht zu folgen; eine Rückzahlungsverpflichtung lässt sich angesichts des klaren Regelungswortlauts (s auch § 20 I Nr 1; § 8b III KStG) nicht mit einer Beteiligung am Liquidationserlös gleichsetzen.[6] Eine sog Nachrangvereinbarung, wonach das Genussrechtskapital erst nach Befriedigung der übrigen Gesellschaftsgläubiger zurückzuzahlen ist, verleiht dem Genussrecht jedenfalls noch keinen Beteiligungscharakter.[7]

Um **ähnliche Beteiligungen** iSv § 17 handelt es sich (nicht anders als bei § 20 II 1 Nr 1 nF) bei Beteiligungen an **Gründergesellschaften (Vorgesellschaften)**,[8] soweit diese (abw von ‚Vorgründungsgesellschaften'[9]) bereits vor Eintragung in das Handelsregister als KapGes behandelt werden,[10] wie an **ausländischen KapGes**, soweit diese ihrem Typus nach inländischen KapGes entsprechen[11] (Rn 40); zur Meldepflicht des StPfl beim Erwerb von Anteilen an einer beschränkt stpfl KapGes iSd § 2 Nr 1 KStG von 10 vH bei unmittelbarer und 25 vH bei mittelbarer Beteiligung oder bei AK von mehr als 150 000 € s § 138 II Nr 3 AO.[12] **Nicht** um ähnliche Beteiligungen handelt es sich bei **EK ersetzenden Darlehen** („verdecktes EK"). Solche stellen auf der Ebene der KapGes Fremdkapital dar; sie ermöglichen keine Beteiligung an Gewinnen oder Liquidationserlösen.[13] **Nicht** zu den ähnlichen Beteiligungen gehören auch **stille Beteiligungen**. Typische stille Beteiligungen gewähren lediglich Gläubigerrechte,[14] bei atypisch stillen Beteiligungen sind MU'schaften iSv § 15 gegeben. Keine ähnlichen Beteiligungen sind auch Anteile des phG'ters an der KGaA, die außerhalb des Grundkapitals stehen.

„**Anwartschaften auf solche Beteiligungen**" sind (Schuld-)Rechtspositionen, die die begründete Aussicht auf den Erwerb der (einzelnen) Anteile sicherstellen, ohne dass bereits rechtliches oder wirtschaftliches Eigentum besteht. **(1)** Betroffen sind in erster Linie konkrete **Bezugsrechte** (§ 186 AktG). Solche begründeten das Recht des Aktionärs, bei einer Kapitalerhöhung junge Aktien in einem in den Bezugsbedingungen festgesetzten Verhältnis zu seinen alten Aktien und zu einem ebenfalls festgesetzten Preis zu erwerben.[15] Für GmbH-Anteile lässt sich durch Satzung oder Kapitalerhöhungsbeschluss ein entspr Recht begründen. **(2)** Dem gleich stehen rechtliche und tatsächliche Möglichkeiten, sich ein solches Recht zu verschaffen. **(3)** Zu den Anwartschaften gehören auch (handelbare ebenso wie nicht handelbare) **Wandelschuldverschreibungen** (§ 221 I 1 AktG) und

---

1 S auch BFH BStBl II 70, 310; § 36a I 2 aF.
2 *L/B/P* § 17 Rn 43; **aA** *Haarmann* JbFStR 85/86, 407 (413).
3 BFH BStBl II 05, 861 = GmbHR 05, 1620 mit Anm *Eilers/Roderburg*; s auch BStBl II 96, 77; zweifelnd BMF BStBl I 96, 46.
4 *Frotscher* § 17 Rn 23a; *Wüllenkemper* FR 92, 473, 478.
5 BMF BB 87, 667.
6 *Gosch* KStG § 8 Rn 151; *Angerer* DStR 04, 651.
7 BFH BStBl II 05, 861 = GmbHR 05, 1620 mit Anm *Eilers/Roderburg*.
8 Vgl zur Abgrenzung BFH BStBl II 90, 91.
9 BFH BStBl II 04, 551; allg BStBl II 90, 91.
10 Was der Fall ist, wenn sie eine nach außen tretende Tätigkeit aufgenommen haben, BFH BStBl II 73, 568.
11 BFH BStBl II 89, 794; BStBl II 92, 972; BStBl II 00, 424.
12 Im Einzelnen BMF BStBl I 04, 847.
13 BFH BStBl II 92, 902; BStBl II 97, 724; 727; BFH/NV 98, 100.
14 BFH BStBl II 97, 724.
15 BFH/NV 05, 1660; BStBl II 92, 761; BStBl II 93, 477; BStBl II 75, 505 (grundlegend); zum Streit über die Abgrenzung solcher Anwartschaften zu Bezugsrechten s BFH BStBl II 91, 832 (833).

Optionsanleihen. Solche gewähren dem Gläubiger das Recht auf Umtausch gegen Aktien oder auf Aktienbezug, Forderungen oder stille Beteiligungen.[1] **(4) Nicht** um Anwartschaften im vorgenannten Sinne handelt es sich demgegenüber bei bloßen (Schuld-)Rechten aus (Kauf- oder Verkaufs-)-**Optionsrechten**, **Vorkaufsrechten**, Call-Options, Stimmrechtsvollmachten, Verfügungsbeschränkungen. Bei derartigen Rechten ist die Position des Berechtigten noch zu schwach ausgeprägt, um ihn als Besteuerungstatbestand des § 17 zu unterwerfen.[2] Anders als Anwartschaften richten sich derartige Rechte außerdem regelmäßig nicht gegen die Ges selbst; schuldrechtliche Anspr gegen einen G'ter auf Anteilsübertragung genügen im Allg nicht, um den Tatbestand von § 17 zu erfüllen.[3] **(5)** Abzugrenzen sind schließlich Bezugsrechte (Bezugsanteile) anlässlich der Ausgabe von Anteilen an KapGes sowie **Wandlungs- und Optionsrechte** zum Erwerb von Anteilen bei der Begebung von Schuldverschreibungen und Optionsanleihen. Dafür vom Erwerber geleistete und vom Emittenten vereinnahmte Aufgelder (Agien) sind wegen ihres Charakters als mitgliedschaftliche Vermögensmehrung handelsrechtlich gem § 272 II Nr 2 HGB in die Kapitalrücklage einzustellen. Sie sind daher nach zutr Ansicht des BFH auch steuerlich unbeschadet der fehlenden Maßgeblichkeit (vgl § 5 VI) als Einlage und nicht als Veräußerung/BE zu behandeln.[4] Der BFH hat dies zwar (nur) aus Sicht der emittierenden Ges entschieden, er spricht sich aber zu Recht für eine prinzipielle Gleichbehandlung von Anwartschaften auf Anteile aus der Sicht der Anteilseigner als auch der Emittenten aus[5] und befürwortet unabhängig von der Qualifizierung des Aufgelds als Gegenstand einer Einlage durch den jeweiligen Erwerber der Option zugleich eine (zumindest mittelbare) Einlage der „Alt-" G'ter.[6] Der BFH hat Bezugsrechte iSv § 17 I 3 überdies – ersichtlich contra legem – als Anteile iSv § 3 Nr 40j[7] und damit (wohl, in der nicht zwingend) gleichzeitig auch gem § 8b II KStG[8] angesehen und sie dem (bisherigen) **Halbeinkünfteverfahren** unterworfen.

48 **II. Nominelle Beteiligung am Nennkapital (§ 17 I 1 und 3).** Eine besteuerungsrelevante Beteiligung gem § 17 liegt vom VZ 01 an (bereits dann) vor, wenn der Veräußerer innerhalb der letzten 5 Jahre am Kapital der Ges zu **1 vH** unmittelbar oder mittelbar beteiligt war (**§ 17 I 1**). In den VZ 99 und 00 wurde die zur StPfl führende Beteiligungsgrenze erst bei einer Kapitalbeteiligung von **10 vH**, bis zum VZ 99 sogar erst bei einer solchen von mehr als einem Viertel überschritten (vgl § 17 I 4 aF). Mit der nunmehrigen Herabsenkung der Beteiligungsgrenze auf lediglich 1 vH ist der Begriff der „wesentlichen Beteiligung" in § 17 I 1 und der dadurch bedingten Ausweitung des Besteuerungszugriffs aufgegeben worden, obwohl sich der Terminus immer noch gut als sinnvolle Abbreviatur für die besteuerungsrelevante Beteiligung gegenüber der nicht besteuerungsrelevanten Beteiligung unter 1 vH verwenden lässt; es handelt sich jedenfalls nach wie vor um eine entspr qualifizierte Beteiligung. Zur Auswirkung auf die Fünf-Jahres-Frist gem § 17 I 1 s Rn 75 ff; zum Fehlen einer Übergangsregelung und der dadurch bedingten verfassungsrechtlichen Problematik s Rn 79.

49 Die **Höhe der Beteiligung** orientiert sich grds am **Nennkapital** (Grundkapital einer AG, §§ 6, 7 AktG, Stammkapital einer GmbH, §§ 5, 14 GmbHG), ggf abzüglich eigener Anteile der KapGes[9] oder eingezogener Geschäftsanteile.[10] Ob die Einlagen tatsächlich erbracht worden sind, ist unbeachtlich, grds auch dann, wenn die Satzung die G'ter-Rechte nach dem Verhältnis der eingezahlten Beträge bestimmt.[11] Eine **Ausnahme** ist nur für den Fall zu machen, dass denjenigen G'tern, die ihre Einlage noch nicht erbracht haben, auch kein Recht zusteht, am Gewinn oder Liquidationserlös zu partizipieren.[12] Da es für § 17 allein auf die Vermögensbeteiligung und nicht auf das Maß der Ein-

---

1 S auch BFH BStBl II 76, 288; abgrenzend zum Realisationszeitpunkt des Umtauschrechts und zur steuerlichen Erfassung als Arbeitslohn s auch BFH BStBl II 05, 766 = DB 05, 1718 mit Anm *Lochmann*.
2 HM, vgl *L/B/P* § 17 Rn 49; *Frotscher* § 17 Rn 27; **aA** *Schmidt*[26] § 17 Rn 28; FG Bln EFG 06, 1056 Rev VIII R 14/06; s auch BFH BStBl II 77, 726: ernstlich zweifelh.
3 *L/B/P* § 17 Rn 49; *Blümich* § 17 Rn 77; *Schweyer/Dannecker* BB 99, 1732; **aA** *Schmidt*[26] § 17 Rn 28; FG Bln EFG 06, 1056 Rev VIII R 14/06.
4 BFH/NV 06, 426; BFH/NV 06, 616, mwN auch zur Gegenmeinung.
5 S aber *Häuselmann* BB 00, 139.
6 **AA** *Wassermeyer* DStJG-Tagung 2006 unter II.5. (noch nv).
7 BFH BStBl II 06, 171.
8 FG Kln EFG 07, 214 Rev I R 101/06; ähnlich zB *Dinkelbach* Besteuerung des Anteilsbesitzes an KapGes im Halbeinkünfteverfahren, 2006, S 204 ff; *F/M* § 8b Rn 41c, und INF 03, 457; *Mihm* BB 05, 2780; *Heuermann* DB 05, 2708); **aA** (zu Recht) hM; zB *Rödder/Schumacher* DStR 03, 909; *H/H/R§* 8b KStG Rn 43; *D/J/P/W* § 8b KStG Rn 25a; *Gosch* KStG, § 8b Rn 162; *Häuselmann/Wagner* BB 02, 2431, 2433; *E & Y* § 8b Rn 84, 86; *Herlinghaus* EFG 05, 1754; *Intemann* DStR 06, 1447; *Wagner* Konzern 06, 668.
9 BFH BStBl II 71, 89; BStBl II 78, 590; BStBl II 80, 646; BStBl II 92, 902; BFH/NV 90, 27; BFH BStBl II 98, 257; BStBl II 95, 870.
10 BFH/NV 90, 27.
11 FG SchlHol EFG 87, 187; **aA** *Schmidt*[26] § 17 Rn 38.
12 BFH/NV 98, 691; *Ernst & Young* § 17 Rn 37.

flussnahme ankommt, ist gleichermaßen der Umfang der **Stimmrechtsbeteiligung** unbeachtlich;[1] stimmrechtslose Anteile sind einzubeziehen (Rn 40),[2] **allein** Stimmrechte gewährende Vorzugsaktien hingegen nicht. Auch bei einer AG kommt es nicht auf das Erreichen einer **Sperrminorität** an.[3] Unbeachtlich ist es ferner, wenn die unterhalb der Wesentlichkeitsgrenze liegende Beteiligung aufgrund gesellschaftsvertraglicher Abmachungen einen überquotalen Anspr auf Gewinn (sog **inkongruente oder disproportionale Gewinnausschüttung**) und Liquidationserlös ermöglicht.[4] Allein die nominellen Beteiligungsverhältnisse sind selbst dann ausschlaggebend, wenn dem Anteilseigner zusätzliche Stimmrechte zustehen.[5] Gründe für die Annahme einer steuer-missbräuchlichen Gestaltung (§ 42 AO) bestehen keine.[6] Dem Gesetzgeber wäre es unbenommen, derartige Vermeidungsstrategien durch entspr Regelungen aufzufangen. Dies ist nicht geschehen; das Gesetz stellt allein auf das Beteiligungsverhältnis am Nennkapital ab.

Nicht in die Ermittlung der Beteiligungsquote einzubeziehen sind **Kapital ersetzende Maßnahmen** (Rn 220 ff). Solche begründen keine zusätzlichen G'ter-Rechte.[7] **50**

Bei **eigenen** (§ 71 AktG, § 33 GmbHG) **Anteilen** der KapGes ruhen die damit verbundenen G'ter-Rechte, die wirtschaftliche Beteiligung entfällt nur auf die übrigen Anteile. Folglich ist von einem entspr geminderten Grund- oder Stammkapital auszugehen. In ähnlicher Weise verhält es sich, wenn die KapGes Geschäftsanteile **einzieht** (§ 34 GmbHG). Zwar bleibt das Stammkapital dann unverändert, allerdings stimmt die Summe der Anteile nicht mehr mit diesem überein. Der Nennbetrag der vinkulierten Anteile ist deshalb vom Stammkapital abzuziehen.[8] Bei Aktien wirkt sich die Einziehung hingegen nicht aus, weil eine solche nur gegen Herabsetzung des Grundkapitals zulässig ist (§ 237 AktG). Die Minderung des Nennkapitals zieht schließlich der **Ausschluss oder Austritt eines G'ters** nach sich. **51**

Ungeklärt ist, wie sich die **Wesentlichkeit** der Beteiligung bei **Genussscheinen**, ähnlichen Beteiligungen und Anwartschaften bestimmt. Teilw wird angenommen, Bezugsrechte,[9] Wandlungs- und Optionsrechte seien nicht zu berücksichtigen. Ihre Veräußerung sei lediglich dann stpfl, wenn der Rechtsinhaber zuvor wesentlich/qualifiziert am Grund- oder Stammkapital beteiligt war. Bei Genussscheinen soll es auf das Verhältnis ankommen, in dem G'ter und Genussscheininhaber am Gewinn und Liquidationserlös teilhaben. Dieser Rechtsmeinung hat sich der BFH angeschlossen.[10] Anderer und zutr Ansicht[11] nach sind solche Rechte indes bei der Berechnung der Beteiligungsquote stets mit einzubeziehen. Geht man nämlich davon aus, dass sie lediglich eine Erscheinungsform der Anteile iSv § 17 darstellen (Rn 41), besteht kein Grund zu einer differenzierten Behandlung bei der Bestimmung der Beteiligungsquote. Ausschlaggebend ist die Gesamtheit der Beteiligungen an der Substanz der KapGes. Der praktische Vorteil dieser Sichtweise liegt zudem darin, dass die Steuerbarkeit entspr Veräußerungsvorgänge nach § 17 einerseits und die Bestimmung der Wesentlichkeit bzw der qualifizierten Beteiligung andererseits einheitlich zu bestimmen sind. Der insbes vom BFH ins Feld geführte Einwand, dem Bezugsrecht komme erst mit Eintragung in das Handelsregister (s Rn 80) eine einem Geschäftsanteil vergleichbare Beteiligung zu, verfängt demgegenüber nicht; § 17 I 3 zeigt auf, dass das Gesetz eine Beteiligungsanwartschaft unabhängig davon als ausreichend ansieht, ob die (formalen) Erfordernisse des § 17 I 1 im Rahmen der dort bestimmten 5-Jahres-Frist erfüllt sind oder nicht.[12] **52**

Folge dieser Betrachtungsweise ist, dass sich das Nennkapital um die entspr Kapitalien erhöht. Eine Nennbeteiligung von mehr als 1 vH kann sich dadurch als eine nicht iSd § 17 I 1 qualifizierte darstellen, weil diese Beteiligung durch die sonstigen Beteiligungen begrenzt wird. Voraussetzung ist allerdings, dass die sonstigen Rechte eine Beteiligung am Gewinn und am Liquidationserlös vermitteln. Vor allem bei Genussscheinen sind deshalb im Falle lediglich quotaler Beteiligung des Scheininha- **53**

---

1 BFH BStBl II 98, 257; BFH/NV 98, 691; BFH/NV 98, 694.
2 BFH BStBl II 70, 310.
3 FG D'dorf EFG 06, 1898 Rev IX R 76/06 (alt VIII R 29/06); **aA** ggf OFD D'dorf v 5.11.02 S 2244-55-St 122-K.
4 *Lang* StKonRep 88, 49, 63.
5 BFH/NV 98, 691; **aA** *L/B/P* § 17 Rn 56.
6 **AA** *Schmidt*[26] § 17 Rn 40.
7 BFH BStBl II 92, 902; BStBl II 97, 724.
8 BFH/NV 90, 27.
9 ZB *H/H/R* § 17 Rn 111, 114; *Schweyer/Dannecker* BB 99, 1732; s BFH/NV 06, 1908.
10 BFH DB 06, 1929.
11 *L/B/P* § 17 Rn 59; *Ernst & Young* § 17 Rn 42; *Blümich* § 17 Rn 88.
12 S auch BFH BStBl II 06, 171: Anteil iSv § 8b II KStG, § 3 Nr 40a u j.

bers am Liquidationserlös entspr Verhältnisberechnungen durchzuführen.[1] Bestehen Bezugsrechte, so bleibt zu berücksichtigen, dass diese einen abgespaltenen Teil der Altaktien vor Durchführung der Kapitalerhöhung repräsentieren. Zu den neu emittierten Aktien fehlt ein Zusammenhang. Für die Berechnung der Wesentlichkeitsgrenze ist infolgedessen auf den Nennwert der alten Aktien zuzüglich der Bezugsrechte abzustellen. In ähnlicher Weise ist bei Wandelschuldverschreibungen vorzugehen.

60 **III. Zurechnung der Beteiligung.** Beteiligt iSv § 17 ist derjenige, dem die betr Beteiligungen zuzurechnen sind. Dies ist grds der **zivilrechtliche Eigentümer** der Anteile, vorausgesetzt dieser hat zugleich das wirtschaftliche Eigentum inne.[2] Nach § 39 II AO reicht jedoch Letzteres auch allein aus.[3] **Wirtschaftliches Eigentum** besteht, solange der rechtliche Eigentümer von dem wirtschaftlichen Eigentümer für die gewöhnliche Nutzungsdauer der Anteile von der Einwirkung auf diese wirtschaftlich ausgeschlossen werden kann. Es gelten insoweit die allg abgabenrechtlichen Grundsätze. Das wirtschaftliche Eigentum geht danach („jedenfalls") dann über, wenn der Erwerber **(1)** aufgrund zivilrechtlichen Geschäfts eine rechtlich geschützte, auf den Erwerb gerichtete Position erworben hat, die ihm gegen seinen Willen nicht mehr entzogen werden kann, **und (2)** die mit dem Anteil verbundenen wesentlichen Rechte sowie **(3)** das Risiko der Wertminderung und die Chance der Wertsteigerung auf ihn übergegangen sind; maßgebend ist stets das Gesamtbild, nicht die Verwirklichung aller dieser (Einzel-)Merkmale.[4] Bei formunwirksamem (nichtigem) Kaufvertrag über die Geschäftsanteile zwischen einander nicht nahe stehenden Personen geht das wirtschaftliche Eigentum – bei tatsächlichem Vollzug der getroffenen Vereinbarungen – über, sobald dem Erwerber **(1)** das Gewinnbezugs- und **(2)** das Stimmrecht zustehen oder der Verkäufer das Letztere iSd Erwerbers auszuüben verpflichtet ist.[5] Wird der Vertrag nachträglich unwirksam, gilt Gleiches, sofern die Beteiligten die wirtschaftlichen Folgen der Vereinbarungen bestehen lassen.[6] Die (auch kurzfristige) Dauer der Inhaberschaft ist unbeachtlich.[7] Eine vertraglich eingegangene Verpflichtung, die Beteiligung nach Ablauf eines bestimmten Zeitraumes (ggf alsbald) weiter-[8] oder zurückzuveräußern,[9] hindert das Entstehen rechtlichen und wirtschaftlichen Eigentums nicht. Treuhänderisch gehaltene Anteile sind dem **Treugeber**, Sicherungseigentum dem **Sicherungsgeber** zuzurechnen (§ 39 II Nr 1 S 2 AO),[10] im Falle einer Vereinbarungstreuhand aber nur bei fremdnützigem Halten der Beteiligung und bei strengem Nachweis der tatsächlichen Durchführung.[11] Ein Unterbeteiligter, der am Gewinn und Liquidationserlös beteiligt ist, kann wirtschaftlicher Anteilsinhaber sein,[12] ggf auch der Nießbraucher, nicht aber der Pfandrechtsgläubiger,[13] vorausgesetzt, der Berechtigte kann nach dem Inhalt der getroffenen Abreden alle mit der Beteiligung verbundenen wesentlichen (Vermögens- und Verwaltungs-)Rechte ausüben und im Konfliktfall effektiv durchsetzen. Solange kein (vorrangiges) wirtschaftliches Eigentum besteht, ändert sich an den vorstehenden Zuordnungsgrundsätzen nichts dadurch, dass mehrere untereinander **nahe stehende Pers** (insbes – auch minderjährige – Familienangehörige) Anteile von jeweils weniger als einem Prozent halten. Auch dann kommt es nur auf den einzelnen StPfl an.[14] Ein Rechtsmissbrauch gem § 42 AO ist grds nicht gegeben.[15] Sind die Anteile zivilrechtlich wirksam und außerhalb des 5-Jahres-Zeitraums des § 17 I 1 schenkweise auf Familienangehörige übertragen worden, können sich deshalb gewisse **Gestaltungsmöglichkeiten** ergeben, durch die es gelingt, Beteiligungen unterhalb der Beteiligungsgrenze von § 17 zu halten und deshalb stfrei zu veräußern.[16] Die Übertragung des wirtschaftlichen Eigentums wird allerdings scheitern, wenn der **Schenker** sich den jederzeitigen und freien Widerruf der Schenkung vorbehält[17] oder wenn diese befristet ist. Ähnlich soll es sich verhalten, wenn die Beteiligten eine Scheidungsklausel zuguns-

---

1 *L/B/P* § 17 Rn 59.
2 BFH BStBl II 93, 331; BStBl II 95, 870.
3 ZB BFH BStBl II 88, 832; BStBl II 05, 857; DStR 06, 2163.
4 BFH DStR 06, 2163.
5 BFH BStBl II 04, 651.
6 BFH/NV 04, 1130.
7 BFH BStBl II 95, 870; BStBl II 05, 857.
8 BFH BStBl II 93, 331.
9 BFH BStBl II 00, 424.
10 BFH BStBl II 95, 870.
11 BFH BStBl II 98, 152.
12 BFH BStBl II 00, 686 (688); BStBl II 05, 857; BFH/NV 06, 491; BFH/NV 01, 17; anders demgegenüber die nur typisch stille Beteiligung, vgl BFH BStBl II 03, 638 zu § 36a II 2.
13 BMF BStBl I 83, 508.
14 ZB BFH/NV 99, 616; BFH/NV 99, 33 für den Fall einer im Veräußerungszeitpunkt vormundschaftlich noch nicht genehmigten GbR zw Vater und minderjährigen Söhnen.
15 Vgl zB BFH/NV 99, 616.
16 Vgl *Vogt* DStR 99, 1596 (1600), mit Gestaltungshinweis auf Besteuerungsvorteile gegenüber § 23; s dazu auch BFH/NV 99, 616.
17 BFH BStBl II 89, 877.

ten eines der Eheleute vereinbaren.[1] Die Zurechnung zum Schenker rechtfertigt sich jedoch nicht, wenn dieser den Beschenkten gesetzlich vertritt, auch nicht durch den auf die Fälle des § 530 BGB beschränkten Widerrufsvorbehalt, nach BFH selbst dann nicht, wenn der Beschenkte auf Lebenszeit von jeglicher Sachherrschaft an den Anteilen ausgeschlossen ist.[2] Die Schenkung wird dem Missbrauchsvorwurf (§ 42 AO) ausgesetzt sein, wenn sie mit der Auflage einer Veräußerungspflicht nach Ablauf von 5 Jahren (vgl § 17 I 1, Rn 75) verbunden wird, ansonsten jedoch nicht; die Übertragung von Anteilen, um die Besteuerungsgrenze des § 17 zu umgehen, stellt keinen Missbrauch dar.[3] Vom Vorliegen wirtschaftlichen Eigentums kann auch nicht ausgegangen werden, wenn lediglich ein (durchaus bindendes) Verkaufsangebot unterbreitet wurde, auch nicht gegen Leistung einer Voraus- oder Abschlagzahlung,[4] hingegen doch, wenn für eine solche Zahlung vom Anbietenden dem potenziellen Käufer zuvor ein Darlehen gewährt wird.[5]

Anteile an einer KapGes, die zu einem **Gesamthandsvermögen** einer Gesamthandsgemeinschaft gehören, die keinen GewBetr unterhält (Erbengemeinschaften, vermögensverwaltende BGB-Ges), werden jedem einzelnen Beteiligten nach Maßgabe seiner Beteiligungsquote gem § 39 II Nr 2 AO zugerechnet (sog **Bruchteilsbetrachtung**, s Rn 12).[6] Dementspr ist im Falle der Anteilsveräußerung zu verfahren: Es liegen gleichzeitige, aber getrennte Veräußerungen vor, die die getrennte Ermittlung der Veräußerungsgewinne nach § 17 nach sich ziehen[7] (zum Verfahren s Rn 248). Für die Ermittlung der anteiligen Beteiligungsquote kommt es allein auf den Gewinnverteilungsschlüssel an. Abw Regelungen im Ges-Vertrag (disproportionale Verteilung von Gewinn, Liquidationserlösen usw) bleiben (auch hier, s Rn 49) unbeachtlich.[8] Allerdings sind sämtliche unmittelbare und mittelbare Beteiligungen zusammenzurechnen.[9] Die Ermittlung eines Veräußerungsgewinns setzt voraus, dass der Rechts- träger gewechselt hat, woran es im Falle der unentgeltlichen Übertragung von Anteilen auf eine PersGes fehlen kann, an welcher der Übertragende bereits beteiligt ist, oder auch der Übertragung auf das Mitglied einer Gesamthandsgemeinschaft (§ 39 II Nr 2 AO).[10] **61**

Befindet sich die Beteiligung an der KapGes im **BV** einer Pers(-handels-)Ges oder eines Beteiligten, bleibt § 17 von vornherein unanwendbar. Für die Frage, ob eine Beteiligung iSv § 17 vorliegt, sind Anteile, die der StPfl im BV hält, allerdings mit solchen Anteilen, die er (unmittelbar, mittelbar oder über § 39 II Nr 2 AO) im PV hält, zusammenzurechnen.[11] Dass § 17 lediglich Veräußerungsvorgänge im PV besteuert, steht dem nicht entgegen. Andernfalls ließe sich die Grenze zur Wesentlichkeit leicht umgehen, indem die Anteile in PV und in gewillkürtes BV aufgeteilt werden. Gleichermaßen sind in die Ermittlung der besteuerungsrelevanten Beteiligung **einbringungsgeborene Anteile** (§ 21 UmwStG aF), **sperrfristverhaftete Anteile** (§ 22 II UmwStG nF) (Rn 20)[12] sowie verschmelzungsgeborene Anteile (§ 13 II UmwStG nF/aF, Rn 20, 278)[13] einzubeziehen; eine lediglich anteilsbezogene Betrachtungsweise (Rn 90) gilt hier nicht. **62**

Die vorstehenden Grundsätze gelten idR auch dann, wenn die Beteiligung iSv § 17 im Gesamthandsvermögen einer **ausländischen PersGes** gehalten wird (§ 17 iVm § 49 I Nr 2e; Rn 12). **63**

IV. Unmittelbare und mittelbare Beteiligung (§ 17 I 1). § 17 I 1 lässt sowohl die unmittelbare wie die mittelbare Beteiligung genügen. **Unmittelbar** ist der Anteilseigner an der KapGes beteiligt, wenn er 1 vH der Anteile hält. Eine **mittelbare** Beteiligung liegt vor, wenn die Beteiligung nicht direkt, sondern unter Zwischenschaltung einer anderen KapGes oder gewerblich tätigen PersGes[14] gehalten wird. Die Beteiligungskette kann ein- oder **mehrstufig** ausgestaltet sein. Bedeutsam wird sie lediglich für die Ermittlung der wesentlichen/qualifizierten Beteiligungsquote, wenn der StPfl zugleich unmittelbar an der Ges beteiligt ist und diese Beteiligung veräußert. Unmittelbare und mittelbare Beteiligungen sind dann zusammenzurechnen. Die Höhe der **70**

---

1 BFH BStBl II 94, 645, aber zweifelh.
2 BFH BStBl II 89, 414.
3 Vgl auch FG Kln EFG 99, 1288.
4 Vgl BFH BStBl II 70, 806.
5 BFH BStBl II 74, 606.
6 BFH BStBl II 00, 686; BFH/NV 01, 17 unter ausdrücklicher Aufgabe seiner insoweit im Hinblick auf die sog Einheitsbetrachtung aufgeworfenen Zweifel in BStBl II 99, 820, vgl dazu *Gosch* StBp 00, 28; *Strahl* KÖSDI 00, 12260 (12265); BStBl II 96, 312; BMF BStBl I 93, 62 Tz 46, 28.
7 BFH BStBl II 76, 557; BStBl II 99, 820.
8 **AA** *Blümich* § 17 Rn 101.
9 BFH BStBl II 96, 312; BStBl II 99, 820.
10 *Blümich* § 17 Rn 99.
11 BFH BStBl II 94, 222; R 17 II 2 EStR 05.
12 BFH BStBl II 94, 222.
13 *Korn* § 17 Rn 51, 68.
14 BFH BStBl II 82, 392; **aA** *Schmidt*[26] § 17 Rn 69: anteilige Direktbeteiligung.

mittelbaren Beteiligung richtet sich dann nach dem rechnerischen Anteil, der dem StPfl über die zwischengeschaltete Beteiligung vermittelt wird.

71 Erfolgt die mittelbare Beteiligung über eine oder mehrere KapGes, ergeben sich keine Besonderheiten. **Jede** Beteiligung ist einzubeziehen, unabhängig davon, ob sie beherrschend,[1] wesentlich[2] oder ihrerseits nur sehr gering (Zwerganteil)[3] ist, ob dem StPfl die Beteiligung bekannt war oder sein konnte.[4] Gleiches gilt, wenn eine oder mehrere gewerbliche PersGes zwischengeschaltet ist (sind). Dagegen handelt es sich um eine unmittelbare Beteiligung, wenn die Beteiligung über eine Gesamthandsgemeinschaft gehalten wird; die Anteile sind dann gem § 39 II Nr 2 AO anteilig zuzurechnen (Rn 60). Bloße Innengesellschaften können keine Beteiligung vermitteln; sie sind folglich im Rahmen der Ermittlung der Beteiligungsquote nicht zu berücksichtigen.[5]

75 V. 5-Jahres-Zeitraum (§ 17 I 1). Die Veräußerung ist gem § 17 nur steuerbar, wenn der Veräußerer am Kapital der Ges innerhalb der letzten 5 Jahre vor der Veräußerung beteiligt war (§ 17 I 1). Durch diese „intra legem angelegte Rückbezüglichkeit/Rückanknüpfung"[6] soll Gestaltungen entgegengewirkt werden, den Rechtsfolgen des § 17 mittels Teilveräußerungen auszuweichen. Um diesem Zweck umfassend Rechnung zu tragen, wäre an sich zu verlangen, dass das betr Steuersubjekt innerhalb der 5 Jahre eine Position innehat, die der einer (gesellschaftsrechtlichen) MU'er-Position vergleichbar ist.[7] Ob sich ein derartig eingeschränktes Verständnis der Regelung ungeachtet ihres weitgefassten Wortlauts mittels teleologisch reduzierter Auslegung erreichen lässt,[8] erscheint allerdings fraglich und wird von der Rspr verneint. Danach genügt es, wenn der StPfl zu irgendeinem Zeitpunkt innerhalb der 5 Jahre wesentlich/qualifiziert beteiligt war, auf **Dauer und Gründe** der Beteiligung kommt es **nicht** an.[9] Auch ein nur kurzer (Durchgangs-)Erwerb zu Beginn des 5-Jahres-Zeitraums ist ausreichend, zB dadurch, dass die Beteiligung bereits vor dem eigenen Erwerb abgetreten worden war,[10] nicht aber, wenn statt des Anteils lediglich der Anspr aus dem zugrunde liegenden schuldrechtlichen Vertrag vorab abgetreten wird. Ob es sich um einen einmaligen Erwerbsvorgang oder um mehrfache Hinzuerwerbe handelt, ist unbeachtlich.[11] Eine bislang nicht wesentliche/qualifizierte Beteiligung wird durch unentgeltlichen Hinzuerwerb allerdings nicht zu einer wesentlichen/qualifizierten, wenn die hinzuerworbenen Anteile ihrerseits Bestandteil einer wesentlichen/qualifizierten Beteiligung waren und als solche steuerverhaftet geblieben sind (§ 17 I 4; Rn 90).[12] Zu den verfassungsrechtlichen Problemen in Anbetracht der abgesenkten gesetzlichen Beteiligungsquoten von 25 auf zunächst 10 und nunmehr 1 vH s Rn 79.

76 Der Zeitraum von 5 Jahren **bemisst** sich nach § 108 AO iVm §§ 187–193 BGB. Der Fristbeginn wird durch den (erstmaligen) Erwerb von Anteilen oberhalb der Beteiligungsgrenze iSv § 17 ausgelöst. Da dieses ein Ereignis ist, wird der erste Tag nicht mitgerechnet (§ 187 I BGB). Das Fristende richtet sich nach dem letzten Tag, an dem der StPfl nicht mehr iSd § 17 I 1 beteiligt war.

77 Weicht der Zeitpunkt des schuldrechtlichen Übergangs von jenem Zeitpunkt ab, in dem der StPfl **wirtschaftliches Eigentum** über die Anteile an der KapGes erlangt hat (s dazu Rn 60), so ist (abw von § 23[13]) Letzterer ausschlaggebend.[14] Zwar mag der Zweck der 5-Jahres-Frist, der Versteuerung nach § 17 durch Teilveräußerungen zu entgehen, dafür sprechen, auf den Zeitpunkt des zivilrechtlichen Übergangs abzustellen. Solange der wirtschaftliche Eigentümer den schuldrechtlichen Eigentümer hindern kann, seiner Stellung gerecht zu werden, besteht gleichwohl keine Veranlassung, auf das zivilrechtliche Kausalgeschäft zurückzugreifen. Dieses muss wirtschaftlich auch **vollzogen** werden. Das wirtschaftliche Eigentum ist deshalb hier ebenso maßgeblich wie bei der Frage, ob überhaupt eine Veräußerung iSv § 17 gegeben ist[15] (Rn 100). Rückwirkende Vereinbarungen sind im Allgemeinen unbeachtlich.

---

1 BFH BStBl II 80, 646; BStBl II 78, 590; **aA** *Döllerer* StbJb 81/82, 195; *H/H/R* § 17 Rn 149.
2 **AA** *Niemann* DStZ 92, 679.
3 *Ernst & Young* § 17 Rn 56.
4 *Ernst & Young* aaO.
5 *L/B/P* § 17 Rn 84; **aA** *Schmidt*[26] § 17 Rn 69; diff *Ernst & Young* § 17 Rn 57.
6 Zutr *Crezelius* DB 03, 230.
7 Umfassend *Crezelius* DB 03, 230.
8 Bej *Crezelius* DB 03, 230.
9 BFH BStBl II 70, 310; BStBl II 77, 198; BStBl II 93, 331; BStBl II 99, 486.
10 BFH BStBl II 95, 870.
11 BFH BStBl II 85, 55; BFH/NV 93, 25.
12 BFH BStBl II 97, 727.
13 Vgl R 23 I EStR.
14 BFH BStBl II 88, 832.
15 HM; vgl *L/B/P* § 17 Rn 29; *Blümich* § 17 Rn 113; *H/H/R* § 17 Anm 59; *Ernst & Young* § 17 Rn 60; **aA** *Lademann* § 17 Rn 28; offen gelassen in BFH BStBl II 83, 640.

Die innerhalb des 5-Jahres-Zeitraums veräußerten Anteile müssen **nicht** mit jenen Anteilen, an **78** denen der StPfl innerhalb dieses Zeitraumes beteiligt war, **identisch** sein (**beteiligungsbezogene Sichtweise**; abw von § 17 I 4, s Rn 90).[1] Das gilt selbst dann, wenn die seinerzeit wesentliche/qualifizierte Beteiligung innerhalb der 5-Jahres-Frist veräußert worden ist und sodann in späteren Jahren – nach vorübergehender Nichtbeteiligung an der KapGes – ein Neuerwerb von Anteilen erfolgt, die ihrerseits veräußert werden. § 17 greift auch bei zwischenzeitlichem Fehlen einer wesentlichen/qualifizierten Beteiligung oder bei Fehlen einer solchen im Veräußerungszeitpunkt. Für eine teleologische Reduktion bei solchen beteiligungslosen Zeiten besteht angesichts des klaren Gesetzeswortlauts keine Veranlassung, auch wenn einzuräumen ist, dass eine Umgehung der Anteilsbesteuerung hier nicht zu befürchten ist.[2]

Umstritten war, ob die **Absenkung der Beteiligungsquote** von bislang 10 vH auf nunmehr 1 vH (s **79** Rn 1) und bereits zuvor von ehedem 25 vH auf nunmehr 10 vH vom VZ 99 an (Rn 48) insoweit auf VZ vor 2001 (bzw 1999) **zurückwirkt**, als sich nach ihr auch die Wesentlichkeit innerhalb der 5-Jahres-Grenze gem § 17 I 1 (Rn 75) bestimmt. Die neue Beteiligungsgrenze gilt gem § 52 I (jedenfalls im Grundsatz, s Rn 34) uneingeschränkt vom VZ 02 an. Davon abweichend steht die FinVerw[3] auf dem Standpunkt, auch früher nicht steuerbefangene Beteiligungen (insbes vor 1999 die sog Quartett- und Quintettmodelle) unterfielen bei Veräußerungen ab 2001 (bzw 1999) – bei Ansatz der historischen AK (Rn 201) – der **Wertzuwachsbesteuerung.** Der BFH[4] hat sich dieser Beurteilung (bezogen auf die Beteiligungsabsenkung von früher 25 auf 10 vH) angeschlossen; er hält die inhaltliche Rückwirkung jedenfalls dann für verfassungsgemäß, „wenn die Veräußerung erst nach dem Gesetzesbeschluss im Bundestag am 4.3.99 vorgenommen worden ist". Denn der Begriff der AK sei hinlänglich geklärt; er gebe keine Rechtsgrundlage dafür, statt der historischen Kosten den gemeinen Wert anzusetzen. Der BFH ist sogar noch einen Schritt darüber hinaus gegangen, indem er die neuen Beteiligungsgrenzen auch für den 5-Jahres-Zeitraum iSd § 17 I als maßgeblich ansieht und ein Regelungsverständnis, wonach sich die Beteiligungsverhältnisse veranlagungsbezogen für jeden vorangegangenen VZ nach der seinerzeit gegebenen Rechtsalge bestimmen, verworfen wird.[5] **Stellungnahme:** Dem kann nach wie vor nicht beigepflichtet werden; die Gesetzesrückwirkung ist verfassungsrechtlich nicht zu akzeptieren.[6] Zwar knüpft die Besteuerung formal an den (einmaligen und vom StPfl selbst ausgelösten) Veräußerungsvorgang an, nicht an den Beteiligungserwerb.[7] Die Neuregelung kann sich in Verlustfällen auch zugunsten des in die Wesentlichkeit hineingewachsenen StPfl auswirken. Und schließlich ergeben sich erhebliche praktische Probleme, wenn auf die Anteilswerte im Zeitpunkt ihrer Steuerverstrickung infolge der Absenkung der relevanten Besteuerungsschwelle abgestellt wird.[8] Dennoch ist aus Gründen des Vertrauensschutzes von der rückwirkenden Erfassung der Wertzuwächse abzusehen. Anders als bei den vom BFH entschiedenen Fällen (Hinzuerwerb weiterer Anteile; Wechsel von der beschränkten zur unbeschränkten StPfl, s Rn 207), in denen die Steuerverstrickung jedenfalls latent seit jeher vorhanden war und nur durch eine eigene Entscheidung des StPfl „aktiviert" wurde, ist das Hineinwachsen in den steuerverstrickten Bereich hier auf gesetzgeberische, vom StPfl nicht beeinflussbare Maßnahmen zurückzuführen, mit denen er auch nicht rechnen musste[9] (vgl die ähnliche Situation bei § 49 I Nr 2f, s dort Rn 64). Sie erfordern deswegen eine gesetzliche Übergangsregelung. Fehlt diese, ist nach Sinn und Zweck des § 17 vom Zeitwert der Anteile im Zeitpunkt des Hineinwachsens in die Wesentlichkeit auszugehen (**verfassungskonforme Auslegung**).[10] Selbst wenn man dem nicht folgen will, so ist eine entspr Rege-

---

1 HM; BFH BStBl II 94, 222; BStBl II 99, 650; *Blümich* § 17 Rn 110; *Lademann* § 17 Rn 30; *Ernst & Young* § 17 Rn 61.
2 BFH BStBl II 99, 650; **aA** zB *Schmidt*[26] § 17 Rn 77; *Paus* DStZ 99, 752.
3 R 17 II 2 und 3 EStR.
4 BFH BStBl II 05, 398.
5 BFH BStBl II 05, 436; ähnlich zu der 5-Jahre-Behaltefrist gem § 17 II 4b idF des StEntlG 99 ff BFH/NV 05, 2202.
6 Wie hier zB *Wendt* FR 99, 333, 344; *Vogt* DStR 99, 1596; *Birk/Kulosa* FR 99, 433 (436); *Herzig/Förster* DB 99, 711; *Schweyer/Dannecker* BB 99, 2375 (2381); *H/H/R* § 17 Rn R 3 ff; R 10; *L/B/P* § 17 Rn 94; *Milatz/Tempich* GmbHR 05, 711; **aA** *Blümich* § 17 Rn 109; *Dötsch/Pung* DB 99, 1352; *Söffing* BB 99, 1358.
7 S zB BFH BStBl II 99, 486; BFH/NV 93, 597; BStBl II 96, 312.
8 Vgl BT-Drs 14/23, 178; *Schweyer/Dannecker* BB 99, 2375, 2381.
9 Vgl BFH BStBl II 01, 710, dort allerdings abl für die Ausweitung des Besteuerungszugriffs auf sog Finanzinnovationen (konkret: Optionsanleihen); zu diesem Aspekt der ‚willentlichen' Steuerverstrickung abgrenzend zu BFH BStBl II 05, 398 auch BFH DB 06, 2722.
10 Zutr FG BaWü EFG 01, 292; FG D'dorf EFG 01, 1216; FG D'dorf EFG 01, 1216; FG Mchn EGF 02, 557 mit Anm FG D'dorf EFG 01, 1216; FG Mchn EGF 02, 557 mit Anm *Schaumburg* (sämtlich rkr, aber nur AdV-Beschluss); *Wendt* FR 99, 333 (345) mwN; *Vogt* DStR 99, 1596; *Strahl* KÖSDI 00, 12260 (12261 f).

lungsauslegung jedenfalls für das tatbestandliche Erfordernis der Mindestbeteiligung innerhalb des in § 17 I bestimmten 5-Jahres-Zeitraums zwingend. Zwar mag der Regelungswortlaut ("in den letzten 5 Jahren am Kapital der Gesellschaft mit mindestens 1 vH beteiligt") ggf auch hier für die Auffassung des BFH sprechen. Auch dieser Wortlaut ist jedoch auslegungsfähig. Und das anderweitige Ergebnis erweist sich als geradezu widersinnig: Auch derjenige, der in den jeweiligen VZ zu keinem Zeitpunkt in steuerschädlicher Weise am Kapital der Ges beteiligt war und der auch nicht ‚latent' mit einer Steuerverschärfung für die jeweils abgeschlossenen VZ rechnen musste, wird (jedenfalls wirtschaftlich) der Steuerverschärfung rückwirkend unterworfen (!). Deswegen und da gegen die jüngste Rspr des BFH Verfassungsbeschwerden anhängig sind,[1] sind einschlägige Bescheide offen zu halten; überdies ist AdV einschlägiger Steuerbescheide zu gewähren.[2]

80 Wird das **Kapital** der Beteiligungs-Ges **erhöht**, so kann die steuerrelevante Beteiligung des StPfl zu einer nicht relevanten werden, wenn er sich an der Erhöhung nicht beteiligt und keine neuen Anteile zeichnet. Da die neuen Anteile erst mit der Eintragung in das Handelsregister (und nicht bereits mit dem Kapitalerhöhungsbeschluss oder mit der notariellen Beurkundung)[3] entstehen, beginnt die maßgebliche Frist regelmäßig (und ggf abgesehen von dem Fall der vorzeitigen Erbringung der Stammeinlagen)[4] auch (erst) mit der Eintragung[5] zu laufen. Wird dem Alt-G'ter indes bereits im Zeitpunkt der Kapitalerhöhung verbindlich das (Options-)Recht eingeräumt und die (Erwerbs-)Pflicht abverlangt, nach Ablauf der 5 Jahre (wieder) in die Position eines relevant beteiligten G'ters einzurücken, besteht die Gefahr eines Steuermissbrauchs (§ 42 AO).[6] Von derartigen krassen Fällen abgesehen, ist es dem StPfl aber nicht zu verwehren, wenn er den zeitlichen Ablauf geplanter Veräußerungsgeschäfte so **gestaltet**, dass diese Geschäfte auch unter Beachtung von § 17 stfrei bleiben. Es stellt keinen Missbrauch dar, wenn versucht wird, den Steuerfolgen der 5-Jahres-Frist zu entgehen. – Zur Einbeziehung verschmelzungsbedingter neuer Anteile vgl §§ 2–78 UmwG.

90 **VI. Erweiterte Steuerpflicht infolge unentgeltlich erworbener Anteile (§ 17 I 4).** § 17 I 4 **erweitert** die StPfl des Grundtatbestands in § 17 I 1 und stellt die Steuerverhaftung wesentlicher/qualifizierter Anteile für den Fall sicher, dass **diese** Anteile innerhalb des 5-Jahres-Zeitraumes **unentgeltlich** erworben worden sind (**anteilsbezogene Betrachtung**, abw von § 17 I 1, s Rn 78).[7] Der Veräußerer muss sich dann (als **Gesamt- oder Einzelrechtsnachfolger**) die Besitzzeit des (der) wesentlich/qualifiziert beteiligten Rechtsvorgänger(s) anrechnen lassen. Gleiches gilt im Hinblick auf die **verschmelzungsgeborenen Anteile**, die nach einer Umwandlung weiterveräußert worden sind (§ 15 I 1 iVm § 13 II 2 UmwStG nF/aF). Der Sache nach stellt sich § 17 I 4 damit als eine sondergesetzliche Konkretisierung des allg Steuerumgehungstatbestands (§ 42 AO) dar.

91 § 17 I 4 bestimmt die nicht iSd § 17 I 1 qualifizierte Beteiligung aufgrund des unentgeltlichen Erwerbs als qualifizierte und beinhaltet insoweit **eine Rechtsfolge-, keine Rechtsgrundverweisung**:[8] Steuerverhaftet werden durch § 17 I 4 folglich **ausschließlich** die unentgeltlich übertragenen Anteile. Verfügte der StPfl darüber hinaus bereits zuvor über nicht entspr qualifizierte Anteile an der fraglichen KapGes oder erwirbt er zu einem späteren Zeitpunkt – nach der unentgeltlichen Zuwendung – solche (unentgeltlich oder entgeltlich) hinzu, so bleiben diese Anteile von der erweiterten Steuerverhaftung unberührt (keine „Infizierung"); **nacheinander erworbene Anteile** bleiben jeweils selbstständig.[9] Entscheidend für die Fiktion des § 17 I 4 ist allein, dass seine Beteiligung infolge des unentgeltlichen Hinzuerwerbs nicht in eine qualifizierte erstarkt; andernfalls greift bereits der Grundtatbestand des § 17 I 1.

92 Die 5-Jahres-Frist ist vom Veräußerungszeitpunkt, nicht vom Zeitpunkt des unentgeltlichen Erwerbs an zurückzurechnen (s dazu Rn 76). Es genügt, wenn der Rechtsvorgänger innerhalb dieses Zeitraums zu irgendeinem Zeitpunkt, nicht unbedingt jener der unentgeltlichen Übertragung, wesentlich/qualifiziert iSv § 17 (also PV, nicht BV[10]) beteiligt war. Eine zwischenzeitliche Nichtbeteiligung ist unbeachtlich (Rn 78).

---

1 BVerfG: 2 BvR 753/05 und 2 BvR 748/05.
2 FG M'str EFG 07, 1768 (mwN) Beschwerde VIII B 109/07.
3 BFH DB 06, 1929.
4 S BFH DB 06, 1929 unter II.4. (diese Frage aber offen lassend).
5 **AA** *Milatz/Kuhlemann* GmbHR 01, 966: Zeitpunkt des Kapitalerhöhungsbeschlusses.
6 BFH BStBl II 77, 754.
7 Vgl BFH BStBl II 97, 727.
8 BFH BStBl II 97, 727.
9 BFH BStBl II 90, 379; BStBl II 90, 381; BStBl II 97, 727 mit Anm HFR 97, 906; *Förster/Herzig* DB 97, 594.
10 Str; **aA** *Schmidt*[26] § 17 Rn 80; *Ernst & Young* § 17 Rn 67.

Um einen unentgeltlichen Erwerb (s auch Rn 155, 240) handelt es sich bei **Schenkungen** (§§ 516 ff BGB), Erwerben von Todes wegen durch **Erbfall** (§§ 1922, 1942 BGB)[1] oder **Vermächtnis** (§§ 1939, 2147 ff BGB), Beteiligungserwerb unter Nießbrauchsvorbehalt im Wege der **vorweggenommenen Erbfolge**,[2] **vGA**[3] (§ 8 III 2 KStG), **Kapitalherabsetzungen** oder **Liquidationen**[4] **nicht** hingegen bei **verdeckten Einlagen** (§ 17 I 2),[5] auch nicht bei Sacheinlagen (= tauschähnlicher Vorgang, s auch Rn 125).[6] Bei **teilentgeltlichen Erwerben** (gemischter Schenkung,[7] Zahlung von Abfindungen, Abstands- oder Gleichstellungsgeldern;[8] nicht aber mit Vermächtnis, Pflichtteil, Ersatz-Anspr belastete Erbfälle) gilt die **Trennungstheorie**; § 17 I 4 erfasst lediglich den voll unentgeltlich übertragenen Anteil.[9] Dh es bedarf einer **Anteilsaufteilung**,[10] und zwar im Verhältnis des Verkehrswertes der Anteile zur Gegenleistung (Rn 155). Zur Aufteilung bei gemischten Schenkungen s § 6 Rn 47 f. Im Falle der Weiterveräußerung ist umstritten, ob dem StPfl ein Wahlrecht zusteht, ob er die entgeltlich oder die unentgeltlich erworbenen Anteile veräußern will. Teilw wird ein solches Recht und damit eine gegenständliche Zuordnung befürwortet.[11] Richtigerweise wird wertmäßig aufzuteilen sein,[12] solange sich eine gegenständliche Zuordnung nicht nachvollziehbar vornehmen lässt.[13] S auch Rn 125.

C. Veräußerung (§ 17 I 1 und 2)

I. Allgemeines, Begriff der Veräußerung. Zum Haupttatbestand des § 17 gehört (zu den Ersatztatbeständen s § 17 IV, Rn 271 ff), dass die iSd § 17 I 1 qualifizierte Beteiligung an einer KapGes veräußert wird. § 17 bestimmt den Begriff der **„Veräußerung"** nicht. Die Rspr legt den Begriff weit aus und versteht darunter ein (mit entspr Gewinnerzielungsabsicht durchgeführtes,[14] Rn 20) Rechtsgeschäft, das auf die Übertragung des rechtlichen oder wirtschaftlichen Eigentums an Anteilen gerichtet ist. Es kann ggf auch in Gestalt der Rückabwicklung erfolgen, muss also kein „echtes" Anschaffungsgeschäft sein.[15] Letzteres widerspricht – ohne ersichtlichen Grund (s auch insoweit die grds systematischen Bedenken Rn 5) – der hM zur (privaten) Veräußerung iSv § 23 I Nr 2.[16] Abw vom zivilrechtlichen Verständnis erfasst der Begriff in § 17 zudem nur **entgeltliche** Vorgänge (vgl § 17 I 4, § 17 I 5 nF, § 17 II 3 aF), wobei Entgelt immer nur Gegenleistung im wirtschaftlichen Sinne ist. Die rechtliche Qualifizierung (zB als Schadensersatz) soll grds unbeachtlich sein.[17] Das Entgelt kann im Einzelfall auch in einem Verzicht liegen; Voraussetzung ist allerdings ein (unmittelbarer, über eine aufschiebende Bedingung oder anderweitig) kausal begründeter sachlicher Zusammenhang zw Verzicht und Leistung.[18] Die **Abgrenzung** zw entgeltlichen und unentgeltlichen Kausalgeschäften bemisst sich danach, dass **(1)** keine Gegenleistung vereinbart wird und **(2)** die Anteile nicht wertlos sind. Nur dann, wenn überhaupt ein positiver Verkehrswert vorhanden ist, lässt sich bei fehlender Gegenleistung ein unentgeltlicher Vorgang annehmen. Andernfalls ist der Tatbestand der Veräußerung erfüllt. Dass keine (oder nur eine ganz geringe, „symbolische") Gegenleistung festgesetzt worden ist, trägt lediglich dem Umstand Rechnung, dass die Anteile wertlos sind.[19] **Folge:** Der Veräußerer hat einen Verlust realisiert, der grds nach § 17 geltend gemacht werden kann[20] (**Vorbehalt**: fehlende Gewinnzielungsabsicht; Ehegattenverträge;[21] Scheingeschäfte, Gestaltungsmissbrauch gem § 42 AO, der richtiger Ansicht nach allerdings nicht in dem Verkauf zur Verlustrealisierung als solchen liegen kann,[19] selbst dann nicht, wenn dieser Verkauf an eine beteiligungsidentische KapGes erfolgt[22]). Verluste aus einem mitveräußerten kapitalersetzenden Darlehen (Rn 220 ff) unter dem Nominalwert sind einzubeziehen.[23] **Vollendet** ist die Veräußerung iSd § 17 erst **(1)** mit zivilrechtlicher Wirksamkeit (ggf nach

---

1 BFH BStBl II 99, 486.
2 BFH BStBl II 06, 15 = DStR 05, 1853 mit Anm *HG*.
3 BFH BStBl II 87, 455.
4 BFH BStBl II 77, 712; BStBl II 82, 456.
5 S BFH BStBl II 90, 615.
6 BFH BStBl II 87, 705; BStBl II 84, 233.
7 Dazu BGH NJW-RR 96, 754.
8 S zur vorweggenommenen Erbfolge BFH (GrS) BStBl II 90, 847.
9 BFH BStBl II 81, 11; BFH/NV 99, 616; BMF BStBl I 93, 80; H 17 (4) EStH; *L/B/P* § 17 Rn 136, 161.
10 R 17 (3) EStR.
11 *H/H/R* § 17 Rn 156; *L/B/P* § 17 Rn 161;
12 *Groh* StuW 84, 217, 221, 226; *Widmann* StKonRep 94, 83, 92.
13 *Ernst & Young* § 17 Rn 72.
14 BFH BStBl II 95, 722.
15 BFH BStBl II 00, 424; dazu aber abgrenzend BStBl II 04, 107 (111).
16 Vgl BFH BStBl II 83, 315; s auch *P Fischer* FR 00, 393 (394).
17 Vgl zur Abgrenzung BFH BStBl II 00, 424 (428).
18 BFH/NV 05, 1660.
19 FG BaWü EFG 05, 712.
20 BFH BStBl II 91, 630; BStBl II 93, 34; BFH/NV 93, 158; BFH BStBl II 99, 344; GmbHR 99, 1211 mit Anm *Roser*.
21 Vgl FG M'ster EFG 97, 406.
22 **AA** FG M'ster EFG 06, 1302 Rev IX 77/06 (alt VIII R 33/06) (mit zu Recht krit Anm von *Zimmermann*).
23 BFH BStBl II 93, 34; GmbHR 99, 1211.

Genehmigung der KapGes[1]) und **(2)** mit Übertragung des wirtschaftlichen Eigentums (Rn 60).[2] Die Vereinbarung eines Rückkaufsrechts ist steuerlich unbeachtlich.[3]

101 Veräußerungsvorgänge sind gem § 54 EStDV binnen 2 Wochen durch den beurkundenden Notar dem gem § 20 AO zuständigen FA unter Beifügung einer beglaubigten Urkundsabschrift zu übersenden.[4] Diese Mitteilungspflicht trifft allerdings nur den inländischen Notar, nicht den ausländischen; die Auslandsbeurkundung von Anteilsübertragungen ist zulässig.[5]

105 II. Kauf und Tausch. Eine entgeltliche Anteilsveräußerung ist regelmäßig gegeben, wenn der Übertragung ein schuldrechtlicher **Kaufvertrag** (§ 433 BGB) oder **Tauschvertrag** (§ 515 BGB) zugrunde liegt. Umstritten war bislang, wie es sich verhält, wenn es um den Tausch wirtschaftlich identischer („nämlicher") Anteile an einer KapGes geht, insbes, ob hierbei das sog **Tauschgutachten** des BFH[6] anzuwenden war.[7] Vom VZ 99 an hat sich die Streitfrage erledigt:[8] Seitdem bemessen sich – mit der Folge der Gewinnrealisierung – die AK eines im Wege des Tauschs übergegangenen WG nach dem gemeinen Wert des hingegebenen WG, § 6 VI 1. Zweifelh ist allein, ob dies auch für § 17, also für im PV gehaltene Anteile gilt.[9] Letzteres ist schon deswegen zu bejahen, weil dem sog Tauschgutachten ohnehin die Rechtsgrundlage fehlte.

106 Unabhängig davon sind die vorrangigen Regelungen in § 20 I 2, § 23 IV UmwStG aF zu beachten. Sind deren Voraussetzungen erfüllt, findet das Tauschgutachten (Rn 105) von vornherein keine Anwendung (vgl § 20 V UmwStG aF).[10] Zur (gegenständlichen und wertmäßigen) Identität der veräußerten Anteile bei mehreren selbstständigen Anteilen s Rn 265. Zu den (nach wie vor vorrangigen) Neuregelungen nach dem Konzeptionswechsel des UmwStG nF (Rn 27, 116) s dort § 21.

110 III. Zwangsweise Übertragungen. § 17 erfordert keine freiwillige (gewollte) Anteilsveräußerung. Dieser gleich behandelt sind deshalb auch **Zwangsversteigerungen**[11] und Enteignungen, auch Verpfändungen oder Sicherungsübereignung, denen eine Verwertung der gepfändeten oder sichergestellten Anteile als Übertragungshandlung[12] nachfolgt. Die Gegenleistung besteht in solchen Fällen darin, dass die Verbindlichkeiten des StPfl gemindert und dadurch sein Vermögen vermehrt wird. Der Zwangsversteigerung entspricht der freihändige Verkauf der Anteile durch den Gerichtsvollzieher oder Vollziehungsbeamten (§ 821 ZPO, § 302 AO) sowie durch den Insolvenzverwalter.

115 IV. Einlage von Anteilen in eine Kapitalgesellschaft. Auch die Einlage der qualifizierten Beteiligung in eine KapGes gegen Gewährung von Gesellschaftsrechten stellt eine Veräußerung iSv § 17 dar,[13] desgleichen die Übertragung auf eine KapGes, an der der Übertragende beteiligt ist, vorausgesetzt, die Übertragung erfolgt zu fremdüblichen Bedingungen. Zur (bislang umstrittenen) Frage der Anwendung des Tauschgutachtens, falls die Gegenleistung in einer qualifizierten Beteiligung an der empfangenden Ges besteht, s Rn 105.

116 Nicht um eine Veräußerung iSv § 17 handelt es sich im Rahmen des (vorrangig anzuwendenden) **§ 21 UmwStG nF, § 20 UmwStG aF,** also bei Einbringung von Anteilen an einer KapGes in eine andere KapGes, wenn die übernehmende Ges aufgrund ihrer Beteiligung einschl der übernommenen Anteile nachweisbar unmittelbar die Mehrheit der Stimmrechte an der KapGes hat, deren Anteile eingebracht werden (§ 21 I 2 UmwStG nF, § 20 I 2 UmwStG aF). Eine derartige Einbringung ist (ganz oder zT) unter Aufdeckung der stillen Reserven möglich, ebenso aber auch steuerneutral. Bleiben stille Reserven unaufgedeckt, richten sich die Steuerfolgen nach § 22 UmwStG nF, § 21 UmwStG aF.

120 V. Verdeckte Einlage von Anteilen in eine Kapitalgesellschaft (§ 17 I 2). Wird die iSd § 17 I 1 qualifizierte Beteiligung an der KapGes verdeckt in eine andere KapGes eingelegt, handelt es sich nach

---

1 BFH BStBl II 95, 870.
2 BStBl II 88, 832; BStBl II 97, 382.
3 H 17 (7) EStH.
4 Im Einzelnen BMF DStR 97, 822.
5 BGH BB 89, 116, 117; *Loritz* DNotZ 00, 105; *Kröll* ZGR 00, 111, 151.
6 BFH BStBl III 59, 30; BMF BStBl I 98, 163.
7 *Knobbe-Keuk* LB § 24 Abs 3 Nr 1; *Thiel* StbJb 94/95, 185 (195); zu Recht aA *Blümich* § 17 EStG Rn 137; an der wirtschaftlichen Identität fehlt es ohnehin, wenn eine wesentliche Beteiligung gegen eine unwesentliche ausgetauscht wird, vgl BFH BStBl II 93, 331; R 17 (3) 2 EStR.
8 *Dötsch/Pung* DB 99, 932; *Hörger/Mentel/Schulz* DStR 99, 565 (574); **aA** *Thömmes/Scheipers* DStR 99, 609 (614).
9 Bej OFD D'dorf DStR 04, 1042; verneinend zB *Dautel* BB 02, 1844.
10 BMF BStBl I 78, 235 Tz 52.
11 BFH BStBl II 70, 310.
12 BFH BStBl II 68, 68.
13 BFH BStBl II 93, 331.

Auffassung des BFH[1] an sich um einen unentgeltlichen Vorgang. Eine verdeckte Einlage ist gegeben, wenn der G'ter oder eine ihm nahe stehende Pers aus Gründen, die im Ges-Verhältnis wurzeln, (ggf auch nur mittelbar,[2] s auch Rn 231) eine Einlage (§ 4 I 5)[3] erbringt, ohne eine wertadäquate Gegenleistung zu erhalten. Der BFH erkennt in der Wertsteigerung der Anteile keine Gegenleistung, vielmehr lediglich einen Wertreflex.[4] Um hier eine Regelungslücke zu schließen, hat der Gesetzgeber vom VZ 92 an durch Einfügung des nunmehrigen § 17 I 2 bestimmt, dass auch die verdeckte Einlage von Anteilen einer Veräußerung gleichsteht. Eine damit korrespondierende Regelung enthalten bis zum VZ 06 – § 21 II UmwStG aF für die Besteuerung von einbringungsgeborenen Anteilen sowie – vom VZ 00 an – § 23 I 5 für private Veräußerungsgeschäfte. Der Veräußerungspreis ist mit dem (gem § 11 BewG iVm A 4 – 16 VStR zu ermittelnden[5]) **gemeinen Wert** anzusetzen (**§ 17 II 2**), und zwar auch dann, wenn dieser Wert das Einlageentgelt nicht erreicht.[6] Korrespondierend damit sind die verdeckt eingelegten Anteile entgegen § 6 I Nr 5 S 1b auch bei der aufnehmenden KapGes mit ihrem Teilwert (und nicht mit den ursprünglichen AK) anzusetzen, um Überbesteuerungen zu vermeiden. § 6 I Nr 5 S 1b ist entspr teleologisch reduziert zu verstehen (§ 6 Rn 167).[7] Zur Bewertung des eingelegten WG s auch Rn 127. Zu nachträglichen AK s Rn 214. Zur Anwendung auch auf beschränkt StPfl s § 49 I Nr 2e Rn 54 ff.

VI. Übertragung auf eine Personengesellschaft. Überträgt der StPfl eine qualifizierte Beteiligung 125 auf eine PersGes mit BV (Pers-Handels-Ges), so kann sich dieser Vorgang als (gesellschaftsrechtliche) Einlage oder als (schuldrechtliche) Veräußerung darstellen. Um eine Veräußerung iSv § 17 handelt es sich, wenn der StPfl für die Übertragung eine marktübliche Gegenleistung erlangt (zB durch Gutschrift des Kaufpreises auf einem Privatkonto, auch wenn dieses einkommensteuerrechtlich als Eigenkapitalkonto anzusehen ist).[8] Es soll sich jedoch anders verhalten, wenn die Übertragung auf gesellschaftsrechtlicher Basis erfolgt und dem StPfl für die Hingabe der Anteile Ges-Rechte an der übernehmenden PersGes eingeräumt werden. Die FinVerw[9] wandte hier früher ausschließlich Einlageregeln an (§ 4 I 5 iVm § 6 I Nr 5). Die **hM**[10] gesteht der PersGes ein Wahlrecht zu, mit welchem Wert sie die eingebrachten Anteile ansetzt und ob und in welchem Umfang sie stille Reserven auflöst. – Die Annahme eines derartigen Wahlrechts ist gerechtfertigt, wenn der StPfl sämtliche Anteile an der eingebrachten Beteiligung hält (§ 24 II 2 UmwStG nF, § 24 II UmwStG aF). Ist dies aber nicht der Fall, bleibt die Beteiligung zwar ebenfalls steuerverhaftet. Für die Gewährung des Wahlrechts besteht aber keine Rechtsgrundlage. Vielmehr liegt – wie bei der offenen Einlage in eine KapGes – ein **tauschähnlicher Vorgang** und damit auch hier eine Veräußerung vor, die – wie der **BFH**[11] und im Grundsatz zwischenzeitlich auch die **FinVerw** annehmen[12] – zwingend den Ansatz des gemeinen Wertes und die Gewinnrealisierung nach sich zieht (s jetzt auch § 24 II 1 UmwStG nF). Die Gewährung der neuen Anteile sowie die Befreiung des Einbringenden von der Einlageverpflichtung stellt sich als Entgelt dar, nach der gesetzlichen Konzeption gleichermaßen nicht nur bei offenen, sondern auch bei verdeckten Einlagen (vgl § 17 I 2).[13] § 23 IV UmwStG nF, § 22 III UmwStG aF (für den umgekehrten Fall der Einbringung von einer PersGes in eine KapGes) ändern daran nichts, obwohl dort zw (fiktiver) Anschaffung im Falle der Einzelrechtsnachfolge und der Gesamtrechtsnachfolge unterschieden wird. Diese Regelungen beziehen sich lediglich auf die (steuerliche) Behandlung des eingebrachten BV beim Übernehmenden; sie lassen

---

1 BFH BStBl II 89, 271; BStBl II 90, 615, gegen die frühere Rspr, vgl BStBl II 80, 494.
2 BFH BStBl II 87, 257.
3 ZB BFH BStBl II 90, 875.
4 S auch BFH BStBl II 92, 70.
5 BFH/NV 94, 12.
6 **AA** *Schmidt*[26] § 17 Rn 139.
7 BMF BStBl I 98, 1227; *Thiel* DStR 92, 1 (6); s demgegenüber auch zur Rechtslage vor Schaffung von § 17 I 2: BFH BStBl II 98, 691 (Bewertung mit den AK bei der KapGes); BStBl I 02, 463 (mit krit Anm *Weber-Grellet* FR 02, 587); BFH/NV 02, 640 (jeweils zur Bewertung beim Einlegenden mit dem gemeinen Wert).
8 BFH BStBl II 77, 145; BMF BStBl I 81, 76; s zur Abgrenzung zw Privat- und Kapitalkonto II: BFH BStBl II 04, 344; krit *Kempermann* FR 02, 1058.
9 MU'er-Erlass BStBl I 78, 8 Tz 49.
10 ZB *L/B/P* § 17 Rn 110; *Söffing* DStZ 95, 37.
11 BFH BStBl II 00, 230 mit Anm *HG* DStR 99, 368; dem folgend BFH/NV 03, 88, jeweils zum UmwStG 77; BFH BStBl II 04, 686; BFH/NV 03, 88; I R 27/00 v 16.10.02 (nv), jeweils zum UmwStG 95; *Schulze zur Wiesche* FR 99, 519; *Strahl* FR 99, 629; *Kraft* DStR 99, 1603; krit *Daragan* DStR 00, 593; *Reiß* BB 00, 1965, 1972; **aA** *Schmidt/Hageböke* DStR 03, 1813; *Fatouros* DStR 03, 772 u DStZ 04, 129.
12 BMF BStBl I 00, 462 mit Übergangsregelung unter Aufgabe von MU'er-Erlass BStBl I 78, 8 Tz 49.
13 *HG* DStR 99, 368; *Strahl* KÖSDI 00, 12260 (12266); *Schmitt/Hörtnagl/Stratz* UmwG/UmwStG[3] § 24 Rn 49, mwN.

den Charakter der Übertragung als (abstrakten) Veräußerungsvorgang unberührt.[1] In Höhe der Differenz zw den AK der Anteile und dem höheren gemeinen Wert entsteht folglich ein Veräußerungsgewinn iSd § 17 (oder auch iSd § 23). Um einen Erwerb und nicht um eine (verdeckte) Einlage handelt es sich indes in jenem Umfang, in welchem eine Sacheinlage oder eine eingebrachte Beteiligung den (Nenn-)Wert der dafür erlangten Gesellschaftsrechte **übersteigt (,‚Über-pari')**. Dass der übersteigende Betrag in die Kapitalrücklage gem § 272 II Nr 1 HGB einzustellen ist, widerspricht dem nicht. Folglich sind die Werte auch nicht in entspr Verhältnis aufzuteilen.[2]

126 Um **keine** Veräußerung handelt es sich auch, wenn die qualifizierte Beteiligung iSd § 17 aus dem PV in das Sonder-BV eines MU'ers eingelegt wird,[3] oder wenn die aufnehmende PersGes über kein BV verfügt.[4] In beiden Fällen fehlt es im Allg an einem Rechtsträgerwechsel; § 17 ist unanwendbar. Beim Wechsel vom PV in das (Sonder-)BV liegt dies auf der Hand. Bei der PersGes ohne BV greifen die Regeln über die wirtschaftliche Zuordnung nach § 39 II Nr 2 AO; die Anteile werden dem Übertragenden idR vor wie nach der Übertragung steuerlich (anteilig) zugerechnet.

127 Als problematisch kann es sich allerdings erweisen, wie die Einlage in das (Sonder-)BV zu **bewerten** ist. Grds ist § 6 I Nr 5 S 1 HS 1 anzuwenden, wonach der Teilwert angesetzt werden muss, gem § 6 I Nr 5 S 1 HS 2b jedoch höchstens mit den (ursprünglichen) AK oder HK.[5] Ist der Teilwert im Zeitpunkt der Einlage niedriger als die AK, so sollen nach Ansicht des BFH[6] gleichwohl letztere angesetzt werden. § 6 I Nr 5 S 1 HS 2b enthalte insofern eine planwidrige Gesetzeslücke. Zu einer Realisierung der stillen Reserven oder der aufgelaufenen Verluste (auch soweit diese im PV entstanden sind) kommt es sonach erst dann, wenn die nunmehr im BV gehaltenen Anteile später veräußert werden, zuvor jedoch nicht, da die Einlage keine Veräußerung darstellt. § 17 wird folglich durch die Regelungen einerseits in §§ 4 und 5, andererseits in § 15 I 1 Nr 2 verdrängt. – Die **FinVerw**[7] folgt dem nur, soweit es um die Einbringung einer wertgeminderten Beteiligung iSd § 17 aus dem PV in das betriebliche Gesamthandsvermögen einer PersGes gegen Gewährung von Ges-Rechten geht (Rn 125). Im Zeitpunkt der Einbringung entsteht ein Veräußerungsverlust, der nach § 17 II 6 nF, § 17 II 4 aF zu berücksichtigen ist. Im Falle der Einlage einer wertgeminderten Beteiligung iSd § 17 in einen als Einzelunternehmen geführten Betrieb desselben StPfl oder in dessen Sonder-BV bei einer MU'schaft verfährt die FinVerw[8] jedoch anders und wendet die BFH-Rspr nicht an; sie berücksichtigt den Unterschiedsbetrag zw Teilwert und AK allerdings im Wege der Billigkeit im (späteren) Zeitpunkt des Ausscheidens der Beteiligung aus dem BV Gewinn mindernd, vorausgesetzt, es sind (zugleich) die Zeitgrenzen des § 17 II 6 nF, § 17 II 4 aF für die Berücksichtigung von Veräußerungsverlusten gegeben und es handelt sich nicht um einen mit einem Sperrbetrag gem § 50c aF belasteten Anteil, bei dem die vor der Einlage in das BV eingetretene Wertminderung ausschüttungsbedingt ist.[9] S iErg auch § 6 Rn 171.

132 VII. Übertragung in das Betriebsvermögens eines Einzelbetriebes. Legt der StPfl die Beteiligung (ganz oder teilw) in das BV seines Einzel-GewBetr ein, entsprechen Sachverhalt und Rechtsfolgen dem Verhältnis des MU'ers zur PersGes bei der Einbringung in das Sonder-BV (Rn 126). Ein Veräußerungsvorgang ist nicht gegeben. Die Einlage ist auch hier mit dem Teilwert zu bewerten (§ 6 I Nr 5 S 1), es sei denn, die AK sind höher (**str**; s Rn 127).

135 VIII. Veräußerung von Bezugsrechten. Veräußert der StPfl ein infolge Kapitalerhöhung entstandenes Bezugsrecht, veräußert er ein Anwartschaftsrecht iSv § 17 I 3 (Rn 43). Die Veräußerung kann

---

1 BFH BStBl II 04, 686; *D/J/P/W* Vor § 20 UmwStG nF Rn 31; § 22 UmwStG nF Rn 11; ebenso BMF BStBl I 98, 268 Tz 20.01; *W/M* Vor § 1 UmwStG Rn 44 ff; *Schmitt/ Hörtnagl/Stratz* UmwG/UmwStG[3] Vor § 20 UmwStG Rn 241 ff, 316, 365; § 22 UmwStG Rn 3; *Hahn* DStZ 98, 561; **aA** *Orth* GmbHR 98, 511; *Fatouros* DStR 03, 772 u DStZ 04, 129.
2 Vgl BFH FR 07, 1064; BStBl II 00, 230 s auch BMF BStBl I 00, 462; BStBl I 04, 1190; diff *Röper/Leffers* Wpg 07, 1024.
3 BFH BStBl II 77, 145; *Söffing* DStZ 95, 37.
4 Allerdings offen gelassen von BFH BStBl II 99, 820; zur Brisanz dieser Frage im Hinblick auf § 23s *kk* KÖSDI

99, 12222; *Strahl* KÖSDI 00, 12260 (12264 ff); *Gosch* StBp 00, 28; *Wacker* BB 00, 1979 (1980).
5 Und zwar auch dann, wenn die Beteiligungsgrenze iSd § 17 I erst infolge Erbanfalls überschritten und erst dadurch zu SBV II wird, vgl FG Mchn EFG 05, 1342 Rev IV R 73/05.
6 BFH BStBl II 96, 684 (VIII. Senat); s aber auch BStBl II 00, 230; offen lassend BFH/NV 01, 302 (XI. Senat).
7 BMF BStBl I 00, 462.
8 BMF BStBl I 96, 1500; DB 97, 552; BStBl I 00, 462; R 17 VIII EStR 05.
9 Zu Recht insoweit ebenso die Rspr des BFH einschränkend *Pyszka* DStR 97, 309 (312); *Niehus/Wilke* StuW 97, 35 (39); *Gratz/Müller* DStR 96, 281 (285).

entweder in dem entgeltlichen Verzicht auf das Recht oder in dessen entgeltlicher Einräumung liegen. Entgelt in diesem Sinne ist nicht nur die unmittelbare Zahlung an den Neu-G'ter an den Alt-G'ter, sondern auch die Zahlung eines Aufgeldes (Agio) zur Übernahme der neuen Anteile an die Ges, vorausgesetzt allerdings, diese Zahlung erfolgt in unmittelbarem zeitlichen Zusammenhang mit der Auszahlung des Aufgeldes an den Alt-G'ter.[1] Nimmt eine GmbH, die neben ihren G'tern an einer anderen KapGes beteiligt ist, nicht an der Kapitalerhöhung teil, kann daraus eine vGA folgen, dies aber nur dann, wenn das Bezugsrecht infolge der Kapitalerhöhung entgeltlich verwertbar gewesen wäre.[2]

IX. Kapitalherabsetzung und Liquidation. Wird eine KapGes aufgelöst oder setzt sie ihr Kapital herab und zahlt es zurück, finden die Regelungen über die Veräußerung von Anteilen entspr Anwendung, § 17 IV (s Rn 271 ff). **138**

X. Einziehung von Anteilen. Die **Einziehung von Aktien** (§ 237 II, § 222 AktG) ist einer **Kapitalherabsetzung** vergleichbar und unterfällt deshalb **§ 17 IV** (Rn 294 ff). Die **vereinfachte Kapitalherabsetzung** durch Einziehung von Aktien gem § 237 III Nr 2 (iVm § 71 I Nr 6) AktG ebenso wie die Einziehung von GmbH-Anteilen erfolgt demgegenüber gegen eine Ausgleichszahlung zu Lasten des Bilanzgewinns oder aus freien Rücklagen (§ 272 II und III HGB). Es handelt sich deshalb um entgeltliche Veräußerungen iSv § 17 I.[3] Für die abw Auffassung,[4] wonach die entgeltliche Einziehung von Anteilen als eine Teilliquidation in analoger Anwendung von § 17 IV (iVm § 20 I Nr 2) anzusehen sei, spricht zwar die gesellschaftsrechtliche Lage. Denn das Einziehungsentgelt zieht eine Minderung des Eigenkapitals nach sich; die KapGes wird insoweit nicht „bereichert".[5] Es handelt sich bei eingezogenen Anteilen aber dennoch um Vermögensgegenstände.[6] Als solche sind sie deshalb auch steuerlich zu behandeln. Abzugrenzen ist allerdings von der Kapitalherabsetzung durch unentgeltlich zur Verfügung gestellte Aktien (§ 237 I, III Nr 1, IV und V iVm § 71 I Nr 4 AktG). Hier wird keine Kapitalrückzahlung geleistet.[7] **141**

XI. Erwerb eigener Anteile. Auch der Erwerb eigener Anteile (§ 33 II GmbHG, § 71 AktG) stellt nach zutr hM,[8] der die **FinVerw** gefolgt ist,[9] eine Veräußerung (Anschaffung) und keine Einlagenrückgewähr dar. Nicht anders als bei eingezogenen Anteilen (Rn 141) entscheidet auch hier, dass es sich bei eigenen Anteilen handelsbilanziell um Vermögensgegenstände (vgl § 272 I 4–6 HGB)[10] und steuerbilanziell um (zu aktivierende und abschreibungsfähige) WG handelt.[11] Wird von der KapGes ein überhöhter Preis entrichtet, so liegt im entspr Umfang eine vGA vor.[12] Leistungen, die der neu eintretende G'ter im zeitlichen Zusammenhang mit dem Erwerb der Ges-Anteile in die Kapitalrücklage erbringt, können als (disquotale) Einlage oder als zusätzliches Veräußerungsentgelt zu beurteilen sein.[13] **145**

XII. Austritt und Ausschluss eines Gesellschafters. Mit der Einziehung von Anteilen und dem Erwerb eigener Anteile vergleichbar ist die Rechtslage beim Austritt oder Ausschluss eines G'ters aus der KapGes. In beiden Fällen kommt es entweder zur Einziehung der betr Anteile[14] (§ 17 IV, Rn 51, 141) oder diese werden gegen finanzielle Ersatzleistung übertragen. In beiden Fällen werden folglich Besteuerungstatbestände iSv § 17 erfüllt.[15] **148**

XIII. Umwandlungen. Umwandlungsvorgänge (Verschmelzungen, §§ 2 ff UmwG, Spaltungen, §§ 123 ff UmwG) unterfallen nicht § 17, sondern **§§ 3 ff UmwStG** nF/aF. Im PV gehaltenen, untergehende Anteile gelten danach mit den AK als veräußert; an ihre Stelle treten die neuen Anteile (§ 13 **151**

---

1 BFH/NV 05, 1660; BStBl II 93, 477.
2 BFH DStR 05, 691.
3 L/B/P § 17 Rn 117; Blümich § 17 Rn 146; Ernst & Young § 17 Rn 83f; OFD Hann DB 88, 84; aA Wassermeyer FS Schmidt, S 621; Frotscher § 17 Rn 112 nimmt eine nicht steuerbare Regelungslücke an.
4 Schmidt[26] § 17 Rn 101 ff.
5 Vgl BFH BStBl II 92, 912 (ErbSt).
6 BFH BStBl II 93, 369; A 77 VIII KStR.
7 BFH BStBl II 06, 22.
8 ZB Wassermeyer FS Schmidt, S 621; Breuninger DStZ 91, 420; L/B/P § 17 Rn 116; Frotscher § 17 Rn 67; aA Schmidt[26] § 17 Rn 102; Thiel FS Schmidt, S 569 (579).
9 BMF BStBl I 98, 1509 Tz 19, 24; s auch Schmid/Wiese DStR 99, 993.
10 Nicht aber zur Einziehung bestimmter eigener Aktien vor deren Entwertung, vgl BFH BB 05, 2517.
11 BFH BStBl II 98, 781; BFH/NV 03, 820; BStBl II 05, 522; s auch abgrenzend für unentgeltlich zur Einziehung überlassene eigene Aktien BFH BB 05, 2517 (unter II.3.).
12 AaO; BMF BStBl I 98, 1509 Tz 26.
13 BFH BStBl II 05, 522.
14 Zur Unterscheidung von Ausschluss und Einziehung s BGH DB 99, 2253 mit Anm Gehrlein.
15 HM, vgl Blümich § 17 Rn 148; Ernst & Young § 17 Rn 86; L/B/P § 17 Rn 118; aA Schmidt[26] § 17 Rn 103.

I iVm II 3 UmwStG nF; § 13 II 2 UmwStG aF): Gewinne werden **idR erst bei späterer Veräußerung** verwirklicht. Zur Übertragung auf einen Rechtsträger ohne BV s § 8 II UmwStG nF/aF. Wird eine KapGes in eine PersGes umgewandelt, gelten die Anteile an der KapGes iSv § 17 zum Zeitpunkt des Formwechsels in das BV der PersGes als eingelegt, § 5 II UmwStG nF, § 5 II 1 UmwStG aF. Das galt gem **§ 5 II 2 UmwStG aF** allerdings nicht, soweit ein Veräußerungsverlust gem § 17 II 6 nF, § 17 II 4 aF nicht zu berücksichtigen gewesen wäre. Der an sich iSd § 17 Beteiligte wurde insoweit wie ein nicht iSv § 17 Beteiligter behandelt; statt dessen schieden diese Anteile aus der Ermittlung des Übernahmegewinns oder -verlustes gem § 4 IV–VII UmwStG aF aus. Davon betroffen waren kurzfristige (steuergünstige) Aufstockungen in die Wesentlichkeit, zugleich aber sämtliche Anteilserwerbe innerhalb der 5-Jahres-Frist gem § 17 II 6 nF, § 17 II 4 aF, auch wenn solche nicht missbrauchsverdächtig waren. Vermeiden ließ sich diese missliche Rechtsfolge durch Anteilserwerb im BV.[1] – In der Neufassung des **§ 5 II UmwStG nF** wird auf diese Beschränkung verzichtet. Eine wesentliche Beteiligung iSv § 17 löst nunmehr immer und unabhängig davon, zu welchem Zeitpunkt die Beteiligung erworben wurde, die Einlagefiktion des § 5 I UmwStG nF aus. Allerdings stellt **§ 4 VI 5 UmwStG nF** sicher, dass solche Anteile gleichwohl keinen **Übernahmeverlust** nach sich ziehen können. – Als nachteilig erweist sich die Neuregelung insofern, als ihr Anwendungsbereich auf beschränkt StPfl erweitert wird.[2] S iÜ § 49 Rn 55.

152 **Ausnahmsweise** kommen die Grundsätze des § 17 auch bei Umwandlungsvorgängen zur Anwendung, soweit der Inhaber der (bis zum VZ 06: nicht einbringungsgeborenen, s Rn 62) Anteile eine Barabfindung oder Barzuzahlung erhält.

155 **XIV. Schenkungen.** Schenkungen sind unentgeltlich und deshalb **keine Veräußerungen** iSv § 17. Handelt es sich um eine **gemischte Schenkung**, ist allerdings zw dem unentgeltlichen und dem entgeltlichen Teil im Verhältnis der Verkehrswerte, in dem beide zueinander stehen, aufzuteilen (Rn 93). **Gegenleistung** kann dabei – neben Barzuzahlungen – auch die Übernahme (eigen- oder fremdfinanzierter) Verbindlichkeiten sein, in Betracht kommen ferner Gleichstellungsgelder im Rahmen vorweggenommener Erbfolge[3] und Abstandszahlungen, nicht jedoch die Zusage von Versorgungsleistungen[4] sowie die Belastung mit dinglichen oder obligatorischen Nutzungsrechten.[5] Darauf, ob zivilrechtlich eine gemischte Schenkung, eine Schenkung unter Auflage oder Bedingung vorliegt, kommt es nicht an.[6]

158 **XV. Erwerbe von Todes wegen.** Durch Erbfall erworbene Anteile sind voll **unentgeltlich** und deshalb nicht durch Veräußerung erworben, auch soweit das Erbe mit Vermächtnissen, Pflichtteils- oder Erbersatz-Anspr oder Auflagen belastet ist. Gleiches gilt für die Erbauseinandersetzung durch Realteilung (§ 11d EStDV), es sei denn, die Erben vereinbaren eine **Abfindungszahlung**, weil der Wert des von einem der Erben übernommenen Erbes höher ist als der Wert der verbleibenden Vermögenswerte.[7] Dann liegt eine teilw Veräußerung vor, so dass eine Aufteilung vorzunehmen ist. Zu beachten bleibt, dass die Beteiligung an der KapGes iSd § 17 in derartigen Fällen oftmals schon vor der Erbauseinandersetzung den Miterben anteilig zuzurechnen ist (Rn 61). Um eine unentgeltliche Vermögensübertragung handelt es sich schließlich, wenn eine Beteiligung iSv § 17 unter **Vorbehalt eines Nießbrauchsrechts** im Wege der **vorweggenommenen Erbfolge** übertragen wird, und zwar auch dann, wenn das Nießbrauchsrecht später gegen eine Abstandszahlung abgelöst wird, der Nießbrauchsverzicht aber auf einer neuen Entwicklung der Verhältnisse beruht.[8]

159 Zur Frage nach den AK für den Fall, dass die Beteiligung iSd § 17 erst durch den Erbfall oder die Erbauseinandersetzung entsteht, s Rn 240.

163 **XVI. Zeitpunkt der Veräußerung.** Was den Zeitpunkt der Veräußerung anbelangt, gilt im Grundsatz nichts anderes als beim 5-Jahres-Zeitraum zur Bestimmung der Wesentlichkeitsgrenze (Rn 75): Ausschlaggebend ist der Zeitpunkt der (rechtsverbindlichen) Übertragung des wirtschaftlichen Eigentums (§ 39 II Nr 1 AO, s dazu Rn 60) auf den Erwerber.[9] Fallen rechtliches und wirtschaftliches Eigentum auseinander, ist Letzteres maßgeblich. Auf den Zeitpunkt, in dem der zugrunde liegende Kausalvertrag geschlossen worden ist, kommt es hingegen nicht an.

---

1 Förster DB 97, 1786; Haritz/Menner BB 98, 1084.
2 S dazu Prinz zu Hohenlohe/Rautenstrauch/Adrian GmbHR 06, 623 (627).
3 L/B/P § 17 Rn 136; BMF BStBl I 93, 80 Tz 7.
4 BFH BStBl II 90, 847; BMF BStBl I 93, 80 Tz 6.
5 BFH BStBl II 91, 793; BMF BStBl I 98, 1509 Tz 10.
6 BFH BStBl II 90, 847.
7 BFH BStBl II 90, 847; BMF BStBl I 93, 80 Tz 28.
8 BFH DStR 05, 1853 mit Anm HG.
9 BFH BStBl II 88, 834; BStBl II 00, 424 (429).

Werden die Anteilscheine (Wertpapiere) in einem **Girosammeldepot** verwahrt und wird lediglich 165
ein Teil der Papiere veräußert, findet – entgegen der spezialgesetzlichen Anordnung in § 23 I 1
Nr 2 S 2 und 3 für private Veräußerungsgeschäfte (s dazu § 23 Rn 7) – weder das FiFo- noch das
LiFo-Verfahren Anwendung; die Bewertung erfolgt vielmehr grds mit den durchschnittlichen AK
sämtlicher Wertpapiere und der Veräußerungsgewinn ist hiernach nach Durchschnittswerten zu
ermitteln.[1]

XVII. Bagatellgrenze (§ 17 I 1 aF). Vom VZ 96 an unterfällt jegliche Anteilsveräußerung einer im 166
PV gehaltenen qualifizierten Beteiligung der Besteuerung nach § 17. Die bis dahin geltende Bagatellgrenze in § 17 I 1 wurde aufgehoben. Danach setzte die Steuerbarkeit der Veräußerungsgewinne
voraus, dass die veräußerten Anteile im VZ die – nunmehr generell besteuerungsrelevante – Beteiligungsgrenze von 1 vH des Kapitals der Ges überstiegen. IÜ wurde aus Gründen der Vereinfachung auf die steuerliche Erfassung verzichtet.[2]

D. Veräußerungsgewinn, Veräußerungsverlust (§ 17 II)

I. Gewinnermittlung eigener Art. Die **Rechtsfolge** des § 17 I liegt darin, dass der Gewinn aus der 167
Veräußerung von Anteilen an KapGes als Veräußerungsgewinn den Einkünften aus GewBetr zugeordnet wird. Es erfolgt sonach eine Umqualifizierung an sich nicht steuerbarer Gewinne aus der privaten Vermögenssphäre in steuerbare gewerbliche Gewinne. Veräußerungsgewinn ist dabei der
Unterschiedsbetrag zw dem Veräußerungspreis abzüglich der Veräußerungskosten einerseits und
den AK andererseits.

In welcher Weise der hiernach steuerbare Gewinn zu ermitteln ist, richtet sich nach § 17 II. Dieser 168
enthält eine **Gewinnermittlungsvorschrift eigener Art**:[3] Einerseits finden die allg Gewinnermittlungsvorschriften der §§ 4, 5 für den BV-Vergleich Anwendung, nicht aber die Vorschriften der §§ 8,
9, 11[4] für die Ermittlung von Überschüssen.[5] Das ergibt sich daraus, dass es sich bei den von § 17
erfassten Veräußerungsgewinnen um fiktive gewerbliche Einkünfte handelt. Andererseits ist der
Veräußerungsgewinn oder -verlust **stichtagsbezogen** auf den Zeitpunkt der Veräußerung als dem
Ende der Besitzzeit an den Anteilen zu erfassen. Abw von der allg Gewinnermittlung nach § 4 I findet also keine zeitraumbezogene Ermittlung von Vermögensmehrungen und Vermögensminderungen für einzelne Wj statt.

Der **Zeitpunkt der Veräußerung** (Rn 163) ist identisch mit dem Zeitpunkt der Realisation. Auf ihn 169
allein kommt es an.[6] Weder vorhergehende Umstände (zB der obligatorische Kaufvertrag)[7] noch
nachfolgende Umstände (zB Zufluss des Kaufpreises)[8] vermögen daran etwas zu ändern. Alle
besteuerungsrelevanten Merkmale (Veräußerungspreis, Veräußerungskosten, AK) fokussieren sich
in diesem Zeitpunkt. Allerdings sind nachträgliche Änderungen zu berücksichtigen, wenn und
soweit sie sich auf den für die Besteuerung maßgebenden Sachverhalt beziehen, vor allem also spätere Veränderungen des Veräußerungspreises. Der Besteuerung soll nur der tatsächlich erzielte Veräußerungsgewinn unterliegen (vgl im Einzelnen Rn 192).

Maßgeblich ist sonach im Regelfall der Zeitpunkt, in dem das wirtschaftliche Eigentum an den 170
Anteilen übergeht (Rn 163).[6] Liegt der Veräußerungsvorgang darin, dass die KapGes gegen Leistung einer Barabfindung umgewandelt wird, ist der Veräußerungsgewinn auf den Tag zu ermitteln,
in dem die Umwandlung ins Handelsregister eingetragen wird. Beim Austritt oder Ausschluss eines
G'ters (Rn 148) ist der Zeitpunkt ausschlaggebend, in dem der betr G'ter verbindlich ausgeschlossen wird[9] bzw in dem er seinen Austritt erklärt.[10]

Zur Stichtagsbezogenheit auch der Bewertung von Veräußerungspreis und -kosten sowie der AK 171
s Rn 168.

---

1 OFD Ffm FR 06, 703, unter Hinweis auf BFH BStBl II 94, 591.
2 BFH BStBl II 99, 722; *Ernst & Young* § 17 Rn 99 ff.
3 BFH BStBl III 57, 443; BStBl II 74, 567; BStBl II 80, 494.
4 BFH BStBl II 89, 289; BStBl II 94, 648.
5 BFH BStBl II 95, 725; DStR 05, 1853 mit Anm *HG*.
6 BFH BStBl II 88, 832.
7 BFHE 175, 516.
8 BFH BStBl II 94, 162.
9 *Esch* GmbHR 81, 25 (29): Rechtskraft des Ausschließungsurteils.
10 *L/B/P* § 17 Rn 170; *Blümich* § 17 Rn 167.

172 Die spezifische Gewinnermittlung gem § 17 ermöglicht keinen Abzug von BA oder WK[1] (§ 4 IV), auch nicht als Teilwertabschreibung (s Rn 20). Betriebliche Aufwendungen oder Verluste, die sich weder den AK noch dem Veräußerungskosten zuordnen lassen, sind ggf aber als (auch nachträgliche, s aber Rn 196) **WK** bei den Einkünften gem § 20[2] (oder auch gem § 19 beim Geschäftsführer)[3] anzusetzen. Diese Frage nach dem Vorliegen von WK ist jener nach dem Vorliegen von AK vorrangig.[4] Voraussetzung ist allerdings, dass die WK getätigt werden, um den Erwerb und die Aufrechterhaltung der Beteiligung iSd § 17 als Einkunftsquelle zu sichern. Daran fehlt es stets (aber auch erst) nach Auflösung der Ges,[5] nicht aber von vornherein im Falle des Verzichts auf einen etwaigen Aufwendungsersatzanspruch.[6] IÜ sind AK und BA/WK in systematischer Hinsicht unbeschadet ihrer beiderseits betrieblichen Veranlassung strikt auseinander zu halten. Insbes Schuldzinsen, die zum Beteiligungserwerb aufgewendet werden, sind stets WK; darauf, dass aus der Beteiligung tatsächlich Einkünfte erzielt werden, kommt es nicht an.[7] Aus diesen systematischen Gründen sollen WK, die infolge Beendigung des Engagements (zB wegen Veräußerung, Vermögenslosigkeit, Löschung) nicht mehr abziehbar sind, nicht in steuerlich relevante AK „umqualifiziert" werden können.[8] Der BFH hat allerdings zu erkennen gegeben, dass er an dieser ständigen Rspr nicht unbedingt festzuhalten gedenkt, nachdem vom VZ 98 an die Wesentlichkeitsgrenze in § 17 auf 1 vH abgesenkt worden ist und dadurch Veräußerungen und Gewinnausschüttungen konzeptionell gleichbehandelt werden.[9]

173 Handelt es sich um eine ausländische Kapitalbeteiligung, die in **Fremdwährung** angeschafft und veräußert wurde, sind die für die Ermittlung des Veräußerungsgewinns maßgebenden Bemessungsgrundlagen (AK, Veräußerungspreis, Veräußerungskosten)[10] im Zeitpunkt ihrer jeweiligen Entstehung in € umzurechnen.[11] Dass die Fremdwährungsgewinne nur auf der Ebene des Anteilsinhabers und nicht derjenigen der KapGes erzielt wurden, ändert daran nichts. Diesbezüglichen Einwänden[12] ist zwar darin beizupflichten, dass die Gewinnermittlung gem § 17 einer im Grundsatz eigenen Gesetzmäßigkeit unterfällt und dass so gesehen Fremdwährungsgewinne unabhängig von dem eigentlichen Unternehmenswert am Stichtag entstehen. Dennoch führt die stichtagsbezogene Gewinnermittlung gem § 17 dazu, dass sich die während der Besitzzeit aufgelaufenen Wertfaktoren am maßgeblichen Stichtag insoweit unterschiedslos auswirken, nicht anders als bei einem betrieblich Beteiligten.

178 II. Veräußerungspreis. – 1. Begriff. Veräußerungspreis iSv § 17 ist das **Entgelt**, also alles, was der Veräußerer (oder statt seiner vereinbarungsgemäß ein Dritter) als Gegenleistung aus dem Veräußerungsgeschäft (zum Zwecke der Erfüllung [§ 362 II BGB], also nicht aus einem anderen Rechtsgrund, zB Schadensersatz) erhält, sei es vom Erwerber selbst, sei es auf dessen Veranlassung von einem Dritten (§ 328 BGB). Dritter kann jedermann sein (§§ 267, 268, 278 BGB),[13] auch die KapGes selbst.[14] Worin die Gegenleistung besteht, ist ebenso ohne Bedeutung (Geld- und Sachleistungen)[15] wie die Zahlungsmodalitäten (zB Versteigerungserlös[16]), Bedingungen oder Befristungen; erforderlich ist lediglich ein kausal begründeter sachlicher Zusammenhang zw Leistung und Gegenleistung (s auch Rn 100 zum Verzicht als Entgelt);[17] Ein bloßer zeitlicher Zusammenhang reicht nicht aus.[18] Ggf wirken sich derartige Umstände allerdings auf den Wert der Gegenleistung aus (Stichtagsbewertung, s Rn 168).

---

1 BFH BStBl II 92, 234; BStBl II 94, 162 (164); *Siewert* DB 99, 2231.
2 BFH BStBl II 86, 596; BStBl II 01, 668; BStBl II 04, 551; s auch BStBl II 98, 102.
3 BFH BStBl II 93, 111.
4 BFH BStBl II 01, 668.
5 BFH BStBl II 04, 551.
6 BFH BStBl II 01, 668.
7 BFH BStBl II 86, 596; BStBl II 86, 551; s auch BStBl II 01, 226.
8 BFH BStBl II 07, 699; BStBl II 04, 551; BStBl II 04, 556.
9 BFH BStBl II 07, 699; **aA** FG SchlHol v 30.10.07 3 K 249/05 Rev VIII R 36/07.
10 S FG Ba-Wü EFG 07, 1161 Rev IX R 96/07 (alt VIII R 7/07) (Anteilstausch gegen ausländische börsennotierte Aktien).
11 R 17 VII 1 EStR 05.
12 **AA** *Crezelius* DB 05, 1924.
13 *L/B/P* § 17 Rn 240.
14 BFH BStBl II 83, 128.
15 BFH BStBl II 95, 693, dort zur Einbeziehung auch des wirtschaftlichen Vorteils in Gestalt eines bedingten Rückkaufsrechts iVm einem wertmäßig beschränkten Abfindungsanspruch.
16 S BFH BStBl II 70, 320.
17 BFH/NV 05, 1660.
18 Vgl FG Rh-Pf EFG 07, 764 Rev IX R 97/07 (alt VIII R 9/07) zu Provisionszahlungen eines Mit-G'ters ‚anläßlich' des Anteilsverkaufs.

Im Hinblick auf **Gewinn-Anspr** aus den veräußerten Anteilen gilt Folgendes: Gem § 20 IIa (explizit vom VZ 94 an, richtiger Auffassung nach[1] aber auch schon davor) erzielt derjenige Einkünfte aus KapVerm, dem im Zeitpunkt des Gewinnverteilungsbeschlusses die Anteile nach § 39 AO zuzurechnen sind. Gewinnausschüttungen, die **nach** dem Zeitpunkt der Veräußerung entstehen, gebühren sonach dem Erwerber. Sie gehören nicht zum Veräußerungspreis, es sei denn, die Gewinnausschüttung wird in Anrechnung auf den Kaufpreis entrichtet.[2] Beansprucht der Veräußerer hingegen – dem zuwiderlaufend – die nachfolgende Gewinnausschüttung, so gehört diese deshalb zum Veräußerungspreis.[3] Gleiches gilt für das Entgelt, das der Erwerber entrichtet, um (abw von § 101 Nr 2 BGB) schon während des laufenden Geschäftsjahres am Gewinn zu partizipieren.[4] Dadurch ausgelöste steuerliche Doppelbelastungen – einerseits beim Erwerber (Kapitaleinkünfte, § 20 IIa; nachträgliche AK), andererseits beim Veräußerer (definitive Erhöhung des Veräußerungserlöses)[5] – lassen sich ggf durch Vorabausschüttungen oder inkongruente Gewinnausschüttungen[6] unter Beibehaltung eines geringen Kapitalanteils vermeiden.[7] **179**

Nicht zum Veräußerungspreis gehören Gegenleistungen für eigenständige Vermögenswerte und Rechte. Dies betrifft vor allem Fälle, in denen sich der Veräußerer zu einem **Wettbewerbsverbot** verpflichtet, für das er entschädigt wird.[8] Mit der Entschädigung wird eine sonstige Leistung iSv § 22 Nr 3 abgegolten. **180**

2. Höhe und Umfang des Veräußerungspreises. – a) Kauf. Der Veräußerungspreis bestimmt sich seiner Höhe nach regelmäßig bereits durch den vereinbarten **Veräußerungsbetrag**. Ist dieser in einer Fremdwährung ausgewiesen, ist er auf den Zeitpunkt seiner Entstehung umzurechnen (Rn 173).[9] Bei Zwangsversteigerungen und Verwertungen durch den Sicherungsnehmer tritt der jeweils erzielte Erlös an die Stelle des Preises. Wird die Geldforderung erst nach dem Veräußerungszeitpunkt fällig, ist gleichwohl auf den Veräußerungszeitpunkt als Stichtag abzustellen (Rn 168). **IdR** bleibt es beim Ansatz des **Nennwertes** (§ 12 BewG),[10] es sei denn, besondere Umstände, namentlich eine ungewöhnlich hohe oder niedrige Verzinsung, ein voraussichtlicher Kaufpreisausfall,[11] Wechselkursrisiken oÄ begründen Zu- oder Abschläge. **Zinslose Stundungen** von Kaufpreisforderungen führen zur Abzinsung (vgl § 12 III BewG),[12] wobei grds und vorbehaltlich abw Vereinbarungen[13] von einem Zinsfuß von 5,5 vH auszugehen ist. Wird später der Nennwert gezahlt, ist die Differenz zum abgezinsten Betrag herauszurechnen; bei dieser Differenz handelt es sich (wie bei den Zinsen iÜ auch) um Einkünfte aus KapVerm (§ 20) und nicht um Bestandteile des Veräußerungspreises. Das gilt auch für den Fall **ratenweiser Kaufpreistilgung**, nicht aber bei Stundung auf unbestimmte Zeit.[14] Fällt der Veräußerer mit seiner Kaufpreisforderung ganz oder teilw aus, mindert dies den für die Besteuerung maßgeblichen Veräußerungspreis. Die Minderung führt zur (rückwirkenden) Änderung des Steuerbescheides (§ 175 I 1 Nr 2 AO; Rn 192).[15] **184**

b) Tausch. Erhält der Veräußerer im Gegenzug für die Hingabe der Anteile Sachen oder Rechte, liegt ein Tausch vor. Der Veräußerungspreis bemisst sich grds nach dem **gemeinen Wert** (§ 9 BewG) der empfangenen WG, wobei offen ist, ob sich dieser Wert nach §§ 1 ff BewG oder § 8 II richtet.[16] Bei Wertpapieren ist der Börsenkurs anzusetzen. Nicht notierte Anteile an KapGes sind nach § 11 II BewG zu bewerten. Besteht die Gegenleistung in neuen Gesellschaftsanteilen an einer anderen KapGes, entscheidet der Wert dieser Anteile über die Höhe des Veräußerungspreises.[17] Besteht die Verpflichtung, die erlangten Wertpapiere eine gewisse Zeit nicht zu veräußern, rechtfertigt sich daraus kein Bewertungsabschlag.[18] **185**

---

1 Vgl BFH (I. Senat) BStBl II 86, 794; BStBl II 86, 815; BFH (III. Senat) BStBl II 00, 255; **aA** BFH (VIII. Senat): BStBl II 00, 341.
2 BFH BStBl II 83, 128.
3 FG BaWü EFG 94, 352; *Pyszka* DStR 96, 170; *Dötsch* DB 93, 1842.
4 BFH BStBl II 84, 746; BStBl II 86, 815; BMF BStBl I 80, 146.
5 Vgl *Gschwendtner* HFR 00, 425.
6 Zur Zulässigkeit s BStBl II 01, 43 (dagegen Nichtanwendungserlass BMF BStBl I 01, 47: steuerliche Akzeptanz der inkongruenten Beteiligung nur bei Sonderleistungen des begünstigten G'ters, zB bei unentgeltlicher Übernahme der Geschäftsführung oder Überlassung von Grundstücken); BFH DStR 06, 1938.
7 Im Einzelnen *Lenz* GmbHR 99, 701; *Gollers/Tomik* DStR 99, 1169; *Herrmann* BB 99, 2054 (2059).
8 BFH BStBl II 83, 289; BStBl II 99, 590; zweifelnd H 17 (7) EStH.
9 R 17 (7) 1 EStR.
10 R 17 (6) 5 EStR.
11 Vgl BFH BStBl II 78, 295.
12 Vgl BFH BStBl II 81, 160; BStBl II 91, 793; BStBl II 93, 298.
13 BFH BStBl II 81, 160.
14 BFH BStBl II 84, 550.
15 BFH BStBl II 93, 897; FinMin NRW DB 94, 960.
16 BFH/NV 93, 520.
17 BFH BStBl II 93, 331.
18 BFH BStBl II 75, 58; H 140 VII 2 EStR.

187 c) Wiederkehrende Bezüge. Werden als Gegenleistung (kaufmännisch ausgewogene und damit entgeltliche) wiederkehrende Bezüge (**Leibrente**, dauernde Last, auch Zeitrenten mit überschaubarer Laufzeit; Raten mit Versorgungscharakter über einen mehr als 10 Jahre dauernden Zeitraum) vereinbart, so gibt die FinVerw[1] dem Veräußerer in R 140 VII 2 iVm R 16 XI EStR 05 (= R 139 XI EStR aF) das **Wahlrecht**, den Veräußerungsgewinn **(1) sofort oder** aber **(2)** die ihm tatsächlich zufließenden Erträge als nachträgliche Einkünfte iSv § 24 Nr 2 erst in den Folgejahren zu versteuern. Bei unmittelbarer Versteuerung (**Sofortbesteuerung**) setzt sich der Veräußerungspreis aus dem Unterschiedsbetrag zw dem gemeinen Wert (Barwert) der Rente (§§ 13 ff BewG), vermindert um die Veräußerungskosten und die AK der Anteile zusammen.[2] Der Freibetrag des § 17 III ist zu gewähren. Die laufenden Bezüge sind mit dem Ertragsanteil der Rente nach § 22 I Nr 1 S 3a bb,[3] bei Zahlung einer Kaufpreisrate mit dem darin enthaltene Zinsanteil nach § 20 I Nr 7 (und nach Abzug des Sparer-Freibetrages gem § 20 IV) sofort stpfl.[4] Die Aufteilung der Leistung in einen Zins- und in einen Tilgungsanteil richtet sich entweder nach §§ 12, 13 BewG oder – im Falle einer Rente – nach versicherungsmathematischen Grundsätzen, im Falle einer Kaufpreisrate auch in Anlehnung an die Ertragswerttabelle des § 55 II EStDV. Bei Wahl der alternativen, aus Billigkeitsgründen ermöglichten gestreckten Versteuerung (**Zuflussbesteuerung**) entsteht ein Gewinn erst in jenem Jahr, in dem die Summe der zugeflossenen Tilgungsanteile die AK zuzüglich Veräußerungskosten übersteigen.[5] Lediglich der Zinsanteil unterfällt auch hier der sofortigen StPfl bei Zufluss. Der Freibetrag gem § 17 III ist nicht zu gewähren.[6] Die bisherige Tarifvergünstigung des § 34 (vgl § 34 II Nr 1 aF; s § 34 Rn 31) ging in jedem Fall verloren. Anderseits ist auf die nachträglich zu versteuernden Tilgungsleistungen, wenn sie ab 2002 zufließen, das (bisherige) körperschaftsteuerliche **Halb-** **und** (zukünftig, von VZ 09 an) **Teileinkünfteverfahren** anzuwenden und sind die Leistungen deswegen gem § 3 Nr 40 S 1c nur hälftig bzw vom VZ 08 an zu 40 vH zu erfassen. Dass die Veräußerung die Tatbestandsvoraussetzungen des § 17 noch nach Maßgabe des bisherigen Rechts erfüllt und deren Rechtsfolge ausgelöst hat, widerspricht dem nicht; im Veräußerungszeitpunkt ist insoweit noch kein Gewinn realisiert worden.[7] Die **FinVerw**[8] ist in diesem Punkt allerdings **aA**. Sie stellt auf den Zeitpunkt der Veräußerung ab und besteuert die dadurch ausgelösten Leibrenten noch nach dem bisherigen Recht: Der Ertrag aus der Veräußerung sei nach jenem Recht realisiert worden, nur deren Versteuerung werde durch R 17 VII 2 iVm R 16 XI EStR 05 (= R 140 VII 2 iVm 139 XI EStR aF) aus Gründen der Billigkeit zeitlich gestreckt. Letzteres trifft zu, ändert jedoch nichts daran, dass die Leibrenten mangels anderweitiger gesetzlicher Rechtsgrundlage nur nach Maßgabe des im Zuflusszeitpunkt geltenden Rechts (Bemessungsgrundlage, Steuersatz) besteuert werden können. – Die AK des Erwerbers werden durch den Barwert der wiederkehrenden Bezüge bestimmt.

188 Bei wiederkehrenden Bezügen, deren Höhe nicht nach kaufmännischen Maßstäben berechnet wird, ist die Veräußerung voll- oder teilentgeltlich (zur Aufteilung s Rn 93, 155). Soweit der Barwert der Bezüge den Anteilswert übersteigt, ist er nicht abzugsfähig (vorweggenommene Erbfolge gegen Versorgung, § 12 Nr 2), bei doppelt überhöhtem Wert nach (unzutr) Ansicht der FinVerw[9] insgesamt nicht.

189 3. Unangemessene Gegenleistung, verdeckte Einlage (§ 17 II 2). Die Beteiligten des Veräußerungsgeschäfts können die Höhe des Veräußerungspreises frei bestimmen. Steuerrechtlich ist dem Vereinbarten auch dann zu folgen, wenn der Marktpreis überschritten wird (Erwerb von Anteilen eines lästigen G'ters, Rn 148, 245). Ggf handelt es sich bei Überpreisen allerdings um **vGA**, sofern der Zahlung gesellschaftliche Interessen zugrunde liegen. Das kann der Fall sein, wenn die Anteile zu überhöhtem Preis an nahe stehende Pers des StPfl[10] veräußert werden, oder wenn die KapGes eigene Anteile erwirbt.[11]

190 Wird ein Unterpreis geleistet, kommt eine **verdeckte Einlage** (Rn 120) oder eine teilentgeltliche Leistung (Rn 93) in Betracht. Bei der verdeckten Einlage, die als fiktive Veräußerung angesehen wird (§ 17 I 2), tritt an die Stelle des Veräußerungspreises der gemeine Wert (§ 11 BewG) der Anteile (§ 17 II 2).

---

1 S auch BMF FR 04, 1026.
2 R 16 XI 4 EStR.
3 BFH BStBl II 93, 15.
4 R 17 VII 2 EStR; BMF BStBl I 96, 1508 Tz 49, 54.
5 BFH BStBl II 96, 666; BStBl II 93, 298; *Ernst & Young* § 17 Rn 118; **aA** *Schmidt*[26] § 17 Rn 206: Verrechnung mit der Summe der insgesamt zugeflossenen Beträge.
6 Vgl BFH BStBl II 89, 409; **aA** *K/S/M* § 17 Rn D 55.
7 **AA** OFD Ffm DStR 03, 1396.
8 BMF BStBl I 04, 1187; BStBl I 04, 922 Tz 56; OFD Magdeburg FR 04, 1081.
9 BMF BStBl I 96, 1508 Tz 42, 55.
10 ZB BStBl II 98, 781.
11 BFH BStBl II 98, 781.

4. Wertbestimmung in Zuzugsfällen (§ 17 II 3 und 4 nF). § 17 II 3 nF stellt sicher, dass im Falle des 191 Zuzugs des iSv § 17 I 1 an einer in- oder ausländischen KapGes beteiligten StPfl und damit bei dessen Eintritt in die unbeschränkte StPfl (§ 1 I) keine Überbesteuerung eintritt, falls und sofern im Wegzugsstaat eine (End-)Besteuerung des bis zum Wegzugszeitpunkt entstandenen Vermögenszuwachses stattgefunden hat. Dabei orientiert sich jene Besteuerung im Wegzugsstaat an einer „der Steuer nach § 6 AStG vergleichbaren Steuer". Es ist also ausländisches Steuerrecht zugrunde zu legen und dieses an § 6 AStG (s dazu Rn 30) zu messen, dies allerdings nur dem Grund, nicht jedoch der Höhe nach. Darüber, ob diese Orientierung an § 6 AStG gerechtfertigt ist, lässt sich zweifeln; letztlich geht es um die Besteuerung der betr stillen Reserven als solche, gleichviel, ob der Besteuerungsvorgang im Ausland ein ‚regulärer' ist oder aber ein zu § 6 AStG vergleichbarer ist. Die mit der Vergleichbarkeitsanforderung ausgelöste ‚Zuzugssperre' könnte auch iSd gemeinschaftsrechtlichen Grundfreiheiten beschränkender Art sein. **Besteuerungsgegenstand** der ausländischen Steuer müssen **(1)** die Anteile an der betr KapGes sein, die **(2)** im Zeitpunkt der Begr der unbeschränkten StPfl **(3)** dem zuziehenden StPfl zuzurechnen waren, Letzteres wohl nach Maßgabe von §§ 39 I, 42 I AO. Außerdem **(4)** darf sich die ausländische Steuer nur auf den (realen) Vermögenszuwachs im Wegzugsstaat beziehen; (frühere) Vermögenszuwächse der Anteile in Drittstaaten bleiben ebenso ausgespart wie (frühere, ggf auch spätere) Vermögenszuwächse in Deutschland. **Rechtsfolge** einer derartigen Auslandssteuer ist deren wertmäßige Berücksichtigung bei der Errechnung des Veräußerungsgewinns: An die Stelle der AK (§ 17 II 1) tritt derjenige Wert, den der Wegzugsstaat bei der Berechnung der Steuer, die § 6 AStG vergleichbar ist, angesetzt hat, höchstens jedoch **als Obergrenze der gemeine Wert** der Anteile. Die historischen AK werden also durch fiktive AK ersetzt, wobei die besagte Höchstbegrenzung auf den gemeinen Wert keine absolute ist, sondern immer nur eine solche, die den Fiktivwert begrenzt; letzteres bedingt, dass die Obergrenze nicht greift, wenn die AK den gemeinen Wert überschreiten.[1] Unerlässliche Voraussetzung der Wertberechnung ist die entspr **Nachweiserbringung** durch den Veräußerer, die sich sowohl auf die Zurechnung der Anteile wie auf die ausländische Wegzugsbesteuerung erstrecken muss. Gemeinhin wird hierfür die Vorlage des ausländischen Steuerbescheides genügen;[2] in Zweifelsfällen sind insbes bezogen auf die steuerliche Zurechnung der Anteile jedoch auch weitere Nachweise zu erbringen. Eine Bindung an die Steuerfestsetzung im Ausland besteht nicht; das FA ist zur eigenständigen Prüfung berechtigt. – Ausdrücklich nicht anwendbar ist gem **§ 17 II 4 nF** allerdings **§ 6 III AStG nF**, wonach der Steueranspruch gem § 6 I AStG nF im Falle des Wiedereintritts in die unbeschränkte StPfl entfällt, wenn die vorangegangene Beendigung der unbeschränkten StPfl auf vorübergehender Abwesenheit beruhte und der Wiedereintritt in die unbeschränkte StPfl binnen 5 Jahren seit ihrer Beendigung erfolgt. Wurde die Steuer beim Wegzug des StPfl innerhalb der EU bzw des EWR-Raums gem § 6 V AStG nF gestundet, entfällt gem § 6 III 4 AStG nF der Steueranspruch nach § 6 I AStG nF ohne die Limitierung durch die 5-Jahres-Frist des § 6 III 1 AStG nF, vorausgesetzt, der Steuerzugriff auf etwaige Veräußerungsgewinne ist beim wieder zuziehenden StPfl gem § 17 oder nach DBA gesichert. Diese Stundungsmöglichkeit ist für die vom Vermögenszuwachs abw Berechnung des Änderungsbetrags gem § 17 III 3 indes unanwendbar.

5. Nachträgliche Änderung des Veräußerungspreises. Ungeachtet der Stichtagsbezogenheit der 192 Kaufpreisermittlung (Rn 168) sind (tatsächliche) nachträgliche Preisveränderungen zu berücksichtigen und wirken sich auf die Höhe des Veräußerungsgewinns aus (s Rn 185). Dies betrifft Erhöhungen[3] des Kaufpreises ebenso wie Reduzierungen (zB wegen Mängelhaftung, Anfechtung), den Ausfall der gesamten Kaufpreisforderung, wenn diese gestundet war und der Erwerber von einem vertraglich ausbedungenen Rücktrittsrecht Gebrauch macht,[4] oder wenn die Beteiligten außergerichtlich den Streit über den Eintritt einer vereinbarten auflösenden Bedingung beilegen und das Geschäft rückgängig machen,[5] ebenso wie andere Fälle des Bedingungseintritts für die Zahlung des vereinbarten Entgelts in einem Folgejahr.[6] Auf den Grund der nachträglichen Änderung kommt es nicht an; der Veräußerungsvertrag kann wirtschaftlich auch vollständig vollzogen und insoweit bereits erloschen sein (vgl § 362 BGB), vorausgesetzt jedoch stets, der gezahlte Kaufpreis wird nicht

---

1 *R/H/vL* Anh 6 Rn 221; **aA** *Schmidt*[26] § 17 Rn 181.
2 Vgl auch BFH (zu § 8 III AStG) BFH BStBl II 04, 4.
3 *Ernst & Young* § 17 Rn 124; möglicherweise nur einschränkend: BFH DB 95, 79; BStBl II 99, 339: Rückwirkung jedenfalls, wenn die endgültige Höhe des Entgelts von der künftigen Gewinnentwicklung abhängen soll.
4 BFH BStBl II 94, 648.
5 BFH BStBl II 04, 107 (insoweit abgrenzend zu BStBl II 00, 424).
6 BFH/NV 05, 1660.

aus eigenem und später verwirklichtem Rechtsgrund, sondern aus Gründen zurückgewährt, welche im Kaufvertrag „selbst angelegt" sind (zB in Gestalt einer Rücktrittsklausel, einer auflösenden Bedingung).[1] Bei den Änderungen handelt es sich um **rückwirkende Ereignisse iSv § 175 I 1 Nr 2 AO.** Diese Vorschrift gibt die Handhabe, auch schon bestandskräftige Steuerbescheide nachträglich zu ändern.[2]

195 **III. Veräußerungskosten.** Veräußerungskosten mindern den Veräußerungspreis und sind für die Ermittlung des Veräußerungsgewinns vorab in Abzug zu bringen. Erfasst werden alle Aufwendungen des Veräußerers, die **in unmittelbarem (nicht nur zeitlichem) Zusammenhang** mit der Veräußerung stehen.[3] Nur mittelbar mit der Anteilsveräußerung verbundene Aufwendungen (wie zB Kosten für frühere, fehlgeschlagene Veräußerungsversuche[4]) reichen nicht aus. Gleichgültig ist, zu welchem Zeitpunkt die Kosten angefallen sind. Infolge der Stichtagsbezogenheit der Ermittlung des Veräußerungsgewinns ist es deshalb unbeachtlich, wenn die Aufwendungen bereits in einem früheren Wj angefallen sind, vorausgesetzt, der erforderliche sachliche Zusammenhang zw den Kosten und der Veräußerung bleibt gewahrt.[5] – IErg deckt sich der Begriff der Veräußerungskosten mit dem entspr Begriff in § 16 II und § 6b II.[6] Unterschiede in den Rechtsfolgen ändern daran nichts und sind hinzunehmen: Während nicht zu berücksichtigende Aufwendungen im Falle von § 16 nach wie vor als BA den laufenden Gewinn mindern, gehen sie im Falle von § 17 steuerlich jedenfalls dann verloren, wenn sie keine WK bei einer anderen Einkunftsart darstellen (Rn 172).

196 Zu den **Veräußerungskosten** gehören in erster Linie die Übertragungskosten (Notar-, Anwaltskosten, Courtagen, Provisionen), ferner Abfindungen und Ausgleichszahlungen an Dritte, wenn sie erforderlich sind, um den Verkauf zu ermöglichen; Zuzahlungen zum Verlustausgleich.[7] Keine Veräußerungskosten sind Aufwendungen, die nur mittelbaren Bezug zu den verkauften Anteilen haben, zB Kosten für die Weiterveräußerung von Sachgegenleistungen,[8] für Darlehens- und Bürgschaftsfreistellungen,[9] für den Verzicht auf Versorgungszusagen,[10] aus dem Verlust von G'ter-Darlehen,[11] mangels einer tatsächlichen Veräußerung und damit eines Realisationstatbestandes auch solche für gescheiterte Verkaufsversuche.[12] **Nicht** um Veräußerungskosten handelt es sich auch bei **Finanzierungskosten** (Schuldzinsen).[13] Allerdings werden sich diese Kosten regelmäßig im Rahmen der Einkünfte aus KapVerm als WK geltend machen lassen.[14] Dies gilt selbst dann, wenn der StPfl über keine entspr Kapitaleinkünfte verfügt und er lediglich einen Veräußerungsgewinn gem § 17 erzielt.[15] **Nach** Veräußerung geleistete Schuldzinsen sind nach (umstrittener und unzutr[16]) Rspr des BFH[17] idR (zu Ausnahmen s Rn 230) allerdings nur dann abzugsfähig, wenn sie sich auf die Zeit **bis** zur Veräußerung beziehen (s § 9 Rn 65). Zu den Vorbehalten, welche der BFH in diesem Punkt für die Zeit nach Absenkung der Wesentlichkeitsgrenze auf 1 vH und damit vom VZ 99 an macht, s aber auch Rn 172.

200 **IV. Anschaffungskosten. – 1. Begriff.** Von dem Veräußerungspreis sind die WK, vor allem aber die AK abzuziehen (§ 17 II 1).

201 Der **Begriff** der AK ist in der üblichen Bedeutung zu verwenden und stimmt mit jenem in § 6 überein.[18] AK umfassen sonach **alles**, was der Erwerber tatsächlich[19] aufwenden muss, um die Beteiligung zu erwerben ("historische" AK = Anschaffungspreis und Nebenkosten, Einzahlungen auf das Nennkapital, Agio, nachträgliche Aufwendungen, sofern sie gesellschaftlich verursacht und weder WK noch Veräußerungskosten sind, vgl auch § 255 I HGB).[20] Im Zusammenhang des § 17 soll der Begriff allerdings weit auszulegen sein und auch jene Aufwendungen erfassen, die auch bei MU'ern

---

1 BFH BStBl II 04, 107; BStBl II 05, 46; BStBl II 06, 15; BFH/NV 05, 1660; krit hinsichtlich des Vorbehaltserfordernisses *Bahns* FR 04, 317.
2 BFH BStBl II 93, 894.
3 BFH BStBl II 78, 100; BStBl II 92, 234; BStBl II 93, 34; BFH/NV 93, 520; R 17 VI EStR 05.
4 *Blümich* § 17 Rn 194; offen gelassen von BFH BStBl II 98, 102.
5 Vgl zB BFH/NV 93, 520.
6 BFH BStBl II 98, 100; *Ernst & Young* § 17 Rn 125.
7 FG M'ster EFG 97, 1181.
8 BFH/NV 93, 520.
9 BFH BStBl II 85, 320; BStBl II 98, 102.
10 FG Saarl EFG 92, 330.
11 BFH BStBl II 92, 234.
12 BFH BStBl II 98, 102; H 17 (6) EStR.
13 BFH/NV 93, 654; BFH/NV 99, 310.
14 FG M'ster EFG 99, 946 zu vorweggenommenen WK.
15 BFH BStBl II 86, 481.
16 ZB *Blümich* § 9 Rn 600 Zinsen; *K/S/M* § 21 Rn B 424 ff; **aA** *K/S/M* § 9 Rn C 55 ff mwN.
17 StRspr, zB BFH BStBl II 07, 699; BStBl II 84, 29; BStBl II 85, 428; BFH/NV 93, 468; 93, 654; 93, 714; 96, 406; 99, 310, jeweils mwN.
18 *Blümich* § 17 Rn 200.
19 BFH BStBl II 70, 310.
20 BFH BStBl II 80, 116; BStBl II 87, 810.

zu berücksichtigen wären (sog **normspezifisches Nettoprinzip**).[1] Es kommen sonach nicht nur Aufwendungen in Betracht, die auf der Ebene der Ges als Nachschüsse (§ 26 GmbHG) oder als (verdeckte) Einlagen zu werten sind, vielmehr auch sonstige, durch das Ges-Verhältnis veranlasste Aufwendungen des G'ters. Zu den AK für Anteile an KapGes vor dem 21.6.48 vgl **§ 53 EStDV**.

2. Ursprüngliche Anschaffungskosten. Resultieren die AK aus der **Gründung** der KapGes, bemessen die AK sich nach dem Bar- oder Sachwert der Einlageverpflichtung, und zwar gleichviel, ob diese tatsächlich erfüllt ist oder nicht. Gleiches gilt für Kapitalerhöhungen.[2] **Verschleierte Sachgründungen**[3] sind als Bargründungen zu behandeln;[4] sie bewirkt zwar eine Gewinn realisierende BetrAufg (§ 16);[5] die den Kaufpreis übersteigenden stillen Reserven stellen gleichwohl keine nachträglichen AK dar. Liegt dem Erwerb der Beteiligung iSd § 17 I 1 die **Ausübung eines Bezugsrechts** zugrunde, setzen sich die AK der jungen Aktien aus dem Anschaffungspreis zuzüglich der nach der Gesamtwertmethode ermittelten AK des Bezugsrechts zusammen; die AK der Altaktien sind entspr zu mindern.[6] **Barkapitalerhöhungen** führen in Höhe der übernommenen Stammeinlagen (uU zuzüglich Aufgeld) zu AK. Bei **Kapitalerhöhungen aus Ges-Mitteln** (Freianteile) sind die AK für die Altaktien auf diese und die neuen Anteile aufzuteilen (§ 220 AktG, § 57o GmbHG, § 3 KapErhStG). Eine danach erfolgte Kapitalherabsetzung führt, wenn sie innerhalb von 5 Jahren erfolgt, nicht zu einer Minderung der AK. Vielmehr sind diese den verbleibenden Anteilen im Verhältnis der Nennwerte zuzuordnen (§ 6 KapErhStG). Infolge der Selbstständigkeit der jeweiligen Anteile (Rn 90)[7] sind bei Teilveräußerungen auch die jeweiligen anteilsbezogenen AK zu ermitteln (ggf im Wege der Durchschnittsberechnung). Dem StPfl bleiben dadurch gewisse Spielräume, die (hV des Veräußerungsgewinns zu beeinflussen (**Beispiel:** Kapitalerhöhung als „Vorbereitungshandlung" mit anschließender vorrangiger Veräußerung der jungen Aktien im Gewinn bzw der alten Aktien im Verlustfall zur steuerlichen Maximierung). Im Falle der **Kapitalherabsetzung** durch Einziehung unentgeltlich zur Verfügung gestellter Aktien (§ 237 I, III Nr 1, IV, V iVm § 71 I Nr 4 AktG) fehlen gesetzliche Regelungen. Es ist aber spiegelbildlich zu verfahren und es sind die anteiligen Buchwerte der einzuziehenden Aktien analog § 220 AktG, § 57o GmbHG den verbleibenden Aktien (nach dem Maßstab der Beteiligungsquote) AK erhöhend zuzuschlagen.[8]

Beim Erwerb der Anteile durch **Kauf oder Tausch** ist Anschaffungspreis der Kaufpreis (Rn 184) oder der gemeine Wert der hingegebenen WG, bei wiederkehrenden Bezügen deren Barwert (Rn 188).[9] **Fremdwährungsbeträge** sind in Euro umzurechnen (Rn 173). Zum Preis und damit zu den AK gehören auch (Zusatz-)Entgelte dafür, dass der Erwerber bereits im laufenden Wj von dessen Beginn an am Gewinn der Ges beteiligt wird.[10] Gleichermaßen sind jene Fälle zu behandeln, in denen sich der Veräußerer die noch nicht beschlossene und deshalb noch nicht entstandene Gewinnausschüttung der Ges für zurückliegende Wj vorbehält. Der Erwerber hat den Gewinn dann zwar zu versteuern (§ 20 IIa), muss ihn jedoch an den Veräußerer abführen (Rn 179). Nicht zu den AK gehören thesaurierte Gewinne der Ges. Keine AK sind auch Entgelte für gesonderte Leistungen wie Wettbewerbsverbote (s Rn 180) und bereits entstandene Gewinnbezugsrechte. Aufwendungen der KapGes für **eigene Anteile** berühren die AK der G'ter auch dann nicht, wenn hierdurch eine qualifizierte Beteiligung iSd § 17 I 1 entsteht.[11]

Wertmehrungen, die dadurch entstehen, dass eine bislang nicht steuerbare Beteiligung (durch **Zukauf oder Erbfall**) in die Steuerbarkeit **hineinwächst**, nehmen nach der Ansicht des BFH[12] und der FinVerw[13] auf die AK keinen Einfluss. Wird eine bislang nicht wesentliche/qualifizierte Beteiligung also durch Hinzuerwerbe zu einer wesentlichen/qualifizierten oder wechselt ein StPfl von der beschränkten in die unbeschränkte StPfl, erhöhen danach die angesammelten stillen Reserven einen etwaigen Veräußerungsgewinn auch dann, wenn sie auf die nicht steuerrelevanten Zeiträume entfal-

---

1 Zuletzt zB BFH BStBl II 02, 733; BStBl II 93, 340; BStBl II 99, 348; s auch BStBl II 99, 348; BFH/NV 01, 23; *Wolff-Diepenbrock* DStZ 95, 652; DB 94, 1539; s aber auch BFH BStBl II 95, 725; **aA** *Wassermeyer* StbJb 91/92, 345 (351): Abzugsfähigkeit als BA.
2 BFH BStBl II 85, 320.
3 Zum Begriff s auch BFH BStBl II 72, 578.
4 FG M'ster EFG 94, 968.
5 BFH BStBl II 91, 512.
6 Vgl BFH BStBl II 93, 477.
7 BFH BStBl II 95, 693; BFH/NV 96, 468.
8 BFH BStBl II 06, 22.
9 BFH BStBl II 86, 794; BStBl II 86, 815.
10 BFH BStBl II 95, 47; BStBl II 95, 169; BMF BStBl I 96, 1508 Tz 43, 53.
11 FG M'ster EFG 84, 346; BFH/NV 90, 27.
12 BStBl II 70, 310; BFH/NV 93, 597; BFH BStBl II 94, 222; BStBl II 96, 312; BStBl II 99, 650; BFH/NV 03, 767; ebenso *Ernst & Young* § 17 Rn 136.
13 H 140 V EStR 03.

len (sog rückwirkende Wertzuwachsbesteuerung)[1]. Entspr gilt für den Fall, dass die Anteile zuvor aus einem BV entnommen worden sind.[2] Die Gegenansicht[3] legt den gemeinen Wert der Anteile im Zeitpunkt des Entstehens der Beteiligung iSd § 17 zugrunde. Dem ist nicht zu folgen. Weder Regelungswortlaut noch -zweck des § 17 geben für eine stichtagsbezogene Wertbestimmung bei Eintritt in die Wesentlichkeit Anlass. Grds ist deshalb von den historischen AK auszugehen. Eine (gesetzliche) **Ausnahme** hiervon machte § 13 II 3 UmwStG aF für den Fall, dass die Wesentlichkeitsgrenze infolge Verschmelzung, Vermögensübertragung oder Spaltung überschritten wurde. Eine weitere Ausnahme könnte sich aus verfassungskonformem Verständnis überdies dann ergeben, wenn das Hineinwachsen in den steuerverstrickten Bereich auf gesetzgeberische, vom StPfl nicht beeinflussbare Maßnahmen, insbes einer Absenkung der Wesentlichkeitsgrenze, zurückzuführen ist („**unechter Wertzuwachs**", s Rn 79).

212 **3. Nachträgliche Anschaffungskosten.** Tätigt der Anteilseigner im Zusammenhang mit der Kapitalbeteiligung **nachträgliche Aufwendungen** und handelt es sich hierbei weder um WK aus Kapitaleinkünften noch um Veräußerungskosten (§ 17 II), so gehören die Aufwendungen zu den nachträglichen AK, sofern sie gesellschaftlich veranlasst und bei der KapGes als Einlagen iSv § 4 I 5 zu beurteilen sind.

214 **a) Einlagen. Gegenstand** (offener und verdeckter) Einlagen (und damit auch nachträglicher AK) können alle materiellen und immateriellen WG sein.[4] Einlagefähig sind hiernach zB Nachschüsse (§§ 26–28 GmbHG, § 6 III GenG), Verlustübernahmen, verlorene Zuschüsse, die nicht auf das Nennkapital geleistet werden (zur Abdeckung von Bilanzverlusten, die Rückzahlung von offenen (überhöhten Vorab-[5])Ausschüttungen,[6] aber auch von vGA (gem §§ 30, 31 GmbHG, aufgrund Satzungsklausel)[7] und dadurch bedingt die Übernahme von Steuerschulden der KapGes durch den G'ter;[8] ferner der Verzicht des G'ters auf Forderungen (zB Pensionsanspruch),[9] auch die Einzahlung in die Kapitalrücklage der Ges.[10] Handelt es sich bei der Ges um eine ausländische, richtet sich allerdings nach dem maßgeblichen ausländischen Handelsrecht, ob statt dessen ein selbstständiges WG angeschafft wird.[11]

215 **Nicht** Gegenstand einer (verdeckten) Einlage sind **laufende Nutzungen** (zB unverzinsliches Darlehen, unentgeltliche Nutzungsgewährung) und die damit einhergehenden Aufwendungen.[12] **Anders** verhält es sich demgegenüber bei **entgeltlichen** (nicht: unentgeltlichen) **Nutzungsüberlassungen** aufgrund eines (schuldrechtlich oder dinglich gesicherten) Nutzungsrechts,[13] auch der Verzicht auf ein bereits entstandenes und dem G'ter zugeflossenes Nutzungsentgelt. **Nicht** einlagefähig sind auch unentgeltliche Dienstleistungen. **Keine** (verdeckte) Einlage ist ferner gegeben, wenn der Anteilseigner seine Einlageverpflichtung entgegen den Vereinbarungen nicht mittels Bar-, sondern mittels Sacheinlagen erfüllt (**verschleierte Sachgründung**[14]). Da diese den G'ter nicht von seiner Leistungspflicht befreit, steht ihm ein gleichzeitig entstehender bereicherungsrechtlicher Rückforderungs-Anspr zu (s auch Rn 205).[15]

216 Die Einlage führt zu nachträglichen AK des G'ters in Höhe des (ggf nach den Wiederbeschaffungskosten zu ermittelnden) **gemeinen Werts** des eingelegten WG; auf den bei der Ges ermittelten Teilwert kommt es nicht an.[16] Wird die Einlage inkongruent oder disquotal zugunsten einer nahe stehenden Pers vorgenommen, sind die anfallenden BA oder WK allerdings anteilig zu kürzen und als mittelbare Zuwendungen zu behandeln, so dass auch der begünstigte Mit-G'ter in entspr Umfang nachträgliche AK hat;[17] stehen die Mit-G'ter einander aber nicht nahe, so gilt dies nicht.[18]

---

1 *Ott* GmbHR 94, 524.
2 **AA** *Pyszka* GmbHR 98, 1173.
3 *Ott* GmbHR 93, 471 (476); GmbHR 94, 524; *Crezelius* DB 97, 195; *Niehus/Wilke* StuW 97, 35 (39).
4 ZB BFH BStBl II 87, 705; GrS BStBl II 88, 348.
5 BFH BStBl II 01, 127; A 77 X 6 KStR 95.
6 BFH BStBl II 97, 92; OFD Bln DStR 96, 585; A 77 X 6 KStR 95.
7 BFH BStBl II 89, 1029; BStBl II 90, 24; BStBl II 97, 92 (betr die Ges); BStBl II 01, 226; BFH/NV 00, 1201 (betr den G'ter).
8 BFH/NV 00, 1201.
9 Vgl BFH GrS BStBl II 98, 307.
10 BFH BStBl II 01, 168.
11 BFH aaO.
12 ZB BFH GrS BStBl II 88, 348.
13 BFH BStBl II 88, 348 (353).
14 Vgl dazu *Kulemann/Harle* StBp 99, 270.
15 FG M'ster EFG 94, 968; *Frotscher* § 17 Rn 100a.
16 ZB BFH BStBl II 98, 305 zur Pensionszusage und in Abgrenzung zum Teilwert gem § 6a.
17 Zu weit gehend *HG* DStR 00, 1430 im Anschluss an BFH DStR 00, 1426; *Gosch* StBp 00, 339.
18 Zutr FG Kln EFG 99, 547.

b) Darlehen. Gibt der (idR unmittelbar, ggf aber auch nur mittelbar über eine weitere KapGes)[1] **220** iSd § 17 I beteiligte G'ter (oder ausnahmsweise eine diesem nahe stehende Person, s Rn 231, niemals aber ein „absolut" Fremder[2]) einer KapGes (und damit unbeschadet einer etwaigen Sperrminorität auch einer AG,[3] ggf und ausnahmsweise auch einer KG, an welcher die KapGes als phG'ter beteiligt ist, als Dritt-Ges[4], wohl aber nicht einem beliebigen Dritten, auch nicht zur Abkürzung des Vertragswegs[5]) ein Darlehen und verzichtet er später auf dessen Rückzahlung, so kommt es für die Frage, ob in diesem **Verzicht** (§ 397 BGB) nachträgliche AK zu sehen sind, darauf an, ob das Darlehen seine Ursache im Ges-Verhältnis oder in einer schuldrechtlichen Beziehung hat. Ein Darlehen ist (ganz oder ggf auch nur teilw) durch das Ges-Verhältnis veranlasst (und ist damit **EK ersetzend** iSd **§ 32a I, II GmbHG**), wenn ein Nicht-G'ter es der Ges bei Anwendung der Grundsätze eines ordentlichen Kfm nicht gewährt hätte. Gleichermaßen wie die Darlehenshingabe ist es zu beurteilen, wenn der G'ter ein Darlehen in der (finanziellen, nicht bloß organisatorischen)[6] Krise der Ges stehen lässt und das Darlehen sodann **wertlos wird** oder auch einem Erstattungsanspruch gem § 32b GmbH ausgesetzt ist[7]; eines ausdrücklichen Verzichts bedarf es bei einem derartigen **Ausfall** nicht mehr.[8] Diesen Grds unterfallen **auch andere geldwerte Anspr** des G'ters, wenn sie gegen die Ges nach Eintritt der Krise nicht durchgesetzt werden und deswegen ein den „Todeskampf" der KapGes „verlängerndes Verhalten" des G'ters gegeben ist (so zB bei Nichtgeltendmachen eines Nutzungsentschädigungsanspruchs, der durch den in der Krise der Ges erklärten Rücktritt vom Kaufvertrag entsteht)[9]. **Nicht** um Eigenkapitalersatz handelt es sich infolge der vom BFH vorgenommenen strikten Anknüpfung an das Zivilrecht (s Rn 222) bei Beteiligung des geschäftsführenden (Minderheits-)G'ters an der GmbH von 10 vH oder weniger (**§ 32a III 2 GmbHG**)[10] und für alte und neue Darlehen schon bisheriger Darlehensgeber, die Anteile in der Krise zum Zwecke der Sanierung erwerben (**§ 32a III 3 GmbHG**), ebenso bei Beteiligung an einer AG unterhalb einer Sperrminorität von 25 vH.[11] Zu den Besonderheiten bei sog Finanzplankrediten s Rn 222. Die besagte Anknüpfung an das Gesellschaftsrecht **ist zu kritisieren**.[12] Das gesellschaftsrechtliche Eigenkapitalersatzrecht indiziert zwar die gesellschaftliche Veranlassung, sie darf gleichwohl nicht auf den Sachverhalt der „Krise" verengt und muss steuerlich eigenständig nachgewiesen werden; die (steuerliche) Veranlassungsfrage ist von den zivilrechtlichen Privilegierungen unabhängig. Sie orientiert sich zuvörderst am obj Nettoprinzip. Wie sich an der Rspr des BFH zB zu § 1 I AStG zeigt,[13] können auch andere Fälle im Fremdvergleich als gesellschaftlich veranlasst einzuschätzen sein, so zB die Hingabe eines zinslosen Darlehens oder einer (unentgeltlichen) Patronats- oder Garantieerklärung, wenn die begünstigte Ges mangels Eigenkapitalausstattung ihrer Funktion andernfalls nicht gerecht werden kann. Ein weiteres Beispiel bietet der Ausfall des Darlehens gegenüber einer KapGes aus einem anderen EU-Mitgliedstaat, die gerade nicht deutschem Eigenkapitalersatzrecht unterfällt und bei der die erforderliche gesellschaftliche Veranlassung deswegen (unbeschadet der prinzipiellen, gemeinschaftsrechtlich gebotenen Gleichbehandlung)[14] auf andere Weise (zB durch vertragliche Vereinbarungen) darzutun ist.[15] IÜ ist zu berücksichtigen, dass die Rspr-Grundsätze des BGH[16] zum analogen Eingreifen der §§ 30, 31 GmbHG neben §§ 32a, 32b GmbHG anzuwenden sind und von diesen auch bislang nicht verdrängt wurden.[17] Dessen ungeachtet ist die **FinVerw** dem BFH (auch,

---

1 FG Kln EFG 06, 1837 mit Anm *Zimmermann* Rev IX R 78/06 (alt VIII R 45/06).
2 Vgl dazu BFH DB 01, 2023 mit Anm *Gosch* StBp 01, 938 bezogen auf einen typisch still Beteiligten.
3 FG D'dorf EFG 06, 1898 Rev IX R 76/06 (alt VIII R 29/06); **aA** ggf OFD D'dorf v 5.11.02 S 2244-55-St 122-K.
4 Vgl FG Mchn EFG 06, 1245 mit Anm *Müller*.
5 **AA** FG Ba-Wü EFG 07, 678 (mit zu Recht krit Anm *Lemaire*) Rev IX R 80/06 (alt VIII R 57/06).
6 FG Mchn EFG 07, 1600.
7 Insoweit aA FG M'ster EFG 07, 539 Rev I R 19/07 (dort aus Sicht der KapGes).
8 ZB BFH BStBl II 93, 340; BStBl II 99, 348; BStBl II 99, 817; BFH/NV 00, 42 mit Anm *Roser* GmbHR 99, 1212.
9 BGH DStR 01, 1577 mit Anm *Goette*.
10 Zur erstmaligen Anwendung auf nach dem 24.4.98 verwirklichte Tatbestände s BGH DStR 01, 225; DStR 05, 1705.
11 OFD Kiel FR 00, 161 (168); OFD D'dorf DB 02, 2409; OFD Brem DStZ 03, 89.
12 ZB *K/S/M* § 17 Rn C 305; *Wolff-Diepenbrock* DStZ 95, 652; *Weber-Grellet* DStR 98, 1617; FR 99, 1125; *F/M* § 17 Rn 103; *Wachter* GmbHR 04, 1412 (1413); dem zutr jetzt folgend FG D'dorf EFG 06, 110 Rev IX R 63/05 (alt VIII R 66/05) (im Hinblick hierauf eingelegte Einsprüche ruhen gem § 363 II 2 AO, vgl OFD Ffm DStR 06, 2215, dort sub II aE); s auch FG Kln EFG 06, 1837 mit Anm *Zimmermann* Rev IX R 78/06 (alt VIII R 78/06); FG Kln EFG 07, 1765 mit Anm *Wilk*; s a *Strahl* KÖSDI 07, 15657, 15669.
13 BFH BStBl II 02, 720 (das für den Bereich des § 1 I AStG allerdings von der FinVerw nicht angewandt wird, s BMF BStBl I 02, 1025; *sch* DStR 01, 738; *FW* IStR 01, 319).
14 S dazu EuGH BB 03, 2195 – Inspire Art Ltd.
15 FG RhPf GmbHR 04, 1409 mit Anm *Wachter*.
16 Grundlegend BGH NJW 84, 1891 „Nutzfahrzeug-Urteil".
17 S dazu zB *Seibert* ZIP 06, 1157; *Bayer/Graff* DStR 06, 1654.

s Rn 223) in diesem Punkt gefolgt und erkennt sie nachträgliche AK bei Minderheits-Ges und in den Fällen des Sanierungsprivilegs nicht mehr an.[1] – Daran dürfte sich auch durch die Änderungen des GmbHG infolge des (derzeit als Referentenentwurf vorliegenden) **MoMiG** (vermutlich mit Wirkung v 1.1.07 an), insbes des danach vorgesehenen Wegfalls der §§ 32a und 32b GmbHG, **nichts ändern.** Denn diese Vorschriften sollen (wenn auch modifiziert) in einen neuen § 44a InsO übernommen worden; auch bei Wegfall des EK ersetzenden Darlehens bliebe es also bei der Nachrangigkeit entspr G'ter-Darlehen in der Krise.

221 Das Problem liegt darin, wie das Darlehen zum einen auf Seiten der Ges, zum anderen auf Seiten des G'ters zu **bewerten** ist. Durch Beschluss v 9.6.97 hat der GrS des BFH[2] entschieden, dass auf der Ebene der Ges der Teilwert des Darlehens (§ 6 I Nr 5) im Zeitpunkt des Verzichts anzusetzen ist. Er geht davon aus, dass die Einlage das Vorhandensein eines einlagefähigen WG voraussetzt, beim Darlehensverzicht also die Darlehensforderung. War diese bereits wertgemindert, so entsteht folglich bei der Ges ein außerordentlicher Ertrag (BE), andernfalls entspr Aufwand. Auf der anderen Seite führt der Verzicht auf die Forderung beim G'ter zum Zufluss (§ 11) des noch werthaltigen Teils der Forderung. Im Idealfall gleichen sich Einlagen und Einnahmen im wirtschaftlichen Ergebnis sonach aus.

222 Dieser Idealfall ist indes keineswegs sichergestellt. Er hängt davon ab, mit welchem Wert die Darlehensforderung beim G'ter zu erfassen ist, mit dem Nennwert oder aber mit dem gemeinen Wert. Hält der G'ter die Beteiligung in seinem BV, wird sich diese Wertdifferenz gemeinhin (wenn auch zeitversetzt) dadurch ausgleichen, dass auf die Forderung eine Teilwertabschreibung vorzunehmen ist. Hält er sie im PV, droht hingegen die Gefahr, dass etwaige Verluste in der privaten Vermögenssphäre verschwinden. Diese Gefahr ist im Einzelfall begründet: Nach der Rspr des **BFH**,[3] die sich (angesichts der steuerlichen Eigenständigkeit von § 17 und der hier anders gelagerten Gläubigerschutzzwecke allerdings ohne Not allzu,[4] s Rn 220 aE) an das Ges-Recht anlehnt und weitgehend im Einklang mit der Literatur[5] steht, ist insoweit – bezogen auf **Forderungsausfälle** ebenso wie auf **Forderungsverzichte** – zunächst zu unterscheiden zw Krisenfinanzierungsdarlehen sowie Finanzplandarlehen. **Krisenfinanzierungsdarlehen** sind solche Darlehen, die auf eine konkrete Krisenfinanzierung der KapGes angelegt sind. Dies sind **(1)** einerseits eigentliche sog **Krisendarlehen** ieS, die **in** oder **nach** Ein- tritt der Krise (als sog **Insolvenzdarlehen** oder auch noch im Vorfeld der Insolvenz) gewährt werden, wenn ihre Rückzahlung bereits so gefährdet ist,[6] dass ein ordentlicher Kfm das Risiko nicht mehr eingegangen wäre, sei es der Höhe nach, sei es nach den vereinbarten Konditionen,[7] ohne dass das Darlehen marktüblichen Bedingungen (Verzinsung, Sicherheiten) entsprechen müsste.[8] Dies sind andererseits aber auch Darlehen, die der Gläubiger **(2) vor** Eintritt[9] der Krise (**nicht** nur für den Fall der Insolvenzreife) gewährt, bei denen er aber frühzeitig mit bindender Wirkung, die nicht widerrufen worden sein darf, zu erkennen gegeben hat (zB durch Rangrücktritt, Garantieversprechen, Bürgschaft, Kündigungsverzicht, ausdrücklich oder auch nur konkludent), dass er das Darlehen auch im Falle einer künftigen Krise stehen lassen werde (sog **krisenbestimmtes Darlehen**), sowie solche Darlehen **(3)** die – ohne zuvorige Krisenbestimmung – später **in** der Krise stehen gelassen werden (sog **stehen gelassenes Darlehen**).[10] Die so bestimmten Rechtsfolgen des Eigenkapitalersatzrechts greifen auch dann, wenn nicht der G'ter, sondern ein von ihm beherrschtes Unternehmen das Darlehen gewährt.[11] – **Finanzplankredite**[12] sind hingegen (für die als solche nicht kreditwürdige Ges im Zeitpunkt ihrer Gründung oder Betriebserweiterung unentbehrliche, langfristige und idR nicht marktüblich konditionierte[13]) Kredite (als Fremdmittel, ggf auch in Gestalt einer

---

1 Vgl OFD D'dorf StEK § 17 Nr 59; OFD Magdeburg StEK § 17 Nr 77; OFD Ffm DStR 06, 2215.
2 Vgl BFH GrS BStBl II 98, 307; dazu BMF DStR 98, 1754; *Strahl* KÖSDI 99, 11862 (11870).
3 BFH BStBl II 99, 339; 344; 348; 724.
4 ZB *Wolff-Diepenbrock* DStZ 95, 652; *Weber-Grellet* DStR 98, 1617; FR 99, 1125; *F/M* § 17 Rn 103.
5 ZB *Ernst & Young* § 17 Rn 148 ff, mwN.
6 Zur Überschuldung und Kreditunwürdigkeit als krisenauslösende Tatbestände s zB BGH GmbHR 99, 973 mit Anm *Brauer*.
7 *Ernst & Young* § 17 Rn 148.
8 Vgl zu Insolvenzdarlehen: BFH BStBl II 93, 34; BStBl II 99, 724; zu Krisenfinanzierungsdarlehen iwS: BFH BStBl II 92, 234; BStBl II 94, 162; BStBl II 99, 339; BStBl II 99, 724.
9 Ggf auch bereits kurz nach Gründung der Ges, vgl BGH DStR 97, 1298.
10 BFH BStBl II 99, 348; s aber auch abgrenzend FG Mchn EFG 07, 352 Rev IX R 79/06 (alt VIII R 50/06): keine nachträglichen AK, falls der G'ter die Anteile an der KapGes zwischenzeitlich bereits verkauft hat und fortan nur noch Darlehensgeber ist.
11 BGH DStR 01, 225; DStR 05, 705.
12 Allg *Buciek* Stbg 00, 109 (111); *Wacker* BB 99, 33 (34).
13 BFH BStBl II 99, 344; *Dörner* INF 98, 496.

sog Finanzplannutzung an WG[1]), die idR neben den gesellschaftsvertraglichen Stammeinlagen zugesagt werden und die nach den vertraglichen Abreden und subj Vorstellungen (eindeutig)[2] von vornherein in die Finanzplanung der Ges einbezogen, also krisenunabhängig, versprochen worden sind[3] und deshalb nach Eintritt der Krise[4] nicht widerrufen oder gekündigt werden können (mit den Folgen eines grds Rückforderungsausschlusses, keiner Privilegierung des Minderheits-G'ters iSv § 32a III 2 GmbHG,[5] keines Sanierungsprivilegs gem § 32a III 3 GmbHG; der Erfüllungspflicht auch in der Krise). Diese sind zwar ieS nicht EK ersetzend iSv §§ 30, 31, §§ 32a, 32b GmbHG, §§ 129a, 172a HGB, aber „einlageähnlich"[6] oder „materiell" EK[7] und deshalb steuerlich gleich zu behandeln. Problematisch ist die (nur durch Auslegung zu klärende) Abgrenzung zu gesellschaftsvertraglichen Nebenleistungspflichten, bloßen G'ter-Beschlüssen oder rein schuldrechtlichen Vereinbarungen zw Ges und G'ter. Indizien, die für einen Finanzplankredit sprechen, sind zB besonders günstige Kreditkonditionen, die Pflicht zur langfristigen Überlassung, fehlende einseitige Kündigungsmöglichkeiten, die Unentbehrlichkeit der hingegebenen Mittel, die Bindung an die G'ter-Stellung.[8] Unverzinslichkeit oder Gewinnabhängigkeit sind hingegen nicht zwingend erforderlich; auch Kapitalkonten werden im Rahmen der Gewinnverteilung verzinst (vgl § 121 I, II, § 168 I HGB).[9] – Sowohl Krisenfinanzierungs- als auch Finanzplankredite sind stets mit ihren vollen **Nennwerten** anzusetzen.[10] Dass der G'ter den Kredit refinanziert und später womöglich in der Lage ist, das Refinanzierungsdarlehen zu tilgen, ändert daran nichts.[11] Davon abzugrenzen sind ‚normale' G'ter-Darlehen, die **vor** der Krise gewährt und **in** der Krise stehen gelassen werden. Solche Kredite sind nur mit ihren **tatsächlichen (gemeinen) Werten** im Zeitpunkt des Kriseneintritts anzusetzen.[12] Diese Werte sind im Einzelfall „nach dem Grad der Wahrscheinlichkeit ihrer Werthaltigkeit" zu schätzen, ggf betragen sie 0 €.[13] Die Feststellungslast für die tatsächlichen Werte trägt der StPfl. Gleichermaßen soll es sich verhalten, wenn das Darlehen ursprünglich zwar auf Krisenfinanzierung hin angelegt war, dann jedoch nach Eintritt aus anderen Gründen stehen gelassen wurden, zB wegen ohnehin drohender Uneinbringlichkeit oder wegen unverhältnismäßiger Kosten der Einziehung.[14] **Nicht** um nachträgliche AK handelt es sich bei Zinsansprüchen, mit denen der G'ter ausgefallen ist.[15] Demgegenüber kann es im Falle der Einbringung einer PersGes in eine nunmehrige KapGes gem § 20 I UmwStG nF/aF keinen Unterschied machen, ob das krisenbestimmte Darlehen bereits der PersGes und damit vor Gründung der KapGes hingegeben wurde.[16] Spätere Änderungen, zB bei später endgültigem Ausfall eines trotz Anteilsveräußerung stehen gelassenen EK ersetzenden Darlehens, sind zu berücksichtigen, wegen der prinzipiellen Stichtagsbezogenheit der Ermittlung von Veräußerungsgewinn bzw -verlust (§ 17 II) ggf über § 175 I 1 Nr 2 AO.[17]

Die **FinVerw**[18] hat sich zwischenzeitlich diesen Positionen der Rspr angeschlossen und ihre frühere Sichtweise aufgegeben. Danach galt: In jenen Fällen, in denen das Darlehen in der Krise der Ges stehen gelassen wird, wurde unterschiedslos der gemeine Wert angesetzt. Die durch die Krise bedingte Gefährdung des Darlehens mindere dessen Wert bereits in dem Zeitpunkt, in dem der G'ter von der Krise Kenntnis erlange.[19] Diese Auffassung **überzeugte nicht**, zuzustimmen ist im Grundsatz der Rspr: (Nur) Wertverluste, die den G'ter wie jeden anderen Darlehensgläubiger tref-

---

1 OLG Karlsruhe GmbHR 96, 524 (mit Anm *Kallmeyer*); *Sieger/Aleth* GmbHR 00, 462 (463).
2 FG D'dorf EFG 07, 586; s auch FG Mchn EFG 07, 1600 zum Verzicht auf das ao Kündigungsrecht aus wichtigem Grund.
3 BFH BStBl II 99, 344; BStBl II 99, 724.
4 S weitergehend BFH GmbHR 05, 1060 (zu §15a I 1) mit Anm *Bitz*: während des Bestehens der Ges insgesamt.
5 FG Kln EFG 07, 1765.
6 S (auch im Einzelnen zur Auslegung entspr Kreditzusagen und zur Abgrenzung von Eigenkapitalersatz) BGH DStR 99, 1198 mit Anm *Goette*; BB 99, 1672 mit Anm *Thümmel*; GmbHR 99, 911 mit Anm *Brauer*; eingehend *Fleischer* DStR 99, 1774; *Hoffmann* GmbHR 99, 1046; *Sieger/Aleth* GmbHR 00, 462; insoweit allerdings möglicherweise **aA** BFH BStBl II 99, 724 unter Berufung auf die ältere BGH-Rspr.
7 *Bitz* GmbHR 05, 1064.
8 OFD Kiel FR 00, 161 (167); *Henze* GmbHR 00, 1069 (1077).
9 *Bitz* GmbHR 05, 1064 (1065); **aA** *Buciek* Stbg 00, 109 (111); offen BFH GmbHR 05, 1060 (1062).
10 BFH BStBl II 92, 234; BStBl II 93, 333; BStBl II 99, 339; BStBl II 99, 348 (Krisenfinanzierungsdarlehen); BFH BStBl II 99, 344 (Finanzplandarlehen).
11 FG Hbg EFG 01, 1548.
12 BFH BStBl II 99, 339.
13 BFH/NV 01, 589; ausf zu den Wertmaßstäben und die Wertermittlung *Gschwendtner* DStR 99, Beil. 32, S 17 ff.
14 Vgl BFH GmbHR 99, 1211; *Gschwendtner* DStR 99, Beil. Nr 32, S 11 (zweifelh).
15 *Buciek* Stbg 00, 109 (117).
16 So aber FG M'ster EFG 00, 881; vom BFH nur aus formellen Gründen bestätigt (BFH/NV 02, 43).
17 BFH BFH/NV 03, 1398; FG Mchn EFG 07, 352 Rev IX R 79/06 (alt VIII R 50/06).
18 BMF BStBl I 99, 545.
19 BMF BStBl I 94, 257.

fen, die der Ges vor der Krise ein Darlehen gewährt haben und dieses in der Krise stehen lassen, fallen in die – einkommensteuerlich unbeachtliche – Privatsphäre. Andernfalls handelt es sich um nachträgliche AK, wobei Forderungs**ausfälle** und Forderungs**verzichte** gleich zu behandeln sind.[1] In jedem Fall betreffen die aufgezeigten Folgen des Verzichts auf ein Kapital ersetzendes Darlehen immer nur den G'ter. (Nur) ausnahmsweise verhält es sich anders, wenn die Darlehensrückzahlung den Konditionen der Einlagerückzahlung unterworfen ist (zB im Falle eines qualifizierten Rangrücktritts).[2] Ansonsten bleibt die **Ebene der Ges** unberührt; das G'ter-Darlehen stellt hier grds Fremdkapital dar und der Darlehensverzicht führt deshalb in aller Regel zu einer (verdeckten) Einlage in Höhe des Teilwerts (s Rn 221).[3] Daraus folgt zugleich, dass der KapGes im Grds nicht der Gewinnminderungsausschluss gem § 8b III 3 KStG entgegengehalten werden kann: Die schuld- und beteiligungsrechtlichen Beziehungen sind an sich strikt voneinander zu trennen; die Teilwertabschreibung des EK ersetzenden Darlehens nach Maßgabe der einschlägigen Bewertungsvorschriften wird anders als jene der Schachtelbeteiligung selbst uneingeschränkt ermöglicht.[4] Allerdings hat der Gesetzgeber des JStG 08 hier mit § 8b III 4 bis 8 KStG nF vom VZ 08 an prinzipiell ‚Abhilfe' geschaffen und die Regelungslage verschärft.

224 **Gestaltungshinweise: (1)** Angesichts des derzeitigen Befundes, der für die Praxis als gesichert angesehen werden muss, empfiehlt es sich, der Ges Eigen- statt Fremdkapital zuzuführen. Nur dann sind als AK stets die Nennwerte anzusetzen, allerdings bleibt der Nachteil der hälftigen Hinzurechnung der Zinsen als Dauerschuldentgelte gem § 8 Nr 1 GewStG.[5] **(2)** Ansonsten ist nach gegenwärtigem Stand der Dinge bei einer sich anbahnenden Krise des Unternehmens im Grds zu empfehlen, statt eines Darlehens einen (ggf bedingt rückzahlbaren) Zuschuss zu gewähren. **(3)** Ist der KapGes aber ein Darlehen bereits gegeben worden, kann nur davon abgeraten werden, hierauf in Zeiten der Krise zu *verzichten*. Besser ist es, stattdessen „Sanierungsmaßnahmen" zur Wiederherstellung der Werthaltigkeit (zB Bankbürgschaft, Verlustübernahme oder Schuldbeitritt[6]) oder andere Maßnahmen zu ergreifen, in denen weder ein Verzicht noch ein Erlass und auch keine Schuldaufhebung zu sehen sind und durch die der bilanzielle Verbindlichkeitsausweis bei der Ges erhalten bleibt, in erster Linie also der Abschluss eines Stillhalteabkommens, ggf gegen Rangrücktritt[7] (vgl aber § 39 InsO). Am besten geschieht dies in Gestalt einer vorbehaltenen Steuerklausel oder von vornherein durch Hingabe eines Finanzplandarlehens. In Betracht kommen kann auch der Vorbehalt einer Besserungsvereinbarung, vorausgesetzt aber, es bleibt beim Stillhalteabkommen und es wird nicht zugleich auf die Forderung verzichtet; andernfalls ist die Verbindlichkeit auszubuchen.[8] Nachteile solcher Gestaltungen (insbes der nach wie vor fortbestehende Ausweis von Fremdkapital bei der notleidenden Ges) sind hinzunehmen.[9] In Betracht kommt schließlich die Möglichkeit, die Schuld der Ges unter gleichzeitigem Regressverzicht im Wege der gesetzlichen Erfüllungsübernahme (vgl § 415 III BGB) zu übernehmen; die Verbindlichkeit ist dann von der Ges auszubuchen und gewinnneutral mit dem zuvor eingelegten (vgl § 4 I 5) zu aktivierenden (werthaltigen) Freistellungsanspruch gegen den G'ter infolge der Schuldübernahme aufzurechnen.[10] In entspr Umfang hat der G'ter nachträgliche AK. Soll das vermieden und stattdessen auf der Ebene des G'ters ein (sofortiger) Abzug von Aufwand/BA erreicht werden (zB um bei der Ges mittels des außerordentlichen Ertrags vorhandene Verlustvorträge zu nutzen), kommt alternativ nur der Verzicht auf die (wertlose) Regressforderung in Betracht, was nach (recht umständlicher und konstruktiv nicht ganz zweifelsfreier) Abgrenzung des BFH durch eine sog privative (befreiende) Schuldübernahme iSd §§ 414, 415 I BGB (in Abgrenzung zu der regresslosen Erfüllungsübernahme) ermöglicht werden können

---

1 *Strahl* KÖSDI 99, 11862 (11867).
2 Vgl BGH GmbHR 01, 190; BFH BStBl II 02, 436; ferner BStBl II 03, 658; zu den schwierigen Bilanzierungsabgrenzungen beim Rangrücktritt s aber BMF BStBl I 04, 850; *Schildknecht* DStR 05, 181; *Heerma* BB 05, 537; s auch BFH BStBl II 05, 581.
3 BFH BStBl II 02, 733 (735 f); BStBl II 99, 817 (818); BFH/NV 00, 41; BFH BStBl II 02, 436; BFH/NV 02, 677; BStBl II 05, 694 = GmbHR 05, 1193 mit Anm *Hoffmann*; *Buciek* DStZ 00, 569; **aA** *Roser* GmbHR 99, 1212; *Kumpf/Uhlig* DStR 00, 723.
4 *Gosch* KStG § 8b Rn 280; *Rödder/Stangl* DStR 05, 354; *Helm/Krinninger* DB 05, 1989 (1992 f); **aA** *Buchna/Sombrowski* DB 04, 2718; DB 05, 1539.
5 Zu Vermeidungsgestaltungen s *Hoffmann* GmbHR 97, 1140 (1143); GmbHR 98, 174.
6 *BeBiKo*[5] § 247 Rn 238.
7 S aber auch FG Köln EFG 99, 547: Nachrangabrede als einlageähnliche Handlung.
8 *Hoffmann* DStR 98, 197; *Strahl* KÖSDI 99, 11862 (11873 f); umfassend BeBiKo[5] § 247 Rn 237 f.
9 S auch *Hoffmann* DStR 95, 1459.
10 BFH/NV 02, 678; *Gosch* StBp 02, 115.

soll.[1] **(4)** Vorsicht ist dagegen im Hinblick auf § 42 AO im Falle einer Forderungseinziehung mit anschließender Wiedereinlage geboten, desgleichen beim Verkauf der betreffenden (wertlosen) Forderung durch die KapGes zur Vermeidung der Verzichtsfolgen anzuraten. Der BFH hat einen derartigen Verkauf (in allerdings höchst missbräuchlichem Gestaltungszusammenhang) über § 42 AO als Forderungsverzicht umqualifiziert.[2] Ggf bietet sich aber auch der Verkauf der wertgeminderten Forderung (mit entspr Abschlag) anstelle des Verzichts an.[3] **(5)** Krisenbestimmte Darlehen erfordern die ausreichende und rechtzeitige Krisenwidmung, die den G'ter-Willen eindeutig und nachweisbar (= dokumentiert) erkennen lässt (unter Ausschluss jeglicher, auch außerordentlicher Kündigungsrechte).

c) Bürgschaften, Sicherheitsleistungen. Hat sich der G'ter in der Krise der KapGes oder von vornherein für den Fall der Krise („krisenbestimmt") oder im Rahmen eines Finanzplans (Rn 222)[4] zugunsten der KapGes verbürgt (bei Bürgschaftsverlängerungen ggf ausnahmsweise auch noch **nach** seinem Ausscheiden[5]) oder hat er auf andere Weise für die Ges Sicherheit geleistet (Verpfändung, Bestellung von Grundpfandrechten,[6] abstraktes Schuldversprechen[7], wohl aber nicht Drittdarlehen[8]) **und** wird er infolgedessen aus der Bürgschaft oder Sicherheitsleistung (tatsächlich und nicht nur in Gestalt potentieller Verkehrswerte)[9] in Anspr genommen, so ergeben sich daraus – nicht anders als beim Darlehen (Rn 220 ff)[10] – nachträgliche AK, falls der G'ter keinen werthaltigen Regress-Anspr gegen die Ges erhält (vgl **§ 32a III 1 GmbHG**).[11] **Unentgeltlichkeit** der Maßnahme ist indes nicht genügen, um ihren EK ersetzenden Charakter zu belegen.[12] Da im Rahmen der Gewinnermittlung nach § 17 das Abflussprinzip (§ 11) keine Anwendung findet, kommt es idR **nicht** darauf an, dass **tatsächlich** auf die Bürgschaft oder auf hingegebene Sicherheit geleistet worden ist; ausschlaggebend ist, dass das Vermögen des G'ters infolge seiner Inanspruchnahme durch die Gläubiger gemindert ist.[13] **Anders** verhält es sich nur bei nachweislicher **Zahlungsunfähigkeit** des G'ters im Zeitpunkt der Veranlagung[14] (und vorbehaltlich einer späteren Änderung der Verhältnisse, vgl § 175 I 1 Nr 1 AO). Bloße Zahlungsschwierigkeiten des G'ters (Ratenzahlung; Stundung) schaden noch nicht. Über die Höhe der nachträglichen AK entscheidet letztlich der **Wert der Rückgriffsforderung.**[15] Unberücksichtigt bleibt der **Ausfallbetrag** des verbürgten Fremddarlehens bei Kriseneintritt.[16] Unabhängig davon ist ggf (zB bei Ratenzahlungen) abzuzinsen; AK entstehen nur in Höhe des Tilgungsteils.[17] – Zur Berücksichtigung späterer Inanspruchnahmen auf bereits bestandskräftige Steuerbescheide s Rn 222.

230

Problematisch ist, wenn die Bürgschaft oder Sicherheit nicht von dem G'ter, sondern von einer dritten, ihm **nahe stehenden Pers** gegeben worden ist, und diese Pers in Anspr genommen wird. Es handelt sich um einen Anwendungsfall des sog **Drittaufwands**, den der BFH[18] wegen des Grundsatzes der Individualbesteuerung steuerlich nicht anerkennt. Hinzu kommt, dass Drittleistungen nur in 2 Ausnahmefällen den gesellschaftsrechtlichen Bindungen des Eigenkapitalersatzrechts unterliegen, nämlich **(1)** bei Finanzierungshilfen eines der Ges verbundenen Unternehmens, und **(2)** wenn sie wirtschaftlich aus dem Vermögen des G'ters selbst aufgebracht werden (§ 32a III 1 GmbHG),[19] regelmäßig also dann, wenn vom Dritten gewährte Finanzierungshilfe im Innenverhältnis eine Ausgleichspflicht (§ 426 BGB) auslöst.[20] **Nachträgliche AK** lassen sich deswegen nach der – an das

231

---

1 BFH BStBl II 05, 694; dazu *Hoffmann/Sauter* GmbHR 05, 1335.
2 BFH BStBl II 01, 520 mit Anm *MK* DStRE 01, 653; dem folgend BMF BStBl I 03, 648 (unter 2c); krit *Hoffmann* GmbHR 01, 533 u 1059; *Gosch* StBp 01, 180; abgrenzend auch BFH/NV 02, 896.
3 S BFH/NV 02, 896 mit Anm *Hoffmann* GmbHR 02, 750; *Gosch* BFH-PR 02, 302; *Hey* BB 02, 2487; s aber auch BMF BStBl I 03, 648.
4 BFH BStBl II 99, 559 – Finanzplan-Bürgschaft.
5 BFH BStBl II 99, 817 mit Anm *HG* DStR 99, 1897: Zahlung zur Erhaltung seines „guten Rufs".
6 BFH/NV 01, 761 (765); BFH/NV 06, 1472.
7 BFH BStBl II 93, 34 (36).
8 **AA** FG Ba-Wü EFG 07, 678 Rev 80/06 (alt VIII R 57/06).
9 FG M'ster EFG 08. 39.
10 BFH/NV 99, 929.
11 BFH BStBl II 94, 162; BStBl II 99, 339; 342; BFH/NV 99, 922; BFH BStBl II 99, 817; BStBl II 05, 707.
12 BFH BStBl II 99, 817; **aA** zu Recht zB FG D'dorf EFG 96, 228; FG Bln EFG 96, 1036; OFD Mchn GmbHR 96, 558.
13 BFH BStBl II 84, 29; BStBl II 83, 623; BFH/NV 93, 364; **aA** FG D'dorf EFG 96, 1035 für eine Patronatserklärung.
14 BFH BStBl II 98, 660.
15 BFH BStBl II 99, 817.
16 BFH aaO.
17 BFH/NV 99, 922.
18 BFH GrS BStBl II 99, 782; vgl auch OFD D'dorf DStR 89, 291 (zu § 17); BFH BStBl II 01, 286; 385; BFH/NV 01, 757; 761; BFH BStBl II 05, 707 (unter II. 4.c); *Gosch* StBp 01, 148; **aA** *Ries* DStR 97, 1021.
19 BGHZ 81, 311 (315); BGH DStR 99, 1497; DStR 01, 225.
20 BFH BStBl II 01, 385; BFH/NV 01, 757; 761.

Eigenkapitalersatzrecht anknüpfende (Rn 222) – Rspr des BFH, der die FinVerw offenbar folgt,[1] **nur bejahen, (1)** wenn die Zahlung lediglich den Zahlungsweg abkürzt (ggf auch mittels gesamtschuldnerischer Übernahme des Darlehens oder einer Bürgschaft durch den Dritten[2]) und sich „an sich" als Leistung des G'ters beurteilen lässt,[3] **(2)** bei mittelbaren verdeckten Einlagen (Rn 120), die anzunehmen sind, wenn die Aufwendungen des Dritten in nicht eigenwirtschaftlichem Interesse[4] als (entgeltliche oder unentgeltliche) Zuwendung an den (nahe stehenden) G'ter erfolgen und bei diesem zu einem einlagefähigen WG (**nicht**: Nutzungen)[5] geführt hätten,[6] zB durch Tilgung einer Verbindlichkeit unter sofortigem Verzicht auf späteren Aufwendungsersatz gegen den G'ter, durch die Gewährung eines Darlehens aus Gründen verwandtschaftlicher Nähe, das deswegen beim nahe stehenden Dritten als vGA behandelt worden ist.[7] Zur Begr des Nahestehens reicht jede (familien-, gesellschafts-, schuldrechtliche[8] oder auch tatsächliche) Beziehung des Dritten zum G'ter aus,[9] nicht aber ein bloßer Interessengleichklang oder die Wertsteigerung der eigenen Anteile (nur Vorteilsreflex).[10] Handelt der Dritte indes in eigenem Interesse und kommt eine Zuwendung und damit eine verdeckte Einlage nicht in Betracht, empfiehlt es sich, das Darlehen oder die Bürgschaft unmittelbar dem G'ter zu geben, damit dieser das Gewährte an die notleidende Ges weiterreichen kann, zumindest aber, für einen internen (vorherigen) Ausgleich zw dem Dritten und dem G'ter zu Lasten des Letzteren Sorge zu tragen.

234 4. Sonstige Erwerbsfälle. Geht die wesentliche/qualifizierte Beteiligung aus der **Verschmelzung** von zwei KapGes oder aus der **Spaltung** von KapGes hervor (§ 15 I UmwStG nF/aF), entsprechen die AK der Anteile denjenigen der jeweils untergehenden Anteile. Bei erstmaligem Überschreiten der Wesentlichkeitsgrenze infolge Umwandlung war gem § 15 I iVm § 13 II 3 UmwStG aF der gemeine Wert der Beteiligung im Umwandlungszeitpunkt anzusetzen (s auch Rn 278).

235 Werden Anteile an einer KapGes aus dem BV in das PV übernommen, stellt die **Entnahme** die Anschaffung dar.[11] Die Anteile sind mit ihrem Teilwert im Entnahmezeitpunkt zu bewerten (§ 6 I Nr 4). Stammen die Anteile aus der **Liquidationsmasse** einer anderen aufgelösten KapGes, fehlt es zwar an einem Anschaffungsvorgang; die Anteile werden kraft Gesetzes erworben (§ 271 AktG, § 72 GmbHG).[12] Dennoch sind auch hier die (Teil-)Werte anzusetzen, mit denen die Anteile bei der untergehenden Ges erfasst worden waren. Gleichermaßen ist iErg zu verfahren, wenn die Anteile im Rahmen einer **vGA** erworben worden sind.

240 5. Unentgeltlicher Erwerb (§ 17 II 5 nF, § 17 II 3 aF). Im Falle des unentgeltlichen Erwerbs[13] sind die (historischen) AK desjenigen Rechtsvorgängers maßgeblich, der die Anteile zuletzt gegen Entgelt erworben hat (§ 17 II 5 nF, § 17 II 3 aF),[14] es sei denn, der Rechtsnachfolger war vor dem unentgeltlichen Erwerb nicht iSv § 17 I 1 beteiligt.[15] Zum teilentgeltlichen Erwerb s Rn 93.

245 6. Anschaffungsnebenkosten. Nebenkosten zur Anschaffung sind zB Beurkundungs- und Notarkosten, Provisionen,[16] Insertionsaufwendungen, Maklercourtagen, Anwaltsgebühren usw, auch Beratungskosten für die fehlgeschlagene Gründung einer KapGes[17] sowie – bei Anteilsvereinigungen – GrESt,[18] nicht jedoch ErbSt[19] und solche Aufwendungen, die zu den WK aus Kapitaleinkünften gehören (Rn 172). Anschaffungsnebenkosten können auch Kosten eines Prozesses wegen der Anschaffung sein, ferner Abfindungen, zB für ein Vorkaufsrecht oder zur Ausschaltung eines lästigen G'ters.

---

1 Vgl OFD Kiel FR 01, 1125.
2 BFH BStBl II 01, 385; BFH/NV 01, 757; 761.
3 ZB BFH BStBl II 91, 82; BStBl II 96, 193; GrS BStBl II 99, 782; *Kempermann* DStR 96, 131.
4 Zur Abgrenzung s BFH BStBl II 01, 43 (dagegen aber BMF BStBl I 01, 47).
5 BFH BStBl II 91, 82, mwN.
6 BFH GrS BStBl II 98, 307; BStBl II 97, 290; *Ernst & Young* § 17 Rn 154 mwN.
7 BFH BStBl II 01, 234.
8 ZB aufgrund von Ausgleichsansprüchen gem §§ 426 II, 765 BGB, vgl *Ernst & Young* aaO.
9 BFH BStBl II 97, 301.
10 Vgl BFH BStBl II 01, 43, dagegen aber BMF BStBl I 01, 47.
11 BFH BStBl II 92, 969.
12 BFH BStBl III 65, 665.
13 Zur Abgrenzung zw (abgeleitetem) Erwerb und Gründung einer (Neu-)Ges vgl auch BFH BStBl II 07, 60 (zu § 8b VII 2 KStG 02).
14 Vgl zum Erbfall BFH BStBl II 99, 486.
15 BFH BStBl II 97, 727.
16 BFH BStBl II 80, 116.
17 BFH BStBl II 04, 551.
18 *H/H/R* § 17 Anm 194; *L/B/P* § 17 Rn 176.
19 FG Hess EFG 82, 566.

E. Rechtsfolgen der Anteilsveräußerung (§ 17 II, III)

I. Allgemeines. Die Rechtsfolgen der Veräußerung einer Kapitalbeteiligung iSv § 17 unterscheiden sich zunächst danach, ob ein Gewinn oder ein Verlust entsteht: Entsteht ein **Veräußerungsgewinn**, so gehört dieser zu den Einkünften aus GewBetr und erhöht als solcher den Gesamtbetrag der Einkünfte, allerdings begünstigt durch den Freibetrag (**§ 17 III**), nach bisheriger Rechtslage (vor dem Systemwechsel zum sog Halbeinkünfteverfahren, s Rn 251) überdies durch die Tarifermäßigung nach Maßgabe von **§ 34** (s § 34 II Nr 1 aF; zum zeitlichen Geltungsbereich s § 36 Rn 2). Entsteht ein **Veräußerungsverlust**, so ist dieser unter den – vom VZ 96 an: nur eingeschränkten – Maßgaben von § 17 II 6 nF, § 17 II 4 aF ausgleichs- und abzugsfähig (Rn 260 ff). Von diesen Unterscheidungen abgesehen, wird sowohl der Veräußerungsgewinn als auch der Veräußerungsverlust nur zur Hälfte steuerlich erfasst (vgl § 3c II 1); die andere Hälfte ist gem § 3 Nr 40c S 1 stfrei. Diese Rechtsfolge verstößt insoweit gegen das objektive Nettoprinzip, als sie zugleich den nur hälftigen Abzug von Veräußerungskosten und AK nach sich zieht; dies schießt vor allem beim Veräußerungsverlust und hierbei namentlich dann, wenn der Veräußerungspreis 0 beträgt und sich der Verlust bei der KapGes nicht iS einer ‚Vorentlastung' ausgewirkt hat,[1] über die Zielsetzung des Halb- bzw Teileinkünfteverfahrens hinaus und ist systematisch ungerechtfertigt.[2]

247

1. Verfahrensrecht. Der Veräußerungsgewinn und -verlust wird von dem einzelnen StPfl erzielt, auch dann, wenn sich die veräußerten Anteile an der KapGes im Gesamthandsvermögen befanden (§ 39 II Nr 2 AO, **Bruchteilsbetrachtung**, vgl Rn 60).[3] Veräußerungsgewinne und -verluste sind weder Gegenstand einer einheitlichen und gesonderten Feststellung von Gewinn oder Verlust (§ 180 I Nr 2a AO) noch – im Falle einer Unterbeteiligung – Gegenstand des besonderen Feststellungsverfahrens gem § 179 II 3 AO, selbst dann nicht, wenn ein G'ter als solcher gem § 17 an der KapGes beteiligt ist.[4] Einwendungen sind deshalb im Rahmen des Einspruchs gegen den ESt-Bescheid geltend zu machen.[5]

248

II. Veräußerungsgewinn (§ 17 II 1). Der Veräußerungsgewinn ist stpfl, aber durch den Freibetrag des § 17 III (Rn 253 ff) begünstigt. Die bis zur Umstellung des körperschaftsteuerlichen Vollanrechnungs- auf das Halbeinkünfteverfahren (§ 3 Rn 112 ff; § 20 Rn 41 ff) gewährte Tarifermäßigung nach § 34 ist entfallen; Gewinne, die bereits durch das Halb- bzw (ab VZ 09) das Teileinkünfteverfahren begünstigt werden, werden seitdem, um eine Doppelbegünstigung zu vermeiden, voll besteuert (s § 34 Rn 31). Besteht die Gegenleistung für die Veräußerung jedoch in wiederkehrenden Bezügen und entscheidet der StPfl sich für die Besteuerung nach dem Zufluss anstelle einer Einmalbesteuerung (Rn 187), kommt ihm der Freibetrag nicht zugute (s Er § 16).

251

III. Freibetrag (§ 17 III). Der Freibetrag des § 17 III steht **allen StPfl** (nat Pers, Körperschaften) zu, die unter den Anwendungsbereich des § 17 fallen (Rn 10). Personenbezogene Einschränkungen, wie sie in der Freibetragsregelung des § 16 IV enthalten sind (Lebensalter, Berufsunfähigkeit), bestehen keine. Als **sachliche Steuerbefreiung**[6] gehört der Betrag nicht zu den Einkünften iSv § 2 I und ist deshalb bereits bei der Ermittlung der Summe der Einkünfte anzusetzen, so dass ein anderweitiger Verlust nicht ausgeglichen oder gemindert wird.

253

Der Freibetrag beläuft sich auf 9 060 (bis zum VZ 03: 10 300) € bei Veräußerung von 100 vH der Anteile an einer KapGes (**§ 17 III 1**). Er verringert sich entspr, wenn ein geringerer Prozentsatz veräußert wird. Ausschlaggebend ist allein das Verhältnis zu 100 vH der Anteile, nicht der individuellen Beteiligungsquote des einzelnen StPfl.

254

Beispiel: Beteiligung von 40 vH wird zur Hälfte veräußert = Freibetrag 4 530 (5 150) €. Ggf ist das Nennkapital der Ges bei der Verhältnisrechnung anteilig zu reduzieren, wenn diese über eigene Anteile verfügt.

Mehrere Veräußerungsvorgänge von Anteilen an derselben (nicht: verschiedener) KapGes in einem und demselben VZ sind rechnerisch zusammenzufassen.[7] Bei Veräußerungen an unterschiedliche Erwerber ist jedoch die Höhe des jeweiligen Freibetrages nach Maßgabe der jeweils anzustellenden

255

---

1 FG D'dorf EFG 07, 1239 (mit zust Anm *Herlinghaus*) Rev IX R 98/07 (alt III R 23/07): verfassungskonforme Reduktion des § 3c II 1. S demgegenüber aber auch BFH DStR 07, 1753.
2 Zutr zB *Schön* StuW 00, 151 (154); *Pezzer* StuW 00, 144 (150).
3 BFH BStBl II 76, 557; BStBl II 00, 686; BFH/NV 01, 17.
4 BFH BStBl II 00, 686; BFH/NV 01, 17; 779.
5 *Blümich* § 17 Rn 280; *L/B/P* § 17 Rn 281.
6 Vgl BFH BStBl II 76, 360.
7 *Blümich* § 17 Rn 238; **aA** *L/B/P* § 17 Rn 286; *Frotscher* § 17 Rn 107; offen BFH BStBl II 99, 820.

Verhältnisrechnung zu ermitteln. In jedem Fall ist der nach § 3 Nr 40 S 1c iVm § 3c II stfrei bleibende Teil des Veräußerungsgewinns (s auch Rn 187) **nicht** zu berücksichtigen.[1]

256 Gem § 17 III 2 verringert sich der maximale Freibetrag von 9 060 (bis zum VZ 03: 10 300) € um jenen Betrag, um den der Veräußerungsgewinn den Teil von 36 100 (bis zum VZ 03: 41 000) € übersteigt, der dem veräußerten Anteil an der KapGes entspricht. Werden 100 vH der Anteile veräußert, beläuft sich der Freibetrag also bei einem Veräußerungsgewinn von 45 160 (bis zum VZ 03: 51 300) € auf 0 €.

Beispiel: Nennkapital = 100 000 €, AK der veräußerten Anteile = 15 000 € (15 vH), Veräußerungspreis = 25 000 €, Veräußerungsgewinn = 10 000 €, maximaler Freibetrag (15 vH von 10 000 €) = 1 500 €, Minderung des Freibetrages = 4 585 (3 850) €, nämlich: 15 vH von 36 100 (41 000) € = 5 415 (6 150) € abzüglich Veräußerungsgewinn von 10 000 €; Freibetrag sonach 0.

260 IV. Veräußerungsverlust (§ 17 II 6 nF, § 17 II 4 aF). Übersteigen die AK (Rn 200 ff) den um die Veräußerungskosten (Rn 195) reduzierten Veräußerungspreis (Rn 178), erzielt der StPfl einen Veräußerungsverlust. Dieser ist als Verlust aus GewBetr (und mit systematisch nicht gerechtfertigten Unterschieden zu dem beschränkten Verlustabzug bei privaten Veräußerungsgeschäften gem § 23 IV 8, s auch Rn 5) nach allg Grundsätzen (§ 10d, § 50c aF, § 23 III 4) zu ermitteln und im Rahmen von Verlustausgleich und -abzug zu berücksichtigen,[2] vom VZ 96 (JStG 96[3]) an allerdings unter erheblichen,[4] durch das StEntlG 99 ff vom VZ 99 an jedoch wieder deutlich gemilderten Einschränkungen: Verluste aus Veräußerungen iSv § 17 können danach nur geltend gemacht werden, **soweit** (= also strikt **anteilsbezogen**[5] sie – *alternativ* – auf Anteile entfallen, die **(1)** der StPfl vor mehr als 5 Jahre vor der Veräußerung **unentgeltlich** (= ohne Gegenleistung, s § 17 I 4 u § 17 II 5 nF, § 17 II 3 aF) erworben hat (**§ 17 II 5a S 1 nF**, § 17 II 4a S 1 aF), die **(2)** zwar innerhalb der letzten 5 Jahre vor der Veräußerung unentgeltlich erworben wurden, bei denen aber der (unmittelbare, arg e contr § 17 I 4) **Rechtsvorgänger** anstelle des StPfl den Veräußerungsverlust (im Zeitpunkt der Veräußerung) hätte geltend machen können (**§ 17 II 6a S 2 nF**, § 17 II 4a S 2 aF), die **(3)** vom StPfl **entgeltlich** erworben worden sind und (wenigstens) innerhalb der gesamten letzten 5 Jahre zu einer Beteiligung des StPfl iSd § 17 I 1 gehört haben (**§ 17 II 6b S 1 nF**, § 17 II 4b S 1 aF),[6] die **(4)** vom StPfl innerhalb der letzten 5 Jahre entgeltlich erworben worden sind und deren Erwerb **zur Begr** einer entspr qualifizierten Beteiligung des StPfl geführt haben (**§ 17 II 6b S 2 Alt 1 nF**, § 17 II 4b S 2 Alt 1 aF) oder **(5) die nach Begr** der qualifizierten Beteiligung erworben worden sind (**§ 17 II 6b S 2 Alt 2 nF**, § 17 II 4b S 2 Alt 2 aF). Die **strikte Anteilsbezogenheit** des zu berücksichtigenden Veräußerungsverlustes hat zur Folge, dass zB eigenkapitalersetzende Darlehen nur insoweit zu nachträglichen AK (s Rn 212 ff) führen, als die daraus resultierenden Wertminderungen **zeitkongruent** auf die Zeit *nach* Begr der Beteiligung iSd § 17 entfallen. Wertminderungen, welche *vor* Begr der Beteiligung iSd § 17 eingetreten sind, können nicht angesetzt werden.[7] – Grund für diese Einschränkungen waren Praxisgestaltungen, mittels derer bislang nicht qualifiziert beteiligte Anteilseigner kurzfristig Anteilszukäufe tätigten, um Verluste in den steuerrelevanten Bereich einzubeziehen[8] (s auch Rn 1). – Im Einzelnen:

262 1. Bei unentgeltlichem Anteilserwerb (§ 17 II 6a nF, § 17 II 4a aF). Der **unentgeltliche Erwerb** der betr Anteile an der KapGes ist grds unschädlich (vgl § 17 I 45, Rn 90), vorausgesetzt, er ist außerhalb der 5-Jahres-Sperrfrist vor dem Veräußerungszeitpunkt erfolgt. Andernfalls – bei Erwerb innerhalb der Sperrfrist – ist der Verlust nicht abziehbar. Der Verlustabzug soll also nicht infolge kurzfristiger Schenkungen ermöglicht werden (Missbrauchsgefahr). Könnte der **Rechtsvorgänger** (= der unentgeltlich Übertragende) den Verlust jedoch – vorausgesetzt, er wäre noch Anteilseigner – seinerseits **anstelle** des StPfl abziehen, schadet auch dies nichts. Abzustellen ist hierbei – fiktiv – allein auf den **Zeitpunkt der Veräußerung** durch den Rechtsnachfolger. Der Gesetzeswortlaut belässt insoweit keinen Zweifel daran, dass der Zeitpunkt der unentgeltlichen Übertragung unbe-

---

1 Zutr R 17 IX EStR 05.
2 BFH BStBl II 95, 722.
3 Vgl dazu zB *Felix/Strahl* BB 96, 1582.
4 Vgl zur möglichen Verfassungswidrigkeit des § 17 II 4b idF des JStG 96 FG M'ster EFG 99, 977; FG Bln EFG 00, 76: Verstoß gegen das Nettoprinzip und den Gleichheitsgrundsatz; s auch FG RhPf EFG 99, 830; FG M'ster EFG 00, 864: verfassungskonforme Auslegung;

aA (aber zweifelh) BFH/NV 05, 2202; FG Nds EFG 02, 269; FG SchlHol EFG 00, 1072; FG BaWü EFG 99, 68: verfassungskonform.
5 *Dötsch/Pung* BB 99, 1352 (1357); vgl auch BFH BStBl II 97, 727; BStBl II 04, 556.
6 BFH/NV 05, 1518.
7 BFH BStBl II 04, 556.
8 BR-Drs 171/95, 133; BT-Drs 14/23, 179.

achtlich ist.[1] Bei vorangegangenem entgeltlichem Anteilserwerb durch den Rechtsvorgänger sind überdies wegen der Anteilsbezogenheit des § 17 II 6 nF, § 17 II 4 aF (Rn 260) einerseits und der fiktiven Projektion auf den Rechtsvorgänger andererseits die unentgeltlich erworbenen Anteile zu isolieren und ist sonach hinsichtlich der Besitzzeiten ausschließlich auf die tatsächliche und die fiktive Besitzzeit beim Rechtsvorgänger abzustellen. Es genügt nicht, (nur) die jeweiligen tatsächlichen Besitzzeiten beim Rechtsvorgänger und beim StPfl mit dem Ergebnis zusammenzurechnen, dass beide gemeinsam die Zeitvoraussetzungen erfüllen; § 17 II 6b nF, § 17 II 4b aF ist insoweit nicht anzuwenden.[2]

Beispiel: A erwirbt in 2001 15 vH der Anteile an der KapGes. 10 vH veräußert er in 03 an C, 5 vH schenkt er in 04 an B, der bereits 10 vH innehat und sämtliche 15 vH in 08 unter Verlust verkauft. Nur der auf 10 vH bezogene Verlust ist abziehbar, der auf 5 vH bezogene nicht, weil A innerhalb der letzten 5 Jahre nicht wesentlich/qualifiziert beteiligt war. Anders verhält es sich, wenn B die 15 vH in 06 veräußert. Dann ist der auf die 5 vH entfallende Verlust abziehbar.

2. Bei entgeltlichem Anteilserwerb (§ 17 II 6b nF, § 17 II 4b aF). Alternativ („oder") wird der Verlustabzug nach § 17 II 6b nF, § 17 II 4b aF ermöglicht, wenn der StPfl die Anteile entgeltlich erworben und sie innerhalb der gesamten letzten 5 Jahre (unmittelbar oder mittelbar) als eine Beteiligung iSd § 17 I 1 gehalten hat.[3] **264**

Die wesentliche/qualifizierte Beteiligung muss **ununterbrochen** bestanden haben. Nur kurzfristige und vorübergehende Beteiligungen genügen weder dem Wortlaut noch dem Gesetzeszweck. Es genügt auch nicht, dass die Beteiligung über die gesamten 5 Jahre hinweg eine wesentliche/qualifizierte gewesen ist, unabhängig davon, dass einzelne Anteile veräußert, andere ggf hinzuerworben (s dazu Rn 207) worden sind. Indem das Gesetz ausdrücklich auf die „Anteile" abstellt, verdeutlicht es das Erfordernis einer Identität der gehaltenen und der später veräußerten Anteile. Insoweit erweist sich die Sperrzeit auch hier als konkret anteils-, nicht aber als beteiligungsbezogen.[4] Die hinzuerworbenen Anteile werden von den Altanteilen nicht „infiziert". Unschädlich ist es jedoch, wenn die Wesentlichkeit der Beteiligung durch andere (wechselnde) Anteile erreicht wird, auch wenn mit solchen Anteilen verbundene Verluste ihrerseits nicht abzugsfähig sind. **265**

Die Sperrzeit und damit die iSd § 17 I 1 qualifizierte Beteiligung muss vor der Veräußerung nicht nur durchgängig bestanden haben, sondern der Veräußerung **überdies unmittelbar vorangehen**. Es reicht nicht aus, wenn die Beteiligung bereits vor der Veräußerung auf eine nicht qualifizierte abgesenkt worden ist. Insofern unterscheidet sich der 5-Jahres-Zeitraum nach § 17 II 6b nF, § 17 II 4b aF von jenem 5-Jahres-Zeitraum in § 17 I 1 („innerhalb", vgl Rn 75). Dies deckt sich mit der Regelung, wie sie bis zum VZ 98 bestand.[5] **266**

Beispiel: Die Beteiligung in Höhe von 40 vH besteht seit 01. In 08 werden davon 20 vH, in 09 weitere 10 vH veräußert. Die Veräußerung unterfällt zwar § 17, weil die Beteiligung innerhalb des 5-Jahres-Zeitraums nach § 17 I 1 eine qualifizierte war, sie erfüllt aber nicht die Voraussetzungen für den Verlustabzug nach § 17 II 6b nF, § 17 II 4b aF.

Entgeltlich wurde die Beteiligung erworben, wenn die erbrachte Sach- oder Bareinlage (mindestens) dem Wert der gezeichneten Anspr entspricht. Um einen entgeltlichen Erwerb in diesem Sinne handelt es sich auch, wenn die KapGes aus einer Verschmelzung oder Spaltung hervorgeht, vorausgesetzt, es handelt sich um eine Neugründung und nicht lediglich um eine Aufnahme; das Entgelt besteht dann in den hingegebenen Anteilen an der untergehenden Ges. **267**

Ausnahmen von den Erwerbs- und Beteiligungserfordernissen gem § 17 II 6b S 1 nF, § 17 II 4b S 1 aF belässt S 2, wenn die Anteile innerhalb der letzten 5 Jahre **zur Begründung** einer qualifizierten Beteiligung **oder** – nach bereits erfolgter Begründung einer bereits bestehenden qualifizierten Beteiligung – **zur Aufstockung** einer qualifizierten Beteiligung (nach Maßgabe von § 17 I 1 in Höhe **268**

---

1 Str; wie hier zB Wendt FR 99, 343 (347); Dötsch/Pung DB 99, 1352; **aA** Herzig/Förster DB 99, 711 (718); Strahl KÖSDI 00, 12260 (12268).
2 Dötsch/Pung DB 99, 1352; **aA** Wendt FR 99, 3433 (347); Ernst & Young § 17 Rn 165.2.
3 Zur verfassungsrechtlichen Beurteilung dieser Einschränkung s BFH/NV 05, 2202 u Rn 260.
4 BFH BStBl II 97, 727; Frotscher § 17 Rn 105c; Felix/Strahl BB 96, 1582; Gerl/Sturm DB 96, 1102; Herzig/

Förster DB 97, 594; Gosch StBp 98, 26; zweifelnd Pyszka DStR 97, 309; **aA** Ernst & Young § 17 Rn 165, 165.3; L/B/P § 17 Rn 292, alle unter Hinweis auf das – hier abgelehnte (Rn 262) – Verständnis der Rechtslage nach § 17 II 4a und ein daraus erwachsendes Gleichbehandlungsgebot.
5 Insoweit ebenso Frotscher § 17 Rn 105c; Siepmann DB 96, 845; **aA** Felix/Strahl BB 96, 1582; Gerl/Sturm DB 96, 1102; Herzig/Förster DB 97, 594; Pyszka DStR 97, 309.

von 1 vH der Anteile, auch bei Anteilserwerb vor 2001 und 1999,[1] s Rn 48) erworben worden sind. Maßgeblich sind die Verhältnisse beim StPfl; die Verhältnisse beim Rechtsvorgänger sind unbeachtlich. Eine qualifizierte Beteiligung wird durch entspr entgeltlichen (nicht aber unentgeltlichen) Anteilserwerb von einem oder von mehreren[2] Veräußerern begründet oder aufgestockt. Nur auf solche Anteile entfallende Verluste (zB infolge zwischenzeitlicher Insolvenz der KapGes im 2. oder 3. Jahr nach dem Anteilserwerb) sind (anteilig) abziehbar, **nicht** aber Verluste, die auf eine im Erwerbszeitpunkt bereits bestehende, aber nicht qualifizierte Beteiligung entfallen, auch nicht Verluste auf hinzuerworbene Anteile nach zwischenzeitlicher Aufgabe der qualifizierten Beteiligung. Dass die qualifizierte Beteiligung zuvor irgendwann innerhalb der Sperrfrist bestanden hat, genügt nicht. Das mag zwar ungereimt erscheinen, weil bei späterer Veräußerung der nunmehrigen nicht qualifizierten Beteiligung auch der daraus erzielte Gewinn stpfl ist. Dem Gesetzeswortlaut in § 17 II 6b S 2 nF, § 17 II 4b S 2 aF lässt sich jedoch trotz der Bezugnahme auf § 17 I 1 letztlich zweifelsfrei entnehmen, dass die qualifizierte Beteiligung im Zeitpunkt des Anteilshinzuerwerbs noch bestanden haben muss („nach Begr").[3] Zur Anteilsbezogenheit auch der hinzuerworbenen Anteile s Rn 265. Unschädlich ist es, wenn der unentgeltliche Erwerb der Beteiligung mit der Gründung der Ges oder einer Kapitalerhöhung zusammenfällt. Im Falle der entgeltlichen Aufstockung sind Verluste umfassend zu berücksichtigen, wenn die Anteile, welche innerhalb der letzten 5 Jahre erworben wurden, eine schon vorhandene qualifizierte Beteiligung erhöhen.

F. Auflösung der Kapitalgesellschaft, Kapitalherabsetzung, Ausschüttung oder Rückzahlung von Einlagen (§ 17 IV)

271 **I. Allgemeines.** Durch § 17 IV wird der Tatbestand des § 17 I–III erweitert und auf die Fälle **(1)** der **Auflösung** der KapGes (Liquidation), **(2)** der **Herabsetzung und Rückzahlung des Nennkapitals** und **(3)** – vom VZ 97 an – der **Rückzahlung von** (verdeckten) **Einlagen iSv § 27 KStG nF** (bis zur Umstellung vom Vollanrechnungs- auf das Halbeinkünfteverfahren, s § 3 Rn 112 ff; § 20 Rn 41 ff: Ausschüttung von EK 04 gem § 30 II Nr 4 KStG aF) erstreckt. Der Gesetzgeber wollte die Aufdeckung stiller Reserven auch in diesen Fällen unter den Voraussetzungen des § 17 steuerlich erfassen. Er hat die Vorschrift durch das SEStEG vom VZ 07 an (s Rn 36) – jedoch ohne inhaltliche Änderungen[4] – neu gefasst.

272 Allerdings bedarf es der **Abgrenzung** zu solchen Gewinnausschüttungen, die bereits als Kapitaleinkünfte (§ 20 I Nr 1, 2) zu versteuern sind; für solche Bezüge gilt § 17 IV 1 nicht, **§ 17 IV 3**. Nur die eigentliche Kapitalrückzahlung wird Anteilsveräußerungen gleichgestellt. Grund für diese Differenzierung war das körperschaftsteuerliche Anrechnungsverfahren. Da der Anteilseigner bei Auskehrung thesaurierter Gewinne den Vorteil der Anrechnung des KSt-Guthabens erlangt, sollte er nicht zugleich in den Genuss der tariflichen Steuervergünstigung nach § 34 aF kommen. Kehrseite der Differenzierung war eine (partielle) Ungleichbehandlung von Anteilsveräußerungen einerseits und den diesen in § 17 IV 1 an sich gleichgestellten Vorgängen andererseits.[5] Das wiederum verlockte zu Steuergestaltungen, indem zunächst die (günstigere) Veräußerung und anschließend die (ungünstigere) Liquidation der KapGes durchgeführt wurde (dazu und zur Problematik des § 42 I 1 AO s Vorauflage Rn 315). Nach Abschaffung des KSt-Anrechnungsverfahrens kommt der Unterscheidung vornehmlich nur noch systematische Bedeutung im Verhältnis von § 17 zu § 20 und die dabei bestehenden Besteuerungsunterschiede (1 vH-Grenze bei § 17, Freibeträge) zu.

273 Von § 17 IV 1 erfasst werden sonach **nur Kapitalrückzahlungen ieS**, also Nennkapitalrückzahlungen, unter Einschluss des Nennkapitals und der Beträge des Einlagekontos (§ 27 KStG nF, § 30 II Nr 4 KStG aF). **Nicht** von § 17 IV 1, sondern von § 20 I Nr 1 und 2 erfasst werden hingegen Auskehrungen thesaurierter Gewinne. Nach bisheriger Rechtslage sind dies Auskehrungen aus dem vEK ohne EK 04 sowie Nennkapital, das aus den in § 29 III KStG aF bezeichneten Beträgen stammte; s im Einzelnen Rn 306.

278 **II. Auflösung der Kapitalgesellschaft (§ 17 IV 1). – 1. Begriff, Tatbestand.** § 17 IV 1 erfordert die **formale Auflösung** der KapGes (nicht deren Beendigung)[6] durch Beschluss und (deklaratorische)

---

[1] Zutr *H/H/R* § 17 Rn R 13; *Herzig/Förster* DB 99, 711 (716).
[2] *Herzig/Förster* aaO.
[3] *Wendt* FR 99, 333 (347); *Blümich* § 17 Rn 214b; **aA** *Herzig/Förster* DB 99, 711 (716); *L/B/P* § 17 Rn 303; *H/H/R* § 17 Rn R 13; *K/S/M* § 17 Rn C 428.
[4] Zweifelnd insoweit *Peetz* GmbHR 07, 1022, 1026.
[5] Krit *H/H/R* § 17 Rn 342.
[6] BFH BStBl II 94, 162; BFH/NV 94, 364; BFH BStBl II 99, 344; BFH/NV 01, 302.

Eintragung in das Handelsregister (§ 263 AktG, § 65 GmbHG, § 31 HGB), regelmäßig mit anschließender Abwicklung (Liquidation, § 264 AktG, §§ 60, 70 GmbHG) und Verteilung des Ges-Vermögens an die G'ter (§ 271 AktG, § 72 GmbHG). Zum maßgeblichen Zeitpunkt s Rn 284. Zu den **Auflösungsgründen** s §§ 60 ff GmbHG, § 262 AktG, §§ 1f LöschG aF, § 141a FGG. Auflösungstatbestände ergeben sich auch aus der Verschmelzung der KapGes (§ 13 II 2, 3 UmwStG nF, § 13 II 1, 2 UmwStG aF), Auf- und Abspaltungen (§ 15 I UmwStG nF/aF iVm §§ 11 ff UmwStG nF/aF). Die Anteile an der untergehenden KapGes gelten hiernach als veräußert, die neuen (verschmelzungs- oder abspaltungsbedingten) Anteile an der übernehmenden KapGes treten mit den bei dieser angesetzten Werten als AK an ihre Stelle (s Rn 234). Diese sind unabhängig davon Anteile iSv § 17, ob der G'ter auch an der aufnehmenden KapGes iSd § 17 I 1 beteiligt ist (§ 13 II 2 UmwStG nF, § 13 II 2 UmwStG aF). Sie bleiben dies richtiger,[1] aber umstrittener[2] Ansicht nach ad infinitum, also nicht nur binnen der 5-Jahres-Frist in § 17 I 1. Nach § 13 II 2 UmwStG aF ergab sich das daraus, dass die Vorschrift nur die in § 17 I 1 angelegte Beteiligungshöhe bezogen auf die verschmelzungsgeborenen Anteile fiktiv erweitert, diese erweiterte Beteiligung sodann aber vollen Umfangs den Regeln des § 17 unterwirft. Nach § 13 II 2 UmwStG nF folgt dies aus dem Umstand, dass die neuen Anteile vollen Umfangs an die Stelle der alten Anteile treten. Die (fiktive bzw rechtsnachfolgende) Wesentlichkeit endet allerdings, wenn infolge von Teilanteilsveräußerungen die Wesentlichkeitsgrenze auch bezogen auf die untergegangene Ges unterschritten wird.[3] Bei einem bislang nicht wesentlich/qualifizierten Beteiligten wurden gem § 13 II 3 UmwStG aF die gemeinen Werte angesetzt, um zu verhindern, dass stille Reserven vor dem steuerlichen Übertragungsstichtag nachzuversteuern sind. Seit der Neukonzeption des UmwStG durch das SEStEG (Rn 27) ist der Ansatz des gemeinen Anteilswerts der gesetzliche Regelfall (§ 13 I UmwStG nF). Bei Eintritt in die Rechtsstellung der untergehenden Anteile infolge Buchwertansatzes bei fehlendem Ausschluss bzw fehlender Beschränkung der deutschen Besteuerung gem § 13 II 1 Nr 1 UmwStG nF oder in den Fällen von Art 8 Fusionsrichtlinie gem § 13 I 1 Nr 2 UmwStG nF bedarf es keiner besonderen Wertbestimmung; an die Stelle des Buchwerts treten bei Anteilen iSv § 17 allerdings (erneut) die AK (§ 13 II 3 UmwStG nF). – Einbringungsgeborene Anteile gem § 21 UmwStG aF bzw sperrfristverhaftete Anteile gem § 22 II UmwStG nF an der Alt-KapGes bleiben auch weiterhin steuerverstrickt (§ 13 II 2 UmwStG nF, § 13 III UmwStG aF). S auch zu „neuen" einbringungsgeborenen Anteilen gem § 20 III 4 iVm § 21 II 6 UmwStG nF Rn 27.

Auflösungsgründe ergeben sich schließlich nach bisher hM bei (tatsächlicher) **Verlegung** des Verwaltungssitzes (der Geschäftsleitung) einer inländischen KapGes in das Ausland[4] oder umgekehrt bei Sitzverlegung einer sog ausländischen KapGes in das Inland.[5] Konsequenz der Sitzverlegung ist nach Maßgabe der sog Sitztheorie der Verlust der Rechtsfähigkeit der KapGes und damit deren ‚Auflösung' iSd § 17 IV; es muss ein fiktiver Veräußerungsgewinn versteuert werden. Dabei bleibt es nach gegenwärtiger Rechtslage prinzipiell für den Fall der **wegziehenden KapGes**, also der Ges, die ihre Geschäftsleitung (§ 10 AO) oder ihren Sitz (§ 11 AO) in das Ausland verlegt, die deswegen aus der unbeschränkten StPfl ausscheidet und die in Deutschland aufgrund der hierzulande (noch)[6] vertretenen Sitztheorie bislang uneingeschränkt der Schlussbesteuerung des § 12 iVm § 11 KStG aF unterfiel. Infolge der Regelungsänderungen durch das SEStEG (Rn 27) gilt dies aber nicht mehr (wie bisher, vgl **§ 12 I KStG aF**) generell, sondern betrifft gem **§ 12 III KStG nF** nur noch den Wegzug in (Dritt-)Staaten außerhalb der EG und des EWR-Raums; ansonsten greift der **allg Entstrickungstatbestand des § 12 I, II KStG nF**, wonach die Beschränkung oder der Ausschluss des deutschen Besteuerungszugriffs im Grundsatz die fiktive Veräußerung oder Überlassung des betr WG zum gemeinen Wert auslöst, ausgenommen sind die Fälle des Wegzugs in den EU- oder EWR-Raum, für die (lediglich, jedoch unbeschadet entgegenstehender DBA) die spätere Besteuerung eines tatsächlichen Veräußerungsgewinns ausgelöst wird (§ 12 I letzter HS KStG nF iVm § 4 I 4, § 15 Ia nF). – Für die **zuziehende ausländische KapGes** wird sich die Konsequenz einer ‚Zwangsauflösung' kaum hal-

279

---

[1] *Thiel* DStR 95, 279 Fn 38; *Lademann* § 13 UmwStG Rn 25.
[2] **AA** *D/J/P/W* § 13 UmwStG nF Rn 26, 27.
[3] ZB *F/M* § 13 UmwStG Rn 16.
[4] BayObLG DB 92, 1400; umfassend *Ernst & Young* § 1 KStG Rn 32 ff, 51 ff; *H/H/R* § 17 Rn 288; **aA** *Staringer* Besteuerung doppelt ansässiger KapGes, 99, S 200f.
[5] Umfassend *H/H/R* § 17 Rn 288; **aA** *Staringer* Besteuerung doppelt ansässiger KapGes, 99, S 167f.
[6] S aber den jetzt vorliegenden Referentenentwurf zur Novellierung des EGBGB.

ten lassen, nachdem der EuGH[1] insoweit einen Verstoß gegen die Niederlassungsfreiheit reklamiert hat (s bereits Rn 11).[2] Das gilt jedenfalls innerhalb der EG, ggf (über das abkommensrechtliche Diskriminierungsverbot, vgl Art 24 OECD-MA) auch bezogen auf Drittstaaten,[3] vorausgesetzt, der Wegzugsstaat folgt der Gründungs- und nicht seinerseits der Sitztheorie.[4] Auch im letzteren Fall[5] müsste die zuziehende Ges steuerlich aber wohl als KapGes anerkannt werden, wenn sie im Typenvergleich einer solchen entspricht. Insoweit entscheidet allein die Struktur (der ‚Strukturtypus') des ausländischen Rechtsgebildes über dessen ‚Qualität' als KapGes, letztlich gleichviel, ob dieses im Ausland als jur Pers oder als MU'schaft anerkannt und besteuert wird und/oder, ob es als rechtsfähig angesehen wird oder nicht.[6] Bei dieser Rechtsfolge bleibt es auch für die Beteiligung eines beschränkt StPfl an einer ausländischen KapGes mit Sitz oder Geschäftsleitung im Inland, die ihren Sitz ins Ausland zurückverlegt (s § 49 I Nr 2e, dort Rn 54).[7]

280 Die **Umwandlung** einer KapGes in eine KapGes anderer Rechtsform (§§ 190 ff, 226 ff UmwG) wirkt sich für den G'ter nicht aus. Gleiches gilt für (formwechselnde) Umwandlungen in eine PersGes (§§ 190 ff, 226 ff UmwG; § 5 II UmStG nF/aF, § 5 IV UmStG aF); die Anteile gehen zum steuerlichen Übernahmestichtag mit den historischen AK in das BV der PersGes als Einlage über. Anders verhält es sich, wenn ein BV fehlt (§ 8 I UmStG nF/aF); § 17 findet dann Anwendung, gem § 8 II UmStG nF/aF allerdings ohne Freibetrag (§ 17 III) sowie unter Erhöhung der anzurechnenden KSt (§ 10 iVm § 8 II 2 UmStG aF idF vor Abschaffung des KSt-Anrechnungsverfahrens). S auch § 49 I Nr 2e, dort Rn 55 f.

281 § 17 IV erfasst auch die Auflösung **ausländischer KapGes**,[8] ggf auch deren Umwandlung, soweit das maßgebliche ausländische (Zivil-)Recht die Umwandlung als Auflösung wertet.[9]

284 **2. Zeitpunkt.** Ebenso wie bei der Ermittlung des Veräußerungsgewinns (Rn 169) wird der Auflösungsgewinn oder -verlust auf den (Stich-)**Tag der Gewinn- oder Verlustrealisierung** nach GoB[10] ermittelt (**§ 17 IV 1 iVm § 17 II**). Maßgebend ist hiernach idR der Zeitpunkt (VZ), in dem das Ges-Vermögen auszukehren ist (= tatsächliche Rückzahlung, vgl zur Vermögensverteilung bei der GmbH § 72 GmbHG), nicht bereits der Zeitpunkt der Auflösung der Ges (vgl für GmbH § 60 I Nr 4 GmbHG)[11] oder des Entstehens des Abwicklungsguthabens,[12] auch nicht der Löschung der Ges im Handelsregister (§ 1 I LöschG aF, § 141a FGG).[13] Der vorherige (bei Abschlagszahlungen) oder nachfolgende (bei Nachzahlungen) **Zuflusszeitpunkt** (§ 11) ist stets **unbeachtlich**.[14] Auflösungsverluste sind (zwingend, ohne Wahlrecht des StPfl[15]) **entstanden**, sobald mit einer wesentlichen Änderung nicht mehr zu rechnen ist,[16] jedenfalls bei Ablehnung der Insolvenz-(Konkurs-)eröffnung mangels Masse (§ 26 I InsO, § 107 I KO),[17] trotz eröffneten Insolvenzverfahrens bei Fehlen jeglicher Zuteilungs- und Rückzahlungsaussichten,[18] spätestens mit Löschung im Handelsregister,[19] niemals jedoch bei noch vorhandenem Vermögen im Falle (bloßer) Überschuldung,[20] auch nicht bereits bei Betriebseinstellung vor Auflösung,[21] und solange ein Zwangsvergleich möglich erscheint.[22] Die Entstehung des Auflösungsverlustes der Ges muss auch ihrer Höhe nach hinreichend abschätzbar sein,

---

1 EuGH GmbHR 02, 1137 – Überseering; hinsichtlich der Wegzugsfälle gilt das EuGH-Urteil Slg 88, 5483 – Daily Mail fort, wonach kein EG-Diskriminierungsverbot verletzt ist.
2 Zutr *Birk* IStR 03, 469 (473); *Dautzenberg* StuB 03, 407.
3 BFH BStBl II 04, 1043.
4 *Birk* IStR 03, 469 (473); s auch *Leible/Hoffmann* RIW 02, 930.
5 *Haase* StStud 03, 198; insoweit **aA** *Birk* IStR 03, 469 (473).
6 S zB *K/S/M* § 20 Rn C 6.
7 *Birk* IStR 03, 469 (473); **aA** *Dautzenberg* StuB 03, 407.
8 BFH/NV 93, 597; BStBl II 89, 794.
9 Zur Ungewissheit bei einer formwechselnden (identitätswahrenden) Umwandlung s *S/K/K* § 8 AStG Rn 23; *Schönfeld* FR 07, 436.
10 BFH BStBl II 85, 428; BFH/NV 94, 459; s auch FG M'ster EFG 99, 1073 zur Rückstellungsbildung wegen drohender Bürgschaftsinanspruchnahme; OFD Ffm DB 05, 1948 mwN; OFD Magdeburg v 22.9.06 ESt-Kartei ST § 17 Karte 11.
11 **AA** *Paus* FR 95, 49.
12 **AA** *Schmidt*[26] § 17 Rn 221.
13 BFH BStBl II 94, 162.
14 RFH RStBl 37, 963.
15 Vgl BFH BStBl II 94, 162; BFH/NV 01, 302.
16 BFH BStBl II 85, 428; BFH/NV 93, 25; BFH/NV 94, 459; BFH/NV 00, 561; BFH BStBl II 00, 343.
17 BFH BStBl II 94, 162; OFD Ffm DB 05, 2048.
18 BFH BStBl II 00, 343.
19 BFH BStBl II 85, 428.
20 BFH/NV 96, 842; BFH BStBl II 99, 344; BStBl II 00, 343; BStBl II 02, 731; BFH/NV 03, 1025; BFH/NV 05, 1307; OFD Bln DB 97, 955; *Peetz* GmbHR 07, 1022; krit *Paus* FR 07, 23 (im Hinblick auf das Leistungsfähigkeitsprinzip sowie Zins- und Liquiditätsverluste des G'ters).
21 BFH/NV 90, 361; BFH/NV 94, 364; s aber auch FG M'ster EFG 99, 1073 für Sonderfall der Konkursreife.
22 BFH BStBl II 00, 343; BFH/NV 01, 761; FG D'dorf EFG 03, 40 mit Anm *Hoffmann*: Ausdehnung auch auf Fälle des Unternehmenserhalts infolge eines Sanierungsplans (§§ 217 ff InsO).

woran es fehlt, wenn – auf der Ebene des G'ters[1] – noch mit erheblichen Aufwendungen (nachträgliche AK oder sonstige im Rahmen des § 17 II zu berücksichtigende Veräußerungs- und Aufgabekosten) zu rechnen ist.[2] Letztlich orientiert sich die Rspr hierzu am Maßstab des Realisationsprinzips und berücksichtigt die am jeweiligen Bilanzstichtag vorhersehbaren Risiken und Verluste, die bis zum Abschluss der Liquidation (oder des an seine Stelle tretenden Zeitpunkts) noch entstehen werden (§ 4 I, § 5; § 252 I Nr 4 HGB).[3] Es sind sonach auch jene Sachverhalte zu berücksichtigen, welche den vorsichtigen Kaufmann zur Bildung einer Rückstellung veranlassen würden.[4] Die Entstehung des Verlustes wird indes nicht dadurch verzögert, dass ggf noch Aufwendungen in unwesentlicher Höhe nachfolgen können.[5] Verluste im Zusammenhang mit der fehlgeschlagenen Gründung einer KapGes sind nicht einzubeziehen, weil die Vorgründungsgesellschaft nicht vom Anwendungsbereich des § 17 erfasst wird (Rn 42).[6] – In jedem Fall entscheidet der Zeitpunkt, in dem der Auflösungsverlust im vorgenannten Sinne entsteht, darüber, welche Regelungsfassung des § 17 und damit welcher Schwellenwert für die steuerrelevante Beteiligung maßgeblich ist.[7] Zur erstmaligen Anwendung des körperschaftsteuerlichen Halb- bzw Teileinkünfteverfahrens s Rn 34.

3. Ermittlung des Liquidationsgewinns (§ 17 IV 2). Der Methode nach nicht anders als der Veräußerungsgewinn (s Rn 167 ff) wird auch der Liquidationsgewinn und -verlust durch Abzug der Anschaffungs- und Auflösungskosten bestimmt. Als weiterer Abzugsposten kommt allerdings derjenige Teil der ausgekehrten Beträge in Betracht, der zu den Einkünften aus KapVerm gehört (§ 17 IV 3, Rn 305). Das Ergebnis ist nur hälftig zu besteuern, vgl § 3 Nr 40c S 2, § 3c II. **286**

(Fiktiver) **Veräußerungspreis** ist bei Auflösung der KapGes der **gemeine Wert** (vgl § 9 BewG) des dem StPfl zugeteilten Vermögens (**§ 17 IV 2**; § 3 Nr 40c S 2). Dieses kann aus Bar- oder (materiellen oder immateriellen)[8] Sachzuwendungen bestehen. Einzubeziehen sind auch Bilanzgewinne, die während des Liquidationszeitraumes entstehen,[9] nicht hingegen Gewinne, die nach der Liquidation, aber für vorhergehende, abgelaufene Geschäftsjahre gezahlt werden. Bei diesen handelt es sich um Einnahmen iSv § 20.[10] Zum Bewertungszeitpunkt s Rn 295. **287**

4. Nachträgliche Anschaffungskosten. Fallen nachträglich AK (Rn 200) an (zB Inanspruchnahmen aus vor[11] der Auflösung gegebenen EK ersetzenden Bürgschaften oder Darlehen, Rn 220, 230), sind bereits bestandskräftige Bescheide für das Jahr der Liquidation gem § 175 I 1 Nr 1 AO zu ändern.[12] **290**

III. Herabsetzung und Rückzahlung von Nennkapital (§ 17 IV 1). – 1. Begriff, Tatbestand. § 17 IV 1 erfasst (**vom VZ 97 an,** s § 52 I 1 idF des JStG 97) die **Herabsetzung** (§§ 222 ff AktG, § 58 GmbHG) und die daraufhin erfolgende (anteilige) Rückzahlung (Auskehrung) von Nennkapital einer KapGes, sofern diese auf entspr Beschluss[13] und nicht lediglich zum Ausgleich von Verlusten erfolgt. Um eine Kapitalherabsetzung handelt es sich auch bei (Teil-)Umwandlung von Aktien in Tracking Stock-Anteile (Herabsetzung durch Einziehung mit anschließender Kapitalerhöhung durch Neuemission),[14] nicht jedoch die Ausschüttung von **Sachdividenden** (vgl § 58 V AktG idF des TransPuG), dies jedenfalls nicht bei ausreichendem Jahresüberschuss und Gewinnrücklagen.[15] **294**

2. Zeitpunkt. Der Veräußerungsgewinn entsteht nicht mit Zahlung,[16] sondern mit **Wirksamwerden** dieses Beschlusses durch Eintragung in das Handelsregister, ggf auch bereits zuvor, wenn die Beteiligten alles zur Wirksamkeit Erforderliche unternommen haben, die Eintragung in das Handelsregister alsbald nachgeholt wird und Gläubigerinteressen nicht berührt sind.[17] **295**

---

1 S ausdrücklich dazu BFH/NV 03, 1025.
2 StRspr, vgl BStBl II 02, 731.
3 BFH BStBl II 99, 344; BStBl II 00, 343; BFH/NV 01, 302; dem prinzipiell folgend OFD Ffm DB 05, 2048.
4 BFH BStBl II 02, 731 für den Fall einer laufenden Außen- und Steufa-Prüfung mit drohenden beträchtlichen Steuernachzahlungen; dazu *Hoffmann* GmbHR 02, 441; *Gosch* StBp 02, 214; s auch BFH BStBl II 03, 658 mit Anm *Gosch* StBp 03, 251; *Hoffmann* GmbHR 03, 962.
5 BFH/NV 01, 302.
6 BFH BStBl II 04, 597.
7 BFH/NV 05, 540; OFD Ffm DB 05, 2048 (2050).
8 ZB selbst geschaffene Firmenwerte: *Widmann* JbFfSt 90/91, 387 (414); BFH BStBl II 89, 794.
9 BFH BStBl II 93, 340.
10 BFH BStBl II 74, 14.
11 FG D'dorf EFG 89, 459.
12 BFH BStBl II 85, 428; BFH/NV 93, 654.
13 BFH BStBl II 93, 369.
14 S auch *Siegel/Hasselbach* BB 99, 1277.
15 Vgl *Lutter/Leinekugel/Rödder* ZGR 02, 232 f; *Häger/Forst* EStB 02, 336; s iErg auch BFH BStBl II 93, 399 zu Sachvorteilsgewährungen (sog HAPIMAG-Anteilen).
16 BFH BStBl II 95, 693; BFH/NV 94, 707; 459; BFH/NV 96, 898.
17 BFH BStBl II 95, 725; BB 05, 2517; **aA** *K/S/M* § 20 Rn D 7, 9, mwN.

297 **3. Ermittlung des Herabsetzungsgewinns (§ 17 IV 2). Herabsetzungsgewinn** ist der Betrag, um den der gemeine Wert (§ 17 IV 2) des dem StPfl zurückgezahlten Vermögens die anteiligen AK oder Herabsetzungskosten übersteigt. Dazu gehören auch Liquidationserlöse, die aus dem Einlagenkonto gem § 27 I KStG nF resultieren (§ 20 I Nr 2 iVm Nr 1 S 3). **Nicht** zum Herabsetzungsgewinn gehören jedoch Rückzahlungen, die als Gewinnanteil (Dividenden) gem § 20 I Nr 1 und 2 erfasst werden, § 17 IV 3. Das sind Ausschüttungen aus den sonstigen Rücklagen, auch Auszahlungen auf eigene Anteile (Rn 145)[1] sowie in Nennkapital umgewandelte Beträge, die aus der Gewinnrücklage stammen (§ 28 KStG iVm 20 I Nr 2). Zur Rechtslage nach Maßgabe des (früheren) KSt-Anrechnungsverfahrens s 1. Aufl § 17 Rn 297.

298 **IV. Rückzahlung von Einlagen (§ 17 IV 1).** Vom VZ 97 an sind gem § 17 IV 1 Alt 3 auch Ausschüttungen und Rückzahlungen von Beträgen aus dem steuerlichen **Einlagekonto (§ 27 KStG nF)**, bis zur Umstellung des Vollanrechnungs- auf das Halbeinkünfteverfahren vom VZ 01/02 an (s im Einzelnen § 3 Rn 112 ff; § 20 Rn 41 ff; § 36 Rn 2; zum Zeitpunkt der erstmaligen Anwendung s auch Rn 34): aus dem vEK gem **§ 30 II Nr 4 KStG aF** (EK 04), einer Veräußerung von Anteilen iSv § 17 I gleichgestellt. Die Regelung hat zur Folge, dass § 17 I bis III einheitlich auf Liquidation, Kapitalherabsetzung und sonstige Fälle der Einlagerückgewähr anzuwenden ist.

299 Darin liegt eine bloße Klarstellung, soweit die (sonstige) Einlagenrückgewähr **im Zusammenhang mit** einer Liquidation oder Kapitalherabsetzung zurückgewährt wird. Denn die Einlagenrückgewähr gem § 27 KStG nF (zuvor: aus dem EK 04) zieht gem § 20 I Nr 1 S 3 keine Einkünfte aus KapVerm nach sich. Folglich unterfiel sie auch schon bislang dem Besteuerungstatbestand nach § 17 IV; die Ausnahmeregelung in § 17 IV 3 griff nicht. Zwar kam dies im Gesetz nicht explizit zum Ausdruck, ergab sich aber aus der Natur der Sache.[2]

300 Die Regelung in § 17 IV 1 geht nunmehr aber darüber hinaus und **verschärft die frühere Rechtslage**. Auch die (isolierte) Ausschüttung von EK **außerhalb** einer Liquidation oder Kapitalherabsetzung aus Anteilen, die im PV gehalten werden, stellt einen eigenständigen Veräußerungsvorgang iSd § 17 dar. Die Einlagenrückgewähr führt unmittelbar zu stpfl Veräußerungsgewinn, unabhängig davon, ob die Beteiligung als solche veräußert wird. Erfasst wird allerdings nur der die AK übersteigende Betrag,[3] wobei vor dem VZ 97 entstandene AK-Erhöhungen und -Minderungen einzubeziehen sind, ohne dass darin eine verfassungswidrige Rückwirkung zu sehen wäre.[4] IÜ bewirkt die Rückausschüttung von EK (nach Maßgabe des bisherigen körperschaftsteuerlichen Anrechnungsverfahrens: aus dem EK 04) eine erfolgsneutrale Minderung der AK. Zu **negativen AK** führt die Rückgewähr – im Gegensatz zur Rechtslage **vor dem VZ 97**[5] – nicht. – Sieht man von dem bislang (Rn 247) gewährten ermäßigten Steuersatz (§ 34 aF, s Rn 251) und dem Freibetrag (§ 17 III) ab, werden sonach iErg Anteile, die im PV gehalten werden, jenen Anteilen gleich behandelt, die sich im BV befinden und die bereits von § 20 erfasst werden.[6] Zum Zeitpunkt der Besteuerung s Rn 295.

305 **V. Spaltung des ausgekehrten Vermögens in Veräußerungspreis und Einnahmen aus Kapitalvermögen (§ 17 IV 3).** Auskehrungen, die beim Anteilseigner zu Einnahmen aus KapVerm iSv § 20 I Nr 1, 2 führen, gehören nicht zum rückgezahlten Vermögen iSv § 17 IV 1. Es bedarf deshalb der Spaltung des ausgekehrten Vermögens in den Veräußerungspreis und in Einnahmen aus KapVerm.

306 **Einnahmen** aus KapVerm iSv **§ 20 I Nr 1, 2** sind Ausschüttungen aus KapGes, ausgenommen von zurückgewährten Einlagen gem § 27 KStG nF **(§ 20 I Nr 1 S 3)**. Nach der Rechtslage bis zum VZ 01/02 (s § 36 Rn 2) waren dies: **(1)** Auszahlungen von Vermögen, für das belastetes EK oder EK 01 bis 03 als verwendet gilt, ausgenommen Ausschüttungen aus dem EK 04 (§ 20 I Nr 1 S 3 aF); **(2)** Ausschüttungen des Nennkapitals, das aus den in § 29 III KStG aF bezeichneten Beträgen stammt. Es handelt sich hierbei um Nennkapital, das aus Gesellschaftsmitteln erhöht worden ist, und zwar unter Verwendung von Rücklagen aus Gewinnen nach dem 31.12.76. Solches Nennkapital gehörte zum vEK und wurde gem § 47 I Nr 2 KStG aF gesondert festgestellt.

---

1 BFH BStBl II 93, 369.
2 BMF BStBl I 87, 171; BFH BStBl II 95, 362.
3 OFD Erf StEK EStG § 17 Nr 38.
4 Zutr FG Leip EFG 01, 1199.
5 Vgl BFH BStBl II 99, 698 (mit Anm *HG* DStR 99, 1022) entgegen der zuvor hM, s dazu zB *Schmidt*[26] § 17 Rn 168; zur Übergangsproblematik s *Paus* FR 99, 1048; *Strahl* KÖSDI 00, 12260 (12266). – Um die Besteuerung im Zeitpunkt der Anteilsveräußerung sicherzustellen, sind Kontrollmitteilungen für die Wohnsitz-FÄ zu fertigen, s OFD Erf DStZ 99, 842.
6 BFH BStBl II 95, 362.

Kapitalrückzahlungen iSv § 17 IV 1 sind demgegenüber Auskehrungen von nicht in das Nennkapital 307
geleisteten (verdeckten) Einlagen. Bis zur Umstellung vom Vollanrechnungs- auf das Halbeinkünfteverfahren waren dies: **(1)** Auskehrungen von Vermögen, bei dem EK 04 als verwendet gilt; **(2)**
Rückzahlung von Nennkapital, das nicht zum vEK gehört.

Nicht in das Nennkapital geleistete Einlagen werden gem § 27 KStG nF auf einem besonderen steuerlichen Einlagenkonto festgestellt. Davon abgesehen, hat sich durch die Umstellung des körperschaftsteuerlichen Vollanrechnungs- auf das Halb- bzw (künftig, vom VZ 09 an) Teileinkünfteverfahren insoweit nichts geändert. Es bleibt dabei, dass nicht in das Nennkapital geleistete Einlagen
eines G'ters nicht zu den stpfl Dividendeneinnahmen gehören, wenn sie an den G'ter zurückgezahlt
werden und bei diesem entweder als BE oder gem § 17 stpfl sind. 308

VI. Wirkungen des § 17 IV 3 und Gestaltungen. Infolge des Freibetrages gem § 17 III sowie – bis 310
zur Umstellung auf das Halbeinkünfteverfahren (s Rn 251) – der Tarifvergünstigung durch Gewährung des ermäßigten Steuersatzes gem § 34 erweist sich die Besteuerung nach § 17 IV gegenüber der
Besteuerung nach § 20 durchweg als vorteilhafter. Dies betraf bei der bisherigen körperschaftsteuerlichen Vollanrechnung namentlich jene Fälle, in denen bei Liquidation vEK (ausgenommen EK 04)
verwendet wurde. Auch für nicht iSv § 17 Beteiligte können sich Nachteile ergeben, falls die Rückzahlung des Nennkapitals (und des EK 04) geringer als die AK sind; der dann entstehende Vermögensverlust kann nicht geltend gemacht werden.

Zu den früheren probaten **Gestaltungsmöglichkeiten** und ihrer Einschätzung, insbes vor dem Hintergrund des § 42 AO s 1. Aufl Rn 312. Solche Gestaltungen haben sich mit Wegfall des körperschaftsteuerlichen Anrechnungsverfahrens letztlich erledigt, da Dividenden und Veräußerungsgewinne künftig weitgehend gleich besteuert werden (s Rn 1). Die Absenkung der steuerrelevanten
Beteiligungsquote hat zur Folge, dass auch Aufteilungen im Familienverbund im Wege der vorweggenommenen Erbfolge mit dem Ziel einer stfreien Veräußerung der Anteile nach Ablauf der 5-Jahres-Frist gem § 17 II 6a nF, § 17 II 4a aF uninteressant werden. Gestaltungsspielräume bleiben insoweit allenfalls noch für gering beteiligte StPfl durch Anteilsübertragung auf Familienangehörige auf
jeweils unter 1 vH. 312

G. Ausdehnung des Besteuerungsrechts bei Sitzverlegungen (§ 17 V)

§ 17 V wurde (ebenso wie die Parallelvorschrift des § 15 Ia, s dazu § 15 Rn 170f) durch das SEStEG 320
mit erstmaliger Wirkung von VZ 07 an in das Gesetz eingefügt. Grund hierfür ist, auf der Ebene des
Anteilseigners die Konsequenzen aus der „Europäisierung" des KStG **in Wegzugsfällen** zu ziehen:
Es soll durch **§ 17 V 1 nF** sichergestellt werden, dass das Besteuerungsrecht Deutschlands an dem
Gewinn aus der Veräußerung der Anteile der KapGes immer dann erhalten bleibt, wenn dieses
Besteuerungsrecht in den Fällen der **identitätswahrenden Verlegung** des Sitzes (vgl § 11 AO) oder
des Orts der Geschäftsleitung (vgl § 10 AO) der betr KapGes in einen anderen Staat **beschränkt
oder ausgeschlossen**, das Besteuerungssubstrat mithin ‚**entstrickt**' wird. Hinsichtlich der Beschränkung und des Ausschlusses des Besteuerungsrechts gilt im Grunde gleiches wie bei dem ebenfalls
neu geschaffenen **§ 4 I 3 nF** bzw bei **§ 12 I KStG nF**. Allerdings sind (abkommensrechtliche)
Beschränkungen des deutschen Besteuerungsrechts hinsichtlich des Gewinns aus der Veräußerung
von Anteilen an KapGes derzeit nur vereinzelt;[1] im Regelfall hat Deutschland das Besteuerungsrecht, Art 13 V OECD-MA. Zur Geltung und abkommensrechtlichen Vereinbarung des Belegenheitsprinzips für Immobilien-Ges s Art 13 IV OECD-MA.[2] **§ 17 V 1** ordnet jedenfalls mittels einer
Fiktion den Ersatztatbestand an, dass in derartigen Fällen die Beschränkung oder der Ausschluss
des (deutschen) Besteuerungsrechts einer Anteilsveräußerung zum gemeinen Wert gleichsteht. Auf
den fiktiven Veräußerungsgewinn findet das Halb- bzw (künftig) Teileinkünfteverfahren uneingeschränkt Anwendung (§ 3 Nr 40; § 8b II, III KStG). Ausgenommen von der Fiktion sind nach **§ 17 V
2 nF** (und damit parallel zu § 4 I 4 nF sowie § 12 I 1 letzter HS KStG nF) **Sitzverlegungen einer SE**
sowie Sitzverlegungen **anderer KapGes** und – gem § 17 VII – **Genossenschaften** (einschl der SEC)
in einen anderen EG-Mitgliedstaat. § 17 V 2 trägt damit bezogen auf die SE **Art 10d I Fusionsrichtlinie** Rechnung, die eine Besteuerung der G'ter in jenem Fall untersagt. Bei späterer Veräußerung

---

1 S zu einer solchen Ausnahme zB Art 13 III DBA-Tschechoslowakei; zu weiteren Ausnahmen s *Vogel/Lehner*[4] Art 13 Rn 74.

2 Zur Abkommensübersicht aus deutscher Sicht s *Vogel/Lehner*[4] Art 13 Rn 57j.

der Anteile erfolgt gem § 17 V 3 nF jedoch eine Besteuerung nach allg Maßstäben des § 17, also bezogen auf den tatsächlichen Veräußerungsgewinn, nicht aber auf den gemeinen Wert im Zeitpunkt der Sitzverlegung. Dies gilt auch dann, wenn das Besteuerungsrecht gem **Art 13 IV OECD-MA** dem Sitzstaat zusteht; § 17 V 3 nF setzt sich darüber im Wege eines treaty override und in Einklang mit **Art 10d II Fusionsrichtlinie** (aber möglicherweise nicht mit dem EU-Primärrecht) hinweg. Bezogen auf die von § 17 V 2 nF ebenfalls erfasste Sitzverlegung anderer KapGes und Genossenschaften als der SE oder SCE schießt die Neuregelung über das EG- sowie DBA-rechtlich Gebotene hinaus; richtig wäre es hiernach gewesen, die Schlussbesteuerung auf die Erfassung der stillen Reserven im Zeitpunkt der Sitzverlegung zu beschränken. Zweifelhaft ist zudem, dass die (deutsche) Schlussbesteuerung sich auch auf etwaige Wertzuwächse in dem anderen Staat erstreckt, und überdies, dass ggf Doppelbesteuerungen in Kauf genommen werden. Die Regelung ist unverhältnismäßig, was es rechtfertigt, die Frage nach der Zulässigkeit des Verstoßes gegen das Völkervertragsrecht im Wege des unilateralen treaty overriding zu stellen (s auch § 15 Rn 171, und allg § 50d Rn 41 aE).[1] – **§ 17 V 4 nF** bestimmt die entspr Anwendung von **§ 15 Ia 2 nF** und stellt damit sicher, dass die dort aufgelisteten Ersatzrealisationstatbestände (verdeckte Einlage, Gesellschaftsauflösung, Kapitalherabsetzung und -rückzahlung oder Ausschüttung und Rückzahlung von Beträgen aus dem Einlagekonto iSd § 27 KStG, s § 15 Rn 171) auch im Rahmen von § 17 greifen. Um den Steuerzugriff in solchen Fällen auch beim Wegzug des Anteilseigners zu sichern, s **§ 49 I Nr 2e bb nF** sowie **§ 49 I Nr 8c bb nF**, s § 49 Rn 56, 149.

321 Ist der (in- oder ausländische) G'ter, dessen Anteile im PV gehalten werden, **nicht iSv § 17 I** an der wegziehenden KapGes beteiligt, scheidet eine Besteuerung mangels Sonderregelung endgültig aus. Auch eine Besteuerung über § 23 entfällt; die identitätswahrende Sitzverlegung führt nicht zum (erneuten) Anlauf der Spekulationsfrist.

322 Zieht die Sitzverlegung gem **§ 12 III KStG nF** (entspricht § 12 I KStG aF) die **Liquidation** der wegziehenden KapGes nach sich, bleibt es (wie bisher) bei den Besteuerungsfolgen des **§ 17 IV 1** (s Rn 278 ff); der Fall sein wird dies in erster Linie (dann aber auch so gut wie uneingeschränkt) bei der Sitzverlegung in einen **Nicht-EG-** (= Dritt-) **Staat**.

H. Ausdehnung des Besteuerungsrechts bei Einbringungen (§ 17 VI)

330 Auch (Rn 27) § 17 VI wurde durch das SEStEG neu geschaffen. Die Regelung bestimmt die **entspr Anwendung von § 17 I bis V** für jene **Einbringungsfälle iSv § 20 I und § 21 I UmwStG nF**, in denen **(1)** der veräußernde StPfl innerhalb der letzten 5 Jahre nicht (unmittelbar oder mittelbar, Rn 48) iSv § 17 I an der KapGes beteiligt war (**§ 17 VI HS 1**), **(2)** die Anteile nach Maßgabe des UmwStG (nF) ohne Ansatz ihres gemeinen Werts erworben wurden (**§ 17 VI HS 2 Nr 1**) und **(3)** zum Einbringungszeitpunkt für die eingebrachten Anteile **(3a)** die Voraussetzungen des § 17 I 1 erfüllt waren oder **(3b)** die Anteile auf einer Sacheinlage iSv § 20 I UmwStG nF beruhen (**§ 17 VI HS 2 Nr 2**). Die Regelung bezweckt zu verhindern, dass die StPfl nach § 17 durch Einbringungsvorgänge umgangen wird; sie substituiert damit das bisherige (für Alt-Einbringungen jedoch fortgeltende, s 27 III Nr 3 UmwStG nF, Rn 1, 27) Institut der sog einbringungsgeborenen Anteile gem § 21 UmwStG aF (dazu Rn 27), indem die Steuerverstrickung, wie sie vor der Umwandlung (nach § 17 oder als BV iSv § 20 I UmwStG) bestand, erhalten bleibt. Die betr Anteile gelten – ohne zeitliche Begrenzung – als solche iSd § 17, und zwar unabhängig von der Beteiligungsquote, also auch im Falle einer infolge Teilveräußerungen **auf unter 1 vH abgesunkenen Beteiligung**, und auch unabhängig davon, ob die 5-Jahres-Frist des § 17 I zwischenzeitlich abgelaufen ist. Entspr **Einbringungsvorgänge**, die ein von den gemeinen Anteilswerten abw Bewertungswahlrecht ermöglichen, sind – neben der Sacheinlage gem § 20 I UmwStG nF – die Fälle der Verschmelzung auf eine PersGes oder nat Pers gem § 3 II UmwStG nF, auf eine andere Körperschaft gem § 11 II UmwStG nF, der Aufspaltung, der Abspaltung und der Teilübertragung gem §§ 15, 16 UmwStG nF sowie des Anteilstauschs gem § 21 UmwStG nF. Ob die hiernach einbezogene Sacheinlage gem § 20 UmwStG bereits länger als 7 Jahre zurückliegt, ist unbeachtlich. Werden Anteile iSd § 17 VI in ein BV eingelegt, sind diese – ebenso wie solche nach § 17 I (s Rn 127) – mit ihren historischen AK, nicht mit den Teilwerten anzusetzen, § 6 I Nr 5 S 1b nF.

---

1 S auch *Benecke/Schnitger* IStR 06, 765, 768 zu dadurch uU ausgelöster Gemeinschaftsrechtsunverträglichkeit.

c) Selbstständige Arbeit (§ 2 Abs. 1 Satz 1 Nr. 3)

§ 18

(1) ¹Einkünfte aus selbstständiger Arbeit sind
1. Einkünfte aus freiberuflicher Tätigkeit. ²Zu der freiberuflichen Tätigkeit gehören die selbstständig ausgeübte wissenschaftliche, künstlerische, schriftstellerische, unterrichtende oder erzieherische Tätigkeit, die selbstständige Berufstätigkeit der Ärzte, Zahnärzte, Tierärzte, Rechtsanwälte, Notare, Patentanwälte, Vermessungsingenieure, Ingenieure, Architekten, Handelschemiker, Wirtschaftsprüfer, Steuerberater, beratenden Volks- und Betriebswirte, vereidigten Buchprüfer, Steuerbevollmächtigten, Heilpraktiker, Dentisten, Krankengymnasten, Journalisten, Bildberichterstatter, Dolmetscher, Übersetzer, Lotsen und ähnlicher Berufe. ³Ein Angehöriger eines freien Berufs im Sinne der Sätze 1 und 2 ist auch dann freiberuflich tätig, wenn er sich der Mithilfe fachlich vorgebildeter Arbeitskräfte bedient; Voraussetzung ist, dass er auf Grund eigener Fachkenntnisse leitend und eigenverantwortlich tätig wird. ⁴Eine Vertretung im Fall vorübergehender Verhinderung steht der Annahme einer leitenden und eigenverantwortlichen Tätigkeit nicht entgegen;
2. Einkünfte der Einnehmer einer staatlichen Lotterie, wenn sie nicht Einkünfte aus Gewerbebetrieb sind;
3. Einkünfte aus sonstiger selbstständiger Arbeit, z. B. Vergütungen für die Vollstreckung von Testamenten, für Vermögensverwaltung und für die Tätigkeit als Aufsichtsratsmitglied;
4. Einkünfte, die ein Beteiligter an einer vermögensverwaltenden Gesellschaft oder Gemeinschaft, deren Zweck im Erwerb, Halten und in der Veräußerung von Anteilen an Kapitalgesellschaften besteht, als Vergütung für Leistungen zur Förderung des Gesellschafts- oder Gemeinschaftszwecks erzielt, wenn der Anspruch auf die Vergütung unter der Voraussetzung eingeräumt worden ist, dass die Gesellschafter oder Gemeinschafter ihr eingezahltes Kapital vollständig zurückerhalten haben; § 15 Abs. 3 ist nicht anzuwenden.

(2) Einkünfte nach Absatz 1 sind auch dann steuerpflichtig, wenn es sich nur um eine vorübergehende Tätigkeit handelt.

(3) ¹Zu den Einkünften aus selbstständiger Arbeit gehört auch der Gewinn, der bei der Veräußerung des Vermögens oder eines selbstständigen Teils des Vermögens oder eines Anteils am Vermögen erzielt wird, das der selbstständigen Arbeit dient. ²§ 16 Abs. 1 Satz 1 Nr. 1 und 2 und Abs. 1 Satz 2 sowie Abs. 2 bis 4 gilt entsprechend.

(4) ¹§ 13 Abs. 5 gilt entsprechend, sofern das Grundstück im Veranlagungszeitraum 1986 zu einem der selbstständigen Arbeit dienenden Betriebsvermögen gehört hat. ²§ 15 Abs. 1 Satz 1 Nr. 2, Abs. 1a, Abs. 2 Satz 2 und 3, §§ 15a und 15b sind entsprechend anzuwenden.

R 18.1, 18.3/H 18.1, 18.2, 18.3 EStR 05

Übersicht

	Rn		Rn
A. Grundaussagen der Vorschrift	1	5. Vermietung und Verpachtung	44
I. Grundsatzaussage	1	6. Betriebsaufspaltung	46
II. Systematik	5	7. Betriebsveräußerung	48
III. Sinn und Zweck der Regelung	10	8. Erbfall	50
IV. Entwicklung der Vorschrift	13	9. Verfahrensrecht	58
B. Einkünfte aus selbstständiger Arbeit, (§ 18 I)	15	II. Begriff der selbstständigen Arbeit	60
I. Grundsätze	15	1. Freiberufliche Tätigkeit (§ 18 I Nr 1)	60
1. Erzielung von Einkünften	15	a) Einkünfte aus freiberuflicher Tätigkeit (§ 18 I Nr 1 S 2)	60
2. Ermittlung des laufenden Gewinns	17	aa) Keine nichtselbstständige Tätigkeit	60
a) Umfang des Betriebsvermögens	18	bb) Keine gewerbliche Tätigkeit	65
b) Betriebseinnahmen	23	cc) Keine sonstigen Einkünfte	67
c) Betriebsausgaben	25	b) Wissenschaftliche Tätigkeit	69
d) Praxiswert	27	c) Künstlerische Tätigkeit	73
3. Gemischte Tätigkeit	30	d) Schriftstellerische Tätigkeit	77
4. Personenzusammenschlüsse	33	e) Unterrichtende Tätigkeit	80
a) Sozietät, Partnerschaft	33	f) Erzieherische Tätigkeit	85
b) Erbengemeinschaft	39	g) Heilberufe	88
c) Gesonderte Feststellung	42		

	Rn		Rn
h) Rechts- und wirtschaftsberatende Berufe	95	4. Staatliche Lotterieeinnehmer (§ 18 I Nr 2)	147
aa) Rechtsanwälte, Notare, Patentanwälte	95	5. Sonstige selbstständige Tätigkeit (§ 18 I Nr 3)	150
bb) Wirtschaftsprüfer, Steuerberater, vereidigte Buchprüfer, Steuerbevollmächtigte	100	a) Eingrenzung der sonstigen selbstständigen Tätigkeit	150
		b) Testamentvollstrecker	153
cc) Beratende Volks- und Betriebswirte	104	c) Vermögensverwalter	155
		d) Aufsichtsratsmitglied	157
i) Technische Berufe	108	6. Leistungsvergütungen bei Wagniskapitalgesellschaften (§ 18 I Nr 4)	158
aa) Ingenieure und Vermessungsingenieure	108		
bb) Architekten	113	C. Vorübergehende Tätigkeit (§ 18 II)	160
cc) Handelschemiker	117	D. Veräußerungsgewinne (§ 18 III)	162
dd) Lotsen	118	I. Veräußerungstatbestände (§ 18 III 1)	164
j) Medienberufe	120	1. Veräußerung des Vermögens	164
k) Ähnliche Berufe	124	2. Veräußerung eines selbstständigen Vermögensteils	168
aa) Funktion des Merkmals	124		
bb) Vergleichbarkeit der Ausbildung	126	3. Veräußerung der Beteiligung an Kapitalgesellschaft (§ 18 III 2)	170
cc) Fehlende Zulassung	128		
dd) Vergleichbarkeit der Berufsausübung	130	4. Veräußerung eines Anteils am Vermögen	172
ee) Ähnlichkeit mit Katalogberuf	132	II. Aufgabe der selbstständigen Arbeit (§ 18 III 2 iVm § 16 III)	175
2. Mithilfe anderer Arbeitskräfte (§ 18 I Nr 1 S 3)	138		
a) Mithilfe fachlich vorgebildeter Kräfte	138	III. Ermittlung des Veräußerungsgewinns (§ 18 III 2)	178
b) Qualifizierte Leitung	140	E. Bezugnahme auf anderweitige Vorschriften (§ 18 IV)	180
3. Vertretung (§ 18 I Nr 1 S 4)	145		

Literatur: *Brandt* Ähnliche Berufe nach § 18 Abs 1 EStG, DStZ 02, 867; *Heuer* Die Besteuerung der Kunst[2], 1984; *IdW* Steuerliche Probleme bei Praxisübertragungen von Angehörigen der wirtschaftsprüfenden und steuerberatenden Berufe[3], 1995; *Kempermann* Katalogberufler als Gewerbetreibende, FR 96, 514; *List* Neue Berufe aus steuerrechtlicher Sicht, BB 93, 1488; *Maaßen* Kunst oder Gewerbe?[2], 1996; *Schick* Die freien Berufe im Steuerrecht; *Seer/Drüen* Ausgliederung gewerblicher Tätigkeiten zur Vermeidung der Gewerbesteuerpflicht freiberuflicher Sozietäten, BB 00, 2176.

A. Grundaussagen der Vorschrift

1 **I. Grundsatzaussage.** § 18 erfasst Tätigkeiten, bei denen idR nach wissenschaftlicher oder **hochschulmäßiger Ausbildung** die **eigene Verantwortung** sowie der wirtschaftliche **Erfolg auf eigene Rechnung** im Vordergrund stehen. Idealtypisch überwiegt bei einem Selbstständigen der Einsatz der persönlichen Arbeitskraft im Verhältnis zu den sachlichen Hilfsmitteln.[1] Im Vordergrund steht die unmittelbare, persönliche und individuelle Arbeitsleistung. Das Gesetz enthält keine ausdrückliche Definition der selbstständigen Arbeit, gleiches gilt für den Begriff der freiberuflichen Tätigkeit iSd § 18 I Nr 1. Vielmehr beschränkt sich § 18 I Nr 1 darauf, anhand von tätigkeitsbezogenen Merkmalen (wissenschaftlich, künstlerisch) oder im Hinblick auf einzelne Berufsinhalte (Katalogberufe und diesen ähnliche Berufe) die freiberufliche Tätigkeit einzugrenzen. Kennzeichnend für diese Zuordnung nach dem Tätigkeitsinhalt oder Berufsfeld ist das Überwiegen geistiger Leistung (Rn 10). Dies kommt nicht zuletzt in dem Umstand zum Ausdruck, dass die freiberufliche Tätigkeit gem § 18 I Nr 1 regelmäßig eine anspruchsvolle, häufig akademische Ausbildung voraussetzt. Indem das Gesetz in § 18 I 4 auf eine leitende und eigenverantwortliche Tätigkeit abhebt, wird der auf die Person des Freiberuflers zugeschnittene Anspr an dessen **persönliche Qualifikation** betont. Die weiteren Formen selbstständiger Arbeit betreffen die in § 18 I Nr 2 und 3 genannten Tätigkeiten, denen im Vergleich zu den freien Berufen eine ungleich geringere praktische Bedeutung zukommt.

2 Der historische Gesetzgeber[2] ging davon aus, dass bei der selbstständigen Tätigkeit (fast) ausschließlich die eigene Arbeitskraft des StPfl und nicht der Einsatz des gewerblichen Vermögens im Vordergrund stehe. Diese Vorstellung, die auch eine Differenzierung hinsichtlich der GewStPfl

---

1 BFH BStBl II 02, 478 (479); *K/S/M* § 18 Rn B 14 ff unter Hinweis auf die mittelalterlichen artes liberales.

2 Begr zum EStG 1934, RStBl 35, 33 (42).

rechtfertigen mochte, wird zwischenzeitlich vielfach widerlegt. Zwar ging das BVerfG noch im Jahre 69[1] davon aus, dass eine wirtschaftliche Betätigung iSv § 15, bei der der **Produktionsfaktor Kapital** eindeutig im Vordergrund stehe, mit der GewSt belegt werden könne. Bereits im Jahre 77 relativierte das Gericht den Gesichtspunkt des zu vernachlässigenden Kapitaleinsatzes.[2] Infolgedessen sei eine freiberufliche Tätigkeit maßgeblich geprägt vom **persönlichen Einsatz** bei der Berufsausübung, dem Charakter des jeweiligen Berufs nach der berufsrechtlichen Ausgestaltung und der Verkehrsanschauung, der Stellung sowie Bedeutung des Berufs im Sozialgefüge und der Qualität sowie Länge der erforderlichen Berufsausbildung.[3] Inzwischen haben die Abgrenzungsmerkmale persönliche Arbeitsleistung und Kapitaleinsatz weiter an Bedeutung eingebüßt.[4] Das Auftreten am Markt (Gewinnstreben, unternehmerische Gestaltung, Werbung) lässt die Unterschiede zwischen Freiberuflern und Gewerbetreibenden zunehmend in den Hintergrund treten. Gleichwohl hält das BVerfG bislang an der Verfassungsmäßigkeit der GewSt und der GewStPfl bei Einkünften aus § 15 (nicht aber aus § 18) fest. Immerhin hatte der Gesetzgeber[5] in der Begr zum GewStG im Jahre 1936 noch ausgeführt, die Grundsätze des Nationalsozialismus erforderten eine Herausnahme der Freiberufler aus der GewSt. Allerdings zeichnet sich nunmehr im Hinblick auf die Diskussion um die sog Gemeindewirtschaftssteuer ein **politischer Wandel** dahingehend ab, zur Verbesserung der Gemeindefinanzierung die Freiberufler den Gewerbetreibenden anzugleichen. Immerhin würden die leidigen Abgrenzungsfragen zu §§ 15 und 18 entfallen. Gleichwohl erscheint eine Gleichsetzung der selbstständigen mit den gewerblichen Einkünften nicht zuletzt deshalb bedenklich, weil die geltenden Honorar- und Gebührenordnungen etwa der RA, Steuerberater, Ärzte, Architekten und Ingenieure einem am Preis orientierten Wettbewerb entgegenstehen. Gleiches gilt im Hinblick auf die berufs- und standesrechtlich (noch) geltenden Wettbewerbsbeschränkungen, denen Freiberufler unterliegen. Zudem trägt das Privilegieren der in § 18 I Nr 1 genannten (ähnlichen) Berufe dem Umstand Rechnung, dass die betr Berufsträger zumeist während der erforderlichen längeren Ausbildungszeit keine Einkünfte erzielen. An dieser Einschätzung ändert auch die ins Auge gefasste Anpassung und Erhöhung des Ermäßigungsbetrages gem § 35 (§ 35 Rn 1) nichts. Denn dieser Ausgleich versagt, sofern – wie zB häufig in Großstädten – der durchschnittliche Hebesatz überschritten wird.

Nach allg Grundsätzen umfasst der Begriff der selbstständigen Arbeit die **vier positiven Merkmale** iSd § 15 II (§ 15 Rn 60). Hinzutreten müssen jedoch die besonderen Merkmale der selbstständigen Tätigkeit. Dies betrifft entweder die ausdrücklich bezeichneten Tätigkeiten oder die im Einzelnen umschriebenen ähnlichen Tätigkeiten (Rn 1). 3

II. Systematik. § 18 I umschreibt vorrangig die Tätigkeiten, die zu den Einkünften aus selbstständiger Arbeit zählen. Im Vordergrund (I Nr 1) stehen die freiberuflichen Tätigkeiten, die einerseits nach tätigkeitsbezogenen Merkmalen bestimmt werden und die andererseits die Aufzählung einzelner Berufsgruppen (sog Katalogberufe) betreffen. Das Gesetz definiert nicht die freiberufliche Tätigkeit, vielmehr beschränkt es sich auf eine Aufzählung der freien Berufe (Rn 1). Nachdem ein einheitlicher Oberbegriff der freien Berufe fehlt, gewinnen Typisierungen besondere Bedeutung. Der fehlenden Eindeutigkeit, wo im Einzelfall die Grenze freiberuflicher Tätigkeit verläuft, steht der Vorteil gegenüber, dass § 18 I den gesellschaftlichen Entwicklungen offen gegenübersteht. Als Auffangtatbestand wird die Bestimmung ergänzt um die sog ähnlichen Berufe. Diese Ähnlichkeit bestimmt sich nach den Merkmalen der Katalogberufe; es handelt sich um eine Tatbestandsbestimmung im Wege der Analogie. Weiterhin ordnen § 18 I Nr 2 und 3 einzelne Tätigkeiten den Einkünften aus selbstständiger Arbeit zu. IÜ enthalten die Sätze 3 und 4 im Hinblick auf die Mithilfe bestimmter Arbeitskräfte und Vertretungssituationen **gemeinsame Merkmale** für freiberufliche Tätigkeiten. 5

§ 18 II stellt klar, dass auch eine nur vorübergehende Tätigkeit die Voraussetzungen des § 18 I zu erfüllen vermag. Demgegenüber bestimmt **Abs 3**, dass in Anlehnung an § 16 im Einzelnen bezeichnete Veräußerungsvorgänge zu den stpfl Einkünften zählen. § 18 III 2 verweist auf den Freibetrag iSv § 16 IV, weiterhin gilt die Tarifvergünstigung gem § 34 II Nr 1. Die in **Abs 4** enthaltenen Bezugnahmen führen zur Übernahme der in § 13 V sowie §§ 15, 15a und 15b festgelegten Regelungsinhalte. 6

---

1 BVerfGE 26, 1 (8 f).
2 BVerfGE 46, 224 (241).
3 BVerfGE 46, 224 (242).
4 BFH/NV 97, 751 (753).
5 RStBl 37, 693 (694).

7 Die keinesfalls trennscharfe **Abgrenzung zu den anderen Einkunftsarten** erfordert idR eine umfassende Sachverhaltswürdigung. Die Unterscheidung von den Einkünften gem § 15 (Rn 65) kann häufig nur durch den Vergleich mit den für selbstständige sowie gewerbliche Einkünfte jeweils typischen Erscheinungsformen getroffen werden. Die Abgrenzung gegenüber den Einkünften gem **§ 19** (Rn 60) richtet sich nach den Bestimmungen des Lohnsteuerrechts, insbes § 1 II LStDV. **§ 21 III** stellt ausdrücklich klar, dass Miet- und Pachteinnahmen ggf im Rahmen des § 18 zu besteuern sind; folglich sind etwa Einnahmen aus der Vermietung von WG im Zusammenhang mit einer selbstständigen Tätigkeit diesen Einkünften zuzurechnen. Sonstige Einkünfte iSv **§ 22 Nr 3** können auch Tätigkeitsvergütungen enthalten, wie sie § 18 typischerweise erfasst. Allerdings setzt der vorrangig anwendbare § 18 ausweislich Abs 2 zumindest eine vorübergehende Tätigkeit (Rn 160) voraus, so dass zwar nicht deren tatsächliche Dauerhaftigkeit, wohl aber die Absicht der Wiederholung feststellbar sein muss; demgegenüber betrifft § 22 Nr 3 die nur gelegentlich ausgeübte Tätigkeit.

8 StPfl mit Einkünften nach § 18 ermitteln den Gewinn gem **§ 4 I** oder **III**. Soweit StPfl ihre selbstständige Arbeit (lediglich) nebenberuflich ausüben, kommen stfreie Aufwandsentschädigungen iSd § 3 Nr 26 in Betracht (§ 3 Rn 76). Die in § 141 AO geregelte Buchführungspflicht gilt nicht für StPfl mit Einkünften aus selbstständiger Arbeit. Im Einzelfall können auch Freiberufler außerordentliche Einkünfte iSd § 34 II Nr 4 bei Vergütungen für mehrjährige Tätigkeiten erzielen.[1] Im Bereich der USt können Freiberufler – abgesehen von der Befreiung gem § 4 Nr 14 sowie dem ermäßigten Steuersatz gem § 12 II Nr 6 und 7 UStG – die Steuer nach vereinnahmten Entgelten berechnen, § 20 I UStG. Vor allem aber das Entfallen der GewStPfl führt bislang (Rn 2 aE) zu einer **Privilegierung** gegenüber den gewerblichen Einkünften.

10 III. Sinn und Zweck der Regelung. § 18 erfasst Einkünfte, die ein StPfl **eigenverantwortlich** im Hinblick auf die **persönliche Arbeitsleistung erzielt**.[2] Kulturgeschichtlich geht der Begriff der freien Berufe auf die mittelalterlichen artes liberales zurück. Durch Verzicht auf eine gesetzliche Definition der freiberuflichen Tätigkeit, § 18 I Nr 1, sowie der sonstigen selbstständigen Arbeit, § 18 I Nr 3, gewinnt die **Verkehrsanschauung** maßgebliche Bedeutung bei der Bestimmung der freien Berufe. Auf diese Weise ist das Gesetz für Fortentwicklungen herkömmlicher Berufsinhalte sowie für neue Berufe offen. Im Vordergrund steht die eigenverantwortliche, auf hoher persönlicher Qualifikation beruhende Tätigkeit. Kennzeichnend sind – zumindest bislang – berufs- und standesrechtliche Regelwerke, die jedenfalls im Grundsatz das Gewinnstreben nicht uneingeschränkt zulassen (Rn 2 aE). Gleichwohl zeigt die soziale Wirklichkeit, dass der Gewinnaspekt zunehmend Bedeutung gewonnen hat. Im Wege der **Typisierung** (Rn 5) fällt danach eine Tätigkeit in den Anwendungsbereich des § 18, sofern der persönliche – zumeist auf qualifizierter Ausbildung beruhende – Arbeitseinsatz in einer Weise im Vordergrund steht, wie er für das herkömmliche Bild der Selbstständigen bestimmend ist. Hiernach gibt der unmittelbare, persönliche und deshalb individuelle Einsatz sowie der direkte Kontakt mit den Klienten dem Begriff des Freiberuflers sein Gepräge.[3] Nach diesem Verständnis bilden typisierend das durch entsprechende Ausbildung geschulte geistige Vermögen und die persönliche Arbeitskraft die Grundlagen freiberuflicher Tätigkeit.[4]

13 IV. Entwicklung der Vorschrift. Bereits in den Preußischen Gesetzen zur Einkommen- und Gewerbesteuer v 24.6.1891[5] wurden bestimmte von der GewSt befreite selbstständig ausgeübte Tätigkeiten der Einkommensbesteuerung unterworfen. Der Wortlaut der heutigen Vorschrift geht im Wesentlichen auf § 18 des EStG 1934 zurück. Hervorzuheben ist die Ergänzung des § 18 durch Abs 1 S 3, wonach in begrenztem Umfang (nur) bei freiberuflicher Tätigkeit der Einsatz qualifizierter Hilfskräfte mit der Tätigkeit eines Freiberuflers vereinbar ist.[6]

B. Einkünfte aus selbstständiger Arbeit, (§ 18 I)

15 I. Grundsätze. – 1. Erzielung von Einkünften. Stpfl Einkünfte gem § 18 setzen voraus, dass die **allg Tatbestandsmerkmale iSd § 2 I** zu bejahen sind. Bei nat Pers,[7] die gem § 1 I unbeschränkt estpfl sind, müssen daher – in Abgrenzung von der privaten Vermögenssphäre – alle

---

1 BFH BStBl II 07, 180.
2 Begr zum EStG 1934, RStBl 35, 33 (42).
3 BFH BStBl III 65, 557 (558).
4 BFH BStBl III 53, 142 (143).
5 K/S/M § 18 Rn A 44 ff u 49.
6 K/S/M § 18 Rn A 52.
7 BFH BStBl II 71, 770 (771): keine KapGes, vgl § 8 II KStG.

objektiven (insbes Teilnahme am Marktgeschehen[1]) und subj (insbes Einkünfteerzielungsabsicht, vgl § 2 Rn 16) Merkmale erfüllt sein.

Die **Einkünfteerzielungsabsicht** (§ 2 Rn 48 ff) richtet sich im Rahmen des § 18 im Grundsatz nach den allg Regeln. Dabei sind aber, um die innere Tatsache anhand äußerer Umstände festzustellen, die besonderen Umstände etwa künstlerischer oder schriftstellerischer Tätigkeit (zB längere Verlustphasen) angemessen zu berücksichtigen. Dies gilt auch bei nebenberuflich ausgeübter freiberuflicher Tätigkeit (§ 2 Rn 52). Hiernach können die freiberuflichen Besonderheiten rein betriebswirtschaftliche Gesichtspunkte im Einzelfall überlagern. Beschränkt StPfl, § 1 IV, erzielen gem § 49 I Nr 3 Einkünfte aus selbstständiger Arbeit, soweit die Tätigkeit im Inland ausgeübt oder verwertet wird. Die Absicht, nachhaltig auf Dauer Überschüsse zu erzielen, kann nur an Hand äußerer Umstände im Wege der Einzelabwägung ermittelt werden. Für die Gewinnprognose ist vorrangig auf die folgenden (künftigen) Jahre abzustellen, erforderlich ist also eine zukunftsorientierte Betrachtung. Dabei indiziert eine objektiv negative Totalgewinnprognose lediglich ausnahmsweise das Fehlen einer Gewinnerzielungsabsicht. Diese fehlt im Regelfall nur, wenn StPfl den Verlust aus persönlichen Gründen hinnehmen; hierfür sprechen auch fehlende Reaktionen auf verlustbringende Geschäftskonzepte.[2] Die Prognose der Gewinnerwirtschaftung darf nicht allein auf längere Verlustphasen abstellen, muss typischerweise im Wege des Anscheinsbeweises mit Gewinnabsicht betriebene Tätigkeiten besonders werten und hat persönliche Gründe oder Neigungen des StPfl zu beachten. Ein für die Gewinnerzielungsabsicht sprechender Anscheinsbeweis fehlt bereits, wenn der StPfl ein verlustbringendes Unternehmen aus persönlichen Gründen fortführt. Dies gilt auch für sog Brotberufe, bei denen aber allein (langjährige) Verluste nicht zur Liebhaberei führen. Aus der Fülle der hierzu ergangenen Rspr seien folgende Beispiele genannt: BFH BStBl II 80, 152: keine Liebhaberei bei Reisejournalistin trotz mehrjähriger Verluste; BStBl II 85, 424 (425 f): keine Liebhaberei bei Erfinder allein wegen Verlusten über einen längeren Zeitraum; BStBl II 85, 515 (516): keine Gewinnerzielungsabsicht bei Schriftsteller, der auch nach Anlaufzeit nur Verluste erzielt; BStBl II 88, 266 (268): Gewinnerzielungsabsicht bei (ehrenamtlichen) Gemeinderatsmitgliedern; BStBl II 98, 663 (664) und FG Mchn EFG 02, 983: Gewinnerzielungsabsicht bei langjährigen Verlusten eines RA; BFH BStBl II 02, 276: idR keine Liebhaberei bei hauptberuflich ausgeübter Tätigkeit als Steuerberater; BFH/NV 01, 13: Liebhaberei bei langjähriger Erfindertätigkeit ohne nennenswerte Einnahmen; FG M'ster EFG 02, 1157: Verluste in der Auslaufphase einer Arztpraxis; BFH BStBl II 03, 85: Architekt ohne Gewinnerzielungsabsicht; BFH BStBl II 03, 602: Gewinnerzielungsabsicht trotz langjähriger Verluste bei Künstlern; BFH/NV 03, 625: Gewinnerzielungsabsicht trotz fehlgeschlagener Vermarktung eines Manuskripts; BFH/NV 04, 1396: Liebhaberei bei aufgrund persönlicher Neigung betriebenem Tonstudio und Musikverlag; FG Nds EFG 04, 111: neue Anlaufphase nach längerer Verlustperiode bei Künstler; FG D'dorf EFG 04, 259: fehlende Gewinnerzielungsabsicht bei freiberuflichem Arzt; BFH/NV 05, 1556: Gewinnerzielungsabsicht eines Erfinders; BFH BStBl II 05, 392: Liebhaberei bei RA wegen anhaltender Verluste; BStBl II 04, 1063: Umstrukturierungsmaßnahmen indizieren Gewinnerzielungsabsicht (subjektiver Liebhabereibegriff).

2. Ermittlung des laufenden Gewinns. Die Besteuerung des laufenden Gewinns richtet sich nach allg Grundsätzen.[3] Hiernach ermittelt ein Selbstständiger seinen Gewinn zumeist nach **§ 4 III**. Allerdings kann sich der fakultative BV-Vergleich gem § 4 I anbieten, sofern die Ausübung dieses Wahlrechts vorteilhaft erscheint. Nach bislang hM kann StPfl die Gewinnermittlung nur zu Beginn eines Wj wechseln.[4] Nachdem die Überschussrechnung gem § 4 III für Freiberufler den Regelfall darstellt, ist von einer Wahl der Gewinnermittlung nach § 4 I nur auszugehen, wenn der StPfl nach den Gesamtumständen vor allem durch die tatsächliche Handhabung der Gewinnermittlung – insbes das Einreichen einer Eröffnungsbilanz – sein diesbezügliches Wahlrecht eindeutig ausgeübt hat.[5] Ermittelt der StPfl seinen Gewinn nach § 4 I, kommt ein abweichendes Wj iSd § 4a gleichwohl nicht in Betracht (§ 4a Rn 1).

---

1 BFH BStBl II 02, 338: bejaht, auch wenn Leistung nur an Angehörige erbracht wird; BStBl II 02, 565 (566): bejaht bei Angebot an nur einen Marktteilnehmer.
2 BFH BStBl II 03, 602; BStBl II 04, 455 (456); BStBl II 05, 336 (339).
3 Zu den einzelnen Aufzeichnungspflichten eines Freiberuflers, vgl H 18.2 EStH.
4 BFH/NV 97, 403 (404); offen gelassen in BFH BStBl II 01, 102 (104).
5 BFH BStBl II 01, 102: Grenzen eines (mehrfachen) Wechsels; FG Kln EFG 04, 1748 (1749); vgl auch H 18.2 EStH.

18 a) Umfang des Betriebsvermögens. Nach allg Grundsätzen (§ 4 Rn 33f) zählen zu dem BV eines Selbstständigen alle WG, die in einem funktionalen Sachzusammenhang mit dem Betrieb stehen. Das bei der Gewinnermittlung stets zu berücksichtigende **notwendige BV** liegt vor, wenn ein (un)bewegliches WG dem Betrieb in der Weise unmittelbar (§ 4 Rn 35) dient, dass es objektiv erkennbar zum unmittelbaren Einsatz im Betrieb selbst bestimmt ist;[1] bzgl der nicht abnutzbaren WG ist § 4 III 3 und 4 zu beachten. Bei PersGes, die Einkünfte gem § 18 erzielen, gehören zum BV das Gesamthandsvermögen sowie die im Eigentum eines G'ters stehenden betrieblich genutzten WG (Sonder-BV). Zur Rechtsprechungsänderung bzgl des gewillkürten BV auch bei der Einnahme-Überschuss-Rechnung vgl Rn 21.

19 Die Zuordnung zum BV hängt vom **konkreten Einsatz** (Funktion) **des WG** im Hinblick auf die betrieblichen Abläufe ab (Gesamtwürdigung, vgl § 4 Rn 34); dies ist etwa zu bejahen für das Dentalgold eines Zahnarztes.[2] Nach den Umständen des Einzelfalles kann dies für an sich berufsfremde WG angenommen werden, sofern sie für die Berufstätigkeit erforderlich[3] und der betreffenden freiberuflichen Tätigkeit nicht wesensfremd sind.[4] Weitere Beispiele: Darlehensforderung eines Steuerberaters zur Rettung einer Honorarforderung (BFH BStBl II 80, 571 (572 f)); Beteiligung eines beratenden Ingenieurs für Baustatik an einer Planungs- und Bau-GmbH (BFH BStBl II 76, 380 (381)) oder an einer Wohnungsbau-AG (BFH BStBl II 79, 109 (110)); Beteiligung von Wirtschaftsprüfern an einer Treuhand-GmbH (BFH BStBl II 76, 380 (381)); Einräumung von Gesellschaftsrechten als Honorar eines Steuerberaters (BFH BStBl II 01, 546 (547); Beteiligung eines Mediziners an einschlägiger KapGes zur Produktverwertung (BFH BStBl II 01, 798)). Dagegen entfällt BV bei: auf das Leben eines Sozius abgeschlossenen Lebensversicherung (BFH BStBl II 92, 653).

20 Um **notwendiges** PV (§ 4 Rn 51) handelt es sich bei den WG, die in keinem betrieblichen Zusammenhang stehen. Dies trifft nach allg Grundsätzen zu, wenn bei gemischter Nutzung die freiberufliche Nutzung nicht zumindest 50 vH ausmacht. WG wie Feingold, das ein Zahnarzt zur spekulativen Vermögensanlage erwirbt, gehören zum PV, da das durch das freiberufliche Berufsbild geprägte BV nicht berührt wird.[5] Gleiches gilt für Kapitalanlagen und -ansammlungsverträge.[6]

21 Nach allg Grundsätzen ist **gewillkürtes BV** zu bejahen, wenn ein WG objektiv geeignet und zusätzlich eindeutig dazu bestimmt ist, die Tätigkeit des Freiberuflers zu fördern (§ 4 Rn 44). In der Vergangenheit hatte insbes der BFH[7] die Möglichkeit gewillkürten BV im Rahmen des § 4 III regelmäßig verneint. Allerdings erwiesen sich die von der hM ins Feld geführten Praktikabilitäts- oder Nachweisprobleme nicht als durchschlagend. Gewillkürtes BV entfällt schon nach allg Grundsätzen für WG, die mit standeswidrigen Geschäften in Verbindung stehen oder die für die freiberufliche Tätigkeit wesensfremd sind. IdR sind Geldgeschäfte (Darlehen, Bürgschaft, Beteiligung), die ihrer Art nach zu Einkünften iSd § 20 führen, von der eigentlichen freiberuflichen Tätigkeit zu trennen, sofern es sich nicht um ein sog Hilfsgeschäft handelt, das ohne eigenes wirtschaftliches Gewicht zur unmittelbaren Förderung der freiberuflichen Tätigkeit etwa im Rahmen konkret zu erwartender Investitionen dient.[8] Diesen Ausschluss gewillkürten BV hat der BFH im Jahre 2003[9] aufgegeben und unter im Einzelnen dargelegten Voraussetzungen gewillkürtes BV auch bei der Einnahme-Überschuss-Rechnung bejaht. Hierzu zählen insbes eine mindestens 10 vH umfassende betriebliche Mindestnutzung und hinreichende zeitnahe Aufzeichnungen; die erstmalige Zuordnung eines WG zum gewillkürten BV muss unmissverständlich dokumentiert sein. In diesem Zusammenhang tragen StPfl die Feststellungslast. Dabei findet durch Nutzungsänderung regelmäßig keine Entnahme ins PV statt, diese setzt vielmehr eine eindeutige Entnahmebehandlung voraus.[10] Der Ausweis als gewillkürtes BV kann vor allem bei PKW mit geringem betrieblichen Nutzungsanteil im Hinblick auf § 6 I Nr 4 S 2 interessant sein. Allerdings ist in diesen Fällen die spätere StPfl eines Veräußerungs- oder Entnahmegewinns zu beachten.

---

1 BFH/NV 93, 471: Urheberrechte eines Freiberuflers; BFH BStBl II 01, 798 (800).
2 BFH BStBl II 93, 36 (38).
3 BFH BStBl II 82, 340 (341); einschränkend: BFH/NV 01, 1186 (1188).
4 BFH BStBl II 81, 564 (566).
5 BFH BStBl II 86, 607 (609).
6 BFH BStBl III 60, 172; FG Mchn EFG 98, 1456.
7 StRspr, vgl BFH BStBl II 01, 828 mwN.
8 BFH BStBl II 01, 546 (547); BStBl II 01, 828 (829); FG Hbg EFG 07, 1414; Aktien als Liquiditätsreserve.
9 BFH BStBl II 04, 985; vgl hierzu: BMF BStBl I 04, 1064.
10 BFH BStBl II 05, 334 (335).

b) Betriebseinnahmen. Die Qualifikation als BE – in Abgrenzung zum steuerlich irrelevanten privaten Vermögenszufluss – richtet sich nach der **betrieblichen Veranlassung**.[1] Hiernach muss die Einnahme – sei es auch im Rahmen von Tauschvorgängen,[2] Hilfs- oder Nebengeschäften – mit der freiberuflichen Tätigkeit in sachlichem Zusammenhang stehen (§ 4 Rn 113 ff). Dagegen entfallen Einkünfte aus freiberuflicher Tätigkeit, soweit es sich um berufsfremde Aktivitäten handelt; Beispiel: RA tätigt Geldgeschäfte, die in keinem engen Zusammenhang mit der Besorgung fremder Rechtsangelegenheiten stehen.[3] Demgegenüber besteht ein Zusammenhang mit der freiberuflichen Tätigkeit bei einem Steuerberater, der ein Darlehen gewährt hatte, um eine Honorarforderung zu retten.[4] 23

c) Betriebsausgaben. Bei den Einkünften gem § 18 betreffen nach allg Grundsätzen die BA iSv § 4 IV alle Aufwendungen, die dem StPfl im Zusammenhang mit seiner beruflichen Tätigkeit entstanden sind (§ 4 Rn 116). Nur als SA, § 10, sind etwa Ausgaben für die eigenen Versorgungsansprüche abziehbar.[5] Bei (teilweise) privat veranlassten Aufwendungen ist § 12 zu beachten (§ 4 Rn 138). Die FinVerw akzeptiert für verschiedene freiberufliche Tätigkeiten BA-Pauschalen.[6] 25

d) Praxiswert. Während der nicht selbstständig veräußerbare Geschäftswert[7] eines GewBetr die über den Substanzwert hinausgehende Gewinnaussicht enthält, betrifft der Praxiswert als **abnutzbares immaterielles WG** die über den Substanzwert einer freiberuflichen Praxis hinausgehende Gewinnaussicht (§ 6 Rn 125). Der häufig die wesentliche Betriebsgrundlage bildende Praxiswert beruht vor allem auf dem Vertrauen der Mandanten oder Patienten in die Tüchtigkeit und Leistungsfähigkeit des Praxisinhabers. Von dem Praxiswert, der nur zusammen mit der Praxis übertragen werden kann, ist der sog **Mandantenstamm** als weiteres abnutzbares immaterielles WG zu unterscheiden, das Gegenstand eines selbstständigen Pachtvertrages sein kann.[8] Im Hinblick auf das ihren Organen entgegengebrachte Vertrauen kann auch eine KapGes Inhaberin eines Praxiswerts oder eines Mandantenstammes sein.[9] 27

Der gem § 5 II derivativ erworbene Praxiswert stellt ein abnutzbares immaterielles WG dar; Gleiches gilt für den anlässlich einer Sozietätsgründung oder -erweiterung aufgedeckten Praxiswert. Hinsichtlich der **betriebsgewöhnlichen Nutzungsdauer** des Praxiswerts geht der BFH bei Einzelpraxen von 3 bis 5 und bei Sozietäten von 6 bis 10 Jahren aus.[10] Ein Zeitraum von 15 Jahren gem § 7 I 3 entfällt, da dieser ausweislich des Gesetzeswortlauts nur im Rahmen der §§ 15 und 13 gilt (§ 7 Rn 75). Der Ansatz eines niedrigeren Teilwerts kommt in Betracht (§ 6 Rn 126 f). Von der gleichen Nutzungsdauer ist nach Auffassung des BFH auszugehen, wenn anlässlich der Gründung einer Sozietät, die gewerbliche Einkünfte erzielt (Rn 34), ein Praxiswert aufgedeckt wird und dieser sich in einen Geschäftswert umwandelt.[11] 28

3. Gemischte Tätigkeit. Sofern ein StPfl in einer Einzelpraxis (zur Praxissozietät Rn 35) sowohl aus selbstständiger als auch aus gewerblicher (Rn 65) Tätigkeit Einkünfte erzielt, können **nebeneinander** Einkünfte gem §§ 15 und 18 vorliegen. Dies kommt etwa in Betracht, wenn ein RA neben seinen Einkünften gem § 18 für seine Tätigkeit als (berufsmäßiger) Betreuer Einkünfte iSv § 15 erzielt. Eine Umqualifizierung der Einkünfte aus selbstständiger Tätigkeit entfällt, wenn die beiden Bereiche sich nicht gegenseitig bedingen und nach der Verkehrsanschauung nicht als einheitliche Tätigkeit (Betrieb) erscheinen.[12] Ist auf Grund der wesensmäßigen Verschiedenheit eine Trennung der Tätigkeiten geboten, kann dies im Wege der Schätzung erfolgen.[13] Wird zB ein Steuerberater für eine Bauherrengemeinschaft als Treuhänder tätig, kommt dies in Betracht, wenn einzelne für Steuerberater typische Tätigkeiten von den gewerblichen Treuhänderleistungen abgrenzbar sind.[14] 30

---

1 BFH BStBl II 88, 266 (268).
2 BFH BStBl II 86, 607 (608).
3 BFH BStBl II 82, 340 (341); BStBl II 01, 828 (829 f); weitere Beispiele H 18.2 „Geldgeschäfte" EStH.
4 BFH BStBl II 80, 571 (572 f); weitere Beispiele H 18.2 „Geldgeschäfte" EStH.
5 H 18.2 „Betriebsausgabenpauschale" EStH; BMF BStBl I 90, 14 (Parlamentsjournalist); BStBl I 88, 329 (Pflegegeld); BStBl I 84, 133 (Erziehungsgeld).
7 BFH BStBl II 01, 771 (772).
8 BFH BStBl II 97, 546 (547); zu Gestaltungen bei Verpachtung des Mandantenstammes an Steuerberatungs-GmbH v Rechenberg INF 97, 717 (718 ff).
9 BFH BStBl II 94, 903 (905).
10 BFH BStBl II 94, 590 (591); ebenso BMF BStBl I 95, 14.
11 BFH/NV 97, 751 (753).
12 BFH BStBl II 92, 413 (415); BStBl 03, 25 (27); Rechtsprechungsnachweis in H 15.6 „Gemischte Tätigkeit" EStH.
13 BFH BStBl III 61, 210; BStBl III 62, 302 (304).
14 BFH BStBl II 94, 650 (651); BStBl III 62, 131 (132 f): Trennung der schriftstellerischen von der verlegerischen Tätigkeit bei Eigenprodukten im Selbstverlag.

31 Die Tätigkeitsmerkmale einer „gemischten" Tätigkeit können allerdings im Einzelfall derart miteinander verbunden sein und sich gegenseitig unauflösbar bedingen, dass eine Trennung der Bereiche willkürlich erscheint. Für diese Tatfrage sind verschiedene Aufträge oder Projekte nicht einheitlich, sondern getrennt zu betrachten.[1] Schuldet der StPfl eine einheitliche Leistung, kann allerdings auch dann eine untrennbare gemischte Tätigkeit vorliegen, wenn er die Entgelte in den Rechnungen und in der Buchführung getrennt ausweist.[2] Bei einer **einheitlich zu beurteilenden Gesamtbetätigung** richtet sich die Frage, ob es sich insgesamt um gewerbliche oder freiberufliche Einkünfte handelt, danach, welcher Teilbereich der Gesamttätigkeit das Gepräge gibt.[3] Die einheitliche Qualifizierung von nicht trennbaren verschiedenen Einkunftsarten hat nach den Gesamtumständen des Einzelfalls zu erfolgen; nur wenn sich in den jeweiligen Umsatzanteil der Umfang der einzelnen Tätigkeitsarten angemessen widerspiegelt, erscheint es vertretbar, allein auf die Höhe der Umsätze abzustellen.[4] Die sog **Abfärbetheorie** greift aber nach Auffassung des XI. Senats im Hinblick auf das Übermaßverbot **nicht** bei sehr geringen gewerblichen Einkünften ein.[5] Allerdings ist bislang nicht eindeutig geklärt, ab welcher Grenze (Verhältniszahlen und absolute Größenmerkmale) diese Geringfügigkeit entfällt.

33 **4. Personenzusammenschlüsse. – a) Sozietät, Partnerschaft.** § 18 ist tätigkeitsbezogen ohne Begrenzung auf eine bestimmte Rechtsform. Selbstständige, die sich, auch wenn es sich – selbst bei standeswidrigem Vorgehen – um Angehörige unterschiedlicher freier Berufe (sog interprofessionelle Partnerschaft) handelt,[6] zu **gemeinschaftlicher Berufsausübung** (zB GbR, Partnerschaft-Ges) zusammenschließen, erzielen Einkünfte iSv § 18;[7] gem § 18 IV 2 iVm § 15 I Nr 2 werden die Beteiligten in diesen Fällen als MU'er besteuert. Allerdings ist bei derartigen Zusammenschlüssen erforderlich, dass sämtliche Beteiligte (ggf in unterschiedlichem Umfang) zur freiberuflichen Tätigkeit leitend und eigenverantwortlich beitragen und die Gewinnbeteiligung in einem angemessenen Verhältnis zum Arbeitseinsatz steht. Die Beteiligung einer KapGes an der PersGes oder eine sonstige lediglich kapitalmäßige Beteiligung wäre als berufsfremde Tätigkeit (Rn 34) schädlich und hätte die Einordnung der Einkünfte gem § 15 zur Folge.[8] Dabei sollten die jeweiligen Leistungen der Berufsträger und die entspr Ergebnisanteile in keinem krassen Missverhältnis stehen. Bei bloßen Büro-, Labor- oder Apparategemeinschaften liegt regelmäßig keine gemeinschaftliche Berufsausübung, mithin auch keine gemeinschaftliche Gewinnerzielungsabsicht auf der Ebene der Ges vor, dabei ändert das gemeinsame Nutzen personeller oder sachlicher Hilfsmittel idR nichts an der Qualifikation der selbstständigen Einkünfte des einzelnen Freiberuflers (Rn 143 aE).

34 Erfüllt einer der beteiligten G'ter als sog **Berufsfremder** nicht die Voraussetzungen des Freiberuflers, erzielt dieser gewerbliche Einkünfte; darüber hinaus werden im Hinblick auf § 15 III Nr 1 die gesamten Einkünfte der Ges § 15 zugeordnet (§ 15 Rn 68). Wegen der besonderen persönlichen Eigenschaften, die den Freiberufler kennzeichnen, kann auch eine PersGes nur dann als freiberuflich anerkannt werden, wenn **sämtliche G'ter** die Voraussetzungen einer sei es auch unterschiedlichen freiberuflichen Tätigkeit erfüllen.[9] Daher entfällt eine Aufteilung der Einkünfte in solche des Freiberuflers nach § 18 und solche des Berufsfremden nach § 15. Bilden der Freiberufler und der Berufsfremde eine Innen-Ges, wird nicht die Ges sondern der Inhaber des GewBetr subj gewstpfl.[10]

35 In sachlicher Hinsicht erzielt eine PersGes nur dann Einkünfte aus selbstständiger Arbeit, wenn sie ausschließlich (also auch im Hinblick auf Beteiligungen an einer anderen PersGes) iSd § 18 tätig wird. Da eine Sozietät aus sog **gemischter Tätigkeit** gewerbliche Einkünfte erzielt, sind die Einkünfte der Ges gem § 15 III Nr 1 insgesamt – allerdings erst ab Aufnahme der gewerblichen Tätigkeit[11] – als gewerblich zu behandeln. Allerdings bleiben in diesem Zusammenhang die gewerblichen Einkünfte im Sonderbereich des G'ters zB einer freiberuflich tätigen PersGes im Gesamthandsbereich unberücksichtigt.[12] Nach der Rspr des BVerfG[13] gilt die in § 15 III Nr 1 geregelte Abfärbewir-

---

1 BFH BStBl II 93, 324 (326).
2 BFH BStBl II 72, 291 (292).
3 BFH BStBl II 94, 864 (865); BStBl II 04, 363 (365).
4 BFH BStBl II 79, 246 (248).
5 BFH BStBl II 00, 229 (230): gewerblicher Anteil 1,25 % v Umsatz; FG M'ster EFG 02, 129 (Rev: IX R 53/01): Beteiligung an gewerblich tätiger PersGes.
6 Ausf: *Schulze zur Wiesche* DStR 01, 1589.
7 BFH BStBl III 66, 489; BStBl II 05, 752 (753); FG D'dorf EFG 05, 1350 (1351), auch zur angemessenen Gewinnverteilung.
8 BFH BStBl II 71, 249; BStBl II 04, 303 (304); FG Saarl EFG 98, 1583 (§ 15 bei Steuerberatungs-GbR).
9 BFH BStBl II 87, 124 (125); BStBl II 01, 241 (242).
10 BFH BStBl II 87, 124 (125).
11 FG Nds EFG 99, 900; BFH BStBl II 02, 478 (480).
12 BFH BStBl II 02, 478 (479); BStBl II 02, 152 (153): auch soweit die gewerbliche Tätigkeit von der GewSt befreit ist; BStBl II 07, 266 (269); BStBl II 07, 378 (383).
13 BVerfG BFH/NV 05, Beil. Nr 3, S 259.

kung dagegen nicht bei einem Einzelunternehmer, bei dem trennbare unterschiedliche Einkunftsarten auch grds getrennt zu ermitteln sind; die unterschiedliche Behandlung ist hiernach verfassungskonform. Die Umqualifizierung entfällt nur bei Minimalbeteiligungen iSd § 15 (Rn 31 aE). Diese Folge der sog Abfärbetheorie (Rn 31) erscheint angesichts des eindeutigen Gesetzeswortlauts zwingend, auch wenn ein Einzelunternehmer bei gemischter Tätigkeit die trennbaren Einkunftsarten gesondert erfassen kann (Rn 30). Diese Abfärberegelung soll einerseits die Gewinnermittlung von PersGes vereinfachen, andererseits das GewSt-Aufkommen sichern. Die PersGes kann dieses Ergebnis zu vermeiden suchen, indem sie etwa im Wege des sog Ausgliederungsmodells die gewerbliche Betätigung in eine Schwester-Ges auslagert.[1] Dabei sollte eine sorgsame Gestaltung des Gesellschaftsvertrags wie auch der Geschäftsabwicklung auf eine strikte Trennung der beiden Gesellschaften achten (Rechtsfolgewille zum Begründen zweier Ges, Bilden unterschiedlicher Gesellschaftsvermögen, voneinander abgrenzbare Tätigkeiten, getrennte Konten, Buchführung, Rechnungsformulare).

Gründen Freiberufler eine **KapGes**, erzielt die Ges gem § 8 II KStG insgesamt gewerbliche Einkünfte; dasselbe gilt im Hinblick auf die Abfärbetheorie (Rn 35), wenn sich eine KapGes im Rahmen einer BetrAufsp (Rn 46) an einer PersGes beteiligt, die allein freiberufliche Einkünfte erzielt. Beteiligt sich eine GmbH als MU'er an einer PersGes, zu der sich iÜ ausschließlich Berufsangehörige zusammengeschlossen haben, handelt es sich mangels persönlicher Qualifikation der KapGes um eine Beteiligung Berufsfremder (Rn 34), so dass die PersGes insgesamt gewerbliche Einkünfte erzielt. Dies gilt selbst dann, wenn sämtliche G'fter und der Geschäftsführer Angehörige eines freien Berufes sind.[2] 36

Erbringt der an einer gewerblichen MU'schaft beteiligte Selbstständige freiberufliche Leistungen an diese Ges, sind die Leistungsentgelte unabhängig von der Rechtsgrundlage den gewerblichen Einkünften zuzurechnen.[3] Nach hM gehören derartige Vergütungen im Hinblick auf den weiten Anwendungsbereich des **§ 15 I Nr 2** zu dem G'ter-Anteil am Gesamtgewinn der MU'schaft. 37

b) Erbengemeinschaft. Erbengemeinschaften erzielen bis zu ihrer Beendigung grds eigene Einkünfte. Im Rahmen einer zeitlich begrenzten Abwicklung können Erben Einkünfte nach § 18 erzielen.[4] Führt die Erbengemeinschaft die selbstständige Tätigkeit fort, erzielt sie, falls **Berufsfremde** beteiligt sind und diese auch tatsächlich sich aktiv mitbetätigen[5] (Rn 34), gewerbliche Einkünfte.[6] Ertragsteuerlich richtet sich die Auseinandersetzung einer Erbengemeinschaft nach allg Grundsätzen (§ 16 Rn 112f).[7] 39

c) Gesonderte Feststellung. Erzielen Angehörige der freien Berufe im Rahmen einer Sozietät gemeinschaftlich Einkünfte, sind diese festzustellen, **§ 180 I Nr 2a AO**. Hiervon ausgenommen sind die Einkünfte, die ein Beteiligter außerhalb der Sozietät in der von ihm betriebenen Praxis erzielt; die Abgrenzung der „gemeinschaftlichen" von den „eigenen" Einkünften richtet sich nach den vertraglichen Vereinbarungen.[8] Weiterhin kommt eine gesonderte Feststellung gem **§ 180 I Nr 2b AO** in Betracht.[9] Soweit eine Ges im Verfahren der einheitlichen und gesonderten Feststellung ihrer Einkünfte auftritt, ist die Ges selbst grds beteiligtenfähig und klagebefugt. 42

5. Vermietung und Verpachtung. Gem § 21 III sind Einkünfte aus VuV gegenüber § 18 subsidiär. Vermietet ein Freiberufler **einzelne Gegenstände** seiner Praxis, erzielt er insoweit Einkünfte aus selbstständiger Arbeit. Verpachtet ein Freiberufler die seiner selbstständigen Tätigkeit dienenden **wesentlichen Betriebsgrundlagen**, entfällt eine BetrAufg (Rn 175), wenn der StPfl nicht ausdrücklich die Aufgabe erklärt.[10] 44

---

1 BFH BStBl II 96, 264 (266); zust BMF BStBl I 96, 621; BStBl I 97, 567 (569); BMF BStBl I 97, 566: Verkauf von Hilfsmitteln durch ärztliche Gemeinschaftspraxen; BStBl II 98, 603 (604): Trennung zw Augenarzt-GbR und Kontaktlinsenverkauf; BFH/NV 02, 1554; BFH/NV 07, 1315 (1318); gegen die Notwendigkeit, die gewerbliche Tätigkeit in eine Schwestergesellschaft auszugliedern: *Korn* DStR 95, 1249 (1254); zur Abfärbung bei BetrAufsp zwischen Ärzte-GbR und Labor-GmbH: BFH BStBl II 98, 254; ausf *Seer/Drüen* BB 00, 2176 (2180 ff).
2 BFH BStBl II 80, 336 (337); BStBl II 04, 303 (304).
3 BFH BStBl II 80, 269 (270).
4 BFH BStBl III 63, 189.
5 BFH BStBl III 66, 246 (247).
6 BFH BStBl II 94, 922 (923).
7 Zur Verwaltungsauffassung BMF BStBl I 93, 62; BStBl I 94, 601 (Realteilung); *Schulze zur Wiesche* BB 95, 593 (603 ff).
8 BFH BStBl II 85, 577 (578).
9 BFH BStBl II 99, 691; BFH/NV 04, 909 (910).
10 BFH BStBl II 94, 922 (924) mwN; ebenso *H/H/R* § 18 Rn 22; **aA** *K/S/M* § 18 Rn A35; *Lademann* § 18 Rn 20u 205.

45 Die **Verpachtung freiberuflicher Praxen** kommt allerdings nur in Betracht, wenn eine verpachtbare Praxis gegeben ist. Dies entfällt etwa bei Künstlern oder Schriftstellern wegen des höchstpersönlichen Charakters der Tätigkeit. Die kurzfristige Verpachtung durch den Erben oder Vermächtnisnehmer, der keine BetrAufg erklärt und die für die Praxisfortführung erforderliche freiberufliche Qualifikation anstrebt, beinhaltet keine Betriebsaufgabe.[1]

46 **6. Betriebsaufspaltung.** Im Rahmen des § 18 sind die Grundsätze zur BetrAufsp zu beachten.[2] Ggf führt die Verpachtung von WG (zB Bürogebäude) zu **Einkünften aus GewBetr**, selbst wenn die StPfl vor der BetrAufsp Einkünfte aus selbstständiger Arbeit erzielt haben.[3] Allerdings akzeptiert die FinVerw etwa im ärztlichen Bereich bei personengleichen Ges trotz Überlassung von Personal, Räumen oder Einrichtungen die Praxistätigkeit als freiberuflich.[4]

48 **7. Betriebsveräußerung.** § 18 enthält in III (Rn 162) eine Regelung für bestimmte Veräußerungsvorgänge. IÜ gelten die allg Regeln. Folglich kann ein Freiberufler für Veräußerungsgewinne die Tarifermäßigung gem § 34 in Anspr nehmen, § 34 II Nr 1.

50 **8. Erbfall.** Mit dem Tod eines Selbstständigen geht dessen Betrieb (zunächst) ohne BetrAufg auf seine(n) Erben über (§ 16 Rn 110 ff). Führt der Erbe die Praxis selbst fort, erzielt dieser, sofern er die berufsrechtlichen Voraussetzungen erfüllt, Einkünfte gem § 18. Auch die Einstellung oder Beendigung der bisherigen Tätigkeit führt nicht unmittelbar zur Aufgabe des Betriebes. Dies gilt trotz der höchstpersönlichen Natur einer künstlerischen Tätigkeit selbst bei dem Tod eines selbstständig tätigen Künstlers. Folglich erzielt die Erbin eines verstorbenen Kunstmalers, wenn sie Bilder aus dem Nachlass veräußert, im Hinblick auf die Verwertung der freiberuflichen Tätigkeit nachträgliche Einkünfte aus künstlerischer Arbeit iVm § 24 Nr 2.[5] Gleichermaßen stellen Rentenzahlungen nachträgliche BE dar, wenn ein Erbe die vom Erblasser als freiberuflichem Erfinder entwickelten Patente gegen Leibrente veräußert und er nicht zuvor die Patente durch eindeutige Entnahme in sein PV überführt hat.[6] Dementspr können im Rahmen der Abwicklung BA entstehen.[7] Erwirbt bei einer Erbauseinandersetzung ein Miterbe das wesentliche BV ohne Leistung einer Ausgleichszahlung in Erfüllung seines Auseinandersetzungsanspruchs, haben die Erbengemeinschaft und der betr Erbe den Betrieb jeweils unentgeltlich erworben, § 6 III (= § 7 EStDV aF).[1] Veräußert ein Erbe alsbald nach dem Tod des Praxisinhabers die freiberufliche Praxis, ist der Veräußerungsgewinn nach § 18 III 3 (Rn 178) zu ermitteln;[8] hat dagegen ein Erbe (sei es auch nur während einer Übergangszeit) die Praxis selbst oder durch einen Vertreter fortgeführt, ohne selbst die berufsrechtlichen Voraussetzungen zu erfüllen, erzielt er gewerbliche Einkünfte.[9] Die vorübergehende Verpachtung einer freiberuflichen Praxis durch den Erben führt im Einzelfall nicht zu einer BetrAufg (Rn 45).

58 **9. Verfahrensrecht.** Die gesonderte Feststellung von Besteuerungsgrundlagen gem § 180 I AO kann für § 18 Bedeutung gewinnen (Rn 42); ggf sind Veräußerungsgewinne (Rn 178) festzustellen, § 180 I Nr 2a AO.[10] Die Feststellungslast für das Vorliegen einer freiberuflichen Tätigkeit iSd § 18 I trägt idR der StPfl.[11] Dagegen trifft das FA die **Feststellungslast**, wenn etwa die Gewinnerzielungsabsicht (Rn 15) oder die Wiederholungsabsicht (Rn 160) umstritten sind. Die Gerichte müssen die Entscheidung, ob StPfl einen Beruf iSd § 18 ausübt, selbst treffen. Die Beurteilung dieser Rechtsfrage darf nicht einem Sachverständigen überlassen werden.[12]

60 **II. Begriff der selbstständigen Arbeit. – 1. Freiberufliche Tätigkeit (§ 18 I Nr 1). – a) Einkünfte aus freiberuflicher Tätigkeit (§ 18 I Nr 1 S 2). – aa) Keine nichtselbstständige Tätigkeit.** In Abgrenzung zu § 19 setzt eine freiberufliche Tätigkeit voraus, dass der StPfl seine Leistung **selbstständig** (ausf: § 19 Rn 3, 37 ff) erbringt. Eine derartige Selbstständigkeit kommt nur in Betracht, wenn der StPfl nicht den Weisungen Dritter zu folgen hat und er auf eigene Rechnung und Gefahr arbeitet. Ob die Arbeitsleistung iSd § 1 II 1 LStDV der Leitung und Weisungsbefugnis eines ArbG unterliegt, verlangt die Würdigung aller Umstände des Einzelfalls.[13] IdR entscheidet (unabhängig von der arbeits-

---

1 BFH BStBl II 93, 36 (39).
2 BFH BStBl II 98, 254 (255 f): BetrAufsp zwischen Praxis-GbR und Labor-GmbH; krit demgegenüber *Lademann* § 18 Rn 20a.
3 BFH BStBl II 81, 39 (40).
4 BMF BStBl I 97, 566.
5 BFH BStBl II 93, 718 (719); BFH/NV 07, 436 (437).
6 BFH BStBl III 65, 666 (667).
7 BFH BStBl II 89, 509 (510).
8 BFH BStBl II 85, 204.
9 BFH BStBl II 81, 665 (667).
10 BFH BStBl II 93, 666 (668); BFH/NV 01, 1186 (zu § 180 III 1 Nr 2 AO).
11 BFH BStBl II 94, 864 (865).
12 BFH/NV 02, 1026.
13 BFH BStBl II 95, 888 (889); BStBl II 99, 534 (536); BStBl II 02, 565 (566).

rechtlichen Sicht) das Maß der persönlichen Freiheit, ob der StPfl die Arbeitsleitung überwiegend in eigener oder fremder Verantwortung erbringt. Besonderes Gewicht gewinnen auch das Vorliegen oder Fehlen von Unternehmerrisiko und -initiative.[1]

Erbringt jemand **gelegentliche Dienstleistungen** nur unregelmäßig, wird dies zumeist für eine selbstständige Tätigkeit sprechen. Dagegen liegt die Eingliederung in ein Dienst- oder Arbverh nahe, wenn ein StPfl die gelegentlichen Dienstleistungen regelmäßig erbringt. **61**

Im Falle einer **Nebenbeschäftigung** ist für jede Tätigkeit getrennt zu prüfen, ob die Voraussetzungen einer selbstständigen Nebentätigkeit iSd § 18 I erfüllt sind. Besteht zw der nichtselbstständigen Haupttätigkeit und der Nebentätigkeit ein so enger Zusammenhang, dass die zuletzt genannte Leistung iErg auf der weisungsgebundenen Haupttätigkeit beruht, ist insgesamt von Einkünften nach § 19 auszugehen. Liegt dagegen die Nebentätigkeit – wie zumeist bei nebenamtlichen Lehr- und Prüfertätigkeiten – außerhalb der die Nichtselbstständigkeit kennzeichnenden Weisungsabhängigkeit, ist die Nebenbeschäftigung den selbstständigen Einkünften zuzuordnen.[2] **63**

bb) Keine gewerbliche Tätigkeit. Die freien Berufe erfüllen grds auch die positiven Merkmale eines **GewBetr** iSv § 15 II (Nachhaltigkeit, Gewinnerzielungsabsicht, Beteiligung am allg wirtschaftlichen Verkehr, Rn 3). Um die Qualifikation als selbstständige Einkünfte zu erreichen, muss eine Tätigkeit gem § 15 II 1 zusätzlich die Voraussetzungen des § 18 I erfüllen (§ 15 Rn 60). Nach der Verkehrsauffassung ist zu prüfen, ob die für selbstständige Berufe kennzeichnende persönliche Qualifikation und die typischen Berufsinhalte (Rn 10) vorliegen. Die konkrete Berufsausübung eines Freiberuflers muss iÜ dem **Leitbild der freiberuflichen Tätigkeit** entsprechen. Es genügt also nicht, dass ein StPfl einer Berufsgruppe iSd § 18 I Nr 1 angehört, die Tätigkeit mit dem Berufsbild eines Katalogberufs nach den berufsrechtlichen Vorschriften vereinbar ist oder Berufsbezeichnungen eine freiberufliche Tätigkeit nahelegen. Vielmehr muss die tatsächlich ausgeübte Tätigkeit (Kern- oder Vorbehaltstätigkeit) dem Bild eines einzelnen Katalogberufs entsprechen. Liegen einzelne Leistungen außerhalb der nach der Verkehrsanschauung zu bestimmenden für den Freiberufler typischen Berufsinhalte, kommen insoweit oder auch insgesamt Einkünfte aus GewBetr in Betracht (Rn 30); dies gilt insbes für die verschiedenen Formen der sog Geldgeschäfte oder Vermögensverwaltung (Rn 23).[3] Hiernach erzielt ein Angehöriger der sog Katalogberufe nur dann Einkünfte iSd § 18 I Nr 1, wenn es sich um eine berufstypische Tätigkeit handelt.[4] Selbst wenn etwa bestimmte Treuhändertätigkeiten eines Steuerberaters für eine Bauherrengemeinschaft mit dem Beruf eines Steuerberaters nach § 57 III Nr 3 StBerG vereinbar sind, gehören sie nicht zur freiberuflichen Aktivität.[5] Gleichermaßen steht eine ausgeprägte Vermittlungs-, Makler- oder Handelstätigkeit der Zuordnung als freiberufliche Tätigkeit entgegen.[6] Dagegen ist Eintragung im Handelsregister nur Beweisanzeichen für GewBetr.[7] **65**

cc) Keine sonstigen Einkünfte. Sonstige Einkünfte aus wiederkehrenden Bezügen, § 22 Nr 1, betreffen Einkünfte, die nicht vorrangig § 18 zuzuordnen sind. So sind Bezüge eines Kassenarztes aus der sog erweiterten Honorarvergütung der selbstständigen Arbeit zuzurechnen.[8] **67**

b) Wissenschaftliche Tätigkeit. Nach hM setzt eine wissenschaftliche Tätigkeit voraus, dass Fragen oder konkrete Vorgänge **methodisch nach streng objektiven und sachlichen Gesichtspunkten** in ihren Ursachen erforscht, begründet und in einen Verständniszusammenhang gebracht werden.[9] Dabei verbindet der BFH den Begriff der Wissenschaftlichkeit aber vorrangig mit den an Hochschulen gelehrten Disziplinen. Die bloße Anwendung wissenschaftlicher Grundsätze und Methoden **69**

---

1 BFH BStBl II 06, 94 (95): angestellter Chefarzt bei wahlärztlichen Leistungen.
2 BFH BStBl II 72, 212 f; BStBl II 80, 321 (322); vgl Aufzählung in H 18.1 EStH auch zur Lehr- und Prüfungstätigkeit.
3 BFH/NV 97, 99 mwN; BStBl II 00, 254 (255): verneint bei Künstlern und Schriftstellern, die an einer Talkshow teilnehmen; BStBl II 07, 266 (268).
4 BVerfGE 46, 224 = BStBl II 78, 125 (130); BFH BStBl II 02, 202 (204) und BFH/NV 98, 132 (133): verneint für Konkurs- und Vergleichsverwaltung (Rn 155) bei RA, Wirtschaftsprüfer, Steuerberater oder beratendem Betriebswirt; BFH/NV 07, 601: verneint für Herstellen von schlüsselfertigen Gebäuden durch Ingenieur; BStBl II 07, 266: verneint für Treuhandtätigkeit eines WP im Rahmen von Immobilienfonds.
5 BFH BStBl II 94, 650 (651); ähnlich: BStBl II 02, 202 (204).
6 BFH BStBl II 97, 567 (568) mwN; BFH/NV 98, 312 (313); BFH/NV 01, 1400 zur Absatzförderung; BStBl II 03, 25 (26).
7 BFH BStBl II 00, 498 (499); vgl Rechtsprechungsübersicht in H 15.6 „Abgrenzung" EStH.
8 BFH BStBl II 77, 29 (30).
9 BFH BStBl II 76, 464 (465); BStBl II 97, 687 (689); BStBl II 01, 241 (243).

auf konkrete Verhältnisse reicht nicht.¹ Der steuerrechtliche Wissenschaftsbegriff verlangt für wissenschaftliche Tätigkeit iSd § 18 I 2 nicht zwingend den Abschluss eines Hochschulstudiums,² vielmehr methodische Ansätze, deren Ergebnisse nachprüfbar und nachvollziehbar sind.³

70 Der BFH hat für einen Restaurationsbetrieb eine wissenschaftliche Tätigkeit iSd § 18 I verneint.⁴ Die Einordnung eines Dokumentars hängt vom Einzelfall ab.⁵ Bei **gutachterlicher Tätigkeit** liegt nur dann wissenschaftliche Tätigkeit vor, wenn es sich um eine objektiv qualifizierte Tätigkeit handelt, die ihre Grundlage in akademischen Disziplinen hat;⁶ dies gilt zB auch für das Erstellen pharmakologischer Testgutachten.⁷ Das begrenzte Heranziehen handwerklicher Erfahrungen lässt die Wissenschaftlichkeit nicht entfallen.⁸ Stehen dagegen trotz wissenschaftlich oder künstlerisch vertiefter Sachkenntnisse bei einem Gutachter die eigenen Marktkenntnisse, gewerbliche oder handwerkliche Erfahrungen oder insgesamt kommerzielle Gesichtspunkte im Vordergrund, ist eine Sachverständigentätigkeit als gewerblich anzusehen.⁹ Ebenso: vereidigter Probenehmer für Erze, Metalle und Hüttenerzeugnisse;¹⁰ Havariesachverständiger;¹¹ Dispacheur;¹² Promotionsvermittler.¹³

71 Sind die Anforderungen an die für die Wissenschaftlichkeit kennzeichnende Methodik erfüllt, wird ein freier **Erfinder** (Regelfall) wissenschaftlich tätig.¹⁴ Die konkreten Umstände entscheiden, ob die Erfindertätigkeit im Einzelfall dem Ingenieurbereich (Rn 111), (bei Zufallserfindungen vor allem bei „branchenfremden" Erfindern) den sonstigen Einkünften oder (etwa die Auswertung einer Erfindung) dem gewerblichen Bereich zuzuordnen ist.¹⁵ Nach dieser Rspr ist zu unterscheiden, ob die einmalige Erfindertätigkeit sich auf die ‚Blitzidee' beschränkt, so dass nur eine gelegentliche Leistung iSd § 22 Nr 3 (Rn 7) vorliegt. Anders als eine derartige sog Zufallserfindung setzen §§ 15 und 18 im Sinne einer planmäßigen Erfindertätigkeit (Rn 160) ein nachhaltiges Tätig werden (Rn 65) voraus. Dies ist im Einzelfall auch bei ‚Blitzideen' denkbar, wenn weitere Tätigkeiten des Erfinders oder etwa eines von ihm beauftragten Dritten erforderlich sind, um die Erfindung bis zur Verwertungsreife zu fördern. Liegt tatsächlich nur eine Zufallserfindung ohne weitere Erfindertätigkeit vor, wäre bei dem Verkauf der diesbezüglichen Rechte der Veräußerungserlös weder nach § 23 Nr 2 noch nach § 22 Nr 3 steuerbar.

73 c) Künstlerische Tätigkeit. Eine künstlerische Tätigkeit setzt nach hM voraus, dass der StPfl eine eigenschöpferische Leistung vollbringt, in der seine individuelle Anschauungsweise und Gestaltungskraft zum Ausdruck kommt und die über eine hinreichende Beherrschung der Technik hinaus eine gewisse Gestaltungshöhe erreicht.¹⁶ Indem künstlerisches Schaffen einen unmittelbaren Ausdruck der individuellen Persönlichkeit des Künstlers darstellt, kommt der **schöpferischen Gestaltungskraft** entscheidende Bedeutung zu.¹⁷ Kennzeichnend für eine künstlerische Aussage ist hiernach die Mannigfaltigkeit ihres Aussagegehalts und damit die Möglichkeit fortgesetzter Interpretation mit der Folge nahezu unbegrenzter Informationsvermittlung. Sofern die – im Einzelfall durch Sachverständigengutachten, falls das Gericht nicht selbst über besondere Sachkunde¹⁸ verfügt, – zu ermittelnde künstlerische Gestaltungshöhe in hinreichendem Umfang festgestellt werden kann, entfällt eine handwerkliche Tätigkeit, bei der die Anwendung von Erlerntem im Vordergrund steht. Nicht erforderlich ist ein höheres Niveau der künstlerischen Tätigkeit, wie es für die „ähnlichen Berufe" iSd § 18 I 2 (Rn 130) häufig gefordert wird.¹⁹ Die keineswegs eindeutige Abgrenzung zum Kunsthandwerk, das nicht dem § 18 I 2 zuzuordnen ist, hat nach **objektiven Kriterien** des Kunstmarktes zu erfolgen; der Selbsteinschätzung des StPfl kommt keine ausschlaggebende Bedeutung zu.²⁰ Die Anerkennung als künstlerische Tätigkeit entfällt aber nicht allein deswegen, weil das Geschaffene zu gewerblichen

---

1 BFH BStBl II 77, 31 (32).
2 BFH BStBl III 65, 263 (264).
3 BFH BStBl II 76, 464 (465); BStBl II 90, 337 (338): Entwicklung von EDV-Programm für die Forschung.
4 BFH BStBl II 94, 864 (866).
5 BFH BStBl II 01, 241 (243); zur Abgrenzung: *Kempermann* FR 01, 305.
6 BFH BStBl III 54, 147 (148); BStBl II 01, 241 (243).
7 FG RhPf EFG 75, 69 (70); FG D'dorf EFG 99, 646.
8 *K/S/M* § 18 Rn B 55.
9 BFH BStBl II 81, 118 (120).
10 BFH BStBl II 73, 183 (184).
11 BFH BStBl III 65, 593 (594).
12 BFH BStBl II 93, 235 (236); BVerfG BFH/NV 01, Beil. Nr 1, S 66 (Verfassungsbeschwerde abgewiesen).
13 FG Kln EFG 05, 441.
14 BFH BStBl II 85, 424 (425); R 18.1 II EStR; krit zur herkömmlichen Einordnung: *List* DB 02, 65.
15 BFH BStBl II 04, 218 (219 f); FG Hbg EFG 06, 661 (662); *List* DB 06, 1291.
16 BFH BStBl II 83, 7 (8 f): Unterhaltungsmusiker; BStBl II 06, 709 (711); BStBl II 07, 702 (703).
17 BVerfGE 67, 213 (226); ausf: BFH/NV 99, 460 f; zur Verwaltungsauffassung: H 136 „Künstlerische Tätigkeit" EStR; SenVerw Bremen v 10.1.02 DStR 02, 544.
18 BFH BStBl II 06, 709 (711); BStBl II 07, 702 (704).
19 BFH BStBl III 56, 334 (335); BStBl II 91, 21 (23); FG Brem EFG 94, 928 (929).
20 BFH/NV 99, 465 (466).

Zwecken verwendet wird.¹ Maßgeblich sind unter besonderer Berücksichtigung der allg Verkehrsauffassung die tatsächlichen Verhältnisse des Einzelfalles;² dabei können zB neben zeichnerischen Entwürfen auch die danach gefertigten Produkte berücksichtigt werden.³ Als eher unproblematisch erweisen sich in der Praxis dabei zu Recht die Fälle, in denen der StPfl eine Ausbildung an einer Schauspielschule, Kunsthochschule, Akademie für bildende Künste oder eine Werk(-kunst)schule absolviert hat.

Die Kritik an dem vorstehend skizzierten Kunstbegriff zielt zum einen auf die Unbestimmtheit der Abgrenzung, zum anderen auf die relative Enge des traditionellen Kunstbegriffs.⁴ Diese Unklarheiten dürften vorrangig mit der Problemstellung selbst sowie der unterschiedlichen Zielsetzung der einschlägigen Normen zu tun haben. Art 5 III GG geht – im Hinblick auf den Schutz der Kunstfreiheit – von einem eher offenen Kunstbegriff aus; dagegen verlangt § 18 im Hinblick auf die Gleichmäßigkeit der Besteuerung ein eher geschlossenes Tatbestandsmerkmal.⁵ Allerdings erscheint es im Hinblick auf Art 5 III 1 GG sachgerecht, auch bei der steuerrechtlichen Beurteilung **neuen Kunstformen und Entwicklungen** (iSd formellen Kunstbegriffs) aufgeschlossen zu begegnen. **74**

Steht weniger die eigenschöpferische Gestaltung als der sachliche Inhalt oder Aussagewert im Vordergrund, sind häufig freiberufliche Einkünfte zu verneinen. Im Bereich der **Werbung** ist zu unterscheiden: künstlerische Leistungen entfallen nicht schon deshalb, weil sie einem gewerblichen Zweck dienen.⁶ Lassen dagegen die Anweisungen und ins Einzelne gehende Angaben des Auftraggebers keinen nennenswerten Spielraum für eigenschöpferische Leistungen⁷ oder überwiegen die **handwerklichen Elemente**,⁸ handelt es sich idR um gewerbliche Einkünfte. Bei einem Restaurator hat der BFH eine derart enge Verknüpfung künstlerischer und handwerklicher Merkmale mit der Folge für möglich gehalten, dass weder der künstlerische Anteil eindeutig überwiege noch eine Trennung (Rn 31) möglich sei.⁹ In jedem Fall – so der BFH – setzt eine künstlerische Tätigkeit voraus, dass der Restaurator zur Wiederherstellung des Kunstwerks eine eigenschöpferische Leistung erbringt. Dies erfordert im weitesten Sinne zunächst eine „Lücke" und sodann eine „Lückenfüllung" durch den StPfl. Diesem individuellen Gestalten steht auch nicht das Bestreben entgegen, dem ursprünglichen Kunstwerk möglichst nahe zu kommen. Allerdings erbringt auch ein Kunsthandwerker bei entspr eigenschöpferischer Leistung freiberufliche Leistungen.¹⁰ Hiernach soll das Herstellen samt Vertrieb von Schiffsminiaturen aus Zierzinn eine künstlerische Tätigkeit auch dann darstellen, wenn der StPfl die Modelle den Originalen möglichst detailgenau nachbildet.¹¹ Gleiches kann für die Beratungstätigkeit eines Modeschöpfers gelten.¹² Die Tätigkeit eines Portrait-, Mode- oder Werbe-**Fotografen** (vgl auch Rn 121) ist ebenfalls nur dann als künstlerisch anzusehen, wenn die Bilder nicht allein technische Fertigkeiten voraussetzen, sondern eigenschöpferische Leistungen darstellen.¹³ Die Einstufung von Grafik-¹⁴ und Industrie-**Designern**¹⁵ hängt vom Einzelfall ab. Zutreffend hat der BFH eine künstlerische Tätigkeit verneint für die als Künstler oder Schriftsteller bekannten Teilnehmer an einer Talkshow.¹⁶ Eingehender Überprüfung bedarf es auch bei Musikern, deren Tätigkeit (nicht-)selbstständig oder gewerblich sein kann.¹⁷ Im Einzelfall kommt die künstlerische Tätigkeit in Betracht bei: Trauerredner (FG Nds EFG 04, 1314); Karnevalsdarbietung (FG D'dorf DStRE 04, 638); ausländische Fotomodelle bei kurzfristigem Einsatz in Werbefilmen (BFH/ **75**

---

1 BFH BStBl III 64, 45 (46).
2 BFH BStBl II 92, 413 (414); BFH/NV 99, 460 (461); FG D'dorf EFG 07, 197 (198).
3 BFH BStBl II 91, 20; FG Hbg EFG 95, 1020: Bekleben von Kfz mit Farbfolien.
4 *Maaßen* Kunst oder Gewerbe?², S 39 u 114 ff.
5 *Kirchhof* NJW 85, 225 (227).
6 BFH BStBl II 60, 453: Grafiker; BStBl II 77, 474 (476): Werbefotograf; BStBl II 81, 21 (22): Kunstmaler; FG Kln DStRE 07, 1312: Werbegrafiker.
7 BFH BStBl II 92, 413 (414) und BFH/NV 99, 465 (466) zur Beteiligung eines (populären) Schauspielers an Werbespots.
8 BFH BStBl III 64, 45 (46): Entwerfen von Stickmustern; BStBl II 68, 662 (663): Hersteller künstlicher Menschenaugen; BStBl II 90, 643 (644): Klavierstimmer; FG Hbg EFG 05, 697: Cutter und Video-Editor;
FG BaWü EFG 05, 870: Instrumentenbauer; ausf: *Heuer* Besteuerung der Kunst², S 30.
9 BFH BStBl II 94, 864 (865); BStBl II 05, 362 (364).
10 BFH BStBl II 69, 70 f; ausf zum Form- und Produktgestalter *Maaßen* Kunst oder Gewerbe?², S 43 f.
11 FG Hbg EFG 01, 1452 (wohl Grenzfall).
12 BFH BStBl II 69, 138 (140).
13 BFH BStBl II 77, 474 (476) mwN; BStBl II 74, 383 (385): Kameramann; BFH/NV 99, 460 (461): Mitwirkung eines Friseurs bei Werbeaufnahmen; krit demgegenüber *Maaßen* Kunst oder Gewerbe?², S 40 f, insbes zum Foto-Designer.
14 BFH BStBl II 68, 543 (544); FG Brem EFG 94, 928 (929); ähnlich *Maaßen* Kunst oder Gewerbe?², S 42 f.
15 BFH BStBl II 91, 20 (21 f); FG Nbg EFG 78, 33 (34): verneint für Perspektiv-Graphiker.
16 BFH BStBl II 00, 254 (255).
17 *Wolf* FR 02, 202 mit Einzelheiten.

NV 07, 1977); Wiederholungshonorare und Erlösbeteiligungen im Hinblick auf originäre urheberrechtliche Schutzrechte (BFH BStBl II 07, 917). Dagegen ist Gewerblichkeit zu bejahen bei: Stuntcoordinator (BFH/NV 06, 2062).

77 **d) Schriftstellerische Tätigkeit.** Die Rspr verlangt entspr dem Gesetzeswortlaut das Herstellen eigener Schriften, indem eigene Gedanken mit den Mitteln der Sprache schriftlich (also nicht mündlich etwa in Vortragsform) ausgedrückt und an die Öffentlichkeit (im Sinne eines aus Sicht des Autors zahlenmäßig nicht bestimmbaren Personenkreises) gebracht werden.[1] Die Schriftform umfasst das Niederlegen der Gedanken (nicht ausreichend: Grafik, Ablaufdiagramm oder Formeln) wie auch die Zugriffsmöglichkeit seitens der Öffentlichkeit.[2] Entscheidend ist hiernach die **für die Öffentlichkeit bestimmte schriftliche Fixierung eigener Gedanken** unabhängig von Umfang, Kontext und inhaltlichem Anspruch[3] und zwar ohne (ästhetische) Beurteilung der Qualität des Textes.[4] In der Literatur wird vereinzelt der Verzicht auf inhaltliche Anforderungen bei der schriftstellerischen Tätigkeit im Unterschied zu den künstlerischen oder wissenschaftlichen Tätigkeiten iSd § 18 I 2 kritisiert;[5] allerdings überzeugt diese Auffassung im Hinblick auf den Wortlaut und die Entwicklungsgeschichte der Norm nicht.[6]

78 Eine schriftstellerische Tätigkeit wird zutr in folgenden Fällen **verneint**: mündlicher Vortrag (RFH RStBl 43, 421 (422); FG BaWü EFG 03, 770); Veräußerung einer Handschrift oder eines Musikwerkes durch den Verfasser ohne gleichzeitige Übertragung des Urheberrechts (RFH RStBl 42, 1073; *K/S/M* § 18 Rn B 71; **aA** *H/H/R* § 18 Rn 118); praktische Berufsarbeit eines Journalisten (Rn 120), dessen Beruf selbst im Katalog des § 18 I Nr 1 aufgeführt ist (BFH BStBl II 71, 483 (484)); Herausgabe eines juristischen Informationsdienstes (BFH BStBl II 76, 641 (642 f)). Dagegen ist – abhängig von den tatsächlichen Einzelumständen – von **Einkünften aus schriftstellerischer Tätigkeit auszugehen**, wenn das Urheberrecht an einem Schriftwerk mit den daraus fließenden Erträgen übertragen wird (BFH BStBl III 64, 206); bei dem Übersetzen wichtiger Werke der Weltliteratur (BFH BStBl II 76, 192 (193)); bei dem Erstellen eines Softwarelernprogramms für PC (BFH BStBl II 99, 215); zum EDV-Berater vgl Rn 105; bei dem Verfasser redaktioneller Beiträge im Firmenauftrag (Werbetexter bei origineller Gedankenarbeit), vgl FG RhPf EFG 98, 1584; bei dem Verfasser technischer Anleitungen (BFH BStBl II 02, 475; FG Brem EFG 03, 1384); bei dem Bearbeiten fremder Drehbuchvorschläge (FG Hbg EFG 01, 907); Erstellen eines Bedienungshandbuchs (*Trachte/Helios* BB 01, 909 (911 f)); bei dem Erstellen analytischer Protokolle durch Parlamentsstenographen (so iErg FG Nds EFG 04, 567); bei dem Erstellen eines Börsenbriefs (FG SchlHol EFG 07, 524).

80 **e) Unterrichtende Tätigkeit.** Selbstständige Arbeit in Form unterrichtender Tätigkeit setzt voraus, dass der StPfl im Wege einer **persönlichen und eigenverantwortlichen Lehrtätigkeit** Fähigkeiten und Kenntnisse zu vermitteln sucht. Hiernach ist erforderlich, dass ein für einen institutionalisierten Unterricht typisches Lehrprogramm vorliegt und die für eine Schulorganisation charakteristische persönliche Beziehung des Unterrichtenden zum Schüler besteht.[7] Ohne Bedeutung für die Frage der unterrichtenden Tätigkeit ist der Inhalt der Lehrveranstaltung; eine wissenschaftlich ausgerichtete, qualifizierte oder gehobene Tätigkeit ist nicht erforderlich.[8] Arbeitet ein weiterer Lehrer mit, genügt es, wenn der StPfl regelmäßig in den Unterricht eingreift oder einen Teil des Unterrichts selbst gestaltet.[9] Eine bestimmte qualifizierte Ausbildung ist nicht erforderlich, auch muss der StPfl über keine diesbezügliche Erlaubnis oder Zulassung verfügen.[10]

81 Eine **unterrichtende Tätigkeit** iSd § 18 I 2 **entfällt**, wenn der unterrichtsorganisatorische und verwaltende Anteil einer gewerblichen Betätigung vergleichbar die Gesamttätigkeit prägt. Beschränkt sich die Tätigkeit nicht auf das Vermitteln von Fertigkeiten, sondern erbringt der StPfl daneben noch andere Leistungen[9] oder ist eine nebenberuflich ausgeübte Lehrtätigkeit eng (Rn 31) mit dem Hauptberuf verknüpft,[11] kann insgesamt eine gewerbliche Betätigung vorliegen. Hiernach entfällt ungeachtet des § 18 I 3 (Rn 138) eine selbstständige Berufsausübung, wenn der Berufsträger wegen

---

1 BFH BStBl III 58, 316 (317); BStBl II 99, 215 (216).
2 *Wendt* FR 99, 128 (130).
3 RFH RStBl 40, 415; BFH BStBl II 02, 475 (477).
4 RFH RStBl 40, 415.
5 *K/S/M* § 18 Rn B 68.
6 BFH BStBl III 56, 334 (335).

7 BFH BStBl II 79, 246 (248); BStBl II 97, 687 (689); mit gutem Grund zweifelnd an der Notwendigkeit persönlicher Beziehung im Rahmen multimedialer Wissensvermittlung: *Wendt* FR 99, 128 (130).
8 BFH BStBl III 56, 334 (335).
9 BFH BStBl II 79, 246 (248).
10 BFH BStBl III 66, 685.
11 BFH BStBl III 55, 229 (230).

fehlender eigener Fachkenntnisse oder aufgrund der Organisationsstruktur nicht mehr in nennenswertem Umfang leitend und eigenverantwortlich selbst an der Lehrtätigkeit beteiligt ist;[1] entscheidend sind die Umstände des Einzelfalls.[2]

Die **unterrichtende Tätigkeit wird** nur dann selbstständig gem § 18 I 2 **ausgeübt**, wenn die Eingliederung in die betreffende (Schul-)Organisation begrenzt ist. Einzelne organisatorische Vorgaben für die Lehrtätigkeit wegen eines Studienplanes oder einer Schulordnung sind mit der Selbstständigkeit vereinbar, sofern die Weisungsgebundenheit nicht mit derjenigen von festangestellten Lehrkräften vergleichbar ist.[3] Nach hM ist bei nebenberuflicher Unterrichtstätigkeit idR von Einkünften aus selbstständiger Arbeit auszugehen,[4] insbes wenn die Lehrtätigkeit nur wenige Wochenstunden umfasst.[5]

82

Von einer **selbstständigen unterrichtenden Tätigkeit** ist auszugehen bei: selbstständig arbeitenden Fahrlehrern (BFH BStBl III 56, 334 (335)); nebenberuflichen Vorträgen eines Ingenieurs an einer Technischen Abendschule (BFH BStBl III 59, 193 (194)); juristischer Lehrtätigkeit eines Richters (BFH BStBl II 80, 321 (322)); Tätigkeit eines Psychotherapeuten als Lehranalytiker (BFH BStBl II 82, 254 (255 f)); ausschließlich im Schulungsbereich tätigem EDV-Berater (Rn 105, vgl auch *Förster* DStR 98, 635); Moderator bei Fortbildungsveranstaltung (FG Mchn EFG 00, 130). Als selbstständige Lehrtätigkeit kommt der Unterricht als Bergführer (Rn 135), als Reiseleiter (FG Hbg DStRE 05, 1442; Einzelumstände entscheidend: *Blümich* § 18 Rn 104; *L/B/P* § 18 Rn 117) oder als Fremdenführer (BFH BStBl II 86, 851) sowie im Tanzen, Schwimmen, Reiten oä (BFH BStBl II 79, 246 (248)) in Betracht. Keine unterrichtende Tätigkeit: Betrieb eines Fitness- (BFH BStBl II 94, 362 (363); Einzelumstände maßgeblich: FG D'dorf EFG 07, 689) oder Bodybuilding-Studios (BFH BStBl II 96, 573 (574)), wenn sich die Kundenbetreuung in Geräteeinweisung und vereinzelter Trainingsüberwachung insbes in der Anfangsphase beschränkt; Training von Führungskräften (Einzelumstände entscheidend: BFH BStBl II 97, 687 (689) einerseits, FG Nbg DStRE 03, 586 andererseits).

83

f) Erzieherische Tätigkeit. Erzieherische Tätigkeit verlangt, junge Menschen in körperlicher, geistiger und charakterlicher Hinsicht zu prägen, um eine eigenverantwortliche Lebensführung,[6] also neben der Wissensvermittlung die **Willens- und Charakterbildung der ganzen Persönlichkeit** zu fördern.[7] Eigene Fachkenntnisse als Grundlage für die erzieherische Tätigkeit müssen weder in bestimmter Weise erlangt noch durch Ablegen von Fachprüfungen nachgewiesen werden,[8] ein höheres Niveau ist bei der erzieherischen Tätigkeit ebenfalls nicht erforderlich.[9]

85

Der Betrieb eines **Internats** ist als GewBetr anzusehen. Bilden Schule und Internat eine untrennbare Einheit, steht zumeist die auf Gewinnstreben ausgerichtete Gesamtorganisation im Vordergrund; daher liegen idR insgesamt gewerbliche Einkünfte vor.[10] Nur wenn das Internat ein Hilfsmittel gerade für die Erziehung ist und aus dem Internatsbetrieb kein besonderer Gewinn erstrebt wird, kann es sich insgesamt um eine erzieherische Tätigkeit gem § 18 I 2 handeln,[11] Gleiches gilt für den Betrieb eines **Kindererholungsheims**.[12] Dagegen führt der Betrieb von Erziehungseinrichtungen zu Einkünften aus selbstständiger Arbeit.[13] Nicht jede Form der Kinderbetreuung betrifft aber eine erzieherische Tätigkeit gem § 18 I 2.[14] Nachdem bei Säuglingen das körperliche Wohl im Vordergrund steht, handelt es sich bei **Säuglingsheimen** um GewBetr.[15]

86

g) Heilberufe. Das Ausüben der Heilkunde umfasst jede berufs- oder erwerbsmäßige Tätigkeit zur Feststellung, Heilung oder Linderung von Krankheiten, Leiden oder Körperschäden am Menschen; erforderlich sind ärztliche Kenntnisse im Hinblick auf das Ziel, die Art oder die Methode der Tätigkeit oder auch für die Feststellung, ob im Einzelfall eine Behandlung begonnen werden darf.[16] Regelmäßig ist die **Zulassung** als Berufsangehöriger erforderlich.[17]

88

---

1 BFH BStBl II 69, 165 (166); BStBl II 70, 214 (216); FG BaWü EFG 97, 228: eigene Unterrichtsleistung der Institutsleiter umfasst 20 % des Lehrstoffs.
2 BFH BStBl II 74, 213 (214).
3 BFH BStBl III 55, 229 (230).
4 BFH BStBl III 58, 360 (361).
5 BFH BStBl III 58, 360 (361); BStBl III 59, 193 (194).
6 BFH BStBl III 66, 182 (183); BStBl II 75, 389 f.
7 BFH BStBl II 97, 687 (688 f): verneint für Management-Trainer.
8 BFH BStBl II 97, 652 (653).
9 BFH BStBl III 56, 334 (335).
10 BFH BStBl III 57, 323 (324).
11 BFH BStBl III 64, 630 (631).
12 BFH BStBl II 74, 553 (554); BStBl II 75, 147 (148).
13 BFH BStBl II 75, 610 (611): Kindererziehungsheim; BStBl II 97, 652 (653): Kinderspielgruppe.
14 BFH BStBl II 75, 147 (148); BStBl II 04, 129: Einzelfallentscheidung.
15 BFH BStBl III 66, 182 (183).
16 BFH BStBl II 77, 879 (880); BStBl II 04, 954 (957).
17 BFH BStBl II 81, 665 (666); BStBl II 04, 954 (956).

89 Die persönliche Ausübung bestimmter Heilberufe unterliegt § 18, sofern es sich um eine **berufstypische Tätigkeit** (Rn 66) handelt. Zur Abgrenzung kann auf Prüfungs- und Berufsordnungen zurückgegriffen werden. Demgegenüber ist von gewerblichen Einkünften auszugehen, soweit berufsuntypische Aktivitäten entfaltet werden, die über die dem eigentlichen Heilbereich dienenden Hilfsgeschäfte[1] hinausgehen, oder Betriebsmittel eingesetzt werden, die nicht als notwendige Hilfsmittel für die eigene ärztliche Berufstätigkeit[2] anzusehen sind. Hiernach ist idR als gewerbliche Tätigkeit anzusehen: der Betrieb einer ärztlichen Abgabestelle für Arzneien durch einen niedergelassenen Arzt (BFH BStBl II 77, 879 (880)); der Betrieb einer Krankenanstalt mit Gewinnerzielungsabsicht (§ 2 Rn 48; BFH BStBl III 64, 630 (631); BStBl II 04, 363: Privatklinik); die ärztliche Leistung, falls diese als einheitliches Heilverfahren untrennbar (Rn 31) verbunden ist mit dem gewerblichen Betrieb einer eigenen Klinik, eines Kurheims oder Kneipp-Sanatoriums (BFH BStBl III 65, 90; BStBl II 04, 363; krit *K/S/M* § 18 Rn B 100); die Tätigkeit als selbstständiger Krankenhausberater (BFH/NV 00, 424); der Einsatz eines Arbeitsmediziners als Sicherheitsbeauftragter (BFH/NV 05, 1544). Der heilkundlichen Tätigkeit ist dagegen zuzurechnen: das Erstellen medizinischer (nicht pharmakologischer, vgl Rn 70) Gutachten (BFH BStBl III 58, 205 (206)); das Verabreichen von Arzneimitteln im Rahmen eigener diagnostischer und therapeutischer Tätigkeit (BFH BStBl II 77, 879 (880)); das Anfertigen von Prothesen durch einen Zahnarzt oder Dentisten für die von ihm zu behandelnden Zahnkranken im eigenen Laboratorium (BFH BStBl III 53, 292); das Verabreichen von Diätkost bei stationärer Behandlung im Rahmen der Ganzheitsmethode (BFH BStBl III 65, 505 (507)). Zu Laborärzten vgl Rn 143.

90 Sofern kein Berufsfremder beteiligt ist (Rn 34), erzielen Ärzte in **Gemeinschaftspraxen** ebenso wie in Labor-, Apparate- oder Praxisgemeinschaften (Rn 33) Einkünfte aus selbstständiger Arbeit. Erforderlich ist allerdings ihr persönlicher Einsatz im arzttypischen Heilbereich.[1] Bei (festangestellten) Krankenhausärzten hängt es – insbes bei leitenden Positionen – von den Umständen des Einzelfalls (eigene Liquidationsbefugnis, eigenständige Nutzung der Krankenhauseinrichtungen) ab, ob die Tätigkeit **unselbstständig** ausgeübt wird.[3] Ebenso ist eine Gesamtwürdigung erforderlich bei Knappschaftsärzten, deren Tätigkeit allerdings idR als selbstständig anzusehen ist.[4]

91 Der **Arztvertreter** erzielt idR keine Einkünfte gem § 19 (Rn 60), wenn er nur vorübergehend (auch gegen eine feste Vergütung) den Praxisinhaber vertritt,[5] selbst wenn der Vertreter iÜ keine eigene Praxis betreibt.[2] Eine gewisse organisatorische Eingliederung in die Praxis des Vertretenen ändert nichts an der Selbstständigkeit des Vertreters. Nur Ärzte, die auch auf dem eigentlichen ärztlichen Gebiet (zB Behandlungsmethode) Weisungen unterliegen (angestellte Assistenzärzte;[6] Oberarzt, der bei der Behandlung der Privatpatienten des Klinikdirektors mitwirkt[7]), erzielen Einkünfte gem § 19. Gleichermaßen wird ein festangestellter Berufsangehöriger (sog Vertragsärzte:[8] Betriebs-, Knappschafts-, Vertrauensärzte auch ohne eigene Praxis), der noch eine **Nebentätigkeit** im ärztlichen Bereich ausübt, idR Einkünfte gem § 18 erzielen.

92 Zu der Berufsgruppe der **Ärzte, Zahnärzte und Tierärzte** iSd § 18 I 2 gehören nicht nur die im Bereich der Heilbehandlung (Rn 88) praktizierenden Ärzte, sondern auch die Berufsangehörigen, die ausschließlich Gutachten (einschl sog Zusammenhangsgutachten) und Atteste für Gerichte, Behörden oder sonstige Einrichtungen erstellen.[9] Mitumfasst sind medizinische Forschungsarbeiten, selbst wenn diese sich etwa wegen der diagnostischen Funktion auf Labortätigkeit beschränken; zu Laborärzten vgl Rn 143. Dagegen wurde der Heilberuf verneint etwa für Apotheker.[10]

93 Heilpraktiker, Dentisten und Krankengymnasten erzielen nach entspr Prüfung und Zulassung hinsichtlich der arztähnlichen Berufsausübung Einkünfte gem § 18 I. Anderweitige Aktivitäten (zB entgeltliche Abgabe von Massageölen oder Pflegemitteln; Anbieten medizinischen Gerätetrainings im Rahmen von Präventivmaßnahmen) führen zu gewerblichen Einkünften, die bei fehlender Trennbarkeit (Rn 31) auch für die heilberufliche Tätigkeit anzunehmen sind.

95 h) Rechts- und wirtschaftsberatende Berufe. – aa) Rechtsanwälte, Notare, Patentanwälte. Diese in § 18 I 2 genannten Berufsgruppen wirken nach im Einzelnen geregelter Prüfung und Zulassung in

---

1 RFH RStBl 31, 611 (612).
2 BFH BStBl III 53, 142 (143).
3 BFH BStBl II 06, 94 (95 f).
4 BFH BStBl III 59, 344 (345).
5 RFH RStBl 31, 668 (669).
6 BFH BStBl III 53, 142 (144).
7 BFH BStBl II 72, 213 (214).
8 Ausf R 18.1 I EStR mit Einzelbeispielen.
9 BFH BStBl III 62, 414 (415 f); BStBl II 82, 253 (254).
10 BFH BStBl II 79 II 574 (575); BFH/NV 98, 706.

einem traditionellen Kernbereich freiberuflicher Tätigkeit. Zur selbstständigen Arbeit gehören gleichwohl nur die Aktivitäten, die nach der Verkehrsanschauung dem jeweiligen Leitbild (Rn 66 und 97) entsprechen. Übt ein RA zugleich freiberufliche und gewerbliche Tätigkeiten aus, sind die Einkünfte zu trennen oder, wenn eine Trennung nicht möglich ist (Rn 31), einheitlich zu beurteilen; diese Beurteilung richtet sich danach, ob die Rechtsbesorgung oder das geldgeschäftliche Element überwiegt.[1]

Als Organ der Rechtspflege wird der **RA,** der gem § 1 RBerG als unabhängige Berater und Vertreter – sei es auch in Form einer Gemeinschaft (Rn 33) – in allen Rechtsangelegenheiten auftritt, im Regelfall (Rn 65) freiberuflich tätig. Anwaltliche Eigenverantwortlichkeit, die regelmäßig die persönliche Beziehung zw dem Raterteilenden und dem Ratsuchenden prägt, gehört grundlegend zum überlieferten Berufsbild des RA.[2] Soweit ein RA dagegen in einem Anstellungsverhältnis für einen den anwaltlichen Standespflichten nicht unterworfenen Geschäftsherrn tätig wird, erzielt er Einkünfte gem § 19.[3] Sollte sein ArbG ihn jedoch im Einzelfall mit der Wahrnehmung seiner Interessen durch gesonderten Vertrag beauftragen[4] oder bei nebenberuflichen Mandaten, liegt eine Tätigkeit gem § 18 I vor.   **96**

Zur freiberuflichen Tätigkeit (Rn 66) **eines RA zählen folgende Aktivitäten**: Mitgliedschaft in einem Aufsichtsrat als juristischer und wirtschaftlicher Berater, ungeachtet des § 18 I Nr 3[5] (Rn 155); die Vollstreckung von Testamenten oder Tätigkeit als Schiedsrichter und zwar ungeachtet des § 18 I Nr 3[6] (Rn 153); Konkursverwaltung (Rn 155), im Einzelfall[7] ist aber auch § 18 I Nr 3 zu beachten; nebenamtliche Tätigkeit als Prüfer eines juristischen Prüfungsamtes;[8] Betreuung von Mündeln und Pfleglingen.[9] Dagegen handelt es **nicht um selbstständige anwaltliche Arbeit**: Hingabe von Darlehen, Übernahme von Bürgschaften und ähnliche Geldgeschäfte, soweit sie nicht unmittelbar mit der Durchführung eines erteilten Auftrages zusammenhängen (Rn 23);[10] Geschäftsführung eines Unternehmensverbandes;[11] Treuhändertätigkeit für Bauherrengemeinschaft;[12] als Prokurist bei einer Steuerberatungs-Ges angestellter Steuerberater.[13]   **97**

Gem § 1 BNotO erfüllen **Notare** als unabhängige Träger eines öffentlichen Amtes Aufträge zur Beurkundung von Rechtsvorgängen und andere Aufgaben der vorsorgenden Rechtspflege. Hierzu zählt etwa auch die Tätigkeit als Mittelverwender im Rahmen eines Beteiligungsmodells.[14] § 3 PatentAO regelt im einzelnen, in welchem Umfang ein **Patentanwalt** berät und vertritt.   **98**

bb) Wirtschaftsprüfer, Steuerberater, vereidigte Buchprüfer, Steuerbevollmächtigte. Die einschlägigen Normen enthalten **Berufszugangs- und Ausübungsbestimmungen** für diese Berufsgruppen.[15] Mangels Bestallung kann ein Berufsfremder dementspr keine Einkünfte gem § 18 I erzielen.[16] Im Jahre 04 hat der Gesetzgeber die bis dahin ausdrücklich auch genannten vereidigten Bücherrevisoren gestrichen. Diese (redaktionelle) Änderung war erforderlich geworden, nachdem gem § 132 WPO die Bezeichnung Bücherrevisor nicht mehr geführt werden darf.   **100**

Wirtschaftsprüfer werden nach öffentlicher Bestellung im Rahmen der §§ 1 und 2 WPO tätig. §§ 128 und 129 WPO betreffen die den **vereidigten Buchprüfern** vorbehaltenen Aufgaben. Zur freiberuflichen Tätigkeit eines Wirtschaftsprüfers iSd § 18 I gehören die verschiedenen Aktivitäten als Treuhänder: Konkurs- und Vergleichsverwalter (Rn 155) sowie Testamentvollstrecker und Nachlassverwalter.[17]   **101**

Den **Steuerberatern** und **Steuerbevollmächtigten** obliegt gem § 3 StBerG die geschäftsmäßige Hilfeleistung in Steuersachen. Zum freiberuflichen Tätigkeitsbereich eines Steuerberaters zählen im Hinblick auf § 57 III StBerG auch: Übernahme der Buchführung für Dritte; Tätigkeit in Schiedsge-   **102**

---

1 BFH BStBl II 82, 340 (342).
2 BGHZ 65, 238 (239); 68, 62 (63).
3 BGHZ 68, 62 (64).
4 BFH BStBl II 81, 545 (547).
5 RFH RStBl 32, 730 (731); RStBl 35, 870 (871).
6 RFH RStBl 36, 651 (652); BFH BStBl II 90, 1028 (1029); diff BFH/NV 91, 126.
7 RFH RStBl 38, 809; BFH BStBl III 57, 453; diff BStBl II 86, 213 (215); BStBl II 87, 147 (148 f); BStBl II 02, 202: Vermögensverwaltung iSd § 18 I Nr 3; *Kanzler* FR 94, 114 (115).
8 RFH RStBl 38, 1010 (1011).
9 BVerfGE 54, 251 = NJW 80, 2179 (2180); BFH BStBl II 81, 193 (194).
10 RFH RStBl 31, 104; RStBl 35, 870; BFH BStBl II 82, 340 (341).
11 BFH BStBl II 81, 545 (546).
12 BFH BStBl II 90, 534 (535).
13 BGHZ 65, 238 (240).
14 FG D'dorf EFG 06, 963 (964).
15 §§ 8u 134 WPO, §§ 40u 42 StBerG.
16 BFH BStBl II 87, 124 (126).
17 BFH BStBl II 73, 729 (730); diff *Kanzler* FR 94, 114 (115).

richtsverfahren im Bereich des § 33 StBerG.[1] Dagegen ist ein Steuerberater, der im Rahmen eines Bauherrenmodells Treuhandaufgaben wahrnimmt, gewerblich tätig.[2] Dies gilt gleichermaßen für folgende Tätigkeiten: Steuerberatung, soweit sie mit umfangreicher gewerblicher Tätigkeit untrennbar (Rn 31) verknüpft ist;[3] umfangreiche Tätigkeit als Insolvenzverwalter (vgl auch Rn 153, 155).[4]

104 **cc) Beratende Volks- und Betriebswirte.** Zu den wirtschaftsberatenden Berufen iSv § 18 I Nr 1 S 2, für die es kein einheitliches Berufsbild gibt, zählen die Volks- und Betriebswirte, soweit sich ihre Tätigkeit als freiberuflich darstellt. Hierbei steht die **Unternehmensberatung** im Vordergrund, die alle Fragen betrifft, die üblicherweise Gegenstand eines betriebswirtschaftlichen Studiums sind.[5] Betriebswirtschaftliche Beratung setzt breite Kenntnisse der Betriebswirtschaft – und zwar in allen ihren hauptsächlichen Bereichen – voraus, die auch im Selbststudium erworben sein können; Ausbildung an einer Fachschule kann ausreichen, Zulassung zum Diplom reicht aber nicht.[6] Weiterhin muss der StPfl diese fachliche Breite nutzen können und tatsächlich von ihr Gebrauch machen. Daher muss sich die Beratung auf eines oder mehrere Hauptgebiete der Betriebswirtschaft erstrecken.[7] Allein die Beratung von Wirtschaftsunternehmen in einzelnen speziellen Bereichen (zB Personalberatung,[8] Verkaufsförderung oder -training) mit Hilfe wissenschaftlicher Methoden entspricht nicht dem Anforderungsprofil eines Freiberuflers. Zugleich muss sich die Berufstätigkeit auf die beratende Funktion beschränken.[9]

105 **Einzelfälle:** EDV-Berater (Rn 78, 83, 133) können im Einzelfall als beratender Betriebswirt tätig sein (BFH/NV 86, 610; BFH/NV 06, 1647; *List* BB 93, 1488 (1491)), sofern der StPfl über entsprechende theoretische Kenntnisse verfügt und sich nicht nur auf die typischen Arbeiten eines EDV-Beraters (Analyse des Istzustands, Erarbeiten eines Systementwurfs, Schulen des Personals) oder auf die Entwicklung von Trivialsoftware beschränkt (BFH BStBl II 93, 324 (326); BStBl II 95, 888 (889 f)). Der BFH (BStBl II 04, 989) bejaht nunmehr im Regelfall mit guten Gründen auch für die Entwicklung von Anwendersoftware eine ingenieurähnliche Tätigkeit (Rn 134). Diese Einschätzung erweist sich angesichts der technischen Entwicklung als zutr. Freiberufliche Beratungstätigkeit wurde iÜ verneint für: Werbeberater (BFH BStBl II 74, 293 (294)), Organisationsberater für Datenverarbeitung (BFH BStBl II 77, 34), PR-Berater (BFH BStBl II 78, 565 (567)); Spielerberater (FG Kln EFG 98, 322); extern bestellter Datenschutzbeauftragter (BFH BStBl II 03, 761).

108 **i) Technische Berufe. – aa) Ingenieure und Vermessungsingenieure.** § 18 I betrifft neben den Vermessungsingenieuren (Rn 110) alle Arten freier Ingenieurtätigkeit. Selbstständig als Ingenieur kann grds nur derjenige tätig sein, der nach den **berufsrechtlichen Bestimmungen berechtigt** ist, die Berufsbezeichnung Ingenieur zu führen.[10] Es genügt nicht, wenn ein StPfl ohne entspr Ausbildungsqualifikation lediglich aufgrund einer Übergangslösung zur Besitzstandswahrung berechtigt ist, die Berufsbezeichnung Ingenieur weiterzuführen.[11] Landesrechtlichen Berufsregelungen bieten iÜ Anhaltspunkte für die Beurteilung, ob eine freiberufliche Tätigkeit gem § 18 I vorliegt.

109 Ein **Ingenieur** erzielt Einkünfte gem § 18, wenn er auf der Grundlage natur- und technikwissenschaftlicher Erkenntnisse und unter Berücksichtigung wirtschaftlicher Belange technische Werke plant, konstruiert und ihre Fertigung überwacht. Dabei muss der Ingenieur sich im Wesentlichen auf eine unterstützende, beratende und begutachtende Tätigkeit beschränken. Dies gilt auch für einen Ingenieur, der schwerpunktmäßig auf betriebswirtschaftlicher Grundlage beratend wirkt oder nur ein einzelnes Industrieunternehmen berät, selbst wenn sich das Entgelt nach dem Umsatz bemisst.[12] Dagegen erzielt ein Ingenieur Einkünfte gem § 15, der Warengeschäfte anbahnt und den Warenabsatz durch Kundenwerbung zu fördern sucht,[13] der in sonstiger Weise mittelbar an der Vermittlung

---

1 BFH BStBl II 85, 577 (578 f).
2 BFH BStBl II 95, 171 mwN.
3 BFH BStBl III 65, 557 (558).
4 BFH BStBl II 94, 936 (938).
5 BFH BStBl II 00, 616 (617); BStBl II 04, 768; BStBl II 03, 27.
6 BFH BStBl II 00, 616 (617 f); BStBl II 03, 919 (920).
7 BFH BStBl II 80, 336 (337); BStBl II 00, 616 (617).
8 BFH BStBl II 91, 769 (770); BFH/NV 00, 1460 (Diplom-Psychologe); BStBl II 03, 25 (26): Personalberatung mit Erfolgshonorar; BFH/NV 06, 1831: Diplom-Psychologe als Unternehmensberater.
9 BVerfGE 46, 224 (244) = BStBl II 78, 125 (130); FG Nds EFG 01, 1146: verneint für Projektmanager; BFH BStBl II 03, 25: verneint für Personalvermittler.
10 BFH BStBl II 81, 118 (119); BStBl II 07, 118 (120): Wirtschaftsingenieur; BStBl II 07, 781 (782).
11 BFH BStBl II 87, 116 (117).
12 FG Kln EFG 76, 197; FG RhPf DStRE 01, 1339.
13 RFH RStBl 40, 14.

von Geschäftsabschlüssen beteiligt ist,[1] der als beratender Ingenieur zugleich in erheblichem Umfang mit Computerkomponenten handelt[2] oder als Personalvermittler wirkt.[3]

Die Gruppe der **Vermessungsingenieure** umfasst die Landmesser sowie die Markscheier, die besondere Vermessungen im Bergbau vornehmen. Erstellt ein Markscheier Gutachten für Bergschäden und markscheierische Erfassung von Lagerstätten nutzbarer Mineralien, ist er auch insoweit freiberuflich tätig.[4] 110

Übt ein Erfinder den Ingenieurberuf aus, ist seine selbstständige **Erfindertätigkeit** – vorbehaltlich wissenschaftliche Tätigkeit (Rn 71) – dem Katalogberuf zuzuordnen.[5] In diesem Zusammenhang gewinnt ggf unter dem Gesichtspunkt der Nachhaltigkeit bei sog Blitzideen und Zufallserfindungen die Abgrenzung zu § 22 Nr 3 Bedeutung (Rn 7). Im Einzelfall kann bei nachhaltiger Tätigkeit, um die sog Blitzidee bis zur Verwertungsreife zu führen, auch die sonstige selbstständige Tätigkeit iSd § 18 I Nr 3 (Rn 150) vorliegen. Dabei erfasst § 18 nicht nur die Übertragung von Patenten, sondern auch sonstiger Erfinderrechte in ihren verschiedenen Entwicklungsstufen.[6] 111

bb) Architekten. Als Architekt kann nur derjenige Einkünfte aus freiberuflicher Tätigkeit erzielen, der rechtmäßig diese **Berufsbezeichnung führt**[7] und **im Kernbereich des Architektenberufs** tätig ist (Rn 66). Hierzu gehören insbes Bauplanung und Bauüberwachung.[8] 113

Während die Teilnahme an einem Ideenwettbewerb zum Städtebau freiberuflich erfolgt,[9] handelt ein Architekt gewerbsmäßig, wenn er **planmäßig Grundstücke** verwertet;[10] dies gilt auch, wenn er über die Architektenbindung der Grundstücke zusätzliche Aufträge gewinnen will.[11] Die Trennung der freiberuflichen und gewerblichen Anteile bei gemischter Architektentätigkeit hängt von den Einzelumständen (Rn 31) ab: Untrennbarkeit, wenn ein Architekt Grundstücke mit schlüsselfertig erstellten Häusern veräußert;[12] Trennbarkeit, wenn Grundstücks- und Architektenvertrag zivilrechtlich getrennt sind.[11] Ein beratender Architekt wird gewerblich tätig, wenn er wie ein Handelsvertreter zugunsten seines Auftraggebers Kunden zu Geschäftsabschlüssen bestimmen will.[13] 114

Beschränkt sich ein **Gartenarchitekt** auf die Beratung bei der Gartengestaltung, das diesbezügliche Fertigen von Plänen und Entwürfen sowie das Überwachen der Ausführungsarbeiten, ist er freiberuflich tätig. Dagegen handelt der Gartenarchitekt gewerblich, wenn er diese Ausführung auf eigene Rechnung mit eigenen Arbeitskräften vornimmt.[14] Bei einheitlichen Aufträgen entfällt die grds zulässige Trennung (Rn 30) in einen freiberuflichen und einen gewerblichen Bereich. 115

cc) Handelschemiker. Handelschemiker, die Stoffe aller Art quantitativ und qualitativ erforschen sowie ihre Zusammensetzung und ihr Verhalten **analysieren**, üben einen freien Beruf auf wissenschaftlicher Grundlage und mit entspr Vorbildung aus.[15] 117

dd) Lotsen. Nachdem die Lotsentätigkeit seit 1960 zu den freien Berufen zählt, erzielen **See-** und **Revierlotsen** Einkünfte aus selbstständiger Tätigkeit.[16] 118

j) Medienberufe. Neben der Lieferung von Ereignisberichten werden **Journalisten** iSv § 18 I Nr 1 tätig, die den geistigen Inhalt von publizistischen Medien mitgestalten, indem sie insbes zu gegenwartsbezogenen Geschehnissen Zusammenhänge politischer, gesellschaftlicher, wirtschaftlicher und kultureller Natur aufzeigen.[17] Dies betrifft zB Kommentatoren politischer Themen in den Medien sowie die Teilnehmer an Diskussionen, sofern ein enger Bezug zum Tagesgeschehen besteht.[18] Anders dagegen zB Werbeberater[19] oder die Betreiber allg PR-Arbeit.[20] 120

---

1 BFH/NV 01, 1400.
2 BFH BStBl II 97, 567 (568).
3 FG SchlHol EFG 02, 325 (Rev IV R 12/02).
4 BFH BStBl II 75, 290 (291 f).
5 BFH BStBl II 85, 424 (425); BStBl II 98, 567 (568); BFH/NV 03, 1406; ausf auch bei Erfindertätigkeit eines ArbN: R 18.1 II EStR.
6 BFH BStBl II 90, 377 (378).
7 BFH BStBl II 82, 492 (493).
8 BFH BStBl III 65, 586 (587).
9 BFH BStBl II 75, 558 (560).
10 RFH RStBl 39, 158.
11 BFH BStBl II 76, 152 (154).
12 BFH BStBl II 72, 291 (292).
13 BFH BStBl II 85, 15 (16 f).
14 BFH BStBl III 62, 302 (303).
15 BFH BStBl II 73, 183 (184); BStBl II 07, 519 (520).
16 BFH BStBl III 60, 209.
17 BFH BStBl III 52, 170 (172); BStBl II 71, 267 (268); BStBl II 78, 565 (567).
18 BFH BStBl II 72, 315 (316); zu ersten Zweifeln an der Beschränkung auf zeitbezogene Themen vgl BFH/NV 99, 602 (603).
19 BFH BStBl II 78, 565 (567).
20 BFH/NV 99, 602 (603).

121 Bildberichterstatter iSd § 18 I beschränken sich nicht auf die manuelle/handwerkliche Herstellung von Photos; vergleichbar der journalistischen Arbeit steht die Idee des Dargestellten im Mittelpunkt, die maßgeblich ist für das auf individueller Beobachtung beruhende Erfassen des Bildmotivs und seines Nachrichtenwerts. Die Bilder müssen die Allgemeinheit oder weite Kreise, nicht hingegen individuelle Abnehmer, über aktuelle Zustände oder Ereignisse politischer, wirtschaftlicher, gesellschaftlicher oder kultureller Art unterrichten.[1] Dies umfasst (auch ohne eigene Textgestaltung) den in der aktuellen Berichterstattung für das Fernsehen tätigen Kameramann oder Tontechniker.[2] Dagegen erzielt Einkünfte gem § 15: ein Bildjournalist, der für die Pressestelle eines gewerblichen Unternehmens tätig wird;[3] Fotograf, der wirklichkeitsgetreue Luftbildaufnahmen herstellt, die seine Abnehmer in vielfältiger Weise nutzen oder auswerten;[4] StPfl, der Werbefotos für Fachzeitschriften herstellt;[5] Friseur, der bei Gestaltung von Werbefotos mitwirkt;[6] Ersteller von Bildern, der Objekte für Zeitschriften auswählt und arrangiert, um die sodann von einem Fotografen hergestellten Aufnahmen zu veröffentlichen.[7]

122 Ein **Dolmetscher** übermittelt das Gespräch zw Beteiligten, die nicht dieselbe Sprache sprechen. Dagegen überträgt ein **Übersetzer** (beruflich) einen Text in eine andere Sprache, wobei der technische Aspekt der Textwiedergabe sowie die Textbindung im Vordergrund stehen.[8]

124 k) Ähnliche Berufe. – aa) Funktion des Merkmals. Der Begriff der ähnlichen Berufe verweist auf die ausdrücklich benannten **Katalogberufe**; die Bestimmung dieses Tatbestandsmerkmals erfordert eine prinzipielle Übereinstimmung (Analogie) mit einem von den im Einzelnen genannten Berufen.[9] Parallelen allein zu den übrigen genannten Tätigkeiten (wissenschaftlich etc) genügen nicht. Erforderlich ist also mangels Gruppenähnlichkeit die Ähnlichkeit mit einem bestimmten freien Beruf iSd § 18 I Nr 1 S 2, nicht zu den freien Berufen insgesamt. Denn es fehlt ein Leitbild, das den freien Berufen insgesamt zu Grunde läge. Daher muss ein ähnlicher Beruf mit dem typischen Berufsbild eines der in § 18 I aufgeführten freien Berufe im Wesentlichen vergleichbar sein. Keine entscheidende (allenfalls eine indizielle) Bedeutung gewinnen bei der erforderlichen Abgrenzung vergleichbare Zuordnungen nach den einschlägigen Bestimmungen des UStG. Insbes USt-Befreiungen dienen vielfach der Entlastung der Sozialversicherungsträger. Auch iÜ können wegen des unterschiedlichen Regelungszusammenhangs umsatzsteuerliche Erwägungen im Rahmen des § 18 keine ausschlaggebende Bedeutung gewinnen.[10] Ähnlichkeit betrifft insbes Vergleichbarkeit der breiten fachlichen Ausbildung und Tätigkeit, die sich auf einen breiten betrieblichen Bereich erstrecken muss (Rn 126, 130). Nach wie vor bilden die Berufsausbildung, im Einzelfall eine staatliche Erlaubnis und die Ausübung jeweils ein zulässiges Abgrenzungsmerkmal zwischen § 15 und § 18.[11] Allerdings erweist sich die Abgrenzung im Einzelfall nicht als statisch. Vielmehr fordern Änderungen der gesetzlichen Rahmenbedingungen (Zulassung, Regelungen der Berufsausübung) oder technische Entwicklungen eine regelmäßige Überprüfung. Dies gilt insbes für den EDV-Bereich, in dem etwa die Unterscheidung System- oder Anwendersoftwareentwicklung (Rn 133f) zunehmend an Bedeutung verloren hat. Hiernach erscheint es zB nunmehr sachgerecht, jede aufwendigere Entwicklung von Software dem ingenieurähnlichen Bereich zuzuordnen.

126 bb) Vergleichbarkeit der Ausbildung. Vergleichbarkeit setzt insbes bei technischen Berufen voraus, dass der StPfl über eine vergleichbare naturwissenschaftliche Ausbildung verfügt.[12] Bei einem akademischen Beruf muss der andere Beruf auch auf **wissenschaftlicher Grundlage** beruhen, ohne dass eine akademische Ausbildung unverzichtbar wäre. Mangels theoretischer Basis reicht eine vorwiegend praktische Ausbildung in diesem Zusammenhang aber nicht. Die Vergleichbarkeit setzt aber eine dem ähnlichen Beruf entsprechende breite fachliche Vorbildung voraus. Kenntnisse lediglich in Teilbereichen genügen nicht.[13] Insoweit sind Erfahrungen und Kenntnisse in allen Kernbereichen des betreffenden Katalogberufs erforderlich. Hiernach muss zB ein beratender Betriebswirt über hinreichende Kenntnisse in allen klassischen Hauptbereichen der Betriebswirtschaftslehre verfügen,

---

1 BFH BStBl III 52, 170 (172); BStBl II 98, 441 (442).
2 BFH BStBl III 65, 143 f; BStBl II 02, 478 (Grenzfall).
3 BFH BStBl III 65, 114 (115).
4 BFH BStBl II 71, 267 (268 f).
5 BFH/NV 99, 456 (457); ähnlich FG Bln EFG 99, 1082 (Überlassen von Bildmaterial zum Illustrieren von Fernsehprogrammankündigungen).
6 BFH/NV 99, 460.
7 BFH BStBl II 98, 441 (442).
8 BFH BStBl II 76, 192 (193).
9 BFH BStBl III 61, 306; BStBl II 03, 27 (30).
10 BFH BStBl II 03, 21 (23); BStBl II 04, 303 (305).
11 BFH BStBl II 02, 149 (150 f); BStBl II 03, 27 (28 f); BFH/NV 04, 282 (283); *Brandt* DStZ 02, 867 (869).
12 BFH BStBl II 90, 337 (339); BStBl II 98, 139 (140).
13 BFH BStBl III 63, 557 (558); BStBl II 07, 781 (782).

die Unternehmensführung, Leistungserstellung, Materialwirtschaft, Finanzierung, Vertrieb, Verwaltungs- und Rechnungswesen sowie Personalwesen umfassen. Die theoretischen Kenntnisse können durch Fernkurse oder Selbststudium erworben sein.[1] **Autodidakten** können den Nachweis der erforderlichen breiten theoretischen Kenntnisse anhand eigener praktischer Arbeiten durch qualifizierten Sachvortrag erbringen; dies gilt vor allem in den Fällen, in denen die berufliche Tätigkeit ohne theoretische Grundlagen gar nicht ausgeübt werden kann.[2] Neben der erfolgreichen Teilnahme an Fortbildungsveranstaltungen können also geeignete praktische Arbeiten im Einzelfall genügen. Dabei ist der Nachweis der erforderlichen theoretischen Kenntnisse mit Hilfe eigener praktischer Arbeiten nur erbracht, wenn diese Arbeiten den Schluss rechtfertigen, dass die Kenntnisse in Breite und Tiefe denjenigen eines Fachhochschulabsolventen entsprechen. Ein derartiger Nachweis an Hand praktischer Arbeiten erweist sich idR als schwierig. Andernfalls ist der Nachweis durch eine Wissensprüfung (ggf im Wege eines Sachverständigengutachtens) zu führen. Kenntnisse mit Fachschulniveau genügen, fehlende Kenntnisse in einem (Haupt-)Teilgebiet schaden nicht.[3] Für den Vorbildungsnachweis reichen aber die Kenntnisse des StPfl in einem Hauptbereich der Betriebswirtschaftslehre, in dem er praktisch tätig ist, nicht aus.[4] Gleiches gilt, wenn die praktische Tätigkeit nur gelegentlich qualifizierte (ingenieurmäßige) Kenntnisse erfordert.[5] Kann der betreffende Katalogberuf ohne vorgeschriebene Berufsausbildung ausgeübt werden, dürfen an die Vorbildung des ähnlichen Berufs keine höheren Anforderungen gestellt werden.[6] Dieselben Grundsätze gelten bei wissenschaftlichen oder künstlerischen[7] sowie bei dem einer Architektentätigkeit ähnlichen Beruf.[8] Dabei obliegt es dem StPfl konkret vorzutragen, dass und auf welche Weise er sich die erforderlichen Kenntnisse angeeignet hat.[9]

cc) Fehlende Zulassung. Die Ähnlichkeit mit einem erlaubnispflichtigen Katalogberuf soll nach bisheriger BFH-Ansicht entfallen, wenn die zu beurteilende Tätigkeit ohne die betreffende Zulassung oder Erlaubnis ausgeübt wird; dies gilt auch für den Fall, dass der ausgeübte Beruf – im Unterschied zu dem betreffenden Katalogberuf – keiner Erlaubnis bedarf.[10] Mit einer zwingend vorgeschriebenen Zulassung oder Erlaubnis sind nämlich regelmäßig **staatliche Kontrollen** zur Sicherung fachgerechter Berufsausübung verbunden.[11] Akzeptierte man einen ähnlichen Beruf iSd § 18 I Nr 1 S 2 ohne diese Beschränkung, fehlte die Vergleichbarkeit mit dem Katalogberuf in einem entscheidenden Punkt.[12] Als problematisch erweisen sich aber die Fälle, in denen regional unterschiedliche Zulassungsanforderungen bestehen. Unterschiedliche landesrechtliche Bestimmungen besagen nicht entscheidend etwas zu der erforderlichen Vergleichbarkeit.[13] Es bleibt abzuwarten, ob diese Rspr ohne Einschränkung fortgesetzt wird; denn das BVerfG[14] sieht vor allem in dem Fehlen einer berufsrechtlichen Regelung – jedenfalls im Umsatzsteuerrecht – keinen eigenständigen Differenzierungsgrund für eine unterschiedliche Behandlung. Allerdings erscheint das Übertragen umsatzsteuerlicher Grundsätze vor allem bei Lenkungsnormen auf § 18 nicht ohne weiteres sachgerecht. Zumindest zeichnete sich für zulassungsfreie Heilhilfsberufe, die einem Krankengymnasten (Physiotherapeuten) ähnlich sind, ab, dass der BFH auf eine staatliche Erlaubnis verzichtet.[15] Tatsächlich hat der BFH[16] nunmehr für Heilhilfsberufe, die ohne staatliche Erlaubnis ausgeübt werden dürfen, enschieden, dass im Unterschied zur Ähnlichkeit mit dem erlaubnispflichtigen Beruf des Heilpraktikers die Ähnlichkeit mit dem Katalogberuf Physiotherapeut nicht an der fehlenden staatlichen Erlaubnis zum Führen der Berufsbezeichnung scheitert. Insoweit lässt der BFH die Erlaubnis der betr Berufsorganisation oder die regelmäßige Zulassung einer Berufsgruppe durch die zuständigen Stellen der gesetzlichen Krankenkasse ausreichen.

dd) Vergleichbarkeit der Berufsausübung. Unabhängig von der (selbstgewählten) Berufsbezeichnung ist die Berufsausübung für die Einordnung als freier Beruf entscheidend. Hiernach muss das

---

1 BFH BStBl II 81, 118 (120).
2 BFH BStBl II 02, 475; BStBl II 02, 768; BStBl II 03, 27.
3 BFH BStBl II 00, 616; BStBl II 03, 27 (30).
4 BFH BStBl II 91, 769 (770); BFH/NV 00, 705 (706).
5 BFH BStBl II 93, 100 (101 f).
6 BFH BStBl III 64, 136.
7 BFH BStBl II 75, 558 (559).
8 BFH BStBl II 82, 492 (494 f).
9 BFH/NV 04, 56.
10 BFH/NV 97, 751 (752); BFH BStBl II 02, 149 (150); BStBl II 03, 21 (23).
11 BFH BStBl II 88, 273 (275); BStBl II 03, 480 (481).
12 BFH BStBl II 76, 621 (622); BStBl II 87, 124 (126).
13 *Brandt* DStZ 02, 867 (869); **aA** BFH BStBl II 02, 149.
14 BStBl II 00, 155 (157 f); für Fortgeltung der bisherigen Rspr zu § 18 wohl: BFH/NV 00, 705 (706); BFH/NV 00, 839 (840).
15 BFH BStBl II 03, 480 (482).
16 BFH BStBl II 04, 954; BMF BStBl I 04, 1030.

Gesamtbild der Tätigkeit dem typischen Erscheinungsbild und den prägenden Berufsmerkmalen eines bestimmten freien (Katalog-)Berufes entsprechen.[1] Häufig kann diese Feststellung nur mit Hilfe eines Sachverständigengutachtens geschehen. Für die erforderliche **Einzelähnlichkeit** spricht die enumerative Aufzählung des Katalogs, nur ganz bestimmte Berufe dem § 18 I 1 zuzuordnen; zudem erweisen sich die dort genannten Berufe als so unterschiedlich, dass eine Gruppenähnlichkeit nur ein eher konturenloses Merkmal beträfe. Wird etwa der StPfl auf dem Kerngebiet eines Katalogberufs als Gutachter oder Sachverständiger tätig, spricht vieles für die Annahme eines ähnlichen Berufs.[2] Anders aber, wenn ein StPfl umfängliche Aufgaben übernimmt, die dem Angehörigen des Katalogberufs verboten sind oder die nicht zu dem **typischen Berufsbild** (Rn 66) gehören.[3] Die Annahme einer ähnlichen Tätigkeit kommt nur in Betracht, wenn die die Ähnlichkeit begründenden Tätigkeiten iS eines Schwerpunktes andere entgegenstehende Tätigkeiten überwiegen. In ständiger Rechtsprechung zieht der BFH zur Bestimmung des jeweiligen Leistungsbildes Honorarordnungen nur ergänzend heran.[4]

132 **ee) Ähnlichkeit mit Katalogberuf.** Die **Ähnlichkeit mit einem Heilberuf** (Rn 88) bestimmt sich idR nach dem Berufsbild des Heilpraktikers oder Krankengymnasten.[5] § 18 I wurde **bejaht für** Krankenschwestern und -pfleger, Hebammen, Masseure sowie Magnetiseure; Betreiber eines häuslichen Krankenpflegedienstes (BFH BStBl III 53, 269 (270); BFH/NV 00, 284 (285)); soweit Krankenpfleger Leistungen der häuslichen Krankenpflege, nicht aber der häuslichen Pflegehilfe erbringt, BFH BStBl II 04, 509; Fachkrankenpfleger für Krankenhaushygiene (BFH BStBl II 07, 177); Psychotherapeuten (BFH BStBl II 82, 254 (255)); Sachverständiger für Blutgruppengutachten zur Vaterschaftsfeststellung (BFH BFH/NV 87, 367 (369)); Logopäden (in diesem Sinne wohl: BVerfG DStZ 98, 478 (479) mwN); medizinisch-technische Assistentin für Funktionsdiagnostik (BFH BStBl II 98, 453 (454)); Diätassistenten (OFD Hannover v 19.1.00, DB 00, 354); Audio-Psycho-Phonologen (FG Hbg EFG 01, 221). Ähnlichkeit mit Heilberuf **verneint für** Ärztepropagandisten (BFH BStBl III 61, 315 (316)); kosmetischen und medizinischen Fußpfleger[6] (BFH BStBl II 76, 621; BFH/NV 93, 283; BStBl II 02, 149); Viehklauenpfleger (BFH BStBl II 68, 77 (78)); Besamungstechniker (BFH BStBl III 66, 677 (678)); Altenpfleger (BFH/NV 97, 293; **aA** FG Nds DStRE 01, 190); Hellseherin (BFH BStBl II 76, 464 (465)); Apotheker (BFH/NV 98, 706 mwN); Sprachheilpädagogen (in diesem Sinne wohl: BVerfG DStZ 98, 478 (479) mwN; vgl aber auch im Einzelfall: BFH DStRE 03, 970, wonach auch unterrichtende Tätigkeit in Betracht kommt); Hypnosetherapeuten (BFH/NV 00, 839 (840); BVerfG 15.3.01 – 1 BvR 742/00: Verfassungsbeschwerde abgelehnt); Krankenhausberater (BFH/NV 00, 424); Krankenpflegedienst mit hauswirtschaftlicher Betreuung (BFH BStBl II 00, 625); medizinisches Gerätetraining in Krankengymnastikpraxis (OFD M'chen DB 03, 1823); Fußreflexzonenmasseur (BFH BStBl II 03, 21).

133 Die **Ähnlichkeit mit einem beratenden Beruf** (Rn 95) wurde teilweise wegen fehlender vergleichbarer Kenntnisse (Rn 126) **verneint für**: berufsmäßige Konkurs- und Vergleichsverwalter (BFH BStBl III 61, 306 (306f)); Erbensucher (BFH BStBl III 65, 263); Zollberater ohne Zulassung (BFH/NV 97, 751 (752)); Organisationsberater für Datenverarbeitung (BFH BStBl II 77, 34); PR-Berater (BFH BStBl II 78, 565 (567)); einen für einen Lohnsteuerhilfeverein in freien Mitarbeiterverhältnis tätigen Beratungsstellenleiter (BFH BStBl II 88, 273 (275)); Zolldeklaranten (BFH BStBl II 90, 153 (154)); Rechtsbeistand, der lediglich für Versicherungsgesellschaften Auszüge aus Gerichtsakten fertigt (BFH BStBl II 70, 455 (457)); Makler (RFH RStBl 38, 842); Detektiv (RFH RStBl 42, 989 (990)); Marktforscher (BFH BStBl II 92, 826 (827)); **aA** List BB 93, 1488 (1490)); Anlageberater (BFH BStBl II 89, 24 (26); **aA** List BB 93, 1488 (1490)); EDV-Berater (Rn 105) im Einzelfall trotz betriebswirtschaftlicher Analysen (BFH/NV 91, 515; BFH/NV 97, 192; BFH BStBl II 95, 888 (889f); **aA** Grunewald StB 98, 221); Bilanzbuchhalter (BMF BStBl I 82, 586, vgl Rn 151); Organisationsberater (FG Hbg EFG 98, 118); musikwissenschaftlicher Berater (FG Kln EFG 98, 51); Versicherungsberater (BFH BStBl II 98, 139 (140f)); international tätiger Spielerberater (BFH BStBl II 99, 167 (168)); Betreiber eines Inkassobüros (FG Kln EFG 99, 487); Projektmanager (FG Nds EFG 01, 1146); Werbeberater (FG BaWü EFG 03, 770 (772)); Personalvermittler (BFH/NV 04, 168); Über-

---

1 BFH BStBl II 98, 139 (140f); BStBl II 04, 509 (510).
2 BFH BStBl III 54, 147 (148); BStBl II 03, 27 (29).
3 BFH BStBl II 03, 27 (29).
4 BFH/NV 02, 1026 (1027).
5 BFH BStBl II 04, 954 (957); zu den diesbezüglichen Verwaltungsgrundsätzen mit zahlreichen Einzelbeispielen, vgl BMF BStBl I 04, 1030.
6 Seit 1.1.02/03 neue Rechtslage bei Podologen/medizinischen Fußpflegern: BMF v 1.10.02 DB 02, 2190.

nahme von Managementaufgaben durch Berater (FG Bln EFG 04, 896). Dagegen wurde Ähnlichkeit **bejaht bei** Rechtsbeistand, der umfassend beratend tätig wird (BFH BStBl II 79, 64 (65)); Hochschullehrer, der einmalig vor Gericht als Prozessbevollmächtigter auftritt (BFH BStBl II 71, 684 (685)); als Gutachter für Versicherungen tätigem Betriebswirt (BFH/NV 98, 456 (457)); Marketingberater (ggf auch Umweltberater): BFH BStBl II 03, 27; selbstständige Beratungtätigkeit eines Diplom-Wirtschaftsingenieurs (BFH BStBl II 03, 919); Umweltberater (FG RhPf EFG 04, 1835). Gleichermaßen dürfte bei öffentlich-rechtlichen Umweltgutachtern die Ähnlichkeit mit einem beratenden Betriebswirt vorliegen (in diese Richtung: BStBl II 07, 519).

Die **Ähnlichkeit mit technischen Berufen** (Rn 108) ist bei einer ingenieurähnlichen Tätigkeit bejaht für Kompasskompensierer auf Seeschiffen (BFH BStBl III 58, 3); Entwickler von Systemsoftware (BFH BStBl II 93, 324 (325)); Diplom-Informatiker im Bereich der Anwendungssoftwareentwicklung (BFH BStBl II 04, 989, vgl auch Rn 105); als Kfz-Sachverständiger tätiger Ingenieur (BFH BStBl III 63, 557 (558)); uU auch der Projektor von Förderanlagen oder Elektro- und Blitzschutzanlagen (BFH BStBl II 81, 121 (122 f) oder bei einem technischen Redakteur (BFH BStBl II 02, 475 (477)). **Keine ingenieurähnliche Tätigkeit:** Entwicklung von Trivalsoftware (BFH BStBl II 04, 989); Kfz-Sachverständiger ohne Ingenieurausbildung (BFH BStBl II 81, 118 (120)); Konstrukteur, der überwiegend Bewehrungspläne fertigt (BFH BStBl II 90, 73 (75)); Schiffssachverständiger**,** der schwerpunktmäßig reine Schadensgutachten erstellt (BFH BStBl II 96, 518 (521)); Telekommunikationsberater (BFH/NV 94, 460; FG Brem EFG 00, 743 (technischer Redakteur)); Flugingenieur (Copilot) (FG Bln EFG 99, 238); selbstständiger Pilot (BFH BStBl II 02, 565 (567)); externer Datenschutzbeauftragter (BFH BStBl II 03, 761); Retuscheur/Grafiker (BFH/NV 90, 232). **134**

Folgende Tätigkeit kommen als ähnlicher Beruf in Betracht: Bauplanung durch Hochbautechniker als **architektenähnlich** (Rn 113) (BFH BStBl II 90, 64 (66 f)); Tätigkeit als vereidigter Bauschätzer einer Brandversicherungskammer (BFH BStBl III 59, 267). Dagegen genügt nicht: Führen eines Planungs- und Bauleitungsbüros (BFH BStBl II 00, 31 (32)); Bauplanungsarbeit (FG Saarl EFG 01, 746). Tätigkeit einer medizinisch-diagnostischen Assistentin ist ähnlich dem Beruf des **Handelschemikers** (BFH BStBl III 53, 269 (270)) (Rn 117); ebenso: als Umweltgutachterin tätige Dipl.-Chemikerin (BFH BStBl II 07, 519). Diesbezügliche Ähnlichkeit verneint für: Havariesachverständige (BFH BStBl III 65, 593 (594)); vereidigte Probenehmer für Erze, Metalle und Hüttenerzeugnisse (BFH BStBl II 73, 183 (184)). Die Ähnlichkeit mit den **Medienberufen** (Rn 120) wurde verneint für PR-Berater (BFH BStBl II 78, 565 (567); FG D'dorf EFG 98, 739 (740)) sowie als Schwarzhörer-Fahnder eingesetzte Rundfunkbeauftragte (BFH BStBl II 79, 53; vgl auch BVerfG BFH/NV 01, Beil. Nr 1, S 66. Keine Ähnlichkeit mit **Lotsenberuf** (Rn 118) nach der allg Verkehrsauffassung bei Autolotsen in Großstädten, Bergführern (*L/B/P* § 18 Rn 117; **aA** *März* DStR 94, 1177 (1178); vgl auch Rn 83), selbstständigen Piloten (BFH BStBl II 02, 565 (567)) oder selbstständigen Reiseleitern im Ausland (FG Nbg EFG 63, 63, Rn 84). **135**

2. Mithilfe anderer Arbeitskräfte (§ 18 I Nr 1 S 3). – a) Mithilfe fachlich vorgebildeter Kräfte. Selbstständige Arbeit iSd § 18 stellt maßgeblich auf die persönliche Qualifikation und den persönlichen Einsatz des StPfl ab (Rn 1f). Dem steht grds der Einsatz qualifizierter Mitarbeiter entgegen (sog Ver- vielfältigungstheorie[1]). Diese Einschränkung gilt aber nicht bei Hilfstätigkeiten, die sich auf ein eher mechanisches oder verwaltungsmäßiges Unterstützen der Haupttätigkeit beschränken. Gem § 18 I Nr 1 S 3 ist des Weiteren im Rahmen § 18 I Nr 1 die Mitarbeit von qualifizierten Hilfspersonen, die nicht nur weitgehend mechanische Arbeiten erledigen, mit der **Einordnung als freiberufliche Arbeit** vereinbar, nicht dagegen im Hinblick auf § 18 I Nr 2 und 3 (Rn 150). Durch § 18 I Nr 1 S 3 wollte der Gesetzgeber, gegenüber der von der Rspr bis 1960 angewendeten Vervielfältigungstheorie ein Verfahren einzuführen, um den Bedürfnissen der Angehörigen der freien Berufe zur Abgrenzung von einer gewerblichen Tätigkeit besser zu entsprechen. Hierbei besagt qualifizierte Mithilfe, dass Arbeitskräfte, sowohl Angestellte als auch Subunternehmer und freie Mitarbeiter, zwar über eine gegenüber dem Berufsträger geringere Ausbildung verfügen, ihn jedoch in Teilbereichen und nicht nur mit untergeordneter Bedeutung ersetzen.[2] Freie Mitarbeiter oder sonstige eingeschaltete Unternehmen können insoweit zumindest entsprechend § 18 I Nr 1 S 3 an die Stelle der ArbN des Berufsträgers treten. Es kommt **138**

---

1 BFH BStBl III 58, 34 (37 f); BStBl II 02, 478 (479).   2 BFH BStBl II 02, 478 (479); BFH/NV 07, 1319 (1321); ausf Rspr-Nachweis in: H 15.6 „Mithilfe" EStH.

aber darauf an, dass der StPfl nach den Umständen des Einzelfalls noch eigenverantwortlich iSd § 18 I Nr 1 tätig ist. Dies kann sich gerade bei dem Einschalten von Subunternehmen (Direktionsrecht, Gewährleistung, Auftreten nach außen) als problematisch erweisen. Gleichermaßen droht die Gewerblichkeit, wenn der Mitarbeiter über eine vergleichbare Qualifikation wie der Praxisinhaber verfügt.[1]

140 **b) Qualifizierte Leitung.** Der Selbstständige muss über **eigene Fachkenntnisse** verfügen, die zudem die gesamte berufliche Tätigkeit abdecken; im Einzelfall können ausreichende Fachkenntnisse auch ohne Prüfung aufgrund praktischer Erfahrungen gewonnen sein.[2] Ist allerdings für eine unterrichtende Tätigkeit eine staatliche Zulassung erforderlich, muss der StPfl selbst über sie verfügen; ohne derartige eigene Zulassung genügt der Einsatz qualifizierter Hilfskräfte nicht.[3]

141 Der StPfl muss zunächst **leitend tätig** werden. Hiernach hat er in Form von Anweisungen und Kontrollen die Grundzüge des Organisationsablaufs festzulegen, grundsätzliche Fragen zu entscheiden und die Arbeitsabläufe zu überwachen.[4]

142 Die zusätzlich erforderliche als eigenständiges Gesetzesmerkmal zu verstehende **eigenverantwortliche** Tätigkeit setzt voraus, dass der Berufsträger an der praktischen Arbeit insgesamt (idR in jedem Einzelfall) in einer Weise teilnimmt, dass er auch die von Hilfskräften erbrachten Leistungen tatsächlich mitgestaltet.[5] Allerdings darf bei zunehmender Bedeutung der qualifizierten Hilfskräfte nicht die Leistungserbringung durch das Unternehmen im Vordergrund stehen.[6] Allein stichprobenartige Überprüfungen genügen zB nicht. Für die Frage, was bei den einzelnen Berufsgruppen noch als eigenverantwortlich anzusehen ist, gewinnen die Umstände des Einzelfalls entscheidende Bedeutung, insbes die gesamte Entwicklung der zu beurteilenden Tätigkeit.[7] In keinem Falle genügt allein der Umstand, dass der StPfl gegenüber seinen Auftraggebern die schuldrechtliche Verantwortung übernimmt. Beispiele aus der umfangreichen Rspr: BFH BStBl II 68, 820 (822 f): beratender Bauingenieur und Prüfingenieur; BStBl II 74, 213 (214): Leiter einer privaten Handelsschule; BStBl II 76, 155 (156 ff): Leiter eines Instituts für medizinische Mikrobiologie und klinische Chemie; BStBl II 76, 641 (642): Herausgeber eines juristischen Informationsdienstes; BStBl II 79, 246 (248): Reitstallbesitzer und Reitlehrer; BStBl II 97, 681 (682) und BFH/NV 00, 284: Krankenpfleger, der häusliche ambulante Pflegedienste erbringt; FG Bln EFG 02, 1233: ambulanter Pflegedienst; FG D'dorf EFG 93, 512: Steuerbevollmächtigter, der mit Angestellten ca 13 000 Anträge bearbeitet; ausf unter Hinweis auf Hilfskräfte und Computer *Kempermann* FR 96, 514 (515).

143 Bei **Laborärzten** stellt die Rspr zunehmend auf die Zeit ab, die der Arzt noch für die einzelne Analyse iSd sog Stempeltheorie durchschnittlich verwendet. Dementspr hat der BFH[8] die Erzielung von selbstständigen Einkünften verneint, wenn den Laborarzt durchschnittlich pro Untersuchung nur 48 bis 60 oder 36,5 Sekunden verbleiben. Zwischenzeitlich hat der BFH allerdings entschieden, dass es keine feste Grenze gibt, welche Anzahl von Aufträgen noch mit der Eigenverantwortlichkeit vereinbar ist.[9] Demgegenüber hat das FG Brem[10] eine durchschnittliche Bearbeitungsdauer von 3 Minuten und 16 Sekunden im Hinblick auf § 18 I als ausreichend angesehen. Angesichts der technischen Entwicklung bleibt zu erwägen, ob es nicht doch entgegen entsprechender Tendenzen in der Rspr[11] genügen sollte, wenn der Praxisinhaber die computergestützte Durchführung der Standardfälle konzipiert, die zumeist handwerkliche Ausführung – abgesehen von Stichproben – seinem Hilfspersonal überlässt und sich auf die Bearbeitung aller schwierigen, ungewöhnlichen oder pathologischen Fälle konzentriert.[12] Auch nach diesen Kriterien ist allerdings im Sinne einer widerlegbaren Vermutung von gewerblichen Einkünften auszugehen, wenn der Arzt für Laboratoriumsmedizin nach den Verhältnissen des Einzelfalls mit zahlreichen fachlich vorgebildeten Angestellten eine Vielzahl von Aufträgen/Untersuchungen durchführt oder nicht nur vertretungsweise einen zeich-

---

1 Sehr weitgehend: FG SachsAnh EFG 07, 587 (Zahnarzt beschäftigt approbierten Kollegen).
2 BFH BStBl II 74, 642 (643).
3 BFH BStBl II 66, 685.
4 BFH BStBl II 88, 17 (18 f); BStBl II 02, 478 (480); BStBl II 04, 509 (511).
5 BFH BStBl II 02, 478 (479 f); BFH/NV 08, 53 (56); ausf zur Eigenverantwortlichkeit: *Krüger* FR 96, 613 (615 ff).
6 BFH BStBl II 95, 732 (735); BStBl II 02, 478 (479).
7 BFH BStBl II 70, 86 (87).
8 BFH BStBl II 90, 507 (509); BStBl II 95, 732 (735); BFH/NV 00, 837 (838), auch zur Widerlegung eigenverantwortlicher Tätigkeit durch Sachverständigengutachten.
9 BFH BStBl II 02, 581; BFH/NV 05, 200.
10 DStRE 97, 325 (327 f); **aA** FG Brem EFG 00, 263 (265).
11 BFH BStBl II 88, 17 (19); BFH/NV 00, 837 (840); FG Brem EFG 00, 263 (265); FG Bdbg EFG 04, 919; zust *L/B/P* § 18 Rn 250.
12 Ähnlich FG BaWü EFG 02, 554; *Korn* DStR 95, 1249 (1252); *Krüger* FR 96, 613 (618 f); ausf: *Lüdemann/Wildfeuer* BB 00, 589.

nungsberechtigten Facharzt in nennenswertem Umfang tätig werden lässt.[1] Schließen sich Laborärzte zu Laborgemeinschaften zusammen, die Leistungen an (Nicht-)Mitglieder erbringen, kann es sich um Hilfstätigkeiten zu den eigentlichen ärztlichen Leistungen handeln. Ob die Ärzte aus eigenverantwortlicher Tätigkeit (Rn 142) Einkünfte iSd § 18 I erzielen, hängt von den Einzelumständen ab.[2]

3. Vertretung (§ 18 I Nr 1 S 4). Dauernde Vertretung führt zu Einkünften gem § 15.[3] Bei **vorübergehender Verhinderung** kann freiberufliche Tätigkeit erhalten bleiben. Als vorübergehend iSd § 18 I Nr 1 ist eine Verhinderung anzusehen, wenn die persönliche Prägung seitens des Berufsangehörigen weitgehend erhalten bleibt. Eine nur vorübergehende Vertretung entfällt zB, wenn nach einem Erbfall sich das Fehlen eines Berufsangehörigen nicht auf eine kurze Übergangszeit beschränkt[4] oder der Erbe einen Berufsangehörigen für eine Übergangszeit von drei Jahren treuhänderisch einsetzt.[5] **145**

4. Staatliche Lotterieeinnehmer (§ 18 I Nr 2). Der **Begriff** des selbstständigen **Lotterieeinnehmers** ist gesetzlich nicht definiert. Nach hM können als staatliche Lotterie nur solche Unternehmen angesehen werden, die der Staat unmittelbar als Regiebetrieb gem § 1 I Nr 6 KStG[6] oder als rechtsfähige Anstalt des öffentlichen Rechts[7] selbst betreibt. Es genügt nicht, dass sich alle Anteile einer die Lotterie unterhaltenden KapGes in der Hand des Staates befinden.[8] Dementspr übt auch der Bezirksstellenleiter einer staatlichen Lotterie keine selbstständige Arbeit aus. Im Rahmen des § 18 I Nr 2 gilt die sog Vervielfältigungstheorie (Rn 138); denn die Zulassung fachlich qualifizierter Hilfskräfte gem § 18 I Nr 1 S 3 bezieht sich allein auf die freiberufliche Tätigkeit. Unschädlich ist hingegen der Einsatz nicht fachlich vorgebildeter Hilfskräfte. **147**

5. Sonstige selbstständige Tätigkeit (§ 18 I Nr 3). – a) Eingrenzung der sonstigen selbstständigen Tätigkeit. § 18 I Nr 3 benennt für den **Begriff der sonstigen selbstständigen Arbeit** lediglich einige Beispiele, bei denen die persönliche Tätigkeit im Vordergrund steht. Wenngleich die Norm in erster Linie auf mehr gelegentliche Tätigkeiten abzielt,[9] werden auch Dauertätigkeiten dann erfasst, wenn sie den ausdrücklich genannten Beispielen weitgehend (im Sinne einer Gruppenähnlichkeit) ähnlich sind.[10] Jedenfalls müssen die typischen Merkmale der ausdrücklich genannten Tätigkeitsbeispiele, die den Begriff der sonstigen selbstständigen Tätigkeit charakterisieren, vorliegen, um die Voraussetzungen des Abs 1 Nr 3 zu erfüllen. § 18 I Nr 3 betrifft vor allem die Verwaltung fremden Vermögens. Die vorrangig (vermögens-)verwaltende Betätigung umfasst neben erhaltender auch verteilende und somit substanzauflösende Tätigkeiten,[11] ohne dass Nr 3 einen Auffangtatbestand zu § 18 I Nr 1 bildet.[12] **Mithilfe fachlich vorgebildeter Arbeitskräfte** im Rahmen der in § 18 I Nr 3 genannten Tätigkeiten führt unter dem Gesichtspunkt der sog Vervielfältigungstheorie zu gewerblichen Einkünften; § 18 I Nr 1 S 3 (Rn 138) ist auf Einkünfte aus freiberuflicher Tätigkeit beschränkt.[13] Aus diesem Grunde muss der StPfl selbst zur Verwaltung fremden Vermögens berechtigt und verpflichtet sein, demgegenüber erfüllt ein Subunternehmer diese Voraussetzung nicht. Zugleich droht aber im Einzelfall der Einsatz von Hilfskräften, die nur untergeordnete Arbeiten erledigen, gewerbliche Einkünfte zu begründen. **150**

Einkünfte aus sonstiger selbstständiger Tätigkeit sind in folgenden **Einzelfällen** zu **bejahen**: (ehrenamtliche) Mitglieder von Wahlorganen, nicht aber die von einer Gemeinde als Hilfskräfte bestellten Wahlhelfer; (ehrenamtliche) Tätigkeit als Stadtrat (BFH BStBl II 96, 431) oder als Oberbürgermeister in Nordrhein-Westfalen (BFH BStBl II 88, 266 (267)); Hausverwalter mit wenigen Häusern (RFH RStBl 38, 842); berufsmäßiger Konkurs- und Vergleichsverwalter (BFH BStBl III 61, 306 (307); vgl auch Rn 155); Erfindertätigkeit (Rn 111); Pflegeeltern bei privaten (BMF BStBl I 84, 134; dies gilt auch für Tagesmütter, vgl Rn 25) und öffentlichen (BMF BStBl I 90, 109; zur Steuerfreiheit der Erziehungsgelder gem § 3 Nr 11, vgl BFH BStBl II 84, 571) Leistungen; je nach den Einzelumständen der selbstständige Bilanzbuchhalter (Rn 133; **aA** *Blümich* § 18 Rn 131). Dagegen **entfällt** § 18 I Nr 3 bei Maklern (RFH RStBl 38, 842); Buchmachern (RFH RStBl 39, 576 (577)); Berufsar- **151**

---

1 BFH BStBl II 02, 581.
2 BMF BStBl I 03, 170.
3 BFH/NV 96, 464 (465): Einsatz eines Leiters in einer Betriebsstätte.
4 BFH BStBl III 63, 189.
5 BFH BStBl II 77, 539 (540).
6 BFH BStBl III 61, 212 (213).
7 BFH BStBl II 85, 223 (224).
8 BFH BStBl III 64, 190 (191).
9 BFH BStBl III 51, 97 (98); BStBl II 04, 112 (113).
10 BFH BStBl III 55, 325 (326); BFH/NV 01, 1489 (1490); BFH BStBl 05, 288.
11 BFH BStBl II 73, 731 (732); BStBl II 88, 266 (267).
12 BFH/NV 97, 751 (753).
13 RFH RStBl 38, 842 (843); BFH BStBl 05, 611.

tisten, -sportlern und Trainern (BFH BStBl III 51, 97 (98)); vereidigten Kursmaklern (BFH BStBl III 55, 325 (326)); Hausverwaltern mit umfangreichem Bestand (BFH BStBl III 56, 45 (46); BFH/NV 99, 1456 (1457)); selbstständigen Versicherungsvertretern (BFH BStBl II 78, 137 (139)); Berufsbetreuern iSd §§ 1896 ff BGB (BFH BStBl II 05, 288); Stundenbuchhaltern (BFH BStBl II 02, 338); ehrenamtlichem Präsidenten einer Handwerkskammer (FG Mchn EFG 04, 1538).

153 b) Testamentvollstrecker. Testamentvollstreckung iSd § 18 I Nr 3 betrifft vor allem die gelegentliche Tätigkeit bei letztwilligen Verfügungen. Dabei spricht auch bei überhöhtem Honorar eine Vermutung für eine einheitliche Tätigkeitsvergütung und nicht für eine (teilw) freigebige Zuwendung des Erblassers.[1] Ähnlich wie die Vermögensverwaltung (Rn 155) fällt die Testamentvollstreckung wohl nicht in den Kernbereich anwaltlicher Tätigkeit mit der Folge, dass RA insoweit Einkünfte aus freiberuflicher Tätigkeit gem § 18 I Nr 3 erzielen;[2] in gleicher Weise gehört die Übernahme einer Testamentvollstreckung zur freiberuflichen Tätigkeit (Rn 101) eines Wirtschaftsprüfers.[3]

155 c) Vermögensverwalter. Vermögensverwaltung betrifft vorrangig das verzinsliche Anlegen von KapVerm sowie die VuV unbeweglichen Vermögens. Hierzu zählt aber auch die Tätigkeit als Zwangs-, Insolvenz-, Konkurs- und Vergleichsverwalter sowie als Verwalter im Gesamtvollstreckungsverfahren. Insoweit handelt es sich um Einkünfte aus sonstiger selbstständiger Arbeit. § 18 I Nr 3 gilt auch für den RA als Verwalter im Gesamtvollstreckungsverfahren.[4] Hiernach droht bei RA eine gewerbliche Qualifizierung der Einkünfte, wenn sie sich bei der verwaltenden Tätigkeit qualifizierter Mitarbeiter bedienen. Diese „Abfärbewirkung" (Rn 35) hat gravierende Folgen, kann aber im Einzelfall durch Ausgliederung vermieden werden. Allerdings kommen im Hinblick auf die sog Vervielfältigungstheorie (Rn 138) bei umfangreicher Verwaltertätigkeit Einkünfte gem § 15 in Betracht. In diesen Fällen bleibt ebenfalls zu prüfen, mit Hilfe von „Ausgliederungsmodellen" die infizierte Tätigkeit von den sonstigen freiberuflichen Tätigkeiten zu trennen. Dies kann etwa durch Ausgliederung der Verwaltertätigkeit auf eine (personenidentische) Gesellschaft geschehen.

157 d) Aufsichtsratsmitglied. Die Tätigkeit iSd § 18 I Nr 3 betrifft die typischen Überwachungsaufgaben eines Aufsichtsrats. Unabhängig von der Bezeichnung des betr Organs (zB Beirat, Verwaltungsrat oder Grubenvorstand) ist allein entscheidend, ob es selbst die Geschäfte führt oder vorrangig die Geschäftsführung überwacht.[5] Dabei steht der **Überwachungs- und Aufsichtsfunktion** des Aufsichtsrats die Durchführung einzelner Maßnahmen der Geschäftsführung nicht entgegen.[6] Der Begriff der Überwachung wird in Anlehnung an § 10 Nr 4 KStG sehr weit gefasst;[7] lediglich Leistungen, die ein Aufsichtsratsmitglied aufgrund eines besonderen Vertrages erbringt, führen nicht zu den privilegierten Einkünften gem § 18 I Nr 3.[8] Die selbstständige Arbeit als Aufsichtsratsmitglied wurde in folgenden **Einzelfällen** bejaht für: ArbNVertreter,[9] der folglich bestimmte Zuwendungen als BA abziehen kann, die er vor seiner Wahl zugesagt hat;[10] gesellschaftsrechtlich beteiligtes Mitglied eines GmbH-Beirats.[11] Dagegen entfällt § 18 I Nr 3 bei: Beamten, die kraft ihres Hauptamts als Vertreter ihres Dienstherrn tätig werden;[12] Übernahme von Repräsentationsaufgaben ohne Überwachungsfunktion.[13] Zu den Einkünften iSd § 18 I Nr 3 zählen ungeachtet der für die beaufsichtigte Körperschaft geltenden Abzugsbeschränkung gem § 10 Nr 4 KStG in vollem Umfang: einmalige oder laufende Vergütungen, Reisegelder, Aufwandsentschädigungen, unentgeltliche PKW-Überlassung, im Einzelfall auch das Überlassen von Räumen oder Personal, Beitragszahlungen zur Altersversorgung.

158 6. Leistungsvergütungen bei Wagniskapitalgesellschaften (§ 18 I Nr 4). Durch das Gesetz zur Förderung von Wagniskapital[14] hat der Gesetzgeber im Jahre 04 in § 18 I die Nr 4 eingefügt, um Beteiligungsfonds (Venture Capital und Private Equity Fonds) und deren „Initiatoren" steuerlich zu fördern. Auf diese Weise will der Gesetzgeber die steuerlichen Rahmenbedingungen für WagnisKapGes verbessern. Für die im Einzelnen bezeichneten erhöhten Gewinnanteile in Form von erfolgsabhängigen Tätigkeitsvergütungen („Carried Interest") ist nunmehr sichergestellt, dass die (Fonds-)Initiatoren als Empfänger der Carried Interest – als Ausgleich für ihre immateriellen Leistungen – stets Einkünfte iSd § 18

---

1 BFH BStBl II 90, 1028 (1029); BStBl II 05, 489 (490).
2 Hinweis auf BFH BStBl II 02, 202.
3 BFH BStBl II 73, 729 (730).
4 BFH BStBl II 02, 202 (203 ff); FG RhPf EFG 07, 1523.
5 RFH RStBl 34, 138; BFH BStBl II 04, 112 (113).
6 RFH RStBl 37, 978; RStBl 38, 110 (111).
7 BFH BStBl III 66, 688 (689); BStBl II 04, 112 (114).
8 RFH RFHE 24, 11 (16) = RStBl 28, 305 (nur Tenor).
9 BFH BStBl II 72, 810 (811).
10 BFH BStBl II 81, 29 (30).
11 FG M'ster EFG 74, 108.
12 BFH BStBl III 57, 226.
13 BFH BStBl II 78, 352 (353).
14 BGBl I 04, 2013.

erzielen, die im Grundsatz in vollem Umfang stpfl sind. Zugleich aber kommt durch den neu eingefügten § 3 Nr 40a insoweit das Halbeinkünfteverfahren zum Tragen (§ 3 Rn 140 ff). § 18 I Nr 4 gilt ausweislich des Wortlauts („Erwerb, Halten oder Veräußern von Anteilen") nur für Beteiligte an einer WagnisKapGes. Soweit der (Haupt-)Zweck der betr Gesellschaft oder Gemeinschaft sich auf diese Form der Vermögensverwaltung beschränkt, dürften weitere nicht gewerbliche Tätigkeiten – jedenfalls von untergeordneter Bedeutung – nicht schädlich sein. Denn der Gesetzgeber wollte mit den vorgenannten Beschränkungen lediglich sicherstellen, dass nur WagnisKapGes gefördert, hingegen Mitnahmeeffekte vermieden werden.[1] Weiterhin betrifft § 18 I Nr 4 lediglich den **disproportionalen Gewinnanteil** (§ 3 Rn 142). Im Unterschied zu den anderen Tätigkeits- oder Geschäftsführervergütungen erfasst die hälftige Steuerbefreiung also nur Zahlungen („Carried Interest"), die geleistet werden, nachdem alle Anleger ihr eingezahltes Kapital ggf einschließlich einer gewissen Mindestverzinsung zurückerhalten haben.[1] § 18 I Nr 4 beschränkt sich demnach auf den Gewinnanteil (Anteile an Veräußerungsgewinnen, Dividenden, Zinsen) als zusätzliche Leistungsvergütung, der über das Entgelt für den Kapitaleinsatz hinausgeht. Dabei bleibt unberücksichtigt, ob der Carried Interest aus Veräußerungsgewinnen oder (sonstigen) laufenden Zahlungen geleistet wird. Einkünfte aus selbstständiger Arbeit liegen auch dann vor, wenn der sog Carry-Holder als gewerblich geprägte PersGes die Voraussetzungen des § 15 III Nr 2 erfüllt; § 18 I Nr 4 aE schließt ausdrücklich die **Anwendung des § 15 III** aus. Diese ausdrückliche Beschränkung auf § 15 III besagt zugleich, dass etwa gem § 15 I gewerblich tätige PersGes keine Einkünfte iSd § 18 I Nr 4 erzielen. Der Gesetzgeber hat den zeitlichen Anwendungsbereich der §§ 3 Nr 40a und 18 I Nr 4 in § 52 IVc geregelt (§ 3 Rn 143). Die FinVerw[2] hat in diesem Zusammenhang Übergangsregelungen für Altfälle (Vertrauensschutz) geschaffen.

C. Vorübergehende Tätigkeit (§ 18 II)

Während § 22 Nr 3 Einkünfte aus gelegentlicher Tätigkeit erfasst (Rn 7), verlangt der vorrangige § 18 II eine zumindest vorübergehende Tätigkeit. Der StPfl muss die Tätigkeit planmäßig nur einmalig oder wenige Male, jedoch mit der **Absicht** ausüben, sie bei sich bietender Gelegenheit zu **wiederholen**.[3]

160

D. Veräußerungsgewinne (§ 18 III)

§ 18 III erfasst (vorrangig klarstellend und) in enger Anlehnung an § 16 neben der Aufgabe der Tätigkeit iSd § 16 III 1 (Rn 175) nur die entgeltlichen Vorgänge, nicht jedoch die unentgeltlichen Übertragungen iSd § 6 III (= § 7 I EStDV aF). Dementspr entsteht ein nicht begünstigter laufender Gewinn, wenn im Rahmen einer unentgeltlichen Betriebsübertragung einzelne WG von der Übertragung ausgeschlossen werden.[4] Veräußerungen iSd § 18 III unterfallen nicht der Besteuerung des laufenden Gewinns, vgl § 34 II Nr 1, und eröffnen den Freibetrag gem § 16 IV (Rn 178). Im Einzelfall können §§ 20–24 UmwStG Bedeutung gewinnen (Rn 165). Indem § 18 III 2 in weitem Umfang auf die objektbezogenen Veräußerungsbestände des § 16 verweist, gelten die allg Grundsätze lediglich mit der Besonderheit, dass im Unterschied zu Gewerbetreibenden die **Personenbezogenheit** (persönlicher Einsatz des Selbstständigen) auch bei der Gewinnabgrenzung gem § 18 III iVm § 16 im Vordergrund steht.[5] Dementspr bilden häufig immaterielle WG (insbes Kunden-, Patienten- und Mandantenstamm) und nicht materielle WG den maßgeblichen Teil des Vermögens iSd § 18 III. Insoweit setzt ein Veräußerungsvorgang idR voraus, dass anstelle des veräußernden Selbstständigen vorrangig der Erwerber die dem Mandantenstamm innewohnenden Chancen nutzen kann.[6]

162

Die **Gestaltungsmöglichkeiten** zur Aufnahme eines Gesellschafters in ein Einzelunternehmen oder in eine (Freiberufler-) Sozietät bedürfen nach den Neufassungen der §§ 16 I Nr 2 und 18 III 2 durch das Steuerbeamtenausbildungsgesetz im Jahre 2002 sorgsamer Prüfung. Das Fortführen der Buchwerte und das Nichtaufdecken stiller Reserven sind vielfach erschwert. Im Einzelfall kann aber auch das (freiwillige) Aufdecken sämtlicher stiller Reserven sich wegen des gewonnenen Abschreibungspotenzials als vorteilhaft erweisen. Stets ist die Gefahr des möglichen Gestaltungsmissbrauchs gem § 42 AO zu beachten.

163

---

1 BT-Drs 15/3336, 6.
2 Fin Min Bayern DB 04, 1642 unter Hinweis auf BMF BStBl I 04, 40; krit: *Geerling/Ismer* DStR 05, 1596.
3 BFH BStBl II 71, 684 (685); BStBl II 04, 218 (219).
4 BFH BStBl II 81, 566 (567); R 18.3 EStR.
5 Ausf *IdW* Praxisübertragungen; *Schulze zur Wiesche* BB 95, 593; *Korn* DStR 95, 961; § 18 III 2 neu gefasst durch das Gesetz v 23.7.02, BGBl I 02, 2715 (2716).
6 *Pickert* DB 95, 2390 (2394).

164 **I. Veräußerungstatbestände (§ 18 III 1). – 1. Veräußerung des Vermögens.** Die entgeltliche Veräußerung einer freiberuflichen **Einzelpraxis** als Vermögen iSd § 18 III 1 setzt in Anlehnung an § 16 I Nr 1 1. Alt voraus, dass der StPfl (oder seine Erben [Rn 50][1]) die wesentlichen Grundlagen einschl der bei Selbstständigen zumeist bedeutsamen immateriellen WG (insbes Mandanten-, Klienten- und Patientenstamm[2]) auf einen Erwerber überträgt oder in das PV überführt und zumindest (häufig im Wege einer Wettbewerbsklausel) für gewisse Zeit seine selbstständige Tätigkeit in dem örtlich begrenzten Wirkungsfeld einstellt (Rn 162 und 165); anderenfalls ist nicht sichergestellt, dass der Mandanten- oder Patientenstamm tatsächlich auf den Erwerber übergeleitet wird.[3] Besondere Bedeutung als wesentliche Praxisgrundlage gewinnen neben den immateriellen WG die Büro- und Verwaltungsgebäude, die ebenfalls übertragen werden müssen. Dabei soll die Fortführung einer freiberuflichen Nebentätigkeit der tarifbegünstigten Praxisveräußerung dann nicht entgegenstehen, wenn der Selbstständige diese Nebentätigkeit nur in geringem Umfang ausgeübt hat.[4] Die FinVerw teilt diese Einschätzung, wenn die auf die fortgeführte freiberufliche Tätigkeit entfallenden Umsätze in den letzten drei Jahren weniger als 10 vH der gesamten Einnahmen ausmachen.[5] Eine freiberufliche Praxis verfügt im Regelfall nur über einen örtlich begrenzten Wirkungsbereich. Daher kommt eine Praxisveräußerung iSd § 18 III in Betracht, wenn der StPfl im Zuge der Veräußerung den bisherigen Wirkungskreis aufgibt und nicht nur den Standort geringfügig wechselt (bloße Betriebsverlegung), sondern außerhalb der sog Ausstrahlungskraft der alten Praxis einen neuen örtlichen Wirkungsbereich erschließt.[6] Gleichermaßen überträgt der Selbstständige im Falle seiner Weiterbeschäftigung bei dem Erwerber die wesentlichen wirtschaftlichen Grundlagen seiner Praxis, wenn der Erwerber diese Grundlagen jedenfalls wirtschaftlich selbst nutzt. Dies ist anzunehmen, wenn der Erwerber den bisherigen Praxisinhaber in nichtselbstständiger Stellung (mit wirksam vereinbarter und tatsächlich praktizierter Weisungsgebundenheit) beschäftigt oder ihm für beratende selbstständige Tätigkeit ein Honorar zahlt.[7] Dagegen entfällt eine derartige Veräußerung, wenn ein selbstständig tätiger Ingenieur sein technisches Spezialwissen auf seinen einzigen Kunden überträgt.[8] Hat der Erbe eines Freiberuflers mangels persönlicher Qualifikation gewerbliche Einkünfte erzielt, nachdem er die Praxis zunächst durch einen Vertreter hat fortführen lassen (Rn 50), erfüllt die anschließende Veräußerung nicht die Voraussetzungen des § 18 III 1.[9]

165 Eine entgeltliche Veräußerung liegt gleichermaßen vor bei Einbringung des der selbstständigen Arbeit dienenden Vermögens in eine bestehende Pers- oder KapGes (**Sozietätserweiterung**) gegen Gewährung von Ges-Anteilen;[10] für die Möglichkeit eines begünstigten Aufgabegewinns ist in diesem Zusammenhang § 24 UmwStG 1995 als gegenüber § 18 III spezielle Regelungen zu beachten.[11] Dabei umfasst § 24 UmwStG neben dem Verschmelzen von zwei Einzelpraxen auch die Aufnahme eines weiteren G'ters gegen Einlage.[12] In diesen Fällen ist die Einstellung der beruflichen Tätigkeit im Unterschied zu der Veräußerung einer Einzelpraxis (Rn 164) nicht erforderlich.[13]

166 Im Falle einer **Sozietätsgründung** durch Aufnahme eines Partners in eine Einzelpraxis ist zu differenzieren: Erhält ein Freiberufler für die Einbringung seiner Praxis neben der Ges-Beteiligung eine Ausgleichszahlung, liegt ein tauschähnlicher Vorgang vor; werden sämtliche stillen Reserven aufgedeckt, kommt eine steuerbegünstigte Veräußerung des Vermögens in Betracht.[14] Anderenfalls soll die begünstigte Übertragung einer MU'erPosition entfallen. Trotz vielfältiger Kritik verneint der

---

1 BFH BStBl II 85, 204.
2 BFH BStBl II 86, 335 (336); BStBl II 97, 546 (547).
3 BFH BStBl II 75, 661 (662); BStBl II 97, 498 f; FG Nds EFG 98, 299: Erwerb einer Arztpraxis 6 Monate nach Praxisveräußerung (schädlich); BFH/NV 99, 1594 (1595): erneute freiberufliche Tätigkeit eines RA 5 Monate nach Praxisveräußerung (BVerfG 31.07.01 – 2 BvR 1877/99: Verfassungsbeschwerde abgelehnt); FG BaWü EFG 00, 685: Eröffnung einer Steuerberaterpraxis im bisherigen örtlichen Wirkungskreis (Einzelfall).
4 BFH BStBl II 92, 457 (458); BStBl II 93, 182 (184); BFH/NV 01, 1561.
5 H 18.3 „Veräußerung Einzelunternehmen" EStH; krit hierzu *Korn* DStR 95, 961.
6 BFH HFR 61, 222; in diesem Sinne auch: BFH BStBl II 85, 131.
7 BFH BStBl II 94, 925 (926 f); ggf schädlich aber Tätigkeit eines Steuerberaters nach Praxisveräußerung als angestellter Steuerreferent, FG Nds EFG 99, 1122.
8 BFH BStBl II 96, 4 (5).
9 BFH BStBl II 81, 665 (667).
10 BFH BStBl II 76, 748 (749).
11 BFH BStBl II 80, 239; R 18.3 II EStR; FG Kln EFG 03, 473 (474) unter Hinweis auf BFH BStBl II 88, 374 (376).
12 BFH BStBl II 95, 599 auch zu weiteren Einbringungsgestaltungen.
13 BFH BStBl II 95, 407 (408).
14 BFH BStBl II 84, 518 (520); BStBl II 01, 178 (180); H 18.3 „Einbringungsgewinn" EStH.

BFH eine steuerbegünstigte Veräußerung mit der Begründung, der bisherige (Praxis-)Inhaber habe keine Rechtsposition MU'anteile übertragen können, nachdem die MU'schaft erst durch den Sozietätsvertrag begründet worden sei.[1]

Bis 2001 konnten **Teil-Mitunternehmeranteile** gem § 16 I Nr 2 aF iSd § 34 II Nr 1 privilegiert veräußert werden. Dies galt gewohnheitsrechtlich auch für freiberufliche Teilmitunternehmeranteile bei Aufnahme eines weiteren G'ters in eine bestehende PersGes. Nach der Gesetzesänderung im Jahre 2002 (Rn 162f) verdeutlicht der überarbeitete Verweis in § 18 III 2 auf die entspr anzuwendende überarbeitete Regelung in § 16 I 2, dass der Gewinn aus der Veräußerung eines Teils eines Mitunternehmeranteils als laufender Gewinn zu erfassen ist. Dies gilt entsprechend für Einkünfte nach § 18, wenn StPfl den Teil an einem Anteil an einem Vermögen veräußern, das der selbstständigen Arbeit dient. Hiernach entfällt nunmehr insbes der Steuervorteil im Rahmen des sog Zweistufenmodells.[2] Denn die Änderung des § 16 I 1 Nr 2 und I 2 stellt ab 1.1.02 sicher, dass nur noch die entgeltliche Übertragung ganzer MU'anteile gem §§ 16, 34 begünstigt ist (§ 16 Rn 220). **167**

2. Veräußerung eines selbstständigen Vermögensteils. Eine Teilpraxis- oder Teilbetriebsveräußerung betrifft einen selbstständigen Teil des Vermögens gem § 18 III 1, 2. Alt. Ein Teilbetrieb ist ein organisch geschlossener, mit einer gewissen Selbstständigkeit ausgestatteter Teil eines Gesamtbetriebs, der bereits alle Merkmale eines Betriebes aufweist und für sich lebensfähig ist. Eine derartige Teilbetriebsveräußerung setzt in Anlehnung an § 16 I 1 Nr 1 voraus, dass der Selbstständige bei wesensmäßig verschiedenen Betätigungen mit unterschiedlichen Kunden einen Tätigkeitsbereich oder dass er bei **sachlich einheitlicher Tätigkeit** einen örtlich abgegrenzten Wirkungsbereich vollständig aufgibt, der zuvor bereits organisatorisch und räumlich getrennt war. Dabei indiziert allein das Ausüben wesensmäßig unterschiedlicher Tätigkeiten nicht das Vorliegen organisatorisch selbstständiger Teilpraxen.[3] Beispiele: Filialpraxis eines Zahnarztes;[4] Teilpraxis eines Steuerberaters;[5] Niederlassung einer Fahrschule;[6] Anwaltspraxisanteil eines Anwaltnotars;[7] Allgemeinmediziner mit arbeitsmedizinischer Teilpraxen.[8] Diese Voraussetzungen sind nur im Ausnahmefall gegeben; die bloße örtliche Einschränkung der Betätigung genügt jedenfalls im Regelfall nicht.[9] Vielmehr muss die gewisse organisatorische Selbstständigkeit ursprünglich einem Teilbetrieb im gewerblichen Bereich entsprochen haben, dem dann die Aufgabe eines derartigen selbstständigen Praxisteils folgt. Nach dem Gesamtbild der Verhältnisse des Veräußerers ist den Abgrenzungsmerkmalen unterschiedliches Gewicht zu geben, je nachdem ob es sich um einen Fertigungs-, Handels- oder Dienstleistungsbetrieb handelt. Beispiele: keine Teilpraxis eines Steuerberaters bezüglich Geschäftszweig Buchführung[10] und landwirtschaftliche Buchstelle;[11] keine Trennung Groß- von Kleintierpraxis eines Tierarztes;[12] Dentallabor als lediglich innerbetriebliche Organisationseinheit eines Zahnarztes;[13] keine Teilbetriebsveräußerung bei Verkauf einer Kassenarztpraxis und Fortführung einer Naturheilpraxis[14] oder Fortführung lediglich des Privatpatientenbereichs;[15] keine Teilpraxisveräußerung bei Verkauf des allgemeinmedizinischen Bereichs und Fortführung der Psychotherapie sowie chinesischer Behandlung;[16] im Einzelfall Teilbetriebsveräußerung bei Fahrschule ohne Veräußerung eines Schulungsfahrzeugs.[17] **168**

3. Veräußerung der Beteiligung an Kapitalgesellschaft (§ 18 III 2). Bei diesem Unterfall der Teilbetriebsveräußerung muss der StPfl seine das **gesamte Nennkapital** umfassende Beteiligung veräußern. **170**

4. Veräußerung eines Anteils am Vermögen. Um einen Anteil am Vermögen (Praxisanteil) iSd § 18 III 1, 3. Alt handelt es sich in Anlehnung an § 16 I 1 Nr 2 bei der Beteiligung an einer von Selbstständigen gebildeten PersGes. Dieser Praxisanteil wird steuerbegünstigt veräußert, wenn der StPfl gem § 18 III nicht nur einen Teil, sondern alle wesentlichen vermögensmäßigen Grundlagen der frei- **172**

---

1 BFH BStBl II 00, 123 (126); BFH/NV 01, 151; BFH/NV 03, 479.
2 BT-Dr 14/8887, 35; zum sog „Zweistufenmodell" BFH BStBl II 00, 123 (129); BStBl II 04, 1068 (1070).
3 BFH BStBl II 05, 208 (209).
4 BFH BStBl III 56, 205 (206).
5 BFH BStBl III 64, 135; BFH/NV 00, 1341 (zur Bagatellgrenze).
6 BFH BStBl II 90, 55 (56).
7 FG D'dorf EFG 02, 1174.
8 BFH BStBl II 05, 208 (210).
9 BFH BStBl II 03, 838 (839); BFH/NV 05, 31 (32).
10 BFH BStBl II 70, 566 (566).
11 BFH BStBl II 78, 562 (563); **aA** *Blümich* § 18 Rn 265.
12 BFH BStBl II 93, 182 (183f).
13 BFH BStBl II 94, 352 (353).
14 FG RhPf EFG 96, 753.
15 BFH/NV 97, 746 (747); BFH/NV 01, 33; FG M'chen EFG 03, 1012.
16 FG M'ster EFG 02, 327.
17 BFH BStBl II 03, 838 (840).

beruflichen Tätigkeit überträgt einschl evtl vorhandenen Sonder-BV (zB Praxisgrundstück) und seine freiberufliche Tätigkeit in dem örtlich begrenzten Wirkungskreis wenigstens für eine gewisse Zeit einstellt.[1] Dies betrifft insbes den Fall, dass der StPfl seinen gesamten Anteil auf einen neuen Sozius/Mit-G'ter überträgt. Erbauseinandersetzungen richten sich nach den allg Grundsätzen (Rn 50). Der Tod eines Mit-G'ters führt bei Fortsetzung der PersGes zur Veräußerung eines Anteils iSd § 16 I 1 Nr 2.[2] Stirbt ein G'ter, dem bei seinem Ausscheiden ein **Abfindungsanspruch** zusteht, so ist ein durch den Tod begründeter Veräußerungsgewinn dem Erblasser und nicht den Erben zuzurechnen.[3]

175 **II. Aufgabe der selbstständigen Arbeit (§ 18 III 2 iVm § 16 III).** Stellt der Selbstständige seine Tätigkeit in dem bisherigen örtlichen Bereich zumindest für eine gewisse Zeit ein, handelt es sich um eine begünstigte Aufgabe gem § 16 III 1, wenn er die wesentlichen Betriebsgrundlagen in einem einheitlichen Vorgang innerhalb kurzer Zeit veräußert oder ganz bzw teilw in sein PV übernimmt (§ 16 Rn 304 ff).[4] IdS führen auch Betriebs-[5] sowie Wohnsitzverlegung[6] ins Ausland, sofern die inländische Besteuerung entfällt, zu einer Betriebsaufgabe. Hierzu zählt auch die **Teilpraxisaufgabe.** Allein die Einstellung oder Beendigung der bisherigen Tätigkeit sowie der unentgeltliche Betriebsübergang ohne Aufgabeerklärung beinhalten dagegen keine Betriebsaufgabe.[7] Gleiches gilt, wenn der Freiberufler die Praxis längerfristig an eine auch von Berufsfremden geführte Ges verpachtet[8] oder bei nur vorübergehender Verpachtung einer freiberuflichen Praxis durch den Erben eines verstorbenen Praxisinhabers.[9]

178 **III. Ermittlung des Veräußerungsgewinns (§ 18 III 2).** Die Höhe des Veräußerungsgewinns ist durch **Bestandsvergleich** zu ermitteln, auch wenn iÜ § 4 III zur Anwendung gelangt. Nach allg Grundsätzen ist der Gewinn in der Weise zu ermitteln, dass der Veräußerungserlös nach Abzug der Veräußerungskosten um den Wert des (veräußerten) Anteils am BV zu mindern ist.[10] Der Gewinn entsteht, wenn der Veräußerer den Vertrag in der Weise erfüllt hat, dass der Erwerber wirtschaftlich über das BV verfügen kann.[11] Der **Freibetrag** g § 16 IV (§ 16 Rn 500 ff) ist ebenso zu berücksichtigen wie die Tarifvergünstigung iSd § 34 II Nr 1 (§ 34 Rn 25). Die Steuerbefreiung nach § 16 IV 1 wegen dauernder Berufsunfähigkeit kommt für einen Erben, der nach dem Tod des Praxisinhabers die freiberufliche Praxis veräußert, nicht in Betracht;[12] anders, wenn der Freiberufler seine Praxis wegen dauernder Berufsunfähigkeit verkauft hat, die Praxis aber erst nach seinem Tod übertragen wird.[13]

E. Bezugnahme auf anderweitige Vorschriften (§ 18 IV)

180 Seit Einführung durch das Steuerentlastungsgesetz 99[14] regelt § 18 IV 1 – anstelle des § 52 XV 11 aF – unter Verweis auf § 13 V das Recht des StPfl mit Einkünften iSv § 18, ein Grundstück zur eigenen Wohnnutzung stfrei zu entnehmen. Erforderlich ist allerdings, dass das betreffende Grundstück im VZ 86 zum BV des StPfl gehört hat.

181 Die in § 18 IV 2 (Hinweis auf § 52 Abs 34b) angesprochene Anwendung von § 15 I Nr 2 hat lediglich klarstellenden Charakter. Der BFH[15] hatte bereits frühzeitig ua entschieden, dass bei einer von Freiberuflern gebildeten Ges die Mit-G'ter über notwendiges Sonder-BV verfügen, sofern sie der Ges WG zur Nutzung überlassen und Sondervergütungen erzielen. Die Bezugnahme auf die in § 15 II 2 und 3 zum Ausdruck gebrachten allg Voraussetzungen der Gewinnerzielungsabsicht (Rn 15) hat ebenfalls nur deklaratorische Bedeutung. Der Verweis auf § 15a beschränkt für selbstständig Tätige die Möglichkeit des Verlustausgleichs in der Weise, dass sie Verluste in bestimmtem Umfang nur mit späteren Gewinnen aus derselben Tätigkeit verrechnen können. Der Ende 2005[16] aufgenommene Verweis auf § 15b erstreckt, um Umgehungsgestaltungen zu vermeiden, die Verlustverrechnungsbeschränkung von gewerblichen Steuerstundungsmodellen auch auf Verluste im Rahmen des § 18.[17]

---

1 BFH BStBl II 86, 335 (336); BStBl II 97, 498; zur steuerlichen Behandlung von Versorgungsleistungen *Schulze zur Wiesche* BB 95, 593 (596 f).
2 BFH BStBl II 98, 290 (291).
3 BFH BStBl II 94, 227.
4 BFH BStBl II 81, 566 (567); R 18.3 III EStR.
5 BFH BStBl II 83, 113.
6 BFH BStBl II 77, 76 (77); zum Wahlrecht des Veräußerers BFH BStBl II 84, 664 (665).
7 BFH BStBl II 89, 509 (510).
8 BFH BStBl II 94, 922 (924).
9 BFH BStBl II 93, 36 (39).
10 BFH/NV 01, 151; zur Ermittlung des Einbringungsgewinns nach § 24 UmwStG vgl H 18.3 „Einbringungsgewinn" EStH.
11 BFH BStBl II 92, 525.
12 BFH BStBl II 85, 204.
13 BFH BStBl II 95, 893 (894).
14 Gesetz v 24.3.99, BGBl I 99, 402 (410).
15 BFH BStBl II 83, 215 (217).
16 BGBl I 05, 3683.
17 BT-Drs 16/107, 11.

d) Nichtselbstständige Arbeit
(§ 2 Abs. 1 Satz 1 Nr. 4)

§ 19

(1) ¹Zu den Einkünften aus nichtselbstständiger Arbeit gehören
1. Gehälter, Löhne, Gratifikationen, Tantiemen und andere Bezüge und Vorteile für eine Beschäftigung im öffentlichen oder privaten Dienst;
2. Wartegelder, Ruhegelder, Witwen- und Waisengelder und andere Bezüge und Vorteile aus früheren Dienstleistungen;
3. laufende Beiträge und laufende Zuwendungen des Arbeitgebers aus einem bestehenden Dienstverhältnis an einen Pensionsfonds, eine Pensionskasse oder für eine Direktversicherung für eine betriebliche Altersversorgung. ²Zu den Einkünften aus nichtselbstständiger Arbeit gehören auch Sonderzahlungen, die der Arbeitgeber neben den laufenden Beiträgen und Zuwendungen an eine solche Versorgungseinrichtung leistet, mit Ausnahme der Zahlungen des Arbeitgebers zur Erfüllung der Solvabilitätsvorschriften nach §§ 53c und 114 des Versicherungsaufsichtsgesetzes, Zahlungen des Arbeitgebers in der Rentenbezugszeit nach § 112 Abs. 1a des Versicherungsaufsichtsgesetzes oder Sanierungsgelder, Sonderzahlungen des Arbeitgebers sind insbesondere Zahlungen an eine Pensionskasse anlässlich
    a) seines Ausscheidens aus einer nicht im Wege der Kapitaldeckung finanzierten betrieblichen Altersversorgung oder
    b) des Wechsels von einer nicht im Wege der Kapitaldeckung zu einer anderen nicht im Wege der Kapitaldeckung finanzierten betrieblichen Altersversorgung.

³Von Sonderzahlungen im Sinne des Satzes 2 Buchstabe b ist bei laufenden und wiederkehrenden Zahlungen entsprechend dem periodischen Bedarf nur auszugehen, soweit die Bemessung der Zahlungsverpflichtungen des Arbeitgebers in das Versorgungssystem nach dem Wechsel die Bemessung der Zahlungsverpflichtung zum Zeitpunkt des Wechsels übersteigt. ⁴Sanierungsgelder sind Sonderzahlungen des Arbeitgebers an eine Pensionskasse anlässlich der Systemumstellung einer nicht im Wege der Kapitaldeckung finanzierten betrieblichen Altersversorgung auf der Finanzierungs- oder Leistungsseite, die der Finanzierung der zum Zeitpunkt der Umstellung bestehenden Versorgungsverpflichtungen oder Versorgungsanwartschaften dienen; bei laufenden und wiederkehrenden Zahlungen entsprechend dem periodischen Bedarf ist nur von Sanierungsgeldern auszugehen, soweit die Bemessung der Zahlungsverpflichtungen des Arbeitgebers in das Versorgungssystem nach der Systemumstellung die Bemessung der Zahlungsverpflichtung zum Zeitpunkt der Systemumstellung übersteigt.

²Es ist gleichgültig, ob es sich um laufende oder um einmalige Bezüge handelt und ob ein Rechtsanspruch auf sie besteht.

(2) ¹Von Versorgungsbezügen bleiben ein nach einem Prozentsatz ermittelter, auf einen Höchstbetrag begrenzter Betrag (Versorgungsfreibetrag) und ein Zuschlag zum Versorgungsfreibetrag steuerfrei. ²Versorgungsbezüge sind
1. das Ruhegehalt, Witwen- oder Waisengeld, der Unterhaltsbeitrag oder ein gleichartiger Bezug
    a) auf Grund beamtenrechtlicher oder entsprechender gesetzlicher Vorschriften,
    b) nach beamtenrechtlichen Grundsätzen von Körperschaften, Anstalten oder Stiftungen des öffentlichen Rechts oder öffentlich-rechtlichen Verbänden von Körperschaften
   oder
2. in anderen Fällen Bezüge und Vorteile aus früheren Dienstleistungen wegen Erreichens einer Altersgrenze, verminderter Erwerbsfähigkeit oder Hinterbliebenenbezüge; Bezüge wegen Erreichens einer Altersgrenze gelten erst dann als Versorgungsbezüge, wenn der Steuerpflichtige das 63. Lebensjahr oder, wenn er schwerbehindert ist, das 60. Lebensjahr vollendet hat.

³Der maßgebende Prozentsatz, der Höchstbetrag des Versorgungsfreibetrags und der Zuschlag zum Versorgungsfreibetrag sind der nachstehenden Tabelle zu entnehmen:

| Jahr des Versor- | Versorgungsfreibetrag | | Zuschlag zum |
gungsbeginns	in % der Versorgungs-bezüge	Höchstbetrag in Euro	Versorgungsfreibetrag in Euro
bis 2005	40,0	3 000	900
ab 2006	38,4	2 880	864
2007	36,8	2 760	828
2008	35,2	2 640	792
2009	33,6	2 520	756
2010	32,0	2 400	720
2011	30,4	2 280	684
2012	28,8	2 160	648
2013	27,2	2 040	612
2014	25,6	1 920	576
2015	24,0	1 800	540
2016	22,4	1 680	504
2017	20,8	1 560	468
2018	19,2	1 440	432
2019	17,6	1 320	396
2020	16,0	1 200	360
2021	15,2	1 140	342
2022	14,4	1 080	324
2023	13,6	1 020	306
2024	12,8	960	288
2025	12,0	900	270
2026	11,2	840	252
2027	10,4	780	234
2028	9,6	720	216
2029	8,8	660	198
2030	8,0	600	180
2031	7,2	540	162
2032	6,4	480	144
2033	5,6	420	126
2034	4,8	360	108
2035	4,0	300	90
2036	3,2	240	72
2037	2,4	180	54
2038	1,6	120	36
2039	0,8	60	18
2040	0,0	0	0

[4]Bemessungsgrundlage für den Versorgungsfreibetrag ist
a) bei Versorgungsbeginn vor 2005
   das Zwölffache des Versorgungsbezugs für Januar 2005,
b) bei Versorgungsbeginn ab 2005
   das Zwölffache des Versorgungsbezugs für den ersten vollen Monat,

jeweils zuzüglich voraussichtlicher Sonderzahlungen im Kalenderjahr, auf die zu diesem Zeitpunkt ein Rechtsanspruch besteht. [5]Der Zuschlag zum Versorgungsfreibetrag darf nur bis zur Höhe der um den Versorgungsfreibetrag geminderten Bemessungsgrundlage berücksichtigt werden. [6]Bei mehreren Versorgungsbezügen mit unterschiedlichem Bezugsbeginn bestimmen sich der insgesamt berücksichtigungsfähige Höchstbetrag des Versorgungsfreibetrags und der Zuschlag zum Versorgungsfreibetrag nach dem Jahr des Beginns des ersten Versorgungsbezugs. [7]Folgt ein Hinterbliebenenbezug einem Versorgungsbezug, bestimmen sich der Prozentsatz, der Höchstbetrag des Versorgungsfreibetrags und der Zuschlag zum Versorgungsfreibetrag für den Hinterbliebenenbezug nach dem Jahr des Beginns des Versorgungsbezugs. [8]Der nach den Sätzen 3 bis 7 berechnete Versorgungsfreibetrag und Zuschlag zum Versorgungsfreibetrag gelten für die gesamte Laufzeit des Versorgungsbezugs. [9]Regelmäßige Anpassungen des Versorgungsbezugs führen nicht zu einer Neuberechnung. [10]Abweichend hiervon sind der Versorgungsfreibetrag und der Zuschlag zum Versorgungsfreibetrag neu zu berechnen, wenn sich der Versorgungsbezug wegen Anwendung von Anrechnungs-, Ruhens-, Erhöhungs- oder Kürzungsregelungen erhöht oder vermindert. [11]In diesen Fällen sind die Sätze 3 bis 7 mit dem geänderten Versorgungsbezug als Bemessungsgrundlage im Sinne des Satzes 4 anzuwenden; im Kalenderjahr der Änderung sind der höchste Versorgungsfreibetrag und Zuschlag zum Versorgungsfreibetrag maßgebend. [12]Für jeden vollen Kalendermonat, für den keine Versorgungsbezüge gezahlt werden, ermäßigen sich der Versorgungsfreibetrag und der Zuschlag zum Versorgungsfreibetrag in diesem Kalenderjahr um je ein Zwölftel.

§§ 1, 2 LStDV; R 19.1 – 19.9 LStR

Übersicht

	Rn		Rn
A. Grundaussagen der Vorschrift	1	4. Der Arbeitgeber	63
I. Gegenstand und Bedeutung der Vorschrift	1	a) Begriff und Bedeutung	63
II. Verhältnis zu anderen Vorschriften	2	b) Funktionsbezogene ArbG-Begriffe	65
1. Verhältnis zu den §§ 38 ff	2	5. Haupt- und Nebentätigkeiten	70
2. Verhältnis zu den §§ 13, 15 und 18	3	6. Einzelnachweise (Dienstverhältnisse)	100
3. Verhältnis zu den §§ 20, 21, 22 Nr 1 und 22 Nr 3	4	II. Arbeitslohn	110
		1. Allgemeines zum Begriff, Rechtsentwicklung	110
4. Verhältnis zum UStG und GewStG	6	2. Objektive Bereicherung als Einnahme	112
5. Verhältnis zu arbeits- und sozialrechtlichen Vorschriften	7	a) Objektiver Vorteil	112
III. Ermittlung der Einkünfte aus nichtselbstständiger Arbeit	8	b) Werbungskostenersatz – Auslagenersatz – durchlaufende Gelder	113
B. Einkünfte aus nichtselbstständiger Arbeit	15	3. Veranlassungszusammenhang	120
I. Dienstverhältnis	25	a) „Aus dem Dienstverhältnis"	120
1. Allgemeine Begriffsbestimmung	25	b) Eigenbetriebliches Interesse	122
a) Abgrenzung zur Selbstständigkeit (s dazu auch § 15 Rn 17 ff)	25	c) Nichtsteuerbare Einnahmen	125
		4. Sonderfälle	126
b) Abgrenzung gegenüber nichtsteuerbarer Tätigkeit	27	a) Lohnzahlung durch Dritte	126
c) Besonderheiten bei Ehrenämtern	30	b) Besonderheiten beim Zufluss	130
2. Einzelkriterien	35	5. Lohnzahlung an Dritte (Abs 1 Nr 3)	140
a) Schulden der Arbeitskraft	35	a) Eigeninteresse und vorgelagerte Besteuerung	140
b) Weisungsgebundenheit	37	b) Neuer Ansatz	141
c) Eingliederung	40	c) Technische Umsetzung	142
d) Fehlen eines Unternehmerrisikos	43	6. Einzelnachweise (Arbeitslohn)	150
e) Gesamtbild	46	7. Einzelnachweise (Werbungskosten)	160
aa) Maßgeblichkeit der Gesamtumstände	46	III. Versorgungsbezüge – Bezüge als Rechtsnachfolger	170
bb) Parteiwille	52	1. Begriff der Versorgungsbezüge	170
cc) Typus	53	2. Der Versorgungsfreibetrag	173
3. Der Arbeitnehmer	55	3. Der Zuschlag zum Versorgungsfreibetrag	176
a) Der Arbeitnehmerbegriff	55		
b) Die Rechtsnachfolger des ArbN	60		

Literatur: *Albert* Wann ist die Teilnahme an Tagungen und Fortbildungsveranstaltungen steuerpflichtiger Arbeitslohn?, FR 01, 516; *ders* Teilnahme an Teambildungsmaßnahmen als steuerpflichtiger Arbeitslohn, FR 03, 1153; *ders* Die aktuelle Lage bei der Besteuerung von Betriebsveranstaltungen, DB 06, 809; *v Bornhaupt* Abgrenzung Werbungskostenersatz zu Auslagenersatz und durchlaufenden Geldern im Lohnsteuerrecht, StuW 90, 46; *Eckert* Besteuerung von Stock Options, DB 99, 2490; *Eschbach* Stock Options-Irrelevanz des Besteuerungszeitpunkts, DStR 99, 1869; *Forchhammer* Lohnsteuerliche und umsatzsteuerliche Behandlung von Mehrfacharbeitsverträgen im Konzern, DStZ 99, 153; *Giloy* Zum Begriff des Arbeitnehmers im steuerrechtlichen Sinne, DB 86, 822; *Heger* Die steuerliche Behandlung von Sonderzahlungen des Arbeitgebers an Zusatzversorgungskassen, BB 06, 1598; *Kettler* Firmenparkplätze aus steuerrechtlicher Sicht, DStZ 01, 667; *Knoll* Stock Options vor den Schranken deutscher Finanzgerichtsbarkeit, DStZ 99, 242; *Lang* Die Einkünfte des Arbeitnehmers – Steuerrechtssystematische Grundlegung, DStJG 9 (1986); *Neyer* Zuflusszeitpunkt und betragsmäßige Bestimmung des Arbeitslohns bei Arbeitnehmer-Aktienoptionen – Argumente der traditionellen Auffassung auf dem Prüfstand, DStR 99, 1636; *Offerhaus* Auslagenersatz – Werbungskostenersatz unter besonderer Berücksichtigung der Entwicklung des Arbeitslohnbegriffs, BB 90, 2017; *Petereit/Neumann* Leasingfahrzeug-Finanzierung aus Zeitwertkonten, BB 04, 301; *Portner* Neueste Rechtsprechung des BFH zur Besteuerung von Arbeitnehmer-Aktienoptionen – sind damit die steuerlichen Fragen beantwortet?, DStR 01, 1331; *Pump* Abgrenzung Unternehmer gem § 2 UStG und Arbeitnehmer, StBp 00, 205; *Risthaus* Die Änderungen in der privaten Altersversorgung durch das Alterseinkünftegesetz, DB 04, 1329; *Roscher/v Bornhaupt* Die lohnsteuerliche Behandlung beruflicher Fort- und Weiterbildungsmaßnahmen, DStR 03, 964; *Thomas* Lohnsteuerliche Aspekte bei Aktienoptionen, DStZ 99, 710; *Weidemann/Söffing* Steuerliche Behandlung von Erträgen und Prämien privater Berufs- und Erwerbsunfähigkeitsversicherungen, DB 99, 2133; *Wolf* Einkünftequalifikation der Tätigkeit von Musikern: Selbstständiges, nichtselbstständiges oder gewerbliches Musizieren, FR 02, 202; *Wunderlich* Steuerliche Behandlung von Lösegeldzahlungen und Prämien zu einer Entführungsrisikoversicherung, DStR 96, 2003.

A. Grundaussagen der Vorschrift

1 I. Gegenstand und Bedeutung der Vorschrift. § 19 regelt die Einkünfte aus nichtselbstständiger Arbeit iSv § 2 I Nr 4. Diese Einkünfte beruhen ebenso wie die Einkünfte aus KapVerm (§ 20) und aus VuV (§ 21) idR auf wiederkehrenden Zahlungen und können deshalb vereinfacht als Überschuss (§ 2 II 2) ermittelt und – im LSt-Verfahren (§§ 38 ff) – erhoben werden. Die Vorschrift enthält keine Legaldefinition der Einkunftsart, sondern beschränkt sich in Abs 1 S 1 lediglich auf eine beispielhafte Aufzählung von Einkünften (vgl Einl Rn 48). Abs 1 S 2 enthält dazu klarstellende Ergänzungen.[1] Abs 2 gewährt für bestimmte Einnahmen aus nichtselbstständiger Arbeit einen besonderen Freibetrag (Versorgungs-Freibetrag).

Ergänzt[2] wird die Norm durch die §§ 1 und 2 LStDV, die Legaldefinitionen der Begriffe Arbeitnehmer (§ 1 I LStDV), Dienstverhältnis (§ 1 II LStDV) und Arbeitslohn (§ 2 I LStDV) enthalten. Ob die Ermächtigungsnorm in § 51 I Nr 1 diese Begriffsbestimmungen deckt, ist umstritten (dazu § 51 Rn 100, 101). Nach herrschender Auffassung[3] handelt es sich aber bei den §§ 1 und 2 LStDV um eine zutreffende Auslegung des Gesetzes.

Die Einkünfte aus nichtselbstständiger Arbeit erbringen unter den 7 Einkunftsarten das höchste Aufkommen. Sie bieten den meisten StPfl die wesentliche ökonomische Grundlage ihrer Lebensführung.

2 II. Verhältnis zu anderen Vorschriften. – 1. Verhältnis zu den §§ 38 ff. Die §§ 38 ff regeln die Erhebung der auf die Einkünfte nach § 19 entfallenden ESt durch Quellenabzug vom Arbeitslohn. Sie legen nur fest, wie die ESt erhoben wird. Ob überhaupt Einkünfte vorliegen, bestimmt § 19.

3 2. Verhältnis zu den §§ 13, 15 und 18. Einkünfte aus nichtselbstständiger Arbeit und Gewinneinkünfte schließen sich gegenseitig aus, da Gewinneinkünfte voraussetzen, dass sie selbstständig ausgeübt werden (§ 15 Rn 17). § 15 I Nr 2 verdrängt § 19, soweit ein nichtselbstständig Tätiger unmittelbar oder mittelbar[4] mitunternehmerisch am arbeitgebenden Betrieb beteiligt ist.[5] Dies gilt nach dem Wortlaut des § 15 I Nr 2 unabhängig von der Höhe der Beteiligung oder sonstigen Umständen. ZT werden gewerbliche Einkünfte verneint,[6] wenn weder rechtlich noch wirtschaftlich eine Verbindung zw Arbeitsleistung und Gesellschaftsverhältnis besteht;[7] die Einfügung von § 15 I Nr 2 S 2 hat diesem gedanklichen Ansatz jedoch die Grundlage entzogen, da bei bloß mittelbarer Beteiligung regelmäßig eine rechtliche und wirtschaftliche Verbindung zw Tätigkeit und Beteiligung fehlt.

---

1 *H/H/R* § 19 Rn 340.
2 Zu EG-Recht s Rn 6.
3 BFH BStBl II 93, 303; *K/S/M* § 19 Rn 3.
4 § 15 I Nr 2 S 2.
5 BFH BStBl II 92, 819; zuletzt BFH v 30.8.07, IV R 14/06.
6 *Blümich* § 19 Rn 18.
7 Unter Berufung auf ein obiter dictum in BFH BStBl II 80, 271.

3. Verhältnis zu den §§ 20, 21, 22 Nr 1 und 22 Nr 3. Eine Abgrenzung der Arbeitseinkünfte des § 19 zu den Kapital- und Vermietungseinkünften der §§ 20 und 21 erübrigt sich idR wegen des unterschiedlichen Veranlassungszusammenhangs.[1] Wer entgeltlich Kapital oder Grundvermögen überlässt, erhält keine Gegenleistung für das Zur-Verfügung-Stellen von Arbeitskraft (Rn 120). Gelegentlich ergeben sich aber Veranlassungsüberlagerungen (Rn 121), etwa wenn der ArbG einem ArbN zusätzlich zum sonstigen Arbeitslohn ein Entgelt für die Benutzung eigener Werkzeuge zahlt. In diesen Fällen bestimmen die Konkurrenzvorschriften der §§ 20 III und 21 III, dass solche Einnahmen den Einkünften aus nichtselbstständiger Arbeit zuzuordnen sind.

§ 22 Nr 1 und Nr 3 sind gegenüber anderen Einkunftsarten nur subsidiär. § 22 Nr 3 kommt dann zum Tragen, wenn einem ArbN Erträge aus vertrags- und treuwidrigem Verhalten zufließen (zB Bestechungsgelder, Rn 128). Zur Abgrenzung von Leibrenten iSv § 22 Nr 1 zu Versorgungsbezügen iSv § 19 II s Rn 170.

4. Verhältnis zum UStG und GewStG. Eine Einnahme aus nichtselbstständiger Arbeit ist nie gewerbesteuer- oder umsatzsteuerpflichtig. Das GewStG knüpft für die Frage, ob gewerbliche Einkünfte vorliegen, gem § 2 I 2 GewStG an die einkommensteuerliche Wertung an (§ 15 Rn 10). Umsatzsteuerlicher Unternehmer kann gem § 2 I 1 UStG nur sein, wer die Tätigkeit selbstständig ausübt. § 2 II Nr 1 UStG definiert zT abweichend von § 1 I LStDV, unter welchen Voraussetzungen natürliche Personen nicht selbstständig tätig sind. Art 4 IV 6 EWG-Richtlinie bestimmt aber ausdrücklich, dass der Begriff „selbstständig" Lohn- und Gehaltsempfänger als umsatzsteuerliche Unternehmer ausschließt.[2] Die Selbstständigkeit ist trotz der unterschiedlichen Wortwahl für alle St-Arten einheitlich zu beurteilen.[3] Eine verfahrensrechtliche Bindung an USt- oder GewSt-Bescheide besteht indes nicht.[4]

5. Verhältnis zu arbeits- und sozialrechtlichen Vorschriften. Der steuerliche Begriff des Dienstverhältnisses ist nicht notwendigerweise mit dem identisch, was als Dienst- oder Arbeitsverhältnis iSd Zivil- oder Sozialrechts gilt.[5] Trotz häufiger Überschneidung der Begriffe weichen gerade in den schwierigen Grenzfällen die zivil- und sozialrechtlichen Ergebnisse vom Steuerrecht ab. So sind die sozialversicherungsrechtlichen Regelungen zur „Scheinselbstständigkeit" (§ 7 IV SGB IV) steuerrechtlich ohne Bedeutung.[6] Die dort getroffenen Vermutungen sind auch nicht hilfsweise im Steuerrecht heranzuziehen.[7] ArbN-ähnliche Selbstständige (§ 2 Nr 9 SGB VI) sind idR selbstständig.[8] Sozialversicherungsrechtliche ArbN, die steuerlich als MUèr behandelt werden, sind keine ArbN iSd § 19.[9]

III. Ermittlung der Einkünfte aus nichtselbstständiger Arbeit. Die Einkünfte aus nichtselbstständiger Arbeit gehören zu den Überschusseinkünften gem § 2 II Nr 2 und ermitteln sich daher als Überschuss der Einnahmen über die WK. Viele Einnahmen sind gem §§ 3 und 3c stfrei. Im Rahmen der Veranlagung (§ 25 Rn 1, § 46 Rn 5) bleiben nach §§ 40–40c pauschal versteuerte Einnahmen außer Betracht. Für bestimmte geldwerte Vorteile (§ 8 Rn 22) gelten zT besondere Bewertungsbestimmung, insbes §§ 8 II, III, 19a VI EStG, 1 ff SachBezV.

Bei Versorgungsbezügen ist vor den WK gem § 19 II ein Versorgungs-Freibetrag abzuziehen. Für die WK bestimmt § 9a Nr 1 einen Pauschbetrag von 1 044 €.

Für die zeitliche Zurechnung der Einnahmen gelten gem § 11 I 3 auch bei der Veranlagung abweichend von § 11 I 1 die LSt-Sonderregeln der § 38a I 2, 3 und § 40 III 2. Für den Zuflusszeitpunkt (§ 11 Rn 2) kommt es demnach darauf an, ob es sich um laufenden Arbeitslohn (§ 38a Rn 4), sonstige Bezüge (§ 38a Rn 5) oder auf den ArbN überwälzte pauschale Lohnsteuer (§ 40 Rn 29) handelt. Für die WK gilt das Abflussprinzip des § 11 II, soweit die Regelung nicht gem § 9 I 3 Nr 7 durch die Vorschriften über die AfA verdrängt wird.

---

1 HM BFH BStBl II 90, 532; *K/S/M* § 19 Rn B 60; *Blümich* § 19 Rn 21.
2 BFH BStBl II 99, 534 entnimmt dieser Norm auch Wirkung für die Frage der ertragsteuerlichen Behandlung; s auch § 15 Rn 17 ff.
3 BFH BStBl II 99, 534.
4 *H/H/R* § 19 Rn 28.
5 BFH/NV 04, 543: nur indizielle Bedeutung.
6 BFH BStBl II 99, 534; H 66 „Allgemeines" LStR.
7 Die sozial- und arbeitsrechtliche Einordnung kann nur im Rahmen der steuerlichen Beurteilung als Indiz gewertet werden, BFH BStBl II 99, 534.
8 R 134 II 2 EStR.
9 BFH v 30.8.07, IV R 14/06.

Eisgruber

B. Einkünfte aus nichtselbstständiger Arbeit

15 § 19 I enthält in Nr 1 eine beispielhafte Aufzählung typischer Einnahmen aus nichtselbstständiger Arbeit („Gehälter, Löhne, Gratifikationen, Tantiemen"), die nicht abschließend ist („und andere Bezüge und Vorteile"). Den Grundtatbestand dieser Einkunftsart benennt die 2. Alt der Nr 1: „Bezüge und Vorteile, die für eine Beschäftigung im öffentlichen oder privaten Dienst gewährt werden". Die Nr 2 bestimmt rechtsbegründend,[1] dass der Veranlassungsgrund für die Zuordnung zur Einkunftsart auch für die Rechtsnachfolger fortwirkt.

16 Eine in Einzeltatbestandsmerkmale auflösbare Definition der Einkunftsart fehlt dem Gesetz (vgl Einl Rn 48). Dennoch kommt der gesetzliche Belastungsgrund in § 19 I 1 Nr 1 hinreichend zum Ausdruck: Der Erwerbserfolg durch Nutzung der eigenen Arbeitskraft an einem von einem ArbG bereitgestellten Arbeitsplatz. Die anhaltende Kritik an der Gesetzesformulierung[2] ist daher nicht berechtigt. Die Vielfältigkeit und fortschreitende Wandlung des Arbeitslebens ist letztlich nur mit einem leitbildartigen Typus zu fassen, einer generalisierenden Regelung, die den steuerlichen Belastungsgrund für die Vielfalt der Massenfälle hinreichend benennt und um der Gleichheit willen möglichst unausweichlich gestaltet (Einl Rn 43).

17 Die Person, die Einkünfte aus nichtselbstständiger Arbeit erzielt, ist der ArbN.[3] Er steht in einem Dienstverhältnis iSd § 1 II LStDV zu einem ArbG. Seine Einnahmen „aus dem Dienstverhältnis" (§ 2 I LStDV) sind der Arbeitslohn.

18 Durch den Begriff „Dienstverhältnis" konkretisiert sich technisch die Erwerbsgrundlage (s § 2 Rn 2, 37) des ArbN, der „Arbeitsplatz". Durch das Zur-Verfügung-Stellen seiner Arbeitskraft in einem Dienstverhältnis erfüllt der ArbN den Handlungstatbestand (s § 2 Rn 3, 49). Erzielt er aus diesem Dienstverhältnis Arbeitslohn, verwirklicht sich schließlich der Erfolgstatbestand (s § 2 Rn 4, 75f). Die Erfüllung dieser Tatbestandsvoraussetzungen begründet abschließend die Steuerbarkeit der Erträge aus Einkünften aus nichtselbstständiger Arbeit.

I. Dienstverhältnis. – 1. Allgemeine Begriffsbestimmung. – a) Abgrenzung zur Selbstständigkeit
25 (s dazu auch § 15 Rn 17ff). Der Begriff „Dienstverhältnis" ist steuerlich mit dem Begriff „Arbeitsverhältnis" identisch.[4] Ein Dienstverhältnis liegt nach § 1 II 1 LStDV vor, wenn der ArbN dem ArbG seine Arbeitskraft schuldet, dh, wenn er in der Betätigung seines geschäftlichen Willens unter der Leitung des ArbG steht oder im geschäftlichen Organismus des ArbG dessen Weisungen zu folgen verpflichtet ist, § 1 II 2 LStDV. Nichtselbstständig ist, wer in Hinblick auf Beginn, Ende und Dauer der Arbeitszeit, sowie die Art und den Ort der Tätigkeit im Wesentlichen fremdbestimmt ist, also Teil einer Organisation, eingebunden in Berichts-, Kontroll- und Hierarchieebenen.[5]

26 Nach Auffassung der Rspr[6] legt § 1 LStDV, der als maßgebliche Kriterien das Schulden der Arbeitskraft (Rn 35f), die Weisungsgebundenheit (Rn 37f) und die organisatorische Eingliederung (Rn 40f) nennt, das Gesetz zutr aus, ist aber dadurch zu ergänzen, dass ein ArbN kein Unternehmerrisiko tragen darf (Rn 43f).[7] Ausschlaggebend ist das Gesamtbild der Tätigkeit (Rn 46f),[8] nicht ob alle Merkmale vorliegen oder einzelne Kriterien hervortreten.

27 **b) Abgrenzung gegenüber nichtsteuerbarer Tätigkeit.** Unmaßgeblich für das Vorliegen eines Dienstverhältnisses ist grds die zivilrechtliche Wirksamkeit der ihm zugrunde liegenden Vereinbarung. Ausreichend ist ein faktisches Dienstverhältnis.[9] Auch sittenwidrige Tätigkeiten können Inhalt eines steuerrechtlichen Dienstverhältnisses sein.[10]

28 Nicht Voraussetzung für ein Dienstverhältnis ist die Freiwilligkeit der Tätigkeit.[11] Davon geht auch § 3 Nr 5 aus, der den Sold für Wehr- und Zivildienstleistende stfrei stellt. Die Notwendigkeit einer

---

1 *H/H/R* § 19 Rn 303.
2 *Blümich* § 19 Rn 45; *K/S/M* § 19 Rn B 3 und 6; *H/H/R* § 19 Rn 51.
3 Dies gilt auch dann, wenn die Einnahmen von den Rechtsnachfolgern bezogen werden; § 1 I 2 LStR.
4 BFH BStBl II 72, 643; *Schmidt*[26] § 19 Rn 3.
5 *Pump* StBp 00, 205 ff.
6 BFH BStBl II 91, 409.
7 HM BFH BStBl II 02, 565; *Schmidt*[26] § 19 Rn 6; *H/H/R* § 19 Rn 74; *Blümich* § 19 Rn 55.
8 StRspr; BFH BStBl II 93, 303 mwN; u hL *K/S/M* § 19 Rn B 17; *Schmidt*[26] § 19 Rn 8.
9 BFH BStBl II 93, 303; *K/S/M* § 19 Rn B 127.
10 *Blümich* § 19 Rn 57 mwN.
11 HM; *K/S/M* § 19 Rn B 115; *L/B/H* § 19 Rn 20; *Schmidt*[26] § 19 Rn 7; *Blümich* § 19 Rn 59; **aA** *H/H/R* § 19 Rn 73; Fin- Verw DStR 99, 852 für Asylbewerber; FinMin Bayern StEK EStG § 19 Nr 79 für Strafgefangene.

Steuerbefreiung ergibt sich nur bei steuerbaren Einnahmen.[1] Die Zahlungen an ehemalige Zwangsarbeiter sind keine Gegenleistung für die geleistete Arbeit und daher nicht steuerbar.[2]

29 Bloße Gefälligkeiten sind nicht Inhalt eines Dienstverhältnisses. Hierbei handelt es sich um Tätigkeiten, bei denen eine rechtsgeschäftliche Grundlage fehlt und die auf persönlicher Verbundenheit beruhende freiwillige Dienstleistung im Vordergrund steht. Typische Fälle finden sich im Bereich der Nachbarschafts- und Familienhilfe.[3] Eine Zuwendung vom Hilfeempfänger (Belohnung, Aufmerksamkeit) ist einkommensteuerlich dann kein Entgelt. Maßgeblich ist, ob es sich bei der Tätigkeit um eine Teilnahme am Marktgeschehen handelt.[4] Die Höhe des Entgelts ist dabei nicht entscheidend,[5] kann aber Indiz sein. Bei Au-pair-Mädchen wurde angenommen, dass das gegenseitige Kennen- und Verstehenlernen im Vordergrund stehe.[6] Die heutige Wirklichkeit von Au-pair-Verträgen bestätigt diese Auffassung nicht.

c) Besonderheiten bei Ehrenämtern. Im Allgemeinen wird ein Ehrenamt selbstständig ausgeübt (s **30** aber Rn 100 „Bürgermeister"). Insbes sprechen die Geringfügigkeit der Entschädigung und der Tätigkeit für Gefälligkeit (Liebhaberei) gegen ein Dienstverhältnis. Gleiches gilt, wenn die Ausübung des Ehrenamts eine Hilfstätigkeit einer selbstständigen Tätigkeit bildet, zB bei Ehrenämtern selbstständig Tätiger in ihren Berufs- oder Standesorganisationen. Entschädigungen für den Verdienstausfall, den ein ArbN durch sein selbstständig ausgeübtes Ehrenamt erleidet, gehören zu seinen Einkünften aus nichtselbstständiger Arbeit gem § 24 Nr 1a. Der Ersatz der notwendigen Aufwendungen eines Ehrenamtlichen begründet kein eigenes Dienstverhältnis. Es ist unschädlich, wenn die Erstattungsbeträge die tatsächlichen Aufwendungen nur unwesentlich übersteigen. Bei Erstattungsleistungen bis zu 256 € je VZ ist grds von der Steuerfreiheit des Aufwendungsersatzes auszugehen.[7]

Der Inhaber eines Ehrenamts ist aber ArbN bei Eingliederung in das beschäftigende Unternehmen,[8] **31** sofern die gezahlte Entschädigung im Regelfall die durch das Ehrenamt veranlassten Aufwendungen erheblich übersteigt.[9] Gleiches gilt, wenn die ehrenamtliche Tätigkeit in so enger Verbindung mit einem ohnehin vorhandenen Dienstverhältnis steht, dass sie als Teil jener Tätigkeit anzusehen ist (städtischer Beamter als Geschäftsführer eines gemeindlichen Schwimmbades).

In diesen Fällen ist das gezahlte Entgelt unabhängig von der Bezeichnung (Kostenersatz, Aufwands- **32** entschädigung, Entschädigung zur Abgeltung des Haftungsrisikos) stpfl Arbeitslohn, soweit er nicht als Aufwandsentschädigung aus einer öffentlichen Kasse stfrei ist (s § 3 Nr 12). Da das Entgelt nicht vom ArbG gezahlt wird, unterliegt es nicht dem Steuerabzug vom Arbeitslohn (§ 38 Rn 12), sondern ist im Rahmen einer Veranlagung zu erfassen.

2. Einzelkriterien. – a) Schulden der Arbeitskraft. Das Schulden der Arbeitskraft nennt § 1 II 1 **35** LStDV als erstes Merkmal eines Dienstverhältnisses.[10] Nicht geschuldet wird der Arbeitserfolg.[11] Dabei kommt es nicht auf ein zivilrechtliches Schuldverhältnis an, sondern darauf, dass tatsächlich eine Tätigkeit erbracht werden soll. Ob es zu einem Einsatz der Arbeitskraft tatsächlich kommt, ist nicht entscheidend.[12] Das Merkmal „Schulden der Arbeitskraft" ist auch dann erfüllt, wenn der ArbG auf die Arbeit verzichtet,[13] oder der ArbN die Arbeit aufgrund anderer Umstände nicht erbringt (zB wegen Krankheit).

Ein bloßes Unterlassen begründet nicht Einkünfte aus nichtselbstständiger Arbeit, sondern ist **36** allenfalls als Einkunft aus sonstigen Leistungen nach § 22 Nr 3 steuerbar. Auch eine Karenzentschädigung für ein Wettbewerbsverbot ist nur dann als Ausfluss der bisherigen Tätigkeit dem Veranlassungszusammenhang mit dem Dienstverhältnis zuzurechnen, wenn das Wettbe-

---

1 So auch *Schmidt*[26] § 19 Rn 7; **aA** *H/H/R* § 19 Rn 26, 40 „Bundeswehr".
2 FinVerw DStR DB 00, 398; zust *Schmidt*[26] § 19 Rn 7.
3 *K/S/M* § 19 Rn B 70 ff.
4 BFH BStBl II 99, 776 mit Anm *Fischer* FR 99, 1381.
5 BFH BStBl II 94, 944 Sanitätshelfer als ArbN; **aA** *Schmidt*[26] § 19 Rn 8.
6 FG Hbg EFG 83, 21; zust *K/S/M* § 19 Rn B 72; abl *Risse* BB 83, 680.
7 Entspr § 22 Nr 3 S 2 *H/H/R* § 19 Rn 600 „Ehrenamt".
8 BFH BStBl III 66, 133 betr Vorstandsvorsitzenden einer Berufsgenossenschaft.
9 BFH BStBl II 94, 944 betr Sanitätshelfer des Roten Kreuzes.
10 *H/H/R* § 19 Rn 71 bezeichnet dies als „wichtigstes Kriterium zur Bestimmung eines Dienstverhältnisses".
11 BFH BStBl II 85, 661; Schulden eines Arbeitserfolges spricht gegen Dienstverhältnis.
12 *Giloy* DB 86, 824; *H/H/R* § 19 Rn 77.
13 *H/M/W* „Arbeitnehmer" A II.

Eisgruber

werbsverbot von vornherein vereinbart wurde oder der Verzicht sich eindeutig auf die Ausübung einer Tätigkeit aus nichtselbstständiger Arbeit bezieht.[1]

37 **b) Weisungsgebundenheit.** Die Weisungsgebundenheit ist Ausdruck der für das Dienstverhältnis charakteristischen beruflichen Abhängigkeit. Der nichtselbstständig Tätige steht „unter der Leitung des ArbG".[2] Der ArbG hat gegenüber dem ArbN ein Direktionsrecht, das im Regelfall die Art und Weise, den Ort, die Zeit und den Umfang der Tätigkeit des ArbN bestimmt. Bei im öffentlichen Dienst Beschäftigten ergibt sich die Weisungsgebundenheit aus dem für sie bestehenden Sonderrechtsverhältnis.[3]

38 Das Weisungsrecht wird vielfach nicht von der Eingliederung unterschieden.[4] Gerade die neuere Entwicklung der Arbeitswelt, insbesondere der Telearbeit, zeigt jedoch, dass eine nachvollziehbare Einordnung der neuen Arbeitsplätze ohne dieses Merkmal nicht möglich sein wird.

39 Dieses Weisungsrecht kann je nach Art der Tätigkeit umfassend die Einzelheiten des Arbeitsablaufs betreffen oder sich auf einen allgemeinen äußeren Rahmen beschränken. Bei Organpersonen (Geschäftsführer einer GmbH,[5] Vorstand einer AG[6]) fehlt es ganz.[7] Da deren Entscheidungsfreiheit aber Ausfluss des Willens des Geschäftsherrn ist und nicht auf eigener Machtvollkommenheit beruht,[3] sind auch diese ArbN weisungsgebunden iSd § 1 II LStDV. Das trifft auch für Richter zu. Die Rspr, dass einer Selbstständigkeit die Organstellung der Beurteilung der Tätigkeit des Geschäftsführers für die GmbH als selbstständige Leistung nicht mehr zwingend entgegenstehe,[8] ist abzulehnen. Die Aufgabe der generellen Klassifizierung des GmbH-Geschäftsführers als ArbN widerspricht dem geltenden Typus. Die europarechtliche Herleitung überzeugt für die Anwendung auf nat Pers nicht. Die Verwaltung hat einen „faktischen" Nichtanwendungserlass veröffentlicht.[9]

40 **c) Eingliederung.** Die Eingliederung in den „geschäftlichen Organismus des ArbG" sieht § 1 II 2 LStDV als alternative Voraussetzung („oder") zur Weisungsgebundenheit. Entscheidende Kriterien der Eingliederung sind die Dauer der Beschäftigung und die Art der Tätigkeit.

41 Bei dauerhaften Arbeitsverhältnissen liegt regelmäßig eine Eingliederung vor. Dabei ist unerheblich, ob das Dienstverhältnis kurzfristig kündbar ist oder die Tätigkeit nur wenige Stunden wöchentlich in Anspruch nimmt. Bei kurzfristigen oder nur vorübergehenden Tätigkeiten fehlt es idR an einer Eingliederung,[10] es sei denn die Tätigkeit muss wegen ihrer Eigenart im Betrieb vollzogen werden. Bei einfachen Arbeiten ist eher eine Eingliederung anzunehmen als bei gehobeneren Tätigkeiten.[11] Die Rspr[12] hat die Eingliederung einer Opernsängerin in den Bühnenbetrieb im Rahmen eines Gastspielauftritts abgelehnt, da die Proben[13] nur der Einbindung in das Ensemble und in die künstlerische Konzeption der Aufführung dienten und genügend Zeit zur eigenen Disposition verblieb.

42 Die Eingliederung des Beauftragten ist besonders sorgfältig zu prüfen, wenn er jeweils zeitlich nur kurz mit dem Betrieb des Auftraggebers in Berührung kommt. Gelegentliche Tätigkeiten begründen mangels Eingliederung regelmäßig kein Dienstverhältnis.[14]

43 **d) Fehlen eines Unternehmerrisikos.** Das Fehlen eines Unternehmerrisikos prägt die Tätigkeit des ArbN. Er arbeitet auf Rechnung und Gefahr einer anderen Person und trägt nicht selbst das Vermögensrisiko der Erwerbstätigkeit.[15] Das Merkmal des Unternehmerrisikos wird teils mit Hinweis auf die zunehmend erfolgsorientierte Bezahlung bei ArbN als ungeeignet abgelehnt.[16] Das unternehmerische Erfolgsrisiko geht aber über den Erfolgsanreiz von Prämien und Tantiemen hinaus. Auf eigene Rechnung und Gefahr handelt, wer ein Vergütungsrisiko[17] trägt, also nur im Erfolgsfall

---

1 BFH BStBl II 96, 516 unter Aufgabe der bisherigen Rspr; die Ausnahmen wurden mit Verweis auf BFH BStBl II 87, 386 und BStBl II 93, 497 begründet; **aA** H/H/R § 19 Rn 77; „Passive Tätigkeit" genügt mit Hinweis auf BFH BStBl II 78, 195.
2 § 1 II 2 LStDV.
3 Blümich § 19 Rn 67.
4 Schmidt[26] § 19 Rn 5.
5 BFH BStBl II 93, 804 mwN.
6 BFH/NV 99, 1317.
7 Lang in DStJG Bd 9, 25 f.
8 BFH BStBl II 05, 730.
9 BMF v 21.9.05 BStBl II 05, 936.
10 Wolf FR 02, 202.
11 BFH BStBl II 93, 155.
12 BFH BStBl II 96, 493.
13 Nach Auffassung der Verwaltung (§ 19 Fach 1 K 12.7 LStK) kommt entgegen der Auffassung des BFH (BStBl II 96, 493) der Probenverpflichtung und ihrer Erfüllung bei der Abwägung der Merkmale besondere Bedeutung zu.
14 FG Saarl EFG 96, 98.
15 BFH BStBl II 91, 409.
16 K/S/M § 19 Rn B 147 f.
17 BFH BStBl II 99, 534; BStBl II 90, 64; BStBl II 97, 188.

ein Entgelt erhält und bei persönlicher Verhinderung keinen Mindestverdienst erzielt. Kein Vergütungsrisiko liegt vor, wenn sich eine erfolgsorientierte Bezahlung als ArbN-Risiko besonderer Art darstellt.[1] Wird die vereinbarte Vergütung nur für die Haupttätigkeit selbst, nicht aber für damit zusammenhängenden sonstigen Zeitaufwand gewährt, ist dies ein Indiz für Selbstständigkeit.[2] Kommt dem Fehlen von Festbezügen in der Praxis nur eine geringe Bedeutung zu, weil auch während des Urlaubs oder im Krankheitsfall eine Vertretungsregelung für die Vergütung bei Abwesenheit sorgt, fehlt es an einem hinreichenden Unternehmensrisiko. Ein Nutzungsentgelt für die Inanspruchnahme von Räumen und Geräten kann nicht mit dem Kapitaleinsatz und der eigenverantwortlichen Beschaffung von Arbeitsmitteln gleichgesetzt werden.[3]

44 Entscheidend ist, ob neben einer – ausnahmsweise auch ausschließlich[4] – erfolgsbezogenen Bezahlung, entweder die tätige Person in der Lage ist, **die Höhe der Einnahmen** durch eine Steigerung ihrer Arbeitsleistung oder durch das Herbeiführen eines besonderen Erfolgs **zu beeinflussen**,[5] oder ob ein nicht unerhebliches Kostenrisiko hinzukommt, das von dem StPfl wesentlich mitbestimmt wird.[6] Letzteres ist jedenfalls dann gegeben, wenn der StPfl betrieblich am Unternehmenskapital beteiligt ist (dazu § 15 Rn 246).

46 **e) Gesamtbild. – aa) Maßgeblichkeit der Gesamtumstände.** Der ArbN-Begriff ist ein **offener Typus**, der nur durch eine größere und unbestimmte Anzahl von Kriterien beschrieben werden kann.[7] Maßgeblich ist das Gesamtbild der Tätigkeit. Die Merkmale, die für und gegen das Vorliegen eines Dienstverhältnisses sprechen, sind gegeneinander abzuwägen.[8] Die gewichtigeren Umstände geben dann den Ausschlag.[9]

47 Dabei kommt es nicht so sehr auf den Inhalt der getroffenen Vereinbarungen (Rn 52) als auf die Durchführung, insbes die Art der geleisteten Arbeit, an.[10] Unmaßgeblich ist, wie die Tätigkeit oder die tätige Person bezeichnet worden ist. So können etwa Mannequins, nebenberuflich tätige Musiker, Reisevertreter, Versicherungsvertreter oder Zeitungsausträger sowohl ArbN als auch selbstständig Tätige sein.[11]

48 Als wesentliche Gesichtspunkte **für das Vorliegen eines Dienstverhältnisses** werden dabei gewertet:[12]
– die Arbeit ist zu einer **festgelegten Zeit**[13] und an einem bestimmten **Ort**[14] zu erbringen und unterliegt der **Kontrolle** des Vertragspartners; die Fristgebundenheit des Arbeitserfolges ist aber nicht gleichbedeutend mit der Bindung an eine Arbeitszeit
– **feste**, laufend gleichmäßige **Bezüge** und Gewährung von **Sozialleistungen** und **Urlaub**;
– das Zugrundelegen eines **Tarifvertrages** oder von Regelungen, die für einen Dienstvertrag typisch sind, wie Abgeltung von Feiertagen, Überstundenvergütungen, Urlaub, Urlaubsvergütung, Versorgungsansprüche.

49 IÜ sind **ebenfalls zu berücksichtigen**:[15] persönliche Abhängigkeit; Fortzahlung der Bezüge im Krankheitsfall; Überstundenvergütung; zeitlicher Umfang der Dienstleistungen; Unselbstständigkeit in Organisation und Durchführung der Tätigkeit; kein Unternehmerrisiko;[16] keine Unternehmerinitiative; kein Kapitaleinsatz; keine Pflicht zur Beschaffung von Arbeitsmitteln; Notwendigkeit einer engen ständigen Zusammenarbeit mit anderen Mitarbeitern; Eingliederung in den Betrieb; Schulden der Arbeitskraft und nicht eines Arbeitserfolgs; Ausführung von einfachen Tätigkeiten, bei denen eine Weisungsabhängigkeit die Regel ist; keine eigenen Mitarbeiter; Urlaub muss beantragt werden; Pflicht zur Übernahme von Vertretungen. **Zusätzlich** wurden **als positive Merkmale**

---

1 BFH BStBl II 93, 155 (Stromableser).
2 BFH BStBl II 02, 565 (zu Flugstunden und sonstigen Flugdienstzeiten).
3 EFG 02, 623 Rev VI R 152/01.
4 BFH BStBl II 80, 303 (Heimarbeiter mit vom ArbG vorgegebenen Stückentgelt).
5 BFH BStBl II 88, 273; abgelehnt für wahlärztliche Tätigkeiten eines angestellten Chefarztes FG Mchn EFG 02, 623 Rev VI R 152/01.
6 BFH BStBl II 99, 534; *L/B/H* § 19 Rn 98 mwN.
7 StRspr; zuletzt BFH 14.6.07, VI R 5/06.
8 *L/S* § 19 Rn 26.
9 BFH BStBl II 93, 303 mwN.
10 *K/S/M* § 19 Rn B 121.
11 Dazu im Einzelnen auch Rn 100.
12 *L/S* § 19 Rn 28.
13 Aber BFH BStBl II 02, 565: bei selbstständigen Flugzeugführern nicht schädlich vorbestimmte Zeit der Leistungserbringung unschädlich.
14 *Giloy* StVj 91, 44; aA *H/H/R* § 19 Rn 77 mit Hinweis auf zunehmende Heimarbeitsmöglichkeiten.
15 Aufzählung nach BFH BStBl II 85, 661; s auch ausf *Pump* StBp 00, 205 (243).
16 Insbes bei einer Verlustbeteiligung fehlt es an einer Unselbstständigkeit.

Eisgruber

berücksichtigt: höchstpersönliche Arbeitsleistung; Anspruch/Anwartschaft auf Alters-/Hinterbliebenenversorgung; regelmäßige Berichterstattung; Festlegung von Leistungen unter Zugrundelegen von Tarifverträgen; Einbehaltung von LSt und Sozialversicherungsbeiträgen; Tätigwerden für nur einen ArbG; keine weitgehende Abhängigkeit der Einnahmenhöhe von Eigeninitiative; Nebentätigkeit für den ArbG der Haupttätigkeit bei engem Zusammenhang mit dem hauptberuflichen Dienstverhältnis.

50 **Gegen ein Dienstverhältnis** und für Selbstständigkeit sprechen eigene Arbeits- und Zeiteinteilung; Beschäftigung eigener Hilfskräfte;[1] Unterhaltung eines eigenen Büros; Bindung nur für bestimmte Tage an den (Bühnen-)Betrieb;[2] Tätigkeit für mehrere Auftraggeber; Gestellung eigener Arbeitsgeräte; vereinbarte Vergütung nur für Leistungszeit, nicht für Zeiten der Leistungsvorbereitung.[3]

51 Die Abgrenzung richtet sich grds nach dem **Innenverhältnis**.[4] Nur wenn sich die maßgeblichen Umstände nicht ermitteln lassen, ist ausnahmsweise auch das Auftreten nach außen heranzuziehen. Die **Ausübung hoheitlicher Funktionen**, insbes die Wahrnehmung öffentlicher Aufgaben als **beliehener Unternehmer** schließt die Annahme einer selbstständigen Tätigkeit[5] aus. Ausf zu Einzelkriterien s *Pump* StBp 00, 205 (274 ff).

52 **bb) Parteiwille.** Der Wille der Vertragsparteien wird regelmäßig als „letztes" Indiz betrachtet, das in Grenzfällen bei tatsächlicher Durchführung herangezogen werden kann, aber als „gegenteiliger Wille"[6] unmaßgeblich ist, wenn sich das Verhältnis nach der tatsächlichen Durchführung anders darstellt. Auf die von den Beteiligten gewählte Bezeichnung oder Vertragsform kommt es nicht an.[7] Die vertragliche Bindung ist aber ein durchaus **gleichwertiges Merkmal des Gesamtbildes**, soweit sich darin widerspiegelt, ob der innere Wille auf eine Eingliederung oder Weisungsgebundenheit gerichtet ist. Eine Verpflichtung, nicht oder nur nach Genehmigung des Auftraggebers für andere Abnehmer tätig werden zu dürfen, ist auch dann bei der Gesamtabwägung zu beachten, wenn der ArbN ohne Wissen des ArbG für andere tätig wird. Ebenso ist die Abführung von LSt nicht unbeachtlich. Nur bei **nahen Angehörigen** oder Vertragsverhältnissen mit sonstigen nahe stehenden Personen (zB gegenüber einer Körperschaft, an der eine Beteiligung besteht), wird der Vertragswille regelmäßig von anderweitigen Motiven so überlagert, dass er nur geringe Indizwirkung erzielt.

53 **cc) Typus.** Das Gesetz bedient sich für die Bestimmung der nichtselbstständigen Arbeit nicht eines tatbestandlich scharf kontrollierten Begriffs, der auf eine einfache Subsumtion hoffen ließe, sondern der Rechtsfigur des Typus; ArbN werden in der Form des Regelfalles beschrieben, dessen Kenntnis das Gesetz voraussetzt. Es ist nicht erforderlich, dass stets sämtliche als idealtypisch erkannten, dh den Typus kennzeichnenden Merkmale (Indizien) vorliegen. Entscheidend ist jeweils ihre Verbindung, die Intensität und die Häufigkeit ihres Auftretens im konkreten Einzelfall. Maßgeblich ist das Gesamtbild. In der Praxis steht der allseits beklagten[8] ausufernden Kasuistik (Rn 100) oft eine spontan leicht durchführbare Zuordnung gegenüber. Der Typus „ArbN" ist ein anhand von Beispielen beschriebener, sich in einer modernen Arbeitswelt stetig fortentwickelnder[9] Tatbestand. **Maßgeblich** für die Einordnung ist letztlich die **Verkehrsauffassung**. In Grenzfällen bleibt der Typus ein verlässlicheres Merkmal als eine detaillierte, die Wirklichkeit in ihrer Entwicklung verfehlende Tatbestandlichkeit.

55 **3. Der Arbeitnehmer. – a) Der Arbeitnehmerbegriff.** Der Begriff „Arbeitnehmer" ist in § 19 angelegt, in § 1 I LStDV definiert. Dem ArbN ordnet das Gesetz besondere steuerliche Pflichten zu; insbes ist er Schuldner der LSt gem § 38 II.

56 ArbN ist, wer aus einem gegenwärtigen (§ 19a Rn 10f), früheren[10] oder künftigen[11] Dienstverhältnis Arbeitslohn bezieht. Er ist vor allem auch diejenige Person, die ihre **Arbeitsleistung in das Dienstverhältnis** einbringt. Auch wenn nach § 19 I Nr 2 und § 1 I 2 LStDV **Rechtsnachfolger des ArbN** ebenfalls selbst ArbN sind (Rn 60f), kann das Dienstverhältnis nur **höchstpersönlich** vom ArbN

---

1 Aber BStBl II 93, 155 Stromableser trotz Hilfskräften als ArbN gewertet.
2 BFH BStBl II 96, 493.
3 BFH BStBl II 02, 565.
4 A 17 UStR.
5 BFH BStBl II 99, 534; BStBl II 97, 295; BStBl II 95, 559 – zur USt vgl EuGHE I 91, 4247.
6 *Schmidt*[26] § 19 Rn 8.
7 BFH BStBl II 88, 804.
8 *Blümich* § 19 Rn 45; *K/S/M* § 19 Rn B 3 und 6; *H/H/R* § 19 Rn 51.
9 So auch BVerfG NJW 96, 2644.
10 *K/S/M* § 19 Rn B 156.
11 *K/S/M* § 19 Rn B 160.

begründet und erfüllt werden. Er schuldet höchstpersönlich die Leistung der Arbeitskraft gem § 2 I LStDV. Auch beim **Jobsharing**[1] bleibt jeweils die einzelne Person ArbN; es entstehen zwei Dienstverhältnisse.

Die Frage, ob es sich bei einer Einnahme um eine Gegenleistung für das Zurverfügungstellen der Arbeitskraft handelt, beantwortet sich ausschließlich in der Person des ArbN. Die Einkunftsquelle der Arbeitskraft und damit die Einkünfte können **nicht auf eine andere Person übertragen** werden.[2] Eine Vereinbarung, dass die Arbeitsleistung als für einen Dritten erbracht gelten soll, hat steuerlich keine Wirkung. Neben dem ArbN kann keine zweite Person gleichzeitig Einkünfte aus demselben Dienstverhältnis beziehen. Werden dem **geschiedenen Ehegatten** aufgrund einer Abtretung im Rahmen des Versorgungsausgleichs unmittelbar Betriebsrenten überwiesen, sind diese Einnahmen weiterhin dem Ehegatten als Arbeitslohn zuzurechnen, der die Arbeitsleistung erbracht hat.[3] Der empfangende Ehegatte erzielt Einkünfte aus wiederkehrenden Bezügen iSd § 22 Nr 1, die beim Ausgleichsverpflichteten zu Sonderausgaben[4] gem § 10 I Nr 1a führen.[3] Erstattet allerdings bei **öffentlich-rechtlichem Versorgungsausgleich**[5] im Pensionsfall der Dienstherr der gesetzlichen Rentenversicherung die Aufwendungen, wird der Pensionsanspruch des Beamten entspr gekürzt.[6] Die Zahlungen aus der Rentenkasse sind dem Grunde nach aber kein Arbeitslohn (Rn 171), sondern unmittelbar dem Stammrechtsinhaber zuzurechnen. 58

ArbN ist nur, wessen Tätigkeit darauf angelegt ist, einen Überschuss zu erzielen. Das ist nur in Ausnahmefällen[7] problematisch, etwa wenn die Einnahmen lediglich dazu dienen, in pauschalierender Weise die tatsächlichen Selbstkosten zu decken.[8] 59

b) Die Rechtsnachfolger des ArbN. Gem § 19 I Nr 2 und insbes nach § 1 I 2 LStDV sind ArbN auch der oder die Rechtsnachfolger des ArbN. Da der Rechtsnachfolger selbst keine eigene Arbeitsleistung erbracht hat, dient die Vorschrift **nur der personenbezogenen Zurechnung** der vom originären ArbN verursachten Einnahmen.[9] Rechtsnachfolger können nur der oder die Erben als **Gesamtrechtsnachfolger** sein,[10] denn Einkünfte aus nichtselbstständiger Arbeit können nicht übertragen werden.[11] 60

Die Einkunftsart des Erblassers überträgt sich damit auf die Erben. Ob eine Einnahme dem originären ArbN oder dessen Rechtsnachfolger zuzurechnen ist, bestimmt sich nach dem Zuflusszeitpunkt. Die Einkünfte beschränken sich daher nicht ausschließlich auf Versorgungsbezüge iSd § 19 II. Auch eine Tantieme, die den Erben nach dem Tod des ArbN zufließt, ist bereits eigener Arbeitslohn der Erben.[12] In diesem Fall erzielen sie Einkünfte aus einem gegenwärtigen Dienstverhältnis (s § 19a Rn 10). Diese sind bei den Erben nach deren Besteuerungsmerkmalen zu versteuern. Auch **Rechtsnachfolger von Erben** werden ArbN. Fließt diesen Personen rückständiges Witwen- oder Waisengeld zu, handelt es sich um Arbeitslohn. 61

4. Der Arbeitgeber. – a) Begriff und Bedeutung. Der Begriff des Arbeitgebers wird im Gesetz nicht definiert. § 1 II LStDV enthält nur eine Aufzählung möglicher ArbG-Arten,[13] die aber nicht abschließend ist.[14] Aus § 19 I 1 Nr 1 iVm § 1 II LStDV lässt sich ableiten, dass der **ArbG** diejenige Person ist, **der ein ArbN seine Arbeitskraft schuldet**, unter deren Leitung er tätig wird oder deren Weisungen er zu folgen hat.[15] Es handelt sich um einen – im Schwerpunkt[16] – steuerverfahrensrechtlich zu definierenden Begriff.[17] Die wesentliche Bedeutung des Begriffs ergibt sich für die Frage, **wer die LSt für den ArbN einzubehalten hat.** Dies ist zwar meist, aber nicht notwendigerweise der 63

---

1 Darunter versteht man, dass sich mehrere Pers einen Arbeitsplatz teilen.
2 *Blümich* § 19 Rn 14.
3 *H/H/R* § 19 Rn 318.
4 Aufgrund der gleich bleibenden Höhe handelt es sich meines Erachtens dabei um eine Leibrente; **aA** hM BMF BStBl I 81, 568; glA *Stuhrmann* DStR 83, 258.
5 Ausf dazu *H/H/R* § 19 Rn 317 mwN;
6 Zahlungen zur Abwendung der Kürzung sind WK; s *H/H/R* § 19 Rn 317 mwN.
7 Etwa bei Amateursportlern oder Sanitätshelfern.
8 *L/S* § 19 Rn 36.
9 *Blümich* § 19 Rn 110 qualifiziert den Rechtsnachfolger als bloß fiktiven ArbN („gilt"); **aA** *K/S/M* § 19 Rn B 180, der darauf abstellt, dass dem Rechtsnachfolger selbst der Arbeitslohn zufließt.
10 HM *Giloy* BB 86, 568; *K/S/M* § 19 Rn B 181; *Blümich* § 19 Rn 111; *L/S* § 19 Rn 37; **aA** *H/H/R* § 19 Rn 312.
11 *Blümich* § 19 Rn 45; *K/S/M* § 19 Rn B 3 und 6; *H/H/R* § 19 Rn 51.
12 RFH RStBl 34, 15.
13 Öffentliche Körperschaft, Unternehmer, Haushaltsvorstand.
14 R 66 S 1 LStR.
15 BFH BStBl II 95, 390.
16 Weil auch von materiell-rechtlicher Bedeutung.
17 *K/S/M* § 38 Rn B 6.

arbeitsrechtliche Vertragspartner des ArbN. Ob der steuerverfahrensrechtlich Verpflichtete auch zivilrechtlich Abnehmer der Arbeitsleistung sein kann, ist unerheblich.[1]

64 Der ArbG ist nicht das Spiegelbild des ArbN.[2] Während dem ArbN sämtlicher Arbeitslohn des Dienstverhältnisses zufließt, muss der Arbeitslohn nicht notwendig vom ArbG gezahlt werden. Er kann teilweise (zB Rabattgewährung von Drittunternehmen) oder auch ganz (zB Lohnauszahlung durch Entleiher) von Dritten geleistet werden. Der ArbG muss auch nicht Nutznießer der Arbeitsleistung sein; dies kann ein Dritter (zB Rn 100 „Leiharbeitsverhältnisse") oder auch der ArbN selbst (zB Rn 100 „Ausbildungsarbeitsverhältnisse") sein. Die für das Entgelt erbrachte Leistung muss aber im Interesse des ArbG liegen. Kein Arbeitslohn sind daher Streikgelder (Rn 150 „Streikgelder").

65 **b) Funktionsbezogene ArbG-Begriffe.** Der ArbG ist **Beteiligter des Dienstverhältnisses**.[3] Er ist derjenige, der die Arbeitskraft verlangen kann. In dem Komplex „ArbN – ArbG – Dienstverhältnis – Arbeitslohn" existiert immer nur ein ArbG.[4] Der BFH hat die Rechtsfigur des „partiellen Dienstverhältnisses" aufgegeben. Auch in einem Organkreis ist für Beschäftigte der Organgesellschaft nur diese ArbG.[5] Der Organträger ist weder mittelbarer ArbG,[6] noch lässt sich aus der Einflussnahme auf die Geschäftsführung der Organgesellschaft[7] oder der Lohnzahlung durch den Organträger auf eine Stellung als unmittelbarer ArbG schließen. Zu prüfen ist aber, ob aus anderen Umständen die Arbeitskraft ausnahmsweise direkt dem Organträger geschuldet wird.[8]

66 Im Regelfall zahlt der ArbG den Arbeitslohn selbst. Neben diesem Zusammenfallen von Lohnzahlungspflicht und Dienstleistungsberechtigung entsteht aber ein **ArbG kraft Lohnzahlung** in folgenden Fällen: Rechtsnachfolger des ArbG entrichten Arbeitslohn an Rechtsnachfolger des ArbN,[9] Parteien kraft Amtes (Insolvenzverwalter, Testamentsvollstrecker),[10] Pensionskassen und Lebensversicherungsunternehmen in den Fällen des § 3 Nr 65 (Insolvenzsicherung),[11] Öffentliche Kassen gem § 38 III 2, Bundesanstalt für Arbeit oder eine gemeinsame Ausgleichskasse der ArbG bzgl Vorruhestandsleistungen; **nicht aber** bei gesetzlichen Vertretern natürlicher (Eltern; Vormund) oder juristischer Personen (Vorstand einer AG; Geschäftsführer einer GmbH), Treuhändern[12] und gewillkürten Vertretern,[13] da sie nur Schulden des Vertretenen erfüllen.

67 Im **Rahmen des Lohnsteuerabzugs** ist der ArbG Beteiligter im Steuerabzugsverfahren (inklusive LSt-Außenprüfung) gem §§ 38 III, 42 f, Haftender für die abzuführende Lohnsteuer nach § 42d und Schuldner der pauschalen LSt gem § 40 III 2. Da dies die bedeutendste Folge der ArbG-Eigenschaft ist, neigt die FinVerw dazu, jeweils das Subjekt als ArbG zu behandeln, das für den LSt-Abzug am besten geeignet ist. So wird der Entleiher bei einer unerlaubten Arbeitsüberlassung dann selbst ArbG, wenn er den Lohn zahlt.[14] Der für den LSt-Abzug maßgebliche ArbG kann sich in Sonderfällen vom Beteiligten des Dienstverhältnisses unterscheiden (s § 38 Rn 6).

70 **5. Haupt- und Nebentätigkeiten.** Übt ein ArbN nebeneinander mehrere Tätigkeiten aus, so ist grds jede einzelne Tätigkeit für sich zu prüfen.[15] Für die Einordnung ist dabei nicht entscheidend, ob Kenntnisse der (dem Gesamtbild nach überwiegenden) Haupttätigkeit bei der Ausübung der Nebentätigkeit verwendet werden. Leistet der ArbN **an eine andere Person als den ArbG** der Haupttätigkeit, beurteilt sich die steuerliche Einordnung dieses Rechtsverhältnisses nach den allg Kriterien. Ein ArbN kann nebenher auch selbstständige Einkünfte erzielen. Bei Mehrfacharbeitsverträgen innerhalb eines Konzerns ist aber zu prüfen, ob nicht nur ein Dienstverhältnis vorliegt.[16]

---

1 BFH BStBl II 95, 390; betr GbR als lohnsteuerrechtlicher ArbG aA *Blümich* § 38 Rn 65; *Schmidt*[26] § 38 Rn 4.
2 *K/S/M* § 19 Rn B 201.
3 Gliederung nach *K/S/M* § 19 Rn B 207.
4 *K/S/M* § 19 Rn B 211.
5 BFH BStBl II 95, 390.
6 *K/S/M* § 19 Rn B 211; *H/H/R* § 19 Rn 63.
7 *K/S/M* § 19 Rn B 212.
8 *K/S/M* § 19 Rn B 212; *H/H/R* hält für entscheidend, ob ein unmittelbares Abhängigkeitsverhältnis zum Organträger besteht.
9 *K/S/M* § 19 Rn B 217. Beide Rechtsnachfolger werden selbst unmittelbar ArbG bzw ArbN.
10 *K/S/M* § 19 Rn B 216, 218; nicht aber für die Beschäftigung des Gemeinschuldners selbst, weil hier kein Dienstverhältnis entsteht, *K/S/M* § 19 Rn B 191.
11 H 66 LStR „Arbeitgeber".
12 BFH BStBl II 77, 575 (nur treuhänderisch veräußernder Schiffseigner bleibt ArbG des Schiffspersonals).
13 *K/S/M* § 19 Rn B 219.
14 R 66 S 5 LStR. Das diese Auffassung stützende Urteil BFH BStBl II 82, 502 hat nicht entschieden, dass der Verleiher ArbG ist, wenn er auch den Lohn zahlt.
15 Anders früher die sog „Abfärbetheorie", aufgegeben seit BFH BStBl II 68, 455.
16 *Forchhammer* DStZ 99, 153.

Erbringt der ArbN **weitere Leistungen gegen Entgelt für seinen ArbG**, ist zu unterscheiden: Handelt es sich bei der Tätigkeit um eine **gleichartige**, eng mit der Haupttätigkeit verbundene Leistung (zB zusätzliche Unterrichtsstunden einer Lehrkraft oder wahlärztliche Tätigkeit eines Chefarztes[1]) oder um faktisch (zB Beratung bei Verhandlungen über den Verkauf des Betriebs[2]) oder rechtlich obliegende Nebenpflichten (zB Prüfungstätigkeit eines Universitätsprofessors an der Hochschule, nicht aber für Staatsprüfungen, Rn 100 „Prüfungstätigkeit") oder wird die Tätigkeit unter ähnlichen organisatorischen Umständen im Interesse des ArbG ausgeübt (zB Reisebüroangestellte vermittelt Reiseversicherungen, Rn 100 „Vermittlungstätigkeit" oder die von einem angestellten Chefarzt eines Kreiskrankenhauses aufgrund des Arbeitsvertrages rechtmäßig erhobenen Liquidationen für die privatärztliche Behandlung von Patienten[3]), gehört das Entgelt zum Arbeitslohn des bestehenden Dienstverhältnisses. Unterscheidet sich die Leistung von denen der Haupttätigkeit (zB Fernsehmitarbeiter schreibt Drehbuch, Rn 100 „Künstler"; Orchestermitglied tritt als Solist oder Aushilfe auf, Rn 100 „Musiker"; urheberrechtliche Verwertung, Rn 150 „Urheberrechtliche Vergütungen"; ArbN-Vertreter im Aufsichtsrat, Rn 100 „Aufsichtsrat"; Verwaltungsbeamter unterrichtet nebenberuflich Referendare, Rn 100 „Lehrtätigkeit"), handelt der ArbN insoweit selbstständig. 71

6. Einzelnachweise (Dienstverhältnisse)

Abgeordnete des Bundestags oder der Landtage stehen insoweit nicht in einem Dienstverhältnis (vgl § 22 Rn 38). Als Vorstandsmitglieder, Parlamentarische Geschäftsführer oder Vorsitzende von Arbeitskreisen im Einzelfall Einnahmen aus nichtselbstständiger Arbeit. (OFD Hann FR 94, 376) Assistenten von Abgeordneten sind deren ArbN (FR 84, 364). 100

Amateursportler kann ArbN sein; s auch „Sportler".

Angehörige s § 4 Rn 252 „Angehörige".

Anlageberater selbstständig (BFH BStBl II 94, 197).

Annahmestelle eines Reinigungs- oder Wäschereibetriebs idR selbstständig, außer, Auftraggeber trägt sämtliche Ausgaben (FG Nbg StBp 73, 103).

Anwaltsvertreter s „Assessoren".

Anzeigenwerber. Selbstständig, wenn er auf Provisionsbasis tätig wird und für seine Kosten selbst aufkommt; ArbN, wenn der Verlag den Arbeitsplatz stellt, Telefon- und Materialkosten übernimmt (BFH DB 77, 2170).

Apothekervertreter. Auch selbstständiger Apotheker als Urlaubsvertreter eines Apothekers ist ArbN (BFH BStBl II 79, 414), s auch „Urlaubsvertreter".

Artist s „Künstler".

Arzt. Der niedergelassene Arzt ist idR selbstständig tätig, ein angestellter Arzt (Krankenhaus/Behörde/Amtsarzt/Universitätsdozent) nichtselbstständig. Bei Nebentätigkeit auch bei nichtselbstständigen Ärzten keine Vermutung für die Nichtselbstständigkeit (*H/H/R* § 19 Rn 600 „Arzt"; Aufgabe der sog „Abfärbetheorie" s Rn 70).

Bei Gutachten eines angestellten Arztes ist entscheidend, ob für den ArbG (dann nichtselbstständig) oder in eigener Verantwortung unter eigenem Namen erstellt (dann selbstständig) (BFH BStBl III 56, 187; **aA** *Blümich* § 19 Rn 120 „Ärzte", der die Entscheidung als Ausfluss der Abfärbetheorie sieht). Nicht entscheidend ist, ob er sie unter seinem Titel (Institutsdirektor, Chefarzt) fertigt. Ist der Krankenhausarzt berechtigt, Privatpatienten mit eigenem Liquidationsrecht zu behandeln, ist er insoweit selbstständig tätig (BFH HFR 65, 45). Bei einem nichtselbstständigen Oberarzt, der Privatpatienten des Klinikdirektors in dessen Vertretung behandelt, ist ein Dienstverhältnis zw ihm und dem Chefarzt anzunehmen (BFH BStBl II 72, 213); s „Arztvertreter", „Musterungsvertragsarzt".

Arztvertreter idR ArbN; s „Urlaubsvertreter".

AStA (Allgemeiner Studentenausschuss). Mitglieder des AStA mit Exekutivaufgaben (zB AStA-Referenten) sind keine ArbN (FG M'ster EFG 97, 746 rkr, **aA** noch FG SchlHol EFG 72, 343; *H/H/R* § 19 Rn 600 „AStA").

---

1 BFH BStBl 06, 94; *Bechtel/Schade* DB 06, 358.
2 BFH BStBl II 01, 546.
3 BFH BStBl 06, 94.

Eisgruber

Assessor als amtlich bestellter Vertreter eines Rechtsanwalts/Notars idR selbstständig (BFH BStBl II 68, 811; s *H/H/R* § 19 Rn 600 „Anwaltsvertreter"). Ansonsten s „Referendar".

Aufsichtsratsmitglieder selbstständig (§ 18 I Nr 3; § 18 Rn 158); auch die Arbeitnehmervertreter (BFH BStBl II 81, 29). Dies gilt auch für (im Auftrag eines ArbG) in den Aufsichtsrat einer anderen Gesellschaft eingetretene ArbN sowie für Beamte, die im Auftrag ihrer Körperschaft Aufsichtsratsmitglieder sind (**aA** § 3 Fach 3 Karte 22 LSt-Kartei). Entspr sind Aufsichtsratsvergütungen kein Arbeitslohn sondern Einkünfte aus selbstständiger Arbeit. Die dazu ergangene abweichende Rspr (BFH BStBl III 57, 226) ist nach einhelliger Auffassung der Literatur (*Blümich* § 19 Rn 120 mwN) nach Aufgabe der Abfärbetheorie nicht mehr einschlägig (**aA** aber FinMin Brandenburg FR 94, 305).

Au-pair-Mädchen soll kein ArbN sein, weil sie in die Familie integriert wird und nicht in einen geschäftlichen Organismus oder Haushalt (FG Hbg EFG 1983, 21; s dazu Rn 29); zweifelh.

Ausbildung. Die Tatsache, dass ein Arbverh ausschließlich mit der Verpflichtung abgeschlossen wird, sich ausbilden zu lassen (Ausbildungsarbeitsverhältnis), ändert nichts an seiner Zuordnung zu den Einkünften aus nichtselbstständiger Arbeit (zB Beamtenanwärter; Referendare, BFH BStBl II 96, 482; Hochschulstudium eines Offiziers bei der Bundeswehr, BFH BStBl II 85, 87). Entspr ist der dadurch verursachte Aufwand Teil der WK, auch wenn die Kosten losgelöst vom Dienstverhältnis als Ausbildungskosten nach § 10 I Nr 7 zu qualifizieren wären. Dies gilt auch, wenn Gegenstand des Arbeitsverhältnisses die Erstellung einer Promotion ist (Promotionsarbeitsverhältnis, BFH/NV 96, 740). S auch „Auszubildende".

Aushilfskräfte. Die Tätigkeit der Aushilfskräfte ist grds ohne Rücksicht auf den Hauptberuf zu beurteilen (H 19.2 „Allgemeines" S 2 LStR). Eingliederung in den Betrieb des Auftraggebers wird angenommen, wenn die Beschäftigten nur einfache Arbeiten leisten und im Betrieb des Auftraggebers nach dessen Weisungen tätig sind, für eine individuelle Gestaltung ihrer Arbeit nach Inhalt, Zeit und Ort kein Raum bleibt; die Kürze der Beschäftigung, die geringe Höhe der Bezüge und die Sozialversicherungsfreiheit wurden als unerheblich betrachtet. **Dienstverhältnis bejaht** bei Gelegenheitsarbeitern in Markthalle (BFH BStBl II 74 301), Bewachung eines Lagers und Abladen von Ware (BFH StRK EStG § 38 R 37); Aushilfstätigkeit in einer Gastwirtschaft (BFH StRK EStG § 19 Abs 1 Ziff 1 R 225); Schulkindern bei Erntearbeiten, Verladearbeiten (BFH BStBl II 74, 301). Dienstverhältnis **verneint** für nach dem Arbeitserfolg entlohntes Ausheben von Gräben, Fensterputzer (BFH BStBl II 79, 326), Hopfentreter (BFH BStBl III 62, 69) (mit der Besonderheit, dass die Beschäftigten gleichzeitig für mehrere Auftraggeber tätig waren, ihren Arbeitsplan selbst aufstellten, die Arbeitsmittel und eine Hilfskraft stellten und bezahlten und nicht nach Zeit, sondern nach Leistung bezahlt wurden), Sargträger (FG Saarl EFG 96, 98); s auch „Heimarbeiter", „Kassierer", „Musiker", „Verein", „Zeitungsausträger".

Auslieferungsfahrer. Selbstständigkeit beurteilt sich nicht nach Berufsgruppen, sondern nach dem Gesamtbild der Verhältnisse (BFH/NV 01, 71).

Auszubildende sind ArbN des Ausbildenden (BStBl II 85, 644). Dies gilt auch, wenn sie für die Ausbildung öffentliche Mittel erhalten. **AA** allerdings die arbeitsgerichtliche Rspr (BAG BB 86, 2061).

Automatenbetreuer ArbN (FG Ngb EFG 77, 333).

Bardamen (Animierdamen) sind idR ArbN, auch wenn sie nur nach dem von ihnen veranlassten Umsatz der Gäste bezahlt werden; ohne Weisungsgebundenheit und mit eigenem Unternehmerrisiko, aber selbstständig (FG RhPf EFG 83, 303 und EFG 86, 99); vgl ferner „Prostituierte".

Bauleiter können je nach Eingliederung in den Betrieb selbstständig (BFH BStBl II 88, 497) oder ArbN sein (BFH BStBl II 96, 529).

Beamte sind ArbN; sie können daneben selbstständig sein, zB als Schriftsteller, Ausbilder und Fachvortragender. **Beamtenanwärter** sind ArbN (BFH BStBl II 72, 261 betr Finanzanwärter; FG D'dorf EFG 73, 394, betr Verwaltungspraktikant; FG D'dorf/Kln EFG 77, 467, OFD M'ster StEK EStG § 3 Nr 137 betr Absolventen von Höheren Fachschulen während der Ausbildung für das Lehramt); s auch „Referendar" und Rn 150 „Unterhaltszuschüsse".

Betrüger. Ein ArbN handelt insofern selbstständig, als er den ArbG fortgesetzt betrügt und auf eigene Rechnung Geschäfte im Namen des ArbG abschließt (BFH BStBl II 91, 802).

Bezirksschornsteinfeger sind selbstständig (BFH BStBl II 97, 295).

Bezirksstellenleiter der Lotto- und Totounternehmen sind selbstständig (BFH BStBl II 68, 193).

Bodenprüfer (Entnehmer von Bodenproben) im Auftrag einer Behörde: ArbN (FG Nbg EFG 84, 48).

Buchgemeinschaft. Vertrauensleute sind nicht ArbN (BFH BStBl III 60, 213).

Büfettier ArbN (BFH BStBl III 63, 230).

Bühnenkünstler s „Künstler".

Bürgermeister. Stellung der Bürgermeister hängt von landesrechtlichen Bestimmungen ab. Bloße Repräsentanten des Rates einer Gemeinde (zB in NRW) sind nicht ArbN, mit Exekutivaufgaben (zB in Bayern) sind sie ArbN der Gemeinde.

Bundeswehr. Auch Wehrpflichtige sind ArbN, weil es auf die Freiwilligkeit nicht ankommt (Rn 28). Die aufgrund dieser Dienstleistung gewährten Geld- und Sachbezüge sind aber stfrei gem § 3 Nr 3.

Conférencier. Gemischte Tätigkeit als Schriftsteller, Journalist und Conférencier wurde als selbstständig behandelt. Entscheidend ist aber nicht die Art der Tätigkeit, sondern die Art der Verpflichtung; s dazu „Künstler".

Deutsches Rotes Kreuz. Ein Dienstverhältnis zu seinen Schwestern, Sanitätshelfern kann auch dann vorliegen, wenn dieses Rechtsverhältnis nicht den arbeitsrechtlichen Bestimmungen unterliegt (BFH BStBl II 94, 424 und BStBl II 94, 944). Das Arbeitsverhältnis besteht idR nicht zur Außenstelle, auf der die Schwester eingesetzt ist, sondern zur Schwesternschaft des Roten Kreuzes.

Diakonieschwester s „Deutsches Rotes Kreuz".

EDV-Berater können sowohl selbstständig als auch nichtselbstständig tätig sein. (Zu den Abgrenzungsmerkmalen vgl BFH/NV 89, 366).

Ehegatten s § 4 Rn 252 „Angehörige".

Ehrenamt s Rn 30 sowie „Buchgemeinschaft", „Bürgermeister", „Helfer von Wohlfahrtsverbänden", „Kassierer", „Lehrtätigkeit", „Verein".

Eilbotendienst s „Verkaufsfahrer".

Erbe s Rn 60.

Ersatzdienstleistende s „Bundeswehr".

Expatriates sind im Konzernverbund an ausländische Tochtergesellschaften entsandte ArbN, die für die ausländische Tochtergesellschaft arbeiten, ihr Gehalt aber vom Mutterhaus bekommen. Dazu BMF BStBl I 01, 796 und *Görl* DStR 02, 443. Besonderheiten ergeben sich beim LSt-Abzug (ausf *H/H/R* § 19 Rn 600 „Expatriates").

Fahrschullehrer ohne Fahrschulerlaubnis sind ArbN der Fahrschule (OFD Ffm StEK EStG § 19 Nr 217), als Subunternehmer selbstständig (BFH BStBl II 97, 188).

Fernsehen. Freie Mitarbeiter sind regelmäßig ArbN, auch wenn nach jeder Folge abgerechnet wird. Mitarbeiter für nur eine Sendung (einen Fernsehfilm etc) sind idR selbstständig tätig. Stellt ein Filmschauspieler seine Dienste einer Gesellschaft ohne eigenes Unternehmerrisiko mit der Befugnis zur Verfügung, das Recht auf die Dienstleistung anderen Filmherstellern zu überlassen (Ausschließlichkeitsvertrag), ist er ArbN der einzelnen Filmhersteller. Muss die Gesellschaft an den Filmschauspieler uU höhere Vergütungen zahlen, als sie selbst für dessen Tätigkeit einnimmt (= eigenes unternehmerisches Risiko), so ist der Filmschauspieler ArbN der Gesellschaft; anders zT bei Fernsehsprechern (*H/H/R* § 19 Rn 600 „Fernsehen" mwN).

Filmschauspieler, die an Spielfilmen, Fernsehproduktionen etc mitwirken, sind idR ArbN (BMF BStBl I 90, 638); s aber Rn 150 „Urheberrechtliche Vergütungen"; s auch „Künstler".

Finanzanwärter ArbN.

Flugzeugführer. Ein Pilot ist nicht ArbN einer Fluggesellschaft, wenn er weder Anspruch auf bezahlten Urlaub noch auf Lohnfortzahlung hat (BFH BStBl II 02, 565). Ein Indiz für die Selbstständigkeit ist zudem, wenn die vereinbarte Vergütung nur für Flugstunden gewährt wird, nicht aber für damit anfallende sonstige Flugdienstzeiten. Dass er die Zeit der Leistungserbringung nicht frei selbst bestimmen kann, steht der Selbstständigkeit nicht entgegen.

Fotomodell keine ArbN, wenn nur von Fall zu Fall und vorübergehend zu Werbeaufnahmen herangezogen (FG Nbg EFG 77, 213); zu ausländischen Fotomodellen, die zur Produktion von Werbefilmen kurzfristig im Inland tätig werden s BFH v 14.6.07, VI R 5/06; s auch „Mannequin".

Freie Mitarbeiter s „Fernsehen", „Juristische Mitarbeiter".

Garderobenfrau in Gaststätte: ArbN, auch wenn sie Teil des Trinkgelds als sog Pacht abführt (*H/H/R* § 19 Rn 600 „Garderobenfrau").

Gastschauspieler, Gastsänger (s auch „Künstler", „Regisseur"). Gastspiel eines Opernsängers selbstständig, auch bei mehr als 7 Tagen, falls er sich nur für die Übernahme einer einzigen Rolle während der Spielzeit verpflichtet; keine Eingliederung. Auf die Dauer des Gastspiels kommt es nicht an (vgl BMF BStBl I 90, 638).

Gastvorlesungen können zu einem Dienstverhältnis führen, nicht aber einzelne Gastvorträge (*H/H/R* § 19 Rn 600 „Gastvorlesung"); s Lehrtätigkeit.

Gebäudereinigung für kleine Objekte der Deutschen Bundespost in ländlichen Gebieten: ArbN (BFH v 20.10.93 VI R 119 92, nv).

Gefangene s „Strafgefangene".

Gelegenheitsarbeiter s „Aushilfskräfte".

GEMA-Außendienstmitarbeiter idR ArbN (OFD Ffm v 26.1.00).

Gemeinderatsmitglied ist als solches selbstständig (§ 18 I Nr 3).

Genossenschaftsberater. Pers, die zu Genossenschaftsberatern in Entwicklungsländern ausgebildet werden, stehen in einem Dienstverhältnis.

Gepäckträger in Bahnhöfen bei Tätigkeit auf eigene Rechnung (Unternehmerrisiko) idR keine ArbN (*Lademann* § 19 Rn 45 „Gepäckträger"; **aA** FG M'ster EFG 71, 596).

Geschäftsführer einer GmbH ist ArbN (Rn 39); s „Aufsichtsrat".

Gesellschafter einer KapGes. Tätigkeit für die Ges muss nicht notwendig Dienstverhältnis sein; es besteht Vertragsfreiheit. Die Tätigkeit kann zB gewerblicher oder freiberuflicher Art sein. Der G'ter kann auch gleichzeitig in mehreren Rechtsbeziehungen zur Ges stehen, zB als ArbN und als Vermieter eines Gebäudes. Er kann die Tätigkeit auch unentgeltlich ausüben. S auch Rn 150 „G'ter-Geschäftsführer-Gehalt".

Gesellschafter einer PersGes. Ein Dienstverhältnis wird steuerlich nicht anerkannt; Tätigkeitsvergütungen sind gem § 15 I Nr 2 Einnahmen aus Gewerbebetrieb. Dazu zählen auch Tätigkeitsvergütungen, die der Gesellschafter als Geschäftsführer einer Komplementär-GmbH erhält (BFH BStBl II 99, 720; *Schmidt*[26] § 15 Rn 717).

Gesetzlicher Vertreter einer KapGes (s auch „Vorstandsmitglieder"). Auch der gesetzliche Vertreter ist grds ArbN. Er unterliegt zwar nicht den Weisungen eines Dritten, wohl aber den Weisungen der Anteilseigner oder des diese vertretenden Organs (Aufsichtsrat, Beirat) und ist in den wirtschaftlichen Organismus der Gesellschaft eingegliedert. Nach neuerer umsatzsteuerlicher Auffassung (BFH BStBl II 05, 730) soll aber die Eigenschaft als Organ nicht zwingend zur Nichtselbstständigkeit führen (s Rn 39). Ertragsteuerlich wurde die Eigenschaft als ArbN bisher bejaht für den Vorstandsvorsitzenden einer Landesversicherungsanstalt (BFH BStBl II 69, 185), Vorstand einer Genossenschaft (BFH BStBl II 75, 358), Vorstand einer Familienstiftung (BFH BStBl II 97, 255). Anders die zivilrechtliche Lage (BAG DB 99, 1906; Anm *Reiserer* BB 99, 2026). Ein Unternehmensberater soll trotz handelsregisterlicher Eintragung als Geschäftsführer freiberuflich tätig sein (vgl FG D'dorf DStR 01, 799 NZB VI B 121/01; zust *H/H/R* § 19 Rn 600 „Gesetzliche Vertreter einer KapGes", **aA** *Blümich* § 19 Rn 120); meines Erachtens ist das zweifelh.

Gutachten. Gutachtertätigkeit von angestellten Krankenhausärzten s „Arzt"; bei Verwaltungsbeamten und Hochschullehrern idR selbstständige Tätigkeit (BFH BStBl II 91, 749).

Gutachterausschuss. Mitglieder sind idR keine ArbN; anders aber für entsandte Beamte (FinVerw DB 87, 2285).

Handelsvertreter idR selbstständig (s § 84 I HGB). Anders (s § 84 II HGB) wenn der Handelsvertreter so in das Unternehmen des Auftraggebers eingegliedert ist, dass er dessen Weisungen zu folgen verpflichtet ist. Die Eingliederung kann nicht wegen der für Handelsvertreter üblichen freien Zeiteinteilung von vornherein verneint werden. Maßgebliche Merkmale für ArbN sind: nur ein ArbG, kein eigenes Büro, Auftragsbestätigungen/Rechnungen unmittelbar zw Auftraggeber und Kunde, keine Inkassovollmacht, betriebliche Altersversorgung wie ArbN, Lohnfortzahlung bei Krankheit, kein Ausgleichsanspruch nach § 89b HGB. Von geringerer Bedeutung sind die Bezeichnung des Vertragsverhältnisses als Vertretervertrag oder Dienstvertrag und das Entgelt (nur Provision oder hohes Fixum und geringe Provision); auch die freie Gestaltung und Durchführung von Kundenbesuchen schließt Unselbstständigkeit nicht aus. Bei mehreren Auftraggebern kann der Handelsvertreter gegenüber dem einen selbstständig, gegenüber dem anderen nichtselbstständig sein. Wechselseitige „Arbeitsverträge" zw zwei Handelsvertretern begründen kein Dienstverhältnis (FG Mchn EFG 80, 343).

Hausgewerbetreibende s „Heimarbeiter".

Haushaltshilfe (s auch „Au-pair-Mädchen"). ArbN, wenn sie zu festen Zeiten nach Weisungen arbeitet; auch wenn für mehrere Haushalte tätig. Sie ist aber dann selbstständig, wenn sie ihr übertragene Arbeiten aufgrund ihrer Haushaltserfahrung fachlich unabhängig erledigt, sie nur nach den tatsächlich geleisteten Arbeitsstunden entlohnt wird und keine Sozialleistungen vereinbart sind (FG Thür EFG 99, 235). Die Vereinbarung einer wöchentlichen Höchststundenzahl stellt keine zeitliche Eingliederung in den Haushalt dar.

Hausmeister idR ArbN (BFH/NV 02, 340).

Hausverwalter für Wohnungseigentümergemeinschaft selbstständig (BFH/NV 99, 1456).

Heimarbeiter. Unter Heimarbeit versteht man die Ausführung von Arbeiten in der eigenen Wohnung. Sie kann selbstständig oder nichtselbstständig ausgeübt werden. Zu den Unterscheidungen zw Heimarbeiter (grds ArbN, OFD D'dorf StEK EStG § 4 BetrAusg Nr 266) und Hausgewerbetreibendem (grds selbstständig H 134 EStR): **Für Selbstständigkeit**: freie Zeiteinteilung, Tragung der Kosten besonders bei wertvollen Betriebsmitteln, Beschäftigung von Hilfskräften, Tätigkeit für mehrere Auftraggeber (zumindest die Befugnis dazu), Vergütung nach dem Arbeitserfolg. **Gegen Selbstständigkeit**: vorgeschriebene Arbeitszeit, Verpflichtung zur persönlichen Arbeitsleistung, Tragung der Kosten durch den Auftraggeber, nur ein Auftraggeber, Stundenlohn nach Tarif.

Helfer von Wohlfahrtsverbänden. Ehrenamtliche Helfer, die Kinder und Jugendliche auf Ferienreisen betreuen, sind ArbN, wenn Vergütung erheblich über den eigenen Aufwendungen liegt (keine Liebhaberei, BFH BStBl II 94, 944).

Herbergsvater. ArbN des Trägers der Herberge (Herbergsverband usw) soweit er die Herberge zu verwalten hat; dagegen selbstständig, soweit er in der Herberge Gastwirtschaft betreibt (BFH BStBl III 57, 42).

Hochschullehrer s „Lehrtätigkeit".

Ingenieur. Ein hochqualifizierter Ingenieur kann selbstständiger Erfüllungsgehilfe (Subunternehmer) oder nichtselbstständiger Erfüllungsgehilfe (ArbN) sein (BFH BStBl II 91, 409). Umstände des Einzelfalles maßgeblich, Wortlaut der abgeschlossenen Vereinbarung (FG RhPf EFG 97, 13, rkr).

Job-sharing. ArbN wird idR nur die einzelne natürliche Person sein (*Bischoff* Inf 82, 713).

Journalist. Für Dienstverhältnis: Anstellung bei einem einzigen Verlag und (zumindest teilweise) feste Vergütung. Für Selbstständigkeit: mehrere Verlage Abnehmer, Freiheit bzgl Ort, Zeit und Gegenstand der Arbeit, Vergütung nach Beiträgen. Auch neben seiner Tätigkeit als ArbN kann ein Journalist bei dem gleichen ArbG selbstständig tätig sein. Bei Tätigkeit für Rundfunkanstalten (BMF BStBl I 90, 638) idR selbstständig bei Auftrag für nur eine Sendung, bei Auftrag für mehrere Sendungen ArbN.

Juristische Mitarbeiter (s auch „Anwaltsvertreter", „Rechtspraktikanten", „Referendar"). Assessoren und Referendare sind bei Eingliederung in Kanzlei ArbN; idR dann Arbeit in der Kanzlei in festgelegter Zeit nach den Weisungen des Rechtsanwalts gegen festes Honorar; anders, wenn nur

Bearbeitung einzelner Fälle außerhalb der Kanzlei in freier Zeiteinteilung gegen Honorar für den einzelnen Fall; Erledigung anspruchsvoller geistiger und persönlicher Arbeit.

Kassierer. Beitragskassierer die nebenberuflich für eine Gewerkschaft tätig sind, sind nicht ArbN der Gewerkschaft (geringfügiges Entgelt, Tätigkeit vorwiegend aus ideellen Gründen; BFH BStBl III 54, 374; zweifelnd *Schmidt*[26] § 19 Rn 15 „Kassierer"); ebenso für Ersatzkassen (BFH BStBl II 62, 125); anders aber bei Haus- und Platzkassierern eines Sportvereins (BFH BStBl III 58, 15); s auch „Stromableser".

Kirche. Pfarrer sind ArbN (Tätigkeit für eine Religionsgemeinschaft kann in abhängiger Stellung erfolgen); Hilfsküster und Hilfsmessner sind ArbN (FinSen Bremen DStR 82, 636); Kirchenmusiker Organisten und Chorleiter von Kirchenchören sind bei nebenberuflicher Ausübung dieser Tätigkeit idR selbstständig (*H/H/R* § 19 Rn 600 „Kirchenbedienstete"; aber FG Hess EFG 80, 241); Ordensangehörige sind bei unmittelbarer Erfüllung kirchlicher Aufgaben als Mitglied der Gemeinschaft keine ArbN des Ordens (Verlagshonorare an Orden für von Ordensangehörigen gefertigtes Werk); schließt der Ordensangehörige selbst einen Dienstvertrag mit einem Dritten (zB Krankenhaus), ist er ArbN des Dritten (Voraussetzung dafür ist, dass tatsächlich unmittelbare Rechte und Pflichten begründet und gewollt werden; die Weiterleitung des Lohns an den Orden (zB wegen Armutsgelübde) ist dann Lohnverwendung (s dazu Rn 150 „Verzicht").

Korrekturassistenten an Universitäten können je nach Gestaltung des Vertragsverhältnisses selbstständig oder nichtselbstständig sein.

Kraftfahrer. Selbstständigkeit anhand einer Vielzahl von in Betracht kommenden Kriterien nach dem Gesamtbild der Verhältnisse zu beantworten (BFH v 30.3.04 – VI B 62/03 nv).

Krankenschwester (s auch „Deutsches Rotes Kreuz", „Ordensangehörige", „Pflegekräfte"): ArbN, wenn bei Arzt oder Krankenhaus angestellt oder als Aushilfe tätig (s „Aushilfskräfte"); Dienstverhältnis zu einzelnen pflegebedürftigen Patienten denkbar. Sonst selbstständig, zB als Hauspflegerin für mehrere Patienten.

Künstler. Maßgeblich ist grds die Eingliederung in den jeweiligen Kulturbetrieb; im Einzelnen dazu ausführlich BMF v 5.10.90 (BStBl I 90, 638). Am **Theater** sind spielzeitverpflichtete Künstler idR ArbN, bei gastspielverpflichteten Künstlern liegt idR Selbstständigkeit vor. Im Ensemble tätige Künstler gelten als ArbN; nicht aber herausgehobene Gastspielkünstler (BFH BStBl II 96, 495 gegen BMF BStBl I 90, 603 Tz 1.1.2). Bei **Kulturorchestern** sind sämtliche gastspielverpflichteten Künstler selbstständig; bei **Hörfunk und Fernsehen** sind auch sog freie Mitarbeiter grds ArbN, es sei denn, sie sind nur für einzelne Produktionen tätig und zählen zum „Negativkatalog" (BMF BStBl I 90, 603 Tz 1.3.2); s aber Rn 150 „Urheberrechtliche Vergütungen". Bei **Filmproduktionen** sind nur Filmautoren, -komponisten und Fachberater nicht in den Organismus des Unternehmens eingegliedert. S auch „Musiker".

Landwirt, der mit seinem Fahrzeug für eine Molkerei Milch fährt, ist nicht ArbN der Molkerei (FG BaWü EFG 70, 606). Gefälligkeitsfahrten begründen kein Dienstverhältnis (BFH BStBl III 62, 37).

Lehrling s „Auszubildender".

Lehrtätigkeit. Hauptamtliche Lehrtätigkeit ist wegen Eingliederung in den Lehrbetrieb nichtselbstständig; das gilt auch für zusätzliche Lehrtätigkeit über die Pflichtstunden des ArbN im Hauptberuf hinaus (FG BaWü StEK EStG 19 Nr 95). Bei Nebentätigkeit gilt: Üben Lehrer und Hochschullehrer die Nebentätigkeit an ders (Hoch-)Schule oder einer anderen Schule gleicher Art aus, so sind sie ArbN (BFH BStBl II 76, 291; krit *Blümich* § 19 Rn 82); bei Tätigkeit im Rahmen einer anderen Schulart (zB Lehrer an Polizeifortbildungsschule, BFH BStBl II 76, 3 oder Lehrauftrag an der FH, BFH BStBl II 85, 51) dagegen idR selbstständig, es sei denn, besondere Merkmale sprechen für Eingliederung (zB Entgelt nach Tarifvertrag, Urlaubsanspruch, Lohnfortzahlung bei Krankheit, Feiertagsvergütung (BFH BStBl II 85, 51); bei fester Integration in Lehrbetrieb, ab 6 Unterrichtsstunden pro Woche indiziert (R 19.2 S 3 LStR); Lehrtätigkeit von Angehörigen anderer Berufe ist idR selbstständig (H 19.2 LStR „Nebenberufliche Tätigkeit"), zB Handwerksmeister als Dozent in Meisterschule (BFH BStBl II 58, 360), RA als Lehrbeauftragter an Hochschule (BFH BStBl II 58, 360), Richter als Referendararbeitsgemeinschaftsleiter (BFH BStBl II 80, 321); anders wenn besondere Indizien für ein Dienstverhältnis sprechen (BFH BStBl II 72, 617 und 618 und BStBl II 76, 292 zu Ingenieuren an Ingenieur-/Abendschulen); s auch „Prüfungstätigkeit".

Leichenträger s „Aushilfskräfte".

Leiharbeitsverhältnisse. Bei einem Leiharbeitsverhältnis überlässt ein ArbG (Verleiher) einem Dritten (Entleiher) ArbN (Leiharbeitnehmer) zur Arbeitsleistung (R 19.1 S 5 LStR). ArbG ist grds der Verleiher, bei gewerbsmäßiger ArbN-Überlassung haftet der Entleiher wie ein ArbG (R 42d.2 II 1 LStR; s dazu § 38 Rn 5 und § 42d Rn 90). Die 183-Tage-Klausel ist bei neueren DBA (zB DBA Frankreich, Italien, Schweden) auf Leiharbeitnehmer nicht anwendbar (BMF BStBl I 06, 532 Tz 4.3.4).

Liquidator ArbN (hM *Blümich* § 19 Rn 120 „Liquidator"); auch wenn Dritte (zB Rechtsanwälte und Wirtschaftsprüfer) als Liquidatoren tätig sind (*Blümich* § 19 Rn 120 „Liquidator"; **aA** *H/H/R* § 19 Rn 600 „Liquidatoren").

Lotsen selbstständig (BFH BStBl II 87, 625).

Mannequin (s auch „Fotomodell"). bei einzelnen Modeschauen Mitwirkende sind keine ArbN. Vorführdamen, die sich in regelmäßigen Zeitabständen über längere Zeiträume in Betriebsräumen des Unternehmens aufhalten oder auf verschiedenen Messen zur Verfügung eines einzelnen Unternehmens stehen, sind ArbN (BFH BStBl II 85, 661, zu Werbedamen).

Maskenbildner für eine Filmfirma ist ArbN, ansonsten s „Künstler".

Masseur. Bei eigener Praxis selbstständig, bei Anstellung in einem Krankenhaus, Kurhaus und dergleichen im Allgemeinen ArbN.

Mitarbeiterentsendung s „Expatriates".

Musiker können ArbN oder selbstständig sein (ausf dazu *Wolf* FR 02, 202; BFH BStBl II 77, 178). **Hauptberufliche** Mitglieder eines Ensembles (Orchester, Kapelle, Chor) sind idR ArbN des Leiters oder des Trägers (Land, Rundfunkanstalt), s BMF BStBl I 90, 638; **bei nebenberuflicher Tätigkeit** für einen Veranstalter (Gastwirt, Theater, Konzertveranstalter) ist der Musiker grds ArbN des Veranstalters; Ausnahmen bei Auftritten für Privatpersonen oder Idealverein. Selbstständig sind gelegentliche Auftritte (ein Abend/Wochenende) auch bei Wiederkehr nach einigen Wochen (BFH/NV 95, 118); das gilt auch, wenn Musiker neben Tätigkeit als ArbN im Orchester gelegentlich für seinen ArbG Sonderaufgaben als Solist übernimmt (BMF BStBl I 90, 638) oder als Aushilfe tätig wird, ohne zur Stammbesetzung zu gehören (BMF BStBl I 90, 638); Musikgruppen sind gegenüber einem Veranstalter selbstständig, wenn sich dessen Weisungen auf organisatorische Maßnahmen beschränken und der Musiker in seiner Gestaltung freie Hand hat (BFH BStBl II 77, 178); als ArbN des Leiters oder Trägers des Ensembles wirken die Musiker, wenn der Leiter oder Träger bei fester Integration der Musiker als Unternehmer mit der Gruppe auftritt und das Unternehmerrisiko trägt (OFD Koblenz UR 86, 16); weitergehend s *H/H/R* § 19 Rn 600 „Musiker"; s auch „Künstler".

Musterungsvertragsarzt mit eigener Praxis ist im Rahmen der Musterungskommission selbstständig (BFH BStBl III 67, 331).

Nebentätigkeit s Rn 70 f.

Notar grds selbstständig, auch als Notarverweser (BFH BStBl II 65, 811). Ausnahme bei den württembergischen Bezirksnotaren (BFH BStBl III 53, 123). Als festbesoldeter Beamter nach Landesrecht grds ArbN.

Opernsänger können selbstständig oder nichtselbstständig tätig sein. Bei gastspielverpflichteter Opernsängerin kann nicht einseitig auf die Verpflichtung zur Teilnahme an den Proben abgestellt werden (BFH BStBl II 96, 493); s „Künstler".

Ordensangehörige s „Kirche".

Organschaft. Zur Arbeitnehmereigenschaft in einer Organschaft s Rn 65.

Pflegekräfte (s auch „Krankenschwester", „Deutsches Rotes Kreuz"): keine ArbN, wenn sie von einer Gemeinde von Fall zu Fall mit der Pflege einzelner Personen beauftragt werden.

Pflegetätigkeit von Verwandten/Nachbarn idR nicht steuerbar (BFH BStBl II 99, 776); ansonsten ist eine Eingliederung beim zu Pflegenden schwer vorstellbar; daher Einnahmen allenfalls nach § 22 Nr 3 zu erfassen (glA *Schmidt*[26] § 19 Rn 15 „Pflegeversicherung"); diese sind nach § 3 Nr 36 bis zur Höhe des Pflegegeldes stfrei.

Eisgruber

Plakatkleber. Selbstständig, wenn er seine Arbeitszeit bestimmen, die Arbeit durch Dritte ausführen lassen kann und nach Anzahl und Größe der Plakate bezahlt wird.

Poolung von Einnahmen. Beteiligen Chefärzte, die zu einer selbstständigen ärztlichen Nebentätigkeit mit privater Liquidation berechtigt sind, die dabei herangezogenen Personen an den Einnahmen, entsteht ein Dienstverhältnis unmittelbar zw den Beteiligten (BFH BStBl II 72, 213); uU kommt eine Pauschalierung nach § 40a in Betracht.

Privatdozent an Hochschulen. ArbN (s „Lehrtätigkeit").

Privatunterricht durch Schullehrer oder Schüler (Nachhilfestunden) ist selbstständige Tätigkeit, Privatlehrer sind dagegen ArbN des Haushaltsvorstands.

Prostituierte in Bar und Bordell sind idR ArbN des Inhabers (BGH HFR 96, 363; *Kemper* DStR 05, 543). Gleiches gilt für Darsteller in Peep-Show (FG BaWü EFG 98, 821 rkr); s auch „Bardamen".

Prüfungstätigkeit. Maßgeblich für die Einordnung ist, ob das Prüfen zur **Dienstobliegenheit** des ArbN aus seinem Arbeitsverhältnis gehört; ist das der Fall (zB akademische Prüfungen der Hochschule) gehört die Tätigkeit zur nichtselbstständigen Arbeit; sonst (zB Mitwirkung von Hochschullehrern an Staatsprüfungen) liegen Einkünfte aus selbstständiger Arbeit vor; ebenso wenn Prüfungstätigkeit außerhalb der eigentlichen Dienstobliegenheiten liegt (OFD Mchn StEK § 19 Nr 237). Die Aufsicht bei schriftlichen Prüfungen ist idR Ausfluss der Haupttätigkeit und daher nichtselbstständige Arbeit (FR 93, 247).

Putzfrau s „Haushaltshilfe".

Rechtsanwalt (s auch „Anwaltsvertreter"). Kann als Syndikusanwalt ArbN sein oder zu anderem RA in einem Dienstverhältnis stehen, Indiz dafür ist, ob er gegen eine feste Vergütung tätig wird (*Schmidt*[26] § 19 Rn 15 „Rechtsanwalt"; **aA** *H/H/R* § 19 Rn 600 „Rechtsanwalt").

Rechtspraktikanten der einphasigen Juristenausbildung sind ArbN (BFH BStBl II 85, 465).

Redakteur grds ArbN, weil er in den Betrieb eingegliedert ist; daneben kann er aber mit eigenschriftstellerischen Leistungen beim gleichen ArbG selbstständig sein.

Referendar. Im juristischen Vorbereitungsdienst ArbN; Unterhaltszuschuss ist Arbeitslohn (nicht stfreie Ausbildungsbeihilfe iSd § 3 Nr 11), da der Referendar Dienstleistungen schuldet (stRspr BFH BStBl II 83, 718). Zur Nebentätigkeit s „Juristische Mitarbeiter".

Regisseur von Fernsehfilmen, der über längeren Zeitraum Fernsehfilme bei ders Rundfunkanstalt bearbeitet, ist ArbN, auch wenn er nach jedem einzelnen Film entlohnt wird. Ein Gastregisseur ist idR selbstständig; s auch „Künstler" und „Fernsehen".

Reinigungsarbeiten s „Haushaltshilfe", „Gebäudereinigung".

Reiseleiter idR ArbN (FG Hbg EFG 88, 120).

Reporter s „Journalist".

Rote-Kreuz-Schwester s „Deutsches Rotes Kreuz".

Rundfunk (s auch „Rundfunksprecher", „Fernsehen", „Musiker"): Freie Mitarbeiter sind idR ArbN, s „Künstler".

Rundfunkermittler, der im Auftrag einer Rundfunkanstalt Schwarzhörer ermittelt, ist Gewerbetreibender (BFH BStBl II 99, 534).

Schauspieler s „Künstler", „Fernsehen", „Gastschauspieler", „Opernsänger".

Scheinselbstständigkeit s Rn 7.

Schiedsrichter. Die nebenberufliche Tätigkeit eines Richters bei einem öffentlich-rechtlichen Schiedsgericht (zB für landesweite Marktregelung) ist selbstständig. Anders bei Schiedsrichtern, die im Auftrag eines Sportverbandes regelmäßig Spiele leiten, insbes wenn sie eine nicht nur unerhebliche Vergütung erhalten, die über ihren eigenen Aufwendungen liegt (**aA** *H/H/R* § 19 Rn 600 Schiedsrichter). Gerade die Umstände (einheitliches Auftreten – Trikot; Beurteilung durch Verbandsschiedsrichter, Überprüfung der Entscheidungen in Zweifelsfällen, Bestimmung und Verpflichtung für konkretes Spiel durch Verband) sprechen deutlich für eine Eingliederung in den verbandlichen Organismus. Zu Spesen als Schiedsrichter (FinVerw StEK EStG § 22 Nr 133) s § 22 Rn 34.

Schüler s „Aushilfskräfte".

Schwarzarbeiter sind idR nicht ArbN des Auftraggebers; anders aber, wenn die ArbN eines Baubetriebs „schwarze Lohnzahlungen" erhalten; dann bleiben sie im Betrieb des ArbG integriert.

Software-Berater selbstständig (BFH BStBl II 95, 888).

Sportler. ArbN, wenn er bei einem Verein verpflichtet ist. Auch **Amateursportler**, wenn deren Aufwandsentschädigung die eigenen Aufwendungen regelmäßig übersteigt (BFH BStBl II 93, 303; EFG 01, 136). Anders, soweit nur zum Auftreten bei **einzelnen Veranstaltungen** (zB Tenniscup) verpflichtet (zuletzt BFH BStBl II 79, 182, betr Berufsringer, Ringrichter und Turnierleiter eines Catch-Turniers). **Werbetätigkeit** (Autogrammstunden, Werbefilme, Fotoreklame, Pressekonferenzen) ist dagegen gewerbliche Tätigkeit, wenn nicht im Rahmen des Dienstverhältnisses zum Verein ausgeübt (BFH/NV 01, 512; BMF FR 95, 756). Gilt auch für ehemalige Berufssportler (BFH BStBl II 83, 182). Sportler im öffentlichen Dienst (etwa Zollbeamte, Bundeswehrsoldaten) sind ArbN (s dazu *Prinz* FR 87, 330).

Strafgefangene sind ArbN, da es auf die Freiwilligkeit der Leistung nicht ankommt; s Rn 28.

Stromableser und Gelderheber eines Elektrizitätswerks sind grds ArbN (BFH BStBl II 93, 155), selbst wenn „freie Mitarbeit" vereinbart wurde und in Ausnahmefällen Vertreter beauftragt werden dürfen (FG Mchn EFG 04, 1050). Bei besonderer Ausgestaltung des Vertragsverhältnisses können sie auch selbstständig sein.

Synchronsprecher. Anders als Schauspieler selbstständig, wenn für die Synchronisation eines Films engagiert (BMF BStBl I 90, 638 Tz 1.4).

Tankstellenverwalter ist nicht ArbN der betr Mineralölgesellschaft.

Telearbeit. Bei Telearbeitsplätzen ergibt sich eine der Heimarbeit (s „Heimarbeiter") ähnliche Konstellation. Das Gesamtbild des ArbN wird aber insbes dann erfüllt sein, wenn im Betrieb eine Anzahl gleicher Arbeitsplätze vorhanden ist und bisher bereits als ArbN Tätige auf einen solchen Arbeitsplatz wechseln oder wechseln können. Ein Unternehmerrisiko wird idR dann fehlen, wenn die Ausstattung – ganz oder in Teilen – vom ArbG bezahlt wird. Neben der Teleheimarbeit wird in Hinblick auf die räumliche Situation noch die Tätigkeit in Telearbeitszentren und die mobile Telearbeit unterschieden (*Utescher* Internet und Steuern).

Telefonverkäufer. Selbstständig, wenn Vergütung für Ausfallzeiten nicht gezahlt wird und ein gesetzlicher Urlaubsanspruch nicht besteht (BFH/NV 89, 541).

Treuhandverhältnis zw ArbG und ArbN. Da für die Abgrenzung der Tätigkeit zw ArbG und ArbN das Innenverhältnis entscheidend ist, bleibt ein ArbN, der nach außen ein Unternehmen vertritt, im Innenverhältnis ArbN; Gewinne und Verluste aus dem Unternehmen sind dem Treugeber (ArbG) zuzurechnen.

Tutor eines Studentenwohnheims einer Universität ist selbstständig (BFH BStBl II 72, 738); Tutoren für Unterrichtsveranstaltungen an der Universität sind ArbN der Universität.

Übungsleiter. Es gelten die Regeln für nebenberufliche Lehrtätigkeiten entspr (R 19.2 S 4 LStR).

Untreue des ArbN. Untreuehandlungen des ArbN zulasten des ArbG können als eigenwirtschaftliches Tun zu gewerblichen Einkünften führen (BFH BStBl II 91, 802).

Urlaubsvertreter. Urlaubsvertreter sind nichtselbstständig. Dem steht auch nicht eine weitgehende Entscheidungsbefugnis im fachlichen Bereich entgegen (BFH BStBl II 72, 213). Dies ist kein tragendes Entscheidungsmerkmal für die Abgrenzung. Der Vertreter ist für die wirtschaftlichen Belange des Vertretenen nicht verantwortlich und trägt daher kein Unternehmerrisiko. Meist ist er an feste Arbeitszeiten gebunden. Er ist in den geschäftlichen Organismus des Vertretenen eingegliedert. Auch ein sonst selbstständig Tätiger ist daher insoweit ArbN (s insoweit Aufgabe der Abfärbetheorie Rn 70). Was die Rspr für einen Apothekervertreter entschieden hat (BFH BStBl II 79, 414), muss auch für Urlaubsvertreter anderer Berufe (RA/Arzt) gelten (*Schmidt*[26] § 19 Rn 15 „Urlaubsvertreter"; aA H/H/R § 19 Rn 600 „Arztvertreter" mwN auf die zT schwankende Rspr).

Verein (s auch „Ehrenamt", „Kassierer", „Vorstandsmitglieder"). Personen, die für ihre Tätigkeit bei Sportvereinen (zB als Kassierer, Platzwart, Hallenwart) Entgelte erhalten, sind idR ArbN, wenn die Entschädigung über den eigenen Aufwendungen liegt.

Eisgruber

Verkaufsstellenleiter s „Zweigstellenleiter".

Vermittlungstätigkeit (s auch „Provision"). ArbN, wenn Ausfluss einer Nebenpflicht aus einem steuerrechtlichen Dienstverhältnis; Indizien sind: Tätigkeit während der Arbeitszeit und unter Nutzung der Kontakte der Haupttätigkeit mit Billigung des ArbG, auch bei Provisionszahlung durch Dritte (R 19.4 I LStR); **bejaht** wurde dies bei: Vermittlung von Wertpapiergeschäften eines Bankangestellten (RFH RStBl 31, 953; zust *Blümich* § 19 Rn 120 „Vermittlungstätigkeit; **aA** *L/S/B* § 19 Rn 105); Vermittlung von Sparanlagen durch Sparkassenangestellten (FG RhPf EFG 72, 564; FG Nbg EFG 78, 591); Versicherung durch Bankangestellte im Interesse der Bank (BMF FR 98, 1144); Bausparverträge und Lebensversicherung durch Versicherungsangestellte (BFH BStBl III 55, 17); Reisegepäck-, Schlechtwetter- und Unfallversicherung durch Reisebüroangestellte (BFH BStBl III 62, 490); etwas anderes gilt idR, wenn die Tätigkeit außerhalb der Arbeitszeit erfolgt und der ArbG nicht in die Rechtsbeziehung des ArbN zur vermittelten Gesellschaft eingeschaltet ist; **abgelehnt** wurden Vermittlung von Pfandbriefen durch Bankangestellte außerhalb der Arbeitszeit (FG Mchn EFG 59, 14); von Spareinlagen von Sparkassenangestellten außerhalb der Dienstzeit (FG Nbg EFG 78, 591); zu außervertraglichen Mitarbeiterprovisionen im Kfz-Handel; *Traxel* DStZ 89, 553.

Versicherungsvertreter sind idR selbstständig tätig (FG Nds DStRE 99, 219 rkr).

Vertreter s „Apothekenvertreter", „Handelsvertreter", „Urlaubsvertreter", „Vermittlungstätigkeit", „Versicherungsvertreter".

Volkshochschule s „Lehrtätigkeit"; s auch ausführlich *Horlemann* DStZ 91, 395.

Vorstandsmitglieder s „Gesetzlicher Vertreter einer KapGes".

Wahlärztliche Leistungen sind idR Arbeitslohn, wenn die Leistung innerhalb des Dienstverhältnisses erbracht wurde (BFH BStBl II 06, 94); s Rn 71.

Wehrdienst s „Bundeswehr".

Wehrersatzdienst s „Bundeswehr".

Werber (Propagandisten, Werbedamen). Selbstständig, wenn er von Fall zu Fall für kurzfristige Werbeaktionen von verschiedenen Auftraggeber beschäftigt wird, ein gewisses Unternehmerrisiko trägt, die Aufträge persönlich erfüllen muss und bei Verhinderung kein Entgelt erhält (BFH BStBl II 85, 661; vgl auch FG BaWü EFG 85, 261).

Werbeprospektverteiler. Je nach Art und Umfang der übernommenen Tätigkeit ArbN oder selbstständig (BFH – VI B 53/03 nv).

Wettbewerbsverbot. Die Vereinbarung spricht für eine ArbN-Stellung (*Pump* StBp 00, 205), Leistungen sind aber idR keine Einkünfte aus nichtselbstständiger Arbeit, weil bloßes Unterlassen kein Zur-Verfügung-Stellen von Arbeitskraft ist (Rn 36).

Zeitungsausträger ist idR ArbN; entspr gilt für Zusteller von Anzeigenblättern (FG Nds EFG 99, 1015). Auch ein Inkassorisiko, die Möglichkeit sich vertreten zu lassen und ein fehlendes Wettbewerbsverbot, führen zu keiner Selbstständigkeit (s auch „Stromableser"). Hinsichtlich der Werbung von neuen Abonnenten kann er selbstständig sein, insbes, wenn keine Pflicht zur Werbung besteht (BFH BStBl II 97, 254).

Zeitungsverkäufer, die auf der Straße oder in Gaststätten Zeitungen verkaufen, sind ArbN, wenn sie in die Organisation des Zeitungsvertriebs fest integriert sind. Die Art der Entlohnung (Fixgehalt, Stückentgelt) ändert daran nichts.

Zweigstellenleiter sind ArbN, wenn der Inhaber des Unternehmens die sonstigen Kosten trägt und die Bestimmungen über Preis und Absatz der Waren trifft.

Zwischenmeister s „Heimarbeiter".

110 **II. Arbeitslohn. – 1. Allgemeines zum Begriff, Rechtsentwicklung.** Der Begriff „Arbeitslohn" wird in § 19 nicht erwähnt,[1] jedoch im Gesetz geregelt, wenn es von Bezügen und Vorteilen für eine Beschäftigung spricht. Die Verfahrensvorschriften des Lohnsteuerrechts, §§ 38 ff, verwenden den

---

1 Anders noch in den bis VZ 89 geltenden Abs 3-5.

Begriff als lohnsteuerauslösendes Tatbestandsmerkmal. Bestätigt[1] wird der Begriff in § 2 I 1 LStDV als „Einnahmen, die dem Arbeitnehmer aus dem Dienstverhältnis zufließen." Aus § 19 I 1 Nr 1 iVm § 2 I 1 LStDV ergibt sich, dass der Arbeitslohn aus (nur) zwei Komponenten besteht, einer objektiven Bereicherung des ArbN und dem Veranlassungszusammenhang dieser Bereicherung mit dem Dienstverhältnis. Im Sozialversicherungsrecht ist das Arbeitsentgelt in § 14 SGB IV geregelt.

111 Beide Komponenten begründen die Steuerbarkeit des Arbeitslohns, nichtsteuerbare Einnahmen sind im Arbeitslohn also nicht enthalten und folglich auch nicht mehr auszuscheiden.[2]

Die ältere Rspr[3] kannte einen weiten und umfassenden Arbeitslohnbegriff, der durch die Rechtsinstitute der „Annehmlichkeiten" und „Gelegenheitsgeschenke" eingeschränkt wurde. Diesen Rechtsinstituten fehlte die gesetzliche Grundlage.[4]

112 **2. Objektive Bereicherung als Einnahme. – a) Objektiver Vorteil.** Der ArbN ist bereichert, wenn sich – wirtschaftlich betrachtet – sein Vermögen vermehrt hat.[5] Ob eine Bereicherung vorliegt, beurteilt sich allein nach objektiven Kriterien. Maßgeblich ist, ob sich der erhaltene **konkrete Vorteil in Geld bewerten** lässt.[6] Daran fehlt es bei bloß ideellen Vorteilen, zB bei der Ausgestaltung des Arbeitsplatzes (Gestellung moderner Maschinen, angenehmer Büroeinrichtung, Wasch- und Duschgelegenheiten, Kantinen- und Pausenräumen ua; s dazu Rn 122), nicht aber bei Vorteilen, die nicht marktgängig sind, weil der ArbN nicht über sie verfügen kann (zB Luxusanteile von Sachzuwendungen).[7] **Kein bloß ideeller Vorteil** ist auch die Einräumung einer (zumindest verbilligten) Nutzungsmöglichkeit, für die am Markt ein Entgelt gezahlt wird (zB firmeneigene Schwimmbäder, Sportanlagen,[8] Kindergärten[9] usw; zur Parkplatzgestellung s Rn 150 „Parkplatz"). Ob der ArbN den erhaltenen Vorteil auch in Anspruch genommen hätte, wenn er ihm nicht aus dem Dienstverhältnis heraus gewährt worden wäre, ist unbeachtlich.[10] Entscheidend ist nur, dass der ArbN den **Vorteil in Anspruch genommen** hat. Der Vorteil einer Incentive-Reise (Rn 150 „Prämien") besteht darin, dass sich der ArbN die entspr Aufwendungen erspart hat.[11] Darin liegt auch insoweit eine Steigerung seiner Leistungsfähigkeit, als die ersparten Aufwendungen nicht notwendig waren.[12] Für eine objektive Bereicherung kommt es auch nicht darauf an, ob der ArbG oder Dritte (Rn 126) eine Bereicherungsabsicht gegenüber dem ArbN hatten.[13]

113 **b) Werbungskostenersatz – Auslagenersatz – durchlaufende Gelder.** Erhält der ArbN vom ArbG Geldbeträge, damit er sie für diesen ausgibt **(durchlaufende Gelder)**, oder ersetzt der ArbG Aufwendungen, die der ArbN im Namen und für Rechnung des ArbG[14] oder zwar im eigenen Namen, aber auf Rechnung des ArbG[15] getragen hat **(Auslagenersatz)**, kommt es zu keiner Bereicherung, weil nur ein bereits durch die Ausgabe entstandener Erstattungsanspruch befriedigt wird. Der Vorgang ist deshalb nicht steuerbar. Die Steuerbefreiung nach § 3 Nr 50 (§ 3 Rn 159) hat daher nur klarstellende Bedeutung.[16]

114 Im Gegensatz dazu ist aber der Ersatz von erwerbssichernden Aufwendungen des ArbN, die dieser auf eigene Rechnung getragen hat **(WK-Ersatz)**, steuerbarer und grds stpfl Arbeitslohn, der nur in den in § 3 Nr 13, 16, 30, 32 und 34 abschließend aufgezählten Fällen stfrei bleibt.

115 Die **Abgrenzung zw Auslagenersatz und WK-Ersatz** (§ 3 Rn 159) richtet sich danach, ob der Aufwand nach allg geltenden[17] arbeits- oder auftragsrechtlichen Regeln (§ 670 BGB) vom ArbG zu tragen ist (dann Auslagenersatz). Die zT vertretene einschränkende Auffassung,[18] dass Auslagenersatz dann nicht in Betracht komme, wenn die Aufwendungen beim ArbN WK seien, missachtet, dass auch Aufwand, den der ArbN auf Rechnung des ArbG trägt, zu WK führt, wenn ihn der ArbG (zB wegen Insolvenz) nicht ersetzt. **Auslagenersatz** ist deshalb dann anzunehmen, wenn der ArbN im

---

1 Ob die Ermächtigung in § 51 I für eine solche Definition ausreicht, ist str (*H/H/R* § 19 Rn 101), da es sich aber nach hM (BFH BStBl II 93, 303) um eine zur Auslegung des Gesetzes handelt, ist der Streit ohne praktische Auswirkung.
2 *Blümich* § 19 Rn 154; *K/S/M* § 8 B 33; **aA** *H/H/R* § 19 Rn 105; *Schmidt*[26] § 19 Rn 2.
3 Die grundlegende Änderung der Rspr begann mit BFH BStBl II 83, 39.
4 *Offerhaus* DStJG 9, 117.
5 BFH BStBl II 90, 711.
6 *Blümich* § 19 Rn 163.
7 HM BFH BStBl II 90, 711.
8 FG M'ster EFG 90, 178 betr Tennisplatz.
9 Aber Steuerbefreiung in § 3 Nr 33.
10 BFH BStBl II 90, 472.
11 BFH BStBl II 90, 771.
12 *Giloy* BB 86, 39.
13 BFH BStBl II 75, 182.
14 Auch als Geschäft für den, den es angeht.
15 R 22 I Nr 1 LStR.
16 HM *K/S/M* § 19 Rn B 357.
17 Auf den Tarifvertrag kommt es dabei nicht an.
18 *v Bornhaupt* StuW 90, 54 mwN.

ganz überwiegenden Interesse des ArbG Aufwendungen tätigt, die der Arbeitsausführung dienen und die nicht zu einer Bereicherung des ArbN führen.[1] Das trifft insbes auf den Ersatz von Hilfs- und Betriebsstoffen zu (zB Bedarf von Musikern an Saiten, Rohren und Blättern[2]). Ersatzleistungen, die sich auf Gegenstände beziehen, die im Eigentum des ArbN stehen, führen dagegen zu einer Bereicherung (zB Werkzeuggeld,[3] Instrumentengeld[2]). Entspr ist auch der Vorteil aus zinsverbilligten oder zinslosen Darlehen, die für die Anschaffung gewährt werden, steuerbarer Arbeitslohn.

116 Die Verwaltung verlangt für die Anerkennung, dass über die Ausgaben einzeln abgerechnet wird.[4] **Pauschaler Auslagenersatz** wird nur anerkannt, wenn der ArbN die entstandenen Aufwendungen über einen Zeitraum von 12 Monaten nachgewiesen hat[5] und sich die Verhältnisse nicht wesentlich ändern.[6] Es reicht aber aus, wenn regelmäßig wiederkehrende Pauschalen zivilrechtlich nicht zum Arbeitsentgelt gehören[7] und anhand der vorgelegten oder angebotenen Beweismittel aufklärbar ist, dass sie im Großen und Ganzen den tatsächlichen Aufwendungen entsprechen.[8] Sind die Pauschalen überhöht, sind sie auch nicht teilweise Auslagenersatz.[9]

120 **3. Veranlassungszusammenhang. – a) „Aus dem Dienstverhältnis".** Arbeitslohn setzt voraus, dass der erhaltene Vorteil „aus dem Dienstverhältnis" fließt. Der Veranlassungszusammenhang zw Dienstverhältnis und Vorteil besteht dann, wenn der Bezug sich **im weitesten Sinne als Gegenleistung für die Zur-Verfügung-Stellung der individuellen Arbeitskraft**[10] darstellt.[11] Es ist unerheblich, ob es sich um laufende oder einmalige Bezüge handelt, ein Rechtsanspruch besteht (oder der ArbG aufgrund der irrigen Annahme eines Rechtsanspruchs leistete[12]), die Zahlung für die Arbeitsleistung des Rechtsvorgängers gewährt wird, die Zahlung als Arbeitslohn bezeichnet wird, ein Dritter die Zahlung leistet (Rn 126), ein unmittelbarer Zusammenhang zw Einnahme und Arbeitsleistung besteht, überhaupt eine Arbeitsleistung erbracht wurde[13] oder eine bestimmte Form der Lohnzahlung eingehalten wird. Wird der **Vorteil vom ArbG** gewährt,[14] kommt es nicht darauf an, ob die Einnahme einer konkreten Arbeitsleistung zugeordnet werden kann,[15] für die Zahlung der Rechtsgrund fehlt[16] oder ob der ArbG einen Anspruch auf die Leistung aufgrund des Dienstverhältnisses hatte.[17] Vielmehr ist dann grds ein Veranlassungszusammenhang mit der Zur-Verfügung-Stellung der Arbeitskraft zu vermuten.[18] Diese Vermutung wird aber widerlegt, wenn sich für den Zufluss eine **andere Ursächlichkeit** nachweisen lässt.[19] Dies ist etwa dann der Fall, wenn der ArbN eine Immobilie vom ArbG anmietet, dem ArbG ein Darlehen überlässt oder Zinsen aus stehengelassenem, in ein Darlehen umgewandelten Lohn erhält;[20] zu Mieten für das häusliche Arbeitszimmer s Rn 150 „Mietzahlungen für Arbeitszimmer". Denn der ArbG hat als „Mieter" kein Interesse an einer eigenen Nutzung, sondern allein daran, dass der ArbN die mit dem Dienstverhältnis verbundenen Tätigkeiten dort ausübt. Der Veranlassungszusammenhang wird in der Diskussion um Optionsrechte (Rn 150 „Ankaufsrecht") durch die Frage des Zuflusszeitpunktes außer Acht gelassen. Ursächlich kann die Arbeitsleistung nur für den Wert sein, den ArbG und ArbN im Zeitpunkt der Einräumung unterstellt haben.[21] Dieser Betrag wird idR höher sein als der Optionswert im Zeitpunkt der Zusage. Eine darüber hinaus gehende Wertentwicklung ist nicht mehr Gegenleistung für die Zur-Verfügung-Stellung der Arbeitskraft. Sinkt der Wert, fließt in jedem Fall nur der niedrigere Betrag zu. Eine berufliche Veranlassung kann bei einer Zuwendung anlässlich eines privaten Ereignisses[22] (**Geburtstag, Hochzeit**, usw) dann fehlen, wenn der ArbN zum privaten Bekanntenkreis des ArbG zählt. Ein Indiz dafür ist, dass andere ArbN keine vergleichbaren Zuwendungen erhalten.

---

1 BFH BStBl II 95, 906; s auch BFH BStBl II 01, 844 zu Wagenpflegepauschale für beamteneigene Kfz.
2 BFH BStBl II 95, 906; s auch BFH BStBl II 01, 844.
3 Insoweit aber Steuerbefreiung nach § 3 Nr 30.
4 R 22 I Nr 2 LStR.
5 R 22 II 2 LStR.
6 R 22 II 3 LStR.
7 Es darf darin keine versteckte Lohnerhöhung enthalten sein (BAGE 2, 187, 192).
8 H 22 LStR.
9 BFH BStBl II 95, 906.
10 Des originären ArbN.
11 BFH/NV 02, 1386.
12 BFH BStBl II 93, 825.
13 Auch der Ersatz für entgangene oder entgehende Einnahmen ist Arbeitslohn.
14 Zu Lohnzahlung von Dritten s unten Rn 126.
15 BFH BStBl II 73, 736.
16 BFH BStBl II 06, 832 (Rückzahlung erst im Abflusszeitpunkt steuermindernd).
17 BFH BStBl II 01, 496 (Honorar für Verhandlungen über den Verkauf des Betriebs).
18 So ist bei Personalrabatten das Verhandlungsgeschick des ArbN regelmäßig unbeachtlich.
19 ZB Leistung aufgrund besonderer gesetzlicher Verpflichtung; s Rn 150 „Bundeszuschuss".
20 BFH BStBl II 90, 532 auch für den Zins einer später fällig werdenden verzinslichen Gratifikation.
21 *Eisgruber* Die Zahlungsmittelrechnung des § 4 Abs 3 EStG, S 161.
22 St-Befreiung nach § 3 Nr 15 für Zuwendungen anlässlich bestimmter Ereignisse.

Überlagern sich Veranlassungszusammenhänge, so ist zunächst zu prüfen, ob die unterschiedlichen **121** Ursachen einzelnen Vorteilen zugeordnet werden können (zB Lohn, der verzinst wurde,[1] oder Abgrenzung rein betriebsfunktionaler Elemente bei Incentive-Reisen, Honorare für Fachvorträge). Einheitliche Leistungen des ArbG (zB Kosten einer Reise) sollen nach neuerer Rspr[2] auch schätzweise (idR nach Zeitanteilen) aufteilbar sein. Bei **Leistungen**, die der ArbN **direkt vom ArbG** erhält, verdrängt der Kausalzusammenhang mit dem Dienstverhältnis regelmäßig andere Motive,[3] da die Veranlassung durch die Zur-Verfügung-Stellung der Arbeitskraft bis auf Ausnahmefälle[4] im Vordergrund stehen wird. Deshalb ist eine Zuwendung des ArbG auch dann als Arbeitslohn zu qualifizieren, wenn gleichzeitig die Absicht besteht, den ArbN dadurch zu ehren,[5] oder mit dem gewährten Vorteil ein soziales Ziel verfolgt wird.[6] Die neuere Rspr entscheidet uneinheitlich. So wird die Übernahme sämtlicher Kfz-Kosten als Barlohn qualifiziert,[7] der Ersatz von Leasingkosten für ein Kfz als Kfz-Gestellung.[8] Bei der an das Bestehen eines Dienstverhältnis gekoppelten, von der Größe des Raums unabhängigen Geldzahlung für die Anmietung von Räumen der ArbN unterbleibt eine Wertung als Arbeitslohn (s Rn 150 „Mietzahlungen"[9]) ebenso, wie bei Zahlungen für die Unterbringung des dem ArbN auch für private Zwecke überlassenen firmeneigenen Kfz (s Rn 150 „Garagengeld").[10] Diese Rspr ist bereits deshalb abzulehnen, weil allen Gestaltungen die Ernsthaftigkeit einer vom Dienstverhältnis abweichenden Ursache fehlt. Auf die Frage, ob die Voraussetzungen des § 42 AO vorliegen, kann es dabei nicht ankommen.[11] Eine Miete vom ArbG für das eigene Arbeitszimmer ist nur in Ausnahmefällen (zB Raumbedarf nach Auflösung der Revierförsterei) kein Arbeitslohn. Die neue relativierende Tendenz der Rspr,[12] entscheidend sei, in wessen vorrangigem Interesse das Büro genutzt werde, geht in die richtige Richtung.

b) Eigenbetriebliches Interesse. Ein Veranlassungszusammenhang fehlt, wenn die Leistungen aus **122** einem ganz überwiegend eigenbetrieblichen Interesse des ArbG gewährt werden. Diese Vorteile sind dann keine Gegenleistung für die Dienste des ArbN.[13] Die Rechtsfigur gliedert sich in drei Fallgruppen:

– Vorteile, die der **Belegschaft als Gesamtheit** zugewendet werden (zB Ausgestaltung des Arbeits- **123** platzes oder von gemeinsam zu nutzenden Räumlichkeiten, etwa der Kantine, Betriebsveranstaltung, s Rn 150 „Betriebsveranstaltungen").
– Vorteile, die **dem ArbN aufgedrängt** werden (zB Vorsorgeuntersuchungen[14]); der gewährte Vorteil darf aber keine Marktgängigkeit besitzen; dies sah die Rspr[15] als erfüllt an bei einer Mitgliedschaft eines ArbN in einem Industrieklub, wenn der ArbG durch die Mitgliedschaft für betriebliche Belange Zugang zu den Räumlichkeiten erhielt.
– Vorteile, die sich als **notwendige Begleiterscheinung betriebsfunktionaler Zielsetzung**[16] erweisen (zB Fortbildung der Mitarbeiter, s Rn 150 „Fortbildung"; Kosten eines Führerscheins für betrieblich notwendige Fahrzeuge, s Rn 150 „Führerschein").

Ganz überwiegend ist ein betriebliches Eigeninteresse aber nur, wenn das damit einhergehende **124** Interesse des ArbN an diesem Vorteil in den Hintergrund tritt.[17] Insoweit besteht eine **Wechselwirkung zw** der Intensität des **eigenbetrieblichen Interesses** des ArbG und **dem Ausmaß der Bereicherung** des ArbN. Je höher aus Sicht des ArbN die Bereicherung anzusetzen ist, desto geringer wiegt das eigenbetriebliche Interesse des ArbG.[18] Die Motivlage des ArbG ist dann nicht entscheidend.[19] Personalrabatte werden deshalb auch dann nicht im eigenbetrieblichen Interesse geleistet, wenn sie als Instrument zur Vermeidung von Personaldiebstählen dienen sollen oder der ArbG Interesse daran hat, dass der ArbN bei ihm und nicht bei der Konkurrenz einkauft.[20] Personalrabatte sind

---

1 Der Zinsanteil ist dann den Einkünften aus Kapitalvermögen zuzurechnen; s Rn 150 „Zinsen".
2 BFH BStBl II 06, 30; anders noch BFH BStBl II 97, 97.
3 So auch die Regelung der Gesetzeskonkurrenzen in den §§ 20 III, 21 III, 22 Nr 1 S 1, 22 Nr 3 S 1; s Rn 4.
4 BFH BStBl II 86, 609: Vermächtnis von ArbG-Ehegatten an ArbN-Ehegatten kein Arbeitslohn.
5 BFH BStBl II 85, 641.
6 Umkehrschluss aus § 3 Nr 15 und 52.
7 BFH BStBl II 02, 164; Anm *Kanzler* FR 02, 342.
8 BFH/NV 02, 701.
9 BFH BStBl II 02, 300.
10 BFH DStR 02, 1567.
11 **AA** *Bergkemper* KFR F 6 EStG § 19, 1/02, 125.
12 BFH BStBl II 06, 10; BMF BStBl I 06, 4.
13 HM BFH BStBl II 97, 97.
14 S Rn 150 „Massagekosten".
15 BFH BStBl II 85, 718.
16 ZB BFH BStBl II 97, 146.
17 BFH BStBl II 90, 472.
18 BFH BStBl II 97, 147.
19 FG D'dorf DStRE 00, 575 (Übernahme von Verwarnungsgeld durch ArbG bei Paketzustelldienst ist Arbeitslohn).
20 BFH BStBl II 92, 840.

Eisgruber

daher idR Arbeitslohn (Rn 150 „Rabatte"). Nach neuerer Auffassung der Rspr[1] soll auch die Übernahme von Verwarnungsgeldern der ArbN eines Paketzustelldienstes im eigenbetrieblichen Interesse des ArbG liegen, um eine zügige Paketzustellung zu gewährleisten, weil dadurch keine Gegenleistung für das Zurverfügungstellen der individuellen Arbeitskraft zugewendet werden sollte. Die Annahme eines eigenbetrieblichen Interesses soll insbes nicht daran scheitern, dass der ArbN den ersetzten Aufwand nicht als WK hätte geltend machen können.[2] Die Auffassung übersieht, dass die Übernahme von Verwarnungsgeldern auch dann Aufwendungen des ArbN ersetzt, wenn dieser im Einverständnis des ArbG gehandelt hat, da dieses Einverständnis nicht die Rechtswidrigkeit des eigenen Handelns beseitigt.

125 **c) Nichtsteuerbare Einnahmen.** Auch nach Aufgabe der Rspr zu „Annehmlichkeiten" und „Gelegenheitsgeschenken" (Rn 111) wird ein steuerbarer Arbeitslohn dann verneint, wenn es sich um eine sog **„Aufmerksamkeit"** handelt.[3] Darunter versteht man Sachleistungen[4] des ArbG, die auch im gesellschaftlichen Verkehr üblicherweise ausgetauscht werden und zu keiner ins Gewicht fallenden Bereicherung des ArbN führen. Bei solchen Zuwendungen fehlt es am geldwerten Vorteil und somit am Leistungsentgelt.[5] Zu den Aufmerksamkeiten zählen Blumen, Genussmittel, Bücher und Tonträger **bis zu einem Wert von 40 €**,[6] die dem ArbN oder seinem Angehörigen aus Anlass eines besonderen persönlichen Ereignisses zugewendet werden.[7] Dem ArbN unentgeltlich oder verbilligt überlassene Getränke und Genussmittel werden ebenso wie Speisen anlässlich eines außergewöhnlichen Arbeitseinsatzes als Aufmerksamkeiten behandelt.[8] Da das Anbieten von Getränken und Genussmitteln durchaus gesellschaftlichen Gepflogenheiten entspricht, ist dies eine zulässige und richtige Auslegung des Vorteilsbegriffs. Die Kritik der Literatur,[9] diese Anweisung entbehre einer gesetzlichen Grundlage, geht daher fehl.

126 **4. Sonderfälle. – a) Lohnzahlung durch Dritte.** Arbeitslohn setzt nicht voraus, dass der Vorteil vom ArbG zugewandt wird. Auch Zahlungen durch oder geldwerte Vorteile von Dritten können Arbeitslohn sein.[10] Dabei ist der Veranlassungszusammenhang mit der nichtselbständigen Tätigkeit besonders zu prüfen, sofern der Dritte nicht bloß anstelle des ArbG zahlt (zB Organträger für arbeitgebende Organgesellschaft; s Rn 65) oder sich die Leistung als mittelbare Zuwendung durch den ArbG darstellt (zB Sachprämien aus Kundenbindungsprogrammen[11]). Die Zahlung muss sich dann als **Gegenleistung für eine konkrete Arbeitsleistung** des Dienstverhältnisses darstellen. Daran fehlt es bei Streikgeldern (Streikunterstützungen), die dem ArbN von der Gewerkschaft für die Teilnahme an einem Streik gezahlt werden.[12] Diese sind auch keine Entschädigung für entgehende Einnahmen iSd § 24 Nr 1a.[12] Entspr muss auch für Aussperrungsunterstützungen gelten.[13] Auch Lohnersatzleistungen sind Arbeitslohn,[14] sie sind aber weitgehend steuerbefreit (§ 3 Rn 15 ff).

127 Aus Sicht des ArbN muss der erhaltene Vorteil wirtschaftlich die **Frucht seiner Arbeitsleistung** sein.[10] **Trinkgelder** sind steuerbarer Arbeitslohn (aber stfrei; zur Abgrenzung zu stpfl Zahlungen von Dritten § 3 Nr 51; Sonderzahlungen im Konzernverbund sind keine Trinkgelder[15]), da sie unmittelbare Entlohnung für die erbrachte Dienstleistung sind,[16] auch Zuwendungen eines Mehrheitsaktionärs an ein Vorstandsmitglied für eine erfolgreiche Sanierung,[17] oder Belohnungen, die ein Dachverband des Kreditgewerbes an Schalterbeamte von Kreditinstituten für die Verhinderung von Scheckbetrügereien[18] zahlt. Andererseits wurde eine Belohnung einer Berufsgenossenschaft für Mitglieder, die sich bei der Verhütung von Unfällen verdient gemacht haben, mangels einer insoweit gegenüber dem ArbG bestehenden Verpflichtung nicht als Arbeitslohn behandelt.[19]

---

1 BFH BStBl II 05, 367 mit ausdrücklicher Ablehnung der hL (zB *Blümich* § 19 Rn 280 „Geldstrafen"; *H/M/W* „Geldstrafen" Tz 11; *H/H/R* § 19 Anm 600 „Geldbußen und Geldstrafen").
2 **AA** *K/S/M* § 19 Rn B 1000 „Geldbußen".
3 R 73 LStR.
4 Geldzuwendungen sind immer Arbeitslohn R 73 I 3 LStR.
5 BFH BStBl II 85, 641.
6 Nichtbeanstandungsgrenze R 73 LStR; **aA** *v Bornhaupt* DStZ 90, 498.
7 R 73 I 2 LStR; FG Hess EFG 96, 373 rkr; s auch *Reuter* FR 90, 140 zu betriebsbezogenen Festschriften, Ehrennadeln und -urkunden.
8 R 73 II LStR; *H/H/R* § 19 Rn 600 „Genussmittel".
9 *Blümich* § 19 „Genussmittel"; *Schmidt*[26] Rn 50 „Aufmerksamkeiten".
10 BFH BStBl II 99, 323.
11 S dazu unten u Ausführungen zu § 3 Rn 38u § 37a.
12 BFH BStBl II 91, 337.
13 *Blümich* § 19 Rn 280 „Streikunterstützungen"; **aA** noch BFH BStBl II 82, 556.
14 **AA** R 3.2 EStR (ausländisches Arbeitslosengeld danach nur wiederkehrender Bezug).
15 BFH v 3.5.07, VI R 37/05.
16 BFH BStBl II 99, 323 mwN.
17 BFH BStBl II 81, 707.
18 *K/S/M* § 19 Rn B 746.
19 BFH BStBl III 63, 306; zweifelh.

Der ArbG braucht von der Vorteilsgewährung durch den Dritten keine Kenntnis zu haben,[1] sie **128** kann **auch gegen den Willen des ArbG** erfolgen[2] (zB ArbG verbietet die Annahme von Trinkgeld). Die Zahlung des Dritten darf aber **nicht** eine **gegen das Dienstverhältnis** gerichtete Leistung des ArbN belohnen. Schmier- oder Bestechungsgelder sind daher kein Arbeitslohn.[3] Entspr sind auch vom ArbN selbst durch Untreuehandlungen oder Unterschlagungen herbeigeführte Vermögensmehrungen keine Gegenleistungen des ArbG für die Zur-Verfügung-Stellung der Arbeitskraft.

Nicht zum Arbeitslohn gehören ferner Zuwendungen Dritter, die auf eigenen unmittelbaren rechtlichen oder wirtschaftlichen Beziehungen zum ArbN beruhen.[4] Dazu gehören auch **Rabatte von** **129** **Fremdfirmen**, die dem ArbN ohne Mitwirkung des ArbG gewährt werden,[5] etwa die Einräumung von Beitragsermäßigungen durch ein anderes Konzernunternehmen,[6] die auch Angehörigen des öffentlichen Dienstes gewährt werden.[7] Es kommt nicht darauf an, aus welchen Gründen fremden Personen der Vorteil eingeräumt wird oder wie groß der begünstigte Personenkreis gewesen ist.[8] Zieht der ArbN aber Vorteile aus einer solchen Beziehung, die ihm mittelbar durch Leistungen des ArbG gewährt werden, ist der Vorteil dem Dienstverhältnis zuzurechnen. Verwendet ein ArbN daher Bonuspunkte aus einem Kundenbindungsprogramm (zB **miles & more**), die er durch Dienstreisen (-flüge) erhalten hat, zu privaten Zwecken (Privatflüge), handelt es sich um Arbeitslohn. Dafür gewährt § 3 Nr 38 (§ 3 Rn 108) einen Freibetrag von 1 080 €. Zudem erlaubt § 37a eine pauschale Versteuerung durch den leistenden Dritten.

b) Besonderheiten beim Zufluss. Für Einkünfte aus nichtselbstständiger Arbeit gilt grds das **130** Zuflussprinzip nach § 11 I. Eine Besteuerung tritt danach nur ein, wenn der Arbeitslohn dem ArbN zufließt,[9] er darüber also wirtschaftlich verfügen kann (§ 11 Rn 10). Die Rückzahlung von Arbeitslohn ist bei Abfluss steuermindernd und beseitigt nicht rückwirkend den Zufluss des Arbeitlohns.[10] Für den Zeitpunkt der Einnahmen wird dies aber durch den Verweis in § 11 I 3 auf § 38a I 2 und 3 dahingehend modifiziert, dass die für das Lohnsteuerverfahren maßgeblichen Zeitpunkte des § 38a auch im Veranlagungsverfahren gelten.[11] **Laufender Arbeitslohn** (§ 38a Rn 4) fließt danach grds im Lohnzahlungszeitraum zu[12] (§ 38a I 2), für **sonstige Bezüge** (§ 38a Rn 5) gilt der Zuflusszeitpunkt (§ 38a I 3). Für Nach- und Vorauszahlungen kommt es auf den Zahlungszeitpunkt und die Art des bezahlten Lohns an (§ 38a Rn 4). § 38a I regelt in Satz 3 zwar inhaltsgleich zu § 11 I 1, aber als eigenständige Norm den Besteuerungszeitpunkt. Insoweit wird § 11 I 1 auch bei sonstigen Bezügen von § 38a I verdrängt.[13] § 11 I 2 gilt daher auch für wiederkehrende sonstige Bezüge nicht. Beide Regeln gelten nur für Einnahmen, für WK bleibt es bei der Regelung des § 11 II.

Zugeflossen ist der Arbeitslohn, wenn der ArbN über ihn **wirtschaftlich verfügen** kann.[14] Mit dem **131** Zufluss des Auszahlungsbetrages fließt dem ArbN auch die einbehaltene Lohnsteuer zu.[15] Sachbezüge in Form von Wirtschaftsgütern fließen nach hM[16] mit Erlangung wirtschaftlichen Eigentums zu, Sachbezüge als Leistung (zB Incentive-Reisen; s Rn 150 „Prämien") dann, wenn der ArbN sie in Anspruch nimmt.[17] Mit der **bloßen Einräumung eines Anspruchs** gegen den ArbG fließt dem ArbN **kein Arbeitslohn** zu. Erst durch die Ausübung dieses Optionsrechts erlangt der ArbN wirtschaftliche Verfügungsmacht.[18] Der Vorteil fließt auch zu, wenn die Verwendung des Erlöses aus dem Weiterverkauf der erworbenen Aktien beschränkt ist.[19] Entspr gilt für die Einräumung einer Gewinnchance.[20] Bei einer wirtschaftlichen Verwertung von Zeitwertkonten (zB Finanzierung von Leasingfahrzeugen) fließt der Arbeitslohn erst bei Verwendung des Wertguthabens zu.[21] Verzichtet der ArbN zugunsten Dritter,[22] ereignet sich der Zufluss in dem Zeitpunkt, in dem der Dritte über

---

1 HM für die Frage, ob Arbeitslohn vorliegt (*Schmidt*[26] § 19 Rn 37; aA *Albert/Hahn* FR 95, 336); anders für die Frage, ob LSt einbehalten werden muss dazu § 38 Rn 12.
2 RFH RStBl 44, 731.
3 HM *Blümich* § 19 Rn 232.
4 BFH BStBl II 87, 822.
5 BFH BStBl II 95, 814.
6 Ausf *Kuhsel* BB 02, Heft 19 I.
7 FG Kln DStRE 02, 816 Rev VI R 45/02.
8 FG Mchn v 17.1.02 7 K 1790/00.
9 HM BFH BStBl II 97, 667.
10 BFH BStBl II 06, 832.
11 BFH BStBl II 93, 796.
12 Ausnahmsweise auch der Lohnabrechnungszeitraum, § 38a I 2 iVm § 39b V 1.
13 AA *H/H/R* § 11 Rn 88.
14 StRspr BFH BStBl II 84, 560.
15 Dazu § 42d und unten Rn 150 „Nettolohnvereinbarung".
16 BFH BStBl II 86, 607.
17 BFH BStBl II 90, 715.
18 BFH BStBl II 99, 684 und BStBl II 01, 689, s dazu (insbes zu „Stock Options") Rn 150 „Ankaufsrecht".
19 FG Kln EFG 05, 39 Rev VI R 73/04; zust *Wüllenkemper* EFG 05, 40.
20 S dazu Rn 150 „Losgewinne".
21 *Petereit/Neumann* BB 04, 301.
22 Zur Abgrenzung Rn 150 „Verzicht"; s auch Rn 100 „Kirche".

Eisgruber

den Vorteil verfügen kann. Verzichtet der ArbN auf sein Gehalt gegenüber dem ArbG, liegt darin kein Zufluss.[1] Wird eine Abfindung entgegen der Betriebsvereinbarung nicht im Monat des Ausscheidens, sondern erst im darauffolgenden Januar ausgezahlt, ist die Abfindung dem Kj des Ausscheidens zuzuordnen.[2] Zahlt ein ArbN Arbeitslohn zurück, der dem LSt-Abzug unterlegen hat, so bleibt der früher gezahlte Arbeitslohn zugeflossen.[3] Die zurückgezahlten Beträge sind im Zeitpunkt der Rückzahlung als negative Einnahmen oder Wk zu berücksichtigen.[4] Der Verlust des Bezugsrechts aus einer Direktversicherung ist zumindest bei Insolvenz des ArbG keine Rückzahlung von Arbeitslohn, weil dieser Verlust durch den gem § 7 Abs 2 BetrAVG gewährleisteten gesetzlichen Insolvenzschutz kompensiert wird.[5]

140 **5. Lohnzahlung an Dritte (Abs 1 Nr 3). – a) Eigeninteresse und vorgelagerte Besteuerung.** Arbeitslohn setzt grds voraus, dass der ArbN einen materiellen Vorteil erhält. Eine Zahlung an andere Personen ist daher nur dann Arbeitslohn, wenn die **Zahlung im Interesse des ArbN** geschieht (Verzicht des ArbN auf Zufluss zugunsten eines Dritten) oder bereits die **Zahlung an den Dritten den ArbN selbst bereichert.** Dazu zählen insbes auch Ausgaben, die ein ArbG leistet, um einen ArbN gegen Krankheit, Unfall, Invalidität, Alter oder Tod abzusichern (**Zukunftssicherungsleistungen**), wenn der ArbN einen **unmittelbaren**, auch ohne Mitwirkung des ArbG durchsetzbaren **Anspruch gegen den Versicherer** erwirbt,[6] nicht aber wenn der ArbG seine künftigen Betriebsrentenleistungen absichert (zB Zahlung an Unterstützungskasse[7]). Auch wenn statt eines laufenden Gehalts ausschließlich eine Versorgungszusage vereinbart wird, beurteilt sich der Zufluss nach diesen Kriterien; so etwa bei **Gehaltsverzicht zugunsten einer betrieblichen Altersversorgung** iSd BetrAVG.[8] Erst die späteren Zahlungen aus der Zusage sind dann in voller Höhe Lohn.[9] Erwirbt der ArbN aber einen eigenen Anspruch, ist vorgelagert zu besteuern, weil die Auszahlung nur mit dem Ertragsanteil nach § 22 Nr 1 S 3a bb erfasst wird. Zu einem Zufluss führt auch die Ablösung der Pensionszusage, selbst dann, wenn der Ablösungsbetrag – auf Verlangen des ArbN zur Übernahme der Pensionsverpflichtung – an einen Dritten gezahlt wird.[10]

141 **b) Neuer Ansatz.** Bisher wurde die Frage der Steuerbarkeit daran gemessen, ob die konkrete Zahlung des ArbG einen entspr Vorteil des ArbN enthält. Der **neue Ansatz des Abs 1 Nr 3** löst sich von dieser konkret-individuellen Betrachtungsweise, knüpft rein technisch an die Zahlung des ArbG an, nicht an den Vermögenszuwachs beim ArbN, und **erweitert** damit die **Steuerbarkeit**.[11] Muss der ArbG eine versicherungs-mathematische Unterdeckung bei der Umstellung aus einem Umlagesystem in eine kapitalgedeckte Altersversorgung ausgleichen (Gegenwertzahlungen[12] oder Sanierungsgelder[13]), sieht das Gesetz darin nun die **Nachholung bisher nicht gezahlter laufender Beiträge**, während die Rspr[14] Arbeitslohn ablehnte, weil die Zahlungen nicht zu einem geldwerten Vorteil der ArbN führen. Die Erweiterung wird mit einer **Zwangspauschalierung** der LSt in § 40b IV gekoppelt. Die Regierungsbegründung begründet die Erweiterung der Steuerbarkeit mit dem Willkürverbot (Art 3 I GG). Zumindest gesetzessystematisch bedenklich[15] ist allerdings, dass die konkrete Besteuerung unabhängig von der Erhöhung der Leistungsfähigkeit des ArbN einsetzt, auch wenn dies bei hinreichend distanzierter Betrachtung als bloße Nachholung bisher noch nicht erfasster Zuflüsse betrachtet werden könnte.

142 **c) Technische Umsetzung. S 1** rechnet – insoweit **nur klarstellend** – laufende Beiträge und Zuwendungen zum Arbeitslohn, wenn sie vom ArbG aus einem bestehenden Dienstverhältnis an einen qualifizierten Empfänger (Pensionsfonds, Pensionskasse, Direktversicherung) geleistet werden.

---

[1] BFH BStBl II 93, 884 s dazu Rn 150 „Verzicht".
[2] FG BaWü EFG 04, 980.
[3] BFH BStBl II 07, 315.
[4] BFH BStBl II 06, 911.
[5] BFH v 5.7.07, VI R 58/05 aA *Pflüger* in H/H/R, § 19 EStG Rz 431 (immer Rückzahlung von Arbeitslohn).
[6] BFH BStBl II 00, 408; FG Kln EFG 03, 724 Rev VI R 47/02; unschärfer § 2 II Nr 3 EStDV.
[7] BFH/NV 99, 457.
[8] Kein Zufluss FG Hbg EFG 03, 1000; BMF DStR 00, 327; dazu *Niermann* DB 00, 347 mwN.
[9] Auch sofort beginnende Rentenzahlungen an noch aktive ArbN über Leistungen an Unterstützungskassen; FinVerw FR 94, 373.
[10] BFH v 12.4.07, VI R 6/02.
[11] Schmidt[26] (§ 19 Rn 36) spricht von einer „gesetzl Arb-Lohnfiktion".
[12] Dienen dem Ausgleich der durch das Ausscheiden des ArbG verursachten Finanzierungslücke; *Birk* DStZ 04, 777.
[13] Dienen zur Deckung des finanziellen Fehlbedarfs wegen Schließung des Gesamtversorgungssystems und Wechsel zum Betriebsrentensystem.
[14] BFH BStBl II 06, 528 (Gegenwertzahlungen); BFH/NV 06, 1272 (Wechsel zu anderer umlagefinanzierter Versorgungskasse).
[15] Schmidt[26] (§ 19 Rn 36) hält die Regelung unter Berufung auf *Glaser* (BB 06, 2217) für verfassungswidrig.

Nach **S 2** gehören dazu nun auch **Sonderzahlungen des ArbG** (sofern sie nicht zur Erfüllung von Solvabilitätsvorschriften erbracht werden), **laufenden Zahlungen an Pensionsfonds**, wenn die Altersversorgungsleistung von laufenden Beitragszahlungen abhängt (§ 112 Ia VAG), und **Sanierungsgelder**. Der letzte HS beschreibt die **Gegenwertzahlungen** durch das Ausscheiden aus o dem Wechsel zw nicht kapitalgedeckter Altersversorgungen. S 3 zählt sich **wiederholende Zahlungen nur dann** zu den zwangspauschalierten **Sonderzahlungen, soweit sich die Beitragsbemessung erhöht**, also bei einer Steigerung von bisher 6 % auf 7,5 % nur der hinausgehende Anteil von 1,5 %. Dies soll der Vereinfachung dienen. Zahlungen des ArbG bei einem ausgelagerten Optionsmodell: Zuschüsse an einen Dritten als Entgelt für die Übernahme von Kursrisiken, sind Sach-, nicht Barlohn, wenn die Risikoübernahme des Dritten auf einer vertraglichen Vereinbarung mit dem ArbG beruht (BFH v 13.9.07 Az VI R 26/04). Die **Sanierungsgelder** werden in **S 4 legaldefiniert**; für nicht einmalige Zahlungen gilt wiederum nur der Erhöhungsanteil als Sonderzahlung.

6. Einzelnachweise (Arbeitslohn)

150

Abfindungen s § 3 Rn 38.

Abschlussgebühr bei Bausparverträgen (Verzicht). Verzichtet ein Kreditinstitut gegenüber seinem ArbN auf die übliche Abschlussgebühr bei Bausparverträgen liegt darin ein geldwerter Vorteil. Ist das Kreditinstitut selbst provisionsberechtigt, setzt sich der Vorteil aus einem Preisnachlass der Bausparkasse und einer unentgeltlichen Vermittlungsleistung des Kreditinstituts zusammen. Nur für Letzteren gilt § 8 III. Steht der Provisionsanspruch dem ArbN selbst zu, ist der Vorteil insgesamt nach § 8 II 1 zu bewerten (OFD Hann v 19.2.01 – S 2334 – 331 – StH 212).

Abtretung einer Gehaltsforderung des ArbN an einen Dritten (zB Ehegatten) bewirkt nicht, dass der Empfänger den Tatbestand der Einkünfteerzielung erfüllt (BFH BStBl II 85, 330).

Aktien. Unentgeltliche oder verbilligte Überlassung von Aktien (auch GmbH-Anteile FG Bln EFG 94, 929 rkr) sind Arbeitslohn, zT nach § 19a stfrei und nach dem 5. VermBG begünstigt; s § 19a Rn 17.

Aktienoptionen (Stock Options). Überlassung von Aktienoptionen als Arbeitslohn s „Ankaufsrecht".

Altersteilzeit. Bestimmte Leistungen sind stfrei gem § 3 Nr 28; s dort.

Altersversorgung. Auch Bezüge aus einem früheren Dienstverhältnis sind Arbeitslohn (s Rn 56); Bezüge, die ganz oder teilweise auf früheren Beitragsleistungen beruhen, sind kein Arbeitslohn, § 2 II Nr 2 S 2 LStDV, wenn die Beitragsleistungen keine WK waren.

Ankaufsrecht (Optionsrecht). Räumt ein ArbG dem ArbN im Rahmen des Dienstverhältnisses ein Recht ein, den Abschluss eines Kaufvertrags und die Eigentumsübertragung in Bezug auf bestimmte, dem ArbG gehörende betriebliche WG zu verlangen (zB Wertpapiere, Grundstücke), so liegt darin noch kein Zufluss von Arbeitslohn. Denn ein Zufluss entsteht nicht durch die Einräumung einer Forderung, sondern durch deren Erfüllung (*Thomas* DStZ 99, 710). Dies gilt auch für die Einräumung von sog **„Stock Options"** (BFH BStBl II 01, 512; BStBl II 01, 509; BStBl 99, 684; ausf FinMin Nordrhein-Westfalen DStR 03, 689). Bei Ausübung der Option fließt der geldwerte Vorteils mit Ausbuchung der Aktien aus dem Depot des Überlassenden oder dessen Erfüllungsgehilfen zu, unabhängig davon, ob die Kurse zwischen Optionsausübung und Ausbuchung gestiegen oder gefallen sind (BMF BStBl I 03, 234; sehr str; glA *Thomas* DStZ 99, 710; *Knoll* DStZ 99, 242; *Eschbach* DStR 99, 1869; **aA** *Portner* DB 02, 235; *Strnad/Suchan* DStZ 00, 486; *Schubert* FR 99, 639; *Neyer* DStR 99, 1639). Bei einer Optionsausübung bis zum 31.12.01 kann auch der Tag der Optionsausübung zu Grunde gelegt werden. Der geldwerte Vorteil errechnet sich nach hM aus dem Wert der erworbenen Aktie im Zeitpunkt des Zuflusses (FG RhPf DStRE 00, 186; s aber Rn 120; kein Halbeinkünfteverfahren FG Mchn EFG 06, 628). Lagen im Zeitpunkt der Ausgabe zwei unterschiedliche Marktsegmente vor (Privatanleger und institutionelle Anleger), so ist für die Bemessung der Sachbezüge nur der für Privatanleger bedeutsame Preis maßgebend (FG Kln EFG 04, 1368 Rev VI R 26/04). Kursveränderungen wirken sich nach dem Zufluss auch als Verlust nur iRd § 23 aus (FinMin Nordrhein-Westfalen DStR 03, 689; **aA** *Bauer/Gemmeke* DStR 03, 1818). Sofern die Stock Options marktgängig (handelbar) sind, kann bereits in der Einräumung ein Zufluss liegen (FinMin Nordrhein-Westfalen DStR 03, 689; *Haas/Pötschan* DB 98, 2139; **aA** FG M'ster EFG 03, 1172 Zufluss immer erst mit Optionsausübung; *Hoffmann* DStR 01, 1789; krit *Haunhorst* DB 03, 1864).

Marktgängigkeit setzt die uneingeschränkte Veräußerbarkeit der Option an einem vorhandenen und für alle offenen Markt voraus. Optionsrechte sind nur dann handelbar, wenn sie an einer Wertpapierbörse gehandelt werden (FinMin Nordrhein-Westfalen DStR 03, 689; **aA** *Diethorn/Strnad* BB 03, 1094: tatsächliche Verwertbarkeit entscheidend). Bei der Vereinbarung einer Sperrfrist fehlt es daran auch, wenn die Option vererblich ist (BFH BStBl II 01, 512). Die Option ist auch dann nicht uneingeschränkt veräußerbar, wenn der ArbG (oder für ihn ein Dritter) Stillhalter der Option ist und ein Vorkaufsrecht für sich (oder den Dritten) vereinbart (sog „Münchner Modell"). In diesem Fall wird dem ArbN mit der Option nur eine nicht zum Zufluss führende Gewinnchance eingeräumt. Vermittelnd wird (zu Unrecht; so auch BFH BStBl II 01, 689) die Auffassung vertreten, dass ein Zufluss mit Ablauf der Sperrfrist eintreten solle (FG BaWü EFG 00, 64 rkr; *Kroschel* BB 00, 176, *Eckert* DB 99, 2490), bzw bei Nutzungs-(= Ausübungs- oder Verwertungs-) (*Egner/Wildner* FR 01, 62) oder rechtlicher und tatsächlicher Veräußerungsmöglichkeit (*Herzig/Lochmann* DB 01, 1436). Der Ausübung der Option gleich steht eine „Glattstellung" (*Lampe/Strnad* DStR 00, 1117), weil die Glattstellung einer Veräußerung der Option gleichkommt. Verfällt eine handelbare Option, ist dies allenfalls iRd § 23 beachtlich (**aA** *Bauer/Gemmeke* DStR 03, 1818, deren aufgeführte Beispiele aber sämtlich nicht handelbare Optionsrechte betreffen). Zur Frage, ob eine Vergütung für mehrjährige Tätigkeit vorliegt, s § 34 Rn 51. S auch „Wandeldarlehensverträge und Wandelschuldverschreibungen".

Das Optionsrecht wird regelmäßig nicht für die in der Vergangenheit erbrachten Leistungen gewährt, sondern als zusätzliche besondere Erfolgsmotivation für die Zukunft. Soweit die vom ArbN zw Gewährung und Ausübung des Optionsrechts bezogenen Einkünfte wegen Auslandstätigkeit steuerfrei sind, ist auch der bei Ausübung des Optionsrechts zugeflossene geldwerte Vorteil anteilig steuerfrei (BFH BStBl II 01, 509). Das anteilige deutsche Besteuerungsrecht wird nicht dadurch ausgeschlossen, dass der Arbeitnehmer nach Gewährung, aber vor Ausübung des Optionsrechts von der unbeschränkten in die beschränkte Steuerpflicht gewechselt ist (BFH BStBl II 01, 512). Zu Problemen der Doppelbesteuerung s *Prätzler* IStR 02, 555 und OECD-Diskussionspapier vom 11.3.02.

Annehmlichkeiten s Rn 125 und „Betriebsveranstaltungen".

Anwärterbezüge eines Studenten der einphasigen Juristenausbildung sind stpfl Arbeitslohn (BFH BStBl II 83, 463).

Apotheker. Zuschüsse der Gehaltsausgleichskassen an ArbN von Apothekern sind stpfl Arbeitslohn (OFD D'dorf DB 63, 113).

Arbeitgeberbeiträge zur Sozialversicherung sind stfrei s § 3 Nr 62.

Arbeitnehmerbeiträge zur gesetzlichen Sozialversicherung gehören zum Arbeitslohn (BFH/NV 04, 1263, sind aber beim ArbN als Sonderausgaben berücksichtigungsfähig. Kein Arbeitslohn, wenn der ArbG wegen zunächst fehlerhafter Berechnung zur Nachentrichtung herangezogen wird (BFH BStBl II 94, 194). Wird der ArbG wegen einvernehmlichen Zusammenwirkens mit dem ArbN hinsichtlich der Gesamtbeträge in Anspruch genommen, liegt auch insoweit Arbeitslohn vor, als er wegen § 28g SGB IV keinen Rückgriff auf den ArbN mehr nehmen kann (BFH v 13.9.07, VI R 54/03). Der Lohn fließt beim ArbN erst mit der Entrichtung der Beträge durch den ArbG zu. Kein Arbeitslohn ist die Übernahme von Beitragsleistungen zur freiwilligen Versicherung in der gesetzlichen Rentenversicherung durch den ArbG für sog Kirchenbeamte, wenn die Leistungen aus der gesetzlichen Rentenversicherung auf die Versorgungsbezüge angerechnet werden sollen (BFH v 5.9.2006, VI R 38/04).

Arbeitnehmersparzulage nach dem 5. VermBG gehört nicht zu den stpfl Einnahmen (§ 13 III des 5. VermBG).

Arbeitnehmerüberlassung s „Leiharbeitsverhältnisse".

Arbeitsessen, das ein ArbG anlässlich und während eines außergewöhnlichen Arbeitseinsatzes seinen ArbN gewährt (Wertbegrenzung auf 40 €; R 19.6 II 2 LStR), kann im eigenbetrieblichen Interesse des ArbG liegen und ist dann kein Arbeitslohn (BFH BStBl II 94, 771); anders bei mit gewisser Regelmäßigkeit stattfindenden Arbeitsessen (BFH BStBl II 95, 59). Bewertung dann idR mit tatsächlichem Preis (R 8.1 VIII Nr 3 LStR); zu Einzelheiten s FinMin Nordrhein-Westfalen DStR 02, 263; s auch „Bewirtung", „Gemeinschaftsverpflegung".

Arbeitskleidung (Berufskleidung). Die Überlassung typischer Berufskleidung (s § 9 Rn 325) ist stfrei, § 3 Nr 31. Die Überlassung von einheitlicher bürgerlicher Kleidung ist kein Arbeitslohn (BFH BStBl II 06, 915); anders bei hochwertiger Kleidung zu Repräsentationszwecken (BFH BStBl II 06, 691).

Arbeitslosengeld und Arbeitslosenhilfe nach dem AFG sind stfrei, § 3 Nr 2, unterliegen aber dem Progressionsvorbehalt § 32b Nr 1.

Arbeitsmittel. Die Bereitstellung von Arbeitsmitteln (zB von Werkzeugen, Arbeitsmaschinen) durch den ArbG ist kein Arbeitslohn; s 9 Rn 320 ff.

Arbeitszeitkonten. Die Gutschrift der Mehrarbeit als Zeitguthaben (zB bei im Block vorweg erbrachter Altersteilzeit) führt noch nicht zu Arbeitslohn (ausf *Wellisch/Näth* DStR 03, 309), sondern erst die Auszahlung des Lohns in späteren Zeiträumen (s § 19a Rn 11). Es dürfen durch die Gutschrift aber keine Ansprüche gegen Dritte erwachsen. Die Mitnahme des Zeitguthabens zu einem neuen ArbG führt zu keinem Zufluss (OFD Koblenz DStR 02, 1047).

Arzneimittel s „Medikamente".

Ärztliche Betreuung der Belegschaft liegt im ganz überwiegenden eigenbetrieblichen Interesse (s Rn 122) des ArbG; kein Arbeitslohn.

Aufdrängen eines Vorteils s Rn 123.

Aufenthaltsräume. Ihre Bereitstellung bildet auch bei besonderer Ausstattung nur eine bloße Aufmerksamkeit, keinen Arbeitslohn.

Aufgabe der Arbeit gegen Entgelt s „Abfindung".

Aufmerksamkeiten (geringer oder fehlender geldwerter Vorteil, fehlende Marktgängigkeit, kein Belohnungscharakter) sind grds nicht steuerbar (s Rn 125); s auch „Betriebsveranstaltungen".

Aufstockungsbeträge s § 3 Rn 82.

Aufwandsentschädigungen sind gem § 3 Nr 12 (§ 3 Rn 44f), 13 (§ 3 Rn 48) und 16 (§ 3 Rn 52f) **stfrei**, sofern Aufwand abgegolten wird, der als WK abziehbar wäre (BVerfG BStBl II 99, 502 zur Steuerfreiheit von Trennungsgeldern für das Beitrittsgebiet: verfassungswidrig; anzuwenden ab 31.3.99, FinMin Sachsen Anhalt DB 99, 1878). Daneben zusätzlicher Abzug nur für darüber hinausgehende eigene Aufwendungen. (Für Altfälle voller WK-Abzug trotz stfreier Aufwandsentschädigung, FG BaWü EFG 00, 111). Entscheidend ist, wofür Aufwandsentschädigung gezahlt wurde (FG Nds EFG 99, 1216). Trennungsgeld, das die eigenen Aufwendungen übersteigt, ist insoweit stpfl (FG Bln EFG 98, 724 Rev VI R 167/98).

Ausbildungszuschüsse können – auch in Hinblick auf ein künftiges Dienstverhältnis – gem § 3 Nr 11 oder Nr 44 stfrei sein; s aber „Unterhaltszuschüsse".

Ausgleichzahlungen zum Ausgleich erhöhter Lebenshaltungskosten im Ausland (Kaufkraftausgleich) sind stfrei, § 3 Nr 64, s auch R 3.64 LStR.

Auslagenersatz s Rn 115.

Auslandsreise. Bei dienstlicher Tätigkeit im Ausland können länderspezifische Pauschbeträge (BMF BStBl I 00, 1574) stfrei ersetzt werden; zu den steuerlichen Folgen einer Personalentsendung ins Ausland s *Ludewig* Inf 97, 616; zu sonstigen Auslandsreisen s „Prämien".

Auslösungen s § 3 Nr 16.

Aussperrungsunterstützungen, die ein ArbN von seiner Gewerkschaft erhält, sind wie Streikunterstützungen kein Arbeitslohn (So auch *H/H/R* § 19 Rn 600 „Aussperrungsunterstützungen").

BahnCard. Gewährung durch den ArbG ist für dienstliche Fahrten nicht steuerbar (nach Ansicht der FinVerw DStR 93, 19 zumindest steuerfreier Reisekostenersatz bis zur Höhe der Kosten, die auch ohne BahnCard hätten ersetzt werden können) und für die Fahrten Wohnung – Arbeitsstätte stfrei nach § 3 Nr 34. Die private Nutzungsmöglichkeit bleibt unbeachtet (glA *Schmidt*[26] § 19 Rn 50 „BahnCard").

Bahnversicherungsanstalt. Gezahlte Zusatzrenten sind Leibrenten (BFH BStBl II 96, 630).

Beerdigung. Die Kosten der Beerdigung eines ArbN sind grds von seinen Erben zu tragen. Aufwendungen des ArbG für die Beerdigung eines ArbN sind Arbeitslohn der Erben (Einnahmen aus einem früheren Dienstverhältnis, § 19 I 1 Nr 2 EStG, § 2 II Nr 2 LStDV), außer wenn die Erben zur Tragung der Beerdigungskosten nicht in der Lage gewesen wären (insoweit keine Ersparnis, glA *H/H/R* § 19 Rn 600 „Beerdigung").

Belegschaftsrabatte s § 8 Rn 61.

Belohnungen s „Prämien", „Incentives" und „Trinkgelder".

Bergmannsprämien sind steuerbefreit § 3 Nr 46.

Berufshaftpflichtversicherung. Übernahme der Beiträge einer Rechtsanwältin durch den ArbG ist Arbeitslohn (BFH v 26.7.07, VI R 64/06).

Berufskleidung s „Arbeitskleidung".

Bestechungsgeld s „Schmiergeld".

Betriebsärztliche Betreuung liegt idR im eigenbetrieblichen Interesse des ArbG.

Betriebsausflug s „Betriebsveranstaltung".

Betriebsrat. Ersatz der Aufwendungen von Betriebsratsmitgliedern durch den ArbG gehört zum Arbeitslohn, soweit es sich nicht um Auslagenersatz (Rn 113) handelt.

Betriebssport. Die Überlassung von Tennisplätzen (Einzelsportart) durch den ArbG führt zu Arbeitslohn (BFH BStBl II 97, 146); für Mannschaftssportarten wird dagegen eine entspr Handhabung verneint (FinVerw FR 96, 649).

Betriebsveranstaltungen liegen im ganz überwiegenden eigenbetrieblichen Interesse des ArbG (*Albert* DB 06, 169). Sie dienen der Förderung des Betriebsklimas (BFH BStBl II 92, 655), wenn es sich um herkömmliche (übliche) Betriebsveranstaltungen handelt und die dabei erbrachten Zuwendungen üblich sind (*Giloy* NWB Fach 6, 4315). Eine Betriebsveranstaltung setzt voraus, dass die Teilnahme **allen Betriebsangehörigen offen steht** oder sich eine Begrenzung nicht als Privilegierung einer bestimmten Arbeitnehmergruppe darstellt, zB abteilungsweise durchgeführte Veranstaltung (BFH BStBl II 86, 406), Pensionärstreffen (R 19.5 II 4 Nr 2 LStR) oder Jubilarfeiern (R 19.5 II 4 Nr 3 LStR); anders aber, wenn nur für bestimmte Gehaltsgruppen oder für bestimmte Leistungen (BFH BStBl II 90, 711 dann Incentive-Reise s „Prämien"; s auch „Teambildungsmaßnahmen"). Unschädlich ist die Teilnahme von Angehörigen, Lebensgefährten oder sonstigen Gästen (BFH BStBl II 92, 655). Wer die Betriebsveranstaltung durchführt, ist unerheblich (R 19.5 II 2 LStR). Die Herkömmlichkeit bestimmt sich nach **Häufigkeit und Ausgestaltung (R 19.5 III 2 LStR).** Pro Jahr sind nur zwei Betriebsveranstaltungen für denselben Personenkreis üblich (BFH BStBl II 06, 440). Diese können auch mehrtägig sein (BFH BStBl II 06, 444; *Bergkemper* FR 06, 335). Nicht schädlich ist, wenn ein ArbN aufgrund eines funktionalen Wechsels (zB Eintritt in den Ruhestand, R 19.5 III 5 LStR; Versetzung in andere Abteilung) oder in Erfüllung beruflicher Aufgaben (R 19.5 III 6 LStR, zB als Personalchef) an mehreren Veranstaltungen teilnimmt (BFH BStBl II 06, 440). Finden mehr als zwei gleichartige Betriebsveranstaltungen statt, kann der ArbG auswählen, welche Veranstaltungen als Lohnzuwendung ausscheiden sollen (R 19.5 III 3 LStR). Auf die Dauer der Betriebsveranstaltung kommt es nicht mehr an (R 19.5 III 2 LStR; BFH BStBl II 06, 439). Bei der **Ausgestaltung** dürfen die Zuwendungen von der Art und vom Umfang her nicht unüblich sein. Zugewendet und vom ArbG übernommen werden dürfen Speisen und Getränke, Tabakwaren, Übernachtungs- und Fahrtkosten, Eintrittskarten für kulturelle und sportliche Veranstaltungen (die Betriebsveranstaltung darf aber nicht nur ein Besuch einer solchen Veranstaltung sein BFH BStBl II 86, 406), Geschenke im Wert von bis zu 40 € (R 19.5 VI LStR; Veranstaltung nur zur Übergabe von Geschenken ist aber schädlich, BFH BStBl II 78, 532), Aufwendungen für den äußeren Rahmen (zB Räume, Musik, Kegelbahnen, Tombolas – „Losgewinne", Fahrt mit Tanzschiff oder Tanzzug BFH BStBl II 86, 406). Wird die zweckentsprechende Verwendung sichergestellt, kann dem ArbN auch Bargeld für den Erwerb der üblicherweise zuwendbaren Leistungen (außer für Geschenke und den äußeren Rahmen) ausgehändigt werden (R 19.5 V Nr 2 LStR). Eine Reise, die sowohl eine Betriebsbesichtigung als auch eine Betriebsveranstaltung umfasst, ist aufzuteilen (BFH BStBl II 06, 444).

Die Aufwendungen dürfen je ArbN (Ehegatten oder Angehörige sind dem ArbN zuzurechnen, R 19.5 V Nr 1 LStR) insgesamt nicht mehr als 110 € pro Veranstaltung betragen (R 19.5 IV 2 LStR; keine richterliche Fortschreibung dieser Grenzen, BFH BStBl II 06, 442). Übersteigen die **Aufwendungen je Teilnehmer** diesen Betrag, erlangen die Kosten ein solches Eigengewicht, dass die gesamten Kosten der Betriebsveranstaltung, nicht nur der diesen Betrag übersteigende Teil, stpfl Arbeitslohn werden (BFH BStBl II 92, 655). Dies gilt auch bei nur geringfügiger Überschreitung dieser Grenze und auch dann, wenn dies wegen der Zurechnung der anteiligen Kosten für die Angehörigen geschieht. Steuertechnisch handelt es sich deshalb um eine **Freigrenze**. Sind einzelne Aufwendungen nicht zulässig (zB Geschenk von bleibendem Wert über 40 €), sind die einzelnen Aufwendungen selbstständig zu wertender Arbeitslohn und dann auch nicht Teil der Berechnung des anteiligen Gesamtaufwands (*Hartmann* Inf 92, 545). Offen ist, ob kostenmindernde **Zuzahlungen der ArbN** für diese Berechnung zu berücksichtigen sind. Nachdem aber der ArbG nicht verpflichtet ist, alle Aufwendungen zu tragen, kann es für die Frage, ob die Veranstaltung ein schädliches kostenmäßiges Eigengewicht erlangt, nicht erheblich sein, ob der Vorteil für den ArbN durch die Nichtgewährung einzelner Zuwendung oder durch einen entspr Eigenanteil unter 110 € bleibt (so auch iErg *v Bornhaupt* BB 92, 2407). Ein die Freigrenze beachtender **Zuschuss des ArbG** in die Gemeinschaftskasse zu einer Betriebsveranstaltung ist kein Arbeitslohn (BFH BStBl II 06, 437). S „Losgewinne" und § 40 Rn 21.

Betriebsversammlungen. Ersatzleistungen des ArbG nach § 44 BetrVG gehören zum stpfl Arbeitslohn (*Schmidt*[26] § 19 Rn 50 „Betriebsversammlungen"). Aufwendungen für die Benutzung des eigenen Kfz können bis zu den für Dienstreisen maßgebenden km-Pauschbeträgen stfrei ersetzt werden, wenn die Betriebsversammlung oder -veranstaltung außerhalb des Betriebs stattfindet (BFH BStBl II 92, 836).

Bewirtung. Bei der Teilnahme des ArbN an einer betrieblich veranlassten Bewirtung von Geschäftsfreunden des ArbG bildet auch der auf den ArbN entfallende Teil der Bewirtungsaufwendungen keinen Arbeitslohn. Erhält der ArbN während einer Dienstreise, einer Fahrtätigkeit, einer Einsatzwechseltätigkeit oder im Rahmen einer doppelten Haushaltsführung Mahlzeiten, so ist dies Arbeitslohn. Wird die Mahlzeit durch den ArbG veranlasst, bemisst sich der Wert nach der SachbezugsVO,[1] sonst (zB Mahlzeit an Bord eines Flugzeugs) nach § 8 II 1 (Endpreis am Abgabeort BMF BStBl I 96, 636); s auch „Arbeitsessen", „Gemeinschaftsverpflegung".

Bundeswehr. Gefahrenzulagen (Erschwerniszuschläge, 2 II Nr 7 LStDV), Gemeinschaftsunterkunft (Sachbezug, s § 8 Rn 57), Verpflichtungsprämien an längerdienende Angehörige der Bundeswehr (FinMin NRW DB 66, 1333; sonstiger Bezug, keine Verteilung auf mehrere Jahre), Wohnungszuschüsse und Heizkostenzuschüsse sind Arbeitslohn. Dagegen sind Zuwendungen iSd § 3 Nr 4 stfrei.

Bundeszuschuss an die Bahnversicherungsanstalt ist nicht bei den dort zusatzversicherten ArbN anteilig als Arbeitslohn zu erfassen (BFH BStBl II 01, 815). S „Zukunftssicherungsleistungen".

Computer s „Personalcomputer".

Darlehen. Die Gewährung des Darlehens des **ArbG an den ArbN** führt grds nicht zu Arbeitslohn, es sei denn, es wird von vornherein an eine Rückforderung nicht ernsthaft gedacht (BFH BStBl II 76, 343). Der Verzicht auf die Rückzahlung ist auch dann Arbeitslohn, wenn das Darlehen zur Finanzierung von Ausbildungskosten diente (BFH DStRE 04, 560). Die Gewährung eines Darlehens, das der ArbN nur unter bestimmten Bedingungen zurückzuzahlen braucht (zB bei Ausscheiden vor Ablauf einer bestimmten Frist), ist auflösend bedingter Arbeitslohn; die Rückzahlung führt zu WK, nicht zu negativen Einnahmen (glA *H/H/R* § 19 Rn 600 „Darlehen des ArbG an den ArbN"). **Vorschuss- oder Abschlagszahlungen** sind Arbeitslohn, auch wenn die Lohnvorschüsse später mit fällig werdenden Lohnforderungen verrechnet werden. Die Annahme eines Darlehens setzt idR eindeutige Vereinbarungen über Laufzeit, Höhe und Fälligkeit von Tilgungsraten sowie über die Verzinsung voraus. Ohne solche Vereinbarungen liegen im Zweifel Vorschuss- oder Abschlagszahlungen vor. Das gilt auch für während der Tarifverhandlungen unter Vorbehalt gezahltes Weihnachtsgeld (FG Saarl EFG 04, 1222). **Darlehen, die der ArbN dem ArbG hingibt** – auch zur Erhaltung des Arbeitsplatzes –, sind keine WK, die Zinsen daraus kein Arbeitslohn, sondern Einnahmen aus Kapitalvermögen. Der Verlust eines Darlehens (auch wenn es normalverzinslich ver-

---

1 R 31 VIII Nr 2 LStR.

einbart wurde), das zur Arbeitsplatzsicherung hingegeben wurde, ist in dem Jahr, in dem die Wertlosigkeit des Darlehens erkennbar wird (BFH BStBl II 89, 382), Teil der WK aus nichtselbstständiger Arbeit (BFH BStBl II 93, 663). Geht auf ein solches abgeschriebenes Darlehen ein Tilgungsbetrag ein, handelt es sich um Einnahmen aus nichtselbstständiger Arbeit (*Degen* DStR 96, 1754 Fn 71); s auch „Zinsersparnis".

Deputate s „Sachbezüge".

Deutsches Rotes Kreuz. Vorabzug vom Gehalt einer Rot-Kreuz-Schwester an die Schwesternschaft ist nicht Arbeitslohn (BFH BStBl II 94, 424).

Aufwandsentschädigungen ehrenamtlicher Mitarbeiter sind nicht gem § 3 Nr 12 stfrei, da nicht aus öffentlichen Kassen (BFH BStBl II 94, 944); anders aber Aufwandsentschädigungen, die Beamte für eine auf Veranlassung des Vorgesetzten übernommene Nebentätigkeit beim DRK (FG Nds EFG 63, 287) erhalten.

Diäten (s auch „Abgeordnete") von Volksvertretern (Abgeordneten, Stadtverordneten, Bürgerschaftsmitgliedern, Gemeindevertretern) sind kein Arbeitslohn sondern Einnahmen iSd § 22 Nr 4. Mandatsträger in Stadt- und Gemeinderäten sind selbstständig iSd § 18 I Nr 3 (BFH BStBl III 63, 130).

Diebstahl oder Unterschlagung des ArbN zulasten des ArbG führt nicht zu Einkünften aus nichtselbstständiger Arbeit. Werden aber dadurch entstandene Forderungen des ArbG gegenüber dem ArbN erlassen, kann dies Arbeitslohn bilden. **Ersetzt der ArbG dem ArbN den Schaden,** der ihm durch Diebstahl während einer Dienstreise entstanden ist, liegt steuerbefreiter Reisekostenersatz (§ 3 Nr 16) vor, wenn der Schaden sich als Konkretisierung einer reisespezifischen Gefährdung erweist (BFH BStBl II 94, 236), allerdings nur bis zu einem fiktiven Buchwert des entwendeten Gegenstandes.

Dienstkleidung s „Arbeitskleidung".

Dienstreisen. Zum Begriff s Rn 160 „Dienstreisen" und § 9 Rn 163; Kostenersatz grds stfrei gem § 3 Nr 16; s auch „Auslandsreise", „Prämien" und „Teambildungmaßnahmen".

Dienstwagen s „Kraftfahrzeug".

Dienstwohnung. Unentgeltliche oder verbilligte Überlassung ist Arbeitslohn (auch Werksdienstwohnung FG RhPf EFG 88, 123); dazu gehören auch jene Räume, die als Arbeitszimmer genutzt werden (insoweit steuerbarer WK-Ersatz; überholt OFD Köln DB 90, 2448 durch gesetzliche Abzugsbeschränkung in § 4 V Nr 6b); entspr ist eine Zuzahlung des ArbG für die Nutzung eines häuslichen Arbeitszimmers Arbeitslohn (BFH/NV 06, 1810). Die Wohnung ist grds (Ausnahmen s § 4 Sachbezugsverordnung) gem § 4 I 1 SachBezV mit dem ortsüblichen Mietpreis zu bewerten (nach BFH BStBl II 93, 47 auch für die Zeit vor Änderung der Sachbezugsverordnung maßgeblicher Wert). Der Wert fließt mit jedem Monat der Nutzung zu (auch bei Nießbrauch, BFH BStBl II 93, 686); anders bei Übereignung (BFH/NV 88, 86) und Erbbaurechtsbestellung (BFH BStBl II 83, 642, Zufluss mit Erlangung wirtschaftlichen Eigentums).

Diplomatische Vertreter. Gehälter und Bezüge der diplomatischen Vertreter, der ihnen zugewiesenen Beamten und der in ihren Diensten stehenden Personen ohne deutsche Staatsangehörigkeit, sowie Gehälter und Bezüge der Berufskonsuln, der Konsulatsangehörigen und deren Personal (soweit Angehörige des Entsendestaates) sind gem § 3 Nr 29 stfrei.

Direktversicherung. Zahlungen des ArbG – auch für Aushilfskräfte (FG Nbg EFG 02, 824 mit Anm *Hoffmann* EFG 02, 825) sind Arbeitslohn, s § 4b Rn 3 und § 40b Rn 5 ff. Zuflusszeitpunkt ist der Abfluss beim ArbG, wenn dessen Konto gedeckt ist (FG BaWü EFG 05, 1110 Rev IX R 7/05).

Durchlaufende Gelder s Rn 113.

Einbehaltene Lohnteile sind Arbeitslohn, wenn sie für den ArbN abgeführt werden (LSt, ArbN-Anteile zur Sozialversicherung) oder dem Einbehalt eine Aufrechnung mit anderen, außerhalb des Dienstverhältnisses begründeten Verbindlichkeiten (zB Ersatzansprüche des ArbG wegen einer Unterschlagung des ArbN) des ArbN zugrundeliegt. Kein Arbeitslohn sind Einbehalte wegen Vertragsstrafen aus Tarifverträgen, Betriebsordnungen und Einzelarbeitsverträgen, sowie Gehaltskürzung als Disziplinarstrafe. Eine Kürzung wegen einer im Rahmen eines Dienststrafverfahrens verhängten Geldbuße mindert den Arbeitslohn nicht.

Einmalzahlungen eines ArbN, die dieser aus seinem eigenen Vermögen in die Pensionsregelung des ArbG abführt, um das Ruhegeld des ArbG in ungekürzter Höhe in Anspruch nehmen zu können, führen dazu, dass die späteren Zahlungen Leibrenten iSd § 22 Nr 1 S 3a sind und keine Einnahmen aus nichtselbstständiger Arbeit. Ggf ist das Ruhegeld aufzuteilen (BFH BStBl II 97, 127). Zur Pensionszusage allg s „Zukunftssicherungsleistungen".

Eintrittskarten zu Sportveranstaltungen usw sind grds Arbeitslohn, wenn der ArbN die Veranstaltungen nicht aus dienstlichen Gründen besuchen muss (zB Polizist in Fußballstadion).

Entführung s „Lösegeld".

Entlassungsentschädigungen. Scheidet ein ArbN vorzeitig aus einem Dienstverhältnis aus, sind die ihm zufließenden Leistungen des ArbG danach abzugrenzen, ob es sich um normal zu besteuernden Arbeitslohn, stfreie Abfindungen nach § 3 Nr 9 (§ 3 Rn 38), steuerbegünstigte Entschädigungen nach § 24 Nr 1 (§ 24 Rn 5f) oder steuerbegünstigte Leistungen für eine mehrjährige Tätigkeit iSd § 34 (§ 34 Rn 40f) handelt. Ausführlich dazu BMF BStBl I 98, 1512.

Entschädigung s „Abfindung", „Aufwandsentschädigungen" und „Streikgelder".

Erbbaurecht. Überlässt der ArbG dem ArbN ein Erbbaurecht unentgeltlich oder zu einem unangemessen niedrigen Erbbauzins, führt dies grds (Ausnahme: Preisermäßigung nicht durch Dienstverhältnis verursacht) zu Arbeitslohn. Dieser fließt dem ArbN im Jahr der Bestellung des Erbbaurechts zu (BFH BStBl II 83, 642). Der geldwerte Vorteil besteht im kapitalisierten Wert des Erbbaurechts oder im Barwert der ersparten Erbbauzinsen (FG RhPf EFG 82, 131; FG BaWü EFG 82, 299; krit *H/H/R* § 19 Rn 600 „Erbbaurecht").

Erfindervergütungen des ArbN werden seit VZ 89 nicht mehr steuerbegünstigt.

Erholungsbeihilfen stfrei gem § 3 Nr 11 (R 3.11 II LStR).

Erlass s „Verzicht".

Erschwerniszuschläge (zB Hitzezuschläge, Wasserzuschläge, Gefahrenzuschläge, Schmutzzulagen, R 19.3 I Nr 1 LStR) wegen der Besonderheit der (schwierigen, gefährlichen, unangenehmen usw) Arbeit sind Arbeitslohn, § 2 II Nr 7 LStDV.

Essensmarken. Die Überlassung führt zu Arbeitslohn (FinVerw DStR 94, 721). Die Bewertung wird dabei nicht nach dem ausgewiesenen Betrag, sondern höchstens (R 8.1 VII Nr 4b) nach der amtlichen Sachbezugsverordnung vorgenommen, wenn tatsächlich Mahlzeiten abgegeben werden, nur eine Essensmarke pro Mahlzeit in Zahlung genommen wird, der Verrechnungswert der Essensmarke den amtlichen Sachbezugswert um nicht mehr als 3,10 € übersteigt und die Essensmarke nicht an ArbN ausgegeben wird, die sich auf Dienstreise befinden (bzw eine Einsatzwechseltätigkeit oder Fahrtätigkeit ausüben, BMF BStBl I 97, 804). Die Feststellung der Abwesenheiten kann für einzelne ArbN entfallen, wenn diese durchschnittlich nicht mehr als drei Tage pro Monat auf Dienstreise sind und nicht mehr als 15 Essensmarken pro Monat erhalten. Im Einzelnen s H 8.1 VII LStR.

Fahrergestellung s „Kraftfahrzeug".

Fahrtkostenersatz. Ersatz von Aufwendungen des ArbN für Fahrten zw Wohnung und Arbeitsstätte ist Arbeitslohn, allerdings steuerbefreit bei Sammelbeförderung (§ 3 Nr 32) und bei Fahrten mit dem öffentlichen Personennahverkehr (§ 3 Nr 34); für Fahrten mit dem eigenen Pkw besteht gem § 40 II 2 die Möglichkeit, bis zur Höhe der nach § 9 I 3 Nr 4 und II als WK abzugsfähigen Beträge (§ 9 Rn 190f) den Fahrtkostenersatz pauschal zu versteuern. Aufwendungen für dienstliche Fahrten (Rn 160 „Dienstreisen") mit dem Pkw können mit pauschalen Beträgen von idR 30 Cent/km (BMF BStBl I 01, 541 und BStBl I 01, 95 mit weiteren Einzelheiten) ersetzt werden. Daneben darf die **Kaskoprämie** nicht (BFH BStBl II 91, 814), bei Abrechnung per Einzelnachweis (H 9.5 LStR „Einzelnachweis") nur für dienstliche Fahrten erstattet werden (BFH BStBl II 92, 204). Hat der ArbG eine Dienstreisekaskoversicherung abgeschlossen, führt dies nicht zu Lohn (*Wohlgemuth* DB 91, 910), die pauschalen Kosten sind auch nicht entspr zu kürzen (**aA** BFH BStBl II 92, 365; Nichtanwendungserlass BMF BStBl I 92, 270; s auch H 9.5 LStR), da sonst der Vereinfachungszweck der Pauschalierung verloren ginge. Erstattet der ArbG seinen ArbN für deren Privatfahrzeuge Aufwendungen für Fahrzeugzubehör (Winterreifen, Feuerlöscher etc), ist dies ein geldwerter Vorteil aus dem Arbeitsverhältnis (FG Hbg EFG 97, 836, rkr) Arbeitslohn; s auch „Unfallversicherung".

Fangprämien s „Prämien".

Fehlgeldentschädigung nicht steuerbar (Auslagenersatz s Rn 115) bei Einzelabrechnung (BFH BStBl II 70, 69); pauschale Entschädigungen sind Arbeitslohn, bis 16 € im Monat werden sie aber von der Verwaltung als nicht steuerbar behandelt (R 19.3 I Nr 4 LStR).

Ferienhelfer, die Jugendliche auf Ferienreisen betreuen: Die Gewährung freier Kost und Logis stellt keinen geldwerten Vorteil aus dem Arbeitsverhältnis dar, da die Reise für die Helfer eine Dienstreise darstellt (**aA** *H/H/R* § 19 Rn 600 „Ferienhelfer").

Ferienreise s „Auslandsreise" und „Betriebsveranstaltungen".

Fernsehgerät. Unentgeltliche Überlassung zu Eigentum oder Nutzung ist Sachbezug; Bewertung mit den üblichen Endpreisen des Abgabeorts.

Fernsprechanlagen. Durch die Einführung des § 3 Nr 45 (§ 3 Rn 153) wurden Vorteile aus der privaten Nutzung von betrieblichen Personalcomputern und Telekommunikationsgeräten steuerbefreit. Zur Übereignung s § 40 Rn 23a. Der Wortlaut beschränkt sich nicht auf die Internet-Nutzung, sondern befreit auch die Nutzung von Festnetz-Telefonen, Handys oder Faxgeräten. Der Wortlaut ist nicht zu Lasten der ArbN einschränkend auf die bloße Internet-Nutzung auszulegen (R 3.45 LStR; s § 3 Rn 153; zust *Welling* DStR 01, 650; *Harder-Buschner* NWB 01 Fach 6, 4207; *Niermann* DB 01, 170, **aA** *Hans-Jörg Fischer* DStR 01, 201; *Seifert* StuB 01, 24). Zur Rechtslage vor 2001 s 1. Aufl, BMF BStBl I 90, 290 und BStBl I 93, 908, betr Mobiltelefone.

Forderungsübergang kraft Gesetzes auf den Sozialleistungsträger führt bei Zahlung durch den ArbG beim ArbN zu Arbeitslohn (BFH BStBl II 93, 507; s dazu auch *Urban* DB 96, 1893).

Forderungsverzicht durch den ArbG, zB auf eine Schadenersatzforderung, ist grds Arbeitslohn (im Einzelnen *H/H/R* § 19 Rn 240–246). Zufluss idR, wenn erkennbar, dass ArbG keinen Rückgriff nehmen will (BFH BStBl II 92, 837), nicht aber schon, wenn der ArbG nicht mit Gegenforderungen aufrechnet (BFH BStBl II 85, 437).

Fortbildung. Aufwendungen des ArbG zur Fortbildung seiner ArbN (eigene Fortbildungsveranstaltungen, Entsendung zu fremden Veranstaltungen auf Kosten des ArbG, Zuschüsse zur Fortbildung) dienen überwiegend dem eigenen betrieblichen Interesse des ArbG, wenn durch die Lehrgänge oder Kurse die konkrete Einsatzfähigkeit des ArbN erhöht wird; der dem ArbN dadurch erwachsende Vorteil ist kein Arbeitslohn, auch dann nicht, wenn er selbst ein Interesse an der Weiterbildungsmaßnahme hat. Davon ist immer bei Maßnahmen nach SGB III auszugehen (R 19.7 II 5 LStR). Gegen ein überwiegendes Interesse des ArbG spricht nach neuerer Auffassung der Verwaltung (R 19.7 II 2) nicht mehr, dass die Fortbildung in der Freizeit stattfindet. Bei zumindest teilw Anrechnung auf die Arbeitszeit wird ein eigenbetriebliches Interesse unterstellt, sofern nicht konkrete Anhaltspunkte für einen Belohnungscharakter vorliegen. Bei Sprachkursen müssen die Kenntnisse für das vorgesehene Aufgabengebiet vom ArbG verlangt werden (zu Deutschkursen für ausl ArbN FG Mchn DStRE 02, 997). Wenn die erlernte Fähigkeit nicht direkt außerhalb der beruflichen Sphäre einsetzbar ist (zB LKW-Führerschein s „Führerschein"), liegt die Fortbildung im überwiegend betrieblichen Interesse des ArbG. Fortbildungsmaßnahmen sind jedenfalls dann kein Arbeitslohn, wenn ein entspr Eigenaufwand als WK anzuerkennen wäre. Die erweiterte Anerkennung von Ausbildungskosten als Wk (§ 10 Rn 31) führt auch für die Zuordnung von zum Arbeitslohn zu einer weitergehenden Bejahung eines Eigeninteresses des ArbG (*Roscher/v Bornhaupt* DStR 03, 964; FG Mchn DStRE 02, 997). S "Prämien und Incentives" und § 10 Rn 31.

Freifahrten und Freiflüge. Freifahrtberechtigungen bei der Deutschen Bahn AG oder Nahverkehrsbetrieben sind stpfl Arbeitslohn, soweit nicht für Fahrten Wohnung – Arbeitsstätte gewährt; dann stfrei gem § 3 Nr 34 und zwar auch dann, wenn einem angestellten Busfahrer erlaubt wird, zw den Betriebszeiten mit dem Bus nach Hause zu fahren. Fahrpreisermäßigungen für Angestellte von Reisebüros oder Freifahrscheine der Deutschen Bahn AG oder Flugpreisvergünstigungen durch Fluggesellschaften an Angestellte von Reisebüros und Reiseveranstaltern eines Reisebüros sind ebenso Arbeitslohn (vgl H 8.2 II Beispiel 2 LStR) wie Freiflüge, die Luftverkehrsgesellschaften ihren ArbN gewähren. Die Höhe des Vorteils errechnet sich dabei nach § 8 III. Zu Vergünstigungen nach den Vielfliegerprogrammen der Fluggesellschaften (miles and more) s § 37a Rn 1.

Freikarten s „Eintrittskarten", „Betriebsveranstaltungen" und „Freifahrten und Freiflüge".

Freitabakwaren. Grds stpfl Arbeitslohn, außer bei der Teilnahme des ArbN an der Bewirtung von Geschäftsfreunden des ArbG (s „Bewirtung") oder Betriebsveranstaltungen (s „Betriebsveranstaltungen") oder bei der unentgeltlichen oder verbilligten Gewährung von Tabakwaren zum Verbrauch im Betrieb (BFH BStBl II 91, 720).

Freitrunk. Die unentgeltliche oder verbilligte Überlassung von Getränken zum eigenen Verbrauch im Betrieb ist idR Aufmerksamkeit; bei Überlassung zum häuslichen Verbrauch (Haustrunk) handelt es sich um Arbeitslohn (BFH BStBl II 91, 720).

Früheres Dienstverhältnis. Einnahmen, die durch eine früheres Dienstverhältnis (zur Abgrenzung zu gegenwärtigen Dienstverhältnissen s § 19a Rn 10) veranlasst sind, sind auch dann Arbeitslohn, wenn sie für die Zeit nach Beendigung des Dienstverhältnisses zufließen (Warte- und Ruhegelder). Dazu gehören auch solche Ruhegelder, die erst im Zeitpunkt der vertraglich vorgesehenen Beendigung des Arbeitsverhältnisses vereinbart oder ggf erhöht werden (BFH BStBl II 02, 516). Solche nachträglich vereinbarten Ruhegelder sind nicht Entschädigung iSd § 24 Nr 1a. Zu Zahlungen an Rechtsnachfolger s Rn 60. Einnahmen aus einem früheren Dienstverhältnis sind idR Versorgungsbezüge (Rn 170f). S auch „Entlassungsentschädigungen"

Führerschein. Aufwendungen des ArbG dafür, dass der bei ihm beschäftigte ArbN den Führerschein erwirbt, um ein Betriebsfahrzeug (zB Werkstattwagen) führen zu können, werden im überwiegenden Interesse des ArbG erbracht (s Rn 122); dagegen Arbeitslohn, wenn der ArbN aus dem erworbenen Führerschein privaten Nutzen hat (*Buciek* DStZ 03, 816). Wird ein Führerschein nur „miterworben" (zB Führerschein Klasse 3 im Rahmen des Erwerbs einer Berechtigung B für das Führen von Dienstfahrzeugen bei Polizeibeamten, steht das eigenbetriebliche Interesse aber im Vordergrund (BFH DStRE 03, 1263). S auch „Fortbildung".

Garagengeld. Überlässt der ArbN dem ArbG seine eigene Garage, in der ein Dienstwagen untergestellt wird, soll das dafür gezahlte Entgelt kein Lohn sein, sdn Miete (BFH BStBl II 02, 300). Entspr sind in diesen Fällen Erstattungen von Garagenmieten Auslagenersatz (zu den Problemen dieser Rechtsfolge *MIT* DStR 02, 1569). Diese Auffassung lässt außer Acht, dass die Zahlungen unmittelbar mit dem Beschäftigungsverhältnis und der Möglichkeit zusammenhängen, den von seinem ArbG zur Verfügung gestellten Pkw auch privat nutzen zu können. Die Erstattung der Mietkosten oder des anteiligen Nutzungsaufwands ist auch nicht durch die 1 % Regelung abgegolten. Durch das Geld erhält der ArbN mehr an Leistung, als durch die 1 % Regelung erfasst ist.

Geburtsbeihilfen s § 3 Nr 13.

Geburtstag. Ob die Ausrichtung eines Geburtstages eines ArbN durch den ArbG zu Arbeitslohn führt, soll sich nach Rspr des VI. Senats (BStBl II 03, 724; zust *Ehehalt* KFR F 3 EStG § 19 1/03; *Seifert* DStZ 00, 87 zur Vorentscheidung des FG Nds EFG 99, 552; nun auch R 19.3 II Nr 4 LStR; H 70 „Nicht zum Arbeitslohn gehören" 4. Randstrich) davon abhängen, ob es sich um eine betriebliche Veranstaltung des ArbG handelt oder um ein Fest des ArbN. Das sei davon abhängig, ob der ArbG die Gästeliste bestimme und ob es sich um Geschäftspartner des ArbG oder Angehörige des öffentlichen Lebens handele oder um private Freunde und Bekannte des ArbN. Auch der Ort (zB in den Arbeitsräumen des ArbG) und der Charakter des Festes (zB private Feier) müsse bei einer notwendigen Gesamtbetrachtung Berücksichtigung finden. Die private Mitveranlassung des Festes sei deshalb nicht schädlich, da § 12 Nr 1 S 2 nicht auf Einnahmen anzuwenden sei (aA noch BFH BStBl II 97, 97; *Strahl* BeSt 03, 26). Nach richtiger Auffassung des I. Senats (BStBl II 92, 359) ist aber der Geburtstag eines Geschäftsführers unabhängig von den weiteren konkreten Umständen kein betrieblicher Anlass. Der IV. Senat hat diese anlassbezogene Betrachtung auch für den Fall als maßgeblich beachtet, wenn nicht der Jubilar, sondern die Ges zur Feier einlud. Der I. Senat verneinte eine betriebliche Veranlassung einer Geburtstagsfeier mit 2 560 überwiegende betriebsangehörigen Personen mit persönlicher Einladung durch den Jubilar (DStR 04, 1691; **aA** FG BaWü EFG 03, 50; krit *Neu* EFG 03, 51). Ist die Ursache der Feier dienstlich (Amtseinführung, Verabschiedung), ist die Feier in den Rahmenbedingungen einer Betriebsveranstaltung (s „Betriebsveranstaltung") kein geldwerter Vorteil (R 19.3 II Nr 3 S 1 LStR), vgl § 12 Rn 11.

Gefahrenzulagen. Arbeitslohn (2 II Nr 7 LStDV; R 19.3 I Nr 1 LStR).

Gefängnisarzt. Nebeneinkünfte, die ein freiberuflich tätiger Facharzt als Gefängnisarzt hat, sind idR Einkünfte aus selbstständiger Arbeit (OFD M'ster v 17.4.79, StEK EStG § 18 Nr 92).

Eisgruber

Gehaltskürzung s „Einbehaltene Lohnteile".

Gehaltsverzicht s „Verzicht".

Geistliche. Gehaltsverzicht von Geistlichen zur Schaffung neuer Pfarrerstellen mindert den Arbeitslohn (BFH BStBl II 93, 884). Pflichtbeiträge von katholischen Geistlichen, die aus einer Bistumskasse besoldet werden, an die bischöfliche Ruhegehaltskasse, die Haushälterinnen-Zusatzversorgung und das Diaspora-Priesterhilfswerk sind keine eigenen Beiträge der Geistlichen und unterliegen nicht dem LSt-Abzug; anders, wenn Geistliche (zB im Schul-, Universitäts- oder Krankenhausdienst) aus einer anderen Kasse besoldet werden (BMF FR 95, 55); s auch „Pfarrhaushälterinnen".

Geldstrafen und -bußen. Die Bezahlung einer gegen den ArbN verhängten Geldstrafe oder Geldbuße durch den ArbG soll dann kein Arbeitslohn sein, wenn die Übernahme im überwiegend eigenbetrieblichen Interesse geschieht (BFH BStBl II 05, 367). S aber Rn 124; s auch „Einbehaltene Lohnteile".

Gemeinschaftsunterkunft von Angehörigen der Bundeswehr, des Bundesgrenzschutzes und der Polizei ist Arbeitslohn, außer während einer vorübergehenden Abordnung von Angehörigen der Bundes- wehr zu Lehrgängen (FinMin Schleswig-Holstein StEK LStDV aF § 3 Nr 66). Für den Sachbezugswert der Unterkunft gilt die SachbezugsVO.

Gemeinschaftsverpflegung. Bei verbilligter Gewährung von Gemeinschaftsverpflegung ist auch dann ein geldwerter Vorteil erzielt, wenn der ArbN verpflichtet ist, daran teilzunehmen (BFH/NV 04, 957).

Geschenke s „Betriebsveranstaltung".

Gesellschafter-Geschäftsführer-Gehalt. Arbeitslohn ist das Gehalt nur, soweit es angemessen ist. Zur Abgrenzung ausf § 20 Rn 73. Unangemessene Gehaltsteile sind vGA und rechnen zu den Einnahmen nach § 20 I Nr 1 S 2. Für sie gilt das Halbeinkünfteverfahren gem § 3 Nr 40d (s § 3 Rn 127). Eine Umqualifizierung führt daher idR zu einer Minderung des Einkommens. Zu den verfahrensrechtlichen Problemen bei der Anpassung der Steuerbescheide, wenn das FA bei der Körperschaft die Unangemessenheit feststellt, s *Bippus* GmbHR 02, 951. Zur KapESt in diesen Fällen s § 43 Rn 13.

Gesundheitsförderung. Zuwendungen zur Förderung der Gesundheit der ArbN sind im überwiegenden Eigeninteresse des ArbG geleistet.

Getränke s „Freitrunk".

Gewinnbeteiligung. Zufluss nur bei gutgeschriebenen Beträgen (BFH BStBl II 82, 469).

Grundstück. Die unentgeltliche oder verbilligte Übereignung eines Grundstücks ist Arbeitslohn, auch wenn ArbG und ArbN den vereinbarten Preis für angemessen hielten. Verbilligte Übereignung an die Ehefrau des ArbN aufgrund des Dienstverhältnisses ist dem ArbN als Arbeitslohn zuzurechnen (FG D'dorf EFG 78, 23); ein Erbbaurecht, mit dem das veräußerte Grundstück belastet ist, mindert dessen Wert, auch wenn das Erbbaurecht zugunsten des ArbN bestand. Kein Arbeitslohn, wenn der ArbG unter den gleichen Voraussetzungen auch anderen Käufern entspr Preisnachlässe gewährt hat (BFH BStBl II 75, 383 betr Wohnungsbaugesellschaft).

Haustrunk s „Freitrunk".

Hochwasser. Verzichten ArbN auf Lohn zugunsten einer Beihilfe an vom Hochwasser betroffene Kollegen oder zugunsten einer Beihilfe durch den ArbG auf ein Spendenkonto, liegt kein steuerrelevanter Zufluss von Arbeitslohn vor, wenn der Verzicht vor Fälligkeit des Lohns schriftlich erklärt wurde (FinMin Bayern v 22.8.02). Unterstützungen, die an vom Hochwasser betroffene ArbN bezahlt werden, sind nach § 3 Nr 11 stfrei (FinMin Niedersachsen 22.8.02).

Incentives s „Prämien und Incentives".

Internetnutzung am Arbeitsplatz stfrei nach § 3 Nr 45, s „Fernsprechanlagen" und § 3 Rn 153.

Investivlohn s § 19a Rn 14, 15.

Jagd. Überlässt der ArbG dem ArbN die private Ausübung der Jagd, ist das ein geldwerter Vorteil, soweit der ArbN von der Befugnis tatsächlich Gebrauch macht; anders bei dienstlicher Verpflichtung zur Jagdausübung (FG Mchn EFG 72, 228).

Jahresnetzkarte. Bereits die Überlassung, nicht erst die Nutzung einer Jahresnetzkarte führt zum Zufluss von Arbeitslohn, wenn dem ArbN ein uneingeschränktes Nutzungsrecht eingeräumt wurde (BFH v 12.4.07, VI R 89/04).

Jobticket. Stfrei nach § 3 Nr 34, s § 3 Rn 96.

Kammerbeiträge s „Mitgliedsbeiträge".

Kinderbeihilfen, Kinderzuschläge des ArbG sind Arbeitslohn, auch solche aufgrund der Besoldungsgesetze, besonderer Tarife usw, § 3 Nr 11 S 2.

Kindergarten. Zuwendungen zur Unterbringung sind steuerbefreit, § 3 Nr 33.

Kleidung, Kleidergeld s „Arbeitskleidung".

Kontoführungs- und -eröffnungsgebühr. Ersatz durch den ArbG ist stpfl Arbeitslohn (R 19.3 III Nr 1 LStR; *Offerhaus* BB 90, 2022; **aA** *E Schmidt* FR 89, 681). Auch die gebührenfreie Kontoführung für die ArbN einer Bank durch ihren ArbG führt zu Einnahmen aus dem Dienstverhältnis (FG M'ster EFG 97, 608 rkr).

Kraftfahrzeuggestellung. Die unentgeltliche Überlassung eines Kfz an den ArbN führt zu einer Bereicherung des ArbN und ist daher Arbeitslohn. Die Berechnung folgt § 8 II (s § 8 Rn 51 ff und R 8.1 IX LStR), also der 1 % Regelung (verfassungsrechtlich unbedenklich BFH/NV 99, 1309) zuzüglich der entspr Zuschläge für Fahrten zw Wohnung und Arbeitsstätte oder über Einzelnachweis mit Fahrtenbuch. Dies gilt auch, wenn der ArbN das Kfz auf Veranlassung des ArbG least, dieser sämtliche Kosten des Kfz trägt und im Innenverhältnis zum ArbN allein über die Nutzung des Kfz bestimmt (BFH BStBl II 02, 370). Wird einem ArbN für die Dauer der Rufbereitschaft ein Kfz überlassen, stellt dieser Vorteil keinen Arbeitslohn dar, weil die Überlassung im eigenbetrieblichen Interesse des ArbG liegt (BFH BStBl II 00, 690). Dies gilt auch dann, wenn der ArbN in dieser Zeit das Fahrzeug für die Fahrten zw Wohnung und Arbeitsstätte nutzen kann. Soweit der **ArbN Zuzahlungen** leistet, ist der Tatbestand des Arbeitslohns nicht erfüllt, weil die Überlassung dann insoweit nicht „aus dem Dienstverhältnis" folgt. Es ist deshalb unmaßgeblich, wann der ArbN die Zahlung erbracht hat (s § 8 Rn 51 **aA** R 8.1 IX Nr 4 S 3 LStR: nur im Zahlungsjahr; FG Kln EFG 00, 312), weshalb die Zuzahlung geleistet wird (zB für Sonderausstattung – iErg **aA** FG SchlHol EFG 00, 115 bestätigt durch BFH-Beschluss v 7.2.02 VI R 155/99: Zuzahlung keine WK wegen § 12) und ob er monatliche Zuzahlungen leistet oder einen einzigen Betrag im Rahmen der Anschaffung entrichtet hat. Stehen dem ArbN mehrere Fahrzeuge zur Verfügung, erhöht sich der Nutzungswert dadurch nur, wenn auch andere nahestehende Personen das Fahrzeug nutzen können (H 8.1 LStR „Überlassung mehrere Kraftfahrzeuge"). Ist dies ausgeschlossen, wird nur der Wert aus dem überwiegend genutzten Fahrzeug ermittelt (BMF BStBl I 96, 654). **Unfallkosten** sind nur bei Einzelnachweis zu beachten. Sie sind der Nutzung im Unfallzeitpunkt zuzuordnen (glA *Schmidt*[26] § 19 Rn 50 „Kraftfahrzeuggestellung" gegen R 8.1 IX Nr 2 S 8 LStR). Bei **Fahrergestellung** (im Einzelnen s R 8.1 X LStR) auch für Fahrten zw Wohnung u Arbeitsstätte erhöht sich der nach § 8 II 3 berechnete oder durch Einzelnachweis ermittelte Wert für diese Fahrten um 50 % (BFH BStBl II 97, 147; R 8.1 X Nr 1 LStR, Minderung des %-Satzes, wenn Fahrer nicht überwiegend in Anspruch genommen wird; **aA** *Schmidt*[26] § 19 Rn 50 „Kraftfahrzeuggestellung"). Die Erstattung sämtlicher Kosten eines Kfz des ArbN durch den ArbG ist keine wirtschaftliche Kfz-Gestellung, sondern Barlohn (BFH BStBl II 02, 164). S auch „Garagengeld"; vgl auch § 8 Rn 51 ff.

Krankengeldzuschüsse stpfl Arbeitslohn.

Kreditkarte. Die Übernahme der Kreditkartengebühr durch den ArbG ist in voller Höhe nach § 3 Nr 16 stfrei, wenn der ArbN die Kreditkarte ausschließlich zur Abrechnung von Reisekosten und Auslagenersatz einsetzt. Werden mit der Kreditkarte auch private Umsätze getätigt, so ist die Gebühr in einen stfrei und einen stpfl Anteil aufzuteilen (FinMin Brandenburg v 19.12.96, StEK § 3 Nr 661).

Kundenbindungsprogramme. Prämien aus Kundenbindungsprogrammen (zB: **miles and more** Programm der Lufthansa) sind geldwerter Vorteil aus dem Arbeitsverhältnis, wenn sie einem ArbN für solche Dienstleistungen gewährt werden, die er in seiner Eigenschaft als ArbN in Anspruch genommen hat (zB: Dienstreise mit Flugzeug; **aA** *Thomas* DStR 97, 303: nicht steuerbare Zuwendung, da die Prämie von dem Dritten nicht als Entlohnung für erbrachte Dienste gewährt werde, sondern als

Anreiz dazu diene, weiterhin Produkte des Anbieters und nicht solche der Konkurrenz zu verwenden) und wenn er die Kosten vom ArbG erstattet bekommen hat (**aA** *H/H/R* § 19 Rn 600 „Kundenbindungsprogramme": auch dann, wenn Kosten als WK bei den Einkünften aus nichtselbstständiger Arbeit geltend gemacht wurden), da die Prämie wirtschaftlich dem die Leistung zahlenden ArbG zusteht und er sie dem ArbN überlässt. Für die Prämien aus einem Kundenbindungsprogramm gewährt § 3 Nr 38 einen Freibetrag von 1 080 €. Sie können vom Auslober des Programms nach § 37a pauschal versteuert werden.

Lösegeld, das der ArbG für einen entführten ArbN zahlt, führt zu keinem steuerbaren Geldvorteil, da der Betrag den ArbN nicht objektiv bereichert, auch wenn die damit verschaffte persönliche Freiheit einen (allerdings nur immateriellen, weil nicht in Geld bewertbaren) Vorteil für den ArbN darstellt (iErg glA *Schmidt*[26] § 19 Rn 50 „Lösegeld", danach Aufwendungen zur Ausgestaltung des Arbeitsplatzes ; **aA** *K/S/M* § 19 Rn B 1000 „Belohnung"). Der ArbG leistet auch nicht für den ArbN, da dieser nicht als Subjekt, sondern nur als Objekt an der Tauschhandlung „Geld gegen Freiheit des ArbN" teilnimmt. Deshalb kommt es auch nicht darauf an, ob sich der ArbN auf einer Dienstreise befunden hat, als er entführt wurde. Bei Prämien für eine Entführungsrisikoversicherung liegt allerdings nur dann kein Arbeitslohn vor, wenn lediglich das Risiko der Entführung anlässlich von Dienstreisen in Länder mit erheblicher Gefährdung für die persönliche Sicherheit des ArbN abgedeckt wird (*Wunderlich* DStR 96, 2003).

Lohnsteuer. Bei Nettolohnvereinbarungen (s § 39b Rn 16f) bildet die Übernahme der LSt durch den ArbG zusätzlichen Arbeitslohn (BFH BStBl II 82, 403); bei bloßem gemeinsamen Einverständnis, keine Abgaben zu entrichten („Schwarzarbeit"), Zufluss allerdings erst bei tatsächlicher Abführung an das Finanzamt (BFH BStBl II 92, 443). Abgeführte LSt ist auch dann im Zeitpunkt der Abführung Arbeitslohn, wenn die lohnversteuerten Einkünfte selbst sachlich nicht steuerpflichtig waren (BFH BStBl II 01, 546).

Losgewinne. Losgewinne sind dann kein Arbeitslohn, wenn sich die Teilnahme an der Verlosung nicht als Gegenleistung für die Zur-Verfügung-Stellung der Arbeitskraft darstellt, sondern als Aufmerksamkeit (zB im Rahmen einer Betriebsveranstaltung, Sachpreis des einzelnen Gewinns inkl USt unter 40 €). Arbeitslohn liegt aber vor, wenn die Teilnahme an der Verlosung Teil einer Belohnung besonderer Leistungen ist (idR indiziert, wenn nicht alle Mitarbeiter an der Verlosung teilnehmen dürfen), zB für Verbesserungsvorschläge (BFH BStBl II 94, 255), für Verkaufserfolge (BFH BStBl II 75, 181) oder dafür, in bestimmten Zeiträumen nicht wegen Krankheit gefehlt zu haben (BFH BStBl II 78, 239). Dies gilt auch für von Dritten veranstaltete Gewinnspiele, wenn zwischen der Teilnahme und der Tätigkeit eine innere Verknüpfung besteht (zB Goldbarrengewinn eines Reifeneinkäufers aus Verlosung des Reifenherstellers; FG M'ster EFG 05, 688 Rev VI R 69/04). Der geldwerte Vorteil ist der Verlosungsgewinn (BFH BStBl II 94, 255). Besteht der Gewinn in einer Teilnahmeberechtigung an einem weiteren Gewinnspiel (zB ARD-Fernsehlotterie), ist (nur) der Wert des Loses, nicht ein Folgegewinn anzusetzen. Der Gewinn einer Teilnahme an einer Fernsehquizsendung (zB „Wer wird Millionär?") ist stfrei (*Voßkuhl/Thulfaut* NWB Fach 6, 4379).

Mahlzeiten im Betrieb sind grds Arbeitslohn, s auch „Arbeitsessen", „Bewirtung", „Betriebsveranstaltung", „Essensmarken" und „Reisekosten"; Bewertung als Sachbezug gem § 1 SachBezV.

Massagen. Kostenlose Massagen für ganztätig an Bildschirmarbeitsplätzen beschäftigten ArbN sind dann kein Arbeitslohn, wenn sie nachweislich besonders geeignet sind, einer spezifisch berufsbedingten Beeinträchtigung der Gesundheit vorzubeugen oder entgegenzuwirken (BFH BStBl II 01, 671).

Medikamente. Unentgeltliche Verabreichung durch den ArbG im betrieblichen Bereich, um die Belegschaft gesund zu erhalten, liegt im eigenbetrieblichen Interesse des ArbG (BFH BStBl II 75, 340). Zur verbilligten Abgabe durch eine Krankenhausapotheke s DStRE 02, 1419.

Metergelder der Möbeltransportarbeiter sind Arbeitslohn (BFH BStBl III 62, 426), unabhängig davon, ob ein Rechtsanspruch des ArbN besteht, oder ob es sich um eine freiwillige Zahlung des Kunden (Trinkgeld) handelt, s „Trinkgelder" und § 3 Rn 160.

Mietkostenzuschuss, der dem ArbN direkt gewährt wird, ist Arbeitslohn; wird er vom ArbG einem Dritten gewährt, um dem ArbN eine Wohnung zu beschaffen, ist dies insoweit Arbeitslohn, als die Miete dadurch unter der ortsüblichen Miete liegt.

Mietzahlungen für Arbeitszimmer. Ob Mietzahlungen des ArbG für ein häusliches Arbeitszimmer des ArbN Arbeitslohn oder Mieteinnahme ist, ist danach zu unterscheiden, in wessen vorrangigem Interesse das Büro genutzt wird (BFH BStBl II 06, 10). Die Ausgestaltung der Vereinbarung als auch die tatsächliche Nutzung müssen maßgeblich und objektiv nachvollziehbar von den Bedürfnissen des ArbG geprägt sein. Für das Vorliegen eines betrieblichen Interesses spricht nach Auffassung der Verwaltung (BMF BStBl I 06, 4), dass für den ArbN im Unternehmen keine geeigneten Arbeitszimmer vorhanden sind und Versuche des ArbG, entspr Räume von fremden Dritten anzumieten, erfolglos blieben oder der ArbG für andere ArbN Mietverträge mit fremden Dritten geschlossen hat oder eine ausdrückliche, schriftliche Vereinbarung über die Bedingungen der Nutzung des überlassenen Raumes abgeschlossen wurde. Zudem soll auch in diesen Fällen das vorrangige betriebliche Interesse seines ArbG nachzuweisen sein. Ein zu niedriger Mietzins schadet dann der Anerkennung als Miete nicht (**aA** *Pust* HFR 02, 114). Ein bloß pauschales Aufwandsentgelt wird nicht anerkannt. In Hinblick auf § 4 VI 1 Nr 6b ist zudem § 42 AO zu beachten (s dazu aber Rn 121). Gegen das betriebliche Interesse spricht, wenn der ArbN im Betrieb über einen Arbeitsplatz verfügt und die Nutzung des häuslichen Arbeitszimmers vom ArbG lediglich gestattet oder geduldet wird. Wird eine zu hohe Miete vereinbart, kann die Mietzahlung als Lohn umqualifizierbar sein (*Pust* HFR 02, 114). Die Anmietung vom ArbN-Ehegatten ist rechtsmissbräuchlich (FG M'ster EFG 03, 1374). Ein bloßer Zuschuss zu den Aufwendungen ohne Mietvertrag und Verfügungsrecht des ArbG ist stets Arbeitslohn (BFH/NV 06, 1810).

Miles and more s „Kundenbindungsprogramm".

Mitgliedsbeiträge, die der ArbG zugunsten des ArbN zahlt, sind auch dann Arbeitslohn, wenn der ArbN aus beruflichen Gründen Mitglied ist (BFH BStBl II 93, 840; FG D'dorf EFG 03, 999 zu Beitrag zur StB-Kammer). Etwas anderes kann ausnahmsweise dann gelten, wenn der ArbG die Mitgliedschaft nicht selbst erreichen kann, sich davon aber Vorteile für den Geschäftsbetrieb verspricht (BFH BStBl II 85, 718). Der Beitrag kann nur unter den Voraussetzungen des § 9 I Nr 3 (§ 9 Rn 150) als WK angesetzt werden (**aA** *Lück* DStZ 93, 81).

Mutterschaftsgeld gem § 3 Nr 1d stfrei.

Nettolohnvereinbarung setzt eine Vereinbarung zw ArbN und ArbG voraus, dass die LSt sich aus dem ausgezahlten Betrag errechnet und die aus diesem Betrag hochgerechnete LSt auch an das Finanzamt abgeführt wird. S dazu § 39b Rn 16 f. Im Verzicht auf den Rückgriff auf nachgezahlte Lohnsteuer liegt dann aber Arbeitslohn.

Parkplatz. Unentgeltliche Gestellung durch den ArbG an der Arbeitsstätte liegt nach bisheriger Auffassung im eigenbetrieblichen Interesse. Für Arbeitslohn dagegen zu Recht *Kettler* DStZ 01, 667. Die Finanzverwaltung tendiert derzeit dazu, zumindest dann Arbeitslohn anzunehmen, wenn nicht ausreichend Parkplätze für alle ArbN, die mit dem Pkw zur Arbeitsstätte kommen, zur Verfügung stehen oder Parkplätze einzelnen ArbN fest zugewiesen werden (*Starke* FR 01, 185).

Personalcomputer. Die unentgeltliche oder verbilligte Überlassung sowie Zuschüsse zum Erwerb sind Arbeitslohn, der aber nach § 40 II 2 Nr 5 pauschal versteuert werden kann. S § 40 Rn 23a und § 9 Rn 322.

Personalrabatte. Die unentgeltliche oder verbilligte Überlassung von WG (oder Leistungen) vom ArbG an den ArbN zu Eigentum oder zur Nutzung ist als geldwerter Vorteil regelmäßig stpfl Arbeitslohn (Gegenleistung für die Arbeit und insofern nicht unentgeltlich). Ein Rabatt ist nur dann nicht anzunehmen, wenn der Nachlass im normalen Geschäftsverkehr auch jedem anderen Kunden eingeräumt wird (BFH BStBl II 93, 687) oder wenn der ArbN auch an anderer Stelle keinen höheren Preis für die Waren zahlen müsste. Dabei ist die konkrete Angebotslage entscheidend (BdF DStR 90, 495 zum Versicherungsvertrag). Kein Arbeitslohn, wenn Waren zu Testzwecken verbilligt oder kostenlos abgegeben werden (FG Saarl EFG 94, 962). Die Bewertung erfolgt grds mit dem üblichen Endpreis am Abgabeort (§ 8 II 1 s § 8 Rn 44); Ausnahmen: Leistungen, die nach der SachBezV bewertet werden, und vom ArbG hergestellte, vertriebene oder erbrachte Leistungen (§ 8 III s § 8 Rn 51), sowie Beteiligungen (§ 19a Rn 28). Zur Rabattgewährung durch Dritte s BMF BStBl I 93, 814.

Pfarrhaushälterinnen. Zuschüsse der Diözesen zur Entlohnung der Haushälterinnen sind Teil der Dienstbezüge des Geistlichen (FinMin Nordrhein-Westfalen v 16.9.97, S 2332–72-V B3). S Rn 160 „Pfarrer".

Eisgruber

Poolung von Einnahmen. Sammeln mehrere ArbN ihre Einnahmen (zB Richtfestgelder) in einem Pool und verteilen diese dann untereinander nach einem bestimmten Schlüssel, so ändert dies nichts an der Natur der Einnahmen. Solche Gelder sind nach der neuen Fassung des § 3 Nr 51 idR stfrei. Die Fortgeltung der Auffassung der Rspr, dass Anteile des technischen Personals der Spielbanken am sog **Tronc** keine Trinkgelder iSd § 3 Nr 51 seien (BFH BStBl III 63, 479), ist zweifelh (FG Bdbg v 15.12.05 Az 5 K 1742/04 Rev VI R 8/06 – Tronc ist Trinkgeld; s § 3 Rn 160).

Postbedienstete (ehemalige). Die im Rahmen der Umwandlung der Bundespost von der neuen AG an ihre Mitarbeiter gezahlten – früher stfreien – Einnahmen (Reisekosten etc) bleiben stfrei gem § 3 Nr 35.

Praktikanten. Die Bezüge von Verwaltungspraktikanten sind Arbeitslohn, nicht stfreie Unterhaltsbeihilfen iSd § 3 Nr 11.

Prämien und Incentives. Prämien des ArbG sind Arbeitslohn, unabhängig davon für welche Leistung der ArbN ausgezeichnet wird (zB gute Leistungen, Verhinderung von Betrügereien – FinVerw DStR 85, 477 –, unfallfreies Fahren – *Offerhaus* BB 64, 673; zust *H/H/R* § 19 Rn 600 „Belohnungen"; auch Fangprämien für Diebe). Ausnahmen bilden Belohnungen, die der ArbG zB für die Ergreifung eines Täters einer bestimmten Straftat ausgelobt hat (insoweit nicht aus Dienstverhältnis, sondern eigenes Rechtsverhältnis, § 637 BGB). Arbeitslohn sind auch kostenlose (idR Auslands-) Reisen (sog **Incentive-Reisen**), wenn sie nicht nur untergeordnete touristische Aspekte aufweisen (BFH BStBl II 93, 640; zur Abgrenzung gegenüber Fortbildungsveranstaltungen *Albert* FR 01, 516), auch dann, wenn sie von einem Geschäftspartner des ArbG gewährt werden (BFH BStBl II 96, 545). Bei gemischter Veranlassung ist eine schätzweise Aufteilung (idR nach Zeitanteilen) möglich (BFH BStBl II 06, 30). Bei im Inland abgehaltener Mitarbeiterkonferenz wird idR keine Incentive-Reise unterstellt (*MIT* DStR 96, 1769 – Ausnahme eindeutiger Incentive-Charakter). Der Wert des geldwerten Vorteils entspricht idR dem Preis einer von Reiseveranstaltern am Markt angebotenen Gruppenreise mit vergleichbaren Leistungsmerkmalen (BMF BStBl I 96, 1192; eigene Aufwendungen, zB Rabatte, nicht maßgeblich). Eine Wertminderung wegen des vom zuwendenden Unternehmen festgelegten Reiseziels wird nicht anerkannt. Kein Arbeitslohn ist eine solche Reise für den zur Betreuung der Kunden abgestellten ArbN, wenn die Betreuungsaufgaben das Eigeninteresse der ArbN an der Teilnahme des touristischen Programms in den Hintergrund treten lassen (BFH v 5.9.06, VI R 65/03, weitergehend noch FG D'dorf EFG 03, 312; FG Mchn EFG 91, 731; *Valentin* EFG 03, 313); die Mitnahme seines Ehegatten spricht aber auch dann für einen belohnenden Charakter der Reise (BFH/NV 94, 708 und BFH/NV 95, 22). Zum Vortrag, im Fall der Nichtteilnahme drohten Sanktionen s FG Kln EFG 97, 859.

Preise. Preisgelder (BMF BStBl I 96, 1150), die im Zusammenhang mit der nichtselbstständigen Tätigkeit stehen, sind Arbeitslohn (zB Preis für das Forschungsergebnis eines Universitätsprofessors). Daran fehlt es bei Preisgeldern für das Lebenswerk, die Persönlichkeit, die Grundhaltung oder ein vorbildliches Verhalten (zB Lebensrettung durch einen Kraftfahrer während Dienstreise); s auch „Losgewinn".

Private Nutzung eines Fernsprechanschlusses des ArbG ist stfrei, s „Fernsprechanlagen".

Provisionen sind grds Arbeitslohn, wenn die Zahlung der Provision durch das Dienstverhältnis veranlasst ist. Durch das Dienstverhältnis veranlasst ist eine Provision idR, wenn der Vertrag während der Arbeitszeit vermittelt wurde oder bei ArbN mit ständigem Kundenkontakt. Provisionen für **Eigenverträge** sind bei sonst auch an Fremde vermittelnde ArbN durch das Dienstverhältnis veranlasst (BFH BStBl II 98, 618 betr selbstständigen Versicherungsvertreter; aA *H/H/R* § 19 Rn 600 „Provisionen"). Dass der Zahlungsempfänger zugleich auch Versicherungsnehmer und insofern außerdem („privater") Nutznießer des „vermittelten" Vertrages ist, bleibt unbeachtlich. Für die sonstigen ArbN enthält eine solche Vermittlungsprovision einen **Preisnachlass**, der gewöhnlichen Kunden nicht eingeräumt wird; sie ist daher stpfl – nach § 8 III zu bewertender – Arbeitslohn (BFH BStBl II 92, 840). Provisionszahlungen, die Bausparkasssen und Versicherungsunternehmen an ArbN von Kreditinstituten für Vertragsabschlüsse im Verwandtenbereich oder für eigene Verträge zahlen, sind Arbeitslohn (BMF BStBl I 93, 814); es handelt sich um eine Rabattgewährung von Dritten.

Reisegepäckversicherung. Schließt der ArbG für seine ArbN eine Reisegepäckversicherung ab, aus der den ArbN ein eigener Anspruch gegenüber dem Versicherer zusteht, sind Prämien Arbeitslohn, der gem § 3 Nr 16 steuerbefreit ist, wenn sich der Versicherungsschutz auf Dienstreisen beschränkt. Sonst ist eine Aufteilung nur zulässig, wenn der Versicherer eine Auskunft über die Kalkulation des Preises erteilt (BFH BStBl II 96, 519).

Reisekosten. Reisekostenersatz für Dienstreisen (zur Abgrenzung s „Prämien und Incentives" und § 12 Rn 16 ff) ist stfrei gem § 3 Nr 13 und 16. Hat die Reise auch einen touristischen Aspekt, macht dies den Ersatz insgesamt zu Arbeitslohn; s auch „Betriebsveranstaltung", „Diebstahl", „Prämien", „Incentives", Rn 160 „Reisekosten" und § 12 Rn 16 ff.

Renten können Einkünfte aus nichtselbstständiger Arbeit iSd § 19 oder sonstige Einkünfte iSd § 22 Nr 1 sein, s dazu Rn 170.

Repräsentationskosten (zB gesellschaftliche Verpflichtungen, Spenden für Geschenke an Mitarbeiter, Bewirtung von Geschäftsfreunden des ArbG im Privathaushalt, dem Ansehen des arbeitgebenden Unternehmens angemessene Wohnung) unterliegen grds dem Aufteilungs- und Abzugsverbot des § 12 Nr 1 S 2; ihr Ersatz durch den ArbG ist daher idR Arbeitslohn. Bei ArbN im öffentlichen Dienst ist der Ersatz von Repräsentationskosten insoweit stfrei, als Aufwandsentschädigungen iSd § 3 Nr 12 gezahlt werden; s auch „Mitgliedsbeiträge", „Bewirtung".

Restaurantscheck s „Essenmarken".

Rückzahlungsbetrag an die Arbeitsverwaltung. Muss der ArbG wg § 115 SGB X das an den bisherigen ArbN geleistete Arbeitslosengeld unmittelbar an die Arbeitsverwaltung zurückzahlen (sog Rückzahlungsbetrag), führt dies beim ArbN zum Zufluss von Arbeitslohn (BFH v 15.11.07 Az VI R 66/03).

Sachbezüge. Zum Begriff s § 8 Rn 22; zur Bewertung s § 8 Rn 44.

Schadenersatz. Leistet der ArbG an den ArbN aufgrund eines Schadenersatzanspruchs, fehlt es an einem Zufluss „aus dem Dienstverhältnis". Es liegt auch dann **kein Arbeitslohn** vor, wenn der Anspruch ohne das Arbeitsverhältnis nicht entstanden wäre (BFH BStBl II 97, 144 Schadenersatz wegen fehlerhafter Lohnsteuerbescheinigung). Unabhängig vom Rechtsgrund gehört aber zum Arbeitslohn auch der Ersatz von entgehendem und entgangenem Arbeitslohn (auch von Dritten, zB nach Verkehrsunfall). Sonderfälle: Ersatz von Vermögensschäden im Zusammenhang mit einer Versetzung ist Arbeitslohn (FG Hess EFG 81, 629), ebenso Ersatz eines am Arbeitsplatz gestohlenen Kleidungsstücks (FG Kln EFG 91, 193; zweifelnd *Schmidt*[26] § 19 Rn 50 „Schadenersatz" meines Erachtens zu Unrecht, weil WK-Ersatz). S „Verzicht".

Schätzung von Arbeitslohn ist insbes bei Schwarzarbeit üblich. Das Vorliegen der Lohneinkünfte selbst (hM *T/K* AO § 162 Tz 2) darf als steuerbegründendes Tatbestandsmerkmal ebenso wenig geschätzt werden wie die anrechenbare Lohnsteuer (aA BFH/NV 96, 606; OFD Hann StEK § 162 Nr 36 Tz 3.1; *Schmidt*[26] § 19 Rn 50 „Schätzung von Arbeitslohn"). Bei Verletzung der Mitwirkungspflicht durch die StPfl (ArbG oder ArbN) sind an die Nachweispflicht des Finanzamtes allerdings nur geringe Anforderungen zu stellen (*H/H/R* § 19 Rn 36).

Schmiergeld. Zahlungen ohne Wissen und Wollen des ArbG, um den ArbN zu einer Verletzung seiner Dienstpflichten zu veranlassen, sind nicht durch das Dienstverhältnis veranlasst und daher nicht Arbeitslohn. IdR liegen Einkünfte aus sonstigen Leistungen iSd § 22 Nr 3 vor.

Schrott. Erlös aus dem Verkauf von Schrott, den der ArbN im Betrieb des ArbG sammeln und an Dritte (oder den ArbG FG Hbg 52, 498) verkaufen kann, ist Arbeitslohn (FG M'ster EFG 69, 600). Anders beim Sammeln ohne Wissen des ArbG oder außerhalb der Dienstzeit (BFH BStBl II 73, 727, betr Pfandflaschen).

Sicherheitsaufwendungen. Aufwendungen des ArbG für mit dem Personenschutz befasstes Personal liegen im eigenbetrieblichen Interesse des ArbG, Sicherungsmaßnahmen am Wohnhaus eines Vorstandsmitglieds sind bei allenfalls abstrakter berufsbedingter Gefährdung Arbeitslohn (BFH BStBl II 06, 541).

Solvabilitätsspanne s „Zukunftssicherungsleistungen" und § 4c Rn 1.

Sozialversicherung. Die ArbG-Anteile der Beiträge zur gesetzlichen Sozialversicherung sind steuerbefreit (§ 3 Nr 62 S 1; § 3 Rn 180), die gesetzlichen ArbN-Anteile sind Arbeitslohn (FG M'ster EFG 03, 1473). Für Aushilfen pauschal entrichtete Sozialversicherungsbeiträge sind kein Arbeitslohn

Eisgruber

(FG Mchn EFG 90, 621 rkr; glA *Schmidt*[26] § 19 Rn 50 „Sozialversicherungsbeiträge"; **aA** FG Hess FG EFG 94, 394, rkr). Werden die Beiträge vom ArbG nachgefordert und kann dieser wegen § 28g SGB IV den ArbN-Anteil nicht zurückfordern, liegt Arbeitslohn nur vor, wenn einvernehmliches Zusammenwirken von ArbG und ArbN für die Nachforderung ursächlich war (zB Schwarzarbeit), nicht aber bei einem Irrtum des ArbG über eine Lohnzuwendung (BFH BStBl II 94, 194). Im ersten Fall fließt der Betrag dem ArbN bei Zahlung der Beiträge durch den ArbG zu (BFH BStBl II 92, 443). Scheidet ein Beamter aus dem öffentlich-rechtlichem Dienstverhältnis aus und ist der Dienstherr nach §§ 8, 181 ff SGB VI verpflichtet, ihn bei der gesetzlichen Rentenversicherung nachzuversichern, so rechnet der Nachversicherungsbetrag nicht zum Arbeitslohn. Eine Aufteilung in einen ArbN-Anteil und ArbG-Anteil wird nicht vorgenommen. Auch Beiträge zur freiwilligen Rentenversicherung für sog Kirchenbeamte sind kein Arbeitslohn (BFH/NV 06, 2349).

Sterbegeld. Das nach § 122 I oder II Nr 1 BundesbeamtenG gezahlte Sterbegeld ist Arbeitslohn; Besteuerung als sonstiger Bezug iSd § 39b III (FinMin Nordrhein-Westfalen StEK § 3 Nr 2).

Stock Options (Anteilsoptionen) s „Ankaufsrechte".

Streikgelder sind kein Arbeitslohn und auch kein Ersatz für entgangene oder entgehende Einnahmen (§ 24 Nr 1a; s Rn 126).

Tageszeitungen. Die kostenlose Überlassung zur Lektüre im Betrieb ist bloße Aufmerksamkeit, anders die „freie" Lieferung nach Hause (Arbeitslohn BFH BStBl II 83, 713).

Teambildungsmaßnahmen. Verpflichtet der ArbG Mitarbeiter zur Verbesserung der betriebsinternen Kommunikation, Zusammenarbeit oder des gegenseitigen Vertrauens zueinander oder zur Lösung bestehender Konflikte, an einer Teambildungsmaßnahme teilzunehmen, führt die Teilnahme des ArbN aufgrund des eigenbetrieblichen Interesses nicht zu Arbeitslohn (*Albert* FR 03, 1153). Die dabei durchgeführten Freizeitaktivitäten berühren den betrieblichen Charakter nicht, wenn sie notwendige Begleiterscheinungen zur Erreichung des betrieblichen Zwecks sind. Entscheidend ist, dass ausschließlich der ArbG entscheidet, ob, wo und wie die Maßnahme durchgeführt wird und wer daran teilzunehmen hat. Wesentliches Indiz solcher Veranstaltungen ist, dass sie meist vor- und nachzubereiten sind. Eine bloße Stärkung des sozialen Zusammengehörigkeitsgefühls durch eine gemeinsame Wahrnehmung einer Freizeitaktivität ist eine Betriebsveranstaltung (s „Betriebsveranstaltung").

Telefon s „Fernsprechanschluss".

Trennungsgeld s „Aufwandsentschädigung".

Trinkgelder s § 3 Rn 160.

Tronc s „Poolung von Einnahmen".

Überstunden. Entgelt ist Arbeitslohn (§ 2 II Nr 6 LStDV), aber zT stfreie Anteile nach § 3b.

Übungsleiterfreibetrag stfrei bis 1 884 € je VZ, § 3 Nr 26 (s § 3 Rn 75 ff).

Umzugskostenvergütung stfrei bei Beschäftigung im öffentlichen Dienst, § 3 Nr 13; sonst s § 3 Nr 16; Voraussetzung ist, dass es sich um Werbungskostenersatz handelt (BFH 12.4.07 VI R 53/04).

Unfallschäden. Erhält ein ArbN vom Schädiger den **Verdienstausfall** ersetzt, sind die Entschädigungen als Ersatz für entgangene oder entgehende Einnahmen zu behandeln. Entschädigungen, die für die Kosten der Heilung, der Beerdigung und als Schmerzensgeld gezahlt werden, sind nicht steuerbar (ausf zu einzelnen Fallvarianten H/H/R § 19 Rn 275). Ersatzleistungen des ArbG zu ihrer Beseitigung, zu denen der **ArbG kraft Gesetzes verpflichtet ist,** sind nicht steuerbar (H 19.3 LStR). Ersetzt der ArbG den Unfallschaden freiwillig, liegt stpfl Arbeitslohn vor, der aber stfreier Reisekostenersatz ist, wenn sich um einer Dienstreisen als Konkretisierung einer reisespezifischen Gefährdung erweist (BFH BStBl II 94, 236).

Unfallversicherung. Übernimmt der ArbG die Beiträge für eine berufliche Unfallversicherung, liegt darin Arbeitslohn, der aber, soweit das Unfallrisiko auf Dienstreisen abgesichert wird, nach § 3 Nr 13 und 16 stfrei ist. Dieser Anteil kann mit 40 % geschätzt werden (BMF BStBl I 00, 1204 Tz 1.4). Schließt der ArbG für seine ArbN eine solche Unfallversicherung ab (zB für Kfz-Unfälle auf betriebsbedingten Fahrten oder bzgl Produktionsgefahren), sind die Versicherungsbeiträge nur dann Arbeitslohn der ArbN, wenn diese selbst unmittelbar ein Recht aus dieser Versicherung geltend machen können unabhängig davon, ob es sich um Einzel- oder Gruppenversicherungen handelt; an einem Zufluss fehlt es im Zeitpunkt der Beitragszahlung auch, wenn die ArbN zwar Anspruchsinhaber sind, der Anspruch aber nur über den ArbG geltend gemacht werden kann. Leistungen aus Unfallversicherung sind im Kj der Auszahlung Arbeitslohn (BMF DStR 02, 765), wenn die Beiträge keinen Arbeitslohn darstellten (BMF BStBl I 00, 1204 Tz 4.1.1).Dies gilt nicht, soweit bei einem im beruflichen Bereich eingetretenen Unfall der ArbG gesetzlich zur Schadenersatzleistung verpflichtet ist oder der ArbG einen Schadenersatzanspruch des ArbN wegen schuldhafter Verletzung arbeitsvertraglicher Fürsorgepflichten erfüllt. Handelt es sich um Leistungen aus einer Unfallversicherung, die der ArbN gegenüber dem Versicherungsunternehmen geltend machen kann, liegt Arbeitslohn nur dann vor, wenn die Leistungen Einnahmeausfälle ausgleichen sollen, der Unfall im beruflichen Bereich eingetreten ist und die Beiträge zumindest teilweise WK waren (BMF BStBl I 00, 1204 Tz 4.1.2). Zu Versicherungsleistungen als Einkünfte nach § 22 Nr 1s § 22 Rn 3f. Die Versicherungsbeiträge des ArbN sind WK, soweit ausschließlich berufliche Unfälle abgedeckt werden (§ 12 Rn 23). Ausf zu den einzelnen Versicherungstypen s *H/H/R* § 19 Rn 440–452.

Unterhaltszuschüsse an Beamtenanwärter im Vorbereitungsdienst sind Arbeitslohn (BFH BStBl II 72, 259 Lehramtsanwärter; BStBl II 72, 261 Finanzanwärter; BStBl II 72, 643 Referendare; BStBl II 86, 184 Rechtspraktikanten in der einstufigen Juristenausbildung); ebenso bei privatrechtlichen Ausbildungsverhältnissen (BFH BStBl II 85, 644; **aA** *Klatt* DStZ 86, 348).

Unterschlagung s „Diebstahl".

Urheberrechtliche Vergütungen sind grds Einnahmen aus selbstständiger Tätigkeit, kein Arbeitslohn (BFH BStBl II 95, 471). Dies gilt, selbst wenn die ursprüngliche Tätigkeit zu Arbeitslohn geführt hat, auch für Wiederholungshonorare, sofern die Leistungsschutzrechte nicht bereits aufgrund des Arbeitsvertrags auf den ArbG übergegangen sind und die Höhe der jeweiligen Vergütungen in gesonderten Vereinbarungen festgelegt worden ist (BFH/NV 06, 1976; OFD Mchn DB 97, 1492; anders noch Tz 1.5 des BMF v 5.10.90 BStBl I 90, 638).

Urlaubsgelder für nicht genommenen Urlaub sind stpfl Arbeitslohn (R 19.3 I Nr 2 LStR). Dies gilt auch, wenn statt des Urlaubsgelds Entschädigungszahlungen der Urlaubs- und Lohnausgleichskasse der Bauwirtschaft gezahlt werden (BFH BStBl II 03, 496); s auch § 38 Rn 8a.

Veräußerungsgewinn, den ein ArbN durch den Verkauf eines für dienstliche Zwecke genutzten WG (Arbeitsmittel) erzielt, ist allenfalls als privates Veräußerungsgeschäft nach § 23 steuerbar. Er mindert auch nicht rückwirkend die AfA des verkauften WG.

Verbesserungsvorschläge. Arbeitslohn. Die Steuervergünstigungen für Verbesserungsvorschläge sind seit VZ 89 entfallen.

Verschmelzung. Die Entschädigung für eine Verschlechterung der betrieblichen Stellung infolge der Verschmelzung ist Arbeitslohn.

Versicherungsleistungen s „Unfallversicherung".

Versicherungsvermittlung s „Provision.

Versorgungszusage s „Zukunftssicherungsleistungen".

Verwarnungsgelder s „Geldstrafen und -bußen".

Verzicht. Verzichtet der ArbG auf die Geltendmachung von Geldansprüchen (insbes Schadenersatz zB wegen Beschädigung eines Dienstfahrzeugs oder Rückzahlung von unterschlagenen Geldern) gegen den ArbN, liegt darin Arbeitslohn (BFH BStBl II 92, 837), soweit die Forderung gegen den ArbN nicht wertlos ist. Der Verzicht auf Schadensersatz nach einem während einer beruflichen Fahrt alkoholbedingt entstandenen Schaden am auch zur privaten Nutzung überlassenen Firmen-PKW ist nicht durch die 1 vH-Regelung abgegolten (BFH v 24.5.07, VI R 73/05). **Verzichtet der ArbN** gegenüber dem ArbG auf Gehaltsansprüche, mindert sich entspr der Arbeitslohn (zu Verzicht eines G'ter-Geschäftsführers FG Bln DStRE 02, 1004). Verzichtet der ArbN zugunsten Dritter (Anweisung an den ArbG zur Zahlung an Dritte), beeinträchtigt das nicht die Höhe des Arbeitslohns und seine Zurechnung beim ArbN. Verpflichtet sich der ArbG im Rahmen eines arbeitsgerichtlichen Vergleichs zu einer Spendenzahlung, ohne dass der ArbN auf die Person des Spendenempfängers Einfluss nehmen kann, so liegt darin keine zu Arbeitslohn führende Lohnverwendungsabrede (BFH BStBl II 99, 98). S auch „Hochwasser".

Eisgruber

VIP-Logen. (Ausf dazu BMF BStBl II 05, 845.) Die Zuwendungen (Eintrittskarten, Bewirtung, Geschenke) sind stpfl Arbeitslohn, wenn die Einladung nicht im ganz überwiegenden betrieblichen Interesse des ArbG liegt, etwa im Rahmen einer üblichen Betriebsveranstaltung oder Zuwendungen aus geschäftlichem Anlass (Einladung anlässlich eines Geschäftsabschlusses). Ab 07 Pauschalierung nach § 37b EStG (§ 37b Rn 20)

Vorruhestandsleistungen sind zT steuerbefreit s § 3 Nr 28; dazu BMF v 3.9.84 (BStBl I 84, 498).

Vorsorgeuntersuchungen s Rn 123.

Wachhund. Beträge für Pflege und Futter der Wachhunde des ArbN bis zu 5 DM (ab 2002 geltender €-Betrag noch nicht bekannt) täglich sind nicht steuerbarer Auslagenersatz (BMF FR 90, 317). Gehört der Wachhund dem ArbG, gibt es keine betragsmäßige Beschränkung.

Waisengelder führen gem § 19 II Nr 1 zu Arbeitslohn des Kindes aufgrund einer dem verstorbenen ArbN gewährten Versorgungszusage.

Wandeldarlehensverträge und Wandelschuldverschreibungen. Gewährt ein ArbN dem ArbG ein Darlehen, das mit einem Wandlungsrecht zum Bezug von Aktien ausgestattet ist, fließt ein geldwerter Vorteil nicht bei Hingabe des Darlehens, sondern erst bei Ausübung des Wandlungsrechts oder bei entgeltlicher Übertragung auf einen Dritten zu (BFH BStBl II 05, 770). Bei einer nicht handelbaren Wandelschuldverschreibung fließt dem ArbN ein geldwerter Vorteil nicht bei Übertragung zu, sondern erst, wenn ihm nach Ausübung des Wandlungsrechts das wirtschaftliche Eigentum an den Aktien verschafft wird (BFH BStBl II 05, 766).

Warte- und Ruhegelder sind Einnahmen für eine nicht gegenwärtige Tätigkeit.

Werkzeuggeld ist stfrei gem § 3 Nr 30.

Wohnung s „Dienstwohnung".

Zeitverlust. Entschädigung hierfür ist grds Arbeitslohn (R 3.12 II 2 LStR).

Zeugengebühr ist Entschädigung des ArbN für Verdienstausfall und daher Arbeitslohn (§ 24 Nr 1a).

Zinsen für stehengelassenen Arbeitslohn (zB nicht ausgezahlte Tantiemen) sind Einnahmen aus Kapitalvermögen (BFH BStBl II 90, 532). Ist die Zinshöhe oder das zugrundeliegende Darlehensverhältnis nicht angemessen, liegt verdeckter Arbeitslohn vor (glA *H/H/R* § 19 Rn 600 „Zinsen"). Zinsen für nachgezahlte Zuschläge bei Altersteilzeit gehören zum Arbeitslohn.

Zinsersparnis. Gewährt der ArbG dem ArbN ein zinsloses oder zinsverbilligtes Darlehen, liegt in der Zinsersparnis ein durch das Dienstverhältnis veranlasster geldwerter Vorteil. Der Wert dieses stpfl Arbeitslohns errechnet sich nach § 8 III für ArbN von Banken, Versicherungen und Bausparkassen, für ArbN anderer ArbG nach § 8 II 1 (Vergleichszins am Abgabeort). Für vor dem 1.1.89 begründete Darlehensverhältnisse war bis einschließlich VZ 00 eine Zinsersparnis für Wohnungsbaudarlehen bis 2 000 DM pro Jahr stfrei. Aus Vereinfachungsgründen (nicht aber zulasten des ArbN, wenn Zinsen tatsächlich günstiger aufgenommen werden können; BFH BStBl II 06, 781) kann von einem Vergleichszins von 5,5 % (bis 1999: 6 %) ausgegangen werden. Zahlt der ArbG für der ArbN Zinsausgleichszahlungen an den Darlehensgeber, ist R 31 XI nicht anzuwenden (BFH BStBl II 06, 914, gesamter gezahlter Betrag Arbeitslohn). Der Zinsvorteil bleibt danach unbeachtlich, wenn die Summe der dem ArbN gewährten und noch nicht getilgten Darlehen am Ende des Lohnzahlungszeitraums höchstens 2 600 € beträgt. Der Vorteil fließt in dem Zeitpunkt zu, in dem der angemessene Zinsbetrag zu zahlen gewesen wäre. S auch „Darlehen".

Zinszuschüsse sind stpfl Arbeitslohn. Zinszuschüsse auf vor dem 1.1.89 begründete Darlehen waren zT gem § 3 Nr 68 iVm § 52 II e bis zum VZ 00 (R 28 LStR 00) steuerbefreit.

Zukunftssicherungsleistungen. Zukunftssicherungsleistungen (dazu §§ 4b ff) des ArbG können als innerbetriebliche Maßnahmen erbracht werden **(Pensionszusagen)**, unter Einschaltung eines Versicherungsunternehmens **(Rückdeckungs-, Direkt- und Unfallversicherung)** und als betriebliche Versorgungseinrichtung **(Pensions- und Unterstützungskassen**, umfassend dazu *H/H/R* § 19 Rn 229–359). Zur Steuerbarkeit s Rn 141. Zur lst-freien Übertragung der Geschäftsführerversorgung einer GmbH *Höfer* DB 03, 413. Zu Direktversicherungen mit gespaltenem Bezugsrecht s § 40b Rn 6. **Einzelfälle**: Einkauf des ArbN mit Pensionsanspruch in Rentenversicherung (FG M'ster EFG 92, 461); Verwendung freigewordener Mittel aus Gruppenlebensversicherung zugunsten der verbliebenen

ArbN (BFH/NV 94, 166); Zahlung eines Sanierungsgeldes wegen Umstellung auf kapitalgedeckte Beitragsfinanzierung (bis 06: BFH BStBl II 06, 500; ab 19.12.07 nun Abs 1 Nr 3; s Rn 141); vom Bund nach §15 FELEG getragene Beiträge zur Sozialversicherung (BFH BStBl II 05, 569); Zuführung einer Versorgungsrückstellung (BFH v 20.7.05 Az 165/01); **aA** FinSen Hamburg v 4.4.03: nach §40b pauschal besteuerbarer Arbeitslohn; dazu weitergehend *Birk/Hohaus* DB 03, 430; Zuschüsse des ArbG an Betriebskrankenkasse (*E Schmidt* BB 96, 1100) oder zu den Verwaltungskosten der Betriebskrankenkasse (BMF DB 95, 1107); Zuführung an Pensionskassen (FinVerw FR 96, 258); Zuführung aus Solvabilitätsgründen (BFH BStBl II 02, 22); Zuschuss des Bundes bei Umstellung des Bahnversorgungswerks (BFH BStBl II 01, 815; *Birk* DStZ 98, 78; s „Bundeszuschuss"). Zu Erträgen und Prämien aus privater Berufs- und Erwerbsunfähigkeitsversicherung (*Weidemann/Söffing* DB 99, 2133). S §3 Rn 180ff.

Zuschläge sind grd stpfl Arbeitslohn; s auch „Erschwerniszuschläge".

Zuschüsse s „Ausbildungsbeihilfen", „Baukostenzuschuss", „Mietkostenzuschuss", „Zinszuschüsse".

Zusatzversorgung. Zur steuerlichen Einordnung von Umlagen und Sonderzahlungen im Bereich der Zusatzversorgung s *Birk/Hohaus* FR 03, 441.

7. Einzelnachweise (Werbungskosten)

Angehörige s „Unterarbeitsverhältnisse" und §4 Rn 252 „Angehörige".

Anzeigen zur Stellensuche sind WK, auch wenn die Annonce nicht zum Abschluss eines Arbeitsvertrages führt (s §9 Rn 66: vergebliche WK; §4 Rn 252 „Fehlgeschlagene Aufwendungen").

ArbN-Vertreter. Aufwendungen in Zusammenhang mit ehrenamtlicher Tätigkeit für die für ihn zuständige Gewerkschaft sind WK (BFH BStBl II 93, 53), außer es besteht keinerlei Bezug zur eigentlichen beruflichen Tätigkeit (FG Nbg EFG 89, 565) oder es handelt sich um streikbedingte Aufwendungen (BFH BStBl II 91, 337). S auch „Ehrenamt" und §9 Rn 150f.

Arbeitskleidung s §9 Rn 325.

Arbeitsmittel s §9 Rn 320ff, 327.

Arbeitszimmer s §4 Rn 194ff und §9 Rn 327 „Arbeitszimmerausstattung".

Ausbildungskosten s §10 Rn 28ff und §4 Rn 252 „Ausbildungskosten".

Ausgleichsszahlungen an Ehegatten durch Beamten, um Kürzung der Versorgungsbezüge zu vermeiden, sind WK (BFH BStBl II 06, 446), ebenso wie Schuldzinsen, die bei Fremdfinanzierung der Zahlungen entstehen (BFH BStBl II 06, 448).

BahnCard bis VZ 00 für Fahrten Wohnung – Arbeitsstätte als WK abzugsfähig. Durch Einführung der allgemeinen Entfernungspauschale ab VZ 01 ist der Aufwand mit abgegolten. Wurde die BahnCard in Zusammenhang mit einer dienstlichen Fahrt erworben, vom ArbG aber nicht oder nur teilweise ersetzt (s Rn 150 „BahnCard"), kann der Aufwand nur soweit als WK angesetzt werden, als der nicht ersetzte Kostenanteil auch ohne BahnCard entstanden wäre (FinVerw DStR 93, 19).

Berufskrankheit. Krankheitskosten sind als WK abziehbar, wenn sie zur Heilung einer typischen Berufskrankheit (nicht anerkannt Gelenkarthrose eines Sportlehrers EFG 92, 322) oder Vorbeugung gegen eine solche (anerkannt: stimmtherapeutischen Übungen nach Stimmbandoperation bei Lehrerin, FG Mchn nv Az 12 K 3114/91; nicht anerkannt Kneipp-Kur für Bundeswehrpiloten BFH/NV 93, 19) aufgewandt werden. Entsprechendes gilt für Kurkosten. S auch §4 Rn 252 „Krankheitskosten".

Berufsverband s §9 Rn 150ff und §4 Rn 252 „Beiträge für Berufsverbände, ...".

Betriebsausflug. Eigene Kosten des ArbN sind keine WK (einschränkend *Schmidt*[26] §19 Rn 60 „Betriebsausflug": Fahrt zum Treffpunkt sind WK).

Betriebssport. Aufwendungen des ArbN keine WK (FG M'ster EFG 94, 238; **aA** FG Saarl EFG 91, 377 betr Tennissport für Polizeibeamten; FG RhPf EFG 90, 226 betr Sportunfall bei Fußballspiel).

Bewirtung s §12 Rn 11.

Bürgschaft. Die Inanspruchnahme aus einer Bürgschaft führt nur dann zu WK, wenn der ArbN die Bürgschaft ausschließlich zur Erhaltung des Dienstverhältnisses übernommen hat (BFH BStBl II 94, 242). Nicht schädlich ist, wenn Bürgschaftsprovisionen vereinbart waren. Ist der ArbN am ihn beschäftigenden Unternehmen beteiligt, handelt es sich um AK (s § 17 Rn 230), da arbeitserhaltende Bürgschaften immer krisenbestimmt sind. Die Rspr (BFH BStBl II 94, 242) geht davon aus, dass bei unbedeutenden Beteiligungen (FG Mchn EFG 00, 554 unter 10 %; zust *K/S/M* § 9 Rn B 406 mit Hinweis auf die gesunkene Beteiligungsgrenze durch das StEntlG 99/00/02) eine engere wirtschaftliche Bindung zur nichtselbständigen Tätigkeit als zur Gesellschafterstellung besteht, und die Aufwendungen als WK abziehbar sind. Diese Auffassung lässt außer Acht, dass auch bei der beruflich veranlassten Anschaffung nicht abnutzbarer Wirtschaftsgüter ein Abzug im Rahmen der Überschusseinkünfte nicht – auch nicht anteilig – möglich ist. Nur im Rahmen des insoweit spezialgesetzlichen § 17 kann der Aufwand steuerwirksam werden. Durch die weitere Absenkung des Beteiligungssatzes und den nur eingeschränkten Abzug der Anschaffungskosten nach § 3c II würde eine Fortführung dieser Rspr zur Folge haben, dass ein mit nur 9 % Beteiligter den halben Veräußerungspreis der Beteiligung unbesteuert erhielte und gleichzeitig die Bürgschaftsaufwendung in vollem Umfang geltend machen könnte.

Computer s § 9 Rn 322, 327 „Technische Geräte".

Darlehen. Der Verlust eines normalverzinslichen Darlehens, das zur Sicherung des Arbeitsplatzes dem ArbG hingegeben wurde, gehört zu den WK, wenn der ArbN das Verlustrisiko bewusst auf sich genommen hat (BFH BStBl II 93, 663). Dies wird unterstellt, wenn ein Dritter (Bank) kein solches Darlehen mehr gewährt hätte. Das Risiko muss zu den künftigen Verdienstmöglichkeiten in einem angemessenen Verhältnis stehen (BFH/NV 97, 400). Das Darlehen darf aber nicht als nachträgliche AK zu werten sein. S dazu § 17 Rn 220 und „Bürgschaften".

Diebstahl s „Vermögensverluste".

Dienstkleidung s § 9 Rn 325.

Dienstreisen sind Fahrten zw zwei regelmäßigen Arbeitsstätten und Ortswechsel, die so gut wie ausschließlich durch die berufliche Tätigkeit des ArbN außerhalb seiner Wohnung und seiner ortsgebundenen regelmäßigen Arbeitsstätte (Auswärtstätigkeit) veranlasst ist. Ein beruflicher Anlass setzt voraus, dass der ArbN bei seiner Auswärtstätigkeit beruflich tätig ist (zB Lehrer auf Klassenfahrt, BFH/NV 92, 585). Wurde vom ArbG weder die Reise angeordnet oder nachträglich gebilligt, noch die Reisekosten ersetzt, handelt es sich nur um ein – wenn auch schwergewichtiges – Indiz für einen nicht untergeordneten privaten Anlass (*K/S/M* § 9 Rn 520a; **aA** FG RhPf EFG 97, 1016). Bei **gemischt veranlassten Reisen** sind die beruflich bedingten Anteile der Kosten nur abziehbar, wenn sie leicht und einwandfrei von den privaten Kosten getrennt werden können (R 9.4 I 4 LStR; s aber Vorlage an GrS v 20.7.06 Az VI R 94/01; § 12 Rn 4; nicht bei Ferienreise einer Einzelbetreuerin mit betreutem Kind, BFH/NV 98, 449). Wird eine Dienstreise aus privaten Gründen fortgesetzt, so sind die Kosten der Rückreise keine WK (*K/S/M* § 9 Rn B 514). Bei einer dienstlich begründeten Urlaubsunterbrechung ist aber auch die Rückkehr zum Urlaubsort dienstlich veranlasst (*H/M/W* „Reisekosten" Rn 33). Die Mitnahme von Angehörigen ist privat veranlasst (BFH BStBl II 95, 744), es sei denn, der ArbN benötigt deren Hilfe (zB wegen Körperbehinderung, FG BaWü EFG 65, 116, oder wegen kürzlich erlittenen Herzinfarkt FG Hess EFG 77, 10). Eine **regelmäßige Arbeitsstätte** ist der Betrieb oder die Betriebsstätte, an der in ständiger Wiederkehr der ArbN wenigstens eine Teil der ihm übertragenen Arbeiten verrichtet. Nach R 9.4 III 4 LStR reicht es aus, wenn er dort im Jahresschnitt mindestens einen Arbeitstag je Arbeitswoche tätig ist. An einer regelmäßigen Arbeitsstätte fehlt es, wenn der ArbN diese nur aufsucht, um geleistete Arbeitsstunden anzugeben und den Arbeitslohn oder Aufträge entgegenzunehmen. Ein ArbN kann auch mehrere regelmäßige Arbeitsstätten haben (FG Saarl EFG 97, 865, mehrere Supermärkte;), die einzelnen Arbeitsstätte ist aber auf ein zusammenhängendes Gelände des ArbG beschränkt (FG Bdbg EFG 00, 1378). Auch bei einer Auswärtstätigkeit (gleichen Inhalts) an derselben Tätigkeitsstätte von mehr als drei Monaten ist diese ab 08 nicht als neue regelmäßige Arbeitsstätte anzusehen (anders noch R 37 III 3 LStR 06; sog **„Dreimonatsfrist"** entspr § 4 V Nr 5 S 5; zu Einzelheiten s 7. Auflage). S „Reisekosten", Rn 150 „Fahrtkostenersatz", § 9 Rn 163 und § 3 Rn 53.

Dienstzimmer. Die Kosten für die Ausschmückung mit Bildern und Kunstgegenständen sind keine WK (BFH BStBl II 93, 506). S § 9 Rn 327 „Arbeitszimmerausstattung".

Doppelte Haushaltsführung s § 9 Rn 240 ff.

Drittaufwand s § 4 Rn 145 ff.

Ehrenamt. Aufwendungen dafür sind WK, wenn die Tätigkeit in enger Beziehung zum Beruf steht und für das Fortkommen förderlich ist (Einzelfälle s *K/S/M* § 9 Rn B 700 „Ehrenamtliche Nebentätigkeit"); s § 3 Rn 44f, § 3 Rn 75 ff und § 4 Rn 251 „Ehrenamt".

Einbürgerungskosten s § 12 Rn 26.

Einsatzwechseltätigkeiten nahm die Verwaltung an, wenn der ArbN typischerweise nur an ständig wechselnden Tätigkeitsstätten eingesetzt wird (R 37 V 1 LStR 06), etwa bei Baumontagearbeitern, Leih-ArbN (R 37 V 1 2. HS LStR 06), sog Springkräften (Lehrer ohne Planstelle oder Mitarbeiter einer Betriebsreserve, BFHBStBl II 88, 443) oder bei bestimmten Ausbildungsverhältnissen (BFH BStBl II 90, 856, zB Rechtsreferendare, nicht aber Finanzanwärter, BFH BStBl II 90, 861 oder Berufsfeuerwehrmann, BFH BStBl II 04, 1004; auch verschiedene Busdepots konnten regelmäßige Arbeitsstätten eines Linienbusfahrers sein, BFH BStBl II 05, 788; ausf BMF BStBl I 05, 960). Rechtsfolge war, dass die tatsächlichen Fahrtkosten nur angesetzt werden konnten, wenn die Entfernung zw Wohnung und Einsatzstelle mehr als 30 km betrug (R 38 III 1 LStR 06). Mit den LStR 08 wurde diese Einschränkung aufgegeben. S § 9 Rn 163.

Emeritierter Hochschulprofessor. Aufwendungen für gegenwärtige Forschungstätigkeit sind keine WK, soweit aber Kosten durch unentgeltliche Lehrtätigkeit auf Ersuchen der Hochschule entstehen, kommt ein Abzug im Billigkeitswege nach § 163 AO in Frage (BFH BStBl II 94, 238).

Erwerb von Gesellschaftsanteilen. Schuldzinsen für Darlehen zum Erwerb von Anteilen an der ArbG-Ges auch dann WK bei Einkünften aus KapVerm, wenn arbeitsvertragliche Voraussetzung für die Erlangung höher dotierter Positionen (BFH BStBl II 06, 654).

Fachliteratur s § 9 Rn 327 „Bücher".

Fahrgemeinschaft s § 9 Rn 196.

Fahrten Wohnung – Arbeitsstätte s § 9 Rn 160 ff.

Fehlgelder. Soweit der ArbN die Fehlgelder selbst trägt, entstehen WK. S auch Rn 150 „Fehlgeldentschädigung".

Finanzierungskosten. Finanzierungskosten, die ein ArbN aufwendet, um Genussrechte an einem mit dem ArbG verbundenen Unternehmen zu erwerben, führen zu WK bei den Einkünften aus KapVerm und nicht aus nichtselbstständiger Tätigkeit, auch wenn der ArbN damit seine Karriere fördern will. Dies gilt auch dann, wenn die Kosten aus einem Darlehen des ArbG resultieren (FG Hbg DStR 02, 861; FG RhPf DStRE 02, 603).

Fortbildungskosten s Rn 150 „Fortbildung" und § 10 Rn 31.

Führerschein s § 12 Rn 10.

Geburtstag s § 12 Rn 11 und § 3 Rn 51.

Gelegenheitsgeschenke s § 12 Rn 11 und § 3 Rn 51.

Gewerkschaft s „ArbN-Vertreter", „Ehrenamt" und § 9 Rn 150 f.

Habilitationskosten s § 10 Rn 28.

Haftung von Geschäftsführern. Aufwendungen wegen der Inanspruchnahme durch den ArbG oder durch das FA nach § 69 AO sind WK, auch wenn schuldhaftes Handeln vorliegt (*K/S/M* § 9 Rn 700 „Haftung von ..."; aA *H/M/W* „Haftung für LSt" Rn 174: nicht bei deliktischer Pflichtverletzung). Keine WK, wenn Schädigung des ArbG bezweckt oder billigend in Kauf genommen wurde (BFH BStBl II 81, 362). WK entstehen auch, soweit der Geschäftsführer für die ihn betreffende LSt in Anspruch genommen wird (FG Nds EFG 93, 713; *H/M/W* „Haftung für LSt" Rn 174; aA *Schmidt*[26] § 19 Rn 60 „Haftung"). Durch die Einführung des Halbeinkünfteverfahrens ist die Auffassung des FG M'ster (EFG 00, 481), dass bei einem Gesellschafter-Geschäftsführer nachgeforderte KSt keine WK seien und nur im Rahmen des § 36 II Nr 3 geltend gemacht werden könnten, überholt.

Haushälterin s § 12 Rn 12.

Eisgruber

Heimarbeiter. Aufwendungen für Arbeitsräume und für den Materialtransport sind WK. Nach R 9.13 II LStR können diese Aufwendungen durch einen Lohnzuschlag von 10 % vom ArbG stfrei ersetzt werden.

Hörgerät s § 12 Rn 26 und § 9 Rn 327 „Hörgerät".

Hotelkosten. Kosten für gelegentliche Hotelübernachtungen am Ort der regelmäßigen Arbeitsstätte sind WK, wenn sie beruflich veranlasst sind, der ArbN etwa nicht am Ort der regelmäßigen Arbeitsstätte wohnt, die Übernachtung aber wegen der Dienstzeiten erforderlich ist (BFH BStBl II 04, 1074).

Irrtümliche Annahme einer selbstständigen Arbeit. Auch Aufwendungen eines ArbN, die durch seine irrtümliche Annahme einer Selbstständigkeit entstanden sind (Abschluss-, Buchführungs- und Beratungskosten, IHK-Beiträge, USt, GewSt) sind WK (FG D'dorf v 26.11.01, 16 K 1370/98 E, 16 K 1371/98).

Job-Ticket s § 3 Rn 96 und § 9 Rn 211.

Journalisten s § 9a Rn 35.

Kinderbetreuungskosten sind, auch sofern berufsbedingt, keine WK; zuletzt BFH/NV 00, 1471 mwN; hieran hat sich auch durch die Entscheidung des BVerfG BStBl II 99, 182 nichts geändert, s aber § 33c II.

Klassenfahrt s § 12 Rn 18.

Kleidung s § 9 Rn 325.

Kontogebühren sind WK, soweit durch beruflich veranlasste Überweisungen erwachsen. Auch pauschal erhobene Gebühren sind aufteilbar (BFH BStBl II 84, 560). Ohne Nachweis werden 16 €/Jahr anerkannt (OFD Hann v 30.4.02). S Rn 150 „Kontoführung- und -eröffnungsgebühr".

Kraftfahrzeugkosten s § 9 Rn 190 ff.

Krankheitskosten s „Berufskrankheit".

Kreditkarte. WK, soweit für berufliche Zwecke eingesetzt; s Rn 150 „Kreditkarte".

Künstler s „Liebhaberei" und § 9a Rn 35; hinsichtlich Reisekosten s § 12 Rn 16.

Kurkosten s „Berufskrankheit".

Lehrer s „Klassenfahrt" und § 12 Rn 18.

Liebhaberei. Der Verlust aus einer ohne Gewinnerzielungsabsicht nebenberuflich ausgeübten Tätigkeit kann als WK abgezogen werden, wenn sie für den Hauptberuf Vorteile von solchem Gewicht mit sich bringen kann, dass private Gründe auszuschließen sind (BFH BStBl II 94, 510 betr Konzerttätigkeit eines Musikpädagogen; FG Hbg EFG 90, 628 betr künstlerische Tätigkeit eines Professors für künstlerische Gestaltung).

Lösegeld keine WK s § 33 Rn 100 „Entführung"; bei Zahlung durch ArbG s Rn 150 „Lösegeld".

Musikinstrumente s § 9 Rn 327 „Musikinstrumente".

Optionskosten. Aufwendungen in Zusammenhang mit einem vom ArbG eingeräumten Optionsrecht sind WK. Sie sind im Jahr der Verschaffung der verbilligten Aktien zu berücksichtigen (BFH BStBl II 2001, 689). Verfällt das Optionsrecht, sind die Optionskosten im Jahr des Verfalls als vergebliche WK abziehbar (BFH v 3.5.07, VI R 36/05).

Personalrabatt s § 8 Rn 61 ff.

Pfarrer. Lohnaufwendungen für die Pfarrhaushälterin sind WK (FG Mchn EFG 98, 937), soweit sie für ihn beruflich tätig ist und die Tätigkeiten durch stundenweise Aufzeichnungen belegt sind. Gemischt veranlasste, sowie üblicherweise ehrenamtliche erbrachte Tätigkeiten bleiben dabei unberücksichtigt. Eine repräsentative Aufzeichnung über drei Monate mit hohen, mittleren und ruhigen kirchlichen Arbeitsanteil ist für drei Kj ausreichend (OFD Koblenz v 4.8.03). Aufwendungen eines Pastors in Ruhestand sind grds keine WK (FG Nds EFG 94, 141). Zum Ehegatten-Unterarbeitsverhältnis über sonst ehrenamtliche Tätigkeiten s BFH BStBl II 97, 187.

Promotionskosten s § 10 Rn 28.

Prozesskosten. WK, wenn Prozess durch die Arbeitstätigkeit veranlasst worden ist (zB bei Kündigung oder beruflich veranlasstem Kfz-Unfall; Disziplinarstrafverfahren) und Kosten nicht von Rechtsschutzversicherung getragen werden (BFH/NV 91, 164); bei Strafverfahren, wenn die Tat in Ausübung der beruflichen Tätigkeit begangen wurde; allein die enge Verbindung zw Straf- und Disziplinarverfahren bei Beamten genügt nicht (BFH BStBl II 95, 457). S auch § 4 Rn 252 „Rechtsverfolgungskosten".

Reinigungskosten s § 9 Rn 320.

Reisekosten s insb § 12 Rn 16 ff, § 9 Rn 163 und § 3 Rn 53. Reisekosten eines ArbN sind Aufwendungen wegen einer beruflich veranlassten Reise. Sie umfassen Fahrtkosten (s § 4 Rn 188 ff), Verpflegungsmehraufwendungen (s § 9 Rn 272, § 4 Rn 186f und § 12 Rn 22), Übernachtungskosten und Reisenebenkosten. Sie sind stets nachzuweisen oder glaubhaft zu machen, inbs sind Anlass und Art der beruflichen Tätigkeit, Reisedauer, Reiseweg und die geltend gemachten Ausgaben zu belegen. **Übernachtungskosten** sind die tatsächlichen Aufwendungen, die dem ArbN für die persönliche Inanspruchnahme einer Unterkunft zur Übernachtung (ohne Frühstück) entstehen (R 9.7 I 1 LStR). Benutzt er ein Mehrbettzimmer, ist der Betrag aufzuteilen, wenn auch die andere Person eine Dienstreise durchführt, ansonsten kann er die Kosten eines Einzelzimmers geltend machen (R 9.7 I 2 und 3 LStR). Ist der Preis für die Verpflegung aus einem Gesamtpreis nicht ermittelbar, sind die Kosten für Frühstück um 20 %, für Mittag- und Abendessen um jeweils 40 % der maßgebenden Verpflegungsmehraufwandspauschale zu kürzen (R 9.7 I 4 LStR). Die bis 07 bestehende Möglichkeit der Geltendmachung von Übernachtungspauschalen (im Inland 20 €; für das Ausland s BMF BStBl I 00, 424, wenn dies nicht zu einer offensichtlich unzutr Besteuerung führt; s auch BFH DStRE 04, 932), etwa bei Fernfahrern (BFH v 17.3.04 Az I B 158/03 nv) wurde mit den LStR 08 beendet. Zu den Reisekosten eines ArbN, dem die Leitung einer Incentive-Reise obliegt s BFH/NV 01, 903. **Reisenebenkosten** sind sonstige unmittelbar durch die Reise verursachte Kosten. Sie können in tatsächlicher Höhe geltend gemacht werden. In Betracht kommen Kosten für die Beförderung und Aufbewahrung von Gepäck, für Ferngespräche und Schriftverkehr mit dem ArbG oder dessen Geschäftspartnern, Gebühren für Straßenbenutzung oder Parkplätze und Schadenersatzleistungen wg Verkehrsunfällen auf Dienstreisen (R 9.8 I LStR). Entsprechendes gilt für durch die Dienstreise verursachte Trinkgelder (soweit diese für eigene Mahlzeiten entstehen, sind sie durch die Verpflegungsmehraufwendungspauschalen abgegolten). Nicht als Reisenebenkosten können Kosten für Bekleidung, Reiseausrüstung (Koffer) oder nicht beruflich veranlasste Krankheiten abgezogen werden.

Repräsentationsaufwendungen s § 12 Rn 11.

Schadensersatz. WK, wenn so gut wie ausschließlich durch das Dienstverhältnis veranlasst (BFH/NV 86, 392). Daran fehlt es, wenn der ArbN sich oder ihm nahestehende Personen auf Kosten des ArbG bereichern oder diesen bewusst schädigen wollte (BFH/NV 88, 353). Auf das Verschulden des ArbN kommt es nicht an. S auch § 4 Rn 252 „Schadenersatzleistungen".

Schmiergelder. WK, wenn durch das Dienstverhältnis veranlasst (BFH/NV 91, 151), aber Abzugsverbot nach § 9 V iVm § 4 V Nr 10; s § 4 Rn 209.

Sicherungsmaßnahmen der eigenen Wohnung. Keine WK wg Aufteilungs- und Abzugsverbot des § 12 Nr 1 S 2, auch dann nicht, wenn ArbG dies verlangt und einen Kostenanteil übernimmt (FG BaWü EFG 93, 72). S § 12 Rn 23.

Sprachkurs s § 12 Rn 20.

Stammkapital. Der Verlust einer GmbH-Beteiligung gehört selbst dann nicht zu den WK des ArbN, wenn seine Beteiligung am Stammkapital Voraussetzung für die Beschäftigung als ArbN war (BFH BStBl II 95, 644).

Steuerberatungskosten s § 10 Rn 26.

Strafen s § 12 Rn 29.

Strafverteidiger s § 12 Rn 29 und § 10 Rn 26.

Studienkosten s § 10 Rn 28 ff.

Eisgruber

Studienreisen s § 12 Rn 18.

Telefonkosten s § 9 Rn 310 „Telefonkosten", § 4 Rn 252 „Telefonkosten" und § 12 Rn 21.

Teleskop. WK für Lehrer, die das Fach Astronomie unterrichten, wenn damit Unterrichtsmaterialien zur Veranschaulichung der theoretischen Ausführungen gefertigt werden (FG Bln EFG 04, 1362).

Übernachtungskosten s „Reisekosten".

Umzugskosten s § 12 Rn 25 und § 3 Rn 54.

Unfallkosten s § 4 Rn 252 „Kraftfahrzeuge" und § 9 Rn 230 f.

Unterarbeitsverhältnisse sind nur in Ausnahmefällen anzuerkennen, da ein ArbN für Aufgaben, zu deren Erledigung er angesichts anderer beruflicher Verpflichtungen nicht in der Lage ist und deren Bewältigung in erster Linie Sache seines ArbG ist, fremde Arbeitskräfte nicht einzustellen und von seinem Gehalt zu entlohnen hat (BFH BStBl II 97, 187; **aA** *Schmidt*[26] § 19 Rn 60 „Unterarbeitsverhältnis"). Insbesondere Arbeitsverhältnisse mit nahen Angehörigen (s § 4 Rn 252 „Angehörige") wurden von der Rspr meist abgelehnt (BFH BStBl II 95, 394 betr unterrichtsvorbereitende Tätigkeit durch studierende Tochter einer Lehrerin; BFH BStBl II 97, 187 betr ansonsten durch Ehrenamtliche erbrachte Arbeitsleistungen; FG M'ster EFG 91, 246 betr Übertragung der Hauptpflicht des Arbeitsvertrages auf Ehegatten; FG Kln EFG 00, 994 betr Arbeitsvertrag mit Ehegatten, der zur Verletzung beruflicher Geheimhaltungspflichten führen würde). S aber „Pfarrer".

Vermögensverluste von privaten Gegenständen führen zu WK in Höhe des fiktiven Restwerts der AK (BFH BStBl II 95, 744) oder des Reparaturaufwands, wenn die Zerstörung oder Beschädigung bei der beruflichen Verwendung geschieht oder der Schaden in einem ausreichend engen Zusammenhang mit der beruflichen Sphäre steht (BFH BStBl II 94, 256). Bei Verlusten auf einer Dienstreise ist dies dann anzunehmen, wenn die Mitnahme des Gegenstands für die Reise notwendig war (nicht bei Diebstahl von Schmuck, FG Mchn EFG 99, 1216) und es sich um die Konkretisierung einer typischen Reisegefahr handelt (BFH BStBl II 95, 744). Der Diebstahl von Geld ist zumindest dann einkünftemindernd, wenn es sich im Reisegepäck oder im Hotelzimmer befand (*K/S/M* § 9 Rn B 700 „Diebstahl von Geld"). Wird Geld gestohlen, das der ArbN bei sich führte, entsteht der Vermögensverlust nur gelegentlich des Arbeitverhältnisses und bleibt unbeachtlich (*K/S/M* § 9 Rn B 700 „Diebstahl von Geld"; **aA** *Schmidt*[26] § 9 Rn 57). S § 4 Rn 252 „Bargelddiebstahl" und „Verlust (Zerstörung, Diebstahl und Unterschlagung)".

Verpflegungsmehraufwendungen s § 9 Rn 272, § 4 Rn 186f und § 12 Rn 22.

Versicherungsbeiträge s § 12 Rn 23 und § 4 Rn 252 „Versicherungen".

Versorgungsausgleich s § 22 Rn 29.

Vertragsstrafen. Wegen Nichtantritts einer Tätigkeit oder wegen Verletzung eines Konkurrenzverbots sind nicht als nachträgliche WK abziehbar, sondern nur in Hinblick auf die verursachende Tätigkeit (anderer oder neuer Arbeitsplatz; BFH/NV 06, 1068; **aA** BFH v 22.6.06, Az VI R 5/03 (im Ausbildungsverhältnis begründete Vertragsstrafe) WK des gegenwärtigen oder früheren Dienstverhältnisses).

Wahlkampfkosten s § 4 Rn 252 „Wahlkampfkosten". Für Landtags-, Bundestags- und Europaparlamentsabgeordnete s § 22 Rn 38; für Stadt- und Gemeinderäte s Rn 100 „Bürgermeister".

Wehrdienst. Keine WK sind Aufwendungen zur Freistellung vom Wehrdienst (BFH BStBl II 86, 459), auch nicht Fahrtkosten für Einsätze beim Technischen Hilfswerk (FG BaWü EFG 94, 699); s § 3 Rn 32.

Wohnungskosten s § 12 Rn 24, 25 und § 9 Rn 240 ff.

170 **III. Versorgungsbezüge – Bezüge als Rechtsnachfolger. – 1. Begriff der Versorgungsbezüge.** Versorgungsbezüge sind Bezüge und sonstige Vorteile, die auf einem früheren[1] Dienstverhältnis beruhen. Dazu gehören neben den Beamtenpensionen und sonstigen Versorgungsbezügen nach § 19 II Nr 1

---

1 Zum Begriff eines „gegenwärtigen Dienstverhältnisses" s § 19a Rn 10.

gem § 19 II Nr 2 auch die Versorgungsbezüge im privaten Dienst. Im Unterschied zu Versorgungsbezügen im öffentlichen Dienst setzen Letztere voraus, dass die Bezüge wegen Erreichens der Altersgrenze, verminderter Erwerbsunfähigkeit[1] oder als Hinterbliebenenbezüge gewährt werden. Erhält der ArbN den Bezug wegen Erreichens der Altersgrenze, muss er das 63. Lebensjahr[2] vollendet haben.

Nur Arbeitslöhne können Versorgungsbezüge sein. Daran fehlt es bei Renten aus der gesetzlichen Rentenversicherung, weil diese nicht Gegenleistung für die Zur-Verfügung-Stellung von Arbeitskraft sind, sondern Erträge aus dem Versicherungsverhältnis, ua auch aus dem durch Einzahlung[3] erworbenen Rentenanspruch. Zu den einzelnen Arten der Versorgungsbezüge s R 19.8 I LStR. **171**

Nachzahlungen von Arbeitslohn für die aktive Tätigkeit sowie Vorruhestandsbezüge sind Erträge aus einem gegenwärtigen Dienstverhältnis (§ 19a Rn 10) und daher keine Versorgungsbezüge.[4] Wird der Versorgungsbezug wegen Arbeitslohn aus einem gegenwärtigen Dienstverhältnis (zB nach § 53 BeamtVG) gekürzt, ist nur der gekürzte Teil Versorgungsbezug.[5] Zur letztwillig verfügten Entlohnung s § 22.[6] **172**

2. Der Versorgungsfreibetrag. Gem § 19 II 1 wird für Versorgungsbezüge ein Versorgungsfreibetrag gewährt. Bis zum VZ 04 betrug er 40 % der Versorgungsbezüge, höchstens 3 072 €. Er sollte die Ungleichbehandlung zwischen Renten und Pensionen ausgleichen. Der Freibetrag wird pro Jahr einmal gewährt, auch wenn Versorgungsbezüge für mehrere Jahre nachbezahlt wurden.[7] Er darf nicht auf pauschalierten Arbeitslohn angewandt werden.[8] **173**

Durch das AltEinkG[9] wird der Versorgungsfreibetrag parallel zum Hineinwachsen der Renten in die Besteuerung (§ 22 Rn 27) über 35 Jahre auf 0 € abgeschmolzen. Dabei gilt das „Kohortenprinzip" (§ 22 Rn 27). Maßgeblich ist das Kalenderjahr des Versorgungsbeginns. Damit ist der Zeitpunkt gemeint, für den die ersten Versorgungsbezüge geleistet werden, nicht das Kj des ersten Zuflusses der Versorgungsbezüge. Der nach den Verhältnissen des Erstjahrs errechnete Versorgungsfreibetrag wird zeitlebens berücksichtigt. Es gilt gem S 7 für Hinterbliebenenbezüge weiter, die Versorgungsbezüge fortführen. Bei mehreren Versorgungsbezügen ist ein einheitlicher Versorgungsfreibetrag zu errechnen. Die maßgebliche Kohorte bestimmt sich dabei gem S 6 nach dem Beginn des ersten Versorgungsbezugs. Bis 2020 wird der Höchstbetrag um jährlich 120 €, der prozentuale Anteil um jährlich 1,6 % abgeschmolzen, ab 2021 sinkt die Abschmelzung auf jährlich 60 € und 0,8 %. **174**

Der Versorgungsfreibetrag ermittelt sich gem S 4 lit b aus dem Zwölffachen des ersten monatlichen Versorgungsbezugs, zu dem die voraussichtlichen Sonderzahlungen des Kalenderjahres hinzugerechnet werden, wenn auf sie ein Rechtsanspruch besteht. Für vor 2005 schon begonnene Versorgungsbezüge ist gem S 4 lit a der Januar 2005 entscheidend. Der so ermittelte Betrag gilt gem S 8 grds für die gesamte Dauer der Versorgungsbezüge.[10] Insbes regelmäßige Anpassungen verändern nach S 9 die Höhe des errechneten Betrags nicht. Nach S 10 ist der Versorgungsfreibetrag aber neu zu berechnen, wenn sich der Versorgungsbezug durch Anrechnungs- Ruhens-, Erhöhungs- oder Kürzungsregeln verändert. Für diese Neuberechnung verändert sich aber nur die Bemessungsgrundlage nach S 4, nicht aber die Zuordnung zur Kohorte. Im Kj der Änderung selbst gilt der neue Versorgungsfreibetrag nur, wenn er höher ist als der bisherige (S 10 HS 2). Nach S 11 wird der jeweils Versorgungsfrei- betrag zeitanteilig für Monate gekürzt, für die keine Versorgungsbezüge gezahlt werden. Der Zuflusszeitpunkt ist dabei unerheblich. Fließen die Dezemberbezüge erst im Folgejahr zu, ist in beiden Jahren der gleiche Versorgungsfreibetrag zu gewähren. **175**

3. Der Zuschlag zum Versorgungsfreibetrag. Für Versorgungsbezüge gilt ab 2005 nur noch ein WK-Pauschbetrag von 102 €. Um diese Absenkung in der Übergangsphase auszugleichen, werden über diesen Zuschlag die Versorgungsbezüge steuerbefreit. Der Zuschlag beträgt bei Versorgungsbeginn **176**

---

1 Dazu gehört auch die Berufsunfähigkeit. Deren ausdrückliche Erwähnung konnte deshalb entfallen (BR-Drs 2/04, 63).
2 Bei Schwerbehinderung (= Behinderungsgrad mindestens 50 %) das 60. Lebensjahr.
3 Oder aus anderen Gründen (zB Anrechnungszeiten).
4 FG Nbg EFG 85, 607 rkr.
5 R 75 II LStR.
6 Dort Rn 1 unter Bezugnahme auf BFH/NV 99, 931.
7 BFH BStBl II 74, 680.
8 R 116 II 4 LStR.
9 BGBl I 04, 1427.
10 Zur Berechnung bei mehreren Versorgungsbezügen mit unterschiedlichem Bezugsbeginn s *Risthaus* DB 04, 1329 (1338).

Eisgruber

in 2005 noch 900 €.[1] Er wird bis 2020 jährlich um 40 €, dann jährlich um 20 € abgeschmolzen. Auch für den Zuschlag gilt das Kohortenprinzip. Der Zuschlag verändert sich entgegen des anderslautenden Wortlauts des S 10 bei einer Neuberechnung des Versorgungsfreibetrags nicht.[2] Die für die Höhe des Zuschlags ausschließlich maßgebliche Zuordnung zu einer Kohorte bestimmt sich allein nach dem Versorgungsbeginn. Dieser wird von Anrechnungs- Ruhens-, Erhöhungs- oder Kürzungsregeln nicht berührt. Die Regelung unterstellt dabei für die nächsten 35 Jahre eine dauerhafte gleich bleibende Betragsdistanz zw ArbN-Pauschbetrag und WK-Pauschale für Versorgungsbezüge. Durch den Zuschlag dürfen gem S 5 keine negativen Einkünfte aus den Versorgungsbezügen entstehen. Anders als der ArbN-Pauschbetrag wird der Zuschlag aber nach S 11 anteilig für die Monate gekürzt, für die keine Versorgungsbezüge gezahlt wurden.

§ 19a Überlassung von Vermögensbeteiligungen an Arbeitnehmer

(1) Erhält ein Arbeitnehmer im Rahmen eines gegenwärtigen Dienstverhältnisses unentgeltlich oder verbilligt Sachbezüge in Form von Vermögensbeteiligungen im Sinne des § 2 Abs. 1 Nr. 1 und Abs. 2 bis 5 des Fünften Vermögensbildungsgesetzes in der Fassung des Gesetzes vom 19. Dezember 2000 (BGBl. I S. 1790), so ist der Vorteil steuerfrei, soweit er nicht höher als der halbe Wert der Vermögensbeteiligung (Absatz 2) ist und insgesamt 135 Euro im Kalenderjahr nicht übersteigt.

(2) [1]Als Wert der Vermögensbeteiligung ist der gemeine Wert anzusetzen. [2]Werden einem Arbeitnehmer Vermögensbeteiligungen im Sinne des § 2 Abs. 1 Nr. 1 Buchstabe a, b und f des Fünften Vermögensbildungsgesetzes überlassen, die am Tag der Beschlussfassung über die Überlassung an einer deutschen Börse zum regulierten Markt zugelassen sind, so werden diese mit dem niedrigsten an diesem Tag für sie im regulierten Markt notierten Kurs angesetzt, wenn am Tag der Überlassung nicht mehr als neun Monate seit dem Tag der Beschlussfassung über die Überlassung vergangen sind. [3]Liegt am Tag der Beschlussfassung über die Überlassung eine Notierung nicht vor, so werden diese Vermögensbeteiligungen mit dem letzten innerhalb von 30 Tagen vor diesem Tag im regulierten Markt notierten Kurs angesetzt. [4]Die Sätze 2 und 3 gelten entsprechend für Vermögensbeteiligungen im Sinne des § 2 Abs. 1 Nr. 1 Buchstabe a, b und f des Fünften Vermögensbildungsgesetzes, die im Inland in den Freiverkehr einbezogen sind oder in einem anderen Staat des Europäischen Wirtschaftsraums zum Handel an einem geregelten Markt im Sinne des Artikels 1 Nr. 13 der Richtlinie 93/22/EWG des Rates vom 10. Mai 1993 über Wertpapierdienstleistungen (ABl. EG Nr. L 141 S. 27) zugelassen sind. [5]Sind am Tag der Überlassung von Vermögensbeteiligungen im Sinne des § 2 Abs. 1 Nr. 1 Buchstabe a, b und f des Fünften Vermögensbildungsgesetzes mehr als neun Monate seit dem Tag der Beschlussfassung über die Überlassung vergangen, so tritt an die Stelle des Tages der Beschlussfassung über die Überlassung im Sinne der Sätze 2 bis 4 der Tag der Überlassung. [6]Der Wert von Vermögensbeteiligungen im Sinne des § 2 Abs. 1 Nr. 1 Buchstabe c des Fünften Vermögensbildungsgesetzes wird mit dem Ausgabepreis am Tag der Überlassung angesetzt. [7]Der Wert von Vermögensbeteiligungen im Sinne des § 2 Abs. 1 Nr. 1 Buchstabe g, i, k und l des Fünften Vermögensbildungsgesetzes wird mit dem Nennbetrag angesetzt, wenn nicht besondere Umstände einen höheren oder niedrigeren Wert begründen.

§§ 5, 6, 7 LStDV; R 19a LStR

Übersicht

	Rn		Rn
A. Grundaussage der Vorschrift	1	1. Verhältnis zum 5. Vermögensbildungsgesetz	6
I. Entstehung, Zweck und Systematik der Vorschrift	1	2. Verhältnis zu § 8 II und III	7
1. Sozial- und wirtschaftspolitisch motivierte Steuerbefreiungsvorschrift	1	3. Verhältnis zu § 11	8
		B. Begünstigungsvoraussetzungen	9
II. Aufbau der Norm	5	I. Der Tatbestand	9
III. Verhältnis zu anderen Vorschriften des EStG und anderen Gesetzen	6	1. Einkünfte aus nichtselbstständiger Arbeit	9
		2. Gegenwärtiges Dienstverhältnis	10

---

1 Der Betrag rechtfertigt sich aus der Differenz des ArbN-Pauschbetrags zum neuen WK-Pauschbetrag. Er wurde auf 900 € aufgerundet, weil der Versorgungsfreibetrag abgerundet wurde. Insgesamt ist die Regelung in 2005 um 10 € günstiger.

2 IErg glA *Risthaus* DB 04, 1329 (1338): Einbeziehung bei Neuberechnung nicht erforderlich.

	Rn		Rn
3. Überlassung direkt an Arbeitnehmer	12	g) Beteiligungen als stiller Gesellschafter	23
4. Überlassung durch Dritte	13	h) Darlehensforderungen gegen den Arbeitgeber	24
5. Sachbezug	14	i) Genussrechte am Unternehmen des Arbeitgebers	25
6. Vermögensbeteiligung im Sinne des § 2 I Nr 1 5. VermBG	16	7. Vereinbarung einer Sperrfrist	26
a) Aktien	17	II. Begünstigungswirkung	27
b) Wandelschuld- und Gewinnschuldverschreibungen	18	1. Betragsmäßig begrenzte Steuerbefreiung	27
c) Anteilscheine an einem Sondervermögen	19	2. Bewertung der Beteiligung in Abs 2 (Reichweite dieser Norm)	28
d) Genussscheine als Wertpapiere	20	3. Zeitpunkt der Begünstigung (§ 11)	29
e) Geschäftsguthaben bei einer Genossenschaft	21		
f) Stammeinlagen oder Geschäftsanteile an einer GmbH	22		

A. Grundaussage der Vorschrift

I. Entstehung, Zweck und Systematik der Vorschrift. – 1. Sozial- und wirtschaftspolitisch motivierte Steuerbefreiungsvorschrift. § 19a fördert die Stärkung der Beteiligung von ArbN am Produktivvermögen.[1] Gefördert werden nicht nur unmittelbare betriebliche Beteiligungen am arbeitgebenden Unternehmen oder dessen Mutterunternehmen, sondern auch verbriefte Beteiligungen an fremden Unternehmen (§ 2 I Nr 1a, b und f 5. VermBG) sowie mittelbare Beteiligungen über Fonds-Anteile (§ 2 I Nr 1c 5. VermBG), nicht aber **bloße Geldanlagen.**[2] **1**

Die Norm enthält **materiell-rechtlich** eine **Steuerbefreiung.** Systematisch gehört die Vorschrift in den Katalog des § 3.[3] Da § 19a II eigenständig den Wert des Sachbezugs ermittelt, käme als Standort auch § 8 in Betracht.[4] **2**

Durch das **StSenkG** können sich insbes wegen § 3c II iVm § 3 Nr 40a EStG und § 8b III KStG **Auswirkungen auf die Überlassung von Anteilen** an einer KapGes ergeben. Ist der ArbG eine Körperschaft, mindert sich durch die Übertragung der Anteile auf ArbN der Gewinn nicht, ansonsten nur um die Hälfte. In beiden Fällen führt die Beteiligung aber zu steuerbaren Einnahmen des ArbN. Soweit die Obergrenze der Steuerbefreiung überschritten wird, ist der Betrag in voller Höhe zu versteuern. **3**

II. Aufbau der Norm. Abs 1 enthält den Grundtatbestand und die Rechtsfolge, eine Steuerbefreiung durch einen Freibetrag von max 135 €.[5] **Abs 2** regelt die Bewertung der einzelnen Vermögensbeteiligungen. **5**

III. Verhältnis zu anderen Vorschriften des EStG und anderen Gesetzen. – 1. Verhältnis zum 5. Vermögensbildungsgesetz. Seit dem StÄndG 01 verweist § 19a unmittelbar auf die einzelnen Beteiligungstypen des 5. VermBG. Dieses begünstigt die Verwendung von Arbeitslohn zum Erwerb einer Vermögensbeteiligung, während § 19a Sachbezüge in Form von Vermögensbeteiligungen stfrei stellt. Derselbe Betrag wird niemals zweimal gefördert. Es ist zulässig,[6] dass der ArbN verbilligte Vermögensbeteiligungen mit vermögenswirksamen Leistungen erwirbt.[7] **6**

2. Verhältnis zu § 8 II und III. § 19a regelt die Bewertung und Steuerbefreiung bestimmter Sachbezüge. Er genießt als spezialgesetzliche Regelung deshalb **Vorrang vor § 8 II.**[8] Dies gilt auch für den Teil des Sachbezugs, der den Freibetrag von 135 Euro übersteigt.[9] **7**

3. Verhältnis zu § 11. § 19a enthält keine abw eigene Vorschrift zum Zuflusszeitpunkt;[10] er befreit lediglich nach § 8 steuerbaren Sachbezug, dessen Zuflusszeitpunkt sich nach § 11 I 1 bestimmt. **8**

---

1 BT-Drs 10/337, 10.
2 *H/H/R* § 19a Rn 72.
3 *H/H/R* § 19a Rn 5; **aA** *K/S/M* § 19a Rn A 4.
4 § 8 III enthält auch eine vergleichbare Kombination von Bewertungsvorschrift und Steuerbefreiung; so auch *H/H/R* § 19a Rn 5.
5 Abgesenkt von bisher 154 € durch HBeglG 04.
6 *Zacharias/Hebig* FR 88, 626.
7 Zu anlagestrategischen Überlegungen *Giloy* BB 83, 1463.
8 R 19a VI LStR; *Blümich* § 19a Rn 89; *H/H/R* § 19a Rn 13; krit *Thomas* DStR 91, 1406.
9 Offen gelassen in BFH DStR 01, 1886.
10 *K/S/M* § 19a Rn A 21.

B. Begünstigungsvoraussetzungen

9 I. Der Tatbestand. – 1. Einkünfte aus nichtselbstständiger Arbeit. Die Begünstigung wird nur einem „**ArbN**" gewährt. Der Begriff ist trotz der Nähe der Norm zum 5. VermBG **steuerrechtlich auszulegen**.[1] Er gilt unabhängig davon, ob der ArbN unbeschränkt oder beschränkt stpfl ist.[2] So können auch **Organe jur Pers** (Geschäftsführer einer GmbH, Vorstandsmitglieder einer AG) begünstigt eine Vermögensbeteiligung erhalten.[3] Vorausgesetzt wird nur, dass es sich um eine Einnahme im Rahmen der **Einkünfte aus nichtselbstständiger Arbeit** handelt. Ist etwa die Übertragung der Beteiligung an einen Gesellschaftergeschäftsführer als vGA zu qualifizieren, kommt § 19a nicht zur Anwendung. § 15 I Nr 2 führt dazu, dass bei Pers, die an einer PersGes **mitunternehmerisch beteiligt** sind und gleichzeitig in einem Arbverh mit der Ges stehen, eine ansonsten begünstigte Überlassung einer Vermögensbeteiligung mangels entspr Einkünfte steuerlich nicht gefördert wird.[4] Bei Familienarbeitsverhältnissen ist deren steuerliche Anerkennung nach allg Grundsätzen Voraussetzung.

10 2. Gegenwärtiges Dienstverhältnis. Die Begünstigung wird nur für ein gegenwärtiges Dienstverhältnis gewährt. **Gegenwärtig** ist ein Dienstverhältnis, wenn der ArbN **in einem aktiven Arbverh** steht,[5] also der ArbN schon Arbeitsleistungen erbracht hat **(kein zukünftiges Dienstverhältnis)** und noch Arbeitsleistungen erbringen soll **(kein früheres Dienstverhältnis)**. Die Verwaltung gewährt die Steuerbefreiung auch,[6] wenn die Beteiligung im Rahmen einer Abwicklung eines früheren Arbverh überlassen wird. Ob das Arbverh im Zeitpunkt des Zuflusses noch besteht, ist dagegen unmaßgeblich,[7] da die Norm nur eine Gewährung „im Rahmen eines gegenwärtigen Dienstverhältnisses" vorsieht. Dieser Rahmen ist **wirtschaftlich**,[8] nicht zeitlich gefasst. Die Gegenwärtigkeit bestimmt sich letztlich danach, ob die Überlassung die **Gegenleistung für** die **in einem bestimmten Jahr erbrachte Arbeitsleistung** darstellt und **nicht** Ausfluss einer Gegenleistung für die im **gesamten Arbeitsleben** erbrachte Arbeitsleistung ist oder eine Vorauszahlung für künftige Arbeitsleistung darstellt.[9]

11 Ein gegenwärtiges Dienstverhältnis besteht auch im Rahmen der **Altersteilzeit** für den Zeitraum, in dem aufgrund erbrachter Vorleistungen (zB volle Arbeitszeit trotz vereinbarter Teilzeit) keine Tätigkeit mehr ausgeübt wird. Bei einem **ruhenden Arbverh** (Mutterschutz, Erziehungsurlaub, Wehr- und Zivildienst oder Wehrübung, freiwillige Dienstvereinbarung) nimmt die Literatur überwiegend an, dass eine solche Unterbrechung die Gegenwärtigkeit nicht beeinträchtige.[10] In Hinblick auf die Überlassung als Gegenleistung für die tatsächliche Arbeitsleistung ist dies aber nur dann der Fall, wenn **für das Jahr**, für das die Beteiligung überlassen wird, **auch laufender Arbeitslohn** an den ArbN gezahlt worden ist.

12 3. Überlassung direkt an Arbeitnehmer. Die Vermögensbeteiligung muss direkt an den ArbN überlassen werden.[11] Als Lenkungsnorm ist die Vorschrift einer Erweiterung des Förderungstatbestandes durch Auslegung nach dem Leistungsfähigkeitsprinzip nicht zugänglich.[12] Eine Erhöhung der Beteiligung von ArbN am Produktivvermögen wird nur erreicht, wenn der ArbN selbst beteiligt wird, nicht durch eine Beteiligung ihm nahe stehender Dritter.

13 4. Überlassung durch Dritte. Im Gegensatz dazu muss die Überlassung nicht durch den ArbG selbst erfolgen. Denn auch geldwerte Vorteile durch Dritte führen zu Einkünften aus nichtselbstständiger Arbeit.[13] Angesichts der spezifizierten Vermögensbeteiligungen in § 2 I Nr 1, II 5. VermBG kommt als Dritter aber idR **nur ein beherrschender Beteiligter des ArbG**-Unternehmens in Betracht.

---

1 *H/H/R* § 19a Rn 32.
2 *Blümich* § 19a Rn 10.
3 *K/S/M* § 19a Rn B 2.
4 Die Begünstigung nach dem 5. VermBG kann dagegen gewährt werden; *K/S/M* § 19a Rn B 3.
5 *L/B/P* § 19a Rn 11.
6 R 19a I 2 LStR.
7 So *H/H/R* § 19a Rn 33, der die Gegenwärtigkeit (mE zu Unrecht) als Frage des Arbeits- und Dienstvertragsrechts sieht.
8 *K/S/M* § 19a Rn B 13 „Maßgeblichkeit des Kausalzusammenhangs".
9 R 19a I 2 LStR spricht von „Arbeitslohn für die tatsächliche Arbeitsleistung".
10 Ausf *K/S/M* § 19a Rn B 12 ff; *H/H/R* § 19a Rn 33; *Altehoefer* DStZ 84, 61 (70).
11 *K/S/M* § 19a Rn B 28; *Blümich* § 19a Rn 17; *H/H/R* § 19a Rn 29; *Altehoefer* DStZ 84, 61 (70); aA *Schmidt*[26] § 19a Rn 20; *L/B/P* § 19a Rn 10.
12 AA *Schmidt*[26] § 19a Rn 20, wegen Zurechnung eines Sachbezugs an nahe stehende Dritte als eigene Einnahme des ArbN.
13 § 19 Rn 126.

5. Sachbezug. Begünstigt ist nur die **verbilligte oder unentgeltliche Überlassung** von bestimmten 14
Vermögensbeteiligungen. Der Begriff der **Unentgeltlichkeit** meint nur, dass für die Überlassung der
Anteile **kein Entgelt** geleistet wird. Es muss sich **aber um eine Gegenleistung für eine Arbeitsleistung** handeln.[1] Wird der Anteil ohne jegliche (steuerlich anzuerkennende) Gegenleistung übertragen (zB an nahe Angehörige), liegt keine Einnahme des ArbN nach § 8 vor, so dass es keiner Steuerbefreiung bedarf. Soweit es dadurch zu einer Entnahme oder einer Gewinnausschüttung kommt, ist diese Einkommenserhöhung nicht begünstigt. Ob die Überlassung **verbilligt** erfolgt, zeigt sich im Verhältnis der konkreten Gegenleistung zum Wert der Beteiligung, wie er sich **nach § 19a II** ermittelt. Nach neuer Auffassung der Verwaltung[2] ist es **nicht mehr schädlich**, wenn die Vermögensbeteiligung durch gleichzeitige Herabsetzung von Barlohn (**Barlohnumwandlung**) überlassen wird.[3]

6. Vermögensbeteiligung im Sinne des § 2 I Nr 1 5. VermBG. Gefördert werden nur die in § 2 I 16
Nr 1 5. VermBG aufgezählten Kapitalbeteiligungen oder Darlehensforderungen.[4] Die Aufzählung ist abschließend.[5] Eine Erweiterung des Katalogs durch Auslegung ist nicht möglich. Allerdings erlaubt § 2 II 5. VermBG die Begünstigung gleichartiger Anteile an Unternehmen, die als herrschendes Unternehmen iSd § 18 I AktG mit dem ArbG-Unternehmen verbunden ist (**Konzernklausel**). Begünstigte Vermögensbeteiligungen sind danach:

a) Aktien. Gefördert werden gem § 2 I Nr 1a 5. VermBG eigene Aktien des ArbG oder des diesen 17
beherrschenden Unternehmens (§ 2 II 5. VermBG), sowie an einer deutschen Börse amtlich gehandelte, zum geregelten Markt zugelassene oder im Freiverkehr einbezogene Aktien. Es kann sich auch um ausländische Aktien handeln,[6] **nicht** aber um **fremde Aktien**, die nur an einer **ausländischen Börse** gehandelt werden.

b) Wandelschuld- und Gewinnschuldverschreibungen. (§ 2 I Nr 1b 5. VermBG) Bei **Wandelschuld-** 18
verschreibungen gelten dieselben Einschränkungen **wie bei Aktien.** Werden sie als Namensschuldverschreibungen herausgegeben, müssen die Wertpapiere zudem auf Kosten des ArbG durch ein inländisches zugelassenes Kreditinstitut verbürgt oder durch eine inländische zugelassene Versicherung privatrechtlich gesichert sein. **Gewinnschuldverschreibungen** sind **nur** begünstigt, wenn sie **vom ArbG** oder von dessen beherrschendem Mutterunternehmen (§ 2 II S 1 5. VermBG) ausgegeben werden. Wenn auch gewinnunabhängige Zinsanteile zugesagt sind, darf dieser Anteil nicht mehr als die Hälfte der Gesamtverzinsung (§ 2 III Nr 1 5. VermBG) oder höchstens die Hälfte der Emissionsrendite[7] festverzinslicher Wertpapiere betragen (§ 2 III Nr 2 5. VermBG). Andere Schuldverschreibungen werden nicht gefördert.

c) Anteilscheine an einem Sondervermögen. Gefördert werden gem § 2 I Nr 1c 5. VermBG Anteils- 19
scheine an **Wertpapier-, Beteiligungs-, Investmentfond- und Gemischten Wertpapier- und Grundstücks-Sondervermögen** des KAGG und nach dem AIG zulässig zu vertreibende **ausländische Investmentanteile.** Bei letzteren muss der Anteil der Aktien und stillen Beteiligungen mindestens 60 % betragen.

d) Genussscheine als Wertpapiere. werden grundsätzlich unter denselben Voraussetzungen wie 20
Aktien gefördert (§ 2 I Nr 1f, II 1 5. VermBG), wenn sie mit dem Recht am Gewinn des Unternehmens verbunden sind.[8] Dabei darf aber **keine MU'schaft** nach § 15 I Nr 2 entstehen. Dies kann dann der Fall sein, wenn mit den Genussscheinen eine Beteiligung an den stillen Reserven verbunden ist. Werden sie von fremden Unternehmen ausgegeben, muss es sich um ein inländisches Unternehmen handeln, das kein Kreditinstitut ist. Gem § 2 IV 5. VermBG ist die Zusage der Rückzahlung zum Nennwert schädlich. Wird eine gewinnunabhängige Mindestverzinsung versprochen, gelten dieselben Einschränkungen wie bei Gewinnschuldverschreibungen (§ 2 IV HS 2 5. VermBG).

e) Geschäftsguthaben bei einer Genossenschaft. Geschäftsguthaben[9] werden nur bei **inländischen** 21
Genossenschaften gefördert. Voraussetzung ist, dass die Genossenschaft entweder ArbG, das herrschende Unternehmen des ArbG (§ 2 II 2 5. VermBG), ein Kreditinstitut oder eine nach § 2 I Nr 2 WoPG begünstigte Bau- oder Wohnungsgenossenschaft ist.

---

1 *Blümich* § 19a Rn 12.
2 R 19a V LStR.
3 Anders noch R 77 IV LStR 06.
4 Zu Einzelheiten s BMF zum 5. VermBG BStBl I 97, 738 dort unter 4.
5 Zu vorgeschlagenen, aber nicht verwirklichten Erweiterungsvorschlägen s *H/H/R* § 19a Rn 3.
6 *H/H/R* § 19a Rn 71.
7 Maßgeblich ist der Ausweis der Deutschen Bundesbank im viertletzten Monat vor der Ausgabe des Wertpapiers.
8 Insofern sind die förderungsfähigen Genussscheine von bloßen Mitgliedschaftsrechten oder anderen Gläubigerrechten abzugrenzen.
9 Ausf dazu *H/H/R* § 19a Rn 80.

Eisgruber

22 **f) Stammeinlagen oder Geschäftsanteile an einer GmbH.** werden gem § 2 I Nr 1h 5. VermBG nur dann gefördert, wenn es sich um eine **inländische GmbH** handelt, die ArbG des ArbN oder das herrschende Unternehmen gegenüber dem Unternehmen des ArbG ist, § 2 II 3 5. VermBG. Ein ausländischer GmbH-Anteil wird auch dann nicht gefördert, wenn die ausländische GmbH ArbG des ArbN ist.[1] Für den **Zufluss** des geldwerten Vorteils reicht die **notarielle Beurkundung** aus.

23 **g) Beteiligungen als stiller Gesellschafter.** Begünstigt werden **typisch stille Beteiligungen**[2] am Unternehmen des ArbG (§ 2 I Nr 1i 5. VermBG) oder am beherrschenden Unternehmen (§ 2 I 4 5. VermBG), wenn das Unternehmen Sitz und Geschäftsleitung im Inland hat.

24 **h) Darlehensforderungen gegen den Arbeitgeber.** § 2 I Nr 1k 5. VermBG beschränkt die Förderung auf Darlehensforderungen gegen den ArbG bzw das beherrschende Unternehmen (§ 2 II 5 5. VermBG). Zusätzlich muss das Darlehen aber durch ein im Inland zugelassenes **Kreditinstitut verbürgt** oder durch ein im Inland zugelassenes **Versicherungsunternehmen privatrechtlich gesichert** sein. Das Darlehen kann auch als partiarisches Darlehen gewinnabhängig sein.[3]

25 **i) Genussrechte am Unternehmen des Arbeitgebers.** Die Förderung unterliegt grundsätzlich denselben Voraussetzungen **wie** bei **Genussscheinen.** Genussrechte werden aber nur begünstigt, wenn sie am Unternehmen des ArbG oder des diesen beherrschenden Unternehmens (§ 2 II 5 5. VermBG) begründet werden. Das Unternehmen muss Sitz und Geschäftsleitung im Inland haben.

26 **7. Vereinbarung einer Sperrfrist.** Die Vereinbarung einer Sperrfrist ist ab 2002 nicht mehr **Tatbestandsvoraussetzung** der Steuerfreiheit.[4] Da auf eine Übergangsregelung verzichtet wurde, kann auch über vor dem 1.1.02 übertragene Vermögensbeteiligungen ab dem 1.1.01 verfügt werden, ohne dass eine Nachbesteuerung nach § 7 EStDV droht.[5]

27 **II. Begünstigungswirkung. – 1. Betragsmäßig begrenzte Steuerbefreiung.** Der durch die Überlassung erhaltene geldwerte Vorteil bleibt **bis zum maßgeblichen Höchstbetrag** stfrei.

Die Steuerbefreiung ist relativ – bezogen auf den Wert der überlassenen Beteiligung (höchstens die Hälfte) – und absolut auf 135 € begrenzt. Diese **zweigleisige Begrenzung** führt dazu, dass in jedem Fall der ArbN etwas entweder versteuern oder für eine Beteiligung aufwenden muss (oder beides).

Beispiele:

Wert der Beteiligung	Gegenleistung des ArbN	geldwerter Vorteil	relative Obergrenze	absolute Obergrenze	stfrei	stpfl
200 €	keine	200 €	100 €	154 €	100 €	100 €
200 €	100 €	100 €	100 €	154 €	100 €	0 €
400 €	100 €	300 €	200 €	154 €	154 €	146 €

Die Begrenzung bezieht sich auf das einzelne Arbverh, nicht auf das Kj.[6]

28 **2. Bewertung der Beteiligung in Abs 2 (Reichweite dieser Norm).** § 19a II regelt die Methode und den **Zeitpunkt der Bewertung** der Beteiligungen. Der Wert der Beteiligung entspricht gem S 1 grundsätzlich dem gemeinen Wert gem § 9 BewG. Die S 2–7 enthalten aber für alle Vermögensbeteiligungen Sonderregelungen.

– Sind Aktien, Wandelschuldverschreibungen, Gewinnschuldverschreibungen oder Genussscheine **börsennotiert** (S 2) oder sind sie am geregelten Markt zugelassen oder in den geregelten Freiverkehr (S 4) einbezogen, werden sie mit dem niedrigsten Tageswert am Tag der Beschlussfassung oder dem letzten innerhalb der letzten 30 Tage notierten Kurs bewertet (S 3). Bei unterschiedlichen Marktsegmenten für Privatanleger und institutionelle Anleger ist das Segment für Privatanleger maßgeblich.[7] Maßgeblich ist der Beschluss des ArbG, auf dem die Überlassung der Aktien tatsächlich beruht,[8] also der Beschluss das Bezugsrecht einzuräumen, nicht der Beschluss, der

---

1 *H/H/R* § 19a Rn 81.
2 Es darf keine MU'schaft entstehen; zur Abgrenzung § 15 Rn 246.
3 *Blümich* § 19a Rn 76.
4 Lt BT-Drs 399/01 rechtfertigt eine Steuerfreiheit von damals noch maximal 154 € den dadurch entstehenden Verwaltungsaufwand nicht.
5 Zu den Voraussetzungen der Nachbesteuerung für Vfg vor dem 1.1.02 s 1. Aufl § 19a Rn 40 ff.
6 R 19a XIII LStR.
7 FG Kln EFG 04, 1368.
8 BFH BStBl II 01, 677.

Verpflichtung aus einem bereits ausgeübten Optionsrecht nachzukommen.[1] Um der RL 93/22/EWG Rechnung zutragen, wurde durch das StÄndG 02 diese Regelung auf Fälle erweitert, in denen ein in der EU ansässiger ArbG eigene Aktien an seine ArbN verbilligt abgibt.[2] Liegen zw Beschlussfassung und Überlassung mehr als 9 Monate, ist der Tag der Überlassung für die Bewertung maßgeblich (S 5). Die Methode gilt auch für erst im Rahmen einer Kapitalerhöhung auszugebende „junge" Aktien, sofern die „Altaktie" im Zeitpunkt des Überlassungsbeschlusses an der Börse notiert ist, selbst dann, wenn im Zeitpunkt der Überlassung die jungen Aktien bereits an der Börse notiert sind.[3] Anteile ohne einen solchen Wert werden mit dem gemeinen Wert angesetzt.

– Anteile an Sondervermögen werden mit dem **Ausgabepreis** am Tag der Überlassung bewertet (S 6).
– Geschäftsguthaben bei einer Genossenschaft, Beteiligungen als stiller Gesellschafter, Darlehensforderungen und Genussrechte am Unternehmen werden mit dem **Nennbetrag** bewertet, sofern nicht besondere Umstände einen anderen Wert begründen (S 7). Ein abw Wert bestimmt sich nach den Grundsätzen der R 109 ErbStG.[4]
– Der Wert von Anteilen an einer inländischen GmbH wird in einer fiktiven **Anteilsbewertung**[5] nach dem „Stuttgarter Verfahren" ermittelt, wenn er sich nicht aus Verkäufen der letzten 12 Monate ableiten lässt.

Die **Verfügungsbeschränkungen**, die sich aus der Einhaltung einer Sperrfrist ergeben, sind unbeachtlich.[6] Als **Tag der Überlassung** gilt der Tag der Ausbuchung beim Überlassenden oder dessen Erfüllungsgehilfen.[7] Er ist daher nicht notwendig identisch mit dem Zuflusszeitpunkt.[8] Die Bewertung des geldwerten Vorteils nach § 19a II geht § 8 II auch dann vor, wenn es zu keiner Steuerbefreiung kommt.

Der Regelungszweck des § 19a II rechtfertigt die Anwendung nur, wenn der ArbG in seinem Überlassungsangebot für die verbilligte Überlassung der Wertpapiere den vom ArbN zu zahlenden Preis so bemisst, dass der aus der Annahme des Überlassungsangebots entstehende Vorteil bis zur Überlassung Veränderungen unterliegen kann.[9] Beziffert der ArbG den Vorteil mit einem feststehenden Betrag, ist der geldwerte Vorteil mit dem genau bezifferten Preisvorteil zu ermitteln.

3. Zeitpunkt der Begünstigung (§ 11). Die Steuerbefreiung führt dazu, dass eine steuerbare Einnahme nicht stpfl ist. Der Zeitpunkt der Begünstigung hängt deshalb davon ab, wann der ArbN die Vermögensbeteiligung erhält. Es gelten die allg Grundsätze nach § 11 I 1. Der ArbN muss die **wirtschaftliche Verfügungsmacht** über die Vermögensbeteiligung erhalten. Bei den verbrieften Vermögensbeteiligungen (§ 2 I Nr 1a-f 5. VermBG) muss der ArbN Eigentümer des Wertpapiers werden, bei den nicht verbrieften Vermögensbeteiligungen (§ 2 I Nr 1g-l 5. VermBG) Inhaber des Rechts. Maßgeblich ist die zivilrechtliche Situation. Eine **Sperrfrist hindert** die Erlangung der wirtschaftlichen Verfügungsmacht **nicht**.[10] Bei der Überlassung von Vermögensbeteiligungen handelt es sich nicht um laufenden Arbeitslohn. § 11 I 3 iVm § 38a I 2 ist nicht anwendbar.[10]

29

e) Kapitalvermögen (§ 2 Abs. 1 Satz 1 Nr. 5)

§ 20

(1) ¹Zu den Einkünften aus Kapitalvermögen gehören
1. Gewinnanteile (Dividenden), Ausbeuten und sonstige Bezüge aus Aktien, Genussrechten, mit denen das Recht am Gewinn und Liquidationserlös einer Kapitalgesellschaft verbunden ist, aus Anteilen an Gesellschaften mit beschränkter Haftung, an Erwerbs- und Wirtschaftsgenossenschaften sowie an bergbautreibenden Vereinigungen, die die Rechte einer juristischen Person

---

1 BFH BStBl II 01, 689.
2 BT-Drs 399/01, 43.
3 BFH BStBl II 01, 677.
4 R 19a X LStR; zu Darlehensforderungen dort Satz 2.
5 R 77 19a LStR; die Streichung des deklaratorischen (*H/H/R* § 19a Rn 46) S 8 durch das StÄndG 03 hat die Rechtslage nicht verändert.
6 BFH BStBl II 89, 608; *Lademann* § 19A Rn 68; **aA** *K/S/M* § 19a Rn D 8 f.
7 A 19a VIII LStR.
8 **AA** *K/S/M* § 19a Rn B 21.
9 BFH BStBl II 01, 813.
10 *H/H/R* § 19a Rn 27.

haben. ²Zu den sonstigen Bezügen gehören auch verdeckte Gewinnausschüttungen. ³Die Bezüge gehören nicht zu den Einnahmen, soweit sie aus Ausschüttungen einer Körperschaft stammen, für die Beträge aus dem steuerlichen Einlagekonto im Sinne des § 27 des Körperschaftsteuergesetzes als verwendet gelten. ⁴Als sonstige Bezüge gelten auch Einnahmen, die an Stelle der Bezüge im Sinne des Satzes 1 von einem anderen als dem Anteilseigner nach Absatz 2a bezogen werden, wenn die Aktien mit Dividendenberechtigung erworben, aber ohne Dividendenanspruch geliefert werden;

2. Bezüge, die nach der Auflösung einer Körperschaft oder Personenvereinigung im Sinne der Nummer 1 anfallen und die nicht in der Rückzahlung von Nennkapital bestehen; Nummer 1 Satz 3 gilt entsprechend. ²Gleiches gilt für Bezüge, die auf Grund einer Kapitalherabsetzung oder nach der Auflösung einer unbeschränkt steuerpflichtigen Körperschaft oder Personenvereinigung im Sinne der Nummer 1 anfallen und die als Gewinnausschüttung im Sinne des § 28 Abs. 2 Satz 2 und 4 des Körperschaftsteuergesetzes gelten;

3. *(weggefallen)*

4. Einnahmen aus der Beteiligung an einem Handelsgewerbe als stiller Gesellschafter und aus partiarischen Darlehen, es sei denn, dass der Gesellschafter oder Darlehensgeber als Mitunternehmer anzusehen ist. ²Auf Anteile des stillen Gesellschafters am Verlust des Betriebes sind § 15 Abs. 4 Satz 6 bis 8 und § 15a sinngemäß anzuwenden;

5. Zinsen aus Hypotheken und Grundschulden und Renten aus Rentenschulden. ²Bei Tilgungshypotheken und Tilgungsgrundschulden ist nur der Teil der Zahlungen anzusetzen, der als Zins auf den jeweiligen Kapitalrest entfällt;

6. der Unterschiedsbetrag zwischen der Versicherungsleistung und der Summe der auf sie entrichteten Beiträge (Erträge) im Erlebensfall oder bei Rückkauf des Vertrags bei Rentenversicherungen mit Kapitalwahlrecht, soweit nicht die lebenslange Rentenzahlung gewählt und erbracht wird, und bei Kapitalversicherungen mit Sparanteil, wenn der Vertrag nach dem 31. Dezember 2004 abgeschlossen worden ist. ²Wird die Versicherungsleistung nach Vollendung des 60. Lebensjahres des Steuerpflichtigen und nach Ablauf von zwölf Jahren seit dem Vertragsabschluss ausgezahlt, ist die Hälfte des Unterschiedsbetrags anzusetzen. ³Bei entgeltlichem Erwerb des Anspruchs auf die Versicherungsleistung treten die Anschaffungskosten an die Stelle der vor dem Erwerb entrichteten Beiträge. ⁴Die Sätze 1 bis 3 sind auf Erträge aus fondsgebundenen Lebensversicherungen, auf Erträge im Erlebensfall bei Rentenversicherungen ohne Kapitalwahlrecht, soweit keine lebenslange Rentenzahlung vereinbart und erbracht wird, und auf Erträge bei Rückkauf des Vertrages bei Rentenversicherungen ohne Kapitalwahlrecht entsprechend anzuwenden;

7. Erträge aus sonstigen Kapitalforderungen jeder Art, wenn die Rückzahlung des Kapitalvermögens oder ein Entgelt für die Überlassung des Kapitalvermögens zur Nutzung zugesagt oder gewährt worden ist, auch wenn die Höhe des Entgelts von einem ungewissen Ereignis abhängt. ²Dies gilt unabhängig von der Bezeichnung und der zivilrechtlichen Ausgestaltung der Kapitalanlage;

8. Diskontbeträge von Wechseln und Anweisungen einschließlich der Schatzwechsel;

9. Einnahmen aus Leistungen einer nicht von der Körperschaftsteuer befreiten Körperschaft, Personenvereinigung oder Vermögensmasse im Sinne des § 1 Abs. 1 Nr. 3 bis 5 des Körperschaftsteuergesetzes, die Gewinnausschüttungen im Sinne der Nummer 1 wirtschaftlich vergleichbar sind, soweit sie nicht bereits zu den Einnahmen im Sinne der Nummer 1 gehören; Nummer 1 Satz 2, 3 und Nummer 2 gelten entsprechend;

10. a) Leistungen eines nicht von der Körperschaftsteuer befreiten Betriebs gewerblicher Art im Sinne des § 4 des Körperschaftsteuergesetzes mit eigener Rechtspersönlichkeit, die zu mit Gewinnausschüttungen im Sinne der Nummer 1 Satz 1 wirtschaftlich vergleichbaren Einnahmen führen; Nummer 1 Satz 2, 3 und Nummer 2 gelten entsprechend;

b) der nicht den Rücklagen zugeführte Gewinn und verdeckte Gewinnausschüttungen eines nicht von der Körperschaftsteuer befreiten Betriebs gewerblicher Art im Sinne des § 4 des Körperschaftsteuergesetzes ohne eigene Rechtspersönlichkeit, der den Gewinn durch Betriebsvermögensvergleich ermittelt oder Umsätze einschließlich der steuerfreien Umsätze, ausgenommen die Umsätze nach § 4 Nr. 8 bis 10 des Umsatzsteuergesetzes, von mehr als 350 000 Euro im Kalenderjahr oder einen Gewinn von mehr als 30 000 Euro im Wirtschaftsjahr hat, sowie der Gewinn im Sinne des § 22 Abs. 4 des Umwandlungssteuergesetzes. ²Die

Auflösung der Rücklagen zu Zwecken außerhalb des Betriebs gewerblicher Art führt zu einem Gewinn im Sinne des Satzes 1; in Fällen der Einbringung nach dem Achten Teil des Umwandlungssteuergesetzes gelten die Rücklagen als aufgelöst. ³Bei dem Geschäft der Veranstaltung von Werbesendungen der inländischen öffentlich-rechtlichen Rundfunkanstalten gelten drei Viertel des Einkommens im Sinne des § 8 Abs. 1 Satz 2 des Körperschaftsteuergesetzes als Gewinn im Sinne des Satzes 1. ⁴Die Sätze 1 und 2 sind bei wirtschaftlichen Geschäftsbetrieben der von der Körperschaftsteuer befreiten Körperschaften, Personenvereinigungen oder Vermögensmassen entsprechend anzuwenden. ⁵Nummer 1 Satz 3 gilt entsprechend;

(2) ¹Zu den Einkünften aus Kapitalvermögen gehören auch

1. besondere Entgelte oder Vorteile, die neben den in den Absätzen 1 und 2 bezeichneten Einnahmen oder an deren Stelle gewährt werden;
2. Einnahmen aus der Veräußerung
    a) von Dividendenscheinen und sonstigen Ansprüchen durch den Inhaber des Stammrechts, wenn die dazugehörigen Aktien oder sonstigen Anteile nicht mitveräußert werden. ²Diese Besteuerung tritt an die Stelle der Besteuerung nach Absatz 1;
    b) von Zinsscheinen und Zinsforderungen durch den Inhaber oder ehemaligen Inhaber der Schuldverschreibung, wenn die dazugehörigen Schuldverschreibungen nicht mitveräußert werden. ²Entsprechendes gilt für die Einlösung von Zinsscheinen und Zinsforderungen durch den ehemaligen Inhaber der Schuldverschreibung;
3. Einnahmen aus der Veräußerung von Zinsscheinen und Zinsforderungen, wenn die dazugehörigen Schuldverschreibungen mitveräußert werden und das Entgelt für die auf den Zeitraum bis zur Veräußerung der Schuldverschreibung entfallenden Zinsen des laufenden Zinszahlungszeitraums (Stückzinsen) besonders in Rechnung gestellt ist;
4. Einnahmen aus der Veräußerung oder Abtretung von
    a) abgezinsten oder aufgezinsten Schuldverschreibungen, Schuldbuchforderungen und sonstigen Kapitalforderungen durch den ersten und jeden weiteren Erwerber,
    b) Schuldverschreibungen, Schuldbuchforderungen und sonstigen Kapitalforderungen ohne Zinsscheine und Zinsforderungen oder von Zinsscheinen und Zinsforderungen ohne Schuldverschreibungen, Schuldbuchforderungen und sonstige Kapitalforderungen durch den zweiten und jeden weiteren Erwerber zu einem abgezinsten oder aufgezinsten Preis,
    c) Schuldverschreibungen, Schuldbuchforderungen und sonstigen Kapitalforderungen mit Zinsscheinen oder Zinsforderungen, wenn Stückzinsen nicht besonders in Rechnung gestellt werden oder bei denen die Höhe der Erträge von einem ungewissen Ereignis abhängt,
    d) Schuldverschreibungen, Schuldbuchforderungen und sonstigen Kapitalforderungen mit Zinsscheinen oder Zinsforderungen, bei denen Kapitalerträge in unterschiedlicher Höhe oder für unterschiedlich lange Zeiträume anfallen,
    soweit sie der rechnerisch auf die Besitzzeit entfallenden Emissionsrendite entsprechen. ²Haben die Wertpapiere und Kapitalforderungen keine Emissionsrendite oder weist der Steuerpflichtige sie nicht nach, gilt der Unterschied zwischen dem Entgelt für den Erwerb und den Einnahmen aus der Veräußerung, Abtretung oder Einlösung als Kapitalertrag; bei Wertpapieren und Kapitalforderungen in einer ausländischen Währung ist der Unterschied in dieser Währung zu ermitteln. ³Die Besteuerung der Zinsen und Stückzinsen nach Absatz 1 Nr. 7 und Satz 1 Nr. 3 bleibt unberührt; die danach der Einkommensteuer unterliegenden, dem Veräußerer bereits zugeflossenen Kapitalerträge aus den Wertpapieren und Kapitalforderungen sind bei der Besteuerung nach der Emissionsrendite abzuziehen. ⁴Die Sätze 1 bis 3 gelten für die Einlösung der Wertpapiere und Kapitalforderungen bei deren Endfälligkeit entsprechend. ⁵Die Sätze 1 bis 4 sind nicht auf Zinsen aus Gewinnobligationen und Genussrechten im Sinne des § 43 Abs. 1 Satz 1 Nr. 2 anzuwenden.

²Die Nummern 2 und 3 gelten sinngemäß für die Einnahmen aus der Abtretung von Dividenden- oder Zinsansprüchen oder sonstigen Ansprüchen im Sinne der Nummer 2, wenn die dazugehörigen Anteilsrechte oder Schuldverschreibungen nicht in einzelnen Wertpapieren verbrieft sind. ³Satz 2 gilt auch bei der Abtretung von Zinsansprüchen aus Schuldbuchforderungen, die in ein öffentliches Schuldbuch eingetragen sind.

(2a) ¹Einkünfte aus Kapitalvermögen im Sinne des Absatzes 1 Nr. 1 bis 3 erzielt der Anteilseigner. ²Anteilseigner ist derjenige, dem nach § 39 der Abgabenordnung die Anteile an dem Kapitalvermögen im Sinne des Absatzes 1 Nr. 1 im Zeitpunkt des Gewinnverteilungsbeschlusses zuzurechnen sind. ³Sind einem Nießbraucher oder Pfandgläubiger die Einnahmen im Sinne des Absatzes 1 Nr. 1 oder 2 zuzurechnen, gilt er als Anteilseigner.

(2b) ¹§ 15b ist sinngemäß anzuwenden. ²Ein vorgefertigtes Konzept im Sinne des § 15b Abs. 2 Satz 2 liegt auch vor, wenn die positiven Einkünfte nicht der tariflichen Einkommensteuer unterliegen.

(3) Soweit Einkünfte der in den Absätzen 1 und 2 bezeichneten Art zu den Einkünften aus Land- und Forstwirtschaft, aus Gewerbebetrieb, aus selbstständiger Arbeit oder aus Vermietung und Verpachtung gehören, sind sie diesen Einkünften zuzurechnen.

(4) ¹Bei der Ermittlung der Einkünfte aus Kapitalvermögen ist nach Abzug der Werbungskosten ein Betrag von 750 Euro abzuziehen (Sparer-Freibetrag). ²Ehegatten, die zusammen veranlagt werden, wird ein gemeinsamer Sparer-Freibetrag von 1 500 Euro gewährt. ³Der gemeinsame Sparer-Freibetrag ist bei der Einkunftsermittlung bei jedem Ehegatten je zur Hälfte abzuziehen; sind die um die Werbungskosten geminderten Kapitalerträge eines Ehegatten niedriger als 750 Euro, so ist der anteilige Sparer-Freibetrag insoweit, als er die um die Werbungskosten geminderten Kapitalerträge dieses Ehegatten übersteigt, beim anderen Ehegatten abzuziehen. ⁴Der Sparer-Freibetrag und der gemeinsame Sparer-Freibetrag dürfen nicht höher sein als die um die Werbungskosten einschließlich einer abzuziehenden ausländischen Steuer geminderten Kapitalerträge.

R 20 EStR

Übersicht

	Rn		Rn
A. Grundaussage der Vorschrift	1	X. Zurechnung bei Übertragung der Beteiligung (§ 20 IIa)	129
I. Regelungsgegenstand und Systematik	1	XI. Isolierte Übertragung des Ertragsanspruchs (§ 20 II 1 Nr 2a)	135
1. Der sachliche Besteuerungstatbestand	2	XII. Investmentfonds	141
2. Persönliche Zurechnung	9	**C. Erträge aus stiller Gesellschaft oder partiarischem Darlehen (§ 20 I Nr 4)**	161
3. Besteuerungszeitpunkt	13		
II. Systematischer Zusammenhang	21	I. Voraussetzungen der stillen Gesellschaft	161
III. Rechtsentwicklung	32	II. Abgrenzung der stillen Gesellschaft	166
B. Beteiligungserträge iSv § 20 I Nr 1, 2, 9, 10, II 1 Nr 1, 2a, IIa	40	III. Besondere Erscheinungsformen der stillen Gesellschaft	175
I. Halbeinkünfteverfahren	41	IV. Die Einkünfte des stillen Gesellschafters	186
II. Bezüge aus Beteiligungen (§ 20 I Nr 1 S 1)	61	V. Anwendung von § 15 IV 6–8, § 15a (§ 20 I Nr 4 S 2)	195
III. Verdeckte Gewinnausschüttungen (§ 20 I Nr 1 S 2)	71	1. Die sinngemäße Anwendung von § 15 IV 6–8	195
IV. Zurückgewährte Einlagen (§ 20 I Nr 1 S 3)	91	2. Die sinngemäße Anwendung von § 15a	204
V. Dividendenkompensationszahlungen (§ 20 I Nr 1 S 4)	92	VI. Partiarische Darlehen (§ 20 I Nr 4, 2. Alt)	210
VI. Bezüge nach Auflösung oder aus Kapitalherabsetzung (§ 20 I Nr 2)	100	**D. Erträge aus Grundpfandrechten, Versicherungen, Wechseln (§ 20 I Nr 5, 6, 8)**	230
VII. Einnahmen von Körperschaften iSv § 1 I Nr 3–5 KStG (§ 20 I Nr 9)	109	I. Erträge aus Hypotheken, Grund- und Rentenschulden (§ 20 I Nr 5)	231
VIII. Leistungen von Betrieben gewerblicher Art und wirtschaftlichen Geschäftsbetrieben (§ 20 I Nr 10)	115	II. Erträge aus Lebensversicherungen (§ 20 I Nr 6)	250
1. Betriebe gewerblicher Art mit Rechtspersönlichkeit (§ 20 I Nr 10a)	116	III. Diskontbeträge von Wechseln und Anweisungen (§ 20 I Nr 8)	280
2. Betriebe gewerblicher Art ohne Rechtspersönlichkeit (§ 20 I Nr 10b S 1–3, 5)	117	**E. Sonstige Kapitalerträge im Sinne von § 20 I Nr 7**	300
3. Wirtschaftliche Geschäftsbetriebe (§ 20 I Nr 10b S 4)	121	I. Erträge aus sonstigen Kapitalforderungen	301
IX. Besondere Entgelte oder Vorteile (§ 20 II 1 Nr 1)	125	1. Kapitalforderungen jeder Art	301

	Rn		Rn
2. Erträge	308	3. Forderungen ohne Stückzinsen oder mit ungewissem Ertrag (§ 20 II 1 Nr 4 S 1c)	405
3. Einzelne Kapitalforderungen	315		
II. Besondere Entgelte und Vorteile (§ 20 II 1 Nr 1)	360	4. Forderungen mit Erträgen in unterschiedlicher Höhe oder für unterschiedliche Zeiträume (§ 20 II 1 Nr 4 S 1d)	415
III. Einnahmen bei Trennung von Zins- und Stammforderung (§ 20 II 1 Nr 2b)	361		
IV. Stückzinsen (§ 20 II 1 Nr 3)	370	F. Verlustverrechnungsbeschränkung nach § 15b (§ 20 IIb)	430
V. Einnahmen aus Kursdifferenzpapieren (§ 20 II 1 Nr 4)	380	G. Verhältnis zu anderen Einkunftsarten (§ 20 III)	450
1. „Geborene" Ab- und Aufzinsungspapiere (§ 20 II 1 Nr 4 S 1a)	381	H. Sparerfreibetrag (§ 20 IV)	471
2. „Gekorene" Ab- und Aufzinsungspapiere (§ 20 II 1 Nr 4 S 1b)	395	I. Werbungskosten	480

Literatur: *Delp* Besteuerung von Anleihen mit ratingabhängiger Verzinsung, INF 02, 417; *Häuselmann/Wagner* Pensions- und Wertpapierleihgeschäfte unter dem Halbeinkünfteverfahren, FR 03, 331; *ders* Grundfragen der Besteuerung von Finanzinnovationen, DStZ 05, 102; *Haisch/Danz/Jetter* Gesamtkonzept des BFH zur Besteuerung von Finanzinnovationen, DStZ 07, 450; *Kessler/Reitsam* Die typische stille Beteiligung als Alternative zur Organschaft, DStZ 03, 315; *Lohr* Kapitalanlage nach der Unternehemenssteuerreform, 2001; *Mühlhauser/Stoll* Besteuerung von Wertpapierdarlehens- und Wertpapierpensionsgeschäften, DStR 02, 1597; *Reiss* Verdeckte Gewinnausschüttung und Steuerbilanzgewinn, StuW 03, 21; *Schlüter* Innovative Finanzinstrumente im Privatvermögen, 1998; *Seip/Füllbier* Kapitalertragssteuer bei Leerverkäufen über den Dividendenstichtag, BB 07, 477; *Wagner* Steuerpflicht von Kursgewinnen aus Finanzinnovationen – Emissionsrendite oder Marktrendite?, DStZ 05, 623.

A. Grundaussage der Vorschrift

I. Regelungsgegenstand und Systematik. § 20 konkretisiert § 2 I Nr 5, der Einkünfte aus KapVerm zu den der ESt unterliegenden Einkunftsarten rechnet. Er gibt allerdings keine allg Definition der Einkünfte aus KapVerm, sondern zählt die Einnahmen auf, die zu diesen Einkünften gehören.

1. Der sachliche Besteuerungstatbestand. Rechtfertigender Grund der ESt ist, dass der Erwerbende durch die in den sieben Einkünftetatbeständen beschriebenen marktbezogenen Erwerbsgrundlagen den allg Markt und die durch die Rechtsgemeinschaft bereitgestellten Erwerbsmöglichkeiten nutzen konnte. Hieran anknüpfend regelt § 2 I den Grundtatbestand des steuerbaren Einkommens mit den Merkmalen eines Zustands-, Handlungs- und Erfolgstatbestands (zu § 2 Rn 2 ff). § 20 erfasst in einem stark ausgeprägten **Zustandstatbestand** der Erwerbsgrundlage Kapitalvermögen. Demgegenüber ist der **Handlungstatbestand** im Fall des § 20 schwächer als bei den tätigkeitsbezogenen Einkünften aus LuF, GewBetr, selbstständiger oder nichtselbstständiger Arbeit. Das die Marktteilnahme gesondert kennzeichnende Tätigkeitsmerkmal muss aus der gesetzlich benannten Erwerbsgrundlage und dem aus deren Nutzen erzielten Erfolg abgeleitet werden. Einkünfte aus KapVerm erzielt, wer durch Nutzung seines KapVerm am Kapitalmarkt Erträge erwirtschaftet.[1] Die Steuer bemisst sich nach dem **Erfolg**, der mit der Nutzung der Erwerbsgrundlage KapVerm erzielt wurde.

Während die Gewinneinkünfte (LuF, GewBetr, selbstständige Arbeit) an der Reinvermögenszugangstheorie orientiert sind, sind die Überschusseinkünfte (nichtselbstständige Arbeit, KapVerm, VuV, sonstige Einkünfte) **an der Quellentheorie ausgerichtet**. Das EStG erfasst im Rahmen der Überschusseinkünfte Einkünfte aus nichtselbstständiger Arbeit und Quelleneinkünfte aus PV (KapVerm und VuV). Hierbei hat das quellentheoretische Konzept zur Folge, dass Veräußerungseinkünfte und Wertveränderungen des Stammvermögens unberücksichtigt bleiben und es keine Einlagen, Entnahmen und Teilwertabschreibungen gibt.[2] Der quellentheoretische Rahmen wird allerdings verlassen bei der Besteuerung von Einkünften aus der Veräußerung von privatem Stammvermögen (§§ 17, 22 Nr 2, 23). Speziell im Fall des § 20 bedeutet die Zuordnung zu den der Quellentheorie entspr Überschusseinkünften, dass kein Vermögensvergleich stattfindet. Es werden keine Vermögensveränderungen in der Form des Vermögenszugangs, des Vermögensabgangs und der Wertverän-

---

1 *K/S/M* § 2 Rn B 160 mwN; vgl allerdings noch Rn 4; zur ök. Rechtfertigung: *Schneider* StuW 00, 421.
2 *Tipke* Steuerrechtsordnung Bd II, S 643f; zu dem Dualismus BVerfG, BVerfGE 26, 302 (310); zur Korrektur des Einkünftedualismus durch Tarifdualismus: *Wagner* StuW 00, 431.

derung erfasst, sondern nur Einnahmen und WK gegenübergestellt. Gewinne und Verluste aus der Veräußerung von KapVerm, Kapitalverluste (zB Einlagenverluste auf Sparkonten, Darlehensverluste), Währungsgewinne und -verluste und inländische Inflationsverluste bleiben grds unberücksichtigt.[1] Dementspr verlangt § 2 mit seiner Forderung nach einer Einkünfteerzielungsabsicht im Fall des § 20 auch **Überschusserzielungsabsicht**. Diese verneint der BFH, wenn eine fremdfinanzierte Kapitalanlage „vorwiegend zur Ausnutzung nicht steuerbarer Wertsteigerungen im Vermögen" erfolgt ist. Er bejaht sie, wenn beim Erwerb einer Kapitalanlage der Gedanke einer – wenn auch bescheidenen – Rendite eine Rolle spielte und keine erkennbaren objektiven Anhaltspunkte dafür bestanden, dass eine solche nicht erwartet wurde oder mit ihr nicht zu rechnen war[2]. Bei einer wesentlichen Beteiligung iSd § 17 ist in die Renditebetrachtung im Rahmen des § 20 auch eine Wertsteigerung einzubeziehen.[3] Allerdings ist die Grenzlinie zw steuerbarer und nicht steuerbarer Sphäre in ihrem exakten Verlauf jeweils gesondert für die einzelnen Kapitalanlage- und Ertragsformen des § 20 zu ermitteln. Die Ausgestaltung des einzelnen Steuertatbestandes ist maßgebend für die Frage, wie weit die steuerlich relevante Sphäre reicht (Rn 189 ff zu Verlusten des stillen G'ters; Rn 309 zu Kapitalverlusten bei § 20 I Nr 7; Rn 385, 405 zur Erfassung von Wertänderungen im Rahmen der Marktrendite). Bei der **Rückzahlung von Kapitaleinnahmen** bleibt es bei der steuerlichen Erfassung der Einnahmen und zwar auch dann, wenn bereits bei Zufluss eine Verpflichtung zur Rückzahlung besteht. Die Rückzahlung führt zu negativen Einnahmen im Rückzahlungsjahr.[4] Die Rückzahlung von Gewinnausschüttungen ist dagegen – auch wenn eine rechtliche oder tatsächliche Verpflichtung bestand – als Einlage zu behandeln, die nur im Rahmen von § 17 nachträgliche AK begründet.[5] **§ 20 I Nr 7 und II** belassen es bei dem Ansatz, Wertveränderungen des Kapital-Stammvermögens nicht zu erfassen, sondern nur Vermögensmehrungen, die sich wirtschaftlich als Entgelt für die Kapitalnutzung darstellen. Der Gesetzgeber modifiziert in diesen Regelungen aber die Abgrenzung zw den nicht steuerbaren Vermögensmehrungen des Stammvermögens und den Quellenbezügen und begegnet Versuchen, Vermögenszuwächse als nicht steuerbare Vermögensmehrungen darzustellen.

4 Bei einigen Kapitalanlageformen werden Einkünfte dadurch erzielt, dass zeitlich begrenzt Kapital gegen Entgelt zur Nutzung überlassen wird. Bei den Anlageformen des § 20 I Nr 1 dagegen wird das Kapital dauerhaft und endgültig auf die KapGes übertragen und die Dividende ist der Ertrag aus der vermögensmäßigen Beteiligung an der KapGes. Gemeinsames Merkmal der Einkünfte aus KapVerm ist insoweit, dass die zu versteuernden Erträge auf einem Rechtsverhältnis (iSd § 24 Nr 2)[6] beruhen, das dem die Einkünfte Erzielenden ein **Vermögensrecht** vermittelt. Dieses Vermögensrecht kann in einem Anspr auf Rückgewähr des Kapitals und Zahlung eines nach der Höhe des überlassenen Kapitals und der Dauer der Kapitalnutzung bemessenen Entgelts oder aber in einer Beteiligung am Gewinn und am Liquidationsvermögen bestehen. Es geht auf eine Kapitalüberlassung zur Nutzung auf Zeit oder auf die Begründung der gesellschaftsrechtlichen Beteiligung an einer Körperschaft bzw an einem Unternehmensvermögen (stille Ges) zurück.[7] Das die Marktteilnahme kennzeichnende Tätigkeitsmerkmal der Erzielung von Erträgen durch Nutzung von KapVerm (vgl Rn 2) ist insoweit zu konkretisieren.

5 § 20 I nennt bestimmte **Kapitalanlageformen** und bestimmt die aus diesen Anlageformen stpfl Erträge. Die Kapitalanlageformen lassen sich in Gruppen ordnen: In § 20 I Nr 1, 2, 7, 9 und 10 werden Erträge aus der Beteiligung an Körperschaften („Beteiligungserträge") erfasst. § 20 I Nr 4 regelt die Beteiligung als stiller G'ter oder durch ein partiarisches Darlehen. Und § 20 I Nr 5–8 erfassen Erträge aus Grundpfandrechten, Lebensversicherungen, Wechseln und sonstigen Kapitalforderungen. § 20 II präzisiert, welche **Einnahmen** aus den genannten Kapitalanlageformen stpfl sind. § 20 II 1 Nr 1 bezieht generalklauselartig alle besonderen Entgelte und Vorteile ein, die neben oder anstelle der in Abs 1 genannten Einnahmen gewährt werden. § 20 II 1 Nr 2–4 sowie S 2 und 3 normieren die Zurechnung von Einnahmen in den Fällen der Übertragung von Kapitalanlagen. § 20 IIa regelt die persönliche **Zurechnung** der Beteiligungserträge iSv § 20 I Nr 1 und 2. § 20 III ordnet das Zurücktreten von Einkünften aus KapVerm hinter die anderen Einkunftsarten an, wenn der Tatbestand mehrerer Einkunftsarten erfüllt ist. Und § 20 IV sieht einen „Sparerfreibetrag" vor.

---

1 Zur Geldentwertung: BVerfG BStBl II 79, 308; FG Bln EFG 84, 481.
2 BFH/NV 99, 1323; BFH BStBl II 03, 937.
3 BFH BStBl II 01, 668.
4 BFH BStBl II 97, 767 (772).
5 BFH BStBl II 01, 99; BStBl II 01, 226.
6 BFH NV 01, 1251 (1252).
7 BFH BStBl II 93, 399 (400); K/S/M § 20 Rn B 29; vgl auch BStBl II 98, 190 (191); BStBl II 00, 341 (342).

2. Persönliche Zurechnung. § 20 stützt sich auf einen starken Zustandstatbestand, KapVerm als Erwerbsgrundlage, jedoch mit der Anknüpfung an die Nutzung dieses KapVerm auf einen schwachen Handlungstatbestand (Rn 2, § 2 Rn 2 ff). Das die Marktteilnahme kennzeichnende Tätigkeitsmerkmal wird aus der gesetzlich benannten Erwerbsgrundlage und dem aus deren Nutzung erzielten Erfolg abgeleitet. Dementspr ist die personelle Zuordnung lockerer und die persönliche Zurechnung schwieriger als bei anderen Einkunftsarten.[1] Einkünfte aus KapVerm sind dem Gläubiger des den Besteuerungstatbestand ausfüllenden Rechtsverhältnisses (Rn 4) zuzurechnen. Dies ist regelmäßig derjenige, der im Entstehungszeitpunkt der Erträge Anteilseigner, Inhaber des Wertpapiers oder Gläubiger der Forderung auf Kapitalrückzahlung ist. Bei einer **Übertragung des KapVerm** richtet sich die persönliche Zurechnung der Einkünfte danach, welches Vermögensrecht den Einnahmen aus KapVerm zugrunde liegt (Rn 4). In den Fällen der Kapitalüberlassung entstehen bei einer Einzelrechtsnachfolge die Erträge in der Person des Rechtsvorgängers, soweit sie auf die Zeit vor Eintritt der Einzelrechtsnachfolge entfallen. Es muss eine Aufteilung pro rata temporis erfolgen, wobei der BFH dieses Aufteilungserfordernis aus § 101 BGB herleitet,[2] die Literatur aus dem Einkünfteerzielungstatbestand des § 20.[3] Bei einer unentgeltlichen Übertragung von Kapitalerträgen sind dem zivilrechtlichen Gläubiger die Erträge nur dann einkommensteuerrechtlich zuzurechnen, wenn ihm eine Dispositionsbefugnis über die Einkunftsquelle eingeräumt ist. Nur wer in die Lage versetzt ist, Marktchancen zu nutzen, das Vermögen zu verwalten, die Modalitäten einer Kapitalanlage zu verändern oder die Leistungen durch Zurückziehen des KapVerm zu verweigern, erzielt selbst Einkünfte aus KapVerm.[4] In Fällen der Gesamtrechtsnachfolge muss sich der Gesamtrechtsnachfolger entspr § 24 Nr 2 und § 45 AO die Verwirklichung des Einkünfteerzielungstatbestandes durch den Rechtsvorgänger zurechnen lassen. In den Fällen, in denen der StPfl Einkünfte aufgrund eines Mitgliedschaftsrechts an einer Körperschaft iSd § 20 I Nr 1 bezieht, müssen die Beteiligungserträge demjenigen zugerechnet werden, der im Zeitpunkt ihrer Entstehung Anteilseigner ist. Die Beteiligungserträge entstehen nicht als Forderung pro rata temporis, sondern fließen aus der Mitgliedschaft im Zeitpunkt des Gewinnverteilungsbeschlusses. Nach § 20 IIa 3 gilt ein **Nießbraucher** als Anteilseigner, wenn ihm „die Einnahmen iSd § 20 I Nr 2 zuzurechnen" sind. Allerdings hat der BFH angenommen, dass die Nießbrauchsbestellung an der Zurechnung der Wertpapiererträge nichts ändere. Einkommensteuerrechtlich sei die Einräumung der Nießbrauchsrechte als Vorausabtretung der künftigen Erträgnisanspr zu werten (Rn 131). Ein **Treugeber** kann als wirtschaftlicher Inhaber einer Kapitalforderung Einkünfte aus KapVerm erzielen. Allerdings führt nicht jede als „Treuhandvertrag" bezeichnete Vereinbarung zur Anerkennung eines Treuhandverhältnisses. Aus der schuldrechtlichen Vereinbarung muss sich ergeben, dass die mit der rechtlichen Eigentümer- bzw Inhaberstellung verbundene Verfügungsmacht im Innenverhältnis zugunsten des Treugebers derart eingeschränkt ist, dass das rechtliche Eigentum bzw die Inhaberschaft als „leere Hülle" erscheint.[5] Bei **Wertpapierdarlehen und Wertpapierpensionsgeschäften** werden dem Darlehens- und dem Pensionsnehmer die Wertpapiererträge zugerechnet (Rn 130). **Wirtschaftliches Eigentum** an GmbH-Anteilen ist übergegangen, wenn auf Grund eines bürgerlich-rechtlichen Rechtsgeschäfts der Käufer eines Anteils eine rechtlich geschützte, auf den Erwerb des Rechts gerichtete Position erworben hat, die ihm gegen seinen Willen nicht mehr entzogen werden kann und auch die mit den Anteilen verbundenen wesentlichen Rechte sowie das Risiko einer Wertminderung und die Chancen einer Wertsteigerung auf ihn übergegangen sind.[6] Sparerfreibetrag und Grundfreibetrag bieten einen besonderen Anreiz für die **Verlagerung von KapVerm auf Familienangehörige**, insbes auf minderjährige Kinder. Eltern können mit steuerlicher Wirkung ein Sparkonto zugunsten ihrer Kinder einrichten, wenn sie den für die Bank erkennbaren Willen haben, das KapVerm schon mit Einrichtung des Kontos endgültig und unwiderruflich zu übertragen (Indizien: Bezeichnung der Kinder als Gläubiger, Einrichtung auf ihren Namen, Vfg-Berechtigung der Kinder). Dass die Eltern als Vertreter der Kinder das Vermögen verwalten, ist unschädlich.[7] Entspr gilt für die Einrichtung eines Wertpapierdepots. Eine Zurechnung auf die Kinder erreichen die Eltern nur, wenn sie das KapVerm als fremdes verwalten.[8] Die Gewährung eines G'ter-Darlehens und dessen anschließende zinsbringende Verwendung durch die Ges sind nicht allein deswegen als Gestal-

---

1 K/S/M § 2 Rn B 160 f.
2 BFH BStBl II 91, 574; BStBl II 00, 341 (342).
3 K/S/M § 20 Rn B 26 mwN.
4 BFH/NV 01, 1251 (1252).
5 BFH BStBl 99, 514 (516).
6 BFH BStBl II 88, 832; BStBl II 00, 527 (529) – Aktien.
7 BFH BStBl II 77, 205; BStBl II 90, 538; BFH/NV 88, 12.
8 BFH BStBl II 77, 205 (206); BFH/NV 99, 1325; vgl allerdings zur Adressierung der Depotauszüge an die Eltern: FG D'dorf v 30.9.97 – 17 K 6394/93 E nv.

tungsmissbrauch anzusehen, weil die **Verlagerung von Erträgen auf die Ges** dem Verbrauch eines vom Verfall bedrohten Verlustabzugs dient.[1] Auch eine **disquotale Ausschüttung** ist regelmäßig als Beteiligungsertrag des G'ters zu behandeln, für den die Ausschüttung bestimmt ist, und nicht als Ertrag des lediglich zustimmenden G'ters (Rn 62).

13 **3. Besteuerungszeitpunkt.** Einnahmen aus KapVerm sind nach § 11 I grds mit ihrem Zufluss zu besteuern. Ein **Zufluss** einer in Geld bestehenden Einnahme ist gegeben, wenn diese dem Empfänger bar ausgehändigt, ihm auf seinem Konto gutgeschrieben oder seine Forderung durch Aufrechnung oder Schuldumwandlung erfüllt wird. Ein Zufluss setzt kein Behaltendürfen voraus.[2] Eine Gutschrift in den Büchern des Verpflichteten bewirkt einen Zufluss, wenn in der Gutschrift nicht nur das buchmäßige Festhalten einer Verpflichtung zu sehen ist, sondern der Betrag dem Berechtigten nunmehr zur VfG stehen soll.[3] Führt eine Ges für ihren G'ter ein **Verrechnungskonto**, können Einnahmen dem G'ter durch Gutschrift auf diesem Konto zufließen. Dies ist anzunehmen, wenn das Konto nicht nur zum Ausweis von Verbindlichkeiten gegenüber dem G'ter verwendet wird, sondern die Forderung auf den Kapitalertrag in eine Darlehensforderung umgewandelt wird.[4] Nach der Rspr des BFH sind Gewinnanteile einem **beherrschenden G'ter** bereits mit dem Gewinnverwendungsbeschluss zugeflossen, da er auf die Beträge Zugriff nehmen kann.[5] Voraussetzung ist jedoch, dass die Ges nicht illiquide ist[6] oder ihr ein Leistungsverweigerungsrecht zusteht.[7]

21 **II. Systematischer Zusammenhang.** § 20 definiert die „Einkünfte aus KapVerm" iSv § 2 I Nr 5. Einkünfte aus KapVerm gehören nach § 2 II Nr 2 zu den **Überschusseinkünften** (vgl Rn 3). Bei den Einkünften aus LuF, aus GewBetr, aus selbstständiger und nichtselbstständiger Arbeit ist der Einnahmenerzielungstatbestand tätigkeitsbezogen. Demgegenüber sind die Einkünfte aus KapVerm durch einen starken Zustandstatbestand gekennzeichnet (Rn 2). § 20 steht damit in einer Parallele zu dem Tatbestand des § 21, der auch an Rechtsverhältnisse anknüpft und ebenfalls Einkünfte aus Vermögensüberlassung bezeichnet. § 3 Nr 21 und 54 stellen bestimmte Kapitalerträge stfrei. § 3 Nr 40 befreit Bezüge aus Beteiligungen iSv § 20 I Nr 1, 2, 9, II 1 Nr 1, 2a, II 2. **§ 9a I 2** sieht eine WK-Pauschale bei Einkünften aus KapVerm vor. **§ 24c** schreibt die Ausstellung einer Jahresbescheinigung über Kapitalerträge und Veräußerungsgewinne aus Finanzanlagen vor und fördert so die Erfassung der Einkünfte aus KapVerm und aus privaten Veräußerungsgeschäften. **§ 45e** bietet die Ermächtigungsgrundlage für die der europäischen Zinsrichtlinie entspr ZIV. Einkünfte aus KapVerm werden bei der Veranlagung in die Bemessungsgrundlage der ESt einbezogen. Von zahlreichen Einkünften aus KapVerm wird allerdings vorab **KapESt** (§§ 43 ff) erhoben. Im Bereich der beschränkten EStPfl gilt der KapESt-Abzug nach § 50 V die EStPfl ab.

23 Körperschaften iSv § 1 I KStG können nach § 8 I KStG ebenfalls Einkünfte iSd § 20 beziehen, soweit diese nicht nach § 8 II KStG als Einkünfte aus GewBetr zu qualifizieren sind. Außerdem können bei beschränkt stpfl Körperschaften, Personenvereinigungen und Vermögensmassen nach §§ 2, 8 KStG und bei befreiten Körperschaften nach § 5 II Nr 1 KStG Einkünfte aus KapVerm anfallen. Eine Verbindung zur **KSt** besteht vor allem durch das Halbeinkünfteverfahren (Rn 41).

24 Nach **§ 30a AO** sollen die Finanzbehörden auf das Vertrauensverhältnis zw den Kreditinstituten und den Kunden Rücksicht zu nehmen. Sie dürfen nicht zum Zweck der allg Überwachung die Mitteilung von Konten verlangen. Es sollen Kontrollmitteilungen unterbleiben.[8] § 30a AO fördert damit das Verschweigen von Einkünften aus KapVerm. Das BVerfG hat zu Recht diese gesetzlich angeordnete Zurückhaltung bei der verwaltungsmäßigen Umsetzung der in § 20 normierten StPfl beanstandet und einen Quellenabzug oder Kontrollmitteilungen vorgeschlagen.[9] Der Gesetzgeber hat sich bisher nicht eindeutig für eine der beiden Alt entschieden (vgl §§ 24c, 43 ff, 45e).[10] **§§ 93, 93b AO** bieten der FinVerw seit 1.4.05 die Möglichkeit des Zugriffs auf Kontenstammdaten.

---

1 BFH NV 02, 240.
2 BFH BStBl II 77, 545; BStBl II 02, 138 (141).
3 BFH BStBl II 02, 138 (141).
4 *K/S/M* § 20 Rn B 58.
5 BFH BStBl II 95, 362; BStBl II 99, 223.
6 BFH/NV 90, 635.
7 BFH BStBl II 94, 632.
8 Zur Rasterfahndung: BFH BStBl II 00, 643; BMF DB 01, 120.
9 BVerfG BStBl II 91, 652; DB 04, 628 (Spekulationseinkünfte); zur Systemwidrigkeit von § 30 AO; *Niehus* DStZ 00, 697 (701); *Bernhard* DB 01, 664.
10 Zur EU-Zinsrichtlinie vgl § 45e; zu Kontrollmitteilungen und Quellenabzug als Reformalternativen: *Hey* DB 04, 724 (728 ff).

Das BVerfG hat in einer Entscheidung v 27.6.99 einen Verstoß von § 20 gegen den **Gleichheitssatz** **des Art 3 I GG** wegen eines bestehenden Erhebungsdefizits bejaht; allerdings sei die bestehende tatsächliche Ungleichbehandlung für einen Übergangszeitraum noch hinzunehmen.[1] Der BFH ist für die Folgezeit, dh die Jahre 93–01 davon ausgegangen, dass der Gesetzgeber nach dem Erkennen des Vollzugsdefizits ausreichende Nachbesserungsversuche unternommen habe.[2] Das FG Kln dagegen hat mit Beschluss v 22.9.05 das BVerfG zur Frage der Verfassungsmäßigkeit der Zinsbesteuerung und des Amnestiegesetzes 03 angerufen.[3]

III. Rechtsentwicklung. Bereits im **PreußEStG** von 1891 wurden die Jahreseinkünfte aus KapVerm erfasst. Allerdings bestand in der Vergangenheit ein erhebliches Erhebungsdefizit. Das BVerfG hat dies beanstandet (Rn 25). Der Gesetzgeber hat hierauf mit dem **Zinsabschlaggesetz** v 9.11.92[4], der Einführung eines KapESt-Abzugs bei Zinserträgen und der Erhöhung der Freibeträge des § 20 IV von 600 und 1 200 DM auf 6 000 und 12 000 DM, reagiert. Das Zinsabschlaggesetz führte allerdings zu einer erheblichen Verlagerung von KapVerm ins Ausland und diese zu umfangreichen Steufa-Maßnahmen bei Banken.[5]

Gefördert durch die Einführung des Zinsabschlags waren von den Kreditinstituten sog Finanzinnovationen entwickelt worden, mit denen durch eine Verlagerung des wirtschaftlichen Vorteils von der Ertrags- auf die Vermögensebene der Zinsabschlag und die Besteuerung umgangen werden sollten. Um diesen Anlageformen zu begegnen, wurde durch das **StMBG**[6] § 20 I Nr 7 geändert, § 20 II Nr 2b und § 20 II Nr 3 erweitert und die Regelungen des § 20 II Nr 4 verschärft. Durch das **StEntlG 99/00/ 02** v 24.3.99[7] wurden die Sparerfreibeträge halbiert.[8] Dass mit den hohen Freibeträgen den Forderungen des BVerfG entspr werden sollte (Rn 32), wurde ignoriert. Das **StSenkG** hat das sog Halbeinkünfteverfahren (Rn 41) eingeführt, § 20 I Nr 1 und 2 geändert, Nr 3 aufgehoben und Nr 9 und 10 neu geschaffen.[9] Das StÄndG 01 hat § 20 I Nr 4 neu gefasst und das UntStFG § 20 I Nr 1, 2, 9 und 10 geändert. Im Jahr 03 wurden durch das **StVergAbG** die Verweisung in § 20 I Nr 4 S 2 erweitert, durch das **KleinunternehmerförderungsG** die Betragsgrenzen des § 20 I Nr 10a erhöht, durch das **ProtErklG** § 20 I Nr 4 S 2, durch das **HBeglG 04** die Sparerfreibeträge herabgesetzt (Rn 470) und durch das StrafbefreiungserklärungsG die Abgabe steuerbefreiender Erklärungen gefördert. Im Jahr 04 hat das **AltEinkG** die Besteuerung von Erträgen aus Lebensversicherungen ausgeweitet (Rn 250 ff). Das **Gesetz zur Beschränkung der Verlustverrechnung im Zusammenhang mit Steuerstundungsmodellen** hat im Jahr 05 die sinngemäße Anwendung des neuen § 15b angeordnet. Das **StÄndG 07** hat zum 1.1.07 die Sparerfreibeträge von 1 370 € auf 750 € und von 2 740 € auf 1 500 € herabgesetzt.[10] Das **JStG 07** hat § 20 I Nr 1 S 3, 2. HS eingefügt, die Verweisung auf § 15b von § 20 I Nr 4 nach § 20 IIb übernommen und erweitert sowie § 20 I Nr 9, 10a und 10b geändert. Das **SEStEG** hat § 20 I Nr 2 und § 20 I Nr 10b geändert.

B. Beteiligungserträge iSv § 20 I Nr 1, 2, 9, 10, II 1 Nr 1, 2a, IIa

§ 20 I Nr 1, 2, 9 und 10 regeln die StPfl von Kapitalerträgen, die auf der Beteiligung an einer Körperschaft beruhen. Hierbei enthält § 20 I Nr 1 S 1 die Grundnorm, die durch § 20 I Nr 1 S 2 und 3, Nr 2, 9 und 10 ergänzt wird. Eine weitere Ausdehnung der StPfl erfolgt durch § 20 II 1 Nr 1 und Nr 2a und eine Konkretisierung der persönlichen StPfl in § 20 IIa.

I. Halbeinkünfteverfahren. Auf den Gewinn von Körperschaften wird bei der Körperschaft KSt erhoben und auf die Beteiligungserträge (ausgeschüttete Gewinne) beim Anteilseigner ESt. Dabei wurde in der Vergangenheit eine Doppelbelastung durch eine (Voll-)Anrechnung der gezahlten KSt bei der Besteuerung des Anteilseigners vermieden. Die KSt hatte materiell-rechtlich den Charakter einer Quellensteuer auf die Kapitaleinkünfte des Anteilseigners.[11] Nunmehr vermeidet das sog Halbeinkünfteverfahren eine Doppelbelastung durch eine ermäßigte Besteuerung auf beiden Ebenen. Es wird auf der Ebene der Körperschaft eine KSt mit einem Satz von (nur) 25 % (03: 26,5 %) erhoben. Auf der Ebene des Anteilseigners werden bei Körperschaften als Anteilseignern die

---

1 BVerfG BStBl II 91, 654.
2 BFH v 7.9.05 – VIII R 90/04, BFH/NV 06, 173; BStBl II 97, 499; BStBl II 97, 138.
3 FG Kln EFG 05, 1878; vgl auch *Klein* DStR 05, 1833.
4 BGBl I 92, 1853.
5 Zur Verfassungsmäßigkeit der Besteuerung nach dem Zinsabschlaggesetz: BFH BStBl II 97, 499 (502).
6 BGBl I 93, 2310.
7 BGBl I 99, 402 (410).
8 BT-Drs 14/23, 253.
9 BT-Drs 14/2683, 114; BT-Drs 14/3366, 17.
10 BGBl 06, 1652.
11 *Pezzer* DStJG 20, 5 (15 f); *Raupach* DStJG 20, 21.

Bezüge aus der Beteiligung steuerbefreit (da es ansonsten zu einer Potenzierung der definitiven KSt-Belastung käme). Bei nat Pers als Anteilseignern werden die Einkünfte aus der Ausschüttung nur zur Hälfte angesetzt. Bei ihnen erfolgt in pauschaler Form eine KSt-Anrechnung mit dem Ziel, körperschaftliche Gewinne wirtschaftlich nur einmal zu belasten. Für die Körperschaft führt der Steuersatz von 25 % (gegenüber früher 40 %) zu einer Begünstigung der Innenfinanzierung. Für den Anteilseigner wird eine Doppelbelastung der ausgeschütteten Gewinne bei einem ESt-Satz von 40 % exakt vermieden. Bei niedrigeren ESt-Sätzen ergibt sich – bezogen auf die persönliche ESt-Belastung des Anteilseigners – eine wirtschaftliche Doppelbelastung, bei höheren ESt-Sätzen ist das Halbeinkünfteverfahren günstiger als die Vollanrechnung (ohne GewSt, SolZ, KiSt, Sparerfreibetrag, WK-Pauschbetrag):

ESt-Satz	40 %	19,9 %	45 %
Gewinn der KapGes vor KSt	100		
./. KSt (25 %)	25		
= Bruttodividende	75		
./. KapESt (20 %)	15		
Bardividende	60		
+ KapESt (§ 12 Nr 3)	15		
Dividende	75		
./. stfrei nach § 3 Nr 40	37,5		
stpfl Einkünfte aus KapVerm	37,5		
ESt-Satz (so)	15	7,4625	16,875
./. Anrechnung KapESt	15	15	15
Steuererstattung/-nachzahlung	0	+ 7,5375	./. 1,875
+ Bardividende	60	60	60
Netto-Dividende nach Steuern	60	67,5375	58,125

Allerdings werden Dividenden nur zur Hälfte erfasst, so dass sich der Sparerfreibetrag faktisch verdoppelt.[1] Zu berücksichtigen ist jedoch die Vorbelastung durch KSt, die bisher bei der Vollanrechnung entfiel.[2]

42 In § 3 Nr 40 wird die Hälfte der Beteiligungserträge für stfrei erklärt und zwar unabhängig davon, ob die Dividenden den Einkünften aus KapVerm oder den Gewinneinkunftsarten zuzurechnen sind. WK und BA, die mit Beteiligungserträgen zusammenhängen, die nach § 3 Nr 40 zur Hälfte stfrei sind, dürfen nach § 3c II ebenfalls nur noch zur Hälfte abgezogen werden. Der **KapESt**-Abzug ist von 25 % auf 20 % ermäßigt und entspr damit einem ESt-Satz von 40 % auf die stpfl Hälfte der Dividenden (Rn 41). **Beschränkt estpfl Anteilseigner** werden nicht in das Halbeinkünfteverfahren einbezogen. Die ESt ist durch den KapESt-Abzug abgegolten. **Ausländische Beteiligungserträge** unterliegen bei einem unbeschränkt stpfl ESt-Subjekt ebenfalls nur zur Hälfte der deutschen ESt, da § 3 Nr 40 nicht danach unterscheidet, ob es sich um inländische oder ausländische Dividenden handelt.[3] Gewinne, die auf der Ebene der ausschüttenden Ges unter der Herrschaft des Anrechnungsverfahrens entstanden sind, sollen **nach den bisherigen Grundsätzen** ausgeschüttet werden (dementspr Anrechnungsverfahren noch für Ausschüttungen in 01 bzw 02 – i.e. § 36 Rn 2). Das bestehende KSt-Guthaben wird nach §§ 36–40 KStG bis 15 bei Gewinnausschüttungen verrechnet.[4]

43 Das Anrechnungsverfahren wurde aufgegeben, weil es als zu kompliziert und nicht europatauglich angesehen wurde.[5] In der Literatur ist der Systemwechsel kritisiert worden: Das Halbeinkünfteverfahren trage zu einer Verkomplizierung des Steuerrechts bei (§ 3c II).[6] Es sei ein Rückschritt bei der Harmonisierung der KSt-Systeme.[7] Das Halbeinkünfteverfahren enthalte mit der Begünstigung the-

---

1 *Grotherr* BB 00, 849 (852).
2 *Haase/Arnolds* FR 00, 485 (488); *Grotherr* BB 00, 849 (853).
3 BT-Drs 14/3366, 152.
4 Hierzu mit Gestaltungsempfehlungen: *Günkel ua* DStR 00, 445 (449 ff); *Rödder/Schumacher* DStR 00, 353 (359);
Dötsch/Pung DB 00, Beil. Nr 4, S 5; *Schiffers* GmbHR 00, 205 (213).
5 BT-Drs 14/2683, 94; *Grotherr* BB 00, 849 (850) mwN.
6 *Pezzer* StuW 00, 144 (145); *Sigloch* StuW 00, 160 (163); *Maiterth* FR 00, 507.
7 *Homburg* Stbg 01, 8 (13); *Sigloch* StuW 00, 160 (163).

saurierter Gewinne eine ordnungspolitische Fehlentscheidung, die zu einer ungleichen Belastung einbehaltener Unternehmensgewinne von KapGes, Personenunternehmen und Einzelunternehmen führe,[1] ohne sachlich rechtfertigenden Grund die Thesaurierung betrieblicher Gewinne von Körperschaften unabhängig von ihrer Verwendung gegenüber privaten Investitionen begünstige[2] und einen Anreiz biete, Einkunftsquellen aller Einkunftsarten auf eine Körperschaft zu verlagern.[3] Das Halbeinkünfteverfahren ist aber auch in seiner konkreten gesetzlichen Ausgestaltung auf Kritik gestoßen: die Steuerbefreiung auch von Veräußerungsgewinnen auf Körperschaftsebene in § 8b II KStG, die Ausnahmen für den Eigenhandel der Banken in § 3 Nr 40 (§ 3 Rn 139), die Behandlung grenzüberschreitender Beteiligungen (§ 3 Rn 142 ff) sowie das Halbabzugsverbot nach § 3c II (§ 3c Rn 27 ff).

II. Bezüge aus Beteiligungen (§ 20 I Nr 1 S 1). § 20 I Nr 1 S 1 erfasst die Bezüge aus **Aktien**. Diese kann ein an einer AG beteiligter Aktionär oder ein an einer KGaA beteiligter Kommanditaktionär erzielen. Der phG'ter einer KGaA wird dagegen nach § 15 I Nr 3 besteuert. § 20 I Nr 1 S 1 nennt mit den **Genussrechten** neben gesellschaftsrechtlichen auch eine schuldrechtliche Beteiligung als Grundlage für den Bezug von Beteiligungserträgen. Genussrechte können nicht nur von KapGes, sondern auch von anderen Handelsgesellschaften sowie von Anstalten des öffentlichen Rechts ausgegeben werden. Beteiligungserträge iSv § 20 I Nr 1 S 1 fallen jedoch nur an, wenn der aus dem Genussrecht verpflichtete Schuldner eine KapGes ist und mit dem Genussrecht das Recht am Gewinn und Liquidationserlös der KapGes verbunden ist. Ansonsten kommt eine Besteuerung nach § 20 I Nr 7 in Betracht (zu Verlusten: Rn 480). Neben den Bezügen aus dem Geschäftsanteil an einer **GmbH** gehören auch die Bezüge aus einer sog **Gründungsgesellschaft (oder: Vorgesellschaft)** zu den Kapitalerträgen iSv § 20 I Nr 1 S 1. Die sog Vorgründungsgesellschaft vor Beurkundung des Ges-Vertrages ist eine PersGes und wird auch steuerlich als solche behandelt. Dagegen wird die sog Vorgesellschaft nach Beurkundung des Ges-Vertrages, aber vor dessen Eintragung im Handelsregister aufgrund ihrer körperschaftlichen Struktur mit der KapGes gleichbehandelt.[4] Erfasst werden die Bezüge eines Genossen aus Anteilen an einer **Erwerbs- oder Wirtschaftsgenossenschaft** iSd §§ 1 ff GenG und Bezüge aus Anteilen an bergbautreibenden Vereinigungen, die die Rechte einer jur Pers haben, dh keine MU'schaften sind. Bergbautreibende Vereinigungen sind (besser: waren) vor allem die bergrechtlichen Gewerkschaften. Die Begriffe Aktien, Genussrechte, GmbH-Anteile sind steuerrechtlich zu verstehen und es sind unter sie auch Beteiligungen an **ausländischen Rechtsgebilden** zu subsumieren, die ihrer Struktur nach den von § 20 I Nr 1 S 1 bezeichneten Rechtsgebilden deutschen Rechts vergleichbar sind.[5] In der Vergangenheit war umstritten, ob § 20 I Nr 1 nicht nur eine **beispielhafte Aufzählung** enthält und auch auf andere Bezüge anzuwenden ist, die sich als Ausfluss einer kapitalmäßigen Beteiligung an einer Körperschaft darstellen, zB auf Ausschüttungen einer Forstgenossenschaft.[6] Dieser Meinungsstreit dürfte seine Bedeutung durch die Neuregelung des § 20 I Nr 9 verloren haben. 61

Den in § 20 I Nr 1 S 1 genannten Beteiligungserträgen ist gemeinsam, dass sie auf der Zuwendung einer Körperschaft beruhen, die ihrerseits selbstständiges Zurechnungssubjekt für die von ihr erwirtschafteten Erträge ist. Voraussetzung für die Zurechnung ist, dass der Vermögensvorteil durch das Beteiligungsverhältnis, nicht durch eine andere Rechtsbeziehung – „veranlasst" ist. Nach der Rspr des BFH hängt die Veranlassung von der wertenden Beurteilung des die Ausschüttung auslösenden Momentes und von der Zuordnung des maßgeblichen Bestimmungsgrundes zum Beteiligungsverhältnis ab.[7] **Gewinnanteil (Dividende)** iSv § 20 I Nr 1 S 1 ist der Anteil an dem ausgeschütteten Gewinn der Ges, der dem G'ter bzw Genussrechtsinhaber aufgrund seines Gewinnbezugsrechts zugewendet wird. Auch bei einer rechtswidrigen Ausschüttung sind die zugewendeten Beträge als Gewinnanteile zu behandeln, falls ein Gewinnverteilungsbeschluss existiert und dieser lediglich Mängel aufweist, die erst noch in einem förmlichen Verfahren festzustellen sind.[8] Gewinnanteile iSv 62

---

1 *Kirchhof* DStR 3/01, III; *Pezzer* StuW 00, 144 (147).
2 *Pezzer* StuW 00, 144 (147); *Reiß* DStR 99, 2011 (2015); *Schön* StuW 00, 151; *Wenger* StuW 00, 177 (178); *Wagner* StuW 00, 109 (113, 119); *Rödder/Schumacher* DStR 00, 353 (355).
3 *Reiß* DStR 99, 2011 (2017); *van Lishaut* StuW 00, 182 (184) zur Zusammenfassung von Immobilienvermögen in einer GmbH; vgl auch *Sigloch* StuW 00, 160 (174) zur Einführung einer Steuer auf fiktive Ausschüttungen.
4 BFH BStBl II 93, 352.
5 BFH BStBl II 93, 399; *K/S/M* § 20 Rn C 6 mwN; BFH BStBl II 99, 437 – Anrechnungsverfahren bei ausländischen KapGes.
6 BFH BStBl II 95, 552; BStBl III 62, 7; BStBl III 66, 579; aA *K/S/M* § 20 Rn C 9.
7 BFH BStBl II 90, 817 (823).
8 Vgl im Einzelnen *K/S/M* § 20 Rn C 21.

§ 20 I Nr 1 S 1 sind abzugrenzen von den sonstigen Bezügen iSv § 20 I Nr 1 S 1 (vGA, Zahlung aufgrund einer Dividendengarantie), von Einnahmen aufgrund anderer Rechtsbeziehungen (als Dividenden bezeichneten Beitragsrückzahlungen von Versicherungen) und Kapitalrückzahlungen. Auch eine disquotale Ausschüttung ist regelmäßig als Beteiligungsertrag des G'ters zu behandeln, für den die Ausschüttung bestimmt ist, und nicht als Ertrag des lediglich zustimmenden G'ters. Ein Zufluss bei dem lediglich zustimmenden G'ter lässt sich allenfalls bei einander nahe stehenden Personen oder unter den Voraussetzungen des § 42 AO annehmen.[1] **Ausbeuten** iSv § 20 I Nr 1 S 1 sind Gewinnanteile, die aus den in § 20 I Nr 1 S 1 bis zum StSenkG genannten Kuxen erzielt werden. Unter „**sonstige Bezüge**" fällt, was der G'ter aufgrund seiner Beteiligung von der Ges erhält und nicht als Gewinnanteil oder Ausbeute zu qualifizieren ist. Sonstige Bezüge sind die in § 20 I Nr 1 S 2 nochmals ausdrücklich erfassten vGA und auch die „besonderen Entgelte oder Vorteile", deren Einbeziehung § 20 II 1 Nr 1 anordnet.

71 III. Verdeckte Gewinnausschüttungen (§ 20 I Nr 1 S 2). VGA sind als sonstige Bezüge nach § 20 I Nr 1 S 1, als besondere Vorteile iSv § 20 II 1 Nr 1 und als im Rahmen des § 20 zufließende Einnahmen nach § 8 I steuerbar.[2] Zusätzlich wird ihre Steuerbarkeit nochmals in § 20 I Nr 1 S 2 klargestellt. Eine **vGA** ist ein Vermögensvorteil, den eine Körperschaft ihrem G'ter zuwendet, wenn die Zuwendung durch das Ges-Verhältnis veranlasst ist, aber nicht auf einem den gesellschaftsrechtlichen Vorschriften entspr Gewinnverteilungsbeschluss beruht.[3] Ob die Zuwendung durch das Ges-Verhältnis veranlasst ist, ist danach zu beurteilen, ob ein ordentlicher und gewissenhafter Geschäftsleiter den Vermögensvorteil auch einem Nicht-G'ter unter sonst gleichen Bedingungen zugewendet hätte.[4] Von einer „verdeckten" Gewinnausschüttung wird deshalb gesprochen, weil die Zuwendung des Vermögensvorteils idR **durch ein anderes Rechtsgeschäft verdeckt** wird. Die Körperschaft erwirbt von ihrem G'ter WG zu einem überhöhten Preis. Sie nutzt Dienste, Kapital oder WG zu einem unangemessen hohen Entgelt.[5] Sie veräußert WG an den G'ter gegen ein unangemessen niedriges Entgelt. Sie überlässt dem G'ter Dienste, Kapital oder WG zur Nutzung unentgeltlich oder gegen ein unangemessen niedriges Entgelt.[6] Oder die Körperschaft überlässt den Abschluss eines für sie günstigen Geschäftes dem G'ter.[7] § 20 I Nr 1 S 2 fragt in diesen Fällen nach der wirtschaftlichen Veranlassung der einzelnen Leistungen. Er setzt nicht voraus, dass die Körperschaft die Absicht verfolgt hat, dem G'ter einen Vermögensvorteil zuzuwenden.[8] Beherrscht der begünstigte G'ter die Ges, so kann eine vGA schon dann anzunehmen sein, wenn es an einer klaren, im Voraus getroffenen, zivilrechtlich wirksamen und tatsächlich durchgeführten Vereinbarung fehlt.[9] Die objektive Feststellungslast für die Voraussetzungen einer vGA obliegt dem FA.[10] Ist eine vGA dem Grunde nach auszunehmen, so sind die Einkünfte um die Differenz zwischen dem tatsächlich vereinbarten und dem Preis zu erhöhen, den voneinander unabhängige Vertragspartner unter vergleichbaren Umständen vereinbart hätten.[11] Eine vGA kann auch in der Weise vorgenommen werden, dass die Körperschaft einen Vermögensvorteil einer dem G'ter **nahe stehenden Person** zuwendet. Für diesen Fall hat die Rspr in der Vergangenheit gefordert, dass die Leistung an den Dritten zugleich ein Vermögensvorteil für den G'ter sein müsse;[12] in der Praxis wurde allerdings nahezu jede Leistung an einen Dritten, wenn sie durch das Ges-Verhältnis veranlasst war, als Vermögensvorteil des G'ters erfasst. Mit Urteil v 18.12.96 hat der BFH – zumindest für die vGA iSd § 8 II KStG – einen Vorteil für den G'ter nicht mehr als notwendige Voraussetzung erachtet, hat aber die Frage, ob eine vGA dem G'ter nur dann zugerechnet werden darf, wenn er selbst durch sie einen Vermögensvorteil erlangt, ausdrücklich offengelassen.[13] Die vGA iSv § 20 I Nr 1 S 2 und die **vGA iSv § 8 III 2 KStG** meinen unterschiedliche Lebensvorgänge und werden begrifflich unterschieden.[14] Die vGA iSv

---

1 BFH BStBl II 01, 42; *K/S/M* § 20 Rn B 60a mwN.
2 Zu den fortbestehenden Vorteilen v „Vertragsausschüttungen" im Halbeinkünfteverfahren: *Sigloch* StuW 00, 160 (173); *van Lishaut* StuW 00, 182 (184); *Rödder/Schumacher* DStR 00, 353 (361); *Dötsch/Pung* DB 00, Beil. Nr 4, S 4.
3 *K/S/M* § 20 Rn C 55; zur vGA iSv § 8 II 2 KStG: BFH/NV 03, 124.
4 BFH BStBl II 85, 635.
5 Zu angemessenen Geschäftsführervergütungen: *Korn* KÖSDI 01, 12811 (12822 mwN).
6 Zu angemessenen Zinssätzen: *Korn* KÖSDI 01, 12811 (12822).
7 Zu diesen Fällen und ihrer Bewertung: *K/S/M* § 20 Rn C 60, C 62 ff; zu den im Einzelnen vorzunehmenden Korrekturen: BMF BStBl I 02, 603; *Reiß* StuW 03, 121; vgl auch BFH/NV 03, 205.
8 BFH BStBl II 78, 109; BStBl II 73, 322.
9 BFH BStBl II 98, 545.
10 BFH/NV 02, 1179.
11 BFH/NV 02, 134.
12 BFH BStBl II 84, 842; BStBl II 83, 152.
13 BFH BStBl II 97, 301 (302).
14 BFH BStBl II 89, 522; BStBl II 91, 28.

§ 8 III 2 KStG meint eine bei der Körperschaft eintretende Gewinnminderung, die vGA nach § 20 I Nr 1 S 2 dagegen eine Vermögensmehrung des G'ters aufgrund eines von der Körperschaft zugewendeten Vorteils. Der Unterschied zw beiden Tatbeständen zeigt sich zB bei einer unangemessen hohen Pensionszusage. Über Grund und Höhe einer vGA ist bei der Körperschaft und beim Anteilseigner selbstständig zu entscheiden.[1] Die **Rückgewähr** einer vGA auf Grund einer Satzungsklausel ist beim G'ter als Einlage zu qualifizieren und führt zu nachträglichen AK seiner Beteiligung.[2]

Auch **nach Einführung des Halbeinkünfteverfahrens** besteht bei der Beteiligung von nat Pers an KapGes[3] ein Anreiz, Einkünfte nicht auf der Ges-, sondern auf der G'ter-Ebene anfallen zu lassen. Dies gilt in all den Fällen, in denen der zugewendete Vorteil die Einkünfte der Ges mindert, aber beim G'ter nicht steuerbar ist (zB verbilligte Überlassung eines Grundstücks). Dies gilt aber auch bei Vorteilen, die beim G'ter erfasst werden, zB Leistungsvergütungen. Auf der Ebene des G'ters unterliegen zwar Gewinnausschüttungen gegenüber Leistungsvergütungen nur zur Hälfte der Besteuerung, auf Ges-Ebene aber sind Leistungsvergütungen als BA abzugsfähig, während auszuschüttende Gewinne der KSt und GewSt unterliegen. Es ergibt sich ein Vorteil in der Gesamtsteuerbelastung, der mit der Absenkung des ESt-Spitzensatzes zunimmt.[4] Wird die vGA aufgedeckt, entfällt dieser Umqualifizierungsvorteil. Es ergibt sich jedoch – anders als beim Anrechnungsverfahren – keine Mehrbelastung im Vergleich zur offenen Gewinnausschüttung, da offene und vGA – außerhalb der Übergangsregelung in § 37 KStG[5] – generell gleich behandelt werden.[6] Erspart der Anteilseigner in Folge der vGA eigene Aufwendungen, so kann er diese wie BA oder WK abziehen; sie sind keine Ausgaben iSv § 3c, soweit sich ein Abzugsverbot nicht ergeben hätte, wenn der Leistungsaustausch fremdüblich gestaltet worden wäre.[7] In der Vergangenheit konnten sich für den G'ter erhebliche Probleme ergeben, nach Änderung der Steuerbescheide zulasten der Ges eine Änderung seiner Steuerbescheide zu seinen Gunsten zu erreichen, wenn diese nicht unter dem Vorbehalt der Nachprüfung oder vorl[8] ergangen waren (nicht nach § 175 AO, da KSt-Bescheid kein Grundlagenbescheid; nicht nach § 174 AO, da keine mehrfache Berücksichtigung; allenfalls nach § 173 I Nr 2 AO, uU unter erweiternder Auslegung von § 173 I Nr 2 S 2 AO).[9] Der Gesetzgeber hat hierauf mit dem JStG 07 reagiert und Regelungen zur Sicherstellung korrespondierender Besteuerung bei Körperschaft und Anteilseigner eingeführt. Er hat in **§ 32a I KStG** geregelt, dass dann, wenn gegenüber der Körperschaft ein Bescheid zur Berücksichtigung einer vGA ergeht, korrespondierend auch ein Bescheid gegenüber dem Anteilseigner ergehen kann. Außerdem wurde in **§ 3 Nr 40 S 1 Buchst d** geregelt, dass die Grundsätze des Halbeinkünfteverfahrens keine Anwendung finden, wenn der ausgeschüttete Gewinn auf der Ebene der Körperschaft die steuerliche Bemessungsgrundlage gemindert hat und daher nicht besteuert worden ist.[10]

Bei einem **Ges-Geschäftsführer** kann eine vGA vorliegen, wenn die KapGes diesem ein unangemessenes Teil- oder Gesamtentgelt zahlt. Es sind zuerst die einzelnen Vergütungsbestandteile (Festgehalt, jährliche Einmalzahlung, Tantieme, Gratifikation, Nebenleistungen, Sachbezüge, Pensionszusage) dem Grunde und der Höhe nach auf ihre Angemessenheit zu prüfen.[11] Es kann sich eine vGA schon aus der Unangemessenheit eines Teilentgelts ergeben. So werden Überstundenvergütungen als mit dem Aufgabenbild eines Geschäftsführers nicht vereinbar angesehen.[12] Pensionszusagen müssen ernsthaft und grds erst nach einer Probezeit vereinbart, erdienbar und finanzierbar sein.[13] Tantiemen müssen in einem hinreichenden Verhältnis zur Gesamtausstattung stehen. Nur-Tantiemen sollen nur in Ausnahmesituationen und zeitlich befristet zulässig sein.[14] Umsatztantiemen müssen durch besondere Umstände gerechtfertigt sein, da ein fremder ArbG seine ArbN regelmäßig allenfalls am Erfolg

---

1 BFH BStBl II 93, 569.
2 BFH BStBl II 01, 226.
3 Zu vGA zw Mutter- und Tochter-KapGes unter Berücksichtigung von § 8b KStG: *Korn* KÖSDI 01, 12811 (12814).
4 Vgl iErg *Scheffler* BB 02, 543; *Binz/Sorg* DStR 01, 1457 (1459); *Bock* StB 01, 282; *Korn* KÖSDI 01, 12811; *Staiger/Scholz* BB 02, 2633 (2637ff).
5 *Korn* KÖSDI 01, 12811 (12818).
6 *Binz/Sorg* DStR 01, 1457 (1459).
7 *Schulte/Behmes* DB 04, 1525.
8 Zum Rechtsanspruch auf vorl Veranlagung: FG BaWü EFG 05, 497.
9 Wissenschaftlicher Arbeitskreis des DWS-Instituts, DStR 05, 989; *Janssen* GStB 05, 268; *Herff* KÖSDI 03, 13733; OFD Magdeburg DB 04, 2292.
10 BR-Drs 622/06, 65, 121; *Briese* BB 06, 2110.
11 BMF BStBl I 02, 972 Rn 4.
12 BFH BStBl II 02, 655.
13 BMF BStBl I 99, 512; BFH BStBl II 02, 670 (Probezeit, Absehbarkeit der wirtschaftlichen Entwicklung; zur Finanzierbarkeit: BFH BStBl II 05, 653; BStBl II 05, 657; BStBl II 05, 659; BStBl II 05, 662; BStBl II 05, 664.
14 BMF BStBl I 02, 219.

beteiligt.[1] Gewinntantiemen über mehr als 50 % des Jahresgewinns sind idR vGA.[2] Es muss eine vGA allerdings nicht schon deshalb vorliegen, weil die Vergütung zu mehr als 25 % aus variablen Anteilen besteht.[3] Trägt eine KapGes Reiseaufwendungen ihres G'ter-Geschäftsführers, so liegt darin eine vGA, wenn die Reise durch private Interessen veranlasst oder in nicht nur untergeordnetem Maße mitveranlasst ist.[4] Im Anschluss an die Prüfung der Angemessenheit der Teilentgelte ist zu prüfen, ob der verbliebene Teil der Gesamtvergütung die Angemessenheitsgrenze überschreitet.[5] Für die Angemessenheit der Gesamtbezüge können sich Anhaltspunkte aus Art und Umfang der Tätigkeit, der Größe des Unternehmens (Umsatz und Beschäftigtenanzahl), den Ertragsaussichten des Unternehmens, dem Verhältnis des Geschäftsführergehalts zum Gesamtgewinn und zur verbleibenden Kapitalverzinsung (10–15 %) und der Art und Höhe der Vergütungen ergeben, die gleichartige Betriebe ihrem Geschäftsführer für entspr Leistungen gewähren.[6] Die Bezüge eines fremden Geschäftsführers im Betrieb stellen ein wichtiges Indiz dar.[7] Gegen die Heranziehung von Gehaltsstrukturuntersuchungen bestehen keine Bedenken.[8] Die angemessene Höhe mindert sich, wenn der Geschäftsführer noch anderweitig tätig ist (zB als Einzelunternehmer oder als Geschäftsführer für andere KapGes) oder andere Geschäftsführer vorhanden sind.[9] Der Bereich des Angemessenen kann sich auf eine Bandbreite von Beträgen erstrecken. Unangemessen sind nur die Beträge, die den oberen Rand dieser Bandbreite übersteigen.[3] Bei einer nur geringfügigen Überschreitung der Angemessenheitsgrenze (nicht mehr als 20 %) soll keine vGA anzunehmen sein.[10] Übersteigt die Gesamtvergütung die Angemessenheitsgrenze, ist der unangemessene Betrag idR dem bzw den zuletzt vereinbarten Bestandteilen zuzuordnen. Sind die einzelnen Vergütungsbestandteile zeitgleich vereinbart worden, ist der die Angemessenheitsgrenze übersteigende Betrag nach sachgerechten Kriterien (zB quotal) auf die einzelnen Vergütungsbestandteile zu verteilen[11] (zur Zuordnung der WK bei einer vGA: § 3c Rn 65 „vGA").

91 **IV. Zurückgewährte Einlagen (§ 20 I Nr 1 S 3).** § 20 I Nr 1 S 3 ist Teil einer Gesamtregelung, die G'ter-Einlagen sowohl auf der Ebene der Ges als auch auf der Ebene der G'ter steuerneutral behandeln will.[12] Nach § 20 I Nr 1 S 3 werden deshalb Bezüge nicht zu den Einnahmen gerechnet, soweit sie aus Ausschüttungen stammen, für die Beträge aus dem steuerlichen Einlagekonto iSv § 27 KStG als verwendet gelten. Gemäß § 27 I KStG sind die nicht in das Nennkapital geleisteten Einlagen auf einem besonderen steuerlichen Einlagekonto auszuweisen, dessen Bestand jeweils gesondert festzustellen ist. Die Rückgewähr von Einlagen führt nach § 20 I Nr 1 S 3 zu einer nichtsteuerbaren Vermögensmehrung, nicht zu stfrei Einnahmen.[13] AK des G'ters für seine Beteiligung – zB für die Ermittlung eines Veräußerungsgewinns gem § 17 – sind um die Ausschüttung zu mindern.[14]

92 **V. Dividendenkompensationszahlungen (§ 20 I Nr 1 S 4).** Werden Aktien **bis zum Tag des Gewinnverteilungsbeschlusses** (einschl) erworben, aber nach den Börsenusancen erst nach diesem Termin geliefert, sehen die Börsenbedingungen vor, dass die Aktien dem Erwerber mit allen zum Zeitpunkt der schuldrechtlichen Geschäftsabschlusses bestehenden Rechten und Pflichten zustehen. Die Banken sind dem Kunden gegenüber verpflichtet, den Käufer so zu stellen, als habe er das Eigentum zum Zeitpunkt des Verpflichtungsgeschäftes erworben. Der Erwerber der Aktien ist als **wirtschaftlicher Eigentümer iSv § 39 AO** zu behandeln mit der Folge, dass ihm die Wertpapiere zuzuordnen sind. Er erhält auf den erworbenen Aktienbestand eine Gutschrift in Höhe der Netto-Dividende (Brutto-Dividende nach Abzug der KapESt).

93 Steuerrechtlich unproblematisch sind derartige Aktiengeschäfte in zeitlicher Nähe zum Gewinnverteilungsbeschluss, wenn Kauf- und Verkaufsorder vor dem Gewinnverteilungsbeschluss erfolgen. Die Zurechnung erfolgt zum Abschluss des schuldrechtlichen Geschäfts auf den Erwerber. Anders dagegen bei **Leerverkäufen**, bei denen der Verkäufer die Aktien selbst erst beschaffen muss und der Erwerb erst möglich ist, nachdem bereits der Dividendenabschlag vorgenommen wurde. In diesen Fällen ist der Aktienbestand bei Dividendenzahlung **noch im rechtlichen Eigentum eines Dritten**,

---

1 BFH BStBl II 89, 854; K/S/M § 20 Rn C 63 f.
2 BFH BStBl II 04, 136; BStBl II 04, 132.
3 BFH BStBl II 04, 136.
4 BFH BStBl II 05, 666.
5 BMF BStBl I 02, 972 Rn 7; BFH BStBl II 68, 809.
6 BMF BStBl I 02, 972 Rn 10; BFH BStBl II 95, 549.
7 BFH BStBl II 92, 690 (691).
8 BFH/NV 99, 1645.
9 BFH BStBl II 92, 690.
10 BMF BStBl I 02, 972 Rn 23; BFH BStBl II 89, 854.
11 BMF BStBl I 02, 972 Rn 8.
12 BFH BStBl II 95, 362 (365).
13 BFH BStBl II 91, 177; BStBl II 99, 647 (648); Förster/van Lishaut FR 02, 1205.
14 BFH BStBl II 91, 177; zu den Buchwert der Beteiligung übersteigenden Ausschüttungen: BStBl II 99, 647; BStBl II 99, 698.

dem Dividende und KapESt-Anspr zustehen. Hier bewirkt die Börsenpraxis, dass bei der Summe der Aktionäre ein höheres Dividendenvolumen bescheinigt und steuerlich berücksichtigt wird, als von der AG tatsächlich ausgeschüttet wird. Zusätzlich wird der Einbehalt von KapESt in einem Umfang bescheinigt, der über die abgeführte Summe hinausgeht. Die Neuregelung des § 20 I Nr 1 S 4 iVm mit den Neuregelungen in den §§ 43 ff soll bewirken, dass der Leerverkäufer KapESt abführt und damit soviel **Quellensteuer erhoben** wird, wie bei den Anteilseignern später steuerlich bescheinigt wird.

§ 20 I Nr 1 S 4 soll die Zahlungen des Verkäufers erfassen, die dieser zum Ausgleich dafür erbringt, dass er dem Erwerber der Aktien neben den Aktien nicht auch den Anspr auf Auszahlung der Dividende vermittelt **(Dividendenkompensation)**. Es soll eine eigenständige Einnahme **anstelle der Dividende** erfasst werden und zwar nach den gleichen Regeln wie für originäre Dividenden, dh unter Anwendung des Halbeinkünfteverfahrens und der Erhebung der KapESt nach §§ 43 ff. Hierbei handelt es sich bei den Verkaufsfällen idR um sog Leerverkäufe. In Betracht kommt aber auch die Belieferung bei Aktienverkäufen „cum dividende" mit über Wertpapierdarlehen erworbenen Papieren „ex dividende".[1] **94**

VI. Bezüge nach Auflösung oder aus Kapitalherabsetzung (§ 20 I Nr 2).
Handels- und steuerrechtlich sind Zahlungen aufgrund einer Herabsetzung des Grund- oder Stammkapitals oder einer Liquidation dem Grundsatz nach als Kapitalrückgewähr und nicht als Kapitalertrag zu qualifizieren.[2] Eine StPfl besteht regelmäßig nur unter den Voraussetzungen der §§ 17, 23. § 20 I Nr 2 präzisiert diesen Grundsatz mit zwei Ausnahmeregelungen. **100**

§ 20 I Nr 2 erfasst Bezüge (Liquidationsraten und Abschlusszahlungen[3]), die nach der Auflösung einer Körperschaft iSv § 20 I Nr 1 anfallen und die **nicht in der Rückzahlung von Nennkapital** bestehen und für die auch **nicht Beträge aus dem steuerlichen Einlagekonto** iSv § 27 KStG als verwendet gelten (§ 20 I Nr 2, S 1, 2. HS iVm § 20 I Nr 1 S 3). Er stellt klar, dass die Liquidation nicht als veräußerungsgleicher Vorgang zu behandeln ist.[4] Es sollen Gewinnanteile im Fall der Abwicklung zu Einkünften aus KapVerm führen, die in Rücklagen ausgewiesen waren, und vor allem auch ein etwaiger Abwicklungsgewinn selbst.[5] § 20 I Nr 2 S 1 meint eine **Auflösung** im handelsrechtlichen Sinne kraft Gesetzes oder kraft G'ter-Beschlusses. Die Bezüge müssen zivilrechtlich einen Anspr des G'ters erfüllen, der auf Grund der Auflösung der Körperschaft entstanden ist.[6] „**Körperschaft oder Personenvereinigung iSd Nr 1**" sind: AG, KG aA, GmbH, Erwerbs- und Wirtschaftsgenossenschaften sowie bergbaurechtliche Vereinigungen, welche die Rechte einer jur Pers haben. Die zusätzliche Erwähnung von Personenvereinigungen ist überflüssig. § 20 I Nr 2 zielt nach der Erweiterung des Anwendungsbereichs des § 27 KStG nicht nur auf in Deutschland unbeschränkt stpfl Körperschaften, sondern auch auf Körperschaften, die in einem anderen Mitgliedstaat der EU der unbeschränkten StPfl unterliegen. **101**

Neben der Steuerpflicht für Liquidationszahlungen, die nicht in der Rückzahlung von Nennkapital bestehen, normiert § 20 I Nr 2 S 2 eine Steuerpflicht, soweit Nennkapital zurückgezahlt wird, das auf der Umwandlung von Rücklagen beruht, die aus dem Gewinn gebildet worden waren. § 20 I Nr 2 S 2 erfasst Bezüge „**aufgrund einer Kapitalherabsetzung**". Diese muss handelsrechtlich zulässig und wirksam sein. Ansonsten wird sie als vGA iSd § 20 I Nr 1 beurteilt.[7] Zivilrechtlich wird die Kapitalherabsetzung zwar erst mit ihrer Eintragung im Handelsregister wirksam, steuerrechtlich genügt es jedoch, dass die Zahlung den Anspr des G'ters zivilrechtlich wirksam erfüllt[8] bzw die Beteiligten im Zeitpunkt der Zahlung alles unternommen haben, was zur Herbeiführung der handelsrechtlichen Wirksamkeit erforderlich ist, die Eintragung alsbald nachgeholt wird und eine missbräuchliche Steuerumgehung iSv § 42 AO ausgeschlossen werden kann.[9] § 20 I Nr 2 nennt außerdem Bezüge „**nach der Auflösung**" von unbeschränkt stpfl Körperschaften oder Personenvereinigungen (Rn 101). Steuerbar sind nur die Bezüge, die als **Gewinnausschüttung iSd § 28 II 2 und 4 KStG** gelten. Nach § 28 I KStG sind die Teile des Nennkapitals getrennt auszuweisen und gesondert festzustellen, die nicht durch Umwandlung von Einlagen, sondern von sonstigen Rücklagen zugeführt **102**

---

1 Zum Ganzen: BR-Drs 622/06, 77 ff; *Seip/Füllbier* BB 07, 477.
2 BFH BStBl II 76, 341 (342); BStBl II 95, 725 (726).
3 Zur Einbeziehung der Abschlusszahlungen: BT-Drs 14/ 7344, 17.
4 BR-Drs 638/01, 54.
5 *Jünger* BB 01, 69 (73).
6 Zur Umgehung von § 20 I Nr 2 durch Verkauf aller Anteile: BFH BStBl II 99, 720.
7 BFH BStBl II 85, 69.
8 *K/S/M* § 20 Rn D 9.
9 BFH BStBl II 95, 725 (726).

worden sind (Sonderausweis). § 28 II 2 KStG bestimmt, dass die Rückzahlung des Nennkapitals, soweit der Sonderausweis zu mindern ist, als Gewinnausschüttung gilt, die beim Anteilseigner zu Bezügen iSd § 20 I Nr 2 führt. Gem § 28 II 3 KStG ist ein den Sonderausweis übersteigender Betrag vom positiven Bestand des steuerlichen Einlagekontos abzuziehen. Soweit der positive Bestand des steuerlichen Einlagekontos für diesen Abzug nach § 28 II 3 KStG nicht ausreicht, gilt die Rückzahlung des Nennkapitals nach § 28 II 4 KStG ebenfalls als Gewinnausschüttung, die beim Anteilseigner zu Bezügen iSd § 20 I Nr 2 führt.

109 **VII. Einnahmen von Körperschaften iSv § 1 I Nr 3–5 KStG (§ 20 I Nr 9).** Nach dem Halbeinkünfteverfahren sollen Gewinne einer Körperschaft durch eine 25 %ige KSt und die Erfassung der Hälfte der Beteiligungserträge beim Anteilseigner einer Besteuerung etwa in Höhe des ESt-Satzes des Beteiligten unterworfen werden (vgl Rn 41). Dies wird bei KapGes iSv § 1 I Nr 1 KStG und den Erwerbs- und Wirtschaftsgenossenschaften iSv § 1 I Nr 2 durch die Regelungen des KStG, des § 20 I Nr 1 und des § 3 Nr 40 erreicht. Bei den VVaG iSv § 1 I Nr 3 KStG, sonstigen jur Pers des privaten Rechts iSv § 1 I Nr 4 KStG, nichtrechtsfähigen Vereinen iSv § 1 I Nr 5 KStG und den Betrieben gewerblicher Art iSv § 1 I Nr 6 KStG erfolgen aber keine Ausschüttungen an Anteilseigner oder Mitglieder wie bei den Körperschaften iSv § 1 I Nr 1 und 2 KStG. Dennoch kann es auch bei diesen zu Vermögensübertragungen an die „hinter diesen stehenden" Personen kommen, die mit Gewinnausschüttungen vergleichbar sind (zB: Auskehrung von Überschüssen durch VVaG an Mitglieder; Leistungen eines Vereins an seine Mitglieder, die auf der Mitgliedschaft beruhen). Aus Gründen der steuerlichen Gleichbehandlung und um die im Halbeinkünfteverfahren angestrebte Ertragsteuerbelastung durch KSt und ESt sicherzustellen, sollen diese Vermögensübertragungen auf der Ebene des Empfängers durch § 20 I Nr 9 – sowie § 20 I Nr 10a und b – steuerlich erfasst werden.[1]

110 § 20 I Nr 9 gilt für **Leistungen von unbeschränkt stpfl[2] Körperschaften, Personenvereinigungen oder Vermögensmassen iSv § 1 I Nr 3–5 KStG**, also VVaG (Nr 3), sonstige jur Pers des privaten Rechts (Nr 4) und nichtrechtsfähige Vereine, Anstalten, Stiftungen und andere Zweckvermögen privaten Rechts (Nr 5). Es muss sich allerdings um eine **nicht von der KSt befreite** Körperschaft handeln.[3] Bei befreiten Körperschaften fordert der Gedanke der Gleichbehandlung (vgl Rn 109) keine „Nachbelastung" auf der Empfängerebene. Erfasst werden **Einnahmen aus Leistungen** von Körperschaften iSv § 1 I Nr 3–5 KStG, **die Gewinnausschüttungen iSd Nr 1 wirtschaftlich vergleichbar sind**.[4] Bei einer Gewinnausschüttung handelt es sich um eine gesellschaftsrechtlich veranlasste offene oder verdeckte Verteilung des Gewinns der KapGes an ihre G'ter, der im Rahmen des Geschäftszwecks der Ges erwirtschaftet worden ist.[5] Dementspr meint auch § 20 I Nr 9 die Verteilung eines erwirtschafteten Überschusses, keine „Leistungen" aufgrund allgemeiner schuldrechtlicher Beziehungen. Es sind keine Vergütungen der Körperschaft für die Überlassung von Kapital gemeint,[6] sondern Bezüge aus Beteiligungen iwS. Eine Leistung iSv § 20 I Nr 9 liegt auch nicht vor, wenn ein nicht von der KSt befreiter Verein in Erfüllung seiner allg satzungsmäßigen Aufgaben Leistungen an Mitglieder auf Grund von Beiträgen iSv § 8 V KStG erbringt, die von den Mitgliedern lediglich in ihrer Eigenschaft als Mitglieder nach der Satzung zu entrichten sind. Diese Leistungen sind nicht mit einer Gewinnausschüttung vergleichbar, da sie allg mit den Mitgliedsbeiträgen abgegolten sind.[7] Bezüge von Destinatären einer Stiftung und vorbehaltene Leistungen des Stifters fallen nicht unter § 20 I Nr 9[8] – sondern allenfalls § 22 Nr 1 –, da es an einem Beteiligungsertrag (Rn 4) fehlt. § 20 I Nr 9 ist als **Ergänzungstatbestand** nur anzuwenden, soweit nicht schon § 20 I Nr 1 erfüllt ist. Die Regelungen des § 20 I Nr 1 S 2 über vGA, des S 3 über zurückgewährte Einlagen und des § 20 I Nr 2 über die Qualifizierung von Zahlungen bei Auflösung der Körperschaft als Kapitalerträge[9] gelten entspr.

VIII. Leistungen von Betrieben gewerblicher Art und wirtschaftlichen Geschäftsbetrieben (§ 20 I
115 **Nr 10).** § 20 I Nr 10 soll – ebenso wie § 20 I Nr 9 – aus Gründen der steuerlichen Gleichbehandlung auch bei Betrieben gewerblicher Art von jur Pers des öffentlichen Rechts und wirtschaftlichen

---

1 BT-Drs 14/2683, 114; *Dötsch/Pung* DB 00, Beil. Nr 4, S 14; zu Auskehrungen von Stiftungen: BMF v 27.6.06, DStR 06, 1227; *Wassermeyer* DStR 06, 1733.
2 *K/S/M* § 20 Rn JA 9.
3 Ergänzung durch Finanzausschuss, BT-Drs 14/3366, 18.
4 Zur Einfügung dieser Voraussetzung durch das UntSt FG: BR-Drs 638/01, 54.
5 BR-Drs 638/01, 54.
6 *Orth* DStR 01, 325 (331 f); *Kirchhain* ZSt 04, 22.
7 BR-Drs 638/01, 54; *K/S/M* § 20 Rn JA 10.
8 *Orth* DStR 01, 325 (332).
9 Verweis auf Nr 2 eingefügt durch JStG 07: BR-Drs 622/06, 81.

Geschäftsbetrieben von befreiten Körperschaften eine Nachbelastung begründen (Rn 109). § 20 I Nr 10 führt für die Trägerkörperschaft nach § 2 Nr 2 KStG zu einer beschränkten StPfl mit einer KapESt-Belastung von 10 % (§ 43 I 1 Nr 7b, c; § 43 I Nr 5, 6). Die KSt ist durch die KapESt idR nach § 32 I Nr 2 KStG abgegolten.[1]

1. Betriebe gewerblicher Art mit Rechtspersönlichkeit (§ 20 I Nr 10a). Nach § 20 I Nr 10a sind Einnahmen aufgrund von Leistungen von Betrieben gewerblicher Art iSv §§ 1 I Nr 6, 4 KStG[2] mit eigener Rechtspersönlichkeit (zB: Versorgungsbetrieb als Anstalt des öffentlichen Rechts; Sparkasse) stpfl, allerdings – ebenso wie nach § 20 I Nr 9 (Rn 110) – nur, falls diese nicht von der KSt befreit sind.[3] Wie in den Fällen des § 20 I Nr 9 (Rn 110) führen auch bei Betrieben gewerblicher Art mit eigener Rechtspersönlichkeit nur **ausschüttungsgleiche Leistungen**, nicht zB entgeltliche Leistungen, zu Einkünften aus KapVerm. Unter § 20 I Nr 10a fallen zB Ausschüttungen an Gewährträger (Gemeinden, Gemeindeverbände). Die entspr Geltung von **§ 20 I Nr 1 S 2, 3** soll auch vGA, nicht aber Leistungen aus dem Einlagekonto iSv § 27 KStG einbeziehen. Der Verweis auf **§ 20 I Nr 2** soll klarstellen, dass auch Bezüge bei Auflösung der Körperschaft zu erfassen sind. 116

2. Betriebe gewerblicher Art ohne Rechtspersönlichkeit (§ 20 I Nr 10b S 1–3, 5). Bei Betrieben gewerblicher Art ohne eigene Rechtspersönlichkeit erfasst § 20 I Nr 10b S 1 als Einnahmen der Trägerkörperschaft den nicht den Rücklagen zugeführten Gewinn. Voraussetzung ist allerdings, dass der Betrieb gewerblicher Art den Gewinn durch BV-Vergleich ermittelt (§ 5 I iVm §§ 140, 141 AO; § 238 HGB; EigenbetriebsVO[4]) oder aber Umsätze von mehr als 350 000 € (vgl § 141 I Nr 1 AO) oder einen Gewinn von mehr als 30 000 € (vgl § 141 I Nr 4 AO) hat.[5] Anscheinend hat der Gesetzgeber nur bei Gewinnermittlung durch Bestandsvergleich oder einer grds Verpflichtung zur Buchführung die Möglichkeit zur Anknüpfung an einen Rücklagenausweis gesehen.[6] Der Gesetzgeber knüpft an die Umsatz- und Gewinngrenzen des § 141 I Nr 1 und 4 AO an und stellt damit sicher, dass auch bei Betrieben gewerblicher Art, die nach § 141 I Nr 1 oder 4 AO zur Führung von Büchern verpflichtet sind, die aber zB auf Grund landesrechtlicher Sondervorschriften (zB Eigenbetriebsverordnung) von der Buchführungspflicht befreit sind, der nicht den Rücklagen zugeführte Gewinn zu den Einkünften aus KapVerm gehört.[7] Für eine Nachbelastung der Gewinne sieht der Gesetzgeber keine Veranlassung, solange diese im wirtschaftlichen Geschäftsbetrieb einbehalten und den (Ergebnis-)**Rücklagen zugeführt** werden.[8] Nach Sinn und Zweck des § 20 I Nr 10b darf allerdings der Nachbelastung nur der um die 25%ige KSt der Trägerkörperschaft geminderte Gewinn unterworfen werden. Die von der Trägerkörperschaft als KSt-Subjekt geschuldete KSt kann nicht aus dem Betrieb gewerblicher Art in den übrigen Bereich übertragen werden[9] (vgl allerdings noch Rn 120). Entsprechendes gilt bei nach dem KStG nicht abzugsfähigen BA.[10] Der Gewinn ist um die Beträge für den Ausgleich von Fehlbeträgen aus früheren Wj zu kürzen. Nach § 20 I Nr 10b S 1 führen auch bei Betrieben gewerblicher Art ohne eigene Rechtspersönlichkeit **vGA** zu Einkünften aus KapVerm. 117

§ 20 I Nr 10b S 2, 1. HS rechnet dem Gewinn das Ergebnis aus der Auflösung von Rücklagen zu Zwecken außerhalb des Betriebes hinzu. Es soll eine Nachbelastung erfolgen, wenn der Gewinn für Zwecke des ideellen Bereichs, des Bereichs von Zweckbetrieben oder des Bereichs der Vermögensverwaltung verwendet wird. Es soll sowohl nach § 20 I Nr 10b S 1 der Fall erfasst werden, dass der Gewinn bereits anfänglich für diese Zwecke verwendet (und nicht einer Rücklage zugeführt) wird, als auch nach § 20 I Nr 10b S 2 der Fall, dass er zunächst einer Rücklage zugeführt, diese aber später aufgelöst und er dann für diese Zwecke verwendet wird. **§ 20 I Nr 10b S 2, 2. HS** ordnet an, dass in Fällen der Einbringung und des Formwechsels nach dem 6. und 8. Teil des UmwStG die Rücklagen als aufgelöst gelten. Es wird damit klargestellt, dass die Einbringung eines Betriebs gewerblicher Art in eine KapGes und ein Formwechsel eine Verwendung der Rücklagen für Zwecke außerhalb des Betriebs gewerblicher Art darstellt. Die Rücklagen stehen nun der KapGes – bzw dem neuen 118

---

1 Vgl BMF v 13.8.02, DB 02, 1687.
2 Zur Definition und Teilverselbstständigung des BgA grundlegend: *Seer/Wendt* DStR 01, 825; BFH/NV 02, 1260.
3 BMF DB 02, 1687.
4 *Schiffers* BB 03, 398 (400).
5 Neuregelung der Beitragsgrenzen durch Kleinunternehmerförderungs G v 8.3.03, BGBl I 03, 1550.
6 *Orth* DStR 01, 325 (334).
7 BT-Drs 14/7344, 17; *Schiffers* BB 03, 398 (400).
8 *Orth* DStR 01, 325 (334); zu den Möglichkeiten der Rücklagenzuführung: *Schiffers* BB 03, 398 (401 ff).
9 *Steffen* DStR 00, 2025 (2026 f); *Orth* DStR 01, 325 (335).
10 *K/S/M* § 20 Rn JB 13; **aA** BMF DB 92, 1687 Rn 22.

Rechtsträger – und nicht mehr dem Betrieb gewerblicher Art zu. Die KapESt entsteht entspr den Vorgaben des § 44 VI 2. HS. Nach § 20 I Nr 10b S 5 gilt die Regelung des § 20 I Nr 1 S 3 über zurückgewährte Einlagen entspr.

119 § 20 I Nr 10b erfasst außerdem den **Gewinn iSv § 22 IV UmwStG**. Nach § 22 I UmwStG ist, soweit in den Fällen einer Sacheinlage unter dem gemeinen Wert der Einbringende die erhaltenen Anteile an der übernehmenden KapGes oder Genossenschaft innerhalb eines Zeitraums von sieben Jahren nach dem Einbringungszeitpunkt veräußert, der Gewinn aus der Einbringung rückwirkend als Gewinn iSv § 16 zu versteuern. Ist der Veräußerer von Anteilen nach § 22 I UmwStG eine jur Pers des öffentlichen Rechts, gilt in den Fällen des § 22 I UmwStG der Gewinn aus der Veräußerung der erhaltenen Anteile als in einem Betrieb gewerblicher Art dieser Körperschaft entstanden.

120 § 20 I Nr 10b S 3 trifft eine Regelung für **öffentlich-rechtliche Rundfunkanstalten**. Diese sollen im Rahmen der von ihren Betrieben gewerblicher Art erzielten Werbeeinnahmen dem KapESt-Abzug unterworfen werden.[1] Als Gewinn iSv § 20 I Nr 10b S 1 sollen 3/4 des Einkommens iSv § 8 I 2 KStG gelten. Der Gesetzgeber unterwirft der Nachbelastung nur das um die 25 %-ige KSt der Trägerkörperschaft geminderte Einkommen. Diese ausdrücklich angeordnete Kürzung im Rahmen von § 20 I Nr 10b S 3 drängt zunächst den Schluss auf, dass in den Fällen des § 20 I Nr 10b S 1 eine derartige Kürzung nicht vorzunehmen ist (vgl Rn 117). Gegen diesen Schluss spricht jedoch die Ungleichbehandlung, die sich dann ergäbe. Nicht berücksichtigt sind allerdings auch im Rahmen von § 20 I Nr 10b S 3 die nicht abzugsfähigen BA (Rn 117).

121 **3. Wirtschaftliche Geschäftsbetriebe (§ 20 I Nr 10b S 4).** Einnahmen aus Leistungen von befreiten Körperschaften nehmen § 20 I Nr 9 und 10 grds von der Besteuerung aus. § 20 I Nr 10b S 4 ordnet jedoch für **wirtschaftliche Geschäftsbetriebe von befreiten Körperschaften** die entspr Anwendung der Regelungen für Betriebe gewerblicher Art an. Erfasst werden mit der Verweisung auch die Fälle des Verkaufs einbringungsgeborener Anteile im Rahmen eines wirtschaftlichen Geschäftsbetriebs zB durch einen Berufsverband (Rn 118).[2]

125 **IX. Besondere Entgelte oder Vorteile (§ 20 II 1 Nr 1).** § 20 II 1 Nr 1 ergänzt die Besteuerungstatbestände des § 20 I und II. Er präzisiert – je nach Ausgestaltung des Grundtatbestandes: deklaratorisch oder konstitutiv – den Umfang der stpfl Einnahmen. Er rechnet besondere Entgelte oder Vorteile zu den Einnahmen aus KapVerm, die neben oder anstelle der in § 20 I und II bezeichneten Einnahmen gewährt werden. Es sollen im Zusammenwirken der Grundtatbestände mit dem **Ergänzungstatbestand** des § 20 II Nr 1 alle Vermögensmehrungen erfasst werden, die sich bei wirtschaftlicher Betrachtung als Beteiligungsertrag darstellen. Der Begriff des „**besonderen Entgelts oder Vorteils**" ist mithilfe der allg Einnahmedefinition des § 8 I zu bestimmen. Der Vermögensvorteil muss in Geld oder Geldeswert bestehen. Vorteile, die nicht in Geld bestehen, sind gem § 8 II mit den üblichen Endpreisen am Abgabeort anzusetzen. Der Vorteil muss zufließen und in diesem Sinne beim Empfänger eine Vermögensmehrung auslösen.[3] Es sollen alle Vermögensmehrungen erfasst werden, die bei wirtschaftlicher Betrachtung **Beteiligungsertrag** sind.[4] Ob ein entspr zivilrechtlicher Anspr bestand, ist unerheblich.[5] Ebensowenig ist erheblich, ob das Entgelt in offener oder verdeckter Form gewährt wird[6] oder ob der zugeflossene Vorteil seinem Wert nach die WK und Rückgewähransprüche übersteigt, die wirtschaftlich durch den Zufluss ausgelöst werden.[3] Besondere Entgelte oder Vorteile iSv § 20 II 1 Nr 1 sind zB Bezüge aufgrund einer Dividenden-, Aktienrückkaufs- oder Verzinsungsgarantie[6], ein neben der Dividende gezahlter Bonus, Bonus- oder Treuaktien (auch bei Leistungen eines Dritten)[7] die Befreiung von Darlehensschulden im Zuge des Erwerbs eigener Anteile durch eine KapGes[8] Ausgleichszahlungen eines Organträgers an Minderheits-G'ter des Organs,[9] Entschädigungszahlungen von Mehrheits- an Minderheits-G'ter oder Freiaktien, die entspr einem vereinbarten Wahlrecht die Bardividende ersetzen.[10]

129 **X. Zurechnung bei Übertragung der Beteiligung (§ 20 IIa).** Nach § 20 IIa erzielt Einkünfte aus KapVerm iSd § 20 I Nr 1–2 der Anteilseigner und ist Anteilseigner derjenige, dem der Anteil iSd § 20 I Nr 1 **im Zeitpunkt des Gewinnverteilungsbeschlusses** zuzurechnen ist. Bei Beteiligungserträ-

---

1 BT-Drs 14/7780, 4.
2 BR-Drs 638/01, 55.
3 BFH BStBl II 84, 842 (843).
4 BFH BStBl II 81, 464 (465); BStBl II 93, 825 (827).
5 BFH BStBl II 93, 825 (827).
6 BFH BStBl II 93, 602.
7 BFH BStBl II 05, 468 (Telekom).
8 BFH BStBl II 79, 553.
9 BFH BStBl III 57, 139.
10 BFH BStBl II 06, 520.

gen wird Kapital nicht zeitlich begrenzt überlassen, sondern endgültig auf die KapGes übertragen und die Dividende ist der Ertrag aus der vermögensmäßigen Beteiligung an der KapGes. Sie steht demjenigen zu, der im Zeitpunkt ihrer Abspaltung von dem sonstigen Mitgliedschaftsrecht bezugsberechtigter G'ter ist.[1] Veräußert der G'ter seine Beteiligung, so sind die Erträge dem Erwerber zuzurechnen, da er im Zeitpunkt des Gewinnverteilungsbeschlusses Anteilseigner ist. Der Veräußerer erzielt nur unter den Voraussetzungen der §§ 17, 23 oder wenn die Beteiligung zum BV gehört, einen steuerbaren Veräußerungsgewinn. Dies gilt auch dann, wenn der G'ter sein Stammrecht veräußert, aber den Anspr auf den Gewinnanteil (ganz oder zeitanteilig) zurückbehält. Die Einnahmen aus der Einlösung des Dividendenscheins sind dem Erwerber zuzurechnen.[2] Überträgt der G'ter nach dem Gewinnverteilungsbeschluss und vor dem Zufluss der Dividende seinen Dividendenanspruch, so ist ein Zufluss beim bisherigen Anspruchsinhaber anzunehmen (Rn 2).[3]

§ 20 IIa 2 definiert den **Begriff des Anteilseigners** gem den besonderen steuerrechtlichen Zurechnungsvorschriften. Anteilseigner ist grds derjenige, dem das Stammrecht zivilrechtlich zusteht. Hiervon abw ist jedoch derjenige Anteilseigner, der das Stammrecht nach § 39 AO als wirtschaftlicher Eigentümer (Rn 9), Treugeber (Rn 9), Sicherungsgeber oder Eigenbesitzer innehat. Bei einem **Wertpapierdarlehen** übereignet der Darlehensgeber dem Darlehensnehmer Wertpapiere (zB Aktien) und erhält dafür neben der Kompensationszahlung (zum Ausgleich von Ausschüttungen, Zinsen) eine Leihgebühr. Der Darlehensnehmer hat bei Fälligkeit Wertpapiere gleicher Art, Güte und Menge zurückzuübereignen. Der Darlehensnehmer wird zivilrechtlicher und wirtschaftlicher Eigentümer der Wertpapiere und muss die Wertpapiere in seiner Bilanz aktivieren. Beim Darlehensgeber erfolgt nach hM (systematisch inkonsequent) im Hinblick auf den Charakter des Wertpapierdarlehens als bloße Nutzungsüberlassung keine Realisierung stiller Reserven.[4] Dividenden sind nach § 20 IIa dem Darlehensnehmer als zivilrechtlichem und wirtschaftlichem Eigentümer zuzurechnen[5] (bei einer Körperschaft nach § 8b KStG körperschaftsteuerfrei; bei Kreditinstituten etc uU nach § 8b VII kstpfl; idR GewSt-Pflicht nach § 8 Nr 5 GewStG; Halbabzugsverbot nach § 3c II für Kompensationszahlung und Leihgebühr).[6] Beim Darlehensgeber sind die Kompensationszahlungen und die Leihgebühr stpfl. Zweifelh ist, ob eine Begünstigung nach § 20 II 1 Nr 1, 2 Alt iVm § 3 Nr 40 S 1f besteht.[7] **Bei Wertpapierpensionsgeschäften** überträgt der Pensionsgeber dem Pensionsnehmer Wertpapiere nicht gegen Zahlung eines Nutzungsentgelts, sondern gegen Zahlung eines Kaufpreises. Der Pensionsnehmer hat die Wertpapiere zu einem im Voraus bestimmten oder vom Pensionsgeber zu bestimmenden Zeitpunkt gegen Zahlung eines Rückkaufpreises zurückzuübereignen. Nach Auffassung der FinVerw geht das wirtschaftliche Eigentum nicht auf den Pensionsnehmer über. Der Pensionsgeber muss die Wertpapiere weiterhin in seiner Bilanz ausweisen.[8] Die Dividenden werden nach der Rspr des BFH und Auffassung der FinVerw allerdings – unabhängig vom wirtschaftlichen Eigentum – dem Pensionsnehmer als zivilrechtlichem Eigentümer zugerechnet.[9] In der Literatur wird zwar (zu Recht) darauf hingewiesen, dass diese vom wirtschaftlichem Eigentum abw Zurechnung dem Wortlaut des § 20 IIa widerspreche.[10] Zur weiteren Anwendung der BFH-Rspr wird jedoch (nicht überzeugend) auf die Gesetzesbegründung von § 20 IIa verwiesen. Nach dieser habe lediglich das Konkurrenzverhältnis zw Inhaber des Stammrechts und Inhaber des Dividendenscheins, nicht jedoch zw wirtschaftlichem und rechtlichem Eigentümer des Stammrechts geregelt werden sollen.[11] Beim Pensionsgeber sind die Kompensationszahlungen, wenn man die Dividenden dem Pensionsnehmer zurechnet, in gleicher Weise stpfl wie beim Darlehensgeber eines Wertpapierdarlehens. Bei einer Zurechnung der Dividenden auf den Pensionsgeber wären die Kompensationszahlungen lediglich eine Weiterleitung der dem Pensionsgeber bereits zugerechneten Erträge.

130

§ 20 IIa 3 fingiert den **Nießbraucher** oder Pfandgläubiger als Anteilseigner, wenn ihm die Einnahmen iSv § 20 I Nr 1 oder 2 zuzurechnen sind. Diese Regelung läuft allerdings – da eine entspr steuerrechtliche Zurechnung regelmäßig ausscheidet – weitgehend leer. Der Nießbrauch an einer Beteili-

131

---

1 *K/S/M* § 20 Rn B 16, B 18 c, B 27.
2 Zu den sich hieraus ergebenden Gefahren und Chancen: *Schuck* DStR 96, 371; *Pyszka* DStZ 96, 170.
3 IErg ebenso: *K/S/M* § 20 Rn A 7.
4 BMF DB 90, 863; *Mühlhauser/Stoll* DStR 02, 1597; *Häuselmann/Wagner* FR 03, 331.
5 BMF DB 90, 865; *Mühlhauser/Stoll* DStR 02, 1597 (1598).
6 *Mühlhauser/Stoll* DStR 02, 1597 (1598).
7 *Mühlhauser/Stoll* DStR 02, 1597 (1599: volle StPfl).
8 OFD Ffm, 13.5.95, BB 95, 1081; **aA** *Häuselmann/Wagner* FR 03, 331 (334).
9 BFH BStBl II 83, 272 (275, 277); OFD Ffm v 13.5.95, BB 95, 1081.
10 *D/J/P/W* § 20 Rn 103.
11 *Schmid/Stoll* DStR 01, 2137; *Mühlhauser/Stoll* DStR 02, 1597 (1600 mwN).

gung, an einem Wertpapier oder an einer Forderung rechtfertigt idR keine abw Zurechnung der Erträge. Der Anteilseigner, Eigentümer oder Inhaber überlässt Kapital gegen Entgelt zur Nutzung und verwirklicht den Einkünfteerzielungstatbestand. Die Einräumung des Nießbrauchs ist als Vorausabtretung der künftigen Ertragnisansprüche zu werten.[1] Etwas anderes kann nur dann nur dann gelten, wenn der Nießbraucher sich selbst an einer KapGes beteiligt oder Gläubiger einer Kapitalforderung wird. Der Nießbraucher muss zumindest „Teilrechtsnachfolger" des bisherigen Berechtigten in Bezug auf das KapVerm werden.[2] Diese Grundsätze über die Zurechnung von Erträgen im Falle des Nießbrauchs gelten unabhängig davon, ob der Nießbrauch entgeltlich oder unentgeltlich bestellt ist.[3] Allerdings ist bei einem entgeltlichen Nießbrauch dem Nießbrauchbesteller das gezahlte Entgelt schon nach § 20 II Nr 1, 2. Alt anstelle der Erträge iSd § 20 I zuzurechnen und dem Nießbraucher die Kapitalerträge als Einnahmen aus der Einziehung einer Forderung.[4] Die hM differenziert zw dem Zuwendungs- und dem **Vorbehaltsnießbrauch** und rechnet die Kapitalerträge dem Vorbehaltsnießbraucher zu.[5] Die Gegenansicht weist allerdings zu Recht darauf hin, dass es nicht darauf ankommen könne, dass der Vorbehaltsnießbraucher idR selbst das Kapital angelegt habe. Zuwendungs- und Vorbehaltsnießbraucher unterschieden sich nur in den Rechten, die sie vor der Nießbrauchsbestellung besessen hätten.[6] Entscheidend dürfte sein, ob der Vorbehaltsnießbraucher Befugnisse zurückbehalten hat, welche die Annahme rechtfertigen, dass keine „Teilrechtsnachfolge" eingetreten ist und der Nießbrauchsbesteller weiterhin derjenige ist, der das Kapital zur Nutzung überlässt.

135 **XI. Isolierte Übertragung des Ertraganspruchs (§ 20 II 1 Nr 2a).** Während § 20 IIa den Fall regelt, dass eine Beteiligung einschl des Anspr auf den Gewinnanteil übertragen wird, und den Fall, dass nur das Stammrecht veräußert, der Anspr auf den Gewinnanteil aber zurückbehalten wird (Rn 129), behandelt § 20 II 1 Nr 2a den Fall, dass der Veräußerer sein Stammrecht behält und nur den Anspr auf den Gewinnanteil veräußert. Ohne § 20 II 1 Nr 2a wären von dem Veräußerer die später zufließenden Dividenden zu versteuern. Nach § 20 II 1 Nr 2a sind dagegen bereits die Einnahmen aus der Veräußerung des Dividendenscheins und sonstiger Anspr zu erfassen. § 20 II 1 Nr 2a verlagert den Besteuerungstatbestand vor und verdrängt § 20 I Nr 1, IIa. Es werden der Zeitpunkt der Erfassung, aber auch der Umfang der Einnahmen besonders geregelt. **Dividendenscheine** sind Schuldverschreibungen, welche die Anspr der G'ter auf den festzustellenden verteilbaren Jahresüberschuss verbriefen. „Sonstige Anspr" sind alle Anspr auf einen Gewinnanteil gegen eine in § 20 I Nr 1 genannte Körperschaft, die nicht durch einen Dividendenschein verbrieft sind. § 20 II 1 Nr 2a meint allerdings nur die Veräußerung von künftig erst entstehenden Dividendenforderungen. Ist die Dividendenforderung bereits entstanden, besteht für eine Vorverlagerung des Besteuerungstatbestandes kein Anlass mehr. Eine **„Veräußerung"** ist gegeben, wenn und sobald das wirtschaftliche Eigentum an dem Dividendenschein bzw an den sonstigen Anspr auf eine andere Person aufgrund eines entgeltlichen Verpflichtungsgeschäftes übergeht. Bei einer unentgeltlichen Übertragung wird die Dividende nach § 20 I Nr 1, IIa erfasst. Bei einer teilentgeltlichen Übertragung soll der Vorgang in einen vollentgeltlichen Vorgang – mit Besteuerung nach § 20 II 1 Nr 2a – und einen vollunentgeltlichen Vorgang – mit Besteuerung nach § 20 I Nr 1, IIa – aufgespalten werden.[7] Erfasst werden die Einnahmen aus der Veräußerung **„durch den Inhaber des Stammrechts"**. Nicht von § 20 II 1 Nr 2a besteuert werden Weiterveräußerungserträge des Erwerbers eines isolierten Dividendenscheins. Diese sind weder nach § 20 I, IIa noch nach § 20 II steuerbar. Auch nicht erfasst wird der Fall, dass der Anteilseigner das Stammrecht veräußert, den Dividendenschein zurückbehält und diesen später separat veräußert. In diesem Fall sind nach § 20 IIa die Einnahmen beim Erwerber des Stammrechts zu besteuern (Rn 130). § 20 II 1 Nr 2a verlangt, dass die dazugehörigen **Anteile nicht mitveräußert** werden. Den Fall, dass Stammrecht und Gewinnanspr zusammen veräußert werden, regelt bereits § 20 IIa (Rn 130). Die Besteuerung nach § 20 II 1 Nr 2a tritt **an die Stelle der Besteuerung nach § 20 I**, und zwar unabhängig davon, ob die spätere Dividende dem Erlös aus der Veräußerung des Dividendenscheins entspricht. KapESt ist auf die Einnahmen aus der Veräußerung von Dividendenscheinen nicht zu erheben (vgl § 43 I 1 Nr 1 und S 2).

---

1 BFH BStBl II 77, 115; BStBl II 91, 38; BFH/NV 02, 240.
2 *K/S/M* § 20 Rn B 48.
3 *K/S/M* § 20 Rn B 50; BMF BStBl I 83, 508 Rn 57.
4 *K/S/M* § 20 Rn B 50.
5 BMF BStBl I 83, 508; FG D'dorf EFG 00, 676 mwN; *Korn* DStR 99, 1461 (1468); offen gelassen von BFH/NV 01, 1393.
6 *K/S/M* § 20 Rn B 51.
7 *K/S/M* § 20 Rn L 19.

XII. Investmentfonds.

141 Der Begriff Investmentfonds bezeichnet ein Vermögen, das eine Anlage-Ges mit dem Geldkapital von Anlegern nach dem Grundsatz der Risikomischung in Form von Aktien, festverzinslichen Wertpapieren, Immobilien etc (vgl § 2 IV InvStG) begründet und verwaltet. Bei den Investmentfonds nach dem Gesellschaftstyp ist die Anlage-Ges eine privatrechtliche Körperschaft, die durch Ausgabe von Anteilen den Anlegern Mitgliedschaftsrechte an dem Unternehmen verschafft und die ihrerseits die Investition tätigt. Inländische Fonds sind regelmäßig nach dem Vertragstyp organisiert, dh der Anleger wird nicht G'ter, sondern schließt mit der Anlage-Ges einen Vertrag, der diese verpflichtet, die entgeltliche Verwaltung des aus dem aufgebrachten Kapital gebildeten Fonds zu übernehmen. Dabei können entweder die Anleger Miteigentümer nach Bruchteilen am Fondsvermögen werden oder die Anlage-Ges hält das Fondsvermögen als Treuhänderin. Nach § 1 I Nr 1 InvStG sind inländische Investmentvermögen nunmehr zum einen sämtliche von Kapitalanlage-Ges verwalteten **Publikums- oder Spezial-Sondervermögen** und zum anderen **Investmentaktiengesellschaften**.

142 Das InvStG geht technisch aus vom Trennungsprinzip (behandelt den Fonds als KSt-Subjekt, knüpft an die Ausschüttungen des Fonds an), durchbricht dieses dann aber hin zu einem eingeschränkten **Transparenzprinzip** (Befreiung des Fonds, Identifizierung der Erträge des Fonds beim Inhaber). Es soll der Inhaber eines Fonds die Erträge aus der Investmentanlage nach Möglichkeit so versteuern, als ob sie ihm unmittelbar zugeflossen wären. Es soll insbes eine Doppelbelastung sowohl auf Ebene der Ges als auch auf Investorenebene vermieden werden. Zu diesem Zweck sind auch künftig die Sondervermögen von der KSt und GewSt befreit (§ 11 I InvStG). Die Besteuerung findet erst auf der Ebene des Anlegers statt. Dieser hat die **ausgeschütteten Erträge** zu versteuern. Diese umfassen nach § 1 III 2 InvStG die zur Ausschüttung verwendeten Zinsen, Dividenden, Erträge aus VuV von Grundstücken und grundstücksgleichen Rechten, Veräußerungsgewinne und sonstigen Erträge. Werden die Anteile im PV gehalten, sind diese Erträge allerdings – insoweit ist das Transparenzprinzip eingeschränkt – nach § 2 III InvStG stfrei, soweit in ihnen enthalten sind: Gewinne aus der Veräußerung von Wertpapieren, Termingeschäften und Bezugsrechten auf Anteile an KapGes, sowie Gewinne aus der Veräußerung von Grundstücken außerhalb der 10-jährigen Frist gemäß § 23 I Nr 1. Es bleiben also Gewinne aus der Veräußerung von Wertpapieren iSv § 23 I und aus Termingeschäften[1] stfrei. Neben den Ausschüttungen gelten bestimmte nicht zur Kostendeckung oder Ausschüttung verwendete, also thesaurierte Einnahmen des Fonds, beim Anteilseigner als Einkünfte aus KapVerm iSv § 20 I Nr 1, soweit sie nicht BE sind. Zu diesen als **ausschüttungsgleiche Erträge** bezeichneten Einnahmen rechnen nach § 1 III 3 InvStG die nach Abzug der steuerlich abziehbaren WK nicht zur Ausschüttung verwendeten Erträge aus Zinsen, Dividenden, Erträge aus der VuV von Grundstücken und grundstücksgleichen Rechten, sonstige Erträge und Gewinne aus privaten Veräußerungsgeschäften iSd § 23 I 1 Nr 1, Nr 3, soweit es sich nicht um Wertpapierveräußerungsgeschäfte handelt, sowie des § 23 II und III. Soweit ausgeschüttete oder ausschüttungsgleiche inländische und ausländische Erträge solche iSd § 43 I 1 Nr 1 sowie S 2 enthalten, sind § 3 Nr 40 und §§ 8 I, 37 III KStG anzuwenden (§ 2 II InvStG).

143 Bei der **Ermittlung der Erträge** aus Investmentfonds ist zw der Ebene des Investmentfonds und der Ebene des Anlegers zu unterscheiden. Auf der **Ebene des Investmentfonds** werden die auf den einzelnen Anleger entfallenden Ausschüttungen bzw bei thesaurierenden Fonds die ausschüttungsgleichen Erträge gem § 3 I InvStG als Überschuss der Einnahmen über die WK ermittelt. Für Einzelkosten, die stfreien Fondseinnahmen zurechenbar sind, ist § 3c I als allg Rechtsgrundsatz anzuwenden.[2] Für Allgemeinkosten, die nicht in einem unmittelbaren Zusammenhang mit Fondseinnahmen stehen, trifft § 3 III 2 InvStG folgende Regelung: Nach § 3 III 2 Nr 1 InvStG sollen die WK, die mit ausländischen Einnahmen des Fonds zusammenhängen, für die Deutschland nach DBA kein Besteuerungsrecht zusteht, den ausländischen Einnahmen zugeordnet werden. Von den verbleibenden WK sollen für Privatanleger 10 % pauschal als nicht abzugsfähig gelten. Anschließend sollen dann nach § 3 III 2 Nr 3 und 4, IV InvStG § 3c II (für nach § 3 Nr 40 begünstigte Anleger) und § 3c I (für nach § 8b I KStG begünstigte Anleger)[3] auf die verbleibenden WK angewandt

---

[1] Fock BB 03, 1589 (1590).
[2] BMF v 2.6.05, BStBl 05, 728 Tz 45; *Grabbe/Lübbehüsen* DStR 04, 981 (982); *Wassermeyer* DB 03, 2008; **aA** *Zeller* DStR 05, 899 (900).
[3] Zur Anwendung von § 3c I und nicht § 8b V KStG: *Grabbe/Lübbehüsen* DStR 04, 981; *Wagner* DStZ 06, 247 (260).

werden.[1] Gem § 3 IV 2 InvStG werden Verluste auf Fondsebene nicht im Entstehungsjahr an die Anleger „ausgeschüttet", sondern für das folgende Geschäftsjahr vorgetragen. Die inländischen Fonds sollen nach § 13 II 1 InvStG für Ausschüttungen und ausschüttungsgleiche Erträge eine Erklärung zur gesonderten Feststellung von Besteuerungsgrundlagen abgeben. Die Investmentgesellschaft hat die erklärten Besteuerungsgrundlagen im elektronischen Bundesanzeiger bekannt zu machen. Stellt das FA – insbes auf Grund einer Betriebsprüfung – materielle Fehler der gesonderten und einheitlichen Feststellung fest, sind die sich ergebenden Unterschiedsbeträge nach § 13 IV InvStG gesondert und einheitlich festzustellen. Die Investmentgesellschaft hat diese Unterschiedsbeträge in der Feststellungserklärung für das Geschäftsjahr zu berücksichtigen, in dem diese nachträgliche Feststellung unanfechtbar geworden ist. Auf der **Ebene des Anteilseigners** unterliegen die ausgeschütteten und ausschüttungsgleichen Erträge unter den Voraussetzungen des § 4 InvStG einer Steueranrechnung bzw einer Steuerfreistellung, soweit darin ausländische Einkünfte enthalten sind. WK und BA, die mit den ausgeschütteten und ausschüttungsgleichen Erträgen zusammenhängen, sind auf der Ebene des Anteilseigners nach Maßgabe der Abzugsbeschränkungen des § 8b V KStG und des § 3c II abzugsfähig.

144 Werden die umfassenden steuerlichen Bekanntmachungspflichten nach § 5 I InvStG nicht erfüllt, greift eine **Strafbesteuerung nach § 6 InvStG** ein. Danach sind die Ausschüttungen sowie 70 % der Wertsteigerung des Investmentanteils des Jahres, mindestens aber 6 % des letzten im Kj festgesetzten Rücknahmepreises, anzusetzen. Wird ein Rücknahmepreis nicht festgesetzt, tritt an seine Stelle der Börsen- oder Marktpreis.

145 Erzielt der Anleger aus der **Veräußerung** seiner Anteilscheine Veräußerungsgewinne, so ist wie folgt zu differenzieren: Soweit der Veräußerungsgewinn auf thesaurierte Erträge (wie zB Dividenden) entfällt, die als ausschüttungsgleiche Erträge bereits beim Anleger erfasst wurden, ist dieser Teil von einer erneuten Besteuerung auszunehmen. Ebenso ist der Teil des Veräußerungsgewinns gem § 8 I 1 InvStG von der Besteuerung auszunehmen, der auf ausländische Einnahmen des Fonds entfällt, die nach § 4 I InvStG beim Anleger aufgrund eines DBA als ausgeschüttete oder ausschüttungsgleiche Erträge stfrei zu belassen wären. Entfällt der Veräußerungsgewinn auf den sog Aktiengewinn, unterliegt dieser Teil des Veräußerungsgewinns gem § 8 I 1 InvStG beim betrieblichen Anleger[2] dem Halbeinkünfteverfahren und ist nach § 3 Nr 40 zur Hälfte oder nach § 8b KStG in voller Höhe stfrei. Der sog Aktiengewinn umfasst noch nicht ausgeschüttete oder thesaurierte Dividenden aus Aktien, Erträge aus Aktien und aktienähnlichen Genussscheinen, Veräußerungsgewinne von Aktien und aktienähnlichen Genussscheinen, Kursgewinne von Aktien und aktienähnlichen Genussscheinen sowie Aktiengewinne von Investmentfonds. IÜ unterliegt der Veräußerungsgewinn auf der Ebene des Anlegers der gewöhnlichen Besteuerung.[3] Nach § 1 IV InvStG sind als Zwischengewinne bestimmte dem Anleger vor Ablauf des Geschäftsjahres noch nicht zugeflossene oder als zugeflossen zu erfassende Zinserträge zu besteuern. Es sollte so verhindert werden, dass der Anleger vor Ablauf des Geschäftsjahres seinen Anteil zurückgibt und die in dem Anteilspreis widergespiegelten Erträge unversteuert realisiert. Auf diese Zwischengewinnbesteuerung wurde bei der Neuregelung des InvStG zunächst aus Vereinfachungsgründen verzichtet, diese dann aber durch das EURLUmsG in § 1 IV InvStG wieder eingeführt.[4]

146 Nach § 1 I Nr 2 InvStG gelten die Vorschriften des InvStG für ausländische Investmentvermögen iSv § 2 VIII InvG. Nach § 2 VIII InvG sind ausländische Investmentvermögen Investmentvermögen iSv § 1 S 2 InvG (dh Vermögen zur gemeinschaftlichen Kapitalanlage, die nach dem Grundsatz der Risikomischung in Vermögensgegenstände iSv § 2 IV InvG angelegt sind), die dem Recht eines anderen Staates unterstehen (sog materieller Investmentbegriff[5]).

C. Erträge aus stiller Gesellschaft oder partiarischem Darlehen (§ 20 I Nr 4)

161 **I. Voraussetzungen der stillen Gesellschaft.** Eine stille Ges ist anzunehmen, wenn zw einem Unternehmensträger und einem stillen G'ter zur Erreichung eines gemeinsamen Zwecks ein Ges-Vertrag geschlossen wird, kraft dessen der stille G'ter ohne Bildung eines Ges-Vermögens mit einer Einlage

---

[1] Zur asymetrischen Anwendung des Halbeinkünfteverfahrens: *Grabbe/Lübbehüsen* DStR 04, 981.
[2] *Sradj/Mertes* DStR 04, 201 (206); *Bacmeister* BB 04, 2787.
[3] *Wassermeyer* DB 03, 2085 (2089); *Bacmeister* BB 04, 2787.
[4] BT-Drs 15/3677, 48; *Ebner* DB 04, 2495.
[5] BT-Drs 15/1944, 44; zu den Unsicherheiten bei dem wirtschaftlichen Investmentbegriff: *Sradj/Mertes* DStR 04, 201.

am Unternehmen ("Handelsgewerbe") beteiligt ist und eine Gewinnbeteiligung erhält.[1] Die stille Ges unterscheidet sich durch die **gemeinsame Zweckverfolgung** von dem partiarischen Darlehen. Der Unternehmensträger betreibt ein **Handelsgewerbe**. Sonst kommt nur eine (Innen-)GbR und Einkünfte iSd § 20 I Nr 7 in Betracht.[2] Der stille G'ter leistet eine **Vermögenseinlage**. Dies kann jede in Geld bewertbare und übertragbare vermögenswerte Leistung sein. Der stille G'ter erhält eine **Beteiligung am Gewinn**. Bei Vereinbarung eines festen Zinses oder einer Umsatzbeteiligung liegt keine stille Ges, sondern ein Darlehen vor. Erstreckt sich die Gewinnbeteiligung lediglich auf einzelne Geschäfte, liegt keine stille Ges, sondern eine Gelegenheits-Ges vor. Die Beteiligung am Verlust kann ausgeschlossen sein.

II. Abgrenzung der stillen Gesellschaft. Ist der G'ter **MU'er**, erzielt er nach § 15 I 1 Nr 2 Einkünfte aus GewBetr. Ein stiller G'ter ist MU'er, wenn er – wie ein K'dist – über § 233 HGB hinaus Mitwirkungs- und Kontrollrechte hat und nicht nur am laufenden Gewinn und Verlust, sondern auch an den stillen Reserven und am Geschäftswert beteiligt ist. Eine fehlende Beteiligung am Verlust oder am Geschäftswert und den stillen Reserven ist allerdings kompensierbar.[3]

166

Bei den **partiarischen Rechtsverhältnissen** – wie dem ebenfalls in § 20 I Nr 4 geregelten partiarischen Darlehen – wird zwar eine Gewinnbeteiligung gewährt, es wird jedoch nicht die Verfolgung eines gemeinsamen Zwecks, sondern ein Austauschverhältnis vereinbart. Besteht eine Beteiligung am Verlust, kommt nur eine stille Ges, kein partiarisches Rechtsverhältnis in Betracht, da die Verlustbeteiligung eine Teilnahme am unternehmerischen Risiko anzeigt.[4] Andererseits scheidet eine stille Ges aus, wenn keine Vermögenseinlage gehalten wird.[5] Da die Vermögenseinlage durch Arbeitsleistung erbracht werden kann, muss die stille Ges auch vom partiarischen Arbverh abgegrenzt werden. Für die stille Ges ist ein partnerschaftliches, gleichberechtigtes Zusammenwirken der Vertragspartner charakteristisch, bei einem partiarischen Arbverh dagegen steht der ArbN in einem Unterordnungsverhältnis zum ArbG und ist dessen Weisungen unterworfen.[6]

167

Bei einer **Unterbeteiligung** räumt ein G'ter einer Pers- oder KapGes (der sog Hauptbeteiligte) einem Dritten (dem sog Unterbeteiligten) eine Beteiligung an seinem Ges-Anteil ein. Während der stille G'ter an einem Unternehmen beteiligt ist, ist der Unterbeteiligte an einem Ges-Anteil beteiligt. Der BFH hat § 20 I Nr 4 auch auf die Einkünfte aus einer Unterbeteiligung angewandt – mit der Konsequenz des KapESt-Abzugs nach § 43 I 1 Nr 3.[7] Hierfür lässt sich anführen, dass der Unterbeteiligte – falls der Hauptbeteiligte an einem Handelsgewerbe beteiligt ist – zumindest eine mittelbare Beteiligung an einem Handelsgewerbe unterhält. Im Hinblick auf den Wortlaut des § 20 I Nr 4 ist es jedoch überzeugender, Einnahmen aus einer typischen Unterbeteiligung nach § 20 I Nr 7 zu erfassen.

168

III. Besondere Erscheinungsformen der stillen Gesellschaft. Werden von einem Geschäftsinhaber Zahlungen an einen stillen G'ter als BA geltend gemacht, und ist der Empfänger ein **Familienangehöriger**, so ist zu prüfen, ob es sich nicht um privat veranlasste Zuwendungen handelt. Die Vereinbarung der stillen Ges muss **im Voraus** getroffen sein und der Ges-Vertrag muss **klare und ernsthaft gewollte Vereinbarungen** über die essentiellen Inhalte einer stillen Beteiligung enthalten. Der Ges-Vertrag muss **zivilrechtlich wirksam** sein.[8] Die Schenkung einer stillen Beteiligung bedarf der notariellen Beurkundung nach § 518 I BGB.[9] Zur Begründung einer stillen Ges zw einem Elternteil und einem minderjährigen Kind ist ein Ergänzungspfleger nach § 1909 I BGB hinzuzuziehen.[10] Nimmt das minderjährige Kind am Verlust teil, ist eine vormundschaftliche Genehmigung nach § 1822 BGB einzuholen.[11] Die vertraglichen Vereinbarungen müssen einem **Drittvergleich** standhalten.[12] Die Höhe des Gewinnanteils muss unter Berücksichtigung des Kapitaleinsatzes, des übernommenen Risikos sowie des Arbeitseinsatzes des Stillen und des Geschäftsinhabers angemessen sein. Ansonsten ist die Gewinnbeteiligung nur in der angemessenen Höhe der Besteuerung zugrunde zu legen.[13]

175

---

1 BFH BStBl II 97, 761 (763); BStBl II 02, 138 (140).
2 *K/S/M* § 20 Rn F 11.
3 BFH BStBl II 98, 480 (484); BStBl II 99, 286 (288).
4 BFH BStBl II 97, 761 (764); BStBl II 02, 138 (140).
5 Vgl auch BFH BStBl II 97, 761 (763); *K/S/M* § 20 Rn F 64.
6 BFH BStBl II 84, 373; BStBl II 72, 187.
7 BFH BStBl II 91, 313.
8 BFH BStBl II 76, 328; BStBl II 76, 678.
9 BFH BStBl II 79, 768 (770).
10 BFH BStBl II 74, 289; beachte aber: BStBl II 00, 387 (388).
11 BFH BStBl II 74, 289.
12 *K/S/M* § 20 Rn F 273; BFH BStBl II 81, 779; BStBl II 74, 740; BStBl II 89, 877; BStBl II 79, 515; BStBl II 75, 569.
13 BFH BStBl II 73, 5 (7).

von Beckerath

Der BFH hat bei Schenkung der Einlage und Beteiligung am Verlust 15,5 vH des Nominalwerts der Einlage,[1] bei Schenkung der Einlage ohne Verlustbeteiligung bis zu 12 vH,[2] bei selbsterbrachter Einlage ohne Verlustbeteiligung bis zu 25 vH[3] und bei selbsterbrachter Einlage und Verlustbeteiligung bis zu 35 vH[4] als angemessen angesehen.[5] Die Vereinbarungen müssen **tatsächlich durchgeführt** werden.[6] Von dieser Rspr ist der VIII. Senat des BFH mit einer Entscheidung v 9.10.01 abgewichen: Durch die Anwendung der sog 15 %-Grenze auf die Gewinnverteilungsabreden zwischen Angehörigen bei schenkweise erworbenen Beteiligungen würden unterschiedliche Maßstäbe an Abreden zwischen Angehörigen einerseits und Fremden andererseits angelegt. Bestehe der jeweilige G'ter-Beitrag in der Überlassung des Haftkapitals zu den gleichen Bedingungen und mit dem gleichen Risiko, dann sei offensichtlich, dass eine quotale Gewinnverteilung auf der G'ter-Stellung beruhe.[7]

180 Der **G'ter einer KapGes** kann sich an dem Unternehmen der KapGes zusätzlich als stiller G'ter beteiligen. Dies kann Vorteile bei der GewSt und für beschränkt stpfl Anteilseigner bieten. Diese Beteiligung muss allerdings im voraus klar und eindeutig vereinbart, zivilrechtlich wirksam sein und tatsächlich durchgeführt werden.[8] Außerdem ist im Hinblick auf den fehlenden Interessengegensatz der für die stille Beteiligung vereinbarte Gewinnanteil – unter Berücksichtigung der Höhe der Kapitalerträge, des Unternehmenswertes, des Kapitalverlust- und Ertragsausfallrisikos, des Arbeitseinsatzes der G'ter und der Ertragsaussichten des Unternehmens[9] – auf seine Angemessenheit zu prüfen.

186 **IV. Die Einkünfte des stillen Gesellschafters.** Zu den „Einnahmen aus der Beteiligung" zählen alle Bezüge, die sich als Entgelt für die Vermögenseinlage des stillen G'ters darstellen, zB die vereinbarten Gewinnanteile, eine daneben gewährte Festverzinsung, eine Mindestverzinsung und auch besondere Entgelte oder Vorteile, die neben den in § 20 I Nr 4 bezeichneten Einnahmen oder an deren Stelle gewährt werden, nicht dagegen die Rückzahlung der geleisteten Vermögenseinlage.[10] Ob es sich bei einer Leistung um eine Kapitalrückzahlung oder ein Entgelt für die Kapitalüberlassung handelt, hängt davon ab, bei welcher Verpflichtung der Leistungserfolg eintritt. Ob der Schuldner die ausgezahlten Renditen tatsächlich erwirtschaftet hat, ist unerheblich.[11] Lediglich gutgeschriebene, aber nicht tatsächlich ausgezahlte Renditen fließen dem stillen G'ter nicht zu, wenn die Gutschrift lediglich zum Schein erfolgt ist.[12]

187 Eine Zahlung im Rahmen der **Auseinandersetzung der stillen Ges** kann aus unterschiedlichen Teilbeträgen bestehen. In ihr kann ein Gewinn- oder Verlustanteil des letzten Wj vor Auflösung der stillen Ges enthalten sein, der zu den laufenden Einkünften iSv § 20 I Nr 4 zählt. In Höhe des Nominalwerts der Einlage liegt eine nichtsteuerbare Rückzahlung der Einlage vor. Dagegen ist ein über den Nominalwert hinausgehender Betrag, der aufgrund einer Wertsicherungsklausel gezahlt wird, den Einkünften iSv § 20 I Nr 4 iVm § 20 II Nr 1 zuzuordnen.[13] Eine Abfindung für entgehende künftige Gewinnanteile führt zu Einkünften iSv § 20 I Nr 4 iVm § 20 II Nr 1, für die jedoch eine Tarifbegünstigung in Betracht kommen kann.[14]

188 Bei einer **Veräußerung der stillen Beteiligung** an Dritte ist ein Veräußerungsentgelt in Höhe des Nominalwerts der Einlage nicht steuerbar. Liegt das Entgelt über dem Nominalwert, ist ein nichtsteuerbarer Veräußerungsgewinn gegeben, sofern die stille Beteiligung nicht in einem BV gehalten wird oder die Voraussetzungen des § 23 erfüllt sind.[10] Ebenso ist ein vom Erwerber gezahltes Entgelt für den Verzicht auf künftige Beteiligungsgewinne – anders als eine entspr Abfindungszahlung durch den Geschäftsinhaber bei der Auflösung der stillen Ges – grds nicht steuerbar.[15]

189 Soweit der stille G'ter gesellschaftsvertraglich zur **Teilnahme an Verlusten** verpflichtet ist, sind diese als WK[16] zu berücksichtigen. Entgegen dem bei den Überschusseinkünften geltenden Abflussprin-

---

1 BFH BStBl II 73, 5; BStBl II 73, 650; BStBl II 01, 299 (302).
2 BFH BStBl II 73, 650.
3 BFH BStBl II 73, 395; BFH/NV 95, 103.
4 BFH BStBl II 82, 387; BStBl II 01, 299 (302); vgl auch FG Kln EFG 81, 278.
5 Zur Kritik an dieser Rspr: *K/S/M* § 20 Rn F 290.
6 BFH BStBl II 89, 720; BStBl II 90, 68.
7 BFH BStBl II 02, 460.
8 BFH BStBl II 77, 155 (157); BFH/NV 90, 63 (64).
9 BFH BStBl II 80, 477 (480); BFH/NV 92, 59 (60); 87, 326 (329).
10 BFH BStBl II 81, 465.
11 BFH BStBl II 01, 646; BStBl II 97, 767 (Gewinnanteile beim Schneeballsystem).
12 FG RhPf EFG 04, 1211 (Schneeballsystem).
13 BFH BStBl II 78, 570.
14 BFH BStBl II 84, 580 (583).
15 BFH BStBl II 81, 465; *K/S/M* § 20 Rn F 135f.
16 BFH BStBl II 88, 186; *K/S/M* § 20 Rn F 148f.

zip sind nach BFH – wie § 20 I Nr 4 S 2 bestätige – Verlustanteile auch dann dem stillen G'ter zuzurechnen, wenn seine Vermögenseinlage aufgebraucht ist.¹ Bei dem stillen G'ter können auch von ihm **persönlich getätigte** und durch die Beteiligung veranlasste **Aufwendungen** anfallen, wie zB Zinsen zur Finanzierung der Vermögenseinlage, Beratungskosten oder Kosten zur Wahrnehmung der Kontrollrechte.² Ein beim Erwerb der Beteiligung entrichtetes Ausgabeaufgeld gehört zu den AK, nicht den WK.³ Nicht zu WK führt ein **Verlust der Einlage**, der seinen Rechtsgrund nicht in der gesellschaftsvertraglichen Verpflichtung zur anteiligen Verlustübernahme, sondern zB in der Insolvenz des Geschäftsinhabers hat. Ein derartiger Verlust liegt im Vermögensbereich und hat bei einer Beteiligung im PV keine einkommensteuerliche Auswirkung.⁴

V. Anwendung von § 15 IV 6–8, § 15a (§ 20 I Nr 4 S 2). – 1. Die sinngemäße Anwendung von § 15 IV 6–8. § 15 IV 6–8 nimmt – zur Absicherung der Abschaffung der Mehrmütterorganschaft – gewerbliche Verluste einer KapGes aus stillen Ges, Unterbeteiligungen und sonstigen Innengesellschaften an KapGes vom allg Verlustausgleich nach § 2 III und Verlustabzug nach § 10d aus (*Reiß* § 15 Rn 619 ff). § 20 I Nr 4 S 2 dehnt dieses Verlustausgleichs- und -abzugsverbot auf Verluste aus typischen stillen Beteiligungen an KapGes aus. 195

§ 20 I Nr 4 ordnet die sinngemäße Anwendung von § 15 IV 6–8 auf Anteile des (typischen) **„stillen G'ters"** am Verlust des Betriebs an. Während § 15 IV 6–8 für Verluste aus stillen Ges, Unterbeteiligungen oder sonstigen InnenGes an KapGes gelten, findet das Verlustausgleichsverbot nach § 20 I Nr 4 S 2 damit – dem eingeschränkten Geltungsbereich von § 20 I Nr 4 S 1 entspr – nur auf Verluste aus stillen Ges Anwendung. Allerdings ist zu beachten, dass der BFH § 20 I Nr 4 auch auf die Einkünfte aus einer Unterbeteiligung angewandt hat (§ 20 Rn 168 mwN; zur fehlenden Verweisung auf § 15a und § 15 IV 6 bei partiarischen Darlehen: § 20 Rn 210). Beruht die Beteiligung nicht auf einer Innen-, sondern einer AußenGes, kommt eine Anwendung des Verlustausgleichsverbots nicht in Betracht. Außerdem ist das Verlustausgleichsverbot des § 20 I Nr 4 – ebenfalls der Regelung des § 20 I Nr 4 S 1 entspr – von vornherein nur auf Verluste des stillen G'ters und nicht auf Verluste des Inhabers des Handelsgeschäfts anzuwenden, während § 15 IV 6 allg von „Verlusten aus stillen Ges" spricht und nur nach seinem Sinn und Zweck (den Transfer von Verlusten einzuschränken) auf den stillen G'ter zu begrenzen ist (*Reiß* § 15 Rn 621).⁵ 198

§ 15 IV 6–8 gilt nur für Verluste aus stillen Ges **„an KapGes"**. Diese Einschränkung auf KapGes als Geschäftsinhaber entspr der Zielsetzung der Neuregelung, die Abschaffung der Mehrmütterorganschaft abzusichern. Die Ausnahme des § 15 IV 8 für **Verluste von nat Pers** entspr der Absicht, keine Änderung im Bereich der ESt für nat Pers vorzunehmen. Sie stellt sicher, dass die Verlustausgleichsbeschränkung für die normale mittelständische GmbH und Still nicht gilt, bei der der stille G'ter eine nat Pers ist. Dementspr muss die Ausnahme für nat Pers auch im Rahmen der sinngemäßen Geltung von § 15 IV 8 nach § 20 I Nr 4 S 2 gelten. 199

Während § 15 IV 6 nur für Verluste aus Ges gilt, bei denen der G'ter als **MU'er** anzusehen ist, kann dieser Voraussetzung des § 15 IV 6 im Rahmen des § 20 I Nr 4 keine Bedeutung zukommen. Nach § 20 I Nr 4 S 1 gilt § 20 I Nr 4 nur für Fälle, in denen der G'ter nicht als MU'er anzusehen ist. 200

Das Verlustausgleichsverbot des § 15 IV 6 gilt nach § 20 I Nr 4 S 2 für **„Anteile ... am Verlust des Betriebs"**. Dem Verlustausgleichsverbot kommt damit nur Bedeutung zu, soweit überhaupt die Voraussetzungen für eine Zurechnung von Verlusten erfüllt sind. Soweit der stille G'ter gesellschaftsvertraglich zur Teilnahme an Verlusten verpflichtet ist, sind diese allerdings grds als WK zu berücksichtigen. Ist der stille G'ter am Verlust des Geschäftsinhabers beteiligt, ist ihm der Verlustanteil nicht nur bis zum Verbrauch seiner Einlage, sondern auch in Höhe seines negativen Kapitalkontos zuzurechnen.⁶ § 20 I Nr 4 S 2 ordnet außerdem die sinngemäße Anwendung von § 15 IV 6–8 und § 15a nicht auf „Verluste des stillen G'ters" oder auf „Verluste aus stillen Ges" an, sondern „auf Anteile des stillen G'ters am Verlust des Betriebs". Dieser Formulierung des § 20 I Nr 4 S 2 kam bisher keine Bedeutung zu, da § 15a ohnehin nur ein Ausgleichsverbot für den Anteil am Verlust der Ges begründet (§ 20 Rn 196; § 15a Rn 21 ff). Diese Formulierung erhält aber nunmehr Bedeutung für die Anwendung von § 15 IV 6–8. Persönlich getätigte Aufwendungen sind damit nicht von dem Ausgleichsverbot betroffen. Diese sind weder Teil des „Verlusts des Betriebs", noch hat der stille 201

---

1 BFH BStBl II 02, 858; **aA** *Groh* DB 04, 668.
2 *K/S/M* § 20 Rn F 198 f.
3 BFH BStBl II 01, 24.
4 BFH BStBl II 97, 724 (727); DStRE 97, 879 (884).
5 *Förster* DB 03, 899 (900).
6 BFH BStBl II 02, 858 (860).

G'ter hieran einen bloßen „Anteil". Diesem Wortlaut des § 20 I 4 S 2 entspr auch der Zweck der Ausgleichsbeschränkung. Bei den persönlich getätigten Aufwendungen findet kein Transfer von Verlusten des Geschäftsinhabers zum stillen G'ter statt, sondern diese Aufwendungen entstehen beim stillen G'ter selbst. Entspr unterliegen auch Verluste des stillen G'ters aus der Veräußerung seiner stillen Beteiligung (für die ein Verlustvortrag nicht in Betracht käme, weil der Veräußerer künftig aus der Beteiligung keine Einkünfte mehr bezieht) nicht der Verlustausgleichsbeschränkung. Es sind keine „Anteile des stillen G'ters am Verlust des Betriebs"[1] (vgl aber *Reiß* § 15 Rn 621).

202 § 20 I Nr 4 S 2 begründet mit der Verweisung auf § 15 IV 6–8 ein **Verlustausgleichsverbot und ein Verlustverrechnungsgebot**. Verluste des stillen G'ters sind nur nach Maßgabe des § 10d und nur mit Gewinnen aus dem unmittelbar vorangegangenen und den folgenden VZ verrechenbar (*Reiß* § 15 Rn 622). Bei dem Gewinn muss es sich um Gewinne aus ders Beteiligung handeln. Damit stellen sich für die Verrechnung dies Probleme wie für die Verrechnung nach § 15a II (zu § 15a Rn 76f). Der dem stillen G'ter zugerechnete Verlust mindert allerdings den Verlust des Inhabers des Handelsgeschäfts, auch wenn der Verlust des stillen G'ters nur beschränkt verrechenbar ist.[2]

203 Das Verlustausgleichsverbot nach § 15 IV 6 tritt **neben das Verlustausgleichsverbot nach § 15a**. Die Vorschrift des § 15a normiert ein Ausgleichsverbot für Verluste, die zu einem negativen Kapitalkonto führen oder dieses erhöhen. Die Verluste sind nicht zu berücksichtigen, weil sie das gegenwärtige Vermögen nicht mindern (§ 20 Rn 205). Das neue Ausgleichsverbot gilt demgegenüber auch dann schon, wenn die Verluste nicht zur Entstehung eines negativen Kapitalkontos führen, also auch für gegenwärtige, tatsächliche Vermögenseinbußen. Anders als § 15a gelten § 15 IV 6–8 allerdings nur für Beteiligungen an KapGes (§ 20 Rn 199) und nicht, soweit der Verlust auf eine nat Pers als Mitunternehmer entfällt. Ebenso wie das Ausgleichsverbot nach § 15a nur für den Anteil am Verlust der Ges gilt, nicht für persönlich getätigte Aufwendungen (§ 20 Rn 205), verweist auch § 20 I Nr 4 S 2 nur für den „Anteil ... am Verlust des Betriebs" auf § 15 IV 6 (§ 20 Rn 201). § 15a und § 15 IV 6–8 unterscheiden sich in der Rechtsfolge. Während § 15a II eine Verrechnung nur mit künftigen Gewinnen aus der Beteiligung zulässt, sieht § 15 IV 7 einen Verlustrücktrag vor. Unterliegt ein Verlustanteil nicht nur der Ausgleichsbeschränkung nach § 15 IV 6, sondern auch der nach § 15a, ist ein Verlustrücktrag nicht möglich, sondern nur ein Vortrag nach Maßgabe des § 15a II.

204 2. Die sinngemäße Anwendung von § 15a. Die G'ter können vereinbaren, dass der stille G'ter über seine Einlage hinaus am Verlust teilnimmt, so dass ein negatives Einlagekonto des stillen G'ters entstehen kann (Rn 189).[3] § 20 I Nr 4 S 2 ordnet für diesen Fall die sinngemäße Anwendung von § 15a an. Dieser gilt sowohl für den stillen G'ter, der nur verpflichtet ist, sein negatives Kapitalkonto mit zukünftigen Gewinnen auszugleichen, als auch für den stillen G'ter, der unabhängig von zukünftigen Gewinnen zum Kontenausgleich verpflichtet ist. Die Parallele zum K'dist, den nur eine eingeschränkte Verlustausgleichsverpflichtung trifft, spricht zwar dafür, § 15a nur bei der 1. Alt anzuwenden. Für den typischen stillen G'ter kann jedoch nichts anderes gelten als für den atypisch stillen G'ter. Für diesen findet § 15a trotz einer uneingeschränkten Verlustteilnahme im Innenverhältnis Anwendung (vgl zu § 15a Rn 316).

205 § 15a I 1 normiert ein Ausgleichsverbot für Verluste, die zu einem negativen Kapitalkonto führen oder dieses erhöhen. Die Verluste sind nicht zu berücksichtigen, weil sie das gegenwärtige Vermögen nicht mindern. Dieses Ausgleichsverbot gilt allerdings nur für den Anteil am Verlust der Ges, nicht für persönlich getätigte Aufwendungen (Rn 190; zu § 15a Rn 21 ff). Das Verlustausgleichsvolumen bemisst sich nach dem „Einlagenkonto"[4] des stillen G'ters (vgl im Einzelnen zu § 15a Rn 41 ff). Das Kapitalkonto wird – wie beim K'dist – durch die geleistete, nicht die bedungene Einlage bestimmt (zu § 15a Rn 43 ff). Das Kapitalkonto jedes Ges ist selbstständig zu ermitteln.[5] Bei einer KG mit Einkünften aus Vermietung und aus KapVerm bedarf es keiner Feststellung gesonderter Kapitalkonten.[6] **§ 15a I 2, 3**, die beim K'dist eine Erweiterung des Ausgleichsvolumens vorsehen, finden beim stillen G'ter keine Anwendung (vgl § 15a V). Nicht ausgleichsfähige Verluste werden von **§ 15a II** in verrechenbare Verluste umqualifiziert. Die frühere Rechtsansicht, dass Verlustan-

---

1 So auch *Förster* DB 03, 899 (900).
2 *Förster* DB 03, 899 (900).
3 BFH BStBl II 02, 858; *Groh* FS L Schmidt, S 439 ff; FG Nds EFG 02, 21.
4 Zum Verlustsonderkonto des Geschäftsinhabers als Einlagenkonto des Stillen: *Groh* DB 04, 668 (669).
5 Hierzu BFH BStBl II 97, 250 (252).
6 BFH BStBl II 97, 250 (252).

teile, die über die Vermögenseinlage des stillen G'ters hinausgehen, dem Geschäftsinhaber zuzurechnen sind, ist durch § 20 I Nr 4 S 2 überholt.

Eine Rückzahlung der Einlage führt nach § 20 I Nr 4 S 2 iVm **§ 15a III** zu einer Zurechnung von Einnahmen, soweit hierdurch ein negatives Einlagenkonto entsteht (zu Einzelheiten: § 15a Rn 190 ff). Nach **§ 15a IV** ist ein gesonderter Feststellungsbescheid zu erlassen, in dem über die Ausgleichsfähigkeit eines auf den stillen G'ter entfallenden Verlustes, die Verrechnung eines erzielten Gewinns mit Verlusten aus Vorjahren, eine Hinzurechnung aufgrund einer Einlagenrückgewähr und die Höhe des noch vorhandenen Verrechnungsvolumens zu entscheiden ist (zu § 15a Rn 272). Örtlich zuständig für die Feststellung ist das FA, das den Gewinn des Unternehmens feststellt, an dem die stille Beteiligung besteht. Wird der Gewinn des Unternehmens nicht gesondert festgestellt, erlässt das Wohnsitz-FA des Geschäftsinhabers den Feststellungsbescheid nach § 15a IV. 206

VI. Partiarische Darlehen (§ 20 I Nr 4, 2. Alt). Partiarisch sind Darlehen, für die der Darlehensgeber einen Gewinnanteil an dem Geschäft erhält, dem das Darlehen dient (Abgrenzung zur stillen Ges: Rn 167). Bei Darlehensverträgen zw **Angehörigen** gelten im Wesentlichen dieselben Voraussetzungen wie bei der stillen Beteiligung von Angehörigen (Rn 175). Längerfristige Darlehen werden von der Rspr nur dann steuerrechtlich anerkannt, wenn der Rückzahlungsanspr ausreichend gesichert ist.[1] Die Vergütung für den Darlehensgeber muss dem Umstand Rechnung tragen, dass der partiarische Darlehensgeber nicht an Verlusten teilnimmt.[2] Eine Verlustbeteiligung bewirkt eine Teilnahme am unternehmerischen Risiko, so dass eine **stille Ges** anzunehmen ist und ein partiarisches Rechtsverhältnis ausscheidet. Dementsprechend ordnet § 20 I Nr 4 S 2 die sinngemäße Anwendung von § 15a auch nicht für den Darlehensgeber an. 210

D. Erträge aus Grundpfandrechten, Versicherungen, Wechseln (§ 20 I Nr 5, 6, 8)

§ 20 I Nr 5, 6 und 8 ist gemeinsam, dass sie Erträge aus speziellen Kapitalforderungen behandeln. § 20 I Nr 7 bildet zu ihnen einen Auffangtatbestand für Erträge aus sonstigen Kapitalforderungen jeder Art. 230

I. Erträge aus Hypotheken, Grund- und Rentenschulden (§ 20 I Nr 5). § 20 I Nr 5 rechnet als lex specialis zu § 20 I Nr 7 Einnahmen aus den im BGB geregelten Grundpfandrechten zu den Einkünften aus KapVerm. Eine **Hypothek** ist nach § 1113 I BGB die Belastung eines Grundstücks in der Weise, dass an denjenigen, zu dessen Gunsten die Belastung besteht, eine bestimmte Geldsumme zur Befriedigung wegen einer ihm zustehenden Forderung aus dem Grundstück zu zahlen ist. Auch die **Grundschuld** nach § 1191 I BGB dient regelmäßig der Sicherung von Forderungen, ist aber im Unterschied zur Hypothek nicht akzessorisch. Die **Rentenschuld** sichert nach § 1199 BGB die Zahlung regelmäßig wiederkehrender Geldleistungen. Sie hat in der Praxis nur wenig Bedeutung. Nach hM meint § 20 I Nr 5 mit **Zinsen aus Hypotheken** nur Zinsen aus Verkehrshypotheken. Zinsen aus Sicherungshypotheken sollen unter § 20 I Nr 7 fallen, da sich bei diesen der Gläubigerrechte nur nach der zugrundeliegenden Forderung richteten.[3] *Dötsch* verweist demgegenüber jedoch zu Recht auf den uneingeschränkten Wortlaut des § 20 I Nr 5 und die Akzessorität auch der Verkehrshypotheken.[4] Hypothekenzinsen iSv § 20 I Nr 5 sind auch die Bereitstellungszinsen.[5] Bei der Tilgungshypothek und -grundschuld leistet der Schuldner gleichbleibende Jahresbeträge, sog **Annuitäten**, die sich aus Zins- und Tilgungsleistungen zusammensetzen. § 20 I Nr 5 S 2 stellt klar, dass hier nur der Teil der Zahlungen anzusetzen ist, der als Zins auf den jeweiligen Kapitalrest entfällt. Die aus Rentenschulden gezahlten **Renten** sind in voller Höhe Einnahmen aus KapVerm. Sie lassen sich nicht in einen stpfl Zinsanteil und einen nicht steuerbaren Tilgungsanteil aufteilen, denn die Ablösesumme (§ 1199 II BGB) wird durch die Rentenzahlungen nicht vermindert. Die Zahlung der Ablösesumme selbst ist dagegen eine nicht steuerbare Kapitalrückzahlung. 231

II. Erträge aus Lebensversicherungen (§ 20 I Nr 6). Bis zur Neuregelung durch das AltEinkG erklärte § 20 I Nr 6 aF Zinsen aus Sparanteilen von Lebensversicherungen für stpfl, normierte in § 20 I Nr 6 S 2 aF aber eine weitreichende Ausnahme für SA-begünstigte Versicherungen. Das AltEinkG hat die Besteuerung von Erträgen aus Lebensversicherungen neu geregelt und erheblich ausgeweitet. Nach § 52 Abs 36 S 1 ist § 20 I Nr 6 aF allerdings zeitlich unbefristet weiter anzuwen- 250

---

1 BFH BStBl II 00, 393 (394); *K/S/M* § 20 Rn F 309.
2 BFH BStBl II 71, 424.
3 *B/B* § 20 Rn 285; *H/H/R* § 20 Rn 260.
4 *K/S/M* § 20 Rn G 19.
5 *K/S/M* § 20 Rn G 21.

den, wenn der Versicherungsvertrag vor dem 1.1.05 abgeschlossen wurde. Nach der vom Gesetzgeber im AltEinkG getroffenen Entscheidung sollen die Erträge aus Kapitallebensversicherungen ab 1.1.05 im Interesse der Steuergerechtigkeit und Vereinfachung steuerlich erfasst werden. Allerdings ist die grds StPfl durch § 20 I Nr 6 S 2 (Ansatz nur der Hälfte bei Leistungen nach Vollendung des 60. Lebensjahres und 12 Jahren Laufzeit) eingeschränkt.[1]

270 § 20 I Nr 6 gilt für **Rentenversicherungen mit Kapitalwahlrecht, soweit nicht die lebenslange Rentenzahlung gewählt und erbracht wird**, sondern das Kapitalwahlrecht ausgeübt wird. Eine Versicherung iSv § 20 I Nr 6 unterscheidet sich dadurch von einer Vermögensanlage ohne Versicherungscharakter, dass ein wirtschaftliches Risiko abgedeckt wird, das aus der Unsicherheit und Unberechenbarkeit des menschlichen Lebens für den Lebensplan des Menschen erwächst (biometrisches Risiko). § 20 I Nr 6 erfasst nur Rentenversicherungen, bei denen das Kapitalwahlrecht ausgeübt wird. Davon ist auszugehen, wenn eine einmalige Kapitalauszahlung erfolgt, wenn mehrere Teilauszahlungen geleistet werden oder wiederkehrende Bezüge erbracht werden, die nicht die Anforderungen an eine Rente erfüllen.[2] Wird die Rentenzahlung gewählt, unterliegt nur die Rente mit dem Ertragsanteil nach § 22 Nr 1, S 3a, bb der Besteuerung.[3] Es werden die in der Anspar- bzw Aufschubphase entstandenen Erträge nicht besteuert. Es sollen so Altersvorsorgeprodukte begünstigt werden, die eine „lebenslange" Absicherung des StPfl gewährleisten. Eine die Besteuerung nach § 20 I Nr 6 ausschließende Rentenzahlung setzt voraus, dass gleich bleibende oder steigende Bezüge zeitlich unbeschränkt für die Lebenszeit der versicherten Person erbracht werden. In diesem Sinne sind auch Mindestzeitrenten begünstigt[4]. Mit der Formulierung „und erbracht wird" soll sichergestellt werden, dass die steuerliche Privilegierung nur so weit reicht, wie auch tatsächlich eine Rentenzahlung an den Bezugsberechtigten erbracht wird. Wird die Rentenzahlung gewählt, aber anschließend die Rentenzahlung durch Kündigung vorzeitig beendet und der Rentenzahlungsanspruch durch eine Kapitalleistung abgefunden, ist diese Versicherungsleistung nach § 20 I Nr 6 zu versteuern. Endet die Rentenzahlung hingegen aufgrund des Todes der versicherten Person, sind Kapitalleistungen zur Abfindung einer Rentengarantiezeit nicht zu besteuern.[5]

271 Außer für Rentenversicherungsverträge mit Kapitalwahlrecht (Rn 270) gilt § 20 I Nr 6 für **Kapitalversicherungen mit Sparanteilen**. Kapitalversicherungen mit Sparanteilen treten insbes in folgenden Ausgestaltungen auf: Kapitalversicherung auf den Todes- und Erlebensfall (klassische Kapital-Lebensversicherung), Kapitalversicherung auf den Todes- und Erlebensfall von zwei oder mehreren Personen (Kapitalversicherung auf verbundene Leben), Kapitalversicherung mit festem Auszahlungszeitpunkt (Terminfixversicherung), Kapitalversicherung mit lebenslangem Todesfallschutz.[6] Zu den Versicherungen iSv § 20 I Nr 6 zählen nur solche mit Sparanteilen. Der Versicherungsbeitrag muss neben dem Kostenanteil (für Verwaltungsaufgaben, Abschluss-, Inkassokosten) und dem Risikoanteil (für Leistungen bei Eintritt des Hauptrisikos) einen Betragsanteil enthalten, der für die Finanzierung einer Erlebensfall-Leistung verwendet wird. Bei diesen Versicherungsformen erfolgt grds eine Besteuerung nach § 20 I Nr 6, wobei allerdings Leistungen im Todesfall nicht zu den Einnahmen aus § 20 I Nr 6 gehören.[7] Nicht plausibel ist allerdings die unterschiedliche Behandlung von Rentenversicherungen mit Kapitalwahlrecht, bei denen die lebenslange Rentenzahlung gewählt wird (Besteuerung mit dem Ertragsanteil nach § 22 Nr 1 S 3a, bb – Rn 270) und von Kapitalversicherungen mit Rentenwahlrecht, wenn die Rente gewählt wird (Besteuerung nach § 20 I Nr 6; Verrechnung des verbleibenden Kapitals).[4]

272 Nach § 20 I Nr 6 S 4 sind § 20 I Nr 6 S 1 bis 3 auf fondsgebundene Lebensversicherungen, auf Erträge im Erlebensfall bei Rentenversicherungen ohne Kapitalwahlrecht, soweit keine lebenslange Rentenzahlung vereinbart und erbracht wird, und auf Erträge bei Rückkauf des Vertrages bei Rentenversicherungen ohne Kapitalwahlrecht entspr anzuwenden. Es werden **fondsgebundene Lebensversicherungen** einbezogen. Fondsgebundene Lebensversicherungen unterscheiden sich von herkömmlichen Lebensversicherungen dadurch, dass die Höhe der Leistungen direkt von der Wertentwicklung der in einem besonderen Anlagestock angesparten Vermögensanlagen abhängt, wobei üblicherweise die Sparanteile nur in Investmentanteilen angelegt werden. Die Kapitalerträge aus

---

1 BT-Drs 15/3230.
2 BMF BStBl I 06, 92 Tz 19.
3 Zu Bedenken wegen der bloßen Erfassung der Erträge aus der Auszahlungsphase: *Risthaus* DB 04, 1329 (1339).
4 *Risthaus* DStZ 07, 30 (33).
5 BT-Drs 622/06, 80.
6 Zu den Versicherungsformen: BMF BStBl I 06, 92 Rz 23 ff.
7 BMF BStBl I 06, 92 Rz 24 ff.

fondsgebundene Lebensversicherungen gehören unter den gleichen Voraussetzungen zu den Einnahmen aus KapVerm wie Erträge aus konventionellen Lebensversicherungen.[1] Außerdem werden **Rentenversicherungen ohne Kapitalwahlrecht** den Rentenversicherungen mit Kapitalwahlrecht gleichgestellt. Eine Nichtbesteuerung der Erträge aus der Anspar- bzw Aufschubphase ist auch bei einer Rentenversicherung ohne Kapitalwahlrecht nur dann gerechtfertigt, wenn durch die Rentenzahlung eine lebenslange Absicherung des StPfl sichergestellt ist. Ebenso werden auch die Fälle des **Rückkaufs bei einer Rentenversicherung ohne Kapitalwahlrecht** der Besteuerung unterworfen und damit den Fällen des Rückkaufs bei Rentenversicherungen mit Kapitalwahlrecht gleichgestellt. Unter den Begriff der Rentenversicherung ohne Kapitalwahlrecht fallen auch sofort beginnende Rentenversicherungen gegen Einmalbeitrag (sog „Sofort-Renten"). Wird eine lebenslange Leibrente erbracht, richtet sich die Besteuerung nach § 22 Nr 1 S 3 Buchst a, bb, ansonsten – insbes bei einer abgekürzten Leibrente – nach § 20 I Nr 6.[2]

StPfl ist der **Unterschiedsbetrag zw der Versicherungsleistung und der Summe der auf sie entrichteten Versicherungsbeiträge im Erlebensfall oder bei Rückkauf des Vertrages**, nicht mehr nur die rechnungsmäßigen und außerrechnungsmäßigen Zinsen (Rn 253). Beiträge, die auf die Abdeckung von Zusatzrisiken entfallen, wirken sich auf die Berechnung nicht aus. Statt der Formulierung „und der Summe der Beiträge" wurde die Formulierung „und der Summe der auf sie entrichteten Beiträge" gewählt.[3] Hierdurch sollte verdeutlicht werden, dass Beitragsbestandteile einer Versicherung, die – neben dem Todesfallrisiko – weitere Risiken absichern, zB den Eintritt der Berufs- oder Erwerbsunfähigkeit, nicht von der Versicherungsleistung abgezogen werden dürfen.[4] Nicht geregelt ist die Frage, wie die Höhe der entrichteten Beiträge nachzuweisen ist. Es empfiehlt sich deshalb für den StPfl, die Beiträge aufzuzeichnen. 273

Eine Ausnahme von der Stpfl nach § 20 I Nr 6 S 1 besteht nach **§ 20 I Nr 6 S 2** für Versicherungsleistungen, die nach Vollendung des 60. Lebensjahres des StPfl und Ablauf von 12 Jahren seit Vertragsabschluss ausgezahlt wurden. Es ist nur die Hälfte des Unterschiedsbetrages anzusetzen. In den Fällen, in denen der Versicherungsnehmer nicht selbst Bezugsberechtigter ist, stellt sich allerdings die Frage, auf wessen Alter es ankommt. Die Einkünfte dürften dem Versicherungsnehmer (StPfl) zuzurechnen sein, weil er dem Versicherungsunternehmen Kapital zur Nutzung überlässt.[5] Der Zweck des § 20 I Nr 6 S 2 spricht allerdings dafür, auf das Alter des Bezugsberechtigten abzustellen. 274

Durch das Unternehmensteuerreformgesetz wurde in **§ 20 I Nr 6 ein S 3** angefügt. Nach diesem treten bei entgeltlichem Erwerb des Anspr auf die Versicherungsleistung die AK an die Stelle der von dem Erwerber entrichteten Beiträge. Mit dieser Regelung soll eine Übermaßbesteuerung bei einem StPfl verhindert werden, der den Anspr auf eine Versicherungsleistung iSv § 20 I Nr 6 S 1 vom ursprünglichen Rechtsinhaber entgeltlich erworben hat. Auf Grund der auf den Sparanteil im Versicherungsbeitrag aufgelaufenen Erträge sind die AK typischerweise höher als die bis zum Erwerbszeitpunkt entrichteten Beiträge. Nach der Regelung des S 3 hat der Erwerber nur die Erträge zu versteuern, die in der Zeit entstanden sind, in der er Inhaber des Anspr auf die Versicherungsleistung war. Die beim Veräußerer des Anspr aufgelaufenen Erträge werden durch die Neuregelung in II 1 Nr 6 erfasst. 275

III. Diskontbeträge von Wechseln und Anweisungen (§ 20 I Nr 8). § 20 I Nr 8 erfasst als lex specialis zu § 20 I Nr 7 Diskontbeträge von Wechseln und Anweisungen einschl der Schatzwechsel. **Wechsel** sind Wertpapiere, in denen der Aussteller einen anderen anweist, an den in der Urkunde als berechtigt Ausgewiesenen eine bestimmte Geldsumme an einem bestimmten Tag zu zahlen („gezogener Wechsel") oder in denen der Aussteller selbst die Zahlung einer bestimmten Geldsumme an einem bestimmten Tag verspricht („eigener Wechsel"). Die **Anweisung** ist ein Wertpapier, in dem der Anweisende den Angewiesenen ermächtigt, einem Dritten Geld oder andere vertretbare Sachen auf Rechnung des Anweisenden zu leisten, und in dem er zugleich den Dritten ermächtigt, die Leistungen im eigenen Namen zu erheben. **Schatzwechsel** sind unverzinsliche, kurzfristige eigene Wechsel, die vom Bund, seinem Sondervermögen oder von den Ländern ausgestellt werden. Sie sind zu unterscheiden von den sog Schatzanweisungen und Finanzierungsschätzen, die unter § 20 280

---

1 BMF BStBl I 06, 92 zu Rz 31 ff.
2 BR-Drs 622/06, 80 f.
3 BT-Drs 15/2986, 19.
4 BT-Drs 15/3004, 19.

5 *Goverts/Knoll* DStR 05, 223 (226); *H/H/R/Harenberg* § 20 Rn 726; **aA** *Kreußler/Nörig* Lebensversicherung und Steuer, 4. Aufl 1998, S 129.

I Nr 7allen. **Diskontbetrag** ist der Betrag, der bei Ankauf oder Inzahlungnahme eines erst in einer bestimmten Frist fälligen Wechsels oder einer Anweisung vom Nominalbetrag einbehalten wird. Wirtschaftlich handelt es sich um Zinsen für die Zeit zw Ankauf und Fälligkeit. Nicht unter § 20 I Nr 8, sondern § 20 I Nr 7 fallen Wechselverfallzinsen, sowie Wechselzinsen bei Sicht- und Nachsichtwechseln.

E. Sonstige Kapitalerträge im Sinne von § 20 I Nr 7

300 § 20 I Nr 7 enthält einen Auffangtatbestand zu den Tatbeständen des § 20 I Nr 1–6 und 8. Er wird durch die Regelungen des § 20 II 1 Nr 1, 2b, 3 und 4 ergänzt, die auch oder ausschließlich für Erträge aus Kapitalforderungen iSv § 20 I Nr 7 gelten.

301 **I. Erträge aus sonstigen Kapitalforderungen. – 1. Kapitalforderungen jeder Art.** Kapitalforderungen sind alle auf Geld – Sachdarlehen fallen unter § 22 Nr 3[1] – gerichteten Forderungen. Dabei ist es unerheblich, ob es sich um gesetzliche oder vertragliche, privat- oder öffentlichrechtliche[2], gesicherte oder ungesicherte Forderungen, um Forderungen auf eine einmalige oder auf eine Zahlung in Raten handelt. Ebenso ist es unerheblich, ob die Forderung zunächst als Kaufpreis- oder Arbeitslohnforderung oder ob sie – wie bei Schadensersatzanspr – gegen den Willen des StPfl entstanden ist. Die Forderung muss nach § 41 AO auch nicht rechtswirksam sein.

302 § 20 I Nr 7 S 1, HS 2 setzt voraus, dass die Rückzahlung des KapVerm oder ein Entgelt für die Überlassung des KapVerm zugesagt oder gewährt worden ist. Danach ist der Tatbestand erfüllt, wenn die **Rückzahlung des Kapitals zugesagt** wird, nicht aber ein Entgelt. Ausreichend ist es nach BFH, wenn eine Mindestrückzahlung garantiert ist. Die Mindestrückzahlung muss nicht das gesamte hingegebene Kapital umfassen[3]. Der Tatbestand des § 20 I Nr 7 ist auch dann erfüllt, wenn ein **Entgelt für die Kapitalüberlassung zugesagt** wird, nicht aber die Rückzahlung des Kapitals. Keine Kapitalanlage iSv § 20 I Nr 7 liegt dagegen nach hM vor, wenn weder die Kapitalrückzahlung noch ein Entgelt für die Kapitalüberlassung zugesagt wird (aber: § 23 Rn 10).[4] Bordewin hat zwar auf den Gesetzeswortlaut verwiesen, nach dem anstelle einer Zusage auch die bloße „Gewährung" eines Nutzungsentgelts zu Kapitalertrag führe.[5] Dieser Gesetzeswortlaut ist jedoch durch teleologische Reduktion zu korrigieren. Mit der Neufassung von § 20 I Nr 7 sollte nur die Kombination einer unsicheren Rückzahlung mit einem sicheren Ertrag, nicht jedoch spekulative Kapitalanlagen mit in jeder Hinsicht unsicherem Mittelrückfluss erfasst werden. Außerdem wäre die Forderung entweder nach einer garantierten Kapitalrückzahlung oder aber einem garantierten Entgelt ansonsten auch nur für den Fall von Verlusten von Bedeutung. Mit dem Tatbestandsmerkmal „oder gewährt worden ist" sollen die Fälle erfasst werden, in denen ohne eine ausdrückliche oder stillschweigende Vereinbarung die Rückzahlung des überlassenen Kapitals oder die Leistung eines Entgeltes aufgrund der Ausgestaltung der Kapitalanlage sicher ist.[6]

303 Nach § 20 I Nr 7 S 1 ist es unerheblich, „wenn die Höhe des Entgelts von einem **ungewissen Ereignis** abhängt". Dieser Klausel kommt keine Bedeutung zu, wenn die Kapitalrückzahlung zugesagt ist, da dann ohnehin alle Erträge, ob gewiss oder ungewiss, steuerbar sind. Ihr kann nur Bedeutung zukommen, wenn die Kapitalrückzahlung nicht zugesagt ist. Sie besagt für diesen Fall, dass das Entgelt zwar zugesagt sein muss, die Zusage jedoch nur dem Grunde nach bestehen muss, der Höhe nach aber von einem ungewissen Ereignis abhängen darf.[7] § 20 I Nr 7 S 2 beinhaltet zunächst etwas im Steuerrecht Selbstverständliches: Dass es nicht auf die **Bezeichnung** der Kapitalanlage durch die Beteiligten, sondern auf ihren wirtschaftlichen Gehalt ankommt. Außerdem soll nicht die **zivilrechtliche Gestaltung** maßgeblich sein, sondern der wirtschaftliche Vorgang, der in die zivilrechtliche Gestaltung gekleidet ist. Der Finanzausschuss hat als Beispiel den Fall angeführt, dass bei sog capped warrants die put warrents und die call warrants zusammen veräußert oder eingelöst werden.[8]

308 **2. Erträge.** Zu den Erträgen aus Kapitalforderungen gehören vor allem **Zinsen**. Zinsen sind nach der Laufzeit bemessene gewinn- und umsatzunabhängige Vergütungen für die Nutzung eines auf

---

1 K/S/M § 20 Rn I 31; aA H/H/R § 20 Rn 308.
2 BFH BStBl II 86, 557 (Prozesszinsen); FG Nds EFG 04, 1213 (Erstattungszinsen).
3 BFH BStBl II 07, 562.
4 BFH v 11.7.06 VIII R 67/04, BB 07, 248; BT-Drs 12/6078, 122.
5 Lademann § 20 Rn 516; FG Mchn EFG 05, 1868 (jedenfalls Zusage von 10 % unzureichend); aA BMF BStBl I 99, 433.
6 Schumacher Erträge, S 143 ff; Lohr/Kanzler DB 98, 2339 (2340); BMF DB 98, 497.
7 Schumacher Erträge, S 136.
8 BT-Drs 12/6078, 122.

Zeit überlassenen Kapitals.¹ Danach sind keine Zinsen – da laufzeitunabhängig – Bearbeitungsgebühren und Kreditvermittlungsprovisionen und – da nicht unabhängig vom wirtschaftlichen Ergebnis der Kapitalüberlassung gezahlt – Umsatz- und Gewinnbeteiligungen. Keine Zinsen iSv § 20 I Nr 7 sind auch – nach § 20 I Nr 4 zu erfassende – Erträge aus partiarischen Darlehen, Zinsen aus zu einem BV gehörenden Kapitalforderungen und zu den Einkünften aus VuV zählende Miet- und Erbbaurechtzinsen. Unter § 20 I Nr 7 fallen dagegen Verzugszinsen, Steuererstattungszinsen und Prozesszinsen.² Neben Zinsen werden auch **sonstige Erträge** erfasst, die durch die Kapitalüberlassung veranlasst sind und vom Nutzer des Kapitals gezahlt werden.³ Ob es sich bei einer Leistung um ein Entgelt für die Kapitalüberlassung oder eine Kapitalrückzahlung handelt, hängt davon ab, bei welcher Verpflichtung der Leistungserfolg eingetreten ist. Ob der Schuldner die ausgezahlten Renditen tatsächlich erwirtschaftet hat, ist unerheblich.⁴ Auch im Rahmen von § 20 I Nr 7 ist zw **Einkunfts- und Vermögenssphäre** zu unterscheiden (Rn 7). Allerdings zieht § 20 I Nr 7 eine besondere Grenzlinie, er erweitert die Einkunftssphäre zulasten der Vermögenssphäre. § 20 I Nr 7 erfasst auch Anlagen mit sicherem Ertrag, aber ungewisser Rückzahlung, zB Anleihen, bei denen der Rückzahlungsbetrag an einen Index geknüpft ist. Bei derartigen Anlagen sind zusätzlich zu dem zugesagten Ertrag positive Differenzen zum Anlagebetrag als Entgelt für die Nutzung des Kapitals stpfl. Dann aber müssen bei einer Rückzahlung unter dem Anlagebetrag auch entspr negative Einnahmen steuermindernd geltend gemacht werden können (Rn 326).⁵

3. Einzelne Kapitalforderungen. Kapitalforderungen iSv § 20 I Nr 7 können in Form von **Guthaben bei Kreditinstituten** bestehen, zB Sparguthaben bei Banken und Sparkassen, Guthaben auf Girokonten oder Festgeldanlagen. Erträge in Form von Sparbuchzinsen fließen dem StPfl unabhängig von der Eintragung im Sparbuch mit der Gutschrift zu. Es handelt sich um regelmäßig wiederkehrende Einnahmen iSv § 11 I 2.⁶ 315

Zinsen aus **Bausparguthaben** sind Einnahmen iSv § 20 I Nr 7, sofern sie nicht in einem engen zeitlichen und wirtschaftlichen Zusammenhang mit dem Erwerb eines Hauses stehen, mit dem Einkünfte aus VuV erzielt werden.⁷ 316

Zinsen aus **Gelddarlehen** (zu Sachdarlehen: Rn 301) fallen unter § 20 I Nr 7, allerdings Erträge aus partiarischen Darlehen unter § 20 I Nr 4 und Darlehen eines MU'ers an die PersGes unter § 15 I Nr 2. 317

Ein bedeutsamer Anwendungsfall von § 20 I Nr 7 sind die Erträge aus Schuldverschreibungen (Anleihen, Obligationen). **Schuldverschreibungen** sind Wertpapiere, in denen der Aussteller – der Bund, ein Land, eine Gemeinde, ein Kreditinstitut oder ein sonstiges privates Unternehmen – dem Gläubiger eine Leistung verspricht, die idR in einem Geldbetrag und einer laufenden Verzinsung besteht. Sie können auf den Inhaber, den Namen oder Order lauten, als Teilschuldverschreibungen das Gläubigerrecht nur zu einem bestimmten Teil der Anleihe verbriefen oder auch ein zusätzliches Umtausch- oder Bezugsrecht vorsehen. Schuldverschreibungen können als **Sparanlagen mit fester laufender und gleichmäßiger Verzinsung** ausgestaltet sein, wie zB Sparbriefe oder der Bundesschatzbrief A. Sparbriefe oder Sparkassenbriefe lauten meist auf den Inhaber und dokumentieren die Festlegung eines Sparguthabens auf bestimmte Zeit. Bei ihnen fließen, wie bei dem Bundesschatzbrief A, die Zinsen mit der Gutschrift oder der Barauszahlung zu. Kurs- und Währungsgewinne bei festverzinslichen Anleihen sind als Gewinne aus privaten Veräußerungsgeschäften nach § 23 I 1 Nr 2 nur zu versteuern, sofern sie innerhalb der Ein-Jahres-Frist realisiert werden (zu § 23 Rn 7).⁸ Wird bei der Emission eines festverzinslichen Wertpapiers ein Abschlag vom Nennwert in Form eines Emissionsdisagios oder -diskonts gewährt, sind auch die Disagio- und Diskontbeträge grds als Kapitalertrag zu versteuern. Nach dem Disagio-Erlass erfolgt eine Besteuerung jedoch nicht, wenn bestimmte %-Sätze nicht überschritten werden (bis 2 J: 1 %; 2–4 J: 2 %; 4–6 J: 3 %; 6–8 J: 4 %; 8–10 J: 5 %; ab 10 J: 6 %).⁹ Eine feste, laufende, aber **keine gleichmäßige Verzinsung** weisen die sog Gleitzinsanleihen auf. Bei diesen steigt oder 318

---

1 BGH NJW 79, 540; BFH BStBl II 88, 252 (255).
2 *K/S/M* § 20 Rn I 12 f mwN.
3 *Schumacher* Erträge, S 133.
4 BFH BStBl II 97, 767; BFH v 10.7.01 – VIII R 35/00, DStR 01, 1517; BFH/NV 01, 1119 (Schneeballsystem).
5 *Scheurle* DB 94, 445 (446); *Schumacher* Erträge, S 134; *Hamacher* StVj '93, 13 (18); FG D'dorf v 23.2.99 – 17 K 6547/91 F nv; *Lohr* DB 00, 643 (644).
6 BFH BStBl II 75, 696.
7 Zu Kapitalerträgen aus Nullzins-Bausparforderungen: BMF v 22.2.95, BB 95, 660.
8 Nämlichkeitsnachweis: BFH BStBl II 94, 591.
9 BMF BStBl I 86, 539; OFD D'dorf StEK EStG § 20 Nr 207; *Lohr* Kapitalanlage nach der Unternehmenssteuerreform, S 129.

fällt der Anleihezins mit zunehmender Laufzeit. Vergleichbar sind Stufenzinsanleihen (Step-up-/Step-down-Anleihen), bei denen der Zins in den ersten Jahren unter dem Marktzins liegt, die in den letzten Jahren aber überdurchschnittlich verzinst werden (Step-up-Anleihen) oder umgekehrt (Step-down-Anleihen). Eine feste und gleichmäßige, aber **keine laufende Verzinsung** haben sog Kombizins-Anleihen. Sie vereinen Elemente von Zerobonds und laufend verzinslichen Anleihen. Sie sind zwar mit Zinscoupons ausgestattet, es erfolgen während bestimmter Perioden jedoch keine Zinszahlungen (zu Einnahmen aus der Veräußerung: Rn 415). **Keine feste, sondern eine variable Verzinsung** sehen sog floater vor, bei denen die Verzinsung in regelmäßigen Abständen an den EURIBOR (Euro Interbank Offered Rate) angepasst wird, oder sog reverse floater, bei denen der regelmäßig angepaßte LIBOR/FIBOR von einem festgelegten Zinssatz abgezogen wird. Es handelt sich hierbei um Wertpapiere mit ungewissem Kapitalertrag, aber garantierter Rückzahlung des überlassenen KapVerm iSv § 20 I Nr 7 (zu Einnahmen aus der Veräußerung: Rn 405, 415). Probleme ergeben sich bei sog floor-Verträgen, bei denen ein sog Stillhalter gegen Zahlung eines Entgelts die Verpflichtung übernimmt, bei einem Absinken der Kapitalmarktzinsen unter eine bestimmte Grenze den Differenzbetrag zw einem vereinbarten und dem dann geltenden Zinssatz zu zahlen. Derartige Verträge mit einem Dritten werden als spekulative Garantievereinbarungen angesehen, bei denen kein Kapital überlassen wird.[1] Eine gemeinsame Betrachtung eines Zinsbegrenzungsvertrages mit der abgesicherten Kapitalforderung, welche die gezahlte Prämie als Teil der AK der Kapitalforderung und die Ausgleichszahlungen als Ertrag behandeln würde, wird mit der Begründung abgelehnt, die zivilrechtliche Selbstständigkeit der Geschäfte sei trotz § 20 I Nr 7 S 2 auch einkommensteuerrechtlich zu beachten.[2] Keine feste, sondern eine variable Verzinsung weisen auch Anleihen mit ratingabhängiger Verzinsung auf, bei denen sich der Zins um bestimmte Prozentpunkte erhöht, wenn das Rating der Emittentin herabgesetzt wird (Rn 405).[3]

322 **Index-Anleihen** sind Anleihen mit begrenzter Laufzeit, die sich auf einen bestimmten Wertpapierindex (zB: DAX, STOXX, DOW JONES) beziehen. Der Anleger überlässt dem Emittenten einen Geldbetrag und dieser verpflichtet sich zur Rückzahlung eines Betrags, der vom Stand des jeweiligen Index am Fälligkeitstag abhängt. Ist weder die Rückzahlung des KapVerm noch ein Entgelt für die Überlassung zugesagt, erzielt der Anleger auch bei positiver Entwicklung des Index keine stpfl Kapitalerträge, sondern Einkünfte nach § 23 I 1 Nr 2 und 4 (§ 23 Rn 10).[4] Ist ein Entgelt oder die Rückzahlung der Anlagebetrages zugesagt, liegen Einkünfte nach § 20 I Nr 7 vor.[5] Ein positiver Partizipationsbetrag ist als Einnahme, ein negativer als negative Einnahme zu berücksichtigen (Rn 309; zu Einnahmen aus der Veräußerung: Rn 405).

323 Keine laufende Verzinsung weisen abgezinste Sparbriefe, Finanzierungsschätze des Bundes, Bundesschatzbriefe des Typs B und Zerobonds auf. Es handelt sich um **Ab- oder Aufzinsungspapiere**, bei denen der Zins im Unterschiedsbetrag zw dem Einzahlungs- und dem Einlösungsbetrag liegt. Dieser Zins wird grds erst aE der Laufzeit oder im Zeitpunkt der vorzeitigen Auflösung der Anlage erfasst – mit der Folge eines Stundungs- aber auch Zusammenballungseffektes der Einnahmen (zu Einnahmen aus der Veräußerung von „geborenen" Zerobonds: Rn 382, von „gekorenen" Zerobonds: Rn 395). Bei den sog Stripped-Bonds wird eine laufend verzinsliche Anleihe ausgegeben, bei der Stammrecht und Zinsscheine getrennt, abgezinst und wie Zerobonds gehandelt werden[6] (zu den Einnahmen aus der Veräußerung: Rn 363, 382, 395).

324 Bei klassischen Optionsgeschäften wird ein Recht begründet, eine bestimmte Anzahl von Wertpapieren jederzeit während der Laufzeit der Option zu einem im Voraus vereinbarten Preis von dem sog Stillhalter entweder zu erwerben („call") oder an ihn zu veräußern („put") (zur steuerlichen Behandlung: § 23 Rn 10). Derartige Optionen können mit Anleihen kombiniert werden. Diese können neben einer festen Verzinsung das Recht vorsehen, zu einem festgelegten Kurs Aktien oder Anleihen zu beziehen (sog **Optionsanleihen**). Nach der sog Zwei-WG-Theorie ist der für den Erwerb der Optionsanleihe hingegebene Gesamtbetrag in einen Preis für die

---

[1] *Dahm/Hamacher* WM 94, Beil. Nr 3, S 17; *Schumacher* DStR 96, 1505 (1508).
[2] Ausf: *Schumacher* DStR 96, 1505 (1508).
[3] *Delp* INF 02, 417.
[4] BFH v 11.7.06 VIII R 67/04, BB 07, 248; *Delp* INF 99, 584 (586).
[5] BMF v 21.7.98 IV B 4 – S 2252 – 116/998 nv; BMF v 14.1.98, DB 98, 497; *Lohr/Kanzler* DB 98, 2339.
[6] *Kußmaul* BB 98, 2083.

Anleihe und einen Preis für das Optionsrecht aufzuteilen. Die Differenz zw dem so ermittelten Preis der Anleihe und dem zurückgezahlten Nennbetrag wird als nachträglich gezahlter Zins qualifiziert. Die Ausübung des Optionsrechts ist grds ein – nach § 23 I Nr 4 S 2 zu beurteilender (zu § 23 Rn 10)[1] – Vorgang in der Vermögenssphäre.[2] Nach der Gegenansicht ist das gewählte Optionsrecht als Naturalzins (= Zinsersatz iSv § 20 I Nr 7 iVm § 20 II Nr 1) zu erfassen, der sofort bei Erwerb der Optionsanleihe zufließt.[3] Dieser sei mit dem vom Anleihezeichner gewährten kapitalisierten Zinsvorteil[4] bzw mit dem Börsenkurs des Tages zu bewerten, an dem der Optionsschein zum ersten Mal an der Börse gehandelt wird.[5] Dieser Ansicht ist zuzustimmen. Gegen einen Ansatz der Anleihe mit einem unter dem Nennwert liegenden Renditewert sprechen die Anleihebedingungen, wenn diese ein jederzeitiges außerordentliches Kündigungsrecht und eine Rückzahlung zum Nennwert vorsehen.[6] Außerdem trägt die zweite Auffassung der Abtrennbarkeit des Optionsrechts Rechnung, das eine steuerliche Erfassung bereits bei Erwerb der Anleihe und nicht erst bei seiner Ausübung erfordert. Nach Auffassung des BFH hängt die Entscheidung, ob der Ausgabepreis für die minderverzinsliche Schuldverschreibung und das Optionsrecht („Doppelerwerb") oder ausschließlich für die Schuldverschreibung („Alleinerwerb") aufgewendet worden ist, von den Anleihebedingungen ab.[7]

Bei der **Wandel- und Umtauschanleihe mit Gläubigerwahlrecht** hat der Gläubiger das Wahlrecht, statt der Rückzahlung des Kapitals Aktien zu erwerben, bei der Wandelanleihe solche des emittierenden, bei der Umtauschanleihe solche eines anderen Unternehmens. Aufgrund der Alternativität des Rechts auf Kapitalrückzahlung und des Rechts auf Lieferung von Aktien ist die Wandel- und Umtauschanleihe als ein einheitliches WG zu qualifizieren (Rn 324).[8] Entspr besteht die Rendite (iSv § 20 I Nr 7 und § 20 II 1 Nr 4 S 1c) in der Verzinsung und einem eventuellen Einlösungsgewinn.[9] Der Annahme nur eines WG ist bei der Frage Rechnung zu tragen, inwieweit ein Gewinn, der durch die Veräußerung der erworbenen Aktien entstanden ist, der Besteuerung nach § 23 unterliegt.[10] 325

Anleihen können – statt eines (zusätzlichen) Bezugsrechts des Gläubigers – auch ein (alternatives) Aktien-Andienungsrecht (**Wandelanleihe mit Emittentenwahlrecht**, auch: Aktienanleihe, unechte Wandelanleihe, Anleihe mit Tilgungswahlrecht) für den Emittenten vorsehen. Der Emittent bietet eine hohe Verzinsung, behält sich jedoch das Recht vor, statt des Anlagebetrags bestimmte Aktien zu übertragen. Auch hier ist die Anleihe nicht in zwei WG und der gezahlte Zins nicht in einen Zinsbetrag (§ 20 I Nr 7) und eine Stillhalteprämie (§ 22 Nr 3) aufzuteilen. Es ist vielmehr der Zins in voller Höhe nach § 20 I Nr 7 zu versteuern.[11] Liegt der Wert der übertragenen Aktie unter dem Anlagebetrag, ist eine negative Einnahme nach § 20 I Nr 7 anzunehmen (Rn 308).[12] Einnahmen aus der Veräußerung fallen unter § 20 II 1 Nr 4 S 1c (Rn 405).[13] 326

Von den eigentlichen Optionsgeschäften zu unterscheiden sind die ebenfalls als „**Optionsmodelle**" bezeichneten Kapitalanlagen, bei denen zwar die Möglichkeit geboten wird, an Kursgewinnen teilzuhaben, aber weder eine Option auszuüben ist noch Wertpapiere erworben oder veräußert werden können. Wirtschaftlich handelt es sich bei diesen Modellen um Anleihen mit ungewissem Kapitalertrag. Zu der Gruppe dieser Anleihen gehören Kapitalanlagen, wie Grois („Guaranteed Return on Investment"), Giros („Guaranteed Investment Return Options"), Iglus („Investment growth linked Unit") etc. Der Anleger erzielt Einkünfte iSv § 20 I Nr 7 in Höhe der gezahlten Zinsen und des Werts des „Optionsrechts", da dieses ebenfalls Entgelt für die Kapitalüberlassung ist. 327

---

1 *Delp* INF 99, 584 (585).
2 *Dahm/Hamacher* WM 94, Beil. Nr 3, S 7; *Holzheimer* WM 86, 1169; *Korn* § 20 Rn 230; *Groh* DB 02, 860; vgl auch BFH BStBl II 03, 883 (884) mwN.
3 *K/S/M* § 20 Rn I 123 – „Optionsanleihe"; *Blümich* § 20 Rn 318.
4 *K/S/M* § 20 Rn I 123 – „Optionsanleihe".
5 *Blümich* § 20 Rn 318.
6 BFH BStBl II 01, 710; BStBl II 03, 883 (885).
7 BFH BStBl II 03, 883 (885); BStBl II 01, 710.
8 *Dreyer/Herrmann* DB 01, 1637 (1640 mwN); aA *Korn* § 20 Rn 235.
9 BMF BStBl 01, 206; *Höreth/Zipfel* DStZ 01, 653 (659); *Dreyer/Herrmann* DB 01, 1637 (1640); *Wagner* StBp 02, 331 (333 f).
10 *Korn* § 20 Rn 235.
11 BMF DStR 99, 2032; *Höreth/Zipfel* DStZ 01, 653 (654); *Schumacher* DStR 00, 416; aA *Carlé/Hahn* KÖSDI 00, 12415 (12420); *Singer* DStZ 99, 281.
12 BMF BStBl I 01, 206; *Höreth/Zipfel* DStZ 01, 653 (657); *Schumacher* DStR 00, 416; *Carlé/Hahn* KÖSDI 00, 12415; *Wagner* StBp 02, 331 (332).
13 *Carlé/Hahn* KÖSDI 00, 12415 (12421 mwN); BMF BStBl I 01, 206; *Höreth/Zipfel* DStZ 01, 653 (655).

328 Bei **capped warrants** (gekappte Optionsscheine) kann durch die Kombination einer Kauf- und einer Verkaufsoption ein im Voraus bestimmter Kapitalertrag erzielt werden.[1] Bei range warrants (Bandbreiten-Optionsscheine) kann durch eine Kombination von Optionsscheinen die Rückzahlung und eine Mindestrendite gewährleistet werden. In beiden Fällen liegen Kapitalerträge iSv § 20 I Nr 7 vor.[2] Dies gilt bei range warrants auch dann, wenn diese voneinander getrennt werden, da die Kapitalrückzahlung bei jedem einzelnen range warrant gewährleistet ist. Capped warrants werden dagegen nach einer Trennung wieder zu Spekulationspapieren – mit der Folge des § 23 I Nr 4 (§ 23 Rn 10) –, da ein einzelner put- oder call-warrant weder einen Ertrag noch die Rückzahlung des überlassenen KapVerm garantiert.[3] Stellt der Anleger die warrants bei verschiedenen Emittenten selbst zusammen, ist ihm zwar die Rückzahlung des eingesetzten Kapitals sicher, doch fehlt es an einer Kapitalüberlassung auf Zeit gegenüber dem jeweiligen Emittenten.[4] Einnahmen aus der Veräußerung von getrennten range warrants, die voraussichtlich nicht die Zahlung des Ausübungsbetrags auslösen werden, sind nach § 20 II 1 Nr 4b (Rn 395), von range warrants, die voraussichtlich den Ausübungsbetrag erzielen werden, dagegen nach § 20 II 1 Nr 4c zu besteuern (Rn 405).

329 Kapitalforderungen iSd § 20 I Nr 7 sind auch **Forderungen auf einen rückständigen Kaufpreis**, rückständigen Arbeitslohn, rückständige Aufsichtsratvergütungen oder auch eine Ausgleichsforderung eines Miterben. Wird ein zum PV gehörendes WG, zB ein Grundstück, veräußert und die Kaufpreisforderung gestundet, so gehören die gezahlten Zinsen zu den Einnahmen iSv § 20 I Nr 7. Die Kaufpreis(raten)zahlungen sind in einen Tilgungs- und einen Zinsanteil (Zinssatz: 5,5 %) aufzuteilen und zwar auch dann, wenn die Vertragsparteien keine Zinsen vereinbart oder eine Verzinsung sogar ausdrücklich ausgeschlossen haben.[5] Diese Zerlegung ist allerdings nur vorzunehmen, wenn die Laufzeit mehr als ein Jahr beträgt und der Fälligkeitszeitpunkt nicht offengelassen, sondern zumindest bestimmbar festgelegt wurde.[6]

360 **II. Besondere Entgelte und Vorteile (§ 20 II 1 Nr 1).** § 20 II 1 Nr 1 ergänzt nicht nur die Tatbestände des § 20 I Nr 1–3, 9 und 10 (hierzu Rn 125 ff), sondern rechnet auch besondere Entgelte oder Vorteile, die neben den in § 20 I Nr 4–8 bezeichneten Einnahmen gewährt werden, zu den Einkünften aus KapVerm. Speziell als Ergänzungstatbestand zu § 20 I Nr 7 ist § 20 II 1 Nr 1 insoweit von Bedeutung, als der BFH ein Agio und auch ein Disagio als Einnahme iSv § 20 II 1 Nr 1 qualifiziert.[7] Ebenso fallen Dienstleistungen als Gegenleistung für eine zinslose Kapitalüberlassung,[8] Zahlungen aufgrund einer Wertgarantie[9] oder einer Wertsicherungsklausel[10] sowie Provisionen, die als zusätzliches Entgelt für die Kapitalüberlassung geleistet werden, unter § 20 II 1 Nr 1.

361 **III. Einnahmen bei Trennung von Zins- und Stammforderung (§ 20 II 1 Nr 2b).** § 20 II 1 Nr 2b ist eine Parallelvorschrift zu § 20 II 1 Nr 2a, der im Bereich der Beteiligungserträge die Besteuerung von Einnahmen aus der Veräußerung von Dividendenscheinen regelt (Rn 135 ff). Ebenso wie § 20 II 1 Nr 2a gilt § 20 II 1 Nr 2b nicht für den Fall, dass Stammrecht und Ertragsanspr zusammen veräußert werden (diesen Fall behandeln § 20 II 1 Nr 3, 4c und d), sondern für den Fall, dass Zins- und Stammforderung getrennt und **isoliert übertragen** werden, also nur der Zinsschein bzw die Zinsforderung veräußert und die Schuldverschreibung zurückbehalten wird oder das Stammrecht übertragen und später der Zinsschein veräußert oder eingelöst wird.

362 Nach § 20 II 1 Nr 2b S 1 sind Einnahmen aus der **Veräußerung von Zinsscheinen** zu besteuern. Zinsscheine sind Nebenpapiere zu einer Schuldverschreibung (zu diesem Begriff: Rn 318) auf den Inhaber. Neben der Veräußerung von Zinsscheinen regelt § 20 II 1 Nr 2b S 1 auch die Veräußerung von nichtverbrieften Zinsforderungen. Nicht von § 20 II 1 Nr 2b S 1 (wohl aber uU von § 23 I Nr 4) erfasst werden die Entgelte aus der Veräußerung sonstiger Anspr, zB von Optionsrechten.

---

1 *Dahm/Hamacher* WM 94, Beil. Nr 3, S 15; *Scheurle* DB 94, 445 (447).
2 BMF BStBl I 93, 343; BStBl I 94, 816; *Scheurle* DB 94, 447; **aA** bzgl capped warrants: *H/H/R* § 20 Rn 822.
3 *Scheurle* DB 94, 445 (447).
4 *Schumacher* DStR 96, 1505 (1509); **aA** BMF BStBl I 93, 343; BStBl I 94, 816; zur Problematik des zeitversetzten Erwerbs: *Jonas* BB 93, 2421.
5 BFH BStBl II 81, 160; BFH/NV 97, 175; BStBl II 99, 217, 221; *Kaeser* DB 98, 1155; *Heißenberg* KÖSDI 00, 12674.
6 BFH BStBl II 84, 550.
7 BFH BStBl II 88, 252; BStBl II 94, 93; zu den Freigrenzen lt FinVerw: BMF BStBl I 86, 539; OFD D'dorf FR 96, 432.
8 *K/S/M* § 20 Rn K 20 – „Dienstleistungen".
9 BFH BStBl II 74, 735.
10 BFH/NV 93, 87 (89 f); *K/S/M* § 20 Rn K 20 – „Wertsicherungsklausel".

Die Zinsscheine oder -forderungen müssen durch den Inhaber oder ehemaligen **Inhaber der** **363**
Schuldverschreibung veräußert werden. Bei einer Weiterveräußerung durch einen Zinsscheinerwerber gilt § 20 II 1 Nr 4b. Der Gesetzgeber wollte ursprünglich mit § 20 II 1 Nr 2b lediglich die Besteuerung von der Erfassung der Zinsen auf die Erfassung der Einnahmen aus der Veräußerung der Zinsforderung vorverlagern. Er hat dann § 20 II 1 Nr 2b auf Veräußerungen durch den **ehemaligen** **Inhaber** der Schuldverschreibung ausgedehnt. Es sollte nicht länger möglich sein, der Besteuerung dadurch auszuweichen, dass zunächst das Stammrecht und erst später die Zinsforderung veräußert wird.[1] § 20 II 1 Nr 2b S 1 ist insbes für sog stripped bonds (Rn 323) von Bedeutung.[2] § 20 II 1 Nr 2b gilt nach § 20 II 2 sinngemäß für Schuldverschreibungen, die **nicht in einzelnen Wertpapieren verbrieft** sind, und nach § 20 II 3 auch für Schuldbuchforderungen, die in ein öffentliches Schuldbuch eingetragen sind.

Eine **Veräußerung** liegt vor, wenn das wirtschaftliche Eigentum auf eine andere Person aufgrund **365**
eines entgeltlichen schuldrechtlichen Verpflichtungsgeschäftes übertragen wird. Unentgeltliche Übertragungen erfüllen den Besteuerungstatbestand des § 20 II 1 Nr 2b nicht. Es bleibt bei der Besteuerung der Zinsen nach § 20 I Nr 7. Nach § 20 II 1 Nr 2b S 2 gilt Entsprechendes – wie für die Veräußerung – für die **Einlösung von Zinsscheinen** und Zinsforderungen durch den ehemaligen Inhaber der Schuldverschreibung. Diese Regelung ist deklaratorisch, soweit der Inhaber der Schuldverschreibung Zinsscheine bzw -forderungen zurückbehält, die sich auf seinen Besitzzeitraum beziehen. Sie wirkt konstitutiv, soweit die Zinsscheine bzw -forderungen sich auf die Besitzzeit des Erwerbers beziehen.[1] Die Einlösung der Zinsscheine wäre als Einziehung einer Forderung auf der nichtsteuerbaren Vermögensebene zu qualifizieren. Der Gesetzgeber will verhindern, dass der Inhaber einer Schuldverschreibung das Stammrecht veräußert und anschließend die zurückbehaltenen Zinsscheine stfrei einlöst.

IV. Stückzinsen (§ 20 II 1 Nr 3). § 20 II 1 Nr 3 trägt einer Abrechnungspraxis bei der Veräußerung **370**
von Wertpapieren im Laufe eines Zinszahlungszeitraums Rechnung. Bei Wertpapieren, die im Laufe eines Zinszahlungszeitraums veräußert werden, werden dem Erwerber die gesamten Zinsen der Periode bei Fälligkeit ausgezahlt. Soweit die Zinsen allerdings auf die Besitzzeit des Veräußerers entfallen, hat der Erwerber diese dem Veräußerer (als sog Stückzinsen) beim Ankauf zu vergüten. § 20 II 1 Nr 3 erklärt diese für stpfl. § 20 II 1 Nr 3 gilt nicht nur für die Veräußerung von (verbrieften) Zinsscheinen (vgl Rn 362), sondern auch von nichtverbrieften **Zinsforderungen.** Der Begriff der Veräußerung ist ders wie in § 20 II 1 Nr 2b S 1 (Rn 365). Mit den Zinsscheinen bzw -forderungen müssen die dazugehörigen **Schuldverschreibungen** mitveräußert werden (ansonsten: § 20 II 1 Nr 2b und Nr 4 S 1b). Nach § 20 II 2 gilt § 20 II 1 Nr 3 sinngemäß auch für Schuldverschreibungen, die nicht in einzelnen Wertpapieren verbrieft sind und nach § 20 II 3 für Schuldbuchforderungen, die in ein öffentliches Schuldbuch eingetragen sind. § 20 II 1 Nr 3 setzt voraus, dass das Entgelt für die auf den Zeitraum bis zur Veräußerung der Schuldverschreibung entfallenden Zinsen des laufenden Zinszahlungszeitraums besonders in Rechnung gestellt ist, dh **Stückzinsen** berechnet werden. Werden Wertpapiere ausnahmsweise ohne Stückzinsvereinbarung veräußert (also „flat" gehandelt), ist nicht § 20 II 1 Nr 3, sondern § 20 II 1 Nr 4 S 1c anzuwenden.

Beim **Veräußerer** sind die Stückzinsen zu besteuern, dh die Zinsen, die auf den laufenden Zinszah- **373**
lungszeitraum bis zur Veräußerung der Schuldverschreibung entfallen. Bei der **Besteuerung des** **Erwerbers** behandelte der BFH Stückzinsen zunächst als WK.[3] Der BFH qualifizierte dann die Stückzinsen jedoch als negative Einnahmen, weil er einen Verzehr des WK-Pauschbetrags als nicht gerechtfertigt ansah.[4] In einer Entscheidung v 3.8.76 äußerte der BFH Zweifel, ob es gerechtfertigt sei, bei der Behandlung der Stückzinsen von dem Begriff der AK abzugehen.[5] Der Gesetzgeber führte hierauf § 20 II 1 Nr 3 S 2 aF ein. Danach waren die „bei der Veräußerung oder Weiterveräußerung der Zinsscheine vom Erwerber ... vereinnahmten Zinsen ... um das Entgelt für den Erwerb der Zinsscheine zu kürzen". Diese Regelung wurde mit Wirkung ab 94 gestrichen. Hiermit sollte lediglich erreicht werden, dass die gezahlten Stückzinsen – entspr dem Abflussprinzip – bereits im Jahr ihrer Zahlung und nicht erst bei Vereinnahmung der Zinsen durch den Erwerber berücksichtigt werden.[6] Die hM geht dementspr – gestützt durch § 43a III (§ 43a Rn 17) – davon aus, dass dem

---

1 *Scheurle* DB 94, 445 (447).
2 *Scheurle* DB 97, 1839 (1840); *Dahm/Hamacher* WM 94, Beil. Nr 3, S 7 f.
3 BFH BStBl III 59, 242.
4 BFH BStBl III 64, 184; BStBl II 69, 18 (25).
5 BFH BStBl II 77, 65 (66).
6 *Scheurle* DB 94, 502; *K/S/M* § 20 Rn N 30.

Erwerber der volle Zinsbetrag zuzurechnen ist, er andererseits aber die gezahlten Stückzinsen im VZ der Zahlung als (vorab entstandene) negative Einnahmen geltend machen kann.[1]

380 **V. Einnahmen aus Kursdifferenzpapieren (§ 20 II 1 Nr 4).** Nach § 20 II 1 Nr 4 werden Einnahmen aus der Veräußerung von Kapitalforderungen iSv § 20 I Nr 7 (ansonsten: § 23 I Nr 2) besteuert, soweit diese der auf die Besitzzeit entfallenden Emissionsrendite entsprechen. Den Kapitalforderungen ist gemeinsam, dass das Entgelt für die Kapitalüberlassung nicht in einer von vornherein feststehenden, laufenden und gleichmäßigen Verzinsung besteht.

381 **1. „Geborene" Ab- und Aufzinsungspapiere (§ 20 II 1 Nr 4 S 1a).** § 20 II 1 Nr 4 S 1a erfasst Einnahmen aus der Veräußerung von „Schuldverschreibungen, Schuldbuchforderungen und sonstigen Kapitalforderungen". Der Begriff der **sonstigen Kapitalforderungen** ist identisch mit dem gleich lautenden Tatbestandsmerkmal des § 20 I Nr 7. Dementspr gilt auch für § 20 II 1 Nr 4 S 1a die inhaltliche Ergänzung durch § 20 I Nr 7 S 2, nämlich die Unbeachtlichkeit der Bezeichnung und der zivilrechtlichen Ausgestaltung.[2] Nach § 20 II 1 Nr 4 S 5 nicht erfasst werden allerdings Gewinnobligationen und Genussrechte. Bei diesen hat der Gesetzgeber anscheinend keine Gefahr gesehen, dass diese zur Steuervermeidung eingesetzt werden.[3]

382 § 20 II 1 Nr 4a gilt nur für die Veräußerung von **ab- oder aufgezinsten Kapitalforderungen**. Bei abgezinsten Kapitalforderungen ist der Emissionspreis niedriger als der bei Endfälligkeit ausgezahlte Nennbetrag. Aufgezinste Forderungen werden zum Nennbetrag ausgegeben und zu einem höheren Betrag bei Endfälligkeit eingelöst. § 20 II 1 Nr 4 S 1a meint nur bereits **durch den Emittenten** ab- oder aufgezinste Kapitalforderungen. Für die Fälle, dass der Inhaber einer normalverzinslichen Kapitalforderung Stammrecht und Zinsforderung voneinander trennt, diese ab- oder aufgezinst überträgt und der Erwerber eine derart isolierte Forderung nunmehr zu einem ab- oder aufgezinsten Preis weiterveräußert, gilt § 20 II 1 Nr 4 S 1b. Zu den ab- bzw aufgezinsten Kapitalforderungen iSv § 20 II 1 Nr 4 S 1a gehören: Zerobonds[4], stripped bonds, bei denen Stammrecht und Zinsforderung durch den Emittenten getrennt wurden, unverzinsliche Schatzanweisungen, Finanzierungsschätze, Bundesschatzbriefe des Typs B (zu diesen Anlageformen: Rn 323), auf- oder abgezinste Sparbriefe, niedrigverzinsliche Wertpapiere, die mit einem Abschlag auf den Nennbetrag emittiert werden, sowie kombinierte capped warrants (hierzu: Rn 328). Bei niedrigverzinslichen Wertpapieren, die mit einem Abschlag auf den Nennbetrag begeben werden, wird dieser Abschlag beim Privatanleger aus Vereinfachungsgründen stfrei belassen, wenn er innerhalb der Staffel des BMF-Schr v 24.11.86 liegt.[5]

383 § 20 II 1 Nr 4 S 1a gilt für Einnahmen aus der „**Veräußerung oder Abtretung**". Der Begriff der Veräußerung ist ders wie in den Fällen des § 20 II 1 Nr 2 (Rn 365). Dem Tatbestandsmerkmal der Abtretung kommt neben dem der Veräußerung keine selbstständige Bedeutung zu.[6] § 20 II 1 Nr 4 S 1a betrifft Veräußerungen durch den **ersten und jeden weiteren Erwerber**. Nach § 20 II 1 Nr 4 S 4 gilt § 20 II 1 Nr 4 S 1a für die **Einlösung** der Wertpapiere und Kapitalforderungen bei deren Endfälligkeit entspr. § 20 II 1 Nr 4 S 4 aF hatte § 20 II 1 Nr 4 S 1a nur bei einer Einlösung „durch den zweiten und jeden weiteren Erwerber" für entspr anwendbar erklärt, so dass der Ersterwerber, der sog **Durchhalter**, bei einer Einlösung Einnahmen schon nach § 20 I Nr 7 erzielte. Das StÄndG 01 hat die Einschränkung „durch den zweiten und jeden weiteren Erwerber" gestrichen. Die Marktrendite (ohne Wechselkursgewinne – vgl Rn 385, 405) soll auch im Fall des sog Durchhalters (dh bei einer Einlösung bei Endfälligkeit durch den Ersterwerber) zugrunde gelegt werden.[7]

385 Zu versteuern sind die Einnahmen aus der Veräußerung, soweit sie der rechnerisch auf die Besitzzeit entfallenden Emissionsrendite entspr. „**Emissionsrendite**" meint die vom Emittenten bei der Begebung der Anleihe zugesagte Rendite, die bis zur Endfälligkeit mit Sicherheit erzielt werden kann.[8] Mit der Zugrundelegung der Emissionsrendite wird erreicht, dass Kursänderungen aufgrund veränderter Kapitalmarktzinsen nicht einbezogen werden. Bei der Beurteilung der maßgeblichen

---

1 *K/S/M* § 20 Rn N 30; *Scheurle* DB 94, 502; vgl auch BFH BStBl II 99, 769 zur Frage des Gestaltungsmissbrauchs.
2 *Schumacher* Erträge, S 178 ff.
3 Beachte allerdings *Harenberg* GStB 8/99, 255 (257) zu Genussschein-Floatern mit verlängerter Zinszahlperiode.
4 BFH v 20.11.06 VIII R 43/05, DStR 07, 290.
5 BMF BStBl I 86, 539; *Scheurle* DB 94, 445 (449).
6 *K/S/M* § 20 Rn O 38.
7 BT-Drs 14/7341, 24.
8 BFH BStBl II 01, 97; *Korn* DStR 01, 1507 (1509); BMF BStBl I 93, 343; zur Ermittlung bei Zerobonds vgl BStBl I 85, 77; zur Ermittlung bei anderen Papieren vgl BStBl I 86, 539; zur Berechnung bei Stufenzinsanleihen: *Storg* BB 04, 2154; zur Problematik des Zinseszinseffektes *Schumacher* Erträge, S 198 f.

Emissionsrendite ist auf die Verhältnisse zum Zeitpunkt der erstmaligen Ausgabe (nicht des individuellen Erwerbs) abzustellen.[1] Fehlt eine Emissionsrendite oder weist der StPfl diese nicht nach, gilt nach § 20 II 1 Nr 4 S 2 der Unterschied zw dem Entgelt für den Erwerb und den Einnahmen aus der Veräußerung oder Einlösung, die sog **Marktrendite**, als Kapitalertrag. Es wird von dem System abgewichen, dass das KapVerm und dessen Wertänderung einerseits und dessen Ertrag andererseits zu unterscheiden sind. Es werden – im Wege des sachlich gerechtfertigten Systembruchs[1] – auch Wertänderungen der Kapitalanlage als Ertrag erfasst, zB solche aufgrund von Änderungen des Marktzinses, allerdings nicht Gewinne aufgrund von Wechselkursänderungen bei Anlagen in ausländischer Währung, soweit diese das eingesetzte Kapital betreffen.[2] Der Gesetzgeber trägt der Besonderheit von Gestaltungen Rechnung, bei denen ein etwaiger Kursgewinn im Rahmen der vertraglichen Vereinbarung der Parteien nicht von dem Nutzungsentgelt für die Kapitalüberlassung im weitesten Sinne abgrenzbar ist.[3] Allerdings ist § 20 II 1 Nr 4 S 2 mit der Vorgabe eines Ansatzes der Marktrendite im Wege der verfassungskonformen Auslegung dahin einzugrenzen, dass – entspr. der Grundentscheidung, nur Kapitalerträge und nicht Wertveränderungen des Kapitalstamms zu erfassen (§ 20 Rn 3) – die Regelung auf solche Wertpapiere keine Anwendung findet, bei denen keine Vermengung zwischen Ertrags- und Vermögensebene besteht und bei denen eine Unterscheidung zwischen Nutzungsentgelt und Kursgewinn ohne größeren Aufwand möglich ist (zB bei reverse floatern[4] oder down-rating-Anleihen[5]) und im Rahmen der Differenzmethode ein Ansatz von eindeutig abgrenzbaren Wertveränderungen der Vermögensebene unterbleibt[6]. § 20 II 1 Nr 4 S 2 erlegt – abw von der Beweislastgrundregel, nach der die Finanzbehörde die Feststellungslast für steuererhöhende Tatsachen hat – den Nachweis der Emissionsrendite dem StPfl auf. Er räumt dem StPfl **kein Wahlrecht** zwischen Emissions- und Marktrendite ein. Der FinVerw sind eigene Ermittlungen nicht versagt. Der StPfl kann nicht durch die Verweigerung seiner Mitwirkung abw vom Grundsatz der Maßgeblichkeit der Emissionsrendite den Ansatz eines der Vermögensebene zuzurechnenden Verlustes erlangen.[7]

Nach **§ 20 II 1 Nr 4 S 3 HS 1** bleibt die Besteuerung der Zinsen und Stückzinsen nach Abs 1 Nr 7 und Abs 2 Nr 3 unberührt. In der Emissionsrendite sind aber auch diese Zinsen enthalten. Um eine Doppelerfassung zu vermeiden, ordnet deshalb § 20 II 1 Nr 4 S 3 HS 2 an, dass die bereits zugeflossenen Erträge bei der Besteuerung nach der Emissionsrendite abzuziehen sind.[8] Bei der Besteuerung nach der Marktrendite bedarf es dieser Kürzung nicht, da die bereits zugeflossenen Erträge den Veräußerungspreis nicht erhöhen. 386

2. „Gekorene" Ab- und Aufzinsungspapiere (§ 20 II 1 Nr 4 S 1b). § 20 II 1 Nr 4 S 1b gilt – wie § 20 II 1 Nr 4 S 1a – für die isolierte Veräußerung von **Kapitalforderungen** – mit Ausnahme von Gewinnobligationen und Genussrechten (zu diesen Tatbestandsmerkmalen: Rn 381) – sowie für die isolierte Veräußerung von Zinsscheinen und Zinsforderungen (zu diesen Begriffen: Rn 362). § 20 II 1 Nr 4 S 1b regelt die Veräußerung „zu einem ab- oder aufgezinsten Preis" (vgl Rn 323). Während § 20 II 1 Nr 4 S 1a die Fälle der Veräußerung von vornherein ab- oder aufgezinster Kapitalforderungen betrifft, meint § 20 II 1 Nr 4 S 1b die Fälle, in denen erst der Inhaber (Ersterwerber) einer verzinslichen Kapitalforderung Stammrecht und Zinsforderung voneinander trennt und isoliert veräußert. Für die nunmehr ertraglosen Forderungen kann er im Hinblick auf die hinausgeschobene Endfälligkeit nur einen (abgezinsten) Preis erzielen, der unter dem Einlösungsbetrag liegt, so dass „künstliche" oder „gekorene" Zerobonds entstehen. Weitere Kapitalforderungen, die zu einem auf- oder abgezinsten Preis veräußert werden, sind getrennte „range warrants" (vgl Rn 327), die voraussichtlich nicht die Zahlung des Ausübungsbetrags auslösen werden und deshalb nur abgezinst zu veräußern sind (zu range warrants, die den Ausübungsbetrag erzielen: Rn 406).[9] § 20 II 1 Nr 4 S 1b gilt für Einnahmen aus der **Veräußerung oder Abtretung** (zu diesen Begriffen: Rn 384) von isolierten Kapital- oder Zinsforderungen. Nach § 20 II 1 Nr 4 S 4 ist § 20 II 1 Nr 4 S 1b außerdem für die **Einlösung** 395

---

1 BFH v 13.12.06 VIII R 79/03, DStR 07, 286.
2 BFH v 20.11.06 VIII R 43/05, DStR 07, 290 (auch für die Zeit vor § 20 II 1 Nr 4 S 2); BFH BStBl II 01, 97; *Schlüter* Finanzinstrumente, S 289 ff; vgl allerdings auch Rn 405; *Dreyer/Herrmann* DB 01, 1637 (1639); zur rückwirkenden Einführung der Versteuerung nach der Marktrendite: BFH BStBl II 01, 710; FG Rhpf EFG 03, 314.
3 BFH v 13.12.06 VIII R 62/04, DStR 07, 338.
4 BFH v 20.11.06 VIII R 97/02, BB 07, 426.
5 BFH, 13.12.06, VIII R 6/05, DStR 06, 709; *Haisch/Danz/Jetter* DStZ 07, 450 (455).
6 BFH v 20.11.06 VIII R 43/05, DStR 07, 290.
7 BFH v 11.7.06 VIII R 67/04, BB 07, 248.
8 Zu der Berechnung vgl im Einzelnen: Schumacher</i> Erträge, S 201 mwN.
9 *K/S/M* § 20 Rn O 55; **aA** *Schumacher* Erträge, S 220.

der Wertpapiere und Kapitalforderungen bei deren Endfälligkeit entspr anzuwenden. Nach dem Zweck der Regelung meint § 20 II 1 Nr 4 S 4 auch die Einlösung von Zinsforderungen.[1] Unter § 20 II 1 Nr 4 S 1b fällt nur die Veräußerung **„durch den zweiten und jeden weiteren Erwerber"**. Der Ersterwerber, der Kapital- und Zinsforderung voneinander trennt, unterliegt mit seinen Einnahmen der Besteuerung nach § 20 II 1 Nr 2b. Die **Einnahmen** aus der Veräußerung nach § 20 II 1 Nr 4 S 1b sind nach denselben Grundsätzen zu ermitteln wie die Einnahmen nach § 20 II 1 Nr 4 S 1a (vgl Rn 385f). Allerdings ist nicht die ursprüngliche Emissionsrendite zugrundezulegen, sondern die Rendite im Zeitpunkt der Trennung von Kapital- und Zinsforderung. Denn erst in diesem Zeitpunkt erfolgt wirtschaftlich die „Emission".

405 **3. Forderungen ohne Stückzinsen oder mit ungewissem Ertrag (§ 20 II 1 Nr 4 S 1c).** § 20 II 1 Nr 4 S 1c gilt – ebenso wie § 20 II 1 Nr 4 S 1a – für die Veräußerung von Schuldverschreibungen, Schuldbuchforderungen und sonstigen **Kapitalforderungen** mit Ausnahme von Gewinnobligationen und Genussrechten (zu diesen Tatbestandsmerkmalen: Rn 381) mit Zinsscheinen oder Zinsforderungen (zu diesen Tatbestandsmerkmalen: Rn 362). In der 1. Alt verlangt § 20 II 1 Nr 4 S 1c, dass „**Stückzinsen nicht besonders in Rechnung gestellt werden**", die Kapitalforderungen also „flat" gehandelt werden. Dies ist zB der Fall bei der Veräußerung nicht getrennter range warrants (Rn 327) oder auch dann, wenn die en bloc erworbenen range warrants getrennt werden und der isoliert veräußerte range warrant voraussichtlich den Ausübungsbetrag erzielen wird (zu range warrants, die voraussichtlich nicht die Zahlung des Ausübungsbetrags auslösen: Rn 395).[2] Die Zuordnung von Kapitalforderungen zu den in § 20 II 1 Nr 4 S 1c beschriebenen Typen von Finanzinnovationen hat ausgehend von den Verhältnissen im Zeitpunkt der Emission der Anlage zu erfolgen. Dies ergibt sich aus dem systematischen Zusammenhang der tatbestandlichen Behandlung der steuerbaren Finanzinnovationen in § 20 II 1 Nr 4 S 1c mit der Regelung der Höhe der Einkünfte gem § 20 II 1 Nr 4 S 2 nach Maßgabe der Emissions- oder Marktrendite. Dementspr ist der Veräußerungsverlust bei den sog. „Argentinienanleihen", die im Zeitpunkt der Emission eine Emissionsrendite hatten und erst später „flat" gehandelt wurden, ein nicht steuerbarer Verlust auf der Vermögensebene und nicht als negative Marktrendite zu erfassen.[3] Bei der 2. Alt muss die Höhe der Erträge von einem **ungewissen Ereignis** abhängen. Diese Voraussetzung erfüllen Indexanleihen (Rn 322), allerdings nur solche, bei denen die Rückzahlung des Kapitals garantiert und lediglich die Höhe des Kapitalertrags indexiert ist.[4] Unter § 20 II 1 Nr 4c fallen auch als Optionsmodelle bezeichnete Anlagen wie Grois, Giros, Iglus etc (Rn 326), Wandelanleihen, bei denen der Gläubiger oder der Emittent am Ausübungstag entscheidet, ob die Schuld mit Geld oder mit einer zuvor bestimmten Zahl von Aktien beglichen wird (Rn 325f) und Anleihen mit ratingabhängiger Verzinsung.[5] Floater und reverse floater (Rn 318) lassen sich sowohl unter § 20 II 1 Nr 4 S 1c als auch unter § 20 II 1 Nr 4 S 1d subsumieren.[6] § 20 II 1 Nr 4 S 2 weist die Besteuerung nach der Marktrendite für den Fall an, dass die Wertpapiere und Kapitalforderungen keine **Emissionsrendite** haben.[7] § 20 II 1 Nr 4 S 2 erfasst damit Indexanleihen mit garantierter Kapitalrückzahlung[8] und Wandelanleihen mit Gläubiger- und Emittentenwahlrecht oder auch sog down-rating-Anleihen.[9] Allerdings ist § 20 II 1 Nr 4 S 2 dahin eingrenzend auszulegen, dass die Marktrendite nicht bei Wertpapieren anzusetzen ist, bei denen – wie zB bei reverse floatern oder down-rating-Anleihen – keine Vermengung von Ertrags- und Vermögensebene besteht (Rn 385).[10] § 20 II 1 Nr 4 S 2 HS 2 trägt den Bedenken gegen eine Besteuerung von **Wechselkursgewinnen** (über eine Besteuerung nach § 23 hinaus) Rechnung.[11] Der Unterschiedsbetrag ist bei Wertpapier- und Kapitalforderungen in einer ausländischen Währung in dieser Währung zu ermitteln. Wechselkursänderungen auf den Ausgangsbetrag des Kapitalstamms wirken sich damit nicht aus. Es bleibt allerdings bei der Besteuerung von Wechselkursgewinnen

---

1 *Schumacher* Erträge, S 217.
2 *K/S/M* § 20 Rn O 71–O 74.
3 BFH v 13.12.06 VIII R 62/04, DStR 07, 338.
4 Zu Index-Zertifikaten mit Kapitalrückzahlungsgarantie: BFH v 13.12.06 VIII R 79/03, DStR 07, 286.
5 *Delp* INF 02, 417.
6 *K/S/M* § 20 Rn O 74; *Harenberg* GStG 11/98, 11; FG Hess EFG 99, 553; **aA** FG Mchn EFG 99, 701; BFH v 20.11.06 VIII R 97/02, BB 07, 426 (zu reverse floatern).
7 BFH BStBl II 01, 97; BfF DStR 01, 441 (Nichtanwendungserlass); Kritik: *Lohr* Kapitalanlagen nach der Unternehmenssteuerreform, S 12; BT-Drs 14/6877, 25 f.
8 Zu diesen: *Lohr* Kapitalanlagen nach der Unternehmenssteuerreform, S 12.
9 *Korn* DStR 01, 1507 (1511); zu den sich ergebenden Gestaltungsmöglichkeiten: *Lohr* Kapitalanlagen nach der Unternehmenssteuerreform, S 14f.
10 BFH v 20.11.06 VIII R 97/02, BB 07 426; BFH, 13.12.06, VIII R 6/05, DStR 06, 709.
11 BFH BStBl II 01, 97; BT-Drs 14/7340, 12; BT-Drs 14/7341, 23.

beim Ertrag und bei Wertveränderungen des Kapitalstamms aus anderen Gründen (zB bei Veränderung des Marktzinses).[1] Damit stellt sich weiterhin die Frage, ob nicht – wegen der Wechselkursabhängigkeit der Zinserträge – auch sämtliche **Fremdwährungsanleihen** nach § 20 II 1 Nr 4 S 1c iVm § 20 II 1 Nr 4 S 2 mit der Marktrendite zu besteuern sind.[2] Die hM geht davon aus, dass die Höhe der Erträge nicht von einem ungewissen Ereignis abhängt. Die Verzinsung stehe der Höhe nach fest.[3] Für diese hM spricht vor allem die sich ansonsten ergebende Ungleichbehandlung von gewöhnlichen Kupon-Anleihen in Fremdwährung und in Euro.[4] § 20 II 1 Nr 4 S 1c gilt – ebenso wie Nr 4 S 1a, b – für Einnahmen aus der **Veräußerung** oder **Abtretung** und gem § 20 II 1 Nr 4 S 4 auch für die Einlösung bei Endfälligkeit (Rn 383). Dabei ist § 20 II 1 Nr 4 S 1c und § 20 II 1 Nr 4 S 2 auch im Fall des sog Durchhalters anwendbar (Rn 383). Die Einnahmen sind nach denselben Regeln zu ermitteln wie in den Fällen des § 20 II 1 Nr 4 S 1a (Rn 385f).

4. Forderungen mit Erträgen in unterschiedlicher Höhe oder für unterschiedliche Zeiträume (§ 20 II 1 Nr 4 S 1d). § 20 II 1 Nr 4 S 1d regelt die Besteuerung von Einnahmen aus der Veräußerung von Kapitalforderungen, bei denen Erträge in unterschiedlicher Höhe oder für unterschiedlich lange Zeiträume gezahlt werden. Anders als bei Anlagen mit fester, gleichmäßiger Verzinsung bemisst sich der Kaufpreis bei diesen Kapitalanlagen nicht nur nach dem Nennwert des Stammrechts und den aufgelaufenen Zinsen, sondern dieser trägt auch dem Umstand Rechnung, dass die Anlage in der Vergangenheit keinen oder nur einen geringen Zins abgeworfen hat, dafür aber in der Zukunft einen hohen Ertrag verspricht – oder umgekehrt. § 20 II 1 Nr 4 S 1d betrifft – ebenso wie § 20 II 1 Nr 4 S 1a – die Veräußerung von Schuldverschreibungen, Schuldbuchforderungen und sonstigen **Kapitalforderungen** mit Ausnahme von Gewinnobligationen und Genussrechten (zu diesen Tatbestandsmerkmalen: Rn 381) mit Zinsscheinen oder Zinsforderungen (zu diesen Begriffen: Rn 362). Kapitalforderungen, bei denen Kapitalerträge **in unterschiedlicher Höhe** gezahlt werden, sind die sog Gleitzinsanleihen (Rn 320),[5] die Step-up- und Step-down-Anleihen (Rn 320) sowie floater und reverse floater (Rn 321), wobei sich floater und reverse floater auch unter § 20 II 1 Nr 4c (Rn 405 mwN) subsumieren lassen. Anlagen, bei denen die Zinsen für **unterschiedlich lange Zeiträume** gezahlt werden, sind die sog Kombizinsanlagen (Rn 318). § 20 II 1 Nr 4 S 1d gilt für Einnahmen aus der **Veräußerung** und Abtretung und gem § 20 II 1 Nr 4 S 4 für die Einlösung bei Endfälligkeit – und zwar auch im Fall des sog Durchhalters (Rn 383). Zur Berechnung der Einnahmen kann auf die Ausführungen zu § 20 II 1 Nr 4 S 1a und c verwiesen werden (Rn 385f, 405).

F. Verlustverrechnungsbeschränkung nach § 15b (§ 20 IIb)

Bis zum JStG 07 ordnete § 20 I Nr 4 an, dass auf Anteile des stillen G'ters am Verlust des Betriebs neben § 15 IV 6–8 und § 15a auch § 15b sinngemäß anzuwenden sei. Das JStG 07 hat die Verweisung auf § 15b von § 20 I 4 nach § 20 IIb übernommen und auf sämtliche Einkünfte aus KapVerm ausgedehnt. Diese Ausdehnung wurde damit begründet, Umgehungsgestaltungen seien in jüngster Zeit insbes bei Kapitallebensversicherungen und sonstigen Kapitalforderungen jeder Art (§ 20 I Nr 7) entwickelt worden.[6] Der Gesetzgeber dürfte hauptsächlich Gestaltungen vor Augen gehabt haben, bei denen der StPfl in festverzinsliche WP investiert und die Investition hoch fremdfinanziert. Gleiches gilt für Gestaltungen, bei denen die Kapitaleinnahmen erst nach Jahren fließen, zB bei Zerobonds, und in den ersten Jahren durch Inanspruchnahme eines Disagios und Zinsaufwand hohe Verluste entstehen.[7]

Über diese Ausdehnung auf andere Einkünfte aus KapVerm hinaus wurde in § 20 IIb 2 geregelt, dass ein vorgefertigtes Konzept iSv § 15b II 2 auch vorliegt, wenn die positiven Einkünfte nicht der tariflichen ESt unterliegen, wenn zB Verluste zu einer Minderung des der progressiven ESt unterliegenden Einkommens führen, die späteren Einnahmen aber der Abgeltungssteuer unterliegen.

---

1 Vgl bereits den differenzierenden Vorschlag von *Dreyer/Herrmann* DB 01, 1637 (1639).
2 So *Korn* DStR 01, 1507 (1511).
3 *Hamacher/Feyerabend* in: *Korn* § 20 Rn 201; *Dahm/Hamacher* WM 94, Beil. Nr 3, S 11; *Lohr* Kapitalanlagen nach der Unternehmensteuerreform, S 132 f.
4 *Korn* DStR 01, 1507 (1511).
5 Zu Gleitzinsanleihen: BFH v 11.7.06 VIII R 67/04, BB 07, 248.
6 BR-Drs 622/06, 82.
7 *Carlé* KÖSDI 07, 15594 (15596).

G. Verhältnis zu anderen Einkunftsarten (§ 20 III)

450 § 20 III ordnet die **Subsidiarität** der Einkünfte aus KapVerm gegenüber Einkünften aus LuF, aus GewBetr, aus selbstständiger Arbeit und aus VuV an, dh § 20 tritt zurück, wenn die zu beurteilenden Einkünfte ihrer Art nach gleichzeitig den Tatbestand einer der genannten anderen Einkunftsarten erfüllen. § 20 III enthält keine Bestimmung über das Verhältnis zu den Einkünften aus nichtselbstständiger Arbeit und zu den Einkünften iSd § 22. Insoweit ist die Abgrenzung „aus der Wesensart der jeweiligen Einkunftsart" vorzunehmen (Rn 453f).[1] Beim Vorrang einer anderen Einkunftsart sind § 9a I Nr 2 (WK-Pauschbetrag) und § 20 IV (Sparerfreibetrag) nicht anzuwenden.

452 Einnahmen aus KapVerm, das im Rahmen einer **gewerblichen Tätigkeit** zum notwendigen oder gewillkürten BV oder Sonder-BV gehört, sind BE. Dabei kann auch schon die Kapitalüberlassung als solche als gewerbliche Betätigung zu qualifizieren sein. **Wertpapiergeschäfte** selbst in einem erheblichen Umfang gehören im allg zur privaten Vermögensverwaltung (§ 23 I Nr 2). Die Grenze zur gewerblichen Betätigung wird nur überschritten, wenn die Tätigkeit dem Bild entspricht, das nach der Verkehrsauffassung einen GewBetr ausmacht oder andere bei einer privaten Vermögensverwaltung ungewöhnliche Verhaltensweisen vorliegen (ausführlich: § 15 Rn 129).

453 (Verzugs-)Zinsen, die von Mietern auf rückständige Mieten gezahlt werden, gehören zu den **Einkünften aus VuV**. Zinsen aus Bausparguthaben sind Einnahmen iSv § 20, solange das angesparte Kapital nicht in engem wirtschaftlichem Zusammenhang mit dem Erwerb oder der Herstellung eines Grundstücks oder Gebäudes steht, das zur Erzielung von Einkünften aus VuV eingesetzt werden soll.

454 Einkünfte aus KapVerm sind von den **Einkünften aus nichtselbstständiger Arbeit** danach abzugrenzen, ob die Einnahmen oder WK durch die Kapitalüberlassung oder durch das Arbverh veranlasst sind. Verzugszinsen, die aufgrund einer verspäteten Auszahlung des Arbeitslohns geleistet werden, sind Einnahmen aus KapVerm. Gewährt der ArbN dem ArbG ein Darlehen, so sind die Zinsen hieraus grds Einnahmen aus KapVerm. Dies schließt es allerdings nicht aus, den Ausfall eines Darlehens, das zur Sicherung eines Arbeitsplatzes gegeben wurde, als WK bei den Einkünften aus nichtselbstständiger Arbeit zu berücksichtigen. Zahlungen eines G'ter-Geschäftsführers aufgrund einer Haftungsinanspruchnahme nach § 69 AO sind regelmäßig durch das Arbverh veranlasst, da die Haftung auf der Stellung als Geschäftsführer, nicht auf der als G'ter beruht. Erwirbt ein ArbN Ges-Anteile an seiner ArbG'in, um damit eine höher dotierte Position zu erlangen, und finanziert er den Erwerb mit einem Darlehen, sind die Darlehenszinsen regelmäßig WK bei den Einkünften aus KapVerm, nicht bei den Einkünften aus nichtselbstständiger Arbeit. Eine Ausnahme kann in Betracht kommen bei negativer Überschussprognose und damit erkennbar fehlender Absicht zur Erzielung von Einkünften aus KapVerm aus einer solchen Beteiligung.[2]

455 Bei der Entscheidung, ob einer der in § 20 oder § 23 aufgeführten Tatbestände erfüllt ist, kommt es entscheidend darauf an, wie sich das jeweilige Rechtsgeschäft aus der Sicht des Kapitalanlegers als des Leistungsempfängers bei objektiver Betrachtungsweise darstellt.[3]

H. Sparerfreibetrag (§ 20 IV)

471 Der Gesetzgeber hat die Sparerfreibeträge ab 1.1.07 von 1 370 € auf 750 € und von 2 740 € auf 1 500 € herabgesetzt. § 20 IV 1 ordnet an, dass der Sparerfreibetrag bei der Ermittlung der Einkünfte aus KapVerm nach Abzug der WK abzuziehen ist. Begünstigt ist damit jede Art von Einkünften aus KapVerm einschl der Beteiligungserträge iSv § 20 I Nr 1, 2, 9, 10. Der Sparerfreibetrag ist auch bei der Ermittlung der ausländischen Kapitaleinkünfte im Rahmen des § 34c I zu berücksichtigen.[4] Der Sparerfreibetrag ist nach „Berücksichtigung der WK oder des WK-Pauschbetrages abzuziehen". Er soll nicht dazu führen, dass WK mit dem Ergebnis negativer Einkünfte aus KapVerm abgezogen werden können.

472 Ehegatten, die zusammen veranlagt werden, wird nach § 20 IV 2 ein **gemeinsamer Sparerfreibetrag** von 1 500 € gewährt. § 20 IV 3 regelt, wie dessen Abzug im Einzelnen zu erfolgen hat. Der gemeinsame Sparerfreibetrag wird dem Grundsatz nach bei jedem Ehegatten je zur Hälfte abgezogen.

---

1 BFH BStBl II 90, 532.
2 BFH BStBl I 06, 654; vgl auch § 3c Rn 65 „Geschäftsführungskosten".
3 BFH BStBl II 05, 739; BStBl II 05, 746.
4 BFH BStBl II 01, 710.

Soweit allerdings ein Ehegatte seinen Freibetragsanteil mangels ausreichender Einkünfte (Einnahmen minus WK) nicht nutzen kann, ist dieser beim anderen Ehegatten abzuziehen. Der Freibetragsanteil ist nach hM auch dann zu übertragen, wenn er von einem Ehegatten deshalb nicht ausgenutzt werden kann, weil er negative Einkünfte aus KapVerm hat. Dies soll selbst dann gelten, wenn die Ehegatten insgesamt einen Verlust aus KapVerm erlitten haben.[1] Nach § 20 IV 4 dürfen der Sparerfreibetrag und der gemeinsame Sparerfreibetrag nicht höher sein als die um die WK einschl einer abzuziehenden ausländischen Steuer geminderten Kapitalerträge.

I. Werbungskosten

WK bei den Einkünften aus KapVerm sind alle Aufwendungen, die objektiv im Zusammenhang mit der Überlassung von Kapital oder der Beteiligung an einer Körperschaft stehen und subj zur Förderung dieser Kapitalüberlassung oder Beteiligung gemacht werden und in diesem Sinne durch die Einnahmeerzielung veranlasst sind (zu § 9 Rn 61). Die Aufwendungen „zur Einnahmeerzielung" (die Einkunftssphäre) müssen dabei von Aufwendungen auf den Vermögensstamm (die Vermögenssphäre) abgegrenzt werden (zu § 9 Rn 42).[2] Allerdings sind Aufwendungen der Vermögensebene abziehbar, soweit der Gesetzgeber – zB mit der Besteuerung der Marktrendite nach § 20 II 1 Nr 4 S 2 – die Trennung zw steuerbarer Ertrags- und nicht steuerbarer Vermögensebene partiell aufgegeben hat. Werden keine höheren WK nachgewiesen, ist nach § 9a I Nr 1b von den Einnahmen aus KapVerm ein **Pauschbetrag** von 51 €, bei zusammenzuveranlagenden Ehegatten ein Pauschbetrag von insgesamt 102 € abzuziehen. Den Pauschbetrag hat der StPfl auch bei mehreren Einnahmequellen iSv § 20 nur einmal (§ 9a Rn 21).

480

Abschlussgebühren für einen Bausparvertrag sind nach der Rspr des BFH WK bei den Einkünften aus KapVerm, wenn der Abschluss des Vertrags in keinem engen zeitlichen und wirtschaftlichen Zusammenhang mit der Verwirklichung eines Bauvorhabens steht und auf Dauer ein Überschuss der Zinsgutschriften erwartet werden kann (BFH BStBl II 90, 975; FG Hbg EFG 96, 470; zur Kritik: K/S/M § 20 Rn B 750 – Abschlussgebühr für Bausparvertrag). Bei Abschlussgebühren für einen Investmentsparvertrag soll es sich dagegen um AK der Investmentanteile handeln (FG RhPf EFG 93, 376; K/S/M § 9 Rn B 750 – Abschlussgebühr für Investmentsparvertrag).

Abzinsungsbeträge aus einer vorzeitigen Kaufpreiszahlung sind keine WK (BFH BStBl II 81, 160).

AK und Veräußerungskosten sind bei den Einkünften aus KapVerm keine WK, da sie nicht der Einkunfts-, sondern der Vermögenssphäre zuzurechnen sind. Dementspr sind auch Anschaffungsnebenkosten wie Ausgabeaufschläge, Maklergebühren, Bankspesen, Provisionen, Börsenumsatzsteuer keine WK. AK und Anschaffungsnebenkosten können auch nicht nach § 9 I 3 Nr 7 im Wege der AfA abgesetzt werden, da Kapitalforderungen keinem laufenden Wertverzehr unterliegen (BFH BStBl II 80, 116; BStBl II 89, 934). Keine WK, sondern nachträgliche AK sind auch Aufwendungen auf eine GmbH-Beteiligung in Gestalt von Nachschüssen, Bürgschaftsleistungen und der Hingabe verlorener Darlehen. Diese Aufwendungen sind nicht durch die Erzielung von Einnahmen aus der Kapitalbeteiligung veranlasst, sondern dienen zur Rettung des gefährdeten GmbH-Anteils (K/S/M § 9 Rn B 701 ff).

Argentinienanleihen. Bei Argentinienanleihen (fest verzinsliche argentinische Staatsanleihen, die zu einem Bruchteil des ursprünglichen Ausgabepreises „flat" gehandelt wurden) ist der Veräußerungsverlust ein nicht steuerbarer Vermögensverlust. Es handelt sich nicht um Finanzinnovationen, bei denen der Vermögensverlust als negative Marktrendite iSd § 20 II 1 Nr 4 S 2 zu erfassen wäre. Für die Einordnung als Finanzinnovation iSv § 20 II 1 Nr 4 S 1c ist auf den Zeitpunkt der Emission abzustellen (BFH v 13.12.06 VIII R 62/04, DStR 07, 338).

Aufteilung von WK. WK bei Einkünften aus KapVerm, die teilw dem **Halbeinkünfteverfahren** unterliegen, sind nach folgenden Grundsätzen aufzuteilen. WK, die durch die einzelne Kapitalanlage veranlasst sind, sind der jeweiligen Kapitalanlage zuzuordnen. WK, die nicht unmittelbar zuzuordnen sind (zB Depot-, Beratungsgebühren), sind auf die Gruppe der Kapitalanlagen, deren Erträge dem Halbeinkünfteverfahren unterliegen, und auf die Gruppe der übrigen Anlagen aufzuteilen. Ob auch nicht zu besteuernde Erträge erzielt werden, soll außer Betracht bleiben. Bei der

---

1 BFH BStBl II 85, 547; R 156 I 3 EStR; **aA** *Lademann* § 20 Rn 704.   2 *Rieck* DStR 03, 1958 (Aufteilung § 20–§ 23).

Abrechnung ist grds die vereinbarte Abrechnungsmodalität (zB bestandsorientierte Gebührenerhebung; stichtagsbezogen oder unterjährig) zugrunde zu legen und mangels anderer Zuordnungskriterien nach dem Verhältnis der Kurswerte zum Abrechnungsstichtag zu schätzen. Bei Investmentfonds ist entspr der Zusammensetzung des Fondsvermögens, ansonsten nach dem Verhältnis der Ertragsarten aufzuteilen. Bei WK bis zu 500 € soll die vom StPfl vorgenommene Aufteilung übernommen werden (BMF BStBl I 02, 647; *Rosarius* INF 02, 519; *Dautel* DStR 02, 1605). Durch ein **einheitliches Geschäft zu einheitlichen Konditionen** – teils mit Krediten, teils mit Eigenmitteln – erworbene Anteile sind für die Ermittlung der WK und damit die Prüfung der Überschusserzielungsabsicht nicht in einen eigen- und einen fremdfinanzierten Anteil aufzuteilen (BFH BStBl II 03, 937). Schuldzinsen sind auch nicht deshalb teilweise vom Abzug als WK auszunehmen, weil nicht nur stpfl Kapitalerträge, sondern zugleich **Vorteile auf der nicht stbaren Vermögensebene** angestrebt werden (BFH BStBl II 03, 937).

Problematisch ist, ob Aufwendungen, die sowohl der Erzielung von Einkünften aus KapVerm als auch der Erzielung von Erträgen iSv §§ 22, 23 dienen, nach dem Grundgedanken des § 9 I 2 (WK sind bei der Einkunftsart abzuziehen, bei der sie erwachsen sind) aufzuteilen sind oder ob sie ausschließlich den Einkünften aus KapVerm zuzuordnen sind. Für eine derartige Zuordnung ausschließlich zu den Einkünften aus KapVerm ließe sich darauf verweisen, dass nach der Rspr des BFH die neben der Ertragserwartung bestehende Hoffnung auf Wertsteigerungen keine Begrenzung des WK-Abzugs unter dem Gesichtspunkt der Zurechnung zum Bereich der nicht steuerbaren Veräußerungsgewinne rechtfertigt. Wenn auf eine Aufteilung der Aufwendungen zw einkommensteuerrechtlich irrelevantem Kapitalstamm und der Ertragserzielung verzichtet werde, so sei diese Wertung für solche Teile des Kapitalstamms, die ggf nach § 23 erfasst würden, noch nahe liegender. Eine Zurechnung auf die Einkünfte iSv § 23 würde erstens eine Aufteilung zw Kapitalerträgen und Kapitalstamm erfordern und zweitens eine Aufteilung zw irrelevantem Kapitalstamm und einem nach § 23 zu berücksichtigenden Anteil (*Rieck* DStR 03, 1958; vgl auch FG D'dorf EFG 07, 354 (kein geeigneter Aufteilungsmaßstab). IErg spricht allerdings mehr für eine Aufteilung. Bei Aufwendungen, die durch die Erzielung von Einnahmen aus KapVerm veranlasst sind, lässt sich die Zielvorstellung, daneben nicht steuerbare Veräußerungsgewinne zu erzielen, für die Frage der Einbeziehung der Aufwendungen in den steuerlich relevanten Bereich vernachlässigen. Aufwendungen, die durch die Erzielung von Kapitalerträgen veranlasst sind, sind durch die Erzielung stpfl Einnahmen veranlasst. Dies zwingt jedoch nicht dazu, eine zweite steuerlich erhebliche Veranlassung entgegen § 9 I 2 außer Betracht zu lassen (so auch FG D'dorf EFG 07, 333; **aA** FG Kln v 5.1.07, 14. Senat nv; FG D'dorf EFG 07, 354).

Ausgabeaufschläge bei Fondsanteilen sind (ebenso wie sog Einrichtungsgebühren) AK (FG Nds EFG 06, 1749).

Bankgebühren und -spesen sind bei An- und Verkauf von KapVerm grds keine WK. Sie sind jedoch im Rahmen der Veräußerungstatbestände des § 20 II 1 Nr 2–4 zu berücksichtigen.

Beratungskosten sind WK, wenn sich die Beratung auf stpfl Einkünfte aus KapVerm bezieht (einschl der Veräußerungen iSd § 20 II 1 Nr 2–4), nicht bei einer Beratung zur Erzielung von nicht steuerbaren Wertsteigerungen; s auch Gründungskosten.

Besuch von Vortrags- und Seminarveranstaltungen und Hauptversammlungen führt regelmäßig zu berücksichtigungsfähigen WK.

DAX-Zertifikate. Erträge aus der Rückzahlung von DAX-Zertifikaten mit Kapitalrückzahlungsgarantie sind gem § 20 I Nr 7, II 1 Nr 4 S 1c, II 1 Nr 4 S 4 stpfl (BFH v 13.12.06 VIII R 79/03, DStR 07, 286).

Depotgebühren sind WK.

Fachliteratur s Wirtschaftszeitungen.

Fahrtkosten. Erbringt ein wesentlich beteiligter G'ter einer GmbH an deren Sitz unentgeltliche Dienstleistungen für die GmbH, dann sind seine Aufwendungen für die Fahrten dorthin idR WK bei § 20 und keine nachträglichen AK seiner Beteiligung (BFH BStBl II 01, 668).

Full-Index-Link-Anleihe. Bei dieser ist sowohl die Rückzahlung als auch der Kapitalertrag unsicher, so dass kein Kapitalertrag iSv § 20 1 Nr 7 vorliegt (BFH v 11.7.06 VIII R 67/04, BB 07, 248).

Gleitzins-Schuldverschreibung. Bei dieser sind die Zinsen nach § 20 I Nr 7 stpfl. Zugrunde zu legen ist regelmäßig die Emissionskontrolle nach § 20 II 1 Nr 4 S 1d (BFH v 11.7.96 VIII R 67/04, BB 07, 248).

Gründungskosten. Im Zusammenhang mit der fehlgeschlagenen Gründung einer KapGes entstandene Beratungskosten können auch dann weder als WK bei den Einkünften aus KapVerm noch als Liquidationsverlust nach § 17 IV geltend gemacht werden, wenn eine wesentliche Beteiligung beabsichtigt war (BFH BStBl II 04, 597).

Halbeinkünfteverfahren s Aufteilung von WK.

Kontoführungsgebühren sind WK im Rahmen von § 20, soweit sie durch die Erzielung von Einkünften aus KapVerm veranlasst sind (BFH BStBl II 89, 352; FG Hbg EFG 96, 470). Bei einem gemischten Konto sind sie ggf anteilig abzusetzen (BFH BStBl II 97, 682; *K/S/M* § 9 Rn B 750 – Kontoführungsgebühren).

Kursverluste wegen Wertminderung von Wertpapieren sind keine WK und zwar auch dann nicht, wenn sie durch Ausgabe von Gratisaktien oder Bezugsrechten entstehen (*K/S/M* § 9 Rn B 750 – Kursverluste – mwN).

Nachträgliche WK s § 9 Rn 65.

Prozesskosten sind WK, wenn sie im Zusammenhang mit der Nutzung des KapVerm aufgewandt werden, wie zB bei einem Streit über die Höhe der Gewinnbeteiligung. Sie sind keine WK, wenn sie primär der Erlangung, Wahrung oder Rückgewinnung der Vermögenssubstanz dienen.

Refinanzierungszinsen. Bei Darlehensgewährung eines G'ters an seine Ges zu einem nicht marktüblichen Zinssatz, sind zur Refinanzierung des Darlehens gezahlte Schuldzinsen zu dem Bruchteil nicht als WK abziehbar, zu dem das Darlehen unentgeltlich gewährt worden ist.

Reisekosten stellen WK dar, wenn die Fahrten durch die Erzielung von Einnahmen aus einer Kapitalanlage veranlasst sind, zB eine Reise des Gläubigers zum Schuldner, um rückständige Zinsen einzutreiben, oder eine Fahrt zur Hauptversammlung, in der über Gewinnausschüttungen beschlossen wird. Keine WK sind Reisekosten im Zusammenhang mit dem Erwerb oder der Veräußerung einer Kapitalanlage. Erbringt ein wesentlich beteiligter G'ter einer GmbH an deren Sitz unentgeltlich Dienstleistungen für die GmbH, dann sind seine Aufwendungen für die Fahrten dorthin idR WK bei seinen Einkünften aus KapVerm und keine nachträglichen AK seiner Beteiligung (BFH/NV 01, 1175).

Reverse Floater. Reverse Floater haben zwar keine Emissionsrendite. Dennoch ist keine Marktrendite nach § 20 II 1 Nr 4 S 2 anzusetzen (BFH v 20.11.06 VIII R 79/02, BB 07, 426).

Schließfächer. Aufwendungen sind abzugsfähig, wenn ertragbringende Wertpapiere aufbewahrt werden.

Schuldzinsen sind nach dem Zweck der Schuldaufnahme zu beurteilen. Besteht dieser darin, Einkünfte aus KapVerm zu erzielen, so sind die Kreditkosten grds WK im Rahmen dieser Einkunftsart. Für die Bestimmung des Zwecks ist die Verwendung des Darlehensbetrags ausschlaggebend. Mit der erstmaligen Verwendung der Darlehensvaluta wird die Darlehensverbindlichkeit einem bestimmten Zweck unterstellt. Dieser Zweck besteht, sofern das Darlehen nicht vorher abgelöst wird, so lange fort, bis die Tätigkeit oder das Rechtsverhältnis iSd angesprochenen Einkunftsart endet (BFH BStBl II 97, 682, 684; BStBl II 98, 193, 197). Keine Veranlassung von Schuldzinsen durch die Einkunftserzielung besteht, wenn die Aufwendungen zur Ausnutzung von **Wertsteigerungen** im Vermögen gemacht werden. Lassen die objektiven Umstände erkennen, dass die einzelne Anlage auf Dauer nicht der Erzielung von Einnahmeüberschüssen dient (wegen des Verhältnisses von Ertrag und Zinsbelastung oder wegen der alsbaldigen Veräußerung), so bleiben Erträge und Ausgaben außer Ansatz (BFH BStBl II 82, 37, 40; BStBl II 86, 596; BStBl II 95, 697; BFH/NV 99, 1323; BStBl II 01, 698, 701). Besteht eine Überschusserzielungsabsicht, dh ist zu erwarten, dass auf Dauer die Zinseinnahmen die Zinsaufwendungen übersteigen, ist eine daneben bestehende Absicht zur Erreichung nicht steuerbarer Vermögensvorteile selbst dann unschädlich, wenn diese die stpfl Einnahmen übersteigen werden (BFH BStBl II 03, 937). Der wirtschaftliche **Zusammenhang von Schuldzinsen und Einnahmen** aus KapVerm entfällt, wenn die Kapitalanlage veräußert wird; denn die auf die Zeit nach der Veräußerung der Kapitalanlage entfallenden Schuldzinsen stellen die

Gegenleistung für die Überlassung von Kapital dar, das nicht mehr der Erzielung von Einnahmen aus KapVerm dient (BFH BStBl II 97, 724, 726; **aA** FG Saarl EFG 02, 1435). Wird der ursprüngliche Zweck eines Darlehens geändert, können die für das aufrechterhaltene Darlehen gezahlten Zinsen WK bei den Einkünften aus der damit finanzierten Kapitalanlage sein (BFH BStBl II 97, 682, 684; BStBl II 97, 454; BStBl II 95, 697, 698).

Steuern. Wie WK sind nach R 34c (2) EStR die nach § 34c II oder III abzuziehenden ausländischen Steuern zu berücksichtigen.

Telefonkosten sind WK, soweit sie durch Einkünfte aus KapVerm veranlasst sind.

Verluste eines typischen stillen G'ters sind als WK abziehbar. Verlustanteile eines Genussscheininhabers sind WK, wenn der Genussscheininhaber am laufenden Verlust beteiligt ist. Ist dies nicht der Fall, betreffen Verluste aus einer Kapitalherabsetzung die Vermögenssphäre (FG D'dorf v 23.2.99 – 17 K 6547/91 F nv; FG M'ster EFG 92, 16). Bürgschafts-, Beteiligungs- und Darlehensverluste sind Vermögensverluste und keine WK. Es kann sich ausnahmsweise um WK im Rahmen von § 19 handeln.

Vermögensverwaltungsgebühren. Werden für die Verwaltung des KapVerm Vermögensverwaltungsgebühren in Höhe eines bestimmten vH-Satzes des Vermögenswertes oder in Form eines pauschalen Festhonorars gezahlt, so ist nach einer Vfg der OFD D'dorf/M'ster ein WK-Abzug nicht möglich, wenn sich die Gebühr ausschließlich nach den nicht steuerbaren Wertsteigerungen des verwalteten Vermögens bemisst, und nur anteilig möglich, wenn der StPfl konkrete Weisungen erteilt hat, nach denen nicht die Realisierung von stpfl Erträgen im Vordergrund steht, sondern die Realisierung nicht steuerbarer Wertsteigerungen. Soweit mit der Vermögensverwaltungsgebühr auch Transaktionskosten (Provision, Spesen) abgegolten werden, seien Anschaffungsneben- und Veräußerungskosten gegeben. Nach Aussonderung der Anschaffungsneben- und Veräußerungskosten sollen die verbleibenden Aufwendungen auf die im Depot befindlichen ertraglosen und ertragbringenden Kapitalanlagen aufgeteilt werden. Aufwendungen im Zusammenhang mit ertraglosen Kapitalanlagen seien ggf nach § 23 zu berücksichtigen. Mit ertragbringenden Anlagen zusammenhängende Aufwendungen seien, sofern Einkünfte nach § 20 und nach § 23 erzielt würden, entspr aufzuteilen (OFD D'dorf/M'ster DB 04, 2450; so auch FG D'dorf, 9.1.07, 17 K 2300/04, EFG 07, 333; aA FG D'dorf EFG 07, 354). Nach der Rspr des BFH ist in den Fällen, in denen der StPfl eine einheitliche Gebühr dafür zahlt, dass seine Bank einen Depotbestand mit dem Ziel eines dauerhaften Anlageerfolgs betreut, darauf abzustellen, ob die Verwaltung überwiegend zur Realisierung von Wertsteigerungen durch An- und Verkauf dienen soll oder vorwiegend oder zumindest in gleicher Weise auf die Erzielung einer möglichst hohen Rendite gerichtet ist (BFH BStBl II 93, 832).

Versicherungsbeiträge sind nur ausnahmsweise WK (zB bei einer speziellen Diebstahlversicherung für ertragbringende, selbst verwaltete Wertpapiere). Eine Versicherung gegen Kursverluste betrifft die Vermögenssphäre, eine Lebensversicherung auch dann die private Lebensführung, wenn sie bei Finanzierung einer Kapitalanlage als Sicherheit gestellt wurde.

Verwaltungskosten, die mit Kapitalbeteiligungen in einem inneren Zusammenhang stehen, sind WK, zB Safemiete, Depot-, Büro-, Lohn- und Telefonkosten sowie Aufwendungen für die Anmahnung und Einziehung von Zinsen (*K/S/M* § 9 Rn B 735 mwN).

Vorfälligkeitsentschädigungen können nicht als WK im Zusammenhang mit den aus dem Veräußerungserlös finanzierten (neuen) Einkunftsquellen (zB Kapitalanlagen iSv § 20 I Nr 7) berücksichtigt werden. Sie sind als Veräußerungskosten dem Vorgang der Veräußerung zuzuordnen (BFH BStBl II 06, 265).

Wertminderungen oder ein Verlust des KapVerm bleiben, da bei den Einkünften aus KapVerm kein Vermögensvergleich vorzunehmen ist, unberücksichtigt. Dies gilt zB für die Wertminderung von Aktien durch die Ausgabe von Freianteilen, von festverzinslichen Forderungen in ausländischer Währung infolge von Kursverlusten, von Sparvermögen aufgrund allg Geldwertminderung und auch für Verluste durch Bankinsolvenz oder durch Konkurs einer GmbH.

Wirtschaftszeitungen. Aufwendungen zum Bezug von Zeitungen, die nur Informationen über Wertpapiere und Börsenkurse enthalten, werden als WK zum Abzug zugelassen, nicht dagegen Ausgaben für Tageszeitungen mit ausgedehntem Wirtschaftsteil (§ 9 Rn 327 „Bücher"; *K/S/M* § 9 Rn B 751 – Wirtschaftszeitungen; FG BaWü EFG 88, 461 – „Wirtschaftsbild"; FG D'dorf EFG 84, 228 – „Capital"; „Wirtschaftswoche"; FG BaWü EFG 97, 467 – „Handelsblatt").

IdF ab VZ 2009:

§ 20

(1) ¹Zu den Einkünften aus Kapitalvermögen gehören
1. *Gewinnanteile (Dividenden), Ausbeuten und sonstige Bezüge aus Aktien, Genussrechten, mit denen das Recht am Gewinn und Liquidationserlös einer Kapitalgesellschaft verbunden ist, aus Anteilen an Gesellschaften mit beschränkter Haftung, an Erwerbs- und Wirtschaftsgenossenschaften sowie an bergbautreibenden Vereinigungen, die die Rechte einer juristischen Person haben. ²Zu den sonstigen Bezügen gehören auch verdeckte Gewinnausschüttungen. ³Die Bezüge gehören nicht zu den Einnahmen, soweit sie aus Ausschüttungen einer Körperschaft stammen, für die Beträge aus dem steuerlichen Einlagekonto im Sinne des § 27 des Körperschaftsteuergesetzes als verwendet gelten. ⁴Als sonstige Bezüge gelten auch Einnahmen, die an Stelle der Bezüge im Sinne des Satzes 1 von einem anderen als dem Anteilseigner nach Absatz 5 bezogen werden, wenn die Aktien mit Dividendenberechtigung erworben, aber ohne Dividendenanspruch geliefert werden;*
2. *Bezüge, die nach der Auflösung einer Körperschaft oder Personenvereinigung im Sinne der Nummer 1 anfallen und die nicht in der Rückzahlung von Nennkapital bestehen; Nummer 1 Satz 3 gilt entsprechend. ²Gleiches gilt für Bezüge, die auf Grund einer Kapitalherabsetzung oder nach der Auflösung einer unbeschränkt steuerpflichtigen Körperschaft oder Personenvereinigung im Sinne der Nummer 1 anfallen und die als Gewinnausschüttung im Sinne des § 28 Abs. 2 Satz 2 und 4 des Körperschaftsteuergesetzes gelten;*
3. *(weggefallen)*
4. *Einnahmen aus der Beteiligung an einem Handelsgewerbe als stiller Gesellschafter und aus partiarischen Darlehen, es sei denn, dass der Gesellschafter oder Darlehensgeber als Mitunternehmer anzusehen ist. ²Auf Anteile des stillen Gesellschafters am Verlust des Betriebes sind § 15 Abs. 4 Satz 6 bis 8 und § 15a sinngemäß anzuwenden;*
5. *Zinsen aus Hypotheken und Grundschulden und Renten aus Rentenschulden. ²Bei Tilgungshypotheken und Tilgungsgrundschulden ist nur der Teil der Zahlungen anzusetzen, der als Zins auf den jeweiligen Kapitalrest entfällt;*
6. *der Unterschiedsbetrag zwischen der Versicherungsleistung und der Summe der auf sie entrichteten Beiträge (Erträge) im Erlebensfall oder bei Rückkauf des Vertrags bei Rentenversicherungen mit Kapitalwahlrecht, soweit nicht die lebenslange Rentenzahlung gewählt und erbracht wird, und bei Kapitalversicherungen mit Sparanteil, wenn der Vertrag nach dem 31. Dezember 2004 abgeschlossen worden ist. ²Wird die Versicherungsleistung nach Vollendung des 60. Lebensjahres des Steuerpflichtigen und nach Ablauf von zwölf Jahren seit dem Vertragsabschluss ausgezahlt, ist die Hälfte des Unterschiedsbetrags anzusetzen. ³Bei entgeltlichem Erwerb des Anspruchs auf die Versicherungsleistung treten die Anschaffungskosten an die Stelle der vor dem Erwerb entrichteten Beiträge. ⁴Die Sätze 1 bis 3 sind auf Erträge aus fondsgebundenen Lebensversicherungen, auf Erträge im Erlebensfall bei Rentenversicherungen ohne Kapitalwahlrecht, soweit keine lebenslange Rentenzahlung vereinbart und erbracht wird, und auf Erträge bei Rückkauf des Vertrages bei Rentenversicherungen ohne Kapitalwahlrecht entsprechend anzuwenden;*
7. *Erträge aus sonstigen Kapitalforderungen jeder Art, wenn die Rückzahlung des Kapitalvermögens oder ein Entgelt für die Überlassung des Kapitalvermögens zur Nutzung zugesagt oder geleistet worden ist, auch wenn die Höhe der Rückzahlung oder des Entgelts von einem ungewissen Ereignis abhängt. ²Dies gilt unabhängig von der Bezeichnung und der zivilrechtlichen Ausgestaltung der Kapitalanlage;*
8. *Diskontbeträge von Wechseln und Anweisungen einschließlich der Schatzwechsel;*
9. *Einnahmen aus Leistungen einer nicht von der Körperschaftsteuer befreiten Körperschaft, Personenvereinigung oder Vermögensmasse im Sinne des § 1 Abs. 1 Nr. 3 bis 5 des Körperschaftsteuergesetzes, die Gewinnausschüttungen im Sinne der Nummer 1 wirtschaftlich vergleichbar sind, soweit sie nicht bereits zu den Einnahmen im Sinne der Nummer 1 gehören; Nummer 1 Satz 2, 3 und Nummer 2 gelten entsprechend;*
10. *a) Leistungen eines nicht von der Körperschaftsteuer befreiten Betriebs gewerblicher Art im Sinne des § 4 des Körperschaftsteuergesetzes mit eigener Rechtspersönlichkeit, die zu mit Gewinnausschüttungen im Sinne der Nummer 1 Satz 1 wirtschaftlich vergleichbaren Einnahmen führen; Nummer 1 Satz 2, 3 und Nummer 2 gelten entsprechend;*

b) der nicht den Rücklagen zugeführte Gewinn und verdeckte Gewinnausschüttungen eines nicht von der Körperschaftsteuer befreiten Betriebs gewerblicher Art im Sinne des § 4 des Körperschaftsteuergesetzes ohne eigene Rechtspersönlichkeit, der den Gewinn durch Betriebsvermögensvergleich ermittelt oder Umsätze einschließlich der steuerfreien Umsätze, ausgenommen die Umsätze nach § 4 Nr. 8 bis 10 des Umsatzsteuergesetzes, von mehr als 350 000 Euro im Kalenderjahr oder einen Gewinn von mehr als 30 000 Euro im Wirtschaftsjahr hat, sowie der Gewinn im Sinne des § 22 Abs. 4 des Umwandlungssteuergesetzes. ²Die Auflösung der Rücklagen zu Zwecken außerhalb des Betriebs gewerblicher Art führt zu einem Gewinn im Sinne des Satzes 1; in Fällen der Einbringung nach dem Achten Teil des Umwandlungssteuergesetzes gelten die Rücklagen als aufgelöst. ³Bei dem Geschäft der Veranstaltung von Werbesendungen der inländischen öffentlich-rechtlichen Rundfunkanstalten gelten drei Viertel des Einkommens im Sinne des § 8 Abs. 1 Satz 2 des Körperschaftsteuergesetzes als Gewinn im Sinne des Satzes 1. ⁴Die Sätze 1 und 2 sind bei wirtschaftlichen Geschäftsbetrieben der von der Körperschaftsteuer befreiten Körperschaften, Personenvereinigungen oder Vermögensmassen entsprechend anzuwenden. ⁵Nummer 1 Satz 3 gilt entsprechend;

11. Stillhalterprämien, die für die Einräumung von Optionen vereinnahmt werden; schließt der Stillhalter ein Glattstellungsgeschäft ab, mindern sich die Einnahmen aus den Stillhalterprämien um die im Glattstellungsgeschäft gezahlten Prämien.

(2) ¹Zu den Einkünften aus Kapitalvermögen gehören auch

1. der Gewinn aus der Veräußerung von Anteilen an einer Körperschaft im Sinne des Absatzes 1 Nr. 1. ²Anteile an einer Körperschaft sind auch Genussrechte im Sinne des Absatzes 1 Nr. 1, den Anteilen im Sinne des Absatzes 1 Nr. 1 ähnliche Beteiligungen und Anwartschaften auf Anteile im Sinne des Absatzes 1 Nr. 1;
2. der Gewinn aus der Veräußerung
    a) von Dividendenscheinen und sonstigen Ansprüchen durch den Inhaber des Stammrechts, wenn die dazugehörigen Aktien oder sonstigen Anteile nicht mitveräußert werden. ²Diese Besteuerung tritt an die Stelle der Besteuerung nach Absatz 1;
    b) von Zinsscheinen und Zinsforderungen durch den Inhaber oder ehemaligen Inhaber der Schuldverschreibung, wenn die dazugehörigen Schuldverschreibungen nicht mitveräußert werden. ²Entsprechendes gilt für die Einlösung von Zinsscheinen und Zinsforderungen durch den ehemaligen Inhaber der Schuldverschreibung.
   ²Satz 1 gilt sinngemäß für die Einnahmen aus der Abtretung von Dividenden- oder Zinsansprüchen oder sonstigen Ansprüchen im Sinne des Satzes 1, wenn die dazugehörigen Anteilsrechte oder Schuldverschreibungen nicht in einzelnen Wertpapieren verbrieft sind. ³Satz 2 gilt auch bei der Abtretung von Zinsansprüchen aus Schuldbuchforderungen, die in ein öffentliches Schuldbuch eingetragen sind;
3. der Gewinn
    a) bei Termingeschäften, durch die der Steuerpflichtige einen Differenzausgleich oder einen durch den Wert einer veränderlichen Bezugsgröße bestimmten Geldbetrag oder Vorteil erlangt;
    b) aus der Veräußerung eines als Termingeschäft ausgestalteten Finanzinstruments;
4. der Gewinn aus der Veräußerung von Wirtschaftsgütern, die Erträge im Sinne des Absatzes 1 Nr. 4 erzielen;
5. der Gewinn aus der Übertragung von Rechten im Sinne des Absatzes 1 Nr. 5;
6. der Gewinn aus der Veräußerung von Ansprüchen auf eine Versicherungsleistung im Sinne des Absatzes 1 Nr. 6. ²Das Versicherungsunternehmen hat nach Kenntniserlangung von einer Veräußerung unverzüglich Mitteilung an das für den Steuerpflichtigen zuständige Finanzamt zu machen und auf Verlangen des Steuerpflichtigen eine Bescheinigung über die Höhe der entrichteten Beiträge im Zeitpunkt der Veräußerung zu erteilen;
7. der Gewinn aus der Veräußerung von sonstigen Kapitalforderungen jeder Art im Sinne des Absatzes 1 Nr. 7;
8. der Gewinn aus der Übertragung oder Aufgabe einer die Einnahmen im Sinne des Absatzes 1 Nr. 9 vermittelnden Rechtsposition.

²Als Veräußerung im Sinne des Satzes 1 gilt auch die Einlösung, Rückzahlung, Abtretung oder verdeckte Einlage in eine Kapitalgesellschaft; in den Fällen von Satz 1 Nr. 4 gilt auch die Vereinnah-

mung eines Auseinandersetzungsguthabens als Veräußerung. ³Die Anschaffung oder Veräußerung einer unmittelbaren oder mittelbaren Beteiligung an einer Personengesellschaft gilt als Anschaffung oder Veräußerung der anteiligen Wirtschaftsgüter.

(3) Zu den Einkünften aus Kapitalvermögen gehören auch besondere Entgelte oder Vorteile, die neben den in den Absätzen 1 und 2 bezeichneten Einnahmen oder an deren Stelle gewährt werden.

(4) ¹Gewinn im Sinne des Absatzes 2 ist der Unterschied zwischen den Einnahmen aus der Veräußerung nach Abzug der Aufwendungen, die im unmittelbaren sachlichen Zusammenhang mit dem Veräußerungsgeschäft stehen, und den Anschaffungskosten; bei nicht in Euro getätigten Geschäften sind die Einnahmen im Zeitpunkt der Veräußerung und die Anschaffungskosten im Zeitpunkt der Anschaffung in Euro umzurechnen. ²In den Fällen der verdeckten Einlage tritt an die Stelle der Einnahmen aus der Veräußerung der Wirtschaftsgüter ihr gemeiner Wert; der Gewinn ist für das Kalenderjahr der verdeckten Einlage anzusetzen. ³Ist ein Wirtschaftsgut im Sinne des Absatzes 2 in das Privatvermögen durch Entnahme oder Betriebsaufgabe überführt worden, tritt an die Stelle der Anschaffungskosten der nach § 6 Abs. 1 Nr. 4 oder § 16 Abs. 3 angesetzte Wert. ⁴In den Fällen des Absatzes 2 Satz 1 Nr. 6 gelten die entrichteten Beiträge im Sinne des Absatzes 1 Nr. 6 Satz 1 als Anschaffungskosten; ist ein entgeltlicher Erwerb vorausgegangen, gelten auch die nach dem Erwerb entrichteten Beiträge als Anschaffungskosten. ⁵Gewinn bei einem Termingeschäft ist der Differenzausgleich oder der durch den Wert einer veränderlichen Bezugsgröße bestimmte Geldbetrag oder Vorteil abzüglich der Aufwendungen, die im unmittelbaren sachlichen Zusammenhang mit dem Termingeschäft stehen. ⁶Bei unentgeltlichem Erwerb sind dem Einzelrechtsnachfolger für Zwecke dieser Vorschrift die Anschaffung, die Überführung des Wirtschaftsguts in das Privatvermögen, der Erwerb eines Rechts aus Termingeschäften oder die Beiträge im Sinne des Absatzes 1 Nr. 6 Satz 1 durch den Rechtsvorgänger zuzurechnen. ⁷Bei vertretbaren Wertpapieren, die einem Verwahrer zur Sammelverwahrung im Sinne des § 5 des Depotgesetzes in der Fassung der Bekanntmachung vom 11. Januar 1995 (BGBl. I S. 34), das zuletzt durch Artikel 4 des Gesetzes vom 5. April 2004 (BGBl. I S. 502) geändert worden ist, in der jeweils geltenden Fassung anvertraut worden sind, ist zu unterstellen, dass die zuerst angeschafften Wertpapiere zuerst veräußert wurden.

(5) ¹Einkünfte aus Kapitalvermögen im Sinne des Absatzes 1 Nr. 1 und 2 erzielt der Anteilseigner. ²Anteilseigner ist derjenige, dem nach § 39 der Abgabenordnung die Anteile an dem Kapitalvermögen im Sinne des Absatzes 1 Nr. 1 im Zeitpunkt des Gewinnverteilungsbeschlusses zuzurechnen sind. ³Sind einem Nießbraucher oder Pfandgläubiger die Einnahmen im Sinne des Absatzes 1 Nr. 1 oder 2 zuzurechnen, gilt er als Anteilseigner.

(6) ¹Verbleibende positive Einkünfte aus Kapitalvermögen sind nach der Verrechnung im Sinne des § 43a Abs. 3 zunächst mit Verlusten aus privaten Veräußerungsgeschäften nach Maßgabe des § 23 Abs. 3 Satz 9 und 10 zu verrechnen. ²Verluste aus Kapitalvermögen dürfen nicht mit Einkünften aus anderen Einkunftsarten ausgeglichen werden; sie dürfen auch nicht nach § 10d abgezogen werden. ³Die Verluste mindern jedoch die Einkünfte, die der Steuerpflichtige in den folgenden Veranlagungszeiträumen aus Kapitalvermögen erzielt. ⁴§ 10d Abs. 4 ist sinngemäß anzuwenden. ⁵Verluste aus Kapitalvermögen im Sinne des Absatzes 2 Satz 1 Nr. 1 Satz 1, die aus der Veräußerung von Aktien entstehen, dürfen nur mit Gewinnen aus Kapitalvermögen im Sinne des Absatzes 2 Satz 1 Nr. 1 Satz 1, die aus der Veräußerung von Aktien entstehen, ausgeglichen werden; die Sätze 3 und 4 gelten sinngemäß. ⁶Verluste aus Kapitalvermögen, die der Kapitalertragsteuer unterliegen, dürfen nur verrechnet werden oder mindern die Einkünfte, die der Steuerpflichtige in den folgenden Veranlagungszeiträumen aus Kapitalvermögen erzielt, wenn eine Bescheinigung im Sinne des § 43a Abs. 3 Satz 4 vorliegt.

(7) ¹§ 15b ist sinngemäß anzuwenden. ²Ein vorgefertigtes Konzept im Sinne des § 15b Abs. 2 Satz 2 liegt auch vor, wenn die positiven Einkünfte nicht der tariflichen Einkommensteuer unterliegen.

(8) Soweit Einkünfte der in den Absätzen 1, 2 und 3 bezeichneten Art zu den Einkünften aus Land- und Forstwirtschaft, aus Gewerbebetrieb, aus selbständiger Arbeit oder aus Vermietung und Verpachtung gehören, sind sie diesen Einkünften zuzurechnen.

(9) ¹Bei der Ermittlung der Einkünfte aus Kapitalvermögen ist als Werbungskosten ein Betrag von 801 Euro abzuziehen (Sparer-Pauschbetrag); der Abzug der tatsächlichen Werbungskosten ist

ausgeschlossen. ²*Ehegatten, die zusammen veranlagt werden, wird ein gemeinsamer Sparer-Pauschbetrag von 1602 Euro gewährt.* ³*Der gemeinsame Sparer-Pauschbetrag ist bei der Einkunftsermittlung bei jedem Ehegatten je zur Hälfte abzuziehen; sind die Kapitalerträge eines Ehegatten niedriger als 801 Euro, so ist der anteilige Sparer-Pauschbetrag insoweit, als er die Kapitalerträge dieses Ehegatten übersteigt, bei dem anderen Ehegatten abzuziehen.* ⁴*Der Sparer-Pauschbetrag und der gemeinsame Sparer-Pauschbetrag dürfen nicht höher sein als die um eine abzuziehende ausländische Steuer geminderten und nach Maßgabe des Absatzes 6 verrechneten Kapitalerträge.*

Übersicht

	Rn		Rn
A. Grundaussage der Neuregelung	500	II. Veräußerung von Dividenden- und Zinsscheinen (§ 20 II 1 Nr 2)	753
I. Regelungsgegenstand	500		
1. Ausdehnung des Katalogs in § 20 I	501	III. Termingeschäfte (§ 20 II 1 Nr 3)	759
2. Einbeziehung von Veräußerungsgewinnen (§ 20 II, IV)	502	IV. Veräußerung von WG mit Erträgen iSv § 20 I Nr 4 (§ 20 II 1 Nr 4)	765
3. Ausgleichsverbot (§ 20 VI)	516	V. Übertragung von Hypotheken, Grundschulden (§ 20 II 1 Nr 5)	768
4. Versagung des WK-Abzugs (§ 20 IX)	525		
II. Die Neuregelungen im systematischen Zusammenhang	538	VI. Veräußerung von Versicherungsanspr (§ 20 II 1 Nr 6)	771
1. Durchbrechung des Prinzips der Einheitssteuer (§ 2 V b)	538	VII. Veräußerung von sonstigen Kapitalforderungen (§ 20 II 1 Nr 7)	774
2. Teileinkünfteverfahren bei Beteiligungen im BV (§§ 3 Nr 40, 3c II)	546	VIII. Übertragung von Anteilen an einer Körperschaft iSv § 1 I Nr 3–5 KStG (§ 20 II 1 Nr 8)	787
3. Fortgeltung von § 17	551		
4. Die Anwendungsfälle von § 23 I Nr 2 S 2	564	IX. Definition des Veräußerungsbegriffs (§ 20 II 2)	790
5. Der Sondertarif nach § 32d	569	X. Veräußerung der Beteiligung an einer PersGes (§ 20 II 3)	796
a) Besteuerung von Scheinerträgen	574		
b) Die Steuersatzspreizung	579	**H. Einbeziehung von besonderen Entgelten und Vorteilen (§ 20 III)**	810
c) Die Vorbelastung bei Beteiligungserträgen	593	**I. Definition des Gewinns iSv § 20 II (§ 20 IV)**	813
d) Finanzierungsneutralität	611		
6. Abgeltung (§ 43 V)	614	I. Gewinn als Unterschiedsbetrag (§ 20 IV 1, 1. HS)	815
7. Steuerbescheinigung nach § 45a	626	II. Umrechnung in € (§ 20 IV 1, 2. HS)	827
8. Berechnung der Kirchensteuer (§ 51a II 2 c)	629	III. Der Minuend bei verdeckter Einlage (§ 20 IV 2)	830
9. Anwendungsregelung (§ 52a)	632	IV. Der Subtrahend bei vorheriger Entnahme oder Betriebsaufgabe (§ 20 IV 3)	833
a) Geltung der Neuregelungen des § 20	632		
b) Konsequenzen für Beteiligungserträge	657	V. Der Subtrahend in den Fällen des § 20 II 1 Nr 6 (§ 20 IV 4)	836
III. Das Gesetzgebungsverfahren	662	VI. Die Berechnung bei Termingeschäften (§ 20 IV 5)	839
B. Beteiligungserträge iSv § 20 I Nr 1, 2, 9, 10	665	VII. Der Subtrahend bei unentgeltlichem Erwerb (§ 20 IV 6)	845
I. Abgeltungsteuer	671		
II. Investmentfonds	681	VIII. Die Fifo-Methode bei Sammelverwahrung (§ 20 IV 7)	848
C. Erträge aus stiller Ges (§ 20 I Nr 4)	693	**J. Zurechnung von Beteiligungserträgen auf den Anteilseigner (§ 20 V)**	850
D. Erträge aus Grundpfandrechten, Versicherungen, Wechseln (§ 20 I Nr 5, 6, 8)	695	**K. Ausgleich, Verrechnung und Abzug von Verlusten (§ 20 VI)**	854
E. Sonstige Kapitalforderungen iSv § 20 I Nr 7	704	I. Ausgleich positiver Einkünfte aus KapVerm (§ 20 VI 1)	860
F. Stillhalterprämien (§ 20 I Nr 11)	714	II. Begrenzung des Verlustausgleichs und -abzugs auf die Einkunftsart (§ 20 VI 2–4)	879
G. Einbeziehung von Veräußerungsgewinnen (§ 20 II)	725		
I. Veräußerung von Beteiligungen (§ 20 II 1 Nr 1)	728	1. Verlustausgleichs- und Abzugsverbot (§ 20 VI 2)	881
1. Körperschaft iSv § 20 I Nr 1	731	2. Verlustvortragsgebot (§ 20 VI 3, 4)	883
2. Anteile an einer Körperschaft	734		
3. Veräußerungstatbestände	748		
4. Gewinn	751		

	Rn		Rn
III. Verluste aus privaten Veräußerungsgeschäften mit Aktien (§ 20 VI 5)	886	M. Sparer-Pauschbetrag und WK-Abzugsverbot (§ 20 IX)	896
IV. Bescheinigung iSv § 43a III 4 (§ 20 VI 6)	889	I. Pauschbetrag von 801 € und Abzugsverbot (§ 20 IX 1)	899
L. **Verhältnis zu anderen Einkunftsarten (§ 20 VIII)**	891	II. Gemeinsamer Sparer-Pauschbetrag bei Ehegatten (§ 20 IX 2–3)	900
I. Bedeutungswandel der Abgrenzung	891	III. Begrenzung des Sparer-Pauschbetrages (§ 20 IX 4)	901
II. Normenkonkurrenz bei Beteiligungserträgen	893		

Literatur: *Behrens* Neuregelung der Besteuerung der Einkünfte aus Kapitalvermögen ab 2009 nach dem Regierungsentwurf eines Unternehmenssteuerreformgesetzes vom 14.03.2007, BB 07, 1025; *ders* Abgeltungsteuer ab 2009 – Handlungsmöglichkeiten des Privatanlegers im Übergangszeitraum, DStR 07, 1998; *Englisch* Verfassungsrechtliche und steuersystematische Kritik der Abgeltungssteuer, StuW 07, 221; *Eckhoff* Abgeltungsteuer, FR 07, 989; *Fischer* Problemfelder bei der Abgeltungsteuer – ein Apell für Korrekturen noch vor 2009, DStR 07, 1898; *Geurtz* Die neue Abgeltungsteuer – Das Ende einer steuerinduzierten Kapitalanlage?, DStZ 07, 341; *Hahne* Unternehmenssteuerreform 2008: Neuregelungen für betriebliche Aktiengeschäfte, FR 07, 819; *Haisch* Besteuerung von Finanzprodukten unter der Abgeltungsteuer, DStZ 07, 762; *Hammer* Abgeltungsteuer und Investmentfonds, DStZ 07, 590; *Hey* Verletzung fundamentaler Besteuerungsprinzipien durch die Gegenfinanzierungsmaßnahmen des Unternehmensteuerreformgesetzes, BB 07, 1303; *Homburg* Die Abgeltungsteuer als Instrument der Unternehmensfinanzierung, DStR 07, 686; *Intemann* Einbeziehung von Dividenden in die Abgeltungsteuer verfassungswidrig?, BB 07, 1658; *Kirchhof* Einkommen aus Kapital, DStJG 30 (07), 1; *Kracht* Abgeltungsteuer 2009: Gezeitenwechsel für die künftige Geldanlage, GStB 07, 133; *Loos* Benachteiligung der Aktionäre/Gesellschafter mit Anteilen im Privatvermögen in der Unternehmensteuerreform, DB 07, 704; *Matthiesen* Anwendungsprobleme einer Abgeltungsteuer auf Zinserträge – Bedenken und Lösungsalternativen, FR 99, 248; *Melchior* Unternehmensteuerreform 2008 und Abgeltungsteuer, DStR 07, 1229; *Obermann/Brill/Füllbier* Die Neuregelung der ertragsteuerlichen Behandlung von Wertpapierleihgeschäften durch das UntStRefG 2008, BB 07, 1647; *Oho/Hagen/Lenz* Zur geplanten Einführung einer Abgeltungsteuer im Rahmen der Unternehmensteuerreform 2008, DB 07, 1322; *Ortmann-Babel/Zipfel* Unternehmensteuerreform 2008 Teil I: Gewerbesteuerliche Änderungen und Besteuerung von Kapitalgesellschaften und deren Anteilseignern, BB 07, 1869; *Paukstadt/Luckner* Die Abgeltungsteuer ab 2009 nach dem Regierungsentwurf zur Unternehmensteuerreform, DStR 07, 653; *Pflüger* Unternehmensteuerreform 2008: Erste Gestaltungsüberlegungen für die Praxis, GStB 07, 89; *Rädler* Die Schlechterstellung des inländischen Portfolioaktionärs nach dem Regierungsentwurf und die Reaktionsmöglichkeiten des Aktionärs, DB 07, 988; *Schick/Franz* Die Kapitalertragsteuerabzugspflicht von Versicherungsunternehmen nach Jahressteuergesetz 2007 und Unternehmensteuerreform 2008, BB 07, 1981; *Söhn* Der Dualismus der Einkunftsarten im geltenden Recht, DStJG 30 (07), 13; *ders* Die Abgeltungssteuer, Stbg 07, 313; *Watrin/Benhof* Besteuerung langfristiger privater Veräußerungsgewinne: Rechtliche Bedenken und Folgen für den Kapitalmarkt, DB 07, 233; *Wellisch/Machill/Gahl* Unternehmensteuerreform 2008, Einführung einer Abgeltungsteuer 2009 und deren Auswirkungen auf die Vorteilhaftigkeit von fondsgebundenen Lebensarbeitszeitkonten, DB 07, 1933; *Worgulla/Söffing* Gestaltungsmöglichkeiten und -pflichten bis zur bzw. nach der Einführung der Abgeltungsteuer auf Kapitalerträge, FR 07, 1005.

A. Grundaussage der Neuregelung

I. Regelungsgegenstand. *§ 20 ist durch das UntStRG 2008 grundlegend geändert worden. Es wurde der Besteuerungstatbestand erheblich erweitert, insbes auf Veräußerungsgewinne unabhängig von der Haltedauer der Anlage erstreckt, der Ausgleich von negativen Einkünften aus KapVerm mit Einkünften aus anderen Einkunftsarten ausgeschlossen und der WK-Abzug auf den Abzug eines Sparer-Pauschbetrages reduziert. In § 32d iVm § 43 V wurde für die von § 20 definierten Einkünfte eine proportionale Abgeltungsteuer von 25 % eingeführt und in §§ 3 Nr 40, 3c II für betriebliche Erträge das bisherige Halbeinkünfteverfahren zu einem Teileinkünfteverfahren umgeformt. Nach § 52a gilt die Neuregelung grds ab dem 31.12.08.* 500

1. Ausdehnung des Katalogs in § 20 I. *Nach § 20 I Nr 7 nF gehören auch laufende Einnahmen aus sonstigen Kapitalforderungen zu den Einnahmen aus KapVerm, bei denen nicht nur das Entgelt, sondern auch die Kapitalrückzahlung von einem ungewissen Ereignis abhängt. Bisher wurden Einkünfte aus KapVerm nur angenommen, wenn entweder die Rückzahlung des Kapitals oder ein Entgelt zugesagt war (§ 20 aF Rn 302). Erweitert wird der Katalog des § 20 I um § 20 I Nr 11. Es werden Stillhalterprämien, die für die Einräumung einer Option vereinnahmt werden, den Einkünften aus KapVerm zugerechnet.* 501

502 **2. Einbeziehung von Veräußerungsgewinnen (§ 20 II, IV).** *§ 20 II bezieht Gewinne aus der Veräußerung von KapVerm unabhängig von der Haltedauer in die Besteuerung ein. Die Neuregelung folgt weiterhin der Trennung von Gewinneinkünften (LuF, GewBetr, selbstständige Arbeit), die sich an der Reinvermögenszugangstheorie orientieren und von Überschusseinkünften (nichtselbstständige Arbeit, KapVerm, VuV, sonstige Einkünfte), die an der Quellentheorie ausgerichtet sind. § 2 II ordnet die Einkünfte aus KapVerm weiterhin den Überschusseinkünften zu. Das* **quellentheoretische Konzept** *wird allerdings eingeschränkt und der Dualismus der Einkunftsarten gemildert, indem nunmehr bei der Einkunftsart „Einkünfte aus KapVerm" Gewinne (und Verluste) aus der Veräußerung des Erwerbsvermögens erfasst werden. § 20 II, IV bezieht die Veräußerungserlöse ein, die zuvor (zum Teil) von § 23 erfasst wurden, und spricht im Rahmen der Überschusseinkünfte von einer Erfassung von „Gewinnen". Die Überschusseinkunftsart des § 20 ist den Gewinneinkünften angenähert.*[1]

503 *Der* **Dualismus** *der Einkunftsarten mit der Ausrichtung der Gewinneinkünfte an der Reinvermögenszugangstheorie und der Ausrichtung der Überschusseinkünfte an der Quellentheorie wurde vor allem im Hinblick auf die Nichterfassung von Gewinnen aus der Veräußerung der Vermögensgegenstände, die zur Erzielung von Einkünften eingesetzt werden (sog. Erwerbsvermögen), kritisiert.*[2] *§ 20 II nF begegnet dieser Kritik. Er erübrigt zugleich die – allerdings vom Gesetzgeber noch nicht aufgehobene – Regelung des § 17, die nach der Absenkung der Mindestbeteiligung auf 1 % nicht mehr zu überzeugen vermochte – zumal die Differenzierung, ob die Beteiligung 1 % oder weniger beträgt, unabhängig von der Größe der KapGes gilt. Die Neuregelung führt zu einer erheblichen Vereinfachung, da sie die schwierige Abgrenzung von laufenden Kapitalerträgen und Veräußerungsgewinnen bei* **Finanzinnovationen** *(§ 20 aF Rn 385 ff) entbehrlich macht. Außerdem besteuert § 20 II nunmehr Gewinne aus der Veräußerung von KapVerm unabhängig von der Haltedauer, während bisher die Veräußerung von KapVerm bei einer Haltedauer von nicht mehr als einem Jahr im Rahmen von* **§ 23** *erfasst wurde. Auch insoweit ist die Neuregelung als positiv zu bewerten, da § 23 systematisch und auch in der praktischen Handhabung unbefriedigend geworden war. Veräußerungsgewinne sollten nach § 23 nur ausnahmsweise bei atypisch kurzfristiger Umschichtung erfasst werden. Diese Differenzierung war bei Einkünften aus KapVerm nicht mehr realitätsgerecht und tragfähig, da KapVerm schneller als früher umgeschichtet wird. § 23 bot außerdem die Möglichkeit, Kursverluste innerhalb der Haltefrist zu realisieren, dieselben oder vergleichbare Aktien im Anschluss zu erwerben und nach Überschreiten der Haltedauer nicht steuerbare Veräußerungsgewinne zu realisieren.*

504 *Der Gesetzgeber hat es für das* **Erwerbsvermögen im Rahmen der Einkunftsart VuV** *allerdings dabei belassen, dass Veräußerungsgewinne nur bei einer Haltedauer von nicht mehr als 10 Jahren von § 23 erfasst werden. Dies ist systematisch unbefriedigend. Der Dualismus der Einkunftsarten bleibt ungemildert, und es ist die Differenzierung zw der Veräußerung von KapVerm und der Veräußerung von Erwerbsvermögen im Rahmen der Einkunftsart VuV nicht überzeugend. Allerdings kann der Gesetzgeber darauf verweisen, dass der Umschichtung des Erwerbsvermögens gegenüber der bloßen Fruchtziehung bei Vermietungsvermögen weniger Bedeutung zukommt als bei KapVerm. Es wurde bisher bei Einkünften aus KapVerm und Einkünften aus VuV nur die Fruchtziehung erfasst, die Gewinne aus der Veräußerung nur ausnahmsweise bei atypisch kurzfristiger (1 Jahr/10 Jahre) Umschichtung. Diese Differenzierung war bei Einkünften aus KapVerm nicht mehr realitätsgerecht und tragfähig (Rn 4). Bei VuV dagegen ist die Umschichtung gegenüber der bloßen Fruchtziehung nicht – vergleichbar der Situation bei KapVerm – in den Vordergrund getreten.*[3] *Hinzu kommt, dass bei der Besteuerung von Erlösen aus der Veräußerung von Grundbesitz kein Vollzugsdefizit besteht.*

505 *Veräußerungsgewinne werden – ebenso wie laufende Erträge aus KapVerm – nach § 32d mit dem Steuersatz von 25 % besteuert. Bei einem Wertpapiervermögen, das über Jahrzehnte gehalten wurde, trägt dieser relativ niedrige proportionale Sondertarif dem Problem des* **Progressionseffektes** *Rechnung, das sich durch die zusammengeballte Realisierung langjähriger Wertsteigerungen ergibt. Eine* **Inflationsbereinigung** *erfolgt allerdings – entspr der Besteuerung von Zinserträgen nach dem Nominalwertprinzip – nicht.*[4]

510 *Auch wenn Gewinne aus der Veräußerung von KapVerm im PV erfasst werden, besteht eine unterschiedliche Behandlung von* **KapVerm im PV und im BV** *fort. Laufende Erträge unterliegen im BV*

---

1 *Eckhoff* FR 07, 989 (990).
2 Ausf *Söhn* DStjG 30 (2007), 12 (21 ff mwN).
3 Vgl auch Gutachten der Steuerreformkommission 1971, Schriftenreihe des BMF, Heft 17, 84 f.
4 *Englisch* StuW 07, 221 (233 f).

eines Personenunternehmens einem progressiven ESt-Satz oder dem Thesaurierungssatz und Nachversteuerungssatz des § 34a, im PV der Abgeltungsteuer. Bei KapVerm im BV sind BA, zB in Form von Finanzierungszinsen, abzugsfähig, bei KapVerm im PV nur in Höhe des Sparer-Pauschbetrags. Kapitalanlagen können im BV steuerneutral (§§ 6 V, 6 b) umgeschichtet werden. Nur bei Kapitalanlagen im BV können Entnahmen zu einer Gewinnerhöhung führen und kann ein Wertverlust mit einer Teilwertabschreibung berücksichtigt werden. Veräußerungsgewinne unterliegen im BV der progressiven ESt bzw dem Steuersatz nach § 34a und können nach § 16 (mit-)begünstigt sein. Im PV gilt § 32d. Veräußerungsverluste können im BV horizontal und vertikal mit positiven Einkünften verrechnet werden, im PV nur mit positiven Einkünften aus KapVerm.

3. Ausgleichsverbot (§ 20 VI). § 20 VI 2 normiert ein Verbot des Ausgleichs von Verlusten aus KapVerm mit Einkünften aus anderen Einkunftsarten sowie ein Verbot des Abzugs nach § 10d. § 20 VI 3 ordnet die Minderung der Einkünfte an, die der StPfl in den folgenden VZ aus KapVerm erzielt. Es können zwar nunmehr Verluste aus der Veräußerung von KapVerm mit positiven laufenden Kapitalerträgen ausgeglichen werden. Es ist aber kein die Einkunftsart übergreifender Ausgleich und auch kein Verlustrücktrag möglich. Der Gesetzgeber verweist zur Begr auf den Sondertarif von 25 % für Einkünfte aus KapVerm und beruft sich damit auf eine Art von **Symmetrieprinzip**. Da die Einkünfte nur proportional niedrig besteuert werden, soll ihnen auch nur ein damit korrespondierendes Steuerminderungspotential zukommen.[1] Hierzu reichte es allerdings aus, wenn man die negativen Einkünfte aus KapVerm mit dem Steuersatz des § 32d multiplizierte und den sich ergebenden Betrag von der ESt-Schuld abzöge. Auch für den StPfl mit niedrigerem Grenzsteuersatz ist die Argumentation nicht stichhaltig.[2] Sachlich rechtfertigen lässt sich das Ausgleichsverbot des § 20 VI 2 allerdings mit dem Charakter der Abgeltungsteuer und dem ansonsten anfallenden erhöhten **Veranlagungsaufwand** und damit dem Gesichtspunkt der Vereinfachung. Zu berücksichtigen ist auch, dass es infolge des Werbungskostenabzugsverbots des § 20 IX bei laufenden Einnahmen aus KapVerm in der Regel (Ausnahme zB: § 20 I Nr 11l. Hs; negative Einnahmen etwa in Form von gezahlten Stückzinsen) nicht zu einem Verlust kommen wird, sondern ein Verlust aus der Veräußerung von KapVerm resultieren wird. Verluste aus der Veräußerung von KapVerm waren aber auch bisher nach § 23 nur eingeschränkt ausgleichs- und vortragsfähig. Es ist insoweit für den Verlustfall keine Verschlechterung eingetreten. Verluste sind auch bei Veräußerung innerhalb eines Jahres berücksichtigungsfähig und außerdem mit laufenden Einnahmen aus KapVerm ausgleichsfähig.

§ 20 VI 5 enthält zusätzlich eine **spezielle Verlustausgleichsbeschränkung für Verluste aus der Veräußerung von Aktien**. Zur Begr wird auf den Einbruch der Aktienkurse in den Jahren 2000 bis 2002 und die Auswirkungen auf das Steueraufkommen bei einer vergleichbaren Entwicklung verwiesen, wenn die Möglichkeit der Verrechnung mit anderen Einkünften aus KapVerm bestünde: Würde man zukünftig eine Verrechnung von Veräußerungsverlusten aus Aktien mit anderen Erträgen aus Kapitaleinkünften, insbes Zinsen und Dividenden, zulassen, bestünde die Gefahr, dass bei vergleichbaren Kursstürzen wie in den Jahren 2000 bis 2002 innerhalb kürzester Zeit Steuermindereinnahmen in Milliardenhöhe drohten.[3] Diese Verlustausgleichsbeschränkung ist mit dem Prinzip einer Besteuerung nach der wirtschaftlichen Leistungsfähigkeit nicht vereinbar. Sie führt zu einer Besteuerung der Gewinne in Zeiten des Kursanstiegs und zu einer endg Nichtberücksichtigung der erlittenen Verluste, wenn der StPfl aufgrund der erlittenen Verluste nicht mehr neu in Aktien investieren kann oder will. Auch die Ungleichbehandlung von Aktien einerseits und Aktienzertifikaten, Aktienfonds-Anteilen und Bezugsrechten auf Aktien andererseits ist sachlich nicht begründet.[4]

4. Versagung des WK-Abzugs (§ 20 IX). § 20 IX reduziert den WK-Abzug auf einen Sparer-Pauschbetrag von 801 € bzw 1 602 €. Er nimmt die tatsächlichen WK vom Abzug aus. Das Abzugsverbot betrifft nicht nur zB Vermögensverwaltungsgebühren, sondern vor allem die bei einer Fremdfinanzierung des Erwerbs anfallenden Schuldzinsen.[5] Das Abzugsverbot gilt im Rahmen der Abgeltungsteuer des § 32d. Es findet Anwendung, ohne dass die Möglichkeit besteht, zu einer Veranlagung zu optieren, um den WK-Abzug zu erreichen. Und es gilt auch im Fall der Option iSv § 32d VI, wenn ohnehin eine Veranlagung durchzuführen ist. Allerdings werden WK bei Veräußerungsvorgängen berücksichtigt, denn vom Veräußerungserlös sind nicht nur die AK (incl Anschaffungsnebenkosten), sondern auch

---

1 *Englisch* StuW 07, 221 (237).
2 *Loos* DB 07, 704 (705); vgl auch *Otto/Hagen/Lenz* DB 07, 1322 (1324).
3 BT-Drs 16/5491, 19.
4 Vgl allerdings: BT-Drs 16/5491, 19.
5 *Fischer* DStR 07, 1898.

die im unmittelbaren sachlichen Zusammenhang mit dem Veräußerungsgeschäft stehenden Aufwendungen abzuziehen. Ebenso sind nach wie vor Aufwendungen auf das KapVerm abziehbar, wenn dieses zum BV gehört.

529 Das Verbot des Abzugs der tatsächlichen WK missachtet das **Nettoprinzip**. Das EStR besteuert nach Maßgabe der wirtschaftlichen Leistungsfähigkeit. Ausdruck wirtschaftlicher Leistungsfähigkeit können aber nicht die erwirtschafteten Einnahmen sein, sondern nur der Nettobetrag, der Saldo der Einnahmen und der Aufwendungen zur Erzielung der Einnahmen. Das **BVerfG** hat es in seiner Entscheidung vom 27.06.91 allerdings als zulässig angesehen, die Kapitaleinkünfte mit einer definitiven Abgeltungsteuer zu belasten, die in einem linearen Satz den absetzbaren Aufwand und den Progressionssatz in Durchschnittswerten typisiert.[1] Nach der Rspr des BVerfG darf der Gesetzgeber zum Zweck der Vereinfachung generalisierende, typisierende und pauschalierende Regelungen treffen, ohne wegen der damit unvermeidlich verbundenen Härten gegen den allgemeinen Gleichheitssatz zu verstoßen.[2]

534 Der Gesetzgeber verweist darauf, dass der Sparer-Pauschbetrag bei typisierender Betrachtung eine hinreichende Berücksichtigung der WK in den unteren Einkommensgruppen gewährleiste, wohingegen die WK der oberen Einkommensgruppen durch den relativ niedrigen Proportionalsteuersatz von **25 % mit abgegolten** seien.[3] Der Gesetzgeber will eine Vereinfachung erreichen und eine Berücksichtigung der tatsächlichen WK im Rahmen einer Antragsveranlagung erübrigen.

Es wäre möglich gewesen, den **tatsächlichen Aufwand auch im Rahmen einer Abgeltungsteuer** zu berücksichtigen, da der Bank, welche die Abgeltungsteuer einbehält, die Depot-, Konto- und Vermögensverwaltungsgebühren bekannt sind und eine Fremdfinanzierung der Kapitalanlage regelmäßig auch über diese erfolgen wird. Es stellt jedoch keinen Verfassungsverstoß dar, wenn der Gesetzgeber eine derartige Sachverhaltsermittlung und -würdigung den Banken nicht zumutet. Bleiben die tatsächlichen WK aber im Rahmen des KapESt-Abzugs unberücksichtigt, können sie nicht im Rahmen einer – aus anderen Gründen zugelassenen – Veranlagung berücksichtigt werden.[4]

538 **II. Die Neuregelungen im systematischen Zusammenhang. – 1. Durchbrechung des Prinzips der Einheitsteuer (§ 2 V b).** § 2 III enthält eine Entscheidung für das Prinzip der Einheitsteuer und gegen ein Schedulensystem. § 2 I unterscheidet zwar verschiedene Einkunftsarten, § 2 III fasst diese jedoch zu einer „Summe der Einkünfte" zusammen und geht damit von einer prinzipiellen Gleichwertigkeit der Einkünfte der verschiedenen Einkunftsarten aus. Das EStG folgt trotz des Dualismus der Einkünfteermittlung und einkunftsartspezifischer Sondertatbestände dem Prinzip der Einheitsteuer. Das BVerfG hat wiederholt ausgeführt, dass das EStG belaste die in § 2, §§ 13 ff näher bestimmten Einkunftsarten grds gleich. Soweit das EStR mehrere Einkunftsarten unterscheide und daran auch unterschiedliche Rechtsfolgen knüpfe, müssten diese ihre Rechtfertigung in besonderen sachlichen Gründen finden. Allein die systematische Unterscheidung durch den Gesetzgeber könne die Ungleichbehandlung in der Rechtsfolge nicht rechtfertigen.[5]

542 § 2 V b bricht mit dem System der Einheitsteuer. Nach § 2 V b 1 sind, soweit Rechtsnormen des EStG an die in den Abs. I–IV definierten Begriffe (Einkünfte, Summe der Einkünfte, Gesamtbetrag der Einkünfte, Einkommen, zu versteuerndes Einkommen) anknüpfen, Kapitalerträge nach § 32d I und § 43 V nicht einzubeziehen. Es bleiben die Kapitalerträge, die nach § 32d I mit einem besonderen Steuersatz besteuert werden und der KapESt mit abgeltender Wirkung unterliegen, bei der Ermittlung der Einkünfte, der Summe der Einkünfte, des Einkommens und des zu versteuernden Einkommens unberücksichtigt. § 2 V b 1 verdeutlicht, dass die Besteuerung von Einkünften aus KapVerm ein Sondersystem (Schedule) bildet. § 2 V b 2 und § 2 V a rechnen die Kapitaleinkünfte lediglich für außersteuerliche, und einzelne steuerliche Zwecke wieder hinzu. Nach der Rspr des BVerfG ist eine Abgeltungsteuer als Besteuerungsform bei Einkünften aus KapVerm grds verfassungsrechtlich zulässig.[6] Es sind die einzelnen Elemente, welche die Abgeltungsteuer konkret ausmachen, aber gesondert zu hinterfragen.[7] Dabei

---

1 BVerfG v 27.06.91 – 2 BvR 1493/83, BVerfGE 84, 239 (282); **aA** *Hey* BB 07, 1303, 1308 (Gleichbehandlung von StPfl unterschiedlicher Leistungsfähigkeit nur durch Berücksichtigung der tatsächlichen WK).
2 BVerfG v 21.06.06 – 2 BvL 2/99, FR 06, 766 (768).
3 BT-Drs 220/07, 92.
4 **AA** *Behrens* BB 07, 1025 (1028).
5 BVerfG, BVerfGE 84, 348 (Freibetrag LSt-Karte); BVerfGE 96, 1 (Weihnachts-, ArbN-Freibetrag); BVerfGE 99, 88 (Verlustverrechnung § 22 Nr 3 S 3); BVerfGE 105, 73 (Rente; Pension); BVerfGE 116, 164 (§ 32c).
6 BVerfG, BVerfGE 84, 239.
7 *Eckhoff* FR 07, 989 (990).

muss sich das Gebot zur folgerichtigen Umsetzung einer einmal getroffenen Belastungsentscheidung allerdings mit dem Hinweis auf das geschaffene Sondersystem auseinandersetzen. Es ist zu fragen, ob der Gesetzgeber sich nicht darauf berufen kann, er habe sich innerhalb des Sondersystems für ein anderes Prinzip entschieden.[1]

2. Teileinkünfteverfahren bei Beteiligungen im BV (§§ 3 Nr 40, 3c II). Durch das UntStRG 08 ist der KSt-Satz von 25 % auf 15 % gesenkt worden. Der Gesetzgeber hat dieser Senkung des KSt-Satzes in den §§ 3 Nr 40, 3c II Rechnung getragen. Er hat es bei der prinzipiellen Berücksichtigung der Vorbelastung durch KSt und GewSt (von ca 29,83 %) bei der Besteuerung des Anteilseigners belassen, aber das Halbeinkünfteverfahren zu einem **Teileinkünfteverfahren** mit einer nur noch 40 %-Freistellung nach § 3 Nr 40 und einem korrespondierenden Abzugsverbot nach § 3c II modifiziert. Zugleich hat er die Befreiung auf Einkünfte aus Beteiligungen im BV und auf Gewinne aus der Veräußerung von Beteiligungen iSv § 17 eingeschränkt. Während Erträge aus Beteiligungen im BV und Veräußerungsgewinne iSv § 17 nach §§ 3 Nr 40, 3c II nach den Regeln des Teileinkünfteverfahrens behandelt werden, unterliegen Erträge aus Beteiligungen im PV mit Ausnahme von Veräußerungsgewinnen iSv § 17 der **Abgeltungsteuer.** Sie werden wie Zinsen besteuert, ohne dass der Vorbelastung auf Körperschaftsebene Rechnung getragen wird (hierzu Rn 593 ff). Für laufende Erträge aus Beteiligungen von mindestens 25 % oder mindestens 1 % und beruflicher Tätigkeit für die KapGes hat das JStG 08 in § 32d II Nr 3 eine **Option** zum Teileinkünfteverfahren normiert (hierzu Rn 607). 546

3. Fortgeltung von § 17. Das UntStRG hat trotz der Ausdehnung des § 20 auf Gewinne aus der Veräußerung von Beteiligungen § 17 **nicht aufgehoben**, so dass Gewinne aus der Veräußerung von Beteiligungen im BV nach § 3 Nr 40, 3c II behandelt werden, Gewinne aus der Veräußerung von Beteiligungen im PV in Höhe von mindestens 1 % nach § 17 iVm § 3 Nr 40, 3c II erfasst werden (mit Freibetrag nach § 17 Abs 3; Verlustausgleich) und Gewinne aus der Veräußerung von Beteiligungen von weniger als 1 % der Abgeltungsteuer unterliegen (Sondertarif; Verlustausgleichsbeschränkung). 551

Diese Ungleichbehandlung von Beteiligungen von 1 % und mehr einerseits und Beteiligungen von weniger als 1 % ist sachlich nicht begründet.[2] Es ist nicht plausibel, warum bei einem Anteil von 1 % oder mehr für Veräußerungsgewinne (und -verluste) das Teileinkünfteverfahren gelten soll und bei einem Anteil von weniger als 1 % Abgeltungsteuer erhoben wird. In der Vergangenheit konnte als Begründung dafür, dass § 17 eine Mindestbeteiligung voraussetzte, noch auf die Schwierigkeiten verwiesen werden, Veräußerungsgewinne bei Streubesitz zu besteuern. Dieses Argument ist aber mit Einführung der Abgeltungsteuer hinfällig geworden. Der Gesetzgeber dürfte § 17 nur deshalb nicht aufgehoben haben, weil nach dem gesetzgeberischen Konzept die Abgeltungsteuer nur für nach dem 31.12.08 erworbene Beteiligungen gilt, die Übertragung dieses Grundsatzes auf die von § 17 erfassten Fälle hier aber zu einer erheblichen **Steuerentlastung** von Großvermögen geführt hätte. Derartige Übergangsprobleme können es aber nicht rechtfertigen, § 17 auf Dauer fortzuführen. 556

Das JStG 08 hat in § 32d II Nr 3 nachträglich eine Veranlagungsoption eingeführt. Danach kann für die Besteuerung von laufenden Erträgen aus der Beteiligung an einer KapGes zum Teileinkünfteverfahren optiert werden, wenn die Beteiligung mindestens 25 % beträgt oder mindestens 1 % und der Beteiligte für die KapGes beruflich tätig ist (vgl iE Rn 607). Auch im Hinblick auf diese Neuregelung erscheint die Fortführung von § 17 nicht gerechtfertigt. § 17 und § 32d II Nr 3 sind weder in ihren Voraussetzungen noch in ihren Rechtsfolgen aufeinander abgestimmt. Der Grund für die Einführung von § 32d II Nr 3, die Möglichkeit zum Abzug von Fremdfinanzierungszinsen zu eröffnen, trifft für § 17 nicht zu. Außerdem lässt sich schon deshalb keine Rechtfertigung für § 17 aus § 32d II Nr 3 ableiten, weil diese Vorschrift selbst auf erhebliche Bedenken trifft (Rn 607). 560

4. Die Anwendungsfälle von § 23 I Nr 2 S 2. § 23 wurde durch das UntStRG neu gefasst. Es wurde in § 23 I Nr 1 die Besteuerung von Veräußerungsgeschäften bei Grundstücken bei einer Haltedauer von nicht mehr als 10 Jahren beibehalten. Ebenso werden Veräußerungsgeschäfte bei anderen WG weiterhin von § 23 I Nr 2 erfasst; es geht aber die Erfassung von Gewinnen aus der Veräußerung von KapVerm durch § 20 II, IV gem § 22 II nF der Besteuerung nach § 23 I Nr 2 vor. § 23 I Nr 1 ist damit auf Gewinne aus der Veräußerung von KapVerm weiter anwendbar, wenn § 20 II, IV nicht greift, weil das KapVerm vor dem 31.12.08 erworben wurde, die Veräußerung aber innerhalb eines Jahres erfolgt. 564

---

1 *Hey* BB 07, 1303, 1308. 2 *Watrin/Benhof* DB 07, 234.

569 **5. Der Sondertarif nach § 32d.** In *§ 32d I wird durch das UntStRG ein gesonderter Steuertarif von 25 % für Einkünfte aus KapVerm normiert. Es wird nach § 43 V eine KapESt von 25 % mit Abgeltungswirkung erhoben, aber auch in Fällen, in denen stpfl Kapitalerträge nicht der KapESt unterlegen haben, im Rahmen der Veranlagung der Steuersatz von 25 % angewandt (§ 32d III). Der gesonderte Steuertarif gilt nicht in den von § 32d II geregelten Ausnahmefällen (bei Einkünften iSv § 20 I Nr 4 und 7; bei nahestehenden Personen; Beteiligungen von mindestens 10 %; Back-to-back-Finanzierungen; bei typischerweise unternehmerischen Beteiligungen; Kapitalerträgen iSv § 20 I Nr 6 S 2, die zur Hälfte befreit sind) und findet nach § 32d VI keine Anwendung, wenn die tarifliche ESt günstiger ist.*

574 **a) Besteuerung von Scheinerträgen.** *Der proportionale Steuersatz von 25 % wird* **als zu hoch kritisiert***, weil nicht berücksichtigt werde, dass ein Teil der Erträge nur Scheinerträge seien. Bei einem Marktzinssatz von 4 % und einer Inflationsrate von 2 % bedeute eine Steuer von 25 % wirtschaftlich eine Teilhabe des Staates an der Vermögensmehrung zu 50 %. Außerdem sei eine Steuer von 25 % kein Anreiz für eine Rückführung von Kapital aus dem Ausland. Dem lässt sich allerdings entgegenhalten, dass ein niedrigerer Steuersatz zu einer noch größeren Spreizung zu den Steuersätzen anderer Einkunftsarten geführt hätte.*

579 **b) Die Steuersatzspreizung.** *Bedenken gegen den Sondertarif bestehen nicht, weil er zu hoch ist, sondern weil sich durch den Sondertarif ein Abstand von 20 Prozentpunkten zw dem Sondertarif und dem progressiven Höchstsatz ergibt. Die Besteuerung von Einkünften aus KapVerm mit einem* **Proportionalsteuersatz von 25 %** *einerseits und die Besteuerung von Einkünften anderer Einkunftsarten, insbes von Einkünften aus nichtselbstständiger Arbeit, mit einem* **Höchstsatz von 45 %** *bedeutet eine sachlich nicht gerechtfertigte Ungleichbehandlung. Wer als ArbN ein Unternehmen erfolgreich leitet und entspr hohe Einkünfte aus nichtselbstständiger Arbeit erzielt, zahlt 45 % Steuern, wer dem Unternehmen das Kapital zur Verfügung stellt, zahlt 25 % Steuern.*[1]

584 *Von dem niedrigen Steuertarif soll eine* **Anreizwirkung** *zur Versteuerung von privaten Kapitaleinkünften in Deutschland ausgehen: Es soll der Kapitalabfluss ins Ausland gebremst und ins Ausland verlagertes Kapital nach Deutschland zurückverlagert werden. Dieser Gesichtspunkt erscheint als sachlicher Grund allerdings nicht ausreichend, einen Steuersatzunterschied von 20 Prozentpunkten zu rechtfertigen. Denn auch mit 25 % liegt die Steuerbelastung über der Quellensteuerbelastung in anderen Staaten. Außerdem fehlt es an einer Steueramnestieregelung, die den Anstoß zur Rückverlagerung geben könnte.*[2] *Die Abgeltungsteuer ist auf das Lenkungsziel, Kapital im Inland zu halten, nicht ausgerichtet.*[3] *Hinzu kommt, dass mit der Zinsrichtlinie auf europäischer Ebene gerade Maßnahmen eingeleitet waren, um der Verlagerung von Kapital ins Ausland zu begegnen. Immerhin ist der BFH der Auffassung, dass kein strukturelles Erhebungsdefizit mehr bestehe.*[4]

589 *Das BVerfG hat in seiner Entscheidung vom 27.06.91 dem Gesetzgeber das Recht zugebilligt, Erträge aus Finanzkapital abgeltend an der Quelle zu besteuern und dabei in einem linearen Satz den* **absetzbaren Aufwand und den Progressionssatz in Durchschnittswerten zu typisieren.**[5] *Diesen Anforderungen genügt § 32d allerdings nicht. Der Sondersteuersatz kann nicht als Typisierung des durchschnittlichen Progressionssatzes sämtlicher privater Kapitalanlagen verstanden werden. Denn diejenigen, bei denen die Durchschnittsbelastung nach dem regulären Tarif unter dem Sondersteuersatz liegt, werden nach § 32d VI zur Veranlagung optieren.*[6]

593 **c) Die Vorbelastung bei Beteiligungserträgen.** *Der Sondertarif des § 32d I von 25 % gilt für Beteiligungserträge und Zinsen. Während der Gesetzgeber der Vorbelastung von Beteiligungserträgen durch KSt und GewSt bei Erträgen aus Beteiligungen im BV mit §§ 3 Nr 40, 3c II Rechnung trägt, unterwirft er private Beteiligungserträge in gleicher Weise der Abgeltungsteuer wie Zinsen. Der Gesetzgeber folgt einmal dem Einheits- und einmal dem Trennungsprinzip. Es liegt eine sachlich nicht gerechtfertigte* **Ungleichbehandlung von Erträgen aus einer Beteiligung im BV und Erträgen aus einer Beteiligung im PV** *vor.*[7]

598 *Es lässt sich nicht darauf verweisen, dass bei privaten Beteiligungserträgen der Sondertarif des § 32d nach Art eines* **pauschalen Teilsatzverfahrens** *der Vorbelastung durch KSt und GewSt Rechnung*

---

1 *Kirchhof* DStjG 30 (2006), 1 (10).
2 *Englisch* StuW 07, 221 (225 f); *Lang* BB 06, 1769 (1773).
3 *Kirchhof* DStjG 30 (2006), 1 (10).
4 BFH v 7.9.05 VIII R 90/04, BFH/NV 06, 173.
5 BVerfG v 27.6.1991, 2 BvR 1493/89, BVerfGE 84, 239.
6 *Englisch* StuW 07, 221 (227).
7 *Intemann* DB 07, 1658; *Loos* DB 07, 704; vgl auch *Rädler* DB 07, 968; *Englisch* StuW 07, 221 (230 f).

trage.¹ Zwar entspricht der Steuersatz des § 32d von 25 % ungefähr der Belastung von betrieblichen Erträgen im Rahmen des Teileinkünfteverfahrens, wenn man – wie im Halbeinkünfteverfahren – einen Steuersatz von 40 % oder 42 % unterstellt (100–40 = 60 × 40 % = 24 oder 60 × 42 % = 25,2). Eine derartige Berücksichtigung der Vorbelastung war jedoch vom Gesetzgeber nicht gewollt, es fehlte dann jegliche Rechtfertigung für die Gleichbehandlung von Beteiligungserträgen und Zinsen und die Begr für das WK-Abzugsverbot des § 20 IX (Berücksichtigung der Aufwendungen durch den niedrigen Sondertarif) wäre nicht mehr tragfähig. Es erfolgt bei Beteiligungserträgen eine Belastung durch KSt, GewSt und Abgeltungsteuer von rund 48,74 % ohne WK-Abzug oder pauschale Berücksichtigung der WK.

Es wäre sachgerecht, die Abgeltungsteuer bei Dividenden auf 15 % zu senken und so zugleich inländische und ausländische (DBA-berechtigte) nat Pers als Aktionäre gleichzustellen.² **602**

Das JStG 08 hat nachträglich in **§ 32d II Nr 3 eine Veranlagungsoption** zum Teileinkünfteverfahren eingeführt. Stpfl, die zu mindestens 25 % an einer KapGes beteiligt sind, oder zu mindestens 1 % beteiligt sind und für diese beruflich tätig sind, können ihre laufenden Beteiligungserträge dem progressiven Steuersatz unter Anwendung des Teileinkünfteverfahrens unterwerfen. Gleichzeitig finden § 20 VI und IX keine Anwendung. Es soll berücksichtigt werden, dass bei bestimmten Sachverhaltsgestaltungen der Anteilserwerb nicht als bloße Kapitalanlage, sondern aus einem unternehmerischen Interesse erfolge.³ Der Gesetzgeber lässt die prinzipielle Ungleichbehandlung von Beteiligungserträgen einmal nach den Regeln des Teileinkünfteverfahrens und zum anderen nach den Regeln der Abgeltungsteuer fortbestehen, vermeidet aber eine Benachteiligung in den in § 32d II Nr 3 geregelten Fällen. Es ergibt sich damit ein äußerst kompliziertes System für die Behandlung von Beteiligungserträgen. Bei Beteiligungen im BV gilt das Teileinkünfteverfahren. Bei Beteiligungen im PV ist zw laufenden Beteiligungserträgen und Veräußerungsgewinnen zu unterscheiden. Veräußerungsgewinne unterliegen nach § 17 iVm §§ 3 Nr 40, 3c II dem Teileinkünfteverfahren, wenn der Anteil mindestens 1 % beträgt, sonst der Abgeltungsteuer (§ 3 Nr 40 Satz 2). Laufende Erträge unterliegen der Abgeltungsteuer. Der Anteileigner kann aber nach § 32d II Nr 3 zum Teileinkünfteverfahren optieren, wenn die Beteiligung mindestens 25 % beträgt oder mindestens 1 % und der Stpfl für die KapGes beruflich tätig ist. Das Wahlrecht des § 32d II Nr 3 steht auch im Widerspruch zum Grundsatz der Tatbestandsmäßigkeit der Besteuerung (§ 3 Abs 1 AO). Außerdem sind § 17 und § 32d II Nr 3 in ihren Voraussetzungen und in ihrer Rechtsfolge nicht aufeinander abgestimmt. Während § 17 eine Beteiligung von 1 % ausreichen lässt, um einen Veräußerungsgewinn als gewerblich zu qualifizieren, nimmt § 32d II Nr 3 nur bei einer Beteiligung von 25 % oder zumindest 1 %, aber zusätzlicher Tätigkeit für die KapGes eine Beteiligung „aus einem unternehmerischen Interesse" an. Hinzu kommt, dass das Argument der mit der Abgeltungsteuer zu erreichenden Vereinfachung durch Vermeidung von Veranlagungsfällen um so mehr an Gewicht verliert, je mehr Ausnahmen in Richtung auf eine Veranlagung zugelassen werden.⁴ **607**

d) Finanzierungsneutralität. Der proportionale Steuersatz von 25 % auf Darlehenszinsen gegenüber dem progressiven ESt-Satz auf Unternehmensgewinne begünstigt die Fremdfinanzierung von Unternehmen gegenüber der Finanzierung mit Eigenkapital sowie die Entnahme von Gewinnen. Er widerspricht dem **Grundsatz der Finanzierungsneutralität.** Wer ein Einzelunternehmen oder einen MU'anteil erwerben will, wird hierzu Fremd- und nicht Eigenkapital einsetzen. Bei einem Grenzsteuersatz von 45 % zzgl SolZ senken die Finanzierungszinsen die Belastung in Höhe von 47,5 %. Demgegenüber unterliegen die Zinsen aus den nicht eingesetzten Eigenmitteln der Abgeltungsteuer und dem SolZ in Höhe von 26,4 % (außerdem werden die Schuldzinsen zu einem Viertel dem Gewerbeertrag hinzugerechnet, wenn der Freibetrag von 100 000 € überschritten wird).⁵ Ebenso ist es idR günstiger, bei Personenunternehmen den Gewinn zu entnehmen und nicht im Unternehmen zu belassen. § 34a führt zwar mit dem Thesaurierungssatz von 28,25 % und einer effektiven Belastung von 36,16 %, (wenn der Unternehmer kein privates Geld zuschießt) zunächst dazu, dass bei einer Thesaurierung der Nettowert der Rücklage 63,84 beträgt, während bei einer Entnahme beim progressiven Höchststeuersatz nur 52,56 zur Verfügung stehen.⁶ Es erfolgt jedoch nicht nur bei späterer Entnahme eine Nachversteuerung. Es werden die Erträge aus den entnommenen Gewinnen im PV mit der Abgeltung- **611**

---

1 In diesem Sinne: *Eckhoff* FR 07, 989 (990, 996).
2 *Rädler* DB 07, 968 (990).
3 BT-Drs 16/7036, 20.
4 *Lang* BB 06, 1769 (1773).
5 *Homburg* DStR 07, 686 (687).
6 *Rödder* DStR 07, Beihefter zu Heft 40, 4.

steuer auch geringer besteuert als die Erträge aus den einbehaltenen Gewinnen im BV.[1] Im Unternehmen eingesetztes Risikokapital wird steuerlich schlechter behandelt als abgeltungsteuerprivilegiertes Fremdkapital.

614   6. Abgeltung (§ 43 V). Nach § 43 V ist für Kapitalerträge iSd § 20, die der KapESt unterlegen haben, die ESt mit dem Steuerabzug abgegolten (soweit nicht der Gläubiger nach § 44 I 7–9 und V in Anspr genommen werden kann). Dies gilt nicht in den Fällen des § 32d II und für Kapitalerträge im Rahmen anderer Einkunftsarten. Nach § 32d III 1 ist eine Veranlagung zum pauschalen Steuersatz für Kapitalerträge durchzuführen, die nicht der KapESt unterlegen haben. § 32d IV sieht eine Veranlagungsoption zum pauschalen Steuersatz vor, wenn bestimmte für den StPfl günstige Umstände nicht oder nicht ausreichend berücksichtigt wurden. § 32d VI regelt eine Veranlagungsoption zum individuellen Steuersatz, wenn der persönliche Grenzsteuersatz günstiger ist.[2]

617   Das BVerfG hat in seinem Urteil zur Zinsbesteuerung vom 27.06.91 für den Fall, dass die Festsetzung einer Steuer von der Erklärung des Steuerschuldners abhängt, eine Ergänzung des im Veranlagungsverfahren geltenden Deklarationsprinzips durch das Verifikationsprinzip verlangt. Alternativ hat das BVerfG zugelassen, dass der Gesetzgeber im Rahmen seines Einschätzungsspielraums alle Kapitaleinkünfte – unabhängig von ihrer Anlageform und buchungstechnischen Erfassung – an der Quelle besteuert und mit einer – definitiven – Abgeltungsteuer belastet, die in einem linearen Satz den absetzbaren Aufwand und den Progressionssatz in Durchschnittswerten typisiert.[3] Entspr hat das BVerfG in seiner Entscheidung zur Besteuerung von privaten Spekulationsgeschäften ausgeführt, für den Fall, dass ein gleichheitsgerechter Vollzug einer materiellen Steuernorm nicht ohne übermäßige, insbes unzumutbare Mitwirkungsbeiträge der StPfl zur Sachverhaltsaufklärung möglich sei, müsse der Gesetzgeber zur Vermeidung einer durch entspr Ermittlungsbeschränkungen bedingten prinzipiellen Belastungsungleichheit auf die Erhebungsart der Quellensteuer ausweichen.[4] Selbst wenn zwischenzeitlich kein strukturelles Erhebungsdefizit mehr bestehen sollte[5], ist der Gesetzgeber nicht gehindert, die Alternative „Abgeltungsteuer" für Einkünfte aus KapVerm zu wählen, um in pauschalierter Form die Besteuerung zu vereinfachen, mehr steuerliche Gleichbehandlung zu verwirklichen, ein strukturelles Erhebungsdefizit auszuschließen und den Abruf von Konteninformationen entbehrlich zu machen. Die Abgeltungsteuer ist eine **vom BVerfG ausdrücklich zugelassene Besteuerungsform**. Das BVerfG sieht den Verstoß gegen eine einheitliche Besteuerung des Gesamteinkommens nach der finanziellen Leistungsfähigkeit als sachlich gerechtfertigt an.[6]

621   Es wurden bisher schon bei Einkünften aus KapVerm und Einkünften aus nichtselbstständiger Arbeit Vorauszahlungen auf die ESt an der Quelle, bei der Auszahlung des Arbeitslohns und von Kapitalerträgen, erhoben und hierzu Private herangezogen. Mit der Abgeltungsteuer verändert dieser Steuereinbehalt seine Rechtsqualität. Während der Einbehalt bisher nur als Vorauszahlung auf die vom FA festzusetzende ESt erfolgte, setzt nunmehr der Private die ESt endgültig fest. Der Bezieher von Einkünften von KapVerm wird sich mit Einwendungen gegen die Steuererhebung nicht mehr an das FA, sondern seine Bank wenden (vgl allerdings die Möglichkeit eines Antrags auf Veranlagung zur Überprüfung des Steuereinbehalts nach § 32d IV und das Prüfungsrecht nach § 50b).

623   Die Abgeltungsteuer wird zu einer Vereinfachung führen. Allerdings wird die Arbeit zum Teil nur auf die zur Erhebung der Abgeltungsteuer Verpflichteten verlagert. Es wird in einer Reihe von Fällen weiterhin eine Veranlagung erfolgen müssen (§ 32d II–VI). Es gilt im Hinblick auf den Sparerpauschbetrag das Verfahren des Freistellungsauftrags nach § 44a I Nr 11, II Nr 1 fort. Außerdem werden beschränkt Stpfl weiterhin nach § 50d I eine Erstattung beantragen. Hinzu kommt, dass die Abgeltungsteuer zu einer Verkomplizierung des Steuerrechts führen wird, da der Sondertarif von 25 % einen Anreiz bietet, Fremdkapital aufzunehmen, die Fremdkapitalzinsen mit einer Auswirkung von 45 % abzusetzen und die Zinsen auf die Eigenmittel mit nur 25 % zu versteuern (vgl bereits die Regelung in § 32d II).

626   7. Steuerbescheinigung nach § 45a. Die Regelung über die Ausstellung einer Jahressteuerbescheinigung in § 24c wurde aufgehoben. § 45a II und III wurden neu gefasst und sehen eine Steuerbescheinigung nach amtlich vorgeschriebenem Muster vor, welche die für eine Veranlagung bzw für eine Korrektur der Abgeltungsteuer erforderlichen Daten enthält.

---

1 *Homburg* DStR 07, 686 (688).
2 *Paukstadt/Luckner* DStR 07, 653 (656).
3 BVerfG v 27.6.91 – 2 BvR 1493/89, BVerfGE 84, 239 (282).
4 BVerfG v 09.3.04 – 2 BvL 17/02, BVerfGE 1010, 94 (113 f).
5 So BFH v 7.9.05, VIII R 90/04, BFH/NV 2006, 173.
6 *Söhn* DStJG 30 (2007), S 13 (33).

8. Berechnung der Kirchensteuer (§ 51a II 2 c). *Für die Kirchensteuer wird ein Wahlrecht eingeräumt.* 629
Der StPfl kann die Kirchensteuer als Kirchensteuerabzug durch die Banken einbehalten oder sie vom zuständigen FA veranlagen lassen (§ 51a II c 1). Bei einem Abzug durch die Bank scheidet nach § 10 I Nr 4 ein Abzug als SA aus. Es wird die Abziehbarkeit nach § 32 I 3 – 5 pauschal berücksichtigt.

9. Anwendungsregelung (§ 52a). – a) Geltung der Neuregelungen des § 20. *Nach § 52a VIII ist* ***§ 20*** 632
I Nr 7 *in der Neufassung erstmals auf Kapitalerträge anzuwenden, die nach dem 31.12.08 zufließen. Es kommt insoweit nur auf den Zeitpunkt des Zuflusses an, nicht darauf, ob die Kapitalanlage vor oder nach dem Jahreswechsel 08/09 angeschafft wurde. Kapitalerträge aus Zerobonds, Bundesschatzbriefen Typ B oder Finanzierungsschätzen des Bundes, die erst 09 zufließen, unterliegen der Abgeltungsteuer. Allerdings gelten besondere Regelungen nach § 52a X 6–8 für die zeitliche Anwendung der korrespondierenden Regelung über die Veräußerungsgewinnbesteuerung in § 20 II 1 Nr 7.*

§ 20 I Nr 11 ist nach § 52a IX erstmals auf nach dem 31.12.08 zufließende Stillhalterprämien anzuwenden. 635

Die Regelung über die Besteuerung von Gewinnen aus der Veräußerung von Beteiligungen in ***§ 20 II*** 638
1 Nr 1 *ist nach § 52a X 1 erstmals auf Gewinne aus der Veräußerung von Anteilen anzuwenden, die nach dem 31.12.08 erworben werden. Bei Wertpapieren in Sammelverwahrung stellt § 20 IV 7 mit der Anordnung der Fifo-Methode sicher, dass vor dem 01.01.09 erworbene Anteile bei Veräußerung nach einjähriger Haltedauer nicht der Besteuerung unterliegen.*

Nach § 52a X 2 ist ***§ 20 II 1 Nr 2*** *für die Fälle der Veräußerung von Dividenden- und Zinsscheinen* 641
erstmals auf Veräußerungen nach dem 31.12.08 anzuwenden.

Die Regelung über die Besteuerung des Gewinns bei Termingeschäften in ***§ 20 II 1 Nr 3*** *ist erstmals* 645
anzuwenden, wenn der Rechtserwerb nach dem 31.12.08 erfolgt. Entspr ist nach § 52a X 4 die Regelung des ***§ 20 II 1 Nr 4, 5 und 8*** *nF anzuwenden bei Erwerb der zugrunde liegenden WG, Rechte und Rechtspositionen nach dem 31.12.08.*

§ 52a X 5 regelt, dass ***§ 20 II 1 Nr 6*** *grds (vgl § 52a X 5, 2. HS) erstmals auf die Veräußerung von* 648
Anspr nach dem 31.12.08 anzuwenden ist, bei denen der Veräußerungsvertrag nach dem 31.12.04 abgeschlossen wurde.

§ 20 II 1 Nr 7 *ist nach § 52a X 6 – korrespondierend zu der Regelung des § 20 VIII für § 20 I Nr 7 – erst-* 651
mals auf nach dem 31.12.08 zufließende Veräußerungserträge anzuwenden. Allerdings wird diese Regelung durch § 52a X 7–8 modifiziert. Nach § 52a X 7 ist § 20 II 1 Nr 7 nicht anzuwenden, wenn die **Forderung vor dem 01.01.09 erworben** *wurde und es sich bei dieser zwar um eine Forderung iSv § 20 I Nr 7 aF handelt, aber nicht um eine Finanzinnovation iSv § 20 II 1 Nr 4 aF. Nach der Gesetzesbegründung soll damit die Veräußerung oder Einlösung von festverzinslichen Wertpapieren, die unter dem Nennwert erworben wurden, begünstigt werden. Es besteht damit die Möglichkeit, in 08 noch festverzinsliche Wertpapiere mit einem Disagio zu erwerben und den Disagiobetrag nach Maßgabe des sog Disagioerlasses stfrei zu vereinnahmen (zu § 20 aF Rn 318). Für* **Finanzinnovationen** *dagegen bleibt es beim Grundsatz des § 52a X 6, dh sie fallen unter § 20 II 1 Nr 7, wenn sie nach 08 veräußert oder eingelöst werden, auch wenn der Privatanleger sie vor 09 erworben hat. Fraglich ist, ob diese Regelung nicht im Wege der teleologischen Reduktion dahin auszulegen ist, dass diese Regelung nicht für Papiere gilt, bei denen sich Kapitalnutzungsentgelt und realisierte Wertentwicklung iSd neueren BFH-Rechtsprechung abgrenzen lassen.[1] Hierfür spräche, dass die Übergangsvorschriften das Vertrauen auf die Fortgeltung der bisherigen Rechtslage schützen sollen.[2] Behrens weist in diesem Zusammenhang darauf hin, dass ansonsten auch die vor 09 angefallenen Anschaffungsnebenkosten zu berücksichtigen wären und bei Erwerb von Finanzinnovationen in Fremdwährung der Umrechnungskurs im Anschaffungszeitpunkt ermittelt werden müsste.[3] Nach § 52a X 8 ist bei Kapitalforderungen, die* **zwar nicht die Voraussetzungen von § 20 I Nr 7 aF, aber die Voraussetzungen von § 20 I Nr 7 nF** *erfüllen (Indexzertifikate ohne Kapitalgarantie), § 20 II 1 Nr 7 iVm § 20 I Nr 7 – vorbehaltlich § 52a XI 4, 6 – auf alle nach dem 30.06.09 zufließenden Kapitalerträge anzuwenden, es sei denn, die Kapitalforderung wurde vor dem 15.03.07 angeschafft. Produkte, die bis zum 14.03.06 von Privatanlegern angeschafft wurden, werden nicht der Abgeltungsteuer unterworfen. Produkte, die nach dem 14.03.06 und bis zum 31.12.08 erworben werden, sind bis zum 30.06.09 nicht abgeltungsteuerbar. Produkte, die nach dem 31.12.08 erworben werden, unterliegen der Abgeltungsteuer. Der*

---

[1] Vgl zB BFH BStBl II 07, 555.   [3] *Behrens* DStR 07, 1998 (2000).
[2] *Behrens* DStR 07, 1998 (2000); *Haisch* DStZ 07, 762 (769).

Gesetzgeber wollte mit dieser Regelung verhindern, dass in Reaktion auf die Gesetzgebungspläne aufgelegte, vor dem 31.12.08 zu erwerbende Zertifikate ohne Kapital- und Entgeltgarantie in den Genuss einer zeitlich unbegrenzten Steuerfreiheit kommen. Es werden insoweit die Forderungen, die nicht unter §20 I Nr 7 aF fallen, schlechter behandelt als die Forderungen, die unter §20 I Nr 7 aF, aber nicht unter §20 II 1 Nr 4 aF fallen (vgl §52a X 7).

653 *§ 20 II 2 und 3, wonach auch die Einlösung, Rückzahlung, Abtretung oder verdeckte Einlage in eine KapGes als Veräußerung und die Anschaffung und Veräußerung einer Beteiligung an einer PersGes als Anschaffung oder Veräußerung der anteiligen WG gilt, sind nach §52a X 9 erstmals auf Veräußerungen etc. nach dem 31.12.08 anzuwenden.*

655 *§ 20 III–IX nF ist nach §52a X auf nach dem 31.12.08 zufließende Kapitalerträge anzuwenden, wobei diese Neuregelungen zum Teil allerdings wörtlich den bisherigen Regelungen entspr.*

657 **b) Konsequenzen für Beteiligungserträge.** *Die durch das UntStRG geschaffenen Neuregelungen sind nach den Vorschriften der §§ 52, 52a und des §34 XI a KStG ab unterschiedlichen Zeitpunkten anzuwenden. Dies hat für Beteiligungserträge folgende Konsequenzen.*

659 *Im Jahr **2008** gilt nach § 34 XI a KStG bereits der niedrigere KSt-Satz von 15 %, auf Gesellschafterebene gilt weiterhin das Halbeinkünfteverfahren. Die Neuregelung des § 20 (Veräußerungsgewinnbesteuerung) und des § 32d (Abgeltungsteuer) finden noch keine Anwendung. Dies bedeutet:*

Gesellschaftsebene		Gesellschafterebene	
Gewinn vor Steuern	100	Zufluss	70,17
GewSt (100 × 3,5 % × 400 %)	./. 14	ESt (70,17 : 2 × 45 %)	15,79
KSt	./. 15	SolZ	0,87
SolZ	./. 0,83	verbleiben	53,51
verbleiben	70,17	Belastung	46,49

*In den Jahren **2009** ff gilt bei Beteiligungen im BV das Teileinkünfteverfahren der §§ 3 Nr 40, 3c II, bei Beteiligungen im PV gilt für Veräußerungsgewinne § 20 II (Veräußerungsgewinnbesteuerung) nur, wenn die Beteiligung nach dem 31.12.08 erworben wurde (iÜ: § 17 oder § 23). Für laufende Beteiligungserträge im PV gilt grds (Ausnahme: § 32d II Nr 3) § 32d (Abgeltungsteuer). Dies wirkt sich bei laufenden Erträgen wie folgt aus:*

	Beteiligung im PV	Beteiligung im BV
Gesellschaftsebene (so)		
Belastung	29,83	29,83
Verbleiben	70,17	70,17
Gesellschafterebene		
Zufluss	70,17	70,17
Abgeltungsteuer/Teileinkünfteverfahren	17,54	18,95
Solidaritätszuschlag	0,96	1,04
Verbleiben	51,67	50,18
Gesamtbelastung	48,33	49,82

662 **III. Das Gesetzgebungsverfahren.** *Der Gesetzentwurf für das UntStRefG 08 wurde von den Fraktionen der CDU/CSU und der SPD mit Datum vom 27.03.07 vorgelegt.[1] Er enthielt bereits die wesentlichen Neuregelungen des § 20 sowie der Abgeltungsteuer insgesamt, also der §§ 3 Nr 40, 3c II, 32 d, 43 ff. Auf Vorschlag des Finanzausschusses (23.05.07) wurde die Bescheinigungspflicht in §20 I Nr 6 aufgenommen, das Verlustausgleichsverbot für Verluste aus Aktiengeschäften in § 20 VI 5 geregelt und § 20 IX 3 präzisiert.[2] Das JStG 08 hat § 32d II Nr 1c geändert und § 32d II Nr 3 angefügt.[3]*

---

1 BT-Drs 16/4841.
2 BT-Drs 16/5452, 17 ff.
3 BR-Drs 747/07, 6.

B. Beteiligungserträge iSv § 20 I Nr 1, 2, 9, 10

Der Gesetzestext zu § 20 I Nr 1, 2, 9 und 10 hat keine inhaltlichen Änderungen erfahren. Es ist lediglich in § 20 I Nr 1 S 4 die Verweisung auf § 20 V an die Stelle der bisherigen Verweisung auf § 20 II a getreten, weil die gesetzliche Regelung des § 20 II a nach § 20 V umgestellt wurde. Die Besteuerung der Beteiligungserträge hat sich in Folge der Änderung der mit § 20 im Zusammenhang stehenden Vorschriften allerdings dennoch fundamental geändert. Die Abgeltungsteuer hat bei privaten Beteiligungserträgen das Halbeinkünfteverfahren ersetzt. 665

Ab 1.1.09 unterliegen laufende Erträge aus Beteiligungen im BV dem Teileinkünfteverfahren nach §§ 3 Nr 40, 3c II. Laufende Erträge aus Beteiligungen im PV unterliegen der Abgeltungsteuer. Der Anteilseigner kann aber nach § 32d II Nr 3 zum Teileinkünfteverfahren optieren, wenn die Beteiligung mindestens 25 % beträgt oder mindestens 1 % beträgt und der Stpfl für die KapGes beruflich tätig ist. 668

I. Abgeltungsteuer. *Auf den Gewinn von Körperschaften wird bei der Körperschaft KSt und GewSt erhoben. Die KSt sinkt für den VZ 08 von 25 % auf 15 %. Bei der GewSt sinkt die Steuermesszahl von 5 % auf 3,5 %. Die Beteiligungserträge unterliegen beim Anteilseigner, sofern es sich nicht um eine Körperschaft handelt, der ESt. Dabei ist die einkommensteuerliche Behandlung davon abhängig, ob die Beteiligung im PV oder im BV gehalten wird. Wird die Beteiligung im PV gehalten, unterliegen die Beteiligungserträge der Abgeltungsteuer nach § 32d, und es sind WK über den Sparer-Pauschbetrag hinaus nach § 20 IX vom Abzug ausgenommen. Wird die Beteiligung im BV gehalten – oder wurde nach § 32d II Nr 3 optiert –, gilt das Teileinkünfteverfahren nach § 3 Nr 40 mit einer Freistellung von 40 % und nach § 3c II mit einem Abzugsverbot von 40 %.* 671

Es ergeben sich (bei Vollausschüttung) gegenüber dem bisher geltenden Recht folgende Unterschiede je nach dem, ob die Beteiligung im PV oder BV gehalten wird: 674

Gesellschaftsebene	*bisher*	*2009 PV*	*2009 BV*
Gewinn vor Steuern	100	100	100
GewSt	16,67	14[1]	14
KSt	20,83	15	15
SolZ	1,15	0,83	0,83
verbleiben	61,35	70,17	70,17
Gesellschafterebene			
Zufluss	61,35	70,17	70,17
ESt	12,88[2]	17,54[3]	18,95[4]
SolZ	0,71	0,96	1,04
verbleiben	47,76	51,67	50,18
Belastung	52,24 %	48,33 %	49,82 %

Während auf der Gesellschaftsebene eine Entlastung eingetreten ist, erfolgt auf der Gesellschafterebene eine Mehrbelastung.

Das Halten von Beteiligungen im PV bietet Vorteile, wenn der Steuersatz bei 45 % liegt. Ansonsten ist die Belastung bei einem Halten der Beteiligung im BV günstiger. Dieser Vorteil erhöht sich bei Beteiligungsaufwand, der bei einer Beteiligung im PV nur in Höhe des Sparer-Pauschbetrags und im BV zu 60 % abzugsfähig ist: 677

	Anteile PV			Anteile BV		
Gesellschaftsebene	**45 %**	**40 %**	**35 %**	**30 %**	**25 %**	
Gewinn vor Steuern	100	100	100	100	100	100
KSt/SolZ/GewSt (400 %)	– 29,83	– 29,83	– 29,83	– 29,83	– 29,83	– 29,83
Ausschüttungsvolumen	70,17	70,17	70,17	70,17	70,17	70,17

1 $100 \times 3,5\% \times 400\%$.
2 Steuersatz 42 %.
3 $70,17 \times 25\%$.
4 Stpfl 42,10 × 45 %.

	Anteile PV			Anteile BV		
Gesellschafterebene						
– Abgeltungsteuer	– 17,54					
– Teileinkünfteverfahren (stpfl 42,10)		– 18,95	– 16,84	– 14,74	– 12,63	– 10,53
SolZ	– 0,96	– 1,04	– 0,93	– 0,81	– 0,69	– 0,58
Nettozufluss	51,67	50,18	52,40	54,62	56,85	59,06
Gesamtsteuerbelastung	48,33	49,82	47,60	45,38	43,15	40,96
Vorteil (+)/Nachteil (-) Teileinkünfteverfahren	–	– 1,49	+ 0,73	+ 2,95	+ 5,18	+ 7,37

681 **II. Investmentfonds.** Für von Investmentfonds erzielte und ausgeschüttete Erträge gelten die gleichen Regelen wie für die Direktanlage. Es handelt sich um Einkünfte auf KapVerm iSv § 20 I Nr 1, die nach dem 31.12.08 der Abgeltungsteuer unterliegen (§ 18 I 1 InvStG).

683 Von Investmentfonds **ausgeschüttete Erträge**, die **aus der Veräußerung von Wertpapieren** herrühren, sind ebenfalls nach § 1 III 2 und 3 InvStG der Abgeltungsteuer zu unterwerfen. Das Fondsprivileg des § 2 III Nr 1 aF InvStG ist insoweit entfallen. Allerdings ist nach § 18 I 2 InvStG auf ausgeschüttete Gewinne aus der Veräußerung von Wertpapieren, Termingeschäften und Bezugsrechten auf Anteile an KapGes, bei denen das Investmentvermögen die Wertpapiere oder Bezugsrechte vor dem 1.1.09 angeschafft hat oder das Termingeschäft vor dem 1.1.09 abgeschlossen hat, die bisherige Regelung des § 2 III Nr 1 InvStG (Steuerfreiheit) weiter anzuwenden. Die ausgeschütteten Erträge bleiben nach § 2 III Nr 1 InvStG insoweit stfrei, als sie Gewinne aus der Veräußerung von Grundstücken und grundstücksgleichen Rechten enthalten, sofern diese nicht nach § 23 I 1, II, III InvStG aF steuerbar sind. Hält der Anteilsinhaber die Fondsanteile im BV, sind die an ihn ausgeschütteten Aktienveräußerungsgewinne gem § 2 I 1 InvStG BE und bei einer nat Pers im Rahmen des Teileinkünfteverfahrens zu erfassen.[1] Da Gewinne aus der Veräußerung von Wertpapieren auch bei einem Erwerb nach dem 1.1.09 nur dann der Abgeltungsteuer unterworfen werden, wenn sie ausgeschüttet werden, unterliegen bei **thesaurierenden Fonds** die in dem Fonds thesaurierten Veräußerungsgewinne erst im Zeitpunkt der Veräußerung der Fondsanteile der Besteuerung (sofern die Fondsanteile nicht vor dem 1.1.09 erworben wurden – Rn 691). Die Veräußerungsgewinne stehen zunächst ohne KapESt-Abzug zur Wiederanlage zur Verfügung.

687 Die Besteuerung **ausschüttungsgleicher Erträge** bleibt bestehen. Allerdings sieht § 1 III 3 InvStG vor, dass Erträge aus Stillhalterprämien iSv § 20 I Nr 11, aus Termingeschäften iSv § 20 II 1 Nr 3 und aus Wertpapierveräußerungsgeschäften nicht zu den ausschüttungsgleichen Erträgen gehören, dh bei Thesaurierung durch das Investmentvermögen auf Ebene des Anteilscheininhabers nicht steuerbar sind. Insoweit bleibt das Thesaurierungsprivileg erhalten.[2] Fonds werden Kapitalerträge, die unabhängig von ihrer Ausschüttung zu den Einkünften iSv § 20 gehören, ausschütten, und die Veräußerungsgewinne aus Wertpapiertransaktionen thesaurieren.[3] Ebenso wird die Besteuerung des **Zwischengewinns** beibehalten (§ 1 IV InvStG).

691 Gewinne aus der **Rückgabe oder Veräußerung von Investmentanteilen**, die nicht zu einem BV gehören, zählen nach § 8 V InvStG zu den Einkünften aus KapVerm iSv § 20 II 1 Nr 1. Sie unterliegen dem Steuersatz des § 32d. § 3 Nr 40, § 17 und § 8b KStG sind nach § 8 V 2 InvStG nicht anzuwenden. Der Veräußerungserlös ist um zugerechnete Zwischengewinne und die als zugeflossen geltenden ausschüttungsgleichen Erträge zu mindern. Von dem Gewinn iSv § 8 V InvStG ist nach § 8 VI InvStG KapESt unter Anwendung von § 43 I 1 Nr 9 sowie S 2, § 44a IV, V 4, 5 von der Investmentgesellschaft einzubehalten. Ausgenommen von dieser Neuregelung sind nach § 18 II 2 InvStG Investmentanteile, die vor dem 01.01.09 angeschafft wurden. Für diese gilt der bisherige § 23 weiter, so dass ein Verkauf nach Ablauf der Haltefrist stfrei ist.[4] Eine Ausnahme von dieser Ausnahme gilt nach § 18 II a 1 InvStG in der Fassung des JStG 08 für eine Veräußerung oder Rückgabe von Anteilen an inländischen Spezial-Sondervermögen, inländischen Spezial-Investment-AG oder ausländischen Investmentvermögen, die

---

1 Hierzu: *Behrens* BB 07, 1025 (1030).
2 *Behrens* BB 07, 1025 (1031).
3 *Worgulla/Söffing* FR 07, 1005 (1007).
4 *Rödder* Beihefter zu DStR-Heft 40, S 18.

nach dem 9.11.07 und vor dem 1.1.09 erworben wurden.[1] Dies gilt nach § 18 II a 2 InvStG entspr für die Rückgabe oder Veräußerung von Anteilen an anderen Investmentvermögen, bei denen durch Gesetz, Satzung, Gesellschaftsvertrag oder Vertragsbedingungen die Beteiligung nat Pers von der Sachkunde des Anlegers abhängig ist oder für die Beteiligung eine Mindestanlagesumme von 100 000 € oder mehr vorgeschrieben ist.[2]

C. Erträge aus stiller Ges (§ 20 I Nr 4)

§ 20 I Nr 4 wurde nicht geändert. Allerdings wurde in § 20 II 1 Nr 4 geregelt, dass zu den Einkünften aus KapVerm auch der Gewinn aus der Veräußerung von WG gehört, die Erträge iSd I Nr 4 erzielen. 693

D. Erträge aus Grundpfandrechten, Versicherungen, Wechseln (§ 20 I Nr 5, 6, 8)

§ 20 I Nr 5 und 8 wurden nicht geändert. **In § 20 II 1 Nr 5** wurde aber geregelt, dass zu den Einkünften aus KapVerm auch der Gewinn aus der Übertragung von Rechten (Hypotheken, Grundschulden, Renten) iSd I Nr 5 gehört. 695

Soweit gem **§ 20 I Nr 6 S 2** nur die Hälfte des Unterschiedsbetrags zw der Versicherungsleistung und der Summe der auf sie entrichteten Beiträge stpfl ist, unterliegt die stpfl Hälfte gem § 32d II Nr 2 nicht dem gesonderten Steuersatz, sondern der tariflichen ESt. Ansonsten würde nur eine Belastung von 12,5 % der gesamten Erträge erfolgen. KapESt wird auch hier vom vollen Unterschiedsbetrag berechnet. Die hälftige Steuerbefreiung ist unter Anrechnung der KapESt zu beantragen.[3] 698

§ 20 I Nr 6 wird durch **§ 20 II 1 Nr 6** ergänzt. Danach gehört auch der Gewinn aus der Veräußerung von Anspr auf eine Versicherungsleistung iSd I Nr 6 zu den Einkünften aus KapVerm. 701

E. Sonstige Kapitalforderungen iSv § 20 I Nr 7

§ 20 I Nr 7 enthält einen Auffangtatbestand zu den Tatbeständen des § 20 I Nr 1 – 6 und 8. Er rechnet zu den Einkünften aus KapVerm Erträge aus sonstigen Kapitalforderungen jeder Art. In seiner bisherigen Fassung setzte der Besteuerungstatbestand des § 20 I Nr 7 voraus, dass die Rückzahlung des KapVerm oder ein Entgelt für die Überlassung des Kapitals zugesagt wird. Keine Kapitalanlage iSv § 20 I Nr 7 lag vor, wenn weder die Kapitalrückzahlung noch ein Entgelt für die Kapitalüberlassung zugesagt wurde. Der Gesetzeswortlaut „gewährt" wurde durch teleologische Reduktion korrigiert (vgl zu § 20 aF Rn 302). 704

§ 20 I Nr 7 wurde nunmehr dahin geändert, dass das Wort „gewährt" durch das Wort „geleistet" ersetzt wurde und nach den Wörtern „auch wenn die Höhe" die Wörter „der Rückzahlung oder" eingefügt wurden. Nach dem Referentenentwurf vom 5.2.07 waren noch Erträge aus sonstigen Kapitalforderungen jeder Art einbezogen, „wenn die Rückzahlung des Kapitalvermögens oder ein Entgelt für die Überlassung des KapVerm zur Nutzung zugesagt oder gewährt worden ist, auch wenn die Höhe der Rückzahlung oder das Entgelt von einem ungewissen Ereignis abhängt". In den weiteren Entwürfen wurde dann allerdings der Begriff „gewährt" durch den Begriff „geleistet" ersetzt. Es sollte verhindert werden, dass der Begriff „gewährt" iS einer ex-ante faktischen Garantie verstanden und Zertifikatserträge doch nicht erfasst werden.[4] Es sollte mit der Ersetzung des Wortes „gewährt" durch das Wort „geleistet" klargestellt werden, dass zukünftig alle laufenden **Erträge aus reinen Spekulationsanlagen** (Vollrisikozertifikate) erfasst werden. Weiterhin – so die Begr – sollen unter den geänderten Wortlaut der Nr 7 zukünftig auch sonstige Kapitalforderungen fallen, bei denen sowohl die Höhe des Entgelts als auch die Höhe der Rückzahlung von einem ungewissen Ereignis abhängt. Hierdurch werde der Anwendungsbereich der Vorschrift wesentlich erweitert. Erfasst würden nunmehr Kapitalforderungen, deren volle oder teilw Rückzahlung weder rechtlich noch faktisch garantiert werde. Erträge, die bei Rückzahlung, Einlösung oder Veräußerung realisiert würden, unterlägen der Besteuerung nach II 1 Nr 7 nF.[5] 707

Die Absicht des Gesetzgebers geht aus der Gesetzesbegründung deutlich hervor, die **Umsetzung des gesetzgeberischen Willens** ist jedoch nicht gelungen. Dass mit dem Wort „geleistet" etwas anderes gemeint ist als mit dem Wort „gewährt", ist nicht deutlich. Außerdem heißt es im 2. HS „auch wenn die 711

---

1 BR-Drs 747/07, 47; zur Gesetzesbegründung: BT-Drs 16/7036, 38 f; *Worgulla/Söffing* FR 07, 1005 (1008).
2 *Worgulla/Söffing* FR 07, 1005 (1008).
3 *Melchior* DStR 07, 1229 (1232).
4 *Behrens* BB 07, 1025 (1026 Fn 14).
5 BT-Drs 16/4841, 54.

*Höhe der Rückzahlung oder des Entgelts von einem ungewissen Ereignis abhängt". Mit dieser Formulierung wird gerade nicht „klargestellt", was gelten soll, wenn die Höhe der Rückzahlung **und** des Entgelts von einem ungewissen Ereignis abhängen.*

Wird das Kapital nur zum Teil zurückgezahlt, liegt ein Veräußerungsverlust iSv § 20 II 2 (Einlösung gilt als Veräußerung) und § 20 IV 1 vor. Wird weder das Kapital zurückgezahlt noch ein Entgelt gezahlt, liegt ebenfalls ein Verlust iSv § 20 II 2, IV 1 vor (Rn 793).

F. Stillhalterprämien (§ 20 I Nr 11)

714 *Stillhalterprämien wurden bisher nach § 22 Nr 3 (Einkünfte aus Leistungen) besteuert.[1] Vergütungen für die Glattstellung des Optionsgeschäfts waren WK bei den Einkünften iSd § 22 Nr 3. Termingeschäfte selbst waren nach § 23 I Nr 4 steuerbar, sofern der Zeitraum zw Erwerb und Beendigung nicht mehr als ein Jahr betrug. Nach dem UntStRG werden nunmehr Stillhalterprämien von § 20 I Nr 11 erfasst, der Gewinn aus Termingeschäften von § 20 II 1 Nr 3.*

718 *Inhalt eines Optionsgeschäftes ist der Erwerb oder die Veräußerung des Rechtes, eine bestimmte Menge eines Basiswertes (insbes Aktien, Indizes oder festverzinsliche Wertpapiere) jederzeit während der Laufzeit der Option zu einem im Voraus vereinbarten Preis (Basispreis) entweder vom Kontrahenten (Stillhalter) zu kaufen oder an ihn zu verkaufen. Für dieses Recht hat der Inhaber der Option bei Abschluss des Optionsgeschäfts die Optionsprämie (Stillhalterprämie) zu zahlen. Die **Stillhalterprämie** ist das Entgelt, das der Stillhalter als Entschädigung für die Bindung und die Risiken, die er durch die Begebung des Optionsrechts eingeht, unabhängig vom Zustandekommen des Wertpapiergeschäfts allein für die Stillhaltung erhält.*

722 *Schließt der Stillhalter ein Glattstellungsgeschäft ab, mindern sich nach § 20 I Nr 11 HS 2 die Einnahmen aus den Stillhalterprämien um die **im Glattstellungsgeschäft gezahlten Prämien**. Es wird nach dem Nettoprinzip nur der beim Stillhalter nach Abschluss eines Gegengeschäfts (Glattstellung) verbliebene Vermögenszuwachs der Besteuerung unterworfen. Eine Glattstellung liegt nach der Gesetzesbegründung vor, wenn der Stillhalter eine Option der gleichen Art unter Closing-Vermerk kauft, wie er sie zuvor verkauft hat.[2] Angesprochen wird damit die sog. beendende Glattstellung (zB an der EUREX), bei der aufgrund einer Schuldaufhebungs- und Verrechnungsabrede nicht nur wirtschaftlich, sondern auch zivilrechtlich die verkaufte Option und die gekaufte Option gleicher Serie erlöschen. Erfasst sein muss aber nach dem Gesetzeswortlaut und dem Gesetzeszweck auch die sog. einfache Glattstellung, bei der es nur wirtschaftlich, nicht aber rechtlich zur Auflösung der eingegangenen Stillhalterposition kommt.[3] Nach dem Gesetzeswortlaut („mindern sich die Einnahmen ... um die Prämie") dürften die gezahlten Prämien nicht im VZ des Abflusses, sondern unabhängig vom Zahlungszeitpunkt von der Stillhalterprämie absetzbar sein (Rückwirkung nach § 175 I Nr 2 AO).[3] Nach dem Gesetzeswortlaut darf ein vom Stillhalter bei Ausübung gezahlter Barausgleich nicht von der Stillhalterprämie abgezogen werden.[4]*

G. Einbeziehung von Veräußerungsgewinnen (§ 20 II)

725 *Neben den Einnahmen aus den in § 20 I aufgeführten Kapitalanlagen werden in Zukunft auch die Wertzuwächse erfasst, die der StPfl durch die Veräußerung der Kapitalanlagen, bei deren Einlösung, Rückzahlung, Abtretung oder deren verdeckten Einlage in eine KapGes erzielt. § 20 II zählt die zu erfassenden Gewinne in Orientierung an den Einnahmetatbeständen des § 20 I auf, um bei der Regelung des § 43 für den vorzunehmenden Steuerabzug vom Kapitalertrag an die einzelnen Tatbestände des § 20 II anknüpfen zu können.[5]*

728 **I. Veräußerung von Beteiligungen (§ 20 II 1 Nr 1).** *§ 20 II 1 Nr 1 regelt, dass zukünftig die Veräußerung von Anteilen an Körperschaften, wie zB an einer AG oder GmbH, die von einem StPfl in seinem PV gehalten werden, unabhängig von der bisher geltenden Veräußerungsfrist von 12 Monaten steuerbar ist. Werden Beteiligungen im PV gehalten, erfolgt die Besteuerung des Veräußerungsgewinns grds. nach § 20 II 1 Nr 1 und dieser unterliegt der Abgeltungsteuer nach § 32d, § 43 V. Dies gilt allerdings nur, wenn es sich nicht um eine wesentliche Beteiligung iSv § 17 handelt. Bei der Veräußerung einer wesentlichen Beteiligung iSv § 17 gilt das Teileinkünfteverfahren nach § 3 Nr 40 iVm § 3c II (Befreiung*

---

[1] BFH BStBl II 07, 608.
[2] BT-Drs 16/4841, 54; vgl auch *Behrens* DStZ 07, 748 (750).
[3] *Haisch* DStZ 07, 762 (765).
[4] *Behrens* DStZ 07, 748 (750).
[5] BT-Drs 16/4841, 54 f.

von 40% und Abzugsbegrenzung auf 60%). Ebenso gilt das Teileinkünfteverfahren nach §3 Nr 40, wenn eine Beteiligung veräußert wird, die im BV gehalten wird.

1. Körperschaft iSv § 20 I Nr 1. *§ 20 II 1 Nr 1 rechnet den Gewinn aus der Veräußerung von Anteilen an einer „Körperschaft iSd I Nr 1" zu den Einkünften aus KapVerm. § 20 I Nr 1 erfasst Einnahmen aus der Beteiligung an einer AG, einer GmbH, sonstigen KapGes, einer Erwerbs- und Wirtschaftsgenossenschaft sowie an Bergbau treibenden Vereinigungen. Unter § 20 I Nr 1 fallen aber auch die Bezüge aus einer sog. Gründungs- oder* **VorGes** *oder aus Beteiligungen an* **ausländischen Rechtsgebilden***, die den von § 20 I Nr 1 S 1 bezeichneten Körperschaften vergleichbar sind.* **731**

2. Anteile an einer Körperschaft. *§ 20 II 1 Nr 1 S 1 erfasst den Gewinn aus der Veräußerung von „Anteilen" an einer Körperschaft. Gemeint ist damit die gesellschaftsrechtliche Stellung als Anteilseigner. Es soll die Veräußerung der Aktie, des GmbH-Anteils etc erfasst werden. § 20 II 1 Nr 1 S 1 ist insoweit unter Rückgriff auf § 20 I Nr 1 zu interpretieren.* **734**

§ 20 II 1 Nr 1 S 2 Alt. 1 bestimmt, dass Anteile an einer Körperschaft auch „Genussrechte" iSd I Nr 1 sind. **Genussrechte** *sind – entspr § 17 I 3 – Forderungsrechte gegen eine KapGes, die eine Beteiligung am Gewinn und Liquidationserlös sowie evtl. zusätzliche Rechte zB eine feste Verzinsung gewähren.[1]* **738**

Anteile an einer Körperschaft sind nach § 20 II 1 Nr 1 S 2 auch „den Anteilen iSd I Nr 1 ähnliche Beteiligungen". In der Gesetzesbegründung heißt es hierzu, ähnliche Beteiligungen seien insbes Anteile an einer VorGes, die nach Abschluss eines GmbH-Vertrages vor Eintragung in das Handelsregister bestehe.[1] Die VorGes ist als Körperschaft iSd § 20 II 1 Nr 1 S 1 zu qualifizieren. Dann ist es konsequent, dass auch die Veräußerung der Beteiligung an einer VorGes, selbst wenn es sich bei dieser Beteiligung nicht um einen „Anteil" handeln sollte, nach § 20 II 1 Nr 1 besteuert wird. **742**

Nach § 20 II 1 Nr 1 S 2 sind Anteile einer Körperschaft auch **„Anwartschaften** *auf Anteile iSd I Nr 1". Anwartschaften auf Beteiligungen iSv § 20 II 1 Nr 1 sind nach der Gesetzesbegründung grds. alle dinglichen oder schuldrechtlichen Rechte auf den Erwerb eines Anteils einer Körperschaft.[1] Keine Anwartschaften sind nach Haisch dagegen schuldrechtliche Anspr gegenüber Dritten auf Lieferung von Anteilen (zB Kaufoptionen auf Aktien).[2] Hierzu gehören Bezugsrechte, die einen Anspr auf Abschluss eines Zeichnungsvertrags begründen. Anwartschaften sind auch Wandlungsrechte aus Schuldverschreibungen iSd § 221 I AktG.[3]* **745**

3. Veräußerungstatbestände. *Erfasst werden Gewinne aus der „Veräußerung" von Anteilen. Nach § 20 II 2 gilt als Veräußerung auch die Einlösung, Rückzahlung, Abtretung oder verdeckte Einlage in eine KapGes. Ebenso ist als „Veräußerung" auch der Austritt aus einer Erwerbs- und Wirtschaftgenossenschaft anzusehen.[1]* **748**

4. Gewinne. *§ 20 II 1 Nr 1 rechnet zu den Einkünften aus KapVerm die „Gewinne" aus der Veräußerung von Anteilen an einer Körperschaft. Gewinne in diesem Sinne sind auch „Verluste". § 20 IV definiert als Gewinne iSv § 20 II den Unterschied zw den Einnahmen aus der Veräußerung und den AK, unabhängig davon, ob der Betrag positiv oder negativ ist.* **751**

II. Veräußerung von Dividenden- und Zinsscheinen (§ 20 II 1 Nr 2). *§ 20 II 1 Nr 2a bestimmte schon bisher, dass Einnahmen aus der Veräußerung von Dividendenscheinen und sonstigen Anspr durch den Inhaber des Stammrechts zu den Einkünften aus KapVerm gehören, wenn die dazugehörigen Aktien oder sonstigen Anteile nicht mitveräußert werden. Den Fall, dass eine Beteiligung einschl des Anspr auf den Gewinnanteil übertragen wird, regelte § 20 II a: Die Dividendeneinkünfte erzielt derjenige, dem der Anteil im Zeitpunkt des Gewinnverteilungsbeschlusses zuzurechnen ist. Diese Regelungen werden in 20 II 1 Nr 2a (entspr: § 20 II 1 Nr 2a aF) und § 20 V (entspr: § 20 II a aF) fortgeführt.* **753**

§ 20 II 1 Nr 2b nF enthält eine § 20 II 1 Nr 2b aF entspr Regelung für den Fall der Veräußerung von Zinsscheinen und Zinsforderungen durch den Inhaber oder ehemaligen Inhaber der Schuldverschreibungen, wenn die Schuldverschreibungen nicht mitveräußert werden. Der Fall, dass Stammrecht und Ertragsanspr zusammen veräußert werden, behandeln § 20 II 1 Nr 3, 4c und d aF und nunmehr § 20 II 1 Nr 7. **756**

---

1 BT-Drs 16/4841, 55.
2 Haisch DStZ 07, 762 (765).
3 BT-Drs 16/4841, 55; **aA** Haisch DStZ 07, 762 (770).

759 **III. Termingeschäfte (§ 20 II 1 Nr 3).** *Nach der bisherigen Regelung des § 23 I 1 Nr 4 war der Wertzuwachs beim Termingeschäft lediglich steuerbar, wenn der Zeitraum zw dem Erwerb und der Beendigung des Rechts 12 Monate betrug. § 20 II 1 Nr 3a bestimmt nunmehr, dass der entspr Wertzuwachs zukünftig unabhängig von dem Zeitpunkt der Beendigung des Rechts steuerbar ist. Es ist der Gewinn bei Termingeschäften steuerbar, durch die der StPfl einen Differenzausgleich oder einen durch den Wert einer veränderlichen Bezugsgröße bestimmten Geldbetrag oder Vorteil erlangt (zu Veräußerungsgewinnen vgl. § 20 II 1 Nr 3b). Der Begriff des Termingeschäfts umfasst dabei sämtliche als Options- oder Festgeschäft ausgestalteten Finanzinstrumente sowie Kombinationen zw Options- und Festgeschäften, deren Preis unmittelbar oder mittelbar abhängt von dem Börsen- oder Marktpreis von Wertpapieren, dem Börsen- oder Marktpreis von Geldmarktinstrumenten, dem Kurs von Devisen oder Rechnungseinheiten, Zinssätzen oder anderen Erträgen oder dem Börsen- oder Marktpreis von Waren oder Edelmetallen. Dabei ist es nach der Gesetzesbegründung[1] ohne Bedeutung, ob das Termingeschäft in einem Wertpapier verbrieft ist und es an einer amtlichen Börse oder außerbörslich abgeschlossen wird. Zu den Termingeschäften gehören insbes Optionsgeschäfte, Swaps, Devisentermingeschäfte, Forwards oder Futures.[2]*

762 *§ 20 II 1 Nr 3b macht deutlich, dass auch die Veräußerung eines als Termingeschäft ausgestalteten Finanzinstruments, zB einer Verkaufs- oder Kaufoption, im PV zukünftig außerhalb der bisher geltenden Haltefrist von einem Jahr steuerbar ist. Hierunter fallen auch die nach den bisherigen Grundsätzen als Veräußerung anzusehenden sog. Glattstellungsgeschäfte bei Optionsgeschäften. Unter Buchst b fallen nicht Glattstellungsgeschäfte bei Futures. Diese unterfielen bereits nach den geltenden Regelungen der Besteuerung nach § 23 I 1 Nr 4 und sind zukünftig nach Buchst a steuerbar.[3]*

765 **IV. Veräußerung von WG mit Erträgen iSv § 20 I Nr 4 (§ 20 II 1 Nr 4).** *Nach § 20 II 1 Nr 4 gehört zu den Einkünften aus KapVerm auch der Gewinn aus der Veräußerung von WG, die Erträge iSd Abs. I Nr 4 (Einnahmen aus der Beteiligung als stiller Ges und aus partiarischem Darlehen) erzielen. § 20 II 2 bestimmt ergänzend hierzu, dass als Veräußerung iSv S 1 auch die Abtretung gilt und in den Fällen von S 1 Nr 4 auch die Vereinnahmung eines Auseinandersetzungsguthabens. Es soll die Veräußerung einer stillen Beteiligung an Gesellschaftsfremde sowie das Auseinandersetzungsguthaben, welches einem stillen G'ter bei der Auflösung der Ges zufließt, steuerbar sein. In gleicher Weise sollen die Wertzuwächse erfasst werden, die aufgrund der Abtretung von Forderungen aus einem partiarischen Darlehen oder bei Beendigung der Laufzeit des Darlehens zufließen.*

768 **V. Übertragung von Hypotheken, Grundschulden (§ 20 II 1 Nr 5).** *§ 20 II 1 Nr 5 stellt sicher, dass nicht nur Zinsen aus Hypotheken und Grundschulden sowie Rechte aus Rentenschulden erfasst werden, sondern auch Gewinne, die bei der Übertragung derartiger Rechte anfallen.*

771 **VI. Veräußerung von Versicherungsanspr (§ 20 II 1 Nr 6).** *Nach § 20 II 1 Nr 6 S 1 ist die Veräußerung von Anspr auf eine Versicherungsleistung steuerbar. Erfasst werden damit Verträge, in denen die Anspr des Versicherungsnehmers (insbes aus kapitalbildenden Lebensversicherungen) abgetreten werden, als auch Verträge, durch die ein Dritter die Anspr durch Eintritt in den Versicherungsvertrag als Versicherungsnehmer übernimmt. § 20 II 1 Nr 6 S 2 verpflichtet das Versicherungsunternehmen zur Mitteilung von der Veräußerung und – auf Verlangen – zur Übersendung einer Bescheinigung über die Höhe der entrichteten Beiträge. Die* **Bescheinigungspflicht** *wurde auf Vorschlag des Finanzausschusses eingefügt. Es sollte dem StPfl erleichtert werden, die stpfl Erträge bei einer Veräußerung des Anspr auf die Versicherungsleistung zu ermitteln (insbes bei vor dem 1.1.05 abgeschlossenen Versicherungsverträgen und Kombinationsprodukten aus Lebens- und Zusatzversicherungen).[4] Die Mitteilung ist an das für den StPfl zuständige FA zu richten. Der Gesetzgeber geht davon aus, dass dieses von dem Versicherungsunternehmen zu ermitteln ist, da ihm der Wohnsitz des StPfl bekannt ist. Ein KapESt-Abzug findet nicht statt. Die Einkünfte sind gem § 32d III in der ESt-Erklärung anzugeben und werden (grds.) mit dem gesonderten Steuertarif nach § 32d I versteuert.[5]*

774 **VII. Veräußerung von sonstigen Kapitalforderungen (§ 20 II 1 Nr 7).** *§ 20 II 1 Nr 7 ergänzt § 20 I Nr 7 und erfasst die Gewinne aus der Veräußerung von sonstigen Kapitalforderungen jeder Art. Nach § 20 II 1 Nr 7 iVm § 20 II 2 soll der Vermögenszufluss aus der Veräußerung, Abtretung oder Einlö-*

---

1 Vgl aber *Haisch* DStZ 07, 762 (766).
2 BT-Drs 16/4841, 55; *Behrens* DStZ 07, 748 (751); zur Definition von Forwards und Futures vgl *Haisch* DStZ 07, 762 (772 FN 105).
3 BT-Drs 16/4841, 55.
4 BT-Drs 16/5491, 18.
5 *Melchior* DStR 07, 1229 (1232).

sung von sonstigen Kapitalforderungen besteuert werden. § 20 II 1 Nr 7 ist dabei – ebenso wie § 20 I Nr 7 – als Auffangtatbestand gestaltet.

§ 20 II 1 Nr 4 aF erfasste bereits Einnahmen aus der Veräußerung von Kapitalforderungen iSd § 20 I Nr 7 (Finanzinnovationen), zielte dabei allerdings darauf, den Kapitalertrag, nicht den Wertzuwachs des Kapitalstamms zu erfassen. Wertänderungen der Kapitalanlage wurden nur im Rahmen der sog Marktrendite erfasst, wenn und soweit sich der Wertzuwachs des Kapitalstamms nicht von dem Nutzungsentgelt abgrenzen ließ. § 20 II 1 Nr 4 geht über die bisherige Regelung hinaus und erübrigt die schwierige Abgrenzung von Nutzungsentgelt und Wertänderung des Kapitalstamms. Es werden nunmehr allg neben dem Nutzungsentgelt auch die entspr **Wertzuwächse auf der Vermögensebene** erfasst.

Zusätzliche Bedeutung erhält § 20 II 1 Nr 7 durch die **Änderung von § 20 I Nr 7**. § 20 I Nr 7 soll nunmehr auch Spekulationserträge erfassen, bei denen entweder die Rückzahlung des KapVerm, die Ertragserzielung oder beides unsicher ist. Es sollen insbes Erträge aus Zertifikaten erfasst werden, bei denen die Rückzahlung von der Entwicklung eines Basiswertes, zB eines Indexes, abhängig ist. Während bisher der Tatbestand des § 20 I Nr 7 nur erfüllt war, wenn die Rückzahlung des Kapitals – wie bei Garantiezertifikaten – zumindest teilw zugesagt war, und § 23 I Nr 4 nur zur Anwendung kam, wenn der Erwerber des Zertifikats innerhalb von einem Jahr nach der Anschaffung aus dem Geschäft einen Vorteil erzielte, soll durch die Neufassung von § 20 I Nr 7 und § 20 II 1 Nr 7 eine umfassende einkommensteuerliche Erfassung der **Zertifikatserträge** erfolgen.

Zu den Einnahmen aus der Veräußerung von sonstigen Kapitalforderungen gehören auch Erträge aus Veräußerungsgeschäften, bei denen die Kapitalforderung **früher veräußert als erworben** wird. Auch vereinnahmte **Stückzinsen**, die als Entgelt für die auf den Zeitraum bis zur Veräußerung der Schuldverschreibung entfallenden Zinsen bezahlt werden und besonders in Rechnung gestellt werden, fallen unter § 20 II 1 Nr 7. Stückzinsen waren bisher nach § 20 II 1 Nr 3 zu versteuern. Für den Erwerber der Kapitalforderung sind bezahlte Stückzinsen nicht AK iSd § 20 IV, sondern (vorab entstandene, dh im Jahr der Zahlung entstandene) negative Einnahmen.[1]

VIII. Übertragung von Anteilen an einer Körperschaft iSv § 1 I Nr 3–5 KStG (§ 20 II 1 Nr 8). § 20

II 1 Nr 8 folgt der Systematik des § 20, in § 20 II die Veräußerungstatbestände für die Einkunftsquellen zu regeln, aus denen Einnahmen nach Abs. I fließen. In § 20 I Nr 9 werden Einnahmen aus Leistungen einer nicht von der KSt befreiten Körperschaft iSv § 1 I Nr 3–5 KStG erfasst, die Gewinnausschüttungen vergleichbar sind. Entspr werden von § 20 II 1 Nr 8 Vermögensmehrungen oder -minderungen, die einem StPfl durch sein Ausscheiden als Mitglied oder G'ter einer Körperschaft iSd § 1 I Nr 3–5 KStG (zB eines Versicherungsvereins auf Gegenseitigkeit, eines rechtsfähigen oder nicht rechtsfähigen Vereins oder einer Stiftung) oder durch Übertragung seiner Mitglied- oder G'ter-Stellung auf Dritte zufließen, der ESt unterworfen. Es soll verhindert werden, dass – bezogen auf die umfassende einkommensteuerrechtliche Erfassung der Vermögensvorgänge aus Kapitalanlagen – eine „Lücke" im Zusammenhang mit den in § 1 I Nr 3–5 KStG genannten Körperschaften entsteht, die private Anleger zu Gestaltungen verleiten könnte, um der Besteuerung von Veräußerungsvorgängen zu entgehen.[1]

IX. Definition des Veräußerungsbegriffs (§ 20 II 2). Nach § 20 II 2 gilt als Veräußerung iSv § 20 II

1 auch die Einlösung, Rückzahlung, Abtretung oder verdeckte Einlage in eine KapGes; in den Fällen von § 20 II 1 Nr 4 gilt auch die Vereinnahmung eines Auseinandersetzungsguthabens als Veräußerung. § 20 II 2 stellt klar, dass als Veräußerung neben der entgeltlichen Übertragung des (wirtschaftlichen) Eigentums auch die (entgeltliche) **Abtretung** (nicht die Sicherungsabtretung) **einer Forderung** anzusehen ist. Er erweitert den Begriff der Veräußerung auf die vorzeitige oder vertragsgemäße **Rückzahlung** einer Kapitalforderung (Erfüllung einer Kapitalforderung durch vollständige oder teilw Rückzahlung des hingegebenen Kapitals) und die **Einlösung** einer Forderung oder eines Wertpapiers (Erfüllung der in einer Schuldverschreibung versprochenen Leistungen durch den Anleiheschuldner bei gleichzeitiger Rückübertragung der Schuldverschreibungsurkunde), wobei beide Begriffe nicht nur die Endfälligkeit erfassen.[2] Damit soll sichergestellt werden, dass auch das bislang nicht erfasste Emissionsdisagio nach der Disagio-Staffel[3] im Zeitpunkt der Rückgabe der Schuldverschreibung stpfl ist.[1] Als Einlösung ist auch die Wandlung bei Wandelanleihen anzusehen.[4] Außerdem ordnet § 20 II 2 an, dass als Veräußerung auch die **verdeckte Einlage** von WG in eine KapGes zu definieren ist. Es wird insoweit eine den Vorschriften des § 17 I 2, § 23 I 5 Nr 2 entspr Regelungslage geschaffen. § 20 II 2

---

1 BT-Drs 16/4841, 56.
2 *Haisch* DStZ 07, 762 (765).
3 BMF BStBl I 86, 539.
4 **AA** *Haisch* DStZ 07, 762 (770).

bezweckt damit eine vollständige steuerliche Erfassung aller Wertzuwächse. Diesem Ziel dient auch die Regelung in § 20 II 2, 2. HS, mit der der Veräußerungsbegriff auf die **Auseinandersetzung bei stillen Ges** erweitert wird. Die **Übertragung einer Kapitalanlage von einem Depot auf ein anderes eines anderen Gläubigers** ist nach § 43 I 4 eine Veräußerung. Dies gilt nach § 43 I 4 allerdings nicht, wenn der Stpfl der auszahlenden Stelle mitteilt, dass es sich um eine entgeltliche Übertragung handelt. Die auszahlende Stelle hat dies dem FA anzuzeigen.

793 § 20 II 2 enthält keine (ausdrückliche) Regelung für den Fall, dass eine **Kapitalanlage untergeht**, zB eine Darlehensforderung wegen Insolvenz des Darlehensschuldners wertlos wird oder erlischt. Auch in diesem Fall ist der Tatbestand der „Veräußerung" erfüllt. Ob noch ein € zurückgezahlt wird oder eine Einlösung in Höhe eines Euros erfolgt oder jegliche Rückzahlung oder Einlösung unterbleibt, kann keinen Unterschied begründen.

796 **X. Veräußerung der Beteiligung an einer PersGes (§ 20 II 3).** Nach § 20 II 3 gilt die Anschaffung oder Veräußerung einer unmittelbaren oder mittelbaren Beteiligung an einer PersGes als Anschaffung oder Veräußerung der anteiligen WG. § 20 II 3 konkretisiert § 39 II Nr 2 AO, der besagt, dass WG, die mehreren zur gesamten Hand zustehen, den Beteiligten anteilig zugerechnet werden, soweit eine getrennte Zurechnung für die Besteuerung erforderlich ist.

799 Der Gesetzgeber wollte mit der Regelung des § 20 II 3 erreichen, dass die Veräußerung eines Gesamthandsanteils an einer PersGes, die WG – zB Wertpapiere – hält, zu den Einkünften aus KapVerm gehört. Der Gesetzgeber ist davon ausgegangen, dass Anteile an PersGes, deren Gesamthandsvermögen aus WG iSv § 20 II besteht (zB in einer GbR gehaltene Beteiligungen) nicht zu den WG iSv § 20 II gehören. Vielmehr sei der Gesamthandsanteil selbst ein WG iSv § 23, für das die Veräußerungsfrist des § 23 I 1 Nr 2 gelte. Ohne die Regelung des § 20 II 3 hätte seiner Ansicht nach die Möglichkeit bestanden, über eine PersGes den Wertzuwachs bei WG iSv § 20 II außerhalb der Veräußerungsfrist stfrei zu realisieren. § 20 II 3 soll diese **Besteuerungslücke** schließen.[1]

802 Eine **unmittelbare Beteiligung** an einer PersGes ist gegeben, wenn ein StPfl G'ter einer PersGes ist oder treuhänderisch beteiligt ist. Eine mittelbare Beteiligung besteht bei der Unterbeteiligung an dem Gesellschaftsanteil eines G'ters.

804 Nach der Gesetzesbegründung soll § 20 II 3 auch Anwendung finden, wenn sich im Gesamtvermögen der PersGes neben den WG iSv § 20 II **auch andere WG** befinden.[1] Dies ist unproblematisch, wenn die PersGes insges Einkünfte aus KapVerm erzielt. Bei Veräußerung der Beteiligung liegen dann, soweit WG iSv § 20 II mitveräußert werden, Gewinne iSv § 20 II vor. Erzielt die PersGes als MU'schaft iSv § 15 I 2 gewerbliche Einkünfte, sind etwaige Veräußerungsgewinne nach § 20 VIII als gewerbliche Gewinne zu erfassen. Entspr gilt, wenn die PersGes Einkünfte iSv § 18 und iSv § 13 erzielt. Probleme ergeben sich, wenn die PersGes **Einkünfte aus VuV** erzielt. Im Rahmen der Einkunftsart VuV wären Gewinne der in § 20 II beschriebenen Art nicht steuerbar. Es werden zB Zinsen aus Bauspargutbhaben nur als Einkünfte aus KapVerm qualifiziert, solange das angesparte Kapital nicht in einem engen wirtschaftlichen Zusammenhang mit dem Erwerb oder der Herstellung eines Grundstücks oder Gebäudes steht, das zur Erzielung von Einkünften aus VuV eingesetzt werden soll. Man könnte in diesem Fall eine Steuerbarkeit nach § 20 II 3 annehmen, soweit Erwerbsvermögen iSv § 20 II mitübertragen wird. Hiergegen spricht jedoch § 20 VIII, der die Einkunftsart KapVerm auch gegenüber der Einkunftsart VuV als subsidiär ansieht. § 20 II 3 qualifiziert die Veräußerung der Beteiligung an einer PersGes als Veräußerung der anteiligen WG. Dennoch erfolgt die Veräußerung weiterhin im Rahmen der Einkunftsart VuV.

807 Der Regelung des § 20 II 3 bedarf es nicht, wenn die PersGes Kapitalanlagen erwirbt und in der Folge wieder veräußert. In diesem Fall ist § 20 II ohne weiteres anwendbar. § 20 II 3 findet Anwendung, wenn der StPfl die Beteiligung an einer PersGes erwirbt und in der Folge veräußert, wenn nach Begr der Beteiligung die WG von der PersGes angeschafft werden und dann die Beteiligung an der PersGes vom G'ter veräußert wird und auch dann, wenn die Beteiligung an einer kapitalvermögenverwaltenden PersGes erworben wird und die PersGes dann die WG veräußert.

---

1 BT-Drs 16/4841, 56.

H. Einbeziehung von besonderen Entgelten und Vorteilen (§ 20 III)

§ 20 III wurde aus § 20 II 1 Nr 1 unverändert übernommen. 810

I. Definition des Gewinns iSv § 20 II (§ 20 IV)

§ 20 II rechnet zu den Einkünften aus KapVerm auch die iE dort beschriebenen Veräußerungsgewinne. § 20 IV ergänzt diese Regelung und definiert den Gewinn iSv § 20 II. Er bestimmt die Steuerbemessungsgrundlage für die Veräußerungsfälle des § 20 II. 813

I. Gewinn als Unterschiedsbetrag (§ 20 IV 1, 1. HS).

§ 20 IV 1 1. HS definiert als Gewinn iSv § 20 II den Unterschied zw den Einnahmen aus der Veräußerung – nach Abzug der Aufwendungen, die im unmittelbaren sachlichen Zusammenhang mit dem Veräußerungsgeschäft stehen –, und den AK. Diese Regelung lehnt sich an die Regelungen der **§§ 17 und 23** an. Nach § 17 II ist Veräußerungsgewinn der Betrag, um den der Veräußerungspreis nach Abzug der Veräußerungskosten die AK übersteigt. § 23 III bestimmt den Gewinn oder Verlust aus Veräußerungsgeschäften als den Unterschied zw Veräußerungspreis einerseits und den AK oder HK und den WK andererseits. 815

Der sich nach § 20 IV 1, 1. HS ergebende Betrag kann sowohl positiv als auch negativ sein. In der Gesetzesbegründung wird insoweit bei einem positiven Betrag von einem **Gewinn** ieS und bei einem negativen Betrag von einem Verlust gesprochen.[1] 817

§ 20 II 2 definiert als *„Veräußerung"* auch die Einlösung, Rückzahlung, Abtretung oder verdeckte Einlage in eine KapGes. Entspr sind Einnahmen aus der Veräußerung auch die Beträge, die bei der Einlösung, Rückzahlung oder Abtretung zufließen. Für den Fall der verdeckten Einlage trifft § 20 IV 2 eine ausdrückliche, spezielle Regelung. 820

Zu den *„Aufwendungen"* iSv § 20 IV 1, 1. HS gehören nach der Gesetzesbegründung auch Veräußerungskosten und – in den Fällen der Ausübung von Verkaufsoptionen mit Andienung des Basiswertes – durch den Optionsnehmer bereits geleistete Optionsprämien. 823

§ 20 IV 1, 1. HS setzt Aufwendungen voraus, die **„im unmittelbaren sachlichen Zusammenhang mit dem Veräußerungsgeschäft stehen"**. Diese Aufwendungen sind von den allgemeinen WK aus KapVerm abzugrenzen, die nach § 20 IX nur in Form des Sparer-Pauschbetrags von 801 € abzugsfähig sind. Das Tatbestandsmerkmal des „unmittelbaren sachlichen Zusammenhangs" entspr dem Tatbestandsmerkmal des „unmittelbaren" wirtschaftlichen Zusammenhangs in § 3c I. Es meint dort eine Verknüpfung ohne das Dazwischentreten anderer, nicht unmaßgeblicher Ursachen. Es hat sich dort bereits als zu unbestimmt erwiesen, um konsensfähige und einheitliche Ergebnisse zu erzielen (zu § 3c Rn 13). 825

II. Umrechnung in € (§ 20 IV 1, 2. HS).

§ 20 IV 1, 2. HS bestimmt, dass für die Ermittlung des Gewinns bei nicht in € getätigten Geschäften die Einnahmen und die AK jeweils in € anzusetzen sind. Damit werden auch die sich aus den Währungsschwankungen ergebenden Gewinne einkommensteuerrechtlich erfasst. Hierunter fallen die Anschaffung von Wertpapieren in fremder Währung oder der Erwerb von ausländischen Anleihen. § 20 IV 1, 2. HS weicht damit von § 20 II 2, 2. HS aF ab, nach dem für die Berechnung der Marktrendite bei Wertpapieren und Kapitalforderungen in ausländischer Währung der Unterschied in dieser Währung zu ermitteln war. 827

III. Der Minuend bei verdeckter Einlage (§ 20 IV 2).

Nach § 20 IV 2 tritt in den Fällen der verdeckten Einlage an die Stelle der Einnahmen aus der Veräußerung des WG ihr gemeiner Wert; der Gewinn ist für das Kj der verdeckten Einlage anzusetzen. § 20 IV 2 ergänzt § 20 II 2, nach dem als Veräußerung auch die verdeckte Einlage in eine KapGes gilt, und regelt für diesen Fall die Steuerbemessungsgrundlage. § 20 IV 2 entspr § 17 II 2. Nach § 17 I 2 steht die verdeckte Einlage in eine KapGes der Veräußerung der Anteile gleich und nach § 17 II 2 tritt an die Stelle des Veräußerungspreises der gemeine Wert der Anteile. 830

IV. Der Subtrahend bei vorheriger Entnahme oder Betriebsaufgabe (§ 20 IV 3).

§ 20 IV 3 bestimmt, dass bei der Veräußerung eines WG, das aus einem BV entnommen wurde oder aufgrund einer Betriebsaufgabe in das PV überführt wurde, an Stelle der AK der (nach § 6 I Nr 4 oder § 16 III) bei der Entnahme oder bei der Betriebsaufgabe angesetzte Wert gilt. Es sollen der Besteuerung nach § 20 lediglich die im PV entstandenen Wertzuwächse unterfallen. 833

---

[1] BT-Drs 16/4841, 57.

836 **V. Der Subtrahend in den Fällen des § 20 II 1 Nr 6 (§ 20 IV 4).** *§ 20 IV 4 regelt, dass bei einer Veräußerung eines Anspr auf eine Leistung aus einer kapitalbildenden Lebensversicherung die vor der Veräußerung entrichteten Beiträge als AK gelten. Wurde der Anspr entgeltlich erworben, gelten sowohl die Erwerbsaufwendungen als auch die nach dem Erwerb entrichteten Beiträge als AK. Durch diese Regelung soll sichergestellt werden, dass nur die in der Besitzzeit des Veräußerers entstandenen Erträge und nicht die Beitragsleistung besteuert wird.*[1]

839 **VI. Die Berechnung bei Termingeschäften (§ 20 IV 5).** *§ 20 II 1 Nr 3a rechnet zu den Einkünften aus KapVerm auch den Gewinn bei Termingeschäften, durch die der StPfl einen Differenzausgleich oder einen durch den Wert einer veränderlichen Bezugsgröße bestimmten Geldbetrag oder Vorteil erlangt. § 20 IV 5 bestimmt ergänzend hierzu, dass Gewinn bei einem Termingeschäft der* **Differenzausgleich** *oder der durch den Wert einer veränderlichen Größe bestimmte Geldbetrag oder Vorteil ist abzgl der* **Aufwendungen, die in unmittelbarem sachlichen Zusammenhang mit dem Termingeschäft stehen.** *Es sollen entspr dem Nettoprinzip die in unmittelbarem sachlichen Zusammenhang mit dem Termingeschäft anfallenden Aufwendungen den Gewinn mindern. Hierunter fallen zB in den Fällen der Optionsgeschäfte mit Barausgleich die Aufwendungen für das Optionsrecht. § 20 IV 5 unterscheidet sich von § 20 IV 1, der als Gewinn den Unterschied zw den Einnahmen aus der Veräußerung und den AK bestimmt. Er trägt dem Umstand Rechnung, dass bei Termingeschäften an die Stelle von Anschaffung und Veräußerung die Zahlung des Differenzausgleichs tritt. Entspr lässt § 20 IV 5 die Aufwendungen zum Abzug zu, die sich auf das Termingeschäft insges beziehen, nicht nur Aufwendungen, die den Veräußerungstatbestand betreffen. § 20 IV 5 ist vergleichbar der bisherigen Regelung des § 23 III 5 („Gewinn oder Verlust bei einem Termingeschäft ... ist der Differenzausgleich oder ... Vorteil abzgl der WK").*

842 *§ 20 IV 5 definiert nur den „Gewinn bei einem Termingeschäft" und gilt damit nur für die* **Fälle des § 20 II 1 Nr 3a**, *nicht für die Fälle des § 20 II 1 Nr 3b, der neben dem Gewinn bei Termingeschäften (§ 20 II 1 Nr 3a) den Gewinn aus der Veräußerung eines als Termingeschäft ausgestalteten Finanzinstruments zu den Einkünften aus KapVerm rechnet. Von § 20 II 1 Nr 5 sollen nicht Veräußerungsgeschäfte iSd § 20 II 1 Nr 3 Buchst b – zB Glattstellungsgeschäfte bei Optionsgeschäften an der EUREX – erfasst werden.*[1] *In diesen Fällen soll eine Gewinnermittlung nach § 20 IV 1 erfolgen.*

845 **VII. Der Subtrahend bei unentgeltlichem Erwerb (§ 20 IV 6).** *Nach § 20 IV 6 sind bei einem unentgeltlichen Erwerb von WG im Wege der Einzelrechtsnachfolge dem Erwerber bei der Ermittlung des Gewinns die Aufwendungen des Rechtsvorgängers (die Anschaffung, die Überführung in das PV, der Erwerb eines Rechts aus Termingeschäften oder die Beiträge iSv § 20 I 1 Nr 6 S 1) zuzurechnen.*

848 **VIII. Die Fifo-Methode bei Sammelverwahrung (§ 20 IV 7).** *§ 20 IV 7 regelt, dass bei vertretbaren Wertpapieren in der sog Girosammelverwahrung die Fifo-Methode (First-In-First-Out) Anwendung findet. Es ist zu unterstellen, dass die zuerst angeschafften Wertpapiere zuerst veräußert werden. Damit soll erreicht werden, dass die Kreditinstitute den Steuerabzug bei der Veräußerung von gleichartigen Wertpapieren, die zu verschiedenen Zeitpunkten angeschafft wurden, in der Praxis leichter bewältigen können.*

J. Zurechnung von Beteiligungserträgen auf den Anteilseigner (§ 20 V)

850 *§ 20 V wurde unverändert aus § 20 II a übernommen. Einkünfte aus KapVerm iSv § 20 I Nr 1 und 2 erzielt der Anteilseigner. Anteilseigner ist derjenige, dem nach § 39 AO die Anteile im Zeitpunkt des Gewinnverteilungsbeschlusses zuzurechnen sind. Die Dividende steht demjenigen zu, der im Zeitpunkt ihrer Abspaltung von dem sonstigen Mitgliedschaftsrecht beitragsberechtigter G'ter ist. Veräußert der G'ter seine Beteiligung, so sind die Erträge dem Erwerber zuzurechnen.*

K. Ausgleich, Verrechnung und Abzug von Verlusten (§ 20 VI)

854 *§ 20 VI 1 regelt den Ausgleich positiver Einkünfte aus KapVerm und § 20 VI 2–6 den Ausgleich negativer Einkünfte aus KapVerm. § 20 VI 1 ordnet den Abzug von sog. Altverlusten aus privaten Veräußerungsgeschäften von positiven Einkünften aus KapVerm an. § 20 VI 2–4 beschränkt den Ausgleich und Abzug von negativen Einkünften aus KapVerm auf die Einkunftsart KapVerm. § 20 VI 5 lässt die Verrechnung von Verlusten aus der Veräußerung von Aktien nur mit Gewinnen aus Aktiengeschäften*

---

[1] BT-Drs 16/4841, 57.

zu. Und § 20 VI 6 stellt sicher, dass eine Verrechnung nur entweder im Rahmen des KapESt-Abzugs nach § 43a III oder im Rahmen der Veranlagung erfolgt.

§ 20 VI orientiert sich am Ergebnis des jeweiligen VZ, trifft in § 20 VI 1 eine Regelung für den Fall positiver Einkünfte aus KapVerm und in § 20 VI 2–6 eine Regelung für den Fall negativer Einkünfte aus KapVerm. Hierbei wirkt die Regelung über die Behandlung negativer Einkünfte in § 20 VI 2–6 wiederum zurück auf die Behandlung positiver Einkünfte aus KapVerm in anderen VZ. 857

I. Ausgleich positiver Einkünfte aus KapVerm (§ 20 VI 1).
§ 20 VI 1 regelt, dass verbleibende positive Einkünfte aus KapVerm nach der Verrechnung iSd § 43a III zunächst mit Verlusten aus privaten Veräußerungsgeschäften nach Maßgabe des § 23 III 9 und 10 zu verrechnen sind. 860

§ 20 VI 1 knüpft an die **Regelung des § 23 III 9 und 10** an. § 23 III 9 bestimmt, dass Verluste aus privaten Veräußerungsgeschäften iSd § 23 aF abweichend von § 23 III 7 (Ausgleich von Verlusten nur bis zur Höhe des Gewinns, den der StPfl im gleichen Kj aus privaten Veräußerungsgeschäften erzielt hat) auch mit Einkünften aus KapVerm iSd § 20 II nF ausgeglichen werden dürfen. Nach § 23 III 10 mindern sie abweichend von § 23 III 8 nach Maßgabe des § 10d auch die Einkünfte, die der StPfl in den folgenden VZ aus § 20 II erzielt. 863

§ 20 IV 1 ordnet an, dass verbleibende positive Einkünfte aus KapVerm mit Verlusten aus privaten Veräußerungsgeschäften nach Maßgabe des § 23 III 9 und 10 zu verrechnen sind. Dies sind „**Verluste aus privaten Veräußerungsgeschäften iSd § 23 in der bis zum 31.12.08 anzuwendenden Fassung**", also Verluste, die nach der bis zum 31.12.08 geltenden Fassung unter § 23 fielen und die vor dem 31.12.08 entstanden sind. Es können danach Verluste aus der Veräußerung von KapVerm, aber auch aus der Veräußerung von Immobilien vorgetragen werden.[1] Diese Verluste können mit positiven Einkünften iSv § 23 in späteren VZ, aber auch mit Einkünften iSv § 20 II verrechnet werden. Der Gesetzgeber lässt auch die Verrechnung von Verlusten aus der Veräußerung von Grundstücken mit Gewinnen iSv § 20 II zu, da auch in der Vergangenheit die Verrechnung von Verlusten aus der Veräußerung von Grundstücken mit Gewinnen aus der Veräußerung von KapVerm iSv § 23 zugelassen war. 865

Die verbleibenden **positiven Einkünfte aus KapVerm** sind nur nach Maßgabe des § 23 III 9 und 10 mit Altverlusten zu verrechnen. § 23 III 9 ordnet allerdings an, dass die Altverluste nur mit Einkünften aus KapVerm „iSd § 20 II" ausgeglichen werden dürfen und § 23 III 10 sieht nur die Minderung von Einkünften vor, die der StPfl aus § 20 II erzielt. Dies bedeutet, dass **nur Veräußerungsgewinne iSv § 20 II** und nicht laufende Kapitalerträge iSv § 20 I mit den Altverlusten verrechnet werden.[2] Dies entspr der bisherigen Verrechnungsmöglichkeit nach § 23 VIII aF und der Regelung des § 20 VI 5, dürfte aber zu praktischen Problemen führen, da nur die positiven Einkünfte zu verrechnen sind, die nach der Verrechnung iSd § 43a III verbleiben. Bei den „positive Einkünfte aus KapVerm" kann es sich um Einkünfte aus KapVerm handeln, die nicht der KapESt unterliegen (zB Veräußerungsgewinne aus GmbH-Anteilen), als auch um positive Einkünfte aus KapVerm, die der KapESt unterworfen sind (zB Veräußerungsgewinne aus Wertpapiergeschäften).[3] 868

Die positiven Einkünfte aus KapVerm sind erst „**nach der Verrechnung iSd § 43a III**" mit den Altverlusten zu verrechnen. Nach § 43a III sind im Rahmen des KapESt-Abzugs negative Kapitalerträge einschl gezahlter Stückzinsen bis zur Höhe der positiven Kapitalerträge auszugleichen und ist der nicht ausgeglichene Verlust auf das nächste Kj zu übertragen. Die positiven Einkünfte aus KapVerm werden dementspr erst gemindert und nur der verbleibende Betrag ist positiven Einkünften mit den Altverlusten verrechnet. Die Altverluste werden ihrerseits nicht bereits im sog „Verrechnungstopf" berücksichtigt, weil den Kreditinstituten die beim StPfl entstandenen Altverluste nicht bekannt sind und auch nicht ohne zusätzlichen erheblichen Verfahrensaufwand kenntlich zu machen sind.[3] 870

Die Verrechnung nach § 20 VI 1 ist möglich über einen **Antrag nach § 32d IV**. Danach kann der StPfl mit der Steuererklärung für Kapitalerträge, die der KapESt unterlegen haben, eine Steuerfestsetzung entspr § 32d III 2 in Fällen „eines noch nicht im Rahmen des § 43a III berücksichtigten Verlustes" beantragen. Der StPfl kann aber auch, wenn die tarifliche Steuer günstiger ist als die Abgeltungsteuer, einen Antrag nach § 32d VI stellen und die Altverluste in diesem Verfahren verrechnen.[4] 873

Nach § 20 VI 1 sind die Altverluste iSv § 23 III 9, 10 „**zunächst**" mit Veräußerungsgewinnen iSv § 20 II nF zu verrechnen. Dies bedeutet, dass die positiven Einkünfte aus KapVerm iSv § 20 II, die nicht 875

---

1 *Melchior* DStR 07, 1292 (1233); *Oho/Hagen/Lenz* DB 07, 1322 (1324).
2 In diesem Sinne auch: BT-Drs 16/4841, 58.
3 BT-Drs 16/4841, 58.
4 Hierzu *Englisch* StuW 07, 221 (234).

der KapESt unterliegen (zB Veräußerungsgewinne aus GmbH-Anteilen), und die positiven Einkünfte aus KapVerm, die der KapESt unterliegen (Veräußerungsgewinne aus Wertpapiergeschäften) – nach der Verrechnung dieser Einkünfte im Rahmen des „Verrechnungstopfes" des § 43a III bei der KapESt – in einer ersten Stufe nicht mit Verlusten aus KapVerm aus dem gleichen VZ oder mit Verlusten aus vorangegangenen VZ, sondern zunächst mit den Altverlusten verrechnet werden.[1] Da die Altverluste lediglich bis einschl des VZ 2013 vorgetragen werden, wird dem StPfl ermöglicht, diese **vorrangig vor anderen Verlusten aus KapVerm** steuerlich geltend zu machen. Es erfolgt also nach der Verrechnung im Rahmen des Verrechnungstopfes eine Verrechnung im Wege des Vortrags der Altverluste auch vorrangig vor einem horizontalen Ausgleich im Rahmen der Einkunftsart Einkünfte aus KapVerm.

879 **II. Begrenzung des Verlustausgleichs und -abzugs auf die Einkunftsart (§ 20 VI 2–4).** Nach § 20 VI 2–4 dürfen Verluste aus KapVerm nur im Rahmen der Einkunftsart Einkünfte aus KapVerm ausgeglichen und vorgetragen werden.

881 **1. Verlustausgleichs- und Abzugsverbot (§ 20 VI 2).** Nach § 20 VI 2 dürfen Verluste aus KapVerm nicht mit Einkünften aus anderen Einkunftsarten ausgeglichen werden; sie dürfen auch nicht nach § 10d abgezogen werden. Der Gesetzgeber durchbricht damit die allg einkommensteuerrechtlichen Regeln über Verlustausgleich (§ 2 III) und Verlustabzug (§ 10d). Er zieht die Konsequenz daraus, dass Einkünfte aus KapVerm eine Schedule bilden und begrenzt den Verlustausgleich auf den Binnenbereich dieser Einkunftsart.[2]

883 **2. Verlustvortragsgebot (§ 20 VI 3, 4).** Nach § 20 VI 3 mindern Verluste aus KapVerm die Einkünfte, die der StPfl in den folgenden VZ aus KapVerm erzielt. Es erfolgt ein **Verlustvortrag**, allerdings kein Verlustrücktrag. Abweichend von der Regelung des § 10d ist der Verlustvortrag bei den Einkünften aus KapVerm **nicht durch die Sockelbeträge nach § 10d II 1 und 2 beschränkt**. Der Gesetzgeber ist davon ausgegangen, dass im Rahmen des „Verrechnungstopfes" eine § 10d II entspr Beschränkung der Verlustverrechnung durch die Kreditinstitute nicht durchführbar ist und es daher geboten ist, StPfl nicht zu benachteiligen, sofern sie die Verluste im Rahmen einer Veranlagung berücksichtigt haben möchten.[1] Nach § 20 VI 4 ist **§ 10d IV** sinngemäß anzuwenden, dh es ist der am Schluss eines VZ verbleibende Verlustvortrag gesondert festzustellen.

886 **III. Verluste aus privaten Veräußerungsgeschäften mit Aktien (§ 20 VI 5).** Verluste aus KapVerm iSv § 20 II 1 Nr 1 S 1, die aus der Veräußerung von Aktien entstehen, dürfen nach § 20 VI 5 nur mit Gewinnen aus KapVerm iSd § 20 II 1 Nr 1 S 1, die aus der Veräußerung von Aktien entstehen, ausgeglichen werden; die Sätze 3 und 4 gelten sinngemäß, dh die Verluste mindern entspr positive Einkünfte folgender VZ. Es können Verluste aus Veräußerungsgeschäften, die innerhalb des Kj nicht verrechnet werden können, in die folgenden Kj vorgetragen und mit Gewinnen aus zukünftigen Veräußerungsgeschäften im Veranlagungsverfahren verrechnet werden, sofern der StPfl sich nicht für einen Verlustvortrag im Rahmen des Verlustverrechnungstopfes gem § 43a III bei seinem Kreditinstitut entscheidet und die Verluste vom zuständigen FA in sinngemäßer Anwendung des § 10d IV festgestellt werden. Die Regelung wurde auf Vorschlag des Finanzausschusses eingeführt.[3] Nach dem Gesetzentwurf der BReg waren Verluste aus privaten Veräußerungsgeschäften mit Aktien, bei denen die Anteile nach dem 31.12.08 erworben wurden, verrechenbar mit laufenden Einkünften aus Beteiligungen (zB Dividendeneinkünften) und Einkünften aus anderem KapVerm (zB Zinseinkünften). Der Finanzausschuss wollte mit der Einfügung von § 20 VI 5 „durch Spekulationsgeschäfte bedingte abstrakt drohende qualifizierte Haushaltsrisiken" verhindern (vgl Rn 521).

889 **IV. Bescheinigung iSv § 43a III 4 (§ 20 VI 6).** Verluste aus KapVerm, die der KapESt „unterliegen", dürfen (außerhalb des Verrechnungstopfes) nur verrechnet werden oder die Einkünfte mindern, die der StPfl in den folgenden VZ aus KapVerm erzielt, wenn er eine Bescheinigung seines Kreditinstitutes iSd § 43a III 4 vorlegt. **§ 43a III** sieht vor, dass die auszahlende Stelle negative Kapitalerträge bis zur Höhe der positiven Kapitalerträge auszugleichen hat. Der nicht ausgeglichene Verlust ist auf das nächste Kj zu übertragen. Auf Verlangen hat sie nach § 43a III 4 über die Höhe des nicht ausgeglichenen Verlustes eine Bescheinigung zu erteilen; der Verlustübertrag entfällt in diesem Fall. § 20 VI 6 verlangt für die Verlustverrechnung und den Verlustvortrag nach § 20 VI – und damit außerhalb des Verrechnungstopfes – die **Vorlage der Bescheinigung** nach § 43a III 4 und verhindert damit, dass die Verluste sowohl im Rah-

---

1 BT-Drs 16/4841, 58.
2 *Eckhoff* FR 07, 989 (990).
3 BT-Drs 16/5491, 19.

men des Verrechnungstopfes als auch zusätzlich bei der Veranlagung berücksichtigt werden. Erhält der StPfl die Bescheinigung, wird der Verrechnungstopf nach § 43a III 4 2. HS geschlossen, die Verluste können bei der Veranlagung geltend gemacht werden. Beantragt der StPfl keine Bescheinigung, werden die Verluste im Verrechnungstopf berücksichtigt, nicht aber bei der Veranlagung.[1]

L. Verhältnis zu anderen Einkunftsarten (§ 20 VIII)

I. Bedeutungswandel der Abgrenzung.
§ 20 VIII wurde nahezu unverändert aus § 20 III übernommen. Es wurde lediglich der Verweis auf Abs. I und II durch den Verweis auf die Abs. I, II und III ersetzt. Allerdings kommt der Abgrenzung zu anderen Einkunftsarten eine andere Bedeutung zu als in der Vergangenheit. Während in der Vergangenheit Veräußerungsgewinne und -verluste nur im Rahmen anderer Einkunftsarten, nicht im Rahmen der Einkunftsart des § 20 erfasst wurden und bei gewerblichen Einkünften GewSt anfiel, unterliegen nunmehr Einkünfte aus KapVerm – im Gegensatz zu Einkünften anderer Einkunftsarten – einem Steuersatz von nur 25 %, ist eine Verlustverrechnung nur eingeschränkt möglich, sind WK bei laufenden Erträgen vom Abzug ausgenommen und werden Veräußerungsgewinne und -verluste – anders als bei Einkünften aus VuV – bei Einkünften aus KapVerm erfasst. Da der Ausfall einer Darlehensforderung in der Vergangenheit im Rahmen der Einkunftsart KapVerm nicht berücksichtigt wurde, wurde versucht, in den Fällen eines Darlehens eines ArbN an den ArbG den Verlust im Rahmen der **Einkünfte aus nichtselbstständiger Arbeit** als WK geltend zu machen. Nunmehr ist eine Berücksichtigung im Rahmen von Einkünften aus KapVerm grds. möglich, der Verlust allerdings – anders als bei Einkünften iSv § 19 – nur eingeschränkt verrechenbar. Nach der Rspr des BFH überschreitet der An- und Verkauf von Wertpapieren dann den Rahmen einer privaten Vermögensverwaltung und es liegen **Einkünfte aus GewBetr** vor, wenn die entfaltete Tätigkeit dem Bild eines „Wertpapierhandelsunternehmens" bzw. eines „Finanzunternehmens" vergleichbar ist.[2] Diese Abgrenzung war von Bedeutung für die Frage der Steuerbarkeit der Gewinne bei längerer Haltedauer und vor allem für die Frage der Verrechenbarkeit von Verlusten. Mit der Einführung der Abgeltungsteuer sind die Gewinne in jedem Fall steuerbar, gelten unterschiedliche Steuersätze und ist die Verrechenbarkeit von Verlusten aus Aktiengeschäften im Rahmen der Einkunftsart KapVerm noch stärker eingeschränkt als zuvor. Zinsen aus Bausparguthaben wurden bisher nur als Einnahmen aus KapVerm qualifiziert, solange das angesparte Kapital nicht in engem wirtschaftlichem Zusammenhang mit dem Erwerb oder der Herstellung eines Grundstücks oder Gebäudes steht, das zur Erzielung von **Einkünften aus VuV** eingesetzt wird. Nunmehr führt die Umqualifizierung in Einkünfte aus VuV dazu, dass ein Verlust der Forderung nicht mehr berücksichtigungsfähig ist und die Zinsen nicht mehr mit 25 %, sondern mit dem progressiven Steuersatz besteuert werden.

II. Normenkonkurrenz bei Beteiligungserträgen.
Bei **Beteiligungen im BV** werden laufende Erträge und Veräußerungsgewinne progressiv nach §§ 3 Nr 40, § 3c II besteuert. Aufwendungen sind abziehbar, Verluste sind vertikal ausgleichsfähig. Bei **Beteiligungen im PV** ist zw laufenden Erträgen und Veräußerungsgewinnen zu unterscheiden. **Veräußerungsgewinne** werden nach §§ 17, 3 Nr 40, 3c II nach den Regeln des Teileinkünfteverfahrens besteuert, wenn die Beteiligung mindestens 1 % beträgt. Bei Beteiligungen unter 1 % erfolgt eine Besteuerung mit der Abgeltungsteuer. **Laufende Erträge** unterliegen der **Abgeltungsteuer**. Nach § 32d II Nr 3 besteht allerdings die Möglichkeit einer Option zur Besteuerung nach den Regeln des **Teileinkünfteverfahrens**, wenn die Beteiligung mindestens 25 % beträgt oder mindestens 1 % beträgt und der Anteilseigner für die KapGes beruflich tätig ist.

M. Sparer-Pauschbetrag und WK-Abzugsverbot (§ 20 IX)

§ 20 IX regelt einen Sparer-Pauschbetrag von 801 € bzw 1 602 € und schließt den Abzug der tatsächlichen WK aus.

I. Pauschbetrag von 801 € und Abzugsverbot (§ 20 IX 1).
§ 20 IX 1 1. HS sieht vor, dass bei der Ermittlung der Einkünfte aus KapVerm ein Sparer-Pauschbetrag von 801 € abzuziehen ist. Der Gesetzgeber hat den bisherigen Sparerfreibetrag von 750 € und den bisherigen WK-Pauschbetrag von 51 € in einem einheitlichen Sparer-Pauschbetrag von 801 € zusammengefasst. Er hat davon abgesehen, den Pauschbetrag auf einen glatten Betrag abzurunden, um den Banken die erheblichen Kosten, die mit der Umstellung auf die neuen Freibeträge verbunden gewesen wären, zu ersparen. Der **Ansatz der tatsächlichen WK** ist ausgeschlossen. Der Gesetzgeber wollte mit dem Sparer-Pauschbetrag die WK in den unteren Einkommensgruppen und bei niedrigeren Kapitaleinnahmen typisierend abgelten. Bei

---

[1] BT-Drs 16/4841, 58.   [2] BFH BStBl II 04, 408.

den oberen Einkommensgruppen ist er davon ausgegangen, dass mit dem relativ niedrigen Proportionalsteuersatz von 25 % die WK mit abgegolten seien.[1] Vom Abzug ausgenommen sind damit nicht nur WK wie Vermögensverwaltungsgebühren, sondern auch Zinsen für eine Fremdfinanzierung der Kapitalanlage. Es erfolgt – eingeschränkt durch den WK-Pauschbetrag – eine Bruttobesteuerung der Einnahmen aus KapVerm. Zugelassen ist allerdings nach § 20 IV 2 ein Abzug der Aufwendungen, die in unmittelbarem sachlichen Zusammenhang mit dem Veräußerungsgeschäft stehen. Außerdem räumt § 32d II Nr 3 die Möglichkeit ein, zum Teileinkünfteverfahren zu optieren und das WK-Abzugsverbot zu vermeiden, wenn die Beteiligung mindestens 25 % beträgt oder mindestens 1 % beträgt und der Anteilseigner für die KapGes beruflich tätig ist.

900 II. Gemeinsamer Sparer-Pauschbetrag bei Ehegatten (§ 20 IX 2–3). § 20 IX 2 entspr der bisherigen Regelung des § 20 IV 2. Anstelle des bisherigen gemeinsamen Sparerfreibetrags von 1500 € wird ein Sparer-Pauschbetrag von 1601 € gewährt. Nach **§ 20 IX 3** ist – entspr der bisherigen Regelung des § 20 IV 3 für den gemeinsamen Sparerfreibetrag – der gemeinsame Sparer-Pauschbetrag bei der Einkunftsermittlung bei jedem Ehegatten je zur Hälfte abzuziehen; sind die Kapitalerträge eines Ehegatten niedriger als 801 €, so ist der anteilige Sparer-Pauschbetrag insoweit, als er die Kapitalerträge dieses Ehegatten übersteigt, bei dem anderen Ehegatten abzuziehen.

901 III. Begrenzung des Sparer-Pauschbetrages (§ 20 IX 4). Der Sparer-Pauschbetrag und der gemeinsame Sparer-Pauschbetrag werden betragsmäßig begrenzt auf die Höhe der um eine ausländische Steuer geminderten und nach Maßgabe des § 20 VI verrechneten Kapitalerträge. Der Sparer-Pauschbetrag soll keine negativen Kapitaleinkünfte begründen. Die Formulierung **„und nach Maßgabe des Abs VI verrechneten"** wurde auf Vorschlag des Finanzausschusses eingefügt. Er wollte damit dem von ihm vorgeschlagenen Verlustausgleichsverbot des § 20 VI 5 bei Verlusten aus der Veräußerung von Aktien Rechnung tragen. Da aufgrund dieser Ausgleichsbeschränkung positive Zinseinkünfte nicht durch Verluste aus Aktiengeschäften ausgeglichen werden könnten, sondern zu versteuern seien, sei es geboten, bei diesen tatsächlich zu versteuernden Zinseinkünften auch den vollen Sparer-Pauschbetrag anzusetzen. Mit der Ergänzung von § 20 IX 4 werde erreicht, dass nur der Saldo der verrechenbaren Kapitalerträge für die Bemessung des Sparer-Pauschbetrags maßgeblich sei.[2]

f) Vermietung und Verpachtung
(§ 2 Abs. 1 Satz 1 Nr. 6)

§ 21

(1) [1]Einkünfte aus Vermietung und Verpachtung sind
1. Einkünfte aus Vermietung und Verpachtung von unbeweglichem Vermögen, insbesondere von Grundstücken, Gebäuden, Gebäudeteilen, Schiffen, die in ein Schiffsregister eingetragen sind, und Rechten, die den Vorschriften des bürgerlichen Rechts über Grundstücke unterliegen (z. B. Erbbaurecht, Mineralgewinnungsrecht);
2. Einkünfte aus Vermietung und Verpachtung von Sachinbegriffen, insbesondere von beweglichem Betriebsvermögen;
3. Einkünfte aus zeitlich begrenzter Überlassung von Rechten, insbesondere von schriftstellerischen, künstlerischen und gewerblichen Urheberrechten, von gewerblichen Erfahrungen und von Gerechtigkeiten und Gefällen;
4. Einkünfte aus der Veräußerung von Miet- und Pachtzinsforderungen, auch dann, wenn die Einkünfte im Veräußerungspreis von Grundstücken enthalten sind und die Miet- oder Pachtzinsen sich auf einen Zeitraum beziehen, in dem der Veräußerer noch Besitzer war.

[2]§§ 15a und 15b sind sinngemäß anzuwenden.

(2) Beträgt das Entgelt für die Überlassung einer Wohnung zu Wohnzwecken weniger als 56 Prozent der ortsüblichen Marktmiete, so ist die Nutzungsüberlassung in einen entgeltlichen und einen unentgeltlichen Teil aufzuteilen.

(3) Einkünfte der in den Absätzen 1 und 2 bezeichneten Art sind Einkünften aus anderen Einkunftsarten zuzurechnen, soweit sie zu diesen gehören.

§§ 82a, 82b, 82 g und 82i EStDV; R 21.1 ff/H 21.1 ff EStR 05

---

1 BT-Drs 16/4841, 57.   2 BT-Drs 16/5491, 18 f.

§ 21 Vermietung und Verpachtung

Übersicht

	Rn		Rn
A. Grundaussage der Vorschrift	1	C. Gegenstand der Vermietung und Verpachtung (§ 21 I 1)	70
B. Einkünfte aus Vermietung und Verpachtung	5	I. Vermietung und Verpachtung von unbeweglichem Vermögen (§ 21 I 1 Nr 1)	71
I. Tatbestand der Einkünfteerzielung bei Vermietung und Verpachtung	5	II. Vermietung und Verpachtung von Sachinbegriffen (§ 21 I 1 Nr 2)	75
1. Allgemein	5	III. Überlassung von Rechten (§ 21 I 1 Nr 3)	76
2. Abgrenzungsfragen	6	IV. Veräußerung von Miet- und Pachtzinsforderungen (§ 21 I 1 Nr 4)	79
a) Abgrenzung zu Veräußerungsgeschäften	7	D. Einnahmen	90
b) Abgrenzung gegenüber sonstiger Verwertung von unbeweglichem Vermögen	11	E. Werbungskosten	– 125
3. Einkünfteerzielung	15	I. Anwendungsfälle	100
a) Voraussetzungen	15	1. Erhaltungsaufwand	100
b) Indizien gegen Einkünfteerzielungsabsicht	17	2. Bauherrenmodelle und Immobilienfonds	110
c) Prognoseentscheidung	25	II. Einzelnachweise der WK	125
4. Verträge zwischen Angehörigen	30	F. Verlustabzugsbegrenzung (§ 21 I 2)	130
a) Allgemein	30	I. Allgemein	130
b) Fremdvergleich	31	II. Sinngemäße Anwendung des § 15a	131
c) Gestaltungsmissbrauch	35	1. Verlustausgleich mit anderen Einkünften (§ 15a I 1)	132
II. Ermittlung und Zurechnung der Einkünfte	40	2. Rechtsfolge (§ 15a I 1, II)	133
1. Allgemein	40	3. Einlage- und Haftungsminderung (§ 15a III)	134
2. Besonderheiten bei Miteigentümern	45	4. Gesonderte Feststellung (§ 15a IV)	135
3. Behandlung dinglicher und obligatorischer Nutzungsrechte (insbes Nießbrauch)	55	5. Andere Gesellschafter (§ 15a V)	136
a) Allgemein	55	G. Teilweise unentgeltlich überlassene Wohnung (§ 21 II)	150
b) Bestellung des Nutzungsrechts	56	H. Das Verhältnis der Einkunftsarten zueinander (§ 21 III)	160
c) Einkünfte des Nutzungsberechtigten	60		
d) Einkünfte des Eigentümers	65		
e) Ablösung von Nutzungsrechten	66		

Literatur: *Credo* Neue Entwicklungen zur Beurteilung der Einkünfteerzielungsabsicht bei den Einkünften aus Vermietung und Verpachtung, BB 05, 1819; *ders* Die Beurteilung der Einkünfteerzielungsabsicht bei verbilligter Vermietung an Angehörige, DStZ 05, 295; *ders* Zur Bedeutung der Finanzierungsart für die Beurteilung der Einkünfteerzielungsabsicht bei Vermietung von Immobilien, DStZ 05, 741; *Haenicke* „Drittaufwand" und „erweiterter" Eigenaufwand, DStZ 06, 793; *Heuermann* Irritationen über einen alten Rechtsgrundsatz – Verträge unter nahe stehenden Personen ohne zivilrechtliche Wirksamkeit, DB 07, 1267; *ders* Die Erwerbsgerichtetheit von Einkünften aus Vermietung und sonstigen Leistungen, DStR 05, 1338; *ders* Objektivierung eines subjektiven Tatbestandsmerkmals: Die Einkünfteerzielungsabsicht bei Vermietung und Verpachtung in der deutschen und österreichischen Rechtsordnung, DStZ 04, 9; *ders* Vermieten als unangemessenes Gestalten durch gegenläufige Rechtsgeschäfte auf der Nutzungsebene, StuW 04, 124; *Paus* Modernisierungsmaßnahmen vor Verkauf oder Selbstnutzung einer vermieteten Wohnung, DStZ 05, 454; *Pezzer* Vermietung und Verpachtung – eine strukturell defizitäre Einkunftsart, in: GS für Christoph Trzaskalik, 2005, S 239; *Risthaus* Schuldzinsenabzug bei einem Darlehen für die Herstellung eines teilweise vermieteten und teilweise selbstgenutzten Gebäudes, DB 00, 293; *Sauren* Beiträge zur Instandhaltungsrücklage nach dem WEG direkt abzugsfähig?, DStR 06, 2161; *Scharwies* Der 5. Bauherrenerlass – Mögliche Auswege für die Gestaltung von geschlossenen Immobilienfonds, BB 04, 295; *Schell* Verbilligte Vermietung einer Luxuswohnung, DStZ 05, 202; *Schießl* Gestaltungsmißbrauch (§ 42 AO) bei den Einkünften aus Vermietung und Verpachtung, SteuerStud 07, 403; *ders* Die Vorfälligkeitsentschädigung als Finanzierungskosten eines neu erworbenen Objekts?, DStZ 07, 466; *Söffing* Der abgekürzte Vertragsweg DStZ 07, 147; *Spindler* Einkünfteerzielungsabsicht bei Vermietung und Verpachtung, DB 07, 185; *ders* Zur Einkünfteerzielungsabsicht bei den Einkünften aus Vermietung und Verpachtung, FS Korn, 2005, S 165; *Stein* Keine Liebhaberei bei Vermietung auf Dauer?, DStZ 04, 189; *Stuhrmann* Nachträgliche Werbungskosten bei den Einkünften aus Vermietung und Verpachtung, DStR 05, 726; *Thürmer* Einkünfteermittlung beim Vermieten von Ferienwohnungen, DStZ 02, 855; *ders* Wohnungsvermietung an ein unterhaltsberechtigtes Kind, DB 03, 1012; *Tiedtke/Möllmann* Zivilrechtliche Wirksamkeit als Voraussetzung der steuerlichen Anerkennung von Verträgen zwischen nahen Angehörigen, DStR 07, 1940.

A. Grundaussage der Vorschrift

1 § 21 I regelt die Einkünfte, die ein StPfl aus der **zeitlich begrenzten entgeltlichen Überlassung zum Gebrauch oder zur Nutzung von unbeweglichen Gegenständen** des PV oder damit zusammenhängenden Rechten erzielt. Abs 2 enthält eine Sonderregelung für die Ermittlung der Einkünfte bei einer teilentgeltlichen Wohnungsüberlassung. Abs 3 regelt das Verhältnis zu anderen Einkunftsarten. § 21 I erfasst nicht die Einkünfte aus der VuV von beweglichen Gegenständen; diese werden nach § 22 Nr 3 S 1 besteuert (§ 22 Rn 30). Im Hinblick auf den vermieteten Gegenstand ergänzen sich daher § 21 und § 22 Nr 3, soweit die Einkünfte nicht nach einer anderen Einkunftsart steuerbar sind (vgl § 21 III). Bis 1986 wurde der Nutzungswert der Wohnung im eigenen Haus besteuert.[1] Die hierfür geltenden Regelungen (§ 21 II 1 aF, § 21a) sind inzwischen aufgehoben.

2 Die durch § 21 hauptsächlich geregelte VuV von Immobilien ist dadurch gekennzeichnet, dass idR ein Vermögenszuwachs allenfalls langfristig und unter Berücksichtigung der (nichtsteuerbaren) Wertsteigerungen der Immobilie erreicht werden kann. Steuerrechtlich kommt es daher **typischerweise** auch über längere Zeiträume zu teilw beachtlichen **negativen Einkünften**. Fragen der Einkünfteerzielungsabsicht (Rn 15), der Verträge zw nahen Angehörigen (Rn 30) und der Zurechnung von Einkünften (Rn 40) spielen wegen dieses Charakters der Einkunftsart eine besondere Rolle. Das Wesen als Verlusteinkunftsart führt zu Steuergestaltungen bei Verlustzuweisungsgesellschaften (§ 2b), Steuerstundungsmodellen (§ 15b) und Bauherrenmodellen (Rn 110). Nicht zu Unrecht wird daher aus Gründen der Steuergleichheit und der Steuersystematik gefordert, die **Veräußerungsgewinne in die Besteuerung einzubeziehen**.[2] Die Besteuerung privater Veräußerungsgeschäfte innerhalb von 10 Jahren (§ 23) ist ein Schritt in die richtige Richtung. Lediglich wohnungsbaupolitische Gründe dürften es rechtfertigen, Wertsteigerungen des Erwerbsvermögens auch nach diesem Zeitraum nicht zu besteuern.

B. Einkünfte aus Vermietung und Verpachtung

5 **I. Tatbestand der Einkünfteerzielung bei Vermietung und Verpachtung. – 1. Allgemein.** § 21 regelt die entgeltliche Überlassung von unbeweglichen Vermögensgegenständen zum Gebrauch oder zur Nutzung an Dritte. Erwerbsgrundlage (§ 2 Rn 21) sind die in § 21 Nr 1 bis 4 geregelten Gegenstände des PV und die dort geregelten Rechte. Den objektiven **Tatbestand** der Einkunftsart VuV **verwirklicht, wer die rechtliche oder tatsächliche Macht hat, eines der in § 21 I genannten WG anderen entgeltlich auf Zeit zur Nutzung zu überlassen**; er muss Träger der Rechte und Pflichten aus einem Miet- oder Pachtvertrag sein.[3] Auch wenn Grundlage der Verfügungsbefugnis häufig das Eigentum ist, ist es nicht erforderlich, dass der StPfl bürgerlich-rechtlicher oder wirtschaftlicher Eigentümer des Vermietungsobjektes ist.[4] Der StPfl erzielt alleine dadurch Einkünfte aus VuV, dass er den jeweiligen Gegenstand der VuV einem anderen entgeltlich zur Nutzung überlässt (zur Zurechnung der Einkünfte Rn 40). Der Tatbestand des § 21 I erfasst die Überlassung eines Gegenstandes zur zeitlich begrenzten Nutzung, nicht aber andere Verwertungen der in § 21 Nr 1 bis 4 geregelten Güter und Rechte. Die Einkünfte werden durch Überschussrechnung (§§ 8, 9) ermittelt, wobei der Verlustausgleich und -abzug eingeschränkt sein kann (§ 21 II, § 15a, § 15b).

6 **2. Abgrenzungsfragen.** Die vielfältigen Nutzungs- und Verwertungsmöglichkeiten von unbeweglichem Vermögen werfen Abgrenzungsfragen gegenüber Veräußerungsgeschäften, gegenüber Leistungseinkünften iSv § 22 Nr 3 und gegenüber nicht steuerbaren Einnahmen auf.

7 **a) Abgrenzung zu Veräußerungsgeschäften.** § 21 erfasst Einkünfte aus der Nutzungsüberlassung an einen anderen. Ein Veräußerungsgeschäft liegt dagegen vor, wenn ein Vermögensgegenstand gegen Entgelt auf einen Dritten übertragen wird (vgl auch § 23 Rn 14). § 21 setzt voraus, dass der Eigentümer oder Nutzungsberechtigte des Vermietungsobjektes zumindest einen Teil seiner Herrschaftsgewalt behält oder zurückerhält. Entgelte, die dafür erbracht werden, dass ein Vermögensgegenstand in seiner Substanz endgültig aufgegeben wird, werden weder von § 21 I noch von § 22 Nr 3 erfasst.[5]

---

1 Hierzu *K/S/M* § 21 Rn A 34 ff; C 1 ff.
2 ZB *Tipke* Steuerrechtsordnung, Bd II, 2. Aufl, S 716 mwN; *Trzaskalik* regt an, die Abschaffung der Einkunftsart zu prüfen: *K/S/M* § 21 Rn A 48.
3 BFH BStBl II 94, 615; BStBl II 92; 506 mwN; BFH/NV 00, 118.
4 BFH BStBl II 97, 121; BStBl II 85, 453; BStBl II 90, 888; BStBl II 92, 67.
5 BFH/NV 97, 336.

Wird ein Gegenstand des PV übertragen, kann die Veräußerung unter den Voraussetzungen des § 23 steuerbar sein. § 21 und § 23 schließen sich wechselseitig aus.

Für die Abgrenzung einer Nutzungsüberlassung gegenüber einem Veräußerungsgeschäft ist nicht die zivilrechtliche Qualifikation entscheidend. Es kommt vielmehr darauf an, welches **wirtschaftliche Ergebnis** der StPfl herbeiführen will. Ermöglicht der Eigentümer einem Dritten die Hebung von Bodenschätzen auf seinem Grundstück (sog **Substanzausbeuteverträge**) ist daher die entscheidende Frage, ob wirtschaftlich eine Nutzungsüberlassung oder eine Veräußerung vorliegt. Eine **Nutzungsüberlassung** liegt in aller Regel vor, wenn der Eigentümer einem Dritten das Grundstück vorübergehend zum Zwecke des Abbaus der Bodenschätze überlässt. Unerheblich ist, ob dem Substanzabbau zivilrechtlich ein obligatorisches oder dingliches Rechtsgeschäft zugrunde liegt.[1] Auch wenn die Vertragsparteien dem Substanzausbeutevertrag einen Kaufvertrag zugrunde legen, handelt es sich idR um eine Nutzungsüberlassung, wenn das Eigentum an dem Grundstück nicht endgültig übertragen wird.[2] Das Entgelt aus dem Verkauf eines bodenschatzführenden Grundstücks gehört ebenfalls zu den Einkünften aus VuV, wenn die Auslegung der Bestimmungen des Kaufvertrages ergibt und/oder aus außerhalb des Vertrages liegenden Umständen zu ersehen ist, dass die Parteien keine dauerhafte Eigentumsübertragung, sondern eine zeitlich begrenzte Überlassung zur Substanzausbeute anstreben.[3] Dies gilt auch dann, wenn über Verkauf und Rückübertragung zwei getrennte Verträge abgeschlossen werden oder vereinbart wird, dass die Rückübertragungsverpflichtung entfällt, sofern sie zur Versteuerung des „Kaufpreises" führt, diese Zusatzvereinbarung dem FA aber nicht rechtzeitig offenbart wird.[4] Soll das Grundstück nach der Ausbeute an einen Dritten übertragen werden, kann es sich ebenfalls um einen Pachtvertrag handeln.[5] Eine **Ausnahme** gilt nur dann, wenn nicht die Nutzungsüberlassung des Grundstücks, sondern der **Verkauf der Bodenschätze** im Vordergrund steht. Dies setzt idR den Abbau der Bodenschätze durch den Eigentümer in eigener Regie voraus. Bei einem Substanzausbeutevertrag kann jedoch ausnahmsweise ein Kaufvertrag über Bodenschätze vorliegen, wenn es sich um die **einmalige Lieferung** einer **fest abgrenzbaren Menge** handelt.[6] Ob und inwieweit bei Substanzausbeuteverträgen eine zeitlich begrenzte, unter § 21 I Nr 1 EStG fallende entgeltliche Nutzungsüberlassung des Grundstücks oder ausnahmsweise eine entgeltliche, aber stfreie Übertragung von Bodensubstanz gegeben ist, hat das FG als Tatsacheninstanz zu beurteilen.[7]

Die Abgrenzung zw Nutzungsüberlassung und Veräußerungsgeschäft kann auch bei **Mietkaufverträgen** oder Leasing-Geschäften eine Rolle spielen.[8] Bei einer Verbindung von Mietvertrag und Kaufvertrag kommt es darauf an, ob es sich bei den „Mietzahlungen" nach ihrem wirtschaftlichen Gehalt um Kaufpreisraten handelt.[9] **Leasingverträge** sind idR den Mietverträgen zuzuordnen. Etwas anderes kann gelten, wenn der Leasing-Vertrag nach einer Gesamtbetrachtung als Ratenkaufvertrag zu bewerten ist. Schwierigkeiten können sich ergeben, wenn das wirtschaftliche Eigentum (§ 39 AO) am Leasingobjekt dem Leasingnehmer zugeordnet wird.[10] In diesen Fällen sollte das wirtschaftliche Eigentum auch für die Unterscheidung zw Veräußerungsgeschäft und Nutzungsüberlassung herangezogen werden.

b) Abgrenzung gegenüber sonstiger Verwertung von unbeweglichem Vermögen. Die Nutzungsüberlassung ist nicht nur gegenüber Veräußerungsgeschäften, sondern auch gegenüber anderen Gegenleistungen im Zusammenhang mit unbeweglichem Vermögen abzugrenzen. § 21 setzt voraus, dass das unbewegliche Vermögen zum Gebrauch oder zur Nutzung überlassen wird. Dem Eigentümer können jedoch auch andere Zahlungen zufließen, die für die Belastung oder für den endgültigen Rechtsverlust des Grundstücks gezahlt werden. Ein Entgelt kann als Einnahme aus VuV zu beurteilen sein, wenn es nach seinem wirtschaftlichen Gehalt als Gegenleistung für die Nutzung eines Grundstücks des Privatvermögens darstellt.[11] Demgegenüber ist die Hinnahme einer Gebrauchsminderung des Grundstücks, ohne dass einem Dritten eine Nutzung eingeräumt wird,

---

1 K/S/M § 21 Rn B 42.
2 StRspr BFH BStBl II 74, 130; BStBl II 68, 30; zur Verfassungsmäßigkeit dieser Rspr: BVerfG BB 87, 598; HFR 93, 36.
3 BFH BStBl II 94, 231.
4 BFH BStBl II 93, 296.
5 BFH/NV 85, 74.
6 BFH BStBl II 94, 231; BStBl II 70, 210.
7 BFH/NV 03, 1175.
8 K/S/M § 21 Rn B 50.
9 BFH BStBl III 57, 445.
10 Vgl zum Leasing: BMF BStBl I 96, 9; BStBl I 92, 13; BStBl I 87, 440.
11 BFH BStBl II 95, 640 mwN der Rspr; BStBl II 94, 640 – befristete Einräumung einer beschränkt persönlichen Dienstbarkeit.

keine VuV iSd des § 21 I Nr 1.[1] Weder von § 21 I S 1 Nr 1 noch von § 22 Nr 3 erfasst werden Entgelte im Rahmen einer privaten Veräußerung oder eines veräußerungsähnlichen Vorgangs. Bei hoheitlichen Eingriffen fehlt es an einer steuerbaren Leistung (§ 22 Rn 32).

12 Die entgeltliche Gestattung, eine Kanalleitung mit Kanalschacht auf dem Grundstück zu verlegen und zu unterhalten, führt angesichts eines miet- oder pachtähnlichen Verhältnisses zu **Einkünften aus VuV**, wobei es unerheblich ist, ob die Verpflichtung für dauernd eingegangen wird und das Entgelt in einer einmaligen Leistung besteht.[2] Steuerbar nach § 21 I Nr 1 ist die entgeltliche Duldung der Überspannung eines Grundstücks mit einer Hochspannungsleitung;[3] ferner die Vergütung und die Pauschalentschädigung, die ein Landwirt von einem Erdölunternehmen dafür erhält, dass er ihm die Aussolung der unter seinem Grundbesitz liegenden Salzstöcke und die dadurch entstehenden unterirdischen Hohlräume als behälterlose Tiefspeicher zur zeitlich nicht begrenzten Lagerung von Erdöl überlässt.[4] Ob eine **Dienstbarkeit** zu einer Nutzung berechtigt oder den Eigentümer zur Unterlassung einer bestimmten Nutzung verpflichtet und welche Leistung bei einer Dienstbarkeit mit einem gemischtem Inhalt der Gesamtleistung das Gepräge gibt, ist unter Berücksichtigung des wirtschaftlichen Gehalts nach dem gesamten Inhalt der getroffenen Vereinbarungen zu bestimmen.[5] Liegt kein Nutzungsverhältnis vor oder überwiegt der Leistungscharakter, kommt die Anwendung des § 22 Nr 3 oder die Nichtsteuerbarkeit unter dem Gesichtspunkt des veräußerungsähnlichen Vorgang in Betracht (s die Kasuistik bei § 22 Rn 32f).

13 Im Hinblick auf die Abgrenzungsschwierigkeiten wird vertreten, unter § 21 I Nr 1 jede ökonomische Verwertung von unbeweglichem Vermögen zu subsumieren, die nicht in ein Übertragungsgeschäft mündet.[6] Eine solche Auslegung wäre zwar möglicherweise wünschenswert, ließe sich aber nicht mehr mit den Begriffen VuV vereinbaren, denen der Gedanke der Nutzungsüberlassung zugrunde liegt. Auch würde eine solche Auslegung lediglich Abgrenzungsschwierigkeiten zw § 21 und § 22 Nr 3 beheben, nicht aber die Abgrenzung zu einer Verwertung im Vermögensbereich, die keine entgeltliche Verwertung am Markt darstellt.

15 **3. Einkünfteerzielung. – a) Voraussetzungen.** Voraussetzung für die Einkünfteerzielung ist, dass die Tätigkeit oder Vermögensnutzung objektiv darauf gerichtet ist, auf Dauer gesehen ein positives Ergebnis zu erzielen (Einkünfteerzielungsabsicht; § 2 Rn 30).[7] Dementspr fällt auch eine Vermietungstätigkeit nur dann unter die Einkunftsart VuV, wenn der Vermieter die Absicht hat, **auf Dauer einen Totalüberschuss** der Einnahmen über die WK zu erwirtschaften.[8] Der Entschluss der Einkünfteerzielung muss endgültig gefasst sein.[9] Die Einkünfteerzielungsabsicht besteht bei einer leer stehenden Wohnung, solange der StPfl sich ernsthaft und nachhaltig um eine Vermietung bemüht, selbst wenn er die Wohnung zugleich zum Verkauf anbietet.[10] Sobald ein nicht vermietetes Grundstück verkauft ist, besteht keine Einkünfteerzielungsabsicht mehr.[11] Die Einkünfteerzielungsabsicht ist eine innere Tatsache, die nur anhand äußerer Merkmale (zur Indizwirkung beim Fremdvergleich s Rn 30) beurteilt werden kann.[12] Sie erfordert grds eine in die Zukunft gerichtete und langfristige Beurteilung. Für die Einkunftsart VuV besteht die Besonderheit, dass im Regelfall zu Beginn jahrelang WK-Überschüsse getragen werden müssen und je nach Umfang der Fremdfinanzierung erst nach sehr langen Zeiträumen ein positives Gesamtergebnis aus der Vermögensnutzung realisiert werden kann.[13] Daher hat die Frage, ob Liebhaberei vorliegt, für § 21 besondere Bedeutung.

16 Obwohl es sich bei der Vermietung von Immobilien um ein „geborenes Verlustgeschäft"[14] handelt, hat der Gesetzgeber diese Einkunftsart beibehalten. § 21 beruht auf der **typisierenden Annahme**, dass die langfristige VuV trotz über längere Zeiträume anfallender WK-Überschüsse idR letztlich zu **positiven Einkünften** führt. Deshalb gebietet es der Normzweck dieser Regelung, **bei einer auf Dauer angelegten Vermietung** von Wohnimmobilien (nicht bei Verpachtung von unbebautem

---

1 BFH BStBl II 86, 252.
2 BFH/NV 97, 336.
3 BFH BStBl II 94, 640; s aber die Abgrenzung in BFH BStBl II 95, 640 – kein Nutzungsverhältnis.
4 BFH BStBl II 83, 203.
5 BFH BStBl II 95, 640.
6 K/S/M § 21 Rn B 56.
7 Zusammenfassend zu den Einkünften aus VuV: *Spindler* DB 07, 185.
8 BFH GrS BStBl II 84, 751 (766); vgl auch das ausf Schr des BMF BStBl I 04, 933; dazu *Fleischmann* DB 05, 67.
9 BFH/NV 01, 585.
10 BFH BStBl II 03, 1965; nicht bei Ausschluss der Vermietung: BFH/NV 05, 1299; vgl zu dieser Problematik auch *Spindler* DB 07, 185.
11 BFH/NV 05, 37.
12 BFH BStBl II 84, 751.
13 BFH BStBl II 98, 771; K/S/M § 21 Rn B 269; jeweils mwN.
14 K/S/M § 21 Rn B 269.

Grundbesitz)[1] regelmäßig[2] davon auszugehen, dass der StPfl beabsichtigt, letztlich einen Einnahmeüberschuss zu erwirtschaften.[3] Insoweit ist die für alle Einkunftsarten geltende Einkünfteerzielungsabsicht bereichsspezifisch ausgeformt.[4] Die Vermietung darf nach den bei Beginn der Vermietung ersichtlichen Umständen keiner Befristung unterliegen[5] (zur Befristung Rn 18). Insbes fehlt es nicht schon deshalb an der Einkünfteerzielungsabsicht, weil eine objektive betriebswirtschaftliche Beurteilung ergibt, dass die Vermietung in naher Zukunft nicht zur Einkünfteerzielung geeignet ist.[6] Der Einkünfteerzielungsabsicht steht auch nicht entgegen, dass der StPfl die AK oder HK des Vermietungsobjekts sowie anfallende Schuldzinsen mittels Darlehen finanziert, die zwar nicht getilgt, indes bei Fälligkeit durch den Einsatz von parallel laufenden **Lebensversicherungen** abgelöst werden sollen.[7] In diesen Fällen kann aber § 15b zur Anwendung kommen (Rn 140). Die Einkünfteerzielungsabsicht ist jedoch zu prüfen, wenn der StPfl die AK oder HK des Vermietungsobjekts sowie anfallende Schuldzinsen fremdfinanziert und Zinsen auflaufen lässt, ohne dass durch ein **Finanzierungskonzept** von vornherein deren Kompensation durch spätere positive Ergebnisse vorgesehen ist.[8] Die historische Bausubstanz des vermieteten Gebäudes oder die aus Gründen des Denkmalschutzes bedingte Unabgeschlossenheit der Wohnungen sprechen nicht gegen die Einkünfteerzielungsabsicht.[9] Liebhaberei kann bei den Einkünften aus VuV nur in Ausnahmefällen angenommen werden.[10]

b) Indizien gegen Einkünfteerzielungsabsicht. Eine Ausnahme von diesem Grundsatz gilt nur **17** dann, wenn aufgrund besonderer Umstände der Beweis des ersten Anscheins oder Beweisanzeichen (Indizien) gegen das Vorliegen einer Überschusserzielungsabsicht sprechen. Bei längeren Verlustperioden müssen diese Beweisanzeichen belegen, dass der StPfl die verlustbringende Tätigkeit nur aus im Bereich der Lebensführung liegenden persönlichen Gründen oder Neigungen ausübt.[11] Ein Beweisanzeichen für die Liebhaberei kann vorliegen, wenn die VuV **ausschließlich** ausgeübt wird, um Steuervorteile durch die Verrechnung von Verlusten mit anderen positiven Einkünften zu erreichen oder wenn die Tätigkeit davon bestimmt wird, nicht steuerbare Veräußerungsgewinne zu erzielen.[12] Bei einer ausschließlichen Fremdfinanzierung, einem krassen Missverhältnis zwischen Einnahmen und Zinsaufwendungen und einem fehlenden Finanzierungskonzept, kann Liebhaberei vorliegen.[13] Allerdings spricht **alleine** die Tatsache, dass an Angehörige vermietet wird, dass das Objekt (zunächst) ausschließlich fremd finanziert wird, dass eine unter dem Marktpreis liegende Miete vereinbart wird (vgl auch Rn 154) oder dass Subventions- und Lenkungsnormen in Anspr genommen werden, nicht gegen eine Einkünfteerzielungsabsicht.

Als **Indiz, das gegen das Vorliegen einer Überschusserzielung** spricht, gilt der Umstand, dass der **18** StPfl sich nicht zu einer langfristigen Vermietung entschlossen hat, denn in diesen Fällen liegt keine auf Dauer angelegte Vermietung vor. Allein der Abschluss eines Mietvertrages auf eine bestimmte Zeit rechtfertigt noch nicht den Schluss, auch die Vermietungstätigkeit sei nicht auf Dauer ausgerichtet; vielmehr müssen Umstände hinzutreten, die zusammen mit dem Abschluss des Vertrages auf eine bestimmte Zeit den Schluss rechtfertigen, der Vermieter habe seine Tätigkeit nicht auf Dauer ausgerichtet.[14] Liegt nach diesen Grundsätzen ein **befristetes Mietverhältnis** vor, fehlt es an einer Überschusserzielungsabsicht, wenn in diesem Zeitraum kein positives Gesamtergebnis erzielt werden kann.[15] Auch die Veräußerung eines Grundstücks innerhalb eines engen zeitlichen Zusam-

---

1 BFH BStBl II 03, 479.
2 Zu Ferienwohnungen **ohne jegliche Selbstnutzung**: BFH BStBl II 02, 726.
3 Grundlegend BFH BStBl II 98, 771; vgl aber auch schon BStBl II 87, 774; BFH/NV 86, 449; BMF BStBl I 04, 933; s auch *Ebling* FS Offerhaus, 1999, S 567; *Heuermann* DStZ 04, 9; abl *Stein* DStZ 04, 189 ff, der von einem Liebhaberei-Überprüfungsverbot spricht.
4 *Heuermann* DStR 05, 1338 (1342).
5 BFH BStBl II 03, 580; BFH/NV 02, 1565.
6 BFH BStBl II 95, 116; vgl auch FG Nds EFG 04, 728; krit *Stein* DStZ 04, 521.
7 BFH BStBl II 05, 754; BFH BStBl II 05, 692; dies dürfte jedoch nicht bei einem Finanzierungskonzept mit Rechtsträgerwechsel gelten: *Credo* DStZ 05, 741.
8 BFH BStBl II 07, 873; teilw wird bei längeren Verlustphasen erwartet, dass der StPfl Gegenmaßnahmen ergreift (FG SachsAnh EFG 07, 1944, Rev IX R 63/07).
9 BFH/NV 06, 525.
10 BFH BStBl II 86, 394; BFH/NV 90, 705; FG M'ster EFG 01, 1281 (Liebhaberei, wenn Kaltmiete die AfA nicht deckt und Einnahmen nicht einmal 40 % des WK erreichen).
11 BFH BStBl II 84, 751.
12 *K/S/M* § 21 Rn B 252.
13 Vgl BFH BStBl II 07, 873.
14 BFH BStBl II 05, 211; dazu *Heuermann* HFR 05, 313.
15 BFH BStBl II 03, 695; BFH/NV 04, 484; BFH/NV 07, 1847; *Heuermann* DB 02, 2011; *Spindler* FS Korn, S 165 (180); nach BMF BStBl I 04, 933 erstmals anzuwenden ab VZ 04 (krit *Stein* DStR 03, 1661).

menhangs – von idR 5 Jahren[1] – seit der Anschaffung oder Herstellung spricht selbst bei einem unbefristeten Mietvertrag gegen die Überschusserzielungsabsicht, wenn es dem StPfl nicht gelingt, nachvollziehbare Gründe dafür vorzutragen, dass er sich erst nachträglich zur Veräußerung entschlossen hat.[2] Die **von Anbeginn an beabsichtigte Eigennutzung** im Anschluss an eine kurzfristige Vermietung kann nicht anders beurteilt werden als die beabsichtigte Veräußerung eines Vermietungsobjekts.[3] In beiden Fällen ist die Vermietung nicht auf Dauer angelegt, so dass der erste Anschein gegen die Einkünfteerzielungsabsicht spricht.[4] Gegen die Überschusserzielungsabsicht spricht auch die Beteiligung an einem **Mietkaufmodell**,[5] Rückkaufs- oder Verkaufsgarantien[6] sowie an einem Bauherren- oder Erwerbermodell mit **Rückkaufangebot** oder **Verkaufsgarantie**.[7] Durch diese Garantien wird es einem Anleger ermöglicht, sich ohne Schwierigkeiten und ohne Vermögensverlust unter Mitnahme der durch das Modell bedingten Steuervorteile von der Immobilie zu trennen, sobald Einnahmeüberschüsse anfallen.[8] Den Rückkaufs- oder Verkaufszusagen kann eine Indizwirkung nur dann zukommen, wenn erkennbar ist, dass der StPfl **bereits beim Erwerb** des Objekts ernsthaft in Betracht gezogen hat, sich mit Rücksicht auf diese Garantie von dem Objekt wieder zu trennen.[9] Daher fehlt sowohl auf der Ebene der Ges wie auch auf derjenigen der G'ter die Einkünfteerzielungsabsicht, wenn sich ein Immobilienfonds der Möglichkeit begeben hat, ein Grundstück zeitlich unbegrenzt zu nutzen, weil er einem Dritten rechtswirksam ein Ankaufsrecht eingeräumt hat, und wenn feststeht, dass nach der Konzeption des Fonds bis zum Zeitpunkt der möglichen Ausübung des Ankaufsrechts ausschließlich WK-Überschüsse erzielt werden können.[10] Lässt sich jedoch der Eigentümer einer Eigentumswohnung beim Erwerb einer zweiten Wohnung vom Verkäufer beider Wohnungen ein Rückverkaufsrecht hinsichtlich der ersten Wohnung einräumen, dann schließt dies die Absicht, aus beiden Wohnungen langfristig einen Überschuss zu erzielen, nicht aus, wenn feststeht, dass der Erwerber von dem Recht nur Gebrauch machen will, falls äußere Umstände ihn dazu zwingen.[11]

19 Die zunächst fehlende Gewinnerzielungsabsicht wird auch bei einer Beteiligung an einer sog **Verlustzuweisungsgesellschaft**[12] (vgl § 2b) vermutet; etwas anderes gilt erst dann, wenn ein Totalgewinn nach dem Urteil eines ordentlichen Kaufmanns sehr wahrscheinlich ist.[13] Sowohl die Neuregelung des § 15b als auch der bis dahin geltende § 2b erübrigen nicht die Prüfung der Einkünfteerzielungsabsicht, sondern setzen diese voraus (§ 15b Rn 12, § 2b Rn 2). Die Einkünfteerzielungsabsicht kann auch entfallen, wenn sich der StPfl nach Auszug des Mieters zur Veräußerung einer Wohnung entschließt. Die Aufwendungen während des Wohnungsleerstandes sind dann nicht abzugsfähig.[14] Außerdem können besondere Arten der Nutzung der Immobilie ausnahmsweise schon für sich allein Beweisanzeichen für eine private, nicht mit der Erzielung von Einkünften zusammenhängende Veranlassung sein.[15] Dies gilt insbes für die Vermietung **teilw selbstgenutzter Ferien- und Zweitwohnungen**.[16] Bei einer Ferienwohnung, die der StPfl nicht selbst nutzt, sondern **ausschließlich an wechselnde Feriengäste vermietet** oder hierfür bereit hält, sind die generellen zur Dauervermietung aufgestellten Grundsätze idR anzuwenden, so dass grds von der Einkünfteerzielungsabsicht auszugehen ist[17] (Rn 16), auch wenn es zu hohen WK-Überschüssen kommt[18]. Der Nachweis der ausschließlichen Fremdvermietung obliegt dem StPfl.[19] In besonderen Fällen kann es geboten sein, auch bei ausschließlicher Vermietung, die Einkünfteerzielungsabsicht zu prüfen (zB Unterschreiten

---

1 Keine starre Grenze; auch später verkaufte Immobilien können berücksichtigt werden (BFH/NV 07, 1084).
2 BFH BStBl II 03, 580; BFH/NV 07, 1477; BFH/NV 06, 1078; BFH/NV 06, 720; vgl auch *Stein* INF 03, 902 (903).
3 BFH/NV 07, 1847; vgl auch FG Kln EFG 07, 1167 (Rev IX R 30/07).
4 *K/S/M* § 21 Rn B 272; *Leu* DStZ 00, 129 (130); *Stein* DStZ 00, 626; vgl auch BFH/NV 86, 449.
5 BFH BStBl II 93, 658; BStBl II 87, 668; BStBl II 87, 774; BFH/NV 88, 292; BFH/NV 91, 390; BFH/NV 94, 301; ausf *Spindler* DB 07, 185 (187).
6 BFH/NV 06, 1637.
7 BFH BStBl II 97, 650; BStBl II 95, 116; BFHE 175, 541; vgl auch *Spindler* FS Korn, S 165 (174 f).
8 BFH BStBl II 95, 116; BFHE 175, 541.
9 BFH BStBl II 00, 67; BStBl II 95, 462.
10 BFH BStBl II 99, 468.
11 BFH BStBl II 97, 650.
12 BFH BStBl II 01, 789; *Spindler* ZfIR 01, 237; *K/S/M* § 21 Rn B 292.
13 BFH BStBl II 91, 564; BStBl II 96, 219.
14 FG Hbg EFG 00, 1074.
15 S auch BFH/NV 95, 11: Vermietung eines aufwendig umgebauten EFH zu einem Preis, der nicht einmal 1/3 der WK erreicht.
16 BFH BStBl II 02, 726; BStBl II 97, 42; BFH/NV 95, 11; BFH BStBl II 92, 23; vgl auch *Spindler* FS Korn, S 165 (171 f) *ders* DB 07, 185 (186 f).
17 BFH BStBl II 03, 914; BFH/NV 03, 598; BFH/NV 03, 454 (auch bei anfänglicher kurzer teilw Selbstnutzung); zu den Nachweisen der ausschließlichen Nutzung: BMF BStBl I 04, 933.
18 BFH BStBl II 07, 256.
19 BFH/NV 07, 32.

der ortsüblichen Vermietungszeit[1] von mindestens 25 vH ohne dass ein Vermietungshindernis[2] gegeben ist).[3] Bei **auch nur gelegentlicher Selbstnutzung** einer Ferienwohnung ist die Überschusserzielungsabsicht im Einzelnen zu **prüfen**.[4] Dies gilt auch, wenn sich der StPfl die Selbstnutzung vorbehalten hat, unabhängig davon, ob und inwieweit er hiervon tatsächlich Gebrauch macht.[5] In mehreren grundlegenden Entscheidungen vom 6.11.01[6] hat der BFH detaillierte Vorgaben gemacht.[7] Danach sind als WK in die Prognose nur diejenigen Aufwendungen einzubeziehen, die auf Zeiträume entfallen, in denen die Ferienwohnung tatsächlich vermietet oder zur Vermietung angeboten und bereitgehalten wird. Soweit es sich nicht um ausschließlich auf die Vermietung entfallende WK handelt, sind die WK auf die Zeit der Vermietung und diejenige der Selbstnutzung aufzuteilen. Bei einem zeitlichen Vorbehalt der Selbstnutzung ist nur diese Zeit der Selbstnutzung zuzurechnen und iÜ die Leerstandszeit der Vermietung zuzuordnen. Ist die Selbstnutzung jederzeit möglich, sind die Leerstandszeiten im Wege der Schätzung entsprechend dem Verhältnis der tatsächlichen Selbstnutzung zur tatsächlichen Vermietung aufzuteilen. Lässt sich der Umfang der Selbstnutzung nicht aufklären, sind die Aufwendungen hälftig der Selbstnutzung und Vermietung zuzuordnen. Der Prognose sind bei einem 30-jährigen Zeitraum (Rn 25) Einnahmen und WK anhand des Durchschnitts von idR 5 VZ zugrunde zu legen. Dabei ist ein Sicherheitszuschlag bei den Einnahmen von 10 % und bei den Ausgaben ein Sicherheitsabschlag von 10 % gerechtfertigt.

20 Überlässt der StPfl **mehrere Objekte** entgeltlich zur Nutzung, ist im Regelfall die Einkünfteerzielungsabsicht für jedes Objekt **getrennt** zu beurteilen.[8] In Ausnahmefällen ist jedoch auch eine Zusammenfassung von Immobilien möglich, wenn sie auf der Grundlage eines einheitlichen Gesamtplans des StPfl vermietet werden. Die Absicht der G'ter einer GbR, einen weiteren G'ter aufzunehmen, rechtfertigt es grds nicht, den Anteil jedes G'ters aufzuteilen in einen, den er veräußern und einen restlichen, den er weiter halten will, mit der Folge, dass die Überschusserzielungsabsicht nur für den letzteren Anteil zu bejahen ist.[9] Zur Einkünfteerzielungsabsicht bei PersGes s Rn 48.

25 c) **Prognoseentscheidung.** Soweit im Einzelfall die Einkünfteerzielungsabsicht nicht typisierend angenommen werden kann, muss der StPfl diesen Anschein widerlegen. Es ist eine Prognose erforderlich, ob auf Dauer gesehen nachhaltig Überschüsse zu erzielen sind.[10] Dabei kommt es nicht auf die Dauer der abstrakten Nutzungsmöglichkeit des Grundstücks an, sondern auf die **voraussichtliche Dauer der konkreten Nutzung** durch den StPfl[11] sowie die mögliche Nutzung durch unentgeltliche Rechtsnachfolger.[12] Dies schließt eine Kalkulation über 50 oder gar 100 Jahre aus; ein derart langer Zeitraum enthält zu viele spekulative Komponenten für eine Prognoseentscheidung.[13] Problematisch wäre es auch, an die voraussichtliche Nutzungsfähigkeit des Vermietungsgegenstandes oder an das Lebensalter und die Lebenserwartung des StPfl anzuknüpfen.[14] Der BFH legt typisierend einen Prognosezeitraum von 30 Jahren zugrunde, da in einem solchen Zeitraum bei einer Finanzierung zu Standardkonditionen die Kredite getilgt werden.[15] Wird der spätere Verkauf einer Immobilie schon beim Erwerb ernsthaft in Betracht gezogen, ist bei der Prüfung der Einkünfteerzielungsabsicht als Prognosezeitraum der kürzere Zeitraum der tatsächlichen Vermögensnutzung zugrunde zu legen.[16] Die FinVerw hat sich nach anfänglichem Zögern dieser Auffassung angeschlossen.[17]

---

1 Zur Darlegungslast der Ortsüblichkeit FG Nds EFG 07, 1772 (Rev IX R 39/07).
2 Dies liegt vor, wenn eine Ferienwohnung aus tatsächlichen Gründen (zB wegen einer notwendigen Renovierung oder wegen höherer Gewalt) eine Zeit nicht vermietet werden kann: BFH/NV 06, 719.
3 BFH BStBl II 07, 256; BStBl II 05, 388; BFH/NV 05, 1040; BFH/NV 05, 1059; *Credo* BB 05, 1819; *ders* DB 05, 965.
4 BFH/NV 06, 267.
5 BFH/NV 02, 1454; BFH/NV 06, 1281.
6 Insbes BFH BStBl II 02, 726; s auch die Entscheidungen in BFH/NV 02, 765 ff; vgl auch *Thürmer* DB 02, 444; *ders* DStZ 02, 855; *Spindler* ZfIR 02, 229.
7 Dazu nunmehr BMF BStBl I 04, 933; dazu *Diemel-Metz* DStR 04, 495; vgl auch BFH/NV 05, 688.

8 Vgl § 9 Rn 13.
9 BFH/NV 00, 120.
10 Nur noch in Ausnahmefällen: *Ebling* FS Offerhaus, 1999, S 567 (578); zu den Berechnungsgrundlagen ausf: *Stein* DStR 02, 1419/1420.
11 So bereits BFH BStBl II 87, 668; BStBl II 87, 774; BFH/NV 90, 26.
12 BFH BStBl II 02, 726.
13 BFH BStBl II 99, 826; vgl auch *Pezzer* DStR 95, 1853 (1856).
14 *K/S/M* § 21 Rn B 262 mwN.
15 BFH BStBl II 02, 726; zu Anfang und Ende der Einkünfteerzielungsabsicht: *Heuermann* DStZ 04, 9 (13).
16 BFH/NV 03, 752.
17 BMF BStBl I 04, 933 (936 f).

26 Bei der Überschussprognose sind die im Rahmen von § 21 **nicht steuerbaren Veräußerungsgewinne** außer Ansatz zu lassen, so dass nicht zu prüfen ist, ob WK-Überschüsse durch den stfreien Erlös aus der Veräußerung des Mietobjekts ausgeglichen werden.[1] Entgegen der Auffassung der FinVerw[2] können allerdings die bei § 23 erfassten Gewinne aus der Veräußerung eines Grundstücks in die Beurteilung der Absicht, positive Einkünfte zu erzielen, einbezogen werden.[3] Voraussetzung ist jedoch, dass Grundlage der vom StPfl beabsichtigten Nutzung der Verkauf innerhalb der 10-Jahresfrist ist. Dies hat der StPfl im Zweifel nachzuweisen.[4] Ob **Subventions- und Lenkungsnormen** bei der Prognose des Totalüberschusses zu berücksichtigen sind, richtet sich nach dem mit der Norm verbundenen Lenkungszweck und der Art der Förderung.[5] Bei einer auf Dauer angelegten Vermietung bleiben sie grds außer Ansatz.[6] Das Gleiche gilt für WK-Überschüsse, die durch eine staatliche Reglementierung des Mietwohnungsmarktes, zB nach dem II. Wohnungsbaugesetz oder dem Wohnungsbindungsgesetz, verursacht werden. Die soziale und wohnungspolitische Zielsetzung dieser Normen würde ebenfalls unterlaufen, wenn die durch die Begrenzung der Mieteinnahmen entstandenen WK-Überschüsse unter dem Gesichtspunkt der Liebhaberei unberücksichtigt bleiben müssten.[7] Bei Sonderabschreibungen oder erhöhten Abschreibungen, die lediglich zu einer Steuerstundung führen, sind zumindest bei einer nur kurzfristigen Vermietung die entsprechenden Steuervergünstigungen in die Prognose einzubeziehen, wenn dies deren Zweck und die Art der Förderung gebieten (vgl auch § 2 Rn 48d).[8]

30 **4. Verträge zwischen Angehörigen. – a) Allgemein.** Mietverhältnisse zw nahen Angehörigen[9] (hierzu gehören auch Großeltern und Enkelkinder im Verhältnis zueinander)[10] spielen wegen der hohen WK-Überschüsse, die bei der Vermietung von überwiegend fremd finanzierten Objekten entstehen, in der Praxis eine große Rolle. Für sie gelten die allg Voraussetzungen für Verträge zw Angehörigen (§ 2 Rn 64). Sie sind steuerrechtlich nur dann anzuerkennen, wenn sie zum einen der Erzielung von Einkünften dienen (Rn 15 ff), zum anderen bürgerlich-rechtlich wirksam vereinbart sind und sowohl die Gestaltung als auch die Durchführung des Vereinbarten dem zw Fremden üblichen entsprechen.[11] Lassen die Vertragsbeteiligten zivilrechtliche Formerfordernisse unbeachtet, so führt dieses Beweisanzeichen gegen die Ernsthaftigkeit der getroffenen Vereinbarung nicht allein und ausnahmslos dazu, das Vertragsverhältnis steuerrechtlich nicht anzuerkennen.[12] Die **Indizwirkung** gegen den vertraglichen Bindungswillen wird aber verstärkt, wenn den Vertragspartnern die Nichtbeachtung der Formvorschriften insbes bei klarer Zivilrechtslage angelastet werden kann.[13] Das BMF wendet sich dagegen, dass die zivilrechtliche Unwirksamkeit lediglich indizielle Bedeutung hat und lehnt eine nachträglich herbeigeführte zivilrechtliche Wirksamkeit eines Rechtsgeschäfts ab[14] ohne aber deutlich zu machen, wie der Fremdvergleich dogmatisch bewältigt werden soll[15]. Bei **minderjährigen Kindern** ist idR die Mitwirkung eines Pflegers erforderlich.[16] Wird ein zunächst schwebend unwirksamer Vertrag (§ 1629 I 1 iVm § 1795 I Nr 1 BGB) zeitnah durch den Ergänzungspfleger genehmigt, kann der Vertrag gleichwohl steuerlich anzuerkennen sein, da der zivilrechtlichen Unwirksamkeit lediglich Indizfunktion zukommt.[10] Unabhängig davon muss feststehen, dass der Vertrag nicht nur zum Schein abgeschlossen wurde (§ 41 II AO)[17] und eine rechtsmissbräuchliche Gestaltung (§ 42 AO) ausgeschlossen ist.[18] Hält das Mietverhältnis dem Fremdvergleich nicht stand, wird es der Besteuerung nicht zugrunde gelegt. Bei einem Gestaltungsmissbrauch entsteht der Steueranspruch so, wie er bei einer angemessenen Gestaltung entstanden wäre, so dass im Regelfall von einer unentgeltlichen Nutzungsüberlassung auszugehen ist.

---

1 BFH BStBl II 84, 751.
2 BMF BStBl I 04, 933 (937).
3 So auch *Heuermann* DStZ 02, 864; *Pezzer* StuW 00, 457; **aA** *Stein* DStZ 03, 803.
4 Vgl auch *Stein* DStR 02, 1419/1421.
5 BFH BStBl II 03, 695.
6 BFH BStBl II 02, 726; BStBl II 98, 771.
7 BFH BStBl II 98, 771.
8 BFH BStBl II 03, 695; vgl auch *Heuermann* DB 02, 2011/2013; *Thürmer* DStZ 02, 855/859.
9 Insoweit kommt es nicht auf § 15 AO, sondern auf den Gleichklang wirtschaftlicher Interessen indizierendes Näheverhältnis an (BFH/NV 03, 617).
10 BFH BStBl II 07, 294.
11 Keine Vermietung bei unterhaltsbedingter unentgeltlicher Wohnungsüberlassung (BFH/NV 06, 738).
12 BFH/NV 06, 2162.
13 BFH v 22.2.07 – IX R 45/06, DStR 07, 986; BFH BStBl II 00, 386; dagegen *Tiedtke/Möllmann* (DStR 07, 1940), die in der Prüfung der zivilrechtlichen Wirksamkeit einen Verstoß gegen § 41 AO sehen.
14 **Nichtanwendungserlass** zu dem Urteil des BFH v 22.2.07: BMF BStBl I 07, 441.
15 Dazu ausf *Heuermann* DB 07, 1267 (insbes zur Bedeutung des § 41 AO).
16 Wenn das Vormundschaftsgericht die Mitwirkung eines Ergänzungspflegers für entbehrlich gehalten hat, sind die Verträge auch ohne Mitwirkung eines Pflegers anzuerkennen: zum Nießbrauch; vgl BMF BStBl I 01, 171.
17 Vgl hierzu *Heuermann* DB 07, 416.
18 Aus der Literatur: *Spindler* DB 97, 643; *Pezzer* StuW 94, 341; *ders* DStR 95, 1853 (1898).

b) Fremdvergleich. Anerkannt werden Verträge zw nahen Angehörigen nur dann, wenn sie zivilrechtlich wirksam zustande gekommen sind, denn nur auf diese Weise kann sichergestellt werden, dass nur ernsthafte Vertragsbeziehungen berücksichtigt werden, die nicht im privaten Bereich (vgl § 12) wurzeln.[1] § 41 AO, wonach das ernsthaft gewollte und tatsächlich durchgeführte Vertragsverhältnis der Besteuerung zugrunde gelegt wird, findet keine Anwendung.[2] Nicht anerkannt werden **Scheingeschäfte** (§ 41 II 1 AO), die vorliegen, wenn sich die Vertragsbeteiligten über den Scheincharakter des Rechtsgeschäfts einig sind.[3] Das kann bereits daran offenkundig werden, wenn sie die notwendigen Folgerungen aus dem Vertrag bewusst nicht gezogen haben.[4] Danach ist ein Mietverhältnis für die Besteuerung unerheblich, wenn ein Zahlungsempfänger die ihm zugeflossenen Beträge in Verwirklichung eines gemeinsamen Gesamtplanes alsbald dem Schuldner wieder zuwendet[5] oder wenn der Vermieter dem Mieter die Miete im Vorhinein zur Vfg stellt oder die Miete nach Eingang auf seinem Konto alsbald wieder an den Mieter zurückzahlt, ohne hierzu aus anderen – zB unterhaltsrechtlichen – Rechtsgründen verpflichtet zu sein.[6] Ein Beweisanzeichen für eine solche Voraus- oder Rückzahlung kann sich insbes daraus ergeben, dass der Mieter wirtschaftlich nicht oder nur schwer in der Lage ist, die Miete aufzubringen.[7] Dabei hat das FG in seine Beurteilung das gesamte in den Streitjahren verfügbare Einkommen des Mieters einzubeziehen.[8]

31

Ob einem Mietvertrag zw nahen Angehörigen die steuerrechtliche Anerkennung zu versagen ist, weil die Vereinbarung und Durchführung des Vertrages von dem unter Fremden Üblichen abweicht, kann nur im Rahmen einer Würdigung aller Umstände des Streitfalles entschieden werden.[9] Dabei ist die **Gesamtheit der objektiven Gegebenheiten** entscheidend. Einzelnen Beweisanzeichen kann eine unterschiedliche Bedeutung zukommen. Dementspr schließt nicht jede Abweichung vom Üblichen notwendigerweise die steuerliche Anerkennung des Vertragsverhältnisses aus.[10] Voraussetzung ist jedoch, dass die **Hauptpflichten** der Mietvertragsparteien wie Überlassen einer konkret bestimmten Mietsache und Höhe der zu entrichtenden Miete (vgl § 535 BGB) klar und eindeutig vereinbart sowie entspr dem Vereinbarten durchgeführt werden.[11] Ist nicht erkennbar, ob Warm- oder Kaltmiete vereinbart wurde, fehlt es an einer eindeutigen Vereinbarung.[12] Die gezahlte Miete muss tatsächlich endgültig in das Vermögen des Vermieters übergehen.[13] Für die Auslegung ursprünglich unklarer Vereinbarungen kann die spätere tatsächliche Übung der Vertragspartner herangezogen werden.[14] An den Nachweis, dass es sich um ein ernsthaftes Vertragsverhältnis handelt, sind umso strengere Anforderungen zu stellen, je mehr die Umstände auf eine private Veranlassung hindeuten.[15] In die Würdigung kann ein zwischen den gleichen Beteiligten abgeschlossener Arbeitsvertrag mit einbezogen werden.[16] Allerdings sind Verträge mit Dritten (zB der Darlehensvertrag mit einer Bank) idR nicht in den Fremdvergleich einzubeziehen.[17]

32

Die steuerrechtliche Anerkennung von Mietverträgen zw Angehörigen **scheitert** daher zB **nicht alleine daran**, dass die Miete nach Auflösung des Kontos des Vermieters (wie mündlich vereinbart) vorschüssig bar gezahlt wird,[10] wenn eine schriftliche Vereinbarung hinsichtlich der Nebenkosten nicht getroffen worden war,[18] wenn bei Miteigentümerehegatten nur ein Ehegatte als Vermieter auftritt[19] oder wenn ein schriftlicher Mietvertrag zu Art und Zeitpunkt der Mietzahlung sowie zur Frage der Zahlung von Nebenkosten keine Angaben enthält.[20] Mietverhältnisse sind jedoch beispielsweise **nicht anerkannt** worden, wenn die Miete zT überhaupt nicht oder nur unvollständig überwiesen wird und die Barzahlungen nicht nachgewiesen werden,[21] wenn der Mietvertrag über eine leere Wohnung geschlossen, tatsächlich eine möblierte überlassen wird und der StPfl die Wohnung in nicht unerheblichem Umfang weiter benutzt,[22] wenn die vermieteten Räume durch den Ver-

33

---

1 BFH BStBl II 92, 75; BStBl II 73, 307; BStBl II 88, 245; BFH/NV 91, 236.
2 Ausnahme für das Gebiet der ehemaligen DDR für die Phase der vollständigen Rechtsumwälzung: BFH BStBl II 98, 108.
3 BFH BStBl II 97, 655; zum Fremdvergleich beim Scheingeschäft: BFH/NV 05, 498.
4 BFH BStBl II 89, 216.
5 BFH BStBl II 91, 308.
6 BFH BStBl II 97, 52.
7 BFH BStBl II 97, 52; BFH/NV 96, 29.
8 BFH/NV 03, 768.
9 BFH BStBl II 98, 349.
10 BFH BStBl II 97, 196.
11 BFH BStBl II 98, 106; *Gorski* DStZ 97, 16.
12 BFH/NV 04, 1531.
13 BFH/NV 03, 612.
14 BFH BStBl II 02, 699.
15 BFH BStBl II 97, 655.
16 BFH/NV 03, 465.
17 BFH BStBl II 03, 243; anders möglicherweise bei gesamtschuldnerischer Darlehensaufnahme (FG BaWü EFG 06, 404).
18 BFH BStBl II 98, 108; BFH/NV 97, 285.
19 BFH/NV 00, 319.
20 BFH/NV 97, 285.
21 BFH BStBl II 98, 106; BStBl II 92, 75.
22 BFH/NV 92, 656; BFH/NV 96, 29.

mieter mit benutzt werden[1] oder nur durch eine gemeinsame Küche erreichbar sind,[2] wenn nicht feststeht, dass die Miete tatsächlich endgültig aus dem Vermögen des Mieters in das des Vermieters gelangt ist[3] oder wenn die Miete entgegen der vertraglichen Vereinbarung nicht regelmäßig, sondern in einem späteren Jahr in einem Betrag gezahlt wird.[4] Die Würdigung der Gesamtheit der objektiven Gegebenheiten obliegt stets in erster Linie den FG als Tatsacheninstanz und ist vom BFH nur eingeschränkt überprüfbar.[5] Eine Rev hat jedoch Erfolg, wenn das FG im Rahmen des Fremdvergleichs nicht alle Umstände des Streitfalles gegeneinander abgewogen und gewürdigt hat.[6] Unzulässig ist es auch, wenn das FG an Stelle der vereinbarten Leistung der Besteuerung eine höhere Gegenleistung unter Hinweis darauf zugrunde legt, dass eine solche unter fremden Dritten üblich sei.[7] Ein Mietvertrag zwischen einer von Ehegatten begründeten GbR und einem G'ter (Ehegatten) ist nicht anzuerkennen, wenn und soweit diesem das Grundstück nach § 39 II Nr 2 AO anteilig zuzurechnen ist.[8]

35 c) Gestaltungsmissbrauch. Auch wenn ein Mietverhältnis mit nahen Angehörigen dem Fremdvergleich standhält, kann es steuerrechtlich nicht anerkannt werden, wenn ein Gestaltungsmissbrauch (§ 42 AO) vorliegt. Davon ist auszugehen, wenn eine rechtliche Gestaltung gewählt wird, die, gemessen am erstrebten Ziel, unangemessen ist, der Steuerminderung dienen soll und durch wirtschaftliche oder sonst beachtliche nichtsteuerliche Gründe nicht zu rechtfertigen ist.[9] Alleine das **Bestreben, Steuern zu sparen**, macht eine rechtliche **Gestaltung nicht unangemessen**, denn auch Angehörigen steht es grds frei, ihre Rechtsverhältnisse möglichst günstig zu gestalten.[10] Eine rechtliche Gestaltung ist dann unangemessen, wenn der StPfl die vom Gesetzgeber vorausgesetzte Gestaltung zum Erreichen eines bestimmten Ziels nicht gebraucht, sondern einen ungewöhnlichen Weg wählt, auf dem nach den Wertungen des Gesetzgebers das Ziel nicht erreichbar sein soll.

36 Ein **Gestaltungsmissbrauch kann vorliegen**, wenn Eheleute die Einliegerwohnung in ihrem Zweifamilienhaus zur Betreuung ihres Kleinkindes an die Eltern der Ehefrau vermieten, die am selben Ort weiterhin über eine größere Wohnung verfügen,[4] wenn 2 verheiratete Ärzte im Rahmen einer Bauherrengemeinschaft 2 Arztpraxen errichten, die sie sich nach Übertragung des Teileigentums wechselseitig vermieten[11] oder wenn eine minderjährige Tochter den Eltern ein Darlehen in Höhe eines zuvor ihr von den Eltern geschenkten Betrages gewährt, mit dem die Eltern entspr ihres Gesamtplans ein Hausgrundstück kaufen.[12] Es stellt **keinen Gestaltungsmissbrauch** iSd § 42 AO dar, wenn der **Mieter das Grundstück zuvor gegen wiederkehrende Leistungen auf den Vermieter übertragen hat** (sog **Stuttgarter Modell**).[13] Diese Rspr beruht darauf, dass der BFH zwischen Eigentumsübertragung (Vermögensebene/Eigentumsebene) einerseits und Vermietung (Nutzungsebene) andererseits trennt.[14] Dementspr ist es auch unproblematisch, wenn auf die Ausübung eines im Zusammenhang mit einer Grundstücksübertragung eingeräumten unentgeltlichen Wohnungsrechts verzichtet und stattdessen zwischen dem Übertragenden und dem neuen Eigentümer des Grundstücks ein Mietvertrag geschlossen wird; der Fortbestand des dinglichen Wohnungsrechts allein hindert die Wirksamkeit des Mietvertrages nicht.[15] Andererseits kann ein Gestaltungsmissbrauch vorliegen, wenn ein im Zusammenhang mit einer Grundstücksübertragung eingeräumtes, unentgeltliches Wohnungsrecht gegen Vereinbarung einer dauernden Last aufgehoben und gleichzeitig ein Mietverhältnis mit einem Mietzins in Höhe der dauernden Last vereinbart wird, weil es durch gegenläufige Rechtsgeschäfte auf der Nutzungsebene nicht zu einer entgeltlichen Nutzung des Übertragenden kommt.[16] **Demgegenüber** ist es **nicht rechtsmissbräuchlich**, wenn der Alleineigentümer von 2 Eigentumswohnungen einem nahen Angehörigen die von ihm selbstgenutzte Wohnung überträgt und gleichzeitig wechselseitige Mietverträge abgeschlossen werden,[17] wenn eine 64 Jahre alte Mutter ein EFH ihrem Sohn verkauft, die Kaufpreisforderung ohne eine Tilgungsvereinbarung stundet, sie durch eine

---

1 BFH/NV 04, 1262; BFH/NV 07, 444.
2 BFH/NV 04, 38.
3 BFH BStBl II 97, 655.
4 BFH BStBl II 92, 549.
5 BFH/NV 05, 192; vgl dazu auch *Pezzer* DStZ 02, 850; *Spindler* StbJb 02/03, 61.
6 BFH BStBl II 98, 349.
7 BFH BStBl II 01, 756.
8 BFH BStBl II 04, 898.
9 BFH BStBl II 96, 214.
10 BFH BStBl II 98, 539; BStBl II 96, 443; BStBl II 83, 272; vgl auch *Heuermann* BB 03, 1465.
11 BFH BStBl II 94, 738; zur wechselseitigen Übernahme von Verbindlichkeiten vgl FG Kln EFG 07, 918 (Rev IX R 17/07).
12 BFH BStBl II 96, 443.
13 BFH BStBl II 04, 643; Anm *Fischer* FR 04, 716.
14 Hierzu ausf *Heuermann* StuW 04, 124; krit dazu *Fischer* FR 04, 720.
15 BFH BStBl II 04, 646; BFH/NV 04, 1272; BFH/NV 05, 1008; **aA** *Gosch* StBp 04, 148.
16 BFH BStBl II 04, 648; Anm *Fischer* FR 04, 720.
17 BFH BStBl II 96, 158.

Hypothek sichern und ferner verzinsen lässt und der Sohn ihr das übertragene Haus auf 30 Jahre vermietet,[1] wenn zw Angehörigen gleichzeitig ein Nießbrauch und ein Mietvertrag vereinbart wird und das dingliche Nutzungsrecht lediglich zur Sicherung des Pacht- oder Mietverhältnisses vereinbart und nicht tatsächlich ausgeübt wird,[2] wenn ein Darlehen zwischen Eltern und Kindern bei vorangehender Schenkung des Darlehensvertrages vereinbart wird, und die Vereinbarung nicht nur der Steuerersparnis dient,[3] wenn ein Ehegatte dem anderen seine an dessen Beschäftigungsort belegene Wohnung im Rahmen einer doppelten Haushaltsführung zu üblichen Bedingungen vermietet[4] oder wenn ein Haus an die Eltern vermietet wird und der StPfl gleichzeitig unentgeltlich ein Hauses der Eltern nutzt.[5]

Besondere Aktualität hat die Frage des Gestaltungsmissbrauchs bei Mietverträgen mit unterhaltsberechtigten Angehörigen. Vermieten Eltern ihrem **unterhaltsberechtigten Kind** eine ihnen gehörende Wohnung, dann ist der Mietvertrag nach der geänderten Rspr des BFH nicht deshalb rechtsmissbräuchlich, weil das Kind die Miete aus dem Barunterhalt oder durch Verrechnung mit dem Barunterhalt der Eltern zahlt.[6] Damit hat der BFH ausdrücklich seine frühere Rspr[7] aufgegeben, die bei einer Vermietung an volljährige Kinder von einem Gestaltungsmissbrauch ausgegangen war. Entscheidend ist, dass es den Eltern nach § 1612 II BGB freisteht, ihrem unterhaltsberechtigten Kind Barunterhalt zu gewähren, von dem es die Kosten einer Wohnung bestreiten kann, oder aber ihm Wohnraum unmittelbar zu überlassen. Unterhaltszahlung einerseits und Mietverhältnis andererseits sind sowohl zivilrechtlich als auch steuerrechtlich voneinander getrennte Vorgänge. Die Entscheidung der Eltern zugunsten des Mietverhältnisses ist auch im Hinblick auf Art 6 GG grds der Besteuerung zugrunde zu legen. Bereits in früheren Urteilen hatte der BFH entschieden, dass es nicht rechtsmissbräuchlich ist, wenn unterhaltspflichtige Eltern ihrem Kind eine Wohnung vermieten und das Kind die Miete aus eigenen Mitteln zahlen kann.[8] Ein Mietvertrag zw Eltern und ihrem Barunterhalt empfangenden Kind ist jedoch dann nicht anzuerkennen, wenn Eltern und Kind noch eine **Haushaltsgemeinschaft** bilden. Das Vermieten von Teilen einer Wohnung an im Haushalt lebende Mitbewohner ist steuerrechtlich nicht möglich.[9] 37

II. Ermittlung und Zurechnung der Einkünfte. – 1. Allgemein. Einkünfte werden derjenigen nat Pers zugerechnet, die den Tatbestand der jeweiligen Einkunftsart verwirklicht (§ 2 Rn 29). Einkünfte aus VuV werden demjenigen zugerechnet, der die rechtliche oder tatsächliche Macht hat, eines der in § 21 I genannten WG einem anderen entgeltlich auf Zeit zu überlassen. Er muss Träger der Rechte und Pflichten aus dem Mietvertrag oder dem Pachtvertrag sein.[10] Für die Zurechnung ist nicht entscheidend, wem das Vermietungsobjekt rechtlich zuzuordnen ist. Es kommt vielmehr darauf an, wer das **Nutzungsüberlassungsverhältnis beherrscht und an diesem beteiligt ist.** Dies muss nicht notwendigerweise der zivilrechtliche oder wirtschaftliche Eigentümer sein. Mieter, Pächter oder Nießbraucher können selber aus dem überlassenen WG Einkünfte aus VuV erzielen. Auch eine vom Eigentümer abgeleitete Berechtigung ist für die Zurechnung nicht erforderlich. Das kann auch derjenige sein, dem ein Wohnungsrecht entgeltlich oder unentgeltlich, formlos oder konkludent von einem dinglich Wohnungsberechtigten zur Ausübung überlassen wird.[11] Auch ein Unbefugter kann bei **unerlaubter Untervermietung** Einkünfte aus VuV erzielen.[12] § 12 Nr 2 enthält ebenfalls keine Vorgaben für die Zurechnung der Einkünfte aus VuV, denn diese Vorschrift regelt die Einkommensverwendung und setzt die Einkommenserzielung voraus.[13] Auch der Erwerber eines zwangsverwalteten Grundstücks kann Vermieter sein; soweit Mieterträge an die Grundpfandgläubiger ausgekehrt werden, kann es sich um Vorauszahlungen auf die AK handeln.[14] 40

---

1 BFH/NV 97, 404.
2 BFH BStBl II 98, 539.
3 BFH BStBl II 02, 674.
4 BFH BStBl II 03, 627.
5 BFH BStBl II 03, 509; dazu auch *Heuermann* BB 03, 1465.
6 BFH BStBl II 00, 223; BStBl II 00, 224; BFH/NV 00, 429; BFH/NV 03, 750; grds *Thürmer* DB 03, 1012; krit *Fischer* FR 00, 206 und *Gosch* StBp 00, 94.
7 BFH BStBl II 88, 604; BFH/NV 90, 494.
8 BFH BStBl II 96, 59; BFH/NV 97, 663; BFH/NV 98, 316; vgl auch BStBl II 97, 599 (Vermietung an unterhaltsberechtigte Tochter und ihren Ehemann).
9 BFH BStBl II 03, 301; BStBl II 96, 359 (nichteheliche Lebensgemeinschaft); BFH/NV 05, 703 (auch bei zwei abgeschlossenen Wohnungen); BFH/NV 05, 1551; vgl auch FG Hess EFG 03, 850; vgl auch BFH/NV 07, 1875 Wohnräume im Haus der Kinder, die keine abgeschlossene Wohnung bilden, können nicht mit steuerrechtlicher Wirkung an ein pflegebedürftiges Elternteil vermietet werden.
10 Grundlegend BFH BStBl II 81, 295; BStBl II 81, 297; BStBl II 81, 299.
11 BFH/NV 07, 406.
12 *K/S/M* § 21 Rn B 356.
13 BFH BStBl II 84, 366.
14 BFH/NV 03, 778.

41 Dass der StPfl Träger der Rechte und Pflichten aus dem Nutzungsüberlassungsverhältnis sein muss, bedeutet nicht, dass es allein auf das Außenverhältnis ankommt; dieses kann nur ein Indiz für die Zurechnung der Einkünfte sein.[1] Auch ein **Treugeber** kann Einkünfte aus VuV erzielen, wenn für ihn ein Treuhänder im eigenen Namen auftritt. Der BFH stellt an die Zurechnung der Einkünfte zum Treugeber **strenge Anforderungen**. Voraussetzung ist, dass der Treugeber das Treuhandverhältnis beherrscht und der Treuhänder ausschließlich auf Rechnung und Gefahr des Treugebers handelt.[2] Das Treuhandverhältnis muss auf ernst gemeinten und klar nachweisbaren Vereinbarungen zw Treugeber und Treuhänder beruhen und tatsächlich durchgeführt werden.[3] Es soll nicht allein maßgebend sein, wem letztlich der Überschuss der Einnahmen über die WK zugute kommt und wer das Risiko eines Überschusses der WK über die Einnahmen aus VuV trägt.[4] Richtiger wäre es, auch bei den Einkünften aus VuV darauf abzustellen, wer Vermieterinitiative entfaltet und das Vermieterrisiko trägt,[5] denn für die Zurechnung kommt es entscheidend darauf an, wer das Nutzungsüberlassungsverhältnis beherrscht.

45 **2. Besonderheiten bei Miteigentümern.** Miteigentümer (§§ 1008 ff, 741 ff BGB) oder Mitgesellschafter (zB § 705 BGB) können gemeinschaftlich Einkünfte aus VuV erzielen. In diesen Fällen ist zu prüfen, ob die Gemeinschaft oder der einzelne Gemeinschafter oder G'ter den Tatbestand der Einkünfteerzielung erfüllt.[6] Voraussetzung für die gemeinschaftliche Beteiligung an den Einkünften aus VuV ist, dass mehrere Pers in ihrer **gemeinschaftlichen Verbundenheit** den Tatbestand des § 21 erfüllen.[7] Es reicht nicht aus, auf das ggf nur intern wirkende Einverständnis eines Miteigentümers mit der Verwaltung durch den anderen abzustellen; maßgeblich ist, dass beide Miteigentümer durch den Mietvertrag berechtigt und verpflichtet werden.[8] Errichtet zB eine Bauherrengemeinschaft ein Haus und vermietet jeder Eigentümer seine Wohnung selbstständig, werden keine gemeinschaftlichen Einkünfte erzielt.[9] Der BFH stellt zudem darauf ab, dass idR nach außen deutlich wird, dass die Gemeinschaft Träger der Rechte und Pflichten aus dem Nutzungsüberlassungsverhältnis ist. Ein **Unterbeteiligter** an einer PersGes erzielt daher keine Einkünfte aus VuV, wenn er nicht nach außen als Vermieter in Erscheinung tritt und der Hauptbeteiligte ihn nur auf schuldrechtlicher Grundlage an dem wirtschaftlichen Ergebnis beteiligt.[10] Dies hat zur Folge, dass bei **Miteigentum von Ehegatten** nur dann gemeinschaftlich Einkünfte erzielt werden, wenn beide als Vermieter auftreten.[11] Richtiger wäre es, darauf abzustellen, ob die Beteiligten Vermietungsinitiative entwickeln und das Vermietungsrisiko tragen,[12] so dass auch bei Unterbeteiligten oder Treuhandverhältnissen Einkünfte erzielt werden können.[13] Für die Frage, ob gemeinschaftlich Einkünfte erzielt werden, ist das Innenverhältnis zw den Beteiligten entscheidend.[14] Alleine die Tatsache, dass ein Miteigentümer die Verwaltung des Hauses wahrnimmt und als Vermieter auftritt, hat dann nicht zur Folge, dass er alleine den Tatbestand der Einkünfteerzielung erfüllt. Vermietet eine Grundstücksgemeinschaft eine Wohnung eines im Miteigentum stehenden Wohnhauses an einen Miteigentümer und nutzt dieser das gemeinschaftliche Wohnhaus insgesamt über seinen Miteigentumsanteil hinaus, so erzielt der andere Miteigentümer anteilig Einkünfte aus VuV; der die Wohnung nutzende Miteigentümer erzielt keine Vermietungseinkünfte.[15]

46 Miterben erzielen gemeinschaftlich Einkünfte aus VuV, solange eine **Erbengemeinschaft** noch nicht auseinandergesetzt ist.[16] Wird die Erbengemeinschaft innerhalb von 6 Wochen nach dem Erbfall aufgelöst, können die laufenden Einkünfte dem übernehmenden Miterben unmittelbar ab dem Erbfall zugerechnet werden.[17] Soll nur einem Miterben abw von §§ 2038 II, 743 BGB das Fruchtziehungsrecht zustehen, so führt das zu einem alleinigen Nutzungsrecht dieses Miterben mit der Folge, dass er und nicht die Erbengemeinschaft den Steuertatbestand des § 21 I erfüllt.[18]

47 Rechtsfolge der gemeinschaftlichen Tatbestandsverwirklichung der Gemeinschaft oder Ges ist die **Einkünfteermittlung auf der Ebene der Personenmehrheit**, unabhängig davon, ob es sich um eine Bruch-

---

1 K/S/M § 21 Rn B 361.
2 BFH BStBl II 94, 615.
3 BStBl II 98, 152; ausf BMF BStBl I 94, 604.
4 BFH BStBl II 97, 406; BStBl II 92, 459; BFH/NV 98, 994.
5 Schmidt[26] § 21 Rn 5; K/S/M § 21 Rn B 357.
6 BFHE 190, 82 = DStR 99, 1763.
7 BFH BStBl II 86, 792.
8 BFH/NV 02, 1556.
9 BFH BStBl II 80, 441.
10 BFH BStBl II 97, 406; BFH/NV 92, 662.
11 Zur Zurechnung von Einkünften FG M'ster EFG 07, 1338 (Rev IX R 18/07).
12 K/S/M § 21 Rn B 371 ff; Schmidt[26] § 21 Rn 5.
13 BFH/NV 94, 535; BStBl II 94, 615.
14 K/S/M § 21 Rn B 371.
15 BFH/NV 06, 2053.
16 BMF BStBl I 93, 62; FG RhPf EFG 93, 582.
17 BMF BStBl I 93, 62.
18 BFH/NV 04, 1649.

teils- oder Gesamthandsgemeinschaft handelt.[1] Bei einer PersGes mit Einkünften aus VuV sind die Einkünfte dementspr zunächst auf der Ebene der Ges zu ermitteln und sodann auf die G'ter zu verteilen, und zwar nach den Vereinbarungen der G'ter, wenn sie ihren Grund im Gesellschaftsverhältnis haben und sich nicht als Einkommensverwendung darstellen.[2] Eine PersGes ist insoweit Steuerrechtssubjekt, als sie in der Einheit ihrer G'ter Merkmale eines Besteuerungstatbestandes verwirklicht, welche den G'tern für deren Besteuerung zuzurechnen sind.[3] Für die einzelnen G'ter sind bei entspr Regelungen in einem Gesellschaftsvertrag Sondereinnahmen oder Sonder-WK zu berücksichtigen.[4]

Die **Einkünfteerzielungsabsicht** (Rn 15) ist zunächst auf der Ebene der Personenmehrheit und außerdem für jeden einzelnen Gemeinschafter oder G'ter zu prüfen.[5] Die Absicht der G'ter einer GbR, einen weiteren G'ter aufzunehmen, rechtfertigt es jedoch nicht, den Anteil jedes G'ters aufzuteilen in einen, den er veräußern und einen restlichen, den er weiter halten will, und die Überschusserzielungsabsicht für die jeweiligen Anteile getrennt zu beurteilen.[6] Die **Einkünfte** sind den G'tern grds **entspr** ihrem **Beteiligungsverhältnis zuzurechnen**.[7] Bei Miteigentümern sind die zivilrechtlichen Beteiligungsverhältnisse (§§ 743, 748 ff BGB) maßgebend,[8] unabhängig von der jeweiligen Nutzung.[9] Tritt ein G'ter im Laufe eines Geschäftsjahres in eine Ges ein, sind Einnahmen oder WK nur denjenigen StPfl zuzurechnen, die im Zeitpunkt des Zu- oder Abflusses G'ter sind.[10] Eine vom Beteiligungsverhältnis abw Zuordnung von Einkünften kann vereinbart werden, wenn sie ihren Grund im Gemeinschaftsverhältnis hat.[11] Trägt ein G'ter einer GbR deren WK über den seiner Beteiligung entspr Anteil hinaus, können ihm diese Aufwendungen im Rahmen der einheitlichen und gesonderten Gewinnfeststellung der Gesellschaft ausnahmsweise dann allein zuzurechnen sein, wenn insoweit weder eine Zuwendung an Mit-G'ter beabsichtigt ist noch gegen diese ein durchsetzbarer Ausgleichsanspruch besteht.[12] Vereinbaren **nahe Angehörige** eine vom Beteiligungsverhältnis abw Zuordnung von Einkünften, muss die Vereinbarung dem Fremdvergleich (Rn 31) standhalten.[13] Die familienrechtliche Unterhaltspflicht eines Miteigentümers gegenüber anderen Miteigentümern ist für die einkommensteuerrechtliche Zuordnung der Einkünfte unbeachtlich.[14]

48

Erzielen mehrere StPfl gemeinschaftlich Einkünfte aus VuV, sind die Einkünfte regelmäßig **einheitlich und gesondert festzustellen** (§ 180 I Nr 2a AO); dies gilt insbes auch für die Feststellung eines verrechenbaren Verlustes in den Fällen des § 15b (vgl § 15b Rn 57). In Fällen von geringer Bedeutung kann von einer Feststellung abgesehen werden (§ 180 III AO).[15] Eine als Vermieterin auftretende GbR oder Bruchteilsgemeinschaft ist im Verfahren der einheitlichen und gesonderten Feststellung ihrer Einkünfte aus Vermietung und Verpachtung grds beteiligtenfähig und klagebefugt.[16] Werden von einer Gemeinschaft oder Ges mehrere Grundstücke vermietet, ist grds für jedes Grundstück ein gesondertes Feststellungsverfahren durchzuführen; eine Ausnahme gilt, wenn wirtschaftlich miteinander verbundene Grundstücke im Bezirk eines FA zu einer Feststellungseinheit verbunden werden.[17]

49

3. Behandlung dinglicher und obligatorischer Nutzungsrechte (insbes Nießbrauch). – a) Allgemein.
Räumt der Eigentümer einem Dritten ein dingliches oder obligatorisches Nutzungsrecht ein, muss stets geprüft werden, ob und inwieweit der Eigentümer oder der Nutzungsberechtigte den Tatbestand der Einkünfteerzielung erfüllt. Dabei kommt es nicht auf das Eigentum am jeweiligen Nutzungsobjekt an; entscheidend ist vielmehr, wer Träger der Rechte und Pflichten aus dem Miet- oder Pachtverhältnis ist (Rn 43).[18] Einkünfte aus VuV eines Grundstücks werden dem **Nutzungsberechtigten** nur zugerechnet, wenn ihm die volle Besitz- und Verwaltungsbefugnis zusteht und er selber den Tatbestand des § 21 erfüllt.[19] Für die Zurechnung der Einkünfte ist es unerheblich, ob es sich um ein dingliches oder obligatorisches Nutzungsrecht handelt.[20]

55

---

1 BFH BStBl II 87, 322; BStBl II 87, 707.
2 Vgl BFH BStBl II 05, 33 zur Sonder-AfA nach dem FördG gegen BMF BStBl I 96, 1516.
3 BFH BStBl II 84, 751.
4 BFH/NV 94, 547.
5 BFH BStBl II 99, 468.
6 BFH BStBl II 99, 718.
7 BFH BStBl II 78, 674; BFH BStBl II 04, 929.
8 BFHE 190, 82 = DStR 99, 1763.
9 BFH BStBl II 99, 360.
10 BFH BStBl II 87, 212; krit: *K/S/M* § 21 Rn B 236.
11 BFH BStBl II 87, 707; BStBl II 87, 322; BFH/NV 05, 41; *K/S/M* § 21 Rn B 213 ff.
12 BFH BStBl II 05, 454.
13 BFH BStBl II 92, 890.
14 BFH/NV 95, 16.
15 Dazu BFH/NV 04, 1211.
16 BFH BStBl II 04, 898; BFH/NV 04, 1371; BFH/NV 05, 168.
17 BFH BStBl II 81, 510.
18 BFH BStBl II 92, 506.
19 BMF BStBl I 98, 914 Rn 1.
20 BFH BStBl II 84, 366.

56 b) Bestellung des Nutzungsrechts. Voraussetzung für die Zurechnung der Einkünfte bei einem Nutzungsrecht ist, dass der Nutzungsberechtigte ein **gesicherte Rechtsposition** erlangt hat. Dies setzt eine klare und ernsthafte Vereinbarung des dinglichen oder obligatorischen Nutzungsrechts voraus. Der Eigentümer darf dem Nutzenden für die festgelegte Zeit den Gebrauch des Grundstücks nicht entziehen können.[1] Die Verwaltung erkennt ein unentgeltlich begründetes obligatorisches Nutzungsrecht nur an, wenn das Nutzungsrecht mindestens für die Dauer von einem Jahr vereinbart worden ist.[2] Eine solche zeitliche Begrenzung ist jedoch nicht erforderlich.[3] Die Befristung des (dinglichen) Nießbrauchs führt zivilrechtlich zu dessen Erlöschen kraft Gesetzes, die des (schuldrechtlichen) Nutzungsrechts zur Beendigung der Rechtswirkungen dieses Rechtsgeschäfts. Das gilt jedoch dann nicht, wenn ein Fortbestehen des (schuldrechtlichen) Nutzungsrechts ausdrücklich oder konkludent auch für den Zeitraum nach Ablauf der (Bedingungs-)Frist vereinbart wird.[4] Missbräuchen kann durch § 42 AO begegnet werden. Wird nahen Angehörigen ein Nutzungsrecht eingeräumt, muss die Bestellung des Nutzungsrechts den allg Regeln für Verträge zw nahen Angehörigen (Rn 30 ff) genügen. Bei **minderjährigen Kindern** bedarf es idR der **Mitwirkung eines Pflegers**;[5] dies gilt auch für einen Bruttonießbrauch. Die Anordnung einer Ergänzungspflegschaft für die Dauer des Nießbrauchs ist jedoch nicht erforderlich.[6] Die Verwaltung erkennt die Bestellung eines Nießbrauchs ohne Mitwirkung eines Ergänzungspflegers auch dann nicht an, wenn das Vormundschaftsgericht die Mitwirkung eines Ergänzungspflegers für entbehrlich angesehen hat.[7] Den StPfl kann jedoch die fehlende Mitwirkung eines Pflegers nicht entgegengehalten werden, wenn die hierfür sachlich zuständigen Gerichte sie für entbehrlich halten.[8] Ein Nießbrauch ist steuerlich auch dann anzuerkennen, wenn ein Unterhaltsverpflichteter dem Unterhaltsberechtigten den Nießbrauch an einem Grundstück einräumt.[9]

57 Vermietet der Nutzungsberechtigte im Zusammenhang mit der Bestellung des Nutzungsrechts das Gebäude oder die Wohnung an den Eigentümer, kann darin ein **Missbrauch** von rechtlichen Gestaltungsmöglichkeiten (§ 42 AO) liegen. Dies ist nach der Rspr regelmäßig der Fall, wenn Eltern ihrem Kind unentgeltlich einen zeitlich befristeten Nießbrauch an einem Grundstück bestellen, welches das Kind anschließend an die Eltern zurückvermietet.[10] Über eine Wohnung kann sowohl ein Mietvertrag und gleichzeitig oder auch nachträglich ein dingliches Nutzungsrecht bestellt werden. Wird das dingliche Nutzungsrecht lediglich zur Sicherung des Pacht- oder Mietverhältnisses vereinbart (**Sicherungsnießbrauch**) und nicht tatsächlich ausgeübt, handelt es sich nicht um einen Rechtsmissbrauch iSd § 42 AO und der Eigentümer kann aus dem Mietverhältnis Einkünfte erzielen.[11]

60 c) Einkünfte des Nutzungsberechtigten. Der Nutzungsberechtigte erzielt Einkünfte aus VuV, wenn er eine gesicherte Rechtsposition innehat und selber den Tatbestand der Einkünfteerzielung erfüllt. Er muss die Stellung des Vermieters oder Verpächters einnehmen. Wird ein dingliches Nutzungsrecht eingeräumt, tritt der Nutzende kraft Gesetzes (§§ 577, 571 BGB) in die Rechtsstellung des Eigentümers als Vermieter ein, so dass ihm die Einkünfte zuzurechnen sind. Minderjährige Kinder sind nur dann als Vermieter anzusehen, wenn die gesetzlichen Vertreter die Mietverträge im Namen der Kinder abgeschlossen haben.[6] Bei **obligatorischen Nutzungsrechten** greift § 577 BGB nicht ein. Daher sind dem Nutzungsberechtigten Einkünfte aus VuV nur dann zuzurechnen, wenn er durch rechtsgeschäftliche Vertragsübernahme in die Vermieterstellung eintritt.[12] Der Nutzungsberechtigte erzielt Einkünfte aus VuV unabhängig davon, ob das Nutzungsrecht entgeltlich oder unentgeltlich bestellt worden ist. Der **Nießbrauchsberechtigte** erzielt auch dann Einnahmen aus VuV, wenn sich der Nießbrauchsbesteller verpflichtet, die dem Berechtigten gem §§ 1041, 1045, 1047 BGB obliegenden Kosten und Lasten zu tragen (sog **Bruttonießbrauch**). Allerdings kann in diesen Fällen weder der Eigentümer (mangels Einnahmen) noch der Nießbraucher (mangels Aufwendungen) WK geltend machen.

61 Die Abgrenzung zw entgeltlicher, teilw entgeltlicher und unentgeltlicher Bestellung des Nießbrauchs hat Bedeutung für die Frage, ob bei einem zugewendeten Nutzungsrecht der Nutzungsberechtigte AfA geltend machen kann. Auf das **unentgeltlich erworbene Nießbrauchsrecht** darf der

---

[1] BFH BStBl II 84, 366.
[2] BMF BStBl I 98, 914 Rn 7.
[3] Schmidt[26] § 21 Rn 35.
[4] BFH BStBl II 07, 579.
[5] BFH BStBl II 81, 297.
[6] BFH BStBl II 81, 295.
[7] BMF BStBl I 98, 914 Rn 5; vgl auch BStBl II 92, 506.
[8] BMF BStBl I 01, 171.
[9] BFH BStBl II 81, 299.
[10] BFH BStBl II 91, 205.
[11] BFH BStBl II 98, 539.
[12] BMF BStBl I 98, 914 Rn 36.

Nießbraucher **keine AfA** vornehmen.¹ Auf das entgeltlich erworbene Nießbrauchsrecht darf der Nießbraucher die nach der Dauer des Nießbrauchs bemessene AfA nach § 7 I vornehmen, wenn er aus dem Nießbrauch Einkünfte erzielt (§ 7 Rn 20).² Ein teilentgeltlich bestelltes Nutzungsrecht ist in einen entgeltlichen und einen unentgeltlichen Teil aufzuteilen. Der Nutzungsberechtigte kann darüber hinaus sämtliche von ihm getragenen Aufwendungen abziehen, wenn er das Gebäude durch Vermietung nutzt.

Beim **Vorbehaltsnießbrauch** wird bei der Übertragung eines Grundstücks gleichzeitig ein Nießbrauchsrecht für den bisherigen Eigentümer an dem übertragenen Grundstück bestellt. Die Bestellung des Nießbrauchs ist keine Gegenleistung des Erwerbers, unabhängig davon, ob das Grundstück entgeltlich oder unentgeltlich übertragen worden ist.³ Der Vorbehaltsnießbraucher darf die AfA für das Gebäude wie zuvor als Eigentümer in Anspr nehmen (§ 7 Rn 20).⁴ Darüber hinaus kann er sämtliche von ihm getragenen Aufwendungen als WK geltend machen. **62**

d) Einkünfte des Eigentümers. Bei zugewendeten Nutzungsrechten ist für die Einkünfte des Eigentümers entscheidend, ob das Nutzungsrecht entgeltlich oder unentgeltlich bestellt worden ist. Bei einem **unentgeltlich bestellten Nießbrauch** sind dem Eigentümer **keine Einkünfte** aus dem nießbrauchsbelasteten Grundstück zuzurechnen. Er kann weder AfA noch andere Aufwendungen als WK geltend machen.⁵ Ist das zugewendete Nutzungsrecht **entgeltlich** bestellt, hat der Eigentümer das für die Bestellung gezahlte Entgelt grds im Jahr des Zuflusses als **Einnahmen aus VuV** zu erfassen.⁶ Wird das gesamte Entgelt in einem Kj gezahlt, ist aus Billigkeitsgründen eine Verteilung auf die Laufzeit des Nutzungsrechts bis zu 10 Jahre möglich.⁷ Die Zurechnung von Einnahmen berechtigt den Eigentümer, AfA und sonstige Aufwendungen als WK abzuziehen. Beim **Vorbehaltsnießbrauch** (Rn 62) stehen dem Eigentümer idR keine Einkünfte aus dem belasteten Grundstück zu, so dass er weder die AfA noch sonstige WK abziehen kann. Dies gilt auch, wenn ein Grundstück gegen Einräumung eines vorbehaltenen dinglichen Wohnrechts übertragen worden ist.⁸ Bei einem **Bruchteils- oder Quotennießbrauch** darf der Eigentümer AfA und andere Aufwendungen nur entspr seiner Quote anziehen.⁹ Bei Erwerb eines Grundstücks gegen die Verpflichtung, dieses mit einem Wohngebäude zu bebauen und dem Veräußerer ein dingliches Wohnrecht an einer Wohnung zu bestellen, handelt es sich idR nicht um eine entgeltliche Überlassung eines Wohnrechts, sondern ein auf die Anschaffung des Grundstücks gerichtetes Rechtsgeschäft, so dass keine Einkünfte aus VuV entstehen.¹⁰ **65**

e) Ablösung von Nutzungsrechten. Aufwendungen für die Ablösung von Nutzungsrechten sind beim Eigentümer keine sofort abziehbaren WK. Beim Vorbehaltsnießbrauch führen die Ablösungszahlungen zu AK,¹¹ soweit der Wert des übertragenen Vermögens nicht überschritten wird (dann § 12 Nr 2). Beim Nießbraucher führt die Zahlung zu einer nicht steuerbaren Vermögensumschichtung.¹² Wurde der Nießbrauch zugunsten eines Angehörigen mangels Eintragung weder wirksam noch tatsächlich ausgeübt, können die Zahlungen nicht zu AK führen.¹³ Aufwendungen des Eigentümers zur Ablösung eines unentgeltlich eingeräumten Zuwendungsnießbrauchs können als nachträgliche AK zu berücksichtigen sein.¹⁴ Es ist jedoch stets zu prüfen, ob § 42 AO oder die Grundsätze des Fremdvergleichs gegen die Annahme von AK sprechen.¹⁵ Die Verwaltung beurteilt die Zahlungen zur Ablösung eines unentgeltlichen Zuwendungsnießbrauchs grds als Zuwendungen iSd § 12 Nr 2.¹⁶ Da der Eigentümer bei entgeltlichem Zuwendungsnießbrauch Einnahmen aus VuV bezieht, sind Zahlungen zur Ablösung in diesen Fällen als negative Einnahmen zu erfassen.¹⁷ **66**

---

1 BFH/NV 97, 643; BStBl II 90, 888; BStBl II 82, 454.
2 BFH BStBl II 79, 38; zur Bemessung der AfA bei Bestellung des Nießbrauchs auf Lebenszeit: BMF BStBl I 98, 914 Rn 26.
3 BFH BStBl II 82, 378.
4 BFH BStBl II 82, 380; BStBl II 86, 12; BStBl II 95, 281; BMF BStBl I 98, 914 Rn 4 ff.
5 BFH BStBl II 81, 299; BFH/NV 89, 223.
6 BFH BStBl II 79, 332.
7 BMF BStBl I 98, 914 Rn 29.
8 Zur AfA bei entgeltlichem Erwerb eines teilw mit einem Nutzungsrecht belasteten Grundstücks: BFH BStBl II 94, 927.
9 BMF BStBl I 98, 914 Rn 25.
10 BMF BStBl I 06, 392; BFH BStBl II 92, 718.
11 BFH BStBl II 93, 488.
12 BFH BStBl II 96, 663.
13 BFH/NV 99, 1208.
14 BFH BStBl II 98, 429.
15 *Spindler* DB 93, 297.
16 BMF BStBl I 98, 914 Rn 61.
17 BMF BStBl I 98, 914 Rn 64; *Blümich* § 21 Rn 68.

C. Gegenstand der Vermietung und Verpachtung (§ 21 I 1)

70 Der Einkunftsart VuV werden nur diejenigen Einkünfte zugeordnet, die aus der Vermietung der in § 21 I 1 Nr 1 bis 4 genannten Gegenstände erzielt werden. Hierbei handelt es sich um unbewegliches Vermögen (Nr 1), Sachinbegriffe (Nr 2), die zeitliche Überlassung von Rechten (Nr 3) und die Veräußerung von Miet- und Pachtzinsforderungen. Werden Einkünfte aus der Vermietung anderer als der in § 21 Nr 1 bis 4 genannten Gegenstände erzielt, muss geprüft werden, ob diese Einkünfte einer anderen Einkunftsart, insbes § 22 Nr 3 zuzuordnen sind.

71 **I. Vermietung und Verpachtung von unbeweglichem Vermögen (§ 21 I 1 Nr 1).** Der Begriff des unbeweglichen Vermögens wird in § 21 Nr 1 nicht definiert, sondern anhand von Beispielen erläutert. Gemeint sind nicht nur Grundstücke, sondern alle Gegenstände, die nicht beweglich sind (zur Komplementärfunktion zu § 22 Nr 3 Rn 1). **Unbewegliches Vermögen** sind zunächst Grundstücke, Gebäude und Gebäudeteile. Eine Grundstücksnutzung liegt nicht nur in der herkömmlichen Vermietung, sondern kann eine zeitliche Überlassung von Grundstücken zur Ausbeute von Bodenschätzen bedeuten (ausf zu Substanzausbeuteverträgen Rn 8). **Gebäudeteile** sind zB Wohnungen, Zimmer oder einzelne Räume. Die Vermietung von Wohnungen oder Räumen stellt den Hauptanwendungsfall des § 21 dar. Weil ins Schiffsregister eingetragene **Schiffe** zivilrechtlich weitgehend den Regeln des Liegenschaftsrechts unterworfen sind,[1] gehören sie zum unbeweglichen Vermögen iSd § 21 Nr 1. Soweit in entspr Register **eingetragene Luftfahrtzeuge** ebenfalls ähnlich wie Grundstücke behandelt werden, handelt es sich ebenfalls um unbewegliches Vermögen.[2] Allerdings handelt es sich bei Erwerb, Vermietung und Veräußerung von in die Luftfahrzeugrolle eingetragenen Flugzeugen um gewerbliche Tätigkeiten, wenn die Vermietung mit dem An- und Verkauf aufgrund eines einheitlichen Geschäftskonzepts verklammert ist.[3] Demgegenüber sind Einkünfte aus der Vermietung **nicht eingetragener** Schiffe oder Flugzeuge den Einkünften aus Leistung gem § 22 Nr 3 zuzuordnen. Bei im Ausland belegenen, in Schiffsregister eingetragenen Schiffen, richtet sich die Abzugsfähigkeit der Verluste aus der Vermietung des Schiffes allein nach § 2a I Nr 6a.[4]

72 Zum unbeweglichen Vermögen gehören auch die **grundstücksgleichen Rechte**. § 21 Nr 1 definiert diese ebenso wie § 23 (§ 23 Rn 4). Neben den ausdrücklich erwähnten Erbbaurechten und Mineralgewinnungsrechten (Bergbauberechtigung bzw Grundeigentümerrecht nach dem BergbauG) gehören hierzu auch Wohnungseigentum oder Teileigentum nach dem WEG. Erfasst wird die **Vermietung oder Verpachtung** des grundstücksgleichen Rechts, also zB des Erbbaurechts, **nicht die Bestellung** dieses Rechts.[5]

75 **II. Vermietung und Verpachtung von Sachinbegriffen (§ 21 I 1 Nr 2).** Unter Sachinbegriffen iSd § 21 I Nr 2 ist eine Vielzahl von beweglichen Sachen zu verstehen, die nach ihrer wirtschaftlichen oder technischen Zweckbestimmung eine Einheit bilden. Da unbewegliches Vermögen bereits von § 21 Nr 1 erfasst wird, zählen zu den Sachinbegriffen insbes bewegliche Sachen, die funktionell oder technisch aufeinander abgestimmt sind oder zusammen mit einer unbeweglichen Sache vermietet werden. **Beispiele für Sachinbegriffe** sind das Mobiliar vermieteter Zimmer oder Wohnungen, ein Fuhrpark, eine Gemäldesammlung oder eine Bibliothek. Der Hinweis auf bewegliche BV kann sich nur auf WG beziehen, die vor ihrer Vermietung zu einem BV gehörten. Einzelne bewegliche WG wie Wohnmobile, Heißluftballons oder Flugzeuge gehören auch dann nicht zu den Sachinbegriffen, wenn sie mit Zubehör vermietet werden.[6]

76 **III. Überlassung von Rechten (§ 21 I 1 Nr 3).** § 21 I Nr 3 erfasst nicht die Verwertung eigener Rechte zB durch den Urheber selber, sondern die Einkünfte, die aus der **zeitlich begrenzten Überlassung erworbener Rechte** erzielt werden.[7] Die Vorschrift unterscheidet nicht, ob die Benutzungsrechte oder Nutzungsrechte schuldrechtlicher oder dinglicher Art sind.[8] Entscheidend ist vielmehr, dass das Nutzungsrecht zeitlich begrenzt überlassen wird. Dies ist nicht der Fall, wenn das Nutzungsrecht dem durch Vertrag Berechtigten endgültig verbleibt[9] oder ein Rückfall des Rechts kraft

---

1 K/S/M § 21 Rn B 2.
2 BFH BStBl II 00, 467; K/S/M § 21 Rn B 2.
3 BFH v 26.6.07 – IV R 49/04, DStR 07, 1574 = DB 07, 1957.
4 FG Saarl EFG 06, 172.
5 Die Erbbauzinsen, die ein Eigentümer eines mit einem Erbbaurecht belasteten Grundstücks erhält, sind Einkünfte aus VuV des Grundstücks (Rn 90 „Erbbaurecht").
6 FG Nbg EFG 94, 970 (Heißluftballon); FG M'ster EFG 96, 428 und EFG 96, 1095.
7 Blümich § 21 Rn 118.
8 BFH BStBl II 79, 757.
9 BFH BStBl II 76, 529.

Gesetzes oder kraft Vertrages nicht in Betracht kommt. Eine zeitlich begrenzte Übertragung wird jedoch bejaht, wenn bei Abschluss des Vertrages ungewiss ist, ob und wann die Überlassung zur Nutzung endet.[1]

Das Gesetz definiert den Begriff der Rechte nicht, sondern erläutert den Begriff anhand von Beispielen. Voraussetzung für eine Besteuerung ist daher, dass die überlassenen Rechte **mit den in § 21 I Nr 3 genannten Rechten vergleichbar** sind.[2] Schriftstellerische, künstlerische und gewerbliche Urheberrechte sind in einer Vielzahl von Gesetzen geregelt (zB UrhRG,[3] KuG, PatentG, SortenschutzG, WarenzeichenG, Gebrauchs- und GeschmacksmusterG; vgl auch § 73a EStDV).[4] Unter gewerblichen Erfahrungen fällt das gesetzlich nicht geschützte Spezialwissen. Die Überlassung gewerblicher Erfahrungen führt idR zu gewerblichen Einkünften.[5] IÜ ist zweifelhaft, ob zB das Knowhow unter § 21 I Nr 3 fällt.[6] Die Überlassung von **Fernsehübertragungsrechten** bei Sportveranstaltungen im Inland (Host-Broadcasting) wird teilw als VuV von Rechten angesehen.[7] Gerechtigkeiten sind zumeist landesrechtlich geregelte sachbezogene Nutzungsrechte wie Bergwerkseigentum, Fischereirechte, Forstrechte, oder Fährgerechtigkeiten. Unter Gefällen ist zB die Weide- und Grasnutzung oder der Holzbezug zu verstehen.

IV. Veräußerung von Miet- und Pachtzinsforderungen (§ 21 I 1 Nr 4). Zu den Einkünften aus VuV gehören auch die Einkünfte aus der Veräußerung von Miet- und Pachtzinsforderungen. Um eine Veräußerung handelt es sich, wenn die Miet- oder Pachtzinsforderungen endgültig abgetreten (übertragen) werden. Als **Einnahme** aus VuV ist der **Veräußerungspreis** im Zeitpunkt des Zuflusses zu versteuern. Die evtl erst spätere Einziehung der Miet- oder Pachtzinsforderungen durch den Erwerber (Abtretungsempfänger) führt weder bei diesem noch bei dem Veräußerer zu Einkünften aus VuV. § 21 I Nr 4 bestimmt ausdrücklich, dass diese Grundregel auch dann gilt, wenn die Einkünfte anlässlich der Veräußerung eines Grundstücks mit übertragen werden. Bei § 21 I Nr 4 handelt es sich um eine lediglich deklaratorische Vorschrift, die bestätigt, dass auch die anstelle von Einnahmen bezogenen Surrogate steuerbar sind.

D. Einnahmen

Als Einnahmen aus VuV sind alle Zuflüsse in Geld oder Geldeswert zu erfassen, die dem StPfl zufließen und die im Rahmen der Einkunftsart des § 21 anfallen (§ 8). Entscheidend ist, ob die Vermögensmehrung in Form von Geld- oder Sachleistungen **durch die Nutzungsüberlassung veranlasst** ist (§ 8 Rn 43).[8] Miet- und Pachtzahlungen gehören offensichtlich zu den Einnahmen aus VuV. Aber auch andere Leistungen können zu Einnahmen führen:

Abstandszahlungen des Mieters für eine Entlassung aus dem Miet- oder Vormietvertrag gehören zu den Einnahmen aus VuV (BFH BStBl II 91, 76).

Baukostenzuschuss s Zuschuss.

Baulast. Die (entgeltliche) Übernahme einer Baulast, die die öffentlich-rechtliche Verpflichtung zu einem das Grundstück betr Tun, Dulden oder Unterlassen umfasst, führt zu Einnahmen aus VuV (BFH/NV 97, 336; BStBl II 76, 62).

Bausparzinsen. Guthabenzinsen aus Bausparverträgen sind nur dann bei den Einkünften aus VuV zu berücksichtigen, wenn sie mit einer Verwirklichung des Tatbestands des § 21 in wirtschaftlichem Zusammenhang stehen; zB bei engem zeitlichen Zusammenhang mit Erwerb oder Umbau einer Immobilie (BFH BStBl II 83, 297). Ansonsten gehören sie zu den Einkünften aus KapVerm (BFH BStBl II 83, 172; BStBl II 83, 297; BStBl II 83, 355; BStBl II 93, 301).

Bausperre. Entschädigung für faktische Bausperre führt nicht zu Einnahmen aus VuV (BFH BStBl II 86, 252).

Beschlagnahme. Entschädigung für Grundstücksbeschlagnahme fällt unter § 21, wenn damit einem Dritten die Nutzung ermöglicht wird (BFH BStBl III 63, 380).

---

1 BFH BStBl II 83, 367; BFH/NV 03, 1311.
2 *K/S/M* § 21 Rn B 6.
3 Dazu BFH/NV 02, 1142.
4 Vgl BFH BStBl II 93, 407; zu G'ter-Markenlizenzen: *Schweiger* BB 99, 451.
5 BFH BStBl II 96, 4.
6 FG Bln EFG 75, 361.
7 FG Kln EFG 07, 360 (Rev I R 6/07).
8 *K/S/M* § 21 Rn B 394 ff.

Devisenoptionsgeschäfte. s Rn 162

Dienstbarkeit. Das Entgelt für die Bestellung einer beschränkt persönlichen Dienstbarkeit (§§ 1090 ff BGB) gehört zu den Einnahmen aus VuV, wenn es sich nach seinem wirtschaftlichen Gehalt als Gegenleistung für die Nutzung eines Grundstücks darstellt (BFH BStBl II 94, 640; vgl auch BStBl II 83, 203; BFHE 173, 393). Die Hinnahme einer Gebrauchsminderung des Grundstücks, ohne dass einem Dritten eine Nutzung eingeräumt wird, kann nicht als VuV qualifiziert werden (BFH BStBl II 77, 796; vgl auch BStBl II 86, 252). Ob eine Dienstbarkeit zu einer Nutzung berechtigt, oder den Eigentümer zur Unterlassung einer bestimmten Nutzung verpflichtet, und welche Leistung bei einer Dienstbarkeit mit einem gemischtem Inhalt der Gesamtleistung das Gepräge gibt, ist unter Berücksichtigung des wirtschaftlichen Gehalts nach dem gesamten Inhalt der getroffenen Vereinbarungen zu bestimmen (BFH BStBl II 95, 640 mwN).

Enteignungsentschädigung sind idR ein Ausgleich für den Vermögensverlust und keine Einnahmen aus VuV (Zinsen gehören zu § 20: BFH BStBl II 80, 570).

Entschädigung. Zahlungen, die die Nutzung eines Grundstücks entschädigen, können zu den Einnahmen aus VuV gehören (zB für die Überspannung eines zum PV gehörenden Grundstücks mit Hochspannungsfreileitungen BFH BStBl II 94, 640; Vergütung und Pauschalentschädigung für Aussolung und Erdöllagerung in einem unter dem Grundstück liegenden Salzstock BStBl II 83, 203; Inanspruchnahme eines Grundstücks wegen Errichtung einer Anlage auf dem Nachbargrundstück BFH BStBl II 04, 507). Zahlungen, die für Substanzschäden oder Vermögensverluste gezahlt werden (Vermögensentschädigungen) führen nicht zu Einnahmen aus VuV. Bei den Zahlungen kann es sich auch um Ersatz für entgehende Einnahmen handeln (§ 24 Rn 18). S auch Baulast; Bausperre; Enteignung; Schadensersatz.

Erbbaurecht. Erbbauzinsen, die ein Eigentümer eines mit einem Erbbaurecht belasteten Grundstücks erhält, gehören zu den Einnahmen aus VuV (BFH BStBl II 07, 112; BStBl III 63, 564; BStBl II 69, 724). Übernimmt der Erbbauberechtigte Erschließungskosten und Straßenanliegerbeiträge, kann dies zu Einnahmen des Eigentümers bei Realisierung des Wertzuwachses führen (BFH BStBl II 90, 310; ausf *Spindler* DB 94, 650).

Erstattung von WK gehören zu den Einnahmen und sind im Jahr des Zuflusses zu versteuern, unabhängig davon, ob sie zuvor oder später als WK abgezogen werden (BFH BStBl II 94, 11; BFH/NV 95, 499; BStBl II 82, 755).

Fördermittel (Zuschüsse oder nicht rückzahlbare Darlehen), die ein Bauherr zur Förderung von Mietwohnraum im Rahmen des sog Dritten Förderungswegs für Belegungsbindung und Mietpreisbindungen erhält, sind in dem Jahr des Zuflusses zu versteuern (BFH BStBl II 04, 14; BFH/NV 04, 333; FG Mchn EFG 06, 622 Rev IX R 16/06; *Betzwieser* DStR 04, 617). Lässt es das FA zu, dass die als Einnahmen aus VuV im Zuflussjahr zu versteuernden Zuschüsse auf zehn Jahre verteilt werden, so ist diese Billigkeitsmaßnahme nach § 163 II AO Grundlagenbescheid und bindend für die einheitliche und gesonderte Feststellung der Einkünfte (BFH/NV 04, 1623).

Kaution. Mietkautionsbeträge sind getrennt vom eigenen Vermögen anzulegen und gehören idR nicht zu den Einnahmen des Vermieters. Zinserträge sind dem Mieter zuzurechnende Einkünfte aus KapVerm (BMF BStBl I 88, 540). Mietkaution, die zur Beseitigung von Mieterschäden einbehalten wird, führt jedoch zu Einnahmen (BFHE 192, 311).

Kick-Back-Zahlungen. Zahlungen eines Kapitalvermittlers an den beitretenden Gesellschafter eines Immobilienfonds (sog „Kick-Back"-Zahlungen) mindern die HK/AK und führen nicht zu Einnahmen aus VuV (BFH/NV 02, 913).

Mietausfallversicherung. Zahlungen gehören zu den Einnahmen aus VuV.

Mieterzuschüsse zu den HK des Gebäudes oder der Mieträume sind als Einnahmen aus VuV im VZ des Zuflusses anzusetzen; für sie gilt § 11 I 3 (R 21.5 III 2 EStR 05). Hat ein Mieter Kosten getragen, die als Erhaltungsaufwand zu behandeln sind, sind aus Vereinfachungsgründen nur die eigenen Kosten des Vermieters als WK zu berücksichtigen (R 21.5 III 6 EStR 05).

Mietvorauszahlungen auch vor Überlassung des Mietobjektes gehören zu den Einnahmen aus VuV (BFH BStBl II 91, 76).

Nebenentgelt s Umlage.

Nutzungsbeschränkung. Ein Entgelt, das dem Eigentümer gezahlt wird, weil er sich verpflichtet, das Grundstück nicht an eine bestimmte Pers zu vermieten, ist als Einnahme iSd § 22 Nr 3 zu versteuern (BFH BStBl III 65, 361).

Prämie für die familiengerechte Belegung einer Wohnung zählt zu den Einnahmen aus VuV (BFH/NV 94, 845).

Schadensersatz. Schadensersatzleistungen führen nur dann zu Einnahmen aus VuV, wenn sie Entgelt für die Nutzungsüberlassung sind (BFH BStBl II 71, 624; BStBl II 69, 184) oder wenn sie Ausgaben ersetzen, die zuvor als WK abgezogen worden sind (BFH/NV 95, 499). Leistungen, die Substanzschäden oder -einbußen ersetzen, betreffen die Vermögenssphäre und sind keine Einnahmen aus VuV (BFH BStBl III 62, 219).

Umlagen und Nebenentgelte, die der Vermieter für die Nebenkosten oder Betriebskosten erhebt, gehören zu den Einnahmen bei der Einkunftsart VuV (BFH BStBl II 00, 197; BFH/NV 00, 832).

Versicherungsleistungen sind dann Einnahmen aus VuV, wenn sie das Nutzungsentgelt ersetzen (zB Mietausfallversicherung) oder WK ausgleichen (BFH BStBl II 94, 12).

Verzugszinsen, die in wirtschaftlichem Zusammenhang mit der Nutzungsüberlassung stehen, gehören nach der Rspr zu den Einnahmen aus VuV (BFH/NV 95, 106; **aA** *K/S/M* § 21 Rn D 15); iÜ handelt es sich um Einnahmen aus KapVerm (BFH BStBl II 86, 252).

Zinseinnahmen s Rn 162.

Zugewinnausgleich. Die Überlassung eines Grundstücks an den früheren Ehegatten zur Abgeltung von dessen Zugewinnausgleichsanspruch ist entgeltlich und führt zu entspr Mieteinnahmen (BFH/NV 06, 1280).

Zuschüsse zur Finanzierung von AK oder HK gehören grds nicht zu den Einnahmen aus VuV. Abw hiervon sind Zuschüsse zu WK und Zuschüsse, die eine Gegenleistung für die Gebrauchsüberlassung eines Grundstücks darstellen, als Einnahmen aus VuV zu erfassen (R 21.5 EStR 05); s Mieterzuschüsse.

E. Werbungskosten

WK bei den Einkünften aus VuV bilden nach ständiger Rspr grds alle Aufwendungen, bei denen objektiv ein wirtschaftlicher Zusammenhang mit der VuV besteht und die subj zur Förderung der Nutzungsüberlassung gemacht werden.[1] Dabei ist die subj Absicht kein notwendiges Merkmal des WK-Begriffs (§ 9 Rn 61). Eine „direkte" oder unmittelbare Veranlassung ist nicht erforderlich, eine mittelbare Veranlassung genügt.[2] Ein Abzug als WK bei VuV-Einkünften kommt aber nicht in Betracht, wenn die Aufwendungen allein oder ganz überwiegend durch eine beabsichtigte Veräußerung oder Selbstnutzung veranlasst sind und so die Veranlassung durch die Vermietungstätigkeit überlagert wird.[3]

I. Anwendungsfälle. – 1. Erhaltungsaufwand. Bei den Einkünften aus VuV spielt die Abgrenzung von HK und Erhaltungsaufwendungen eine bedeutende Rolle. Werden Aufwendungen den AK oder HK zugeordnet, sind sie kraft Gesetzes (§ 6 I Nr 1 und 2, § 7, § 9 I Nr 7) nur im Rahmen von Abschreibungsregelungen zu berücksichtigen. Demgegenüber sind die – im Gesetz nicht definierten – Erhaltungsaufwendungen als WK sofort in voller Höhe abziehbar. **Maßgebend** für die Abgrenzung ist, ob die Aufwendungen anhand der auch für die Einkünfte aus VuV maßgebenden[4] **bilanzrechtlichen Begriffsbestimmung** (§ 255 II 1 HGB) als HK des Vermietungsobjektes zu beurteilen sind. Ist dies nicht der Fall, sind die Aufwendungen als WK abziehbar, wenn objektiv ein wirtschaftlicher Zusammenhang mit der VuV besteht und subj die Nutzungsüberlassung gefördert wird (vgl § 9 Rn 61f).[5]

100

---

[1] ZB BFH BStBl II 07, 941; BStBl II 95, 534.
[2] BFH BStBl II 07, 941.
[3] BFH/NV 07, 715.
[4] BFH BStBl II 90, 830.
[5] BFH BStBl II 93, 434; *K/S/M* § 21 Rn B 401; krit zur Abgrenzung anhand von § 255 II 1 HGB: *Grube* DB 99, 1723 (1725).

101 HK sind Aufwendungen, die für die Herstellung eines Vermögensgegenstandes, seine Erweiterung oder für eine über seinen ursprünglichen Zustand hinausgehende wesentliche Verbesserung entstehen (§ 255 II 1 HGB). Für die Auslegung und Anwendung dieser Maßstäbe wird auf die Kommentierung zu **§ 6 Rn 52 ff** verwiesen. Bei den Einkünften aus VuV ist insbes die Frage der Herstellung bei Vollverschleiß (§ 6 Rn 54; den Begriff „Generalüberholung" hat der BFH aufgegeben[1]), der Aufwendungen für eine nur geringfügige Erweiterung eines Gebäudes (§ 6 Rn 56), die substanzerhaltende Erneuerung von Bestandteilen (§ 6 Rn 57), die Aufteilung, wenn Herstellungs- und Erhaltungsmaßnahmen bautechnisch ineinander greifen (§ 6 Rn 61) und der **Herstellung der Betriebsbereitschaft** einer erworbenen Wohnung **(früher: anschaffungsnahe nachträgliche Aufwendungen; s § 6 Rn 64)** von Bedeutung.

102 Erhaltungsaufwand liegt idR vor, wenn bereits vorhandene Teile, Einrichtungen oder Anlagen erneuert werden.[2] Dazu gehören sämtliche Instandhaltungs- und Modernisierungsaufwendungen, die dazu dienen, die Verwendungs- und Nutzungsmöglichkeit des Vermietungsobjektes in entsprechendem Zustand zu erhalten oder wiederherzustellen, auch dann, wenn einzelne Bestandteile durch zeitgemäße neue ersetzt werden.[1] Dementspr anerkennt die FinVerw Aufwendungen für den Einbau messtechnischer Anlagen zur verbrauchsabhängigen Abrechnung von Heiz- und Wasserkosten oder für den Einbau und die einmaligen Anschlusskosten einer privaten Breitbandanlage als Erhaltungsaufwand.[3] Kosten für den Ersatz eines vorhandenen Anschlusses an das Wasser-, Strom-, Gas- und Fernwärmenetz, Beiträge für eine Zweiterschließung und Aufwendungen für die Anpassung an moderne Umweltschutzstandards[4] gehören ebenfalls zu den Erhaltungsaufwendungen. Die Regelungen in der EStDV über die Sonderbehandlung von Erhaltungsaufwand (§§ 82b, 82h, 82k EStDV) haben wegen Zeitablaufs keine aktuelle Bedeutung mehr.[5]

103 Erhaltungsaufwand wird idR **nur während der Zeit der Nutzungsüberlassung** anerkannt. Bei den während der Vermietungszeit durchgeführten Erhaltungsmaßnahmen ist typisierend anzunehmen, dass sie noch der Einkünfteerzielung dienen, auch wenn der StPfl die Wohnung nach dem Auszug des Mieters selber nutzt. Die Aufwendungen sind – unabhängig vom Zahlungszeitpunkt – grundsätzlich als WK zu berücksichtigen. Eine Aufteilung der Aufwendungen auf den Zeitraum der Vermietung und auf den der Selbstnutzung im Wege der Schätzung scheidet mangels objektiver Abgrenzungskriterien aus. Deshalb ist allein der Zeitpunkt der Reparatur maßgeblich.[6] Aufwendungen für Schönheitsreparaturen und zur Beseitigung kleinerer Schäden und Abnutzungserscheinungen durch den vorherigen Mieter einer Wohnung sind grds nicht abziehbar, wenn sie nach Beendigung der Vermietung und vor der eigenen Nutzung der Wohnung durch den StPfl durchgeführt werden, auch wenn der frühere Mieter die Reparaturen hätte durchführen müssen (s auch § 24 Rn 62).[7] Eine Ausnahme gilt nur für Aufwendungen zur Beseitigung eines Schadens, der die mit dem gewöhnlichen Gebrauch der Mietsache verbundene Abnutzung deutlich übersteigt, insbes eines mutwillig verursachten Schadens.[8] In diesen Fällen ist der Erhaltungsaufwand ausschließlich durch den Mieter veranlasst, so dass (nachträgliche) WK anerkannt werden können. Der erforderliche Veranlassungszusammenhang mit der Vermietungstätigkeit ist nicht gegeben, soweit die Aufwendungen allein oder ganz überwiegend durch die **Veräußerung des Mietwohnobjekts** veranlasst sind; dies gilt entgegen der Rspr zur Selbstnutzung auch dann, wenn die betr Arbeiten noch während der Vermietungszeit durchgeführt werden.[9]

110 2. Bauherrenmodelle und Immobilienfonds. Bei Bauherrenmodellen und Immobilienfonds steht die Problematik der **Abgrenzung von WK gegenüber AK oder HK** im Vordergrund. Die Zuordnung der Aufwendungen setzt voraus, dass bei der Ges und bei den einzelnen Anlegern Einkünfteerzielungsabsicht vorliegt.[10] Insbes sog Mietkaufmodelle, bei denen der Bauherr (idR durch Vermittlung des Projektanbieters) mit einem Interessenten einen Mietkaufvertrag abschließt, der neben der Nutzungsüberlassung der Immobilie ein befristetes Verkaufsangebot enthält, oder dieses in Aussicht stellt, indizieren, dass die Einkünfteerzielungsabsicht fehlt (ausf Rn 17 mwN).[11] In einem neuen Erlass vom 20.10.03 hat die FinVerw ihre Auffassung zur einkommensteuerlichen Behand-

---

1 BFH BStBl II 96, 632.
2 R 21.1 EStR 05.
3 R 21.1 I EStR 05.
4 *Grube* DB 99, 1723.
5 Dazu *K/S/M* § 21 Rn B 537; *Blümich* § 21 Rn 157 ff.
6 BFHE 193, 318; BFH/NV 01, 1022.
7 BFH/NV 03, 610; BFH/NV 96, 533; BFH/NV 07, 680.
8 BFH BStBl II 01, 784.
9 BFH BStBl II 05, 343 mit Anm *Paus* DStZ 05, 454.
10 Dazu *Spindler* FS Korn, S 165 (183 f).
11 BFH BStBl II 87, 668; BFH/NV 88, 292.

lung von Fonds präzisiert.[1] Für die Frage, ob und inwieweit Verluste bei Bauherrenmodellen und Immobilienfonds zu berücksichtigen sind, ist § 21 I 2 iVm § 15b von Bedeutung (Rn 140).

In Bauherrenmodellen oder Immobilienfonds schließen sich idR mehrere Pers zusammen, um durch Projektanbieter oder von ihnen eingeschalteten Pers (zB Treuhänder, Geschäftsbesorger, Betreuer) Eigentumswohnungen, Einfamilienhäuser oder Mietwohnungen zu errichten und zu vermieten. Um steuerliche Vorteile auszunutzen, die zwar vom Bauherrn, aber nicht vom Erwerber einer Immobilie geltend gemacht werden können, schließen die Anleger eine Vielzahl zumeist vom Projektanbieter vorformulierte oder bereits ausgehandelte inhaltlich **aufeinander abgestimmte Verträge** über Einzelaufwendungen ab. Durch eine Aufteilung des Gesamtaufwandes soll erreicht werden, dass die Kosten soweit wie möglich den sofort abzugsfähigen WK zugeordnet werden. Ist der Anleger als Erwerber zu beurteilen, sind alle an die Anbieterseite geleisteten Aufwendungen, die auf den Erwerb des Grundstücks mit dem bezugsfertigen Gebäude gerichtet sind, als AK zu beurteilen;[2] der WK-Abzug wird dadurch eingeschränkt. Handelt es sich bei dem Anleger demgegenüber um einen Bauherrn, können zB die während der Bauzeit abzugsfähigen vorweggenommenen WK, Kosten im Rahmen der Zwischenfinanzierung und Teile der Treuhand- und Betreuungsgebühren als WK abgezogen werden. **111**

Gem § 15 I EStDV ist Bauherr, wer auf eigene Rechnung oder Gefahr ein Gebäude baut oder bauen lässt. Anleger im Bauherrenmodell sind einkommensteuerrechtlich regelmäßig nicht als Bauherren, sondern als **Erwerber** des bebauten Grundstücks zu beurteilen, wenn sie sich aufgrund eines von den Projektanbietern vorformulierten Vertragswerks beteiligen und sich bei den damit zusammenhängenden Rechtsgeschäften durch die Projektanbieter vertreten lassen.[3] Die Vielzahl der aufeinander abgestimmten Verträge bildet ein **einheitliches Vertragswerk**, das auf die Übertragung des Eigentums an einem bebauten Grundstück gerichtet ist.[4] Diese Grundsätze gelten auch dann, wenn die Anleger sich zu einer GbR zusammenschließen, um das Bauvorhaben durchzuführen.[5] Ein Anleger ist nur dann **Bauherr**, wenn er das Baugeschehen beherrscht.[6] Er muss wirtschaftlich das für die Durchführung des Bauvorhabens typische Risiko tragen (Bauherrenwagnis), sowie rechtlich und tatsächlich die Planung und Ausführung in der Hand haben.[7] Die Vereinbarung des in bestimmten Fällen einen vorzeitigen Gefahrübergang ermöglichenden § 7 VOB/B kann als Beweisanzeichen für ein erhöhtes Bauherrenrisiko sprechen.[8] Entscheidend ist das Gesamtbild unter Berücksichtigung aller Umstände des Einzelfalles, unabhängig von den in den Verträgen gewählten Bezeichnungen. **112**

Wenn der Anleger als Erwerber zu beurteilen ist, gehören sämtliche geleisteten Aufwendungen zu den **AK**, die auf den Erwerb oder die Modernisierung[9] des Grundstücks mit dem bezugsfertigen Gebäude gerichtet sind, unabhängig davon, ob sie an den Initiator eines Projekts oder Dritte gezahlt werden.[10] **Hierzu gehören**[11] neben den Baukosten insbes Abschlussgebühren, Agio, Baubetreuungsgebühren,[4] Beratungsgebühren, Courtage, Finanzierungsvermittlungsgebühren, Gebühr für eine Vertragsdurchführungsgarantie[12] oder für Bautenstandsberichte, Gebühren für Bürgschaftsübernahmen oder Zins- und Freistellungsgarantien, Kosten für die Ausarbeitung der technischen, wirtschaftlichen oder steuerlichen Konzeption,[13] Kosten für die Werbung von Bauinteressenten, Kreditzinsen, soweit keine eigene Verpflichtung besteht,[14] Platzierungsgarantiegebühren,[13] Treuhandgebühren, Vergütungen für Steuer- und Rechtsberatung an den Projektanbieter, Vertragsberatungs- und Vertretungsgebühren.[15] § 42 AO steht dem Abzug solcher Aufwendungen entgegen, die zwar – wie zB die **Eigenkapitalvermittlungsprovision** – in gesonderten Verträgen als „Gebühren" für einzelne Dienstleistungen vereinbart werden, die aber aufgrund einer modellimmanenten Verknüpfung aller Verträge wirtschaftlich im Zusammenhang mit dem Erwerb der Immobilie stehen.[16] **113**

---

1 BMF BStBl I 03, 546; dazu *Heß* DStR 03, 1953; *Fleischmann/Meyer-Scharenberg* DStR 04, 20; *Scharwies* BB 04, 295; *Heisterhagen/Kleinert* DStR 04, 507.
2 BFH BStBl II 90, 299; krit zur Erheblichkeit der Unterscheidung von Bauherr und Erwerber: *K/S/M* § 21 Rn B 559 ff.
3 BFH BStBl II 90, 299; BStBl II 01, 720.
4 BFH/NV 90, 431.
5 BFH BStBl II 90, 1024.
6 BFH BStBl II 90, 1024; BStBl II 89, 986.
7 BMF BStBl I 90, 366 Tz 1.2.
8 BFH/NV 06, 1654.
9 BMF BStBl I 03, 546; vgl auch *Heß* DStR 03, 1953/54.
10 BMF BStBl I 03, 546/551; vgl auch BFH BStBl II 01, 717; *Heß* DStR 03, 1953/56.
11 Grundlegend: BFH BStBl II 90, 299; *Fleischmann* DStR 90, 552.
12 BFH BStBl II 86, 337.
13 BFH BStBl II 87, 212.
14 BFH BStBl II 80, 441.
15 BFH BStBl II 86, 217; BFH/NV 90, 431.
16 BFH BStBl II 01, 720; dazu BMF BStBl I 03, 546/552 (Nichtanwendung bei Verschärfung der Besteuerung gegenüber früherer Verwaltungspraxis bei Beitritt zu einem Fonds bis 31.12.03); s auch *Fleischmann/Meyer-Scharenberg* DStR 04, 20.

114 Beim Erwerber können diejenigen Aufwendungen als **sofort abzugsfähige WK** qualifiziert werden, die nicht auf den Erwerb des Grundstücks mit dem bezugsfertigen Gebäude gerichtet sind und die auch der Erwerber eines bebauten Grundstücks außerhalb eines Bauherrenmodells als WK abziehen könnte.[1] **Voraussetzung** ist nach der Rspr jedoch, dass sie von den übrigen Aufwendungen, die mit der Anschaffung des bebauten Grundstücks in Zusammenhang stehen, einwandfrei **abgrenzbar** sind und in einem **angemessenen** Verhältnis zur Gegenleistung stehen. Es müssen bereits vor der Zahlung klare Vereinbarungen bestehen, aus denen sich Grund und Höhe der Aufwendungen entnehmen lassen. Die Vergütung darf nur dann zu zahlen sein, wenn der Anleger die Gegenleistung in Anspr nimmt. Die Abwahlmöglichkeit und die dann eintretende Ermäßigung des Gesamtkaufpreises müssen in dem Vertrag klar und eindeutig zum Ausdruck kommen. Außerdem ist zu prüfen, ob die behaupteten Leistungen und das jeweils zugehörige Entgelt den tatsächlichen Gegebenheiten entsprechen, und ob dem WK-Abzug der Rechtsgedanke des § 42 AO entgegensteht.[2] Hierbei handelt es sich insbes um Zinsen für die Darlehen zur Finanzierung der AK des bebauten Grundstücks sowie die Aufwendungen für die Vermietung des Grundstücks und für die steuerliche Beratung, soweit sie in den Zeitraum nach Bezugsfertigkeit des Gebäudes fallen. Außerdem wird unter bestimmten Voraussetzungen ein Abzug als WK anerkannt, für Bauzeitzinsen, Bearbeitungs- und Auszahlungsgebühren, Beiträge zu Sach- und Haftpflichtversicherungen, Bürgschafts- und Garantiegebühren, Damnum/Disagio, Gebühren für Vermietungsgarantien und -bürgschaften, Kosten der Darlehenssicherung, Schätzgebühren, Vergütungen an Steuer- und Rechtsberater, Vorauszahlung von Schuldzinsen, Zinsen der Zwischen- und Endfinanzierung, Zinsfreistellungsgebühren.[3]

115 Als klassisches Bauherren-Erwerber-Modell gilt das sog **Kölner Modell**, bei dem die Anleger nur während der Bauphase gesellschaftlich verbunden bleiben und anschließend eine Eigentumswohnung oder ein Reiheneigenheim erwerben. In der Variante des sog **Hamburger Modells** wird eine KG gegründet, an der sich die einzelnen Anleger beteiligen. Die Ges errichtet das Gebäude; die steuerlichen Verluste werden über die KG zugerechnet.[4] Beim sog **Modernisierungsmodell** wird ein sanierungsbedürftiges Objekt erworben und anschließend instandgesetzt und modernisiert. Auch wenn die Grenzen des anschaffungsnahen Herstellungsaufwands (15 vH der AK; § 6 Rn 63) nicht überschritten sind, ordnen Rspr und Verwaltung sämtliche Aufwendungen den AK zu.[5]

116 Für **geschlossene Immobilienfonds** in der Form einer KG oder GbR gelten die gleichen Abgrenzungsmerkmale wie bei Bauherrenmodellen, so dass zw **Erwerberfonds** und **Bauherrenfonds** zu unterscheiden ist.[6] Entscheidend ist, ob die Fondsgesellschaft (Gesellschaftsebene) als Bauherrin oder als Erwerberin zu qualifizieren ist. Ein geschlossener Fonds ist immer dann als Erwerber anzusehen, wenn der Initiator der Ges ein einheitliches Vertragswerk vorgibt und die G'ter in ihrer gesellschaftsrechtlichen Verbundenheit keine Möglichkeit besitzen, hierauf Einfluss zu nehmen.[7] Hinsichtlich der Einflussnahme ist auf die G'ter in ihrer gesellschaftsrechtlichen Verbundenheit abzustellen.[8] Diese Grundsätze gelten grds für alle Fonds[9] und damit auch für einen **gewerblichen Immobilienfonds**.[10] Dies hat unter anderem zur Folge, dass bei geschlossenen Immobilienfonds Aufwendungen für in gesonderten Verträgen vereinbarte Dienstleistungen (zB Mietgarantie, Treuhänderleistung), die die Anleger auf Grund einer modellimmanenten Verknüpfung aller Verträge in wirtschaftlichem Zusammenhang mit der Erlangung des Eigentums an der bezugsfertigen Immobilie entrichtet, nicht dem sofort abziehbaren WK, sondern den AK zuzurechnen sind (vgl auch Rn 113).[11] Auch **Eigenkapitalvermittlungsprovisionen**, die idR sofort abziehbaren BA sind, gehören bei einem gewerblichen Immobilienfonds aufgrund von § 42 AO, der § 5 vorgeht, zu den AK/HK.[12] Entsprechende Rückflüsse mindern die AK/HK.[13]

125 **II. Einzelnachweise der WK. Abbruchkosten.** Die Zuordnung hängt davon ab, ob das Gebäude mit oder ohne Abbruchabsicht erworben wurde (vgl ausf § 6 Rn 78). Für die Absicht, bei Erwerb eines

---

1 BMF BStBl I 03, 546.
2 BFH BStBl II 90, 299.
3 BMF BStBl I 03, 546; *K/S/M* § 21 Rn B 570 mwN.
4 *Blümich* § 21 Rn 231.
5 BFH/NV 94, 852; vgl BFH/NV 96, 35.
6 So nunmehr auch die FinVerw: BMF BStBl I 03, 546; zu Gestaltungsmöglichkeiten bei geschlossenen Immobilienfonds: *Scharwies* BB 04, 295.
7 BMF BStBl I 03, 546 Tz II 2 2.; Anschluss an BFH BStBl II 01, 720; BStBl II 01, 717.
8 Vgl *Heß* DStR 03, 1953/56.
9 BMF BStBl I 03, 546 Tz II.
10 BFH BStBl II 01, 717 u 720.
11 Vgl zur Problematik der Besteuerung geschlossener Immobilienfonds: *Fleischmann* DStR 02, 1293; *Arndt* BB 02, 1617; *Beck* DStR 02, 1846; *Lindauer* DStZ 02, 640; s jetzt auch § 15b (Rn 140).
12 BFH BStBl II 01, 717 u 720; anders die 5. Aufl.
13 BFH BStBl II 02, 796.

Grundstücks, aufstehende Gebäude abzubrechen, spricht ein Abbruch innerhalb von drei Jahren nach Erwerb (BFH BStBl II 80, 69; BFH/NV 98, 1089). Dieser Beweis ersten Anscheins kann regelmäßig nicht durch Beweis über Wahrnehmungen von Zeugen in der Zeit nach dem maßgeblichen Zeitpunkt des Grundstückskaufs entkräftet werden (BFH/NV 06, 275).

Abgekürzter Vertragsweg. Schließt ein Dritter im eigenen Namen einen Werkvertrag über Erhaltungsarbeiten am vermieteten Grundstück des StPfl ab und leistet er die vereinbarte Vergütung, so kann der StPfl diesen Aufwand auch dann bei seinen Einkünften aus VuV als WK abziehen, wenn der Dritte dem StPfl den Betrag zuwendet (BFH BStBl II 06, 623; vgl auch *Haenicke* DStZ 06, 793). Die FinVerw folgt dieser Entscheidung nicht (**Nichtanwendungserlass** BMF BStBl I 06, 492; krit *Söffing* DStZ 07, 147).

Ablösezahlung. Aufwendungen eines erbbauverpflichteten Grundstückseigentümers zur Ablösung des Erbbaurechts zählen zu den HK des anschließend auf dem Grundstück nach dem Abriss der vorhandenen Bebauung neu errichteten Gebäudes (BFH BStBl II 06, 461).

Abstandszahlungen zur vorzeitigen Beendigung des Mietverhältnisses oder zur Räumung einer Wohnung sind nur dann WK, wenn das Objekt weiterhin der Einkünfteerzielung dient (BFH BStBl II 75, 730; BStBl II 78, 337; BStBl II 80, 187; BFH/NV 89, 485). Bei beabsichtigter anschließender Eigennutzung handelt es sich nicht um WK (BFH BStBl II 05, 760). Abstandszahlungen an Nutzungsberechtigte, die im Anschluss an einen Grundstückserwerb geleistet werden, **um ein neues Gebäude errichten zu können**, sind **HK** des neuen Gebäudes (BFH BStBl II 04, 872).

Anfechtung. Aufwendungen eines Grundstückserwerbers zur Befriedigung eines den Kaufvertrag nach § 3 II AnfG anfechtenden Gläubigers gehören zu den nachträglichen AK (BFH v 17.4.07 – IX R 56/06, DB 07, 2458).

Aufteilung. Ist ein erworbenes Zweifamilienhaus-Grundstück in zwei eigenständige WG bildende Gebäudeteile (fremdvermietete Wohnung sowie einem Wohnungsberechtigten überlassene Wohnung) aufzuteilen, so ist die von den Vertragsparteien vorgenommene Aufteilung des Kaufpreises auf einzelne WG grds – auch in Fällen der gemischten Schenkung – der Besteuerung zugrunde zu legen (BFH BStBl II 06, 9). Zur Aufteilung bei Schuldzinsen s dort.

Ausgleichsbeiträge nach § 154 BBauGB: die zu den Erschließungsbeiträgen entwickelte Rspr (vgl BFH/NV 94, 471; BStBl II 94, 842) ist entspr anzuwenden (FinVerw DStR 97, 617; Erhaltungsaufwand: *Schindhelm/Wilde* DB 91, 727; Aufwendungen auf Grund und Boden: FG Nds EFG 95, 67).

Bargebotszinsen (§ 49 II ZVG) gehören zu Schuldzinsen (BFH BStBl II 92, 727).

Bauerwartungsland. Anlässlich des Erwerbs anfallende Finanzierungskosten können WK sein, wenn der StPfl damit rechnen konnte, das Grundstück in überschaubarer Zeit bebauen zu dürfen (BFH BStBl II 91, 761).

Baugenehmigungskosten gehören zu den HK (BFH/NV 91, 34).

Bauherrenmodell s Rn 110.

Bausparvertrag. Abschlussgebühren sind WK bei den Einkünften aus VuV, wenn alleiniger Zweck des Vertragsabschlusses die Erlangung des Baudarlehens und die Verwendung der Kreditmittel zur Erzielung von Einkünften aus VuV ist (BFH BStBl II 03, 398; BStBl II 83, 355). Versicherungsprämien für eine **Risikolebensversicherung** sind hingegen keine WK (BFH BStBl II 86, 143).

Bauwesenversicherung. Beiträge führen zu WK (BFH BStBl II 80, 294).

Bauzeitzinsen (zB Bereitstellungszinsen, Damnum, etc) gehören zu den WK (BFH BStBl II 90, 460); sie dürfen in voller Höhe im Zeitpunkt der Zahlung abgezogen werden (BMF DStR 00, 970; s aber BFH BStBl 00, 259 zu § 10e).

Beiträge zur Errichtung öffentlicher Anlagen s Erschließungskosten.

Bereitstellungszinsen s Bauzeitzinsen.

Brandschaden führt zu AfaA im VZ des Schadenseintritts (s auch *Grube* DStZ 00, 469); Schadensbeseitigungskosten können teilw WK sein (BFH BStBl II 94, 12).

Breitbandkabel s Kabelanschluss.

Cash-Pool. Wer einen als Darlehen empfangenen Geldbetrag nicht dazu nutzt, Aufwendungen im Zusammenhang mit seiner Vermietungstätigkeit zu begleichen, sondern ihn in einen Cash-Pool einbringt, aus dem heraus er später seine Kosten bestreitet, kann Schuldzinsen aus diesem Darlehen nicht als WK von seinen Einnahmen aus Vermietung abziehen (BFH BStBl II 07, 645).

Damnum s Bauzeitsinsen.

Devisenoptionsgeschäfte. s Rn 162

Erbbaurecht. Gutachterkosten. Gutachterkosten für die Ermittlung der Entschädigung nach § 27 I ErbbauV sind keine WK (BFH/NV 07, 1490).

Erbbauzinsen sind bis VZ 03 auch dann als WK bei den Einkünften aus VuV im Kj ihrer Leistung sofort abziehbar, wenn sie in einem Einmalbetrag vorausgezahlt werden (BFH BStBl II 05, 159, gegen BMF BStBl I 96, 1440). Ab VZ 04 gilt § 11 II 3 (s § 11 Rn 57).

Erhöhte AfA nach EStDV: § 82a EStDV ermöglichte für bestimmte Anlagen und Einrichtungen, die vor dem 1.1.92 verwirklicht worden sind (§ 84 IV EStDV) erhöhte Absetzungen und besondere Fördermaßnahmen (s *Blümich* § 21 Rn 206 ff). Die Regelung hat keine aktuelle Bedeutung mehr. Gleiches gilt für § 82g und § 82i EStDV, die durch §§ 7h und 7i ersetzt worden sind (§ 7h Rn 4; § 7i Rn 4).

Eigenleistung des Hauseigentümers ist weder bei den WK noch bei den HK eines Gebäudes zu berücksichtigen; Fahrtkosten können jedoch in tatsächlicher Höhe als HK (bei Neuerrichtung) oder WK (in Zusammenhang mit Erhaltungsaufwand) geltend gemacht werden (vgl BFH BStBl II 95, 713).

Erhaltungsaufwand s Rn 100.

Erschließungskosten s § 6 Rn 43.

Fahrtkosten. Bei nicht umfangreichem Grundbesitz ist regelmäßige Arbeitsstätte die Wohnung des StPfl. Aufwendungen für gelegentliche Fahrten sind WK gem § 9 I 1; § 9 I Nr 4 findet bei gelegentlichen Fahrten keine Anwendung (R 21.2 IV 4 EStR 05).

Ferienwohnung s Rn 19.

Finanzierungskosten sind im Jahr der Aufwendung WK, soweit sie mit den Einkünften aus VuV in wirtschaftlichem Zusammenhang stehen. Siehe auch Bausparvertrag, Bauwesenversicherung, Bauzeitsinsen.

Gartenanlage ist ein selbstständiges, unabhängig vom Gebäude zu betrachtendes WG (BFH BStBl II 99, 282; BStBl II 97, 25). Allerdings werden die Kosten für die gärtnerische Gestaltung der Grundstücksfläche bei einem Wohngebäude von der FinVerw als HK anerkannt, soweit diese Kosten für das Anpflanzen von Hecken, Büschen und Bäumen an den Grundstücksgrenzen entstanden sind (R 21.1 III EStR).

Grunderwerbsteuer gehört einschl etwaiger Säumniszuschläge zu den AK (BFH BStBl II 92, 464).

Grundsteuer gehört zu den WK, *K/S/M* § 21 Rn § 9 Rn D 3.

Instandhaltungsrücklage. Beiträge des Eigentümers nach § 16 II WEG sind keine WK. Erst die aus der Rücklage finanzierten Instandhaltungs- und Modernisierungsmaßnahmen führen zu WK (BFH BStBl II 88, 577; BFH/NV 06, 291; vgl auch *Kahlen* ZMR 06, 21; **aA** *Sauren* DStR 06, 2161).

Kabelanschlusskosten gehören bei einem Neubau zu HK und bei einer Nachrüstung eines bestehenden Gebäudes zu Erhaltungsaufwand (OFD Kln DB 84, 2275; *Pensel/Hild* DB 89, 2348).

Katastrophenschäden wird durch AfaA Rechnung getragen; bei Teilzerstörung kommt auch der Abzug von Erhaltungsaufwendungen für die Wiederherstellung in Betracht (ausf *Grube* DStZ 00, 469).

Kiesabbau. Wird ein Kiesvorkommen im PV entdeckt, ist der Abbau des Kiesvorkommens durch Verpachtung gem § 21 I S 1 Nr 1 ohne Absetzungen (brutto) zu besteuern (BFH BStBl II 07, 508)

Kursverluste bei Fremdwährungsdarlehen sind bei den Einkünften aus VuV nicht als WK abziehbar (BFH BStBl II 94, 289).

Mieterschäden. Beseitigung vor Selbstnutzung s Rn 103.

Nachträgliche WK. § 9 Rn 65, § 24 Rn 61 ff.

Notarkosten sind WK, soweit sie der Besicherung eines Darlehens dienen (BFH BStBl II 03, 399). Kosten des Grundstückskaufvertrages gehören zu den AK.

Planungskosten gehören zu den Herstellungskosten, wenn sie bei gleichem Zweck und bei gleicher Bauart des geplanten und des später errichteten Bauwerks in dieses wertbestimmend eingegangen sind (BFH BStBl II 99, 20; BFH/NV 01, 592). Auf die positive Feststellung, dass und inwieweit nicht verwirklichte Planungen in das tatsächlich errichtete Gebäude eingegangen sind, kommt es nicht an, wenn das ursprünglich geplante und das dann fertig gestellte Bauwerk dem gleichen Zweck dienen und die gleiche Bauart aufweisen (BFH/NV 06, 295). Planungskosten sind nicht abziehbar, wenn statt eines ursprünglich geplanten Einfamilienhauses mit Einliegerwohnung ein Doppelhaus errichtet wird (FG Mchn EFG 06, 564). S auch § 6 Rn 78.

Privatstraße. Aufwendungen für eine von einem Dritten zu errichtende Privatstraße stellen AK eines selbstständigen abnutzbaren WG dar, auch wenn die Straße der erstmaligen Erschließung des Grundstücks dient (BFH BStBl II 00, 257).

Reisekosten im Zusammenhang mit der **Verwaltung** eines vermieteten Gebäudes sind WK; dies gilt auch für Reisekosten auf der Suche nach einem zum Kauf geeigneten Objekt (BFH BStBl II 81, 470; *K/S/M* § 9 Rn B 805 ff; *Seitrich* BB 86, 2308).

Restitutionsverfahren. Die Erstattung von Instandsetzungsaufwendungen und Modernisierungsaufwendungen im Zusammenhang mit Restitutionsverfahren sind AK des rückübertragenen Grundstücks. Sie sind ab dem Jahr der Rückübertragung im Rahmen der AfA zu berücksichtigen, selbst wenn Mieteinnahmen erst im Folgejahr erzielt werden (BFH BStBl II 05, 477). „Vorbehaltsmittel", die der StPfl nach Rückübertragung eines enteigneten Grundstücks nach dem VermG gem § 177 V BauGB zurückzuzahlen hat, sind keine WK (BFH/NV 06, 727). Zu § 7 VermG s § 24 Rn 18 „Restitutionsentgelte".

Schadstoffgutachten. Aufwendungen für ein Schadstoff-Gutachten, das der Feststellung der durch einen Mieter verursachten Untergrund- und Boden-Verunreinigungen dient, können als WK abziehbar sein (BFH BStBl II 07, 941).

Schuldzinsen sind WK, wenn der Zweck der Schuldaufnahme darin besteht, Einkünfte aus VuV zu erzielen und die aufgenommenen Mittel dementspr verwendet werden (§ 9 Rn 100; BFH BStBl II 86, 161). Entscheidend ist, dass das zugrunde liegende Darlehen tatsächlich zum Erzielen von Einkünften verwendet worden ist (BFH BStBl II 05, 324). Der Begriff der Schuldzinsen ist weit auszulegen und umfasst alle Aufwendungen zur Erlangung wie Sicherung des Kredits (BFH BStBl II 03, 398). Zu den Schuldzinsen gehören auch **Nebenkosten der Darlehensaufnahme**, wie Bereitstellungszinsen, Geldbeschaffungskosten und das Damnum (BFH BStBl II 94, 289 mwN), Abschlussgebühren eines Bausparvertrages oder Notargebühren (s dort) für die Besicherung eines Grundstücks. Auch Schuldzinsen, die der Erwerber eines zum Vermieten bestimmten Grundstücks vereinbarungsgemäß für den Zeitraum nach dem Übergang von Besitz, Nutzen, Lasten und Gefahren bis zur später eintretenden Fälligkeit des Kaufpreises an den Veräußerer erstattet, sind als WK abziehbar (BFH BStBl II 04, 1002). Entscheidend für die Abzugsfähigkeit ist die tatsächliche Verwendung der Darlehensbeträge. Wird ein **Gebäude teils vermietet und teils selbst genutzt**, können die Darlehenszinsen insoweit als WK bei den Einkünften aus VuV abgezogen werden, als das Darlehen (tatsächlich) zur Herstellung des der Einkünfteerzielung dienenden Gebäudeteils verwendet worden ist. Der StPfl kann ein Darlehen mit steuerrechtlicher Wirkung gezielt dem der Einkünfteerzielung dienenden Gebäudeteil zuordnen (BFH BStBl II 99, 676; BStBl II 99, 678; BStBl II 99, 680; BStBl II 04, 348; BFH/NV 05, 1543; *Pezzer* FR 00, 650; BMF BStBl I 04, 464). Der Zuordnungszusammenhang ist allerdings unterbrochen, wenn das Auszahlungsverhalten des StPfl mit seiner Zurechnungsentscheidung nicht übereinstimmt (BFH/NV 05, 694; BFH BStBl II 05, 597 – höheres Darlehen als erforderlich). Auch eine bloß gedankliche Zuordnung im Rahmen einer Umschuldung genügt nicht (BFH/NV 05, 551). Die vollständige Zuordnung eines Darlehens zum fremdvermieteten Teil des Gebäudes ist auch nicht dadurch möglich, dass ein ursprünglich nicht diesem Teil zugeordnetes Darlehen im Wege der Umschuldung abgelöst wird (BFH/NV 07, 1298). Kann der Aufwand nicht eindeutig dem vermieteten oder dem nicht zur Vermietung bestimmten Teil des Gebäudes zugeordnet werden, ist er regelmäßig nach dem Verhältnis der eigengenutzten zu den durch Fremdvermietung genutzten Flächen aufzuteilen (BStBl II 04, 348). Allerdings kommt nur eine Verteilung nach den im Wege des Ertragswertverfahrens ermittelten Verkehrswerten der Teilflächen in Betracht, wenn diese erheblich voneinander abweichen (BFH/NV 06, 261). Diese Grundsätze gelten nicht nur bei Herstellung, sondern auch im Fall der Anschaffung eines gemischt genutzten Gebäudes (BFH BStBl II 03, 389; BFH/NV 03, 23; BFH/NV 07, 1647; zur **Aufteilung** im Einzelnen: BMF BStBl I 04, 464; s auch *Tiedtke/Wälzholz* FR 01, 225). Wird ein einheitliches Darlehen für die Anschaffung eines Gebäudes aufgenommen, kann der sich hieraus ergebende tatsächliche Verwendungszweck nicht durch die spätere Aufteilung des Gebäudes und die anteilige Zuordnung der Darlehen geändert werden (BFH/NV 03, 1422; BStBl II 04, 348; zur einheitlichen Kaufpreiszahlung vgl auch BFH/ NV 06, 264; OFD Ffm DB 06, 2260). Ein wirtschaftlicher Zusammenhang von Schuldzinsen mit der Vermietung besteht auch dann, wenn ein betrieblicher Kredit nach Betriebsaufgabe und vor Vermietung des Betriebsgrundstücks durch ein neues Darlehen abgelöst wird (BFH BStBl II 01, 573). Die Grundsätze des GrS zum **Drittaufwand** (§ 4 Rn 111f) sind zu beachten. Gehört bei Ehegatten nur einem von ihnen das vermietete Grundstück, können Schuldzinsen in voller Höhe abgezogen werden, wenn gemeinsam ein gesamtschuldnerisches Darlehen aufgenommen wird, und die Aufwendungen aus gemeinsamen Mitteln gezahlt werden. Nimmt ein Ehegatte allein ein Darlehen zur Finanzierung eines Gebäudes auf, das dem anderen Ehegatten gehört, sind die Schuldzinsen nicht abziehbar, es sei denn, der Eigentümerehegatte hat sie aus eigenen Mitteln gezahlt (BFH BStBl II 00, 310; vgl auch BFH BStBl II 00, 312; dazu *Fischer* FR 00, 662; s auch BFHE 193, 112; *Fischer* FR 01, 141). WK können auch vor- liegen, wenn der Eigentümer-Ehegatte einer Immobilie im Wege des Schuldbeitritts die gesamt- schuldnerische persönliche Mithaftung für ein Darlehen des Nichteigentümer-Ehegatten übernimmt (BFH/NV 03, 468). Schuldzinsen, die auf die Zeit nach Aufgabe der VuV entfallen, sind selbst dann keine **nachträglichen Schuldzinsen**, wenn der Veräußerungserlös nicht zur Schuldendeckung ausreicht (ausf und krit § 24 Rn 63). Eine Ausnahme gilt für Schuldzinsen zur Finanzierung sofort abziehbarer WK (ausf § 24 Rn 63).

Selbstnutzung. Aufwendungen für Renovierung und die Beseitigung kleinerer Schäden nach Beendigung des Nutzungsüberlassungsverhältnisses und vor Selbstnutzung werden idR nicht als WK anerkannt (Rn 103 mwN).

Sondertilgung, die aufgrund einer Abrede im Kreditvertrag für den Fall eines gestiegenen Wechselkurses für Kursverluste bei einem Fremdwährungsdarlehen gezahlt werden, sind keine WK (BFH/ NV 06, 279).

USt s § 9b Rn 16.

Vergebliche WK. Schuldzinsen für ein gescheitertes Bauvorhaben (zB Bereitstellungszinsen und Nichtbezugsentschädigung) sind als vergebliche WK abziehbar, wenn der StPfl zur Finanzierung einer zum Vermieten bestimmten Eigentumswohnung ein Darlehen aufgenommen hat, aber sein Angebot zum Abschluss des Bauträgervertrages zurück nimmt, weil das Bauvorhaben wegen Mittellosigkeit des Bauträgers scheitert (BFH BStBl II 02, 144). Steht die Vermietungsabsicht einer im VZ des Erwerbs noch nicht bezugsfertigen Wohnung endgültig fest, kann die spätere Aufgabe dieser Absicht aufgrund im Zeitpunkt der Bezugsfertigkeit eingetretener neuer Umstände keinen rückwirkenden Wegfall der Einkünfteerzielungsabsicht begründen (BFH/NV 04, 484). Vergleichszahlung wegen des Rücktritts vom Vertrag und Prozesskosten oder Schadensersatz infolge einer Vertragsauflösung können vergebliche WK sein, wenn der StPfl sie tätigt, um sich aus einer gescheiterten Investition zu lösen und so die Höhe der vergeblich aufgewendeten Kosten zu begrenzen (BFH BStBl II 06, 258; BFH BStBl II 06, 803). S auch Planungskosten, verlorener Aufwand.

Verlorener Aufwand. Vorauszahlungen auf AK eines zur Erzielung von Einkünften aus VuV vorgesehenen WG können, wenn das angestrebte Anschaffungsgeschäft nicht zustande gekommen ist und eine Rückzahlung nicht erlangt werden kann, in vollem Umfang als WK abziehbar sein, wenn deutlich wird, dass sie ohne Gegenleistung bleiben und eine Rückzahlung nicht zu erlangen ist (BFH BStBl II 02, 758).

Versicherung s Bausparvertrag, Bauwesenversicherung.

Vorauszahlungen. Im Wege einer Einmalzahlung im Voraus geleistete Erbbauzinsen für die Bestellung eines Erbbaurechts sind sofort in voller Höhe im Jahr der Zahlung als WK abziehbar (BFH DStR 03, 2107; dazu *Fischer* FR 04, 168; **aA** BMF BStBl I 96, 1440).

Vorfälligkeitsentschädigung idR keine WK (BFH BStBl II 03, 126; BFH/NV 05, 43; auch nicht bei Kapitaleinkünften: BFH BStBl II 06, 265), selbst dann, wenn das Darlehen der Finanzierung sofort abzugsfähiger WK diente (BFH BStBl II 04, 57, dazu *Schell* FR 04, 506); aber im Zusammenhang mit dem Verkauf eines Mietwohngrundstücks dann als WK bei den Einkünften aus VuV abziehbar, wenn sie ausnahmsweise als Finanzierungskosten eines neu erworbenen Mietobjektes zu beurteilen ist (BFH BStBl II 96, 595; FG Nds DStRE 01, 694 zu anschließender Beteiligung an einem Immobilienfonds; vgl auch *Sauren* DStR 02, 1254, 1256; *Schließl* DStZ 07, 466).

Zeitungsanzeigen um Mieter zu finden sind WK.

Zwangsräumung. Aufwendungen sind keine WK sondern HK/AK wenn ein besetztes Grundstück zwangsweise geräumt wird, um es anschließend zu bebauen oder als Freifläche zu vermieten (BFH BStBl II 04, 872).

Zweitwohnungssteuer, die vom Vermieter gezahlt wird, gehört ggf zeitanteilig (vgl Rn 19 zu Ferienwohnungen) zu den WK (BFH BStBl II 03, 287; BFH/NV 03, 745; vgl auch *Thürmer* DStR 03, 584).

F. Verlustabzugsbegrenzung (§ 21 I 2)

I. Allgemein. Nach § 21 I 2 sind § 15a und § 15b sinngemäß anzuwenden. Diese Regelung soll sicherstellen, dass die **vermögensverwaltende und die gewerbliche Betätigung** so weit wie möglich **gleich behandelt** werden. Die sinngemäße Anwendung des § 15a hat insbes für vermögensverwaltende PersGes in der Rechtsform einer KG und dabei für sog geschlossene Immobilienfonds Bedeutung; aber auch G'ter einer GbR können über § 15a V betroffen sein. Haben die G'ter eine steuer- rechtlich anzuerkennende Vereinbarung getroffen, nach der den einzelnen G'tern WK-Überschüsse nur dann zugerechnet werden, soweit dadurch kein „negatives Kapitalkonto" entsteht, kommt § 21 I 2 iVm § 15a nicht zur Anwendung.[1] Durch das Gesetz zur Beschränkung der Verlustzurechnung im Zusammenhang mit Steuerstundungsmodellen[2] ist § 21 I 2 geändert worden und § 15b auch bei den Einkünften aus VuV sinngemäß anzuwenden. Der Gesetzgeber hatte dabei insbes **geschlossene Immobilienfonds** im Auge.[3] Die sinngemäße Anwendung der §§ 15a, 15b bewirkt, dass die **Ausgleichs- und Abzugsbeschränkungen** dieser Regelungen eingreifen. Vorrangig ist jedoch die Überschusserzielungsabsicht der Ges (Rn 15)[4] und die Zurechnung der WK-Überschüsse auf die einzelnen G'ter (Rn 45) zu prüfen.

II. Sinngemäße Anwendung des § 15a. § 15a stellt wesentlich auf das negative Kapitalkonto ab (§ 15a Rn 40) und setzt die Ermittlung der Einkünfte nach §§ 4, 5 (Gewinnermittlung durch BV-Vergleich) und damit auch BV voraus. Die vermögensverwaltende PersGes, die Einkünfte aus VuV erzielt, ermittelt demgegenüber die Einkünfte durch Überschussrechnung (§ 2 II Nr 2) und erstellt daher auch keine Steuerbilanz zu Zwecken der Gewinnermittlung, die Kapitalkonten oder Sonder-BV ausweisen könnte. § 15a kann aufgrund der unterschiedlichen Einkünfteermittlung daher nur sinngemäß angewandt werden. Verfassungsrechtliche Bedenken ergeben sich daraus nicht.[5] Die sinngemäße Anwendung des § 15a führt jedoch auch dazu, dass anders als früher[6] dem K'dist einer vermögensverwaltenden KG ein WK-Überschuss auch über seine Einlage hinaus zugerechnet werden kann.[7]

1. Verlustausgleich mit anderen Einkünften (§ 15a I 1). Die sinngemäße Anwendung des § 15a setzt die **Ermittlung eines Ausgleichsvolumens** voraus, das dem negativen Kapitalkonto des § 15a (§ 15a Rn 40) weitestgehend entspricht. Die handelsrechtlichen Vorgaben über das Kapitalkonto sind im Hinblick auf die unterschiedliche Einkünfteermittlung nach Maßgabe der steuerlichen Vorschriften der Überschussrechnung zu modifizieren.[8] Ausgangspunkt für die Ermittlung des Ausgleichsvolumens sind die tatsächlich geleisteten Einlagen, wobei das Kapitalkonto jedes G'ters selbstständig zu ermitteln ist. Die Einlage setzt einen Zugang von Werten im Gesellschaftsvermögen voraus.[9] Diese Einlagen sind um spätere Einlagen sowie um die positiven Einkünfte der Vorjahre zu erhöhen und um die Entnahmen und negativen Einkünfte der Vorjahre zu vermindern. Es ist nicht gerechtfertigt, für jeden G'ter für jede Einkunftsart ein gesondertes Kapitalkonto zu ermitteln, so dass bei einem

---

1 BFH BStBl II 93, 281.
2 BGBl I 05, 3683.
3 Vgl BT-Drs 16/107, 4.
4 *Groh* DB 84, 2428.
5 *Spindler* FR 97, 147 (148).
6 BMF FR 75, 93 (100 % Erlass); BFH BStBl II 81, 574.
7 *K/S/M* § 21 Rn B 317.
8 *K/S/M* § 21 Rn B 325; **aA** (fiktives steuerliches Kapitalkonto): *Schmidt*[26] § 21 Rn 122; *Herrmann* StuW 89, 97.
9 BFH/NV 03, 894.

G'ter einer KG mit positiven Einkünften aus KapVerm und negativen Einkünften aus VuV die Einkünfte aus KapVerm einzubeziehen sind.[1] Übersteigen die WK-Überschüsse das so ermittelte Ausgleichsvolumen, greift die Ausgleichs- und Abzugsbeschränkung des § 15a ein. § 15a I 2 und 3 lassen unter bestimmten Voraussetzungen einen erweiterten Verlustausgleich zu, wenn der K'dist mit einer die geleistete Einlage übersteigenden Haftsumme im Handelsregister eingetragen ist (ausf § 15a Rn 100 ff).

133 **2. Rechtsfolge (§ 15a I 1, II).** Die sinngemäße Anwendung des § 15a I 1 bewirkt, dass der anteilige WK-Überschuss eines beschränkt haftenden G'ters aus seiner Beteiligung an einer PersGes mit Einkünften aus VuV nur noch insoweit mit anderen positiven Einkünften ausgeglichen oder von diesen nach § 10d abgezogen werden darf, als er das ermittelte Ausgleichsvolumen nicht übersteigt. Nicht ausgleichsfähige WK-Überschüsse mindern entspr § 15a II Einkünfte aus VuV in späteren VZ (vgl § 15a Rn 73). **Sonder-WK** eines G'ters, wie Schuldzinsen für die Finanzierung der Kommanditeinlage, unterliegen jedoch nicht den Ausgleichs- und Abzugsbeschränkungen.[2]

134 **3. Einlage- und Haftungsminderung (§ 15a III).** In den Fällen, in denen ein negatives Ausgleichsvolumen durch Entnahmen der K'disten oder Einlagerückzahlungen entsteht oder sich erhöht (sog Einlageminderung), führt die sinngemäße Anwendung des § 15a III dazu, dass der Betrag der Einlageminderung als positive Einkünfte aus VuV zuzurechnen ist. § 15a III soll verhindern, dass durch kurzfristig hohe Einlagen ein entspr hohes Verlustausgleichsvolumen geschaffen wird, das nach Ausgleich des entspr Verlustanteils wieder abgebaut wird (ausf § 15a Rn 190 ff).

135 **4. Gesonderte Feststellung (§ 15a IV).** § 15a IV ordnet die gesonderte Feststellung des nicht ausgleichs- oder nicht abzugsfähigen Verlustes an und regelt das Verfahren (§ 15a Rn 270 ff). Nicht geregelt ist, wer zur Abgabe der Erklärung über das Ausgleichsvolumen und damit der verrechenbaren Verluste zuständig ist. Dies dürfte eher der K'dist als die vermögensverwaltende KG sein.[3]

136 **5. Andere Gesellschafter (§ 15a V).** Im Interesse der Gleichmäßigkeit der Besteuerung gilt gem § 15a V die Verlustabzugsbegrenzung nicht nur für K'disten, sondern auch für sonstige **StPfl, deren Haftung derjenigen eines K'disten vergleichbar ist.** Die sinngemäße Anwendung des § 15a V hat insbes für die Beteiligung an einem in der Rechtsform einer GbR geführten geschlossenen Immobilienfonds Bedeutung. Die Verlustabzugsbegrenzung greift ein, wenn die Inanspruchnahme der G'ter für Schulden im Zusammenhang mit dem Betrieb[4] durch Vertrag ausgeschlossen oder nach Art und Weise des Geschäftsbetriebs unwahrscheinlich ist. Der BFH hat entschieden, dass eine **Inanspruchnahme unwahrscheinlich** ist, wenn der kalkulierte Gesamtaufwand durch Eigenkapital und im Wesentlichen dinglich gesichertes Fremdkapital gedeckt und eine Kostenerhöhung bei normalem Verlauf der Dinge nicht zu erwarten ist.[5] Der BMF hat diese Rspr modifiziert und stellt darauf ab, ob durch entspr vertragliche Gestaltungen ein wirtschaftlich ins Gewicht fallendes Haftungsrisiko des G'ters verbleibt (§ 15a Rn 324).[6] Die Feststellungslast dafür, dass eine persönliche Inanspruchnahme nach § 15a V Nr 2 unwahrscheinlich ist, liegt idR beim FA. Der G'ter einer Immobilien-GbR trägt sie jedoch zumindest dann, wenn seine Stellung mit der eines Anlegers im Bauherrenmodell vergleichbar ist.[7]

140 **III. Sinngemäße Anwendung des § 15b.** Die durch das Gesetz zur Beschränkung der Verlustzurechnung im Zusammenhang mit Steuerstundungsmodellen v 22.12.05[8] eingefügte Vorschrift soll Steuerstundungsmodelle einschränken, indem künftig anfallende Verluste aus entspr Beteiligungen nur mit späteren positiven Einkünften aus derselben Quelle zur Verrechnung zugelassen werden.[9] Neben gewerblichen Steuerstundungsmodellen sollen durch die Verweisung in § 21 I 2 vor allem auch Verluste aus VuV (insbes **geschlossene Immobilienfonds**) erfasst werden, um Umgehungsgestaltungen auszuschließen und der Gleichbehandlung der Einkunftsarten gerecht zu werden.[10] Die sinngemäße Anwendung des § 15b gilt für Steuerstundungsmodelle, denen der StPfl nach dem 10.11.05 beigetreten ist oder für die nach dem 10.11.05 mit dem Außenvertrieb begonnen wurde

---

1 BFH BStBl II 97, 250.
2 *Blümich* § 21 Rn 280.
3 *Schmidt*[26] § 21 Rn 128; *Blümich* § 21 Rn 293.
4 BFH BStBl II 96, 128 zu einer internen Freistellungserklärung.
5 BFH BStBl II 94, 490; BStBl II 94, 492; BStBl II 94, 496; ausf *Spindler* FR 97, 147; krit *K/S/M* § 15a Rn F 112 ff.
6 BMF BStBl I 94, 355.
7 FG Kln EFG 02, 1036 mit Anm *Braun*.
8 BGBl I 05, 3683.
9 BT-Drs 16/254, 1.
10 BT-Drs 16/107, 1; BMF BStBl I 07, 542.

(§ 52 Abs 37d iVm Abs 33a). Das Datum knüpft an eine Absichtserklärung der scheidenden BReg an; ob und inwieweit die Erstreckung auf diesen vor dem Inkrafttreten des Gesetzes liegenden Termin einen Verstoß gegen das **Rückwirkungsverbot** darstellt, war schon im Gesetzgebungsverfahren umstritten[1] und wird voraussichtlich die Gerichte beschäftigen. Das BMF stellt darüber hinaus bei Fonds, die vor dem 15.11.05 mit dem Außenvertrieb begonnen haben, dem Beginn des Außenvertriebs den Beschluss von Kapitalerhöhungen und die Reinvestition von Erlösen in neue Projekte gleich, um Umgehungsgestaltungen zu vermeiden.[2]

§ 15b I ordnet eine weitgehende Verlustausgleichsbeschränkung an.[3] Die entspr Anwendung bei den Einkünften aus VuV führt dazu, dass sowohl der innerperiodische horizontale Verlustausgleich mit den übrigen Einkünften aus VuV und der vertikale Verlustausgleich mit anderen Einkunftsarten als auch der überperiodische Verlustabzug nach § 10d ausgeschlossen ist. Lediglich eine Verrechnung von Verlusten mit Gewinnen aus derselben Einkunftsquelle in folgenden Wj wird gem § 15b I 2 zugelassen (ausf § 15b Rn 17 ff). Nach § 15b I 3 ist § 15a insoweit nicht anzuwenden; damit wollte der Gesetzgeber den Vorrang des § 15b vor § 15a anordnen[4] (ausf § 15b Rn 28 ff). **141**

§ 15b II definiert Steuerstundungsmodelle und setzt voraus, dass aufgrund einer modellhaften Gestaltung steuerliche Vorteile in Form negativer Einkünfte erzielt werden sollen (ausf § 15b Rn 35 ff). Entscheidend ist, dass dem an der Ges beteiligten StPfl aufgrund eines **vorgefertigten Konzeptes** die Möglichkeit zur Verlustverrechnung geboten werden soll (§ 15b II 2). Damit geht der Gesetzgeber davon aus, dass das jeweilige Modell dem StPfl von außen angeboten wird (§ 15b Rn 37). Zu den Steuerstundungsmodellen dürften insbes auch Bauherrenmodelle gehören, die auf einer Vielzahl aufeinander abgestimmter Verträge beruhen (Rn 110, 112; vgl auch § 15b Rn 45). Entscheidend ist jedoch, dass durch Verlustverrechnung mit positiven übrigen Einkünften des StPfl ein steuerlicher Vorteil erzielt werden soll (ausf § 15b Rn 46 ff). **142**

Nach den Vorstellungen des Gesetzgebers sollen diejenigen Bauträgergestaltungen nicht betroffen sein, in denen ein Bauträger ein **Objekt im Sanierungsgebiet oder ein Denkmal** saniert, für die erhöhte Absetzungen geltend gemacht werden können (§§ 7h, 7i), und bei denen vor Beginn der Sanierung die Grundstücke oder Eigentumswohnungen an Erwerber außerhalb einer Fondskonstruktion veräußert werden.[4] Ein Kauf vom Bauträger habe nur dann einen modellhaften Charakter, wenn der Bauträger neben dem Verkauf und ggf der Sanierung noch weitere Leistungen erbringe, wie zB Mietgarantien, Übernahme der Finanzierung und rechtliche Beratung.[5] Der Gesetzgeber hat ausdrücklich davon abgesehen, für diese Fälle Rechtssicherheit zu schaffen und eine auf die Sanierung denkmalgeschützter Gebäude bezogene Sonderregelung vorzusehen.[5] **143**

Nach § 15b III ist diese Vorschrift nur anzuwenden, wenn das Verhältnis der kumulierten prognostizierten Verluste zum aufzubringenden (Eigen-)Kapital 10 vH übersteigt. Diese **Nichtaufgriffsgrenze** soll sicherstellen, dass nur Steuerstundungsmodelle mit wesentlichen Verlusten in diese Regelung einbezogen werden (zur Berechnung ausf § 15b Rn 53 ff). § 15b IV ordnet die gesonderte Feststellung der nicht ausgleichsfähigen Verluste an und regelt das Verfahren (§ 15b Rn 56 ff). **144**

G. Teilweise unentgeltlich überlassene Wohnung (§ 21 II)

Bis zum VZ 86 sah § 21 II die sog Nutzungswertbesteuerung vor. Die ab 1987 hierfür geltenden Übergangsregelungen sind mit dem VZ 98 ausgelaufen. Daher ist § 21 II 1 aF durch das StBereinG 99 aufgehoben worden. § 21 II regelt nunmehr nur noch die teilw unentgeltliche Nutzungsüberlassung einer Wohnung. **150**

Für die **Überlassung einer Wohnung zu Wohnzwecken** enthält § 21 II eine **Sonderregelung der teilentgeltlichen Vermietung**.[6] Die Vorschrift ordnet an, dass in den Fällen, in denen das Entgelt für die Überlassung einer Wohnung weniger als 56 vH der ortsüblichen Miete beträgt, die Nutzungsüberlassung in einen entgeltlichen und einen unentgeltlichen Teil aufzuteilen ist. Bis einschl VZ 03 galt die Sonderregelung in den Fällen, in denen das Entgelt weniger als 50 vH der ortsüblichen Miete betrug. Der Prozentsatz ist durch das HBeglG 04 heraufgesetzt worden,[7] um einen Beitrag zum **151**

---

1 Vgl BT-Drs 16/254, 4 f.
2 BMF BStBl I 07, 542 (546).
3 Ausf das **Anwendungsschreiben** des BMF **zu § 15b** v 17.7.07, BStBl I 07, 542.
4 BT-Drs 16/107, 7.
5 BT-Drs 16/254, 6.
6 Ausf zu dieser Regelung *Spindler* FS Korn, S 165 (176 ff).
7 HBeglG 04, BGBl I 04, 3076 (3082).

Subventionsabbau zu leisten. Die typisierende Vorschrift soll nach dem Willen des Gesetzgebers der Steuervereinfachung dienen.¹ Daher ist für die Aufteilung nicht Voraussetzung, dass die verbilligte Überlassung auf privaten Gründen beruht oder der Vermieter bewusst und gewollt auf eine angemessene Miete verzichtet.² Die Aufteilung ist bei einer Vermietung unterhalb der 56-vH-Grenze selbst dann vorzunehmen, wenn die Wohnung einem fremden Dritten überlassen wird und der StPfl aus vertraglichen oder tatsächlichen Gründen gehindert ist, das vereinbarte Entgelt zu erhöhen.³

152 Im Hinblick auf die Entstehung der Regelung setzt der Begriff der **Wohnung** eine Zusammenfassung von Räumen voraus, die das Führen eines selbstständigen Haushaltes ermöglicht; eine Abgeschlossenheit ist nicht erforderlich.⁴ Als **systemwidrige Sonderregelung** ist § 21 II einschränkend auszulegen und daher nicht auf die Überlassung einzelner Räume oder im gewerblichen Bereich⁵ anwendbar. Auch in außergewöhnlichen Fällen ist die Einkünfteerzielung zu prüfen. Ein solcher Fall liegt zB vor, wenn bei einer Wohnung in einem aufwendig gestalteten oder ausgestatteten Wohngebäude die am Wohnungsmarkt erzielbare Miete den besonderen Wohnwert offensichtlich nicht angemessen widerspiegelt.⁶ Allein die historische Bausubstanz eines denkmalgeschützten Wohngebäudes schließt es aber nicht aus, die allg Grundsätze anzuwenden.⁷

153 Die **ortsübliche Miete** ist nach der Lage in einem bestimmten Stadtteil, Größe und vergleichbarer Wohnung zu ermitteln. Hierbei kann auf einen Mietspiegel oder auf ein Sachverständigengutachten zurückgegriffen werden.⁸ Bei einem Mietspiegel ist jeder der Mietwerte als ortüblich anzusehen, den der Mietspiegel im Rahmen einer Spanne zwischen mehreren Mietwerten für vergleichbare Wohnungen ausweist.⁹ Ein Mietspiegel dürfte dann nicht maßgeblich sein, wenn sich zB durch einen erheblichen Bevölkerungsrückgang eine entspr Miete nicht mehr erzielen lässt.¹⁰ Grundsätzlich ist die ortsübliche **Kaltmiete zuzüglich der nach der II. BV umlagefähigen Kosten** zugrunde zu legen.¹¹ Begehrt der StPfl den WK-Abzug in vollem Umfang, trägt er die Feststellungslast, dass mindestens 75 vH der Marktmiete (s Rn 154) vereinbart sind. § 21 II setzt voraus, dass eine Wohnung zu Wohnzwecken überlassen wird.

154 Nur für den Fall, dass die Miete weniger als 56 vH der orstüblichen Marktmiete beträgt, regelt das Gesetz positiv die Aufteilung der Vermietungstätigkeit in einen entgeltlichen und unentgeltlichen Teil. Für den Fall der **verbilligten Vermietung oberhalb der gesetzlichen 56-vH-Grenze** hat der BFH die Anwendung des § 21 II konkretisiert.¹² Bei einer langfristigen Vermietung wird die Einkünfteerzielungsabsicht unterstellt, solange der Mietzins nicht weniger als **75 vH** der ortsüblichen Marktmiete beträgt (vgl insoweit Rn 16).¹³ Die WK sind dann in vollem Umfang abziehbar. Mit dieser Toleranzgrenze wird dem Umstand Rechnung getragen, dass der Vermieter aus durchaus wirtschaftlichen Gründen von der Marktmiete abweicht oder die Miete nicht erhöht. Beträgt der Mietzins 56 vH und mehr, jedoch **weniger als 75 vH** der ortsüblichen Marktmiete, so ist das in der verbilligten Vermietung liegende nicht marktgerechte Verhalten des StPfl für die Prüfung seiner Einkünfteerzielungsabsicht unerheblich.¹⁴ Ist die **Überschussprognose positiv**, sind die mit der verbilligten Vermietung zusammenhängenden Werbungskosten in voller Höhe abziehbar. Ist die **Überschussprognose negativ**, dann ist die Vermietungstätigkeit in einen entgeltlichen und einen unentgeltlichen Teil aufzuteilen; die anteilig auf den entgeltlichen Teil entfallenden Werbungskosten sind abziehbar.¹⁵ Kommt es bei negativer Überschussprognose zu einer Aufteilung der Vermietung in einen entgeltlichen und in einen unentgeltlichen Teil so ist die Vermietungstätigkeit **bei nahen Angehörigen nicht zusätzlich einem Fremdvergleich** zu unterziehen.¹⁶ In den Fällen einer negativen Ertragsprognose

---

1 BT-Drs 10/3633, 16, 20, 23.
2 *H/H/R* § 21 Rn 248; **aA** *Blümich* § 21 Rn 320.
3 BFH BStBl II 97, 605; krit: *Kohlhaas* DStR 98, 1039.
4 BFH/NV 98, 848.
5 BFHE 185, 230.
6 BFH BStBl II 05, 386; ob ein Gebäude besonders gestaltet oder ausgestattet ist, richtet sich nach denselben Kriterien, die für den Ansatz der Kostenmiete bei selbstgenutztem Wohnraum entwickelt worden sind (zB BFH BStBl II 95, 98); zust *Credo* BB 05, 1819; vgl auch Erlass der OFD Mchn und Nürnberg, DStR 05, 1645, der OFD D'dorf und M'ster, DB 05, 1879 und der OFD Ffm DStZ 06, 94 zur Prüfungsreihenfolge in diesen Fällen.
7 BFH BStBl II 05, 692.
8 BFH/NV 98, 832.
9 BFH/NV 07, 2291.
10 Vgl auch *Heuermann* DB 03, 112 (113).
11 BFH/NV 01, 305; BFH BStBl II 00, 197; R 21.3 EStR 05.
12 Grundlegend: BFH BStBl II 03, 646; dazu *Heuermann* DB 03, 112.
13 Aufgabe der Rspr des BFH in BStBl II 93, 490 und BStBl II 99, 826.
14 BFH BStBl II 03, 806; krit *Sauren* DStR 04, 943.
15 Vgl auch BFH/NV 03, 599; BFH/NV 03, 316.
16 BFH BStBl II 03, 806; BFH/NV 05, 50; krit *Credo* DStZ 05, 295 (299).

und einer Miete zwischen 56 vH und 75 vH der Marktmiete vermeidet der BFH durch diese teleologische Reduktion, dass wegen fehlender Einkünfteerzielungsabsicht überhaupt keine WK anzuerkennen wären, der Gesetzgeber für den Fall einer noch niedrigeren Miete aber ausdrücklich eine Teilentgeltlichkeit normiert hat.[1] Mit dieser RSpr, der sich inzwischen die FinVerw angeschlossen hat,[2] löst er zahlreiche der früher gegen § 21 II erhobenen[3] verfassungsrechtlichen Bedenken.

Auch in der Auslegung des BFH stößt § 21 II noch auf erhebliche Bedenken.[4] Nach wie vor handelt es sich um eine systemwidrige Regelung, die ein **Sonderrecht für Mietverträge mit nahen Angehörigen** schafft. Die Vorschrift des § 21 II lässt sich weder als Vereinfachungsnorm noch als Subventionsnorm rechtfertigen. Daher wäre es folgerichtig, wenn der Gesetzgeber diese Regelung streichen würde.

H. Das Verhältnis der Einkunftsarten zueinander (§ 21 III)

Erfüllt ein Sachverhalt nicht nur die Voraussetzung des § 21 I, sondern auch den Tatbestand einer anderen Einkunftsart, ordnet § 21 III die **Subsidiarität der Einkunftsart VuV** an.[5] § 21 III kollidiert mit § 20 III und § 22 Nr 1 S 1, die ebenfalls eine Subsidiarität der Einkünfte aus KapVerm und aus wiederkehrenden Bezügen anordnen.[6] Weil § 20 III und § 22 Nr 1 S 1 ausdrücklich die Nachrangigkeit gegenüber den Einkünften aus VuV anordnen, geht die Einkunftsart des § 21 der der §§ 20 und 22 vor.[7] § 21 III regelt die Zuordnung der Einkünfte dem Grunde und nicht nur der Höhe nach. Die betragsmäßige Ermittlung der Einkünfte folgt den Grundsätzen für die Einkunftsart, der die Vermietungseinkünfte zuzuordnen sind. § 21 II ist daher auf Gewinneinkünfte weder unmittelbar noch entspr anwendbar.[8]

§ 21 III regelt nicht, ob eine andere Einkunftsart tatbestandlich erfüllt ist. Bei den Gewinneinkünften setzt dies idR voraus, dass die vermieteten oder verpachteten WG Teile eines BV sind. In der Land- wirtschaft gehören Bodenschätze, deren Gewinnung gegen Entgelt Dritten überlassen wird, zum PV, so dass das Entgelt idR zu den Einkünften aus VuV gehört[9] (§ 13 Rn 67). Ein StPfl, der als nicht aktiver Landwirt einen verpachteten land- und forstwirtschaftlichen Betrieb erwirbt, erzielt keine Einkünfte aus LuF sondern aus VuV.[10] Wird ein Grundstück dem BV zugeordnet, werden stets Einkünfte aus GewBetr erzielt. IÜ kommt es darauf an, ob durch die Vermietung oder Verpachtung der Rahmen privater Vermögensverwaltung überschritten wird (ausf § 15 Rn 70 ff). Dies ist insbes der Fall, wenn Zusatzleistungen oder Verwaltungsaufwand die bloße Nutzungsüberlassung in den Hintergrund treten lassen (zB Hotels, Pensionen, Seniorenheime, Asylantenwohnheime, Ferienwohnanlagen). Die sog Abfärbetheorie nach § 15 III Nr 1 findet auf Einkünfte eines anderen G'ters einer GbR mit freiberuflichen Einkünften und Einkünften aus VuV keine Anwendung, wenn nur ein G'ter gewerbliche Einkünfte erzielt.[11] Zum **gewerblichen Grundstückshandel** s § 15 Rn 116.

Besondere Schwierigkeiten ergeben sich im Verhältnis zu § 20 daraus, dass der BFH **Zinseinnahmen** den Einkünften aus VuV bereits dann zuordnet, wenn die Einnahmen mit einer Nutzungsüberlassung in wirtschaftlichem Zusammenhang stehen. Verzugszinsen auf rückständige Mieten und Guthabenzinsen aus Bausparverträgen,[12] wenn sie in engem Zusammenhang mit dem Erwerb oder Umbau eines Gebäudes stehen, zählen daher nach dem BFH zu den Einnahmen aus VuV (§ 20 Rn 453). Auch Vermittlungsprovisionen für eine Lebensversicherung, die zum Zwecke der Sicherung und Tilgung der von dem Immobilienfonds zur Finanzierung einer Wohnanlage aufgenommenen Baudarlehen dient, zählt danach nicht zu den sonstigen Einkünfte gem § 22 Nr 3, sondern zu den Einkünften aus VuV.[13] Richtiger wäre es, darauf abzustellen, ob die gezahlten Zinsen **Entgelt für eine Nutzungsüberlassung** iSd § 21 sind. Nur dann ist § 21 III einschlägig und eine Besteuerung

---

1 Zur Begr s *Heuermann* DB 03, 112.
2 BMF BStBl I 04, 933 ab VZ 04; *Sauren* hält die Rspr des BFH und den Erlass des BMF für gesetzwidrig: DStR 04, 943.
3 Vgl zB *K/S/M* § 21 Rn C 47; *Paus* DStZ 87, 88.
4 Vgl *Paus* DStZ 03, 189.
5 Der Verweis auf Abs 2 hätte nach Aufhebung von § 21 II 1 durch das StBereinG 99 v 22.12.99, BGBl I, 2601 = BStBl I 00, 13 gestrichen werden müssen.
6 *K/S/M* § 21 Rn D 15 f.
7 *Blümich* § 21 Rn 5; *H/H/R* § 21 Rn 255.

8 BFH BStBl II 99, 652; **aA** *Felsmann* Einkommensbesteuerung der Land- und Forstwirte, Anm B 431b f; *Puhl* DStR 86, 387, 392.
9 BFH BStBl II 94, 840; BStBl II 98, 185.
10 BFHE 195, 267 = DB 01, 1394.
11 FG D'dorf EFG 05, 1858.
12 BFH BStBl II 83, 172; BStBl II 83, 297. Kein Abzug von Schuldzinsen zur Finanzierung von Bausparbeiträgen, wenn der StPfl nicht den endgültigen Entschluss gefasst hat, Einkünfte aus VuV zu erzielen (BFH/NV 03, 314).
13 FG M'ster EFG 01, 192.

als Einnahmen aus VuV gerechtfertigt.¹ Deshalb ist es zutr, **Einkünfte und Verluste aus Devisenoptionsgeschäften** nicht den Einkünften aus VuV zuzuordnen, selbst wenn die Mittel, mit denen die Geschäfte getätigt wurden, zur Gänze aus Vermietungseinnahmen stammten oder grds dazu bestimmt waren, die mit den Vermietungseinkünften zusammenhängenden laufenden Kosten zu decken sowie die Anschaffung weiterer Vermietungsobjekte zu ermöglichen.²

163 § 21 III findet grds auch auf Einkünfte aus nichtselbstständiger Arbeit (§ 19) Anwendung. In diesem Zusammenhang spielen **Mietverhältnisse zwischen ArbG und ArbN** über Arbeitszimmer oder Garagen eine Rolle.³ Erzielt der ArbN neben seinem Arbverh auch Einkünfte aus VuV, dann sind diese jedoch nur dann den Einkünften aus § 19 zuzuordnen, wenn sie zu diesen Einkünften gehören. Voraussetzung hierfür ist, dass die Mietzahlung des ArbG im weitesten Sinne eine Gegenleistung für das Zurverfügungstellen der individuellen Arbeitskraft ist. Hingegen handelt es sich um Einkünfte aus VuV, wenn das Mietverhältnis unabhängig neben dem Arbeitsverhältnis besteht. Dies ist zB der Fall, wenn der ArbG einen Raum als Außendienst-Mitarbeiterbüro von seinem ArbN anmietet, der ArbG gleichlautende Mietverträge auch mit fremden Dritten abschließt und der Raum im eigenbetrieblichen Interesse des ArbG angemietet wird, zB weil der ArbN über keinen eigenen Arbeitsplatz im Betrieb des ArbG verfügt.⁴ Für die Unterscheidung zwischen Arbeitslohn und Einkünften aus VuV ist entscheidend, in **wessen vorrangigem Interesse** das Büro genutzt wird.⁵ Die FinVerw legt einen (möglicherweise zu) strengen Maßstab an und stellt zu darauf ab, ob der ArbN im Unternehmen über kein geeignetes Arbeitszimmer verfügt und ob der ArbG vergeblich versucht hat, entspr Räumlichkeiten von einem Dritten zu mieten, oder wenn der ArbG für andere ArbN Büroräume von fremden Dritten angemietet hat.⁶ Vermietet der ArbN seinem ArbG einen Raum, der als dessen Büro zu qualifizieren ist und in dem der ArbN seine Arbeitsleistung erbringt, so handelt es sich nicht um ein häusliches Arbeitszimmer iSd § 4 V 1 Nr 6b. Die Abzugsbeschränkung dieser Vorschrift greift deshalb nicht ein.⁷ In einer Wohnungsanmietung vom AN-Ehegatten kann jedoch eine Umgehung der Regelung zum häuslichen Arbeitszimmer liegen.⁸

g) Sonstige Einkünfte
(§ 2 Abs. 1 Satz 1 Nr. 7)

§ 22 Arten der sonstigen Einkünfte

¹Sonstige Einkünfte sind
1. **Einkünfte aus wiederkehrenden Bezügen,** soweit sie nicht zu den in § 2 Abs. 1 Nr. 1 bis 6 bezeichneten Einkunftsarten gehören; § 15b ist sinngemäß anzuwenden. ²Werden die Bezüge freiwillig oder auf Grund einer freiwillig begründeten Rechtspflicht oder einer gesetzlich unterhaltsberechtigten Person gewährt, so sind sie nicht dem Empfänger zuzurechnen, wenn der Geber unbeschränkt einkommensteuerpflichtig oder unbeschränkt körperschaftsteuerpflichtig ist; dem Empfänger sind dagegen zuzurechnen
    a) Bezüge, die von einer unbeschränkt steuerpflichtigen Körperschaft, Personenvereinigung oder Vermögensmasse außerhalb der Erfüllung steuerbegünstigter Zwecke im Sinne der §§ 52 bis 54 der Abgabenordnung gewährt werden, und
    b) Bezüge im Sinne des § 1 der Verordnung über die Steuerbegünstigung von Stiftungen, die an die Stelle von Familienfideikommissen getreten sind, in der im Bundesgesetzblatt Teil III, Gliederungsnummer 611-4-3, veröffentlichten bereinigten Fassung.
    ³Zu den in Satz 1 bezeichneten Einkünften gehören auch
    a) Leibrenten und andere Leistungen,
        aa) die aus den gesetzlichen Rentenversicherungen, den landwirtschaftlichen Alterskassen, den berufsständischen Versorgungseinrichtungen und aus Rentenversicherungen im Sinne des § 10 Abs. 1 Nr. 2 Buchstabe b erbracht werden, soweit sie jeweils der Besteuerung unterliegen. ²Bemessungsgrundlage für den der Besteuerung unterliegenden Anteil

---

1 Ausf *K/S/M* § 21 Rn D 15 ff.
2 BFH v 18.9.07 – IX R 42/05, DStR 07, 2005; BFH v 18.9.07 – IX R 43/05, juris.
3 Dazu *Seifert* Inf 02, 388.
4 BFH BStBl II 02, 300; vgl dazu auch *Pust* HFR 02, 114.
5 BFH BStBl II 06, 10; BFH/NV 05, 882; BFH/NV 05, 2180; BFH/NV 06, 1076; BFH/NV 06, 1810.
6 BMF BStBl I 06, 4 f.
7 BFH BStBl II 03, 519.
8 FG M'ster EFG 03, 1374.

ist der Jahresbetrag der Rente. ³Der der Besteuerung unterliegende Anteil ist nach dem Jahr des Rentenbeginns und dem in diesem Jahr maßgebenden Prozentsatz aus der nachstehenden Tabelle zu entnehmen:

Jahr des Rentenbeginns		Besteuerungsanteil in %	Jahr des Rentenbeginns	Besteuerungsanteil in %
bis	2005	50	2023	83
ab	2006	52	2024	84
	2007	54	2025	85
	2008	56	2026	86
	2009	58	2027	87
	2010	60	2028	88
	2011	62	2029	89
	2012	64	2030	90
	2013	66	2031	91
	2014	68	2032	92
	2015	70	2033	93
	2016	72	2034	94
	2017	74	2035	95
	2018	76	2036	96
	2019	78	2037	97
	2020	80	2038	98
	2021	81	2039	99
	2022	82	2040	100

⁴Der Unterschiedsbetrag zwischen dem Jahresbetrag der Rente und dem der Besteuerung unterliegenden Anteil der Rente ist der steuerfreie Teil der Rente. ⁵Dieser gilt ab dem Jahr, das dem Jahr des Rentenbeginns folgt, für die gesamte Laufzeit des Rentenbezugs. ⁶Abweichend hiervon ist der steuerfreie Teil der Rente bei einer Veränderung des Jahresbetrags der Rente in dem Verhältnis anzupassen, in dem der veränderte Jahresbetrag der Rente zum Jahresbetrag der Rente steht, der der Ermittlung des steuerfreien Teils der Rente zugrunde liegt. ⁷Regelmäßige Anpassungen des Jahresbetrags der Rente führen nicht zu einer Neuberechnung und bleiben bei einer Neuberechnung außer Betracht. ⁸Folgen nach dem 31. Dezember 2004 Renten aus derselben Versicherung einander nach, gilt für die spätere Rente Satz 3 mit der Maßgabe, dass sich der Prozentsatz nach dem Jahr richtet, das sich ergibt, wenn die Laufzeit der vorhergehenden Renten von dem Jahr des Beginns der späteren Rente abgezogen wird; der Prozentsatz kann jedoch nicht niedriger bemessen werden als der für das Jahr 2005;

bb) die nicht solche im Sinne des Doppelbuchstaben aa sind und bei denen in den einzelnen Bezügen Einkünfte aus Erträgen des Rentenrechts enthalten sind. ²Dies gilt auf Antrag auch für Leibrenten und andere Leistungen, soweit diese auf bis zum 31. Dezember 2004 geleisteten Beiträgen beruhen, welche oberhalb des Betrags des Höchstbeitrags zur gesetzlichen Rentenversicherung gezahlt wurden; der Steuerpflichtige muss nachweisen, dass der Betrag des Höchstbeitrags mindestens zehn Jahre überschritten wurde. ³Als Ertrag des Rentenrechts gilt für die gesamte Dauer des Rentenbezugs der Unterschiedsbetrag zwischen dem Jahresbetrag der Rente und dem Betrag, der sich bei gleichmäßiger Verteilung des Kapitalwerts der Rente auf ihre voraussichtliche Laufzeit ergibt; dabei ist der Kapitalwert nach dieser Laufzeit zu berechnen. ⁴Der Ertrag des Rentenrechts (Ertragsanteil) ist aus der nachstehenden Tabelle zu entnehmen:

Bei Beginn der Rente vollendetes Lebensjahr des Rentenberechtigten	Ertragsanteil in %	Bei Beginn der Rente vollendetes Lebensjahr des Rentenberechtigten	Ertragsanteil in %
0 bis 1	59	51 bis 52	29
2 bis 3	58	53	28
4 bis 5	57	54	27
6 bis 8	56	55 bis 56	26
9 bis 10	55	57	25
11 bis 12	54	58	24
13 bis 14	53	59	23
15 bis 16	52	60 bis 61	22
17 bis 18	51	62	21
19 bis 20	50	63	20
21 bis 22	49	64	19
23 bis 24	48	65 bis 66	18
25 bis 26	47	67	17
27	46	68	16
28 bis 29	45	69 bis 70	15
30 bis 31	44	71	14
32	43	72 bis 73	13
33 bis 34	42	74	12
35	41	75	11
36 bis 37	40	76 bis 77	10
38	39	78 bis 79	9
39 bis 40	38	80	8
41	37	81 bis 82	7
42	36	83 bis 84	6
43 bis 44	35	85 bis 87	5
45	34	88 bis 91	4
46 bis 47	33	92 bis 93	3
48	32	94 bis 96	2
49	31	ab 97	1
50	30		

[5]Die Ermittlung des Ertrags aus Leibrenten, die vor dem 1. Januar 1955 zu laufen begonnen haben, und aus Renten, deren Dauer von der Lebenszeit mehrerer Personen oder einer anderen Person als des Rentenberechtigten abhängt, sowie aus Leibrenten, die auf eine bestimmte Zeit beschränkt sind, wird durch eine Rechtsverordnung bestimmt;

    b) Einkünfte aus Zuschüssen und sonstigen Vorteilen, die als wiederkehrende Bezüge gewährt werden;

1a. Einkünfte aus Unterhaltsleistungen, soweit sie nach § 10 Abs. 1 Nr. 1 vom Geber abgezogen werden können;

1b. Einkünfte aus Versorgungsleistungen, soweit sie beim zahlungsverpflichteten nach § 10 Abs. 1 Nr. 1a als Sonderausgaben abgezogen werden können;

1c. Einkünfte aus Leistungen auf Grund eines schuldrechtlichen Versorgungsausgleichs, soweit sie beim Ausgleichsverpflichteten nach § 10 Abs. 1 Nr. 1b als Sonderausgaben abgezogen werden können;

2. Einkünfte aus privaten Veräußerungsgeschäften im Sinne des § 23;

3. Einkünfte aus Leistungen, soweit sie weder zu anderen Einkunftsarten (§ 2 Abs. 1 Satz 1 Nr. 1 bis 6) noch zu den Einkünften im Sinne der Nummern 1, 1a, 2 oder 4 gehören, z. B. Einkünfte aus gelegentlichen Vermittlungen und aus der Vermietung beweglicher Gegenstände. ²Solche Einkünfte sind nicht einkommensteuerpflichtig, wenn sie weniger als 256 Euro im Kalenderjahr betragen haben. ³Übersteigen die Werbungskosten die Einnahmen, so darf der übersteigende Betrag bei Ermittlung des Einkommens nicht ausgeglichen werden; er darf auch nicht nach § 10d abgezogen werden. ⁴Die Verluste mindern jedoch nach Maßgabe des § 10d die Einkünfte, die der Steuerpflichtige in dem unmittelbar vorangegangenen Veranlagungszeitraum oder in den folgenden Veranlagungszeiträumen aus Leistungen im Sinne des Satzes 1 erzielt hat oder erzielt; § 10d Abs. 4 gilt entsprechend;

4. Entschädigungen, Amtszulagen, Zuschüsse zu Kranken- und Pflegeversicherungsbeiträgen, Übergangsgelder, Überbrückungsgelder, Sterbegelder, Versorgungsabfindungen, Versorgungsbezüge, die auf Grund des Abgeordnetengesetzes oder des Europaabgeordnetengesetzes, sowie vergleichbare Bezüge, die auf Grund der entsprechenden Gesetze der Länder gezahlt werden. ²Werden zur Abgeltung des durch das Mandat veranlassten Aufwandes Aufwandsentschädigungen gezahlt, so dürfen die durch das Mandat veranlassten Aufwendungen nicht als Werbungskosten abgezogen werden. ³Wahlkampfkosten zur Erlangung eines Mandats im Bundestag, im Europäischen Parlament oder im Parlament eines Landes dürfen nicht als Werbungskosten abgezogen werden. ⁴Es gelten entsprechend
   a) für Nachversicherungsbeiträge auf Grund gesetzlicher Verpflichtung nach den Abgeordnetengesetzen im Sinne des Satzes 1 und für Zuschüsse zu Kranken- und Pflegeversicherungsbeiträgen § 3 Nr. 62,
   b) für Versorgungsbezüge § 19 Abs. 2 nur bezüglich des Versorgungsfreibetrags; beim Zusammentreffen mit Versorgungsbezügen im Sinne des § 19 Abs. 2 Satz 2 bleibt jedoch insgesamt höchstens ein Betrag in Höhe des Versorgungsfreibetrags nach § 19 Abs. 2 Satz 3 im Veranlagungszeitraum steuerfrei,
   c) für das Übergangsgeld, das in einer Summe gezahlt wird, und für die Versorgungsabfindung § 34 Abs. 1.

5. Leistungen aus Altersvorsorgeverträgen, Pensionsfonds, Pensionskassen und Direktversicherungen. ²Soweit die Leistungen nicht auf Beiträgen, auf die § 3 Nr. 63, § 10a oder Abschnitt XI angewendet wurden, nicht auf Zulagen im Sinne des Abschnitts XI, nicht auf steuerfreien Leistungen nach § 3 Nr. 66 und nicht auf Ansprüchen beruhen, die durch steuerfreie Zuwendungen nach § 3 Nr. 56 erworben wurden,
   a) ist bei lebenslangen Renten sowie bei Berufsunfähigkeits-, Erwerbsminderungs- und Hinterbliebenenrenten Nummer 1 Satz 3 Buchstabe a entsprechend anzuwenden,
   b) ist bei Leistungen aus Versicherungsverträgen, Pensionsfonds, Pensionskassen und Direktversicherungen, die nicht solche nach Buchstabe a sind, § 20 Abs. 1 Nr. 6 in der jeweils für den Vertrag geltenden Fassung entsprechend anzuwenden,
   c) unterliegt bei anderen Leistungen der Unterschiedsbetrag zwischen der Leistung und der Summe der auf sie entrichteten Beiträge der Besteuerung; § 20 Abs. 1 Nr. 6 Satz 2 gilt entsprechend.

³In den Fällen des § 93 Abs. 1 Satz 1 und 2 gilt das ausgezahlte geförderte Altersvorsorgevermögen nach Abzug der Zulagen im Sinne des Abschnitt XI als Leistung im Sinne des Satzes 2. ⁴Dies gilt auch in den Fällen des § 92a Abs. 3 und 4 Satz 1 und 2; darüber hinaus gilt in diesen Fällen als Leistung im Sinne des Satzes 1 der Betrag, der sich aus der Verzinsung (Zins und Zinseszins) des nicht zurückgezahlten Altersvorsorge-Eigenheimbetrags mit 5 Prozent für jedes volle Kalenderjahr zwischen dem Zeitpunkt der Verwendung des Altersvorsorge-Eigenheimbetrags (§ 92a Abs. 2) und dem Eintritt des Zahlungsrückstandes oder dem Zeitpunkt ergibt, ab dem die Wohnung auf Dauer nicht mehr zu eigenen Wohnzwecken dient. ⁵Bei erstmaligem Bezug von Leistungen, in den Fällen des § 93 Abs. 1 sowie bei Änderung der im Kalenderjahr auszuzahlenden Leistung hat der Anbieter (§ 80) nach Ablauf des Kalenderjahres dem Steuerpflichtigen nach amtlich vorgeschriebenem Vordruck den Betrag der im abgelaufenen Kalenderjahr zugeflossenen Leistungen im Sinne der Sätze 1 bis 4 je gesondert mitzuteilen.

§§ 29, 30, 55 EStDV; R 22.1 ff EStR 05; BMF BStBl I 81, 567 (Anhang 33 EStH 05) – Versorgungsausgleich; BMF BStBl I 98, 914 – Nießbrauch; BMF BStBl I 04, 922 (Anhang 13 IV EStH 05) – Einkommensteuerrechtliche Behandlung von wiederkehrenden Leistungen im Zusammenhang mit der

§ 22

Übertragung von Betriebs- und Privatvermögen; BMF BStBl I 04, 1061 – Private und betriebliche Altersversorgung: Aufteilung von Leistungen bei der nachgelagerten Besteuerung; BFM BStBl I 04, 1065 – Steuerliche Förderung der privaten Altersvorsorge und betrieblichen Altersversorgung (insbes Tz 83 ff – nachgelagerte Besteuerung nach § 22 Nr 5; Tz 103 ff – Schädliche Verwendung von Altersvorsorgevermögen), ergänzt durch BMF BStBl I 06, 496; BMF BStBl I 05, 429 – AltEinkG; BMF BStBl I 05, 620 – Amtlicher Vordruck nach § 22 Nr 5 S 7; BMF BStBl I 05, 1012 – Beiträge an berufsständische Versorgungseinrichtungen; BMF BStBl I 06, 92 – Neuregelung der Besteuerung der Erträge aus nach § 20 I Nr 6 stpfl Versicherungen durch das AltEinkG; BMF BStBl I 07, 188 – Übergabe von Geldvermögen (Nichtanwendungserlass)

Übersicht

	Rn			Rn
A. § 22 im System des EStG	1	VI.	Besteuerung von Alterseinkünften	27
B. Wiederkehrende Leistungen	2		1. Grundzüge	27
I. Grundlagen	2		2. Steuerbemessungsgrundlage	27a
II. „Gegenleistungsrenten", langfristige Rückzahlung	3		3. Änderungen der Rentenhöhe	27b
			4. Aufeinanderfolge „verschiedener" Renten	27c
III. Freiwillige und andere nichtsteuerbare Bezüge (§ 22 Nr 1 S 2 HS 1)	6		5. Besteuerung der übrigen Renten	27d
			6. Öffnungsklausel	27e
IV. Bezüge von Körperschaften (§ 22 Nr 1 S 2 HS 2)	7		7. Verfassungsrechtliche Beurteilung der Neuregelung	27f
V. Vermögensübergabe gegen Versorgungsleistungen (private Versorgungsrente)	9		8. Grenzüberschreitende Besteuerung („crossborder-pensions")	27g
			9. Fiskalische Auswirkung der Neuregelung	27h
1. Allgemeine Grundsätze	9	VII.	Realsplitting (§ 22 Nr 1a)	28
2. Neuregelung mit Bestandsschutz für Altverträge	10a	VIII.	Versorgungsausgleich unter Ehegatten	29
3. Elemente des Typus „Vermögensübergabe". Vermögensübergabe gegen Versorgungsleistungen	11	IX.	Ermittlung der Einkünfte	30
		C. Einkünfte aus Leistungen	32
a) Gegenstand der Vermögensübergabe	11	I.	Allgemeines	32
b) Beteiligte der Vermögensübergabe (Empfänger des Vermögens)	12	II.	Dulden zum Vorteil eines anderen („Nutzung" der Eigentümerbefugnisse)	33
c) Empfänger der Versorgungsleistungen	13	III.	Tätigkeit und Unterlassen	34
d) Versorgungsleistungen auf Lebenszeit	14	IV.	Nichtsteuerbarkeit mangels Leistungsaustauschs	35
e) Abänderbarkeit „nach der Rechtsnatur des Versorgungsvertrages"	15	V.	Nichtsteuerbare Veräußerung und Verzicht auf Rechte	36
f) Einzelne Unterhaltsleistungen	16	VI.	Ermittlung der Einkünfte	37
g) Gleitende Vermögensübergabe (Ablösung von Nutzungsrechten)	17	**D. Abgeordnetenbezüge (§ 22 Nr 4)**	38
h) Beendigung der privaten Versorgungsrente	18	**E. Leistungen aus Altersvorsorgeverträgen**	40
		I.	Grundaussage der Vorschrift	40
i) Materiellrechtliche, keine verfahrensrechtliche Korrespondenz	19	II.	Nachgelagerte Besteuerung (§ 22 Nr 5 S 1–3)	41
j) Fehlgeschlagene Vermögensübergabe	20	III.	Schädliche Verwendung (§ 22 Nr 5 S 3)	43
k) Anforderungen an Vereinbarung und Durchführung	21	IV.	Umwandlung von Altverträgen (§ 22 Nr 5 S 6 aF)	46
4. Abgrenzung zur Gegenleistungsrente	22	V.	Mitteilungspflicht des Anbieters (§ 22 Nr 5 S 5)	47
5. Unterhaltsrente – Abgrenzung zur privaten Versorgungsrente	23	VI.	Werbungskosten-Pauschbetrag/ Versorgungsfreibetrag (§ 52 Abs 34b S 1)	48
6. Gestaltungshinweise	26			

Literatur: *Brandenberg* Vermögensübertragung gegen Versorgungsleistungen, NWB Fach 3, 13561; *ders* Entgeltliche Vermögensübertragung gegen wiederkehrende Leistungen, NWB Fach 3, 14089; *Fischer* Wiederkehrende Bezüge und Leistungen, 1994; *ders* Private Versorgungsrente – Schlusssteine einer Dogmatik der dauernden Last, NWB Fach 3, 12655; *ders* Vorsorgeaufwendungen und Altersbezüge – eine erste Entscheidung des BFH zum AltEinkG, NWB Fach 3, 13895; *Hipler* Die Vermögensübergabe gegen private

Versorgungsleistungen nach den aktuellen Entscheidungen des Großen Senats, FR 03, 1162; *Hörger/Stephan/Pohl* Unternehmens- und Vermögensnachfolge, 2002; *Jansen/Wrede/Risthaus* Renten, Raten, Dauernde Lasten, 13. Aufl 2006; *Kempermann* Versorgungsleistungen bei Vermögensübergabe zur Vorwegnahme der Erbfolge: Sonderausgaben nur bei voraussichtlich ausreichenden Nettoerträgen, DStR 03, 1736; *Neufang* Betriebsübertragungen gegen wiederkehrende Leistungen – Eine Herausforderung für die Steuerberatung, BB 05, 688; *Risthaus* Neuregelung der Besteuerung von Kapitallebensversicherungen nach § 20 Abs 1 Nr 6 EStG, DB 06, 232; *Risthaus* Ist das Rechtsinstitut der unentgeltlichen Vermögensübergabe gegen Versorgungsleistungen noch praktikabel? DB 07, 240; *Wacker/Spiegelberger/von Elsner/Crezelius* Vermögensübergabe gegen Versorgungsleistungen, JbFfSt 2004/2005, 570; *Spiegelberger* Die Renaissance der vorweggenommenen Erbfolge, DStR 04, 1105; *ders* Das Ende der privaten Versorgungsrente? DStR 07, 1277; *M Söffing* Nießbrauch/Renten/Dauernde Last – Vermögensübergabe gegen Versorgungsleistungen, Steueranwalt 2005/2006, 167.

Literatur zum AltkEinkG: *Biber* Das AltEinkG – Die Auswahl der richtigen Altersvorsorge – Praxisbeispiele, EStB 05, 226; *Dreher* Das AltEinkG, Diss. Mainz 2006; *Fischer* Altersvorsorge und Altersbezüge, DStJG 24 (2001), 463; *ders* Mehr Licht als Schatten im Steuerrecht der Altersvorsorgeaufwendungen und Altersbezüge, BB 03, 873; *ders* Vorsorgeaufwendungen und Altersbezüge – eine erste Entscheidung des BFH zum AltEinkG, NWB Fach 3, 13895; *Gunsenheimer* Die Besteuerung der Altersbezüge nach dem AltEinkG, SteuerStud 07, 108; *Hasse* Änderungen für Altersvorsorgeverträge durch das JStG 2007, VersR 07, 277; *Heubeck/Seybold* Zur Besteuerung der betrieblichen Altersversorgung nach dem Alterseinkünftegesetz, DB 2007, 592; *Hohaus/Mittelsten Scheid* Reform der Altersbesteuerung – Das AltEinkG, DStZ 04, 591; *Jachmann* Generationengerechtigkeit und Steuersystem, DRV 04, 125; *Jungblut/Stein* Steuerliche Be- und Entlastungen durch das AltEinkG – Handlungsempfehlungen vor dem Hintergrund eines sich ändernden Steuerumfeldes, DStR 05, 5; *Kemme* Das AltEinkG, die Konsequenzen für das Drei-Säulen-System der Alterssicherung und die Zukunft der betrieblichen Altersversorgung, BetrAV 04, 497; *Kußmaul/Henkes* Die Besteuerung von gesetzlichen Renten, „Rürup-Renten" und von Pensionen seit Inkrafttreten des AltEinkG, ZSteu 06, 221; *dies.* Die „Riester-Rente" nach dem Inkrafttreten des AltEinkG, ZSteu 2006, 368; *dies.* Die Besteuerung von privaten Renten, von Bezügen aus Lebensversicherungen und von sonstigen Alterseinkünften seit Inkrafttreten des AltEinkG, ZSteu 06, 266; *Loritz* Private Altersvorsorgemöglichkeiten und steuerrechtliche Aspekte der Altersvorsorge, DRV 07, 381; *Musil* Verfassungs- und europarechtliche Fragen des AltEinkG, StuW 05, 278; *Myßen* Private Altersvorsorge – Soziale Absicherung contra selbstverantwortlicher Altersvorsorge, DStJG 29 (2006), 249; *ders* Private Altersvorsorge, NWB F 3, 14293; *Preißer* AltEinkG, 2006; *Risthaus* Die Änderungen in der privaten Altersversorgung durch das AlteinkG, DB 04, 1329, 1383; *dies.* Neuregelung der Besteuerung von Kapitallebensversicherungen nach § 20 Abs 1 Nr 6, DB 06, 232; *Ruland* Zur Neuordnung der steuerlichen Behandlung von Altersvorsorgeaufwendungen und Altersbezügen, FS Selmer, 2005, S 889; *S Wagner* Das AltEinkG, DStZ 06, 580; *Weber-Grellet* Das AltEinkG, DStR 04, 1721.

Literatur zu § 22 Nr 5: S den Literaturnachweis vor § 10a.

A. § 22 im System des EStG

§ 22 ist nachrangig („sonstige" Einkünfte; Nr 1 S 1: „soweit nicht ...") gegenüber allen anderen Einkunftsarten (s aber § 22 Nr 2 iVm § 23 II 2), vor allem aus Gewerbebetrieb,[1] zB der nachträglichen, insbes letztwillig verfügten Entlohnung,[2] der betrieblichen Versorgungsrente und Veräußerungsrente (§ 16 Rn 92ff; s aber R 16 XI 5 EStR bei Sofortversteuerung). Beschränkte StPfl ist in § 49 I Nr 7–9 geregelt.[3] Grds sind nur mit Gewinn-/Überschusserzielungsabsicht[4] „erzielte"[5] – nach Abzug von WK (§ 2 II Nr 2, Rn 30) einschl AfA –, nicht aber zugewendete Einkünfte steuerbar. Dies folgt aus der normativen Grundaussage des § 2 I (§ 2 Rn 29ff).[6] Zahlreiche einschlägige Befreiungen in

1

---

1 BFH/NV 06, 1079.
2 BFH/NV 86, 654; BFH/NV 99, 931 – Abgrenzung des Arbeitslohns vom Erwerb durch Vermächtnis.
3 Hierzu BFH BStBl II 01, 815; BStBl II 03, 249 – Überlassung der Nutzung oder des Rechts auf Nutzung von gewerblichen, technischen usw Erfahrungen.
4 BFH BStBl II 91, 398; BStBl II 00, 267; BFH/NV 02, 268 – „Sparmodell" Leibrentenversicherung; BFH DStR 04, 2183 = BFH/NV 05, 120; BFH/NV 05, 281; BFH BStBl II 06, 234 – bei Totalüberschussprognose ist eine Hinterbliebenenrente einzubeziehen („Verbundrente"); Fortentwicklung: BFH BStBl II 07, 390 – gegen finanzierten Einmalbetrag erworbene Leibrente mit Hinterbliebenenversorgung; hierzu *Kulosa* HFR 05, 318;

F Dötsch jurisPR-SteuerR 8/2007 Anm 3; *Schuhmann* StBp 07, 25; *Brandtner/Brunner* sj 07, 21. Ferner BFH/NV 07, 668 – Euro-Kompakt-Rente und Euro-Berlin-Darlehen mit Leibrente; BFH BStBl II 06, 248 mit Anm *Heuermann* HFR 06, 32; FG M'ster EFG 00, 354 – finanzierter Rentenkauf; FG Kln EFG 06, 741 (Rev X R 3/06); OFD Mchn DB 02, 1476, dort auch zu Zinszahlungen bei aufgeschobenem Rentenbeginn; „OFD Karlsruhe" Leitfaden für die Bearbeitung von Rentenversicherungen mit fremdfinanzierten Einmalbetrag, ESt-Kartei BW § 22 EStG Nr 13.1.
5 BFH BStBl II 99, 776 – zutr verneint für Pflegeleistungen innerhalb der Familie; Anm *Fischer* FR 99, 1381.
6 Zust BFH/NV 02, 268.

§ 3 wirken bloß deklaratorisch. Zulässige Ausnahmen bestehen bei der privaten Versorgungsrente (Rn 9 ff), beim Realsplitting (Rn 28) und bei Einkünften aus Körperschaften (Rn 7), wo ein „Transfer von Einkünften" auf einen Zuwendungs- oder Unterhaltsempfänger stattfindet. Die **Leibrentenbesteuerung** (§ 22 Nr 1 S 3a) beruht auf der Vorstellung eines verzinslichen (Zinsfuß 5,5 vH; ab 2005 3 vH, auch für Renten, deren Beginn vor dem 1.1.04 lag, § 52 I) Zuflusses/Rückflusses eigenen Vermögens in Abhängigkeit von einer durchschnittlichen Lebensdauer (Allg Deutsche Sterbetafel 1997/99). Die gesetzliche Pauschalierung ist dem Grundsatz nach ebenso verfassungsmäßig wie die unterschiedliche Behandlung von (Veräußerungs-)Leibrenten im Bereich der WK einerseits und im betrieblichen Bereich (hierzu § 6 Rn 149).[1] Die allerdings ohnehin fragwürdige[2] Absenkung des Zinsfußes begründet der RegEntw eines AltEinkG[3] mit dem Hinweis darauf, dass der Diskontierungsfaktor für die Berechnung der Ertragsanteile in Reaktion auf die zu niedrige Besteuerung von Sozialversicherungsrenten in der Vergangenheit mehrfach erhöht worden sei. Dies ist indes unzutr, weil der bisherige Rechnungszinsfuß „entsprechend §§ 12 bis 15 BewG" festgelegt worden war, und zwar ausdrücklich „unabhängig von den Folgerungen, die aus dem Beschluss des BVerfG[4] zu ziehen sind".[5] Dies führt zu einer unter dem Aspekt der Kohärenz der Rechtsordnung misslichen positivrechtlichen Vielfalt der Zinsfüße.

Die Ertragsanteilsbesteuerung greift immer dann ein, wenn (eigenes, auch durch Versicherungsbeiträge erworbenes) Kapital (auch früher zugeflossene und versteuerte Einnahmen; zu Bezügen aus einer Pensionskasse, § 4c Rn 3 ff, DirektVers § 4b Rn 3 ff) raten- oder darlehensähnlich gestreckt und verzinslich ausgezahlt wird;[6] ferner – systematisch nicht erklärbar (Rn 16)– uU bei der privaten Versorgungsleibrente (Rn 15). Finanzierungskosten für eine Rentenversicherung gegen Einmalbetrag können, Einkünfteerzielungsabsicht vorausgesetzt, vorab entstandene WK sein;[7] zur Anwendung des § 2b s dort. Der Streit um die sog Kombirenten[8] dürfte für die Zukunft durch die Absenkung des Ertragsanteils gegenstandslos sein. Der Steuerabzug für Einkünfte nach § 22 Nr 1 ist durch das AltEinkG eingeführt worden (§ 49 I Nr 7 nF).

B. Wiederkehrende Leistungen

2 **I. Grundlagen.** Es ist zu unterscheiden zw den wiederkehrenden Bezügen/Leistungen im Austausch mit einer Gegenleistung (Rn 3) und dem „Sonderrecht der privaten Vermögensübergabe" (private Versorgungsrente; Rn 9 ff). Nichtabziehbar / nichtsteuerbar sind freiwillig gewährte Leistungen (§ 12 Nr 2, § 22 I 2), insbes die Unterhaltsrente, die ihre rechtlichen Konturen aus der Verneinung der privaten Versorgungsrente erhält (Rn 24). Auf „begriffliche" Voraussetzungen wiederkehrender Leistungen[9] (insbes Mindestdauer,[10] Rentenstammrecht[11]) kommt es nicht an. Der Begriff „Zeitrente" ist nur maßgebend für das Veräußererwahlrecht nach R 16 XI EStR.[12]

---

1 BVerfG HFR 98, 271; BStBl II 98, 339; BStBl II 00, 120.
2 *Kiesewetter/Niemann* BB 02, 857: Die Erhöhung der Ertragsanteile bei der Rentenbesteuerung ist ökonomisch geboten.
3 BT-Drs 15/2150, 26 f, 42.
4 Gemeint ist: BVerfGE 54, 22.
5 BT-Drs 9/842, 67.
6 BFH BStBl II 91, 89 – Versorgungsanstalt des Bundes und der Länder; BStBl II 96, 650 – Renten der Bahnversicherungsanstalt; BStBl II 90, 1062; BStBl II 97, 127 – „Einkauf" in die Pensionsregelung des ArbG; hierzu BMF BStBl I 98, 1042 – ehemalige Bedienstete koordinierter Organisationen; BStBl II 07, 402 – Ruhegehalt an ehemalige NATO-Angehörige; Anm Schuster jurisPR-SteuerR 12/2007 Anm 3. S auch Bayerisches Landesamt für Steuern ESt-Kartei BY § 22 Nr 1 EStG Karte 3.1.
7 BFH BStBl II 00, 267; BStBl II 00, 660 betr Überschusserzielungsabsicht bei Abschluss einer Rentenversicherung in ausländischer Währung und teilw Finanzierung durch ein Berlin-Darlehen; BFH/NV 01, 751; ausf mit Darstellung der gängigen Modelle OFD D'dorf ESt-Kartei NW § 22 EStG Fach 2 Nr 801 II; OFD Hann StEK § 22 Nr 172; ferner OFD Mchn StEK § 22 Nr 171; FG Hbg EFG 03, 1003. Zu den Refinanzierungskosten einer „Mehrertragsrente" FG Nbg EFG 03, 931 Rev X R 15/03; zu Kreditvermittlungskosten BFH/NV 07, 428; BFH/NV 07, 682; BFH/NV 07, 704 – Abgrenzung zwischen den als WK abziehbaren Finanzierungskosten sowie den AK und Anschaffungsnebenkosten; FG M'ster EFG 03, 510 Rev X R 19/03; FG D'dorf EFG 03, 1299 Rev VIII R 108/03; zu AK von Rentenversicherungen und Kapitallebensversicherungen FG Mchn EFG 03, 604; FG Kln EFG 06, 741 (Rev X R 3/06).
8 Zuletzt BFH/NV 05, 14 – Überschussprognose bei den Einkünften aus einer fremdfinanzierten sofort beginnenden Leibrente; BFH DStR 05, 326.
9 BFH GrS BStBl II 92, 78, unter I. 2.; aA *Schmidt*[26] Rn 5 ff, 41 ff.
10 BFH BStBl II 94, 633 – Mindestlaufzeit ist nicht erforderlich.
11 BFH/NV 90, 227 – Sozialversicherungsrente; so bereits BFH GrS BStBl II 92, 78.
12 BFH/NV 93, 87; BMF BStBl I 03, 893 Rn 57 unzutr.

II. „Gegenleistungsrenten", langfristige Rückzahlung.

3 **Leibrenten** sind – auch bei Wertsicherungsklausel jedweder Art – gleichbleibende Leistungen in Geld (auch Sachleistungen; anders die hM) auf die Lebenszeit einer Person. Andere wiederkehrende Leistungen können zeitlich befristet, aber der Höhe nach abänderbar sein (andernfalls liegen Kaufpreisraten vor, § 20 Rn 301f), oder abänderbar auf die Lebenszeit einer Bezugsperson gezahlt werden. Stehen sie im Zusammenhang mit einer Gegenleistung – auch einer Nutzungsüberlassung[1] – und/oder wird ein Kapital „darlehensähnlich" gestreckt gezahlt („**Gegenleistungsrenten**"[2]), wird stets über die gesamte Laufzeit hinweg der **Zinsanteil** von der **Vermögensumschichtung/Tilgung** gesondert.[3] Mit ihrem vollen Betrag steuerbare Einkünfte aus wiederkehrenden Bezügen und eine in vollem Umfang abziehbare „dauernde Last" (jetzt: Versorgungsleistung) liegen hier mangels wirtschaftlicher Belastung nie vor.[4] Der (private) steuerbare Zinsanteil ist bei Leibrenten im Ertragsanteil (§ 22 Nr 1 S 2a) gesetzlich pauschaliert (Rn 1); die Versagung eines Sparer-Freibetrages ist verfassungsrechtlich nicht haltbar.[5] Im Anwendungsbereich dieser **Ertragsanteilsbesteuerung** sind auch solche Leibrenten, die nicht durch steuerlich abziehbare Beiträge angespart werden (Rn 27f), namentlich Veräußerungsrenten, Renten aus Kapitallebensversicherungen mit Rentenwahlrecht (Rn 5), Leibrenten, soweit diese auf bis zum 31.12.04 geleisteten Beiträgen oberhalb des Höchstbeitrages zur gesetzlichen Rentenversicherung beruhen (Rn 27d). Die Besteuerung nach § 22 Nr 1 S 3a aa erstreckt sich auch auf bestehende Verträge. Insgesamt nur der Ertragsanteil wird auch dann besteuert, wenn eine gleich bleibende Grundrente und eine abänderbare Überschussbeteiligung gezahlt wird.[6]

Entscheidend für den **Rentenbeginn** gem Ertragsanteilstabelle ist das vollendete Lebensjahr bei Eintritt in den Rentenbezug. Zu mehreren Berechtigten s § 55 I Nr 3 EStDV.[7] Die individuelle Lebenserwartung des Bezugsberechtigten wird nicht geprüft.[8] Zur **Erhöhung und Herabsetzung** der Rente s R 22.4 EStR. Abgekürzte Leibrenten (auf Lebenszeit, höchstens auf bestimmte Zeit) sind idR entgeltlich; sie werden nach § 55 II EStDV besteuert.[9] Auch bei verlängerten Leibrenten (Renten mit Mindestlaufzeit, insbes bei Versicherungsrenten) ist nur der Zinsanteil steuerbar.[10] Bei Änderung der Rentenhöhe aufgrund Wertsicherungsklausel bleibt der Ertragsanteil grds unverändert.[11] Die **Ablösung** der Leibrente ist ein nichtsteuerbarer Kapitalanfall (zur privaten Versorgungsrente Rn 18). Ein Versorgungsmotiv ist nur dort erheblich, wo es die zivilrechtliche „Rechtsnatur des Versorgungsvertrages" prägt (Rn 15), nicht aber bei vereinbarter Gegenleistung.[12] Für die Renten aus den gesetzlichen Sozialversicherungen sieht das Gesetz den schrittweisen Übergang in die nachgelagerte Besteuerung vor (Rn 27ff).

4 Bei anderen (insbes **abänderbaren**) **wiederkehrenden Leistungen** ist deren **Zinsanteil** nach § 20 I Nr 7 steuerbar.[13] Beim Verpflichteten begründet (allenfalls) der Zinsanteil BA bzw nach Maßgabe des § 9 I 1 Nr 1 WK (§ 9 Rn 113ff, 123). Private (§ 12) Schuldzinsen sind (seit 73) ungeachtet des § 10 I Nr 1a S 2 wegen ihres materiellen Zinscharakters nicht abziehbar;[14] dies ist verfassungsgemäß.[15] Der **Zinsanteil** ist grds finanzmathematisch durch Abzug der Barwertminderung von der jährlichen Gesamtleistung sowie unter Berücksichtigung der biometrischen Durchschnittswerte der Allg Deutschen Sterbetafel (Stand 1997/1999)[16] unter Verwendung eines Zinsfußes von 5,5 vH[17] zu ermitteln, in Fällen von geringer betragsmäßiger Bedeutung in Anlehnung an die Ertragswerttabelle, die frei-

---

1 BFH BStBl II 91, 175 – Erbbaurecht.
2 Ausf BMF BStBl I 04, 922 Rn 1, 50 ff.
3 BFH BStBl II 95, 47 (52); **aA** H/H/R Anm 123, die unverständlicherweise der überholten Lehre von der Wertverrechnung anhängen.
4 BFH BStBl II 91, 175 – Erbbauzinsen.
5 BFH BStBl II 02, 183 – Vorlage an das BVerfG.
6 BFH BStBl II 06, 245 – betr sofort beginnende Leibrentenversicherung gegen Einmalzahlung; BFH BStBl II 06, 870, Anm Dötsch jurisPR-SteuerR 40/2006 Anm 3; Fischer NWB Fach 3, 13789; iErg auch BMF BStBl I 06, 92 Rn 21; Goverts/Schubert DB 06, 1978.
7 FG RhPf DStRE 02, 365 – Ertragsanteil bei gemeinsamer Leibrente von Ehegatten.
8 BFH BStBl II 89, 282; BStBl II 00, 120, 167.
9 BFH/NV 97, 658 – Versicherungsrenten auf bestimmte Zeit; BStBl II 91, 686 – Erwerbsunfähigkeitsrente; BStBl II 94, 633 – Versorgungsrente auf Zeit.
10 BMF BStBl I 98, 1508 – einschl des Überschussanteils steuerbar mit Ertragsteil.
11 BFH BStBl II 86, 348; s nunmehr R 22.4 EStR.
12 BFH BStBl II 95, 47 – Abänderbarkeit einer Gegenleistungsrente; BStBl II 95, 169.
13 BFH BStBl II 93, 298; BStBl II 96, 663; BMF BStBl I 04, 922 Rn 54.
14 BFH BStBl II 92, 612; BStBl II 97, 284, unter 4.; BMF BStBl I 04, 922 Rn 57.
15 BFH BStBl II 99, 81; BFH/NV 01, 300; BVerfG HFR 88, 649.
16 Zur Bedeutung der Lebenserwartung für den Kapitalwert einer lebenslänglichen Nutzung oder Leistung Bomsdorf BB 02, 2582.
17 BMF BStBl I 04, 922 Rn 53.

lich ab 2005 den Zinsfuß von 3 vH verwendet (§ 22 Nr 1 S 3a).[1] Das BFM gewährt insoweit ein Wahlrecht.[2] Bei der Berechnung des Barwerts ungleichmäßig wiederkehrender Leistungen ist der voraussichtliche Jahreswert maßgebend.[3] Der um die Zinsanteile bereinigte Barwert kann – bei Anschaffung eines ertragbringenden WG – **AfA-Bemessungsgrundlage** sein.[4] Die auch zeitlich gestreckte Vermögensumschichtung ist im Privatvermögen – Ausnahme: § 23[5] – nicht steuerbar. Bei fremdunüblich hoher Gegenleistung ist eine Korrektur mittels Fremdvergleichs geboten; die angemessenen Werte übersteigende Beträge sind Zuwendungen (§ 12 Nr 2, § 22 Nr 1 S 2).[6] Wegen der Behandlung des Veräußerungspreises und des Zinsanteils beim Berechtigten wird auf Rn 55 ff des BMF-Schr BStBl I 04, 922, verwiesen. Das in R 16 XI EStR behandelte Veräußerungswahlrecht bleibt unberührt. Bei Gewinnermittlung nach § 4 III ist R 16 IV, V zu beachten.

5 Es gibt keine Steuerbarkeit/Abziehbarkeit „nach der **äußeren Form der Wiederkehr**" schon gar nicht wegen eines formelhaften „Vorbehalts der Rechte aus § 323 ZPO".[7] Mehrbedarfs- (§ 843 II 1. Alt BGB) und Schmerzensgeldrenten (§ 847 BGB) sind nicht, auch nicht mit einem Zinsanteil, steuerbar,[8] beim Verpflichteten, da Tilgung einer privaten Schuld, in keinem Fall abziehbar. Renten wegen Aufhebung oder Minderung der Erwerbsfähigkeit (§ 842 I 1. Alt BGB) sind nach § 24 Nr 1a steuerbar. Außerhalb des „Sonderrechts der Vermögensübergabe" ist die Kontrollüberlegung maßgebend: Wäre eine **Einmalzahlung nicht steuerbar** oder nicht abziehbar – zB die Berichtigung von Erbfall- und Erblasserschulden, die Auszahlung eines Erbteils, eines auch künftigen Pflichtteils-,[9] Vermächtnis-, Pflichtteilsergänzungsanspruchs, von Gleichstellungsgeldern, eines Anspr auf Zugewinnausgleich, Versicherungsleistungen, insbes aus Unfall-[10] und **Lebensversicherungen**[11] (namentlich reine Risikoversicherungen, also solchen ohne Sparanteil), soweit diese nicht als Kapitalversicherungen mit Sparanteil nach § 20 I Nr 6[12] steuerbar sind – ist bei wiederkehrender Leistung allenfalls ein Zinsanteil (sofern Leibrente: Ertragsanteil) steuerbar oder abziehbar.[13] Eine Ausnahme hiervon gilt beim Sonderrecht der Vermögensübergabe (Rn 9 ff). Renten, die durch den Einsatz versteuerten Einkommens erworben werden, werden nicht nachgelagert, sondern mit ihrem Ertragsanteil versteuert (sog „dritte Schicht" der Alterseinkünfte – **Kapitalanlageprodukte**). Wird als (Ablauf-)Leistung einer Risikoversicherung oder einer sofort beginnenden Leibrentenversicherung gegen Einmalbetrag neben einem gleich bleibenden oder steigenden Sockelbetrag eine jährlich schwankende Überschussbeteiligung gewährt, unterliegt der Auszahlungsbetrag insgesamt der Ertragsanteilsbesteuerung.[14] Wird bei einer Kapitalversicherung mit Rentenwahlrecht die Rentenzahlung gewährt, fließen die Erträge nach § 11 I in dem Zeitpunkt zu, in dem die Kapitalleistung im Erlebensfall zu leisten wäre. Lediglich das nach Abzug von Kapitalertragsteuer vorhandene Kapital steht für die Verrentung zur Verfügung. Die Rentenzahlungen gehören zu den Einnahmen aus § 22 Nr 1 S 3 Buchst a bb.[15]

---

1 BFH BStBl II 96, 663; BStBl II 95, 169; BStBl II 95, 47; s im Einzelnen BMF BStBl I 04, 922 Rn 53.
2 BMF BStBl I 04, 922 Rn 51.
3 BFH BStBl I 95, 169; BMF BStBl I 04, 922 Rn 51.
4 BFH BStBl II 95, 47; BStBl II 95, 169 – ungleichmäßige wiederkehrende Leistungen; BMF BStBl I 04, 922 Rn 52.
5 Veräußerung eines WG gegen Leibrente BMF BStBl I 02, 893 Rn 48f.
6 BMF BStBl I 04, 922 Rn 50, mit der nicht gerechtfertigten Einschränkung, dass insgesamt eine Zuwendung vorliegt, wenn der Barwert der wiederkehrenden Leistungen mehr als doppelt so hoch ist wie der Wert des übertragenen Vermögens.
7 BFH BStBl II 97, 813 mwN; BMF BStBl I 02, 893 Rn 50 S 1 iVm Rn 42 S 1.
8 BFH BStBl II 95, 121; BMF BStBl I 95, 705 – anders jedoch die FinVerw bei Renten nach §§ 844 II, 845 BGB; ausf, aber teilw aA Söhn FR 96, 81; ders FS Friauf, 1996, S 809 ff.
9 BFH/NV 00, 414; zust Geck ZEV 00, 123; BFH/NV 02, 1575.
10 **AA** BMF DStR 00, 1262: ggf § 22 I Nr 1 1.
11 Paus NWB Fach 3 S 14047; Risthaus DB 06, 232; Kußmaul/Henkes ZSteu 06, 266 (267 ff).
12 Grundlegend und zusammenfassend BMF BStBl I 06, 92 Rn 20 ff.
13 BFH BStBl II 93, 298: Auszahlung eines Pflichtteils auf 15 Jahre in gewinnabhängiger Höhe; Anm Fischer FR 93, 334; zu Ausgleichsforderung aus Erbauseinandersetzung BFH/NV 97, 175; BStBl II 97, 284 – Ablösung von „Pflichtteilsrechten und sonstigen erbrechtlichen Ansprüchen"; BStBl II 95, 413 – Abgeltung von Pflichtteilsanspruch; BFH/NV 00, 414; BFH/NV 00, 29 – Vermächtnisrente an einen Dritten außerhalb des Generationennachfolge-Verbundes; aA BFH (VIII. Senat) BStBl II 92, 809, überholt durch BFH BStBl II 00, 82 – Verzicht auf künftigen Erb- und Pflichtteilsanspruch durch einen zur gesetzlichen Erbfolge Berufenen; s auch BFH BStBl II 00, 602 – erbrechtlicher Ausgleich unter Geschwistern; ausf Vorlagebeschluss BFH/NV 00, 188; BFH/NV 02, 1575 – wiederkehrende Leistungen gegen Erb- und Pflichtteilsverzicht keine dauernde Last.
14 BFH/NV 06, 1958; iErg auch BMF BStBl I 06, 92 Rz 21.
15 BMF BStBl I 06, 92 Rz 26; ausf zu diesem BMF-Schr sowie zum Verhältnis von § 20 I Nr 6 und § 22 Nr 1 S 3 Buchst a bb Risthaus DB 06, 232, Kußmaul/Henkes ZSteu 06, 266; Paus NWB Fach 3, 14047.

III. Freiwillige und andere nichtsteuerbare Bezüge (§ 22 Nr 1 S 2 HS 1). Werden wiederkehrende[1] Bezüge freiwillig – dh ohne Rechtsanspruch der Empfänger – oder aufgrund einer freiwillig begründeten Rechtspflicht oder einer gesetzlich unterhaltsberechtigten Pers gewährt, so sind sie – korrespondierend zu § 12 Nr 1 und 2 und § 10 Nr 1 KStG – gem § 22 Nr 1, 2 nicht steuerbar, wenn der Geber unbeschränkt stpfl (§§ 1, 1a) ist. Gleiches gilt für Bezüge aus einer unbeschränkt stpfl Körperschaft, die bei dieser mangels Steuerfreiheit besteuert worden und nach § 10 Nr 1 KStG nicht aufwandswirksam abziehbar sind; auch hier soll eine doppelte Erfassung zugewendeter Bezüge beim Geber und beim Bezieher vermieden werden (Rn 7). Der von der hM gezogene Umkehrschluss auf die Steuerbarkeit, wenn der Geber nicht unbeschränkt stpfl ist, ist nicht berechtigt.[2] R 22.2 EStR enthält eine Billigkeitsregelung für ausländische Schüler und Studenten. Die in § 22 Nr 1 S 3b genannten „**Einkünfte aus Zuschüssen** ..." haben – auch wegen § 22 Nr 1, 2 und zahlreicher Befreiungen in § 3 – keinen relevanten Anwendungsbereich.[3] Studienbeihilfen/Stipendien sind idR nicht steuerbar.[4] Zu Studienbeihilfen des künftigen ArbG § 19 Rn 150 „Unterhaltszuschüsse".

6

IV. Bezüge von Körperschaften (§ 22 Nr 1 S 2 HS 2). Stiftungsbezüge sind mangels „Beteiligungsertrags" nicht mit Gewinnausschütungen iSd § 20 I Nr 1 vergleichbar (§ 9 Rn 110). Die mit §§ 51 ff, § 64 AO nicht vollständig abgestimmte und kaum nachvollziehbar (verfassungswidrig unbestimmt?) formulierte Vorschrift betrifft Bezüge von einer unbeschränkt stpfl Körperschaft, Personenvereinigung oder Vermögensmasse.[5] Nach zutr hM[6] unterliegen die von einem steuerbefreiten – insbes gemeinnützigen – KSt-Subjekt gezahlten wiederkehrenden Bezüge beim Empfänger (auch bei Destinatären) in vollem Umfang der ESt.[7] Gem der nach Maßgabe des § 52 Abs 38 in Kraft tretenden Neuregelung gilt: Werden (nach § 10 KStG nicht aufwandswirksame) Gewinne, die beim unbeschränkt stpfl KSt-Subjekt mit 25 vH der KSt unterlegen haben, als wiederkehrende Bezüge „außerhalb der Erfüllung steuerbegünstigter Zwecke ..." gewährt, werden sie beim Empfänger mit der Hälfte nachbelastet (§ 3 Nr 40i – Halbeinkünfteverfahren). Geregelt sind damit – im Verhältnis zum gleichfalls ungereimten § 20 I Nr 9, der „wirtschaftlich mit Gewinnausschüttungen vergleichbare",[8] auch einmalige Vermögenstransfers im Blick hat, spezialgesetzlich[9] (daher keine Abzug von KapSt nach §§ 43, 43a) – Zuwendungen von Familienstiftungen an ihre Destinatäre und Zuwendungen iSv § 58 Nr 5 AO von gemeinnützigen Stiftungen. Steuerbar sind auch Bezüge aus Familienfideikommissen. § 22 Nr 1 wird verdrängt durch § 15 I, IV AStG.[10] Wird einer gemeinnützigen Körperschaft im Wege der vorweggenommenen Erbfolge ein GewBetr übertragen, kommt die Vereinbarung von als SA abziehbaren Versorgungsleistungen in Betracht (§ 8 I KStG iVm § 10 I Nr 1a).

7

V. Vermögensübergabe gegen Versorgungsleistungen (private Versorgungsrente). – 1. Allgemeine Grundsätze. S zunächst § 10 Rn 9 ff. Die Vermögensübergabe bezweckt die Vorwegnahme der künftigen Erbregelung und die wirtschaftliche Sicherung der übergebenden Generation. Die Beteiligten lassen sich von dem Gedanken leiten, das übertragene Vermögen der Familie zu erhalten. Die Versorgungsleistungen („**private Versorgungsrente**") werden nicht nach dem Wert der Gegenleistung, sondern nach dem Versorgungsbedürfnis des Berechtigten und nach der wirtschaftlichen Leistungsfähigkeit des Verpflichteten bemessen.[11] Der Übergeber muss nicht auf die Versorgungsleistungen ganz oder teilw angewiesen sein.[12] Dieser behält sich in Gestalt der Versorgungsleistungen typischerweise Erträge vor, die nunmehr vom Übernehmer erwirtschaftet werden müssen;[13] in dieser Hinsicht bildet das Steuerrecht den privatrechtlichen Altenteilsgedanken ab. Der **Gedanke der vorbehaltenen Nettoerträge** und die Vergleichbarkeit mit dem Vorbehaltsnießbrauch werden vom GrS des BFH[14] als entscheidungsleitend und „maßgebend" hervorgehoben. Dies vorausgesetzt sind

9

---

1 BFH BStBl II 88, 344, auch zum erforderlichen „einheitlichen Entschluss"; iÜ *K/S/M* § 22 Rn B 361 ff.
2 *K/S/M* § 22 Rn B 353 ff gegen BFH BStBl III 60, 66; BStBl II 74, 101; zu Unterhalt an geschiedenen Ehegatten aus dem Ausland BMF StEK DoppBest Schweiz Nr 94; FG Nbg EFG 03, 91 – Korrespondenzprinzip sei weder zwangsläufig noch vollständig.
3 BFH BStBl II 78, 387.
4 **AA** BFH BStBl III 65, 11; offen gelassen durch BFH/NV 01, 1558.
5 BT-Drs 10/1636, 58, unter Bezugnahme auf den Stiftungsbericht BT-Drs 8/3165.
6 So auch BT-Drs 14/2683, 115; *Schauhoff* in Schaumburg/Rödder, Unternehmenssteuerreform 2001, S 315;

Nachweise zum Streitstand bei *Kirchhain* ZSt 04, 22; teilw **aA** *Kussmaul/Meyering* ZSteu 04, 9.
7 S auch BFH/NV 03, 868.
8 BT-Drs 14/2683, 114.
9 *Schauhoff* aaO S 299, 315; **aA** *Orth* DStR 01, 325 (333).
10 BFH BStBl II 93, 388.
11 BFH BStBl II 92, 78; BStBl II 96, 676.
12 BFH BStBl II 92, 526; BFH/NV 92, 734; **aA** wohl BMF BStBl I 02, 893 Rn 7: „... um damit wenigstens teilw die Existenz des Übergebers zu sichern."
13 BFH GrS BStBl II 90, 847; BStBl II 92, 78; BStBl II 97, 813; BStBl II 04, 85; BVerfG HFR 93, 264 = DStR 93, 315; BMF BStBl I 04, 922 Rn 3.
14 BFH GrS BStBl II 04, 95.

Abziehbarkeit und Steuerbarkeit eng zu handhabende[1] Ausnahmen von der Nichtabziehbarkeit/ Nichtsteuerbarkeit von Zuwendungen (§ 12 Nr 2, § 22 Nr 1 S 2);[2] diese Regelung ist vertretbar und – so auch das BVerfG[3] – **verfassungsrechtlich legitimiert** aufgrund des Rechtsgedankens eines „Transfers von Einkünften"[4] bzw eines „Vorbehalts der Vermögenserträge".[5] Es wäre gleichheitswidrig, wenn Unterhaltszahlungen von Kindern an ihre Eltern aus dem einzigen Grunde steuerlich abziehbar wären, dass die Eltern in der Lage sind, ihren Kindern Vermögen zu übertragen.[6] Versorgungsleistungen im vorgenannten Sinne sind weder Veräußerungsentgelt noch AK (§ 10 Rn 9)[7] und insofern in einem spezifisch steuerrechtlichen Sinne **unentgeltlich** (§ 6 III) mit der Rechtsfolge der Buchwertverknüpfung beim Übernehmer.[8]

10 Mit der „typischen" privaten Versorgungsrente können ähnliche Rechtsfolgen wie mit einem **Vorbehaltsnießbrauch** – nämlich die Zurechnung des Nettoertrags eines Vermögens – bewirkt werden.[9] Zur Lösung von Einzelfragen bedarf es einer wertenden Zuordnung zum **Typus des Hof-** (§ 13 Rn 55) **und Betriebsübergabevertrages**. (Der Vorbehalt von Nutzungsrechten hindert nicht die Annahme der Unentgeltlichkeit.[10] Erforderlich ist ein sachlicher, nicht notwendigerweise ein zeitlicher Zusammenhang[11] der Versorgungsleistungen mit der Vermögensübergabe. Die Leistungen sind nach § 10 I Nr 1a aF, sofern abänderbar (Rn 15 ff), mit dem vollen Betrag abziehbar („dauernde Last") und steuerbar, sofern gleichbleibend mit ihrem Ertragsanteil (§ 22 Nr 1 S 3a S 3) steuerbar/ abziehbar;[12] Nach § 10 I Nr 1a / § 22 Nr 1b idF des JStG sind die Leistungen mit ihrem vollen Betrag abziehbar/steuerbar; die Unterscheidung zw Leibrente und dauernder Last ist entfallen (Rn 10a). „**Teilentgeltlich**" ist zB die (unentgeltliche) Übernahme von Vermögen gegen Versorgungsleistungen an den Übergeber bei gleichzeitigen (entgeltlichen, auch zeitlich gestreckten) Ausgleichszahlungen (Gleichstellungsgelder) an Geschwister.[13]

10a **2. Neuregelung mit Bestandsschutz für Altverträge**[14]. Durch das **JStG 08** ist der **Anwendungsbereich der privaten Versorgungsrente gegenständlich eingeschränkt** worden (s allg § 10 Rn 10a). Die bisherigen Grundsätze zur Abziehbarkeit/Steuerbarkeit der „dauernden Last" (§ 10 I Nr 1a aF; insbes: Beteiligten der Vermögensübergabe, Empfänger der Versorgungsleistungen Rn 12 ff; einzelne Unterhaltsleistungen Rn 16; gleitende Vermögensübergabe Rn 17; Beendigung der privaten Versorgungsrente Rn 18; materiell-rechtliche Korrespondenz Rn 19; fehlgeschlagene Vermögensübergabe Rn 20; Anforderung an Vereinbarung und Durchführung Rn 21) gelten weiter. **Vom SA-Abzug werden ausgeschlossen** Versorgungsleistungen im Zusammenhang mit der Übergabe von (privaten) Immobilien (letzteres entgegen dem Vorschlag des Bundesrats BR-Drs 544/07 [Beschluss]), Geldvermögen, Wertpapieren, sowie ertraglosem Vermögen (zB eigengenutztes Wohneigentum). Die Versorgungsleistungen müssen nunmehr ausnahmslos „**lebenslang**", dh auf die Lebenszeit des Berechtigten gezahlt werden. Die mit der Abziehbarkeit korrespondierende Steuerbarkeit (bisher: § 22 Nr 1 S 1) ist in § 22 Nr 1b klarstellend mit der vereinfachenden Maßgabe geregelt worden, dass die bisherige Unterscheidung zwischen Leibrente und dauernder Last entfällt; die Rechtsfragen betr die Abänderbarkeit der Versorgungsleistungen (Rn 15) werden mithin für Neuverträge gegenstandslos sein. Soweit sich **für Neuverträge gegenständliche Restriktionen** ergeben, wird nachfolgend darauf hingewiesen. Für „Altverträge" – dies sind vor dem 1.1.08 vereinbarte Vermögensübertragungen – gilt nach näherer Maßgabe der **Übergangsregelung des § 52 XXIIIe** idF des JStG 08 Bestandsschutz auf ihre gesamte Laufzeit; für sie wird das bis zum 31.12.07 geltende Recht fortgeführt. Eine Ausnahme gilt nach näherer Maßgabe des § 52 XXIIIe S 2 gilt nur, soweit das übertragene Vermögen nur deshalb einen ausreichenden Ertrag bringt, weil ersparte Aufwendungen mit Ausnahme der ersparten Nettomiete für ein zu eigenen Zwecken genutztes Grundstück zu den Erträgen des Vermögens gerechnet werden; hiermit ist vor allem die (von der FinVerw bislang

---

1 BFH BStBl II 97, 315.
2 BFH BStBl II 94, 19.
3 BVerfG DStR 93, 315 = HFR 93, 264; BFH BStBl II 97, 813; *Martin* BB 93, 1773.
4 BFH BStBl II 94, 19; BStBl II 95, 836.
5 Zust mwN *Hipler* DStR 01, 1920 ff, dort auch zur iErg unzutr Kritik von *Paus, Reiß* und *Weber-Grellet*; nunmehr BFH GrS BtBl II 04, 95.
6 BFH BStBl II 94, 19; BStBl II 97, 315.
7 BFH GrS BStBl II 90, 847; BMF BStBl I 04, 922 Rn 2.
8 BFH BStBl II 97, 813.
9 BFH GrS BStBl II 90, 847; BStBl II 95, 836.
10 BFH BStBl II 91, 791.
11 BFH BStBl II 96, 687.
12 BFH GrS BStBl II 92, 78. Die systematisch nicht erklärbare Behandlung (nur) als Leibrente hat der GrS aus Gründen des Vertrauensschutzes bestehen lassen.
13 S hierzu BMF BStBl I 02, 893 Rn 16f; zur Wertberechnung beim „Typus 2" Rn 19; zur Erbauseinandersetzung § 16 Rn 114 ff, 123 ff, 139.
14 Zur Neuregelung *Schulze zur Wiesche* BB 07, 2379; *Fleischer* ZEV 07, 475; *Spiegelberger* DStR 07, 1277; *Geck/Messner* ZEV 07, 374; *Risthaus* ZERB 07, 314.

ohnehin nicht anerkannte) Übergabe von Geld zur Entschuldung von Vermögen gemeint. – In allen von der Neuregelung betroffenen Fälle ist zu prüfen, ob nicht auf die Vereinbarung eines Nießbrauchsvorbehalts ausgewichen werden kann.[1]

3. Elemente des Typus „Vermögensübergabe". Vermögensübergabe gegen Versorgungsleistungen.
a) Gegenstand der Vermögensübergabe. Durch § 10 I Nr 1a aF begünstigte Übergabeobjekte sind die Existenz des Übergebers wenigstens teilw sichernde, dh nicht geringfügige[2] ertragbringende WG.[3] Diese müssen typischerweise für eine generationenübergreifende dauerhafte Anlage geeignet und bestimmt sein und dem Übernehmer zur Fortsetzung des Wirtschaftens überlassen werden. „Wirtschaftseinheiten" sind (bisher) gewerbliche („städtisches Altenteil"), freiberufliche, luf Betriebe (einzelne WG des BV können zurückbehalten werden), MU'er-Anteile,[4] atypisch stille Beteiligungen, Anteile an KapGes,[5] ertragbringende Immobilien, vermietete EFH, Eigentumswohnungen,[6] ertragbringende (insbes verpachtete) unbebaute Grundstücke,[7] Sparbücher, Aktien und sonstige (auch festverzinsliche) Wertpapiere und vergleichbare Kapitalforderungen (Festgeld, Bundesschatzbriefe, Sparbuch). Nach Auffassung des BMF[7] gilt entsprechendes für luf Betriebe, „wenn sie aufgrund von Wirtschaftsüberlassungsverträgen, die Vorstufe zur Hof- und Betriebsübergabe sind, überlassen werden". Nach näherer Maßgabe des § 10 I Nr 1a nF ist der SA-Abzug begrenzt worden auf Versorgungsleistungen im Zusammenhang mit der Übertragung von Mitunternehmeranteilen, eines Betriebes oder Teilbetriebes sowie bestimmten mit Beschlussmehrheit (§ 47 I GmbHG) beherrschten GmbHs. Mit der ausdrücklichen Aufnahme der **auf den Wohnteil eines Betriebes der LuF** entfallenden Versorgungsleistungen (**§ 10 I Nr 1a S 2**) soll klargestellt werden, dass Versorgungsleistungen, auch soweit sie auf den Wohnteil iSv § 34 III BewG entfallen, vor allem die von den Altenteilern genutzte Wohnung, als SA abziehbar sind. 11

Versorgungsleistungen sind nicht abziehbar mangels „Vermögens" bei Übergabe eines – auch gepachteten – Betriebs, wenn dieser **weder** über einen **positiven Substanzwert noch** – nach Kürzung um einen Unternehmerlohn[8] – über einen positiven Ertragswert verfügt.[9] Der Unternehmerlohn ist von Bedeutung im Zusammenhang mit der Frage, ob überhaupt Vermögen übertragen worden ist.[10] Verbleibt auch unter Berücksichtigung eines Unternehmenslohns ein Unternehmenswert, sind die wiederkehrenden Leistungen abziehbar, wenn sie teilw aus dem Unternehmerlohn herrühren.[11] Die FinVerw wendet den Beschluss des GrS des BFH[12] insoweit nicht an. Dies bedeutet, dass Versorgungsleistungen, die aus den laufenden Nettoerträgen des übergebenen Betriebs erbracht werden können, auch dann weiterhin SA sind, wenn der Betrieb über keinen Unternehmenswert verfügt.[13] Schon bisher **nicht begünstigt** waren die **Übergabe des konkursreifen Betriebs**;[14] uU – soweit zw den Vertragsbeteiligten keine weiteren Vereinbarungen getroffen werden (Rn 11a) – ein Grundstück mit aufstehendem Rohbau.[15] Unterhaltsleistungen liegen auch dann vor, wenn die wiederkehrenden Leistungen zwar aus den erzielbaren laufenden Nettoerträgen des übergebenen Betriebs gezahlt werden können, das Unternehmen jedoch weder über einen positiven Substanzwert noch über einen positiven Ertragswert verfügt; in dieser Hinsicht ist die FinVerw großzügiger.[16] „Ertraglos" ist grds auch Vermögen, an dem sich der Übergeber ein Nutzungsrecht vorbehält (**„Totalnießbrauch"**);[17] unschädlich soll ein bloßer Sicherungsnießbrauch sein.[18] 11a

---

1 Hierzu Nießbrauchserlass BMF BStBl I 98, 914.
2 BFH BStBl II 96, 666; *Wacker* NWB Fach 3, 9933, 9949: Mindestwert 25 000 €
3 BFH GrS BStBl II 04, 95; BStBl II 04, 100.
4 BFH/NV 92, 817.
5 BMF BStBl I 02, 893 Rn 8 S 1: wesentliche Beteiligung ist nicht erforderlich; zur Bemessung „ausreichender" bei der Übertragung eines GmbH-Anteils Erträge FG M'ster EFG 01, 1194 Rev X R 44/01.
6 BFH/NV 93, 586 – Verzicht auf Nießbrauch an Achtfamilienhaus; BFH/NV 92, 513 – Mietwohngrundstück; BStBl II 96, 687 – Ein- und Zweifamilienhaus, Eigentumswohnung; ferner BFH/NV 92, 382; BFH/NV 92, 734; BStBl II 96, 687; BMF BStBl I 02, 893 Rn 8.
7 BMF BStBl I 04, 922 Rn 10.
8 Zur Rolle des Unternehmerlohns *Kempermann* DStR 03, 1740 f.
9 BFH GrS BStBl II 04, 100, mit näheren Einzelheiten.
10 BFH GrS BStBl II 03, 100; *Kempermann* DStR 04, 1741.
11 BFH BStBl II 04, 100; *Kempermann* DStR 04, 1741.
12 BFH BStBl II 04, 100.
13 Zu den Gründen hierfür *Schwenke* DStR 04, 1679 (1685).
14 Abl BFH/NV 92, 816.
15 BFH BStBl II 97, 813; grds zust BMF BStBl I 04, 922 Rn 12.
16 BFH GrS BStBl II 04, 100; BMF BStBl I 04, 922.
17 BFH BStBl II 92, 803; BStBl II 95, 836; BMF BStBl I 04, 922 Rn 12; anders nach Auffassung des BMF aaO uU bei Sicherungsnießbrauch.
18 BMF BStBl I 04, 922 Rn 18.

Fischer

11b Hinsichtlich der **Umschichtung von Vermögen / Reinvestition** für vor dem 1.1.08 geschlossene **Altverträge**: Der Übergeber konnte ertraglose (zur Ertragsprognose s Rn 23) und damit nicht begünstigte Vermögensgegenstände veräußern und mit dem Erlös ertragbringendes Vermögen erwerben, das er dann dem Übernehmer unter Vorbehalt der Erträge überlässt. Ferner konnte sich der Übernehmer im Übernahmevertrag verpflichten, mit übergebenem **Bargeld** oder dem **Erlös aus einer Veräußerung eines ertraglosen** oder nicht ausreichend ertragbringenden[1] WG eine „ihrer Art nach bestimmte" Vermögensanlage zu erwerben.[2] Eine diesbezügliche Festlegung im Übergabevertrag war aus Gründen der Rechtsklarheit erforderlich.[3] Gleiches gilt, wenn ein Rohbau übergeben wird und der Übernehmer sich verpflichtet, diesen nach Fertigstellung zu vermieten.[4] Maßgebend war, dass die wiederkehrenden Leistungen aus den Erträgen eines Reinvestitionsguts gezahlt werden können.[5] Als SA abziehbar konnte die private Versorgungsrente sein, wenn der Übernehmer bei der Reinvestition zusätzlich eigene Mittel aufwendete; entscheidend war, dass der auf das reinvestierte Vermögen entfallende Anteil an den Erträgen des betr WG ausreicht, um die Rente zu erbringen.[6] Dieser Rechtsgedanke ist immer dann entscheidungsleitend, wenn die Erträge infolge Investition eigenen Vermögens (zB beim Umbau oder der Erweiterung eines übergebenen Mietwohngrundstücks) erzielt werden. Nach BMF[7] muss die Umschichtung in eine bestimmte, ihrer Art nach Ertrag bringende Wirtschaftseinheit innerhalb von 3 Jahren erfolgen; anderenfalls gilt die Übertragung als entgeltlich. Letzteres soll auch bei Umschichtung in eine ihrer Art nach bestimmte nicht ausreichend ertragbringende Vermögensanlage gelten, die innerhalb von 3 Jahren nach Abschluss der Übergabe erfolgt.

11c Übergeben werden konnte schließlich eine vom Übernehmer **eigengenutzte Immobilie**. Deren Nutzungsvorteil – nach den früheren Grundsätzen zur Nutzungswertbesteuerung zu beziffernden (AfA wirkt sich mindernd aus; aA BMF:[8] als Nettomiete galt die ortsübliche mittlere Kaltmiete für Grundstücke vergleichbarer Art, Lage und Ausstattung) – wurde in Höhe der ersparten Nettomiete insoweit als (Transfer-)Einkommen angesehen. Nicht zu den Erträgen des übergebenen Vermögens gehörte der Nutzungswert der Wohnung, die der Übergeber aufgrund vorbehaltenen Nutzungsrechts bewohnte. Übergeben werden konnte ferner **Geldvermögen**, das vereinbarungsgemäß zur **Tilgung von Schulden** verwendet werden sollte;[9] das BMF wendete diese Aussage des GrS des BFH nicht an.[10] Der BFH hat dessen Aussage eingeschränkt auf den Fall, dass ein ertragbringendes Vermögen von langfristigen Schulden entlastet wird (Ausgrenzung des Konsumentenkredits).[11] Ohnehin wäre hier allenfalls an den Fall zu denken, dass langfristige Schulden abgelöst werden, mit denen der Erwerb existenzsichernden Familienvermögens finanziert worden war; es ist kaum vorstellbar, dass die Ablösung etwa privater Spielschulden einschlägig sein könnte. Es gilt lt Rn 76 des BMF-Schr in BStBl I 04, 922 eine Übergangsregelung. – Die Übergabe von der Erzielung von Überschusseinkünften dienendem Vermögen und von Geldvermögen ist für ab dem 1.1.08 vereinbarte Vermögensübergaben mehr privilegiert.

11d Die Erträge der übergebenen Wirtschaftseinheit müssen im Inland stpfl sein; daher kein Abzug von SA und keine Steuerbarkeit nach § 22, soweit die vom Übernehmer erzielten Vermögenserträge wegen Steuerfreiheit, zB aufgrund DBA, „**bei der Veranlagung außer Betracht bleiben**".

12 b) Beteiligte der Vermögensübergabe (Empfänger des Vermögens). Vermögensübergaben sind möglich von Eltern auf Kinder und Schwiegerkinder, von Tante auf Nichte/Neffe,[12] von Großeltern auf Enkel, sogar zw Nichtverwandten[13] und auf den „derselben Generation angehörenden" Schwager.[14] Eine Vermögensübergabe ist auch unter Fremden nicht ausgeschlossen; zB kann der

---

1 BFH/NV 07, 19.
2 BFH BStBl II 04, 95; BStBl II 04, 1053; BMF BStBl I 04, 922 Rn 13.
3 BFH/NV 05, 1789 – mit Überleitungsregelung.
4 BMF BStBl I 04, 922 Rn 13.
5 Hierzu BMF BStBl I 04, 922 Rn 14 mit instruktivem Beispiel.
6 BMF BStBl I 04, 922 Rn 15, mit instruktivem Beispiel.
7 BMF BStBl I 04, 922 Rn 16; für die Übergabe von Geld Rn 17.
8 BMF BStBl I 04, 922 Rn 45.
9 BFH GrS BStBl II 04, 95; Nichtanwendungserlass BMF BStBl I 07, 188.
10 *Schwenke* DStR 04, 1679 (1684).
11 BFH/NV 05, 1419 = DStR 05, 1174.
12 BFH BStBl II 92, 526; BStBl II 96, 669.
13 BFH BStBl II 98, 718; BStBl II 02, 10; BFH/NV 01, 1388 mwN; BMF BStBl I 04, 922 Rn 35: „ausnahmsweise auch familienfremde Dritte".
14 BFH/NV 01, 1388.

Unternehmer den Betrieb dem tüchtigen Prokuristen unentgeltlich übertragen. Eine Generation kann „übersprungen" werden.[1]

c) Empfänger der Versorgungsleistungen. Rechtliche Leitlinie ist das „Prinzip der vorbehaltenen Erträge". Der Übergeber will sich (und seinen Ehegatten) zu Lebzeiten versorgen,[2] unter bestimmten Voraussetzungen auch die Personen, die gegenüber dem Übergeber Anspruch auf Versorgungsleistungen aus dem übergebenen Vermögen haben,[3] die auf dem Hof lebende Tante, auf dem Hof lebende unverheiratete Geschwister[4] oder gesetzlich erbberechtigte Kinder[5] („**Generationennachfolge-Verbund**").[6] Zu diesem Verbund gehören nur Personen, denen Pflichtteilsansprüche[7] oder ähnliche Rechte – zB auf Zugewinnausgleich – gegen den Erben bzw letztwillig bedachte Vermögensübernehmer zustehen.[8] In Betracht kommt auch der Partner einer eingetragenen Lebensgemeinschaft. Leistungen an Empfänger außerhalb des Generationenfolge-Verbunds sind Veräußerungs- oder Unterhaltsleistungen.[9] **Geschwister** sollen und wollen aber nur in seltenen Ausnahmefällen „versorgt" werden, sie wollen – ggf mittels verrenteten Gleichstellungsgeldes – hinsichtlich ihrer Beteiligung am Nachlass der Eltern gleichgestellt werden;[10] in dieser Hinsicht gelten die allg Grundsätze über Gleichstellung, vorweggenommene Erbfolge bzw Erbauseinandersetzung, Erfüllung eines Vermächtnisses (§ 16 Rn 138f, 256ff). Bei der **erbrechtlichen Variante der Vermögensübergabe** erhält eine an sich zum Erbe berufene Pers – insbes der überlebende **Ehegatte** – statt seines gesetzlichen (ggf verrenteten[11]) Erbteils lediglich Versorgungsleistungen aus diesem an sich ihm zustehenden Vermögen;[12] Verpflichteter kann auch ein Vermächtnisnehmer sein, der existenzsicherndes Vermögen erhalten hat.[2] Erhält der überlebende Ehegatte neben der Vermächtnisrente noch existenzsicherndes Vermögen, scheidet die Abziehbarkeit von Versorgungsleistungen als SA aus; die FinVerw wendet diese – wohl durch die jüngsten Beschlüsse des GrS des BFH überholten – Urteile nicht mehr an.[13] Pers außerhalb des Generationennachfolge-Verbunds[14] können nicht Empfänger einer privaten Versorgungsrente sein (Beispiel: der Erblasser setzt seiner Schwester,[15] den – nicht erbberechtigten – Stiefkindern;[16] der – weil nicht erbberechtigten – Lebensgefährtin des Erblassers,[17] oder der Haushälterin[18] eine **Vermächtnisrente** aus); dort ist der Rechtsgedanke der vorbehaltenen Vermögenserträge nicht einschlägig;[19] dies gilt ungeachtet dessen,[20] dass eine Vermögensübergabe auch an Familienfremde möglich ist (Rn 12). Empfänger von Versorgungsleistungen kann auch sein, wer gegenüber dem Übergeber Anspruch auf Versorgungsleistungen aus dem übernommenen Vermögen hat; dies ist insbes der Fall, wenn der Übergeber das Vermögen seinerseits von den Eltern gegen Versorgungsrente erhalten hatte.[21]

---

1 BFH BStBl II 97, 32 – Großmutter und Vater haben Erbschaft ausgeschlagen; BFH/NV 07, 19 – Großeltern übertragen Vermögen auf ihre Enkelkinder und behalten sich und/oder der in der Vermögensnachfolge übergangenen mittleren Generation Versorgungsleistungen vor; hierzu *Wartenburger* MittBayNot 07, 290.
2 BFH BStBl II 94, 633.
3 BFH BStBl II 97, 458 – Versorgungsleistungen an Großeltern; zust BMF BStBl I 02, 893 Rn 24.
4 BFH BStBl II 84, 97; BFH BStBl II 04, 820; *Fleischer* ZEV 04, 166.
5 BFH/NV 04, 1086; BMF BStBl I 04, 922: „gesetzlich erbberechtigte Abkömmlinge"; BFH BStBl II 06, 797: keine dauernde Last nach Erb- und Pflichtteilsverzicht des durch Vermächtnis Begünstigten; Anm. *Schuster* jurisPR-SteuerR 27/2006 Anm 4.
6 BFH BStBl II 92, 612; BStBl II 96, 669; BStBl II 96, 680; BStBl II 97, 32.
7 BFH BStBl II 04, 820; BMF BStBl I 04, 922 Rn 41, 36: Beschränkung auf gesetzlich erb- und pflichtteilsberechtigte Abkömmlinge des Erblassers, sofern nicht früherer Verzicht auf Pflichtteilsrecht, BFH/NV 06, 1395.
8 BFH BStBl II 04, 820; BFH/NV 04, 1086.
9 BMF BStBl I 04, 922 Rn 41.
10 BFH/NV 95, 18 mwN; BFH BStBl II 00, 602 – diese Vermutung ist nur in Ausnahmefällen widerlegt; BMF BStBl I 04, 922 Rn 36.
11 BFH BStBl II 94, 634 – Erbansprüche; BStBl II 95, 413 – Pflichtteilsansprüche.
12 BFH BStBl II 92, 612 (615); BStBl II 94, 633; BStBl II 97, 32; BMF BStBl I 02, 893 Rn 28f; *Fischer* Rn 260ff; *ders* FR 92, 765.
13 BFH BStBl II 94, 633; früher BMF BStBl I 02, 896 Rn 29; nunmehr BMF BStBl I 04, 922 Rn 41; hierzu *Schwenke* DStR 04, 1679 (1685f).
14 Zusammenfassend BFH/NV 02, 1575; ebenso BMF BStBl I 04, 922 Rn 36; FG Kln EFG 05, 1053 – testamentarische Rente an wegen Verzichts nicht mehr pflichtteilsberechtigte Tochter; hierzu BFH BStBl II 06, 797.
15 BFH BStBl II 92, 612; für eine Ausnahme im luf Bereich BStBl II 94, 97.
16 BFH/NV 01, 1242.
17 BFH/NV 04, 1083; BFH/NV 01, 1086.
18 BFH BStBl II 96, 680 – Rente an Lebensgefährtin des Vaters sind AK; BStBl II 96, 680; zur nachträglichen Entlohnung Rn 1; BFH/NV 86, 655 ist überholt.
19 BFH/NV 00, 29; wohl anders FG Kln EFG 01, 679 Rev X R 11/01; s ferner FG Nbg EFG 01, 562, betr Untervermächtnis an die Lebensgefährtin des Erblassers; **aA** auch *Stuhrmann* ZEV 02, 181: Geschwister, Tante, Onkel, Vetter sind aus der Sicht der FinVerw versorgungsberechtigt.
20 So nachdrücklich BFH/NV 01, 1242.
21 BFH BStBl II 97, 458 – Übernahme einer den übertragenden Eltern ihrerseits bestehenden Versorgungsverpflichtung gegenüber Großeltern; BMF BStBl I 04, 922 Rn 36.

13a Altenteiler-Ehegatten beziehen beide Einkünfte, jeder kann § 9a S 1 Nr 3, § 24a in Anspr nehmen.[1] Der Empfänger muss nicht unbeschränkt stpfl sein (Argument aus § 10 I Nr 1). Die Versorgungsbedürftigkeit des Empfängers ist nicht zu prüfen.[2]

14 **d) Versorgungsleistungen auf Lebenszeit.** Die Versorgungsleistungen müssen grds auf die Lebenszeit des Empfängers gezahlt werden (nunmehr ausdrücklich § 10 I Nr 1a nF: „lebenslänglich"); andernfalls fehlt es am Versorgungscharakter.[3] Eine Versorgungsrente liegt auch vor, wenn durch irreal lange Laufzeit eine Veräußerungsrente „gestaltet" werden soll.[4] Wiederkehrende Leistungen auf eine Höchstzeit (abgekürzte Leibrente) sind grds keine private Versorgungsrente; Ausnahmen gelten nach altem Recht bei Wiederverheiratungsklausel und bei Begrenzung bis zum Bezug einer Sozialversicherungsrente, wenn mithin die wiederkehrenden Leistungen eine Versorgungslücke schließen sollen.[5] Bei **vereinbarter Mindestlaufzeit** ist der Charakter als verrentete Gegenleistung (insbes Gleichstellungsgeld usw) prägend.[6] Bei „abgekürzten" wiederkehrenden Leistungen ist die Höchstlaufzeit kürzer als die voraussichtliche Lebenserwartung.[7] Verlängerte Leibrenten („**Mindestzeitrente**") sind als Gegenleistungsrenten zu behandeln, wenn die Mindestlaufzeit die nach der Allg Sterbetafel bemessene Lebenserwartung des Berechtigten übersteigt[8] oder unterschreitet;[9] es ist grds unerheblich, in welchem Verhältnis die Mindestlaufzeit zur voraussichtlichen Lebenserwartung der Bezugsberechtigten steht.

15 **e) Abänderbarkeit „nach der Rechtsnatur des Versorgungsvertrages". Abänderbare Versorgungsleistungen** sind mit ihrem vollen Betrag, gleichbleibende nur mit ihrem Ertragsanteil steuerbar/ abziehbar.[10] Ein Versorgungsvertrag ist „nach seiner Rechtsnatur" abänderbar, wenn zivilrechtlich ein in den landesrechtlichen Ausführungsgesetzen zu Art 96 EGBGB geregelter Leibgedings-/ Altenteilsvertrag vorliegt[11] oder er dem zivilrechtlichen Typus des „Versorgungsvertrages"/„Altenteilsvertrages" im Wesentlichen vergleichbar ist.[12] Denn diesem Vertragstypus ist eine Abänderbarkeit immanent.[13] Die Lebensverhältnisse von Übergeber und Übernehmer sind in besonderer Weise miteinander verknüpft.[14] Änderungen müssen durch ein idR langfristig verändertes Versorgungsbedürfnis des Berechtigten und/oder durch die veränderte wirtschaftliche Leistungsfähigkeit des Verpflichteten veranlasst sein.[15] Obergrenze ist in jedem Fall „die sich aus dem übertragenen Wirtschaftsgut ergebene Leistungsfähigkeit des Verpflichteten".[16] Als Änderungsklausel genügt der „Vorbehalt der Rechte aus § 323 ZPO", „weil dies so zu verstehen ist, dass der Vertrag nach Maßgabe des materiellen Rechts, auf das diese Vorschrift Bezug nimmt, abänderbar sein soll".[17] Eine bloß formelhafte **Bezugnahme auf § 323 ZPO** reicht nicht aus; maßgebend sind die ggf durch Auslegung zu ermittelnden konkreten Rechte und Pflichten.[18] Die Bezugnahme auf § 323 ZPO darf auch nicht lediglich die Bedeutung einer Wertsicherungsklausel haben.[19] Die Bedürfnisse des Berechtigten und die Belastung des Verpflichteten sollen situationsgerecht, ggf auch durch Substituierung von Leistungen[20] im Rahmen des bisherigen Versorgungskonzepts,[21] ausgeglichen werden. Die Vertrags-

---

1 BFH BStBl II 94, 107; H 165 EStH.
2 BFH BStBl II 92, 526.
3 BFH BStBl II 95, 33; BStBl II 96, 676; BMF BStBl I 04, 922 Rn 34, zu Ausnahmen Rn 58; FG M'ster EFG 06, 547; EFG 06, 1508.
4 BFH BStBl II 04, 706.
5 BFH BStBl II 94, 633; BStBl II 96, 672; BMF BStBl I 04, 922 Rn 34, 58;
6 BFH BStBl II 96, 676; BStBl II 96, 672; BStBl II 02, 650; BMF BStBl I 04, 922 Rn 58.
7 BFH BStBl II 94, 633.
8 BFH BStBl II 96, 676 – entgeltliches Anschaffungs-/Veräußerungsgeschäft; BStBl II 96, 672; BMF BStBl I 04, 922 Rn 58 ff, dort auch zur Ermittlung der AK und des Zinsanteils.
9 BFH/NV 00, 385; BFH BStBl II 02, 650.
10 BFH BStBl I 02, 650; die Berücksichtigung des Ertragsanteils ist eine Konzession an die Rechtstradition; ausf BMF BStBl I 02, 893 Rn 36-39; **aA** zu Leibrenten *Hipler* FR 03, 1163.
11 BFH/NV 93, 586 (589); BStBl II 95, 669; BFH/NV 00, 12 mwN.
12 BStBl II 92, 499, unter 4.; BFH/NV 95, 845; BFH/NV 94, 848 (850).
13 BFH BStBl II 92, 499. Dies kommt im BMF BStBl I 04, 922 Rn 47 nicht hinreichend zum Ausdruck.
14 BFH BStBl II 92, 499; BStBl II 94, 451.
15 BFH BStBl II 92, 1020; BMF BStBl I 04, 922 Rn 38; zur Frage, ob das übertragene Vermögen verwertet warden muss *Bauer/Münch* ZEV 07, 6.
16 BFH/NV 06, 1003, betr nachträgliche Einbeziehung von hohen Pflegekosten; hierzu *Fischer* jurisPR-SteuerR 14/2006 Anm. 2; *Paus* DStZ 06, 373; *Korn* BeSt 06, 22.
17 BFH GrS BStBl II 92, 78.
18 BFH/NV 94, 848; BStBl II 96, 672; BMF BStBl I 02 Rn 39.
19 BFH BStBl II 97, 813; BFH/NV 07, 1501 mwN, zu weitgehend betr Ausschluss der Abänderbarkeit bei Pflegebedürftigkeit oder Heimunterbringung.
20 BFH BStBl II 97, 47 – Verzicht auf vorbehaltenes Wohnungsrecht, nunmehr Zubereitung von Speisen; FG BaWü EFG 00, 1066.
21 BFH/NV 06, 1003, *Fischer* jursPR-SteuerR 14/2006 Anm. 2.

parteien können – auch nachträglich[1] – sowie nach Auffassung des BMF[2] hinsichtlich einzelner Leistungen Unabänderbarkeit vereinbaren;[3] die Vereinbarung einer Wertsicherungsklausel[4] und die Verwendung des Wortes „Leibrente"[5] reichen hierfür aber nicht aus. Die im Übergabevertrag vereinbarte Unabänderbarkeit von ihrer Rechtsnatur nach grds abänderbaren Altenteilsleistungen kann im Nachhinein vertraglich aufgehoben werden.[6] Eine einseitige Abänderbarkeit genügt[7] für die Annahme einer „dauernden Last" ebenso wie das Recht einer Vertragspartei, Neuverhandlungen verlangen zu können.[8] Die Frage nach der Aufteilung von Zahlungen in eine Leibrente (Sockelbetrag) und eine dauernde Last[9] ist zumeist theoretisch.

Ab 1.1.08 entfällt die von der Rspr bislang aus Gründen des Vertrauensschutzes akzeptierte Möglichkeit, eine Leibrente zu vereinbaren, ebenso wie die Unterscheidung zwischen Leibrente und dauernder Last.

f) Einzelne Unterhaltsleistungen. Als Versorgungsleistungen abziehbar/steuerbar sind Zuwendungen zur Existenzsicherung, durch welche Grundbedürfnisse des Bezugsberechtigten (Wohnen und Ernährung, sonstiger Lebensbedarf) abgedeckt werden.[10] Hierzu gehört zB die Übernahme der Krankenversicherung, laufender Ertragsteuern[11] oder sonstiger Aufwendungen für den Lebensunterhalt, freie Kost, Strom, Wasser, Heizung und Beleuchtung (Bewertung nach der SachBezVO[12]); nicht aber Schuldzinsen und AfA,[13] Ausgaben für öffentliche Grundstückslasten, Hausversicherung, Grundsteuer, Feuerversicherung.[14] Behält sich der Übergeber die Nutzung einer Wohnung vor, ist das übernommene Vermögen um das Nutzungsrecht gemindert; dieser Vorbehalt ist keine Gegenleistung;[15] ein Abzug von SA kommt grds nicht in Betracht.[16] Abziehbar/steuerbar sind eindeutig und klar[17] vereinbarte übliche oder sich aus den landesrechtlichen AGBGB ergebende,[18] der Erhaltung des im Zeitpunkt der Übergabe vertragsgemäßen Zustandes dienende[19] auf die Altenteilerwohnung entfallende Schönheitsreparaturen,[20] soweit sie das Versorgungsbedürfnis des Berechtigten berühren,[21] auch Reparaturen[22] an der nutzungsrechtsbelasteten Wohnung. Vertraglich geschuldete Erhaltungsaufwendungen können eine – übliche – Modernisierung bewirken; eine allg „Verpflichtung zur Modernisierung" besteht auch nicht aufgrund eines so formulierten Vertrages.[23] Außergewöhnliche Instandhaltungen – insbes solche im Interesse des Vermögensübernehmers an der Werterhöhung und Werterhaltung – sind nicht als SA abziehbar, wenn sie den im Zeitpunkt der Übergabe vertragsgemäßen Zustand wesentlich verbessern und deswegen nicht mehr den Charakter von Versorgungsleistungen haben.[24] Im Umfang ihrer Abziehbarkeit fließen die Sachaufwendungen dem Übergeber als wiederkehrende Sachleistungen zu; dass sie auf das dem Verpflichteten gehörende Grundstück gemacht werden, schließt deren Abziehbarkeit nicht aus.[25] Bei Überlassung einzelner Räume an Übergeber war unter der Geltung der Nutzungswertbesteuerung

---

1 BFH/NV 01, 592.
2 BMF BStBl I 04, 922 Rn 48.
3 BFH BStBl II 97, 284 – Sonderfall einer Vereinbarung im gerichtlichen Vergleich; für einen Ausnahmefall auch BFH/NV 04, 950; BMF BStBl I 04, 922 Rn 48.
4 BFH BStBl II 92, 499; BMF BStBl I 02, 893 Rn 37.
5 BFH/NV 92, 65.
6 BFH BStBl II 04, 922 = BFH/NV 04, 1148; weitergehend BMF BStBl I 04, 922 Rn 48.
7 BFH/NV 97, 26; BFH/NV 88, 294.
8 BFH BStBl II 92, 526; BStBl II 96, 669 (672); BFH/NV 00, 12; BFH/NV 93, 10.
9 BMF BStBl I 02, 893 Rn 34; s auch BFH BStBl II 80, 575.
10 BFH BStBl II 92, 1012.
11 BFH BStBl II 80, 573; BStBl II 86, 714.
12 BStBl II 91, 354; BStBl II 97, 47; im Einzelnen Bayerisches Landesamt für Steuern v 1.3.07 – S 221-3 St 32/St 33: Nichtbeanstandungsgrenzen für unbare Altenteilsleistungen bei Land- und Forstwirten, dort auch zur Überlassung einer LuF-Wohnung; zusammenfassend OFD Rheinl ESt-Kartei NW § 13 EStG Fach 1 Nr 800 – ESt-Veranlagung der Land- und Forstwirte („Grundsatzverfügung").
13 BFH BStBl II 93, 23 (26); BStBl II 93, 23; BStBl II 95, 836.
14 BFH BStBl II 92, 1012 (1014); BStBl II 96, 680.
15 BFH BStBl II 91, 791; BStBl II 91, 794; BStBl II 95, 832.
16 BFH BStBl II 85, 610; BFH/NV 87, 147; BStBl II 96, 680.
17 BFH/NV 00, 1089 mwN – Erneuerung der Fenster und Rollläden; BFH DStRE 02, 808 – Kosten des Umbaus einer Betriebsleiterwohnung.
18 BFH BStBl II 00, 21; BFH/NV 00, 1196; BFH/BV 04, 1228.
19 BFH BStBl II 00, 21; BFH/NV 00, 1089; BMF BStBl I 03, 405; BStBl I 04, 922 Rn 45.
20 BFH BStBl II 85, 610, 613; BStBl II 92, 1012; BFH/NV 98, 1467; BFH/NV 04, 644 mwN; FG Kln EFG 00, 1379; BMF BStBl I 04, 922 Rn 45; *Martin* HFR 07, 261.
21 BFH/NV 04, 1248 – Ersetzen eines Öltanks; FG BaWü EFG 01, 1120 – nicht bei Erneuerung einer Hofbefestigung (Gemeinschaftsanlage); einschränkend OFD M'ster DB 02, 177; s auch OFD Mchn v 1.11.04 S 2221 – 123 St 42.
22 BStBl II 92, 1012, mit Abgrenzung zu BStBl II 83, 660, wo kein Altenteilsvertrag vereinbart war; zur Altenteilerwohnung OFD Mchn DStR 01, 1117.
23 BFH v 6.4.05 X B 124/04 nv.
24 Weiter gehend wohl BFH/NV 02, 856 mit Anm v *Schönberg*; restriktiv zum Wirtschaftsüberlassungsvertrag BMF DStR 03, 1440 = DB 03, 1655.
25 BFH/NV 00, 418.

Abzug des anteiligen Bruttonutzungswerts möglich.[1] Im Geltungsbereich der „Privatgutlösung" (§ 21 Rn 1) ist der „Nutzungsnachteil" als solcher bei Überlassung einer Wohnung des Verpflichteten an den Übergeber keine „Aufwendung" iSd § 10 I 1a;[2] dementspr ist der Nutzungsvorteil nicht mehr als Sachbezug zu versteuern. Versorgungsleistungen an Mitglieder des Generationennachfolge-Verbunds (Rn 12)[3] sind auch durch Dritte entgeltlich – nicht in eigener Person (da keine „Aufwendung") – erbrachte Pflegeleistungen;[4] ferner sind abziehbar – weil traditionell Inhalt des Altenteils – Begräbnis-[5] und Grabpflegekosten.[6]

17 **g) Gleitende Vermögensübergabe (Ablösung von Nutzungsrechten).** „Gleitende Vermögensübergabe"[7] bedeutet: Eine Vermögensübergabe gegen Vorbehalt eines Nutzungsrechts an der existenzsichernden Wirtschaftseinheit wird später durch Vereinbarung einer Versorgungsrente – als „schuldrechtliche Variante" des Vorbehalts der Erträge – abgelöst.[8] Das Nutzungsrecht kann von vornherein befristet, die Ablösung mithin geplant sein.[9] Es kann aber auch aufgrund eines später gefassten Entschlusses abgelöst werden;[10] dann liegt ein entgeltliches Geschäft[11] vor oder – so idR – eine Vermögensübergabe gegen Versorgungsleistungen.[12] Letzterenfalls ist das Nutzungsrecht selbst Gegenstand einer Vermögensübergabe; dies jedenfalls unter der Voraussetzung, dass der Nießbrauch für den Berechtigten eine existenzsichernde Wirtschaftseinheit ist und der Verzicht einer Hof- und Betriebsübergabe oder einer ähnlichen Vermögensübergabe wirtschaftlich gleichzustellen ist.[13] Dies gilt vorbehaltlich des § 42 AO auch, wenn das abgelöste Nutzungsrecht unentgeltlich zugewendet worden war.[14] Dient die Ablösung der lastenfreien Veräußerung, sind die wiederkehrenden Leistungen als SA abziehbar, wenn sich der Übernehmer im Zusammenhang mit der Ablösung oder bereits im Übergabevertrag verpflichtet, den Veräußerungserlös in eine ihrer Art nach bestimmte ausreichend ertragbringende Vermögensanlage zu investieren.

18 **h) Beendigung der privaten Versorgungsrente.** Der sachliche Zusammenhang der wiederkehrenden Leistungen mit der Vermögensübergabe endet grds, wenn der Übernehmer das Vermögen – ohne gleichzeitige oder zeitnahe Anschaffung eines Ersatz-WG („Surrogat") – auf einen Dritten überträgt[15] oder ihm das Vermögen steuerrechtlich aus anderen Gründen nicht mehr zuzurechnen ist;[16] ferner dann, wenn das Vermögen verbraucht ist oder untergeht.[17] Dies folgt aus der Leitidee der vorbehaltenen Vermögenserträge und aus der Vergleichbarkeit mit dem Vorbehaltsnießbrauch. Ab diesem Zeitpunkt ist die zivilrechtlich fortzuzahlende Versorgungsrente nach § 12 Nr 2 nicht abziehbar und nach § 22 Nr 1 nicht steuerbar.[18] Die **Ablösung der Versorgungsrente** ist ihr „letzter Akt", der sich im Rahmen eines als steuerrechtlich unentgeltlich fortbestehenden Rechtsverhältnisses ereignet. Damit hat der BFH die Vorstellung aufgegeben, bei Beendigung des Sonderrechts lebe der an sich entgeltliche Charakter der Vermögensübergabe wieder auf. Der Ablösebetrag ist nicht als SA abziehbar und beim Empfänger nicht steuerbar;[19] er führt, wenn der Übernehmer das Vermögen weiterveräußert, auch nicht zu Veräußerungskosten oder nachträglichen AK.[20] Der Über-

---

1 BFH BStBl II 93, 31 auch zur Bewertung; BStBl II 97, 47, zum auch betragsmäßigen Nutzungswert der Altenteilerwohnung bei Anwendung des § 13a BStBl II 93, 608.
2 BFH BStBl II 95, 836; BFH/NV 96, 362; zutr BMF BStBl I 02, 893 Rn 34: anders hinsichtlich Aufwendungen für Strom, Heizung, Wasser und Schönheitsreparaturen; zur Zurechnung bei Anwendung des § 21 II 1 BMF BStBl I 02, 893 Rn 33.
3 **AA** offenbar BFH/NV 92, 23.
4 BFH BStBl II 92, 552; BFH/NV 92, 234; BMF BStBl I 04, 922 Rn 44.
5 BFH/NV 06, 1010, zu Kosten eines ortsüblichen Grabmals, hierzu *Fischer* jurisPR-SteuerR 19/2006 Anm 3; *Farr* StB 2006, 219; *Schönfelder* ZEV 06, 233; einschränkend BMF BStBl I 07, 188: abziehbar sind nur die Kosten des Grabmals selbst.
6 BFH/NV 92, 295; aber BStBl II 89, 779 – nicht abziehbar beim Vermächtnisnehmer; allg *Müller* DStZ 99, 905.
7 BFH BStBl II 93, 23; BStBl II 97, 47; zust BMF BStBl I 04, 922 Rn 18.
8 BFH BStBl II 93, 98; BFH/NV 97, 659; BFH/NV 06, 1824, betr vorherige Aufgabe des Vorbehaltsnießbrauchs.
9 BFH BStBl II 93, 23; BFH/NV 93, 659.
10 BFH BStBl II 93, 98; BMF BStBl I 04, 922 Rn 18.
11 BFH BStBl II 93, 486 – Ablösung gegen Einmalzahlung; BStBl II 96, 663; BStBl II 97, 284, mwN – Ablösung eines Vermächtnisnießbrauchs; BMF BStBl I 98, 914 Rn 55 ff; *Spindler* DB 93, 297; zur Ermittlung des Werts der Gegenleistung FG D'dorf EFG 02, 255.
12 BFH BStBl II 93, 488; BFH/NV 93, 586 – Ablösung eines durch Realteilung erlangten Nießbrauchs; BFH/NV 94, 848; BStBl II 96, 687, mwN; BMF BStBl I 04, 922 Rn 11.
13 BFH BStBl II 96, 663; BStBl II 92, 609; BStBl II 93, 98; BFH/NV 93, 586; BFH/NV 94, 848.
14 BFH BStBl II 93, 484; BStBl II 93, 486; BFH/NV 93, 586; **aA** BMF BStBl I 98, 914 Rn 61.
15 BFH/NV 06, 943.
16 BMF BStBl I 04, 922 Rn 28; FG Hbg EFG 05, 691; BFH/NV 06, 1824.
17 So die Tendenz in BFH BStBl II 04, 830.
18 BFH BStBl II 04, 830; BMF BStBl I 04, 922 Rn 28.
19 BFH BStBl II 04, 830; Bestätigung von BFH BStBl II 75, 655; H 87 EStH „Ablösung".
20 BFH BStBl II 04, 830.

nehmer kann das Vermögen seinerseits im Generationenverbund durch vorweggenommene Erbfolge (weiter) übertragen;[1] die wiederkehrenden Leistungen sind auch dann weiterhin als Versorgungsleistungen zu behandeln, wenn daneben noch Leistungen vereinbart werden, die zu AK oder zu einem Veräußerungsgewinn gehören.[2] Werden nur Teile des übernommenen Vermögens auf Dritte übertragen, kommt es darauf an, ob das Restvermögen nach den allg Grundsätzen über die Ertragsprognose noch ausreichend ertragbringend ist.[3] Im Grundsatzurteil zur Ablösung der privaten Versorgungsrente[4] hat der X. Senat des BFH angedeutet, dass er auch eine **Surrogation des übergebenen Vermögens** anerkennen würde. Dem ist zuzustimmen, weil – dies ist ein zentraler dogmatischer Bezugspunkt – auch das nießbrauchsbelastete Objekt im Einvernehmen der Beteiligten „ausgetauscht" werden kann. Die FinVerw ist dieser Auffassung gefolgt. Die Versorgungsrente ist nach wie vor anzuerkennen.[5] Im Zeitpunkt der nachträglichen Umschichtung ist eine erneute Ertragsprognose durchzuführen. Der Abzug der SA währt fort bei der Einbringung des übernommenen Vermögens in eine KapGes[6] oder „eigene" PersGes[7] iSd §§ 20, 24 UmwStG sowie bei formwechselnder Umwandlung, Verschmelzung oder Realteilung von PersGes; eine Umschichtung soll nach BMF dann vorliegen, wenn die dabei erworbenen Anteile oder WG veräußert werden.[8]

i) Materiellrechtliche, keine verfahrensrechtliche Korrespondenz. Wegen des „Transfers von Einkünften" bei der privaten Versorgungsrente (Rn 9f) sind Einkünfte nach § 22 Nr 1 S 1 nur steuerbar (mit ihrem vollen Betrag oder als Leibrente), wenn der Verpflichtete materiellrechtlich einen entspr SA-Abzug hat.[9] Ohne Bedeutung ist die verfahrensrechtliche Behandlung beim jeweiligen Vertragspartner, aus der steuerrechtlichen Behandlung bei diesem können keine Rechte hergeleitet werden.[10] Möglich ist Hinzuziehung (§ 174 V, § 360 AO) oder Beiladung (§ 60 I FGO).[11] **19**

j) Fehlgeschlagene Vermögensübergabe. Kommt eine Zuordnung zum Rechtsinstitut der „Vermögensübergabe gegen Versorgungsleistungen" nicht in Betracht und/oder ist mangels tatbestandlicher Voraussetzungen die Zuordnung einer Vertragsgestaltung zur privaten Versorgungsrente nicht möglich und wird insbes keine ausreichend ertragbringende Wirtschaftseinheit übergeben, gelten § 12 Nr 1, 2 und die anderen Grundsätze des ESt-Rechts – insbes zur Gegenleistungsrente[12] – uneingeschränkt.[13] Leistungen im Austausch mit einer Gegenleistung sind nicht nach § 10 I Nr 1a abziehbar (Rn 3). Die Zuordnung zu einem entgeltlichen Geschäft gilt unabhängig davon, ob ein „marktgerechter" Preis vereinbart ist;[14] ggf ist eine Korrektur nach Grundsätzen über den Fremdvergleich erforderlich (Rn 4).[15] Wenn freilich die Vertragsparteien sich bei der Bemessung der Leistungen grds an der Leistungsfähigkeit / dem Versorgungsbedürfnis orientiert, indes das Modell der „vorbehaltenen Erträge" de facto verfehlt haben, ist es angemessen, überhöhte Versorgungsleistungen betragsmäßig zu kappen und nur in diesem Umfang des Abzugsverbot des § 12 zu unterwerfen. **20**

k) Anforderungen an Vereinbarung und Durchführung. Die Versorgungsleistungen müssen grds für die Zukunft[16] nach allg Grundsätzen hinsichtlich Umfang des übertragenen Vermögens, hinsichtlich Art[17] und Höhe der Versorgungsleistungen („Versorgungskonzept"[18]) und der Art und Weise der Zahlung[19] – mithin in Bezug auf alle typusprägenden Sach- und Barleistungen[20] – klar, ernsthaft und mit Wirkung für die Zukunft[21] vereinbart sein bzw abgeändert werden.[22] Wiederkehrende Leis- **21**

---

1 Zutr BMF BStBl I 04, 922 Rn 29.
2 BMF BStBl I 04, 922 Rn 29.
3 BMF BStBl I 04, 922 Rn 30.
4 BFH BStBl II 04, 830 = BFH/NV 04, 881; hierzu *Fischer* ZERB 04, 219; *Schönfelder* HFR 04, 624.
5 BMF BStBl I 04, 922 Rn 31 ff, mit weiteren Regelungsdetails, ua zur Übergabe von Wertpapieren oder vergleichbaren Kapitalforderungen mit Endfälligkeit (Rn 33).
6 *Brandenberg* NWB Fach 3, 12541.
7 *Franz/Seitz* DStR 02, 1745; *Meyer/Ball* FR 03, 380; ausf *Brandenberg* NWB Fach 3, 12538, auch zu den Folgen einer Umschichtung.
8 BMF BStBl I 04, 922 Rn 32.
9 BFH BStBl II 92, 552 – Pflege des Altenteilers; BStBl II 96, 157; BMF BStBl I 02, 893 Rn 35; zu Unrecht aA BStBl II 74, 101 – Bezüge von einem Steuerausländer bzw beschränkt StPfl.
10 BFH BStBl II 96, 676; BFH/NV 07, 718.
11 BFH BStBl II 86, 261; BStBl II 88, 404; zu § 174 AO BStBl II 94, 597.
12 BFH BStBl II 97, 813 mwN; BMF BStBl I 04, 922 Rn 49.
13 BFH GrS BStBl II 04, 95; BMF BStBl I 04, 922 Rn 49.
14 BFH BStBl II 96, 672, mit Abgrenzung zu BStBl II 92, 526.
15 BFH BStBl II 96, 676 – Vorabkorrektur einer unangemessen hohen Gegenleistung.
16 BMF BStBl I 04, 922 Rn 38, unter Bezugnahme auf BFH BStBl II 89, 281.
17 BFH/NV 00, 12; BFH /NV 00, 418.
18 BFH/NV 95, 382; BFH/NV 94, 704; BFH/NV 01, 600.
19 BFH BStBl II 92, 1020 (1022); BFH/NV 93, 717.
20 BFH BStBl II 05, 434.
21 BFH BStBl II 92, 1020 mwN; BFH/NV 92, 805; BStBl II 97, 47.
22 Nicht unproblematisch daher der Fall FG Nds EFG 01, 1548.

tungen, die vor Anschaffung eines ertragbringenden WG gezahlt werden, sind grds nicht abziehbar (§ 12 Nr 2). Dies ist nicht der Fall, wenn Leistungen nachträglich vereinbart und in das Ermessen des Verpflichteten gestellt werden.[1] Pflichten, die sich bereits aus dem Gesetz ergeben, müssen auch nahe Angehörige nicht ausdrücklich vereinbaren.[2] Der Vertrag muss wie vereinbart durchgeführt werden.[3] Werden die auf der Grundlage eines Vermögensübergabevertrags geschuldeten Versorgungsleistungen ohne Änderung der Verhältnisse, also willkürlich nicht mehr erbracht, sind sie steuerrechtlich nicht anzuerkennen, auch wenn die vereinbarten Zahlungen später wieder aufgenommen werden.[4] Fraglich ist, ob bei mehreren Vertragselementen hinsichtlich der Durchführung differenziert werden kann.[5] Der Berechtigte muss über die ihm gezahlte Rente verfügen können.[6] Anpassungen der Bezüge müssen durch ein idR langfristig verändertes Versorgungsbedürfnis oder die veränderte wirtschaftliche Leistungsfähigkeit des Berechtigten veranlasst sein.[7] Ggf muss die Vereinbarung an geänderte Verhältnisse angepasst werden;[8] die Nichtumsetzung einer Wertsicherungsklausel allein ist idR nicht schädlich.[9] Anderes gilt nur dann, wenn die Nichtbeachtung auf einen fehlenden Rechtsbindungswillen schließen lässt;[10] maßgebend ist insoweit eine Gesamtwürdigung. Werden die Versorgungsleistungen willkürlich nicht erbracht, sind sie auch nach späterer Wiederaufnahme der Zahlungen nicht anzuerkennen.[11]

22 **4. Abgrenzung zur Gegenleistungsrente.** Ein Versorgungsmotiv des Verkäufers hindert nicht die Annahme eines entgeltlichen Geschäftes.[12] Es spricht eine Vermutung dafür, dass Eltern Betrieb, Hof und sonstiges Vermögen – „das Familiensilber" – den Kindern nicht verkaufen, sondern unentgeltlich übergeben; ein Gegenbeweis ist möglich.[13] Die diesbezügliche Vermutung ist widerlegt, wenn die Beteiligten Leistung und Gegenleistung nach kfm Grundsätzen gegeneinander abgewogen haben und subjektiv von der Gleichwertigkeit der beiderseitigen Leistungen ausgehen durften.[14] Bei einander Fremden besteht eine – nach BMF nur in Ausnahmefällen – widerlegbare Vermutung für Entgeltlichkeit.[15] Anders uU, wenn der Übernehmer aufgrund besonderer persönlicher (insbesondere familienähnlicher) Beziehungen zum Übergeber ein persönliches Interesse an der lebenslangen angemessenen Versorgung des Übergebers hat.[16] Es genügt, dass die Beteiligten subjektiv von der Gleichwertigkeit der beiderseitigen Leistungen ausgegangen sind, sofern die Annahme der Ausgewogenheit der beiderseitigen Leistungen unter Berücksichtigung der tatsächlichen und rechtlichen Umstände im Zeitpunkt des Vertragsabschlusses vertretbar erscheint. Ein Anhaltspunkt für ein entgeltliches Rechtsgeschäft kann sich auch daraus ergeben, dass die wiederkehrenden Leistungen auf Dauer die erzielbaren Erträge übersteigen.[17] Insoweit sollte aber der Übergabevertrag eindeutig sein. Dies ist eine Frage der Tatsachenfeststellung und -würdigung, die dem FG obliegt. Sind die beiderseitigen Leistungen nur objektiv gleichwertig, kann dennoch eine Vermögensübergabe gegen Versorgungsleistungen möglich sein.[18] Ist auch diese Zuordnung nicht möglich, handelt es sich um eine fehlgeschlagene Vermögensübergabe (Rn 20). Die Vertragspartner können auch ein Entgelt unter dem Marktwert („Teilentgeltlichkeit" etwa bei Freundschaftspreis) vereinbaren.[19] Die Zuordnung zu einem steuerrechtlich entgeltlichen Geschäft gilt unabhängig davon, ob die Vertragsparteien einen „marktgerechten" Preis vereinbart haben.[20] Zur Korrektur eines fremdüblich hohen Entgeltes s Rn 20. Unentgeltlichkeit liegt auch dann vor, wenn der Vermögensübernehmer Bestandteile des übernommenen Vermögens an Angehörige übertragen soll.

---

1 BFH/NV 02, 856 – Modernisierungsaufwendungen.
2 BFH/NV 05, 201 – ausreichend, wenn dem Übergeber eines Hofs „lebenslänglich ... ein freies Altenteil eingeräumt" wird.
3 Allg BFH BStBl II 97, 196; zum Abschnittsprinzip FG M'ster EFG 02, 812.
4 BMF BStBl I 02, 893 Rz 27.
5 FG M'ster EFG 03, 930 Rev X R 9/03.
6 BFH/NV 92, 816; BFH/NV 93, 717, dort auch zum „Stehenlassen" der vertraglich geschuldeten Beträge; BFH/NV 95, 498.
7 BFH BStBl II 92, 1020; BMF BStBl I 02, 893 Rn 26.
8 BFH/NV 95, 382.
9 Grundlegend BFH BStBl II 04, 826; zust BMF BStBl I 04, 922 Rn 37.
10 BFH BStBl II 04, 826; BStBl II 05, 434; BFH/NV 07, 720.
11 BMF BStBl I 04, 922 Rn 40.
12 BFH/NV 02, 10.
13 BFH BStBl II 92, 465; BFH/NV 02, 10.
14 BFH BStBl II 92, 465; BStBl II 96, 669; BStBl II 04, 211; BMF BStBl I 04, 922 Rn 4; Grenzfall FG M'ster EFG 02, 1305.
15 BFH BStBl II 98, 718; BFH/NV 02, 10; BMF BStBl I 04, 922 Rn 4.
16 BFH/NV 02, 10 mwN; s im Einzelnen BFH BStBl II 98, 718; BMF BStBl I 04, 922 Rn 5.
17 BMF BStBl I 04, 922 Rn 5.
18 So wohl zutr BMF BStBl I 02, 893 Rn 4; anders BFH BStBl II 97, 813.
19 BFH/NV 02, 10; so wohl auch BMF BStBl I 02, 893 Rn 42.
20 BFH BStBl II 96, 672; **aA** BStBl II 92, 526 (XI. Senat).

5. Unterhaltsrente – Abgrenzung zur privaten Versorgungsrente. Unterhaltsrenten sind wegen § 12 Nr 1 und 2 nicht abziehbar/steuerbar (Rn 9). Der BFH (GrS) setzt nunmehr für die Abziehbarkeit vor Versorgungsleistungen als SA voraus, dass die Versorgungsrente auch im konkreten Fall – „soweit bei überschlägiger Berechnung vorhersehbar" (maW: es ist nicht kleinlich zu verfahren) – aus den erzielbaren steuerbaren[1] Nettoerträgen des übernommenen Vermögens gezahlt werden kann; anderenfalls handelt es sich grds um ein Entgelt für das übernommene Vermögen.[2] Freilich sollten geringfügige Wertüberschreitungen unschädlich sein.[3] Es genügt nicht, wenn das übergebene Vermögen lediglich „seiner Art nach" ertragbringend ist, die erzielbaren Nettoerträge jedoch die vereinbarten wiederkehrenden Leistungen nicht abdecken.[4] Maßgebend ist der nach der Prognose im Zeitpunkt der Übergabe langfristig erzielbare Ertrag des übergebenen WG oder eines reinvestierten Veräußerungserlöses. Einigen sich die Vertragsparteien auf ein in Anbetracht des gestiegenen Versorgungsbedürfnisses neues Versorgungskonzept, sind Zahlungen, die ab diesem Zeitpunkt nicht mehr aus dem Ertrag des übergebenen Vermögens gezahlt werden können, nach § 12 Nr 2 nicht abziehbar.[5] Diese Einschränkung entspricht verfassungskonformer Auslegung.[6] Insoweit wird der zivilrechtliche Altenteilsgedanke abgebildet. Das BMF ist insofern großzügiger als der GrS des BFH, als Versorgungsleistungen, die aus den laufenden Nettoerträgen erbracht werden können, auch dann als SA abziehbar sind, wenn der übergebene Betrieb nicht über einen Unternehmenswert verfügt.[7]

Zur **Bestimmung des „Nettoertrags"** billigt der GrS die – nunmehr fortgeführte (BStBl I 04, 922) – Auffassung des BMF in BStBl I 02, 893 Rn 14, 16 (Gegenrechnung ua von AfA, außerordentlichen Aufwendungen und ggf Schuldzinsen); ein Unternehmerlohn ist nicht anzusetzen. Wird eine wesentliche Beteiligung an einer KapGes übertragen, ist für die Ermittlung des erzielbaren Nettoertrags auf die mögliche Gewinnausschüttung abzustellen.[8] Für die nach objektiven Kriterien aufgrund überschlägiger Berechnung vorzunehmende **Ertragsprognose** bieten die Verhältnisse des Vertragsabschlusses und die in den beiden Jahren vor der Übergabe (vgl R 99 ErbStR) erwirtschafteten Überschüsse einen gewichtigen Anhaltspunkt.[9] Ggf ist einer durch Zeitablauf entstandenen Beweisnot des beweisbelasteten StPfl Rechnung zu tragen.[10] Es reicht aus, wenn das übergebene Vermögen beim Übernehmer ausreichende Erträge erwarten lässt. Die eine Verbesserung der Ertragslage versprechenden Umstände müssen im Zeitpunkt der Vermögensübergabe bereits konkret bestimmbar sein.[11] Bei Vermögensübertragungen von Betrieben – auch solchen der LuV[12] – besteht eine nur in Ausnahmefällen widerlegliche Vermutung dafür, dass künftig ausreichende Erträge erwirtschaftet werden, wenn der Erwerber den Betrieb fortführt. Gleiches gilt bei der Übertragung von GmbH-Geschäftsanteilen, wenn sowohl der Übergeber als auch der Übernehmer als Geschäftsführer tätig waren bzw sind sowie für Mitunternehmeranteile und Teilbetriebe. Die Beweiserleichterung ist nicht anzuwenden bei verpachteten oder überwiegend verpachteten Betrieben sowie bei gewerblich geprägten PersGes iSd § 15 III Nr 2; ferner dann nicht, wenn neben einem Unternehmen weiteres begünstigtes Vermögen übergeben wird.[13] Erfüllt sich die – realistische – Prognose nicht, bleibt es – jedenfalls bis zur Einstellung des Betriebes (Rn 18) – bei der Abziehbarkeit von Versorgungsleistungen; die Aufdeckung stiller Reserven ist insoweit ausgeschlossen. Bereits nach bisheriger Auffassung war eine vorübergehende Ertraglosigkeit unschädlich.[14] Bei der Übertragung eines vom Übernehmer fortgeführten Betriebes ist nach GrS zu vermuten, dass die Beteiligten von ausreichenden künftigen Erträgen ausgegangen sind. Es sind Fälle denkbar, in denen das übertragene Vermögen erst beim Übernehmer Erträge erwarten lässt.[15] Bei Reinvestition in ein ertragbringendes WG sind die Erträge ab dem Zeitpunkt der Umschichtung maßgebend.[16] Der Übernehmer kann sich ver-

---

1 BMF BStBl I 04, 922 Rn 20.
2 BMF BStBl II 04, 922 Rn 7, der offenbar keine Flexibilisierung der Fehlerfolgen zulässt.
3 So auch *Kempermann* DStR 03, 1740.
4 So auch BMF BStBl II 04, 922 Rn 7.
5 BFH/NV 06, 1003 = DStR 06, 692 = BFHE 212, 195; Anm *Schönfelder* ZEV 06, 231; *Hipler* MittBayNot 06, 539.
6 BFH BStBl II 92, 552; BStBl II 92, 609; BStBl II 96, 666; BStBl II 00, 188; *Hipler* DStR 01, 1925.
7 BMF BStBl II 04, 922 Rn 8, gegen BFH BStBl I 04, 100.
8 BFH BStBl II 05, 133.
9 BFH GrS BStBl II 04, 95, mit bestätigendem Hinweis auf BMF BStBl I 02, 893 Rn 15; zur Ermittlung der Erträge bei Gewinnermittlung nach Durchschnittssätzen gem § 13 OFD Mchn v 4.4.05 – S 2221-131 St 426.
10 BFH BStBl II 04, 1053.
11 BFH/NV 04, 1466 = DStR 04, 1555.
12 OFD Mchn v 4.4.05 – S 2221-131 St 426, dort insbes zur Ertragsprognose bei der Gewinnermittlung nach § 13a.
13 BMF BStBl I 04, 922 Rn 23.
14 BFH BStBl II 94, 19 (22); *Martin* BB 93, 1776.
15 S auch BMF BStBl I 04, 922 Rn 25.
16 S im Einzelnen BMF BStBl I 04, 922 Rn 26.

pflichten, ein ertragloses Objekt zu veräußern und vom Erlös eine ihrer Art nach bestimmte ausreichend ertragbringende Vermögensanlage zu erwerben (Rn 11a). Den auf der Grundlage der steuerlichen Einkünfte ermittelten Erträgen sind AfA, erhöhte Absetzungen und Sonderabschreibungen sowie außerordentliche Aufwendungen, zB größere Erhaltungsaufwendungen, die nicht jährlich üblicherweise anfallen, sowie Nutzungsvorteile des Übernehmers aus ersparten Nettomietaufwendungen (Rn 11b) hinzuzurechnen. Bei Einkünften aus LuF, aus Gewerbebetrieb und aus selbstständiger Tätigkeit ist ein Unternehmerlohn nicht abzuziehen. Bei Übertragung eines Anteils an einer GmbH mindert das Gehalt des Ges-Geschäftsführers die auf der Grundlage der steuerlichen Erträge ermittelten Erträge nicht. Bei Übertragung eines GmbH-Anteils kommt es auf die ausschüttungsfähigen Erträge an.[1] Zur Ermittlung der Erträge bei **teilentgeltlichem Erwerb** s BMF BStBl I 04, 922 Rn 27. Ist die zu erwartende Ergebnissteigerung die Folge vom Übernehmer vorgenommener wesentlicher Veränderungen am übergebenen Vermögen – insbes durch Investition eigener Mittel – bleibt sie für die Ertragsprognose außer Betracht.[2]

Die Vertragsparteien können übereinstimmend die Anwendung der bisherigen Rechtsgrundsätze beantragen; andernfalls wird die Veranlagung gem § 164 II AO durchgeführt.[3]

23b Nach bisheriger Auffassung des IV. Senats des BFH unterlagen die aufgrund eines **Wirtschaftsüberlassungsvertrags** (§ 12 Rn 48) erbrachten altenteilsähnlichen Leistungen beim Nutzungsberechtigten dem SA-Abzug als dauernde Last nach § 10 I Nr 1a aF und waren – einschl der vom Nutzungsverpflichteten übernommenen betrieblichen Aufwendungen und Tilgungsleistungen (§ 13 Rn 49) – beim Hofeigentümer als sonstige Einkünfte nach § 22 Nr 1 zu erfassen.[4] Die Leistungen unterlagen beim Verpflichteten dem Abzugsverbot des § 12 Nr 2, wenn es sich um Unterhaltsleistungen handelte; für die hiernach erforderliche Abgrenzung griff der BFH auf die 50-vH-Grenze zurück. Diese Grenzziehung ist nicht mehr vereinbar mit der Grundaussage des BFH (GrS) zu den vorbehaltenen Vermögenserträgen. Es spricht viel dafür, diesen Vertrag als Pachtvertrag zu behandeln.[5]

26 **6. Gestaltungshinweise.** Inhalt und Umfang der Versorgungsleistungen sollten im Rahmen eines Versorgungskonzepts konkret vereinbart werden, uU unter Ausschluss des Pflegefallrisikos. Auf die korrekte Vereinbarung und Durchführung des Versorgungsvertrages ist zu achten.

27 **VI. Besteuerung von Alterseinkünften. – 1. Grundzüge.** Zur Korrespondenz mit der Regelung betr Vorsorgeaufwendungen s § 10 Rn 11. Zur Besteuerung von Altersrenten nach altem Recht s EStR 03 R 167. Das AltEinkG hat ab dem 1.1.05 innerhalb eines bis in das Jahr 2039 reichenden Übergangszeitraums einen Stufenplan zur Besteuerung der Leibrenten aus den gesetzlichen Alterssicherungssystemen, den berufsständischen Versorgungseinrichtungen und aus Leibrenten iSd § 10 I Nr 2b – bei Letzteren handelt es sich um die neu zu entwickelnden Leibrentenprodukte – (§ 22 Nr 1 S 3a aa)) eingeführt. Die Regelung gilt für Leistungen von in- und ausländischen Versorgungsträgern. Es handelt sich um die Renten, deren Beiträge in der Ansparphase nach neuem Recht grds abziehbar sind, wobei der tatsächliche Umfang des Abzugs während der Übergangsphase keine Rolle spielt. Diese Leibrenten werden **schrittweise in die nachgelagerte Besteuerung überführt**. Für das **Jahr 2005** beträgt der stpfl Anteil der Rente für „Bestandsrentner" und Rentenzugänge 50 vH. Dieser „Besteuerungsanteil" (so die Kopfzeile der Tabelle in S 2 wird für jeden neu hinzugekommenen Rentenjahrgang („Kohorte") bis zum Jahre 2020 jährlich um 2 Prozentpunkte, danach um 1 Prozentpunkt erhöht. Erstmalig die Rentenkohorte des Jahres 2040 versteuert die Rente mit ihrem vollen Nennbetrag (volle Besteuerung der Leistungen in der Auszahlungsphase = „nachgelagerte Besteuerung"). Der nach Maßgabe dieser Prozentsätze sich ergebende stfreie Teil der Rente ist für jeden Rentenjahrgang auf Dauer gleichbleibend. Gesetzestechnisch wird für jeden Jahrgang des Rentenzugangs in Abhängigkeit von diesem vH-Satz ein **persönlicher Rentenfreibetrag** festgeschrieben, der **für den Rest der Laufzeit konstant** bleibt. Die Prozentsätze gelten einheitlich, also auch für Selbstständige und Nichtpflichtversicherte; deren Leibrentenbezüge beruhen zwar zu einem bestimmten Anteil auf Beiträgen, die aus unversteuertem Einkommen geleistet wurden. Die Notwendigkeit einer Einbeziehung der Selbstständigenrenten in den einheitlichen Besteuerungsan-

---

1 BFH/NV 04, 1709 = DStR 04, 1911.
2 BFH BStBl II 05, 130.
3 BMF BStBl I 04, 191.
4 BFH BStBl II 77, 719; BStBl II 93, 546 und 548; BStBl II 99, 55; krit *Fischer* FR 93, 575; zum Modernisierungsaufwand BFH/NV 03, 1546.
5 *Kanzler* FR 92, 239; *Fischer* FR 93, 535; *Kempermann* DStR 03, 1736 (1741).

teil hat der Gesetzgeber als Grund dafür erachtet, „den Besteuerungsanteil nur auf 50 vH festzulegen, statt mit einem bei anderen StPfl gerechtfertigten wesentlich höheren vH-Satz zu beginnen".[1] Zugleich werden altersspezifische Vergünstigungen nach dem Kohortenprinzip abgebaut, so der Versorgungsfreibetrag (§ 19a) und der Altersentlastungsbetrag (§ 24a). Geändert wird ferner § 9a. Die **Ertragsanteilsbesteuerung** gilt weiter für Renten, „die durch den Einsatz von ausschließlich versteuertem Einkommen erworben wurden". Im Bereich der **kapitalgedeckten betrieblichen Altersversorgung** geht der Gesetzgeber in allen 5 Durchführungswegen langfristig zur nachgelagerten Besteuerung über. Die Portabilität der Altersvorsorge wird verbessert.[2] Die Besteuerung von Rentennachzahlungen richtet sich nach der im Zeitpunkt des Zuflusses geltenden Rechtslage.[3] – Zur rechtlichen Beurteilung der Neuregelung s Rn 27 f.

2. Steuerbemessungsgrundlage. § 22 Nr 1 S 3a aa erfasst alle Leistungen unabhängig davon, ob sie als Rente oder Teilrente, zB Alters-, Erwerbsminderungs-, Hinterbliebenenrente (Witwen-/Witwerrente, Waisenrente[4] oder Erziehungsrente) oder als einmalige Leistungen (zB Sterbegeld oder Abfindung von Kleinstrenten) ausgezahlt wird. Zu den hiernach steuerbaren Leistungen aus den gesetzlichen Rentenversicherungen gehören auch Zusatzleistungen und andere Leistungen, wie zB Rentenabfindungen bei Wiederheirat, nicht hingegen Leistungen, die nach § 3 stfrei sind.[5] Der Anwendungsbereich des § 22 Nr 1 S 3a bb umfasst diejenigen Leibrenten und anderen Leistungen, die nicht bereits unter S 3a aa oder § 22 Nr 5 S 1, 3, 6 einzuordnen sind.[6] Die Versorgungsleistungen einer Pensionskasse, eines Pensionsfonds oder aus einer DirektVers (Rente, Auszahlungsplan, Teilkapitalauszahlung, Einmalkapitalauszahlung) unterliegen der Besteuerung nach § 22 Nr 5.[7]

Bemessungsgrundlage für den „der Besteuerung unterliegenden Anteil"[8] der – auch abgekürzten – Leibrente „und anderer Leistungen", die anders als Zeitrenten nicht wiederkehrend sein müssen,[9] ist der **Jahresbetrag der Rente** (dh die Summe der im Kj zugeflossenen Rentenbeiträge einschl der bei Auszahlung einbehaltenen Beitragsanteile zur Kranken- und Pflegeversicherung) und der Besteuerungsanteil, welcher ist der Tabelle in S 3 zu entnehmen ist; der rechnerische Unterschied aus beiden Daten ergibt „den stfreien Teil der Rente" (S 4), den **Rentenfreibetrag.**[10] Dieser gilt als undynamischer, dh mit Rentenerhöhungen nicht mitwachsender Eurobetrag ab dem Jahr, das dem Jahr des Rentenbeginns folgt, für die gesamte Laufzeit des Rentenbezugs (S 5). Der Prozentsatz bestimmt sich grds nach dem Jahr des Rentenbeginns, dh ab dem Zeitpunkt, ab dem die Rente lt Rentenbescheid bewilligt wird.[11] Im Jahr 2005 unterliegen die hier fraglichen Leibrenten iSd S 1 zu 50 vH der Besteuerung. Dies gilt sowohl für bereits laufende Renten („Bestandsrenten") wie für die in diesem Jahr erstmalig gezahlten Renten. **Rentenerhöhungen** späterer Jahre bewirken keine neue Rente; sie gehen mit ihrem vollen Nennbetrag in die Steuerbemessungsgrundlage ein, werden mithin vollständig nachgelagert besteuert. Damit soll verhindert werden, dass in der Übergangsphase Besteuerungsunterschiede zwischen diesen Renten und Beamtenpensionen erneut vergrößert werden.[12] Der vH-Satz wird im ersten und zweiten Jahr des Rentenbezugs angewendet: Nach der Begr zum RegEntw[1] soll die Festschreibung erst ab dem Jahr gelten, das auf das Jahr des ersten Rentenbezugs folgt; dadurch soll vermieden werden, „dass in Abhängigkeit vom Renteneintrittsmonat im Jahr des Rentenbeginns sowie vor oder nach einer Rentenanpassung (vgl § 65 SGB VI) bei ansonsten gleichem Sachverhalt ein unterschiedlicher stfreier Teil der Rente dauerhaft festgeschrieben wird"; aus dem Gesetzeswortlaut ergibt sich dies nicht zweifelsfrei. Für Bestandsrenten ist als Jahr des Rentenbeginns das Jahr 2005 zu fingieren. Die Neuregelung nach dem Kohortenprinzip gilt auch für Renten wegen verminderter Erwerbsfähigkeit, die bislang als sog abgekürzte Leibrenten einen verhältnismäßig niedrigen Ertragsanteil hatten.

---

1 BT-Drs 15/2150, 41.
2 BT-Drs 15/3004, 2.
3 Ausf OFD Ffm DB 06, 1925; zur Besteuerung von Rentennachzahlungen OFD Magdeburg ESt-Kartei ST § 22 EStG Karte 1.20b.
4 BStBl II 01, 489 – Vollwaisenrente; BStBl II 02, 525 – Halbwaisenrente; BFH/NV 06, 2055.
5 Aus BMF BStBl I 05, 429 Rn 82 ff, dort auch zu Besonderheiten bei Leibrenten und anderen Leistungen aus den landwirtschaftlichen Alterskassen und den berufsständischen Versorgungseinrichtungen.
6 Ausf BMF BStBl I 05, 429 Rn 91 ff.
7 BMF BStBl I 05, 429 Rn 99; zu Einzelheiten der Besteuerung von Leistungen aus der betrieblichen Altersversorgung BMF BStBl I 04, 1065 Rn 214 ff.
8 Ausf BMF BStBl I 05, 429 Rn 100 ff.
9 Zum Problem *Risthaus* DB 04, 1329 (1335), betr Leistungen berufsständischer Versorgungseinrichtungen zur Absicherung der Betriebsunterbrechung bei Krankheit oder medizinische Kuren landwirtschaftlicher Alterskassen zur Verbesserung der Erwerbsfähigkeit.
10 Ausf BMF BStBl I 05, 113 ff.
11 Ausf BMF BStBl I 05, 429 Rn 102 ff.
12 *Risthaus* DB 04, 1329 (1344).

Beispiel:[1]. Ein StPfl bezieht seit Oktober 2004 eine Rente in Höhe von 1 000 €. Zum 1.7.05 wird die Rente auf 1 020 € angehoben. Der persönliche Rentenfreibetrag berechnet sich wie folgt:

1 000 € × 6 Monate	6 000 €
1 020 € × 6 Monate	6 120 €
Jahresbruttobetrag 2005	12 120 €
davon 50 vH (= 100 vH abzgl 50 vH Besteuerungsanteil im Jahr 2005)	6 060 €
Rentenfreibetrag in 2005 und in den Folgejahren	6 060 €

27b **3. Änderungen der Rentenhöhe**[2]. **S 6** sieht bei **Änderungen der Rentenhöhe** eine Ausnahme von der Festschreibung des stfreien Teils der Rente vor. Solche Änderungen können zB durch Einkommensanrechnung (zB bei der Hinterbliebenenrente), durch Wechsel von Teil- zu Vollrenten oder durch Wegfall bzw Wiederaufleben der Rente (Letzteres bei der sog Großen Witwenrente; Folgerenten iSd § 88 SGB VI) entstehen. Das Gesetz verwendet hier den sozialversicherungsrechtlichen Begriff „**Neuberechnung**".[3] In **S 7** wird klargestellt, dass regelmäßige Rentenanpassungen nicht zu einer Neuberechnung führen und bei der Berechnung des stfreien Anteils außer Betracht bleiben. Um eine gleichmäßige Besteuerung der Renten zu erreichen, wird der Rentenfreibetrag der Rente in dem Verhältnis angepasst, in dem der veränderte Jahresbetrag der Rente zum Jahresbetrag der Rente steht, der der Ermittlung des stfreien Teils der Rente zugrunde liegt. ZB ist bei einem Wechsel von einer vollen zu einer halben Rente auch der stfreie Teil der Rente auf die Hälfte herabzusetzen. Bemessungsgrundlage für die Neuberechnung ist der geänderte Rentenbezug; für die Bestimmung des vH-Satzes des Besteuerungsanteils bleibt das Jahr des Beginns des Rentenbezugs maßgebend. Der neue Rentenfreibetrag ist „unter Außerachtlassung von regulären Rentenerhöhungen" zu ermitteln. **S 8** regelt den Fall, dass Renten „aus derselben Versicherung" aufeinander folgen („**Folgerenten**"). Damit wird die Doktrin des bisherigen Rechts, dass jeder Versicherungsfall (Erreichen der Altersgrenze, Tod des Versicherten) eine neue Rente beginnen lässt, aufgegeben. Diese Regelung betrifft insbes den Fall, dass auf die Altersrente eine Hinterbliebenenrente folgt; hier ist das tatbestandlich umschriebene Subtraktionsverfahren anzuwenden.

27c **4. Aufeinanderfolge „verschiedener" Renten.** Nach der vor dem Jahr 2005 geltenden Rechtslage war „Rentenbeginn" der Eintritt des – insbes sozialversicherungsrechtlich – maßgebenden Versicherungsfalles[4] (Ruhestand, Invalidität, Tod; ausf mwN 5. Aufl § 22 Rn 27). Der neue S 8 stellt sicher, dass bei ununterbrochenem Rentenbezug der maßgebende Besteuerungsanteil einer späteren Rente aus einer der in § 22 Nr 1 S 3a aa genannten Einrichtungen den niedrigeren Besteuerungsanteil vorausgegangener Renten berücksichtigt. Einschlägig sind hier Fälle, in denen aus einem Versicherungsverhältnis mehrere Renten gezahlt werden, zB wenn eine Erwerbsminderungsrente im Alter von 65 Jahren wegfällt und durch eine Regelaltersrente ersetzt wird, oder wenn nach dem Tod des Versicherten die Versichertenrente endet und eine Hinterbliebenenrente gezahlt wird. Im letzteren Fall ist der vH-Satz des Jahres maßgebend, in dem der Versicherte erstmalig Rente bezogen hat; denn die Hinterbliebenenrente beruht typischerweise auf Beiträgen, die während der Dauer der Ehe aus dem gemeinsam erzielten Einkommen gezahlt wurden.[5] Darüber hinaus wird für die Bestimmung des Besteuerungsanteils der Rente bei Unterbrechungen die Laufzeit der jeweilig vorhergehenden Renten berücksichtigt („**Wiederauflebensrente**").[6] Eine Vorverlegung des Jahres des Rentenbeginns wird nur aufgrund von Rentenbezug aus derselben Versicherung vorgenommen. Hier werden zahlreiche Detailfragen durch ein zu erwartendes BMF-Schreiben geklärt werden müssen.

27d **5. Besteuerung der übrigen Renten.** Renteneinkünfte, die nicht zur Basisversorgung (§ 10 I Nr 2a, b; § 22 Nr 1 S 3a aa S 1, ggf iVm § 55 II EStDV) gehören und Einkünfte aus Erträgen des Rentenrechts ent-

---

[1] Beispiel nach *Brall/Bruno-Latocha/Lohmann* DVR 04, 409 (424 f).
[2] BMF BStBl I 05, 429 Rn 106 ff, auch mit Berechnungsbeispiel für aufeinander folgende Renten aus derselben Versicherung.
[3] BMF BStBl I 05, 429 Rn 115 ff, mit instruktivem Berechnungsbeispiel.
[4] Zuletzt BFH v 29.11.05 X B 74/05 (nv).
[5] BT-Drs 15/2150, 41, unter Bezugnahme auf BVerfGE 105, 1 (11 f).
[6] BMF BStBl I 05, 429 Rn 118.

halten (was nicht der Fall ist zB bei Schadensersatzrenten), werden mit neuen – abgesenkten (Rechnungszinsfuß 3 vH) – Ertragsanteilen besteuert (§ 22 Nr 1 S 3a bb).[1] Diese gelten auch für Renten, deren Beginn vor dem 1.1.05 liegt. Die „Riester-Rente" (§§ 10a, 79 ff) wird nach § 22 Nr 5 besteuert. Die neuen Ertragsanteile gelten auch für bereits laufende Renten. Für abgekürzte Renten gelten die gleichfalls abgesenkten Ertragsanteile des § 55 EStDV. Die Regelungen in § 22 Nr 5 bleiben unberührt.

6. Öffnungsklausel[2]. Insbes für Leistungen aus den berufsständischen Versorgungswerken gilt § 22 Nr 1 S 3a bb S 2.[3] Mit dieser möglicherweise zu schmalen[4] Klausel soll der Gefahr einer doppelten Besteuerung (hierzu § 10 Rn 12) in den Fällen begegnet werden, dass bis zum 31.12.04 in mindestens 10 Jahren Beiträge oberhalb des Betrags des Höchstbeitrags zur gesetzlichen Rentenversicherung – auch an mehrere Versicherungsträger – gezahlt wurden. Diese Leistungen sind in drei Bestandteile zu zerlegen: nachgelagerte Besteuerung (§ 22 Nr 1 S 3a aa), soweit sie auf Beiträgen vor 2005 bis zur Beitragsbemessungsgrenze und auf Beiträgen nach 2004 beruhen; Besteuerung mit dem Ertragsanteil (§ 22 Nr 1 S 3a bb), soweit sie auf Beiträgen vor 2005 oberhalb der Beitragsbemessungsgrenze beruhen. Einmalige Leistungen unterliegen nicht der Besteuerung, soweit auf sie die Öffnungsklausel Anwendung findet.[5] Besonderheiten gelten, wenn Leistungen, bei denen die Voraussetzungen für die Anwendung der Öffnungsklausel vorliegen, in einen Versorgungsausgleich unter Ehegatten oder Lebenspartnern einbezogen worden sind.[6]

27e

7. Verfassungsrechtliche Beurteilung der Neuregelung. Die Grundentscheidung für einen Übergang zur nachgelagerten Besteuerung wird allg für sachgerecht gehalten. Dem ist im Prinzip zuzustimmen.[7] Ob freilich die vom BVerfG[8] untersagten Zweifachbesteuerungen, was der Entwurf eines AltEinkG behauptet,[9] vermieden werden, ist fraglich (§ 10 Rn 12).[10] Dies gilt insbes für bestimmte Gruppen von Freiberuflern,[11] wenn die Beiträge zur Rentenversicherung jedenfalls zu mehr als 50 vH aus versteuertem Einkommen geleistet wurden. Die BReg beansprucht, dass als „steuerfreier Rentenzufluss" auch der Grundfreibetrag und die als SA abziehbaren Beiträge zur Kranken- und Pflegeversicherung der Rentner anzusehen sind. Auch über die rechtstechnische Ausformung dieses Prinzips besteht Streit.[12] Die auch vom BVerfG[13] als steuersystematisch gerechtfertigt anerkannte Besteuerung nur des Ertragsanteils ist ohne zwingenden Grund aufgegeben worden. Bei kapitalgedeckten und nach dem Versicherungsprinzip organisierten – insbes berufsständischen – Versorgungswerken,[14] die keine Transferleistungen auszahlen, ist die Ertragsanteilsbesteuerung die systematisch angemessene Besteuerungsmodalität, ebenso wie bei Kapitallebensversicherungen, deren Ablaufleistung verrentet wird. Nicht von ungefähr konnten sich die Mitglieder der Versorgungswerke befreien lassen, wenn sie eine entspr Lebensversicherung nachweisen konnten.[15] Die Ertragsanteilsbesteuerung hat dort ihre rechtssystematische Berechtigung, wo eine durch eigene und vor allem aus versteuertem Einkommen entrichtete Beiträge erkaufte Versicherungsleistung zeitlich gestreckt ausgezahlt wird.[16] Auch das Stammrecht der Sozialversicherungsrente beruht auf der Vermögensumschichtung „Beitrag gegen Versicherungsschutz plus Versicherungsleistungen"; der Sozialversicherungsbeitrag ist funktional Versicherungsprämie.[17] Dies führt zur Nichtsteuerbarkeit des Anfalls des Stammrechts und seiner zeitlich gestreckten Auszahlung,[18] wobei der aus der zeitlichen Streckung entstehende Zinsanteil als Ertragsanteil zu erfassen ist. In dieser Hinsicht ist eine Anglei-

27f

---

1 BMF BStBl I.
2 S auch OFD Rheinland EStG-Kartei NW § 22 EStG F 2 Nr 803 = DStR 06, 1599.
3 BMF BStBl I 05, 429 Rn 121 ff, dort auch zum maßgebenden Höchstbeitrag, zur Ermittlung und zum Nachweis der gezahlten Beiträge sowie zur Ermittlung des auf Beiträgen oberhalb des Betrags des Höchstbeitrags beruhenden Teils der Leistung, zur Aufteilung bei Beiträgen an mehr als einen Versicherungsträger.
4 *Berndt* FR 07, 172.
5 BMF BStBl I 05, 429 Rn 135 f.
6 BMF BStBl I 05, 420 Rn 137.
7 Hess FG 1 V 3571/06.
8 BVerfG BStBl I 02, 618 = BVerfGE 105, 73 (134).
9 BT-Drs 15/2150, 40 f.
10 Verneinend *Hey* DRV 04, 1; *Brall/Bruno-Latocha/Lohmann* DVR 03, 673; dies. DVR 04, 409 (429 ff); *Flore*
AnwBl 04, 343 (344 f); *Nürnberger/Perreng* SozSich 04, 146 (152 ff); s ferner *Ruland* S 899 ff.
11 SchlH FG EFG 2007, 1077 (Rev X R 15/07); Anm *Valentin* EFG 07, 1080.
12 Ausf *Fischer* BB 03, 873; iSd hM *Weber-Grellet* DStR 04, 1721 (1772).
13 BVerfGE 105, 73.
14 Für das Versorgungswerk der RA in Nordrhein-Westfalen *Seer* StuW 1996, 323 (330); *Wallerath* Gegenwärtiges System der Finanzierung der sozialen Sicherung, 1998, S 7 ff, 30 ff; s auch Bayerisches Landesamt für Steuern, Vfg v 15.9.05 X 2220 St32M – Ruhegelder.
15 *Flore* AnwBl 04, 343 (345).
16 Ausf *Fischer* FR 01, 613; *ders* BB 03, 873.
17 BVerfGE 90, 226 (240); BFH BStBl II 02, 191 mwN; ausf *Fischer* FR 02, 13; *ders* BB 03, 873, zu den Vorschlägen der Rürup-Kommission.
18 *Jachmann* DRV 04, 125 (141).

chung an die Besteuerung privater Risiko-Lebensversicherungen, mit denen eine einmalige Ablaufleistung versichert ist, geboten. Die Globaläquivalenz der „nach dem Versicherungsprinzip erkauften" Leistungskomponenten einerseits und sonstiger Rentenbestandteile andererseits spiegelt sich im Umfang der Eigen- bzw Fremdfinanzierung des jeweiligen Rentenversicherungsträgers wieder. Dem Gesetzgeber unterläuft derselbe Systemfehler wie bei § 22 Nr 5 (dort Rn 40), wo er das Risiko einer Ungleichbehandlung von Gleichem in mehrfacher Hinsicht in Kauf genommen hat.[1] Der Sache nach geht es um eine zeitversetzte Erfassung jeglichen stfrei gebliebenen Einkommens, und zwar für alle Arten von öffentlich-rechtlichen und privaten Versicherungsleistungen, Einmalleistungen und wiederkehrende Leistungen. Richtigerweise müsste die „nachgelagerte" Besteuerung dadurch verwirklicht werden, dass die tatsächlich gezahlten Beiträge im betragsmäßigen Umfang des „aufschiebend bedingt stfrei belassenen Einkommens" nachversteuert werden.[2] Damit hätte auch dem gleichheitsrechtlich bedeutsamen Umstand Rechnung getragen werden können, dass die Altersvorsorge in gänzlich unterschiedlichem Umfang aus stfreiem/besteuertem Lebenseinkommen aufgebaut worden ist. Es ist an das Monitum des BVerfG[3] zu erinnern, dass der Gesetzgeber „keine neuen Benachteiligungen für andere schaffen darf". Die Verwaltung **veranlagt hinsichtlich der Besteuerung der Einkünfte aus Leibrenten iSd § 22 Nr 1 S 3 Bstb a aa für VZ ab 05 vorläufig.**[4]

27g **8. Grenzüberschreitende Besteuerung („crossborder-pensions").** Ungeachtet der Einfügung des § 49 I Nr 7 sind vor allem die **europarechtlichen Probleme**[5] einer grenzüberschreitenden Besteuerung von Vorsorgeaufwendungen und Altersbezügen nicht gelöst. Die Sozialversicherungssysteme in den Mitgliedstaaten der EU folgen in unterschiedlichem Umfang dem Versicherungsprinzip bzw gewähren steuerfinanzierte Transferleistungen; wird dies nicht beachtet, können sich den Grundfreiheiten widersprechende Mobilitätshindernisse ergeben oder aber Konstellationen einer doppelten Nichtbesteuerung von Lebenseinkommen.[6]

27h **9. Fiskalische Auswirkung der Neuregelung.** Die Neuregelung der Besteuerung wird sich auf das **Rentenniveau** auswirken.[7] Derzeit gibt es 14,2 Mio Rentenbezieher; von diesen werden zunächst nur 2,3 Mio mit ESt belastet sein. Für die meisten Rentner ergibt sich eine StPfl nur, wenn weitere Einkünfte vorliegen. Der nicht dynamisierte Rentenfreibetrag wird im Laufe der Rentenbezugszeit zu einer Steuermehrbelastung führen.

28 **VII. Realsplitting (§ 22 Nr 1a).** Die verfassungsmäßige[8] Regelung korrespondiert mit § 10 I Nr 1. Das vom unbeschränkt StPfl (§ 1 I, III, § 1a § 50 I 2) erwirtschaftete Einkommen wird materiellrechtlich, nicht verfahrensrechtlich korrespondierend (vgl Rn 19) auf den Berechtigten transferiert.[9] Effekt ist die Ausnutzung eines Progressionsgefälles; der Wegfall des Splittingvorteils soll dadurch teilw ausgeglichen werden. Wegen der Einzelheiten s § 10 Rn 7.

29 **VIII. Versorgungsausgleich unter Ehegatten.** Beim **Rentensplitting** (§ 1587b I BGB – Übertragung von Anwartschaften in einer gesetzlichen Rentenversicherung durch das Familiengericht) ist der spätere Zufluss bei beiden geschiedenen Eheleuten mit dem Ertragsanteil steuerbar; Zahlungen zur Auffüllung des Rentenanspruchs sind keine WK sondern SA.[10] Beim **Quasi-Splitting** (§ 1587b II BGB) hat (nur) der „fiktiv nachversicherte" Ehegatte beim Zufluss Einkünfte nach § 22 Nr 1 S 3a); die freiwilligen Wiederauffüllungszahlungen des anderen Ehegatten (§ 58 BeamtVG) sind in vollem Umfang WK bei § 19,[11] ebenso die Schuldzinsen anlässlich eines nach § 1587o BGB vereinbarten Versorgungsausgleichs.[12] Beim **Renteneinkauf** nach HRG/VAHRG wird ein Rentenanspruch für den geschiedenen Ehegatten begründet; geleistete Zahlungen sind weder WK noch SA noch ag Belastungen;[13] spätere Rentenzahlungen sind bei beiden Ehegatten mit Ertragsanteil steuerbar. Beim **schuldrechtlichen Versorgungsausgleich** (§§ 1587f–n BGB; § 3a HRG) ist die Zahlung einer lebenslänglichen Geldrente (§ 1587g/§ 1587k II BGB) dem Grunde nach abziehbar; soweit der Aus-

---

1 BT-Drs 14/4594, 66; BT-Drs 14/9212, 4.
2 *Fischer* FR 01, 63 *ders* BB 03, 873; so – früher – auch *Söhn* StuW 86, 324 (329).
3 BVerfGE 54, 11.
4 BMF BStBl I 07, 535.
5 *Richter* DRV 03, 488; *dies.* IStR 06, 429.
6 Mitteilung der EU-Kommission v 9.4.01, KOM (2001) 214/F – „Beseitigung der steuerlichen Hemmnisse für die grenzüberschreitende betriebliche Altersversorgung"; *Fischer* DStJG 24 (2001), 483 (498 f); *ders* BB 03, 873.
7 Ausf *Brall/Bruno-Latocha/Lohmann* DVR 04, 409 (435 ff); *Nürnberger/Berreng* SozSich 04, 146 (148 ff).
8 BFH BStBl II 90, 1022; BFH/NV 96, 889.
9 BFH BStBl II 89, 779 (781); *K/S/M* § 22 Rn B 371 ff.
10 BFH/NV 90, 762.
11 BMF BStBl I 81, 567, unter I 2.
12 BFH BStBl II 93, 867.
13 BFH BStBl II 84, 106; FG Kln EFG 96, 1153.

gleichsrente eine nur mit dem Ertragsanteil steuerbare Leibrente des Ausgleichsverpflichteten zugrunde liegt, ist auch nur der Ertragsanteil abziehbar/steuerbar.[1] Entspr gilt bei Abtretung von Versorgungsbezügen.[2]

IX. Ermittlung der Einkünfte. Der Vermögensstamm einer mit ihrem Ertragsanteil steuerbaren Leibrente verzehrt sich mit dem Zeitablauf, daher wird keine AfA gewährt. ArbN-Beiträge zur gesetzlichen Rentenversicherung sind nicht als vorab entstandene WK, sondern nur als SA (§ 10 I Nr 2a, III) abziehbar.[3] Aufwendungen einschl. Nebenkosten (zB Eintragungs-, Rechtsberatungs- und Notarkosten, Makler und Vermittlungsgebühren)[4] für das „Ansparen" der Rente sind der Vermögenssphäre zuzuordnen und weder AK noch sofort abziehbare WK. Rechtsverfolgungskosten (Beratungskosten an Rentenberater) können durch Einnahmeerzielung veranlasst sein, und zwar ohne prozentuale Beschränkung auf Ertragsanteil;[5] Gleiches gilt für Finanzierungs(neben)kosten.[6] Rechtsberatungs- und Prozesskosten,[7] an Versicherungsberater gezahlte Honorare und ähnliche Aufwendungen, die im Zusammenhang mit Ansprüchen aus der gesetzlichen Rentenversicherung oder aus privaten Rentenversicherungen sowie aus der betrieblichen Altersversorgung – insbes reinen Risikoversicherungen – stehen, nach Auff der FinVerw auch Gewerkschaftsbeiträge,[7] sind WK, gleichgültig, ob sie während des Bezugs der Rentenleistungen oder schon vorher erwachsen; ein wirtschaftlicher Zusammenhang mit der Erzielung von Einkünften ist bei Aufwendungen im Zusammenhang mit Ansprüchen aus einer privaten Rentenversicherung mit Kapitalwahlrecht oder Kündigungsrecht nicht gegeben.[8] WK sind die Kreditzinsen zur Nachentrichtung freiwilliger Beiträge zur Sozialversicherung.[9] Für die Abziehbarkeit von WK – ggfs nach Angemessenheitsprüfung – wird eine Überschusserzielungsabsicht vorausgesetzt (Rn 1).[10] Finanzierungskosten im Rahmen eines nach § 1587o BGB vereinbarten Versorgungsausgleichs können WK sein.[11] Der WK-Pauschbetrag nach § 9a Nr 3 ist beschränkt auf Einkünfte iSv § 22 Nr 1 und Nr 1a; er steht jedem der Altenteiler-Ehegatten zu.[12]

C. Einkünfte aus Leistungen

Literatur: *v Bonin* Vorgänge in der steuerfreien Vermögenssphäre als sonstige Leistungen, FR 86, 11; *Harder* Die sonstige Leistung im Einkommensteuerrecht, Diss Tübingen 1990; *Keuk* Die Einkünfte aus sonstigen Leistungen – § 22 Nr 3 EStG, DB 72, 1130; *Waterkamp-Faupel* Die sonstige Leistung im Einkommensteuerrecht, FR 95, 41.

I. Allgemeines. § 22 Nr 3 ist subsidiär auch gegenüber Nr 1, 2;[13] bei Entschädigungen ist er uU Auffangtatbestand.[14] Er ist rechtsstaatlich hinreichend bestimmt.[15] „**Leistung**" ist jedes Tun, Unterlassen (Untätigkeit) und Dulden, das Gegenstand eines entgeltlichen Vertrages sein kann und um des Entgelts willen („erzielen"; § 2 I) erbracht wird,[16] dies ggf auch bei nachträglicher Entlohnung.[17] Ein gegenseitiger „synallagmatischer" (Austausch-)Vertrag ist nicht erforderlich.[18] Entscheidend ist, dass der Zahlende aufgrund des Auftretens des Zahlungsempfängers die betr Leistung erwartet unabhängig davon, ob Letzterer die Leistung erbringen kann oder will. Gesetzliche Beispiele sind die Einkünfte aus gelegentlichen (Gegensatz: nachhaltigen, § 15 II), auch sich wiederholenden Vermittlungen[19] und aus der Überlassung von Sachen und Rechten auf Nutzung zB von gewerblichen

---

1 BFH/NV 04, 120 = DStR 03, 2213; BFH/NV 04, 161; BFH/NV 04, 478.
2 FG Kln EFG 98, 309; EFG 01, 741; BMF BStBl I 81, 567.
3 StRspr; BFH/NV 03, 1325 mwN; BVerfG DStZ 96, 111.
4 Für den Erwerb nichtabnutzbarer WG BFH/NV 00, 1342; zu Makler- und Vermittlungsgebühren bei kreditfinanzierten Leibrentenversicherungen BFH/NV 02, 268; OFD Mchn DB 02, 1476, dort auch zur Angemessenheitsprüfung.
5 BFH BStBl II 93, 867; BMF BStBl I 98, 126; FG D'dorf EFG 01, 428; OFD Ffm DStZ 03, 48.
6 BFH BStBl II 00, 267 mwN.
7 OFD Ffm DStZ 03, 48.
8 BMF BStBl I 98, 126.
9 BFH BStBl II 82, 41; BStBl II 91, 398 – Finanzierung der Nachentrichtung freiwilliger Beiträge; OFD Ffm DStZ 03, 48; BFH BStBl II 93, 867 – Versorgungsausgleich (zweifelh).
10 BFH BStBl II 91, 398 aE; FG Nbg DStR 93, 1818; FG Bdbg EFG 98, 311.
11 BFH BStBl II 93, 867.
12 BFH BStBl II 94, 107.
13 BFH/NV 95, 377 – Bereitstellung von Darlehen.
14 IVm BFH BStBl II 99, 590 – Wettbewerbsverbot, wenn die untersagten Tätigkeiten mehrerer Einkunftsarten zuzurechnen sind.
15 BVerfG StRK EStG 75 § 22 Nr 3 R 4; 14; BFH BStBl II 95, 640.
16 BFH GrS BStBl III 64, 500 – gewerbsmäßige Unzucht (zweifelh); hierzu unten Rn 34.
17 BFH BStBl II 83, 201; BStBl II 99, 776, BFH/NV 02, 643; FG Hess EFG 02, 829 mwN: Zahlung „als Anerkennung" oder „Dankeschön".
18 BFH BStBl II 99, 776; BFH/NV 02, 643 mwN.
19 FG Saarl StE 03, 564 – einmalige Vermittlung eines Fußballspielers; BFH/NV 07, 657 – Provision bei „kreuzweiser" Vermittlung von Lebensversicherungen.

technischen usw Erfahrungen und Fertigkeiten, zB Plänen, Mustern und Verfahren (§ 49 I Nr 9),[1] soweit nicht § 21 anwendbar ist. Nach § 22 Nr 3 steuerbar ist die Vermietung eines Pkw, einer Yacht,[2] eines nicht in die Luftfahrtrolle eingetragenen[3] Flugzeugs (§ 21 Rn 71),[4] von Containern.[5] Auch die einmalige Leistung ist steuerbar[6] sowie die gelegentliche und zufällige, sofern die Leistung „am Markt" – außerhalb seines „Eigenlebens" (der Privatsphäre), dh durch wirtschaftliches Verhalten nach Art eines Dienstleistenden[7] – erbracht wird mit der Absicht, einen Überschuss zu erzielen.[8] Ein Leistungsaustausch fehlt bei Ehrenpreisen (s auch § 2 Rn 47, § 4 Rn 251),[9] Spiel- und Lotteriegewinnen und auf familienrechtlicher Grundlage erbrachter Tätigkeiten. Bei hoheitlichem Eingriff in Eigentumsrechte fehlt es an einer Leistung, auch wenn der StPfl zur Vermeidung einer förmlichen Enteignung mitwirkt.[10] Maßgebend ist der wirtschaftliche Gehalt der Leistung; unerheblich ist, ob sie mit oder ohne Mühe erbracht wird und ob die Einnahme hieraus wirtschaftlich gerechtfertigt ist.[11] „Nutzung" ist jedes Gebrauchen des Eigentums im Sinne einer Ausübung der aus dem Eigentum fließenden Befugnisse (§ 903 BGB); auch wenn ein Dritter nutzt ist zugleich ein Besitzrecht erhält. Nicht steuerbar sind **Veräußerungen** eines WG (Übertragung auch des wirtschaftlichen Eigentums) iSv § 22 Nr 2, § 23 I[12] oder **veräußerungsähnliche Vorgänge** im privaten Bereich, bei denen ein Entgelt dafür bezahlt wird, dass nach dem wirtschaftlichen Gehalt der Leistung ein Vermögensgegenstand in seiner Substanz endgültig aufgegeben wird.[13] Denn § 17, § 22 Nr 2 iVm § 23 erfassen private Veräußerungsgewinne abschließend. Zum Verhältnis der – zeitlich begrenzten und daher nach § 21 steuerbaren – **Nutzung** zur auf den endgültigen Verbleib beim Erwerber gerichteten **Veräußerung** s § 21 Rn 7 ff.[14] Leistungsempfänger und Leistender müssen nicht identisch sein. Die Leistung kann auch nachträglich und/oder erfolgsabhängig entgolten werden.[15] Ggf ist die Aufteilung eines Gesamtentgelts nach allg Grundsätzen erforderlich. Die **Freigrenze** des § 22 Nr 3 S 2 ist zu beachten.

33 **II. Dulden zum Vorteil eines anderen („Nutzung" der Eigentümerbefugnisse).** Steuerbar ist die Übernahme einer Baulast mit der auch dauernden öffentlich-rechtlichen Verpflichtung zu einem das Grundstück betr Tun, Dulden oder Unterlassen; auch gegen einmaliges Entgelt;[16] bei Duldung der Nutzung durch Dritten werden Einkünfte aus VuV erzielt, wenn der wirtschaftliche Schwerpunkt nicht darin liegt, einen bestimmten Zustand des Nachbargrundstücks hinzunehmen, und zwar unabhängig davon, ob der Eigentümer hierzu nach öffentlichem Recht verpflichtet ist.[17] **Beispiele** für entgeltlich erbrachte **sonstige Leistungen** (ohne Substanzübertragung): grds entgeltliche Bestellung eines beschränkt dinglichen Rechts;[18] einer Dienstbarkeit, bei welcher die Wertminderung Bemessungsgrundlage für das Entgelt ist[19] (anders bei „wirtschaftlicher Abspaltung von Substanz" und wenn das Entgelt dafür erbracht wird, dass ein Vermögensgegenstand in seiner Substanz endgültig aufgegeben wird, hierzu Rn 32[20]); allg Hinnahme einer Einschränkung subjektiver öffentlicher Rechte;[21] Gestattung einer das eigene Grundstück im Wert mindernden Nutzung des Nachbar-

---

1 BFH BStBl II 98, 774: Vermietung nur eines Wohnmobils – Abgrenzung zu § 15; BFH BStBl II 03, 464 – Gewerblichkeit; BFH/NV 05, 327: Wohnmobilvermietung: Abgrenzung Gewerbebetrieb – Vermögensverwaltung.
2 BFH/NV 99, 1510; BFH/NV 00, 426.
3 BFH BStBl II 00, 467; BFH/NV 01, 14; s auch *Höhmann* DStR 97, 601.
4 FG Brem EFG 98, 1133 – Wohnmobil, auch zur Aufteilung von WK; FG RhPf EFG 98, 324 – Yacht; FG M'ster EFG 96, 428.
5 FG Brem v 16.11.06 1 K 29/06 (1).
6 BFH BStBl 86, 890; BStBl II 95, 57; BStBl II 98, 619; FG Bln EFG 02, 985.
7 Vgl – zur USt – BFH BStBl 87, 744; BStBl II 99, 716 – verneint für familiäre Pflegeleistungen; s nunmehr § 3 Nr 1a.
8 BFH/NV 99, 917 – Abgrenzung zur Liebhaberei; BFH/NV 00, 426; FG Brem EFG 98, 281 – Vermietung eines Wohnmobils.
9 BMF BStBl I 96, 1150 – Behandlung von Preisgeldern.
10 BFH BStBl II 86, 252 – faktische Bausperre; BFH/NV 95, 387; BStBl II 95, 640 – Enteignungsentschädigung; BFH/NV 95, 387 – Planungsentschädigung wegen Lärmimmission (Verfahren nach § 19 Abs 2a FStrG); BVerfG StRK EStG 75 § 22 Nr 3 R 14; FG RhPf EFG 98, 199 – Planungsentschädigung; FG Mchn EFG 04, 1120 – Entschädigung wegen Verkehrslärms.
11 BFH BStBl II 83, 201.
12 BFH BStBl II 79, 298.
13 BFH BStBl II 95, 57; BFH BStBl I 98, 133; BStBl II 77, 796 – Duldung eines U-Bahn-Tunnels: „Abspaltung von Substanz"; BFH BStBl II 01, 391; zur Abgrenzung zw Veräußerung und Nutzungsüberlassung.
14 BFH/NV 03, 1312 – Überlassung eines Rechts.
15 BFH BStBl II 83, 69; BStBl II 94, 96.
16 BFH BStBl II 76, 62 – Duldung der Nutzung als Kfz-Stellplatz (soweit nicht VuV); BStBl II 82, 643 – Ferngasleitung; BFH/NV 97, 336 – Duldung einer Kanalleitung „miet- oder pachtähnliches Verhältnis" uU VuV, mit Abgrenzung zu BStBl II 95, 640 – Duldung von Überspannung im Schutzstreifen; H 22.6 EStH.
17 BFH BStBl II 04, 507 – Gestattung der Inanspruchnahme wegen Errichtung eines Gebäudes auf dem Nachbargrundstück; Anm *Fischer* FR 04, 714.
18 BFH BStBl II 69, 180 – keine Veräußerung.
19 Krit *K/S/M/Leisner-Egensperger* § 22 Rn D 160.
20 BFH BStBl II 77, 796 – „U-Bahn-Röhre".
21 BFH BStBl II 04, 41.

grundstücks;[1] Gestattung eines Bauvorhabens;[2] Hinnahme einer baurechtswidrigen Maßnahme;[3] Duldung von Lärmimmissionen;[4] Verzicht auf die Einhaltung eines gesetzlich vorgeschriebenen Grenzabstands;[5] Ausgleich von Beeinträchtigungen durch eine beabsichtigte Bebauung;[6] Verzicht auf den Widerspruch gegen von einem (Nachbar-)Grundstück ausgehende Immissionen;[7] Verzicht des Inhabers eines eingetragenen Warenzeichens (jetzt: Markenrecht) auf bestehende oder vermeintliche Abwehransprüche.[8]

III. Tätigkeit und Unterlassen. Beispiele für Tätigkeiten: Bestellung eines Vorkaufsrechts an einem Grundstück;[9] einer Kauf- und Verkaufsoption gegen Optionsprämie unabhängig vom Zustandekommen des Wertpapiergeschäfts („Stillhalter");[10] ungeachtet eines Differenzeinwands (§ 764 BGB; s aber nunmehr § 23 Rn 10);[11] ab VZ 99 ist für Termingeschäfte[12] § 23 I 1 Nr 4 einschlägig.[13] Dies gilt auch für den Optionshandel an der DTB; die Prämien für das Glattstellungsgeschäft sind WK;[14] Verschaffung der Möglichkeit, die Rechtslage nach wirtschaftlichen Bedürfnissen zu gestalten, zB Verpflichtung zur Abgabe eines Kaufangebots, zur Gestellung eines Bürgen;[15] gelegentliche Übernahme einer Bürgschaft gegen Provision;[16] Übernahme der dinglichen Haftung[17] – sog Risikogeschäfte; gelegentliche Vermittlung[18] auch von Verträgen auch aus einmaligem Anlass, zB beim Transfer eines Fußballspielers;[19] Entgelt für die (auch einmalige) Weitergabe privat erlangter Informationen;[20] geheimdienstliche Tätigkeit (sofern nicht gewerblich);[21] Entgelt für Wertpapierleihe im PV;[22] Entgelt für Konzeptionsleistungen in Form einer Wertsteigerung von Gesellschaftsanteilen;[23] Gewerbeausübung von Prostituierten[24] (überholt durch Gesetz v 20.12.01 – ProstG) grds steuerbar nach § 15, so nunmehr auch FinVerw;[25] ua Belohnungen, soweit Tätigkeit erbracht (nicht bei Mittei- **34**

---

1 BFH BStBl II 83, 404; BStBl II 95, 57 – Duldung der Unterbringung geistig Behinderter; BStBl II 98, 133 – Nutzung benachbarten Teileigentums als Spielsalon: keine veräußerungsähnliche Aufgabe eines Eigentümerrechts (Grenzfall!).
2 BFH BStBl II 83, 404 – Hochhaus; BStBl II 90, 1026 – Abgrenzung zur Grundstücksübertragung; BFH BStBl II 01, 391; FG M'ster EFG 03, 1090 mit Anm *Valentin* – Steuerbarkeit einer für den Verzicht auf die Durchsetzung nachbarrechtlicher Abwehransprüche gezahlten Abfindung.
3 BFH/NV 04, 41.
4 FG BaWü EFG 98, 197.
5 BFH BStBl II 77, 26; BStBl II 95, 57.
6 BFH BStBl II 83, 404 – Duldung eines benachbarten Wohnblocks; BFH BStBl II 04, 874 – Verzicht auf Nachbarrechte im Rahmen einer Grundstücksveräußerung.
7 BFH BStBl II 86, 890 – Bürgerinitiative gegen Kernkraftwerk; FG D'dorf EFG 02, 759; BFH BStBl II 01, 391; FG M'ster EFG 03, 1090 – Steuerbarkeit einer für den Verzicht auf die Durchsetzung nachbarrechtlicher Abwehransprüche gezahlten Abfindung.
8 BFH BStBl II 80, 114; H 168a EStH.
9 BFH BStBl II 86, 340; BStBl II 95, 57 mwN; dort auch zur Anrechnung des Entgelts auf einen späteren Kaufpreis; H 22.6 EStH; FG BaWü EFG 98, 313.
10 BFH BStBl II 77, 631; BStBl II 04, 996; BFH BStBl II 07, 608; hierzu *Jachmann* jurisPR-SteuerR 30/2007 Anm. 2; BFH X R 23/06 – Optionsprämien als sonstige Leistungen, gemindert durch die im Gegengeschäft gezahlten Prämien als Werbungskosten – unbeschränkter Verlustausgleich vor 99; hierzu *Behrens* BB 07, 1484; allg Harenberg NWB F 3, 14529.
11 BStBl II 91, 300 – Wertpapieroptionen (keine Einheit mit nachfolgendem Kauf/Verkauf), auch zum Umfang der WK; BStBl II 94, 96; BStBl II 03, 752 – Besteuerung des Stillhalters, sog short-Positionen; zu dieser Entscheidung *Heuermann* DB 03, 1919; *Schultze* DStR 03, 2103; ausf BMF BStBl I 01, 986 – einkommensteuerrechtliche Behandlung von Termingeschäf-

ten im Bereich der privaten Vermögensverwaltung, dort Rn 3.1. zur Stillhalterprämie; BFH/NV 04, 1068 = DStRE 04, 1068 – ua zu short-Positionen auf den DAX; hierzu *Heuermann* DB 04, 1848; zur Behandlung von Verlusten FG D'dorf EFG 06, 889 – Verlustausgleichsverbot ist mit Art 3 I GG unvereinbar; aA FG D'dorf EFG 06, 486 – Devisenoptionsgeschäfte (Rev IX R 42/05). Zu einem sog strukturellen Vollzugsdefizit FG Kln EFG 06, 1061 (betr VZ 97, 98); FG M'ster EFG 06, 49 (betr VZ 94, 96).
12 Zum Begriff BMF BStBl I 01, 986, unter 1.
13 *Heuermann* DB 03, 1919 (1922); *Wendt* FR 99, 333 u 352.
14 BFH BStBl 03, 752; BStBl II 04, 126, mit Abgrenzung zu BFH BStBl II 91, 300.
15 BFH BStBl III 66, 218 – Inanspruchnahme aus Bürgschaft ist Vermögensverlust; vgl BFH BStBl II 99, 342; FG Bln EFG 01, 861.
16 BFH BStBl III 65, 313; H 168a EStH; Inanspruchnahme aus Bürgschaft ist Vermögensverlust; BFH BStBl III 66, 218; FG Bln EFG 01, 821 (Rev unzulässig).
17 BFH BStBl II 98, 270.
18 BFH BStBl II 83, 201.
19 FG Saarl EFG 03, 1435.
20 BFH BStBl II 05, 167 – Steuerbarkeit eines „werthaltigen Tipps"; FG Hbg EFG 03, 94 – Information eines Journalisten.
21 Dahingestellt in BFH BStBl II 02, 501.
22 BMF DStR 90, 713; OFD Ffm StEK § 22 Nr 134.
23 FG Bln EFG 01, 436.
24 BGH GrS BStBl III 64, 500; HFR 73, 167; soweit nicht unselbstständig, BGH HFR 90, 528; anders zur USt BFH BStBl II 87, 653; BFH/NV 92, 277; zu Telefonsex BFH BStBl II 00, 610, mit Anm *Fischer* DStR 00, 1341; s auch *Weber* JuS 00, 1059.
25 So jetzt auch – „dem Wandel der gesellschaftlichen Auffassung zur Prostitution" Rechnung tragen – die ESt-Referenten des Bundes und der Länder, OFD D'dorf DB 04, 1704; zutr *K/S/M/Leisner* § 22 Rn D 179 „Geschlechtsverkehr"; ausf *Schmittmann* ZSteu 05, 213.

lung von zufällig erlangten Kenntnissen); Schmier-[1] und Bestechungsgelder;[2] gelegentlicher Auftritt des Amateurmusikers, -tänzers, -zauberers usw. als Amateursportler;[3] Einsammeln und Rückgabe von Pfandflaschen;[4] Spesen als Schiedsrichter;[5] als Rettungsschwimmer der DLRG;[6] uU Tagegelder für Verbandssitzungen;[7] Honorar für Testperson;[8] Probanden-Vergütung; Weitergabe von Informationen für geschäftliche Zwecke;[9] die jedenfalls regelmäßige Mitfahrervergütung;[10] Teilnahmeprämien bei Sportveranstaltungen (soweit nicht § 15); Fördermittel für Teilnahme an berufsbildender Veranstaltung;[11] vereinbartes Entgelt für die gelegentliche Teilnahme an einer Talkshow,[12] ggf auch ein erfolgsabhängiges Preisgeld in einer Fernseh-Show,[13] Quiz (ausschließlich des erzielten Gewinns);[14] jemand bekundet seine Bereitschaft, mit seinen persönlichen Beziehungen bei einer geschäftlichen Transaktion behilflich zu sein.[15] Tagegeldzahlungen an ehrenamtliche Mitglieder eines Verbandes, die die entstandenen Aufwendungen nicht unwesentlich übersteigen, fallen unter § 22 Nr 3, wenn die Tätigkeit nicht einer anderen Einkunftsart zuzuordnen ist.[16] Erhält der Grundstückseigentümer vom Vermittler des Kaufvertrages eine Provision, die keine besonderen, über die Anschaffung hinausgehenden Leistungen abgelten soll, mindert dies die AK.[17] Keine Leistung des Versicherungsnehmers, wenn die Vertreterprovision an ihn weitergeleitet wird („Eigenprovision").[18] **Steuerbares Unterlassen**[19] ist zB Verzicht auf Ausübung von Wettbewerb im Zusammenhang mit Beendigung des Arbeitsverhältnisses;[20] des Verkaufs eines Unternehmens oder einer wesentlichen Beteiligung, wenn das Wettbewerbsverbot zeitlich begrenzt ist, sich in seiner wirtschaftlichen Bedeutung heraushebt und wenn dies in den getroffenen Vereinbarungen, vor allem in einem neben dem Kaufpreis für das Unternehmen geleisteten Entgelt, klar zum Ausdruck gelangt ist;[21] Verpflichtung zum Unterlassen geschäftsschädigender Aktivitäten;[22] Verzicht auf die bestimmte Nutzung eines Grundstücks;[23] Zusage, im Zwangsversteigerungsverfahren nicht zu überbieten;[24] Verzicht auf Veto gegen Betriebsveräußerung.[25]

35 IV. Nichtsteuerbarkeit mangels Leistungsaustauschs. Nichtsteuerbar sind mangels Leistungsaustauschs Einkünfte aus Rennwetten,[26] aus Lotteriespiel[27] (anders beim „gewerblichen Spieler"[28]); Ehrenpreise;[29] die Entschädigung für ehrenamtliche Richter;[30] das Entgelt für gelegentliche Pflege (sofern nicht ohnehin nach § 3 Nr 1a stfrei);[31] Finderlohn; Gewinne aus Preisausschreiben (außer es wird eine Leistung erbracht); Streikunterstützungen als durch eigene Beiträge erkaufte versicherungsähnliche Leistungen;[32] Beitragsrückerstattungen aus einer Versicherung;[33] für den Fall eines Rücktritts vom Kaufvertrag vereinbartes Reugeld.[34] Differenzgeschäfte/Devisentermingeschäfte sind seit 1999 steuerbar nach § 23 I Nr 4 (§ 23 Rn 10).

1 FG Hess EFG 97, 288; FG BaWü EFG 98, 43.
2 BFH BStBl II 00, 396; BFH/NV 01, 25; BGH HFR 05, 62; *Weber* JuS 00, 1059; zu den Folgen einer zeitversetzten Rückzahlung FG BaWü EFG 07, 1137 (Rev IX R 14/07).
3 OFD D'dorf StEK § 19 Nr 252; OFD Hann StEK § 19 Nr 240; zu Leistungen der Deutschen Sporthilfe an Berufssportler FG Hess EFG 01, 683.
4 BFH BStBl II 73, 727.
5 FinVerw OFD Bln StEK § 22 Nr 133.
6 FinMin Sachsen Anhalt StEK § 22 Nr 162.
7 BMF StEK § 22 Nr 131.
8 FG RhPf EFG 96, 979; s auch BMF StEK § 22 Nr 81; OFD Kiel StEK § 22 Nr 137.
9 BFH BStBl II 83, 201.
10 BFH BStBl II 94, 516 – mit Abgrenzung zu § 15 sowie zu den abziehbaren WK; BFH/NV 02, 1441; *Schmidt-Liebig* FR 95, 100.
11 Thür FG EFG 06, 1493 (Rev VI R 21/06).
12 Sofern nicht gewerblich, s BMF BStBl I 96, 89, unter 2.2.1.
13 FG SchlHol EFG 06, 1328 (Rev IX R 39/06).
14 FinMin Saarland DStZ/B 72, 91.
15 BFH/NV 04, 1138 = DStRE 04, 819.
16 BFH BStBl II 93, 303; BMF StEK § 22 Nr 131 = FR 96, 326; FinMin Bayern ESt-Kartei Bayern § 22 Nr 3 Karte 3.1 – Aufwandsentschädigung für ehrenamtliche Betreuer nach § 1835a BGB; zu letzteren auch OFD Koblenz v 15.12.06 A-St 31 4: bei Betreuung von bis zu 3 Personen Stbarkeit nach § 22 Nr 3.
17 BFH/NV 04, 1100 = DStRE 04, 803.
18 BFH BStBl II 04, 506; BStBl II 05, 44; das Urteil BFH BStBl II 98, 619 dürfte damit weitgehend überholt sein; vgl *Fischer* FR 04, 658.
19 Allg *Reimer* Der Ort des Unterlassens, 2004, S 49f, 164ff, 181ff, 186ff.
20 BFH BStBl II 96, 516 – Zuordnung zu einer Einkunftsart ungewiss; BStBl II 99, 590.
21 BFH BStBl II 99, 590; BFH/NV 03, 1162 mwN – Wettbewerbsverbot im Rahmen der Veräußerung einer wesentlichen Beteiligung; BFH/NV 07, 1113.
22 FG Mchn EFG 03, 391 Rev IX R 64/02.
23 BStBl III 65, 361 – Verpflichtung, nicht zu verpachten.
24 BFH/NV 04, 958.
25 FG RhPf EFG 07, 764 (Rev IX R 6/07).
26 BFH/NV 96, 743; BFH/NV 97, 658 – anders bei Anwerbung zu Schneeballsystem („Unternehmensspiel Life").
27 BFH BStBl II 70, 865).
28 Zur USt BFH BStBl II 94, 54.
29 BFH BStBl II 70, 411; allg zu Preisen auch BMF BStBl I 96, 1150.
30 FG Bln EFG 80, 280; BMF FR 96, 328.
31 BFH BStBl II 99, 776; Anm *Fischer* FR 99, 1381; FG Bln EFG 01, 1373; FG Leip v 12.5.04 5 K 671/01.
32 **aA** H/H/R Anm 156 mwN.
33 RFH RStBl 1934, 629.
34 BFH BStBl II 07, 44.

V. Nichtsteuerbare Veräußerung und Verzicht auf Rechte.

36 Nichtsteuerbar sind die **Veräußerungen** einer Zufallserfindung;[1] von Patenten (Bestellung von Verwertungsrechten führt zur Nutzung; § 21 I Nr 3, s § 21 Rn 76 ff). Ferner unterliegt nicht der ESt der **Verzicht** auf Miet- oder Pachtrecht als vermögenswerte Position,[2] auf dingliches oder obligatorisches Wohnrecht,[3] auf Grunddienstbarkeit/ Servitut (dinglichen Recht an einem Nachbargrundstück, dessen Bebaubarkeit dadurch eingeschränkt wird, als „abtrennbare Rechtsposition"),[4] auf Vorbehaltsnießbrauch[5] sowie auf Zuwendungsnießbrauch, da veräußerungsähnlich[6] (der Mieter kann aber steuerbare Vermittlungsleistung erbringen); Verzicht auf Rückkaufsanspruch,[7] auf Vorkaufsrecht,[7] auf Ankaufsrecht,[8] auf Erbbaurecht.[9] Es kommt auch darauf an, ob eine Rechtsänderung abänderbar oder aufhebbar ist.[10] Nicht nach § 22 Nr 3 steuerbar ist die im Grundstückskaufvertrag vereinbarte Verpflichtung, ein auf dem Nachbarschaftsrecht basierendes Rechtsmittel zurückzunehmen.[11]

VI. Ermittlung der Einkünfte.

37 **WK** sind bei den Einkünften aus einmaligen (sonstigen) Leistungen (§ 22 Nr 3 EStG) auch dann im Jahr des Zuflusses der Einnahme abziehbar, wenn sie vor diesem Jahr angefallen sind oder nach diesem Jahr mit Sicherheit anfallen werden. Die Rückzahlung von Bestechungsgeldern in einem späteren Vz ist im Abflusszeitpunkt in voller Höhe steuermindernd zu berücksichtigen; das Verlustausgleichsverbot und Verlustabzugsverbot des § 22 Nr 3 S 3 steht nicht entgegen.[12] Entstehen künftig WK, die im Zuflussjahr noch nicht sicher vorhersehbar waren, ist die Veranlagung des Zuflussjahres gem § 175 I 1 Nr 2 AO 77 zu ändern.[13] Vermögensverluste aus „Risikogeschäften" sind keine WK.[14] Der frühere Ausschluss der Verlustverrechnung (§ 22 Nr 3 S 3 aF) war verfassungswidrig.[15] § 22 Nr 3 S 3 und 4 ermöglicht einen horizontalen Verlustausgleich.[16] Zur Anwendung des § 10d s BMF BStBl I 04, 1097.[17] Ein Gesamtentgelt ist nach allg Grundsätzen aufzuteilen.[18]

D. Abgeordnetenbezüge (§ 22 Nr 4)

38 § 22 Nr 4[19] war aufgrund des „Diäten-Urteils" des BVerfG[20] notwendig geworden. Die Vorschrift gilt für die Abgeordneten (nicht für deren Mitarbeiter) der in S 1 genannten Parlamente und der ehemaligen DDR-Volkskammer (§ 57 V), nicht für die ehrenamtlichen Mitglieder kommunaler Parlamente, die Einkünfte iSd § 18 I Nr 3 beziehen, und kommunale Wahlbeamte.[21] Es besteht Steuerfreiheit nach § 3 Nr 11, 12, 13.[22] Die Altersentschädigung für Bundestagsabgeordnete nach § 38 Abs 2 AbgG ist auch für Zeiten vor Inkrafttreten des AbgG 1977 in vollem Umfang zu versteuern.[23] Einnahmen seitens der Fraktionen[24] sind nach allg Grundsätzen steuerbar (R 22.7 EStR). § 22 Nr 4 S 2 schließt alle durch das Mandat veranlassten Aufwendungen vom Abzug als WK aus.[25] Partei-

---

1 Offen gelassen von BFH BStBl II 98, 567 mwN: zumeist greift, Nachhaltigkeit vorausgesetzt (BFH/NV 03, 1407), § 18 oder § 15; nunmehr BFH BStBl II 04, 218; zum Problem *List* DB 02, 65.
2 BFH BStBl II 77, 27 – „veräußerungsähnlicher Vorgang"; BFH/NV 00, 423 – Abfindung an Mieter für die vorzeitige Aufgabe der sich aus dem Mietvertrag ergebenden vermögenswerten Rechte.
3 BFH HFR 65, 506; BStBl II 90, 1026 – Verzicht auf vermachtes Wohnrecht.
4 BFH BStBl II 01, 391.
5 Rn 16; BMF BStBl I 98, 914 Rn 60.
6 BFH BStBl II 82, 566.
7 BFH BStBl II 79, 298.
8 FG Saarl EFG 94, 1001.
9 BFH BStBl II 90, 1026.
10 Vgl BFH BStBl II 95, 640.
11 BFH BStBl II 04, 874.
12 BFH BStBl II 00, 396, Anm *Fischer* FR 20, 775; BFH/NV 01, 25.
13 BFH BStBl II 92, 1017.
14 Zu Optionsgeschäften BFH BStBl II 91, 300; BMF BStBl I 94, 816 Rn 14; zur Inanspruchnahme aus Bürgschaft BFH BStBl III 66, 218 (str); s ferner FG Bln EFG 01, 821.
15 BVerfG DStR 98, 1781; zu den Folgen BFH BStBl II 00, 396, und FinVerw DB 99, 409, 985 und 1631.
16 Ausf zum Verlustabzug bei Einkünften aus §§ 22, 23 OFD Hann v 8.7.05 S 2256-70-StO 232/231.
17 S auch OFD M'ster – Vfg v 3.5.05 (ohne Az) – Zusammenstellung der Rechtslagen vor und nach der Neuregelung.
18 BFH BStBl II 95, 57.
19 Allg FinMin Sachsen v 28.8.00 (nv) – Steuerliche Behandlung der Abgeordneten des Sächsischen Landtags ab 2000; FinMin Saarland v 30.9.04 B/2-4-99/2004 S 2257a – Merkblatt über die Besteuerung von Abgeordnetenbezügen; Bayerisches Landesamt für Steuern, Vfg v 15.9.05 – S 2220-1 St32M, ESt-Kartei Bay Nr 68/2005; – Ruhegelder aus dem Versorgungswerk des Bayerischen Landtags; FinMin Baden-Württemberg v 7.12.05 3-S 225.7a/16.
20 BVerfGE 40, 296.
21 Zum WK-Abzug von Wahlkampfkosten BFH BStBl 96, 431; BMF DStR 92, 358.
22 FinVerw FR 94, 376 – EG-Altersversorgung; allg *Lohr* DStR 97, 1230.
23 BFH/NV 04, 189.
24 BMF v 21.4.94; FG Bln EFG 02, 1228.
25 BFH BStBl II 83, 601; BStBl II 88, 266; BFH/NV 94, 175 – Wahlkampfkosten; FG Nds EFG 01, 1048 – zum Abgeltungscharakter.

und Fraktionsbeiträge, Mandatsgebühren sind nach § 10b abziehbar.[1] Mit Änderung des § 22 Nr 4 S 4b durch das AltEinkG wird sichergestellt, dass der Versorgungsfreibetrag bei Abgeordnetenbezügen weiterhin – nach Maßgabe des § 19 II 3 – angesetzt wird; der Zuschlag zum Versorgungsfreibetrag wird hingegen nicht gewährt, weil Abgeordnete von der Senkung des ArbN-Pauschbetrages auf einen WK-Pauschbetrag nicht betroffen sind. Die stfreie WK-Pauschale für Abgeordnete ist zwar ihrer Höhe nach willkürlich,[2] aber mit dem verfahrensrechtlichen Instrument einer „Neidklage" nicht aus der Welt zu schaffen.[3] Besonderheiten gelten hinsichtlich des freiwilligen Altersversorgungssystems des Europäischen Parlaments für seine Mitglieder.[4] Besonderheiten gelten für das freiwillige Altersvorsorgesystem des EU-Parlaments für seine Mitglieder.[5]

E. Leistungen aus Altersvorsorgeverträgen

40 I. Grundaussage der Vorschrift. § 22 Nr 5 regelt eine „nachgelagerte Besteuerung" von partiell auf steuerlich gefördertem Kapital beruhenden Versorgungsleistungen. Ausf BMF BStBl I 04, 1065 Rn 83 ff. Während der Ansparphase werden bei zertifizierten Altersvorsorgeverträgen weder Erträge noch Wertsteigerungen besteuert, und zwar unabhängig davon, ob oder in welchem Umfang die Altersvorsorgebeiträge nach § 10a oder Abschn XI EStG gefördert wurden. Das Gesetz nimmt – **systemwidrig**[6] – keine Rücksicht darauf, dass in den Auszahlungsbeträgen – durch Versicherungsleistungen erworbenes – Kapital, (Zins-)Erträge und sonstige Wertsteigerungen enthalten sind. Im RegEntw eines JStG 07[7] heißt es: „Der Leistungsempfänger erwirbt in der Ansparphase mit den geleisteten Aufwendungen einen Versicherungsschutz. Erst mit dem Renteneintritt werden die Beitragszahlungen zu einem steuerrechtlich relevanten vermögenswerten Recht. Die späteren Altersbezüge sind zwar beitragsbezogen, enthalten jedoch keine Rückzahlungen von Beiträgen. Für eine ‚versicherungsrechtliche Lösung', die eine erfolgswirksame Berücksichtigung der Beiträge impliziert, ist insofern kein Raum." Dem ist nicht zu folgen.

41 II. Nachgelagerte Besteuerung (§ 22 Nr 5 S 1–3). § 22 Nr 5 ist anzuwenden bei Leistungen aus Altersvorsorgeverträgen iSd § 82 sowie bei Leistungen aus Pensionsfonds, Pensionskassen und DirektVers. Korrespondierend mit der Steuerfreistellung der Beiträge, Zahlungen, Erträge und Wertsteigerungen in der Ansparphase werden die Leistungen erst in der Auszahlungsphase besteuert. Der Umfang der Besteuerung der Leistungen in der **Auszahlungsphase** richtet sich danach, ob und in welchem Umfang die in der Ansparphase eingezahlten Beiträge stfrei gestellt (§ 3 Nr 63 und 66), nach § 10a oder Abschn XI EStG gefördert worden sind oder durch stfreie Zuwendungen nach § 3 Nr 66 erworben wurden. Wird auf nicht geförderten Beiträgen beruhendes Kapital aus einem zertifizierten Altersvorsorgevertrag ausgezahlt, sind die in der Kapitalauszahlung enthaltenen Erträge nur zu versteuern, wenn sie auch nach den allg Vorschriften als Kapitalerträge der Besteuerung unterliegen würden.[8] Soweit die Altersvorsorgebeiträge nach § 10a oder Abschn XI EStG gefördert worden sind, sind die Leistungen nach § 22 Nr 5 S 1 voll zu besteuern. Soweit Rentenzahlungen auf nicht geförderten Beiträgen und den darauf entfallenden Erträgen und Wertsteigerungen beruhen, werden sie nach § 22 Nr 1 S 3 Buchst a bb besteuert. Ein Eckpunkt der Besteuerung nach § 22 Nr 5 ist der Grundsatz der genauen Aufteilung der Leistungen entspr der steuerlichen Behandlung der Beiträge in der Ansparphase.[9] Wegen der Einzelheiten wird auf das BMF-Schr in BStBl I 04, 1065 (Rn 83 ff) verwiesen. Die Änderungen des § 22 Nr 5 durch das JStG 07 sind nach § 52 I erstmals für den VZ 07 anzuwenden.

41a Leistungen aus Altersvorsorgeverträgen – unabhängig von der Art der Kapitalanlage – sowie aus DirektVers, Pensionsfonds und Pensionskassen werden mit dem gesamten Auszahlungsbetrag (insbes Kapitalrückzahlung einschl Zulagen, Erträge, Wertsteigerungen,) insoweit als sonstige Einkünfte nach **§ 22 Nr 5 S 1** besteuert, als die Leistungen auf Beiträgen beruhen, auf die angewendet wurden

---

1 BFH BStBl II 88, 433 und 435; BVerfG HFR 88, 532.
2 *Waldhoff* FR 07, 225.
3 FG BaWü EFG 04, 886 Rev VI R 63/04.
4 BMF v 4.7.05 – IV C 3 – S 2257a – 18/05.
5 BMF v 4.7.05 IV C 3-S 2257a-18/05.
6 *Fischer* FR 01, 613; in dieser Hinsicht skeptisch auch *Schmidt/Wacker*[26] § 22 Rn 126; s jetzt die Denkanstöße BFH v 1.2.06 – X B 166/05.
7 BT-Drs 16/2712.
8 BMF BStBl I 04, 1065 Rn 87, 93, mit Hinweis auf die Übergangsregelung des § 52 Abs 36 S 5.
9 Entw JStG 07 BT-Drs 16/2712; ausf zur Aufteilung BMF BStBl I 04, 1065 Rn 95 ff.

- § 3 Nr 63 (Beiträge an einen Pensionsfonds oder ein Pensionskasse bis zu 4 vH der Beitragsbemessungsgrenze),
- § 10a oder §§ 79 ff (SA-Abzug bzw Zulage),
- § 3 Nr 66 (Versorgungsanwartschaften, die ursprünglich aus einer Direktzusage oder einer Unterstützungskasse stammen und die steuerlich unbelastet auf einen Pensionsfonds überführt wurden) oder
- § 3 Nr 63 (Erwerb von Ansprüchen durch nach dieser Vorschrift stfreie Zuwendungen).

Zu den nicht geförderten Beiträgen gehören Beträge, für die der Anleger keine Altersvorsorgezulage und keinen steuerlichen Vorteil (SA-Abzug nach § 10a, Steuerfreiheit) erhalten hat.

§ 22 Nr 5 ist gegenüber anderen Vorschriften eine vorrangige **Spezialvorschrift für Leistungen aus Altersvorsorgeverträgen** sowie für Leistungen aus Pensionsfonds, Pensionskassen und DirektVers. Es besteht nicht nur ein lex specialis-Verhältnis zu § 20 I 6, sondern – so das BFM[1] – auch ein Vorrang gegenüber § 2 I, § 14 III InvStG; insbes entfällt die Steuerfreiheit der von Fonds erzielten Gewinn aus der Veräußerung von Wertpapieren;[2] in der Ansparphase findet kein Zufluss statt; daher wird auch kein Sparer-Freibetrag (§ 20 IV) gewährt, wohl aber der WK-Pauschbetrag (§ 9a Nr 3). Im Hinblick darauf, dass § 22 Nr 5 lex specialis ist, werden auch die §§ 43 ff EStG nicht angewendet. Auch laufende Erträge ausschüttender Fonds, die unverzüglich und kostenfrei wieder angelegt werden, werden in der Ansparphase nicht besteuert. Erst in der Auszahlungsphase werden die Leistungen nach § 22 Nr 5 erfasst, so dass der KapESt-Abzug ausgeschlossen ist.

In **§ 22 Nr 5 S 1** idF des JStG 07 werden ausdrücklich die Leistungen aus Altersvorsorgeverträgen, aus Pensionsfonds, Pensionskassen und DirektVers aufgeführt. Erfasst werden nunmehr auch Leistungen, soweit die Ansprüche durch stfreie Zuwendungen nach § 3 Nr 56 erworben wurden. Der Grundsatz ist hierbei die volle steuerliche Erfassung der Leistungen. Die steuerrechtliche Behandlung dieser Leistungen wird hier abschließend geregelt. Leistungen aus Pensionsfonds, Pensionskassen und DirektVers werden folglich zukünftig alle von § 22 Nr 5 steuerlich erfasst, unabhängig davon, ob es sich um Leistungen aus kapitalgedeckten oder umlagefinanzierten Versorgungseinrichtungen handelt. Dies soll nach dem RegEntw eines JStG 07 jedoch nicht indizieren, dass § 3 Nr 63 auch auf umlagefinanzierte betriebliche Altersversorgungen ausgeweitet würde. Für die Besteuerung soll § 22 Nr 5 auch dann einschlägig sein, wenn der Vertrag ganz oder teilw privat fortgeführt wurde (zB § 1b V 1 Nr 2, § 2 II BetrAVG).

Die bisherigen S 2 und 3 sind in einem neuen **§ 22 Nr 5 S 2** zusammengefasst. Hiernach gelten für **Leistungen, soweit sie auf nicht geförderten Beiträgen beruhen**, in folgenden Fällen Abweichungen vom Grundsatz der nachgelagerten Besteuerung:
- **Leistungen in Form einer lebenslangen Rente oder eine Berufsunfähigkeits-, Erwerbsminderungs- und Hinterbliebenenrente** werden entweder mit der Kohorte (§ 22 Nr 1 S 3 Buchst a aa) oder mit dem Ertragsanteil (§ 22 Nr 1 S 3 Buchst a bb) erfasst. Für die private Altersvorsorge bestimmt sich der Hinterbliebenenbegriff nach § 1 I 1 Nr 2 AltZertG. Für die betriebliche Altersversorgung gilt darüber hinaus auch der frühere Ehegatte und der/die Lebensgefährte/in als Hinterbliebene/er.
- Bei **anderen Leistungen aus Versicherungsverträgen, Pensionsfonds, Pensionskassen und DirektVers** treten die Rechtsfolgen des § 20 I Nr 6 in der jeweils für den Vertrag geltenden Fassung ein. Hierdurch wird § 22 Nr 5 S 2 insbes um die Rechtsfolgen bei Kapitalauszahlungen ergänzt. Bei der entspr Anwendung des § 20 I Nr 6 ist grds auf den Vertragsabschluss abzustellen.
- In allen anderen Fällen werden die Erträge, die auf die nicht geförderten Beiträge entfallen, erfasst. In bestimmten Fallgestaltungen (Auszahlung nach Vollendung des 60. Lebensjahres und nach Ablauf von 12 Jahren seit Vertragsabschluss) ist nur der hälftige Unterschiedsbetrag anzusetzen.

Zum Anwendungsbereich der Ertragsanteilsbesteuerung einschl der von internationalen Organisationen gezahlten Versorgungs- und Hinterbliebenenbezüge auch Rn 1. Ggf ist nach den vom Anbieter ermittelten und nach amtlichem Vordruck[3] mitzuteilenden Daten (§ 22 Nr 5 S 5) aufzuteilen in die voll stpfl und die lediglich mit dem Ertragsanteil zu besteuernden Leistungen. Dies ist insbeson-

---

1 BMF BStBl I 04, 1065 Rn 83; s auch Begr zum Entw eines JStG 07 BT-Drs 16/2712.
2 BMF BStBl I 04, 1065 Rn 84.
3 BMF BStBl I 05, 620.

dere dann der Fall, wenn Einzahlungen auf einen Altersvorsorgevertrag den steuerlich geförderten Rahmen des § 10a überstiegen haben (sog überschießende Eigenbeiträge) oder bei nur zeitweiliger Begünstigung der Ansparphase (zB bestand die Rentenversicherungspflicht nur zeitweise); das Altersvorsorgekapital ist entspr aufzuteilen. Fehlt es an jeglicher Förderung, ist § 22 Nr 5 – entgegen der Auffassung der FinVerw[1] – nicht anwendbar. Zur Definition und Abgrenzung der geförderten und der nicht geförderten Beiträge s BMF BStBl I 04, 1065 Rn 83 ff, 88 ff; zum Aufteilungsmaßstab bei Leistungen bei der nachgelagerten Besteuerung s BStBl I 04, 1061.

43 **III. Schädliche Verwendung (§ 22 Nr 5 S 3)**[2]. Wird das steuerlich geförderte Kapital schädlich, dh nicht dem AltZertG entspr (**Legaldefinition in § 93**) verwendet (zu Beispielen und Folgen der schädlichen Verwendung s BMF BStBl I 04, 1065 Rn 110 ff), werden die in den Auszahlungsbeträgen enthaltenen (Zins-)Erträge und Wertsteigerungen (Kursgewinne usw) nach **§ 22 Nr 5 S 3** besteuert, nicht hingegen die – zurückzufordernden (§ 93 I) – Zulagen; auch nicht die Eigenbeiträge, die damit so gestellt werden, als ob sie aus versteuertem Einkommen geleistet wären. Die bisherige Regelung des S 4 idF vor dem JStG 07 erfasste Fälle, in denen gefördertes Altersvorsorgevermögen ausgezahlt und nach § 93 I 1, 2 schädlich verwendet wird. Daneben wurde auch die Besteuerung von Erträgen im Fall der Beendigung der unbeschränkten StPfl des Berechtigten (§ 95 EStG) geregelt. Der als sonstige Einkünfte zu erfassende Betrag wurde ermittelt, indem vom ausgezahlten geförderten Altersvorsorgevermögen die vom StPfl geleisteten Eigenbeiträge und die steuerliche Förderung nach Abschn XI (Altersvorsorgezulage) abgezogen werden. Der sich ergebende Betrag war der zu versteuernde Ertrag.

44 Die Anwendung des **neuen § 22 Nr 5 S 3** auf die Fälle der schädlichen Verwendung (§ 93 I 2 und 2) von gefördertem Altersvorsorgevermögen konkretisiert die Rechtsfolgen des bisherigen S 4 dahingehend, dass im Falle der Rückforderung nach § 93 EStG (schädliche Verwendung) die sich aus den bisher geförderten Beiträgen ergebende Leistung wie eine Leistung aus ungeförderten Beiträgen behandelt wird. Dies ist nach Auffassung des BMF systemkonform, da durch die Rückforderung im Falle der schädlichen Verwendung die ursprüngliche Förderung der Beiträge wieder rückgewickelt wird. Die Ermittlung des zu versteuernden Ertrags bestimmt sich nach den sich für Leistungen aus ungeförderten Beiträgen ergebenden Grundsätzen des neuen S 2. Eine gesonderte Berechnungsmethode – wie es der bisherige S 4 vorsah – ist entfallen. Für die Anwendung des neuen S 3 wird auf das „ausgezahlte geförderte Altersvorsorgevermögen" vor Abzug des Rückforderungsbetrages nach § 93 abgestellt.

45 Die Besteuerung der genannten Erträge und Wertsteigerungen gilt auch im Falle einer schädlichen Verwendung des Altersvorsorge-Eigenheimbetrags; in diesem Falle wird zusätzlich der noch offene Rückzahlungsbetrag für den Zeitraum zwischen schädlicher Verwendung **mit 5 vH verzinst** (**§ 22 Nr 5 S 4**). Zur Rückzahlung der Förderung bei schädlicher Verwendung s § 93, zum Verfahren hierbei s § 94. Die Auszahlung von Altersvorsorgevermögen, das aus nicht geförderten Beiträgen – einschließlich der darauf entfallenden Erträge und Wertsteigerungen – stammt, stellt keine schädliche Verwendung iSv § 93 dar. Bei Teilauszahlungen aus einem zertifizierten Altersvorsorgevertrag gilt das nicht geförderte Kapital als zuerst ausgezahlt (Meistbegünstigung).[3]

46 **IV. Umwandlung von Altverträgen (§ 22 Nr 5 S 6 aF).** Der bisherige S 6 (s 6. Aufl) erfasst die Fälle, in denen gefördertes Altersvorsorgevermögen aus Altverträgen, die nach dem 31.12.01 in Altersvorsorgeverträge umgewandelt wurden, ausgezahlt und nach § 93 I 1 und 2 schädlich verwendet wird. Daneben wurde auch die Auszahlung im Fall der Beendigung der unbeschränkten StPfl des Berechtigten (§ 95) erfasst. Die angesammelten noch nicht besteuerten Erträge waren nach § 22 Nr 5 S 1 in vollem Umfang zu besteuern. Dieser Regelungsgehalt ist im neuen S 3 bereits integriert.

47 **V. Mitteilungspflicht des Anbieters (§ 22 Nr 5 S 5).** § 22 Nr 5 idF des JStG 07 (bisher: S 5) enthält nur redaktionelle Anpassungen im Hinblick auf die Änderungen der vorhergehenden Sätze. Nach dem neuen S 5 hat der Anbieter dem Leistungsempfänger in folgenden Fällen eine Mitteilung über die im abgelaufenen Kj zugeflossenen Leistungen zu erteilen:
– erstmaliger Bezug der Leistung iSd § 22 Nr 5 S 1 und 2,
– Änderung des Leistungsbetrags im Vergleich zum Vorjahr sowie
– Bezug von Leistungen iSd § 22 Nr 5 S 3 und 4.

---

1 BMF BStBl I 04, 1065 Rn 84, 102 iVm Rn 88, 99 ff, 189 f; wie hier *Schmidt/Wacker*[26] § 22 Rn 127.
2 Ausf BMF BStBl I 04, 1064 Rn 103 ff.
3 BMF BStBl I 05, 1065 Rn 125 ff.

Die Bescheinigung muss die zugeflossene Leistung den S 1 bis 4 zuteilen. Zum Inhalt des Vordrucks s BMF BStBl I 07, 537.

VI. Werbungskosten-Pauschbetrag/Versorgungsfreibetrag (§ 52 Abs 34b S 1). Für die nach § 22 Nr 5 steuerbaren Bezüge wird ein WK-Pauschbetrag nach § 9a I 1 Nr 3. Der Versorgungsfreibetrag des § 19 II kommt nicht zur Anwendung. Zu „Bestandsrentnern" mit Leistungen vor 2002 s § 52 Abs 34b S 1 nF.[1]

48

§ 22a Rentenbezugsmitteilungen an die zentrale Stelle

(1) [1]Die Träger der gesetzlichen Rentenversicherung, der Gesamtverband der landwirtschaftlichen Alterskassen für die Träger der Alterssicherung der Landwirte, die berufsständischen Versorgungseinrichtungen, die Pensionskassen, die Pensionsfonds, die Versicherungsunternehmen, die Unternehmen, die Verträge im Sinne des § 10 Abs. 1 Nr. 2 Buchstabe b anbieten, und die Anbieter im Sinne des § 80 (Mitteilungspflichtige) haben der zentralen Stelle (§ 81) bis zum 1. März des Jahres, das auf das Jahr folgt, in dem eine Leibrente oder andere Leistung nach § 22 Nr. 1 Satz 3 Buchstabe a und § 22 Nr. 5 einem Leistungsempfänger zugeflossen ist, folgende Daten zu übermitteln (Rentenbezugsmitteilung):

1. Identifikationsnummer (§ 139b der Abgabenordnung), Familienname, Vorname und Geburtsdatum des Leistungsempfängers;
2. je gesondert den Betrag der Leibrenten und anderen Leistungen im Sinne des § 22 Nr. 1 Satz 3 Buchstabe a Doppelbuchstabe aa, bb Satz 4 und Doppelbuchstabe bb Satz 5 in Verbindung mit § 55 Abs. 2 der Einkommensteuer-Durchführungsverordnung sowie im Sinne des § 22 Nr. 5. Der im Betrag der Rente enthaltene Teil, der ausschließlich auf einer Anpassung der Rente beruht, ist gesondert mitzuteilen;
3. Zeitpunkt des Beginns und des Endes des jeweiligen Leistungsbezugs; folgen nach dem 31. Dezember 2004 Renten aus derselben Versicherung einander nach, ist auch die Laufzeit der vorhergehenden Renten mitzuteilen;
4. Bezeichnung und Anschrift des Mitteilungspflichtigen.

[2]Die Datenübermittlung hat nach amtlich vorgeschriebenem Datensatz durch Datenfernübertragung zu erfolgen. [3]Im Übrigen ist § 150 Abs. 6 der Abgabenordnung entsprechend anzuwenden.

(2) [1]Der Leistungsempfänger hat dem Mitteilungspflichtigen seine Identifikationsnummer mitzuteilen. [2]Teilt der Leistungsempfänger die Identifikationsnummer dem Mitteilungspflichtigen trotz Aufforderung nicht mit, übermittelt das Bundeszentralamt für Steuern dem Mitteilungspflichtigen auf dessen Anfrage die Identifikationsnummer des Leistungsempfängers; weitere Daten dürfen nicht übermittelt werden. [3]In der Anfrage dürfen nur die in § 139b Abs. 3 der Abgabenordnung genannten Daten des Leistungsempfängers angegeben werden, soweit sie dem Mitteilungspflichtigen bekannt sind. [4]Die Anfrage des Mitteilungspflichtigen und die Antwort des Bundeszentralamtes für Steuern sind über die zentrale Stelle zu übermitteln. [5]Die zentrale Stelle führt eine ausschließlich automatisierte Prüfung der ihr übermittelten Daten daraufhin durch, ob sie vollständig und schlüssig sind und ob das vorgeschriebene Datenformat verwendet worden ist. [6]Sie speichert die Daten des Leistungsempfängers nur für Zwecke dieser Prüfung bis zur Übermittlung an das Bundeszentralamt für Steuern oder an den Mitteilungspflichtigen. [7]Die Daten sind für die Übermittlung zwischen der zentralen Stelle und dem Bundeszentralamt für Steuern zu verschlüsseln. [8]Für die Anfrage gilt Absatz 1 Satz 2 und 3 entsprechend. [9]Der Mitteilungspflichtige darf die Identifikationsnummer nur verwenden, soweit dies für die Erfüllung der Mitteilungspflicht nach Absatz 1 Satz 1 erforderlich ist.

(3) Der Mitteilungspflichtige hat den Leistungsempfänger jeweils darüber zu unterrichten, dass die Leistung der zentralen Stelle mitgeteilt wird.

(In § 22a Abs 1 S 1 werden durch G v 10.12.07, BGBl I, 2838 mWv VZ 2009 die Wörter „Gesamtverband der landwirtschaftlichen Altersklassen" durch die Wörter „Spitzenverband der landwirtschaftlichen Sozialversicherung" ersetzt.)

BMF BStBl I 05, 429 – AltEinkG (Tz 139 ff – Rentenbezugsmitteilung nach § 22a); BMF BStBl I 07, 474 – Amtlicher Vordruck nach § 22 I 4 idF bis 31.12.06; BMF BStBl I 07, 95 – Steuerdaten-Übermittlungsverordnung – StDÜV

---

1 BMF BStBl I 04, 1065 Rn 103 ff.

1 Die Vorschrift, die das Verifikationsprinzip sichern soll, ist eingefügt worden durch Art 1 Nr 14 AltEinkG (Gesetz v 5.7.04, BGBl I, 1427). Mit den durch das JStG 08 eingefügten § 22 II S 4–7 sollen die Regelungen zum maschinellen Anfrageverfahren (MAV) in datenschutzrechtlicher Hinsicht präzisiert werden. Im neuen S 5 wird der Umfang der Verarbeitungsbefugnis der zentralen Stelle im MAV auf die vollautomatisierte Prüfung der übermittelten Daten auf Verarbeitbarkeit beschränkt.[1] In S 6 wird die Zweckbindung der Daten im MAV geregelt. Nach der aufschiebenden Anwendungsregelung in § 52 Abs 36 bedarf es zunächst der tatsächlichen Einführung der **Identifikationsnummer**. Diese muss der Leistungsempfänger dem Mitteilungsverpflichteten mitteilen (§ 139b AO). Die Rentenzahlungen der in § 22a I 1 genannten mitteilungspflichtigen[2] Träger werden jährlich der zentralen Stelle bei der Bundesversicherungsanstalt für Angestellte (BfA) auf elektronischem Wege mitgeteilt (diese ist bereits für die Verwaltung der sog Riester-Rente zuständig). Die in die Rentenbezugsmitteilung aufzunehmenden Daten sind in § 22a I abschließend aufgeführt.[3] Die zentrale Stelle führt die Daten zusammen und übermittelt sie an die jeweils zuständige Landesfinanzbehörde (zB das Landesrechenzentrum), die im automatisierten Verfahren eine Vorauswahl trifft und das Ergebnis an das zuständige Finanzamt übermittelt. Mit der Identifikationsnummer lassen sich die Rentenbezugsmitteilungen künftig eindeutig zuordnen, und sie können zielgerichtet automatisiert ausgewertet werden. Das Mitteilungsverfahren trägt – anders als ein Steuerabzugsverfahren, welches der Gesetzgeber nicht einführen wollte – dem Umstand Rechnung, dass in den ersten Jahren der Systemumstellung ein Großteil der StPfl nicht mit ESt belastet wird. Der Finanzausschuss des Bundestages hat die BReg gebeten, bis zum 30.6.08 einen Bericht über ein Besteuerungsverfahren für Leibrenten nach § 22 einschließlich der Werkspensionen (§ 19 EStG) mit dem Ziel der Einführung eines Steuerabzugsverfahrens bei Leibrenten vorzulegen. Der Mitteilungsverpflichtete muss den Leistungsempfänger darüber informieren, dass die Leistung der zentralen Stelle mitgeteilt wird (§ 22a III). Dies kann auch in der Mitteilung nach § 22 Nr 5 S 7 erfolgen.

Die **strenge Zweckbindung** der Identifikationsnummer wird durch die Bußgeldvorschrift des § 50f gesichert.

§ 23 Private Veräußerungsgeschäfte

(1) ¹Private Veräußerungsgeschäfte (§ 22 Nr. 2) sind

1. **Veräußerungsgeschäfte bei Grundstücken und Rechten, die den Vorschriften des bürgerlichen Rechts über Grundstücke unterliegen (z. B. Erbbaurecht, Mineralgewinnungsrecht), bei denen der Zeitraum zwischen Anschaffung und Veräußerung nicht mehr als zehn Jahre beträgt.** ²Gebäude und Außenanlagen sind einzubeziehen, soweit sie innerhalb dieses Zeitraums errichtet, ausgebaut oder erweitert werden; dies gilt entsprechend für Gebäudeteile, die selbstständige unbewegliche Wirtschaftsgüter sind, sowie für Eigentumswohnungen und im Teileigentum stehende Räume. ³Ausgenommen sind Wirtschaftsgüter, die im Zeitraum zwischen Anschaffung oder Fertigstellung und Veräußerung ausschließlich zu eigenen Wohnzwecken oder im Jahr der Veräußerung und in den beiden vorangegangenen Jahren zu eigenen Wohnzwecken genutzt wurden;
2. **Veräußerungsgeschäfte bei anderen Wirtschaftsgütern, insbesondere bei Wertpapieren, bei denen der Zeitraum zwischen Anschaffung und Veräußerung nicht mehr als ein Jahr beträgt.** ²Bei vertretbaren Wertpapieren, die einem Verwahrer zur Sammelverwahrung im Sinne des § 5 des Depotgesetzes anvertraut worden sind, ist zu unterstellen, dass die zuerst angeschafften Wertpapiere zuerst veräußert wurden. ³Entsprechendes gilt bei Anschaffung und Veräußerung mehrerer gleichartiger Fremdwährungsbeträge;
3. **Veräußerungsgeschäfte, bei denen die Veräußerung der Wirtschaftsgüter früher erfolgt als der Erwerb;**
4. **Termingeschäfte, durch die der Steuerpflichtige einen Differenzausgleich oder einen durch den Wert einer veränderlichen Bezugsgröße bestimmten Geldbetrag oder Vorteil erlangt, sofern der Zeitraum zwischen Erwerb und Beendigung des Rechts auf einen Differenzausgleich, Geldbetrag oder Vorteil nicht mehr als ein Jahr beträgt.** ²Zertifikate, die Aktien vertreten, und Optionsscheine gelten als Termingeschäfte im Sinne des Satzes 1.

---

1 BT–Drs 16/7036, 17.
2 BMF BStBl I 05, 429 Tz 141.
3 Ausf BMF BStBl I 05, 429 Tz 142 ff.

²Als Anschaffung gilt auch die Überführung eines Wirtschaftsguts in das Privatvermögen des Steuerpflichtigen durch Entnahme oder Betriebsaufgabe. ³Bei unentgeltlichem Erwerb ist dem Einzelrechtsnachfolger für Zwecke dieser Vorschrift die Anschaffung oder die Überführung des Wirtschaftsguts in das Privatvermögen oder der Erwerb eines Rechts aus Termingeschäften durch den Rechtsvorgänger zuzurechnen. ⁴Die Anschaffung oder Veräußerung einer unmittelbaren oder mittelbaren Beteiligung an einer Personengesellschaft gilt als Anschaffung oder Veräußerung der anteiligen Wirtschaftsgüter. ⁵Als Veräußerung im Sinne des Satzes 1 Nr. 1 gilt auch

1. die Einlage eines Wirtschaftsguts in das Betriebsvermögen, wenn die Veräußerung aus dem Betriebsvermögen innerhalb eines Zeitraums von zehn Jahren seit Anschaffung des Wirtschaftsguts erfolgt, und
2. die verdeckte Einlage in eine Kapitalgesellschaft.

(2) ¹Einkünfte aus privaten Veräußerungsgeschäften der in Absatz 1 bezeichneten Art sind den Einkünften aus anderen Einkunftsarten zuzurechnen, soweit sie zu diesen gehören. ²§ 17 ist nicht anzuwenden, wenn die Voraussetzungen des Absatzes 1 Satz 1 Nr. 2 vorliegen.

(3) ¹Gewinn oder Verlust aus Veräußerungsgeschäften nach Absatz 1 Satz 1 Nr. 1 bis 3 ist der Unterschied zwischen Veräußerungspreis einerseits und den Anschaffungs- oder Herstellungskosten und den Werbungskosten andererseits. ²In den Fällen des Absatzes 1 Satz 5 Nr. 1 tritt an die Stelle des Veräußerungspreises der für den Zeitpunkt der Einlage nach § 6 Abs. 1 Nr. 5 angesetzte Wert, in den Fällen des Absatzes 1 Satz 5 Nr. 2 der gemeine Wert. ³In den Fällen des Absatzes 1 Satz 2 tritt an die Stelle der Anschaffungs- oder Herstellungskosten der nach § 6 Abs. 1 Nr. 4 oder § 16 Abs. 3 angesetzte Wert. ⁴Die Anschaffungs- oder Herstellungskosten mindern sich um Absetzungen für Abnutzung, erhöhte Absetzungen und Sonderabschreibungen, soweit sie bei der Ermittlung der Einkünfte im Sinne des § 2 Abs. 1 Satz 1 Nr. 4 bis 6 abgezogen worden sind. ⁵Gewinn oder Verlust bei einem Termingeschäft nach Absatz 1 Satz 1 Nr. 4 ist der Differenzausgleich oder der durch den Wert einer veränderlichen Bezugsgröße bestimmte Geldbetrag oder Vorteil abzüglich der Werbungskosten. ⁶Gewinne bleiben steuerfrei, wenn der aus den privaten Veräußerungsgeschäften erzielte Gesamtgewinn im Kalenderjahr weniger als 512 Euro betragen hat. ⁷In den Fällen des Absatzes 1 Satz 5 Nr. 1 sind Gewinne oder Verluste für das Kalenderjahr, in dem der Preis für die Veräußerung aus dem Betriebsvermögen zugeflossen ist, in den Fällen des Absatzes 1 Satz 5 Nr. 2 für das Kalenderjahr der verdeckten Einlage anzusetzen. ⁸Verluste dürfen nur bis zur Höhe des Gewinns, den der Steuerpflichtige im gleichen Kalenderjahr aus privaten Veräußerungsgeschäften erzielt hat, ausgeglichen werden; sie dürfen nicht nach § 10d abgezogen werden. ⁹Die Verluste mindern jedoch nach Maßgabe des § 10d die Einkünfte, die der Steuerpflichtige in dem unmittelbar vorangegangenen Veranlagungszeitraum oder in den folgenden Veranlagungszeiträumen aus privaten Veräußerungsgeschäften nach Absatz 1 erzielt hat oder erzielt; § 10d Abs. 4 gilt entsprechend. ¹⁰Verluste aus privaten Veräußerungsgeschäften im Sinne des § 23 in der bis zum 31. Dezember 2008 anzuwendenden Fassung können abweichend von Satz 7 auch mit Einkünften aus Kapitalvermögen im Sinne des § 20 Abs. 2 in der Fassung des Artikels 1 des Gesetzes vom 14. August 2007 (BGBl. I S. 1912) ausgeglichen werden. ¹¹Sie mindern abweichend von Satz 8 nach Maßgabe des § 10d auch die Einkünfte, die der Steuerpflichtige in den folgenden Veranlagungszeiträumen aus § 20 Abs. 2 in der Fassung des Artikels 1 des Gesetzes vom 14. August 2007 (BGBl. I S. 1912) erzielt.

IdF ab VZ 2009:
(im Einzelnen § 52a XI idF des Gesetzes vom 14. 8. 2007, BGBl I 07, 1912)

§ 23 Private Veräußerungsgeschäfte

(1) ¹Private Veräußerungsgeschäfte (§ 22 Nr. 2) sind

1. Veräußerungsgeschäfte bei Grundstücken und Rechten, die den Vorschriften des bürgerlichen Rechts über Grundstücke unterliegen (z. B. Erbbaurecht, Mineralgewinnungsrecht), bei denen der Zeitraum zwischen Anschaffung und Veräußerung nicht mehr als zehn Jahre beträgt. ²Gebäude und Außenanlagen sind einzubeziehen, soweit sie innerhalb dieses Zeitraums errichtet, ausgebaut oder erweitert werden; dies gilt entsprechend für Gebäudeteile, die selbstständige unbewegliche Wirtschaftsgüter sind, sowie für Eigentumswohnungen und im Teileigentum stehende Räume. ³Ausgenommen sind Wirtschaftsgüter, die im Zeitraum zwischen Anschaffung oder Fertigstellung und Veräußerung ausschließlich zu eigenen Wohnzwecken oder im Jahr der Veräußerung und in den beiden vorangegangenen Jahren zu eigenen Wohnzwecken genutzt wurden;

2. *Veräußerungsgeschäfte bei anderen Wirtschaftsgütern, bei denen der Zeitraum zwischen Anschaffung und Veräußerung nicht mehr als ein Jahr beträgt. ²Bei Wirtschaftsgütern im Sinne von Nummer 2 Satz 1, aus deren Nutzung als Einkunftsquelle zumindest in einem Kalenderjahr Einkünfte erzielt werden, erhöht sich der Zeitraum auf zehn Jahre.*
²*Als Anschaffung gilt auch die Überführung eines Wirtschaftsguts in das Privatvermögen des Steuerpflichtigen durch Entnahme oder Betriebsaufgabe. ³Bei unentgeltlichem Erwerb ist dem Einzelrechtsnachfolger für Zwecke dieser Vorschrift die Anschaffung oder die Überführung des Wirtschaftsguts in das Privatvermögen durch den Rechtsvorgänger zuzurechnen. ⁴Die Anschaffung oder Veräußerung einer unmittelbaren oder mittelbaren Beteiligung an einer Personengesellschaft gilt als Anschaffung oder Veräußerung der anteiligen Wirtschaftsgüter. ⁵Als Veräußerung im Sinne des Satzes 1 Nr. 1 gilt auch*

1. *die Einlage eines Wirtschaftsguts in das Betriebsvermögen, wenn die Veräußerung aus dem Betriebsvermögen innerhalb eines Zeitraums von zehn Jahren seit Anschaffung des Wirtschaftsguts erfolgt, und*
2. *die verdeckte Einlage in eine Kapitalgesellschaft.*

(2) Einkünfte aus privaten Veräußerungsgeschäften der in Absatz 1 bezeichneten Art sind den Einkünften aus anderen Einkunftsarten zuzurechnen, soweit sie zu diesen gehören.

(3) ¹Gewinn oder Verlust aus Veräußerungsgeschäften nach Absatz 1 ist der Unterschied zwischen Veräußerungspreis einerseits und den Anschaffungs- oder Herstellungskosten und den Werbungskosten andererseits. ²In den Fällen des Absatzes 1 Satz 5 Nr. 1 tritt an die Stelle des Veräußerungspreises der für den Zeitpunkt der Einlage nach § 6 Abs. 1 Nr. 5 angesetzte Wert, in den Fällen des Absatzes 1 Satz 5 Nr. 2 der gemeine Wert. ³In den Fällen des Absatzes 1 Satz 2 tritt an die Stelle der Anschaffungs- oder Herstellungskosten der nach § 6 Abs. 1 Nr. 4 oder § 16 Abs. 3 angesetzte Wert. ⁴Die Anschaffungs- oder Herstellungskosten mindern sich um Absetzungen für Abnutzung, erhöhte Absetzungen und Sonderabschreibungen, soweit sie bei der Ermittlung der Einkünfte im Sinne des § 2 Abs. 1 Satz 1 Nr. 4 bis 6 abgezogen worden sind. ⁵Gewinne bleiben steuerfrei, wenn der aus den privaten Veräußerungsgeschäften erzielte Gesamtgewinn im Kalenderjahr weniger als 600 Euro betragen hat. ⁶In den Fällen des Absatzes 1 Satz 5 Nr. 1 sind Gewinne oder Verluste für das Kalenderjahr, in dem der Preis für die Veräußerung aus dem Betriebsvermögen zugeflossen ist, in den Fällen des Absatzes 1 Satz 5 Nr. 2 für das Kalenderjahr der verdeckten Einlage anzusetzen. ⁷Verluste dürfen nur bis zur Höhe des Gewinns, den der Steuerpflichtige im gleichen Kalenderjahr aus privaten Veräußerungsgeschäften erzielt hat, ausgeglichen werden; sie dürfen nicht nach § 10d abgezogen werden. ⁸Die Verluste mindern jedoch nach Maßgabe des § 10d die Einkünfte, die der Steuerpflichtige in dem unmittelbar vorangegangenen Veranlagungszeitraum oder in den folgenden Veranlagungszeiträumen aus privaten Veräußerungsgeschäften nach Absatz 1 erzielt hat oder erzielt; § 10d Abs. 4 gilt entsprechend. ⁹Verluste aus privaten Veräußerungsgeschäften im Sinne des § 23 in der bis zum 31. Dezember 2008 anzuwendenden Fassung können abweichend von Satz 7 auch mit Einkünften aus Kapitalvermögen im Sinne des § 20 Abs. 2 in der Fassung des Artikels 1 des Gesetzes vom 14. August 2007 (BGBl. I S. 1912) ausgeglichen werden. ¹⁰Sie mindern abweichend von Satz 8 nach Maßgabe des § 10d auch die Einkünfte, die der Steuerpflichtige in den folgenden Veranlagungszeiträumen aus § 20 Abs. 2 in der Fassung des Artikels 1 des Gesetzes vom 14. August 2007 (BGBl. I S. 1912) erzielt.

H 23 EStR

Übersicht

	Rn		Rn
A. Allgemeines	1	III. Ermittlung des Veräußerungsgewinns	18
B. Private Veräußerungsgeschäfte	4	IV. Verluste (§ 23 III 8 f)	23
I. Der Besteuerung unterliegende Objekte	4	V. Freigrenze (§ 23 III 6)	24
II. Anschaffung und Veräußerung innerhalb der gesetzlichen Fristen	11	VI. Unternehmensteuerreform 2008	25

Literatur: *Bäuml* System und Reform der Besteuerung privater Veräußerungsgeschäfte, 2005; *Behrens* Neuregelung der Besteuerung der Einkünfte aus Kapitalvermögen ab 2009 nach dem Regierungsentwurf eines Unternehmensteuerreformgesetzes vom 14.3.2007, BB 07, 1025; *v Bornhaupt* System- und Verfassungsverstöße des § 23 EStG in seiner jetzigen Fassung, BB 03, 125; *Demuth/Strunk* Die Besteuerung privater Veräußerungsgeschäfte iSd § 23 EStG, DStR 01, 57; *Graft* Aussetzung der Vollziehung wegen Zweifel an der Verfassungsmäßigkeit des § 23 Abs 1 Nr 2 EStG, BB 05, 588; *Harenberg* Einkommensteuerrechtliche Behandlung von Termingeschäften im Bereich der privaten Vermögensverwaltung, FR 02, 109; *Heuermann* Das Glattstellen von Aktienoptionsgeschäften als privates Veräußerungsgeschäft iS von § 23 I S 1 Nr 2, DB 03, 1919; *Höreth/Schiegl/Zipfel* Die rückwirkende Verlängerung der Spekulationsfrist, BB 04, 857; *Jurowsky* Fremdwährungseinflüsse bei der Veräußerung von Wertpapieren im Rahmen des § 23 EStG, DB 04, 2711; *Kohlrust-Schulz* Die Besteuerung privater Veräußerungsgewinne nach dem Steuerentlastungsgesetz 99/00/02, NWB Fach 3, 10775; *Korn/Strahl* Private Veräußerungsgeschäfte gem. § 23 EStG: Steuerfallen und Gestaltungsmöglichkeiten, NWB Fach 3, 11609; *Kracht* Private Börsengeschäfte: Zunehmende Zweifel an der Verfassungsmäßigkeit auch bei den Optionsprämien, StuB 05, 673; *Müller-Franken* Verfassungsrecht und Einkommensteuerrecht – Dargestellt am Beispiel der Besteuerung privater Veräußerungsgeschäfte, GS Trzaskalik 2005, 195 ff; *Paukstadt/Deiritz* Fremdwährungsgeschäfte im Rahmen des § 23 EStG, DStR 04, 806; *Risthaus* Zweifelsfragen zur Neuregelung der Besteuerung privater Grundstücksveräußerungsgeschäfte nach § 23 EStG, DB 00, Beil. Nr 13; *Seer/Drüen* Der rückwirkende Steuerzugriff auf private Veräußerungsgewinne bei hergestellten Gebäuden auf dem verfassungsrechtlichen Prüfstand, FR 06, 661; *Strahl* Besteuerung von Veräußerungsvorgängen unter besonderer Berücksichtigung von Einlage- und Einbringungsvorgängen, StbJb 00/01, 155; *Tiedtke/Wälzholz* Besteuerung privater Veräußerungsgeschäfte nach § 23 EStG bei der vorweggenommenen Erbfolge und Erbauseinandersetzung, ZEV 00, 293; *Treiber* Verfassungswidrigkeit der rückwirkenden Verlängerung der Spekulationsfrist?, DB 04, 453; *Warnke* Der Werbungskostenabzug bei Einkünften aus Spekulationsgeschäften, DStR 98, 1073; *Wernsmann/Dechant* Die Anwendbarkeit der Freigrenze des § 23 Abs 3 S 6 EStG beim Verlustrücktrag, FR 04, 1272; *Zeller* Die steuerliche Behandlung von Stillhalterprämien bei Investmentfonds nach dem InvStG, DB 04, 1522.

A. Allgemeines

Wertsteigerungen des BV werden durch die Gewinnermittlung (§§ 4 ff) erfasst. § 22 Nr 2 iVm § 23 besteuert in bestimmten Grenzen den **realisierten Wertzuwachs im PV** (klarstellend: „private Veräußerungsgeschäfte"; früher lt amtlicher Überschrift: „Spekulationsgeschäfte") als „sonstige Einkünfte". „Gewinne" (§ 23 III 1) dieser Überschusseinkunftsart sind den anderen Einkunftsarten zuzurechnen, „soweit sie zu diesen gehören" (**§ 23 II 1 – Subsidiarität**). Mit letzterer ab 1999 geltenden Neufassung ist auch eine Klarstellung hinsichtlich der Gewinne nach §§ 39 I, 40 I KAGG bzw § 17 I, 18 I AuslInvestmG erreicht.[1] Die Grundsätze über den gewerblichen Wertpapier- und Grundstückshandel (§ 15 Rn 114 ff, 129 f) führen nach wie vor vor allem aus Gründen der GewSt, der anderweitigen Gewinnermittlung, der Versagung von AfA beim Umlaufvermögen, aber auch im Hinblick auf die Verrechenbarkeit gewerblicher Verluste zu einer unterschiedlichen Besteuerung.[2] Bei nicht rechtsmissbräuchlicher Einlage in das BV ist die gewerbliche Wertsteigerung zu erfassen, wobei die Steuerumgehung indiziert wird durch die zeitliche Nähe von Einlage und Veräußerung, darüber hinaus – so die bisher hM – auch durch die im PV entstandene Wertsteigerung (Differenz zw AK/HK und Einlagewert).[3] Das Problem des Rechtsmissbrauchs ist nunmehr gelöst, weil aufgrund der Neufassung des § 23 I 5 die nach dem 31.12.99 (§ 52 XXXIX 3) vorgenommene Einlage in ein BV und die verdeckte Einlage in eine KapGes unter weiteren Voraussetzungen als Veräußerung fingiert werden (Rn 13). Seit 1994 bestimmt § 23 II 2 einen unsystematischen und daher verfassungsrechtlich problematischen **Vorrang gegenüber § 17** mit Folgerungen insbes für den Verlustausgleich. Eine beschränkte StPfl – maßgebend ist der Zeitpunkt der Veräußerung – folgt für Grundstücke und grundstücksgleiche Rechte aus § 49 I Nr 8. Für gemeinschaftlich erzielte Einkünfte nach § 23 kommt eine einheitliche und gesonderte **Feststellung nach § 180 I Nr 2a AO** in Betracht,[4] nicht jedoch bei Anschaffung und Veräußerung eines im PV gehaltenen Anteils an einer „Immobilien-KG".[5] – Das detailreiche BMF-Schr in BStBl I 00, 1383 gibt eine Übersicht über die zu lösenden Probleme.[6] In der Lit werden Ausweichempfehlungen insbes mittels Einbringung und Veräußerung gegeben.[7]

---

1 *Lohr/Graetz* DB 99, 1341.
2 Zum Belastungsvergleich *Bitz* DStR 99, 792; *Rautenberg/Korezkij* BB 99, 1638.
3 *Herzig/Lutterbach* DStR 99, 521 (524); **aA** *Korn/Strahl* KÖSDI 99, 11964 (11976).
4 BFH/NV 99, 1446; OFD Nbg StEK EStG § 23 Nr 47; ausf OFD Karlsruhe v 1.12.01.
5 BFH BStBl II 94, 96.
6 S auch *Seitz* DStR 01, 277.
7 *Mensching* DB 03, 235.

Auf Vorlage des BFH[1] hat das BVerfG[2] **§ 23 I 1 Nr 1b** in der für die **VZ 97 und 98** geltenden Fassung insoweit für mit Art 3 I GG unvereinbar und **nichtig** erklärt, als die Regelung Veräußerungsgeschäfte bei Wertpapieren betrifft;[3] die Verfassungswidrigkeit beruht darauf, dass die tatsächliche Durchsetzung des Steueranspruchs in diesen VZ wegen struktureller Vollzugshindernisse – insbes aufgrund von § 30a AO – weitgehend vereitelt wird. Mehrere FG[4] und der BFH[5] haben darauf die Vollziehung entspr Steuerbescheide zu weiteren VZ ausgesetzt. Das BMF hat angeordnet, entspr Steuerbescheide ab VZ 99 ruhen zu lassen.[6] Das FG M'ster hat dem BVerfG entspr Fälle zu den VZ 96 bzw 94 bis 96 zur Entscheidung über die Verfassungsmäßigkeit vorgelegt.[7] Inzwischen hat der BFH im Hinblick auf die seit 1.4.03 bestehende Pflicht der Kreditinstitute, Dateien über die Kontendaten anzulegen (§ 24c KWG), und die finanzbehördliche Möglichkeit des Abrufs der Daten (§§ 93 VII – VIII, 93b AO) die Anwendung der Vorschrift im VZ 99 für verfassungsgemäß erklärt.[8]

2 „**Private Veräußerungsgeschäfte**" iSd § 23 I sind Veräußerungsgeschäfte, bei denen der Zeitraum[9] zw Anschaffung (Gestaltungsalternativen sind denkbar[10]) und Veräußerung eines WG des PV nicht mehr als die jeweils maßgebende Veräußerungsfrist beträgt. Zweck des § 23 ist es, innerhalb der gesetzlichen Fristen realisierte Werterhöhungen oder Wertminderungen aus verhältnismäßig kurzfristigen Wertdurchgängen eines bestimmten WG im PV zu besteuern.[11] Das alle Einkunftsarten kennzeichnende Merkmal der **Einkünfteerzielungsabsicht** ist durch die Spekulationsfristen in typisierender Weise objektiviert.[12] FinVerw[13] und Rspr[14] erkennen allerdings Verluste aus der Veräußerung von WG des täglichen Gebrauchs, deren Wertverzehr typischerweise der privaten Lebensführung zuzurechnen ist,[15] nicht an. Die Differenzierung gegenüber dem BV war und ist verfassungsgemäß.[16]

3 Durch das StEntlG 99/00/02 wurde der Tatbestand des § 23 I erweitert, insbes wurden die Spekulationsfristen verlängert. Die **Neuregelung** gilt für alle Veräußerungsgeschäfte, bei denen die Veräußerung auf einem **nach dem 31.12.98** rechtswirksam abgeschlossenen obligatorischen Vertrag oder gleichstehenden Rechtsakt beruht (§ 52 XXXIX 1 f, mit Sonderregelung für Termingeschäfte). Der

---

1 BFH BStBl II 03, 74; vgl auch BFH BStBl II 03, 663 (Vollziehung eines Steuerbescheids aus dem Jahr 97 wegen ernstlicher Zweifel an Verfassungsmäßigkeit ausgesetzt); BFH BStBl II 04, 36 und BFH/NV 04, 191 (Zweifel schlagen auf Rechtmäßigkeit eines Sammelauskunftsersuchens gegenüber Kreditinstitut durch).
2 BVerfG BGBl I 04, 591 = BStBl II 05, 56.
3 Dies rechtfertigt keinen Erlass nach § 227 AO, FG Hbg EFG 07, 1217; zur Auswirkung auf zweistufige Verfahren (Feststellung/Festsetzung) BFH/NV 07, 71; die Grundlage für eine etwaige Strafbarkeit wegen Steuerhinterziehung hinsichtlich der VZ 97 und 98 entfällt, BVerfG DStR 07, 47; and noch BayObLG StRK AO 1977 § 396 R 6.
4 FG Bdbg EFG 04, 1852 (VZ 99); FG D'dorf EFG 04, 1693 (VZ 99); FG SchlHol EFG 05, 960 (VZ 96, 99); FG Mchn EFG 05, 1054 (VZ 03); FG Hbg EFG 05, 1951 (VZ 99, Sicherheitsleistung kann verlangt werden); FG Hess PStR 07, 203 (VZ 00); anders für VZ 99 dagegen FG RhPf EFG 04, 1840 (Verfassungsmäßigkeit); anders für VZ 95 FG Mchn EFG 05, 1199 (Annahme der Zubilligung einer Übergangsfrist durch das BVerfG hinsichtlich dieses VZ); anders für VZ 96 FG M'ster EFG 07, 133; FG Nds DStRE 07, 1316; FG Hbg EFG 07, 1606; FG D'dorf EFG 07, 1607 (auch kein rückwirkendes Entfallen durch das StraBEG).
5 BFH/NV 04, 37 (VZ 00); BFH BStBl II 05, 287 (VZ 99); BFH/NV 05, 701 (VZ 99); dagegen keine Zweifel an der Verfassungsmäßigkeit in einem Fall aus dem VZ 93 BFH/NV 04, 1105; entspr BFH BStBl II 05, 26 für Anwendbarkeit der Vorschrift jedenfalls bis einschließlich VZ 93; BFH BStBl II 04, 995 für Anwendbarkeit im VZ 94; BFH/NV 05, 850 für Anwendbarkeit bis einschließlich VZ 94; BFH/NV 06, 719 für Anwendbarkeit im VZ 95; entspr BFH BStBl II 05, 739 zum VZ 89 und

BFH BStBl II 05, 746 zu den VZ 88 und 89; wenn bei Verfassungswidrigkeit von § 23 I 1 Nr 2 § 17 eingreift, kommt eine Aussetzung der Vollziehung nicht in Betracht BFH/NV 05, 1105.
6 BMF v 27.6.05 IV A 7 – S 0338 – 54/05, ebenso FinMin Nordrhein-Westfalen v 1.4.05, S 0338; bis 2004 nicht entgegengesetzt BMF BStBl I 04, 361; mit Blick auf BFH BStBl II 03, 663, aber zeitlich nicht genau eingegrenzt, auch OFD Hann DStR 03, 1754 („in gleichgelagerten Rechtsbehelfsverfahren").
7 FG M'ster EFG 05, 1117 mit Anm *Hoffmann* EFG 05, 1130 (VZ 96), inzwischen vom BVerfG als unzulässig zurückgewiesen BVerfG WM 06, 1166; FG M'ster EFG 05, 1542 (VZ 94 bis 96).
8 BFH BStBl II 06, 178 mit Anm *Heuermann* HFR 06, 267 sowie *Pezzer* FR 06, 384 (VB 2 BvR 294/06); zu den Auswirkungen auf die Strafbarkeit wegen Steuerhinterziehung AG Gera wistra 06, 437 (Strafbarkeit hinsichtlich VZ 00 möglich); LG Augsburg wistra 07, 272 (Aussetzung des Strafverfahrens hinsichtlich VZ 99 bis 01 bis zum rechtskräftigen Abschluß des Besteuerungsverfahrens).
9 Zur Problematik des Zeitpunkts von Anschaffung und Veräußerung BMF BStBl I 00, 1383 Rn 38; *Blümich* § 23 Rn 162 ff; *Risthaus* DB 00, Beil. Nr 13, S 21.
10 *Schmidt*[26] § 23 Rn 31 ff.
11 BFH BStBl II 89, 652.
12 BFH BStBl II 00, 469.
13 OFD Hann StEK EStG § 23 Nr 43 (einschl Jahreswagen); krit *Walter/Stümper* DB 01, 2271.
14 FG SchlHol EFG 04, 265 (privat genutzter Pkw); FG Hess EFG 06, 1758 (Rev IX R 29/06).
15 OFD Mchn DStR 02, 1529; OFD Chemnitz StEK EStG § 23 Nr 55.
16 BVerfGE 26, 302 = BStBl II 70, 156.

BFH[1] hat dem BVerfG die Frage vorgelegt, ob § 23 I 1 Nr 1 S 1 idF StEntlG 99/00/02 insoweit mit dem GG vereinbar ist, als danach auch private Grundstücksveräußerungsgeschäfte nach dem 31.12.98, bei denen zu diesem Stichtag die zuvor geltende Spekulationsfrist von 2 Jahren bereits abgelaufen war, übergangslos der Einkommensbesteuerung unterworfen werden. Verfassungsgemäß ist die Besteuerung nach BFH[2] dagegen dann, wenn die zweijährige Frist bei Verkündung des StEntlG 99/00/02 noch nicht abgelaufen war (keine „Steuerentstrickung"). Zur Beurteilung der Rückwirkung ist richtigerweise auf die Erfüllung des Steuertatbestands, hier auf den Zeitpunkt der Veräußerung, abzustellen. Verfassungsrechtlich problematisch sind danach vor allem die Fälle der durch § 52 XXXIX 1 bewirkten Steuerbarkeit der nach dem 31.12.98, aber bis zum Gesetzesbeschluss (4.3.99) bzw bis zur Verkündung der Neuregelung (31.3.99) vollzogenen Veräußerungen bei abgelaufener alter Frist.[3]

Die einkünfteerhöhende Wirkung der AfA gilt für nach dem 31.7.95 angeschaffte und veräußerte oder nach dem 31.12.98 fertiggestellte und veräußerte WG (§ 52 XXXIX 4). Erstmals im VZ 99 entstandene (str, s Rn 23) Verluste dürfen vor- und zurückgetragen werden (§ 52 I; s Rn 23). Zur Veräußerungsfiktion bei Einlagen (Rn 13) enthält § 52 XXXIX 3 eine Anwendungsregelung.

Zur Neugestaltung von § 23 durch das **UnternehmensteuerreformG 2008** (BGBl I 07, 1912) Rn 25.

B. Private Veräußerungsgeschäfte

I. Der Besteuerung unterliegende Objekte. § 23 setzt für jeden einzelnen steuerbaren Vorgang Nämlichkeit (Identität) des angeschafften und des – ggf real aufgeteilten (parzellierten[4]) – veräußerten WG (zum Begriff s § 4 Rn 65 und § 5 Rn 62 ff) voraus.[5] Herstellungsmaßnahmen schließen Identität nicht aus.[6] Dagegen besteht keine Identität zw Erbbaurecht und dem belasteten Grundstück.[7] Der gesetzliche Tatbestand des **§ 23 I 1 Nr 1** umfasst (vorbehaltlich DBA[8] auch ausländische[9]) **Grundstücke**, auch Miteigentumsanteile, und **Rechte, die den Vorschriften des bürgerlichen Rechts über Grundstücke unterliegen**, neben den im Gesetz beispielhaft erwähnten (Erbbaurecht, Mineralgewinnungsrecht) auch Rechte aus dem Meistgebot[10] sowie Wohnungs-/Teileigentum[11] und Bodenschätze[12]. Nicht tatbestandsmäßig sind sonstige dingliche Rechte am Grundstück (zB Nießbrauch, nach hM Dauerwohnrecht, Vorkaufsrecht). Grund und Boden und aufstehendes Gebäude bilden jeweils selbständige WG.[13]

Die Veräußerung eines innerhalb der auf das Grundstück bezogenen Veräußerungsfrist **hergestellten Gebäudes** ohne Betriebsvorrichtungen iSv R 4.2 III 3 Nr 1 EStR oder Ladeneinrichtungen, sowie nach § 23 I 1 Nr 1 S 2 – klarstellend (?) bei Veräußerungen nach dem 31.12.98 (§ 52 XXXIX 1) – eines errichteten, ausgebauten oder erweiterten Gebäudes (entspr: Gebäudeteile, die selbständige unbewegliche WG sind, Eigentumswohnungen, Teileigentum iSv § 1 III WEG), und entspr Außenanlagen (§§ 78, 89, 92, 94 BewG) wird **einbezogen**, dh die besagten Baumaßnahmen und die

---

1 BFH BStBl II 04, 284 (2 BvL 2/04); vgl auch BFH BStBl II 01, 405; 04, 367 (jeweils Aussetzungsverfahren); mit inhaltlich entspr Vorlage an das BVerfG FG Kln DStRE 07, 150; mit ernstlichen Zweifeln an der Verfassungsmässigkeit auch FG D'dorf EFG 01, 695; EFG 02, 464; FG Saarl EFG 03, 866; anders FG BaWü EFG 02, 1614 (zulässige unechte Rückwirkung); aus dem Schrifttum *M Wendt* FR 99, 333 (353) mwN; *Kupfer* KÖSDI 00, 12273; *Reimer* DStZ 01, 725 insbes zur Rechtslage bei Anschaffungssurrogaten; *Höreth/Schiegl/Zipfel* BB 04, 857; *Treiber* DB 04, 453; zur vergleichbaren Frage einer Verminderung der Beteiligungsgrenze des § 17 ab dem 1.1.99 s dort Rn 79; allg auch *Prinz/Ommerborn* FR 01, 985 f; *Micker* BB 02, 120.

2 BFH BStBl II 04, 284 (294); BStBl II 04, 1000; auch FG M'ster EFG 02, 1177; FG BaWü EFG 01, 1386.

3 Ebenso in weiteren Vorlagen an das BVerfG FG Kln EFG 02, 1236 (2 BvL 14/02) u FG Kln DStRE 07, 150 (2 BvL 13/05); auch FG M'ster EFG 01, 294 (unzulässige unechte Rückwirkung bei Veräußerung vor dem 4.3.99); vgl *Birk/Kulosa* FR 99, 433 (438); *Wermeckes* DStZ 99, 479 (485); *Seer/Drüen* FR 06, 661; vgl auch FG M'ster EFG 03, 714 u 04, 45 (kein Verstoß gegen das Rückwirkungsverbot bei Besteuerung einer zwar vor Gesetzesverkündung, aber nach dem Gesetzesbeschluss durchgeführten Veräußerung).

4 BFH BStBl II 84, 26; BStBl II 89, 652; s auch BStBl II 98, 343 Veräußerung von Alleineigentum, dort auch zu Ehegatten.

5 BFH BStBl II 94, 591.

6 BFH/NV 05, 517 (solange bei wirtschaftlicher Betrachtung kein anderes WG entsteht).

7 BFH BStBl II 77, 384; FG Kln EFG 97, 407.

8 BFH BStBl II 82, 768 – Kaufoption betr in Spanien belegenes Grundstück.

9 FG D'dorf EFG 90, 430; FG BaWü EFG 99, 537.

10 BFH BStBl II 77, 827; s aber BStBl II 82, 768 Abtretung einer Option auf Grundstückserwerb ist steuerbar nach § 23 I 1 Nr 1b.

11 FG Kln EFG 07, 185 (Rev III R 101/06).

12 FG M'chen EFG 07, 188 auch zur Selbstständigkeit als WG.

13 BFH BStBl II 90, 1054.

Veräußerung ohne Anschaffung des Grundstücks innerhalb der 10-Jahres-Frist reichen für sich allein nicht aus; die Veräußerung eines hergestellten Gebäudes ist kein eigener Steuertatbestand.[1] In die Besteuerung ist mithin auch ein Gebäude einzubeziehen, das der StPfl in teilfertigem Zustand veräußert.[2] Wird ein teilweise entgeltlich oder gegen Abfindungszahlungen erworbenes Grundstück tatbestandsrelevant bebaut und veräußert, ist das Gebäude anteilig in die Besteuerung einzubeziehen.[3] Von den HK ist ungeachtet des undeutlichen § 52 XXXIX 4 („angeschafft und veräußert") nach Maßgabe des § 23 III 4 AfA abzusetzen, denn gesetzliches Veräußerungsobjekt ist das angeschaffte Grundstück mit einbezogenem Gebäude. Sind Grundstück und Gebäude nach Art 231, 233 EGBGB getrennt handelbar, können beide getrennt Gegenstand eines separaten privaten Veräußerungsgeschäfts sein.[4] Wurde das unbebaute Grundstück unentgeltlich erworben und innerhalb von 10 Jahren seit Erwerb durch den Rechtsvorgänger veräußert, ist das Gebäude einzubeziehen unabhängig davon, wer von beiden es errichtet hat.

6 Ausgenommen sind nach näherer Maßgabe des **§ 23 I 1 Nr 1 S 3** – auch teilweise – **zu eigenen Wohnzwecken genutzte WG**, auch eine Zweitwohnung, nicht jedoch ein unbebautes Grundstück oder eine nicht zur ausschließlichen Eigennutzung des StPfl bestimmte Ferienwohnung ungeachtet der Belegenheit in einem baurechtlichen Sondergebiet, sinngemäß auch Gebäudeteile; auch der dazugehörende, dh für die entspr Gebäudenutzung erforderliche und übliche, ggf anteilige Grund und Boden.[5] Zum Begriff „eigene Wohnzwecke" ist auf die Rspr zu § 10e I aF[6] und § 4 S 1 EigZulG zu verweisen: Begünstigt ist daher die – zB im Rahmen einer doppelten Haushaltsführung auch nur zeitweise – Nutzung durch den StPfl selbst und die in Haushaltsgemeinschaft mit ihm lebenden Familienangehörigen und anderen Pers (zB Lebenspartner), auch – so sehr großzügig die FinVerw – bei gleichzeitiger unentgeltlicher Überlassung von Teilen einer Wohnung an andere Pers, sofern die dem StPfl verbleibenden Räume noch den Wohnungsbegriff erfüllen; ferner bei unentgeltlicher Überlassung an ein einkommensteuerrechtlich zu berücksichtigendes Kind zur alleinigen Nutzung;[7] nicht bei unentgeltlicher Überlassung an andere Angehörige (da keine Gleichstellung entspr § 4 S 2 EigZulG), auch nicht bei Überlassung einer Altenteilerwohnung; nicht bei steuerrechtlich anzuerkennender mietweiser Überlassung an Angehörige.[8] Die ausschließliche Eigennutzung zw Anschaffung oder Fertigstellung und Veräußerung (1. Alt) zielt auf den Sachverhalt, dass ein WG – zB wegen Arbeitsplatzwechsels – kurzfristig nach Anschaffung/Fertigstellung (Herstellung, § 9a EStDV) des Gebäudes veräußert wird. Auch für die 2. Alt – bei längerer Behaltensdauer, idR nach Vermietung, Eigennutzung im Jahr der Veräußerung sowie 2 ganze Jahre zuvor – ist eine entspr „ausschließliche" Nutzung (nicht nur Mitbenutzung) vorauszusetzen.[9] Die Nutzung zu eigenen Wohnzwecken beginnt bereits dann, wenn der StPfl beginnt, die hinreichend ausgestattete Wohnung zu beziehen.[10] Zu Einzelfragen s BMF BStBl I 00, 1383 Rn 22 ff. Wird ein Gebäude teils zu eigenen Wohnzwecken genutzt und zT fremdvermietet, liegen zwei WG vor (R 4.2 IV EStR; § 4 Rn 49); es kommt eine teilw Freistellung in Betracht.[11] Bei gemischt genutzten Grundstücken ist eine Aufteilung grds nach dem Verhältnis der Nutzflächen (vgl § 6 Rn 47f) notwendig; das Wort „ausschließlich" hat nur einen zeitlichen Bezug. Das **häusliche Arbeitszimmer** eines ArbN im eigenen Haus dient nicht Wohnzwecken.[12] Bei Gewinneinkünften dient es auch dann nicht Wohnzwecken, wenn der StPfl von seinem Wahlrecht nach § 8 EStDV iVm R 4.2 VIII EStR Gebrauch gemacht hat.[13] Unerheblich ist hier die Begrenzung bzw der Ausschluss von BA/WK nach § 4 V Nr 6b/§ 9 V.[14] Bewohnt ein Miteigentümer eines Zwei- oder Mehrfamilienhauses eine Wohnung allein, liegt eine Nutzung zu eigenen Wohnzwecken vor, soweit er die Wohnung aufgrund eigenen Rechts nutzt.[15] Bei unentgeltlichem Erwerb ist die Nutzung des WG zu eigenen Wohnzwecken durch den Rechtsvorgänger dem Rechtsnachfolger zuzurechnen. Zur Ermittlung des stpfl Veräußerungsge-

---

1 *M. Wendt* FR 99, 333 (353 f).
2 BT-Drs 14/2070, 19; BMF BStBl I 00, 1383 Rn 12.
3 BMF BStBl I 00, 1383 Rn 11.
4 BMF BStBl I 00, 1383 Rn 15.
5 Ausf hierzu BMF BStBl I 00, 1383 Rn 17 ff; zur räumlichen Abgrenzung s BFH BStBl II 98, 17 betr Auslegung des § 10e I.
6 BFH/NV 98, 160; FG Kln EFG 03, 539 mwN: tatsächliche Nutzung ist erforderlich; aA *Kohlrust-Schulz* NWB Fach 3, 10779; zum Begriff „Wohnzwecke" s R 7.2 I–III EStR; zu den Nachweispflichten FG M'ster EFG 07, 1605.
7 BFH BStBl II 94, 544; BMF BStBl II 00, 1383 Rn 23.
8 Ausf zur Überlassung der Wohnung an Dritte, eigene Kinder und Miteigentümer BMF BStBl I 00, 1383 Rn 22 ff; BFH BStBl II 94, 694.
9 **AA** *Blümich* § 23 Rn 54.
10 BFH/NV 06, 936.
11 Vgl auch BT-Drs 14/23, 180: „soweit".
12 BFH BStBl II 95, 598; FG M'ster EFG 04, 45.
13 BMF BStBl I 00, 1383 Rn 16, 21; *Schmidt*[26] § 23 Rn 18.
14 BMF BStBl I 00, 1383 Rn 21.
15 BMF BStBl I 00, 1383 Rn 24.

winns bei teilw zu eigenen, teilw zu anderen Zwecken genutzten Gebrauchs s BMF BStBl I 00, 1383 Rn 32 mit instruktivem Beispiel; ebenda Rn 39 zur Behandlung des Arbeitszimmers: keine anteilige Kürzung der AK/HK, wenn der Abzug der Aufwendungen als BA/WK ausgeschlossen ist.

Andere WG iSd § 23 I 1 Nr 2:[1] sämtliche vermögenswerte Vorteile des PV, die selbstständig bewertbar, längerfristig nutzbar und keine Gegenstände des täglichen Gebrauchs (teleologische Reduktion)[2] sind; neben den im Gesetz genannten Wertpapieren[3] ua private Wertgegenstände wie Schmuck, Gemälde, Briefmarken und Münzen, weiter Forderungen, Rechte aus dem Meistgebot, Rückkaufsrechte[4] und – ungeachtet eines etwaigen Differenzeinwands (§ 794 BGB) – derivativ entgeltlich erworbene Options- und Bezugsrechte.[5] Veräußerung und Glattstellung einer entgeltlich erworbenen Kaufoption sind steuerbare private Veräußerungsgeschäfte.[6] Zu den Einzelheiten BMF-Schr BStBl I 01, 986 (auch Rn 10). Kursgewinne im Privatvermögen, die sich durch die Anlage von Festgeld in ausländischer Währung ergeben, sind nicht steuerbar, wenn das Fremdwährungsguthaben erst nach Ablauf der Spekulationsfrist des § 23 in einen höheren Euro-Betrag rückgetauscht wird. Dies gilt auch dann, wenn das Fremdwährungsguthaben innerhalb der Spekulationsfrist wiederholt als Festgeld angelegt wird.[7] Steuerbarkeit ist gegeben, wenn zulasten eines Kontos, das Geldbestände in Euro ausweist, ein Guthaben in ausländischer Währung auf einem Fremdwährungskonto gebildet und dieses Fremdwährungsguthaben innerhalb der Spekulationsfrist gegen ein höheres Guthaben in Euro getauscht wird.[8] Keine WG sind Verbindlichkeiten.[9] Bei Wertpapieren im Sammeldepot und bei mehreren gleichartigen Fremdwährungsbeträgen bedarf es eines strengen Nämlichkeitsnachweises. Nach **§ 23 I 1 Nr 2 S 2 und 3** ist zu unterstellen, dass die zuerst angeschafften Wertpapiere und Fremdwährungsbeträge zuerst veräußert wurden (**Fifo-Methode**).[10] Bei Veräußerung von Wertpapieren (Anteilen an inländischen KapGes) ist das **Halbeinkünfteverfahren** anwendbar (§ 3 Nr 40 S 1 lit j, § 3c II;[11] s dort Rn 134); dem hälftigen Veräußerungspreis sind die hälftigen AK und die hälftigen Veräußerungskosten gegenüberzustellen; Erwerbsaufwendungen und etwaige Verluste können nur zur Hälfte geltend gemacht werden.[12] Die Veräußerung von Anteilen an KapGes durch eine Körperschaft ist unabhängig von der Behaltefrist nach § 8b KStG steuerfrei, was Gestaltungsanreize („Objektgesellschaft") setzt.[13]

Beteiligung an **PersGes** (insoweit ist die frühere BFH-Rspr[14] überholt): Die Anschaffung oder Veräußerung einer unmittelbaren oder mittelbaren Beteiligung an einer PersGes (auch: an einer Erbengemeinschaft im Wege der entgeltlichen Erbteilsübertragung[15]) gilt als Anschaffung oder Veräußerung der **anteiligen WG** (§ 23 I 4). Tatbestandsmäßig sind die Anschaffung eines Anteils an einer grundbesitzenden Ges und die Veräußerung dieses Grundstücks innerhalb von 10 Jahren nach Anteilserwerb, unabhängig von der Besitzdauer der Ges, sowie der Erwerb des Grundstücks durch die Ges und Veräußerung des Anteils binnen 10 Jahren (sog Mischfälle).[16]

---

1 Zum Begriff BFH/NV 97, 105.
2 OFD Hann StEK EStG § 23 Nr 43; FG SchlHol EFG 04, 265 (privat genutzter Pkw); krit *Walter/Stümper* DB 01, 2271.
3 Ausf BMF BStBl I 04, 1034; der An- und Verkauf von Wertpapieren selbst in größerem Umfang begründet grds keinen Gewerbebetrieb, BFH BStBl II 05, 26; zu Optionskontrakten BFH BStBl II 01, 706; zu den Kriterien auch FG Kln EFG 03, 853.
4 BFH BStBl II 79, 298.
5 BFH/NV 97, 105; BFH BStBl II 03, 712; 05, 739; 06, 12; BFH/NV 07, 1502; das „Optionsrecht" ist nicht schon beim Optionsgeber (Stillhalter) ein selbstständiges WG; dazu *Zeller* DB 04, 1522.
6 BFH BStBl II 03, 752; BStBl II 04, 995 mit Anm *Heuermann* DB 04, 1848; BFH BStBl II 05, 739 und BFH BStBl II 05, 746 auch für Optionen, die an amerikanischen Terminbörsen gehandelt werden; BFH BStBl II 07, 608 auch zur Abgrenzung zu § 22 Nr 3 (auf Seiten des Optionsgebers); BFH BStBl II 07, 606; FG M'ster EFG 07, 133; BMF BStBl I 01, 986 Rn 14ff.
7 BFH BStBl II 00, 614; zu Fremdwährungskonten s *Wellmann* DStZ 01, 318; *Kirchmayr* FR 01, 133; *Paukstadt/Deiritz* DStR 04, 806.

8 BFH BStBl II 00, 469 und 614; BMF BStBl I 04, 1034 Rn 42ff auch zur Verwendung des Fremdwährungsguthabens zur Anschaffung anderer WG (Aktien); zur Umrechnung nach Zeitbezugs- und Stichtagsverfahren, auch bei Wertpapieren in Fremdwährung, *Steinkampf* DB 05, 687; *Wellmann* DStZ 05, 80.
9 OFD D'dorf StEK EStG § 23 Nr 14; FG RhPf EFG 07, 1513 (Rev IX R 38/07).
10 Neu eingefügt durch EURLUmsG v 9.12.04; anders noch zur alten Rechtslage BMF BStBl I 04, 1034 Rn 45 ff, BFH BStBl II 94, 591 und FG Bln-Bdbg EFG 07, 1683 (Durchschnittswertmethode); nach BMF BStBl I 05, 617 besteht für VZ 04 Wahlrecht zwischen Fifo- und Durchschnittswertmethode; auch OFD Ffm DB 05, 1195; *Hosemann/Peters* Stbg 05, 215; *Derlien/Spiller* DStR 05, 1520.
11 Zur erstmaligen Anwendung OFD Ffm DB 02, 1634; erfasst auch die Veräußerung eines durch Kapitalerhöhung entstandenen Bezugsrechts BFH BStBl II 06, 171.
12 *Prinz/Ommerborn* FR 01, 980.
13 S *Strahl/Carlé* NWB Fach 3, 11629.
14 BFH BStBl II 92, 211.
15 BFH BStBl II 04, 987; **aA** die Vorinstanz FG Nds EFG 03, 317.
16 BR-Drs 612/93, 61; teilw **aA** *Peter* DStR 99, 1337.

9 Bei **Veräußerung vor Erwerb** nach § 23 I 1 Nr 3, insbes bei Baisse-Spekulation mit Wertpapieren, liegt die Besonderheit lediglich im Fehlen einer gesetzlichen Veräußerungsfrist.

10 Termingeschäfte (§ 23 I 1 Nr 4; Anwendungsregelung § 52 XXXIX 2: Geltung nach dem 31.12.98[1]) sind sämtliche als Options- oder Festgeschäft ausgestaltete Finanzinstrumente sowie Kombinationen zw Options- und Festgeschäften, deren Preis unmittelbar abhängt von Börsen- oder Marktpreisen, Kursen, Zinssätzen usw. Zu den Begriffen Termin-, Options-, Festgeschäft, zu ihrer zivilrechtlichen Natur und zur Technik dieser Finanzinstrumente sowie zur einkommensteuerrechtlichen Behandlung bei Ausübung, Veräußerung und/oder Glattstellung von Kauf- und Verkaufsoptionen bzw Kombinationsgeschäften s BMF BStBl I 01, 986.[2] Steuerbar sind auch solche Termingeschäfte, in denen – unabhängig von der Natur der Basiswerte –[3] ein **Differenzausgleich** gezahlt wird (cash-settlement), wobei die AK bzw Anschaffungsnebenkosten für die Option als WK abziehbar sind (§ 23 III 5). Das Gesetz definiert sie in Anlehnung an § 2 II Wertpapierhandelsgesetz (BGBl I 98, 2790) und § 1 XI KWG. Erfasst werden ferner alle Geschäfte, die in Abhängigkeit von der Entwicklung einer anderen Bezugsgröße – auch Basiswerte, die ihrer Natur nach nicht lieferbar sind (zB Aktienindex, DAX-Futures, ECU, Euro-Stoxx) – einen Anspr auf Geldzahlung oder einen sonstigen Vorteil (zB Recht auf Lieferung von Wertpapieren) begründen, insbes Swaps, Index-Optionsgeschäfte oder Futures.[4] Einbezogen sind weiter Geschäfte, die Zahlungsanspr für den Fall gewähren, dass sich der Kurs der Bezugsgröße während der Laufzeit innerhalb einer bestimmten Bandbreite bewegt (Korridor-Optionsscheine; Cool-Optionsscheine). Die Laufzeit des Terminkontrakts darf ein Jahr nicht überschreiten. Jedes Geschäft ist steuerlich einzeln zu beurteilen. Das „Recht ist beendet" mit Verfall der Option (AK des Optionsrechts sind als WK abziehbar)[5] oder bei Glattstellung durch ein Gegengeschäft (Closing-Transaktion). Bei Kursdifferenzgeschäften sind Nutzungserträge uU nach § 20 steuerbar (§ 20 Rn 380 ff). Gleichgestellt durch **S 2** sind Geschäfte mit **Aktien vertretenden Zertifikaten** (Partizipationsscheine) und Geschäfte mit **Optionsscheinen**.[6] Das BMF-Schr BStBl I 01, 986 befasst sich ferner mit als Festgeschäft ausgestalteten Termingeschäften (Futures und Forwards), mit deren Behandlung an der EUREX (vor 1998: Deutsche Terminbörse) und anderen Terminbörsen, mit Devisentermingeschäften, Zertifikaten, die Aktien vertreten, Discountzertifikaten, sowie Aktien- und Umtauschanleihen.[7]

11 II. Anschaffung und Veräußerung innerhalb der gesetzlichen Fristen. Anschaffung (vgl auch § 6 I Nr 5) ist (nur) der **entgeltliche Erwerb**[8] eines positiven WG;[9] auch der Erwerb aufgrund eines Ergänzungsvertrages, wenn damit erstmalig ein Anspruch auf Übertragung rechtswirksam entsteht[10] und der Erhalt kostenloser Bezugsrechte oder von Gratisaktien im Rahmen einer Kapitalerhöhung.[11] Die Entdeckung eines Bodenschatzes durch den Grundstückseigentümer ist keine Anschaffung.[12] Nachträgliche Herstellungsmaßnahmen schließen die Anschaffung nur dann aus, wenn das WG durch sie in ein anderes WG umgestaltet wird.[13] Der Begriff der Anschaffung korrespondiert im Wesentlichen mit dem des Veräußerungsgeschäfts.[14] Ein bindendes Angebot kann eine Anschaffung sein, wenn die Vertragspartner Verhältnisse herstellen, die wirtschaftlich einem Kaufvertrag gleichstehen und wirtschaftliches Eigentum verschaffen.[15] Der maßgebende schuldrechtliche Vertrag muss grds eine Lieferverpflichtung enthalten,[16] die idR auch dinglich zu vollziehen ist.[17] Die

---

1 Hierzu OFD Ffm FR 00, 790.
2 Hierzu *Geurts* DB 02, 110 mit hilfreicher tabellarischer Übersicht zur Besteuerung von Finanzderivaten aus Sicht der FinVerw; ausf *Harenberg* NWB Fach 3, 11695; allg *Hamacher* WM 00, 1721; *Schlüter* StuB 00, 226; zur Besteuerung von Finanzinnovationen *Haisch* DStR 02, 247; zur steuerbilanziellen Abbildung *Herzig/Briesemeister* DB 02, 1570; *Heuermann* DB 03, 1919.
3 BFH BStBl II 04, 995; BFH/NV 05, 850; BFH BStBl II 05, 739; BStBl II 05, 746.
4 Finanzausschuss BT-Drs 14/442, 443; BMF BStBl I 94, 816 ist teilw überholt; zu Optionen und Indexzertifikaten *Delp* Inf 99, 584.
5 FG M'ster EFG 06, 669 (Rev IX R 11/06); aA BMF BStBl I 01, 986 Tz 18.
6 Zur Bedeutung von S 2 BFH BStBl II 07, 608 (Verzicht auf die Tatbestandsmerkmale WG und Veräußerung).
7 Zu Letzteren mit Beispielsfällen *Höreth/Zipfel* DStZ 01, 653; *Delp* BB 01, 1438.

8 BFH BStBl II 88, 250; H 169 EStR 01: keine Anschaffung sind der Erwerb durch Erbschaft, Vermächtnis, Schenkung; zu Recht verneint für den Rückerwerb ehemaliger landw Grundstücke im Beitrittsgebiet s BMF StEK EStG § 23 Nr 36.
9 FG RhPf EFG 07, 1513 (Rev IX R 38/07) (Eingehen einer Darlehensverbindlichkeit keine Anschaffung).
10 BFH BStBl II 98, 343.
11 BFH BStBl II 01, 345; BStBl II 03, 712 mit Anm *Heuermann* HFR 03, 874; BStBl II 06, 12.
12 BMF StEK EStG § 23 Nr 51, dort auch zum Fall der Entnahme des Grundstücks aus dem luf Betrieb; auch FG M'chen EFG 07, 188.
13 BFH/NV 05, 517; 07, 1108.
14 BFH BStBl II 77, 712 willentlicher Erwerb.
15 BFH BStBl II 70, 806; BStBl II 92, 553.
16 BFH BStBl II 88, 248 verneint bei Devisentermingeschäften.
17 FG RhPf DStRE 05, 156.

Anschaffung muss „wesentlich vom Willen des Erwerbers bestimmt sein".[1] Für die inhaltliche Einordnung des Geschäfts ist der Empfängerhorizont des Erwerbers maßgeblich.[2] Keine Anschaffung sind der Erwerb kraft Gesetzes oder eines aufgrund gesetzlicher Vorschriften ergangenen Hoheitsaktes,[3] die Zuteilung im Umlegungsverfahren[4] sowie die Rückübertragung enteigneter Güter nach dem VermG,[5] wohl aber der Erwerb eines Anspruchs auf Rückübertragung nach dem VermG.[6] Die FinVerw sieht in der Auskehrung von Aktien als Sachdividende grds Anschaffungsgeschäfte iSd § 23 I 1 Nr 2.[7] Die Zuteilung von Bonus-Aktien der Deutschen Telekom AG aus dem 2. Börsengang hat der BFH nunmehr aber als Einkünfte nach § 20 I Nr 1 eingeordnet.[8] Der Tausch/Kauf von (Belegschafts-)Aktien kann zu privaten Veräußerungsgeschäften führen.[9] Besondere Fragen ergeben sich bei Verschmelzungsvorgängen,[10] beim Aktiensplit[11] und beim Umtausch von Gloating-Rate-Notes.[12] Unentgeltlich sind zB Erwerb durch Erbschaft (§ 1922 BGB), Vermächtnis, Schenkung; Aufhebung von Mit-/Gesamthandseigentum durch Realteilung mit Zuweisung des dem Vermögensanteil entspr Wertquantums des Teilhabers ohne Ausgleichszahlung, anders bei (teil-)entgeltlicher Anschaffung im Rahmen der Auseinandersetzung unter Erben oder Miteigentümern (Realteilung mit Spitzenausgleich; ausf § 16 Rn 123 ff, 353 ff)[13] oder bei Übertragungen zur Abgeltung des Zugewinnausgleichs.[14] Eine Vermögensübergabe gegen Versorgungsleistungen zur vorweggenommenen Erbfolge ist unentgeltlich (§ 22 Rn 10), so lange der Übernehmer das Vermögen nicht veräußert;[15] die gleichzeitige – insoweit liegt eine **gemischte Schenkung** und steuerrechtlich Teilentgeltlichkeit vor – Vereinbarung von Gleichstellungsgeldern an Geschwister und die Übernahme von Verbindlichkeiten des Übergebers führen zu AK des Übernehmers (§ 16 Rn 138f) und ggf zu einem Veräußerungsgeschäft des Übergebers. Der hiernach mögliche **teilw entgeltliche Erwerb** (bzw die entspr Veräußerung) – Beispiel: Ein Miterbe erwirbt im WG des PV aufgrund Erbrechts und leistet zusätzlich Ausgleichszahlungen an Miterben – ist aufzuteilen in einen unentgeltlichen und einen entgeltlichen Teil nach dem Verhältnis des Verkehrswertes zur Gegenleistung (sog Trennungstheorie).[16] Dies gilt unabhängig von der Herkunft des Zuzahlungsbetrages. Die teilentgeltliche Übertragung kann beim Übergeber ein Veräußerungsgeschäft iSd § 23 sein.[17] Die Entstehung und Tilgung eines Vermächtnisanspr, Pflichtteilsanspr, Erbersatzanspr nach § 1934a BGB oder einer Forderung auf Ausgleich des Zugewinns führen beim Verpflichteten nicht zu AK.[18]

Die Einlage eines Grundstücks in das BV des StPfl oder in sein Sonder-BV bei einer PersGes ist mangels Rechtsträgerwechsels keine Veräußerung. **Gesellschaftsrechtliche Vorgänge** (Übernahme von Stamm- und Grundkapital, Kapitalerhöhung usw) können Anschaffungsgeschäfte sein.[19] Die **Einbringung eines WG** in eine gewerblich tätige oder geprägte **PersGes** (nicht in das Sonder-BV) gegen Gewährung von Gesellschaftsrechten – nicht so bei Einlagen ohne Gewährung von Gesell-

12

---

1 BFHE 177, 418 mwN.
2 BFH BStBl II 05, 739 (zu vorgetäuschten Geschäften auf dem Kapitalmarkt).
3 BFH BStBl II 77, 712 zum Erwerb gem § 72 GmbHG, sofern kein schuldrechtlicher Vertrag vorausgegangen ist.
4 BFH BStBl II 94, 687; BFHE 177, 418 Surrogationsgedanke, auch zur Zuteilung gegen eine Zuzahlung.
5 BMF BStBl I 93, 18.
6 BFH BStBl II 06, 513.
7 BMF StEK EStG § 23 Nr 42.
8 BFH BStBl II 05, 468 mit Anm *Wacker* BB 05, 867; anders zuvor noch FG D'dorf EFG 02, 1382; die FinVerw behandelt die Zuteilung von Treue-Aktien aus dem 1. Börsengang der Deutschen Telekom AG als Anschaffungsgeschäft iSd § 23 I 1 Nr 2, die Zuteilung aus dem 3. Börsengang als Einkünfte nach § 22 Nr 3, ebenso die Zuteilung von Bonusaktien der Deutschen Post AG s BMF BStBl I 99, 1129; FinMin Niedersachsen FR 00, 790 = StEK EStG § 23 Nr 40; OFD Mchn DStR 02, 999; OFD D'dorf StuB 03, 663; OFD Mchn und OFD Nürnberg DStR 03, 1484; OFD Ffm DB 03, 1986; auch BMF BStBl I 04, 1034 Rn 18f.
9 S zum Tausch von Mannesmann- in Vodafone-Aktien *Strohner/Weismüller* NWB Fach 3, 11377.
10 OFD D'dorf StEK EStG § 23 Nr 35 Daimler Chrysler AG; FG M'chen EFG 07, 1168.
11 BFH BStBl II 01, 345.
12 BFH BStBl II 00, 262.
13 BFH GrS BStBl II 90, 837; BFH BStBl II 04, 987; *Korn/Strahl* NWB Fach 3, 11615 ff.
14 Ausf OFD Ffm FR 01, 322 = StEK EStG § 23 Nr 44; OFD Mchn DB 01, 1533; zu Strategien der Vermeidung (Privileg der selbstgenutzten Wohnung, Übertragung mit Anrechnungsbestimmung gem § 1380 I BGB; Stundung der Zugewinnausgleichsforderung) *Herrmanns* DStR 02, 1108; *Feuersänger* FamRZ 03, 645.
15 Ausf *Brandenberg* NWB Fach 3, 12542.
16 BFH BStBl II 88, 250 auch zur Berechnung des Spekulationsgewinns.
17 BMF BStBl I 93, 62 Tz 28ff; zur Ermittlung des Veräußerungsgewinns bei einem teilw entgeltlich oder im Wege der Erbauseinandersetzung erworbenen Grundstück mit OFD Mchn DB 00, 1383 Rn 30f; weitere Rechenbeispiele bei *Risthaus* DB 99, 1032 (1033, 1035); ausf mit instruktiven Beispielen und Gestaltungsüberlegungen *Tiedtke/Wälzholz* ZEV 00, 293; *Korn/Strahl* NWB Fach 3, 11612 ff.
18 BFH BStBl II 92, 392; BMF BStBl I 93, 62 Tz 37, 67ff.
19 Ausf BMF BStBl I 04, 1034; BStBl I 06, 8.

schaftsrechten und sonstigen Gegenleistungen[1] – ist ein tauschähnlicher Vorgang[2] und – wie der Tausch – ein Veräußerungsvorgang iSd § 23 I[3] mit der Folge, dass zB die Einbringung eines Grundstücks durch offene Sacheinlage in das betriebliche Gesamthandsvermögen einer PersGes innerhalb von zehn Jahren seit der Anschaffung im PV zu einem privaten Veräußerungsgeschäft führt. Die Übertragung auf eine vermögensverwaltende PersGes oder Gemeinschaft gegen Entgelt oder gegen Gewährung von Gesellschaftsrechten soll (s aber § 21 Rn 45 ff) insoweit keine Veräußerung sein, als der bisherige Eigentümer nach der Übertragung am Vermögen der Ges oder Gemeinschaft beteiligt ist (sog Bruchteilsbetrachtung).[4] Ein tauschähnlicher Vorgang ist auch die „Ausbringung" eines Einzel-WG des BV aus der PersGes gegen Minderung von Gesellschaftsrechten.[5] Nach dem 31.12.99 wird auch die **verdeckte Einlage in eine KapGes**[6] einer Veräußerung iSd § 23 gleichgestellt unter Ansatz des gemeinen Werts des eingebrachten WG (§ 23 I 5 Nr 2).[7] § 23 III 7 regelt den Zeitpunkt der Besteuerung in diesen Fällen. Erfolgt die Einlage in das betriebliche Gesamthandsvermögen im Wege einer nach dem 31.12.99 bewirkten verdeckten Einlage, liegt ein privates Veräußerungsgeschäft iSd § 23 I 1 Nr 1 vor, wenn das eingelegte WG innerhalb eines Zeitraums von zehn Jahren seit der Anschaffung im PV aus dem BV veräußert wird.[8]

13 Ab dem 1.1.00 (§ 52 XXXIX 3) fingiert **§ 23 I 5 Nr 1** die – offene oder verdeckte – **Einlage** (§ 15 Rn 453 ff) **von Grundstücken und ähnlichen WG** (Verweisung auf § 23 I 1 Nr 1) **als Veräußerung**, wenn diese „**in das BV**" **eingelegt** worden **und** innerhalb von 10 Jahren nach Anschaffung „**aus dem BV**" **veräußert** werden. Das Gesetz will verhindern, dass die Besteuerung der zwischen Anschaffung und Einlage im PV entstandenen Wertsteigerung dadurch umgangen wird, dass die genannten WG vor der Veräußerung mit einem hohen Wert in das BV eingelegt werden und die Veräußerung aus dem BV zu einem entspr geringen Gewinn führt. Gebäude sind nach Maßgabe des § 23 I 1 Nr 1 S 2 einzubeziehen. Die spätere Überführung in das PV durch Entnahme,[9] auch eine solche im Rahmen einer Betriebsaufgabe (§ 16 III 5), und eine sonstige Entstrickung erfüllen mangels Rechtsträgerwechsels nicht den gesetzlichen Tatbestand, wohl aber der Verkauf bei einer Betriebsveräußerung oder -aufgabe. Vgl zum Rechtsbegriff „Veräußerung aus dem BV" sowie zu Übertragungsvorgängen zwischen Gesellschaftsvermögen und Vermögen eines G'ters die im BMF-Schr BStBl I 00, 1383 Rn 4 aufgelisteten, hinsichtlich ihrer Beurteilung im Einzelnen streitigen[10] Sachverhalte. Eine Entnahme liegt in der idR nicht vor, wenn das WG zeitnah vor der Veräußerung nur teilweise entnommen und teilweise verkauft wird; ggf ist § 42 AO anwendbar. Die Formulierung „aus dem BV" (es heißt nicht: „aus dem Betrieb") setzt (nur) die personelle Identität des Inhabers – ggf des Rechtsnachfolgers – sowie des aufnehmenden und des abgebenden BV, auch des Sonder-BV, nicht aber die Identität des Betriebs iS einer organisatorisch selbstständigen Wirtschaftseinheit voraus. § 6 V 1 und 2, der mehrere (Sonder-)BV desselben StPfl voraussetzt, geht in seinem Regelungsbereich von anderen Vorstellungen aus; auch ist die (ab 1.1.01) in § 6 V 3 ff angeordnete, auf entstrickungsrechtliche Verschonung angelegte Wiederbelebung des MU-Erlasses (§ 15 Rn 448 ff) hier ohne Belang. Insofern liegt § 23 I 5 ein „finaler" (besser: zweckorientierter) Begriff des Betriebsvermögens zugrunde; vgl § 4 Rn 31 ff. § 23 I 5 ist nicht anwendbar bei der Betriebseröffnung. Ein privates Veräußerungsgeschäft liegt – wiederum vorbehaltlich des § 42 AO – nicht vor, wenn das in das BV eingelegte WG unter Anwendung des UmwStG in eine KapGes übertragen wird, deren Anteile dann veräußert werden. Ist der Tatbestand erfüllt, gilt als Veräußerungspreis „der für den Zeitpunkt der Einlage nach § 6 I Nr 5 angesetzte Wert" (§ 23 III 2).[11] Entspr gilt für den Fall der Überführung des WG in das PV anlässlich einer Betriebsaufgabe (§ 23 III 3 iVm § 16 III 5). Die Steuer entsteht zu dem in § 23 III 7 genannten Zeitpunkt. Die Übertragung eines Grundstücks aus dem PV in das betriebliche Gesamthandsvermögen einer PersGes oder auf eine KapGes gegen Gewährung von Gesellschaftsrechten (§ 15 Rn 457) ist nach § 23 I 1 Nr 1 steuerbar. Entspr gilt bei der Übertragung eines Grundstücks in das Vermögen einer Gemeinschaft mit BV oder aus dem betrieblichen Vermögen einer Gemeinschaft in das Vermögen eines Mitglieds.[12]

1 BMF BStBl I 00, 1383 Rn 2; zum Gesellschaftsrecht und zur Buchung *Korn/Strahl* NWB Fach 3, 11618 f.
2 BFH BStBl II 00, 230; FG M'ster EFG 05, 1198; BMF BStBl I 00, 462; BStBl I 00, 1383 Rn 6; *Brandenberg* JbFfSt 00/01, 269.
3 BMF BStBl I 00, 462; FG M'ster EFG 05, 1198.
4 BMF BStBl I 00, 1383 Rn 3 mit Beispielen; *Risthaus* DB 00, Beil. Nr 13, S 5 f; zu Recht krit *Korn/Strahl* NWB Fach 3, 11620 ff, auch zur Einbringung von belasteten Grundstücken; *Korn* KÖSDI 01, 12802.
5 *Brandenberg* JbFfSt 00/01, 269.
6 Zum Begriff BFH BStBl II 90, 86; R 40 KStR; § 17 Rn 120.
7 BMF BStBl I 00, 1383 Rn 2.
8 BMF BStBl I 00, 462 unter II. 1. c.
9 BMF BStBl I 00, 1383 Rn 5.
10 *Risthaus* DB 00, Beil. Nr 13, S 3 f; *Blümich* § 23 Rn 139 f.
11 S im Einzelnen BMF BStBl I 00, 1383 Rn 33 f; zu weiteren Spezialfällen OFD Koblenz DStR 02, 1266.
12 BMF BStBl I 00, 1383 Rn 6.

Als Anschaffung gilt nach § 23 I 2 auch die eindeutige,[1] nach dem 1.1.99[2] verwirklichte **Entnahme** **14**
aus einem BV,[3] auch bei einer **Betriebsaufgabe**. Das Gesetz zielt auf die bis zur Einfügung dieser
Vorschrift gegebene Möglichkeit, einen Entnahmewert anzusetzen, der sich bei einer späteren
stfreien Veräußerung aus dem PV als zu niedrig erweist; das Gesetz will einer sachtypischen
Beweisnot des FA begegnen. Entspr gilt, wenn der StPfl den **Antrag nach § 21 II 1 Nr 1 UmwStG**
aF (sog Entstrickungsantrag) gestellt hat (vgl § 52 XXXIX 5). AK des privaten Veräußerungsgeschäfts ist – so die gesetzliche Klarstellung[4] per 1.1.00 – der tatsächlich angesetzte Wert. S zur
Bewertung bei Anschaffung durch Entnahme iRd § 17 dort Rn 235. Zur Ermittlung des Veräußerungsgewinns s BMF BStBl I 00, 1383 Rn 35 ff.

Anschaffung durch den Rechtsvorgänger: Die vom Erblasser getätigte Anschaffung (auch: Entnahme; zur Anteilsentstrickung vgl § 52 XXXIX 5) wirkt auch gegen den Erben;[5] dies gilt generell **15**
für die Gesamtrechtsnachfolge. Dem wird nunmehr – die frühere Rspr[6] ist gegenstandslos – für Veräußerungen ab 1999 (§ 52 XXXIX 1) durch **§ 23 I 3** die unentgeltliche Einzelrechtsnachfolge zB
durch Schenkung oder Vermächtnis gleichgestellt. Bei einer mittelbaren Schenkung[7] ist jedenfalls
die Anschaffung (und gleichgestellte Vorgänge) durch den Schenker nach § 23 I 3 zurechenbar. Zur
Einbeziehung eines zwischen Anschaffung oder unentgeltlichem/teilentgeltlichem Erwerb und Veräußerung des Grundstücks errichteten Gebäudes s BMF BStBl I 00, 1383 Rn 10 f; zur Nutzung zu
eigenen Wohnzwecken durch den Rechtsvorgänger s Rn 26.

Veräußerung ist die willentliche (s Rn 11 zur Anschaffung) entgeltliche Übertragung insbes **16**
des – auch wirtschaftlichen – Eigentums an einem WG auf einen Dritten bei Maßgeblichkeit
des – grds wirksamen[8] – Verpflichtungsgeschäfts,[9] unter besonderen Umständen auch der Abgabe
eines bindenden Angebots.[10] Veräußerung ist auch die Einbringung von WG gegen Gewährung
von Gesellschaftsrechten in eine PersGes oder KapGes.[11] Nach hM steht die Einziehung einer
Forderung der Veräußerung gleich;[12] Entsprechendes gilt für die Ausübung von Bezugsrechten bei
Kapitalerhöhung einer Aktiengesellschaft.[13] Auf die Motive für die Veräußerung (Krankheit,[14]
sonstige Zwangslage, Zwangsversteigerung, Enteignung gegen Entschädigung, wirtschaftliche Enteignung durch „squeeze-out" nach § 327b I AktG;[15] str) kommt es grds nicht an;[16] anders aber,
wenn unter Zwang – zB bei unmittelbar drohender Enteignung – alsbald ein Ersatz-WG angeschafft wird[17] (dessen Veräußerung steuerbar sein kann); anders auch, wenn innerhalb der Spekulationsfrist mit Verlust verkaufte Wertpapiere noch am selben Tag oder am Folgetag zurückgekauft werden (Missbrauch; „Negierung der Veräußerung").[18] Im Umlegungsverfahren gilt grds der
Surrogationsgedanke.[19] Keine Veräußerung sind der Verlust oder die Zerstörung eines WG, der
Verzicht auf eine Option, die Kündigung, die Rückabwicklung eines Kaufvertrags,[20] die Auseinandersetzung einer stillen Ges[21] oder Vorgänge der Gesamtrechtsnachfolge.[22] Ab 1.1.00 (§ 52
XXXIX 3) gilt für Einlagen von Grundstücken und vergleichbaren WG die **Veräußerungsfiktion**

---

1 Zur Entnahmehandlung BFH/NV 97, 226; R 4.3 III EStR; § 4 Rn 88 ff.
2 BFH BStBl II 07, 179; BFH/NV 07, 227; 07, 228; BMF BStBl I 07, 262; FG D'dorf EFG 02, 464; FG Kln EFG 06, 966 mit Anm *Wüllenkemper* EFG 06, 967; *Kupfer* KÖSDI 00, 12276 f; **aA** *Risthaus* DB 99, 1032.
3 Zu Einzelfragen OFD Koblenz DStR 02, 1266; 03, 1880; OFD D'dorf StuB 03, 758 Auslegung des Tatbestandsmerkmals „angesetzt".
4 BT-Drs 14/2070, 19.
5 BFH BStBl II 69, 520; BStBl II 88, 942; zweifelnd – nach Aufgabe der „Fußstapfentheorie" durch BFH BStBl II 94, 331 für den Gewerbeverlust – *Kupfer* KÖSDI 00, 12276.
6 BFH BStBl II 88, 942 mit Vorbehalt des § 42 AO.
7 Vgl BFHE 186, 400 = DB 98, 2347.
8 S aber zur Anwendung des § 41 AO BFH BStBl II 94, 687.
9 BFH BStBl II 82, 618.
10 BFH BStBl II 72, 452; demgegenüber FG Kln StE 06, 54.
11 Vgl BFH BStBl II 77, 145; BStBl II 97, 224; BMF BStBl I 00, 462.
12 BFH BStBl III 62, 127; **aA** *K/S/M* § 23 Rn B 57; *H/H R* § 23 Rn 141; zur Diskontierung von Wechseln s aber § 20 Rn 280.
13 BFH BStBl II 06, 12; BMF BStBl I 06, 8; krit *Meilicke* DB 06, 1337; vgl *Dinkelbach* DB 06, 1642.
14 BFH BStBl II 69, 705.
15 Hierzu *Schumacher* DB 02, 1626; *Waclawik* DStR 03, 447.
16 FG M'ster EFG 01, 750.
17 BFH BStBl II 73, 445; BFH BStBl II 74, 606; *Schmidt*[26] § 23 Rn 56f.
18 FG Hbg EFG 04, 1775; FG SchlHol EFG 07, 192; and bei einem Zeitraum von 2 Tagen für börsennotierte Wertpapiere unter Verweis auf Art 2 I GG FG M'ster EFG 07, 1024 (Rev IX R 55/07); and selbst für Anschaffung am gleichen Tag FG BaWü StE 07, 580.
19 BFH BStBl II 94, 687; BFHE 177, 418, dort auch zur Mehrzuteilung.
20 BFH BStBl II 07, 162.
21 BFH BStBl II 07, 258.
22 BMF BStBl I 04, 1034 Rn 27 ff; zu den Besonderheiten bei Verschmelzung FG RhPf EFG 04, 1840.

des § 23 I 5 (Rn 13). Auch die Ausschlagung einer Erbschaft gegen Abfindung und der Erbschaftskauf können Veräußerungsgeschäfte iSd § 23 sein.[1]

17 Für die **Berechnung der gesetzlichen Veräußerungsfristen** (§ 108 AO, §§ 187 I, 188 II, III BGB) maßgebend sind die obligatorischen (schuldrechtlichen) Rechtsgeschäfte[2] bzw die Abgabe des Meistgebots,[3] die Ausübung (grds nicht bereits die Einräumung[4]) des Vor- oder Wiederkaufsrechts,[5] auch die Ausübung einer Option,[6] das Entstehen des bedingten Anspruchs auf Erhalt von Treueaktien,[7] ein beidseitig bindender Vorvertrag zum Abschluss eines inhaltlich bestimmbaren Hauptvertrages,[8] nur in besonderen Ausnahmefällen – ua bei Verschaffung des wirtschaftlichen Eigentums (§ 39 II Nr 1 AO) – ein bindendes Angebot[9] oder der dingliche Vollzug vor Abschluss des obligatorischen Geschäfts.[10] Der dingliche Vollzug muss (nicht notwendigerweise innerhalb der „Spekulationsfrist") nachfolgen.[11] Eine erforderliche Genehmigung wirkt nicht auf den Zeitpunkt des schuldrechtlichen Geschäfts zurück,[12] sofern nicht bereits eine beidseitig schuldrechtliche Bindung zur Durchführung des Vertrages entstanden war; Letzteres ist zu verneinen beim Erfordernis einer vormundschafts-, nachlass- oder familiengerichtlichen Genehmigung.[13] Das Rechtsgeschäft muss grds zivilrechtlich wirksam sein; § 41 I AO kann anwendbar sein.[14] Rückgewähr aufgrund von Wandlung ist keine Veräußerung;[15] eine zwischenzeitliche nur formale Rückgängigmachung ist unbeachtlich.[16] Die Erfordernisse der Genehmigung – etwa nach § 19 BauGB – berühren nicht die Wirksamkeit des Verpflichtungsgeschäfts.[17] Eine bewusste Überschreitung der gesetzlichen Veräußerungsfristen ist keine Steuerumgehung (§ 42 AO).

18 **III. Ermittlung des Veräußerungsgewinns.** „Gewinn oder Verlust" ist die im Zeitpunkt des Entgeltzuflusses zu ermittelnde Differenz zw dem – ggf auf das WG entfallenden[18] – **Veräußerungspreis**, mithin allen Gütern, die der Veräußerer nach der Vereinbarung mit dem Erwerber als Entgelt für die Übereignung des WG erhält,[19] und den **AK** (einschl Erwerbsnebenkosten wie solche für Beurkundung, Grundbuch, Makler, Besichtigung des erworbenen Grundstücks; auch das Ausgabeaufgeld bei Erwerb einer stillen Beteiligung;[20] auch vGA; auch nachträgliche AK; auch Wert des Bezugsrechts bei GmbH-Anteilen, die infolge einer Kapitalerhöhung gegen Zuzahlung erworben wurden;[21] auch Lohnzufluss – zB geldwerte Vorteile – bei verbilligtem Aktienerwerb;[22] insoweit eher Entscheidung nach wirtschaftlichen Gesichtspunkten[23]) oder **HK** (auch HK insbes für das nach § 23 I 1 Nr 1 S 2 ab 1.1.99 „einzubeziehende" Gebäude; zur AfA Rn 18), die mit denjenigen in § 6 I Nr 1, 2 identisch sind, und den **WK** (Rn 19) für das veräußerte WG. Die HK iSd § 23 III 1 werden nachträglich auf das erworbene WG aufgewendet (Beispiele: Ausbau eines Rohbaus, wegen der „Einbeziehung" nach § 23 I 1 Nr 1 S 2 auch ein Neubau); die eigene Arbeitsleistung gehört nicht

---

1 BFH BStBl II 04, 987; *Tiedtke/Wälzholz* BB 01, 234, mit Diskussion steuergünstigerer Alternativen; s ferner *Zimmermann* ZEV 01, 5; *Geck* ZEV 01, 234; *Heiliger* ZEV 01, 432; *Tiedtke* ZEV 02, 183.
2 BFH BStBl II 76, 64; BStBl II 98, 343; BStBl II 03, 751 (752); BFH/NV 07, 31 auch bei notarieller Veräußerung eines GmbH-Anteils; zum Anschaffungs- und Veräußerungszeitpunkt bei Wertpapieren BMF BStBl I 04, 1034 Rn 1 ff.
3 BFH BStBl II 94, 687 mwN.
4 BFH BStBl II 72, 452; FG Kln EFG 01, 751; BFH/NV 03, 1171.
5 BFH BStBl II 82, 459.
6 BFH BStBl II 01, 689; auch BMF DStR 03, 509; FinMin NRW DStR 03, 689.
7 FG M'ster EFG 04, 904; in BFH/NV 06, 1657 offen gelassen.
8 BFH BStBl II 70, 806; BStBl II 84, 311 Vorvertrag.
9 BFH BStBl II 70, 806; BStBl II 92, 553 mwN.
10 BFH BStBl II 72, 452; BStBl II 84, 311.
11 BFH/NV 87, 428.
12 BFH BStBl II 02, 10 für den Fall eines Vertragsschlusses unter Vertretung durch einen vollmachtlosen Vertreter; BFH/NV 07, 31.
13 Zutr diff *Tiedtke/Wälzholz* Stbg 02, 209, auch zur mündlich erteilten Vollmacht sowie zu Genehmigungen nach §§ 19, 51, 144, 145 BauGB, nach dem GrStVG, der GVO, § 2 PrklG, § 5 ErbbauVO, § 12 WEG, §§ 15, 17 GmbHG; s ferner *Götz* FR 01, 288.
14 BFH BStBl II 94, 687 Anschein eines vollständig beurkundeten Vertrags.
15 BFH BStBl II 83, 315.
16 BFH BStBl II 94, 687.
17 Vgl BFH BStBl II 97, 820 zur ErbSt; allg BFH BStBl II 92, 1024 zur Genehmigung durch gesetzliche Vertreter und Ergänzungspfleger.
18 BFH BStBl II 96, 215 Aufteilung eines Gesamtkaufpreises; BFH/NV 05, 1262 zur Erstattung von Finanzierungsaufwendungen.
19 BFH BStBl II 94, 687 auch zur nachträglichen Erhöhung des Entgelts.
20 BFH BStBl II 01, 24 Aufwendungen auf die Kapitaleinlage sind von § 9 nicht erfasste Aufwendungen auf das Vermögen.
21 BFH BStBl II 06, 12; zur Gewinnermittlung bei Erwerb und Ausübung (=Veräußerung) von Bezugsrechten BMF BStBl I 06, 8.
22 BFH BStBl II 01, 689; BMF DStR 03, 509; FinMin NRW DStR 03, 689; OFD Ffm StEK EStG § 23 Nr 57; *Portner* DB 02, 235; *Hoffmann* DStR 01, 1789.
23 BFH/NV 01, 438.

hierzu.[1] Nach BFH sind Erbbauzinsen AK des Erbbaurechts.[2] Eine Ermäßigung infolge Entgeltminderung vermindert den Gewinn. Zuschüsse zu den AK/HK von dritter Seite, die keine Mieterzuschüsse iSd R 21.5 III EStR sind, mindern die AK/HK; s aber § 8 InvZulG 05; § 16 EigZulG. Zu den Anschaffungsnebenkosten und Veräußerungskosten gehören – zB bei Wertpapieren – Provisionen, Maklergebühren, Spesen.[3] Zur Gewinnermittlung in den Fällen des § 23 I 2 s § 23 III 3, bei Termingeschäften s § 23 III 5.

WK iSd §§ 9 I 1, 23 III 1 (kein gesetzlicher Pauschbetrag) sind neben den Finanzierungsaufwendungen grds alle durch den Anschaffungs-[4]/Veräußerungsvorgang iSd § 23 veranlassten Aufwendungen, die nicht zu den (nachträglichen) AK oder HK des angeschafften WG gehören[5] und auch nicht im Rahmen einer steuerlich relevanten „Zwischennutzung" BA oder WK bei den Einkünften aus VuV[6] oder wegen privater Nutzung nach § 12 nicht abziehbar sind. WK sind die durch die Veräußerung des (zuvor angeschafften) WG veranlassten Aufwendungen, Erhaltungsaufwendungen bei Grundstücken, soweit sie allein oder ganz überwiegend durch die Veräußerung des Mietobjekts veranlasst sind,[7] Gebühren bei der Wertpapierverwaltung,[8] soweit sie nicht § 20 zuzuordnen sind,[9] die bei fremdfinanzierter Anschaffung des WG angefallenen **Schuldzinsen**[10] und Vorfälligkeitsentschädigungen,[11] soweit sie nicht einer anderen Einkunftsart zuzuordnen sind[12] oder die Aufwendung wie bei einer Eigennutzung privat veranlasst ist (§ 12).[13] Nach dieser Maßgabe sind WK auch **Veräußerungs(neben)kosten** (für Makler, Notar usw), Erhaltungsaufwendungen, Verwalterhonorar;[14] ferner Aufwendungen nach Vermietung und vor Veräußerung.[15] Wird ein unbebautes Grundstück innerhalb der steuerbegründenden Frist unter Aufgabe der Bebauungsabsicht wieder veräußert, können die **Planungsaufwendungen** (Baugenehmigungsgebühren, Architektenhonorare) als (vergebliche, § 9 Rn 66) WK bei den Einkünften aus VuV oder (bei von Anfang an bestehender Veräußerungsabsicht) aus § 23 abziehbar sein; haben sie sich erhöhend auf den Veräußerungspreis ausgewirkt, können sie nach Auffassung des BFH vom Veräußerungspreis abgezogen werden;[16] diese Einschränkung ist mit dem WK-Begriff nicht vereinbar. Zur Zuordnung von Kosten bei berufsbedingtem Umzug s § 12 Rn 25.[17]

Die **AK/HK mindern sich** nach § 23 III 4 bei nach dem 31.7.95 angeschafften oder in das PV überführten WG um **AfA**, erhöhte Absetzung, Sonderabschreibungen (§ 7a I, IV) in dem Umfang, in dem sie tatsächlich bei der Ermittlung von Einkünften (insbes aus VuV) abgezogen worden sind;[18] keine Minderung dagegen um Erhaltungsaufwand, auch soweit er zB nach § 82b EStDV auf mehrere Jahre verteilt worden ist, oder um „wie SA" abziehbare Beträge, zB nach §§ 10e–10i, oder auch um Eigenheimzulage; Investitionszulage nach dem InvZulG. § 52 XXXIX 4 enthält eine Anwendungsregelung auch für nach dem 31.12.98 fertiggestellte und veräußerte Gebäude.

Es gelten das Nominalwertprinzip und grds das **Zu- und Abflussprinzip** des § 11.[19] Der Gewinn wird realisiert erst mit Zufluss des Veräußerungserlöses, ggf bei zeitlicher Streckung (Raten) in mehreren VZ.[20] Zum Kauf gegen Raten und gegen Leibrente bzw dauernde Last s § 22 Rn 4.[21] WK sind abw von § 11 II in diesem Zeitpunkt abzuziehen;[22] dies auch, wenn sie vor dem VZ abfließen oder nach diesem VZ mit Sicherheit anfallen werden.[23] Bei nachträglichen WK ist ggf die Veranlagung des Zuflussjahres, soweit nicht nach § 165 II AO verfahren wird, nach § 175 I 1 Nr 2 AO zu ändern.[24]

---

1 BFH/NV 95, 391 mwN Rechtsfolge nicht unbillig.
2 BFH BStBl II 77, 384; **aA** zB *H/H/R* § 23 Rn 85.
3 BFH BStBl II 89, 934.
4 *Blümich* § 23 Rn 193ff mwN; *Schmidt*[26] § 23 Rn 82 mwN.
5 BFH BStBl II 91, 916; BStBl II 97, 603 grundlegend; allg *Schulze zur Wiesche* FR 82, 446; *Warnke* DStR 98, 1073.
6 Vgl BMF BStBl I 00, 1383 Rn 29.
7 BFH BStBl II 90, 465.
8 OFD D'dorf v 28.10.04 S 2210 A-St 212; *Lohr* DStR 05, 321.
9 Zur Abgrenzung zu § 20 FG D'dorf EFG 07, 354; 07, 1002.
10 BFH BStBl III 65, 194; beiläufig BFH BStBl II 97, 603.
11 BFH BStBl II 06, 265 mit Anm *Kempermann* FR 06, 417.
12 BFH BStBl III 65, 194; BStBl II 06, 265; FG Mchn EFG 03, 1612.
13 BFH BStBl II 05, 91 bei zunächst geplanter Eigennutzung Schuldzinsenabzug erst ab Zeitpunkt des Verkaufsentschlusses; auch FG BaWü EFG 95, 621.
14 BFH BStBl II 89, 16: „zweifelh".
15 Vgl auch BFH BStBl II 90, 465 Beseitigung von Schäden vor Verkauf.
16 BFH BStBl II 97, 603.
17 BFH BStBl II 00, 476 Aufwendungen aufgrund der Veräußerung eines Eigenheims anlässlich eines beruflich bedingten Umzugs.
18 S auch BMF BStBl I 00, 1383 Rn 38ff; BFH/NV 06, 55 mit Art 3 GG vereinbar.
19 BFH BStBl II 74, 450; BMF BStBl I 04, 1034 Rn 50f; zum Zufluss auf Notaranderkonto s OFD Cottbus StEK EStG § 23 Nr 30.
20 Zum Zufluss in mehreren Kj s BMF BStBl I 00, 1383 Rn 36; s auch BMF BStBl I 01, 986 Tz 51.
21 BMF BStBl I 96, 1508 Tz 48 (mit Beispiel) Rate; Tz 57 Leibrente.
22 BFH BStBl II 91, 916.
23 BFH BStBl II 92, 1017.
24 Vgl zu § 22 Nr 3 BFH BStBl II 92, 1017.

Eine spätere Rückzahlung ist eine negative Einnahme;[1] die vorstehend befürwortete Behandlung von WK gilt entspr. Ab 1999 gilt vorrangig der Verlustabzug nach § 23 III 8 iVm § 10d.

23 IV. Verluste (§ 23 III 8 f). Die Erweiterung des – immer noch eingeschränkten[2] – **Verlustausgleichs und -abzugs** (§ 23 III 8 f) will der Rspr des BVerfG[3] zum früheren Ausschluss der Verlustverrechnung nach § 22 Nr 3 aF (§ 22 Rn 37) Rechnung tragen. Verluste aus privaten Veräußerungsgeschäften[4] können nicht nur – wie bisher – mit privaten Veräußerungsgewinnen des gleichen VZ verrechnet werden.[5] Sie können nach Maßgabe des § 10d auch die Einkünfte mindern, die der StPfl in dem unmittelbar vorangegangenen VZ oder den folgenden VZ aus Geschäften iSd § 23 erzielt hat oder erzielt. § 23 III 9 HS 2 stellt klar, dass das gesonderte Feststellungsverfahren gem § 10d IV durchzuführen ist.[6] Ein Verlustausgleich mit anderen Einkunftsarten bleibt ausgeschlossen. Nach Auffassung der FinVerw[7] gilt der neue periodenübergreifende Verlustabzug (§ 23 III 9) nur für ab dem VZ 99 entstandene Verluste. Nach BFH[8] sind für Verluste aus Geschäften iSd § 23 in den für VZ vor VZ 99 geltenden Fassungen, soweit diese Vorschriften auch nach dem BVerfG-Urt vom 9.3.04[9] anwendbar bleiben,[10] in den noch offenen Altfällen die allgemeinen einkommensteuerrechtlichen Regelungen über Verlustausgleich und Verlustabzug anzuwenden.

24 V. Freigrenze (§ 23 III 6). Ist der Gewinn aus allen Veräußerungsgeschäften des VZ vor[11] Durchführung des Verlustabzugs (§ 23 III 9) höher als die Freigrenze von 512 €, ist er voll zu versteuern (kein Freibetrag). Die Freigrenze wird bei gestrecktem Zufluss in jedem VZ neu gewährt. Zusammenveranlagte Ehegatten haben je ihre eigene Freigrenze.

25 VI. Unternehmensteuerreform 2008. *Infolge des UntStRefG v 14.8.2007 (BGBl I 07, 1912) werden Gewinne aus der privaten Veräußerung von Wertpapieren und aus Termingeschäften nicht mehr als Gewinne iSv § 23, sondern – unabhängig von einer Haltefrist – durch § 20 nF erfasst. In § 23 I 1 Nr 2 S 1 wird daher der Verweis auf Wertpapiere gestrichen; auch die gesetzliche Regelung der Fifo-Methode für Wertpapiere (§ 23 I 1 Nr 2 S 2 aF) kann entfallen. Gleiches gilt für die Regelung der Verwendungsreihenfolge (Fifo) von Fremdwährungsbeträgen (§ 23 I 1 Nr 2 S 3 aF), die als Hilfsmittel für die Kreditinstitute zur Erstellung der Jahresbescheinigung nach § 24c in das Gesetz aufgenommen worden war; da nunmehr der StPfl selbst die Gewinne oder Verluste aus Fremdwährungsgeschäften erklärt, ist die gesetzliche Regelung nicht mehr erforderlich. § 23 I 1 Nr 2 S 2 nF sieht demgegenüber vor, dass sich bei WG iSv Nr 2 S 1, aus deren Nutzung als Einkunftsquelle zumindest in einem Kj Einkünfte erzielt werden, der Zeitraum iSd Nr 2 S 1 auf zehn Jahre erhöht. Die Neuregelung soll Steuersparmodellen entgegenwirken, die auf der Vermietung beweglicher WG (etwa Container) beruhen (vgl BT-Drs 16/4841, 102). Infolge der Erfassung in § 20 nF entfallen auch § 23 I 1 Nr 3 aF (Erfassung von Veräußerungen vor Erwerb, insb Baisse-Spekulationen mit Wertpapieren) und § 23 I 1 Nr 4 aF (Gewinne aus Termingeschäften). Letztere Normänderung zieht eine Folgeänderung in § 23 I 3 nach sich. Durch die Neuregelung der Besteuerung von Anteilsveräußerungen in § 20 kann auch die Regelung des Konkurrenzverhältnisses zu § 17 in § 23 II 2 aF wegfallen. Die Erfassung von Termingeschäften in § 20 macht auch die Vorschrift über die Gewinnermittlung bei Termingeschäften gem § 23 III 5 aF obsolet. In § 23 III 5 nF (zuvor § 23 III 6) wird die Freigrenze zur einfacheren Berechnung auf 600 € angehoben. § 23 III 7 bis 9 aF werden § 23 III 6 bis 8 nF. § 23 III 9 und 10 nF eröffnen*

---

1 BFH BStBl II 74, 540.
2 Für die Verfassungsmäßigkeit der Neuregelung BFH BStBl II 07, 259; BFH/NV 07, 1473; 07, 1478; ebenso zuvor FG Bln EFG 04, 1842; FG Kln EFG 04, 1843; FG Mchn EFG 06, 27; krit *Herzig/Lutterbach* DStR 99, 521 (526); *Strahl/Fuhrmann* FR 03, 387.
3 BVerfGE 99, 88.
4 Zur Geltung der Verlustnutzungsbeschränkung bei Optionsgeschäften mit Mieteinnahmen BFH/NV 07, 2422.
5 S auch BMF BStBl I 00, 1383 Rn 41f, auch zur Verlustverrechnung bei Ehegatten.
6 Zur zeitlichen Anwendbarkeit FG Hbg EFG 07, 1678 (soweit die Feststellungsfrist am 1.1.07 noch nicht abgelaufen ist, auch wenn StBescheid für Verlustentstehungsjahr nicht mehr bestandskräftig); anders noch vor Einfügung von § 23 III 9 HS 2 BFH BStBl I 07, 158 mit Anm *Pohl* DStR 06, 1308; BFH/NV 06, 1657; 06, 1836; demgegenüber BMF BStBl I 07, 268 unter Verweis auf BMF BStBl I 00, 1383 Rn 42.
7 OFD D'dorf DB 99, 1631; hierzu KÖSDI 99, 12107; BMF BStBl I 00, 1383 Rn 43.
8 BFH BStBl II 05, 26; BFH/NV 05, 51; zuvor BFH BStBl II 01, 411; auch BFH BStBl II 05, 125; BFH/NV 07, 689; *Groß* DStR 01, 1553 mwN.
9 BVerfG BGBl I 04, 591 = BStBl II 05, 56.
10 Zu den Auswirkungen im Verhältnis der VZ 96 und 97 FG Nds DStRE 07, 1316 (kein Verlustrücktrag möglich); and FG D'dorf EFG 07, 1607 (Billigkeitsmaßnahme für VZ 96 zu erwägen).
11 BFH BStBl II 05, 433 mit Anm *Brandt* BFH-PR 05, 173; BFH/NV 05, 1254; BMF BStBl I 04, 1034 Rn 52; OFD Mchn v 30.7.02, DStR 02, 1763; *Schultze/Janssen* FR 02, 568; *Wernsmann/Dechant* FR 04, 1272; **aA** FG Mchn EFG 04, 1529; *Walter/Stümper* DStR 02, 204; *Heidenreich* NWB Fach 3, 12291.

die Möglichkeit, Altverluste aus privaten Veräußerungsgeschäften übergangsweise für 5 Jahre sowohl mit Gewinnen aus privaten Veräußerungsgeschäften als auch mit Erträgen aus Kapitalanlagen gem § 20 II nF zu verrechnen.

*Die Neuregelungen sind **grds ab dem VZ 09 anwendbar**. Nach **§ 52a XI 3 bis 6 nF** ist für die Anwendbarkeit des alten oder des neuen Rechts entscheidend, ob der obligatorische Vertrag über die Anschaffung des WG bis zum oder nach dem 31.12.2008 rechtswirksam abgeschlossen worden ist bzw ob ein gleichstehender, die Anschaffung begründender Rechtsakt bis zum 31.12.2008 oder danach stattgefunden hat. **§ 52a XI 11 nF** stellt klar, dass die erweiterte Verlustverrechnung für Altverluste (§ 23 III 9 und 10 nF) bis einschließlich VZ 2013 möglich ist. Trägt der StPfl über diesen Zeitpunkt hinaus Altverluste vor, können diese nur noch mit Gewinnen aus privaten Veräußerungsgeschäften verrechnet werden.*

h) Gemeinsame Vorschriften

§ 24

Zu den Einkünften im Sinne des § 2 Abs. 1 gehören auch
1. Entschädigungen, die gewährt worden sind
    a) als Ersatz für entgangene oder entgehende Einnahmen oder
    b) für die Aufgabe oder Nichtausübung einer Tätigkeit, für die Aufgabe einer Gewinnbeteiligung oder einer Anwartschaft auf eine solche;
    c) als Ausgleichszahlungen an Handelsvertreter nach § 89b des Handelsgesetzbuchs;
2. Einkünfte aus einer ehemaligen Tätigkeit im Sinne des § 2 Abs. 1 Satz 1 Nr. 1 bis 4 oder aus einem früheren Rechtsverhältnis im Sinne des § 2 Abs. 1 Satz 1 Nr. 5 bis 7, und zwar auch dann, wenn sie dem Steuerpflichtigen als Rechtsnachfolger zufließen;
3. Nutzungsvergütungen für die Inanspruchnahme von Grundstücken für öffentliche Zwecke sowie Zinsen auf solche Nutzungsvergütungen und auf Entschädigungen, die mit der Inanspruchnahme von Grundstücken für öffentliche Zwecke zusammenhängen.

R 24 EStR 05

Übersicht

	Rn		Rn
A. Grundaussagen der Vorschrift	1	**C. Nachträgliche Einkünfte (§ 24 Nr 2)**	40
B. Entschädigungen (§ 24 Nr 1)	5	I. Bedeutung der Regelung	40
I. Entschädigungsbegriff	5	II. Nachträgliche Einkünfte	41
1. Kein einheitlicher Entschädigungsbegriff	5	1. Grundlagen	41
2. Gemeinsame Merkmale	6	2. Einkünfte aus ehemaliger Tätigkeit	42
3. Höhe der Entschädigung	7	a) Gewinneinkünfte	42
4. Einheitliche Betrachtungsweise	8	aa) Veräußerungsgewinn oder nachträgliche Einkünfte	43
II. Ersatz von Einnahmen (§ 24 Nr 1a)	10	bb) Wahlrecht bei Veräußerung gegen wiederkehrende Bezüge	47
1. Entschädigungsbegriff der Nr 1a	10	cc) Insbesondere nachträgliche Schuldzinsen	48
2. Einzelfälle	15	dd) Gewinnermittlung	52
a) Entschädigung bei Gewinneinkünften	15	b) Ehemalige nichtselbstständige Tätigkeit	55
b) Entschädigung bei den Einkünften aus nichtselbstständiger Arbeit	17	3. Einkünfte aus ehemaligem Rechtsverhältnis	60
c) Entschädigung bei den Einkünften im Sinne des § 2 Nr 5 bis 7	18	a) Einkunftsarten	60
III. Entschädigung für Aufgabe oder Nichtausübung einer Tätigkeit (§ 24 Nr 1b)	20	b) Insbesondere nachträgliche WK	61
1. Aufgabe oder Nichtausübung einer Tätigkeit	23	III. Zufluss an Rechtsnachfolger	70
2. Aufgabe einer Gewinnbeteiligung	25	1. Bedeutung der Regelung	70
3. Beispiele	26	2. Beibehaltung der Einkunftsart	71
IV. Ausgleichszahlungen an Handelsvertreter (§ 24 Nr 1c)	30	3. Rechtsnachfolger	72
		4. Einzelfälle	73
		D. Nutzungsvergütungen für die Inanspruchnahme von Grundstücken für öffentliche Zwecke (§ 24 Nr 3)	80

Literatur: *Bauer/Günther* Steuerfreie Entschädigung statt steuerpflichtiger Abfindung?, NJW 2007, 113; *v Bornhaupt* Erhaltungsaufwand nach Auszug des Mieters als nachträgliche Werbungskosten, BB 98, 136; *Brucker* Steuerliche Probleme bei Abfindungen an einen Gesellschafter-Geschäftsführer einer GmbH & Co KG, StW 06, 154; *Cornelius/Lipinski* Diskriminierungsabrede im Aufhebungsvertrag, BB 07, 496; *Heinicke* Der Rechtsnachfolger im Sinne des § 24 EStG, DStJG 10 (87), 99; *Intemann/Cöster* Schuldzinsenabzug nach Veräußerung oder Aufgabe einer wesentlichen Beteiligung – Änderung der Rechtsprechung?, DB 07, 1248; *Meyer/Ball* Neues zum betrieblichen Schuldzinsenabzug entnommener oder veräußerter Wirtschaftsgüter, DStR 99, 781; *Offerhaus* Im Dienstvertrag vereinbarte Abfindung oder Entschädigung nicht steuerbegünstigt?, DB 00, 396; *ders* Neue Steuerrechtsfragen zur Entschädigung von Arbeitnehmern bei Auflösung des Dienstverhältnisses, DStZ 97, 108; *Paus* Ermittlung der Einkünfte bei Veräußerung des Betriebs gegen wiederkehrende Bezüge, DStZ 03, 523; *Stuhrmann* Nachträgliche Werbungskosten bei den Einkünften aus Vermietung und Verpachtung, DStR 05, 726; *Weber-Grellet* Die Entwicklung der Rechtsprechung des BFH zu den Entschädigungen im Sinne der §§ 24, 34 EStG, BB 04, 1877; *Wiemker* Die Besteuerung von gesetzlichen Arbeitnehmerabfindungen beim Arbeitnehmer in Deutschland und Österreich, Diss 2005.

A. Grundaussagen der Vorschrift

1 § 24 ordnet an, dass bestimmte Entschädigungen, nachträgliche Einkünfte und die in Nr 3 geregelten Nutzungsvergütungen zu den Einkünften iSd § 2 I gehören. Aus dem Wortlaut (gehören auch) und der Systematik der Vorschrift folgt, dass durch sie **keine selbstständige Einkunftsart** neben den Einkunftsarten des § 2 I gebildet wird.[1] § 24 Nr 1 hat für die Zuordnung von Ersatzleistungen zu den einzelnen Einkunftsarten klarstellende Bedeutung.[2] Nr 2 stellt klar, dass die StPfl von Einkünften nicht entfällt, weil sie nach Beendigung der auf die Einkünfteerzielung gerichteten Tätigkeit erzielt werden. Nur für die Besteuerung nachträglicher Einkünfte beim Rechtsnachfolger hat **§ 24 Nr 2 HS 2 rechtsbegründenden Charakter**.[3] Da § 24 keine neue Einkunftsart schafft, kann die StPfl nicht über den Bereich der gesetzlich festgelegten Einkunftsarten hinaus ausgeweitet werden.[4] Die in der Vorschrift genannten Einnahmen müssen vielmehr einer der Einkunftsarten des § 2 I Nr 1 bis 7 zugeordnet werden können. Ist eine eindeutige Zuordnung zu einer der Einkunftsarten des § 2 I Nr 1 bis 6 nicht möglich, kommt eine Zuordnung zu den Einkünften iSd § 22 Nr 3 in Betracht.[5] Die Bedeutung des § 24 liegt vor allem darin, dass die Entschädigungen nach Nr 1 und die Nutzungsvergütungen nach Nr 3 unter den Voraussetzungen des § 34 II Nr 2 und 3 tariflich begünstigt werden. Trotz dieser **Vorgreiflichkeit des § 24 für § 34** sind die tatbestandlichen Voraussetzungen beider Regelungen auseinander zu halten. Die Voraussetzung der „Zusammenballung" der Einkünfte (§ 34 Rn 15 ff) ist nur für § 34, nicht für die Anwendung des § 24 von Bedeutung.

B. Entschädigungen (§ 24 Nr 1)

5 **I. Entschädigungsbegriff. – 1. Kein einheitlicher Entschädigungsbegriff.** § 24 Nr 1 fasst unter dem gemeinsamen Oberbegriff der Entschädigung unterschiedliche Einkünfte zusammen. In seiner **allg für alle Fallgruppen maßgeblichen Bedeutung** umfasst der Begriff Zahlungen, die eine finanzielle Einbuße ausgleichen, die ein StPfl infolge einer Beeinträchtigung seiner Rechtsgüter erlitten hat oder zu erwarten hat.[5] Über diese sehr allg Bedeutung hinaus gilt für § 24 Nr 1 kein einheitlicher Entschädigungsbegriff.[6] Die unterschiedliche Funktion der verschiedenen Ersatzleistungen führt vielmehr dazu, dass die verschiedenen Tatbestände **jeweils unterschiedliche spezielle Voraussetzungen** für den Begriff der Entschädigung erfordern. Nr 1a dient der Abgeltung und Abwicklung von Interessen aus dem bisherigen Rechtsverhältnis, so dass strenge Anforderungen an die Abgrenzung zum bisherigen Rechtsverhältnis aufgestellt werden (Rn 11). Die Entschädigung nach Nr 1b umfasst jegliche Gegenleistung für die Aufgabe oder Nichtausübung einer Tätigkeit, so dass die Ersatzleistung auch aus eigenem Antrieb herbeigeführt werden darf und nicht auf einer neuen Rechts- und Billigkeitsgrundlage beruhen muss (Rn 21). Nr 1c definiert die Entschädigung durch Verweisung auf die zugrunde liegende handelsrechtliche Norm.

6 **2. Gemeinsame Merkmale.** Für alle Fallgruppen des § 24 Nr 1 gilt, dass der StPfl infolge der Beeinträchtigung der durch die einzelnen Tatbestände geschützten Güter einen finanziellen Schaden erlitten haben muss und die Zahlung unmittelbar dazu bestimmt sein muss, diesen Schaden auszuglei-

---

1 BFH BStBl II 71, 138.
2 BFH BStBl II 79, 66; BStBl II 75, 634.
3 BFH BStBl II 94, 455.
4 BFHE 147, 477.
5 BFH BStBl II 96, 516.
6 *H/H/R* § 24 Rn 15.

chen.¹ Zw Entschädigung und den entgangenen Einnahmen muss eine kausale Verknüpfung bestehen.² Da § 24 keine eigene Einkunftsart schafft, ist erforderlich, dass sich die Entschädigung einer Einkunftsart iSd § 2 I Nr 1 bis 7 zuordnen lässt. Lässt sich die Einnahme gleichzeitig mehreren Einkunftsarten zuordnen, kann § 22 Nr 3 erfüllt sein.³ Schadensersatzleistungen für Verluste oder Wertminderungen am nicht steuerbaren PV fallen nicht unter § 24 Nr 1, da sie sich keiner Einkunftsart zuordnen lassen. Die Entschädigung kann **auch Folgeschäden** umfassen, wie etwa einen Einnahmeausfall, den ein StPfl dadurch erleidet, dass das schadenstiftende Ereignis seinen Ruf beeinträchtigt und ihm deshalb in der Folgezeit weniger Aufträge erteilt werden.⁴ Die Entschädigung muss zum Ausgleich des Schadens dienen und darf nicht auf anderen Umständen beruhen.⁵ Werden einheitliche Zahlungen vereinbart, die teilw laufende Einkünfte und teilw Entschädigungszahlungen beinhalten, oder dient eine Entschädigung dazu, neben dem Schaden durch den Wegfall von Einkünften auch andere Schäden auszugleichen, ist der Gesamtbetrag – erforderlichenfalls im Wege der Schätzung – aufzuteilen.⁶

3. Höhe der Entschädigung. Die Entschädigung kann in Geld oder Sachleistung⁷ bestehen. Eine **betragsmäßige Begrenzung** ist § 24 Nr 1 **ebenso wenig** zu entnehmen **wie die Beschränkung auf** einen **angemessenen Betrag.**⁸ Es ist der Nettobetrag anzusetzen, der sich nach Abzug der mit den entgangenen Einnahmen in Zusammenhang stehenden BA oder WK ergibt.⁹ Fallen mit der Entschädigung zusammenhängende BA oder WK (zB Prozesskosten, RA-Kosten) in einem der Vereinnahmung der Entschädigung vorausgehenden VZ an, mindern sie die regelbesteuerten Einkünfte dieses Zeitraums; entspr mindert sich der dem ermäßigten Tarif unterliegende Betrag in dem Besteuerungszeitraum, in dem die Entschädigung als Einnahme zu erfassen ist.¹⁰ Bei gleichzeitigem Bezug von laufendem Arbeitslohn und einer vom ArbG gewährten Entschädigung iSd § 24 Nr 1a ist der ArbN-Pauschbetrag im Verhältnis dieser Lohnbestandteile aufzuteilen und nicht ausschließlich beim laufenden Arbeitslohn zu berücksichtigen.¹¹ § 24 Nr 1 stellt nicht auf eine Zusammenballung von Einnahmen ab; dieses Merkmal ist für die Anwendung des ermäßigten Steuersatzes gem § 34 (§ 34 Rn 15 ff) von Bedeutung.

4. Einheitliche Betrachtungsweise. Grundsätzlich ist es möglich, dass der StPfl mehrere unterschiedliche Entschädigungszahlungen nebeneinander erhält.¹² Eine aus Anlass der Auflösung oder Beendigung eines Arbverh als Ersatz für entgehende Einnahmen gewährte Entschädigung ist jedoch grds einheitlich zu beurteilen. Das gilt auch für den Fall, dass sich die Entschädigung aus mehreren Teilen (in sachlicher oder auch in zeitlicher Hinsicht) zusammensetzt.¹³ In Ausnahmefällen kann im Zusammenhang mit der Auflösung eines Arbverh neben eine Entschädigung iSd § 24 Nr 1a eine Entschädigung für die Einhaltung eines Wettbewerbsverbots iSd § 24 Nr 1b treten.¹⁴ Entschädigungen können auch durch sog **Entschädigungszusatzleistungen** ergänzt werden (vgl **ausf** § 34 Rn 19). Das sind beispielsweise solche Leistungen, die der (frühere) ArbG dem StPfl zur Erleichterung des Arbeitsplatz- oder Berufswechsels oder als Anpassung an eine dauerhafte Berufsaufgabe und Arbeitslosigkeit erbringt.¹⁵ Diese ergänzenden Zusatzleistungen, die den Übergang bei Verlust des Arbeitsplatzes erleichtern und „abfedern" sollen, sind Teil der einheitlichen Entschädigung.¹⁶ Wo die betragsmäßige Grenze von Zusatzleistungen verläuft, bedarf noch der Klärung.¹⁷

II. Ersatz von Einnahmen (§ 24 Nr 1a). – 1. Entschädigungsbegriff der Nr 1a. Die Entschädigung des § 24 Nr 1a dient dazu, den Verlust von Einnahmen auszugleichen. Da es sich um den Ersatz von entgangenen oder entgehenden Einnahmen handelt, darf es sich nicht lediglich um die vereinbarte Leistung, wenn auch möglicherweise nur teilw oder unter anderen Modalitäten, handeln. Eine Ent-

---

1 BFH BStBl II 87, 106; BStBl II 87, 386.
2 BFH BStBl II 91, 76; BStBl II 86, 252; BStBl II 80, 205.
3 BFH BStBl II 96, 516.
4 BFH v 25.3.98 IV B 30/97, nv, juris.
5 BFH BStBl III 53, 57.
6 BFH BStBl II 79, 155; BStBl II 77, 618; BFH/NV 00, 712.
7 ZB BFH BStBl II 88, 525.
8 *Offerhaus* DB 82, Beil. Nr 10, S 2; *v Bornhaupt* BB 80, Beil. Nr 7, S 13; **aA** BFH BStBl II 76, 490.
9 FG BaWü EFG 69, 237.
10 BFH BStBl II 05, 215; krit *Paus* DStZ 05, 266.
11 FG Kln EFG 97, 797; FG Bdbg EFG 97, 163.
12 BFH/NV 88, 227.
13 BFH BStBl II 96, 416; BFH v 16.11.05 – XI R 32/04, GmbHR 06, 389 (Schmerzensgeld wegen Rufschädigung als Teil der Entschädigung für den Verlust des Arbeitsplatzes).
14 Dazu BFH BStBl II 93, 497; vgl auch BFH/NV 98, 1082.
15 Hierzu kann auch eine Kfz-Überlassung (BFH/NV 03, 769, 747, 608, 448) oder eine später ausgezahlte Jubiläumszuwendung (BFH BStBl II 04, 451) zählen; vgl auch BFH/NV 05, 1772.
16 BFH BStBl II 02, 180.
17 BFH v 9.4.03 – XI B 71/02, juris.

schädigung iSv § 24 Nr 1a verlangt, dass das zugrunde liegende Rechtsverhältnis beendet wird.[1] Davon kann nicht ausgegangen werden, wenn das bestehende Dienstverhältnis lediglich formal mit einem neuen ArbG, aber iÜ in Bezug auf den Arbeitsbereich, die Entlohnung und unter Wahrung des sozialen Besitzstandes im Wesentlichen unverändert fortgesetzt wird.[2] Zahlungen, die bürgerlich-rechtlich **Erfüllungsleistungen** eines Rechtsverhältnisses sind, werden grds **nicht erfasst**.[3] Dies gilt insbes für die als Folge einer Vertragsstörung im Rahmen des Erfüllungsinteresses geleisteten Zahlungen des Vertragsstörers.[4] Der Erlös für aus wirtschaftlichen Gründen nicht mehr benötigte Zuckerrübenlieferrechte ist keine Entschädigung, da kein Ersatz für Einnahmen geleistet wird, die ausgefallen sind oder ausfallen werden.[5] Die Umstellung der Vergütung für die Ausarbeitung von Drehbüchern, die bislang von der Zahl der Wiederholungssendungen abhing, auf einen Einmalbetrag (sog „Buy-Out-Vergütung") ist ebenfalls keine Entschädigung.[6]

11 Eine Entschädigung iSd Nr 1a liegt nur dann vor, wenn die an die Stelle der bisherigen oder künftigen Einnahmen tretende Ersatzleistung auf einer **neuen Rechtsgrundlage oder Billigkeitsgrundlage** beruht.[7] Für die Abgrenzung zw arbeitsvertraglichen Erfüllungsleistungen und Entschädigungen ist entscheidend, zu welchem Zeitpunkt das Arbverh nach bürgerlichem Recht wirksam beendet worden ist.[8] Als Rechtsgrundlage kommen gesetzliche Regelungen, Tarifverträge, Betriebsvereinbarungen, Gerichtsurteile, Prozessvergleiche oder Verträge in Betracht. Die Voraussetzung der neuen Rechtsgrundlage ist nicht zeitlich, sondern funktional zu verstehen.[9] Eine Zahlung (zB Vorruhestandsgelder, Kündigungs-Abfindung) beruht daher auch dann auf einem neuen Rechtsgrund und stellt damit eine Ersatzleistung dar, wenn sie bereits im Arbeitsvertrag oder in einem Tarifvertrag für den Fall der betriebsbedingten Kündigung des Arbverh vereinbart wird.[10] Die Entschädigung beruht auf einer Billigkeitsgrundlage, wenn sie nach den Grundsätzen von Treu und Glauben (§ 242 BGB) oder aufgrund von Fürsorgepflichten geleistet wird.[11] Daraus darf nicht geschlossen werden, dass jede Leistung des Vertragspartners, die auf einem neuen Vertrag beruht, bereits eine Entschädigung ist.[12] Anschlussverträge oder ein Vertrag, der an die Stelle eines rechtsunwirksamen oder eines in seiner Rechtswirksamkeit zweifelh Vertrages tritt, bilden keine neue Rechtsgrundlage, sondern regeln Erfüllungspflichten aus dem bisherigen Rechtsverhältnis. Werden vertraglich begründete Anspr aufgrund eines Vergleiches erfüllt,[13] laufend zu erbringende Leistungen in einer Summe nachgezahlt,[14] von einem **Kapitalisierungswahlrecht** wiederkehrender Bezüge Gebrauch gemacht[15] oder eine Abfindung für die Reduzierung einer Pensionszusage ohne weitere Änderung des Dienstverhältnisses gezahlt,[16] handelt es sich nicht um eine Entschädigung iSd § 24 Nr 1a. Neu ist eine Rechts- oder Billigkeitsgrundlage, wenn Leistungspflichten neu begründet werden, die an die Stelle der ursprünglich geschuldeten Leistung treten. Nicht erforderlich ist, dass die bisherige Einkünfteerzielung beendet wird.[17] Im Falle eines **Management buy out** stellt das Dienstverhältnis als Gfer-Geschäftsführer rechtlich und wirtschaftlich betrachtet eine Fortsetzung des früheren Dienstverhältnisses als Angestellter dar, wenn ein ArbN sein Arbeitsverhältnis beendet, die von ihm mit gegründete GmbH, an der er zu 50 vH beteiligt ist, den Geschäftsbetrieb des Arbeitgebers fortführt und er mit dieser GmbH einen Anstellungsvertrag als Geschäftsführer abschließt.[18] Auch eine Abfindung aufgrund einer **Änderungskündigung** eines ArbN beruht auf einer neuen Rechtsgrundlage.[19]

12 Aus dem Tatbestandserfordernis des Entgehens von Einnahmen in § 24 Nr 1a folgt, dass der Ausfall der Einnahmen von **dritter Seite veranlasst** worden sein muss. Zwar fordert die Rspr nicht mehr, dass das zur Entschädigung führende Ereignis ohne oder gegen den Willen des StPfl eingetreten

---

1 BFH/NV 07, 2104; BFH/NV 05, 1283.
2 BFH/NV 07, 415.
3 BFH/NV 99, 308 (selbst dann nicht, wenn sie auf einer neuen Rechts- und Billigkeitsgrundlage beruhen).
4 BFHE 172, 349; BFHE 165, 75.
5 BFH BStBl II 02, 658.
6 BFH BStBl II 04, 876.
7 StRspr: zB BFH BStBl II 78, 375; BStBl II 91, 703; BFH/NV 94, 308; BFH/NV 03, 21 (zu Einkünften aus VuV); BMF BStBl I 04, 505; *Offerhaus* DB 00, 396 (zur Vereinbarung einer Abfindung bereits im Dienstvertrag).
8 BFH BStBl II 04, 264; vgl auch BStBl II 03, 881; BFH/NV 04, 1251.
9 *Weber-Grellet* BB 04, 1877 (1885).
10 BFH BStBl II 04, 349 unter ausdrücklicher Aufgabe früherer entgegenstehender Rspr; vgl auch BFH BStBl II 04, 1055; BMF BStBl I 04, 505.
11 *v Schilling* FR 78, 584.
12 BFH/NV 94, 23.
13 BFH BStBl II 75, 634; BFH/NV 94, 23.
14 BFH BStBl II 93, 507.
15 BFH/NV 92, 646.
16 BFH/NV 02, 1144.
17 So aber wohl *Weber-Grellet* DStR 96, 1993/2000; wie hier *Schmidt*[26] § 24 Rn 13; *H/H/R* § 24 Rn 28.
18 BFH/NV 07, 1857.
19 Vgl *Offerhaus* DStZ 94, 225; *Seitrich* BB 87, 378.

sein muss.[1] Die Mitwirkung des StPfl ist jedoch nur dann unschädlich, wenn er seine Rechte unter einem **erheblichen wirtschaftlichen, rechtlichen oder tatsächlichen Druck** aufgegeben und das schadenstiftende Ereignis nicht aus eigenem Antrieb herbeigeführt hat.[2] Diese Voraussetzungen beziehen sich auf die Vereinbarung als solche; daher handelt es sich auch um eine Entschädigung, wenn die Auszahlungsmodalitäten später geändert werden (Ablösung monatlicher Übergangsgelder durch Einmalzahlung).[3] An einer Zwangslage fehlt es jedoch dann, wenn der StPfl in seiner Sphäre freiwillig eine Ursachenkette in Gang gesetzt hat, die ihm später keinen Entscheidungsspielraum mehr belässt.[4] Die Umwandlung einer unverfallbaren Pensionszusage in einen Anspr auf Kapitalabfindung kann zu einer Entschädigung iSd § 24 Nr 1a führen.[5] Auch eine Abfindung im Zusammenhang mit der Veräußerung von Gesellschaftsanteilen zur Abwendung eines drohenden Verlusts der laufenden Versorgungsleistungen kann unfreiwillig vereinbart worden sein.[6] Die Entschädigung für die Aufgabe der Geschäftsführertätigkeit kann auch dann von dritter Seite veranlasst sein, wenn der Allein-G'ter-Geschäftsführer freiwillig eine Anteile an seiner GmbH veräußert; die Aufgabe der Geschäftsführertätigkeit ist nicht die zwangsläufige Folge der Anteilsveräußerung.[7] Ein Zwang zur Ablösung der Pensionsansprüche besteht jedoch nicht, wenn es im Zusammenhang mit der Ablösung der Pensionsverpflichtung nicht zu einer Veräußerung der Anteile kommt.[8] Sieht sich ein StPfl unter Berücksichtigung der wirtschaftlichen Situation „seiner" GmbH nur in seiner Person als G'ter zu einem Verzicht gezwungen, handelt es sich nicht um eine Entschädigung.[9] Bei Einkünften aus nichtselbstständiger Arbeit ist eine Mitwirkung des ArbN an der **Auflösung des Dienstverhältnisses** idR unschädlich, wenn sie vom ArbG veranlasst worden ist; es gelten die gleichen Maßstäbe wie bei § 3 Nr 9.[10] Lediglich ein formaler ArbG-Wechsel reicht jedoch nicht aus, wenn das bestehende Arbeitsverhältnis mit dem einen ArbG jeweils im Wesentlichen unverändert mit dem anderen ArbG fortgesetzt werden konnte (durchgehender Vergütungstarif, Anrechnung der Dienstzeiten, Entfallen einer Probezeit).[11] Auch eine Abfindung wegen Auflösung eines Dienstverhältnisses aufgrund der Übernahme eines Regierungsamtes fällt unter § 24 Nr 1a, soweit sie Ersatz für das aufgrund der Vertragsbeendigung entgehende Aktivgehalt enthält.[12]

Insbes bei unternehmerischen Einkünften muss hinzukommen, dass es sich bei dem den Einnahmeausfall verursachenden Ereignis um einen **außergewöhnlichen Vorgang** handelt, der über den Rahmen einzelner, für die jeweilige Einkunftsart typischer Geschäfte hinausgeht.[13] Unter § 24 Nr 1a gehören nur entgangene oder entgehende Einnahmen. Der Ausgleich eines Mehraufwandes fällt daher nicht unter diese Vorschrift.[14] Der Ersatz für den Verlust oder die Wertminderung von Vermögenssubstanz, wie zB die Gegenleistung für den Verzicht auf ein obligatorisches Wohnrecht,[15] zählt ebenfalls nicht zu den Entschädigungen nach § 24 Nr 1a.

2. Einzelfälle. – a) Entschädigung bei Gewinneinkünften. Ursprünglich wurde § 24 Nr 1a für Gewinneinkünfte nicht für anwendbar gehalten, weil das Gesamtergebnis des Wj der Besteuerung zugrunde zu legen sei und einzelne BE innerhalb der Gewinnermittlung keine besondere, selbstständige Bedeutung erlangen könnten.[16] Wortlaut und Systematik fordern jedoch eine Anwendung des § 24 Nr 1a auf Gewinneinkünfte. Daher hat der BFH diese Einschränkung der Vorschrift ausdrücklich aufgegeben und Entschädigungen auch bei den Einkünften aus LuF, GewBetr und selbst Arbeit anerkannt.[17] Die Besonderheiten der Gewinnermittlung erfordern jedoch eine **deutliche Trennung zw den laufenden Einkünften und den Entschädigungen** gem § 24 Nr 1a. Eine Entschädigung liegt nicht vor, wenn der zur Ersatzleistung führende Sachverhalt sich als ein normaler und üblicher Geschäftsvorfall im Rahmen der jeweiligen unternehmerischen Einkunftsart darstellt.[18] Im Bereich der Einkünfte aus GewBetr liegt eine Entschädigung nicht vor, wenn und soweit die Ersatz-

13

15

---

1 So die frühere Rspr: zB BFH BStBl II 71, 263.
2 BFH BStBl II 79, 9; BFHE 165, 75; BFH/NV 95, 961; BFH/NV 96, 737; **aA** H/H/R § 24 Rn 35.
3 BFH BStBl II 04, 449; vgl auch BFH BStBl II 04, 493.
4 BFH/NV 95, 961; BFH/NV 02, 638.
5 BFH/NV 94, 165.
6 BFH/NV 96, 737.
7 BFH BStBl II 04, 106.
8 BFH/NV 04, 1225; BFH v 3.12.03 – XI R 31/02, DStRE 04, 812; vgl auch FG BaWü EFG 05, 935 zur Kapitalisierung eines Pensionsanspruchs bei Auflösung einer Stiftung.
9 BFH/NV 05, 546.
10 BFH BStBl II 79, 176; *Offerhaus* DB 00, 396; s auch BMF BStBl I 04, 505; nach FG D'dorf ist eine Regelung der Abfindung im Anstellungsvertrag unschädlich (EFG 03, 704).
11 BFH/NV 06, 1071.
12 BFH BStBl II 02, 516.
13 BFH BStBl II 79, 9; BFH/NV 92, 455; BFH/NV 94, 308 (zu den Besonderheiten bei VuV).
14 BFH BStBl II 79, 69.
15 BFH BStBl II 90, 1026.
16 RFH RStBl 42, 19; RStBl 44, 641.
17 BFH BStBl III 60, 72.
18 BFH BStBl II 79, 9.

leistung der Erfüllung oder dem Ausgleich des Interesses an der Erfüllung solcher Verträge dient, die im laufenden Geschäftsverkehr geschlossen worden sind und sich unmittelbar auf den Geschäftsgegenstand des Unternehmens beziehen. Dies gilt auch für die infolge **Vertragsstörung** im Rahmen des Erfüllungsinteresses geleisteten Zahlungen des Vertragsstörers, und zwar einschl der Zahlungen für den entgangenen Gewinn iSd § 252 BGB. Zahlungen, die bürgerlich-rechtlich Erfüllungsleistungen eines Rechtsverhältnisses sind, fallen daher selbst dann nicht unter den Begriff der Entschädigung iSd § 24 Nr 1a, wenn sie auf einer neuen Rechts- und Billigkeitsgrundlage beruhen.[1]

16 Einzelnachweise:

Alleinvertriebsrecht. Zahlung im Zusammenhang mit Alleinvertriebsrecht ist keine Entschädigung (BFH BStBl III 66, 91).

Architekt. Haben ein Architekt und sein Auftraggeber vertraglich vereinbart, dass jeder Vertragspartner aus wichtigem Grund kündigen könne und in diesem Fall der Architekt die vereinbarte Vergütung nur nach Abzug ersparter Aufwendungen erhalte, ist der zur Auszahlung kommende Honoraranteil keine Entschädigung iSd § 24 Nr 1a (BFHE 147, 477); keine Tarifermäßigung für Zahlungen, die ein Architekt als Ersatz für entgangene Honorare erhalten hat, weil der Grundstückseigentümer das Grundstück an einen Bauträger veräußerte, ohne diesem eine Architektenbindung zugunsten des StPfl aufzuerlegen (BFH v 12.1.84 – IV R 94/83 nv); Ausgleich dafür, dass ein Bauprojekt, mit dessen Planung und Durchführung er beauftragt ist, nicht durchgeführt wird und infolgedessen seine vertraglich begründeten Honoraransprüche nicht erfüllt werden, keine Entschädigung (BFH BStBl II 79, 66).

Aufwandsentschädigung s ehrenamtliche Tätigkeit.

Auslandsversetzung. Sonderzahlungen anlässlich einer Versetzung zur ausländischen Tochtergesellschaft bei gleichzeitigem Ruhen des Arbeitsverhältnisses bei der Muttergesellschaft keine Entschädigung (FG Kln EFG 01, 570 mit Anm *Hoffmann*).

Beratervertrag. Entschädigung, wenn wesentliche Existenzgrundlage (FG Hbg EFG 82, 302).

Bergbau. Ausgleichszahlungen eines Bergbauunternehmens für Schäden an einem zum luf BV gehörenden, selbstgenutzten Wohnhaus sind keine Entschädigung (BFH/NV 99, 40).

Betriebsverlegung. Entschädigung, bei längerfristigen Produktionsausfällen oder wesentlichen Produktionseinschränkungen oder einem standortbedingten Wegfall wichtiger Geschäftsbeziehungen und damit einhergehenden Umsatzausfällen (BFH/NV 88, 227).

Bezirksprovision. Entschädigung für den Verlust der Rechte aus § 87 II HGB (Bezirksprovision, Kundenschutz) fällt unter § 24 Nr 1a (BFH BStBl III 66, 624).

Ehrenamtliche Tätigkeit. Zahlungen einer Berufskammer an ihren ehrenamtlich tätigen Präsidenten, der den Beruf selbstständig als Inhaber eines einschlägigen Betriebs ausübt, gehörten zu laufenden Einkünften (BFH BStBl II 88, 615).

Entgangener Gewinn. Die infolge Vertragsstörung im Rahmen des Erfüllungsinteresses geleisteten Zahlungen des Vertragsstörers, und zwar einschl der Zahlungen für den entgangenen Gewinn iSd § 252 BGB, fallen bei den gewerblichen Einkünften selbst dann nicht unter den Begriff der Entschädigung iSd § 24 Nr 1a, wenn sie auf einer neuen Rechts- und Billigkeitsgrundlage beruhen (BFH/NV 99, 308).

Ertragsausfall. Ersatz für tatsächlichen Ertragsausfall im landwirtschaftlichen Betrieb ist Entschädigung (BFH BStBl II 83, 203).

Hochspannungsleitung. Zahlungen für die Inanspruchnahme luf Grundbesitzes ist Gegenleistung für Nutzung des Grundstücks (BFH BStBl II 94, 640).

Invaliditätsentschädigung. Die im Schadensfall geleisteten Zahlungen der Versicherungsgesellschaft (Tagegeld, Invaliditätsentschädigung) sind keine Entschädigungen für entgangene oder entgehende Einnahmen (StWK Gruppe 28, 3117 = StLex BFH 3, 24, 53).

---

1 BFH/NV 99, 308.

Investitionszulage. Entschädigung, die dafür gezahlt wird, dass die Steuerberatungsgesellschaft einer GmbH den Antrag auf Investitionszulage nicht rechtzeitig gestellt hat, gehört nicht zu den Einkünften iSd EStR (BFH BStBl II 79, 120).

Konkurrenzverzicht. Entschädigung hierfür kann unter § 24 Nr 1a fallen (BFH BStBl II 77, 198); sie dürfte jedoch eher unter § 24 Nr 1b zu subsumieren sein (s Rn 24).

Kostenunterdeckung. Ausgleich für Kostenunterdeckung bei Schülerbeförderung keine Entschädigung (BFH BStBl II 86, 806).

Mietvertrag. Entschädigung oder Abfindung für vorzeitige Auflösung eines Mietvertrages kann eine Entschädigung iSd § 24 Nr 1a sein (BFH BStBl II 79, 9; BFH/NV 05, 1044).

Milchaufgabevergütung für die teilw Aufgabe der Milcherzeugung durch den Pächter ist keine Entschädigung iSv § 24 Nr 1 (BFH BStBl II 03, 67).

Oberflächenentschädigung. Erhält ein Landwirt für die Verpachtung landwirtschaftlicher Nutzflächen zum Abbau von Bodenschätzen neben einem Förderzins eine Entschädigung für entgangene oder entgehende Einnahmen aus der Bewirtschaftung der Flächen, gehört die Entschädigung zu den Einkünften aus LuF, wenn die Flächen im BV bleiben (BFH BStBl II 94, 840).

Pachtaufhebungsentschädigung. Verzichtet der Pächter eines landwirtschaftlichen Betriebs auf alle Rechte aus dem auf Lebenszeit abgeschlossenen Pachtvertrag und erhält er dafür als Gegenleistung das Eigentum an einem Teil der Hofanlage unentgeltlich übertragen und hat er die verbleibenden Flächen vom neuen Eigentümer weiter pachten und damit bewirtschaften können, so stellt der Wert der übertragenen Hofanlage keine Entschädigung dar, wenn der StPfl keine Einnahmequelle eingebüßt, sondern seine wirtschaftliche Situation gegenüber der vor Abschluss des Übertragungsvertrages verbessert hat (FG D'dorf, EFG 06, 1520, Rev IV R 12/06).

Pensionsabfindung. Verzichtet ein an einer GmbH beteiligter G'ter-Geschäftsführer gegen Zahlung auf seine Pensionsansprüche, findet § 24 Nr 1a nur Anwendung, wenn der StPfl unter erheblichem rechtlichen, wirtschaftlichen und tatsächlichen Druck gestanden hat. Ein solcher Druck kann vorliegen, wenn der Verkauf der GmbH-Anteile nicht ohne den Verzicht zustande gekommen wäre, weil der G'ter-Geschäftsführer, der sich zur Veräußerung seiner GmbH-Anteile entschließt, nicht damit rechnen muss, dass dies nur bei gleichzeitigem Verzicht auf seine Pensionsansprüche gegen Abfindung durch die GmbH möglich ist (BFH BStBl II 03, 748; vgl BFH/NV 05, 191; BFH/NV 04, 17; BFH/NV 03, 607; zur Zwangslage *Weber-Grellet* BB 04, 1877, 1886). Für eine Allein-G'ter-Geschäftsführerin, die die GmbH-Anteile nach dem Tod ihres Ehemannes geerbt hatte, besteht ein Zwang zur Liquidation, wenn auch ein gesellschaftsfremder Geschäftsführer keine Alternative zur Betriebseinstellung gehabt hätte (BFH/NV 04, 624). Wird eine bereits bei Abschluss oder während des Arbverh vereinbarte Abfindung, die für den Verlust späterer Pensionsansprüche infolge der Kündigung des Arbverh nach Wahl des ArbG in einem Betrag ausgezahlt, so ist dies keine Entschädigung iSd § 24 Nr 1a, weil diese Ersatzleistung nicht auf einer neuen Rechtsgrundlage oder Billigkeitsgrundlage beruht (BStBl II 03, 748). Die Abfindung eines gegenüber einer PersGes bestehenden Pensionsanspruchs eines G'ters anlässlich der Aufgabe des Betriebs der Ges stellt eine Sondervergütung dar, die seinen Anteil am Aufgabegewinn erhöht, und fällt nicht unter § 24 Nr 1a (BFH BStBl II 05, 559). Im Fall der Liquidation muss ein Zwang zur Liquidation der Ges bestehen. Dieser kann im Allgemeinen bejaht werden, wenn auch ein gesellschaftsfremder Unternehmer im Hinblick auf die wirtschaftliche Situation der Ges die Liquidation beschlossen hätte (BFH BStBl II 03, 177).

Produktionseinstellung. Für die freiwillige Einstellung eines nicht mehr rentablen Produktionszweigs von einem Konkurrenzunternehmen gezahlte Abfindung ist keine Entschädigung iSd § 24 Nr 1a (BFH BStBl II 69, 69); sie dürfte richtigerweise (Rn 23) unter Nr 1b fallen.

Rahmenvertrag. Kündigt ein Mandant einen Rahmenvertrag, durch den sich ein RA für die Zusage der Übertragung aller bei diesem anfallenden Beitreibungssachen seinerseits verpflichtet, nicht beitreibbare erstattungsfähige Honorarforderungen dem Mandanten gegenüber nicht geltend zu machen, so liegt in der Zahlung der Gebühren für alle bei Vertragsbeendigung noch laufenden Beitreibungssachen innerhalb kurzer Zeit keine Entschädigung als Ersatz für entgangene oder entgehende Einnahmen (BFH BStBl II 79, 71).

Schieflagenentschädigung s Bergbau.

Seelotse. Überbrückungsgelder, die ein Seelotse nach dem Ende der Bestallung erhält, sind als nachträgliche Betriebseinnahmen (FG Nds EFG 06, 1894).

Sukzessivlieferungsvertrag. Abfindungen wegen Aufhebung eines Sukzessivlieferungsvertrags liegen für einen Gewerbetreibenden auch dann im Bereich des Üblichen, wenn der Unternehmer seinen alleinigen und ausschließlichen Vertragspartner verloren hat (BFH/NV 99, 308).

Wettbewerbsverbot s Rn 22.

17 **b) Entschädigung bei den Einkünften aus nichtselbstständiger Arbeit. Abfindung.** Eine zur Ablösung übertariflicher Zulagen gewährte Ausgleichszahlung ist keine Entschädigung, wenn das Arbverh fortgesetzt wird (FG BaWü EFG 04, 656). Eine (einmalige) Abfindung von Versorgungsansprüchen kann Entschädigung sein, wenn sie durch eine ernst zu nehmende wirtschaftliche Gefährdung der Ansprüche veranlasst ist (BFH/NV 05, 1251). Wird bei einem Verkauf eines Unternehmens das Arbeitsverhältnis mit dem alten Arbeitgeber aufgelöst und ein neues Arbeitsverhältnis begründet, fallen Abfindungszahlungen durch den neuen Arbeitgeber nicht unter § 24 Nr 1a, wenn nicht festgestellt werden kann, dass ein **unmittelbarer Zusammenhang** der Zahlung mit dem aufgelösten Dienstverhältnis besteht (BFH/NV 07, 2104).

Ablösezahlung an Fußballer, die im Arbeitsvertrag vereinbart war, ist keine tarifbegünstigte Entschädigung iSv § 24 Nr 1a (FG Kln EFG 98, 1586).

AGG. Entschädigungszahlungen nach § 15 II AGG sind als Ersatz für immaterielle Schäden steuerfrei, während Schadensersatzzahlungen gem § 15 I AGG, die dem Ausgleich entgangener Einnahmen dienen, steuerbar ist. Werden in einem Aufhebungsvertrag gleichzeitig Abfindungen und Entschädigungszahlungen vereinbart, empfiehlt sich eine Aufteilung der Zahlungen im Aufhebungsvertrag (ausf *Bauer/Günther* NJW 07, 113; *Cornelius/Lipinski* BB 07, 496).

Amtshaftung. Schadensersatzzahlungen aufgrund von Amtshaftung wegen einer aufgrund mündlicher Absprache verhinderten Einstellung eines Beamten bei einem privaten Arbeitgeber können eine Entschädigung iSv § 24 Nr 1a sein (FG Kln EFG 04, 1604, aufgehoben durch BFH/NV 07, 123, wegen Unklarheiten der Einheitlichkeit der Entschädigung).

Änderungskündigung. Entschädigungszahlung bei Umsetzung auf niedriger entlohnten Arbeitsplatz fällt unter § 24 Nr 1a, wenn ArbN unter Druck des ArbG handelt (vgl *Offerhaus* DStZ 81, 445, 452; Rn 11)

Auflösung des Arbverh. Darunter ist die nach bürgerlichem (Arbeits-)Recht wirksame Auflösung zu verstehen; die Beteiligten haben es dabei – bis an die Grenze des Gestaltungsmissbrauchs – in der Hand, durch vertragliche Vereinbarung zu bestimmen, in welchem Umfang Entschädigungen an die Stelle von stpfl Lohnansprüchen treten (BFH BStBl II 03, 881). Leistungen aus Anlass der Auflösung des Arbverh sind nur dann Entschädigung iSv § 24 Nr 1a, wenn das Arbverh unfreiwillig aufgelöst wird und die Leistungen als Ersatz für entgehende Einnahmen gewährt werden. Unfreiwillige Beendigung des Arbverh, wenn ArbG kündigt, wenn ArbN nach Konkurs mit Konkursverwalter vorzeitige Auflösung des Arbverh vereinbart (BFH BStBl II 79, 155), wenn der Arbeitsplatz wegen Rationalisierung wegfällt und Umzug zu einem von ArbG angebotenen neuen Arbeitsplatz unzumutbar ist (BFH BStBl II 77, 718) oder wenn ein Regierungsamt übernommen wird (BStBl II 02, 516). Beruht die Kündigung des ArbG auf einem **Fehlverhalten des ArbN**, handelt es sich nicht um eine Entschädigung (FG RhPf ArbuR 04, 39). Keine unfreiwillige Beendigung des Arbverh, wenn ArbN kündigt, weil er zur Herstellung der ehelichen Lebensgemeinschaft Wohnsitz verlegt (BFH BStBl II 90, 1020) oder ArbG eine aus familiären Gründen notwendige Reduzierung der Arbeitszeit ablehnt (BFH/NV 92, 305). Keine Entschädigung, wenn es sich bei Zahlungen um Erfüllungsleistung aus ursprünglichem Arbverh handelt (BFH/NV 87, 574 – Fortzahlung von Bezügen; s auch BMF BStBl I 04, 505 zu Entlassungsentschädigungen). Zahlt allerdings der ArbG dem früheren ArbN für die Zeit nach Auflösung des Dienstverhältnisses Beträge, auf die dieser bei Fortbestand des Dienstverhältnisses einen Anspruch gehabt hätte, der aber durch einen Vergleich zivilrechtlich weggefallen ist, so handelt es sich um Entschädigungen für entgehende Einnahmen (BFH/NV 06, 928). Die Entschädigung kann bereits bei Abschluss eines Dienstvertrages oder im Verlauf des Dienstverhältnisses für den Fall des vorzeitigen Ausscheidens vereinbart werden (BFH BStBl II 04, 349; BMF BStBl I 04, 505; vgl FG D'dorf EFG 03, 704; FG BaWü EFG 03, 1791). Wird ein einheitlicher Abfindungsbetrag vereinbart, der auch Erfüllungsleistungen beinhaltet, ist die Entschädigungsleistung herauszurechnen (Rn 6). Wird das Arbverh nach einer Versetzung oder mit einem neuen ArbG gem § 613a BGB fortgesetzt, ist § 24 Nr 1a idR nicht anwendbar, weil die Tätigkeit nicht beendet wird (vgl BFH BStBl II 02, 181; BFH/NV 00, 1195). Es genügt auch nicht ein lediglich formaler ArbG-Wechsel, wenn das bisherige Arbeitsverhältnis innerhalb eines Unternehmensverbundes mit im Wesentlichen gleichem Inhalt fortgeführt wird (BFH/NV 06, 1071).

Ausgleichszahlungen, die ein ArbG anlässlich der Auflösung eines Arbverh einem ArbN neben der Zahlung eines Abfindungsbetrages für den Fall längerer Arbeitslosigkeit nach dem Auslauf des Arbeitslosengeldes zahlt, sind nicht Teil einer einheitlichen Entschädigung iSd § 24 Nr 1a (BFH/NV 98, 1082).

Ausgliederung. Ausgleichszahlungen zur Abgeltung von Nachteilen (zB Wegfall von Freifahrten), die anlässlich der Ausgliederung eines Teilbereichs eines Unternehmens in ein konzernangehöriges Unternehmen entstehen, fallen nicht unter § 24 Nr 1a, wenn das bisherige Arbverh – modifiziert – nach § 613a BGB fortgesetzt wird (BFH/NV 00, 1195).

Entlassungsentschädigungen s Auflösung des Arbverh; ausf BMF BStBl I 98, 1512.

Geschäftsführer. Erhält der Geschäftsführer der Komplementär-GmbH einer KG von der KG eine Abfindung für die Aufhebung des Geschäftsführeranstellungsvertrags, stellt diese keine Entschädigung iSd § 24 Nr 1 EStG dar, wenn der Geschäftsführer aufgrund seiner atypisch stillen Unterbeteiligung am Kommanditanteil weiterhin als MUér Einkünfte aus GewBetr iSd § 15 Abs 1 Nr 2 EStG erzielt, selbst wenn es sich um eine Unterbeteiligung von lediglich 4 vH handelt (FG M'ster EFG 06, 1909, Rev IV R 94/06; FG M'ster v 13.9.06 – 10 K 6337/04 F, juris, Rev IV R 95/06)

Economic Value Added (EVA)-Zertifikate. Bei den Erträgen handelt es sich um geldwerte Vorteile aus dem Arbeitsverhältnis dar. Der Einlösungsbetrag des EVA-Zertifikats ist trotzdem weder Ersatz für eine entgehende oder eine entgangene Einnahme noch für die Aufgabe einer Tätigkeit oder Entgelt für eine mehrjährige Tätigkeit, sondern Entgelt für die Überlassung des Kapitals auf Zeit und fällt daher nicht unter § 24 Nr 1 (FG BaWü EFG 07, 512, Rev VI R 69/06; aA FG HH EFG 06,1059).

Körperverletzung. Bei Entschädigungen wegen Körperverletzung ist zu unterscheiden zwischen Beträgen, die den Verdienstausfall ersetzen und solchen, die als Ersatz für Arztkosten und Heilungskosten und die Mehraufwendungen während der Krankheit sowie als Ausgleich für immaterielle Einbußen in Form eines Schmerzensgeldes gewährt werden. Nur soweit entgangene oder entgehende Einnahmen aufgrund der verminderten Erwerbsfähigkeit ersetzt werden, handelt es sich um stpfl Entschädigung gem § 24 Nr 1a (BFH BStBl II 04, 716).

Outsourcing s Ausgliederung.

Pensionsabfindungen, die aus Anlass der Beendigung des Arbverh gezahlt wird, können Entschädigungen iSd § 24 Nr 1a sein, wenn sie vertraglich nicht vereinbart war (BFH BStBl II 94, 167). Dabei dürfte es unschädlich sein, wenn die Pensionsabfindung bereits bei Beginn oder während des Dienstverhältnisses vereinbart wird (vgl BFH BStBl II 04, 349; Abweichung von BStBl II 91, 703). Keine Entschädigung, wenn der ArbN von sich aus nach Eheschließung zur Herstellung der ehelichen Lebensgemeinschaft das Dienstverhältnis gekündigt hat (BFH BStBl II 90, 1020).

Schadensersatz, der einem StPfl infolge einer schuldhaft verweigerten Wiedereinstellung zufließt, ist eine Entschädigung iSd § 24 Nr 1a (BFH BStBl II 06, 55). Dabei ist unerheblich, ob der Ersatzanspruch bei der Zusage der Wiedereinstellung bereits für den Fall der Verweigerung einer Wiedereinstellung vereinbart wird oder ob ein solcher Ersatzanspruch aufgrund der Wiedereinstellungsklausel iVm §§ 284, 286 BGB besteht.

Streikunterstützungen unterliegen nicht der ESt (BFH BStBl II 91, 337). Sie wurden früher zu Recht als Entschädigung nach § 24 Nr 1a beurteilt (BFH BStBl II 71, 138; BStBl II 82, 552; *Knobbe-Keuk* DB 92, Beil. Nr 6; vgl auch *Schmidt*[26] § 24 Rn 40).

Übergangsgeld nach Beendigung eines Arbverh ist keine Entschädigung iSd § 24 Nr 1a (BFH/NV 91, 88; BFH BStBl II 92, 34 – für Übergangsgeld nach § 62 BAT bei befristeten Arbverh).

Umorientierungshilfe. Bei einer Vereinbarung, nach der der ArbN bis zur Beendigung des Arbeitsverhältnisses einen neunzehnmonatigen unbezahlten Übergangsurlaub nimmt, sind die Zahlung zum Ausgleich des unbezahlten Urlaubs (Umorientierungshilfe) sowie die Abfindung wegen der vorzeitigen Beendigung des Arbeitsverhältnisses als einheitliche Entschädigung EStG zu beurteilen (BFH BStBl II 06, 835).

Umsetzung. Abfindung für Umsetzungen innerhalb eines Konzerns nur dann, wenn die Maßnahme nicht mehr als Fortsetzung des bisherigen Arbeitsverhältnisses beurteilt werden kann (BFH/NV 01, 1551), s auch Änderungskündigung.

Urlaubsansprüche. Leistungen für verfallene Urlaubsansprüche eines ArbN im Baugewerbe (insbes gem § 15 des Tarifvertrags über das Sozialkassenverfahren im Baugewerbe) sind keine Entschädigung, sondern Arbeitslohn (FG M'ster EFG 05, 605).

Versorgungsleistung. Kapitalisierung kann Entschädigung nach § 24 Nr 1a sein, wenn ArbN beim Auslaufen eines befristeten Arbeitsvertrages sich dem Verlangen des ArbG praktisch nicht entziehen kann (BFH BStBl II 80, 393).

Wiedereingliederungsbeihilfen, die Pastoren nach Rückkehr von einem mehrjährigen Auslandsaufenthalt erhalten, sind keine Entschädigung iSd § 24 Nr 1a (FG Nds EFG 96, 1200).

c) Entschädigung bei den Einkünften im Sinne des § 2 Nr 5 bis 7

18 **Abfindungszahlungen** eines Grundstückserwerbers an den Mieter von gewerblich genutzten Räumlichkeiten für die Beendigung eines Untermietverhältnisses sind als Entschädigung für entgehende Mieteinnahmen gem § 24 Nr 1a beim Mieter zu erfassen (BFH/NV 05, 843).

Abstandszahlung wegen vorzeitiger Auflösung des **Mietverhältnisses** können eine Entschädigung iSd § 24 Nr 1a sein, wenn es sich um einen außergewöhnlichen Vorgang handelt. Dieser kann in einer Vertragsstörung zu sehen sein, die so schwerwiegend ist, dass sie die Parteien zur vorzeitigen Beendigung des Mietverhältnisses als äußerste Maßnahme zwingt. Hinzukommen muss noch, dass die Vertragsstörung nicht nur eines von vielen Mietverhältnissen betrifft, die der StPfl daneben noch unterhält (BFH/NV 94, 308; BFH BStBl II 91, 76). Eine für die vorzeitige Aufhebung eines Mietvertrages gezahlte Abfindung kann auch dann eine Entschädigung sein, wenn der Vermieter die vermieteten Räume anschließend gegen eine höhere Miete als zuvor an einen neuen Mieter vermietet (BFH/NV 05, 1044).

Bausperre. Die Entschädigung für eine faktische Bausperre unterliegt auch dann nicht der ESt, wenn sie anhand eines gedachten Erbbauzinses errechnet worden ist (BFH BStBl II 86, 252) oder wenn die Einschränkung der Bebaubarkeit eines bereits bebauten Grundstücks entschädigt wird (BFH/NV 88, 433).

Entgangene Mieteinnahmen. Eine Entschädigung, die der Eigentümer eines Grundstücks erhält, weil das Grundstück bei unklarer Vermögenslage im Zuge der Wiedervereinigung durch Vermieten genutzt wurde und die sich am tatsächlich gezahlten Nutzungsentgelt bemisst, ist steuerbar (BFH/NV 07, 1628).

Nießbrauch. Ein Entgelt für die Aufhebung des Nießbrauchs ist kein Ersatz für entgangene oder entgehende Einnahmen (vgl *Wüllenkemper* EFG 04, 653).

Prämien für familiengerechte Wohnungsbelegung sind keine Entschädigung (BFH/NV 94, 845).

Prozesszinsen s Verzugszinsen.

Rentennachzahlung. Die Nachzahlung einer Altersrente aus der BfA ist keine Entschädigung iSd § 24 Nr 1a (BFH BStBl II 70, 784).

Restitutionsentgelte nach VermG. Die an den Restitutionsberechtigten herauszugebenden Nutzungsentgelte gem § 7 VII 2 VermG sind eine Entschädigung iSd § 24 Nr 1a (BFH BStBl II 05, 480; BStBl II 05, 456; BFH/NV 05, 1045; *Heuermann* DB 05, 847). Es handelt sich um einen Ersatz für entgangene Einnahmen aus VuV und nicht um ein Äquivalent für eventuelle Wertminderungen.

Schadensersatzrenten, die aufgrund von § 844 II BGB für den Verlust von Unterhaltsansprüchen gewährt werden, sind wiederkehrende Bezüge iSv § 22 Nr 1 S 1 und als solche in vollem Umfang stpfl (BFH BStBl II 79, 133; vgl aber BFH BStBl II 95, 121).

Stille Ges. Erhält ein typischer stiller G'ter bei Beendigung der stillen Ges eine vertraglich vereinbarte Abfindung, die den Betrag seiner Einlage übersteigt, handelt es sich bei dem Mehrerlös um Einkünfte aus KapVerm und nicht um eine Entschädigung (BFH BStBl II 84, 580).

Verzugszinsen sind Einnahmen aus KapVerm (Zinsen aus sonstigen Kapitalforderungen jeder Art), auch soweit sie die gesetzlichen Verzugszinsen übersteigen (BFH BStBl II 82, 113). Die Nachzahlung unterlassener Zinszahlungen für einen längeren Zeitraum bildet keine Entschädigung iSd § 24 Nr 1a (BFH/NV 93, 165; BFH BStBl III 64, 643).

Wohnrecht. Gegenleistung für den Verzicht auf ein Wohnrecht ist weder eine Entschädigung iSv § 24 Nr 1a iVm § 21 II noch eine sonstige Leistung iSd § 22 III (BFH BStBl II 90, 1026;vgl auch FG Mchn, EFG 07, 1603).

III. Entschädigung für Aufgabe oder Nichtausübung einer Tätigkeit (§ 24 Nr 1b). § 24 Nr 1b unterscheidet sich in der zeitlichen Perspektive von Nr 1a. Während sich die Entschädigung für entgangene oder entgehende Einnahmen auf die bisherige Einkünfteerzielung bezieht, ist die Entschädigung für die Aufgabe oder Nichtausübung einer Tätigkeit **zukunftsorientiert**. Die Entschädigung nach Nr 1b gleicht nicht Einbußen aus einem bestehenden Rechtsverhältnis aus, sondern wird final[1] „für" den Verzicht des Empfängers auf eine Einkünfteerzielung gewährt. **20**

Da der Verzicht auf die Erzielung von Einkünften die Mitwirkung des StPfl voraussetzt, ist es nicht erforderlich, dass die Aufgabe der Tätigkeit auf tatsächlichem, rechtlichem oder wirtschaftlichem Druck beruht. Die Entschädigung kann **auch einvernehmlich vereinbart** werden. Macht eine Flugbegleiterin von dem ihr tarifvertraglich zustehenden Optionsrecht, gegen Zahlung einer Abfindung aus dem Arbverh mit der Fluggesellschaft auszuscheiden, Gebrauch, so fällt die Abfindungszahlung unter § 24 Nr 1b.[2] In der Verkleinerung des Bezirks eines Versicherungsvertreters kann – auch bei dessen Einverständnis – der Verzicht auf eine mögliche künftige Einkunftserzielung liegen.[3] Der Grund für das Unterlassen der Einkünfteerzielung und die Ursache des Einnahmeausfalls ist für die steuerrechtliche Beurteilung ohne Bedeutung. Kennzeichen der Entschädigung nach Nr 1b ist, dass der Leistende an der Unterlassung künftiger Einkunftserzielung ein Interesse hat.[4] Der Verzicht kann auch Gegenstand der **Hauptleistungsverpflichtung** gegenüber dem Leistenden sein.[5] Es ist nicht erforderlich, dass die Entschädigung auf einer neuen Rechts- und Billigkeitsgrundlage beruht.[6] **21**

Die Entschädigung darf nicht zu den laufenden und im Rahmen der jeweiligen Einkunftsart üblichen Entgelten gehören, sondern muss deutlich von diesen unterscheidbar bleiben.[7] Werden zB bei einer vorzeitigen Vertragsauflösung Bezüge ausgezahlt, die dem StPfl ohnehin bis zum regulären Vertragsende zugestanden hätten, handelt es sich nicht um eine Entschädigung für die Aufgabe einer Tätigkeit. Ob das Entgelt für ein **umfassendes Wettbewerbsverbot** als unselbstständiger Teil der Übernahmevereinbarung zum Veräußerungsgewinn iSv § 16 I gehört, entscheidet sich danach, ob der Verpflichtung zum Unterlassen von Wettbewerb eine **eigenständige wirtschaftliche Bedeutung** zukommt. Nur dann, wenn das Wettbewerbsverbot zeitlich begrenzt ist, sich in seiner wirtschaftlichen Bedeutung heraushebt und wenn dies in den getroffenen Vereinbarungen, vor allem in einem neben dem Kaufpreis für das Unternehmen geleisteten Entgelt, klar zum Ausdruck gelangt ist, kommt § 24 Nr 1b in Betracht.[8] **22**

1. Aufgabe oder Nichtausübung einer Tätigkeit. Die **Aufgabe** einer Tätigkeit setzt voraus, dass sie **endgültig eingestellt** wird.[9] Eine Tätigkeit wird **nicht mehr ausgeübt**, wenn sie **ruht** oder **unterbrochen** wird, ohne endgültig aufgegeben worden zu sein.[10] Es ist nicht erforderlich, dass der StPfl die Tätigkeit bereits aufgenommen oder zuvor ausgeübt hat. § 24 Nr 1b verlangt nur die Aufgabe oder Nichtausübung einer Tätigkeit, nicht des Berufs.[2] Deshalb ist es unschädlich, wenn ein ArbN nach Aufgabe der Tätigkeit bei einem ArbG seinen Beruf selbstständig oder bei einem anderen ArbG ausübt. Auch Entschädigungen für rationalisierungs- oder altersbedingte **Umsetzungen** können unter § 24 Nr 1b fallen, wenn sich die wesentlichen Merkmale der bisherigen Tätigkeit verändern. Es genügt jedoch nicht, dass die Tätigkeit lediglich unter veränderten Umständen fortgesetzt wird. Zahlungen an einen Arzt für die Verlegung seiner Praxisräume[11] oder an einen Unternehmer für die **Verlagerung der Betriebsstätte**[9] unter Beibehaltung des bisherigen Patienten- oder Kundenstamms **23**

---

1 H/H/R § 24 Rn 48.
2 BFH BStBl II 87, 106.
3 BFH BStBl II 01, 541.
4 BFH BStBl II 77, 198; BFH/NV 92, 455; BFH/NV 92, 646.
5 BFH BStBl II 96, 516.
6 H/H/R § 24 Rn 46; L/B/P § 24 Rn 70.
7 Teilw wird ein „außergewöhnlicher Vorfall" (L/B/P § 24 Rn 81) oder „ungewöhnlicher Sachverhalt" (Frotscher § 24 Rn 91) gefordert.
8 BFH BStBl II 99, 590; BFH/NV 03, 1162.
9 BFH/NV 88, 227.
10 BFH BStBl II 76, 490.
11 BFH BStBl III 65, 12.

sind deshalb nicht nach § 24 Nr 1b begünstigt. Etwas anderes dürfte gelten, wenn die Grundlagen für die freiberufliche oder gewerbliche Tätigkeit an einem anderen Ort neu geschaffen werden.

24 Da § 24 keine neue Einkunftsart schafft, setzt die Anwendung des § 24 Nr 1b voraus, dass die Entschädigung einer der in § 2 I aufgeführten Einkunftsarten zugeordnet werden kann.[1] Für die Frage, welcher Einkunftsart eine Entschädigung für die Aufgabe oder Nichtausübung einer Tätigkeit zuzuordnen ist, ist entscheidend, zu welchen Einkünften die Tätigkeit im Falle ihrer Ausübung geführt hätte. Die Entschädigung ist § 22 Nr 3 zuzuordnen, wenn sie für die Nichtausübung mehrerer unterschiedlicher Tätigkeiten gezahlt wird und eine eindeutige Zuordnung zu einer der Einkunftsarten des § 2 I 1 Nr 1 bis 6 nicht möglich ist.[2] Daher fällt eine Entschädigung für ein umfassendes Wettbewerbsverbot (Karenzentschädigung), die sich nicht eindeutig den Einkünften aus § 15 oder § 19 zuordnen lässt, unter § 24 Nr 1b.[3]

25 **2. Aufgabe einer Gewinnbeteiligung.** Entschädigungen für die Aufgabe einer Gewinnbeteiligung oder einer entspr Anwartschaft fallen nur unter § 24 Nr 1b, wenn sie **nicht Bestandteil eines Veräußerungs- oder Aufgabegewinns** sind. Als Gewinnbeteiligung kommen lediglich gesellschaftsrechtliche Beteiligungen in Betracht.[4] Dies ist zB möglich bei Entschädigungen an einen stillen G'ter für die Aufgabe der stillen Beteiligung, soweit es sich nicht um Kapitalrückzahlung oder restliche Einkünfte aus KapVerm handelt.[5] Der Verzicht auf mittelbare Gewinnbeteiligungen fällt nicht unter § 24 Nr 1b.[6] Werden einem leitenden Angestellten anstelle des laufenden Gehalts **gewinnabhängige Bezüge** gezahlt, handelt es sich nicht um eine Gewinnbeteiligung iSd Vorschrift.[7]

26 **3. Beispiele.** Nach diesen Maßstäben sind als Entschädigung iSd § 24 Nr 1b **anerkannt** worden: Abfindung des typisch stillen G'ter,[8] Abfindungszahlung an Flugbegleiterin[9] oder an Versicherungsvertreter für Verkleinerung seines Bezirks,[10] Leistungen im Zusammenhang mit dem vorzeitigen Ausscheiden aus dem Dienst[9] und Zahlungen für Wettbewerbsverbote.[2] **Nicht anerkannt** wurden Abfindungen für den Verzicht auf einen bereits erdienten gewinnabhängigen Tantiemeanspruch,[11] Abstandszahlung bei einvernehmlicher vorzeitiger Vertragsauflösung,[12] Zahlungen bei Betriebsverlagerung,[13] Pensionsabfindungen,[14] Übergangsgeld,[15] Vorfälligkeitsentschädigungen[16] oder der Verkaufserlös für ein Milchlieferungsrecht.[17]

30 **IV. Ausgleichszahlungen an Handelsvertreter (§ 24 Nr 1c).** Zu den Entschädigungen gehören gem § 24 Nr 1c Ausgleichszahlungen an Handelsvertreter nach § 89b HGB. Diese stellen weder einen Ersatz für entgangene oder entgehende Einnahmen noch eine Entschädigung für die Aufgabe oder Nichtausübung einer Tätigkeit dar, sondern gehören zu den **laufenden (gewstpfl) Einkünften**, auch wenn sie zeitlich mit der Aufgabe der gewerblichen Tätigkeit zusammenfallen.[18] Da die Ausgleichszahlung auch nicht zum Veräußerungsgewinn gem § 16 gehört, soll durch § 24 Nr 1c erreicht werden, dass für diese Zahlungen die Tarifermäßigung des § 34 gewährt wird, obwohl die allg Voraussetzungen einer Entschädigung (Rn 20) nicht vorliegen. § 34 kommt jedoch nur zur Anwendung, wenn es zu einer Zusammenballung von Einnahmen kommt, nicht aber bei laufenden Teilzahlungen.[19]

31 Als Sonderregelung ist § 24 Nr 1c **eng auszulegen**. Die Vorschrift erfasst nur Zahlungen an Handelsvertreter, die aufgrund unmittelbarer oder entspr Anwendung des § 89b HGB gewährt werden. Der Handelsvertreter kann nach Beendigung des Vertragsverhältnisses von dem Unternehmer eine Ausgleichszahlung verlangen, wenn der Unternehmer aus der Geschäftsverbindung mit neuen Kunden, die der Handelsvertreter geworben hat, erhebliche Vorteile hat (§ 89b I Nr 1 HGB) und der Handelsvertreter als Folge des Vertragsendes künftige Provisionsansprüche verliert (§ 89b I Nr 2 HGB). Voraussetzung für die Ausgleichszahlung ist weiterhin, dass sie unter Berücksichtigung aller

---

1 Keine Beschränkung auf § 2 I Nr 1–4; **aA** BFH BStBl II 92, 1032 (ohne Begr).
2 BFH BStBl II 96, 516.
3 BFH BStBl II 96, 516; BStBl II 99, 590; *Gschwendtner* NJW 97, 1685; *Hutter* DStZ 96, 641; *Gosch* StBp 96, 275.
4 BFH BStBl II 02, 347.
5 BFH BStBl II 84, 580; BFH/NV 96, 125.
6 *Wendt* FR 02, 592.
7 BFH BStBl II 76, 286.
8 BFH/NV 96, 125.
9 BFH BStBl II 87, 106.
10 BFH BStBl II 01, 541.
11 BFH BStBl II 02, 347; vgl auch BFH/NV 03, 745; dazu *Weber-Grellet* BB 04, 1877 (1885).
12 BFH/NV 92, 455.
13 BFH/NV 88, 227.
14 BFH BStBl II 90, 1020.
15 BFH BStBl II 92, 34.
16 BFH BStBl II 92, 1032.
17 BFH/NV 07, 1853.
18 BFH BStBl II 69, 196; BStBl II 91, 218.
19 BFH BStBl II 88, 936; **aA** wohl *Frotscher* § 24 Rn 105.

Umstände der Billigkeit entsprechen muss (§ 89b I Nr 3 HGB). Als Beendigung des Vertragsverhältnisses ist auch die einvernehmliche Auswechslung des Bezirks anzusehen.[1] Auch eine mit der Situation bei der Vollbeendigung vergleichbare Teilbeendigung eines Handelsvertretervertrages (Aufgabe eines eigenständigen Versicherungsmarktsegments)[2] oder die wesentliche Einschränkung des Arbeitsgebietes[3] kann einen der ermäßigten Besteuerung unterliegenden Ausgleichsanspruch begründen. Wird § 89b HGB jedoch wirksam abbedungen, liegt keine Ausgleichszahlung nach § 24 Nr 1c vor.[4] Für die Zahlung wird der ermäßigte Steuersatz nach § 34 iVm § 24 Nr 1c nur dann gewährt, wenn die Voraussetzungen des § 89b I 1 Nr 1–3 HGB kumulativ vorliegen.[5] Schließlich darf der Ausgleichsanspruch nicht nach § 89b III HGB ausgeschlossen sein. Zahlungen eines **Nachfolgevertreters**, der auf Grund einer Vereinbarung zw dem Unternehmer und dem Handelsvertreter dessen Vertretung übernimmt (vgl § 89b III Nr 3), fallen daher selbst dann nicht unter § 24 Nr 1c, wenn sie die Ausgleichsforderung gegenüber dem Unternehmer ersetzen.[6]

Auch wenn die Vertragsbeendigung mit einer BetrAufg zusammentrifft, gehört der Ausgleichsanspruch zum laufenden Gewinn; die Ausgleichszahlung ist nicht in den Aufgabe- oder Veräußerungsgewinn einzurechnen.[7] Andere Leistungen, die im Zusammenhang mit der Beendigung des Handelsvertreterverhältnisses gezahlt werden, wie z. B. Entschädigungen für Überhangprovisionen,[8] für entgangene Bezirksprovisionen, für Wettbewerbsverbote oder Versorgungsleistungen an Handelsvertreter und Hinterbliebene fallen nicht unter § 24 Nr 1c. Im Einzelfall muss jedoch geprüft werden, ob die Tatbestandsmerkmale des § 24 Nr 1a (bei Provisionsentschädigungen), Nr 1b (bei Wettbewerbsverboten) oder der Nr 2 (bei Versorgungsleistungen) erfüllt sind.[9] § 24 Nr 1c ist auf einen **Ausgleichsanspruch nach ausländischem Recht** entspr anwendbar, wenn dieser Anspr dem Anspr nach § 89b HGB nach Rechtsnatur und Voraussetzungen im Wesentlichen entspricht.[10]

32

Neben Ausgleichszahlungen an Handelsvertreter gem § 84 HGB erfasst § 24 Nr 1c auch die Ausgleichsansprüche von **Versicherungs- und Bausparkassenvertretern** (vgl §§ 89b V, 92 II HGB). Im Zivilrecht besteht in entspr Anwendung des § 89b HGB ein Ausgleichsanspruch von Gewerbetreibenden im Rahmen besonderer Vertriebssysteme, wenn das Vertragsverhältnis mit dem jeweiligen Unternehmen in seinen wesentlichen Merkmalen dem des Handelsvertreters entspricht. Vertragshändler haben unter der Voraussetzung einen Ausgleichsanspruch, dass sie in das Vertriebssystem eingebunden und bei Beendigung des Vertragsverhältnisses zur Übertragung des Kundenstamms an den Lieferanten vertraglich verpflichtet sind.[11] Die einem **Vertragshändler** in analoger Anwendung von § 89b HGB gewährte Zahlung fällt dementspr unter § 24 Nr 1c.[12] Dies gilt auch für Ausgleichszahlungen an **Kommissionsagenten** und **Franchisenehmer**, die dem handelsrechtlichen Ausgleichsanspruch entsprechen.[13]

33

C. Nachträgliche Einkünfte (§ 24 Nr 2)

I. Bedeutung der Regelung. Voraussetzung für die Einkünfteerzielung ist nicht, dass der StPfl die entspr Tätigkeit noch ausübt oder das zugrundeliegende Rechtsverhältnis noch besteht. Soweit § 24 Nr 2 anordnet, dass Einkünfte aus ehemaligen Tätigkeiten oder früheren Rechtsverhältnissen zu den Einkünften des § 2 gehören, hat die Vorschrift daher lediglich klarstellende Funktion. Anders ist dies, wenn nachträgliche Einkünfte dem Rechtsnachfolger zufließen. Insoweit begründet § 24 Nr 2 **HS 2 (konstitutiv)** die subj StPfl des Rechtsnachfolgers (Rn 70). Im Unterschied zu den anderen Tatbeständen des § 24 sind die Einkünfte des § 24 Nr 2 **nicht tarifbegünstigt**.

40

II. Nachträgliche Einkünfte. – 1. Grundlagen. § 24 Nr 2 erfasst nachträgliche Einkünfte aus allen Einkunftsarten des § 2 I 1. Die **Unterscheidung zw Einkünften** aus einer ehemaligen Tätigkeit und aus einem früheren Rechtsverhältnis dient lediglich der Verdeutlichung, **rechtfertigt** aber **keine unterschiedliche steuerrechtliche Behandlung**. Nachträgliche Einkünfte fließen zu oder werden rea-

41

---

1 BFH BStBl II 97, 236.
2 FG RhPf EFG 04, 814, Rev X R 20/04.
3 BFH/NV 06, 1641.
4 FG Hbg EFG 04, 810.
5 FG Nbg EFG 01, 825.
6 H/H/R § 24 Rn 65; zur früheren Rechtslage BFH BStBl II 97, 236 mit Anm *Wendt* FR 97, 226.
7 BFH BStBl III 66, 624; BStBl II 81, 97; BStBl II 91, 218; **aA** *Felix* BB 87, 870.
8 BFH v 19.8.82 – IV R 227/79 nv.
9 *H/H/R* § 24 Rn 65.
10 FG D'dorf EFG 97, 668 (zu Art 1751 des codice civile).
11 BGH NJW 84, 2101; DStR 98, 1763; NJW 97, 655; NJW 97, 1503.
12 BFH BStBl II 00, 220.
13 Vgl BFH BStBl II 74, 295; BStBl II 97, 236.

lisiert, wenn die Tätigkeit oder das Rechtsverhältnis zu diesem Zeitpunkt bereits beendet ist. Voraussetzung für die Besteuerung ist, dass ein wirtschaftlicher Zusammenhang der Vermögensveränderung mit der ehemaligen Tätigkeit oder dem ehemaligen Rechtsverhältnis besteht.[1] Es genügt nicht jede lose Verbindung zur früheren Erwerbstätigkeit; die Einkünfte müssen vielmehr ihre **rechtliche Grundlage in der früheren Einkünfteerzielung** des StPfl haben. Dies ist zB auch dann der Fall, wenn Werke von Schriftstellern, Wissenschaftlern oder Künstlern nach ihrem Tod verwertet werden. Auch wenn die Tätigkeit des verstorbenen Freiberuflers aufgrund ihrer höchstpersönlichen Natur von den Erben nicht fortgeführt werden kann, führt der Tod nicht automatisch zu einer BetrAufg. Der Betrieb eines Künstlers wird in einem solchen Fall zwar eingestellt, der Erbe kann jedoch zw einer kurzfristigen Betriebsaufgabe oder einer langfristigen Betriebsabwicklung wählen.[2] Die Zuordnung der jeweiligen Einkünfte ergibt sich aus der Einkunftsart, zu der die nachträglichen Einkünfte gehören würden, wenn die ehemalige Tätigkeit noch ausgeübt oder das frühere Rechtsverhältnis noch bestehen würde.

42 **2. Einkünfte aus ehemaliger Tätigkeit. – a) Gewinneinkünfte.** Wenn die Tätigkeit innerhalb einer Gewinneinkunftsart endet, wird bei der Gewinnermittlung nach § 4 I, § 5 eine Schlussbilanz auf den Zeitpunkt der Betriebseinstellung erstellt, die Grundlage des Veräußerungs- oder Aufgabegewinns ist (vgl § 16, § 14 S 2, § 18 III S 2). In der Schlussbilanz wird das BV im Zeitpunkt der Veräußerung/Aufgabe angesetzt. Dadurch werden die Erträge und Aufwendungen der laufenden Betriebstätigkeit unabhängig vom Zeitpunkt der Vereinnahmung oder Verausgabung als Gewinn des letzten Wj erfasst. Nach der Betriebseinstellung eingehende oder geleistete Zahlungen, die bereits in der Schlussbilanz angesetzt sind, führen dann zu einer erfolgsneutralen Vermögensumschichtung und nicht zu nachträglichen Einkünften aus der früheren Tätigkeit. Soweit spätere Vermögenszuflüsse nicht Bestandteil der Schlussbilanz geworden sind, können sie zu nachträglichen Einkünften führen.

43 **aa) Veräußerungsgewinn oder nachträgliche Einkünfte.** Nachträgliche Einkünfte liegen nicht vor bei Ereignissen, die nach Beendigung der Erwerbstätigkeit eintreten und die steuerliche Wirkung für die Vergangenheit haben. Nach der Entscheidung des GrS wirkt eine nachträgliche Änderung des Veräußerungspreises (zB durch Ausfall der Kaufpreisforderung aus der Betriebsveräußerung) materiell-rechtlich auf den Zeitpunkt der Veräußerung zurück und mindert oder erhöht den Veräußerungsgewinn oder -verlust.[3] Die Veranlagung für das Jahr der Veräußerung ist ggf nach § 175 I 1 Nr 2 AO zu ändern. Diese Grundsätze gelten auch für den Fall der BetrAufg.[4] Bei Vermögensänderungen nach einer BetrAufg oder Betriebsveräußerung ist nach diesen Grundsätzen zu prüfen, ob es sich um nachträgliche Einkünfte iSd § 24 Nr 2 oder um eine rückwirkende Änderung des Veräußerungs- oder Aufgabegewinns (§ 16 Rn 413 ff) handelt.

44 Nachträgliche Einkünfte liegen nur dann vor, wenn die Erträge oder Aufwendungen **weder Bestandteil der Schlussbilanz** geworden **noch dem Veräußerungs- oder Aufgabegewinn zuzuordnen** sind. Dies ist zB der Fall bei nicht bilanzierungsfähigen und bei zu Unrecht nicht bilanzierten Vermögenspositionen oder bei nachträglich abgeschlossenen oder abgewickelten Geschäften.[5] Hierzu gehören auch fortbestehende betriebliche Verbindlichkeiten, solange ein Tilgungshindernis besteht.[6] Nachträgliche Einkünfte können danach ua vorliegen (s auch § 16 Rn 416):

45
– bei „**eingefrorenem BV**", wenn nach einem Struktur- und Beurteilungswandel von einem bestimmten Zeitpunkt an das BV als unter Auflösung der stillen Reserven in das PV überführt angesehen werden muss,[7]
– bei **Betriebssteuern**, wenn bei Gewinnermittlung auf den Zeitpunkt der BetrAufg eine Schlussbilanz nicht erstellt wurde und dies nicht zur Erlangung ungerechtfertigter Steuervorteile geschah,[8]
– wenn nach der erklärten BetrAufg das verpachtete Unternehmen veräußert und dabei ein Erlös für den **Geschäftswert** erzielt wird,[9]
– bei Bezügen eines Kassenarztes aus einer sog erweiterten Honorarverteilung der kassenärztlichen Vereinigung,[10]

---

1 BFH BStBl II 96, 287; BStBl II 93, 716.
2 BFH/NV 07, 436.
3 BFH BStBl II 93, 897.
4 BFH BStBl II 94, 564.
5 *H/H/R* § 24 Rn 77.
6 BFH BStBl II 00, 120; dazu *Wendt* FR 00, 201.
7 BFH BStBl II 82, 381.
8 BFH BStBl II 80, 692.
9 BFH BStBl II 79, 99.
10 BFH BStBl II 77, 29.

- bei **Milchaufgabevergütung**, die in mehreren Jahresbeträgen nach Einstellung des landwirtschaftlichen Betriebs gezahlt wird,[1]
- bei einer betrieblich veranlassten **Rentenverpflichtung**, wenn der Rentenberechtigte der Ablösung widerspricht und auf Einhaltung der Rentenzahlung besteht,[2]
- soweit **Restbetriebsvermögen** nach der Betriebsveräußerung oder -aufgabe mit dem bisherigen Buchwert weitergeführt und später veräußert wird[3] (zB bei Veräußerung des **Geschäftswerts** nach Erklärung der BetrAufg und anschließender Betriebsverpachtung im Ganzen[4]),
- bei einer **Rücklage nach § 6b**, die für den Veräußerungs- oder Aufgabegewinn gebildet oder nach der Betriebsveräußerung oder -aufgabe fortgeführt wurde und nach § 6b III 5 aufzulösen ist,[5]
- soweit nach der Betriebsveräußerung- oder -aufgabe **schwebende Geschäfte** abgewickelt werden, die in wirtschaftlichem Zusammenhang mit der früheren Tätigkeit stehen,[6]
- zu **Schuldzinsen** s Rn 48 ff.

Andere Vorgänge, wie zB Forderungsausfälle, der Erlass oder die Inanspruchnahme von Verbindlichkeiten, die Bewertung ungewisser Verbindlichkeiten und Zahlungseingänge auf ungewisse oder wertberichtigte Forderungen führen zu einer rückwirkenden Änderung des Veräußerungs- oder Aufgabegewinns (vgl im Einzelnen § 16 Rn 413). **46**

bb) Wahlrecht bei Veräußerung gegen wiederkehrende Bezüge. Wird ein Betrieb gegen wiederkehrende Bezüge veräußert,[7] hat der StPfl ein **Wahlrecht** zw der Versteuerung eines nach §§ 16, 34 begünstigten Veräußerungsgewinns im Zeitpunkt der Veräußerung oder einer Versteuerung der wiederkehrenden Bezüge im Zeitpunkt ihres Zuflusses als laufende nachträgliche Einkünfte der bisherigen Einkunftsart.[8] Die **Sofortversteuerung ist der gesetzliche Normalfall**, die laufende Versteuerung eine auf Billigkeitserwägungen unter Berücksichtigung des Verhältnismäßigkeitsgrundsatzes beruhende Ausnahmeregelung, die den **Versorgungscharakter** der Bezüge berücksichtigt.[9] Wird der Kaufpreis in Form von Zahlungen geleistet wird, die sich über einen längeren Zeitraum erstrecken ohne damit die Versorgung des Veräußerers zu bezwecken, besteht kein Grund für die Anerkennung des Wahlrechts.[10] Entscheidet sich der StPfl für wiederkehrende Bezüge, ist eine Aufteilung von Kaufpreisraten in einen Zins- und einen Tilgungsanteil mit der Folge der Anwendung des Sparerfreibetrages nicht vorzunehmen.[11] Bei einer Veräußerung gegen einen **gewinnabhängigen oder umsatzabhängigen Kaufpreis** ist das Entgelt allerdings zwingend als laufende nachträgliche BE in der Höhe zu versteuern, in der die Summe der Kaufpreiszahlungen das – ggf um Einmalleistungen gekürzte – Schlusskapitalkonto zuzüglich der Veräußerungskosten überschreitet.[12] Zu einer laufenden Besteuerung der betrieblichen Veräußerungsrente als nachträgliche Einkünfte aus dem veräußerten Betrieb kann es iÜ nur kommen, wenn diese Art der Besteuerung ausdrücklich gewählt wird.[13] Zu den Voraussetzungen und Rechtsfolgen der Betriebsveräußerung gegen wiederkehrende Bezüge: § 16 Rn 92 ff, 140 ff. **47**

cc) Insbesondere nachträgliche Schuldzinsen. Zu den nachträglichen Einkünften aus GewBetr gehören auch nachträgliche BA, soweit sie durch die frühere Einkünfteerzielung veranlasst sind. Insbes Schuldzinsen können als nachträgliche BA abgezogen werden, wenn die den Zinsen zugrunde liegende **Verbindlichkeit** während des Bestehens des Betriebes begründet wurde und **nicht durch den Veräußerungserlös oder die Verwertung von Aktivvermögen beglichen** werden kann.[14] Es ist jedoch unschädlich, wenn der Tilgung der zurückbehaltenen Schulden Hindernisse entgegenstehen[15] oder wenn eine Tilgung dieser Schulden – etwa wegen eines zugesagten Erlasses – aus sonstigen Gründen nicht veranlasst ist.[16] Eine Ausnahme vom Grundsatz des Vorrangs der Schuldenberichtigung rechtfertigen jedoch nur solche Verwertungshindernisse, die ihren **Grund in der ursprünglich betrieblichen Sphäre** haben.[17] Eine Vorfälligkeitsentschädigung stellt jedoch kein **48**

---

1 BFH BStBl II 89, 975.
2 BFH BStBl II 00, 120.
3 *Schmidt*[26] § 16 Rn 377; *H/H/R* § 24 Rn 78.
4 BFH BStBl II 02, 387.
5 BFH BStBl II 82, 348; *Dötsch* GS Knobbe-Keuk, 1997, S 424.
6 FG SchlHol EFG 80, 394.
7 Nicht bei der BetrAufg: FG Kln EFG 04, 889.
8 BFH/NV 07, 1306; krit und mit einer Darstellung verschiedener Fallgruppen: *Paus* DStZ 03, 523.
9 BFH BStBl II 84, 829; FG D'dorf StE 05, 657.
10 BFH/NV 07, 1306.
11 FG SchlHol EFG 03, 1160.
12 BFH BStBl II 02, 532.
13 BFH/NV 99, 1330.
14 BFH BStBl II 07, 642; BStBl II 98, 144; BStBl II 82, 321; BFH/NV 05, 1282; zu Sonder-BV: BFH/NV 03, 900.
15 BFH BStBl II 07, 642; BStBl II 85, 323.
16 BFH BStBl II 89, 456.
17 BFH BStBl II 07, 642.

Rückzahlungshindernis dar.[1] Soweit die Verbindlichkeiten nicht getilgt werden können, bleiben die Schulden „Rest-BV",[2] so dass die entspr Zinsen betrieblich veranlasst sind. Die Einräumung von Sicherungsrechten am PV[3] oder eine Umschuldung[4] steht einem Abzug der Schuldzinsen nicht entgegen. Werden über ein betriebliches Kontokorrentkonto auch private Schulden abgewickelt, so ist nur der Teil der Zinsen abziehbar, der auf die betrieblich veranlassten Schulden entfällt.[5]

49 Diese Grundsätze gelten auch bei der **Betriebsveräußerung**[6] und für die **Beteiligung** an einer PersGes.[7] Zahlt der G'ter einer PersGes Zinsen für Verbindlichkeiten, die die Ges bei Aufgabe ihres Betriebs nicht getilgt hat, obwohl ihr bei ordnungsgemäßer Abwicklung ausreichende Mittel zur Vfg gestanden hätten, kann er die Zinsen nicht als (nachträgliche) BA abziehen. Das gilt auch für Zinsen auf Verbindlichkeiten, die einem G'ter im wirtschaftlichen Zusammenhang mit seinem Sonder-BV entstanden sind, wenn er die Aktivwerte dieses Vermögens bei Beendigung seiner Mitunternehmerstellung nicht zur Tilgung der Verbindlichkeiten verwendet. Zahlt ein G'ter jedoch Zinsen für fortbestehende Gesellschaftsverbindlichkeiten, so muss er sich nicht entgegenhalten lassen, dass er die Aktivwerte seines Sonder-BV zur Tilgung dieser Verbindlichkeiten hätte einsetzen können, da ihm sein Sonder-BV bei der Liquidation der PersGes zurückzugeben ist.[8] Die Grundsätze zur Abziehbarkeit von Schuldzinsen für betrieblich veranlasste Verbindlichkeiten als nachträgliche Betriebsausgaben in Fällen der Betriebsveräußerung oder BetrAufg gelten für Fälle des **Übergangs des Betriebs zur Liebhaberei** entsprechend.[9]

50 Werden die Verbindlichkeiten nicht durch den Veräußerungserlös oder die Verwertung von Aktivvermögen getilgt, können die Schuldzinsen nicht als nachträgliche BA abgezogen werden. Unter bestimmten Voraussetzungen können sie jedoch durch Änderung des Verwendungszwecks als (laufende) BA/WK einer anderen Einkunftsart zugeordnet werden.[10] Voraussetzung für eine steuerrechtlich anzuerkennende sog **Umwidmung eines Kredits** ist, dass die durch die erstmalige tatsächliche Verwendung der Darlehensmittel eingetretene Zuordnung zu einer bestimmten Einkunftsart oder zur privaten Vermögenssphäre eindeutig beendet worden ist, der StPfl eine neue, gleichfalls kreditfinanzierte Anlageentscheidung trifft, durch welche das Objekt des Kreditbedarfs ausgewechselt wird, und diese Änderung in der Zweckbestimmung nach außen hin, an objektiven Beweisanzeichen feststellbar, in Erscheinung tritt.[11] Schuldzinsen für ein früheres Betriebsgrundstück können unter diesen Voraussetzungen als WK bei den Einkünften aus VuV abgezogen werden.[12] Der willkürliche Austausch von Finanzierungsgrundlagen ohne vorherige Lösung des ursprünglichen wirtschaftlichen Zusammenhangs der Schuldzinsen mit einer Einkunftsart genügt jedoch nicht.[13] Die Umwidmung eines Darlehens ist auch möglich, wenn der Erlös aus der Veräußerung eines ertragbringenden WG oder einer kompletten Organisationseinheit von WG (zB gesamter Betrieb) aufgrund einer neuen Anlageentscheidung des StPfl zum Erwerb einer anderen Einkunftsquelle eingesetzt wird.[14] Gleiches gilt, wenn ein kreditfinanziertes WG im Rahmen einer anderen Einkunftsart verwendet wird.[15] Wird ein bisher genutztes und durch Darlehen finanziertes, der Einkünfteerzielung dienendes WG veräußert und unter Aufrechterhaltung des Darlehens nur ein Teil des Erlöses dazu verwendet, durch die Anschaffung eines neuen WG steuerbare Einkünfte zu erzielen, kann im Wege einer gesplitteten Umwidmung aus dem fortgeführten Darlehen nicht mehr als Schuldzinsen abziehen, als dem Anteil der Anschaffungskosten des neuen WG an dem gesamten Erlös entspricht.[16]

51 Ungeklärt sind bisher die **Auswirkungen der Neuregelung des Schuldzinsenabzugs gem § 4 IVa**[17] auf nachträgliche Schuldzinsen bei Gewinneinkünften. Bei einer ausschließlich am Wortlaut orientierten Auslegung des § 4 IVa könnte eine Anwendung dieser Vorschrift mit der Begründung abgelehnt werden, dass in VZ nach der BetrAufg oder -veräußerung keine Überentnahme (§ 4 Rn 161) mehr

---

1 FG Nds EFG 07, 1231.
2 BFH BStBl II 99, 209.
3 BFH BStBl II 81, 461.
4 BFH BStBl II 81, 462.
5 BFH BStBl II 90, 817 (Aufteilung nach der sog Zinsstaffelmethode).
6 BFH BStBl II 82, 321.
7 BFH BStBl II 85, 323.
8 BFH BStBl II 96, 291.
9 BFH BStBl II 02, 809; BFH/NV 07, 434.
10 BFH BStBl II 07, 642.
11 BFH BStBl II 99, 353; vgl auch *Meyer/Ball* DStR 99, 781.
12 BFH BStBl II 99, 353; unter Abweichung von BStBl II 90, 213; für Sonder-BV: BFH/NV 03, 900.
13 BFH BStBl II 98, 144 (keine subj Umwidmung von WK); BFH/NV 92, 25; BFH/NV 93, 599 (602); BFH BStBl 91, 398 (400).
14 BFH BStBl II 91, 14; BStBl II 97, 454; BStBl II 99, 209.
15 BFH BStBl II 97, 454; BStBl II 99, 353.
16 BFH BStBl II 07, 699.
17 Durch StBereinG BGBl I 99, 2601 = BStBl I 00, 13; dazu § 4 Rn 114 ff.

getätigt wird.[1] Dem Sinn des § 4 IVa entspricht es jedoch, dass auch dann, wenn in einem Wj keine Über- entnahmen getätigt werden, die Überentnahmen vorangegangener Wj berücksichtigt werden.[2] Soweit aus vorangegangenen Wj Überentnahmen vorliegen, die nicht durch den Veräußerungsgewinn ausgeglichen werden, dürfte § 4 IVa grds auch bei der Ermittlung der nachträglichen Einkünfte anwendbar sein. Das bedeutet, dass nach dem Maßstab des verbleibenden Überentnahmevolumens den nachträglichen Schuldzinsen gem § 4 IVa 5 ein Hinzurechnungsbetrag (nachträglicher „Gewinn") gegenüberzustellen (hinzuzurechnen) ist. In den folgenden VZ ist das Überentnahmevolumen als Bemessungsgrundlage für den Hinzurechnungsbetrag gem § 4 IVa 4 stets neu festzustellen. Versteht man als Gewinn iSd § 4 IVa nur einen positiven Betrag,[3] führt jede Zahlung nachträglicher Schuldzinsen aus dem PV als einlageähnlicher Vorgang zu einer Unterentnahme (s § 4 Rn 163), die das Überentnahmevolumen und damit den Hinzurechnungsbetrag kontinuierlich vermindert. Fließen in die Berechnung der Überentnahme auch Verluste ein,[4] wird das Überentnahmevolumen in den folgenden VZ jedenfalls durch Tilgungsleistungen fortlaufend vermindert.

dd) Gewinnermittlung. Die Frage, wie die nachträglichen Einkünfte aus GewBetr zu ermitteln sind, ist str. Der BFH neigt der Auffassung zu, dass Einkünfte aus einer ehemaligen gewerblichen Tätigkeit iSd § 24 Nr 2 nicht aufgrund einer Gewinnermittlung gem §§ 4 I, 5 geltend gemacht werden können, sondern in **entspr Anwendung des § 4 III**.[5] Demgegenüber wird in der Literatur ein Wahlrecht zw den Gewinnermittlungsmethoden befürwortet.[6] Selbst wenn jedoch von einem Wahlrecht ausgegangen werden könnte, nachträgliche gewerbliche Einkünfte aufgrund eines Betriebsvermögensvergleichs zu ermitteln, müsste ein derartiges Wahlrecht auch zur Geltendmachung nachträglicher Einkünfte im Laufe des jeweiligen VZ ausgeübt worden sein. Der Verzicht darauf begründet die Entscheidung für eine Einnahme-Überschussrechnung.[7]

b) Ehemalige nichtselbstständige Tätigkeit. Einkünfte aus ehemaliger nichtselbstständiger Tätigkeit iSd § 2 I 1 Nr 4 können sich bei **Nachzahlungen von Lohn** oder anderen Bezügen aus einem früheren Arbverh ergeben. Hierzu gehören auch Zahlungen aufgrund lebenslänglicher betrieblicher Versorgungszusage[8] oder Übergangsgebührnisse an ehemalige Zeitsoldaten nach § 11 I SVG.[9] Die Zahlungen sind im Jahr des Zuflusses zu versteuern;[10] sie unterliegen nach § 38 III dem LSt-Abzug. Nachträgliche WK fallen zB an, wenn der frühere Geschäftsführer einer GmbH als **Haftungsschuldner** Steuerschulden der Ges erfüllt,[11] wenn **Schadensersatzverpflichtungen** gegenüber dem früheren ArbG erfüllt werden[12] oder bei Aufwendungen für eine **Bürgschaft** nach Auflösung des Arbverh.[13] Hat ein ArbN ein Darlehen aufgenommen, um eine zugunsten seines früheren ArbG eingegangene Bürgschaftsverpflichtung zu erfüllen, so kann er die angefallenen Darlehenszinsen bei seinen Einkünften aus nichtselbstständiger Arbeit als WK abziehen. Die Grundsätze, die die Rspr für Abzug von Schuldzinsen als nachträgliche WK bei den Einkünften aus VuV und aus KapVerm entwickelt hat (Rn 63), sind nicht auf die Einkünfte aus nichtselbstständiger Arbeit übertragbar.[14]

3. Einkünfte aus ehemaligem Rechtsverhältnis. – a) Einkunftsarten. Nachträgliche Einkünfte aus einem ehemaligen Rechtsverhältnis iSd § 2 I Nr 5 bis 7 können solche aus KapVerm (§ 20), aus VuV (§ 21) oder sonstige Einkünfte iSd § 22 sein. Fließen dem früheren Anteilseigner nach Veräußerung der Anteile an einer KapGes noch Ausschüttungen oder dem Vermieter nach Veräußerung des Grundstücks noch Mietzahlungen zu, handelt es sich um nachträgliche Einkünfte. Für die Veräußerung von Forderungen enthalten § 21 I Nr 4 und § 20 II Nr 2 und 3 Sonderregelungen. Grds ändert die **Abtretung von Miet- oder Kapitalzinsforderungen** nichts daran, dass der Abtretende (Zedent) diese als Einkünfte bezieht, wenn sie dem Abtretungsempfänger (Zessionar) zufließen. Für abgezinste Sparkassenbriefe und Anteile an einer GmbH einschl des Rechts auf den Gewinn aus der Zeit vor der Übertragung können sich Probleme bei der Zuordnung der Zinserträge ergeben.[15]

---

1 Vgl *Schmidt*[26] § 4 Rn 523.
2 *Wendt* FR 00, 417 (427).
3 So zB *Wendt* FR 00, 417 (424) mwN.
4 So BMF BStBl I 00, 588 Tz 11 ff.
5 BFH/NV 99, 926; vgl auch BFH BStBl II 78, 430; FG Hess EFG 99, 16; *K/S/M* § 16 Rn E 81.
6 *H/H/R* § 24 Rn 88 mwN.
7 BFH/NV 99, 926.
8 BMF BStBl I 04, 505.
9 BFH v 1.8.07 – XI R 55/05, juris.
10 BFH BStBl II 93, 795; FG BaWü EFG 95, 169.
11 BFH BStBl III 61, 20.
12 FG Nds EFG 74, 572.
13 FG Bln EFG 79, 172.
14 FG Hess EFG 97, 401.
15 BFH BStBl II 82, 540; krit hierzu *Heinicke* DStJG 10 (87), 99; *Döllerer* DStR 84, 383 (390).

61 b) Insbesondere nachträgliche WK. Aufwendungen, die durch die frühere Einkünfteerzielung veranlasst sind, aber erst nach Beendigung der Tätigkeit gezahlt werden, können als nachträgliche WK abgezogen werden. Dies ist unproblematisch bei WK, die schon **während der Einkünfteerzielung entstanden** sind und erst nachträglich abfließen.[1] Entstehen die Aufwendungen erst nach Beendigung der Tätigkeit, fehlt es häufig an dem Veranlassungszusammenhang mit der früheren Einkünfteerzielung.

62 Nur solche Aufwendungen, die **allein oder nahezu ausschließlich durch die bisherige Einkünfteerzielung veranlasst** sind, können als nachträgliche WK nach § 24 Nr 2 abgezogen werden.[2] Deshalb sind die dem Eigentümer einer bisher vermieteten Wohnung vor der beabsichtigten Selbstnutzung für ein seinen Bedürfnissen entspr Herrichten der Wohnung sowie für bei einem Wohnungswechsel typische Arbeiten (Schönheitsreparaturen, kleine sonstige Reparaturen) entstehenden Aufwendungen keine nachträglichen WK.[3] Ausnahmsweise können Aufwendungen als nachträgliche WK bei den Einkünften aus VuV anerkannt werden, wenn sie allein der Beseitigung von größeren, eine erhöhte Abnutzung deutlich übersteigenden Schäden dienen, insbes solche, die der Mieter mutwillig verursacht hat (§ 21 Rn 103).[4] Auch **Abbruchkosten** können ausnahmsweise nachträgliche WK darstellen, wenn ein Gebäude **ohne Abbruchabsicht erworben** worden ist, der Gebäudeabbruch sich als letzter Akt der Vermietungstätigkeit darstellt und die Abbruchkosten nicht den HK eines neu zu errichtenden Gebäudes zuzuordnen sind.[5]

63 Schuldzinsen des **zur Finanzierung von AK oder HK** aufgenommenen Kredits, die auf die Zeit **nach Aufgabe der Vermietungsabsicht oder -tätigkeit** entfallen, sind nach ständiger Rspr des BFH idR keine nachträglichen WK bei den Einkünften aus VuV. Sie stehen nicht mehr mit dieser Einkunftsart in wirtschaftlichem Zusammenhang, sondern sind Gegenleistung für die Überlassung von Kapital, das nicht mehr der Erzielung von Einkünften dient. Dementspr hat der BFH einen wirtschaftlichen Zusammenhang mit der früheren Einkunftserzielung für Schuldzinsen im privaten Bereich verneint, die auf die Zeit nach der Veräußerung eines Gebäudes entfallen, auch wenn der Veräußerungserlös nicht zur Schuldendeckung ausgereicht hat.[6] Dies gilt selbst dann, wenn bei einer **Zwangsversteigerung** der Versteigerungserlös nicht zur Tilgung der Kredite ausreicht.[7] Einen Veranlassungszusammenhang und damit nachträgliche **WK anerkennt der BFH** nur dann, wenn mit dem Kredit **Aufwendungen** finanziert worden sind, die während der Vermietungstätigkeit als **sofort abziehbare WK** zu beurteilen waren.[8] In diesen Fällen kommt es auch nicht darauf an, ob ein bei einer Veräußerung des Objekts erzielter Erlös zur Tilgung des Darlehens ausgereicht hätte.[9] Außerdem wurden Schuldzinsen anerkannt, die auf die Zeit zw der Kündigung einer Bauherrengemeinschaft und dem Abschluss der Auseinandersetzung angefallen sind.[10] Bei den Einkünften aus **KapVerm** lehnt der BFH den Abzug von Schuldzinsen als nachträgliche WK ab.[11] Die unterschiedliche steuerrechtliche Behandlung nachträglicher Schuldzinsen bei den Gewinneinkünften einerseits und den Überschusseinkünften andererseits beruhe auf dem Dualismus der Einkünfteermittlung, der auch unter Berücksichtigung des Gleichheitssatzes keinen verfassungsrechtlichen Bedenken begegne.[12] Auch bei **Beteiligungseinkünften nach § 17** sind die laufenden Aufwendungen nach den für WK bei den Einkünften aus KapVerm geltenden Grundsätzen zu beurteilen. Mit dem Wegfall der Einkünfteerzielung entfällt unabhängig von der Veranlassung der Aufwendungen durch den Erwerb oder die Sicherung der Beteiligung auch der erforderliche wirtschaftliche Zusammenhang der Schuldzinsen mit der Einkunftsart.[13] Der Abzug von Zinsen aus Refinanzierungsdarlehen für die Anschaffung einer im PV gehaltenen wesentlichen Beteiligung als nachträgliche WK ist jeden-

---

1 BFH BStBl II 90, 464; BStBl II 83, 373 (zu Einkünften aus VuV).
2 BFH/NV 97, 850; BFH BStBl II 90, 465.
3 BFH/NV 97, 850; BFH/NV 96, 533; krit v Bornhaupt DB 98, 136.
4 BFH BStBl II 01, 784.
5 BFH/NV 98, 1212; BFH BStBl II 78, 620; BStBl II 97, 325 (teilw Abzug); vgl aber BFH/NV 96, 302; BFH BStBl II 93, 504; s auch § 21 Rn 125.
6 BFH/NV 96, 208; BFH/NV 95, 966; BFH/NV 95, 675; BFH/NV 94, 234; BFH/NV 93, 532; BFH/NV 93, 12; BFH BStBl II 90, 464; BStBl II 83, 373; krit Stuhrmann DStR 05, 726.
7 BFH/NV 93, 532; BFH BStBl II 92, 289.
8 BFH BStBl II 06, 407; BStBl II 01, 528; vgl auch Gosch StBp 00, 93; keine nachträglichen Schuldzinsen bei Eigennutzung im Anschluss an die Vermietung: FG BaWü EFG 06, 176.
9 BFH BStBl II 06, 407; so jetzt auch BMF BStBl I 06, 363 unter Aufgabe seiner früheren Auffassung; vgl auch Paus DStZ 06, 800.
10 BFH BStBl II 97, 610; dazu Drenseck FR 97, 642; Gosch StBp 97, 218.
11 BFH BStBl II 84, 29; BFH BStBl II 85, 320; BFH BStBl II 85, 428; BFH/NV 93, 468; BFH/NV 95, 377; BFH/NV 97, 644.
12 BFH/NV 95, 966.
13 BFH/NV 2005, 54 mwN.

falls unter der Geltung einer Wesentlichkeitsschwelle von 25 vH nach der Veräußerung der Beteiligung nicht möglich.[1] Ob in nachfolgenden VZ (ab VZ 99 oder nach Absenkung der Wesentlichkeitsschwelle auf 1 vH; dazu *Gosch* § 17 Rn 1, 34) eine Änderung der RSpr in Betracht zu ziehen ist, hat der BFH offengelassen.[2]

Demgegenüber gehen **zahlreiche FG** und die **überwiegende Auffassung in der Literatur** zu Recht davon aus, dass der Abzug **nachträglicher Schuldzinsen als WK** ebenso möglich sein müsse, wie der Abzug als BA.[3] Der wirtschaftliche Zusammenhang zw Schuldzinsen und aufgenommenem Fremdkapital wird in den Fällen, in denen der Veräußerungserlös zur Schuldtilgung nicht ausreicht, ebenso wenig beendet wie bei den Gewinneinkunftsarten. Wesentlicher Grund für den Abzug nachträglicher Schuldzinsen ist bei den Gewinneinkunftsarten der Veranlassungszusammenhang und nicht die (zumindest anzuzweifelnde)[4] Tatsache, dass es sich bei den verbleibenden Schulden um zurückbehaltenes BV handelt. Durch die Entscheidung zur Aufgabe der Vermietungstätigkeit schafft der StPfl **keinen neuen Veranlassungszusammenhang**. Reicht der Veräußerungserlös nicht zur Schuldendeckung aus, ändert sich an der ursprünglichen Zweckbestimmung des Kapitals und damit an der Veranlassung durch die Vermietungstätigkeit nichts.

64

III. Zufluss an Rechtsnachfolger. – 1. Bedeutung der Regelung. Fließen Einkünfte dem StPfl als **Rechtsnachfolger** zu, hat Nr 2 **konstitutiven Charakter.** Der Tatbestand der Einkunftserzielung wird teilw beim Rechtsvorgänger (Erwerbstätigkeit) und teilw beim Rechtsnachfolger (Zufluss oder Realisierung) erfüllt. Durch die Verklammerung von Erwerbstätigkeit und Einkünfterealisierung schließt Nr 2 die Besteuerungslücke, die entstehen würde, wenn die Einkünfte dem Rechtsvorgänger nicht mehr zuflössen und der Rechtsnachfolger den zugrundeliegenden Einkünftetatbestand nicht verwirklicht.[5] § 24 Nr 2 gilt **subsidiär**; die allg Grundsätze der Tatbestandsverwirklichung und der Unbeachtlichkeit der Einkommensverwendung gehen vor.[6] Der Rechtsvorgänger kann sich nicht durch (unentgeltliche) Rechtsgeschäfte unter Lebenden seiner StPfl entziehen, indem er zB Forderungen aus seiner eigenen Erwerbstätigkeit abtritt. Die Einkünfte aus seiner Erfindertätigkeit sind daher auch dann dem Erfinder zuzurechnen, wenn er seiner Ehefrau ein eigenes Forderungsrecht daran eingeräumt hat.[7] Um nachträgliche Einkünfte des Rechtsnachfolgers handelt es sich nicht, wenn der Gesamtrechtsnachfolger lediglich aufgrund von § 45 AO in die Verpflichtungen des Rechtsvorgängers eintritt.

70

2. Beibehaltung der Einkunftsart. Da es sich auch bei den Einkünften des Rechtsnachfolgers um nachträgliche Einkünfte handelt, sind **für die sachliche StPfl**, den Umfang der StPfl und die Einkunftsart die **Verhältnisse des Rechtsvorgängers maßgebend.** BV des Rechtsvorgängers wird nicht automatisch zu PV des Rechtsnachfolgers.[8] Auch wenn ein Schriftsteller, Wissenschaftler oder Künstler stirbt und die Berufstätigkeit des verstorbenen Freiberuflers aufgrund ihrer höchstpersönlichen Natur von den Erben nicht fortgeführt werden kann, liegt darin nicht automatisch eine BetrAufg[9] (s Rn 41). Die für den Rechtsvorgänger geltenden Steuerbefreiungen und -vergünstigungen gelten auch für den Rechtsnachfolger.[10] Die Einkunftsart bestimmt sich ebenfalls nach den Verhältnissen des Rechtsvorgängers. Einkünfte aus einer ehemaligen (früheren) künstlerischen Tätigkeit gehören beim Erben des Künstlers auch dann zu den Einkünften aus künstlerischer Tätigkeit, wenn der Erbe nicht selbst Künstler ist. Die Veräußerung der vom Erblasser geschaffenen Werke stellt sich als Abschluss und Abwicklung der künstlerischen Betätigung dar und wird daher noch dieser zugerechnet.[11] Zahlungen eines Verlages an den Erben eines Autors führen bei diesen zu (nachträglichen) Einkünften aus selbstständiger Arbeit.[12] Dies gilt auch für Verwertungsentgelte der GEMA oder der VG-Wort.[13]

71

---

1 BFH BStBl II 07, 639; BStBl II 04, 551.
2 BFH BStBl II 07, 639; BFH v 12.9.07 – VIII R 38/04, juris; zu den Konsequenzen aus der Absenkung der Beteiligungsgrenze: *Intemann/Cöster* DB 07, 2059.
3 ZB FG Kln EFG 97, 732; *Drenseck* FR 92, 332; *Rößler* DStZ 92, 493; *K/S/M* § 21 Rn B 423; *H/H/R* § 24 Rn 93 jeweils mwN; s auch *Stuhrmann* DStR 05, 726.
4 Anm in HFR 92, 281.
5 BFH BStBl II 96, 287; BFH/NV 95, 498; *Ruppe* DStJG 10 (87), 45 (57); *Heinicke* DStJG 10 (87), 99 ff; zur Einkünftezurechnung s auch *Mellinghoff* DStJG 22 (99),

127 (155); *Trzaskalik* StuW 97, 97; *Biergans* FR 82, 525; ders FS L Schmidt, 93, S 91.
6 Grundlegend *Heinicke* DStJG 10 (87), 99.
7 BFH BStBl II 90, 377.
8 BFH BStBl III 65, 666; BStBl II 89, 509.
9 BFH/NV 07, 436 (hier: nachträgliche Einkünfte auch 19 Jahre nach dem Tod eines Künstlers).
10 *Ruppe* DStJG 10 (87), 45 (57); **aA** BFH BStBl II 70, 824 für erfinderbezogene Steuervergünstigung.
11 BFH BStBl II 93, 716; BStBl III 65, 666.
12 BFH/NV 93, 293.
13 BFH BStBl II 95, 413.

72 3. Rechtsnachfolger. Rechtsnachfolger kann unter diesen Voraussetzungen sowohl der Gesamtrechtsnachfolger als auch der Einzelrechtsnachfolger (zB Vermächtnisnehmer) sein (zur Subsidiarität, wenn die Einnahmen kraft Rechtsgeschäfts unter Lebenden zufließen Rn 70). Da es sich um Einkünfte des Rechtsnachfolgers handelt, sind für die **individuellen Besteuerungsmerkmale** sowie für Freibeträge oder Freigrenzen die **persönlichen Verhältnisse des Rechtsnachfolgers** maßgebend. Beziehung nachträglicher Einkünfte aus einer ehemaligen Tätigkeit ist der Erbe als Gesamtrechtsnachfolger auch dann, wenn der Nachlass mit Vermächtnissen belastet ist. Nachträglich zugeflossene Rentenzahlungen werden dem Erben ungeachtet dessen zugerechnet, dass sie der Testamentsvollstrecker nicht zur Begleichung der hierauf entfallenden ESt als Nachlassverbindlichkeit, sondern zur Erfüllung von Vermächtnissen verwendet.¹

73 4. Einzelfälle. Zahlt eine PersGes **Versorgungsleistungen** an die Witwe eines verstorbenen G'ters aufgrund des Gesellschaftsvertrags als Vergütung für die Tätigkeit dieses G'ters als Geschäftsführer und ist die Witwe nicht G'ter (MU'er), so stellen die Bezüge der Witwe in voller Höhe gem § 24 Nr 2 nachträgliche Einkünfte aus GewBetr dar.² Laufende Versorgungsleistungen, die die Witwe eines selbstständigen Versicherungsvertreters von dem vertretenen Versicherungsunternehmen im Hinblick auf die frühere Tätigkeit ihres verstorbenen Ehemannes auf Lebenszeit erhält, sind nachträgliche Einkünfte aus GewBetr und damit im Jahr des jeweiligen Zuflusses in voller Höhe estpfl.³ Der Rechtsnachfolger kann auch nachträgliche WK oder BA geltend machen. Benutzt die Witwe eines Schriftstellers dessen häusliches Arbeitszimmer zu Abwicklungszwecken, so können die Aufwendungen für dieses Zimmer zB als BA abziehbar sein.⁴ Muss ein Erbe **Ruhegehaltszahlung iSv § 19 zurückzahlen**, so können insoweit nachträgliche **negative Einnahmen** aus nichtselbstständiger Arbeit vorliegen.⁵

D. Nutzungsvergütungen für die Inanspruchnahme von Grundstücken für öffentliche Zwecke (§ 24 Nr 3)

80 § 24 Nr 3 sondert Nutzungsvergütungen und darauf entfallende Zinsen, die bereits nach § 2 I, §§ 13 bis 23 der Besteuerung unterliegen, für die Anwendung des ermäßigten Steuersatzes gem § 34 II Nr 3 aus der jeweiligen Einkunftsart aus.⁶ Die Vorschrift erweitert die StPfl nicht, so dass nicht steuerbare Entschädigungen (zB für eine **faktische Bausperre**) nicht unter § 24 Nr 3 fallen.⁷ Eine „Inanspruchnahme von Grundstücken für öffentliche Zwecke" iSv § 24 Nr 3 setzt voraus, dass sich **ein öffentlich-rechtlicher Funktionsträger das Grundstück unter Einsatz oder Androhung von Hoheitsmitteln** (etwa eines Enteignungsverfahrens) **beschafft**.⁸ Voraussetzung ist, dass das Nutzungsverhältnis durch hoheitlichen Druck, nicht freiwillig begründet wird. Dies ist auch bei einer vertraglichen Veräußerung oder Nutzungsüberlassung durch den StPfl möglich, wenn er damit ein konkret drohendes Enteignungsverfahren abwendet.⁹ Die aufgrund einer **Teilungsversteigerung von** der öffentlichen Hand als Ersteherin gezahlten sog Bargebotszinsen stellen bei dem Empfänger keine „Zinsen auf Entschädigungen" iSv § 24 Nr 3 dar, da kein öffentlich-rechtliches Sonderrecht wahrgenommen wird.⁸

81 Entschädigung für die Belastung der Grundstücke mit einer **Grunddienstbarkeit** können zu den Nutzungsvergütungen gehören, sind aber nur bei Nachzahlung tarifbegünstigt (vgl § 34 Rn 38).¹⁰ Durch § 24 Nr 3 werden alle Zinsen erfasst, die aufgrund eines durch hoheitlichen Eingriff begründeten Anspr auf Enteignungsentschädigung gezahlt werden.¹¹ Werden Zinsen (oder Nutzungsvergütungen) iSd § 24 Nr 3 für einen Zeitraum von mehr als 3 Jahren nachgezahlt, so wird die Steuervergünstigung des § 34 I, II Nr 3 für die gesamte Nachzahlung gewährt und nicht nur für den Teilbetrag, der auf den 3 Jahre übersteigenden Teil des Nachzahlungszeitraums entfällt.¹²

---

1 BFH BStBl II 96, 287.
2 BFH BStBl II 84, 431.
3 BFH BStBl II 76, 487.
4 BFH BStBl II 89, 509.
5 BFH BStBl II 76, 322.
6 BFH BStBl II 95, 640.
7 BFH BStBl II 86, 252; BFH/NV 88, 433.
8 BFH BStBl II 98, 560.
9 BFH BStBl III 66, 460.
10 BFH BStBl II 94, 640.
11 BFH BStBl II 93, 3.
12 BFH BStBl II 85, 463.

§ 24a Altersentlastungsbetrag

¹Der Altersentlastungsbetrag ist bis zu einem Höchstbetrag im Kalenderjahr ein nach einem Prozentsatz ermittelter Betrag des Arbeitslohns und der positiven Summe der Einkünfte, die nicht solche aus nichtselbstständiger Arbeit sind. ²Bei der Bemessung des Betrags bleiben außer Betracht:
1. Versorgungsbezüge im Sinne des § 19 Abs. 2;
2. Einkünfte aus Leibrenten im Sinne des § 22 Nr. 1 Satz 3 Buchstabe a;
3. Einkünfte im Sinne des § 22 Nr. 4 Satz 4 Buchstabe b;
4. Einkünfte im Sinne des § 22 Nr. 5 Satz 1, soweit § 52 Abs. 34c anzuwenden ist;
5. Einkünfte im Sinne des § 22 Nr. 5 Satz 2 Buchstabe a.

³Der Altersentlastungsbetrag wird einem Steuerpflichtigen gewährt, der vor dem Beginn des Kalenderjahres, in dem er sein Einkommen bezogen hat, das 64. Lebensjahr vollendet hatte. ⁴Im Fall der Zusammenveranlagung von Ehegatten zur Einkommensteuer sind die Sätze 1 bis 3 für jeden Ehegatten gesondert anzuwenden. ⁵Der maßgebende Prozentsatz und der Höchstbetrag des Altersentlastungsbetrags sind der nachstehenden Tabelle zu entnehmen:

Das auf die Vollendung des 64. Lebensjahres folgende Kalenderjahr	Altersentlastungsbetrag	
	in % der Einkünfte	Höchstbetrag in Euro
2005	40,0	1 900
2006	38,4	1 824
2007	36,8	1 748
2008	35,2	1 672
2009	33,6	1 596
2010	32,0	1 520
2011	30,4	1 444
2012	28,8	1 368
2013	27,2	1 292
2014	25,6	1 216
2015	24,0	1 140
2016	22,4	1 064
2017	20,8	988
2018	19,2	912
2019	17,6	836
2020	16,0	760
2021	15,2	722
2022	14,4	684
2023	13,6	646
2024	12,8	608
2025	12,0	570
2026	11,2	532
2027	10,4	494
2028	9,6	456
2029	8,8	418
2030	8,0	380
2031	7,2	342
2032	6,4	304
2033	5,6	266

§ 24a Altersentlastungsbetrag

Das auf die Vollendung des 64. Lebensjahres folgende Kalenderjahr	Altersentlastungsbetrag	
	in % der Einkünfte	Höchstbetrag in Euro
2034	4,8	228
2035	4,0	190
2036	3,2	152
2037	2,4	114
2038	1,6	76
2039	0,8	38
2040	0,0	0

R 24a EStR 05

A. Grundaussage der Vorschrift

1 Im Alter bezogene Einkünfte werden unterschiedlich besteuert. Leibrenten werden gem § 22 Nr 1 nur mit dem Ertragsanteil besteuert; bei Versorgungsbezügen, die voll besteuert werden, wird gem § 19 II ein Versorgungsfreibetrag gewährt. § 24a soll der **Harmonisierung der Besteuerung der Altersbezüge** dienen und gewährt einen Freibetrag für diejenigen StPfl, deren Altersversorgung nicht (nur) aus Renten oder Pensionen besteht. Um eine mehrfache Begünstigung auszuschließen, werden Leibrenten, Versorgungsbezüge, Leistungen eines Pensionsfonds und sonstige Einkünfte, die der Ertragsanteilsbesteuerung unterliegen nicht in die Bemessungsgrundlage des Altersentlastungsbetrages einbezogen (§ 24a S 2). Der Gesetzgeber hat dem Auftrag des BVerfG[1] entspr die Besteuerung der Alterseinkünfte mit Wirkung v 1.1.05 neu geregelt. Mit dem Übergang zur nachgelagerten Besteuerung verliert der Altersentlastungsbetrag seine Rechtfertigung. Da die Neuordnung der Besteuerung der Altersbezüge abgestuft über einen Zeitraum von 35 Jahren eingeführt wird, hat der Gesetzgeber sich entschieden, den Altersentlastungsbetrag entspr allmählich abzuschmelzen. § 24a S 1 und S 5 regeln die schrittweise Zurückführung im Zeitraum von 2005 bis 2040 (Rn 9).

B. Voraussetzungen für die Gewährung des Altersentlastungsbetrages

2 **I. Anspruchsberechtigte.** Anspruchsberechtigt ist derjenige StPfl, der das 64. Lebensjahr vollendet hat. Ein Lebensjahr wird mit Ablauf des Tages vollendet, der dem Tag der Wiederkehr des Geburtstages vorangeht (§ 108 I AO; §§ 187 II 2, 188 II BGB). Für das Kj 01 können demnach StPfl den Altersentlastungsbetrag erhalten, wenn sie vor dem 2.1.37 geboren sind. Die Anspruchsberechtigung ist bei zusammenveranlagten Ehegatten für jeden gesondert zu prüfen. Für **beschränkt StPfl** ist § 24a **nicht anzuwenden** (§ 50 I 5).

3 **II. Bemessungsgrundlage. – 1. Grundsatz.** Die **Bemessungsgrundlage** für den Altersentlastungsbetrag setzt sich aus **zwei selbstständigen Bestandteilen** zusammen. Sie wird gebildet aus dem Arbeitslohn und der positiven Summe der Einkünfte, die nicht zu den Einkünften aus nichtselbstständiger Arbeit gehören. Die beiden Bestandteile der Bemessungsgrundlage werden nicht zu einer einheitlichen Bemessungsgrundlage zusammengerechnet, sondern bilden getrennte, sich ergänzende Ausgangsgrößen für den Altersentlastungsbetrag.

4 **2. Arbeitslohn.** Aus Gründen der Praktikabilität wird anstelle der Einkünfte aus nichtselbstständiger Arbeit der **Arbeitslohn** der Berechnung zugrunde gelegt.[2] Berücksichtigt werden **alle (Brutto-)Einnahmen**, die dem ArbN aus einem Dienstverhältnis zufließen (vgl § 2 I LStDV; § 19 Rn 110 ff), ohne dass WK, WK-Pauschbeträge oder Freibeträge abgezogen werden. Bei **Nettolohnvereinbarungen** muss der Bruttoarbeitslohn berechnet und zugrunde gelegt werden. Zur Bemessungsgrundlage des § 24a gehört nur der stpfl Arbeitslohn.[3] Stfrei Bezüge aus einem Arbverh (vgl zB Abfindungen gem § 3 Nr 9, Trinkgelder gem § 3 Nr 51) scheiden aus der Bemessungsgrundlage aus. Pauschalversteuerter Arbeitslohn (§§ 40–40b) wird ebenfalls nicht berücksichtigt. Dagegen ist tarifbegünstigter

---

1 BVerfGE 105, 23 = BStBl II 02, 618.
2 BT-Drs 7/2470, 279.
3 H/H/R § 24a Rn 16; Blümich § 24a Rn 9.

Arbeitslohn (zB § 24 Nr 1a iVm § 34) in die Bemessungsgrundlage einzubeziehen. Die **Rückzahlung von Arbeitslohn** mindert die Bemessungsgrundlage nur dann, wenn es sich um Bezüge des laufenden Kj handelt; die Rückzahlungen von Einnahmen früherer Kj berühren die Bemessungsgrundlage nicht.[1]

3. Positive Summe der anderen Einkünfte. Weiterer Bestandteil der Bemessungsgrundlage ist die positive Summe der Einkünfte aus den Einkunftsarten § 2 I Nr 1–3 und 5–7. Da § 24a auf die **positive Summe der Einkünfte** und nicht auf die positiven Einkünfte abstellt, sind die positiven und negativen Einkünfte auszugleichen. Nur wenn das Ergebnis positiv ist, wird die Bemessungsgrundlage für den Altersentlastungsbetrag erhöht.[2] Für die VZ 99 bis 03 ist die positive Summe der Einkünfte nach § 2 III 2–8 aF zu ermitteln.[3] Da durch diese Berechnung negative Einkünfte teilw nicht berücksichtigt werden, können sich in diesen VZ Vorteile im Vergleich zur jetzt und früher geltenden Rechtslage ergeben, die den Zielen der sog „Mindestbesteuerung" nicht entsprechen. Dies rechtfertigt es aber nicht, für § 24a andere Maßstäbe zugrunde zu legen.[4]

Nur die **stpfl Einkünfte** bilden die Bemessungsgrundlage, so dass stfreie Einkünfte nicht zu berücksichtigen sind. Tarifbegünstigte Einkünfte iSd § 34 und nachzuversteuernde Beträge gehören in die Bemessungsgrundlage. Einkünfte, die nicht zur Veranlagung führen, weil sie unter 410 € liegen (§ 46 II Nr 1), sind demgegenüber nicht einzubeziehen. **Freibeträge** werden nur dann berücksichtigt, wenn sie bei der Ermittlung der Einkünfte abgezogen werden können, so dass der Sparer-Freibetrag (§ 20 IV)[5] und der WK-Pauschbetrag nach § 9a 1 Nr 2 oder Nr 3 die Bemessungsgrundlage mindert. Sind in den Einkünften neben Leibrenten auch andere Bezüge iSd § 22 Nr 1 enthalten, so ist der WK-Pauschbetrag des § 9a 1 Nr 3 vorrangig vom Ertragsanteil der Leibrente abzuziehen.[6] Der Freibetrag gem § 13 III ist demgegenüber nicht zu berücksichtigen, da er erst nach der Ermittlung der Einkünfte die Summe der Einkünfte mindert.[7] Auch ein **Verlustabzug** nach § 10d wirkt sich auf die Bemessungsgrundlage des § 24a nicht aus, da er erst vom Gesamtbetrag der Einkünfte abzuziehen ist.

C. Ermittlung des Altersentlastungsbetrags

Aus der Zielsetzung des § 24a folgt, dass Versorgungsbezüge (§ 19 II), Einkünfte aus Leibrenten (§ 22 Nr 1 S 3a) und Versorgungsbezüge von Abgeordneten (§ 22 Nr 4 S 4b) nicht in die Bemessungsgrundlage des Altersentlastungsbetrages einzubeziehen sind (§ 24a S 2), weil sie bereits in anderer Weise begünstigt sind.[8] Durch das JStG 08[9] hat der Gesetzgeber außerdem die Leistungen eines Pensionsfonds gem § 22 Nr 5 S 1, bei denen aufgrund des § 52 Abs 34c der Versorgungsfreibetrag des § 19 II Anwendung findet, sowie die sonstigen Einkünfte nach § 22 Nr 5 S 2 EStG (zukünftig § 22 Nr 5 S 2 Buchst a), die der Ertragsanteilsbesteuerung unterliegen von der Bemessungsgrundlage des Altersentlastungsbetrags ausgenommen.[10] Die Neuregelung gilt ab VZ 08 (§ 52 I idF des JStG 08). Diese Auslegung hat das BMF zuvor schon in einem BMF-Schreiben vertreten.[11] Der Altersentlastungsbetrag betrug bis einschließlich VZ 04 nach § 24a S 1 aF 40 vH der Bemessungsgrundlage, höchstens jedoch 1 908 € und wurde von der FinVerw auf den nächsten vollen €-Betrag aufgerundet.[12] Ab **VZ 05** wird ein Höchstbetrag zum Abzug zugelassen, der sich nach einem vH-Satz des Arbeitslohns und der positiven Summe der Einkünfte, die nicht aus unselbständiger Arbeit stammen (Rn 9), richtet. Zur Ermittlung des Altersentlastungsbetrages werden beide Bestandteile der Bemessungsgrundlage zusammengerechnet, wenn sie positiv sind. Hat der StPfl neben dem Arbeitslohn andere Einkünfte, die in ihrer Summe negativ sind, wird die Bemessungsgrundlage Arbeitslohn nicht um diese negative Summe anderer Einkünfte gekürzt. Das EStG setzt in verschiedenen Vorschriften (vgl § 10c II 4; § 39b II u III) voraus, dass der Altersentlastungsbetrag vorrangig vom Arbeitslohn berechnet wird. Ist der Altersentlastungsbetrag außer vom Arbeitslohn noch von weiteren Einkünften zu berechnen, hat dies zur Folge, dass er **zunächst vom Arbeitslohn** und nur ergänzend nach den anderen Einkünften berechnet wird.[13] Die Summe der Einkünfte wird

---

1 H/H/R § 24a Rn 16.
2 FG Mchn FGReport 04, 50.
3 BFH BStBl II 06, 511.
4 H/H/R § 24a Rn 26.
5 BFH/NV 98, 168.
6 R 24a I 2 EStR 05.
7 R 24a I 1 EStR 05; H/H/R § 24a Rn 8; L/B/P § 24a Rn 19; **aA** Blümich § 24a Rn 14.
8 Vgl BFH v 23.3.05 – VI B 146/04, juris.
9 BGBl I 07, 3150 (3152).
10 Vgl BR-Drs 544/07, 70.
11 BMF BStBl I 07, 486.
12 R 171 I 3 EStR 03.
13 R 24a II EStR 05.

um den Altersentlastungsbetrag gemindert (§ 2 III 1). Nicht geregelt ist, wie der Altersentlastungsbetrag auf die einzelnen Einkunftsarten verteilt wird. Zur Zeit der Geltung des § 2 III idF des StEntlG 99/00/02 hatte diese Frage insbes für den Verlustabzug (§ 10d) Bedeutung. Richtigerweise müsste in diesem Zeitraum der Altersentlastungsbetrag **nach Maßgabe der positiven Einkünfte** aufgeteilt werden.

D. Berücksichtigung bei Ehegatten

8   Bei zusammenveranlagten Ehegatten ist der Altersentlastungsbetrag nur dem Ehegatten für **seine eigenen Einkünfte** zu gewähren, der die Voraussetzungen des Freibetrages erfüllt (§ 24a S 4). Erfüllen beide Ehegatten die Voraussetzungen, ist der Altersentlastungsbetrag für jeden gesondert zu berechnen.[1] Durch entspr Vertragsgestaltung können aber jeweils eigene Einkünfte beider Ehegatten begründet werden (zB Vereinbarung von Altenteilsleistungen bei Übertragung eines landwirtschaftlichen Betriebs eines Alleineigentümers auch zugunsten seiner Ehefrau als Gesamtberechtigter[2]). Der gemeinsame **Sparer-Freibetrag** ist bei jedem Ehegatten zur Hälfte abzuziehen. Sind jedoch bei einem der Ehegatten die um die WK geminderten Kapitalerträge niedriger als 3 100 €, so ist der anteilige Sparer-Freibetrag beim anderen Ehegatten abzuziehen.[3]

E. Neuregelung ab VZ 05 (S 1 und S 5)

9   Ab VZ 05 richtet sich die Höhe des Altersentlastungsbetrags nach § 24a S 1 und S 5. Der Höchstbetrag im Kj ergibt sich aus einem vH-Satz des Arbeitslohns und der positiven Summe der Einkünfte, die nicht aus selbstständiger Arbeit sind. Dieser **Höchstbetrag und der vH-Satz der Bemessungsgrundlage** vermindern sich schrittweise im Zeitraum von 2004 bis 2040. Durch die gleichzeitige Senkung beider Komponenten soll eine Besserstellung von (niedrigen) Einkünften aus Arbeitslohn und der positiven Summe der anderen Einkünfte gegenüber Renten, bei denen der stpfl Anteil für jeden neu hinzukommenden Rentenjahrgang ansteigt, vermieden werden, die bei einem alleinigen Abschmelzen des Höchstbetrages möglich wäre.[4] Die Tabelle in § 24a S 5 ordnet ab VZ 05 eine Absenkung im Gleichklang mit dem Anstieg des Besteuerungsanteils der Renten nach § 22 Nr 1 S 3a aa an. § 24a S 5 folgt dem sog Kohortenprinzip und bestimmt, dass der in dem auf die Vollendung des 64. Lebensjahrs folgende Kj nach der Tabelle anzuwendende vH-Satz und der Höchstbetrag für den gesamten weiteren Besteuerungszeitraum maßgebend bleibt. Im Gegensatz zur Abschmelzung des Versorgungsfreibetrages (§ 19 II) wird jedoch kein zeitlebens feststehender Betrag ermittelt, weil die Höhe der zugrunde liegenden Einkünfte regelmäßig stärkeren Schwankungen unterworfen ist.

§ 24b Entlastungsbetrag für Alleinerziehende

(1) [1]Allein stehende Steuerpflichtige können einen Entlastungsbetrag in Höhe von 1308 Euro im Kalenderjahr von der Summe der Einkünfte abziehen, wenn zu ihrem Haushalt mindestens ein Kind gehört, für das ihnen ein Freibetrag nach § 32 Abs. 6 oder Kindergeld zusteht. [2]Die Zugehörigkeit zum Haushalt ist anzunehmen, wenn das Kind in der Wohnung des allein stehenden Steuerpflichtigen gemeldet ist. [3]Ist das Kind bei mehreren Steuerpflichtigen gemeldet, steht der Entlastungsbetrag nach Satz 1 demjenigen Alleinstehenden zu, der die Voraussetzungen auf Auszahlung des Kindergeldes nach § 64 Abs. 2 Satz 1 erfüllt oder erfüllen würde in Fällen, in denen nur ein Anspruch auf einen Freibetrag nach § 32 Abs. 6 besteht.

(2) [1]Allein stehend im Sinne des Absatzes 1 sind Steuerpflichtige, die nicht die Voraussetzungen für die Anwendung des Splitting-Verfahrens (§ 26 Abs. 1) erfüllen oder verwitwet sind und keine Haushaltsgemeinschaft mit einer anderen volljährigen Person bilden, es sei denn, für diese steht ihnen ein Freibetrag nach § 32 Abs. 6 oder Kindergeld zu oder es handelt sich um ein Kind im Sinne des § 63 Abs. 1 Satz 1, das einen Dienst nach § 32 Abs. 5 Satz 1 Nr. 1 und 2 leistet oder eine Tätigkeit nach § 32 Abs. 5 Satz 1 Nr. 3 ausübt. [2]Ist die andere Person mit Haupt- oder Nebenwohnsitz in der Wohnung des Steuerpflichtigen gemeldet, wird vermutet, dass sie mit dem Steuerpflichtigen gemeinsam wirtschaftet (Haushaltsgemeinschaft). [3]Diese Vermutung ist widerlegbar, es sei denn,

---

1 H 24a EStH 05.
2 BFH BStBl II 94, 107.
3 Vgl BFH/NV 98, 168.
4 BT-Drs 15/2150, 43.

der Steuerpflichtige und die andere Person leben in einer eheähnlichen Gemeinschaft oder in einer eingetragenen Lebenspartnerschaft.

(3) Für jeden vollen Kalendermonat, in dem die Voraussetzungen des Absatzes 1 nicht vorgelegen haben, ermäßigt sich der Entlastungsbetrag um ein Zwölftel.

BMF BStBl I 04, 1042

Übersicht

	Rn		Rn
A. Grundaussage der Vorschrift	1	1. Anspr auf Kinderfreibetrag oder Kindergeld	10
B. Voraussetzungen für die Gewährung des Entlastungsbetrages	5	2. Zugehörigkeit zum Haushalt	11
I. Alleinerziehende (§ 24b II)	5	III. Monatsprinzip	12
II. Berücksichtigungsfähiges Kind (§ 24b I)	10	C. Rechtsfolge	15
		D. Veranlagung und Lohnsteuer	17

Literatur: *Plenker* Entlastungsbetrag statt Haushaltsfreibetrag für Alleinerziehende, DB 04, 156; *Proff zu Irnich* DStR 04, 1904; *Ross* Der Entlastungsbetrag für Alleinerziehende (§ 24b EStG), DStZ 04, 437.

A. Grundaussage der Vorschrift

§ 24b[1] fördert Alleinerziehende und ersetzt den früheren Haushaltsfreibetrag (§ 32 VII aF), der Art 6 GG verletzte, weil er die eheliche gegenüber anderen Erziehungsgemeinschaften benachteiligte.[2] § 24b umgeht dieses Problem zwar, indem er jegliche Erziehungsgemeinschaft ausnimmt. Jedoch begegnet die Norm anderen Bedenken. Die Ursachen der ökonomischen Schlechterstellung vieler Alleinerziehender liegen idR nicht primär in einem verglichen mit anderen Eltern höheren Kindesbedarf, der vielmehr für alle Kinder einschließlich des Betreuungs- und Erziehungsbedarfs freizustellen ist (vgl §§ 31, 32), sondern insbes in erschwerten Bedingungen der Einkommenserzielung, denen auch § 33c nur begrenzt abhelfen kann. Da die ESt die im Erworbenen (abzüglich indisponiblen Aufwandes) ausgedrückte Leistungsfähigkeit erfasst, den Minderwerb aber grds unberücksichtigt lässt, ist § 24b nicht Ausdruck des Leistungsfähigkeitsprinzips, dh keine Fiskalzweck-, sondern eine **Sozialzwecknorm**. Als solche weckt die Vorschrift Bedenken, weil ihre progressionsabhängige Wirkung besserverdienende Alleinerziehende stärker fördert als einkommensschwächere oder gar einkommenslose Alleinerziehende. Zudem können kindbedingte Einkommenseinbußen und sogar Notlagen auch bei Erziehungsgemeinschaften eintreten. Vorzugswürdig wäre mithin eine bessere sozialrechtliche Förderung aller Eltern mit kindbedingten ökonomischen Schwierigkeiten, die zusätzlich nach der Zahl der Kinder differenzieren sollte. Dennoch verbleibt § 24b als gesetzliche Typisierung wohl noch innerhalb des legislativen Gestaltungsspielraumes, da die Norm in vielen Fällen Bedürftigen in vergleichbaren Lebenslagen hilft.[3] **1**

Der Entlastungsbetrag für Alleinerziehende gem § 24b wird nur unbeschränkt StPfl gewährt (§ 50 I 4). Er tritt grds neben alle sonstigen Formen der einkommensteuerrechtlichen Berücksichtigung von Kindern. **2**

B. Voraussetzungen für die Gewährung des Entlastungsbetrages

I. Alleinerziehende (§ 24b II). Die Legaldefinition des Begriffs „allein stehend" in § 24b II diff zum einen nach der Art der Veranlagung. IErg werden grds alle StPfl erfasst, die der **Einzelveranlagung** (§ 25) unterliegen, dh unverheiratete (ledige, geschiedene oder verwitwete) StPfl sowie Verheiratete, die dauernd getrennt leben oder deren Ehegatte nicht unbeschränkt stpfl ist. Im Einzelnen fördert § 24b zunächst StPfl, die **nicht** die **Voraussetzungen einer Ehegattenveranlagung** iSv § 26 I erfüllen (s § 26 Rn 12 ff: gültige Ehe, kein dauerndes Getrenntleben, unbeschränkte StPfl beider Ehegatten). Haben diese zu irgendeinem Zeitpunkt im VZ (s § 26 Rn 10, vgl aber § 26c Rn 7) vorgelegen, sind die Eheleute für den ganzen VZ nach §§ 26 ff zu veranlagen, so dass § 24b ganzjährig ent- **5**

---

[1] Mit Wirkung ab VZ 04 vollständig neu gefasst durch Gesetz v 21.7.04, BGBl I 04, 1753; zur rückwirkend überholten ursprünglichen Fassung s 4. Aufl.

[2] BVerfGE 99, 216 (231 ff) = BStBl II 99, 182 (187 ff); vgl § 31 Rn 1f; vgl auch BFH/NV 05, 1050.

[3] Zweifelnd zur Verfassungsmäßigkeit *Hartmann* Inf 04, 91 (93). Der BFH hat die Regelung grds gebilligt, aber Zweifel am ausnahmslosen Ausschluss von Ehegatten, bei denen die Voraussetzungen von § 26 I EStG vorliegen, geäußert; BFH BStBl II 07, 637 (obiter dictum).

fällt (kein Fall von Abs 3).¹ Alternativ zu den nicht nach § 26 I zu veranlagenden StPfl erfasst § 24b II **Verwitwete.** Nach dem Willen des Gesetzgebers kann der Entlastungsbetrag ihnen sogar neben dem Splitting-Tarif zustehen, im Todesjahr des Ehegatten entspr Abs 3 zeitanteilig ab dem Todesmonat neben dem letztmaligen Ehegattensplitting und im Folgejahr parallel zum einmaligen Verwitwetensplitting (vgl § 26 Rn 48).²

6 Zum anderen darf der StPfl **keine Haushaltsgemeinschaft**, definiert durch gemeinsames Wirtschaften (II 2 aE), mit anderen volljährigen Pers bilden. Ausgenommen sind (volljährige) Kinder, für die dem StPfl entweder ein Freibetrag nach § 32 VI oder Kindergeld zusteht oder die als Kind iSv § 63 I 1 (Kinder iSv § 32 I, Stief- und Enkelkinder) besondere Dienste iSv § 32 V 1 leisten (welche die Altersgrenzen nach § 32 IV 1 für Kindergeld oder -freibetrag verlängern können; s dort). Fallen diese Voraussetzungen bei fortbestehender Haushaltsgemeinschaft mit einem volljährigen Kind weg, erlischt der Anspr auf den Entlastungsbetrag ab dem Folgemonat (entspr § 24b III; s Rn 12).³ Jede Haushaltsgemeinschaft mit sonstigen volljährigen Pers (auch zB Großeltern) hindert die Anwendung von § 24b. Eine solche wird (grds auch bei bloßen Wohngemeinschaften) widerleglich vermutet, wenn die andere Pers in der Wohnung des StPfl mit Haupt- oder Nebenwohnsitz gemeldet ist. Dabei kann einerseits eine zum Wegfall des Entlastungsbetrages führende Haushaltsgemeinschaft auch dann vorliegen, wenn keine andere Pers in der Wohnung gemeldet ist, und andererseits in Einzelfällen trotz Meldung eine Haushaltsgemeinschaft zu verneinen sein.⁴ Leben der StPfl und die andere Pers in einer eheähnlichen Gemeinschaft oder in einer Lebenspartnerschaft, liegt stets eine Haushaltsgemeinschaft vor.

10 **II. Berücksichtigungsfähiges Kind (§ 24b I). – 1. Anspr auf Kinderfreibetrag oder Kindergeld.** Dem StPfl muss für mindestens ein Kind ein Freibetrag nach § 32 VI oder Kindergeld zustehen. Es genügt der Anspr unabhängig von seiner tatsächlichen Inanspruchnahme. Damit können leibliche, Adoptiv- und Pflegekinder (§ 32 I), Stief- und Enkelkinder (§ 63 I 1), minder- und (unter den Voraussetzungen von § 32 IV und V, § 63 I 2) auch volljährige Kinder unter § 24b fallen.

11 **2. Zugehörigkeit zum Haushalt.** Der StPfl muss mit dem Kind in einem Hauhalt leben (s § 32 Rn 4). Dies wird vermutet, wenn das Kind in seiner Wohnung mit Haupt- oder Nebenwohnsitz gemeldet ist (§ 24b I 2). Ist das Kind bei mehreren StPfl gemeldet (zB bei Mutter und Vater), folgt die Zuordnung dem Kindergeldrecht (§ 24b I 3). Maßgeblich ist, wer gem § 64 II 1 Anspr auf Kindergeld hat (unabhängig von der Zahlung). Gleichgestellt werden Berechtigte, welche die Voraussetzungen nach § 64 II 1 erfüllen würden, aber nur einen Anspruch auf einen Kinderfreibetrag, nicht auf Kindergeld haben; dies sind erweitert unbeschränkt StPfl iSv § 1 III mit Sitz außerhalb von EU und EWR (§ 63 I 3).⁵

12 **III. Monatsprinzip.** Das Vorliegen der Voraussetzungen von § 24b ist gem Abs 3 monatsweise zu beurteilen. § 24b III gilt über den Wortlaut hinaus entspr für Abs 2, da der Gesetzeszweck insbes bei Begr einer Haushaltsgemeinschaft im VZ entfällt, der Gesetzgeber zudem davon ausging, dass seine Neuregelung dem bisherigen Abs 3 (ohne die Worte „des Absatzes 1") entspreche.² Es genügt, wenn die Voraussetzungen an nur einem Tag des jeweiligen Monats gleichzeitig gegeben sind. Dies gilt insbes für das Erfordernis gleichzeitiger Meldung (Eingang maßgeblich) von Alleinerziehendem und Kind in einer Wohnung, das nicht durch eine rückwirkende An- oder Ummeldung hergestellt werden kann.⁶

C. Rechtsfolge

15 Der Entlastungsbetrag für Alleinerziehende beträgt 1 308 € im Kalenderjahr (§ 24b I 1) und ist von der Summe der Einkünfte abzuziehen (§ 2 III). Anders als die Freibeträge gem § 32 VI, die für jedes Kind gewährt werden, vervielfältigt sich der Entlastungsbetrag nicht entspr der Anzahl der Kinder.

16 Im Fall von § 24b III (Rn 12) ermäßigt sich der Entlastungsbetrag um ein Zwölftel für jeden Kalendermonat, in dem die Voraussetzungen nach Abs 1 und 2 an keinem Tag gleichzeitig vorgelegen haben. Der monatliche Entlastungsbetrag liegt somit bei 109 €.

---

1 **AA** *Plenker* DB 04, 156 (157).
2 Beschlussempfehlung des Finanzausschusses; BT-Drs 15/3339, 12.
3 Zur widerlegbaren Vermutung einer Haushaltsgemeinschaft mit einem erwachsenen Kind FG Hbg EFG 07, 414.
4 Vgl *Plenker* DB 04, 156 (157).
5 Beschlussempfehlung des Finanzausschusses; BT-Drs 15/3339, 11 f.
6 BFH BStBl II 96, 91 (92) – zu § 32 VII aF; **aA** FG Mchn EFG 01, 1494 (Rev VI R 114/01) zur Berichtigung.

D. Veranlagung und Lohnsteuer

Der Entlastungsbetrag für Alleinerziehende kann im Rahmen einer ESt-Veranlagung sowie im LSt-Verfahren berücksichtigt werden. ArbN mit Anspr auf den Entlastungsbetrag erhalten **StKl II** (§ 38b S 2 Nr 2).[1] Die Eintragung der StKl II auf der LSt-Karte durch die Gemeinde erfolgt, wenn der StPfl das Vorliegen der Voraussetzungen des § 24b I und II nachweist. Bei Wegfall der Voraussetzungen ist der ArbN verpflichtet, die Eintragung auf der LSt-Karte umgehend ändern zu lassen (§ 39 IV 1).[2]

17

§ 24c Jahresbescheinigung über Kapitalerträge und Veräußerungsgewinne aus Finanzanlagen

Kreditinstitute oder Finanzdienstleistungsinstitute, die nach § 45a zur Ausstellung von Steuerbescheinigungen berechtigt sind, sowie Wertpapierhandelsunternehmen und Wertpapierhandelsbanken haben dem Gläubiger der Kapitalerträge oder dem Hinterleger der Wertpapiere für alle bei ihnen geführten Wertpapierdepots und Konten eine zusammenfassende Jahresbescheinigung nach amtlich vorgeschriebenem Muster auszustellen, die die für die Besteuerung nach den §§ 20 und 23 Abs. 1 Satz 1 Nr. 2 bis 4 erforderlichen Angaben enthält.

(§ 24c wird durch G v 14.8.07, BGBl I, 1912, mWv VZ 2009 aufgehoben.)

Nach § 24c haben inländische Kredit- und Finanzdienstleistungsinstitute, Wertpapierhandelsunternehmen und Wertpapierhandelsbanken ihren Kunden jährlich eine zusammenfassende **Bescheinigung auszustellen**, in der die Daten aus allen bei ihnen unterhaltenen Wertpapierdepots und Konten zusammengeführt werden, die ihre Kunden für die Erklärung ihrer Einkünfte aus KapVerm und aus privaten Veräußerungsgeschäften bei Wertpapieren sowie Termingeschäften benötigen. Die Bescheinigung soll den StPfl die Mitteilung der für die Besteuerung von Einkünften aus KapVerm und privaten Wertpapierveräußerungen erforderlichen Angaben an die Finanzverwaltung erleichtern. Es soll so eine bessere Erfassung der Einkünfte aus KapVerm (§ 20) und aus privaten Veräußerungsgeschäften bei Wertpapieren und Termingeschäften (§ 23 I Nr 2–4) erreicht werden.[3] Einzelheiten ergeben sich aus dem amtlich vorgeschriebenen Muster der Jahresbescheinigung sowie einem BMF-Schreiben v 31.8.04. Danach ist die Bescheinigung von der konto- oder depotführenden Filiale des Instituts zu erteilen. Bei getrennter Verwaltung von Konto und Depot werden getrennte Bescheinigungen als zulässig angesehen. Wechselt ein Institut während des Kj das Rechenzentrum oder den Wertpapierdienstleister, können zeitanteilige Bescheinigungen ausgestellt werden. Ebenso können bei mehreren Abwicklungssystemen getrennte Bescheinigungen erstellt werden. Die Verpflichtung, dem Gläubiger der Kapitalerträge oder dem Hinterleger der Wertpapiere eine Bescheinigung auszustellen, soll nur bei unbeschränkt estpfl Personen und nicht bei betrieblichen Konten bestehen. Bei Gemeinschaftskonten lautet die Bescheinigung auf den Namen der Ehegatten, Lebenspartner oder Gesellschafter. Bei privaten Veräußerungsgeschäften sind nur die Daten zu bescheinigen, die bei dem Institut vorhanden sind. Überschreiten die Kapitalerträge nicht den Betrag von 10 € und ist kein privates Veräußerungsgeschäft zu bescheinigen, wird keine Verpflichtung zur Ausstellung angenommen.[4] Die Jahresbescheinigung muss der Steuererklärung nicht beigefügt werden, ist aber nach § 97 I AO auf Verlangen vorzulegen.

1

Das UStRFG 08 hat § 24c im Rahmen der Einführung der Abgeltungsteuer aufgehoben. § 24c ist nach § 52a XII letztmals für den VZ 08 anzuwenden.

2

---

1 Vgl BMF BStBl I 04, 173 (175).
2 *Melchior* DStR 04, 65 (68); *Hartmann* Inf 04, 91 (93).
3 BT-Drs 15/1562, 30.
4 BMF DStR 04, 1655.

III. Veranlagung

§ 25 Veranlagungszeitraum, Steuererklärungspflicht

(1) Die Einkommensteuer wird nach Ablauf des Kalenderjahres (Veranlagungszeitraum) nach dem Einkommen veranlagt, das der Steuerpflichtige in diesem Veranlagungszeitraum bezogen hat, soweit nicht nach § 46 eine Veranlagung unterbleibt.

(2) *(weggefallen)*

(3) ¹Der Steuerpflichtige hat für den abgelaufenen Veranlagungszeitraum eine Einkommensteuererklärung abzugeben. ²Ehegatten haben für den Fall der Zusammenveranlagung (§ 26b) eine gemeinsame Einkommensteuererklärung abzugeben. ³Wählt einer der Ehegatten die getrennte Veranlagung (§ 26a) oder wählen beide Ehegatten die besondere Veranlagung für den Veranlagungszeitraum der Eheschließung (§ 26c), hat jeder der Ehegatten eine Einkommensteuererklärung abzugeben. ⁴Der Steuerpflichtige hat die Einkommensteuererklärung eigenhändig zu unterschreiben. ⁵Eine gemeinsame Einkommensteuererklärung ist von beiden Ehegatten eigenhändig zu unterschreiben.

(in § 25 Abs 1 werden durch G v 14.8.07, BGBl I, 1912, mWv VZ 2009 nach den Wörtern „soweit nicht nach" die Wörter „§ 43 Abs 5 und" eingefügt.)

§§ 56 und 60 EStDV; R 25/H 25 EStR 05

A. Grundaussagen des § 25

1 Während § 2 VII 2 in sachlicher Hinsicht das Kj als Zeitraum für die Einkommensermittlung (Jahressteuer) bestimmt, regelt **§ 25 I in verfahrensrechtlicher Hinsicht**, dass die Steuer – vorbehaltlich des § 46 – in einem förmlichen Verfahren (Veranlagung) durch Steuerbescheid gem §§ 155, 157 AO festzusetzen ist. Die für das abgelaufene Kj nachträgliche Veranlagung bezieht sich auf das während dieses VZ erzielte Einkommen (Abschnittsbesteuerung, § 2 Rn 17f).

2 Steuererklärungen bilden die Grundlage der Veranlagung. Ergänzend zu dem insbes in §§ 90 ff AO geregelten Pflichtverhältnis begründet **§ 25 III** die Pflicht zur Abgabe der eigenhändig unterschriebenen Einkommensteuererklärung; dabei begrenzt § 56 EStDV die **Erklärungspflicht** auf die Fälle, in denen eine Veranlagung in Betracht kommt. § 60 EStDV ergänzt diese Verpflichtung im Hinblick auf einzelne der Erklärung beizufügende Unterlagen und sieht gem § 60 II 1 EStDV hinsichtlich der HB entsprechende Anpassungen vor.

3 Die Veranlagung zur Einkommensteuer gem § 25 I erfolgt von Amts wegen. Das förmliche Veranlagungsverfahren (Rn 1) gewinnt keinen Einfluss auf das **Entstehen der Einkommensteuer**. Der betreffende Steueranspruch des Staates richtet sich vielmehr nach § 36 I. Hiervon ist des Weiteren die **Fälligkeit** des staatlichen Zahlungsanspruchs zu unterscheiden, die der Gesetzgeber in § 36 IV 1 geregelt hat.

B. Nachträgliche Veranlagung (§ 25 I)

5 Die ESt bemisst sich nach dem (modifizierten) Einkommen, § 2 V, das dem StPfl für einen abgelaufenen VZ **zugerechnet** wird. Dabei bedeutet Bezug iSd § 25 I nicht Zufluss gem § 11 I, vielmehr die zeitliche Zuordnung zu dem einzelnen Kj.¹ Das Kj bildet auch dann den maßgeblichen VZ, wenn der StPfl im Rahmen des § 4a seinen Gewinn nach einem abw Wj ermittelt (§ 4a Rn 1). Die Einkommensverwendung bleibt im Wesentlichen, § 12, unberücksichtigt.

Indem das Gesetz auf den (jeweiligen) StPfl abhebt, ist angesichts der das EStG beherrschenden Individualbesteuerung grds der einzelne StPfl nach § 25 I zur Einkommensteuer zu veranlagen.² Ausnahmen bestehen gem § 25 III 2 und 3 lediglich für Ehegatten (Rn 12).

6 VZ und Bemessungszeitraum für die ESt ist das betr **Kj**. Die Jahressteuer wird immer für ein bestimmtes Kj festgesetzt, selbst wenn die sachlichen oder persönlichen Voraussetzungen der StPfl nur in einem Teil des Kj vorlagen.³ Abw von § 25 II aF werden bei dem Wechsel der StPfl infolge Zuzugs oder Wegzugs die Einkünfte insgesamt in die Veranlagung einbezogen, § 2 VII 3, so dass der Ermittlungszeitraum vom Kj (= maßgeblicher VZ) abweicht.

---

1 BFH BStBl II 72, 877 (878); BStBl II 79, 763 (766); *K/S/M* § 25 Rn B 25 ff.
2 BFH/NV 07, 663.
3 *Scholtz* DStZ 82, 487 (488).

Das FA hat die Steuer in einem förmlichen Verfahren festzusetzen. Diese **Veranlagung** führt regelmäßig zum Erlass eines Steuerbescheides, §§ 155, 157 AO. IdR besteht ein Anspr auf Veranlagung, der im Wege der Verpflichtungsklage verfolgt werden kann.[1] Während die Steuer gem § 36 I mit Ablauf des VZ entsteht, wird die Veranlagung **nach Ablauf** des VZ durchgeführt. Von dieser förmlichen Festsetzung ist die Steuererhebung zu unterscheiden, die ggf im Wege der Vorauszahlungen gem § 37 schon während des betr Kj beginnt. Die Veranlagung unterbleibt, sofern gem § 46 der Steuerabzug an der Quelle den Steueranspruch abgilt, § 25 I[2]; in diesem Fall ersetzt etwa die (pauschal erhobene) LSt die ESt. Soll eine Veranlagung durchgeführt werden, ist eine Einkommensteuererklärung abzugeben, § 46 II Nr 8 S 2. 7

C. Abgabe einer Steuererklärung (§ 25 III)

§ 25 III schreibt, ergänzend zu den sonstigen Mitwirkungsverpflichtungen und unabhängig von der Aufforderung gem § 149 I 2 AO, die Abgabe einer **Einkommensteuererklärung** vor. Einzelheiten der Erklärungen (Frist: § 149 II 1 iVm § 109, Form: § 150 I 1) enthalten insbes §§ 149 ff AO. Der StPfl, ggf sein Vertreter oder Vermögensverwalter gem § 34 AO, ist nach § 25 III 1, 2 und 3 zur Abgabe der Erklärung, die auch per Telefax erfolgen kann auf einem privat erstellten, aber den amtlichen Vorgaben entsprechendem Vordruck (Rn 13), verpflichtet. Dabei liegt eine Steuererklärung iSd § 25 III 1 auch vor, wenn die Erklärung unvollständig oder unrichtig ist oder wenn einzelne Angaben oder Unterlagen fehlen. Verletzt ein StPfl seine diesbezüglichen Pflichten, kommen Verspätungszuschlag, Zwangsgeld sowie Schätzung (§§ 152, 328 und 162 AO), ggf auch Hinterziehung und Verkürzung (§§ 370 und 378 AO) in Betracht. 10

Die umfassende Abgabepflicht des § 25 III wird für **unbeschränkt StPfl** begrenzt durch § 56 EStDV, der neben der Bezugnahme auf § 10d (Verlustvortrag) und § 46 II bestimmte Einkunftsuntergrenzen als Voraussetzung für die Erklärungspflicht vorsieht. Bei beschränkt StPfl richtet sich die Steuererklärungspflicht nach den für die Veranlagung maßgeblichen Bestimmungen, § 50 V. 11

Bei **Ehegatten** ist nach der Art der gewählten Veranlagung zu unterscheiden. Im Falle einer Zusammenveranlagung gem § 26b (Rn 13) ist eine gemeinsame Erklärung abzugeben, um steuerlich als ein einziger StPfl behandelt zu werden; das Wahlrecht kann nicht übertragen oder von Dritten ausgeübt werden.[3] Allerdings kann das Veranlagungswahlrecht bis zur Unanfechtbarkeit des ESt-Bescheides ausgeübt und im Grundsatz auch die einmal getroffene Wahl der Veranlagungsart widerrufen werden. Die gemeinsame StPfl rechtfertigt unabhängig von dem Grundsatz der Individualbesteuerung (§ 26 Rn 52) die Zurechnung von Verfahrenspflichten.[4] Im Rahmen der §§ 26a und 26c müssen Ehegatten jeweils eine eigene Erklärung abgeben, **§ 25 III 2 und 3.** Dies ist stets der Fall, wenn etwa ein Ehegatte die getrennte Veranlagung wählt (§ 26 Rn 70). Dabei kommt eine Entscheidung für eine der in § 26 genannten Veranlagungsarten nur in Betracht, wenn verfahrensrechtlich eine Veranlagung gem §§ 25, 46 EStG überhaupt durchgeführt wird.[5] Die unterschiedlichen Verpflichtungen im Veranlagungsverfahren sind Folge der Differenzierung, die der Gesetzgeber in den §§ 26 ff vorgenommen hat. Dabei ist die steuerliche Verschiedenbehandlung von zusammenlebenden Ehegatten einerseits und allein stehenden, getrennt lebenden oder geschiedenen StPfl andererseits verfassungsrechtlich nicht zu beanstanden (§ 26 Rn 4f).[6] 12

Der Begriff der Einkommensteuererklärung ist gesetzlich nicht definiert. Im Hinblick auf § 150 I 1 AO genügt es, wenn die Erklärung dem amtlichen Muster entspricht.[7] Die Einkommensteuererklärung ist, vorbehaltlich der (offenzulegenden) Bevollmächtigung gem § 150 III AO,[8] vom StPfl und im Falle der Zusammenveranlagung von beiden Ehegatten eigenhändig zu unterschreiben, § 25 III 4 und 5. Die **eigenhändige Unterschrift** dient als grds persönlich abzugebende Wissenserklärung der Identitätsfeststellung und Wahrheitsbekräftigung iSd § 150 II AO.[9] Zudem soll die eigenhändige Unterschrift dem StPfl die Bedeutung seiner Erklärung vor Augen führen. Diesen Anforderungen genügt eine dem FA per Telefax übermittelte Erklärung auf einem amtlich vorgeschriebenen Vordruck.[10] Diese mit der eigenhändigen Unterschrift verbundene Versicherung gilt bei einer Zusammenveranlagung (Rn 12) 13

---

1 BFH BStBl III 59, 348.
2 Ebenso: §§ 40 III; 40a V; 40b IV; 50 V; zum Verhältnis der §§ 25 und 46, vgl FG Mchn EFG 05, 787 (788).
3 BFH BStBl II 00, 573 (576); BStBl II 05, 564 (565).
4 BFH BStBl II 01, 60 (64).
5 BFH BStBl II 07, 11 (12).
6 BFH/NV 02, 1137 (1138f).
7 BFH BStBl II 07, 2 (3).
8 BFH BStBl II 98, 54 (55); BStBl II 02, 455 (456).
9 BFH BStBl II 00, 573 (576).
10 FG Bdbg EFG 03, 777 unter Hinweis auf BFH BStBl II 03, 45.

an sich nur für die eigenen Angaben; allerdings erstreckt der BFH die verfahrensrechtliche (nicht aber die steuerstrafrechtliche) Verantwortung der zusammenveranlagten Ehegatten auch auf die von dem jeweils anderen Ehegatten verwirklichten Besteuerungsmerkmale.[1] Ohne (fristgemäß nachgeholte) Unterschrift liegt im Rechtssinn keine Steuererklärung vor, so dass im Einzelfall eine Schätzung gem § 162 AO in Betracht kommt und die erweiterte Festsetzungsfrist sich nach § 170 II S 1 Nr 1, 2. Alt AO bestimmt.[2] Fehlt nur die Unterschrift eines Ehegatten, löst dies die Vermutung iSd § 26 III aus, auch ist der gleichwohl ergehende Bescheid weder (wegen Unbestimmtheit) nichtig noch aus sonstigen Gründen fehlerhaft. Haben die Voraussetzungen für eine Zusammenberanlagung vorgelegen, ist diese auch durchzuführen, wenn wegen seiner Ausreise einer der Ehegatten die Steuererklärung nicht unterschreibt.[3] Dabei bildet die Unterschrift auf einem Unterschriftsstreifen, der mit dem Erklärungsvordruck verbunden wird, keine eigenhändige Unterschrift iSd § 25 III.[4] Eine weitere Unterschrift hinsichtlich einzelner Anlagen kann im Rahmen der Einkommensteuererklärung nicht verlangt werden, soweit sich die Unterschrift auf dem Mantelbogen auch auf die Anlagen bezieht;[5] denn die Unterschrift erstreckt sich auf den Inhalt der Anlagen der betr Erklärung.[6]

14 § 60 EStDV ergänzt für die Gewinnermittlung gem §§ 4 I, 5 und 5a die Erklärungspflicht im Hinblick auf einzelne der Steuererklärung beizufügende Unterlagen, Abs 1 und 3. Dagegen bestimmt § 60 II 1 EStDV die Anpassung bestimmter Ansätze oder Beträge in der HB an steuerliche Vorgaben.

§ 26 Veranlagung von Ehegatten

(1) ¹Ehegatten, die beide unbeschränkt einkommensteuerpflichtig im Sinne des § 1 Abs. 1 oder 2 oder des § 1a sind und nicht dauernd getrennt leben und bei denen diese Voraussetzungen zu Beginn des Veranlagungszeitraums vorgelegen haben oder im Laufe des Veranlagungszeitraums eingetreten sind, können zwischen getrennter Veranlagung (§ 26a) und Zusammenveranlagung (§ 26b) wählen; für den Veranlagungszeitraum der Eheschließung können sie stattdessen die besondere Veranlagung nach § 26c wählen. ²Eine Ehe, die im Laufe des Veranlagungszeitraums aufgelöst worden ist, bleibt für die Anwendung des Satzes 1 unberücksichtigt, wenn einer der Ehegatten in demselben Veranlagungszeitraum wieder geheiratet hat und bei ihm und dem neuen Ehegatten die Voraussetzungen des Satzes 1 ebenfalls vorliegen. ³Satz 2 gilt nicht, wenn eine Ehe durch Tod aufgelöst worden ist und die Ehegatten der neuen Ehe die besondere Veranlagung nach § 26c wählen.

(2) ¹Ehegatten werden getrennt veranlagt, wenn einer der Ehegatten getrennte Veranlagung wählt. ²Ehegatten werden zusammen veranlagt oder – für den Veranlagungszeitraum der Eheschließung – nach § 26c veranlagt, wenn beide Ehegatten die betreffende Veranlagungsart wählen. ³Die zur Ausübung der Wahl erforderlichen Erklärungen sind beim Finanzamt schriftlich oder zu Protokoll abzugeben.

(3) Werden die nach Absatz 2 erforderlichen Erklärungen nicht abgegeben, so wird unterstellt, dass die Ehegatten die Zusammenveranlagung wählen.

§ 62d EStDV; R 26/H 26 EStR 05

Übersicht

	Rn		Rn
A. Grundaussagen der Vorschrift	1	II. Auflösung der Ehe und Wiederverheiratung eines Ehegatten	
I. Grundgedanke	1	(§ 26 I 2, 3)	40
II. Überblick über die §§ 26–26c	4	1. Regel	42
B. Voraussetzungen der Ehegatten-Veranlagung (§ 26 I)	10	2. Ausnahme	44
		III. Verwitwetensplitting	48
I. Die intakte Ehe unbeschränkt Steuerpflichtiger (§ 26 I 1)	10	**C. Rechtsfolgen (§ 26 I)**	50
1. Ehe	12	I. Vorliegen der Voraussetzungen des § 26 I 1	50
2. Intakte Ehe	14	1. Wahl der Veranlagungsart	50
3. Unbeschränkte Steuerpflicht beider Ehegatten	30	2. Einkünfte	52

---

1 BFH BStBl II 99, 203 (204); BStBl II 01, 133 (136); BStBl II 02, 501 (502 f).
2 BFH BStBl II 97, 115 (116); BStBl II 99, 203 (204 f); BFH/NV 02, 504.
3 FG Mchn 6 K 2834/02 nv unter Hinweis auf BFH/NV 02, 504.
4 BFH BStBl II 84, 13 (14).
5 FG Brem EFG 93, 560; **aA** FG Bln EFG 94, 4.
6 BFH BStBl II 84, 436 (437).

	Rn		Rn
3. Sonderausgaben und außergewöhnliche Belastungen	54	I. Die Wahl der Veranlagungsart	70
4. Steuerschuldner	56	II. Spätere Änderungen	75
II. Fehlen der Voraussetzungen des § 26 I 1	60	III. Sonderfälle	80
		1. Ausübung des Wahlrechts für Verstorbene	80
D. Ausübung des Wahlrechts nach Abs 1 (§ 26 II, III)	**70**	2. Insolvenz eines Ehegatten	85
		E. Rechtsschutz	**90**

Literatur: *Dißars* Verfahrensrechtliche Besonderheiten bei Ehegatten, StB 97, 340; *Flesch* Steuerminderung durch getrennte Ehegattenveranlagung, DStR 98, 1081; *Hagen/Schynol* Außerordentliche Einkünfte bei Ehegatten: Steuervorteil bei richtiger Wahl der Veranlagungsart, DStR 99, 1430; *P Kirchhof* Ehe- und familiengerechte Gestaltung der Einkommensteuer, NJW 00, 2792; *Korezkij* Systematische und praktische Überlegungen zur Wahl der Veranlagungsart von Ehegatten bei außerordentlichen Einkünften im Sinne des § 34 EStG, BB 00, 122; *ders* Überlegungen zur Wahl der Veranlagungsart von Ehegatten bei gewerblichen Einkünften im Sinne des § 32c EStG nach geltendem Einkommensteuertarif, BB 00, 958; *Mellinghoff* Steuerrechtliche Probleme bei Trennung und Scheidung von Ehegatten, Stbg 99, 60; *W Müller* Die Bedeutung eines erfolglosen Versöhnungsversuchs für das dauernde Getrenntleben von Ehegatten (§§ 26, 26b EStG), DStZ 97, 86; *Saß* Die Regelungen für Ausländer nach dem Jahressteuergesetz 1996 vor dem Hintergrund des „Schumacker-Urteils" des EuGH, DB 96, 295; *Vogel* Besteuerung von Eheleuten und Verfassungsrecht, StuW 99, 201.

A. Grundaussagen der Vorschrift

I. Grundgedanke. Der Steuergesetzgeber findet die verfassungsrechtlich geschützte (Art 6 I GG) und zivilrechtlich ausgestaltete (§§ 1303 ff BGB, Art 13 ff EGBGB) Ehe als Ausgangsbefund vor, dem er Rechnung zu tragen hat. Ehe in diesem Sinne ist die staatlicherseits bekräftigte, grds lebenslange Verbindung von Mann und Frau. Nichteheliche Paare[1] und gleichgeschlechtliche Lebenspartnerschaften[2] genießen nicht den besonderen Schutz des Art 6 GG und sind deshalb auch steuerrechtlich nicht wie eine Ehe zu behandeln. Art 6 GG formuliert insbes einen speziellen Gleichheitssatz, der verbietet, rechtliche Nachteile an die Ehe zu knüpfen.[3] Der Gesetzgeber hat zudem die wirtschaftliche Realität des Ehelebens zu berücksichtigen. In intakten Ehen bilden die zusammenlebenden Ehegatten idR eine **Erwerbs- und Verbrauchsgemeinschaft**, in der jeder Ehegatte wirtschaftlich zur Hälfte an den Einkünften und Lasten des anderen teilhat, wodurch üblicherweise ein **Transfer steuerlicher Leistungsfähigkeit** zw den Partnern stattfindet.[4]

1

Der Gedanke der Ehe als einer Wirtschaftsgemeinschaft entspricht den Grundwertungen des **Familienrechts**, das Ausgangspunkt der Ehegattenbesteuerung ist, ohne dass die zivilrechtliche Güterzuordnung steuerrechtlichen Regelungen, die Ausdruck abw (typisierter) wirtschaftlicher Leistungsfähigkeit sind, entgegenstehen könnte.[5] Die Ehegatten verpflichten sich bei Geschäften zur Deckung des Lebensbedarfs gegenseitig (§ 1357 BGB). Im Regelfall des gesetzlichen Güterstandes beschränken §§ 1365 ff BGB die Verfügungsmacht über das eigene Vermögen zum Schutze des Ehegatten; der Zugewinnausgleich (§§ 1371 ff BGB) ebnet unterschiedliche Vermögenserwerbe am Ende der Ehe ein. Ähnlich wirkt der Versorgungsausgleich (§§ 1587 ff BGB). Beide Ehegatten schulden einander Unterhalt, der in Geld oder durch Führung des Haushaltes geleistet werden kann (§ 1360 BGB). Die Verteilung von Haushaltsführung und Erwerbstätigkeit obliegt allein den Ehegatten (§ 1356 BGB); jede Einflussnahme des Staates auf diese private Entscheidung wäre verfassungswidrig.[6]

2

II. Überblick über die §§ 26–26c. Die iVm den Tarifvorschriften zu sehenden §§ 26–26c tragen der Vielgestaltigkeit ehelicher Lebensführung und damit der wirtschaftlichen Leistungsfähigkeit der Ehegatten typisierend Rechnung. Ausgehend vom **Grundsatz der Individualbesteuerung** setzt das Gesetz zwar die isolierte Ermittlung der stpfl Einkünfte jedes Ehegatten voraus, berücksichtigt aber den Transfer wirtschaftlicher Leistungsfähigkeit innerhalb der Ehe auf der Ebene der Veranlagung und gewährt den Eheleuten zu diesem Zwecke ein **Wahlrecht zw verschiedenen Formen der Veran-**

4

---

1 BFH BStBl II 90, 294 (296 f).
2 BFH BStBl II 06, 515; BStBl II 06, 883; BFH/NV 07, 663. Jedoch kann § 33a zur Anwendung kommen.
3 BVerfGE 75, 361 (366) = BStBl II 88, 395 (396); BVerfGE 82, 60 (80) = BStBl II 90, 653 (656); stRspr; vgl bereits BVerfGE 6, 55 (71) = BStBl I 57, 193 (197).
4 BVerfGE 61, 319 (345 f) = BStBl II 82, 717 (726).
5 Vgl *Vogel* StuW 99, 201 (208 ff).
6 StRspr; zuletzt BVerfGE 107, 27 (53) = BStBl II 03, 534 (542 f).

lagung (§ 26 I 1), dem, da es unmittelbar an die eheliche Gemeinschaft anknüpft, der Charakter eines höchstpersönlichen Rechts zuzusprechen ist (str). Entweder die Ehegatten wählen, als Wirtschaftsgemeinschaft behandelt zu werden, in der sie so gestellt werden, als habe jeder die Hälfte der gemeinsamen Einkünfte erzielt (§ 26b iVm § 32a V). Oder sie lassen sich als Einzelverdiener bei anteiliger Berücksichtigung gewisser Abzugspositionen veranlagen (§ 26a iVm § 32a I). Da diese Entscheidung nur einheitlich für den ganzen VZ getroffen werden kann, sind steuerliche Nachteile für das Kj der Eheschließung denkbar, zu deren Vermeidung eine auf diesen VZ beschränkte besondere Veranlagung (§ 26c) gewählt werden kann. Ergänzend trifft § 32a VI Härtefallregelungen für Verwitwete (Nr 1) sowie für den Fall der Auflösung der Ehe (Nr 2).

5 Materiell leisten diese Vorschriften eine Zurechnung des Einkommens innerhalb der ehelichen Erwerbsgemeinschaft, weshalb ihre Ansiedlung im Zusammenhang des Steuertarifs unsystematisch ist und eine Regelung auf der Ebene der Bemessungsgrundlage vorzugswürdig wäre.[1] Als typisierter Ausdruck individueller Leistungsfähigkeit gewähren die §§ 26–26c, 32a V, VI **keine** beliebig veränderbare **Steuersubvention**,[2] sondern garantieren eine an dem Schutzgebot des Art 6 I GG und dem Gleichheitssatz ausgerichtete sachgerechte Besteuerung.[3] Die Vorschriften der Ehegatten-Veranlagung sind mithin für sich betrachtet **verfassungskonform**.[4] Ihre progressionsabhängige Wirkung ist lediglich Kehrseite der Entscheidung für einen progressiven Steuertarif. Erwägungen, ihre nur vermeintlich privilegierende Wirkung einzuschränken, widersprechen dem Leistungsfähigkeitsprinzip.[5] Insbes würde eine Begrenzung des Ehegatten-Splittings verheiratete wie unverheiratete Doppelverdiener ohne rechtfertigenden Grund gegenüber anderen ehelichen Lebensformen mit gleichem Gesamteinkommen bevorzugen, also unzulässigerweise auf die freie Gestaltung des ehelichen Zusammenlebens einwirken. Verfassungsrechtlich bedenklich erscheint des weiteren, dass die Vor- und Nachteile verschiedener Veranlagungsarten zunehmend durch ineinander verzahnte, kaum verständliche und je nach ihrem Zusammenspiel unterschiedlich wirkende andere Normen beeinflusst werden, die befürchten lassen, dass unzureichend beratene Eheleute die (vereinzelten) Nachteile insbes der Zusammenveranlagung nicht erkennen und deshalb iErg schlechter gestellt sind als Unverheiratete.

B. Voraussetzungen der Ehegatten-Veranlagung (§ 26 I)

10 **I. Die intakte Ehe unbeschränkt Steuerpflichtiger (§ 26 I 1).** § 26 I 1 erfasst als Grundtatbestand der Ehegatten-Veranlagung den Regelfall der ehelichen Gemeinschaft. Ausgehend von diesem benennt die Norm **3 Voraussetzungen** für die Anwendbarkeit der §§ 26–26c, 32a V, VI und damit für die Ausübung des Wahlrechts zw den verschiedenen Formen der Ehegatten-Veranlagung, die zu **irgendeinem Zeitpunkt des VZ** allesamt **gleichzeitig** gegeben sein müssen.[6] Fehlt eine von ihnen oder haben sie nur zu verschiedenen Zeitpunkten vorgelegen, werden die Ehegatten wie Einzelpersonen (§ 25) veranlagt.

12 **1. Ehe.** Zunächst wird eine **gültige Ehe** vorausgesetzt. Das EStG verwendet den Begriff iSd **Zivilrechts**, dessen Anforderungen zu prüfen sind.[7] Gem Art 13 EGBGB richtet sich die Wirksamkeit der Eheschließung grds nach dem Recht der Staatsangehörigkeit. Für Deutsche gelten die §§ 1303 ff BGB. Bei Doppelstaatsangehörigkeit geht die Rechtsstellung als Deutscher gem Art 5 I 2 EGBGB vor. Die Ehe ausländischer Staatsangehöriger richtet sich, auch wenn sie im Inland geschlossen wird, nach dem Recht ihres Heimatstaates (s auch Art 13 II, III EGBGB). Ehen zw Deutschen und Ausländern unterliegen beide Ehegatten unterschiedlichen Vorschriften. Die Rspr zum Rentenrecht,[8] nach der Art 6 GG im Falle der Unwirksamkeit nach deutschem Recht bei Wirksamkeit nach ausländischem Recht gebiete, diese hinkende Ehe der wirksamen Ehe gleichzustellen, wenn sie tatsächlich gelebt wurde, überträgt der BFH[9] nicht auf das Steuerrecht; eine Ehe iSd §§ 26 ff liege nicht vor, die Partner müssten die deutsche Eheschließung zuvor nachholen. Die von Ausländern im Ausland wirksam geschlossene Doppelehe erkennt der BFH[10] jedenfalls dann an, wenn der erste Ehe-

---

1 Vgl *Lang* Reformentwurf, § 6.
2 BVerfGE 61, 319 (347) = BStBl II 82, 717 (726).
3 Spiegelbildlich könnte das Ehegattensplitting auch keine ehebedingten Nachteile kompensieren oder rechtfertigen; BFH BStBl II 05, 631.
4 Grundlegend BVerfGE 61, 319 (342 ff) = BStBl II 82, 717 (725 ff).
5 Näher hierzu *Vogel* StuW 99, 201.
6 BFH/NV 02, 645.
7 BFH BStBl II 86, 390; BStBl II 98, 473 (474).
8 BVerfGE 62, 323 (329 ff).
9 BFH BStBl II 98, 473 (474 f).
10 BFH BStBl II 86, 390 ff.

gatte nicht unbeschränkt stpfl ist; der ordre public (Art 6 EGBGB) sei nicht verletzt. Die Ehe endet, wenn ein Ehegatte verstirbt oder rechtskräftig für tot erklärt wird (vgl § 49 AO). Im zweiten Fall unterstellt R 26 I 4 EStR, dass die Ehegatten bis zu diesem Zeitpunkt nicht getrennt leben. Bei Scheidung ist die Ehe erst mit Rechtskraft des Urteils aufgelöst; § 1564 S 2 BGB.[1] Gleiches gilt gem § 1313 S 2 BGB für den Fall ihrer Aufhebung.

2. Intakte Ehe. Zweitens setzt § 26 I 1 mit dem Erfordernis, die Ehegatten dürften **nicht dauernd getrennt leben**, eine **intakte Ehe** voraus. Nur in ihr besteht die erforderliche **Lebens- und Wirtschaftsgemeinschaft**, die eine Anwendung der §§ 26–26c rechtfertigt und deswegen nicht endgültig aufgehoben sein darf. Der Ausschluss getrennt lebender Eheleute von der Ehegatten-Veranlagung ist mit Art 6 GG vereinbar.[2] Dabei ist unter Lebensgemeinschaft die räumliche, persönliche und geistige Gemeinschaft der Ehegatten, unter Wirtschaftsgemeinschaft die gemeinsame Erledigung der wirtschaftlichen Fragen ihres Zusammenlebens, namentlich die gemeinsame Entscheidung über die Verwendung des Familieneinkommens, zu verstehen.[3] Beide Erfordernisse fallen regelmäßig zusammen, weshalb bei Vorliegen der Lebens- auf die Wirtschaftsgemeinschaft geschlossen werden darf.

14

§ 26 I 1 differenziert nicht nach dem familienrechtlichen Güterstand. Maßgeblich ist nicht die zivilrechtliche Zuordnung von Gütern zu einem der Ehegatten, sondern allein der Tatbestand gemeinsamen Wirtschaftens, der in einer intakten Ehe üblicherweise **unabhängig vom Güterrecht** verwirklicht wird. Abw ehevertragliche Regelungen sind häufig nicht Ausdruck getrennten Wirtschaftens innerhalb der Ehe, sondern vorbeugende Abreden für den Fall ihres Scheiterns. § 26 I 1 unterstellt daher – bei Vorliegen der übrigen Voraussetzungen – die eheliche Lebens- und Wirtschaftsgemeinschaft zulässigerweise auch im Falle der Gütertrennung.

16

Das Vorliegen dieser Lebens- und Wirtschaftsgemeinschaft beurteilt sich nach dem **Gesamtbild der Verhältnisse**.[4] Allerdings verwehrt der Schutz der Ehe dem Staat eine eingehendere Überprüfung des Ehelebens. Beantragen Ehegatten die Zusammenveranlagung, ist daher **regelmäßig zu vermuten**, dass sie nicht dauernd getrennt leben.[5] Nur im Falle besonderer äußerer Umstände darf hieran gezweifelt werden. Vor allem die räumliche Trennung der Eheleute begründet eine Vermutung für ein dauerndes Getrenntleben.[3] Aber auch hier kann sich aus dem Gesamtbild ergeben, dass die eheliche Gemeinschaft fortbesteht, namentlich wenn zwingende äußere Gründe (Krankheit, Freiheitsstrafe etc) die Trennung erfordern oder diese nach dem (nach objektiven Kriterien zu ermittelnden) Willen der Ehegatten nur vorübergehender Natur (etwa aus beruflichen Gründen) sein soll.[5] Längere Besuche und gemeinsame Urlaubsreisen begründen noch keine eheliche Lebensgemeinschaft.[6] Umgekehrt kann eine Trennung auch bei Verbleiben in der gleichen Wohnung vorliegen.[7] Besonderes Gewicht kommt der Verwendung des Einkommens zum Verbrauch durch die ganze Familie zu; anders verhält es sich, wenn ein Ehegatte den anderen auf eine ihm einseitig zugemessene Unterhaltsrente beschränkt.[5] Indessen begründet der Scheidungsantrag allein noch keine wirtschaftliche Trennung.[8] Eine eheliche Gemeinschaft soll sogar vorliegen können, wenn ein Ehegatte ohne Wissen des anderen zugleich mit einer Lebensgefährtin und einem gemeinsamen Kind in einem weiteren Haushalt wohnt.[9]

18

Der einkommensteuerrechtliche Begriff des **Getrenntlebens** stimmt nach Ansicht des BFH[10] im Wesentlichen mit **§ 1567 I BGB** überein. Allerdings seien an die Trennung nach § 1567 I BGB strengere Anforderungen als an die nach § 26 zu stellen, das Getrenntleben iSd Familienrechts schließe daher jenes iSd EStG regelmäßig ein.[10] – Ein ernsthafter, wenn auch gescheiterter **Versöhnungsversuch** kann ein erneutes Zusammenleben iSv § 26 begründen, sofern er nach außen als solcher erkennbar wird (insbes durch Aufgabe getrennter Wohnungen und Rückkehr in einen gemeinsam

20

---

1 BFH BStBl II 73, 487 ff.
2 BFH/NV 03, 157 (Gleiches gilt für Alleinerziehende und Geschiedene; s auch BVerfGE 61, 319 (345 f) = BStBl II 82, 717 (726); BVerfG HFR 73, 451.
3 BFH BStBl II 73, 640 (641).
4 BFH BStBl III 67, 110 (111); BStBl II 73, 487 (488); BStBl II 73, 640 (641); BFH/NV 02, 483 (484); stRspr.
5 BFH BStBl II 72, 173 (174).
6 FG Kln EFG 93, 379.
7 BFH BStBl III 67, 110 (111).
8 BFH BStBl II 73, 487 (488 f).
9 BFH/NV 98, 585 (zweifelh).
10 BFH BStBl II 86, 486 (487).

Haushalt) und jedenfalls nicht ganz kurzfristiger Natur ist.[1] § 1567 II BGB, der Versöhnungsversuche erleichtern soll, berührt nur die Frist nach § 1566 BGB und ist deswegen im Steuerrecht nicht entspr anwendbar.[2]

22 Eine andere Frage ist jene nach der **Feststellung** einer Trennung. Die StPfl sind insoweit nicht an ihre Erklärung im Ehescheidungsprozess gebunden; Finanzbehörden und -gerichte haben den Sachverhalt vielmehr **von Amts wegen** zu erforschen (§§ 88 I 1 AO, 76 I 1 FGO), wobei die Erklärung vor dem Familiengericht lediglich ein Indiz abgeben soll.[3] Ggf ist der andere Ehegatte zu vernehmen.[4] Ist die an den Antrag auf Zusammenveranlagung geknüpfte Vermutung für ein Zusammenleben entkräftet und lässt sich der Sachverhalt nicht klären, trifft die **Ehegatten** die **objektive Beweislast**.[5]

30 **3. Unbeschränkte Steuerpflicht beider Ehegatten.** Schließlich müssen **beide Ehegatten unbeschränkt stpfl** iSd **§ 1 I oder II** oder des **§ 1a** sein (s dort). § 1 I erfasst grds alle im Inland ansässigen StPfl ungeachtet ihrer Nationalität. Ebenfalls einbezogen werden Angehörige fremder Nato-Streitkräfte (die idR keinen Wohnsitz in Deutschland haben[6]), falls sie sich auch mit Rücksicht auf ihre Ehe mit einem im Inland ansässigen Partner in Deutschland aufhalten.[7] Ferner unterfallen deutsche Auslandsbedienstete des öffentlichen Dienstes, die im Ausland nicht unbeschränkt stpfl sind, in Deutschland der erweiterten unbeschränkten StPfl nach § 1 II. Ihnen gleichgestellt werden die zu ihrem Haushalt gehörenden Ehegatten, sofern sie erstens deutscher Nationalität sind oder ausschließlich in Deutschland zu versteuernde Einkünfte erzielen und sie zweitens im Ausland nur beschränkt stpfl sind.

32 Die unbeschränkte StPfl ist zudem im Lichte der in Art 39 II EGV niedergelegten und in Art 7 II VO (EWG) 1612/68[8] konkretisierten ArbN-Freizügigkeit sowie der Rspr des EuGH[9] zu sehen. Demnach ist **gebietsfremden EU-Bürgern** der Splittingvorteil einzuräumen, wenn ihre persönliche und familiäre Situation im Wohnsitzstaat deswegen nicht berücksichtigt werden kann, weil sie den wesentlichen Teil der Familieneinkünfte in Deutschland erzielen. Dem soll § 1a Rechnung tragen. Da § 26 I 1 verlangt, dass beide Ehegatten unbeschränkt stpfl sind, fingiert § 1a I Nr 2, II auf Antrag die unbeschränkte StPfl eines im EU- oder EWR-Ausland lebenden Ehegatten, falls beim anderen Partner die Voraussetzungen der unbeschränkten StPfl nach § 1 I, II oder III vorliegen und sofern die nicht der deutschen Steuer unterliegenden gemeinsamen Einkünfte nur geringfügig sind (höchstens 10 % oder 12 272 €). Eheleute aus anderen EU-Staaten, die beide im Ausland wohnen und dort höhere Einkünfte erzielen, als §§ 1 III, 1a I Nr 2, 3 gestattet, kommen nicht in den Genuss des Splittingverfahrens. Nach Ansicht des EuGH ist dies mit der ArbN-Freizügigkeit vereinbar.[10] Offen bleibt der Fall, dass Gebietsfremde neben deutschen Einkünften (fast) ausschließlich Einkünfte aus Drittstaaten erzielen (als beschränkt StPfl), ihre persönlichen Verhältnisse also nirgends berücksichtigt werden. Pendler aus Staaten außerhalb von EU und EWR sind ebenso wenig nach §§ 26 ff zu veranlagen wie im Inland wohnende Angehörige anderer Länder, deren Ehepartner nicht in Deutschland lebt.[11]

40 **II. Auflösung der Ehe und Wiederverheiratung eines Ehegatten (§ 26 I 2, 3).** Wird eine Ehe im Laufe eines VZ aufgelöst (Tod, Scheidung, Aufhebung) und heiratet einer der Partner (oder beide) innerhalb desselben VZ nochmals, so lägen, falls beide Ehen den Tatbestand des § 26 I 1 erfüllen, die Voraussetzungen der Ehegatten-Veranlagung an sich zweifach vor. § 26 I 2, 3 treffen für diesen Fall eine **Konkurrenzregelung**, um eine doppelte Ehegatten-Veranlagung derselben Pers auszuschließen.

42 **1. Regel.** Grds kann ein mehrfach verheirateter StPfl die Vorzüge der **Ehegatten-Veranlagung nur für die jüngste Ehe** in Anspr nehmen und nur für sie das Wahlrecht des § 26 ausüben; § 26 I 2. Der

---

1 FG Hess EFG 88, 639 (7 Wochen); FG Kln EFG 94, 791 (3 Wochen; zweifelh); FG M'ster EFG 96, 921 (6 Wochen); erforderlich ist nach FG Kln EFG 93, 379 idR ein erneutes räumliches Zusammenleben; vgl W Müller DStZ 97, 86; Mellinghoff Stbg 99, 60; zur entspr Sachaufklärungspflicht des Gerichts BFH/NV 07, 458.
2 BFH/NV 98, 163.
3 BFH BStBl II 86, 486 (487); BStBl II 91, 806 (808).
4 BFH/NV 97, 139.
5 BFH BStBl II 91, 806 (808).
6 Art X I 1 Nato-Truppenstatut BGBl II 61, 1183 (1206).
7 BFH/NV 92, 373.
8 ABl 68 Nr L 257/2.
9 EuGH *Schumacker* Slg 95, I-225 = DStR 95, 326; EuGH *Wielockx* Slg 95, I-2493.
10 EuGH *Gschwind* Slg 99, I-5451 = BStBl II 99, 841; auf Vorlage des FG Kln FR 98, 58; bestätigt von BFH BStBl II 02, 660; vgl auch die Vorlage BFH BStBl II 05, 835 (Einkünfte im Ausland stfrei).
11 FG Hbg EFG 00, 866 (Türkei).

erste Ehepartner ist einzeln nach § 25 zu veranlagen (s auch § 46 II Nr 6) und dabei gem § 32a VI 1 Nr 2 einmalig nach dem Splittingtarif zu besteuern. Der wiederverheiratete StPfl kann nicht entscheiden, auf welche Ehe er die §§ 26 ff angewandt wissen will. Die entstehenden Nachteile, wenn der zweite Ehegatte eigene Einkünfte hat, während der erste einkunftslos war, sind, da sich die Regelung im Ganzen eheneutral auswirkt, mit dem Grundgesetz vereinbar.[1] Vermieden werden kann dieses Ergebnis nur, wenn die zweite Eheschließung bis zum nächsten VZ verschoben wird.

2. Ausnahme. Gem § 26 I 3 sind die §§ 26 ff ausnahmsweise auf die **erste Ehe** anzuwenden, wenn diese **durch Tod beendet** wurde und die Ehegatten der zweiten Ehe die besondere Veranlagung nach § 26c wählen. Der überlebende Ehegatte kann mithin (zusammen mit seinem neuen Partner) über eine entspr Entscheidung nach § 26 I 2 gestalten, für welche Ehe er das Wahlrecht nach § 26 I 1 in Anspr nehmen will. Entscheidet er sich für die zweite Ehe, unterliegt das zu versteuernde Einkommen des einzeln zu veranlagenden (s § 46 II Nr 6) verstorbenen Ehegatten gem § 32a VI 1 Nr 2 dem Splittingtarif (der damit im Fall der Zusammenveranlagung der zweiten Ehe zweifach anzuwenden ist). Die Zusammenveranlagung der ersten Ehe kann ratsam sein, wenn die Partner der zweiten Ehe ähnlich hohe Einkünfte haben, die jene des Verstorbenen deutlich übersteigen. Zur Frage, wer das Wahlrecht für den verstorbenen Ehegatten auszuüben hat, s Rn 80. 44

III. Verwitwetensplitting. Zur Vermeidung von Härten kann ein Verwitweter, der nicht erneut geheiratet hat, gem § 32a VI 1 Nr 1 auch im auf den Tod seines Ehegatten folgenden Jahr nach dem Splittingtarif versteuert werden (im Todesjahr greift § 26 I 1 direkt; welche Veranlagungsart damals gewählt wurde, ist unerheblich). Die Voraussetzungen des § 26 I 1 müssen im Zeitpunkt des Todes vorgelegen haben, nicht nur irgendwann im VZ; die Eheleute dürfen zu diesem Zeitpunkt nicht dauernd getrennt gelebt haben.[2] Das Verwitwetensplitting soll sogar wiederaufleben, wenn der überlebende Ehegatte im Todesjahr erneut heiratet und diese Ehe noch im gleichen Jahr wieder aufgelöst wird (H 32a EStH).[3] Heiratet er im Folgejahr und wird für die neue Ehe die besondere Veranlagung nach § 26c gewählt oder fehlen bei ihr die Voraussetzungen des § 26 I 1, soll § 32a VI 1 Nr 1 ebenfalls Anwendung finden (H 32a EStH). 48

C. Rechtsfolgen (§ 26 I)

I. Vorliegen der Voraussetzungen des § 26 I 1. – 1. Wahl der Veranlagungsart. § 26 I 1 eröffnet den Eheleuten ein **Wahlrecht** zw den verschiedenen Arten der (idR erforderlichen; s §§ 25, 46 II Nr 3a, 6, 7a) Ehegatten-Veranlagung und gewährt ihnen einen entspr **Rechtsanspruch** (gebundene Entscheidung). Die Veranlagungsart kann in jedem Jahr neu bestimmt werden. Zumeist ist die Zusammenveranlagung (§ 26b) vorzuziehen, da sie unterschiedliche Einkommenshöhen einebnet und so hilft, beide Grundfreibeträge sowie die unteren Progressionsstufen bestmöglich auszunutzen. Lediglich ausnahmsweise ist die getrennte Veranlagung (§ 26a) zu empfehlen. Nur für den VZ der Eheschließung kommt die besondere Veranlagung (§ 26c) in Betracht, die in Ausnahmefällen vorteilhaft sein kann. Da sich Vor- und Nachteile der einzelnen Regelungen (s §§ 26a–c) je nach den individuellen Verhältnissen und im Zusammenspiel mehrerer Vorschriften unterschiedlich auswirken können, ist eine **Vergleichsberechnung im Einzelfall** anzuraten. 50

2. Einkünfte. Die Vorschriften über die Ehegatten-Veranlagung haben unabhängig davon, welche Veranlagungsart gewählt wird, grds keinen Einfluss auf die Ermittlung der von jedem Ehegatten erzielten Einkünfte, die für beide isoliert, wenn auch ggf in einem einheitlichen Verfahren vorzunehmen ist. Es gilt der **Grundsatz der Individualbesteuerung**; die Eheleute stehen sich insoweit wie Fremde gegenüber.[4] Ausnahmen machen zB § 9a S 1 Nr 2, § 10d I 4, II 4, § 13 III 3, § 20 IV 2–4; individualisierend wiederum § 24a S 4. Gemeinsame Einkünfte sind jedem Ehegatten (nur dann) zur Hälfte zuzurechnen, wenn keine andere Aufteilung in Betracht kommt (R 26 V EStR). Allerdings sollten die Auswirkungen der jeweiligen Veranlagungsart schon bei der Gestaltung erwerbsrelevanter Sachverhalte bedacht werden, etwa bei Arbeits- und Gesellschaftsverträgen zw den Ehegatten. In die Ehegatten-Veranlagung einzubeziehen sind grds alle während des VZ erzielten Einkünfte, auch wenn sie vor der Heirat oder nach Auflösung der Ehe erzielt worden sind. Im Falle eines Wechsels von unbeschränkter und beschränkter StPfl während des VZ gilt § 2 VII 3. 52

---

1 BVerfGE 75, 361 (366 ff) = BStBl II 88, 395 (396 f).
2 BFH BStBl II 98, 350.
3 BFH BStBl III 65, 590 (zweifelh).
4 BFH GrS BStBl II 99, 778 (781).

54 **3. Sonderausgaben und außergewöhnliche Belastungen.** Die Wahl der Veranlagungsart kann sich auf die berücksichtigungsfähigen SA und ag Belastungen auswirken (zB § 10 III, § 10b II, § 10c IV, § 26a II; individualisierend hingegen § 10a III). Liegen die Voraussetzungen von § 26 I 1 vor, kann Unterhalt an den Ehegatten nicht nach § 33a I geltend gemacht werden; die Vorschriften über die Ehegattenbesteuerung tragen dem gemeinsamen Lebensbedarf bereits hinreichend Rechnung und sind insoweit spezieller.[1] Konsequenzen ergeben sich auch für das zu versteuernde Einkommen und insbes den Steuertarif (§ 32 VI 2, § 32a V, VI).

56 **4. Steuerschuldner.** Getrennte (§ 26a) und besondere (§ 26c) Veranlagung lassen die Stellung beider Eheleute als Steuerschuldner unberührt. Zusammen veranlagte Ehegatten (§ 26b) sind gem § 44 I 1 AO Gesamtschuldner. Um nicht schlechter gestellt zu werden als Unverheiratete, können sie im Rahmen der Vollstreckung eine Aufteilung der Gesamtschuld beantragen (§§ 268 ff AO). Zur Frage etwaiger Erstattungsansprüche s § 26b Rn 35.

60 **II. Fehlen der Voraussetzungen des § 26 I 1.** Fehlt auch nur eine der Voraussetzungen des § 26 I 1, steht den Eheleuten kein Wahlrecht zu. Sie sind gem § 25 einzeln und nach dem Grundtarif zu veranlagen. Besteht das Einkommen zumindest teilw aus lstpfl Einkünften, kann gem § 46 II Nr 4a eine Veranlagung zur Aufteilung der Abzugs- und Pauschbeträge nach § 33a II, 33b V erforderlich sein. IÜ können Unterhaltsleistungen zw geschiedenen oder dauernd getrennt lebenden unbeschränkt estpfl Ehegatten beim Unterhaltspflichtigen nach § 10 I Nr 1 als SA, beim Empfänger nach § 22 Nr 1a als sonstige Einkünfte berücksichtigt werden, wodurch ein umfangmäßig beschränktes Realsplitting bewirkt wird.

D. Ausübung des Wahlrechts nach Abs 1 (§ 26 II, III)

70 **I. Die Wahl der Veranlagungsart.** **Zusammenveranlagung** und **besondere Veranlagung** erfordern eine **übereinstimmende Wahl** dieser Veranlagungsart (§ 26 II 2). Beantragt auch nur ein Ehegatte die **getrennte Veranlagung**, gilt diese Veranlagungsform für beide Eheleute (§ 26 II 1). Letzteres betrifft den anderen Ehegatten unabhängig von § 46 II, dh auch dann, wenn er alleine nicht zur Veranlagung verpflichtet wäre.[2]

71 Ein einseitiger Antrag auf getrennte Veranlagung soll jedoch ausnahmsweise **unwirksam** sein, wenn sich für den Antragsteller keine steuerlichen oder wirtschaftlichen Auswirkungen ergeben, weil er im VZ keine positiven oder negativen Einkünfte erzielt hat oder wenn seine positiven Einkünfte so gering sind, dass weder eine Einkommensteuer festzusetzen noch ein Steuerabzug durchgeführt worden ist, der andere Ehegatte jedoch wegen seiner Einkünfte die Zusammenveranlagung begehrt.[3] Dies greife sogar, wenn dem anderen Ehegatten eine Steuerstraftat zur Last gelegt wird, da der einkunftslose Ehegatte wegen der getrennten Ermittlung der Einkünfte nicht mit der Straftat in Verbindung gebracht werde.[4] Statt der getrennten Veranlagung gilt dann (nach § 26 III) die Zusammenveranlagung. Auch soweit die Verweigerung der Zusammenveranlagung durch einen Ehegatten nicht unwirksam ist, kann der andere zivilrechtlich (gestützt auf § 1353 I 2 HS 2 BGB) auf Zustimmung klagen, die im Erfolgsfalle gem § 894 ZPO fingiert werden kann.[5] Jedenfalls kann eine grundlose Verweigerung der Zustimmung Schadensersatzansprüche auslösen.

72 Die (auch übereinstimmende) Wahl der getrennten Veranlagung kann ferner (ggf in Kombination mit anderen Gestaltungsrechten) rechtsmissbräuchlich und daher unwirksam sein, sofern sie allein zum Zwecke der Steuervereitelung getroffen wird, etwa wenn sie einen Erstattungsanspruch des einen und eine nicht realisierbare Nachzahlungspflicht des anderen Ehegatten zur Folge hätte.[6]

73 Gem § 26 II 3 ist die **Erklärung** über die gewünschte Veranlagungsart beim zuständigen (§ 19 AO) FA schriftlich oder zu Protokoll abzugeben. Dies geschieht regelmäßig, aber nicht zwingend in der Steuererklärung, die gem § 25 III bei Zusammenveranlagung gemeinsam, ansonsten einzeln abzugeben und eigenhändig zu unterschreiben ist. Der Antrag auf eine bestimmte Form der Veranlagung kann nicht von Dritten gestellt werden, insbes nicht von einem Pfändungsgläubiger.[7] Das Wahlrecht zeigt sich so als Ausfluss eines an die Ehe gebundenen höchstpersönlichen Rechts. Allerdings hat der BFH diese Höchstpersönlichkeit bislang nicht bestätigt und sie bei Erbfällen sogar nachdrück-

---

1 BFH BStBl II 89, 164 (168).
2 BFH BStBl II 07, 11.
3 BFH BStBl II 91, 451 (452); BStBl II 92, 297.
4 BFH BStBl II 92, 297.
5 Vgl BGH DStR 02, 1121.
6 BFH/NV 05, 186 (Sonderfall).
7 BFH BStBl II 00, 573 im Anschluss an BStBl II 99, 84.

lich verneint (s Rn 80). Das Wahlrecht ist an **keine Frist** gebunden, auch nicht an jene des § 46 II Nr 8.[1] Es kann grds bis zur Bestandskraft des Steuer- oder sogar eines Änderungsbescheides ausgeübt werden.[2] Im Gerichtsverfahren kann die Erklärung bis zur letzten Tatsacheninstanz, nicht aber mehr im Revisionsverfahren abgegeben werden, weil der BFH diese nach materiellem Steuerrecht abzugebende Erklärung als Tatsache behandelt, an deren Feststellung das Revisionsgericht nach § 118 II FGO gebunden ist.[3] Bei **Fehlen einer ausdrücklichen Erklärung** unterstellt § 26 III die Wahl der (regelmäßig günstigsten) **Zusammenveranlagung**. Da der BFH diese Regelung nicht als widerlegliche Vermutung, sondern als **zwingende Rechtsfolge** versteht, soll dies auch dann gelten, wenn ein Ehegatte die Erklärung verweigert.[4] Die Finanzbehörden sollten jedoch in jenen Fällen, in denen eine Zusammenveranlagung erhebliche Nachteile für die Eheleute mit sich bringt (etwa wegen § 34; s § 26a Rn 24), als nach § 89 AO verpflichtet angesehen werden, einen Antrag auf getrennte Veranlagung anzuregen. Der BFH erwägt zudem eine Verfahrensrüge (§ 118 FGO), wenn das FG die Eheleute nicht gem § 76 II FGO auf einen solchen Antrag hingewiesen hat.[5]

II. Spätere Änderungen. Die Wahl der Veranlagungsart ist grds **frei abänderbar**. Eine Frist hierfür kennt das Gesetz nicht; die Erklärung nach § 26 II kann widerrufen oder geändert werden, solange der Steuerbescheid noch Änderungen unterliegen kann. Das Änderungsrecht kann also noch im Rechtsbehelfsverfahren (mit Ausnahme des Revisionsverfahrens) und sogar noch im Rahmen etwaiger Änderungen des Steuerbescheides bis zur Unanfechtbarkeit eines Berichtigungs- oder Änderungsbescheides ausgeübt werden; die Anfechtungsbeschränkung des § 351 I AO findet keine Anwendung.[6] Selbst die allein um eines Wechsels der Veranlagungsart willen beantragte Änderung eines unter dem Vorbehalt der Nachprüfung (§ 164 II 2 AO) ergangenen Bescheides wurde gebilligt.[7] Im Fall eines Verlustrücktrages sind Änderungen der Veranlagungsart bis zur Unanfechtbarkeit des Änderungsbescheides unabhängig von dem durch den Rücktrag eröffneten Korrekturspielraum möglich.[8] Auch eine übereinstimmende Erledigungserklärung in der mündlichen Verhandlung vor dem FG nach vorheriger tatsächlicher Verständigung hindert das Wahlrecht nicht, solange der hiernach ergehende Bescheid noch formell anfechtbar ist.[9] Allerdings soll das durch einen Änderungsbescheid eröffnete erneute Änderungsrecht entfallen und die neue Wahl gegenstandslos werden, wenn der Änderungsbescheid wieder aufgehoben wird.[10] Ausnahmsweise kann der von einem Ehegatten einseitig ausgesprochene Widerruf seiner früheren Erklärung nach den Grundsätzen von Treu und Glauben (seinem Partner gegenüber) unzulässig sein;[11] Maßstab ist insbes das wirtschaftliche Eigeninteresse des Widerrufenden.[12]

75

Die spätere Änderung erfordert ein neues Veranlagungsverfahren,[13] in dem bereits bestandskräftige materielle Besteuerungsgrundlagen fortzuschreiben sind.[14] Als rückwirkendes Ereignis iSv § 175 I Nr 2 AO berechtigt die Änderung die FinVerw, den Steuerbescheid auch gegenüber dem anderen Ehegatten anzupassen, damit und weil die Veranlagungsart für beide Eheleute einheitlich zu bestimmen ist.[15] Dies gilt auch nach Eintritt der Bestandskraft sowie nach Ablauf der ursprünglichen Festsetzungsfrist.[16] Eine bereits eingeleitete Vollstreckung kann uU nach den nun einschlägigen Vorschriften fortgesetzt werden.[17]

76

Die mit der Änderung angestrebte Veranlagungsart muss deren Voraussetzungen erfüllen. Für die Zusammenveranlagung müssen also nach der Änderung entweder 2 übereinstimmende Erklärungen (ebenso für die besondere Veranlagung) oder die Voraussetzungen des § 26 III vorliegen. Haben beide Ehegatten zunächst die getrennte Veranlagung gewählt, müssen beide widerrufen (R 26 III 2 EStR). Hat zuvor nur einer der Ehegatten eine solche Erklärung abgegeben, soll deren Widerruf unwirksam sein, wenn der andere Ehegatte widerspricht (R 26 III 3 EStR).

77

---

1 BFH BStBl II 91, 451 (452).
2 BFH BStBl II 92, 123 (124); BStBl II 93, 824.
3 BFH BStBl II 91, 84 (86).
4 BFH BStBl II 73, 557 (558); BStBl II 91, 84 (86) – Anders BFH BStBl II 07, 770 zur Nichtabgabe der Erklärung durch einen noch unbekannten Erben (s Rn 80f).
5 BFH BStBl II 91, 84 (86) – obiter dictum; zweifelh, da kein prozessualer Antrag.
6 BFH BStBl II 93, 824; BFH/NV 99, 1333 (1334); BFH BStBl II 02, 408 (409).
7 BFH/NV 87, 751.
8 BFH BStBl II 99, 762.
9 BFH BStBl II 02, 408 (409 f).
10 BFH BStBl II 92, 123 (124) (vor dem Hintergrund der iÜ großzügigen Rspr zweifelh).
11 BFH BStBl II 73, 625 (627 f) (Sonderfall zwischenzeitlicher Ehescheidung und eingetretener Bestandskraft).
12 Vgl BFH/NV 00, 842.
13 BFH BStBl II 04, 980 (982).
14 BFH BStBl II 05, 564.
15 BFH BStBl II 05, 690 (691); BStBl II 05, 865.
16 BFH BStBl II 05, 690 (692); BStBl II 05, 865; s auch R 26 III 1 EStR.
17 BFH BStBl II 02, 214 (Sonderfall).

80 III. Sonderfälle. – 1. Ausübung des Wahlrechts für Verstorbene. Der BFH betrachtet das Wahlrecht nach § 26 I 1 wegen der Haftung der Erben für etwaige Steuerschulden als vermögensrechtliches und damit als **vererbliches Recht**.[1] Deshalb soll nicht der überlebende Ehegatte, sondern der Erbe oder die Erbengemeinschaft berechtigt sein, für den Verstorbenen das Wahlrecht (auch für zurückliegende Veranlagungszeiträume) auszuüben.[2] Die Vermutung nach § 26 III soll dabei nur gelten, sofern der Erbe Kenntnis von der Erbschaft und den steuerlich maßgeblichen Verhältnissen hat.[3]

81 Die Wahl der Veranlagungsart ist jedoch nicht nur eine vermögensrechtliche Angelegenheit, sondern auch und in erster Linie Ausdruck der Gestaltung der ehelichen Lebensverhältnisse; dabei schaffen sich die Ehegatten ihre wirtschaftliche Lebensgrundlage regelmäßig in der Erwartung, dass sie nach dem Ableben des einen von ihnen dem anderen zugute kommt.[4] Das Wahlrecht nach § 26 I 1 ist daher entgegen der Ansicht des BFH höchstpersönlicher Natur, also nicht vererblich. Demzufolge sollte die Entscheidung hierüber dem überlebenden Ehegatten allein zugebilligt werden, um zu verhindern, dass der Erbe es zum eigenen Vorteil, aber zum Nachteil des Ehegatten ausüben könnte. Umgekehrten Gefahrenlagen kann durch einen Missbrauchsvorbehalt (zB falls ein Ehegatte die Erbschaft wegen Überschuldung zulasten des Fiskus ausgeschlagen hat, nun aber Verluste des Verstorbenen geltend machen will) oder zivilrechtlich nach §§ 226, 826 BGB begegnet werden.

85 2. Insolvenz eines Ehegatten. Die Wahl der Veranlagungsart kann nicht nur die Gesamthöhe der ESt-Schuld beeinflussen, sondern auch deren Verteilung auf die Ehegatten verschieben und damit eine Pflicht zur Steuernachzahlung auslösen oder im Falle vorheriger Steuervorauszahlungen Erstattungsansprüche begründen. Auch kann zw einem Verlustausgleich unter den Ehegatten und einem isolierten Verlustabzug eines Ehegatten gewählt werden. Beides kann im Falle der Insolvenz eines Ehegatten bedeutsam sein, der als Schuldner darauf bedacht sein könnte, Zahlungspflichten gegen die Insolvenzmasse zu richten, Leistungsansprüche indes auf seinen Partner zu verlagern. Dennoch geht das Wahlrecht nicht nach § 80 I InsO auf den Insolvenzverwalter über, da es auch in der Einzelvollstreckung nicht von einem Pfändungsgläubiger ausgeübt werden könnte,[5] also gem § 36 I InsO nicht zur Insolvenzmasse gehört (str).[6] Nur auf diese Weise kann verhindert werden, dass der Insolvenzverwalter umgekehrt auf wirtschaftlich dem nicht insolventen Ehegatten zuzuordnende Positionen zugreift und die Eheleute dadurch entgegen Art 6 I GG schlechter gestellt werden als Unverheiratete. – Auch soweit das Wahlrecht als grds den Ehegatten vorbehalten angesehen wird, soll seine Ausübung doch ausnahmsweise einer gem § 80 I InsO unwirksamen Verfügung des Schuldners gleichstehen, wenn der Insolvenzmasse dadurch ein ihr bereits zustehender Erstattungsanspruch entzogen wird; insbes soll ein Antrag auf Zusammenveranlagung unwirksam sein, wenn Vorauszahlungen des danach einkunftslos gebliebenen Schuldners aus dem anschließend zur Insolvenzmasse gewordenen Vermögen geleistet wurden, deren Berücksichtigung jetzt die Steuerschuld des anderen mindern würde.[7] Damit werden jedoch dem Einkünfte erzielenden, allein den ehelichen Lebensunterhalt bestreitenden Ehegatten ohne rechtfertigenden Grund die Anwendung des Splittingtarifs sowie der eheinterne Verlustausgleich versagt, wodurch vom Maßstab der wirtschaftlichen Leistungsfähigkeit abgewichen wird. Angemessener wäre, eine Zusammenveranlagung zu gestatten, aber die Vorauszahlungen nur insoweit mit der gemeinsamen Steuerschuld zu saldieren (§ 36 II 2), als dies bei getrennter Veranlagung des Schuldners möglich wäre, um der Insolvenzmasse den restlichen Erstattungsanspruch und dem FA den iÜ ungekürzten Steueranspruch zu belassen. Die Wahl der getrennten Veranlagung kann nie unwirksam sein, da den Insolvenzgläubigern keine Haftungsmasse entzogen wird und weil sie auch vom nicht insolventen Ehegatten allein getroffen werden könnte (§ 26 II 1). Vertreten wird, eine anderweitige Aufteilung von SA gem § 26a I 1 könne unwirksam sein;[8] mangels eines bestehenden Anspr, der der Insolvenzmasse entzogen werden könnte, ist dies regelmäßig zu verneinen. – Die im Falle wirksam gewählter Zusammenveranlagung drohende Haftung des nicht insolventen Ehegatten als Gesamtschuldner kann nach §§ 268 ff AO beschränkt werden (s § 26b Rn 30).

---

1 BFH BStBl III 63, 597.
2 BFH BStBl III 65, 86; BStBl II 80, 188 (189); BFH/NV 98, 701 (702); BStBl II 07, 770.
3 BFH BStBl II 80, 188; BStBl II 07, 770.
4 Vgl BVerfGE 93, 121 (142) = BStBl II 95, 655 (663); BVerfGE 93, 165 (175) = BStBl II 95, 671 (674).
5 BFH BStBl II 00, 573.
6 **AA** BGH NJW 07, 2556: Ausübung des Wahlrechts durch den Insolvenzverwalter – Wie hier (noch zur KonkursO) *Fichtelmann* BB 84, 1293 (1294).
7 *Fichtelmann* BB 84, 1293 (1294).
8 *Fichtelmann* BB 84, 1293 (1295).

E. Rechtsschutz

Erkennt das FA die von den Ehegatten gewählte Veranlagungsart nicht an, so ist eine auf die entspr Veranlagung gerichtete **Verpflichtungsklage** (§ 40 I FGO) statthaft.[1] Im Erfolgsfalle verpflichtet das FG die Finanzbehörde, den StPfl entspr zu veranlagen (§ 101 FGO). Bei Wechsel der beantragten Veranlagungsart während eines Klageverfahrens (s Rn 75 ff) ist ein Übergang zur Verpflichtungsklage nur möglich, wenn deren Voraussetzungen gegeben sind, insbes wenn die Behörde eine neue Veranlagung abgelehnt hat.[2]

90

Die Verpflichtungsklage kann von jedem Ehegatten alleine erhoben werden. Der andere ist, da die Veranlagungsart einheitlich festzulegen ist, gem § 60 III FGO **notwendig beizuladen**.[3] Gleichwohl hat der BFH dies jüngst nur für die Klage auf getrennte Veranlagung ausgesprochen,[4] hingegen für eine Klage auf Zusammenveranlagung abgelehnt.[5] Ebenfalls notwendig beizuladen sind Miterben eines Ehegatten, wenn sie sich nicht über die Ausübung des Wahlrechts einig sind.[6] Bei nicht auf die Veranlagungsart an sich bezogenen Angriffen gegenüber einem späteren Steuerbescheid soll der andere Ehegatte jedoch nicht notwendig beizuladen sein.[7]

91

§ 26a Getrennte Veranlagung von Ehegatten

(1) ¹Bei getrennter Veranlagung von Ehegatten in den in § 26 bezeichneten Fällen sind jedem Ehegatten die von ihm bezogenen Einkünfte zuzurechnen. ²Einkünfte eines Ehegatten sind nicht allein deshalb zum Teil dem anderen Ehegatten zuzurechnen, weil dieser bei der Erzielung der Einkünfte mitgewirkt hat.

(2) ¹Sonderausgaben nach § 10 Abs. 1 Nr. 5 und 8 und außergewöhnliche Belastungen (§§ 33 bis 33b) werden in Höhe des bei einer Zusammenveranlagung in Betracht kommenden Betrags bei beiden Veranlagungen jeweils zur Hälfte abgezogen, wenn die Ehegatten nicht gemeinsam eine andere Aufteilung beantragen. ²Die nach § 33b Abs. 5 übertragbaren Pauschbeträge stehen den Ehegatten insgesamt nur einmal zu; sie werden jedem Ehegatten zur Hälfte gewährt. ³Die nach § 34f zu gewährende Steuerermäßigung steht den Ehegatten in dem Verhältnis zu, in dem sie erhöhte Absetzungen nach § 7b oder Abzugsbeträge nach § 10e Abs. 1 bis 5 oder nach § 15b des Berlinförderungsgesetzes in Anspruch nehmen. ⁴Die nach § 35a zu gewährende Steuerermäßigung steht den Ehegatten jeweils zur Hälfte zu, wenn die Ehegatten nicht gemeinsam eine andere Aufteilung beantragen.

(3) Die Anwendung des § 10d für den Fall des Übergangs von der getrennten Veranlagung zur Zusammenveranlagung und von der Zusammenveranlagung zur getrennten Veranlagung, wenn bei beiden Ehegatten nicht ausgeglichene Verluste vorliegen, wird durch Rechtsverordnung der Bundesregierung mit Zustimmung des Bundesrates geregelt.

§§ 61, 62d EStDV; R 26a EStR 05

Literatur: *Flesch* Steuerminderung durch getrennte Ehegattenveranlagung, DStR 98, 1081; *Hagen/Schynol* Außerordentliche Einkünfte bei Ehegatten: Steuervorteil bei richtiger Wahl der Veranlagungsart, DStR 99, 1430; *Korezkij* Systematische und praktische Überlegungen zur Wahl der Veranlagungsart von Ehegatten bei außerordentlichen Einkünften im Sinn des § 34 EStG, BB 00, 122; *ders* Überlegungen zur Wahl der Veranlagungsart von Ehegatten bei gewerblichen Einkünften iSd § 32c EStG nach geltendem Einkommensteuertarif, BB 00, 958.

A. Grundaussagen der Vorschrift

Art 6 I GG gebietet, Ehegatten nicht schlechter zu stellen als Unverheiratete. Deshalb muss den Eheleuten stets die Möglichkeit verbleiben, wie Ledige besteuert zu werden, um etwaige Nachteile der Zusammenveranlagung vermeiden zu können. Dem trägt die getrennte Veranlagung nach § 26a Rechnung, die beide Ehegatten – unter den Voraussetzungen von § 26 I 1 und nur bei wirksamer

1

---

1 BFH BStBl II 92, 123.
2 BFH BStBl II 04, 980 (981 ff).
3 Vgl bereits BFH BStBl II 92, 916 (Fall nachträglicher Änderung der Wahl).
4 BFH/NV 05, 351.
5 BFH/NV 05, 1083 (mit der zweifelh, auch nicht durchgängig zutr Begr, die Zusammenveranlagung sei günstiger).
6 BFH/NV 98, 701 (702).
7 BFH BStBl II 77, 321 (322); BStBl II 77, 870 (871 f); BStBl II 84, 196 (197); notwendige Beiladung indes bei Klage gegen Aufteilungsbescheid; BFH/NV 03, 195; vgl auch § 26b Rn 45.

Ausübung des Wahlrechts (s § 26) – grds als selbstständige StPfl behandelt und das Eheverhältnis nur begrenzt berücksichtigt. Die Vorschrift ist Ausdruck des **Grundsatzes der Individualbesteuerung**. Das BVerfG hat ihre **Verfassungsmäßigkeit** bestätigt.[1] Verfassungsrechtlich bedenklich ist wohl auch weniger der § 26a an sich als das unübersichtliche Normengefüge, das in seiner Gesamtheit oft kaum noch erkennen lässt, welche Veranlagungsart gewählt werden sollte, wodurch Ehegatten iErg benachteiligt zu werden drohen.

B. Einzelheiten

3 **I. Einkünfte.** Bei getrennter Veranlagung sind jedem Ehegatten gem § 26a I 1 die von ihm bezogenen Einkünfte zuzurechnen. Dies folgt an sich bereits aus § 2 I 1 und entspricht insoweit der Regelung des § 25 I. Der (verfassungskonforme[2]) § 26a I 2 hat seit der Neufassung von § 1356 BGB nur noch klarstellende Funktion. Gleichwohl sind wegen Art 6 I GG angemessene Vergütungen aus Arbeitsverträgen zw Eheleuten (zu deren Vorteil) anzuerkennen,[3] sofern sie ernsthaft gewollt sind und tatsächlich durchgeführt werden. Dabei dürfen besondere Anforderungen an den Nachweis der Arbeitsverträge gestellt werden; das bloße Mitwirken an der Einkünfteerzielung des anderen Ehegatten darf zulässigerweise unberücksichtigt bleiben.[4] § 26a I 2 schließt nicht aus, dass die Eheleute gemeinsam Einkünfte erzielen, etwa aus einer Gesamthands-Ges (zB MU'schaft) oder -gemeinschaft (zB Gütergemeinschaft). Die Einkünfte sind dann beiden Ehegatten anteilig zuzurechnen; bei Fehlen anderweitiger Verteilungskriterien sind sie hälftig aufzuteilen (R 26 V EStR). Das BVerfG anerkannte zudem Pensionsrückstellungen für mitarbeitende Ehegatten.[5] All dies eröffnet Gestaltungsmöglichkeiten, um Einkünfte zw den Eheleuten, aber auch von einer Einkunftsart (GewBetr) auf die andere (nicht selbstständige Arbeit) zu verlagern.

4 Als Folge der Individualbesteuerung werden WK-Pauschbeträge vom Gesetz grds dem Ehegatten zugerechnet, der Einkünfte aus der jeweiligen Einkunftsart erzielt hat. Anders als bei der Zusammenveranlagung werden die entspr Frei- oder Pauschbeträge regelmäßig nicht verdoppelt. Ein Verlustabzug nach § 10d ist gem § 62d I EStDV (von Amts wegen[6]) auch für eigene Verluste (nicht für jene des Ehegatten) durchzuführen, die in VZ entstanden, in denen eine andere Veranlagungsart gewählt wurde.

6 **II. Sonderausgaben, außergewöhnliche Belastungen und Steuerermäßigungen.** SA werden grds nur bei dem Ehegatten abgezogen, der sie geleistet hat (R 26a I EStR). Ein anderes gilt gem § 26a II 1 für SA nach § 10 I Nr 8 ebenso wie für ag Belastungen, die gleichermaßen ermittelt werden wie bei einer Zusammenveranlagung und anschließend – unabhängig davon, in wessen Pers sie entstanden sind[7] – je zu Hälfte bei beiden Ehegatten berücksichtigt werden, wenn die Eheleute nicht gemeinsam eine andere Aufteilung beantragen. Unterhalt an den anderen Ehegatten kann nicht nach § 33a I abgesetzt werden.[8] Für den Antrag auf anderweitige Verteilung gelten die Grundsätze über die Erklärung der Wahl der Veranlagungsart entspr (R 26a II 4–5). Bei zwingenden Gründen kann gem § 61 EStDV der Antrag eines Partners genügen. Abw von S 1 werden nach § 33b V auf die Eltern übertragene Pauschbeträge eines Kindes (Behinderten- und Hinterbliebenen-Pauschbetrag) ungeachtet des Willens der Ehegatten immer je zur Hälfte angesetzt (§ 26a II 2 als lex specialis zu § 33b V 3). Wie SA abzuziehende Beträge nach §§ 10e ff etc stehen dem jeweiligen Gebäudeeigentümer (bei Miteigentum anteilig) zu (H 26a EStH); hieran knüpft die Verteilung der stets nur einmal[9] zu gewährenden Steuerermäßigung nach § 34f an (§ 26a II 3). Die Steuerermäßigung nach § 35a steht den Ehegatten je zur Hälfte zu, sofern sie nicht gemeinsam eine andere Aufteilung beantragen (§ 26a II 4).

8 **III. Tarif.** Das Einkommen jedes Ehegatten wird nach dem **Grundtarif** (§ 32a I) versteuert. Progr-Vorb und Tarifermäßigungen wirken sich nur in der Pers dessen aus, bei dem sie anfallen. Der bei Zusammenveranlagung (§ 26b) geltende, idR günstigere Splittingtarif (§ 32a V) findet keine Anwendung, weshalb die getrennte Veranlagung nur bei Vorliegen besonderer Umstände vorzuziehen sein wird.

---

1 BVerfGE 9, 237 (241 ff) = BStBl I 59, 204 (205 ff).
2 BVerfGE 9, 237 (245 ff) = BStBl I 59, 204 (206 ff).
3 BVerfGE 13, 318 (326 ff) = BStBl I 62, 506 (509 f); im Anschluss an BVerfGE 13, 290 (295 ff) = BStBl I 62, 492 (493 ff) (GewSt); bestätigt in BVerfGE 16, 241 (243).
4 BVerfGE 9, 237 (246) = BStBl I 59, 204 (207).
5 BVerfGE 29, 104 (111 ff) = BStBl II 70, 652 (654).
6 BFH BStBl II 05, 624.
7 Vgl FG D'dorf EFG 83, 499 (Behinderten-Pauschbetrag).
8 BFH BStBl II 89, 164 (168).
9 BFH/NV 00, 16.

IV. Verfahren. Bei getrennter Veranlagung hat jeder der Ehegatten eine Einkommensteuererklärung abzugeben (§ 25 III 3) und sie eigenhändig zu unterschreiben (§ 25 III 4). Jedem Ehegatten gegenüber ergeht ein eigener Steuerbescheid.

V. Ermächtigung zum Verordnungserlass. § 26a III ermächtigt die BReg (iVm § 51 I Nr 3), die Anwendung des § 10d für den Fall des Wechsels zw getrennter Veranlagung und Zusammenveranlagung zu regeln. Die Vorschrift ist hinreichend bestimmt iSv Art 80 I 2 GG.[1] Der auf sie gestützte § 62d EStDV hält sich inhaltlich im Rahmen der Ermächtigung.[2] § 61 EStDV kann nicht auf diese Rechtsgrundlage zurückgeführt werden, sondern beruht auf § 51 I Nr 1d, 1. Fall.[3]

C. Vorzüge der getrennten Veranlagung

Die **getrennte Veranlagung** ist der Zusammenveranlagung **nur ausnahmsweise vorzuziehen**. Erzielen die Eheleute unterschiedlich hohe Einkünfte, werden die Vorteile des Splittingtarifs kaum auszugleichen sein. Zudem erlaubt die zumeist an die Zusammenveranlagung geknüpfte Verdoppelung bestimmter Frei- und Pauschbeträge dem einen Ehegatten, noch nicht verbrauchte Restbeträge des anderen Partners auszunutzen. Die nachfolgend (ohne Anspr auf Vollständigkeit) geschilderten Besonderheiten können aber eine getrennte Veranlagung nahe legen. Dies gilt umso mehr, je geringer die Differenz zw den Einkünften der Eheleute ist. Auch soweit eine entspr Wahl in Betracht kommt, ist stets eine **einzelfallbezogene Vergleichsrechnung** anzuraten, um die je nach den individuellen Verhältnissen unterschiedlichen Vor- und Nachteile beider Veranlagungsarten miteinander vergleichen zu können, deren Auswirkungen sich im Falle ihrer Kombination nochmals verschieben können.

Zunächst kommt eine getrennte Veranlagung in Betracht, wenn einer der Ehegatten einen **Verlustabzug** nach § 10d allein in Anspr nehmen möchte. Dafür entfällt ein etwaiger Ausgleich mit positiven Einkünften des anderen Ehegatten, der je nach den individuellen Verhältnissen einerseits dessen Progressionsbelastung mindern, andererseits aber auch seine SA, ag Belastungen und tariflichen Freibeträge entwerten kann. Über einen Verlustrücktrag kann auch die Wahl der Veranlagungsart für den damaligen VZ rückwirkend geändert werden, solange der nach dem Verlustrücktrag ergangene Änderungsbescheid noch nicht unanfechtbar ist; die vorteilhafte Wirkung dieses Wechsels ist nicht vom durch den Rücktrag eröffneten Korrekturspielraum begrenzt.[4]

Der Höchstbetrag für Vorsorgeaufwendungen nach **§ 10 III 1** ist gem S 2 für zusammenveranlagte Ehegatten zu verdoppeln, indes für bestimmte StPfl zu kürzen. Hier ist im Einzelfall zu prüfen, ob die Abzugsfähigkeit für einen Ehegatten durch Berücksichtigung des anderen Ehegatten aufgezehrt wird, so dass eine getrennte Veranlagung vorteilhaft sein könnte.[5]

Hat ein Ehegatte überwiegend stfreie, aber dem **ProgrVorb (§ 32b)** unterworfene Einkünfte (insbes Sozialleistungen – zB Elterngeld – und ausländische Einkünfte), führt die Zusammenveranlagung dazu, dass die Einkünfte des anderen Ehegatten mit einem höheren Steuersatz belastet werden. Die getrennte Veranlagung ist der Zusammenveranlagung jedenfalls dann vorzuziehen, wenn die dem ProgrVorb unterworfenen Einkünfte die stpfl Einkünfte des Partners übersteigen.

In Altfällen (s § 52 Abs 44) ist **§ 32c** zu bedenken, sofern ein Ehegatte **gewerbliche Einkünfte** erzielt. Diese Tarifbegrenzung für gewstpfl Einkünfte greift erst ab einer gewissen Grenzsteuerbelastung und bemisst sich nach der Höhe des gewerblichen Anteils an den Einkünften. Für die Berechnung des Entlastungsbetrages ist bei zusammen zur ESt veranlagten Ehegatten gem § 32c V jeweils von der Hälfte des gemeinsam zu versteuernden Einkommens auszugehen, wodurch sich auch der gewerbliche Anteil halbiert, was infolge des Berechnungsmodus einen geringeren (oder keinen) Entlastungsbetrag nach sich ziehen kann.[6]

Eine individuelle Vergleichsrechnung zw den Auswirkungen von §§ 26a und 26b ist unerlässlich, wenn Eheleute neben laufenden noch **außerordentliche Einkünfte** iSv **§ 34 II** beziehen, die nicht nach § 34 III besteuert werden.[7] In diesem Fall ist die Wahl der getrennten Veranlagung idR der

---

1 *K/S/M* § 51 Rn C 250 ff.
2 *K/S/M* § 51 Rn D 68.
3 *K/S/M* § 51 Rn C 36 f, D 66.
4 BFH BStBl II 99, 762.
5 S auch 4. Aufl zu § 10 III aF, der nach der Günstigerregelung in § 10 IVa noch übergangsweise Anwendung finden kann; hierzu *Flesch* DStR 98, 1081 (1082) – mit Rechenbeispiel; vgl ferner BFH BStBl II 04, 709; BStBl II 07, 452 (Sonderfall).
6 *Pasch* DB 93, 2293 (2297); *Korezkij* BB 00, 958 (mit Berechnungen).
7 Rechenbeispiele bei *Korezkij* BB 00, 122.

Zusammenveranlagung vorzuziehen, wenn ein Ehegatte (nahezu) ausschließlich außerordentliche Einkünfte und der andere Ehegatte (nicht nur geringfügige) positive ordentliche Einkünfte erzielt. Da der Grundfreibetrag und die Vorteile niedriger Progressionsstufen durch die Differenz-Verfünffachung nach § 34 I bis zu fünffach ausgenutzt werden können, sofern diese nicht bereits durch andere Einkünfte verbraucht sind, kann eine Zusammenrechnung mit ordentlichen Einkünften des Ehegatten diese Steuerermäßigung begrenzen oder entfallen lassen. Der Vorteil einer getrennten Veranlagung gegenüber der Zusammenveranlagung konnte dabei im Extremfall des VZ 99 maximal 91 814 DM betragen, in den Folgejahren reduziert sich dieser Effekt infolge geringerer Spitzensteuersätze.[1] Je nach den individuellen Verhältnissen der Eheleute (zusätzlich sind Verschiebungen gem § 32b zu berücksichtigen) ist nicht nur eine Zusammenveranlagung zu vermeiden, sondern auch eine Verlagerung von positiven Einkünften (etwa aus KapVerm) auf den anderen Ehegatten zu bedenken. Angesichts der erheblichen Auswirkungen ordentlicher Einkünfte des Ehegatten auf die Steuerermäßigung für außerordentliche Einkünfte erscheint die Regelung des § 26 III fragwürdig, nach der bei Fehlen einer ausdrücklichen Erklärung zur Wahl der Veranlagungsart stets die Zusammenveranlagung als gewählt gilt. Unzureichend beratene Eheleute geraten so in die Gefahr, schlechter gestellt zu sein als Unverheiratete. § 26 III ist deswegen nur dann mit dem speziellen Diskriminierungsverbot aus Art 6 I GG vereinbar, wenn zugleich § 89 AO so verstanden wird, dass die Finanzbehörden in solchen Fällen verpflichtet sind, einen entspr Antrag anzuregen.[2]

26 § 46 II Nr 1 gewährt eine veranlagungsbezogene Freigrenze, die sich bei Zusammenveranlagung nicht verdoppelt, jedoch bei getrennter und besonderer Veranlagung jedem Ehegatten zusteht.[3] Ähnliches gilt für **§ 46 III** (beachte auch **§ 70 EStDV**, beruhend auf § 51 I Nr 3 iVm § 46 V). Bringt der Splittingtarif Ehegatten bei gleich hohen Einkünften keine Vorteile, können diese Vorschriften eine getrennte Veranlagung sinnvoll machen.

28 Die Förderungsberechtigung nach dem früheren **EigZulG** unterliegt der Einkunftsgrenze nach § 5 EigZulG. Überschreiten die Ehegatten zwar gemeinsam die doppelte Betragsgrenze, verbleibt jedoch der die Förderung in Anspr nehmende Ehegatte allein unterhalb der vorgesehenen Grenze, kann (bis einschließlich VZ 03) eine getrennte Veranlagung im Erstjahr empfehlenswert sein.

§ 26b Zusammenveranlagung von Ehegatten

Bei der Zusammenveranlagung von Ehegatten werden die Einkünfte, die die Ehegatten erzielt haben, zusammengerechnet, den Ehegatten gemeinsam zugerechnet und, soweit nichts anderes vorgeschrieben ist, die Ehegatten sodann gemeinsam als Steuerpflichtiger behandelt.

§ 62d EStDV; R 26b EStR 05

Literatur: *Burkhard* Ehegattenverantwortlichkeit und Steuerstrafrecht, DStZ 98, 829; *Dißars* Verfahrensrechtliche Besonderheiten bei Ehegatten, StB 97, 340; *Flesch* Steuerminderung durch getrennte Ehegattenveranlagung, DStR 98, 1081; *Gonnella/Mikic* Zur Festsetzungsverjährung bei Zusammenveranlagung von Ehegatten und einer Steuerstraftat nur eines Ehegatten, DStR 99, 528; *Hagen/Schynol* Außerordentliche Einkünfte bei Ehegatten: Steuervorteil bei richtiger Wahl der Veranlagungsart, DStR 99, 1430; *Heinke* Zur Bekanntgabe von Steuerbescheiden an zusammen veranlagte Ehegatten, DStZ 00, 95; *Korezkij* Systematische und praktische Überlegungen zur Wahl der Veranlagungsart von Ehegatten bei außerordentlichen Einkünften im Sinne des § 34 EStG, BB 00, 122; *ders* Überlegungen zur Wahl der Veranlagungsart von Ehegatten bei gewerblichen Einkünften im Sinne des § 32c EStG nach geltendem Einkommensteuertarif, BB 00, 958; *Paus* Zuweisung von Erstattungsansprüchen bei Ehegatten, FR 98, 143; *Reichle* Ehegattenverantwortlichkeit im Steuerstrafrecht, wistra 98, 91; *Rolletschke* Die steuerstrafrechtliche Mitverantwortung des einen Antrag auf Zusammenveranlagung mitunterzeichnenden Ehegatten, DStZ 99, 216.

A. Grundaussagen der Vorschrift

1 § 26b (iVm § 32a V) anerkennt die eheliche Gemeinschaft des Erwerbs und des Verbrauchs, in der jeder Ehegatte wirtschaftlich zur Hälfte an den Einkünften und Lasten des anderen teilhat, und den dadurch bedingten **Transfer steuerlicher Leistungsfähigkeit** zw den Partnern, indem die Ehegatten (durch die Anwendung des Splittingtarifs des § 32a V auf die nach § 26b veranlagten Einkünfte) so

---

[1] *Hagen/Schynol* DStR 99, 1430 (1431).
[2] IErg ebenso *Hagen/Schynol* DStR 99, 1430 (1433).
[3] BFH BStBl II 91, 84 (86).

gestellt werden, als habe jeder von ihnen die Hälfte der gemeinsamen Einkünfte erzielt. Die Norm gewährt daher **keine** beliebig veränderbare **Steuersubvention**, sondern ist Ausdruck des Leistungsfähigkeitsprinzips und deswegen **verfassungskonform**.[1] Ihre progressionsabhängige Wirkung ist lediglich Kehrseite der Entscheidung für einen progressiven Steuertarif.

Eine Zusammenveranlagung ist nur möglich, falls die Voraussetzungen des § 26 I 1 vorliegen und sofern beide Ehegatten diese Veranlagungsart gewählt haben oder eine entspr Erklärung nach § 26 III unterstellt werden kann (s § 26). **2**

B. Einzelheiten

I. Einkünfte. § 26b regelt die Zusammenrechnung und Zurechnung der von den Ehegatten jeweils erzielten Einkünfte. Folglich setzt die Norm die persönliche und sachliche StPfl in der Pers des jeweiligen Ehegatten voraus; der **Grundsatz der Individualbesteuerung** bleibt unberührt. Die Eheleute stehen sich insoweit wie Fremde gegenüber.[2] Arbeits- und Ges-Verträge zw ihnen sind grds anzuerkennen (s § 26a Rn 3). Demzufolge werden die Einkünfte zunächst für jeden Ehegatten gesondert ermittelt und erst dann saldiert, es sei denn, die Spezialvorschriften einer Einkunftsart ordnen ein anderes an. Gemeinsame Einkünfte sind jedem Ehegatten (nur dann) zur Hälfte zuzurechnen, wenn keine andere Aufteilung in Betracht kommt (R 26 V EStR). **4**

Damit ist noch nicht entschieden, auf **welcher Stufe** der Ermittlung des zu versteuernden Einkommens und in **welcher Reihenfolge** die Einkünfte zusammengerechnet werden. Das Gesetz trifft hierzu, obwohl die Frage große Bedeutung für den grds zulässigen **Ausgleich von positiven und negativen Einkünften beider Ehegatten** hat, keine eindeutige Entscheidung. Wegen des Prinzips der Individualbesteuerung wird idR für jeden Ehegatten eine eigene Summe der Einkünfte zu bilden sein (mit der Folge eines vorrangigen individuellen Verlustausgleichs), die dann zu einer gemeinsamen Summe der Einkünfte zu addieren ist.[3] Bei ansonsten nicht ausgleichbaren Verlusten (wie etwa § 2a oder § 15 IV) wurde allerdings gestattet, die Einkünfte beider Ehegatten bereits im Rahmen der einzelnen Einkunftsart zusammenzurechnen (Vorrang des eheinternen horizontalen Verlustausgleichs).[4] Abw vom bei der Einzelveranlagung geltenden Prinzip der primär horizontalen Summenbildung[5] wurde sogar gebilligt, vor der Addition von Einkünften der gleichen Art die positiven Einkünfte des einen Ehegatten aus einer Einkunftsart mit negativen Einkünften des anderen Ehegatten aus einer anderen Einkunftsart zu verrechnen, um so bestimmte negative Einkünfte für einen Verlustabzug aufzusparen.[6] Der BFH hat mithin bislang (allerdings nicht durchgängig) ein **Meistbegünstigungsprinzip**[7] angewandt, das den Ausgleich positiver und negativer Einkünfte in der jeweils günstigsten Weise erlaubt. **6**

Einzelne Einkunftsarten kennen spezielle **Frei-** (zB § 20 IV 2–4) oder **Pauschbeträge** (zB § 9a 1 Nr 2; anders § 9a 1 Nr 1, der jedem Ehegatten einzeln zusteht), die im Falle der Zusammenveranlagung regelmäßig **verdoppelt** und beiden Ehegatten gemeinsam gewährt werden. Damit kann der doppelte Betrag auch von einem Ehegatten allein ausgenutzt werden. Übersteigen die tatsächlichen Aufwendungen eines Ehegatten den verdoppelten Pauschbetrag, kann dieser vom anderen Ehegatten nicht nochmals geltend gemacht werden; die damit verbundenen Nachteile gegenüber Ledigen sind als solche eheneutral und deswegen mit Art 6 I GG vereinbar.[8] Auf welcher Stufe Frei- oder Pauschbeträge anzusetzen sind, ergibt sich zumeist aus dem Gesetz. So ist der Sparerfreibetrag (§ 20 IV) bei jedem Ehegatten einzeln abzuziehen, also vor der Zusammenrechnung; da ungenutzte Restbeträge anschließend übertragen werden, führt dies von selbst zur Meistbegünstigung. Indessen ist der Freibetrag für LuF (§ 13 III) erst bei der Ermittlung des Gesamtbetrages der Einkünfte, also nach der Zusammenrechnung der Ehegatteneinkünfte anzusetzen; das Meistbegünstigungsprinzip gilt hier nicht.[9] **8**

Der **Altersentlastungsbetrag** ist, wie § 24a S 4 ausdrücklich anordnet, für jeden Ehegatten gesondert zu berechnen und anzusetzen. **Verlustabzüge** nach § 10d sind für beide Ehegatten einheitlich bis zu **10**

---

1 Grundlegend BVerfGE 61, 319 (342 ff) = BStBl II 82, 717 (725 ff).
2 BFH GrS BStBl II 99, 778 (781).
3 Vgl BFH BStBl II 87, 297 (300).
4 BFH BStBl II 89, 787 (zu § 15 IV).
5 BFH BStBl II 75, 698 (699).
6 BFH BStBl II 78, 8.
7 BFH BStBl II 78, 8; BStBl II 89, 787 (788); anders BStBl II 88, 827 (zu § 13 III).
8 BVerfG BStBl II 72, 325 (327 f) – zu SA.
9 BFH BStBl II 88, 827.

gemeinsamen Höchstbeträgen (I 1, II 2) vom Gesamtbetrag der Einkünfte abzuziehen. Dies gilt unabhängig davon, welche Veranlagungsart im Jahr des Verlusts gewählt wurde (§ 62d II 1 EStDV, beruhend auf § 51 I Nr 3 iVm § 26a III). Nach einem Verlustrücktrag in einen VZ mit Zusammenveranlagung verbleibende Verluste sind für sich anschließende Vorträge in VZ ohne Zusammenveranlagung anteilig aufzuteilen (§ 62d II 2 EStDV).

12 Für alle auf die Zusammenrechnung der Einkünfte folgenden Berechnungsschritte werden die Ehegatten (soweit nichts anderes bestimmt ist) **wie ein StPfl** behandelt (§ 26b aE). Die Gesetzesformulierung ist ungenau, da beide Partner, wie der Umkehrschluss aus der Gesamtschuldnerhaftung nach § 44 AO zeigt, Steuerschuldner bleiben, also auch StPfl iSd § 33 I AO sind. Gemeint ist, dass der Gesamtbetrag der Einkünfte (§ 2 III), das Einkommen (§ 2 IV) und das zu versteuernde Einkommen (§ 2 V) einheitlich zu bilden sind.[1] Es gilt der Grundsatz der **Einheit des Einkommens** der Ehegatten.[2]

15 II. Sonderausgaben und außergewöhnliche Belastungen. Wegen der Einheit des Einkommens stellt sich die Frage der Zurechnung von SA und ag Belastungen idR nicht.[3] Gemeinsame, entspr verdoppelte **Pausch-** (zB § 10c IV) oder **Höchstbeträge** (zB § 10 III, § 10b II) sind anzusetzen, wenn auch nur einer der Ehegatten ihre Voraussetzungen erfüllt und sofern nur einer von ihnen (nicht zwingend derselbe) Einkünfte erzielt.[4] Umgekehrt können SA nicht berücksichtigt werden, wenn ihr Abzug für einen der Ehegatten gesetzlich ausgeschlossen ist.[5] Die Verdoppelung und Verbindung von Pauschbeträgen ist nachteilig, wenn die Aufwendungen eines Ehegatten diesen Betrag allein übersteigen und der anteilige Pauschbetrag des anderen dadurch aufgezehrt wird. Dieser Nachteil ist eheneutral und daher verfassungskonform.[6] **Spenden** (§ 10b) sind nur absetzbar, wenn sie wirtschaftlich nicht dem anderen Ehegatten zugute gekommen sind.[7]

20 III. Tarif. Auf das gemeinsame zu versteuernde Einkommen der Ehegatten ist gem § 32a V der **Splittingtarif** anzuwenden. Dadurch **verdoppeln sich** der **Grundfreibetrag** und die einzelnen **Progressionsstufen.** Die gelegentlich erhobene Kritik, die Verdoppelung des Grundfreibetrages sei wegen der mit der gemeinsamen Lebensführung verbundenen Ersparnis nicht zu rechtfertigen,[8] überzeugt nicht, da auch nichteheliche Lebensgemeinschaften, in denen beide Partner Einkünfte erzielen, diesen Vorteil trotz gleicher Ersparnis erhalten; dies muss also erst recht für Ehegatten gelten (unabhängig von der in der ehelichen Wirtschaftsgemeinschaft unerheblichen Frage, in wessen Pers die Einkünfte entstehen). Ebenso wird nach § 32 VI 2 der **Kinderfreibetrag** für gemeinsame Kinder verdoppelt. Andererseits können dem ProgrVorb (§ 32b) unterliegende stfrei Einkünfte eines Ehegatten zu einer höheren Besteuerung der stpfl Einkünfte des anderen Partners führen.[9]

25 IV. Zuschlagsteuern. Die Einkommensteuer ist (nach Maßgabe von § 51a II sowie der inhaltlich entspr LandesKiStG) Bemessungsgrundlage der Zuschlagsteuern. Schwierigkeiten bereitet die Berechnung der **KiSt**, wenn die Eheleute zusammen veranlagt werden.[10] Gehören die Ehegatten derselben Religionsgemeinschaft an, kann die gemeinsame Steuerschuld Grundlage der KiSt sein. Bei konfessionsverschiedenen Ehen (beide Partner gehören verschiedenen KiSt-berechtigten Körperschaften an) wird grds der Halbteilungsgrundsatz angewandt, nach dem jede Religionsgemeinschaft unabhängig davon, welcher Ehegatte die KiSt-Einkünfte erzielt hat, pauschal den hälftigen Betrag erhält. Die Rspr hat diese Praxis gebilligt.[11] Dem ist insbes aus Vereinfachungsgründen zuzustimmen, da die Gesamt-KiSt beider Ehegatten unverändert bleibt. Bei glaubensverschiedenen Ehen (nur ein Ehegatte gehört einer KiSt-berechtigten Körperschaft an) verbietet sich dies, da nur Kirchenmitglieder zur KiSt herangezogen werden dürfen.[12] Die Berechnung des auf den einzelnen Ehegatten entfallenden Anteils an der ESt richtet sich dann nach dem jeweiligen KiStG.

30 V. Haftung. 44 I AO erklärt zusammen zur Einkommensteuer veranlagte Ehegatten zu **Gesamtschuldnern.** Damit schuldet jeder Ehegatte auch jene Steuern, die wirtschaftlich seinem Partner zuzurechnen sind. Diese Benachteiligung gegenüber Ledigen kann vor Art 6 I GG Bestand haben,

---

1 BFH BStBl II 83, 34 (35).
2 BFH BStBl II 87, 297 (300).
3 Vgl aber BFH 07, 452 (Sonderfall der Kürzung des Vorwegabzuges für Vorsorgeaufwendungen).
4 Nicht verdoppelte Pausch- oder Höchstbeträge stehen idR jedem Ehegatten zu; vgl zB zu § 10b I 3 BFH BStBl II 06, 121.
5 BFH BStBl III 67, 596.
6 BVerfG BStBl II 72, 325 (327 f).
7 BFH BStBl II 91, 690.
8 *Tipke/Lang*[18] S 378.
9 BFH BStBl II 83, 34.
10 *List* BB 97, 17 (21 ff).
11 BVerfGE 20, 40 (42 ff) = BStBl I 66, 694; BFH BStBl II 95, 547.
12 BVerfGE 19, 268 (273 ff) = BStBl I 66, 196 (197 ff).

weil die **Vollstreckung** der Steuerschuld nach §§ 268 ff AO (**Aufteilung** einer Gesamtschuld) auf Antrag grds auf den Betrag **beschränkt** werden kann, der sich bei getrennter Veranlagung ergäbe (§ 270 AO).[1] Obwohl sich die Aufteilung nur auf die Zwangsvollstreckung bezieht, die Steuerschuld also unberührt lässt, hindert sie auch andere Formen der Verwirklichung der Gesamtschuld. So ist eine Aufrechnung gegenüber einem Ehegatten nach einer Aufteilung der Steuergesamtschuld nur zulässig, soweit auf ihn noch ein Steuerrückstand entfällt.[2] Die Aufteilung erstreckt sich nur auf noch ausstehende Steuerforderungen; der Aufteilungsantrag kann nicht mehr gestellt werden, wenn die Steuerschuld bereits getilgt ist.[3] Die bloße Befugnis, eine Aufteilung zu verlangen, begründet keine Einrede.[4]

VI. Erstattungsansprüche. Etwaige (pfändbare[5]) Steuererstattungsansprüche stehen jedem Ehegatten **anteilig nach dem Verhältnis der auf ihn entfallenden Zahlungen** zu.[6] Maßgeblich soll nach ständiger Rspr sein, wessen Steuerschuld mit der Zahlung getilgt werden sollte, nicht wer tatsächlich gezahlt hat.[7] Bei **intakten Ehen** wird der Erstattungsbetrag **im Zweifel hälftig** aufgeteilt.[8] Steuerabzüge (zB LSt) sind idR dem Partner zuzuordnen, bei dem sie einbehalten wurden.[9] In wessen Pers die zum Erstattungsanspruch führenden Umstände eingetreten sind, bleibt unberücksichtigt.[10] Die Ehegatten sind insoweit keine Gesamtgläubiger (§ 428 BGB); jeder kann nur seinen Anteil verlangen. Umgekehrt kann sich der Staat aber durch Leistung an einen Ehegatten mit Wirkung auch dem anderen gegenüber befreien (§ 36 IV 3). Allerdings darf das FA nicht ungeprüft an einen der Ehegatten zahlen, wenn diese inzwischen geschieden sind oder ein Ehegatte der Zahlung an den anderen widerspricht.[11] Dasselbe wird angenommen, wenn die Eheleute mittlerweile erkennbar dauernd getrennt leben.[12] Eine Einschränkung wird auch bei der Aufrechnung gemacht.[13] Gem § 276 VI AO können sich auch im Aufteilungsverfahren Erstattungsansprüche ergeben.

VII. Verfahren. Gem § 25 III 2 haben Ehegatten, wenn sie eine Zusammenveranlagung wünschen, in den Fällen von § 56 1 Nr 1, 2 EStDV (beruhend auf § 51 I Nr 1a, 2. Fall) (s insbes § 46 II Nr 3a) eine gemeinsame, von beiden Partnern eigenhändig unterschriebene (§ 25 III 5) Einkommensteuererklärung einzureichen, in der sie sich über die Wahl der Veranlagungsart erklären können. Da sie anschließend gemeinsam wie ein StPfl behandelt werden wollen, müssen sie bereits bei der Abgabe ihrer Erklärung zusammenwirken.[14] Grds muss gegen jeden Ehegatten ein Steuerbescheid ergehen; jedoch können beide Bescheide nach **§ 155 III AO** zusammengefasst und gem **§ 122 VII AO** (Übermittlung einer an eine gemeinsame Anschrift adressierten Ausfertigung) bekannt gegeben werden (Ausnahme: § 122 VII 2 AO).[15] Der Bekanntgabezeitpunkt richtet sich idR nach § 122 II AO. Erzielen die Ehegatten gemeinsame Einkünfte (zB als MU'er) bedarf es grds zusätzlich deren gesonderter und einheitlicher Feststellung (§ 180 AO). Werden nachträglich neue Tatsachen oder Beweismittel iSv § 173 I AO bekannt, die nur einen Ehegatten betreffen, soll der Steuerbescheid auch gegenüber dem anderen Partner geändert werden können.[16] Dabei muss sich im Fall des § 173 I Nr 2 AO jeder Ehegatte das Verschulden des anderen zurechnen lassen.[17] Verspätungszuschläge können auch dann gegen beide Eheleute festgesetzt werden, wenn nur einer von ihnen Einkünfte erzielt hat.[18] Die Frage einer Festsetzungsverjährung wird dagegen für jeden Ehegatten gesondert geprüft.[19]

VIII. Rechtsschutz. Auch bei Zusammenveranlagung kann **jeder Ehegatte** den ihn betr Steuerbescheid **isoliert** angreifen. Die Voraussetzungen des jeweiligen Rechtsbehelfs (§§ 347 ff AO; 40 ff FGO) müssen in seiner Pers vorliegen. Die gesonderte Feststellung nach § 180 I Nr 2a AO kann nur der Ehegatte anfechten, dem die Einkünfte zuzurechnen sind.[20] Eine Klage in Vertretung des ande-

---

1 BVerfGE 12, 151 (173 ff) = BStBl I 61, 55 (61 f); vgl BFH BStBl II 02, 214 (215 ff). § 278 II AO ist dabei analog § 11 AnfG einzuschränken; BFH BStBl II 06, 738.
2 BFH BStBl II 88, 406.
3 BFH BStBl II 91, 493 (494).
4 BFH BStBl II 91, 493 (495 f).
5 BFH/NV 92, 145.
6 BFH BStBl II 95, 492 (493 ff); stRspr.
7 BFH BStBl II 90, 41; BStBl II 95, 492 (493 f); BStBl II 06, 453; aA *Paus* FR 98, 143 (144).
8 BFH BStBl II 90, 41 (42); BStBl II 06, 453.
9 BFH BStBl II 90, 520 (522 f); BStBl II 91, 47.
10 BFH BStBl II 83, 162 (164); BStBl II 91, 47 (48).
11 BFH BStBl II 90, 719 (720); BStBl II 91, 442 (443).
12 *Paus* FR 98, 143.
13 BFH BStBl II 83, 162.
14 BFH BStBl II 87, 540 (541).
15 Einzelheiten in BMF BStBl I 86, 458; *Dißars* StB 97, 340 (341 f); *Heinke* DStZ 00, 95; zur Bekanntgabe an eine Erbengemeinschaft BFH BStBl II 06, 287.
16 BFH BStBl II 69, 273; vgl BFH BStBl II 07, 220.
17 BFH BStBl II 97, 115 (116); vgl BFH BStBl II 07, 220.
18 BFH BStBl II 01, 60 (64).
19 BFH BStBl II 07, 220.
20 BFH/NV 89, 354.

ren Ehegatten muss deutlich zum Ausdruck gebracht werden und bedarf einer (notfalls nachzureichenden) schriftlichen Prozessvollmacht (§ 62 III FGO). Nach ständiger Rspr des BFH ist der jeweils andere Ehegatte **nicht notwendig** hinzuzuziehen (§ 360 III AO) oder **beizuladen** (§ 60 III FGO).[1] Die (vom BFH gebilligte) Konsequenz dessen sind unterschiedliche Steuerfestsetzungen für beide Ehegatten. Dies widerspricht der gesetzlichen Entscheidung, die Eheleute wie einen StPfl zu behandeln (Einheit des Einkommens), und ist deshalb fragwürdig.[2]

50 **IX. Steuerhinterziehung.** Auch wenn die Eheleute nur eine, von beiden unterzeichnete Steuererklärung abgeben, begründet ein steuerstrafrechtliches Fehlverhalten eines Ehegatten grds noch keine Strafbarkeit des anderen Partners. Insbesondere ist der Ehegatte, der die Angaben des anderen in Kenntnis deren Unrichtigkeit mitunterschreibt, regelmäßig kein Täter einer Steuerhinterziehung (§ 370 AO).[3] Angesichts des weiten strafrechtlichen Vorsatzbegriffes (dolus eventualis) träte ansonsten eine übermäßige, allein durch die Veranlagungsart begründete Mitverantwortung des einen Ehegatten für das Handeln des anderen ein, die das Schuldprinzip überfordern würde. Der Zusammenveranlagung wählende Ehegatte stünde sich zudem erheblich schlechter als der getrennt zu veranlagende Ehegatte oder als ein Lediger. Dies wäre weder mit dem Gleichheitssatz noch mit Art 6 I GG vereinbar. Jeder Ehegatte ist **strafrechtlich** also **nur für jenen Teil der gemeinsamen Erklärung verantwortlich,** der *eigene oder gemeinsame Positionen* betrifft. Erst wenn ein Ehegatte über die bloße Unterschrift hinausgehende Tatbeiträge leistet, etwa indem er den Partner aktiv bei dessen Falschangaben unterstützt, kommt eine eigene Strafbarkeit (idR Teilnahme) in Betracht.[4] Andere Maßstäbe können im Verfahrensrecht gelten, das keine Sanktionen aussprechen will, sondern auf eine einheitliche Bescheidung beider Ehegatten bedacht sein muss und darf. Demgemäß soll die Sperrwirkung des § 173 II AO entfallen, wenn nur einer der Ehegatten (oder ein Dritter) eine Steuerhinterziehung begangen hat.[5] Indessen soll sich die Festsetzungsverjährung gem § 169 II 2 AO bei einer Steuerstraf- tat nur eines Ehegatten nur für diesen verlängern.[6] Auch trifft den anderen Ehegatten keine Haftung nach § 71 AO.[7]

C. Vorzüge der Zusammenveranlagung

60 Der Hauptvorteil der Zusammenveranlagung liegt in der Anwendung des **Splittingtarifs** (§ 32a V). Regelmäßig, insbes solange sich ein Elternteil der Betreuung der Kinder widmet, ist die Zusammenveranlagung aus diesem Grunde vorzuziehen, da sie unterschiedliche Einkommenshöhen einebnet und so hilft, beide Grundfreibeträge sowie die unteren Progressionsstufen bestmöglich auszunutzen. Dieser Vorteil verflüchtigt sich, je weiter sich die Höhe der von beiden Ehegatten erzielten Einkünfte annähert.

62 Des Weiteren verdoppeln sich gewisse Frei-, Höchst- oder Pauschbeträge (wie etwa der Sparerfreibetrag oder der Pauschbetrag für WK bei Kapitaleinkünften), die auch dann voll ausgenutzt werden können, wenn die entspr Positionen nur in der Pers eines Ehegatten entstanden sind. Bei getrennter Veranlagung könnten sie idR nicht „übertragen" werden. Bei Pauschbeträgen kann diese Verdoppelung jedoch auch mit (an sich eheneutralen) Nachteilen verbunden sein (s Rn 8).

§ 26c Besondere Veranlagung für den Veranlagungszeitraum der Eheschließung

(1) [1]Bei besonderer Veranlagung für den Veranlagungszeitraum der Eheschließung werden Ehegatten so behandelt, als ob sie diese Ehe nicht geschlossen hätten. [2]§ 12 Nr. 2 bleibt unberührt. [3]§ 26a Abs. 1 gilt sinngemäß.

(2) Bei der besonderen Veranlagung ist das Verfahren nach § 32a Abs. 5 anzuwenden, wenn der zu veranlagende Ehegatte zu Beginn des Veranlagungszeitraums verwitwet war und bei ihm die Voraussetzungen des § 32a Abs. 6 Nr. 1 vorgelegen hatten.

---

1 BFH BStBl II 77, 321 (322); BStBl 77, 870 (871 f); BStBl II 84, 196 (197); vgl aber § 26 Rn 91 zur Wahl der Veranlagungsart.
2 Vgl auch BFH/NV 04, 527: kein Teilurteil möglich.
3 Zust BFH BStBl II 02, 501 (502); *Burkhard* DStZ 98, 829 (831 ff); **aA** *Reichle* wistra 98, 91; *Rolletschke* DStZ 99, 216.
4 BFH BStBl II 02, 501 (502 f).
5 Vgl BFH BStBl II 95, 293 (296).
6 Vgl BStBl III 57, 231; FG D'dorf EFG 89, 209; *Gonnella/Mikic* DStR 99, 528 (529); **aA** *T/K* § 169 AO Rn 23 (nur Exkulpationsmöglichkeit nach S 3).
7 BFH BStBl II 02, 501.

§ 26c Besondere Veranlagung für den Veranlagungszeitraum der Eheschließung

Literatur: *Kübler* Kombination der besonderen Veranlagung nach § 26c EStG und des Gnadensplittings nach § 32a Abs 6 S 1 Nr 1 EStG, DStZ 92, 400; *Ramisch* Ungewollte Regelungslücken in § 26c EStG?, DB 92, 1059; *Ross* Besondere Veranlagung für das Jahr der Eheschließung (§ 26c EStG) und die einkommensteuerrechtlichen Ehegatten-Sonderregelungen, DStZ 92, 239.

A. Grundaussagen der Vorschrift

Durch die Eheschließung werden die Regelungen für Alleinstehende regelmäßig unanwendbar. Damit entfallen auch etwaige Vorteile Lediger, zu denen in erster Linie das Verwitwetensplitting gem § 32a VI Nr 1 sowie bis VZ 03 der Haushaltsfreibetrag Alleinerziehender nach § 32 VII, ab VZ 04 der Entlastungsbetrag nach § 24b zählen. Da die Ehegatten-Veranlagung den Wegfall dieser Vorzüge nicht stets ausgleichen kann, gestattet der verfassungskonforme[1] § 26c den Eheleuten, zur **Vermeidung von Härten** (die Heirat kann Steuernachzahlungen bedingen) ausnahmsweise eine auf den VZ der Eheschließung beschränkte besondere Veranlagung zu wählen. § 26c I 1 stellt die Ehegatten zu diesem Zwecke grds so, als hätten sie die Ehe niemals geschlossen. Ein solcher Verweis auf die Vorschriften für Unverheiratete kommt nur in Betracht, sofern die Voraussetzungen der Ehegatten-Veranlagung, also des § 26 I 1, vorliegen; iÜ gelten sie ohnehin. Die steuerrechtliche Unbeachtlichkeit dieser Ehe bedeutet nicht, dass das Wahlrecht nach § 26 I 1 für eine im Jahr der Eheschließung geschiedene (anders bei Tod des damaligen Partners) frühere Ehe ausgeübt werden dürfte; s § 26 Rn 40 ff. 1

B. Einzelheiten

I. Materielles Einkommensteuerrecht. § 26c stellt die Eheleute **wie Unverheiratete**; damit sind grds alle einkommensteuerrechtlichen Vorschriften unanwendbar, die an das Tatbestandsmerkmal Ehe anknüpfen.[1] Folglich sind die von den Ehegatten jeweils erzielten Einkünfte, ihre SA und ag Belastungen individuell zu ermitteln. Etwaige Frei-, Pausch- oder Höchstbeträge sind nicht zu verdoppeln; gemeinsame Einkünfte wie Aufwendungen sind aufzuteilen. § 26c I 3 verweist deklaratorisch auf § 26a I; § 26a II gilt nicht. Auch wenn § 26c das Vorliegen einer Ehe grds leugnet, dürfen Zuwendungen an den anderen Ehegatten sowie an eine diesem gegenüber unterhaltsberechtigte Pers nicht weiter gehend abgezogen werden als bei anderen Ehepaaren (§ 26c I 2 iVm § 12 Nr 2). Der Abzug von Unterhaltsaufwendungen an den Ehegatten nach § 33a I ist ebenso unzulässig wie bei §§ 26a, b.[2] Mit Ausnahme der Fälle des § 32a VI Nr 1 sind beide Ehegatten nach dem **Grundtarif** (§ 32a I) zu besteuern. 2

Im Falle der besonderen Veranlagung kann das **Verwitwetensplitting (§ 32a VI Nr 1)** (s § 26 Rn 48) gem § 26c II auch im Jahr der Eheschließung Anwendung finden.[3] Dies kann insbes dann vorteilhaft sein, wenn der verstorbene Ehegatte des (über eigene Einkünfte verfügenden) StPfl keine, sein neuer Lebenspartner hingegen nennenswerte Einkünfte erzielt hat. 4

Ledige Alleinerziehende erhielten bis einschließlich VZ 03 (sofern sie kein Verwitwetensplitting nutzten) gem **§ 32 VII** zusätzlich zum Kinderfreibetrag einen **Haushaltsfreibetrag**. Da § 26c Eheleute wie Unverheiratete stellt, verblieb ihnen dieser Vorzug bei besonderer Veranlagung auch im VZ der Eheschließung. Zur Einschränkung nach § 26c III aF s 4. Aufl. 6

Gem **§ 24b** erhalten **Alleinerziehende** ab VZ 04 einen (in der Konsequenz der Rspr des BVerfG zu § 32 VII an sich auch Verheirateten zu gewährenden) **Entlastungsbetrag**, sofern sie „nicht die Voraussetzungen für die Anwendung des Splitting-Verfahrens erfüllen" (§ 24b II). Da § 26c genau diese Voraussetzung fingiert, greift die Norm (vom Gesetzgeber vermutlich nicht bedacht) auch in diesem Fall, ggf allerdings nur monatsweise. 7

II. Verfahren. Gem § 25 III 3, 4 hat jeder Ehegatte eine eigene Steuererklärung abzugeben und diese eigenhändig zu unterschreiben. Es ergehen 2 Steuerbescheide, so als wären die StPfl nicht verheiratet. 8

---

1 BFH BStBl II 94, 26 (27).
2 BFH BStBl II 89, 164 (168) – zu §§ 26a, b; *Blümich* § 26c Rn 47; **aA** *Ramisch* DB 92, 1059.
3 Näheres bei *Kübler* DStZ 92, 400.

C. Vorzüge der besonderen Veranlagung

10 Neben der Anwendbarkeit von Verwitwetensplitting oder Entlastungsbetrag bietet die besondere Veranlagung verglichen mit der Zusammenveranlagung grds die gleichen Vorteile wie die getrennte Veranlagung (s § 26a). Im Einzelnen bleibt für jede einkommensteuerrechtliche Vorschrift gesondert zu prüfen, welche Folgen sich daraus ergeben, dass die Eheleute (anders als bei § 26a) gänzlich wie Unverheiratete gestellt werden.[1] Die besondere Veranlagung kommt insbes in Betracht, wenn beide Ehegatten ungefähr gleich hohe Einkünfte erzielen, so dass kein Splittingvorteil bestünde. Allerdings entfällt die Möglichkeit der abw Verteilung von SA und ag Belastungen nach § 26a II.

§ 27
(weggefallen)

§ 28 Besteuerung bei fortgesetzter Gütergemeinschaft

Bei fortgesetzter Gütergemeinschaft gelten Einkünfte, die in das Gesamtgut fallen, als Einkünfte des überlebenden Ehegatten, wenn dieser unbeschränkt steuerpflichtig ist.

A. Die fortgesetzte Gütergemeinschaft nach §§ 1483 ff BGB

1 Die Ehegatten können in einem Ehevertrag vereinbaren, dass die Gütergemeinschaft (§§ 1415 ff BGB) nach dem Ableben eines Ehegatten zw dem anderen Partner und den gemeinsamen Abkömmlingen, die bei gesetzlicher Erbfolge als Erben berufen sind, fortgesetzt wird, § 1483 I BGB. Der nun den Abkömmlingen zustehende Anteil des verstorbenen Ehegatten am Gesamtgut fällt grds nicht in die Erbmasse; das Gesamtgut bleibt gesamthänderisch gebunden. Damit stehen auch künftige **Erträge** aus dem Gesamtgut der **Gesamthandsgemeinschaft** zu; eine Ausschüttung ist nicht vorgesehen. Der **überlebende Ehegatte** hat das **alleinige Verwaltungsrecht** (§ 1487 I).

B. Steuerrechtliche Folgen der fortgesetzten Gütergemeinschaft

2 Der zivilrechtliche Eintritt der gemeinsamen Abkömmlinge in die Gütergemeinschaft wird erbschaftsteuerrechtlich einem Erwerb von Todes wegen gleichgestellt (§ 4 I ErbStG). Einkommensteuerrechtlich behandelt jedoch § 28 die **dem Gesamtgut zuzuordnenden Einkünfte** abweichend vom Zivilrecht ausschließlich als solche **des überlebenden Ehegatten**, sofern dieser unbeschränkt stpfl ist (ansonsten sind die Einkünfte anteilig zuzurechnen). Die verfassungskonforme,[2] aber systemwidrig im Abschnitt über die Veranlagung (die §§ 25–26c bleiben unberührt) angesiedelte Vorschrift modifiziert damit das Leistungsfähigkeitsprinzip. Hintergrund dessen ist neben der strikten gesamthänderischen Bindung der Erträge in erster Linie das alleinige Verwaltungsrecht des überlebenden Ehegatten, das seine **wirtschaftlich dominierende Stellung** innerhalb der Gemeinschaft begründet.[3] Deshalb soll § 28 unanwendbar sein, falls die Gütergemeinschaft tatsächlich nicht durchgeführt wird, insbes wenn die Gemeinschafter das Alleinverwaltungsrecht im Innenverhältnis abbedungen haben.[4]

3 § 28 erfasst die **laufenden Einkünfte** aus der fortgesetzten Gütergemeinschaft. Der bei der Auseinandersetzung anfallende Gewinn ist nicht mehr dem überlebenden Ehegatten, sondern allen an der Gütergemeinschaft Beteiligten anteilig zuzurechnen.[3] Gehört ein BV zum Gesamtgut, sind die **Abkömmlinge keine MU'er**.[5] Dennoch soll die Übertragung eines WG an einen von ihnen keine Entnahme sein, da das WG steuerverstrickt bleibt (folglich müsste er nun zum MU'er geworden sein).[6]

§§ 29 und 30
(weggefallen)

---

1 Einzelheiten bei *Ramisch* DB 92, 1059; *Ross* DStZ 92, 239.
2 BFH BStBl II 73, 638; vgl auch BVerfGE 30, 59 (63 ff) = BStBl II 71, 381 (382 ff) – zu § 76 BewG 34.
3 BFH BStBl II 93, 430 (432).
4 RFH RStBl 37, 96.
5 BFH BStBl II 75, 437 (438).
6 BFH BStBl III 66, 505 (506).

IV. Tarif
§ 31 Familienleistungsausgleich

¹Die steuerliche Freistellung eines Einkommensbetrags in Höhe des Existenzminimums eines Kindes einschließlich der Bedarfe für Betreuung und Erziehung oder Ausbildung wird im gesamten Veranlagungszeitraum entweder durch die Freibeträge nach § 32 Abs. 6 oder durch Kindergeld nach Abschnitt X bewirkt. ²Soweit das Kindergeld dafür nicht erforderlich ist, dient es der Förderung der Familie. ³Im laufenden Kalenderjahr wird Kindergeld als Steuervergütung monatlich gezahlt. ⁴Bewirkt der Anspruch auf Kindergeld für den gesamten Veranlagungszeitraum die nach Satz 1 gebotene steuerliche Freistellung nicht vollständig und werden deshalb bei der Veranlagung zur Einkommensteuer die Freibeträge nach § 32 Abs. 6 vom Einkommen abgezogen, erhöht sich die unter Abzug dieser Freibeträge ermittelte tarifliche Einkommensteuer um den Anspruch auf Kindergeld für den gesamten Veranlagungszeitraum; bei nicht zusammenveranlagten Eltern wird der Kindergeldanspruch im Umfang des Kinderfreibetrags angesetzt. ⁵Satz 4 gilt entsprechend für mit dem Kindergeld vergleichbare Leistungen nach § 65. ⁶Besteht nach ausländischem Recht Anspruch auf Leistungen für Kinder, wird dieser insoweit nicht berücksichtigt, als er das inländische Kindergeld übersteigt.

R 31/H 31 EStR; BMF BStBl I 98, 347

Übersicht

	Rn		Rn
A. Grundaussagen der Vorschrift	1	3. Auseinanderfallen von Kindergeld und Freibeträgen	6
B. Einzelheiten des Familienleistungsausgleichs	3	III. Vergleichsrechnung	8
I. Anwendungsbereich	3	IV. Verrechnung des Kindergeldanspruchs	10
II. Kindergeld und Freibeträge iSv § 31	4	C. Verfahrensfragen	12
1. Kindergeld	4	D. Verhältnis zu anderen Bestimmungen	13
2. Freibeträge	5		

Literatur zu §§ 31, 32: *Binger* Änderungen der Einkommensteuer durch das Zweite Gesetz zur Familienförderung, NWB Fach 3b, 5459; *Felix* Das zweite Gesetz zur Familienförderung, NJW 01, 3073; *Glanegger* Der Kinderbetreuungs- und Kindererziehungsbedarf nach dem Beschluss des Bundesverfassungsgerichts vom 10.11.1998, DStR 99, 227; *Heuermann* Kinderfreibeträge in der Neustrukturierung des Familienleistungsausgleichs, DStR 00, 1546; *Höck* Der Familienleistungsausgleich gem § 31 EStG, StWa 03, 79; *Horlemann* Das Kindesexistenzminimum nach den Entscheidungen des Bundesverfassungsgerichts vom 10.11.1998, DStR 99, 397; *Kanzler* Grundfragen der Familienbesteuerung, FamRZ 04, 70; *Kirchhof, P* Ehe- und familiengerechte Gestaltung der Einkommensteuer, NJW 00, 2792; *Paus* Das zweite Gesetz zur Familienförderung, StW 01, 235; *Schneider* Die steuerliche Berücksichtigung von Kindern durch das Zweite Gesetz zur Familienförderung ab 2002, DStR 02, 64; *Schöberle* Kinderleistungsausgleich im Schnittpunkt steuerrechtlicher Erfordernisse und sozialpolitischer Aspekte, DStZ 99, 693; *Schön* Die Kinderbetreuung, das Bundesverfassungsgericht und der Entwurf eines Gesetzes zur Familienförderung, DStR 99, 1677; *Seer/Wendt* Die Familienbesteuerung nach dem sogenannten „Gesetz zur Familienförderung" vom 22.12.1999, NJW 00, 1904; *dies.* Kindergeld/Kinderfreibetrag und wirtschaftliche Leistungsfähigkeit des Kindes, NJW 06, 1.

A. Grundaussagen der Vorschrift

§ 31 ist die **Grundnorm des Familienleistungsausgleichs.** Die Vorschrift **verklammert zwei eigenständige Teilsysteme** zur Berücksichtigung finanzieller Belastungen durch Kinder.[1] Zum einen fordert das Grundgesetz, kinderbedingte Minderungen der Leistungsfähigkeit (ungeachtet der Einkommenshöhe) von der ESt freizustellen.[2] Zum anderen sollen ökonomisch schlechter gestellte Familien durch das (an sich sozialrechtliche) Kindergeld gefördert werden, soweit eine einkommensteuerrechtliche Entlastung mangels Einkommen nicht wirken kann. § 31 führt beide Normenkomplexe – 1

---

1 Daneben kennt das EStG noch weitere, nicht systematisch abgestimmte Fälle der Berücksichtigung von Kindern, zB §§ 4f, 24b, 33a II.

2 Grundlegend BVerfGE 99, 216 (231 ff) = BStBl II 99, 182 (187 ff).

grds verfassungskonform,¹ aber im Detail nicht hinreichend abgestimmt² – zusammen, indem er technisch eine Alternativität von Kinderfreibeträgen und Kindergeld anordnet, materiell einen gleitenden Übergang ihrer Wirkungen bezweckt. Vereinfacht gilt: Hat das Kindergeld mindestens die gleiche Wirkung wie die gesetzlichen Freibeträge, verdrängt es den Abzug von der einkommensteuerrechtlichen Bemessungsgrundlage; wirkt es sogar günstiger, gilt der überschießende Anteil als Sozialleistung. Genügt das Kindergeld hingegen nicht, um die Minderung der Leistungsfähigkeit zu berücksichtigen, wird es gänzlich rückabgewickelt und durch eine Freibetragslösung ersetzt. § 31 steht so an der Grenz- und Verbindungslinie von eingreifendem Steuer- und austeilendem Sozialstaat.

2 Technischer Ausgangspunkt ist das von den Familienkassen einkommensunabhängig zu leistende **Kindergeld**, (systemwidrig) geregelt im X. Abschn (§§ 62 ff), das stets an nur einen Berechtigten ausgezahlt wird (§ 64 I). § 31 überführt es in eine alternative Verknüpfung von Kindergeld und Kinderfreibeträgen (S 1: „oder") und weist ihm dabei eine materielle Doppelnatur zu: Teils bleibt das Kindergeld Sozialleistung (S 2), teils wird es umgewidmet zur Steuervergütung, dh zur Vorausleistung auf die einkommensteuerrechtliche Entlastung (S 3). Letztere muss von Verfassungs wegen sowohl den sächlichen Kindesbedarf (mindestens in Höhe des sozialrechtlichen Existenzminimums³) als auch den Betreuungs- und Erziehungsbedarf von der Bemessungsgrundlage freistellen.⁴ Der dem einkommensteuerrechtlichen Binnensystem zugehörige § 32 VI gewährt daher pro Elternteil und Kind je zwei verschiedene Freibeträge, einen **Kinderfreibetrag** für das sächliche Existenzminimum und einen **Freibetrag für den Betreuungs- und Erziehungs- oder Ausbildungsbedarf** des Kindes, die materiell jeweils den halben Bedarf typisieren (sog Halbteilungsgrundsatz). Bei Zusammenveranlagung (§ 26b) der Eltern werden sie verdoppelt (§ 32 VI 2); iÜ stehen sie grds jedem Elternteil zu. Da Kindergeld und Freibeträge sich ausschließen, also für ein Kind nicht gleichzeitig genutzt werden können, wird nach Ablauf des Kj im Rahmen der ESt-Veranlagung **von Amts wegen geprüft**,⁵ welche Regelung für den StPfl **günstiger** ist. (1) Sind die Freibeträge günstiger, hat das Kindergeld die gebotene Freistellung nicht (vollständig) bewirken können. Die Freibeträge werden dann vom Einkommen abgezogen (§ 2 V). Zum Ausgleich ist die hiernach ermittelte tarifliche ESt um einen dem Kindergeldanspruch entspr Betrag zu erhöhen (§ 31 S 4 HS 1; § 2 VI 3). Bei zusammenveranlagten Eltern decken sich Erhöhungsbetrag und Kindergeldanspruch regelmäßig. Bei nicht zusammenveranlagten Eltern, die idR beide einen eigenen (materiell halbierten) Freibetrag nutzen, wird der Kindergeldanspruch jeweils „im Umfang des Kinderfreibetrags", dh im Verhältnis ihres Anteils an der Summe beider Kinderfreibeträge, angerechnet (§ 31 S 4 HS 2), also iE zumeist je zur Hälfte, obwohl das Kindergeld nur einem Berechtigten gezahlt wird. (2) Ist das Kindergeld günstiger oder führen beide Regelungen zum gleichen Ergebnis, verbleibt es beim Kindergeld. Es werden keine Freibeträge abgezogen. Das Kindergeld dient dann anteilig der Freistellung von sächlichem Bedarf, Betreuungs- und Erziehungsbedarf; iÜ handelt es sich um eine Sozialleistung. Besteht überhaupt kein Anspr auf Kindergeld, sind die Freibeträge ohne Günstigerprüfung abzuziehen.

B. Einzelheiten des Familienleistungsausgleichs

3 **I. Anwendungsbereich.** § 31 gilt für **unbeschränkt StPfl** (§ 1 I–III). Bei Wechsel der persönlichen StPfl wird für den VZ des Wechsels eine Veranlagung zur unbeschränkten StPfl durchgeführt (§ 2 VII 3), bei der auch § 31 Anwendung findet.⁶

4 **II. Kindergeld und Freibeträge iSv § 31. – 1. Kindergeld.** § 31 erfasst das im X. Abschn geregelte Kindergeld und vergleichbare Leistungen iSv § 65 I (Kindergeld nach zwischenstaatlichen Abkommen sowie andere Leistungen iSv § 65 I 1, dazu § 65 Rn 2 ff).⁷ Nicht einbezogen wird Kindergeld nach dem BKGG. Maßgeblich ist nicht das tatsächlich gezahlte Kindergeld, sondern das Bestehen eines Anspr auf Kindergeld.⁸ Auch wenn von einem Antrag auf Kindergeld abgesehen wird, sind

---

1 So konkludent BVerfGE 110, 412 (431 ff); BVerfG NJW 05, 1923 (1924 ff); BFH BStBl II 06, 291.
2 BVerfGE 108, 52 (75): Die das Kindergeld betr Regelungen genügen in ihrer sozialrechtlichen, steuerrechtlichen und familienrechtlichen Verflechtung „immer weniger" dem Grundsatz der Normenklarheit (zu § 1612b BGB).
3 Zur Bemessung für 2005 vgl 5. Existenzminimumbericht, BT-Drs 15/2462, 4 f.
4 BVerfGE 99, 216 (231 ff) = BStBl II 99, 182 (187 ff).
5 BMF BStBl I 98, 347 Tz 7.
6 *K/S/M* § 31 Rn A 5.
7 S BMF BStBl I 98, 347 Tz 8 f.
8 Anders bis VZ 03 (gezahltes Kindergeld); hierzu BMF BStBl I 98, 347 Tz 23.

die Freibeträge nach § 32 VI nur nach Günstigerprüfung im Vergleich mit dem Anspr auf Kindergeld abzuziehen.[1] Ein anderes gilt, falls kein Anspr (mehr) besteht; die Feststellungslast hierfür trägt der StPfl.[2]

2. Freibeträge. S § 32. 5

3. Auseinanderfallen von Kindergeld und Freibeträgen. § 31 ist mit seiner vergleichenden Struktur 6
an sich auf Fälle zugeschnitten, in denen beide Formen der Berücksichtigung von Kindern personenidentisch genutzt werden können. Jedoch hat der Gesetzgeber beide **Teilsysteme** des Familienleistungsausgleichs **nur ungenügend aufeinander abgestimmt.** So wird das Kindergeld nur einem Berechtigten gewährt (§ 64 I; nach § 64 II gilt das Obhutsprinzip), wohingegen die Freibeträge nach § 32 VI grds beiden Elternteilen zustehen. Bei zusammenveranlagten Eltern bleibt dies idR folgenlos, da beide gemeinsam als ein StPfl behandelt werden (§ 26b), wodurch Kindergeld und verdoppelte Freibeträge (§ 36 VI 2) zusammengeführt werden. Hingegen fallen beide Berechtigungen bei Einzel- (§ 25), getrennter (§ 26a) oder besonderer (§ 26c) Veranlagung regelmäßig auseinander. Ein anderes gilt, wenn ausnahmsweise ein Elternteil die gesamte Kinderförderung beanspruchen kann, weil der andere Elternteil verstorben oder nicht unbeschränkt estpfl[3] ist oder wenn ein StPfl das Kind alleine angenommen hat oder nur zu ihm ein Pflegekindschaftsverhältnis besteht (§ 32 VI 3).[4] Gleiches gilt, sofern die Freibeträge ausnahmsweise insgesamt auf den Kindergeldberechtigten übertragen worden sind (§ 32 VI 6, 7). Soweit Kindergeld und Freibeträge iÜ personenverschieden zugeordnet sind, soll dies (vor dem Hintergrund mitgedachter, aber nicht notwendig vorausgesetzter familienrechtlicher Ausgleichsansprüche[5]) bei Günstigerprüfung und Verrechnung (s sogleich) durch § 31 S 4 HS 2 berücksichtigt werden, ohne dass das Gesetz hierdurch stets der individuellen Leistungsfähigkeit gerecht werden könnte.

Ferner können Kindergeld und Freibeträge nach § 32 VI dadurch auseinanderfallen, dass ihre 7
Voraussetzungen nicht vollständig deckungsgleich sind. Dabei ist zu beachten, dass die Voraussetzungen von Kindergeld und Freibeträgen sowohl in der Person des StPfl als auch für das Kind gegeben sein müssen. Beispiele: Nur Kindergeld ohne Freibeträge kann einem StPfl für ein Kind zustehen, soweit gem § 63 I für das Kindergeld auch Stief- und Enkelkinder berücksichtigt werden, nach § 32 I für die Freibeträge nach § 32 VI aber nicht (sofern die Freibeträge nicht nach § 32 VI 7 übertragen werden). Gleiches gilt, wenn bei einem gemeinsamen Haushalt von Eltern, einem Elternteil und dessen Ehegatten, Pflegeeltern oder Großeltern iSv § 64 II ein Kindergeldberechtigter bestimmt wird, der keine Freibeträge erhält. Umgekehrt kommen Freibeträge ohne Kindergeld bei beschränkt stpfl Kindern in Betracht, die nicht EU- oder EWR-Kinder sind und auch nicht im Haushalt eines erweitert unbeschränkt StPfl leben, für die zudem kein Vertragskindergeld gezahlt wird (vgl § 32 VI 4; § 63 I 3).[6] Jeweils sind, weil § 31 S 4 nicht voraussetzt, dass das Kindergeld gerade dem Freibetragsberechtigten zusteht, auch in solchen Fällen eine Günstigerprüfung und eine anschließende Verrechnung des Anspr auf Kindergeld möglich.[7]

III. Vergleichsrechnung. Maßstab der Prüfung, ob die gebotene steuerliche Freistellung voll durch 8
das zu verrechnende Kindergeld bewirkt wird, ist die durch die beiden Freibeträge nach § 32 VI erreichbare Steuerminderung. Beginnend mit dem ältesten Kind ist **für jedes Kind** eine eigene Vergleichsrechnung durchzuführen.[8] Zu vergleichen ist die Differenz zwischen der ESt auf das zu versteuernde Einkommen ohne Freibeträge und der ESt auf das zu versteuernde Einkommen abzüglich der Freibeträge einerseits mit dem Anspr auf Kindergeld andererseits.[9] Freibeträge und Kindergeld sind dabei für den gesamten VZ einheitlich zu betrachten.[10] Dies ist insbes dann von Bedeutung, wenn sich die Anspr auf Kindergeld und Freibeträge innerhalb eines VZ zeitlich unterschiedlich entwickeln (vgl soeben zum Auseinanderfallen). Für das zweite Kind geht die Vergleichsrechnung ggf

---

1 Vgl *K/S/M* § 31 Rn B 7.
2 *K/S/M* § 31 Rn A 65.
3 Vgl BFH BStBl II 02, 867.
4 *K/S/M* § 31 Rn B 5.
5 Bis VZ 03 war dem anderen Elternteil gezahltes Kindergeld dann zu verrechnen, wenn es dem StPfl im Wege eines zivilrechtlichen Ausgleichs zustand (§ 31 S 6 aF); s 3. Aufl sowie BFH BStBl II 05, 332.
6 *K/S/M* § 31 Rn B 9.
7 Vgl BFH BStBl II 02, 867 (868); BFH/NV 03, 1306 (1307) – Identität nur des Kindes erforderlich.
8 Hierzu BMF BStBl 98, 347 Tz 7; *K/S/M* § 31 Rn B 28 ff.
9 Im VZ 02 (letztmalige Erhöhung von Freibeträgen und Kindergeld) waren die kombinierten Freibeträge ab einem Grenzsteuersatz von etwa 31,2 vH günstiger, wovon ungefähr 25 % der StPfl betroffen waren; *Kanzler* FR 01, 921 (930).
10 Die Neuformulierung von § 31 S 4 EStG 07 sollte dies klarstellend verdeutlichen; BR-Drs 622/06, 87. Ebenso zuvor BMF BStBl I 03, 385 (ab VZ 00 Jahresprinzip); *Heuermann* FR 00, 248 (252); **aA** zur Rechtslage bis VZ 99 BFH BStBl II 03, 593; BFH/NV 03, 898 (899 f).

vom zu versteuernden Einkommen nach Abzug der Freibeträge für das erste Kind aus (etc). Anspr auf ausländisches Kindergeld (oder vergleichbare Leistungen iSv § 65 I Nr 2) sind bei der Günstigerprüfung anzusetzen, jedoch höchstens in Höhe des deutschen Kindergeldes (§ 31 S 5 und 6).[1]

9 Bei zusammenveranlagten Eltern kann die geschilderte Vergleichsrechnung idR einheitlich durchgeführt werden, weil ihre gemeinsame Behandlung als ein StPfl (§ 26b) Freibetragsberechtigung und Kindergeldanspruch zusammenführt. Hingegen ist die Günstigerprüfung bei **nicht zusammenveranlagten Eltern** jeweils **gesondert** vorzunehmen. Rechnerisch wird dabei der Anspr auf Kindergeld (oder vergleichbare Leistungen) „im Umfang des Kinderfreibetrags" (nicht des Freibetrags für den Betreuungs- und Erziehungs- oder Ausbildungsbedarf) angesetzt (§ 31 S 4 HS 2), dh je nach Anteil an der Summe beider Kinderfreibeträge. Regelmäßig bedeutet dies, weil beiden Eltern die gleichen Kinderfreibeträge (je die Hälfte des Gesamtbedarfs) zustehen, dass bei jedem Elternteil ein Anspr auf das halbe Kindergeld in die Günstigerprüfung eingestellt wird. Dies gilt unabhängig davon, an wen das (ungeteilte) Kindergeld gezahlt wurde. Wird der Kinderfreibetrag nach § 32 VI 6 übertragen, ist das gesamte Kindergeld anzusetzen.[2]

10 **IV. Verrechnung des Kindergeldanspruchs.** Sind die Freibeträge nach § 32 VI anzusetzen, so ist zur Vermeidung einer Doppelberücksichtigung des jeweiligen Kindes die unter Anwendung der Freibeträge ermittelte tarifliche ESt im Umfang des Kindergeldanspruchs (oder des Anspr auf vergleichbare Leistungen) zu erhöhen (§ 31 S 4 HS 1, § 2 VI 3). Ausschlaggebend ist allein der Anspr auf Kindergeld für den Zeitraum, für den der StPfl die Freibeträge erhält. Ob und wann das Kindergeld gezahlt wurde, ist unerheblich (ggf empfiehlt sich ein nachträglicher Antrag auf Kindergeld). Zu verrechnen ist anteilsmäßig, wenn auch die Freibeträge nur halb oder nur für einige Monate anzusetzen sind.[3] Ausländisches Kindergeld (oder vergleichbare Leistungen) ist ebenfalls zu verrechnen, wiederum beschränkt auf die Höhe des inländischen Kindergeldes (§ 31 S 5 und 6).

11 Die (bei zusammenveranlagten Eltern zwangsläufig einheitliche) Verrechnung kann bei **nicht zusammenveranlagten Eltern** auseinanderfallen, sofern die gesonderte Günstigerprüfung zu unterschiedlichen Ergebnissen führt. Soweit jeweils eine Erhöhung der tariflichen ESt vorzunehmen ist, folgt deren Umfang – parallel zur Vergleichsrechnung – § 31 S 4 HS 2. Je nach Anteil am Kinderfreibetrag wird der tariflichen ESt ein dem Anspr auf Kindergeld (oder vergleichbare Leistungen) entspr Betrag hinzugerechnet. Dies gilt nach dem eindeutigen Willen des Gesetzgebers auch für den StPfl, der nicht Empfänger des Kindergeldes ist, sogar dann, wenn er keinen zivilrechtlichen Ausgleichsanspruchs hat. Letzteres hat der BFH für sog Mangelfälle, in denen barunterhaltspflichtigen, aber nur anteilig zahlungsfähigen Elternteilen das Kindergeld als Steuervergütung angerechnet wird, obwohl das Familienrecht ihnen einen Ausgleich verweigert, für verfassungswidrig erachtet und die Frage dem BVerfG vorgelegt.[4]

C. Verfahrensfragen

12 Der Familienleistungsausgleich nach § 31 erfolgt nur in der **ESt-Veranlagung**, ggf nach § 46 II Nr 8. Bei der Berechnung der LSt werden die Freibeträge nach § 32 VI nicht berücksichtigt. Allerdings bleiben sie (nur) für KiSt und SolZ beachtlich (§ 51a II) und werden deshalb auf der LSt-Karte eingetragen (§ 39 III).[5] Auch für Kinder, für die kein Kindergeld gezahlt wird (Auslandskinder), werden Freibeträge eingetragen (§ 39a I Nr 6; s dort). Bei **Vorauszahlungen** sind keine Freibeträge nach § 32 VI abzuziehen (§ 37 III 12). – Eine Steuerfestsetzung beschwert den StPfl auch dann, wenn sie wirtschaftlich durch die Erstattungsfunktion des Kindergeldes (Rn 1f) ausgeglichen wird, die materielle Belastung also entfällt.[6] – Das FA ist bei seiner Entscheidung nach § 31 nicht an die **Entscheidung der Familienkassen** gebunden, hat diese aber zur Vermeidung von Divergenzen zu informieren (§ 21 IV FVG).[7] Wird bei Anwendung von §§ 31, 32 festgestellt, dass die Einkünfte und Bezüge des Kindes den Grenzbetrag des § 32 IV 2 über- oder unterschreiten, wird die Kindergeldfestsetzung nachträglich geändert, § 70 IV. Vgl auch § 70 Rn 1 ff.

---

1 BFH BStBl II 02, 867 (868); BFH/NV 03, 1306 (1307).
2 BFH BStBl II 05, 594.
3 BMF BStBl I 98, 347 Tz 9, 23; *K/S/M* § 31 Rn B 35.
4 BFH/NV 05, 443; vgl auch BFH/NV 05, 856; BFH/NV 05, 1029.
5 Dazu *Nolde* FR 95, 845.
6 BFH BStBl II 06, 291.
7 BMF BStBl I 98, 347 Tz 3.

D. Verhältnis zu anderen Bestimmungen

Die Hinzurechnung des Kindergeldes (§ 31 S 4, § 2 VI 3) knüpft an die tarifliche ESt an und bleibt daher bei Sonderfällen der **Tarifberechnung** (§§ 32b, 34 I, 34b, 34c, 34e–34g, 35) unberücksichtigt.[1] Der Ermittlung von **KiSt** und **SolZ** ist in jedem Fall die ESt oder LSt zugrunde zu legen, die sich nach Abzug der in Betracht kommenden Freibeträge nach § 32 VI ergibt (§ 51a II 1, IIa 1).[2]

§ 32 Kinder, Freibeträge für Kinder

(1) Kinder sind
1. im ersten Grad mit dem Steuerpflichtigen verwandte Kinder,
2. Pflegekinder (Personen, mit denen der Steuerpflichtige durch ein familienähnliches, auf längere Dauer berechnetes Band verbunden ist, sofern er sie nicht zu Erwerbszwecken in seinen Haushalt aufgenommen hat und das Obhuts- und Pflegeverhältnis zu den Eltern nicht mehr besteht).

(2) ¹Besteht bei einem angenommenen Kind das Kindschaftsverhältnis zu den leiblichen Eltern weiter, ist es vorrangig als angenommenes Kind zu berücksichtigen. ²Ist ein im ersten Grad mit dem Steuerpflichtigen verwandtes Kind zugleich ein Pflegekind, ist es vorrangig als Pflegekind zu berücksichtigen.

(3) Ein Kind wird in dem Kalendermonat, in dem es lebend geboren wurde, und in jedem folgenden Kalendermonat, zu dessen Beginn es das 18. Lebensjahr noch nicht vollendet hat, berücksichtigt.

(4) ¹Ein Kind, das das 18. Lebensjahr vollendet hat, wird berücksichtigt, wenn es
1. noch nicht das 21. Lebensjahr vollendet hat, nicht in einem Beschäftigungsverhältnis steht und bei einer Agentur für Arbeit im Inland als Arbeitsuchender gemeldet ist oder
2. noch nicht das 25. Lebensjahr vollendet hat und
   a) für einen Beruf ausgebildet wird oder
   b) sich in einer Übergangszeit von höchstens vier Monaten befindet, die zwischen zwei Ausbildungsabschnitten oder zwischen einem Ausbildungsabschnitt und der Ableistung des gesetzlichen Wehr- oder Zivildienstes, einer vom Wehr- oder Zivildienst befreienden Tätigkeit als Entwicklungshelfer oder als Dienstleistender im Ausland nach § 14b des Zivildienstgesetzes oder der Ableistung eines freiwilligen Dienstes im Sinne des Buchstaben d liegt, oder
   c) eine Berufsausbildung mangels Ausbildungsplatzes nicht beginnen oder fortsetzen kann oder
   d) ein freiwilliges soziales Jahr im Sinne des Gesetzes zur Förderung eines freiwilligen sozialen Jahres, ein freiwilliges ökologisches Jahr im Sinne des Gesetzes zur Förderung eines freiwilligen ökologischen Jahres oder einen Freiwilligendienst im Sinne des Beschlusses Nr. 1031/2000/EG des Europäischen Parlaments und des Rates vom 13. April 2000 zur Einführung des gemeinschaftlichen Aktionsprogramms „Jugend" (ABl. EG Nr. L 117 S. 1) oder einen anderen Dienst im Ausland im Sinne von § 14b des Zivildienstgesetzes leistet oder
3. wegen körperlicher, geistiger oder seelischer Behinderung außerstande ist, sich selbst zu unterhalten; Voraussetzung ist, dass die Behinderung vor Vollendung des 25. Lebensjahres eingetreten ist.

²Nach Satz 1 Nr. 1 und 2 wird ein Kind nur berücksichtigt, wenn es Einkünfte und Bezüge, die zur Bestreitung des Unterhalts oder der Berufsausbildung bestimmt oder geeignet sind, von nicht mehr als 7 680 Euro im Kalenderjahr hat. ³Dieser Betrag ist zu kürzen, soweit es nach den Verhältnissen im Wohnsitzstaat des Kindes notwendig und angemessen ist. ⁴Zu den Bezügen gehören auch steuerfreie Gewinne nach den §§ 14, 16 Abs. 4, § 17 Abs. 3 und § 18 Abs. 3, die nach § 19 Abs. 2 und § 20 Abs. 4 steuerfrei bleibenden Einkünfte sowie Sonderabschreibungen und erhöhte Absetzungen, soweit sie die höchstmöglichen Absetzungen für Abnutzung nach § 7 übersteigen. ⁵Bezüge, die für besondere Ausbildungszwecke bestimmt sind, bleiben hierbei außer Ansatz; Entsprechendes gilt für Einkünfte, soweit sie für solche Zwecke verwendet werden. ⁶Liegen die Voraussetzungen nach Satz 1 Nr. 1 oder 2 nur in einem Teil des Kalendermonats vor, sind Einkünfte und Bezüge nur inso-

---

1 *K/S/M* § 31 Rn A 12.   2 Dazu FinVerw DStR 97, 161; *K/S/M* § 31 Rn A 14.

weit anzusetzen, als sie auf diesen Teil entfallen. [7]Für jeden Kalendermonat, in dem die Voraussetzungen nach Satz 1 Nr. 1 oder 2 an keinem Tag vorliegen, ermäßigt sich der Betrag nach Satz 2 oder 3 um ein Zwölftel. [8]Einkünfte und Bezüge des Kindes, die auf diese Kalendermonate entfallen, bleiben außer Ansatz. [9]Ein Verzicht auf Teile der zustehenden Einkünfte und Bezüge steht der Anwendung der Sätze 2, 3 und 7 nicht entgegen. [10]Nicht auf Euro lautende Beträge sind entsprechend dem für Ende September des Jahres vor dem Veranlagungszeitraum von der Europäischen Zentralbank bekannt gegebenen Referenzkurs umzurechnen.

(5) [1]In den Fällen des Absatzes 4 Satz 1 Nr. 1 oder Nr. 2 Buchstabe a und b wird ein Kind, das
1. den gesetzlichen Grundwehrdienst oder Zivildienst geleistet hat, oder
2. sich an Stelle des gesetzlichen Grundwehrdienstes freiwillig für die Dauer von nicht mehr als drei Jahren zum Wehrdienst verpflichtet hat, oder
3. eine vom gesetzlichen Grundwehrdienst oder Zivildienst befreiende Tätigkeit als Entwicklungshelfer im Sinne des § 1 Abs. 1 des Entwicklungshelfer-Gesetzes ausgeübt hat,

für einen der Dauer dieser Dienste oder der Tätigkeit entsprechenden Zeitraum, höchstens für die Dauer des inländischen gesetzlichen Grundwehrdienstes oder bei anerkannten Kriegsdienstverweigerern für die Dauer des inländischen gesetzlichen Zivildienstes über das 21. oder 25. Lebensjahr hinaus berücksichtigt. [2]Wird der gesetzliche Grundwehrdienst oder Zivildienst in einem Mitgliedstaat der Europäischen Union oder einem Staat, auf den das Abkommen über den Europäischen Wirtschaftsraum Anwendung findet, geleistet, so ist die Dauer dieses Dienstes maßgebend. [3]Absatz 4 Satz 2 bis 10 gilt entsprechend.

(6) [1]Bei der Veranlagung zur Einkommensteuer wird für jedes zu berücksichtigende Kind des Steuerpflichtigen ein Freibetrag von 1 824 Euro für das sächliche Existenzminimum des Kindes (Kinderfreibetrag) sowie ein Freibetrag von 1080 Euro für den Betreuungs- und Erziehungs- oder Ausbildungsbedarf des Kindes vom Einkommen abgezogen. [2]Bei Ehegatten, die nach den §§ 26, 26b zusammen zur Einkommensteuer veranlagt werden, verdoppeln sich die Beträge nach Satz 1, wenn das Kind zu beiden Ehegatten in einem Kindschaftsverhältnis steht. [3]Die Beträge nach Satz 2 stehen dem Steuerpflichtigen auch dann zu, wenn
1. der andere Elternteil verstorben oder nicht unbeschränkt einkommensteuerpflichtig ist oder
2. der Steuerpflichtige allein das Kind angenommen hat oder das Kind nur zu ihm in einem Pflegekindschaftsverhältnis steht.

[4]Für ein nicht nach § 1 Abs. 1 oder 2 unbeschränkt einkommensteuerpflichtiges Kind können die Beträge nach den Sätzen 1 bis 3 nur abgezogen werden, soweit sie nach den Verhältnissen seines Wohnsitzstaates notwendig und angemessen sind. [5]Für jeden Kalendermonat, in dem die Voraussetzungen für einen Freibetrag nach den Sätzen 1 bis 4 nicht vorliegen, ermäßigen sich die dort genannten Beträge um ein Zwölftel. [6]Abweichend von Satz 1 wird bei einem unbeschränkt einkommensteuerpflichtigen Elternpaar, bei dem die Voraussetzungen des § 26 Abs. 1 Satz 1 nicht vorliegen, auf Antrag eines Elternteils der dem anderen Elternteil zustehende Kinderfreibetrag auf ihn übertragen, wenn er, nicht jedoch der andere Elternteil seiner Unterhaltspflicht gegenüber dem Kind für das Kalenderjahr im Wesentlichen nachkommt; bei minderjährigen Kindern wird der dem Elternteil, in dessen Wohnung das Kind nicht gemeldet ist, zustehende Freibetrag für den Betreuungs- und Erziehungs- oder Ausbildungsbedarf auf Antrag des anderen Elternteils auf diesen übertragen. [7]Die den Eltern nach den Sätzen 1 bis 6 zustehenden Freibeträge können auf Antrag auch auf einen Stiefelternteil oder Großelternteil übertragen werden, wenn dieser das Kind in seinen Haushalt aufgenommen hat; dies kann auch mit Zustimmung des berechtigten Elternteils geschehen, die nur für künftige Kalenderjahre widerrufen werden kann.

(Der Verweis auf § 20 Abs 4 in § 32 Abs 4 S 4 wird aufgehoben mWv VZ 2009 durch G v 14.8.07, BGBl I, 1912.)
R 32.1–13/H 32.1-13 EStR 05; DA-FamEStG BStBl I 04, 742

Kinder, Freibeträge für Kinder § 32

Übersicht

	Rn			Rn
A. Grundaussagen der Vorschrift	1	a)	Allgemeines	16
B. Kindschaftsverhältnisse (§ 32 I, II)	2	b)	Einkünfte und Bezüge	17
I. Kinder iSd EStG (§ 32 I)	2	c)	Ausbildungskosten	18
II. Konkurrenz von Kindschaftsverhältnissen (§ 32 II)	7	d)	Kürzungsmonate	19
		e)	Einkommensverzicht	20
		f)	Fremdwährungsbeträge	21
C. Voraussetzungen der Berücksichtigung von Kindern (§ 32 III–V)	8	III. Verlängerung der Berechtigung bei Ableisten von Diensten (§ 32 V)		22
I. Kinder bis zum 18. Lebensjahr (§ 32 III)	8	D. Freibeträge für Kinder (§ 32 VI)		23
II. Kinder, die das 18. Lebensjahr vollendet haben (§ 32 IV)	9	I. Allgemeines		23
1. Berücksichtigung bis zum 21. Lebensjahr (S 1 Nr 1)	10	II. Einfacher und doppelter Kinderfreibetrag (§ 32 VI 1 1. Fall, 2)		27
2. Berücksichtigung bis zum 25. Lebensjahr (S 1 Nr 2)	11	III. Einfacher und doppelter Freibetrag für den Betreuungs- und Erziehungs- sowie Ausbildungsbedarf (§ 32 VI 1 2. Fall, 2)		28
a) Berufsausbildung	11a			
b) Übergangszeit bei Ausbildung	12	IV. Auslandskinder (§ 32 VI 4)		32
c) Fehlen eines Ausbildungsplatzes	13	V. Übertragung der Freibeträge (§ 32 VI 6, 7)		33
d) Freiwillige Dienste	14	1. Übertragung auf einen Elternteil		33
3. Berücksichtigung behinderter Kinder (S 1 Nr 3)	15	a) Kinderfreibetrag		33
		b) Freibetrag für den Betreuungs-, Erziehungs-, Ausbildungsbedarf		34
4. Ausschluss der Berücksichtigung bei Einkünften und Bezügen des Kindes (S 2–10)	16	2. Übertragung auf einen Stief- und Großelternteil		35

Literatur: S den Literaturnachweis zu § 31.

A. Grundaussagen der Vorschrift

§ 32 definiert Voraussetzungen und Rechtsfolgen **kinderbedingter Minderungen der Leistungsfähigkeit**, soweit sie nicht bereits durch das Kindergeld abgegolten oder in Sondertatbeständen berücksichtigt werden (s § 31 Rn 1f). Im Einzelnen lassen sich die Aussagen der Norm in drei Gruppen gliedern. Erstens definiert sie die **Kindschaftsverhältnisse** iSd EStG (**§ 32 I, II**; hierzu B.). Zweitens regelt sie die **Voraussetzungen**, unter denen **Kinder in den einkommensteuerrechtlichen Familienleistungsausgleich einzubeziehen** sind (**§ 32 III–V**; s C.). Drittens gewährt § 32 **zwei Freibeträge** zur Freistellung des **sächlichen Existenzminimums** wie auch des **Betreuungs- und Erziehungsbedarfs** (**§ 32 VI**; unten D.). § 32 folgt dabei im praktischen Ergebnis einem **Monatsprinzip**. Die Vorschrift gilt für **unbeschränkt EStPfl** (§ 1 I, II) einschl der nach § 1 III als solche zu behandelnden beschränkt StPfl.   1

§ 32 strahlt daneben (oft unsystematisch) auf zahlreiche andere Vorschriften aus. So ist der Kinderbegriff des § 32 maßgeblich für den Anspr auf Kindergeld gem § 63 I. Auch sonstige kinderbezogene Regelungen in EStG (zB §§ 4f, 10 I Nr 5u 8, 33 III, 33a, 33b V) und Nebengesetzen (zB § 3 I Nr 2 5. VermBG, LKirchenStG) beziehen sich (ggf mittelbar über § 63 I, so zB § 85) auf § 32. Hängt eine Steuerermäßigung davon ab, dass der StPfl für ein Kind einen Freibetrag nach § 32 VI oder Kindergeld erhält, ist ergänzend § 65 I 2 (Gleichstellung anderer Leistungen) heranzuziehen. Nach § 51a II 1 sind die Freibeträge nach § 32 VI maßgeblich für die Bemessung der Zuschlagsteuern (vgl § 31 Rn 13).

B. Kindschaftsverhältnisse (§ 32 I, II)

I. Kinder iSd EStG (§ 32 I). Kinder iSv **§ 32 I Nr 1** sind im Anschluss an das Familienrecht[1] alle leiblichen Kinder und Adoptivkinder (unabhängig von Haushaltszugehörigkeit und geleisteten Unterhalt. Mit der Adoption Minderjähriger (Volladoption) erlöschen die bisherigen Verwandtschaftsverhältnisse (§§ 1754f BGB), das Kind wird einkommensteuerrechtlich von nun an nur noch beim Annehmenden berücksichtigt. Bei der Adoption Volljähriger hat idR lediglich die Unterhaltspflicht der Adoptiveltern Vorrang gegenüber jener der leiblichen Eltern (§ 1770 II, III BGB), so dass zwei Kindschaftsverhältnisse bestehen (zur Konkurrenz Rn 7). Stief- und Enkelkinder sind nach § 32 I Nr 1 nicht zu berücksichtigen.   2

---

1 Vgl BFH/NV 06, 202 (Übernahme der familienrechtlichen Rückwirkung einer Vaterschaftsanerkennung).

3 Die **Pflegekindschaft (§ 32 I Nr 2)** ist nicht zivilrechtlich vorgegeben, sondern ein einkommensteuerrechtlicher Typusbegriff, dessen einzelne Merkmale im Klammerzusatz des § 32 I Nr 2 festgelegt sind. Ausschlaggebend ist die Verbundenheit durch ein familienähnliches, auf längere Dauer berechnetes Band. Erforderlich ist erstens ein **familienähnliches Band**. Gemeint ist eine Eltern-Kind-Beziehung im Sinne eines Aufsichts-, Betreuungs- und Erziehungsverhältnisses, dh eine familienähnliche Personensorge (körperliche Versorgung und Erziehung).[1] Das Pflegekindschaftsverhältnis muss den anderen Kindschaftsverhältnissen vergleichbar sein.[2] Eine vom Jugendamt nach § 44 SGB VIII erteilte Pflegeerlaubnis ist nicht erforderlich, aber Indiz.[3] Verwandtschaft mit dem Kind, Familienstand und Sorgerecht sind unerheblich. Ein Pflegekindschaftsverhältnis kann auch mit Volljährigen bestehen, allerdings nur sofern besondere Umstände vorliegen (Hilflosigkeit, Behinderung, aus Kindertagen fortdauernde besondere emotionale Bindung).[4] Ein bestimmter Altersunterschied zw Pflegeeltern und Kind ist – jedenfalls bei geistiger Behinderung des Kindes[5] – nicht zwingend,[6] jedoch Indiz für das Vorliegen eines familienähnlichen Bandes.[7] Ein familienähnliches Band fehlt bei sog Kostkindern[8] (vgl Rn 5) und in ein Kinderhaus aufgenommenen Kindern.[9] Die Beziehung muss zweitens **auf längere Dauer angelegt** sein,[10] dh auf einen Zeitraum, der die Begr eines Eltern-Kind-Verhältnisses erlaubt.[11] Nicht erforderlich ist eine zeitlich unbegrenzte oder bis zur Volljährigkeit dauernde Aufnahme des Kindes.[2] Eine zunächst nur als vorübergehend geplante Unterbringung kann Dauercharakter annehmen und zum Pflegschaftsverhältnis werden, etwa wenn sich die leiblichen Eltern nicht mehr um das Kind kümmern.[12] Eine tatsächlich nur kurze Haushaltszugehörigkeit ist unschädlich, wenn die Pflegeperson zu einer langfristigen Aufnahme entschlossen war.[13] Das Adoptionsverhältnis (§ 1744 BGB) ist idR ein Pflegekindschaftsverhältnis.[14]

4 Der StPfl muss das Pflegekind in seinen **Haushalt** aufgenommen haben (R 32.2 EStR). Gemeint ist, dass das Kind bei einheitlicher Wirtschaftsführung unter Leitung des StPfl dessen Wohnung teilt oder sich mit seiner Einwilligung vorübergehend außerhalb dieser (ggf auch in einem Heim[15]) aufhält (vgl auch § 63 Rn 2).[16]

5 Der StPfl darf das Kind **nicht zu Erwerbszwecken** in seinen Haushalt aufnehmen. Entscheidend ist seit der Neuregelung durch das StÄndG 03,[17] dass Unterbringung und Betreuung nicht nach marktwirtschaftlichen Gesichtspunkten (Kostpflege oder sog Pflegenestfamilie) entlohnt werden. Nimmt die Pflegeperson mehr als sechs Kinder auf, vermutet die Verwaltung, dass es sich um Kostkinder handelt.[18] Pflegegeld im Rahmen des Pflegesatzes des zuständigen Jugendamtes gilt nicht als Entlohnung, da es nur die Kosten decken soll (§ 39 SGB VIII).

6 Es darf **kein Obhuts- und Pflegeverhältnis** (tatsächliche Beteiligung an der Pflege und Erziehung des Kindes) **zu den Eltern** (leibliche Eltern, Adoptiveltern oder andere Pflegeeltern) bestehen. Maßgeblich sind jeweils die Umstände des Einzelfalls. Der Entzug des Sorgerechts kann Indiz für ein fehlendes Obhuts- und Pflegeverhältnis sein.[19] Bei einem noch nicht schulpflichtigen Kind genügt idR ein Unterbleiben ausreichenden Kontakts zu den Eltern von mindestens einem Jahr,[20] bei einem schulpflichtigen Kind von zwei Jahren.[21] Andererseits unterbricht vorübergehende Abwesenheit das Obhuts- und Pflegeverhältnis zu einem Kind im Kleinkindalter nicht.[22] Bei fast volljährigen Kindern kann es unabhängig von einer räumlichen Trennung fortbestehen, solange Eltern und Kind in Verbindung bleiben.[23] Einmalige Besuche im Kalendervierteljahr allein begründen aber noch kein Obhuts- und Pflegeverhältnis.[19] Bei Haushaltsgemeinschaft des StPfl mit einem Elternteil

---

1 BFH BStBl II 95, 582 (584); FG M'ster EFG 99, 74.
2 BFH BStBl II 96, 63 (65).
3 DA-FamEStG 63.2.2.3 III.
4 BFH/NV 05, 524; BFH/NV 05, 1547.
5 FG D'dorf EFG 89, 286 (287); R 32.2 III 2 EStR; OFD Hann DStR 89, 465 f; **aA** BFH BStBl II 75, 636 (637).
6 FG M'ster EFG 99, 74 (75); R 32.2 III 1 EStR; DA-FamEStG 63.2.2.3 II; **aA** BFH BStBl II 75, 636 (637); BStBl II 77, 832 (833): 14 Jahre ausreichend.
7 *K/S/M* § 32 Rn B 12.
8 Dazu R 32.2 I 5 EStR; OFD Kiel FR 99, 165.
9 BFH BStBl II 99, 133 (134); BFH/NV 99, 600 (602).
10 R 32.2 I 1 EStR; DA-FamEStG 63.2.2.3 I.
11 FG M'ster EFG 99, 74 (75); FG Kln EFG 02, 100 lässt 8 Monate genügen.
12 BFH BStBl III 53, 74 (75).
13 FG Nds EFG 92, 464 (465) rkr.
14 R 32.2 I 3 EStR.
15 FG Hbg DStRE 01, 1280.
16 BFH BStBl II 86, 344 (345).
17 Gesetz v 15.12.03, BGBl I 03, 2645; zur Anwendbarkeit § 52 Abs 40 S 1; zu Altfällen s 6. Aufl, Rn 5, Fn 18.
18 R 32.2 I 5 EStR.
19 OFD D'dorf StEK EStG § 32 Nr 76.
20 BFH BStBl II 95, 582.
21 BFH BStBl II 96, 63.
22 BFH BStBl II 92, 20 (22).
23 BFH/NV 07, 17.

besteht dessen Obhuts- und Pflegeverhältnis mit dem Kind fort.[1] Unerheblich ist dagegen, ob die Eltern einen Anspruch auf Kinderfreibeträge/Kindergeld haben.[2]

II. Konkurrenz von Kindschaftsverhältnissen (§ 32 II). Eine Konkurrenzsituation tritt ein, wenn bei einem angenommenen Kind (dh bei der Erwachsenenadoption, bei der Adoption Minderjähriger nur im VZ der Annahme; s Rn 2) oder einem Pflegekind zugleich ein Kindschaftsverhältnis zu den leiblichen Eltern besteht. § 32 II räumt in diesen Fällen den Adoptiv- (S 1) oder Pflegeeltern (S 2) generell den Vorrang ein, weil sie idR die Unterhaltslast tragen. Das Kind ist hiernach auch dann nicht bei seinen leiblichen Eltern zu berücksichtigen, wenn diese im Einzelfall doch Unterhalt leisten (ein zivilrechtlicher Ausgleich bleibt möglich).

C. Voraussetzungen der Berücksichtigung von Kindern (§ 32 III–V)

I. Kinder bis zum 18. Lebensjahr (§ 32 III). Ein Kind (§ 32 I) wird in dem Kalendermonat, in dem es lebend geboren[3] wurde, und in jedem folgenden Kalendermonat, zu dessen Beginn es das 18. Lebensjahr noch nicht vollendet hat (mit Ablauf des dem Geburtstag vorangegangenen Tages; §§ 108 I AO, 187 II 2, 188 II BGB),[4] berücksichtigt. Eigene Einkünfte und Bezüge des Kindes sind unschädlich.[5] Zur Eintragung von Kindern bis zum 18. Lebensjahr auf der **LSt-Karte** s § 39 III Nr 2. Kinder, die nicht in der Wohnung des StPfl gemeldet sind, werden nur dann von der Gemeinde auf seiner LSt-Karte berücksichtigt, wenn der StPfl gem R 109 VI LStR eine Lebensbescheinigung vorlegt, die nicht älter ist als 3 Jahre. Entspr gilt grds für das ESt-Veranlagungsverfahren.[6]

II. Kinder, die das 18. Lebensjahr vollendet haben (§ 32 IV). Nach Vollendung des 18. Lebensjahres wird ein Kind in jedem Monat berücksichtigt, in dem die nachfolgend geschilderten Voraussetzungen zu irgendeinem Zeitpunkt – es reicht ein Tag – gleichzeitig vorliegen.[7] Der StPfl hat dies glaubhaft zu machen.[8] – Als ungeschriebenes Tatbestandsmerkmal vorauszusetzen ist stets eine **„typische Unterhaltssituation"**, die entfällt, wenn ein Dritter dem Kind vorrangig zum Unterhalt verpflichtet ist (zB der Ehegatte des Kindes ab Heirat[9]). Dabei beseitigt eine Vollzeiterwerbstätigkeit des Kindes nicht zwingend bereits den Tatbestand einer typischen Unterhaltssituation (str), sondern ist idR erst im Rahmen der Schädlichkeitsgrenze nach S 2 (eigene Einkünfte und Bezüge) zu berücksichtigen.[10]

1. Berücksichtigung bis zum 21. Lebensjahr (S 1 Nr 1). Ein Kind wird bis zum 21. Lebensjahr berücksichtigt, wenn es nicht in einem Beschäftigungsverhältnis steht und bei einer Agentur für Arbeit im Inland als Arbeitsuchender gemeldet ist **(§ 32 IV 1 Nr 1).**[11] Eine Berücksichtigung kann auch bei geringfügiger Beschäftigung (§ 8 SGB IV) erfolgen. Ein Kind, das in einem anderen EWR-Staat arbeitsuchend gemeldet ist, kann ebenfalls berücksichtigt werden.[12]

2. Berücksichtigung bis zum 25. Lebensjahr (S 1 Nr 2). Ausnahmsweise können Kinder gem § 32 IV 1 Nr 2 bis zur Vollendung des 25. Lebensjahres berücksichtigt werden (bis VZ 06: 27. Lebensjahr).

a) Berufsausbildung. Dies gilt zunächst für Kinder in der **Berufsausbildung (§ 32 IV 1 Nr 2 lit a).**[13] In der (nicht deckungsgleich zu § 10 I Nr 7 interpretierten)[14] Berufsausbildung, dh in der Ausbildung zu einem künftigen Beruf, befindet sich, wer sein Berufsziel noch nicht erreicht hat, sich aber ernstlich darauf vorbereitet.[15] Umfasst sind alle Maßnahmen, bei denen es sich um den Erwerb von Kenntnissen, Fähigkeiten und Erfahrungen handelt, die als Grundlagen für die Ausübung des angestrebten Berufs geeignet sind,[16] **insbes** die Ausbildung für einen handwerklichen, kaufmännischen,

---

1 BFH/NV 93, 535; DA-FamEStG 63.2.2.4; vgl aber FG Nds EFG 03, 1629.
2 BFH/NV 07, 1855.
3 Vgl FG Hess EFG 99, 781.
4 DA-FamEStG 63.1.2.
5 BFH BStBl II 00, 459 (460); krit dazu *Kanzler* FamRZ 04, 70 (77).
6 Vgl OFD D'dorf StEK § 32 Nr 70.
7 *K/S/M* § 32 Rn C 3, C 7.
8 Dazu *H/H/R* § 32 Rn 84, 94, 104, 108, 113, 115.
9 BFH BStBl II 00, 522 (523); BFH/NV 07, 1753 (mit Gegenausnahme bei nicht gesichertem Existenzminimum).
10 BFH/NV 07, 561 (Änderung der Rspr); vgl aber auch BFH BStBl II 06, 305; BFH/NV 07, 225.
11 Bis VZ 02 verlangte die Vorschrift Arbeitslosigkeit (s 2. Aufl). Auch hiernach war die Meldepflicht einzuhalten; BFH BStBl II 04, 104.
12 DA-FamEStG 63.3.1 I 3.
13 Dazu grds BFH BStBl II 99, 701 ff; zur verfahrensrechtlichen Umsetzung von BStBl II 99, 701 ff vgl BfF BStBl I 99, 958; krit hierzu *Greite* DStR 00, 143.
14 BFH/NV 04, 317; BFH/NV 04, 1223.
15 BFH BStBl 99, 701 (703); BStBl II 03, 841; BStBl II 04, 999 (1000) (nicht während Beurlaubung vom Studium); BStBl II 06, 294.
16 BFH BStBl 99, 701 (703) BStBl II 03, 848; BStBl II 06, 294.

technischen, hauswirtschaftlichen oder wissenschaftlichen Beruf, ebenso der Besuch von Allgemeinwissen vermittelnden Schulen[1] sowie von Fach- und Hochschulen im In- und Ausland.[2] Ein neben dem Zivildienst durchgeführtes Studium ist Berufsausbildung.[3] Eine Volontärtätigkeit gegen geringe Entlohnung ist grds Berufsausbildung, wenn sie der Erlangung der angestrebten beruflichen Qualifikation dient,[4] ebenso die ernsthafte und nachhaltige Vorbereitung auf eine Promotion,[5] der Vorbereitungsdienst der Rechts-[6] und Lehramtsreferendare[7] sowie die Ausbildung eines Soldaten auf Zeit zum (Unter-)Offizier,[8] **nicht** aber eine Einweisung in die Aufgaben als künftiger Betriebsinhaber.[9] Die Ausbildungsmaßnahme muss weder in einer Ausbildungs- oder Studienordnung vorgeschrieben sein noch – mangels solcher Regelungen – dem Erwerb von Kenntnissen und Fähigkeiten dienen, die für den angestrebten Beruf unverzichtbare Voraussetzung sind.[10] Berufsziel muss kein Ausbildungsberuf iSd BBiG sein und auch keine Tätigkeit, die einem bestimmten Berufsbild entspricht.[11] Das Berufsziel ist nicht ohne weiteres dann erreicht, wenn das Kind die Mindestvoraussetzungen für die Ausübung des von ihm gewählten Berufs erfüllt.[12] Es können auch nicht von der Studien- oder Ausbildungsordnung vorgeschriebene Berufspraktika anzuerkennen sein, wenn es sich dabei um Maßnahmen zum Erwerb von Kenntnissen, Fähigkeiten und Erfahrungen handelt, die als Grundlagen für die Ausübung des angestrebten Berufs geeignet sind.[13] Zur Berufsausbildung kann auch der Erwerb von **Sprachfertigkeiten** gehören.[14] Dies gilt insbes bei einer planmäßigen Sprachausbildung. Sprachaufenthalte im Ausland[15] (zB Sprachschulbesuch im Ausland nach dem Abitur,[16] Au-pair-Aufenthalt,[17] Collegestudium,[18] Aufbaustudiengang im Ausland,[19] Tätigkeit als Fremdsprachenassistent an einer ausländischen Schule)[20] können nur Berufsausbildung sein, wenn Ausbildungsinhalt und -ziel von einer fachlich autorisierten Stelle vorgegeben werden,[21] dh der Sprachaufenthalt mit anerkannten Formen der Berufsausbildung verbunden wird (zB Besuch einer allg bildenden Schule oder Universität). IÜ (etwa Au-pair-Aufenthalt) ist ein theoretisch-systematischer Sprachunterricht zu verlangen.[21] Ist der Sprachaufenthalt im Ausland in einer Ausbildungs- oder Studienordnung vorgeschrieben oder empfohlen, so ist er idR anzuerkennen.[22] IÜ kann ein begleitender Unterricht von wöchentlich 10 Unterrichtsstunden grds als ausreichend angesehen werden.[23] Bei einem **behinderten Kind** ist auch das Arbeitstraining in einer Anlernwerkstatt oder beschützenden Werkstatt Berufsausbildung.[24] Die Berufsausbildung muss Zeit und Arbeitskraft des Kindes nicht überwiegend in Anspr nehmen.[25] Dafür findet sich weder im Gesetz eine Stütze, noch besteht für eine einschränkende Auslegung Anlass, weil der Gesetzgeber den Umfang schädlicher berufsbegleitender Tätigkeiten typisierend über die Schädlichkeitsgrenze (vgl Rn 16 ff) geregelt hat.[26] Auch **Zweitausbildung** und Zweitstudium können Berufsausbildung sein.[27]

Die Berufsausbildung **beginnt** mit ihrer tatsächlichen Aufnahme, ggf auch mit dem offiziellen Schuljahres- oder Semesterbeginn,[28] nicht aber schon mit der Bewerbung um einen Ausbildungsplatz[29] oder mit einer Immatrikulation trotz fortgesetzter Berufstätigkeit.[30] Sie ist **abgeschlossen**, wenn das Kind einen Ausbildungsstand erreicht hat, der es zur Berufsausübung befähigt (Abschluss des in der

---

1 Vgl zum Verhältnis Schulausbildung und Zivildienst FG D'dorf EFG 00, 692.
2 BFH BStBl II 99, 705 (706).
3 BFH BStBl II 02, 807; zur Verlängerung R 32.11 EStR.
4 BFH BStBl II 99, 706 (708); **aA** FG Nds EFG 99, 901: tarifvertraglich bezahltes Redaktionsvolontariat nicht mehr Berufsausbildung, sondern schon Ausübung des Berufs.
5 BFH BStBl II 99, 708 (710); BFH/NV 00, 431 (432); BFH/NV 04, 317; BFH/NV 04, 1223 (auch im Rahmen eines Dienstverhältnisses).
6 BFH BStBl II 00, 398.
7 DA-FamEStG 63.3.2 VIII.
8 BFH BStBl II 02, 523; BStBl II 07, 247.
9 BFH BStBl II 68, 777 (778).
10 BFH BStBl II 99, 701 (703); FG Bln EFG 99, 1187; vgl nunmehr auch DA-FamEStG 63.3.2 III.
11 BFH BStBl II 99, 701 (704).
12 BFH BStBl II 73, 138.
13 BFH BStBl II 99, 713 (714): sechsmonatiges Anwaltspraktikum eines Jurastudenten.
14 BFH BStBl II 99, 701 (704) mit Verweis auf BVerfGE 99, 216 (242) = BStBl II 99, 182 (191).
15 Vgl dazu auch DA-FamEStG 63.3.2.5.
16 Dazu BFH/NV 00, 26; BFH/NV 00, 38.
17 Dazu BFH/NV 00, 25; FG Brem EFG 99, 562.
18 Dazu FG Nbg EFG 99, 295; FG D'dorf EFG 98, 103.
19 Dazu FG Thür EFG 99, 77.
20 Bej BFH BStBl II 00, 199 (200) (Anglistikstudent); verneinend BFH BStBl II 03, 843 (845) (Studentin der Politikwissenschaft).
21 BFH BStBl II 99, 710 (712).
22 Vgl BFH/NV 00, 27.
23 BFH BStBl II 99, 710 (713); vgl auch BFH/NV 00, 27 (29); BFH/NV 02, 979; BFH/NV 06, 2256: im Einzelfall kann eine geringere Stundenzahl ausreichen.
24 Vgl R 32.5 II EStR.
25 BFH BStBl II 99, 701 (704); vgl zum erforderlichen zeitlichen Aufwand DA-FamEStG 63.3.2 V.
26 *K/S/M* § 63 Rn D 21.
27 BFH BStBl II 01, 107 (108); DA-FamEStG 63.3.2 IV.
28 FG Hess EFG 03, 1483.
29 FG Mchn EFG 99, 846.
30 BFH BStBl II 02, 484; FG Kln EFG 01, 1057.

Prüfungsordnung vorgesehenen Verfahrens). Ein Hochschulstudium endet spätestens mit der Bekanntgabe des Prüfungsergebnisses, selbst wenn diese mit erheblicher zeitlicher Verzögerung erfolgt,[1] kann aber auch zuvor beendet sein, wenn das Kind nach Erbringung aller Prüfungsleistungen eine Vollzeiterwerbstätigkeit aufnimmt.[2] Die Ausbildung endet auch, wenn das Kind sie (ungeachtet zB einer fortbestehenden Immatrikulation) tatsächlich abbricht.[3] Unfreiwillige **Unterbrechungszeiten** wegen Erkrankung oder Mutterschaft während der Schutzfristen von §§ 3 II, 6 I MuSchG[4] und sogar wegen einer Untersuchungshaft[5] gehören noch zur Berufsausbildung. Die Elternzeit wurde dagegen nicht anerkannt (fragwürdig).[6]

b) Übergangszeit bei Ausbildung. Kinder werden **in einer Übergangszeit** von **höchstens vier Monaten** berücksichtigt, die zw zwei Ausbildungsabschnitten oder zwischen einem Ausbildungsabschnitt und der Ableistung des gesetzlichen Wehr- oder Zivildienstes, einer vom Wehr- oder Zivildienst befreienden Tätigkeit als Entwicklungshelfer oder als Dienstleistender im Ausland nach § 14b ZDG oder der Ableistung eines freiwilligen Dienstes iSv Nr 2 lit d liegt (**§ 32 IV 1 Nr 2 lit b**). Erfasst wird auch die Übergangszeit, in der sich ein Kind im unmittelbaren Anschluss an eine vollendete Berufsausbildung zu einer weiterführenden Berufsausbildung entschließt,[7] nicht aber die Zeit, in der sich ein Kind wegen Kindesbetreuung nicht um einen Anschluss-Ausbildungsplatz bemüht,[8] ebenso wenig Übergangszeiten zw Abschluss der Berufsausbildung und Berufsantritt[9] oder zw Ausbildungsende und Wehr-/Zivildienst[10] oder die Probezeit bei erstmaligem Berufsantritt. Eine Übergangszeit muss nicht notwendig allein dadurch ausgeschlossen sein, dass das Kind während des fraglichen Zeitraums vollzeit erwerbstätig ist.[11] Die Viermonatsfrist umfasst vier volle Kalendermonate, die in zwei VZ fallen können, und ist nicht taggenau zu berechnen.[12] Wird die Zeitspanne überschritten, ist das Kind auch während der ersten vier Monate nicht berücksichtigungsfähig.[13]

c) Fehlen eines Ausbildungsplatzes. Gem § 32 IV 1 Nr 2 lit c wird ein Kind berücksichtigt, wenn Beginn oder Fortsetzung der Berufsausbildung **mangels Ausbildungsplatzes**[14] objektiv nicht möglich sind.[15] Diese Regelung wurde mangels typischer Unterhaltssituation nicht auf ein Kind angewandt, das bereits mehr als nur geringfügig[16] erwerbstätig ist und sich daneben um einen Ausbildungsplatz bemüht.[17] Richtigerweise sollte eine etwaige (Vollzeit-) Erwerbstätigkeit des Kindes jedoch im Rahmen der Schädlichkeitsgrenze (S 2) berücksichtigt werden.[18]

Die **Fortsetzung** der Berufsausbildung ist **unmöglich**, wenn sie zwar begonnen wurde, aber abgebrochen werden musste, wobei die Gründe hierfür unbeachtlich sind.[19] Anzuerkennen ist grds jeder – nach den persönlichen Verhältnissen des Kindes nicht ausgeschlossene – Ausbildungswunsch des Kindes.[20] Erforderlich sind nachweislich **ernsthafte Bemühungen** um einen Ausbildungsplatz (Feststellungslast beim StPfl).[21] Ein Kind, das den Ausbildungsplatz auch im Falle der Verfügbarkeit nicht antreten könnte, erfüllt nicht die Voraussetzungen für eine Berücksichtigung.[22] Die Verzögerung des Beginns oder der Fortsetzung der Berufsausbildung aus schul- oder studienorganisatorischen Gründen steht dem Fehlen eines Ausbildungsplatzes gleich.[23] Steht nach Abschluss eines Ausbildungsvertrags fest, dass die Ausbildung erst nach Ablauf von mehr als vier Monaten beginnen wird, so kann § 32 IV 1 Nr 2 lit c gegeben sein.[24]

---

1 FG Nds EFG 01, 1299; **aA** DA-FamEStG 63.3.2.6 XI 3; vgl iÜ *Peter/Hermann* StB 03, 413 ff.
2 BFH BStBl II 00, 473. Eine Vollzeiterwerbstätigkeit soll dagegen die Annahme einer Berufsausbildung nicht hindern, solange das Kind noch Studienleistungen erbringt, zB eine Diplomarbeit schreibt; BFH/NV 05, 1039.
3 BFH/NV 05, 693.
4 DA-FamEStG 63.3.2.7; BFH BStBl II 03, 848 (obiter dictum).
5 BFH/NV 06, 2067.
6 BFH BStBl II 03, 848 (ohne Auseinandersetzung mit Art 6 GG); vgl auch BStBl II 04, 999 (1000); krit *Greite* FR 03, 1292.
7 FG Mchn EFG 98, 668; FG BaWü EFG 99, 293 (294).
8 DA-FamEStG 63.3.3 IV 3.
9 FG Mchn EFG 99, 1186 (1187).
10 BFH/NV 05, 198.
11 BFH/NV 07, 561 (zu lit c, aber verallgemeinerbar, jeweils vorausgesetzt, die Schädlichkeitsgrenze nach S 2 bleibt unterschritten); anders noch BFH BStBl II 02, 482 (483); BFH/NV 06, 1390 (20 Arbeitsstunden pro Woche unschädlich).
12 BFH BStBl II 03, 847.
13 BFH BStBl II 03, 841 (843).
14 Zur (weiten) Definition des Ausbildungsplatzes R 32.7 II EStR.
15 BFH BStBl II 03, 845 (846).
16 BFH/NV 06, 1391 (10,5 Arbeitsstunden pro Woche unschädlich).
17 BFH BStBl II 03, 845 (846).
18 So jetzt BFH/NV 07, 561.
19 *K/S/M* § 32 Rn C 24.
20 BFH/NV 04, 473; R 32.7 I EStR; DA-FamEStG 63.3.4 I 8.
21 BFH/NV 04, 2067; BFH/NV 05, 2207; R 32.7 II EStR.
22 BFH BStBl II 03, 843 (844) mit krit Anm *Greite* FR 03, 1250; vgl auch BFH/NV 04, 1531.
23 BFH BStBl II 03, 845.
24 FG SachsAnh EFG 00, 79.

14 d) Freiwillige Dienste. Kinder, die ein **freiwilliges soziales** oder **ökologisches Jahr**, einen **Freiwilligendienst** im Rahmen des **EG-Aktionsprogramms „Jugend"** oder einen anderen **Dienst im Ausland iSv § 14b ZDG** (nicht aber Wehr-[1] oder Zivildienst) ableisten (**§ 32 IV 1 Nr 2 lit d**), werden bei Nachweis einer Bescheinigung des Trägers berücksichtigt.[2] Berücksichtigungsfähig sind auch soziale Dienste im europäischen Ausland und Israel,[3] nicht aber ein sog „freiwilliges Jahr im Unternehmen".[4]

15 3. Berücksichtigung behinderter Kinder (S 1 Nr 3). Behinderte Kinder, die außerstande sind, sich selbst zu unterhalten, werden zeitlich unbegrenzt berücksichtigt (**§ 32 IV 1 Nr 3**). Die Behinderung muss vor Vollendung des 25. Lebensjahres (bis VZ 06: des 27. Lebensjahres) eingetreten sein (**Nr 3 HS 2**),[5] nicht aber die Unfähigkeit zum Selbstunterhalt.[6]

Eine **Behinderung** liegt insbes vor, wenn das Kind gem §§ 1, 2 SchwbG schwerbehindert oder Schwerbehinderten gleichgestellt ist.[7] Erfasst sind körperliche Regelwidrigkeiten,[8] Intelligenzmängel, Psychosen, Neurosen, Persönlichkeitsstörungen wie auch Suchtkrankheiten, nicht aber Krankheiten, deren Verlauf sich auf eine im Voraus abschätzbare Dauer beschränkt.[9] Die Behinderung kann nach § 65 I EStDV, durch Gleichstellungsbescheid der Agentur für Arbeit oder durch Bescheid über die Einstufung als Schwerstpflegebedürftiger in Pflegestufe III nach SGB XI, dem BSHG oder diesen entspr Bestimmungen, aber auch in anderer Form – etwa durch ein ärztliches Gutachten – nachgewiesen werden.[10]

Behinderungsbedingte Unfähigkeit zum Selbstunterhalt setzt voraus, dass die Behinderung einer Erwerbstätigkeit, die dem Kind die Deckung seines gesamten, notwendigen Lebensbedarfs ermöglicht, entgegensteht und das Kind auch nicht über relevante andere Einkünfte und Bezüge verfügt (vgl Rn 16 ff).[11] Ausschlaggebend ist, ob das behinderte Kind seinen gesamten **existenziellen Lebensbedarf** selbst decken kann.[12] Dieser setzt sich typischerweise aus dem allg Lebensbedarf (Grundbedarf) und dem individuellen behinderungsbedingten Mehrbedarf zusammen.[13] Der **Grundbedarf** ist parallel zum Grenzbetrag nach § 32 IV 2 anzusetzen,[14] weshalb bei niedrigeren Einkünften und Bezügen idR davon ausgegangen werden kann, dass das Kind außerstande ist, sich selbst zu unterhalten.[15] Zum **behinderungsbedingten Mehrbedarf** gehören alle mit einer Behinderung unmittelbar und typischerweise zusammenhängenden ag Belastungen (zB Wäsche, Hilfeleistungen, Erholung).[16] Er kann bei behinderten Kindern, die nicht vollstationär untergebracht sind, aus Vereinfachungsgründen nach dem maßgeblichen Behinderten-Pauschbetrag (§ 33b I – III) bemessen werden,[17] neben dem allenfalls Fahrtkosten in angemessenem Umfang berücksichtigt werden können.[18] Alternativ kann der Mehrbedarf pauschal in Höhe besonderer behinderungsbedingter Bezüge unterstellt[19] oder durch Einzelnachweise belegt werden. Zum behinderungsbedingten Mehrbedarf[20] rechnen ua auch persönliche Betreuungsleistungen der Eltern.[21] Dem so ermittelten existenziellen Lebensbedarf sind – unabhängig von Herkunft und Zweckbestimmung – alle dem Kind zur Verfügung stehenden **Einkünfte** (auch zB Unterhaltsleistungen des (früheren) Ehegatten, Ertragsanteil einer Erwerbsunfähigkeitsrente[22]) und **Bezüge** (zB Sozialhilfe, sofern nicht die Eltern in Regress genommen werden[23]; Unfallrente nach §§ 56 ff SGB VII[24]; Blindengeld[25]) gegenüberzu-

---

1 Nach BFH BStBl II 01, 675 ist dies verfassungsgemäß (im Vergleich zu den anderen Diensten zweifelh); s aber auch § 32 V.
2 Hierzu DA-FamEStG 63.3.5. – Vor Einführung von Buchstabe d war der Zeitraum des freiwilligen sozialen Jahres nicht berücksichtigungsfähig, auch nicht als „Ausbildung" (lit a); BFH BStBl II 06, 294.
3 FG Nds EFG 04, 383.
4 FG Saarl EFG 00, 19.
5 BFH BStBl II 05, 756 (keine Analogie zu § 32 V 1).
6 FG Nbg EFG 03, 867 mit Anm *Kanzler* FR 04, 98.
7 R 32.9 I EStR.
8 BFH/NV 02, 1221.
9 DA-FamEStG 63.3.6.1 I.
10 BFH BStBl II 02, 738.
11 BFH BStBl II 00, 72 (73); BStBl II 97, 173 (174).
12 So grds BFH BStBl II 00, 72 (73); BStBl II 00, 75 (76); BStBl II 00, 79 (80); vgl zur verfahrensrechtlichen Umsetzung dieser Rspr BfF BStBl I 00, 319.
13 BFH BStBl II 00, 72 (73); BStBl II 00, 75 (77).
14 DA-FamEStG 63.3.6.1 II 5 in Anlehnung an BFH BStBl II 00, 75 (78); bestätigt in BFH/NV 05, 1090; BFH/NV 07, 1112.
15 Vgl BFH BStBl II 00, 72 (73); BStBl II 00, 75 (77 f).
16 BFH BStBl II 00, 72 (74).
17 BFH BStBl II 00, 72 (74); BStBl II 07, 248.
18 BFH/NV 05, 691 im Anschluss an BFH/NV 04, 1719.
19 BFH/NV 04, 1715 (Pflegegeld); BFH/NV 06, 2347 (Blindengeld).
20 Vgl auch R 33.1–4 EStR.
21 Vgl DA-FamEStG 63.3.6.3.2 III 2.
22 BFH BStBl II 00, 72 (75).
23 BFH BStBl II 04, 588; BFH/NV 05, 541.
24 BFH BStBl II 00, 79 (82).
25 BFH/NV 06, 2347.

stellen.[1] Einzubeziehen sind (parallel zum behinderungsbedingten Mehrbedarf) auch behinderungsbedingte Bezüge.[2] Eigenes Vermögen des Kindes wird dagegen nicht berücksichtigt.[3] Decken die finanziellen Mittel des Kindes den ermittelten existenziellen Lebensbedarf nicht, ist die Fähigkeit zum Selbstunterhalt zu verneinen. Die notwendige Berechnung hat auf den Kalendermonat (unter Berücksichtigung des Zuflussprinzips) abzustellen.[4] Diese Grds gelten auch für **vollstationär**[5] untergebrachte behinderte Kinder.[6] Soweit sie außer Eingliederungshilfe einschl Taschengeld über keine weiteren Einkünfte oder Bezüge verfügen, unterstellt die FinVerw Unfähigkeit zum Selbstunterhalt.[7] IÜ sind bei diesen Kindern die Einkünfte und Bezüge zu ermitteln und dem Bedarf gegenüberzustellen. Dabei sind die Kosten der Heimunterbringung (insbes ein etwaiger Wohnwert)[8] mit Ausnahme des nach der SachbezugsVO zu bestimmenden Wertes der Verpflegung als behinderungsbedingter Mehraufwand anzusetzen.[9] Daneben kann ein pauschaler behinderungsbedingter Mehrbedarf in Höhe des Behinderten-Pauschbetrags nicht zusätzlich angesetzt werden.

Die **Behinderung** ist als **ursächlich für die Bedürftigkeit** anzuerkennen, wenn im Schwerbehindertenausweis „H" (hilflos) eingetragen ist oder der Grad der Behinderung mindestens 50 vH beträgt und besondere Umstände hinzutreten, aufgrund derer eine Erwerbstätigkeit unter den üblichen Bedingungen des allg Arbeitsmarkts ausgeschlossen erscheint.[10]

4. Ausschluss der Berücksichtigung bei Einkünften und Bezügen des Kindes (S 2–10). – a) Allgemeines. Überschreiten die eigenen Einkünfte und Bezüge nicht behinderter Kinder (zu behinderten Kindern s Rn 15) die in **§ 32 IV 2** normierte Schädlichkeitsgrenze (Jahresbetrag) von derzeit (ab VZ 04)[11] 7 680 €, entfallen die Freibeträge nach § 32 VI und das Kindergeld (§ 63 I 2) für das gesamte Kj.[12] Gleiches gilt für an beide anknüpfende sonstige Vergünstigungen.[13] Dies kann durch eine Begrenzung des Kindergeldantrags auf Monate, in denen Einkünfte unterhalb der Schädlichkeitsgrenze bezogen werden, nicht vermieden werden.[14] Größeres Vermögen des Kindes schadet nicht, soweit es nicht zu steuerbaren Einkünften führt.[15] Maßgeblich sind die **Nettobeträge** der Einkünfte (abzüglich BA/WK) und Bezüge (minus Kosten). Als Indiz für die Höhe der stpfl Einnahmen eines Kindes kann dessen ESt-Bescheid dienen, dem jedoch nicht die verfahrensrechtliche Wirkung eines Grundlagenbescheids beizumessen ist.[16] Für **Auslandskinder** ist die Schädlichkeitsgrenze zu kürzen, soweit es nach den Verhältnissen im Wohnsitzstaat des Kindes notwendig und angemessen ist (**§ 32 IV 3**). Die Verwaltung wendet diese Regelung nicht auf Kinder mit Wohnsitz im EU-Ausland an.[17] Maßstab für andere Länder ist die sog **Ländergruppeneinteilung.**[18]

b) Einkünfte und Bezüge. Der Begriff der **Einkünfte** folgt grds § 2 I, II.[19] Es gilt dasselbe wie für § 33a I 4, II 2 (s § 33a Rn 28). SA und ag Belastungen werden (anders als BA und WK) grds nicht abgezogen. Ein anderes gilt jedenfalls für Beiträge des Kindes zur gesetzlichen Sozialversicherung[20] ebenso wie zu einer privaten Kranken- oder Pflegeversicherung[21], die nicht in seinen Verfügungsbe-

---

1 BFH BStBl II 00, 72 (73); vgl auch das „Berechnungsschema behinderte Kinder iSd § 32 IV 1 Nr 3" in BStBl I 00, 320.
2 BFH/NV 04, 1715 (Pflegegeld); BFH/NV 06, 2347 (Blindengeld).
3 BFH BStBl II 03, 88 (90); BStBl II 03, 91 (93); *K/S/M* § 32 Rn C 35; *Lademann* § 32 Rn 98; die FinVerw hat ihre gegenteilige Auffassung (DA-FamEStG 63.3.6.3.2 VI aF) aufgegeben (Änderung durch BStBl I 03, 428).
4 BFH/NV 04, 405; BFH BStBl II 07, 248; **aA** *Greite* FR 04, 424.
5 Vgl zur vollstationären Unterbringung DA-FamEStG 63.3.6.1 III.
6 Vgl BFH BStBl II 00, 75; BStBl II 00, 79; in Abgrenzung zu BStBl II 97, 173.
7 S BfF BStBl I 00, 319; DA-FamEStG 63.3.6.3.2 IV 1 als Reaktion auf BFH BStBl II 00, 75; anders etwa noch BfF BStBl I 98, 20.
8 BFH BStBl II 00, 580.
9 BFH BStBl II 00, 75 (77); BStBl II 00, 580 (581).
10 BFH/NV 02, 490; BFH/NV 04, 326 (327).
11 VZ 97: 12 000 DM, VZ 98: 12 360 DM, VZ 99: 13 020 DM, VZ 00: 13 500 DM, VZ 01: 14 040 DM, VZ 02/03: 7 188 €.
12 § 32 IV 2 ist verfassungsgemäß; BFH BStBl II 00, 566 (569 ff).
13 ZB BFH BStBl II 04, 229 (Wegfall der Kinderzulage nach EigZulG für das ganze Kj).
14 Zutr FG BaWü EFG 00, 570 (572); FG RhPf EFG 00, 445 (446); *Schlepp* DStZ 99, 12 (13).
15 BFH BStBl II 04, 555; FG Nds EFG 01, 286 Rev VIII R 58/00.
16 OFD Saarbrücken DStR 00, 1734.
17 DA-FamEStG 63.4.1.1 IV.
18 S zur Ländergruppeneinteilung BMF BStBl I 03, 637.
19 BFH BStBl II 00, 566 (568 f) (die hiergegen eingelegte Verfassungsbeschwerde wurde nicht zur Entscheidung angenommen; BVerfG HFR 03, 76); BStBl II 04, 584 (585); BFH/NV 07/1867 (an Eltern weitergeleiteter Personalrabatt des Kindes als anrechenbare Einkünfte); s aber Rn 18.
20 BVerfG NJW 05, 1923 (1925 ff); BFH BStBl II 07, 527 (freiwillige Mitgliedschaft); anders noch BFH BStBl II 00, 566 (568 ff); BStBl II 04, 584 (585 ff) – Diese Änderung der Rechtsprechung zwingt nicht zur Korrektur bestandskräftiger Kindergeldfestsetzungen; BFH BStBl II 07, 714 (s § 70 IV).
21 BFH BStBl II 07, 530.

reich gelangen, daher nicht zur Entlastung des Familienexistenzminimums beitragen, daneben wohl auch für sonstige unvermeidbare existenzsichernde Aufwendungen.[1] Ein Verlustausgleich ist möglich,[2] nicht aber ein Verlustabzug (§ 10d).[3] Ein negativer Gesamtbetrag der Einkünfte kann aber etwaige anrechenbare Bezüge vermindern.[4] Für die zeitliche Zuordnung zum Jahresbetrag nach S 2 (vgl aber Rn 19 zu S 6 und 8) findet das Zuflussprinzip (§ 11) Anwendung;[5] Zu- und Abflüsse anderer Jahre bleiben außer Betracht.[6]

Bezüge sind nicht steuerbare oder für stfrei erklärte Einnahmen in Geld oder Geldeswert (s § 33a Rn 30). Beispiele[7] sind der Wehrsold,[8] die Übergangsbeihilfe nach § 12 I SoldVersG,[9] Entlassungsgeld für einen Zivil- oder Wehrdienstleistenden,[10] nach §§ 40, 40a pauschal versteuerter Arbeitslohn,[11] stfreie Einnahmen aus einem geringfügigen Beschäftigungsverhältnis, freie Kost und Unterkunft während eines Au-pair-Aufenthaltes des Kindes,[12] Unterhaltsleistungen des Ehegatten eines verheirateten Kindes,[13] Unfall- und Waisenrenten,[14] die gem § 22 Nr 1 S 3 lit a nicht der Besteuerung unter- liegenden Teile von Leibrenten,[15] der Kapitalanteil einer Hinterbliebenenrente,[16] Leistungen zur Sicherstellung des Unterhalts nach Maßgabe des BSHG (zB Eingliederungshilfe), wenn von einer Rückforderung bei gesetzlich Unterhaltsverpflichteten abgesehen worden ist.[17] Gleiches gilt für stfreie Beträge des Halbeinkünfteverfahrens,[18] nicht aber für Leistungen der Pflegeversicherung (§ 3 Nr 1 lit a) und diverse Leistungen nach dem BSHG.[19] Zu den Bezügen gehören auch stfreie Gewinne nach §§ 14, 16 IV, 17 III und 18 III, die nach § 19 II stfreien Teile von Versorgungsbezügen und (letztmals im VZ 08:) der Sparerfreibetrag (§ 20 IV) sowie Sonderabschreibungen und erhöhte Absetzungen, soweit sie die höchstmögliche AfA nach § 7 übersteigen (**§ 32 IV 4**).[20] Für die Ermittlung der Bezüge gilt das Zuflussprinzip,[5] auch wenn die Zahlungen ihren Ursprung in früheren VZ haben.[21] Aus Vereinfachungsgründen ist – maximal bis zur Höhe der Bezüge – eine Kostenpauschale von 180 € im Kj abzuziehen, wenn nicht höhere Aufwendungen nachgewiesen oder glaubhaft gemacht werden.[22] Die Pauschale ist zeitanteilig aufzuteilen, wenn im maßgeblichen Kj auch außerhalb des Berücksichtigungszeitraums Bezüge anfallen.[23]

Einkünfte und[24] Bezüge sind nur anzusetzen, wenn sie allg **zur Bestreitung des Unterhalts oder der Berufsausbildung bestimmt oder geeignet** sind.[25] Dem genügen zB[26] als Zuschuss gewährte Leistungen nach dem BAföG,[27] Schadensersatzleistungen nach § 844 II BGB,[28] Leistungen für den Lebensunterhalt nach §§ 65, 66 und 74 II SGB III oder im Zusammenhang mit berufsfördernden Maßnahmen zur Rehabilitation zustehendes Übergangsgeld von den Trägern der gesetzlichen Unfall- oder Rentenversicherung, nicht aber eine zur Kapitalanlage bestimmte Schenkung.[29]

18 **c) Ausbildungskosten. Für besondere Ausbildungszwecke bestimmte Bezüge und verwendete Einkünfte** werden bei der Ermittlung der Einkommensgrenze nicht berücksichtigt (**§ 32 IV 5**). Gemeint sind ausbildungsbedingte Mehraufwendungen,[30] die im Rahmen der Einkünfteermittlung als WK zu berücksichtigen wären.[30] Sie sind lediglich abzugrenzen von den Lebensführungskosten.[31] Eine abschließende Aufzählung besonderer Ausbildungskosten ist ebenso wenig möglich wie die in § 32 IV 5 vorgenommene Differenzierung nach der Zweckbestimmung der Bezüge.[32] Damit bleiben Bezüge

---

1 Vgl *Mellinghoff* FR 00, 1148.
2 BFH/NV 06, 1825.
3 BFH BStBl II 02, 250.
4 Vgl BFH BStBl II 01, 107.
5 BFH/NV 02, 1430.
6 BFH BStBl II 02, 205.
7 S iü R 32.10 II 2 EStR; DA-FamEStG 63.4.2.3 II; sowie *Leichtle* DB 97, 1149.
8 BFH BStBl II 91, 716 (717).
9 FG Nbg v 31.1.02 IV 308/2001 (juris).
10 BFH BStBl II 02, 746.
11 BFH BStBl II 90, 885; vgl dazu OFD Bln DB 03, 2147.
12 BFH BStBl II 02, 695.
13 Ausf dazu DA-FamEStG 63.4.2.5; *Mengele* FR 99, 1160 (1162); vgl auch BFH BStBl II 00, 522.
14 BFH BStBl II 01, 489; BFH/NV 05, 867.
15 BFH/NV 94, 315 (317); R 32.10 II Nr 1 EStR.
16 FG D'dorf EFG 99, 713 (714); *Mengele* FR 99, 1160 (1161).
17 Vgl im Einzelnen DA-FamEStG 63.4.2.3 II Nr 8.
18 R 32.10 II Nr 4 EStR.
19 Vgl im Einzelnen H 180e, 190 EStH aF „Nicht anrechenbare eigene Bezüge".
20 **AA** zur Rechtslage vor VZ 02 BFH BStBl II 00, 684 (Sparerfreibetrag); BFH/NV 05, 293 (Ansparrücklage).
21 BFH BStBl II 02, 525 (Rentennachzahlung); FG RhPf DStRE 01, 642 (Kapitalerträge aus Bundesschatzbrief).
22 BFH BStBl III 02, 746; DA-FamEStG 63.4.2.3 IV; vgl auch FG M'ster EFG 00, 747.
23 BFH/NV 01, 1558.
24 Der Relativsatz in § 32 IV 2 bezieht sich bei verfassungskonformer Interpretation auf Einkünfte und Bezüge; BVerfG NJW 05, 1923 (1927).
25 BFH BStBl II 04, 584 (586).
26 Vgl weiter DA-FamEStG 63.4.2.6 II.
27 Vgl dazu FG BaWü EFG 00, 384.
28 BFH VIII R 82/00.
29 BFH BStBl II 04, 555; teilw **aA** DA-FamEStG 63.4.2.3 I (zweifelh).
30 BFH BStBl II 01, 491 (492).
31 Dazu BFH/NV 01, 755.
32 So auch OFD Bln FR 02, 51.

und Einkünfte bereits dann außer Ansatz, wenn sie für besondere Ausbildungszwecke verwendet werden.[1] Zu den besonderen Ausbildungskosten gehören etwa Aufwendungen des Kindes für Fahrten zwischen der Wohnung am Ausbildungsort und der Ausbildungsstelle sowie Fahrten von und zum Haushalt des Kindergeldberechtigten[2] sowie Fortbildungskosten für ein Zusatzstudium im Ausland.[3] Zu den anzusetzenden Bezügen und Einkünften zählen dagegen für Unterkunft und Verpflegung wegen einer auswärtigen Unterbringung eingesetzte Beträge (die folglich nicht als WK wegen doppelter Haushaltsführung oder Verpflegungsmehraufwand geltend gemacht werden können).[4]

d) Kürzungsmonate. Die Einkommensgrenze ermäßigt sich für sog **Kürzungsmonate**, in denen die Voraussetzungen für eine Berücksichtigung nach § 32 IV 1 Nr 1 oder 2 an keinem Tag[5] vorliegen, um jeweils ein Zwölftel (**§ 32 IV 7**). Parallel hierzu bleiben Einkünfte und Bezüge, die auf Kürzungsmonate entfallen, außer Ansatz (**§ 32 IV 8**). Die zeitliche Aufteilung der Einkünfte und Bezüge richtet sich (anders als bei S 2; vgl Rn 17) nach ihrer wirtschaftlichen Zuordnung; § 11 gilt nicht.[6] Entscheidend ist also nicht, in welchem Monat, sondern für welchen Monat sie zugeflossen sind. Laufender Arbeitslohn ist regelmäßig dem Monat zuzuordnen, für den er gezahlt wird. Sonderzuwendungen (zB Weihnachts- oder Urlaubsgeld), die im Laufe des Kj zufließen, sind allen Monaten der Berufsausbildung zeitanteilig zuzuordnen,[7] wenn sie während der Berufsausbildung zufließen; fließen sie dagegen während der Kürzungsmonate zu, sind sie nicht in die Einkünfte und Bezüge des Kindes einzubeziehen.[8] Das Entlassungsgeld nach einem Wehr- oder Zivildienst wird nicht im Monat des Zuflusses erfasst, sondern entfällt auf die Monate nach Beendigung des Dienstes.[9] Das Zuflussprinzip gilt ausnahmsweise dann, wenn sich die Einkünfte und Bezüge nicht eindeutig dem Ausbildungszeitraum zuordnen lassen.[10] Werden für den Jahresabschnitt der Berufsausbildung keine höheren WK geltend gemacht, ist der auf diese Monate entfallende zeitanteilige ArbN-Pauschbetrag anzusetzen.[11] Erzielt das Kind während des VZ auch noch außerhalb des Berücksichtigungszeitraumes Einkünfte aus nichtselbständiger Arbeit, so ist der ArbN-Pauschbetrag zeitanteilig auf die Monate aufzuteilen, in denen solche Einkünfte erzielt werden.[12] Da die Ermäßigung der Einkommensgrenze (S 7) und die Nichtberücksichtigung eigener Einkünfte und Bezüge des Kindes (S 8) nur für Monate greifen, in denen die Voraussetzungen nach § 32 IV 1 Nr 1 oder 2 an keinem Tag vorgelegen haben, drohen Nachteile in **Wechselmonaten**, in denen diese Voraussetzungen nur zeitweilig gegeben sind. Insbes könnte ein Berufseinstieg im Laufe eines Monats infolge Anrechnung des ersten Monatsgehaltes zum Überschreiten der Freigrenze und damit zum rückwirkenden Wegfall von Freibeträgen und Kindergeld für das gesamte Kj führen, obwohl in den vorherigen Monaten eine „typische Unterhaltssituation"[13] bei den Eltern vorlag. Um dieses verfassungsrechtlich (Art 6 GG) bedenkliche Ergebnis zu vermeiden, werden Einkünfte und Bezüge für Wechselmonate (bei zum Vorteil der StPfl unveränderter Einkommensgrenze iSv S 2) nur insoweit angesetzt, als sie wirtschaftlich auf den Teil des Monats entfallen, in dem die Voraussetzungen nach S 1 Nr 1 oder 2 vorliegen (**§ 32 IV 6**). Für den Monat des Erreichens der Volljährigkeit ist § 32 III ohnehin vorrangig.

e) Einkommensverzicht. Ein **Verzicht**[14] **auf Teile der Einkünfte und Bezüge** steht der Anwendung der Einkommensgrenze nicht entgegen (**§ 32 IV 9**), ist also freibetrags- und kindergeldrechtlich unbeachtlich. Ein Verzicht in diesem Sinne ist nur anzunehmen, wenn die Vereinbarung ausschließlich dem Ziel dient, den Kindergeldanspruch aufrecht zu erhalten.[15] Liegt indes ein sonstiger vernünftiger Grund vor, etwa die schlechte wirtschaftliche Lage des Arbeitgebers, ist nicht von einem Verzicht auszugehen.[16] Ebenfalls kein Verzicht liegt vor, wenn das Kind einen Anspr auf Leistungen nach dem BAföG hätte, jedoch keinen Antrag stellt.[17]

---

1 S auch *Hillmoth* Inf 01, 289.
2 BFH BStBl II 02, 12; dazu *Kanzler* FR 01, 1014.
3 BFH BStBl II 01, 495.
4 BFH BStBl II 01, 495; BStBl II 02, 695; BFH/NV 04, 1525.
5 Anders noch § 32 IV idF bis VZ 01; hierzu BFH BStBl II 00, 462 (463).
6 BFH BStBl II 02, 205 (206); BStBl II 00, 459 (461).
7 BFH/NV 02, 486; BFH/NV 03, 752; BFH BStBl II 02, 684; BStBl II 00, 459 (460); BStBl II 00, 464 (465); BfF BStBl I 00, 1216 s auch *Schneider* DStR 02, 64 (69).
8 BFH BStBl II 00, 464 (465); BfF BStBl I 00, 1216 (zweifelh)

9 BFH/NV 02, 1221; BFH/NV 02, 1590.
10 BFH/NV 02, 1221.
11 BFH BStBl II 00, 464 (465); s auch *Hillmoth* Inf 00, 613 (616).
12 BFH BStBl II 03, 759 (760); abl *Greite* FR 03, 1034.
13 Vgl BFH BStBl II 00, 462 (464) (zur alten Rechtslage).
14 DA-FamEStG 63.4.2.12.
15 BFH BStBl II 03, 746 (747).
16 FG Thür EFG 01, 512; FG BaWü EFG 01, 1307; vgl auch OFD Kiel DB 03, 1710, krit *Rößler* NWB Fach 3, 12 725 (12 728).
17 *Felix* FR 98, 983 (989).

21 f) Fremdwährungsbeträge. Nicht auf Euro lautende Beträge sind entspr dem für Ende September des Jahres vor dem VZ von der Europäischen Zentralbank bekannt gegebenen Referenzkurs umzurechnen (§ 32 IV 10).[1]

22 III. Verlängerung der Berechtigung bei Ableisten von Diensten (§ 32 V). Arbeitssuchende, auszubildende Kinder und **Kinder zw zwei Ausbildungsabschnitten** (§ 32 IV 1 Nr 1, 2 lit a und b), die einen der in den Verlängerungstatbeständen des **§ 32 V 1 Nr 1–3** abschließend genannten **Wehr-, Zivil- oä Dienst** geleistet haben, werden entspr der Dauer der tatsächlich geleisteten Dienste, höchstens aber für die Dauer des inländischen gesetzlichen Grundwehr- oder Zivildienstes (§§ 5 WPflG, 24 ZDG) über das 21. oder 25. Lebensjahr hinaus berücksichtigt. Bei vorzeitiger Entlassung aus dem Grundwehrdienst wird eine Verlängerung der Gesamtdauer der zu leistenden Wehrübungen (vgl § 6 III WPflG) nicht berücksichtigt. Gleiches gilt bei nur zeitweiser Heranziehung zum Zivildienst vor dem 21./25. Lebensjahr, wenn der Zivildienst in zeitlich getrennten Abschnitten geleistet wird (§ 24 III ZDG). Auch im Ausland oder nach ausländischem Recht abgeleistete Dienste können grds nur bis zur Dauer des deutschen gesetzlichen Grundwehrdienstes oder Zivildienstes berücksichtigt werden, wobei auf die zu Beginn des Auslandsdienstes maßgebende Dauer des deutschen Grundwehrdienstes oder Zivildienstes abzustellen ist. Bei einem kürzeren ausländischen Dienst[2] kommt es grds auf die tatsächliche Dauer an. Handelt es sich jedoch um die Dienstpflicht in einem **EU- oder EWR-Mitgliedstaat**, so ist auch eine längere Dauer des Dienstes maßgebend (§ 32 V 2). Soweit ein Kind für die Dauer des ausländischen Dienstes schon nach § 32 IV 1 Nr 2d berücksichtigt wurde, kommt eine Verlängerung nach § 32 V nicht mehr in Betracht. Eine Verlängerung der Berücksichtigung kommt nicht in Betracht, wenn die **Einkommensgrenze nach § 32 IV 2–10** erreicht oder überschritten ist (§ 32 V 3).

D. Freibeträge für Kinder (§ 32 VI)

23 I. Allgemeines. § 32 VI gewährt seit VZ 02 im Anschluss an die Rspr des BVerfG[3] je Elternteil und Kind einen **Kinderfreibetrag** für das sächliche Existenzminimum des Kindes (dazu Rn 27) und einen **Freibetrag für den Betreuungs- und Erziehungs- sowie Ausbildungsbedarf** (dazu Rn 28f), die bei der ESt-Veranlagung vom Einkommen abgezogen werden. Die Norm gelangt allerdings gem § 31 (s dort) nur zur Anwendung, falls das Kindergeld nicht ausreicht, um die kinderbedingte Minderung der Leistungsfähigkeit auszugleichen. Es ist verfassungsrechtlich nicht zu beanstanden, dass der alleinverdienende Partner in einer gleichgeschlechtlichen Lebensgemeinschaft keinen Freibetrag nach § 32 VI erhält, wenn er nicht Elternteil des Kindes ist.[4]

24 Der **Anwendungsraum** von § 32 VI und der des BKGG schließen sich aus.[5] **Außergewöhnliche Unterhaltsleistungen** für Kinder sind nach § 33 neben den Freibeträgen nach § 32 VI abziehbar.[6] Freibeträge nach § 32 VI und Unterhaltshöchstbetrag nach § 33a I schließen sich aus. Freibeträge nach § 32 VI und der Ausbildungsfreibetrag für auswärtig untergebrachte volljährige Kinder (§ 33a II) werden nebeneinander gewährt. Gleiches gilt für § 33a III, insbes auch wenn der StPfl sein Kind als Haushaltshilfe beschäftigt oder die Haushaltshilfe wegen Krankheit des Kindes, für das der StPfl einen Freibetrag erhält, gewährt wird (§ 33a III 1 Nr 1b).[7] Freibeträge nach § 32 VI und Pflege-Pauschbetrag (§ 33b VI) sind nebeneinander abziehbar. **Kinderbetreuungskosten** können (ab VZ 06) nach §§ 4f, 9 V 1, 10 I Nr 5u 8 (unabgestimmt verdoppelnd) neben § 32 VI 1 2. Fall abgezogen werden. Zusätzlich kann auch der **Entlastungsbetrag** nach § 24b (von der Summe der Einkünfte, also vor den Freibeträgen nach § 32 VI) abgezogen werden. Zur Eintragung der Zahl der Kinderfreibeträge auf der **LSt-Karte** s § 39 III 1 Nr 2, IIIa, § 39a I Nr 6, § 46 II Nr 4 (vgl auch § 31 Rn 12).[8]

27 II. Einfacher und doppelter Kinderfreibetrag (§ 32 VI 1 1. Fall, 2). Je Elternteil und berücksichtigungsfähiges Kind wird, soweit § 32 VI anzuwenden ist (s § 31), ein Kinderfreibetrag iHv 1 824 € (Jahresbetrag) gewährt, der materiell das halbe sächliche Existenzminimum abdeckt (S 1, 1. Fall). Bei zusammenveranlagten (§ 26b) Ehegatten, die beide in einem (nicht notwendig gleichartigen)[9]

---

1 Für VZ 03 BfF BStBl I 03, 217; für VZ 04 BfF BStBl I 04, 433; für VZ 05 BfF BStBl I 04, 1191; für VZ 06 BfF BStBl I 06, 5; für VZ 07 BZSt BStBl I 07, 112.
2 Übersicht zur Dienstpflicht in ausländischen Staaten bei H/H/R § 32 Rn 152.
3 BVerfGE 99, 216 (231 ff) = BStBl II 99, 182 (187 ff).
4 BFH/NV 04, 1103.
5 Vgl nur H/H/R § 32 Rn 170 aE.
6 K/S/M § 32 Rn A 11.
7 H/H/R § 32 Rn 170.
8 Ausf zu Verfahrensfragen beim Kinderfreibetrag K/S/M § 32 Rn A 111–117.
9 K/S/M § 32 Rn D 9.

Kindschaftsverhältnis zum Kind stehen (§ 32 I Nr 1, 2), ist der doppelte (materiell ganze) Betrag (3 648 €) anzusetzen (S 2). Gleiches gilt ausnahmsweise bei einem nur einseitigen Kindschaftsverhältnis, wenn der andere Elternteil, auch soweit er kein Ehegatte ist,[1] verstorben oder nicht unbeschränkt stpfl ist (S 3 Nr 1), der StPfl allein das Kind angenommen hat oder das Kind nur zu ihm in einem Pflegekindschaftsverhältnis steht (S 3 Nr 2). Dem Fall, dass der andere Elternteil verstorben ist, sind die Fälle gleichzustellen (§ 163 AO), dass der Wohnsitz oder gewöhnliche Aufenthalt des anderen Elternteils nicht zu ermitteln oder der Vater des Kindes amtlich nicht feststellbar ist.[2] IÜ, dh bei Einzel- (§ 25), gesonderter (§ 26a) oder besonderer (§ 26c)[3] Veranlagung der Eltern, ebenso bei Zusammenveranlagung eines Elternteils mit einem Dritten sowie bei Stief- oder Großeltern, denen nach § 32 VI 7 nur ein Kinderfreibetrag übertragen wurde, ist jeweils der einfache (materiell halbe) Freibetrag abzuziehen. Diese Voraussetzungen müssen mindestens an einem Tag im Kalendermonat vorliegen. Für jeden Kalendermonat, in dem es hieran fehlt, ermäßigen sich die Beträge um ein Zwölftel (**§ 32 VI 5**).[4]

III. Einfacher und doppelter Freibetrag für den Betreuungs- und Erziehungs- sowie Ausbildungsbedarf (§ 32 VI 1 2. Fall, 2). Zusätzlich steht, sofern § 32 VI zur Anwendung gelangt (s § 31), jedem Elternteil für jedes berücksichtigungsfähige Kind ein Freibetrag für den Betreuungs- und Erziehungs- sowie Ausbildungsbedarf iHv 1 080 € zu (S 1, 2. Fall), der ebenfalls materiell den halben Bedarf abdeckt und unter grds parallelen Voraussetzungen verdoppelt wird (vgl Rn 27; geringfügig diff S 6). Der den Betreuungs- und Erziehungs- sowie Ausbildungsbedarf typisierend erfassende Freibetrag wird unabhängig von tatsächlich entstandenen Aufwendungen abgezogen. Er ist insbes unabhängig davon, ob die Betreuungsleistung von den Eltern selbst oder von Dritten erbracht wird, auf welche Weise die Eltern ihrer Erziehungspflicht nachkommen, sowie davon, wie die Ausbildung eines Kindes gestaltet ist.

28

IV. Auslandskinder (§ 32 VI 4). Gem § 32 VI 4 können für ein nicht nach § 1 I, II unbeschränkt stpfl Kind die Beträge nach § 32 VI 1 bis 3 nur abgezogen werden, soweit sie nach den Verhältnissen seines Wohnsitzstaats notwendig und angemessen sind. Ein Auslandskind wird nicht unbeschränkt stpfl, wenn es die Urlaubszeit im Inland beim Unterhaltsverpflichteten verbringt;[5] § 32 VI 4 ist auch insoweit anzuwenden.[6] Die Freibeträge werden nach der sog **Ländergruppeneinteilung** (Rn 16) angepasst. Auslandskinder werden nicht von der Gemeinde auf der LSt-Karte eingetragen. Es gilt jedoch § 39a I Nr 6 sowie § 46 II Nr 4.

32

V. Übertragung der Freibeträge (§ 32 VI 6, 7). – 1. Übertragung auf einen Elternteil. – a) Kinderfreibetrag. Gem § 32 VI 6 HS 1 wird auf Antrag eines Elternteils der **Kinderfreibetrag** des anderen Elternteils auf ihn übertragen, wenn nur er seiner Unterhaltspflicht gegenüber dem Kind für das Kj im Wesentlichen nachkommt. Es bedarf **keiner Zustimmung** des anderen Elternteils.[7] Diese Regelung gilt nur für **Elternpaare**, die **nicht der Ehegattenveranlagung unterliegen**, dh dauernd getrennt lebende oder geschiedene Eltern oder Eltern eines nichtehelich geborenen Kindes, **nicht** aber Ehegatten, die die getrennte Veranlagung (§ 26a) beantragen. Erhält der antragstellende StPfl den vollen Kinderfreibetrag, so ist ihm für Zwecke der Günstigerprüfung sowie der Verrechnung nach § 31 S 4 auch das dem anderen Elternteil oder einem Dritten gewährte Kindergeld zuzurechnen (s § 31). Der übertragende Elternteil verliert alle Entlastungen, die an den Freibetrag anknüpfen (vgl Rn 1).

33

Die Übertragung setzt voraus, dass das Kind einen Unterhaltsanspruch hat[8] und der Antragsteller seiner nach den konkreten Umständen bestehenden **Unterhaltspflicht**[9] **im Wesentlichen nachkommt**, der andere Elternteil aber nicht. Ist der andere Elternteil nicht zur Leistung von Unterhalt verpflichtet, so kann der ihm zustehende Kinderfreibetrag nicht übertragen werden.[10] Eine Übertragung ist auch dann ausgeschlossen, wenn ein Elternteil seiner Unterhaltspflicht nach Maßgabe seiner Leistungsfähigkeit nachkommt, selbst wenn sein Beitrag zum Unterhaltsbedarf verhältnismäßig geringfügig ist.[11] Ist ein volljähriges Kind wegen hohen eigenen Einkommens nicht unterhaltsbedürftig, entfällt nach § 32 IV 2 schon der Kinderfreibetrag. Leistet ein Elternteil durch Übernahme

---

1 BFH/NV 03, 31 (32).
2 R 32.12 I EStR; vgl auch FG Thür EFG 98, 1414 (1415).
3 *H/H/R* § 32 Rn 174.
4 BFH/NV 04, 331 (332).
5 BFH/NV 95, 967; BFH BStBl II 94, 887 (889).
6 *K/S/M* § 32 Rn D 12; **aA** *H/H/R* § 32 Rn 178.
7 Vgl BFH BStBl II 98, 433; BFH/NV 05, 343 zu § 32 VI aF.
8 BFH BStBl II 98, 329.
9 Vgl dazu BFH BStBl II 98, 435 (436).
10 BFH/NV 00, 553; FG SachsAnh EFG 00, 325 (326).
11 BFH/NV 00, 1194.

der Pflege und Erziehung des Kindes Naturalunterhalt, so kommt er seiner Unterhaltsverpflichtung in vollem Umfang nach (vgl § 1606 III 2 BGB).[1] Seiner Barunterhaltsverpflichtung kommt ein Elternteil im Wesentlichen nach, wenn er sie mindestens zu 75 vH erfüllt.[2] Soweit die Barunterhaltsverpflichtung nicht durch gerichtliche Entscheidung, Verpflichtungserklärung, Vergleich oder anderweitig durch Vertrag festgelegt ist, ist idR auf die Unterhaltstabellen der OLG, insbes die „Düsseldorfer Tabelle" abzustellen.[3] Maßgeblich ist die relative Erfüllung der konkreten Unterhaltspflicht.[4] Soweit zivilrechtlich zulässig (§§ 1612, 1614 BGB), können zur Erfüllung der Unterhaltsverpflichtung auch andere Leistungen als laufende Unterhaltszahlungen erbracht werden, etwa Sachleistungen – insbes an volljährige Kinder (vgl auch § 1603 II 2 BGB) – oder sonstige Unterhaltsabfindungen. Aus dem Barwert solcher Leistungen ist eine laufende Geldrente abzuleiten und diese mit der „Düsseldorfer Tabelle" zu vergleichen.[5] Übernimmt ein Elternteil gegen Entgelt die Unterhaltspflicht des anderen, kommen beide iSv § 32 VI ihrer Unterhaltspflicht nach; dies gilt nicht bei unentgeltlicher Freistellung.[6] – Die (Nicht-) Erfüllung der Unterhaltspflicht bezieht sich auf das Kj. Die zeitliche Zuordnung von Unterhaltsleistungen bestimmt sich nicht nach § 11, sondern nach Zivilrecht.[7] Besteht die Unterhaltsverpflichtung aus Gründen in der Pers des Kindes oder wegen des Todes des Elternteils nicht während des ganzen Kj, so ist auch bzgl ihrer Erfüllung nur auf den Verpflichtungszeitraum abzustellen.[8]

Der Kinderfreibetrag wird durch einen beiden Elternteilen bekannt zu gebenden VA übertragen.[9] Der widerrufliche[10] **Antrag** ist bis zur Bestandskraft der Veranlagung des StPfl formlos gegenüber dem Wohnsitz-FA[11] zu stellen. Eine Erklärung gegenüber der Familienkasse ist für das FA nicht bindend.[12] Der Antragsteller hat die Übertragungsvoraussetzungen darzulegen.[13] Der andere Elternteil ist gem § 91 AO anzuhören,[14] im FG-Verfahren jedoch idR nicht notwendig beizuladen (§ 60 III FGO).[15] – Im LSt-Abzugsverfahren nach § 39 IIIa kann ein Elternteil die Eintragung des vollen Kinderfreibetrags (Übertragung) beantragen.

34 **b) Freibetrag für den Betreuungs-, Erziehungs-, Ausbildungsbedarf.** Gem **§ 32 VI 6 HS 2** wird bei **minderjährigen** Kindern auf Antrag des Elternteils, in dessen Wohnung das Kind **gemeldet** ist, der **Freibetrag für den Betreuungs- und Erziehungs- oder Ausbildungsbedarf** des anderen Elternteils ohne weitere Voraussetzungen und ohne Zustimmungserfordernis auf ersteren übertragen (vgl Rn 33). Die Übertragung ist ausgeschlossen, wenn das Kind bei beiden Elternteilen[16] oder bei keinem von ihnen (zB Meldung nur am Ausbildungsort) gemeldet ist. Eine Übertragung nach HS 1 bringt idR eine solche nach HS 2 mit sich. Letztere reicht aber insofern weiter, als sie keine Verletzung der Unterhaltspflicht voraussetzt.

35 **2. Übertragung auf einen Stief- und Großelternteil.** Sofern nicht schon ein Pflegekindschaftsverhältnis besteht (§ 32 I Nr 2, II), können gem **§ 32 VI 7 HS 1** die den Eltern nach § 32 VI zustehenden Freibeträge auf Antrag auch auf einen Stief- (Ehegatte eines Elternteils) oder Großelternteil übertragen werden, wenn dieser das Kind in seinen Haushalt aufgenommen hat und ihm Unterhalt (materielle Versorgung und Betreuung) leistet. § 32 VI 7 trägt so der Kindergeldberechtigung von Stief- und Großeltern nach §§ 63 I Nr 2 und 3, 64 II 2 Rechnung. Der berechtigte Elternteil kann gem **§ 32 VI 7 HS 2** seine **Zustimmung** erteilen, die nur für künftige Kj widerrufen werden kann. Im Umkehrschluss können die Freibeträge auch gegen seinen Willen übertragen werden, worauf die empfangenden Stief- oder Großeltern einen Anspr haben. Die Zustimmung hat mithin eine Nachweisfunktion. Übertragender kann jeder berechtigte Elternteil iSv § 32 VI sein.[17] Die Übertragung setzt einen an sein Wohnsitz-FA gerichteten **Antrag** des Übertragungsempfängers[18] voraus, dem ggf

---

1 FG Brem EFG 94, 879 (880); FG RhPf EFG 93, 790.
2 BFH/NV 00, 1194; R 32.13 II 1 EStR.
3 FG RhPf EFG 98, 1470; OFD Hann FR 97, 965.
4 BFH BStBl II 98, 433 (434); BStBl II 98, 435 (436).
5 FG Kln EFG 95, 217; *H/H/R* § 32 Rn 184; **aA** FG BaWü EFG 95, 33; FG M'ster EFG 91, 127 (128).
6 BFH/NV 06, 1815.
7 BFH BStBl II 93, 397 (398) mit abl Anm *Kanzler* FR 93, 274.
8 R 32.13 III 1 EStR; s auch FG RhPf EFG 00, 631.
9 FG Brem EFG 94, 886 (887); *H/H/R* § 32 Rn 187; **aA** *Schmidt*[26] § 32 Rn 60 (kein VA).
10 FG BaWü EFG 93, 32.
11 FG Hbg EFG 94, 43 (44).
12 OFD M'ster FR 90, 262.
13 R 32.13 IV 1 EStR.
14 *H/H/R* § 32 Rn 181; einschränkend R 32.13 IV 4 EStR: in Zweifelsfällen.
15 BFH BStBl II 01, 729; vgl auch BFH BStBl II 02, 578 zu § 64 EStG; anders BFH BStBl II 05, 776 für den Fall der Anfechtung einer vorherigen Übertragung.
16 *Hillmoth* Inf 00, 65 (67).
17 *K/S/M* § 32 Rn D 40; **aA** *H/H/R* § 32 Rn 189 (nur Eltern iS S 6, dh unbeschr StPfl, die nicht die Voraussetzungen von § 26 I 1 erfüllen).
18 *H/H/R* § 32 Rn 189.

die Erklärung des Zustimmenden beizufügen ist. Die Zustimmung kann bis zur Bestandskraft der Veranlagung des Antragstellers erteilt werden. Wird sie nach Eintritt der Bestandskraft erteilt, kann der Bescheid nach § 175 I Nr 2 AO berichtigt werden. Die Zustimmung kann auf einen VZ beschränkt werden, so dass sich ein Widerruf erübrigt. Ein **Widerruf der Zustimmung** ist nur für künftige Kj zulässig. Er ist wie die Zustimmung gegenüber dem FA zu erklären. Als **Rechtsfolge** der Übertragung erhält der jeweilige Stief- oder Großelternteil die einfachen Freibeträge. Berechtigte iSv § 32 VI 2 und 3 übertragen die doppelten Freibeträge. Zur Verrechnung des gewährten Kindergeldes vgl § 31. Der übertragende Elternteil verliert alle Entlastungen, die an den Freibetrag anknüpfen (vgl Rn 1), jedoch nicht notwendig seinen Kindergeld-Anspr.[1] Leistet ein übertragender Elternteil (Bar-) Unterhalt, kommt ein zivilrechtlicher Ausgleichsanspruch in Betracht.

§ 32a Einkommensteuertarif

(1) [1]Die tarifliche Einkommensteuer bemisst sich nach dem zu versteuernden Einkommen. [2]Sie beträgt vorbehaltlich der §§ 32b, 32d, 34, 34a, 34b und 34c jeweils in Euro für zu versteuernde Einkommen

1. bis 7 664 Euro (Grundfreibetrag):
   0;
2. von 7 665 Euro bis 12 739 Euro:
   $(883{,}74 \cdot y + 1500) \cdot y$;
3. von 12 740 Euro bis 52 151 Euro:
   $(228{,}74 \cdot z + 2397) \cdot z + 989$;
4. von 52 152 Euro bis 250 000 Euro:
   $0{,}42 \cdot x - 7914$;
5. von 250 001 Euro an:
   $0{,}45 \cdot x - 15\,414$.

[3]„y" ist ein Zehntausendstel des 7 664 Euro übersteigenden Teils des auf einen vollen Euro-Betrag abgerundeten zu versteuernden Einkommens. [4]„z" ist ein Zehntausendstel des 12 739 Euro übersteigenden Teils des auf einen vollen Euro-Betrag abgerundeten zu versteuernden Einkommens. [5]„x" ist das auf einen vollen Euro-Betrag abgerundete zu versteuernde Einkommen. [6]Der sich ergebende Steuerbetrag ist auf den nächsten vollen Euro-Betrag abzurunden.

(2) – (4) *(weggefallen)*

(5) Bei Ehegatten, die nach den §§ 26, 26b zusammen zur Einkommensteuer veranlagt werden, beträgt die tarifliche Einkommensteuer vorbehaltlich der §§ 32b, 32d, 34, 34a, 34b und 34c das Zweifache des Steuerbetrags, der sich für die Hälfte ihres gemeinsam zu versteuernden Einkommens nach Absatz 1 ergibt (Splitting-Verfahren).

(6) [1]Das Verfahren nach Absatz 5 ist auch anzuwenden zur Berechnung der tariflichen Einkommensteuer für das zu versteuernde Einkommen
1. bei einem verwitweten Steuerpflichtigen für den Veranlagungszeitraum, der dem Kalenderjahr folgt, in dem der Ehegatte verstorben ist, wenn der Steuerpflichtige und sein verstorbener Ehegatte im Zeitpunkt seines Todes die Voraussetzungen des § 26 Abs. 1 Satz 1 erfüllt haben,
2. bei einem Steuerpflichtigen, dessen Ehe in dem Kalenderjahr, in dem er sein Einkommen bezogen hat, aufgelöst worden ist, wenn in diesem Kalenderjahr
   a) der Steuerpflichtige und sein bisheriger Ehegatte die Voraussetzungen des § 26 Abs. 1 Satz 1 erfüllt haben,
   b) der bisherige Ehegatte wieder geheiratet hat und
   c) der bisherige Ehegatte und dessen neuer Ehegatte ebenfalls die Voraussetzungen des § 26 Abs. 1 Satz 1 erfüllen.

[2]Dies gilt nicht, wenn eine Ehe durch Tod aufgelöst worden ist und die Ehegatten der neuen Ehe die besondere Veranlagung nach § 26c wählen.
[2]Voraussetzung für die Anwendung des Satzes 1 ist, dass der Steuerpflichtige nicht nach den §§ 26, 26a getrennt zur Einkommensteuer veranlagt wird.

H 32 EStH

---

1 *H/H/R* § 32 Rn 193.

§ 32a Einkommensteuertarif

Literatur: *Herzig/Schiffers* Steuersatzänderungen des Steuerentlastungsgesetzes 1999/2000/2002 – Auswirkungen auf die Unternehmensbesteuerung, DB 99, 969; *Jachmann* Leistungsfähigkeit und Umverteilung, StuW 98, 293.

A. Grundaussagen des § 32a

1 Im Rahmen der Individualbesteuerung regelt § 32a I abw von dem einheitlichen Definitivsteuersatz iSd § 23 KStG den Einkommensteuertarif und legt einzelne Schritte der **Tarifanwendung** fest. Dabei bildet das zu versteuernde Einkommen iSd § 2 V 1 (§ 2 Rn 143f) die Bemessungsgrundlage. Die Abs 5 und 6 betreffen Anwendungsbereich und Wirkungsweise des Splitting-Verfahrens. Die Tarifvorschrift ist im Einzelfall mit den Steuerermäßigungen gem §§ 34 ff in Zusammenhang zu sehen.

2 Die Höhe des Grundfreibetrages und der Tarifverlauf einschl des Eingangs- und Spitzensteuersatzes prägen die **Steuerbelastung** und bilden über ihre technische Funktion hinaus maßgebliche Größen für die Einkommensbesteuerung. Der geltende linear-progressive Tarif[1] trägt zur Besteuerung nach der wirtschaftlichen Leistungsfähigkeit bei, entfaltet Verteilungswirkung und beeinflusst die wirtschaftliche Entwicklung. In der Vergangenheit änderte der Gesetzgeber vielfach die Bestimmungsgrößen der Steuerbelastung, die Änderungen betrafen den Grundfreibetrag, den Eingangs- und Spitzensteuersatz sowie den Tarifverlauf. Die zunächst für 2003 vorgesehene weitere Absenkung wurde auf das Jahr 04 verschoben, vgl § 52 Abs 41[2], um den Fonds „Aufbauhilfe" (Flutopfer) zu finanzieren. Dagegen zog der Gesetzgeber die ursprünglich für den VZ 05 vorgesehene weitere Tarifabsenkung teilweise durch das HBeglG 04 auf den VZ 04 vor. Für den VZ 07 hat der Gesetzgeber allerdings durch das StÄndG 07[3] den Spitzensteuersatz um 3 vH auf 45 vH angehoben, um den Haushalt zu konsolidieren (sog „Reichensteuer").[4] Allerdings gilt der erhöhte Spitzensteuersatz im Hinblick auf den in § 32c geregelten Entlastungsbetrag nicht für Gewinneinkünfte. Wiederholt hat der Gesetzgeber in der Vergangenheit die Vorschrift – häufig auch im Rahmen von redaktionellen Folgeänderungen – geändert.[5]

3 Die **verfassungsrechtlichen Vorgaben** für den Tarif, § 32a I 2, verlangen die steuergesetzliche Berücksichtigung des existenznotwendigen Bedarfs (Rn 11) sowie einen folgerichtig gestalteten, die (unterschiedliche) wirtschaftliche Leistungsfähigkeit iSv Art 3 GG angemessen berücksichtigenden Tarifverlauf (§ 2 Rn 8 ff, 16).[6] Für die angemessene Höhe des Grundfreibetrags entfalten die Regelsätze der Sozialhilfe Indizwirkung iS einer Untergrenze. Weiterhin sollte die steuerliche Gesamtbelastung des Sollertrages bei typisierender Betrachtung dem StPfl etwa die Hälfte belassen (sog Halbteilungsgrundsatz).[7] Dabei sind Ausgestaltung und Grenzen des Halbteilungsgrundsatzes nach wie vor umstritten. IÜ unterliegt der Tarif weitgehend dem Gestaltungswillen des Gesetzgebers und erweist sich nur in eingeschränktem Maße einer gerichtlichen Kontrolle als zugänglich.[8] Verfassungsrechtliche Bedenken konzentrieren sich vor allem auf die Frage, ob der jeweils gültige Grundfreibetrag in angemessener Weise das stfreie Existenzminimum abdeckt.[9] Insgesamt dürfte § 32a I 2 aber vor allem nach den seit 1999 beschlossenen Absenkungen[10] (Rn 5) den verfassungsrechtlichen Vorgaben entsprechen.

4 Das Splitting-Verfahren als typisiertes Realsplitting[11] bewirkt neben der Verdopplung von Abzugsbeträgen vor allem ein Abflachen der Progression.[12] Die Diskussion um das **Ehegattensplitting** gem § 32a V betrifft insbes die Frage, ob es sich hierbei um die steuerliche Subvention einer bestimmten Lebensform handelt (§ 26 Rn 5).

---

1 Zu Einzelheiten der Tarifstruktur *K/S/M* § 32a Rn A 20 und 111; krit zu den realen Belastungsverschiebungen in den Jahren 90 bis 05: *Stern* DStZ 05, 515.
2 IdF Gesetz v 19.9.02 BGBl I 02, 3651.
3 Gesetz v 19.7.06 BGBl I 06, 1652 (1654).
4 BR-Drs 330/06, 22.
5 Gesetz v 14.8.07 BGBl I 07, 1912 (1918); BT-Drs 16/4841, 60.
6 BVerfGE 87, 153 = BStBl II 93, 413 (418) und (420); BVerfGE 99, 246 = BStBl II 99, 174 (179); BFH/NV 01, 34: BFH/NV 03, 613 (615).
7 BVerfGE 93, 121 = BStBl II 95, 655 (661); einschränkend BFH BStBl II 98, 671 (672); BStBl II 99, 771 (773); zur Konkretisierung des Halbteilungsgrundsatzes: FG Kln EFG 03, 1178.
8 BFH BStBl II 01, 778 (779).
9 Krit zur (unzulänglichen) Höhe des Grundfreibetrags: *Dziadkowski* BB 01, 1765 (1766).
10 StEntlG 99/00/02 v 24.3.99, BGBl I 99, 402; StBereinG 99 v 22.12.99, BGBl I 99, 2601; StSenkG v 23.10.00, BStBl I 00, 1433; ausf *Herzig/Schiffers* DB 99, 969 (970f).
11 *Seer* in FS Kruse, S 357.
12 *K/S/M* § 32a Rn A 140.

In zeitlicher Hinsicht bestimmt § 52[1] im Einzelnen, welche Beträge in den VZ 04 und 05 für den Tarifverlauf maßgeblich sind. Die Tarifänderungen sind insbes bei Gestaltungsüberlegungen (Rn 6) zu berücksichtigen.

Im Rahmen der steuerlichen **Gestaltung** gewinnen die in § 32a I 2 geregelten sinkenden Grenzsteuersätze entscheidende Bedeutung für die Frage, ob ein StPfl durch Änderungen der Bemessungsgrundlage in einzelnen VZ (§ 25 Rn 6) die Gesamtsteuerbelastung zu senken vermag.[2]

B. Einkommensteuertarif (§ 32a I)

I. Tarifverlauf bei Einzelveranlagung (§ 32a I). Das zu versteuernde Einkommen, § 2 V 1, bildet im Regelfall (Rn 12) die **Bemessungsgrundlage** für die seit 2004 als stufenlose Tarifsteuer ausgestaltete ESt, § 32a I 1. Im Rahmen der Einzelveranlagung gilt die Vorschrift vorbehaltlich der Sondervorschriften (Rn 12) und § 50 VII für jeden (un)beschränkt StPfl. Bei beschränkt StPfl kommt allerdings gem § 50 III 1 vorbehaltlich des Mindeststeuersatzes iSd § 50 III 2 nur die Grundtabelle, § 32a I, in Betracht (§ 50 Rn 15).

§ 32a I 2 Nr 1 regelt den gem § 52 Abs 41 seit Jahren steigenden (VZ 03: 7235 €, VZ 04 und VZ 05: 7664 €) **Grundfreibetrag.** Dieser stellt keine sachliche Steuerbefreiung dar, sondern ist Teil der Tarifvorschriften. Die Verfassung selbst verbietet in Höhe des existenznotwendigen Bedarfs den steuerlichen Zugriff (Rn 3). Im Ergebnis wird hinsichtlich des (wirtschaftlichen) Existenzminimums, bei Familien auch hinsichtlich des durch Kinder verursachten Betreuungsbedarfs, keine ESt erhoben.[3] Die Höhe des existenznotwendigen Bedarfs bestimmt sich nach den allg wirtschaftlichen Verhältnissen und dem anerkannten Mindestbedarf, wobei sozialrechtliche Vorgaben maßgebliche Bedeutung gewinnen.[4] Regelmäßige und belastungsbezogene Anpassungen erweisen sich als erforderlich. Der Freibetrag führt zu einem einheitlichen Steuerentlastungsbetrag.

Der **Verlauf der beiden** durch linearen Anstieg des Grenzsteuersatzes gekennzeichneten **Progressionszonen** ist in § 32a I 2 Nr 2 und 3 iVm § 32a I 3 und 4 geregelt. Dabei kommt dem seit Jahren sinkenden Eingangssteuersatz beachtliche steuerpolitische Signalwirkung zu. Ausweislich § 52 Abs 41 sank der Eingangssteuersatz von 19,9 vH (seit VZ 01) über 16 vH (VZ 04) auf 15 vH (VZ 05). Eine erste Proportionalzone hat der Gesetzgeber in § 32a I 2 Nr 4 geregelt. § 32a I 2 Nr 5 iVm § 32a I 5 legt nun- mehr den Spitzensteuersatz fest. Diesen Höchststeuersatz hat der Gesetzgeber seit dem VZ 03 mit 48,5 vH von 55 008 € an über den VZ 04 mit 45 vH von 52 152 € an bis zum VZ 05 auf 42 vH von 52 152 € an (sog Dritte Stufe der Steuerreform) gesenkt und für den VZ 06 auf 45 vH von 250 001 € an angehoben (Rn 2). Den Festlegungen in § 32a I 2 (Rn 10) gehen ausweislich des Gesetzeswortlauts im Einzelfall abw Regelungen in Form besonderer Steuersätze vor, §§ 32b, 34, 34b und 34c. Der Vorbehalt dieser Bestimmungen bei der Ermittlung der tariflichen ESt bedeutet, dass im Sinne eines Tarifvorbehalts diese Vorschriften vorrangig zu berücksichtigen sind.[5] Demgemäß ist der ProgrVorb auch anwendbar, soweit der Grundfreibetrag nicht überschritten ist.[6] Der BFH geht zutr davon aus, dass Einnahmen, die der Gesetzgeber etwa aus sozialpolitischen Erwägungen stfrei belässt, gleichwohl die wirtschaftliche Leistungsfähigkeit erhöhen.

§ 32a I 6 sieht eine Rundung des nach den einzelnen Rechenschritten gewonnenen Ergebnisses vor. Auf diese Weise wird wie bereits nach der bis 2003 geltenden Gesetzeslage (§ 32a III 3 aF) auf den nächsten vollen Euro-Betrag abgerundet.

C. Splittingverfahren (§ 32a V und VI)

I. Zusammenveranlagung (§ 32a V). Die Tarifvergünstigung des Splitting-Verfahrens kommt vorbehaltlich im Einzelnen bezeichneter Sondertarife (Rn 12) nur in Betracht, wenn Ehegatten unbeschränkt stpfl sind, nicht dauernd getrennt leben und tatsächlich gem §§ **26, 26b** zusammenveranlagt werden. Dabei fingiert § 1a I Nr 2 die unbeschränkte StPfl für bestimmte Angehörige. Ob jemand Ehegatte iSv § 26 I 1 ist, richtet sich nach den Bestimmungen des Zivilrechts sowie des deutschen

---

1 Abzustellen ist auf die jeweils neueste Fassung, vgl etwa Gesetz v 29.12.03, BGBl I 03, 3076.
2 Herzig/Schiffers DB 99, 969 (970 f) mit Gestaltungshinweisen.
3 BVerfGE 99, 216 = BStBl II 99, 182 (188); BFH BStBl II 01, 778.
4 BVerfGE 87, 153 = BStBl II 93, 413 (418); 99, 216 = BStBl II 99, 182 (188).
5 BFH BStBl II 04, 718 (719).
6 BFH BStBl II 01, 778 (779 f); BFH/NV 03, 39.

internationalen Privatrechts.[1] Dementspr entfällt bei eheähnlichen Lebensgemeinschaften die Zusammenrechnung der Einkünfte als Voraussetzung für den Tarifvorteil.[2] Eine Auslegung über den Gesetzeswortlaut hinaus entfällt. Gleichermaßen ist bei Alleinerziehenden oder getrennt lebenden bzw geschiedenen StPfl das Splitting-Verfahren nicht anwendbar.[3] IÜ bestimmt etwa § 26c II, unter welchen Voraussetzungen das Splittingverfahren bei der besonderen Veranlagung anwendbar ist.

17 Nach § 32a V ist jeweils auf die Hälfte des gemeinsamen Einkommens der Grundtarif anzuwenden und zwar unabhängig davon, wer das Einkommen tatsächlich erzielt hat. Somit **fingiert** das Splitting-Verfahren einen gleichen Beitrag beider Ehegatten zum gemeinsamen Einkommen. Auf diese Weise zahlen zusammenveranlagte Eheleute eine gleich hohe Einkommensteuer wie zwei Unverheiratete, von denen jeder die Hälfte des zu versteuernden Einkommens der Eheleute erzielt. Die Steuerentlastung durch Abflachen der Progression (Rn 4) ist umso höher, je größer die Einkommensdifferenz zw den Ehegatten ausfällt. IdR erweist sich die Zusammenveranlagung als vorteilhaft gegenüber der getrennten Veranlagung, § 26a.

20 II. Sonstige Anwendung des Splitting-Verfahrens (§ 32a VI). Abs 6 erweitert den Anwendungsbereich des Splitting-Verfahrens. Durch diese Billigkeitsregelungen sollen die aus dem Tod des Ehegatten folgenden oder mit der Eheauflösung verbundenen Umstellungshärten zeitlich befristet gemildert werden. Bei beiden Alt darf der StPfl in dem betr VZ nicht gem §§ 26, 26a getrennt zur ESt veranlagt werden, **§ 32a VI 2**.

21 Das sog **Verwitwetensplitting** gestattet die mit dem Splitting-Verfahren verbundene Tarifvergünstigung für den VZ, der dem Kj folgt, in dem der Ehegatte verstorben ist, § 32a VI 1 Nr 1. Dabei müssen die Voraussetzungen des § 26 I 1 im Zeitpunkt des Todes erfüllt sein, die Art der Veranlagung im Todesjahr ist dagegen unerheblich.[4] Daher entfällt der Splitting-Tarif, wenn die Ehegatten zwar zu Beginn des Todesjahres nicht dauernd voneinander getrennt gelebt haben, wohl aber im Todeszeitpunkt.[5] Gleichermaßen ausgeschlossen ist das Splitting regelmäßig, wenn der überlebende Ehegatte im Todesjahr oder im folgenden VZ erneut heiratet.[6]

22 Das sog **Sondersplitting** gestattet unter den in § 32a VI 1 Nr 2 genannten Voraussetzungen das Splitting-Verfahren im Kj der Eheauflösung (Scheidung, Tod, Aufhebung). Besonderheiten können im Falle einer Wiederheirat gelten.[6]

§ 32b Progressionsvorbehalt

(1) Hat ein zeitweise oder während des gesamten Veranlagungszeitraums unbeschränkt Steuerpflichtiger oder ein beschränkt Steuerpflichtiger, auf den § 50 Abs. 5 Satz 2 Nr. 2 Anwendung findet,

1. a) Arbeitslosengeld, Teilarbeitslosengeld, Zuschüsse zum Arbeitsentgelt, Kurzarbeitergeld, Winterausfallgeld, Insolvenzgeld, Arbeitslosenhilfe, Übergangsgeld, Altersübergangsgeld, Altersübergangsgeld-Ausgleichsbetrag, Unterhaltsgeld als Zuschuss, Eingliederungshilfe nach dem Dritten Buch Sozialgesetzbuch oder dem Arbeitsförderungsgesetz, das aus dem Europäischen Sozialfonds finanzierte Unterhaltsgeld sowie Leistungen nach § 10 des Dritten Buches Sozialgesetzbuch, die dem Lebensunterhalt dienen; Insolvenzgeld, das nach § 188 Abs. 1 des Dritten Buches Sozialgesetzbuch einem Dritten zusteht, ist dem Arbeitnehmer zuzurechnen,
   b) Krankengeld, Mutterschaftsgeld, Verletztengeld, Übergangsgeld oder vergleichbare Lohnersatzleistungen nach dem Fünften, Sechsten oder Siebten Buch Sozialgesetzbuch, der Reichsversicherungsordnung, dem Gesetz über die Krankenversicherung der Landwirte oder dem Zweiten Gesetz über die Krankenversicherung der Landwirte,
   c) Mutterschaftsgeld, Zuschuss zum Mutterschaftsgeld, die Sonderunterstützung nach dem Mutterschutzgesetz sowie den Zuschuss nach § 4a der Mutterschutzverordnung oder einer entsprechenden Landesregelung,
   d) Arbeitslosenbeihilfe oder Arbeitslosenhilfe nach dem Soldatenversorgungsgesetz,

---

1 BFH BStBl II 98, 473 (474).
2 BFH BFH BStBl II 06, 515 (516); BFH/NV 07, 663.
3 BVerfGE 61, 319 = BStBl II 82, 717 (726 f); BFHE 181, 31 (34); BFH/NV 02, 1137.
4 *K/S/M* § 32a Rn D 6.
5 BFH BStBl II 98, 350 (351).
6 Einzelnachweise in H 32a EStH.

e) Entschädigungen für Verdienstausfall nach dem Infektionsschutzgesetz vom 20. Juli 2000 (BGBl. I S. 1045),
f) Versorgungskrankengeld oder Übergangsgeld nach dem Bundesversorgungsgesetz,
g) nach § 3 Nr. 28 steuerfreie Aufstockungsbeträge oder Zuschläge,
h) Verdienstausfallentschädigung nach dem Unterhaltssicherungsgesetz,
i) *(aufgehoben)*
j) Elterngeld nach dem Bundeselterngeld- und Elternzeitgesetz oder
2. ausländische Einkünfte, die im Veranlagungszeitraum nicht der deutschen Einkommensteuer unterlegen haben; dies gilt nur für Fälle der zeitweisen unbeschränkten Steuerpflicht einschließlich der in § 2 Abs. 7 Satz 3 geregelten Fälle; ausgenommen sind Einkünfte, die nach einem sonstigen zwischenstaatlichen Übereinkommen im Sinne der Nummer 4 steuerfrei sind und die nach diesem Übereinkommen nicht unter den Vorbehalt der Einbeziehung bei der Berechnung der Einkommensteuer stehen,
3. Einkünfte, die nach einem Abkommen zur Vermeidung der Doppelbesteuerung steuerfrei sind,
4. Einkünfte, die nach einem sonstigen zwischenstaatlichen Übereinkommen unter dem Vorbehalt der Einbeziehung bei der Berechnung der Einkommensteuer steuerfrei sind,
5. Einkünfte, die bei Anwendung von § 1 Abs. 3 oder § 1a oder § 50 Abs. 5 Satz 2 Nr. 2 im Veranlagungszeitraum bei der Ermittlung des zu versteuernden Einkommens unberücksichtigt bleiben, weil sie nicht der deutschen Einkommensteuer oder einem Steuerabzug unterliegen; ausgenommen sind Einkünfte, die nach einem sonstigen zwischenstaatlichen Übereinkommen im Sinne der Nummer 4 steuerfrei sind und die nach diesem Übereinkommen nicht unter dem Vorbehalt der Einbeziehung bei der Berechnung der Einkommensteuer stehen,

bezogen, so ist auf das nach § 32a Abs. 1 zu versteuernde Einkommen ein besonderer Steuersatz anzuwenden.

(1a) Als unmittelbar von einem unbeschränkt Steuerpflichtigen bezogene ausländische Einkünfte im Sinne des Absatzes 1 Nr. 3 gelten auch die ausländischen Einkünfte, die eine Organgesellschaft im Sinne des § 14 oder des § 17 des Körperschaftsteuergesetzes bezogen hat und die nach einem Abkommen zur Vermeidung der Doppelbesteuerung steuerfrei sind, in dem Verhältnis, in dem dem unbeschränkt Steuerpflichtigen das Einkommen der Organgesellschaft bezogen auf das gesamte Einkommen der Organgesellschaft im Veranlagungszeitraum zugerechnet wird.

(2) ¹Der besondere Steuersatz nach Absatz 1 ist der Steuersatz, der sich ergibt, wenn bei der Berechnung der Einkommensteuer das nach § 32a Abs. 1 zu versteuernde Einkommen vermehrt oder vermindert wird um
1. im Fall des Absatzes 1 Nr. 1 die Summe der Leistungen nach Abzug des Arbeitnehmer-Pauschbetrags (§ 9a Satz 1 Nr. 1), soweit er nicht bei der Ermittlung der Einkünfte aus nichtselbstständiger Arbeit abziehbar ist;
2. im Fall des Absatzes 1 Nr. 2 bis 5 die dort bezeichneten Einkünfte, wobei die darin enthaltenen außerordentlichen Einkünfte mit einem Fünftel zu berücksichtigen sind. ²Bei der Ermittlung der Einkünfte im Fall des Absatzes 1 Nr. 2 bis 5
   a) ist der Arbeitnehmer-Pauschbetrag (§ 9a Satz 1 Nr. 1 Buchstabe a) abzuziehen, soweit er nicht bei der Ermittlung der Einkünfte aus nichtselbstständiger Arbeit abziehbar ist;
   b) sind Werbungskosten nur insoweit abzuziehen, als sie zusammen mit den bei der Ermittlung der Einkünfte aus nichtselbstständiger Arbeit abziehbaren Werbungskosten den Arbeitnehmer-Pauschbetrag (§ 9a Satz 1 Nr. 1 Buchstabe a) übersteigen.

²Ist der für die Berechnung des besonderen Steuersatzes maßgebende Betrag höher als 250 000 Euro und sind im zu versteuernden Einkommen Einkünfte im Sinne des § 2 Abs. 1 Satz 1 Nr. 1 bis 3 enthalten, ist für den Anteil dieser Einkünfte am zu versteuernden Einkommen der Steuersatz im Sinne des Satzes 1 nach § 32a mit der Maßgabe zu berechnen, dass in Absatz 1 Satz 2 die Angabe „§ 32b" und die Nummer 5 entfallen sowie die Nummer 4 in folgender Fassung anzuwenden ist:
„4. von 52 152 Euro an: $0{,}42 \cdot x - 7\,914$."
³Für die Bemessung des Anteils im Sinne des Satzes 2 gilt § 32c Abs. 1 Satz 2 und 3 entsprechend.

(3) ¹Die Träger der Sozialleistungen im Sinne des Absatzes 1 Nr. 1 haben die Daten über die im Kalenderjahr gewährten Leistungen sowie die Dauer des Leistungszeitraums für jeden Empfänger

bis zum 28. Februar des Folgejahres nach amtlich vorgeschriebenem Datensatz durch amtlich bestimmte Datenfernübertragung zu übermitteln, soweit die Leistungen nicht auf der Lohnsteuerbescheinigung (§ 41b Abs. 1 Satz 2 Nr. 5) auszuweisen sind; § 41b Abs. 2 und § 22a Abs. 2 gelten entsprechend. ²Der Empfänger der Leistungen ist entsprechend zu informieren und auf die steuerliche Behandlung dieser Leistungen und seine Steuererklärungspflicht hinzuweisen. ³In den Fällen des § 188 Abs. 1 des Dritten Buches Sozialgesetzbuch ist Empfänger des an Dritte ausgezahlten Insolvenzgeldes der Arbeitnehmer, der seinen Arbeitsentgeltanspruch übertragen hat.

(4) *(aufgehoben)*

R 32b/H 32b EStR 05

Literatur: *Schmitz* Zur Erweiterung des Progressionsvorbehaltes bei Entsendung/Rückkehr von Arbeitnehmern ins/aus dem Ausland, IStR 98, 533; *Wassermeyer* Der BFH und der Progressionsvorbehalt, IStR 02, 289.

A. Grundaussagen des § 32b

1 Seit 1975 enthält das EStG in § 32b eine ausdrückliche Rechtsgrundlage für den ProgrVorb. Dem allg Tarif iSv § 32a geht § 32b als spezielle Regelung, § 32a I 2, vor (§ 32a Rn 12),¹ indem er für bestimmte Einkünfte und im Einzelnen bezeichnete Leistungen einen **Sondertarif** festlegt. Insoweit bestimmt § 32b I als Rechtsfolge den ProgrVorb iSd Abs 2. Sofern § 32b keine Einschränkung enthält, betrifft die Vorschrift im Regelfall den positiven und negativen ProgrVorb. Hiernach sieht § 32b keinen allg ProgrVorb vor für stfreie Bezüge. Die im Verhältnis zu § 32c vorrangige Tarifvorschrift betrifft allein den Steuersatz, das zu versteuernde Einkommen iSv § 2 V 1 bleibt iErg unberührt. Demzufolge führt der in dieser Tarifbestimmung geregelte sog ProgrVorb auch nicht zu einer mittelbaren Besteuerung der stfreien Bezüge und Einkünfte gem § 32b I.

2 Wegen des **progressiven Tarifverlaufs** (§ 32a Rn 12) steigt in den sog Progressionszonen bei höheren Einkünften der Grenzsteuersatz; im Hinblick auf den Grundfreibetrag verläuft der Tarif aber auch in der sog Proportionalzone progressiv.² Soweit das Gesetz bestimmte Einkünfte oder das zu versteuernde Einkommen unterhalb des Grundfreibetrags als stfrei behandelt, blieben diese Bezüge an sich ohne (belastungserhöhenden) Einfluss auf den Steuersatz, dem die stpfl Einkünfte unterliegen. Durch den sog positiven ProgrVorb will der Gesetzgeber zwecks Besteuerung nach der Leistungsfähigkeit sicherstellen, dass die Steuerfreiheit einzelner Einkünfte nicht auch noch im Hinblick auf die stpfl Einkünfte die erhöhte Belastung verhindert, die idR mit dem progressiven Tarifverlauf verbunden ist.³ Insoweit fließen die freigestellten oder nicht besteuerten Einkünfte zwar nicht selbst in die Bemessungsgrundlage ein, sie beeinflussen jedoch den Steuersatz für die stpfl Einkünfte. In vergleichbarer Weise kann der sog negative ProgrVorb steuerentlastend wirken.

3 § 32b I bestimmt den Kreis der StPfl sowie der Einkünfte, die dem ProgrVorb unterliegen; dazu enthält Abs 1a eine nähere Festlegung, welche Einkünfte im Zusammenhang mit einer Organschaft gem § 32b I Nr 3 zu berücksichtigen sind. Abs 2 regelt die **Berechnung des besonderen Steuersatzes**. Abs 3 verpflichtet Sozialleistungsträger iSv § 32b I Nr 1 zum Erstellen bestimmter Bescheinigungen.

4 Der ProgrVorb ist wiederholt als rechtswidrig angesehen worden. Im Hinblick auf Art 2 I und 3 GG teilt die Rspr diese **verfassungsrechtlichen Bedenken** nicht.⁴ Dies gilt auch für den Fall, dass das zu versteuernde Einkommen unter dem Grundfreibetrag liegt. Gleichermaßen verneint der BFH einen Verstoß gegen europäisches Gemeinschaftsrecht.⁵

5 In **verfahrensrechtlicher Hinsicht** berücksichtigen die FÄ den ProgrVorb von Amts wegen (ausschließlich) im Wege der Veranlagung. Zur Feststellung verrechenbarer Verluste hat ein FA gem § 180 V AO im Einzelfall die Besteuerungsgrundlagen, ob und in welchem Umfang etwa die nach einem DBA freigestellten Einkünfte aus einer ausländischen Betriebstätte stammen, gesondert festzustellen.⁶

---

1 BFH BStBl II 01, 778; FG Mchn EFG 01, 438 mwN.
2 BFH BStBl II 70, 600 (662).
3 BFH BStBl II 01, 778 (779).
4 BVerfG BStBl II 95, 758; BFH BStBl II 01, 778 (779f).
5 BFH BStBl II 02, 660 (661); krit demgegenüber: *Sabatschus* IStR 02, 623 (626f); krit zum Ausschluss des negativen ProgrVorb: EuGH v 21.2.06, BB 06, 525 (Ritter-Coulais).
6 BFH BStBl II 91, 873 (874ff); BFH/NV 98, 680.

Zahlreiche **Gesetzesänderungen** haben in der Vergangenheit dazu geführt, dass § 32b regelmäßig **6** (redaktionell) vor allem hinsichtlich der in Abs 1 Nr 1 genannten Merkmale angepasst wurde. Die Änderungen in den letzten Jahren[1] betrafen vor allem die Verweise sowie die Bezugnahme auf einzelne stfreie Einkünfte.

B. Betroffene Einkünfte (§ 32b I)

I. Persönlicher Anwendungsbereich. Bei nat Pers gilt § 32b neben den **unbeschränkt StPfl**, § 1 I 1, **7** auch für beschränkt StPfl, auf die § 50 V 2 Nr 2 Anwendung findet. Dies betrifft beschränkt stpfl ArbN mit Einkünften iSv § 49 I 4, sofern dieser Angehöriger eines Staates der EU oder des Europäischen Wirtschaftsraums ist (Grenzpendler, § 1 Rn 25 ff). Die Voraussetzungen gem § 1 I 1 oder § 50 V 2 Nr 2 müssen im VZ zumindest zeitweise vorgelegen haben. Gem § 46 II Nr 1 und 7 besteht eine Veranlagungspflicht, soweit Einkünfte und Leistungen dem ProgrVorb unterliegen. Kommt eine Veranlagung nicht (zwingend) nach § 46 II Nr 1 bis 7 in Betracht, kann der ArbN im Einzelfall die Veranlagung gem Nr 8 beantragen; auf diese Weise kann der StPfl erreichen, dass ausländische Verluste, die nach einem DBA außer Ansatz geblieben sind, zur Anwendung des negativen ProgrVorb (Rn 30) berücksichtigt werden.[2] Im Falle der Zusammenveranlagung unbeschränkt stpfl Eheleute, § 26b, gilt der ProgrVorb auch insoweit, als einer der Eheleute allein ausländische Einkünfte erzielt, die im Inland durch ein DBA stfrei sind.[3] § 32b gilt auch für unbeschränkt stpfl Pers, die an einer ausländischen PersGes beteiligt sind,[4] nicht hingegen für **StPfl iSd KStG**.

II. Steuerfreie Ersatzleistungen (§ 32b I Nr 1). § 32b I Nr 1 betrifft die im Einzelnen benannten **10** (abschließende Aufzählung) Sozialleistungen, die aufgrund der Einzelregelungen in § 3 (vgl insbes § 3 Nr 1, 2, 2a, 25, 28 und 48) beim Empfänger **stfrei** sind. Dies gilt – ausweislich der Gesetzesbegründung iS einer gesetzlichen Klarstellung – auch für den Fall, dass ein ArbN seinen Lohnanspruch wirksam auf einen Dritten übertragen hat, vgl § 32b I Nr 1 Buchst a) aE. Maßgeblich für die zeitliche Zuordnung sowie die Höhe der zu erfassenden Leistung ist der Zufluss gem § 11.[5] Für den ProgrVorb sind idR die tatsächlich zugeflossenen Leistungsbeträge zu berücksichtigen; ggf ist allerdings auf die Beträge abzustellen, die nach den einschlägigen Leistungsgesetzen festgestellt werden. Bei Rückzahlung hat der StPfl im Jahr der Rückzahlung diesen Betrag von den empfangenen Leistungen abzuziehen; ggf entsteht ein negativer Betrag, der bei der Ermittlung des Sondertarifs zu beachten ist.[6] Sofern also der frühere ArbG das Arbeitslosengeld an das Arbeitsamt zurückzahlt, ist bei dem ArbN in Höhe des Rückzahlungsbetrages von einem Lohnzufluss und zugleich einer Zahlung des ArbN an den Sozialleistungsträger auszugehen, wobei die Rückzahlung dem negativen ProgrVorb unterliegt. Ersatzleistungen der **gesetzlichen Krankenkasse** unterliegen dem ProgrVorb, auch soweit sie ein freiwillig Versicherter erhält.[7] Dagegen entfällt der Bezug einer Lohnersatzleistung iSd § 32b I Nr 1b, wenn die Kasse bei Erkrankung des Versicherten den Verdienstausfall des den Haushalt weiterführenden Ehegatten erstattet.[8] Dies gilt gleichermaßen für die auf eigenen Beiträgen des StPfl beruhenden Leistungen aus einer privaten Krankenversicherung.[9] Eine gem § 3 Nr 6 stfreie Leibrente unterfällt ebenfalls nicht dem ProgrVorb.[10] Bei dem **rückwirkenden Wegfall von Lohn- oder Einkommensersatzleistungen** (insbes wegen rückwirkender Rentengewährung) entfällt der ProgrVorb, soweit die (nunmehrigen) Zuflüsse einer anderweitigen Besteuerung, etwa im Rahmen des § 22 Nr 1 S 3a, unterliegen; sofern die nunmehr empfangenen Leistungen stfrei bleiben, kommt § 32b zum Zuge.[11]

III. Einkünfte im Sinne von § 32b I Nr 2. Vorbehaltlich des § 32b I Nr 3 (Rn 20) gilt der besondere **15** Steuersatz iSd Abs 2 (Rechtsfolge des ProgrVorb) für **bestimmte ausländische Einkünfte**, sofern die unbeschränkte StPfl im VZ nur zeitweise bestanden hat. Der Begriff der Einkünfte richtet sich nach § 2 II (Rn 32), denn für Zwecke des ProgrVorb wird das tatsächliche Versteuern der stfrei gestellten Einkünfte unterstellt. Soweit es sich um ausländische Einkünfte handelt, die von einem DBA erfasst werden, kommt es zu einer unschädlichen Überschneidung mit § 32b I Nr 3 (Rn 21). Unberücksich-

---

1 Vgl zuletzt: Gesetz v 15.12.03, BGBl I 03, 2645 (2646).
2 R 46.2 III EStR.
3 BFH BStBl II 83, 34 (35).
4 BFH BStBl II 90, 57 (59).
5 BFH BStBl II 96, 201 (202); BStBl II 06, 17.
6 BFH BStBl II 96, 201 (202); FG Bdbg EFG 05, 1056 (1057); Einzelheiten R 32b II und III EStR.
7 BFH/NV 97, 22; weitere Einzelheiten R 32.b I EStR.
8 BFH BStBl II 06, 17 (18).
9 BFH BStBl II 98, 581 (583): kein Arbeitslohn.
10 BFH BStBl II 97, 358 (359).
11 BFH BStBl II 03, 391; R 32b IV EStR mit Beispielen.

tigt bleiben allerdings die außerordentlichen Einkünfte iSv § 32b II Nr 2 (Rn 32). Der im Jahre 06 angefügte Halbsatz stellt ausweislich der Gesetzesmaterialien klar, dass auch bei zeitweiser unbeschränkter StPfl ein ProgrVorb auf Einkünfte, die nach einem sonstigen zwischenstaatlichen Übereinkommen stfrei sind, nicht angewendet wird, wenn dieser nicht ausdrücklich vereinbart wurde.

16 § 32b I Nr 2 setzt voraus, dass die ausländischen Einkünfte von einem StPfl erzielt werden, der im VZ nur **zeitweise der unbeschränkten StPfl** unterliegt. Dies betrifft zum einen die Fälle, in denen der StPfl wegen seines Zuzugs oder Wegzugs nur während eines Teils des VZ im Inland unbeschränkt stpfl war, während des restlichen VZ jedoch keine (beschränkte) StPfl bestand, § 32b I Nr 2 (1. Alt). Zum anderen werden die StPfl erfasst, für die gem § 2 VII 3 in einem Kj sowohl die unbeschränkte als auch die beschränkte StPfl bestanden hat, Wechselfall iSv § 32b I Nr 2 (2. Alt).[1] Nach dem Gesetzeswortlaut sind nach beiden Varianten sämtliche in dem betr VZ erzielten ausländischen Einkünfte bei der Berechnung des Sondertarifs zu berücksichtigen. Aus diesem Grunde teilt der BFH vor allem zwecks Besteuerung nach der Leistungsfähigkeit die geltend gemachten Bedenken gegen die gesetzgeberische Gleichbehandlung der beiden Alt[2] nicht. Eine teleologische Reduktion der Norm entfällt ebenso wie etwa eine abkommensrechtliche Beschränkung. Lediglich ein ausdrücklicher abkommensrechtlicher Ausschluss der Einbeziehung soll beachtlich sein. Folglich werden iErg ein ganzjährig und ein nur zeitweilig unbeschränkt StPfl gleichbehandelt.

17 Erfasst werden allein die **ausländischen Einkünfte iSv § 34d**, sofern sie nicht der deutschen ESt unterlegen haben. Demzufolge betrifft § 32b I Nr 2 nicht andere ausländische Einkünfte, die etwa gem § 49 in die Bemessungsgrundlage einzubeziehen sind. Gleichermaßen entfällt § 32b I Nr 2 bei Einkünften, die sowohl nach zwischenstaatlichen Vereinbarungen als auch nach innerstattlichem Recht stfrei bleiben.[3]

20 **IV. Einkünfte im Sinne von § 32b I Nr 3 bis 5 und Ia.** Der Begriff der (ausländischen) **Einkünfte** iSd § 32b I Nr 3 und Ia richtet sich nach § 2 II (Rn 32) und setzt steuerbaren Zufluss voraus. Der Saldo zw Einnahmen und Ausgaben ist folglich nach den maßgeblichen Grundsätzen des deutschen Einkommensteuerrechts (Rn 15) zu ermitteln.[4] Insoweit ist etwa auch § 12 zu berücksichtigen, so dass ausländische Einkünfte aus selbstständiger Arbeit ohne Abzug der im Ausland gezahlten Steuern vom Einkommen anzusetzen sind.[5] Erzielt der StPfl inländische und nach DBA befreite Einkünfte, entfällt eine anteilige Kürzung des ArbN-Pauschbetrags.[6] Diese Besserstellung von StPfl mit in- und ausländischen Einkünften im Verhältnis zu StPfl mit allein inländischen Einkünften entspricht der gesetzgeberischen Intention und erscheint unter dem Gesichtspunkt der Verwaltungsökonomie vertretbar. Dabei unterbindet § 2a I Nr 6 – ebenso wie sonstige gesetzliche Beschränkungen des Verlustabzugs, vgl etwa §§ 15 IV und 15a – die Berücksichtigung bestimmter negativer ausländischer Einkünfte im Rahmen des § 32b; der BFH (§ 2a Rn 84 auch zu europarechtlichen Bedenken) sah zumindest in der Vergangenheit diese weitreichende Einschränkung des Verlustausgleichs zutr als verfassungsgemäß an.[7] Auch für die in § 32b I Nr 3 genannten Einkünfte sieht das Gesetz als Rechtsfolge den ProgrVorb als besonderen Steuersatz iSd Abs 2 vor.

21 Ist eine nat Pers im gesamten VZ im Inland unbeschränkt stpfl, kann sie gleichzeitig für (einen Teil des betreffenden) Kj in einem anderen Vertragsstaat stpfl und ansässig sein. Dem ProgrVorb unterliegen ausländische Einkünfte, die aufgrund eines zwischenstaatlichen Vertrages stfrei sind, **§ 32b I Nr 4**. Dies betrifft zunächst (vgl Rn 22) die in einem **DBA** geregelten Einkünfte. Dabei muss es sich um Einkünfte handeln, deren doppelte Erfassung das betr DBA nicht etwa im Rahmen der sog Anrechnung gem § 34c, sondern im Wege der Freistellung mit ProgrVorb vorsieht. Insoweit kommt bei Verlusten grds auch ein negativer ProgrVorb (Rn 24) in Betracht. Nach dem Gesetzeswortlaut müssen die Einkünfte mit Rücksicht auf das DBA tatsächlich im Inland stfrei bleiben. Demgegenüber hatte der BFH[8] die frühere Gesetzesfassung dahingehend ausgelegt, dass das einschlägige

---

1 BFH BStBl II 02, 238 (240); BStBl II 03, 302; instruktive Beispiele bei *Schmitz* IStR 98, 533 ff.
2 BFH BStBl II 03, 302 mwN; BStBl II 04, 549 (550); *Wassermeyer* IStR 02, 289; krit demgegenüber: *Sabatschus* IStR 02, 623.
3 FG Bln EFG 98, 1475 (Europaghalt an ausländischer Europäischer Schule).
4 BFH BStBl II 83, 34 (36); BStBl II 07, 521 (523); BStBl II 07, 756 (757).
5 FG Mchn EFG 05, 117 (118).
6 BFH BStBl II 05, 96 (97); BStBl II 07, 756 (759).
7 BFH BStBl II 91, 136 (137 ff); BFH/NV 94, 100 (101 f); zweifelnd nunmehr aber BFH/NV 03, 680 (Vorlage an EuGH) vor allem wegen möglichen Verstoßes gegen Gemeinschaftsrecht.
8 BFH/NV 02, 584 (586); zust: *Wassermeyer* IStR 02, 289 (290); abl: *Sabatschus* IStR 02, 623 (624).

DBA lediglich die Anwendung des ProgrVorb nicht verbieten dürfe. Eine derartige Steuerfreiheit bejaht das Gericht[1] für Tagegelder eines an die EU-Kommission zugewiesenen Beamten. Der ProgrVorb entfällt, wenn die Steuerfreiheit einer Leibrente zugleich auf einem DBA und § 3 Nr 6 beruht.[2]

Weiterhin erfasst § 32b I Nr 4 Einkünfte, die nach einem **sonstigen zwischenstaatlichen Übereinkommen** stfrei sind, sofern das Übereinkommen die Einbeziehung der stfrei Einkünfte beim ProgrVorb vorsieht.[3] Dies gilt insbes für die multilateralen Vereinbarungen, die die Besteuerung der Bezüge des Personals internationaler Organisationen regeln.[4] Folgt die Steuerfreiheit von Bezügen zugleich aus Bestimmungen des Natotruppenstatuts und einem DBA, können die Bezüge insoweit dem ggf auch negativen (Rn 24) Progressionsunterhalt unterliegen.[5] 22

§ 32b I Nr 5 erfasst demgegenüber Einkünfte, die gem §§ 1 III oder 1a oder 50 V 2 Nr 2 nicht der deutschen ESt unterliegen. Vom ProgrVorb betroffen sind die sog Grenzpendler (§ 1 III) sowie sonstige ArbN aus EU- und EWR-Staaten mit ihren nicht der deutschen ESt unterliegenden Einkünften. Dagegen entfällt der Sondertarif iSv § 32b zB für nicht unter § 49 fallende inländische Einkünfte oder für Einkünfte, die nach einem DBA im (inländischen) Quellenstaat nur der Höhe nach beschränkt besteuert werden können. 23

Nach der Gesetzesänderung im Jahre 07 ist im Rahmen des § 32b I Nr 5 (Rn 23) nunmehr auch der **negative ProgrVorb** zugelassen. Der Gesetzgeber hat die früher geltende Einschränkung aufgehoben, nach der die Einkünfte iSd Nr 5 hatten in der Summe positiv sein müssen.[6] Die Neuregelung gilt grds ab dem VZ 08, § 52 I. Allerdings können Staatsangehörige eines EU/EWR-Staates bei nicht bestandskräftigen Steuerbescheiden die Anwendung der neuen Regelung auch für frühere VZ wählen.[7] Unberücksichtigt bleiben des Weiteren die außerordentlichen Einkünfte iSv § 32b II Nr 2 (Rn 32). Schließlich regelt Nr 5 ausdrücklich aE den Vorrang des § 32b Nr 4 in den genannten Fällen. 24

Für bestimmte stfreie ausländische Einkünfte, die im Rahmen einer **Organschaft** erzielt werden, regelt **§ 32b Ia** ausdrücklich, dass insoweit Einkünfte iSv § 32b I Nr 3 vorliegen; gem § 52 I[8] gilt der neueingefügte Abs 1a ab dem VZ 99. Auf diese Weise werden stfreie ausländische Einkünfte, die im Wege der Organschaft einer nat Pers zuzurechnen sind, in den ProgrVorb einbezogen. Einerseits erscheint es systemgerecht, die Einkünfte der Organgesellschaft dem Organträger auch bei der Ermittlung des Steuersatzeinkommens (Rn 30) zuzurechnen; andererseits soll die Vorschrift Umgehungen vermeiden, nachdem StPfl durch das Zwischenschalten einer KapGes den positiven ProgrVorb verhindert hatten. § 32b Ia betrifft Einkünfte, die eine Organgesellschaft aus einer ausländischen Betriebsstätte erzielt und die wegen eines DBA im Inland stfrei sind; damit bei der nat Pers als Organträger hinsichtlich dieser aus- ländischen Einkünfte der besondere Steuersatz gem § 32b I eingreift, erweitert § 32b Ia den ProgrVorb, indem die betr Einkünfte als unmittelbar dem Organträger zugeflossen angesehen werden. Handelt es sich bei dem inländischen Organträger um eine PersGes, werden den im Inland stpfl G'ter die ausländischen Einkünfte der Organgesellschaft anteilig zugerechnet. 25

C. Berechnung des Sondertarifs (§ 32b II)

Zur Berechnung des ProgrVorb ist **das zu versteuernde Einkommen**, § 2 V 1, das gem § 32a I idR die Bemessungsgrundlage für die ESt bildet (§ 32a Rn 10), **zu berichtigen.** Dies geschieht in der Weise, dass die in Abs 1 genannten Ersatzleistungen und Einkünfte (allein) zur Ermittlung des besonderen Steuersatzes dem stpfl Einkünften hinzugerechnet werden. Zum Zwecke der Einkommensteuerfestsetzung ist also zw der Ermittlung des Einkommens als Steuerbemessungsgrundlage und als Steuersatzbemessungsgrundlage (sog Steuersatzeinkommen)[9] zu unterscheiden. In einem zweistufigen Verfahren ist zunächst das zu versteuernde Einkommen, § 32a I, zu ermitteln, sodann durch Hinzurechnung der besondere Steuersatz zu errechnen und auf die insoweit unveränderte Bemessungs- 30

---

1 BFH/NV 00, 1016 (1018).
2 BFH BStBl II 97, 358 (359).
3 BFH BStBl II 91, 84 (85) zur Tätigkeit beim Europäischen Patentamt; BFH/NV 00, 832: verneint für sog Europagehalt von Lehrern.
4 Zusammenstellung (der Fundstellen) aller zwischenstaatlichen Vereinbarungen: BMF BStBl I 91, 746.
5 BFH/NV 88, 632 (französische Ehefrau als „Mitglied des zivilen Gefolges").
6 Gesetz v 10.12.07, BGBl I 07, 4210.
7 § 52 Abs 43a S 1 idF des Gesetzes v 10.12.07, BGBl I 07, 4210.
8 IdF des StEntlG 99/00/02 v 24.3.99, BGBl I 99, 402.
9 BFH BStBl II 94, 113.

grundlage anzuwenden;[1] diese Bezugnahme auf § 32a I unterbindet indirekt eine Änderung des zu versteuernden Einkommens im Wege des Verlustabzuges gem § 10d. Auf diese Weise können inländische Einkünfte, die den Grundfreibetrag nicht übersteigen, gleichwohl dem Sondertarif mit der Folge einer inländischen Steuerfestsetzung unterfallen.[2] Sind dagegen die stfreien Beträge negativ, mindert sich der Steuersatz im Wege des sog negativen ProgrVorb; dies kann zur Steuerfreiheit des im Inland zu versteuernden Einkommens führen.[3]

31 Bei Leistungen iSv § 32b I Nr 1 ist das zu versteuernde Einkommen zu vermehren oder zu vermindern um die Summe der betr Ersatzleistungen. Zuvor ist allerdings **gem § 32b II Nr 1** der **ArbN-Pauschbetrag**, § 9a 1 Nr 1, abzuziehen, falls dieser Betrag nicht bereits bei der Ermittlung der Einkünfte gem § 19 diese gemindert hat.[4] Auf diese Weise wird der (ggf nicht in vollem Umfang ausgeschöpfte) Pauschbetrag jedenfalls einmal berücksichtigt. Dagegen werden im Rahmen des § 32b I Nr 1 (vgl aber für Nr 2 und 3 Rn 32) die tatsächlich angefallenen WK oder gezahlten Sozialversicherungsbeiträge beim ProgrVorb nicht berücksichtigt.

32 Bei Einkünften iSv § 32b I Nr 2 und 3 ist, um den Steuersatz zu ermitteln, das zu versteuernde Einkommen, § 2 V 1, um diese Einkünfte zu vermehren oder zu vermindern. Der Einkünftebegriff in § 32b II Nr 2 weicht nicht von den Einkünften iSd § 2 II ab.[5] Insoweit definiert § 2 II den Begriff der Einkünfte (Rn 20) für das EStG einheitlich und übergreifend. Dies gilt auch in den Fällen, in denen ein DBA die Besteuerung der im Ausland bezogenen Einkünfte unterbindet.[6] Zur Ermittlung des Steuersatzeinkommens (Rn 30) sind auch vorab entstandene WK zu berücksichtigen, selbst wenn die unbeschränkte StPfl künftig entfällt.[7] Im Inland freigestellte Auslandseinnahmen konnte nach der nunmehr überholten Rspr des BFH ein StPfl um die tatsächlich entstandenen WK kürzen, auch wenn er den ArbN-Pauschbetrag für seine inländischen Einkünfte in Anspruch genommen hat.[8] Diese am Leistungsfähigkeitsprinzip orientierte Berücksichtigung der tatsächlich im Ausland entstandenen WK erlaubt hingegen nicht etwa den zweifachen Ansatz des ArbN-Pauschbetrags. Seit 2001 sind die **außerordentlichen Einkünfte**, § 32b II Nr 2, lediglich mit einem Fünftel zu berücksichtigen. Hierbei handelt es sich um Einkünfte, die gem § 34 besteuert werden;[9] insoweit greift der spezielle ProgrVorb iSv § 34 I ein. Nachdem § 34 allerdings lediglich positive Einkünfte erfasst, unterliegen negative ausländische außerordentliche Einkünfte grds dem ProgrVorb; eine Ausnahme gilt insoweit nur für die negativen Einkünfte iSv § 32b I Nr 5 (Rn 24). IÜ hat der Gesetzgeber § 32b II systematisch an die im Jahr 06 beschlossenen Änderungen der §§ 32a und 32c angepasst, um Verwerfungen in Fällen des ProgrVorb zu vermeiden. Auf diese Weise verhindert § 32b II 2 u 3, dass die betr Einkünfte nicht dem erhöhten Steuersatz iSd § 32a I 2 Nr 5 unterliegen.[10]

D. Mitteilungsverpflichtung (§ 32b III)

35 § 32b III belastet die Träger der Sozialleistungen iSv § 32b I Nr 1. Werden steuerbefreite Lohn- oder Einkommensersatzleistungen erbracht, müssen die betr Leistungsträger grds die diesbezüglichen Daten über die im Kj gewährten Leistungen sowie die Dauer des Bezugs im Wege der Datenfernübertragung mitzuteilen. Diese Neuregelung wird im Laufe des Jahres 08 insoweit wirksam, als das BMF den Zeitpunkt der erstmaligen Datenübertragung mitteilen wird.[11] Nicht zu übermitteln sind lediglich die Leistungen, die gem § 41b I 2 Nr 5 auf der LSt-Bescheinigung auszuweisen sind. Wegen der in § 32b III 2 geregelten **Hinweispflicht** hat der Träger der Sozialleistungen den StPfl auf die steuerliche Behandlung der Sozialleistungen und die Datenübertragungspflicht hinzuweisen. Bei **fehlenden Ersatzleistungen** wird das FA idR vom StPfl einen entspr Nachweis verlangen; ggf wird es bei der zuständigen Agentur für Arbeit eine sog Negativbescheinigung anfordern.[12]

---

1 H 32b „Allgemeines" EStH mit Beispiel.
2 BFH BStBl II 01, 778 (779).
3 BFH BStBl II 70, 660 (661).
4 FG Kln EFG 07, 518 (519); R 32b I 3 EStR.
5 BFH/NV 02, 1295 (1296).
6 Ebenso für „Treaty Overriding" FG Kln EFG 99, 610 (611); FG BaWü EFG 99, 458; aA FG BaWü EFG 99, 438; *Lüdicke* IStR 99, 470 (471).
7 BFH BStBl II 94, 113.
8 BFH BStBl II 05, 96 (97).
9 BFH BStBl II 82, 566 (567); BStBl II 93, 790 (791) zu § 34 III; *Schmidt/Diederichsen* IStR 00, 718 zum ProgrVorb bei US-Immobilienfonds.
10 BT-Drs 16/3368, 43.
11 § 52 Abs 43a S 2 des Gesetzes v 10.12.07, BGBl I 07, 4210.
12 R 32b V 2 EStR.

§ 32c   Tarifbegrenzung bei Gewinneinkünften

(1) ¹Sind in dem zu versteuernden Einkommen Einkünfte im Sinne des § 2 Abs. 1 Nr. 1 bis 3 (Gewinneinkünfte) enthalten, ist von der tariflichen Einkommensteuer nach § 32a ein Entlastungsbetrag für den Anteil dieser Einkünfte am zu versteuernden Einkommen abzuziehen. ²Dieser Anteil bemisst sich nach dem Verhältnis der Gewinneinkünfte zur Summe der Einkünfte. ³Er beträgt höchstens 100 Prozent. ⁴Einkünfte, die nach den §§ 34, 34b ermäßigt besteuert werden, gelten nicht als Gewinneinkünfte im Sinne der Sätze 1 und 2.

(2) ¹Zur Ermittlung des Entlastungsbetrags im Sinne des Absatzes 1 wird der nach Absatz 1 Satz 2 ermittelte Anteilssatz auf den Teil des zu versteuernden Einkommens angewandt, der 250 000 Euro übersteigt. ²Der Entlastungsbetrag beträgt 3 Prozent dieses Betrags. ³Der Entlastungsbetrag ist auf den nächsten vollen Euro-Betrag aufzurunden.

(3) ¹Bei Ehegatten, die zusammen zur Einkommensteuer veranlagt werden, beträgt der Entlastungsbetrag das Zweifache des Entlastungsbetrags, der sich für die Hälfte ihres gemeinsam zu versteuernden Einkommens nach den Absätzen 1 und 2 ergibt. ²Die Ehegatten sind bei der Verhältnisrechnung nach Absatz 1 Satz 2 gemeinsam als Steuerpflichtiger zu behandeln. ³Satz 1 gilt entsprechend bei Steuerpflichtigen, deren Einkommensteuer nach § 32a Abs. 6 zu ermitteln ist.

(4) Die Absätze 1 bis 3 sind nicht anzuwenden, wenn der Steuersatz nach § 32b zu ermitteln ist.

Literatur: *Schiffers* Tarifbegrenzung bei Gewinneinkünften im VZ 2007, DStZ 06, 755.

A. Die Tarifvorschrift des § 32c

Zur Konsolidierung des Haushalts hob der Gesetzgeber ab dem VZ 07 den zuvor sich auf 42 vH belaufenden Spitzensteuersatz um 3 vH auf 45 vH an, § 32a I 2 Nr 5 (§ 32a Rn 2). Von dieser Erhöhung nimmt allerdings das Gesetz zugleich die sog Gewinneinkünfte mit der Begr aus, dass diese Einkünfte mit einem spezifisch unternehmerischen Risiko behaftet seien.[1] Hiernach wäre das Anheben des Spitzensteuersatzes auch für unternehmerische Einkünfte das falsche Signal und mit ökonomisch negativen Folgen verbunden. Zum Zwecke der Tarifbegrenzung hat der Gesetzgeber – unabhängig von dem auf eine GewSt-Entlastung abzielenden § 35 – in § 32c[2] einen eigenständigen Entlastungsbetrag geschaffen. Im Hinblick auf die für 2008 angestrebte Unternehmenssteuerreform ist der Entlastungsbetrag gem § 52 Abs 44[3] **nur für den VZ 07** vorgesehen. Sollte die Reform, mit der eine Entlastung der Gewinneinkünfte verbunden sein soll, nicht Anfang 2008 in Kraft treten, will der Gesetzgeber „durch ein geeignetes Gesetzgebungsverfahren die Verlängerung der Tarifbegrenzung bei Gewinneinkünften sicherstellen".[1]

Die in § 32c geregelte Tarifentlastung begegnet **verfassungsrechtlichen Bedenken**. Zutr hat das BVerfG ausgeführt, dass das spezifische Unternehmerrisiko eines Gewerbetreibenden regelmäßig eine ertragsteuerliche Privilegierung gegenüber anderen Einkunftsarten nicht gestattet.[4] Hiernach dürfte die in § 32c vorgesehene Vergünstigung zu einer Ungleichbehandlung der verschiedenen Einkunftsarten führen, ohne dass der Gesetzgeber eine tragfähige Rechtfertigung erkennen ließe.[5]

Hinzu treten **steuersystematische Bedenken**. Der Sondertarif für Gewinneinkünfte widerspricht dem sog synthetischen Einkommensbegriff des EStG, nach dem prinzipiell alle Einkunftsarten gleich zu behandeln sind.[6] Eine diesbezügliche Rechtfertigung, die Einkunftsarten unterschiedlich zu belasten, dürfte der schlichte Verweis auf eine anstehende und im Sommer 2006 nicht einmal in den Grundzügen feststehende Unternehmenssteuerreform jedenfalls kaum beinhalten.

B. Tarifbegrenzung (§ 32c I)

Abs 1 regelt als Grundaussage, dass Gewinneinkünfte (Rn 9) einem Sondertarif (Entlastungsbetrag, Rn 12) unterliegen, der den in § 32a I 2 Nr 5 bestimmten Spitzensteuersatz für derartige Einkünfte iErg wieder ausschließt. Demzufolge entfällt diese Tarifbegrenzung bei den sog Überschusseinkünften. Technisch wird diese Begünstigung durch einen Abschlag (Entlastungsbetrag) von der tariflichen ESt, die als feststehende Rechengröße vorausgesetzt wird, erreicht. Streng genommen beein-

---

1 BR-Drs 330/06, 22.
2 Gesetz v 19.7.06, BGBl I 06, 1652 (1654).
3 IdF des Gesetzes v 19.7.06, BGBl I 06, 1652 (1656).
4 BVerfG BFH/NV 06, 481 (489).
5 Ebenso: *Schiffers* DStZ 06, 755 (757).
6 BFH BStBl II 99, 450 (459).

flusst demnach der Entlastungsbetrag die weiterhin nach allg Grundsätzen zu ermittelnde tarifliche ESt nicht.[1] Aufbau und Systematik des §32c folgen insoweit durchaus dem §32c aF, den der Gesetzgeber im Jahre 2000 im Hinblick auf die Neuregelung des §35 (Steuerermäßigung durch pauschalierte GewSt-Anrechnung) aufgehoben hatte. Dabei ist der **nicht antragsgebundene Sondertarif** zwingend anzuwenden.

9 Die Tarifbegrenzung des §32c gilt nur für **Gewinneinkünfte**, die ein StPfl im Rahmen seines im Inland zu versteuernden Einkommens erzielt hat. Ausweislich des Gesetzestexts handelt es sich um die in §2 I Nr 1 bis 3 genannten Einkünfte aus Land- und Forstwirtschaft, Gewerbebetrieb sowie selbstständiger Arbeit. Die Belastung der fraglichen Einkünfte mit GewSt gewinnt in diesem Zusammenhang keine Bedeutung.

10 Der **persönliche Anwendungsbereich** des §32c umfasst nur nat Pers, die (un-)beschränkt stpfl sind, folglich auch MU'er im Rahmen einer PersGes sowie den atypisch stillen G'ter. Dagegen entfällt die Vorschrift für jur Pers.

11 In **verfahrensrechtlicher Hinsicht** ist zu beachten, dass die tarifbegünstigten Gewinneinkünfte in Fällen der gesonderten sowie der einheitlichen und gesonderten Feststellung ebenfalls gesondert festzustellen sind, §§ 179 und 180 I Nr 2a AO.

12 Die in §32c I 1 angesprochene **tarifliche ESt** bemisst sich nach §32a. Somit gelten die allg Tarifbestimmungen des §32a I zunächst auch für die in §32c I 1 genannten Gewinneinkünfte. Von der nach §32a I berechneten Steuer („tariflichen Einkommensteuer") ist allerdings unter den näher bezeichneten Voraussetzungen der Entlastungsbetrag abzuziehen. Dieser bezieht sich allein auf den Anteil der Gewinneinkünfte am zu versteuernden Einkommen.

13 Der **Entlastungsbetrag iSd §32c I 2** bemisst sich nach dem Verhältnis der privilegierten Gewinneinkünfte (Rn 9) zur Summe der gesamten vom StPfl erzielten Einkünfte. Dabei ist zunächst der Anteil der Gewinneinkünfte an der Summe der Einkünfte zu ermitteln (sog Anteilssatz). Dieser Anteilssatz ist auf den Teil des zu versteuernden Einkommens anzuwenden, der 250 000 € übersteigt. Im Hinblick auf die solcherart gewonnene Bemessungsgrundlage ist sodann der Entlastungsbetrag zu ermitteln. Die Einzelheiten der Berechnung, die der Gesetzgeber iÜ in §32c II (Rn 20) noch weitergehend geregelt hat, lassen sich dem Beispiel der Gesetzesmaterialien[2] entnehmen:

Anteil der Gewinneinkünfte an der Summe der Einkünfte	50 vH
zu versteuerndes Einkommen	450 000 €
250 000 € übersteigender Betrag:	450 000 € – 250 000 € = 200 000 €
Bemessungsgrundlage für Entlastungsbetrag:	50 vH von 200 000 € = 100 000 €
Entlastungsbetrag:	3 vH von 100 000 € = 3 000 €.

Die Formel, um die Höhe des Entlastungsbetrages zu ermitteln, lautet demnach:

Entlastungsbetrag = 3 vH x Anteil der Gewinneinkünfte x (zvE – 250 000 €).[3]

14 **32c I 3** begrenzt den Anteil der privilegierten Gewinneinkünfte auf höchstens 100 vH. Auf diese Weise verhindert der Gesetzgeber, dass die lediglich für Gewinneinkünfte vorgesehene Entlastung noch anderen Einkünften zugute kommt. Dies wäre etwa der Fall, wenn der StPfl bei den Überschusseinkünften einen Verlust erzielt hat.

15 In **32c I 4** schließt der Gesetzgeber aus, dass die in S 1 vorgesehene Tarifbegrenzung auch für Gewinneinkünfte gilt, die bereits gem §§ 34 und 34b als sog außerordentliche Einkünfte nur ermäßigt besteuert werden.[4]

C. Entlastungsbetrag (§ 32c II)

20 Der in §32c I 2 Nr 5 vorgesehene Spitzensteuersatz von 45 vH gilt erst ab einem zu versteuernden Einkommen von 250 001 € und im Falle der Zusammenveranlagung ab 500 001 €. Aus diesem Grunde bestimmt **§ 32c II 1**, dass die Tarifbegrenzung lediglich auf den Teil des zu versteuernden Einkommens anzuwenden ist, der **250 000 € übersteigt**.

---

[1] Schiffers DStZ 06, 755 (756).
[2] BR-Drs 330/06, 22.
[3] Schiffers DStZ 06, 755 (758).
[4] Krit zu einigen Sonderfällen des §34: Schiffers DStZ 06, 755 (758).

Die Höhe des Entlastungsbetrages begrenzt § 32c II 2 auf 3 vH bezogen auf die nach § 32c II 1 ermittelte Bemessungsgrundlage (Rn 13). Auf diese Weise gleicht das Gesetz die in § 32a I 2 Nr 5 geregelte Anhebung des Spitzensteuersatzes von 42 auf 45 vH wieder aus. 21

32c II 3 beinhaltet eine Rundungsnorm, indem der Entlastungsbetrag zum Vorteil der StPfl auf den nächsten vollen Euro-Betrag aufzurunden ist. 22

D. Tarifbegrenzung bei Zusammenveranlagung (§ 32c III)

Im Fall der Zusammenveranlagung gem §§ 26, 26b werden Ehegatten in Anlehnung an § 32a V wie ein StPfl behandelt, **§ 32c III 1 u 2**. Die erforderlichen Berechnungsschritte (Rn 13) sind jeweils auf die Hälfte des gemeinsam zu versteuernden Einkommens zu beziehen, der solchermaßen ermittelte Entlastungsbetrag ist sodann zu verdoppeln. Die Ermittlung des Entlastungsbetrages in Splittingfällen verringert den die Progressionswirkung mindernden Splittingvorteil. 27

§ 32c III 3 erstreckt die in S 1 und 2 geregelte Tarifbegrenzung auf StPfl iSd § 32a VI. Ohne diese Bestimmung würden Verwitwete uU unverhältnismäßig begünstigt. Folglich verhindert S 3 im Falle des Witwen- und Gnadensplittings Steuervorteile, die sich gegenüber dem Ehegattensplitting als ungerechtfertigt erwiesen. 28

E. Ausschluss der Tarifbegrenzung (§ 32c IV)

In Einzelfällen befürchtete der Gesetzgeber, dass die in § 32c vorgesehene Tarifbegrenzung zu unsystematischen Ergebnissen führen kann, wenn der ProgrVorb des § 32b anzuwenden ist. Um dem entgegenzuwirken, schließt § 32c IV den Entlastungsbetrag immer dann aus, wenn der Steuersatz in den Fällen des **ProgrVorb nach § 32b** zu bestimmen ist. Ausweislich der Gesetzesmaterialien will der Gesetzgeber auf diese Weise eine nicht bezweckte Günstigerstellung von Gewinneinkünften im VZ 07 vermeiden.[1] 32

IdF ab VZ 2009:

§ 32d Gesonderter Steuertarif für Einkünfte aus Kapitalvermögen

(1) ¹*Die Einkommensteuer für Einkünfte aus Kapitalvermögen, die nicht unter § 20 Abs. 8 fallen, beträgt 25 Prozent.* ²*Die Steuer nach Satz 1 vermindert sich um die nach Maßgabe des Absatzes 5 anrechenbaren ausländischen Steuern.* ³*Im Fall der Kirchensteuerpflicht ermäßigt sich die Steuer nach den Sätzen 1 und 2 um 25 Prozent der auf die Kapitalerträge entfallenden Kirchensteuer.* ⁴*Die Einkommensteuer beträgt damit*

$$\frac{e-4q}{4+k}.$$

⁵*Dabei sind „e" die nach den Vorschriften des § 20 ermittelten Einkünfte, „q" die nach Maßgabe des Absatzes 5 anrechenbare ausländische Steuer und „k" der für die Kirchensteuer erhebende Religionsgesellschaft (Religionsgemeinschaft) geltende Kirchensteuersatz.*

(2) ¹*Absatz 1 gilt nicht*

1. *für Kapitalerträge im Sinne des § 20 Abs. 1 Nr. 4 und 7 sowie Abs. 2 Satz 1 Nr. 4 und 7,*
   a) *wenn Gläubiger und Schuldner einander nahe stehende Personen sind,*
   b) *wenn sie von einer Kapitalgesellschaft oder Genossenschaft an einen Anteilseigner gezahlt werden, der zu mindestens 10 Prozent an der Gesellschaft oder Genossenschaft beteiligt ist.* ²*Dies gilt auch, wenn der Gläubiger der Kapitalerträge eine dem Anteilseigner nahe stehende Person ist, oder*
   c) *soweit ein Dritter die Kapitalerträge schuldet und diese Kapitalanlage im Zusammenhang mit einer Kapitalüberlassung an einen Betrieb des Gläubigers steht.* ²*Dies gilt entsprechend, wenn Kapital überlassen wird*
      aa) *an eine dem Gläubiger der Kapitalerträge nahe stehende Person oder*
      bb) *an eine Personengesellschaft, bei der der Gläubiger der Kapitalerträge oder eine diesem nahe stehende Person als Mitunternehmer beteiligt ist oder*

---

1 BT-Drs 16/3368, 43 f.

cc) an eine Kapitalgesellschaft oder Genossenschaft, an der der Gläubiger der Kapitalerträge oder eine diesem nahe stehende Person zu mindestens 10 Prozent beteiligt ist, sofern der Dritte auf den Gläubiger oder eine diesem nahe stehende Person zurückgreifen kann. ³*Ein Zusammenhang ist anzunehmen, wenn die Kapitalanlage und die Kapitalüberlassung auf einem einheitlichen Plan beruhen.* ⁴*Hiervon ist insbesondere dann auszugehen, wenn die Kapitalüberlassung in engem zeitlichen Zusammenhang mit einer Kapitalanlage steht oder die jeweiligen Zinsvereinbarungen miteinander verknüpft sind.* ⁵*Von einem Zusammenhang ist jedoch nicht auszugehen, wenn die Zinsvereinbarungen marktüblich sind oder die Anwendung des Absatzes 1 beim Steuerpflichtigen zu keinem Belastungsvorteil führt.* ⁶*Die Sätze 1 bis 5 gelten sinngemäß, wenn das überlassene Kapital vom Gläubiger der Kapitalerträge für die Erziehung von Einkünften im Sinne des § 2 Abs. 1 Satz 1 Nr. 4, 6 und 7 eingesetzt wird.*
²*Insoweit findet § 20 Abs. 6 und 9 keine Anwendung;*

2. für Kapitalerträge im Sinne des § 20 Abs. 1 Nr. 6 Satz 2. ²*Insoweit findet § 20 Abs. 6 keine Anwendung.*

3. auf Antrag für Kapitalerträge im Sinne des § 20 Abs. 1 Nr. 1 und Nr. 2 aus einer Beteiligung an einer Kapitalgesellschaft, wenn der Steuerpflichtige im Veranlagungszeitraum, für den der Antrag erstmals gestellt wird, unmittelbar oder mittelbar
a) zu mindestens 25 Prozent an der Kapitalgesellschaft beteiligt ist oder
b) zu mindestens 1 Prozent an der Kapitalgesellschaft beteiligt und beruflich für diese tätig ist.
²*Insoweit finden § 3 Nr. 40 Satz 2 und § 20 Abs. 6 und 9 keine Anwendung.* ³*Der Antrag gilt für die jeweilige Beteiligung erstmals für den Veranlagungszeitraum, für den er gestellt worden ist.* ⁴*Er ist spätestens zusammen mit der Einkommensteuererklärung für den jeweiligen Veranlagungszeitraum zu stellen und gilt, solange er nicht widerrufen wird, auch für die folgenden vier Veranlagungszeiträume ohne dass die Antragsvoraussetzungen erneut zu belegen sind.* ⁵*Die Widerrufserklärung muss dem Finanzamt spätestens mit der Steuererklärung für den Veranlagungszeitraum zugehen, für den die Sätze 1 bis 4 erstmals nicht mehr angewandt werden sollen.* ⁶*Nach einem Widerruf ist ein erneuter Antrag des Steuerpflichtigen für diese Beteiligung an der Kapitalgesellschaft nicht mehr zulässig.*

(3) ¹*Steuerpflichtige Kapitalerträge, die nicht der Kapitalertragsteuer unterlegen haben, hat der Steuerpflichtige in seiner Einkommensteuererklärung anzugeben.* ²*Für diese Kapitalerträge erhöht sich die tarifliche Einkommensteuer um den nach Absatz 1 ermittelten Betrag.*

(4) Der Steuerpflichtige kann mit der Einkommensteuererklärung für Kapitalerträge, die der Kapitalertragsteuer unterlegen haben, eine Steuerfestsetzung entsprechend Absatz 3 Satz 2 insbesondere in Fällen eines nicht vollständig ausgeschöpften Sparer-Pauschbetrags, einer Anwendung der Ersatzbemessungsgrundlage nach § 43a Abs. 2 Satz 7, eines noch nicht im Rahmen des § 43a Abs. 3 berücksichtigten Verlusts, eines Verlustvortrags nach § 20 Abs. 6 und noch nicht berücksichtigter ausländischer Steuern, zur Überprüfung des Steuereinbehalts dem Grund oder der Höhe nach oder zur Anwendung von Absatz 1 Satz 3 beantragen.

(5) ¹*Für die Berücksichtigung ausländischer Steuern gilt § 34c Abs. 1 Satz 1 sinngemäß mit der Maßgabe, dass bei jedem ausländischen Kapitalertrag die jeweilige ausländische Steuer auf die deutsche Steuer anzurechnen ist.* ²*Soweit in einem Abkommen zur Vermeidung der Doppelbesteuerung die Anrechnung einer ausländischen Steuer auf die deutsche Einkommensteuer vorgesehen ist, ist Satz 1 in Bezug auf diese Steuern sinngemäß anzuwenden.*

(6) ¹*Auf Antrag des Steuerpflichtigen werden anstelle der Anwendung der vorstehenden Absätze die nach § 20 ermittelten Kapitaleinkünfte den Einkünften im Sinne des § 2 hinzugerechnet und der tariflichen Einkommensteuer unterworfen, wenn dies zu einer niedrigeren Einkommensteuer führt (Günstigerprüfung).* ²*Der Antrag kann für den jeweiligen Veranlagungszeitraum nur einheitlich für sämtliche Kapitalerträge gestellt werden.* ³*Bei zusammenveranlagten Ehegatten kann der Antrag nur für sämtliche Kapitalerträge beider Ehegatten gestellt werden.*

Literatur: *Brusch* Unternehmensteuerreformgesetz 2008: Abgeltungsteuer, FR 07, 999; *Paukstadt/Luckner* Die Abgeltungsteuer ab 2009 nach dem Regierungsentwurf zur Unternehmensteuerreform, DStR 07, 653; *Worgulla/Söffing* Gestaltungsmöglichkeiten und -pflichten bis zur bzw. nach der Einführung der Abgeltungsteuer auf Kapitalerträge, FR 07, 1005.

A. Grundaussagen des § 32d

I. Grundsatzaussagen. *§ 32d regelt im Rahmen des ab dem VZ 09 geltenden Abzugverfahrens zunächst den **besonderen Steuertarif von 25 vH** für bestimmte – im PV erzielte – Einkünfte aus KapVerm (Abs 1 und 2). Soweit der pauschale Steuersatz gilt, entfaltet dieser Abzug eine abgeltende Wirkung in der Weise, dass einerseits (vgl auch § 2 Vb 1 sowie § 43 V 1 in der ab 09 geltenden Fassung) für die betreffenden Einkünfte der linear-progressive Tarif nicht greift und andererseits StPfl die tatsächlichen WK – unbeschadet des Sparer-Pauschbetrages – nicht geltend machen können. Die mit der Abgeltungsteuer im Regelfall verbundene Privilegierung der privaten Anlageebene soll die Attraktivität und Wettbewerbsfähigkeit des deutschen Finanzplatzes verbessern, um insbes den Kapitalabfluss ins Ausland zu bremsen.[1] Besonderheiten gelten für nicht der Kapitalertragsteuer unterliegende Kapitalerträge (Abs 3). Weiterhin eröffnet Abs 4 die Optionsmöglichkeit dahingehend, dass StPfl im Einzelfall eine Steuerfestsetzung nach § 32d III 2 wählen können. Für die Berücksichtigung ausländischer Steuern sieht Abs 5 im Hinblick auf § 34c I 1 zwingend eine Anrechnung vor. Schließlich regelt § 32d VI die Möglichkeit einer sog Günstigerprüfung dahingehend, dass StPfl eine Besteuerung ihrer Kapitaleinkünfte nicht im Rahmen der Abgeltungsteuer, sondern nach den allg Regeln wählen können.*

1

*Das Einführen der in § 32d geregelten Abgeltungsteuer ist im Zusammenhang zu sehen mit dem Bemühen des Gesetzgebers, insbes angesichts der internationalen Verflechtung sowie der Komplexität der unterschiedlichen Kapitalanlagen die Besteuerung der Kapitaleinkünfte im Hinblick auf einen niedrigeren Steuersatz sowie erhöhte Transparenz neu zu gestalten.[2] Das Vereinheitlichen der stpfl Kapitaleinkünfte sowie die Höhe des nunmehr festgelegten Steuersatzes erweisen sich insoweit als durchaus positiv. Der besondere Steuertarif des § 32d I begegnet in seiner konkreten Ausgestaltung allerdings **beachtlichen Bedenken**. Die Abgeltungsteuer, die vornehmlich Einkünfte mit Zinscharakter begünstigt, bedeutet eine zumindest partielle Abkehr von dem synthetischen ESt-Begriff. Fehlende Finanzierungsneutralität und rechtssystematische Unzulänglichkeiten (eingeschränkter WK-Abzug) gehen untrennbar einher mit der im Grundsatz bewirkten Steuervereinfachung, die eine Abgeltungsteuer kennzeichnet. Die mit der Schedulenbesteuerung verbundene Steuersatzspreizung verleitet zudem, wovon selbst der Gesetzgeber[3] von Beginn an ausgegangen ist, zu aufwändigen, teilweise auch missbräuchlichen Gestaltungen. Die verschiedenen Optionsmöglichkeiten des § 32d IV und VI laufen schließlich dem pauschalierenden Ansatz und den damit angestrebten Vereinfachungswirkungen zuwider.*

2

II. Entwicklung der Vorschrift. *Im Zuge der Unternehmensteuerreform 08 gestaltete der Gesetzgeber bewusst iS eines Gesamtkonzepts[4] auch die – allerdings erst ab 09 wirksame – Besteuerung von KapVerm des PV um. Im Grundsatz erfasst die sog **Abgeltungsteuer** alle im Privatvermögen zufließenden Kapitaleinkünfte einheitlich mit einem 25 vH Steuersatz. Diese Regelung des Steuerreformgesetzes 08 ist nach der ausdrücklichen Bestimmung in § 52a Abs 15[5] erstmals für den VZ 09 anzuwenden. In diesen Fällen bedarf es nicht mehr der individuellen Angabe der betreffenden Kapitaleinkünfte in einer Steuererklärung. Im Zusammenhang mit dem Übergang zur Abgeltungsteuer bestehen insbes im Jahr 08 zahlreiche Handlungsmöglichkeiten, die für die StPfl und ihre Berater eine beachtliche Herausforderung bilden.[6] Dies gilt im Hinblick auf das in § 11 I 1 geregelte Zuflussprinzip insbes für den Abgleich, ob ein Zufluss noch im Jahre 08 (individueller Steuersatz) oder im Jahre 09 (einheitlicher Steuersatz) sich als günstiger erweist.*

3

*Noch vor Inkrafttreten der durch die Unternehmensteuerreform 08 geschaffenen Regelung (Rn 3) führte ua vehemente Kritik an teilweise fragwürdigen Gesetzesfolgen[7] zu einer Änderung sowie Ergänzung des § 32d. Im Zuge des **JStG 08**[8] fasste der Gesetzgeber – neben einer redaktionellen Änderung in Abs 2 Nr 1b) – in § 32d II Nr 1 den Buchst c) neu und fügte nach Nr 2 eine Nr 3 an.*

4

B. Abgeltungsteuer (§ 32d I, II)

I. Gesonderter Tarif. *§ 32d I 1 bestimmt – vorbehaltlich der Regelung in Abs 2 (Rn 15) – den einheitlichen Steuersatz von 25 vH im Grundsatz für alle Einkünfte aus KapVerm iSd § 20. Ohne*

10

---

[1] BT-Drs 16/4841, 60.
[2] *Brusch* FR 07, 999.
[3] BT-Drs 16/7036, 18 f.
[4] BT-Drs 16/4841, 33; *Brusch* FR 07, 999 (1000).
[5] Gesetz v 14.08.07, BGBl I 07, 1912 (1927); ausführlich:
Brusch FR 07, 999 (1003); *Paukstadt/Luckner* DStR 07, 653 (656 f).
[6] *Worgulla/Söffing* FR 07, 1005.
[7] BT-Drs 16/7036, 19.
[8] Gesetz v 20.12.07, BGBl I 07, 3150 (3153).

Berücksichtigung der KiSt beläuft sich die Belastung einschl SolZ auf 26,375 vH. Abweichend von dem im Allg maßgeblichen linear-progressiven Tarif gilt für die im Einzelnen bezeichneten Einkünfte aus KapVerm ein einziger Steuersatz. Im Hinblick auf §2 Vb 1 bleiben die dem besonderen Steuersatz unterliegenden Kapitalerträge für die Berechnung des dem Regeltarif unterliegenden zu versteuernden Einkommens unberücksichtigt. Von dieser Sonderregelung nimmt das Gesetz allerdings die unter §20 VIII fallenden Einkünfte ausdrücklich aus. Hierbei handelt es sich um Einkünfte aus KapVerm, die im Hinblick auf die Subsidiaritätsregel des §20 VIII den Einkünften gem §§13, 15, 18 und 21 zugerechnet werden[1]. Dies gilt dementsprechend auch für Veräußerungsgewinne gem §17.

11 In §32d I 2 regelt der Gesetzgeber im Sinne einer Klarstellung[1] die **zwingende Anrechnung** der nach Maßgabe von Abs 5 (Rn 34) anrechenbaren ausländischen Steuern. Auf diese Weise vermindert sich die inländische Besteuerung, die gem §32d I 1 grds von einem Steuersatz iHv 25 vH ausgeht.

12 Indem die Abgeltungsteuer das allg Veranlagungsverfahren verdrängt, entfällt insoweit der in §10 vorgesehene Abzug von KiSt als SA. Vor diesem Hintergrund enthalten §32d I 3 bis 5 einzelne pauschale Regelungen zur KiSt im Rahmen des gesonderten (einheitlichen) Steuertarifs. Soweit der betreffende StPfl der **KiStPfl** unterliegt, bestimmt §32d I 3 eine entsprechende Kürzung. In diesem Fall ermäßigt sich die Abgeltungsteuer nach Abs 1 S 1 und 2 um 25 vH der auf die Kapitalerträge entfallenden KiSt. Auf diese Weise will der Gesetzgeber – in Anlehnung an §43a I 2 nF – die gezahlte KiSt auf Kapitalerträge, die grds gem §10 I Nr 4 als SA abziehbar ist, bereits im Rahmen der gesonderten Steuerfestsetzung des §32d pauschal berücksichtigen.[1] Hiernach bewirkt §32d I 3 unmittelbar die dem SA-Abzug vergleichbare Steuerentlastung der KiSt. Zugleich bewirkt dieser steuerentlastende Abzug einen Selbstminderungseffekt bei der KiSt, nachdem die ESt die Bemessungsgrundlage für die KiSt bildet. Mindert die gezahlte KiSt also diese Bemessungsgrundlage, verringert sie zugleich auch die geschuldete KiSt. Im Hinblick auf diesen Zusammenhang bildet die mathematische Formel der S 4 und 5 (Rn 13) für alle Fälle der Kapitaleinkünfte die Berechnungsgrundlage für die Ermittlung der ESt.

13 §32d I 4 enthält eine diesbezügliche **Berechnungsformel**, deren Einzelangaben dem S 5 zu entnehmen sind. Die Materialien[1] enthalten hierzu folgendes Beispiel: Für einen StPfl, der Kapitaleinkünfte iHv 4 000 € erzielt und für den sich die ausländische Quellensteuer auf 600 € beläuft, möge ein KiSt-Satz von 8 vH gelten. In diesem Fall betragen die ESt (4 000 € ./. 4 × 600) : (4 + 8 %) = 392,16 € und demgemäß die KiSt 392,16 € × 8 % = 31,37 €.

15 **II. Ausschluss des gesonderten Tarifs. §32d II** schließt für im Einzelnen bezeichnete Kapitalerträge das Erheben der Abgeltungsteuer iSd Abs 1 aus. In diesen Fällen muss – ggf nach entsprechender Option (Rn 21) – der StPfl folglich die betreffenden Einkünfte, die dem linear-progressiven Steuertarif unterliegen sollen, in seiner Steuererklärung angeben. Richtet sich die Besteuerung nach dem allg Tarif, kann der StPfl auch die tatsächlichen WK berücksichtigen.

16 Gem **§32d II Nr 1** gilt der gesonderte Steuertarif iSd §32d I – sofern die Voraussetzungen (Rn 17 bis 19) von S 1 Buchst a), b) oder c) erfüllt sind – nicht für die Kapitalerträge iSd §20 I Nr 4 und 7 sowie II 1 Nr 4 und 7. Betroffen sind folglich vorrangig Kapitaleinkünfte im Zusammenhang mit Darlehensvereinbarungen sowie mit Beteiligungen als stiller G'ter. Nach Auffassung des Gesetzgebers besteht bei diesen Fallgestaltungen grds die Gefahr, dass StPfl die Steuersatzspreizung zwischen ihrem individuellen (Spitzen-)Steuersatz und dem pauschalen Steuersatz iHv 25 vH ausnutzen, ohne der gesetzlichen Intention des abgeltenden Steuersatzes zu entsprechen.[1] Zugleich bestimmt §32d II Nr 1 S 2, dass in diesen Fällen §20 VI und IX keine Anwendung finden. Durch diese Regelungen will der Gesetzgeber Gestaltungen verhindern, bei denen StPfl im Hinblick auf die Steuersatzspreizung betriebliche Gewinne – etwa mit Hilfe von Darlehensgestaltungen – absaugen und so ungerechtfertigt die individuelle Steuerbelastung auf den Abgeltungsteuersatz iSd §32d I mindern.[1] Die steuerlichen Vorgaben sollen die Finanzierungsentscheidungen der Unternehmen also nicht beeinflussen. Neben dem Ziel der Finanzierungsneutralität soll §32d II aber auch verhindern helfen, dass StPfl das Eigenkapital auf die privilegiert besteuerte private Anlageebene verlagern und durch Fremdkapital ersetzen.

17 §32d II Nr 1 S 1 Buchst a) erfasst die genannten Kapitalerträge (Rn 16) und unterwirft die Erträge sowie Veräußerungsgewinne dem progressiven Steuertarif für den Fall, dass es sich bei Gläubiger und Schuldner um **einander nahe stehende Personen** handelt. Nach den Materialien[2] soll diese Voraussetzung erfüllt sein, wenn die betreffende Person auf den StPfl einen beherrschenden Einfluss ausüben

---

1 BT-Drs 16/4841, 60.   2 BT-Drs 16/4841, 61.

kann oder umgekehrt dies für den StPfl im Verhältnis zu der genannten Person gilt. Dies betrifft etwa Ehegatten oder Eltern-Kind-Beziehungen. Gleiches soll gelten, wenn eine dritte Person auf die beiden Vorgenannten einen beherrschenden Einfluss ausüben kann, einer der Beteiligten (a) bei der Vereinbarung der Bedingungen der Geschäftsbeziehungen einen außerhalb dieser Geschäftsbeziehung begründeten Einfluss ausübt oder (b) ein eigenes wirtschaftliches Interesse an der Einkünfteerzielung des anderen hegt. Wie schon im Rahmen es § 8 III 2 KStG birgt der Begriff der „einander nahe stehenden Person" eine Fülle von Abgrenzungsschwierigkeiten sowie entsprechende Nachweisprobleme. Immerhin wird nach allg Grundsätzen im Regelfall das FA den betreffenden Nachweis führen müssen.

Die Abgeltungsteuer gilt weiterhin nicht bei den betreffenden Kapitalerträgen (Rn 16), sofern eine **wesentliche Beteiligung iSd § 32d II Nr 1 S 1 Buchst b)** vorliegt. Hiervon geht das Gesetz aus, wenn der Anteilseigner zu mindestens 10 vH an der betreffenden KapGes oder Genossenschaft beteiligt ist. Im Wege der Fiktion erstreckt der Gesetzgeber diese Bestimmung auf den Fall, dass der Gläubiger der Kapitalerträge eine dem Anteilseigner nahe stehende Person ist, § 32d II Nr 1 S 1 Buchst b) S 2. Angesichts des systematischen Zusammenhangs gilt für das Merkmal der nahe stehenden Person das bereits zu § 32d II Nr 1 S 1 Buchst a) Gesagte (Rn 17). **18**

Die im Rahmen des JStG 08 (Rn 4) überarbeitete Regelung in **§ 32d II Nr 1 S 1 Buchst c)** betrifft die sog Back-to-back-Finanzierungen im Rahmen wechselseitiger Kapitalüberlassungen. Bei diesen näher bezeichneten Fallgestaltungen will der Gesetzgeber die Anwendung der Abgeltungsteuer iHv (lediglich) 25 vH verhindern und die betreffenden Kapitalerträge dem linear-progressiven Steuersatz unterwerfen. Nach der ursprünglich vorgesehenen Regelung (Rn 3) wollte der Gesetzgeber all die Fälle erfassen, in denen ein Gesellschafter oder eine ihm nahe stehende Person bei einer Bank eine Einlage unterhält und diese Bank in gleicher Höhe einen Kredit an die Gesellschaft vergibt. Unter den näher geregelten Voraussetzungen sollten die Einkünfte aus der Einlage nicht gem § 32d I besteuert werden, sondern dem progressiven Steuersatz unterliegen.[1] Dieses generelle Erfassen der wechselseitigen Kapitalüberlassungen hätte allerdings im Einzelfall zu Unrecht das im Inland verbreitete „Hausbankprinzip" bedroht. Zudem bestand für StPfl unschwer die Möglichkeit, durch Einschalten mehrerer (miteinander verbundener) Kreditinstitute (sog Doppelbankenfälle) die gesetzliche Regelung zu umgehen.[2] Vor diesem Hintergrund soll die inkriminierte Back-to-back-Finanzierung nunmehr nur noch vorliegen, wenn eine betreffende Kapitalanlage mit einer Kapitalüberlassung an einen Betrieb des StPfl **im Zusammenhang steht**. Gleichermaßen ist die in Abs 1 geregelte Abgeltungsteuer gem § 32d II Nr 1 S 1 Buchst c) S 2 ausgeschlossen, wenn insbes Kreditinstitute Kapital an Dritte iSd Buchstaben aa) bis cc) vergeben und wiederum ein betreffender Zusammenhang besteht. Dieser Zusammenhang ist vor allem bei einem einheitlichen Plan für die wechselseitige Kapitalüberlassung zu bejahen, § 32d II Nr 1 S 1 Buchst c) S 3 und 4.[3] Ein einheitlicher Plan soll nach der Vorstellung es Gesetzgebers insbes bei den in S 4 genannten objektiven Kriterien des engen zeitlichen Zusammenhangs oder dem Verknüpfen der Zinsvereinbarungen vorliegen. Dagegen entfällt gem § 32d II Nr 1 S 1 Buchst c) S 5 ein derartiger Zusammenhang bei marktüblicher Gestaltung oder fehlendem Belastungsvorteil. Als marktunüblich dürften in diesem Zusammenhang insbes die Fälle anzusehen sein, in denen bei den genannten Kreditgeschäften lediglich eine geringe Spreizung zwischen dem Guthaben- und dem Darlehenszins vereinbart ist. § 32d II Nr 1 S 1 Buchst c) S 6 erstreckt die S 1 bis 5 ausdrücklich auch auf Kreditgestaltungen im Bereich der Überschusseinkunftsarten.[4] **19**

Der gesonderte Steuertarif iSd Abs 1 gilt weiterhin nicht für Kapitalerträge gem § 20 I Nr 6 S 2, **§ 32d II Nr 2**. Hierbei handelt es sich um näher bezeichnete stpfl Versicherungsleistungen insbes im Rahmen von nach dem 31.12.04 abgeschlossenen Lebensversicherungsverträgen, für die sich die Steuerbelastung im Grundsatz nach den allgemeinen Tarifbestimmungen richtet. **20**

Die durch das JStG 08 (Rn 4) ins Gesetz aufgenommene Regelung in **§ 32d II Nr 3** betrifft im Einzelnen bezeichnete Kapitalerträge aus Beteiligungen an bestimmten KapGes. In diesen Fällen einer typischerweise unternehmerischen Beteiligung kann ein StPfl durch einen entspr Antrag erreichen, dass diese Dividenden dem linear-progressiven Tarif unterliegen. Zugleich besteht die Möglichkeit, anders als bei der Abgeltungsteuer nach § 32d I die betreffenden WK geltend zu machen. Der Gesetzgeber hatte hierbei – im Unterschied zu einer allein privaten Vermögensverwaltung – etwa den umfangrei- **21**

---

[1] BT-Drs 16/4841, 61; BT-Drs 16/7037, 18.
[2] BT-Drs 16/7037, 19.
[3] BT-Drs 16/7037, 19 f.
[4] BT-Drs 16/7037, 20.

chen Beteiligungserwerb im Rahmen eines „management buy out" im Auge oder den (fremdfinanzierten) Erwerb des Anteils an einer Berufsträger-KapGes.[1]

22 *§ 32d II Nr 3 S 1* konkretisiert die Beteiligung, für die das Optionsrecht (Rn 21) nur in Betracht kommt, hinsichtlich der (un-)mittelbaren Beteiligungserfordernisse. Die in Buchst b) genannte „berufliche Tätigkeit" umfasst den Einsatz etwa als Geschäftsführer, aber auch als sonstiger ArbN. Dabei müssen die Anforderungen an diese Beteiligung in dem VZ, in dem der StPfl erstmals optiert, erfüllt sein. *S 2* schließt in diesem Zusammenhang ausdrücklich die Anwendung von § 3 Nr 40 S 2 und § 20 VI und IX aus; hiernach kann ein StPfl seine WK insbes für die Fremdfinanzierung auch über den Sparer-Pauschbetrag hinaus geltend machen.[1] Der Antrag bezieht sich gem *S 3* auf das Jahr, für das der StPfl erstmals optiert, sowie stets auf die (sämtlichen) Anteile der jeweiligen Beteiligung. Mithin kann der StPfl seine Kapitalerträge aus einer Beteiligung iSd S 1 nicht in der Weise aufteilen, dass er lediglich für einen Teil zum linear-progressiven Steuersatz optiert.[2] Im Falle einer Option bestimmt *S 4*, dass der StPfl den Antrag jederzeit widerrufen kann. Ohne Widerruf gilt der Antrag allerdings für die kommenden vier VZ, in denen aus Vereinfachungsgründen die Voraussetzungen des S 1 nicht erneut zu prüfen sind. Erst nach Ablauf dieser fünf Jahre muss der StPfl erneut einen Antrag stellen und die betreffende Beteiligung darlegen sowie ggf nachweisen.[1] Einzelheiten der Widerrufserklärung regelt *S 5*. Schließlich verhindert *S 6*, dass der StPfl nach einem Widerruf erneut für die betreffende Beteiligung optiert. Hiernach steht es aber dem StPfl frei, nach vollständiger Veräußerung seiner ursprünglichren Beteiligung und nachfolgendem Erwerb einer weiteren Beteiligung iSd S 1 erneut insoweit zum linear- progressiven Tarif zu optieren.[3]

C. Pflichtveranlagung (§ 32d III)

26 *Sofern für stpfl Kapitalerträge keine Kapitalertragsteuer einbehalten worden ist, muss der StPfl diese Erträge in seiner Steuererklärung angeben (verpflichtendes Veranlagungsverfahren). Der Gesetzgeber ging hierbei etwa von Veräußerungsgewinnen im Hinblick auf GmbH-Anteile oder von ausländischen Zinseinkünften aus.[4] Gleiches gilt für die Erträge aus einer von Privatleuten getroffenen Darlehensvereinbarung. Nachdem das Erfassen dieser Einkünfte nicht gesichert erscheint, richtet sich die Veranlagung nach §§ 25 ff. Dabei sieht § 32d III 2 ausdrücklich vor, dass sich die ESt für diese Kapitalerträge nach dem gesonderten Steuersatz iHv 25 vH richtet.*

D. Wahlveranlagung (§ 32d IV)

30 *Auch wenn die betreffenden Kapitalerträge der Kapitalertragsteuer unterlegen haben, kann der StPfl im Einzelfall die Veranlagung wählen, § 32d IV. Das Wahlrecht besteht nicht nur in den ausdrücklich („insbesondere") genannten Fällen. Nach den Materialien[4] soll etwa ein StPfl bei Dividendenausschüttungen den steuermindernden Effekt von zunächst nicht berücksichtigten KiSt-Zahlungen nachholen können. Dabei ließ sich der Gesetzgeber von der Vorstellung leiten, dass in einer Reihe von Fällen – zumeist geringerer wirtschaftlicher Bedeutung – es möglich sein soll, bislang für den StPfl günstige Einzelumstände doch noch zu berücksichtigen und die gem § 36 II Nr 2 anzurechnende Kapitalertragsteuer im Einzelfall (teilweise) auch wieder zu erstatten.[5] Die Wahlveranlagung nach Abs 4 eröffnet im Hinblick auf § 20 IX nicht die Möglichkeit, die tatsächlichen WK geltend zu machen.[6]*

E. Anrechnung ausländischer Steuer (§ 32d V)

34 *Als spezielle Regelung im Verhältnis zu § 34c I 1 bestimmt § 32d V 1 für die in einem Nicht-DBA-Land erhobene ausländische Quellensteuer, dass die jeweilige ausländische Steuer bei jedem ausländischen Kapitalertrag anzurechnen ist (Rn 11). Der Gesetzgeber führte diese Bestimmung ein, damit bereits das depotführende Kreditinstitut gem § 43a III die anfallende ausländische Quellensteuer anrechnen kann.[7] Die Anrechnung setzt allerdings voraus, dass sämtliche Tatbestandsmerkmale der §§ 34d Nr 5 und 34c I 1 erfüllt sind.[7] Für DBA-Fälle bestimmt hingegen § 32d V 2 die sinngemäße Anwendung von S 1. In derartigen Anrechnungsfällen regelt also maßgeblich das DBA, ob der StPfl anrechnungsbefugt ist, was ausländische Einkünfte sind und welche ausländische Steuer anrechenbar ist.[7]*

---

1 BT-Drs 16/7037, 20.
2 BT-Drs 16/7037, 21.
3 BT-Drs 16/7037, 20 f.
4 BT-Drs 16/4841, 61.
5 BT-Drs 16/4841, 62; ausf: *Paukstadt/Luckner* DStR 07, 653 (656).
6 *Brusch* FR 07, 999 (1003).
7 BT-Drs 16/4841, 62.

F. Günstigerprüfung (§ 32d VI)

*§ 32d VI räumt den StPfl die (weitere) Möglichkeit ein, auf das Abgeltungsverfahren zu verzichten und für die betreffenden Kapitaleinkünfte die günstigere Besteuerung nach dem **linear-progressiven Steuersatz** zu wählen. StPfl, deren persönlicher Steuersatz unter dem Abgeltungsteuersatz gem § 32d I liegt, können auf diese Weise erreichen, dass ihre Einkünfte iSd § 20 lediglich dem niedrigeren individuellen Steuersatz unterliegen. Allerdings bleibt auch im Falle dieser Option der Ansatz der tatsächlich entstandenen WK ausgeschlossen, § 20 IX 1.* 38

*Die **optionale Günstigerprüfung** setzt gem § 32d VI 1 einen entsprechenden Antrag des StPfl (Rn 41) im Rahmen des Veranlagungsverfahrens voraus. Sofern das FA im Zuge der Steuerfestsetzung feststellt, dass der persönliche Steuersatz des StPfl tatsächlich (zB trotz Grundfrei- und Altersentlastungsbetrag) über dem Abgeltungsteuersatz liegt, gilt der Antrag als nicht gestellt.[1]* 39

*Nach **§ 32d VI 2** darf ein StPfl, der nicht die Zusammenveranlagung gewählt hat (Rn 41), den Antrag nach § 32d VI 1 für den jeweiligen VZ nur einheitlich für sämtliche Kapitalerträge stellen. Der Gesetzgeber wollte verhindern, dass Bezieher hoher Kapitaleinkünfte, die allenfalls geringe anderweitige Einkünfte beziehen, lediglich einen Teil ihrer Kapitaleinkünfte bei ihrer allg ESt-Berechnung berücksichtigen und auf diese Weise die betreffenden Kapitaleinkünfte – entgegen der gesetzlichen Intention des Abs 6 – im Ergebnis nur mit einem unter dem Abgeltungsteuersatz liegenden Steuersatz belastet werden.[1]* 40

*§ 32d VI 3 bestimmt ausdrücklich, dass **zusammenveranlagte Ehegatten** den Antrag nach § 32d VI 1 nur einheitlich für sämtliche Kapitalerträge und zwar beider Ehegatten stellen dürfen. Diese Regelung trägt dem Charakter der Zusammenveranlagung iSd § 26b Rechnung.[1]* 41

§ 33 Außergewöhnliche Belastungen

(1) Erwachsen einem Steuerpflichtigen zwangsläufig größere Aufwendungen als der überwiegenden Mehrzahl der Steuerpflichtigen gleicher Einkommensverhältnisse, gleicher Vermögensverhältnisse und gleichen Familienstands (außergewöhnliche Belastung), so wird auf Antrag die Einkommensteuer dadurch ermäßigt, dass der Teil der Aufwendungen, der die dem Steuerpflichtigen zumutbare Belastung (Absatz 3) übersteigt, vom Gesamtbetrag der Einkünfte abgezogen wird.

(2) [1]Aufwendungen erwachsen dem Steuerpflichtigen zwangsläufig, wenn er sich ihnen aus rechtlichen, tatsächlichen oder sittlichen Gründen nicht entziehen kann und soweit die Aufwendungen den Umständen nach notwendig sind und einen angemessenen Betrag nicht übersteigen. [2]Aufwendungen, die zu den Betriebsausgaben, Werbungskosten oder Sonderausgaben gehören oder unter § 4f oder § 9 Abs. 5 fallen, bleiben dabei außer Betracht; das gilt für Aufwendungen im Sinne des § 10 Abs. 1 Nr. 7 und 9 nur insoweit, als sie als Sonderausgaben abgezogen werden können. [3]Aufwendungen, die durch Diätverpflegung entstehen, können nicht als außergewöhnliche Belastung berücksichtigt werden.

(3) [1]Die zumutbare Belastung beträgt

bei einem Gesamtbetrag der Einkünfte	bis 15 340 EUR	über 15 340 EUR bis 51 130 EUR	über 51 130 EUR
1. bei Steuerpflichtigen, die keine Kinder haben und bei denen die Einkommensteuer			
a) nach § 32a Abs. 1,	5	6	7
b) nach § 32a Abs. 5 oder 6 (Splitting-Verfahren) zu berechnen ist;	4	5	6
2. bei Steuerpflichtigen mit			
a) einem Kind oder zwei Kindern,	2	3	4
b) drei oder mehr Kindern	1	1	2
	Prozent des Gesamtbetrags der Einkünfte.		

1 BT-Drs 16/4841, 62.

²Als Kinder des Steuerpflichtigen zählen die, für die er Anspruch auf einen Freibetrag nach § 32 Abs. 6 oder auf Kindergeld hat.

§§ 64 f EStDV; R 33 EStR 05

Übersicht

	Rn		Rn
A. Grundaussagen der Vorschrift	1	2. Vergleichbare Gruppen	32
I. Überblick	1	3. Weitere Voraussetzungen	34
II. Persönlicher Geltungsbereich	4	IV. Rechtsanspruch nach Antrag	35
III. Verhältnis zu anderen Vorschriften	5	**C. Zwangsläufigkeit der Aufwendungen (§ 33 II)**	40
B. Außergewöhnliche Belastungen (§ 33 I)	7	I. Zwangsläufigkeit	40
I. Aufwendungen	7	1. Zwangsläufigkeit dem Grunde nach	40
1. Begriff	7	a) Allgemeines	40
2. Mittelherkunft	10	b) Rechtliche Gründe	50
II. Belastung	11	c) Tatsächliche Gründe	51
1. Belastungsprinzip	11	d) Sittliche Gründe	55
2. Ausgabenersatz, Aufwendungsersatz, ersparte Kosten, Vorteilsanrechnung	13	2. Notwendigkeit und Angemessenheit	60
		a) Notwendig	61
3. Gegenwert	20	b) Angemessen	62
a) Grundregel	20	II. Abzugsverbot für Werbungskosten, Betriebsausgaben, Sonderausgaben (Abs 2 S 2)	65
b) Ausnahmen von der Gegenwertlehre	21		
4. Wiederbeschaffung oder Wiederherstellung	23	III. Diätkosten (§ 33 II 3)	68
III. Außergewöhnlichkeit	30	**D. Zumutbare Belastungen (§ 33 III)**	70
1. Außergewöhnlichkeit der Aufwendung oder des Ereignisses	30	I. Bedeutung	70
		II. Berechnung	71
		E. Einzelnachweise	100

Literatur: *Apitz* Steuerliche Beurteilung einer Augen-Laser-Operation, DStZ 07, 222; *Brockmeyer* Entwicklungslinien der Rechtsprechung des Bundesfinanzhofs zu den außergewöhnlichen Belastungen, DStZ 97, 214; *Degel/Haase* Steuerliche Berücksichtigung von Strafverteidigungskosten im Zusammenhang mit dem Vorwurf der Untreue, DStR 05, 1260; *Hamdan/Hamdan* Die steuerliche Abzugsfähigkeit der Kosten von Eheschließung und -scheidung, ZFE 07, 290; *Hettler* Die Berücksichtigung von Aufwendungen zur Schadstoffbeseitigung als außergewöhnliche Belastung, DB 02, 1848; *Holl* Scheidungsfolgekosten als außergewöhnliche Belastung?, DStZ 04, 873; *Kanzler* Grundfragen zum Abzug außergewöhnlicher Belastungen, FR 93, 691; *Münch* Die steuerliche Berücksichtigung von Kosten des Scheidungsverfahrens, FamRB 06, 352; *Naumann* Die außergewöhnlichen Belastungen in der neueren Rechtsprechung des Bundesfinanzhofs, DStR 97, 1906; *Richter* Außergewöhnliches zur außergewöhnlichen Belastung, DStR 92, 136; *Sander* Biopolitik durch Rechtsprechung, KJ 06, 303; *Wolf* Der Aufwendungsbegriff in § 33 EStG, 1990.

A. Grundaussagen der Vorschrift

1 I. Überblick. § 33 regelt eine Steuerermäßigung für den Fall, dass der StPfl zwangsläufig mit außergewöhnlichen Aufwendungen belastet wird. Damit trägt diese Regelung dem Grundgedanken Rechnung, dass nur das disponible Einkommen der ESt unterworfen werden darf. Die gewöhnlichen Aufwendungen privater Lebensführungen werden durch die steuerliche Freistellung des (Familien-) Existenzminimums in den Tatbeständen des Grundfreibetrages, des Familienleistungsausgleichs und der SA berücksichtigt. Die Steuergerechtigkeit fordert vom Gesetzgeber, zusätzlich **atypische Sonderbelastungen** einzelner StPfl zu berücksichtigen.[1] § 33 dient der Sicherstellung des Existenzminimums in den Fällen, in denen das Existenzminimum höher liegt als beim Normalfall.[2] Es handelt sich nicht um eine Billigkeitsregelung,[3] denn die Norm soll nicht Unbilligkeiten, sondern Ungleichheiten vermeiden.[4] Die Anerkennung ag Belastungen ist daher auch **keine Ermessensvorschrift.** Der StPfl hat einen Rechtsanspruch auf die Steuerermäßigung, wenn die Voraussetzungen des § 33 erfüllt sind. Die Vorschrift ist im Abschnitt über den Tarif angesiedelt; sie ist ihrer Rechtsnatur nach jedoch eine **Einkommensermittlungsvorschrift.** Folgerichtig sind die ag Belastungen vom Gesamtbetrag der Einkünfte abzuziehen (§ 2 IV).

---

1 *K/S/M* § 33 Rn A 1.
2 Vgl BFH BStBl II 75, 774; *Brockmeyer* DStZ 98, 214.
3 So aber gelegentlich der BFH: zB BFH BStBl II 75, 632.
4 *K/S/M* § 33 Rn A 8; *H/H/R* § 33 Rn 9.

Aus der Funktion, das Existenzminimum sicherzustellen, folgt, dass insbes existenziell notwendige 2
Aufwendungen berücksichtigt werden müssen. § 33 definiert die Außergewöhnlichkeit der Aufwendungen aus einem Vergleich mit StPfl gleicher Einkommens- und Vermögensverhältnisse, nicht durch einen Verweis auf den existentiellen Bedarf. Daraus folgt, dass § 33 über die Sicherstellung des Existenzminimums hinaus dem **Erhalt und der Rückgewinnung der Normalität** des einzelnen StPfl dient.[1] § 33 anerkennt damit die Außergewöhnlichkeit eines Ereignisses je nach individueller Lebenssituation des einzelnen StPfl. Da die Anerkennung ag Belastungen stets auch durch den Steuerverzicht eine Mitfinanzierung der Aufwendungen durch die Allgemeinheit bedeutet,[2] ist es gerechtfertigt, § 33 eng auszulegen.

II. Persönlicher Geltungsbereich. § 33 gilt für nat unbeschränkt estpfl Pers (einschl § 1 III), nicht 4
für beschränkt StPfl[3] (§ 50 I 4). Im Fall der **Zusammenveranlagung** bilden **Ehegatten** jedenfalls hinsichtlich des Einkommens und der Einkommensermittlung eine **Einheit.** Daraus folgt für die in den Bereich der Einkommensermittlung fallenden ag Belastungen, dass es gleichgültig ist, wer von den Ehegatten die einzelne Ausgabe für ag Belastungen geleistet hat. Die ag Belastungen des einen Ehegatten sind ohne Weiteres auch als solche des anderen anzusehen.[4] Es kommt bei dem Abzug dieser Ausgaben nicht darauf an, welcher Ehegatte den Aufwand trägt.[5] Dies gilt nicht nur für die Zusammenveranlagung gem § 26b, sondern auch für die getrennte Veranlagung der Ehegatten gem § 26a, denn auch hier wird der abzuziehende Betrag aufgrund des Gesamteinkommens der Eheleute ermittelt.[6] Bei der besonderen Veranlagung von Ehegatten nach § 26c können die Aufwendungen jedoch nur bei dem Ehegatten berücksichtigt werden, dem sie erwachsen sind,[7] da bei dieser Veranlagungsform die Ehegatten so behandelt werden, als ob sie die Ehe nicht geschlossen hätten.

III. Verhältnis zu anderen Vorschriften. Aufwendungen, die ihrer Natur nach BA, WK oder SA 5
sind, können nicht als ag Belastung geltend gemacht werden, selbst wenn sich die Kosten zB aufgrund von Höchstbeträgen nicht steuermindernd ausgewirkt haben (s Rn 65).[8] § 33a ist gegenüber § 33 die speziellere Regelung (s § 33a V). § 33a berücksichtigt jedoch nur die typischen Unterhaltsaufwendungen; **atypische Unterhaltsaufwendungen** können daneben **nach § 33** berücksichtigt werden (§ 33a Rn 85).[9] **Körperbehinderte** haben nach § 33b I ein **Wahlrecht**, ob sie den Pauschbetrag ohne Anrechnung einer zumutbaren Belastung geltend machen, oder ob sie die Aufwendungen einzeln aufführen und die zumutbare Belastung nach § 33 anrechnen wollen. Dies gilt auch dann, wenn es sich um das pflegebedürftige Kind des StPfl handelt und der StPfl den Pauschbetrag auf sich hat übertragen lassen.[10] § 33b berücksichtigt jedoch nur diejenigen ag Belastungen, die dem StPfl laufend unmittelbar aufgrund der Körperbehinderung als typische Mehraufwendungen erwachsen. Außerordentliche Krankheitskosten können neben dem Pauschbetrag gesondert nach § 33 geltend gemacht werden, soweit sie nicht von der Typisierung des § 33b erfasst werden.[11] Dies gilt zB für den Fall, dass ein schwerstbehinderter StPfl auf einer Urlaubsreise auf eine Begleitperson angewiesen ist.[12]

B. Außergewöhnliche Belastungen (§ 33 I)

I. Aufwendungen. – 1. Begriff. § 33 I 1 setzt voraus, dass dem StPfl Aufwendungen erwachsen. Der 7
Begriff „Aufwendungen", den der Gesetzgeber in zahlreichen Vorschriften des EStG verwendet (vgl zB § 4 IV, § 9 I 1, § 10 I, § 12 Nr 1, § 33 I), wird im allg Sinn von Ausgaben verstanden. Hierunter fallen alle **Vermögensabflüsse in Geld oder Geldeswert.**[13] Sachleistungen sind entspr § 8 II zu bewerten (§ 8 Rn 44 ff).[14] Eine eigenständige einschränkende Auslegung des Begriffs Aufwendungen ist nicht erforderlich, denn diese wird bereits durch die Tatbestandsmerkmale der Außergewöhnlichkeit und Zwangsläufigkeit bewirkt.

---

1 *Kirchhof* Gutachten 57. DtJTag 88 F 62 ff.
2 FG Bdbg EFG 98, 317.
3 Dazu *Pülzl/Pircher* RdW 99, 373.
4 Vgl BFH BStBl III 58, 77.
5 BFH BStBl III 67, 596.
6 *K/S/M* § 33 Rn B 5.
7 *Schmidt*[26] § 33 Rn 2.
8 BFH/NV 92, 17; H 33.1 – 33.4 EStH 05.
9 BFH BStBl 00, 294; BFH/NV 97, 755; BFH BStBl II 88, 830; BMF BStBl I 99, 270; vgl auch *Hettler* DB 03, 356.
10 R 33.3 IV EStR 05.
11 BFH BStBl II 88, 275; vgl auch BStBl II 05, 271; *K/S/M* § 33 Rn A 24.
12 Vgl BStBl II 02, 765: bis zu 767 € neben § 33b.
13 *H/H/R* § 33 Rn 33; BFH BStBl II 90, 830; BStBl II 89, 382.
14 *H/H/R* § 33 Rn 34.

8 Bei Aufwendungen handelt es sich nur um **bewusste und gewollte Vermögensverwendungen**. Entgangene Einnahmen (zB Verdienstausfall) können daher nicht nach § 33 geltend gemacht werden.[1] Dagegen können erzwungene Ausgaben wie zB Lösegeldzahlungen[2] berücksichtigt werden, da sie trotz äußeren Zwangs willentlich erbracht werden.[3] Auch ein Verzicht auf eine Forderung ist eine bewusste und gewollte Vermögensverwendung.[4] Der BFH behandelt in ständiger Rspr[5] **Vermögensverluste** infolge von Unfall, Brand, Diebstahl oder Forderungsverluste nicht als Aufwendungen iSd § 33.[6] Bei den genannten Vermögensverlusten fehlt es neben der willentlichen Betätigung auch an einer tatsächlichen Leistungshandlung. Lediglich die Aufwendungen zur Wiederbeschaffung (Rn 23) können unter § 33 fallen.

9 Für den Abzug der Aufwendungen gilt das **Abflussprinzip** des § 11 II. Dies gilt auch dann, wenn ein Darlehen aufgenommen wird. Der Aufwand entsteht, wenn die Darlehensmittel ausgegeben werden.[7] Lediglich beim Vorteilsausgleich tritt das Abflussprinzip zurück (Rn 16).

10 **2. Mittelherkunft.** Dem System des Einkommensteuerrechts ist grds fremd, bei Aufwendungen danach zu unterscheiden, ob die Mittel aus dem Einkommen oder dem Vermögen stammen.[8] Auch Aufwendungen mit Hilfe **geschenkter Mittel** können ag Belastungen sein.[9] Die Frage, ob für die ag Belastungen ein Darlehen aufgenommen wird, ist für die Auslegung des Tatbestandsmerkmals der Aufwendung ebenfalls ohne Bedeutung. Darlehensfinanzierte Aufwendungen, die ihrer Art nach eine ag Belastung darstellen, sind nicht erst im Jahr der Tilgung des Darlehens, sondern bereits im VZ der Verausgabung steuerermäßigend abzusetzen.[10]

11 **II. Belastung. – 1. Belastungsprinzip.** § 33 setzt voraus, dass der StPfl durch die Aufwendungen **tatsächlich und endgültig belastet** wird (Belastungsprinzip).[11] Dies entspricht dem Grundsatz der Besteuerung nach der wirtschaftlichen Leistungsfähigkeit.[12] Das Belastungsprinzip ist zum einen ein Korrektiv für den Fall, dass der StPfl im Zusammenhang mit dem belastenden Ereignis stfreie Zuwendungen in Geld oder Geldeswert erhält, die die Belastung ganz oder zT ausgleichen.[13] Es ist außerdem Grundlage der sog Gegenwerttheorie, wonach keine belastenden Aufwendungen vorliegen, wenn der StPfl für seine Aufwendungen einen wirtschaftlich erfassbaren Gegenwert erhält. Anders als bei einer reinen Vermögensumschichtung liegt eine Belastung nur vor, soweit Werte aus dem Vermögen oder laufenden Einkommen endgültig abfließen.[14]

12 Der BFH hat seine frühere **Unterscheidung zw Einkommensbelastung und Vermögensbelastung aufgegeben**.[3] Während früher Rspr[15] und zahlreiche Stimmen in der Literatur[16] nur solche Aufwendungen anerkannten, die im allg aus dem Einkommen bestritten wurden, hat der BFH inzwischen festgestellt, dass sich eine solche Auslegung nicht mit dem Wortlaut und Zweck der Vorschrift vereinbaren lässt.[17] Der Anwendungsbereich des § 33 wird dadurch auch nicht unangemessen ausgedehnt.[18] In Fällen mit Vermögensberührung ist den gesetzlichen Merkmalen der Zwangsläufigkeit und Außergewöhnlichkeit jedoch erhöhte Beachtung zu schenken.

13 **2. Ausgabenersatz, Aufwendungsersatz, ersparte Kosten, Vorteilsanrechnung.** Von einer Belastung kann nur gesprochen werden, wenn und soweit die Aufwendungen etwaige Ersatzleistungen Dritter übersteigen und der StPfl die Aufwendungen mithin endgültig tragen muss.[19] Dem Sinn und Zweck des § 33 entspricht es, sämtliche Vorteile, Erstattungen und Ausgleichszahlungen sowie ersparte

---

1 BFH BStBl III 57, 385; BFH/NV 96, 128.
2 BFH BStBl II 81, 307; FG M'ster EFG 87, 186.
3 BFH BStBl II 95, 104.
4 *K/S/M* § 33 Rn B 3; *H/H/R* § 33 Rn 34; *L/B/P* § 33 Rn 69; aA FG Nds EFG 67, 233.
5 BFH/NV 06, 1468; BFH/NV 94, 551; BFH BStBl III 59, 405; BFHE 92, 199; BFH BStBl II 82, 744; BStBl II 87, 629; BStBl II 89, 282; vgl auch FG Nds EFG 98, 319 (Diebstahl).
6 Vgl *K/S/M* § 33 Rn B 3; *H/H/R* § 33 Rn 34 „Schäden, Verlust", Rn 161 „Verlust oder Verfall von Mieterleistungen", Rn 300 „Verlust".
7 BFH BStBl II 90, 958.
8 *K/S/M* § 33 Rn B15.
9 Anm HFR 89, 19.
10 BFH BStBl II 88, 814; BFH/NV 98, 850.
11 BFH BStBl II 82, 744; krit zur Belastungstheorie: *Kanzler* FR 99, 1194 mwN.
12 Vgl BVerfG HFR 89, 271 zur Wertverrechnung bei SA unter ausdrücklichem Hinweis auf § 33.
13 BFH BStBl II 95, 121; BStBl II 92, 179 (182); BStBl II 82, 744 (745); BStBl II 75, 632.
14 BFH BStBl II 97, 491.
15 BFH BStBl III 53, 255; BStBl III 56, 84; BStBl III 59, 383; BStBl III 64, 245; BStBl III 64, 453; BStBl II 68, 259; BStBl II 75, 538.
16 *Tipke* StuW 75, 152 (158); *Rasenack* DB 83, 1272.
17 BFH BStBl II 95, 104; vgl auch *K/S/M* § 33 Rn B 7ff; *H/H/R* § 33 Rn 48.
18 *Brockmeyer* DStZ 98, 214; *Sunder-Plassmann* DStZ 95, 193.
19 BFH BStBl II 75, 14.

Aufwendungen des StPfl im Zusammenhang mit den ag Belastungen zu berücksichtigen.[1] Eine Anrechnung von Leistungen setzt jedoch voraus, dass zw Aufwand und Ersatzleistung ein **innerer Zusammenhang** besteht.[2] Der Ausgabenersatz muss einen Ausgleich für die ag Belastungen bezwecken; die ersparten Aufwendungen müssen unmittelbar mit den ag Belastungen zusammenhängen, denn nur dann ist der StPfl nicht endgültig belastet. Unerheblich ist, ob der StPfl einen Rechtsanspruch auf die Ersatzleistung hat oder nicht.[3] Soweit Ersatzleistungen vorrangig Aufwendungen ausgleichen, die nicht als ag Belastungen geltend gemacht werden können, sind sie nur anteilig anzurechnen.[4] Der **Verzicht auf die Geltendmachung von Ersatzansprüchen** hat Auswirkungen auf die Zwangsläufigkeit der Aufwendungen (vgl Rn 44).[5]

Anzurechnen sind Leistungen von dritter Seite, wie zB Beihilfeleistungen, **Versicherungsleistungen**[6] (insbes Krankenversicherungsleistungen), Schadensersatzleistungen, Unterstützungen, Entschädigungen oder Kostenersatz. Es ist nicht entscheidend, ob die Versicherungsbeiträge als SA abzugsfähig sind.[7] Auch andere Vorteile, die in untrennbarem Zusammenhang mit den ag Belastungen stehen, wie zB **Haushaltsersparnis**,[8] sind anzurechnen. Soweit notwendige Wiederherstellungsarbeiten nicht ohne Werterhöhung (zB neu für alt) durchgeführt werden können, muss der StPfl sich die Wertverbesserung im Wege des **Vorteilsausgleichs** anrechnen lassen.[9] Ein Vorteilsausgleich ist auch dann durchzuführen, wenn die Gegenwertlehre nicht anwendbar ist (Rn 22), weil ein endgültiger Wertverlust vorliegt.[10]

14

Der BFH beschränkt die Anrechnung auf stfreie Ersatzleistungen. Führen die Erstattungen zu **stpfl Einnahmen**, werden diese **nicht angerechnet**.[11] Diese Unterscheidung leuchtet nicht ein, da jedenfalls nach Abzug der auf die Einnahmen entfallenden Steuer eine Entlastung des StPfl verbleibt.[12] Haushaltsersparnisse werden bei einem Krankenhausaufenthalt idR nicht angerechnet,[13] weil der Haushalt beibehalten wird und die Fixkosten weiterlaufen.[14] Erhält der StPfl die zur Begleichung der Aufwendungen erforderlichen Mittel geschenkt, werden diese ebenfalls nicht angerechnet.[15] Erstattungen oder Ersparnisse sind nur mit denjenigen ag Belastungen zu verrechnen, bei denen die Belastungen beseitigt werden sollen. Mit anderen ag Belastungen desselben VZ sind die Erstattungen nicht zu verrechnen.[16]

15

Die Vorteile oder der Ausgabenersatz sind **periodenübergreifend** auszugleichen, denn eine lediglich vorübergehende Belastung genügt nicht.[17] Ersatzleistungen sind auch dann im Jahr der Verausgabung zu berücksichtigen, wenn sie in einem späteren VZ zufließen oder geleistet werden. Das **Abflussprinzip** (§ 11) **tritt** nach der Rspr gegenüber dem Belastungsprinzip **zurück**.[18] Würde man auch für die belastungsbeseitigenden Vermögensmehrungen das Prinzip der Abschnittsbesteuerung streng anwenden, müsste ein Ausgabenersatz in einem späteren VZ ähnlich wie der Rückfluss früherer WK als stpfl Einnahme erfasst werden. Die Vorteilsanrechnung im VZ der Verausgabung setzt verfahrensrechtlich eine **vorläufige Veranlagung** (§§ 164, 165 AO) voraus,[19] bei der die Höhe des Erstattungsbetrages geschätzt[20] wird. War die Belastung bereits im Zeitpunkt der Veranlagung entfallen und hatte das FA hiervon keine Kenntnis, greift § 173 I Nr 1 AO ein.[21] Werden erst nach diesem Zeitpunkt Erstattungen geleistet, kann der ESt-Bescheid nach § 175 I 1 Nr 2 AO geändert

16

---

[1] Nach *Kanzler* (*H/H/R* § 33 Rn 44) ist die Vorteilsanrechnung bereits aus Wortlaut und Zweck des Gesetzes abzuleiten.
[2] BFH BStBl II 72, 177. Der BFH differenziert zwischen Krankentagegeld- und Krankenhaustagegeldversicherung.
[3] *K/S/M* § 33 Rn B 18.
[4] BFH BStBl II 91, 140 (Sterbegeldversicherung); anders bei reiner Schadenversicherung wie zB Hausratsversicherung: BFH BStBl II 99, 766.
[5] BFH BStBl II 92, 137.
[6] ZB Lebensversicherung BFH BStBl II 96, 413; Hausratversicherung BFH BStBl II 99, 766.
[7] FG Bln EFG 79, 84.
[8] BFH BStBl II 81, 23.
[9] BFH BStBl II 95, 104; BStBl II 02, 240.
[10] Vgl BFH BStBl II 02, 240.
[11] BFH BStBl II 85, 632.
[12] *H/H/R* § 33 Rn 44.
[13] H 33.1–33.4 (Haushaltsersparnis) EStH; BFH BStBl II 76, 646; BStBl II 81, 25; BStBl II 79, 646; *K/S/M* § 33 Rn C 63 „Altersheim"; aA *H/H/R* § 33 Rn 44.
[14] BFH/NV 91, 231.
[15] BFH BStBl II 72, 177; *K/S/M* § 33 Rn B 18.
[16] Str: Für eine Verrechnung *H/H/R* § 33 Rn 44; nach BFH BStBl III 64, 547 sind sämtliche Krankheitskosten eines VZ ein einheitlicher Komplex; *Schmidt*[26] § 33 Rn 12 und *K/S/M* § 33 Rn B 19 halten diese Rspr zutr durch BFH BStBl II 75, 14 und BStBl II 72, 177 für überholt und lehnen eine Saldierung ab.
[17] *Brockmeyer* DStZ 98, 214.
[18] BFH BStBl II 99, 766; BStBl II 95, 121; so auch *K/S/M* § 33 Rn B 22; aA *H/H/R* § 33 Rn 44; *Kanzler* FR 99, 1194 (aber zur Auslegung des Aufwendungsbegriffs).
[19] BFH BStBl II 75, 14; FG M'ster EFG 87, 186.
[20] *K/S/M* § 33 Rn B 23; vgl *Seitrich* FR 84, 525.
[21] *K/S/M* § 11 Rn C 46.

werden.[1] Hat der StPfl nicht mit einem später tatsächlich geleisteten Ausgabenersatz gerechnet oder sind die Aufwendungen nicht abgesetzt worden, weil der StPfl mit einer später ausbleibenden Erstattung gerechnet hatte, ist der Steuerbescheid zu ändern. Ausgabenersatz oder nicht gewährter Belastungsausgleich sind **Ereignisse**, die **steuerliche Wirkung für die Vergangenheit** haben.[2]

20 **3. Gegenwert. – a) Grundregel.** Der BFH[3] und die überwiegende Auffassung in der Literatur[4] verneint eine Belastung iSd § 33, wenn der StPfl für seine Aufwendungen einen Gegenwert oder einen nicht nur vorübergehenden Vorteil erhält. Diese vom BVerfG gebilligte[5] sog **Gegenwerttheorie** beruht auf dem Grundgedanken, dass nur ein gleichsam verlorener Aufwand eine Belastung iSd § 33 darstellt.[6] Erhält der StPfl für seine Aufwendungen einen Vermögensausgleich, soll er nicht endgültig und dauerhaft belastet sein.[7] Nur Aufwand, der zu einem Wertabfluss, nicht zur bloßen Vermögensumschichtung führt,[8] ist als ag Belastung zu berücksichtigen. Als Gegenwert kommen nicht nur Gegenstände sondern auch Leistungen in Betracht. Da letztlich nahezu jede Aufwendung zu einem Gegenwert in Form von Gütern oder Dienstleistungen führt, werden als Gegenwert nur Vorteile berücksichtigt, die einen **nicht nur vorübergehenden Vorteil** darstellen.[9] Darüber hinaus setzt die Rspr voraus, dass der betr Gegenstand oder die bestellte Leistung nach dem Erhalt durch den StPfl nicht nur für diesen, sondern auch für andere Pers von Wert sein kann und damit eine gewisse **Marktfähigkeit** besitzt, die in einem bestimmten Verkehrswert zum Ausdruck kommt.[10] Existenzsichernde Aufwendungen für laufenden Bedarf führen damit grds nicht zu einem zu berücksichtigenden Gegenwert. Erhält der StPfl für seine Aufwendungen Güter oder Dienstleistungen, die ausschließlich für ihn von Bedeutung sind, werden diese ebenfalls nicht als Vermögensvorteil berücksichtigt.

21 **b) Ausnahmen von der Gegenwertlehre.** Die Rspr lässt für bestimmte Aufwendungen Ausnahmen von der Gegenwertlehre zu. Bei **medizinischen Hilfsmitteln** ist ein Gegenwert grds nur dann anzunehmen, wenn der angeschaffte Gegenstand nicht ausschließlich dem Erkrankten selbst zu dienen bestimmt, sondern auch für Dritte von Nutzen ist.[11] **Krankheitsbedingte Umbaumaßnahmen** eines Gebäudes führen zu einer endgültigen Belastung, wenn die krankheitsbedingte Notwendigkeit im Einzelfall derart im Vordergrund steht, dass der Zusammenhang mit der Erhaltung des Nutzungswerts des Hauses völlig gelöst ist. Voraussetzung dafür ist zB, dass sich infolge der Erkrankung plötzlich die Notwendigkeit ergibt, noch neue Gegenstände auszuwechseln[12] oder wenn absehbar ist, dass bei einem Mietereinbau der Mieter alsbald aus dem Gebäude ausziehen muss und verpflichtet ist, den ursprünglichen baulichen Zustand wiederherzustellen.[13] Allein die Behebung gesundheitsgefährdender Baumängel führt jedoch nicht dazu, dass die Aufwendungen als ag Belastung abgezogen werden können.[14]

22 Eine Ausnahme von der Anwendung des Gegenwertgedankens gilt außerdem bei Aufwendungen zur Schadensbeseitigung bzw Wiederbeschaffung, wenn **lebensnotwendige Gegenstände** (Hausrat, Kleidung) aufgrund eines unabwendbaren Ereignisses verlorengegangen sind.[15] Dies gilt auch bei Aufwendungen zur Schadstoffbeseitigung bei Gegenständen des existenznotwendigen Bedarfs.[16] Dabei ist zu berücksichtigen, dass es sich bei der Schadensbeseitigung bzw Neuanschaffung nicht nur um eine Vermögensumschichtung handelt, sondern auch um den Ausgleich eines endgültigen Verlustes (hier: Wertverlust des Hauses durch die Beschädigung). Soweit Werte endgültig abgeflossen sind, fehlt es eben nicht – wie bei der reinen Vermögensumschichtung – an einer Belastung des StPfl.[17]

---

1 FG Kln EFG 88, 422.
2 *Schmidt*[26] § 33 Rn 13; *Blümich* § 33 Rn 71.
3 BFH BStBl II 97, 491; stRspr des BFH BStBl II 83, 378 mwN.
4 Ausf *Brockmeyer* DStZ 98, 214; *K/S/M* § 33 Rn B 24; *Kirchhof* Gutachten F 57. DtJTag 88, 65 ff.
5 BVerfGE 21, 1.
6 Ob sich aus der Besteuerungsgleichheit ergibt, dass § 33 iSd Gegenwerttheorie ausgelegt werden **muss** (so wohl BFH BStBl II 97, 491), ist zumindest zweifelh.
7 *Blümich* § 33 Rn 57.
8 Vgl *Kirchhof* Gutachten F 57. DtJTag 88, 65.
9 BFH BStBl II 83, 378 „Gegenstände, die von bleibendem oder mindestens längerdauerndem Wert und Nutzen sind".
10 BFH BStBl II 83, 378.
11 BFH BStBl II 91, 920.
12 BFH BStBl II 92, 290; BStBl II 02, 592 (Ersatzbeschaffung von Mobiliar bei Formaldehydbelastung); BFH/NV 07, 891 (zu den Voraussetzungen bei behindertengerechtem Umbau eines Badezimmers); FG BaWü EFG 03, 94 (Umbau eines Badezimmers wegen Erkrankung an multipler Sklerose); nicht bei nachträglichem Einbau eines Fahrstuhls oder eines automatischen Garagentores: BFH/NV 04, 1252; BFH/NV 06, 931.
13 BFH/NV 06, 931.
14 BFH/NV 06, 2057.
15 BFH BStBl II 74, 745.
16 BFH BStBl II 02, 240; *Hettler* DB 02, 1848.
17 BFH BStBl II 95, 104; BStBl II 92, 290; vgl *Sunder-Plassmann* DStR 92, 1306; *ders* DStR 93, 1162.

4. Wiederbeschaffung oder Wiederherstellung. Besondere Probleme bereitet die Gegenwerttheorie bei Ersatzbeschaffungen. Auch wenn der StPfl einen Gegenwert erhält, liegt ein **verlorener Aufwand** vor, wenn lediglich zuvor eingetretene endgültige Vermögenseinbußen ausgeglichen werden.[1] Rspr[2] und Verwaltung[3] anerkennen ag Belastungen bei notwendigen und angemessenen Aufwendungen für die Wiederbeschaffung von Hausrat und Kleidung, wenn der Verlust auf einem **unabwendbaren Ereignis** beruht.[4] Als unabwendbare Ereignisse gelten zB Brand, Naturkatastrophen (zB Hochwasser,[5] Unwetter; nicht aber Grundwasserschäden[6]), Kriegseinwirkung, Vertreibung oder politische Verfolgung, die den StPfl existenziell betreffen. Der Verlust von Hausrat aufgrund politischer Verfolgung beruht nur dann auf einem unabwendbaren Ereignis, wenn ein Verbleiben im Heimatland mit Gefahren für Leib und Leben oder der persönlichen Freiheit des StPfl verbunden wäre.[7] Aufwendungen zur Wiederbeschaffung sind auch abziehbar, wenn von dem Gegenstand eine Gesundheitsgefährdung ausgeht, die beseitigt werden muss und nicht auf einem Verschulden des StPfl, seines Mieters oder auf einen Baumangel zurückzuführen ist.[3] Berücksichtigt werden nur die Wiederherstellung oder Wiederbeschaffung, **nicht die Ergänzung** des vorhandenen Bestandes.[8] Liegt das schädigende Ereignis länger als drei Jahre zurück, ist zu vermuten, dass es sich um eine nicht zu berücksichtigende Ergänzungsbeschaffung handelt.[9] Wiederbeschaffungsaufwendungen können nur insoweit als ag Belastungen anerkannt werden, als sie notwendig und angemessen sind (s § 33 II).[10] Soweit es sich um Gegenstände handelt, die üblicherweise nicht notwendig[11] sind oder soweit es sich um Luxusausführungen handelt,[12] sind die Aufwendungen für die Wiederbeschaffung nicht abzugsfähig. Der Höhe nach dürfen die Aufwendungen einen angemessenen Betrag nicht übersteigen.[13]

Die zunächst nur für die Wiederbeschaffung von Hausrat und Kleidung geltende Anerkennung von ag Belastungen hat der BFH jüngst auf weitere Fallgestaltungen ausgedehnt. Unter dem Gesichtspunkt des „verlorenen Aufwands" können bei Schäden an Vermögensgegenständen Wiederherstellungsaufwendungen als ag Belastungen in Betracht kommen, wenn ein **für den StPfl existenziell wichtiger Bereich** (im Streitfall: das Wohnen)[14] berührt ist, **keine Anhaltspunkte für** ein eigenes (ursächliches) **Verschulden** des StPfl erkennbar ist[15] und **keine (realisierbaren) Ersatzansprüche** gegen Dritte gegeben sind. Diese Voraussetzungen bedeuten auch, dass der zerstörte oder beschädigte Vermögensgegenstand in Größe und Ausstattung nicht erheblich über das Notwendige und Übliche hinausgehen darf. Zur Vermeidung einer den Sinn und Zweck des § 33 überschreitenden Ausdehnung hält es der BFH ferner für geboten, den StPfl in diesem Bereich (Schäden an Vermögensgegenständen) vorrangig auf bestehende **Versicherungsmöglichkeiten** zu verweisen. Die (teilw) Abwälzung des Schadens auf die Allgemeinheit ist nicht gerechtfertigt, wenn eine allg zugängliche und übliche Versicherungsmöglichkeit nicht wahrgenommen wurde;[16] für die Anerkennung als ag Belastung fehlt es in diesen Fällen an der Zwangsläufigkeit.[17] Die sog Elementarversicherung stellt jedoch keine allg zugängliche und übliche Versicherungsmöglichkeit dar.[18]

III. Außergewöhnlichkeit. – 1. Außergewöhnlichkeit der Aufwendung oder des Ereignisses. Die Legaldefinition der ag Belastungen[19] setzt voraus, dass dem StPfl zwangsläufig größere Aufwendungen als der überwiegenden Mehrzahl der StPfl gleicher Einkommensverhältnisse, gleicher Vermö-

---

1 *K/S/M* § 33 Rn B 37; *Kirchhof* Gutachten F 57. DtJTag 88, 66.
2 ZB BFH BStBl II 91, 755; BStBl II 88, 814; BStBl II 74, 335.
3 R 33.2 Nr 2 EStR 05.
4 *H/H/R* § 33 Rn 75; *Blümich* § 33 Rn 267; *K/S/M* § 33 Rn B 69.
5 Zur Hochwasserkatastrophe in Süddeutschland 2005: BMF BStBl I 05, 860.
6 OFD Ffm DStZ 03, 319.
7 BFH BStBl II 91, 755; **aA** FG RhPf EFG 94, 930.
8 Zum Verlust von Kleidung auf einer Urlaubsreise: BFH BStBl II 76, 712; vgl auch BFH/NV 05, 1278 (Errichtung einer modernen Trinkwasserversorgung).
9 R 33.2 Nr 8 EStR 05; BFH BStBl III 60, 488; FG Hess EFG 66, 231.
10 Zur Verknüpfung mit § 33 II *H/H/R* § 33 Rn 76.
11 ZB Urlaubskleidung: BFH BStBl II 76, 712.
12 FG Hbg EFG 76, 183.
13 Die Verwaltung hat für die Wiederbeschaffungsaufwendungen Obergrenzen festgesetzt, die von der Rspr teilw akzeptiert worden sind (*H/H/R* § 33 Rn 76; vgl auch *K/S/M* § 33 Rn B 72).
14 Nach *Brockmeyer* DStZ 98, 214 gilt dies nicht bei einem PKW. Diese Auffassung ist bei den gegenwärtigen Anforderungen an die Mobilität problematisch.
15 Auch nicht leichte Fahrlässigkeit im Straßenverkehr: *Brockmeyer* DStZ 98, 214; keine ag Belastung, wenn Verschulden des StPfl, des Mieters oder bei Baumangel wie zB Schimmelpilz: R 33.2. Nr 2 EStR 05.
16 BFH BStBl II 04, 47 u BStBl II 99, 766 (beide zu Hausratsversicherung); BStBl II 95, 104; R 33.2 Nr 7 EStR 05; *Brockmeyer* DStZ 98, 214; *Steinhauff* HFR 04, 122; krit zur „Abwälzungstheorie" *Kanzler* FR 04, 101.
17 BFH/NV 04, 630.
18 BMF BStBl I 05, 860 (862).
19 Zur missglückten Definition vgl auch *K/S/M* § 33 Rn B 39; *H/H/R* § 33 Rn 30.

gensverhältnisse und gleichen Familienstandes erwachsen. Der Gesetzestext stellt für die Außergewöhnlichkeit damit nicht nur auf die Höhe der Belastung ab,[1] sondern bezieht über die Zwangsläufigkeit auch das **verursachende Ereignis** in den Tatbestand der ag Belastungen ein. Die Zwangsläufigkeit ist grds nicht allein an der unmittelbaren Zahlungsverpflichtung zu messen und im Zusammenhang mit der Belastung zu berücksichtigen. Auch das die Verpflichtung adäquat verursachende Ereignis muss für den StPfl zwangsläufig sein.[2] Daraus folgt, dass sowohl die Aufwendung als auch das verursachende Ereignis außergewöhnlich sein müssen.[3]

31 § 33 erfasst nicht die typischen, üblichen oder regelmäßigen Aufwendungen für die Lebensführung,[4] selbst wenn es sich um unumgängliche und hohe Aufwendungen handelt.[5] Der Tatbestand der ag Belastungen ergänzt die Tatbestände der existenzsichernden Abzüge in **außergewöhnlichen, atypischen, unüblichen**, außerhalb der normalen Lebensführung liegenden **Situationen**.[6] § 33 soll sicherstellen, dass die Besteuerung erst jenseits des Existenzminimums einsetzt.[7] Daher stellt der BFH vielfach darauf ab, ob Aufwendungen den **existentiellen** Bereich des StPfl betreffen.[8] Werden die Aufwendungen dagegen von anderen Regelungen zur Steuerfreistellung des Existenzminimums erfasst, ist für § 33 kein Raum. In diesen Fällen können Billigkeitsregelungen eingreifen.

32 **2. Vergleichbare Gruppen.** Die Außergewöhnlichkeit ergibt sich nach dem Gesetzeswortlaut aus einem Vergleich mit der überwiegenden Mehrzahl der StPfl gleicher Einkommensverhältnisse, gleicher Vermögensverhältnisse und gleichen Familienstandes. Insoweit handelt es sich bei der Legaldefinition der ag Belastungen um eine **Konkretisierung des allg Gleichheitssatzes** (Art 3 GG).[9] Vergleichsmaßstab sind die Einkommens- und Vermögensverhältnisse sowie der Familienstand. Mit Einkommen und Vermögen werden die **wirtschaftlichen Verhältnisse** umschrieben; gemeint ist nicht das Einkommen gem § 2 IV. Berücksichtigt werden vielmehr auch stfreie Einnahmen, während ein Verlustvor- oder -rücktrag herauszurechnen wäre, da er einem anderen VZ zuzurechnen ist.[10] Unter Vermögen ist das Gesamtvermögen des StPfl zu verstehen. Ausdrücklich berücksichtigt der Gesetzgeber für die Bestimmung der Vergleichsgruppe den Familienstand des StPfl. Überwiegend wird nicht auf den zivilrechtlichen Status sondern auf die **Familienverhältnisse** abgestellt.[11] Da mit dem Merkmal des Familienstandes unterschiedliche Belastungssituationen gekennzeichnet werden sollen, dürfte es insoweit auf die Zahl der **unterhaltsberechtigten Pers** ankommen.

33 Die Außergewöhnlichkeit ergibt sich danach auch aus den besonderen Verhältnissen des einzelnen StPfl oder einer kleinen Minderheit von StPfl.[12] Belastete StPfl sind mit StPfl zu vergleichen, die nicht von dem jeweiligen außergewöhnlichen Ereignis oder den erhöhten Aufwendungen betroffen sind.[13] Räumlich ist dabei auf den Geltungsbereich des EStG,[10] zeitlich auf den jeweiligen VZ abzustellen.[14] **Naturereignisse**, wie Überschwemmungen, Stürme oder Unwetter betreffen idR nur einen Teil des Bundesgebietes, so dass das Merkmal der Außergewöhnlichkeit erfüllt ist. Betrifft ein Ereignis hingegen die Mehrzahl aller StPfl (zB **globale Katastrophen**, wie zB ein Reaktorunfall),[15] sind die Tatbestandsvoraussetzungen des § 33 nicht erfüllt.

34 **3. Weitere Voraussetzungen.** § 33 I setzt „**größere**" **Aufwendungen** voraus. Das bedeutet jedoch nicht, dass es auf die absolute Höhe der Beträge ankommt.[16] Entscheidend ist vielmehr die relative Belastung gegenüber der überwiegenden Mehrzahl der StPfl.[17] Im Hinblick auf das einkommensteuerliche Jahresprinzip ist der **Vergleich innerhalb eines VZ** vorzunehmen.[14] Nur so ist sichergestellt, dass sich die ag Belastungen aus einem Vergleich mit der überwiegenden Mehrzahl der StPfl ergibt und nicht die durchschnittliche Situation des belasteten StPfl in mehreren VZ zum Vergleichsmaßstab wird.[18]

---

1 So aber *H/H/R* § 33 Rn 31; *K/S/M* § 33 Rn B 42; wohl auch *B/B* § 33 Rn 53.
2 BFH BStBl II 96, 197.
3 So iErg auch die ganz überwiegende Meinung in der Literatur: *K/S/M* § 33 Rn B 42; *Schmidt*[26] § 33 Rn 15; *Blümich* § 33 Rn 83; **aA** *H/H/R* § 33 Rn 31.
4 Diese gelten als durch den Grundfreibetrag und andere Freibeträge als abgegolten: *Brockmeyer* DStZ 98, 214.
5 *Brockmeyer* DStZ 98, 214.
6 *K/S/M* § 33 Rn B 46; *Kirchhof* Gutachten F 57; DJT 88, 67.
7 *Jakob/Jüptner* StuW 83, 210.
8 ZB BFH BStBl II 95, 104; BStBl II 95, 774.
9 *K/S/M* § 33 Rn B 48; *H/H/R* § 33 Rn 51.
10 *H/H/R* § 33 Rn 51.
11 *H/H/R* § 33 Rn 51; *K/S/M* § 33 Rn B 39; **aA** *Lademann* § 33 Rn 44.
12 BFH BStBl II 69, 260; BStBl II 81, 25; BStBl II 95, 774.
13 Schlagwortartig wird vielfach ausgeführt, dass Belastete mit Unbelasteten zu vergleichen sind *H/H/R* § 33 Rn 51; *Schmidt*[26] § 33 Rn 14.
14 **AA** *K/S/M* § 33 Rn B 43.
15 *Schmidt*[26] § 33 Rn 14; *Kanzler* FR 93, 698.
16 *Tipke* StuW 75, 347.
17 BFH BStBl II 92, 821.
18 *H/H/R* § 33 Rn 52.

IV. Rechtsanspruch nach Antrag. Der Abzug ag Belastungen setzt einen Antrag des StPfl oder seines Erben[1] voraus, der grds bis zum Schluss der letzten Tatsacheninstanz gestellt werden kann.[2] Da der Antrag **nicht fristgebunden** ist, kann er auch noch nach Eintritt der Bestandskraft der Steuerbescheids nachgeholt werden. Wenn die übrigen Voraussetzungen des § 173 I 1 Nr 2 AO vorliegen (unverschuldete nachträglich bekannt gewordene Tatsache),[3] muss der Einkommensteuerbescheid entspr geändert werden.[4] Hat das FA Kenntnis von Tatsachen, die einen Abzug von ag Belastungen rechtfertigen, hat es aufgrund der Fürsorgepflicht (§ 89 AO) einen entspr Antrag anzuregen. Der StPfl hat die den Anspr begründenden **Tatsachen nachzuweisen oder glaubhaft[5] zu machen.** Im Hinblick auf die Missbrauchsanfälligkeit werden teilw recht strenge Anforderungen gestellt. Insbes bei Krankheits- oder Kurkosten werden amts- oder vertrauensärztliche Zeugnisse verlangt.[6] 35

Liegen die gesetzlichen Voraussetzungen vor, hat der StPfl einen **einklagbaren Rechtsanspruch** auf den Abzug der ag Belastungen vom Gesamtbetrag der Einkünfte. Die Finanzbehörde hat keinen Ermessensspielraum. 36

C. Zwangsläufigkeit der Aufwendungen (§ 33 II)

I. Zwangsläufigkeit. – 1. Zwangsläufigkeit dem Grunde nach. – a) Allgemeines. § 33 II definiert das in § 33 I bereits enthaltene Tatbestandsmerkmal der Zwangsläufigkeit.[7] Entscheidend ist, dass die in § 33 II aufgezählten Gründe **derart auf die Entschließung des StPfl einwirken, dass er sich den Aufwendungen nicht entziehen und damit ihnen nicht ausweichen kann.**[8] Der StPfl darf keine tatsächliche Entschließungsfreiheit haben, bestimmte Aufwendungen vorzunehmen oder zu unterlassen.[9] Dabei kommt es nicht allein auf die Zwangsläufigkeit der Zahlungsverpflichtung an.[10] Auch das die Zahlungsverpflichtung adäquat verursachende **Ereignis muss** für den StPfl **zwangsläufig sein.**[11] Nach Sinn und Zweck des § 33 ist dabei auf die wesentliche Ursache abzustellen, die zu den Aufwendungen geführt hat.[12] 40

Ob sich der StPfl den Aufwendungen nicht entziehen kann, ist nach **objektiven Maßstäben** zu beurteilen.[13] Bei einem **entschuldbaren Sachverhaltsirrtum** ist für die Beurteilung der Zwangsläufigkeit der vom StPfl unterstellte Sachverhalt zugrunde zu legen.[14] Bei Fällen mit **Auslandsberührung** werden für die Beurteilung der Zwangsläufigkeit unter Hinweis auf § 33a I 5 HS 2 überwiegend **inländische Maßstäbe** zugrundegelegt.[15] Dies kann jedoch nicht für rechtliche Verpflichtungen gelten, bei denen nach deutschem internationalem Privatrecht das Recht des Auslands anzuwenden ist, und auch nicht für sittliche Gründe, da es darauf ankommt, ob der jeweilige StPfl und damit der Ausländer nach seinen Maßstäben sittlich gebunden ist.[16] Grundsätzlich hat daher eine **zweistufige Prüfung** bei Sachverhalten mit Auslandsberührung stattzufinden. Auf einer ersten Stufe ist zu prüfen, ob eine tatsächliche Zwangslage, eine rechtliche Verpflichtung aufgrund internationalen Privatrechts oder eine sittliche Verpflichtung nach den eigenen Maßstäben des StPfl besteht. Im Hinblick auf den **steuerrechtlichen ordre public** ist sodann zu prüfen, ob nach (objektiven) bundesrepublikanischen Maßstäben die Zwangsläufigkeit bejaht werden kann, denn StPfl mit ausländischer Staatsangehörigkeit sollen im Hinblick auf die Beachtung ausländischer Rechtsordnungen nicht größere steuerliche Vergünstigungen in Anspr nehmen können als die überwiegende Zahl inländischer Steuerzahler.[17] 41

---

1 *H/H/R* § 33 Rn 53 mwN.
2 *K/S/M* § 33 Rn A 44.
3 Ein StPfl handelt regelmäßig grob schuldhaft iSd § 173 I Nr 2 AO, wenn er eine im Steuererklärungsformular ausdrücklich gestellte Frage nicht beantwortet (BFH BStBl II 92, 65).
4 BFH BStBl II 89, 960; BFH/NV 94, 217; zu 33a vgl auch FG D'dorf EFG 93, 663; *K/S/M* § 33 Rn A 43.
5 BFH BStBl II 95, 408.
6 BFH BStBl II 01, 543; BStBl II 93, 278; BStBl II 93, 212.
7 Die Frage, ob die Legaldefinition der Zwangsläufigkeit deklaratorische (so *K/S/M* § 33 Rn C 2, 25) oder konstitutive (so *H/H/R* § 33 Rn 173) Bedeutung hat, ist ohne praktische Bedeutung.
8 StRspr BFH BStBl II 97, 491; BStBl II 96, 596; vgl auch *Brockmeyer* DStZ 98, 214 „keine Ausweichmöglichkeit".
9 BFH BStBl II 97, 491.
10 So aber *H/H/R* § 33 Rn 180, der aber anschließend prüfen will, ob die Inanspruchnahme rechtsmissbräuchlich ist.
11 BFH BStBl II 96, 596; BStBl II 96, 197; BFH/NV 96, 882; BStBl II 82, 749; BStBl II 86, 745; *K/S/M* § 33 Rn C 14.
12 *Jakob/Jüptner* StuW 83, 209; so auch *K/S/M* § 33 Rn C 17; iÜ ist die Frage der Kausalität umstritten: *K/S/M* § 33 Rn C 14 ff; *H/H/R* § 33 Rn 180.
13 BFH BStBl II 79, 646; BStBl II 78, 147.
14 *H/H/R* § 33 Rn 177; *Schmidt*[26] § 33 Rn 17.
15 FG M'ster EFG 95, 529; *Schmidt*[26] § 33 Rn 17; **aA** *K/S/M* § 33 Rn C 7; *H/H/R* § 33 Rn 178.
16 So auch *K/S/M* § 33 Rn C 7; *H/H/R* § 33 Rn 178.
17 BFH BStBl II 84, 527.

42 Die Aufwendungen dürfen **nicht durch den StPfl selbst verursacht** worden sein, denn die Gründe für die Zwangsläufigkeit müssen von außen auf die Entschließung des StPfl so einwirken, dass er sich ihnen nicht entziehen kann.[1] Ag Belastungen sind schon ausgeschlossen, wenn der StPfl die Zwangsläufigkeit mitverursacht hat. Wird zB das gesamte Vermögen einer Pers übernommen, können später Unterstützungsleistungen an diese Pers nicht geltend gemacht werden, da die Bedürftigkeit durch den StPfl mitverursacht worden ist.[2] **Freiwillige Zahlungen** sind stets selber verursacht und daher nicht zwangsläufig.[3] Verpflichtungen aufgrund rechtsgeschäftlicher **Vereinbarungen** begründen für sich allein regelmäßig keine Zwangsläufigkeit, es sei denn, es besteht zusätzlich zu der selbst begründeten Rechtspflicht eine weitere rechtliche oder eine sittliche Verpflichtung bzw eine tatsächliche Zwangslage zur Leistung der Aufwendungen, oder die Übernahme der Rechtspflicht beruht ihrerseits auf rechtlichen oder sittlichen Verpflichtungen oder einer tatsächlichen Zwangslage.[4] Zivilprozesskosten beruhen idR auf einem freiwilligen Entschluss des StPfl.[5] Ausnahmen sind allerdings denkbar, wenn die Verwirklichung bestimmter Rechte selbst bei Einvernehmen der Betroffenen eine gerichtliche Entscheidung, zB ein familienrechtliches Gestaltungsurteil, zwingend erfordert.[6] Ferner hat der BFH eine Ausnahme in Betracht gezogen, wenn ein Rechtsstreit einen für den StPfl existenziell wichtigen Bereich berührt.[7]

43 Ein **Verschulden des StPfl** spricht ebenfalls gegen die Zwangsläufigkeit der Aufwendungen. Vorsätzlich schuldhaftes Handeln oder grobe Fahrlässigkeit schließen stets den Abzug als ag Belastungen aus;[8] demgegenüber kann trotz einfacher oder leichter Fahrlässigkeit Zwangsläufigkeit gegeben sein,[9] wenn es sich um ein nicht zu vermeidendes Risiko (zB Straßenverkehr) handelt. IÜ ist umstritten, ob und inwieweit bei fahrlässigem Verhalten die Voraussetzungen des § 33 II erfüllt sind.[10] Geldstrafen, Geldbußen und die von einem Verurteilten zu tragenden Kosten eines Strafprozesses sind nicht zwangsläufig,[11] da sie in aller Regel ein Verschulden des StPfl voraussetzen. Dies gilt auch, wenn die Aufwendungen auf fahrlässigem Handeln beruhen, denn andernfalls würde die staatlich auferlegte Sanktion durch steuerrechtliche Maßnahmen (zumindest teilw) neutralisiert.[12] Geldstrafen können jedoch ausnahmsweise zwangsläufig sein, wenn und soweit der Sanktion ein **ausländisches Urteil** zugrunde liegt, das wesentlichen, von der Verfassung geprägten Grundsätzen der innerstaatlichen Rechtsordnung widerspricht.[13]

44 Aufwendungen sind grds nicht zwangsläufig, wenn sie durch die Inanspruchnahme **anderweitiger Ersatzmöglichkeiten** (zB Versicherungsansprüche, Schadenersatzansprüche) abgewendet werden können, sofern dies nicht ausnahmsweise unzumutbar ist.[14] Der Verzicht auf die Geltendmachung des Anspr muss selber zwar nicht zwangsläufig sein;[15] der StPfl muss sich jedoch nachdrücklich um die Ersatzmöglichkeit bemühen.[16]

45 Eine Zwangsläufigkeit besteht auch nicht, wenn der StPfl eine auf ihn zukommende Belastung nicht vermeidet, es sei denn, jede Möglichkeit dafür ist ausgeschlossen oder es ist nicht zumutbar, von ihr Gebrauch zu machen.[17] Die **Vorbeugung durch den StPfl** setzt jedoch voraus, dass er mit einer entspr Belastung konkret rechnen muss. Insbes kann nicht verlangt werden, dass der StPfl Versicherungen abschließt, um Aufwendungen zu vermeiden oder zu vermindern, da dies eine Zwangsversi-

---

1 BFH BStBl II 91, 755; ausf *Brockmeyer* DStZ 98, 214.
2 BFH BStBl II 97, 387; *Brockmeyer* DStZ 98, 214.
3 *K/S/M* § 33 Rn C 27; krit *H/H/R* § 33 Rn 176.
4 Keine Zwangsläufigkeit einer Grundschuldbestellung zur Sicherung von Schulden einer KG, an der nur Angehörige des StPfl beteiligt sind (BFH BStBl II 97, 772); krit auch *Kanzler* FR 97, 230; vgl auch *Brockmeyer* DStZ 98, 214.
5 BFH BStBl II 96, 596; BFH/NV 97, 755; BFH/NV 06, 938; BFH/NV 05, 2003.
6 BFH BStBl II 92, 795; BStBl II 75, 111; BStBl II 68, 407; BStBl III 58, 329.
7 BFH BStBl II 96, 596; Anm HFR 97, 14; vgl BFH/NV 06, 938.
8 BHF BStBl III 63, 499; bei Leichtfertigkeit vgl FG Hess EFG 91, 195; *K/S/M* § 33 Rn C 28; *Schmidt*[26] § 33 Rn 18.
9 BFH BStBl II 82, 749; Einschränkung durch BStBl II 96, 596 s *Brockmeyer* DStZ 98, 214.
10 Ausf *K/S/M* § 33 Rn C 28; *Schmidt*[26] § 33 Rn 18 will auf die im Zivilrecht entwickelten Grundsätze „gefahrgeneigter Arbeit" zurückgreifen.
11 BFH BStBl III 64, 333; BStBl III 61, 482; BStBl III 57, 415; BStBl III 55, 338; BFH BStBl II 04, 267 (Strafverteidigung des volljährigen Kindes).
12 **AA** *Jakob/Jüptner* StuW 83, 216; *K/S/M* § 33 Rn C 29.
13 FG Brem EFG 80, 183; *K/S/M* § 33 Rn C 63 „Geldstrafen und Geldbußen"; Gleiches muss auch für die in einem solchen Fall entstehenden Prozesskosten gelten.
14 BFH BStBl II 97, 732; BStBl II 97, 805; BStBl II 92, 137; Anm HFR 92, 237: gerichtliche Verfolgung nur zumutbar, wenn Rechts- und Beweislage eindeutig ist.
15 Anm HFR 92, 237; enger: *Blümich* § 33 Rn 116 unter Hinweis auf BFH BStBl II 75, 629.
16 BFH BStBl II 97, 805; BStBl II 97, 732; BStBl II 92, 137; BFH/NV 95, 24; krit *Richter* DStZ 92, 136.
17 BFH/NV 97, 755.

cherung aus steuerrechtlichen Gründen bedeuten würde.¹ Für Schäden an Vermögensgegenständen hat der BFH allerdings entschieden, dass diese nicht zwangsläufig sind, wenn der StPfl allg **zugängliche und übliche Versicherungsmöglichkeiten** nicht wahrgenommen hat.² Einen generellen Grundsatz, dass der StPfl verpflichtet ist, Aufwendungen durch den Abschluss üblicher Versicherungen zu vermeiden, wird man aus dieser Entscheidung zwar nicht ableiten müssen;³ aber für Schäden, die durch eine Hausratversicherung abgedeckt werden können, dürften keine ag Belastung mehr geltend gemacht werden können.⁴

Bei **Aufwendungen zugunsten dritter Pers** müssen die Gründe für die Zwangsläufigkeit in der Pers des StPfl selbst vorliegen; das Verhalten des Unterstützten ist hingegen nicht von ausschlaggebender Bedeutung.⁵ Es findet keine doppelte Prüfung des Tatbestandsmerkmals der Zwangsläufigkeit bei dem StPfl und bei der dritten Pers statt.⁶ Auch Aufwendungen, die durch schuldhaftes Verhalten der unterstützten Pers verursacht sind, können für den StPfl selber zwangsläufig erwachsen. Allerdings sind die Einkommens- und Vermögensverhältnisse der durch die Aufwendungen begünstigten Pers bei der Prüfung der Zwangsläufigkeit zu berücksichtigen.⁷ Ist die dritte Pers in der Lage, die Aufwendungen aus eigenen Mitteln zu bestreiten, fehlt es in aller Regel an der Zwangsläufigkeit für den StPfl.⁸ Bei **Unterhaltsleistungen** aus sittlichen Gründen gebietet die Gleichbehandlung rechtlicher und sittlicher Unterhaltspflichten, dass auch Vermögen und Lebensstellung der Beteiligten zu berücksichtigen sind.⁹ **46**

b) Rechtliche Gründe. Ein StPfl kann sich Aufwendungen aus rechtlichen Gründen nicht entziehen, wenn er zu der Leistung rechtlich verpflichtet ist. Solche Verpflichtungen können sich aus **Gesetz** (zB Unterhaltsverpflichtungen), **VA oder Vertrag** ergeben.¹⁰ Der StPfl darf die Verpflichtung aber nicht selbst gesetzt haben. Verpflichtungen aufgrund rechtsgeschäftlicher Vereinbarungen können daher eine Zwangsläufigkeit regelmäßig nicht begründen,¹¹ es sei denn, dass die Verpflichtung ihrerseits aus Gründen eingegangen worden ist, die zwangsläufig iSd § 33 II sind. Schadensersatzleistungen führen nicht zu ag Belastungen, wenn der StPfl den Schadensfall schuldhaft verursacht hat¹² (Rn 43). Rechtliche Gründe sind auch nicht zwangsläufig, wenn der StPfl ihnen ausweichen kann. Daher sind Aufwendungen des Erben zur Erfüllung von **Nachlassverbindlichkeiten** regelmäßig keine ag Belastungen, weil der Erbe die Möglichkeit hat, den Verbindlichkeiten durch Ausschlagung der Erbschaft auszuweichen.¹³ **50**

c) Tatsächliche Gründe. Die Rspr zählt zu den tatsächlichen Gründen **elementare Ereignisse** wie Unwetter, Hochwasser, Brand, Krankheit, Geburt oder Todesfall oder sonst unabwendbare Ereignisse, wie etwa Erpressung¹⁴ mit Gefahr für Leib und Leben, Vertreibung, politische Verfolgung uÄ. Fälle höherer Gewalt¹⁵ dürften diese Voraussetzungen stets erfüllen. Eine tatsächliche Zwangslage kann nur durch ein unausweichliches Ereignis tatsächlicher Art begründet werden, nicht jedoch durch eine maßgeblich vom menschlichen Willen beeinflusste Situation.¹⁶ Aufwendungen an Dritte können daher nicht auf tatsächliche, sondern nur auf rechtliche oder sittliche Gründe gestützt werden.¹⁷ Hat der StPfl die tatsächlichen Gründe seinerseits verursacht, ist ein Abzug als ag Belastungen regelmäßig ausgeschlossen. **51**

---

1 *K/S/M* § 33 Rn C 63 „Versicherung"; *H/H/R* § 33 Rn 300 „Versicherungsschutz"; *Jakob/Jüptner* StuW 83, 210; *Kanzler* FR 95, 31.
2 BFH BStBl II 99, 766; BStBl II 95, 104.
3 Vgl auch *Schmidt*²⁶ § 33 Rn 21; *Blümich* § 33 Rn 100.
4 Ausf *Steinhauff* HFR 04, 122 f.
5 BFH BStBl II 90, 895; s aber BFH/NV 97, 755.
6 So wohl *Schmidt*²⁶ § 33 Rn 22.
7 So auch *H/H/R* § 33 Rn 187.
8 *Schmidt*²⁶ § 33 Rn 22; vgl auch BFH BStBl II 91, 62; BStBl II 90, 895; BStBl II 65, 284.
9 BFH BStBl II 87, 432.
10 *K/S/M* § 33 Rn C 3; *H/H/R* § 33 Rn 188.
11 BFH BStBl II 95, 774; BStBl II 90, 378; BStBl II 86, 745; FG Kln EFG 06, 414 (Ablösung künftiger Unterhaltsleistungen durch Kapitalabfindung; Rev III R 63/06).
12 BFH/NV 88, 353; BStBl II 82, 749; zur Problematik bei Gefährdungshaftung s *H/H/R* § 33 Rn 188.
13 BFH BStBl II 87, 715.
14 Nicht, wenn sich der StPfl straf- oder sozialwidrig verhalten hat und damit selbst und ohne Zwang einen Erpressungsgrund geschaffen hat: BFH BStBl II 04, 867.
15 Unter höherer Gewalt ist ein außergewöhnliches Ereignis zu verstehen, das unter den gegebenen Umständen auch durch äußerste, nach Lage der Sache anzuwendende Sorgfalt nicht abgewendet werden kann (BFH BStBl II 80, 47; BStBl II 90, 177).
16 BFH BStBl II 97, 491: keine Zwangslage tatsächlicher Art eines Rollstuhlfahrers zum Neubau eines behindertengerechten Hauses.
17 Ältere Entscheidungen des BFH, die tatsächliche Gründe bei Aufwendungen an Dritte bejaht haben (vgl BFH BStBl III 63, 437; BStBl II 71, 628), sind von der Literatur zu Recht kritisiert worden: vgl *K/S/M* § 33 Rn C 5; *H/H/R* § 33 Rn 189; *Brockmeyer* DStZ 98, 214.

52 Ob tatsächliche Gründe vorliegen, die einen Abzug als ag Belastungen rechtfertigen, wird vom BFH nach unterschiedlich strengen Maßstäben geprüft. Die Zwangsläufigkeit des Entstehens von **Krankheitskosten** wird im allg unterstellt, weil das die Krankheit auslösende Ereignis idR weder von der FinVerw noch von den Steuergerichten ohne unzumutbares Eindringen in die Privatsphäre zutr festgestellt werden kann.[1] Diese Aufwendungen werden deshalb auch dann steuerlich als ag Belastungen anerkannt, wenn der StPfl sich die Krankheit durch Unachtsamkeit oder durch selbst herbeigeführte Gefährdung zugezogen hat.[2] Hinsichtlich der Begriffe „Krankheit" und „Heilbehandlungskosten" kann an die RSpr des BSG, des BGH und des BVerwG angeknüpft werden, die über die Berücksichtigung von Heilbehandlungskosten im Rahmen der gesetzlichen bzw privaten Krankenversicherung bzw des Beihilferechts zu entscheiden haben.[3] Kosten für die Rückabwicklung eines Kaufvertrages, dessen Finanzierung aufgrund einer Erkrankung der Lebensgefährtin nicht mehr gesichert ist, sind jedoch nicht zwangsläufig.[4] Im Falle der Übersiedlung aus der ehemaligen DDR bis zum 31.12.89 wurde unterstellt, dass ein unabwendbares Ereignis vorliegt.[5] Aus der Anerkennung als **Asylberechtigter** kann demgegenüber nicht ohne weiteres geschlossen werden, dass die Verfolgung des Asylberechtigten auf einem unabwendbaren Ereignis beruht.[6] Auch für die rechtlichen Gründe gilt, dass der StPfl nicht hat ausweichen können.[7]

55 d) Sittliche Gründe. Sittliche Gründe iSd § 33 II sind nicht nur die **allg ethischen und moralischen und für die Mehrheit der Bevölkerung**[8] **verbindlichen Maßstäbe des Handelns.** Aus der Vergleichbarkeit mit den rechtlichen Pflichten[9] folgt vielmehr, dass sittliche Gründe nur zwangsläufig sind, wenn das sittliche Gebot ähnlich einem Rechtszwang von außen her als eine Forderung oder zumindest eine Erwartung der Ges in der Weise in Erscheinung tritt, dass die Unterlassung Nachteile im sittlich-moralischen Bereich oder auf gesellschaftlicher Ebene zur Folge haben kann.[10] Allg sittlich-moralische Beweggründe, auch wenn sie in hohem Maße achtenswert sind, reichen nicht aus;[11] ebenso wenig genügen auf bestimmten Konventionen beruhende Verpflichtungen (Anstandspflichten, Sitten und Übungen).[12] In diesem Zusammenhang ist auf alle Umstände des Einzelfalles, insbes die persönlichen Beziehungen zw den Beteiligten, ihre Einkommens- und Vermögensverhältnisse sowie die konkrete Lebenssituation, bei der Übernahme einer Schuld auch auf den Inhalt des Schuldverhältnisses abzustellen.[13] (Zur objektiven, an inländischen Maßstäben ausgerichteten Auslegung Rn 41). Das Merkmal der Zwangsläufigkeit aus sittlichen Gründen spielte früher bei der Frage, wann StPfl **Unterhaltsaufwendungen** aus sittlichen Gründen erwachsen, eine erhebliche Rolle. Ab dem VZ 96 hat diese Frage an Bedeutung verloren, da die Neufassung des § 33a zumeist (insbes für die typischen Unterhaltsaufwendungen) eine abschließende Regelung enthält.[14]

56 Sittliche Pflichten werden insbes bei Unterhaltsaufwendungen gegenüber **Angehörigen** iSd § 15 AO bejaht, soweit sie nicht einen gesetzlichen Unterhaltsanspruch haben.[15] Bestehen gesetzliche Unterhaltsregelungen, wird eine über die rechtliche Verpflichtung hinausgehende sittliche Verpflichtung nur in besonderen Ausnahmefällen bestehen können.[16] Es genügt nicht, dass die Aufwendungen alleine aufgrund familiärer Bindung erbracht werden.[17] Aufwendungen gegenüber Familienangehörigen sind regelmäßig zwangsläufig, wenn existenzielle Bedürfnisse oder besonders schwerwiegende

---

1 BFH BStBl II 01, 543; *Brockmeyer* DStZ 98, 214.
2 BFH BStBl III 67, 459; BStBl III 63, 437.
3 BFH BStBl II 07, 871; BStBl II 1997, 805.
4 BFH/NV 05, 1287.
5 BMF BStBl I 90, 222; FG RhPf EFG 94, 250.
6 Zu § 28 AuslG aF BFH BStBl II 91, 755; vgl auch FG RhPf EFG 94, 930.
7 BFH BStBl II 97, 491; BStBl II 96, 197; BFH/NV 93, 356.
8 Zum Maßstab der herrschenden Anschauung aller billig und gerecht denkenden Menschen: BStBl III 59, 385; BStBl III 63, 135.
9 Zur sog „Gleichstellungs- und Sanktionsthese": *H/H/R* § 33 Rn 190 unter Hinweis auf *Leingärtner* StuW 56; krit *K/S/M* § 33 Rn C 8.
10 BFH BStBl II 97, 558; BStBl II 90, 294.
11 ZB genügt nicht die allg sittlich Verpflichtung, in Not geratenen Mitbürgern zu helfen: BFH BStBl II 75, 629;

BStBl III 66, 354; FG Nds EFG 96, 763; FG Kln EFG 85, 122; diese Auslegung ist vom BVerfG gebilligt worden: BVerfG StRK EStG § 33 R 324.
12 BFH BStBl III 58, 296 (Hochzeitsfeier); BStBl III 67, 364 (Trauerkleidung).
13 BFH BStBl II 87, 715.
14 BFH BStBl II 03, 187; *Brockmeyer* DStZ 98, 214/222; zur Nachzahlung freiwilliger Rentenversicherungsbeiträge für die Mutter BFH BStBl II 02, 981.
15 BFH BStBl II 87, 495; BStBl II 83, 453; BFH/NV 92, 27; FG Hess EFG 94, 526.
16 FG Hbg EFG 90, 364; s aber *Schmidt*[26] § 33 Rn 26.
17 BFH BStBl II 87, 495 und BFH/NV 96, 39 (Adoption); BFH BStBl II 87, 779 (Aussteuer); BStBl II 89, 280, BStBl II 88, 534, BFH/NV 91, 669 und BFH/NV 91, 736 (Ausbildung und Studium); BFH BStBl II 90, 894 und 895, BStBl II 75, 536, BStBl II 70, 210 (Besuchsreisen).

Notfälle vorliegen.[1] Aufwendungen für die **Pflege** eines nahen Angehörigen können ag Belastungen sein, wenn es sich um Krankheitskosten handelt und die engen Anforderungen an die Zwangsläufigkeit aus sittlichen Gründen vorliegen.[2] Allerdings sind nicht dieselben Maßstäbe wie bei § 33b anzuwenden, denn § 33 II berücksichtigt nur existentiell notwendige private Abflüsse, während § 33b VI entscheidend auf die tatsächliche Erbringung der Pflege abstellt.[3] Der BFH verweist teilw auf die Möglichkeit der Gewährung langfristiger und ratenweise zu tilgender Darlehen, wenn entspr Vereinbarungen zumutbar sind.[4] Es besteht jedoch keine sittliche Verpflichtung, Aufwendungen für eine von der Krankenkasse nicht bezahlte naturheilkundliche Krebsbehandlung eines Elternteils zu übernehmen.[5]

Sittliche Verpflichtungen gegenüber Pers, die **keine Angehörigen** iSd § 15 AO sind, setzen eine **besondere persönliche Beziehung** voraus, die eine Unterstützung gerade durch den StPfl gebietet.[6] Darüber hinaus muss die Verpflichtung so unabdingbar auftreten, dass sie einer Rechtspflicht gleichkommt oder zumindest ähnlich ist. Die in der **Rspr** entschiedenen Fälle sind am Einzelfall orientiert und lassen **keine klare Linie** erkennen. Eine sittliche Verpflichtung wurde bei umzugsbedingter Aufgabe der Berufstätigkeit einer Verlobten wegen der beabsichtigten und alsbald durchgeführten Eheschließung,[7] Unterhalt eines Erben für ein nichteheliches Kind des Erblassers,[8] Unterhalt an ein Stiefkind nach der Scheidung,[9] Zuwendungen an eine arbeitsunfähig gewordene langjährige Haushaltsgehilfin,[10] Unterhaltsleistungen an behinderte Freundin in der ehemaligen DDR[11] oder Zuwendungen an Verwandte in der ehemaligen DDR[12] bejaht. Die Zwangsläufigkeit wurde verneint für Unterhaltsaufwendungen an die geschiedene Ehefrau des Erblassers,[13] Aufwendungen eines Verlob- ten für das Studium des anderen Verlobten,[14] Unterhaltsaufwendungen für eine in Ungarn lebende Rentnerin, die ihrerseits die Kläger jahrelang bei der Jugendarbeit mit Jugendlichen aus der ehemaligen DDR unterstützt hatte[15] oder für die ohne rechtliche Verpflichtung zurückgezahlten Gelder für die Flucht aus der ehemaligen DDR.[16]

57

Bei **eheähnlichen Lebensgemeinschaften** rechtfertigen alleine das Zusammenleben und gemeinsames Wirtschaften nicht eine sittliche Verpflichtung gegenüber dem Lebenspartner. Hinzukommen muss, dass die **Bedürftigkeit gemeinschaftsbedingt** ist (zB Betreuung gemeinsamer Kinder oder des pflegebedürftigen anderen Partners) und besondere Umstände vorliegen, die die Unterhaltsgewährung an den Partner bei Würdigung der gesamten Umstände als unausweichlich erscheinen lassen.[17] Unterhaltsaufwendungen für den Partner einer eheähnlichen Gemeinschaft sind zwangsläufig, wenn die Sozialhilfe im Hinblick auf das Zusammenleben gem § 122 S 1 BSHG verweigert wird,[18] oder die Arbeitslosenhilfe wegen des Zusammenlebens mit dem StPfl nach 194 I 1 Nr 2 SGB III gekürzt wird.[19]

58

2. Notwendigkeit und Angemessenheit. Die Zwangsläufigkeit der Aufwendungen setzt weiter voraus, dass sie notwendig und angemessen sind. Beide Tatbestandsmerkmale haben **klarstellende Bedeutung**.[20] Während sich die Notwendigkeit eher auf die Zwangsläufigkeit dem Grunde nach bezieht, betrifft die Angemessenheit schon nach dem Gesetzeswortlaut die Höhe der Aufwendungen. Obwohl der Gesetzgeber in diesem Zusammenhang auch die Lebensstellung des StPfl berücksichtigen wollte,[21] wird insbes bei der Angemessenheit eine Unterscheidung nach Einkommens- und Vermögensverhältnissen abgelehnt.[22]

60

---

1 BFH BStBl II 91, 140, BStBl II 88, 130 (Beerdigungskosten); BStBl II 87, 715 (Nachlassverbindlichkeiten); BStBl II 90, 285, BStBl II 90, 895 und BFH/NV 91, 153 (Strafverteidigerkosten); s aber BFH/NV 92, 457 (Strafverteidigerkosten eines Neffen); BFH BStBl II 74, 686 (Gerichtskosten).
2 BFH BStBl II 84, 484; BStBl II 90, 958; zu den Nachweispflichten FG Kln EFG 05, 1773 (Rev III R 39/05).
3 Vgl BStBl II 97, 558; BFH/NV 04, 1646; BFH/NV 05, 1048; *Brockmeyer* DStZ 98, 214.
4 BFH BStBl II 89, 290; BFH/NV 91, 669; BFH/NV 91, 736.
5 BFH BStBl II 03, 299.
6 *Schmidt*[26] § 33 Rn 26; H/H/R § 33 Rn 190.
7 BFH BStBl II 94, 31.
8 BFH BStBl III 63, 135.
9 BFH BStBl III 63, 488.
10 BFH BStBl III 54, 188.
11 FG Hbg EFG 92, 399.

12 BFH BStBl III 63, 437.
13 FG Nds EFG 82, 349.
14 BFH BStBl III 67, 308.
15 FG Mchn EFG 97, 1190.
16 FG Nds EFG 97, 885.
17 BFH BStBl II 90, 294; BStBl II 91, 518 für gleichgeschlechtliche Lebensgemeinschaft; BFH/NV 01, 1233; zum Problem einer Trennungsvereinbarung: FG BaWü EFG 95, 624; zu Besuchsfahrten: FG BaWü EFG 93, 657.
18 BFH BStBl II 94, 236.
19 Vgl BFH BStBl II 94, 897; die entgegenstehende ältere Rspr (BStBl II 90, 294) ist ausdrücklich aufgegeben worden; vgl auch FG M'ster EFG 96, 378.
20 H/H/R § 33 Rn 195; BT-Drs 2/481, 91.
21 BT-Drs 2/481, 91.
22 FG Nbg EFG 84, 178; FG Hess EFG 96, 762; *Schmidt*[26] § 33 Rn 30.

Mellinghoff

61 a) Notwendig. Die Notwendigkeit der Aufwendungen ist nach den **Umständen des Einzelfalles** zu würdigen.[1] Die Frage der Wiederbeschaffung eines Klaviers kann daher für einen Pianisten anders zu beurteilen sein als für andere StPfl.[2] Aufwendungen sind notwendig, wenn sie **überhaupt erforderlich** sind. Bei Wiederbeschaffung werden nur der angemessene lebensnotwendige Bestand an Kleidung oder Hausrat anerkannt.[3] Soweit Fahrtkosten (zB im Zusammenhang mit Krankheitskosten) geltend gemacht werden, ist zu prüfen, ob der StPfl auf die Benutzung öffentlicher Verkehrsmittel verwiesen werden kann.[4] Endgültige Unterstützungsleistungen sind nicht notwendig, wenn stattdessen ein Darlehen gewährt werden kann.[5]

62 b) Angemessen. Die Angemessenheit und damit die Höhe der berücksichtigungsfähigen Aufwendungen stellt eine wichtige Begrenzung der ag Belastungen dar. Hierbei sind **objektive Maßstäbe** zugrunde zu legen.[6] Der BFH hält strenge Maßstäbe bei der Angemessenheitsprüfung für erforderlich.[7] Lediglich bei unmittelbaren Krankheitskosten beschränkt er sich darauf, zu prüfen, ob ein für jedermann offensichtliches Missverhältnis zw dem erforderlichen und tatsächlichen Aufwand vorliegt.[8] Rspr und Verwaltung haben in bestimmten Fällen **Obergrenzen** für die Berücksichtigung von Aufwendungen aufgestellt. Bei Behinderten werden je nach Grad der Behinderung Fahrleistungen von bis zu 15 000 km im Jahr als angemessen angesehen.[9] Die Kfz-Kosten sind grds nur insoweit als angemessen anzuerkennen, als sie die in den EStR und LStR für die Berücksichtigung von Kfz-Kosten als WK und BA festgesetzten Pauschbeträge nicht übersteigen.[10] Decken die Pauschbeträge ausnahmsweise (zB wegen geringer Jahreskilometerleistung) nicht die tatsächlichen Aufwendungen, können die Kosten für behindertengerechte öffentlich Verkehrsmittel, ggf auch die Taxikosten, als ag Belastung geltend gemacht werden.[11] Bei der Wiederbeschaffung von Hausrat und Kleidung hat die Verwaltung abhängig von der Anzahl der Pers Obergrenzen festgelegt,[12] die von der Rspr idR anerkannt worden sind.[13] IÜ hängt es von dem jeweils zu beurteilenden Sachverhalt ab, welche Aufwendungen angemessen sind.[14]

65 II. Abzugsverbot für Werbungskosten, Betriebsausgaben, Sonderausgaben (Abs 2 S 2). Aufwendungen, die zu den BA, WK oder SA gehören, können nicht als ag Belastungen abgezogen werden. Entscheidend ist die **objektive Zuordnung** der Aufwendungen. Es ist weder erforderlich, dass ein konkreter Zusammenhang mit einer Einkunftsart besteht,[15] noch dass die Aufwendungen sich im konkreten Fall steuerlich ausgewirkt haben.[16] Vergütungen für einen ausschließlich **zur Vermögenssorge bestellten Vormund** oder **Betreuer** sind WK oder BA bei den mit dem verwalteten Vermögen erzielten Einkünften und daher nicht als ag Belastung abziehbar.[17] Krankenversicherungsbeiträge unterfallen auch dann dem Abzugsverbot, wenn sie im Einzelfall nicht als SA abziehbar sind oder sich wegen Überschreitens der gesetzlichen Höchstgrenzen nicht auswirken.[18] Wird vom **Realsplitting** Gebrauch gemacht, sind auch die über den Höchstbetrag des § 10 I Nr 1 erbrachten Unterhaltsleistungen begrifflich SA und damit nicht als ag Belastungen abziehbar.[19] Demgegenüber haben Aufwendungen für die Wohnung im eigenen Haus nach Abschaffung der Nutzungswertbesteuerung keinen WK-Charakter mehr, so dass insoweit das Abzugsverbot des § 33 II 2 nicht eingreift.[20] Die **Abzugsbeträge nach § 10e VI** sind ebenfalls nicht vom Abzug ausgeschlossen, da sie keine WK-

---

1 *K/S/M* § 33 Rn C 33; so wohl auch *Blümich* § 33 Rn 127; vgl auch FG Bln EFG 82, 467 (Beerdigungskosten).
2 Zum Klavier: FG Nbg EFG 60, 418.
3 BFH BStBl II 76, 712 zum Diebstahl in den Ferien.
4 Dies ist der Fall, wenn die Benutzung zumutbar und die Kosten geringer sind BFH BStBl II 67, 655; BStBl II 87, 427; BStBl II 90, 958; zuletzt BStBl II 99, 227.
5 BFH BStBl II 89, 280.
6 *Eisenberg* StbJb 68/69, 305; *K/S/M* § 33 Rn C 34; *H/H/R* § 33 Rn 197; Einkommens- und Vermögensverhältnisse sollen keine Rolle spielen (FG Hess EFG 96, 762; FG Saarl EFG 94, 250; FG Nbg EFG 84, 178; *Schmidt*[26] § 33 Rn 30). Dies ist im Hinblick auf § 33 I, der vergleichbare Einkommens- und Vermögensverhältnisse voraussetzt, nicht unproblematisch.
7 BFH BStBl II 97, 384/386.
8 BFH BStBl II 81, 711.
9 BMF BStBl I 96, 446; BFH BStBl II 97, 384; BStBl II 93, 286; BStBl II 92, 179.
10 BMF BStBl I 01, 262.
11 BFH BStBl II 04, 453.
12 FinVerw FR 96, 223.
13 FG Hess EFG 96, 762; FG Saarl EFG 94, 250; FG D'dorf EFG 88, 367.
14 ZB Beerdigungskosten: FG Bln EFG 82, 467; Trinkgelder im Krankenhaus: BFH BStBl II 97, 346; Unterhalt in einer eheähnlichen Gemeinschaft (BFH BStBl II 94, 897).
15 *K/S/M* § 33 Rn C 36; aA *H/H/R* § 33 Rn 202.
16 BFH BStBl II 91, 25; BStBl II 68, 406; BStBl II 70, 210 zu Ausgaben im Zusammenhang mit Einnahmen nach § 3c; *Brockmeyer* DStZ 98, 214; s aber OFD Mchn DB 97, 1205.
17 BFH BStBl II 00, 69; Anm *Kanzler* FR 00, 222.
18 BFH BStBl II 92, 293.
19 BFH BStBl II 01, 338; BFH/NV 96, 889.
20 BFH BStBl II 95, 104; anders die frühere Rechtslage: vgl zB BStBl II 92, 290.

Eigenschaft haben und lediglich „wie SA" abgezogen werden können.[1] Umstritten ist, ob dies auch für HK der selbstgenutzten Wohnung gilt.[2] Allerdings führt die Gegenwerttheorie häufig dazu, dass iErg keine ag Belastungen vorliegen.[3] Kann nicht eindeutig festgestellt werden, ob es sich bei den Aufwendungen um WK, BA oder SA handelt, empfiehlt sich ggf ein Hilfsantrag auf Berücksichtigung als ag Belastung.[4]

Bei **Aufwendungen zugunsten dritter Pers** ist in der Pers des Leistenden zu prüfen, ob die Voraussetzungen des § 33 vorliegen (Rn 46). Daher dürfte es keine Rolle spielen, wie die Aufwendungen beim Unterstützten zu behandeln wären.[5] Andererseits folgt aus der einheitlichen Behandlung der ag Belastungen bei Ehegatten (Rn 4), dass Aufwendungen eines Ehegatten keine ag Belastungen darstellen, wenn in der Pers des anderen Ehegatten die Aufwendungen WK, BA oder SA wären.[6] Für die Aufwendungen iSd § 10 I Nr 7 (Berufsausbildungskosten) und Nr 9 (Schuldgeldzahlungen)[7] (bis 31.12.01 auch für Nr 8)[8] gilt das Abzugsverbot nur der Höhe nach.[9] Dem Zweck dieser Sonderregelung entspricht es, diese ebenso wie das Abzugsverbot auch auf § 33a anzuwenden.[10] 66

Das Gesetz zur steuerlichen Förderung von Wachstum und Beschäftigung[11] sieht vor, dass zur besseren Vereinbarkeit von Kinderbetreuung und Beruf erwerbsbedingte Kinderbetreuungskosten für Kinder bis zur Vollendung des 14. Lebensjahres teilw wie BA oder WK berücksichtigt werden können (§ 4f, § 9 V). Aufwendungen, die unter § 4f oder § 9 V fallen, können nicht als ag Belastung abgezogen werden.[12] 67

III. Diätkosten (§ 33 II 3). Aufwendungen, die durch Diätverpflegung entstehen, sind gem § 33 II 3 generell vom Abzug ausgeschlossen.[13] Dies gilt selbst dann, wenn die Diätverpflegung wie zB bei der Zöliakie (Glutenunverträglichkeit) **an die Stelle** einer sonst erforderlichen **medikamentösen Behandlung** tritt.[14] Nach Auffassung des BFH bestehen gegen das gesetzliche Verbot der Berücksichtigung von Aufwendungen für Diätverpflegung keine verfassungsrechtlichen Bedenken.[15] 68

D. Zumutbare Belastungen (§ 33 III)

I. Bedeutung. Nur der Teil der Aufwendungen, der die zumutbare Belastung gem § 33 III übersteigt, kann vom Gesamtbetrag der Einkünfte abgezogen werden. Dies wird damit gerechtfertigt, dass dem StPfl entspr seiner **steuerlichen Leistungsfähigkeit** zugemutet werden soll, einen Teil der Belastung selbst zu tragen.[16] Im Hinblick darauf, dass § 33 das verfassungsrechtlich abgesicherte existenzsichernde Nettoprinzip verwirklicht (Rn 1f) und Aufwendungen nur in eng definierten, außergewöhnlichen Fällen abziehbar sind, erscheint die Kürzung um die zumutbaren Belastungen kaum gerechtfertigt.[17] Allerdings ist die Regelung noch verfassungsgemäß, soweit dem StPfl ein verfügbares Einkommen verbleibt, das über dem geltenden Regelsatz für das **Existenzminimum** liegt.[18] 70

II. Berechnung. Auch die (vom Gesetzgeber mehrfach geänderte[19]) **Berechnung** der zumutbaren Belastung ist **bedenklich.** Bemessungsgrundlage für die zumutbare Belastung ist der Gesamtbetrag der Einkünfte (§ 2 Rn 118ff). Das bedeutet zum einen, dass **stfreie Einnahmen**, die die Leistungsfähigkeit des StPfl steigern, nicht berücksichtigt werden. Außer Ansatz bleiben bei der Berechnung der zumutbaren Belastung zB stfreie Einnahmen und stfreie Veräußerungsgewinne,[20] stfreie ausländische Einkünfte, die dem ProgrVorb (§ 32b) unterliegen,[21] und Bezüge, für die LSt mit einem Pauschsteuersatz nach §§ 40 bis 40b erhoben wird.[22] Andererseits können Aufwendungen, die die 71

---

1 BFH BStBl II 95, 104.
2 Bej FG BaWü EFG 96, 758; krit *Kanzler* FR 95, 31.
3 BFH BStBl II 97, 491.
4 *Kanzler* FR 00, 222.
5 So auch FG RhPf EFG 82, 28 für Aufwendungen der Eltern für ihr Kind.
6 BFH BStBl II 72, 757.
7 Voraussetzung ist jedoch, dass nach § 33 I ag Belastungen vorliegen (BFH BStBl II 97, 752; *Kanzler* FR 97, 577).
8 § 10 I Nr 8 ist durch das 2. FamFördG aufgehoben worden (BGBl I 01, 2074).
9 *H/H/R* § 33 Rn 206.
10 *K/S/M* § 33 Rn C 37; *H/H/R* § 33 Rn 206.
11 BGBl I 06, 1091.
12 BT-Drs 16/643, 10.
13 Zur Entwicklung des Abzugsverbots *K/S/M* § 33 Rn C 39; *H/H/R* § 33 Rn 208.
14 BFH BStBl II 07, 880; BStBl II 92, 110; BFH/NV 04, 187.
15 BFH BStBl II 07, 880.
16 BFH BStBl II 92, 179; BStBl III 66, 242; *H/H/R* § 33 Rn 216.
17 So auch *K/S/M* § 33 Rn D 1ff; *Tipke* StuW 80, 290; für eine Beibehaltung der zumutbaren Belastung: *Kanzler* FR 93, 693.
18 BVerfG HFR 89, 152; BFH BStBl II 92, 179.
19 *K/S/M* § 33 Rn A 29ff, D 7; *H/H/R* § 33 Rn 215.
20 BFH BStBl II 76, 360.
21 BFH BStBl II 78, 9.
22 *B/B* § 33 Rn 101.

steuerliche Leistungsfähigkeit teilw erheblich einschränken, wie zB SA (hier insbes Vorsorgeaufwendungen) und zwangsläufige Aufwendungen, die unter § 33a fallen, bei der Bemessungsgrundlage der zumutbaren Belastung nicht abgezogen werden.[1]

72 Die Berechnung der zumutbaren Belastung richtet sich neben dem Gesamtbetrag der Einkünfte nach dem Familienstand und der Kinderzahl.[2] Auch wenn es in Einzelfällen zur Benachteiligung von Ehegatten kommen kann[3] und der Gesetzgeber bei der Kinderzahl sehr grob typisiert,[4] führt alleine der Berechnungsmodus nicht zur Verfassungswidrigkeit der Regelung.[5] Allerdings haben die Wahl der Veranlagung bei Ehegatten (§§ 26 ff) und die Übertragung oder der Verzicht auf den Kinderfreibetrag (§ 32 VI 7 und 8) Auswirkungen auf die Höhe der zumutbaren Belastung. Bei getrennter Veranlagung (§ 26a II 1) werden ag Belastungen gleichermaßen ermittelt wie bei einer Zusammenveranlagung und anschließend grds je zur Hälfte bei beiden Ehegatten berücksichtigt, wenn die Eheleute nicht gemeinsam eine andere Aufteilung beantragen.[6]

E. Einzelnachweise

100 **Abmagerungskur.** Aufwendungen für die Teilnahme an einer Abmagerungskur (zB Optifast-Programm) können als ag Belastung nur anerkannt werden, wenn die medizinische Notwendigkeit durch ein vor Behandlungsbeginn ausgestelltes amtsärztliches oder vertrauensärztliches Attest nachgewiesen wird (BFH/NV 07, 1865)

Adoption. Aufwendungen im Zusammenhang mit einer Adoption sind nicht zwangsläufig (BFH BStBl II 87, 495; FG Hbg EFG 99, 1132; FG Nds EFG 05, 1358); dies gilt auch bei Unmöglichkeit der Zeugung oder Empfängnis eines Ehegatten (BFH/NV 90, 430).

AIDS. Aufwendungen, die durch AIDS oder durch HIV-Infektion entstehen, können als Krankheitskosten abziehbar sein (dazu *Fengler* StB 01, 88).

Allergie s Schadstoffbeseitigung; zur Erforderlichkeit eines vorherigen Attestes bei Anschaffung eines allergiegeeigneten Bettsystems (FG Kln EFG 03, 1701). Aufwendungen für das Fällen von Birken aufgrund einer Birkenpollenallergie können als ag Belastungen berücksichtigt werden, soweit sie als Krankheitskosten zuvor durch ein amtsärztlichen Attest nachgewiesen werden (BFH/NV 07, 1841).

Altenheim. Die Kosten der altersbedingten Unterbringung in einem Alters(wohn)heim sind übliche Aufwendungen der Lebensführung und nicht als ag Belastung abziehbar (BFH BStBl II 07, 764; BStBl II 90, 418; FG Mchn EFG 00, 435). Dagegen sind Aufwendungen für die Pflege (dazu unten unter Pflege) eines pflegebedürftigen StPfl ebenso wie Krankheitskosten ag Belastung. Wird daher ein StPfl krankheitsbedingt in einem **Altenpflegeheim** (BFH BStBl II 00, 294; BStBl II 81, 23) oder einem **Alterswohnheim** (BFH BStBl II 03, 70; BFH/NV 04, 178) untergebracht, sind die Aufwendungen als ag Belastung abzugsfähig. Abziehbar sind neben den Pflegekosten auch die Kosten, die auf die Unterbringung und Verpflegung entfallen, soweit es sich hierbei um gegenüber der normalen Lebensführung entstehende **Mehrkosten** handelt, so dass bei einem Pauschalentgelt eine Haushaltsersparnis abzuziehen ist. Entgegen BFH BStBl II 03, 70 unterscheidet das BMF nicht danach, ob die Übersiedlung krankheitsbedingt ist, sondern anerkennt entspr Aufwendungen als ag Belastung ab dem Zeitpunkt in dem mindestens die Pflegestufe I festgestellt worden ist (BMF v 20.1.03, BStBl I 03, 89). Kosten der **Unterbringung** eines bedürftigen **Familienangehörigen** in einem Altenheim sind typische Unterhaltsaufwendungen iSd § 33a I (BFH BStBl II 97, 387; BStBl II 73, 442) s auch Pflege. Zu Aufwendungen erwachsener behinderter Menschen vgl auch BMF BStBl I 03, 360.

Alternative Behandlungsmethoden. Wissenschaftlich umstrittene alternative Heilbehandlungsmethoden können als Krankheitskosten nur anerkannt werden, wenn die medizinische Indikation durch ein **vor Beginn** erstelltes amtsärztliches Attest für geboten erachtet wird (BFH BStBl II 01, 543; zur fehlenden sittliche Verpflichtung BFH BStBl II 03, 299; zur Klimaheilbehandlung am Toten Meer: BFH/NV 03, 1568). Ein nachträgliches Attest kann ausnahmsweise ausreichen, wenn das

---

1 Vgl BFH/NV 03, 616; krit zu dieser Begrenzung auch *K/S/M* § 33 Rn D 2.
2 Durch das JStG 07 (BGBl I 06, 2878, 2883) ist § 33 III 2 redaktionell an die Änderungen in § 31 S 4 angepasst worden (vgl BT-Drs 16/2712, 54).
3 S *Paus* FR 92, 471.
4 *K/S/M* § 33 Rn D 4.
5 Teilw **aA** *K/S/M* § 33 Rn D 4.
6 Vgl FG Mchn, EFG 07, 1776 (Rev III R 18/07).

Erfordernis eines vorherigen Attestes erstmals höchstrichterlich festgestellt wurde und der StPfl von der Notwendigkeit der Behandlung ausgehen durfte; dies gilt nicht für Heilmethoden, die nicht allg anerkannt sind, wie zB die Magnetfeldtherapie (BFH/NV 04, 335).

Arzneimittel. Nicht rezeptpflichtige Medikamente und Stärkungsmittel sind abziehbar, wenn sie nach Gegenstand und Menge spezifiziert ärztlich verordnet werden (BFH/NV 91, 386). Frei verkäufliche, **nicht mehr von den Kassen erstattete Medikamente** können nur berücksichtigt werden, wenn vor ihrer Anwendung die medizinische Indikation bescheinigt wurde (FG Bln EFG 00, 258).

Asbest. Aufwendungen für die Asbestsanierung der Außenfassade eines Wohnhauses können ag Belastungen sein, wenn durch ein vor Durchführung der Maßnahme erstelltes amtliches Gutachten nachgewiesen ist, dass eine Sanierung zur Beseitigung einer von der Fassade ausgehenden konkreten Gesundheitsgefährdung unverzüglich erforderlich ist (BFH BStBl II 02, 240; BFH/NV 07, 1108; zur Dachsanierung: FG D'dorf EFG 99, 1075; FG BaWü EFG 02, 140). S auch Schadstoffbeseitigung.

Asyl s Rn 52.

Augen-Laser-Operation ist eine Heilbehandlung, die wissenschaftlich anerkannt ist. Aufwendungen werden ohne Vorlage eines amtsärztlichen Attestes als ag Belastung anerkannt (OFD M'ster DB 06, 1528; OFD Hannover DStR 06, 1984; enger noch FG D'dorf, EFG 2006, 973; vgl auch *Apitz* DStZ 07, 222).

Ausbildung. Aufwendungen für die **eigene** Ausbildung sind grds nicht zwangsläufig, da sie auf einer freien Entschließung des StPfl beruhen (BFH BStBl II 92, 661). Soweit sie als SA nach § 10 I Nr 7 abziehbar sind, ergibt sich dies bereits aus § 33 II 2. Aufwendungen für einen Berufswechsel können wegen krankheitsbedingtem Zwang zur Umschulung ag Belastungen sein (BFH BStBl II 90, 738). Aufwendungen für **Umschulungsmaßnahmen** sind darüberhinaus nur abziehbar, wenn ein endgültiger Verlust des wirtschaftlichen Werts der Erstausbildung gegeben ist (BFH BStBl II 98, 183). Aufwendungen für den Schulbesuch eines Kindes sind durch § 33a II abgegolten und können nur dann ag Belastungen sein, wenn es sich bei diesen Aufwendungen um unmittelbare Krankheitskosten (s Legasthenie) handelt. Dies gilt auch dann, wenn die Voraussetzungen für die Gewährung eines Ausbildungsfreibetrags nicht erfüllt sind (BFH BStBl II 97, 752). § 33 ist nicht anwendbar, wenn ein Kind aus sozialen, psychologischen oder pädagogischen Gründen in einer Privatschule untergebracht wird (BFH/NV 05, 699), s auch Legasthenie, auswärtige Unterbringung.

Aussteuer idR nicht abziehbar (BFH BStBl II 87, 779).

Auswärtige Unterbringung. § 33 ist nicht anwendbar auf die Unterbringung eines Kindes in einer Privatschule aus sozialen, psychologischen oder pädagogischen Gründen (BFH BStBl II 90, 962; BFH/NV 06, 281 – Unterbringung eines schwer erziehbaren Kindes), auch dann nicht, wenn bei Unterbringung aufgrund einer **Behinderung** (BFH BStBl II 79, 78; BStBl II 90, 962), oder weil es kein Deutsch spricht (BFH BStBl II 97, 752; BStBl II 68, 374). Aufwendungen für die auswärtige Unterbringung sind jedoch als Krankheitskosten absetzbar, wenn es sich um unmittelbare Krankheitskosten handelt (BFH BStBl II 93, 212 – Asthma; BStBl II 93, 278 – Legasthenie) und vor Einleitung der Maßnahme hierüber ein amtsärztliches Attest erstellt worden ist (BFH/NV 07, 422). Die Bestätigung der Kreisverwaltung zur Übernahme von Eingliederungshilfe für Internatsunterbringung kann das vorher einzuholende amtsärztliche Attest nicht ersetzen (BFH/NV 06, 2075). Ein Ausbildungsfreibetrag wegen auswärtiger Unterbringung gem § 33a II kann neben § 33 nicht gewährt werden.

Auswanderung. Hierdurch bedingte Aufwendungen sind nicht zwangsläufig (BFH BStBl II 78, 147).

Ayur-Veda-Behandlung s alternative Behandlungsmethoden.

Badekur s Kur.

Bandscheibenmatratze und dazugehöriger Rahmen ist nicht abziehbar (FG RhPf ZM 04, 160).

Beerdigung. Ausgaben für die Beerdigung eines nahen Angehörigen sind nur insoweit als ag Belastung zu berücksichtigen, als sie nicht aus dem Nachlass bestritten werden können oder durch Ersatzleistungen gedeckt sind (BFH BStBl II 94, 754; FG Mchn v 14.11.06 – 6 K 1878/05, juris; zur Anrechnung von Leistungen aus einer Sterbegeldversicherung: BStBl II 91, 140; s auch *Brockmeyer*

DStZ 98, 214/223; *Naumann* DStR 97, 1905). Abziehbar sind nur die **unmittelbar** mit der Bestattung zusammenhängenden Kosten, soweit sie angemessen sind (OFD Bln: 13 000 DM, DB 00, 1153). Zur Überführung aus dem Ausland FG D'dorf DStRE 00, 858. Mittelbare Aufwendungen wie zB Trauerkleidung (BFH BStBl III 67, 364), Bewirtung von Trauergästen (BFH BStBl II 88, 130) Grabpflegekosten oder Reisekosten für die Beerdigung (BFH BStBl II 94, 754) sind keine ag Belastungen (krit *Müller* DStZ 99, 313 und 905). Im Rahmen eines Übergabevertrags übernommene Begräbniskosten sind keine ag Belastungen (FG Mchn EFG 99, 703; FG M'ster EFG 99, 608).

Befruchtung. Die Kosten für die Verwirklichung eines Kinderwunsches gehören zur für jeden frei gestaltbaren Lebensführung iSd § 12 Nr 1, die nach Sinn und Zweck des § 33 nur dann ausnahmsweise steuermindernd berücksichtigt werden dürfen, wenn die Aufwendungen für den StPfl eine unabweisbare finanzielle Belastung darstellen. Dies ist bei Krankheitskosten der Fall. Bei der Empfängnisunfähigkeit einer Frau handelt es sich um eine Krankheit, so dass Maßnahmen zur Behebung der Empfängnisunfähigkeit (zB durch medikamentöse Behandlung oder einen operativen Eingriff) zur Krankenbehandlung gehören und als angemessene und notwendige Heilbehandlung anzusehen sind (BFH BStBl II 07, 871). Daher können Kosten einer künstlichen Befruchtung abziehbar sein, wenn sich die Frau in einer Zwangslage befindet (BFH BStBl II 97, 805; FG D'dorf EFG 03, 1786). Entgegen früherer RSpr kommt es nicht auf den Familienstand an, so dass auch bei einer nicht verheirateten, empfängnisunfähigen Frau die Kosten einer In-vitro-Fertilisation anerkannt werden (BFH BStBl II 07, 871). Voraussetzung ist jedoch stets, dass die Maßnahmen in Übereinstimmung mit den Richtlinien der ärztlichen Berufsordnungen vorgenommen werden. An einer Zwangslage dürfte es jedoch bei allein stehenden Frauen ohne feste Partnerschaft oder bei gleichgeschlechtlichen Partnerschaften fehlen, so dass in diesen Fällen keine ag Belastung vorliegt (vgl auch *Greite* FR 07, 1124). Aufwendungen für eine Leihmutterschaft sind hingegen keine ag Belastung (FG Mchn EFG 00, 496; FG D'dorf EFG 03, 1548).

Begleitperson. Die Berücksichtigung von Kosten einer Begleitperson während einer medizinisch indizierten Kur als ag Belastung setzt grds voraus, dass die krankheits- oder altersbedingte Notwendigkeit der Begleitung durch ein vor Reiseantritt eingeholtes amtsärztliches Gutachten oder eine andere, diesem gleichzustellende Bescheinigung nachgewiesen wird (BFH BStBl II 98, 298). Ein Körperbehinderter, bei dem die Notwendigkeit ständiger Begleitung nachgewiesen ist, kann Mehraufwendungen, die ihm auf einer Urlaubsreise durch Kosten für Fahrten, Unterbringung und Verpflegung der Begleitperson entstehen, bis zu 767 € (durchschnittlicher Urlaubsbetrag der Deutschen 2000) neben dem Pauschbetrag gem § 33b als ag Belastung abziehen (BFH BStBl II 02, 765). Unterscheidet sich die von Eltern mit ihren schwer behinderten Kindern unternommene Reise – abgesehen von den besonderen behinderungsbedingten Erschwernissen – nicht von einem üblichen Familienurlaub, so können die auf die Eltern entfallenden Reisekosten nicht als ag Belastung abgezogen werden (BFH/NV 2006, 1265). Kosten einer Begleitperson bei Krankenhausfahrten sind abziehbar (BFH/NV 04, 41).

Behinderte. Zur Abzugsfähigkeit der Aufwendungen von Eltern erwachsener Behinderter bei vollstationärer Heimunterbringung s BMF BStBl I 99, 432; zur behinderungsbedingten Unterbringung in einer betreuten Wohngemeinschaft s BFH BStBl II 02, 567.

Behindertengerechte Ausstattung. Mehraufwendungen wegen behindertengerechter Ausstattung können abziehbar sein, wenn es sich um „verlorenen Aufwand" handelt. Dies setzt voraus, dass ausgeschlossen ist, dass die durch die Aufwendungen geschaffenen Einrichtungen jemals wertbildende Faktoren für das Haus bilden; außerdem müssen sie anhand eindeutiger und objektiver, von ungewissen zukünftigen Ereignissen unabhängiger Kriterien von den Aufwendungen unterscheiden lassen, durch die der StPfl seinen Wohnbedürfnissen Rechnung trägt. Nicht anerkannt wurde die Ausstattung eines Hauses mit einem **Fahrstuhl** (auch bei Mietereinbau: BFH/NV 06, 931; BFH/NV 07, 1081; BFH/NV 07, 701; BFH/NV 06, 1469) oder einem automatischen Garagentor oder eine behindertengerechte Bauausführung (BFH/NV 04, 1252 mwN); anerkannt wurden Aufwendungen für medizinische Hilfsmittel ieS wie zB Treppenschräglift (BFH BStBl II 97, 491; BStBl II 97, 607) oder ein rollstuhlgerechter Umbau, bei dem die Umbaumaßnahmen die Benutzung entsprechender Bereiche für nichtbehinderte Menschen erheblich einschränken (FG RhPf v 24.10.07 – 2 K 1917/06, juris).

Besuchsfahrten. Aufwendungen für Besuche zw nahen Angehörigen sind nicht als außergewöhnlich, sondern typisierend als durch allg Freibeträge (Grundfreibetrag, kindbedingte Freibeträge) und etwaige andere steuerliche Ermäßigungen abgegolten anzusehen. Das gilt auch, wenn der besuchte Angehörige erkrankt oder pflegebedürftig ist. Aufwendungen, die zur Ausübung des **Besuchsrechts des nicht sorgeberechtigten Elternteils** nach § 1634 BGB gemacht werden, fallen daher nicht unter § 33 I (BFH BStBl II 97, 54; **aA** FG Hess EFG 06, 1249, Rev III R 30/06). Dies gilt auch für den Fall, dass die Kinder bei ihrer Mutter im Ausland (USA) leben (BFH v 27.9.07 – III R 28/05, DStR 2007, 2256 mit ausf verfassungsrechtlichen Erwägungen). Ausnahmsweise werden ag Belastungen anerkannt, wenn Besuchsfahrten ausschließlich zum Zwecke der Heilung oder Linderung einer Krankheit oder eines Leidens getätigt werden oder den Zweck verfolgen, die Krankheit oder ein Leiden erträglicher zu machen (BFH BStBl II 97, 558). Sie sind jedoch nur insoweit abziehbar, als sie die Aufwendungen für Besuchsfahrten überschreiten, die der StPfl auch ohne die Erkrankung des Angehörigen üblicherweise ausgeführt hätte (BFH BStBl II 90, 958). Nicht anerkannt wurden Familienheimfahrten eines Wehrpflichtigen zu seiner schwangeren Ehefrau (BFH BStBl II 70, 210), Besuchsfahrten der erwachsenen Tochter zu ihrem auf Dauer pflegebedürftigen Vater (BFH/NV 92, 96), Besuchsfahrten zu einem eine Heilkur durchführenden Ehegatten (BFH BStBl II 89, 282) oder Reisen in die USA zum Besuch der Kinder (BFH v 27.9.07 – III R 28/05, DStR 2007, 2256). Auch der Besuch des eine Freiheitsstrafe verbüßenden Angehörigen (BFH BStBl II 90, 895 – Kind; BStBl II 90, 895 – Ehegatte) führt nicht zu ag Belastungen (s auch *Brockmeyer* DStZ 98, 214/223).

Betrug. Durch Betrug veranlasste vergebliche Zahlungen, für die keine realisierbaren Ersatzansprüche erworben wurden, sind nicht als ag Belastung zu berücksichtigen (BFH BStBl II 95, 774; FG RhPf v 8.2.06 – 3 K 2924/03, juris).

Bürgschaft. Aufwendungen zur Abdeckung einer eingegangenen Bürgschaft sind nur dann zwangsläufig, wenn die Übernahme der Bürgschaft zwangsläufig ist (BFHE 124, 39; BFH BStBl II 78, 147).

Darlehen. Schuldzinsen für ein Darlehen, das ein StPfl zur Bestreitung ag Belastungen iSv § 33 aufgenommen hat, sind steuerermäßigend zu berücksichtigen, wenn bzw soweit die Darlehensaufnahme selbst zwangsläufig erfolgt ist (BFH BStBl II 90, 958). S Rn 10.

Delfin-Therapie. Aufwendungen für eine in den USA durchgeführte Delfin-Therapie eines stark autistischen Kindes sind nicht abzugsfähig, wenn die Notwendigkeit der Therapie nicht durch ein vor der Behandlung ausgestelltes amtsärztliches Attest nachgewiesen wird (FG D'dorf EFG 06, 415).

Diätverpflegung s Rn 67.

Diebstahl s Rn 8.

Eheähnliche Gemeinschaft s Rn 58.

Ehegatten s Rn 4.

Ehescheidung. Die unmittelbaren Kosten einer Ehescheidung (Gerichts- und Anwaltskosten) sind zwangsläufige Aufwendungen (BFH BStBl II 82, 116; ausf *Hamdan/Hamdan* ZFE 07, 290; *Schulze zur Wiesche* FPR 01, 117/123). Grds sind nur solche Kosten zu berücksichtigen, die innerhalb des sog Zwangsverbundes nach § 623 ZPO entstanden sind. Kosten familienrechtlicher und sonstiger Regelungen im Zusammenhang mit der Ehescheidung sind dagegen grds nicht als ag Belastung zu berücksichtigen; das gilt für alle Regelungen, die außerhalb des sog Zwangsverbundes durch das Familiengericht oder außergerichtlich getroffen worden sind (BFH BStBl II 06, 492), also auch für die Aufhebung einer Gütergemeinschaft im Zusammenhang mit der Scheidung der Ehe (BFH BStBl II 06, 491; vgl auch *Holl* DStZ 04, 873) oder Aufwendungen zur Löschung einer Sicherungshypothek (BFH/NV 07, 1304). Die nicht in den Zwangsverbund fallenden Folgesachen, wie die Auseinandersetzung über das gemeinsame Vermögen, können ohne Mitwirkung des Familiengerichts geregelt werden; werden sie auf Antrag zusammen mit der Scheidung durch das Familiengericht entschieden, sind dadurch entstehende Prozesskosten somit nicht zwangsläufig. Die Kosten eines Prozesses, der lediglich als Folge des Scheidungsentschlusses mit dem früheren Ehepartner geführt wird, sind nur dann als ag Belastung zu berücksichtigen, wenn sie unmittelbar und unvermeidbar durch die Ehescheidung entstehen (BFH BStBl II 92, 795). Das gilt für ein Verfahren über das **Sorgerecht** für die ehelichen Kinder (BFH BStBl II 82, 116), nicht jedoch bei einem Streit um die Erfüllung einer freiwillig begründeten Zahlungsverpflichtung im Zusammenhang mit einer einvernehmlichen Scheidung (BFH BStBl II 86, 745). Die Kosten einer außergerichtlichen vermögensrechtlichen Auseinandersetzung **nach der Scheidung** sind nicht zwangsläufig (BFH BStBl II 77, 462; zur Unterhaltsabänderungsklage: FG Saarl StE 04, 360). Gleiches gilt für Kapitalabfindungen zur Abgeltung von Unterhaltsansprüchen (BFH BStBl II 98, 605). Die von dem geschiedenen Ehegatten zu tragenden Gerichts- und Anwaltskosten, die ein StPfl freiwillig übernimmt, sind nicht zwangsläufig; von entspr **Vereinbarung** ist aus steuerlicher Sicht abzuraten. Alle anderen Kosten, die mit der Scheidung zusammenhängen, sind ebenfalls keine ag Belastungen (Detektivkosten: BFH BStBl II 92, 795; Umzugskosten BStBl II 75, 111).

Entführung. Lösegeldzahlungen im Zusammenhang mit einer Entführung können als ag Belastungen abgezogen werden (BFH BStBl II 95, 104), nicht jedoch als BA oder WK (BFH BStBl II 81, 303).

Entgangene Einnahmen s Rn 8.

Erpressungsgelder. Wird ein wohlhabender StPfl erpresst, indem Angehörige oder andere nahe stehende Personen mit dem Tod oder einem anderen empfindlichen Übel bedroht werden, kommt es für die Abziehbarkeit darauf an, ob der StPfl im Zeitpunkt der Erpressung Handlungsalternativen besaß, die den Erpressungsversuch mit einiger Sicherheit wirkungslos gemacht hätten. Erpressungsgelder sind regelmäßig nicht zwangsläufig, wenn sich der StPfl strafbar oder sonst sozialwidrig verhalten hat und somit selbst und ohne Zwang einen Erpressungsgrund geschaffen hat (BFH BStBl II 04, 867).

Erziehungsheim. Kosten für die Unterbringung eines Angehörigen in einem therapeutischen Erziehungsheim sind bei Vorlage einer amtsärztlichen oder vertrauensärztlichen Bescheinigung abziehbar; die Kosten können auch anerkannt werden, wenn eine Krankenkasse einen Zuschuss zu der betr Maßnahme geleistet hat (BFH/NV 04, 177).

Fahrstuhl. Aufwendungen für Anbau mit Fahrstuhl wegen schwerer Gehbehinderung eines Haushaltsangehörigen sind keine ag Belastungen (BFH BStBl II 97, 607; BFH/NV 04, 1252), s behindertengerechte Ausstattung.

Fahrtkosten sind idR weder außergewöhnlich noch zwangsläufig. Eine Ausnahme gilt für Krankheitskosten (Krankentransporte) oder bei **behinderten Menschen.** Schwer Körperbehinderte, die in ihrer Gehfähigkeit und Stehfähigkeit erheblich beschränkt sind, können neben den Pauschbeträgen für Körperbehinderte Kfz-Aufwendungen für Privatfahrten als ag Belastung geltend machen, wobei nicht nur die unvermeidbaren Kosten zur Erledigung privater Angelegenheiten, sondern in angemessenem Rahmen auch die Kosten für Erholungsfahrten, Freizeitfahrten und Besuchsfahrten abzugsfähig sind (dazu BMF BStBl I 96, 446). Bei geh- und stehbehinderten StPfl (Grad der Behinderung [GdB] von mindestens 80 vH oder GdB von mindestens 70 und Merkzeichen G) wird im allg ein Aufwand für Fahrten bis zu 3000 km im Jahr anerkannt. Bei außergewöhnlich gehbehinderten StPfl (Merkzeichen aG), Blinden (Merkzeichen Bl) und Hilflosen (Merkzeichen H) werden bis zu 15000 km (BFH BStBl II 97, 384; R 33.4 IV EStR 05); in besonderen Ausnahmefällen auch mehr (BFH BStBl II 02, 198) anerkannt. Als angemessener Aufwand können idR 0,30 € je km geltend gemacht werden (BMF BStBl I 01, 868; BFH BStBl II 02, 224). Das gilt auch für die Kfz-Aufwendungen schwer geh- und stehbehinderter StPfl, die auf Fahrten entfallen, die zum Besuch von Ärzten oder Behandlungseinrichtungen durchgeführt werden (BFH BStBl II 05, 23). Über die Pauschbeträge hinausgehende Kfz-Kosten werden nach dem BFH grds nicht mehr als ag Belastung anerkannt (BFH BStBl II 05, 23). Decken die Pauschbeträge wegen der nur geringen Jahreskilometerleistung nicht die tatsächlichen Aufwendungen, kann der behinderte StPfl anstelle der Pauschbeträge die Kosten, die ihm für Fahrten mit einem – behindertengerechten – öffentlichen Verkehrsmittel, ggf auch mit einem Taxi, entstanden sind, geltend machen (BFH BStBl II 04, 453). Ein behindertengerechter Umbau eines Kfz dürfte danach nicht notwendigerweise als ag Belastung abzugsfähig sein (FG Saar v 16.11.05 – 1 K 372/01, Rev III R 105/06). Die Aufwendungen können auch bei einem StPfl berücksichtigt werden, auf den der Pauschbetrag nach § 33b V übertragen wurde, wenn der Behinderte an den Fahrten selbst teilgenommen hat (BFH BStBl II 75, 825). S Besuchsfahrten und Rn 62.

Familienheimfahrt eines verheirateten Wehrpflichtigen ist keine ag Belastung (BFH BStBl II 70, 210).

Fettabsaugung. Aufwendungen hierfür sind nicht als ag Belastung abziehbar, wenn vor Beginn der Maßnahmen kein amtsärztliches oder vertrauensärztliches Attest eingeholt wird, aus dem sich zweifelsfrei die medizinische Indikation der Operationen ergibt (BFH/NV 07, 438).

Formaldehyd s Schadstoffbeseitigung.

Frischzellenbehandlung s alternative Behandlungsmethoden.

Führerschein. Aufwendungen von Eltern für ihre schwer steh- und gehbehinderte Tochter können als ag Belastung neben dem Pauschbetrag für Körperbehinderte (§ 33b) abgezogen werden (BFH BStBl II 93, 749).

Geburt. Entbindungskosten sind ebenso wie Krankheitskosten abziehbar (BFH BStBl II 87, 495). Sonstige Aufwendungen für das Kind (zB Erstlingsausstattung: BFH BStBl II 70, 242) sind nicht nach § 33 abziehbar, sondern durch Kindergeld und Kinderfreibetrag abgegolten.

Geldbußen oder **Geldstrafen** s Rn 43.

Gruppentherapie suchtgefährdeter Menschen können als Krankheitskosten berücksichtigungsfähig sein, wenn vor Beginn der Maßnahme ein amtsärztliches oder vertrauensärztliches Zeugnis die medizinische Indikation bestätigt (BFH/NV 99, 300; BFH BStBl II 87, 427).

Haarersatz. Aufwendungen für ein Toupet oder eine Haartransplantation sind idR keine ag Belastungen (FG Nds EFG 00, 496; FG BaWü EFG 98, 1589; FG BaWü EFG 79, 129; **aA** FG D'dorf EFG 83, 500).

Hausrat. Aufwendungen für die erstmalige Einrichtung einer Wohnung oder für die Anschaffung von Haushaltsgeräten sind keine ag Belastungen (BFH BStBl II 74, 745; *K/S/M* § 33 Rn B 69 mwN); dies gilt auch für Wiederbeschaffungen nach einer Scheidung (BFH BStBl II 75, 538). Aufwendungen für die Wiederbeschaffung von Hausrat sind in **angemessenem Umfang** ag Belastung, wenn der Hausrat durch ein unabwendbares Ereignis verlorengegangen ist und wiederbeschafft werden muss (BFH BStBl II 88, 814; BStBl II 76, 712 mwN). Die als Vorteilsausgleich bei der Ermittlung einer ag Belastung zu berücksichtigenden Leistungen aus einer **Hausratversicherung** sind nicht aufzuteilen in einen Betrag, der auf allg notwendigen und angemessenen Hausrat entfällt, und in einen solchen, der die Wiederbeschaffung von Gegenständen und Kleidungsstücken gehobenen Anspr ermöglichen soll (BFH BStBl II 99, 766). S auch Schadstoffbeseitigung.

Hochwasser ist ein unabwendbares Ereignis. Aufwendungen zur Beseitigung von Schäden am Wohneigentum oder zur Wiederbeschaffung von Hausrat und Kleidung können nur dann als ag Belastung angesetzt werden, wenn zumutbare Schutzmaßnahmen ergriffen und allg zugängliche und übliche Versicherungsmöglichkeiten wahrgenommen worden sind (Rn 23f; R 33.2 Nr 7 EStR 05). Eine sog Elementarversicherung gehört nicht zu den obligatorischen Versicherungen (BMF BStBl I 05, 860 (862); BMF v 1.10.02 IV C 4 – S 2223 – 301/02; FinMin Nds DB 02, 1802).

Hochzeit. Aufwendungen für eine Hochzeit (BFH BStBl III 58, 296) sind ebenso wenig ag Belastung wie Reisekosten anlässlich einer Eheschließung im Ausland (BFH BStBl II 92, 821) s Aussteuer.

Insolvenzverfahren. Kosten hierfür können nicht als ag Belastung geltend gemacht werden (*Rößler* FR 99, 1357; **aA** *Müller* DStZ 99, 645; s auch BFH BStBl II 74, 516 zu Aufwendungen zur Abwendung eines Konkurses).

Internat s auswärtige Unterbringung.

Kapitalabfindung s Unterhaltsleistungen.

Kinderkur s Kur.

Kleidung. Kosten für die Anschaffung, Änderung oder Reinigung von Kleidung sind selbst dann nicht außergewöhnlich, wenn sie im Zusammenhang mit einer Krankheit anfallen (BFH/NV 86, 285/438; BFH DB 85, 954; BFHE 133, 550; zu **Trauerkleidung**: BFH BStBl III 67, 364).

Krankheitskosten erwachsen dem StPfl zwangsläufig, weil er sich ihnen aus tatsächlichen Gründen nicht entziehen kann. Entscheidend für die Annahme einer Krankheit ist, ob es sich um einen allenfalls als missliebig anzusehenden Zustand handelt oder um einen anormalen Zustand, der Störungen oder Behinderungen in der Ausübung normaler psychischer oder körperlicher Funktionen von solchem Gewicht zur Folge hat, dass er nach herrschender Auffassung einer medizinischen Behandlung bedarf, was uU von der persönlichen Lage des Betroffenen, zB seinem Alter oder seinem Beruf, abhängen kann (vgl BFH BStBl II 07, 871). Ein krankhafter Zustand ist dabei (einkommensteuerrechtlich) um so eher anzunehmen, je stärker die freie Entfaltung der Persönlichkeit in ihrem wesentlichen Kernbereich betroffen ist (BFH BStBl II 97, 805). Zu den als ag Belastung zu berücksichtigenden Krankheitskosten gehören nur die Aufwendungen, die **unmittelbar zum Zwecke der Heilung** einer Krankheit getätigt werden oder mit dem Ziel gemacht werden, die Krankheit erträglicher zu machen (BFH BStBl II 99, 227 mwN). Damit werden insbes Kosten für die eigentliche Heilbehandlung und eine krankheitsbedingte Unterbringung erfasst, aber auch angemessene Fahrtkosten (BFH BStBl II 05, 23) oder Begleitung einer hilflosen Pers (BFH BStBl III 64, 331). Notwendigkeit und Angemessenheit einer Behandlung im Einzelfall wird jedoch nicht überprüft (BFH BStBl II 97, 805). In Zweifelsfällen hat der StPfl die medizinische Notwendigkeit durch eine **vor Beginn der Behandlung ausgestellte ärztliche Bescheinigung** zu belegen (BFH BStBl II 05, 602; BFH/NV 97, 291; BFH BStBl II 91, 763). Von dem Erfordernis einer vorherigen Begutachtung kann nur abgesehen werden, wenn der StPfl deren Notwendigkeit nicht erkennen konnte (BFH BStBl II 05, 602). Bei einer konkreten Gesundheitsgefährdung können auch Kosten der Schadstoffbeseitigung oder die Neuanschaffung von Mobiliar abziehbar sein (BStBl II 02, 592; s auch Schadstoffbeseitigung). Allerdings besteht für eine von der Krankenkasse nicht bezahlte naturheilkundliche Krebsnachbehandlung in Höhe von rund 700 000 DM für einen krankenversicherten Elternteil keine rechtliche oder sittliche Verpflichtung (BFH BStBl II 03, 299). **Trinkgelder**, die im Zusammenhang mit der ärztlich angeordneten Behandlung einer Krankheit hingegeben werden, entstehen **nicht zwangsläufig** und sind daher nicht als ag Belastung zu berücksichtigen (BFH BStBl II 04, 270); damit hat der BFH seine anderslautende Rspr aus BFH BStBl II 97, 346) revidiert. Die mit einer Krankheit verbundene (mittelbaren) **Folgekosten** gehören ebenso wie die Kosten für vorbeugende oder der Gesundheit ganz allg dienende Maßnahmen, die nicht gezielt der Heilung oder Linderung von Krankheiten dienen nicht zu den Krankheitskosten (zB Besuchsfahrten: BFH BStBl II 97, 558; Umzug: FG Mchn EFG 91, 25; s Bekleidung). Die Unterscheidung zw anzuerkennenden unmittelbaren und nicht anzuerkennenden mittelbaren Kosten ist problematisch und im Gesetz nicht angelegt (*K/S/M* § 33 Rn C 45). Die Tatbestandsmerkmale zwangsläufig und außergewöhnlich böten eine treffendere Abgrenzung. Leistungen Dritter (insbes Versicherungsleistungen, Beihilfe) und ersparte Aufwendungen sind anzurechnen (zur Haushaltsersparnis s Rn 16). S auch *Brockmeyer* DStZ 98, 214/220; *K/S/M* § 33 Rn C 44 ff; *Blümich* § 33 Rn 157 ff.

Künstliche Befruchtung s Befruchtung.

Kur. Vorbeugende Aufwendungen, die der Gesundheit allgemein dienen, sind den nicht abzugsfähigen Kosten der Lebenshaltung (§ 12 Nr 1) zuzurechnen. Kurreisen sind daher nur dann berücksichtigungsfähig, wenn sie zur Heilung oder Linderung einer Krankheit nachweislich notwendig sind (BFH BStBl II 01, 543). Die Berücksichtigung der Kosten als ag Belastung setzt regelmäßig voraus, dass der StPfl ein vor Antritt der Kur ausgestelltes amtsärztliches oder vertrauensärztliches Zeugnis vorlegt und als Zielort einer unter ärztlicher Kontrolle stehenden Heilbehandlung unterzieht (BFH/NV 94, 706). Von dem ärztlichen Zeugnis kann abgesehen werden, wenn feststeht, dass eine gesetzliche Krankenkasse die Kur geprüft und positiv beschieden hat (BFH BStBl II 95, 614). Besuchsfahrten der Ehefrau werden idR nicht anerkannt (BFH BStBl II 75, 536). Kosten für **Kinderkuren**, bei denen das Kind privat untergebracht ist, können nur anerkannt werden, wenn vor Antritt der Kur amtsärztlich neben der Notwendigkeit der Kur als solcher zusätzlich auch bescheinigt wird, dass und warum der Kurerfolg auch bei einer Unterbringung außerhalb eines Kinderheims gewährleistet ist (BFH BStBl II 98, 613 – krit: *Paus* DStZ 99, 39; BStBl II 91, 763). Gleiches gilt für die Berücksichtigung von Kosten einer Begleitperson (BFH BStBl II 98, 298).

Lärmschutzwand. Besteht weder eine gesetzliche Verpflichtung zur Errichtung einer Lärmschutzwand noch ist diese zwingend notwendig, um eine akute Gesundheitsgefährdung zu beseitigen, stellen die Aufwendungen für die Errichtung einer Lärmschutzwand zur Minderung des vom Straßenverkehr ausgehenden Lärms keine ag Belastung dar (FG Nbg StE 06, 199).

Legasthenie. Wenn durch ein amtsärztliches Attest der Krankheitswert der Legasthenie nachgewiesen wird, können Behandlungsaufwendungen anerkannt werden (BFH BStBl II 01, 94). Die medizinische Notwendigkeit der Maßnahme muss durch ein vor der Behandlung erstelltes amtsärztliches Attest nachgewiesen werden (BFH/NV 05, 1286). Aufwendungen von Eltern für die auswärtige

Unterbringung eines Kindes, dessen Lese- und Rechtschreibfähigkeit beeinträchtigt ist, sind zu berücksichtigen, wenn die Lese- und Rechtschreibschwäche Krankheitswert hat (Legasthenie im medizinischen Sinn) und die auswärtige Unterbringung für eine medizinische Behandlung erforderlich ist (BFHE 169, 37, BStBl II 93, 278).

Leihmutter s Befruchtung.

Lösegeld s Entführung und Erpressungsgelder.

Magnetfeldtherapie s alternative Behandlungsmethoden.

Mediation. Kosten einer Familienmediation im Ehescheidungsverfahren entstehen dem StPfl nicht zwangsläufig, weil in einem Mediationsverfahren lediglich Regelungen über Familiensachen außerhalb des Zwangsverbunds nach § 623 Abs. 1 Satz 3 ZPO vereinbart werden.

Mobilfunkwellen. Aufwendungen für Schutzmaßnahmen gegen Mobilfunkwellen sind nicht zu berücksichtigen, wenn die gesetzlich festgelegten Grenzwerte für Mobilfunkstrahlen nicht überschritten sind und es an einem vor Ergreifen der Schutzmaßnahmen erstellten amtsärztlichen Attest zum Nachweis der behaupteten Gesundheitsbeeinträchtigung fehlt (BFH/NV 07, 839; FG BaWü, EFG 07, 42).

Nachlassverbindlichkeiten. Aufwendungen, die einem StPfl infolge eines Todesfalles erwachsen, sind keine ag Belastungen, wenn sie von dem StPfl aus dem ihm als Erben zugefallenen Nachlass bestritten werden können oder durch sonstige ihm im Zusammenhang mit dem Tod zugeflossene Geldleistungen (zB **Lebensversicherung**) gedeckt sind (BFH/NV 96, 807; BFH BStBl II 96, 413; s auch *Naumann* DStR 97, 1905). Bei **überschuldetem Nachlass** kann Zwangsläufigkeit aus sittlichen Gründen vorliegen (BFH BStBl II 87, 715).

Pflege. Grds können nur Personen, bei denen ein Schweregrad der Pflegebedürftigkeit nach §§ 14, 15 SGB XI nachgewiesen ist, können Aufwendungen als ag Belastung geltend machen (R 33.3 I EStR 05). Kosten wegen **eigener** Pflegebedürftigkeit sind ag Belastung iSd § 33, unabhängig davon, ob die Mehraufwendungen im eigenen Haushalt oder bei einer Heimunterbringung anfallen, sofern bei der Heimunterbringung die tatsächlich angefallenen Pflegekosten von den zu den Aufwendungen der üblichen Lebensführung zählenden reinen Unterbringungskosten abgrenzbar sind (BFH BStBl II 90, 418; BFH/NV 91, 231). Nach dem Sozialhilferecht können die Sozialhilfeträger mit den Pflegeeinrichtungen nach den Vorschriften des Achten Kapitels des SGB XI (§§ 82 bis 92b) auch Pflegesätze für Pflegeleistungen unterhalb der Pflegestufe I vereinbaren. Mit dem Sozialhilfeträger ausgehandelte Pflegesätze der **Pflegestufe 0** sind von Pflegebedürftigen, die keinen Anspruch auf Sozialhilfe haben, selbst zu tragen. Werden diese Kosten dem StPfl **gesondert in Rechnung gestellt**, kann der StPfl sie als ag Belastung abziehen (BFH BStBl II 07, 764; BFH v 25.7.07 – III R 64/06, juris). Aufwendungen wegen Pflegebedürftigkeit **anderer Pers**, denen der StPfl aus rechtlichen, tatsächlichen oder sittlichen Gründen **unterhaltspflichtig** ist, können abgezogen werden, wenn § 33b VI nicht in Anspr genommen wird (BFH BStBl III 64, 270; BStBl III 65, 407). Allein das Bestehen eines Verwandtschaftsverhältnisses genügt nicht (BFH BStBl II 97, 558). Die Aufwendungen sind nicht zu berücksichtigen, soweit der StPfl von dem Angehörigen dessen gesamtes sicheres Vermögen in einem Zeitpunkt übernommen hat, als dieser sich bereits im Rentenalter befand (BFH BStBl II 97, 387 s auch *Brockmeyer* DStZ 98, 214). Aufwendungen für die krankheitsbedingte Unterbringung eines Angehörigen in einem Altenpflegeheim stellen als Krankheitskosten eine ag Belastung dar. Abziehbar sind neben den Pflegekosten auch die Kosten, die auf die Unterbringung und Verpflegung entfallen, soweit es sich hierbei um gegenüber der normalen Lebensführung entstehende Mehrkosten handelt (BFH BStBl II 00, 294; zur Abgrenzung zu § 33a s BMF BStBl I 99, 270; § 33a Rn 85).

Praxisgebühr gehört zu den Krankheitskosten und ist daher abziehbar (OFD Ffm DB 04, 2782).

Privatschule. Aufwendungen für den Schulbesuch eines Kindes sind nur dann ag Belastungen, wenn es sich bei diesen Aufwendungen um unmittelbare Krankheitskosten handelt (BFH BStBl II 97, 752); dies gilt auch für Schuldgeldzahlungen einer fremdsprachigen Familie, die sich vorübergehend im Inland aufhält (BStBl II 01, 132); krit *Fröschl* HFR 01, 432). Die Hochbegabung von Kindern ist jedoch kein außergewöhnlicher Umstand, der den Abzug von Kosten einer Schule im Ausland rechtfertigt (FG M'ster StE 03, 378). Ebenso wenig ist das im Ausland gezahlte Schulgeld abziehbar (BFH v 27.9.07 – III R 28/05, DStR 2007, 2256).

Prozesskosten. Bei Kosten eines **Strafprozesses** kommt es auf den Ausgang des Verfahrens an. Ein Verurteilter kann die Kosten idR nicht geltend machen (BFH BStBl III 58, 105; Rn 43). Aufwendungen von Eltern für die Strafverteidigung ihres volljährigen Kindes können als ag Belastung ggf nur dann steuermindernd zu berücksichtigen sein, wenn es sich um ein innerlich noch nicht gefestigtes, erst heranwachsendes Kind handelt, dessen Verfehlung strafrechtlich noch nach dem Jugendstrafrecht geahndet werden kann (BFH BStBl II 04, 267). Bei einem Freispruch fallen für den StPfl idR keine Kosten an, so dass die frühere Rspr insoweit überholt ist (BFH v 18.10.07 – VI R 42/04, DStR 07, 2254; *K/S/M* § 33 Rn C 56). Hat der StPfl mit seinem Verteidiger ein **Honorar vereinbart**, das über den durch die Staatskasse erstattungsfähigen Kosten liegt, ist ein Abzug dieser Mehraufwendungen mangels Zwangsläufigkeit nicht möglich (BFH v 18.10.07 – VI R 42/04, DStR 07, 2254; Blümich, § 33 Rn 236). Stirbt der StPfl vor Eintritt der Rechtskraft des Urteils, können ag Belastungen vorliegen (BFH BStBl II 89, 831). Aufwendungen für ein nach § 153a II StPO eingestelltes Strafverfahren sind nicht abziehbar (BFH BStBl II 96, 197). Bei den Kosten eines **Zivilprozesses** spricht eine Vermutung gegen die Zwangsläufigkeit (BFH BStBl II 96, 596; BFH/NV 03, 1324 – Räumungsprozess; BFH/NV 07, 46; BFH/NV 06, 938; BFH/NV 05, 2003); dies gilt unabhängig davon, ob die Prozesskosten dem StPfl in der Parteistellung als Kläger oder als Beklagter entstehen (BFH BStBl II 86, 745), selbst dann wenn der Kläger sein Prozessziel wegen der Vermögenslosigkeit des Beklagten nicht erreichen kann (BFH/NV 01, 1391). Dies gilt auch für einen Räumungsprozess bei verfahrensfehlerhafter Entscheidung (BFH/NV 03, 1324). Eine Ausnahme gilt teilw für **Scheidungskosten** (s Ehescheidung). Verfahrenskosten der Auseinandersetzung nach **Beendigung nichtehelicher Lebensgemeinschaft** sind keine ag Belastung (BFH/NV 06, 733). Berührt ein Rechtsstreit einen für den StPfl existenziell wichtigen Bereich, kann die Übernahme eines Prozesskostenrisikos zwangsläufig sein, wenn der StPfl, ohne sich auf den Rechtsstreit trotz unsicheren Ausgangs einzulassen, Gefahr liefe, seine Existenzgrundlage zu verlieren und seine lebensnotwendigen Bedürfnisse in dem üblichen Rahmen nicht mehr befriedigen zu können (BFH BStBl II 96, 596; diff zu einem **Arzthaftungsprozess** FG M'ster StE 06, 679, Rev III R 50/06). Aufwendungen für einen Familienrechtsstreit über das **Umgangsrecht** eines Vaters mit seinen nichtehelichen Kindern können in Ausnahmefällen zu berücksichtigen sein, wenn die Mutter jeglichen Umgang des Vaters mit den Kindern grundlos verweigert (BFH BStBl II 02, 382). Dies gilt auch für ein **Vaterschaftsfeststellungsverfahren**, wenn er ernsthafte Zweifel an seiner Vaterschaft substantiiert dargelegt sowie schlüssige Beweise angeboten hat und wenn sein Verteidigungsvorbringen bei objektiver Betrachtung Erfolg versprechend schien (BFH BStBl II 04, 726). Bei der Übernahme von Prozesskosten eines Dritten fehlt es idR an der Zwangsläufigkeit der Aufwendungen (BFH/NV 92, 457; BFH BStBl II 89, 282).

Psychotherapeutische Behandlung wird als ag Belastung anerkannt, wenn Zwangsläufigkeit, Notwendigkeit und Angemessenheit durch amtsärztliches Attest oder Bescheinigung eines Medizinischen Dienstes der Krankenversicherung vor Beginn der Behandlung nachgewiesen wird (OFD M'ster DB 06, 1528).

Schadensersatzzahlungen können zwangsläufig sein, wenn der StPfl bei der Schädigung nicht vorsätzlich oder leichtfertig gehandelt hat (BFH BStBl II 82, 749; einschränkend FG Hess EFG 01, 1051; nicht bei vorsätzlich begangener Straftat (BFH/NV 88, 353).

Schadstoffbeseitigung. Die Beseitigung von Schadstoffbelastungen kann ag Belastung sein, wenn es sich um Gegenstände des existenznotwendigen Bedarfs handelt und eine konkrete Gesundheitsgefährdung vorliegt, die vor Durchführung der Maßnahme durch ein amtliches Gutachten zu belegen ist. Eine konkrete Gesundheitsgefährdung kann bei Überschreiten gesetzlicher Grenzwerte anzunehmen sein. Das Gutachten hat zusätzlich die ordnungsgemäße Entsorgung nachzuweisen. Abziehbar sind sowohl Wiederbeschaffungs- oder Sanierungsaufwendungen als auch Entsorgungskosten. Eine Werterhöhung ist im Wege des Vorteilsausgleichs (Rn 14) anzurechnen (s BFH BStBl II 02, 240; BStBl II 02, 592; *Hettler* DB 02, 1848).

Scheidung s Ehescheidung.

Schönheitsoperation ist idR keine ag Belastung (FG Kln EFG 97, 16); ausnahmsweise abziehbar, wenn vor Durchführung der Operation ein ärztliches Gutachten erstellt worden ist, aus dem sich die Notwendigkeit der Operation ergibt (FG Hbg FGReport 05, 61).

Schuldzinsen. Ein „außergewöhnlicher" Kreditbedarf kann nach näherer Maßgabe des § 33 I abziehbar sein, wenn die Schuldaufnahme durch Ausgaben veranlasst ist, die ihrerseits eine ag Belastung darstellen (BFH BStBl II 97, 772; BStBl II 99, 81).

Schulgeldzahlungen s Privatschule.

Seniorenheim s Altenheim.

Spielsucht. Aufwendungen zur Befriedigung einer Spielsucht entstehen nicht zwangsläufig (FG M'ster EFG 01, 1204).

Sport. Aufwendungen für die Ausübung eines Sports können als Krankheitskosten nur dann ag Belastungen sein, wenn der Sport nach genauer Einzelverordnung und unter Verantwortung eines Arztes, Heilpraktikers oder einer sonst zur Ausübung der Heilkunde zugelassenen Pers betrieben wird, um eine Krankheit oder ein Gebrechen zu heilen oder zu seiner Besserung oder Linderung beizutragen (BFH BStBl II 97, 732).

Strafprozesskosten s Prozesskosten; *Naumann* DStR 97, 1905; zum Steuerstrafverfahren: von *Briel/ Ehlscheid* BB 99, 2539.

Studiengebühren für den freiwilligen Besuch einer privaten Fachhochschule sind als typische Berufsausbildungskosten durch den pauschalierten Ausbildungsfreibetrag des § 33a II abgegolten und nicht nach § 33 berücksichtigungsfähig (FG BaWü EFG 04, 1529).

Sucht s Gruppentherapie.

Transsexuelle. Aufwendungen für Kleidung, Schuhe und Perücken wegen des Rollenwechsels einer Transsexuellen sind nicht als ag Belastung zu berücksichtigen (FG Mchn EFG 06, 119, Rev III R 63/06).

Trinkwasserversorgung. Aufwendungen für eine moderne Trinkwasserversorgung für ein Haus im Außenbereich, die eine alte kostenfreie Wasserversorgung ersetzt, sind keine ag Belastungen (BFH/ NV 05, 1278).

Umbau. Krankheitsbedingte Umbaumaßnahmen können ag Belastungen sein (s Rn 21).

Umgangsrecht. § 1684 I BGB sieht ausdrücklich eine Pflicht zum Umgang mit Kindern vor; außerdem muss bei Streitigkeiten über das Umgangsrecht zwingend zuvor das Mediationsangebot des Jugendamtes in Anspruch genommen worden sein (AG Bochum FamRZ 03, 772). Im Hinblick darauf ist rechtsgrundsätzlich zu klären, ob bei getrennt lebenden Eltern die Aufwendungen für Fahrten zum Kind und die Kosten für eine Mediation hinsichtlich des Umgangsrechts als ag Belastung abziehbar sind (BFH v 30.3.04 – III S 16/03, BFH Report 04, 738; anhängige Rev: III R 41/04; BFH/NV 04, 1635 zu den Fahrtkosten beim Umgangsrecht; abl FG Kln EFG 05, 1702, Rev III R 55/ 05; FG Kln EFG 07, 1022; Rev III R 11/07; FG Bremen EFG 07, 1080 – allenfalls in Mangelfällen, Rev III R 71/06).

Umschulung s Ausbildung.

Umzugskosten sind typische Kosten der Lebensführung, die unabhängig von der Art der Wohnungskündigung nicht als ag Belastung abzugsfähig sind (BFH BStBl II 78, 526; BStBl II 75, 482; diff: *K/S/M* § 33 Rn B 49). Lediglich in den Fällen, in denen der Umzug ausschließlich medizinisch indiziert ist, kommt ein Abzug als Krankheitskosten in Betracht (FG Mchn EFG 91, 25; vgl auch FG D'dorf DStRE 00, 243).

Unfall. Vermögensverluste infolge von Unfall sind keine Aufwendungen (s Rn 11). Aufwendungen zur Wiederbeschaffung und Instandsetzung werden nur bei existenziell notwendigen Gegenständen anerkannt. Dazu gehört insbes der Pkw idR nicht, so dass Fahrzeugschäden keine ag Belastungen darstellen (BFH/NV 92, 302; BFH BStBl II 74, 105; BStBl II 74, 104). Auch Schäden infolge von **Flugunfällen** sind steuerlich nicht abziehbare Kosten der Lebensführung (BFH/NV 04, 1635).

Unterhaltszahlungen. Aufwendungen für den **laufenden Unterhalt** an den geschiedenen Ehegatten sind dem Grunde nach ag Belastungen, die unter § 33a I fallen. Bezüglich der Unterhaltszahlung ist nicht nur dem Grunde, sondern auch der Höhe nach die Außergewöhnlichkeit und Zwangsläufigkeit zu prüfen. Der Abzug einer vergleichsweise vereinbarten **Kapitalabfindung** zur Abgeltung sämtlicher möglicherweise in der Vergangenheit entstandener und künftiger Unterhaltsansprüche eines geschiedenen Ehegatten scheidet in aller Regel wegen fehlender Zwangsläufigkeit aus (BFH BStBl II 98, 605). Die Rspr zu zusammengeballten Unterhaltsnachzahlungen (BFH BStBl III 67, 246) dürfte nicht mehr gelten. Ein Abzug als ag Belastung scheidet aus, wenn auf Antrag der StPfl das Realsplitting Anwendung findet (BFH BStBl II 01, 338).

Versicherungen zur Anrechnung von Leistungen s Rn 13; zur Verpflichtung zum Abschluss s Rn 45.

Versorgungsausgleich ist keine ag Belastung (BFH BStBl II 84, 106).

Vorfälligkeitsentschädigung im Zusammenhang mit der Umschuldung eines Darlehensvertrages zum Erwerb eines Einfamilienhauses sind keine ag Belastung (BFH/NV 05, 1529).

Vormund s Rn 65.

Wohnungseinrichtung bei Allergikern s Allergie.

Zöliakie: Aufwendungen für eine entsprechende Diätverpflegung sind keine ag Belastung (BFH BStBl II 07, 880).

§ 33a Außergewöhnliche Belastung in besonderen Fällen

(1) ¹Erwachsen einem Steuerpflichtigen Aufwendungen für den Unterhalt und eine etwaige Berufsausbildung einer dem Steuerpflichtigen oder seinem Ehegatten gegenüber gesetzlich unterhaltsberechtigten Person, so wird auf Antrag die Einkommensteuer dadurch ermäßigt, dass die Aufwendungen bis zu 7680 Euro im Kalenderjahr vom Gesamtbetrag der Einkünfte abgezogen werden. ²Der gesetzlich unterhaltsberechtigten Person gleichgestellt ist eine Person, wenn bei ihr zum Unterhalt bestimmte inländische öffentliche Mittel mit Rücksicht auf die Unterhaltsleistungen des Steuerpflichtigen gekürzt werden. ³Voraussetzung ist, dass weder der Steuerpflichtige noch eine andere Person Anspruch auf einen Freibetrag nach § 32 Abs. 6 oder auf Kindergeld für die unterhaltene Person hat und die unterhaltene Person kein oder nur ein geringes Vermögen besitzt. ⁴Hat die unterhaltene Person andere Einkünfte oder Bezüge im Sinne des § 32 Abs. 4 Satz 2 und 4, so vermindert sich der Betrag von 7680 Euro um den Betrag, um den diese Einkünfte und Bezüge den Betrag von 624 Euro im Kalenderjahr übersteigen, sowie um die von der unterhaltenen Person als Ausbildungshilfe aus öffentlichen Mitteln oder von Förderungseinrichtungen, die hierfür öffentliche Mittel erhalten, bezogenen Zuschüsse. ⁵Ist die unterhaltene Person nicht unbeschränkt einkommensteuerpflichtig, so können die Aufwendungen nur abgezogen werden, soweit sie nach den Verhältnissen des Wohnsitzstaates der unterhaltenen Person notwendig und angemessen sind, höchstens jedoch der Betrag, der sich nach den Sätzen 1 bis 4 ergibt; ob der Steuerpflichtige zum Unterhalt gesetzlich verpflichtet ist, ist nach inländischen Maßstäben zu beurteilen. ⁶Werden die Aufwendungen für eine unterhaltene Person von mehreren Steuerpflichtigen getragen, so wird bei jedem der Teil des sich hiernach ergebenden Betrags abgezogen, der seinem Anteil am Gesamtbetrag der Leistungen entspricht.

(2) ¹Zur Abgeltung des Sonderbedarfs eines sich in Berufsausbildung befindenden, auswärtig untergebrachten, volljährigen Kindes, für das Anspruch auf einen Freibetrag nach § 32 Abs. 6 oder Kindergeld besteht, kann der Steuerpflichtige einen Freibetrag in Höhe von 924 Euro je Kalenderjahr vom Gesamtbetrag der Einkünfte abziehen. ²Dieser Freibetrag vermindert sich um die eigenen Einkünfte und Bezüge im Sinne des § 32 Abs. 4 Satz 2 und 4 des Kindes, soweit diese 1848 Euro im Kalenderjahr übersteigen, sowie um die von dem Kind als Ausbildungshilfe aus öffentlichen Mitteln oder von Förderungseinrichtungen, die hierfür öffentliche Mittel erhalten, bezogenen Zuschüsse. ³Für ein nicht unbeschränkt einkommensteuerpflichtiges Kind mindern sich die vorstehenden Beträge nach Maßgabe des Absatzes 1 Satz 5. ⁴Erfüllen mehrere Steuerpflichtige für dasselbe Kind die Voraussetzungen nach Satz 1, so kann der Freibetrag insgesamt nur einmal abgezogen werden. ⁵Jedem Elternteil steht grundsätzlich die Hälfte des Abzugsbetrags nach den Sätzen 1 bis 3 zu. ⁶Auf gemeinsamen Antrag der Eltern ist eine andere Aufteilung möglich.

(3) ¹Erwachsen einem Steuerpflichtigen Aufwendungen durch die Beschäftigung einer Hilfe im Haushalt, so können sie bis zu den folgenden Höchstbeträgen vom Gesamtbetrag der Einkünfte abgezogen werden:

1. **624 Euro im Kalenderjahr, wenn**
   a) der Steuerpflichtige oder sein nicht dauernd getrennt lebender Ehegatte das 60. Lebensjahr vollendet hat oder
   b) wegen Krankheit des Steuerpflichtigen oder seines nicht dauernd getrennt lebenden Ehegatten oder eines zu seinem Haushalt gehörigen Kindes, für das er oder sein nicht dauernd getrennt lebender Ehegatte Anspruch auf einen Freibetrag nach § 32 Abs. 6 oder auf Kindergeld hat, oder einer anderen zu seinem Haushalt gehörigen unterhaltenen Person, für die eine Ermäßigung nach Absatz 1 gewährt wird, die Beschäftigung einer Hilfe im Haushalt erforderlich ist,
2. **924 Euro im Kalenderjahr**, wenn eine der in Nummer 1 Buchstabe b genannten Personen hilflos im Sinne des § 33b oder schwer behindert ist.

²Erwachsen einem Steuerpflichtigen wegen der Unterbringung in einem Heim oder zur dauernden Pflege Aufwendungen, die Kosten für Dienstleistungen enthalten, die mit denen einer Hilfe im Haushalt vergleichbar sind, so können sie bis zu den folgenden Höchstbeträgen vom Gesamtbetrag der Einkünfte abgezogen werden:

1. **624 Euro**, wenn der Steuerpflichtige oder sein nicht dauernd getrennt lebender Ehegatte in einem Heim untergebracht ist, ohne pflegebedürftig zu sein,
2. **924 Euro**, wenn die Unterbringung zur dauernden Pflege erfolgt.

³Die jeweiligen Höchstbeträge der Sätze 1 und 2 können auch bei Ehegatten, bei denen die Voraussetzungen des § 26 Abs. 1 vorliegen, insgesamt nur einmal abgezogen werden, es sei denn, die Ehegatten sind wegen Pflegebedürftigkeit eines der Ehegatten an einer gemeinsamen Haushaltsführung gehindert.

(4) ¹Für jeden vollen Kalendermonat, in dem die in den Absätzen 1 bis 3 bezeichneten Voraussetzungen nicht vorgelegen haben, ermäßigen sich die dort bezeichneten Beträge um je ein Zwölftel. ²Eigene Einkünfte und Bezüge der unterhaltenen Person oder des Kindes, die auf diese Kalendermonate entfallen, vermindern die nach Satz 1 ermäßigten Höchstbeträge und Freibeträge nicht. ³Als Ausbildungshilfe bezogene Zuschüsse mindern nur die zeitanteiligen Höchstbeträge und Freibeträge der Kalendermonate, für die die Zuschüsse bestimmt sind.

(5) In den Fällen der Absätze 1 bis 3 kann wegen der in diesen Vorschriften bezeichneten Aufwendungen der Steuerpflichtige eine Steuerermäßigung nach § 33 nicht in Anspruch nehmen.

R 33a EStR 05

Übersicht

	Rn		Rn
A. Grundaussage der Vorschrift	1	c) Zur Bestreitung des Unterhalts bestimmt und geeignet	31
B. Aufwendungen für Unterhalt und/oder Berufsausbildung (§ 33a I)	6	d) Ausbildungshilfen	32
I. Aufwendungen für Unterhalt und Berufsausbildung (§ 33a I 1)	6	3. Unterhaltsaufwendungen für nicht unbeschränkt steuerpflichtige Personen (§ 33a I 5)	35
1. Unterhalts- und Berufsausbildungsaufwand	6	4. Opfergrenze	36
a) Aufwendungen	6	IV. Mehrere Beteiligte	41
b) Unterhalt	7	1. Unterhaltsaufwendungen eines Steuerpflichtigen für mehrere Unterhaltsempfänger	41
c) Zahlungsweise	11		
d) Berufsausbildung	12	2. Unterhaltsaufwendungen für eine Person durch mehrere Steuerpflichtige (§ 33a I 6)	42
2. Empfänger der Aufwendungen	15		
a) Gesetzlich unterhaltsberechtigte Person	16	C. Sonderbedarfsfreibetrag (§ 33a II)	50
b) Gleichgestellte Empfänger (§ 33a I 2)	18	I. Ausbildungsfreibetrag bis VZ 01	50
II. Voraussetzung für Abziehbarkeit (§ 33a I 3)	21	II. Sonderbedarfsfreibetrag ab VZ 02	52
1. Kein Kindergeld oder Freibetrag nach § 32 VI	21	III. Kürzung des Freibetrags	60
2. Kein eigenes Vermögen	22	1. Eigene Einkünfte oder Bezüge des Kindes	60
III. Höhe der abziehbaren Aufwendungen	25	2. Ausbildungszuschüsse aus öffentlichen Mitteln	61
1. Höchstbetrag nach § 33a I 1	25		
2. Anrechnung von Einkünften und Bezügen (§ 33a I 4)	27	IV. Auslandskinder	62
a) Einkünfte	28	V. Aufteilung des Freibetrags	63
b) Bezüge	30		

§ 33a Außergewöhnliche Belastung in besonderen Fällen

	Rn		Rn
D. Aufwendungen für Hilfe im Haushalt oder für Heimunterbringung (§ 33a III)	70	**E. Zeitanteilige Ermäßigung (§ 33a IV)**	80
I. Haushaltshilfe	71	I. Zeitweiliges Nichtvorliegen der Voraussetzungen der Abs 1 bis 3	80
1. Hilfe im Haushalt	71		
2. Familienangehörige	72	II. Berücksichtigung eigener Einkünfte und Bezüge bei zeitanteiliger Ermäßigung	81
II. Abziehbare Aufwendungen	73		
1. Alters- und Krankheitsbedarf (§ 33a III 1)	73	III. Anrechnung von Ausbildungshilfen	82
2. Heimunterbringung (§ 33a III 2)	75	**F. Verhältnis zu § 33 (§ 33a V)**	85
III. Beschränkung des Abzugs bei Ehegatten	76	**G. Verfahren**	90

Literatur: *Bültmann* Steuerrechtliche Behandlung der nichtehelichen Lebensgemeinschaft und der Eingetragenen Lebenspartnerschaft, StuW 04, 131; *Christ* Steuerliche Abziehbarkeit von Verwandtenunterhalt, FamRB 06, 31; *Gebauer/Hufeld* Gleichbehandlung der Unterhaltsschuldner im Steuerrecht und Art 18 EGBGB, IPRax 04, 327; *Hettler* Die Abziehbarkeit von Unterhaltsleistungen an Angehörige als außergewöhnliche Belastung nach dem Jahressteuergesetz 1996 – Dargestellt anhand der jüngsten Rspr des BFH, DB 03, 356; *Hillmoth* Einkünfte und Bezüge des Kindes, DStR 07, 2140; *Kanzler* Die gescheiterte Ehe, BBV 04, 23; *ders* Die Zukunft der Familienbesteuerung – Familienbesteuerung der Zukunft, FR 01, 921; *Mellinghoff* Steuerrechtliche Probleme bei Trennung und Scheidung von Ehegatten, Stbg 99, 60; *Paus* Unterhaltszahlungen nach ausländischem Recht, DStZ 03, 306; *Stöcker* Vermögenslosigkeit oder nur geringes Vermögen der unterstützten Person als Voraussetzung für den Abzug von Unterhaltsaufwendungen gemäß § 33a Abs 1 EStG, StB 01, 251; *Stüber* Lebenspartnerschaft – viele offene Fragen, NJW 03, 2721; *Wälzholz* Steuerliche Geltendmachung von Aufwendungen aus Anlass der Scheidung, FamRB 05, 89; *ders* Besteuerung von Lebenspartnerschaften und deren Auswirkung auf die Besteuerung von Ehegatten, DStR 02, 333.

A. Grundaussage der Vorschrift

1 § 33a regelt den Abzug bestimmter Aufwendungen als ag Belastung vorrangig und abschließend. Die in den ersten drei Absätzen geregelten Abzugstatbestände erfassen jeweils eigenständige Lebenssachverhalte. **Abs 1** lässt den Abzug von **Aufwendungen für den Unterhalt und die Berufsausbildung** einer Pers zu, wenn der Bedarf nicht bereits anderweitig im Einkommensteuerrecht berücksichtigt wird. Daher ist ein Abzug dieser Aufwendungen ausgeschlossen, wenn der StPfl oder ein Dritter Anspr auf einen Freibetrag nach § 32 VI oder Kindergeld hat, wenn der Unterhalt bereits durch die Ehegattenbesteuerung berücksichtigt wird[1] oder wenn der Unterhalt als SA abgezogen worden ist (Rn 17). **Abs 2** regelt ergänzend zum allg Ausbildungsbedarf, der bereits durch § 32 VI berücksichtigt wird, die Berücksichtigung eines Sonderbedarfs für volljährige Kinder, die sich in Berufsausbildung befinden und auswärtig untergebracht sind. Nach **Abs 3** können Aufwendungen abgezogen werden, wenn in bestimmten Fällen eine **Hilfe im Haushalt** beschäftigt wird, oder bei Unterbringung in einem Heim zur dauernden Pflege einer Hilfe im Haushalt vergleichbare Dienstleistungen abgegolten werden. Diese Regelung berücksichtigt den besonderen Aufwand, wenn ältere oder kranke Menschen auf fremde Hilfe angewiesen sind.

2 Der in § 33a geregelte besondere Aufwand ist **typisierend und abschließend** geregelt. Die Zwangsläufigkeit der Aufwendungen wird bei den jeweiligen Abzugstatbeständen unterstellt. Die Aufwendungen können im Rahmen der jeweiligen Höchstbeträge **ohne Anrechnung einer zumutbaren Belastung** geltend gemacht werden, setzen jedoch einen **Antrag** des StPfl voraus. Liegen die tatbestandlichen Voraussetzungen des § 33a vor, hat der StPfl einen **Rechtsanspruch** auf den Abzug der Aufwendungen. Für alle Abzugstatbestände ist in Abs 4 die zeitanteilige Zuordnung und in Abs 5 die Konkurrenz zu § 33 geregelt.

3 § 33a regelt jedenfalls in Abs 1 **existenzsichernde Aufwendungen**, die von Verfassungs wegen zu berücksichtigen sind. Die Vorschrift entspricht dem Postulat einer Besteuerung nach der individuellen Leistungsfähigkeit und hat **Vorrang vor dem generellen Abzugsverbot von Unterhaltsaufwendungen** (§ 12). Der Gesetzgeber hat bei der Festlegung der Höhe der abziehbaren Aufwendungen zu berücksichtigen, dass zwangsläufige Unterhaltsaufwendungen realitätsgerecht zu bemessen sind.[2] Die geltenden Höchstbeträge entsprechen diesen verfassungsrechtlichen Anforderungen.[3] Das Bundesverfassungsgericht hat gefordert, neben dem sächlichen Existenzminimum und dem Betreuungs-

---

[1] FG Hess v 9.7.05 – 5 K 4256/02 (Rev VI R 41/05).
[2] BVerfGE 66, 214; 82, 60; 87, 153; 91, 93.
[3] Zur Verfassungsmäßigkeit früherer Fassungen: BVerfG FR 97, 156; HFR 97, 937.

bedarf auch die verminderte Leistungsfähigkeit durch den Erziehungsbedarf von Kindern zu berücksichtigen.[1] Der Gesetzgeber hat den allgemeinen Ausbildungsbedarf im Freibetrags gem § 32 VI berücksichtigt; lediglich ein ergänzender Sonderbedarf bei volljährigen, auswärts untergebrachten Kindern wird in Abs 2 berücksichtigt.[2] Soweit § 33a II 2 eine unterschiedliche Anrechnungsregelung für Einkünfte und Bezüge gegenüber § 32 IV 2 enthält, ist dies von Verfassungs wegen nicht zu beanstanden.[3]

B. Aufwendungen für Unterhalt und/oder Berufsausbildung (§ 33a I)

I. Aufwendungen für Unterhalt und Berufsausbildung (§ 33a I 1). – 1. Unterhalts- und Berufsausbildungsaufwand. – a) Aufwendungen. Voraussetzung für eine Steuerermäßigung nach § 33a ist, dass 6 dem StPfl Aufwendungen erwachsen. Hierbei kann es sich **sowohl um Geld- als auch** um **Sachleistungen** handeln (ausf § 33 Rn 10 ff). Unterhaltsaufwendungen werden auch bei Aufnahme der zu unterstützenden Pers in den eigenen Haushalt des StPfl anerkannt.[4]

b) Unterhalt. Aus dem Zweck der Sonderregelung gegenüber § 33 folgt, dass **nur die typischen** 7 **Unterhaltskosten**, dh die üblichen, für den Lebensunterhalt des Empfängers bestimmten Leistungen steuerermäßigend zu berücksichtigen sind.[5] § 33a I umfasst daher einen anderen, engeren Bereich als das bürgerliche Recht (vgl §§ 1601 ff BGB, insbes § 1610 II BGB).[6] Auch die Regelungen der ZPO zur Abgrenzung der dem persönlichen Gebrauch des Vollstreckungsschuldners oder seinem Haushalt dienenden und gem § 811 Nr 1 ZPO unpfändbaren Sachen können nicht herangezogen werden.[7] RA-Kosten, die im Rechtsstreit gegen das Sozialamt wegen Inanspruchnahme auf Rückzahlung von Lebensunterhalt an ein Kind entstanden sind, sind zB keine typischen Unterhaltsleistungen und daher nicht abziehbar.[8] Atypische Unterhaltsaufwendungen können ggf nach § 33 berücksichtigt werden.

Zum typischen laufenden Lebensunterhalt gehören zB die für Wohnung, Ernährung, Kleidung, 8 Körperpflege und persönliche Bedürfnisse des täglichen Lebens oder zur Bestreitung der sonstigen Bedürfnisse des täglichen Lebens bestimmten Leistungen sowie die üblichen laufenden Kosten wie etwa für Krankenversicherungsbeiträge. Die Finanzverwaltung stellt insoweit auf das BSHG ab.[9] **Kosten der Unterbringung** eines bedürftigen Familienangehörigen in einem Altenheim werden ebenfalls als typische Unterhaltsaufwendungen anerkannt,[10] wirken sich aufgrund der Anrechnung eigener Einkünfte und Bezüge auch bei hohen Kosten jedoch selten aus. Die Aufwendungen sind auch dann anzuerkennen, wenn es sich um Zuwendungen zur **Befriedigung gehobener Anspr** handelt.[11]

Keine typischen Unterhaltsaufwendungen sind zB Gelegenheitsgeschenke wie Geräte der Unterhal- 9 tungselektronik von nicht unerheblichem Wert[12] oder Aufwendungen für die Anschaffung einer Waschmaschine.[5] Aufwendungen aufgrund unabwendbarer Ereignisse, wie zB Brand, Diebstahl oder Hochwasser gehören ebenfalls nicht zu den typischen Unterhaltsaufwendungen, können uU jedoch nach § 33 berücksichtigt werden.[13] Dies gilt auch für den Sonderbedarf nach § 1685b iVm § 1613 II BGB.[14] Bei außergewöhnlichem Bedarf in besonderen Lebenslagen, wie zB im Fall der Pflegebedürftigkeit oder der Behinderung oder im Krankheitsfall kommt ein Abzug nach § 33a I und § 33 in Betracht. In diesen Fällen ist § 33a I vor § 33 zu prüfen. Der Abzug für den ag Bedarf nach § 33 wird von der FinVerw nur anerkannt, soweit die eigenen Einkünfte und Bezüge des Unterhaltsempfängers zur Deckung dieses Bedarfs nicht ausreichen. Bei dieser Beurteilung wird ein Betrag für zusätzlichen persönlichen Bedarf berücksichtigt, soweit er nicht 1 540 € jährlich übersteigt.[9]

c) Zahlungsweise. § 33a I berücksichtigt Aufwendungen für den laufenden Unterhalt während 11 eines Jahres. Zwar ist nicht erforderlich, dass die Zahlungen laufend erbracht werden. Auch nur gelegentliche Leistungen im Kj können abziehbar sein. Die Eignung der Leistungen zur Deckung

---

1 BVerfGE 99, 216 = BStBl II 99, 182.
2 Vgl BT-Drs 14/6160, 13.
3 BFH BStBl II 02, 802; krit *Greite* FR 02, 794.
4 OFD Ffm DB 98, 1440.
5 BFH BStBl II 78, 456.
6 *H/H/R* § 33a Rn 38; *Blümich* § 33a Rn 84; FG M'ster EFG 05, 1203.
7 BFH BStBl II 91, 73; BStBl III 65, 284; BStBl II 78, 456.
8 FG Kln EFG 05, 1255.
9 BMF BStBl I 99, 270.
10 BFH BStBl II 97, 387.
11 BFH/NV 91, 308.
12 BFH BStBl II 91, 73.
13 BFH/NV 97, 755.
14 *Mellinghoff* Stbg 99, 60 (64).

des laufenden Lebensbedarfs sind dann jedoch besonders sorgfältig zu prüfen. Insbes dürfen Unterhaltsleistungen idR nicht auf Monate vor ihrer Zahlung zurückbezogen werden.[1] **Unterhaltsnachzahlungen** können daher nur in Ausnahmefällen steuermindernd geltend gemacht werden.[2] Bei **Unterhaltsvorauszahlungen** wird nur der Teil nach § 33a I berücksichtigt, der den Unterhaltsbedarf des Jahres, in dem geleistet wird, decken soll. Aufwendungen für zukünftige VZ sind auch in den Folgejahren nicht abzugsfähig.[3] Entsprechendes gilt für einmalige Kapitalabfindungen zur Ablösung künftiger Unterhaltsverpflichtungen,[4] so dass jedenfalls steuerrechtlich von entspr Vereinbarungen abzuraten ist.

12 **d) Berufsausbildung.** Neben Unterhaltsaufwendungen wird die Steuervergünstigung nach § 33a I bei Aufwendungen für eine Berufsausbildung gewährt. Der Begriff der Berufsausbildung **entspricht demjenigen in § 32 IV** und ist weit auszulegen.[5] In einer Berufsausbildung befindet sich, wer sein Berufsziel noch nicht erreicht hat, sich aber ernstlich darauf vorbereitet. Der Vorbereitung auf ein Berufsziel dienen alle Maßnahmen, bei denen es sich um den Erwerb von Kenntnissen, Fähigkeiten und Erfahrungen handelt, die als Grundlagen für die Ausübung des angestrebten Berufs geeignet sind.[6] Zur Berufsausbildung kann auch ein Sprachaufenthalt im Ausland, ein Volontariat, eine Promotion oder ein Praktikum gehören (§ 32 Rn 11). Das sog „freiwillige soziale Jahr"[7] oder ein freiwilliger zusätzlicher Wehrdienst[8] gehören hierzu jedoch nicht. Nachdem der Verweis auf die Zwangsläufigkeit (§ 33 II) ab VZ 96 entfallen ist, können Aufwendungen für eine Berufsausbildung jedoch nur dann als ag Belastung abgezogen werden, wenn der zu Unterstützende dem Grunde nach einen entspr **unterhaltsrechtlichen Anspr** gegenüber dem StPfl hat.

15 **2. Empfänger der Aufwendungen.** Bis zum VZ 95 war Voraussetzung für den Abzug von Aufwendungen für den Unterhalt und eine etwaige Berufsausbildung die Zwangsläufigkeit entspr § 33 II. Ab VZ 96 sind nur noch Aufwendungen für gesetzlich Unterhaltsberechtigte und diesen gleichgestellte Pers abziehbar. Aufwendungen, in denen früher eine Zwangsläufigkeit aus tatsächlichen oder sittlichen Gründen anerkannt wurde,[9] können heute idR nicht mehr abgezogen werden. Eine Ausnahme besteht nur dann, wenn sich die Gleichstellung mit einer gesetzlich unterhaltsberechtigten Pers aus sittlichen Gründen ergibt.

16 **a) Gesetzlich unterhaltsberechtigte Person.** Pers sind gesetzlich unterhaltsberechtigt, wenn der StPfl ihnen gegenüber nach den Vorschriften des BGB,[10] insbes nach §§ 1361 ff, 1601 ff BGB unterhaltsverpflichtet ist. Auf das Bestehen einer konkreten zivilrechtlichen Unterhaltsberechtigung bzw die Höhe des zivilrechtlichen Unterhaltsanspruchs kommt es nicht an.[11] Unterhaltsberechtigt sind **Ehegatten und in gerader Linie verwandte Angehörige**, wie zB Kinder, Enkel und Eltern, nicht aber Verwandte in der Seitenlinie, wie zB Geschwister und Verschwägerte. Unterhaltsberechtigt ist dem Grunde nach auch das Wehr- oder Zivildienst leistende Kind.[12] Besondere Unterhaltsverpflichtungen bestehen für die Mutter und in Ausnahmefällen für den Vater eines **nichtehelichen Kindes** nach § 1615l BGB. Eine gesetzliche Unterhaltspflicht besteht grds dann, wenn der Unterhaltsberechtigte außerstande ist, sich selbst zu unterhalten. Dies ist auch dann der Fall, wenn die eigenen Mittel des Berechtigten zum Lebensunterhalt nicht ausreichen (§ 1602 BGB).[13] Unterhaltszahlungen an volljähriges Kind sind nicht abzugsfähig, wenn das Kind nach Abschluss der Berufsausbildung seiner Erwerbsobliegenheit nicht nachkommt und demzufolge zivilrechtlich kein Unterhaltsanspruch besteht.[14] Unterstützen Eltern die Familie ihres Kindes, sind die Zahlungen auf die unterstützen Personen aufzuteilen; nur der Anteil für die Zahlung an das eigene Kind sind aufgrund der Unterhaltsverpflichtung abziehbar, nicht der Anteil der Schwiegerkinder.[15] Ein nachrangig zum Unterhalt verpflichteter StPfl kann die tatsächlich geleisteten Unterhaltsaufwendungen abziehen. Für den Abzug reicht es aus, dass die unterhaltsberechtigte Pers dem Grunde nach unterhaltsberechtigt ist; die FinVerw prüft nicht, ob tatsächlich ein Unterhaltsanspruch besteht.[16] Dies ist aber in den Fällen

---

1 BFH BStBl II 81, 31; BStBl II 87, 341; BStBl II 87, 599; BFH/NV 90, 83; BFH/NV 90, 767.
2 *Mellinghoff* Stbg 99, 60 (65).
3 BFH BStBl II 81, 713; BStBl II 87, 341; BFH/NV 90, 83.
4 BFH BStBl II 71, 325.
5 BFH BStBl II 85, 135.
6 BFH BStBl II 99, 710 mwN.
7 BFH BStBl II 06, 294.
8 FG Nds EFG 05, 1270 (Rev III R 77/06).
9 BFH BStBl II 94, 31 (Verlobte).
10 FG Kln zu einem Fall fehlender zivilrechtlicher Bedürftigkeit; EFG 03, 1167.
11 BFH BStBl II 07, 108; dazu *Greite* HFR 07, 31.
12 Dazu im Einzelnen OFD Ffm DB 03, 1145.
13 FG Hess FGReport 05, 18.
14 FG Bln EFG 05, 363; FG Kln EFG 05, 363 (Adoptivkind).
15 BFH/NV 05, 523; BFH/NV 04, 1631.
16 R 33a.1 I 3 u 4 EStR 05.

problematisch, in denen vorrangig zum Unterhalt verpflichtete Pers hinreichend leistungsfähig sind.[1] Übernehmen zB Großeltern Zahlungen für die Schulausbildung ihrer zusammen mit den Eltern im Ausland wohnenden Enkelkinder, dürfte ein Abzug als ag Belastung ausscheiden.[2] Die FinVerw geht regelmäßig davon aus, dass Unterhaltsaufwendungen in Höhe des maßgeblichen Höchstbetrages erwachsen, wenn die unterhaltsberechtigte Pers zum Haushalt des StPfl gehört.[3] Gesetzlich unterhaltsberechtigt sind auch eingetragene gleichgeschlechtliche **Lebenspartnerschaften nach dem LPartG**[4] (§ 5 LPartG: Lebenspartnerschaftsunterhalt; § 12 LPartG: Unterhalt bei Getrenntleben; § 16 LPartG: nachpartnerschaftlicher Unterhalt) Da der Unterhaltsanspruch gesetzlich geregelt ist, ist er grds nach § 33a zu berücksichtigen.[5] Demgegenüber scheidet eine Zusammenveranlagung gem §§ 26, 26b aus.[6] Verfügt der leistungsempfangende Lebenspartner über eigene Einkünfte, die ihm einen angemessenen Unterhalt gewährleisten, sind auch bei einer eingetragenen Lebenspartnerschaft die Unterhaltsaufwendungen nicht steuermindernd zu berücksichtigen.[7] Die Berücksichtigung setzt grds die Begründung der Lebenspartnerschaft voraus; ein notarieller Partnerschaftsvertrag alleine genügt noch nicht;[8] vielmehr müssen in diesem Fall die Voraussetzungen des § 33a I 2 erfüllt sein (Rn 18).[9] Ob eine Pers gesetzlich unterhaltsberechtigt ist, bestimmt sich nach inländischen Maßstäben. Unterhaltsleistungen an nach den Vorschriften des BGB nicht unterhaltsberechtigte Angehörige in der Seitenlinie sind auch dann nicht abziehbar, wenn der StPfl nach ausländischem Recht zu deren Unterhalt verpflichtet ist, selbst wenn die Unterhaltspflicht aufgrund internationalen Privatrechts im Inland verbindlich ist.[10]

17 Eine gesetzliche Unterhaltsverpflichtung besteht auch bei Ehegatten. Auf den üblichen Lebensunterhalt des StPfl für seinen nicht dauernd getrennt lebenden, unbeschränkt steuerpflichtigen Ehegatten ist § 33a I nicht anwendbar, denn die allg Vorschrift über den Unterhaltsabzug wird in diesen Fällen durch die **Sondervorschriften über die Ehegattenbesteuerung** (§§ 25–26b, 32a V EStG) **verdrängt**.[11] Nicht unbeschränkt estpfl Ehegatten können Unterhaltsaufwendungen jedoch nach § 33a I auch dann geltend machen, wenn sie nicht dauernd getrennt leben, da in diesem Fall die Sonderregelungen der Ehegattenbesteuerung nicht eingreifen. **Geschiedene oder dauernd getrennt lebende Ehegatten** können zw dem begrenzten Realsplitting und dem Abzug der Unterhaltsaufwendungen als ag Belastung nach § 33a I wählen. Wählt der StPfl das Realsplitting nach § 10 I Nr 1, kommt ein Abzug weiterer Aufwendungen auch insoweit nicht in Betracht, als die Unterhaltsaufwendungen den als SA abgezogenen Teil übersteigen.[12]

18 **b) Gleichgestellte Empfänger (§ 33a I 2).** Nach § 33a I 2 können Aufwendungen für eine dem gesetzlich Unterhaltsberechtigten gleichgestellte Pers abgezogen werden. Nach der Definition des § 33a I 2 sind dies Pers, wenn (bis VZ 00: soweit)[13] bei ihnen zum Unterhalt bestimmte inländische öffentliche Mittel mit Rücksicht auf die Unterhaltsleistungen des StPfl gekürzt werden. Dies ist zB bei **eheähnlichen Gemeinschaften** der Fall, wenn die Sozialhilfe nach § 122 BSHG oder die Arbeitslosenhilfe nach § 190 SGB III gekürzt wird. Voraussetzung für die Abzugsfähigkeit ist zum einen die Kürzung oder der vollständige Wegfall bestimmter inländischer öffentlichen Mittel; zum anderen ist im Regelfall ein Nachweis durch eine Bescheinigung der zuständigen Behörde zu erbringen.[14] Hat die unterstützte Person trotz ernsthaften und nachhaltigen Bemühens keine entspr Bescheinigung erlangt, ist das FA gehalten, im Wege der Amtshilfe von den zuständigen Behörden die für die Besteuerung notwendigen Auskünfte einzuholen.[15] Angehörige, die nicht mit dem StPfl zusammen in einem Haushalt leben[16] und denen gegenüber er zivilrechtlich nicht zum Unterhalt verpflichtet ist, gehören auch dann nicht zu den gleichgestellten Empfängern, wenn der Anspruch der Angehö-

---

1 Vgl zur Problematik der vorrangigen Unterhaltsverpflichtung auch BFH BStBl II 04, 943.
2 Vgl auch *Kanzler* FR 04, 299.
3 R 33a.1 I 5 EStR 05.
4 BGBl I 01, 266.
5 Vgl auch BVerfGE 105, 313 (356f).
6 BFH BStBl II 06, 515 (Verfassungsbeschwerde eingelegt Az 2 BvR 909/06); BFH BStBl II 06, 883; vgl auch *Greite* FR 06, 609; FG Mchn EFG 07, 684.
7 FG Saarl EFG 04, 568; *Bruns* DStZ 04, 271 u *Stüber* NJW 03, 2721 (2722 f) halten die einkommensteuerlichen Wirkungen des § 33a bei Unterhaltsleistungen nach dem LPartG für unzureichend und verfassungsrechtlich bedenklich; aA *Bültmann* StuW 04, 131 (140).
8 FG Hbg EFG 05, 705 (Rev III R 11/05).
9 BFH/NV 04, 1637.
10 BFH BStBl II 02, 760; BFH/NV 04, 329; *Gebauer/Hufeld* (IPRax 04, 327) halten dies für verfassungswidrig.
11 BFH GrS BStBl II 89, 164.
12 BFH BStBl II 01, 338.
13 Änderung durch StÄndG 01, BGBl I 01, 3794.
14 BFH BStBl II 04, 594; BFH/NV 04, 1637.
15 BFH/NV 04, 1530.
16 Anders bei in der **Haushaltsgemeinschaft** lebenden Verwandten oder Verschwägerten (vgl § 16 BSHG); vgl auch BMF BStBl I 03, 243.

rigen auf Sozialhilfe wegen dieser Unterhaltsleistungen gem § 2 BSHG entfällt oder gemindert wird.[1] Allerdings können Unterhaltsleistungen eines StPfl für seinen bedürftigen ausländischen Lebenspartner nach § 33a I 2 abziehbar sein, wenn der Partner bei Inanspruchnahme von Sozialhilfe damit rechnen müsste, keine Aufenthaltsgenehmigung zu erhalten und ausgewiesen zu werden. Der Unterhalt Leistende befindet sich dann in einer vergleichbaren Zwangslage wie ein gesetzlich zum Unterhalt Verpflichteter.[2] Bis zum VZ 00 waren nach dem Wortlaut des § 33a I 2 (soweit) Unterhaltsaufwendungen jedoch nur zu berücksichtigen, soweit die Anspr auf die öffentlichen Leistungen gekürzt wurden. Der Kürzungsbetrag bildete die Obergrenze für die abziehbaren Unterhaltsaufwendungen. Lehnte die zuständige Behörde es bei einer unterhaltsbedürftigen Partnerin ab, die Sozialhilfeleistungen konkret zu berechnen, die ihr ohne die Unterstützung durch den StPfl zugestanden hätten, hatte das FA oder das FG für die Ermittlung der abziehbaren Unterhaltsaufwendungen den fiktiven Anspruch auf Sozialhilfe selbst zu berechnen.[3] Durch das StÄndG 01 wurde das Wort „soweit" aus Vereinfachungsgründen[4] durch das Wort „wenn" ersetzt.[5] Ab dem VZ 01 genügt es, dass bei der unterhaltenen Person zum Unterhalt bestimmte Mittel mit Rücksicht auf die Unterhaltsleistungen des StPfl gekürzt werden; auf die Höhe kommt es nicht an. Es muss jedoch tatsächlich zu einer Kürzung von Unterhaltsleistungen gekommen sein. Eine **lediglich hypothetische Berechnung** eines Kürzungsbetrages **genügt idR nicht.**[6] Das bedeutet, dass im Regelfall ein Bescheinigung der zuständigen Behörde vorzulegen ist.[7] Besteht von vornherein kein Anspr auf staatliche Fürsorge oder wird ein entspr Antrag nicht gestellt, kann ausnahmsweise von einem Antrag auf staatliche Fürsorgeleistungen abgesehen werden, wenn es sich um eindeutige Fälle handelt.[8] Andernfalls wäre die FinVerw gehalten, die teilw schwierigen fürsorgerechtlichen Fragen im Einzelfall zu prüfen. Auch die früher von der Rspr anerkannten Unterhaltsaufwendungen bei gemeinschaftsbedingter unausweichlicher Verpflichtung[9] können nicht mehr berücksichtigt werden. Durch die Gesetzesänderung wird zudem erreicht, dass für gesetzlich unterhaltsberechtigte und gleichgestellte Pers ein einheitlicher Höchstbetrag gilt.

II. Voraussetzung für Abziehbarkeit (§ 33a I 3). – 1. Kein Kindergeld oder Freibetrag nach § 32 VI.
21   Voraussetzung für den Abzug der Unterhaltsaufwendungen ist bei Kindesunterhalt, dass kein Anspr auf einen Freibetrag nach § 32 VI oder Kindergeld besteht. Der Anspruch auf Kindergeld setzt eine typische Unterhaltssituation der Eltern voraus, die idR nicht mehr besteht, wenn vorrangig eine andere Person zum Unterhalt verpflichtet ist.[10] Haben die Eltern aus diesem Grund keinen Anspruch mehr auf einen Kinderfreibetrag oder Kindergeld, kann der vorrangig zum Unterhalt Verpflichtete (zB der Kindsvater an die Mutter eines nichtehelichen Kindes) seine Aufwendungen abziehen; die Ausschlussregelung in § 33a I 3 greift nicht ein.[11] Unterhaltsleistungen an Wehrdienst leistende Kinder sind grds abziehbar, da für sie kein Kindergeld gewährt wird.[12] Das Abzugsverbot des § 33a I 3 verstößt nicht gegen das GG.[13] Die Freibeträge nach § 32 VI und Kindergeld werden nach Monaten berechnet (§ 32 VI 6; § 66). Da auch § 33a IV eine zeitanteilige Kürzung nach Monaten vorsieht, können Unterhaltsaufwendungen auch dann abgezogen werden, wenn nur für einen oder mehrere Monate des VZ kein Anspr auf Kinderfreibetrag oder Kindergeld besteht (Rn 80). Kindergeld iSd § 33a I 3 umfasst auch ohne ausdrückliche Einbeziehung die nach ausländischem Recht gezahlten kindergeldähnlichen Leistungen iSd § 65 I 2.[14]

22   **2. Kein eigenes Vermögen.** Die zu unterhaltende Pers darf kein oder nur geringes Vermögen haben. Dies ist unabhängig von der Anlageart nach dem Verkehrswert zu entscheiden.[15] Die FinVerw sieht ein Vermögen bis zu einem **Verkehrswert von 15 500 €** als gering an.[16] Obwohl dieser Betrag seit 1975 nicht angehoben wurde, dürfte es nicht geboten sein, einen höheren Betrag anzu-

---

1 BFH BStBl II 03, 187; vgl auch *Hettler* DB 03, 356; krit *Paus* DStZ 03, 461.
2 BFH BStBl II 07, 41.
3 BFH BStBl II 04, 1051.
4 Vgl BT-Drs 14/6877, 26.
5 StÄndG 01 v 20.12.01, BGBl I 01, 3794.
6 FG Hess EFG 00, 436; *Blümich* § 33a Rn 148; *Frotscher* § 33a Rn 37.
7 Vgl auch BFH BStBl II 04, 594.
8 Zu den weiteren Voraussetzungen: BMF BStBl I 03, 243; teilw wird in diesen Fällen generell § 33a I 2 für anwendbar gehalten: vgl *Schmidt*[26] § 33a Rn 22; *K/S/M*

§ 33a Rn B 51; *L/B/P* § 33a Rn 161; FG Kln EFG 03, 392; FG Nds, EFG 07, 1169 (Rev III R 23/07).
9 BFH BStBl II 90, 886; BStBl II 91, 518.
10 BFH BStBl II 00, 522.
11 BFH BStBl II 04, 943 mit Anm *Kanzler* FR 04, 1125.
12 BFH/NV 06, 2056 (auch zu den anrechenbaren Einkünften und Bezügen).
13 BFH/NV 97, 282.
14 BFH BStBl II 04, 275.
15 BFH BStBl II 03, 655.
16 R 33a.1 II 2 EStR 05.

setzen.[1] Dabei ist zu berücksichtigen, dass Vermögensgegenstände, deren Veräußerung offensichtlich eine Verschleuderung bedeuten würde oder die einen besonderen persönlichen Wert für den Unterhaltsempfänger haben, und ein selbst bewohntes angemessenes Hausgrundstück iSd § 90 II Nr 8 SGB XII[2] (nicht aber ein Dreifamilienhaus)[3] außer Betracht bleiben. Vermögen ist auch zu berücksichtigen, wenn es voraussichtlich für den künftigen Unterhalt benötigt wird oder wenn es ertraglos ist.[4] Unerheblich ist, wenn eigenes Vermögen der unterhaltenen Person aufgrund einer Veräußerungs- und Belastungssperre des Unterhaltsverpflichteten nicht verwertbar ist.[5]

III. Höhe der abziehbaren Aufwendungen. – 1. Höchstbetrag nach § 33a I 1. Die Aufwendungen 25 für Unterhalt und Berufsausbildung sind **ab VZ 04** bis zu einem Höchstbetrag von **7 680 €** abziehbar.[6] Die Höchstbeträge betrugen bis VZ 99: 13 020 DM, für VZ 00: 13 500 DM, für VZ 01: 14 040 DM und für VZ 02 und 03: 7 188 €. Die Anhebung für den VZ 04 beruht auf dem Vorziehen der Steuerreform durch das HBeglG 04.[7] Der **Höchstbetrag** der abziehbaren Aufwendungen **orientiert sich am stfreien Existenzminimum** und gilt für jede unterstützte Pers unabhängig von Alter und Bedürftigkeit für die tatsächlich nachgewiesenen (Rn 91) Aufwendungen. Die gegenwärtige Höhe der abziehbaren Aufwendungen ist verfassungsrechtlich unbedenklich.[8] Verfassungsbeschwerden, die frühere VZ betrafen, hatten zT aus verfassungsprozessualen Gründen keinen Erfolg.[9] Die FinVerw veranlagt hinsichtlich § 33a nicht mehr vorläufig.[10]

2. Anrechnung von Einkünften und Bezügen (§ 33a I 4). Unterhaltsaufwendungen können nur 27 abgezogen werden, soweit die unterhaltene Pers keine gegenzurechnenden Einkünfte oder Bezüge hat, die den Anrechnungsbetrag von 624 € im Kj übersteigen.

a) Einkünfte. Unter **Einkünften** sind diejenigen des § 2 I, II zu verstehen.[11] Der Gesetzeswortlaut 28 ist insoweit eindeutig. Auch der Gesetzeszweck gebietet keine erweiternde Auslegung auf das zu versteuernde Einkommen.[12] Verlustabzüge nach § 10d des Unterhaltsberechtigten aus Vorjahren sind nicht berücksichtigungsfähig.[13] Die Einkünfte sind stets in vollem Umfang zu berücksichtigen, auch soweit sie nicht zur Bestreitung des Unterhalts zur Vfg stehen, wie zB einbehaltene vermögenswirksame Leistungen. Da § 33a I 4 auf § 32 IV 2 verweist, müssten allerdings die Sozialversicherungsbeiträge von den Einkünften ebenso abgezogen werden, wie bei der Bemessungsgrundlage des § 32 IV.[14] Zugrundezulegen ist die Summe der Einkünfte, so dass **negative Einkünfte** den gegenzurechnenden Betrag mindern. Pauschbeträge (zB § 9a) und bei der Einkünfteermittlung zu berücksichtigende Freibeträge sind idR bei der Berechnung der gegenzurechnenden Einkünfte abziehbar.[15] Bei **Leibrenten** zählt der Ertragsanteil zu den Einkünften, während der Kapitalanteil zu den Bezügen gehört.[16] Jedenfalls die zwangsläufigen Unterhaltsleistungen an den Ehegatten müssten von den eigenen Einkünften der unterhaltenen Person abgezogen werden.

b) Bezüge. Anzurechnen sind außerdem die Bezüge iSd § 32 IV 2 und 4. Zu den Bezügen im Sinne 30 dieser Vorschrift gehören zunächst alle Einnahmen in Geld oder Geldeswert, die nicht im Rahmen der einkommensteuerrechtlichen Einkunftsermittlung erfasst werden, also **nicht steuerbare und im Einzelnen für stfrei erklärte Einnahmen**.[17] Dazu zählen ua stfreie Einnahmen iSd § 3 und § 3b einschl der nach § 3 Nr 40 und Nr 40a stfrei bleibenden Beträge,[18] pauschal versteuerter Lohn nach §§ 40 oder 40a,[19] Leistungen nach dem WehrsoldG wie zB Wehrsold,[20] Weihnachtsgeld, Entlassungsgeld und Naturalleistungen wie Verpflegung und Unterkunft nach den festgesetzten Sachbezugswerten,[21] ausgezahlte **Lohnersatzleistungen**, wie zB Arbeitslosengeld, Arbeitslosenhilfe, Krankengeld, Mutterschaftsgeld, Unterhaltszahlungen auf vertraglicher Grundlage von einem Dritten[22] sowie Leistungen zur Sicherstellung des Unterhalts nach Maßgabe des BSHG, soweit von einer Rückfor-

---

1 BFH BStBl II 98, 241; BFH/NV 00, 22; **aA** *B/B* § 33a Rn 84; *Stöcker* StB 01, 251.
2 R 33a.1 II Nr 2 EStR 05; BMF BStBl I 03, 411.
3 BFH BStBl II 03, 655; dazu auch BMF BStBl I 03, 411.
4 BFH BStBl II 98, 241.
5 FG D'dorf EFG 05, 1441 (Rev III R 48/05).
6 HBeglG 04, BGBl I 03, 3076 (3083).
7 Vgl BT-Drs 15/1502, 30.
8 BFH v 13.12.05 – X R 61/01, DStR 06, 692.
9 BVerfG FR 97, 156; HFR 97, 937.
10 BMF BStBl I 98, 1496.
11 BFH BStBl II 88, 939; BStBl II 92, 900.
12 BFH BStBl II 00, 566; s auch BMF BStBl I 99, 978.
13 FG M'ster, EFG 06, 1427 (NZB III B 90/06).
14 H 33a 1. EStH 05; BMF BStBl I 05, 1027; vgl auch BVerfGE 112, 164.
15 Vgl BFHE 123, 380 (zum Versorgungsfreibetrag).
16 BFH BStBl II 81, 158.
17 BFH BStBl II 90, 885 (zur insoweit identischen Regelung in § 33a I 4, früher 2); BStBl II 95, 527.
18 R 32.10 II 2 Nr 4 EStR 05.
19 BFH BStBl II 90, 885.
20 Dazu FinSen Bremen v 7.1.05 – S 2285-5614-11-8, juris.
21 BFH BStBl II 81, 805; vgl auch OFD Ffm DB 03, 1145.
22 FG Mchn v 22.5.07 – 13 K 3630/05, juris.

derung bei gesetzlich Unterhaltsverpflichteten abgesehen wurde.[1] Bei den Wehrdienst leistenden Kindern gehören – auch bei Unterbringung in einer Kaserne – stfreie Mietbeihilfen für die Beibehaltung der eigenen Wohnung zu den Bezügen.[2] Mit Wirkung vom VZ 02 regelt § 32 IV 4,[3] dass zu den Bezügen auch stfreie Gewinne nach §§ 14, 16 IV, 17 III und 18 III, die nach §§ 19 II, 20 IV **stfrei bleibenden Einkünfte und Sonderabschreibungen sowie erhöhte Absetzungen** gehören. Mit dieser Regelung korrigiert der Gesetzgeber ein Urteil des BFH, das diese Einnahmen entgegen den EStR nicht als anzurechnende Bezüge ansah.[4] Da die Neuregelung erst ab VZ 02 gilt, dürfte das Urteil des BFH für vergangene VZ maßgeblich sein. Als anrechenbare eigene Bezüge, die zur Bestreitung des Unterhalts bestimmt oder geeignet sind, kommen auch **Unterhaltsleistungen des Ehegatten** in Betracht.[5] Die Bezüge sind auch dann gegenzurechnen, wenn der Unterhaltsberechtigte nicht über sie verfügen kann, zB wenn Rentenansprüche an den Träger der Sozialhilfe übergeleitet worden sind.[6] Aus Vereinfachungsgründen können als **Unkostenpauschale 180 €** von den Bezügen im Kj abgezogen werden, wenn nicht höhere Aufwendungen nachgewiesen werden.[7]

31 c) Zur Bestreitung des Unterhalts bestimmt und geeignet. Anzurechnen sind gem § 32 IV 2 nur solche Bezüge, die zur Bestreitung des Unterhalts bestimmt oder geeignet sind. **Unberücksichtigt** bleiben Bezüge, die der unterhaltenen Pers **zweckgebunden** wegen eines nach Art und Höhe über das Übliche hinausgehenden besonderen und außergewöhnlichen Bedarfs zufließen.[8] Daher gehören nicht zu den anrechenbaren anderen Bezügen des Unterhaltsempfängers die im Rahmen der Sozialhilfe geleisteten Beträge für Krankenhilfe (§ 37 BSHG), häusliche Pflege (§ 69 II BSHG) und Mehrbedarf (§ 23 I Nr 1 BSHG),[9] Sozialhilfeleistungen im Rahmen der Altenhilfe gem § 75 II Nr 3 BSHG (zB sog Telefonhilfe) und der Mehrbedarfszuschlag gem § 23 I Nr 1 BSHG,[10] das Erziehungsgeld nach dem BErzGG[11] und die nach § 3 Nr 12, 13, 26 oder 69 stfreien Leistungen, die nicht für den Unterhalt bestimmt sind. Im Falle einer sozialhilferechtlichen Bedarfsgemeinschaft wird eine einheitliche Unterhaltsleistung bei Zusammenleben mehrerer unterstützter Personen in einem Haushalt nur anteilig angerechnet.[12]

32 d) Ausbildungshilfen. Die von der unterhaltenen Pers erhaltenen Ausbildungsbeihilfen, die aus öffentlichen Mitteln stammen (Rn 61), sind nach § 33a I 4 in vollem Umfang und damit ohne Berücksichtigung des anrechnungsfreien Betrags gegenzurechnen. Leistungen aus öffentlichen Mitteln, die einen ausbildungsbedingten Sonderbedarf des unterhaltsberechtigten Kindes abdecken, den zu leisten die Eltern danach bürgerlich-rechtlich verpflichtet sind, mindern die Unterhaltsverpflichtungen von Eltern und rechtfertigen daher die Kürzung des Abzugsbetrages nach § 33a I. Nicht gerechtfertigt ist dagegen die Anrechnung von Ausbildungshilfen für Maßnahmen, deren Kosten die Eltern aufgrund ihrer Unterhaltspflicht nicht zu tragen hätten; denn insoweit werden die Eltern nicht von ihren Unterhaltspflichten entlastet.[13]

35 3. Unterhaltsaufwendungen für nicht unbeschränkt steuerpflichtige Personen (§ 33a I 5). [14] Bei nicht unbeschränkt stpfl Pers mit Wohnsitz im Ausland richtet sich der Höchstbetrag der abziehbaren Unterhaltsaufwendungen nach den Verhältnissen des Wohnsitzstaates,[15] darf jedoch die Beträge des § 33a I 1 und 4 nicht übersteigen. Die Frage der Unterhaltsverpflichtung richtet sich nach inländischen Maßstäben. Das bedeutet, dass ein StPfl Unterhaltsleistungen an seine in der Türkei lebende Stiefmutter, Schwester oder Schwägerin und deren Kinder nicht abziehen könnte. Dies gilt auch in den Fällen, in denen eine **Unterhaltsverpflichtung auf Grund Internationalen Privatrechts, europäischen Gemeinschaftsrechts oder aus sittlichen Gründen** besteht.[16] Das verstößt weder gegen das Gebot der Besteuerung nach der Leistungsfähigkeit noch wird Art 3 I iVm Art 6 I GG verletzt, denn die Beschränkung auf Unterhaltszahlungen nach inländischen Maßstäben ist aus Gründen der Praktikabilität und der Missbrauchsabwehr gerechtfertigt.[17] Die Verwaltung hat für die abziehbaren Höchstbeträge Verwaltungs-

---

1 BFH BStBl II 75, 139.
2 BFH/NV 06, 2056.
3 Eingefügt durch das 2. FamFördG, BGBl I 01, 2074.
4 BFH BStBl II 00, 684.
5 BFH BStBl II 86, 554.
6 Vgl BFH BStBl II 91, 62; BStBl II 88, 830; BFH/NV 94, 315.
7 R 32.10 III EStR 05; vgl auch BFH BStBl II 90, 885.
8 Insbes BFH BStBl II 88, 830.
9 BFH BStBl II 88, 830.
10 BFH BStBl II 88, 939.
11 BFH BStBl II 95, 527.
12 BFH BStBl II 02, 753.
13 BFH BStBl II 02, 195.
14 Ausf zu Unterhaltsleistungen für Pers im Ausland: BMF v 9.2.06, BStBl I 06, 217.
15 Gilt auch für im Ausland tätige Mitarbeiter des Goethe-Instituts (BFH BStBl II 07, 106).
16 BFH BStBl II 02, 760; BFH/NV 03, 20; vgl auch *Hettler* DB 03, 356; krit *Paus* DStZ 03, 306.
17 BVerfG v 24.5.05 – 2 BvR 1683/02, FamRZ 05, 1813 = BFH/NV 05, Beil. Nr 4, S 361.

vorschriften mit **Ländergruppeneinteilung** erlassen.[1] Die Kürzungsregelung des S 5 ist auch in Fällen anzuwenden, in denen sich die Unterhaltspflicht des StPfl gem den Kollisionsnormen des Internationalen Privatrechts allein nach deutschem Unterhaltsstatut richtet.[2] Der Unterhaltshöchstbetrag für Unterhaltsempfänger mit Wohnsitz im Ausland richtet sich auch dann nach den Verhältnissen des Wohnsitzstaates, wenn sich die Unterhaltsberechtigten vorübergehend zu Besuchen im Inland aufhalten.[3] Zu den besonderen Anforderungen an den Nachweis der Unterhaltsleistungen im Ausland s Rn 91 f.

4. Opfergrenze. Unterhaltsleistungen werden nur insoweit als ag Belastung anerkannt, als sie in einem **angemessenen Verhältnis zum Nettoeinkommen** des Leistenden stehen und diesem nach Abzug der Unterhaltsleistungen noch die angemessenen Mittel zur Bestreitung des Lebensbedarfs für sich sowie ggf für seine Ehefrau und seine Kinder verbleiben.[4] Diese sog Opfergrenze entspricht dem Grundgedanken des Unterhaltsrechts, wonach eine gesetzliche Unterhaltspflicht nur dann besteht, wenn der Verpflichtete bei Berücksichtigung seiner sonstigen Verpflichtungen imstande ist, die Unterhaltsleistung ohne Gefährdung seines eigenen angemessenen Unterhalts zu erbringen (§§ 1602 ff BGB). Erhält eine unterhaltsbedürftige Pers aufgrund des Zusammenlebens mit dem StPfl keine Sozialhilfe, dürfte die Opfergrenze keine Anwendung finden, wenn eine vorrangige Unterhaltsverpflichtung durch den StPfl besteht.[5] Die Opfergrenze stimmt nicht mit dem zivilrechtlichen Selbstbehalt nach § 1581 BGB überein, den die Zivilgerichte als notwendigen Eigenbedarf in erster Linie für die Bemessung von Unterhaltsansprüchen zw Familienangehörigen festlegen. 36

Die Opfergrenze beträgt nach der vom BFH im Grundsatz gebilligten[6] Verwaltungsregelung[7] 1 vH je volle 500 €[8] des Nettoeinkommens, höchstens 50 vH. Dieser Satz ist um je 5 vH für den Ehegatten und jedes Kind, für das der StPfl einen Kinderfreibetrag, Kindergeld oder andere Leistungen für Kinder erhält, zu kürzen, höchstens um 25 vH. Bei Unterhaltsleistungen an Ehegatten ist die Opfergrenze nicht anzuwenden. Bei der Ermittlung des Nettoeinkommens sind alle stpfl oder stfrei Einnahmen sowie etwaige Steuerstattungen zugrunde zu legen. Abzuziehen sind die gesetzlichen Lohnabzüge (LSt, KiSt, Solidaritätszuschlag, Sozialabgaben) und WK. Werden keine (erhöhten) WK geltend gemacht, ist der **WK-Pauschbetrag gem § 9a** abzuziehen. Dies gilt selbst dann, wenn der StPfl keinerlei WK hatte.[9] Insoweit ist zu berücksichtigen, dass es sich bei der Berechnung der Opfer- grenze um einen sehr groben typisierenden Maßstab handelt, der nur bei gravierenden Abweichungen im Einzelfall zu korrigieren ist. 37

IV. Mehrere Beteiligte. – 1. Unterhaltsaufwendungen eines Steuerpflichtigen für mehrere Unterhaltsempfänger. Entstehen dem StPfl Unterhaltsaufwendungen für mehrere Pers, so ist der abziehbare Betrag **für jede unterhaltene Pers getrennt zu ermitteln.** Dies gilt auch, wenn die unterhaltenen Pers in einem gemeinsamen Haushalt leben. Dem typisierenden Charakter des § 33a I entspricht es, an mehrere Unterhaltsempfänger einheitlich erbrachte Unterhaltsleistungen ohne Rücksicht auf einen etwaigen unterschiedlichen Unterhaltsbedarf des einzelnen Empfängers gleichmäßig nach Köpfen aufzuteilen.[9] Unerheblich ist, an welchen der unterhaltenen Pers jeweils einzelne Teilbeträge überwiesen oder übergeben worden sind, da dies häufig zu sachlich nicht gerechtfertigten Differenzierungen und zufälligen Ergebnissen führen würde. In die Aufteilung sind auch die nicht unterhaltsberechtigten unterhaltenen Pers mit einzubeziehen.[10] Erbringt ein StPfl Unterhaltsleistungen an im gemeinsamem Haushalt lebende unterhaltsberechtigte Pers und gehören zu der Haushaltsgemeinschaft auch Kinder, für die der StPfl Anspr auf Kindergeld hat, so kommt eine Steuerermäßigung für andere Pers als die beim Kindergeld berücksichtigungsfähigen Kinder nur insoweit in Betracht, als die Unterhaltsleistungen des StPfl insgesamt den Betrag des von ihm empfangenen Kindergelds übersteigen.[11] 41

2. Unterhaltsaufwendungen für eine Person durch mehrere Steuerpflichtige (§ 33a I 6). Leisten mehrere StPfl die Aufwendungen für den Unterhalt und eine etwaige Berufsausbildung für dieselbe Person, so ermäßigt sich nach § 33a I 6 für jeden StPfl der abziehbare Betrag auf den Betrag, der sei- 42

---

1 BMF BStBl I 03, 637; BMF BStBl I 05, 369 zu Hongkong und Taiwan.
2 BFH/NV 97, 398.
3 BFH BStBl II 03, 714; krit bei einem längerfristigen Aufenthalt im Inland: *Kanzler* FR 03, 975.
4 BFH BStBl II 84, 522; BStBl II 86, 852.
5 FG Nds, EFG 07, 1169 (Rev III R 23/07).
6 BFH/NV 90, 225; BFH BStBl II 86, 852; BStBl II 87, 130; jüngst BStBl II 98, 292.
7 R 33a.1 III EStR 05; BMF BStBl I 06, 217 (222) Tz 10.2 Rn 36.
8 Vgl BMF BStBl I 03, 243.
9 BFH BStBl II 98, 292.
10 BMF BStBl I 06, 217 Tz 6 Rn 19.
11 BFH BStBl II 89, 278.

nem Anteil am Gesamtbetrag der Leistungen entspricht. Da durch diese Regelung sichergestellt werden soll, dass insgesamt keine höheren Aufwendungen geltend gemacht werden können als beim Unterhalt durch einen StPfl, ist die Kürzungsregelung **nur auf StPfl anzuwenden, die die Voraussetzungen für eine Steuerermäßigung nach Abs 1 erfüllen**. Die Leistungen der anderen Pers sind jedoch als Bezüge der unterhaltenen Pers gegenzurechnen.[1]

C. Sonderbedarfsfreibetrag (§ 33a II)

50 **I. Ausbildungsfreibetrag bis VZ 01.** Bis einschl VZ 01 war in § 33a II aF ein **Ausbildungsfreibetrag** für den Ausbildungsbedarf von Kindern geregelt. Ein StPfl konnte auf entspr Antrag einen Ausbildungsfreibetrag vom Gesamtbetrag der Einkünfte abziehen, wenn ihm **Aufwendungen für die Berufsausbildung von Kindern** erwuchsen, für die er einen Freibetrag nach § 32 VI oder Kindergeld (§§ 62 ff) erhielt. Die Höhe des Ausbildungsfreibetrages richtete sich nach dem **Alter** der Kinder und danach, ob die Kinder auswärts untergebracht (dazu Rn 54) waren. Für ein Kind, das das 18. Lebensjahr noch nicht vollendet hatte, wurde ein Ausbildungsfreibetrag nur gewährt, wenn das Kind auswärtig untergebracht war. Der Ausbildungsfreibetrag betrug 924 € (1 800 DM) und wurde für die Monate gewährt, in denen die auswärtige Unterbringung bestand. Hatte das Kind das 18. Lebensjahr vollendet, wurde ein Freibetrag von 1 236 € (2 400 DM) gewährt; wurde dieses Kind **auswärtig untergebracht**, erhöhte sich der Freibetrag auf 2 148 € (4 200 DM). Von Verfassungs wegen war nicht geboten, einkommensteuerlich mindestens die Hälfte der tatsächlichen Aufwendungen als ag Belastung anzuerkennen.[2] Die Regelungen über die Kürzung, die Minderung für Auslandskinder und die Aufteilung des Freibetrages (S 2-6) galten auch für den Ausbildungsfreibetrag gem § 33a II 1 aF. Für die weiteren Voraussetzungen wird auf die Kommentierung in den Vorauflagen verwiesen.

52 **II. Sonderbedarfsfreibetrag ab VZ 02.** Die ab dem VZ 02 geltende Neuregelung des § 33a II regelt als ag Belastung nur noch einen **Sonderbedarf** für die Ausbildung bei volljährigen Kindern, die sich in der **Berufsausbildung befinden und auswärtig untergebracht** sind. Das 2. FamFördG[3] anerkennt den Ausbildungsbedarf eines Kindes grds in dem einheitlichen Freibetrag des § 32 VI, der sowohl den Aufwand für Betreuung, als auch für Erziehung oder Ausbildung berücksichtigen soll (§ 32 Rn 28). Dabei ging der Gesetzgeber davon aus, dass der zunächst überwiegende Betreuungsbedarf im Laufe der Zeit durch den Erziehungsbedarf und für ältere Kinder durch den Ausbildungsbedarf überlagert oder abgelöst wird.[4] Der Abzug eines Ausbildungsfreibetrags außerhalb des Familienleistungsausgleichs ist daher nicht mehr erforderlich.

53 Voraussetzung für den Abzug des Sonderbedarfsfreibetrags gem § 33a II ist, dass es sich um ein **volljähriges Kind** handelt, dass sich in der Berufsausbildung befindet, auswärtig untergebracht ist und für das Anspruch auf einen Freibetrag nach § 32 VI oder Kindergeld besteht. Der Begriff der **Berufsausbildung** entspricht demjenigen in § 32 IV (vgl auch Rn 12; § 32 Rn 11). Zur Berufsausbildung gehört auch die gesamte Schulausbildung.[5] Ein Ausbildungsfreibetrag kann **nur für die Zeiten** abgezogen werden, in denen sich das **Kind tatsächlich in der Berufsausbildung** befindet. Dabei rechnen zu den Ausbildungszeiten auch die **unterrichts- und vorlesungsfreie Zeit** sowie unvermeidliche kurzfristige Unterbrechungen der Ausbildung zB durch Krankheit. Zum Ausbildungszeitraum gehören auch Zeiten zw zwei innerlich zusammenhängenden, aufeinander aufbauenden Ausbildungen, insbes die Zeit zw einer Schulausbildung und einem Studium, einer Lehre oder einer sonstigen alsbald nachfolgenden und die schulische Allgemeinbildung berufsbezogen ergänzenden Ausbildung.[6] Die FinVerw erkannte bisher in diesen Fällen bei entspr Antrag **Übergangszeiten zw 2 Ausbildungsabschnitten** von nicht mehr als 4 Monaten an.[7]

54 Eine **auswärtige Unterbringung** setzt voraus, dass das Kind sowohl räumlich als auch hauswirtschaftlich aus dem Haushalt der Eltern ausgegliedert ist. Bei dauernd getrennt lebenden oder geschiedenen Ehegatten ist eine auswärtige Unterbringung nur gegeben, wenn das Kind aus dem Haushalt beider Elternteile ausgegliedert ist.[8] Dies gilt auch, wenn das Kind im ausländischen Fami-

---

1 BFH BStBl II 86, 805; zum Unterhalt an im Ausland lebende Pers: BMF BStBl I 06, 217 (220) Tz 7 Rn 21.
2 BVerfG v 12.1.06 – 2 BvR 660/05, HFR 06, 506.
3 V 16.8.01 BGBl I 01, 2074.
4 BT-Drs 14/6160, 13.
5 BFH BStBl II 97, 752.
6 BFH BStBl II 97, 430.
7 R 191 II 5 EStR 03; R 32.6 EStR 05 ist zurzeit unbesetzt; vgl aber R 33c III EStR 05.
8 BFH BStBl II 88, 579; BStBl II 86, 836.

lienhaushalt wohnt.¹ Eine **räumliche Ausgliederung** hat auch nicht stattgefunden, wenn das Kind wochentags bei der nur 400 bis 500 m entfernt wohnenden Großmutter untergebracht ist.² Eine auswärtige Unterbringung kann jedoch in einer Ganztagespflegestelle,³ in einer weiteren Wohnung des StPfl,⁴ in einer Wohnung des Kindes⁵ oder in einer Ehegattenwohnung⁶ bestehen.

Die auswärtige Unterbringung setzt ein auswärtiges Wohnen von gewisser **Dauerhaftigkeit** voraus.⁷ Diese Voraussetzung ist nur bei einer Unterbringung gegeben, die darauf angelegt ist, die räumliche Selbstständigkeit des Kindes während einer ganzen Ausbildung oder während eines bestimmten Ausbildungsabschnitts wie zB eines Studiensemesters oder Studientrimesters zu gewährleisten. Ein während des Studiums in den Semesterferien abgeleistetes sechswöchiges **Praktikum**⁸ oder ein dreiwöchiger **Sprachkursus** im Ausland⁹ genügt nicht. Andererseits wird durch einen besuchsweisen Aufenthalt bei den Eltern während der Ferien weder die Ausbildung noch die auswärtige Unterbringung unterbrochen.¹⁰ Die auswärtige Unterbringung gem § 33a II und die Haushaltszugehörigkeit nach § 34f II schließen einander nicht grds aus.¹¹ 55

Der Sonderbedarfsfreibetrag gem § 33a II kann nur abgezogen werden, wenn der StPfl **Anspruch auf einen Freibetrag gem § 32 VI oder Kindergeld** hat. Daher kann idR auch der für das Kindergeld nicht anspruchsberechtigte Elternteil den Freibetrag abziehen, da grds jeder Elternteil jeweils einen halben Freibetrag iSd § 32 erhält (§ 32 Rn 28; zur Aufteilung s Rn 63). **Stiefeltern oder Großeltern** können ebenfalls den Freibetrag geltend machen, wenn sie entweder Kindergeld erhalten oder der Freibetrag nach § 32 VI 8 auf sie übertragen worden ist.¹² Ein StPfl kann den Freibetrag gem § 33a II für die Monate abziehen, in denen er Kindergeld oder einen Freibetrag nach § 32 VI erhält. Aus der Anknüpfung an Kindergeld und die Freibeträge nach § 32 VI folgt, dass sich der Freibetrag nach § 33a II und ein Abzug von Unterhaltsaufwendungen nach § 33a I für denselben Zeitraum gegenseitig ausschließen. 56

Die Höhe des Sonderfreibetrags gem § 33a II beträgt 924 €. Der tatsächliche Sonderbedarf für die auswärtige Unterbringung eines volljährigen Kindes in der Berufsausbildung wird mit diesem Betrag in Höhe von 77 € monatlich nicht realitätsgerecht berücksichtigt. Hinzu kommt, dass der früher in § 33a 1 Nr 1 aF berücksichtigte Aufwand für die auswärtige Unterbringung minderjähriger Kinder nicht mehr als besondere Belastung anerkannt wird. Selbst wenn der einheitliche Betreuungs-, Erziehungs- und Ausbildungsfreibetrag gem § 32 VI, der sich an der Höhe des bisherigen höchstmöglichen Ausbildungsfreibetrags orientiert,¹³ den Gesamtaufwand abdeckt, wird in der Literatur geltend gemacht, dass die horizontale Steuergleichheit verletzt sei.¹⁴ Demgegenüber stellt das Sächsische FG darauf ab, dass eine isolierte Prüfung des § 33a II ausscheide, sich die Regelung nur als Komponente des Familienleistungsausgleichs würdigen lasse und der Gestaltungsspielraum des Gesetzgebers noch nicht verletzt sei.¹⁵ 57

III. Kürzung des Freibetrags. – 1. Eigene Einkünfte oder Bezüge des Kindes. Der Freibetrag mindert sich jeweils um die eigenen Einkünfte und Bezüge des Kindes iSd § 32 IV 2 und 4, soweit diese insgesamt 1 848 € im Kj übersteigen.¹⁶ Die **Vermögenslage des Kindes** ist anders als in Abs 1 S 3 **unbeachtlich.** Zu den Einkünften und Bezügen s Rn 27. **Unterhaltsleistungen** etwa in Form der Gewährung etwa von Wohnung, Essen, Dienst- und Geldleistungen, die einem in Berufsausbildung stehenden Kind von seinem Ehegatten gewährt werden, gehören unabhängig von zivilrechtlichen Unterhaltsansprüchen¹⁷ zu den anrechenbaren eigenen Bezügen des Ehepartners, die zur Bestreitung seines Unterhalts oder seiner Berufsausbildung geeignet sind.¹⁸ Eine Anrechnung kommt nur für solche Bezüge in Betracht, die das Kind von seinem Ehegatten für Zeiträume nach der Eheschließung von diesem tatsächlich erhalten hat.¹⁹ 60

---

1 BFH BStBl II 90, 898.
2 BFH BStBl II 88, 138.
3 BFH BStBl II 71, 627.
4 BFH BStBl II 94, 544.
5 FG D'dorf EFG 93, 663.
6 BFH BStBl II 74, 299.
7 BFH BStBl II 83, 109; BStBl II 83, 457; BStBl II 88, 138; BStBl II 90, 62.
8 BFH BStBl II 94, 699.
9 BFHE 158, 402; Anschluss an BFH BStBl II 83, 457.
10 BFH BStBl II 94, 887.
11 BFH/NV 99, 39.
12 *Blümich* § 33a Rn 219; **aA** *Schmidt*²⁶ § 33a Rn 53.
13 BT-Drs 14/6160, 13.
14 *Kanzler* FR 01, 921 (938).
15 FG Sachs v 15.11.07 – 4 K 17/05, juris.
16 Zur verfassungskonformen Auslegung von § 32 IV 2 s BVerfGE 112, 164.
17 BFH/NV 99, 462; *K/S/M* § 33a Rn D 56.
18 BFH/NV 99, 462; BFH BStBl II 86, 554; BStBl II 86, 840; BFH/NV 86, 660; BFH/NV 86, 730.
19 BFH BStBl II 86, 840; BFH/NV 93, 598.

61 **2. Ausbildungszuschüsse aus öffentlichen Mitteln.** Ausbildungshilfen aus öffentlichen Mitteln oder Zuschüsse von Fördereinrichtungen, die hierfür öffentliche Mittel erhalten, werden in voller Höhe auf den Freibetrag gem § 33a II 1 angerechnet (Grundsatz der Vollanrechnung).[1] Hierzu zählen Zuschüsse (nicht Darlehen) nach dem BAföG, Ausbildungsgelder nach dem AFG oder Zuschüsse von den Stiftungen der politischen Parteien. Eine Anrechnung von Ausbildungshilfen ist jedoch dann nicht gerechtfertigt, wenn diese die Unterhaltsverpflichtungen der Eltern gegenüber dem Kind nicht mindert (zB Übernahme der Studiengebühren an einer ausländischen Hochschule)[2] oder der Zweck der Ausbildungsbeihilfe einer Anrechnung entgegensteht (zB Belohnung bestimmter Leistungen).[3] Die Leistungen mindern nur den Ausbildungsfreibetrag des jeweiligen Zeitraumes, für den sie geleistet worden sind.[4] Treffen Ausbildungshilfen mit negativen Einkünften oder Bezügen zusammen, findet idR keine Verrechnung statt.[1] Eine Anrechnung öffentlicher Ausbildungshilfen ist lediglich dann nicht gerechtfertigt, wenn sie zum einen für Maßnahmen geleistet werden, deren Kosten die Eltern aufgrund ihrer bürgerlich-rechtlichen Unterhaltsverpflichtung gemäß § 1610 I und II BGB nicht zu tragen hätten; denn in diesem Falle werden die Eltern nicht von ihrer Unterhaltspflicht entlastet. Zum anderen unterbleibt eine Anrechnung, wenn die Ausbildungshilfe eine besondere Leistung des Auszubildenden belohnen soll oder die Anrechnung mit dem besonderen Förderungszweck – wie bei Auslandsstipendien – unvereinbar wäre.[1]

62 **IV. Auslandskinder.** Für ein nicht unbeschränkt stpfl Kind mindert sich gem § 33a II 3 sowohl der Freibetrag gem § 33a II als auch der anrechnungsfreie Betrag entspr Abs 1 S 5. Die in der Ländergruppeneinteilung festgelegten Beträge (Rn 35) sind um 1 oder 2 Drittel zu ermäßigen. Ausländische Kinder, die während des Schulbesuches bei Verwandten im Heimatland der Eltern wohnen, sind grds nicht unbeschränkt stpfl. Das gilt auch, wenn sie sich während der Ferien bei den Eltern im Inland aufhalten.[5]

63 **V. Aufteilung des Freibetrags.** § 33a II 4 stellt sicher, dass der Freibetrag gem § 33a II nur einmal gewährt wird, wenn mehrere StPfl sämtliche Voraussetzungen für die Inanspruchnahme erfüllen. Die Aufteilung bei mehreren Berechtigten ist in S 5 und S 6 geregelt. Wird der Kinderfreibetrag nach § 32 VI 7 auf den anderen Elternteil übertragen (§ 32 Rn 33), kommt es nicht zur Aufteilung, weil es nur einen Berechtigten gibt, der den Freibetrag gem § 33a II in vollem Umfang in Anspr nehmen kann. Zusammenveranlagte Ehegatten (§ 26b) erhalten den Freibetrag gemeinsam. Wählen verheiratete zusammenlebende Ehegatten die **getrennte Veranlagung**, wird der Freibetrag gem § 33a II **hälftig** gewährt, wenn die Ehegatten nicht gemeinsam eine andere Aufteilung beantragen (§ 26 II 1); bei der besonderen Veranlagung nach § 26c dürfte bis VZ 00 hälftig aufgeteilt werden; mangels ausdrücklicher Regelung kann ab diesem Zeitpunkt auch eine anderweitige Aufteilung beantragt werden.[6]

64 Seit dem 1. FamFördG ist mit Wirkung vom VZ 00 die Aufteilung des Freibetrags erheblich vereinfacht worden. Nach § 33 II 5 steht der Freibetrag jedem Elternteil grds zur Hälfte zu. Durch die Einführung des eigenständig übertragbaren Betreuungsfreibetrages ist es jedoch möglich, dass **mehr als zwei StPfl** die Voraussetzungen für einen Freibetrag gem § 33a II erfüllen. In diesen Fällen ist der Freibetrag anteilig auf die Berechtigten aufzuteilen. Dabei kann die bis zum VZ 99 geltende Regelung[7] zugrundegelegt werden. Nach der ab VZ 00 geltenden Neuregelung[8] des § 33 II 6 ist auf **gemeinsamen Antrag der Eltern** eine **andere Aufteilung** möglich. Die Eltern können danach den Ausbildungsfreibetrag beliebig aufteilen. Steht den Eltern für mehrere Kinder jeweils ein Ausbildungsfreibetrag zu, können die Freibeträge für jedes Kind gesondert aufgeteilt werden. Die Übertragung des (hälftigen) Ausbildungsfreibetrags kann auch zivilrechtlich beansprucht werden kann, wenn der abgebende Elternteil dadurch keine steuerlichen Nachteile erleidet.[9] Bei mehr als zwei Berechtigten ist eine Aufteilung nur dann möglich, wenn sämtliche Berechtigte dies gemeinsam beantragen.

---

1 BFH BStBl II 02, 802.
2 FG SachsAnh EFG 04, 906.
3 BFH BStBl II 02, 793.
4 BFH BStBl II 92, 1023; BFH v 18.5.06 – III R 5/05, FR 06, 943 = BFH/NV 06, 1745 (zu Auslandsstudium).
5 BFH/NV 95, 967; BFH BStBl II 94, 887.
6 *Schmidt*[26] § 33a Rn 66; *Blümich* § 33a Rn 255.
7 Dazu *Blümich* § 33a Rn 253; vgl *K/S/M* § 33a Rn D 73 ff.
8 Bis VZ 99 galt eine komplizierte Aufteilungsregelung (s 1. Aufl Rn 64 aE).
9 BFH/NV 07, 1119.

D. Aufwendungen für Hilfe im Haushalt oder für Heimunterbringung (§ 33a III)

§ 33a III regelt **typisierend** Fälle, in denen ag Belastungen durch Aufwendungen für eine Hilfe im Haushalt oder für bestimmte Dienstleistungen bei einer Heimunterbringung entstehen. Als Aufwendungen sind neben dem Lohn und etwaigen Sozialbeiträgen auch alle anderen Sachzuwendungen (Kost, Logis, Geschenke; s § 33 Rn 7f) abziehbar. Aus § 33a III 1 Nr 1b ergibt sich, dass derartige Aufwendungen **neben den Unterhaltsaufwendungen nach § 33a I** geltend gemacht werden können.[1] Die Aufwendungen nach § 33a III können auch neben § 33a I[2] und neben § 10 I Nr 8[3] geltend gemacht werden. Ausgaben für eine Hilfe im Haushalt sind weder BA noch WK.[4] Ist eine Angestellte sowohl im Betrieb als auch im Haushalt des StPfl tätig, sind die Kosten entspr der jeweiligen Tätigkeit aufzuteilen.[5]

I. Haushaltshilfe. – 1. Hilfe im Haushalt. Eine Hilfe im Haushalt ist jede Pers oder jedes Unternehmen, das **typische hauswirtschaftliche Tätigkeiten** verrichtet. Es ist nicht erforderlich, dass es sich um eine Pers handelt, die mit dem StPfl ein rechtsgültiges Arbverh abgeschlossen hat. Es **genügt auch ein Werk- oder Dienstvertrag** mit einem gewerblichen Kleinunternehmen, das mit der Erledigung typisch hauswirtschaftlicher Arbeiten betraut wird.[6] Erledigt die Hilfe ausschließlich andere als hauswirtschaftliche Tätigkeiten (zB Krankenpflege, Haus- und Musiklehre, Repräsentation, Chauffeur), können die Aufwendungen nicht nach § 33a III geltend gemacht werden. Andererseits hat der BFH die Beaufsichtigung von Kindern einschl Hausaufgabenbetreuung zu den üblichen Arbeiten des Haushalts gezählt.[7] Die Hilfe muss im Haushalt stattfinden, so dass unterstützende Dienstleistungen, die außer Haus erbracht werden, nicht berücksichtigt werden können.[8]

2. Familienangehörige. Grundsätzlich können auch Familienangehörige Hilfe im Haushalt sein. Zwar ist auch in diesen Fällen der Abschluss eines wirksamen Arbeitsvertrages für die Anerkennung des Beschäftigungsverhältnisses nicht erforderlich.[9] Das Beschäftigungsverhältnis mit nahen Angehörigen muss jedoch einem ernsthaften Beschäftigungsverhältnis einer fremden Hilfe im Haushalt vergleichbar sein. Ein Beschäftigungsverhältnisses mit im Haushalt lebenden Ehegatten und Kindern kann idR nicht anerkannt werden, da die Leistungen innerhalb der familiären Gemeinschaft erbracht werden.[10] Auch darf es sich bei den Leistungen nicht um verdeckte Unterhaltszahlungen handeln. Ein im gemeinsamen Haushalt lebender, den Haushalt führender **Partner einer nichtehelichen Gemeinschaft** kann idR nicht als Hilfe im Haushalt des StPfl anerkannt werden, weil der Partner auch den eigenen Haushalt führt.[11] Der BFH anerkennt entspr Aufwendungen jedenfalls **bei schwer Körperbehinderten gem § 33a III 1 Nr 2**, weil es sich in diesem Fall nicht um Leistungen für die eigene Haushaltsführung, sondern um behinderungsbedingte Mehraufwendungen handelt.[12]

II. Abziehbare Aufwendungen. – 1. Alters- und Krankheitsbedarf (§ 33a III 1). Bis zu einem Höchstbetrag von 624 € können Aufwendungen für eine Hilfe im Haushalt bei Vollendung des 60. Lebensjahres (§ 33a III 1 Nr 1a) oder wegen Krankheit (Nr 1b) abgezogen werden. Vollendet der StPfl oder sein Ehegatte das 60. Lebensjahr erst im Laufe des Kj, ist nach § 33a IV der Höchstbetrag anteilig zu kürzen. Der krankheitsbedingte Höchstbetrag setzt voraus, dass die **Hilfe im Haushalt durch die Krankheit erforderlich** ist. Diese Voraussetzung ist nicht nur erfüllt, wenn die erkrankte Pers im Haushalt ersetzt werden muss, sondern auch dann, wenn die den Haushalt führende Pers durch die Betreuung des Kranken so in Anspr genommen wird, dass Hilfe im Haushalt notwendig ist.[13] Der Höchstbetrag wird bei Erkrankung des StPfl, seines Ehegatten, eines Kindes oder einer anderen unterhaltenen Pers gewährt. In allen Fällen ist erforderlich, dass die erkrankte Pers zum Haushalt des StPfl gehört, dh, dass sie bei einheitlicher Wirtschaftsführung unter Leitung des StPfl dessen Wohnung teilt oder sich mit seiner Einwilligung außerhalb seiner Wohnung zu anderen als Erwerbszwecken, insbes zur Erziehung, Ausbildung oder Erholung aufhält.[14] Zu den Kindern iSd

---

1 *K/S/M* § 33a Rn E 15.
2 R 33a.3 II EStR 05.
3 BFH/NV 97, 394.
4 BFH BStBl II 73, 631.
5 BFH BStBl II 80, 117.
6 BFH BStBl II 82, 399; BStBl II 79, 326.
7 BFH BStBl II 79, 142; *Blümich* § 33a Rn 263 hält die Entscheidung für überholt.
8 BFH BStBl II 82, 399.
9 *Blümich* § 33a Rn 263; *Schmidt*[26] § 33a Rn 70.
10 *K/S/M* § 33a Rn E 31.
11 BMF BStBl I 90, 147.
12 BFH BStBl II 01, 635; Beschränkung der steuerlichen Anerkennung der Beschäftigung von Partnern einer nichtehelichen Gemeinschaft auf diesen Sonderfall: BMF BStBl I 01, 615.
13 *K/S/M* § 33a Rn E 41.
14 R 33a.3 I EStR 05.

§ 32 VI gehören nicht nur die leiblichen Kinder des StPfl, sondern auch Enkel oder Stiefkinder (§ 32 Rn 35). Durch das JStG 07[1] ist § 33a III 1 Nr 1b redaktionell an die Änderung des § 31 S 4 angepasst worden.[2] Andere zum Haushalt gehörige unterhaltene Pers werden nur berücksichtigt, wenn für sie eine Ermäßigung nach § 33a I gewährt wird. Diese Einschränkung gilt nur für diese Personengruppe, nicht für Kinder oder Ehegatten.

74 Der Höchstbetrag für krankheitsbedingte Aufwendungen erhöht sich gem § 33a III Nr 1b auf 924 €, wenn die erkrankte Person hilflos iSd § 33b (s § 33b Rn 22) oder schwer behindert ist. Eine schwere **Behinderung** liegt vor, wenn der Grad der Behinderung mindestens 50 vH beträgt. Die Behinderung ist entspr § 65 EStDV **nachzuweisen**. Anders als bei Nr 1b wird in Nr 2 bei hilflosen oder schwer behinderten Pers unterstellt, dass die Hilfe im Haushalt erforderlich ist, so dass eine entspr Prüfung entfällt.

75 **2. Heimunterbringung (§ 33a III 2).** § 33a III 2 regelt einen **eigenständigen Höchstbetrag**, wenn der StPfl oder sein Ehegatte in einem Heim oder zur dauernden Pflege untergebracht wird. Es sind nicht die Kosten der Heimunterbringung, sondern nur diejenigen Aufwendungen abziehbar, die mit denen einer Hilfe im Haushalt vergleichbar sind. Sind derartige Aufwendungen in den Heimkosten enthalten, bedarf es einer (ggf schätzungsweisen) Aufteilung. Unter Heim sind Altenheime, Altenwohnheime, Pflegeheime und gleichartige Einrichtungen zu verstehen.[3] Der Höchstbetrag von 624 €[4] wird bei einer Heimunterbringung des StPfl oder seines nicht dauernd getrennt lebenden[5] Ehegatten gewährt. Er erhöht sich auf 924 €, wenn die Unterbringung zur dauernden (idR mehr als 6 Monate) Pflege erfolgt.

76 **III. Beschränkung des Abzugs bei Ehegatten.** Ehegatten, die die Voraussetzungen des § 26 I erfüllen, können unabhängig von der gewählten Veranlagungsart nach § 33a III 3 die jeweiligen Höchstbeträge nur einmal abziehen. Dies gilt auch dann, wenn zwei Haushaltsangehörige schwer körperbehindert sind und deshalb zwei Haushaltshilfen beschäftigt werden.[6] Eine Ausnahme gilt nur für den Fall, dass wegen der Pflegebedürftigkeit eines Ehegatten kein gemeinsamer Haushalt geführt werden kann.

E. Zeitanteilige Ermäßigung (§ 33a IV)

80 **I. Zeitweiliges Nichtvorliegen der Voraussetzungen der Abs 1 bis 3.** Liegen die Voraussetzung für die Steuerermäßigung der Abs 1 bis 3 einschl der anrechnungsfreien Beträge (Abs 1 S 4 und Abs 2 S 2) nur zeitweise vor, ordnet Abs 4 S 1 eine **Kürzung entspr dem Monatsprinzip** an. Die jeweiligen Beträge (Höchstbeträge, Ausbildungsfreibetrag und anrechnungsfreie Beträge) ermäßigen sich um ein Zwölftel für jeden vollen Kalendermonat, in dem die Tatbestandsvoraussetzungen nicht vorgelegen haben. Keine Kürzung findet daher statt, wenn die Voraussetzungen auch nur an einem Tag im jeweiligen Monat vorgelegen haben. Besteht in einem Kj ein Anspr auf Höchstbeträge oder Ausbildungsfreibeträge in unterschiedlicher Höhe zB weil die Altersgrenze überschritten wird, ist ab dem Monat, in dem sich die Änderung ergeben hat, der jeweils höhere Betrag anzusetzen.[7]

81 **II. Berücksichtigung eigener Einkünfte und Bezüge bei zeitanteiliger Ermäßigung.** § 33a IV 2 regelt die Berücksichtigung eigener Einkünfte und Bezüge bei zeitanteiliger Ermäßigung. Eigene Einkünfte und Bezüge sind nur noch dann anzurechnen, soweit sie auf Monate entfallen, für die die Steuerermäßigung nach Abs 1 oder der Ausbildungsfreibetrag in Betracht kommt, und soweit sie den anteiligen anrechnungsfreien Betrag übersteigen. Das Tatbestandsmerkmal „entfallen" bedeutet die **wirtschaftliche Zurechnung, nicht eine reine zeitliche Verteilung** der Einkünfte und Bezüge.[8] Die FinVerw ordnet aus Vereinfachungsgründen eigene Einkünfte aus nichtselbständiger Arbeit, sonstige Einkünfte sowie Bezüge nach dem Verhältnis der in den betr Zeiträumen zugeflossenen Beträge und die anderen Einkünfte auf jeden Monat des Kj mit einem Zwölftel zu.[9] Der StPfl kann

---

1 BGBl I 06, 2878 (2882).
2 BT-Drs 16/2712, 54.
3 § 1 HeimG (BGBl I 90, 763).
4 Zur Verfassungsmäßigkeit des früher geltenden Höchstbetrages von 1 200 DM: FG Mchn EFG 07, 844 (Rev III R 12/07).
5 Dies kann sich bei einem länger dauernden Heimaufenthalt nur auf die Situation zu Beginn des Heimaufenthalts beziehen.
6 BFH BStBl II 93, 106.
7 R 33a.4 I EStR 05.
8 Ausf K/S/M § 33a Rn F 21 ff zu den unterschiedlichen Auffassungen in der Literatur.
9 R 33a.4 II Nr 2 EStR 05.

jedoch eine abw Zuordnung geltend machen, wenn er nachweist, dass diese wirtschaftlich gerechtfertigt ist. Einkünfte oder Bezüge, die eindeutig außerhalb des Unterhalts- oder Ausbildungszeitraums zuzuordnen sind, sind daher nicht gegenzurechnen. Dabei ist jedoch zu berücksichtigen, dass kurzfristige Unterbrechungen der Ausbildung nicht stets die Berufsausbildung unterbrechen (Rn 52). Durch eine Beschränkung des Antrags auf Gewährung eines Ausbildungsfreibetrages auf einzelne Monate eines Jahres kann der StPfl nicht erreichen, dass die während der übrigen Monate erzielten Einkünfte eines Kindes nicht angerechnet werden.[1] Befindet sich ein Kind ganzjährig in Ausbildung, ist es jedoch nur einige Monate auswärts untergebracht und erzielt es nur während dieser Monate eigene Einkünfte oder Bezüge, ist der anrechnungsfreie Betrag nach § 33a II 2 nur zeitanteilig für den Zeitraum zu berücksichtigen, in dem die eigenen Einkünfte oder Bezüge angefallen sind.[2]

III. Anrechnung von Ausbildungshilfen. Nach § 33a IV 3 mindern als Ausbildungsbeihilfen bezogene Zuschüsse die zeitanteiligen Höchstbeträge und Freibeträge nur für die Kalendermonate, für die sie bestimmt sind. Die Regelung ist nicht auf Zuschüsse aus öffentlichen Mitteln beschränkt, so dass **auch private Zuschüsse**, die als Bezüge anzurechnen sind, entspr ihrer Zweckbestimmung berücksichtigt werden. In den Fällen, in denen die unterhaltene Pers oder das in der Berufsausbildung befindliche Kind sowohl eigene Einkünfte und/oder Bezüge als auch Ausbildungszuschüsse erhalten hat, sind zunächst die eigenen Einkünfte und Bezüge anzurechnen und sodann die Zuschüsse zeitanteilig entspr ihrer Zweckbestimmung. 82

F. Verhältnis zu § 33 (§ 33a V)

§ 33a V stellt klar, dass für die in § 33a I bis III[3] geregelten Aufwendungen eine Steuerermäßigung weder anstelle noch über die Grenzen des § 33a hinaus nach § 33 in Anspr genommen werden kann. Selbst bei Annahme einer sittlichen Verpflichtung können Unterhaltsaufwendungen auch nicht nach § 33 berücksichtigt werden.[4] In diesen Fällen kann dies zu einer unterschiedlichen steuerrechtlichen Behandlung von (nicht abziehbaren) laufenden typischen Unterhaltsaufwendungen und anderen ag Aufwendungen, wie zB Krankheitskosten, die in den Grenzen des § 33 abziehbar sind, führen. Allerdings schließt § 33a V die Anwendung des § 33 nicht aus, wenn einem StPfl durch außergewöhnliche Umstände zusätzliche, durch die Pauschalregelungen des § 33a nicht abgegoltene besondere Aufwendungen entstehen (s auch Rn 9).[5] Das kann insbes bei **Krankheitskosten** der Fall sein.[6] Zu den gem § 33 abziehbaren Kosten gehören bei einer krankheitsbedingten Unterbringung in einem Pflegeheim auch die Kosten die auf Unterbringung und Verpflegung entfallen, soweit es sich hierbei um gegenüber der normalen Lebensführung entstehende Mehrkosten handelt (s § 33 Rn 5). Eine zusätzliche Gewährung des Pauschbetrages nach § 33a III 2 Nr 2 ist dann ausgeschlossen.[7] Wird ein Schüler aus Krankheitsgründen in einem Internat untergebracht, findet ebenfalls § 33 Anwendung (§ 33 Rn 100 „auswärtige Unterbringung").[8] Daneben kann ein Ausbildungsfreibetrag wegen auswärtiger Unterbringung gem § 33a II nicht gewährt werden.[9] In Ausnahmefällen, wenn dem StPfl durch außergewöhnliche Umstände zusätzliche, durch die Pauschbeträge des § 33a II und § 32 VI sowie durch das Kindergeld nicht abgegoltene besondere Aufwendungen entstehen, kann er diese aber neben dem Freibetrag des § 33a II geltend machen. Hierzu können Kfz-Kosten außerordentlich gehbehinderter Personen gehören.[10] § 33a V betrifft nur die in § 33a geregelten Aufwendungen. 85

G. Verfahren

Die Inanspruchnahme der Steuerermäßigung des § 33a I bis III setzt einen (ggf auch stillschweigenden) **Antrag** des StPfl voraus. Hat der StPfl im Formular für die ESt-Erklärung in der „Anlage Kinder" die Geburtsdaten, das erhaltene Kindergeld, die Zeiten der Berufsausbildung und die Bruttoarbeitslöhne der Kinder angegeben, handelt es sich um einen konkludenten Antrag von Ausbildungsfreibeträgen.[11] Der Antrag ist nicht fristgebunden[12] und kann auch noch nach Bestandskraft 90

---

1 FG M'ster EFG 93, 662.
2 BFH BStBl II 02, 345; Anm *Kanzler* FR 02, 536.
3 Klarstellung durch das FamFördG v 22.12.99, BGBl I 99, 2552 = BStBl I 00, 4.
4 BFH BStBl II 03, 187.
5 BFH/NV 97, 755.
6 BFH BStBl II 00, 294; BStBl II 91, 62.
7 BFH BStBl II 00, 294.
8 BFH BStBl II 90, 962; BStBl II 91, 62; BStBl II 97, 752.
9 BFH BStBl II 93, 212; BStBl II 93, 278.
10 BFH BStBl II 02, 198.
11 BFH BStBl II 04, 394 (Wiedereinsetzung möglich, wenn das FA derartige Anträge übergeht).
12 BFH BStBl II 89, 960.

des ESt-Bescheides nachgeholt werden.¹ Die Finanzbehörden haben einen entspr Antrag oder dessen Berichtigung anzuregen, wenn dieser offensichtlich nur versehentlich oder aus Unkenntnis unterblieben oder unrichtig gestellt worden ist (§ 89 AO).

91 Für die Tatsachen, die die Steuerermäßigung des § 33a begründen, trägt der StPfl die objektive Beweislast (**Feststellungslast**). Der Unterhaltsaufwand ist idR durch Zahlungsbelege nachzuweisen, die die unterhaltene Pers als Empfänger ausweisen. Gehört die unterhaltene Pers zum Haushalt des StPfl, so ist regelmäßig davon auszugehen, dass Aufwendungen in Höhe des Höchstbetrages entstanden sind.² Handelt es sich dabei um **Sachverhalte im Ausland**, besteht eine **erhöhte Mitwirkungspflicht** des StPfl (vgl § 90 II AO). Für ag Belastungen in Form von Unterstützungszahlungen an im Ausland lebende Angehörige sind erstens deren Bedürftigkeit durch amtliche Bescheinigung auf dafür vorgesehenem Formular (Unterhaltserklärungen)³ oder mittels gleichwertiger detaillierter Angaben und zweitens die einzelnen Zahlungen an die jeweiligen Angehörigen nachzuweisen.⁴ Alle im amtlichen Vordruck über die Unterhaltsbedürftigkeit der unterstützten Pers gestellten Fragen sind vollständig und detailliert zu beantworten.⁵ Da die Erfüllung der erhöhten Mitwirkungspflichten erforderlich, möglich, zumutbar und verhältnismäßig sein muss, können hinsichtlich der Beschaffung amtlicher Bescheinigungen aus Krisengebieten Beweiserleichterungen in Betracht kommen. Hierfür kommen auch Zeugenaussagen in Betracht; handelt es sich bei dem Zeugen jedoch um einen nahen Angehörigen des StPfl, muss die Glaubhaftigkeit der Zeugenaussage zur Überzeugung des FG feststehen.⁶

92 An den Nachweis der Zahlungen sind höhere Anforderungen als bei Zahlungen im Inland zu stellen und regelmäßig nur sichere und leicht nachprüfbare – soweit möglich inländische – Beweismittel zuzulassen.⁷ Allein die Vorlage ausländischer Bankbescheinigungen zB über die regelmäßige Abhebung bestimmter Beträge reicht nicht aus; vielmehr ist die Beibringung weiterer Beweismittel, die den Zahlungszufluss bis zur unterhaltenen Pers nachweisen, regelmäßig unerlässlich.⁸ In den Fällen, in denen ein ArbN die Mitnahme von **Bargeld anlässlich von Familienheimfahrten** zur Unterstützung seiner im Ausland lebenden Familie geltend macht, kann jedoch grds von der Mitnahme je eines Nettolohns pro tatsächlich durchgeführter Fahrt, höchstens jedoch 4 Nettomonatslöhne für den Unterhalt des Ehegatten, der Kinder und anderer am Ort des Haushalts des Ehegatten lebender Angehöriger ausgegangen werden. Ein Nachweis höherer Zahlungen bleibt dem StPfl unbenommen.⁹ Diese Beweiserleichterung gilt jedoch nur in den Fällen, in denen der StPfl seinen im Ausland lebenden Ehegatten und seine Kinder besucht.⁵ Die Beweiserleichterung für bei Auslandsfahrten bar geleistete Unterhaltsleistungen an Personen im Ausland gilt nicht, wenn beide Ehegatten im Inland leben. In derartigen Fällen sind grds inländische Belege über das Vorhandensein entspr Mittel (zB Abhebungsnachweise) und detaillierte Empfängerbestätigungen vorzulegen.¹⁰

§ 33b Pauschbeträge für behinderte Menschen, Hinterbliebene und Pflegepersonen

(1) ¹Wegen der Aufwendungen für die Hilfe bei den gewöhnlichen und regelmäßig wiederkehrenden Verrichtungen des täglichen Lebens, für die Pflege sowie für einen erhöhten Wäschebedarf können behinderte Menschen unter den Voraussetzungen des Absatzes 2 anstelle einer Steuerermäßigung nach § 33 einen Pauschbetrag nach Absatz 3 geltend machen (Behinderten-Pauschbetrag). ²Das Wahlrecht kann für die genannten Aufwendungen im jeweiligen Veranlagungszeitraum nur einheitlich ausgeübt werden.

(2) Die Pauschbeträge erhalten

1. behinderte Menschen, deren Grad der Behinderung auf mindestens 50 festgestellt ist;
2. behinderte Menschen, deren Grad der Behinderung auf weniger als 50, aber mindestens auf 25 festgestellt ist, wenn

---

1 BFH/NV 94, 217 (zu § 33a II).
2 R 33a.1 I 5 EStR 05.
3 Abrufbar auf der Seite des BMF (www.bundesfinanzministerium.de) in den gängigsten Sprachen.
4 BMF BStBl I 06, 217 Tz 3 Rn 5 ff.
5 FG BaWü EFG 97, 613.
6 BFH BStBl II 05, 483.
7 Vgl BFH/NV 95, 778; BFH BStBl II 95, 114; BFH/NV 91, 595; BStBl II 87, 675; vgl ferner BMF BStBl I 94, 928.
8 BFH BStBl II 87, 675; BFH/NV 91, 367; BFH/NV 92, 375.
9 BFH BStBl II 95, 114; BFH/NV 95, 778.
10 BFH BStBl II 05, 24.

a) dem behinderten Menschen wegen seiner Behinderung nach gesetzlichen Vorschriften Renten oder andere laufende Bezüge zustehen, und zwar auch dann, wenn das Recht auf die Bezüge ruht oder der Anspruch auf die Bezüge durch Zahlung eines Kapitals abgefunden worden ist, oder

b) die Behinderung zu einer dauernden Einbuße der körperlichen Beweglichkeit geführt hat oder auf einer typischen Berufskrankheit beruht.

(3) ¹Die Höhe des Pauschbetrags richtet sich nach dem dauernden Grad der Behinderung. ²Als Pauschbeträge werden gewährt bei einem Grad der Behinderung

von 25 und 30	310 Euro,
von 35 und 40	430 Euro,
von 45 und 50	570 Euro,
von 55 und 60	720 Euro,
von 65 und 70	890 Euro,
von 75 und 80	1 060 Euro,
von 85 und 90	1 230 Euro,
von 95 und 100	1 420 Euro.

³Für behinderte Menschen, die hilflos im Sinne des Absatzes 6 sind, und für Blinde erhöht sich der Pauschbetrag auf 3700 Euro.

(4) ¹Personen, denen laufende Hinterbliebenenbezüge bewilligt worden sind, erhalten auf Antrag einen Pauschbetrag von 370 Euro (Hinterbliebenen-Pauschbetrag), wenn die Hinterbliebenenbezüge geleistet werden

1. nach dem Bundesversorgungsgesetz oder einem anderen Gesetz, das die Vorschriften des Bundesversorgungsgesetzes über Hinterbliebenenbezüge für entsprechend anwendbar erklärt, oder
2. nach den Vorschriften über die gesetzliche Unfallversicherung oder
3. nach den beamtenrechtlichen Vorschriften an Hinterbliebene eines an den Folgen eines Dienstunfalls verstorbenen Beamten oder
4. nach den Vorschriften des Bundesentschädigungsgesetzes über die Entschädigung für Schäden an Leben, Körper oder Gesundheit.

²Der Pauschbetrag wird auch dann gewährt, wenn das Recht auf die Bezüge ruht oder der Anspruch auf die Bezüge durch Zahlung eines Kapitals abgefunden worden ist.

(5) ¹Steht der Behinderten-Pauschbetrag oder der Hinterbliebenen-Pauschbetrag einem Kind zu, für das der Steuerpflichtige Anspruch auf einen Freibetrag nach § 32 Abs. 6 oder auf Kindergeld hat, so wird der Pauschbetrag auf Antrag auf den Steuerpflichtigen übertragen, wenn ihn das Kind nicht in Anspruch nimmt. ²Dabei ist der Pauschbetrag grundsätzlich auf beide Elternteile je zur Hälfte aufzuteilen. ³Auf gemeinsamen Antrag der Eltern ist eine andere Aufteilung möglich. ⁴In diesen Fällen besteht für Aufwendungen, für die der Behinderten-Pauschbetrag gilt, kein Anspruch auf eine Steuerermäßigung nach § 33.

(6) ¹Wegen der außergewöhnlichen Belastungen, die einem Steuerpflichtigen durch die Pflege einer Person erwachsen, die nicht nur vorübergehend hilflos ist, kann er an Stelle einer Steuerermäßigung nach § 33 einen Pauschbetrag von 924 Euro im Kalenderjahr geltend machen (Pflege-Pauschbetrag), wenn er dafür keine Einnahmen erhält. ²Zu diesen Einnahmen zählt unabhängig von der Verwendung nicht das von den Eltern eines behinderten Kindes für dieses Kind empfangene Pflegegeld. ³Hilflos im Sinne des Satzes 1 ist eine Person, wenn sie für eine Reihe von häufig und regelmäßig wiederkehrenden Verrichtungen zur Sicherung ihrer persönlichen Existenz im Ablauf eines jeden Tages fremder Hilfe dauernd bedarf. ⁴Diese Voraussetzungen sind auch erfüllt, wenn die Hilfe in Form einer Überwachung oder einer Anleitung zu den in Satz 3 genannten Verrichtungen erforderlich ist oder wenn die Hilfe zwar nicht dauernd geleistet werden muss, jedoch eine ständige Bereitschaft zur Hilfeleistung erforderlich ist. ⁵Voraussetzung ist, dass der Steuerpflichtige die Pflege im Inland entweder in seiner Wohnung oder in der Wohnung des Pflegebedürftigen persönlich durchführt. ⁶Wird ein Pflegebedürftiger von mehreren Steuerpflichtigen im Veranlagungszeitraum gepflegt, wird der Pauschbetrag nach der Zahl der Pflegepersonen, bei denen die Voraussetzungen der Sätze 1 bis 5 vorliegen, geteilt.

§ 33b Pauschbeträge für behinderte Menschen, Hinterbliebene und Pflegepersonen

(7) Die Bundesregierung wird ermächtigt, durch Rechtsverordnung mit Zustimmung des Bundesrates zu bestimmen, wie nachzuweisen ist, dass die Voraussetzungen für die Inanspruchnahme der Pauschbeträge vorliegen.

§§ 65 f EStDV; R 33b EStR 05

Übersicht

	Rn		Rn
A. Grundaussage der Vorschrift	1	D. Übertragung von Pauschbeträgen (§ 33b V)	15
B. Behinderten-Pauschbetrag (§ 33b I)	3	I. Voraussetzungen für die Übertragung	15
I. Sachlicher Umfang	3	II. Übertragung bei mehreren Berechtigten (§ 33b V 2 bis 4)	18
1. § 33b I bis einschließlich Veranlagungszeitraum 07	3	E. Pflege-Pauschbetrag (§ 33b VI)	20
2. § 33b I ab Veranlagungszeitraum 08	3a	I. Grundsatz	20
II. Verhältnis zu § 33	4	II. Weitere Voraussetzungen	21
III. Anspruchsberechtigte (§ 33b II)	5	III. Hilflosigkeit	22
IV. Höhe des Behinderten-Pauschbetrages (§ 33b III)	10	IV. Pflege durch mehrere Personen	23
C. Hinterbliebenen-Pauschbetrag (§ 33b IV)	14	F. Nachweis (§ 33b VII)	25
		I. Allgemein	25

Literatur: *Dziadkowski* Plädoyer für eine verfassungskonforme Regelung des § 33b EStG, FR 04, 575; *Gehrmann* Einkommensteuerliche Vergünstigungen für Behinderte (Kinder), FPR 99, 257; *Heidenreich* Kosten bei Heimunterbringung, NWB Fach 3, 14245; *Kanzler* Der Pflege-Pauschbetrag des § 33b Abs 6 und die damit zusammenhängenden Änderungen des § 33a EStG, FR 92, 669; *Kube* Komplementarität und Eigenständigkeit – Zum Verhältnis zwischen Steuerrecht und Sozialrecht am Beispiel von § 33b Abs 6 EStG, NSZ 04, 458; *Leister* Behinderte im Steuerrecht, StW 99, 222; *W Müller* Der Pflege-Pauschbetrag (§ 33b Abs 6 EStG) für die Pflege hilfloser Behinderter, StB 98, 61.

A. Grundaussage der Vorschrift

1 § 33b regelt **3 verschiedene Pauschbeträge** für behinderte Menschen (Abs 1-3), für Hinterbliebene (Abs 4) und für Pflegepersonen (Abs 6). Durch das JStG 08[1] ist Abs 1 mit Wirkung vom VZ 08 geändert worden (dazu Rn 3); durch die Neuregelung soll die Rechtslage verdeutlicht und die Rechtsanwendung vereinheitlicht werden.[2] In Abs 5 ist die Übertragung von Behinderten- und Hinterbliebenen-Pauschbeträgen geregelt. Abs 5 wurde in den letzten Jahren mehrfach, inhaltlich zuletzt durch das 1. FamFördG,[3] geändert (dazu Rn 15 ff). § 33b eröffnet dem StPfl ein Wahlrecht, anstelle der ebenfalls möglichen Berücksichtigung höherer nachgewiesener oder glaubhaft gemachter Einzelaufwendungen nach § 33 für die ihm durch die Behinderung erwachsenden Aufwendungen einen Pauschbetrag in Anspr zu nehmen. Die Pauschbetragsregelung des § 33b dient vor allem der Verwaltungsvereinfachung. Sie bedeutet gleichzeitig eine Erleichterung für den StPfl, der die entspr Aufwendungen nicht nachzuweisen braucht und erübrigt regelmäßig die Entscheidung schwieriger Abgrenzungsfragen darüber, welche Aufwendungen infolge der Behinderung erwachsen sind.[4] Außerdem werden umfangreiche oder die Intimsphäre verletzende Nachforschungen der FinVerw vermieden.[2] Die verschiedenen Pauschbeträge können **nebeneinander** in Anspr genommen werden, wenn eine Pers die Voraussetzung für mehrere Pauschbeträge erfüllt (zB behinderte Hinterbliebene oder pflegende Eltern, denen der Behinderten-Pauschbetrag übertragen wurde).[5] Die Pauschbeträge können nur von **unbeschränkt StPfl** in Anspr genommen werden (§ 50 I 5) oder von StPfl, die nach § 1 III als unbeschränkt StPfl behandelt werden.

B. Behinderten-Pauschbetrag (§ 33b I)

3 **I. Sachlicher Umfang. – 1. § 33b I bis einschließlich Veranlagungszeitraum 07.** § 33b I bis III gilt für Aufwendungen, die einem behinderten Menschen[6] unmittelbar infolge seiner Behinderung erwachsen. Es muss sich dem Grunde nach um ag Belastungen iSd § 33 handeln.[7] Bis einschl VZ 07 regelte Abs 1 allg, dass an Stelle einer Steuerermäßigung nach § 33 ein Pauschbetrag nach § 33b III (Behin-

---

1 BGBl I 07, 3150 (3153).
2 BR-Drs 544/07, 71.
3 BGBl I 99, 2552 = BStBl I 00, 4.
4 BFH/NV 98, 1474.
5 FG Nbg EFG 94, 933.
6 Änderung der Terminologie durch SGB IX, BGBl I 01, 1046.
7 *K/S/M* § 33b Rn B 40.

derten-Pauschbetrag) geltend gemacht werden konnte.[1] Aus der Funktion eines Pauschbetrags wurde schon damals abgeleitet, dass § 33b I bis III den **laufenden typischen Mehraufwand**, der einem StPfl **durch** seine **Behinderung** entsteht, abgilt.[2] Hierzu gehörten nach der RSpr zB Ausgaben für Unterstützungs- und Hilfsleistungen, Medikamente, Wäsche, Verpflegungsmehraufwand,[3] Heimdialysekosten oder Futter- und Pflegekosten für einen Blindenhund.[4] Einmalige, atypische, außerordentliche und lediglich mittelbar durch die Behinderung verursachte Aufwendungen können unter der früheren Regelung des § 33b I neben dem Behindertenpauschbetrag nach § 33 abgezogen werden. Zu diesen Aufwendungen gehören Kfz-Aufwendungen schwerkörperbehinderter Menschen, die in ihrer Geh- und Stehfähigkeit erheblich beeinträchtigt sind (§ 33 Rn 62, 100 „Fahrtkosten"),[5] Kosten einer Operation,[6] Aufwendungen für eine Heilkur,[7] Umbaukosten[8] für und Umzugskosten[9] in eine behindertengerechte Wohnung,[10] Führerscheinkosten eines gehbehinderten Kindes[11] oder die behindertengerechte Umrüstung eines PKW.[12] Ein **schwerstbehinderter StPfl**, bei dem die **Notwendigkeit ständiger Begleitung** nachgewiesen ist, kann Mehraufwendungen, die ihm auf einer Urlaubsreise durch Kosten für Fahrten, Unterbringung und Verpflegung der Begleitperson entstehen, bis zu 767 € neben dem Pauschbetrag für Körperbehinderte als ag Belastung abziehen.[13] Ein Abzug neben dem Behindertenpauschbetrag ist jedoch nur möglich, wenn die tatbestandlichen Voraussetzungen des § 33 erfüllt sind; die besonderen Aufwendungen sind um die zumutbare Belastung (§ 33 III) zu kürzen. Die **Auslegung**, dass der Behindertenpauschbetrag schon nach der früheren Geltung des § 33b I nur die laufenden und typischen Mehraufwendungen erfasste, ergab sich nicht zwingend aus dem Gesetz. Es wurde vertreten, dass dies dem Vereinfachungszweck einer pauschalierenden Regelung widerspreche, zu Abgrenzungsfragen zw typischen und atypischen Aufwendungen führe und im Hinblick darauf, dass der StPfl stets den tatsächlichen Aufwand nach § 33 geltend machen kann, nicht erforderlich sei.[14]

2. § 33b I ab Veranlagungszeitraum 08. Durch die Neuregelung des § 33b I hat der Gesetzgeber im JStG 08 die **Unterscheidung zwischen laufenden und typischen**, unmittelbar mit der Behinderung zusammenhängende Kosten einerseits **und einmaligen Kosten** sowie zusätzlichen Krankheitskosten andererseits festgeschrieben. Nach Abs 1 S 1 gilt der Behinderten-Pauschbetrag die Aufwendungen für die Hilfe bei den gewöhnlichen und regelmäßig wiederkehrenden Verrichtungen des täglichen Lebens, für die Pflege sowie für einen erhöhten Wäschebedarf ab. Damit soll an die RSpr zu der bis einschl VZ 07 geltenden Fassung des § 33b I angeknüpft und die Rechtslage verdeutlicht werden.[15] Dadurch dass nunmehr diejenigen Aufwendungen im Gesetzeswortlaut genannt sind, die vom Behinderten-Pauschbetrag erfasst werden, wird eine präzisere Unterscheidung zwischen den von § 33b I – III und den von § 33 erfassten Aufwendungen ermöglicht. Allerdings dürfte es auch hier zu **Abgrenzungsfragen** kommen. So stellt sich die Frage, ob ein zusätzlicher Pflegeaufwand, der durch eine Erkrankung des behinderten Menschen verursacht wird, neben dem Behinderten-Pauschbetrag geltend gemacht werden kann.[16] Auch unter der Neuregelung gilt jedoch der erhöhte Pauschbetrag nach § 33b III 3 die typischen Kosten der Unterbringung Hilfloser ab, so dass daneben nicht die Kosten der Unterbringung in einer Heil- und Pflegeanstalt gesondert geltend gemacht werden können.[17]

II. Verhältnis zu § 33. § 33b I eröffnet dem StPfl ein **Wahlrecht**, anstelle der ebenfalls möglichen Berücksichtigung höherer nachgewiesener oder glaubhaft gemachter Einzelaufwendungen nach § 33, für die ihm durch die Behinderung erwachsenden Aufwendungen einen Pauschbetrag in Anspr zu nehmen. Es ist jedoch unzulässig, für einen Teil der Aufwendungen den Einzelnachweis zu füh-

---

1 Abs 1 hatte folgenden Wortlaut: „Wegen der außergewöhnlichen Belastungen, die einem behinderten Menschen unmittelbar infolge seiner Behinderung erwachsen, kann er an Stelle einer Steuerermäßigung nach § 33 einen Pauschbetrag nach Absatz 3 geltend machen (Behinderten-Pauschbetrag)."
2 BFH BStBl II 68, 437; BStBl III 67, 457; BStBl II 93, 749; *K/S/M* § 33b Rn B 38; **aA** *H/H/R* § 33b Rn 32.
3 *H/H/R* § 33b Rn 34, soweit sie nicht wegen des Abzugsverbots nach § 33 II 3 vom Abzug ausgeschlossen sind.
4 Vgl auch BFH BStBl II 00, 75.
5 R 33.4 IV EStR 05; BFH BStBl II 05, 23; BFH/NV 04, 1404.
6 BFH BStBl III 67, 457.
7 BFH BStBl II 88, 275.
8 FG BaWü EFG 87, 245.
9 **AA** FG Hess EFG 78, 20.
10 *H/H/R* § 33b Rn 35.
11 BFH BStBl II 93, 749.
12 FG Nds EFG 92, 341.
13 BFH BStBl II 02, 765; FG Mchn v 27.6.07 – 10 K 824/06, juris.
14 *H/H/R* § 33b Rn 32; so auch die Vorauflagen.
15 BR-Drs 544/07, 71.
16 Dies wurde für die frühere Regelung des § 33b I vertreten: *Schmidt*[26] § 33b Rn 5.
17 Vgl BFH BStBl II 68, 647.

ren und iÜ die Anwendung des Pauschbetrages zu verlangen, weil eine derartige Gestaltung zu einer Mehrfachbegünstigung von Aufwendungen führen würde.[1] Durch die Neuregelung des § 33b I 2 ist nunmehr klargestellt, dass sich ein Verzicht auf den Behinderten-Pauschbetrag auf die gesamten, vom Pauschbetrag für behinderte Menschen erfassten Aufwendungen bezieht; ein Teilverzicht – beispielsweise nur für Pflegekosten, die nach § 33 geltend gemacht werden sollen, aber nicht für den erhöhten Wäschebedarf, für den der Pauschbetrag in Anspruch genommen werden soll – ist nicht möglich.[2] Lediglich bei atypischen und mittelbaren Aufwendungen sind § 33 und § 33b nebeneinander anwendbar (Rn 2f). Wird alleine der Behinderten-Pauschbetrag geltend gemacht, kommt es nicht zu einer Kürzung um die zumutbaren Belastungen (§ 33 III). § 33b fordert keinen ausdrücklichen Antrag des StPfl. Er muss jedoch den Behinderten-Pauschbetrag **„geltend machen"**, so dass er ohne ein entspr Tätigwerden des StPfl nicht gewährt wird. Bei den Behinderten-Pauschbeträgen handelt es sich um Jahresbeträge. Auch wenn die Voraussetzungen nur für einen **Teil des Kj** vorliegen, wird der **Pauschbetrag nicht gekürzt.** Die FinVerw gewährt bei Beginn, Änderung oder Wegfall der Behinderung im Laufe eines Kj stets den Pauschbetrag nach dem höchsten Grad.[3]

5   **III. Anspruchsberechtigte (§ 33b II).** § 33b II regelt den Kreis der Anspruchsberechtigten für den Behinderten-Pauschbetrag. Ob eine Behinderung vorliegt, richtet sich nach § 2 SGB IX (bis 30.6.01: § 3 SchwbG). Danach hat die Behinderung die Auswirkung einer **nicht nur vorübergehenden Funktionsbeeinträchtigung**, die auf einem regelwidrigen körperlichen, geistigen oder seelischen Zustand beruht. Dabei ist als regelwidrig ein Zustand zu verstehen, der von dem für das Lebensalter typischen abweicht. **Typische Alterserscheinungen** bedeuten danach **keine Behinderung.** Als nicht nur vorübergehend gilt ein Zeitraum von mehr als 6 Monaten (§ 2 I SGB IX). Die Auswirkung der Funktionsbeeinträchtigung und damit Schwere der Behinderung wird als Grad der Behinderung (GdB; vgl § 69 I SGB IX), festgestellt. § 33b knüpft sowohl für die Anspruchsberechtigung als auch für die Höhe der Pauschbeträge an den GdB an. Die Feststellung über das Vorliegen und den GdB ist ein Grundlagenbescheid iSd § 171 X AO.[4] Wird der GdB herabgesetzt, ist dies ab dem Neufeststellungszeitpunkt zu berücksichtigen.[5]

6   Behinderte Menschen, deren GdB auf mindestens 50 festgestellt ist (sog **schwerbehinderte Menschen**), können den Behinderten-Pauschbetrag ohne jede Einschränkung geltend machen. Behinderte Menschen, deren GdB auf weniger als 50, aber mindestens 25 festgestellt ist (sog **minderbehinderte Menschen**), können die Pauschbeträge nur geltend machen, wenn sie die weiteren Voraussetzungen des § 33b II Nr 2 erfüllen. Da der GdB nach Zehnergraden abgestuft wird, kann ein Pauschbetrag erst bei einer Behinderung von 30 geltend gemacht werden. Unabhängig von Art und Dauer der Behinderung hat ein minderbehinderter Mensch Anspr auf einen Pauschbetrag, wenn ihm wegen seiner Behinderung nach gesetzlichen Vorschriften Bezüge (zB Beschädigtenversorgung nach dem BVG, Leistungen aus der gesetzlichen Unfallversicherung, Unfallruhegehalt) zustehen (Nr 2a). Erwerbsunfähigkeitsrenten sind keine Renten oder andere laufende Bezüge, die dem Behinderten wegen der Behinderung nach gesetzlichen Vorschriften zustehen.[6] Andere minderbehinderte Menschen sind nur anspruchsberechtigt (Nr 2b), wenn die Behinderung entweder zu einer dauernden Einbuße der körperlichen Beweglichkeit geführt hat, oder wenn die Behinderung auf einer typischen Berufskrankheit beruht. Da es sich um eine **dauernde Einbuße der Beweglichkeit** handeln muss, genügt eine vorübergehende Einschränkung, auch wenn sie länger als 6 Monate andauert, nicht. Ob es sich um eine typische **Berufskrankheit** handelt, richtet sich nach § 9 SGB VII.[7] Die in § 33b II vorgenommene Differenzierung ist insbes im Hinblick auf die Privilegierung der auf typischen Berufskrankheiten beruhenden Behinderung nicht überzeugend, da sich aus dem Differenzierungskriterium nicht zwangsläufig ein höherer Aufwand ergibt.[8] Da die tatsächlichen Aufwendungen jedoch stets nach § 33 geltend gemacht werden können, ist die Regelung nicht verfassungswidrig.

7   § 33b gewährt einen erhöhten Pauschbetrag für Hilflose und Blinde. Der Begriff des Hilflosen wird in § 33b VI 2 und 3 definiert (Rn 22). **Blind** sind entspr § 76 IIa Nr 3a diejenigen, denen die Sehfä-

---

1 BFH BStBl II 05, 271.
2 BR-Drs 544/07, 71.
3 R 33b VII EStR 05.
4 BFH BStBl II 86, 245.
5 BFH BStBl II 90, 60 zu Änderung nach Bestandskraft des Steuerbescheides.
6 FG Nds EFG 05, 1774.
7 *K/S/M* § 33b Rn B 18.
8 *K/S/M* § 33b Rn B 19; zur Verfassungsmäßigkeit: BFH/NV 01, 435; *Schallmoser* HFR 01, 340.

higkeit völlig fehlt oder deren Sehschärfe auf dem besseren Auge nicht mehr als 1/50 beträgt oder bei denen dem Schweregrad dieser Sehschärfe gleichzuachtende, nicht nur vorübergehende Störungen des Sehvermögens vorliegen.

IV. Höhe des Behinderten-Pauschbetrages (§ 33b III). Die Höhe des Behinderten-Pauschbetrages richtet sich nach dem dauernden Grad der Behinderung. Unter dauerndem Grad der Behinderung ist eine nicht nur vorübergehende Beeinträchtigung zu verstehen.[1] In Anknüpfung an die Definition der Behinderung (Rn 5) ist ein **Zeitraum von mehr als 6 Monaten ausreichend.**[2] Bei einer schweren Erkrankung mit alsbald nachfolgendem Tod genügt aber auch eine nur relativ kurze Zeit der tatsächlichen Hilflosigkeit.[3] Die Dauerhaftigkeit der Behinderung gilt auch für den erhöhten Pauschbetrag nach S 3.[1] § 33b III 2 unterscheidet 8 Stufen der Behinderung. Es handelt sich um **Jahresbeträge**, die nicht zeitanteilig gekürzt werden. Wird der Grad der Behinderung im Laufe eines Jahres herauf- oder herabgesetzt, wird der Pauschbetrag nach dem jeweils höchsten Grad gewährt.[4] Für Hilflose iSd Abs 6 und für Blinde (nicht Gehörlose)[5] wird ein **erhöhter Pauschbetrag** von 3 700 € gewährt. Da **Kleinkinder** regelmäßig dauernd der Hilfe bedürfen, ist erforderlich, dass infolge der Körperbehinderung eine besondere Betreuungs- und Pflegebedürftigkeit vorliegt, die eine bei allen Kindern derselben Altersstufe regelmäßig bestehende Hilflosigkeit dauernd wesentlich übersteigt.[6] Der erhöhte Pauschbetrag wird unabhängig vom GdB, also zB auch bei einem GdB von 25 gewährt. Dies ist bei Stoffwechselerkrankungen (zB Diabetes mellitus oder Phenylketonurie) von Kindern und Jugendlichen möglich.[7] Wenn mehrere Antragsgründe vorliegen, sind die jeweils in Betracht kommenden Pauschbeträge nebeneinander zu gewähren.[8]

§ 33b EStG enthält eine **typisierende Regelung** zu den mit einer Körperbehinderung unmittelbar und üblicherweise zusammenhängenden ag Belastungen, wobei die Höhe des jeweiligen Behinderten-Pauschbetrags in Abs 3 die Mindestaufwendungen widerspiegelt, die nach der Lebenserfahrung entspr der unterschiedlichen Art und Schwere der Behinderung erwartet werden können. Dies gilt auch für den erhöhten Pauschbetrag nach S 3.[1] Bei der Bemessung der Höhe der Pauschbeträge ist die zumutbare Belastung berücksichtigt worden.[9] Die Pauschbeträge sind seit 1975 nicht mehr an die veränderten Kaufkraftverhältnisse angepasst worden. Dies führt nicht nur dazu, dass die Bemessung der **Pauschbeträge nicht mehr realitätsgerecht** ist; vielmehr kann die Regelung ihre Vereinfachungsfunktion nicht mehr erreichen. Insbesondere bei Schwer- und Schwerstbehinderten wird die Verfassungswidrigkeit der realitätsfernen Pauschbeträge geltend gemacht.[10] Insoweit ist jedoch zu berücksichtigen, dass der StPfl grds das Wahlrecht hat, statt der Pauschbeträge die tatsächlichen Aufwendungen nach § 33 geltend zu machen.[11] Der Gesetzgeber ist von Verfassungs wegen nicht gezwungen, von dem das EStR prägenden Grundsatz des Einzelnachweises Ausnahmen zuzulassen. Daher dürfte die Regelung verfassungsgemäß sein.[12] Nachdem das BVerfG eine Verfassungsbeschwerde zur Höhe des Behinderten-Pauschbetrages nicht zur Entscheidung angenommen hat[13], lehnt das BMF eine vorl Steuerfestsetzung im Hinblick auf anhängige Musterverfahren ab.[14]

C. Hinterbliebenen-Pauschbetrag (§ 33b IV)

Der Hinterbliebenen-Pauschbetrag wird gewährt, wenn ein StPfl Hinterbliebenenbezüge aufgrund eines der in Abs 4 genannten Gesetze bezieht. Zu den Gesetzen, die die Vorschriften des BVG über Hinterbliebenenbezüge für entspr anwendbar erklären (§ 33b IV Nr 1), gehören zB das Soldatenversorgungsgesetz, das Zivildienstgesetz, das Häftlingshilfegesetz, das Gesetz über die Bundespolizei, das Infektionsschutzgesetz und das Gesetz über die Entschädigung für Opfer von Gewalttaten.[15] Er ist **personenbezogen** und wird selbst dann gewährt, wenn das Recht auf die Bezüge ruht oder wenn der Anspr kapitalisiert abgefunden ist. Der Hinterbliebenen-Pauschbetrag gleicht keine ag Belastung aus, sondern ist eine historisch bedingte Billigkeitsregelung, die **systemfremd** ist und gestrichen werden sollte.

---

1 BFH BStBl II 85, 129.
2 B/B § 33b Rn 48.
3 FG D'dorf v 3.12.97 13 K 1329/94, juris.
4 R 33b VII EStR 05.
5 FG Bln EFG 87, 248.
6 BFH BStBl II 79, 260.
7 BMF DStR 80, 107.
8 R 33b I EStR 05; Schmidt[26] § 33b Rn 6.
9 Blümich § 33b Rn 34.
10 Dziadkowski FR 04, 575; ders FR 01, 524; ders ZSteu 07, 140.
11 BFH/NV 98, 1072; BFH/NV 98, 441.
12 BFH/NV 03, 1164.
13 BVerfG v 17.1.07 – 2 BvR 1059/03, nv.
14 BMF BStBl I 07, 438.
15 H 33b EStH 05.

D. Übertragung von Pauschbeträgen (§ 33b V)

15 I. Voraussetzungen für die Übertragung. Da bei Kindern die Aufwendungen, die infolge der Behinderung erwachsen, vielfach von unterstützenden Angehörigen getragen werden, die Pauschbeträge aber dem betroffenen Kind originär zustehen, sieht § 33b V eine Übertragung des Behinderten-Pauschbetrages oder des Hinterbliebenen-Pauschbetrages vor. Die Regelung ist nicht auf andere vergleichbare Fallgestaltungen anwendbar, in denen Dritte für den behinderten Menschen Aufwendungen tragen.[1] Die Übertragung setzt grds voraus, dass das Kind unbeschränkt stpfl ist oder als unbeschränkt stpfl behandelt wird (insbes die Voraussetzungen des § 1 III erfüllt).[2] Der Pauschbetrag nach § 33b III für ein behindertes Kind kann mithin nicht nach § 33b V auf einen im Inland unbeschränkt stpfl Elternteil übertragen werden, wenn das Kind im Ausland außerhalb eines EU/EWR-Mitgliedstaates seinen Wohnsitz oder gewöhnlichen Aufenthalt hat und im Inland keine eigenen Einkünfte erzielt.[3] Eine Übertragung ist nur auf StPfl möglich, die für das Kind Anspruch auf einen Freibetrag nach § 32 VI oder auf Kindergeld haben.[4] Bis zum VZ 99 setzte die Übertragung voraus, dass der StPfl einen **Kinderfreibetrag oder Kindergeld** erhielt. Eine Übertragung ist nunmehr auch dann möglich, wenn der StPfl einen Freibetrag nach § 32 VI erhält. Dadurch wird erreicht, dass auch Eltern behinderter Kinder, deren sächliches Existenzminimum durch Eingliederungshilfe abgedeckt ist, die Möglichkeit haben, den dem Kind zustehenden Behinderten-Pauschbetrag auf sich übertragen zu lassen.[5] Eine Übertragung kommt auch bei **Enkeln, Pflegekindern oder Stiefkindern** in Betracht (§ 32 VI 8). Weitere Voraussetzung ist ein Antrag des StPfl. Bei **Kindern mit eigenen Einkünften** ist deren **Zustimmung** zur Übertragung zu fordern.[6]

16 Rechtsfolge des § 33b V 1 ist, dass der jeweilige Pauschbetrag **in vollem Umfang** auf den antragstellenden StPfl übergeht. Das Kind kann in diesem Fall nicht ergänzend Aufwendungen nach § 33 geltend machen, denn durch die Übertragung wird das Wahlrecht des § 33b I zugunsten des Pauschbetrages ausgeübt. Durch die Übertragung sind auch die Aufwendungen des StPfl, auf den der Pauschbetrag übertragen wurde, abgegolten. Entgegen der Auffassung der FinVerw[7] dürfte es jedoch nicht generell ausgeschlossen sein, dass andere Pers eigene Aufwendungen unter den Voraussetzungen des § 33 geltend machen.

18 II. Übertragung bei mehreren Berechtigten (§ 33b V 2 bis 4). § 33b V 2 und 3 regeln die Aufteilung der übertragenen Pauschbeträge bei mehreren Berechtigten. **Bis zum VZ 99** verwies § 33b V 2 auf § 33a II 5–7 aF. Danach war eine grundsätzlich hälftige Aufteilung bei mehreren Berechtigten, die zusammen nicht die Voraussetzungen des § 26 erfüllten, vorgesehen. **Ab dem VZ 00** enthält § 33b V 2 und 3 eine **eigenständige Regelung der Konkurrenzfälle.** Auch wenn der Kreis der Berechtigten nicht benannt ist, gilt diese Regelung für getrennt veranlagte Ehegatten, Ehegatten, die die Voraussetzungen des § 26 nicht erfüllen, weil sie getrennt leben oder geschieden sind und bei Übertragung des halben Freibetrages nach § 32 VI 8 (§ 32 Rn 27). Die Aufteilung des übertragenen Pauschbetrages nach S 2 oder 3 ist nicht möglich, wenn der Freibetrag nach § 32 VI auf den anderen Elternteil übertragen wurde (§ 32 Rn 33), weil es dann nur einen Berechtigten gibt. Zwar ordnet S 2 idF des 1. FamFördG[8] nunmehr an, dass die übertragenen Freibeträge **grds** auf beide Elternteile **je zur Hälfte** aufzuteilen sind. Da die Übertragung nach S 1 jedoch voraussetzt, dass der StPfl Kindergeld oder einen Freibetrag nach § 32 VI erhält, kommt eine Aufteilung nur auf Elternteile in Betracht, die diese Voraussetzung erfüllen. Nach S 2 ist der übertragene Pauschbetrag **grds hälftig aufzuteilen.** **§ 33b V 3** erlaubt es, bis zur Bestandskraft des Steuerbescheides gemeinsam eine **anderweitige als die hälftige Aufteilung** zu beantragen. Nur durch eine erneute gemeinsame Erklärung kann das Wahlrecht der Eltern zu einer anderweitigen Aufteilung nachträglich anders ausgeübt werden.[9] Die frühere Beschränkung (bis VZ 99) auf Elternpaare, bei denen die Voraussetzung des § 26 I 1 nicht vorliegen, ist mit dem Familienförderungsgesetz entfallen. Für den Fall der **getrennten Veranlagung** geht § 26a II 2, der eine hälftige Aufteilung vorschreibt (§ 26a Rn 6), als lex specialis vor. § 33b V 4 schließt ausdrücklich aus, dass bei Aufteilung statt des Pauschbetrages behinderungsbedingte Auf-

---

1 BFHE 156, 198; FG M'ster EFG 90, 111; *H/H/R* § 33b Rn 92.
2 R 33b III EStR 05.
3 BFH BStBl II 05, 828.
4 Der Gesetzeswortlaut wurde insoweit durch das JStG 07 (BGBl I 06, 2878, 2883) an § 31 S 4 angepasst (BT-Drs 16/2712, 54).
5 BT-Drs 14/1513, 15; zur Kindergeldberechtigung in diesen Fällen vgl BFH BStBl II 00, 79; BStBl II 00, 72; BStBl II 00, 75.
6 Vgl auch *H/H/R* § 33b Rn 90; *B/B* § 33b Rn 62.
7 R 33b II EStR 05.
8 BGBl I 99, 2552 = BStBl I 00, 4.
9 FG Saarl EFG 03, 1449.

wendungen nach § 33 geltend gemacht werden können. Diese Einschränkung dürfte nach der Neuregelung durch das Familienförderungsgesetz auch dann gelten, wenn der übertragene Pauschbetrag nach S 2 hälftig aufgeteilt wird. Ab dem VZ 00 kann die anderweitige als die hälftige Aufteilung auch für die Festsetzung der ESt-Vorauszahlung oder im LSt-Ermäßigungsverfahren beantragt werden. Nach § 46 II Nr 4e ist eine **Veranlagung zur ESt** vorzunehmen, wenn eine anderweitige als die hälftige Aufteilung beantragt wird. Es besteht unter bestimmten Voraussetzungen eine einklagbare familienrechtliche Verpflichtung zur Mitwirkung der Elternteile, wenn ein abw Aufteilung des Pauschbetrages in Betracht kommt.[1]

E. Pflege-Pauschbetrag (§ 33b VI)

I. Grundsatz. § 33b VI ermöglicht den Abzug eines Pflege-Pauschbetrages in Höhe von 924 € anstelle einer Steuerermäßigung für ag Belastungen nach § 33, so dass sich beide Vorschriften idR gegenseitig ausschließen. Die Ausschlusswirkung erstreckt sich aber nur auf solche ag Belastungen, die durch den Pflege-Pauschbetrag abgegolten werden sollen, so dass zB die Fahrtkosten gehbehinderter Menschen neben dem Pflege-Pauschbetrag geltend gemacht werden können.[2] § 33b setzt durch die Pflege bedingte außergewöhnliche und zwangsläufige Aufwendungen voraus. Dabei ist die **Zwangsläufigkeit** bei § 33b VI nach **weniger strengen Kriterien** als gem § 33 II zu beurteilen, denn der Zweck des § 33b VI besteht nicht vorrangig in der Existenzsicherung, sondern darin, die häusliche Pflege zu stärken und die Pflege von Schwerstpflegebedürftigen zu begünstigen.[3] Es genügt eine enge persönliche Beziehung zu der gepflegten Pers.[4] Soweit den Pflegepauschbetrag übersteigende Aufwendungen nach § 33 geltend gemacht werden, verbleibt es für die Zwangsläufigkeit bei den strengeren Anforderungen des § 33 II.[5] Die zu pflegende Pers darf nicht nur vorübergehend hilflos sein. Die Hilflosigkeit wird in § 33b VI 3 und 4 definiert (Rn 22). Nicht nur vorübergehend ist idR ein Zeitraum von **mehr als 6 Monaten** (vgl Rn 5). Der StPfl kann den Pauschbetrag nur geltend machen, wenn er für die ag Belastungen, die ihm durch die Pflege erwachsen, **keine Einnahmen** erhält. Hierzu gehört jeder Vermögenszufluss in Geld oder Geldeswert. Aus dem auch für § 33b geltenden Belastungsprinzip (§ 33 Rn 15) folgt, dass **jede im Zusammenhang mit der Pflege gewährte Leistung** (zB Pflegevergütung, Aufwendungsersatz) unabhängig von der Höhe anzurechnen ist.[6] Zu den Einnahmen zählen damit nicht nur Entgelte für die Pflege oder Aufwendungsersatz, sondern auch andere nicht steuerbare Vermögenszuflüsse.[7] Zu den Einnahmen zählt auch weitergeleitetes Pflegegeld, das zwar nach § 3 Nr 36 S 1 stfrei ist, aber auf der Ebene des § 33b VI 1 die gleichzeitige Geltendmachung eines Pauschbetrages ausschließt.[8] § 33b VI 2 bestimmt, dass **Pflegegelder für ein behindertes Kind unabhängig von der Verwendung nicht zu den Einnahmen** iSd Satzes 1 gehören. Der Gesetzgeber korrigiert mit dieser Regelung ein Urteil des BFH,[9] der das Pflegegeld nur dann nicht zu den Einnahmen zählte, wenn die Pflegeperson das Pflegegeld lediglich treuhänderisch für den Pflegebedürftigen verwaltete und deren tatsächliche ausschließliche Verwendung für den Pflegebedürftigen nachwies. Der Verzicht auf einen Nachweis der treuhänderischen Verwaltung soll eine Vereinfachung sowohl für den StPfl als auch für die FinVerw darstellen, Verwaltungsaufwand vermeiden und Streitpotential verhindern.[10]

II. Weitere Voraussetzungen. § 33b VI 5 stellt weitere Voraussetzungen auf. Der Pauschbetrag kann nur für Pflegeleistungen im Inland (§ 1 Rn 11) in Anspr genommen werden. Der StPfl muss die Pflege in seiner Wohnung oder in der Wohnung des Pflegebedürftigen persönlich durchführen. Es ist **unschädlich**, wenn der StPfl **zeitweise** von einer ambulanten Pflegekraft **unterstützt** wird.[11] Unter Wohnungen des Pflegebedürftigen sind auch Altenheime, Altenwohnheime und andere Unterkünfte zu verstehen. Ein StPfl kann den Pflege-Pauschbetrag auch dann in Anspr nehmen, wenn die Pflegeperson ganzjährig in einem Heim untergebracht ist und nur an den Wochenenden in der Wohnung des StPfl betreut wird. Voraussetzung ist allerdings, dass die häuslichen Pflegemaß-

---

1 BGH NJW 88, 1720.
2 FG SchlHol EFG 00, 1131.
3 BFH/NV 05, 1048.
4 BFH BStBl II 97, 199; BFH/NV 04, 1646; FG Brem EFG 05, 365.
5 BFH BStBl II 97, 199.
6 BFH BStBl II 02, 417.
7 ZB Zahlungen im Rahmen der familiären Lebensgemeinschaft (BFH BStBl II 99, 776), nicht aber die Übernahme der Rentenversicherungsbeiträge durch die Pflegekasse (FG Bln EFG 01, 1373).
8 FG Hess EFG 07, 589 (Rev III R 98/06).
9 BFH BStBl II 02, 417; Anm *Greite* FR 02, 745.
10 BT-Drs 15/1945, 21.
11 R 33b IV EStR 05.

nahmen einen nicht nur geringfügigen Zeitraum einnehmen, dh **mindestens 10 vH des gesamten pflegerischen Zeitaufwandes** betragen.[1]

22 III. Hilflosigkeit. § 33b VI 3 und 4 definieren die Hilflosigkeit in Übereinstimmung mit § 35 I BVG.[2] Die Hilfe muss für **gewöhnliche und regelmäßig wiederkehrende Verrichtungen** im täglichen Leben geleistet werden. Hierunter fallen zunächst die auch von der Pflegeversicherung (vgl § 14 IV SGB XI) erfassten Bereiche der Körperpflege (Waschen, Kämmen, Toilettenbenutzung), Ernährung (Zubereitung, Essen und Trinken) und Mobilität (sog Grundpflege); hinzu kommen nach der Rspr des BSG[3] Maßnahmen zur psychischen Erholung, geistige Anregung und Kommunikation (Sehen, Hören, Sprechen und Fähigkeit zur Interaktion). Dagegen gehört die Verrichtung hauswirtschaftlicher Arbeiten nicht zum Begriff der Hilflosigkeit iSd § 33b.[4] Da die Voraussetzungen des § 15 I Nr 3 SGB XI enger sind als die des § 33b VI,[5] besteht bei **Zuordnung zur Pflegestufe III** regelmäßig Hilflosigkeit. Auch wenn in Pflegestufe III von einem Pflegeaufwand von mindestens 4 Stunden auszugehen ist, genügt es nach dem BSG für die Hilflosigkeit iSd § 33b VI, dass die hilflose Person für mindestens 2 Stunden am Tag fremder Hilfe dauernd bedarf; bei einem täglichen Zeitaufwand für fremde Hilfe zwischen einer und zwei Stunden ist Hilflosigkeit anzunehmen, wenn der wirtschaftliche Wert der erforderlichen Pflege besonders hoch ist.[6] Bei Kindern und Jugendlichen ist die Hilflosigkeit unter Beachtung der durchschnittlichen besonderen Fähigkeiten des Alters zu bestimmen.[7] Auch ein Säugling oder **Kleinkind** kann wegen einer Behinderung gesteigert pflegebedürftig und deshalb bereits ab Geburt hilflos sein.[8]

23 IV. Pflege durch mehrere Personen. Beteiligen sich mehrere Pers an der Pflege, ist der Pauschbetrag stets aufzuteilen, unabhängig davon, ob sich der Pflegepauschbetrag bei jedem StPfl auswirkt.[9] Erhält eine der mehreren Personen jedoch für die Pflege ein Entgelt, müsste sie nach dem Gesetzeswortlaut bei der Aufteilung nicht berücksichtigt werden, weil die Voraussetzungen des § 33b VI 1 bei ihr nicht vorliegen.[10] Dies widerspricht jedoch dem Sinn und Zweck des Gesetzes, der davon ausgeht, dass der Pflege-Pauschbetrag einer Person für die alleinige Pflege gewährt wird.[11] Die **Aufteilung ist nach der Zahl der StPfl** vorzunehmen, welche eine hilflose Pers in ihrer Wohnung oder in der Wohnung des Pflegebedürftigen tatsächlich persönlich gepflegt haben.[12] Solange sichergestellt ist, dass der Pflege-Pauschbetrag nur einmal in Anspr genommen wird, dürfte auch eine zeitanteilige Aufteilung[13] oder eine anderweitige zulässig sein, wenn dies von allen Anspruchsberechtigten beantragt wird. Pflegt eine Pers mehrere Pflegebedürftige, kann sie den Pauschbetrag für jede persönlich gepflegte Pers geltend machen.[14] Der Pflege-Pauschbetrag kann neben einem nach § 33b V übertragenen Behinderten-Pauschbetrag in Anspr genommen werden.[15]

F. Nachweis (§ 33b VII)

25 I. Allgemein. Aufgrund der Ermächtigung in § 33b VII ist in § 65 EStDV geregelt, wie der Nachweis, dass die Voraussetzungen für die Inanspruchnahme der Pauschbeträge vorliegen, zu führen ist. Soweit § 65 bestimmte Anforderungen für den Nachweis aufstellt, kann der StPfl den Nachweis **nicht in einer anderen Form** führen.[16] Der Nachweis der Hilflosigkeit einer pflegebedürftigen Pers kann zB nicht durch eine privatärztliche Bescheinigung erbracht werden.[17] Die nach § 65 EStDV erforderlichen Feststellungsbescheide des Versorgungsamtes sind **Grundlagenbescheide** iSd § 171 X AO (s auch Rn 5).[18] Die Finanzbehörden sind an die Feststellungen über Zeitpunkt und Umfang der Behinderung gebunden,[19] da ihnen die eigene Sachkunde fehlt. Der Einwand, die gepflegte Person

---

1 FG Mchn EFG 95, 722; *Kanzler* FR 92, 669 (674).
2 BSG BFH/NV 04, Beil. Nr 2, 189 = HFR 04, 921.
3 BSG v 23.6.93 – 9/9a RVs 1/91, BSGE 72, 285 = SozR 3-3870 § 4 Nr 6; BSG v 10.12.03 – B 9 SB 4/02 R, Versorg- Verw 04, 65; BSG BFH/NV 04, Beil. Nr 2, 189 = HFR 04, 921.
4 BFH/NV 96, 603.
5 BSG v 26.11.98 SozR 3–3300 § 14 Nr 9.
6 BSG BFH/NV 04, Beil. Nr 2, 189 = HFR 04, 921; krit *Kube* NZS 04, 458, der die mangelnde gesetzliche Bestimmtheit rügt und einen zeitlichen Betreuungsbedarf von 5 Stunden für angemessen hält.
7 LSG Hess v 20.5.99 E-LSG SB-022.
8 LSG RhPf v 27.4.98 L 4 Vs 47/97, juris.
9 *Schmidt*[26] § 33b Rn 22.
10 FG Hess EFG 07, 589 (Rev III R 98/06).
11 **AA** *Schmidt*[26] § 33b Rn 22, der den Zweck darin sieht, die mehrfache Inanspruchnahme des Pauschbetrages zu verhindern.
12 BFH BStBl II 98, 20.
13 So zB FG RhPf v 27.9.06 – 1 K 1794/03, DStRE 07, 1317 (Rev III R 34/07).
14 *K/S/M* § 33b Rn E 13.
15 R 33b VI EStR 05.
16 BFH BStBl II 03, 476; BStBl II 86, 245, mwN.
17 FG BaWü EFG 98, 469; **aA** zu früheren Fassungen FG BaWü EFG 98, 1334.
18 BFH BStBl II 90, 60; BFH BStBl II 88, 436; BStBl II 86, 245; BFH/NV 98, 1474.
19 FG M'ster EFG 00, 684.

Kinderbetreuungskosten § 33c

sei von der Sozialbehörde zu Unrecht nicht als hilflos eingestuft worden, ist gegen den Bescheid der Sozialbehörde zu richten.[1] Dies ist verfassungsrechtlich unbedenklich.[2] Wird der Nachweis nicht nach Maßgabe des § 65 EStDV geführt, kann der StPfl nur die tatsächlich nachgewiesenen Aufwendungen unter den Voraussetzungen des § 33 geltend machen.

II. Nachweiserfordernisse gem § 65 EStDV. Schwerbehinderte Menschen (Rn 6) müssen gem § 65 I Nr 1 **26** EStDV den Nachweis durch einen Ausweis nach dem SGB IX (früher: SchwbG) oder durch einen Bescheid der für die Durchführung des BVG zuständigen Behörde führen. Entspr § 33b II Nr 2 ist der Nachweis für **minderbehinderte Menschen** (Rn 6) gem § 65 I Nr 2 EStDV je nach Anspruchsgrundlage unterschiedlich zu führen. Bei Anspr auf Rente oder andere Bezüge ist der Rentenbescheid oder der die anderen Bezüge nachweisende Bescheid vorzulegen. Steht dem StPfl keine Rente oder andere laufende Bezüge zu, ist eine Bescheinigung der für die Durchführung des BVG zuständigen Behörde aufgrund eines Feststellungsbescheides nach § 69 I SGB IX (früher § 4 I SchwbG) vorzulegen, die eine Äußerung darüber enthält, ob die Behinderung zu einer dauernden Einbuße der körperlichen Beweglichkeit geführt hat oder auf einer typischen Berufskrankheit beruht (§ 65 I Nr 2a EStDV). **Blinde** oder **Hilflose** können den Nachweis entweder durch einen Ausweis nach dem SGB IX (SchwbG) mit den Merkzeichen „Bl" oder „H" führen oder durch einen Bescheid der für die Durchführung des BVG zuständigen Behörde, der die entspr Feststellungen enthält (§ 65 II 1 EStDV). Die Hilflosigkeit kann auch durch einen Bescheid mit der Einstufung als Schwerstpflegebedürftiger in Pflegestufe III nach SGB XI, dem BSHG oder diesen entspr gesetzlichen Bestimmungen nachgewiesen werden (§ 65 II 2 EStDV).[3] **§ 65 III** fordert, dass der StPfl die Nachweise zusammen mit der Steuererklärung oder einem Antrag auf LSt-Ermäßigung vorgelegt wird. Diese Regelung dürfte von der Ermächtigungsgrundlage des § 33b VII nicht gedeckt sein und stellt **keine Ausschlussfrist** dar, da der Antrag auf einen Pauschbetrag nach § 33b nicht fristgebunden ist. Kann in **Todesfällen** der Rechtsnachfolger die Nachweise nach § 65 I oder II nicht vorlegen, genügt eine gutachterliche Stellungnahme der zur Durchführung des BVG zuständigen Behörde (Versorgungsamt), die das FA einzuholen hat (§ 65 IV).[4]

§ 33 c Kinderbetreuungskosten

(1) Aufwendungen für Dienstleistungen zur Betreuung eines zum Haushalt des Steuerpflichtigen gehörenden Kindes im Sinne des § 32 Abs. 1, welches das 14. Lebensjahr noch nicht vollendet hat oder wegen einer vor Vollendung des 27. Lebensjahres eingetretenen körperlichen, geistigen oder seelischen Behinderung außerstande ist, sich selbst zu unterhalten, können als außergewöhnliche Belastungen abgezogen werden, soweit sie je Kind 1548 Euro übersteigen, wenn der Steuerpflichtige entweder erwerbstätig ist, sich in Ausbildung befindet, körperlich, geistig oder seelisch behindert oder krank ist. Bei zusammenlebenden Eltern ist Satz 1 nur dann anzuwenden, wenn bei beiden Elternteilen die Voraussetzungen nach Satz 1 vorliegen. Bei nicht zusammenlebenden Elternteilen kann jeder Elternteil entsprechende Aufwendungen abziehen, soweit sie je Kind 774 Euro übersteigen; in den Fällen des § 32 Abs. 6 Satz 3 und 6 zweiter Halbsatz gilt abweichend davon Satz 1. Erwachsen die Aufwendungen wegen Krankheit im Sinne des Satzes 1, muss die Krankheit innerhalb eines zusammenhängenden Zeitraums von mindestens drei Monaten bestanden haben, es sei denn, der Krankheitsfall tritt unmittelbar im Anschluss an eine Erwerbstätigkeit oder Ausbildung ein. Aufwendungen für Unterricht, die Vermittlung besonderer Fähigkeiten, sportliche und andere Freizeitbetätigungen werden nicht berücksichtigt.

(2) Der nach Absatz 1 abzuziehende Betrag darf je Kind in den Fällen des § 32 Abs. 6 Satz 2, 3 und 6 zweiter Halbsatz 1500 Euro und ansonsten 750 Euro nicht übersteigen.

(3) Ist das zu betreuende Kind nicht nach § 1 Abs. 1 oder 2 unbeschränkt einkommensteuerpflichtig, sind die in den Absätzen 1 und 2 genannten Beträge zu kürzen, soweit es nach den Verhältnissen im Wohnsitzstaat des Kindes notwendig und angemessen ist. Für jeden vollen Kalendermonat, in dem die Voraussetzungen des Absatzes 1 nicht vorgelegen haben, ermäßigen sich die in den Absätzen 1 und 2 genannten Beträge sowie der jeweilige Betrag nach Satz 1 um ein Zwölftel.

R 33c EStR 05

---

1 BFH v 4.5.04 – III B 118/03, juris.
2 BVerfG v 7.6.93 – 1 BvR 68/89, juris.
3 Dies gilt auch in den Fällen des § 33b VI: BFH BStBl II 03, 476.
4 Dazu FG Hbg EFG 02, 280.

Die Vorschrift ist durch das Gesetz zur steuerlichen Förderung von Wachstum und Beschäftigung v 24.4.06[1] aufgehoben und durch § 4f, § 9 V und § 10 I Nr 5 und Nr 8 ersetzt worden. § 33c galt vom VZ 02 bis zum VZ 05. Die Neuregelung der Kinderbetreuungskosten in § 4f, § 9 V und § 10 I Nr 5 und Nr 8 gelten erstmals für die im VZ 06 geleisteten Aufwendungen, soweit die zugrunde liegenden Leistungen nach dem 31.12.05 erbracht worden sind (§ 52 XIIc und XXIV). Für Kinderbetreuungskosten, die zwar erst im VZ 06 bezahlt werden, deren zugrunde liegenden Leistungen jedoch vor dem 31.12.05 erbracht wurden, fehlt es an einer ausdrücklichen Regelung. Nach dem Abflussprinzip (§ 11) können diese Zahlungen erst im VZ 06 geltend gemacht werden. Aus Billigkeitsgründen müssten sie nach Maßgabe des § 33c zum Abzug zugelassen werden.[2]

Da die Vorschrift aufgehoben ist, wird auf die Kommentierungen in den Vorauflagen verwiesen. Ergänzend ist auf folgende neuere Entwicklung hinzuweisen: Der BFH legt § 33c II dahin aus, dass zusammenlebende unverheiratete Eltern jeweils Betreuungskosten bis zu 750 € für jedes Kind abziehen können. Der berücksichtigungsfähige Aufwand beträgt somit für jedes Kind bis zu 1 500 €; wie die zumutbare Eigenbelastung in Höhe von 1 548 € gem § 33c I 1 in diesen Fällen aufzuteilen ist, hat der BFH nicht entschieden. Mit diesem Inhalt hält der BFH die Regelung in § 33c II für verfassungsgemäß; sie stelle sich als Konsequenz der Einzelveranlagung der unverheirateten Eltern und der hälftigen Zuweisung kindbedingter Steuererleichterungen an beide Elternteile dar.[3]

§ 34 Außerordentliche Einkünfte

(1) ¹Sind in dem zu versteuernden Einkommen außerordentliche Einkünfte enthalten, so ist die auf alle im Veranlagungszeitraum bezogenen außerordentlichen Einkünfte entfallende Einkommensteuer nach den Sätzen 2 bis 4 zu berechnen. ²Die für die außerordentlichen Einkünfte anzusetzende Einkommensteuer beträgt das Fünffache des Unterschiedsbetrags zwischen der Einkommensteuer für das um diese Einkünfte verminderte zu versteuernde Einkommen (verbleibendes zu versteuerndes Einkommen) und der Einkommensteuer für das verbleibende zu versteuernde Einkommen zuzüglich eines Fünftels dieser Einkünfte. ³Ist das verbleibende zu versteuernde Einkommen negativ und das zu versteuernde Einkommen positiv, so beträgt die Einkommensteuer das Fünffache der auf ein Fünftel des zu versteuernden Einkommens entfallenden Einkommensteuer. ⁴Die Sätze 1 bis 3 gelten nicht für außerordentliche Einkünfte im Sinne des Absatzes 2 Nr. 1, wenn der Steuerpflichtige auf diese Einkünfte ganz oder teilweise § 6b oder § 6c anwendet.

(2) Als außerordentliche Einkünfte kommen nur in Betracht:
1. Veräußerungsgewinne im Sinne der §§ 14, 14a Abs. 1, der §§ 16 und 18 Abs. 3 mit Ausnahme des steuerpflichtigen Teils der Veräußerungsgewinne, die nach § 3 Nr. 40 Buchstabe b in Verbindung mit § 3c Abs. 2 teilweise steuerbefreit sind;
2. Entschädigungen im Sinne des § 24 Nr. 1;
3. Nutzungsvergütungen und Zinsen im Sinne des § 24 Nr. 3, soweit sie für einen Zeitraum von mehr als drei Jahren nachgezahlt werden;
4. Vergütungen für mehrjährige Tätigkeiten; mehrjährig ist eine Tätigkeit, soweit sie sich über mindestens zwei Veranlagungszeiträume erstreckt und einen Zeitraum von mehr als zwölf Monaten umfasst;
5. Einkünfte aus außerordentlichen Holznutzungen im Sinne des § 34b Abs. 1 Nr. 1.

(3) ¹Sind in dem zu versteuernden Einkommen außerordentliche Einkünfte im Sinne des Absatzes 2 Nr. 1 enthalten, so kann auf Antrag abweichend von Absatz 1 die auf den Teil dieser außerordentlichen Einkünfte, der den Betrag von insgesamt 5 Millionen Euro nicht übersteigt, entfallende Einkommensteuer nach einem ermäßigten Steuersatz bemessen werden, wenn der Steuerpflichtige das 55. Lebensjahr vollendet hat oder wenn er im sozialversicherungsrechtlichen Sinne dauernd berufsunfähig ist. ²Der ermäßigte Steuersatz beträgt 56 Prozent des durchschnittlichen Steuersatzes, der sich ergäbe, wenn die tarifliche Einkommensteuer nach dem gesamten zu versteuernden Einkommen zuzüglich der dem Progressionsvorbehalt unterliegenden Einkünfte zu bemessen wäre, mindestens jedoch 15 Prozent. ³Auf das um die in Satz 1 genannten Einkünfte verminderte zu ver-

---

1 BGBl I 06, 1091.
2 Vgl auch *Schmidt*[26] 33c Rn 4, der insoweit § 33c im VZ 06 noch für anwendbar hält.
3 BFH v 19.10.06 – III R 10/05, BFH/NV 07, 662.

steuernde Einkommen (verbleibendes zu versteuerndes Einkommen) sind vorbehaltlich des Absatzes 1 die allgemeinen Tarifvorschriften anzuwenden. ⁴Die Ermäßigung nach den Sätzen 1 bis 3 kann der Steuerpflichtige nur einmal im Leben in Anspruch nehmen. ⁵Erzielt der Steuerpflichtige in einem Veranlagungszeitraum mehr als einen Veräußerungs- oder Aufgabegewinn im Sinne des Satzes 1, kann er die Ermäßigung nach den Sätzen 1 bis 3 nur für einen Veräußerungs- oder Aufgabegewinn beantragen. ⁶Absatz 1 Satz 4 ist entsprechend anzuwenden.

§ 68 EStDV, R 34.1 ff EStR 05

Übersicht

	Rn		Rn
A. Grundaussage der Vorschrift	1	I. Ermittlung der begünstigungsfähigen Einkünfte	56
B. Außerordentliche Einkünfte	10	II. Berechnung der Tarifermäßigung des Abs 1	60
I. Der Tatbestand der außerordentlichen Einkünfte	10	1. Berechnung bei positivem verbleibendem zu versteuerndem Einkommen (§ 34 I 2)	61
1. Außerordentlichkeit der Einkünfte	10		
2. Zusammenballung von Einkünften	15		
3. Abgrenzbarkeit der Einkünfte	20	2. Berechnung bei negativem verbleibendem zu versteuerndem Einkommen (§ 34 I 3)	65
II. Begünstigte Einkünfte (§ 34 II)	22		
1. Veräußerungsgewinne (§ 34 II Nr 1)	25		
2. Entschädigungen (§ 34 II Nr 2)	35	III. Ermäßigter Steuersatz für Betriebsveräußerungen und -aufgaben (§ 34 III)	70
3. Nutzungsvergütungen (§ 34 II Nr 3)	38		
4. Vergütung für mehrjährige Tätigkeiten (§ 34 II Nr 4)	40		
a) Beschränkung auf bestimmte Einkunftsarten	41	1. Anwendungsbereich	71
		a) Voraussetzungen für die Inanspruchnahme des Steuersatzes nach Abs 3	71
b) Vergütung für mehrjährige Tätigkeit	45		
c) Besonderheiten bei verschiedenen Einkunftsarten	50	b) Wahlrecht	78
		2. Höhe des ermäßigten Steuersatzes	80
5. Außerordentliche Holznutzung (§ 34 II Nr 5)	55	3. Anwendungszeitraum	85
C. Berechnung der Einkommensteuer für außerordentliche Einkünfte	56	D. Verfahren	90
		E. Auswirkungen und Steuerplanung	95

Literatur: *Böttner* Tarifbegünstigung von Gewinnen aus der Veräußerung von freiberuflichen Mitunternehmeranteilen, DB 02, 1798; *Hey* Wird die Gesetzesverkündung wieder zum Maß des Vertrauensschutzes?, NJW 07, 408; *Houben* Das Zusammenwirken von Fünftelregelung nach § 34 Abs 1 und ermäßigtem Steuersatz nach Abs 3 EStG bei außerordentlichen Einkünften, DStR 06, 200; *Hummel* Maßgeblicher Zeitpunkt der Beendigung des verfassungsrechtlichen Vertrauensschutzes bei rückwirkenden Gesetzen, DStR 03, 1; *Jahndorf/Lorscheider* Verfassungswidrige Besteuerung außerordentlicher Einkünfte gemäß § 34 Abs 1 S 2 EStG, FR 00, 433; *Korezkij* Progressionsvorbehalt bei der Steuerberechnung nach § 34 Abs 1 Satz 3 – ein unlösbares Problem?, BB 04, 194; *ders* Nochmals: Junge Entwicklung der Rechtsprechung zur Besteuerung außerordentlicher Einkünfte nach § 34 Abs 1 EStG, DStR 06, 452; *Korezkij/Siegel* Zur Beziehung zwischen Fünftelregelung und Progressionsvorbehalt, DStR 05, 577; *List* Entspricht die Besteuerung außerordentlicher Einkünfte (§ 34 EStG) dem Grundgesetz?, BB 03, 761; *Rautenberg* Betriebswirtschaftliche Analyse als Beitrag zur Steuerrechtsinterpretation und -gestaltung, in: Siegel/Kirchhof/Schneeloch/Schramm, Steuertheorie, Steuerpolitik und Steuerpraxis, FS Bareis, 2005, S 211; *Röhner* Verlustausgleich bei außerordentlichen Einkünften, BB 01, 1126; *Schulze zur Wiesche* Gestaltungsmöglichkeiten bei Betriebsveräußerung bzw Betriebsaufgabe, FR 02, 667; *Schynol* Höhe der außerordentlichen Einkünfte iS des § 34 EStG nach Inkrafttreten der EStR 1999, DStR 00, 1590; *Siegel* Einkommensteuer bei Zusammentreffen von Progressionsvorbehalt und Fünftelregelung, BB 04, 914; *ders* Zur Konstruktion eines verfassungsgemäßen § 34 EStG, DStR 07, 978; *Weber-Grellet* Die Entwicklung der Rechtsprechung des BFH zu den Entschädigungen im Sinne der §§ 24, 34 EStG, BB 04, 1877; *Zugmaier* Steuerbegünstigte Entschädigung und Nutzung des Dienstwagens über das Beschäftigungsende hinaus, DB 02, 1401.

A. Grundaussage der Vorschrift

Die ESt beruht auf dem materiellen Prinzip der jährlichen Besteuerung (§ 2 Rn 12). Dieser Zeitraum bestimmt zugleich den zeitlichen Anwendungsbereich des progressiven Tarifs. Dabei geht das EStG davon aus, dass der Steuerstaat gegenwartsnah an dem Erwerbserfolg des StPfl teilnimmt.[1] **1**

---

1 *K/S/M* § 2 Rn H 2 ff.

Praktische Bedeutung erlangt der Zeitrahmen für die Progression, wenn das Einkommen dem StPfl nicht regelmäßig und in den Zeiträumen zufließt, in denen es erwirtschaftet wird, sondern wenn **Vergütungen oder Einkünfte für mehrere Jahre in einer Summe zufließen**. In diesen Fällen wird der StPfl durch die Progression idR überproportional belastet, weil ein regelmäßiger und verteilter Zufluss des Einkommens vielfach zu einem niedrigeren progressiven Tarif und damit zu einer niedrigeren Gesamtsteuerbelastung führen würde. Um diese Härten auszugleichen, kennt das EStG seit jeher[1] eine Tarifbegünstigung von außerordentlichen Einkünften, die auf einer Zusammenballung von Einnahmen (Rn 15 ff) beruhen. Die Tarifermäßigung außerordentlicher Einkünfte **korrigiert erhöhte Belastungen**, die sich durch den auf den VZ bezogenen progressiven Tarif ergeben und **ergänzt das Jahressteuerprinzip systematisch**.

2 § 34 I regelt eine **Tarifermäßigung** für diejenigen Einkünfte, die zwar in einem Steuerabschnitt zufließen, aber das Entgelt der Leistungsfähigkeit aus mehreren Steuerabschnitten sind. Die Regelung soll **Spitzenbelastungen abmildern**, die sich aus der progressiven Besteuerung der zusammengeballt zugeflossenen Einkünfte ergeben. Die Milderung der Steuerbelastung soll dadurch erreicht werden, dass eine rechnerische Verteilung der außerordentlichen Einkünfte auf 5 Jahre fingiert wird (ausf Rn 60). Dabei wird unterstellt, dass das übrige zu versteuernde Einkommen in allen 5 Jahren unverändert ist. § 34 II zählt abschließend diejenigen Einkünfte auf, für die die Tarifermäßigung in Betracht kommt. Abs 3 bestimmt, dass für Gewinne aus Betriebsveräußerungen und BetrAufg zur Absicherung der Altersvorsorge des Unternehmers einmalig ein ermäßigter Steuersatz (bis VZ 03: 50 vH ab VZ 04: 56 vH) in Anspruch genommen werden kann (Rn 70 ff). § 34 schafft weder eine neue Einkunftsart noch wird die Ermittlung des Einkommens dem Grunde nach geändert. Es handelt sich vielmehr um eine **eigenständige Steuerberechnung für eine besondere Art von Einkünften**, die zu einer Tarifermäßigung führen kann.

3 Außerordentliche Einkünfte sind **in der Vergangenheit nach unterschiedlichen Maßstäben begünstigt** worden. Bis 1998 wurden Veräußerungsgewinne, Entschädigungen und Nutzungsvergütungen mit der Hälfte des durchschnittlichen Steuersatzes besteuert, soweit die außerordentlichen Einkünfte den Betrag von 15 Mio DM (bis 1.8.97 = 30 Mio DM)[2] nicht überstiegen. Vergütungen für eine mehrjährige Tätigkeit wurden entspr der heutigen Tarifermäßigung, aber bezogen auf 3 Jahre, begünstigt. Durch das **StEntlG 99/00/02** wurde die **heutige Berechnung der Steuerermäßigung** gleichmäßig für alle außerordentlichen Einkünfte eingeführt, die ab dem VZ 99 nur auf zunächst unwiderruflichen Antrag gewährt wurde. Die Unwiderruflichkeit des Antrags wurde rückwirkend durch das StSenkG beseitigt. Gleichzeitig wurde § 34 II Nr 1 an die Systemumstellung auf das Halbeinkünfteverfahren angepasst (Rn 31). Die Begünstigung von Veräußerungsgewinnen mit dem ermäßigten Steuersatz gem Abs 3 geht auf die Forderung des Bundesrates zurück, der nur unter dieser Bedingung dem Gesetzentwurf eines StSenkG zugestimmt hat. Durch das StÄndG 01 wurde das Antragserfordernis gestrichen.

4 Gegen § 34 werden verschiedene **verfassungsrechtliche Bedenken** erhoben. Diese richten sich gegen den Tarifverlauf des § 34 I, die rückwirkende Einführung der Fünftelregelung des § 34 I und den grundsätzlichen Ausschluss der Veräußerungsgewinne von der Tarifermäßigung (§ 34 I aF; III nF) für die Jahre 99/00.[3] In mehreren Entscheidungen hat der BFH inzwischen die **Abschaffung des halben Einkommensteuersatzes für Veräußerungsgewinne der Jahre 99 und 00** gebilligt und eine Verpflichtung des Gesetzgebers, rückwirkend eine Übergangsregelung zu schaffen, abgelehnt.[4] Dabei stellt er wesentlich darauf ab, dass die Neuregelung im Gegensatz zur früheren Regelung eine Sozialzwecknorm sei und in Fällen des Systemwechsels eine rückwirkende Übergangsregelung verfassungsrechtlich nicht geboten sei. In der Entscheidung v 7.3.03 wird jedoch ausdrücklich darauf hingewiesen, dass im Einzelfall eine **Billigkeitsmaßnahme** geboten sein kann, soweit die ermäßigte Besteuerung konkreter Bestandteil eines Konzepts der Altersversorgung des aufgebenden Unternehmers war und die Abschaffung des halben Steuersatzes zu einer gravierenden Gefährdung der

---

1 § 34 geht zurück auf §§ 23, 25 EStG 1920.
2 Zur Verfassungsmäßigkeit: FG Mchn v 16.3.06 – 5 K 3605/04 (Rev VIII R 18/06).
3 Dazu *K/S/M* § 34 Rn A99 ff; *List* BB 03, 761; *Hummel* DStR 03, 1; zusammenfassend *Korezkij* DStR 06, 452.
4 BFH BStBl II 03, 341; BFH/NV 03, 471; BFH/NV 03, 624; BFH/NV 03, 773; BFH/NV 03, 777; BFH/NV 04, 482; BFH/NV 07, 441 u 442; BFH/NV 07, 761; *Korezkij* DStR 06, 452 (454); aus ökonomischer Sicht für eine Einbeziehung der Jahre 99 und 00 in die Begünstigung des Abs 3: *Rautenberg* FS Bareis, S 211 (229).

Altersversorgung führt.[1] Soweit die Berechnung des § 34 I sich dahin auswirkt, dass es zu einer erheblichen Mehrbelastung zusätzlicher nicht begünstigter Einkünfte kommen kann (Rn 63), wird ein Verstoß gegen Art 3 und Art 12 GG geltend gemacht.[2] Diese Bedenken sind bisher von der Rspr nicht geteilt worden.[3] Schließlich wird eine **verfassungswidrige Rückwirkung** darin gesehen, dass die Fünftelregelung des § 34 I mit Wirkung zum 1.1.99 durch das am 24.3.99 beschlossene und am 31.3.99 verkündete StEntlG 99/00/02 an die Stelle des bis dahin geltenden halben durchschnittlichen Steuersatzes getreten ist. Der BFH hält § 34 I in bestimmten Fallkonstellationen für verfassungswidrig und hat daher **mehrere Verfahren ausgesetzt und dem BVerfG gem Art 100 I 1 GG vorgelegt**. Es handelt sich dabei um Fälle, in denen (Entlassungs-) Entschädigungen vor Zuleitung des Gesetzentwurfs der Bundesregierung zum StEntlG 99/00/ 02 an den Bundesrat (20.11.98) vereinbart und nach dem 31.12.98 ausgezahlt wurden und soweit Entschädigungen im Zeitpunkt der Verkündung des StEntlG 99/00/02 dem StPfl zugeflossen waren,[4] in denen Entschädigungen vor der Verkündung des StEntlG 99/00/02 am 31.3.99 vereinbart und ausgezahlt worden sind[5] und in denen Entschädigungen vor dem Beschluss des StEntlG 99/00/02 durch den Bundestag am 4.3.99 vereinbart und ausgezahlt worden sind.[6] Die Regelung wird jedoch von der Rspr für verfassungsgemäß gehalten, soweit Entschädigungen erfasst werden, die zu einem Zeitpunkt vereinbart wurden, in dem die beabsichtigte Gesetzesänderung bekannt war.[7] Bei Sachverhalten, die zwischen dem 1.1. und 24.3.99 verwirklicht wurden, wird ebenfalls von einer zulässigen unechten Rückwirkung ausgegangen.[8] Soweit Veräußerungsgewinne nach Inkrafttreten der Gesetzesänderung entstanden sind, wird § 34 für verfassungsgemäß gehalten.[9]

§ 34 kann von **unbeschränkt StPfl** in vollem Umfang in Anspr genommen werden. **Zusammenveranlagte Ehegatten** werden bei der Zusammenveranlagung gemeinsam als StPfl behandelt (§ 26b); in bestimmten Fällen kann durch die getrennte Veranlagung eine höhere Steuerentlastung erreicht werden (Rn 96). **Beschränkt StPfl** können die Tarifermäßigung des § 34 I nur für Veräußerungsgewinne iSd §§ 14, 16 und 18 III geltend machen (§ 50 I 3, 4), nicht jedoch für einen Veräußerungsgewinn gem § 14a.[10] Der Ausschluss der ermäßigten Besteuerung der übrigen Einkünfte für ArbN aus der EU wird teilw als Verletzung der Freizügigkeit gem Art 39 EGV beurteilt.[11] Bei § 34 handelt es sich um eine sachliche Steuerbegünstigung, die jedenfalls dann von den **Erben** des StPfl in Anspr genommen werden kann, wenn sie die Steuern des Erblassers zahlen. § 34 ist im KSt-Recht nicht anwendbar.[12] 5

B. Außerordentliche Einkünfte

I. Der Tatbestand der außerordentlichen Einkünfte. – 1. Außerordentlichkeit der Einkünfte. § 34 I 1 setzt den Begriff der außerordentlichen Einkünfte voraus, definiert ihn aber nicht. Auch § 34 II enthält keine Definition der außerordentlichen Einkünfte, sondern zählt abschließend (Rn 22) diejenigen Einkünfte auf, für die die Ermäßigung des Abs 1 „in Betracht kommt". Alleine die Tatsache, dass einzelne Einkünfte in Abs 2 genannt werden, bedeutet noch nicht, dass ein Anspr auf die Tarifermäßigung des § 34 I besteht. Es ist vielmehr im Einzelfall zu prüfen, ob es sich um außerordentliche Einkünfte iSd Abs 1 handelt. 10

Außerordentlich ist ein **ungewöhnlicher, bedeutsamer und untypischer Vorgang**. Außerordentliche Einkünfte sind deshalb abzugrenzen von den regelmäßigen laufenden Einkünften und von den in einer Einkunftsart typischerweise anfallenden Vermögensmehrungen. Die in § 34 II beschriebenen Einkünfte beruhen idR auf ungewöhnlichen und seltenen Geschäftsvorfällen. Die Tatbestände des **§ 34 II indizieren die Außerordentlichkeit** der jeweiligen Einkünfte. Veräußerungs- und Aufgabegewinne (Nr 1) beenden eine Erwerbstätigkeit. Entschädigungen (Nr 2) gleichen eine finanzielle Einbuße infolge der Beeinträchtigung von Rechtsgütern des StPfl aus. Nutzungsvergütungen (Nr 3) set- 11

---

1 BFH/NV 03, 777; s auch *Wendt* FR 03, 583.
2 *Jahndorf/Lorscheider* FR 00, 433 (435).
3 BFH/NV 07, 442; FG BaWü EFG 02, 1171 u EFG 02, 684; vgl auch *H/H/R* § 34 Rn 4.
4 BFH BStBl II 03, 257 (Az BVerfG: 2 BvL 1/03); zustimmend *Hey* NJW 07, 408.
5 BFH BStBl II 06, 887 (Az BVerfG: 2 BvL 58/06).
6 BFH BStBl II 06, 895 (Az BVerfG: 2 BvL 57/06).
7 BFH BStBl II 03, 18; BFH/NV 04, 956; BFH/NV 04, 487; **aA** *Seeger* FR 03, 30; vgl auch *Hummel* DStR 03, 1; vgl auch FG Bln EFG 03, 862; FG BaWü EFG 03, 1100 (Rev XI R 24/03).
8 FG SchlHol EFG 03, 97.
9 BFH/NV 03, 618; FG Kln StE 07, 787 (Rev XI R 19/07).
10 Vgl *Blümich* § 34 Rn 28; *Schmidt*[26] § 50 Rn 31; **aA** *Schmidt*[26] § 34 Rn 5.
11 *Steinhäuser* IStR 03, 589.
12 BFH BStBl II 91, 455.

zen voraus, dass das Nutzungsverhältnis durch hoheitlichen Druck begründet wird. Den Vergütungen für mehrjährige Tätigkeiten (Nr 4) liegt idR nicht die typische regelmäßige Erwerbstätigkeit zugrunde. Einkünfte aus außerordentlicher Holznutzung (Nr 5) setzen bereits im Tatbestand außerordentliche Einkünfte voraus. Im Hinblick auf diese Besonderheiten bedarf es idR keiner gesonderten Prüfung, ob es sich bei den in Abs 2 beschriebenen Einkünften jeweils um ungewöhnliche und seltene Einkünfte der jeweiligen Einkunftsart handelt.

2. Zusammenballung von Einkünften. Die außerordentlichen Einkünfte gem § 34 I 1 sind jedoch nicht alleine dadurch gekennzeichnet, dass es sich um ungewöhnliche und unregelmäßige Einkünfte handelt. Die ermäßigte Besteuerung nach § 34 I bezweckt, diejenigen Härten auszugleichen, die sich aus der progressiven Besteuerung ergeben. Es muss sich daher um eine Zusammenballung von Einnahmen handeln, die sich bei normalem Ablauf auf mehrere Jahre verteilt hätten, da andernfalls ein sachlicher Grund für die von der Vorschrift bezweckte Milderung der tariflichen Spitzenbelastung nicht vorliegt. Danach sind außerordentliche Einkünfte stets **einmalige, für die jeweilige Einkunftsart ungewöhnliche Einkünfte, die das zusammengeballte Ergebnis mehrerer Jahre darstellen.**[1] Die zusammengeballten Einkünfte müssen geeignet sein, eine infolge der Progressionswirkung des Tarifs höhere steuerliche Belastung des gesamten Einkommens auszulösen.[2] Es ist jedoch nicht erforderlich, dass es durch die Zusammenballung der Einkünfte tatsächlich zu einer Verschärfung der Steuerprogression gegenüber einer Besteuerung bei Verteilung über mehrere VZ kommt.[3] Insoweit ist auch zu berücksichtigen, dass die Steuerberechnung nach § 34 I 2 und 3 nicht in jedem Fall zu einer Ermäßigung der Steuerbelastung führt (Rn 95). Stfreie Einkünfte gem § 3 Nr 9 sind bei der Beurteilung der Zusammenballung von Einkünften nicht zu berücksichtigen.[4]

Bei den **Veräußerungsgewinnen** des § 34 II Nr 1 kommt es zu einer Verschärfung der Steuerprogression, weil über mehrere Jahre entstandene stille Reserven von WG in einem Wj realisiert werden. Die Zusammenballung von Einkünften als Voraussetzung der außerordentlichen Einkünfte setzt voraus, dass alle stillen Reserven der wesentlichen Grundlagen des Betriebs in einem einheitlichen Vorgang aufgelöst werden.[5] Dementspr prüft der BFH jeweils bezogen auf den Gegenstand der Veräußerung, ob eine einheitliche **Vollrealisierung der stillen Reserven** vorliegt.[6] Wird zB ein gewerbliches Einzelunternehmen in eine PersGes gegen Ausgleichszahlung eingebracht, handelt es sich nicht um eine steuerbegünstigte Veräußerung, da nicht sämtliche stillen Reserven des eingebrachten Betriebs realisiert werden.[7] Überführt ein StPfl bei Aufgabe einer MU'schaft eine im BV dieser MU'schaft bilanzierte Beteiligung an einer anderen Ges zu Buchwerten in ein anderes Sonder-BV, liegen keine außerordentlichen Einkünfte vor, wenn die Beteiligung – etwa aufgrund erheblicher stiller Reserven – zu den wesentlichen Betriebsgrundlagen der aufgegebenen MU'schaft gehört.[8] Auch die Einbringung eines Einzelunternehmens in eine PersGes ist nicht begünstigt, wenn hierbei Sonder-BV entsteht, das nicht mit dem Teilwert angesetzt wird.[9]

Eine Zusammenballung von Einkünften liegt iÜ nur vor, wenn der StPfl infolge der Entschädigung in einem VZ **mehr erhält, als er bei normalem Ablauf der Dinge erhalten hätte** und wenn die Einkünfte in einem VZ zu erfassen sind.[10] Die Steuervergünstigung ist nicht gerechtfertigt, wenn die Einkünfte nicht geeignet sind, eine höhere steuerliche Belastung des gesamten Einkommens auszulösen.[11] Eine Zusammenballung von Einkünften liegt daher nicht vor, wenn die Einkünfte iSd § 34 II die bis zum Ende des VZ entgehenden Einnahmen nicht übersteigen und der StPfl keine weiteren Einnahmen bezieht, die er bei Fortsetzung der Erwerbstätigkeit nicht bezogen hätte.[12] Werden lediglich die laufenden Zahlungen eines Jahres ersetzt, ist § 34 I nicht anwendbar, da der StPfl durch diese Zahlungen nicht schlechter gestellt wird, als bei normalem Zufluss der Einnahmen.[13] Dagegen liegt eine Zusammenballung von Einkünften vor, wenn eine Entschädigung nur bis zum Ende des VZ entgangene oder entgehende Einnahmen ersetzt, der StPfl aber weitere Einkünfte aus nichtselbständiger Arbeit bezieht, die er bei Fortsetzung des bisherigen Arbvrh nicht bezogen hätte,

---

1 BFH BStBl II 81, 214; BFH/NV 93, 593; *K/S/M* § 34 Rn B 5 ff.
2 BFH BStBl II 75, 485.
3 BFH BStBl II 04, 264; BStBl II 96, 416.
4 BFH/NV 05, 1772.
5 BFH GrS BStBl II 00, 123; BStBl II 94, 607; BStBl II 88, 374; R 34.1 II EStR 05.
6 BFH GrS BStBl II 00, 123; BStBl II 94, 607; BStBl II 88, 374.
7 Vgl BFH GrS BStBl II 90, 837.
8 BFH BStBl II 98, 104.
9 BFH BStBl II 94, 458.
10 FG M'ster EFG 07, 1777.
11 Krit *K/S/M* § 34 Rn B 92.
12 BFH BStBl II 98, 787; BStBl II 97, 753; BFH/NV 06, 937; s auch BMF BStBl I 04, 505 Tz 11.
13 BFH/NV 96, 204; vgl auch BStBl II 98, 787.

so dass er insgesamt höhere Einkünfte hat als bei regulärem Verlauf des bisherigen Arbvrh.[1] Soweit der Beurteilung der Zusammenballung von Einkünften eine Prognoseentscheidung zugrunde liegt, kommt es nicht in jedem Fall auf die Einkünfte des Vorjahres an; vielmehr ist entscheidend, welche Einkünfte nach den gesamten Umständen des jeweiligen Einzelfalls realistischerweise zu erwarten sind und nach welchen Maßstäben die Entschädigungsleistung berechnet wird.[2]

Weiter setzt die Zusammenballung voraus, dass die **Einkünfte grds einheitlich in einem VZ zu erfassen** sind,[3] denn durch eine Verteilung zusätzlicher Einkünfte auf mehrere VZ wird die Progressionswirkung abgemildert. Daher **fehlt es an einer Zusammenballung**, wenn eine Entschädigung in 2 (oder mehr) verschiedenen VZ gezahlt wird, auch wenn die Zahlungen jeweils mit anderen laufenden Einkünften zusammentreffen und sich ein Progressionsnachteil ergibt.[4] Zahlung zum Ausgleich des unbezahlten Urlaubs (Umorientierungshilfe) sowie die Abfindung wegen der vorzeitigen Beendigung des Arbeitsverhältnisses, die sich auf zwei VZe verteilen, sind nicht begünstigt.[5] Gleiches gilt für in verschiedenen VZ vorab geleistete Teilzahlungen auf einen künftigen Ausgleichsanspruch gem § 89b HGB[6] oder wenn die Zahlung zum Ausgleich eines unbezahlten Urlaubs (Umorientierungshilfe) und die Abfindung wegen der vorzeitigen Beendigung des Arbeitsverhältnisses in 2 VZ gezahlt werden, obwohl es sich um eine einheitliche Entschädigung handelt.[5] Es besteht auch kein Anspruch auf Billigkeitsmaßnahmen, wenn der Verzicht auf eine der Teilleistungen für den StPfl günstiger gewesen wäre.[7] Da entscheidend für die Progressionswirkung der jeweilige VZ ist, liegt eine **Zusammenballung dann** vor, **wenn** die außerordentlichen Einkünfte statt in einer **Summe innerhalb eines VZ in mehreren Teilbeträgen** gezahlt werden. Verteilt sich eine Entschädigungszahlung auf 2 VZ, lässt die Rspr die Steuermäßigung in eng begrenzten Ausnahmefällen zu. Dies ist der Fall, wenn die Zahlung von vornherein in einer Summe vorgesehen war und nur wegen ihrer ungewöhnlichen Höhe und der besonderen Verhältnisse des Zahlungspflichtigen auf 2 Jahre verteilt wird,[8] wenn bei Ablösung einer betrieblichen Rentenzahlungsverpflichtung gegen Abfindung eine frühere Einmalzahlung im Verhältnis zum Ablösebetrag als geringfügig anzusehen ist[9] oder wenn der StPfl nur eine geringfügige Teilleistung erhalten hat und die ganz überwiegende Hauptentschädigungsleistung nach einer Klage in einem Betrag erhält.[10] Nach dem BFH schließt der Grundsatz der Einheitlichkeit der Entschädigung in ganz besonders gelagerten Fällen die selbstständige Vereinbarung mehrerer Entschädigungen für klar abgegrenzte Zeiträume nicht aus und ermöglicht damit bei Zahlung der verschiedenen Entschädigungen in verschiedenen VZ die mehrfache Inanspruchnahme des § 34.[11]

Der Grundsatz der Zusammenballung von Einkünften erfährt eine Ausnahme, wenn neben der Hauptentschädigungsleistung – auch in einem späteren VZ – **aus Gründen der sozialen Fürsorge** für eine gewisse Übergangszeit **Entschädigungszusatzleistungen** gewährt werden. Dies können Leistungen sein, die der (frühere) ArbG dem StPfl zur Erleichterung des Arbeitsplatz- oder Berufswechsels oder als Anpassung an eine dauerhafte Berufsaufgabe und Arbeitslosigkeit erbringt.[12] Sie setzen weder eine Bedürftigkeit des entlassenen ArbN noch eine nachvertragliche Fürsorgepflicht des ArbG im arbeitsrechtlichen Sinne voraus.[13] Als ergänzende Zusatzleistungen kommt die befristete Weiternutzung eines Dienstwagens,[14] eine in einem späteren VZ gezahlte Jubiläumszuwendung, die der ArbN bei Fortsetzung des Arbvrh erhalten hätte,[15] die befristete Übernahme von Versicherungsbeiträgen,[16] die befristete Zahlung von Zuschüssen zum Arbeitslosengeld,[17] Zahlungen aus einem Härtefonds,[18] eine Nachbesserung der Hauptleistung durch einen Sozialplan[19] oder die spätere Aufzahlung zu einer Abfindung[20] in Betracht.[21] Die weitere verbilligte Nutzung einer Wohnung ist

---

1 BFH BStBl II 97, 753.
2 Vgl auch FG M'ster EFG 07, 1777 (Rev XI R 23/07).
3 BFH BStBl II 96, 516; BStBl II 96, 416.
4 BFH BStBl II 81, 214; BStBl II 96, 416; BStBl II 03, 881; BFH/NV 03, 1573.
5 BFH BStBl II 06, 835.
6 BFH BStBl II 88, 936; vgl auch *K/S/M* § 34 Rn A 32, B83.
7 BFH/NV 06, 1833.
8 BFH BStBl II 93, 831; BStBl III 57, 104.
9 BFH BStBl II 04, 493.
10 FG Kln EFG 05, 444.
11 BFH BStBl II 04, 716; krit zu Recht *Wendt* FR 04, 851; meines Erachtens sollten solch tragische Einzelfälle durch Billigkeitsmaßnahmen gelöst werden.
12 BFH BStBl II 02, 180.
13 BFH BStBl II 04, 447.
14 BFH BStBl II 04, 447; BFH/NV 03, 769; BFH/NV 03, 747; BFH/NV 03, 607; BFH/NV 03, 448.
15 BFH BStBl II 04, 451.
16 BFH/NV 03, 607.
17 BFH BStBl II 04, 442; BFH/NV 05, 1772; BFH/NV 02, 717.
18 BFH BStBl II 04, 446.
19 BFH BStBl II 04, 715.
20 BFH/NV 04, 1226.
21 Vgl auch BMF BStBl I 04, 505 Tz 15.

dann schädlich, wenn sie mietrechtlich frei vereinbar und dem Grunde nach ein geldwerter Vorteil aus dem früheren Dienstverhältnis ist und nicht auf die Lebenszeit des oder der Berechtigten abgeschlossen ist.[1] Sachbezüge, die in ihrer Bündelung zu einer umfassenden Versorgung führen (Erstattung der Kosten für die Wohnung einschließlich Strom, Wasser, Heizung, Telefon; Wagen mit Fahrer, Zuschüsse für Hauspersonal und Einrichtung; Beiträge zum Golfklub) gehören nicht hierzu.[2] Wo die **betragsmäßige Grenze** für Zusatzleistungen verläuft, ist noch nicht geklärt.[3] Die vom BMF angenommene Grenze von 20 vH der Hauptleistung[4] dürfte angesichts der Rspr des BFH jedoch zu niedrig sein.[5] Entschädigungszusatzleistungen sind für die Steuerbegünstigung der Entlassungsentschädigung nach dem BFH schädlich, wenn sie diese nicht als Zusatz ergänzen, sondern insgesamt betragsmäßig fast erreichen.[6] Wird einem ArbN jedoch anlässlich der betriebsbedingten Aufhebung seines Arbeitsvertrages eine Erhöhung seiner Entlassungsentschädigung für den Fall zugesagt, dass künftig ein für ihn günstigerer Sozialplan aufgestellt werden sollte, so steht eine solche in einem späteren Veranlagungszeitraum zufließende Nachbesserung der tarifbegünstigten Besteuerung der Hauptentschädigung auch dann nicht entgegen, wenn sie 42,3 vH der Hauptentschädigung beträgt.[7] Die ergänzenden Leistungen können im VZ der Entschädigungsleistung mit dieser zusammengerechnet werden;[8] **in den folgenden VZ** sind sie jedoch **nicht mehr tarifbegünstigt**.[9]

20 **3. Abgrenzbarkeit der Einkünfte.** Bei außerordentlichen Einkünften handelt es sich um eine **besondere Art von Einkünften im Rahmen einer Einkunftsart**.[10] Sie sind daher von den sonstigen (ordentlichen) laufenden Einkünften abzugrenzen. Bei Veräußerungsgewinnen ergibt sich die gesonderte Ermittlung der außerordentlichen Einkünfte bereits aus dem Gesetz (vgl zB §§ 16 II, 17 II, 18 III). Aber auch bei den anderen Einkunftsarten bedarf es einer gesonderten Ermittlung der außerordentlichen Einkünfte gegenüber laufenden Einkünften einer Einkunftsart.[11] Nur für diejenigen Einkünfte einer Einkunftsart, die Voraussetzungen des § 34 erfüllen, ist die Tarifermäßigung zu gewähren (vgl zu Freibeträgen und WK-Pauschbetrag Rn 56).

22 **II. Begünstigte Einkünfte (§ 34 II).** Aus dem Einleitungssatz des § 34 II („kommen in Betracht") ergibt sich, dass die besondere Steuerberechnung des Abs 1 **nur für die dort im Einzelnen aufgeführten Einkünfte** gilt. § 34 I findet jedoch auch dann Anwendung, wenn andere Gesetze auf diese Regelung verweisen. Die Tarifermäßigung des § 34 I kann daher auf bei der Sacheinlage einer nat Pers entstehende Veräußerungsgewinne iSd § 20 V UmwStG[12] und bei der Einbringung eines (Teil-)Betriebs oder eines MU'anteils in eine PersGes nach § 24 UmwStG[13] unter den dort genannten Voraussetzungen[14] Anwendung finden, wobei es allerdings zu erheblichen Anwendungs- und Auslegungsproblemen kommt.[15] Voraussetzung ist auch in diesen Fällen die zusammengeballte und vollständige Aufdeckung stiller Reserven[16] (s auch Rn 16).

25 **1. Veräußerungsgewinne (§ 34 II Nr 1).** Zweck der Tarifvergünstigung des § 34 ist es, zusammengeballte Einkünfte nicht nach dem progressiven ESt-Tarif zu erfassen. Bei den Gewinneinkünften werden im Zeitpunkt der BetrAufg oder Betriebsveräußerung **typischerweise die während vieler Jahre entstandenen stillen Reserven zusammengeballt realisiert.** Daher gehören die Veräußerungs- und Aufgabegewinne seit jeher zu den außerordentlichen Einkünften (s auch § 16 Rn 9). Als außerordentliche Einkünfte werden die in § 34 II Nr 1 bezeichneten Veräußerungsgewinne behandelt. Die Grundregelung der Veräußerungsgewinne ist § 16 I, der den Vorschriften über die Veräußerung luf Betriebe (§§ 14, 14a I) sowie der Veräußerung des der selbstständigen Arbeit dienenden Vermögens (§ 18 III) nachgebildet worden ist. Da auch bei der BetrAufg (§ 16 III 1) die stillen Reserven zusammengeballt realisiert werden, ist die Aufgabe der Veräußerung des Betriebes gleichgestellt. Bis zur Einführung des Halbeinkünfteverfahrens ist es systematisch folgerichtig, auch die Veräußerung von Anteilen an einer KapGes (§ 17) im Rahmen des § 34 zu begünstigen (zum zeitlichen Geltungsbereich der Neufassung Rn 31).

---

1 BMF BStBl I 04, 505 Tz 16.
2 BFH BStBl II 04, 547.
3 BFH v 9.4.03 – XI B 71/02, juris.
4 BMF BStBl I 04, 505 Tz 15.
5 *Weber-Grellet* BB 04, 1877 (1886).
6 BFH BStBl II 04, 444 = FR 02, 525 mit Anm *Wendt*; vgl zur sog Outplacementberatung auch *Grote/Kellersmann* DStR 02, 741.
7 BFH BStBl II 04, 715.
8 BFH BStBl II 04, 442.
9 BFH BStBl II 04, 446; BMF BStBl I 04, 505 Tz 15.
10 BFH BStBl II 95, 467.
11 Vgl BFH BStBl II 99, 588.
12 ZB BFH BStBl II 96, 342.
13 ZB BFH BStBl II 94, 856.
14 Vgl dazu auch die Änderungen durch das UntStFG, BGBl I 01, 3858.
15 *Patt/Rasche* FR 01, 175.
16 BFH BStBl II 94, 458 mwN.

Die **Veräußerung oder Aufgabe** eines Betriebes oder einer selbstständigen Tätigkeit ist **stets ein** **26** **außergewöhnlicher Vorgang**, so dass es keiner weiteren Prüfung der Außerordentlichkeit (Rn 11) bedarf. Der Zweck der Tarifvergünstigung setzt voraus, dass alle stillen Reserven der wesentlichen Grundlagen des Betriebs in einem einheitlichen Vorgang aufgelöst werden.[1] Hierbei handelt es sich jedoch weniger um die Prüfung, ob die Tatbestandsmerkmale der Vorschriften über die Veräußerungsgewinne (§§ 16, 14, 14a I, 18 III) erfüllt sind; vielmehr geht es um die Prüfung der Zusammenballung der Einkünfte als Voraussetzungen der Tarifermäßigung nach § 34 I oder III (Rn 15f). Im Hinblick darauf, dass vielfach ausschließlich str ist, ob die Tarifermäßigung bei Veräußerungsgewinnen zu gewähren ist, wird die vollständige Realisierung stiller Reserven gelegentlich als Tatbestandsvoraussetzung der Veräußerungsgewinne angesehen.

Voraussetzung dafür, dass die Tarifermäßigung für Veräußerungsgewinne gem § 34 II Nr 1 gewährt **27** wird, ist, dass die **dort genannten Tatbestände** erfüllt sind.[2] Insoweit wird auf die jeweilige Kommentierung dieser Vorschriften verwiesen.

Zu den **Veräußerungsgewinnen des § 16** zählen gem § 16 I S1 Nr 1 S 1 die Veräußerung des ganzen **28** GewBetr (§ 16 Rn 50 ff) oder eines Teilbetriebes (§ 16 Rn 60 ff). Als Teilbetrieb gilt gem § 16 I 1 Nr 1 S 2 auch die 100 %ige Beteiligung an einer KapGes (§ 16 Rn 69 ff). Der Veräußerungsgewinn bei Anteilen an einer KapGes gehört nicht zu den außerordentlichen Einkünften, wenn er nach dem Halbeinkünfteverfahren gem § 3 Nr 40 iVm § 3c II teilw steuerbefreit ist (s auch Rn 31). Weiter gehört zu den Veräußerungsgewinnen gem § 16 I 1 Nr 2 die Veräußerung des gesamten MU'anteils[3] (§ 16 Rn 200 ff) oder des gesamten Anteils eines phG'ters einer KGaA (§ 16 I Nr 3). Die Veräußerung von WG des Umlaufvermögens steht ungeachtet eines zeitlichen Zusammenfallens mit der BetrAufg nicht in dem erforderlichen wirtschaftlichen Zusammenhang mit der BetrAufg (vgl § 16 III 2 aF, später S 3, jetzt S 6), wenn sie sich als Fortsetzung der bisherigen unternehmerischen Tätigkeit darstellt (Gewinn aus der Veräußerung eines Grundstücks durch gewerblichen Grundstückshändler).[4] Der Ertrag aus einer im zeitlichen und sachlichen Zusammenhang mit der Betriebsveräußerung oder BetrAufg vollzogenen Auflösung einer **Ansparrücklage nach § 7g III** erhöht grds den steuerbegünstigten Betriebsveräußerungs- bzw. BetrAufg-Gewinn.[5] Die FinVerw hat ihre ablehnende Haltung insoweit aufgegeben und sich der RSpr des BFH angeschlossen.[6] Eine steuerbegünstigte BetrAufg liegt auch vor, wenn nicht alle WG des BV veräußert oder ins PV übernommen, sondern einzelne WG einem anderen Unternehmen desselben StPfl gewidmet werden.[7] Die Anteile an einer Betriebskapitalgesellschaft sind wesentliche Betriebsgrundlagen iSv § 16 des Besitzeinzelunternehmens. Werden diese Anteile nicht mitveräußert, kann von einer privilegierten Teilbetriebsveräußerung nicht ausgegangen werden.[8] Mit Wirkung vom VZ 01 gehört die **Veräußerung des Teils eines MU'anteils** gem § 16 I 2[9] zum laufenden Gewinn (§ 16 Rn 214). Das bedeutet gleichzeitig, dass **ab VZ 01 die Steuervergünstigung** gem § 34 für den Gewinn aus einer solchen **Teilanteilsveräußerung nicht mehr gewährt** wird. Früher wurde die Steuervergünstigung für entsprechende Veräußerungen des Teils eines MU'anteils gewährt.[10] Im Anschluss an die Entscheidung des GrS des BFH v 18.10.99[11] hat der BFH (für die bis VZ 00 geltende Rechtslage) darauf abgestellt, dass Voraussetzung für die Steuervergünstigung sei, dass der Veräußerer die zu seinem Sonder-BV gehörenden wesentlichen Betriebsgrundlagen anteilig mitüberträgt.[12] Notwendiges Sonder-BV besteht auch dann, wenn das überlassene WG im Gesamthandsvermögen einer vermögensverwaltenden GbR steht, deren G'ter sämtlich oder zT auch Mitunternehmer einer gewerblich oder freiberuflich tätigen PersGes sind.[13] Eine Geringfügigkeitsgrenze für die Berücksichtigung von Sonder-BV existiert nicht.[14] Der Gewinn aus der Veräußerung eines Bruchteils eines KG-Anteils war bis VZ 00 tarifbe-

---

1 BFH GrS BStBl II 00, 123; vgl auch BFH BStBl II 01, 798.
2 *K/S/M* § 34 Rn B 20.
3 Dazu *Förster* FR 02, 649.
4 BFH BStBl II 06, 160; BStBl II 03, 467; vgl auch FG Bln v 21.3.06 – 7 K 4006/03 (Rev VIII R 22/06).
5 BFH BStBl II 07, 862; dazu *Schulze-Osterloh* BB 07, 996; BFH/NV 07, 883; BFH BStBl II 05, 596; dazu *Fischer* FR 05, 490.
6 BMF BStBl I 07, 790 ändert insoweit BMF BStBl I 04, 337 und BStBl I 05, 859.
7 BFH BStBl II 06, 652 für die Aufgabe eines luf Betriebs und Vermietung wesentlicher Betriebsgrundlagen nach Beendigung der landwirtschaftlichen Betätigung.
8 BFH BStBl II 07, 772; BFH/NV 07, 2093.
9 IdF des UntStFG, BGBl I 01, 3858 v 20.12.01.
10 ZB BFH BStBl II 95, 407; vgl BFH BStBl II 04, 1086.
11 BFH GrS BStBl II 00, 123.
12 BFH BStBl II 07, 524; BFHE 192, 534 = DStR 00, 1768; BFH/NV 05, 1540; BFH/NV 06, 717; vgl auch *Märkle* DStR 01, 685.
13 BFH BStBl II 06, 176; vgl auch FG D'dorf EFG 05, 1436 (Rev IV R 43/05); FG Nds EFG 07, 1763 zur Anteilsveräußerung an einer Rechtsanwaltskanzlei.
14 BFH BStBl II 06, 176.

günstigt, wenn der Veräußerer zugleich wesentliche WG seines Sonder-BV unentgeltlich und unter Fortführung des bisherigen Buchwerts dem Erwerber übertrug.[1] Obwohl gesetzlich nicht ausdrücklich geregelt, ist auch die vollständige **Aufgabe eines Teilbetriebs** (§ 16 Rn 316) begünstigt. Bei einem grundstücksverwaltenden Teilbetrieb setzt die Tarifbegünstigung voraus, dass alle Grundstücke veräußert werden.[2] Nach der Neufassung des § 16 III 2–4 durch das UntStFG[3] werden bei der **Realteilung** die Buchwerte fortgeführt, wenn die Besteuerung der stillen Reserven sichergestellt ist (§ 16 Rn 340); die Steuervergünstigung des § 34 kann nicht gewährt werden, weil keine stillen Reserven realisiert werden. Lediglich in den Fällen, in denen bei der Realteilung ausnahmsweise sämtliche stillen Reserven realisiert werden (zB wenn die WG von einem Realteiler sämtlich in das PV überführt werden, vgl § 16 Rn 340, 342), können außerordentliche Einkünfte iSd § 34 entstehen. Der nach § 2a III 3 hinzuzurechnende Gewinn aus der Veräußerung einer ausländischen Betriebsstätte (§ 2a Rn 89) ist nicht begünstigt.[4] Zum Wahlrecht bei der Betriebsveräußerung gegen wiederkehrende Bezüge s § 24 Rn 47, § 16 Rn 92 ff, 140 ff.

29 Bei den Einkünften aus LuF gehören die **Einkünfte gem § 14** (s § 14 Rn 6 ff) **und nach § 14a I** (s § 14a Rn 2 ff) zu den Veräußerungsgewinnen gem § 34 II Nr 1. Die Gewinne gem § 14 sind gem § 4a II Nr 1 S 2 dem Kj zuzurechnen, in dem sie entstanden sind. Der Verweis auf § 14a I hat keine Bedeutung mehr, da diese Vorschrift nur auf Veräußerungen vor dem 1.1.01 anwendbar ist. Zu den außerordentlichen Einkünften gehören auch die **Veräußerungsgewinne gem § 18 III**[5] (s § 18 Rn 164 ff). Die Veräußerung einer freiberuflichen Praxis setzt grds voraus, dass die Tätigkeit in dem bisherigen örtlichen Wirkungskreis zumindest für eine gewisse Zeit (3–5 Jahre) eingestellt wird.[6] Die Einbringung einer freiberuflichen Praxis oder eines gewerblichen Einzelunternehmens in eine PersGes gegen Ausgleichszahlung ist nicht als steuerbegünstigte Veräußerung zu beurteilen.[7] Die tarifbegünstigte Besteuerung eines Veräußerungsgewinns setzt die Veräußerung aller wesentlichen Betriebsgrundlagen voraus; die nur teilw Veräußerung eines Mandantenstammes genügt dem nicht.[8] Die Teilanteilsveräußerung einer RA-Sozietät ist ebenso zu behandeln wie die Veräußerung eines MU'anteils und war bis zum Inkrafttreten des § 16 I Nr 2 EStG idF des UntStFG steuerbegünstigt.[9] Eine Steuerbegünstigung schied jedoch aus, wenn bei der Übertragung von Teilanteilen an einer Freiberufler-GbR auf einen neuen G'ter das im Miteigentum der beiden bisherigen G'ter stehende Praxisgrundstück nicht (anteilig) mitveräußert wurde, denn bei freiberuflicher Tätigkeit gibt es keine mitunternehmerische BetrAufsp.[10] Die Veräußerung eines freiberuflichen MU'anteils und mangels Anpassung an § 16 I 2 auch eines Teilanteils ist ebenfalls tarifbegünstigt.[11] Eine Teilpraxisveräußerung kommt zB in Betracht, wenn ein Büro mit getrennten örtlichen Wirkungsbereichen und Kundenkreisen samt den Kundenbeziehungen völlig eingestellt wird; dies setzt voraus, dass alle wesentlichen Betriebsgrundlagen des Teilbetriebs in einem einheitlichen Vorgang veräußert werden.[12] Anders ist dies jedoch bei einer Bürogemeinschaft zu beurteilen, die im Unterschied zu einer Gemeinschaftspraxis (Mitunternehmerschaft) lediglich den Zweck hat, den Beruf in gemeinsamen Praxisräumen auszuüben und bestimmte Kosten von der Praxisgemeinschaft tragen zu lassen und umzulegen. Die Veräußerung von Teilen dieser Bürogemeinschaft ist nicht tarifbegünstigt.[13] Veräußert ein Allgemeinmediziner, der zugleich Betriebsarzt ist, seine allgemeinmedizinische Praxis, liegt eine tarifbegünstigte Teilpraxisveräußerung vor, wenn dem Praxisteil eine entspr organisatorische Selbstständigkeit zukommt.[14] Die Veräußerung von Anteilen an KapGes bei **wesentlicher Beteiligung (§ 17)** ist nur für Anteile begünstigt, die nicht dem Halbeinkünfteverfahren unterlegen haben (Rn 31).

30 Soweit **Freibeträge für Veräußerungsgewinne** iSd § 34 II Nr 1 gewährt werden (§§ 14 2, 14a I, 16 IV, 17 III, 18 III), ist § 34 nicht anwendbar. Die Tarifvergünstigung gem § 34 I wird nur für Gewinne oberhalb der Freibeträge gewährt. Gem § 34 I 4 und III 6 wird die Steuerermäßigung des § 34 I oder III nicht gewährt, wenn der StPfl auf die außerordentlichen Einkünfte des § 34 II Nr 1 ganz oder

---

1 BFH BStBl II 03, 194; krit *Daragan* DB 01, 1000.
2 BFH BStBl II 05, 395.
3 UntStFG, BGBl I 01, 3858.
4 BFH BStBl II 89, 543.
5 Dazu *K/S/M* § 34 Rn B 42 ff.
6 BFH/NV 06, 298; BFH/NV 99, 1594; mit Anm *Wendt* FR 99, 1120; zur Fortführung einer ärztlichen Tätigkeit in geringem Umfang vgl BMF DB 03, 2522.
7 BFH GrS BStBl II 00, 123.
8 BFH/NV 03, 773.
9 BFH BStBl II 04, 1068.
10 BFH BStBl II 06, 173.
11 *Böttner* DB 02, 1798.
12 BFH BStBl II 03, 838.
13 BFH BStBl II 05, 752.
14 BFH BStBl II 05, 208.

teilw **§ 6b oder § 6c** anwendet.[1] Hat der StPfl nach diesen Vorschriften eine Rücklage gebildet, die Reinvestition aber unterlassen, führt die Auflösung der Rücklage zu laufendem Gewinn, auf den § 34 nicht anwendbar ist.[2] Seit 1.1.99 ist **§ 6b nicht mehr personenbezogen** ausgestaltet; vielmehr steht das Gestaltungsrecht der MU'schaft zu (vgl § 6b Rn 3). Nimmt die **MU'schaft** § 6b auf außerordentliche Einkünfte im Gewinnfeststellungsbescheid in Anspr, steht dem MU'er in seiner persönlichen ESt-Veranlagung das Antragsrecht des § 34 I oder III nicht offen.[3] Für Veräußerungen **nach dem 31.12.01** dürfte § 6b allerdings wieder **personenbezogen** zu verstehen sein.[4]

§ 34 II Nr 1 ist **durch das StSenkG**[5] **geändert** worden. Nach Einführung des **Halbeinkünfteverfahrens** (§ 3 Rn 112 ff; § 20 Rn 41 ff) zählen Veräußerungsgewinne aus der Veräußerung von Anteilen an KapGes (§ 17)[6] und Veräußerungsgewinne, die nach § 3 Nr 40b iVm § 3c II teilw steuerbefreit sind, nicht mehr zu den außerordentlichen Einkünften. Durch die Neufassung von § 34 II Nr 1 soll sichergestellt werden, dass nur solche Gewinne der ermäßigten Besteuerung unterliegen, die in vollem Umfang besteuert werden.[7] Das ist im Hinblick auf die Systemumstellung auf das Halbeinkünfteverfahren folgerichtig, denn die nunmehr nicht mehr durch § 34 begünstigten Veräußerungsgewinne sind bereits durch das Halbeinkünfteverfahren begünstigt; eine **doppelte Begünstigung wäre nicht gerechtfertigt**.[8] Nicht geregelt ist, wie der Freibetrag nach § 16 IV zuzuordnen ist (s Rn 30), wenn in dem Veräußerungsgewinn nur anteilig Gewinne enthalten sind, die nach § 3 Nr 40 iVm § 3c II begünstigt sind. Zugunsten des StPfl sollte der Freibetrag zunächst bei dem anteiligen Gewinn aus der Veräußerung der KapGes-Anteile und erst anschließend bei dem restlichen Veräußerungsgewinn abgezogen werden.[9] Die Neufassung des § 34 II Nr 1 gilt nicht ab einem bestimmten VZ. Sie ist vielmehr erst auf Veräußerungsgewinne anzuwenden, die dem Halbeinkünfteverfahren unterliegen (§ 52 Abs 47 S 2 iVm § 52 IVa). Das bedeutet, dass für eine Übergangszeit mehrere Fassungen des § 34 II Nr 1 nebeneinander anwendbar sind. In der Regel gilt die bisherige Fassung des § 34 II Nr 1 letztmalig für Veräußerungsgewinne im VZ 01.[10]

2. Entschädigungen (§ 34 II Nr 2). Als außerordentliche Einkünfte kommen Entschädigungen iSd § 24 Nr 1 in Betracht. Hierbei handelt es sich um Entschädigungen als Ersatz für entgangene oder entgehende Einnahmen (§ 24 Nr 1a), für die Aufgabe oder Nichtausübung einer Tätigkeit, für die Aufgabe einer Gewinnbeteiligung oder einer Anwartschaft darauf (§ 24 Nr 1b) und als Ausgleichszahlung an Handelsvertreter nach § 89b HGB (§ 24 Nr 1c). Selbst wenn die **Tatbestandsvoraussetzungen des § 24 Nr 1** erfüllt sind, kann die Steuerermäßigung nur beansprucht werden, wenn es sich um außerordentliche Einkünfte iSd § 34 I (Rn 11) handelt. Zwar gilt für die einzelnen Tatbestände des § 24 Nr 1 kein einheitlicher Entschädigungsbegriff (§ 24 Rn 5). Gemeinsam ist den verschiedenen Tatbeständen jedoch, dass es sich um Zahlungen für außergewöhnliche Vorgänge handelt, so dass die Voraussetzung der Außerordentlichkeit iSd § 34 I gegeben ist. Die **Zusammenballung der Einkünfte** (Rn 15 ff) ist für § 34 I **gesondert zu prüfen**, bevor für eine Entschädigung iSd § 24 Nr 1 die Tarifermäßigung gewährt werden kann. In diesem Zusammenhang spielen **Entlassungsentschädigungen** und Abfindungen wegen einer Auflösung des Dienstverhältnisses eine besondere Rolle.[11]

Entschädigungen iSd § 24 Nr 1 können bei allen Einkunftsarten des § 2 I Nr 1 bis 7 anfallen. Bei den Überschusseinkünften und bei einer Gewinnermittlung gem § 4 III sind sie im VZ des Zuflusses zu erfassen. Bei der Gewinnermittlung gem §§ 4 I, 5 kommt es auf den VZ der Bilanzierung an; bei abw Wj bedeutet dies die Erfassung in dem VZ, in dem das Wj endet (§ 4a II Nr 2). Eine Besonderheit besteht bei den **Einkünften aus LuF**. Da eine Sonderregelung anders als für Veräußerungsgewinne gem § 14 nicht besteht, sind die außerordentlichen Einkünfte bei vom Kj abw Wj gem § 4a II Nr 1 S 1 **zeitanteilig auf die Kalenderjahre aufzuteilen**.

3. Nutzungsvergütungen (§ 34 II Nr 3). Die Steuervergünstigung des § 34 II Nr 3 gilt nur für Nutzungsvergütungen und Zinsen iSd § 24 Nr 3, die für einen Zeitraum von mehr als 3 Jahren **nachgezahlt** werden. Nicht begünstigt sind Nutzungsvergütungen, die in einem Einmalbetrag für einen 3 Jahre übersteigenden Nutzungszeitraum gezahlt werden und von denen ein Teilbetrag auf einen

---

1 Vgl auch BFH/NV 07, 1293.
2 BFH BStBl II 82, 348.
3 *Stahl* KÖSDI 00, 12338 (12340).
4 § 6b X idF UntStFG, § 52 Abs 18a; vgl auch BR-Drs 638/01.
5 StSenkG BGBl I 00, 1433.
6 BFH v 1.9.04 – VIII B 64/04, juris.
7 BT-Drs 14/2683, 116.
8 *K/S/M* § 34 Rn B 52.
9 *Hagen/Schynol* DB 01, 397.
10 Ausf zur zeitlichen Anwendung *Hagen/Schynol* DB 01, 397.
11 Dazu ausf BMF BStBl I 04, 505.

Nachzahlungszeitraum von weniger als 3 Jahren und die iÜ auf den zukünftigen Nutzungszeitraum entfallen.[1] Bei einer Nachzahlung für mehr als 3 Jahre ist der **gesamte Betrag begünstigt** und nicht nur der Teil, der auf den 3 Jahre übersteigenden Teil des Nachzahlungszeitraums entfällt.[2]

40 **4. Vergütung für mehrjährige Tätigkeiten (§ 34 II Nr 4).** Einkünfte aus einer Entlohnung oder Vergütung für eine mehrjährige Tätigkeit sind bereits im REStG 20 steuerlich begünstigt worden.[3] Anders als die übrigen außerordentlichen Einkünfte wurden sie seit 1946 nicht tariflich begünstigt, sondern zur Milderung der Progression auf mehrere Jahre verteilt. Durch das StRefG 90 wurde für die Einkünfte aus Vergütungen für eine mehrjährige Tätigkeit eine Tarifermäßigung eingeführt, die Vorbild für die heutige Regelung des § 34 I war, die Progressionswirkung jedoch nur auf 3 Jahre verteilte. Außerdem stellte die ab 1990 geltende Regelung nicht mehr auf eine Entlohnung, sondern auf die Vergütung für eine mehrjährige Tätigkeit ab. **Erst durch das StEntlG 99/00/02** wurden die Vergütungen für mehrjährige Tätigkeiten **in § 34 II Nr 4 aufgenommen** und damit den übrigen außerordentlichen Einkünften gleichgestellt.[4] In dieser Fassung gilt die Regelung ab dem VZ 99 (§ 52 Abs 47).

41 **a) Beschränkung auf bestimmte Einkunftsarten.** Der Wortlaut des § 34 II Nr 4 beschränkt die Anwendung dieser Norm nicht auf bestimmte Einkunftsarten, so dass die Regelung grds für alle Einkunftsarten gilt.[5] Demgegenüber hat die Rspr zur Vorgängerregelung des § 34 III aF entschieden, dass diese idR nicht auf Gewinneinkünfte anwendbar sei.[6] Dies ist nur insoweit zutr, als der Gewinn durch BV-Vergleich (§§ 4 I, 5) ermittelt wird. Die Gewinnermittlung durch Bilanzierung bezweckt die zutr Ermittlung des Periodenergebnisses, indem Aufwendungen und Erträge dem Wj ihrer Verursachung zugeordnet werden. Der Einkünfteermittlung durch Bestandsvergleich ist immanent, dass Teile des Gewinns über mehrere Jahre in stillen Reserven angesammelt und erst bei der Betriebsveräußerung oder -aufgabe erfasst werden. Diese außerordentlichen Einkünfte werden bereits durch § 34 II Nr 1 erfasst. Daher ist es gerechtfertigt, § 34 II Nr 4 **nur bei Überschusseinkünften und bei der Gewinnermittlung nach § 4 III** anzuwenden.[7]

42 Der BFH hat in seiner früheren Rspr § 34 III aF als Sonderregelung für Einkünfte aus selbstständiger und nichtselbstständiger Arbeit angesehen, eine Anwendung auf Einkünfte aus VuV[8] und auf Einkünfte aus KapVerm abgelehnt[9] und Rentennachzahlungen ebenfalls nicht begünstigt.[10] Diese restriktive Auslegung und Beschränkung auf wenige Einkunftsarten dürfte – auch nachdem der Begriff „Entlohnung" durch „Vergütung" ersetzt wurde – nicht mehr gelten.[11] Vielmehr besteht **bei allen Einkunftsarten** grds die Möglichkeit, die Vergünstigung nach § 34 I zu beantragen. Zu den Vergütungen aus mehrjähriger Tätigkeit können daher auch **Nachzahlungen von Ruhegehaltsbezügen und von Renten iSd § 22 Nr 1 gehören.**[12] Bei Einkünften aus KapVerm kommt meines Erachtens eine Tarifermäßigung gem § 34 in Betracht, wenn die Zinseinkünfte mehrerer Jahre in einem VZ zufließen und gemeinsam steuerlich erfasst werden (zB bei **Bundesschatzbriefen B**[13]).

43 Allerdings gewinnen die Merkmale der **Zusammenballung** (Rn 15 ff) und der **Abgrenzbarkeit** (Rn 20, 56) für § 34 II Nr 4 besondere Bedeutung. Soweit innerhalb einer Einkunftsart, insbes bei den Einkünften aus selbstständiger Arbeit, eine Vergütung für eine mehrjährige Tätigkeit Bestandteil der regelmäßigen und üblichen Tätigkeit ist, findet § 34 II Nr 4 keine Anwendung. Vielmehr ist die Tarifvergünstigung auf besondere Tätigkeiten beschränkt, die **von der üblichen Tätigkeit abgrenzbar** sein müssen.[14] Die FinVerw fordert, dass aufgrund der Einkunftsermittlungsvorschriften eine Zusammenballung von Einkünften eintritt, die bei den Einkünften aus nichtselbstständiger Arbeit auf wirtschaftlich vernünftigen Gründen beruht und bei anderen Einkünften nicht dem vertragsgemäßen oder dem typischen Ablauf entspricht.[15]

45 **b) Vergütung für mehrjährige Tätigkeit.** § 34 II Nr 4 setzt eine Vergütung für eine mehrjährige Tätigkeit voraus. Der Gesetzgeber hat mit Wirkung ab VZ 07 das Tatbestandsmerkmal der mehr-

---

1 BFH BStBl II 94, 640.
2 BFH BStBl II 85, 463.
3 Zur Entstehungsgeschichte: *Heuer* Die Besteuerung der Kunst², S 163 ff.
4 Dies forderte schon *Heuer* Die Besteuerung der Kunst², S 174 f.
5 R 34.4 I 1 EStR 05.
6 BFH/NV 93, 593; BStBl II 73, 729.
7 Vgl auch R 34.4 III EStR 05; **aA** *K/S/M* § 34 Rn B 126.
8 BFH BStBl III 63, 380.
9 BFH BStBl III 66, 462.
10 BFH BStBl II 70, 784.
11 Vgl auch *Puhl* DB 88, 1917.
12 R 34.4 I 2 EStR 05.
13 **AA** *K/S/M* § 34 Rn B 219; zur Endfälligkeit der Zinsen s BMF BStBl I 88, 540; BStBl I 89, 428.
14 BFH BStBl II 75, 765.
15 R 34.4 I 3 EStR 05.

jährigen Tätigkeit dahin definiert, dass die Tätigkeit sich über mindestens **zwei VZ** und einen Zeitraum von **mehr als zwölf Monate** erstrecken muss.[1] Damit wird die Rspr des BFH korrigiert, die weniger strenge Voraussetzungen aufstellte. Zwar setzte auch der BFH voraus, dass die Tätigkeit in **wenigstens 2 VZ** ausgeübt werden musste.[2] Entgegen der Auffassung der FinVerw[3] war es nach dem BFH jedoch nicht erforderlich, dass die Tätigkeit sich über einen Zeitraum von mehr als 12 Monaten erstreckte.[4] Die Tätigkeit musste auch nicht während des ganzen Jahres aufrechterhalten werden.[5] Diese frühere Rspr ist noch bis einschl VZ 06 anwendbar.[6] Das Gesetz unterscheidet nicht danach, ob die Vergütung nachträglich oder im Voraus gezahlt wird. Alleine die Tatsache der **Nachzahlung** genügt jedoch nicht, denn die betr Einkünfte müssen für sich betrachtet Entgelt für eine mehrjährige Tätigkeit darstellen.[7] Auch **Vorauszahlungen** fallen unter § 34 II Nr 4, unabhängig davon, ob die Tätigkeit auch tatsächlich ausgeübt worden ist, denn es genügt, dass die Vergütung für den entspr Zeitraum gezahlt worden ist.[8] Zahlungen zur **Abfindung von Pensionsanwartschaften** können daher Vergütungen für eine mehrjährige Tätigkeit sein.[9] Bei den Vergütungen für eine mehrjährige Tätigkeit muss im Einzelfall stets geprüft werden, ob es sich um die Vergütung für eine mehrjährige Tätigkeit oder um eine Entschädigung für die Aufgabe oder Nichtausübung einer Tätigkeit (§ 24 Nr 1b; s § 24 Rn 23) handelt. ist.[8] Bei einem Aktienoptionsprogramm handelt es sich im Regelfall als Anreizlohn um eine Vergütung für eine mehrjährige Tätigkeit; Entgelte für frühere Arbeitsleistungen können jedoch angenommen werden, wenn die Tatumstände ergeben, dass konkrete Arbeitserfolge zusätzlich entlohnt werden sollten.[10] Geldwerte Vorteile aus **Aktienoptionen** sind daher eine Vergütung für eine mehrjährige Tätigkeit. Voraussetzung ist jedoch, dass zw Einräumung und Erfüllung der Option eine Beschäftigungszeit von mehr als zwölf Monaten liegt[11] und dass die geldwerten Vorteile in einem VZ zusammengeballt zufließen[12]. Die Tarifermäßigung für Vorteile aus Aktienoptionen entfällt nicht, wenn wiederholt Aktienoptionen eingeräumt werden und die betreffende Option nicht auf einmal ausgeübt wird.[13]

Zuwendungen werden „für" eine mehrjährige Tätigkeit gewährt, wenn sich aus den Umständen der Zahlung ergibt, dass mit ihnen eine mehrjährige Tätigkeit abgegolten werden soll. Kann ein solcher **Verwendungszweck** nicht bereits aus dem Anlass der Zuwendung geschlossen werden, muss er den übrigen Umständen entnommen werden; dabei kommt der Berechnung des Entgelts maßgebende Bedeutung zu, wenn andere Hinweise auf den Verwendungszweck fehlen.[14] § 34 II Nr 4 ist nicht anwendbar, wenn die Vergütung nicht nach dem Zeitaufwand des StPfl oder der Dauer der Tätigkeit bemessen ist. Daher stellt eine Prämie für einen Verbesserungsvorschlag keine Vergütung für eine mehrjährige Tätigkeit dar, wenn sie sich an der Kostenersparnis des ArbG orientiert.[14] Dies gilt auch für Jubiläumszuwendungen, die ohne Rücksicht auf die Dauer der Betriebszugehörigkeit gewährt werden (zB Firmenjubiläum).[15] **46**

Aus dem Zweck der Regelung, die Progressionswirkungen abzumildern[16], folgt, dass die Vergütung grds in einem VZ einheitlich zufließen muss. Nur durch die Zusammenballung (Rn 15 ff) der Zahlung in einem VZ kann es zu einer Verschärfung der Steuerprogression kommen. Die Vergütung ist daher idR nur zu berücksichtigen, wenn sie **in einer Summe** gewährt wird. Es ist jedoch unschädlich, wenn die Vergütung für eine mehrjährige Tätigkeit während eines VZ in mehreren Teilbeträgen gezahlt wird, denn in diesem Fall ergeben sich keine unterschiedlichen Auswirkungen gegenüber einer einmaligen Zahlung.[17] Ist die Vergütung in einem Betrag festgesetzt und aus wirtschaftlichen Gründen in 2 VZ ausgezahlt worden, findet § 34 II Nr 4 ausnahmsweise Anwendung.[18] Bei Vergütungen für eine mehrjährige Tätigkeit, die in 3 oder mehr VZ zufließen, kann § 34 selbst dann nicht in Anspr genommen werden, wenn sie von vornherein in einem Gesamtbetrag festgesetzt worden **47**

---

1 JStG 07, BGBl I 06, 2878 (2883).
2 BFH/NV 94, 775; BStBl III 61, 399.
3 R 34.4 III 2 EStR 05.
4 BFH BStBl II 05, 289; vgl auch *Offerhaus* BB 90, 331.
5 BStBl III 61, 399.
6 Vgl BT-Drs 16/2712, 54.
7 BFH BStBl II 05, 289; BFH/NV 92, 381.
8 BFH BStBl II 70, 683.
9 BFH BStBl II 07, 581.
10 BFH BStBl II 2007, 456.
11 BFH BStBl II 2007, 456; BFH/NV 07, 696; BFH/NV 07, 881; BFH/NV 07, 1301; vgl auch *Jacobs/Portner* FR 03, 757.
12 FG Mchn EFG 07, 413 (Rev VI R 70/06).
13 BFH/NV 07, 1301.
14 BFH BStBl II 97, 222.
15 BFH BStBl II 87, 820.
16 Vgl BFH BStBl II 07, 180.
17 BFH BStBl II 70, 639; BStBl II 71, 802.
18 BFH BStBl III 67, 2.

ist, da es an einer Zusammenballung der Einkünfte fehlt.[1] Die Tarifermäßigung wird auch nicht gewährt, wenn der StPfl bereits laufend nicht unerhebliche **Abschlagszahlungen** erhalten hat,[2] oder wenn ein Schriftsteller keine einmalige Vergütung, sondern laufende, von der Auflagenzahl abhängige Honorare erhält.[3]

50 **c) Besonderheiten bei verschiedenen Einkunftsarten.** Bei den Einkünften aus **nichtselbstständiger Arbeit** ist die Anwendung des § 34 II Nr 4 allein davon abhängig, ob eine zusammengeballte Entlohnung gegeben ist, für die **wirtschaftlich vernünftige Gründe** vorliegen. Dabei ist es unerheblich, ob solche wirtschaftlich vernünftigen Gründe in der Pers des ArbG oder des ArbN gegeben sind[4] oder ob auf die Zahlung ein Rechtsanspruch besteht.[5] Die Vergütung muss auch nicht für eine abgrenzbare Sondertätigkeit gezahlt werden.[6] Es genügt jedoch nicht, dass die Einkünfte in einem VZ, zu dem sie wirtschaftlich nicht gehören, zugeflossen sind und dort mit Einkünften derselben Einkunftsart zusammentreffen. Vielmehr müssen die betr Einkünfte für sich betrachtet Entgelt für eine mehrjährige Tätigkeit darstellen.[7]

51 Nach diesen Maßstäben sind **folgende Zahlungen** als **Vergütung einer mehrjährigen Tätigkeit** angesehen worden: Lohnnachzahlungen;[8] Erfindervergütung, die für mehrere Jahre in einem Betrag gezahlt wurde;[9] nach Dauer der Betriebszugehörigkeit gestaffelte Zahlungen bei Ausscheiden eines ArbN wegen Erreichens der Altersgrenze;[10] Jubiläumszuwendungen aus Anlass eines Dienstjubiläums des ArbN;[11] Tantiemen, wenn sie für mehrere Jahre in einem Jahr nachgezahlt werden;[12] Nachzahlung von Ruhegehältern;[13] Übergangsgeld nach § 62 I BAT.[14] Die Tarifvergünstigung wurde **nicht gewährt** für Firmenjubiläen (Rn 41); bei Tantiemen, wenn sie laufend, wenn auch nachträglich ausgezahlt werden;[15] bei Ausübung eines Aktienoptionsrechts in mehreren Jahren[16] oder bei Erfindervergütungen, die in mehreren Jahren gezahlt werden.[17]

52 Nach ständiger höchstrichterlicher Rspr ist § 34 II Nr 4 auf Einkünfte aus **selbstständiger Arbeit** nur anwendbar, wenn der StPfl (a) sich während mehrerer Jahre ausschließlich der einen Sache gewidmet und die Vergütung dafür in einem VZ erhalten hat oder (b) wenn eine sich über mehrere Jahre erstreckende Sondertätigkeit, die von der übrigen Tätigkeit des StPfl ausreichend abgrenzbar ist und nicht zum regelmäßigen Gewinnbetrieb gehört, in einem VZ entlohnt wird oder der StPfl für eine mehrjährige Tätigkeit eine Nachzahlung in einem Betrag aufgrund einer vorausgegangenen rechtlichen Auseinandersetzung erhalten hat.[18] Weil die Tätigkeit nicht abgrenzbar ist und dem typischen Ablauf entspricht, wird die Tarifermäßigung bei **Rechtsanwälten, Steuerberatern** oder **Wirtschaftsprüfern nicht gewährt**, wenn sie **Konkursverwaltung, Testamentsvollstreckung**[19] oder **Vermögensverwaltung**[20] ausüben. Handelt es sich um Sonderzahlungen, die mit außerordentlichen Einkünften bei nichtselbstständiger Tätigkeit vergleichbar sind, kommt allerdings eine Anwendung von § 34 in Betracht. Eine einmalige Sonderzahlung einer kassenärztlichen Vereinigung für langjährige Dienste, die mit einer Jubiläumsvergütung vergleichbar ist, kann daher unter § 34 fallen.[21] Eine Nachzahlung für mehrere Jahre wegen eines erfolgreichen Rechtsstreits gegen die Absenkung des Punktwertes bei einem Dipl-Psychologen ist ebenfalls begünstigt.[22] Eine einmalige Sonderzahlung, die an einen selbstständigen Steuerberater für langjährige Dienste auf der Grundlage einer arbeitnehmerähnlichen Stellung geleistet wird, kann ebenfalls tarifbegünstigt sein.[23] Zur Zahlungsweise s Rn 18.

55 **5. Außerordentliche Holznutzung (§ 34 II Nr 5).** Gem § 34 II Nr 5 gehören zu den außerordentlichen Einkünften auch die Einkünfte aus außerordentlicher Holznutzung gem § 34b I Nr 1. Hierbei handelt es sich um Nutzungen, die außerhalb eines festgesetzten Nutzungssatzes anfallen, wenn sie aus wirtschaftlichen Gründen vorgenommen werden (s § 34b Rn 3). Wurde kein **Bestandsvergleich**

---

1 BFH BStBl II 75, 690; BStBl II 72, 529.
2 BFH BStBl II 72, 529.
3 BFH BStBl III 64, 130.
4 BFH BStBl II 74, 680; BStBl II 71, 802.
5 BFH BStBl II 71, 802.
6 BFH BStBl III 57, 185; krit *K/S/M* § 34 Rn B 133.
7 BFH/NV 92, 381.
8 BFH BStBl II 70, 683.
9 BFH BStBl II 83, 300.
10 BFH BStBl II 83, 575.
11 BFH BStBl II 87, 677.
12 BFH BStBl II 70, 639.
13 BFH BStBl III 58, 169.
14 BFH BStBl II 92, 34.
15 BFH BStBl III 66, 545.
16 BFH BStBl II 75, 690.
17 BFH/NV 05, 888.
18 BFH BStBl II 07, 180; BFH/NV 07, 1890; BFH/NV 94, 775; BStBl II 75, 765 mwN.
19 BFH BStBl II 73, 729.
20 BFH BStBl II 75, 765: Ausübung mehrerer selbstständiger Tätigkeiten, die ihrem Wesen nach auf einem ähnlichen Gebiet liegen (Pflegschaften, Treuhandschaften).
21 FG Nds EFG 05, 1871.
22 BFH BStBl II 07, 180.
23 BFH BStBl II 05, 276.

für das stehende Holz vorgenommen, ist bei einer außerordentlichen Holznutzung gem § 34b I Nr 1 **von einer Zusammenballung** der Einkünfte **auszugehen.**[1] Es genügt jedoch für den Bestandsvergleich nicht, wenn lediglich die AK oder HK aktiviert werden.[2] Gem § 4a II Nr 1 S 1 sind die außerordentlichen Einkünfte bei abw Wj zeitanteilig auf die Kj aufzuteilen.

C. Berechnung der Einkommensteuer für außerordentliche Einkünfte

I. Ermittlung der begünstigungsfähigen Einkünfte. Voraussetzung für die Berechnung der Tarifermäßigung gem § 34 I 2 und 3 (zu den Besonderheiten des Abs 3 Rn 80) ist die Ermittlung der begünstigungsfähigen Einkünfte. Diese werden als besondere Art von Einkünften (Rn 20) eigenständig ermittelt. Freibeträge für Veräußerungsgewinne iSd § 34 II Nr 1 (§§ 14 S 2, 14a I, 16 IV, 17 III, 18 III) mindern die zu berücksichtigenden Einkünfte. Sind in den Veräußerungsgewinnen teilw nach § 3 Nr 40b iVm § 3c II begünstigte Gewinne enthalten, sind die Freibeträge zugunsten des StPfl zunächst bei diesen Gewinnen zu berücksichtigen (Rn 31).[3] Mit den außerordentlichen Einkünften unmittelbar zusammenhängende **WK/BA** sind von diesen abzuziehen. Fallen mit der Entschädigung zusammenhängende BA oder WK in einem der Vereinnahmung der Entschädigung vorausgehenden Besteuerungszeitraum an, mindern sie die regelbesteuerten Einkünfte dieses Zeitraums; entspr mindert sich der dem ermäßigten Tarif unterliegende Betrag in dem Besteuerungszeitraum, in dem die Entschädigung als Einnahme zu erfassen ist.[4] Der **ArbN-Pauschbetrag** ist bei außerordentlichen Einkünften aus nichtselbständiger Tätigkeit nur insoweit abzuziehen, als tariflich voll zu besteuernde Einnahmen dieser Einkunftsart dafür nicht zur Vfg stehen.[5] Die von der Summe der Einkünfte, dem Gesamtbetrag der Einkünfte und dem Einkommen abzuziehenden Beträge (insbes **SA, ag Belastung**) sind zunächst bei den nicht nach § 34 begünstigten Einkünften zu berücksichtigen.[6] Eine Berücksichtigung von (fiktiv) überschießenden SA, die sich bei niedrigem zu versteuerndem Einkommen neben begünstigten Einkünften ergeben kann, ist im EStG nicht vorgesehen.[7]

Grundsätzlich sind die gesamten außerordentlichen Einkünfte bis zur Höhe des zu versteuernden Einkommens tarifbegünstigt. Eine anteilige Kürzung zB aufgrund des Altersentlastungsbetrages findet nicht statt.[8] Die außerordentlichen Einkünfte werden auch beim **Verlustausgleich** gesondert behandelt. Sie werden erst zum Verlustausgleich herangezogen, wenn alle laufenden voll steuerbaren Einkünfte mit Verlusten ausgeglichen sind (Günstigkeitsprinzip).[9] Wird ein dem Grunde nach tarifbegünstigter Gewinn im Jahr seiner Entstehung durch Verluste vollständig ausgeglichen, so entfaltet die Tarifbegünstigung endgültig keine Wirkung.[10] Unterliegt der laufende Verlust aufgrund einer besonderen gesetzlicher Regelung einer **Ausgleichsbeschränkung** (zB §§ 2a I, 2b, 15 IV), so hat diese Vorrang.[11]

In mehreren grundlegenden Entscheidungen hat der BFH über die Auswirkungen der **bis einschl VZ 03 geltenden Mindestbesteuerung gem § 2 III aF** auf die Höhe der begünstigten Einkünfte entschieden. Danach sind für die Berechnung der begünstigten ESt gem § 34 I die Verlustausgleichsbeschränkungen gem § 2 III 3 ff aF **nicht zu beachten**.[12] Es sind vorrangig die laufenden negativen Einkünfte mit den laufenden positiven Einkünften zu verrechnen; erst danach ist eine Verrechnung mit den begünstigten Einkünften vorzunehmen. Damit hat sich der BFH für den Grundsatz der Meistbegünstigung entschieden.[13] Für den BFH ist entscheidend, dass die nach § 34 begünstigten Einkünfte innerhalb der Summe der Einkünfte eine „besondere Abteilung" darstellen und im zu versteuernden Einkommen auch nach einem Verlustausgleich die außerordentlichen Einkünfte rechnerisch enthalten sind. Wortlaut und Systematik sprechen ebenso für die Meistbegünstigung wie die Entstehungsgeschichte.[14] Ob und inwieweit die Entscheidung des BFH Auswirkungen auf das Verhältnis von § 34 und § 35 hat, ist nicht geklärt.[15]

---

1 R 34.3 III 1 EStR 05; *K/S/M* § 34 Rn B 167.
2 R 34.3 III 2 EStR 05.
3 *Hagen/Schynol* DB 01, 397.
4 BFH BStBl II 05, 215; krit *Paus* DStR 05, 266.
5 BFH BStBl II 99, 588.
6 R 34.1 I 3 EStR 05.
7 FG M'ster EFG 06, 627 (Rev X R 15/06).
8 BFH/NV 06, 723; vgl *Korezkij* DStR 06, 452 (455).
9 BFH v 10.10.07 – VI B 33/07, juris.
10 BFH/NV 97, 223.
11 BFH BStBl II 95, 467; vgl auch BMF BStBl I 01, 172; zur Verrechnung negativer Einkünfte iSd § 2a I mit positiven außerordentl Einkünften vgl OFD Rh-Pf und OFDM'ster v 23.5.07; DStR 07, 1727.
12 BFH BStBl II 04, 547; BFH/NV 04, 1643; vgl auch FG Mchn EFG 07, 520.
13 Damit hat er auch die frühere Auffassung der FinVerw abgelehnt, die die Tarifbegünstigung nur in der Höhe gewähren wollte, in der außerordentliche Einkünfte nach Durchführung des Verlustausgleichs verbleiben (vgl R 197 III 3 EStR 04). Die FinVerw hat in den EStR 05 an ihrer Auffassung nicht festgehalten.
14 Vgl auch *Weber-Grellet* BB 04, 1877; *Wendt* FR 04, 538.
15 *Ritzer/Stangl* FR 04, 748.

60 **II. Berechnung der Tarifermäßigung des Abs 1.** Mit dem StEntlG 99/00/02 hat der Gesetzgeber die unterschiedlichen Berechnungen der Tarifermäßigung für Vergütungen für eine mehrjährige Tätigkeit (§ 34 III aF) und für die anderen außerordentlichen Einkünfte (§ 34 II iVm I aF) beseitigt. Die Neuregelung des § 34 I 2 lehnt sich an die bisherige Berechnungsmethode des Abs 3 aF an, dehnt jedoch die **Verteilungswirkung auf 5 Jahre** aus. Der Steuerberechnung liegt der Gedanke zugrunde, dass die außerordentlichen Einkünfte mit dem Steuersatz besteuert werden, der sich ergeben würde, wenn im VZ nur 1/5 der außerordentlichen Einkünfte erzielt worden wäre. Das StSenkErgG sieht für Veräußerungsgewinne iSd § 34 II Nr 1 alternativ einmalig unter bestimmten Voraussetzungen eine Tarifermäßigung mit dem halben Durchschnittssteuersatz vor (Rn 70 ff).

61 **1. Berechnung bei positivem verbleibendem zu versteuerndem Einkommen (§ 34 I 2).** Die auf die außerordentlichen Einkünfte entfallende ESt wird grds **in 3 Schritten ermittelt.**[1] Zuerst (1.) wird die ESt für das um die außerordentlichen Einkünfte verminderte zu versteuernde Einkommen nach dem ESt-Grund- oder Splittingtarif ermittelt. Der Gesetzgeber bezeichnet diese Größe als das „verbleibende zu versteuernde Einkommen" (§ 34 I 2). Sodann (2.) wird die ESt für das Einkommen ohne die außerordentlichen Einkünfte zuzüglich eines Fünftels der außerordentlichen Einkünfte ermittelt. Anschließend (3.) werden die beiden ESt-Beträge gegenübergestellt und die Differenz mit dem Faktor 5 multipliziert. Diese Berechnung ist **einheitlich für alle im VZ bezogenen außerordentlichen Einkünfte** (§ 34 I 1) vorzunehmen. Der so ermittelte Betrag ist die ESt für die außerordentlichen Einkünfte. Die Gesamtsteuerbelastung des StPfl ergibt sich aus einer Zusammenrechnung der ESt für die außerordentlichen Einkünfte und der ESt für das verbleibende zu versteuernde Einkommen. Erzielt der StPfl sowohl außerordentliche Einkünfte, die unter § 34 I 2 fallen, als auch Einkünfte nach § 34 III oder § 34b III, ist die jeweilige Tarifermäßigung unter Berücksichtigung der jeweils anderen Tarifermäßigung zu berechnen.[2] Entscheidet sich der StPfl für die Thesaurierungsbegünstigung des § 34a findet auf diese Gewinne § 34 I keine Anwendung.[3]

62 Die nach § 34 I 2 zu saldierenden Steuerbeträge sind in der Weise zu ermitteln, dass jeweils die allg **Tarifvorschriften einschl des ProgrVorb (§ 32b I)** Anwendung finden.[4] Dies spielt zB eine Rolle, wenn Entlassungsentschädigung und Arbeitslosengeld im selben VZ bezogen werden. Der ProgrVorb wirkt sich auf die Höhe des Steuersatzes aus, bestimmt aber nicht den Umfang des zu versteuernden Einkommens.[5] IErg wird die Wirkung des ProgrVorb bei Vorliegen außerordentlicher Einkünfte erhöht; dies führt zu einer deutlichen Verminderung der Tarifermäßigung des § 34.

63 Die Abhängigkeit der Tarifermäßigung von dem verbleibenden zu versteuernden Einkommen (§ 34 I 2) kann zu einer rechnerisch **überproportionalen Belastung des verbleibenden zu versteuernden Einkommens** führen. Liegt das aus laufenden Einkünften bestehende verbleibende zu versteuernde Einkommen unter dem Existenzminimum und die außerordentlichen Einkünfte in der proportional zu besteuernden Zone, kann der Grenzsteuersatz bezogen auf das verbleibende zu versteuernde Einkommen über 200 % betragen.[6] Diese Wirkungen werden teilw als verfassungswidrig angesehen.[7] Siegel schlägt daher vor, den § 34 derart umzugestalten, dass außerordentliche Einkünfte in der Periode ihres Anfallens wie folgt abschließend besteuert werden: Diese Einkünfte sind bereits sofort mit einer begünstigten Steuer zu belegen, soweit sie oberhalb des Grundfreibetrages zuzuordnen sind. Damit wird vermieden, dass im Falle negativen normal zu besteuernden Einkommens unbegründete Steuergeschenke anfallen, deren Wegfall durch konfiskatorische Grenzsteuersätze erkauft wird, wenn das zu versteuernde Einkommen in einem bestimmten Bereich zunimmt. Konfiskatorische Grenzsteuersätze werden dadurch vermieden, dass die Begünstigung nur im relevanten Progressionsbereich (zwischen dem Grundfreibetrag und dem Beginn der oberen Proportionalzone) mit einem konstanten Entlastungsfaktor greift.[8]

---

1 *Herzig/Förster* DB 99, 711; soweit von 4 Schritten ausgegangen wird, wird im 4. Schritt die Steuerbelastung für alle Einkünfte berechnet: so *Wendt* FR 99, 333; *Jahndorf/Lorscheider* FR 00, 433.
2 R 34.2 II EStR 05; ausf Berechnungsbeispiele H 34.2 EStH 05; dazu krit *Lemm* DStZ 02, 35.
3 *Bäumer* DStR 07, 2089 (2092).
4 BFH/NV 03, 772; vgl zu § 34 III aF: BFH BStBl II 94, 845.
5 Zutr *Urban* FR 99, 781 (783); **aA** *Wendt* FR 99, 333 (339) und 787 (788).
6 *Henning/Hundsdoerfer/Schult* DStR 99, 131; *Wendt* FR 99, 333 (337); *Jahndorf/Lorscheider* FR 00, 433.
7 *Jahndorf/Lorscheider* FR 00, 433; zur Lösung dieses Problems durch eine sog „additive" Steuerberechnung: *Siegel* BB 04, 914.
8 *Siegel* DStR 07, 978.

2. Berechnung bei negativem verbleibendem zu versteuerndem Einkommen (§ 34 I 3). § 34 I 3 stellt 65
sicher, dass es auch dann zu einer Besteuerung außerordentlicher Einkünfte kommt, wenn ein Fünftel der außerordentlichen Einkünfte das (negative) verbleibende zu versteuernde Einkommen nicht übersteigt, das zu versteuernde Einkommen aus laufenden (negativen) Einkünften und (positiven) außerordentlichen Einkünften aber positiv ist. In diesem Fall beträgt die ESt abw von § 34 I 2 das Fünffache der auf ein Fünftel des positiven zu versteuernden Einkommens entfallenden ESt.[1] Str ist, in welchem Umfang positive Einkünfte, die dem ProgrVorb des § 32b unterfallen, in den Fällen des § 34 I 3 hinzuzurechnen sind.[2] In einem als nicht ergangen geltenden Gerichtsbescheid[3] war der BFH der Auffassung, dass die nach § 34 I zu saldierenden Steuerbeträge in der Weise zu ermitteln seien, dass auf das zu verbleibende zu versteuernde Einkommen bzw auf das erhöhte verbleibende zu versteuernde Einkommen jeweils die allg Tarifvorschriften des § 32b I Nr 1a Anwendung fänden; der ProgrVorb damit zweimal anzuwenden sei.[4]

III. Ermäßigter Steuersatz für Betriebsveräußerungen und -aufgaben (§ 34 III). Um die Verabschiedung des StSenkG zu erreichen, hat die BReg zugesagt, den halben Steuersatz für Betriebsveräußerungen und BetrAufg wieder einzuführen. Allerdings sollte er lediglich für aus dem Berufsleben ausscheidende Unternehmer einmal im Leben gelten.[5] Dementspr wurde § 34 durch das StSenkErgG um Abs 3 ergänzt, der ermöglicht, für Gewinne aus Betriebsveräußerungen und -aufgaben den halben durchschnittlichen Steuersatz in Anspruch zu nehmen, um die Altersvorsorge von aus dem Berufsleben ausscheidenden Unternehmern zu erleichtern.[6] Durch das HBeglG 04[7] ist der halbe durchschnittliche Steuersatz ab VZ 04 auf 56 vH angehoben worden. 70

1. Anwendungsbereich. – a) Voraussetzungen für die Inanspruchnahme des Steuersatzes nach Abs 3. Die Besteuerung mit dem ermäßigten Durchschnittssteuersatz gilt **nur unter bestimmten Voraussetzungen.** Sie wird nach dem StSenkErgG nur einmal im Leben des StPfl für einen einzelnen Veräußerungsgewinn iSd § 34 II Nr 1 (Rn 25ff) und nur für Gewinne bis 5 Mio € (10 Mio DM) gewährt. Weitere Voraussetzungen sind ein Antrag des Steuerpflichtigen und dass er das 55. Lebensjahr vollendet hat oder im sozialversicherungsrechtlichen Sinne dauernd berufsunfähig ist. 71

Begünstigt sind durch § 34 III 1 nur die in § 34 II Nr 1 geregelten Veräußerungsgewinne. **Veräußerungsgewinne gem § 17** sind jedoch aufgrund § 52 Abs 47 S 3 **ab dem VZ 01 von der Begünstigung ausgeschlossen.**[8] Im Unterschied zur Rechtslage vor 1999 kann der ermäßigte Steuersatz des Abs 3 nicht auf andere außerordentliche Einkünfte (Nr 2 bis 5) angewendet werden. Für die in § 34 II Nr 1 geregelten Veräußerungsgewinne wird die bis zum VZ 98 geltende Steuerermäßigung des § 34 I aF teilw wieder eingeführt. Dabei übernimmt das StSenkErgG die bereits 1997[9] vorgesehene **Begrenzung auf Gewinne bis zu 5 Mio €** (10 Mio DM).[10] Nur bis zu diesem Betrag wird der ermäßigte Durchschnittssteuersatz gewährt. Darüber hinausgehende Gewinne nehmen nicht an der Steuerermäßigung teil und werden nach dem normalen Tarif besteuert. Erzielt der StPfl in einem VZ Gewinne aus mehreren Betriebsveräußerungen/ -aufgaben, darf er gem § 34 III 5 idF des StSenkErgG **nur für den Gewinn aus einer dieser Veräußerungen/Aufgaben** den ermäßigten Durchschnittsteuersatz in Anspruch nehmen.[11] Dies gilt nach dem Wortlaut des Gesetzes selbst dann, wenn sämtliche Veräußerungsgewinne gem § 34 II Nr 1 den Betrag von 5 Mio € im VZ nicht übersteigen. Bei mehreren Beteiligungen ist daher zu überlegen, diese gem § 24 UmwStG durch Einbringung zu einer Beteiligung zusammenzufassen und diese letzte Beteiligung zu veräußern (zu weiteren Alt s Rn 98). Erstreckt sich eine BetrAufg über 2 Kj und fällt der Aufgabegewinn daher in 2 VZ 72

---

1 H 34.2 EStH 05 Beispiel 2; *Wendt* FR 99, 333 (338); *Kroschl/Wellisch* BB 98, 2550.
2 Vgl dazu FG M'ster StE 07, 594 (Rev VI R 44/07); FG D'dorf EFG 02, 1454 (nicht steuererhöhend); FG Sachs EFG 02, 1095 (nur zu 1/5); FG Bdbg EFG 03, 395 (voll) dagegen *Korezkij* BB 04, 194; *Siegel* schlägt auch für diesen Fall vor, beide Abweichungen von der Normalbesteuerung gesondert zu berechnen und dann zu kombinieren, um zu einer konsistenten Lösung zu gelangen (BB 04, 914); dem folgend FG BaWü StE 07, 707 (Rev XI R 27/07); weiteres Revisionsverfahren XI R 12/02; vgl auch FG D'dorf EFG 05, 49; dazu krit *Siegel/Korezkij* DStR 05, 577.
3 BFH Gerichtsbescheid v 14.4.05-XI R 15/02; die FinVerw stellte einen Antrag auf mdl Verhandlung, so dass der Gerichtsbescheid gem § 90a III FGO als nicht ergangen gilt und gab dann der Klage in vollem Umfang statt, so dass der BFH nicht mehr entscheiden konnte.
4 Ausf zur gesamten Problematik *Eggesiecker/Ellerbeck* DStR 07, 1281.
5 BR-Drs 410/2/00.
6 BR-Drs 722/00.
7 BGBl I 03, 3076 (3083).
8 BFH/NV 04, 1650; BFH/NV 06, 1830.
9 § 52 Abs 24a Nr 2 idF des Gesetzes zur Fortsetzung der Unternehmenssteuerreform v 29.10.97 (BGBl I 2590 = BStBl I 928).
10 § 52 Abs 47 S 5 idF des Entw eines StSenkErgG.
11 *Pedack* INF 01, 165 (167).

an, kann die Tarifermäßigung nach § 34 III auf Antrag in beiden VZ, jedoch insgesamt nur bis zum Höchstbetrag von 5 Mio € gewährt werden.[1] Wendet der StPfl auf den Veräußerungsgewinn § 6b oder 6c an, kann die Steuerermäßigung des Abs 3 nicht in Anspruch genommen werden (§ 34 III 6 iVm § 34 I 4).

73 Die **Steuerermäßigung** des § 34 III ist **personen- und nicht betriebsbezogen**.[2] Bei außerordentlichen Einkünften aus einheitlich und gesondert festgestellten Gewinnanteilen ist die Grenze für die Steuerermäßigung von 5 Mio € für jeden G'ter gesondert zu ermitteln. Die Begünstigungsgrenze von 5 Mio € gilt für jeden subjektiven StPfl. Auch **zusammen veranlagte Ehegatten** können jeder für sich die Steuerermäßigung nach § 34 III in Anspruch nehmen.[3]

74 Der ermäßigte Durchschnittssteuersatz soll nur für Betriebsveräußerungen und -aufgaben aus dem Berufsleben ausscheidender Unternehmer gewährt werden. Daher wird die Steuerermäßigung des § 34 III nur gewährt, wenn der StPfl das 55. Lebensjahr vollendet hat oder wenn er dauernd berufsunfähig ist. Der **Wortlaut** dieser Regelung **entspricht § 16 IV 1**, so dass für die Auslegung auf die dort entwickelten Maßstäbe (§ 16 Rn 503 ff) zurückgegriffen werden kann. Die Altersgrenze muss der Betriebsinhaber im Zeitpunkt der Veräußerung erreicht haben.[4] Vollendet der StPfl das 55. Lebensjahr zwar nach Beendigung der BetrAufg oder Betriebsveräußerung, aber noch vor Ablauf des VZ der BetrAufg, wird die Tarifermäßigung des § 34 III nicht gewährt.[5] Für die dauernde Berufsunfähigkeit kann auf § 43 II SGB VI zurückgegriffen werden. Zum Nachweis ist ein entsprechender Bescheid eines Rentenversicherungsträgers oder eine amtsärztliche Bescheinigung erforderlich.[6]

75 Nach § 34 III 4 idF des StSenkErgG kann der StPfl die Tarifermäßigung **nur einmal im Leben** in Anspruch nehmen. Diese Einschränkung gilt nur für die Tarifermäßigung des ermäßigten Durchschnittssteuersatzes nach § 34 III 1 bis 3, so dass es unschädlich ist, wenn für Veräußerungsgewinne die Tarifermäßigung des § 34 I in der jetzigen Fassung in Anspruch genommen worden ist (zum Wahlrecht Rn 78). Gem § 52 Abs 47 S 6 idF des StSenkErgG ist die **Inanspruchnahme** einer Steuerermäßigung nach § 34 in VZ **vor dem 1.1.01 unbeachtlich**.[7] Schädlich für die Inanspruchnahme der einmaligen Ermäßigung sind letztlich nur bereits gewährte Ermäßigungen aufgrund des neu gefassten § 34 III.

78 b) **Wahlrecht.** Für außerordentliche Einkünfte iSd § 34 II Nr 1 steht dem StPfl ein Wahlrecht zu, ob er die Besteuerung mit dem ermäßigten durchschnittlichen Steuersatz nach Abs 3 oder zur grds Progressionsglättung des zusammengeballten Auftretens von Einkünften die ermäßigte Besteuerung nach der Fünftelregelung gem § 34 I beantragt (s auch Rn 98).[8] Die Tarifermäßigungen können **nur alternativ** in Anspruch genommen werden, so dass eine **Doppelbegünstigung ausgeschlossen** ist. Liegen die Voraussetzungen für eine Steuerermäßigung nach Abs 3 nicht vor, kommt eine Steuermäßigung nur nach Abs 1 in Betracht. Das bedeutet, dass in den Fällen, in denen der Veräußerungsgewinn 5 Mio € übersteigt, für den darüber hinausgehenden Betrag § 34 I in Betracht kommt.[9] Das Wahlrecht wird ab VZ 01 ausgeübt, indem der StPfl den Antrag auf die Tarifermäßigung nach Abs 3 stellt. Bis dahin setzte auch die Tarifermäßigung nach Abs 1 einen Antrag voraus.[10] Für frühere VZ muss klargestellt werden, welche Alternative der Tarifermäßigung geltend gemacht wird. Liegen die Voraussetzungen des Abs 3 vor, hat das FA ggf auf die Möglichkeit der Antragstellung hinzuweisen.

80 2. **Höhe des ermäßigten Steuersatzes.** Die begünstigungsfähigen Einkünfte sind eigenständig zu ermitteln (Rn 56). Da die Tarifermäßigung des Abs 3 bei mehreren Betriebsveräußerungen oder BetrAufg nur für einen Veräußerungs- oder Aufgabegewinn gewährt wird, sind die begünstigungsfähigen Einkünfte des § 34 II Nr 1 **für jeden Veräußerungs- oder Aufgabefall einzeln zu ermitteln**.[11] Obwohl die Tatbestandsvoraussetzungen für die objektbezogene einmalige Inanspruchnahme des Freibetrages nach § 16 IV (§ 16 Rn 508) und der Steuerermäßigung des § 34 III identisch sind, steht

---

1 BMF BStBl I 06, 7.
2 K/S/M § 34 Rn C 17.
3 Zu § 34 I in der bis zum VZ 98 geltenden Fassung hat die FinVerw eine andere Auffassung vertreten: vgl R 197 III EStR 96; wie hier: Blümich § 34 Rn 81 mwN.
4 Vgl BFH BStBl II 95, 893.
5 BMF BStBl I 06, 7 (8).
6 R 34.5 III iVm R 16.4 XIV EStR 05.
7 R 34.5 II 2 EStR 05.
8 Kein Wahlrecht bei einer Entschädigung iSd § 24 Nr 1 im VZ 98: BFH/NV 06, 939.
9 Hagen/Schynol DB 01, 397; **aA** Schulze zur Wiesche FR 02, 667 (669).
10 Gestrichen durch StÄndG, BGBl I 01, 3794; vgl dazu FG SchlHol EFG 04, 349.
11 K/S/M § 34 Rn C 25.

es dem StPfl bei mehreren Veräußerungsgewinnen frei, ob er sowohl den Freibetrag als auch die Tarifermäßigung des § 34 III für denselben Sachverhalt in Anspruch nehmen will. Soweit **SA, ag Belastungen** und sonstige vom Einkommen abzuziehende Beträge nicht bei den nicht nach § 34 begünstigten Einkünften berücksichtigt werden können, sind sie **anteilig** auf die begünstigungsfähigen Einkünfte nach § 34 II aufzuteilen.

Der ermäßigte Steuersatz beträgt ab dem VZ 04[1] gem § 34 III 2 und 3 bis zur Höhe von 5 Mio € 56 vH **des durchschnittlichen Steuersatzes,** der sich ergäbe, wenn die tarifliche ESt nach dem gesamten zu versteuernden Einkommen zuzüglich der dem Progressionsvorbehalt unterliegenden Einkünfte zu bemessen wäre (zur Mindestbesteuerung Rn 82). Für die VZ 01 bis 03 betrug der ermäßigte Steuersatz die Hälfte des durchschnittlichen Steuersatzes. Die Berechnung entspricht insoweit der bis zum VZ 98 geltenden Fassung des § 34 I.[2] Liegen die Voraussetzungen für Steuerermäßigungen sowohl nach Abs 1 als auch nach Abs 3 vor (zB wenn der StPfl in demselben VZ sowohl eine Abfindung nach § 34 II Nr 2 als auch einen Gewinn aus der Veräußerung eines Betriebes zu versteuern hat), werden die Steuerermäßigungen **jeweils unter Berücksichtigung der jeweils anderen Steuerermäßigung** berechnet.[3]

§ 34 III 2 HS 2 sieht für die nach Abs 3 S 1 begünstigten Einkünfte eine **Mindestbesteuerung** vor. Unterschreitet der tatsächlich ermittelte halbe durchschnittliche Steuersatz den nach § 32a I Nr 1 jeweils für den entsprechenden VZ geltenden Eingangssteuersatz, ist **mindestens der Eingangssteuersatz** anstelle des halben durchschnittlichen Steuersatzes anzusetzen. Der Mindeststeuersatz beträgt in den VZ 01/02 19,9 %, dem VZ 03 17 %, dem VZ 04 16 % und ab VZ 05 15 % (§ 52 Abs 47 S 6). Die Mindestbesteuerung bewirkt, dass erst dann, wenn der Gewinn in höheren zu versteuernden Einkommen enthalten ist (zB im VZ 02 ab 113 400/226 800 €), der halbe durchschnittliche Steuersatz zur Anwendung kommt.[4] Bei einem niedrigeren zu versteuernden Einkommen kommt immer der Eingangssteuersatz zum Tragen.

3. Anwendungszeitraum. Nach dem StSenkErgG trat § 34 III am 1.1.01 in Kraft und gilt damit für Veräußerungen **ab dem VZ 01.** Veräußerungsgewinne gem § 17 sind aufgrund § 52 Abs 47 S 3 ab dem Jahr 01 von der Begünstigung mit dem ermäßigten durchschnittlichen Steuersatz ausgeschlossen.[5] Die Anwendung des § 34 I (Fünftelregelung) wird hiervon jedoch nicht berührt. § 52 Abs 47 S 4 stellt sicher, dass § 34 immer in der für den entsprechenden VZ geltenden Fassung angewendet werden soll, auch wenn mit steuerlich zulässiger Rückwirkung eine Vermögensübertragung nach dem Umwandlungssteuergesetz vorgenommen wird oder ein Veräußerungsgewinn im Sinne des § 34 II Nr 1 in der nunmehr geltenden Fassung erzielt wird. Diese Regelung, die verhindern sollte, dass die Abschaffung des halben Durchschnittssteuersatzes durch das StEntlG 99/00/02 unterlaufen wird, macht nach der Wiedereinführung desselben durch das StSenkErgG wenig Sinn.[6]

D. Verfahren

Da bei der maschinellen Steuerberechnung bei Vorliegen von außerordentlichen Einkünften iSd § 34 II stets geprüft wird, ob die normale Besteuerung oder die Tarifermäßigung des § 34 I günstiger ist,[7] wird **ab VZ 01** die Fünftelregelung des **§ 34 I ohne Antrag**[8] **von Amts wegen** gewährt. Lediglich für die Ermäßigung nach Abs 3 ist ein gesonderter Antrag erforderlich (Rn 78). Für die **VZ 99 bis 00** wird die Tarifermäßigung nur auf **Antrag** gewährt.[9] Dieser kann grundsätzlich bis zum Ablauf der Festsetzungsfrist, aber auch noch im finanzgerichtlichen Verfahren oder im Rahmen einer Änderung von Steuerbescheiden gestellt oder zurückgenommen werden.[10] Der Antrag kann vorbehaltlich des Abs 3 nur einheitlich für alle im VZ bezogenen außerordentlichen Einkünfte gestellt werden; bei Zusammenveranlagung ist er von beiden Ehegatten zu stellen.[11]

---

1 Vgl HBeglG 04, BGBl I 04, 3076 (3083).
2 Dazu *Blümich* § 34 Rn 79.
3 BR-Drs 469/00, 8; die Berechnung ist kompliziert und kaum nachvollziehbar: s *Hagen/Schynol* DB 01, 397.
4 *Hagen/Schynol* DB 01, 397.
5 BT-Drs 14/4547, 18.
6 Ausf zu den Rückwirkungsproblemen: *H/H/R* § 34 Rn R 4.
7 Vgl BT-Drs 14/7341, 25.
8 Das Antragserfordernis ist durch Art 1 Nr 17 StÄndG (BGBl I 01, 3794) gestrichen worden.
9 Die durch das StEntlG 99/00/02 eingeführte Unwiderruflichkeit des Antrags war durch das StSenkG (BGBl I 00, 1433) rückwirkend wieder aufgehoben worden.
10 *Hagen/Schynol* DB 01, 817.
11 *K/S/M* § 34 Rn C 26.

91 Über die Tarifermäßigung des § 34 wird im ESt-Veranlagungsverfahren entschieden. Gehören die außerordentlichen Einkünfte zum Gewinn einer **PersGes**, ist im Verfahren über die einheitliche und gesonderte Feststellung der Einkünfte (§§ 179, 180 AO) zu entscheiden, ob es sich um außerordentliche Einkünfte handelt, wie hoch die Einkünfte sind und wem sie zuzurechnen sind.[1] Entgegen einer teilw vertretenen Auffassung[2] sind die von der **Organgesellschaft** erzielten Gewinne iSd § 16 nicht Bestandteile des dem Organträger zuzurechnenden Einkommens und unterliegen deshalb nicht der nur für Veräußerungsgewinne des Organträgers geltenden Tarifermäßigung des § 34. Das Einkommen der Organgesellschaft wird dem Organträger vielmehr ungeteilt zugerechnet ohne Unterscheidung etwa nach laufenden oder außerordentlichen Gewinnen. Im Einkommen des Organträgers, soweit es von der Organgesellschaft herrührt, ist lediglich das ungeteilte Einkommen der Organgesellschaft enthalten. Der Organträger kann deshalb § 34 nur in Anspruch nehmen, wenn er den Tatbestand dieser Vergünstigungsvorschrift selbst verwirklicht.[3] Wendet der StPfl § 6b oder § 6c an, findet § 34 I 1–3 insoweit keine Anwendung (Rn 30). Bei ArbN kann von Einkünften aus mehrjähriger Tätigkeit die **LSt nach § 39b III 9** ermäßigt einbehalten werden. In diesen Fällen ist gem § 46 II Nr 5 eine Veranlagung durchzuführen.

E. Auswirkungen und Steuerplanung

95 Die rechnerische Verteilung der außerordentlichen Einkünfte auf 5 Jahre gem § 34 I bewirkt in vielen Fällen eine Milderung der Progression, denn nur ein Fünftel der außerordentlichen Einkünfte wird progressionssteigernd behandelt. Die **Entlastungswirkung** des § 34 **hängt von der Höhe des verbleibenden zu versteuernden Einkommens ab**. Die Tarifvergünstigung wirkt sich daher besonders günstig aus, wenn der StPfl ausschließlich außerordentliche Einkünfte erzielt, denn in diesen Fällen steigen die Grenzsteuersätze iErg fünfmal langsamer als bei Anwendung des normalen Tarifs. Die höchste Entlastungswirkung wird in Fällen der Zusammenveranlagung und ausschließlich außerordentlichen Einkünften erzielt.[4] Die Begünstigung verringert sich, sobald der StPfl neben den außerordentlichen Einkünften auch „ordentliche" Einkünfte erzielt; sie entfällt vollkommen, wenn bereits mit den regulären Einkünften der Spitzensteuersatz erreicht wird.[5] Insbes wenn neben hohen außerordentlichen Einkünften geringe nicht begünstigte Einkünfte erzielt werden, kommt es zu einer überproportionalen Belastung der nicht begünstigten Einkünfte (Rn 63).

96 Diese Auswirkungen rechtfertigen Überlegungen, um die Tarifermäßigung durch eine **vorausschauende Steuerplanung** optimal auszunutzen. Besteht ein Einfluss auf den Zeitpunkt der Realisierung außerordentlicher Einkünfte (zB bei Veräußerungsgewinnen), sollte darauf geachtet werden, dass begünstigte und nicht begünstigte Einkünfte in jeweils unterschiedlichen VZ erzielt werden.[6] Bei Veräußerungsgewinnen muss insbes das **Wahlrecht zw** der **Sofortversteuerung und** der Veräußerung gegen eine **laufend zu besteuernde Leibrente** (hierzu § 16 Rn 92 ff, 140 ff) beachtet werden. Während früher mit der Sofortversteuerung vielfach eine Besteuerung zum halben durchschnittlichen Steuersatz verbunden war, wird sich nach der Neuregelung ab VZ 99 vielfach die aufgeschobene Besteuerung empfehlen.[7] Allerdings besteht kein Wahlrecht bei gewinn- oder umsatzabhängigen Veräußerungsentgelten, die stets zu nachträglichen Einkünften nach § 24 Nr 2 führen.[8] Bei **Ehegatten** ist zu **prüfen**, **ob** sich bei außerordentlichen Einkünften die **getrennte Veranlagung** empfiehlt.[9] Dies kann vorteilhaft sein, weil Ehegatten bei der Ermittlung der Steuer nach dem Splittingverfahren als ein StPfl behandelt werden und laufende Einkünfte des einen Ehegatten die Begünstigung der außerordentlichen Einkünfte des anderen Ehegatten reduzieren oder aufheben können.

97 Für die **VZ 99 und 00** ist zu prüfen, ob die Tarifbegrenzung bei gewerblichen Einkünften gem **§ 32c** oder die ermäßigte Besteuerung nach § 34 günstiger ist.[10] Gem § 32c II Nr 4, der nur noch bis VZ 00 gilt, sind von der Tarifbegrenzung Gewinne ausgenommen, die einer Steuerermäßigung nach § 34

---

1 BFH BStBl II 92, 817.
2 *Tiedtke/Wälzholz* GmbHR 01, 847; *Streck/Olbing* KStG[6], § 14 Rn 96.
3 BFH BStBl II 04, 515; *Schmidt*[26] § 16 Rn 11u § 34 Rn 5.
4 *Paus* NWB Fach 3, 10891 hält dies meines Erachtens unzutreffenderweise für verfassungswidrig.
5 *Paus* NWB Fach 3, 10891; *Herzig/Förster* DB 99, 711 ff; *Stahl* KÖSDI 00, 12338 ff.
6 Dazu *Stahl* KÖSDI 00, 12338 ff; *Paus* NWB Fach 3, 10891.
7 *Gratz/Müller* DB 00, 693; *Herzig/Förster* DB 99, 711 (715).
8 BFH BStBl II 02, 532.
9 *K/S/M* § 34 Rn A 162; *Hagen/Schynol* DStR 99, 1430; *Krezkij* BB 00, 122, die darauf hinweisen, dass je nach Zu- oder Abnahme der Einkünfte in bestimmten Fällen die Vorteilhaftigkeit einer bestimmten Veranlagungsart **viermal** wechseln kann!
10 Dazu *Korezkij* DStR 99, 993; *Kaminski* DB 99, 1238.

unterliegen, so dass ein Antrag nach § 34 I zum Ausschluss der Tarifbegrenzung nach § 32c führt. In der Regel liegt jedoch eine Konkurrenz zw beiden Ermäßigungen nicht vor, weil gewerbliche Veräußerungsgewinne nach § 16 EStG nicht der GewSt unterliegen.[1] Soweit in Sonderfällen (zB bei § 18 IV UmwStG) beide Vorschriften anwendbar sind, muss im Einzelfall geprüft werden, welche Begünstigung vorteilhafter ist. Dabei ist zu beachten, dass bei der Ermittlung des durchschnittlichen Steuersatzes, aus dem sich der auf einen Veräußerungsgewinn anzuwendende ermäßigte Steuersatz gem § 34 I EStG 97 errechnet, die Tarifbegrenzung für gewerbliche Einkünfte gem § 32c aF unberücksichtigt bleibt.[2]

98 Nach § 34 III idF des StSenkErgG[3] gilt ab dem VZ 01 für Veräußerungsgewinne gem § 34 II Nr 1 unter bestimmten Voraussetzungen (Rn 71 ff) alternativ der ermäßigte Durchschnittssteuersatz. Der StPfl kann zwischen den verschiedenen Tarifermäßigungen wählen (Rn 78). Da die Tarifermäßigung des Abs 3 nur einmal im Leben und nur für einen Veräußerungs- oder Aufgabegewinn in Anspruch genommen werden kann, bedarf es einer **sorgfältigen Berechnung der verschiedenen Alternativen**. Die Berechnung hängt von der Höhe des Veräußerungsgewinns und der Höhe des verbleibenden zu versteuernden Einkommens ab.[4] Dabei ist auch zu beachten, dass bei Veräußerung von Anteilen an Kapitalgesellschaften bei wesentlicher Beteiligung (§ 17) der ermäßigte durchschnittliche Steuersatz gem Abs 3 ab dem VZ 01 selbst dann nicht in Anspruch genommen werden kann, wenn der Veräußerungsgewinn nicht dem Halbeinkünfteverfahren unterliegt.[5] In diesen Fällen findet lediglich § 34 I Anwendung. Bei Veräußerungsgewinnen nach § 16 ist das Verhältnis zum Veräußerungsfreibetrag gem § 16 IV zu beachten. Auch wenn § 16 IV und § 34 III jeweils nur einmal im Leben, wenn der StPfl das 55. Lebensjahr vollendet hat oder im sozialversicherungsrechtlichen Sinne dauernd berufsunfähig ist, geltend gemacht werden können, ist es nicht erforderlich, beide Vorschriften gleichzeitig in Anspruch zu nehmen. Fallen bei einem StPfl, der die Voraussetzungen des § 34 III erfüllt, in einem VZ neben einem Gewinn aus der Veräußerung eines Betriebs, Teilbetriebs oder MU'anteils weitere außerordentliche Einkünfte iSd § 34 II an, so besteht die Möglichkeit, dass die Fünftelregelung des **§ 34 I und der ermäßigte Steuersatz des § 34 III gleichzeitig** zur Anwendung kommen. Die Tarifermäßigungen nach § 34 I und III sind dabei unter Berücksichtigung der jeweils anderen Regelung zu ermitteln.[6] Dies führt zu sehr komplizierten Berechnungen[7] und stellt hohe Anforderungen an die Steuerplanung, wenn ein optimales steuerliches Ergebnis erreicht werden soll.[8]

§ 34a Begünstigung der nicht entnommenen Gewinne

(1) [1]Sind in dem zu versteuernden Einkommen nicht entnommene Gewinne aus Land- und Forstwirtschaft, Gewerbebetrieb oder selbstständiger Arbeit (§ 2 Abs. 1 Satz 1 Nr. 1 bis 3) im Sinne des Absatzes 2 enthalten, ist die Einkommensteuer für diese Gewinne auf Antrag des Steuerpflichtigen ganz oder teilweise mit einem Steuersatz von 28,25 Prozent zu berechnen; dies gilt nicht, soweit für diese Gewinne der Freibetrag nach § 16 Abs. 4 oder die Steuerermäßigung nach § 34 Abs. 3 in Anspruch genommen wird oder es sich um Gewinne im Sinne des § 18 Abs. 1 Nr. 4 handelt. [2]Der Antrag nach Satz 1 ist für jeden Betrieb oder Mitunternehmeranteil für jeden Veranlagungszeitraum gesondert bei dem für die Einkommensbesteuerung zuständigen Finanzamt zu stellen. [3]Bei Mitunternehmeranteilen kann der Steuerpflichtige den Antrag nur stellen, wenn sein Anteil am nach § 4 Abs. 1 Satz 1 oder § 5 ermittelten Gewinn mehr als 10 Prozent beträgt oder 10 000 Euro übersteigt. [4]Der Antrag kann bis zur Unanfechtbarkeit des Einkommensteuerbescheids für den nächsten Veranlagungszeitraum vom Steuerpflichtigen ganz oder teilweise zurückgenommen werden.

(2) Der nicht entnommene Gewinn des Betriebs oder Mitunternehmeranteils ist der nach § 4 Abs. 1 Satz 1 oder § 5 ermittelte Gewinn vermindert um den positiven Saldo der Entnahmen und Einlagen des Wirtschaftsjahres.

---

1 *Wendt* FR 99, 333.
2 BFH BStBl II 04, 718; vgl zum Verhältnis zu § 32c für die Jahre 95, 96 auch FG Nbg EFG 07, 40.
3 BGBl I 00, 1812.
4 *Freyer/Schult* DStR 01, 455; zum Verhältnis zu § 2 III aF: *dies.* DStR 01, 71.
5 BT-Drs 14/4547, 18.
6 BT-Drs 14/4217, 8.
7 *K/S/M* § 34 Rn C 39.
8 Dazu ausf *Houben* DStR 06, 200.

(3) ¹Der Begünstigungsbetrag ist der im Veranlagungszeitraum nach Absatz 1 Satz 1 auf Antrag begünstigte Gewinn. ²Der Begünstigungsbetrag des Veranlagungszeitraums, vermindert um die darauf entfallende Steuerbelastung nach Absatz 1 und den darauf entfallenden Solidaritätszuschlag, vermehrt um den nachversteuerungspflichtigen Betrag des Vorjahres und den auf diesen Betrieb oder Mitunternehmeranteil nach Absatz 5 übertragenen nachversteuerungspflichtigen Betrag, vermindert um den Nachversteuerungsbetrag im Sinne des Absatzes 4 und den auf einen anderen Betrieb oder Mitunternehmeranteil nach Absatz 5 übertragenen nachversteuerungspflichtigen Betrag, ist der nachversteuerungspflichtige Betrag des Betriebs oder Mitunternehmeranteils zum Ende des Veranlagungszeitraums. ³Dieser ist für jeden Betrieb oder Mitunternehmeranteil jährlich gesondert festzustellen.

(4) ¹Übersteigt der positive Saldo der Entnahmen und Einlagen des Wirtschaftsjahres bei einem Betrieb oder Mitunternehmeranteil den nach § 4 Abs. 1 Satz 1 oder § 5 ermittelten Gewinn (Nachversteuerungsbetrag), ist vorbehaltlich Absatz 5 eine Nachversteuerung durchzuführen, soweit zum Ende des vorangegangenen Veranlagungszeitraums ein nachversteuerungspflichtiger Betrag nach Absatz 3 festgestellt wurde. ²Die Einkommensteuer auf den Nachversteuerungsbetrag beträgt 25 Prozent. ³Der Nachversteuerungsbetrag ist um die Beträge, die für die Erbschaftsteuer (Schenkungsteuer) anlässlich der Übertragung des Betriebs oder Mitunternehmeranteils entnommen wurden, zu vermindern.

(5) ¹Die Übertragung oder Überführung eines Wirtschaftsguts nach § 6 Abs. 5 Satz 1 bis 3 führt unter den Voraussetzungen des Absatzes 4 zur Nachversteuerung. ²Eine Nachversteuerung findet nicht statt, wenn der Steuerpflichtige beantragt, den nachversteuerungspflichtigen Betrag in Höhe des Buchwerts des übertragenen oder überführten Wirtschaftsguts, höchstens jedoch in Höhe des Nachversteuerungsbetrags, den die Übertragung oder Überführung des Wirtschaftsguts ausgelöst hätte, auf den anderen Betrieb oder Mitunternehmeranteil zu übertragen.

(6) ¹Eine Nachversteuerung des nachversteuerungspflichtigen Betrags nach Absatz 4 ist durchzuführen

1. in den Fällen der Betriebsveräußerung oder aufgabe im Sinne der §§ 14, 16 Abs. 1 und 3 sowie des § 18 Abs. 3,
2. in den Fällen der Einbringung eines Betriebs oder Mitunternehmeranteils in eine Kapitalgesellschaft oder eine Genossenschaft sowie in den Fällen des Formwechsels einer Personengesellschaft in eine Kapitalgesellschaft oder Genossenschaft,
3. wenn der Gewinn nicht mehr nach § 4 Abs. 1 Satz 1 oder § 5 ermittelt wird oder
4. wenn der Steuerpflichtige dies beantragt.

²In den Fällen der Nummern 1 und 2 ist die nach Absatz 4 geschuldete Einkommensteuer auf Antrag des Steuerpflichtigen oder seines Rechtsnachfolgers in regelmäßigen Teilbeträgen für einen Zeitraum von höchstens zehn Jahren seit Eintritt der ersten Fälligkeit zinslos zu stunden, wenn ihre alsbaldige Einziehung mit erheblichen Härten für den Steuerpflichtigen verbunden wäre.

(7) ¹In den Fällen der unentgeltlichen Übertragung eines Betriebs oder Mitunternehmeranteils nach § 6 Abs. 3 hat der Rechtsnachfolger den nachversteuerungspflichtigen Betrag fortzuführen. ²In den Fällen der Einbringung eines Betriebs oder Mitunternehmeranteils zu Buchwerten nach § 24 des Umwandlungssteuergesetzes geht der für den eingebrachten Betrieb oder Mitunternehmeranteil festgestellte nachversteuerungspflichtige Betrag auf den neuen Mitunternehmeranteil über.

(8) Negative Einkünfte dürfen nicht mit ermäßigt besteuerten Gewinnen im Sinne von Absatz 1 Satz 1 ausgeglichen werden; sie dürfen insoweit auch nicht nach § 10d abgezogen werden.

(9) ¹Zuständig für den Erlass der Feststellungsbescheide über den nachversteuerungspflichtigen Betrag ist das für die Einkommensbesteuerung zuständige Finanzamt. ²Die Feststellungsbescheide können nur insoweit angegriffen werden, als sich der nachversteuerungspflichtige Betrag gegenüber dem nachversteuerungspflichtigen Betrag des Vorjahres verändert hat. ³Die gesonderten Feststellungen nach Satz 1 können mit dem Einkommensteuerbescheid verbunden werden.

Übersicht

	Rn		Rn
A. Grundaussagen der Vorschrift	1	4. Außerbilanzielle Hinzurechnungen und Abrechnungen, GewSt, nicht abziehbare Verluste	55
I. Sachlicher Regelungsgegenstand – Norminhalt	1	III. Besonderheiten bei Mitunternehmeranteilen und Mitunternehmerschaften	58
II. Systematik	13	1. Steuerbilanzgewinnanteil des Mitunternehmers	58
III. Anwendungsbereich	21	2. Entnahmen und Einlagen, Sonderbetriebseinnahmen und -ausgaben	59
B. Sondertarif für nicht entnommene Gewinne (§ 34a I)	22	3. Ausländische Betriebsstätten	60
I. Begünstigte Einkunftsarten und Gewinnermittlungsart	22	4. (Begünstigungsfähiger) nicht entnommener Gewinn(anteil)	61
II. Ausgeschlossene Gewinnteile	23	5. Doppel(mehr)stöckige Mitunternehmerschaft	62
III. Betriebs – und personenbezogene Begünstigung	24	6. Organschaft	63
IV. Antrag auf Sondertarifierung	26	**D. Begünstigungsbetrag, nachversteuerungspflichtiger Betrag (§ 32a III)**	65
1. Antragsbedingte Begünstigung	26	I. Begünstigungsbetrag	65
2. Form und Frist	27	II. Nachversteuerungspflichtiger Betrag	66
3. Verlängerte Rücknahmemöglichkeit	28	III. Höhe und gesonderte Feststellung	70
V. Besteuerung des Begünstigungsbetrages des nicht entnommenen Gewinnes	29	**E. Nachversteuerung und Nachversteuerungsbetrag (§ 32a IV)**	71
1. Solidaritätszuschlag und Steuermäßigungen nach § 35 und 34c	29	I. Nachversteuerung	71
2. Kirchensteuer	30	II. Nachversteuerungsbetrag	72
3. Belastungswirkungen der Gewerbesteuer	31	III. Altrücklagen, Verwendungsreihenfolge	76
C. Begünstigungsfähiger nicht entnommener Gewinn (§ 34a II)	40	IV. Erbschaft/Schenkungssteuer	80
I. Gewinn nach § 4 I EStG	40	**F. Übertragung von Wirtschaftsgütern (§ 32a V)**	81
1. Durch Betriebsvermögensvergleich ermittelter Gewinn	40	I. Übertragung als Nachversteuerungsfall	81
a) Steuerbilanzgewinn	40	II. Keine Nachversteuerung auf Antrag	82
b) Entnahmen und Einlagen, Bewertung	41	**G. Weitere gesetzliche Nachversteuerungsfälle und Nachversteuerung auf Antrag (§ 34a VI)**	83
c) Ausländische Betriebsstätte	43	I. Betriebveräußerung und -aufgabe, Einbringung/Formwechsel in Kapitalgesellschaft oder Genossenschaft	83
d) Betriebsstätte, anderer Betrieb in EU–Mitgliedstaat	44	II. Wechsel der Gewinnermittlungsart, Nachversteuerung auf Antrag	84
e) Nicht abziehbare Betriebsausgaben und steuerfreie Betriebseinnahmen	46	**H. Fortführung eines nachversteuerungspflichtigen Betrages (§ 34a VII)**	85
2. Steuerbilanzgewinn und zu besteuernder Gewinn	47	I. Unentgeltliche Rechtsnachfolge	85
II. Der nicht entnommene (begünstigungsfähige) Gewinn	48	II. Einbringung in eine Personengesellschaft	86
1. Gewinn abzgl Entnahmeüberschuss	48	**I. Verlustausgleich, Verlustabzug (§ 34a VIII)**	87
2. Betriebsbezogene Ermittlung	49	**J. Feststellungsbescheide, gesonderte Feststellung (§ 34a IX)**	88
a) Inland	49		
b) Ausländische Betriebe und Betriebsstätten	50		
3. Einfluss nicht abziehbarer Betriebsausgaben und steuerfreier Betriebseinnahmen auf den (begünstigungsfähigen) nicht entnommenen Gewinn	52		

Literatur: *Blumenberg/Benz* Die Unternehmensteuerreform 2008, Köln 2007; *Schaumburg/Rödder* Unternehmensteuerreform 2008; München 2007; *BDI/Ernst&Young* Unternehmensteuerreform 2008, Bonn 2007; *Kleineidam/Liebchen* Die Mär von der Steuerentlastung durch die Unternehmenssteuerreform 2008, DB 07, 409; *Cordes* Thesaurierungsbegünstigung nach § 34a N.F. bei Personenunternehmen – Analyse der Be- bzw Entlastungswirkungen, WpG 07, 526; *Homburg* Unternehmensteuerreform: Zinsschranke, Abgeltungsteuer und Begünstigung einbehaltener Gewinne aus Beratersicht, StC 07, 18; *Dörfler/Graf/Reich* Ausgewählte Probleme des § 34a im Regierungsentwurf, DStR 07, 645; *Grützner* Die vorgesehene Begünstigung nicht entnommener Gewinne, StuB 07, 295; *Schiffers* Die mittelständische GmbH & Co. KG im Rechtsformvergleich nach der Unternehmensteuerreform 2008, GmbHR 07, 505; *Thiel/Sterner* Entlastung der Personenunternehmen durch Begünstigung des nicht entnommenen Gewinns, DB 07, 1099; *Hey* Unternehmensteuerreform: das Konzept der Sondertarifierung des § 34a E – Was will der Gesetzgeber, was hat er geregelt?, DSTR 07, 925; *Knief/Nienhaber* Gewinnthesaurierung bei Personengesellschaften – ein Belastungsvergleich, BB 07, 1309; *Grützner* Steuerliche Entlastung thesaurierter Gewinne von Personenunternehmen durch § 34a, StuB 07, 445; *Schulze zur Wiesche* Folgen der Entlastung des nicht entnommenen Gewinns für die Ertragsbesteuerung der Personengesellschaft, DB 07, 1610; *Schiffers* Sondertarif für nicht entnommene Gewinne nach § 34a – Fluch oder Segen?, GmbHR 07, 841; *Schiffers* Eignung einer GmbH oder GmbH & Co. KG zur Verwaltung größeren privaten Kapitalvermögens („Spardosen GmbH"), DStZ 07, 744; *Streck* Die Unternehmenssteuerreform 2008, NJW 07, 3176; *Ortmann-Babel/Zipfel* Besteuerung von Personengesellschaften insbesondere nach Einführung der Thesaurierungsbegünstigung, BB 07, 2205; *Rödder* Unternehmenssteuerreformgesetz 2008, Beilage Nr. 2 zu DStR 07, Heft 40; *Pohl* Außerbilanzielle Korrekturen bei der Ermittlung des nicht entnommenen Gewinns nach § 34a EStG, BB 07, 2483; *Bäumer* Die Thesaurierungsbegünstigung nach § 34a – einzelne Anwendungsprobleme mit Lösungsansätzen, DStR 07, 2089; *Ley/Brandenberg* Unternehmensteuerreform 2008: Thesaurierung und Nachversteuerung bei Personenunternehmen, FR 2007, 1085.

A. Grundaussagen der Vorschrift

1 **I. Sachlicher Regelungsgegenstand – Norminhalt.** Der durch das Unternehmenssteuerreformgesetz 08[1] neu geschaffene § 34a führt für bilanzierende **Einzel- und MU'er einer PersGes**, sofern nat Pers, eine **Tarifbegünstigung** für den **nicht entnommenen (thesaurierten) Gewinn** ein. Der thesaurierte Gewinn ist auf Antrag mit einem proportionalen **ESt–Satz von 28,25 %** zu besteuern. Wird der thesaurierte Gewinn später entnommen, kommt es zu einer **Nachversteuerung.** Der Nachversteuerungsbetrag unterliegt einer **25 %-igen Nachsteuer**.

2 Das **Ziel dieser Neuregelung** ist eine **Angleichung an die Besteuerung von KapGes** und ihrer Anteilseigner, soweit es sich um ertragstarke Personenunternehmen handelt und deshalb die Progression mit dem Spitzensteuersatz eingreift.[2] Insoweit soll eine **Belastungsneutralität der Rechtsformen** herbeigeführt werden. Dem Personenunternehmer (Einzelunternehmer oder MU'er) wird die Möglichkeit eingeräumt, zunächst hinsichtlich des nicht entnommenen Gewinnes eine Belastung herbeizuführen, die in etwa der Belastung des nicht ausgeschütteten (thesaurierten) Gewinnes auf der Ebene der KapGes entspricht. Vergleichsmaßstab für den Thesaurierungssteuersatz von 28,25 % war für den Gesetzgeber insoweit die Belastung des Gewinns der Körperschaft auf der Ebene der Körperschaft mit einer KSt von 15 % ab 2008 sowie des SolZ von 5,5 % auf die KSt zuzüglich GewSt bei einem Hebesatz von 400 % und unter Berücksichtigung, dass die GewSt nach § 4 Vb EStG nicht mehr als Betriebsausgabe einkommensmindernd abgezogen werden darf. Dies führt auf der Ebene der **KapGes** zu einer Belastung von (14 % GewSt + 15 % KSt + 0,83 % SolZ =) **29,83 %**. Dem entspricht unter Berücksichtigung der GewSt-Anrechnung in § 35 EStG mit dem 3,8-fachen des Messbetrages nur bei Personenunternehmen und der noch hinzutretenden Belastung mit dem SolZ in etwa der Est-Satz von 28,25 % für den thesaurierten Gewinn. Hier ergibt sich eine Belastung von (14 % GewSt + 28,25 % ESt – 13,30 % GewSt = 28,95 % + 0,82 SolZ =) **29,77 % des thesaurierten Gewinnes bei Personenunternehmen**.

Die Nachbesteuerung für später entnommenen Gewinn mit 25 % entspricht der Belastung der Ausschüttungen von KapGes bei Einkünften aus KapVerm nach dem gesonderten (Abgeltungs)Steuersatz des § 32d Abs 1 EStG. Einschl SolZ ergibt sich dann für den später entnommenen Gewinn eine **Gesamtbelastung von** (Thesaurierungsbelastung) 29,77 + (Nachbesteuerungsbelastung: 25 % von [100 − 29,77] + 5,5 % von 25 % von [100 − 29,77] =) **18,52 = 48,29 %**. Bei Ausschüttung einer KapGes ergäbe sich demgegenüber eine Gesamtbelastung von (29,83 + 25 % von [100 − 29,83] + 5,5 % von 25 % von [100 − 29,83] = **48,33 %**, sofern die Anteile im PV gehalten werden. Bei im **Betriebsvermögen** gehaltenen Anteilen ergäbe sich unter Berücksichtigung des Teileinkünfteverfahrens mit einer Befreiung nach § 3 Nr 40 EStG von 40 % und dem Spitzensteuersatz von 45 % eine Gesamtbelastung von **49,81 %** einschl SolZ für Ausschüttungen.[3]

3 Durch den besonderen Thesaurierungssteuersatz soll neben der Herstellung von Rechtsformneutralität die **Eigenkapitalbildung** im Unternehmen und dadurch die **internationale Wettbewerbsfähig-**

---

1 Unternehmenssteuerreformgesetz 08 v 14.8.07, BGBl I 2007, 1912.
2 Vgl Begr RegEntw BR-Drs 220/07, Allgemeiner Teil, S 51f (55).

3 Zu Belastungsvergleichen gegenüber der KapGes vgl *Knief/Nienhaber* BB 07, 1309; *Kessler/Ortmann-Babel/Zipfel* BB 07, 523; krit *Hey* DStR 07, 925; *Dörfler/Graf/Reichl* DStR 07, 645 – bloße Steuersatzgleichheit bei unterschiedlichen Bemessungsgrundlagen!

keit auch von deutschen Personenunternehmen gestärkt werden.[1] Für Unternehmen in der Rechtsform der KapGes wird der Steuersatz von nunmehr 15 % KSt zuzüglich der GewSt für international wettbewerbsfähig gehalten. Mit einer Gesamtbelastung von knapp unter 30 % bei einem Hebesatz von 400 % liege die nominale Belastung des Gewinnes von Körperschaften in Deutschland im Vergleich zu anderen europäischen Wettbewerbern im Mittelfeld. Durch § 34a EStG werde im Ergebnis auch für ertragstarke Personenunternehmen in Deutschland erreicht, dass diese nicht einer ihre internationale Wettbewerbsfähigkeit beeinträchtigenden zu hohen Ertragsteuerbelastung ausgesetzt werden. Da die Begünstigung durch den Thesaurierungssteuersatz nur für nicht aus dem Unternehmen entnommene Gewinne gewährt wird und eine spätere Entnahme zu einer Nachbesteuerung führt, werde zugleich die **Eigenkapitalbildung im Unternehmen** gefördert. § 34a EStG leiste insoweit einen Beitrag dazu, die im internationalen Vergleich zu hohe Fremdkapitalquote deutscher Unternehmen zu beseitigen. Der Bildung von EK komme eine besondere Rolle zur Finanzierung neuer Investitionen und als Schutz vor Insolvenzen zu. Der sich insoweit für Personenunternehmen ohne die Begünstigung des § 34a EStG ergebende **Spitzensteuersatz** von **47,44%** einschl SolZ erschwere die Eigenkapitalbildung zu sehr. Da er wegen der transparenten Besteuerung der Personenunternehmen gleichermaßen für thesaurierte wie für entnommene Gewinne gilt, wird über § 34a EStG die Möglichkeit geschaffen, für den thesaurierten Gewinn einen begünstigenden Steuersatz in Anspruch zu nehmen, um die Eigenkapitalbasis verstärken zu können. Durch die bei späteren Entnahmen eintretende Nachbesteuerung wird insoweit sichergestellt, dass die Begünstigung entfällt, wenn nachträglich Entnahmen erfolgen. Die Gesamtbelastung einschl Nachbelastung beläuft sich dann, wie oben dargestellt auf rund **48,29 % gegenüber 47,44 %** Spitzenbelastung bei transparenter Besteuerung. § 34a EStG stellt sich mithin als Fortsetzung der bereits mit der Ersetzung des Anrechnungsverfahrens durch das Halbeinkünfteverfahren eingeleiteten Steuerpolitik dar, den im Unternehmen thesaurierten Gewinn gegenüber dem entnommenen Gewinn zu begünstigen. Dieses Konzept wird durch § 34a EStG nunmehr auch auf Personenunternehmen übertragen. Abgesehen davon, dass entnommene Gewinne nicht immer zugleich für den (privaten) Konsum verwendete Gewinne sind, kontrastiert mit dieser den für den Konsum verwendeten Gewinn benachteiligenden Besteuerung merkwürdig, dass an anderer Stelle der Begründung zum Unternehmenssteuerreformgesetz der Hoffnung Ausdruck gegeben wird, dass der Konsum anziehen werde[2].

§ 34a I bestimmt zunächst den Umfang der begünstigungsfähigen Einkünfte und den dafür geltenden besonderen (begünstigenden) Steuersatz von 28,25 %. **Begünstigungsfähige Einkünfte** sind nur die **Gewinneinkunftsarten**, nämlich die Einkünfte aus **LuF, Gewerbebetrieb und aus selbstständiger Arbeit**. Von diesen Gewinnen werden von der Begünstigung wieder **ausgenommen**: **Veräußerungsgewinne**, die bereits nach § 16 IV durch Gewährung eines Freibetrages oder nach § 34 III durch ermäßigten Steuersatz begünstigt sind und unter § 18 I 4, § 3 Nr 40a fallende Einkünfte aus selbstständiger Arbeit für Vergütungen der Beteiligten an vermögensverwaltenden Ges als sog carried interest. Insoweit soll es mit den dort jeweils bereits erfolgten Begünstigungen sein Bewenden haben. Die **Anwendung des Thesaurierungssteuersatzes** wird auf den **nicht entnommenen Gewinn beschränkt**. Die Anwendung des Thesaurierungssatzes erfolgt nur auf **Antrag des StPfl**. Bei mehreren Betrieben des StPfl ist der Antrag gesondert für jeden Betrieb des StPfl und für jeden Veranlagungszeitraum zu stellen. Bei MU'er ist der **Antrag durch jeden MU'er** selbst als StPfl unabhängig von den anderen MU'er zu stellen. Für **Bagatellbeteiligungen** wird die Antragstellung durch den MU'er ausgeschlossen. Der Gewinnanteil muss insoweit mehr als 10 % betragen oder 10 000 € übersteigen. 34a I S 4 regelt, dass der Antrag bis zur Unanfechtbarkeit des Einkommensteuerbescheides für den nächsten Veranlagungszeitraum (ganz oder teilw) zurückgenommen werden kann.

§ 34a II definiert den **nicht entnommenen begünstigungsfähigen Gewinn** iSd § 34a I als den nach § 4 I oder § 5 I durch **Betriebsvermögensvergleich ermittelten Gewinn** abzgl des **positiven Saldos aus Entnahmen und Einlagen**.

§ 34a III bestimmt in Satz 1 zunächst den durch Anwendung des Thesaurierungssteuersatzes zu begünstigenden Gewinn – **Begünstigungsbetrag im Veranlagungszeitraum**. Das ist der nach § 34a I, II begünstigungsfähige nicht entnommene Gewinn im Umfange der Antragstellung des StPfl. 34a III S 2 legt fest, wie der **nachversteuerungspflichtige Betrag** zum Ende des Veranlagungszeitraumes

---

1 Begr RegEntw BR-Drs 220/07, Allgemeiner Teil, S 55 und Besonderer Teil, S 101 zu § 34a neu.
2 Begr RegEntw BR-Drs 220/07, Allgemeiner Teil, S 52 – dort allerdings dann nur bezogen auf die Nachfrage von Arbeitnehmerhaushalten.

zu bestimmen ist und S 3 ordnet insoweit eine **gesonderte Feststellung des nachversteuerungspflichtigen Betrages** an. Ausgangspunkt für die Feststellung des nachversteuerungspflichtigen Betrages ist der Begünstigungsbetrag des Veranlagungszeitraumes, vermindert um die darauf entfallende Belastung mit ESt und SolZ. Hinzugerechnet wird ein etwaiger Bestand zum Ende des Vorjahres. Soweit wegen eines Entnahmeüberhanges über den durch Bestandvergleich ermittelten Gewinn eine Nachversteuerung stattzufinden hat, erfolgt eine Minderung um diesen Betrag. Im Übrigen wird geregelt, dass der für den jeweiligen Betrieb/ MU'anteil festzustellende Nachversteuerungsbetrag sich erhöht, soweit auf ihn im Rahmen des § 34a V nachversteuerungspflichtige Beträge aus anderen Betrieben/ MU'anteilen des StPfl übertragen werden, respektive sich mindert, soweit aus diesem Betrieb/ MU'anteilen nachversteuerungspflichtige Beträge auf andere Betriebe/MU'anteile des StPfl übertragen werden.

7   § 34a IV ordnet die **Nachversteuerung mit 25 %** an, sofern der positive Saldo aus Entnahmen und Einlagen größer ist als der durch Bestandsvergleich nach § 4 I oder § 5 I ermittelte Gewinn und soweit zum Ende des vorangegangenen Veranlagungszeitraumes ein nachversteuerungspflichtiger Betrag festgestellt wurde. Nach S 3 ist der Nachversteuerungsbetrag allerdings zu mindern, soweit Entnahmen erfolgten für die Erbschaft/Schenkungssteuer anlässlich der Übertragung des Betriebs/MU'anteils.

8   § 34a V bestimmt zunächst, dass die **Überführung/Übertragung von Wirtschaftsgütern nach § 6 V S 1 bis 3 zum Buchwert** zwischen verschiedenen Betrieben des StPfl, zwischen eigenem Betrieb und Sonderbetriebsvermögen bei einer MU'schaft sowie zw Sonderbetriebsvermögen bei verschiedenen MU'schaften und umgekehrt sowie Übertragungen in und aus Gesamthandsvermögen einer MU'schaft, an der der StPfl beteiligt ist, zu einer **Nachversteuerung** führen können, falls die Voraussetzungen eines Entnahmeüberhanges iSd Abs 4 vorliegen. S 2 lässt allerdings zu, dass auf Antrag ein im abgebenden Betrieb/MU'anteil vorhandener nachversteuerungspflichtiger Betrag bis zur Höhe des Buchwertes des überführten/übertragenen Wirtschaftsgutes auf den übernehmenden Betrieb/MU'anteil des StPfl übertragen wird. Insoweit kommt es dann für den abgebenden Betrieb/MU'anteil nicht zu einer Nachversteuerung beim StPfl.

9   § 34a VI bestimmt, dass eine **Nachversteuerung** (auch) durchzuführen ist: 1. bei **Betriebsveräußerung/BetrAufg** nach §§ 14,16 und 18 EStG; 2. bei **Einbringung** eines Betriebes/MU'anteils in eine **KapGes** oder Genossenschaft und beim **Formwechsel** einer PersGes in eine KapGes oder Genossenschaft; 3. beim **Wechsel der Gewinnermittlungsart** von Betriebsvermögensvergleich zur **Gewinnermittlung nach § 4 III** sowie 4. **auf Antrag**. S 2 sieht eine **zinslose Stundung** der anfallenden Nachsteuer in regelmäßigen Teilbeträgen bis zu 10 Jahren vor, falls die sofortige Einziehung zu erheblichen Härten für den StPfl führen würde. Dies gilt nicht bei Nachversteuerung wegen Wechsels der Gewinnermittlungsart oder auf Antrag.

10 Nach § 34a VII ist ein **nachversteuerungspflichtiger Betrag vom Rechtsnachfolger** fortzuführen in den Fällen einer **unentgeltlichen Übertragung des Betriebes** oder MU'anteils. Ebenso geht ein nachversteuerungspflichtiger Betrag bei **Einbringung zum Buchwert** eines Betriebes oder MU'anteils in eine PersGes **nach § 24 UmwStG** auf den neuen MU'anteil an der aufnehmenden PersGes über.

11 § 34a VIII enthält ein **Verlustausgleichsverbot und Verlustabzugsverbot** nach § 10d bezüglich der Verrechnung negativer Einkünfte mit den nach § 34a I ermäßigt mit dem Thesaurierungssteuersatz besteuerten nicht entnommenen Gewinnen.

12 Nach § 34a IX ist das für die ESt zuständige FA auch für **die gesonderte Feststellung des nachversteuerungspflichtigen Betrages** zuständig. Die gesonderte Feststellung darf mit dem ESt-Bescheid verbunden werden. Der Feststellungsbescheid darf nur insoweit angegriffen werden als sich der festgestellte nachversteuerungspflichtige Betrag gegenüber dem nachversteuerungspflichtigen Betrag des Vorjahres geändert hat.

13 **II. Systematik.** § 34a enthält eine **besondere Tarifvorschrift.** Der danach auf Antrag begünstigte nicht entnommene Gewinn unterliegt zunächst dem **besonderen Steuersatz von 28,25 %.** Hinzu kommt der SolZ. Es handelt sich dabei nicht um die endg Besteuerung dieses Gewinnes. Vielmehr ist für den sich nach Abzug der Einkommensteuerbelastung mit dem besonderen Steuersatz des § 34a und des SolZ sich ergebenden (nachversteuerungspflichtigen) Betrag noch eine **Nachversteuerung mit 25 %** zzgl. SolZ durchzuführen, wenn der Betrag in späteren Veranlagungszeiträumen aus

dem jeweiligen Betriebsvermögen entnommen wird, respektive nach den Vorschriften des Gesetzes als entnommen gilt, weil sich ein Entnahmeüberhang gem § 34a IV für das Wj ergeben hat. Eine entspr Nachversteuerung ist auch in den Fällen der Betriebsveräußerung oder Einbringung in eine KapGes durchzuführen. Auch im Falle einer unentgeltlichen Betriebsübertragung oder der Einbringung zu Buchwerten nach § 24 UmwStG entfällt die Nachversteuerung nicht endg. Allerdings trifft dann die Nachversteuerungspflicht den unentgeltlichen Rechtsnachfolger im übernommenen Betrieb/MU'anteil, bzw den StPfl bezüglich des erworbenen oder aufgestockten MU'anteils bei der aufnehmenden PersGes.

Die nach § 34a I auf Antrag mit dem besonderen Steuersatz von 28,25 % besteuerten nicht entnommenen Gewinne und die später mit dem Nachversteuerungssatz von 25 % besteuerten „Entnahmen" unterliegen keiner progressiven Besteuerung wie das übrige Einkommen. Addiert ergibt sich allerdings eine höhere Belastung als nach dem für 2008 geltenden Spitzensteuersatz, nämlich unter Einbeziehung der GewSt und der Entlastung nach § 35 EStG bei einem Hebesatz von 400 % mit 48,29 % gegenüber 47,48 % (s Rn 3). **14**

Der nach § 34a I mit dem besonderen Steuersatz besteuerte nicht entnommene Gewinn in Höhe des durch den Antrag bestimmten Begünstigungsbetrages ist Teil der Summe der Einkünfte und des Gesamtbetrages der Einkünfte iSd § 2 III EStG, des Einkommens im Sinne des § 2 IV EStG und des zu versteuernden Einkommens iSd § 2 V EStG. Soweit außersteuerliche Rechtsnormen an diese Begriffe anknüpfen, bedarf es daher keiner Erhöhung um diesen Betrag, da er bereits darin enthalten ist. Insoweit besteht eine andere Rechtslage als bezüglich der ab 2009 der Abgeltungssteuer nach § 32d I, § 43 V unterliegenden Kapitalerträge, die nach § 2 Va EStG diesen Größen hinzuzurechnen sind, da sie wegen § 2 Vb Satz 2 zunächst nicht in diese Größen laut EStG einzubeziehen sind. Aus demselben Grunde bedarf es auch keiner Erhöhung dieser Größen – ebenfalls im Unterschied zu den der Abgeltungssteuer nach § 32d, 43 Abs 5 EStG unterliegenden Kapitalerträge – in den in § 2 Vb S 2 genannten Fällen der Anwendung bestimmter Rechtsnormen des EStG, ua der §§ 10b, 33 III EStG. Hingegen gehören der festzustellende nachversteuerungspflichtige Betrag und der jeweils wegen Entnahmeüberhanges nach § 34a IV, bzw nach § 34 VI der Nachversteuerung unterworfene Betrag nicht zur Summe der Einkünfte, zum Gesamtbetrag der Einkünfte und zum versteuernden Einkommen im jeweiligen Veranlagungszeitraum der Nachversteuerung. **15**

Der nach § 34a I mit dem besonderen Thesaurierungssteuersatz besteuerte Begünstigungsbetrag des nicht entnommenen Gewinnes des Wj vermindert zwar nicht das zu versteuernde Einkommen. Nach § 32a I für den Grundtarif und 32a V für den Splittingtarif bemisst sich jedoch ab 2008 die tarifliche ESt nur vorbehaltlich §§ 32b, 32d, 34, 34a, 34b und 34c für zu versteuernde Einkommen nach den dort angegebenen Formeln. Die dem besonderen Steuersatz nach § 34a I unterliegenden Beträge sind mithin für die Anwendung des § 32a I und V auf das restliche nicht begünstigte Einkommen vorab abzuziehen. Der sich nach § 32a I und V ergebende Tarif für das nicht begünstigte Einkommen ergibt sich mithin ohne Berücksichtigung der nach § 34a I mit dem Thesaurierungssteuersatz zu besteuernden Einkünfte. Ein Progressionsvorbehalt nach § 32b ist insoweit ebenfalls nicht vorgesehen. Die nach § 34a I begünstigten nicht entnommenen Gewinne bleiben mithin auch für die Progression des Tarifs für die nicht begünstigten übrigen Einkünfte ohne Einfluss. Der der Nachversteuerung unterliegende Betrag ist ohne Einfluss auf das zu versteuernde Einkommen und damit auch ohne Einfluss auf den Tarif nach § 32a für das zu versteuernde Einkommen. **16**

Das horizontale und das vertikale Verlustausgleichsgebot des § 2 III und das Verlustabzugsgebot des § 10d findet grundsätzlich auch auf nach § 34a I begünstigungsfähige nicht entnommene Gewinne Anwendung. Denn die begünstigungsfähigen nicht entnommenen Gewinne bleiben Teil des Gewinnes aus der jeweiligen Gewinneinkunftsart (daher zunächst horizontaler Verlustausgleich) und auch Teil der Summe der Einkünfte (daher auch zunächst vertikaler Verlustausgleich). Treffen mithin Gewinne und Verluste des StPfl aus ders Einkunftsart, zB GewBetr bei mehreren GewBetr und/ oder MU'anteilen, für denselben Veranlagungszeitraum zusammen, ist zunächst ein horizontaler Verlustausgleich innerhalb der Einkunftsart vorzunehmen. Ebenso ist zunächst ein vertikaler Verlustausgleich nach § 2 III EStG vorzunehmen, wenn Verluste aus einer Einkunftsart mit Gewinnen aus einer anderen Einkunftsart zusammentreffen. Dasselbe gilt für einen Verlustrücktrag oder Verlustvortrag nach § 10d EStG. Eine Besteuerung mit dem besonderen Steuersatz nach § 34a I kann daher nur für nach dem horizontalen und vertikalen Verlustausgleich verbleibende nicht entnommene Gewinne erfolgen. Ein Verzicht auf einen horizontalen oder vertikalen Verlustausgleich mit **17** an sich begünstigungsfähigen nicht entnommenen Gewinnen zur Generierung eines Verlustvortrages oder Verlustrücktrages ist nicht möglich.[1]

18 § 34a VIII schließt allerdings einen Ausgleich negativer Einkünfte und Verlustabzug nach § 10d mit ermäßigt besteuerten Gewinnen nach § 34a I S 1 aus. Diese Vorschrift greift allerdings nur ein, soweit bereits eine Besteuerung zum (ermäßigten) Thesaurierungssteuersatz nach § 34a I stattgefunden hat. Bereits nach § 34a I ermäßigt besteuerte thesaurierte Gewinne stehen für einen Verlustausgleich nach § 2 III oder einen Verlustabzug nach § 10d EStG nicht mehr zur Verfügung. Nur insoweit als bereits eine Besteuerung zum ermäßigten Steuersatz nach § 34a I stattgefunden hat, steht der dieser Besteuerung zugrunde gelegte Begünstigungsbetrag (auf Antrag begünstigt besteuerte nicht entnommene Gewinn) des § 34a III S 1 für eine Verlustausgleich nach § 2 III oder Verlustabzug nach § 10d nicht (mehr) zur Verfügung.

19 Ausgeschlossen ist damit namentlich ein Verlustrücktrag auf im Vorjahr auf Antrag bereits begünstigt nach § 34a I besteuerte nicht entnommene Gewinne. Allerdings ist zu beachten, dass der Antrag auf eine begünstigte Besteuerung nach § 34a I bis zur Unanfechtbarkeit des ESt-Bescheides für den nächsten Veranlagungszeitraumes nach § 34a I letzter Satz zurückgenommen werden kann. Mit einer derartigen Rücknahme des Antrages auf begünstigte Besteuerung entfällt auch die begünstigte Besteuerung nach § 34a I rückwirkend, so dass der Weg zu einem Verlustrücktrag wieder eröffnet ist, weil keine begünstigte Besteuerung stattgefunden hat.

Die Rücknahme des Antrages auf Besteuerung nach § 34a I hängt zwar nicht davon ab, dass im Folgejahr rücktragsfähige Verluste eingetreten sind. Allerdings dürfte sie ohne rücktragsfähige Verluste im Folgejahr regelmäßig nicht zielführend sein. Ohne entspr Antragstellung scheidet ein Verlustrücktrag auf die nach § 34a I bereits ermäßigt besteuerten thesaurierten Gewinne aus. Es verbleibt dann nur ein Verlustvortrag nach § 10d II EStG.

Zu beachten ist im Zusammenhang mit § 34a VIII, dass nach § 10d I Satz 2 idF des Unternehmenssteuerreformgesetzes 2008 der Gesamtbetrag der Einkünfte des vorangegangenen Veranlagungszeitraumes um die Begünstigungsbeträge nach § 34a III S 1 gemindert wird. Schon dadurch wird ausgeschlossen, dass negative Einkünfte des Folgejahres auf einen nach § 34a I begünstigt besteuerten nicht entnommenen Gewinn des Vorjahres zurückgetragen werden können, falls nicht eine Rücknahme des Antrages auf Besteuerung nach § 34a I für das Vorjahr erfolgte. Der von § 34a VIII angeordnete Ausschluss des Verlustausgleichs und Vortrages negativer Einkünfte mit nach § 34a I ermäßigt besteuerten Gewinnen dürfte weitgehend leerlaufend sein[2]. Denn soweit nach § 2 III ein Verlustausgleich stattzufinden hat oder nach § 10d II ein Verlustvortrag stattfindet, kommt eine Besteuerung nicht entnommener Gewinne nach § 34a I gar nicht (mehr) in Betracht. Unberührt bleibt, dass nach § 10d I Satz 4 auf einen Rücktrag verzichtet werden kann. Insoweit verbleibt dann nur ein Vortrag.

20 Im Verhältnis zu anderen Tarifvorschriften und Steuerermäßigungen des IV. und V. Teiles des EStG ist die Anwendung des § 34a ausgeschlossen für Veräußerungsgewinne, soweit dafür ein Freibetrag nach 16 IV oder der ermäßigte Steuersatz nach § 34 III in Anspr genommen worden ist.

Die Anwendung der übrigen Tarifvorschriften schließt bei Vorliegen von dessen Voraussetzungen die Anwendung des § 34a I nicht aus. Anzuwenden ist insoweit aber immer der proportionale Sondertarif des § 34a I. Dies gilt auch, soweit außerordentliche Einkünfte iSd § 34 I iVm 34 II und 34b vorhanden sind. § 34 I kann sich mithin für die unter § 34a I fallenden nicht entnommenen Gewinne nicht auswirken, sondern nur für die nicht von 34a I erfassten außerordentlichen Einkünfte. Außergewöhnliche Belastungen nach § 33 werden bereits durch Abzug vom Gesamtbetrag der Einkünfte berücksichtigt. In diesem ist der nach § 34a I begünstigt zu besteuernde nicht entnommene Gewinn enthalten. Im Ergebnis mindern sie den nach § 34a I zu besteuernden Einkommensteil nur dann, wenn kein restliches zu versteuerndes Einkommen vorhanden ist.

Die Inanspruchnahme der Steuerermäßigungen nach § 34c bis 35g EStG bleibt durch die Inanspruchnahme des § 34a I unberührt. Namentlich erfolgt eine Anrechnung ausländischer Steuern nach § 34c auch insoweit als die tarifliche Steuer auf die Sondertarifierung nach § 34a I entfällt. Dasselbe gilt für die Anrechnung der GewSt nach § 35 EStG.

---

1 So zutr BMF Tz 1 im Entw eines Schr zu § 34a (Verbandsanhörung) – GZ IV B 2 – S 2290 – a/07/0001 und DOK 2007/0517623.

2 *Thiel/Sterner* DB 2007, 1099; *Blumenberg/Benz* Unternehmenssteuerreform, Kap. II B V, S 20.

III. Anwendungsbereich. Nach seinem sachlichen Anwendungsbereich gilt § 34a nur für die 21
Gewinneinkunftsarten, dh die Unternehmenseinkünfte. Ausgenommen werden davon nur bereits
nach § 16 IV oder § 34 III begünstigte Veräußerungsgewinne und die durch Anwendung des Teileinkünfteverfahrens nach § 18 I 4, § 3 Nr 40a begünstigten Einkünfte aus selbstständiger Arbeit des
Beteiligten an einer vermögensverwaltenden PersGes. Sachliche Voraussetzung ist die Gewinnermittlung durch Betriebsvermögensvergleich nach § 4 I oder 5 I.

Der persönliche Anwendungsbereich erstreckt sich auf unbeschränkt und beschränkt stpfl nat Pers.
Für der KSt unterliegende StPfl scheidet die Anwendung dieser Tarifvorschrift aus.

Zeitlich ist § 34a erstmals für den Veranlagungszeitraum 2008 anzuwenden, § 52 Abs 48. Bei
Gewinnermittlung für Betriebe mit abw Wj kommt seine Anwendung mithin erstmals in Betracht,
wenn das Wj im Jahre 2008 endet.

B. Sondertarif für nicht entnommene Gewinne (§ 34a I)

I. Begünstigte Einkunftsarten und Gewinnermittlungsart. Der begünstigende proportionale Son- 22
dertarif des § 34a I kann nur für die Gewinneinkunftsarten, nämlich die unternehmerischen Einkünfte aus LuF, aus Gewerbebetrieb und selbstständiger Arbeit in Anspr genommen werden.
Derartige (positive) Einkünfte müssen im zu versteuernden Einkommen des jeweiligen Veranlagungszeitraumes enthalten sein. Auch insoweit kann der Sondertarif nur auf nicht entnommene
Gewinne iSd § 34a II angewendet werden. Der Gewinn muss durch Betriebsvermögensvergleich
(anhand von Steuerbilanzen) nach § 4 I oder § 5 I ermittelt werden. Bei einer Einnahme/Überschussrechnung nach § 4 III, einer Gewinnermittlung nach § 5a oder § 13a kommt eine Begünstigung
nach § 34a auch für „nicht entnommene Gewinne" nicht in Betracht.

II. Ausgeschlossene Gewinnteile. Von der Thesaurierungsbegünstigung sind Veräußerungsgewinne 23
ausgeschlossen, für die der Freibetrag nach § 16 IV in Anspr genommen wird. Das betrifft nicht nur
die in § 16 geregelten Veräußerungsgewinne bei den Einkünften aus GewBetr, sondern über die
Verweisung auf § 16 IV in § 14 und § 18 III auch zu den luf Einkünften oder zu Einkünften aus
selbstständiger Arbeit gehörende Veräußerungsgewinne. Ebenso sind Veräußerungsgewinne ausgeschlossen, für die die Anwendung des ermäßigten Steuersatzes nach § 34 III beansprucht wird. Weiterhin können die dem Halb/Teileinkünfteverfahren nach §§ 18 I 4, 3 Nr 40a unterliegenden Einkünfte aus selbstständiger Arbeit, die ein Beteiligter an einer vermögensverwaltenden (Anteile an
KapGes haltenden) Ges/Gemeinschaft als erfolgsabhängige Vergütung (so genannter carried interest) für seine Leistungen an die Ges erhält, nicht in die Sondertarifierung einbezogen werden. Vermieden werden soll eine Mehrfachbegünstigung[1]. Während für Veräußerungsgewinne durch Verzicht auf die Inanspruchnahme von § 16 IV oder § 34 III die Anwendung des § 34a I grds in Betracht
kommt[1], scheidet dies für die Einkünfte nach § 18 I 4 aus.

III. Betriebs- und personenbezogene Begünstigung. Die Sondertarifierung mit 28,25 % erfolgt nur 24
auf Antrag des StPfl. Der begünstigungsfähige nicht entnommene Gewinn des § 34a I wird nur im
Umfange des gestellten Antrages durch Anwendung des Sondertarifes tatsächlich begünstigt
besteuert. Der Antrag bestimmt den Umfang des Begünstigungsbetrages, § 34a I S 1 iVm 34a III
S 1, für den jeweiligen Veranlagungszeitraum. Unterhält der StPfl mehrere Betriebe, ist der Antrag
für jeden Betrieb gesondert zu stellen, § 34a I S 2. Mehrere Betriebe liegen immer vor, soweit der
StPfl Gewinne aus verschiedenen Gewinneinkunftsarten bezieht. Mehrere Betriebe des StPfl iSd
§ 34a können aber auch innerhalb ders Einkunftsart vorliegen. Insoweit gilt jedenfalls für § 34a der
enge Betriebsbegriff. Betrieb ist insoweit jede organisatorisch verselbstständigte Einheit, mit der
der StPfl selbstständig am Markt durch Leistungserbringung gegen Entgelt teilnimmt. Funktionale
Unterabteilungen – etwa Vertrieb, Lagerhaltung, Buchhaltung usw – sind keine Betriebe. Für jeden
Betrieb iSd § 34a I bedarf es einer eigenen Buchführung und eigener (Steuer)Bilanz. Der Teilbetrieb stellt keinen Betrieb iSd § 34a I dar. Zu ausländischen Betriebsstätten s Rn 43.

Bei mitunternehmerischen PersGes/Gemeinschaften wird der jeweilige MU'anteil für den beteilig- 25
ten MU'er wie ein von ihm unterhaltener eigener Betrieb behandelt. Ist der StPfl an mehreren
MU'schaften beteiligt, so wird jeder MU'anteil wie ein gesondert unterhaltener Betrieb angesehen.
Dasselbe gilt auch im Verhältnis MU'anteil des StPfl zu (weiteren) eigenen Betrieben. Der Antrag

---

1 Begr RegEntw BR-Drs 220/07 v 30.3.07 zu § 34a I.

auf Sondertarifierung des nicht entnommenen Gewinnes ist mithin für jeden MU'anteil und jeden Betrieb des StPfl gesondert zu stellen. Für jeden dieser Bereiche ist auch der begünstigungsfähige nicht entnommene Gewinn gesondert zu ermitteln. Antragsberechtigt ist jeweils der MU'er, bzw. der Inhaber des Betriebes als der StPfl, dem der Gewinn (Gewinnanteil) als seine Einkünfte nach § 2 I, § 15 I S 1 Nr 1 und Nr 2, 13 I und VII sowie 18 I und IV zugerechnet wird. Die Sondertarifierung nach § 34a I erfolgt mithin auch bei MU'schaften personenbezogen. Jeder MU'er bestimmt durch seinen Antrag selbst, ob und inwieweit er hinsichtlich des auf ihn entfallenden Gewinn(anteils), soweit er als nicht entnommener Gewinn begünstigungsfähig ist, einen Begünstigungsbetrag für den Veranlagungszeitraum in Anspr nehmen will. Eine gemeinsame Antragstellung durch die MU'schaft ist nicht vorgesehen. Es besteht auch keinerlei inhaltliche Bindung der MU'er an die jeweils von den anderen MU'ern durch ihre Antragstellung beanspruchten Begünstigungsbeträge. Unberührt bleiben selbstverständlich für das gesellschaftsrechtliche Innenverhältnis gesellschaftsvertragliche Vereinbarungen über die Entnahmebefugnisse der Gesellschafter.

Bei MU'schaften wird für Bagatellfälle eine Sondertarifierung nach 34a für den nicht entnommenen Gewinn des MU'ers ausgeschlossen, indem insoweit dem MU'er keine Antragsbefugnis eingeräumt wird. Er ist hinsichtlich des nicht entnommenen Gewinnes aus dem Mitunternehmeranteil nur antragsbefugt, wenn sein Gewinnanteil am Steuerbilanzgewinn der MU'schaft absolut 10 000 € übersteigt oder wenn sein Gewinnanteil mehr als 10 % beträgt. Für beide Größen ist abzustellen auf den Anteil am Steuerbilanzgewinn der MU'schaft. Dieser umfasst die Ergebnisse aus der gemeinsamen Gesellschaftsbilanz und aus den steuerlichen Ergänzungs- und Sonderbilanzen für alle MU'er.

26 **IV. Antrag auf Sondertarifierung. – 1. Antragsbedingte Begünstigung.** Die Sondertarifierung nach § 34a I für den nicht entnommenen Gewinn erfolgt nur auf Antrag des StPfl, nicht von Amts wegen. Es findet auch keine Günstigerprüfung statt, § 34a I S 1. Der Antrag ist vom StPfl für jeden Betrieb und für jeden MU'anteil gesondert zu stellen, § 34a I S 2. Es sind also ggf mehrere Anträge zu stellen. Für jeden Betrieb und MU'anteil bestimmt der StPfl durch seinen Antrag auch den Begünstigungsbetrag, den er für den nicht entnommenen begünstigungsfähigen Gewinn beansprucht, § 34a III S 1. Es besteht keine Begrenzung dahingehend, dass pro Betrieb oder MU'anteil für den gesamten nicht entnommenen Gewinn die Einbeziehung in den Begünstigungsbetrag beantragt wird. Der StPfl ist vielmehr völlig frei, zu bestimmen, ob überhaupt und in welchem Umfange er jeweils für den einzelnen Betrieb und/oder MU'anteil einen Begünstigungsbetrag durch seine Antragstellung beansprucht.

27 **2. Form und Frist.** Der Antrag ist bei dem nach § 19 AO für die Einkommensbesteuerung des StPfl zuständigen (Wohnsitz-)FA zu stellen. Bei MU'schaften ist er von jedem MU'er selbst bei seinem Wohnsitz-FA zu stellen, nicht bei dem für die gesonderte Gewinnfeststellung nach § 18 I Nr 1 bis 3 zuständige Lage oder – Betriebs-FA. Das Wohnsitz-FA ist auch für das weitere Verfahren im Rahmen der Festsetzung der ESt allein zuständig. Die Geschäftsführer einer mitunternehmerischen PersGes sind nicht kraft § 34 AO befugt, für die MU'er entspr Anträge zu stellen. Sie können allerdings nach § 80 AO zur Antragstellung bevollmächtigt werden. Es besteht insoweit auch keine Einspruchsbefugnis der Geschäftsführer nach § 352 Abs 1 Nr 1 AO, wenn bei der Einkommensteuerfestsetzung für den MU'er ein Antrag nach § 34a I (möglicherweise) nicht oder nur fehlerhaft berücksichtigt wurde.

Der Antrag ist nicht formgebunden. Allerdings dürfte sich aus Gründen der Beweisklarheit eine schriftliche Antragstellung empfehlen. Er wird normalerweise zusammen mit der Abgabe der Einkommensteuererklärung gestellt werden. Eine ausdrückliche Frist ist in § 34a nicht bestimmt. Es gelten daher die allg Regelungen. Danach kann der Antrag bis zur Unanfechtbarkeit des ESt-Bescheides für den jeweiligen Veranlagungszeitraum gestellt werden. Bis dahin kann er auch zurückgenommen oder durch Erweiterung oder Einschränkung modifiziert werden. Eine erstmalige Antragstellung oder Erweiterung ist danach insbesondere im Rahmen der Änderungsmöglichkeiten für ESt-Bescheide nach der AO möglich, wenn nach einer Außenprüfung sich eine Gewinnerhöhung ergibt, die zu einer höheren Steuerfestsetzung führt. Nach Eintritt der Unanfechtbarkeit für den ESt-Bescheid des betreffenden Veranlagungszeitraumes kann der Antrag nicht mehr erweitert oder erstmals gestellt werden.

28 **3. Verlängerte Rücknahmemöglichkeit.** § 34a I S 4 lässt die Rücknahme des Antrags ganz oder teilw abw von den allgemeinen Regeln für die Rücknahme von Anträgen bis zum Eintritt der

Unanfechtbarkeit des ESt-Bescheides für den nächsten Veranlagungszeitraum zu. Die Regelung ist vor dem Hintergrund zu sehen, dass ein Verlustrücktrag nach § 10d I auf einen nach § 34a I begünstigt mit dem Sondertarif besteuerten (nicht entnommenen) Gewinn nach § 10d I S 2 und § 34a VIII ausgeschlossen ist. Im Umfange der Rücknahme des Antrages entfällt dann die begünstigte Besteuerung für den vorangegangenen Veranlagungszeitraum. Insoweit kann dann auch ein Verlustrücktrag nach § 10d I aus dem nächsten Veranlagungszeitraum noch bis zur Höhe des nunmehr nicht mehr begünstigten nicht entnommenen Gewinnes vorgenommen werden. Eine etwaige bestandskräftige Veranlagung für den Rücktragungsveranlagungszeitraum steht nicht entgegen. Denn § 10d I 3 ermöglicht insoweit als der Rücktrag wegen der Rücknahme des Antrages zu gewähren ist die Änderung des Bescheides. Wird der Antrag nicht zurückgenommen, verbleibt es dabei, dass ein Rücktrag auf den begünstigt besteuerten Gewinnanteil nicht möglich ist. Ein verbleibender Verlust des Veranlagungszeitraumes kann dann nur nach § 10d II in folgende Veranlagungszeiträume vorgetragen werden.[1] Die verlängerte Rücktragsmöglichkeit des § 34a I S 4 soll etwaigen Unsicherheiten hinsichtlich der zu treffenden Prognoseentscheidung über die zukünftige Gewinn/Verlustsituation im Zusammenhang mit der Inanspruchnahme der Thesaurierungsbegünstigung jedenfalls für den unmittelbar nachfolgenden Veranlagungszeitraum Rechnung tragen, indem sie dem StPfl insoweit eine vollständige oder teilw Revidierung seiner Entscheidung zur Inanspruchnahme der Thesaurierungsvergünstigung ermöglicht.[2]

V. Besteuerung des Begünstigungsbetrages des nicht entnommenen Gewinnes. – 1. Solidaritätszuschlag und Steuermäßigungen nach § 35 und 34c. In Höhe des durch den Antrag festgelegten Begünstigungsbetrages, § 34a I S 1 und 34a III S 1 wird der im zu versteuernden Einkommen enthaltene nicht entnommene Gewinn dem proportionale Sondersteuersatz von 28,25 % unterworfen. Dieser Teil des zu versteuernden Einkommens scheidet aus der Anwendung des in § 32a festgelegten Regeltarifes für die ESt aus. Er beeinflusst auch nicht den auf das restliche zu versteuernde Einkommen anzuwendenden Regeltarif nach § 32a EStG. Zur Belastung mit dem Sondertarif von 28,25 % tritt die Belastung mit dem SolZ in Höhe von 5,5 % der festgesetzten ESt hinzu. Dies ergäbe an sich einen kombinierten Steuersatz von 28,25 % + 1,55 % = 29,80 %. Zu beachten ist aber, dass der SolZ erst an die unter Berücksichtigung von Kinderfreibeträgen nach § 32 VI festzusetzende tarifliche ESt iSd § 2 VI anknüpft. Die tariflich festzusetzende ESt wird durch Steuerermäßigungen gemindert. Die Steuerermäßigungen wirken sich insoweit dann auch auf den SolZ aus. Im hier interessierenden Zusammenhang kommen als Steuerermäßigungen namentlich nach § 34c I, respektive nach DBA anzurechnende ausländische Steuern und die Steuerermäßigung durch Anrechnung der GewSt im durch § 35 EStG bestimmten Umfange in Betracht. Die auf den begünstigten nicht entnommenen Gewinn entfallende Steuerbelastung mit ESt und SolZ beträgt mithin:

29

Belastung mit ESt und SolZ	Zahlenbeispiel		
Begünstigungsbetrag × 28,25 %	100 × 28,25 %	=	28,25
– GewSt Anrechnung § 35	– (100 × 3,5% × 3,8)	=	– 13,30
– anzurechnende ausl. Steuer § 34c	– 4,95	=	– 4,95
Festzusetzende ESt		=	10,00
+ SolZ mit 5,5 % festzusetzende ESt	+ (5,5 % von 10)	=	0,55
Gesamtbelastung ESt + SolZ		=	10,55

Zu beachten ist, dass Steuerermäßigungen an sich nicht etwa getrennt auf das nach § 34a I begünstigte Einkommen und das dem Regeltarif unterliegende Einkommen angewendet werden. Vielmehr werden sie erst mindernd berücksichtigt, nachdem anhand des der Sondertarifierung unterliegenden Einkommensteils zuzüglich des dem Regeltarif unterliegenden übrigen Einkommens die tarifliche ESt bestimmt wurde, die sodann um die Ermäßigungsbeträge vermindert wird. Im Ergebnis stellen sich aber die oben dargestellten Belastungswirkungen bezüglich des der Sondertarifierung nach § 34a I unterworfenen Teils des zu versteuernden Einkommens ein. Soweit nach den Ermäßigungsvorschriften eine Begrenzung vorzunehmen ist, etwa hinsichtlich der Höhe der anzurechnenden ausländischen Steuern nur bis zur Höhe der auf die ausländischen Einkünfte entfallenden deutschen

---

[1] Begr RegEntw BR-Drs 220/07 v 30.3.07 zu § 10d I S 2 und zu § 34a VIII.

[2] Begr RegEntw BR-Drs 220/07 v 30.3.07 zu § 34a I; danach Billigkeitsregelung zur Vermeidung von Härten.

Steuer oder bei der Anrechnung nach § 35 EStG nur, soweit sie auf anteilig im zu versteuernden Einkommen enthaltene gewerbliche Einkünfte entfällt, ist zwar auf die gesamte festzusetzende Steuer abzustellen, aber für die nach § 34a I besteuerten Einkünfteteile die Anrechnung nur bis zur Höhe der darauf entfallenden „Thesaurierungssteuer" möglich.

30 **2. Kirchensteuer.** Zu den oben genannten Belastungen mit ESt und SolZ tritt ggf die Belastung mit KiSt hinzu. Insoweit gelten keine Besonderheiten. In der nach § 51a II insoweit dafür maßgeblichen Bemessungsgrundlage der festzusetzenden ESt ist die auf den begünstigten nicht entnommenen Gewinn entfallende festzusetzende ESt bereits enthalten. Nicht zu berücksichtigen ist gem § 51a II allerdings die Steuerermäßigung nach § 35 EStG. Unberührt bleibt der Sonderausgabenabzug nach § 10 I 4 1. HS.

31 **3. Belastungswirkungen der Gewerbesteuer.** Bei Personenunternehmen mit nat Pers als MU'ern kommt der GewSt wegen der in § 35 EStG vorgesehenen Anrechnung auf die ESt eine erheblich geringere Belastungswirkung als für KapGes zu.[1] Dies gilt jedenfalls, soweit eine Anrechnung nach § 35 EStG möglich ist. Soweit eine derartige Anrechnung wegen Anrechnungsüberhängen nicht möglich ist, etwa, weil im zu versteuernden Einkommen keine oder keine ausreichenden Einkünfte aus Gewerbebetrieb enthalten sind, namentlich wegen eines horizontalen Verlustausgleichs bei mehreren Gewerbebetrieben des StPfl, eines vertikalen Verlustausgleiches mit anderen Einkunftsarten oder bei einem durch ertragsunabhängige Hinzurechnungen nach § 8 GewStG die gewerblichen Einkünfte übersteigenden Gewerbeertrag, verbleibt es allerdings bei der insoweit dann ungemildert eintretenden zusätzlichen Belastung mit GewSt.[2]

Unter Berücksichtigung der Anrechnung nach § 35 GewStG und deren Einfluss auf die Höhe des SolZ ergeben sich bei unterschiedlichen Hebesätzen folgende Belastungswirkungen aus ESt/GewSt/SolZ für den begünstigten Gewinn nach § 34a I. Nicht berücksichtigt sind dabei etwaige Anrechnungsüberhänge, namentlich wegen ertragsunabhängiger Hinzurechnungen nach § 8 GewStG.

Hebesatz	200 %	300 %	380 %	400 %	450 %
Gewinn	100	100	100	100	100
GewSt	7	10,5	13,30	14	15,75
ESt 34a I	28,25	28,25	28,25	28,25	28,25
§ 35 Anrechnung	7	10,5	13,30	13,30	13,30
ESt nach Anrechnung	21,25	17,75	14,95	14,95	14,95
SolZ 5,5 %	1,17	0,98	0,82	0,82	0,82
Gesamtbelastung	29,42	29,23	29,07	29,77	31,52

Die niedrigste Belastung ergibt sich bei einem Hebesatz von 380 %. Diese auf den ersten Blick erstaunliche Ergebnis ergibt sich daraus, dass bis zu diesem Hebesatz eine vollständige Anrechnung der GewSt auf die ESt wegen des in § 35 EStG vorgesehenen Vervielfältigers von 3,8 des GewSt –Messbetrages erfolgt. Die GewSt-Belastung wird mithin vollständig durch Anrechnung auf die ESt kompensiert. Eine Überanrechnung kann nicht (mehr) erfolgen, da die Anrechnung auf die tatsächlich zu zahlende GewSt beschränkt wird. Wegen des bis zum Hebesatz von 380 % steigenden Anrechnungsbetrages vermindert sich jedoch die festzusetzende ESt und damit der davon abhängige SolZ. Wegen des insoweit sich ergebenden geringeren SolZ nimmt die Gesamtbelastung bis zur Erreichung dieses Hebesatzes ab. Für Hebesätze oberhalb von 380 % erfolgt keine Kompensation der auf den übersteigenden Prozentsatz entfallenden GewSt mehr. Einkommensteuerbelastung und SolZ bleiben unverändert. Die höhere Gewerbesteuerbelastung schlägt unvermindert auf die Gesamtbelastung durch.

---

1 Bei KapGes ergeben sich in Abhängigkeit vom örtlichen Hebesatz Gesamtbelastungen mit KSt/GewSt/SolZ von 22,83 % (Hebesatz 200 %) bis zu 31,58 % (Hebesatz 450 %), wobei die Belastung mit KSt und SolZ einheitlich immer 15,83 % beträgt. Bezogen auf das zu versteuernde Einkommen können sind die Belastungen ggf höher, soweit wegen Hinzurechnungen der Gewerbeertrag das zu versteuernde Einkommen übersteigt. Zu dieser Belastung tritt bei Ausschüttungen an die Anteilseigner deren Steuerbelastung mit der 25 %-igen Abgeltungssteuer zzgl SolZ hinzu, falls es sich um nat Pers mit Einkünften aus KapVerm handelt.

2 Zu Gestaltungsüberlegungen Anrechnungsüberhänge bei Verlusten durch Antrag nach § 34a I zu vermeiden Förster DB 07, 760 (allerdings ist zu beachten, dass der Verlustausgleich nach § 2 III vorrangig ist).

Eine Nachversteuerung wegen eines Entnahmeüberhanges in einem späteren VZ verändert die GewSt-Belastung nicht mehr. Der Nachversteuerungsbetrag führt nicht zu einem zusätzlichen Gewerbeertrag im Jahr der Nachversteuerung.

Wird von der Thesaurierungsbegünstigung nicht Gebrauch gemacht, ergeben sich dieselben gewerbesteuerlichen Belastungen wie oben angegeben. Je nach der Höhe der sich aus der Anwendung des Regeltarifes ergebenden Belastung des zu versteuernden Einkommens und des darin enthaltenen Gewinnes aus Gewerbebetrieb ergeben sich aber Auswirkungen auf die anrechenbare GewSt (maximal bis zur Höhe der anteiligen ESt und bis zur geschuldeten GewSt) und damit auch für den SolZ. Bei Zugrundelegung des Spitzensteuersatzes von 45 % ergibt sich insoweit folgende Belastung:

Hebesatz	200 %	300 %	380 %	400 %	450 %
Gewinn	100	100	100	100	100
GewSt	7	10,5	13,30	14	15,75
ESt 45 %	45	45	45	45	45
§ 35 Anrechnung	7	10,5	13,30	13,30	13,30
ESt nach Anrechnung	38	34,5	31,70	31,70	31,70
SolZ 5,5 %	2,09	1,88	1,74	1,74	1,74
Gesamtbelastung	47,09	46,88	46,74	47,44	49,19

Die Gesamtbelastung ist, verglichen mit einer Thesaurierungsbelastung und anschließender Nachversteuerung, geringfügig geringer. Dabei unberücksichtigt ist allerdings der Zinseffekt, der sich aus der zunächst niedrigeren Thesaurierungsbelastung ergibt.

Hebesatz	200 %	300 %	380 %	400 %	450 %
Gewinn	100	100	100	100	100
Thesaurierungsbelastung	29,42	29,23	29,07	29,77	31,52
Nachversteuerungs-Betrag	70,58	70,77	70,93	70,23	68,48
ESt 25 % 34a IV	17,64	17,69	17,73	17,55	17,12
SolZ 5,5 %	0,97	0,97	0,98	0,97	0,94
Nachsteuerbelastung	18,61	18,66	18,71	18,52	18,06
Gesamtbelastung	48,03	47,89	47,78	48,29	49,58

Übereinstimmend ergibt sich für alle Konstellationen, dass die geringste Belastung bei einem Hebesatz von 380 % eintritt. Für die (geringfügig) höheren Belastungen bei Hebesätzen unterhalb von 380 % sind ausschließlich die Auswirkungen auf den SolZ verantwortlich. Die höhere Belastung für Hebesätze oberhalb von 380 % beruht auf der überschießenden nicht anrechenbaren GewSt.[1]

(freibleibend) **32-39**

C. Begünstigungsfähiger nicht entnommener Gewinn (§ 34a II)

I. Gewinn nach § 4 I EStG. – 1. Durch Betriebsvermögensvergleich ermittelter Gewinn. – a) Steuerbilanzgewinn.
Der nach § 34a I begünstigungsfähige nicht entnommene Gewinn wird in § 34a I S 1 nicht selbst definiert, sondern insoweit wird auf § 34a II verwiesen. § 34a II kennzeichnet diesen nicht entnommenen Gewinn als den (für den jeweiligen Betrieb im Sinne des § 34a I S 2) nach § 4 I oder (bei buchführungspflichtigen oder freiwillig Bücher führenden Gewerbetreibenden) nach § 5 I (unter Beachtung handelsrechtlicher Grundsätze) durch Betriebsvermögensvergleich anhand

40

---

[1] Zu Belastungswirkungen vgl auch *Herzig/Lachmann* DB 1037; *Förster* DB 07, 760; *Kaminski/Hofmann/Kaminskaite* Stbg 07, 161.

von (Steuer) Bilanzen ermittelten Gewinn, vermindert um einen positiven Saldo aus Entnahmen und Einlagen (Entnahmeüberhang). Verwiesen wird insoweit unmissverständlich als Ausgangspunkt auf den Gewinnbegriff des § 4 I EStG. Der Gewinn ergibt sich danach nach folgender Formel:

Betriebsvermögen (EK) am Ende des Wj

– Betriebsvermögen (EK) am Ende der vorh. Wj

Unterschiedsbetrag

+ Entnahmen

– Einlagen

= (Steuerbilanz)Gewinn (Verlust)

Die Verweisung des § 34a II auf die Gewinnermittlungsformel des § 4 I ist unmissverständlich. Festzuhalten ist insoweit, dass der in § 34a II iVm § 4 I in Bezug genommene Gewinn nicht der Unterschiedbetrag ist, sondern erst der sich nach Abrechnung von Einlagen und Hinzurechnung von Entnahmen ergebende Betrag.[1]

41 **b) Entnahmen und Einlagen, Bewertung.** Vorbehaltlich etwaiger sich aus dem Regelungszusammenhang des § 34a als einer Tarifvorschrift zur Begünstigung eines thesaurierten Gewinnes zwecks Stärkung der Eigenkapitalbasis zur Stärkung der Investitionskraft und damit der internationalen Wettbewerbsfähigkeit ergebender teleologischer Einschränkungen wird damit nicht nur auf die in § 4 I verwendete Gewinnermittlungsformel verwiesen, sondern auch auf den in § 4 I S 2 und S 3 definierten Entnahmebegriff und den in § 4 I S 7 definierten Einlagebegriff sowie auf die insoweit bestehenden Bewertungsvorschriften in § 6 I Nr 4 und § 6 I Nr 5 und 5a verwiesen. Der in § 4 I (und § 5 I) durch Betriebsvermögensvergleich ermittelte Gewinn ist identisch mit einem unter Beachtung steuerlicher Ansatz – und Bewertungsvorschriften ermittelten Gewinn anhand einer (steuerlichen) Gewinn – und Verlustrechnung. Denn diese erfasst ihrerseits als Gewinn den Saldo aus allen betrieblich veranlassten Betriebsvermögensmehrungen (betriebliche Erträge) und Betriebsvermögensminderungen (Betriebsaufwendungen/Betriebsausgaben). Entnahmen und Einlagen gehören dazu gerade nicht, mit Ausnahme eines erfolgswirksamen Anteils aus Bewertungsunterschieden zwischen nach § 6 I 4 anzusetzendem Entnahmewert (Teilwert, respektive Gemeiner Wert) und dem Buchwert bei Sachentnahmen.

42 Da der Gewinnbegriff des § 34a II iVm § 34a I S 2 betriebsbezogen ist, ist jedenfalls für § 34a ein enger Betriebsbegriff zugrunde zu legen. Mithin sind als Entnahmen und Einlagen auch die Überführung von Wirtschaftsgütern aus einem in einen anderen Betrieb desselben StPfl im Sinne von § 6 V S 1 und 2 zu behandeln und ebenso Übertragungen gem § 6 V 3, soweit sie sich nicht innerhalb desselben MU'anteils des StPfl vollziehen. Letzterenfalls liegen – ungeachtet der technischen Behandlung – keine Entnahmen oder Einalgen vor, etwa bei der Übertragung von Sonderbetriebsvermögen in das Gesellschaftsvermögen bei derselben MU'schaft, wohl aber bei der Übertragung von Sonderbetriebsvermögen in das Gesamthandseigentum oder Sonderbetriebsvermögen bei einer anderen MU'schaft, an der der StPfl ebenfalls als MU'er beteiligt ist. Insoweit hat dann allerdings nach § 6 V S 1 bis 3 eine Bewertung der „Entnahme", bzw der „Einlage" mit dem jeweiligen Buchwert zu erfolgen.

---

[1] Soweit vom I. Senat möglicherweise für Zwecke der Einkommensermittlung von bilanzierungspflichtigen KapGes vertreten wird, dass hier der Unterschiedsbetrag iSd § 8 KStG iVm einem insoweit dann zu modifizierenden § 4 I bereits den „Bilanzgewinn" darstelle, ist dem jedenfalls für die Einkommensbesteuerung natürlicher Pers angesichts des eindeutigen Wortlautes des § 4 I nicht zu folgen. Soweit der I. Senat für handelsrechtlich erfolgswirksam behandelte verdeckte Gewinnausschüttungen iSd § 8 III KStG und wohl auch für handelsrechtlich erfolgswirksam behandelte verdeckte Einlagen eine „außerbilanzielle" Zurechnung zum „Gewinn" verlangt, kann damit nicht der Gewinn iSd § 4 I gemeint sein. Denn dieser Gewinn – hier als Steuerbilanzgewinn bezeichnet – ergibt sich immer erst aus einer „außerbilanziellen" Hinzurechnung von Entnahmen und „außerbilanziellen" Abrechnung von Einlagen. Diese „außerbilanzielle Zurechnung" muss gerade deshalb erfolgen, weil und soweit die Entnahmen/Gewinnausschüttungen den Unterschiedsbetrag vermindert haben, bzw die Einlagen ihn erhöht haben. Zur Rspr des I. Senates hinsichtlich der „außerbilanziellen" Hinzurechnung von verdeckten Gewinnausschüttungen vgl grundlegend BFH v 4.12.1996 – I R 54/95, BFHE 182, 123 und aus neuerer Zeit darauf Bezug nehmend, BFH v 7.2.2007 – I R 27–29/05, BFH/NV 07, 1230; vgl auch BFH BStBl 2006, 928 (Verminderung des „Bilanzgewinns" durch vGA, aber „außerbilanzielle" Erhöhung des der Besteuerung zugrunde liegenden Gewinnes in ders Höhe; ebenso BFH BStBl 2003, 416 mwN).

c) **Ausländische Betriebsstätte.** Erfolgt die Überführung eines Wirtschaftsgutes in eine ausländi- 43 sche Betriebsstätte (oder in einen ausländischen Betrieb) des StPfl, ist nach §§ 4 I 3 iVm 6 I Nr 4 S 1 2. HS von einer mit dem gemeinen Wert zu bewertenden Entnahme auszugehen, da dadurch das Besteuerungsrecht Deutschlands ausgeschlossen (Freistellungsmethode nach DBA) oder eingeschränkt wird (Anrechnungsverpflichtung nach DBA oder § 34c EStG). In Höhe der Differenz zwischen gemeinem Wert und Buchwert im Zeitpunkt der Überführung erhöht sich der Gewinn nach § 4 I. Dies gilt auch für die Anwendung des § 34a I und II. Die Entnahme ist zur Bestimmung des nicht entnommenen begünstigungsfähigen Gewinnes ebenfalls mit dem gemeinen Wert zu bewerten. Für die Annahme, dass im Rahmen des § 34a I und II § 4 I 3 nicht anwendbar sei, weil keine „echten" Entnahmen vorlägen, enthält das Gesetz nicht den geringsten Anhaltspunkt[1]. Umgekehrt ist bei Überführung aus einer ausländischen Betriebsstätte, sofern dadurch das deutsche Besteuerungsrecht begründet wird, § 4 I S 7 2. HS iVm § 6 Va anzuwenden. Insoweit ergibt sich freilich keine Gewinnauswirkung, aber ggf eine Minderung eines Entnahmeüberhanges (s auch Rn 49f). Dies gilt allerdings uneingeschränkt nur für die Überführung von Wirtschaftsgütern in Betriebsstätten oder andere Betriebe in Drittländern.

d) **Betriebsstätte, anderer Betrieb in EU–Mitgliedstaat.** Bei Überführung von Wirtschaftsgütern 44 des Anlagevermögens in eine in einem EU–Staat liegende Betriebsstätte desselben Betriebes (s aber Rn 50) ist zu beachten, dass der ggf durch die Bewertung mit dem gemeinen Wert entstehende Gewinn in Höhe der Differenz zwischen Buchwert und gemeinem Wert gem § 4g I durch die Bildung eines (passiven) Ausgleichspostens neutralisiert werden kann. Insoweit erhöht sich der Gewinn zunächst nicht. Allerdings ist der Ausgleichsposten innerhalb von fünf Wj einschl des Wj seine Bildung gewinnerhöhend aufzulösen. Sowohl die erfolgsneutrale Bildung des Ausgleichspostens wie auch seine gewinnerhöhende Auflösung sind grundsätzlich auch für die Gewinnermittlung nach § 34a II zu beachten. Dasselbe gilt, soweit es nach § 4g II zu einer vorzeitigen gewinnerhöhenden Auflösung des Ausgleichspostens kommt, ua bei Aufdeckung der stillen Reserven durch Veräußerung des Wirtschaftsgutes.

Allerdings führt die wörtliche Anwendung dazu, dass es im Jahre der Überführung bei Bildung des Ausgleichspostens nach § 4g in Höhe der Differenz zwischen der Bewertung der Entnahme mit dem gemeinen Wert und dem gewinnneutralisierenden Ansatz des Ausgleichspostens zu einem Entnahmeüberhang kommt mit der Folge, dass insoweit der begünstigungsfähige nicht entnommene Gewinn vermindert wird. In den Folgejahren übersteigt dann der Gewinn wegen der Auflösung des Ausgleichspostens die Entnahmen, so dass insoweit zeitverschoben ein Ausgleich eintritt.[2]

Beispiel: In 01 Überführung eines WG mit Buchwert 100 (gem Wert 200) in Betriebsstätte in anderem Mitgliedstaat, in 03 Veräußerung im andern Mitgliedstaat zu 150. In 01 ergibt sich nach § 4 I 3 iV 6 I Nr 4 S 1 2. HS eine Entnahme von 200, der wegen der Bildung des Ausgleichspostens nach § 4g und seiner gewinnerhöhenden Auflösung mit 1/5 lediglich ein Ertrag von 20 gegenübersteht, so dass es zu einem Entnahmeüberhang von 180 kommt. In den Folgejahren wird der Gewinn wegen der Auflösung des Ausgleichspostens allerdings die Entnahmen übersteigen, vorliegend in 02 um 20 und, wegen der Veräußerung, in 03 um 60. Außerdem kommt es in Höhe des Buchwertes von 100 zu einer Entnahme, der weder im Jahre der Überführung, noch in Folgejahren ein Gewinn gegenübersteht.

Problematisch ist an dieser dem Wortlaut nach eintretenden Rechtsfolge, dass insoweit eine andere Rechtsfolge eintritt als sie sich bei Überführung in eine andere Betriebsstätte desselben Betriebs im Inland ergeben hätte. Denn dort hätte es, auch bei Zugrundelegung eines engen Betriebsbegriffes, schon an einer Entnahme gefehlt, so dass ein Entnahmeüberhang nicht eintreten könnte. Auch wenn man, was hier nicht zu beurteilen ist, die Regelung des § 4g im Hinblick auf die Gewinnermittlung wegen der Sicherung der Besteuerungsrechte an den stillen Reserven als geeignet und verhältnismäßig ansieht, um einen durch die Besteuerung eintretenden Eingriff in die Niederlassungsfreiheit zu rechtfertigen, trifft dies nicht zu, soweit als Folge auch eine Verminderung des thesaurierungsfähigen Gewinnes iSd § 34a I, II eintritt. Denn innerhalb der Gemeinschaft darf nicht dahingehend differenziert werden, dass inländische Gewinne als „gute Gewinne" nur begünstigt werden, wenn die Thesaurierung auch im Inland erfolgt. Vielmehr ist die Thesaurierungsbegünsti-

---

[1] **AA** *Lausterer/Jetter* in: Blumenberg/Benz, S 17f für unbeschränkt StPfl. Danach sollen „fiktive" Entnahmen und Einlagen nach § 4 I 3 und 4 I 7 2. HS für § 34a außer Betracht zu lassen sein.

[2] Vgl *Ley/Brandenberg* FR 07, 1085 (1094)

gung des § 34a I für den der inländischen Besteuerung unterliegenden Gewinn auch dann zu gewähren, wenn die Thesaurierung in einer zum selben Betrieb gehörenden Betriebsstätte in einem andern Mitgliedstaat erfolgt. Dem könnte – europarechtskonform – dadurch Rechnung getragen werden, dass für Zwecke des § 34a bei Überführung in eine ausländische Betriebsstätte desselben Betriebes eine den thesaurierungsfähigen Gewinn nach § 34a I vermindernde Entnahme iSd § 34a II verneint wird.[1]

Beispiel wie oben: Für die Gewinnermittlung nach § 4 I wie oben, dh Ansatz einer Entnahme mit 200 und Bildung und Auflösung des Ausgleichspostens, aber sodann auf der 2. Stufe der Ermittlung des thesaurierten Gewinnes kein Abzug einer Entnahme von 200 in 01.

Allerdings steht einer derartigen Auslegung der Gesetzeswortlaut des § 32a klar entgegen. Für Begriff und Bewertung von Entnahmen verweist sowohl § 34a I hinsichtlich des Gewinnbegriffes des § 4 I, wie auch § 34a II hinsichtlich der den thesaurierten Gewinn vermindernden Entnahmen ohne Einschränkung auf § 4 I EStG. Der deutsche Gesetzgeber hält offenkundig § 34a und § 4g EStG für europarechtskonform. Angesichts dessen darf, mangels bisher insoweit vorliegender einschlägiger Rechtsprechung des EuGH, ein deutsches Gericht nicht ohne vorherige Vorlage beim EuGH, kurzerhand unter Berufung auf den Anwendungsvorrang des EGV, § 34a II insoweit gegen den Wortlaut nicht anwenden.

45 Bei Überführung in einen anderen Betrieb desselben StPfl in einem anderen Mitgliedstaat der EU ergibt sich im Grundsatz dieselbe Problematik. Auch hier verlangt § 4 I 3 iVm § 6 I Nr 4 S 1 2. HS die Bewertung mit dem gemeinen Wert und gestattet § 4g die Bildung eines Ausgleichspostens. ISd § 4g stellt auch ein anderer Betrieb desselben StPfl eine Betriebsstätte desselben StPfl dar, so dass auch insoweit ein zunächst erfolgsneutralisierender Ausgleichsposten gebildet werden darf. Allerdings verlangt hier § 34a II für den Fall der Überführung in einen anderen inländischen Betrieb ebenfalls – anders als bei Überführung in eine andere inländische Betriebsstätte desselben Betriebs – im abgebenden Betrieb die Berücksichtigung einer Entnahme. Denn § 34a liegt der enge Betriebsbegriff zugrunde. Bei Überführung in einen anderen inländischen Betrieb desselben StPfl wäre allerdings nach § 6 V S 2 die Entnahme nur mit dem Buchwert zu bewerten. Eine durch den Ansatz der Entnahme mit dem Buchwert ausgelöste Nachversteuerung gem § 34a V S 1 könnte nach § 34a V S 2 durch Übertragung des nachversteuerungspflichtigen Betrages auf den anderen Betrieb vermieden werden. Dies scheidet freilich bei einer Überführung in einen anderen Betrieb in einem anderen Mitgliedstaat aus, sofern nach dem DBA insoweit eine Freistellung vorgesehen ist. Denn da die dort erzielten Gewinne deshalb dann in Deutschland nicht besteuert werden, kann auch weder eine Sondertarifierung nach § 34a I für den dort thesaurierten Gewinn stattfinden, noch eine Nachversteuerung nach § 34a IV. Stattdessen wäre eine europarechtswidrige Diskriminierung dadurch zu vermeiden, dass insoweit zwar der nach § 4 I (unter Berücksichtigung der mit dem gemeinen Wert bewerteten Entnahme und der Bildung eines Ausgleichspostens) ermittelte Gewinn zur Ermittlung des nicht entnommenen Gewinnes iSd § 34a II um einen Entnahmeüberhang zu vermindern ist. Dabei darf die Entnahme durch Überführung in den anderen Betrieb aber nur mit dem Buchwert, wie bei einer Überführung in einen anderen inländischen Betrieb, berücksichtigt werden. Diese Entnahme darf auch keine Nachversteuerung nach § 34a V S 1 iVm § 34a IV S 1 auslösen. Da eine Übertragung des nachversteuerungspflichtigen Betrages auf den im anderen EU-Mitgliedstaat befindlichen Betrieb nicht möglich ist, darf allerdings dann auch ein im abgebenden inländischen Betrieb vorhandener nachversteuerungspflichtiger Betrag nicht entspr § 34a V S 2 gemindert werden.

Beispiel: In 01 beträgt der unter Berücksichtigung von § 4 I S 3, 6 I Nr 4 S 1 2. HS und § 4g ermittelte Gewinn des inländischen Betriebes 50. In 01 war im Wirtschaftsgut mit Buchwert von 100 (gem Wert 200) in einen anderen Betrieb des StPfl in einem anderen Mitgliedstaat überführt worden. Andere Entnahmen und Einlagen lagen für 01 nicht vor. Der nachversteuerungspflichtige Betrag aus Vorjahren betrug 200.

Für 01 ergibt sich ein nicht entnommener Gewinn von 50 -100 (Buchwert) = – 50. Dies löst nach § 34a V S 1 iVm IV S 1 eine Nachversteuerung von 50 x 25 % aus. Der nachversteuerungspflichtige Betrag mindert sich von bisher 200 um 50 auf = 150. Bei (hier nicht möglicher) Anwendung von § 34a V S 2 unterbliebe die Nachversteuerung, indem stattdessen ein nachversteuerungspflichtiger Betrag von 50 auf den anderen Betrieb übertragen würde. Eine europarechtskonforme Lösung dürfte ebenfalls – bei entspr Antrag gem § 34a V S 2 – keine Nachversteuerung auslösen. Da eine Übertragung des nachversteuerungspflichtigen

---

[1] So *Brandenberg* in: Ley/Brandenberg FR 07, 1085 (1094) unter Hinweis auf den Entwurf eines BMF-Schreibens zu § 34a.

Betrages auf den im anderen EU–Staat befindlichen Betrieb nicht in Betracht kommen kann, wäre die Rechtsfolge des § 34a V S 2 dahingehend zu modifizieren, dass sich im abgebenden Betrieb der nachversteuerungspflichtige Betrag nicht mindert.

Auch insoweit gilt freilich, dass ohne vorherige Feststellung durch den EuGH, dass die vom Wortlaut des § 34a verlangte Behandlung als Entnahme gegen die Gewährleistung der Niederlassungsfreiheit verstößt, eine Nichtanwendung, respektive im obigen Sinne modifizierte Anwendung nicht in Betracht kommen kann, sondern es erst einer Vorlage an den EuGH bedarf (s Rn 37). Vgl insoweit auch Rn 50, 51.

e) Nicht abziehbare Betriebsausgaben und steuerfreie Betriebseinnahmen. § 2 Abs 2 Nr 1 bezeichnet für die nach der Tarifvorschrift des § 34a begünstigungsfähigen Unternehmereinkünfte/Gewinneinkünfte den Gewinn als das Ergebnis der Einkunftsart und verweist für den Gewinnbegriff ausdrücklich auf die §§ 4 bis 7k. Aus § 34a folgt insoweit, dass nur ein durch Betriebsvermögensvergleich nach § 4 I (oder § 5 I) ermittelter Gewinn, soweit noch im zu versteuernden Einkommen enthalten, als Ausgangsgröße für die Tarifbegünstigung des nicht entnommenen Gewinnes in Betracht kommt.

46

Nach der Formel des § 4 I stellt sich der Gewinn als die im Wj betrieblich veranlasste Betriebsvermögensmehrung/Betriebsvermögensminderung dar. Der Formel des § 4 I gem wird er ermittelt, indem die gesamte vom Beginn bis zum Ende des Wj eingetretene Betriebsvermögensmehrung/-minderung vermittels Betriebsvermögensvergleiches ermittelt wird und dazu dann die nicht betrieblich veranlassten Betriebsvermögensminderungen (Entnahmen) hinzugerechnet werden und die nicht betrieblich veranlassten Betriebsvermögensmehrungen (Einlagen) abgezogen werden. Im Kontext des § 4 I wird die nicht betrieblich veranlasste Betriebsvermögensminderung in S 2 als Entnahme für betriebsfremde Zwecke bezeichnet. S 3 ordnet insoweit an, dass der Ausschluss oder die Beschränkung des Besteuerungsrechtes Deutschlands hinsichtlich des Gewinnes aus einer Veräußerung/Nutzung von Wirtschaftsgütern einer Entnahme für betriebsfremde Zwecke gleichsteht. Komplementär dazu bestimmt § 4 IV, dass (den Gewinn mindernde) Betriebsausgaben nur solche Aufwendungen (Betriebsvermögensminderungen) sind, die betrieblich veranlasst sind. Umgekehrt wird in § 4 I S 7 1. HS die Zuführung von Wirtschaftsgütern durch den StPfl zum Betrieb(svermögen), mithin die nicht durch den Betrieb (die betriebliche Tätigkeit) veranlasste Betriebsvermögensmehrung, als Einlage bezeichnet. Im 2. HS wird die Begründung des Besteuerungsrechtes Deutschlands hinsichtlich der Gewinnbesteuerung aus der Veräußerung eines Wirtschaftsgutes einer Einlage gleichgestellt.

Die Formel des § 4 I erweckt iVm § 2 II Nr 1 den Eindruck, dass der nach § 4 I ermittelte Gewinn als Ergebnis der Einkunftsart über § 2 III – 2 V in die Summe der Einkünfte, den Gesamtbetrag der Einkünfte, das Einkommen und das zu versteuernde Einkommen eingeht und dort dann, soweit noch vorhanden, in die Bemessungsgrundlage für die tarifliche ESt eingeht.

Das EStG kennt jedoch einerseits betrieblich veranlasste Aufwendungen (Betriebsausgaben), für die ausdrücklich angeordnet wird, dass sie den Gewinn nicht mindern dürfen, zB die § 4 Abs 5 EStG genannten, und andererseits betrieblich veranlasste Erträge (Betriebseinnahmen), die steuerfrei zu belassen sind, ua in § 3 Nr 2, 26, 27, Nr 40, 40a, 41,70.

Diese so genannten nicht abziehbaren Betriebsausgaben, die das Betriebsvermögen gemindert haben, sind nicht im nach § 4 I ermittelten (Steuerbilanz)Gewinn enthalten. Denn danach ist der Unterschiedsbetrag nur um Entnahmen, dh betriebsfremde Vermögensminderungen, zu erhöhen, um zum (Steuerbilanz)Gewinn zu gelangen. Aus der jeweiligen gesetzlichen Anordnung über die Nichtabziehbarkeit vom (stpfl) Gewinn ergibt sich aber eindeutig, dass diese Aufwendungen nicht den der Besteuerung zu unterwerfenden stpfl Gewinn mindern dürfen. Dem ist im Rahmen der Einkommensermittlung nach § 2 EStG dadurch Rechnung zu tragen, dass dem nach § 4 I ermittelten (Steuerbilanz)Gewinn die nicht abziehbaren Betriebsausgaben (außerbilanziell) hinzugerechnet werden. Umgekehrt sind steuerfreie Betriebseinnahmen, da im nach § 4 I ermittelten (Steuerbilanz)Gewinn enthalten, von diesem (außerbilanziell) abzuziehen, da sie gerade nicht besteuert werden sollen und mithin nicht in das der tariflichen Steuer unterliegende zu versteuernde Einkommen eingehen dürfen. Der Steuerfreiheit ist allerdings schon auf der Ebene der Ermittlung des zu versteuernden Ergebnisses der jeweiligen Einkunftsart Rechnung zu tragen. Daher hat bei Gewinneinkunftsarten der (außerbilanzielle) Abzug bereits vom nach § 4 I ermittelten Steuerbilanzgewinn zu erfolgen.

47 **2. Steuerbilanzgewinn und zu besteuernder Gewinn.** Es ist mithin für die Anwendung des § 34a zu unterscheiden zwischen dem nach § 4 I ermittelten Steuerbilanzgewinn und dem der Besteuerung unterliegenden zu besteuernden Gewinn. Der nach § 4 I ermittelte Gewinn ist noch (außerbilanziell) um die nicht abziehbaren Betriebsausgaben zu erhöhen und um die steuerfreien Betriebseinnahmen (und sonstige nicht zu besteuernde Betriebsvermögensmehrungen) zu vermindern. Erst der sich danach ergebende zu besteuernde Gewinn geht über die Summe der Einkünfte und den Gesamtbetrag der Einkünfte in das zu versteuernde Einkommen ein. Es ergibt sich mithin folgender für § 34a zu beachtender Zusammenhang:

BV Ende Vorjahr − BV Ende lfd Jahr Unterschiedsbetrag
+ Entnahmen − Einlagen
Gewinn nach 4 I (Steuerbilanzgewinn)
+ nicht abziehb. Betriebsausgaben − steuerfreie Betriebseinnahmen
zu besteuernder (stpfl) Gewinn

II. Der nicht entnommene (begünstigungsfähige) Gewinn. – 1. Gewinn abzgl Entnahmeüber-
48 schuss. § 34a II S 1 definiert den nach § 34a I S 1 durch Anwendung der Sondertarifierung begünstigungsfähigen thesaurierten Gewinn als den nach § 4 I ermittelten (Steuerbilanz)Gewinn abzgl eines positiven Saldos aus Entnahmen und Einlagen. Der begünstigungsfähige nicht entnommene Gewinn ergibt sich mithin nach folgender Formel:

BV Ende Vorjahr − BV Ende lfd Jahr Unterschiedsbetrag
+ Entnahmen − Einlagen
Gewinn nach 4 I (Steuerbilanzgewinn)
− Entnahmeüberschuss Nicht entnommener Gewinn (nicht unter 0!)

Maximal der so ermittelte nicht entnommene, dh der thesaurierte Gewinn dieses Wj, kann, soweit im zu versteuernden Einkommen noch vorhanden, mit dem Sondertarifsteuersatz des § 34a I besteuert werden. Entnahmen und Einlagen des Wj werden zur Ermittlung des nicht entnommenen Gewinnes auf der zweiten Stufe des Abzugs vom nach § 4 I ermittelten Gewinn vorab saldiert. Sind sie gleich hoch, ergibt sich kein Abzug vom nach § 4 I ermittelten (Steuerbilanz) Gewinn. Übersteigen die Einlagen die Entnahmen, kann dies den begünstigungsfähigen nicht entnommenen Gewinn nicht über den (Steuerbilanz)Gewinn des Wj hinaus erhöhen. Die darüber hinausgehende Betriebsvermögenserhöhung ist nicht auf einen erwirtschafteten, zu besteuernden Gewinn, sondern auf nicht zu besteuernde Einlagen zurückzuführen, kann und darf mithin auch nicht mit dem Thesaurierungssteuersatz besteuert werden. Lediglich, wenn die Entnahmen die Einlagen übersteigen (positiver Saldo von Entnahmen und Einlagen), vermindert sich dadurch der thesaurierte Gewinn dieses Wj. Übersteigt der Entnahmeüberschuss dieses Wj den nach § 4 I ermittelten (Steuerbilanz)Gewinn, verbleibt für dieses Jahr kein nicht entnommener zu begünstigender Gewinn nach § 34a I. Es kann dann allenfalls eine Nachversteuerung nach § 34a IV in Betracht wegen früher begünstigt besteuerter Gewinne in Betracht kommen.

49 2. Betriebsbezogene Ermittlung. – a) Inland. Zu beachten ist, dass jedenfalls für Zwecke des § 34a der Gewinn nach § 4 I, der Entnahmeüberschuss nach 34a II, und der sich daraus dann ergebende nicht entnommene Gewinn betriebsbezogen, dh für jeden gesondert geführten Betrieb des StPfl (und für jeden MU'anteil) zu ermitteln ist. Das gilt freilich nur für die Betriebe, für deren Gewinn die Sondertarifierung nach § 34a I (ganz oder teilw) beantragt und insoweit ein Begünstigungsbetrag gem § 34a III 1 beansprucht wird. Dies gilt dann für diese Betriebe/MU'anteile auch weiter, so lange ein nachversteuerungspflichtiger Betrag vorhanden ist. Es gilt auch für die Betriebe (MU'anteile), auf die nach § 34a V S 2 ein nachversteuerungspflichtiger Betrag zur Vermeidung einer sofortigen Nachversteuerung bei Überführung eines Wirtschaftsgutes zum Buchwert nach § 6 V S 1 – 3 übertragen wird. Ebenfalls gilt es für auf den Rechtsnachfolger zum Buchwert nach § 6 III übertragene Betriebe und MU'anteile sowie die Einbringung von Betrieben oder MU'anteilen unter Fortführung/Übernahme eines nachversteuerungspflichtigen Betrages.

b) Ausländische Betriebe und Betriebsstätten. Zu differenzieren ist zunächst einmal zwischen beschränkt und unbeschränkt StPfl. Der beschränkt StPfl unterliegt mit seinen Gewinnen in ausländischen Betrieben/Betriebsstätten ohnehin nicht der deutschen Besteuerung. Die Anwendung des § 34a ist beschränkt auf den im Inland unterhaltenen Betrieb, respektive die dort bestehende Betriebsstätte. Einer Differenzierung zwischen selbstständigem Betrieb oder bloßer Betriebsstätte eines im Ausland belegenen (Haupt)Betriebes (ausländisches Stammhaus) bedarf es nicht. Betrieb iSd § 34a iVm § 4 I ist nur die inländische Betriebsstätte (respektive die inländischen Betriebsstätten, falls mehrere organisatorisch verbunden vorhanden sind).

50

Bei unbeschränkt StPfl mit im auch im Ausland belegenen Betrieben und Betriebstätten ist jedenfalls danach zu differenzieren, ob insoweit nach dem jeweiligen DBA die Freistellungsmethode eingreift oder ob mangels DBA oder bei Vereinbarung in dem DBA lediglich die Anrechnungsmethode anwendbar ist.

Bei Eingreifen der Freistellungsmethode unterliegt der vermittels eines ausländischen Betriebes oder der ausländischen Betriebsstätte erzielte Gewinn insgesamt nicht der deutschen Besteuerung. Dies gilt gleichermaßen für den organisatorisch vollständig verselbstständigten Betrieb, wie auch für organisatorisch lediglich gegenüber einem inländischen Betriebsteil (so genanntes Stammhaus) nicht verselbstständigte Betriebsstätten, solange es sich im Kontext des DBA in beiden Fällen um eine im Ausland belegene Betriebsstätte handelt, für die der ausländische Staat das Besteuerungsrecht entspr Art 7 DBA – MA beanspruchen kann. Da insoweit der durch den ausländischen Betrieb/die Betriebsstätte erzielte Gewinn in Deutschland nicht zu besteuern ist, kommt für diese ausländischen Gewinne weder eine Besteuerung mit dem sich aus § 32a I, VI ergebenden Steuersatz, noch mit dem Thesaurierungssteuersatz des § 34a I, noch eine Nachversteuerung in Betracht[1]. Dort erzielte Gewinne oder Verluste sind allenfalls für die Besteuerung der übrigen Einkünfte wegen der Anwendung des Progressionsvorbehaltes nach § 32b von Belang. Den Thesaurierungssatz und den Nachversteuerungssatz können sie nicht beeinflussen. Weder für den vollständig verselbstständigten Betrieb noch für die (organisatorisch unselbstständige) Betriebsstätten im Ausland kann daher in Betracht kommen, dass für sie für Zwecke des § 34a eine gesonderte Gewinnermittlung des Steuerbilanzgewinnes und des nicht entnommenen Gewinnes erfolgt.

Während § 34a für den selbstständigen ausländischen Betrieb bedeutungslos ist, stellt sich für die organisatorisch zu einem inländischen Betrieb (Stammhaus) gehörende ausländische Betriebsstätte allerdings die Frage, ob der auf sie entfallende im Inland nach DBA freigestellte Gewinn Teil des nach § 34a I und II zu ermittelnden Steuerbilanzgewinnes nach § 4 I des inländischen Betriebes ist und die dort getätigten Entnahmen und Einlagen den Entnahmeüberschuss zur Ermittlung des nicht entnommene Gewinnes nach § 34a II beeinflussen. Bejahendenfalls würde der nach DBA freigestellte Anteil am (Gesamt)Gewinn des Betriebes einen ansonsten entstehenden Entnahmeüberhang (über den zu versteuernden inländischen) Gewinn ausgleichen können. Allerdings wären dann umgekehrt auch Entnahmen und Einlagen im ausländischen Betriebsteil zu berücksichtigen.[2]

Die Frage ist umstritten und hängt davon ab, wie der Betriebsbegriff des § 4 I zu verstehen ist. In Übereinstimmung mit dem von der Rechtsprechung vertretenen finalen Entnahmebegriff ist (richtigerweise) davon auszugehen, dass der Betriebsvermögensvergleich nach § 4 I sich nur auf grundsätzlich der deutschen Besteuerung unterliegendes Betriebsvermögen erstreckt. Das trifft nicht zu,

---

1 *Bäumer* DStR 07, 2089 f.
2 Es kann nicht in Frage kommen, dass nur der freigestellte Teil des Gewinnes als Kompensation für einen inländischen Entnahmeüberhang angesehen wird und Entnahmen im ausländischen Bereich unberücksichtigt bleiben, wie dies von *Bäumer* DStR 07, 2089 (92) für denkbar gehalten wird.

soweit Betriebsvermögen einer ausländischen Betriebsstätte zugeordnet ist und der damit erwirtschaftete Gewinn nach einem DBA von der Besteuerung in Deutschland freizustellen ist.[1] Insoweit liegt nicht etwa erst eine außerbilanziell zu berücksichtigende Befreiung einzelner Erträge (Betriebsvermögensmehrungen) vor, sondern die Freistellung entzieht das der ausländischen Betriebsstätte zugeordnete Betriebsvermögen insgesamt der deutschen Besteuerung. Es ist daher auch nicht in die Ermittlung des Steuerbilanzgewinnes nach § 4 I einzubeziehen, ungeachtet dessen, dass handelsbilanziell auch das im Ausland belegene Vermögen allgemein und auch von Zweigniederlassungen in die Bilanzierung einzubeziehen ist. § 4 I handelt von der Steuerbilanz, nicht von der Handelsbilanz. Aus § 5 I folgt schon deshalb nichts Anderes, weil sich nach § 4 I bestimmt, was steuerlich als Betriebsvermögen zu berücksichtigen ist und nicht nach Handelsrecht. Diese Rechtsprechung ist vom Gesetzgeber nicht desavouiert worden, sondern wurde sogar erweitert, indem nunmehr sogar bereits die Beschränkung des deutschen Besteuerungsrechtes als Entnahme zu behandeln ist. Mit § 4 I 3 und § 4 I 7 hat der Gesetzgeber nicht etwa den dem finalen Entnahmebegriff zugrunde liegende Betriebsbegriff des § 4 I aufgegeben, sondern ihn ausdrücklich bestätigt (s § 4 Rn 30a und 106b).[2] Dasselbe folgt aus § 4g und 6 V 1. Für § 34a haben mithin die in der ausländischen Betriebsstätte erzielten Gewinne und die dort getätigten Entnahmen und Einlagen vollständig auch für die Bestimmung des nicht entnommenen begünstigungsfähigen zu besteuernden Gewinn auszuscheiden.[3] Soweit in der Gesetzesbegründung zu § 34a als Beispiel für steuerfreie Gewinnanteile auch auf Auslandsgewinnanteile verwiesen wird[4], folgt daraus nichts Anderes. Abgesehen davon, dass die Begründung im Gesetzeswortlaut keinerlei Ausdruck gefunden hat – dieser verweist vielmehr uneingeschränkt auf § 4 I –, können „steuerfreie Auslandsgewinnanteile" auch entstehen, ohne dass die Ergebnisse ausländischer Betriebsstätten in einen Betriebsvermögensvergleich eines inländischen Betriebes einbezogen werden müssten. ISd § 4 I und damit des § 34a stellt das der ausländischen Betriebsstätte zuzurechnende Betriebsvermögen nicht das der Gewinnermittlung nach § 4 I unterliegende Betriebsvermögen für den (inländischen) Betrieb dar. Nur auf dieser Basis hat und konnte die Rechtsprechung bei Überführung in eine ausländische Betriebsstätte von einer (gewinnrealisierenden) Entnahme ausgehen.

Anders verhält es sich bei Anwendung der Anrechnungsmethode. Hier muss, falls es sich um einen organisatorisch verselbstständigten Betrieb handelt, auch für diesen eine eigene Gewinnermittlung nach § 4 I und bezüglich des nicht entnommenen Gewinnes nach § 34a II durchgeführt werden, falls insoweit die Anwendung des Sondertarifes nach § 34a I beantragt wird. Denn die Anrechnung ändert Nichts daran, dass der Gewinn in die Bemessungsgrundlage für das in Deutschland zu versteuernde Einkommen eingeht. Bei niedriger ausländischer anzurechnender Steuer kann durchaus auch ein Interesse bestehen, für diesen Gewinn die Thesaurierungsbegünstigung nach § 34a I zu beanspruchen. Konsequenterweise muss dann bei späterer Entnahmenüberhang für diesen Betrieb auch eine Nachversteuerung erfolgen. Eine Steueranrechnung auf die Nachversteuerung kann allerdings nicht erfolgen. Insoweit dürfte auch im Ausland keine zusätzliche ausländische Steuer mehr anfallen, da die Nachversteuerung nicht zu zusätzlichen Einkünften im Jahr der Nachversteuerung führt. Eine Anrechnung käme allenfalls dann in Betracht, wenn sich gegenüber der auf den Thesaurierungsbetrag entfallenden Steuer nach § 34a I ein Anrechnungsüberhang ergeben hatte. Dann dürfte freilich regelmäßig auch nicht beantragt worden sein, den nicht entnommenen Gewinn dieses Betriebes (ganz oder teilw) nach § 34a I zu besteuern (s aber unten).

Handelt es sich um eine ausländische Betriebsstätte eines inländischen Betriebes, so ist, jedenfalls bei Zugrundelegung der bisherigen Rechtsprechung[5], für Zwecke des § 34a das ausländische

---

[1] BFH GrS BStBl II 75, 168; BFH BStBl II 71, 630; BFH BStBl II 70, 175; BFH BStBl II 72, 760; BFH BStBl II 76, 246; BFH BStBl II 89, 187; vgl auch *Plückebaum* in: K/S/M, § 4 Rn 237.

[2] Vgl aber *Wassermeyer* DB 06, 2460 u DB 06, 1176.

[3] So auch *Thiel/Sterner* DB 07, 1099 (1102); *Grützner* StuB 07, 445; aA *Lausterer/Jetter* in: Blumenberg/ Benz, S 16; *Rogall* in: Schaumburg/Rödder, S 444; *Keßler/Ortmann/ Babel* in: BDI/Ernst & Young, S 27, 30; möglicherweise auch BFH I R 62/02, BFH/NV 04, 317 (einheitliches Unternehmen und nur daher einheitliche Gewinnermittlung nach § 4 I oder 4 III); *Rödder* DStR 07, Beil. Heft 40, S 4; *Ley/Brandenberg* FR 07, 1085 (1100).

[4] RegEntw BR-Drs 220/07, S 102 zu § 34a Abs 2.

[5] BFH BStBl II 89, 187, BFH BStBl II 76, 246; freilich könnte die nunmehr nach § 4 I 3 angeordnete Behandlung auch der Überführung eines Wirtschaftsgutes in eine ausländische Betriebsstätte lediglich mit Anrechnungsverfahren als mit dem gemeinen Wert zu bewertende Entnahme dafür sprechen, dass der Gesetzgeber die im Ausland belegene Betriebsstätte immer als „anderen Betrieb" behandelt haben möchte. Andererseits wird aber in § 4 I 7 die Überführung aus einer ausländischen Betriebsstätte mit Anrechnungsverfahren in eine inländische Betriebsstätte nicht als Einlage behandelt.

Betriebsvermögen sowohl in die Gewinnerermittlung nach § 34a I iVm § 4 I einzubeziehen als auch in die Ermittlung des nicht entnommenen Gewinnes nach § 34a II. Daher sind beispielsweise zur Bestimmung des Entnahmeüberhanges Entnahmen im inländischen Betriebsteil mit Einlagen im ausländischen Betriebsteil zu saldieren und umgekehrt, respektive es ist nur ein einheitlicher Entnahmeüberschuss vom für den ganzen Betrieb nach § 4 I ermittelten Gewinn abzuziehen. Unberührt bleibt, dass für Zwecke der Ermittlung der anteilig auf die ausländischen Einkünfte entfallenden deutschen Steuer zwecks Errechnung der höchstens anrechenbaren ausländischen Steuer der auf den ausländischen Betriebsteil entfallende Gewinn seinerseits in entspr Anwendung des § 4 I unter Berücksichtigung nur des zur ausländischen Betriebsstätte gehörenden Vermögens und der dort getätigten Entnahmen und Einlagen zu ermitteln ist. Abgesehen davon, dass für § 34a eine einheitliche Ermittlung des Gewinnes und des begünstigungsfähigen nicht entnommenen Gewinnes dieses Betriebes unter Einbeziehung des Betriebsvermögens der ausländischen Betriebsstätte zu erfolgen hat, ergeben sich hinsichtlich der Anrechnung der ausländischen Steuer auf die inländische Steuer dieselben Folgen wie bei einem selbstständigen Betrieb.

Bei Beanspruchung der Thesaurierungsbegünstigung kann die ausländische Steuer maximal bis zur Höhe der auf den nicht entnommenen Gewinn entfallenden Thesaurierungssteuer angerechnet werden.[1] Ein etwaiger Anrechnungsüberhang könnte allenfalls mit einer in einem späteren Veranlagungszeitraum anfallenden Nachsteuer für den im Thesaurierungszeitraum zunächst nicht entnommenen Gewinn verrechnet werden. Dem stünde § 34c I S 5 nicht entgegen, denn insoweit handelt es sich bei dem Anrechnungsüberhang um ausländische Steuer auf die bezogene Einkünfte des (Thesaurierungs) Veranlagungszeitraumes. Es fehlt freilich im Gesetz nicht nur an einer ausdrücklichen Anordnung, dass ausländische Steuer auf eine erst in einem späteren Veranlagungszeitraum erhobene deutsche (Nach)Steuer angerechnet werden kann, wenn eine vorherige Anrechnung auf die für den thesaurierten Gewinn entfallende deutsche (Thesaurierungs)Steuer nicht möglich war. Sondern es fehlt insoweit auch an einer Regelung bezüglich der Frage, inwieweit und wann ein die Nachversteuerung auslösender Entnahmeüberhang nach § 34a IV S 1 einem auf thesaurierte ausländische Einkünfte entfallenden Nachversteuerungsbetrag zuzurechnen ist. Man wird hier aber davon auszugehen haben, dass a) eine Anrechnung auf die Nachsteuer zu erfolgen hat, denn es handelt sich um eine deutsche Steuer auf die in einem früheren Veranlagungszeitraum erzielten ausländischen Einkünfte und b) dass diese Anrechnung frühestmöglich zu erfolgen hat, dh sobald nachfolgend eine (ausreichend hohe) Nachversteuerung erfolgt.

Beispiel: Für 04: Nach § 4 I ermittelter Gewinn 300 (davon 200 inländischer Teil und 100 ausländischer Teil), Entnahmen 300 (im Ausland!, Einlagen 100 (im Inland), ausländische Steuer a) 20 und b) 40. nachversteuerungspflichtiger Betrag aus Vorjahren 100.

Für 05: Gewinn 200 (davon 200 im Inland, 0 im Ausland) Entnahmeüberhang 300 (nur Inland), nachversteuerungspflichtiger Betrag aus Vorjahren 170,20.

Für 04 ergibt sich ein nicht entnommener Gewinn von 300 – 200 = 100 und ein normal nach § 32a zu versteuernder Gewinn von 200. Auf den nicht entnommenen Gewinn entfällt eine anteilige deutsche Steuer 28,25 zzgl SolZ. Mithin erfolgt bei a) eine Anrechnung der gesamten ausländischen Steuer 20, so dass insoweit noch eine zu entrichtende deutsche ESt von 8, 25 verbleibt; bei b) kann hingegen nur eine Anrechnung von 28,25 erfolgen, so dass ein Anrechnungsüberhang von 11,75 entsteht. Der nachversteuerungspflichtige Betrag erhöht sich gem § 34a III S 2 um 70,20 auf 170,20.

Für 05 ergibt sich kein nicht entnommener Gewinn und ein normal nach § 32a zu versteuernder Gewinn von 200. Es hat aber zusätzlich eine Nachversteuerung gem § 34a IV mit 100 x 25 % = 25 ESt zzgl. SolZ zu erfolgen. Der nachversteuerungspflichtige Betrag vermindert sich von 170,20 um 100 auf 70,20. Es ist davon auszugehen, dass die Nachversteuerung vorrangig auf den auf ausländische Einkünfte entfallenden Teil des nachversteuerungspflichtigen Betrages entfällt, soweit eine Anrechnung der ausländischen Steuern auf die anteilige deutsche (Thesaurierungs)Steuer nicht möglich war. Die ausländischen Einkünfte wurden bisher mit 28,25 ESt zzgl 1,55 SolZ belastet, so dass sich ein nachversteuerungspflichtiger Betrag von 70,20 ergab. Nunmehr erfolgt insoweit eine Nachversteuerung in Höhe von 70, 20 (in den 100 enthalten) x 25 % = 17,69 zzgl 5,5 % SolZ 0,97 =18,65. Insoweit ist die Anrechnung der ausländischen Steuer, soweit sie bisher wegen Anrechnungsüberhanges nicht vorgenommen werden konnte, noch vorzunehmen, vorliegend also für b) noch 11,75.

---

[1] *Bäumer* DStR 07, 2089 (2092).

51 Für selbstständige ausländische Betriebe oder im Ausland belegene organisatorische Betriebsstätten inländischer Betriebe ist hinsichtlich der Einbeziehung in die Regelung nach § 34a, wie vorstehend in Rn 50 erläutert, nicht zwischen in Drittländern und in EU–Mitgliedstaaten zu differenzieren. Allerdings ergeben sich Folgewirkungen aus der Anwendbarkeit des § 4g. nur im Verhältnis zu EU-Staaten (s Rn 43–45).

3. Einfluss nicht abziehbarer Betriebsausgaben und steuerfreier Betriebseinnahmen auf den
52 (begünstigungsfähigen) nicht entnommenen Gewinn. Die Auswirkung steuerfreier Betriebseinnahmen und nicht abziehbarer Betriebsausgaben auf den begünstigungsfähigen nicht entnommenen Gewinn ist umstritten. Die Problematik ergibt sich daraus, dass einerseits die steuerfreien Einnahmen im nach § 4 I ermittelten Steuerbilanzgewinn enthalten sind und andererseits die nicht abziehbaren Betriebsausgaben nicht darin enthalten sind. Der so ermittelte Steuerbilanzgewinn ist daher noch nicht der als Ergebnis der Gewinneinkunftsart in die Summe der Einkünfte und darüber in das zu versteuernde Einkommen eingehende zu besteuernde Gewinn. Nur letzterer kann überhaupt der Besteuerung als Teil des zu versteuernden Einkommens unterliegen, sei es mit dem (begünstigenden) Thesaurierungssteuersatz des § 34a I oder nach dem allgemeinen Tarif des § 32a.

Im Kontext des § 34a I und II wird als maximal begünstigungsfähig der nicht entnommene Gewinn bezeichnet, der seinerseits dahingehend bestimmt wird, dass er sich aus dem Steuerbilanzgewinn abzgl eines Entnahmeüberschusses ergibt. Dieser nicht entnommene Gewinn kann freilich nur insoweit einer begünstigenden Besteuerung mit dem Thesaurierungssatz unterworfen werden, als er überhaupt ein stpfl Gewinn ist. Soweit der nicht entnommene Gewinn des § 34a II noch steuerfreie Einnahmen enthält, ist er mithin um steuerfreie Einnahmen zu kürzen. Umgekehrt kann eine begünstigte Besteuerung mit dem Thesaurierungssteuersatz nicht in Betracht kommen, soweit der stpfl Gewinn den nicht entnommen Gewinn übersteigt. Nicht abziehbare Betriebsausgaben können im nicht entnommenen Gewinn nicht enthalten sein, da sie schon im nach § 4 I ermittelten Steuerbilanzgewinn nicht enthalten sind. Nicht abziehbare Betriebsausgaben führen daher, soweit nicht schon der Steuerbilanzgewinn des § 4 I ein negatives Ergebnis ausweist, zu nicht mit dem Thesaurierungssatz zu besteuerndem Gewinn.

Dieses Ergebnis ist unbestritten und unbestreitbar, soweit weder Entnahmen noch Einlagen vorliegen. Liegen zugleich steuerfreie Einnahmen und nicht abziehbare Ausgaben vor, findet eine Saldierung statt. Soweit sich dabei ein Überhang der nicht abziehbaren Ausgaben ergibt, scheidet insoweit eine Besteuerung mit dem Thesaurierungssatz nach § 34a I aus.

Formel 34a II	Beispiel 1	Beispiel 2	Beispiel 3
BV Ende	200	200	200
– BV Anfang	– 100	– 100	– 100
Unterschiedsbetrag	+ 100	+ 100	+ 100
+ Entnahme	+ 0	+ 0	+ 0
– Einlage	– 0	– 0	– 0
StB Gewinn	+ 100	+ 100	+ 100
– Entnahmeübersch.	– 0	– 0	– 0
n.entn. Gewinn	+ 100	+ 100	+ 100
– steuerfrei	– 50	– 0	– 50
+ n.a. Betriebsausgabe	+ 0	+ 50	+ 100
Stpfl Gewinn	+ 50	+ 150	+ 150
a) § 34a I	50	+ 100	+ 100
b) § 32a	–	+ 50	+ 50

53 Soweit Entnahmen und Einlagen vorliegen, wird allerdings darum gestritten, inwieweit eine Saldierung zwischen Entnahmen und steuerfreien Betriebseinnahmen einerseits und Einlagen und nicht abziehbaren Betriebsausgaben andererseits erfolgen könne oder müsse, um einen möglichst hohen begünstigungsfähigen thesaurierten nicht entnommenen Gewinn zu erreichen. Insoweit ist dann noch umstritten, ob vorrangig eine Saldierung von Entnahmen und Einlagen stattzufinden hat und nur ein verbleibender Überschuss zur Saldierung mit nicht abziehbaren Betriebsausgaben (Einlageüberschuss) oder steuerfreien Betriebseinnahmen (Entnahmeüberschuss) zur Verfügung steht, bzw. mit einem Saldo aus der ebenfalls vorrangig vorzunehmenden Saldierung von nicht abziehbaren Betriebsausgaben und stfreien Betriebseinnahmen. Die gesetzliche Regelung wird als unklar angesehen.[1] Nach der weitestgehenden Auffassung wäre danach eine Saldierung immer so vorzunehmen, dass sich als begünstigter nicht entnommener Gewinn ein Betrag ergibt, der möglichst hoch ist. Soweit er den stpfl Gewinn übersteigt, wäre allerdings die Besteuerung mit dem Thesaurierungssatz darauf zu beschränken. Im Ergebnis wäre nach der weitestgehenden Ansicht dann eine getrennte Saldierung von Einlagen mit nicht abziehbaren Betriebsausgaben und Entnahmen mit steuerfreien Betriebseinnahmen möglich.[2]

Beispiel: Unterschiedsbetrag nach § 4 I: 250; Entnahmen 60 und Einlagen 110; Steuerbilanzgewinn nach § 4 I: 200; darin enthalten steuerfreie Betriebseinnahmen 50 und nicht enthalten nicht abziehbare Betriebsausgaben 100. Es ergibt sich ein stpfl Gewinn von 200 − 50 + 100 = 250.

Der begünstigungsfähige (nicht entnommene) Gewinn soll dann betragen: 250 UB + (100 nicht abziehbare BA − 100 Einlagen) − (50 stfreie Einnahmen + 50 Entnahmen) = 250.

Verlangt man eine vorrangige Saldierung von steuerfreien Einnahmen und nicht abziehbaren Aufwendungen und Entnahmen und Einlagen ergäbe sich ebenfalls ein begünstigungsfähiger Gewinn von 250 UB + [(Saldo: n.a. BA − stfr. BE: 100 − 50=) 50 − (Saldo Einlagen/Entnahmen 100 − 50 =)50 =]0 = 250.

Diesen Auffassungen ist nicht zu folgen. Zunächst einmal trifft es nicht zu, dass die gesetzliche Bestimmung des § 34a I und II unklar sei, weil sie angeblich keine Regelungen zu vorrangig vorzunehmenden Saldierungen enthalte. Solcher ausdrücklicher Regelungen bedarf es nicht, da es auf Saldierungen gar nicht ankommt. Zu beachten ist insoweit lediglich, dass der Steuerbilanzgewinn des § 4 I, auf den § 34a I und II unmissverständlich Bezug nehmen, weder Entnahmen noch Einlagen, noch nicht abziehbare Betriebsausgaben enthält, wohl aber stfreie Betriebsvermögensmehrungen enthalten kann. Vorbehaltlich des Nichtvorhandenseins nicht abziehbarer Betriebsausgaben übersteigt er dann den der Besteuerung unterliegenden Gewinn. Da maximal der zu besteuernde Gewinn (mit dem Thesaurierungssteuersatz) besteuert werden darf, kann ein Entnahmeüberhang bis zur Höhe steuerfreier Einnahmen unschädlich mit steuerfreien Einnahmen „verrechnet" werden. Dies mindert dann zwar den nicht entnommenen Steuerbilanzgewinn, aber eben nicht unter den Betrag des zu besteuernden Gewinnes, so dass es bis zu dieser Höhe bei der Besteuerung mit dem Thesaurierungssatz verbleibt. Übersteigt der Entnahmeüberhang die stfreien Betriebseinnahmen, liegt der nicht entnommene Gewinn des § 32a II dann in Höhe dieser Differenz unter dem zu besteuernden Gewinn, so dass insoweit der Thesaurierungssteuersatz nicht in Anspruch genommen werden kann. Treffen steuerfreie Einnahmen, nicht abziehbare Betriebsausgaben, Einlagen und Entnahmen zusammen, so erhöhen − ausgehend vom Steuerbilanzgewinn − die nicht abziehbaren Ausgaben den zu besteuernden Gewinn, während die steuerfreien Einnahmen ihn vermindern. Der nicht entnommene Gewinn iSd § 34a II wird − ausgehend vom Steuerbilanzgewinn − hingegen nur durch einen Entnahmeüberschuss vermindert, nicht hingegen durch einen Einlageüberschuss erhöht. Denn Einlagen erhöhen zwar das Betriebsvermögen, aber gerade nicht den Steuerbilanzgewinn und auch nicht den zu besteuernden Gewinn. Aus diesem Zusammenhang zwischen maximal der Besteuerung unterliegendem zu besteuerndem Gewinn und davon maximal ermäßigt zu besteuerndem nicht entnommenem Steuerbilanzgewinn[3] ergibt sich zwingend, dass a) bei einem Überhang der nicht abziehbaren Betriebsausgaben über die steuerfreien Betriebseinnahmen abzgl eines Entnahmeüberhanges der zu besteuernde Gewinn den nicht entnommenen Steuerbilanzgewinn übersteigt und daher insoweit keine ermäßigte Besteuerung nach § 34a I in Betracht kommt. Dies ist völlig unabhängig davon, ob zunächst eine Saldierung von nicht abziehbaren Betriebsausgaben mit steuerfreien Einnahmen erfolgt oder ob umgekehrt zunächst die steuerfreien Betriebseinnahmen mit einem Entnahmeüberhang verrechnet werden. Ergibt sich umgekehrt ein Überhang der steuerfreien Betriebseinnahmen über die (Summe aus) nichtabziehbaren Betriebsausgaben und einen Entnahmeüberhang liegt der zu besteuernde Gewinne Gewinn unter dem nicht entnommenen Steuerbilanzgewinn, so dass der gesamte zu besteuernde Gewinn nach § 34a I ermäßigt besteuert werden

---

1 *Schiffers* GmbHR 07, 841 (842); *Pohl* BB 07, 2483 f.; *Kleineidam/Liebchen* DB 07, 409.
2 *Pohl* BB 07, 2483 f.
3 Krit gegenüber der Entscheidung des Gesetzgebers, den Steuerbilanzgewinn zum Ausgangspunkt zur Bestimmung des nicht entnommenen Gewinnes zu wählen *Hey* DStR 07, 925 (928).

kann. Auch insoweit ist völlig belanglos, ob zunächst die nicht abziehbaren Betriebsausgaben mit den steuerfreien Betriebseinnahmen saldiert werden oder mit einem Entnahmeüberhang.

54 Als Fazit lässt sich festhalten, dass im Ergebnis ein Überhang nicht abziehbarer Betriebsausgaben über stfreie Betriebseinnahmen nicht durch Einlagen (einen Einlageüberschuss) ausgeglichen werden kann.[1]

Dieses sich eindeutig aus dem Zusammenhang zwischen dem vom Gesetz in § 34a I und II verwendeten Begriffen des Gewinnes nach § 4 I (Steuerbilanzgewinn), des nicht entnommenen Gewinnes nach § 34a II (Steuerbilanzgewinn abzgl Entnahmeüberhang), sowie des zu be-/ zu versteuernden Gewinnes (Steuerbilanzgewinn + nicht abziehbare Betriebsausgaben − steuerfreie Betriebseinnahmen) ergebende Ergebnis kann auch nicht durch aus dem Gesetzeszweck angeblich abzuleitende teleologische Einschränkungen in Frage gestellt werden. Diese laufen im Wesentlichen darauf hinaus, dass nach dem Gesetzeszweck eine Stärkung der Eigenkapitalbasis erreicht werden soll. Diese werde aber auch erreicht, wenn ein Überhang nicht abziehbarer Betriebsausgaben durch Einlagen ausgeglichen werde. Insoweit werde die nicht mögliche Thesaurierung nicht abziehbarer Betriebsausgaben eben durch (thesaurierte) Einlagen ausgeglichen, so dass letztlich das Ziel einer Stärkung der Eigenkapitalbasis erreicht werde. Diese Argumentation verschlägt deshalb nicht, weil § 34a I nicht eine generelle Begünstigung der Verstärkung der Eigenkapitalbasis vorsieht, sondern eben nur insoweit, als diese dadurch erfolgt, dass eine durch (zu versteuernden) Gewinn des Wj eingetretene Betriebsvermögensmehrung ermäßigt besteuert werden soll, soweit sie nicht entnommen wurde. Einlagen, respektive ein Einlageüberschuss, führen mithin nicht zu einer Steuerermäßigung, obwohl sie ebenfalls zur Stärkung der Eigenkapitalbasis führen und dies erwünscht sein mag. Sie können daher nur in dem Umfang Berücksichtigung finden als sie Entnahmen im selben Wj ausgleichen. Dass insoweit eine durch Saldierung von Entnahmen und Einlagen vorgenommene Gesamtbetrachtung für das Wj dahingehend erfolgt, ob insgesamt gesehen ein Entnahmeüberhang entstanden ist, der die durch den (zu besteuernden) Gewinn eingetretene Vermögensmehrung dem Betrieb entzieht, ist durch die auf das Wj abstellende Gewinnermittlung vorgezeichnet. Insoweit verbietet es sich, unterjährig danach differenzieren zu wollen, ob bis dahin erzielte Gewinne entnommen wurden und erst nachfolgend die Entnahme durch eine Einlage ausgeglichen wurde oder ob es umgekehrt war. Derartige Unterscheidungen sind innerhalb des Wj sinnvoll nicht durchzuführen. Sieht man von der insoweit zwingend erforderlichen Saldierung von Entnahmen und Einlagen zur Feststellung eines Entnahmeüberhanges ab, ist aber klar festzustellen, dass Einlagen, obwohl sie eine Stärkung der Eigenkapitalbasis bewirken, sich nicht auf die durch § 34a I angeordnete Begünstigung durch Gewährung eines besonderen Steuersatzes für den nicht entnommenen Gewinn auswirken können und sollen, weder nach dem Wortlaut, noch nach dem erkennbaren Willen des Gesetzgebers. Dies wird auch allg so gesehen. Dafür, dass von diesem Grundsatz dann eine Ausnahme zu machen wäre, falls durch nichtabziehbare Betriebsausgaben zwar ein zu versteuernder Gewinn entsteht, aber keine thesaurierungsfähige Betriebsvermögensmehrung, wenn ersatzweise die Betriebsvermögensmehrung durch eine Einlage bewirkt wird, enthält das Gesetz keinerlei Hinweis. Soweit im Kern für ungerechtfertigt gehalten wird, dass nicht abziehbare Betriebsausgaben nach § 34a I begünstigungsfähig sind, obwohl insoweit keine Entnahmen für betriebsfremde Zwecke vorliegen, mag dies ein berechtigter Einwand gegen die lex lata getroffene Regelung sein. Dies wäre dann aber de lege ferenda vom Gesetzgeber zu korrigieren und nicht durch berichtigende Auslegung. Schon gar nicht kann in Frage kommen, eine derartige im Widerspruch zum Gesetzeswortlaut und Gesetzeswillen stehende einschränkende Auslegung dann davon abhängig zu machen, dass eine ausgleichende Einlage erfolgt. Denn wenn der Kern des Anstoßes ist, dass nicht abziehbare Betriebsausgaben, obwohl sie keine betriebsfremde Minderung des Betriebsvermögens darstellen und evtl unvermeidbar sind, nicht des begünstigenden Steuersatzes teilhaftig werden, so ist nicht ersichtlich, weshalb dann nur eine betriebsfremde Mehrung des Betriebsvermögens durch Einlage dieses als anstößig empfundene Ergebnis beseitigen dürfte.

4. Außerbilanzielle Hinzurechnungen und Abrechnungen, GewSt, nicht abziehbare Verluste.

55 Neben im Gesetz ausdrücklich als nicht abziehbar gekennzeichneten Betriebsausgaben nach § 4 V, § 3c II und III, die zwar den Steuerbilanzgewinn vermindern, aber nicht den für das betreffende

---

[1] So auch Gesetzesbegründung RegEntw BR-Drs 220/07, 103 und die ganz hM, ua *Hey* DStR 07, 928 (wenn auch dies als verfehlt kritisierend).

Wj zu versteuernden stpfl Gewinn, kennt das Gesetz weitere Bestimmungen, die dazu führen können, dass der für das Wj sich ergebende stpfl Gewinn den Steuerbilanzgewinn nach § 4 I übersteigt. Dem ist bei der Ermittlung des stpfl Gewinnes dadurch Rechnung zu tragen, dass eine außerbilanzielle Hinzurechnung erfolgt, dh eine Hinzurechnung zum nach § 4 I ermittelten (Steuerbilanz)Gewinn. Insoweit sind ua zu nennen die nicht abziehbaren Schuldzinsen nach § 4 IVa, die GewSt nach § 4 Vb einschl darauf entfallender Nebenleistungen, der Gewinnzuschlag nach § 6b VII; Einkünftekorrekturen nach § 1 AStG, ein Hinzurechnungsbetrag nach 10 II 2 AStG. Eine außerbilanzielle Hinzurechnung ist auch erforderlich, soweit Verlustausgleichsverbote bestehen, die bereits den Steuerbilanzgewinn für den jeweiligen Betrieb oder MU'anteil betreffen. Denn derartige Verluste haben den Steuerbilanzgewinn dieses Wj gemindert, dürfen aber nicht die zu versteuernden Einkünfte des Jahres mindern, in dem der Gewinn des Wj zu erfassen ist. Sie müssen daher außerbilanziell wieder hinzugerechnet werden. Derartige Verlustausgleichsverbote ergeben sich ua aus §§ 15 IV, 15a, 15 b. Allerdings können sie vorgetragen werden und mindern dann ggf den zu besteuernden Gewinn unter den Steuerbilanzgewinn. Ebenso verhält es sich bezüglich der nicht abziehbaren Zinsaufwendungen nach § 4h. Soweit derartige außerhalb des Steuerbilanzgewinnes durch außerbilanzielle Hinzurechnungen zu berücksichtigende Erhöhungen des zu besteuernden Gewinnes zu erfolgen haben, ergeben sich dafür dieselben Auswirkungen im Hinblick auf den nicht entnommenen (begünstigungsfähigen) Gewinn wie für die nicht abziehbaren Betriebsausgaben (Rn 52–54).

Umgekehrt kennt das Gesetz neben den in § 3, namentlich in § 3 Nr 40, Nr 40a und Nr 70, befreiten Betriebseinnahmen, noch andere Regelungen, die dazu führen können, dass der Steuerbilanzgewinn des § 4 I höher ist der der Besteuerung unterworfene zu versteuernde Gewinn, etwa im Steuerbilanzgewinn enthaltene freigestellte Auslandsgewinnanteile und stfreie Investitionszulagen. Außerdem übersteigt durch außerbilanzielle Abrechnungen der Steuerbilanzgewinn den zu versteuernden Gewinn auch dann, wenn in späteren Veranlagungszeiträumen früher nach §§ 15 IV, 15b, 15a nicht ausgleichfähige Verluste durch Vortrag mit dem Gewinn mindernd verrechnet werden. Dasselbe gilt bei Verrechnung des Zinsvortrags nach § 4h I S 2 und 3. Auch für diese durch außerbilanzielle Abrechnungen (vom Steuerbilanzgewinn) sich ergebenden Minderungen des zu versteuernden Gewinnes ergeben sich dieselben Auswirkungen wie für die steuerfreien Betriebseinnahmen (Rn 52– 54).

Auch für die GewSt kann danach nicht in Betracht kommen, dass die durch ihre Nichtabziehbarkeit gem § 4 Vb vom zu besteuernden Gewinn bewirkte Verminderung des nicht entnommenen (Steuerbilanz)Gewinnes iSd § 34a II durch Einlagen ausgeglichen werden könnte. Dafür ist völlig unerheblich, ob aus der in § 4 Vb angeordneten Rechtsfolge, dass die GewSt iSd Gesetzes keine Betriebsausgabe ist, folgt, dass es sich um eine nicht abziehbare Betriebsausgabe handelt oder ob daraus (nur) folgt, dass keine Betriebsausgabe vorliegt. Für beide Konstellationen folgt, dass die GewSt den nicht entnommenen Gewinn mindert. Anders wäre es nur dann, wenn die GewSt eine Entnahme wäre oder einer gleichzustellen wäre. Aus § 4 I 2 folgt jedoch, dass Entnahmen nur vorliegen, soweit Wirtschaftsgüter dem Betriebsvermögen für betriebsfremde Zwecke entnommen werden. Das trifft für die GewSt nicht zu. Soweit Vorgänge, die keine Entnahme von Wirtschaftsgütern für betriebsfremde Zwecke darstellen, dennoch als Entnahme zu behandeln sind, bedürfte es einer ausdrücklichen gesetzlichen Anordnung. Eine derartige Anordnung enthält § 4 I 3 für die dort genannten Konstellationen des Ausschlusses/der Beschränkung des Besteuerungsrechtes der Bundesrepublik, aber nicht für die GewSt. Eine derartige gesetzliche Fiktion lässt sich auch nicht durch einen Umkehrschluss aus § 4 IV iVm 4 V herleiten.[1] Auch wenn man – richtigerweise – die Begriffe Betriebsausgabe und Entnahme im Hinblick auf die Ermittlung des Steuerbilanzgewinnes als Komplementärbegriffen ansieht, wonach die Entnahme eine nicht durch den Betrieb veranlasste Betriebsvermögensminderung kennzeichnet, während die Betriebsausgabe eine durch den Betrieb veranlasste Betriebsvermögensminderung kennzeichnet, so besagt § 4 Vb dann eben nur, dass die GewSt nicht als (den zu versteuernden Gewinn mindernde Betriebsvermögensminderung) Betriebsausgabe zu behandeln ist. Er besagt aber nicht, dass es sich deshalb um eine Entnahme im Sinne des § 4 I 2 und 3 und des § 32a II handelt. Die vorgeschriebene Behandlung der GewSt als Nichtbetriebsausgabe führt dazu, dass hinsichtlich des zu versteuernden Gewinnes, soweit er dem im Inland betriebenen Gewerbebetrieb(steil) zuzurechnen ist, bezüglich des Gewerbesteueraufwandes keine Besteuerung mit dem Thesaurierungssteuersatz des § 34a I erfolgen kann.[2] Vorbehaltlich

56

---

[1] So aber *Cordes* WpG 07, 526 (527); *Ortmann – Babel/ Zipf* BB 07, 2205 (2210); *Pohl* BB 07, 2483 (2484).

[2] Zweifelnd *Schiffers* GmbHR 07, 841 (842).

des Nichtvorhandenseins von außerbilanziell vorzunehmenden Abzügen – insoweit würde ein Kompensation erfolgen –, ergibt sich (bei einem Hebesatz von 400 % und einem Spitzensteuersatz von 45 %) folgende Belastung des zu versteuernden Gewinnes: 11,60 Thesaurierung + 6.65 normal wegen GewSt nach § 32a = 18,25 ESt/SolZ + 14 GewSt = Gesamtbelastung mit ESt/SolZ/GewSt von 32,25 %. Insoweit wird die angestrebte (Steuersatz) Rechtsformneutralität zwischen der KapGes und dem Personenunternehmen hinsichtlich der Belastung thesaurierter Gewinne mit ESt, SolZ und GewSt nicht vollständig erreicht, denn bei der KapGes ergäbe sich insoweit lediglich eine Belastung von 14 GewSt + 15 KSt + 0,82 = 29,83 %.

57 Nicht abziehbare Schuldzinsen nach § 4 IVa und die Aufwendungen für Fahrten Wohnung und Betrieb, so weit sie nach § 4 Va iVm § 9 II keine Betriebsausgaben und auch nicht wie Betriebsausgaben „anzusetzen" sind, sind nach der Systematik des Gesetzes im Hinblick auf § 34a ebenso wie die GewSt und die nicht abziehbaren Betriebsausgaben des § 4 V zu behandeln. Die Behandlung in § 4 macht deutlich, dass es sich nach Auffassung des Gesetzgebers jedenfalls nicht um private Aufwendungen für die Lebensführung handelt. Denn andernfalls hätte eine Einordnung bei § 12 erfolgen müssen. Es handelt sich auch nicht um Entnahmen. Denn andernfalls hätte bereits im Anschluss an § 4 I 2 eine Einordnung, ggf im Wege der Fiktion als Entnahme zu betriebsfremden Zwecken erfolgen müssen. Freilich wäre es wünschenswert, wenn der Gesetzgeber auf solche Zwittergebilde wie Betriebsvermögensminderungen, die keine Betriebsausgaben, aber auch keine Entnahmen sind, oder gar keine Betriebsausgaben sind, aber wie Betriebsausgaben abgezogen werden können, verzichten würde. Er sollte sich dann dazu durchringen, notfalls im Wege der gesetzlichen Fiktion, die Behandlung als Betriebsausgabe (und damit nicht als Entnahme, respektive die korrespondierende Behandlung als Einlage) vorzuschreiben, bzw umgekehrt die Behandlung nicht als Betriebsausgabe, respektive als Einlage vorzuschreiben. Solange dies aber nicht geschieht, dürfen derartige Fiktionen nicht qua Gesetzesauslegung erfolgen.

III. Besonderheiten bei Mitunternehmeranteilen und Mitunternehmerschaften. – 1. Steuerbilanzge-
58 **winnanteil des Mitunternehmers.** Für StPfl, die MU'er einer PersGes/-gemeinschaft gem **§ 15 I S 1 Nr 2** (und 13, 18) sind, stellt ihre Beteiligung an der jeweiligen MU'schaft – der MU'anteil – das Begünstigungsobjekt im Sinne des § 34a I dar. Begünstigt durch Anwendbarkeit des Sondertarifs wird der nicht entnommene Gewinn, der auf den jeweiligen MU'anteil entfällt. Er steht dem Betrieb des Einzelunternehmers gleich. Allerdings ist beim MU'anteil die Bagatellgrenze des § 34a I S 3 zu beachten. Begünstigt wird jeder einzelne MU'er als StPfl, nicht die MU'schaft als solche. Es ist daher für jeden MU'er gesondert sein Gewinn(anteil) am Gewinn der MU'schaft) und der davon nicht entnommene Gewinn(anteil) zu ermitteln. Der Steuerbilanzgewinn des MU'ers umfasst seinen **Anteil am Gesellschaftsgewinn (Gesamthandsgewinn)** einschl der Modifikationen durch **Ergänzungsbilanz** zuzüglich seines **Sonder(bilanz)gewinnes**. **Steuerfreie Betriebseinahmen und nicht abziehbare Betriebsausgaben** sind den MU'ern, soweit sie im Gesamthandsbereich anfallen, grundsätzlich entspr dem vereinbarten Gewinnverteilungsschlüssel zuzurechnen.

59 **2. Entnahmen und Einlagen, Sonderbtriebseinnahmen und -ausgaben.** Für die Ermittlung des auf den MU'er entfallenden Gewinnes am nach § 4 I ermittelten Steuerbilanzgewinn sind nur die **Entnahmen und Einlagen dieses MU'ers** zu berücksichtigen. Diese umfassen zunächst einmal seine Entnahmen und Einlagen **im Gesellschaftsbereich**, wie sie in der Kapitalkontenentwicklung zu erfassen sind. Maßgebend ist der steuerliche Entnahme/Einlagebegriff des § 4 I, nicht der handelsrechtliche Begriff. Soweit Entnahmen und Einlagen nach § 4 I 3 und 4 I 7 2. HS im Gesellschaftsbereich erfolgen, sind sie anteilig den MU'ern zuzurechnen. Aufteilungsmaßstab ist dabei der Gewinnverteilungsschlüssel, der für die Aufteilung des steuerlichen Gesamthandsergebnisses maßgeblich ist. Zusätzlich sind für den jeweiligen MU'er seine **Entnahmen und Einlagen im Sonderbereich** zu berücksichtigen. Im Ergänzungsbereich kommen Entnahmen und Einlagen nicht in Betracht.[1] Es können sich dort lediglich (durch Auflösung oder Bildung) Folgewirkungen aus Entnahmen oder Einlagen des MU'ers im Gesamthandsbereich ergeben. Die Bewertung der Entnahmen und Einlagen hat sowohl im Gesamthandsbereich wie auch im Sonderbereich nach § 6 I Nr 4, 5 und 5a zu erfolgen. Komplementär zur Erfassung von Entnahmen und Einlagen im Sonderbereich erfolgt die Erfassung von **Sonderbetriebserträgen und Sonderbetriebsaufwendungen** in den rein steuerlichen Sonderbilanz(rechnung)en.

---

[1] Zur Problematik des Auseinanderfallens von Entnahmen im Gesellschaftsbereich und Gewinn bei Vorhandensein von Ergänzungsbilanzen vgl *Hey* DStR 07, 925 (927).

Übertragungen von Wirtschaftsgütern aus dem Sonderbereich in den Gesamthandsbereich und umgekehrt innerhalb derselben MU'schaft erfolgen zum Buchwert, § 6 V S 3 Nr 2 1. Alternative. Zu berücksichtigende Entnahmen und Einlagen iSd § 34a II ergeben sich dadurch nicht. Dabei kann dahinstehen, ob es sich wegen des Verbleibens in derselben MU'schaft (richtigerweise) schon begrifflich nicht um Entnahmen/Einlagen iSd § 4 I handelt oder ob zwar jeweils Entnahmen/Einlagen im Gesamthandsbereich und Sonderbereich vorliegen, diese sich aber jeweils für den MU'er komplementär ausgleichen. Übertragungen zum Buchwert nach § 6 V S 3 von und in andere MU'schaften können hingegen nach § 34a V eine Nachversteuerung auslösen.

3. Ausländische Betriebsstätten. MU'schaften unterhalten – anders als Einzelunternehmer – immer nur einen einheitlichen Betrieb, ggf aber mit mehreren Betriebsstätten. Für jeden einzelnen MU'er ist, abhängig von seinem Wohnsitz oder gewöhnlichen Aufenthaltsort, selbstständig zu bestimmen, ob iSd Art 7 OECD –MA ein inländisches Unternehmen (inländisches Stammhaus) vorliegt oder ein ausländisches Unternehmen mit Betriebsstätte im Inland (ausländisches Stammhaus)[1]. **60**

Für den im Ausland ansässigen **beschränkt stpfl MU'er** sind ausschließlich die auf die **inländische Betriebsstätte**(n, falls mehrere im Inland) entfallenden **Gewinn**anteile, **Entnahmen und Einlagen** zur Bestimmung seines in Deutschland der Besteuerung unterliegenden (Steuerbilanz) Gewinnes, ggf außerbilanziell um steuerfreie Einnahmen und außerbilanzielle Hinzurechnungen korrigiert, und seines begünstigungsfähigen nicht entnommen Gewinnes maßgeblich.

Für den **unbeschränkt stpfl MU'er** unterliegt sein Anteil am auf ausländische Betriebsstätten entfallenden Ergebnis bei Anwendung der **Anrechnungsmethode** nach § 34c oder DBA iVm § 34c VI S 2 der Besteuerung in Deutschland. Der auf ausländische Betriebsstätten einschl dort eingesetzten Sonderbetriebsvermögens entfallende Gewinn(anteil) des MU'ers ist daher voll für § 34a zu berücksichtigen. Die insoweit anfallende Steuer ist, bei Inanspruchnahme der Thesaurierungsvergünstigung auf die insoweit anfallende deutsche (Thesaurierungs)Steuer anzurechnen (Rn 50). Bei **Anwendung der Freistellungsmethode** unterliegt der auf ausländische Betriebsstätten entfallende Gewinn (einschl Sondergewinn, soweit nach dem jeweiligen DBA ebenfalls erfasst!) nicht der Besteuerung in Deutschland. Insoweit kommt jedenfalls nicht in Betracht, dass für diesen Gewinn gesondert § 34a angewendet werden könnte. Umstritten ist aber (s Rn 50), ob gleichwohl die auf die ausländische Betriebsstätte entfallenden (nach deutschem Steuerrecht ermittelten) Ergebnisse, soweit sie auf den jeweiligen MU'er entfallen, in die Ermittlung seines **Anteils am Steuerbilanzgewinn und seines nicht entnommenen Gewinns** mit einzubeziehen sind. Dies hätte dann zur Folge, dass der **freigestellte Gewinn(anteil)** außerbilanziell zur Ermittlung des stpfl Gewinnes abzuziehen wäre, so dass ggf ein etwaiger Entnahmeüberhang dadurch kompensiert würde.

Beispiel: (Steuerbilanz) Gewinnanteil des MU 500 (davon 300 ausländische Betriebsstätte) und Entnahmen 400 (ausschließlich im Inland). Bei Einbeziehung der ausländischen Betriebsstätte ergäbe sich: a) Zu versteuernder Gewinn: 500 – 300 DBA Freistellung = 200. b) nach § 34a I und II begünstigter nicht entnommener Gewinn: 500 – 400 = 100. Mit dem Tarif nach § 32a zu besteuern: 200 – 100 = 100.

Wird hingegen (zutreffenderweise s Rn 50) auch für § 34a I und II iVm § 4 I der auf ausländische Betriebsstätten bei Anwendung der Freistellungsmethode entfallende Gewinn (sowie die dort getätigten Entnahmen und Einlagen) vollständig außer Ansatz gelassen, entfallen derartige kompensatorische Wirkungen.

Beispiel wie oben: a) zu versteuernder Gewinn: 200; b) nicht entnommener Gewinn: 200 – 400 = 0 (-200); c) mit Steuersatz normal nach § 32a zu besteuern: 200; d) Nachversteuerung nach § 34a IV bei Vorhandensein nachversteuerungspflichtiger Beträge: 200.

Dies kann sich nachteilig auswirken, muss es aber nicht, zB nicht bei Entnahmeüberhang im ausländischen Betriebsteil oder unter Anwendung deutschen Steuerrechtes dort anfallenden nicht abziehbaren Betriebsausgaben oder anderer „außerbilanzieller Hinzurechnungen".

4. (Begünstigungsfähiger) nicht entnommener Gewinn(anteil). Der begünstigungsfähige **nicht entnommene Gewinn des MU'ers** ergibt sich aus dem auf den MU'anteil entfallenden Gewinn am Gesellschaftsgewinn (inklusive Ergänzungsbilanz) und seinem Sonderbereichsgewinn abzgl eines **61**

---

[1] BFH I R 92/01, BFH/NV 03, 964 mwN; dort auch zur Nichteinbeziehung der nicht nach DBA freigestellten Einkünfte aus der ausländischen Betriebsstätte in den Feststellungsbescheid nach § 180 I Nr 2 und zur Möglichkeit eines weiteren ergänzenden Feststellungsbescheides nach § 180 V AO, falls die nicht stpfl Einkünfte für den Progressionsvorbehalt des § 32b benötigt werden.

Entnahmeüberhanges. Wie ausgeführt (Rn 59) sind dabei nur die dem jeweiligen MU'er zuzurechnenden Entnahmen und Einlagen zu berücksichtigen. Übertragungen von und aus Sonderbetriebsvermögen innerhalb derselben MU'schaft wirken sich nicht aus. Zu beachten ist aber, dass mit einer „Übertragung in den Sonderbereich" eine Entnahme verbunden sein kann und häufig sein wird, etwa bei ausbezahlten Sondervergütungen nach § 15 I S1 Nr 2 S1, ua Darlehenszinsen, Mieten, Geschäftsführergehälter. Diese Folge lässt sich vermeiden, indem die entspr Vergütungen nicht ausbezahlt werden, sondern der Ges als ggf verzinsliches (handelsrechtliches Fremd) Kapital zur Verfügung gestellt werden. Fraglich erscheint, ob es auch möglich ist, dass insoweit schlicht besondere Konten des MU'ers bei Kreditinstituten unterhalten werden oder gar von ihm eine Kasse geführt wird und die dort vorhandenen Bestände weiterhin als (nicht entnommenes) Sonderbetriebsvermögen behandelt werden. Zu bezweifeln ist insoweit, ob dann noch ein objektiver Förderungszusammenhang mit dem Betrieb/MU'anteil besteht.[1]

62 **5. Doppel(mehr)stöckige Mitunternehmerschaft.** Bei doppelstöckigen MU'schaften kommt die (an der Untergesellschaft beteiligte) Obergesellschaft wegen der transparenten Besteuerung nicht als von § 34a I begünstigter StPfl in Betracht, unabhängig davon, ob man sie wegen ihrer gesellschaftsrechtlichen Beteiligung als (unmittelbar beteiligten) MU'er ansieht oder (richtigerweise) nicht. Begünstigte MU'er können nur an der Untergesellschaft und Obergesellschaft unmittelbar beteiligte natürliche Pers sein. Unstrittig ist, dass der in der Untergesellschaft erzielte Gewinn und die dort getätigten Entnahmen und Einlagen im Ergebnis für § 34a auch den mittelbar über die Obergesellschaft an der Untergesellschaft beteiligten Gesellschaftern und **MU'ern der Obergesellschaft** zugerechnet werden müssen. Problematisch erscheint insoweit nur, ob der auf die MU'er der Obergesellschaft entfallende Anteil am Ergebnis der Untergesellschaft diesen gesondert zuzurechnen ist oder ob er ihnen erst über das Ergebnis der Obergesellschaft und zusammengefasst mit deren eigenem Ergebnis zuzurechnen ist. Anders gewendet: Die Frage ist, ob für die MU'er der Obergesellschaft im Sinne des § 34a nur ein einheitlicher MU'anteil an der Obergesellschaft vorliegt, der auch die darüber erfolgende mittelbare Beteiligung an der Untergesellschaft umfasst oder ob für Zwecke des § 34a davon auszugehen ist, dass für die G'ter der Obergesellschaft **zwei MU'anteile** vorliegen, nämlich einerseits an der Obergesellschaft (unter Ausklammerung ihrer Beteiligung an der Untergesellschaft) und andererseits an der Untergesellschaft (unter Einbeziehung des Anteils an der Beteiligung der Obergesellschaft an der Untergesellschaft und eines etwaigen eigenen Sonderbereiches nach § 15 I S 1 Nr 2 S 2). Folgt man der **verfahrensrechtlichen Behandlung**, wonach in der für die Untergesellschaft erfolgenden einheitlichen und gesonderten Feststellung die Ergebnisse von Sonderbereichen, die die Gesellschafter der Obergesellschaft bei der Untergesellschaft nach § 15 I S 1 Nr 2 S 2 unterhalten, den Obergesellschaftern direkt zugerechnet werden, käme auch noch eine dritte Lösung in Betracht. Dann wäre für diese Gesellschafter davon auszugehen, dass sie iSd § 34a zwei „MU'anteile" innehaben, nämlich einmal den die Ergebnisse der Untergesellschaft, soweit über die Obergesellschaft weitergereicht, enthaltenden Anteil an der Obergesellschaft und zum anderen nur ihren bei der Untergesellschaft unterhaltenen Sonderbereich. Ungeachtet der allein der Verfahrensökonomie folgenden einheitlichen und gesonderten Feststellung sollte diese Lösung sich verbieten.[2] Der Sonderbereich des an der Obergesellschaft beteiligten MU'ers besteht nur wegen seiner Beteiligung über die Obergesellschaft an der Untergesellschaft. Insoweit muss eine **einheitliche Behandlung für den Sonderbereich und** die über die Obergesellschaft erfolgte **übrige (mittelbare) Beteiligung an der Untergesellschaft** erfolgen. Richtigerweise ist für § 34a davon auszugehen, dass der MU'anteil des Obergesellschafters an der Obergesellschaft anteilig auch den dadurch vermittelten Anteil an der Untergesellschaft umfasst. Für den MU'er der Obergesellschaft liegt insoweit mithin **nur ein MU'anteil** vor.[3] Der auf den MU'anteil entfallende Gewinnanteil iSd § 34a iVm § 4 I, § 15 I S 1 Nr 2 umfasst mithin: a) den Anteil am eigenen Gewinn der Obergesellschaft; b) den Anteil an der Obergesellschaft zugerechneten Gewinn der Untergesellschaft; c) einen etwaigen Sondergewinn bei der Obergesellschaft und schließlich d) einen etwaigen Sondergewinn bei der Untergesellschaft.[4] Dementsprechend sind auch für Zwecke der

---

1 So auch *Hey* DStR 925(928).
2 **AA** aber *Bäumer* DStR 07, 2089 (2091); *Rogall* in: Schaumburg/Rödder, 438 f und *Ley/Brandenberg* FR 07, 1085 (1089, 1091).
3 *Rödder* DStR 07, Beil. Heft 40, S 4.
4 Vgl auch BFH BStBl II 95, 467 und BFH IV R 67/00,

BFH/NV 04, 1512 zur Saldierung von Gewinnen und Verlusten von Ober- und Untergesellschaft auf der Ebene der Obergesellschaft; zur getrennten Behandlung von Unter- und Obergesellschaft für den Gewerbeertrag bei Veräußerung des Anteils an der Obergesellschaft vgl *Ludwig* BB 072152.

Ermittlung des nicht entnommenen Gewinns alle Entnahmen und Einlagen des MU'ers in diesen Bereichen zu berücksichtigen. Übertragungen oder Überführungen von Wirtschaftsgütern zwischen diesen Bereichen spielen sich innerhalb desselben MU'anteils ab. Sie beeinflussen daher weder den Gewinnanteil des MU'ers nach § 4 I, noch seinen nicht entnommene Gewinn, noch seinen zu versteuernden Gewinn.[1] Für den Fall der Veräußerung/Aufgabe der Beteiligung an der Untergesellschaft durch die Obergesellschaft liegt, falls insoweit bei der Obergesellschaft keine Entnahmen erfolgen, auch weder eine Entnahme vor, noch ist eine Nachversteuerung nach § 34a VI Nr 1 durchzuführen. Die Inanspruchnahme der Begünstigung setzt freilich voraus, dass nicht § 16 IV und/oder 34 III vom MU'er für seinen Anteil am aus der Veräußerung des Anteils an der Untergesellschaft entstehenden Veräußerungsgewinn beansprucht werden.[2] Für im Ausland belegene Betriebsstätten der Untergesellschaft kann die Behandlung nicht anders erfolgen als für eigene Betriebsstätten der Obergesellschaft im Ausland[3] (s Rn 60).

6. Organschaft. Ist eine (aus natürlichen Personen bestehende) MU'schaft Organträger, ist fraglich, ob ihre MU'er hinsichtlich des ihr nach § 14 KStG „zugerechneten" Einkommens von der Thesaurierungsbegünstigung des § 34a Gebrauch machen können. Folgt man der hM, wonach die steuerliche Zurechnung des nach § 4 I ermittelten „Einkommens der Organgesellschaft" **außerbilanziell** beim Organträger zu erfolgen hat, müsste dies an sich isoliert gesehen verneint werden.[4] Denn der nach § 4 I ermittelte Gewinn des Organträgers ist dann zur Kompensierung der „außerbilanziellen Hinzurechnung" des Einkommens seinerseits um die handelsrechtlich erfolgte Gewinnabführung zu kürzen. Allerdings erfolgt diese Kürzung nun seinerseits wohl „außerbilanziell". Folgt man dieser „Technik", so enthält der Steuerbilanzgewinn der MU'schaft die handelsrechtliche Gewinnabführung, die allerdings nicht der Besteuerung unterliegt, sondern stattdessen die „außerbilanzielle Einkommenszurechnung". Diese Betrachtung führt dann letztlich dazu, dass bis zur Höhe der Gewinnabführung eine „Saldierung" zwischen der außerbilanziellen Einkommenszurechnung stattfinden kann, so dass insoweit auch die Inanspruchnahme des § 34a, allerdings dann nur anteilig durch die MU'er, erfolgen kann. Dasselbe Ergebnis ergibt sich, wenn man, wie früher der RFH, die Gewinnabführung nicht außerbilanziell eliminiert, und lediglich den Unterschiedsbetrag zwischen dem für die Organgesellschaft selbst ermittelten Einkommen und der Gewinnabführung „außerbilanziell" hinzurechnet. Für Verlustübernahmen bedeutet dies dann freilich konsequenterweise, dass diese sich mindernd auf den thesaurierungsfähigen Gewinn auswirken. Da bei der Organschaft zu einer MU'schaft aus natürlichen Personen (oder nur zu einer natürlichen Person) als Organträger das „Einkommen der Organgesellschaft" der ESt unterliegt, besteht kein Grund, insoweit den § 34a EStG für prinzipiell nicht anwendbar zu halten. § 19 II KStG steht nicht entgegen. Denn es geht nicht um die Anwendung einer Tarifvorschrift des KStG, die im EStG keine Entsprechung hätte, sondern um die Anwendung einer Tarifvorschrift des EStG auf ein vom StPfl als eigenes zu versteuerndes Einkommen.[5] Allerdings kann § 34a für das „Organeinkommen" nur insoweit Anwendung finden als es durch Gewinnabführung tatsächlich an die MU'schaft abgeführt wurde und dort thesauriert, dh nicht entnommen wurde.[6] Zulässige Thesaurierungen nach § 14 I Nr 4 KStG durch Bildung von Rücklagen bei der Organgesellschaft nehmen nicht am begünstigungsfähigen nicht entnommenen Gewinn teil.

(freibleibend)

D. Begünstigungsbetrag, nachversteuerungspflichtiger Betrag (§ 32a III)

I. Begünstigungsbetrag. Als Begünstigungsbetrag bezeichnet das Gesetz den Teil des im zu versteuernden Einkommen enthaltenen nicht entnommenen Gewinnes iSd § 32a II, für den auf Antrag des StPfl die **Sondertarifierung nach § 32a I für diesen Veranlagungszeitraum** erfolgt. Wegen der

---

[1] *Thiel/Sterner* DB 07, 1099 (1104); *Rogall* in: Schaumburg/Rödder, 439 f; *Lausterer/Jetter* in: Blumenberg/Benz, S 15.

[2] So auch RegEntw BR-Drs 220/07, S 101 zu § 34a.

[3] **AA** insoweit *Thiel/Sterner* DB 07, 1099 (1105). Die dort erfolgte Gleichsetzung mit einer Beteiligung der Obergesellschaft an einer ausländischen KapGes ist angesichts der transparenten Besteuerung der PersGes verfehlt.

[4] Daher auch zweifelnd *Rödder* DStR 07, Beil. Heft 10, 1 (4); *Rogall* in: Schaumburg/Rödder, S 417 f.

[5] Soweit BHF BStBl II 04, 515 bei Veräußerung eines Teilbetriebes durch die Organgesellschaft die Anwendung des § 16, 34 versagt, betrifft dies einen anderen Sachverhalt. Denn in der Tat kennt das KStG nicht in irgend einer Form zu begünstigende Veräußerung eines Teilbetriebes oder gar des ganzen Betriebes. Damit ist aber § 34a gerade nicht vergleichbar, der normal zu versteuerndes Einkommen, falls aus Unternehmenseinkünften stammend und thesauriert, begünstigen will.

[6] So iErg auch *Rogall* in: Schaumburg/Rödder, S 417 f.

Betriebsbezogenheit ist der Begünstigungsbetrag bei Vorhandensein mehrerer Betriebe/MU'anteile gesondert für jeden Betrieb zu bestimmen.

66 **II. Nachversteuerungspflichtiger Betrag.** Nachversteuerungspflichtiger Betrag ist derjenige Betrag des nicht entnommenen Gewinnes, der bis zum Ende des jeweiligen Veranlagungszeitraumes der Sondertarifierung unterworfen wurde abzgl der darauf entfallenden ESt und des darauf entfallenden SolZ. Es handelt sich mithin um den bis dahin nach § 32a I begünstigt besteuerten Gewinn abzgl der darauf lastenden Steuerbelastung. Die angefallene Thesaurierungsbelastung aus ESt und SolZ mindert mithin den nachversteuerungspflichtigen Betrag. Denn insoweit ist der nicht entnommene Gewinn bereits, wenn auch begünstigt, besteuert worden. Durch die Nachversteuerung soll aber nur – bei einem späteren Entnahmeüberhang – der unter Berücksichtigung der bisherigen Steuerbelastung verbliebene thesaurierte Betrag belastet werden und nicht Nachsteuer auch auf einen Betrag erhoben werden, der bereits als Steuer geschuldet wurde.

67 Der nachversteuerungspflichtige Betrag ergibt die Bemessungsgrundlage, bis zu der in nachfolgenden Veranlagungszeiträumen eine Nachversteuerung nach § 34a IV stattzufinden hat, wenn und soweit es dann einem Entnahmeüberhang über die Steuerbilanzgewinne der jeweiligen Wj kommt.

68 Der nachversteuerungspflichtige Betrag zum Ende des jeweiligen Veranlagungszeitraumes ergibt sich mithin aus der Summe der bis zum Ende dieses Veranlagungszeitraumes nach § 32a I begünstigt besteuerten Gewinne abzgl der darauf lastenden Steuerbelastung. Nach den gesetzlichen Vorgaben ergibt er sich als Summe aus Begünstigungsbetrag des Veranlagungszeitraumes (abzgl darauf entfallender Steuerbelastung) + nachversteuerungspflichtiger Vorjahresbetrag (Summe der Begünstigungsbeträge früher Veranlagungszeiträume abzgl Steuerbelastung). Besteht für den Veranlagungszeitraum ein Entnahmeüberhang über den (Steuerbilanz)Gewinn, beläuft sich der Begünstigungsbetrag auf 0 und außerdem hat insoweit nach 34a IV eine Nachversteuerung stattzufinden. Der nachversteuerungspflichtige Betrag beläuft sich dann auf den nachversteuerungspflichtigen Betrag des Vorjahres abzgl Nachversteuerungsbetrag (s Rn 70) für den Veranlagungszeitraum.

69 Auch der nachversteuerungspflichtige Betrag ist betriebsbezogen zu bestimmen. Das Gesetz sieht in Abs 5 im Zusammenhang mit der Überführung/Übertragung von Wirtschaftsgütern nach § 6 V S 1–3 zwischen mehreren Betrieben/MU'anteilen desselben StPfl aber vor, dass zur Vermeidung einer Nachversteuerung im abgebenden Betrieb eine Übertragung des nachversteuerungspflichtigen Betrages auf den aufnehmenden Betrieb auf Antrag stattfindet. Die Übertragung ist begrenzt auf die Höhe des Buchwertes des Wirtschaftsgutes und die Höhe des Nachversteuerungsbetrages, die sich im abgebenden Betrieb ansonsten ergeben hätte. Dies ist dann jeweils auch zur Bestimmung des nachversteuerungspflichtigen Betrages beim abgebenden und aufnehmenden Betrieb/MU'anteil zu berücksichtigen.

70 **III. Höhe und gesonderte Feststellung.** Als nachversteuerungspflichtige Betrag für den jeweiligen Betrieb/MU'anteil ergibt sich dann zum Ende des jeweiligen Veranlagungszeitraumes : Begünstigungsbetrag des VZ (abzgl Steuerbelastung) + nachversteuerungspflichtiger Betrag Vorjahr + übertragener Betrag nach Abs 5 (im übernehmenden Betrieb) – Nachversteuerungsbetrag (nach Abs 4 bei Entnahmeüberhang im VZ, so dass kein Begünstigungsbetrag vorhanden ist!) – übertragener Betrag nach Abs 5 (im abgebenden Betrieb).

Beispiel:

§ 34a III S 2	Betrieb 1	Betrieb 2	Betrieb 3
VZ: BegBetr. – Steuerbel.	0	0	(100 – 16 =) 84
+ Vorjahr: nachverstpfl.	100	200	0
+ übern. Betrieb (32a V)	0	+ 100	–
– abgeb. Betrieb (32a V)	– 100	–	–
Entnahmeüberh. (32a IV 1)	–	– 0	–
Nachvstpfl. Betr. Ende VZ	0	0	84
Nachversteuerungsbetrag für VZ	0	300	0

Erläuterung zum Beispiel: Es ist ein Wirtschaftsgut zum Buchwert von 200 aus Betrieb 1 in Betrieb 2 überführt worden. Der Buchwert von 200 erhöht in Betrieb 1 als „Entnahme" einen Entnahmeüberschuss (Nachversteuerungsbetrag) über den Gewinn iSd § 34a II. Es ist kein begünstigungsfähiger nicht entnommener Gewinn in Betrieb 1 verblieben, sondern ein Entnahmeüberschuss von 100. Daher wäre nach an sich bis zur Höhe des nachversteuerungspflichtigen Betrages am Ende des Vorjahres eine Nachversteuerung durchzuführen, § 34a IV S 1. Diese unterbleibt nach § 35a V S 2. Dafür ist der nachversteuerungspflichtige Betrag bis zur Höhe des Buchwertes (hier 200), aber maximal bis zur Höhe des Nachsteuerungsbetrages, den die Übertragung ausgelöst hätte (hier 100), auf den übernehmenden Betrieb 2 zu übertragen. In Betrieb 2 hat die Überführung zum Buchwert von 200 einen Entnahmeüberschuss des VZ um 200 als „Einlage" vermindert. Es ist kein Entnahmeüberschuss verblieben. Der nachversteuerungspflichtige Betrag des Betriebes 2 ist von bisher 200 um den Buchwert (hier 200), aber maximal um den in ansonsten Betrieb 4 ausgelösten Nachversteuerungsbetrag (hier 100) um + 100 auf 300 zu erhöhen. In Betrieb 3 entsteht erstmals (ggf wieder – s Betrieb 1) ein nachversteuerungspflichtiger Betrag aus dem Begünstigungsbetrag des VZ.

Der zum Ende des Veranlagungszeitraumes vorhandene nachversteuerungspflichtige Betrag ist je Betrieb/MU'anteil vom für die Einkommensbesteuerung des StPfl zuständigen (Wohnsitz-)FA gesondert nach § 179 AO festzustellen.

E. Nachversteuerung und Nachversteuerungsbetrag (§ 32a IV)

I. Nachversteuerung. Die Thesaurierungsbegünstigung des § 32a I auf den nicht entnommenen Gewinn des Wj im beantragten Umfange des Begünstigungsbetrages gem § 32a III S 1 wird nicht endg gewährt. Vielmehr erfolgt, soweit die mit dem Thesaurierungssatz besteuerten begünstigten Gewinne in nachfolgenden Wj wieder dem Betrieb entnommen werden, eine Nachversteuerung in dem Veranlagungszeitraum, für das der Gewinn der betreffenden Wj im zu versteuernden Einkommen nach § 34a II zu berücksichtigen ist. Bemessungsgrundlage für die Nachsteuer ist der Nachversteuerungsbetrag. Der Steuersatz für die Nachsteuer beträgt 25 %. Zu dieser ESt kommt der SolZ von 5,5 % der sich insoweit ergebenden ESt – Schuld hinzu. Die Nachsteuer von 25 % des Nachversteuerungsbetrages ist kein Teil der tariflichen ESt iSd § 2 V des Veranlagungszeitraumes der Nachversteuerung. Sie ist aber ein Teil der für diesen Veranlagungszeitraum entstehenden ESt iSd § 36. Sie ist auch Teil der deutschen ESt iSd § 34c I, die auf ausländische Einkünfte entfällt, soweit diese im Veranlagungszeitraum der Einkünfteerzielung der (begünstigten) deutschen (Thesaurierungs)Besteuerung unterlagen (s Rn 29 und 50), nicht aber Teil der tariflichen ESt[1] iSd § 35 EStG für die Gewerbesteueranrechnung. **71**

II. Nachversteuerungsbetrag. Der Nachversteuerungsbetrag bildet die Bemessungsgrundlage für die Nachsteuer, § 34a IV S 2. Er gehört nicht zu den Einkünften im Sinne des § 2 I – 2 III des betreffenden Veranlagungszeitraumes der Nachversteuerung und auch nicht zum zu versteuernden Einkommen gem § 2 V dieses Veranlagungszeitraumes. Vielmehr wurden die nunmehrigen Nachversteuerungsbeträge bereits als Teil der Einkünfte, des Gesamtbetrages der Einkünfte und des zu versteuernden Einkommens in den Veranlagungszeiträumen erfasst, in denen im Umfange des jeweiligen Begünstigungsbetrages die Besteuerung mit dem Thesaurierungssatz nach § 34a I erfolgte. **72**

Die Höhe des Nachversteuerungsbetrages korrespondiert zur Höhe des nicht entnommenen Gewinnes iSd § 32a II. Ein begünstigungsfähiger nicht entnommener Gewinn für den Betrieb/MU'anteil entsteht, wenn der positive Saldo aus Entnahmen und Einlagen geringer ist als der nach § 4 I (§ 5I) ermittelte Steuerbilanzgewinn. Umgekehrt entsteht ein Nachversteuerungsbetrag in Höhe der Differenz zwischen (positivem) Steuerbilanzgewinn und (positivem) Saldo aus Entnahmen und Einlagen, wenn der Saldo aus Entnahmen und Einlagen größer ist als der Steuerbilanzgewinn. Verluste (ein negativer Steuerbilanzgewinn) führen isoliert gesehen nicht zu einem Nachversteuerungsbetrag. Liegt allerdings für dieses Wj ein positiver Saldo aus Entnahmen und Einlagen vor (Entnahmeüberschuss) entsteht in Höhe dieses Saldos ein Nachversteuerungsbetrag. **73**

Der Nachversteuerungsbetrag wird allerdings auf den Betrag des zum Ende des vorangegangenen Veranlagungszeitraumes vorhandenen (und nach § 34a III S 3 gesondert festgestellten) nachversteuerungspflichtigen Betrag begrenzt. Der Nachversteuerungsbetrag kann daher niemals größer sein als der positive Saldo aus Entnahmen und Einlagen (bei Steuerbilanzgewinn von 0 oder Verlust und einem nachversteuerungspflichtigen Betrag mindestens in dieser Höhe) des betr Wj. Bei Nichtvorhandensein eines nachversteuerungspflichtigen Betrages des Vorjahres beträgt er immer 0. **74**

---

1 **AA** *Herzig/Lochmann* DB 07, 1037(1038).

75 Bei Übertragung/Überführung von Wirtschaftsgütern nach § 6 V zum Buchwert erhöht der Buchwert die Entnahmen im abgebenden Betrieb und ist als einen etwaigen Entnahmeüberschuss mindernde Einlage im übernehmenden Betrieb zu berücksichtigen. Soweit dadurch im abgebenden Betrieb ein Nachversteuerungsbetrag entsteht, unterbleibt auf Antrag für den abgebenden Betrieb nach § 34a V S 2 die Nachversteuerung. Insoweit verweist § 34a IV S 1 auf § 34a V. In Höhe des durch die Übertragung ausgelösten Nachversteuerungsbetrages im abgebenden Betrieb erfolgt dann eine Übertragung eines nachversteuerungspflichtigen Betrages vom abgebenden auf den aufnehmenden Betrieb. Der Nachversteuerungsbetrag selbst wird nicht gemindert (oder im anderen Betrieb erhöht). Es unterbleibt insoweit lediglich eine Nachbesteuerung.

Beispiel: Ein Wirtschaftsgut mit Buchwert von 200 wird von Betrieb 1 in Betrieb 2 überführt. Steuerbilanzgewinn Betrieb 1: – 300; Entnahmen/Einlagenüberschuss 150 (unter Berücksichtigung des Abganges von 200); nachversteuerungspflichtiger Betrag Ende Vorjahr = 100.

Es ergibt sich ein Nachversteuerungsbetrag von: (– 300 =) 0 – 150 = 150, aber maximal 100. Die Nachversteuerung hat insoweit auf Antrag zu unterbleiben. Der nachversteuerungspflichtige Betrag mindert sich von bisher + 100 um – 100 (übertragener Betrag) = 0.

Im Betrieb 2 ist eine Einlage von 200 zu berücksichtigen. Der bisher vorhandene nachversteuerungspflichtige Betrag von x ist um + 100 auf x + 100 zu erhöhen. S auch Rn 70.

76 **III. Altrücklagen, Verwendungsreihenfolge.** Nach § 34a IV entsteht für das jeweilige Wj immer schon dann ein Nachversteuerungsbetrag, wenn für dieses Wj ein Entnahmeüberhang über einen positiven Steuerbilanzgewinn vorliegt und zum Ende des Vorjahres ein nachversteuerungspflichtiger Betrag vorhanden (gesondert festgestellt) war, dh insoweit in der Vergangenheit eine (noch nicht wieder durch Nachversteuerung berücksichtigte) nach § 34a begünstigte Besteuerung zum Thesaurierungstarif erfolgt war. Dieses Abstellen auf einen Entnahmeüberschuss im jeweiligen Wj/ für den jeweiligen Veranlagungszeitraum führt im Ergebnis dazu, dass begünstigt besteuerte thesaurierte Eigenkapitalanteile vorrangig vor durch normal besteuerte (stehengelassene) Gewinne oder durch Einlageüberschüsse gebildete Eigenkapitalanteile als für die Bestreitung des Entnahmeüberschusses über den (positiven) Steuerbilanzgewinn des Wj als „verwendet gelten". Es wird durch § 34a mithin nicht ermöglicht, bei Vorhandensein nachversteuerungspflichtiger Beträge und einem Entnahmeüberschuss über den Gewinn dieses Wj eine Nachversteuerung zu vermeiden, indem der Entnahmeüberschuss als aus anderen früher gebildeten Eigenkapitalteilen, namentlich „Altrücklagen" aus vor dem Veranlagungszeitraum 2008 versteuerten Gewinnen oder vor diesem Zeitraum erfolgten Kapitalzufuhren bestritten gilt. Auch für Veranlagungszeiträume ab 2008 führen durch nicht begünstigt besteuerte Gewinne und durch Einlagen erfolgende Kapitalmehrungen nicht dazu, dass eine Nachversteuerung stattzufinden hat, wenn es in einem späteren Wj zu einem Entnahmeüberhang über den (Steuerbilanz) Gewinn dieses Jahres kommt, vorbehaltlich dass in der Zwischenzeit eine nach § 34a begünstigte Thesaurierungsbesteuerung nach § 34a stattgefunden hat.

77 Das Gesetz statuiert allerdings weder ausdrücklich noch implizit eine Untergliederung des EK nach „Töpfen", aus denen dann ein Entnahmeüberhang als bestritten gilt. Solcher „Töpfe" bedarf es gerade nicht. Etwaige Anlehnungen an die aus dem KStG unter der Geltung des Anrechnungsverfahrens bekannte Untergliederung in verschiedene Eigenkapitalanteile, mit denen Ausschüttungen und andere Eigenkapitalminderungen zu verrechnen waren, sind überflüssig. Ebenso bedarf es keiner Anlehnung an die nunmehr in § 27 KStG vorgenommene Unterteilung in einen ausschüttbaren Gewinn und ein „Einlagenkonto". Zu dieser Untergliederung des EK bei Körperschaften besteht insoweit allerdings eine gewisse Parallele als der „nachversteuerungspflichtige Betrag" des § 34a ebenso wie das Eigenkapitalkonto außerhalb der Bilanz ausgehend vom Bestand des Endes des vorangegangenen Wj jeweils um die Zu– und Abgänge des laufenden Wj fortzuschreiben ist und für beide auch eine gesonderte Feststellung stattfindet. Gerade umgekehrt als nach § 27 KStG, ist ein Entnahmeüberhang des laufenden Wj allerdings mit dem nachversteuerungspflichtigen Betrag „zu verrechnen", während nach § 27 KStG Ausschüttungen vorrangig mit dem nach Abzug des Einlagekontos verbleibenden ausschüttbaren Gewinn zu „verrechnen" sind, dh vorrangig aus ihm bestritten werden.

78 Die sich aus § 34a ergebende Rechtsfolge, dass im Ergebnis ein Entnahmeüberschuss des laufenden Wj immer eine Nachversteuerung auslöst, soweit am Ende des Vorjahres ein nachversteuerungspflichtiger Betrag vorhanden ist, dh soweit im EK noch begünstigt besteuerte nicht entnommene Gewinne (abzgl Thesaurierungsbelastung) vorhanden sind, wird als zur Zielsetzung des § 34a kontrapunktive Regelung kritisiert. Von der Regelung geht in der Tat die Empfehlung aus, etwaiges „Altkapital" zunächst aus dem Betrieb zu entnehmen und außerhalb des Betriebs zu „parken", um daraus dann einerseits etwaige private Ausgaben bestreiten zu können und Entnahmen aus dem Betrieb vermeiden zu können, für dessen Gewinn die Thesaurierungsbegünstigung in Anspruch genommen wird oder wurde. Bei Bedarf könnten dann die vorsorglich entnommenen Beträge auch jeweils in Gestalt von Einlagen dem Betrieb zugeführt werden. In der einfachsten Variante lauten daher Gestaltungsempfehlungen[1], jeweils zunächst das gesamte Altkapital zu entnehmen, zu Beginn des folgenden Wj wieder einzulegen und zum Ende wieder zu entnehmen. Entspr ist dann mit nicht begünstigt besteuerten Gewinnen (zB steuerfreie Gewinnanteile, soweit nicht gegen Entnahmeüberschüsse oder außerbilanzielle Hinzurechnungen „verrechnet" oder Gewinnen aus Jahren, in denen § 34a nicht in Anspruch genommen wurde) und Einlagenüberschüssen in Folgejahren zu verfahren. Es versteht sich, dass einem derartigen Vorgehen § 42 AO entgegenstehen würde, falls nicht, richtigerweise, schon zu verneinen ist, dass bezüglich der angeblich außerhalb des Betriebes „geparkten Beträge" kein Betriebsvermögen vorliegt, dh schon Entnahmen zu verneinen sind.[2] Als gangbare Alternativen werden die Installierung von Schwesterpersonengesellschaften diskutiert, die sodann das dahin überführte Altkapital sowie nicht nach § 34a besteuerte Gewinne und Einlagenüberschüsse aus Folgejahren verzinslich der Ursprungsgesellschaft als Fremdkapital zur Verfügung stellen können. Allerdings muss es sich dann um eine gewerbliche (gewerblich geprägte) Schwestergesellschaft handeln, da andernfalls Sonderbetriebsvermögen bei der Ursprungsgesellschaft vorliegen würde. Durch die Verzinsung würde im Übrigen dann der Gewinn insoweit bei der Schwestergesellschaft entstehen und dort, falls höhere Entnahmen vorliegen, nicht begünstigt besteuert. Möglich bliebe aber, dass in der Ursprungsgesellschaft in vollem Umfange die Thesaurierungsbegünstigung in Anspruch genommen werden könnte und in der Schwestergesellschaft Entnahmen getätigt werden, die deren normal zu besteuernden Gewinn übersteigen. Auch insoweit ist, soweit die Funktion der Schwestergesellschaft sich schlicht darauf beschränkt, das bei der Ursprungsgesellschaft entnommene Kapital dieser als verzinsliches Fremdkapital wieder zur Verfügung zu stellen, einerseits § 42 AO zu bedenken und andererseits dürfte dann schon die bloße Verzinslichkeit nicht ausreichen, um eine gewerbliche Schwesterpersonengesellschaft zu begründen. Vielmehr handelt es sich dann um eine vermögensverwaltende PersGes mit der Folge von Sonderbetriebsvermögen bei der Ursprungsgesellschaft.

Selbst wenn man einmal davon absieht, dass die vorgeschlagenen Vermeidungsstrategien so einfach nicht umzusetzen sind, so dass die Gefahr einer erheblichen Verminderung der Eigenkapitalbasis durch Entnahme des Altkapitals nicht so einfach droht, bleibt die Frage, ob der von der gegenwärtigen Regelung ausgehende Anreiz zum Abzug von EK vor der jeweiligen Bildung von nachversteuerungspflichtigen Beträgen aus begünstigt besteuerten Gewinnen nicht a) kontraproduktiv zur Zielsetzung des Gesetzes, nämlich der Stärkung der Eigenkapitalbasis der Betriebe ist[3], und b) nicht „lediglich fiskalisch" begründet ist, indem jedenfalls bei fehlender Vorsorge auch die „Entnahme" von normal besteuerten Gewinnen eine Nachversteuerung auslöst und es damit „zur Einsperrung" versteuerter Gewinne kommt[4]. Abgesehen davon, dass es auch ein legitimes Ziel der Steuergesetzgebung sein kann, eine Vereinfachung zu erreichen – im Zusammenhang mit § 34a allerdings nur in der Form, dass die Regelung nicht noch komplizierter ausgefallen ist, indem analog zu § 37 KStG ein „Altkapital/Einlagekonto" geführt werden müsste mit dann allerdings vorrangiger Verrechnung von Entnahmen gegen dieses Einlagekonto – trifft der Vorwurf der Einsperrung von (Alt – regelversteuerten – und steuerfreien) Gewinnen den Reformgesetzgeber nicht. Genau diese Einsperrung (wenn auch nicht die Entwicklung von Vermeidungsstrategien zu ihrer Verhinderung) entspricht ja der Zielsetzung dieses Gesetzgebers. Er geht eben davon aus, dass die im Betrieb „eingesperrten Gewinne" volkswirtschaftlich für den Standort Deutschland nützlicher seien als die entnommenen Gewinne. Diese Annahme mag problematisch sein (und sie ist es mE), aber dem Gesetzgeber insoweit ein widersprüchliches Verhalten vorzuwerfen, trifft schlicht nicht zu. Soweit im Übrigen von der Einführung einer Abgeltungssteuer auf Kapitaleinkünfte mit lediglich 25 % ein Anreiz zur Entnahme ausgehen mag, ist dies nicht ein Problem der Thesaurierungsbegünstigung des § 34a und der

79

---

1 *Rogall* in: Schaumburg/Rödder, 429 f ; *Lausterer/Jetter* in: Blumenberg/Benz, S 26f; *Kessler/Ortmann – Babel/Zipfel* in: BDI und Ernst & Young; *Schiffers* GmbHR 07, 841 (846).

2 So zutreffend *Thiel/Sterner* DB 07, 1099 (1106) unter Hinweis auf BFH XI 48/00, BFH/NV 03, 895.

3 So *Thiel/Sterner* DB 07, 1099 (1102) bzgl des Fehlens einer Regelung zur unschädlichen Entnahmemöglichkeit für vor 2008 gebildetes Altkapital.

4 So *Hey* DStR 07, 925 (929).

Nachbesteuerung, sondern ein Problem der Abgeltungssteuer auf Kapitaleinkünfte. Insoweit wird erkennbar die Finanzierungsneutralität sowohl für das in KapGes eingesetzte EK wie auch für das in Personenunternehmen eingesetzte EK verletzt. Die Ungleichbehandlung von Unternehmenseinkünften und den übrigen Einkunftsarten untereinander und zur schedulenhaften Behandlung (hoher) Kapitaleinkünfte im Bereich der ESt ist von diesem Gesetzgeber gewollt und kann ihm jedenfalls nicht als widersprüchliches Verhalten angelastet werden.[1]

80   **IV. Erbschaft/Schenkungssteuer.** Nach § 34a IV S 4 ist der Nachversteuerungsbetrag um die Beträge zu vermindern, die für die Erbschaftsteuer (Schenkungsteuer) anlässlich der Übertragung des Betriebes (MU'anteils) entnommen wurden. Der sich nach § 34a IV S 1 an sich ergebende Nachversteuerungsbetrag als Saldo aus (positivem) Gewinn abzgl eines diesen übersteigenden Entnahmeüberhanges, höchstens aber der festgestellte nachversteuerungspflichtige Betrag des Vorjahres, wird mithin um den in den Entnahmen enthalten Betrag vermindert, der zur Zahlung der Erbschaft –oder Schenkungsteuer entnommen wurde. Dies gilt allerdings nur insoweit als der entnommene Betrag die Höhe der ggf anteiligen Erbschaft-/Schenkungsteuer nicht übersteigt, die durch den unentgeltlichen Erwerb des jeweiligen Betriebes/MU'anteils ausgelöst wurde[2]. Von dieser Regelung kann der Erbe als Rechtsnachfolger oder der Vermächtnisnehmer, dem der Betrieb/MU'anteil als Sachvermächtnis zugewendet wird, bzw der damit Beschenkte Gebrauch machen. Auf die genannten Rechtsnachfolger geht der nachversteuerungspflichtige Betrag des Erben/Schenkers für den unentgeltlich übertragenen Betrieb/MU'anteil über. Der übergegangene nachversteuerungspflichtige Betrag mindert sich dann bei ihnen allerdings ebenfalls insoweit nach § 34a III nicht, als der Nachversteuerungsbetrag um die auf die Erbschaft-/Schenkungsteuer entfallende Entnahme gekürzt wurde. Im Ergebnis entfällt mithin eine Nachversteuerung nicht endg, sondern wird nur hinausgeschoben auf einen späteren Veranlagungszeitraum, in dem es erneut zu einem Nachversteuerungsbetrag kommt.

F. Übertragung von Wirtschaftsgütern (§ 32a V)

81   **I. Übertragung als Nachversteuerungsfall.** Die unentgeltliche Überführung von Wirtschaftsgütern in einen anderen Betrieb oder in ein anderes Sonderbetriebsvermögen desselben StPfl oder die unentgeltliche oder gegen Gesellschaftsrechte erfolgende Übertragung aus eigenem Betriebsvermögen in gesamthänderisch gebundenes Betriebsvermögen nach § 6 V S 1 – 3 zum Buchwert führt bei Vorhandensein eines nachversteuerungspflichtigen Betrages für den abgebenden Betrieb zu einer Nachversteuerung, sofern sich unter Berücksichtigung des als Entnahme zu behandelnden Abganges ein Nachversteuerungsbetrag nach § 34a IV ergibt. § 34a V zieht die Konsequenz aus dem dem § 34a insgesamt wie auch dem § 6 V zugrundeliegenden **engen Betriebsbegriff.** Bei MU'anteilen ist zu beachten, dass abw von § 6 V S 3 bei einer Übertragung von Wirtschaftsgütern aus Sonderbetriebsvermögen in Gesamthandsvermögen und umgekehrt innerhalb derselben MU'schaft kein Nachversteuerungsfall iSd § 34a V S 1 vorliegt, da sich die Vorgänge innerhalb desselben MU'anteil vollziehen. Richtigerweise gilt dies auch für Übertragungen von Wirtschaftsgütern innerhalb doppelstöckiger MU'schaften für den an der Obergesellschaft beteiligten MU'er. Es liegt insoweit nur ein einheitlicher MU'anteil für den Obergesellschafter vor, der auch seinen Anteil am Anteil der Obergesellschaft an der Untergesellschaft umfasst (Rn 62). § 34a V ist nicht anwendbar bei Überführung/Übertragung in eine ausländische Betriebsstätte des unbeschränkt oder beschränkt StPfl. Dies folgt schon daraus, dass insoweit § 6 V S 1 bis 3 mit der Buchwertfortführung nicht anwendbar sind, sondern nach § 4 I 3 iV mit § 6 I Nr 4 S 12. HS eine mit dem gemeinen Wert zu bewertende Entnahme vorliegt. Die ausländische Betriebsstätte ist insoweit, ggf abw von einer vergleichbaren inländischen Betriebsstätte als eigener Betrieb anzusehen. Dies gilt jedenfalls dann, wenn ein DBA mit Freistellungsmethode besteht (Rn 50). Bei beschränkt StPfl stellen inländische und ausländische Betriebsstätten in jedem Fall getrennte „Betriebe" dar. § 32a V ist wegen der personenbezogenen Betrachtung auch nicht anwendbar, wenn nach § 6 V S 3 Sonderbetriebsvermögen zum Buchwert unentgeltlich auf einen anderen MU'er übertragen wird (Rn 85).

---

[1] Sie ist übrigens auch vom maßgeblich durch die Kölner Schule mitgeprägten Entw einer Allgemeinen Unternehmsteuer der Stiftung Marktwirtschaft gewollt, vor dessen Hintergrund die Kritik von *Hey* DStR 07, 925 f an § 34a zu sehen ist. Auch nach diesem Entw sollen die Gewinne „eingesperrt" werden.

[2] Begr RegEntw BR-Drs 220/07 zu § 34a Abs 4.

II. Keine Nachversteuerung auf Antrag. Die dem § 34a zugrunde liegende betriebsbezogene 82
Betrachtung bewirkt, dass bei einem entspr Entnahmeüberhang eine Nachversteuerung für diesen
Betrieb ausgelöst werden kann, obwohl unter Einbeziehung aller (inländischen) Betriebe die Entnahmen des StPfl nicht seine Steuerbilanzgewinne und Einlagen übersteigen. Der StPfl kann insoweit eine sich für den betreffenden Betrieb ergebende Nachversteuerung auch nicht dadurch vermeiden, dass er für diesen Betrieb bestehende nachversteuerungspflichtige Beträge auf andere
Betriebe überträgt. Davon macht § 34a V S 2 eine Ausnahme. Nur für den Fall einer Übertragung
von Wirtschaftsgütern von einem (inländischen) Betriebsvermögen des StPfl in ein anderes (inländisches) Betriebsvermögen ermöglicht § 34a V S 2, dass eine ansonsten durch die Überführung/Übertragung zum Buchwert ausgelöste Nachversteuerung auf Antrag unterbleibt. Allerdings erfolgt dies
dann um den Preis, dass in Höhe des sich wegen der Überführung/Übertragung an sich ausgelösten
Nachversteuerungsbetrages ein nachversteuerungspflichtiger Betrag vom abgebenden Betrieb/
MU'anteil auf den übernehmenden Betrieb/MU'anteil zu übertragen ist. Insoweit soll, weil das
Wirtschaftsgut letztlich Betriebsvermögen bleibt, eine Nachversteuerung nicht zwingend ausgelöst
werden.[1] Allerdings bleibt eine Nachversteuerung durch die Übertragung auf den aufnehmenden
Betrieb bei demselben StPfl gesichert, wenn auch erst zu einem späteren Zeitpunkt.

G. Weitere gesetzliche Nachversteuerungsfälle und Nachversteuerung auf Antrag (§ 34a VI)

I. Betriebveräußerung und -aufgabe, Einbringung/Formwechsel in Kapitalgesellschaft oder Genossenschaft. Wird der Betrieb/MU'anteil veräußert oder aufgegeben, ist nach § 34a VI S 1 Nr 1 83
bezüglich eines etwaig vorhandenen nachversteuerungspflichtigen Betrages zwingend eine Nachversteuerung durchzuführen. Das gilt auch dann, wenn die Aufgabe etwa auf eine Insolvenz zurückzuführen ist.[2] Dasselbe gilt konsequenterweise bei Einbringung eines Betriebes oder MU'anteils **nach
§ 20 UmwStG in eine KapGes oder Genossenschaft** oder **beim Formwechsel nach § 25 iVm § 20
UmwStG**. In all diesen Konstellationen wird der Betrieb/MU'anteil nicht mehr vom StPfl unterhalten, bzw dient ihm nicht mehr zur Erzielung von der ESt unterliegenden betrieblichen Einkünften.
Die Nachversteuerung ist insoweit konsequent, wenn man der kruden Logik des § 34a, wonach im
eigenen Betrieb verbliebene Gewinne gute Gewinne sind, nicht aber „entnommen Gewinne" etwas
abgewinnen kann. Die Nachversteuerung ist unabhängig davon, ob die Einbringung/der Formwechsel zu Buchwerten erfolgt oder zum gemeinen Wert. Soweit im letzteren Falle nach § 20 IV
UmwStG ein nach § 16 IV, § 34 III begünstigter Veräußerungsgewinn entsteht, verbleibt es dennoch
daneben bei der Nachversteuerung für den nachsteuerpflichtigen Betrag. Werden vor der Betriebsveräußerung/-aufgabe/Einbringung/ Formwechsel wesentliche Betriebsgrundlagen in einen anderen
Betrieb des StPfl überführt, so kann insoweit durch Übertragung des nachversteuerungspflichtigen
Betrages nach § 34a V S1 und 2 auf den übernehmenden Betrieb eine Nachversteuerung bis zur
Höhe des Buchwertes der überführten Wirtschaftsgüter vermieden werden.

Die durch die Betriebsveräußerung, Betriebsaufgabe, Einbringung oder den Formwechsel ausgelöste Nachsteuer ist **auf Antrag zinslos zu stunden**, § 34a VI S 2. Der Antrag kann vom Rechtsnachfolger des StPfl, etwa dem Erben, gestellt werden. Die Stundung kann eine Dauer von 10 Jahren seit Eintritt der Fälligkeit umfassen. Voraussetzung ist das Vorliegen einer unbilligen Härte im
Hinblick auf die sofortige Zahlung. Die Stundung ist dann so zu gewähren, dass die Steuerschuld in
regelmäßigen Teilbeträgen über 10 Jahre getilgt wird.

II. Wechsel der Gewinnermittlungsart, Nachversteuerung auf Antrag. Ein vorhandener nachver- 84
steuerungspflichtiger Betrag führt bei einem Wechsel der Gewinnermittlungsart von der Gewinnermittlung durch Betriebsvermögensvergleich nach § 4 I (oder 5 I) zur Einnahme/Überschussrechnung nach § 4 III (oder zur Gewinnermittlung nach § 5a oder § 13a) zur Nachversteuerung, § 32a VI
S 1 Nr 3. Eine Nachversteuerung ist im Übrigen jederzeit auf Antrag des StPfl durchzuführen, § 32a
VI S 1 Nr 4. Dies kann etwa in Betracht kommen, um eine unentgeltliche Betriebsübertragung vorzubereiten, wenn erwünscht ist, dass der Rechtsnachfolger entgegen § 34a VII S 1 keinen nachversteuerungspflichtigen Betrag zu übernehmen hat.[3] Der Antrag kann zwar für jeden Betrieb oder
MU'anteil gesondert gestellt werden. Er kann aber nicht auf Teilbeträge des nachversteuerungs-

---

[1] Begr RegEntw BR-Drs 220/07 zu § 34a V.
[2] *Schulze zur Wiesche* DB 07, 1612 (1614) beklagt insoweit die „Schlechterstellung von PersG'tern" gegenüber Gesellschaftern einer Kapitalgesellschaft – ein allerdings abwegiger Vergleich.
[3] So auch Begr RegEntw BT-Drs 220/07 zu § 34a VI.

pflichtigen Betrages je Betrieb oder MU'anteil beschränkt werden.[1] Eine zinslose Stundung der Nachsteuer nach § 34a VI S 2 kommt weder in Betracht, wenn die Gewinnermittlungsart von § 4 I hinweg gewechselt wird, noch im Falle der Nachversteuerung auf Antrag. Unberührt bleibt natürlich eine Stundung nach § 222 AO unter den dortigen Voraussetzungen.

H. Fortführung eines nachversteuerungspflichtigen Betrages (§ 34a VII)

85 **I. Unentgeltliche Rechtsnachfolge.** Ein nachversteuerungspflichtiger Betrag geht in den Fällen der unentgeltlichen Übertragung des Betriebs oder MU'anteils nach § 6 III zwingend auf den Rechtsnachfolger über und ist mithin von diesem fortzuführen. Eine etwaige Nachversteuerung nach § 34a IV oder 34a VI trifft dann den Rechtsnachfolger. Soll dies vermieden werden, kann vor der Übertragung nach § 34a VI S 1 Nr 4 auf Antrag noch des Rechtsvorgängers eine Nachversteuerung erfolgen. Trotz des Wortlautes, wonach der Antrag vom StPfl zu stellen ist, dürfte Nichts entgegenstehen, dass in Erbfällen der Antrag nach § 34a VI S 2 auch noch von dem oder den Erben als (den) Rechtsnachfolger(n) des StPfl gestellt wird, wenn ein Übergang des nachversteuerungspflichtigen Betrages auf den Übernehmer des Betriebes oder MU'anteils nicht gewünscht ist. Daran könnte etwa ein Interesse bestehen, damit eine etwaige Steuerschuld aus der Nachversteuerung noch den Erblasser trifft und als Nachlassverbindlichkeit bei der Erbschaftsteuer zu berücksichtigen ist. Voraussetzung ist, dass eine unentgeltliche Rechtsnachfolge iSd § 6 III bei einer nat Pers vorliegt, sei es durch Erbfall (Erbeinsetzung, Vermächtnis), sei es durch Schenkung unter Lebenden (so genannte vorweggenommene Erbfolge).

Der nachversteuerungspflichtige Betrag für den Betrieb/MU'anteil ist von dem unentgeltlichen Rechtsnachfolger in den jeweiligen Betrieb/MU'anteil fortzuführen, nicht etwa von dem oder den Erben, soweit sie nicht die Rechtsnachfolge in den Betrieb/MU'anteil durch Fortführung antreten, etwa in den Fällen der vermächtnisweise erfolgenden unentgeltlichen Weiterübertragung. Führen der oder die Miterben einen Betrieb/MU'anteil nicht fort, sondern veräußern ihn (oder geben ihn auf), so liegt in der Pers des oder der Miterben ein die Nachversteuerung auslösendes Ereignis nach § 34a VI S 1 Nr 1 vor. Allerdings werden die Erben als Gesamtrechtsnachfolger auch hier die Wahl haben, durch Stellung des Antrages nach § 34a VI S 1 Nr 4 die Nachversteuerung noch in der Pers des Erblassers auszulösen. Bei mehreren Miterben oder bei unentgeltlicher Übertragung des Betriebes oder MU'anteils unter Lebenden auf mehrere Beschenkte bedarf es – wegen der Personenbezogenheit der Nachversteuerung – einer Aufteilung des nachversteuerungspflichtigen Betrages. Mangels anderweitiger Anordnung wird man davon auszugehen haben, dass die Aufteilung nach Maßgabe der jeweils unentgeltlich erworbenen Anteile am Betrieb, respektive am MU'anteil (inklusive der Anteile am Sonderbetriebsvermögen) zu erfolgen hat. Für Zwecke der Besteuerung bedarf es einer derartigen Aufteilung auch dann, wenn zivilrechtlich Gesamthandsvermögen (etwa einer Erbengemeinschaft) vorliegt.

Soweit § 6 III auch anwendbar ist bei unentgeltlicher Übertragung von Teilbetrieben, bei unentgeltlicher Übertragung eines Teiles eines MU'anteils und bei unentgeltlicher Aufnahme in ein Einzelunternehmen, ist ein etwaig vorhandener nachversteuerungspflichtiger Betrag vom StPfl selbst fortzuführen. Denn § 34a VII S 1 verlangt die Übertragung eines (ganzen) Betriebs, respektive des gesamten MU'anteils. Bei lediglich teilw Übertragung dieser Einheiten unter Lebenden findet daher kein Übergang auf den Übernehmer eines Teilbetriebs oder eines Anteils am MU'anteil oder eines neu geschaffenen MU'anteils am bisherigen Einzelbetrieb statt.[2] Es liegt aber andererseits auch keine Entnahme iSd § 34a II oder IV vor, die eine Nachversteuerung auslösen könnte. Denn § 6 III regelt gerade keinen Entnahme-/Aufgabefall. Mithin ist zwar der Abgang des Teilbetriebes/Anteiles am MU'anteil erfolgsneutral gem § 6 III zu behandeln, aber nicht einer Entnahme iSd § 34a II auszugehen. Der nachversteuerungspflichtige Betrag führt daher ggf erst bei Aufgabe/Veräußerung des zurückbehaltenen Teilbetriebs/Anteils am MU'anteil zur Nachversteuerung. Wird hingegen ein einzelnes Wirtschaftsgut des Sonderbetriebsvermögens nach § 6 V S 3 Nr 3 unentgeltlich auf einen anderen MU'er zum Buchwert übertragen, so liegt zwar ebenfalls keine Konstellation vor, die zu einer Fortführung eines nachversteuerungspflichtigen Betrages

---

[1] *Kessler/Ortmann-Babel/Zipf* in: BDI u Ernst & Young, Unternehmensteuerreform 2008, S 39.

[2] **AA** *Kaligin* in: Lademann, EStG-Komm § 34a Rn 48 Aufteilung und Übertragung eines nachversteuerungspflichtigen Betrages analog § 34a V.

beim unentgeltlichen „Rechtsnachfolger" führt, aber es liegt eine „Entnahme" aus dem MU'anteil vor, die ggf sofort eine Nachversteuerung beim übertragenden StPfl nach § 34a IV auslösen kann.

II. Einbringung in eine Personengesellschaft. Bei der Einbringung eines Betriebes oder eines MU'anteils in eine PersGes nach § 24 UmwStG findet wegen der transparenten Besteuerung der PersGes – anders als bei der Einbringung in eine KapGes oder Genossenschaft nach § 20 UmwStG (Rn 83) – in Bezug auf den StPfl, dem der Betrieb oder MU'anteil zuzurechnen ist, kein (vollständiger) Wechsel statt. Ein für den Betrieb oder MU'anteil bis zur Einbringung bestehender nachversteuerungspflichtiger Betrag ist daher vom (einbringenden) StPfl selbst weiter fortzuführen, § 34a VII S 2. Eine die Nachversteuerung auslösende Entnahme liegt infolge der Einbringung nicht vor. Der geänderten betrieblichen Struktur ist dadurch Rechnung zu tragen, dass der für den bisherigen (Einzel)Betrieb, respektive für den bisherigen MU'anteil bestehende nachversteuerungspflichtige Betrag auf den durch die Einbringung entstandenen neuen MU'anteil des StPfl an der aufnehmenden MU'schaft übergeht, § 34a VII S 2. Auch wenn § 34a VII S 2 vom Übergang auf den „neuen MU'anteil" spricht, gilt dies gleichermaßen, wenn die Einbringung in eine PersGes erfolgt, an der der StPfl bereits vorher als MU'er beteiligt war und zivilrechtlich mithin kein neuer Gesellschaftsanteil erworben wird, sondern der bisherige Gesellschaftsanteil sich lediglich dem Umfange nach vergrößert. 86

Der Übergang des nachversteuerungspflichtigen Betrages erfolgt nur, wenn bei der übernehmenden PersGes das eingebrachte Betriebsvermögen mit dem Buchwert angesetzt wird. Soweit die Einbringung in eine ausländische Betriebsstätte der PersGes erfolgt und deshalb das Besteuerungsrecht der Bundesrepublik wegen eines DBA mit Freistellungsmethode ausgeschlossen ist, findet kein Übergang auf den an dieser PersGes bestehenden MU'anteil statt, sondern es ist von einer die Nachversteuerung auslösenden Betriebsaufgabe nach § 34a VI S 1 Nr 1 auszugehen. Handelte es sich um einen inländischen Betrieb oder einen MU'anteil an einer MU'schaft mit im Inland belegenen Betriebsstätten, dürfte regelmäßig allerdings wegen des dann gegebenen Fortbestehens inländischer Betriebsstätten das Besteuerungsrecht der Bundesrepublik nicht durch ein DBA tangiert werden. Das gilt auch bei lediglich beschränkter StPfl des Einbringenden. Wegen der Besonderheiten der bei Einbringung eines MU'anteils entstehenden doppelstöckigen MU'schaft s Rn 62.

Ein Wechsel der Rechtsform von einer PersGes in eine andere PersGes, etwa von der BGB Ges in die OHG oder KG oder umgekehrt oder von der OHG in die KG und umgekehrt fällt nicht unter § 34a VII. Hier ist ohnehin der nachversteuerungspflichtige Betrag vom StPfl hinsichtlich seines MU'anteils fortzuführen. Ungeachtet des Wechsels der Rechtsform bleibt steuerlich die Identität der MU'schaft und damit auch des jeweiligen MU'anteils erhalten. Ein Wechsel der Rechtsform von der KapGes in die PersGes nach § 9 UmwStG oder die Einbringung eines Betriebes oder MU'anteils einer KapGes in eine PersGes nach § 24 UmwStG ist für die Anwendung des § 34a ohne Auswirkung, da insoweit für KapGes ohnehin eine „Thesaurierungsbegünstigung" durch Anwendung eines Sondertarifs nicht in Betracht kommt.

I. Verlustausgleich, Verlustabzug (§ 34a VIII)

§ 34a VIII schließt einen Verlustausgleich negativer Einkünfte nach § 2 III mit den nach § 34a I mit dem Sondertarif des Thesaurierungssteuersatz ermäßigt besteuerten Gewinnen aus. Dies betrifft sowohl negative Einkünfte derselben Einkunftsart (horizontaler Verlustausgleich) – etwa aus anderen Gewerbebetrieben oder MU'anteilen mit gewerblichen Einkünften, falls für den thesaurierten Gewinn eines Gewerbebetriebes die Sondertarifierung erfolgt ist – als auch den vertikalen Verlustausgleich mit negativen Einkünften aus einer anderen Einkunftsart. Ebenfalls ausgeschlossen wird ein Verlustabzug nach § 10d, sei es ein Verlustrücktrag oder ein Verlustvortrag auf nach § 34a I begünstigt besteuerte Gewinne. Führt etwa eine spätere Betriebsprüfung zu einer Erhöhung von Verlusten aus einem MU'anteil, kommt insoweit weder ein Verlustausgleich mit einem bereits begünstigt besteuerten Gewinn dieses Jahres aus einem anderen Betrieb/MU'anteil des StPfl, noch ein Rücktrag auf einen begünstigt besteuerten Gewinn des Vorjahres, noch ein Vortrag auf einen bereits begünstigt besteuerten Gewinn eines Folgejahres in Betracht. Davon unberührt bleibt aber, dass im Rahmen der Veranlagung für das jeweilige Jahr zunächst ein vollständiger horizontaler und vertikaler Verlustausgleich nach § 2 III stattzufinden hat und nur ein etwaiger danach verbleibender Gewinn eines Betriebes oder MU'anteils nach § 34a I bei Vorliegen der Voraussetzungen begünstigt besteuert werden kann. Insoweit geht allerdings ein vertikaler Verlustausgleich mit nicht nach § 34a 87 begünstigungsfähigen (entnommenen) Gewinnen einem horizontalen Verlustausgleich innerhalb derselben Einkunftsart mit nach § 34a begünstigungsfähigen Gewinnen vor, falls für letztere die Begünstigung beantragt wird. Soweit aber für einen Verlustausgleich außer dem an sich nach § 34a I begünstigungsfähigen nicht entnommenen Gewinn keine nicht begünstigungsfähigen Einkunftsteile vorliegen, kann nicht auf den Verlustausgleich verzichtet werden, um die ermäßigte Besteuerung nach § 34a I zu erlangen und die Verluste im Übrigen vor – oder zurücktragen zu können (Rn 18f). Dem § 34a VIII kommt hinsichtlich des Ausschlusses eines Verlustausgleichs mit nach § 34a I bereits begünstigt besteuerten Gewinnen lediglich eine klarstellende Funktion zu. Ein Rücktrag negativer Einkünfte auf einen für das Vorjahr nach § 32a I ermäßigt besteuerten Gewinn nach § 10d scheidet schon deshalb aus, weil nach § 10d I S 2 der Gesamtbetrag der Einkünfte für das Vorjahr um den dafür nach § 34a III S 1 in Anspruch genommenen Begünstigungsbetrag gemindert wird. Allerdings ist insoweit möglich, den Antrag auf begünstigte Besteuerung nach § 34a I S 4 bis zur Unanfechtbarkeit des ESt – Bescheides für den nachfolgenden Veranlagungszeitraum zurückzunehmen (Rn 19, 28). Für den Verlustausgleich und den Verlustvortrag kann Abs 8 nur dann Bedeutung erlangen, wenn bereits eine bestandskräftige Veranlagung unter Berücksichtigung eines ermäßigt besteuerten Gewinnes stattgefunden hat.

J. Feststellungsbescheide, gesonderte Feststellung (§ 34a IX)

88 Verfahrensrechtlich sieht § 34a III S 3 **gesondert je Betrieb und MU'anteil für jeden StPfl** eine **gesonderte Feststellung iSd § 179 AO** vor. Sachlich und örtlich zuständig für die gesonderte Feststellung ist nach § 34a IX S 1 das für die Einkommensbesteuerung des StPfl nach 19 AO zuständige **(Wohnsitz-)FA**, nicht etwa das Betriebsstätten-FA nach 18 I S 1 Nr 1 bis 3 AO.

Gesondert festzustellen ist der zum **Ende des Veranlagungszeitraumes** sich ergebende **nachversteuerungspflichtige Betrag**. Da dieser nach § 34a III S 2 auch einen bereits zum Ende des Vorjahres bestehenden Betrag und eine Vermehrung und/oder Verminderung aus dem laufenden Veranlagungszeitraum aufnimmt, wird im Ergebnis nicht lediglich der ermäßigt besteuerte Begünstigungsbetrag des laufenden Veranlagungszeitraumes abzgl darauf entfallender ESt und SolZ festgestellt, sondern der gesamte für diesen Betrieb oder MU'anteil bisher sich aus begünstigt besteuerten Gewinnen ergebende nachversteuerungspflichtige Betrag einschl etwaiger Übertragungen von oder auf andere Betriebe/MU'anteile wegen Überführung/Übertragung von Wirtschaftsgütern nach § 34a V.

89 § 34a IX S 2 stellt insoweit allerdings klar, dass der Feststellungsbescheid nur in dem Umfange angegriffen werden kann, als sich eine Änderung gegenüber dem (bereits festgestellten) nachversteuerungspflichtigen Betrag des Vorjahres ergeben hat. Anfechtbar ist die gesonderte Feststellung demnach nur im Umfang der durch den Begünstigungsbetrag abzgl darauf lastender Steuer des laufenden Jahres und etwaiger Übertragungen nachversteuerungspflichtiger Beträge in diesem Jahr aufgrund von Übertragungen von Wirtschaftgütern von und auf andere Betriebe nach § 34a V bewirkten Änderungen des auf das Ende des Vorjahres festgestellten Betrages. Es handelt sich bei § 34a IX S 2 um eine dem § 351 II AO vergleichbare Regelung. Hier wie dort soll die Bestandskraft des Grundlagenbescheides respektiert werden. Im Verhältnis zum nachfolgenden Feststellungsbescheid nach § 34a IX S 2 ist der Feststellungsbescheid für das Vorjahr insoweit ein Grundlagenbescheid iSd § 182 AO. Die gesonderten Feststellungen sind ihrerseits jeweils Grundlagenbescheide gegenüber den ESt-Bescheiden für den anschließenden Veranlagungszeitraum, in dem es zu einer Nachversteuerung nach § 34a IV kommt. Ob und in welcher Höhe insoweit ein nachversteuerungspflichtiger Betrag vorhanden ist, wird durch den Feststellungsbescheid für den ESt–Bescheid bindend festgestellt, § 34a IV S 1.

90 Gesonderte Feststellungen nach § 34a IX S 1, § 179 AO und die Einkommensteuerfestsetzung für den (abgelaufenen) Veranlagungszeitraum nach § 155 AO können miteinander verbunden werden, § 34a IX S 3. Die Verbindung der Einkommensteuerfestsetzung und der gesonderte Feststellung des nachversteuerungspflichtigen Betrages nach § 34a III S 3, 179 AO ändert nichts daran, dass es sich dabei um **zwei verschiedene, selbstständig anfechtbare Feststellungen und Verwaltungsakte** handelt.[1]

---

1 Vgl zur entspr Problematik bei § 15a IV BFH BStBl II 93, 706 u BStBl II 99, 592.

§ 34b Steuersätze bei außerordentlichen Einkünften aus Forstwirtschaft

(1) ¹Zu den außerordentlichen Einkünften aus Holznutzungen gehören:
1. Einkünfte aus Holznutzungen, die aus wirtschaftlichen Gründen erfolgt sind (außerordentliche Holznutzungen). ²Sie liegen nur insoweit vor, als die gesamte Holznutzung abzüglich der Holznutzung infolge höherer Gewalt den Nutzungssatz (Absatz 4 Nr. 1) übersteigt. ³Bei der Berechnung der zu begünstigenden außerordentlichen Holznutzungen des laufenden Wirtschaftsjahres sind die eingesparten Nutzungen der letzten drei Wirtschaftsjahre in Abzug zu bringen. ⁴Die Differenz zwischen Nutzungssatz und geringerer tatsächlicher Nutzung eines Wirtschaftsjahres stellt die eingesparte Nutzung dar;
2. Einkünfte aus Holznutzungen infolge höherer Gewalt (Kalamitätsnutzungen). ²Sie sind durch Eis-, Schnee-, Windbruch oder Windwurf, Erdbeben, Bergrutsch, Insektenfraß, Brand oder durch Naturereignisse mit vergleichbaren Folgen verursacht. ³Hierzu gehören nicht die Schäden, die in der Forstwirtschaft regelmäßig entstehen.

(2) Bei der Ermittlung der außerordentlichen Einkünfte aus Holznutzungen sind
1. die persönlichen und sachlichen Verwaltungskosten, Grundsteuer und Zwangsbeiträge, soweit sie zu den festen Betriebsausgaben gehören, bei den Einnahmen aus ordentlichen Holznutzungen und Holznutzungen infolge höherer Gewalt, die innerhalb des Nutzungssatzes (Absatz 4 Nr. 1) anfallen, zu berücksichtigen. ²Sie sind entsprechend der Höhe der Einnahmen aus den bezeichneten Holznutzungen auf diese zu verteilen;
2. die anderen Betriebsausgaben entsprechend der Höhe der Einnahmen aus allen Holznutzungsarten auf diese zu verteilen.

(3) ¹Die Einkommensteuer bemisst sich
1. für die zu begünstigenden außerordentlichen Holznutzungen im Sinne des Absatzes 1 Nr. 1 nach § 34 Abs. 1;
2. für die Kalamitätsnutzungen im Sinne des Absatzes 1 Nr. 2, soweit sie den Nutzungssatz (Absatz 4 Nr. 1) übersteigen, nach der Hälfte des durchschnittlichen Steuersatzes, der sich ergäbe, wenn die tarifliche Einkommensteuer nach dem gesamten zu versteuernden Einkommen zuzüglich der dem Progressionsvorbehalt unterliegenden Einkünfte zu bemessen wäre;
3. für Kalamitätsnutzungen im Sinne des Absatzes 1 Nr. 2, soweit sie den doppelten Nutzungssatz übersteigen, nach dem halben Steuersatz der Nummer 2.

²Treffen verschiedene Holznutzungsarten innerhalb eines Wirtschaftsjahres zusammen, sind diese auf die Kalamitätsnutzungen und auf die übrigen Holznutzungen aufzuteilen. ³Sind die übrigen Holznutzungen nicht geringer als der Nutzungssatz, sind die ermäßigten Steuersätze des Satzes 1 Nr. 2 und 3 auf die gesamten Kalamitätsnutzungen anzuwenden. ⁴Sind die übrigen Holznutzungen geringer als der Nutzungssatz, ergibt sich ein Restbetrag, um den die Kalamitätsnutzungen zu mindern sind. ⁵Die ermäßigten Steuersätze des Satzes 1 Nr. 2 und 3 finden in diesem Fall nur Anwendung auf die Einkünfte aus den geminderten Kalamitätsnutzungen.

(4) Außerordentliche Einkünfte aus Holznutzungen sind nur unter den folgenden Voraussetzungen anzuerkennen:
1. auf Grund eines amtlich anerkannten Betriebsgutachtens oder durch ein Betriebswerk muss periodisch für zehn Jahre ein Nutzungssatz festgesetzt sein. ²Dieser muss den Nutzungen entsprechen, die unter Berücksichtigung der vollen Ertragsfähigkeit des Waldes in Festmetern nachhaltig erzielbar sind;
2. die in einem Wirtschaftsjahr erzielten verschiedenen Nutzungen müssen mengenmäßig nachgewiesen werden;
3. Schäden infolge höherer Gewalt müssen unverzüglich nach Feststellung des Schadensfalls dem zuständigen Finanzamt mitgeteilt werden.

§ 68 EStDV; R 34b.1–34b.5/H 34b.1, 34b.3, 34b.5 EStR

Übersicht

	Rn		Rn
A. Grundaussagen der Vorschrift und Regelungsbereich	1	B. Die Ermittlung der Einkünfte aus Holznutzungen	8
		C. Die ermäßigten Steuersätze	11

Kube

§ 34b Steuersätze bei außerordentlichen Einkünften aus Forstwirtschaft

Literatur: *Koepsell/Fischer-Tobies* Kollision der Gewinnermittlungsgrundsätze mit der Vereinfachungsregelung zur Waldwertminderung, Inf 95, 422; *Voß* Steuerliche Besonderheiten der Stammholzeinlagerung nach Forstkalamitäten in privaten Forstbetrieben, StBp 95, 221, 254, 272; *Wendt* Außerordentliche Holznutzungen aus wirtschaftlichen Gründen – ein Steuersparmodell für Forstwirte?, FR 96, 130.

A. Grundaussagen der Vorschrift und Regelungsbereich

1 Gem § 34b III bestehen – unabhängig von der Einkunftsart[1] – für bestimmte Holznutzungen (§ 34b I) Tarifbegünstigungen.[2] Bei Körperschaften ist § 34b nach Maßgabe von R 67 KStR anzuwenden. Die Vergünstigung gilt auch für beschränkt EStPfl, deren Betrieb im Inland belegen ist.[3] Bei MU'schaft sind die Voraussetzungen von § 34b grds im Feststellungsverfahren zu prüfen. § 34b ist neben §§ **6b, 6c** anwendbar.[4] Die Steuerermäßigung nach § **34e** wird durch den Steuersatz der tarifbegünstigten Einkünfte beeinflusst. Nach § 34b besteuerte Einkünfte bleiben bei der Ermittlung des Entlastungsbetrages nach § **32c** unberücksichtigt (§ 32c I 4).

2 **Holznutzungen** sind die Nutzung durch Abhiebe des Holzbestandes (Einschläge des StPfl selbst oder Verkauf des stehenden Holzes zur Ernte durch Dritte) wie auch die auf das Holz entfallenden Erlöse beim Verkauf eines Waldgrundstücks.[5] Die Nutzungen eines StPfl aus mehreren Betrieben sind zusammenzufassen.[6] § 34b I unterscheidet verschiedene Arten von Holznutzungen, für die unterschiedliche Steuersätze gelten (Rn 11).

3 **Außerordentliche Holznutzungen** (§ 34b I Nr 1) sind alle außerhalb des nach § 34b IV Nr 1 festgesetzten Nutzungssatzes (Rn 5) anfallenden Holznutzungen aus wirtschaftlichen (privat- oder volkswirtschaftlichen)[7] Gründen abzüglich der Holznutzungen infolge höherer Gewalt (Rn 4). Eine Nutzung aus privatwirtschaftlichen Gründen wird zur Deckung eines Kapitalbedarfs vorgenommen, der in einem Betrieb des StPfl oder wegen besonderer privater Lebensumstände entstanden ist.[8] Erfasst sind zB außerordentliche Aufwendungen für die Wiedererrichtung eines abgebrannten Wohnhauses, für den Unterhalt von Kindern, für eine Erbauseinandersetzung und zur Begleichung einmaliger Abgaben, insbes der ErbSt.[9] Ausgenommen sind vor allem Holznutzungen, die der Verbesserung der privaten Lebenshaltung, Finanzierung eines besonders aufwendigen Lebensstandards oder einer ohne zwingende Veranlassung vorgenommenen Vermögensumschichtung dienen. Außerordentliche Holznutzungen können auch bei Waldverkäufen oder bei der Veräußerung eines (Teil-)Betriebs vorliegen. Aus wirtschaftlichen Gründen können auch Überhiebe vorgenommen werden, die durch Belange der Forstwirtschaft veranlasst sind.[10] Eine Nutzung aus volkswirtschaftlichen Gründen ist insbes gegeben, wenn sie durch staatlichen Zwang veranlasst worden ist. Die Holzerlöse müssen nachweislich für die begünstigten Zwecke eingesetzt werden.[11] Bei der Bemessung der außerordentlichen Holznutzungen des laufenden Wj sind die in den letzten drei Wj eingesparten Nutzungen (nachgeholte Nutzungen) abzuziehen (§ 34b I Nr 1 S 3). Die eingesparten Nutzungen ergeben sich aus der Differenz zwischen dem Nutzungssatz und der geringeren tatsächlichen Nutzung eines Wj (§ 34b I Nr 1 S 4). Auf die Gründe für die Einsparung kommt es nicht an. Bei jeglicher Rechtsnachfolge sind Einsparungen des Vorgängers nicht zu berücksichtigen.[12]

4 **Kalamitätsnutzungen** sind Holznutzungen infolge höherer Gewalt, die durch ein **Naturereignis** verursacht werden (§ 34b I Nr 2).[13] Sie können – jenseits der beispielhaften Aufzählung in § 34b I Nr 2 S 2 – zB auf saurem Regen oder anderen Immissionsschäden beruhen, soweit diese für den einzelnen Betrieb erheblich sind[14] und nicht auf Düngungs- oder Insektenbekämpfungsmaßnahmen des StPfl selbst zurückgehen.[15] Von Dritten verursachte Schadensereignisse (zB Forstfrevel oder fehlerhafte Betriebsführung) sind kein Naturereignis in diesem Sinne,[16] sofern das menschliche Verhalten

---

1 Dies wurde durch die ab VZ 08 (§ 52 I) anzuwendende Neufassung der Vorschrift (insb Streichung der Tatbestandsmerkmals Forstwirtschaft) durch das JStG 2008 v 20.12.07 (BGBl I 07, 3150) klargestellt; s BT-Drs 16/6981, 92; schon nach alter Rechtslage ebenso *Kanzler* FR 99, 423 (425); *K/S/M* § 34b Rn B 3b.
2 Zur Rechtsentwicklung s *K/S/M* § 34b Rn A 31 ff.
3 *Lademann* § 34b Rn 39.
4 *H/H/R* § 34b Rn 5.
5 *Dankmeyer/Giloy* § 34b Rn 3.
6 *H/H/R* § 34b Rn 12.
7 Vgl BFH BStBl II 94, 629 (630); R 34b.1 I EStR.
8 Eingehend *H/H/R* § 34b Rn 19.
9 BFH BStBl II 94, 629 (630f) mwN.
10 *K/S/M* § 34b Rn B 21.
11 FG BaWü EFG 98, 471; vgl auch OFD Hann DStR 94, 503.
12 **AA** *H/H/R* § 34b Rn 21.
13 R 34b.1 VI EStR.
14 *F/P/G* Rn A 1053.
15 Vgl *Blümich* § 34b Rn 21.
16 *H/H/R* § 34b Rn 26; zu militärischen Übungen R 34b.1 VII EStR.

nicht lediglich eine entfernte Schadensursache war.[1] Das Naturereignis muss zu unplanmäßigen Nutzungen in außergewöhnlichem Umfang führen.[2] Erfasst sind auch Folgehiebe von Restbeständen, die nach einem Naturereignis stehen geblieben sind, aber trotzdem aus forstwirtschaftlichen Gründen eingeschlagen werden müssen.[3] Entschädigungen für künftig entgehenden Holzzuwachs sind ebenfalls Kalamitätsnutzungen.[4] Werden in einem Wj außerordentliche Holznutzungen infolge höherer Gewalt vorgenommen, , so sind sie nach § 34b I Nr 1 S 2 als Kalamitätsnutzungen zu behandeln (vgl Rn 3).

Das Vorliegen steuerbegünstigter Nutzungen ist nach Maßgabe des **Nutzungssatzes** festzustellen (**§ 34b IV Nr 1**). Der Nutzungssatz wird aufgrund eines amtlich anerkannten Betriebsgutachtens (bei kleineren Forstbetrieben) oder durch ein Betriebswerk (bei größeren Forstbetrieben) festgesetzt.[5] Betriebswerk ist die Zusammenfassung aller Schriften und Karten, in denen die Ergebnisse der Forsteinrichtung hinsichtlich Zustandserfassung und Planung niedergelegt sind, Betriebsgutachten ist ein Betriebswerk in vereinfachter Form.[6] Betriebswerk wie Betriebsgutachten sind immaterielle WG, welche jedoch nach § 5 II iVm § 248 HGB nicht zu aktivieren sind, sofern sie vom eigenen Personal des Forstbetriebs oder durch Dienstleistungen eines Dritten gegen Honorar erstellt wurden.[7] Dies erfolgt für den Zeitraum von zehn Wj[8] auf der Grundlage der objektiven Zustandserfassung des Waldes unter Einbeziehung der Umtriebszeiten der einzelnen Holzarten. Eine Einschlagsbeschränkung mindert den maßgeblichen Nutzungssatz nicht.[9] Der Nutzungssatz betrifft den gesamten Betrieb und gilt jeweils für ein volles Wj.[10] Da der Nutzungssatz eine steuerliche Größe darstellt, die vom FA als unselbständige Besteuerungsgrundlage heranzuziehen ist,[11] kann sie nur durch einen Rechtsbehelf gegen den Einkommensteuer-/Grundlagenbescheid angegriffen werden.[12] Das FA ist nicht an das Betriebswerk oder das Betriebsgutachten gebunden,[13] die deshalb auch noch im Rechtsbehelfsverfahren überprüft werden können.[12] Vgl zu Einzelheiten **§ 68 EStDV**.[14] Ohne Festsetzung des Nutzungssatzes kommen die ermäßigten Steuersätze grds nicht – auch nicht im Billigkeitswege – in Betracht. Lediglich bei Betrieben mit weniger als 30 ha forstwirtschaftlich genutzter Fläche, für die nicht bereits aus anderen Gründen ein amtlich anerkanntes Betriebsgutachten vorliegt, soll gem R 34b.2 II 2, 3 EStR aus Vereinfachungsgründen **ohne Betriebsgutachten** ein Nutzungssatz von 4,5 fm ohne Rinde je ha zugrunde gelegt werden.[15]

Gem **§ 34b IV Nr 2** müssen die in einem Wj erzielten verschiedenen **Nutzungen mengenmäßig nachgewiesen** werden. Dies geschieht bei buchführenden Forstwirten grds durch die entspr Aufzeichnungen, bei nicht buchführenden Forstwirten (§ 4 III oder § 13a VI 2) sind für das Wj, in dem steuerbegünstigte Holznutzungen erfolgen, Aufzeichnungen über die Mengen der einzelnen Holznutzungsarten zu machen. Entsprechendes gilt in anderen Einkunftsarten. Aus den Unterlagen müssen sich zumindest Holzart, Holzqualität und Holzmenge für alle im Wj gezogenen Nutzungen ergeben und eine Vollständigkeitskontrolle ermöglichen.[16] Eine Zuordnung zu den einzelnen Nutzungsarten des § 34b ist nur insoweit erforderlich, als Kalamitätsnutzungen von den übrigen Holznutzungen getrennt nachzuweisen sind, wofür die Schadensmeldung nach § 34b IV Nr 3 nicht ausreicht.[17] Wird das Holz über staatliche Forstämter verwertet, kann der erforderliche Nachweis auch durch Vorlage der Abrechnungen des Forstamtes geführt werden, wenn diese die nötigen Mengenangaben enthalten.[18] Unvollständige Nachweise sind durch Schätzungen zu ergänzen oder zu ersetzen.[19] Bei buchführenden Betrieben wird auch verlangt, dass der Kontenplan im Bereich der BA die Trennung in Ausgaben iSv § 34b II Nr 1 und Nr 2 berücksichtigt.[20]

---

1 Vgl *Leingärtner* Kap 44 Rn 120.
2 *H/H/R* § 34b Rn 27; *F/P/G* Rn A 1047; *Leingärtner* Kap 44 Rn 119 ff.
3 *K/S/M* § 34b Rn B 32; anders für hiebreife Bestände, die in die laufende Hiebsplanung einbezogen werden können, BFH BStBl III 61, 276 (279).
4 Dazu *Leingärtner* Kap 44 Rn 122.
5 Vgl allg zu Forstbetriebsgutachten *Voß* StBp 03, 137 ff.
6 *L/B/P* § 34b Rn 27.
7 *Lademann* § 34b Rn 87.
8 Zur Gültigkeit v 20 Jahren s BMF StEK EStG § 34b Nr 27 und *K/S/M* § 34b Rn E 3.
9 *Schmidt*[26] § 34b Rn 31.
10 *K/S/M* § 34b Rn E 4.
11 *H/H/R* § 34b Rn 61.
12 *Dankmeyer/Giloy* § 34b Rn 14.
13 R 34b.2 II 1 EStR.
14 Dazu etwa *H/H/R* § 34b Rn 61.
15 Zur Ausdehnung der Vereinfachungsregel bei Großkalamitäten FinMin Bayern StEK EStG § 34b Nr 41; FinMin Baden-Württemberg StEK AO 77, § 163 Nr 171; FinMin Bayern StEd 03, 74; BMF v 4.6.02 IV D 2 – S 0336 – 4/02 Tz 4.2.4.
16 *H/H/R* § 34b Rn 62: mengenmäßiger Nachweis.
17 R 34b.2 III EStR.
18 *Schmidt*[26] § 34b Rn 33.
19 R 34b.2 V EStR; **aA** *H/H/R* § 34b Rn 63.
20 OFD Erf StEK EStG, § 34b Nr 55.

7 Gem § 34b IV Nr 3 müssen **Schäden infolge höherer Gewalt unverzüglich** – idR Voranmeldung innerhalb von 3 Monaten[1] – **nach Feststellung** des Schadensfalls dem **zuständigen FA mitgeteilt** werden, damit die ermäßigten Steuersätze für Kalamitätsnutzungen in Anspr genommen werden können. Die Behörde ist so rechtzeitig zu informieren, dass eine Prüfung des Schadens nach Art und Umfang noch möglich ist. Festgestellt ist ein Schadensfall, wenn der Forstwirt von dem Schaden Kenntnis erlangt, auch wenn der Schadensumfang noch nicht ermittelt und ggf zu schätzen ist.[2]

B. Die Ermittlung der Einkünfte aus Holznutzungen

8 Die Höhe der tarifbegünstigten Einkünfte richtet sich nach den im Kj realisierten Gewinnen.[3] Sofern das Kj vom Wj abweicht, ist der Gewinn nach § 4a II zeitanteilig auf das Kj umzurechnen.[4] Bei der Gewinnermittlung nach § 4 I ist das Holz im Wj der Trennung als Umlaufvermögen zu aktivieren. Im Wj der Veräußerung entsteht ein Gewinn in Höhe des Verkaufspreises abzüglich des Buchwertes. Nach dem Wegfall von § 6 I Nr 2 S 4 aF kommt ein Ansatz des höheren Teilwerts auch für die Bestimmung eines ermäßigten Steuersatzes nicht mehr in Betracht.[5] Bei Gewinnermittlung nach § 4 III (ggf iVm § 13a VI 2, § 13 Rn 69) entsteht ein Gewinn in dem Jahr der Vereinnahmung der Holzerlöse. Verteilt sich der Gewinn aus der Holznutzung eines Jahres auf mehrere Jahre, so kann § 34b über mehrere Jahre in Anspr genommen werden.[6] Im Hinblick auf die unterschiedlichen Tarifermäßigungen (§§ 34b III 1 Nr 1 iVm § 34 I; 34b III 1 Nr 2 und 3) sind bei **Vorliegen unterschiedlicher Holznutzungsarten** deren Anteile an den Einkünften aus der Holznutzung zu ermitteln, dh die Einnahmen aus dem Verkauf des Holzes der verschiedenen Nutzungsarten festzustellen und die bei den einzelnen Nutzungsarten entstandenen BA (Rn 10) abzuziehen. Ggf sind die Grundlagen für die Zuordnung von BE/BA zu schätzen (§ 162 AO).[7]

9 **BE** sind die Roherlöse[8] aus den Holznutzungen. Bei buchführenden StPfl sind BE alle in der GuV ausgewiesenen Erlöse im Zusammenhang mit Holznutzungen, etwa auch Entschädigungen[9] für entgangene Holznutzungen (zB Hiebsunreifeentschädigungen), nicht jedoch Entschädigungen für zusätzliche BA (zB für Wirtschaftserschwernisse).[10] Die Roherlöse aus den nachgeholten Nutzungen und den außerordentlichen Holznutzungen sind idR mit dem Durchschnittsfestmeterpreis des Gesamteinschlages ohne die Kalamitätsnutzungen zu berechnen.[11] Für die Kalamitätsnutzung ist ein besonderer Durchschnittsfestmeterpreis zu bilden.[10]

10 Umfang und zeitliche Zuordnung der **BA** richten sich nach der Gewinnermittlung.[12] Bei einem Auseinanderfallen von Holznutzung und Gewinnrealisierung (Rn 8)[13] ist grds nicht der zeitliche oder wirtschaftliche Zusammenhang der Aufwendungen mit den im selben VZ angefallenen Holznutzungen maßgeblich. Bei Nichtaktivierung des eingeschlagenen und unverkauften Holzes gem § 4a FSchAusglG sind jedoch auch die BA nach § 34b II ggf erst in einem späteren Wj des Verkaufs zu berücksichtigen. Im Einzelnen sind die persönlichen und sachlichen Verwaltungskosten sowie GrSt und Zwangsbeiträge, soweit es sich dabei um **feste BA** (zB Gehälter ständig Angestellter, Ausgaben für das Verwaltungsbüro)[14] handelt, nur bei den Holznutzungen innerhalb des Nutzungssatzes abzuziehen (§ 34b II Nr 1). Umfassen die Holznutzungen innerhalb des Nutzungssatzes neben ordentlichen Holznutzungen auch Kalamitätsnutzungen, so sind die festen BA beiden Holznutzungsarten entspr dem Verhältnis der Einnahmen zuzuordnen. **Andere BA** – Kosten, die der Produktion, der Erhaltung, dem Abtrieb und dem Vertrieb des stehenden und des geschlagenen Holzes dienen[15] – sind entspr der Höhe der Einnahmen aus allen Holznutzungsarten auf diese zu verteilen (§ 34b II Nr 2). Zu den BA gehören auch die Buchwertabgänge für aktivierte AK/HK des stehenden Holzes. Sie sind der konkreten Holznutzung zuzuordnen. Die Bildung einer **Rücklage nach § 3 I FSchAusglG**[16] führt zu BA iSv § 34b II Nr 2.[17] Bei Anwendung der BA-Pauschale nach § 51 EStDV oder § 4 FSchAusglG gehört diese zu den BA und ist auf sämtliche Holznutzungsarten einschl der Kalamitätsnutzungen zu verteilen.[18]

---

1 OFD Magdeburg StEK EStG § 34b Nr 56; OFD M'ster StEK EStG § 34b Nr 13.
2 R 34b.2 VI EStR; zum Melde- u Anerkennungsverfahren s etwa OFD Kiel StEK EStG § 34b Nr 32.
3 *Leingärtner* Kap 44 Rn 136.
4 *Dankmeyer/Giloy* § 34b Rn 29.
5 *Schmidt*[26] § 34b Rn 3.
6 *Blümich* § 34b Rn 10.
7 R 34b.2 V EStR.
8 R 34b.3 I 1 EStR; H/H/R § 34b Rn 41.
9 Zu Versicherungsentschädigungen bei Naturkatastrophen s BMF v 4.6.02 – IV D 2 – S 0336 – 4/02 Tz 4.2.3.1.
10 H/H/R § 34b Rn 41.
11 Dazu R 34b.3 I 2 u 3 EStR.
12 H/H/R § 34b Rn 42.
13 Vgl auch *Lademann* § 34b Rn 161.
14 *F/P/G* Rn A 1081 ff; *Leingärtner* Kap 44 Rn 132.
15 Dazu *F/P/G* Rn A 1084ff; *H/H/R* § 34b Rn 43.
16 Dazu im Einzelnen *Leingärtner* Kap 44 Rn 50ff.
17 *Leingärtner* Kap 44 Rn 51; OFD Hann StEK § 13 Nr 677.
18 R 34b.3 II 2 EStR.

C. Die ermäßigten Steuersätze

Außerordentliche Holznutzungen nach § 34b I Nr 1 sind nach § 34 I zu versteuern (§ 34b III 1 Nr 1). **11**
Für **Kalamitätsnutzungen**, die den Nutzungssatz (§ 34b IV Nr 1; dazu Rn 4) um weniger als das Doppelte übersteigen, ist der halbe Durchschnittssteuersatz (§ 34b III 1 Nr 2) zu gewähren. Soweit die Kalamitätsnutzungen den doppelten Nutzungssatz übersteigen, sind sie nur noch mit dem halben Durchschnittssteuersatz iSv § 34b III 1 Nr 2 zu versteuern (§ 34b III 1 Nr 3). Soweit die Kalamitätsnutzungen sich innerhalb des Nutzungssatzes bewegen, sind sie nicht nach § 34b III begünstigt.[1]
§ 34b III 2 stellt klar, dass bei der Bemessung der begünstigten Einkünfte aus Kalamitätsnutzungen auch die übrigen Holznutzungen berücksichtigt werden.[2] Treffen innerhalb eines Wj verschiedene Holznutzungsarten zusammen, wird der Nutzungssatz vorrangig durch die übrigen Holznutzungen ausgeschöpft. Die gesamten Kalamitätsnutzungen sind begünstigt, wenn die übrigen Holznutzungen nicht geringer als der Nutzungssatz sind (§ 34b III 3). Andernfalls sind die begünstigten Kalamitätsnutzungen um den Restbetrag zu mindern (§ 34b III 4, 5). Liegen ausschließlich Kalamitätsnutzungen vor, sind diese nur begünstigt, soweit sie den vollen Nutzungssatz übersteigen. Nach § 5 I **FSchAusglG** (lex specialis) gilt jedoch im Wj einer Einschlagsbeschränkung für jegliche Kalamitätsnutzung[3] einheitlich der begünstigende Steuersatz. Die Einschlagsbeschränkung muss befolgt werden.[4] Grds muss auch die Kalamitätsnutzung im Wj der Einschlagsbeschränkung eingetreten und der Gewinn daraus in diesem Wj angefallen sein.[5] Bei buchführenden StPfl kann durch Aktivierung des aufgearbeiteten Schadensholzes am Bilanzstichtag und dessen Veräußerung in einem darauf folgenden Wj der Steuersatz des § 5 I FSchAusglG wegen der Verteilung des Gewinns auf mehrere Wj in mehreren VZ anwendbar sein. Entsprechendes gilt bei der Gewinnermittlung nach § 4 III oder § 13a VI hinsichtlich der in späteren Wj zugeflossenen Einnahmen aus Kalamitätsnutzungen.

V. Steuerermäßigungen

1. Steuerermäßigung bei ausländischen Einkünften

§ 34c

(1) [1]Bei unbeschränkt Steuerpflichtigen, die mit ausländischen Einkünften in dem Staat, aus dem die Einkünfte stammen, zu einer der deutschen Einkommensteuer entsprechenden Steuer herangezogen werden, ist die festgesetzte und gezahlte und um einen entstandenen Ermäßigungsanspruch gekürzte ausländische Steuer auf die deutsche Einkommensteuer anzurechnen, die auf die Einkünfte aus diesem Staat entfällt. [2]Die auf diese ausländischen Einkünfte entfallende deutsche Einkommensteuer ist in der Weise zu ermitteln, dass die sich bei der Veranlagung des zu versteuernden Einkommens – einschließlich der ausländischen Einkünfte – nach den §§ 32a, 32b, 34, 34a und 34b ergebende deutsche Einkommensteuer im Verhältnis dieser ausländischen Einkünfte zur Summe der Einkünfte aufgeteilt wird. [3]Bei der Ermittlung der ausländischen Einkünfte sind die ausländischen Einkünfte nicht zu berücksichtigen, die in dem Staat, aus dem sie stammen, nach dessen Recht nicht besteuert werden. [4]Gehören ausländische Einkünfte der in § 34d Nr. 3, 4, 6, 7 und 8 Buchstabe c genannten Art zum Gewinn eines inländischen Betriebes, sind bei ihrer Ermittlung Betriebsausgaben und Betriebsvermögensminderungen abzuziehen, die mit den diesen Einkünften zugrunde liegenden Einnahmen in wirtschaftlichem Zusammenhang stehen. [5]Die ausländischen Steuern sind nur insoweit anzurechnen, als sie auf die im Veranlagungszeitraum bezogenen Einkünfte entfallen.

(2) Statt der Anrechnung (Absatz 1) ist die ausländische Steuer auf Antrag bei der Ermittlung der Einkünfte abzuziehen, soweit sie auf ausländische Einkünfte entfällt, die nicht steuerfrei sind.

(3) Bei unbeschränkt Steuerpflichtigen, bei denen eine ausländische Steuer vom Einkommen nach Absatz 1 nicht angerechnet werden kann, weil die Steuer nicht der deutschen Einkommen-

---

1 *H/H/R* § 34b Rn R 6; *Leingärtner* Kap 44 Rn 110; nach § 34b III Nr 3a aF wurde der ermäßigte Steuersatz nach § 34 I gewährt.
2 BT-Drs 14/2070, 46.
3 Vgl *Hiller* Inf 99, 289 (293).
4 OFD Hann StEK § 13 Nr 677.
5 *F/P/G* Rn A 1131c.

steuer entspricht oder nicht in dem Staat erhoben wird, aus dem die Einkünfte stammen, oder weil keine ausländischen Einkünfte vorliegen, ist die festgesetzte und gezahlte und um einen entstandenen Ermäßigungsanspruch gekürzte ausländische Steuer bei der Ermittlung der Einkünfte abzuziehen, soweit sie auf Einkünfte entfällt, die der deutschen Einkommensteuer unterliegen.

(4) *(weggefallen)*

(5) Die obersten Finanzbehörden der Länder oder die von ihnen beauftragten Finanzbehörden können mit Zustimmung des Bundesministeriums der Finanzen die auf ausländische Einkünfte entfallende deutsche Einkommensteuer ganz oder zum Teil erlassen oder in einem Pauschbetrag festsetzen, wenn es aus volkswirtschaftlichen Gründen zweckmäßig ist oder die Anwendung des Absatzes 1 besonders schwierig ist.

(6) ^{1}Die Absätze 1 bis 3 sind vorbehaltlich der Sätze 2 bis 6 nicht anzuwenden, wenn die Einkünfte aus einem ausländischen Staat stammen, mit dem ein Abkommen zur Vermeidung der Doppelbesteuerung besteht. ^{2}Soweit in einem Abkommen zur Vermeidung der Doppelbesteuerung die Anrechnung einer ausländischen Steuer auf die deutsche Einkommensteuer vorgesehen ist, sind Absatz 1 Satz 2 bis 5 und Absatz 2 entsprechend auf die nach dem Abkommen anzurechnende ausländische Steuer anzuwenden; bei nach dem Abkommen als gezahlt geltenden ausländischen Steuerbeträgen sind Absatz 1 Satz 3 und Absatz 2 nicht anzuwenden. ^{3}Absatz 1 Satz 3 gilt auch dann entsprechend, wenn die Einkünfte in dem ausländischen Staat nach dem Abkommen zur Vermeidung der Doppelbesteuerung mit diesem Staat nicht besteuert werden können. ^{4}Bezieht sich ein Abkommen zur Vermeidung der Doppelbesteuerung nicht auf eine Steuer vom Einkommen dieses Staates, so sind die Absätze 1 und 2 entsprechend anzuwenden. ^{5}In den Fällen des § 50d Abs. 9 sind die Absätze 1 bis 3 und Satz 6 entsprechend anzuwenden. ^{6}Absatz 3 ist anzuwenden, wenn der Staat, mit dem ein Abkommen zur Vermeidung der Doppelbesteuerung besteht, Einkünfte besteuert, die nicht aus diesem Staat stammen, es sei denn, die Besteuerung hat ihre Ursache in einer Gestaltung, für die wirtschaftliche oder sonst beachtliche Gründe fehlen, oder das Abkommen gestattet dem Staat die Besteuerung dieser Einkünfte.

(7) Durch Rechtsverordnung können Vorschriften erlassen werden über

1. die Anrechnung ausländischer Steuern, wenn die ausländischen Einkünfte aus mehreren fremden Staaten stammen,
2. den Nachweis über die Höhe der festgesetzten und gezahlten ausländischen Steuern,
3. die Berücksichtigung ausländischer Steuern, die nachträglich erhoben oder zurückgezahlt werden.

§§ 68a und 68b EStDV; §§ 68c und 69 EStDV – weggefallen –; R 34c EStR 05; H 34c EStH 05; BMF BStBl I 83, 470 (Auslandstätigkeitserlass); BStBl I 84, 252 (Pauschalierungserlass); BMF BStBl I 99, 1078 (Betriebsstätten-Verwaltungsgrundsätze) Leitfaden der FinVerw zur Besteuerung ausländischer Einkünfte bei unbeschränkt stpfl nat Pers (zB OFD Mchn v 23.12.98 EStK Anh DBA)

Übersicht

	Rn		Rn
A. Grundaussagen der Vorschrift	1	II. Anrechenbare ausländische Steuern (§ 34c I 1 und 5)	25
I. Sinn und Zweck	1		
II. Anwendungsbereich	5	III. Durchführung der Anrechnung (Höchstbetragsberechnung, § 34c I 2 bis 4, VII)	35
1. Persönlicher Anwendungsbereich	5		
2. Sachlicher Anwendungsbereich	6		
3. Verhältnis zu innerstaatlichen Vorschriften	7	C. Abzug anrechenbarer ausländischer Steuer (§ 34c II)	40
4. Verhältnis zu Doppelbesteuerungsabkommen (§ 34c VI)	10	D. Abzug nicht anrechenbarer ausländischer Steuer (§ 34c III)	45
B. Anrechnung ausländischer Steuern (§ 34c I und VII)	20	E. Steuererlass und Steuerpauschalierung (§ 34c V)	50
I. Ausländische Einkünfte (§ 34c I 1)	20	F. Verfahren	55

Literatur: *Amann* Ermittlung ausländischer Einkünfte, DB 97, 796; *Cordewener/Schnitger* Europarechtliche Vorgaben für die Vermeidung der internationalen Doppelbesteuerung im Wege der Anrechnungsmethode, StuW 06, 50; *Fajen* Steuerfragen bei der Entsendung von Mitarbeitern ins Ausland, IStR 95, 469;

Gassner/Lang/Lechner/Burmester Die Methoden zur Vermeidung der Doppelbesteuerung, 1995, S 241; *Kußmaul/Beckmann* Methoden zur Vermeidung einer möglichen Doppelbesteuerung im Rahmen des EStG, StuB 00, 706; *Menhorn* Anrechnungshöchstbetrag gem § 34c noch gemeinschaftsrechtskonform?, IStR 02, 15; *Müller-Dott* Zur Rechtsänderung des § 34c EStG zur Anrechnung ausländischer Steuern, DB 03, 1468; *Richter* Anrechnung oder Abzug der ausländischen Steuer, BB 99, 613; *Rödder/Schumacher* Das Steuervergünstigungsabbaugesetz, DStR 03, 805; *Scheffler* Besteuerung der grenzüberschreitenden Unternehmenstätigkeit, 1995, S 79 ff; *Schieber* Steuerfragen der Personalentsendung in das Ausland, 1990; *Schnitger* Die Rechtsprechung des EuGH zur Berücksichtigung der persönlichen Verhältnisse, eine Sackgasse?, IStR 02, 478; *ders* Internationale Aspekte des Entwurfs eines Gesetzes zum Abbau von Steuervergünstigungen und Ausnahmeregelungen (StVergAbG), IStR 03, 73; *ders* Anrechnung ausländischer Quellensteuern bei steuerfreien ausländischen Einkünften unter besonderer Beachtung von § 8b V KStG, IStR 03, 298; *Wagner* Steueroptimierung durch Steueranrechnung, StBp 96, 298; *Wassermeyer* Anrechnung ausländischer Steuern, FR 91, 680; *ders* Zuordnung von Aufwand gegenüber steuerfreien oder ermäßigt zu besteuernden Dividenden, in: Aufwand und Verluste bei internationalen Steuersachverhalten, 1999, S 37.

A. Grundaussagen der Vorschrift

I. Sinn und Zweck. Nach dem Welteinkommensprinzip erstreckt sich bei unbeschränkt StPfl die inländische StPfl auf alle steuerbaren Einkünfte, unabhängig davon, ob sie im Inland oder im Ausland erwirtschaftet werden (§§ 1 I-III, 2 I). Um Besteuerungskollisionen und Doppelbesteuerungen der ausländischen Steuerquellen zu vermeiden und dadurch das Leistungsfähigkeitsprinzip durchzusetzen,[1] bedarf es gesetzgeberischer Maßnahmen, in erster Linie durch den bilateralen Abschluss von DBA, daneben aber auch durch die unilateralen Regelungen in §§ 34c und 34d. Vor diesem Hintergrund ist § 34c als (kollisionsauflösende) Tarifvorschrift konzipiert, die die (direkte) Anrechnung der im Ausland gezahlten Steuer vorsieht **(§ 34c I)**, daneben – alternativ (§ 34c II und III) und ergänzend (§ 34c V) – aber auch den Abzug dieser ausländischen Steuer von der (inländischen) Bemessungsgrundlage **(§ 34c II und III)** sowie – unter bestimmten Umständen – die Pauschalierung bzw den Erlass der auf die ausländischen Einkünfte entfallenden deutschen ESt zulässt **(§ 34c V)**.

II. Anwendungsbereich. – 1. Persönlicher Anwendungsbereich. In **persönlicher Hinsicht** betrifft § 34c nur unbeschränkt StPfl (auch als G'ter von PersGes), beschränkt StPfl hingegen grds nicht, weil ausländische Einkünfte bei diesen im Inland ohnehin nicht besteuert werden. Nur ausnahmsweise verhält es sich gem § 50 VI anders, weil die inländischen Besteuerungsmerkmale gem § 49 I Nr 1 bis 3 auch ausländische Einkunftsquellen erfassen (s § 50 Rn 40). IÜ setzt die Anwendung des § 34c die **Personenidentität (Steuersubjektidentität)** des StPfl (bei zusammenveranlagten Eheleuten: **eines** Ehegatten) im In- und im Ausland voraus. Bei Qualifikations- und Zuordnungsunterschieden nach aus- und inländischem Recht ist (vorbehaltlich besonderer Regelungen in DBA) das deutsche Recht maßgebend. So ist bei Beteiligungen an ausländischen PersGes eine Identität auch dann gegeben, wenn die Ges im Ausland als KapGes behandelt wird, desgleichen in Fällen, in denen die Einkünfte im Ausland dem Treuhänder oder Nießbraucher, im Inland aber dem Treugeber oder Eigentümer zuzurechnen sind (§ 39 II Nr 1 S 2 AO).[2] S auch Rn 8 zur (wirtschaftlichen) Anrechnungsberechtigung gem § 4 II 1 InvStG. Die notwendige Identität liegt auch vor, wenn ein Dritter die Steuer im Wege des Steuerabzugs einbehält (zB KapESt), nicht jedoch, wenn es sich (wie bei ausländischer KSt) um die Steuer eines Dritten handelt, die beim StPfl lediglich anzurechnen ist.[3] Sie fehlt nach der Rspr des (VIII. Senats des) BFH[4] auch bei (missbräuchlicher) **Einschaltung von Basis-Ges (§ 42 AO)**, iErg aber zu Unrecht, weil der stpfl Anteilseigner die ausländische Steuer bei unmittelbarer Zurechnung der Einkünfte anrechnen dürfte.[5] Insoweit ist die ausländische Steuer in eine solche des StPfl umzudeuten und gem § 34c I anzurechnen; der Rechtsgedanke des § 42 I 3 AO nF, § 42 I 2 AO aF ist zu Ende zu denken.[6] Zutr hat der (I. Senat des) BFH[7] deshalb für den unbeschränkt stpfl G'ter einer ausländischen Domizil-Ges den Abzug solcher Steuern gem § 34c III zugelassen, die auf dem G'ter nach § 42 AO zugerechnete Einkünfte der Ges erhoben wurden. – Keiner Subjektidentität bedarf es ausnahmsweise bei Organschaften (vgl §§ 14, 17 KStG) sowie bei Hinzurechnungen gem §§ 7 ff AStG, vgl § 12 AStG, trotz wirtschaftlicher Doppelbelastung nach Verwal-

---

1 *Schaumburg*[2] Rn 15.3.
2 *Schaumburg*[2] Rn 15.18, 15.19.
3 Vgl FG Mchn EFG 98, 1076.
4 BFH BStBl II 77, 265 (allerdings noch zu § 6 StAnpG); FG Saarl EFG 01, 214.
5 *Schaumburg*[2] Rn 15.22; *F/W/B* § 34c Rn 48.
6 S zur lediglich begrenzten („segmentierten") Reichweite von Gestaltungsmissbräuchen gem § 42 I 2 AO auch BFH BStBl II 01, 43; *Gosch* Harzburger Steuerprotokoll 99, 225 (241 ff), anders jetzt aber wohl § 42 II 1 AO nF, s dazu *Drüven* Ubg 08, 31, 36 f; *Gosch* FS Reiß, S 597, 604.
7 BFH BStBl II 03, 869.

tungspraxis und hM jedoch in den Fällen der Zurechnung von Einkünften ausländischer Zwischen-Ges gem § 5 AStG (s aber § 36 Rn 10).[1]

6 **2. Sachlicher Anwendungsbereich.** In **sachlicher Hinsicht** betroffen sind ausländische Einkünfte, die infolge in- und ausländischer Steuer einer doppelten Besteuerung unterliegen (**Einkünfteidentität**). **Unterschiedliche Bemessungsgrundlagen** hindern eine derartige Doppelbesteuerung **nicht**. Daran fehlt es indes, wenn die Einkünfte nur im Ausland, nicht aber im Inland steuerbar sind[2] Eine niedrigere Bemessungsgrundlage im Ausland kann durch einen höheren ausländischen Steuersatz ausgeglichen werden oder umgekehrt. Andererseits ist nicht die tatsächliche im Ausland gezahlte Steuer an einer fiktiven inländischen (höheren) Bemessungsgrundlage zu messen. Unterschiedliche Bemessungsgrundlagen können allerdings auf die Anrechnungs-Höchstbetragsberechnung durchschlagen, so zB einer nur hälftigen Erfassung von Dividenden (§ 3 Nr 40), einer nur teilweisen Erfassung von Auslandsrenten nur mit deren Ertragsanteil[3]. – Ausnahmen von dem Erfordernis der Einkünfteidentität können sich allerdings im Rahmen von Billigkeitserweisen gem § 34c V ergeben (s Rn 50). Infolge der auf Höchstbeträge beschränkten direkten Anrechnung ausländischer Steuern gelingt die Vermeidung der Doppelbesteuerung allerdings nur unzulänglich in gemeinschaftsrechts- und gleichheitswidriger Weise (s Rn 39).

7 **3. Verhältnis zu innerstaatlichen Vorschriften.** Inländische Ausgleichsbeschränkungen (zB §§ 2a, 15a) sind sowohl im Jahr des Entstehens von ausländischen Verlusten als auch in Jahren späterer Verrechnung nicht ausgeglichener Verluste (§ 2a I 3 und 4) zu beachten.[4] Das gilt auch für darauf entfallende ausländische Steuern, die bei Wahl des Steuerabzugs gem § 34c II die negativen ausländischen Einkünfte erhöhen.[5] Ausländische Steuern, die auf Einkünfte entfallen, welche ihrerseits dem Halbeinkünfteverfahren unterliegen und deswegen nur hälftig erfasst werden (vgl **§ 3 Nr 40**), sind im Rahmen des § 34c I (zu der Abweichung beim Steuerabzug gem § 34c II vom VZ 07 an s Rn 42) grds zu berücksichtigen.[6] Eine Beschränkung wäre gleichheitswidrig, da auch die deutsche KapESt gem § 36 in vollem Umfang angerechnet wird. Zu den insoweit aber nach wie vor bestehenden **gemeinschaftsrechtlichen Problemen** s Rn 39, aber auch Rn 32. **§ 5a** (Tonnagesteuer) ist für § 34c I bis III nicht anzuwenden (§ 5a V 2). Zur Anwendung von § 34c I bis III auf beschränkt StPfl s **§ 50 VI**, zur GewSt s **§ 8 Nr 12 GewStG**, zur Anwendung von § 34c I 2–5, II–VII auf die KSt s **§ 26 I, VI 1 u 3 KStG 02** (idF des JStG 07).[7] Letzteres betrifft nach § 26 VI 1 HS 2 iVm § 8b I 2 und 3 KStG auch jene Fälle einer vGA (gem § 8 III 2 KStG), für die infolge einer entspr Einkommensminderung auf der Ebene der ausländischen Beteiligungs-KapGes die Freistellung gem § 8b I 1 KStG ebenso wie eines DBA-Schachtelprivilegs versagt wird, aber dennoch im Ausland erhobene QuellenSt angerechnet werden soll; § 26 VI 3 KStG verbietet den Abzug ausländischer Steuer gem § 34c II, wenn die betr Einkünfte im Inland stfrei sind, zB gem § 8b I KStG. Eine (inhaltliche, nicht aber tatbestandliche) Verknüpfung zu § 34c besteht schließlich zu der in **§ 4 I 3** idF des SEStEG infolge der darin neuerdings angeordneten, entnahmegleichen Entstrickung im Inland befindlichen Besteuerungssubstrats hinsichtlich des Gewinns aus der Veräußerung oder Nutzung eines WG durch „Beschränkung" des deutschen Besteuerungsrechts, die Beschränkung besteht letztlich in der Anrechnung ausländischer Steuern im Inland.[8]

8 Bezogen auf **Investmentanteile** sieht § 4 InvStG Sonderregelungen vor: § 4 I InvStG erfasst – anders als zuvor § 40 III, IV KAGG aF, § 19 AuslInvestmG aF – nicht nur in-, sondern auch ausländische Investmentanteile. § 4 II 1–4 und 6 InvStG (§ 40 IV KAGG aF) ermöglicht in entspr Anwendung von § 34c I 3 und 4, II, III, VI und VII die Anrechnung ausländischer Ertragsteuern beim Fondsbeteiligten als Anrechnungsberechtigten (nicht aber der Fonds-Ges, s § 4 II 1 InvStG), bezogen auf ausländische Investmentanteile allerdings nur, soweit es sich um eine in einem DBA mit dem Quellenstaat vereinbarte Anrechnung geht; insoweit bleibt § 34c unmittelbar anwendbar; § 4 II 3 und 4 enthält spezifische Höchstbeträge. § 4 II 5 InvStG (§ 19 I 1 AuslInvestmG aF) bestimmt Entsprechendes für die Anrechnung ausländischer Abzugsteuern. § 4 II 6 InvStG gewährt die fiktive Steuer-

---

1 Krit *Strunk/Kaminski/Köhler* AStG/DBA § 5 AStG Rn 12, 58.
2 BFH BStBl II 92, 187; BStBl II 94, 727; BMF BStBl I 92, 123.
3 *F/W/B* § 34c Rn 136; **aA** *Blümich* § 34c Rn 44.
4 R 34c (2) 1 EStR; H 34c (3) EStH betr § 2a; OFD Ffm StEK EStG § 34c Nr 175 Tz 2.4 betr § 15a; **aA** *H/H/R* § 34c Rn 88, 91.
5 R 34c (2) 2 EStR 03.
6 R 34c (2) 3 EStR 03.
7 S dazu BFH BStBl II 05, 598.
8 S dazu krit *Wassermeyer* DB 06, 2420.

anrechnung analog § 34c VI (s dazu Rn 13). Nach § 4 II 7 InvStG werden Steuern, die auf aus Deutschland stammende Einkünfte erhoben wurden und die in den Erträgen aus ausländischen Investmentanteilen enthalten sind, bei der Anrechnung berücksichtigt. Eine Anrechnung ausländischer Steuern, die auf stfreie Erträge entfallen, unterbleibt (§ 4 III InvStG). Ausländische Steuern auf Dividenden in- und ausländischer Investmentanteile sind sonach infolge des (bisherigen) Halbeinkünfteverfahrens (§ 30 Nr 40; § 8b I KStG) nur hälftig zu berücksichtigen;[1] zur Abweichung für Direktdividenden s Rn 7, zur insoweit erfolgten Neuregelung betr den Steuerabzug gem § 34c II s Rn 42. Anstelle der Anrechnung oder des Abzugs der ausländischen Steuer beim Anleger kann die Steuer wahlweise auch beim Investmentfonds als WK abgezogen werden (§ 4 IV InvStG).

4. Verhältnis zu Doppelbesteuerungsabkommen (§ 34c VI). Bestehen bilaterale DBA und „stammen"[2] die Einkünfte tatsächlich (und nach Maßgabe des jeweiligen Abkommens)[3] aus dem betr ausländischen Staat, mit dem das DBA abgeschlossen worden ist,[4] **tritt** der Anwendungsbereich von § 34c I bis III grds **zurück (§ 34c VI 1)**, jener von § 34c III nach der Rückausnahme in § 34c VI 6 (§ 34c VI 5 aF) letzter Satzteil auch dann, wenn der ausländische Staat **nicht** aus diesem Staat stammende Einkünfte besteuert, **(1)** diese Besteuerung aber im DBA gestattet wird oder – **(2)** und höchst unscharf – wegen Fehlens „wirtschaftlicher oder sonst beachtlicher Gründe" auf „künstliche Gestaltungen"[5] (also wohl rechtsmissbräuchliche Gewinnverschiebungen zu Lasten des deutschen Fiskus unter Anwendung der Rechtsgrundsätze zu § 42 AO, vgl auch § 50d III; sowie Rn 5 zur Zwischenschaltung ausländischer Domizil-Ges) zurückzuführen ist **(§ 34c VI 6**, § 34c VI 5 aF). Bei dieser letzteren Einschränkung handelt es sich um eine (fragwürdige) konstitutive[6] gesetzliche Reaktion (durch das StBereinG v 22.12.99, BGBl I 99, 2601) auf die entgegenstehende Rspr des BFH[7] mit erstmaliger Anwendung vom VZ 00 an. – Abkommensrechtlich gestattet iSd § 34c VI 6 (§ 34c VI 5 aF) letzter HS 1. Alt ist die Besteuerung von Drittstaateneinkünften zB bei doppelter unbeschränkter StPfl durch den Wohnsitzstaat (vgl Art 4 II OECD-MA) oder bei Betriebsstätteneinkünften durch den Betriebsstättenstaat (vgl Art 21 II OECD-MA). Besteuert der Vertragsstaat die aus einem Drittstaat stammenden Einkünfte hingegen zu Unrecht und wird diese Besteuerung auch nicht rechtsmissbräuchlich herbeigeführt, soll es bei der Anrechnung gem § 34c III bleiben, um unverschuldete Doppelbesteuerungen infolge zwischenstaatlicher Auslegungsdifferenzen des DBA zu vermeiden. Praktische Relevanz hat dies vor allem für die sog **Liefergewinnbesteuerung** bei Montagelieferungen und der hiermit verbundenen Frage danach, ob die in Anspruch genommenen Lieferungen und Leistungen dem (deutschen) Stammhaus (so die Verwaltungspraxis) oder aber der (ausländischen) Betriebsstätte zuzuordnen sind.[8] Vgl Rn 45 f. Zur Ausdehnung des Anwendungsbereichs von § 34c VI auf die neu geschaffene Switch over-Bestimmung des § 34c VI s Rn 15.

Ausnahmslos gilt die Subsidiarität aber ohnehin nur für den Fall, dass das DBA die ausländischen Einkünfte der deutschen Besteuerung nach der **Freistellungsmethode** entzieht.[9] Sieht ein DBA hingegen die **Anrechnungsmethode** vor, bleibt **§ 34c I 2 bis 5 und II** auf die nach dem DBA anzurechnende ausländische Steuer entspr anwendbar **(§ 34c VI 2 HS 1)**: Die unilateralen Regelungen sind **ergänzend** heranzuziehen, wenn das jeweilige DBA die Steueranrechnung nur dem Grunde nach bestimmt und hinsichtlich der Anrechnungsmodalitäten auf nationales Recht verweist oder auch keine Einzelheiten zur Anrechnung selbst enthält; sie bleiben demgegenüber unanwendbar, wenn das DBA eigene Anrechnungsvorschriften enthält.[10] Sie ermöglichen überdies keine höhere Anrechnung als nach DBA (ggf auf einen Quellensteuersatz begrenzt) vorgesehen ist. Auch wenn ein DBA nicht vom Abzug der ausländischen Steuer, vielmehr allein von der Anrechnung ausgeht und konkrete Maßgaben hierfür vorgibt, ist der nationale Gesetzgeber im Grundsatz nicht gehindert, dennoch alternativ auch den Abzug der ausländischen Steuer gem § 34c II zuzulassen (§ 34c VI 2; Grundsatz der Meistbegünstigung), immer bezogen aber auf sämtliche betr Anrechnungseinkünfte des Vertragsstaates.

10

12

---

1 OFD M'ster DStR 06, 2216.
2 S dazu BFH BStBl II 98, 471; BStBl II 03, 869; BFH/NV 99, 1317.
3 Vgl insoweit zur Abgrenzung zw einem wirtschaftlichen und einem rein technischen Begriffsverständnis BFH DStRE 06, 1127.
4 BFH BStBl II 95, 580; BStBl II 96, 261.
5 BT-Drs 14/1514, 30.
6 BFH BStBl II 03, 869.

7 Reaktion auf BFH BStBl II 98, 471.
8 Vgl im Einzelnen *F/W/B* § 34c Rn 159 ff, 168.
9 BFH BStBl II 98, 471; BFH/NV 99, 1317 ff; *FW* IStR 98, 476.
10 S zur ggf missbräuchlichen Umgehung des abkommensrechtlichen Ausschlusses der Anrechnung ausländischer Quellensteuer mittels sog Dividenden-Stripping OFD Ffm RIW 99, 158; dagegen zu Recht krit *Schneider* RIW 99, 336.

13 Eine Ausnahme von dieser Meistbegünstigung besteht nur für den Fall, dass das DBA die **fiktive Anrechnung ausländischer Steuern** gewährt (**§ 34c VI 2 letzter HS**), also in den meisten insbes mit Entwicklungsländern abgeschlossenen DBA, iErg, um zu vermeiden, dass Steuervergünstigungen, die der Quellenstaat gewährt, dem deutschen Fiskus anstelle dem StPfl zugute kommen.[1] Aus diesem Grunde erfolgt die Steueranrechnung ‚fiktiv' in der Weise, als wäre die Steuervergünstigung nicht gewährt worden. Der Ansässigkeitsstaat respektiert dadurch die steuerpolitische Entscheidung des Quellenstaates und schöpft aus dieser keinen fiskalischen Vorteil.[2] Die auch für die fiktive Steueranrechnung erforderlich werdende Höchstbetragsberechnung erfolgt nach den allg Maßstäben des § 34c I 2–5, gem § 34c VI 2 letzter HS jedoch ohne die ansonsten (vom VZ 03 an) bestimmte Beschränkung auf Einkünfte, die im Ausland auch tatsächlich besteuert werden (§ 34c I 3, s Rn 36). Zu den Voraussetzungen zur Anrechnung fiktiver QuellenSt nach den einzelnen DBA und zu den vom Stpfl zu erbringenden Nachweisen über das Vorliegen der Voraussetzungen s BMF DStR 98, 1012.

14 In **§ 34c VI 3** werden die Folgerungen aus der Regelung in § 34c I 3 (per-item-limitation, s Rn 36) für den Fall gezogen, dass mit dem betr ausländischen Staat ein DBA abgeschlossen worden ist. Es wird hierdurch sichergestellt, dass § 34c I 3 auch dann entspr gilt, wenn die Einkünfte **in dem ausländischen Staat** gerade nach dem DBA mit diesem Staat nicht besteuert werden können. Auch dann sind die Einkünfte also **nicht** in die Errechnung des Anrechnungs-Höchstbetrages (Rn 35 ff) einzubeziehen. Die Regelung betrifft unmittelbar nicht die (umstrittene) Rechtsfrage, ob ausländische Einkünfte, die **im Inland nach DBA steuerbefreit** sind, (unter Beachtung der per-country-limitation, Rn 36f) in die Höchstbetragsberechnung einzubeziehen sind. Richtigerweise war und ist diese Frage mit der Rspr zu verneinen[3]: Zwar beschränkt sich § 34c I 2 insoweit auf die per-country-limitation, was darauf hinweisen könnte, dass es (nur) auf die Summe der Einkünfte aus dem betr Staat ankommt, nicht aber darauf, dass die einzelnen Einkünfte im Inland stfrei sind. Die Einbeziehung solcher Einkunftsteile würde jedoch dem Regelungszweck des § 34c – die Vermeidung doppelter steuerlicher Erfassungen – nicht gerecht. Letztlich kann die Einbeziehung solcher Einkunftsteile sogar die Reduzierung der auf inländische Einkünfte entfallenden Steuer zur Folge haben. Ausschlaggebend ist die Einkünfteermittlung nach Maßgabe deutschen Rechts (Rn 20), das nach DBA befreite Einkunftsteile aber als stfrei (§ 3) behandelt und von der Einkunftsermittlung ausnimmt (§ 2 III). Die besseren Erwägungen sprechen deshalb iErg gegen die Einbeziehung solcher Einkunftsteile. Indirekt wird dies durch § 34c VI 3 bestätigt und ergibt sich überdies ausdrücklich aus § 4 III InvStG für Investmentanteile (s Rn 8). Ob sich das Anrechnungsvolumen im Einzelfall unbeschadet dessen dadurch erhöhen kann, dass nach § 8b V KStG im Inland 5 vH der (bis zum VZ 03: nur ausländischen) Dividenden als nichtabzugsfähige BA fingiert werden, erscheint zweifelh.[4] Die ‚negativen' BA mögen wirtschaftlich gesehen einer Besteuerung von 5 vH der Dividendeneinnahmen entsprechen. Sie sind rechtstechnisch gleichwohl keine (stpfl) Einkünfte, sondern bleiben BA,[5] so dass den (rechtlichen) Voraussetzungen des § 34c I nicht genügt ist.

15 Nicht einzubeziehen sind auch (ausländische) Einkünfte, die in Folge von DBA-Rückfallklauseln (‚**subject-to-tax-Klauseln**') im Inland erfasst werden. **Anders** verhält es sich jedoch für jene Einkünfte, welche gem **§ 34c VI 5** im anderen Vertragsstaat nur zu einem durch das DBA beschränkten Steuersatz besteuert werden können, und für solche Einkünfte, welche gem **§ 50d IX** idF des JStG 07 einem unilateralen **switch over** von der Freistellungs- zur Anrechnungsmethode unterworfen sind. S dazu § 50d Rn 65 ff. § 34c VI 5 flankiert diese Switch over-Bestimmungen; die Regelung stellt in jenen Fällen die Anrechnung oder den Abzug der (beschränkten) ausländischen Steuern sicher, immer vorausgesetzt, die Missbrauchsverhinderungsvorschrift des § 34c VI 6 (§ 34c VI 5 aF) ist nicht einschlägig (s Rn 10). § 34c VI 5 soll für alle VZ anzuwenden sein, für die die Steuerbescheide noch nicht bestandskräftig sind (§ 52 Abs 49 S 2 idF des JStG 07).

16 Schließlich bleibt es bei der entspr Anwendung der § 34c I und II (Anrechnung oder Abzug ausländischer Steuern) auch dann, wenn zwar ein DBA besteht, wenn – so die Regelungsfassung bis zum VZ 06 in der 1. Alt – dieses die Doppelbesteuerung jedoch nicht beseitigt, oder wenn – so die bishe-

---

1 ZB zu Zinseinkünften gem Art 23 Id DBA-Türkei; dazu BMF BStBl I 95, 678 (1218); zu ausländischen Stückzinsen BMF BStBl I 96, 1190; OFD M'ster IStR 07, 832; s auch BFH BStBl II 90, 951.
2 Vgl zB *Vogel/Lehner*[4] Art 23 Rn 192 ff.
3 Vgl BFH BStBl II 92, 187; BStBl II 96, 261; *H/H/R* § 34c Rn 92; **aA** zB *Wassermeyer* FR 91, 681; s auch *Schnitger* IStR 03, 73 (74); 298 mwN.
4 So aber *Schnitger* IStR 03, 298, 301 ff.
5 Vgl BFH BStBl II 07, 585.

rige 2. Alt und insoweit als bloßer Unterfall zur bisherigen 1. Alt – das DBA sich auf eine Steuer vom Einkommen des Vertragsstaates nicht bezieht (**§ 34c VI 4 aF**). Durch das JStG 07 wurde die bisherige 1. Alt in **§ 34c VI 4 nF** ersatzlos gestrichen, weil man nach Novellierung älterer, insoweit unvollkommener DBA[1] hierfür offenbar keinen praktischen Anwendungsbereich mehr sah. Unbeschadet dessen einschlägig sind in diesem Zusammenhang etwa Fälle aus- wie inländischer Besteuerung aufgrund von Qualifikationskonflikten und/oder unterschiedlicher Auslegung des betr DBA und der daraus abgeleiteten Besteuerungsrechte.[2] Es kommt darauf an, ob sich die Doppelbesteuerung aufgrund des einschlägigen DBA abstrakt nicht beseitigen lässt;[3] konkrete Doppelbesteuerungen, zB in Folge vorwerfbaren Fristversäumnisses des StPfl,[4] reichen nicht aus. Ggf findet § 34c VI 4 allerdings neben einem etwaigen Verständigungsverfahren zw den beteiligten Fisci (vgl Art 25 OECD-MA) Anwendung. Denn an dem Erfordernis des Verständigungsverfahrens kann sich erweisen, dass das DBA die Doppelbesteuerung gerade in Kauf nimmt. Die lediglich abkommenswidrige Fehlanwendung des DBA durch einen der Vertragsstaaten eröffnet die Anwendung von § 34c I oder II jedoch nicht. Auch aus gemeinschaftsrechtlicher Sicht ist solches nach jetzigem Stand der Harmonisierung der direkten Steuern in der EU nicht geboten (s Rn 32).[5]

17 Auch bei Eingreifen eines DBA bleibt die Möglichkeit zur Pauschalierung und zum Erlass ausländischer Steuer erhalten; ebenso bleibt der **ProgrVorb gem § 32b** zu berücksichtigen.

B. Anrechnung ausländischer Steuern (§ 34c I und VII)

I. Ausländische Einkünfte (§ 34c I 1). Die Anrechnung ausländischer Steuern setzt hierdurch **20** besteuerte ausländische Einkünfte voraus. Zum Begriff der ausländischen Einkünfte und zu deren abschließenden Katalog s § 34d. Sowohl auf die Bestimmung der jeweiligen Einkunftsart[6] als auch auf die Ermittlung der ausländischen Einkünfte[7] findet deutsches Recht Anwendung (§§ 4 ff), wobei die Einkünfte für Zwecke der Anrechnung auf die jew Einkunftsart zu „isolieren" sind. Anzusetzen sind im Grds **Nettoeinkünfte** ohne (insbes nach DBA) stfreie Einnahmen (str, s Rn 14); §§ 2a, 15a sind zu beachten. Wegen des Erfordernisses der Einkünfteidentität s Rn 6; zur per-country-limitation und zur per-item-limitation s Rn 36. Zur Frage nach der Behandlung „negativer" BA als ausländische Einkünfte s Rn 14.

Handelt es sich bei den ausländischen Einkünften um solche iSd § 34d Nr 3, 4, 6, 7 und 8c und gehö- **21** ren diese Einkünfte zum Gewinn eines inländischen Betriebs, sind bei ihrer Ermittlung vom VZ 03 an BA- und BV-Minderungen, die mit den diesen Einkünften zu Grunde liegenden Einkünften „in wirtschaftlichem Zusammenhang stehen", abzuziehen, **§ 34c I 4** (nF). Hintergrund dafür ist der Umstand, dass derartige **Aufwendungen**, wenn sie sich den genannten **nur mittelbar** zurechnen lassen (zB im Zusammenhang mit ausländischen Portfolio gezahlten Refinanzierungszinsen, insbes solchen von Banken und Versicherungen), nach Maßgabe der direkten Gewinnzurechnungsmethode (s § 34d Rn 13) generell außer Acht bleiben (s § 34d Rn 28 mwN).[8] Der Gesetzgeber sah darin eine sachlich nicht gerechtfertigte Erhöhung der ausländischen Einkünfte als Bezugsgröße bei der Berechnung des Höchstbetrags der auf die deutsche ESt/KSt anrechenbaren Steuern aus einem ausländischen Staat.[9] § 34c I 4 soll dem für die Zwecke der Steueranrechnung und begrenzt auf bestimmte betriebliche Einkünfte[10] vorbeugen. § 34c I 4 enthält damit im Erg eine normspezifische (Kausalitäts-)Erweiterung des § 3c I und der darin geforderten (und gesetzlich unzulänglichen)[11] Einschränkung auf einen ‚unmittelbaren' wirtschaftlichen Zusammenhang.[12] Es bleibt allerdings nach wie vor ungewiss und unbestimmt, wann die erwähnten tatbestandlichen Voraussetzungen erfüllt sind.[13] Richtigerweise sind sie deswegen **eng** zu verstehen: Es bedarf nunmehr zwar keines

---

1 DBA-Italien; DBA-Österreich.
2 Vgl insoweit die (aktuelle) Diskussion um die abkommensrechtliche ‚Isolierung' von Dividenden-, Zins- und Lizenzeinkünften (Art 10, 11, 12 OECD-MA) gegenüber Betriebsstätteneinkünften (Art 7 OECD-MA) mit der Rechtsfolge der (bloßen) Anrechnung anstelle der Freistellung; s dazu *Lüdicke ua* in Besteuerung bei grenzüberschreitender Tätigkeit, 2003, S 207 ff, 218; s auch BFH BStBl II 02, 848 (zu Art 24 DBA-Schweiz); *Strunk/Kaminski* IStR 03, 181; *Gosch* StBp 03, 157.
3 Zu Beispielen s *H/H/R* § 34c Rn 220.
4 Vgl BFH BStBl II 95, 580.
5 EuGH DStR 06, 2118 ‚Kerckhaert-Morres'.
6 BFH BStBl II 96, 261.
7 BFH BStBl II 94, 727; BStBl II 01, 710.
8 So der BFH, vgl BStBl II 94, 799; BStBl II 97, 657; BStBl II 00, 577.
9 Vgl BT-Drs 15/119, 40; BR-Drs 866/02, 61.
10 *Müller-Dott* DB 03, 1468 (1469) sieht darin einen Verstoß gegen Art 3 I GG.
11 S BFH BStBl II 97, 63 (67).
12 Vgl ausdrücklich BR-Drs 866/02, 66.
13 S auch *Schnitger* IStR 03, 73 (74); *Müller-Dott* DB 03, 1468.

unmittelbaren wirtschaftlichen Zusammenhangs mehr. Erforderlich ist aber dessen ungeachtet ein **zweckgerichteter Bezug** der betr (indirekten) BA und BV-Minderungen zu diesen Einkünften. Der bloße wirtschaftliche Bezug zu sich daraus ergebenden (auch steuerlichen) Folgen, wie zB die Steueranrechnung oder die Einkunftsverwaltung, reicht nicht aus. Allg Verwaltungskosten oder Rückstellungen bei der Ermittlung der anrechenbaren Steuern,[1] auch Währungsverlusten (s § 34d Rn 28) fehlt der so verstandene wirtschaftliche Zusammenhang zu den betr Einkünften. Einzubeziehen sind hingegen in erster Linie – als **BA**(Re-)Finanzierungskosten, Lizenzgebühren und – als **BV-Minderungen** – Teilwertabschreibungen auf Beteiligungen, vorausgesetzt, sie sind trotz § 8b III KStG zu berücksichtigen und auf die Beteiligung wird im betr Wj überhaupt eine Dividende gezahlt, ferner Abschreibungen auf aktivierte Forderungen. – In Zweifelsfällen muss geschätzt und gequotelt werden.

25 **II. Anrechenbare ausländische Steuern (§ 34c I 1 und 5).** Ausländische Steuern sind anrechenbar, wenn sie **(1)** in dem Staat erhoben werden, aus dem die ausländischen Einkünfte (vgl § 34d) stammen **(Ursprungstaat), (2)** der deutschen Einkommensteuer entsprechen, **(3)** auf die im VZ bezogenen Einkünfte entfallen, **(4)** tatsächlich festgesetzt und gezahlt worden sind. Der so bestimmte Anrechnungsbetrag ist zudem **(5)** um einen entstandenen Ermäßigungsanspruch zu kürzen; bis zum VZ 06 durfte die ausländische Steuer statt dessen keinem Ermäßigungsanspruch mehr unterliegen. **Im Einzelnen:**

26 **1.** Bei Steuern, die nicht im Ursprungs-, sondern in einem **Drittstaat** erhoben worden sind, kommt keine Anrechnung, sondern allenfalls der Steuerabzug gem § 34c III (Rn 45 ff) in Betracht. Steuern, die zwar im Ursprungsstaat, aber auf Einkünfte aus einem Drittstaat erhoben werden, sind entspr zu kürzen (fehlende Einkunftsidentität, s Rn 6).

27 **2.** Eine ausländische Steuer **entspricht der deutschen ESt**, wenn sie (unbeachtlich ihrer Bezeichnung) dieser funktional gleichartig und auf die Besteuerung des gesamten oder des teilw Einkommens gerichtet ist (vgl Art 2 I OECD-MA). Die Gleichartigkeit der Steuerbemessung, der steuertechnischen Ausgestaltung (Steuersatz, Pauschalierung) oder der Steuererhebung (Veranlagung, Quellenabzug) ist nicht erforderlich. Unbeachtlich sind auch die fiskalische Gleichwertigkeit, der Steuergläubiger und der Ertragsberechtigten (Land, Provinz, Gemeinde). Anlage 8 zu R 212a EStR 03 beinhaltet einen (nicht abschließenden) Katalog entspr ausländischer Steuern.

28 **3.** Es ist nur insoweit anzurechnen, als die ausländische Steuer auf die im VZ bezogenen Einkünfte „**entfällt**": § 34c I erfordert zwar **keine Zeitraumidentität** der im Ausland und im Inland veranlagten Einkünfte, jedoch gem § 34c I 5 (= § 34c I 3 aF) die Zuordnung der anzurechnenden ausländischen Steuer zu den in einem VZ bezogenen Einkünfte und der anzurechnenden ausländischen Steuer. Weichen die Festsetzungs- und VZ im In- und im Ausland voneinander ab, ist nur jene ausländische Steuer (ggf auch als Vorauszahlung[2]) anzurechnen, die **für den gleichen Zeitraum und für** die entspr Einkünfte, also in einem zeitlich kongruenten deutschen VZ, festgesetzt und erhoben wurden; der materielle Identität der Bemessungsgrundlagen ist hingegen nicht abzustellen.[3] An der erforderlichen zeitlichen Korrespondenz im vorgenannten Sinne fehlt es bezogen auf die Nachsteuer gem § 34a IV (was wiederum gemeinschaftsrechtliche Schlechterbehandlung grenzüberschreitender Outbound-Strukturen mit sich bringt).

29 **4.** Die ausländischen Steuern müssen **im Zeitpunkt der deutschen Veranlagung** tatsächlich festgesetzt[4] und gezahlt sein. Sie sind bis zum VZ 01 für die an der Währungsunion teilnehmenden Staaten nach Maßgabe des unwiderruflich festgelegten Umrechnungskurse, ansonsten nach Maßgabe der Euro-Referenzkurses, zur Vereinfachung auch zu den im BStBl I veröffentlichen USt-Umrechnungskursen in DM, für die VZ danach einheitlich in Euro umzurechnen.[5]

30 **5.** Sie sind **um einen entstandenen Ermäßigungsanspruch zu kürzen**. Ob dieser (Vergütungs-, Erstattungs- oder sonstige Ermäßigungs-)Anspr tatsächlich durchgesetzt worden ist oder (noch) werden kann, ist unbeachtlich. Ausländische Steuern, die lediglich wegen verjährter Erstattungs-Anspr zu zahlen sind, sind deswegen nicht anzurechnen; der StPfl ist gehalten, die Möglichkeiten einer Ermä-

---

1 Vgl BFH BStBl II 97, 657.
2 Vgl FinMin Niedersachsen DB 63, 13 zu mehrjährigen und im Ausland vorab besteuerten Auslandsbauvorhaben.
3 BFH BStBl II 91, 922; BMF BStBl I 75, 479; FG Kln EFG 00, 567; aber str, s *F/W/B* § 34c Rn 125 ff mwN.
4 Eine Steueranmeldung reicht aus; BFH BStBl II 92, 607.
5 S im Einzelnen R 34c I EStR 05.

ßigung fristgerecht auszuschöpfen.[1] Allerdings ließ sich der Rspr im Hinblick auf diese letztere Einschränkung uU Gegenteiliges entnehmen,[2] was den Gesetzgeber des JStG 07 veranlasst hat, die bislang lautende Regelungsfassung, wonach die ausländischen Steuern keinem Ermäßigungsanspruch mehr unterliegen durften,[3] vom VZ 07 an entspr umzuformulieren. Gleiches gilt, wenn der ausländische Staat Steuervergünstigungen mit Subventionscharakter gewährt, ungeachtet dessen, dass eine solche Vergünstigung damit iErg nicht dem StPfl, sondern dem inländischen Fiskus zugute kommt. S aber auch Rn 13 zur fiktiven Steueranrechnung. Aus Sicht des Gemeinschaftsrechts bleibt diese Einschränkung durch § 34c I 1 unbeanstandet, weil hiernach gerade der Quellenstaat, nicht aber der Wohnsitzstaat gefordert ist (s § 50 Rn 19, § 50a Rn 36).[4] S auch Rn 32.

In jedem Fall muss überhaupt **deutsche ESt anfallen**, auf welche ausländische Steuer angerechnet werden kann. Fehlt es daran, zB infolge des Freibetrages gem § 20 IV 2 und 4, entfällt mangels Doppelbesteuerung von vornherein jegliche Anrechnung (s auch Rn 45).[5] Eine gemeinschaftsrechtswidrige Ungleichbehandlung zu der demgegenüber uneingeschränkten Anrechenbarkeit von inländischer KapESt gem § 36 II liegt darin wegen des europarechtlichen Kohärenzgedankens nicht.[6] Weder Europarecht noch Art 3 I GG verpflichten den Wohnsitzstaat unter derartigen Umständen zur Quellensteuererstattung aus eigenem Budget (s Rn 39).[7] Es wird nur der sog ordinary tax credit gewährt, kein sog full tax credit; auch das EuGH-Urt ‚Manninen,[8] zur KSt-Anrechnung (nach finnischem KSt-Recht) sollte daran ebenso wenig ändern wie das Urteil des EFTA-Gerichtshof ‚Fokus Bank ASA'.[9] S Rn 30. In diese Richtung weist auch das jüngste Urteil des EuGH v 14.12.06 C-513/04 ‚Kerckhaert-Morres',[10] wonach unbeschadet des DBA-Zwecks, Doppelbesteuerungen zu vermeiden, kein innerstaatlicher Anrechnungszwang besteht. **32**

III. Durchführung der Anrechnung (Höchstbetragsberechnung, § 34c I 2 bis 4, VII). Angerechnet wird gem § 34c I 2 höchstens derjenige Teil der ausländischen ESt, der auf die ausländischen Einkünfte (§ 34d, s Rn 20) entfällt, einschließlich jener ausländischen ESt, die auf Einkünfte entfällt, die dem Halbeinkünfteverfahren unterliegen und deshalb gem § 3 Nr 40 außer Ansatz bleiben (s Rn 7). **35**

Dieser **Anrechnungshöchstbetrag** errechnet sich nach der **Formel**: deutsche ESt (ohne SolZ, KiSt) × ausländische Einkünfte : Summe der (inländischen und ausländischen) Einkünfte (vgl § 2 III).[11] Das hat zur (sachgerechten) Folge, dass die Anrechnung sich (nur) im Rahmen der steuerlichen Durchschnittsbelastung auswirkt[12] und SA, ag Belastungen, persönliche Freibeträge[13] iErg ebenfalls anteilig gekürzt werden.[14] Zu Berechnungsbeispielen (auch zur einheitlichen Ermittlung des Höchstbetrages bei zusammenveranlagten Eheleuten, § 26b) s H 34c III EStH 05. Eine entspr verhältnismäßige Aufteilung der anzurechnenden ausländischen ESt unterbleibt.[15] Zur Ermittlung des Höchstbetrages ist nicht zw einzelnen Einkunftsarten[16] zu unterscheiden. Anzusetzen ist vielmehr der Gesamtbetrag der ausländischen Einkünfte (Rn 20f), allerdings immer nur bezogen auf jeden einzelnen Staat (**landesbezogener Höchstbetrag,** per-country-limitation, vgl **§ 68a EStDV iVm § 34c VII Nr 1**) und für jeden einzelnen VZ. Diese Beschränkung ist günstig, wenn positiven Einkünften aus einem Staat negative Einkünfte aus einem anderen Staat gegenüberstehen, sie ist jedoch ungünstig, wenn die ausländische ESt eines Staates höher, die eines anderen Staates jedoch niedriger als der jeweilige Höchstbetrag ist. Der übersteigende Teil geht dann verloren. Eine Erstattung des Überhangs im Wege der Billigkeit ist ausgeschlossen,[17] ebenso ein Verlustvor- oder -rücktrag **36**

---

1 BFH BStBl II 95, 580; FG Mchn EFG 06, 1910; **aA** *H/H/R* § 34c Rn 73.
2 BFH BStBl II 95, 580 (unter II.1. für den Fall eines fehlenden DBA).
3 BFH BStBl II 92, 607.
4 Vgl EuGH ‚Gerritse' BStBl II 03, 859;
5 BFH BStBl II 93, 399 (403) und FG Kln EFG 02, 1391; FG Hbg EFG 02, 1534; jeweils mit Anm *Herlinghaus*.
6 FG Kln EFG 02, 1391.
7 BFH IStR 04, 279 mit Anm *Wassermeyer*; iErg ebenso FG Kln EFG 02, 1391 mit Anm *Herlinghaus*; FG Hbg v 14.3.06 – VI 373/03 (NV) mit Anm *Hahn* jurisPR-SteuerR 32/06 Anm 5; krit *IMN* FR 02, 1237 (1238 f); s auch FG Brem EFG 03, 1707; BFH/NV 04, 1279 (dort zur ErbSt); tendenziell **aA** *Cordewener/Schnitger* StuW 06, 50, 75 ff.
8 EuGH DB 04, 2023; s § 36 Rn 24, 34, 60.
9 IStR 05, 55.
10 DStR 06, 2118.
11 Gem § 26 VI 1 KStG iVm § 34c I 2 auch für KapGes: BFH BStBl II 05, 598.
12 BFH BStBl II 92, 187.
13 BFH BStBl II 01, 710 (712) zu § 20 IV; **aA** *Thurmayr* DB 96, 1696.
14 Was gleichheitsrechtlich unbedenklich ist, **aA** *Mössner* DStJG 8 (1985), 135, 162.
15 H 34c (2) EStH; BMF BStBl I 92, 123; BStBl II 94, 727.
16 BFH BStBl II 96, 261 mit Anm *Wassermeyer* u *Krabbe* IStR 96, 172.
17 BFH BStBl II 73, 27: keine Anrechnung im Wege der Billigkeit.

("carry forward", "carry back"). Zum Wahlrecht des Steuerabzugs gem § 34c II s Rn 40. Zur besonderen Höchstbetragsberechnung für inländische Investmentfonds s § 4 InvStG, § 40 IV KAGG aF, § 19 AuslInvestmG aF und dazu Rn 8.

37 IÜ erfolgte die Anrechnung des Höchstbetrags nach der Rspr des BFH unabhängig von der tatsächlichen Besteuerung im Ausland.[1] Einzubeziehen waren deshalb auch solche Einkünfte, die im Herkunftsstaat nach dessen Recht nicht besteuert wurden (oder infolge eines DBA auch nicht durften). Durch **§ 34c I 3** idF des StVergAbG sollen derartige (angebliche) Überbegünstigungen mit Wirkung vom VZ 03 an vermieden werden. Ausländische Einkünfte, die in dem Staat, aus dem sie stammen, nach dessen Recht nicht besteuert werden, sind danach bei der Ermittlung des Anrechnungshöchstbetrags nicht zu berücksichtigen. § 34c I erhält dadurch den Charakter einer per-item-limitation. Diese wirkt sich in Folge der per-country-limitation immer nur aus, wenn aus demselben Staat weitere dort besteuerte Einkünfte bezogen werden und wenn die ausländische Steuer höher ist als der auf diese anderen Einkünfte entfallende Teil der deutschen ESt. DBA stehen dieser Regelungsverschärfung nicht entgegen, weil die Ermittlung des Höchstbetrages sich strikt nach innerstaatlichem Recht richtet. Die Neuregelung wirkt allerdings nur tendenziell verbösernd. In Einzelfällen kann sie auch begünstigen, dann nämlich, wenn der StPfl im Ausland BA (und damit Verluste) hat, die den ausländischen Einkünften zuzurechnen sind, im Ausland jedoch (naturgemäß) unbesteuert bleiben; auch solche BA sind gem § 34c I 3 im Inland nicht einzubeziehen. – Zur entspr Anwendung des § 34c I 3 in DBA-Fällen gem § 34c VI 3 und zur Einbeziehung ausschließlich im Inland (nach Abkommensrecht) stpfl ausländischer Einkünfte s Rn 14.

38 Die zum Zwecke der Anrechnung aufzuteilende **deutsche ESt** ist diejenige ESt, die sich nach Berücksichtigung des ESt-Tarifs gem § 32a, des ProgrVorb (§ 32b), der Steuerermäßigungen gem §§ 34 und 34b sowie – nur im VZ 07 (§ 52 Abs 49 S 1 idF des JStG 07) – des erhöhten Spitzensteuersatzes (der „Reichensteuer") gem § 32c nF und – vom VZ 08 an – der Begünstigung der nicht entnommenen Gewinne gem § 34a, bis zum VZ 00 auch des § 32c aF, ergibt. Weitere Steuervergünstigungen bleiben unberücksichtigt.[2]

39 Die Beschränkung der direkten Steueranrechnung auf den Höchstbetrag benachteiligt Beteiligungen an ausländischen gegenüber solchen an inländischen KapGes in gleich mehrfacher Hinsicht. Zum einen dadurch, dass dort die Steueranrechnung der Höchstbetragsberechnung unterfällt, während hier die Anrechnung der KapESt unbeschränkt ist, und zum anderen durch die länderbezogene Beschränkung (Rn 36) und den dadurch ausgelösten Verlust etwaiger Anrechnungsüberhänge. Diese Schlechterstellung aber kann dazu verleiten, bevorzugt Anteile an inländischen KapGes zu erwerben, und gefährdet dadurch die **EG-Kapitalverkehrsfreiheit** (Art 56 EG).[3] Wirksam und gemeinschaftsrechtsverträglich begegnen lässt sich dem allein mit einer ‚per *community* limitation, und einer EG-rechtsbezogenen Höchstbetragsberechnung anstelle der bisherigen ‚per *country* limitation'. Sie widerspricht zugleich dem Leistungsfähigkeitsprinzip und damit **Art 3 I GG**. Zugleich gehen infolge der Anrechnungsbeschränkung auf den Höchstbetrag namentlich die persönlichen Verhältnisse des StPfl in Gestalt der SA und ag Belastung anteilig verloren. Die dadurch bedingten diskriminierenden Wirkungen (Niederlassungsfreiheit; Recht auf Freizügigkeit, Art 43, 49 EG) erzwingen die volle Berücksichtigung dieser persönlichen Verhältnisse im Wohnsitzstaat. Insbes wegen der Schwierigkeiten, welche sich ergeben können, wenn der StPfl Einkünfte aus mehreren EU-Quellenstaaten erzielt und der Wohnsitzstaat deshalb die persönlichen Verhältnisse mangels ausreichender Bemessungsgrundlage nicht berücksichtigen kann, ist auch an eine entspr Inpflichtnahme des jew Quellenstaates zu denken.[4] Zumindest wäre ihm dort die (nach § 34c im Wohnsitzstaat nicht eingeräumte) Quellensteuererstattung zu ermöglichen[5] (s auch Rn 32).

C. Abzug anrechenbarer ausländischer Steuer (§ 34c II)

40 Nach **Wahl** des StPfl kann anstelle der Steueranrechnung und unter den gleichen Voraussetzungen gem § 34c II der **Abzug** der ausländischen Steuer bei der Ermittlung der Einkünfte (unter Verminderung der Bemessungsgrundlage mit entspr Auswirkungen auf die GewSt und den Verlustabzug

---

1 BFH BStBl II 96, 261.
2 BFH BStBl II 88, 78.
3 *Schön* GS Knobbe-Keuk, S 743 ff, 774; *Schaumburg* DStJG 24 (2001), 225, 250 ff; grundlegend *Cordewener/Schnitger* StuW 06, 50, 67 ff.
4 Vgl den Disput zw *Menhorn* IStR 02, 15 und *Schnitger* IStR 02, 478.
5 Vgl BFH IStR 04, 279 mit Anm *Wassermeyer*.

gem § 10d) **beantragt** werden. Das empfiehlt sich insbes dann, wenn mittels Anrechnung die drohende Doppelbesteuerung nur teilw vermieden werden kann, weil die anzurechnenden ausländischen Steuern die inländische ESt übersteigen (zB bei hohen Inlandsverlusten, hohen Auslandssteuern). Ein solcher **Anrechnungsüberhang** lässt sich – anders als bei der Steueranrechnung – beim Steuerabzug ausgleichen. Kapitalanleger, die unterhalb des Sparerfreibetrages gem § 20 IV bleiben, erlangen hierdurch allerdings keinen Vorteil, da der Freibetrag bei negativen Kapitaleinkünften gekürzt wird (§ 20 IV 4).[1]

Die in § 34c II enthaltene tatbestandliche Verweisung auf § 34c I stellt sicher, dass der Steuerabzug vom StPfl (s Rn 5) nur einheitlich für die Einkünfte aus einem Staat, für Einkünfte aus mehreren Staaten (per-country-limitation, Rn 36) aber unterschiedlich beantragt werden kann.[2] Zu der auch für den Steuerabzug geltenden Einschränkung bei ausländischen Steuern auf Einkünfte gem § 3 Nr 40 s Rn 7, 35. **41**

Bei Dividendeneinkünften, welche bei nat Pers **gem § 3 Nr 40** nur zur Hälfte stpfl sind, konnten bis zum VZ 06 die auf die Dividenden entfallenden ausländischen Steuern vollen Umfangs abgezogen werden (s Rn 7, 35 zur Steueranrechnung). § 34c II idF des JStG 07 schließt dies durch seinen neu angefügten **letzten HS** aus. Der Sache nach ist diese Begrenzung gerechtfertigt, weil es andernfalls zu einer doppelten Steuerentlastung (durch Erhöhung des negativen Gesamtbetrags der Einkünfte) kommt. S auch Rn 8 zu Investmentanteilen. **42**

D. Abzug nicht anrechenbarer ausländischer Steuer (§ 34c III)

§ 34c III **erweitert** – abw von § 12 Nr 3 und als **Auffangvorschrift** – die Möglichkeit des Abzugs der festgesetzten und gezahlten und nicht um einen Ermäßigungsanspruch gekürzten Steuer (s dazu Rn 25 ff) in Fällen, in denen die Voraussetzungen des § 34c I nicht gegeben sind, weil die ausländische Steuer vom Einkommen **(1)** (was praktisch wenig bedeutsam ist) nicht der deutschen ESt entspricht, **(2) oder** in einem Drittstaat (vorzugsweise als Quellensteuer) erhoben wird (Rn 46) **oder (3)** auf Einkünfte erhoben wird, die keine ausländischen Einkünfte iSv § 34c I darstellen. Voraussetzung für diese Abzugserweiterungen ist immer, dass die (inländischen) Einkünfte steuerbar und stpfl sind. Andernfalls droht keine Doppelbesteuerung, die es entspr Sinn und Zweck des § 34c zu vermeiden gilt (s Rn 32). Vgl dazu auch § 34c VI 6, § 34c VI 5 aF (Rn 10). **45**

Um eine **Drittstaatensteuer** im Sinne dieser zweiten Fallgruppe handelt es sich zwar, wenn deswegen im Ursprungsstaat (zB bei einer Betriebsstätte oder einem Doppelwohnsitz) die Bemessungsgrundlage gekürzt wird (Rn 26, vgl auch Rn 10), nicht aber im Falle der Steueranrechnung (= Vorrang von § 34c I oder II).[3] Von der dritten Fallgruppe sind vor allem **Montagebetriebsstätten** betroffen, die im Ausland häufig (und entgegen § 34d Nr 2a) nicht nur mit dem Montage-, vielmehr auch dem Liefergewinn besteuert werden. **46**

Ein **Wahlrecht** zw der Steueranrechnung gem § 34c I und dem Steuerabzug gem § 34c III besteht **nicht**. **47**

E. Steuererlass und Steuerpauschalierung (§ 34c V)

In Fällen, in denen es **(1)** aus volkswirtschaftlichen (= spezifisch außenwirtschaftlichen[4]) Gründen (wegen drohender Doppelbesteuerung) zweckmäßig erscheint (zB zur Förderung der internationalen Wettbewerbsfähigkeit der deutschen Exportwirtschaft oder um die Bereitschaft des ArbN zum Auslandseinsatz zu steigern[5]) oder **(2)** in denen die Steueranrechnung nach § 34c I besonders schwierig ist (zB bei Zuordnung von Steuerbeträgen auf Teile der ausländischen Bemessungsgrundlage und bei Ermittlung der Anrechnungshöchstbeträge, nicht aber bei der Anrechnung gem § 12 AStG[6]), kann die FinVerw die auf die ausländischen Einkünfte entfallende deutsche ESt ganz oder zT erlassen oder pauschal festsetzen. Die dazu in § 34c V enthaltene Ermächtigung (vgl Art 80 GG[7]) hat Auffangcharakter. Sie ist Grundlage für den Auslandstätigkeits-[8] sowie den Pauschalierungser- **50**

---

1 Vgl zur gemeinschaftsrechtlichen Beurteilung FG Hbg v 14.3.06 – VI 373/03 (NV) mit Anm *Hahn* jurisPR-SteuerR 32/06 Anm 5.
2 R 34c IV 1 u 2 EStR.
3 **AA** *H/H/R* § 34c Rn 120.
4 BVerfG BStBl II 78, 548 (552).
5 FG Kln EFG 01, 974 (977 f).
6 BFH BStBl II 88, 983.
7 Die Vorschrift ist verfassungskonform, vgl BVerfG BStBl II 78, 548.
8 BMF BStBl I 83, 470.

lass.[1] Beide Erlasse sind nicht erschöpfend; **Billigkeitsmaßnahmen im Einzelfall** bleiben vorbehalten,[2] grds auch im Verhältnis zu DBA-Staaten bei Zuordnung der Einkünfte zum ausländischen Staat[3] und grds (jedenfalls beim Erlass aus volkswirtschaftlichen Gründen[4]) selbst bei einem (ggf teilw) Besteuerungsverzicht im Ausland; § 34c V darf durchaus zu einer steuerlichen Besserstellung des StPfl führen.[5] Keine Anwendung findet die Vorschrift aber im Rahmen der Hinzurechnung gem §§ 7 ff AStG.[6] **Zuständig** für den Erlass oder die Pauschalierung sind die obersten Finanzbehörden der Länder oder die von ihnen beauftragten Finanzbehörden (so vor allem im Auslandstätigkeits- und im Pauschalierungserlass) mit Zustimmung des BMF. Die Entscheidung ist grds antragsunabhängig (s aber Rn 51); sie liegt im pflichtgemäßen (ggf durch Verwaltungserlasse gebundenen) behördlichen Ermessen[7] und ergeht als eigenständiger Grundlagenbescheid (§ 171 X AO),[8] der allerdings nur bis zur Bestandskraft der Steuerfestsetzung zulässig ist.[9]

51 **Praktisch bedeutsam** sind vor allem die erwähnten Fälle des Auslandstätigkeits- und des Pauschalierungserlasses. Der **Auslandstätigkeitserlass** betrifft die Besteuerung des Arbeitslohns von (unbeschränkt oder beschränkt stpfl) ArbN inländischer ArbG, die aufgrund eines gegenwärtigen Dienstverhältnisses eine begünstigte Tätigkeit im Ausland ausüben, insbes Montagen, Errichtung von Anlagen von mindestens 3 Monaten, nicht jedoch Tätigkeiten von Bordpersonal auf Seeschiffen sowie von Leih-ArbN. Freigestellt werden hiernach nur solche Löhne, die nicht nach DBA allein im Ausland zu besteuern sind;[10] § 32b ist anzuwenden.[11] Zu den nach dem **Pauschalierungserlass** pauschal besteuerten Einkünften gehören: **(1)** gewerbliche Einkünfte aus aktiver Tätigkeit einer ausländischen Betriebsstätte, **(2)** Einkünfte aus einer in einem inländischen BV gehaltenen Beteiligung an einer aktiv tätigen ausländischen MU'schaft, **(3)** Einkünfte aus selbstständiger Arbeit, die auf der technischen Beratung, Planung und Überwachung bei Anlageerrichtungen beruhen und einer ausländischen Betriebsstätte oder festen Einrichtung zuzurechnen sind, **(4)** Schachteldividenden, jeweils vorausgesetzt, mit dem ausländischen Staat besteht kein DBA. Die antragsabhängige Pauschalierung beträgt 25 vH der Einkünfte, max 25 vH des zu versteuernden Einkommens. Der Antrag kann für einen Staat nur einheitlich, ansonsten aber unterschiedlich gestellt werden (per-country-limitation).

F. Verfahren

55 Die Steueranrechnung gem § 34c I und der Steuerabzug gem § 34c III erfolgen von Amts wegen, der Abzug gem § 34c II nur auf (grds unbefristeten und rücknehmbaren[12] **Antrag** (bis zum Eintritt der Bestandskraft, ggf auch noch im Rahmen der Änderung von Steuerbescheiden,[12] aber nicht mehr – als neues tatsächliches Vorbringen – im Revisionsverfahren[13]), idR im Rahmen der Veranlagung[14] (auch bei LStPfl gem § 46 II Nr 8) oder (und zwar für jeden ausländischen Staat) der Gewinnfeststellung (§ 179, § 180 I Nr 2a AO).[15] Das **Wahlrecht** gem § 34c II kann bei mehreren Beteiligten (auch zusammenveranlagten Eheleuten[16]) unterschiedlich ausgeübt werden. Zur per-country-limitation s Rn 365. Entspr Nachweise (zB Steuerbescheid, Überweisungsträger uÄ) sind durch (deutschsprachige) Urkunden zu erbringen (§ **68b EStDV iVm § 34c VII Nr 2**; § 90 II AO).[17] Nachträgliche Änderungen (zur Berichtigungspflicht des StPfl s § 153 II AO) erfolgen gem § 175 I 1 Nr 2 AO.

---

1 BMF BStBl I 84, 252.
2 BFH BStBl II 88, 139; BFH/NV 92, 740; vgl auch BVerfGE 48, 210, BStBl II 78, 548.
3 *F/W/B* § 34c Rn 233; **aA** *H/H/R* § 34c Rn 173.
4 Insoweit unterscheidend FG Kln EFG 01, 974 (977) mwN; s auch BFH/NV 92, 740.
5 **AA** *F/W/B* § 34c Rn 254 ff, vgl auch BFH BStBl II 88, 139; BStBl II 91, 926.
6 *F/W/B* § 34c Rn 233.
7 BFH BStBl II 91, 926.
8 *Gosch* DStZ 88, 136; **aA** *F/W/B* § 34c Rn 238: unselbstständiger Teil der Steuerfestsetzung.

9 *Gosch* aaO; **aA** *Blümich* § 34c Rn 105.
10 BFH BStBl II 87, 856; BFH/NV 88, 631; 92, 248.
11 BFH aaO.
12 R 34c (4) 7 EStR.
13 R 34c (4) 7 EStR; BFH BStBl III 57, 227.
14 BFH BStBl II 92, 187.
15 R 34c (4) 3–5 EStR; BFH BStBl II 90, 951; BStBl II 92, 187; FinMin Schleswig-Holstein StEK EStG § 1 Nr 58 Tz 8.1; *Grützner* IStR 94, 65.
16 R 34c (4) 2 EStR.
17 ZB BFH/NV 94, 175; OFD Ffm FR 97, 391.

§ 34d Ausländische Einkünfte

¹Ausländische Einkünfte im Sinne des § 34c Abs. 1 bis 5 sind
1. Einkünfte aus einer in einem ausländischen Staat betriebenen Land- und Forstwirtschaft (§§ 13 und 14) und Einkünfte der in den Nummern 3, 4, 6, 7 und 8 Buchstabe c genannten Art, soweit sie zu den Einkünften aus Land- und Forstwirtschaft gehören;
2. Einkünfte aus Gewerbebetrieb (§§ 15 und 16),
   a) die durch eine in einem ausländischen Staat belegene Betriebsstätte oder durch einen in einem ausländischen Staat tätigen ständigen Vertreter erzielt werden, und Einkünfte der in den Nummern 3, 4, 6, 7 und 8 Buchstabe c genannten Art, soweit sie zu den Einkünften aus Gewerbebetrieb gehören,
   b) die aus Bürgschafts- und Avalprovisionen erzielt werden, wenn der Schuldner Wohnsitz, Geschäftsleitung oder Sitz in einem ausländischen Staat hat, oder
   c) die durch den Betrieb eigener oder gecharterter Seeschiffe oder Luftfahrzeuge aus Beförderungen zwischen ausländischen oder von ausländischen zu inländischen Häfen erzielt werden, einschließlich der Einkünfte aus anderen mit solchen Beförderungen zusammenhängenden, sich auf das Ausland erstreckenden Beförderungsleistungen;
3. Einkünfte aus selbstständiger Arbeit (§ 18), die in einem ausländischen Staat ausgeübt oder verwertet wird oder worden ist, und Einkünfte der in den Nummern 4, 6, 7 und 8 Buchstabe c genannten Art, soweit sie zu den Einkünften aus selbstständiger Arbeit gehören;
4. Einkünfte aus der Veräußerung von
   a) Wirtschaftsgütern, die zum Anlagevermögen eines Betriebs gehören, wenn die Wirtschaftsgüter in einem ausländischen Staat belegen sind,
   b) Anteilen an Kapitalgesellschaften, wenn die Gesellschaft Geschäftsleitung oder Sitz in einem ausländischen Staat hat;
5. Einkünfte aus nichtselbstständiger Arbeit (§ 19), die in einem ausländischen Staat ausgeübt oder, ohne im Inland ausgeübt zu werden oder worden zu sein, in einem ausländischen Staat verwertet wird oder worden ist, und Einkünfte, die von ausländischen öffentlichen Kassen mit Rücksicht auf ein gegenwärtiges oder früheres Dienstverhältnis gewährt werden. ²Einkünfte, die von inländischen öffentlichen Kassen einschließlich der Kassen der Deutschen Bundesbahn und der Deutschen Bundesbank mit Rücksicht auf ein gegenwärtiges oder früheres Dienstverhältnis gewährt werden, gelten auch dann als inländische Einkünfte, wenn die Tätigkeit in einem ausländischen Staat ausgeübt wird oder worden ist;
6. Einkünfte aus Kapitalvermögen (§ 20), wenn der Schuldner Wohnsitz, Geschäftsleitung oder Sitz in einem ausländischen Staat hat oder das Kapitalvermögen durch ausländischen Grundbesitz gesichert ist;
7. Einkünfte aus Vermietung und Verpachtung (§ 21), soweit das unbewegliche Vermögen oder die Sachinbegriffe in einem ausländischen Staat belegen oder die Rechte zur Nutzung in einem ausländischen Staat überlassen worden sind;
8. sonstige Einkünfte im Sinne des § 22, wenn
   a) der zur Leistung der wiederkehrenden Bezüge Verpflichtete Wohnsitz, Geschäftsleitung oder Sitz in einem ausländischen Staat hat,
   b) bei privaten Veräußerungsgeschäften die veräußerten Wirtschaftsgüter in einem ausländischen Staat belegen sind,
   c) bei Einkünften aus Leistungen einschließlich der Einkünfte aus Leistungen im Sinne des § 49 Abs. 1 Nr. 9 der zur Vergütung der Leistung Verpflichtete Wohnsitz, Geschäftsleitung oder Sitz in einem ausländischen Staat hat.

H 34d EStH 05

Literatur: S den Literaturnachweis zu § 34c.

A. Grundaussagen der Vorschrift

I. Sinn und Zweck. § 34d legt **abschließend** fest, welche ausländischen Einkünfte gem § **34c I und II** tarifvergünstigt sind. Die Vorschrift ergänzt sonach tatbestandlich dessen Voraussetzungen. Danach nicht als ausländisch zu qualifizierende Einkünfte können nur gem § **34c III** bei der Ermittlung der Einkünfte abgezogen werden.

§ 34d   Ausländische Einkünfte

4   **II. Anwendungsbereich, Verhältnis zu anderen Vorschriften.** § 34d ergänzt neben § 34c (Rn 1) auch entspr Verweisungsnormen in **§ 50 VI** und in **§ 26 VI KStG**. Inhaltlich stellt § 34d sich als Gegenstück zu den inländischen Einkünften beschränkt StPfl in § 49 I dar, dessen tatbestandliche Voraussetzungen hier aufgegriffen werden, ohne allerdings gänzlich deckungsgleich zu sein (Rn 10 ff). Obwohl eine entspr Regelung zu § 49 II fehlt, ist gleichwohl auch bei § 34d die **isolierende Betrachtungsweise** anzuwenden; inländische Besteuerungsmerkmale bleiben sonach außer Betracht, soweit sie die Annahme ausländischer Einkünfte ausschließen.[1] Die isolierende Betrachtung wirkt sich auch auf das allg Veranlassungsprinzip und damit auf Aufwendungen aus, die den einzelnen Einkünften zuzuordnen sind.[2]

5   Soweit in Investmenterträgen in- und ausländischer Investmentanteile (ausgeschüttete oder ausschüttungsgleiche) ausländische Einkünfte enthalten sind, sind diese gem **§ 4 I InvStG** bei der Veranlagung des Anteilseigners außer Betracht zu lassen, vorausgesetzt, Deutschland hat nach Maßgabe einschlägiger DBA auf sein Besteuerungsrecht verzichtet. Für den Begriff der ausländischen Einkünfte ist auch in jenem Zusammenhang auf § 34d zurückzugreifen.

B. Ausländische Einkünfte

6   **I. Ausland.** Einkünfte iSd § 34d sind ausländische, wenn sie zu Steuerquellen im Ausland gehören. **Ausland** ist dasjenige Hoheitsgebiet, das nicht zum deutschen Hoheitsgebiet gehört (arg § 1 I 2), ohne jedoch hoheitsfrei zu sein.[3]

7   **II. Ermittlung der Einkünfte.** Die Ermittlung der ausländischen Einkünfte (Art und Höhe) richtet sich nach deutschem Recht (§§ 4 ff), sofern die ausländischen Besteuerungsgrundlagen die Anwendung der deutschen Regelungen überhaupt ermöglichen, andernfalls bleiben solche Regelungen unanwendbar (zB § 13a).[4] Für den BA- und WK-Abzug gilt das **allg Veranlassungsprinzip**[5] (§ 4 IV, § 9, nicht: § 3c I, weil es an dem dafür erforderlichen unmittelbaren wirtschaftlichen Zusammenhang mit stfreien Einnahmen gerade fehlt[6]), allerdings nach Maßgabe der isolierenden Betrachtungsweise (Rn 4), dh die BA und WK müssen nach deutschem Recht im Rahmen der betr Einkunftsart abziehbar sein (vgl im Einzelnen § 49 Rn 165). Zu den Besonderheiten bei der Kostenzuordnung bei Betriebsstätten s Rn 13. Allg Kosten, die sich nicht konkret zuordnen lassen, sind **aufzuteilen**. Fremdwährungen sind in € umzurechnen, idR mit dem Kurs am Zufluss-/Abflusstag. Bei Vorhandensein einer ausländischen Betriebsstättenbuchführung besteht ein Wahlrecht über das Umrechnungsverfahren (Stichtagskurs-, Zeitbezugsverfahren usw), das aber unter Beachtung der Erfordernisse der GoB auszuüben ist, insbes bei starken Währungsschwankungen.[7] Währungsgewinne oder -verluste gehören zu der Betriebsstätte, aus der sie stammen, gleichviel, wer sie wirtschaftlich trägt.[8] **Nachträgliche Einkünfte** (nach Wegfall des auslandsbezogenen Qualifikationsmerkmals) bleiben ausländische, wenn die betreffende betriebliche Leistung von der ausländischen Steuerquelle herrührt und während der Zeit ihres Bestehens erbracht worden ist.[9]

C. Die einzelnen Einkunftsarten

10 **I. Einkünfte aus Land- und Forstwirtschaft (§ 34d Nr 1).** § 34d Nr 1 korrespondiert mit § 49 I Nr 1. Einkünfte aus LuF sind ausländisch, wenn die LuF in einem ausländischen Staat betrieben wird, auch wenn es sich – isoliert gesehen – um Einkünfte aus selbstständiger Arbeit, aus der Veräußerung von WG oder von Anteilen an KapGes, als KapVerm, VuV oder um sonstige Einkünfte handelt (insoweit umgekehrte isolierende Betrachtungsweise, s dazu § 49 Rn 161). Es gilt das **Belegenheitsprinzip**.

12 **II. Einkünfte aus Gewerbebetrieb (§ 34d Nr 2).** § 34d Nr 2 stellt die Korrespondenzvorschrift zu § 49 I Nr 2 dar, bleibt indes hinter dieser zurück (zB gegenüber § 49 I Nr 2d: Berufssportler ohne aus- oder inländische Betriebsstätte). Ein durchgehendes Konzept fehlt demnach; ausschlaggebend sind letztlich fiskalpolitische Erwägungen.

---

1 BFH BStBl II 94, 799; BStBl II 97, 657; BStBl II 00, 577.
2 BFH BStBl II 97, 657.
3 Vgl BFH BStBl II 91, 926.
4 BFH BStBl II 86, 287; BFH/NV 90, 705; 91, 369; OFD D'dorf StEd 91, 267.
5 ZB BFH BStBl II 89, 140; BStBl II 00, 577.
6 BFH BStBl II 94, 799.
7 S BFH BStBl II 90, 57; BStBl II 97, 128.
8 BFH BStBl II 97, 128; BFH/NV 97, 111.
9 BFH BStBl II 79, 64 Betriebsstätteneinkünfte.

1. Betriebsstätte oder ständiger Vertreter (§ 34d Nr 2a). Wichtigstes Anknüpfungsmerkmal ist die **13** im Ausland belegene Betriebsstätte (s § 49 Rn 25) sowie der im Ausland tätige ständige Vertreter (s § 49 Rn 26). Für die Ergebniszuordnung ist die wirtschaftliche Veranlassung ausschlaggebend (Rn 7), wobei bedeutungslos ist, **wo** die Aufwendungen angefallen sind und **wer** sie getragen hat.[1] Allerdings wird die ausländische Steuer nur auf jene Einkünfte angerechnet, welche (insoweit abw von § 49 I Nr 2a, s dort Rn 27) „durch" die im anderen Staat belegene Betriebsstätte erzielt werden; es bedarf also einer funktionalen Einkünftezuordnung, eine „Attraktivkraft" der Auslandsbetriebsstätte besteht nicht.[2] Nicht „durch" die Auslandsbetriebsstätte erwirtschaftete Einkünfte sind anderen Betriebsstätten zuzuordnen; „betriebsstättenlose" Einkünfte aus Gewerbebetrieb gibt es prinzipiell nicht.[3] Ausgehend vom Gesamtbetriebsergebnis[4] ist der Betriebsstättengewinn dabei vorrangig nach der **direkten** (= eigenständige Betriebsstättenbuchführung), in Ausnahmen auch nach der **indirekten Methode** (Zerlegung des Gesamtgewinns entspr Art 7 IV OECD-MA) aufzuteilen.[5] Zur Einschränkung dieser Gewinnermittlungsmethoden für Zwecke der Höchstbetragsberechnung gem § 34c I 2–5–5 s § 34c I 4 (dort Rn 21). Bei grenzüberschreitender Beteiligung des StPfl an ausländischer PersGes gilt § 15 I 1 Nr 2 (vgl dort Rn 8); die Einkünfte sind gem § 180 I Nr 2a, V Nr 1 festzustellen. Werden Einkünfte aus selbstständiger Arbeit, KapVerm, Veräußerungen, VuV oder sonstige Einkünfte im Rahmen einer ausländischen Betriebsstätte oder eines ständigen Vertreters erzielt, werden diese als gewerbliche erfasst. § 34d Nr 2a restituiert damit die Subsidiaritätsregelungen in § 20 VIII (§ 20 III aF), § 21 III, § 22 Nr 3[6] und setzt die gegenständliche Betrachtungsweise (§ 49 Rn 43 aE, und abgrenzend oben Rn 4) außer Kraft.

2. Bürgschafts- und Avalprovisionen (§ 34d Nr 2b). Erfasst werden Bürgschafts- und Avalprovisionen, wenn der Schuldner Wohnsitz, Geschäftsleitung oder Sitz in einem ausländischen Staat hat. **16** Bedeutsam ist dies in erster Linie für **Banken**, denen hierdurch die Steueranrechnung ermöglicht wird.

3. Seeschiffe und Luftfahrzeuge (§ 34d Nr 2c). Es handelt sich um die Korrespondenzvorschrift zu **18** § 49 I Nr 2b (s dort Rn 30).

III. Einkünfte aus selbstständiger Arbeit (§ 34d Nr 3). § 34d Nr 3 ist die Korrespondenzvorschrift **20** zu § 49 I Nr 3 (s dort Rn 75). Abw von der ansonsten geltenden isolierten Betrachtungsweise werden ausdrücklich auch Einkünfte aus Veräußerungen, KapVerm, VuV sowie bestimmten sonstigen Leistungen gem § 34d Nr 4, 6, 7 und 8c einbezogen, soweit sie zu den Einkünften aus selbstständiger Arbeit gehören. IErg gelten damit die Subsidiaritätsklauseln in § 20 VIII (§ 20 III aF), § 21 III, § 22 Nr 3.

IV. Einkünfte aus Veräußerungen (§ 34d Nr 4). § 34d Nr 4 korrespondiert mit § 49 I Nr 2e und 2f **22** (s dort Rn 54, 62). Erfasst werden **WG**, die zum Anlagevermögen eines inländischen Betriebs gehören, wenn sie in einem ausländischen Staat belegen sind (§ 34d Nr 4a), und **Anteile an KapGes** mit Geschäftsleitung (§ 10 AO) und Sitz im Ausland (§ 34d Nr 4b). Für die Belegenheit in diesem Sinne kommt es darauf an, wo sich das betr WG im Zeitpunkt der Veräußerung befindet, bei Forderungen also auf den Erfüllungsort, bei Rechten auf den Ort der Ausübung, bei immateriellen WG auf den Ort der Nutzung. Die Beteiligung an der ausländischen KapGes iSd § 34d Nr 4b muss keine solche (ehemals wesentliche) iSv § 17 sein. Inländische Besteuerungsgrundsätze sind insoweit unbeachtlich;[7] dem Gesetzgeber ging es (allein) darum, die Steueranrechnung bei entspr steuerbarer und stpfl Veräußerungsvorgänge im Ausland (,capital gains') sicherzustellen. Allerdings findet § 17 II Anwendung, wenn sich die Anteile im PV befinden.[8] § 34d I–III geht ggf vor. WG des Umlaufvermögens bleiben unberücksichtigt, da andernfalls eine etwaige ausländische Liefergewinnbesteuerung begünstigt würde.

V. Einkünfte aus nicht selbstständiger Arbeit (§ 34d Nr 5). Es handelt sich um die Korrespondenz- **25** vorschrift zu § 49 I Nr 4a und b (s dort Rn 90). Dort (§ 49 I Nr 4a) wie hier **(§ 34d I Nr 5 S 1 HS 1)**

---

1 ZB BFH BStBl II 89, 140; BFH/NV 97, 408.
2 *H/H/R* § 34d Rn 28.
3 BFH v 19.12.07 I R 19/06; BStBl II 94, 148; *Wassermeyer* IStR 04, 676; *Schauhoff* IStR 95, 108, 110 f.; *Enneking/Denk* DStR 97, 1911, 1916; **aA** (zu § 2 AStG) BMF BStBl I 04, Sonder-Nr 1 Tz 2.5.0.1 unter Nr 1a; siehe auch zB *Kramer* IStR 04, 672; 677; *S/K/K* § 2 AStG Rz 69.
4 Vgl BFH BStBl II 89, 140.
5 Im Einzelnen *D/W* MA Art 7 Rn 190 ff.
6 Zugleich wird die Subsidiarität selbstständiger Einkünfte gegenüber solchen aus GewBetr begründet, BFH BStBl II 71, 771.
7 *F/W/B* § 34d Rn 112; **aA** *Schaumburg*[2] Rn 15.51: teleologische Reduktion.
8 *Blümich* § 34d Rn 44.

wird auf die Ausübung (Ausübungsort) oder Verwertung (Verwertungsort) der nichtselbstständigen Tätigkeit abgestellt. § 34d Nr 5 S 1 HS 2 und S 2 knüpft (wie § 49 I Nr 4b) an das **Kassenstaatsprinzip** an: Um ausländische Einkünfte handelt es sich auch bei Bezügen aus einer ausländischen öffentlichen Kasse mit Rücksicht auf ein gegenwärtiges oder früheres Dienstverhältnis. Umgekehrt werden von inländischen öffentlichen Kassen gewährte Einkünfte auch dann als inländische behandelt, wenn sie im Ausland ausgeübt werden. Darin liegt ein Wertungswiderspruch, weil ArbN mit Bezügen aus ausländischen öffentlichen Kassen im Inland als beschränkt stpfl behandelt werden. IErg wird nur die Anrechnung ausländischer Steuer verhindert. Das rechtfertigt gleichheitsrechtliche Bedenken.[1] Solche Bedenken bestehen auch im Hinblick auf die Tätigkeit als Geschäftsführer, Prokurist oder Vorstandsmitglied einer Gesellschaft mit Geschäftsleitung im Ausland, für die § 34d aber von § 49 I Nr 4c keine Parallele enthält.

28 **VI. Einkünfte aus Kapitalvermögen (§ 34d Nr 6).** Es handelt sich um die Korrespondenzvorschrift zu § 49 I Nr 5a und Nr 5c aa (s dort Rn 112). Abw davon werden allerdings (bei isolierter Betrachtung, ggf auch nur teilw[2]) jegliche Einkünfte iSd § 20[3] erfasst, vorausgesetzt, der Schuldner ist im Ausland ansässig (auch bei Doppelansässigkeit) oder das KapVerm ist durch ausländischen Grundbesitz (nach ausländischem Recht) dinglich (auch durch Eintragung im Schifffahrtsregister) gesichert. Keine ausländischen Kapitaleinkünfte sind solche, die aus der ausländischen Betriebsstätte eines inländischen Schuldners stammen; dadurch ausgelöste Doppelbesteuerungen bleiben also erhalten. – **Aufwendungen** sind den ausländischen Kapitaleinkünften nur dann zuzurechnen, wenn sie durch diese (wie bei den Einnahmen erneut ganz oder auch nur teilw) konkret **veranlasst** sind und die die Eignung haben, in die Bemessungsgrundlage der Einkünfte aus KapVerm gem § 20 I Nr 1 einzugehen.[4] Eine allg Refinanzierung mit vorhandenen Eigenmitteln genügt nicht, um den erforderlichen Veranlassungszusammenhang herzustellen.[5] Das gilt auch für **Währungsverluste** (ebenso wie bei Währungsgewinnen), dies allerdings nur bei solchen StPfl, die ihren Gewinn oder ihr Einkommen gem § 4 III ermitteln. Denn nur bei diesen ist die Einkunftserzielung erst mit dem Zufluss (§ 11 I) verwirklicht und gehört die Einnahme infolgedessen noch zu den ausländischen Einkünften. Anders verhält es sich demgegenüber bei bilanzierenden StPfl: Die (ausländischen) Einnahmen sind mit Entstehen der Forderung (bzw Verbindlichkeit) erzielt; Kursverluste (oder -gewinne), welche später eintreten, sind der Verwaltung der entspr Forderung zuzurechnen, worin keine Einkunftserzielung gem § 34d Nr 6 gesehen werden kann.[6] In jedem Fall ist für die Abzugsfähigkeit von Aufwendungen allein das deutsche Steuerrecht maßgeblich, ihre steuerliche Behandlung im Ausland ist irrelevant. S iÜ auch die insoweit bestehenden Einschränkungen für betriebliche Einkünfte in § 34c I 4 (dort Rn 21).

30 **VII. Einkünfte aus Vermietung und Verpachtung (§ 34d Nr 7).** Es handelt sich um die Korrespondenzvorschrift zu § 49 I Nr 6 (s dort Rn 140). § 34d Nr 7 ist allerdings weiter gefasst und betrifft allg Einkünfte aus VuV (§ 21 = nur Nutzungsentgelt, nicht Veräußerungsgewinne), soweit das unbewegliche Vermögen oder die Sachinbegriffe im Ausland belegen (= befinden) oder die Rechte im Ausland zur Nutzung überlassen sind. Abw von § 49 I Nr 6 reicht nicht die Eintragung in ausländischen öffentlichen Büchern und Registern; auch in einem ausländischen Schiffsregister eingetragene Schiffe bleiben unberücksichtigt; uU kommt aber eine Steueranrechnung gem §§ 227, 163 AO aus Gründen der Billigkeit in Betracht.[7]

32 **VIII. Sonstige Einkünfte (§ 34d Nr 8).** § 34d Nr 8 ist die Korrespondenzvorschrift zu § 49 I Nr 7–9 (s dort Rn 147 ff) und wie diese eine **Auffangvorschrift**. Sonstige Einkünfte iSv § 22 werden erfasst, wenn **(1)** der Verpflichtete wiederkehrender Bezüge im Ausland ansässig ist **(§ 34d Nr 8a)**, **(2)** bei privaten Veräußerungsgeschäften iSv § 23 die veräußerten WG im Ausland belegen sind **(§ 34d Nr 8b)**,[8] **(3)** der Vergütungsschuldner der Leistungen einschl solcher iSv § 49 I Nr 9 (insbes Knowhow-Überlassung; s dort Rn 151) im Ausland ansässig ist **(§ 34d Nr 8c).**

---

1 *Blümich* § 34d Rn 46; **aA** *F/W/B* § 34d Rn 145; *B/B* § 34d Rn 62: Billigkeitserlass.
2 BFH BStBl II 97, 657.
3 BFH BStBl II 94, 799; BStBl II 97, 657.
4 BFH BStBl II 97, 657;
5 S insoweit zu Refinanzierungskosten von Banken BFH BStBl II 00, 577; BMF DStR 02, 805; OFD Magdeburg FR 02, 542 u DB 01, 840; OFD Mchn FR 02, 50; einschränkend noch BMF BStBl I 97, 1022; Gleiches gilt umgekehrt für § 3c I, vgl *Beinert/Mikus* DB 02, 1467 (1468).
6 **AA** FinMin Nordrhein-Westfalen StEK EStG § 34c Nr 76.
7 *Blümich* § 34d Rn 38.
8 Zu Unabgestimmtheiten bei Termingeschäften s *Egner/Heinz/Koetz* IStR 07, 41.

2. Steuerermäßigung bei Einkünften aus Land- und Forstwirtschaft

§ 34e

(1) ¹Die tarifliche Einkommensteuer ermäßigt sich in den Veranlagungszeiträumen 1999 und 2000 vorbehaltlich des Absatzes 2 um die Einkommensteuer, die auf den Gewinn dieser Veranlagungszeiträume aus einem land- und forstwirtschaftlichen Betrieb entfällt, höchstens jedoch um 1 000 Deutsche Mark, wenn der Gewinn der in diesen Veranlagungszeiträumen beginnenden Wirtschaftsjahre weder geschätzt noch nach § 13a ermittelt worden ist und den Betrag von 40 000 Deutsche Mark nicht übersteigt. ²Beträgt der Gewinn mehr als 40 000 Deutsche Mark, so vermindert sich der Höchstbetrag für die Steuerermäßigung um 10 Prozent des Betrags, um den der Gewinn den Betrag von 40 000 Deutsche Mark übersteigt. ³Sind an einem solchen land- und forstwirtschaftlichen Betrieb mehrere Steuerpflichtige beteiligt, so ist der Höchstbetrag für die Steuerermäßigung auf die Beteiligten nach ihrem Beteiligungsverhältnis aufzuteilen. ⁴Die Anteile der Beteiligten an dem Höchstbetrag für die Steuerermäßigung sind gesondert festzustellen (§ 179 der Abgabenordnung).

(2) ¹Die Steuerermäßigung darf beim Steuerpflichtigen nicht mehr als insgesamt 1 000 Deutsche Mark betragen. ²Die auf den Gewinn des Veranlagungszeitraums nach Absatz 1 Satz 1 entfallende Einkommensteuer bemisst sich nach dem durchschnittlichen Steuersatz der tariflichen Einkommensteuer; dabei ist dieser Gewinn um den Teil des Freibetrags nach § 13 Abs. 3 zu kürzen, der dem Verhältnis des Gewinns zu den Einkünften des Steuerpflichtigen aus Land- und Forstwirtschaft vor Abzug des Freibetrags entspricht. ³Werden Ehegatten nach den §§ 26, 26b zusammen veranlagt, wird die Steuerermäßigung jedem der Ehegatten gewährt, soweit sie Inhaber oder Mitinhaber verschiedener land- und forstwirtschaftlicher Betriebe im Sinne des Absatzes 1 Satz 1 sind.

Literatur: *Dorn* Die Steuerermäßigung nach § 34e EStG bei der Verpachtung von land- und forstwirtschaftlichen Betrieben, DStZ 94, 627; *Hiller* Abbau von Steuerprivilegien in der Land- und Forstwirtschaft, Inf 92, 343; *Leingärtner* Besteuerung der Landwirte, Kap 51 mwN.

§ 34e gewährt – **letztmals** für den **VZ 00** – einen **Steuerabzugsbetrag**,[1] um beim Übergang von der Gewinnermittlung nach § 13a zur Gewinnermittlung nach § 4 I oder 4 III einen sprunghaften Anstieg der Steuerbelastung zu vermeiden.   1

Es wird auf die Kommentierung in der 7. Aufl. verwiesen.

2a. Steuerermäßigung für Steuerpflichtige mit Kindern bei Inanspruchnahme erhöhter Absetzungen für Wohngebäude oder der Steuerbegünstigungen für eigengenutztes Wohneigentum

§ 34f

(1) ¹Bei Steuerpflichtigen, die erhöhte Absetzungen nach § 7b oder nach § 15 des Berlinförderungsgesetzes in Anspruch nehmen, ermäßigt sich die tarifliche Einkommensteuer, vermindert um die sonstigen Steuerermäßigungen mit Ausnahme der §§ 34g und 35, auf Antrag um je 600 Deutsche Mark für das zweite und jedes weitere Kind des Steuerpflichtigen oder seines Ehegatten. ²Voraussetzung ist,

1. dass der Steuerpflichtige das Objekt, bei einem Zweifamilienhaus mindestens eine Wohnung, zu eigenen Wohnzwecken nutzt oder wegen des Wechsels des Arbeitsortes nicht zu eigenen Wohnzwecken nutzen kann und
2. dass es sich einschließlich des ersten Kindes um Kinder im Sinne des § 32 Abs. 1 bis 5 oder 6 Satz 7 handelt, die zum Haushalt des Steuerpflichtigen gehören oder in dem für die erhöhten Absetzungen maßgebenden Begünstigungszeitraum gehört haben, wenn diese Zugehörigkeit auf Dauer angelegt ist oder war.

(2) ¹Bei Steuerpflichtigen, die die Steuerbegünstigung nach § 10e Abs. 1 bis 5 oder nach § 15b des Berlinförderungsgesetzes in Anspruch nehmen, ermäßigt sich die tarifliche Einkommensteuer, ver-

---

1 Zur Zwecksetzung BFH BStBl II 89, 975 (976); FG Saarl EFG 87, 464; zu den verfassungsrechtlichen Bedenken *H/H/R* § 34e Rn 5.

§ 34g Steuerermäßigung bei Zuwendungen an Parteien und Wählervereinigungen

mindert um die sonstigen Steuerermäßigungen mit Ausnahme des § 34g, auf Antrag um je 512 Euro für jedes Kind des Steuerpflichtigen oder seines Ehegatten im Sinne des § 32 Abs. 1 bis 5 oder 6 Satz 7. ²Voraussetzung ist, dass das Kind zum Haushalt des Steuerpflichtigen gehört oder in dem für die Steuerbegünstigung maßgebenden Zeitraum gehört hat, wenn diese Zugehörigkeit auf Dauer angelegt ist oder war.

(3) ¹Bei Steuerpflichtigen, die die Steuerbegünstigung nach § 10e Abs. 1, 2, 4 und 5 in Anspruch nehmen, ermäßigt sich die tarifliche Einkommensteuer, vermindert um die sonstigen Steuerermäßigungen, auf Antrag um je 512 Euro für jedes Kind des Steuerpflichtigen oder seines Ehegatten im Sinne des § 32 Abs. 1 bis 5 oder 6 Satz 7. ²Voraussetzung ist, dass das Kind zum Haushalt des Steuerpflichtigen gehört oder in dem für die Steuerbegünstigung maßgebenden Zeitraum gehört hat, wenn diese Zugehörigkeit auf Dauer angelegt ist oder war. ³Soweit sich der Betrag der Steuerermäßigung nach Satz 1 bei der Ermittlung der festzusetzenden Einkommensteuer nicht steuerentlastend auswirkt, ist er von der tariflichen Einkommensteuer der zwei vorangegangenen Veranlagungszeiträume abzuziehen. ⁴Steuerermäßigungen, die nach den Sätzen 1 und 3 nicht berücksichtigt werden können, können bis zum Ende des Abzugszeitraums im Sinne des § 10e und in den zwei folgenden Veranlagungszeiträumen abgezogen werden. ⁵Ist für einen Veranlagungszeitraum bereits ein Steuerbescheid erlassen worden, so ist er insoweit zu ändern, als die Steuerermäßigung nach den Sätzen 3 und 4 zu gewähren oder zu berichtigen ist; die Verjährungsfristen enden insoweit nicht, bevor die Verjährungsfrist für den Veranlagungszeitraum abgelaufen ist, für den die Steuerermäßigung nach Satz 1 beantragt worden ist.

(4) ¹Die Steuerermäßigungen nach den Absätzen 2 oder 3 kann der Steuerpflichtige insgesamt nur bis zur Höhe der Bemessungsgrundlage der Abzugsbeträge nach § 10e Abs. 1 oder 2 in Anspruch nehmen. ²Die Steuerermäßigung nach den Absätzen 1, 2 und 3 Satz 1 kann der Steuerpflichtige im Kalenderjahr nur für ein Objekt in Anspruch nehmen.

R 34f EStR mit Verweis auf R 213 EStR 03

Es wird auf die Kommentierung in der 4. Aufl verwiesen.

Ergänzend wird auf Folgendes hingewiesen: Der Bundesfinanzhof hat die vorliegend vertretene Auffassung bestätigt, dass Ermäßigungsbeträge, die sich im Rück- und Vortragszeitraum nicht ausgewirkt haben, endgültig verloren sind.[1]

Nach dem Wortlaut des § 34f III 1 EStG ermäßigt sich die tarifliche Einkommensteuer, vermindert um die sonstigen Steuerermäßigungen, auf Antrag um je 512 Euro für jedes Kind. Daraus folgt, dass vor Anwendung des § 34f III EStG die sonstigen Steuerermäßigungen, so etwa auch § 35a Abs. 1 EStG, abgezogen werden müssen.[2]

2b. Steuerermäßigung bei Zuwendungen an politische Parteien und an unabhängige Wählervereinigungen

§ 34g

¹Die tarifliche Einkommensteuer, vermindert um die sonstigen Steuerermäßigungen mit Ausnahme des § 34f Abs. 3, ermäßigt sich bei Zuwendungen an
1. politische Parteien im Sinne des § 2 des Parteiengesetzes und
2. Vereine ohne Parteicharakter, wenn
    a) der Zweck des Vereins ausschließlich darauf gerichtet ist, durch Teilnahme mit eigenen Wahlvorschlägen an Wahlen auf Bundes-, Landes- oder Kommunalebene bei der politischen Willensbildung mitzuwirken, und
    b) der Verein auf Bundes-, Landes- oder Kommunalebene bei der jeweils letzten Wahl wenigstens ein Mandat errungen oder der zuständigen Wahlbehörde oder dem zuständigen Wahlorgan angezeigt hat, dass er mit eigenen Wahlvorschlägen auf Bundes, Landes- oder Kommunalebene an der jeweils nächsten Wahl teilnehmen will.

---

1 BFH/NV 07, 1895.   2 FG Sachsen EFG 07, 933 – Rev X R 1/07.

²Nimmt der Verein an der jeweils nächsten Wahl nicht teil, wird die Ermäßigung nur für die bis zum Wahltag an ihn geleisteten Beiträge und Spenden gewährt. ³Die Ermäßigung für Beiträge und Spenden an den Verein wird erst wieder gewährt, wenn er sich mit eigenen Wahlvorschlägen an einer Wahl beteiligt hat. ⁴Die Ermäßigung wird in diesem Falle nur für Beiträge und Spenden gewährt, die nach Beginn des Jahres, in dem die Wahl stattfindet, geleistet werden.

²Die Ermäßigung beträgt 50 Prozent der Ausgaben, höchstens jeweils 825 Euro für Ausgaben nach den Nummern 1 und 2, im Fall der Zusammenveranlagung von Ehegatten höchstens jeweils 1 650 Euro. ³§ 10b Abs. 3 und 4 gilt entsprechend.

§ 50 EStDV, H 34g EStH 06

Übersicht

	Rn		Rn
A. Grundaussage der Vorschrift	1	c) Die zeitliche Begrenzung der Empfangsberechtigung	25
B. Zuwendungen an politische Parteien und unabhängige Wählervereinigungen	8	3. Dachverbände kommunaler Wählervereinigungen	29
I. Zweckgebundene Ausgaben	9	III. Zuwendungsnachweis	30
II. Zuwendungsempfänger	16	IV. Rechtsfolge	34
1. Politische Parteien (§ 34g 1 Nr 1)	17	C. Sach- und Aufwandszuwendungen	45
2. Wählervereinigungen (§ 34g 1 Nr 2)	19	D. Vertrauensschutz und Haftung	48
a) Ausschließlicher Satzungszweck	20		
b) Errungenes Mandat oder Anzeige der Teilnahme an der nächsten Wahl	24		

Literatur: *Gierlich* Vertrauensschutz und Haftung bei Spenden, FR 91, 518; *Gérard* NWB Fach 2, 5195; *Glockemann* Zweckgebundene Spenden an politische Parteien – Zulässigkeit des Spendenabzugs, BB 03, 503; *Hey* Parteiensponsoring im Steuerrecht – Lassen sich die Abzugsgrenzen zu § 10b Abs 2 EStG umgehen?, DB 05, 1403; *Koch* Parteispenden – Abgeordnetenspenden – Nicht weitergeleitete Spenden, DÖV 03, 451; *Lang* Steuermindernde Parteifinanzierung, StuW 84, 15; *Schleder* Steuerabzug für Beiträge und Spenden an unabhängige Wählervereinigungen, DB 88, 2019; *Winands* Subventionsvergabe durch politische Parteien, ZRP 87, 185.

A. Grundaussage der Vorschrift

§ 34g ermäßigt die ESt des Zuwendenden bei Zuwendungen an politische Parteien und unabhängige Wählervereinigungen, fördert damit mittelbar diese Zuwendungsempfänger. Die **Steuervergünstigung** folgt nicht dem die ESt rechtfertigenden Belastungsgrund der finanziellen Leistungsfähigkeit, sondern durchbricht die einkommensteuerlichen Belastungsprinzipien. § 34g ist eine parteirechtliche Subvention, die auf die Wettbewerbslage der Parteien und anderer Wahlbewerber sowie die Chancen der Bürger auf gleiche Teilhabe an der politischen Willensbildung einwirkt und deshalb besonderer verfassungsrechtlicher Rechtfertigung bedarf.[1] Die gleichmäßige Steuerermäßigung in Höhe von 50 vH der Ausgaben (§ 34g S 2) entspricht dem verfassungsrechtlichen Grundsatz der formalen Gleichheit, der die Ausübung politischer Rechte in der freien Demokratie beherrscht,[2] weil er alle Zuwendenden unabhängig von ihrem jeweiligen Steuersatz gleich entlastet. 1

Die Rechtsordnung der Bundesrepublik Deutschland lässt Zuwendungen an politische Vereinigungen von nat und jur Pers in beliebiger Höhe zu. **Strikte verfassungsrechtliche Grenzen** greifen jedoch ein, wenn der Staat Zuwendungen an politische Parteien und mit diesen auf kommunaler oder regionaler Ebene konkurrierende Wählervereinigungen steuerlich begünstigt. Zuwendungen befähigen finanzwirtschaftlich zu politischem Handeln und dürfen die vorgegebene Wettbewerbslage der Parteien und anderer Wahlbewerber nicht „in einer ernsthaft ins Gewicht fallenden Weise" verändern.[3] Die Gewährung steuerlicher Vorteile für Zuwendungen nat Pers an die im Wettbewerb um Wählerstimmen stehenden politischen Parteien und Wählergruppen ist nur „insoweit verfassungsrechtlich unbedenklich, als diese Zuwendungen innerhalb einer Größenordnung verbleiben, die für den durchschnittlichen Einkommensempfänger erreichbar ist"[4] **(Normalspende)**. Der Gesetzgeber hat 2

---

1 BVerfGE 69, 92 (106 f) = NJW 85, 1017 (1017 f); BVerfGE 73, 40 (89) = BStBl II 86, 684 (697); BVerfGE 78, 350 (358 f) = BStBl II 89, 67 (70); BVerfGE 85, 264 (315) = BStBl II 92, 766 (770).
2 BVerfGE 8, 51 (69) = NJW 58, 1131 (1132); BVerfGE 85, 264 (316) = BStBl II 92, 766 (770).
3 BVerfGE 85, 264 (313) = BStBl II 92, 766 (769); BVerfGE 99, 69 (81) = BStBl II 99, 110 (114 f).
4 BVerfGE 85, 264 (316) = BStBl II 92, 766 (770).

mit der Neuregelung des § 34g im Sechsten Gesetz zur Änderung des Parteiengesetzes die verfassungsrechtlichen Vorgaben der Staatsfreiheit, der Chancengleichheit der Parteien und des Rechts der Bürger auf gleiche Teilhabe an der politischen Willensbildung aufgenommen[1] und seinen Gestaltungsraum bei der erneuten Erhöhung der Normalzuwendung an seine Grenzen geführt. Die Einbeziehung der kommunalen Wählervereinigungen in § 34g verwirklicht deren Recht auf Chancengleichheit (Art 3 I iVm Art 9, 28 I 2 GG) und geht auf eine Entscheidung des BVerfG zurück.[2]

B. Zuwendungen an politische Parteien und unabhängige Wählervereinigungen

8 Zuwendungen sind Mitgliedsbeiträge und Spenden.[3] **Mitgliedsbeiträge** sind Geldleistungen, die ein Mitglied regelmäßig auf Grund satzungsrechtlicher Vorschriften entrichtet. **Spenden** sind darüber hinausgehende unentgeltliche Zuwendungen von Mitgliedern oder Dritten (vgl § 10b Rn 69).[4] Steuerwirksam sind nur Ausgaben (Geld- und Sachzuwendungen), die der StPfl zur Förderung staatspolitischer Zwecke an eine Partei oder unabhängige Wählervereinigung leistet.

9 **I. Zweckgebundene Ausgaben.** Zu den Ausgaben zählen **alle Wertabgaben**, die aus dem geldwerten Vermögen des StPfl abfließen und ihn endgültig wirtschaftlich belasten. Sie sind in dem Kj abzusetzen, in dem sie geleistet worden sind (§ 11 II), sofern nicht die Vorschriften über die Gewinnermittlung (§§ 4 I, V) abw Bestimmungen treffen.

10 Das im Begriff der Zuwendung an zweckgebundene Vereinigungen angelegte Merkmal der Förderung staatspolitischer Zwecke verlangt, dass Zuwendungen unentgeltlich (§ 10b Rn 15 ff, 69) und freiwillig (§ 10b Rn 18) geleistet und von der Partei oder unabhängigen Wählervereinigung tatsächlich für staatspolitische Zwecke verwendet werden (§ 10b Rn 72). Die Spenden müssen für satzungsgemäße Zwecke verwendet werden, so dass nach § 34g ebenso wie bei gemeinnützigen Körperschaften nach den §§ 52–55 und 59 AO besondere Anforderungen an die Anerkennung von Spenden gestellt werden.[5] Es muss insbes verhindert werden, dass Parteien sich die Steuerermäßigung für Durchlaufspenden verschaffen können, die an Dritte ohne Bezug zur satzungsmäßigen Aufgabe der Partei weitergeleitet werden.

16 **II. Zuwendungsempfänger.** Nach § 34g S 1 Nr 1 sind zum Empfang steuerbegünstigter Zuwendungen politische Parteien iSd § 2 ParteiG, nach Nr 2 auch Wählervereinigungen berechtigt.

17 **1. Politische Parteien (§ 34g 1 Nr 1).** Parteien sind Vereinigungen von Bürgern, die dauernd oder für längere Zeit für den Bereich des Bundes oder eines Landes auf die politische Willensbildung Einfluss nehmen und an der Vertretung des Volkes im Deutschen Bundestag oder einem Landtag mitwirken wollen, wenn sie nach dem Gesamtbild der tatsächlichen Verhältnisse, insbes nach Umfang und Festigkeit ihrer Organisation, nach der Zahl ihrer Mitglieder und nach ihrem Hervortreten in der Öffentlichkeit eine ausreichende Gewähr für die Ernsthaftigkeit dieser Zielsetzung bieten[6] **(§ 2 I 1 ParteiG).** Sie müssen darüber hinaus auch den übrigen, in den zwingenden Vorschriften des ParteiG geregelten formellen Anforderungen genügen (vgl § 10b Rn 70).[7]

18 Die Förderung einzelner Parteimitglieder, Abgeordneter oder Kandidaten wird steuerlich nicht entlastet. **Zahlungen an nat Pers**, die nicht an die Partei weitergeleitet werden, sind keine abzugsfähigen Parteizuwendungen, auch wenn sie im Interesse der Partei verwendet worden sind. Dies lässt sich mit Blick auf Art 21 GG begründen, der ausschließlich Parteien eine überindividuell verstetigte und kontrollierte Aufgabe bei der politischen Willensbildung zuweist.[8] Zahlungen an nat Pers unterliegen vielmehr nach § 7 I Nr 1 ErbStG als Schenkung unter Lebenden der Besteuerung.[9]

19 **2. Wählervereinigungen (§ 34g 1 Nr 2).** Nach § 34g S 1 Nr 2 wird die Tarifermäßigung für Zuwendungen an rechtsfähige (eingetragene) oder nichtrechtsfähige (nicht eingetragene) **Vereine ohne Parteicharakter** gewährt, deren Zweck ausschließlich darauf gerichtet ist, durch Teilnahme mit eigenen Wahlvorschlägen an Wahlen auf Bundes-, Landes- oder Kommunalebene bei der politischen

---

1 *K/S/M* § 10b Rn A 56 ff, 400 ff, C 54 f.
2 BVerfGE 78, 350 (357 ff) = BStBl II 89, 67 (70 f); vgl auch BVerfGE 99, 69 (77 ff) = BStBl II 99, 110 (114 f).
3 Zur Abgrenzung gegenüber dem Sponsoring *Hey* DB 05, 1403; die Zulässigkeit eines „echten" Parteisponsoring ist nicht nur im Hinblick auf § 4 VI, sondern auch verfassungsrechtlich äußerst problematisch; dafür, wenn auch in engen Grenzen *Hey* aaO, 1403 (1407).
4 Vgl auch BMF BStBl I 03, 286 – Mandatsträgerbeiträge.
5 *Winands* ZRP 87, 185 (187); *Glockemann* BB 03, 503 (506).
6 BVerfGE 3, 19 (27).
7 BFH BStBl II 91, 508 (509); OFD Ffm StEK EStG § 10b Nr 279.
8 Krit dazu *Koch* DöV 03, 451 (453 f).
9 FG Bln EFG 89, 415; *Koch* DöV 03, 451 (459).

Willensbildung mitzuwirken (§ 34g S 1 Nr 2a) und die sich an Wahlen beteiligt haben oder beteiligen werden (§ 34g S 1 Nr 2b). Die Rechtsform bestimmt sich nach den Vorschriften des Bürgerlichen Rechts (§§ 21 bis 79 BGB). § 34g genügt nur den Anforderungen der Chancengleichheit zw Parteien und Wählervereinigungen, weil er – veranlasst durch eine Entscheidung des Bundesverfassungsgerichts[1] – die Wählervereinigungen in die Tarifentlastung einbezieht.

a) Ausschließlicher Satzungszweck. Nicht jede Form der Mitwirkung an der Bildung des politischen Willens des Volkes berechtigt zum Empfang tarifbegünstigter Zuwendungen. Vereinigungen, die an der Willensbildung nicht durch die Teilnahme an Wahlen, sondern nur außerparlamentarisch, beispielsweise durch Demonstrationen, Volksbegehren, Unterschriftensammlungen, Protestaktionen oder sonstige Publizitätsvorhaben mitwirken wollen, sind nicht empfangsberechtigt.[2] Die Empfangsberechtigung setzt vielmehr voraus, dass sich die unabhängige Wählervereinigung ausweislich der Satzung die **Teilnahme an Wahlen** zu demokratischen Vertretungen iSd Art 38 I 1 oder 28 I 2 GG zum Ziel setzt. Wählervereinigungen, die sich an den Wahlen zum Europäischen Parlament beteiligen, sind ebenfalls berechtigt, steuerentlastete Zuwendungen entgegenzunehmen, auch wenn das Europaparlament nicht durch ein europäisches Staatsvolk legitimiert und nicht mit hinreichenden parlamentarischen Kompetenzen ausgestattet ist.[3] Vereinigungen, die an den Wahlen zu einem Ausländerbeirat teilnehmen, fehlt es dagegen an der Empfangsberechtigung.[4]   20

Die Wählervereinigung muss sich – ausweislich der Satzung – mit **eigenen Wahlvorschlägen** an der Wahl beteiligen. Die Aufstellung eigener Kandidaten in allen Wahlkreisen ist jedoch nicht erforderlich. Sind gemeinsame Wahlvorschläge zulässig, reicht es aus, dass die Wählervereinigung auf der gemeinschaftlichen Liste Bewerber platziert. Kein eigener Wahlvorschlag liegt dagegen vor, wenn ein eigener Bewerber auf einem fremden Wahlvorschlag kandidiert (Huckepack-Verfahren), ein fremder Wahlvorschlag unterstützt oder lediglich eine Wahlempfehlung abgegeben wird.   21

Die Mitwirkung an der politischen Willensbildung des Volkes muss ausschließlicher Satzungszweck der Wählervereinigung sein. Vereinigungen, die neben dem politischen Zweck einen weiteren Satzungszweck gemeinnütziger oder wirtschaftlicher Art verfolgen, sind nicht berechtigt, nach § 34g begünstigte Zuwendungen zu empfangen.[5] Die Steuermäßigung der Vorschrift ist damit faktisch auf sog **Rathausparteien** beschränkt. Bürgerinitiativen oder andere Interessengemeinschaften, die sich an Wahlen beteiligen, um einem anderen oder zusätzlichen Satzungszweck Nachdruck zu verleihen, verstoßen gegen das Ausschließlichkeitsgebot.   22

Das Ausschließlichkeitsgebot gilt für die **Zweckausrichtung**, nicht auch für die **Art und Weise der Zweckverfolgung**. Auch die Wählervereinigungen bestimmen autonom, mit welchen Mitteln und welchen Formen sie an der politischen Willensbildung mitwirken wollen, die letztlich auf eine Teilnahme an Wahlen zielt. Würde die Tarifentlastung von bestimmten politischen Handlungsformen abhängig gemacht, wäre der Grundsatz strikter Chancengleichheit verletzt. Die Satzung genügt deshalb dem Ausschließlichkeitsgebot, wenn der Vereinszweck ausschließlich auf die Teilnahme an der politischen Willensbildung gerichtet ist und dieser Zweck zumindest auch durch die Beteiligung an Wahlen verfolgt werden soll. Die Satzung kann aber zugleich andere Formen politischen Handelns festlegen. Die tatsächliche Geschäftsführung der unabhängigen Wählervereinigung muss dem Satzungszweck entsprechen.[6]   23

b) Errungenes Mandat oder Anzeige der Teilnahme an der nächsten Wahl. Darüber hinaus verlangt das Gesetz in § 34g 1 Nr 2b, dass der Verein auf Bundes-, Landes-, oder Kommunalebene bei der jeweiligen letzten Wahl wenigstens ein Mandat errungen oder der zuständigen Wahlbehörde oder dem zuständigen Wahlorgan angezeigt hat, dass er mit eigenen Wahlvorschlägen auf Bundes-, Landes-, oder Kommunalebene an der jeweiligen nächsten Wahl teilnehmen will. Erringt die unabhängige Wählervereinigung bei der jeweiligen letzten Wahl zumindest ein Mandat in einem deutschen oder dem Europäischen Parlament oder einem kommunalen Selbstverwaltungsgremium, ist   24

---

1 BVerfGE 78, 350 (357 ff) = BStBl II 89, 67 (70 f); vgl auch BVerfGE 99, 69 (77 ff) = BStBl II 99, 110 (114 f).
2 BFH BFH/NV 99, 29.
3 *P Kirchhof* Europäische Integration, HStR VII, § 183 Rn 53.
4 OFD Ffm StEK EStG § 34g Nr 13.
5 BMF BStBl I 89, 239 Tz 2.
6 So sieht die FinVerw zB das Ausschließlichkeitsgebot als gewahrt an, wenn die unabhängige Wählervereinigung gesellige Veranstaltungen durchführt, die im Vergleich zu ihrer politischen Tätigkeit von untergeordneter Bedeutung sind und eine etwaige wirtschaftliche Betätigung ihre politische Tätigkeit nicht überwiegt, vgl BMF BStBl I 89, 239 Tz 2.

der Verein von Beginn des Wahljahres an berechtigt, tarifermäßigte Zuwendungen zu empfangen (§ 34g S 1 Nr 2b 1. Alt). Verlässt der gewählte Mandatsträger während seiner Amtszeit die Vereinigung und schließt sich einer anderen Wählervereinigung oder Partei an, geht die Empfangsberechtigung der Vereinigung, die den Kandidaten aufgestellt hat, nicht verloren. Hat die unabhängige Wählervereinigung bei der letzten Wahl kein Mandat errungen, ist die Empfangsberechtigung nur zu bejahen, wenn die Vereinigung gegenüber der zuständigen Wahlbehörde oder dem zuständigen Wahlorgan ihren ernstlichen Willen angezeigt hat, an der jeweiligen nächsten Wahl teilzunehmen. Diese nach § 34g S 1 Nr 2b 2. Alt erforderliche Anzeige ist formlos in der Zeit vom ersten Tag nach der letzten Wahl bis zu dem Tag möglich, an dem die Anmeldefrist für die nächste Wahl abläuft. Die Anzeige kann der zuständigen Wahlbehörde oder dem zuständigen Wahlorgan bereits mehrere Jahre vor der nächsten Wahl zugehen. Sie muss ihr spätestens aE des Jahres vorliegen, für das eine Tarifermäßigung für Zuwendungen an unabhängige Wählervereinigungen beantragt wird.[1]

25 **c) Die zeitliche Begrenzung der Empfangsberechtigung.** Wählervereinigungen sind nicht dauerhaft, sondern lediglich zeitlich begrenzt berechtigt, tarifbegünstigte Zuwendungen zu empfangen. Zuwendungen an Wählervereinigungen werden nur **bis zum Tag der jeweiligen nächsten Wahl** (nicht aber bis zum Ablauf der Wahlperiode) begünstigt (§ 34g S 1 Nr 2 S 2). Beteiligt sich der Verein an der kommenden Wahl, so bleibt er weiterhin empfangsberechtigt, auch wenn kein Mandat errungen wird. An einer Wahl teilgenommen hat die Wählervereinigung, wenn die Wähler die Möglichkeit haben, die Vereinigung zu wählen. Der Wahlvorschlag der Wählervereinigung muss auf dem Stimmzettel enthalten sein[1] und damit den Anforderungen der Landes(kommunal)wahlgesetze genügen. Nimmt der Verein an der jeweiligen nächsten Wahl nicht teil, entfällt die Berechtigung, tarifbegünstigte Zuwendungen zu empfangen. Der Tarifabzug wird für Zuwendungen, die nach dem Wahltag geleistet werden, nicht mehr gewährt. Nach § 34g S 1 Nr 2 S 3 wird die Steuerermäßigung für Zuwendungen an eine unabhängige Wählervereinigung, die an der jeweiligen letzten Wahl nicht teilgenommen hat, erst wieder gewährt, wenn sie sich mit eigenen Wahlvorschlägen an einer Wahl beteiligt hat **(Sperrklausel).**

27 Die Einschränkung der Empfangsberechtigung gilt nur für unabhängige Wählervereinigungen, die der zuständigen Wahlbehörde vor einer früheren Wahl ihre Teilnahme angekündigt und sich dann entgegen dieser Mitteilung nicht an der Wahl beteiligt haben. Damit wird verhindert, dass die Steuerermäßigung **allein durch aufeinanderfolgende Absichtserklärungen** über mehrere Wahlperioden hinweg in Anspruch genommen werden kann. Der Ausschluss von der Empfangsberechtigung ist so lange gerechtfertigt, als die Wählervereinigung nicht durch eine tatsächliche Teilnahme an einer Wahl die Ernstlichkeit ihres Bestrebens unter Beweis gestellt hat. Hat sich die unabhängige Wählervereinigung an einer früheren Wahl nicht beteiligt, eine Beteiligung an dieser Wahl aber auch nicht angezeigt, greift die Sperrklausel nicht.[2] Die Vereinigung ist vielmehr nach § 34g S 1 Nr 2b für den VZ empfangsberechtigt, in dem die (erstmalige) Anzeige der zuständigen Wahlbehörde oder dem zuständigen Wahlorgan zugeht.

28 Kommt die Sperrklausel (§ 34g S 1 Nr 2 S 3) zur Anwendung, wird die Ermäßigung nur für Beiträge gewährt, die nach Beginn des Jahres, in dem die Wahl stattfindet, geleistet werden (§ 34g S 1 Nr 2 S 4). Der **Leistungszeitpunkt** ist für die jeweilige Leistung gesondert zu bestimmen. Sind Mitgliedsbeiträge als regelmäßig wiederkehrende Ausgaben kurze Zeit vor Beginn oder kurze Zeit nach Beendigung des Kj geleistet worden, sind sie nach § 11 II 2 dem Jahr zuzuordnen, zu dem sie wirtschaftlich gehören.

29 **3. Dachverbände kommunaler Wählervereinigungen.** Ein Dachverband kommunaler Wählervereinigungen ist selbst keine Wählervereinigung, soweit er sich nicht selbst an Wahlen beteiligt. Erstrecken sich Auftrag und tatsächliche Handlungsweise des Verbands auf den Bereich der politischen Willensbildung im Vorfeld von Wahlen, hat die Körperschaft gleichwohl am personalen Schutzbereich des **Grundrechts auf Chancengleichheit** teil[3] und muss deshalb selbst zum Empfang steuerbegünstigter Zuwendungen berechtigt sein. § 34g S 1 Nr 2 ist insoweit verfassungskonform auszulegen.

30 **III. Zuwendungsnachweis.** Der StPfl hat die Voraussetzungen der Steuerermäßigung nach § 34g seinem Veranlagungs-FA durch eine besondere Bestätigung nachzuweisen, die der Zuwendungs-

---

1 BMF BStBl I 89, 239 Tz 3.
2 BMF BStBl I 89, 239 Tz 4.

3 BVerfGE 99, 69 (77 ff) = BStBl II 99, 110 (114 f).

empfänger nach **amtlich vorgeschriebenem Vordruck** auszustellen hat[1] (§ 50 I EStDV). Die Finanzbehörden können deshalb die Steuerermäßigung nach § 34g verweigern, wenn dieses besondere, haftungsbewehrte Beweismittel (§ 34g S 3, § 10b IV 2) nicht vorgelegt wird.[2] Der Zuwendungsempfänger ist verpflichtet, die zweckgerichtete Verwendung der Mitgliedsbeiträge und Zuwendungsmittel nachzuweisen; unabhängige Wählervereinigungen müssen darüber hinaus ein Doppel der Zuwendungsbestätigung aufbewahren, weil sie nicht zur öffentlichen Rechnungslegung verpflichtet sind.[3]

Ist nach § 34g S 1 Nr 2b erforderlich, dass die unabhängige Wählervereinigung gegenüber der zuständigen Wahlbehörde die Teilnahme an der nächsten Wahl anzeigt, dürfen Zuwendungsbestätigungen erst ausgestellt werden, wenn die Anzeige tatsächlich zugegangen ist.[4] **31**

Im BMF-Schr v 13.12.07, BStBl I 08, 4, finden sich verbindliche **Mustervordrucke** einer Bestätigung über Zuwendungen an politische Parteien und unabhängige Wählervereinigungen. Der Aussteller muss den Empfang der Zuwendung bestätigen (vgl im Einzelnen § 10b Rn 73). **32**

IV. Rechtsfolge. Zuwendungen bewirken eine **Ermäßigung der** – um die sonstigen Steuerermäßigungen mit Ausnahme der Steuerermäßigungen nach § 34f III verminderten – **tariflichen ESt** und damit des Steuerbetrags, der aus der Anwendung der Tarifformel des § 32a auf die Bemessungsgrundlage „zu versteuerndes Einkommen" gem § 2 V 1 ermittelt wird. **34**

Soweit die um die Steuerermäßigungen gekürzte **tarifliche ESt niedriger ist als die Steuerermäßigung nach § 34g** oder das zu versteuernde Einkommen 0 € beträgt, wirkt sich der Tarifabzug nicht aus. Die Vorschrift räumt dem Zuwendenden weder einen Erstattungsanspruch ein, noch kann der StPfl § 34g in einem späteren VZ nachholen. Diese Regelung geht typisierend davon aus, dass Pers ohne oder mit geringem Einkommen idR nicht als Spender in Betracht kommen und durch Zuwendungen der in § 34g in Betracht kommenden Höhe politischer Einfluss nicht ausgeübt werden kann; sie ist deshalb verfassungsgemäß.[5] **35**

Die Ermäßigung beträgt **50 vH** der geleisteten Zuwendungen an politische Parteien. Damit vermindert sich die Steuerschuld des Gebers um die Hälfte dieser Zuwendungen. Bei der Ermittlung des Abzugsbetrages sind alle Mitgliedsbeiträge und Zuwendungen zusammenzurechnen, die im VZ an (eine oder mehrere) Parteien (Gebietsverbände, Teilorganisationen, Untergliederungen) und Wählervereinigungen geleistet werden. Sind Mitgliedsbeiträge als regelmäßig wiederkehrende Ausgaben kurze Zeit vor Beginn oder kurze Zeit nach Beendigung des Kalenderjahres geleistet worden, sind sie nach § 11 II 2 dem Jahr zuzuordnen, zu dem sie wirtschaftlich gehören. **36**

Der Tarifabzug wird nicht unbegrenzt gewährt, sondern ist seit dem VZ 02 (§ 10b Rn 68) auf jeweils **825 €**, im Falle der Zusammenveranlagung von Ehegatten auf jeweils **1 650 €** für Ausgaben nach Nr 1 und 2 (§ 34g S 2) begrenzt. Damit sind im VZ Zuwendungen bis zu **1 650 €**, bei zusammenveranlagten Eheleuten bis zu **3 300 €** zu berücksichtigen, wenn jeweils bis zu der Obergrenze an politische Parteien (§ 34g S 1 Nr 1) und an unabhängige Wählervereinigungen (§ 34g S 1 Nr 2) zugewendet worden ist. Unerheblich ist, welcher Ehepartner die Zuwendungen geleistet hat. Der Tarifabzug will den verfassungsrechtlichen Anforderungen genügen, die eine Steuerermäßigung auf Zuwendungen begrenzen, die von der Mehrzahl der StPfl in gleicher Weise genutzt werden kann (Normalspende).[6] **37**

Übersteigen die Zuwendungen an Parteien – nicht aber solche an unabhängige Wählervereinigungen – diese absoluten Zuwendungshöchstbeträge, können die Aufwendungen nach **§ 10b II** als SA von der einkommensteuerlichen Bemessungsgrundlage abgezogen werden. Ein Wahlrecht zw dem Abzug der Zuwendungen von der Steuer nach § 34g und dem SA-Abzug nach § 10b II besteht nicht.[7] Nach § 10b II 2 ist der Tarifabzug vorrangig zu gewähren. **38**

---

1 BMF BStBl I 03, 286; BStBl I 00, 592 iVm BMF BStBl I 08, 4, das die Schr des BMF BStBl I 99, 979 und BStBl I 00, 1557 rückwirkend ab dem 1.1.07 aufhebt und ersetzt. Allerdings beanstandet die Verwaltung es nicht, wenn bis zum 30.6.08 die bisherigen Muster für Zuwendungsbestätigungen verwendet werden.
2 *K/S/M* § 34g Rn A 125, 131 ff.
3 *K/S/M* § 34g Rn A 139 f.
4 BMF BStBl I 89, 239 Tz 3.
5 BVerfGE 85, 264 (317) = BStBl II 92, 766 (770); BFH/NV 02, 1300, BFH/NV 05, 540 und Beschluss v 27.9.05, Az XI B 57/05 jeweils mit Hinweis auf BVerfGE 85, 264.
6 BVerfGE 85, 264 (313, 316) = BStBl II 92, 766 (769 f).
7 R 112 II 2 EStR aF.

39 Politische Zuwendungen können im **LSt-Ermäßigungsverfahren** nur geltend gemacht werden, soweit sie als SA nach § 10b II abziehbar sind (§ 39a I Nr 2, III). Damit sind lediglich Zuwendungen an politische Parteien eintragungsfähig. Die Nachrangigkeit des SA-Abzugs parteinütziger Zuwendungen gilt im LSt-Ermäßigungsverfahren nicht. Die Verwaltung berücksichtigt Zuwendungen an politische Parteien – nicht hingegen an unabhängige Wählervereinigungen iSd § 34g S 1 Nr 2 – auch, soweit eine Steuerermäßigung nach § 34g S 1 Nr 1 in Betracht kommt. Für die Festsetzung der ESt-Vorauszahlungen nach § 37 III 2 sind Steuerermäßigungen[1] und damit auch § 34g in die Bemessungsgrundlage einzustellen.

C. Sach- und Aufwandszuwendungen

45 § 34g S 3 verweist auf § 10b III, der im Wesentlichen als Bewertungsvorschrift und für die sog Aufwandszuwendungen Bedeutung besitzt.

46 Gegenstand der Sachzuwendung sind WG (§ 10b Rn 81), die grds wie bei § 10b zu bewerten sind (§ 10b Rn 82). Ein Bewertungswahlrecht (Buchwertprivileg, § 6 I Nr 4 S 4), wie beim gemeinnützigen Zuwendungsabzug, hat der StPfl jedoch nicht. Eine Pauschalbewertung gebrauchter WG ist unzulässig.[2] An den Nachweis des Wertes der Sachzuwendung stellen Rspr und Verwaltung strenge Anforderungen.[3]

47 Trägt der StPfl Aufwendungen für einen Zuwendungsempfänger, kann dieser Aufwand nach § 10b III 4 und 5 nur steuerwirksam zugewendet werden, wenn der Zuwendende auf einen vertraglichen oder satzungsmäßigen Aufwendungsersatzanspr verzichtet (vgl im Einzelnen § 10b Rn 85 ff).[4]

D. Vertrauensschutz und Haftung

48 Nach §§ 34g S 3, 10b IV 1 darf der gutgläubige Zuwendende auf die Richtigkeit der Zuwendungsbestätigung oder entspr von der Verwaltung zugelassener Zahlungsnachweise vertrauen.[5] Keinen Vertrauensschutz genießt, wer nicht schutzwürdig ist (§ 10b Rn 99). Die Vertrauensschutzregelung bewirkt, dass die Ermäßigung der ESt nach § 34g nicht rückgängig gemacht werden kann, wenn sich nachträglich herausstellt, dass nicht alle Voraussetzungen des Tarifabzugs vorgelegen haben und die Steuer zu Unrecht ermäßigt worden ist.

49 Der Verweis des § 34g auf § 10b IV bestimmt auch die Anwendbarkeit der dort in Satz 2 und 3 geregelten Haftung. Haftungsschuld, Haftungsschuldner, Festsetzungsverfahren und Rückgriff bestimmen sich deshalb nach den für § 10b geltenden Regeln (vgl § 10b Rn 106 ff).

3. Steuerermäßigung bei Einkünften aus Gewerbebetrieb

§ 35

(1) [1]Die tarifliche Einkommensteuer, vermindert um die sonstigen Steuerermäßigungen mit Ausnahme der §§ 34f und 34g, ermäßigt sich, soweit sie anteilig auf im zu versteuernden Einkommen enthaltene gewerbliche Einkünfte entfällt,

1. bei Einkünften aus gewerblichen Unternehmen im Sinne des § 15 Abs. 1 Satz 1 Nr. 1
um das 3,8-fache des jeweils für den dem Veranlagungszeitraum entsprechenden Erhebungszeitraum nach § 14 des Gewerbesteuergesetzes für das Unternehmen festgesetzten Steuermessbetrags (Gewerbesteuer-Messbetrag); Absatz 2 Satz 5 ist entsprechend anzuwenden;
2. bei Einkünften aus Gewerbebetrieb als Mitunternehmer im Sinne des § 15 Abs. 1 Satz 1 Nr. 2 oder als persönlich haftender Gesellschafter einer Kommanditgesellschaft auf Aktien im Sinne des § 15 Abs. 1 Satz 1 Nr. 3
um das 3,8-fache des jeweils für den dem Veranlagungszeitraum entsprechenden Erhebungszeitraum festgesetzten anteiligen Gewerbesteuer-Messbetrags.

---

1 FG SchlHol EFG 84, 289.
2 OFD Ffm BB 98, 628.
3 BFH BStBl II 89, 879; OFD Ffm BB 98, 628; H 10b.1 EStH.
4 BMF BStBl I 99, 591; FG Thür EFG 03, 769.
5 FG Thür EFG 03, 769 (770).

²Der Ermäßigungshöchstbetrag ist wie folgt zu ermitteln:

$$\frac{\text{Summe der positiven gewerblichen Einkünfte}}{\text{Summe aller positiven Einkünfte}} \cdot \text{geminderte tarifliche Steuer}$$

³Gewerbliche Einkünfte im Sinne der Sätze 1 und 2 sind die der Gewerbesteuer unterliegenden Gewinne und Gewinnanteile, soweit sie nicht nach anderen Vorschriften von der Steuerermäßigung nach § 35 ausgenommen sind. ⁴Geminderte tarifliche Steuer ist die tarifliche Steuer nach Abzug von Beträgen auf Grund der Anwendung zwischenstaatlicher Abkommen und nach Anrechnung der ausländischen Steuern nach § 34c Abs. 1 und 6 dieses Gesetzes und § 12 des Außensteuergesetzes. ⁵Der Abzug des Steuerermäßigungsbetrags ist auf die tatsächlich zu zahlende Gewerbesteuer beschränkt.

(2) ¹Bei Mitunternehmerschaften im Sinne des § 15 Abs. 1 Satz 1 Nr. 2 oder bei Kommanditgesellschaften auf Aktien im Sinne des § 15 Abs. 1 Satz 1 Nr. 3 ist der Betrag des Gewerbesteuer-Messbetrags, die tatsächlich zu zahlende Gewerbesteuer und der auf die einzelnen Mitunternehmer oder auf die persönlich haftenden Gesellschafter entfallende Anteil gesondert und einheitlich festzustellen. ²Der Anteil eines Mitunternehmers am Gewerbesteuer-Messbetrag richtet sich nach seinem Anteil am Gewinn der Mitunternehmerschaft nach Maßgabe des allgemeinen Gewinnverteilungsschlüssels; Vorabgewinnanteile sind nicht zu berücksichtigen. ³Wenn auf Grund der Bestimmungen in einem Abkommen zur Vermeidung der Doppelbesteuerung bei der Festsetzung des Gewerbesteuer-Messbetrags für eine Mitunternehmerschaft nur der auf einen Teil der Mitunternehmer entfallende anteilige Gewerbeertrag berücksichtigt wird, ist der Gewerbesteuer-Messbetrag nach Maßgabe des allgemeinen Gewinnverteilungsschlüssels in voller Höhe auf diese Mitunternehmer entsprechend ihrer Anteile am Gewerbeertrag der Mitunternehmerschaft aufzuteilen. ⁴Der anteilige Gewerbesteuer-Messbetrag ist als Prozentsatz mit zwei Nachkommastellen gerundet zu ermitteln. ⁵Bei der Feststellung nach Satz 1 sind anteilige Gewerbesteuer-Messbeträge, die aus einer Beteiligung an einer Mitunternehmerschaft stammen, einzubeziehen.

(3) ¹Zuständig für die gesonderte Feststellung nach Absatz 2 ist das für die gesonderte Feststellung der Einkünfte zuständige Finanzamt. ²Für die Ermittlung der Steuerermäßigung nach Absatz 1 sind die Festsetzung des Gewerbesteuer-Messbetrags, die Feststellung des Anteils an dem festzusetzenden Gewerbesteuer-Messbetrag nach Absatz 2 Satz 1 und die Festsetzung des Gewerbesteuer Grundlagenbescheide. ³Für die Ermittlung des anteiligen Gewerbesteuer-Messbetrags nach Absatz 2 sind die Festsetzung des Gewerbesteuer-Messbetrags und die Festsetzung des anteiligen Gewerbesteuer-Messbetrags aus der Beteiligung an einer Mitunternehmerschaft Grundlagenbescheide.

(4) Für die Aufteilung und die Feststellung der tatsächlich zu zahlenden Gewerbesteuer bei Mitunternehmerschaften im Sinne des § 15 Abs. 1 Satz 1 Nr. 2 und bei Kommanditgesellschaften auf Aktien im Sinne des § 15 Abs. 1 Satz 1 Nr. 3 gelten die Absätze 2 und 3 entsprechend.

BMF BStBl I 07, 108; 701 (ab VZ 04); BStBl I 02, 533 (bei VZ 03)

Übersicht

	Rn		Rn
A. Grundaussagen der Vorschrift	1	IV. Anrechnungsumfang	
I. Sinn und Zweck	1	(§ 35 I 1 Nr 1 und 2, I 5)	20
II. Anwendungsbereich	4	1. § 35 I 1 Nr 1	20
1. Sachlicher Anwendungsbereich	4	2. § 35 I 1 Nr 2	21
2. Zeitlicher Anwendungsbereich	6	V. Nur im VZ 03: Anrechnungsausschluss bei ‚Gewerbesteuer-Oasen' (§ 35 I 2 und 3 aF)	30
B. Persönliche Anrechnungsvoraussetzungen	8	D. Bis zum VZ 03: Besonderheiten bei Organschaften (§ 35 II, IV aF)	32
C. Sachliche Anrechnungsvoraussetzungen	12	E. Besonderheiten bei Mitunternehmerschaften (§ 35 II, III, § 35 III, IV aF)	35
I. Geminderte tarifliche Steuer (§ 35 I 1 und 4)	12		
II. Begünstigungsfähige gewerbliche Einkünfte (§ 35 I 1 und 3)	14	I. Verfahrensfragen; mehrstöckige MU'schaften	43
III. Ermäßigungshöchstbetrag (§ 35 I 1 und 2)	18		

Gosch 1517

Literatur: *Blaufus/Hechtner/Hundsdoerfer* Die GewSt-Kompensation nach § 35 im JStG 08, BB 08, 80; *Daragan/Ley/Strahl* Steuerliche Gestaltungsüberlegungen zum Jahresende, DStR 00, 1073; *Dötsch/Pung* StSenkG: Körperschaftsteuer und Anteilseignerbesteuerung, DB 00, Beil. Nr 10; *U Förster* Problembereiche der Anrechnung der Gewerbesteuer auf die Einkommensteuer gem § 35, FR 00, 866; *dies.* Anrechnung der GewSt auf die ESt nach der UntSt-Reform 2008, DB 07, 760; *Haritz/Wisniewski* Das Umwandlungssteuerrecht nach Verabschiedung der UntSt-Reform, GmbHR 00, 789; *Herzig/Lochmann* Das Grundmodell der Besteuerung von Personenunternehmen nach der UntSt-Reform, DB 00, 540; *dies.* StSenkG: Steuerermäßigung für gewerbliche Einkünfte, DB 00, 1728; *Hidien* Steuerreform 2000 – Anmerkungen zum gewerbesteuerlichen Anrechnungsmodell, BB 00, 485; *Horlemann* in Pelka, UntSt-Reform, 2001, S 39; *Karrenberg* Das StSenkG aus städtischer Sicht, ZKF 00, 289; *Kemsat/Wichmann* Pauschalierte Anrechnung der GewSt auf die ESt, WPg 07, 583; *Knief/Nienaber* Gewinnthesaurierung bei Personengesellschaften im Rahmen der UntStRef 08 – ein Belastungsvergleich mit Fokus auf den Mittelstand, BB 07, 1309; *Kollruss* Die pauschalierte GewSt-Anrechnung nach § 35 bei Zebra-Gesellschaften, StBp 02, 102; *Korezkij* Umfang des Begriffs „gewerbliche Einkünfte" in § 35 I, DStR 01, 1642; *ders* Steuerermäßigung bei Einkünften aus Gewerbebetrieb: Die Brennpunkte des Anwendungsschreibens zu § 35, BB 02, 2099; *ders* Organschaft und die Steuerermäßigung nach § 35 – Gegenwart und Zukunft, GmbHR 03, 1178; *ders* StVergAbG: Änderungen der Gewerbesteuer-Anrechnung nach § 35 und deren Auswirkungen, BB 03, 1537; *ders* Die Steuerermäßigung für Einkünfte aus Gewerbebetrieb nach § 35 ab VZ 2004, StB 04, 171; *ders* Neues zum Ermäßigungshöchstbetrag nach § 35 I, BB 05, 26; *ders* Das neue Anwendungsschreiben und das erste BFH-Urteil zu § 35: Neues zur Berechnung des Ermäßigungshöchstbetrags, DStR 07, 568; *ders* BMF-Schreiben v 19.9.07 zu § 35, DStR 07, 2103; *Korn/Strahl* Gesetzesänderungen durch das StSenkG: Überblick – Wirkungen – Handlungsbedarf, KÖSDI 00, 12582; *Meinhövel* Die pauschalierte GewSt-Anrechnung ab 2001: Neutralität erreicht?, StuB 00, 298; *Neu* UntSt-Reform 2001: Die pauschalierte Gewerbesteuer-Anrechnung nach § 35, DStR 00, 1933; *Neumann/Neumeyer* Neue Besteuerungsgrundsätze für Personenunternehmen, EStB-Sonderheft 00, 25; *Ritzer/Stangl* Das Anwendungsschreiben zu § 35 – grundlegende Aussagen und Auswirkungen auf Einzelunternehmen, DStR 02, 1068; *dies.* Das Anwendungsschreiben zu § 35 – Besonderheiten bei Mitunternehmerschaften und Organschaften, DStR 02, 1785; *dies.* Berechnung des Ermäßigungshöchstbetrags nach § 35 I, DStR 05, 11; *Rödder* Pauschalierte Gewerbesteuer-Anrechnung – eine komprimierte Bestandsaufnahme, DStR 02, 939; *Rödder/Schumacher* Das Steuervergünstigungsabbaugesetz, DStR 03, 805; *dies.* UntSt-Reform 2001: Wesentliche Änderungen des StSenkG gegenüber dem Regierungsentwurf und Regeln zu seiner erstmaligen Anwendung, DStR 00, 1453; *Schaumburg/Rödder* UntSt-Reform 2001, S 349; *Schiffers* Entlastung der Personengesellschaft, Rechtsformvergleich und Option zur Körperschaftsteuer nach dem Gesetzentwurf eines ‚StSenkG', GmbHR 00, 253; *ders* Steuervergünstigungsabbaugesetz, Gesetzentwurf eines Kleinunternehmerförderungsgesetzes, Referentenentwurf eines Zinsabgeltungsgesetzes: Aktuelle Hinweise, 2003; *Sigloch* UntSt-Reform 2001 – Darstellung und ökonomische Analyse, StuW 00, 160; *Söffing* Die Mängel im Entwurf zu § 35, DB 00, 688; *Stuhrmann* UntSt-Reform: Einkommensteuer-Minderung durch Berücksichtigung der Gewerbesteuer-Belastung als Basismodell, FR 00, 550; *Strahl* Eilige Selbstberichtigungen und andere Änderungen des UntStRefG 08 durch das JStG 08, DStR 08, 9; *Thiel* Die Ermäßigung der Einkommensteuer für gewerbliche Einkünfte. Das Basismodell des StSenkG zur Entlastung von Personenunternehmen, StuW 00, 413; *Wendt* GewSt-Anrechnung bei Einzelunternehmen, Mitunternehmerschaft und Organschaft, FR 00, 1173.

A. Grundaussagen der Vorschrift

1 I. Sinn und Zweck. § 35 enthält eine Steuerermäßigung und ist seinem Charakter nach als **Tarifvorschrift** ausgestaltet. Diese wurde durch das StSenkG mit dem erklärten Ziel[1] in das EStG eingefügt, Einzelunternehmen und PersGes iErg von der GewSt zu entlasten und iErg gewerbliche Einkünfte mit solchen aus selbstständiger Arbeit in etwa gleichzustellen. Der Gesetzgeber hat hierzu (in näher bestimmtem Umfang) die Anrechnung der GewSt gewählt; die systematisch einfachere (und richtigere, s Rn 7) Lösung, stattdessen die GewSt vollends abzuschaffen, ließ und lässt sich derzeit angesichts der den Gemeinden in Art 28 und 106 VI GG garantierten Ertragshoheiten für die RealSt verfassungsrechtlich und angesichts ansonsten drohender Defizite der kommunalen Haushalte auch politisch nicht durchsetzen.

2 § 35 löste iErg die frühere Regelung in § 32c aF ab, durch welche gewerblichen Einkünften ein begünstigter Steuersatz eingeräumt wurde. Mittels des nunmehr eingeschlagenen Weges, die festgesetzte GewSt auf die ESt-Schuld anzurechnen, hoffte man, verfassungsrechtlichen (vom BVerfG letztendlich aber nicht bestätigten)[2] Einwänden vorzubeugen, die zuvor gegen diese Steuersatz-

---

1 BT-Drs 14/2683, 97. 2 BVerfG DStR 06, 1316.

Spreizung laut geworden sind.[1] In der Tat sind gleichheitsrechtliche Bedenken gegen § 35 im Grundsatz nicht gerechtfertigt. Die einheitliche Besteuerung der Einkunftsarten des § 2 I bleibt erhalten. Die Anrechnung der GewSt als gewerbliche Sonderbelastung berührt die Tarifbelastung nicht.[2] Gleichwohl ergibt sich eine Reihe neuer (vor allem gleichheitsrechtlicher) **Verfassungsbedenken** angesichts der gesetzlichen Ausgestaltung der Anrechnung (vgl Rn 15, 23, 32). Sieht man in der GewSt nach wie vor – was angesichts der vielfältigen Eingriffe in die Tatbestandsmäßigkeit der GewSt, insbes der Abschaffung der Gewerbekapital-Steuer vom Erhebungszeitraum 1999 an allerdings erheblich zweifelt ist[3] (s auch Rn 23) – eine ObjektSt (RealSt),[4] deren Steuergegenstand der GewBetr ist, überzeugt die Neuregelung überdies ebenso wenig wie zuvor § 32c aF[5] in **steuersystematischer** und damit auch in grundlegend verfassungsrechtlicher **Hinsicht** (Gebot der Widerspruchsfreiheit der Rechtsordnung und der Systemhaftigkeit des Steuerrechts[6]),[7] und zwar in zweierlei Richtung: Da die ESt demgegenüber eine Individualsteuer ist, fehlt es dann – zum einen – an der Doppelbelastung desselben Sachverhalts und Besteuerungssubjekts als Voraussetzung für die Steueranrechnung. Für die ESt gilt es insofern allenfalls, dem Nettoprinzip Rechnung zu tragen, was bislang – bis zum VZ 07 – mit der bis dahin unberührt bleibenden Abzugsfähigkeit der geleisteten GewSt als BA (§ 4 IV) geschehen ist. Insoweit wurde die GewSt bei der ESt-Ermittlung **zweifach** berücksichtigt. Das hat sich zwar erledigt, nachdem die GewSt gem § 4 Vb nF einem vollumfänglichen Abzugsverbot unterfällt; wird aber wirtschaftlich dadurch kompensiert, dass der bis dato gültige Anrechnungsfaktor gem § 35 I 1 von dem 1,8-fachen auf das nunmehr 3,8-fache angehoben worden ist. Zum anderen ist es ungereimt, die GewSt für PersGes und nat Pers gleichsam abzuschaffen, sie jedoch für KapGes vollen Umfanges beizubehalten. Der im Vergleich niedrigere KSt-Satz lässt sich insoweit nicht als tragfähiges Argument instrumentalisieren, weil das eine mit dem anderen nichts zu tun hat und deswegen keine „steuerartübergreifende" Neutralisierung erlaubt. Allerdings zielt die neu geschaffene Höchstbegrenzung der Anrechnung auf die tatsächlich zu zahlende GewSt in § 35 I 5 nF darauf ab, eine „aufkommensgerechtere Behandlung insbes zw Personenunternehmen und KapGes zu erreichen".[8]

II. Anwendungsbereich. – 1. Sachlicher Anwendungsbereich. Ihrer Wirkungsweise nach – die jedenfalls typisierte Neutralisierung der GewSt-Belastung (s Rn 22) – ist die GewSt-Anrechnung von tiefgreifender Bedeutung insbes für die **BetrAufsp**, durch die die an sich vermögensverwaltende Tätigkeit des Besitzunternehmens in eine gewerbliche umqualifiziert wird, namentlich deshalb, um die andernfalls entfallende GewSt-Pflicht des Besitzunternehmers sicherzustellen. Dieser Rechtsgrund wird künftig überflüssig; angesichts ihrer ohnehin zweifelh Gesetzmäßigkeit und Tatbestandsmäßigkeit (vgl Art 20 III GG)[9] sollte die BetrAufsp damit abgeschafft werden.[10]

Ein weiterer, durch § 35 ausgelöster Entlastungseffekt ergibt sich aus der Minderung des **SolZ**. Auf die **KiSt** wirkt sich die Steuerermäßigung hingegen nicht aus (vgl § 51a II 2). Unanwendbar bleibt § 35 schließlich kraft sondergesetzlichen Ausschlusses gem § 5a V 2 bei der sog **Tonnagebesteuerung**, obschon der nach § 5a ermittelte Gewinn gem § 7 S 3 GewStG gewstpfl ist. Es erfolgt insoweit auch keine Einbeziehung in das Anrechnungsvolumen s Rn 14. Zu den (zT unabgestimmten) (Gestaltungs-)Wirkungen der GewSt-Anrechnung gem § 35 auf die schedulierte **Abgeltungssteuer gem § 20 VI** sowie die **Thesaurierungsbegünstigung gem § 34a VIII** s *Blaufus/Hechtner/Hundsdoerfer* BB 08, 80, 84 ff.

2. Zeitlicher Anwendungsbereich. § 35 war als Neuregelung erstmals im VZ 01 anzuwenden (§ 52 Abs 50a idF des StÄndG 01), korrespondierend zu der bisherigen Tarifvergünstigung nach § 32c aF, die letztmals im VZ 00 anzuwenden war (§ 52 Abs 44, idF des StÄndG 01). Die kumulative Anwendung sowohl von § 35 als auch von § 32c aF ist in jedem Fall ausgeschlossen. Zum nur eingeschränkten Geltungsbereich von § 35 II aF auf den VZ 01 s Rn 32. Zu zeitlichen Übergangsproblemen bei mehrstöckigen PersGes und vom Kj abw Wj s FinMin NRW DB 02, 1349. – In seiner nunmehrigen

---

1 BFH BStBl II 99, 450 (Vorlagebeschluss an das BVerfG) mwN.
2 *Stuhrmann* FR 00, 550.
3 Vgl dazu *Gosch* DStZ 98, 334 ff; *Blümich* § 6 GewStG Rn 14.
4 So zuletzt wieder zB BFH BStBl II 00, 316; BStBl II 04, 17.
5 Vgl *Blümich* § 32c Rn 15.
6 Allg dazu BVerfGE 98, 83 (106); *Kirchhof* StuW 00, 316 ff; *ders* StbJb 99/00, 17 (22 f).
7 Vgl *Lang* DStJG 24 (2001), 49 (103 f); *Hey* DStJG 24 (2001), 155 (204 ff); *Schön* StuW 00, 151 (156); *ders* Stbg 00, 1 (16).
8 Vgl BT-Drs 16/4841, S 65.
9 Umfassend *Knobbe-Keuk*[9] § 22 X 2.
10 Zutr *Haritz/Wisniewski* GmbHR 00, 789 (795).

Fassung ist § 35 erstmals im VZ 08 anzuwenden (§ 52 Abs 50a S 2 idF des JStG 08). Zur Anwendung der Vorfassung vom Vz 04 an s § 52 Abs 50a idF des GewStRefG. Zu den Besonderheiten für die Anrechnung von GewSt bei Betriebsstätten in Gemeinden mit niedrigen Hebesätzen im VZ 03 s 6. Aufl Rn 30 ff, zu den bis zum VZ 03 geltenden Sonderregeln für gewerbesteuerrechtliche Organschaftsverhältnisse s 6. Aufl Rn 45 ff.

B. Persönliche Anrechnungsvoraussetzungen

8   Durch die Vorschrift begünstigt werden (nur) die Einkünfte (unbeschränkt, aber auch beschränkt) estpfl **nat Pers**, gleichviel, ob als Einzelunternehmer iSv § 15 I 1 Nr 1, unmittelbar und mittelbar beteiligte MU'er iSv § 15 I 1 Nr 2 (einschließlich solcher von gewerblich geprägten MU'schaften gem § 15 III Nr 2) oder als pers haftende G'ter einer KGaA iSv § 15 I 1 Nr 3. Die (ggf anteiligen, Rn 35) Anrechnungsbeträge werden allerdings für Einkünfte des gewerblichen Einzelunternehmers (§ 35 I 1 Nr 1) und aus der Beteiligung an einer MU'schaft (§ 35 I 1 Nr 2) jeweils getrennt ermittelt und erst bei der ESt-Veranlagung zusammengefasst. Im Falle einer **BetrAufsp** sind Besitz- und Betriebs-Ges getrennt voneinander zu betrachten, eine gegen die Betriebs-Ges festgesetzte GewSt kann bei der ESt des Besitzunternehmers folglich nicht angerechnet werden.[1] Zur Bedeutung von § 35 für die BetrAufsp s auch Rn 4. Für **KapGes** und ihre G'ter (mit Kapitaleinkünften, § 20) ist § 35 ohne Bedeutung. Gleiches gilt für **Zebra-Ges** unter Beteiligung einer KapGes sowie für die KapGes (typisch) Still; in beiden Fällen erzielt allein die KapGes gewstpfl Einkünfte.[2] GewSt-freie Betriebe (vgl § 3 Nr 7, 13, 20 GewStG) sind iErg nicht begünstigt, weil ihnen die erforderliche GewSt-Belastung fehlt (Rn 14). Abw verhält es sich indes, wenn an der Zebra-Ges eine gewerblich geprägte PersGes (§ 15 III Nr 1) beteiligt ist (s § 35 II [III aF]).

9   Erfasst werden im Grds nur **inländische Einkünfte**, da nur solche mit GewSt belastet sind. Einkünfte ausländischer Betriebsstätten oder PersGes werden abkommensrechtlich nicht Deutschland zugewiesen, vgl Art 7 OECD-MA. Andernfalls erfolgt zwar regelmäßig eine Kürzung gem § 9 Nr 2 und 3 GewStG, was sich allerdings auf den begünstigungsfähigen Anteil gewerblicher Einkünfte nicht auswirkt (str, s Rn 14).

10 Besonderheiten bestehen bei der **KGaA**, und zwar insofern, als bei dieser nicht der G'ter, vielmehr die KGaA (als KapGes) selbst mit der GewSt belastet wird (§ 8 Nr 4 GewStG). Die Kürzung gem § 9 Nr 2b GewStG ändert daran nichts; sie beseitigt beim G'ter nur die Doppelbelastung mit GewSt infolge der Hinzurechnung gem § 8 Nr 4 GewStG.[3] Indem § 35 I 1 Nr 2 die Gewinnanteile des G'ters der KGaA aber ausdrücklich einbezieht, ist dennoch gesichert, dass der G'ter in den Genuss der Anrechnung gelangen soll. § 35 I verlangt damit ausnahmsweise keine mit der Anrechnung korrespondierende GewSt-Belastung des betr StPfl, sondern begnügt sich mit der gewerbesteuerlichen Einmalbelastung bei der Ges.[4] Begünstigter bei der KGaA kann also einerseits der (originär) gewerbliche Geschäftsführer (nat Pers oder PersGes), andererseits der phG'ter ohne originär gewerbliche Einkünfte sein. Da der phG'ter zwar kein MU'er, jedoch ‚wie' ein solcher zu behandeln ist,[5] findet für die Ermittlung des anteiligen Anrechnungsbetrages gem § 35 II (§ 35 III aF) Anwendung (s Rn 35 ff). Bedeutung hat dies vor allem für Fälle, in denen der phG'ter nur Sondervergütungen (für die Überlassung für WG an die KGaA) erhält, die nicht in die allg Gewinnverteilung einzubeziehen und nicht begünstigt sind (s Rn 37).

11 Nachteile, die sich infolge der GewSt-Belastung bislang aus dem Umstand der Gewerblichkeit ergaben, werden durch § 35 weitgehend beseitigt, unter bestimmten Umständen sogar ‚überkompensiert' (Rn 22). In derartigen Fällen kann dies entspr Gestaltungsempfehlungen nach sich ziehen.

C. Sachliche Anrechnungsvoraussetzungen

12 **I. Geminderte tarifliche Steuer (§ 35 I 1 und 4).** **Anrechnungsziel** ist die Ersetzung der regulären tariflichen ESt durch die geminderte tarifliche ESt. Ausgangspunkt und Grundlage jener **geminderten tariflichen Steuer** und damit der GewSt-Anrechnung ist gem § 35 I 4 die (für den jeweiligen VZ festgesetzte) **tarifliche ESt, (1)** vermindert um die sonstigen Steuerermäßigungen mit Ausnahme der § 34f (Anrechnung von Baukindergeld) und § 34g (Anrechnung politischer Spenden) und **(2)** nur,

---

1 FG D'dorf EFG 07, 685.
2 BFH/NV 01, 254.
3 Vgl *Gosch* FR 91, 345.
4 *Korn* § 35 Rn 69.
5 BFH BStBl II 84, 381.

„soweit sie **anteilig auf** im zu versteuernden Einkommen enthaltene **gewerbliche Einkünfte** entfällt". Die Anrechnung der GewSt tritt also zum einen hinter sonstige Steuerermäßigungen (zB durch die Anrechnung ausländischer Steuern gem § 34c I und VI, § 12 AStG, § 19 AuslInvestmG, aufgrund von DBA, zB Abschn 11 Nr 2 Schlußprotokoll zu Art 23 DBA-Belgien[1]) zurück (Anrechnungssubsidiarität); sie unterbleibt zum anderen (zumindest teilw) dann, wenn insgesamt oder auch lediglich für (ggf aus mehreren GewBetr oder MU'schaften kumulierte, s Rn 17) gewerbliche Einkünfte im jeweiligen VZ tatsächlich keine (anteilige) ESt festgesetzt wird oder wenn diese (anteilige) tarifliche ESt-Festsetzung niedriger ausfällt als die anzurechnende GewSt. (3) Die Anrechnung ist gem § 35 I 2 vom VZ 08 an schließlich **auf die tatsächlich zu zahlende GewSt** als **Anrechnungs-Höchstbetrag** begrenzt. S Rn 2.

II. Begünstigungsfähige gewerbliche Einkünfte (§ 35 I 1 und 3). Begünstigungsfähige gewerbliche 14
Einkünfte iSd § 35 I 1 sind prinzipiell nur solche iSv §15, und zwar nach richtiger, den Regelungszweck berücksichtigender Auffassung, die insoweit allerdings bislang vor allem von der **FinVerw** (wohl[2]) **nicht** geteilt wird,[3] nur solche iSv § 15, die **dem Grunde nach**[4] gewstpfl und die dementspr mit GewSt **vorbelastet** sind (**§ 7, § 8 Nr 4 GewStG**, vgl ebenso § 32c II 1 aF). Letzteres ist nunmehr auch im Gesetz selbst ausdrücklich verankert, **§ 35 I 3** (allerdings ohne die Bezugnahme auf die GewStPfl dem Grunde nach)[5]. Erfaßt werden auch Einkünfte gem **§ 16**, also Einkünfte aus der Aufgabe oder Veräußerung einer 100 %igen Beteiligung an einer KapGes (§ 16 I 1 Nr 1 S 2), Einkünfte aus der Veräußerung eines Teils des MU'anteils (§ 16 I 2) und Einkünfte aus der Veräußerung von mittelbar gehaltenen MU'anteilen uÄ (§ 16 I 1), Letzteres aber erst vom VZ 02 an, nachdem entspr Einkünfte gewstpfl sind (vgl § 7 S 2 GewStG idF des UntStFG 01), und nur in dem danach gegebenen Umfang.[6] **Nicht** begünstigungsfähig waren und sind hingegen Einkünfte gem **§ 17**,[7] auch nicht Veräußerungsgewinne gem **§ 22 UmwStG nF**, § 21 UmwStG aF. Ein anderes (weitergehendes) Verständnis erscheint vor dem Hintergrund des Gesetzeswortlauts („gewerbliche Einkünfte"; „Einkünfte aus Gewerbebetrieb") zwar als möglich, es widerspräche indes dem Gesetzeszweck, der nicht zuletzt (auch) in der Begrenzung auf den in dem „dem VZ entspr Erhebungszeitraum festgesetzten anteiligen GewSt-Messbetrag" (§ 35 I 1 Nr 1, 2) zum Ausdruck kommt.[8] Anders als gem § 32c II 2 Nr 1 bis 3 aF findet der Kürzungskatalog des **§ 9 GewStG** in § 35 keine Erwähnung und reduziert infolgedessen die danach zu gewährende Begünstigung im Ansatz ebenso wenig[9] wie gewst-belastete Einkünfte, die einem ermäßigten ESt-Satz unterliegen (**§ 34**; vgl § 32c II 2 Nr 4 aF);[10] der Gesetzeswortlaut ist insofern eindeutig. Folgen hat dies vor allem für ausländische Einkünfte (aus ausländischen Betriebsstätten, Beteiligungen an ausländischen PersGes), die sich gewerbesteuerrechtlich nicht auswirken (§ 9 Nr 2, 3, 7, 8 GewStG). Infolge gesetzlicher **Befreiung** (§ 3 GewStG, § 13 GewStDV, s Rn 2) ganz oder teilw gewerbesteuerfreie Einkünfte scheiden grds aus[11] (zur – allerdings umstr – ausnahmsweisen Anrechnung von GewSt für gem **§ 3 Nr 40** befreite Einkünfte im Rahmen des (bisherigen) Halb- bzw (vom VZ 09 an) Teileinkünfteverfahrens s Rn 20), gleichermaßen wie Einkünfte, die von vornherein nicht gewerbesteuerbar sind, insbes Einkünfte außerhalb der eigentlichen werbenden Tätigkeit des Unternehmens (vorbereitende Tätigkeiten, Verpachtungen, bis zum VZ 02 auch Veräußerungs-, Betriebsaufgabe- und Umwandlungsgewinne oder -verluste) bei PersGes.[12] Eine Ausnahme dazu bestand hingegen hinsichtlich des Aufgabe- oder Veräußerungsgewinns gem § 18 IV UmwStG aF innerhalb der 5-jährigen Karenzzeit nach Umwandlung. Vom

---

1 IdF von Art 2 des Zusatzabkommens v 5.11.02 (BGBl II 03, 1615).
2 Ganz eindeutig und klar ist dies erkennbar nicht, vgl BMF BStBl I 07, 108 Tz 10 einerseits und BStBl I 07, 701 Tz 10 andererseits; s auch *Ritzer/Stangl* DStR 02, 1068 (1071 ff); *Korezkij* BB 02, 2099 f; *ders* DStR 07, 2103, 2104.
3 BMF BStBl I 07, 108 Tz 10; BStBl I 02, 533 Tz 10.
4 *Wendt* FR 00, 1173 (1179); **aA** *Neu* DStR 00, 1933 (1936); *Korn* § 35 Rn 36; *Ritzer/Stangl* INF 00, 641 (646); *Korezkij* DStR 01, 1642.
5 S dazu *Korezkij* DStR 07, 2103.
6 Zutr BMF BStBl I 07, 108 Tz 10; BStBl I 02, 533 Tz 10; **aA** zB *Füger/Rieger* DStR 02, 933 (937) mwN.
7 *Thiel* StuW 00, 413 (418); *Wendt* FR 00, 1173 (1179); **aA** *Herzig/Lochmann* DB 00, 1191 (1192).
8 BMF BStBl I 07, 108 Tz 10; BStBl I 02, 533 Tz 10; **aA** *Korezkij* DStR 01, 1642 mwN.
9 *Thiel* StuW 00, 418; *Korezkij* DStR 07, 2103; *UFörster* DB 07, 760, 761; **aA** *K/S/M* § 35 Rn B 13; *Herzig/Lochmann* aaO; *Wendt* aaO: gewerbliche Einkünfte als „gewerbesteuerbelastete Einkünfte" kraft teleologischer Reduktion; *Schmidt*[26] § 35 Rn 6; wohl auch BMF I 07, 701.
10 Insofern auch *Wendt* FR 00, 1173.
11 Insoweit **aA** BMF BStBl I 07, 108 Tz 10; BStBl I 02, 533 Tz 10; s auch *Ritzer/Stangl* DStR 05, 11 (13).
12 **AA** *Cattelaens* WPg 00, 1180 (1184); *Korezkij* BB 02, 2099 (2100); unklar BMF BStBl I 07, 108 Tz 10; BStBl I 02, 53 Tz 10.

25.12.01 an[1] ist der darauf entfallende Teil des GewSt-Messbetrags bei der Ermäßigung der ESt gem § 35 kraft ausdrücklichen gesetzlichen Ausschlusses in **§ 18 III 3 UmwStG** nF (§ 18 IV 3 aF) allerdings nicht mehr zu berücksichtigen. Der Ermäßigungshöchstbetrag des § 35 I 1 (Rn 18) und der anrechnungsfähige GewSt-Messbetrag sind in entspr Verhältnis zum Gesamtgewinn zu kürzen.[2] Nach umstr,[3] aber richtiger Auffassung gilt dies **nicht** für Gewinne aus Verkäufen von **Teil-MU'anteilen**, die § 18 III UmwStG nF (§ 18 IV UmwStG aF) nicht unterfallen und deren GewSt-Pflicht sich demzufolge nicht hieraus, sondern (als laufende Gewinne iSd § 15 I 1 Nr 2) aus § 16 I 2 ergibt;[4] im Falle der GewStPfl gem § 7 S 2 GewStG folgt daraus dann die Anrechnung gem § 35.[5] Auch wenn man dem nicht beipflichtet, sind insoweit solche Teil-Veräußerungsgewinne abzugrenzen, welche vor der Umwandlung gewerbesteuerfrei realisiert werden konnten und deswegen über § 18 III UmwStG (§ 18 IV UmwStG aF) ohnehin nicht gewstpfl werden können.[6] **Nicht** in das Anrechnungsvolumen einzubeziehen sind schließlich Gewinne, die nach **§ 5a** der Tonnagebesteuerung unterliegen, Rn 5.

15 Auch **negative Einkünfte** aus nicht gewerblichen Einkunftsarten sowie Verluste gem §§ 16 und 17, die nicht in die Ermittlung des Gewerbeertrags einzubeziehen sind (Rn 14), schöpfen das Anrechnungspotenzial aus gewerblichen Einkünften ganz oder teilw ab **(„vertikaler Verlustausgleich")**;[7] gleichermaßen verhält es sich bei – gegenüber § 35 vorrangig zu berücksichtigenden – Verlustabzügen gem § 10d.[8] Allerdings hatte der BFH durch Urteil v 27.9.06 entschieden, dass entspr negative Einkünfte nicht anteilig (nach dem sog Verhältnisprinzip), sondern vorrangig (nach dem sog Meistbegünstigungsprinzip) mit nicht gem § 35 tarifbegünstigten horizontal und nur im überschießenden Teil mit tarifbegünstigten Einkünften vertikal zu verrechnen seien;[9] die auf die gewerblichen Einkünfte entfallende ESt als Anrechnungsbasis blieb hiernach also unberührt. Die FinVerw hatte sich dem entgegen ihrer ursprünglichen Rechtsauffassung angeschlossen[10]. Die durch das JStG 08 (mit erstmaliger Wirkung vom VZ 08 an) in § 35 I 2 eingeführte Formel zur Berechnung des Ermäßigungshöchstbetrages sieht hingegen nun aber wieder eine Verhältnisrechnung vor, nach welcher dieser aus dem Quotienten der Summe der **positiven** gewerblichen Einkünfte iSd § 35 I 3 und der Summe aller **positiven** Einkünfte zu errechnen ist, der mit der tariflichen Steuer zu vervielfachen ist. S Rn 18. Damit soll der besagte Meistbegünstigungsgrundsatz konterkariert und die frühere Rechtsauffassung der FinVerw restituiert werden.[11] Das dürfte misslungen sein; richtigerweise hätte (im Zähler) der Höchstbetragsformel auf die positive Summe der gewerblichen Einkünfte abgestellt werden müssen. Im Auslegungswege lässt sich der gesetzestechnische Lapsus angesichts des eindeutigen Regelungswortlauts kaum reparieren. Bejaht man das aber, schafft die Neuregelung zugleich eine beträchtlich erhöhte Gefahr für systemwidrige Anrechnungsüberhänge, s Rn 22. Eine die tarifliche ESt hiernach übersteigende GewSt wird an den StPfl **nicht erstattet**. Sie kann auch **nicht** in einen anderen VZ **vor- oder rückgetragen** werden. In dem nicht ausgeschöpften Umfang geht das Anrechnungspotenzial („Anrechnungsüberhang"[12]) vielmehr endgültig verloren.[13] Es bleibt lediglich der Abzug der GewSt als BA und der dadurch (steuersatzabhängige, s Rn 22) Begünstigungseffekt erhalten. Diese Rechtsfolge, die sich aus der Ausgestaltung der GewSt-Anrechnung als Tarifmäßigung ergibt, stellt nicht lediglich einen konstruktiven Mangel dar, der der gesetzgeberischen Intention, die GewSt-Belastung zu neutralisieren (Rn 1), zuwiderläuft. Sie ist vielmehr auch in gleichheitsrechtlicher Hinsicht zwei-

---

1 Als Tag nach der Verkündung gem § 27 IVa UmwStG aF, vgl *Rödder* DStR 02, 939 (943); *Höreth/Schiegl/Zipfel* BB 02, 485 (489); aber **str**: *Korezkij* BB 02, 2099 (2100); *Korn* § 35 Rn 44.2; *Füger/Rieger* DStR 02, 1021 (1022): ab VZ 01; *Blümich* § 18 UmwStG Rn 36: ab VZ 00.
2 BMF BStBl I 07, 108 Tz 10; BStBl I 02, 533 Tz 10; **aA** *Korezkij* BB 02, 2099.
3 Wie hier neben BMF BStBl I 07, 108 Tz 10 u BStBl I 02, 53 Tz 10 zB *W/M* § 18 UmwStG Rn 181; *Neu* DStR 02, 1078 (1082); ggf auch BFH/NV 02, 600, s *Rödder* DStR 02, 939 (942); **aA** zB *van Lishaut* UmwStG, S 59 unter Hinweis auf das Wort ‚soweit' in § 18 IV 2 UmwStG aF; *Förster* DB 02, 1394 (1396); *Korezkij* BB 02, 2099 (2100); mwN zum Meinungsstand s *Ritzer/Stangl* DStR 02, 1785 (1787).
4 Vgl OFD D'dorf FR 02, 1151.

5 Zum Vorrang von § 7 S 2 GewStG gegenüber § 18 IV UmwStG aF s auch BFH/NV 02, 600; ferner *Neu* DStR 02, 1078 (1082); **aA** *Füger/Rieger* DStR 02, 1021 (1023).
6 Vgl BFH BStBl II 04, 474; *Rödder* DStR 02, 939 (943).
7 BFH BStBl II 07, 694; BMF BStBl I 07, 108 Tz 13; **aA** *kk* KÖSDI 07, 15424.
8 BMF BStBl I 07, 108 Tz 13; BStBl I 02, 533 Tz 11; krit *Korn* KÖSDI 02, 13422 (13424) mwN.
9 BFH BStBl II 07, 694; **aA** *Ritzer/Stangl* DStR 02, 1073 (1074f); *K/S/M* § 35 Rn B 50ff.
10 BMF BStBl I 07, 701 Tz 13 f unter Aufgabe von BMF BStBl I 07, 108 Tz 13; s dazu *Korezkij* DStR 07, 2103.
11 S BT-Drs 16/703621; s dazu zutr *Blaufus/Hechtner/Hundsdoerfer* BB 08, 80, 81 f.
12 *Herzig/Lochmann* DB 00, 1728 (1731).
13 *Herzig/Lochmann* aaO; **aA** *Förster* FR 00, 866 (869).

felh.[1] IErg hängt die Frage, ob es zur Anrechnung kommt oder nicht, von bloßen Zufälligkeiten der jeweiligen Abschnittsbesteuerung ab, ohne dass dafür sachliche Rechtfertigungsgründe ersichtlich wären;[2] die Entlastung von GewSt entfällt gerade dann, wenn kein zu versteuerndes Einkommen mit entspr Leistungsfähigkeit vorliegt. Ziel einer abwehrenden Gestaltungsberatung muss es angesichts dessen sein, insoweit missliche Ergebnisse durch Erhöhung des gewerblichen Anteils an der ESt zu vermeiden;[3] in Fällen eines Verlustrücktrages gem § 10d I kann die ansonsten verfallende GewSt-Anrechnung ggf durch entspr Verzicht (vgl § 10d I 7 und 8) gerettet werden, der Verlustabzug bleibt dann als Verlustvortrag erhalten (§ 10d II).[4]

Die aufgezeigten Bedenken verstärken sich im Hinblick auf StPfl, die über **mehrere GewBetr** verfügen oder die **an mehreren MU'schaften** beteiligt sind. In derartigen Fällen sind die jeweiligen Ermäßigungen zwar für jeden GewBetr oder für jede MU'schaft getrennt zu ermitteln und erst sodann bei der gegen des StPfl festzusetzenden ESt zusammenzufassen.[5] Da die Anrechnung gem § 35 I iErg aber von der tariflichen ESt abhängt, die auf die kumulierten Einkünfte aus GewBetr entfällt, und damit – ungeachtet des insoweit nicht ganz eindeutigen Gesetzeswortlauts in § 35 I[6] – voraussetzt, dass der in der Summe der Einkünfte enthaltene, **saldierte Betrag der Einkünfte aus GewBetr positiv** ist,[7] können derartige Sachverhalte beträchtliche und iErg leerlaufende GewSt-Überschüsse ohne Kompensationsmöglichkeiten zur Folge haben: Einem im **horizontalen Verlustausgleich** negativen Ergebnis bei der ESt werden oftmals positive Gewerbeerträge (§ 7 GewStG) mit entspr GewSt-Belastungen bei einzelnen GewBetr gegenüberstehen, weil dem GewSt-Recht ein solcher horizontaler Verlustausgleich fremd ist. So kann es sich selbst bei GewBetr, die Verluste ausweisen, verhalten, wenn deren Gewinne infolge von Hinzurechnungen (zB von Dauerschuldentgelten) gem § 8 GewStG bei der Ermittlung des Gewerbeertrages (§ 7 GewStG) zu erhöhen sind. Solche Belastungen wirken sich ganz oder teilw nicht aus. Aus gleichen Gründen kann umgekehrt aber auch eine Betrachtungsweise, die (wohl contra legem) auf die gewerblichen Einkünfte jeden jedes einzelnen GewBetr oder jeder einzelnen Beteiligung abstellt, nachteilig sein.[8] Ursache für derartige Unabgestimmtheiten ist die fehlende Korrespondenz zw den einkommensteuerlichen und den gewerbesteuerlichen Bemessungsgrundlagen.[9] Ein insgesamt negativer Gewerbeertrag ist jedenfalls nicht zu berücksichtigen; es fehlen dann begünstigte Einkünfte.[10]

III. Ermäßigungshöchstbetrag (§ 35 I 1 und 2). Der die GewSt-Anrechnung beschränkende **Anteil an der tariflichen ESt**, die auf die Einkünfte aus GewBetr entfällt **(Ermäßigungshöchstbetrag)**, bestimmte sich – ebenso wie gem § 32c III aF (s § 32c Rn 22) – ursprünglich nach dem Verhältnis dieser Einkünfte zur Summe aller Einkünfte,[11] also nach folgender **Formel:**[12]

$$\frac{\text{begünstigte gewerbliche Einkünfte iSd § 35}}{\text{Summe der Einkünfte (bis VZ 03: nach Berücksichtigung des Verlustausgleichs iSd § 2 III 2–8 aF)}} \times \text{tarifliche ESt iSd § 35}$$

Durch das JStG 08 wurde diese Formel abgewandelt und ist sie nunmehr wie folgt in **§ 35 I 2** festgeschrieben:

$$\frac{\text{Summe der positiven gewerblichen Einkünfte}}{\text{Summe aller positiven Einkünfte}} \times \text{geminderte tarifliche Steuer}$$

---

1 *Herzig/Lochmann* aaO; **aA** FG Mchn EFG 07, 260 Rev X R 32/06.
2 Zutr *Söffing* DB 00, 688 (692); *Herzig/Lochmann* DB 00, 450 (452), unter Hinweis auf den Vorlagebeschl des BFH BStBl II 99, 450 und den dort als gleichheitswidrig gerügten Ausschluss von der Tarifbegrenzung gem § 32c aF für gewerbliche Einkünfte unterhalb bestimmter Grenzbeträge; s dazu aber BVerfG DStR 06, 1316 u oben Rn 2.
3 Eingehend *Herzig/Lochmann* DB 00, 1728 (1731 ff).
4 *Förster* FR 00, 866, 870.
5 Vgl auch BT-Drs 14/2683, 116.
6 Vgl demgegenüber noch § 35 I im ursprünglichen ESt-SenkG, BT-Drs 14/2683, 169.
7 BFH BStBl II 07, 694; *H/H/R* § 35 Rn 12; *Thiel* StuW 00, 413 (419); *Wendt* FR 00, 1173 (1178); *Korn/Strahl*

KÖSDI 00, 12582 (12603); *K/S/M* § 35 Rn B 42 ff; *Ritzer/Stangl* DStR 05, 11; FG M'ster EFG 05, 1204; FG D'dorf EFG 06, 352; *Korezkij* BB 05, 26; zweifelnd *Herzig/Lochmann* DB 00, 1728 (1731); *Förster* FR 00, 866 (869); **aA** *Schmidt*[26] § 35 Rn 13.
8 Zu Einzelheiten s *Herzig/Lochmann* aaO; *Förster* aaO.
9 Zutr *Förster* aaO.
10 Krit mit instruktiven Beispielen *Ritzer/Stangl* DStR 02, 1073 (1075 f).
11 BFH BStBl II 07, 694; BMF DStR 07, 198 Tz 16; BStBl I 02, 533 Tz 13, 15; *Glanegger* FR 01, 949; *Korezkij* StB 04, 171 (174); ders BB 05, 26 (28).
12 BMF BStBl II 07, 108 Tz 16; BStBl I 02, 533 Tz 15; dazu zB *Ritzer/Stangl* DStR 02, 1073 (1077 f); *Korezkij* BB 02, 2099 (2100 f).

Minderungen wie zB Verlustabzüge gem § 10d oder Abzüge nach § 2 IV und V, schlugen sich sonach bis zum VZ 08 proportional[1] bei allen Einkünften des StPfl, den gewerblichen ebenso wie den nicht gewerblichen, nieder,[2] vom VZ 08 an, um Überkompensationen bei geringeren übrigen und höheren gewerblichen Einkünften zu vermeiden, aber uU nur noch bis zur Grenze von 0. S Rn 15. Der Altersentlastungsbetrag und der Freibetrag gem § 13 III sind abzuziehen; vom VZ 04 an ergibt sich dies unmittelbar aus § 2 III nF.[3] Das Ergebnis der Höchstbetragsrechnung wurde bis zum VZ 03 auf die 4. Nachkommastelle aufgerundet.[4] Gehören zu den begünstigten gewerblichen Gesamteinkünften auch solche, die **nicht** begünstigt sind (Rn 8), sind diese zur Ermittlung des Ermäßigungshöchstbetrages zu eliminieren. Dies geschieht in einer Vorberechnung, in der auch Verluste aus nicht begünstigten Einkunftsarten und -teilen (s Rn 15) zu verrechnen sind.[5]

19 Bei **zusammenveranlagten Ehegatten** (§§ 26, 26b) bestimmt sich die anteilige tarifliche ESt aus den Einkünften der jeweiligen Ehegatten.[6] Nachteilen, die sich aus der horizontalen Verrechnung von Verlusten des einen Ehegatten mit positiven Einkünften des anderen Ehegatten ergeben, kann danach (nur) durch eine getrennte Veranlagung oder durch zuvorige gezielte Einkünfteverlagerung begegnet werden. Im Übrigen ist vertikal ehegattenübegreifend zu saldieren, wobei wie bei der Einzelveranlagung (Rn 15) negative Einkünfte des einen Ehegatten nicht quotal, sondern vorrangig mit nicht gem § 35 tarifbegünstigten Einkünften des anderen Ehegatten zu verrechnen sind.[7] Zur abw Verwaltungspraxis bis zum VZ 03 s BMF BStBl I 02, 533 Tz 14 sowie 6. Aufl Rn 19.

20 **IV. Anrechnungsumfang (§ 35 I 1 Nr 1 und 2, I 5). – 1. § 35 I 1 Nr 1.** Die Ermäßigung beläuft sich bei Einkünften aus gewerblichen Unternehmen iSd § 15 I 1 Nr 1 **pauschal** auf das **3,8 fache** (bis zum VZ 07: 1,8-fache) des GewSt-Messbetrages, der gem § 14 GewStG für den dem VZ entspr Erhebungszeitraum – bezogen auf jeden einzelnen GewBetr – (tatsächlich) festgesetzt worden ist. Der Steuermessbetrag iSd § 14 GewStG einerseits, der GewSt-Messbetrag iSd § 35 I 1 sind nach dem eindeutigen Regelungstext identisch, insbes ist GewSt-Messbetrag iSd § 35 I 1 nicht der bereits mit dem Faktor 1,8 multiplizierte Steuermessbetrag iSd § 14 GewStG.[8] Auf die darauf aufbauende Festsetzung auch der GewSt und auf die tatsächliche Belastung mit GewSt kam es bis zum VZ 07 nicht an, so dass sich auch gemeindliche Billigkeitsmaßnahmen (§§ 163, 222, 227 AO) nur dann auf die Steuerermäßigung auswirkten, wenn zugleich der GewSt-Messbetrag aufgehoben oder gemindert wurde.[9] Vom VZ 08 an hat sich dies geändert: **§ 35 I 5** bestimmt die tatsächlich zu zahlende (nicht: die tatsächlich gezahlte) GewSt als **Ermäßigungshöchstbetrag**. VZ (§ 25 I) ist stets, Erhebungszeitraum (§ 14 S 2 GewStG) ist idR das Kj, lediglich bei nur teilw StPfl während des gesamten Kj tritt an die Stelle des Kj der Zeitraum der GewSt-Pflicht (§ 14 S 3 GewStG); zu den ggf abw Gewinn- und Gewerbeertragsermittlungszeiträumen s § 4a II; § 10 II GewStG. Zur getrennten Ermittlung der jew Ermäßigungen bei mehreren GewBetr oder bei mehreren MU-Beteiligungen eines StPfl s Rn 17. Ist der StPfl an einer MU'schaft beteiligt, sind die entspr gesondert und einheitlich festgestellten (§ 35 II 1, § 35 III 1 aF Rn 44) begünstigungsfähigen Anteile des Einzelunternehmers an dem für die MU'schaft festgesetzten GewSt-Messbetrag (§ 35 II 2, § 35 III 2 aF, Rn 35f) einzubeziehen (**§ 35 I 1 Nr 1 letzter HS iVm II 5**, § 35 III 4 aF Rn 43). Wechselt der GewSt-Schuldner, besteht die sachliche GewSt-Pflicht für das Unternehmen aber gleichwohl fort (zB im Falle der Einbringung eines Einzelunternehmens in eine PersGes, nicht aber im Falle der Verschmelzung), ergehen für den betr (ungekürzten) Erhebungszeitraum regelmäßig mehrere getrennte GewSt-Messbescheide.[10] Diese sind der Berechnung des Anrechnungsumfangs additiv zugrunde zu legen. Anzurechnen ist richtiger Auffassung nach auch dann, wenn die begünstigungsfähigen gewerblichen Einkünfte (Rn 14) teilw von der ESt befreit sind und lediglich infolge Hinzurechnung gem § 8 GewStG der GewSt unterfallen (zB gem § 3 Nr 40 nur hälftig erfasste Streubesitzdividenden, deren stfreier Teil aber gem **§ 8 Nr 5**

---

1 BMF BStBl I 02, 5; BFH BStBl II 07, 694; **aA** *Ritzer/Stangl* DStR 05, 11 (12); *kk* KÖSDI 07, 15424.
2 *Förster* aaO; **aA** *Thiel* StuW 00, 413 (419); zu Unrecht zweifelnd in Bezug auf Verlustvorträge auch *Herzig/Lochmann* DB 00, 1728 (1731).
3 Vgl *Korezkij* StB 04, 171 (174).
4 BMF BStBl I 02, 533 Tz 13 aE.
5 BMF BStBl I 07, 108 Tz 13 ff; s auch *Ritzer/Stangl* DStR 02, 1975: Verrechnung der jeweils (begünstigten und nicht begünstigten) Teilbeträge in einem kleinen horizontalen Verlustausgleich.
6 BMF BStBl I 02, 533 Tz 14.
7 BFH BStBl II 07, 694; BMF BStBl I 07, 701 (gegen BStBl I 07, 108 Tz 14f: anteilige Verrechnung).
8 *Korezkij* BB 01, 333 (336); **aA** *Blümich* § 35 Rn 30.
9 S auch *Düll/Fuhrmann/Eberhard* DStR 03, 862 (865); **aA** jedoch BMF BStBl I 03, 240 Tz 15 im Hinblick auf Sanierungsmaßnahmen: generelle Auswirkung auf § 35.
10 A 69 II GewStR.

GewStG bei Ermittlung des Gewerbeertrages wieder hinzuzurechnen ist). Ein gewerbesteuerlicher Anrechnungsüberhang (Rn 15) ist hier ausnahmsweise nicht hinzunehmen. Die gewerbesteuerliche Neutralisierung der hälftigen Befreiung dient nicht der Verwirklichung des gewerbesteuerlichen Objektcharakters (s aber Rn 23), sondern als rein fiskalische Maßnahme dem Schutz des GewSt-Aufkommens.[1] Dies rechtfertigt eine teleologische Reduktion des ohnehin weitergehenden Gesetzeswortlauts in § 35 I 1 (Rn 14); es besteht kein Grund, die systemwidrige gesetzgeberische Entscheidung des § 8 Nr 5 GewStG auf die ESt durchschlagen zu lassen.[2]

2. § 35 I 1 Nr 2. Bei Einkünften aus GewBetr als MU'er iSd § 15 I 1 Nr 2 und 3 berechnet sich der Ermäßigungsbetrag ebenfalls mit dem 1,8 fachen des – so der Regelungswortlaut – jeweils für den dem VZ entspr Erhebungszeitraum festgesetzten anteiligen GewSt-Messbetrages. Das ist insofern missverständlich, als der GewSt-Messbetrag gem § 5 I 3 GewStG gegenüber der MU'schaft selbst festgesetzt wird, nicht anteilig gegenüber dem MU'er. Gemeint ist deshalb der jeweils anteilige und insoweit für den MU'er gem § 35 II (§ 35 III aF) gesondert und einheitlich festgestellte, als solcher aber gegenüber der MU'schaft festgesetzte GewSt-Messbetrag. 21

Durch die Pauschalierung der Anrechnung auf das 3,8-fache (bis zum VZ 07: 1,8 fache) des zugrunde zu legenden GewSt-Messbetrages unterstellt das Gesetz den Regelfall einer GewSt-Belastung bei Ansatz eines **Hebesatzes** (§ 16 GewStG) von derzeit **400 vH**[3] (bis VZ 07: 341 vH[4]) (bei einem ESt-Höchstsatz von 42 vH und ohne Berücksichtigung von § 32a nF,[5] im VZ 02 und 03 bei einem ESt-Höchstsatz von 48,5 vH zuzüglich SolZ 389 vH; im VZ 04 bei einem ESt-Höchstsatz von 45 vH: 360 vH)[6] und soll bewirken, dass der Unternehmer bei einem entspr Hebesatz iErg vollen Umfanges von der GewSt entlastet wird. Dies gelingt allerdings nur unvollkommen: Die GewSt-Belastung hängt von dem tatsächlich anzuwendenden gemeindlichen Hebesatz sowie bislang – bis zum VZ 07- infolge der bisherigen Abzugsfähigkeit der GewSt als BA (Rn 2) von dem jeweiligen individuellen ESt-Satz ab, sie wird außerdem durch den Freibetrag gem § 11 I 2 Nr 1 GewStG und – das aber ebenfalls nur bis zum VZ 07 – durch die bis dahin geltenden gestaffelten Steuermesszahlen gem § 11 II Nr 1 GewStG aF beeinflusst.[7] Dadurch kommt es bei höheren kommunalen Hebesätzen zu einer gewissen Unterkompensation (Mehrbelastung), insbe durch Anrechnungsüberhängen, eine Gefahr, die vom VZ 08 an (im Zuge des JStG 08) sogar noch verstärkt worden ist (s Rn 15); umgekehrt führen niedrigere Hebesätze zu einer Überkompensation (Minderbelastung). Der Zusammenhang mit der effektiven GewSt-Belastung des Unternehmens wird insoweit gelöst. Diese Wirkungsweisen der GewSt-Anrechnung werden zum einen auf die Beurteilung der Frage nach den Vor- und Nachteilen einer GewStPfl (zB im Grenzbereich zw Freiberuflern und Gewerbetreibenden; beim gewerblichen Grundstückshandel) niederschlagen.[8] Sie werden zum anderen die Ansiedlungspolitik der StPfl und den gemeindlichen Steuerwettbewerb[9] beeinflussen. Zu einer allg Absenkung der Hebesätze ist es gleichwohl – vermutlich wegen der kommunalen Finanzmisere – bislang nicht gekommen: Im Erhebungszeitraum 2007 betrug der ‚gewichtete' Hebesatzdurchschnitt bei Gemeinden mit mehr als 50 000 Einwohnern – gegenüber 2006 nahezu gleichbleibend – 432 vH,[10] was bedeutet, dass es bei nahezu allen der StPfl nicht zu der von § 35 intendierten Neutralisierung der GewSt-Last kommt. Dabei ist für GewBetr mit einer Betriebsstätte oder mit mehreren Betriebsstätten in einer Gemeinde (vgl § 4 I 1 GewStG) die Betriebsstättengemeinde maßgebend; für GewBetr mit mehrgemeindlichen Betriebsstätten (vgl § 4 I 2 GewStG) ergibt sich die durchschnittliche GewSt-Belastung unter Berücksichtigung der jeweiligen Zerlegungsanteile (§§ 28 bis 33 GewStG) sowie der jeweiligen Hebesätze im Verhältnis zum GewSt-Messbetrag. 22

Für die Pauschalierung wird eine Reihe von Erwägungen angeführt:[11] Andernfalls leide der Charakter der GewSt als ObjektSt Schaden; das den Gemeinden zugestandene Besteuerungsrecht gem 23

---

1 S BT-Drs 14/7084, 8.
2 Vgl *Fischer* DStR 02, 610 (614); **aA** *Schmidt*[26] § 35 Rn 12.
3 Die GewSt beträgt dann 14 vH des Gewerbertrags; die GewSt-Anrechnung beläuft sich auf 3,8 × 3,5 vH (Meßzahl) = 13,3 vH, zzgl SolZ auf die GewSt-Anrechnung, also zzgl 5,5 vH = 14,03 vH. Vgl *Herzig/Lochmann* DB 07, 1037, 1039; *Knief/Nienaber* BB 07, 1309, 1311.
4 Vgl *IFSt* Schrift 446/2007, S 14 ff.
5 Vgl zu den Auswirkungen der sog Reichensteuer auf § 35 *Hechtner/Hundsdoerfer* BB 06, 2123 (2127).
6 Vgl *Herzig/Lochmann* DB 00, 1728 (1734); *Korezkij* BB 03, 1537.
7 Vgl im Einzelnen die Berechnungen und Übersichten von *Herzig/Lochmann* DB 00, 1728 (1733 ff); *Förster* aaO.
8 *Herzig/Lochmann* DB 00, 1198; *dies.* DB 00, 1728 (1734f).
9 Vgl dazu *Blümich* § 16 GewStG Rn 6.
10 Vgl *IFSt* Schrift 446/2007, S 35.
11 *Stuhrmann* FR 00, 550.

Art 28 GG drohe eingeschränkt zu werden, weil die GewSt im Effekt sich als bloße Vorauszahlung auf die ESt darstelle; die Abziehbarkeit der GewSt als BA verliere mangels Belastung ihre Rechtfertigung; die Pauschalierung sei besonders praktikabel, weil die leidigen Abgrenzungen zw Einkünften gem § 15 und § 18 an Bedeutung verlören; sie wirke überdies dämpfend auf gemeindliche Hebesatzerhöhungen. – All dies überzeugt nicht und dekuvriert die Anrechnung gem § 35 als ‚Etikettenschwindel' für die schleichende Beseitigung der GewSt, die in Anbetracht ihrer derzeitigen Ausgestaltung (insbes Abschaffung der Gewerbekapitalsteuer; Halbierung der Hinzurechnungen) ohnehin kaum noch als Objektsteuer qualifiziert werden kann (Rn 2). Entscheidend ist, dass die Pauschalierung zu ungerechtfertigten und unverhältnismäßigen Über- und Unterentlastungen führt, dadurch den Bereich ggf noch hinnehmbarer ‚Typisierung' verlässt und deswegen ihrer Ausgestaltung nach gleichheitswidrig sein dürfte.[1]

30 **V. Nur im VZ 03: Anrechnungsausschluss bei ‚Gewerbesteuer-Oasen' (§ 35 I 2 und 3 aF).** Im VZ 03 enthielten § 35 I 2 und 3 aF einen besonderen Anrechnungsausschluss für den Fall der gewerbesteuerlichen Niedrigbesteuerung. Diese Sonderregelung wurde ab dem VZ 04 (durch das Gesetz v 23.12.03)[2] ersatzlos aufgehoben. Einer Ertragsverlagerung auf Gemeinden mit niedrigen Hebesätzen wird nun durch den in § 16 IV 2 GewStG bestimmten Mindesthebesatz von 200 vH vorgebeugt. Zur Rechtslage in VZ 03 s 6. Aufl § 35 Rn 30 f.

D. Bis zum VZ 03: Besonderheiten bei Organschaften (§ 35 II, IV aF)

32 § 35 II aF enthielt Besonderheiten für gewerbesteuerliche Organschaften iSd § 2 II 2 und 3 GewStG, die aber gem **§ 35 II 4** aF nur Anwendung fanden, wenn nicht zugleich („auch") eine körperschaftsteuerliche Organschaft iSv §§ 14, 17 oder 18 KStG vorlag. Da sich vom Erhebungszeitraum 02 an (vgl § 36 I GewStG idF des UntStFG 01) die Voraussetzungen der gewerbesteuerlichen und der körperschaftsteuerlichen Organschaft deckten (= Erfordernis der finanziellen Eingliederung und Abschluss eines Gewinnabführungsvertrages), war § 35 II aF deswegen letztlich **nur für den VZ 01** bedeutsam: Denn abw von der körperschaftsteuerlichen Rechtslage verzichtete die gewerbesteuerliche Organschaft im Erhebungszeitraum 01 gem § 2 II 2 GewStG idF von § 36 II GewStG idF des UntStFG 01 auf das Erfordernis eines Gewinnabführungsvertrages, verlangte dafür aber der finanzielle, organisatorische und wirtschaftliche Eingliederung iSv § 14 I Nrn 1 bis 3 KStG aF. Gewerbesteuerliche und körperschaftsteuerliche Organschaft konnten also auseinander fallen. Vor diesem gesetzlichen Hintergrund wurde § 35 II (iVm IV) aF vom VZ 04 an durch das GewStRefG ersatzlos aufgehoben. – Zur Rechtslage bis zum VZ 03 s 6. Aufl § 35 Rn 45 ff.

E. Besonderheiten bei Mitunternehmerschaften (§ 35 II, III, § 35 III, IV aF)

35 Bei MU'schaften, insbes bei solchen mit mittelbaren („mehrstöckigen") Strukturen (s Rn 43), infolge der Behandlung ‚wie' ein MU'er aber auch der phG'ter einer KGaA iSv § 15 I 1 Nr 3 (s Rn 10), sollen die gegen die einzelnen Ges als GewSt-Schuldner (vgl § 5 I 3 GewStG) festgesetzten GewSt-Messbeträge bei den jeweiligen MU'ern nach der Gesetzeskonzeption des § 35 nur anteilig im Verhältnis ihrer Beteiligung berücksichtigt werden können (§ 35 II [III aF]). Der jeweilige GewSt-Messbetrag ist deshalb **aufzuteilen**.

36 § 35 II 2 HS 1, § 35 III 2 HS 1 aF bestimmt für diese Aufteilung auf die einzelnen MU'er als Aufteilungsmaßstab bindend den **Anteil** des MU'ers **am Gewinn** der MU'schaft (auch der atypisch stillen Ges[3]) nach Maßgabe des allg (gesetzliche oder vertragliche) **Gewinnverteilungsschlüssels**, gem **§ 35 II 2 HS 2**, § 35 III 2 HS 2 aF allerdings **ohne** Berücksichtigung von **Vorabgewinnanteilen** und gem **§ 35 II 3 nF** ohne Einbeziehung solcher MU'er, welche nach einem DBA nicht der deutschen Gewerbebesteuerung unterliegen (Rn 38).

37 Diese Bestimmung des Aufteilungsmaßstabs in § 35 II (§ 35 III aF) ist in mehrfacher Hinsicht **nicht zweifelsfrei**: Ihr Ausgangswert ist allein der (positive oder negative) Gewinnanteil des MU'ers. Gemeint ist damit wohl nicht der Gesamtgewinn der MU'schaft gem § 15 I 1 Nr 2 S 1 unter Einbeziehung von Ergänzungs- und Sonderbilanzen, vielmehr nur der in § 15 I 1 Nr 2 S 1 an erster Stelle genannte **Steuerbilanzgewinn** der PersGes. **Ausgenommen** davon sind zunächst **(1)** kraft ausdrücklicher Anordnung **Vorabgewinne** (Gewinnvorab, Gewinnvoraus). Das sind solche Vergütungen, die

---

[1] Ebenso *Söffing* DB 00, 688 (689); aA *Schmidt*[26] § 35 Rn 3.
[2] BGBl I 03, 2922.
[3] BMF BStBl I 07, 108 Tz 18; BStBl I 02, 533 Tz 18.

dem G'ter aufgrund des Gesellschaftsvertrages (für einen auf gesellschaftsvertraglicher Grundlage erbrachten Beitrag) als Erfolgsbeitrag idR aus dem Steuerbilanzgewinn (und als erhöhten Teil des Gewinnanteils des MU'ers iSv § 15 I 1 Nr 2 S 1 HS 1) vorweg zu gewähren sind und die den Steuerbilanzgewinn der PersGes nicht mindern (s § 15 Rn 383),[1] und zwar im Grds gleichviel, ob ein solcher Erfolgsbeitrag fix oder als gewinnabhängig[2] ausgestaltet ist. Die FinVerw[3] scheidet demgegenüber aber nur gewinn*un*abhängige Vorabgewinnanteile aus und schlägt die gewinnabhängigen Teile dem allg Gewinnverteilungsschlüssel zu. Ein solches Vorgehen mag zwar der Belastung des betr begünstigten G'ters mit GewSt und damit dem Entlastungszweck des § 35 eher Rechnung tragen als eine Gleichbehandlung fixer und variabler Vorabgewinne, und es verringert zudem die Gefahr von Anrechnungsüberhängen,[4] steht mit dem Gesetzeswortlaut, wonach Vorabgewinne unterschiedslos auszublenden sind, indes nicht in Einklang. Außerdem werden Tantieme gemeinhin in einem Vomhundertsatz des Jahresüberschusses *vor* Steuern, nicht jedoch nach Steuern berechnet, wodurch sich, wie Neu aufgezeigt hat,[5] bei Einbeziehung in den Verteilungsschlüssel Belastungsverzerrungen ergeben. Richtigerweise ist deshalb (nur) auf den verbleibenden Restgewinn als Ausgangsgröße abzustellen. Eindeutig zu den Vorabgewinnen gehört aber die Vorabverzinsung des Kapitalanteils in der Ges-Bilanz (vgl § 121 I HGB; s § 15 Rn 399).[6] Solange die Gewinnermittlung unberührt bleibt, kann es sich um einen Gewinnvorab und nicht um eine Sondervergütung dann handeln, wenn der Beitrag nicht nur in Gewinn-, sondern gleichermaßen in Verlustjahren erbracht und in einem solchen Jahr zwischen den G'tern als Aufwand verrechnet wird.[7] **Ausgenommen** sind gem § 35 II 2 HS 2, § 35 III 2 HS 2 aF darüber hinaus (**2**) aber auch – mit Vorabgewinnen grds gleich zu behandelnde[8] – **Sondervergütungen** iSv § 15 I 1 Nr 2 S 1 HS 2 (einschl Sonderbetriebseinnahmen und -ausgaben aus SBV I und II), die der MU'er für seine Tätigkeiten erhält, die er der MU'schaft gegenüber auf schuldrechtlicher Grundlage erbringt, sowie die Ergebnisse aus positiven und negativen **Ergänzungsbilanzen**. Diese beeinflussen den Aufteilungsmaßstab nicht; der damit verbundene Aufwand ist auf alle G'ter entspr dem Gewinnverteilungsschlüssel aufzuteilen und auf diese Weise zu ‚sozialisieren'. Dies gilt ersichtlich selbst für einen MU'er, der lediglich einen Zwerganteil an der PersGes innehat und in dementsprechend geringem Umfang am Gesamthandsgewinn beteiligt ist, der jedoch beträchtliche Sondervergütungen vereinnahmt, welche ihrerseits als Gewinn iSv § 7 GewStG der GewSt unterliegen. Trotz dieser gewerbesteuerlichen Belastung muss ein solcher MU'er sich mit dem Anteil am GewSt-Messbetrag begnügen, der seinem verhältnismäßigen Gewinnanteil entspricht. Das gilt gleichermaßen für den phG'ter einer KGaA mit gewerblichen Einkünften, der (ganz oder ausschließlich) eine Geschäftsführervergütung oder Vergütungen für die Überlassung von WG erhält, welche bei der KGaA gem § 8 Nr 1 oder 7 GewStG gewerbesteuerliche Hinzurechnungen auslösen. Durch diese Wirkungen wird das Regelungsziel (entgegen ursprünglicher Absichten[9]) in gleichheitsrechtlich bedenklicher Weise verfehlt; der Aufteilungsschlüssel erweist sich als zu grob und undifferenziert. Diese Bedenken lassen sich weder durch allg Praktikabilitätserwägungen[10] noch durch den denkbaren Hinweis darauf ausräumen, dass die G'ter sich mittels Ausgleich schaffender Steuerklauseln[11] auf eine inkongruente Gewinnverteilung zugunsten des betreffenden MU'ers verständigen oder das Sonder-BV ggf auch auf eine gewerblich geprägte PersGes (ohne Gewinnrealisierung, vgl § 6 V 3) auslagern können, die das WG sodann zur Nutzung überlässt.[12]

Was den **Gewinnverteilungsschlüssel** anbelangt, gelten die allg Regeln: Maßgebend sind die gesellschaftsvertraglichen Abmachungen des Verteilungsschlüssels, diese allerdings nur, soweit sie steuer- **38**

---

1 BFH BStBl II 87, 553; BStBl II 99, 284, mit Anm *HG* DStR 99, 105; *Tulloch/Wellisch* DStR 99, 1093; *K/S/M* § 15 Rn E 7; *Söffing* Harzburger Protokoll 1995, S 219 (227 ff); um einen solchen Vorabgewinn handelt es sich auch bei der Verpflichtung der PersGes, dem G'ter bestimmten Sonderaufwand zu ersetzen (BFH BStBl II 94, 282, 286).
2 *H/H/R* § 35 Rn R 31; *Lademann* § 35 Rn 98; *K/S/M* § 35 Rn E 25;. FG Bln-Bdbg v 23.10.07 6 K 1332/03 B NZB IV B 136/07; **aA** *Horlemann* in Pelka, Unternehmenssteuerreform, S 38 (46 f), der insoweit zw Vorabgewinn und Gewinnvoraus unterscheidet und den so verstandenen Gewinnvoraus gem § 35 begünstigen will.
3 BMF BStBl I 07, 701 Tz 21; 108 Tz 18; BStBl I 02, 533 Rn 21.
4 *Ritzer/Stangl* DStR 02, 1785 (1786 f).
5 *Neu* DStR 03, 1062; s auch bereits DStR 02, 1078.
6 BFH BStBl II 94, 88; BStBl II 99, 163.
7 Zutr *Groh* ZGR 00, 870 (882); DStZ 01, 358; s auch *Gosch* StBp 01, 212 (214); **aA** BFH BStBl II 01, 621.
8 ZB BFH BStBl II 96, 219; BFHE 184, 571.
9 Vgl BT-Drs 14/2683, 116.
10 Vgl aber BT-Drs 14/2683, 97.
11 *Herzig/Lochmann* DB 00, 1728 (1729); *Strahl* DStR 00, 1973 (1979); *Neu* DStR 00, 1936; vgl auch *Rödder/Schumacher* DStR 00, 1453 (1456); *Autenrieth* DStZ 88, 120; BFH BStBl II 93, 616 zum Verlustabzug beim partiellen Unternehmerwechsel; weitergehend *Gl/Gür* GewStG[5] § 5 Rn 21: zivilrechtlicher Ausgleich durch abw Gewinnverteilung auch ohne Steuerklausel.
12 *Korn/Strahl* KÖSDI 00, 12582 (12604); *Korn* § 35 Rn 80; *Ritzer/Stangl* DStR 02, 1785 (1786).

rechtliche anerkannt werden; etwaige steuerrechtliche Korrekturen (zB gem § 42 I 2 AO bei Familien-PersGes) sind zu berücksichtigen.[1] Auf dieser Grundlage bestimmt sich (idR zum Ende des Wj) die anteilige Zurechnung des Steuerbilanzgewinns oder -verlusts auf die einzelnen G'ter, und zwar unter Einbeziehung aller G'ter, auch solcher, die dem personalen Anforderungsprofil des § 35 nicht entsprechen und diesem deshalb nicht unterfallen, zB KapGes.[2] Es wird insoweit (in zulässiger Weise) typisiert. Voraussetzung ist lediglich, dass die Verteilungsvereinbarung keine vGA (§ 8 III 2 KStG) darstellt. Von dieser Typisierung wird (vom VZ 04 an) gem **§ 35 II 3 nF** eine (überobligatorische) Ausnahme für den Fall gemacht, dass an der PersGes ein ausländischer MU'er beteiligt ist, welcher aufgrund eines DBA nicht der GewSt unterfällt. Der Gesetzgeber sieht es offenbar als unbillig an, wenn der ausländische MU'er dennoch in die Aufteilung des GewSt-Messbetrages zulasten der übrigen MU'er einbezogen wird und deren Anteile an dem GewSt-Messbetrag kürzt. Da aber einerseits die PersGes GewSt-Schuldnerin ist (vgl § 5 I 3 GewStG) und andererseits die inländischen Betriebsstätten der PersGes abkommensrechtlich zugleich Betriebsstätten der (sachlich gewstpfl)[3] G'ter sind, fehlt idR eine DBA-rechtliche Freistellung einzelner MU'er[4] und ist deswegen die praktische Relevanz dieser Ausnahme nicht ersichtlich. Sie erstreckt sich derzeit erkennbar allein auf Betriebsstätten grenzüberschreitender GewBetr im deutsch-niederländischen Grenzgebiet,[5] für die nach Art 3 IV des 3. Zusatzprotokolls v 4.6.04 zum DBA-Niederlande und dem dazu ergangenen TransformationsG v 15.12.04[6] ausnahmsweise das Ansässigkeits- und nicht das international abkommensrechtlich übliche Betriebsstättenprinzip Anwendung findet. In jedem Fall und unbeschadet dieser Ausnahme kommt es auf die **tatsächliche** Verteilung des Gewinns im Rahmen der einheitlichen und gesonderten Feststellung der Einkünfte aus GewBetr nicht an.[7] Der Gewinnverteilungsschlüssel bezieht sich idR, aber vorbehaltlich abw Abreden, auf die HB und richtet sich in diesem Zusammenhang nach den Festkapitalkonten.[8] Er ist entspr anzuwenden, wenn der Steuerbilanzgewinn der MU'schaft höher oder niedriger ist als der HB-Gewinn,[9] grds auch dann, wenn sich aufgrund einer Betriebsprüfung Mehr- oder Mindergewinne ergeben.[10]

39 (Ausdrückliche oder konkludente) **Änderungen** des vereinbarten Gewinnverteilungsschlüssels sind, sofern sie betrieblich veranlasst sind, einkommensteuerrechtlich und damit auch im Rahmen von § 35 zu berücksichtigen. Das gilt auch dann, wenn bei der Ges Buchgewinne aus der Entnahme von WG entstehen: IdR wird in einem solchen Fall eine Änderung der Gewinnverteilung gegeben sein; der Entnahmegewinn ist allein dem begünstigten G'ter zuzurechnen.[11] (Zivilrechtlich zulässige) Änderungen, die sich auf das abgelaufene Wj rückbeziehen, bleiben hingegen unbeachtlich.[12] Das betrifft insbes G'ter, die erst nach Ablauf des Wj der Ges beitreten und noch am Gewinn des abgelaufenen Wj beteiligt werden.[13] Andererseits sind G'ter, die mit oder nach Ablauf des Wj ausscheiden, am Gewinn zu beteiligen, unabhängig davon, ob der Austritt zivilrechtlich rückbezogen wird.[14] Tritt ein G'ter während des Wj (**unterjährig**) in die Ges ein oder scheidet er aus dieser aus, bleibt er steuerlich zeitanteilig an dieser entspr dem Gewinnverteilungsschlüssel und nach Maßgabe für den Fall des Eintritts oder des Ausscheidens des G'ters getroffener Vereinbarungen[15] beteiligt,[16] ggf nach Aufstellung einer entspr Abschichtungsbilanz.[17] Fälle des **G'ter-Wechsels** beeinflussen also das Anrechnungsvolumen und können ggf zu Anrechnungsüberhängen führen. Das ist bei gestalterischen Maßnahmen zu bedenken (zB bei Planung einer vorweggenommenen Erbfolge). Ähnliche Überhangeffekte drohen im Falle des Verkaufs von MU'anteilen infolge von gem § 7 S 2 GewStG stpfl **Veräußerungsgewinnen** des ausscheidenden G'ters; diese belassen den regulären Verteilungs-

---

1 *Korezkij* BB 01, 389 (390).
2 BMF BStBl I 07, 108 Tz 25; BStBl I 02, 533 Tz 25.
3 BFH BStBl II 90, 436; BStBl II 93, 616; BStBl II 95, 794; BStBl II 97, 82.
4 S allg zur Bedeutung der GewSt in DBA *Vogel/Lehner*[4] Art 2 Rn 54 ff.
5 Nach BT-Drs 15/4166, 6 gibt es von derartigen grenzüberschreitenden Gewerbegebieten „gegenwärtig erst eines"!
6 BGBl II 04, 1653.
7 BMF BStBl I 07, 108 Tz 18; BStBl I 02, 533 Tz 18; zust *Korezkij* BB 02, 2099 (2100); s auch *Ritzer/Stangl* DStR 02, 1785 (1787).
8 BFH BStBl II 90, 965.
9 BFH BStBl II 91, 691.
10 BFH BStBl II 97, 241; *K/S/M* § 15 Rn E 215.
11 Vgl zB BFH BStBl II 86, 17; BFH/NV 95, 103; anders jedoch, wenn der begünstigte G'ter die stillen Reserven geschenkt erhalten soll: BFH BStBl II 96, 276; diff *K/S/M* § 15 Rn E 145.
12 ZB BFH BStBl II 87, 558; BFH/NV 00, 1185.
13 BFH BStBl II 73, 389.
14 BFH aaO; BMF BStBl I 07, 108 Tz 20; BStBl I 02, 533 Tz 20.
15 Ausdrücklich BMF BStBl I 02, 533 Rn 29.
16 ZB BFH BStBl II 87, 558; BStBl II 96, 5; *K/S/M* § 15 Rn E 223 ff; *Ritzer/Stangl* DStR 02, 1785 (1789); **aA** *Korn* § 35 Rn 73: Ende der Wj.
17 BMF BStBl I 07, 108 Tz 20; BStBl I 02, 533 Tz 29.

schlüssel unbeeinflusst,[1] wirken sich beim Alt-G'ter also nicht aus, laufen indes beim Erwerber häufig leer, weil dieser idR nicht über hinreichende ESt-Belastung aus gewerblichen Einkünften verfügt oder weil es sich hierbei um eine KapGes handelt.[2] S auch zu mehrstöckigen MU'schaften Rn 43. Insoweit sind abw Verteilungsvereinbarungen steuerlich unbeachtlich.[3] Bei **Umwandlungsvorgängen** (nach dem UmwStG oder beim Wechsel eines Einzelunternehmens in eine PersGes oder umgekehrt) wechselt zugleich der GewSt-Schuldner mit entspr getrennten GewSt-Messbetragsfestsetzungen (vgl A 69 II GewStR), so dass sich keine Auswirkungen auf die Gewinnverteilung und damit auf die Anrechnung ergeben können.[4] Anders liegen die Dinge jedoch beim **atypisch stillen G'ter** (Rn 36), bei dem der Unternehmensinhaber alleiniger Schuldner der GewSt verbleibt; hier ist so wie beim Eintritt oder Ausscheiden des MU'ers zu verfahren.[5]

Die Aufteilungsberechnung gem § 35 II 2, § 35 III 2 aF geht von dem GewSt-Messbetrag aus, der **tatsächlich** gegenüber der MU'schaft festgesetzt wird, also **nach** Anwendung des Freibetrages und des Eingangsstaffelwertes gem § 11 I GewStG. Der einzelne MU'er partizipiert folglich lediglich anteilig an diesen gewerbesteuerlichen Tarifvergünstigungen, da diese nur betriebsbezogen (für jede MU'schaft) gewährt werden. Auch dieser Umstand mindert den für ihn erreichbaren Vorteil der GewSt-Entlastung erheblich.[6] 42

I. Verfahrensfragen; mehrstöckige MU'schaften. Der beim einzelnen MU'er (oder beim phG'ter einer KGaA) gem § 35 I 1 begünstigungsfähige Anteil am einheitlichen GewSt-Messbetrag ist als Prozentsatz mit zwei Nachkommastellen **zu runden** (§ 35 II 4, § 35 III 3 aF). Der so ermittelte Anteil und der (Gesamt-)Betrag des einheitlichen GewSt-Messbetrages sind von dem für die Festsetzung des einheitlichen GewSt-Messbetrages **zuständigen Betriebs-FA** (vgl § 18 AO) der MU'schaft (§ 35 III 1, § 35 IV 2 aF) **gesondert und einheitlich** (§ 180 AO) **festzustellen** (§ 35 II 1, § 35 III 1 aF), auch hier ohne dass es einer besonderen Feststellungserklärung bedürfte. In diese Feststellung sind (ebenso wie gem § 35 I 1 Nr 1 letzter HS auch bei gewerblichen Unternehmen iSv § 15 I 1 Nr 1, Rn 20) anteilige GewSt-Messbeträge, die bei **mehrstöckigen Konstruktionen** aus der Beteiligung an einer MU'schaft stammen und die insoweit ihrerseits von dem zuständigen FA festgestellt worden sind, einzubeziehen, also – unverändert und wiederum unter Anwendung des allg Gewinnverteilungsschlüssels – hinzuzurechnen (**Durchrechnung auf den „Schluss-G'ter", § 35 II 5, § 35 III 4 aF**). Das ist erforderlich, weil sich Gewinnanteile aus entspr Beteiligungen gem § 8 Nr 8, § 9 Nr 2 GewStG bei dem gegen den G'ter (MU'er) festgesetzten GewSt-Messbetrag nicht auswirken. Dabei ist die Durchrechnung des anteiligen GewSt-Messbetrages der Unter-Ges unabhängig davon, ob sich bei der Ober-Ges ein **negativer Gewerbeertrag** und folglich ein Messbetrag von 0 ergibt, ebenso, wie wechselseitig der negative Gewerbeertrag der Ober-Ges sich nicht auf die GewSt-Belastung der Unter-Ges auswirkt und diese nicht reduziert.[7] Auch im Falle einer gem § 7 S 2 GewStG gewstpfl Anteilsveräußerung durch eine PersGes wird der anteilige Gewst-Messbetrag an die jeweilige Ober-Ges ‚weitergereicht', obschon die Steuerlast auf den **Veräußerungsgewinn** vollen Umfanges von der veräußernden Ges zu tragen ist[8] und deshalb Anrechnungsüberhänge infolge der Unabgestimmtheit der persönlichen Voraussetzungen zw Anrechnungsvolumen und Anrechnungshöchstbetrag drohen. Zu Übergangsproblemen zw § 35 und § 32c s FinMin Nordrhein-Westfalen DB 02, 1349. 43

Gesondert (vgl § 180 I Nr 2b AO) oder gesondert und einheitlich (vgl § 180 I Nr 2a AO) festzustellen sind vom Betriebs-FA außerdem die gewerblichen Einkünfte iSd § 35 und ggf Verluste gem § 16, die nicht in die Ermittlung des Gewerbeertrags einzubeziehen sind,[9] und die tatsächlich zu zahlende GewSt, letzteres aber erst vom VZ 08 an, nachdem mit § 35 I 2 nF ein entspr Anrechnungs-Höchstbetrag geschaffen worden ist. S Rn 18. 44

Die jeweiligen Feststellungen gem § 35 II 1, § 35 III 1 aF ergehen in **mehrstufigen Verwaltungsverfahren** (bei vielfach hintereinandergeschalteten Konstruktionen als Verfahrensketten) mit jeweils entspr **Grundlagenwirkungen** (vgl § 171 X 1 AO): Zum einen stellen sowohl die Festsetzung des 45

---

1 BMF BStBl I 07, 108 Tz 20; BStBl I 02, 533 Tz 24, 29.
2 Vgl *Rödder* DStR 02, 939 (942 f); krit auch *Ritzer/Stangl* DStR 02, 1785 (1789 f).
3 *Neu* DStR 02, 1078 (1080); *Rödder* DStR 02, 939 (943).
4 BMF BStBl I 07, 108 Tz 20; BStBl I 02, 533 Tz 30, 31.
5 Zutr *Ritzer/Stangl* DStR 02, 1785 (1791).
6 Vgl die Berechnungsmodelle von *Herzig/Lochmann* DB 00, 540 (544).
7 BMF BStBl I 07, 108 Tz 20; BStBl I 02, 533 Tz 27.
8 *Rödder/Schumacher* DStR 02, 933; *Ritzer/Stangl* DStR 02, 1785 (1791 f) mit Hinweisen auf auch steuergünstige Konsequenzen bei Beteiligung einer KapGes als MU'er.
9 BMF BStBl I 07, 108 Tz 33.

§ 35a — Aufwendungen für haushaltsnahe Beschäftigungsverhältnisse

GewSt-Messbetrages als auch die Festsetzung des Anteils am GewSt-Messbetrag aus der Beteiligung an einer anderen MU'schaft sowie die GewSt-Festsetzung durch die Gemeinde Grundlagenbescheide für die Ermittlung des anteiligen begünstigungsfähigen GewSt-Messbetrages gem § 35 II, § 35 III aF dar (**§ 35 III 3**, § 35 IV 4 aF). Zum anderen sind die Festsetzung des GewSt-Messbetrages, die Feststellung des Anteils an dem festzusetzenden GewSt-Messbetrag gem § 35 II 1 (§ 35 III 1 aF) und die festgestellte tatsächlich zu zahlende GewSt wiederum Grundlagenbescheide für die Ermittlung der Steuerermäßigung nach § 35 I (**§ 35 III 2**, § 35 IV 3 aF). Spätere Änderungen der einzelnen Bescheide sind gem § 175 I 1 Nr 1 AO zu berücksichtigen. Ggf kann es auf Seiten der FÄ zu auseinander fallenden Zuständigkeiten für die Unter- und die Ober-Ges gem § 18 I Nr 4, § 180 I Nr 2a AO kommen.

4. Steuerermäßigung bei Aufwendungen für haushaltsnahe Beschäftigungsverhältnisse und für die Inanspruchnahme haushaltsnaher Dienstleistungen

§ 35a

(1) ¹Für haushaltsnahe Beschäftigungsverhältnisse, die in einem in der Europäischen Union oder dem Europäischen Wirtschaftsraum liegenden Haushalt des Steuerpflichtigen ausgeübt werden, ermäßigt sich die tarifliche Einkommensteuer, vermindert um die sonstigen Steuerermäßigungen, auf Antrag um

1. 10 Prozent, höchstens 510 Euro, bei geringfügiger Beschäftigung im Sinne des § 8a des Vierten Buches Sozialgesetzbuch,
2. 12 Prozent, höchstens 2400 Euro, bei anderen haushaltsnahen Beschäftigungsverhältnissen, für die auf Grund der Beschäftigungsverhältnisse Pflichtbeiträge zur gesetzlichen Sozialversicherung entrichtet werden und die keine geringfügige Beschäftigung im Sinne des § 8 Abs. 1 Nr. 1 des Vierten Buches Sozialgesetzbuch darstellen,

der Aufwendungen des Steuerpflichtigen, die nicht Betriebsausgaben oder Werbungskosten darstellen oder unter die §§ 4f, 9 Abs. 5, § 10 Abs. 1 Nr. 5 oder Nr. 8 fallen und soweit sie nicht als außergewöhnliche Belastung berücksichtigt worden sind. ²Für jeden Kalendermonat, in dem die Voraussetzungen nach Satz 1 nicht vorgelegen haben, ermäßigen sich die dort genannten Höchstbeträge um ein Zwölftel.

(2) ¹Für die Inanspruchnahme von haushaltsnahen Dienstleistungen, die nicht Dienstleistungen nach Satz 2 sind und in einem in der Europäischen Union oder dem Europäischen Wirtschaftsraum liegenden Haushalt des Steuerpflichtigen erbracht werden, ermäßigt sich die tarifliche Einkommensteuer, vermindert um die sonstigen Steuerermäßigungen, auf Antrag um 20 Prozent, höchstens 600 Euro, der Aufwendungen des Steuerpflichtigen; dieser Betrag erhöht sich für die Inanspruchnahme von Pflege- und Betreuungsleistungen für Personen, bei denen ein Schweregrad der Pflegebedürftigkeit im Sinne des § 14 des Elften Buches Sozialgesetzbuch besteht oder die Leistungen der Pflegeversicherung beziehen, die in einem in der Europäischen Union oder dem Europäischen Wirtschaftsraum liegenden Haushalt des Steuerpflichtigen oder im Haushalt der vorstehend genannten gepflegten oder betreuten Person erbracht werden, auf 1 200 Euro. ²Für die Inanspruchnahme von Handwerkerleistungen für Renovierungs-, Erhaltungs- und Modernisierungsmaßnahmen, die in einem in der Europäischen Union oder dem Europäischen Wirtschaftsraum liegenden Haushalt des Steuerpflichtigen erbracht werden, mit Ausnahme der nach dem CO_2-Gebäudesanierungsprogramm der KfW Förderbank geförderten Maßnahmen, ermäßigt sich die tarifliche Einkommensteuer, vermindert um die sonstigen Steuerermäßigungen, auf Antrag um 20 Prozent, höchstens 600 Euro, der Aufwendungen des Steuerpflichtigen. ³Der Abzug von der tariflichen Einkommensteuer nach den Sätzen 1 und 2 gilt nur für Arbeitskosten und nur für Aufwendungen, die nicht Betriebsausgaben, Werbungskosten oder Aufwendungen für eine geringfügige Beschäftigung im Sinne des § 8 des Vierten Buches Sozialgesetzbuch darstellen oder unter die §§ 4f, 9 Abs. 5, § 10 Abs. 1 Nr. 5 oder Nr. 8 fallen und soweit sie nicht als Sonderausgaben oder außergewöhnliche Belastung berücksichtigt worden sind. ⁴In den Fällen des Absatzes 1 ist die Inanspruchnahme der Steuerermäßigung nach den Sätzen 1 und 2 ausgeschlossen. ⁵Voraussetzung für die Steuerermäßigung nach den Sätzen 1 und 2 ist, dass der Steuerpflichtige für die Aufwendungen eine Rechnung erhalten hat

und die Zahlung auf das Konto des Erbringers der haushaltsnahen Dienstleistung, der Handwerkerleistung oder der Pflege- oder Betreuungsleistung erfolgt ist.

(3) Leben zwei Alleinstehende in einem Haushalt zusammen, können sie die Höchstbeträge nach den Absätzen 1 und 2 insgesamt jeweils nur einmal in Anspruch nehmen.

BMF BStBl I 06, 711 = DStR 06, 2125 (anwendbar ab VZ 06); BMF BStBl I 07, (Anwendungsschreiben zu § 35a, mit Anwendungsregelung Rn 38f).

Literatur: *Durst* Steuerentlastung für haushaltsnahe Dienstleistungen und Kinderbetreuung, KÖSDI 07, 15486; *Hillmoth* Neuregelung des Abzugs von Kinderbetreuungskosten ab 2006, Inf 06, 377; *Horvath* Aufwendungen für haushaltsnahe Beschäftigungsverhältnisse und haushaltsnahe Dienstleistungen, SteuerStud 07, 212; *Lehr* Haushaltsnahe Dienstleistungen – Neue (und alte) Fördermöglichkeiten nach § 35a Abs 2 EStG, Inf 06, 460; *Niermann* Die Neuregelung der geringfügigen Beschäftigungsverhältnisse ab 1.4.2003, DB 03, 304; *Plenker* Zweifelsfragen und Praxisbeispiele zur Steuerermäßigung bei haushaltsnahen Dienstleistungen (§ 35a Abs 2 EStG), DB 04, 564; *Ross* Die Änderung der Steuerermäßigung für haushaltsnahe Dienstleistungen, DStZ 06, 446; *G Schmitt* Steuerermäßigung für haushaltsnahen Dienstleistungen (§ 35a Abs 2 EStG) ab dem 1.1.2003, DB 03, 2623; *ders* DB 05, 256.

I. Allgemeines. § 35a I 1 und 35a II sind novelliert durch Art 1 Nr 13 Buchst a und b des Gesetzes v 26.4.06 (BGBl I 1091). Auf das umfängliche Anwendungsschreiben des BMF BStBl I 07, 701, wird Bezug genommen. Die Steuerermäßigung kann auf der LSt-Karte eingetragen werden (§ 39a I Nr 5c). Der Abzug des Baukindergeldes (§ 34f III) ist nicht vorrangig.[1] Die Beschränkung der Förderung auf inländische Haushalte beruht auf arbeitsmarktpolitischen Erwägungen (BT-Drs 15/77, 5); es liegt in einem durch die Tendenz der EuGH-Rspr gestützten *mainstream*, dass ihre EU-rechtliche Unbedenklichkeit in Zweifel gezogen werden wird.[2] Die Aufwendungen dürfen nicht als WK/BA/SA oder ag Belastung abziehbar sein. **1**

Zum Begriff „haushaltsnah" s Rn 6. **„Beschäftigte Person"** kann jede iSd § 19 I Nr 1, § 1 LStDV (abw sozialrechtliche Beurteilung ist unerheblich) nichtselbständig[3] tätige Person sein; auch – unter den allg Voraussetzungen einer steuerlichen Anerkennung des Vertragsverhältnisses – ein naher Angehöriger, idR ein solcher mit eigenem Hausstand,[4] mit Ausnahme des Ehegatten (Arg §§ 1360, 1356 I BGB), eines im Haushalt lebenden Gefährten und des Partners einer nichtehelichen Lebensgemeinschaft, insbes wenn dessen eigenes Kind betreut wird[5] (letztere Ausnahme ist zu eng gefasst), denn nicht ein zivilrechtlicher Vertrag, sondern die persönliche Beziehung („innere Bindung") der Partner ist Grundlage dieses gemeinsamen Haushaltens;[6] darüber hinaus ist der leibliche Elternteil ohnehin zur Versorgung des Kindes verpflichtet. Nicht „beschäftigte Person" ist wegen § 1619 BGB idR ein im Haushalt lebendes Kind.[7] Begünstigt ist der ArbG oder Auftraggeber, auch der Mieter einer Wohnung[8] und Wohnungseigentümergemeinschaften.[9] **2**

Begünstigte Aufwendungen[10] sind nur „Arbeitskosten", insbes der Bruttoarbeitslohn bzw das Arbeitsentgelt, die vom StPfl getragenen Sozialversicherungsbeiträge, nicht das Entgelt für verwendetes Material oder sonstige in diesem Zusammenhang gelieferte WG (**§ 35a II 3**).[11] Der Anteil der Arbeitskosten muss in der Rechnung gesondert ausgewiesen werden,[12] nicht hingegen die MWSt. **3**

II. Beschäftigungsverhältnisse. Nach allg Grundsätzen kann der StPfl (nat Pers) Aufwendungen (Barlohn und nach § 8 II zu bewertender Sachlohn, übernommene LSt) für Personal im Haushalt – uU auch bei Aufnahme eines Au-pairs[13] – auch dann nicht absetzen, wenn dadurch die Erzielung von Einkünften ermöglicht wird (s auch WK § 9 Rn 60 ff; weitere **Konkurrenzen:**[14] ag Belastung § 33a III dort Rn 70 ff; behinderungsbedingte Mehraufwendungen § 33b; § 33 II 2). Fallen Kinderbe- **4**

---

1 Sächs FG EFG 07, 933 (Rev X R 1/07).
2 Meilicke DB 07, 358: Beschwerdeverfahren ist bei EU-Kommission anhängig.
3 BFH/NV 96, 671 – nicht begünstigt sind Zahlungen an die Arbeiterwohlfahrt für die stundenweise Überlassung einer Haushaltshilfe.
4 BFH BStBl II 79, 80; vgl H 192 EStR – „Angehörige".
5 BFH BStBl II 99, 764; BMF BStBl I 07, 701 Tz 3 f; zum Problem *Myßen* NWB Fach 3, 11243 f.
6 BFH BStBl II 96, 359; FG Mchn EFG 98, 1392 – Mietvertrag.
7 S auch BMF BStBl I 07, 701 Tz 4.
8 BMF BStBl I 07, 701 Tz 16, 25 – Nachweis.
9 Abl zu Arbeitgeberpool FG SachsAnh EFG 07 590F; G BaWü EFG 06, 1163 (Rev VI R 18/06); großzügiger nunmehr BMF BStBl I 07, 701 Tz 18, – Nachweis und Anwendungsregelung; zu Wohnungseigentümergemeinschaft *Sauren* NZM 07, 23; *ders* NZM 07, 231.
10 Ausf BMF BStBl I 07, 701 Tz 20 ff, dort auch zum Nachweis.
11 BMF BStBl I 07, 701 Tz 29.
12 BMF BStBl I 07, 701 Tz 30.
13 BMF BStBl I 07, 701 24.
14 *Myßen* NWB Fach 6, 11249 f.

treuungskosten unter §§ 4f, 9 V 1 bzw § 10 I Nr 5 oder 8, kommt ein Abzug nach § 35a nicht in Betracht.[1] Ein zulässiger Abzug als BA/WK, also SA oder als ag Belastung (§§ 33, 33a, 33c; zB Beschäftigung einer auch ambulanten Pflegekraft) hat Vorrang vor dem SA-Abzug Bei gemischten Aufwendungen ist schätzweise Aufteilung möglich.[2] Kein SA-Abzug, soweit der StPfl gem § 3 Nr 11a, 36 stfrei Pflegegeld erhält.

5 Das Anstellungsverhältnis muss eine **geringfügige Beschäftigung** iSd § 8a SGB IV sein.[3] Der Stpfl muss am **Haushaltsscheckverfahren** als vereinfachtem Anmeldeverfahren teilnehmen (§§ 8, 8a SGB IV). Wegen der Einzelheiten wird auf die umfänglichen Informationen auf der homepage der Bundesknappschaft (ab 1.10.05 Deutsche Rentenversicherung Knappschaft-Bahn-See) www.minijob-zentrale.de verwiesen.

6 **III. Haushaltsnahe Dienstleistungen (Abs 2 S 1).** Die Steuerermäßigung nach § 35a II wird für die zu Rn 1 umschriebenen haushaltsnahen Dienstleistungen gewährt, die nicht im Rahmen eines Arbeitsverhältnisses, sondern **steuerrechtlich selbstständig** erbracht werden und nicht zu den handwerklichen Leistungen iSv § 35a II 2 gehören. Sie dürfen nicht zu den WK/BA gehören. Die geförderten „haushaltsnahen Dienstleistungen", (sinnverwandt: „hauswirtschaftlich") die auch Gegenstand eines haushaltsnahen Beschäftigungsverhältnisses sein können, sind solche, die eine hinreichende Nähe zur Haushaltsführung haben bzw damit im Zusammenhang stehen.[4] Sie umfassen die gesamte **Haushaltsführung** (§ 1356 I BGB), auch bei Führen eines eigenen und abgeschlossenen Haushalts[5] in einem Heim,[6] insbes das Wirtschaften im Haushalt iSv Tätigkeiten, die gewöhnlich durch Mitglieder des privaten Haushalts erledigt werden, in regelmäßigen (kürzeren) Abständen anfallen (vgl auch § 8a S 2 SGB IV) und im Haushalt – für die Haushaltung oder die Haushaltsmitglieder – erbracht werden. Hierzu gehören umfassende Dienstleistungen iSd VO über die Berufsausbildung zum Hauswirtschafter,[7] insbes Reinigung/Pflege von Wohnung und Wäsche, Einkauf von Waren für den Haushalt und Zubereitung von Mahlzeiten, Gartenpflege (Rasenpflege, Heckenschneiden),[8] die Pflege, Versorgung und Betreuung von Kindern (sofern die Aufwendung nicht dem Grunde nach gem §§ 4f, 9 V 1 oder § 10 I Nr 5, 8 abziehbar sind), Kranken, alten und pflegebedürftigen Personen,[9] von Umzugsspeditionen durchgeführte Umzüge für Privatpersonen.[10] **Nicht gefördert** werden Tätigkeiten, die außerhalb des Haushalts ausgeübt oder erbracht werden;[11] ferner nicht die Tätigkeiten als Chauffeur, Hausdame, Sekretär/in, die Inanspruchnahme eines Party-Service (weil bei letzterem die Lieferung von Ware im Vordergrund steht), gleichfalls nicht personenbezogene Dienstleistungen wie Frisör- und Kosmetikleistungen)[12]. Begünstigt ist die Inanspruchnahme hausnaher Tätigkeiten über Dienstleistungen, sofern sie nicht die bei Haumeistern üblichen Dienste überschreiten. Offensichtlich weil in der allg Rechtssprache (zB SGB VII § 42, SGB IX § 54) „Haushaltshilfe" und „Kinderbetreuung" voneinander unterschieden werden, führt das Gesetz den Begriff „haushaltsnah" ein; hierdurch soll ausgedrückt werden, dass auch die **Versorgung und Betreuung von Kindern** gefördert wird (BT-Drs 15/77, 5). Die Steuerermäßigung steht auch den Angehörigen von Personen mit Pflege- oder Betreuungsbedarf zu, wenn sie für **Pflege- oder Betreuungsleistungen**[13] aufkommen, die im inländischen Haushalt des StPfl oder im Haushalt der gepflegten oder betreuten Person durchgeführt werden; damit soll das diesbezügliche Engagement von Angehörigen anerkannt werden. Die Leistungen der Pflegeversicherung sind anzurechnen. Das Beschäftigungsverhältnis muss zwischen dem StPfl und der Haushaltshilfe bestehen.[14] Bei Vorliegen der entsprechenden Voraussetzungen können die Tatbestände der Sätze 1 und 2 nebeneinander in Anspruch genommen werden. Eine kumulative Inanspruchnahme für dieselbe Dienstleistung ist indes nicht möglich (Abs 1 S 1).

---

1 S auch BMF BStBl I 07, 701 Tz 22 ff.
2 So auch BMF BStBl I 07, 701 Tz 24, betr Aufnahme von Au-pairs.
3 Ausf BMF BStBl I 07, 701 Tz 2.
4 BFH BStBl II 07, 701 = BFH/NV 2007, 1024; BFH/NV 07, 900: keine Handwerkerleistungen (umfangreiche Maler- und Fliesenlegerarbeiten); diese sind begünstigt durch § 35a II S 2 idF des FördWachsG.
5 Ausf zum Begriff „Haushalt des Stpfl" BMF BStBl I 07, 701 Tz 11 ff.
6 BMF BStBl I 07, 701 Tz 12.
7 BGBl I 79, 1435.
8 BMF BStBl I 07, 701 Tz 5.
9 BMF BStBl I 07, 701 Tz 1, 9 f.
10 BT-Drs 16/643, 10; BMF BStBl I 07, 701 Tz 8.
11 BMF BStBl I 07, 701 Tz 11.
12 BMF BStBl I 07, 701 Rz 6.
13 Ausf BMF BStBl I 07, 701 Tz 9.
14 BFH/NV 03, 613 mwN.

Zu den im Rahmen des § 35a II 1 abziehbaren **„Kinderbetreuungskosten"** (Aufwendungen im Zusammenhang mit der Betreuung eines zum Haushalt gehörenden Kindes) kann auf § 33c (dort Rn 7 ff) verwiesen werden. Allerdings muss die Betreuung **„im Haushalt"** stattfinden (arg § 35a II 1); daher ist die entgeltliche Betreuung in der Form einer Weggabe des Kindes an eine Tages-, Wochenendmutter, Ganztagspflegestelle usw nicht begünstigt.[1] Nicht tatbestandsmäßig ist nach BMF die Erteilung von Unterricht, die Vermittlung besonderer Fähigkeiten, sportliche und andere Freizeitaktivitäten.

Die **Höhe der Förderung** richtet sich nach der Art des Beschäftigungsverhältnisses, unterschieden nach sog „Mini-Jobs" iSd § 8a SGB IV (anders noch § 10 I Nr 7 aF) und solchen Arbeitsverhältnissen, für die Pflichtbeiträge zur gesetzlichen Sozialversicherung entrichtet werden; Letzteres war bereits Voraussetzung nach § 10 I Nr 8 S 1 aF (§ 10 Rn 35). Der Förderbetrag ist ggf durch Zwölftelung zu ermäßigen. Neben der Ermäßigung nach § 35a I 1 Nr 1 kann der StPfl auch die nach Nr 2 beanspruchen.

IV. Handwerkerleistungen (Abs 2 S 2).[2] Sie sind unabhängig davon gefördert, ob es sich um regelmäßig vorzunehmende Renovierungsarbeiten oder um Erhaltungs- und Modernisierungsmaßnahmen oder Kontrollmaßnahmen (zB Gebühr für Schornsteinfeger), ob es sich um Arbeiten im oder am Haus handelt oder ob sie von Eigentümern oder Mietern für die zu eigenen Wohnzwecken genutzte Wohnung in Auftrag gegeben werden. Aufgrund der Neuregelung begünstigt sind – anders als nach der bisherigen Auffassung der FinVerw – auch Handwerkerleistungen, die in aller Regel nur durch den Fachmann erbracht werden können. Mit der letzteren Erweiterung des Tatbestands will der Gesetzgeber der Förderung von Wachstum und Beschäftigung dienen. Die Begründung zum RegEntw benennt ausdrücklich das Streichen und Tapezieren von Innenwänden, die Beseitigung kleinerer Schäden, die Erneuerung eines Bodenbelags (Teppichboden, Parkett oder Fliesen), die Modernisierung des Badezimmers oder der Austausch von Fenstern. Hierunter fallen auch Garten- und Wegebauarbeiten, nicht aber handwerkliche Tätigkeiten bei Neubaumaßnahmen. Abs 2 S 3 stellt klar, dass nur Arbeitskosten begünstigt sind (Rn 3). Anspruchsberechtigt ist der StPfl, wenn er Auftraggeber ist. Zu Wohnungseigentümergemeinschaften und Arbeitgeber-Pools s BMF BStBl I 07, 701 Rn 18, 20.

V. Höchstbetrag der Förderung. Dieser wird erreicht bei Aufwendungen von 3 000 € im Jahr. § 35a II ist nicht anwendbar bei Inanspruchnahme der Steuerermäßigung nach § 35a I (§ 35a II 2). Der **Nachweis** der Aufwendungen[3] iSd § 35a II 1 ist – offensichtlich zur Vermeidung schattenwirtschaftlicher Auswüchse – formalisiert durch die Erfordernisse der Erstellung von Rechnungen und den Nachweis des Zahlungseingangs auf einem Bankkonto (§ 35a II 3); bei Barzahlung ist § 35a II nicht anwendbar.

Die Höchstbeträge nach § 35a können **nur haushaltsbezogen** in Anspruch genommen werden.[4] Zusammenveranlagten Ehegatten werden die Steuerermäßigungen jeweils nur einmal gewährt. Die Regelung des **§ 35a III** über in einem gemeinsamen Haushalt lebende **Alleinstehende** („Singles") entspricht § 10 Nr 8 S 2 aF. Diese sollen gegenüber der Lebens- und Wirtschaftsgemeinschaft von Eheleuten nicht bevorzugt werden. Für die Höchstbetragsgemeinschaft kommt eine Verdoppelung nicht in Betracht. Getrennt veranlagte Eheleute (§ 26 II) und Alleinstehende mit gemeinsamem Haushalt können den Höchstbetrag unter sich aufteilen. Zur mehrfachen Inanspruchnahme der Steuerermäßigungen s BMF BStBl I 07, 701 Tz 37.

---

1 Zur Abgrenzung – Begleitung von Personen – BMF BStBl I 07, 701 Tz 11 ff.
2 S den umfangreichen Katalog BMF BStBl I 07, 701 Tz 14 ff.
3 BMF BStBl I 07, 701 Tz 35 ff.
4 BMF BStBl I 07, 701 Tz 26.

VI. Steuererhebung

1. Erhebung der Einkommensteuer

§ 36 Entstehung und Tilgung der Einkommensteuer

(1) Die Einkommensteuer entsteht, soweit in diesem Gesetz nichts anderes bestimmt ist, mit Ablauf des Veranlagungszeitraums.

(2) ¹Auf die Einkommensteuer werden angerechnet:
1. die für den Veranlagungszeitraum entrichteten Einkommensteuer-Vorauszahlungen (§ 37);
2. die durch Steuerabzug erhobene Einkommensteuer, soweit sie auf die bei der Veranlagung erfassten Einkünfte oder auf die nach § 3 Nr. 40 dieses Gesetzes oder nach § 8b Abs. 1 und 6 Satz 2 des Körperschaftsteuergesetzes bei der Ermittlung des Einkommens außer Ansatz bleibenden Bezüge entfällt und nicht die Erstattung beantragt oder durchgeführt worden ist. ²Die durch Steuerabzug erhobene Einkommensteuer wird nicht angerechnet, wenn die in § 45a Abs. 2 oder 3 bezeichnete Bescheinigung nicht vorgelegt worden ist. ³In den Fällen des § 8b Abs. 6 Satz 2 des Körperschaftsteuergesetzes ist es für die Anrechnung ausreichend, wenn die Bescheinigung nach § 45a Abs. 2 und 3 vorgelegt wird, die dem Gläubiger der Kapitalerträge ausgestellt worden ist.

(3) ¹Die Steuerbeträge nach Absatz 2 Nr. 2 sind auf volle Euro aufzurunden. ²Bei den durch Steuerabzug erhobenen Steuern ist jeweils die Summe der Beträge einer einzelnen Abzugsteuer aufzurunden.

(4) ¹Wenn sich nach der Abrechnung ein Überschuss zuungunsten des Steuerpflichtigen ergibt, hat der Steuerpflichtige (Steuerschuldner) diesen Betrag, soweit er den fällig gewordenen, aber nicht entrichteten Einkommensteuer-Vorauszahlungen entspricht, sofort, im Übrigen innerhalb eines Monats nach Bekanntgabe des Steuerbescheids zu entrichten (Abschlusszahlung). ²Wenn sich nach der Abrechnung ein Überschuss zugunsten des Steuerpflichtigen ergibt, wird dieser dem Steuerpflichtigen nach Bekanntgabe des Steuerbescheids ausgezahlt. ³Bei Ehegatten, die nach den §§ 26, 26b zusammen zur Einkommensteuer veranlagt worden sind, wirkt die Auszahlung an einen Ehegatten auch für und gegen den anderen Ehegatten.

R 36/H 36 EStR 05; FinMin Nds DStR 94, 394 (Säumniszuschläge); OFD Koblenz FR 96, 360; BMF BStBl I 98, 347 (Kindergeld)

Übersicht

	Rn		Rn
A. Grundaussagen der Vorschrift, Anwendungsbereich	1	III. Keine Einbeziehung abgeltender Abzugsteuern	16
I. Zeitlicher Anwendungsbereich	2	IV. Anzurechnende Körperschaftsteuer (§ 36 II 2 Nr 3 aF)	19
B. Entstehung der Einkommensteuer (§ 36 I)	3	**E. Rundungsregelung (§ 36 III)**	30
C. Kindergeldhinzurechnung (§ 36 II 1 aF)	6	**F. Fälligkeit der Abschlusszahlung und Erstattung von Überschüssen (§ 36 IV)**	33
D. Anrechnungstatbestände (§ 36 II 2)	8	I. Abschlusszahlungen (§ 36 IV 1)	33
I. Einkommensteuervorauszahlungen (§ 36 II 2 Nr 1)	8	II. Überschuss zugunsten des Steuerpflichtigen (§ 36 IV 2 und 3)	35
II. Durch Steuerabzug erhobene Einkommensteuer (§ 36 II Nr 2)	10	**G. Rechtsbehelfe**	38

Literatur: *Balster/Petereit* Anrechnung ausländischer Steuern nach „Manninen" trotz Bestandskraft!, DStR 04, 1985; *Eicker/Ketteler* Die verfahrensrechtliche Durchsetzung von Gemeinschaftsrecht im Steuerrecht am Beispiel der Rechtssache Manninen und die Frage der Durchbrechung der Bestandskraft, BB 05, 131; *Flies* Abrechnungsverfügung und Abrechnungsbescheid, DStZ 98, 153, 552; dazu: *Raupach* (Replik), DStZ 98, 552; *Friedrich/Nagler* Bricht EU-Recht die Bestandskraft nach nationalem Verfahrensrecht?, DStR 05, 403; dazu: *Gosch* DStR 05, 413; *Geiger* Anrechnung von Kapitalertragsteuer, Körperschaftsteuer und ausländischer Quellensteuer, FR 92, 286; *Gosch* Anrechnung ausländischer Steuern nach „Manninen" trotz Bestandskraft?, DStR 04, 1988; *Grüttner* Zur Anrechnung der Körperschaftsteuer bei Insolvenz der ausschüttenden Gesellschaft, BB 00, 1220; *Haarmann* Besteuerung der Kapitaleinkünfte, StbJb 98/99, 89; *Hamacher/Hahne* Aspekte der Anrechnung von Körperschaftsteuern auf ausländische Dividendenerträge – Manninen-Rechtsprechung, DB 04, 2386; *Herzig* GS Knobbe-Keuk, 1997, S 627; *Herzig/Sander* Körperschaftsteuer-Systeme und grenzüberschreitende Kooperationen, StuW 99, 131; *Heuermann* Der Lohnsteuer-Anspruch gegen den Arbeitnehmer und sein Verhältnis zur (festgesetzten) Einkommensteuer, DB 96, 1052, DB 97, 400; dazu: *Brunner* (Replik), DB 97, 399; *Mössner/Kellersmann* Freiheit des Kapitalverkehrs in der EU und das deutsche Körperschaftsteuer-Anrechnungsverfahren, DStZ 99, 505; *Schnitger* Grenzüberschreitende Körperschaftsteueranrechnung und Neuausrichtung der Kohärenz nach dem EuGH-Urteil in der Rs Manninen, FR 04, 1357; *Schön* GS Knobbe-Keuk, 1997, S 743; *Sedemund* Ist die Änderung einer Anrechnungsverfügung ohne Bindung an Zahlungs- oder Festsetzungsverjährung möglich?, DStZ 02, 560; *Völlmeke* Probleme bei der Anrechnung von Lohnsteuer, DB 94, 1746; *Wassermeyer* Rund um die Anrechnung der Körperschaftsteuer, GmbHR 89, 423; *de Weerth* Zur rückwirkenden Anwendung von EuGH-Urteilen am Beispiel der „Manninen"-Entscheidung des EuGH, DB 05, 1407; *Widmann* Körperschaftsteuer-Anrechnung und Verfahrensrecht, FR 89, 224.

A. Grundaussagen der Vorschrift, Anwendungsbereich

§ 36 I legt fest, dass die nach § 2 VI festzusetzende ESt mit Ablauf des VZ entsteht. Die Vorschrift betrifft alle Einkommensteuerpflichtigen. Vergleichbare Bestimmungen enthalten für ESt-VZ § 37 I 2, § 38 II 2 für die LSt, § 44 I 2 und (aber nur noch für bis zum 21.12.08 zufließende KapErträge, s 3 52a I) § 45c für die KapESt, § 50a V 1 iVm § 73c EStDV für Abzugsteuern beschränkt StPfl. Die Regelungen in § 36 II über die Steueranrechnung gehören zum Steuererhebungsverfahren und sind mit § 36 I nur aus rein gesetzestechnischen Gründen verknüpft. Gleiches gilt für § 36 III (Rundungsregel) sowie § 36 IV (Fälligkeit der Abschlusszahlung).

I. Zeitlicher Anwendungsbereich. Die bisherigen umfangreichen Regelungen in § 36 zur Anrechnung von KSt (in § 36 II Nr 2 und III 1 aF, vor allem aber in § 36 II 2 Nr 3 iVm § 36a bis § 36e aF) liefen infolge der Umstellung des körperschaftsteuerlichen Anrechnungs- auf das sog **Halbeinkünfteverfahren** (vgl § 3 Nr 40; § 3 Rn 112f) durch das StSenkG aus. Hinsichtlich des zeitlichen Anwendungsbereichs der Neuregelungen war gem **§ 52 Abs 50b und 50c** iVm § 34 Ia und Xa KStG jeweils idF des StSenkG – im deutschen Steuerrecht sind selbst Übergangsregelungen kaum mehr verständlich – wie folgt zu unterscheiden: **(1)** Entspricht das Wj dem Kj (**Wj = Kj**), ist eine Versteuerung nach den Regeln des bisherigen Anrechnungsverfahrens und damit auch von § 36 II Nr 2 und 3, III 1 idF des StEntlG 99 ff letztmals vorgesehen für offene („auf einem den gesellschaftsrechtlichen Vorschriften entspr Gewinnverteilungsbeschluss für ein abgelaufenes Wj beruhende") Gewinnausschüttungen, die in dem ersten Wj, das im VZ 01 endet, für vorangegangene Wj erfolgen. **Letztmals** anzuwenden ist das bisherige Anrechnungsverfahren demnach für alle in 01 erfolgenden offenen Gewinnausschüttungen, für andere Ausschüttungen hingegen in 00. Jeweils im Anschluss daran gilt für den stpfl G'ter der KapGes erstmals das neue Recht, und zwar ohne weitere Übergangsregelung, insbes ohne irgendwelche Anpassungen an die gem § 37 KStG nF auf 15 Jahre – bis zum 1.1.16 (§ 37 II 2 KStG nF) – ‚gestreckten' KSt-Minderungen durch die gem § 37 II 3 KStG nF fortzuschreibenden und gesondert festzustellenden KSt-Restguthaben zum Abbau positiver, mit KSt vorbelasteter Endbestände aus dem EK 40. Diese Übergangsregelung betrifft allein die Ebene der Körperschaft, beim Anteilseigner unterliegen die Gewinnausschüttungen hingegen der Halbeinkünftebesteuerung. **(2)** Bei **vom Kj abw Wj** ist das nunmehrige Halbeinkünfteverfahren erstmals für den VZ 02 anzuwenden, wenn dieses Wj zwar bereits in 01 endet, aber vor dem 1.1.01 beginnt (vgl § 34 Ia KStG). Bei einem zB zum 30.6.02 endenden Wj gilt das bisherige Anrechnungsverfahren also letztmals für offene Gewinnausschüttungen, die in dem zum 30.6.02 endenden Wj für vorangegangene Wj erfolgen und für andere Ausschüttungen in dem zum 30.6.01 endenden Wj. **(3)** Bei **Rumpf-Wj**, die vor dem 1.1.01 beginnen, ist das Halbeinkünfteverfahren erstmals im VZ 02 anzuwenden (Beispiel: Bei einem Rumpf-Wj vom 1.11.00–28.2.01 ist das bisherige Verfahren letztmals anzuwenden für offene Gewinnausschüttungen, die in dem zum 28.2.02 endenden Wj für vorangegangene Wj erfolgen und für andere Ausschüttungen in dem Rumpf-Wj vom 1.11.00–28.2.01). Bei Rumpf-Wj, die nach dem 31.12.00 beginnen, ist das Halbeinkünfteverfahren demgegenüber erstmals im VZ 01 anzuwenden (Beispiel: Bei einem Rumpf-Wj vom 1.1.01–30.6.01 ist das bisherige Verfahren letztmals anzuwenden für offene Gewinnausschüttungen, die in dem Rumpf-Wj vom 1.1.01–30.6.01 für vorangegangene Wj erfolgen und für andere Ausschüttungen im vorangegangene Wj, demnach in dem zum 31.12.00 endenden Wj).

B. Entstehung der Einkommensteuer (§ 36 I)

3 Die ESt **entsteht** (vgl § 38 AO) gem § 36 I idR mit Ablauf des VZ (= **Kj**, vgl § 25 I), und zwar unbeeinflusst von rückwirkenden Änderungen steuerauslösender Sachverhalte,[1] von subj Absichten des StPfl[2] und unabhängig davon, ob der Ermittlungszeitraum einen Zeitraum von 12 Monaten umfasst (zB bei Rumpf-Wj), ob das Wj mit dem Kj übereinstimmt (vgl § 4a) oder ob sie (grds nur deklaratorisch oder – falls unzutr – ausnahmsweise auch konstitutiv) veranlagt oder festgesetzt wird. Die Festsetzung löst lediglich die Fälligkeit oder Erstattungsansprüche (vgl § 37 II AO) aus. Ist die ESt entstanden, kann sie anschließend vom StPfl nur noch – der Höhe nach – durch die Ausübung von **Wahlrechten** beeinflusst werden. Hiervon **abw Regelungen** enthalten zB § 37 I 1 für ESt-VZ (Beginn des Kalender-Wj), § 38 II 2 für die LSt, § 44 I 2 für die KapESt, § 50a V iVm § 73c EStDV (jeweiliger Zufluss), (für bis zum 31.12.08 zufließende KapErträge, s § 52a I) § 45c S 1 für KapESt auf vergütete KSt (Zeitpunkt der Vergütung), § 30 KStG (§ 48 KStG aF) für die KSt. **Folgen** des Entstehens: Beginn der Festsetzungsverjährung (§ 170 I AO), Zinslauf (§ 233a II AO), Gesamtrechtsnachfolge (§ 45 I AO), Haftung (§§ 69 ff, 191 AO).

C. Kindergeldhinzurechnung (§ 36 II 1 aF)

6 **VZ 96 bis 03:** Mit Wirkung vom VZ 96 an ist Abs 2 S 1 durch das JStG 96 in § 36 eingefügt worden. Grund hierfür war die Ablösung des bisherigen **Familienlastenausgleichs** mittels genereller Einräumung von Kinderfreibeträgen durch einen Familienleistungsausgleich, der entweder durch den Kinder-Freibetrag nach § 32 VI oder aber das nach §§ 62–78 gezahlte Kindergeld oder vergleichbare Leistungen bewirkt wird: Leistungsziel ist die steuerliche Freistellung des Existenzminimums (vgl § 31 S 1 und S 2). (Nur) für den Fall, dass dieses Ziel durch die Zahlungen gem §§ 62–78 nicht erreicht wird, wird (von Amts wegen) im Rahmen der sog **Günstigerprüfung** der Freibetrag gem § 32 VI gewährt (§ 31 S 4). Um andererseits hierdurch bedingte **Doppelbegünstigungen** zu verhindern, ist das gezahlte Kindergeld der ESt nach § 36 II 1 aF iVm § 31 S 5 in entspr Umfang hinzuzurechnen, und zwar ebenfalls von Amts wegen (nach monatlicher Prüfung; vgl auch § 31 S 3[3]). Ggf ist ein Antrag auf ESt-Veranlagung erforderlich (§ 46 II Nr 8). Hinzuzurechnen ist zwar stets nur das **tatsächlich gezahlte** Kindergeld, allerdings nach Maßgabe der entspr Kindergeldbescheinigung der Familienkasse und unabhängig vom Zuflusszeitpunkt; § 11 I findet deshalb keine Anwendung (§ 36 II 1 HS 2 aF).[4] Im Falle der antragsgemäßen Übertragung des halben Freibetrages nach § 32 VI 5 und 6 ist das erhaltene Kindergeld voll hinzuzurechnen.[5] Bei nachträglicher Kenntniserlangung über die (Nicht-)Zahlung greift § 173 I 1 Nr 2 AO, bei nachträglicher Gewährung oder Rückforderung § 175 I 1 Nr 2 AO.[6]

7 **Ab VZ 04:** Vom VZ 04 an wird bei der sog Günstigerprüfung nicht mehr auf das tatsächlich gezahlte, sondern auf den Anspr auf Kindergeld abgestellt. Wird aufgrund eines nachträglichen Antrags Kindergeld gezahlt, bedarf es also keiner Änderung der ESt-Festsetzung mehr; die erforderliche Hinzurechnung des Kindergeldanspruchs kann statt dessen unmittelbar bei Ermittlung der tariflichen ESt vorgenommen werden (vgl § 31 S 4), so dass sich die Hinzurechnung gem § 36 II 1 aF erübrigt und diese deswegen (durch das StÄndG 03) ersatzlos gestrichen wurde.

D. Anrechnungstatbestände (§ 36 II 2)

8 **I. Einkommensteuervorauszahlungen (§ 36 II 2 Nr 1).** Zu den ESt-Vorauszahlungen s § 37. Anzurechnen sind hiernach gem § 36 II 2 Nr 1 jene Vorauszahlungen, die für den betr VZ festgesetzt worden sind, unabhängig davon, wann sie gezahlt wurden (vgl zur sog fünften Vorauszahlung § 37 III 4).

10 **II. Durch Steuerabzug erhobene Einkommensteuer (§ 36 II Nr 2).** Anzurechnen ist gem § 36 II Nr 2 die durch Steuerabzug erhobene **eigene ESt** des StPfl, gleichviel, ob diese bei ihm selbst oder bei einem Dritten vom FA erhoben worden ist, vorausgesetzt, sie **entfällt** auf Einkünfte, die bei der Veranlagung erfasst wurden[7] (vgl zB Rn 11). Es muss sich um sog **Abzugsteuern** handeln. Das sind die vom ArbG – tatsächlich[8] – einbehaltene LSt (§ 38), die nach §§ 43 ff sowie nach § 7 InvStG, § 38b KAGG aF und § 18a AuslInvestmG aF einbehaltene KapESt sowie die Abzugsteuern nach § 50a,

---

1 *K/S/M* § 36 Rn B 10.
2 BFH BStBl II 77, 315.
3 BMF BStBl I 95, 804 Rn 23.
4 Zu Einzelheiten s BMF aaO; *Plenker* DB 96, 2095.
5 FG Bln EFG 99, 702.
6 FG Bdbg EFG 99, 176.
7 ZB BFH BFH/NV 98, 581; v 18.9.07 I R 54/06.
8 BFH BStBl II 94, 182.

nicht hingegen abgegoltene oder pauschalierte ESt oder LSt (zB § 50 V 1; §§ 40–40b; Rn 16). Letztere ist eine von der Steuer des ArbN abgeleitete Steuer, deren (formaler) Schuldner der ArbG ist. Abw hiervon gewährt die FinVerw[1] dem StPfl ausnahmsweise und aus Gründen der Billigkeit gestützt auf § 36 II die Anrechnung auch fremder Steuern in den Fällen der Zurechnung der Einkünfte einer zwischengeschalteten KapGes gem § 5 AStG, allerdings nur deutscher KSt, nicht auch ausländischer Steuer (s § 34c Rn 5). – Durch Abzug „**erhoben**" iSv § 36 II Nr 2 ist die Steuer nicht nur, wenn sie im Abzugsverfahren (zu Recht, aber auch zu Unrecht,[2] gleichviel auch, ob vom Abführungsverpflichteten oder von einem als Zahlstelle eingeschalteten Dritten in dessen eigenem Namen[3]) einbehalten worden, sondern ebenso dann, wenn der Abzugsverpflichtete durch Haftungsbescheid in Anspr genommen worden ist.[4] Die bloße Möglichkeit einer solchen Inanspruchnahme reicht nicht aus. Darauf, dass die einbehaltene Steuer (§ 38 I, § 42d) an das FA auch abgeführt worden ist, kommt es für die Anrechnung entgegen dem Gesetzeswortlaut grds nicht an,[5] weil nur so dem Gesetzeszweck entsprochen und die Korrespondenz zw Einbehaltung und Anrechnung der Abzugsteuer erreicht werden kann. Weiß der StPfl aber, dass sie nicht angemeldet und/oder abgeführt worden ist (und kann er deswegen gem § 42d III 4 in Anspr genommen werden), ist sie nicht anzurechnen. Die Feststellungslast für die positive Kenntnis liegt beim FA.[3] **Im Einzelnen** gilt:

LSt (§§ 38–42f) wird beim ArbN (Steuerschuldner) angerechnet, vorausgesetzt, dieser wird zur ESt **11** veranlagt (§ 46) und die LSt entfällt auf **tatsächlich** bei der Veranlagung ‚**erfasste**' Einnahmen; die bloße sachliche Korrespondenz zw LSt und Einnahmen genügt nicht.[6] Auf Nettolohn[7] entfallende und erhobene LSt wird sonach angerechnet, pauschal besteuerter Arbeitslohn (§§ 40, 40a, 40b) oder gem § 37a pauschalierte ESt hingegen nicht, auch nicht im Hinblick auf den darauf entfallenden SolZ (§ 51a III).[8] Eine Anrechnung hat gleichermaßen zu unterbleiben, wenn Einnahmen vom FA „bewusst" nicht einbezogen werden, weil deren StPfl verneint wird. Soweit der BFH[9] die Anrechnung zu Unrecht einbehaltener und abgeführter LSt – aus Gründen „der materiellen Gerechtigkeit" – gleichwohl zulässt, wenn keine anderweitige Erstattungsmöglichkeit gegeben ist,[10] widerspricht dies dem Regelungswortlaut; es handelt sich um einen (unzulässigen) Billigkeitserweis. Auch bei fehlender Erstattungsmöglichkeit endet die Anrechnung gem § 36 II Nr 2 an den Grenzen des Regelungswortlauts und geht deshalb nicht als Spezialvorschrift vor.[11] Andererseits muss es nicht zu einer Steuerfestsetzung kommen. Steuerfreibeträge, Verlustabzüge uÄ beeinträchtigen die ‚Erfassung' der Einnahmen nicht.[12] Ohne Bedeutung ist auch, ob der LSt-Abzug und/oder die betr Einnahmen zu Recht erfasst worden sind.[13] Voraussetzung ist allerdings, dass keine Erstattung (§ 37 AO) durchgeführt oder beantragt ist. Auch die Anrechnung nachträglich beim ArbG erhobener LSt ist möglich; wegen der hierfür erforderlichen Änderung der ursprünglichen Anrechnungs-Vfg gem § 130 AO s Rn 39.

KapESt (§§ 43–45e, § 7 VII InvStG, § 20 IV 1 REITG, § 38b KAGG aF, § 18a AuslInvestmG aF) wird **13** unter grds denselben Umständen angerechnet wie LSt. Es bestehen zwei **Abweichungen: (1)** § 36 II Nr 2 S 1 verweist auf Einkünfte, die nach **§ 3 Nr 40** bei der Ermittlung des Einkommens außer Ansatz bleiben und stellt damit sicher, dass die volle auf die Dividenden angefallene und entrichtete KapESt anzurechnen ist, obwohl bei der Ermittlung des zu versteuernden Einkommens nur (bis zum VZ 08) die Hälfte, vom VZ 09 an (§ 52a III) 40 vH der Dividende zu erfassen ist. Entsprechendes gilt für gem **§ 8b I KStG** steuerbefreite (in- und ausländische) Bezüge iSv § 20 I Nr 1, 2, 9 und 10a einer unbeschränkt stpfl Körperschaft, Personenvereinigung oder Vermögensmasse sowie für gem **§ 8b VI 2 KStG** (= § 8 V KStG aF) steuerbefreite Bezüge oder Gewinne aus unmittelbaren und mittelbaren Beteiligungen an einem nicht steuerbefreiten Betrieb gewerblicher Art einer jur Pers des öffentlichen Rechts gem § 8b I KStG. Diese auf § 8b KStG verweisenden Regelungen gehö-

---

1 BMF BStBl I Sondernummer 1/04 Tz 5.1.1.3; *Strunk/Kaminski/Köhler* AStG/DBA § 5 AStG Rn 12, 58.
2 BFH BStBl III 57, 161.
3 BFH/NV 00, 46.
4 *K/S/M* § 36 Rn D 80.
5 BFH BStBl II 72, 816; BStBl II 93, 760; BStBl II 94, 182; DB 96, 2061.
6 BFH/NV 95, 779; 97, 106; offen gelassen von BFH BStBl II 00, 581; **aA** *Heuermann* DB 96, 1052 (1055).
7 BFH BStBl II 86, 186; BStBl II 92, 733.
8 Im Einzelnen *K/S/M* § 36 Rn D 106 ff.
9 BFH BStBl II 00, 581 (für den Fall des LSt-Abzugs trotz beendeter unbeschränkter StPfl); BStBl II 01, 353 (für den Fall des LSt-Einbehalts von MU'er-Sondervergütungen).
10 S dazu aber für den Urteilsfall *Wassermeyer* IStR 00, 688; *Gosch* StBp 00, 374: eine Erstattungsmöglichkeit fehlte dort gerade nicht.
11 **AA** *K/S/M* § 36 Rn D 119.
12 OFD Mchn DStR 03, 30 (unter 3.).
13 BFH BStBl II 01, 353.

ren rechtssystematisch in das KStG; sie sind in § 36 II Nr 2 aufgenommen worden, weil § 31 I KStG (§ 49 I KStG aF) auf § 36 verweist. Zum KapESt-Abzug bei Wertpapierpensionsgeschäften s § 32 III KStG. **(2)** Überdies steht dem StPfl hier ein Erstattungswahlrecht (nach § 44b, § 44c aF, ggf auch § 50d I analog, s § 50d Rn 12) zu. Wird von diesem Wahlrecht Gebrauch gemacht, ist die Anrechnung ausgeschlossen, ebenso bei möglicher Inanspruchnahme gem § 44 V, § 45a VII, § 50a V 6. – **Nicht** anrechenbar ist die KapESt, welche auf Erträge entfällt, die nach § 1 StraBEG aufgrund strafbefreiender Nacherklärung auf Basis der im StraBEG spezialgesetzlich vorgesehenen Pauschalsteuerermittlung nachentrichtet wurde.[1] Zur Anrechnung bei nachträglich bekannt gewordenen steuerabzugspflichtigen Kapitalerträgen s OFD Mchn DStR 03, 30.

14 **Rechtslage bis zum VZ 00/01** (zur letztmaligen zeitlichen Anwendung s § 34 VId und Xa KStG, Rn 2): Bis zur Einfügung des Halbeinkünfteverfahrens und dem damit einhergehenden Verzicht auf die Vollanrechnung blieben nach § 8b I KStG aF lediglich aus dem Ausland stammende stfrei Gewinnausschüttungen iSv § 20 I Nr 1, 2 an inländische KapGes, die von diesen an uU im Inland unbeschränkt stpfl KapGes weitergereicht wurden, bei der Ermittlung des Einkommens außer Ansatz. Solche Ausschüttungen wurden bei der (erst-)empfangenden KapGes nach § 8b KStG aF nicht erfasst, sie galten stets als aus dem EK 01 (= Teilbetrag iSd § 30 II Nr 1 KStG aF) stammende Einnahmen (§§ 30 II Nr 1, 40 S 1 Nr 1 KStG aF). Da solche Einkünfte nicht der Besteuerung unterlagen, ging es gem **§ 36 II Nr 2 S 1 aF** darum, die KapESt-Belastung nicht infolge der Anrechnung definitiv werden zu lassen. Beim Anteilseigner der zuletzt empfangenden KapGes blieb es aber bei der Vereinnahmung und steuerlichen Erfassung der Bruttoausschüttung, so dass dieser die darauf entfallende KapESt auch anrechnen konnte. Insofern verhielt es sich abw zur KSt-Anrechnung (§ 36 II 2 Nr 3 aF, Rn 19ff).

15 Der **Nachweis** über den Steuerabzug wird für die **LSt** idR durch Vorlage der LSt-Karte oder einer besonderen LSt-Bescheinigung (§ 41b I), ggf aber auch auf andere Weise[2] geführt, für die **KapESt** hingegen ausschließlich durch Vorlage der (Original-)Bescheinigung gem § 45a II, III **(§ 36 II Nr 2 S 2)**, wobei es in den Fällen des § 8b VI 2 KStG (Rn 13), insbes also bei nur mittelbarer Beteiligung des Betriebs gewerblicher Art der jur Pers des öffentlichen Rechts, allerdings genügt, wenn jene Bescheinigung gem § 45a II und III vorgelegt wird, die dem Gläubiger der Kapitalerträge ausgestellt worden ist **(§ 36 II Nr 2 S 3)**. Der so erbrachte Nachweis sichert idR die Anrechnung und ist materiell-rechtliche Anrechnungsvoraussetzung, entbindet das FA in Zweifelsfällen aber nicht von einer Überprüfung und ermöglicht es trotz Vorlage der Bescheinigung, nicht anzurechnen, falls sich die Bescheinigung als falsch herausstellt.[3] Der Originalbescheinigung bedarf es auch für die KapESt bei Investmenterträgen gem § 7 VII InvStG, § 38b V 2 KAGG aF; eine Steueranrechnung auf Grundlage der veröffentlichten Besteuerungsgrundlagen des Investmentvermögens (Rechenschaftsberichte; elektronischer Bundesanzeiger) scheidet aus.[4] Zu den Nachweiserfordernissen für die **KSt**-Anrechnung gem § 36 II Nr 3 aF (iVm §§ 44ff KStG aF) s Rn 19f und 6. Aufl § 36 Rn 34, 48. Jener Nachweiserfordernisse über die steuerliche Vorbelastung der KapGes bedarf es unbeschadet der prinzipiellen Gemeinschaftsrechtswidrigkeit des kstl Anrechnungsverfahrens auch für die nunmehr einzufordernde Anrechnung ausländischer KSt. Zwar müssen diese Erfordernisse den ausländischen Gegebenheiten Rechnung tragen; sie müssen erfüllbar bleiben und dürfen das EuGH-Verdikt über das kstl Anrechnungsverfahren nicht qua Nachweisstringenzen ad absurdum führen (Effektivitätsgebot; Äquivalenzgrundsatz, Frustrationsverbot; s auch Rn 41). Sie dürfen aber doch ein Niveau erreichen, das den Inlandsanforderungen im Prinzip nachsteht. Insbes bedarf es entspr Originalbelege der Auslands-KapGes, auch bei bloßen Portfolioinvestitionen; es genügt sicher nicht, allein auf die Möglichkeiten der EG-Amtshilfe-Richtlinie zur Beschaffung notwendiger Informationen durch die Steuerbehörden hinzuweisen.[5] Vieles, wenn nicht alles hierzu ist derzeit aber ungewiss und allenfalls spekulativ und hat Züge reinen Dezisionismus; im Zweifel wäre das BVerfG anzurufen, um die Begünstigungs-(= Anrechnungs-)Reichweite durch dieses ausloten (und das Verhältnis zum EG-Recht/EuGH justieren zu lassen.[6]

---

1 OFD Rheinland DB 07, 315; FG M'ster EFG 07, 934; FG D'dorf EFG 08, 146; FG Hbg EFG 07, 1556; **aA** *Milatz/Tempich* DB 05, 2103.
2 Ggf auch – bei geschätzten Einkünften – in geschätzter Höhe, vgl OFD Nürnberg DStR 94, 99.
3 S zB OFD M'ster FR 08, 47, für den (Regel-)Fall der Abstandnahme von der Nacherhebung von KapESt bei (schon veranlagten) vGA.
4 Vgl Bay LAfSt IStR 07, 832.
5 Weitergehend und **aA** zB *Sedemund* IStR 07, 245, 246; *Rehm/Nagler* GmbHR 07, 381; 08, 11, 17 f; ; *Delbrück/Hamacher* IStR 07, 627.
6 Vgl auch *Gosch* DStR 07, 1895 mwN.

III. Keine Einbeziehung abgeltender Abzugsteuern. Steuerabzugsbeträge, die sich bei beschränkt **16** StPfl ergeben, vor allem also die sog Aufsichtsratsteuer (§ 50a I–III) sowie ESt (§ 50a IV), kommt grds (Ausnahme: BE eines inländischen Betriebs, vgl § 50 V) abgeltende Wirkung zu. Folglich werden die entspr Einkünfte nicht in eine Veranlagung einbezogen, so dass die Anrechnung solcher Abzugsbeträge entfällt. Soweit der beschränkt StPfl Staatsangehöriger eines EU- oder EWR-Staates ist, kann er zwar nach § 50 V 2 Nr 2 eine Veranlagung beantragen (§ 46 II Nr 8). Gleichwohl bleibt es bei der abgeltenden Wirkung der Steuerbezüge, ausgenommen die LSt.

Zu der spezialgesetzlich angeordneten Reihenfolge der Anrechnung von Abzugsbeträgen iSv § 48 **17** (Bauabzugsteuer) s **§ 48c**.

IV. Anzurechnende Körperschaftsteuer (§ 36 II 2 Nr 3 aF). § 36 II 2 Nr 3 aF enthielt die Kernvor- **19** schrift des – zwischenzeitlich durch das sog Halbeinkünfteverfahren (s § 3 Nr 40) abgelösten (zum zeitlichen Anwendungsbereich s Rn 2) – **körperschaftsteuerlichen Anrechnungsverfahrens.** Schüttete die Körperschaft Gewinne aus, war auf der einen Seite – bei der Körperschaft – die Ausschüttungsbelastung gem § 27 KStG aF herzustellen. Dem Anteilseigner (vgl § 20 IIa), der die ihm zufließende Ausschüttung zu versteuern hatte (§ 20 I Nr 1), ermöglichte § 36 II 2 Nr 3 aF auf der anderen Seite die Anrechnung der körperschaftsteuerlichen Vorbelastung und damit – abw von § 36 II Nr 2 – die Anrechnung von Steuern eines Dritten. Ziel der Regelungen war es, die **Einmalbesteuerung** im Inland erwirtschafteter kstpfl Gewinne bei der Körperschaft und beim Anteilseigner sicherzustellen. Das (zeitlich begrenzte) Übergangsrecht für das unter der Geltung des Anrechnungsverfahrens entstandene verwendbare Eigenkapital erfolgt ausschließlich in §§ 36 ff KStG, so dass für das frühere Anrechnungsverfahren im Wesentlichen auf die Erläuterungen der 6. Aufl (Rn 199 ff) zu verweisen ist.

Nach wie **vor von aktueller Bedeutung** sind allerdings die **gemeinschaftsrechtlichen Zweifelsfra-** **20** **gen** in Zusammenhang mit den **persönlichen Anrechnungsvoraussetzungen der** (seinerzeitigen) **KSt-Anrechnung: (1) Ausschüttende Körperschaft.** Angerechnet werden durfte nur, wenn die **ausschüttende Körperschaft unbeschränkt stpfl** war (§ 36 II 2 Nr 3 S 1 aF), also über Sitz oder Geschäftsleitung im Inland verfügte (§ 1 I 1 KStG). (Unmittelbare) Ausschüttungen ausländischer Körperschaften waren vom Anrechnungsverfahren ausgenommen, auch wenn diese im Inland beschränkt stpfl und die entspr ausgeschütteten Gewinne im Inland voll zu versteuern waren. In Einklang damit war bei solchen Körperschaften keine Ausschüttungsbelastung (§§ 27 ff KStG aF) herzustellen. Die entspr KSt-Belastung wirkte hier folglich definitiv. **(2) Anrechnungsberechtigung.** Zur Anrechnung berechtigt war grds jede Pers, die als Anteilseigner Einnahmen nach § 20 I Nr 1 oder 2 oder II Nr 2a erzielte, vorausgesetzt allerdings auch hier, sie war **unbeschränkt stpfl** (**§ 36 II 2 Nr 3 S 1 aF**; vgl § 50 V aF; § 51 KStG aF). Die unbeschränkte StPfl konnte auch eine solche iSv § 1 III sein (s § 1 Rn 42). **Nicht** anrechnungsberechtigt waren damit ausländische Anteilseigner[1] und beschränkt stpfl inländische Körperschaften iSv § 2 Nr 2 KStG. Für diese wurde die Anwendbarkeit von § 36 II 2 Nr 3 aF in § 50 V 2 aF sowie in § 51 KStG aF ausdrücklich ausgeschlossen, für sie war die ESt und KSt von Kapitalerträgen durch den Steuerabzug vom Kapitalertrag abgegolten (§ 50 V 1 aF, § 50 I Nr 2 KStG aF). Zu Vergütungsfällen s § 36e aF, § 52 KStG aF. – Diese persönlichen Einschränkungen sollten weder verfassungs-[2] noch gemeinschaftsrechtlich[3] zu beanstanden sein. Zumindest Letzteres hat sich nach den Urt des EuGH in der Sache „Meilicke"[4] und bereits zuvor in der Sache „Manninen"[5] zum vergleichbaren finnischen KSt-System erledigt; die Gemeinschaftsrechtswidrigkeit steht insoweit fest. S aber auch Rn 15, 41.

---

1 BFH BStBl II 87, 682, dort auch zum Billigkeitserweis; einschränkend insoweit BMF BStBl I 87, 721.
2 BVerfG StRK EStG 1975 § 36b R 2a; BFH BStBl II 91, 427.
3 FG Mchn EFG 98, 1076; aA zu Recht zB *Schön* GS Knobbe-Keuk, S 743 (774 ff); *Herzig* GS Knobbe-Keuk, S 627f; *Saß* FR 98, 1; s jetzt auch BFH IStR 06, 493 (Vorlagebeschluss an den EuGH betr § 28 IV KStG aF)
 = EuGH C-284/06 – Burda); dazu *Berg* GmbHR 06, 830; *Schnitger* FR 06, 779.
4 EuGH IStR 07, 247.
5 EuGH DB 04, 2023. S dazu *Hahne/Hamacher* DB 04, 1340; *dies.* DB 04, 2386; *Krebs/Bödefeld* BB 04, 1712; *Schnitger* IStR 04, 313 (321); *ders* FR 04, 1357; *Schön* GS Knobbe-Keuk, S 743 (744); *Herzig* GS Knobbe-Keuk, S 627 ff; *Benecke/Schnitger* IStR 03, 649 (653 ff); *de Weerth* DStR 04, 1992; *Balster/Petereit* DStR 04, 1985.

E. Rundungsregelung (§ 36 III)

30 Die Rundungsregelung in § 36 III betrifft allein die Anrechnungstechnik. Steuerabzugsbeträge und Anrechnungsbeträge sind danach jeweils auf volle Euro aufzurunden, bei mehreren Einzelpositionen, aber auch bei zusammenveranlagten Ehegatten nach zuvoriger Addition.

F. Fälligkeit der Abschlusszahlung und Erstattung von Überschüssen (§ 36 IV)

33 I. Abschlusszahlungen (§ 36 IV 1). § 36 IV 1 regelt – als Sondervorschrift zu § 220 II AO – die Fälligkeit von ESt, die nach der Abrechnung für den StPfl als **Abschlusszahlung** verbleibt. Diese Abschlusszahlung ist innerhalb eines Monats nach Bekanntgabe des Steuerbescheides zu entrichten, allerdings nur in dem in der **Anrechnungs-Vfg** ausgewiesenen und fällig gestellten Umfang, ggf auch bei deren Änderungen.[1] Nicht eingeforderte Teile der festgesetzten ESt[2] sollen dagegen, wie sich aus § 36 IV 1 ergebe, nicht fällig werden und demzufolge auch nicht zahlungsverjähren (§§ 228 ff AO); die Anrechnungs-Vfg kann insoweit gem § 130 AO jederzeit geändert werden[3] (s aber auch Rn 39). Bereits zuvor fällig gewordene, aber noch nicht entrichtete Vorauszahlungen gehen zwar in die Abschlusszahlung ein, sind allerdings sofort fällig;[4] die Festsetzungsverjährung richtet sich deswegen (jedenfalls) hier allein nach materiellem Recht.[5] Bei nicht rechtzeitiger Zahlung entstehen kraft Gesetzes Säumniszuschläge (§ 240 AO). Wegen unabhängig davon bestehender Zinspflichten ab Beginn des 16. Monats nach Entstehung der ESt s § 233a AO.

35 II. Überschuss zugunsten des Steuerpflichtigen (§ 36 IV 2 und 3). Folgt aus der Steuerfestsetzung eine **Überzahlung** des StPfl, so ist diese an ihn als Erstattungsberechtigten nach Bekanntgabe des Steuerbescheides auszuzahlen.[6] In welcher Weise (Überweisung, Verrechnung[7] oder Aufrechnung, § 226 AO) ausgezahlt wird, ist unbeachtlich. Bei zusammen zur ESt veranlagten Ehegatten (§§ 26, 26b) wirkt die Abrechnung des sich ergebenden Überschusses an einen der Ehegatten für und gegen den anderen (§ 36 IV 3).[8] **Erstattungsberechtigt** ist – wie bei anderen Gesamtschuldnern auch (§ 37 II AO)[9] – regelmäßig jener Ehegatte, der den zu erstattenden Betrag, den er mit schuldete, gezahlt hat.[10] Nach Auffassung des BFH[11] tritt die befreiende Wirkung allerdings nicht ein, wenn dem FA bei der Abrechnung bekannt ist, dass der eine Ehegatte mit der Leistung an den anderen nicht einverstanden ist (zB nachdem ein Aufteilungsantrag gem §§ 268 ff AO gestellt worden ist).[12] § 36 IV 3 wird insoweit – gegen den Gesetzeswortlaut[13] – lediglich als widerlegliche gesetzliche Vermutung einer Einziehungsvollmacht der Eheleute untereinander angesehen.[14]

36 § 36 IV 2 regelt allein die **Fälligkeit** des Erstattungsanspruchs, der als solcher (ebenso wie die festzusetzende ESt) mit Ablauf des VZ entsteht.[15] Der Erstattungsanspruch kann vom StPfl abgetreten oder von dessen Gläubigern gepfändet werden.

G. Rechtsbehelfe

38 Die **Anrechnungs-Vfg** des Steuerbescheids stellt (als Teil des Erhebungsverfahrens, §§ 218–248 AO) nach Rspr und hM einen von der Steuerfestsetzung zu unterscheidenden, selbstständigen (deklaratorischen) **VA** dar, auch im Hinblick auf die Anrechnung der eigenen (Voraus-)Zahlungen.[16] Beide Bescheide sind getrennt voneinander anzufechten. Der Einspruch gegen die Anfechtungs-Vfg ist allerdings aus Gründen der Praktikabilität regelmäßig in einen Antrag auf Erlass eines Abrechnungsbescheides (§ 218 II AO) umzudeuten und sodann gegen diesen weiterzuführen. Ein etwaiges Rechtsbehelfsverfahren gegen die Anrechnungs-Vfg ist gem § 74 FGO auszusetzen, der Rechtsbehelf wäre ansonsten unzulässig.

---

1 BFH BStBl II 76, 258; BStBl II 01, 133.
2 Vorausgesetzt, diese beträgt nicht durchgängig null; so zutr FG RhPf EFG 05, 508.
3 BFH BStBl II 01, 133; OFD Mchn DStR 03, 30; zu Recht krit *Sedemund* DStR 02, 560 ff.
4 BFH BStBl II 81, 767.
5 Vgl auch einschränkend zu der „verführerisch allg formulierten Aussage" in BFH BStBl II 01, 133, FG Bln EFG 06, 1396 Rev VII R 33/06.
6 BFH BStBl II 90, 523.
7 BFH BStBl II 87, 8; BFH/NV 89, 762.
8 FG Nds EFG 99, 292 zu den Grenzen dieser Vereinfachung; OFD Koblenz FR 96, 360.
9 BFH BStBl III 60, 180.
10 BFH BStBl II 90, 41; BStBl II 91, 442.
11 BFH BStBl II 90, 719; BStBl II 91, 442; OFD Koblenz FR 96, 360 (361).
12 Vgl FG Nds EFG 01, 901.
13 Deshalb bedenklich, vgl *K/S/M* § 36 Rn G 36.
14 BFH BStBl II 01, 133 mwN; zu Recht zweifelnd *K/S/M* § 36 Rn G 36.
15 BFH BStBl II 96, 557.
16 Zu Unrecht zweifelnd *Schmidt*[26] § 36 Rn 60.

Von dieser Besonderheit abgesehen bleibt es indes bei der Eigenständigkeit der Anrechnungs-Vfg. **39**
Dies betrifft vor allem die Möglichkeit, die Vfg aufzuheben oder zu ändern; sie richtet sich nach
§§ 130, 131 AO, nicht nach §§ 172 ff AO, richtiger Ansicht nach auch für den Fall eines (nachfolgenden) Abrechnungsbescheides (§ 218 II AO). Diese Frage ist innerhalb des BFH allerdings umstritten und derzeit ungeklärt: Dessen I. Senat[1] nimmt an, § 218 II AO enthalte eine Sonderregelung zu §§ 130, 131 AO und gehe diesen Vorschriften vor. IErg sei das FA deshalb nicht gehindert, die ursprüngliche Anrechnung jederzeit nach Grund und Höhe zu korrigieren. Dem hat sich der VII. Senat des BFH widersetzt;[2] § 218 II AO könne vor allem den durch § 130 II AO gewährten Vertrauensschutz nicht aushöhlen. Dem ist beizupflichten.[3] Auch wenn der Abrechnungsbescheid nicht als ‚technischer' Änderungsbescheid zu der Anrechnungs-Vfg ausgestaltet ist, so tritt er doch faktisch an deren Stelle und muss deshalb die für diese geltenden Änderungsvorschriften beachten. Es verhält sich iErg ähnlich wie bei der LSt-Anmeldung hinsichtlich eines nachfolgenden Haftungs- oder Nachforderungsbescheides.[4]

IÜ ist der StPfl infolge der (zwingenden, Rn 10) Korrespondenz zw Einnahmeerfassung (§ 20 I **40**
Nr 1 u 2) und Anrechnung ggf gehalten, neben dem ansonsten vorrangigen Abrechnungsbescheid auch den jeweiligen **ESt-Bescheid** anzufechten, uU mit dem Ziel höherer Kapitaleinkünfte. Beschwer und Rechtsschutzbedürfnis hierfür sind grds gegeben,[5] allerdings wohl dann nicht, wenn feststeht, dass die Einnahmeerfassung ohnehin keine höhere Steuerfestsetzung zur Konsequenz hat (zB Steuerfreiheit, Freibeträge[6]). Eine Anfechtung erübrigt sich auch, wenn der ESt-Bescheid gem §§ 172 ff AO zu Ungunsten des StPfl geändert werden kann.

Das könnte uU auch in Betracht kommen, um für noch nicht festsetzungsverjährte VZ[7] eine Ände- **41**
rung bestandskräftiger ESt-Bescheide im Hinblick auf ausländische Kapitaleinkünfte (im Hinblick auf die Kapitalverkehrsfreiheit, Art 56 ff EG, auch solche aus Nicht EG-/EWR-Staaten)[8] herbeizuführen, die bislang nicht in die Bemessungsgrundlage einbezogen wurden, weil ausländische KSt de lege lata gem § 36 II 2 Nr 3 aF nicht anrechenbar war, was sich jedoch nicht mit den gemeinschaftsrechtlichen Grundfreiheiten verträgt (s Rn 20, 15); die zuvorige Erfassung der ausländischen Einkünfte und Steuern ist auch dann unerlässlich.[9] Eine Änderung gem § 173 I Nr 1 oder 2a AO dürfte jedoch ausscheiden, weil es insoweit am nachträglichen Bekanntwerden rechtserheblicher Tatsachen mangelt; die bisherige Angabe von Netto-Kapitaleinkünften in der Steuererklärung entsprach seinerzeitiger Gesetzeslage, die Angabe des Bruttobetrages wäre also nicht rechtserheblich gewesen und hätte keine anderweitige Steuerfestsetzung herbeigeführt. Der Weg über einen ‚schlichten' Änderungsantrag gem § 172 I 1 Nr 2a AO (mit anschließendem Antrag, die Anrechnungs-Vfg über § 130 I AO zu ändern)[10] dürfte daran scheitern, dass es sich bei beiden Änderungsmöglichkeiten um behördliche Ermessensentscheidungen handelt. Es gibt gute Gründe dafür, dieses doppelte Ermessen zu*un*gunsten des StPfl auszuüben. Zwar gewichten die (verbindliche) Regelungsauslegung durch den EuGH und das damit einhergehende EG-rechtliche Effektivitätsgebot sowie Frustrationsverbot der grds ex tunc wirkenden EuGH-Urteile bei der Ermessensausübung schwer; das Gemeinschaftsrecht verbietet es dem nationalen Recht grundsätzlich, die Ausübung der durch die Gemeinschaftsrechtsordnung verliehenen Rechte praktisch unmöglich zu machen oder übermäßig zu erschweren (sog Effektivitätsgrundsatz), die Durchsetzung der Rechte des Gebietsfremden darf nicht weniger günstig ausgestaltet werden als entspr rein innerstaatliche Verfahren (sog Äquivalenzgrundsatz).[11] Schwerer dürfte im Rahmen der nationalen Verfahrensregelungen allerdings das Ver-

---

1 BStBl II 93, 836; 94, 147; 94, 191.
2 BFH BStBl II 97, 787; dazu *Gosch* StBp 97, 271.
3 *K/S/M* § 36 Rn A 240.
4 Vgl BFH BStBl II 93, 829; 93, 840; *Thomas* DStR 92, 839.
5 BFH BStBl 95, 362; BStBl 95, 65 (AdV); s aber auch Rn 38 Fn 3 zur Rechtslage für VZ vor 96.
6 OFD Ffm FR 98, 32.
7 **AA** *Rehm/Nagler* GmbHR 09, 11, 17 f.; *Delbrück/Hamacher* IStR 07, 627: ab 1990.
8 *Rehm/Nagler* GmbHR 08, 11, 18.
9 *Balster/Petereit* DStR 04, 1985 (1987); *Gosch* DStR 04, 1988 (1989); *Schnitger* FR 04, 1357 (1370); *Eicker/Ketteler* BB 05, 131; *Sedemund* IStR 07, 245; s auch BFH BStBl II 03, 587; **aA** *Hamacher/Hahne* DB 04, 2386 (2388); *Delbrück/Hamacher* IStR 07, 627: bloße (fiktive) Kürzung der anzurechnenden ausländischen Steuer.
10 *Hamacher/Hahne* DB 04, 2386 (2387) wollen die Änderung auf die Anrechnungs-Vfg reduzieren und den Anrechnungsbetrag um eine fiktive ESt-Belastung kürzen (zweifelh).
11 Vgl EuGH EuGHE I 01, 1727 „Metallgesellschaft/Hoechst".

fassungsprinzip des Rechtsfriedens[1] und in diesem Zusammenhang auch das auf der Hand liegende Fiskalinteresse wiegen, die Vergangenheit ‚ruhen' zu lassen (vgl auch § 79 II BVerfGG).[2] Letztlich wurde diese Sichtweise mittlerweile denn auch vom EuGH (für Gerichtsurteile) bestätigt.[3] Der insoweit bislang (einzig) denkbare (Aus-)Weg über die nachträgliche Anrechnungsbescheinigung gem § 44 ff KStG aF iVm § 36 II Nr 3 S 4b aF und deren Berücksichtigung über § 175 I 1 Nr 2 AO hat sich erledigt, nachdem die nachträgliche Erteilung oder Vorlage einer Bescheinigung oder Bestätigung gem § 175 II 2 AO idF des EURLUmsG (mit Wirkung v 28.10.04 an) kraft gesetzlicher Fiktion (und in uU gemeinschaftsrechtsunverträglicher Weise)[4] nicht mehr als rückwirkendes Ereignis anzusehen ist. In jedem Fall schlägt die Änderung der ESt-Festsetzung gem § 130 II AO auf die An- oder Abrechnung durch (s aber Rn 59). Eine wechselseitige **verfahrensrechtliche Bindung** zw Festsetzung und Anrechnung iSv § 171 X, § 175 I 1 Nr 2 AO besteht indes im Allgemeinen **nicht** (zur materiell-rechtlichen Bindung zw § 36 II 2 Nr 3 aF und § 20 I Nr 3aF s aber 6. Aufl Rn 38). Zur Bindungswirkung gesondert festgestellter Abzugs- und Anrechnungsbeträge bei Pers-Mehrheiten s § 180 V Nr 2, § 182 I 2 AO. Eine Bestands- oder Rechtskraftdurchbrechung mittels der sog Emmott'schen Formel des EuGH[5] ist hier unzulänglich und scheidet idR aus.[6] Es gibt innerstaatlich keinen Grund, die (Steuervergünstigung der) KSt-Anrechnung vorbehaltlos und uneingeschränkt über das hinaus zu gewähren, das auch (nur) einem Inländer unter entspr Umständen zugestanden hätte.

42 Zum einstweiligen Rechtsschutz durch AdV s § 37 Rn 52.

§ 37 Einkommensteuer-Vorauszahlung

(1) ¹Der Steuerpflichtige hat am 10. März, 10. Juni, 10. September und 10. Dezember Vorauszahlungen auf die Einkommensteuer zu entrichten, die er für den laufenden Veranlagungszeitraum voraussichtlich schulden wird. ²Die Einkommensteuer-Vorauszahlung entsteht jeweils mit Beginn des Kalendervierteljahres, in dem die Vorauszahlungen zu entrichten sind, oder, wenn die Steuerpflicht erst im Laufe des Kalendervierteljahres begründet wird, mit Begründung der Steuerpflicht.

(2) ¹Die Oberfinanzdirektionen können für Steuerpflichtige, die überwiegend Einkünfte aus Land- und Forstwirtschaft erzielen, von Absatz 1 Satz 1 abweichende Vorauszahlungszeitpunkte bestimmen. ²Das Gleiche gilt für Steuerpflichtige, die überwiegend Einkünfte oder Einkunftsteile aus nichtselbstständiger Arbeit erzielen, die der Lohnsteuer nicht unterliegen.

(3) ¹Das Finanzamt setzt die Vorauszahlungen durch Vorauszahlungsbescheid fest. ²Die Vorauszahlungen bemessen sich grundsätzlich nach der Einkommensteuer, die sich nach Anrechnung der Steuerabzugsbeträge und der Körperschaftsteuer (§ 36 Abs. 2 Nr. 2 und 3) bei der letzten Veranlagung ergeben hat. ³Das Finanzamt kann bis zum Ablauf des auf den Veranlagungszeitraum folgenden 15. Kalendermonats die Vorauszahlungen an die Einkommensteuer anpassen, die sich für den Veranlagungszeitraum voraussichtlich ergeben wird; dieser Zeitraum verlängert sich auf 21 Monate, wenn die Einkünfte aus Land- und Forstwirtschaft bei der erstmaligen Steuerfestsetzung die anderen Einkünfte voraussichtlich überwiegen werden. ⁴Bei der Anwendung der Sätze 2 und 3 bleiben Aufwendungen im Sinne des § 10 Abs. 1 Nr. 1, 1a, 1b, 4, 5, 7 bis 9, der §§ 10b und 33 sowie die abziehbaren Beträge nach § 33a, wenn die Aufwendungen und abziehbaren Beträge insgesamt

---

1 Vgl EuGH BB 04, 1087 ‚Kühne & Heitz NV' (mit Anm *Meilicke*); wie hier *Ruffert* JZ 04, 620; *Rüsken* BFH-PR 04, 204; *Potacs* EuR 04, 595; *ders* FS Ress, 2005, S 729; *Britz/Richter* JuS 05, 198; *Lindner* BayVBl 04, 589; *Krumm* IWB Fach 11 Gr 2, 681; *Urlesberger* ZfRV 04, 99; *Drüen/Kahler* StuW 05, 171, 181 ff; **aA** *Frenz* DVBl 04, 315, dort allerdings zu Recht allenfalls für den Fall, dass der betroffene StPfl den Rechtsweg bis zum Eintritt der Bestandskraft voll ausgeschöpft hat; daran wird es normalerweise aber fehlen.
2 Str, s zB *Gosch* DStR 04, 1988 (1989); DStR 05, 413; StbJb 04/05, 325 (346 ff); *Drüen/Kahler* StuW 05, 171 (181 ff); **zT aA** zB *Balster/Petereit* DStR 04, 1985 (1987); *Schnitger* FR 04, 1357 (1370); *Eicker/Ketteler* BB 05, 131; *de Weerth* DB 05, 1407; *Intemann* NWB Fach 4, 4955 (4961); *Laule* in Rückforderung rechtwidrig erhobener Abgaben, 2005, S 61; *Seer/Kahler/Rüping/Thulfaut* EWS 05, 289 (299); *Meilicke/Sedemund* DB 05, 2040 (2045).
3 Vgl EuGH EuZW 06, 241 ‚Kapferer ./. Schlank & Schick'.
4 Vgl *Ritzer/Stangl* DStR 04, 2176; *Schnitger* FR 04, 1357; *Eicker/Ketteler* BB 05, 131; *Hahn* IStR 05, 145; *Drüen/Kahler* StuW 05, 171 (181); *Meilicke/Sedemund* DB 05, 2040 (2045); **aA** *Tiedtke/Szczesny* GmbHR 07, 1086.
5 EuGH Slg 91 I-4269 ‚Emmott'.
6 BFH BFH/NV 05, 35; BStBl II 07, 433; 436; BFH/NV 07, 872; distanzierend zwischenzeitlich auch der EuGH selbst, s EuGH Slg 97 I-6783 ‚Fantask'; *Gundel* NVwZ 98, 910.

600 Euro nicht übersteigen, außer Ansatz. ⁵Die Steuerermäßigung nach § 34a bleibt außer Ansatz. ⁶Bei der Anwendung der Sätze 2 und 3 bleibt der Sonderausgabenabzug nach § 10a Abs. 1 außer Ansatz. ⁷Außer Ansatz bleiben bis zur Anschaffung oder Fertigstellung der Objekte im Sinne des § 10e Abs. 1 und 2 und § 10h auch die Aufwendungen, die nach § 10e Abs. 6 und § 10h Satz 3 wie Sonderausgaben abgezogen werden; Entsprechendes gilt auch für Aufwendungen, die nach § 10i für nach dem Eigenheimzulagengesetz begünstigte Objekte wie Sonderausgaben abgezogen werden. ⁸Negative Einkünfte aus der Vermietung oder Verpachtung eines Gebäudes im Sinne des § 21 Abs. 1 Satz 1 Nr. 1 werden bei der Festsetzung der Vorauszahlungen nur für Kalenderjahre berücksichtigt, die nach der Anschaffung oder Fertigstellung dieses Gebäudes beginnen. ⁹Wird ein Gebäude vor dem Kalenderjahr seiner Fertigstellung angeschafft, tritt an die Stelle der Anschaffung die Fertigstellung. ¹⁰Satz 8 gilt nicht für negative Einkünfte aus der Vermietung oder Verpachtung eines Gebäudes, für das erhöhte Absetzungen nach den §§ 14a, 14c oder 14d des Berlinförderungsgesetzes oder Sonderabschreibungen nach § 4 des Fördergebietsgesetzes in Anspruch genommen werden. ¹¹Satz 8 gilt für negative Einkünfte aus der Vermietung oder Verpachtung eines anderen Vermögensgegenstandes im Sinne des § 21 Abs. 1 Satz 1 Nr. 1 bis 3 entsprechend mit der Maßgabe, dass an die Stelle der Anschaffung oder Fertigstellung die Aufnahme der Nutzung durch den Steuerpflichtigen tritt. ¹²In den Fällen des § 31, in denen die gebotene steuerliche Freistellung eines Einkommensbetrags in Höhe des Existenzminimums eines Kindes durch das Kindergeld nicht in vollem Umfang bewirkt wird, bleiben bei der Anwendung der Sätze 2 und 3 Freibeträge nach § 32 Abs. 6 und zu verrechnendes Kindergeld außer Ansatz.

(4) ¹Bei einer nachträglichen Erhöhung der Vorauszahlungen ist die letzte Vorauszahlung für den Veranlagungszeitraum anzupassen. ²Der Erhöhungsbetrag ist innerhalb eines Monats nach Bekanntgabe des Vorauszahlungsbescheids zu entrichten.

(5) ¹Vorauszahlungen sind nur festzusetzen, wenn sie mindestens 200 Euro im Kalenderjahr und mindestens 50 Euro für einen Vorauszahlungszeitpunkt betragen. ²Festgesetzte Vorauszahlungen sind nur zu erhöhen, wenn sich der Erhöhungsbetrag im Fall des Absatzes 3 Satz 2 bis 5 für einen Vorauszahlungszeitpunkt auf mindestens 50 Euro, im Fall des Absatzes 4 auf mindestens 2 500 Euro beläuft.

R 37/H 37 EStR 05

Übersicht

	Rn			Rn
A. Grundaussagen der Vorschrift	1	III.	Vorkosten bei eigengenutztem Wohnungsraum (§ 37 III 7)	27
B. Festsetzung und Bemessung der Vorauszahlungen (§ 37 I 1 HS 2, III 2, V 1)	5	IV.	Negative Einkünfte aus Vermietung und Verpachtung (§ 37 III 7–11)	29
C. Anpassung der Vorauszahlungen (§ 37 III 3, 4, IV, V 2)	11	V.	Besonderheiten bei anderen Vermögensgegenständen (§ 37 III 11)	33
I. Allgemeines	11	VI.	Rückausnahme (§ 37 III 10)	34
II. Inhaltliche Voraussetzungen (§ 37 III 3)	12	VII.	Beteiligung an Gemeinschaften	35
III. Zeitliche Voraussetzungen (§ 37 III 3, IV)	15	VIII.	Kindergeldentlastung (§ 37 III 12)	40
IV. Betragsgrenzen (§ 37 V 2)	17	E.	Entstehung und Fälligkeit der Vorauszahlungsschuld (§ 37 I, II)	42
V. Anpassungsantrag	19	F.	Vorauszahlungsfestsetzung, Vorauszahlungsbescheid	46
D. Unberücksichtigt bleibende Beträge (§ 37 III 4–12, § 37 III 5–12 aF)	25	G.	Rechtsschutz	51
I. Sonderausgaben und außergewöhnliche Belastungen (§ 37 III 4 und 6 nF, § 37 III 5 und 6 aF)	25	I.	Rechtsbehelfe	51
		II.	Vorläufiger Rechtsschutz	52
II. Ermäßigungsbetrag gem § 34a (§ 37 III 5 nF)	26	III.	Erledigung des Rechtsstreits	53

Literatur: *Diebold* Zur kurzfristigen Erhöhung der Einkommensteuer-Vorauszahlung, FR 92, 708; *Harder* Mitwirkungspflicht bei der Anpassung von Vorauszahlungen, DB 91, 2217.

A. Grundaussagen der Vorschrift

Vorauszahlungen haben mehrfache Zwecke. Zum einen sollen sie ein stetiger staatlicher Mittelzufluss und eine zeitnahe Ausschöpfung der Steuerquellen sicherstellen. Zum anderen geht es darum, 1 einer Ungleichbehandlung von EStPfl und LStPfl vorzubeugen. Die Festsetzung der Vorauszahlungen ist eine vorläufige; es handelt sich um jene Schuld, die voraussichtlich zu entrichten sein wird (§ 37 I 1).

B. Festsetzung und Bemessung der Vorauszahlungen (§ 37 I 1 HS 2, III 2, V 1)

5 Am besten würde es dem Zweck des Vorauszahlungsverfahrens entsprechen, als Bemessungsgrundlage für die festzusetzende Vorauszahlung auf die voraussichtlich für den laufenden VZ zu erwartende ESt zurückzugreifen. Diese lässt sich jedoch oftmals nur schwer abschätzen und ist mit erheblichen Unsicherheiten belastet. Die Vorauszahlungen orientieren sich deshalb ihrer Höhe nach idR (s aber Rn 6) an den Ergebnissen der **letzten ESt-Veranlagung**, idR unabhängig vom Zufluss in gleich hohen Quartalsbeträgen (s Rn 42).[1] Die sich danach ergebende ESt abzüglich der anzurechnenden Steuerabzugsbeträge (§ 36 II Nr 2) und der KSt (§ 36 II Nr 2, 3 aF; s zum zeitlichen Geltungsbereich § 36 Rn 2) stellt die Bemessungsgrundlage für die Vorauszahlungen dar. ,**Letzte**' **ESt-Veranlagung** ist nicht zwingend die Veranlagung für den unmittelbar vorangegangenen VZ, vielmehr die **tatsächlich** zuletzt durchgeführte Veranlagung, allerdings stets bezogen auf den zeitnächsten Zeitraum. Änderungsveranlagungen, die für weiter zurückliegende Zeiträume vorgenommen worden sind, bleiben außer Betracht. Die in § 37 III 2 zum Ausdruck kommende Regelvermutung geht davon aus, dass die Verhältnisse im laufenden VZ nicht wesentlich von jenen im ,letzten' VZ abweichen. Liegen bessere Erkenntnisse vor, sind solche (über die Anpassung der Vorauszahlung, § 37 III 3, Rn 11 ff) zu berücksichtigen. Die **objektive Feststellungslast** trägt im Falle der Erhöhung die Finanzbehörde, im Falle der Verminderung der StPfl.[2]

6 **Fehlt** eine ,letzte' ESt-Veranlagung, weil die StPfl erst im Laufe eines VZ, für den Vorauszahlungen festzusetzen sind, entsteht, gilt der Grundsatz in § 37 I 1: Abzustellen ist auf die voraussichtliche ESt-Schuld. Die Vorauszahlungshöhe ist dann vom FA anhand anderer Anhaltspunkte (als Teilprognose) zu schätzen.[3] Auch bei einheitlich und gesondert festgestellten Einkünften (insbes Verlustzuweisungen) sind die voraussichtlichen Besteuerungsgrundlagen vom Wohnsitz-FA zu ermitteln (§ 152 II AO), das allerdings das Betriebs-FA im Wege der Amtshilfe (§ 111 AO) einschalten kann (s auch Rn 35).[4]

7 Trotz der Anlehnung an die letzte ESt-Veranlagung bleiben bestimmte Beträge bei der Festsetzung außer Ansatz, § 37 III 4–12 (Rn 25 ff). Die Festsetzung **negativer Vorauszahlungen** kommt **nicht** in Betracht, auch nicht zum Ausgleich von LSt-Überschüssen.[5] Andererseits ist die Festsetzung von ESt-Vorauszahlungen **neben dem LSt-Abzug** (§§ 38 ff) auch dann zulässig, wenn der StPfl ausschließlich Einkünfte aus nichtselbstständiger Tätigkeit erzielt.[6]

8 Die (erstmalige) Festsetzung von Vorauszahlungen unterbleibt, wenn das Vorauszahlungssoll **200 €** im Kj und **50 €** für einen Vorauszahlungszeitpunkt (s Rn 42) unterschreitet **(§ 37 V 1)**. Zu den Betragsgrenzen bei späteren Änderungen s Rn 17.

C. Anpassung der Vorauszahlungen (§ 37 III 3, 4, IV, V 2)

11 **I. Allgemeines.** Stellt sich heraus, dass die Festsetzung der Vorauszahlungen nach Maßgabe der letzten ESt-Veranlagung mit der voraussichtlichen ESt-Schuld des laufenden VZ nicht übereinstimmen wird, kann das FA die Vorauszahlungen – nach oben oder nach unten – anpassen **(§ 37 III 3)**.[7]

12 **II. Inhaltliche Voraussetzungen (§ 37 III 3).** Es handelt sich hierbei um eine **Ermessensentscheidung**[8] („kann"). Allerdings ist das eingeräumte Ermessen eng: Bei Vorliegen tragfähiger Erkenntnisse, die die Herab- oder Heraufsetzung der Vorauszahlungen rechtfertigen, bleibt der Finanzbehörde kaum ein Entscheidungsspielraum. Das Problem liegt insoweit weniger in der (Rechtsfolge-)Entscheidung über die Vornahme der Anpassung als darin, ob sich aufgrund der Rechts- und Sachlage auf der Tatbestandsseite die zukünftig sich ,voraussichtlich' ergebende ESt einigermaßen verlässlich einschätzen lässt. Dies setzt eine (von den FG überprüfbare) Prognoseentscheidung voraus, die einen gewissen Beurteilungs-

---

1 FG Bln EFG 01, 1614.
2 FG SchlHol EFG 84, 289.
3 BFH BStBl II 82, 446.
4 BMF BStBl I 92, 404.
5 *K/S/M* § 37 Rn A 33; das ist verfassungsrechtlich unbedenklich, BVerfG HFR 77, 255.
6 BFH BStBl II 05, 358; FG Kln EFG 00, 216; vgl auch BFH BStBl II 92, 752.
7 BFH BStBl II 82, 446; s auch BStBl III 66, 605; II 76, 389.
8 BFH BStBl II 82, 446; BStBl II 82, 105; s auch BStBl II 86, 749; **aA** *K/S/M* § 37 Rn D 66; *H/H/R* § 37 Rn 95, 110.

spielraum belässt. Ähnlich der Rechtslage beim vorläufigen Rechtsschutz (§ 361 AO, § 69 FGO) bedarf es im Hinblick auf Zweifelsfragen bei der Ermittlung der Besteuerungsgrundlagen regelmäßig nur einer summarischen Prüfung des FA nach den Maßstäben einer überwiegenden Wahrscheinlichkeit. Die Intensität dieser Prüfung hängt auch davon ab, ob der StPfl eine von ihm begehrte Herab- oder Heraufsetzung der Vorauszahlungen nachweist und glaubhaft macht.[1] Unabhängig davon bleibt das FA berechtigt, den Sachverhalt erschöpfend aufzuklären.

Keine Ermessensräume bleiben, wenn sich die Gründe für die Änderung der ursprünglichen Vorauszahlungsfestsetzung aus einem zeitnäher ergangenen Steuerbescheid ergeben. Grundlage der Bemessung ist dann nicht die voraussichtliche ESt, sondern die letzte Veranlagung. Folglich findet § 37 III 2 und nicht 3 Anwendung.[2] **13**

III. Zeitliche Voraussetzungen (§ 37 III 3, IV). Die Anpassung kann gem § 37 III 3 für das laufende Kj oder in den folgenden 15 Monaten erfolgen, auch noch nach Abgabe der Steuererklärung für den abgelaufenen VZ,[3] allerdings nicht mehr nach Bekanntgabe (§ 124 I 1 AO) des Jahressteuerbescheides. Übersteigen die Einkünfte aus LuF bei der erstmaligen Steuerfestsetzung die anderen Einkünfte voraussichtlich, verlängert sich die Frist auf 21 Kalendermonate. Die Fristen stehen in Zusammenhang mit den entspr Karenzfristen gem § 233a AO im Rahmen der Vollverzinsung. Der StPfl hat es damit in der Hand, rechtzeitig die erhöhende Anpassung der Vorauszahlungen zu beantragen (Rn 19) und dadurch eine Zinspflicht zu verhindern, vorausgesetzt allerdings, die Betragsgrenze gem § 37 V 2 von 2500 € (Rn 17) wird erreicht.[4] **15**

Grds kommt eine **Vorauszahlungserhöhung** ohne Zustimmung des StPfl **nur für die Zukunft** in Betracht.[5] Allerdings gibt es **Ausnahmen: (1)** Die letzte Vorauszahlung zum 10.12. kann noch nachträglich angepasst werden **(§ 37 IV 1). (2)** Innerhalb des laufenden VZ lässt der BFH[6] die Erhöhung noch nicht fälliger Vorauszahlungen im laufenden VZ zum jeweilig nächsten Vorauszahlungsfälligkeitstermin gem § 37 I zu. Fristen sind unter diesen Umständen nicht einzuhalten; die einmonatige Zahlungsfrist gem § 37 IV 2 gilt nur für nachträgliche Erhöhungen und findet hier keine Anwendung.[7] Bei ggf auftretenden Härten soll (für maximal einen Monat nach Bekanntgabe des Vorauszahlungsbescheides) zinslos gestundet werden (§ 222 AO), nicht jedoch, wenn die Anpassung aufgrund erklärungsgemäß durchgeführter Veranlagung für ein Vorjahr erfolgt.[8] – Werden die Vorauszahlungen gem § 37 IV 1 **nach Ablauf des VZ** erhöht (sog 5. Vorauszahlung), ist entweder der letzte Vorauszahlungsbescheid zum 1.10. zu ändern oder aber ein neuer, bes Bescheid zu erlassen. Zum Zeitpunkt des Entstehens und der Fälligkeit der Vorauszahlungserhöhung s Rn 43. – Die **nachträgliche Vorauszahlungsherabsetzung** ist hingegen jederzeit (auch rückwirkend) und vorbehaltlos möglich (Umkehrschluss aus § 37 IV 1). **16**

IV. Betragsgrenzen (§ 37 V 2). Festgesetzte Vorauszahlungen sind im Rahmen der Anpassung nach § 37 III 2–5 nur zu erhöhen, wenn sich der Erhöhungsbetrag für den jeweiligen Vorauszahlungszeitpunkt auf mindestens 50 € beläuft **(§ 37 V 2 HS 1).** Handelt es sich um eine nachträgliche Erhöhung nach § 37 IV, beträgt der Mindestbetrag 2 500 € **(§ 37 V 2 HS 2).** Eine Anpassungspflicht (und ein entspr Anpassungsanspruch) bestehen auch bei Vorliegen dieser Betragsgrenzen nicht. Der Wortlaut in § 37 V 2 könnte dies zwar nahe legen. Der Regelungszusammenhang verdeutlicht indes, dass die Vorschrift lediglich die Anpassungseinschränkungen, nicht jedoch die Voraussetzungen als solche festlegen will.[9] **17**

V. Anpassungsantrag. Eines Antrags bedarf es grds **nicht**, auch dann nicht, wenn für den StPfl (zB aufgrund der zwischenzeitlichen Entwicklung der Verhältnisse[10]) sicher feststeht, dass er mit einer die Vorauszahlungen übersteigenden ESt-Schuld zu rechnen hat. Er ist allerdings zur Auskunft verpflichtet, wenn das FA ihn dazu hört (§ 91 AO) und entspr auffordert. Erkennt der StPfl, dass eine solche Auskunft unrichtig ist, muss er sie (ggf mit strafbefreiender Wirkung[11]) berichtigen.[12] Andernfalls droht Steuerhinterziehung.[13] **19**

---

1 BFH BStBl II 79, 46.
2 Frotscher § 37 Rn 12; **aA** Schmidt[26] § 37 Rn 4.
3 BFH BStBl II 77, 33.
4 BFH/NV 99, 288; BFH/NV 02, 1567; **aA** v Bornhaupt DStZ 99, 148; Schmidt[26] § 37 Rn 4.
5 BFH BStBl III 54, 244; **aA** K/S/M § 37 Rn D 69: grds unzulässig.
6 BFH BStBl II 75, 15; BStBl II 82, 105.
7 BFH aaO; H 213o EStH 00; **aA** Schmidt[26] § 37 Rn 4; H/H/R § 37 Rn 124.
8 K/S/M § 37 Rn B 13.
9 FG BaWü EFG 95, 1062; EFG 96, 142; **aA** Schmidt[26] § 37 Rn 4.
10 BMF DB 94, 1085.
11 OLG Stuttgart wistra 87, 263.
12 BMF DB 94, 1754; FG D'dorf EFG 89, 491.
13 BFH BStBl II 97, 600.

20 **Ausnahmsweise** bestand eine **Antragspflicht** (auf amtlichem Vordruck ‚ESt 37'[1]) für den Fall, dass eine Herabsetzung (nicht: erstmalige Festsetzung) der Vorauszahlungen aus gewerblichen Einkünften wegen der Änderungen durch das StEntlG 99 ff begehrt wurde und der StPfl seinen Gewinn durch Bestandsvergleich ermittelte (**§ 37 III 4 aF**); diese Regelung ist mangels praktischer Relevanz durch das JStG 08 mit Wirkung vom VZ 08 an gestrichen worden.

D. Unberücksichtigt bleibende Beträge (§ 37 III 4–12, § 37 III 5–12 aF)

I. Sonderausgaben und außergewöhnliche Belastungen (§ 37 III 4 und 6 nF, § 37 III 5 und 6 aF).

25 Nach **§ 37 III 4** (§ 37 III 5 aF) sind bei der Bemessung der Vorauszahlungen SA gem § 10 I, ausgenommen Versicherungsbeiträge (§ 10 I Nr 2), gem § 10b sowie ag Belastungen gem §§ 33, 33a außer Ansatz zu lassen, sofern diese 600 € nicht übersteigen. Gleiches gilt – vom VZ 02 an – für § 33c, der allerdings vom VZ 06 an aufgehoben werden soll (vgl Entw des Gesetzes zur steuerlichen Förderung von Wachstum und Beschäftigung).[2] In Gänze außer Ansatz bleibt der SA-Abzug gem § 10a (**§ 37 III 6 nF**). Zweck dieser Einschränkungen ist es, eine unterschiedliche Behandlung von EStPfl oder LStPfl zu vermeiden. Indem § 37 III 4 (§ 37 III 5 aF) anders als im LSt-Ermäßigungsverfahren (§ 39a III) aber den Abzug von Versicherungsprämien ermöglicht, wird diese Zielsetzung nur unvollkommen erreicht.

26 **II. Ermäßigungsbetrag gem § 34a (§ 37 III 5 nF).** § 37 III 5 nF schließt die Berücksichtigung der Steuerermäßigung gem § 34a für Zwecke der Vorauszahlungen aus, gem Gesetzesbegründung[3], deswegen, weil die Begünstigung antragsgebunden ist und der Antrag regelmäßig ohnehin erst im Laufe des Veranlagungsverfahrens gestellt werden kann, nicht zuletzt, weil der Begünstigungsumfang vorher noch ungewiss ist.

27 **III. Vorkosten bei eigengenutztem Wohnungsraum (§ 37 III 7).** § 37 III 7 bestimmt, dass Vorkosten, die gem **§ 10e VI, § 10h S 3 und § 10i** im Rahmen eigengenutzten Wohnraums wie SA geltend gemacht werden, bei der Festsetzung der Vorauszahlungen unberücksichtigt bleiben. Die Einschränkung betrifft allerdings nur solche Vorkosten, die bis zur Anschaffung oder Fertigstellung entstehen. Damit wird für das Vorauszahlungsverfahren iErg ein Gleichklang zw Eigennutzung von Wohneigentum im Bereich der SA und Fremdnutzung von Wohneigentum im Einkünftebereich erreicht. Zwar werden bei der Fremdnutzung nach der ausdrücklichen Regelung in **§ 37 III 7** bei der Festsetzung der Vorauszahlung negative Einkünfte aus VuV nur für Kj berücksichtigt, die nach der Anschaffung oder Fertigstellung beginnen. Dieser Regelungsunterschied wirkt sich indes nicht aus. § 37 III 7 ist teleologisch reduziert zu verstehen. Der Abzug von Vorkosten bleibt also in dem betr Wj ausgeschlossen, soweit sie bis zur Anschaffung oder Fertigstellung anfallen.[4] Gleichermaßen lässt sich auf diesem Wege keine Anpassung für den vergangenen Vorauszahlungszeitraum erreichen.[5] Was für die Vorkosten gilt, muss auch für die eigentlichen Abzugsbeträge gem § 10e I, § 10h S 1 gelten. Wegen der Nichtberücksichtigung der Vorkosten anfallende Säumniszuschläge sind ggf im Billigkeitswege zu erlassen.[6]

29 **IV. Negative Einkünfte aus Vermietung und Verpachtung (§ 37 III 7–11).** Verluste aus der VuV eines Gebäudes bleiben bei der Festsetzung der Vorauszahlungen bis zu jenem Kj außer Ansatz, in dem das betr Gebäude angeschafft oder fertig gestellt wird (**§ 37 III 7**). Sinn dieser Regelung ist es, wirtschaftliche Anreize (Finanzierungseffekte) zu verringern, der sich aus der Beteiligung an Steuersparmodellen, insbes von Bauherrenobjekten liegt. Allerdings ist der Gesetzgeber mit dieser Intention deutlich über das Ziel hinausgeschossen. Betroffen sind nicht nur solche StPfl, die sich an entspr Vorhaben beteiligen, sondern alle. Dies ist rechtspolitisch verfehlt. Da der Abzug der fraglichen negativen Einkünfte bei der ESt-Veranlagung erhalten bleibt, ergeben sich indes keine verfassungsrechtlichen Bedenken.[7] Zugleich müssen Stundungsanträge erfolglos bleiben, da die Nichtberücksichtigung der Verluste aus VuV ermessensgerecht ist.[8] Es bleibt lediglich anzuraten, in einschlägigen Fällen die ESt-Erklärungen frühzeitig abzugeben, um die alsbaldige Berücksichtigung der Verluste gleichwohl sicherzustellen.[9]

---

1 S im Einzelnen OFD Hann DStR 99, 1637; zu den Auswirkungen auf die KSt-Vorauszahlung s FinMin Thüringen DStR 99, 761.
2 BT-Drs 16/643, 3.
3 BT-Drs 16/4841, 65.
4 *Blümich* § 37 Rn 18k; **aA** *Schmidt*[26] § 37 Rn 15; *K/S/M* § 37 Rn D 15; *H/H/R* § 10e Rn 50.
5 **AA** *Schmidt*[26] § 37 Rn 15.
6 BFH BStBl II 07, 627.
7 BFH BStBl II 07, 627; BStBl II 94, 567; FG Hess BB 95, 2626.
8 FG RhPf EFG 92, 342; zweifelnd *Schmidt*[26] § 37 Rn 14aE.
9 Zutr *Schmidt*[26] § 37 Rn 10.

Gegenstand des Abzugsausschlusses sind negative Einkünfte aus der VuV eines Gebäudes iSd § 21 **30** I Nr 1 **(§ 37 III 8).** Dem gleichgestellt sind andere Vermögensgegenstände, sofern sie gem § 21 I 1 Nr 1–3 Gegenstand einer VuV sein können **(§ 37 III 11,** s Rn 33). Unterschiede bestehen allerdings, was den **Zeitpunkt** anbelangt, von dem ab der Abzugsausschluss erstmals entfällt. Es ist dies bei Gebäuden das Kj, das nach der **Anschaffung** (§ 37 III 8) oder – bei Anschaffung vor Fertigstellung – der Fertigstellung (§ 37 III 9), bei anderen Vermögensgegenständen hingegen das Kj, das nach **Aufnahme der Nutzung** (s Rn 33) durch den StPfl (§ 37 III 11) beginnt. Indem § 37 III 3 ausdrücklich auf § 21 I 1 Nr 1 Bezug nimmt, bleiben nur negative Einkünfte aus VuV iSd Vorschrift ausgeschlossen. Sobald und solange die Einkünfte im Rahmen einer anderen Einkunftsart erzielt werden, gilt dies nicht, also nicht: für gewerbliche Bauherren- oder Erwerbermodelle, für BV, für betrieblich genutzte Gebäudeteile (Arbeitszimmer). Gleichheitsrechtliche Bedenken gegen dieses Verständnis können schon deshalb kein anderes Ergebnis nach sich ziehen, weil es sich bei § 37 III 8) um eine Ausnahmevorschrift handelt, die nicht extensiv und an der Grenze ihres Wortlautes ausgelegt werden sollte.

Der Abzugsverbot bezieht sich auf die negativen Einkünfte aus der VuV **eines** Gebäudes und **31** nicht – wie es in § 21 I 1 Nr 1 heißt – **von** Gebäuden. Abzustellen ist also auf das einzelne Gebäude und die daraus erzielten Verluste. Verrechnungen mit positiven Einkünften aus der VuV eines anderen Gebäudes sind ausgeschlossen. Der Verrechnungsausschluss ist indes nur gegenständlicher, nicht auch zeitlicher Natur. Vorausgesetzt, die Verluste sind nach Maßgabe von § 37 III 7) abzugsfähig, können sie innerhalb des betr Kj mit Gewinnen aus der VuV eines anderen Gebäudes saldiert werden.

V. Besonderheiten bei anderen Vermögensgegenständen (§ 37 III 11). Zu den vom Abzugsausschluss **33** betroffenen (Rn 30) anderen Vermögensgegenständen iSv § 21 I 1 Nr 1–9 gehören Grundstücke, Gebäudeteile, in Schiffsregister eingetragene Schiffe, grundstücksgleiche Rechte, Sachinbegriffe, zeitlich begrenzt überlassene Rechte, hingegen keine Eigentumswohnungen.[1] Die für die erstmalige Berücksichtigung der negativen Einkünfte maßgebliche Nutzungsaufnahme liegt vor, sobald die Sache zur bestimmungsgemäßen Nutzung in Gebrauch genommen wird. Ausschlaggebend ist das entspr Verhalten des StPfl, **nicht** des tatsächlich Nutzenden. Es genügt bereits der ernstliche Versuch, den Gegenstand am Markt zur VuV anzubieten, auch wenn sich dieses Unterfangen iErg als vergeblich herausstellt.[2] Da Gebäudeteile ihrerseits selbstständige VuV-Objekte sein können,[3] kommt es auf deren Nutzung auch dann an, wenn das (zuvor oder zwischenzeitlich) gesamte Gebäude fertig gestellt ist; der fragliche Gebäudeteil wird durch das Gebäude also nicht konsumiert. Die erstmalige Berücksichtigung der Abzugsbeträge bei den Vorauszahlungen kommt deswegen in jenem Kj in Betracht, das der erstmaligen Nutzung des Gebäudeteils folgt.[4]

VI. Rückausnahme (§ 37 III 10). Eine Rückausnahme vom Abzugsausschluss gem § 37 III 7 besteht **34** nach § 37 III 9) für solche VuV-Objekte, für die erhöhte AfA gem **§§ 14a, 14c oder 14d Berlin-FG** oder Sonderabschreibungen gem **§ 4 FördG** in Anspr genommen werden. Voraussetzung ist grds zwar auch hier, dass das betr Gebäude angeschafft oder hergestellt ist. Infolge des Umstandes, dass § 4 FördG die Abschreibung auf Teil-HK und auf Anzahlungen auf AK zulässt, sofern diese Anzahlungen voraussichtlich bis zum Jahresende erfolgen werden, kommt iErg eine Verlustberücksichtigung aber auch bereits für die Zeit davor in Betracht.[5]

VII. Beteiligung an Gemeinschaften. § 37 III 8–11 findet auch auf solche StPfl Anwendung, die **35** negative Einkünfte aus VuV über eine Gemeinschaft oder Ges beziehen. Grds obliegt die Prüfung hierüber dem für die ESt-Veranlagung zuständigen Wohnsitz-FA, nicht dem für die gesonderte Feststellung zuständigen Betriebs-FA. Allerdings sieht die FinVerw bei der Beteiligung an Verlustzuweisungs-Ges ein **Vorprüfungsverfahren** beim Betriebs-FA vor.[6]

VIII. Kindergeldentlastung (§ 37 III 12). Lässt sich die steuerliche Freistellung eines Einkommens- **40** betrages in Höhe des Existenzminimums eines Kindes durch das Kindergeld nicht vollen Umfanges erreichen, so wird die Differenz gem § 31 durch Freibeträge gem § 32 VI erreicht. Deren Berücksichtigung ist erst im Veranlagungs-, nicht bereits im Vorauszahlungsverfahren möglich (§ 37 III 12).

---

1 **AA** *Schmidt*[26] § 37 Rn 13.
2 *H/H/R* § 37 Rn 182; **aA** *Bordewin* FR 84, 64; *Puhl* DB 84, 14.
3 Vgl BFH (GrS) BStBl II 74, 132.
4 *Bordewin* aaO; aA *Puhl* aaO; *Schmidt*[26] aaO.
5 R 37 S 2 EStR 05.
6 BMF BStBl I 92, 404, Tz 4.

E. Entstehung und Fälligkeit der Vorauszahlungsschuld (§ 37 I, II)

42 Die ESt-Vorauszahlung entsteht (vgl § 38 AO) ihrem Grunde[1] (nicht ihrer Höhe) nach kraft Tatbestandsverwirklichung[2] jeweils mit Beginn des Kalendervierteljahres, in dem die Vorauszahlungen zu entrichten sind, ersatzweise mit dem Zeitpunkt der Begründung der StPfl, wenn diese erst im Laufe des Kalendervierteljahres entsteht (**§ 37 I 2**). Die hiernach maßgeblichen Entrichtungs-(= Fälligkeits-)Termine bestimmt § 37 I 1. Es sind dies der 10.3., 10.6., 10.9. und 10.12. eines jeden Jahres. Hiervon abw Termine können die OFD nach § 37 II 1 für StPfl bestimmen, die überwiegend Einkünfte aus LuF erzielen. Gleiches gilt für ArbN, mit überwiegenden Einkünften oder Einkunftsteilen aus nicht selbstständiger Arbeit, sofern diese nicht der LSt unterliegen (zB Grenzgänger). Zur Geltung des § 37 I auch für die KSt s § 31 I u II KStG.

43 Umstritten ist, zu welchem Zeitpunkt gem § 37 IV **nachträglich erhöhte Vorauszahlungen** entstehen. Überwiegend wird angenommen, der Anpassungsbetrag entstehe nach § 37 I 2 zum Beginn des letzten Vierteljahres, also zum 1.10. Soweit dem entgegengehalten wird, Steuerschulden könnten nicht rückwirkend entstehen,[3] wird verkannt, dass § 37 IV 2 (Rn 16) lediglich einen abw Fälligkeitstermin festlegt, hinsichtlich der Entstehung indes schweigt. Ausschlaggebend ist, dass die Schuld nicht **vor** ihrer Entstehung fällig werden kann. Voraussetzung für die Fälligkeit (nicht aber die Entstehung) ist überdies, dass ein wirksamer Vorauszahlungsbescheid (Rn 47) ergangen ist.[4]

F. Vorauszahlungsfestsetzung, Vorauszahlungsbescheid

46 Die Festsetzung der Vorauszahlung erfolgt durch Steuerbescheid, der kraft Gesetzes und deshalb unabänderlich unter Vorbehalt der Nachprüfung steht (**§ 164 I 2 AO**). Der Bescheid kann sonach jederzeit geändert werden, zum Nachteil des StPfl ohne dessen Zustimmung allerdings infolge der Sonderregelung in § 37 IV 1 nur die jeweils letzte Vorauszahlung der VZ. Vorhergehende bereits fällige Vorauszahlungen dürfen ansonsten nur **herab-, nicht aber heraufgesetzt** werden. **Änderungsbeschränkungen** ergeben sich aus **§ 37 V 2** (s Rn 17). Keine Einschränkungen folgen aus der Abgabe der ESt-Erklärung für den abgelaufenen VZ.[5] Wegen der Einschränkungen, die sich insoweit aus der Festsetzung der ESt ergeben, s aber Rn 15.

47 Mit Erlass des Jahressteuerbescheides verliert der Vorauszahlungsbescheid seine selbstständige Bedeutung und seine Wirksamkeit. Maßgebend für die für den VZ zu zahlende ESt ist fortan allein der ESt-Bescheid. Die festgesetzte Vorauszahlung bleibt zwar (lediglich) im Hinblick auf die Anrechnung gem § 36 II Nr 1 relevant. Für den Vorauszahlungsbescheid ist dies jedoch unerheblich, weil Streitigkeiten über die Anrechnung durch Abrechnungsbescheid (§ 218 II AO) zu klären sind. Daraus folgt: Der Vorauszahlungsbescheid ist ‚auf andere Weise erledigt' (vgl § 124 II AO). Ihm kommen für die Zukunft keine Rechtswirkungen mehr zu, insbes kann er nicht mehr vollzogen werden, Erstattungen der Vorauszahlungen lassen sich nur noch durch Anfechtung des ESt-Bescheides erreichen. Er lebt auch dann nicht wieder auf, wenn der ESt-Bescheid später seinerseits aufgehoben wird. Vorauszahlungen, die zuvor geleistet worden sind, müssen deshalb erstattet werden.[6] Anders verhält es sich aber im Hinblick auf die Vergangenheit. Der Vorauszahlungsbescheid bleibt Grundlage der ergriffenen Vollstreckungsmaßnahmen und verwirkter Säumniszuschläge.

G. Rechtsschutz

51 **I. Rechtsbehelfe.** Als selbstständiger Steuerbescheid kann der Vorauszahlungsbescheid mit Einspruch und Anfechtungsklage angefochten werden. Dies muss ausdrücklich erfolgen. Bindungen an die Anfechtung des ESt-Bescheides bestehen grds keine. Es muss also deutlich gemacht werden, wenn nicht nur der ESt-, sondern auch der Vorauszahlungs-Bescheid angefochten werden soll. Gleiches gilt für den Fall, dass das FA es ablehnt, die Vorauszahlungen herabzusetzen. Das behördliche (pflichtgemäße) Anpassungsermessen (§ 37 III 3) ist nur eingeschränkt überprüfbar (§ 102 FGO).

---

1 BFH BStBl II 97, 600.
2 So BFH BStBl II 97, 600, „jedenfalls" für die an der letzten ESt-Veranlagung orientierten Vorauszahlungs-Schuld; aber str, vgl *K/S/M* § 37 Rn A 9, D 46, 51, für den Fall der Orientierung der Vorauszahlungs-Schuld gem § 37 III 3 auf der Grundlage der Prognose; s auch *T/K* § 38 AO Tz 4.
3 *Diebold* FR 92, 708; *K/S/M* § 37 Rn B 8.
4 Zutr *Schmidt*[26] § 37 Rn 2; **aA** *H/H/R* § 37 Rn 80.
5 BFH BStBl II 77, 33.
6 Vgl BFH/NV 96, 454.

II. Vorläufiger Rechtsschutz. Hier gilt es zu unterscheiden: Während der Vorauszahlungsbescheid nicht anders als der ESt-Bescheid ausgesetzt werden kann (§§ 361 AO, 69 FGO), lässt sich hinsichtlich der Ablehnung eines Antrages auf Herabsetzung der Vorauszahlungen nur eine vorläufige Stundung über die einstweilige Anordnung (§ 114 FGO) erreichen. Ist der ESt-Bescheid ergangen, kommt die **AdV** der vorangegangenen Vorauszahlungsbescheide nicht mehr in Betracht; er hat sich erledigt (§ 124 II AO) und ist gegenstandslos geworden.[1] Die Aussetzung und Aufhebung der Vollziehung des ESt-Bescheides reduziert sich nach der ab 1997 geltenden Regelung in § 361 II AO und § 69 II FGO auf die sich daraus ergebende Abschlusszahlung, gemindert um die festgesetzte Vorauszahlung, es sei denn, dem StPfl drohen wesentliche Nachteile. Die Neuregelung stellt zum einen die Rechtslage wieder her, wie sie vor der Änderung der Rspr durch den GrS des BFH[2] bestanden hat, demzufolge die AdV des ESt-Bescheides (auch) die Erstattung bereits gezahlter Vorauszahlungen nach sich zog. Sie geht zum anderen aber darüber hinaus, indem sie nicht nur auf die geleistete, sondern auf die festgesetzten Vorauszahlungen abstellt. Damit wird der säumige StPfl, der die festgesetzten Vorauszahlungen nicht entrichtet hat, nicht – wie nach früherer Rechtslage – besser gestellt als derjenige StPfl, der sich rechtstreu verhalten und die Vorauszahlungen gezahlt hat. Diese gleichmäßige Behandlung aller StPfl schließt verfassungsrechtliche Bedenken gegen die Neuregelung aus.[3]

52

III. Erledigung des Rechtsstreits. Nach Ergehen des Jahressteuerbescheides hat sich der Vorauszahlungsbescheid erledigt (Rn 15). Soll der gegen den Vorauszahlungsbescheid geführte Rechtsbehelf weitergeführt werden, muss deshalb der Antrag gem § 68 FGO gestellt werden.[4] Andernfalls ist der Rechtsstreit in der Hauptsache für erledigt zu erklären und ist nur noch über die Verfahrenskosten zu entscheiden (§ 138 FGO).[5] Gleichermaßen ist zu verfahren, wenn der Streit über die Herabsetzung der Vorauszahlungen geführt wird und der ESt-Jahresbescheid ergeht.[6]

53

§ 37a Pauschalierung der Einkommensteuer durch Dritte

(1) ¹Das Finanzamt kann auf Antrag zulassen, dass das Unternehmen, das Sachprämien im Sinne des § 3 Nr. 38 gewährt, die Einkommensteuer für den Teil der Prämien, der nicht steuerfrei ist, pauschal erhebt. ²Bemessungsgrundlage der pauschalen Einkommensteuer ist der gesamte Wert der Prämien, die den im Inland ansässigen Steuerpflichtigen zufließen. ³Der Pauschsteuersatz beträgt 2,25 Prozent.

(2) ¹Auf die pauschale Einkommensteuer ist § 40 Abs. 3 sinngemäß anzuwenden. ²Das Unternehmen hat die Prämienempfänger von der Steuerübernahme zu unterrichten.

(3) ¹Über den Antrag entscheidet das Betriebsstättenfinanzamt des Unternehmens (§ 41a Abs. 1 Satz 1 Nr. 1). ²Hat das Unternehmen mehrere Betriebsstättenfinanzämter, so ist das Finanzamt der Betriebsstätte zuständig, in der die für die pauschale Besteuerung maßgebenden Prämien ermittelt werden. ³Die Genehmigung zur Pauschalierung wird mit Wirkung für die Zukunft erteilt und kann zeitlich befristet werden; sie erstreckt sich auf alle im Geltungszeitraum ausgeschütteten Prämien.

(4) Die pauschale Einkommensteuer gilt als Lohnsteuer und ist von dem Unternehmen in der Lohnsteuer-Anmeldung der Betriebsstätte im Sinne des Absatzes 3 anzumelden und spätestens am zehnten Tag nach Ablauf des für die Betriebsstätte maßgebenden Lohnsteuer-Anmeldungszeitraums an das Betriebsstättenfinanzamt abzuführen.

Literatur: *Giloy* Pauschalierung der Einkommensteuer für Sachprämien aus Kundenbindungsprogrammen, BB 98, 717; *Seibel* Miles & More via Brussels, FR 97, 889; *Kock* „Meine Meilen, Deine Meilen": Dienstlich erlangte Bonuspunkte aus Kundenbindungsprogrammen, DB 07, 462; *Thomas* Die Besteuerung von Sachprämien aus Kundenanbindungsprogrammen, DStR 97, 305.

---

1 BFH (GrS) BStBl II 95, 730; s auch BStBl II 96, 326; BFH/NV 96, 340, 548, 674.
2 BFH aaO.
3 BFH BStBl II 00, 57; *Beermann/Gosch* § 69 FGO Rn 197, insbes 198.3, mwN; **aA** *Schmidt*[26] § 37 Rn 18.
4 BFH BStBl II 91, 465; OFD Cottbus DB 92, 1757.
5 BFH/NV 91, 687 (USt), BFH BStBl II 87, 28 (GewSt), noch offen für ESt, vgl BFH BStBl II 81, 767; BStBl II 88, 484; abl OFD Magdeburg DStZ 98, 488; *Wüllenkemper* DStZ 98, 466.
6 BFH BStBl II 78, 596; BStBl II 85, 370.

§ 37a

A. Grundaussagen der Vorschrift

1 § 37a ist (mit erstmaliger Wirkung vom VZ 97 an, bei bis zum 30.6.97 gestellten Anträgen auch für frühere Zeiträume) durch das JStG 97 in das EStG eingefügt worden. Die Regelung ist auf Sachprämien des StPfl aus sog Kundenbindungsprogrammen zugeschnitten und hat ihren Bekanntheitsgrad (und auch Hintergrund) vor allem durch das Miles & More-Bonusprogramm der Deutschen Lufthansa erhalten („**lex Lufthansa**"[1]). Sie ergänzt den zeitgleich eingeführten Steuerfreibetrag von 1224 € in § 3 Nr 38 und ermöglicht es dem Unternehmen, das die Sachprämien gewährt, die hierauf entfallende ESt pauschal zu übernehmen. Im Zusammenwirken beider Vorschriften der § 3 Nr 38 sowie § 37a wird sonach die völlige Freistellung der aus den Kundenbindungsprogrammen zufließenden Prämien bei den Kunden erreicht.

2 Die technische Abwicklung der Pauschalierung gem § 37a setzt, ohne dass dies explizit zum Ausdruck käme, den Inlandsbezug des prämiengewährenden Unternehmens voraus (vgl § 37a III 1: Betriebsstätten-FA). Der darin liegende Ausschluss ausländischer Anbieter vom Pauschalierungsverfahren wirkt diskriminierend und ist mit Art 49 EG (Dienstleistungsfreiheit) unvereinbar.[2] Zum gemeinschaftsrechtlich ebenfalls bedenklichen Ausschluss gebietsfremder Prämienempfänger s Rn 5.

B. Voraussetzungen, Grundlagen und Höhe der Pauschalierung (§ 37a I)

4 Materielle Voraussetzung der Pauschalierung ist allein die Gewährung von **Sachprämien** iSd § **3 Nr 38 (§ 37a I 1)**. Sachprämien sind sonach Sachbezüge (vgl § 8 II 1) und damit geldwerte Vermögensvorteile jedwelcher Art (zB Flüge, Hotelübernachtungen, Reisen, Sachwerte), die zum Zwecke der Kundenbindung im allg Geschäftsverkehr in einem jedermann zugänglichen planmäßigen Verfahren für die persönliche Inanspruchnahme von Dienstleistungen unentgeltlich (idR fortlaufend, aber auch einmalig) gewährt werden. Geldbezüge (Skonti, Preisnachlässe uÄ) werden nicht erfasst. Es kommt nicht darauf an, in welcher Weise sich die Prämien bei dem begünstigten Empfänger (idR derjenige, der die betr Dienstleistung in Anspr nimmt, bei dienstlichem oder beruflichem Anlass aber auch zB der ArbG, an welchen dann die Sachprämie gem § 667 2. Alt BGB herauszugeben ist)[3] steuerlich auswirken (je nach betrieblicher, beruflicher oder privater Veranlassung als Einnahme/Einlage oder BA/WK bzw Entnahme[4]). Dementspr stellt die Summe der Werte aller Prämien, die den Kunden (im Zeitpunkt der Inanspruchnahme nach dem jew Kundenbindungsprogramm) **zufließen** (§ 11), die **Bemessungsgrundlage** (**nicht** aber den **Gegenstand**, s Rn 8) der pauschalen ESt dar **(§ 37a I 2)**, unabhängig davon, ob die Zuwendungen (ganz oder teilw) steuerbar oder stpfl sind. Zur Bemessungsgrundlage gehört also auch der nach § 3 Nr 38 stfreie Betrag von 1080 € (bis zum VZ 03: 1224 €), sobald er überschritten ist (vgl § 37a I 2, Rn 5). Daran erweist sich, dass § 3 Nr 38 – bezogen auf § 37a – keinen Freibetrag, sondern eine Freigrenze beinhaltet.[5] Für den betr StPfl bleibt dieser Umstand aber ohne Auswirkung. Die **Wertbestimmung** der Prämien richtet sich nach allg Grundsätzen (§ 8 II 1) nach den im allg Geschäftsverkehr verlangten ortsüblichen Marktpreisen (Endpreis am Abgabeort).

5 Betragsmäßige Minderungen ergeben sich ferner – in **personeller Hinsicht** – für solche Prämien, die nicht im Inland ansässigen Kunden zufließen **(§ 37a I 2)**. Dadurch wird zunächst zwar lediglich die Bemessungsgrundlage reduziert, was aber nur Sinn macht, wenn dadurch zugleich Gebietsfremde vom Pauschalierungsverfahren insgesamt ausgegrenzt werden.[6] In dieser personellen Ausgrenzung Gebietsfremder, die den wesentlichen Teil ihrer Einkünfte im Inland erzielen, kann eine EU-rechtliche Diskriminierung liegen. Gleiches betrifft Pers, die der erweiterten unbeschränkten StPfl gem § 1 II unterfallen.[7] Eine erweiternde, gemeinschaftsrechtskonforme Auslegung von § 37a I 2 auf diesen Personenkreis ist angesichts des klaren Regelungswortlauts indes nicht möglich. – Im Inland ansässig sind nat Pers mit inländischem Wohnsitz. Auf die Maßstäbe der unbeschränkten StPfl (§ 1 I 1) kommt es nicht an. Besondere Maßnahmen der Sachverhaltsaufklärung durch das prämiengewährende Unternehmen sind nicht zu verlangen; solche widersprächen dem Vereinfachungszweck des § 37a.

---

1 *H/H/R* § 37 Rn 3.
2 *K/S/M* § 37a Rn 40.
3 BAG DB 06, 2068; s dazu *Kock* DB 07, 462.
4 FinSen Berlin DB 95, 1310.
5 *H/H/R* § 37a Rn 16.
6 *H/H/R* § 37a Rn 17; **aA** *K/S/M* § 37a Rn A 41, C 4 unter Hinweis auf § 37a II 1 iVm § 40 III 3.
7 Im Einzelnen *Seibel* FR 97, 889.

Auf Basis dieser Bemessungsgrundlage beläuft sich die pauschale Steuer ihrer Höhe nach auf **2,25** (bis zum VZ 03: 2) **vH (§ 37a I 3)**.[1]   6

C. Pauschalierungsverfahren (§ 37a III, IV)

Voraussetzung der Pauschalierung ist ein entspr (und grundsätzlich unwiderruflicher[2]) **Antrag** des die Sachprämie gewährenden Unternehmens bei dem für dieses zuständigen Betriebsstätten-FA **(§ 37a III 1, 2 iVm § 41a I Nr 1)**. Dem FA steht ein – allerdings regelmäßig auf Null reduziertes – **Entscheidungsermessen** zu.[3] Die Genehmigung zur Pauschalierung bezieht im Allgemeinen sämtliche ausgeschütteten Sachprämien ein. Sie erstreckt sich auf die Zukunft und kann zeitlich befristet **(§ 37a III 3)**, ggf auch mit einem Widerrufsvorbehalt versehen werden. Die Ablehnung des Antrags wird sich nur höchst ausnahmsweise rechtfertigen lassen, zB bei fehlender Bonität des Unternehmens oder bei offensichtlich unzutr Pauschalierung.[4] Deren Genehmigung wie Ablehnung stellen **Verwaltungsakte** (§ 118 AO), jedoch keine Steuerbescheide (§ 155 I AO) dar, so dass für Rücknahme und Widerruf §§ 130 ff und nicht §§ 172 ff AO Anwendung finden. Ggf einspruchsberechtigt (§ 347 I 1 AO) ist nur das prämiengewährende Unternehmen, nicht der Prämienempfänger. Dieser ist im Falle einer anschließenden Verpflichtungsklage auch nicht beizuladen (vgl § 60 FGO).   7

Wird die Genehmigung erteilt, ist das prämiengewährende Unternehmen dadurch zwar nicht zur Pauschalierung verpflichtet, vielmehr nur befugt. Macht es davon aber Gebrauch, so ist es allerdings gehalten, die Pauschalsteuer zumindest für den betreffenden Anmeldungszeitraum (= Mindestzeitraum) als fiktive LSt (wegen der damit grds anwendbaren lohnsteuerrechtlichen Vorschriften s §§ 38 ff[5]) innerhalb des LSt-Anmeldungszeitraumes (§ 41a) als Teil der LSt-Anmeldung beim Betriebsstätten-FA (s Rn 7) anzumelden und an dieses abzuführen **(§ 37a IV)**. Eine Unterscheidung nach Zuwendungsart oder -empfänger verbietet sich hierbei; die Anmeldung erfasst ebenso wie die Pauschalierungsgenehmigung alle im Geltungszeitraum gewährten Prämien, vorausgesetzt allerdings, sie sind stpfl und steuerbar (zu dieser gegenständlichen Einschränkung vgl § 37a I 1).[6] Bei Verstößen gegen diese Pflichten, ergeht dem Unternehmen gegenüber als (Entrichtungs-)Schuldner dieser LSt **(§ 37a II 1 iVm § 40 III 1, 2)** ein Pauschalierungsbescheid (Unternehmenssteuer eigener Art[7]). Der Kunde als der eigentliche StPfl bleibt hingegen unbehelligt.   8

D. Rechtswirkungen der Pauschalierung (§ 37a II)

Durch die pauschale Übernahme der auf die Sachprämien entfallende ESt wird diese (sowie gem § 51a III die KiSt und gem § 3 I Nr 3 SolZG der SolZ) abgegolten. Diese **Abgeltungswirkung** stellt den zentralen Kern der Neuregelung dar. Sie tritt bei Entstehen der pauschalen Steuer iSv § 38 AO ein, also in jenem Zeitpunkt, in dem die Sachprämie dem Kunden zufließt. In diesem Zeitpunkt muss die Pauschalierung beantragt und genehmigt sein. Die Pauschalierungsgenehmigung stellt insoweit einen (inhaltlich begrenzten) **Grundlagenbescheid** für die ESt-Festsetzung des Kunden dar.[8] Durch sie wird bindend festgestellt, dass die Voraussetzungen des § 37a dem Grunde nach vorliegen, was es rechtfertigt, die pauschal besteuerte Sachprämie bei der individuellen Veranlagung des Begünstigten zur ESt oder beim LStJA gänzlich außer Ansatz zu lassen **(§ 37a II 1 iVm § 40 III 3)**; sie ist auch nicht auf die Jahres-ESt oder -LSt anzurechnen (§ 37a II 1 iVm § 40 III 4). Um das sicherzustellen, ist der Prämienempfänger von der Übernahme der ESt durch den Anbieter von diesem zu unterrichten **(§ 37a II 2)**, ohne dass das FA deshalb aber von seiner allg Aufklärungspflicht entbunden wäre. Darauf, dass das zuwendende Unternehmen die pauschal übernommene Steuer auch tatsächlich anmeldet und abführt, kommt es für die Besteuerung des Kunden nicht an.   10

Fehlt es an den Voraussetzungen der Pauschalierung, finden die allg Besteuerungsregeln Anwendung. Gleiches gilt für den Fall, dass die zunächst beantragte Pauschalierung aus dem einen oder dem anderen Grunde fehlschlägt und deshalb die Abgeltungswirkung entfällt. In diesem Fall ist der Anbieter gehalten, den Kunden entspr § 37a II 2 in Kenntnis zu setzen, damit die individuelle Erfassung der Zuwendungen gewährleistet ist.[9]   11

---

1 Zu verfassungsrechtlichen Bedenken gegen die geringe Höhe des Steuersatzes s *K/S/M* § 37a A 37.
2 *K/S/M* § 37a Rn B 5.
3 *Thomas* DStR 97, 308.
4 S BFH BStBl II 93, 692 zur parallelen Rechtslage bei § 40; *K/S/M* § 37a Rn B 6.
5 Im Einzelnen *H/H/R* § 37 Rn 35 ff.
6 Zutr *K/S/M* § 37a Rn B 15; **aA** *H/H/R* § 37 Rn 15.
7 *K/S/M* § 37a Rn A 20.
8 *H/H/R* § 37a Rn 11.
9 *H/H/R* § 37 Rn 28.

§ 37b Pauschalierung der Einkommensteuer bei Sachzuwendungen

(1) ¹Steuerpflichtige können die Einkommensteuer einheitlich für alle innerhalb eines Wirtschaftsjahres gewährten

1. betrieblich veranlassten Zuwendungen, die zusätzlich zur ohnehin vereinbarten Leistung oder Gegenleistung erbracht werden, und
2. Geschenke im Sinne des § 4 Abs. 5 Satz 1 Nr. 1,

die nicht in Geld bestehen, mit einem Pauschsteuersatz von 30 Prozent erheben. ²Bemessungsgrundlage der pauschalen Einkommensteuer sind die Aufwendungen des Steuerpflichtigen einschließlich Umsatzsteuer; bei Zuwendungen an Arbeitnehmer verbundener Unternehmen ist Bemessungsgrundlage mindestens der sich nach § 8 Abs. 3 Satz 1 ergebende Wert. ³Die Pauschalierung ist ausgeschlossen,

1. soweit die Aufwendungen je Empfänger und Wirtschaftsjahr oder
2. wenn die Aufwendungen für die einzelne Zuwendung

den Betrag von 10 000 Euro übersteigen.

(2) ¹Absatz 1 gilt auch für betrieblich veranlasste Zuwendungen an Arbeitnehmer des Steuerpflichtigen, soweit sie nicht in Geld bestehen und zusätzlich zum ohnehin geschuldeten Arbeitslohn erbracht werden. ²In den Fällen des § 8 Abs. 2 Satz 2 bis 8, Abs. 3, § 19a sowie § 40 Abs. 2 ist Absatz 1 nicht anzuwenden; Entsprechendes gilt, soweit die Zuwendungen nach § 40 Abs. 1 pauschaliert worden sind. ³§ 37a Abs. 1 bleibt unberührt.

(3) ¹Die pauschal besteuerten Sachzuwendungen bleiben bei der Ermittlung der Einkünfte des Empfängers außer Ansatz. ²Auf die pauschale Einkommensteuer ist § 40 Abs. 3 sinngemäß anzuwenden. ³Der Steuerpflichtige hat den Empfänger von der Steuerübernahme zu unterrichten.

(4) ¹Die pauschale Einkommensteuer gilt als Lohnsteuer und ist von dem die Sachzuwendung gewährenden Steuerpflichtigen in der Lohnsteuer-Anmeldung der Betriebsstätte nach § 41 Abs. 2 anzumelden und spätestens am zehnten Tag nach Ablauf des für die Betriebsstätte maßgebenden Lohnsteuer-Anmeldungszeitraums an das Betriebsstättenfinanzamt abzuführen. ²Hat der Steuerpflichtige mehrere Betriebsstätten im Sinne des Satzes 1, so ist das Finanzamt der Betriebsstätte zuständig, in der die für die pauschale Besteuerung maßgebenden Sachbezüge ermittelt werden.

Übersicht

	Rn			Rn
A. Grundaussagen und Bedeutung der Vorschrift	1		2. Nachweispflicht	26
I. Die Bedeutung der Regelung	1		3. Übersteigender Betrag beim Empfänger	27
II. Hintergrund der Regelung	2		4. Maßstab	28
III. Verhältnis zu anderen Regelungen (§ 37b II 2 und 3)	3	V.	Berechnung der Steuer	30
			1. Höhe der Steuer	30
IV. Rechtsfolge der Pauschalierung	10		2. Bemessungsgrundlage	31
B. Die Vorschrift im Einzelnen	15	VI.	Abgeltungswirkung (§ 37b III 1)	35
I. Die Pauschalierungsgegenstände	15	VII.	Behandlung als fiktive Lohnsteuer	40
1. Betroffene Zuwendungen	15	VIII.	Wahl der Pauschalierung	45
2. Sachzuwendungen	17		1. Einheitlich	45
3. Betriebliche Veranlassung	18		2. Ausübung des Wahlrechts	47
II. Pauschalierungsberechtigter	20	IX.	Sonstiges	50
III. Zuwendungsempfänger	23		1. Unterrichtung des Empfängers	50
IV. Obergrenzen	25		2. Wirkung der Steuer für den Steuerpflichtigen	51
1. Empfänger- und Aufwendungsobergrenze	25		3. Weitergabe pauschal besteuerter Zuwendungen	52

A. Grundaussagen und Bedeutung der Vorschrift

1 I. Die Bedeutung der Regelung. Der durch das **JStG 07 neu eingeführte** § 37b gilt die ESt von Geschäftsfreunden (Abs 1) und ArbN (Abs 2) auf Sachzuwendungen durch eine **Pauschalsteuer von 30 %** auf die entstandenen Kosten zuzüglich USt ab, soweit die Besteuerung nicht bereits durch andere pauschalierende Vorschriften (Abs 2 S 2 u 3) vereinfachend erfasst wird. Die Einkünfte bleiben dann bei der Besteuerung des Empfängers außer Ansatz (Abs 3). Die **Abgeltungssteuer** wird auch soweit sie für Geschäftsfreunde entrichtet wird als pauschalierte LSt fingiert (Abs 4). Die Pauschalierung ist **auf** einen Betrag von **10 000 €** je Empfänger oder Aufwendung **begrenzt**.

II. Hintergrund der Regelung. Im Vorfeld der Fußball-WM 06 hatte die Verwaltung mit dem **VIP-Logen Erlass**[1] die Möglichkeit geschaffen, dass der Einladende für Gäste der VIP-Logen abgeltend die Steuerlast übernehmen kann. Diese **Abgeltung** wurde für Geschäftsfreunde **durch teilw Hinzurechnung** der Aufwendungen zum eigenen Gewinn[2] **und** für eigene ArbN durch eine **pauschale LSt**[3] realisiert. Dieser **Regelung fehlte** – zumindest soweit sie nicht ArbN betraf – eine **gesetzliche Grundlage**. Durch die Ausdehnung auf alle Sachzuwendungen kam der Gesetzgeber auch den **Forderungen nach einer allg Regelung** nach. Technisch ist die Regelung stark **an § 37a angelehnt**, der Gesetzestext zT wörtlich übernommen. 2

III. Verhältnis zu anderen Regelungen (§ 37b II 2 und 3). § 37b ist gegenüber allen **anderen Formen der pauschalierten Besteuerung nachrangig**. Dies gilt sowohl gegenüber Regelungen, die einen pauschalierten Tarif enthalten (§§ 37a, 40 II), als auch gegenüber Vorschriften die pauschaliert Erträge oder Einnahmen des Empfängers bewerten. So lässt Abs 2 S 2 keine Pauschalierung zu in Fällen der **Firmenwagenbesteuerung** (§ 8 II 2-5), für amtliche **Sachbezugswerte** (§ 8 II 6, 7), die **Durchschnittsbewertung** (§ 8 II 8) oder die **Rabattregelung** nach § 8 III und auch nicht für die **Überlassung von Vermögensbeteiligungen** an ArbN im Rahmen des § 19a. Auch Abs 2 S 3 ist trotz des unklaren Wortlauts („bleibt unberührt") so zu verstehen, dass **Sachprämien bei Kundenbindungsprogrammen** (§ 37a) nicht zum Regelungsbereich des § 37b zählen,[4] da ein Nebeneinander zu einer Doppelpauschalierung bei (vielfach vorliegenden) überschneidenden Tatbeständen führen würde. Für die in § 40 II **pauschalierbaren Sachbezüge**, kann nicht zw den Pauschalierungsarten gewählt werden. Die Beweislast, dass der Zuwendungsempfänger ArbN ist, trifft das FA, das nachweisen müsste, dass überhaupt Arbeitslohn vorliegt. 3

Hinsichtlich der **Pauschalbesteuerung nach § 40 I** liegt allerdings ein **Sonderfall** vor, da hier nur bei tatsächlicher Pauschalierung § 37b ausgeschlossen wird („worden sind"). Soweit Zuwendungen in beide Bereiche fallen (zB VIP-Logenbesuche), kann der StPfl wählen. Pauschaliert er nach § 40 I, sind diese Aufwendungen insoweit dem Anwendungsbereich des § 37b entzogen, sonst sind sie der Bemessungsgrundlage nach Abs 1 S 2 hinzuzurechnen.[5] 4

Für die **Abziehbarkeit** von Aufwendungen **als BA** beim StPfl hat § 37b **keine Bedeutung**. So bleiben etwa Geschenke auch dann nach § 4 V Nr 1 nicht abziehbar, wenn sie vom StPfl für den Empfänger abgeltend besteuert werden. Denn ein Abzug wäre auch dann nicht möglich, wenn der Empfänger das Geschenk als betrieblichen Ertrag versteuern würde. 5

§ 160 AO wird hingegen **durch** die abgeltende **Pauschalierung verdrängt**. Eine zusätzliche Hinzurechnung nach § 160 AO kommt nicht in Betracht, weil durch die Abgeltungswirkung die Besteuerung beim Empfänger nicht mehr sichergestellt werden muss.[6] 6

IV. Rechtsfolge der Pauschalierung. Soweit die Pauschalierung wirkt, ist die **ESt für die Zuwendung beim Empfänger abgegolten**. Der zu § 37a II 1 inhaltsgleiche Verweis in Abs 3 S 2 zur sinngemäßen Anwendung des § 40 III führt dazu, dass der StPfl selbst Schuldner der Pauschalsteuer ist, diese die Bemessungsgrundlage nicht mindert und der Empfänger die auf ihn entfallende Pauschalsteuer auch nicht auf seine ESt anrechnen kann. 10

B. Die Vorschrift im Einzelnen

I. Die Pauschalierungsgegenstände. – 1. Betroffene Zuwendungen. Pauschaliert werden dürfen **Geschenke iSd § 4 V Nr 1 (S 1 Nr 2) und andere betrieblich veranlasste Zuwendungen**, die **zusätzlich zur ohnehin vereinbarten Leistung** oder Gegenleistung erbracht werden (S 1 Nr 1). Zunächst sollte die Regelung auf Geschenke (§ 4 Rn 172f) beschränkt bleiben,[7] um die zu erfassenden Leistungen klar abgrenzen zu können. So sollten insbes **Bewirtungsleistungen nicht betroffen** sein,[8] da der „Bewirtungsvorteil" aus Vereinfachungsgründen bisher nicht erfasst wurde.[9] Die auf Vorschlag 15

---

1 BStBl I 05, 845; *Mann/Bierstedt* BB 06, 1366.
2 Entw BMF Rn 16.
3 Entw BMF Rn 18: 30 % der auf die ArbN entfallenden pauschal ermittelten Kostenanteile.
4 So auch die Gesetzesbegründung BR-Drs 622/06, 93.
5 Entw BMF Rn 3.
6 **AA** *Niermann* DB 06, 2307; *Albert* FR 06, 913.
7 BR-Drs 622/06, 10.
8 BR-Drs 622/06, 91.
9 R 4.7 III EStR.

des Bundesrates[1] eingefügte **Erweiterung auf andere betrieblich veranlasste Zuwendungen** war davon intendiert, dass auch Incentive-Reisen[2] pauschaliert abgegolten werden können. Vom Wortlaut erfährt die Regelung dadurch eine Erweiterung, die insbes in Zusammenhang mit der Verpflichtung das Besteuerungswahlrecht einheitlich ausüben zu müssen (Rn 45), **schwer zu übersehende Folgen** hat. So erfüllen etwa auch Probefahrten, die Autohändler ihren Kunden anbieten, die Tatbestandsvoraussetzungen von Abs 1 Nr 1. Die **Norm** ist insoweit **teleologisch zu reduzieren.** Auf die Frage, ob der Empfänger durch die Zuwendung steuerbare oder stpfl (Betriebs-)Einnahmen erzielt, kommt es zwar nicht an. Bei Zuwendungen an die eigenen ArbN werden Sachbezüge unter der Freigrenze von 44 € (§ 8 II 9), Mahlzeiten aus besonderem Anlass[3] und Aufmerksamkeiten[4] (Freigrenze jeweils 40 €) nicht einberechnet.[5]

16 Bei **reinen Werbeleistungen**, die dem Grunde nach beim Empfänger keine Erhöhung der stpfl Einkünfte verursachen können, droht gar keine Besteuerung, die folglich auch nicht beim Zuwendenden vereinfacht erhoben werden muss. Anders ist dies, wenn die Art der Zuwendung einen privat nutzbaren Wert enthält, zB Fahrertrainingswochenende von Automobilherstellern. Auch die Erfassung der **Bewirtungsaufwendungen** ist nicht gewollt.[6] Zudem rechnen körperliche Gegenstände, die nicht den Geschenkbegriff erfüllen (**Streuwerbeartikel, geringwertige Warenproben**), nicht zum Anwendungsbereich der Vorschrift.

17 **2. Sachzuwendungen.** Erfasst werden nur Sachzuwendungen („die nicht in Geld bestehen") und andere geldwerte Vorteile. Diese müssen zusätzlich gewährt werden. ArbN können daher **nicht durch Barlohnumwandlungen in den Anwendungsbereich** der abgeltenden Pauschalierung kommen. Es muss sich um eigene Sachzuwendungen des StPfl handeln. Sachzuwendungen Dritter an ArbN können nur von dem Dritten, nicht aber vom ArbG pauschaliert werden.[5]

18 **3. Betriebliche Veranlassung.** Die Zuwendung muss betrieblich veranlasst sein. Privat veranlasste Zuwendungen (zB an nahe Angehörige) oder gesellschaftsrechtlich veranlasste **verdeckte Gewinnausschüttungen** fallen **nicht** unter die Pauschalierung.[5] Die **betriebliche Veranlassung** ist **nur für den Zuwendenden** zu **prüfen.** Es kommt nicht darauf an, ob die Zuwendung beim Empfänger dem stpfl Einkünftebereich zuzuordnen ist. Entgegen Gesetzeswortlaut kommt es auch **nicht** darauf an, **dass überhaupt eine Leistung** oder Gegenleistung **vereinbart** wurde. Auch Zuwendungen im Rahmen einer Geschäftsanbahnung liegen im Anwendungsbereich der Vorschrift.

19 Eine betriebliche Veranlassung setzt zudem **Gewinneinkünfte** nach § 2 II Nr 1 voraus. Zuwendungen, die durch Überschusseinkünfte veranlasst sind, können nicht nach § 37b pauschaliert werden.[7]

20 **II. Pauschalierungsberechtigter.** Die Pauschalierungsregelung steht StPfl zu. Dazu gehören iSd § 33 AO auch PersGes, Personengemeinschaften und jur Pers. Die Regelung setzt deshalb einen **im Inland stpfl Betrieb oder eine inländische Betriebsstätte** (Abs 4) voraus. Nach Auffassung der Verwaltung sollen **ausländische Zuwendende u nicht stpfl jur Pers** allein durch die Anwendung des § 37b Stpfl werden.[8] Um wegen der Einheitlichkeit der Wahlrechtsausübung nicht alle weltweit angefallenen Zuwendungen mitpauschalieren zu müssen, soll bei ausländischen Zuwendenden § 37b auf im Inland gewährte Zuwendungen beschränkt bleiben, die an im Inland stpfl Pers gewährt werden.[9]

23 **III. Zuwendungsempfänger.** Die Vorschrift grenzt die begünstigten Personen nicht ein. Vielmehr bestätigt Abs 2, dass **nicht nur Geschäftsfreunde, sondern auch ArbN** Zuwendungsbegünstigte der pauschalierbaren Tatbestände sein können. Allerdings grenzt die Nachrangigkeit der Pauschalierung gegenüber anderen Pauschalierungstatbeständen den Anwendungsbereich gerade gegenüber ArbN ein.

25 **IV. Obergrenzen. – 1. Empfänger- und Aufwendungsobergrenze.** Die Pauschalierung ist in Abs 1 S 3 betragsmäßig auf 10 000 € begrenzt. Maßstab sind die Bruttoaufwendungen abzgl Zuzahlungen des Empfängers.[10] Dabei gilt zum einen die Grenze je Empfänger und Wj (Nr 1), zum anderen für die einzelne Aufwendung (Nr 2). Die **Bedeutung dieser zweiten Obergrenze** ergibt sich vor allem

---

1 BT-Drs 16/1336.
2 Dazu BMF BStBl I 96, 1192.
3 R 8.1 VIII Nr 2 LStR.
4 R 19.6 I LStR.
5 *Niermann* DB 06, 2307.
6 Entw BMF Rn 10 mit Verweis auf R 4.7 EStR u R 8.1 VIII Nr 1 LStR.
7 **AA** wohl Entw BMF, da danach auch nicht stpfl Pers die Pauschalierung wählen können.
8 Entw BMF Rn 2; zust FA dann analog H 41.3. LStH (Rn 35).
9 Entw BMF Rn 6.
10 Entw BMF Rn 21.

aus der Rechtsfolge, dass Nr 2 die Pauschalierung bei ihrem Überschreiten dann insgesamt und nicht wie Nr 1 nur, soweit die Grenze überschritten wird, ausschließt. Erhält der Empfänger vom StPfl im Wj zwei Zuwendungen über je 6 000 €, können 10 000 € pauschaliert abgeltend besteuert werden („soweit"), handelt es sich um eine einzige Aufwendung von 12 000 €, ist § 37b nicht anwendbar („wenn"). Die Pauschalierung von Luxusgeschenken ist auch nicht teilw möglich.[1] Zudem erhält Nr 2 auch Bedeutung, wenn sich die Aufwendungen für eine Zuwendung auf zwei Wj verteilen.

2. Nachweispflicht. Für die Einhaltung der Obergrenze ist der **StPfl nachweispflichtig**. Soweit es sich um Geschenke handelt, kann auf die nach § 4 VII bereits bestehenden Aufzeichnungspflichten (§ 4 Rn 141) zurückgegriffen werden. Bei **Zuwendungen bis zu 40 €** kann auch ohne entspr Aufzeichnungen davon ausgegangen werden, dass der Höchstbetrag nach Abs 1 S 3 Nr 1 nicht überschritten wird.[2] Hinsichtlich der anderen Zuwendungen müssen entspr Aufzeichnungen geführt werden. Da das Gesetz **keine formalen Aufzeichnungspflichten** vorsieht, handelt es sich um ein **reines Nachweisproblem**. In vielen Fällen dürfte die Einhaltung der Grenzen glaubhaft sein.[3]

3. Übersteigender Betrag beim Empfänger. Erhält ein Empfänger mehr als 10 000 € im Wj, ist der übersteigende Teil **nicht pauschalierbar**. Das führt zu Problemen, wenn der Empfänger nicht alle Zuwendungen versteuern müsste. Beispiel: A hat 12 000 € erhalten, davon sind bei ihm 1 500 € nicht stpfl. Der Zuwendende hat 10 000 € pauschal versteuert. Für A greift hier das **Prinzip der Meistbegünstigung**. Er muss nur 500 € versteuern. Auch wenn die Norm beim Zuwendenden hinsichtlich der realen Steuerbarkeit „blind" ist (es müssten auch dann 10 000 € pauschaliert werden, wenn 3 000 € nicht stpfl wären), muss bei A die abgeltende Wirkung zielgenau zugerechnet werden.

4. Maßstab. Die Obergrenze bestimmt sich **ausschließlich nach der Höhe der Aufwendungen**, **unabhängig von der Bemessungsgrundlage**. Beispiel: pauschalierbare (Netto-)Aufwendungen an einen ArbN eines verbundenen Unternehmens iHv 9 000 € (= 11 710 €), der Wert nach § 8 III 1 beträgt 12 000 € (= Netto 10 084 €); eine Pauschalierung ist insgesamt möglich (Bemessungsgrundlage nach Abs 1 S 2: 12 000 €).

V. Berechnung der Steuer. – 1. Höhe der Steuer. Der Steuersatz beträgt 30 %. Da es sich dabei um einen **Nettosteuersatz** handelt (§ 40 Rn 17), unterstellt das Gesetz einen **Bruttosteuersatz von etwa 23 %**. Der niedrige Satz rechtfertigt sich daraus, dass auch bei einzelnen Empfängern nicht steuerbare Zuwendungen erfasst werden.[4]

2. Bemessungsgrundlage. der Pauschalierung sind grds **Aufwendungen zuzüglich USt**. Die USt ist dabei aus den erbrachten Aufwendungen zu berechnen. Zuzahlungen des Empfängers mindern den Wert, Zuzahlungen Dritter jedoch nicht.[5] Die Höhe der den Zuwendungen **zuzurechnenden Aufwendungen** bestimmt sich **nach steuerlichen Gewinnermittlungsvorschriften**. Abzugsverbote (zB § 160 AO oder § 4 IVa) bleiben aber **unbeachtet**. Für die Beurteilung, **mit welchem Steuersatz oder ob überhaupt USt** einzurechnen ist, ist eine umsatzsteuerbare Leistung an den Empfänger zu unterstellen, sofern die Zuwendung nicht bereits aus anderen Gründen umsatzsteuerbar ist. Ist der StPfl nicht ustpfl, ist keine USt auf die Aufwendungen hinzuzurechnen, weil die Aufwendungen dann bereits brutto berechnet werden. **Für Zuwendungen an ArbN verbundener Unternehmen** gilt nach Abs 1 S 2 die **Mindestbemessungsgrundlage** nach § 8 III 1 (§ 8 Rn 69f). Sie ersetzt aber nur den Anteil, der für diese ArbN angefallen ist.

Beispiel: Aufwendung insgesamt 9 000 €. Davon für ArbN eines verbundenen Unternehmens 5 000 € (brutto 5 950 €). Der Wert nach § 8 III 1 dafür beträgt 7 000 €. Die Bemessungsgrundlage wäre dann (9 000 € – 5 000 € = 4 000 € zuzüglich 760 € USt = 4 760 € + 7 000 € =) 11 760 €.

Nicht in die Bemessungsgrundlage **einzubeziehen** ist die **Pauschalsteuer selbst**, auch wenn die Abgeltung der ESt dem Empfänger nur den Geldwert, nicht aber den Geldbetrag selbst zuwendet. Da eine Zuwendung eine Zurechnung zu den stpfl Einkünften des Empfängers voraussetzt, würde dies dem Vereinfachungseffekt, eine solche Differenzierung gerade nicht treffen zu müssen, diametral widersprechen.

---

1 BT-Drs 16/3036.
2 Entw BMF Rn 33.
3 AA für Aufwendungen, die unter § 160 AO fallen, Entw BMF Rn 34 (schädlich, wenn die Summe aller unter § 160 AO fallenden Aufwendungen den Höchstbetrag übersteigt).
4 *Van Dülmen* (DStR 07, 9) rechtfertigt den Steuersatz damit, dass die Empfänger keine BA oder WK geltend machen können und die Versagung des BA-Abzugs zu einer nicht gerechtfertigten Doppelbesteuerung führen würde.
5 Entw BMF Rn 9.

Eisgruber

35 **VI. Abgeltungswirkung (§ 37b III 1).** Mit der Pauschalierung ist die durch die Sachzuwendungen beim Empfänger entstehende **ESt abgegolten.** Die Zuwendung bleibt beim Empfänger „außer Ansatz". Dh auch, dass der Empfänger **keine entspr Aufwendungen** geltend machen kann. Wird etwa ein Fahrertraining von einem Chauffeur des empfangenden Unternehmens besucht, kann der bereits versteuerte Aufwand nicht vom Unternehmen geltend gemacht werden.

40 **VII. Behandlung als fiktive Lohnsteuer.** Die Pauschalsteuer wird gem Abs 4 S 1 wie § 37a (§ 37a IV) als LSt fingiert. Dies hat materiell zu Folge, dass auch **KiSt und der SolZ** zu erheben ist. Für die KiSt wird in Hinblick auf die Geschäftsfreunde nur die Vereinfachungsregelung (§ 40 Rn 18) in Frage kommen.[1]

41 Technisch muss die Pauschalsteuer **bereits im Voranmeldungszeitraum der Gewährung** abgeführt werden, allerdings nur, wenn der StPfl die Pauschalierung bereits gewählt hat. Entschließt sich der StPfl **erst während des Wj** für die Pauschalierung, muss er die bisher nicht erfassten Zuwendungen und Geschenke der bereits abgelaufenen Voranmeldungszeiträume mit erfassen. Zu einer Korrektur kommt es auch, wenn bisher **nach § 37b pauschalierte Zuwendungen nachträglich nach § 40 I pauschaliert** werden. Die bisherigen Anmeldungen sind dann zu korrigieren.

42 Zuständiges FA ist das **Betriebsstätten-FA** gem § 41a I Nr 1, der LSt-Anmeldungszeitraum (§ 41a Rn 10) gilt auch für die Pauschalsteuer. Bei mehreren Betriebsstätten (§ 41 Rn 6) ist die die Sachbezüge ermittelnde Betriebsstätte zuständig. Da **für „Nicht"-ArbN** keine Sachbezüge ermittelt, sondern nur die Aufwendungen für die Zuwendungen aufgezeichnet werden, ist das **idR der Ort der Finanzbuchhaltung.**

45 **VIII. Wahl der Pauschalierung. – 1. Einheitlich.** Das Pauschalierungswahlrecht muss gem Abs 1 S 1 **„für alle" Zuwendungen und Geschenke eines Wj** einheitlich ausgeübt werden.[2] Die Verwaltung lässt allerdings zu, das **Wahlrecht für Dritte** (Abs 1) und **ArbN** (Abs 2) **jeweils gesondert** auszuüben.[3] **Weiteren Gruppen** nach Art der Empfänger oder der Zuwendungen **können** aber **nicht gebildet werden**. Der StPfl kann für jede Dritte o ArbN nur entscheiden, ob er abgeltend pauschalieren will, nicht wofür. Wenn er pauschaliert, erhöhen alle Geschenke und alle Zuwendungen, die in den Anwendungsbereich der Norm fallen, die jeweilige Bemessungsgrundlage des Abs 1 S 2. ArbN verbundener Unternehmen unterfallen gem Abs 1 S 2 Abs 1.[4]

46 **Wahlrecht steht dem Unternehmen zu** und wirkt nur für dieses. Eine nat Pers muss **nicht für alle Betriebe einheitlich** die Pauschalierung wählen. Die Ausübung des Wahlrechts einer PersGes schlägt nicht auf den MU'er durch. In Fällen einer **Organschaft** ist die Norm beim Organträger wie auch bei jeder Organgesellschaft selbst (und **unabhängig voneinander**) anwendbar.

47 **2. Ausübung des Wahlrechts.** Für die Ausübung des Wahlrechts („können") enthält das Gesetz **keine formalen Vorschriften**. Der StPfl wählt die Pauschalierung idR **konkludent mit Abgabe der** die Pauschalierung enthaltenden **Lohnsteueranmeldung**. Mit Abgabe der Anmeldung ist der StPfl an die Wahl gebunden (§ 40 Rn 6). Da die Pauschalierung gegenüber dem FA erklärt werden muss, binden vorab versandte Unterrichtungen der Empfänger (Rn 50) den StPfl nicht; auch einem gesetzlich nicht vorgesehenen formalen Antrag kommt keine Bindungswirkung zu.[5] Nach Abgabe der Steueranmeldung ist der StPfl **für das gesamte Wj an seine Erklärung gebunden**, selbst wenn er nicht übersehen konnte, welche Größenordnung die Pauschalierung im Wj erreichen wird, oder er bestimmte Zuwendungen, die in den Anwendungsbereich des § 37b fallen, bei der Antragsstellung nicht bedacht hatte. Die Verwaltung lässt aber zu, dass die Entscheidung für die Pauschalierung erst in der letzten LSt-Anmeldung des Wj getroffen wird.[6] Abzulehnen ist indes die Auffassung, dass für die ArbN die Entscheidung spätestens bis zur Übermittlung der elektronischen LSt-Bescheinigung (= 28.2.) getroffen werden muss.[7] Diese Auffassung ist von der LSt geprägt u beachtet nicht, dass der Stpfl ein vom Kj abw Wj haben kann. Für künftige Wj entsteht keinerlei Bindung.

50 **IX. Sonstiges. – 1. Unterrichtung des Empfängers.** Abs 3 S 3 entspricht § 37a II 2. Unterrichtet werden muss nur, ob pauschal versteuert wurde, nicht aber über den Wert der Zuwendung. Der dort

---

1 S dazu gleichlautender Ländererlass v 28.12.06.
2 *Van Dülmen* (DStR 07, 9) äußert deswegen grds Zweifel an der Praxistauglichkeit der Norm.
3 Entw BMF Rn 4.
4 Entw BMF Rn 5.
5 **AA** BR-Drs 622/06, 92.
6 Entw BMF Rn 7.
7 Entw BMF Rn 8.

angeordneten Unterrichtung kommt **keine einkommensteuerliche Wirkung** zu.[1] Sie ist **weder Tatbestandsvoraussetzung der Pauschalierung noch Voraussetzung der Abgeltungswirkung** für den Empfänger. Auch soweit der Empfänger darauf vertrauen durfte (daran fehlt es bei einem Zusammenwirken von Empfänger und Unternehmen), schützt eine fehlerhafte Unterrichtung nur vor steuerstrafrechtlichen Konsequenzen. Sie kann zudem Schadenersatzansprüche des Empfängers begründen.

2. Wirkung der Steuer für den Steuerpflichtigen. Die Übernahme der Steuer ist wie die LSt eine Betriebssteuer und damit **BA**. Soweit die Aufwendung selbst wg Überschreiten der **Freigrenze des § 4 V Nr 1** nicht abziehbar ist, **wirkt** dies **auch für die Pauschalsteuer**. Aus Vereinfachungsgründen bleibt die Steuer für die Ermittlung der Freigrenze unbeachtlich.[2] Für ArbN gehört die anteilige Steuer zum (abgegoltenen) Arbeitslohn.[3]

3. Weitergabe pauschal besteuerter Zuwendungen. Gibt der Empfänger eine nach § 37b besteuerte Zuwendung unmittelbar weiter, wirkt die Abgeltung für den Letztempfänger, wenn der Weiterleitende hierfür keine BA geltend macht.[4]

51

52

2. Steuerabzug vom Arbeitslohn (Lohnsteuer)

§ 38 Erhebung der Lohnsteuer

(1) ¹Bei Einkünften aus nichtselbstständiger Arbeit wird die Einkommensteuer durch Abzug vom Arbeitslohn erhoben (Lohnsteuer), soweit der Arbeitslohn von einem Arbeitgeber gezahlt wird, der
1. im Inland einen Wohnsitz, seinen gewöhnlichen Aufenthalt, seine Geschäftsleitung, seinen Sitz, eine Betriebsstätte oder einen ständigen Vertreter im Sinne der §§ 8 bis 13 der Abgabenordnung hat (inländischer Arbeitgeber) oder
2. einem Dritten (Entleiher) Arbeitnehmer gewerbsmäßig zur Arbeitsleistung im Inland überlässt, ohne inländischer Arbeitgeber zu sein (ausländischer Verleiher).

²Inländischer Arbeitgeber im Sinne des Satzes 1 ist in den Fällen der Arbeitnehmerentsendung auch das in Deutschland ansässige aufnehmende Unternehmen, das den Arbeitslohn für die ihm geleistete Arbeit wirtschaftlich trägt; Voraussetzung hierfür ist nicht, dass das Unternehmen dem Arbeitnehmer den Arbeitslohn im eigenen Namen und für eigene Rechnung auszahlt. ³Der Lohnsteuer unterliegt auch der im Rahmen des Dienstverhältnisses von einem Dritten gewährte Arbeitslohn, wenn der Arbeitgeber weiß oder erkennen kann, dass derartige Vergütungen erbracht werden; dies ist insbesondere anzunehmen, wenn Arbeitgeber und Dritter verbundene Unternehmen im Sinne von § 15 des Aktiengesetzes sind.

(2) ¹Der Arbeitnehmer ist Schuldner der Lohnsteuer. ²Die Lohnsteuer entsteht in dem Zeitpunkt, in dem der Arbeitslohn dem Arbeitnehmer zufließt.

(3) ¹Der Arbeitgeber hat die Lohnsteuer für Rechnung des Arbeitnehmers bei jeder Lohnzahlung vom Arbeitslohn einzubehalten. ²Bei juristischen Personen des öffentlichen Rechts hat die öffentliche Kasse, die den Arbeitslohn zahlt, die Pflichten des Arbeitgebers.

(3a) ¹Soweit sich aus einem Dienstverhältnis oder einem früheren Dienstverhältnis tarifvertragliche Ansprüche des Arbeitnehmers auf Arbeitslohn unmittelbar gegen einen Dritten mit Wohnsitz, Geschäftsleitung oder Sitz im Inland richten und von diesem durch die Zahlung von Geld erfüllt werden, hat der Dritte die Pflichten des Arbeitgebers. ²In anderen Fällen kann das Finanzamt zulassen, dass ein Dritter mit Wohnsitz, Geschäftsleitung oder Sitz im Inland die Pflichten des Arbeitgebers im eigenen Namen erfüllt. ³Voraussetzung ist, dass der Dritte
1. sich hierzu gegenüber dem Arbeitgeber verpflichtet hat,
2. den Lohn auszahlt oder er nur Arbeitgeberpflichten für von ihm vermittelte Arbeitnehmer übernimmt und
3. die Steuererhebung nicht beeinträchtigt wird.

⁴Die Zustimmung erteilt das Betriebsstättenfinanzamt des Dritten auf dessen Antrag im Einvernehmen mit dem Betriebsstättenfinanzamt des Arbeitgebers; sie darf mit Nebenbestimmungen verse-

---

1 *Niermann* DB 06, 2307.
2 Entw BMF Rn 25.
3 *Niermann* DB 06, 2307 mit entspr Beispiel (2308).
4 Entw BMF Rn 12.

hen werden, die die ordnungsgemäße Steuererhebung sicherstellen und die Überprüfung des Lohnsteuerabzugs nach § 42f erleichtern sollen. ⁵Die Zustimmung kann mit Wirkung für die Zukunft widerrufen werden. ⁶In den Fällen der Sätze 1 und 2 sind die das Lohnsteuerverfahren betreffenden Vorschriften mit der Maßgabe anzuwenden, dass an die Stelle des Arbeitgebers der Dritte tritt; der Arbeitgeber ist von seinen Pflichten befreit, soweit der Dritte diese Pflichten erfüllt hat. ⁷Erfüllt der Dritte die Pflichten des Arbeitgebers, kann er den Arbeitslohn, der einem Arbeitnehmer in demselben Lohnabrechnungszeitraum aus mehreren Dienstverhältnissen zufließt, für die Lohnsteuerermittlung und in der Lohnsteuerbescheinigung zusammenrechnen.

(4) ¹Wenn der vom Arbeitgeber geschuldete Barlohn zur Deckung der Lohnsteuer nicht ausreicht, hat der Arbeitnehmer dem Arbeitgeber den Fehlbetrag zur Verfügung zu stellen oder der Arbeitgeber einen entsprechenden Teil der anderen Bezüge des Arbeitnehmers zurückzubehalten. ²Soweit der Arbeitnehmer seiner Verpflichtung nicht nachkommt und der Arbeitgeber den Fehlbetrag nicht durch Zurückbehaltung von anderen Bezügen des Arbeitnehmers aufbringen kann, hat der Arbeitgeber dies dem Betriebsstättenfinanzamt (§ 41a Abs. 1 Satz 1 Nr. 1) anzuzeigen. ³Der Arbeitnehmer hat dem Arbeitgeber die von einem Dritten gewährten Bezüge (Absatz 1 Satz 3) am Ende des jeweiligen Lohnzahlungszeitraums anzugeben; wenn der Arbeitnehmer keine Angabe oder eine erkennbar unrichtige Angabe macht, hat der Arbeitgeber dies dem Betriebsstättenfinanzamt anzuzeigen. ⁴Das Finanzamt hat die zu wenig erhobene Lohnsteuer vom Arbeitnehmer nachzufordern.

R 38.1 – 38.5LStR

A. Allgemeines

1 **I. Grundaussage der Vorschrift.** § 38 ist die Grundnorm des LSt-Abzugs. Sie begründet keine neue Steuerart, sondern bestimmt nur, dass bei Einkünften aus nichtselbstständiger Arbeit die ESt durch einen **Quellenabzug** zu erheben ist.[1] Die LSt ist eine **Vorauszahlungssteuer** des ArbN,[2] die lediglich in Sonderfällen (zB §§ 40 ff, 50 I 1 oder wenn wegen § 46 IV eine Veranlagung unterbleibt; s § 46 Rn 7) abgeltenden endgültigen Charakter hat. IÜ wird die LSt gem § 36 II Nr 2 auf die durch Veranlagung ermittelte ESt angerechnet.

2 **II. Aufbau.** **Abs 1** bestimmt, dass der gezahlte Arbeitslohn der LSt unterliegt, wenn er von einem inländischen ArbG (S 1 Nr 1), einem ausländischen Verleiher (S 1 Nr 2) oder von einem Dritten für diese (S 2) gezahlt wird. **Abs 2** regelt in S 1, dass der ArbN Schuldner der LSt ist, nach S 2 ist der Zufluss des Arbeitslohns der Entstehungszeitpunkt der LSt. **Abs 3** S 1 schreibt vor, dass der ArbG die LSt bei jeder Arbeitslohnzahlung einbehalten muss; S 2 legt den öffentlichen Kassen die Pflichten des ArbG auf. Der durch das StÄndG 03[3] eingeführte **Abs 3a** regelt, unter welchen Voraussetzungen Dritte die Pflichten des ArbG erfüllen müssen (S 1) oder können (S 2). **Abs 4** betrifft zum einen (S 1u 2) jene Fälle, in denen die LSt den Barlohn übersteigt, so dass sie von diesem nicht einbehalten werden kann, zum anderen (S 3) Meldepflichten für ArbN und ArbG bei Drittbezügen.

3 **III. Verhältnis zu anderen Vorschriften.** Die LSt setzt voraus, dass Einnahmen aus nichtselbstständiger Arbeit (Arbeitslohn; s § 19 Rn 110 ff) einem ArbN zufließen. Ob Arbeitslohn vorliegt, bestimmt sich nach § 19. Gegenüber den allg Vorauszahlungen auf die ESt nach § 37 ist der Lohnsteuerabzug **spezialgesetzliche Regelung** für von bestimmten Pers gezahlte Einnahmen aus nichtselbstständiger Arbeit. Vorauszahlungen nach § 37 dürfen nicht zusätzlich festgesetzt werden, wenn außer solchem Arbeitslohn keine weiteren positiven Einkünfte vorliegen.[4] Die Regelungen in einzelnen DBA wirken sich darauf aus, ob Deutschland ein Besteuerungsrecht für bestimmte Löhne zusteht. Soweit die Abkommen für diese Fragen bestimmen, wer ArbG ist, ist dies nicht bindend für die Auslegung des § 38.[5] Keine Konkurrenz ergibt sich zur Bauabzugsteuer nach den §§ 48ff. Diese setzt den Empfang von Bauleistungen voraus. Gegenstand des Arbeitsverhältnisses ist die Überlassung von Arbeitskraft, die auch dann nicht als Bauleistung zu qualifizieren ist, wenn die Arbeitskraft für Bautätigkeiten genutzt wird. Durch die Anrechnung auf die LSt (§ 48c Rn 5f) und den Haftungsausschluss (§ 48 Rn 30) wirkt die Bauabzugsteuer auf das LSt-Verfahren.

---

1 Grundlegend BFH BStBl II 86, 152.
2 BFH BStBl II 92, 752 u BStBl II 93, 166.
3 BGBl I 03, 2645.
4 **AA** BFH BStBl II 92, 752 in obiter dictum; *Blümich* § 38 Rn 30.
5 BFH BStBl II 00, 41.

IV. Verfahrensrechtliche Besonderheiten. Der ArbN kann auf die Höhe der LSt nur durch Eintragungen auf der LSt-Karte (§ 39 Rn 1) Einfluss nehmen. Vom ArbG zuviel einbehaltene LSt kann der ArbN ab Einbehalt[1] daher im laufenden Jahr vom Betriebsstätten-FA aus § 37 AO[2] oder vom ArbG bei der nächstfolgenden Lohnzahlung im Rahmen des § 41c zurückverlangen, nach Ablauf nur im Rahmen einer Veranlagung.

Die Verpflichtung des ArbG kann weder gestundet (§ 222 AO) noch erlassen (§ 227 AO) werden,[3] gegenüber dem ArbN schließt § 222 S 3 AO eine Stundung aus. Soweit dadurch auch eine Stundung aus persönlichen Gründen ausgeschlossen wird,[4] bestehen verfassungsrechtliche Bedenken.[5]

B. Die Vorschrift im Einzelnen

I. Der Arbeitgeber. – 1. Der Arbeitgeberbegriff allgemein. Der Begriff des ArbG ist im EStG nicht definiert. **Bei der Bestimmung der Einkunftsart** ist maßgeblicher ArbG, wem der ArbN seine Arbeitsleistung schuldet (§ 19 Rn 63) in Ausnahmefällen entsteht der ArbG auch kraft Lohnzahlung (§ 19 Rn 66). **Für die Erhebung der LSt** ist ArbG, wer die Einbehaltungspflicht nach § 38 III zu erfüllen hat. Das wird im Regelfall der Abnehmer der schuldrechtlichen Leistung sein, in Sonderfällen, insbes bei Leiharbeitsverhältnissen, lässt sich dadurch aber nicht eindeutig klären, wer ArbG ist,[6] da der Leih-ArbN seine Arbeitsleistung sowohl dem Entleiher wie dem Verleiher schulden kann.[7] Der zivilrechtliche ArbG-Begriff ist daher für die Frage, wer ArbG iSd § 38 III ist, nicht ausschließlich entscheidend.[8] Vielmehr kommt es für die Einbehaltungspflicht darauf an, wer dem ArbN den **Lohn im eigenen Namen und für eigene Rechnung (unmittelbar) auszahlt.**[6] Eine bloße Zahlstellenfunktion wird dabei nicht als ausreichend angesehen.[9] Eine GmbH ist nicht ArbG eines von einer Obergesellschaft entlohnten, vorübergehend entsandten Geschäftsführers,[10] eine GmbH & Co KG nicht ArbG des Geschäftsführers der Komplementär-GmbH.[11]

Der BFH[10] nimmt an, dass aus Sicht der Vertragsbeteiligten die Arbeitnehmerüberlassung zum Arbeitgeberwechsel mutiert,[10] während bei einer tatsächlichen Durchführung des vereinbarten Dreiecksverhältnisses davon auszugehen sei, dass der Leiharbeitnehmer den an ihn gezahlten Lohn typischerweise als Frucht seiner Arbeit für den Verleiher empfindet.[12] Nach § 38 I 2 HS 2 idF des StÄndG 03 kann nun im Fall der ArbN-Entsendung der Entleiher aber selbst dann „auch" ArbG sein, wenn er keinen Arbeitslohn im eigenen Namen und auf eigene Rechnung auszahlt. Umgekehrt soll nach Abs 3a derjenige nur Dritter (Rn 8a) und nicht ArbG sein, der einen tarifvertraglich vereinbarten Lohn auszahlt. Nach der Gesetzesbegründung[13] sind auszahlende Stellen lediglich als ArbG toleriert worden. Die Auffassung des BFH wurde von dem Gedanken geleitet, dass die Pers des ArbG iSd § 1 II LStDV und des ArbG iSd § 38 III identisch sein müssen; es konnte deshalb in jedem Dienstverhältnis nur einen ArbG geben. Die gesetzliche Lage ist nun insofern widersprüchlich, als sie in § 38 IIIa einen zivilrechtlichen ArbG-Begriff voraussetzt, während in § 38 I 2 für die LSt-Erhebung einer Lohnzahlung auch mehrere ArbG existieren können. Obwohl das Gesetz damit klarstellt, dass die Zielsetzungen des § 1 II LStDV und § 38 III unterschiedlich sind (§ 19 Rn 63f), kann nur noch in Ausnahmefällen der **ArbG**, der **nach § 38 III** die LSt einzubehalten hat, **auch jemand sein, der nicht Beteiligter des Dienstverhältnisses iSd § 1 II LStDV ist**. Der Auszahlende kann aber unter den Voraussetzungen des § 38 IIIa (Rn 8a) die Pflichten des ArbG zu erfüllen haben.

2. Der inländische Arbeitgeber. Die Verpflichtung zum Lohnsteuereinbehalt trifft nicht alle ArbG, sondern nur inländische ArbG (§ 38 I 1 Nr 1) und ausländische Verleiher (§ 38 I 1 Nr 2). Inländische ArbG sind ArbG mit Wohnsitz (§ 8 AO), gewöhnlichem Aufenthalt (§ 9 AO), Geschäftsleitung (§ 10

---

1 *K/S/M* § 38 Rn D 19 mwN; *Blümich* § 19 Rn 41; **aA** *Völlmeke* DB 94, 1746.
2 FG MeVo EFG 93, 744; glA *Blümich* § 19 Rn 41; **aA** *Giloy* BB 83, 2106.
3 HM *Blümich* § 19 Rn 44.
4 Andere Stundungsgründe wurden auch vor Einführung des § 222 S 3 AO nicht zugelassen, BFH BStBl II 93, 496.
5 *T/K* § 222 Rn 2 mwN; ihm folgend *Schmidt*[26] § 38 Rn 13u *Blümich* § 38 Rn 47.
6 BFH BStBl II 00, 41.
7 Zu den zivilrechtlichen Einzelheiten s *Schüren* ArbeitsüberlassungsG Einl Rn 138.
8 BFH BStBl II 00, 41; BMF BStBl I 01, 796 (Tz 2.2); *K/S/M* § 38 Rn B 6 f; **aA** BFH BStBl II 03, 556; *Schmidt*[26] § 38 Rn 4; *L/B/P* § 38 Rn 6; *Offerhaus* FS Döllerer, S 459f; *Blümich* § 38 Rn 65.
9 So auch *sch* DStR 00, 105 (Anm zu BFH BStBl II 00, 41).
10 BFH BStBl II 04, 620.
11 FG Hbg EFG 05, 1286 rkr.
12 BFH BStBl II 82, 502.
13 BT-Drs 15/1562.

AO), Sitz (§ 11 AO); Betriebsstätte[1] (§ 12 AO) oder einem ständigen Vertreter (§ 13 AO) im Inland und auch beschränkt StPfl, die der inländischen Steuerhoheit unterworfen sind.[2] Ständiger Vertreter eines ArbG im Inland kann auch ein Filialleiter oder eine Pers sein, die die Aufsicht über einen Bautrupp ausübt, nicht aber ein alleinarbeitender Monteur.[3] In Fällen der ArbN-Entsendung ist das in Deutschland ansässige aufnehmende Unternehmen in jedem Fall inländischer ArbG, § 38 I 2. Eine ArbN-Entsendung liegt vor, wenn ein ArbN mit seinem bisherigen ArbG (entsendendes Unternehmen) vereinbart, für eine befristete Zeit bei einem verbundenen Unternehmen (aufnehmendes Unternehmen) tätig zu werden und das aufnehmende Unternehmen entweder eine arbeitsrechtliche Vereinbarung mit dem ArbN abschließt oder als wirtschaftlicher ArbG anzusehen ist.[4]

8 3. **Ausländischer Verleiher.** Ausländischer Verleiher ist nur, wer **gewerbsmäßig ArbN-Überlassung** betreibt. Die Gewerbsmäßigkeit bestimmt sich in Anlehnung an § 1 AÜG gewerberechtlich.[5] Sie liegt nicht vor, wenn die ArbN-Überlassung nur gelegentlich betrieben wird und nicht **auf Dauer und zur Erzielung wirtschaftlicher Vorteile angelegt** ist.[6] Werden ArbN nur gelegentlich zur Deckung eines kurzfristigen Personalmehrbedarfs ausgeliehen,[7] ist die Gestellung des ArbN Nebenpflicht eines Vertrages (zB Chartern eines Flugzeugs mit Pilot)[8] oder werden ArbN für Arbeitsgemeinschaften abgeordnet oder freigestellt,[9] liegt keine ArbN-Überlassung vor.

8a 4. **Dritte mit Pflichten eines Arbeitgebers (Abs 3a)**[10]**.** Durch den neu eingeführten Abs 3a können nun auch **Dritten** die Pflichten des ArbG auferlegt sein. Das Gesetz kennt zwei Fallgruppen. Gesetzlich verpflichtet werden kann nach S 1 jeder mit Wohnsitz, Geschäftsleitung oder Sitz im Inland, gegen den sich unmittelbar tarifvertragliche Ansprüche richten, die durch Geldzahlungen erfüllt werden. Die offene Formulierung soll insbes Sozialkassen des Baugewerbes umfassen.[11] Soweit der Dritte Sachbezüge (§ 8 Rn 22) gewährt, ist er selbst dann nicht nach S 1 zum LSt-Abzug verpflichtet, wenn der Sachbezug tarifvertraglich festgelegt ist.

8b Daneben kann **mit Zustimmung des FA** nach S 2–6 ein inländischer Dritter (Wohnsitz, Geschäftsleitung oder Sitz) auch freiwillig die ArbG-Pflichten übernehmen, wenn er sich dazu gegenüber dem ArbG dazu verpflichtet und den Lohn auszahlt oder nur ArbG-Pflichten für von ihm vermittelte ArbN übernimmt. S 2 legalisiert die bisherige Praxis bei studentischen Arbeitsvermittlungen, Mehrfacharbeitsverhältnisse bei Lebensversicherungen aufgrund der Spartentrennung und die Übernahme von ArbG-Pflichten durch Dritte bei leitenden Konzernmitarbeitern, der Auszahlung von Betriebsrenten, die zentralen Abrechnungen für ArbN bei Kirchen und Wohlfahrtsverbänden, für ArbN von Wohnungseigentümergemeinschaften und für Mitarbeiter von Land- und Bundestagsabgeordneten. Bisher wurden diese Fälle über einen abw ArbG-Begriff erfasst (Rn 5). Die Steuererhebung darf durch den Übergang der ArbG-Pflichten nicht beeinträchtigt werden. Dabei handelt es sich um eine abstrakte Einschätzung im Zeitpunkt des Übergangs. Das Ermessen des FA für die Zustimmung ist auf diese Frage beschränkt. Die Zustimmung des FA enthält deshalb auch die konstitutive Feststellung, dass es durch den Pflichtenübergang die Steuererhebung nicht beeinträchtigt wird. Nach Auffassung der FinVerw[12] darf die Zustimmung aber nur erteilt werden, wenn der Dritte den LSt-Abzug für den gesamten Arbeitslohn übernimmt. Solange die Zustimmung wirksam ist, besteht der Pflichtenübergang auch dann fort, wenn die Steuererhebung tatsächlich beeinträchtigt ist. Als Adressaten der Zustimmung ist der VA dem Dritten und dem ArbG bekannt zu geben, zu widerrufen oder zurückzunehmen. Es kann nach S 4 für die ordnungsgemäße Erhebung und deren Überprüfung nach § 42f Nebenbestimmungen erlassen, zB den ArbG zur Vorlage von Sachkonten verpflichten. Zuständig ist Betriebsstätten-FA (§§ 41a I Nr 1, 41 II; § 41 Rn 6) des Dritten (S 3), das im Einvernehmen mit dem Betriebsstätten-FA des ArbG handelt. Der rechtsgestaltende formfreie VA der Zustimmung kann rückwirkend erteilt, aber nur für die Zukunft widerrufen werden; S 5 wiederholt insoweit nur § 131 AO. War die Zustimmung rechtswidrig erteilt worden, kann im Rahmen des § 130 II AO die Zustimmung auch rückwirkend beseitigt werden. Der Dritte kann auch für

---

1 § 41 II 2 ist insoweit nicht einschlägig, da er nur den Ort bezeichnet, wo der ArbG seine Aufzeichnungspflichten erfüllt; s § 41 Rn 6.
2 BFH BStBl II 89, 755; glA *Blümich* § 38 Rn 70; **aA** *K/S/M* § 38 Rn B 25.
3 R 38.3 III LStR.
4 BMF BStBl I 01, 796.
5 *Blümich* § 38 Rn 81 mwN.
6 *Reinhart* BB 86, 503.
7 *Schmidt*[26] § 38 Rn 6.
8 *Sandmann/Marschall* AÜG Art 1 § 1 Rn 3; *Becker/Wulfgramm* AÜG Art 1 Rn 25 ff mwN.
9 *Wiesemann* BB 89, 907.
10 Dazu auch BMF BStBl I 04, 175.
11 BT-Drs 15/1562.
12 BMF BStBl I 04, 175 Tz 3.2.

mehrere ArbG gleichzeitig die Pflichten übernehmen. Für die LSt-Ermittlung und die LSt-Bescheinigung kann der Lohn eines Lohnzahlungszeitraums dann zusammengerechnet werden (S 6).

Der Dritte wird in den Fällen des Abs 3a nicht ArbG, sondern übernimmt nur dessen Pflichten, zB die LSt einzubehalten und abzuführen (Rn 9), die LSt-Karte aufzubewahren (§ 39b Rn 5), die Aufzeichnungspflichten zu erfüllen (§ 41 Rn 3 ff), die LSt anzumelden (§ 41a Rn 2f), das Lohnkonto abzuschließen und Lohnsteuerbescheinigungen zu übermitteln oder erstellen (§ 41b I) oder bei LSt-Prüfungen mitzuwirken (§ 42f). Insbes haftet der Dritte auch nach § 42d (§ 42d Rn 110). Zur Einbehaltung der LSt bei sonstigen Bezügen s § 39c Rn 5. Die Norm sieht nur die Übernahme der Pflichten des ArbG vor, nicht den Übergang von dessen Rechten. Soweit sich eine Berechtigung oder ein Recht des ArbG nur als formale Ausgestaltung der Pflicht zur Einbehaltung der LSt darstellt – zB Berechtigung des ArbG auf Ausstellung einer Freistellungsbescheinigung nach § 39b VI, auf Änderung des Lohnabzugs nach § 41c oder auf LStJA nach § 42b I 1 –, steht das Recht auch dem Dritten zu. Da S 6 HS 1 nur die Rechtsfolge des S 1 konkretisiert, können materielle Rechte des ArbG im LSt-Verfahren – zB Antrag auf Pauschalierung nach § 40 (§ 40 Rn 5) – nur dann auf den Dritten übergehen, wenn sie als bloße Ausgestaltung des LSt-Abzugs betrachtet werden.[1] Davon geht § 42d I Nr 4 aus (§ 42d Rn 20a), der für diese Fälle den ArbG für die vom Dritte pauschalierte LSt in Haftung nimmt.

8c

Der ArbG wird von seinen Pflichten nur befreit, soweit der Dritte diese Pflichten erfüllt (S 6 HS 2). Seine Pflichten bleiben daher subsidiär bestehen. Kommt der Dritte einer lohnsteuerlichen Pflicht nicht nach, besteht die originäre Pflicht des ArbG fort. Gibt der Dritte eine LSt-Anmeldung nicht ab, bleibt auch der ArbG erklärungspflichtig. In diesen Fällen ist ein Verspätungszuschlag sowohl gegen ArbG , wie auch gegen den Dritten möglich. Der Dritte ist aber unmittelbarer Verfahrensbeteiligter des FA. Ein Schätzungsbescheid (§ 41a Rn 5) muss daher zunächst ihm gegenüber ergehen. Durch Handlungen des Dritten kann keine neue Pflicht des ArbG entstehen. Wird etwa die LSt zu hoch festgesetzt, wirkt dies nicht gegen den ArbG; für Säumniszuschläge aufgrund verspäteter Zahlungen des Dritten kann der ArbG nicht herangezogen werden.

8d

5. Stellung des Arbeitgebers im Lohnsteuerverfahren. Der ArbG hat im Lohnsteuerverfahren die Pflicht LSt einzubehalten (§ 38 III) und sie gem § 41a I 1 Nr 2 abzuführen. Soweit er deshalb dem ArbN den zivilrechtlich geschuldeten Arbeitslohn nicht auszahlt, handelt er nicht aus eigenen hoheitlichen Befugnissen.[2] Insbes ist er nicht Beliehener,[3] der Verwaltungsaufgaben erfüllt, sondern kommt nur einer eigenen steuerlichen Pflicht nach.[2] Der ArbG nimmt keine öffentlich-rechtliche Aufgabe wahr,[4] sondern erfüllt eine öffentlich-rechtliche Pflicht. Er ist hinsichtlich der einbehaltenen Beträge[5] nicht Treuhänder des ArbN,[6] sondern dessen Erfüllungshelfer.[7] Im Insolvenzfall sind die LSt-Abführungen daher anfechtbar.[8] Offen ist,[9] ob auch schon die Abführung der LSt, die innerhalb der letzten drei Monate vor dem Antrag auf Eröffnung des Insolvenzverfahrens fällig nach § 130 I Nr 1 InsO angefochten werden kann, weil die LSt aus dem Vermögen des ArbG geleistet würde,[10] oder es sich (mE richtigerweise) um ein nicht anfechtbares Bargeschäft nach § 142 InsO handelt, weil die LSt zum Arbeitslohn gehört.[11]

9

II. Abwicklung des Lohnsteuerverfahrens. – 1. Entstehen der Lohnsteuer. Die LSt entsteht gem § 38 II 2 in dem Zeitpunkt, in dem der Arbeitslohn dem ArbN zufließt, unabhängig von der mit Ablauf des Kj (§ 36 I) entstehenden ESt. Die zT abw Besteuerungszeitpunkte nach § 38a I gelten für die Entstehung der LSt nicht,[12] da die Duldungspflicht des ArbN (Rn 15) erst entstehen kann, wenn ihm Lohn zufließt. Soweit der ArbG LSt einbehält, gilt auch dieser Teil dem ArbN als zugeflossen. Die Rückzahlung von stpfl Arbeitslohn (§ 8 Rn 17) mindert als negative Einnahme den zugeflossenen Arbeitslohn im Rückzahlungszeitraum, und wirkt nicht auf den Entstehungszeitpunkt zurück.

10

---

1 Anders wohl BFH BStBl II 03, 156.
2 *Heuermann* StuW 99, 349.
3 *G Kirchhof* Die Erfüllungspflichten des ArbG im LSt-Verfahren, S 51; **aA** *Stolterfoth* DStJG 86, 191.
4 So aber die Anhänger der öffentlich-rechtlichen Theorie *K/S/M* § 38 Rn A 12; *Stolterfoth* DStJG 86, 191; weitere Nachweise in *Heuermann* StuW 99, 349 Fn 10-13.
5 Anders in den Fällen des Abs 4 S 1.
6 *Grundlach/Frenzel/Schmidt* DStR 02, 861.
7 *G Kirchhof* Die Erfüllungspflichten des ArbG im LSt-Verfahren, S 71.
8 *Gundlach/Frenzel/Schmidt* DStR 02, 861; *Fortmann* ZInsO 03, 114; s auch OLG Kln NJW-RR 93, 928; **aA** LG Flensburg ZInsO 03, 13.
9 BFH BStBl II 06, 201.
10 BGH ZIP 03, 1666; FG BaWü EFG 04, 1425; FG Saarl EFG 05, 680.
11 BFH/NV 99, 745.
12 GlA wohl *Schmidt*[26] § 38 Rn 3; **aA** *Blümich* § 38 Rn 110; *L/B/P* § 38 Rn 3.

Bei einer Rückzahlung im gleichen Kj bei fortbestehenden Dienstverhältnis erlaubt die Verwaltung[1] aber alternativ zu einer Berücksichtigung im Rückzahlungszeitraum oder beim LStJA (§ 42b Rn 5) eine Änderung des ursprünglichen LSt-Abzugs. Nach Beendigung des Dienstverhältnisses kann die Rückzahlung nur im Rahmen einer Veranlagung berücksichtigt werden.

Die LSt erlischt idR bereits mit Einbehaltung durch den ArbG,[2] da der ArbN mit der Duldung des Einbehalts seiner Verpflichtung vollumfänglich nachgekommen ist. Muss der ArbN die LSt ausnahmsweise selbst entrichten (zB gem § 38 IV 3; s Rn 16), erlischt die LSt durch Zahlung.

11 **2. Maßgeblicher Arbeitslohn für die Lohnsteuer.** Zum maßgeblichen Arbeitslohn für die Berechnung der LSt gehören nicht nur Geldleistungen oder Sachbezüge, die der ArbG an den ArbN leistet, sondern gem § 38 I 2 **auch von Dritten gezahlter Arbeitslohn**,[3] wenn der ArbG weiß oder erkennen kann, dass derartige Vergütungen erbracht werden.[4] Durch diese Gesetzesänderung sollen die Praxisprobleme, die durch das Tatbestandsmerkmal „üblicherweise" entstanden sind, beseitigt werden.[5] Ein Erkennenkönnen knüpft inhaltlich aber auch an die Lebenserfahrung und die Verhältnisse an, unter denen Vergütungen dieser Art von Dritten gezahlt zu werden pflegen.[6] Eine Einbehaltungspflicht entsteht nun aber auch bei einem unüblichen drittbezogenen Lohn bei Kenntnis des ArbG.[7] Als Indiz[8] für ein Erkennenkönnen gilt gem § 38 I 2 HS 2, wenn ArbG und der Bezüge gewährende Dritte verbunden Unternehmen iSd § 15 AktG sind.[9] **Keine Lohnzahlung von Dritten** liegt vor, wenn die zahlende Pers bloßer Leistungsmittler des ArbG ist (sog „unechte Lohnzahlung eines Dritten"),[10] zB eine vom ArbG eingerichtete Kasse für Unterstützungsleistungen,[11] die Leistungen eines Organträgers an ArbN der Organgesellschaften, verbilligter Wareneinkauf in einem von einer Schwester-Ges betriebenen Belegschafts-Verkaufsladen,[12] Trinkgelder mit Rechtsanspruch[13] oder die Abwicklung eines dem ArbG zustehenden Versicherungsleistungsanspruchs unmittelbar mit dem ArbN (§ 19 Rn 150 „Unfallversicherung").[14] In diesen Fällen kann der Auszahlende aber ein Dritter mit ArbG-Pflichten nach § 38 IIIa sein (Rn 8a f).

12 Ist der Dritte nicht bloß Leistungsmittler liegt **eine echte Lohnzahlung durch Dritte** vor. Derartige Drittlöhne unterliegen dem LSt-Abzug durch den ArbG aber nur, soweit dieser über deren Höhe in Kenntnis gesetzt wird, zB dadurch, dass er in den Zahlungsvorgang eingeschaltet wird[15] (nicht bei bloßer Ausgabe von Berechtigungsscheinen[16]), oder dass seine ArbN über derartige Zuflüsse Angaben machen.[17] Dazu sind sie gem Abs 4 S 2 nun verpflichtet. Teilen die ArbN dem ArbG die Höhe der Bezüge nicht mit, muss der ArbG die darauf entfallende LSt nicht einbehalten. Dies gilt auch dann, wenn der vorteilsgewährende Dritte dem selben Konzern angehört, wie der ArbG.[18] Der ArbG kann weder eine solche Aussage seiner ArbN erzwingen, noch ist er befugt, Besteuerungsgrundlagen zu schätzen.[19] Ihn trifft auch keine steuerliche Pflicht die ArbN zu befragen.[20] Nach Abs 4 S 2 HS 2 hat er aber eine Anzeigepflicht (Rn 20). Eine Befragungspflicht des ArbG, deren Verletzung dann Haftungsfolgen haben könnte, besteht aber auch nach neuem Recht nicht.[21] Wird dem ArbN von der ausländischen Konzernmutter ein Optionsrecht gewährt und hat der ArbG von dieser Zuwendung keine konkrete Kenntnis, entsteht keine Pflicht, die LSt für den Vorteil bei Ausübung des Optionsrechts einzubehalten.[22] **Freiwillig gewährte Trinkgelder**[23] sind ab 02 gem § 3 Nr 51 stfrei. Für die davor liegende VZ gehörten sie nur dann zur Bemessungsgrundlage für den LSt-Abzug, wenn der ArbG davon Kenntnis hatte.[24]

---

1 OFD Ffm v 27.7.00 S 2399 A-1-St II 30 I.
2 GlA *Heuermann* StuW 99, 349; *Blümich* § 38 Rn 111; aA *Völlmeke* DB 94, 1748; *Schmidt*[26] § 38 Rn 3.
3 Zur Frage, wann Zahlungen Dritter Arbeitslohn sind s § 19 Rn 126.
4 *Schmidt*[26] (§ 38 Rn 11) hält dieses Tatbestandsmerkmal nicht für justitiabel.
5 BT-Drs 15/1562; s aber noch R 106 II S 2 LStR 02.
6 So bisher zum Tatbestandsmerkmal „üblicherweise" *Frotscher* § 38 Rn 40.
7 *Gersch* FR 04, 938 anders noch zum Rechtsstand 2003 *K/S/M* § 38 Rn B 43.
8 **AA** *Plenker* DB 04, 894 (gesetzliche Vermutung nicht widerlegbar).
9 **AA** (FA voll beweispflichtig) *Gersch* FR 04, 938 u *Schmidt*[26] (§ 38 Rn 11).
10 BFH BStBl II 02, 230 R 38.4 I 1 LStR.
11 BFH BStBl III 58, 268.
12 BFH BStBl 06, 669.
13 R 38.4 II LStR; *K/S/M* § 38 Rn B 38.
14 Es ist davon auszugehen, dass das Versicherungsunternehmen den ArbG über die Zahlung informiert, BMF DStR 02, 765.
15 Etwa bei einem Tronc-System s § 19 Rn 65 „Poolung von Einnahmen".
16 FG Nds EFG 00, 1323 Rev VI R 75/00.
17 BFH BStBl II 99, 323.
18 BFH BStBl II 06, 668.
19 BFH BStBl II 06, 669.
20 FG M'ster EFG 03 1549.
21 *Schmidt*[26] § 38 Rn 10.
22 BFH BStBl II 01, 512.
23 Zur Steuerbarkeit s § 19 Rn 65 „Trinkgelder".
24 BFH/NV 01, 35.

3. Der Arbeitnehmer als Schuldner der Lohnsteuer. Gem § 38 II 1 ist Schuldner der LSt der ArbN, da es sich um eine **Vorauszahlung auf** seine **ESt-Schuld** handelt. Dies gilt auch bei einer Nettolohnvereinbarung.[1] Wird der Lohn gem §§ 40–40b pauschal besteuert, ist der ArbG Steuerschuldner (§ 40 III). Wer ArbN iSd LSt ist, bestimmt sich nach den zu § 19 entwickelten Grundsätzen. Die Schuld tilgt der ArbN idR[2] dadurch, dass er den Einbehalt der LSt durch den ArbG duldet (Rn 15). Da der ArbG nicht hoheitlich gegenüber dem ArbN agiert (Rn 9), hat der ArbN ihm gegenüber auch keine Offenbarungspflichten iSd § 90 AO. Der ArbN ist daher nicht im LSt-Abzugsverfahren verpflichtet, sich wie in einem Veranlagungsverfahren gegenüber dem ArbG zu erklären.[3]

4. Einbehaltungspflicht. Der ArbG hat bei jedem Zufluss von Arbeitslohn (Ausnahme: § 39b V) die LSt einzubehalten. Dadurch erfüllt er eine **öffentlich-rechtliche Pflicht,**[4] die nicht durch privatrechtliche Vereinbarungen außer Kraft gesetzt werden kann.[5] Die steuerlichen Pflichten überlagern die Rechte und Pflichten des Dienstverhältnisses.[6] Der Einbehalt kann daher idR nicht Gegenstand eines zivilrechtlichen Streites zw ArbG und ArbN sein.[7] Die Verpflichtung bezieht sich auch auf die KiSt und auf den SolZ.[8] **Reichen die Mittel des ArbG nicht** zur Zahlung des vereinbarten Lohns aus, darf nur der um die LSt gekürzte anteilige Lohn ausbezahlt werden.[9] Auch bei Lohnpfändung[10] oder einer Verurteilung zur Zahlung von Arbeitslohn[11] ist die LSt einzubehalten. Gem § 41a I Nr 2 muss die einbehaltene Steuer an das FA abgeführt werden.

5. Verhältnis Einbehaltung und Steuerschuld. Diese **Einbehaltungs- und Zahlungspflicht** korrespondiert mit einer **Duldungspflicht** des ArbN, der Steuerschuldner der LSt ist (§ 38 II; s Rn 13). ArbG und ArbN müssen zusammenwirken, die **gemeinsame Pflicht** kann nicht von einem Einzelnen erfüllt werden. Sie schulden aber nicht nebeneinander dieselbe Leistung, sind also **nicht Gesamtschuldner.**[12] Der ArbN erfüllt seine Steuerschuld mit der Duldung. Dessen Steuerschuld erlischt daher schon mit dem Einbehalt (Rn 10).

III. Sonderfälle. – 1. Verfahren bei fehlenden Barmitteln. Der ArbG kann seiner Pflicht zum Einbehalt der LSt nur aus dem Barlohn bestreiten. Werden dem ArbN hohe Sachbezüge gewährt, erfolgte die Lohnzahlung durch Dritte[13] oder wurden Abschlagszahlungen nach § 39b V geleistet, kann die LSt nicht immer aus dem Barlohn bestritten werden. In diesen Fällen hat der ArbG gem § 38 IV 1 **alle dem ArbN zustehenden Barmittel** (auch stfreie Bezüge zB Reisekostenersatz) **zurückzubehalten.** Soweit dies für die LSt nicht ausreicht, muss der **ArbN dem ArbG den Fehlbetrag zur Verfügung zu stellen.** Reichen die verbliebenen Barmittel nicht aus und kommt der ArbN seiner Verpflichtung nicht nach, verpflichtet § 38 IV 2 den ArbG dies dem FA anzuzeigen. Diese **Anzeige** soll nach dem Gesetzeszweck dazu dienen, dass die LSt gem § 38 IV 4 nun vom ArbN erhoben werden kann. Sie muss deshalb **inhaltlich** die Voraussetzungen dafür schaffen, insbes die Pers des ArbN und seine für die Erhebung der LSt notwendigen Besteuerungsgrundlagen (idR die Daten des Lohnkontos[14]) enthalten. Die **Form der Anzeige** ist entgegen R 138 II 1 nicht bestimmt.[15] Durch diese Onzeige soll sich nach § 42d II Nr 1 der ArbG von einer Haftung nach § 42d befreien.[16] Die **nicht erstattete Anzeige** ist aber **kein Haftungsgrund** iSd § 42d I (§ 42d Rn 31), weil bei fehlenden Barmitteln der ArbG die LSt nicht einzubehalten hat.[17]

2. Anzeigepflicht bei Bezügen von Dritten. Der neu eingefügte S 3 verpflichtet den ArbN dem ArbG von einem Dritten gewährte Bezüge anzugeben. Dritte sind Personen, die keine ArbG-Pflichten gegenüber dem Bezügeempfänger haben, also nicht Dritte iSd Abs 3a. Der Verweis auf Abs 1 S 2 würde bei textgenauer Auslegung dazu führen, dass der ArbN dem ArbG nichts mitteilen müsste, wenn der ArbG einen solchen Bezug nicht erkennen kann. Das würde dem Gesetzeszweck widersprechen. Der Verweis ist deshalb teleologisch auf die Aussonderung der Dritten iSd Abs 3a

---

1 *Blümich* § 19 Rn 100; zum Begriff § 39b Rn 16.
2 Anders aber bei fehlendem Barmittel; s Rn 16.
3 *K/S/M* § 38 Rn B 41; *Blümich* § 38 Rn 96; **aA** R 38.4 II 3 LStR (mit weitgehenden formalen Pflichten); offen gelassen in BFH BStBl II 99, 323.
4 Verfassungsgemäß s BVerfG DB 64, 206.
5 HM *Schmidt*[26] § 38 Rn 12.
6 *Heuermann* StuW 98, 219 (223).
7 Zum Rechtsschutz gegen den Einbehalt *Schäfer* Diss, S 128 ff, der allerdings von einem Handeln des ArbG als Beliehener ausgeht (*ders* S 70 ff).
8 § 3 IV SolZG.
9 *K/S/M* § 38 Rn D 2.
10 Zum pfändbaren Teil des Arbeitslohns s §§ 850, 850e ZPO.
11 *K/S/M* § 38 Rn A 45 f.
12 *Heuermann* StuW 99, 349 (354).
13 FG Hbg EFG 97, 1414 rkr.
14 Im Einzelnen dazu R 41c.2 II 2 LStR.
15 HL *K/S/M* § 38 Rn E 6.
16 So hM *Schmidt*[26] § 38 Rn 16.
17 *Eisgruber* DStR 03, 141; *Nacke* DStR 05, 1298; **aA** BFH BStBl 02, 884.

Eisgruber

zu beschränken. Nach Abs 4 S 3 HS 2 muss der ArbG dem Betriebsstätten-FA eine Anzeige machen, wenn die Angabe des ArbN erkennbar unrichtig ist. Die **Erkennbarkeit der Unrichtigkeit** ist auch Tatbestandsvoraussetzung, wenn der ArbN keine Angabe macht. Dies ergibt sich zum einen aus dem Verweis auf Abs 1 S 2, der ein Erkennenkönnen als Voraussetzung für den LSt-Abzug postuliert, zum anderen daraus, dass sonst auch sämtliche ArbN, die keine Dritt-Bezüge erhalten haben, dem Betriebsstätten-FA zu melden wären. Die Angabepflicht des ArbN ist bereits am Ende des jeweiligen Lohnzahlungszeitraums (§ 38a Rn 6) zu erfüllen. Die Anzeigepflicht des ArbG bei einer erkennbaren Unterlassung ist Teil der Erklärungspflicht der LSt-Anmeldung nach § 41a I Nr 1 (§ 41a Rn 2). Eine eigenständige Frist für die Meldung lässt sich dem Gesetz nicht entnehmen.[1] Dabei ist der Name des ArbN und die Umstände anzugeben, die die Unrichtigkeit der Angabe erkennbar machen. Die FinVerw fordert bei erkennbar unrichtigen Angaben des ArbN eine unverzügliche Anzeige.[2]

§ 38a Höhe der Lohnsteuer

(1) [1]Die Jahreslohnsteuer bemisst sich nach dem Arbeitslohn, den der Arbeitnehmer im Kalenderjahr bezieht (Jahresarbeitslohn). [2]Laufender Arbeitslohn gilt in dem Kalenderjahr als bezogen, in dem der Lohnzahlungszeitraum endet; in den Fällen des § 39b Abs. 5 Satz 1 tritt der Lohnabrechnungszeitraum an die Stelle des Lohnzahlungszeitraums. [3]Arbeitslohn, der nicht als laufender Arbeitslohn gezahlt wird (sonstige Bezüge), wird in dem Kalenderjahr bezogen, in dem er dem Arbeitnehmer zufließt.

(2) Die Jahreslohnsteuer wird nach dem Jahresarbeitslohn so bemessen, dass sie der Einkommensteuer entspricht, die der Arbeitnehmer schuldet, wenn er ausschließlich Einkünfte aus nichtselbstständiger Arbeit erzielt.

(3) [1]Vom laufenden Arbeitslohn wird die Lohnsteuer jeweils mit dem auf den Lohnzahlungszeitraum fallenden Teilbetrag der Jahreslohnsteuer erhoben, die sich bei Umrechnung des laufenden Arbeitslohns auf einen Jahresarbeitslohn ergibt. [2]Von sonstigen Bezügen wird die Lohnsteuer mit dem Betrag erhoben, der zusammen mit der Lohnsteuer für den laufenden Arbeitslohn des Kalenderjahres und für etwa im Kalenderjahr bereits gezahlte sonstige Bezüge die voraussichtliche Jahreslohnsteuer ergibt.

(4) Bei der Ermittlung der Lohnsteuer werden die Besteuerungsgrundlagen des Einzelfalls durch die Einreihung der Arbeitnehmer in Steuerklassen (§ 38b), Ausstellung von entsprechenden Lohnsteuerkarten (§ 39) sowie Feststellung von Freibeträgen und Hinzurechnungsbeträgen (§ 39a) berücksichtigt.

A. Grundaussagen und Bedeutung der Vorschrift

1 § 38a ist die **Grundlagenvorschrift** des Lohnsteuerberechnungstatbestands. Er wird durch die Vorschriften der §§ 38b bis 39d ergänzt (§ 38 IV). Für pauschaliert besteuerten Arbeitslohn gehen die §§ 40 bis 40b als spezialgesetzliche Vorschriften den §§ 38a ff vor. § 38a I 2 enthält eine über § 11 I 3 auch für die Einkommensteuerveranlagung maßgebliche **Ausnahme zum Zuflussprinzip**.

B. Die Vorschrift im Einzelnen

2 **I. Jahresarbeitslohn.** Der Jahresarbeitslohn ist die **Bemessungsgrundlage** für die Jahreslohnsteuer (§ 38a I 1). Diese berechnet sich aus der ESt, die sich ergäbe, wenn der ArbN nur die Einkünfte aus diesem Dienstverhältnis bezogen hätte (§ 38a II). Jahresarbeitslöhne aus anderen Dienstverhältnissen sind für den Lohnsteuerabzug nicht miteinzuberechnen.

3 **II. Laufender Arbeitslohn und sonstige Bezüge.** § 38a I 2 und 3 bestimmt eine **zeitliche Zuordnung** des Arbeitslohns, die aufgrund des Verweises in § 11 I 3 nicht nur für die Erhebung der LSt, sondern auch für die Veranlagung der ESt gilt. Dabei unterscheidet er zw laufendem Arbeitslohn und sonstigen Bezügen, ohne diese zu definieren. Die Unterscheidung hat aber gem **§ 38a III** auch Bedeutung für die Berechnung der **Höhe der LSt.**

---

1 *Gersch* FR 04, 938; für halbjährliche oder jährliche Fristen *Lishaut* FR 04, 203 u *Plenker* DB 04, 894.

2 BMF BStBl I 04, 173.

Lohnsteuerklassen § 38b

Laufender Arbeitslohn ist Arbeitslohn, der dem ArbN regelmäßig fortlaufend zufließt (zB Monatsgehälter, Wochen- und Tagelöhne, Mehrarbeitsvergütungen, Zuschläge und Zulagen, Kfz-Überlassung zur privaten Nutzung).[1] Laufender Arbeitslohn gilt mit Ablauf des Lohnzahlungszeitraums (Rn 6) als bezogen. Werden an sich regelmäßig ausbezahlte Lohnteile **nach- oder vorausgezahlt**, gelten die Regelungen für laufenden Arbeitslohn entgegen dem Wortlaut[2] nur, wenn der entspr Lohnzahlungszeitraum im Jahr der Zahlung endet.[3] Fließt laufender Arbeitslohn **für Lohnzahlungszeiträume des abgelaufenen Kj** nicht innerhalb der ersten 3 Wochen des Folgejahres[4] zu, gilt § 38a I 2 nicht.[5] Für den laufenden Arbeitslohn ermittelt sich die LSt gem § 38 III 1 aus einem **Durchschnittssteuersatz**, der sich durch Umrechnung der Jahreslohnsteuer nach § 39b II 5 aus einem hochgerechneten Jahresarbeitslohn errechnet (§ 39b Rn 7). Für schwankende Arbeitslöhne oder bei Arbeitslosenzeiten vermeidet ein permanenter Lohnsteuerjahresausgleich[6] Lohnsteuerüberzahlungen. 4

Sonstige Bezüge sind Arbeitslöhne, die nicht als laufender Arbeitslohn gezahlt werden[7] (zB 13. Monatsgehälter, Weihnachtszuwendungen, einmalige Abfindungen, Entschädigungen, Gratifikationen und Tantiemen, die nicht fortlaufend gezahlt werden, Jubiläumsgelder, Erfindervergütungen). Für sie gilt das **Zuflussprinzip**. Die LSt ermittelt sich bei sonstigen Bezügen gem § 38a III 2 aus dem **Grenzsteuersatz** des voraussichtlichen Jahresarbeitslohns (§ 39b Rn 11). 5

III. Lohnzahlungszeitraum. Der Lohnzahlungszeitraum ist der Zeitraum (Tag, Woche, Monat), für den der laufende Arbeitslohn gezahlt wird. Wenn sich während des Zeitraums die Art der StPfl ändert (aus dem Ausland entsandte ArbN beginnen im Laufe des Monats), soll die Tageslohnsteuertabelle anzuwenden sein.[8] Er ist vom Kj unabhängig, kann wechseln (zB von Woche auf Monat) und auch in 2 Kj reichen (zB vom 15.12. bis 14.1.). Der Lohnzahlungszeitraum ist bei monatlich entlohnten ausländischen ArbN dann nicht der Monat, wenn sie ihre Inlandstätigkeit während des laufenden Monats aufnehmen oder beenden.[9] Unter den Voraussetzungen des § 39b V kann bei Abschlagszahlungen der Lohnabrechnungszeitraum als Lohnzahlungszeitraum behandelt werden (§ 39b Rn 13). 6

§ 38b Lohnsteuerklassen

[1]Für die Durchführung des Lohnsteuerabzugs werden unbeschränkt einkommensteuerpflichtige Arbeitnehmer in Steuerklassen eingereiht. [2]Dabei gilt Folgendes:

1. In die Steuerklasse I gehören Arbeitnehmer, die
    a) ledig sind,
    b) verheiratet, verwitwet oder geschieden sind und bei denen die Voraussetzungen für die Steuerklasse III oder IV nicht erfüllt sind;
2. in die Steuerklasse II gehören die unter Nummer 1 bezeichneten Arbeitnehmer, wenn bei ihnen der Entlastungsbetrag für Alleinerziehende (§ 24b) zu berücksichtigen ist;
3. in die Steuerklasse III gehören Arbeitnehmer,
    a) die verheiratet sind, wenn beide Ehegatten unbeschränkt einkommensteuerpflichtig sind und nicht dauernd getrennt leben und
        aa) der Ehegatte des Arbeitnehmers keinen Arbeitslohn bezieht oder
        bb) der Ehegatte des Arbeitnehmers auf Antrag beider Ehegatten in die Steuerklasse V eingereiht wird,
    b) die verwitwet sind, wenn sie und ihr verstorbener Ehegatte im Zeitpunkt seines Todes unbeschränkt einkommensteuerpflichtig waren und in diesem Zeitpunkt nicht dauernd getrennt gelebt haben, für das Kalenderjahr, das dem Kalenderjahr folgt, in dem der Ehegatte verstorben ist,

---

1 R 115 I LStR.
2 L/B/H § 38a Rn 3 mit ausf Darstellung der aus Gründen der Praktikabilität notwendigen Handhabung.
3 R 115 I Nr 6 LStR.
4 Zeitliche Grenze des § 39b V 2; s § 39b Rn 13.
5 HM K/S/M § 38a Rn B 5; R 115 I 7 LStR; offen gelassen in BFH BStBl II 93, 795.
6 § 39b II 13 iVm R 121 II LStR; s dazu § 39b Rn 14.
7 R 115 II 1 LStR.
8 BFH/NV 04, 1239; **aA** noch FG Kln EFG 99, 385.
9 BFH/NV 04, 1239.

c) deren Ehe aufgelöst worden ist, wenn
   aa) im Kalenderjahr der Auflösung der Ehe beide Ehegatten unbeschränkt einkommensteuerpflichtig waren und nicht dauernd getrennt gelebt haben und
   bb) der andere Ehegatte wieder geheiratet hat, von seinem neuen Ehegatten nicht dauernd getrennt lebt und er und sein neuer Ehegatte unbeschränkt einkommensteuerpflichtig sind,

   für das Kalenderjahr, in dem die Ehe aufgelöst worden ist;
4. in die Steuerklasse IV gehören Arbeitnehmer, die verheiratet sind, wenn beide Ehegatten unbeschränkt einkommensteuerpflichtig sind und nicht dauernd getrennt leben und der Ehegatte des Arbeitnehmers ebenfalls Arbeitslohn bezieht;
5. in die Steuerklasse V gehören die unter Nummer 4 bezeichneten Arbeitnehmer, wenn der Ehegatte des Arbeitnehmers auf Antrag beider Ehegatten in die Steuerklasse III eingereiht wird;
6. die Steuerklasse VI gilt bei Arbeitnehmern, die nebeneinander von mehreren Arbeitgebern Arbeitslohn beziehen, für die Einbehaltung der Lohnsteuer vom Arbeitslohn aus dem zweiten und weiteren Dienstverhältnis.

[3]Als unbeschränkt einkommensteuerpflichtig im Sinne der Nummern 3 und 4 gelten nur Personen, die die Voraussetzungen des § 1 Abs. 1 oder 2 oder des § 1a erfüllen.

H 107 LStR iVm R 174 EStR

A. Grundaussagen und Bedeutung der Vorschrift

1 § 38b betrifft ausschließlich das Lohnsteuerverfahren. Die nach S 1 verbindliche Einreihung der ArbN in StKl soll die Erhebung der LSt[1] erleichtern. Die in S 2 aufgezählten StKl sind maßgeblich für die nach § 39b II 6–8 zu ermittelnde LSt. S 3 überträgt die durch §§ 1, 1a I Nr 2 eröffnete Möglichkeit der Zusammenveranlagung für EU-Bürger in das Lohnsteuerverfahren.[2]

B. Die Vorschrift im Einzelnen

2 **I. Die Einreihung in Steuerklassen.** § 38b reiht die ArbN in **6 verschiedene StKl** ein. Die Einordnung ist grds verbindlich. Ehegatten können aber zw den Kombinationen III/V und IV/IV wählen.[3] Dabei kann es zu einem gegenüber der Einkommensteuerschuld zu hohen oder zu niedrigen Lohnsteuereinbehalt kommen. Zur günstigsten Wahl der StKl veröffentlicht der BMF jährlich ein Merkblatt. Zur Frage der Gläubigerbenachteiligung durch die ungünstige Wahl der StKl s *Ernst* ZVI 03, 107. Die Wahl der Kombination IV/IV zur Erzielung eines höheren Aufstockungsbetrags bei der Altersteilzeit ist nicht missbräuchlich.[4]

3 **II. Die einzelnen Steuerklassen.** In die StKl I gehören alle ArbN, die der Einzelveranlagung nach § 25 unterliegen und nach dem Grundtarif besteuert werden, soweit ihnen nicht ein Entlastungsbetrag für Alleinerziehende zusteht (dann StKl II) oder es sich um ein zweites Dienstverhältnis handelt (dann StKl VI).

Die **StKl III** ist für die, die nach dem **Splittingverfahren** besteuert werden können. Sie gilt deshalb gem Nr 3b und c auch für ArbN, die ohne Zusammenveranlagung den Splittingtarif erhalten. Bei Ehegatten ist gem Nr 3a zusätzliche Voraussetzung, dass der andere Ehegatte keinen (bzw nur pauschal versteuerten)[5] Arbeitslohn bezieht oder auf gemeinsamen Antrag der andere Ehegatte in die StKl V eingereiht wird.

Die **StKl IV** führt zur **selben Besteuerung** wie die **StKl I**. Die **StKl V** unterstellt, dass der **Ehegatte** etwa mit **40 % am Gesamteinkommen** beteiligt ist. Die **StKl VI** ist für ein (gleichzeitig bestehendes) **zweites und alle weiteren Dienstverhältnisse** anzuwenden.[6] Für welches Dienstverhältnis die StKl VI anzuwenden ist, kann der StPfl frei entscheiden.[7]

---

1 Zum Verfahren im Ganzen s § 39b.
2 Dazu BMF BStBl I 95, 429 und BStBl I 95, 803.
3 Zum Verfahren s § 39.
4 BAG DB 06, 2470.
5 GlA *Blümich* § 38b Rn 22; dazu §§ 40 bis 40b.
6 Im Einzelnen dazu *K/S/M* § 38b Rn B 16 f.
7 BFH BStBl II 97, 143.

§ 39 Lohnsteuerkarte

(1) ¹Die Gemeinden haben den nach § 1 Abs. 1 unbeschränkt einkommensteuerpflichtigen Arbeitnehmern für jedes Kalenderjahr unentgeltlich eine Lohnsteuerkarte nach amtlich vorgeschriebenem Muster auszustellen und zu übermitteln, letztmalig für das Kalenderjahr 2010. ²Steht ein Arbeitnehmer nebeneinander bei mehreren Arbeitgebern in einem Dienstverhältnis, so hat die Gemeinde eine entsprechende Anzahl Lohnsteuerkarten unentgeltlich auszustellen und zu übermitteln. ³Wenn eine Lohnsteuerkarte verlorengegangen, unbrauchbar geworden oder zerstört worden ist, hat die Gemeinde eine Ersatz-Lohnsteuerkarte auszustellen. ⁴Hierfür kann die ausstellende Gemeinde von dem Arbeitnehmer eine Gebühr bis 5 Euro erheben; das Verwaltungskostengesetz ist anzuwenden. ⁵Die Gemeinde hat die Ausstellung einer Ersatz-Lohnsteuerkarte dem für den Arbeitnehmer örtlich zuständigen Finanzamt unverzüglich mitzuteilen.

(2) ¹Für die Ausstellung der Lohnsteuerkarte ist die Gemeinde örtlich zuständig, in deren Bezirk der Arbeitnehmer am 20. September des dem Kalenderjahr, für das die Lohnsteuerkarte gilt, vorangehenden Jahres oder erstmals nach diesem Stichtag seine Hauptwohnung oder in Ermangelung einer Wohnung seinen gewöhnlichen Aufenthalt hatte. ²Bei verheirateten Arbeitnehmern gilt als Hauptwohnung die Hauptwohnung der Familie oder in Ermangelung einer solchen die Hauptwohnung des älteren Ehegatten, wenn beide Ehegatten unbeschränkt einkommensteuerpflichtig sind und nicht dauernd getrennt leben.

(3) ¹Die Gemeinde hat auf der Lohnsteuerkarte insbesondere einzutragen:
1. die Steuerklasse (§ 38b) in Buchstaben,
2. die Zahl der Kinderfreibeträge bei den Steuerklassen I bis IV, und zwar für jedes nach § 1 Abs. 1 unbeschränkt einkommensteuerpflichtige Kind im Sinne des § 32 Abs. 1 Nr. 1 und Abs. 3
   a) den Zähler 0,5, wenn dem Arbeitnehmer der Kinderfreibetrag nach § 32 Abs. 6 Satz 1 zusteht, oder den Zähler 1, wenn dem Arbeitnehmer der Kinderfreibetrag zusteht, weil
   b) den Zähler 1, wenn dem Arbeitnehmer der Kinderfreibetrag zusteht, weil
      aa) die Voraussetzungen des § 32 Abs. 6 Satz 2 vorliegen,
      bb) der andere Elternteil vor dem Beginn des Kalenderjahres verstorben ist (§ 32 Abs. 6 Satz 3 Nr. 1) oder
      cc) der Arbeitnehmer allein das Kind angenommen hat (§ 32 Abs. 6 Satz 3 Nr. 2),
3. auf den Lohnsteuerkarten für 2009 und 2010 die Identifikationsnummer (§ 139b der Abgabenordnung) des Arbeitnehmers.

²Für die Eintragung der Steuerklasse III ist das Finanzamt zuständig, wenn der Ehegatte des Arbeitnehmers nach § 1a Abs. 1 Nr. 2 als unbeschränkt einkommensteuerpflichtig zu behandeln ist.

(3a) ¹Soweit dem Arbeitnehmer Kinderfreibeträge nach § 32 Abs. 1 bis 6 zustehen, die nicht nach Absatz 3 von der Gemeinde auf der Lohnsteuerkarte einzutragen sind, ist vorbehaltlich des § 39a Abs. 1 Nr. 6 die auf der Lohnsteuerkarte eingetragene Zahl der Kinderfreibeträge sowie im Fall des § 38b Nr. 2 die Steuerklasse vom Finanzamt auf Antrag zu ändern. ²Das Finanzamt kann auf nähere Angaben des Arbeitnehmers verzichten, wenn der Arbeitnehmer höchstens die auf seiner Lohnsteuerkarte für das vorangegangene Kalenderjahr eingetragene Zahl der Kinderfreibeträge beantragt und versichert, dass sich die maßgebenden Verhältnisse nicht wesentlich geändert haben. ³In den Fällen des § 32 Abs. 6 Satz 6 gelten die Sätze 1 und 2 nur, wenn nach den tatsächlichen Verhältnissen zu erwarten ist, dass die Voraussetzungen auch im Laufe des Kalenderjahres bestehen bleiben. ⁴Der Antrag kann nur nach amtlich vorgeschriebenem Vordruck gestellt werden.

(3b) ¹Für die Eintragungen nach den Absätzen 3 und 3a sind die Verhältnisse zu Beginn des Kalenderjahres maßgebend, für das die Lohnsteuerkarte gilt. ²Auf Antrag des Arbeitnehmers kann eine für ihn ungünstigere Steuerklasse oder Zahl der Kinderfreibeträge auf der Lohnsteuerkarte eingetragen werden. ³In den Fällen der Steuerklassen III und IV sind bei der Eintragung der Zahl der Kinderfreibeträge auch Kinder des Ehegatten zu berücksichtigen. ⁴Die Eintragungen sind die gesonderte Feststellung von Besteuerungsgrundlagen im Sinne des § 179 Abs. 1 der Abgabenordnung, die unter dem Vorbehalt der Nachprüfung steht. ⁵Den Eintragungen braucht eine Belehrung über den zulässigen Rechtsbehelf nicht beigefügt zu werden.

(4) ¹Der Arbeitnehmer ist verpflichtet, die Eintragung der Steuerklasse und der Zahl der Kinderfreibeträge auf der Lohnsteuerkarte umgehend ändern zu lassen, wenn die Eintragung auf der Lohnsteuerkarte von den Verhältnissen zu Beginn des Kalenderjahres zugunsten des Arbeitneh-

mers abweicht oder in den Fällen, in denen die Steuerklasse II bescheinigt ist, die Voraussetzungen für die Berücksichtigung des Entlastungsbetrags für Alleinerziehende (§ 24b) im Laufe des Kalenderjahres entfallen; dies gilt nicht, wenn eine Änderung als Folge einer nach Absatz 3a Satz 3 durchgeführten Übertragung des Kinderfreibetrags in Betracht kommt. ²Die Änderung von Eintragungen im Sinne des Absatzes 3 ist bei der Gemeinde, die Änderung von Eintragungen im Sinne des Absatzes 3a beim Finanzamt zu beantragen. ³Kommt der Arbeitnehmer seiner Verpflichtung nicht nach, so hat die Gemeinde oder das Finanzamt die Eintragung von Amts wegen zu ändern; der Arbeitnehmer hat die Lohnsteuerkarte der Gemeinde oder dem Finanzamt auf Verlangen vorzulegen. ⁴Unterbleibt die Änderung der Eintragung, hat das Finanzamt zu wenig erhobene Lohnsteuer vom Arbeitnehmer nachzufordern, wenn diese 10 Euro übersteigt; hierzu hat die Gemeinde dem Finanzamt die Fälle mitzuteilen, in denen eine von ihr vorzunehmende Änderung unterblieben ist.

(5) ¹Treten bei einem Arbeitnehmer im Laufe des Kalenderjahres, für das die Lohnsteuerkarte gilt, die Voraussetzungen für eine ihm günstigere Steuerklasse oder höhere Zahl der Kinderfreibeträge ein, so kann der Arbeitnehmer bis zum 30. November bei der Gemeinde, in den Fällen des Absatzes 3a beim Finanzamt die Änderung der Eintragung beantragen. ²Die Änderung ist mit Wirkung von dem Tage an vorzunehmen, an dem erstmals die Voraussetzungen für die Änderung vorlagen. ³Ehegatten, die beide in einem Dienstverhältnis stehen, können im Laufe des Kalenderjahres einmal, spätestens bis zum 30. November, bei der Gemeinde beantragen, die auf ihren Lohnsteuerkarten eingetragenen Steuerklassen in andere nach § 38b Satz 2 Nr. 3 bis 5 in Betracht kommende Steuerklassen zu ändern. ⁴Die Gemeinde hat die Änderung mit Wirkung vom Beginn des auf die Antragstellung folgenden Kalendermonats an vorzunehmen.

(5a) ¹Ist ein Arbeitnehmer, für den eine Lohnsteuerkarte ausgestellt worden ist, zu Beginn des Kalenderjahres beschränkt einkommensteuerpflichtig oder im Laufe des Kalenderjahres beschränkt einkommensteuerpflichtig geworden, hat er dies dem Finanzamt unter Vorlage der Lohnsteuerkarte unverzüglich anzuzeigen. ²Das Finanzamt hat die Lohnsteuerkarte vom Zeitpunkt des Eintritts der beschränkten Einkommensteuerpflicht an ungültig zu machen. ³Absatz 3b Satz 4 und 5 gilt sinngemäß. ⁴Unterbleibt die Anzeige, hat das Finanzamt zu wenig erhobene Lohnsteuer vom Arbeitnehmer nachzufordern, wenn diese 10 Euro übersteigt.

(6) ¹Die Gemeinden sind insoweit, als sie Lohnsteuerkarten auszustellen, Eintragungen auf den Lohnsteuerkarten vorzunehmen und zu ändern haben, örtliche Landesfinanzbehörden. ²Sie sind insoweit verpflichtet, den Anweisungen des örtlich zuständigen Finanzamts nachzukommen. ³Das Finanzamt kann erforderlichenfalls Verwaltungsakte, für die eine Gemeinde sachlich zuständig ist, selbst erlassen. ⁴Der Arbeitnehmer, der Arbeitgeber oder andere Personen dürfen die Eintragung auf der Lohnsteuerkarte nicht ändern oder ergänzen.

R 39.1.–39.3 LStR

A. Grundaussagen und Bedeutung der Vorschrift

1 I. Lohnsteuerkartenprinzip. Die **LSt-Karte** ist – allerdings nur noch bis einschließl 2010 – die verfahrensrechtliche Grundlage für die Durchführung des LSt-Abzugs. Der ArbG hat den Abzug der LSt nach den Eintragungen auf der LSt-Karte auch dann vorzunehmen, wenn die Eintragungen erkennbar den tatsächlichen Verhältnissen widersprechen[1] (**LSt-Kartenprinzip**). Durch die Einführung der elektronischen LSt-Abzugsmerkmale ab 11 (Elster-Lohn II; § 39e Rn 1 ff) wird die LSt-Karte ersetzt werden.

2 Soweit auf der LSt-Karte Eintragungen durch die Gemeinde oder das FA vorgenommen werden, handelt es sich um eine **öffentliche Urkunde** iSv § 415 ZPO.[2] Diese Eintragungen dürfen daher gem § 39 VI 4 weder vom ArbG noch vom ArbN oder von anderen Pers geändert werden. Der ArbG darf aber seine von ihm vorgenommenen Eintragungen korrigieren.[3]

3 II. Verfahrensfragen. Die in Abs 3 und 3a geregelten Eintragungen sind gem Abs 3b S 3 **gesonderte Feststellungen von Besteuerungsgrundlagen**, die unter dem Vorbehalt der Nachprüfung stehen.[4] Gegen die Vornahme oder Ablehnung von Eintragungen oder die Weigerung der Gemeinde

---

1 BFH BStBl II 74, 756.
2 *Lang* StuW 75, 124.
3 *K/S/M* § 39 Rn J 5.
4 BFH/NV 06, 547.

Lohnsteuerkarte § 39

eine LSt-Karte auszustellen, ist der Einspruch nach § 347 AO statthafter Rechtsbehelf.[1] Die Eintragungen bedürfen gem Abs 3b S 5 keiner Rechtsbehelfsbelehrung, die Rechtsbehelfsfrist beträgt daher gem § 356 II AO ein Jahr[2] ab Zusendung der LSt-Karte. Einspruchsgegner ist gem Abs 3 die Behörde, die die angegriffene Eintragung vorgenommen hat.[3] Zieht das FA die Entscheidung gem Abs 6 S 3 an sich, wird es Einspruchs- und Klagegegner.[1] Zur Klageart im Einzelnen *K/S/M* § 39 Rn A 38 f. Die Änderung von Eintragungen kann durch eine einstweilige Anordnung verfolgt werden,[4] die Ausstellung einer Karte nicht.[5] Nach Ende März des Folgejahres erledigt sich die Hauptsache,[6] da wegen § 42b III 1 dann kein LStJA durch den ArbG mehr erfolgen kann.

B. Die Vorschrift im Einzelnen

I. Ausstellung der Lohnsteuerkarte. Die Gemeinden haben jedem nach § 1 I 1 unbeschränkt stpfl ArbN[7] aufgrund der melderechtlichen Unterlagen[8] kostenlos bis Ende Oktober des Vorjahres[9] die notwendige Anzahl[10] von LSt-Karten in einem verschlossenen Umschlag[11] zu übermitteln. Geht die LSt-Karte verloren, hat der ArbN Anspr auf eine – als solche zu kennzeichnende[12] – Ersatz-LSt-Karte, für die gem Abs 1 S 4 eine Gebühr bis zu 5 €[13] verlangt werden kann. Zu Konsequenzen beim **Verlust** der **LSt-Karte** s *Globig* DStR 83, 536; zur nachträglichen Ausstellung von LSt-Karten im Einzelnen s R 39.3 LStR.   4

II. Örtliche Zuständigkeit der Gemeinde. Die Zuständigkeit der Gemeinde[14] bestimmt sich nach den Wohnverhältnissen am 20.9. des Vorjahres **(Stichtag)**, bei nachträglichen Änderungen, Ergänzungen oder Ausstellungen kommt es auf den Zeitpunkt der Änderung[15] bzw der Ausstellung an.[16] Maßgeblich ist jeweils der **Hauptwohnsitz** nach melderechtlichen Vorschriften, fehlt ein solcher, der gewöhnliche Aufenthalt. Ändert sich der Hauptwohnsitz noch vor dem Beginn des Kj bleibt aber die bisherige Gemeinde bis zu einem weiteren Wohnsitzwechsel zuständig.[15] Sind Ehegatten am Stichtag nicht für eine gemeinsame Hauptwohnung gemeldet, bestimmt sich die örtliche Zuständigkeit nach der Wohnung des älteren Ehegatten.[17]   5

III. Eintragungen durch die Gemeinde. Gem **Abs 3** hat die Gemeinde die **StKl** in Buchstaben, die Anzahl der **Kinderfreibeträge** für die in der Wohnung gemeldeten[18] Kinder (ohne Pflegekinder) bis 18 Jahre und die **Religionszugehörigkeit**[19] nach den KiSt-Gesetzen[20] einzutragen. Ist der Ehegatte des ArbN EU-Bürger, wird die StKl III gem Abs 3 S 2 vom FA eingetragen. Die Anzahl der Kinderfreibeträge nach § 32 VI 1 wird pro Kind mit dem Zähler 0,5 eingetragen, bei Zurechnung zu nur einem Ehegatten in den Fällen des § 32 VI 2 und 3 mit dem Zähler 1. Für die Übertragung von Kinderfreibeträgen ist das FA zuständig. Die Eintragung von Pauschbeträgen von Körperbehinderten und Hinterbliebenen erfolgt gem § 39a II 1 ebenfalls durch die Gemeinde, wenn die erforderlichen Merkmale vom FA mitgeteilt werden.[21]   6

IV. Eintragung durch das Finanzamt. Gem Abs 3a trägt das FA auf Antrag Kinderfreibeträge für Pflegekinder, für Kinder zw 18 und 27 Jahre, für Kinder, deren anderer Elternteil nicht unbeschränkt stpfl ist und bei Übertragungen von Kinderfreibeträgen ein. Werden Kinderfreibeträge höchstens wie im Vorjahr geltend gemacht und das Gleichbleiben der Verhältnisse versichert, erlaubt Abs 3a S 2 ein vereinfachtes nachprüfungsloses Verfahren.   7

V. Maßgebliche Verhältnisse. Die Eintragungen richten sich gem Abs 3b S 1 nach den Verhältnissen zu Beginn des Kj, für das die LSt-Karte gilt. Der ArbN kann gem Abs 3a S 2 auch eine für ihn   8

---

1 BFH BStBl II 83, 520.
2 HM *K/S/M* § 39 Rn A 37.
3 *K/S/M* § 39 Rn A 36 mwN.
4 BFH/NV 91, 242; **aA** *Schmidt*[26] § 39 Rn 8 (AdV).
5 BFH/NV 87, 263; *K/S/M* § 39 Rn A 42 f.
6 *Blümich* § 39 Rn 34; BFH/NV 87, 118 (zur Ausstellung durch die Gemeinde).
7 Für beschränkt stpfl ArbN s § 39d.
8 Künstlernamen können eingetragen werden (R 108 I 3), aber kein Anspr auf Pseudonyme (FG Hbg EFG 77, 611).
9 R 39.1 I 5 LStR.
10 Abs 1 S 2.
11 Zur Wahrung des Steuergeheimnisses § 30 AO; glA *Blümich* § 39 Rn 54.
12 R 39.3 VI LStR.
13 Nach *K/S/M* § 39 Rn B 9 nur wenn durch dem ArbN zuzurechnende Umstände verursacht; mE zweifelh.
14 Zu Einzelheiten der Zuständigkeit s sog Gemeindemerkblatt.
15 *K/S/M* § 39 Rn C 4.
16 *K/S/M* § 39 Rn C 3; **aA** *Lademann* § 39 Rn 42.
17 So H 39.1 LStR „Zuständigkeit der Gemeinde".
18 Zur Eintragung von Kindern, die nicht in der Wohnung gemeldet sind, s R 39.1 III LStR.
19 Verfassungsrechtlich unbedenklich BVerfG HFR 79, 65.
20 Auch Eintragung der Konfessionslosigkeit BFH/NV 01, 37; Verfassungsbeschwerde anhängig 2 BvR 2253/00.
21 R 39.1 VI LStR.

Eisgruber

ungünstigere StKl oder Zahl von Kinderfreibeträgen eintragen lassen, insbes wenn er bestimmte persönliche Verhältnisse nicht offenbaren will.

9 VI. Ergänzungen und Änderung von Eintragungen. Abs 4 S 1 verpflichtet den ArbN eine fehlerhafte Eintragung umgehend, dh ohne schuldhaftes Zögern, ändern zu lassen, wenn er dadurch begünstigt wird. Das gilt gem Abs 5a auch[1] für den Fall, dass der ArbN nur noch beschränkt stpfl ist. Ausgenommen sind ausdrücklich die Fälle der Übertragung des Kindesfreibetrags. Unerheblich ist, ob die Eintragung aufgrund einer Änderung der Verhältnisse zw Stichtag und Jahresbeginn fehlerhaft wurde oder von vornherein unrichtig war.[2] Kommt der ArbN der Anzeigepflicht nicht nach, muss die Behörde gem Abs 4 S 3 von Amts wegen ändern. Die Zuständigkeit für die Änderungen bestimmt sich nach der Zuständigkeit für die Eintragungen.

10 Ändern sich die Verhältnisse während des Kj oder will der ArbN die StKl-Wahl ändern, so kann die Änderung gem Abs 5 nur bis zum 30.11. beantragt werden. Die Berichtigung von vornherein unrichtiger Eintragungen kann auch noch später[3] beantragt werden. Eine Anzeigepflicht besteht aber gem Abs 5a nur, wenn der ArbN beschränkt stpfl wird. Die Wahl der StKl kann gem Abs 5 S 3 und 4 nur einmal im Jahr und nur mit Wirkung ab Beginn des nächsten Monats geändert werden.[4]

11 Bei Verletzung der Anzeigepflicht kann das FA gem Abs 4 S 4 und Abs 5a S 4 die deshalb zu wenig erhobene LSt vom ArbN nachfordern, wenn sie 10 € übersteigt.

12 VII. Rechtsstellung der Gemeinden. Die Gemeinden sind hinsichtlich der Ausstellung und der Eintragungen gem Abs 6 S 1 örtliche Landesfinanzbehörden. Das FA kann den Gemeinden Weisungen erteilen oder an deren Stelle selbst VA erlassen.[5]

§ 39a Freibetrag und Hinzurechnungsbetrag

(1) ¹Auf der Lohnsteuerkarte wird als vom Arbeitslohn abzuziehender Freibetrag die Summe der folgenden Beträge eingetragen:
1. Werbungskosten, die bei den Einkünften aus nichtselbständiger Arbeit anfallen, soweit sie den Arbeitnehmer-Pauschbetrag (§ 9a Satz 1 Nr. 1 Buchstabe a) oder bei Versorgungsbezügen den Pauschbetrag (§ 9a Satz 1 Nr. 1 Buchstabe b) übersteigen,
2. Sonderausgaben im Sinne des § 10 Abs. 1 Nr. 1, 1a, 1b, 4, 5, 7 bis 9 und des § 10b, soweit sie den Sonderausgaben-Pauschbetrag von 36 Euro übersteigen,
3. der Betrag, der nach den §§ 33, 33a und 33b Abs. 6 wegen außergewöhnlicher Belastungen zu gewähren ist,
4. die Pauschbeträge für behinderte Menschen und Hinterbliebene (§ 33b Abs. 1 bis 5),
5. die folgenden Beträge, wie sie nach § 37 Abs. 3 bei der Festsetzung von Einkommensteuer-Vorauszahlungen zu berücksichtigen sind:
   a) die Beträge, die nach § 10d Abs. 2, §§ 10e, 10f, 10g, 10h, 10i, nach § 15b des Berlinförderungsgesetzes oder nach § 7 des Fördergebietsgesetzes abgezogen werden können,
   b) die negative Summe der Einkünfte im Sinne des § 2 Abs. 1 Satz 1 Nr. 1 bis 3, 6 und 7 und der negativen Einkünfte im Sinne des § 2 Abs. 1 Satz 1 Nr. 5,
   c) das Vierfache der Steuerermäßigung nach den §§ 34f und 35a,
6. die Freibeträge nach § 32 Abs. 6 für jedes Kind im Sinne des § 32 Abs. 1 bis 4, für das kein Anspruch auf Kindergeld besteht. ²Soweit für diese Kinder Kinderfreibeträge nach § 39 Abs. 3 auf der Lohnsteuerkarte eingetragen worden sind, ist die eingetragene Zahl der Kinderfreibeträge entsprechend zu vermindern,
7. ein Betrag auf der Lohnsteuerkarte für ein zweites oder weiteres Dienstverhältnis insgesamt bis zur Höhe des auf volle Euro abgerundeten zu versteuernden Jahresbetrags nach § 39b Abs. 2 Satz 5, bis zu dem nach der Steuerklasse des Arbeitnehmers, die für den Lohnsteuerabzug vom Arbeitslohn aus dem ersten Dienstverhältnis anzuwenden ist, Lohnsteuer nicht zu erheben ist. ²Voraussetzung ist, dass der Jahresarbeitslohn aus dem ersten Dienstverhältnis den nach Satz 1

---

1 Das Wort „unverzüglich" ist synonym zu „umgehend" zu verstehen.
2 K/S/M § 39 Rn G 1.
3 Allerdings nur bis März des Folgejahres s Rn 3.
4 Im Einzelnen dazu R 39.2 V LStR und FinVerw FR 96, 504.
5 Im Einzelnen dazu K/S/M § 39 Rn J 5.

maßgebenden Eingangsbetrag unterschreitet und dass in Höhe des Betrags zugleich auf der Lohnsteuerkarte für das erste Dienstverhältnis ein dem Arbeitslohn hinzuzurechnender Betrag (Hinzurechnungsbetrag) eingetragen wird. ³Soll auf der Lohnsteuerkarte für das erste Dienstverhältnis auch ein Freibetrag nach den Nummern 1 bis 6 eingetragen werden, so ist nur der diesen Freibetrag übersteigende Betrag als Hinzurechnungsbetrag einzutragen; ist der Freibetrag höher als der Hinzurechnungsbetrag, so ist nur der den Hinzurechnungsbetrag übersteigende Freibetrag einzutragen,

8. der Entlastungsbetrag für Alleinerziehende (§ 24b) bei Verwitweten, die nicht in Steuerklasse II gehören.

(2) ¹Die Gemeinde hat nach Anweisung des Finanzamts die Pauschbeträge für behinderte Menschen und Hinterbliebene bei der Ausstellung der Lohnsteuerkarten von Amts wegen einzutragen; dabei ist der Freibetrag durch Aufteilung in Monatsfreibeträge, erforderlichenfalls Wochen- und Tagesfreibeträge, jeweils auf das Kalenderjahr gleichmäßig zu verteilen. ²Der Arbeitnehmer kann beim Finanzamt die Eintragung des nach Absatz 1 insgesamt in Betracht kommenden Freibetrags beantragen. ³Der Antrag kann nur nach amtlich vorgeschriebenem Vordruck bis zum 30. November des Kalenderjahres gestellt werden, für das die Lohnsteuerkarte gilt. ⁴Der Antrag ist hinsichtlich eines Freibetrags aus der Summe der nach Absatz 1 Nr. 1 bis 3 und 8 in Betracht kommenden Aufwendungen und Beträge unzulässig, wenn die Aufwendungen im Sinne des § 9, soweit sie den Arbeitnehmer-Pauschbetrag übersteigen, die Aufwendungen im Sinne des § 10 Abs. 1 Nr. 1, 1a, 1b, 4, 5, 7 bis 9, der §§ 10b und 33 sowie die abziehbaren Beträge nach den §§ 24b, 33a und 33b Abs. 6 insgesamt 600 Euro nicht übersteigen. ⁵Das Finanzamt kann auf nähere Angaben des Arbeitnehmers verzichten, wenn der Arbeitnehmer höchstens den auf seiner Lohnsteuerkarte für das vorangegangene Kalenderjahr eingetragenen Freibetrag beantragt und versichert, dass sich die maßgebenden Verhältnisse nicht wesentlich geändert haben. ⁶Das Finanzamt hat den Freibetrag durch Aufteilung in Monatsfreibeträge, erforderlichenfalls Wochen- und Tagesfreibeträge, jeweils auf die der Antragstellung folgenden Monate des Kalenderjahres gleichmäßig zu verteilen. ⁷Abweichend hiervon darf ein Freibetrag, der im Monat Januar eines Kalenderjahres beantragt wird, mit Wirkung vom 1. Januar dieses Kalenderjahres an eingetragen werden. ⁸Die Sätze 5 bis 7 gelten für den Hinzurechnungsbetrag nach Absatz 1 Nr. 7 entsprechend.

(3) ¹Für Ehegatten, die beide unbeschränkt einkommensteuerpflichtig sind und nicht dauernd getrennt leben, ist jeweils die Summe der nach Absatz 1 Nr. 2 bis 5 und 8 in Betracht kommenden Beträge gemeinsam zu ermitteln; der in Absatz 1 Nr. 2 genannte Betrag ist zu verdoppeln. ²Für die Anwendung des Absatzes 2 Satz 4 ist die Summe der für beide Ehegatten in Betracht kommenden Aufwendungen im Sinne des § 9, soweit sie jeweils den Arbeitnehmer-Pauschbetrag übersteigen, und der Aufwendungen im Sinne des § 10 Abs. 1 Nr. 1, 1a, 1b, 4, 5, 7 bis 9, der §§ 10b und 33 sowie der abziehbaren Beträge nach den §§ 24b, 33a und 33b Abs. 6 maßgebend. ³Die nach Satz 1 ermittelte Summe ist je zur Hälfte auf die Ehegatten aufzuteilen, wenn für jeden Ehegatten eine Lohnsteuerkarte ausgeschrieben worden ist und die Ehegatten keine andere Aufteilung beantragen. ⁴Für einen Arbeitnehmer, dessen Ehe in dem Kalenderjahr, für das die Lohnsteuerkarte gilt, aufgelöst worden ist und dessen bisheriger Ehegatte in demselben Kalenderjahr wieder geheiratet hat, sind die nach Absatz 1 in Betracht kommenden Beträge ausschließlich auf Grund der in seiner Person erfüllten Voraussetzungen zu ermitteln. ⁵Satz 1 zweiter Halbsatz ist auch anzuwenden, wenn die tarifliche Einkommensteuer nach § 32a Abs. 6 zu ermitteln ist.

(4) ¹Die Eintragung eines Freibetrags oder eines Hinzurechnungsbetrags auf der Lohnsteuerkarte ist die gesonderte Feststellung einer Besteuerungsgrundlage im Sinne des § 179 Abs. 1 der Abgabenordnung, die unter dem Vorbehalt der Nachprüfung steht. ²Der Eintragung braucht eine Belehrung über den zulässigen Rechtsbehelf nicht beigefügt zu werden. ³Ein mit einer Belehrung über den zulässigen Rechtsbehelf versehener schriftlicher Bescheid ist jedoch zu erteilen, wenn dem Antrag des Arbeitnehmers nicht in vollem Umfang entsprochen wird. ⁴§ 153 Abs. 2 der Abgabenordnung ist nicht anzuwenden.

(5) Ist zu wenig Lohnsteuer erhoben worden, weil auf der Lohnsteuerkarte ein Freibetrag unzutreffend eingetragen worden ist, hat das Finanzamt den Fehlbetrag vom Arbeitnehmer nachzufordern, wenn er 10 Euro übersteigt.

(6) *(weggefallen)*

R 39a.1–39a.3 LStR

A. Grundaussagen und Bedeutung der Vorschrift

1 I. Das Lohnsteuer-Ermäßigungsverfahren. Um zu vermeiden, dass durch die Quellenbesteuerung erhöhte Vorauszahlungen vom ArbN einbehalten werden, die erst im Rahmen einer Veranlagung ausgeglichen werden können, erlaubt die Vorschrift die **Eintragung eines Freibetrags** für den beim LSt-Abzug maßgeblichen Bruttolohn (§ 39b Rn 7). Dieser ermittelt sich als Summe von in Abs 1 abschließend aufgelisteten Beträgen. Bei mehreren Dienstverhältnissen kann es gem Abs 1 Nr 7 auch zu einem den maßgeblich Lohn erhöhenden **Hinzurechnungsbetrag** (Rn 9) kommen. § 39a ist die Parallelnorm zu § 37 für die LSt-Erhebung und soll eine Schlechterstellung der ArbN vermeiden. Unterschiede bleiben vor allem hinsichtlich der Stundung[1] und der zeitnäheren Erhebung[2] bestehen.

2 II. Verfahrensfragen. Die Eintragung eines Freibetrages ist gem Abs 4 S 1 ein **Feststellungsbescheid** gem § 179 I AO. Er ist **Grundlagenbescheid** für die LSt-Erhebung, insbesondere die LSt-Anmeldung,[3] die Nachforderung der LSt gegen den ArbN[4] und den LStJA durch den ArbG,[5] nicht aber für das Veranlagungsverfahren.[6] Da die Eintragung gem Abs 4 S 1 unter dem Vorbehalt der Nachprüfung steht, kann der Frei- oder Hinzurechnungsbetrag jederzeit nach § 164 II AO, auch rückwirkend,[7] geändert werden. Eine formelle Berichtigung der LSt-Karte ist nur bis zum Ablauf des Kj notwendig, da der ArbG die Änderung danach für den LSt-Einbehalt nicht mehr berücksichtigen könnte. Für die LSt-Nachforderung (Rn 11) reicht aus, wenn das zuständige FA den Willen zur Änderung des Frei- oder Hinzurechnungsbetrags zu erkennen gibt.

3 Die Eintragung ist gem Abs 2 S 3 grds bis zum 30.11. des Kj beim FA zu beantragen. Nur Pauschbeträge nach § 33b sind von der Gemeinde nach Anweisung des FA[8] von Amts wegen einzutragen; unterbleibt dies, ist Nachholung durch Wohnsitz-FA möglich.[9] Abs 2 S 5 erlaubt ein vereinfachtes Verfahren, wenn der Vorjahresantrag identisch war. Die antragsgemäße[10] Eintragung kann gem Abs 4 S 2 ohne **Rechtsbehelfsbelehrung** ergehen.[11] Bleibt ein Einspruch erfolglos, kann Anfechtungsklage[12] erhoben werden. Vorläufiger Rechtsschutz kann einheitlich nur durch AdV[13] gewährt werden. Nach Ablauf des Monats März im folgenden Kj[14] entfällt das Rechtsschutzbedürfnis,[15] da sich die Eintragung dann nicht mehr im LSt-Abzugsverfahren auswirken kann. Eine bereits anhängige Klage, deren Streitgegenstand nur auf den LSt-Karte einzutragende Freibetrag ist,[16] kann dann aber als **Fortsetzungsfeststellungsklage** nach § 100 I 4 FGO fortgeführt werden,[17] wenn der ArbN noch ein berechtigtes Interesse an der Feststellung hat. Dies ist idR nur dann der Fall, wenn die gleiche Frage Bedeutung für den LSt-Abzug der Folgejahre hat.[18]

4 Hat der ArbN beim Antrag **unrichtige oder unvollständige Angaben** gemacht, muss er sie nach § 153 I AO gegenüber dem FA berichten. Eine nachträgliche Änderung der Verhältnisse ist aber nach Abs 4 S 4 nicht mitzuteilen.

B. Die Vorschrift im Einzelnen

5 I. Die eintragbaren Beträge. – 1. Allgemeines. Der einzutragende Betrag ist die Summe der Beträge Nr 1 bis 7. Auch erst im Kj entstehende Aufwendungen können eingetragen werden.[19] Der ArbN kann frei entscheiden, wie er die Beträge auf mehrere LSt-Karten verteilen will.[20] Andere als die in Nr 1 bis 7 aufgezählten Beträge können nicht eingetragen werden.

---

1 Dazu § 38 Rn 3.
2 Durch Praktikabilität des Verfahrens gerechtfertigt; glA *Schmidt*[26] § 39a Rn 1.
3 *Giloy* FR 83, 529; aA *K/S/M* § 39 Rn A 14.
4 *H/M/W* „Grundlagenbescheid" Rn 9.
5 Dazu § 42b.
6 (grds keine Bindung der Veranlagung an Entscheidungen des LStVerfahrens) glA *Drenseck* DStJG 9, 384 f.
7 *K/S/M* § 39a Rn E 2 f.
8 Bei erstmaliger Eintragung, *K/S/M* § 39a Rn C 4.
9 GlA *Schmidt*[26] § 39a Rn 2; aA *K/S/M* § 39a Rn C 3.
10 Bei (teilw) Ablehnung s Abs 4 S 3.
11 Zur Einspruchsfrist s § 39 Rn 3.
12 *K/S/M* § 39a Rn A 15–18.
13 BFH BStBl II 92, 752.
14 Bis dahin nach LStJA durch ArbG möglich; *Schmidt*[26] § 39a Rn 12.
15 HM zB *Blümich* § 39a Rn 23; auch für AdV (BFH/NV 94, 783).
16 BFH/NV 02, 268.
17 BFH/NV 91, 746.
18 BFH/NV 01, 476; *Blümich* § 39a Rn 35.
19 BFH BStBl II 72, 139.
20 Auch ändern, solange sich der Betrag noch nicht ausgewirkt hat, *K/S/M* § 39a Rn B 2.

2. Eintragungen mit Mindestgrenze. – a) Mindestgrenze. Gem Abs 2 S 4 kann der Eintrag der in Nr 1 bis 3 genannten Beträge[1] nur dann begehrt werden, wenn sie insgesamt 600 € übersteigen.[2] Die Grenze gilt nur für die erstmalige Eintragung, nicht für spätere Änderungen. **6**

b) Eintragbare Einkommensminderungen. Eingetragen werden können gem Nr 1 **WK**, soweit sie den bereits in § 39b II 6 Nr 1 berücksichtigten ArbN-Pauschbetrag – oder in Ausnahmefällen den Pauschbetrag für Versorgungsbezüge – übersteigen. In der Praxis selten vorkommende negative Einnahmen sind keine WK (§ 8 Rn 17) und deshalb nicht eintragbar.[3] Nr 2 lässt – mit Ausnahme der Vorsorgeaufwendungen[4] – die Eintragung von **SA** zu. Dies gilt auch für den Teil der Parteispenden, der nach § 10b II S 2 zu einer Steuerermäßigung führt.[5] Die übrigen in § 34g genannten Steuerermäßigungen sind nicht eintragbar.[6] Bis auf die Pauschbeträge für Behinderte und Hinterbliebene können nach Nr 3 ag Belastungen nur bei Überschreiten der Mindestgrenze eingetragen werden. Für die Höhe des Eintrags ist bei den ag Belastungen nach § 33 die zumutbare Belastung zu berücksichtigen. **7**

3. Eintragung ohne Mindestgrenze. Die **Pauschbeträge für Behinderte und Hinterbliebene** nach § 33b I bis V können gem Nr 4, **Auslandskinderfreibeträge** nach Nr 6 eingetragen werden. **WK-Überschüsse aus KapVerm** werden gem Nr 5 unabhängig von den **übrigen Einkünften** immer berücksichtigt, die übrigen Einkünfte nur, soweit die **Summe negativ** ist (zur Ermittlung § 37 Rn 5). Ein (zu hoher) Zinsabschlag auf Kapitalerträge bleibt bei der Eintragung unberücksichtigt.[7] Nr 5 erlaubt den Abzug der dort genannten Beträge nur im Rahmen des § 37 III (§ 37 Rn 25 ff). **Verluste aus VuV** werden für die negative Summe der übrigen Einkünfte deshalb erst ab dem Kj der Anschaffung bzw Fertigstellung[8] berücksichtigt. Die **Abzugsbeschränkungen des § 2 III** können nicht berücksichtigt werden, da beim Eintrag der Freibeträge anders als bei § 37 die maßgebliche Summe der positiven Einkünfte nicht Eingang findet. Da nur Minderungen der Bemessungsgrundlage eingetragen werden können, wird die Steuerermäßigung des § 34f nach Nr 5c vervierfacht.[9] Dies gilt auch für die ab 03 neu eingeführte[10] Steuerermäßigung gem § 35a (§ 35a Rn 1). Für Auslandskinder, für die kein Anspruch auf Kindergeld besteht (§ 63 Rn 4), sind Kinderfreibeträge einzutragen. Die entspr Minderung der eingetragenen Zahl der Kinderfreibeträge (Nr 6 Satz 2) hat nur für die Bemessung der Annexsteuern (SolZ; KiSt) Bedeutung. **8**

Nach Nr 7 kann ein **ArbN mit mehreren Arbeitsverhältnissen** seinen Grundfreibetrag, der im ersten Arbeitsverhältnis nicht voll ausgeschöpft wird, auf die zweite LSt-Karte übertragen. Zur Vermeidung einer doppelten Inanspruchnahme wird dann auf der ersten LSt-Karte ein **Hinzurechnungsbetrag** eingetragen. **9**

II. Freibetrag bei Ehegatten. Soweit bei **Ehegatten**, die die Voraussetzung des § 26 I 1 erfüllen, andere einkommensmindernde Beträge als WK eingetragen werden sollen, stehen gem Abs 3 S. 1 jedem Ehegatten die Hälfte der gemeinsam zu ermittelnden Beträge zu, soweit sie keine andere Aufteilung beantragen. Die Mindestgrenze verdoppelt sich nicht. **10**

III. Nachforderung von Lohnsteuer. Abs 5 stellt klar, dass jede unrichtige Eintragung auf der LSt-Karte vom FA geändert werden kann. Dazu muss nicht die Eintragung geändert werden, sondern es kann ein ergänzender Bescheid ergehen.[11] Nach Durchführung einer Veranlagung[12] aber nur, soweit der Steuerbescheid geändert werden kann. Die Nachforderung unterliegt einer Bagatellgrenze von 10 €. **11**

IV. Freistellungsbescheinigung. Geringfügige Beschäftigung war bis 02 nach § 3 Nr 39 stfrei. Für sie konnte gem Abs 6 – auch rückwirkend für vergangene Monate des Kj[13] – eine Freistellungsbescheinigung beantragt werden. Die Freistellungsbescheinigung führte aber nur dazu, dass der Lohn im LSt-Abzugsverfahren nicht erfasst wurde. War nach § 46 IIa eine Pflichtveranlagung durchzuführen **12**

---

1 Für die Berechnung der Grenze ohne Kürzung der zumutbaren Belastung R 39a.1 III Nr 4 LStR
2 Verfassungskonform FG Mchn EFG 91, 568.
3 GlA *K/S/M* § 39a Rn B 3; *H/H/R* § 39a Rn 10; **aA** *Schmidt*[26] § 39a Rn 3 („werbungskostenähnlich").
4 Mit den pauschalen Werten nach § 10c gem § 39b II 6 Nr 2 im maßgeblichen Jahresbetrag enthalten.
5 R 111 III Nr 3 EStR.
6 *H/H/R* § 39a Rn 11; **aA** *Schmidt*[26] § 39a Rn 3 (verfassungskonforme Auslegung).
7 BFH BStBl II 98, 208; **aA** *Schmidt*[26] § 39a Rn 5 (verfassungskonform auszulegen).
8 BFH BStBl II 94, 567.
9 Das entspricht einem typisierten Grenzsteuersatz von 25vH.
10 BGBl I 02, 4621.
11 *Schmidt*[26] § 39a Rn 11.
12 **AA** *K/S/M* § 39a Rn A 3; F 3 Nachforderung nur bis zum Abschluss der LSt-Erhebung zulässig.
13 BT-Drs 14/1514, 30.

§ 39b Lohnsteuerabzug für unbeschränkt einkommensteuerpflichtige Arbeitnehmer

(§ 46 Rn 40), weil die Summe der anderen Einkünfte positiv war, wurde die Steuer auf die zunächst als stfrei behandelten Einkünfte im Wege der Veranlagung nachgefordert.[1] Für geringfügig Beschäftigte kann ab 03 nach § 40a II, IIa die LSt pauschaliert werden.

§ 39b Durchführung des Lohnsteuerabzugs für unbeschränkt einkommensteuerpflichtige Arbeitnehmer

(1) [1]Für die Durchführung des Lohnsteuerabzugs hat der unbeschränkt einkommensteuerpflichtige Arbeitnehmer seinem Arbeitgeber vor Beginn des Kalenderjahres oder beim Eintritt in das Dienstverhältnis eine Lohnsteuerkarte vorzulegen. [2]Der Arbeitgeber hat die Lohnsteuerkarte während des Dienstverhältnisses aufzubewahren. [3]Er hat sie dem Arbeitnehmer während des Kalenderjahres zur Vorlage beim Finanzamt oder bei der Gemeinde vorübergehend zu überlassen sowie innerhalb angemessener Frist nach Beendigung des Dienstverhältnisses herauszugeben. [4]Der Arbeitgeber darf die auf der Lohnsteuerkarte eingetragenen Merkmale nur für die Einbehaltung der Lohnsteuer verwerten; er darf sie ohne Zustimmung des Arbeitnehmers nur offenbaren, soweit dies gesetzlich zugelassen ist.

(2) [1]Für die Einbehaltung der Lohnsteuer vom laufenden Arbeitslohn hat der Arbeitgeber die Höhe des laufenden Arbeitslohns im Lohnzahlungszeitraum festzustellen und auf einen Jahresarbeitslohn hochzurechnen. [2]Der Arbeitslohn eines monatlichen Lohnzahlungszeitraums ist mit zwölf, der Arbeitslohn eines wöchentlichen Lohnzahlungszeitraums mit $^{360}/_{7}$ und der Arbeitslohn eines täglichen Lohnzahlungszeitraums mit 360 zu vervielfältigen. [3]Von dem hochgerechneten Jahresarbeitslohn sind ein etwaiger Versorgungsfreibetrag (§ 19 Abs. 2) und Altersentlastungsbetrags (§ 24a) abzuziehen. [4]Außerdem ist der hochgerechnete Jahresarbeitslohn um einen etwaigen auf der Lohnsteuerkarte des Arbeitnehmers für den Lohnzahlungszeitraum eingetragene Freibetrag (§ 39a Abs. 1) oder Hinzurechnungsbetrag (§ 39a Abs. 1 Nr. 7), vervielfältigt unter sinngemäßer Anwendung von Satz 2, zu vermindern oder zu erhöhen. [5]Der so verminderte oder erhöhte hochgerechnete Jahresarbeitslohn, vermindert um

1. den Arbeitnehmer-Pauschbetrag (§ 9a Satz 1 Nr. 1 Buchstabe a) oder bei Versorgungsbezügen den Pauschbetrag (§ 9a Satz 1 Nr. 1 Buchstabe b) und den Zuschlag zum Versorgungsfreibetrag (§ 19 Abs. 2) in den Steuerklassen I bis V,
2. den Sonderausgaben-Pauschbetrag (§ 10c Abs. 1) in den Steuerklassen I, II und IV und den verdoppelten Sonderausgaben-Pauschbetrag in der Steuerklasse III,
3. die Vorsorgepauschale
   a) in den Steuerklassen I, II und IV nach Maßgabe des § 10c Abs. 2 oder Abs. 3, jeweils in Verbindung mit § 10c Abs. 5,
   b) in der Steuerklasse III nach Maßgabe des § 10c Abs. 2 oder Abs. 3, jeweils in Verbindung mit § 10c Abs. 4 Satz 1 und Abs. 5,
4. den Entlastungsbetrag für Alleinerziehende (§ 24b) in der Steuerklasse II,

ergibt den zu versteuernden Jahresbetrag. [6]Für den zu versteuernden Jahresbetrag ist die Jahreslohnsteuer in den Steuerklassen I, II und IV nach § 32a Abs. 1 sowie in der Steuerklasse III nach § 32a Abs. 5 zu berechnen. [7]In den Steuerklassen V und VI ist die Jahreslohnsteuer zu berechnen, die sich aus dem Zweifachen des Unterschiedsbetrags zwischen dem Steuerbetrag für das Einenviertelfache und dem Steuerbetrag für das Dreiviertelfache des zu versteuernden Jahresbetrags nach § 32a Abs. 1 ergibt; die Jahreslohnsteuer beträgt jedoch mindestens 15 Prozent des Jahresbetrags, für den 9 144 Euro übersteigenden Teil des Jahresbetrags höchstens 42 Prozent und für den 25 812 Euro übersteigenden Teil des zu versteuernden Jahresbetrags jeweils 42 Prozent sowie für den 200 000 Euro übersteigenden Teil des zu versteuernden Jahresbetrags jeweils 45 Prozent. [8]Für die Lohnsteuerberechnung ist die auf der Lohnsteuerkarte eingetragene Steuerklasse maßgebend. [9]Die monatliche Lohnsteuer ist $^{1}/_{12}$, die wöchentliche Lohnsteuer sind $^{7}/_{360}$ und die tägliche Lohnsteuer ist $^{1}/_{360}$ der Jahreslohnsteuer. [10]Bruchteile eines Cents, die sich bei der Berechnung nach den Sätzen 2 und 9 ergeben, bleiben jeweils außer Ansatz. [11]Die auf den Lohnzahlungszeitraum entfallende Lohnsteuer ist vom Arbeitslohn einzubehalten. [12]Das Betriebsstättenfinanzamt kann allgemein oder auf Antrag zulassen, dass die Lohnsteuer unter den Voraussetzungen des § 42b Abs. 1

---

1 BFH BStBl II 02, 361.

nach dem voraussichtlichen Jahresarbeitslohn ermittelt wird, wenn gewährleistet ist, dass die zutreffende Jahreslohnsteuer (§ 38a Abs. 2) nicht unterschritten wird.

(3) ¹Für die Einbehaltung der Lohnsteuer von einem sonstigen Bezug hat der Arbeitgeber den voraussichtlichen Jahresarbeitslohn ohne den sonstigen Bezug festzustellen. ²Hat der Arbeitnehmer Lohnsteuerbescheinigungen aus früheren Dienstverhältnissen des Kalenderjahres nicht vorgelegt, so ist bei der Ermittlung des voraussichtlichen Jahresarbeitslohns der Arbeitslohn für Beschäftigungszeiten bei früheren Arbeitgebern mit dem Betrag anzusetzen, der sich ergibt, wenn der laufende Arbeitslohn im Monat der Zahlung des sonstigen Bezugs entsprechend der Beschäftigungsdauer bei früheren Arbeitgebern hochgerechnet wird. ³Der voraussichtliche Jahresarbeitslohn ist um den Versorgungsfreibetrag (§ 19 Abs. 2) und den Altersentlastungsbetrag (§ 24a), wenn die Voraussetzungen für den Abzug dieser Beträge jeweils erfüllt sind, sowie nach Maßgabe der Eintragungen auf der Lohnsteuerkarte um einen etwaigen Jahresfreibetrag zu vermindern und um einen etwaigen Jahreshinzurechnungsbetrag zu erhöhen. ⁴Für den so ermittelten Jahresarbeitslohn (maßgebender Jahresarbeitslohn) ist die Lohnsteuer nach Maßgabe des Absatzes 2 Satz 5 bis 7 zu ermitteln. ⁵Außerdem ist die Jahreslohnsteuer für den maßgebenden Jahresarbeitslohn unter Einbeziehung des sonstigen Bezugs zu ermitteln. ⁶Dabei ist der sonstige Bezug, soweit es sich nicht um einen sonstigen Bezug im Sinne des Satzes 9 handelt, um den Versorgungsfreibetrag und den Altersentlastungsbetrag zu vermindern, wenn die Voraussetzungen für den Abzug dieser Beträge jeweils erfüllt sind und soweit sie nicht bei der Steuerberechnung für den maßgebenden Jahresarbeitslohn berücksichtigt worden sind. ⁷Für die Lohnsteuerberechnung ist die auf der Lohnsteuerkarte eingetragene Steuerklasse maßgebend. ⁸Der Unterschiedsbetrag zwischen den ermittelten Jahreslohnsteuerbeträgen ist die Lohnsteuer, die vom sonstigen Bezug einzubehalten ist. ⁹Die Lohnsteuer ist bei einem sonstigen Bezug im Sinne des § 34 Abs. 1 und 2 Nr. 2 und 4 in der Weise zu ermäßigen, dass der sonstige Bezug bei der Anwendung des Satzes 5 mit einem Fünftel anzusetzen und der Unterschiedsbetrag im Sinne des Satzes 8 zu verfünffachen ist; § 34 Abs. 1 Satz 3 ist sinngemäß anzuwenden.

(4) *(weggefallen)*

(5) ¹Wenn der Arbeitgeber für den Lohnzahlungszeitraum lediglich Abschlagszahlungen leistet und eine Lohnabrechnung für einen längeren Zeitraum (Lohnabrechnungszeitraum) vornimmt, kann er den Lohnabrechnungszeitraum als Lohnzahlungszeitraum behandeln und die Lohnsteuer abweichend von § 38 Abs. 3 bei der Lohnabrechnung einbehalten. ²Satz 1 gilt nicht, wenn der Lohnabrechnungszeitraum fünf Wochen übersteigt oder die Lohnabrechnung nicht innerhalb von drei Wochen nach dessen Ablauf erfolgt. ³Das Betriebsstättenfinanzamt kann anordnen, dass die Lohnsteuer von den Abschlagszahlungen einzubehalten ist, wenn die Erhebung der Lohnsteuer sonst nicht gesichert erscheint. ⁴Wenn wegen einer besonderen Entlohnungsart weder ein Lohnzahlungszeitraum noch ein Lohnabrechnungszeitraum festgestellt werden kann, gilt als Lohnzahlungszeitraum die Summe der tatsächlichen Arbeitstage oder Arbeitswochen.

(6) ¹Ist nach einem Abkommen zur Vermeidung der Doppelbesteuerung der von einem Arbeitgeber (§ 38) gezahlte Arbeitslohn von der Lohnsteuer freizustellen, so erteilt das Betriebsstättenfinanzamt auf Antrag des Arbeitnehmers oder des Arbeitgebers eine entsprechende Bescheinigung. ²Der Arbeitgeber hat diese Bescheinigung als Beleg zum Lohnkonto (§ 41 Abs. 1) aufzubewahren.

(7) *(weggefallen)*

(8) Das Bundesministerium der Finanzen hat im Einvernehmen mit den obersten Finanzbehörden der Länder auf der Grundlage der Absätze 2 und 3 einen Programmablaufplan für die maschinelle Berechnung der Lohnsteuer aufzustellen und bekannt zu machen.

R 39b.1–39b.10 LStR

A. Grundaussagen und Bedeutung der Vorschrift

I. Der Aufbau der Norm. § 39b regelt das technische Verfahren zur Durchführung des LSt-Abzugs. **Abs 1** regelt die Vorlagepflicht und die Behandlung der LSt-Karte. **Abs 2** ermittelt die Höhe der LSt bei laufendem Arbeitslohn. Durch das StSenkG 00 wurde die bisher für die Erstellung der LSt-Tabellen in § 38c ausgeführte Rechenanweisung in Abs 2 S 6 bis 10 übernommen. **Abs 3** bestimmt die Höhe der LSt bei sonstigen Bezügen. **Abs 5** enthält die Regelungen für Abschlagszahlungen, **Abs 6** das Verfahren bei Steuerfreistellungen durch DBA. **Abs 7** betrifft geringfügig Beschäftigte.

Der durch das StSenkG neu eingeführte **Abs 8** legt dem BMF auf, einen Programmablauf für die Berechnung der LSt aufzustellen und bekannt zu machen.

2 II. Verhältnis zu anderen Vorschriften und Verfahrensregeln. Die Regelung betrifft nur unbeschränkt stpfl ArbN, die eine LSt-Karte dem ArbG vorlegen. Für ArbN ohne LSt-Karte richtet sich der LSt-Einbehalt nach § 39c, für beschränkt stpfl ArbN nach § 39d. Die Norm konkretisiert die materiell-rechtlichen Regelungen in § 38 III und § 38a III und IV.

3 Wenn der ArbG die LSt-Karte herauszugeben hat (Rn 5), kann dies sowohl der ArbN als auch das FA verlangen.[1] Je nachdem ist entweder das Arbeitsgericht anzurufen oder durch sonstigen Verwaltungsakt nach § 118 AO vorzugehen.

B. Die Vorschrift im Einzelnen

4 I. Die Pflichten von ArbN und ArbG in Hinblick auf die LSt-Karte (§ 39b I). Für den LSt-Abzug gilt das **LSt-Kartenprinzip (§ 39 Rn 1).** Wegen der Bedeutung der LSt-Karte legt § 39b I 1 dem ArbN auf, die LSt-Karte dem ArbG zu Jahresbeginn oder bei Eintritt in das Arbverh vorzulegen. Sanktioniert wird die Pflicht durch eine Besteuerung nach § 39c.

5 Der ArbG muss gem § 39b I 2 die LSt-Karte **aufbewahren**. Er darf sie dem ArbN nur nach Ablauf des Kj aushändigen oder wenn das Dienstverhältnis beendet ist.[2] Während des Dienstverhältnisses darf der ArbG die LSt-Karte nur herausgegeben, wenn der ArbN sie der Gemeinde oder dem FA vorlegen will[3] oder sie durch eine andere LSt-Karte austauscht (Steuerkartenwechsel).[4]

6 § 39b I 4 legt dem ArbG ein **Offenbarungs- und Verwertungsverbot** für die Eintragungen auf der LSt-Karte auf. Dies gilt nicht nur gegenüber Privatpersonen, sondern auch gegenüber anderen Behörden und den Sozialversicherungsträgern. Eine Verletzung dieses Verbots führt zur Schadenersatzpflicht des ArbG wegen unbefugter Offenbarung aus positiver Vertragsverletzung oder nach § 823 II BGB iVm § 39b I 4 EStG,[5] nicht nach Amtshaftungsgrundsätzen,[6] da der ArbG beim LSt-Abzug nur eine eigene steuerliche Pflicht erfüllt und nicht hoheitlich handelt (§ 38 Rn 9).

II. Die Durchführung des Lohnsteuerabzugs. – 1. Verfahren bei laufendem Arbeitslohn (§ 39b II).

7 Durch das JStG 08 ist für den LSt-Abzug vom laufenden Arbeitslohn stets auf einen Jahresbetrag hochzurechnen, Nach- oder Vorauszahlungen, die als laufender Arbeitslohn gelten (§ 38a Rn 4),[7] sind nicht mehr herauszurechnen. Der so ermittelte **hochgerechnete Jahresarbeitslohn** ist dann um die vollen Jahresfreibeträge (Versorgungsfreibetrag, Altersentlastungsbetrag und individuelle, auf der Lohnsteuerkarte eingetragene Freibeträge) oder Jahreshinzurechnungsbeträge (individuell auf der Lohnsteuerkarte eingetragen) zu vermindern oder zu erhöhen. Für die Berechnung ist immer die LSt-Klasse am Ende des Lohnzahlungszeitraums maßgeblich.

8 Für den so ermittelten Lohn war **bis** zum **VZ 00** die LSt nach gem § 38c aufgestellten **Lohnsteuertabellen** zu ermitteln und einzubehalten. Nun enthält Abs 3 in den S 5 bis 9 eine **Berechnungsanleitung** für die LSt (Rn 10). Die LSt ergibt sich aus dem entsprechenden maschinell ermittelten Betrag. Der Zuschlag zum Versorgungsfreibetrag wird bei der Ermittlung der zu erhebenden LSt nur noch in den StKl I bis V berücksichtigt, weil dieser die Funktion hat, den bei Versorgungsbezügen entfallenen ArbN-Pauschbetrag zu ersetzen.

9 Bei **Nach- und Vorauszahlungen** ermittelt man zunächst die anteilige LSt für den Betrag, der auf den Lohnzahlungszeitraum entfällt, durch einen Vergleich mit der LSt des Arbeitslohns ohne diesen Betrag. Die so errechnete „Mehr"-LSt wird mit der Anzahl der Lohnzahlungszeiträume, für die gezahlt wird, multipliziert.[8] Die Nach- und Vorauszahlungen können auch mit Einverständnis des ArbN wie ein sonstiger Bezug (Rn 11) besteuert werden.[9]

10 2. Die Berechnungsanleitung für die Lohnsteuer. Durch die Streichung von § 38c im StSenkG ist der BMF nicht mehr verpflichtet LSt-Tabellen herauszugeben. Die bisher in § 38c beschriebene Berechnung der LSt ist nun als Berechnungsanleitung in die Sätze 5 bis 9 übernommen worden. Der

---

1 HM *Müller* DStZ 93, 308 f; *Schmidt*[26] § 39b Rn 1; aA *K/S/M* § 39b Rn A 12 (nur FA).
2 Ggf länger, wenn noch Lohn nachzuzahlen ist (*K/S/M* § 39b Rn B 3 f).
3 Das ist glaubhaft zu machen R 39b.1 I LStR.
4 Dazu R 39b.1 III LStR.
5 *Schmidt*[26] § 39b Rn 1.
6 So aber *K/S/M* § 39b Rn A 9 ff.
7 Anders noch R 39b.2 I Nr 6 LStR.
8 S dazu das Beispiel in H 39b.5 LStR.
9 R 9b.5 IV 2 LStR.

BMF ist gem Abs 8 verpflichtet, einen Programmablaufplan zu erlassen.[1] Inhaltlich wurde die Berechnung nur unwesentlich[2] geändert. Sie geht von einem mit festen Vervielfältigern hochgerechneten Jahresarbeitslohn aus, von dem Abzüge je nach einzelnen StKl (§ 38b Rn 3) zugelassen werden. Nicht mit einberechnet werden Kinder- und Betreuungsfreibeträge nach § 32 VI.

3. Verfahren bei sonstigen Bezügen (§ 39b III). Bei sonstigen Bezügen (§ 38a Rn 5) kann anders als beim laufenden Arbeitslohn nicht unterstellt werden, dass sie in gleicher Höhe in allen Lohnzahlungszeiträumen des Kj entstehen. Für sonstige Bezüge wird zunächst der **voraussichtliche Jahresarbeitslohn** nur aus dem bisher erhaltenen Arbeitslohn (inklusive bereits bezahlter sonstiger Bezüge; Rn 12) und dem noch zu erwartenden laufenden Arbeitslohn[3] berechnet.[4] Zu erwartende künftige sonstige Bezüge und pauschal versteuerte Bezüge bleiben unberücksichtigt. Vereinfachend kann der laufende Arbeitslohn der Restlaufzeit auch durch Umrechnung des bisherigen laufenden[5] Arbeitslohns ermittelt werden.[6] Da der ArbN nicht verpflichtet ist, die elektronischen LSt-Bescheinigung des vorangegangenen ArbG vorzulegen, ist in diesen Fällen nach Abs 3 S 2 der Lohn für die vor Beginn des Dienstverhältnisses liegenden Zeiträume des Kj aus dem aktuellen Monatslohns hochzurechnen (zur Folge für das Lohnkonto § 41 Rn 4). Die LSt für den sonstigen Bezug ergibt sich dann aus dem Unterschied der LSt vom voraussichtlichen Jahresarbeitslohn mit dem sonstigen Bezug bzw ohne den sonstigen Bezug. Die Vereinfachungsregel, sonstige Bezüge bis 150 € wie laufenden Arbeitslohn zu behandeln, wurde durch das StÄndG 03 gestrichen. 11

Handelt es sich bei den sonstigen Bezügen um einen nach § 34 ermäßigt zu besteuernden Arbeitslohn (§ 34 Rn 22), ermittelt sich die LSt dafür in einem eigenen – ggf nachgelagerten[7] – Verfahren. Dabei ist gem § 39b III 9 der voraussichtliche Jahresarbeitslohn nur um ein Fünftel dieser Bezüge zu erhöhen und der LSt-Unterschied dann zu verfünffachen. Auch für die Ermittlung des voraussichtlichen Jahresarbeitslohns sind solche Bezüge aus früheren Lohnzahlungszeiträumen nur mit einem Fünftel zu berücksichtigen.[8] Der angefügte Halbsatz stellt sicher, dass für den Fall vor, dass das zu versteuernde Einkommen negativ ist und erst durch Hinzurechnung der außerordentlichen Einkünfte positiv wird, die modifizierte Anwendung der Fünftelungsregelung § 34 I S 3 (§ 34 Rn 65) auch bei der LSt angewendet wird, um Nachzahlungen bei der ESt-Veranlagung zu vermeiden. 12

4. Verfahren bei Abschlagszahlungen (§ 39b V). Für die Höhe der LSt und den Zeitpunkt des Einbehalts ist es grds unbeachtlich, ob der bezahlte Lohn genau berechnet wurde oder ihm eine Schätzung der ungefähren Höhe zugrunde liegt (Abschlagszahlung). Eine Ausnahme gilt allerdings dann, wenn der ArbG bei kürzeren Lohnzahlungszeiträumen die genaue Lohnabrechnung für einen längeren Zeitraum **(Lohnabrechnungszeitraum)** vornimmt. Dann kann der ArbG den Lohnabrechnungszeitraum als Lohnzahlungszeitraum behandeln und erst zu diesem Zeitpunkt die LSt einbehalten. Voraussetzung ist, dass der Lohnabrechnungszeitraum nicht mehr als 5 Wochen beträgt und die Abrechnung spätestens 3 Wochen nach dessen Ablauf erfolgt.[9] Als erfolgt gilt die Lohnabrechnung unabhängig vom konkreten Zahlungsabfluss dann, wenn der Zahlungsbeleg den Bereich des ArbG verlassen hat.[10] Werden Lohnzahlungen für künftige Arbeitsleistungen bezahlt **(Vorschüsse)**, gilt die Vereinfachungsregel nicht.[11] Es wird aber nicht beanstandet, wenn die LSt für kleinere Vorschüsse erst bei der Verrechnung einbehalten wird. Bei größeren Vorschüssen ist die LSt bei Zahlung einzubehalten, sofern der Zahlung nicht eine Darlehensvereinbarung mit besonderer Tilgungsvereinbarung zugrunde liegt. In diesem Fall führt nicht die Hingabe, sondern erst die Tilgung der Beträge durch Verrechnung zu einem Zufluss des Arbeitslohns. 13

5. Permanenter Lohnsteuerjahresausgleich. Beim laufenden Arbeitslohn kann gem § 39b II 10 mit Erlaubnis der OFD der ArbG einen sog permanenten LStJA durchführen. Dazu hat der ArbG nach Ablauf jedes Lohnzahlungszeitraums den im Kj bis zu diesem Zeitpunkt gezahlten laufenden Arbeitslohn auf einen Jahresarbeitslohn hochzurechnen, die entspr Jahres-LSt zu ermitteln und von der sich ergebenden zeitanteiligen LSt die bereits einbehaltene LSt abzuziehen. Nur der übersteigende Teil ist dann einzubehalten. Dadurch werden LSt-Überzahlungen beim LSt-Abzug vermieden. 14

---

1 BMF BStBl I 01, 672.
2 Hinsichtlich der Berechnung der Vorsorgepauschale in S 6 Nr 3.
3 FG M'ster EFG 85, 561.
4 S dazu die Beispiele H 39b.6 LStR.
5 Einzuberechnen sind auch die bisher als laufender Arbeitslohn behandelten sonstigen Bezüge.
6 R 39b.6 II LStR.
7 R 119 IV LStR.
8 Zur Berechnung bei Abfindungsentschädigungen *Michalowski* NWB Fach 6, 4593.
9 S dazu Beispiele in H 39b.5 LStR.
10 R 39b.5 V 2 LStR.
11 *Schmidt*[24] § 39b Rn 18.

15 **6. Die Rückzahlung von Arbeitslohn.** Bei der Rückzahlung von Arbeitslohn handelt es sich um negative Einnahmen (§ 8 Rn 17). Dadurch mindert sich der für den LSt-Abzug maßgebliche Lohn im Jahr der Rückzahlung. Der Lohn ist für die Berechnung der LSt deshalb um den Rückzahlungsbetrag zu kürzen.[1] Wird Lohn des gleichen Kj zurückgezahlt, kann auch der LSt-Abzug des früheren Lohnzahlungszeitraums geändert werden.[2] Rückzahlungen an einen früheren ArbG können nur im Veranlagungsverfahren berücksichtigt werden.[3] War der Arbeitslohn steuerbefreit, bleibt die Rückzahlung für die LSt unbeachtlich (§ 8 Rn 17).

16 **III. Nettolohnvereinbarungen. – 1. Vorliegen einer Nettolohnvereinbarung.** Die Vereinbarung eines Nettolohns beinhaltet, dass der ArbN einen im Voraus festgelegten Nettobetrag[4] erhalten soll und der ArbG alle darauf entfallenden gesetzlichen Abgaben zusätzlich übernimmt (**Nettolohnvereinbarung**). Nur dann, wenn vor oder bei der Auszahlung des Lohnes feststeht, dass der ArbG die Steuern und Beitragsanteile zur Sozialversicherung des ArbN übernimmt und ihm damit zusätzlich einen weiteren Vermögensvorteil zuwenden will, handelt es sich um eine Nettolohnabrede.[5] Da der ArbN typischerweise nicht auf die Nachzahlung der LSt in Anspruch genommen werden kann, die LSt für ihn auch dann als geleistet gilt, wenn der ArbG keine LSt abführt, sind hohe Anforderungen an den Nachweis zu stellen.[6] Diese „Befreiungswirkung" setzt aber voraus, dass der ArbG zum Einbehalt und Abführen der LSt verpflichtet war.[7] Ist die Vereinbarung zwischen ArbN und ArbG streitig, ist das Arbeitsgericht zuständig.[8]

17 Der ArbN bleibt Schuldner der Abzüge. In der Übernahme der LSt durch den ArbG liegt daher zusätzlicher Arbeitslohn, der mit dem ausgezahlten Nettolohn zufließt.[8] Hat der ArbG sich die Steuererstattung aus der Veranlagung des ArbN vorbehalten, sind Erstattungsbeträge negativer Arbeitslohn, der wie WK den (hochgerechneten) Bruttolohn kürzt.[9] Die Vereinbarung muss beinhalten, dass die vom ArbN geschuldete LSt vom ArbG an das FA abgeführt wird. Bei einer fehlgeschlagenen Pauschalierung kann deshalb keine bedingte Nettolohnvereinbarung unterstellt werden.[10] Auch die Verabredung zu „Schwarzlohnzahlungen" führt zu keiner Nettolohnabrede,[11] da ArbN und ArbG dabei davon ausgehen, dass LSt überhaupt nicht abgeführt wird. In diesen Fällen fließt erst mit der Bezahlung der jeweiligen Abgabe durch den ArbG der weitere Arbeitslohn dem ArbN zu.[12] Dass der ArbG sozialversicherungsrechtlich schon vorher keinen Rückgriff auf den ArbN nehmen kann,[13] hat für den Zufluss keine Bedeutung. Soweit der ArbG Beträge vom ArbN zurückerhält, liegen für den ArbN im Zeitpunkt der Zahlung[14] negative Einnahmen vor.[15]

18 **2. Lohnsteuerabzug bei Nettolohnvereinbarung.** Bei einer Nettolohnvereinbarung ist der ausgezahlte Betrag auf einen Bruttolohn hochzurechnen. Dabei sind alle weiteren Lohnabzüge in einem Abtastverfahren mit zu berücksichtigen. Der sich so ergebende Bruttolohn ist bei der Veranlagung des ArbN zu berücksichtigen,[16] die einbehaltene LSt entspr anzurechnen. Bei Abfindungsvereinbarungen ist für die Schätzung des voraussichtlichen Arbeitslohns nur der beim abfindenden ArbG erzielte Arbeitslohn zu berücksichtigen.[17]

19 **IV. Absehen vom Lohnsteuerabzug (§ 39b VI). – 1. Freistellung wegen Doppelbesteuerungsabkommen.** Ist der gezahlte Arbeitslohn nach einem DBA stfrei, muss keine LSt einbehalten werden. Um das Haftungsrisiko nach § 42d zu vermeiden,[18] erteilt gem Abs 6 das Betriebsstätten-FA[19] eine **Freistellungsbescheinigung**, die gem § 39b VI 2 als Beleg zum Lohnkonto aufzubewahren ist. Diese ist keine materielle Voraussetzung für den Verzicht auf den LSt-Einbehalt und nur für den LSt-Abzug maßgeblich. Das Wohnsitz-FA ist bei der Veranlagung nicht daran gebunden.[20] In einigen DBA (zB

---

1 *Schmidt*[24] § 39b Rn 8; **aA** *K/S/M* § 39b Rn C 14.
2 FinMin Nordrhein-Westfalen DStR 86, 262.
3 FinMin Nordrhein-Westfalen DStR 86, 262; **aA** *Schmidt*[26] § 39b Rn 8, der einen Eintrag als Freibetrag zulassen will; dazu § 39a Rn 7.
4 Bei der originären Nettolohnvereinbarung ist der Bruttolohn nicht Geschäftsgrundlage der Vereinbarung (*Kaiser/Sigrist* DB 94, 178).
5 BFH BStBl II 94, 197.
6 BFH BStBl II 92, 733.
7 BFH BStBl II 92, 441 (nicht bei ausländischem ArbG, der nicht zum LSt-Abzug verpflichtet war).
8 BFH BStBl II 93, 760.
9 FG D'dorf v 24.4.06 Az 17 K 4592/04 Rev VI R 29/06.
10 BFH BStBl II 94, 537.
11 BFH BStBl II 92, 443; BGH NJW 92, 2240.
12 BFH BStBl II 92, 443.
13 § 28g S 3 SGB IV.
14 BFH/NV 91, 156; **aA** *Katterbe* DStZ 84, 432.
15 OFD D'dorf FR 94, 441.
16 BFH BStBl II 94, 182.
17 FG Bln EFG 05, 234 Rev VI R 57/04.
18 Vgl im Einzelnen *K/S/M* § 39b Rn G 4 mwN.
19 § 41a I 1 Nr 1.
20 BFH BStBl II 85, 500.

Für Freibeträge, für Versorgungsbezüge und den Altersentlastungsbetrag lässt R 39b.9 I 5 LStR aus Vereinfachungsgründen einen Abzug vom Nettolohn zu.

Frankreich) ist die Freistellung antragsgebunden, vom LSt-Abzug darf dann auch materiell nur abgesehen werden, wenn eine beantragte Freistellung vorliegt. Der Wortlaut der Vorschrift umfasst nun auch den ausländischen Verleiher iSd § 38 I Nr 2 und den Dritten iSd § 38 IIIa.[1] Der BFH hielt in einer Vorlageentscheidung an den EuGH[2] die bisherige Regelung nicht mit dem Europarecht vereinbar.

§ 39c Durchführung des Lohnsteuerabzugs ohne Lohnsteuerkarte

(1) [1]Solange der unbeschränkt einkommensteuerpflichtige Arbeitnehmer dem Arbeitgeber eine Lohnsteuerkarte schuldhaft nicht vorlegt oder die Rückgabe der ihm ausgehändigten Lohnsteuerkarte schuldhaft verzögert, hat der Arbeitgeber die Lohnsteuer nach der Steuerklasse VI zu ermitteln. [2]Weist der Arbeitnehmer nach, dass er die Nichtvorlage oder verzögerte Rückgabe der Lohnsteuerkarte nicht zu vertreten hat, so hat der Arbeitgeber für die Lohnsteuerberechnung die ihm bekannten Familienverhältnisse des Arbeitnehmers zugrunde zu legen.

(2) [1]Der Arbeitgeber kann die Lohnsteuer von dem Arbeitslohn für den Monat Januar eines Kalenderjahres abweichend von Absatz 1 auf Grund der Eintragungen auf der Lohnsteuerkarte für das vorhergehende Kalenderjahr ermitteln, wenn der Arbeitnehmer eine Lohnsteuerkarte für das neue Kalenderjahr bis zur Lohnabrechnung nicht vorgelegt hat. [2]Nach Vorlage der Lohnsteuerkarte ist die Lohnsteuerermittlung für den Monat Januar zu überprüfen und erforderlichenfalls zu ändern. [3]Legt der Arbeitnehmer bis zum 31. März keine Lohnsteuerkarte vor, ist nachträglich Absatz 1 anzuwenden. [4]Die zu wenig oder zu viel einbehaltene Lohnsteuer ist jeweils bei der nächsten Lohnabrechnung auszugleichen.

(3) [1]Für Arbeitnehmer, die nach § 1 Abs. 2 unbeschränkt einkommensteuerpflichtig sind, hat der Arbeitgeber die Lohnsteuer unabhängig von einer Lohnsteuerkarte zu ermitteln. [2]Dabei ist die Steuerklasse maßgebend, die nach § 39 Abs. 3 bis 5 auf einer Lohnsteuerkarte des Arbeitnehmers einzutragen wäre. [3]Auf Antrag des Arbeitnehmers erteilt das Betriebsstättenfinanzamt (§ 41a Abs. 1 Satz 1 Nr. 1) über die maßgebende Steuerklasse, die Zahl der Kinderfreibeträge und einen etwa in Betracht kommenden Freibetrag oder Hinzurechnungsbetrag (§ 39a) eine Bescheinigung, für die die Vorschriften über die Eintragung auf der Lohnsteuerkarte sinngemäß anzuwenden sind.

(4) [1]Arbeitnehmer, die nach § 1 Abs. 3 als unbeschränkt einkommensteuerpflichtig behandelt werden, haben ihrem Arbeitgeber vor Beginn des Kalenderjahres oder beim Eintritt in das Dienstverhältnis eine Bescheinigung vorzulegen. [2]Die Bescheinigung wird auf Antrag des Arbeitnehmers vom Betriebsstättenfinanzamt (§ 41a Abs. 1 Satz 1 Nr. 1) des Arbeitgebers erteilt. [3]In die Bescheinigung, für die die Vorschriften über die Eintragung auf der Lohnsteuerkarte sinngemäß anzuwenden sind, trägt das Finanzamt die maßgebende Steuerklasse, die Zahl der Kinderfreibeträge und einen etwa in Betracht kommenden Freibetrag oder Hinzurechnungsbetrag (§ 39a) ein. [4]Ist der Arbeitnehmer gleichzeitig bei mehreren inländischen Arbeitgebern tätig, ist für die Erteilung jeder weiteren Bescheinigung das Betriebsstättenfinanzamt zuständig, das die erste Bescheinigung ausgestellt hat. [5]Bei Ehegatten, die beide Arbeitslohn von einem inländischen Arbeitgeber beziehen, ist für die Erteilung der Bescheinigungen das Betriebsstättenfinanzamt des älteren Ehegatten zuständig.

(5) In den Fällen des § 38 Abs. 3a Satz 1 kann der Dritte die Lohnsteuer für einen sonstigen Bezug mit 20 Prozent unabhängig von einer Lohnsteuerkarte ermitteln, wenn der maßgebende Jahresarbeitslohn nach § 39b Abs. 3 zuzüglich des sonstigen Bezugs 10 000 Euro nicht übersteigt; bei der Feststellung des maßgebenden Jahresarbeitslohns sind nur die Lohnzahlungen des Dritten zu berücksichtigen.

R 39c LStR

A. Grundaussagen und Bedeutung der Vorschrift

I. Der Zweck und Aufbau der Vorschrift. Ein zutr LSt-Abzug ist ohne LSt-Karte nicht möglich. Deshalb soll der in Abs 1 vorgesehene LSt-Abzug nach der ungünstigsten LSt-Klasse (VI) als Druckmittel den ArbN zur Vorlage der LSt-Karte anhalten. Abs 2 enthält eine Sonderregelung für

1

---

1 Anwendung auch für frühere Zeiträume BMF BStBl I 04, 173.   2 BFH BStBl II 03, 306.

§ 39d   Lohnsteuerabzug für beschränkt einkommensteuerpflichtige Arbeitnehmer

den LSt-Abzug im Monat Januar. Abs 3 und 4 betrifft den LSt-Abzug bei unbeschränkt stpfl ArbN ohne Wohnsitz im Inland.

2   **II. Verfahrensfragen.** § 39c hat nicht nur Bedeutung für den LSt-Abzug des laufenden Jahres. Das FA kann den ArbG auch nach Ablauf des Kj wegen Nichtbeachtung des § 39c I 1 in Haftung nehmen.[1] Legt der ArbN die LSt-Karte im Laufe des Kj vor, kann der LSt-Abzug nach § 41c für die abgelaufenen Lohnzahlungszeiträume geändert werden.[2]

B. Die Vorschrift im Einzelnen

3   **I. Nichtvorlage der LSt-Karte.** Die Besteuerung mit der LSt-Klasse VI setzt voraus, dass die LSt-Karte oder die entspr Bescheinigung in den Fällen des § 39d schuldhaft nicht vorgelegt wird. Ein **Verschulden** fehlt, wenn die LSt-Karte bis 31. März oder spätestens sechs Wochen nach Eintritt in das Dienstverhältnis vorgelegt wird[3] oder die Nichtvorlage nach einem ArbG-Wechsel auf einem Verhalten des früheren ArbG beruht.[4] Entsprechendes gilt, wenn die LSt-Karte für einen Eintrag einer Behörde benötigt wurde.[5] Werden die Zeiträume überschritten, kann ein Verschulden unterstellt werden,[6] eigene Ermittlungen muss der ArbG nicht anstellen.[7] Fehlt es an einem Verschulden, ist der LSt-Abzug nach bekannten oder nachgewiesenen Merkmalen durchzuführen.[8] Für den **LSt-Abzug im Januar** bestimmt Abs 2 die Übernahme der Vorjahresmerkmale unabhängig von einem Verschulden. Der Abzug ist aber bei Nichtvorlage bis zum 31. März rückwirkend zu korrigieren. Wird ohne Vorlage der LSt-Karte oder der Bescheinigung nach § 39d der LSt-Abzug nach einer anderen LSt-Klasse vorgenommen, haftet der ArbG auch nach Ablauf des Kj nach § 42d I Nr 1.[9]

4   **II. Auslandsbedienstete.** Bei Auslandsbediensteten muss der LSt-Abzug immer ohne LSt-Karte vorgenommen werden. Abs 3 bestimmt, wie sich der Abzug ermittelt.

5   **III. Fiktiv unbeschränkt steuerpflichtige Arbeitnehmer.** Nach § 1 III unbeschränkt stpfl ArbN müssen nach Abs 4 eine die LSt-Karte ersetzende Bescheinigung dem ArbG vorlegen. Diese Bescheinigung erstellt das Betriebsstätten-FA. Sie enthält alle Merkmale, die auch auf der LSt-Karte eingetragen sind.

6   **IV. Besondere Pauschalierung für Dritte mit Arbeitgeberpflichten.** Abs 5 erlaubt den nach § 38 IIIa 1 (§ 38 Rn 8a) zum LSt-Abzug verpflichteten Dritten bis zu einem Jahresarbeitslohn von 10 000 € die LSt für sonstige Bezüge mit einem festen Steuersatz von 20 % und unabhängig von einer LSt-Karte zu erheben. Für die LSt-Berechnung braucht der Dritte keine LSt-Karte. Auch bei der Vorlage eine LSt-Karte mit der StKl VI würde sich keine höhere LSt ergeben, da bis ungefähr 10 000 € Jahreslohn eine Steuererhebung mit dem Eingangssteuersatz vorgesehen ist. Dadurch soll insbes der Aufwand der Sozialkassen des Baugewerbes in vertretbarem Rahmen bleiben. Schuldner dieser pauschalen LSt bleibt der ArbN. Der so versteuerte Arbeitslohn ist bei der Steuererklärung anzugeben, die pauschale LSt auf die ESt-Schuld anzurechnen. Der Dritte hat dem ArbN eine besondere LSt-Bescheinigung auszustellen.

§ 39d   Durchführung des Lohnsteuerabzugs für beschränkt einkommensteuerpflichtige Arbeitnehmer

(1) [1]Für die Durchführung des Lohnsteuerabzugs werden beschränkt einkommensteuerpflichtige Arbeitnehmer in die Steuerklasse I eingereiht. [2]§ 38b Satz 2 Nr. 6 ist anzuwenden. [3]Das Betriebsstättenfinanzamt (§ 41a Abs. 1 Satz 1 Nr. 1) erteilt auf Antrag des Arbeitnehmers über die maßgebende Steuerklasse eine Bescheinigung, für die die Vorschriften über die Eintragungen auf der Lohnsteuerkarte mit der Maßgabe sinngemäß anzuwenden sind, dass der Arbeitnehmer eine Änderung der Bescheinigung bis zum Ablauf des Kalenderjahres, für das sie gilt, beim Finanzamt beantragen kann.

(2) [1]In die nach Absatz 1 zu erteilende Bescheinigung trägt das Finanzamt für einen Arbeitnehmer, bei dem § 50 Abs. 1 Satz 5 anzuwenden ist, auf Antrag Folgendes ein:

---

1 BFH/NV 01, 963 anders noch BFH BStBl II 75, 297.
2 R 39c III 2 LStR.
3 R 39c II 1 Nr 1 und 2 LStR.
4 *K/S/M* § 39c Rn B 3.
5 *Blümich* § 39c Rn 22.
6 R 39c II 2 LStR.
7 *K/S/M* § 39c Rn B 4.
8 R 39c III LStR.
9 BFH BStBl II 03, 151.

§ 39d Lohnsteuerabzug für beschränkt einkommensteuerpflichtige Arbeitnehmer

1. Werbungskosten, die bei den Einkünften aus nichtselbstständiger Arbeit anfallen (§ 9), soweit sie den Arbeitnehmer-Pauschbetrag (§ 9a Satz 1 Nr. 1 Buchstabe a) oder bei Versorgungsbezügen den Pauschbetrag (§ 9a Satz 1 Nr. 1 Buchstabe b) übersteigen,
2. Sonderausgaben im Sinne des § 10b, soweit sie den Sonderausgaben-Pauschbetrag (§ 10c Abs. 1) übersteigen, und die wie Sonderausgaben abziehbaren Beträge nach § 10e oder § 10i, jedoch erst nach Fertigstellung oder Anschaffung des begünstigten Objekts oder nach Fertigstellung der begünstigten Maßnahme,
3. den Freibetrag oder den Hinzurechnungsbetrag nach § 39a Abs. 1 Nr. 7.

²Der Antrag kann nur nach amtlich vorgeschriebenem Vordruck bis zum Ablauf des Kalenderjahres gestellt werden, für das die Bescheinigung gilt. ³Das Finanzamt hat die Summe der eingetragenen Beträge durch Aufteilung in Monatsbeträge, erforderlichenfalls Wochen- und Tagesbeträge, jeweils auf die voraussichtliche Dauer des Dienstverhältnisses im Kalenderjahr gleichmäßig zu verteilen. ⁴§ 39a Abs. 4 und 5 ist sinngemäß anzuwenden.

(3) ¹Der Arbeitnehmer hat die nach Absatz 1 erteilte Bescheinigung seinem Arbeitgeber vor Beginn des Kalenderjahres oder beim Eintritt in das Dienstverhältnis vorzulegen. ²Der Arbeitgeber hat die Bescheinigung aufzubewahren. ³§ 39b Abs. 1 Satz 3 und 4 gilt sinngemäß. ⁴Der Arbeitgeber hat im Übrigen den Lohnsteuerabzug nach Maßgabe des § 39b Abs. 2 bis 6, des § 39c Abs. 1, 2 und 5 und des § 41c durchzuführen; dabei tritt die nach Absatz 1 erteilte Bescheinigung an die Stelle der Lohnsteuerkarte. ⁵Auf Verlangen des beschränkt einkommensteuerpflichtigen Arbeitnehmers hat der Arbeitgeber bei Beendigung des Dienstverhältnisses oder am Ende des Kalenderjahres eine Lohnsteuerbescheinigung zu übermitteln oder auszustellen; § 41b ist sinngemäß anzuwenden.

R 39d LStR

A. Grundaussagen und Bedeutung der Vorschrift

§ 39d regelt den LSt-Abzug bei beschränkt stpfl ArbN. Voraussetzung ist, dass inländische Einkünfte nach § 49 I Nr 4 vorliegen. § 50a IV verdrängt den LSt-Abzug nicht.[1]   1

B. Die Vorschrift im Einzelnen

I. Maßgebende Steuerklasse/Bescheinigung. Die LSt wird für das erste Dienstverhältnis nach der   2
LSt-Klasse I, ansonsten nach der LSt-Klasse VI erhoben. Anstelle der LSt-Karte ist eine vom Betriebsstätten-FA nach Abs 1 S 2 auszustellende Bescheinigung Grundlage für den LSt-Abzug. Diese Bescheinigung enthält alle maßgeblichen Besteuerungsmerkmale und entscheidet über die Steuerbefreiung.[2] Sie ist gem Abs 2 nach amtlich vorgeschriebenem Vordruck (S 3) bis zum Ablauf des Kj[3] zu beantragen. Die in § 39d II 1 eintragbaren Beträge sind dabei auf die voraussichtliche oder auf die restliche[4] Dauer des Dienstverhältnisses zu verteilen. Der Freibetrag kann auch rückwirkend eingetragen werden.[5] Die zuviel erhobene LSt kann dann nach § 41c I oder über einen Erstattungsanspruch gegen das Betriebsstätten-FA geltend gemacht werden.[6] Für EU/EWR-Bürger kann eine ESt-Veranlagung nach § 50a V Nr 2 beantragt werden.

II. Durchführung des LSt-Abzugs. Der LSt-Abzug erfolgt aufgrund der Bescheinigung, die der   3
ArbN wie eine LSt-Karte vorzulegen hat, wie bei unbeschränkt stpfl ArbN.[7] Werden im Ausland ausgeübte Tätigkeiten im Inland verwertet, kann in den Fällen der R 39d II LStR von einer Besteuerung abgesehen werden. Für den LSt-Abzug bei beschränkt stpfl nichtselbstständigen Künstlern erlaubt die Verwaltung[8] eine pauschale Erhebung der LSt mit 25 %.[9] Diese LSt ist aber anrechenbar.

---

1 Dazu BMF BStBl I 02, 707; R 39d III LStR.
2 BFH BStBl II 97, 660.
3 Zur Fristversäumnis *K/S/M* § 39d Rn C 14.
4 R 39d VI 1 LStR.
5 *Schmidt*²⁶ § 39d Rn 3.
6 *Altehoefer* DStR 78, 95.
7 *Blümich* § 39d Rn 50.
8 BMF BStBl I 02, 707.
9 Hinzu kommt noch der SolZ (5,5% der LSt); R 39d IV 3 LStR.

§ 39e Elektronische Lohnsteuerabzugsmerkmale

(1) Das Finanzamt teilt die nach den §§ 39 bis 39d von ihm festzustellenden Lohnsteuerabzugsmerkmale dem Bundeszentralamt für Steuern zum Zweck der Bereitstellung für den automatisierten Abruf durch den Arbeitgeber mit.

(2) ¹Für jeden Steuerpflichtigen speichert das Bundeszentralamt für Steuern zum Zweck der Bereitstellung automatisiert abrufbarer Lohnsteuerabzugsmerkmale für den Arbeitgeber folgende Daten zu den in § 139b Abs. 3 der Abgabenordnung genannten Daten hinzu:
1. rechtliche Zugehörigkeit zu einer steuererhebenden Religionsgemeinschaft,
2. bei Verheirateten die Identifikationsnummer des Ehegatten und dessen rechtliche Zugehörigkeit zu einer steuererhebenden Religionsgemeinschaft,
3. Kinder mit ihrer Identifikationsnummer und soweit bekannt die Rechtsstellung und Zuordnung der Kinder zu den Eltern sowie die Identifikationsnummer des anderen Elternteiles,
4. Familienstand und gewählte Steuerklassen (§ 38b), Zahl der Lohnsteuerkarten und beantragte ungünstigere Steuerklasse oder Zahl der Kinderfreibeträge (§ 39), Freibetrag und Hinzurechnungsbetrag (§§ 39a, 39d), amtlicher Gemeindeschlüssel der Wohnsitzgemeinde.

²Die nach Landesrecht zuständigen Behörden haben dem Bundeszentralamt für Steuern unter Angabe der Identifikationsnummer die in Satz 1 Nr. 1 bis 3 bezeichneten Daten und deren Änderungen mitzuteilen. ³Diese Behörden sind insoweit, als sie die Grundlagen für die Bildung der elektronischen Lohnsteuerabzugsmerkmale sowie deren Änderungen mitzuteilen haben, örtliche Landesfinanzbehörden. ⁴Sie sind insoweit verpflichtet, den Anweisungen des örtlich zuständigen Finanzamts nachzukommen.

(3) ¹Das Bundeszentralamt für Steuern hält die Identifikationsnummer, den Tag der Geburt, Merkmale für den Kirchensteuerabzug und folgende Lohnsteuerabzugsmerkmale des Arbeitnehmers zum unentgeltlichen automatisierten Abruf durch den Arbeitgeber nach amtlich vorgeschriebenem Datensatz bereit: Steuerklasse (§ 38b) in Zahlen, die Zahl der Kinderfreibeträge (§ 39), Freibetrag und Hinzurechnungsbetrag (§§ 39a, 39d). ²Bezieht ein Arbeitnehmer nebeneinander von mehreren Arbeitgebern Arbeitslohn, so sind für jedes weitere Dienstverhältnis elektronische Lohnsteuerabzugsmerkmale zu bilden. ³Das Bundeszentralamt für Steuern führt die elektronischen Lohnsteuerabzugsmerkmale des Arbeitnehmers zum Zweck ihrer Bereitstellung nach Satz 1 mit der Wirtschafts-Identifikationsnummer (§ 139c der Abgabenordnung) des Arbeitgebers zusammen.

(4) ¹Der Arbeitnehmer hat seinem Arbeitgeber bei Eintritt in das Dienstverhältnis zum Zweck des Abrufs der Lohnsteuerabzugsmerkmale seine Identifikationsnummer sowie den Tag seiner Geburt mitzuteilen. ²Der Arbeitgeber hat bei Beginn des Dienstverhältnisses die Lohnsteuerabzugsmerkmale für den Arbeitnehmer beim Bundeszentralamt für Steuern durch Datenfernübertragung abzurufen und sie in das Lohnkonto für den Arbeitnehmer zu übernehmen. ³Zur Plausibilitätsprüfung der Identifikationsnummer hält das Bundeszentralamt für Steuern für den Arbeitgeber entsprechende Regeln zum Abruf bereit. ⁴Für den Abruf der Lohnsteuerabzugsmerkmale hat sich der Arbeitgeber zu authentifizieren und seine Wirtschafts-Identifikationsnummer sowie die Identifikationsnummer und den Tag der Geburt des Arbeitnehmers mitzuteilen. ⁵Der Arbeitgeber hat die Beendigung des Dienstverhältnisses unverzüglich dem Bundeszentralamt für Steuern mitzuteilen. ⁶Beauftragt der Arbeitgeber einen Dritten mit der Durchführung des Lohnsteuerabzugs, hat sich der Dritte für den Datenabruf zu authentifizieren und zusätzlich seine Wirtschafts-Identifikationsnummer mitzuteilen.

(5) ¹Auf die elektronischen Lohnsteuerabzugsmerkmale sind die für die Lohnsteuerkarte geltenden Schutzvorschriften entsprechend anzuwenden. ²Wer Lohnsteuerabzugsmerkmale vorsätzlich oder leichtfertig für andere Zwecke als die Durchführung des Lohn- und Kirchensteuerabzugs verwendet, handelt ordnungswidrig; § 50f Abs. 2 ist anzuwenden.

(6) Die abgerufenen Lohnsteuerabzugsmerkmale sind vom Arbeitgeber für die Durchführung des Lohnsteuerabzugs des Arbeitnehmers anzuwenden bis ihm das Bundeszentralamt für Steuern geänderte Lohnsteuerabzugsmerkmale zum Abruf bereitstellt und die Bereitstellung mitteilt oder der Arbeitgeber dem Bundeszentralamt für Steuern die Beendigung des Dienstverhältnisses anzeigt.

(7) ¹Die elektronischen Lohnsteuerabzugsmerkmale werden erstmals für die Durchführung des Lohnsteuerabzugs gebildet. ²Der Steuerpflichtige kann beim Wohnsitzfinanzamt (§ 19 der Abgaben-

ordnung) beantragen, dass für ihn keine elektronischen Lohnsteuerabzugsmerkmale mehr gebildet werden. ³Erstmalig gebildete oder geänderte elektronische Lohnsteuerabzugsmerkmale sind dem Arbeitnehmer auf Antrag mitzuteilen oder elektronisch bereitzustellen. ⁴Werden dem Arbeitnehmer elektronische Lohnsteuerabzugsmerkmale bekannt, die zu seinen Gunsten von den tatsächlichen Verhältnissen abweichen, so ist er verpflichtet, sie ändern zu lassen.

(8) ¹Auf Antrag des Arbeitgebers kann das Betriebsstättenfinanzamt zur Vermeidung unbilliger Härten zulassen, dass der Arbeitgeber nicht am Abrufverfahren teilnimmt. ²Dem Antrag eines Arbeitgebers ohne maschinelle Lohnabrechnung, der ausschließlich Arbeitnehmer im Rahmen einer geringfügigen Beschäftigung in seinem Privathaushalt im Sinne des § 8a des Vierten Buches Sozialgesetzbuch beschäftigt, ist stattzugeben. ³Der Arbeitgeber hat dem Antrag unter Angabe seiner Wirtschafts-Identifikationsnummer ein Verzeichnis der beschäftigten Arbeitnehmer mit Angabe der jeweiligen Identifikationsnummer und des Geburtsdatums des Arbeitnehmers beizufügen. ⁴Der Antrag ist nach amtlich vorgeschriebenem Vordruck zu stellen. ⁵Das Betriebsstättenfinanzamt übermittelt dem Arbeitgeber für die Durchführung des Lohnsteuerabzugs für ein Kalenderjahr eine arbeitgeberbezogene Bescheinigung mit den Lohnsteuerabzugsmerkmalen für den Arbeitnehmer. ⁶Absatz 5 ist entsprechend anzuwenden.

(9) ¹Die elektronischen Lohnsteuerabzugsmerkmale sind für die Durchführung des Lohnsteuerabzugs ab 2011 anzuwenden. ²Die Gemeinden haben die Lohnsteuerkarte nach § 39 letztmals für das Kalenderjahr 2010 auszustellen und zu übermitteln. ³Auf den Lohnsteuerkarten für 2009 und 2010 ist zusätzlich die Identifikationsnummer des Arbeitnehmers einzutragen. ⁴Das Bundeszentralamt für Steuern errichtet unverzüglich die Datei der elektronischen Lohnsteuerabzugsmerkmale und das Verfahren für den Abruf durch den Arbeitgeber zum Zweck der Durchführung des Lohnsteuerabzugs ab 2011. ⁵Die nach Landesrecht zuständigen Behörden haben die Daten gemäß Absatz 2 dem Bundeszentralamt für Steuern in dem mit ihm abzustimmenden Verfahren zu übermitteln und zur Einführung der elektronischen Lohnsteuerabzugsmerkmale zusätzlich Folgendes mitzuteilen: die Zahl der Lohnsteuerkarten für den Arbeitnehmer und die bisherige Steuerklasse oder Steuerklassen, die Zahl der Kinderfreibeträge, bei Kindern bis zum vollendeten 18. Lebensjahr die Identifikationsnummer der leiblichen Eltern, soweit bekannt, etwaige Pauschbeträge für behinderte Menschen und Hinterbliebene und den amtlichen Gemeindeschlüssel. ⁶Die Verfahren haben die Sicherheitsanforderungen nach dem Stand der Technik zu erfüllen.

(10) ¹Das Bundesministerium der Finanzen kann den Zeitpunkt des erstmaligen Datenabrufs durch den Arbeitgeber durch ein im Bundessteuerblatt zu veröffentlichendes Schreiben mitteilen. ²Zur Prüfung und zum Nachweis der Funktionsfähigkeit der Verfahren zur Bildung, Speicherung und Übermittlung, Änderung, Bereitstellung sowie zum Abruf der elektronischen Lohnsteuerabzugsmerkmale können die elektronischen Lohnsteuerabzugsmerkmale vor 2010 gebildet, gespeichert und genutzt werden. ³Zur Erprobung der in Satz 2 genannten Verfahren können das Bundeszentralamt für Steuern und die an der Erprobung teilnehmenden Arbeitgeber die Regelungen der Absätze 1 bis 6 und Absatz 7 Satz 1 im Kalenderjahr 2010 anwenden. ⁴Das Bundesministerium der Finanzen hat auf die Möglichkeit der Erprobung des Verfahrens der elektronischen Lohnsteuerabzugsmerkmale durch ein im Bundessteuerblatt zu veröffentlichendes Schreiben hinzuweisen. ⁵Das Bundeszentralamt für Steuern kann mit Zustimmung des Bundesministeriums der Finanzen die an der Erprobung teilnehmenden Arbeitgeber auswählen. ⁶Ist bei der Erprobung oder dem Einsatz des Verfahrens der elektronischen Lohnsteuerabzugsmerkmale die Wirtschafts-Identifikationsnummer noch nicht oder nicht vollständig eingeführt, tritt die Umsatzsteuer-Identifikationsnummer (§ 27a des Umsatzsteuergesetzes) an die Stelle der Wirtschafts-Identifikationsnummer.

A. Grundaussagen und Bedeutung der Vorschrift

§ 39e soll die Einführung der elektronischen Lohnsteuerabzugsmerkmale (**ElsterLohn II**) vorbereiten. Die nach Einführung der Lohnsteuerbescheinigung verbliebene **Restfunktion der LSt-Karte** soll **ab 2011 durch** ein **automationsgerechtes Verfahren ersetzt** werden, das letztlich sog. Medienbrüche zwischen elektronischer Datenverarbeitung und nicht elektronischer Datenübermittlung vermeidet.

§ 39e bildet dazu die Grundlage u regelt die wesentlichen Punkte, die für den Aufbau des neuen Verfahrens erforderlich sind, da ein Massenverfahren wie das LSt-Kartenverfahren nur mit mehrjährigem Vorlauf eingeführt werden kann.

2 Die **Abs 1 – 3** regeln die **Pflichten** der Bundes- u Landes**finanzbehörden**, sowie der Gemeinden, die erforderlichen Daten zur Verfügung zu stellen. **Abs 4** bestimmt die **Informationspflichten von ArbN und ArbG**. **Abs 5** übernimmt die **Schutzvorschriften der LSt-Karte**, Abs 6 macht die abgerufenen Daten für den LSt-Abzug verbindlich. **Abs 7** betrifft die **erstmalige Bildung der Abzugsmerkmale** und Anzeigepflichten bei Änderungen. **Abs 8** ermöglicht bestimmten ArbG zur **Vermeidung von Härten** nicht am Abrufverfahren teilzunehmen. Die **Abs 9 und 10** bestimmen den **Anwendungszeitpunkt** u ermöglichen eine Erprobungsphase für das Verfahren.

B. Die Vorschrift im Einzelnen

3 **I. Behördliche Pflichten.** Die **elektronischen Abzugsmerkmale** werden gem Abs 2 S 1 **vom BZSt unentgeltlich** (Abs 3 S 1) zum elektronischen Abruf **bereitgestellt**. Dazu müssen die FÄ gem Abs 1u die Gemeinden gem Abs 2 S 2 dem BZSt die entsprechenden Daten zur Verfügung stellen. Dabei übersieht der auf die Nr 1 – 3 eingeschränkte Verweis in Abs 2 S 2, dass der Familienstand nicht vom FA vorgehalten wird.

Das BZSt führt die Daten des ArbN mit der Wirtschafts-IDNr des ArbG nach § 139c AO zusammen, so dass grds nur einem ArbG die Daten zur Verfügung stehen.

4 **II. Verfahren (Abs 4 – 7).** Damit der ArbG die Daten abrufen kann, muss ihm der **ArbN** seine **IDNr u** sein **Geburtsdatum** mitteilen Abs 4 S 1. **Für den Abruf muss sich der ArbG authentifizieren**, Abs 4 S 4. Bei einem **ArbG-Wechsel** muss der bisherige ArbG die Beendigung **unverzüglich mitteilen** (Abs 4 S 5), da sonst der neue ArbG den Lohn nach der Steuerklasse VI berechnen muss. Nach der Gesetzesbegründung[1] soll der ArbN durch einen Antrag beim WohnsitzFA für bestimmte ArbG den Datenabruf (zeitraumbezogen oder stets) sperren lassen können. Dies ist aber noch nicht kodifiziert.

5 Auf das neue Verfahren sind nach Abs 5 die Schutzvorschriften für die LSt-Karte entspr anzuwenden. Der ArbG hat die abgerufenen Merkmale für den LSt-Abzug anzuwenden, bis das BZSt ihm geänderte Merkmale bereitstellt (Abs 6).

6 Die erstmals **gebildeten Merkmale** sind dem **ArbN mitzuteilen** oder bereitzustellen (Abs 7 S 3). **Bei Abweichungen zu seinen Gunsten** soll der ArbN verpflichtet sein, „sie ändern zu lassen" (Abs 7 S 4). Dadurch kann nur eine **Anzeigepflicht** begründet werden, wenn auch das Gesetz offen lässt, wem gegenüber. Eine unterlassene Korrektur von Seiten der Finanzbehörden geht nicht zu Lasten des ArbN.

7 **III. Härtefälle (Abs 8).** Bei unbilliger Härte kann das BetriebsstättenFA dem ArbG auf Antrag eine Ausnahme genehmigen. Eine **unbillige Härte** liegt vor, wenn der ArbG **keinen Internetzugang** hat, er kurzfristig eine **Einstellung seiner betrieblichen Tätigkeit** oder eine **Umstellung der Buchhaltung** beabsichtigt oder ihm die Methode **altersbedingt** nicht zumutbar ist. Für **geringfügige Beschäftigung im Privathaushalt** ist dem Antrag gem Abs 8 S 2 stets stattzugeben. Lässt der ArbG die **Lohnabrechnung durch einen Dienstleister** erstellen, liegt **kein Härtefall** vor.

8 **IV. Anwendungszeitpunkt (Abs 9 – 10).** Das **Verfahren** soll **ab 2011** angewendet werden. Das Gesetz sieht in Abs 10 eine **Erprobungsphase in 2010** vor, bei der **weder** eine **Teilnahmepflicht noch** ein **Teilnahmerecht** besteht. Abs 10 S 1 ermächtigt das BMF den genauen Zeitpunkt durch ein BMF-Schreiben zu bestimmen. Sollte zu diesem Zeitpunkt die Wirtschafts-IDNr noch nicht vollständig eingeführt sein, gilt gem Abs 10 S 6 übergangsweise an deren Stelle die USt-ID.

§ 40 Pauschalierung der Lohnsteuer in besonderen Fällen

(1) [1]Das Betriebsstättenfinanzamt (§ 41a Abs. 1 Satz 1 Nr. 1) kann auf Antrag des Arbeitgebers zulassen, dass die Lohnsteuer mit einem unter Berücksichtigung der Vorschriften des § 38a zu ermittelnden Pauschsteuersatz erhoben wird, soweit

1. von dem Arbeitgeber sonstige Bezüge in einer größeren Zahl von Fällen gewährt werden oder
2. in einer größeren Zahl von Fällen Lohnsteuer nachzuerheben ist, weil der Arbeitgeber die Lohnsteuer nicht vorschriftsmäßig einbehalten hat.

[2]Bei der Ermittlung des Pauschsteuersatzes ist zu berücksichtigen, dass die in Absatz 3 vorgeschriebene Übernahme der pauschalen Lohnsteuer durch den Arbeitgeber für den Arbeitnehmer eine in

---

1 BT-Drs S 104.

Geldeswert bestehende Einnahme im Sinne des § 8 Abs. 1 darstellt (Nettosteuersatz). ³Die Pauschalierung ist in den Fällen der Nummer 1 ausgeschlossen, soweit der Arbeitgeber einem Arbeitnehmer sonstige Bezüge von mehr als 1000 Euro im Kalenderjahr gewährt. ⁴Der Arbeitgeber hat dem Antrag eine Berechnung beizufügen, aus der sich der durchschnittliche Steuersatz unter Zugrundelegung der durchschnittlichen Jahresarbeitslöhne und der durchschnittlichen Jahreslohnsteuer in jeder Steuerklasse für diejenigen Arbeitnehmer ergibt, denen die Bezüge gewährt werden sollen oder gewährt worden sind.

(2) ¹Abweichend von Absatz 1 kann der Arbeitgeber die Lohnsteuer mit einem Pauschsteuersatz von 25 Prozent erheben, soweit er

1. arbeitstäglich Mahlzeiten im Betrieb an die Arbeitnehmer unentgeltlich oder verbilligt abgibt oder Barzuschüsse an ein anderes Unternehmen leistet, das arbeitstäglich Mahlzeiten an die Arbeitnehmer unentgeltlich oder verbilligt abgibt. ²Voraussetzung ist, dass die Mahlzeiten nicht als Lohnbestandteile vereinbart sind,
2. Arbeitslohn aus Anlass von Betriebsveranstaltungen zahlt,
3. Erholungsbeihilfen gewährt, wenn diese zusammen mit Erholungsbeihilfen, die in demselben Kalenderjahr früher gewährt worden sind, 156 Euro für den Arbeitnehmer, 104 Euro für dessen Ehegatten und 52 Euro für jedes Kind nicht übersteigen und der Arbeitgeber sicherstellt, dass die Beihilfen zu Erholungszwecken verwendet werden,
4. Vergütungen für Verpflegungsmehraufwendungen anlässlich einer Tätigkeit im Sinne des § 4 Abs. 5 Satz 1 Nr. 5 Satz 2 bis 4 zahlt, soweit diese die dort bezeichneten Pauschbeträge um nicht mehr als 100 Prozent übersteigen,
5. den Arbeitnehmern zusätzlich zum ohnehin geschuldeten Arbeitslohn unentgeltlich oder verbilligt Personalcomputer übereignet; das gilt auch für Zubehör und Internetzugang. ²Das Gleiche gilt für Zuschüsse des Arbeitgebers, die zusätzlich zum ohnehin geschuldeten Arbeitslohn zu den Aufwendungen des Arbeitnehmers für die Internetnutzung gezahlt werden.

²Der Arbeitgeber kann die Lohnsteuer mit einem Pauschsteuersatz von 15 Prozent für Sachbezüge in Form der unentgeltlichen oder verbilligten Beförderung eines Arbeitnehmers zwischen Wohnung und Arbeitsstätte und für zusätzlich zum ohnehin geschuldeten Arbeitslohn geleistete Zuschüsse zu den Aufwendungen des Arbeitnehmers für Fahrten zwischen Wohnung und Arbeitsstätte erheben, soweit diese Bezüge den Betrag nicht übersteigen, den der Arbeitnehmer nach § 9 Abs. 2 wie Werbungskosten geltend machen könnte, wenn die Bezüge nicht pauschal besteuert würden. ³Die nach Satz 2 pauschal besteuerten Bezüge mindern die nach § 9 Abs. 2 abziehbaren Beträge; sie bleiben bei der Anwendung des § 40a Abs. 1 bis 4 außer Ansatz.

(3) ¹Der Arbeitgeber hat die pauschale Lohnsteuer zu übernehmen. ²Er ist Schuldner der pauschalen Lohnsteuer; auf den Arbeitnehmer abgewälzte pauschale Lohnsteuer gilt als zugeflossener Arbeitslohn und mindert nicht die Bemessungsgrundlage. ³Der pauschal besteuerte Arbeitslohn und die pauschale Lohnsteuer bleiben bei einer Veranlagung zur Einkommensteuer und beim Lohnsteuer-Jahresausgleich außer Ansatz. ⁴Die pauschale Lohnsteuer ist weder auf die Einkommensteuer noch auf die Jahreslohnsteuer anzurechnen.

R 40.1 – 40.2 LStR

Übersicht

	Rn		Rn
A. Grundaussagen und Bedeutung der Vorschrift	1	2. Die Pauschalierungsfälle	11
I. Die Bedeutung der Pauschalierung	1	a) Gewährung sonstiger Bezüge (§ 40 I Nr 1)	11
II. Rechtsnatur der pauschalen Lohnsteuer	2	b) Nacherhebung von Lohnsteuer (§ 40 I Nr 2)	14
B. Die Vorschrift im Einzelnen	5	c) Lohnsteuer bei beschränkt steuerpflichtigen Künstlern	16
I. Die Pauschalierung mit variablen Steuersätzen	5	3. Ermittlung des Pauschsteuersatzes	17
1. Das Antragverfahren	5	4. Die Kirchensteuer und Solidaritätszuschlag bei der Pauschalierung	18
a) Antrag des Arbeitgebers	5		
b) Zulassung durch das Betriebsstättenfinanzamt	7	II. Pauschalierung mit festen Steuersätzen (§ 40 II)	19
c) Die Stellung des Arbeitnehmers im Verfahren	10	1. Allgemeines	19

	Rn		Rn
2. Die einzelnen Pauschalierungstatbestände	20	e) Personalcomputer und Internetzugang (§ 40 II Nr 5)	23a
a) Arbeitstägliche Mahlzeiten (§ 40 II Nr 1)	20	f) Fahrten zwischen Wohnung und Arbeitsstätte (§ 40 II 2)	24
b) Betriebsveranstaltungen (§ 40 II Nr 2)	21	III. Gemeinsame Regeln für alle Pauschalierungsfälle	25
c) Erholungsbeihilfen (§ 40 II Nr 3)	22	1. Übernahme der Lohnsteuer durch den Arbeitgeber	25
d) Verpflegungsmehraufwendungen (§ 40 II Nr 4)	23	2. Auswirkung auf den Arbeitnehmer	28

A. Grundaussagen und Bedeutung der Vorschrift

1 **I. Die Bedeutung der Pauschalierung.** In den §§ 40 bis 40b sind die Voraussetzungen der LSt-Pauschalierung geregelt. § 40 betrifft die Pauschalierung für die Gewährung sonstiger Bezüge, für das Nacherheben von LSt (Abs 1), für die Gewährung unentgeltlicher oder verbilligter Mahlzeiten, für Betriebsveranstaltungen und die Gewährung stpfl Erholungsbeihilfen (Abs 2). Die LSt-Pauschalierung ist ein **besonderes Besteuerungsverfahren.** Statt einer individuellen Berechnung der LSt wird LSt mit einem durchschnittlichen (§ 40 I 1) oder festen (§§ 40 II, 40a, 40b) Steuersatz erhoben.

2 **II. Rechtsnatur der pauschalen Lohnsteuer.** Die pauschale LSt hat **Abgeltungscharakter.**[1] Sowohl der pauschal besteuerte Lohn als auch die pauschale LSt bleiben gem § 40 III 3 bei der Veranlagung außer Ansatz. Zwar ist nach § 40 III 2 der ArbG Schuldner der pauschalen LSt, sie entsteht aber nicht in seiner Pers, sondern ist identisch mit der LSt[2] des ArbN, die aber vom ArbG gem § 40 III 1 übernommen wird. Die pauschale LSt ist keine Unternehmenssteuer eigener Art,[3] sondern lediglich formell als Erhebungssteuerschuld der ArbG ausgestaltet.[4]

3 Die LSt-Pauschalierung ist von der Nettolohnvereinbarung[5] zu unterscheiden, bei der der ArbN Steuerschuldner bleibt und lediglich einen Anspruch auf Freistellung von der LSt gegenüber dem ArbG hat.

4 Das Pauschalierungsverfahren ist verfassungsrechtlich unbedenklich,[6] da im Interesse eines einfachen und ökonomischen Verfahrens auch Mängel bei der materiellen Besteuerung in Kauf genommen werden können.[7]

B. Die Vorschrift im Einzelnen

I. Die Pauschalierung mit variablen Steuersätzen. – 1. Das Antragverfahren. – a) Antrag des Arbeit-
5 **gebers.** Die Pauschalierung nach § 40 I setzt einen Antrag des ArbG voraus[8] und kann dem ArbG daher nicht aufgezwungen werden. Der Antrag enthält das Einverständnis mit dem Ergehen eines Pauschalierungsbescheids.[9] Er wirkt lediglich verfahrensrechtlich und schließt spätere materielle Einwendungen nicht aus.[8] Der Antrag kann formlos – auch konkludent[10] – gestellt werden. Es muss aber hinreichend zum Ausdruck kommen, **dass der ArbG die Pauschalierung will** und sich über deren Rechtsfolgen im Klaren ist.[11] Ein Antrag des ArbG auf Pauschalierung nach § 40 I ist gegenstandslos, wenn er in Unkenntnis über die Rspr gestellt wird, dass für Trinkgelder ein LSt-Abzug nur durchzuführen ist, soweit der ArbG über deren Höhe in Kenntnis gesetzt wird. Eine Erklärung, die ArbN wirtschaftlich nicht weiter belasten zu wollen, reicht nicht aus, weil dies auch die Ermittlung eines Nettosteuersatzes[12] betreffen könnte. Eine bloß formale Anerkennung (zB Unterschrift unter dem Prüfungsbericht) reicht nicht.[13] Anders aber, wenn der ArbG weiß, dass er zur Pauschalierung nicht verpflichtet ist und mit einem entsprechenden Vorschlag des Prüfers einverstanden ist.[14] Nach den Grundsätzen der Anscheinsvollmacht ist idR auch antragsbefugt, wer bei einer LSt-

---

1 Dazu unten Rn 28.
2 BFH BStBl II 94, 715.
3 *G Kirchhof* Die Erfüllungspflichten des ArbG im LSt-Verfahren, S 49; anders noch BFH BStBl II 83, 91.
4 BFH BStBl II 01, 677.
5 § 39b Rn 16f.
6 BVerfG NJW 92, 423 mwN.
7 *Wagner* Die Pauschalierung der Lohn- und Lohnkirchensteuer, S 89 ff; aA *Lang* StuW 75, 129; *K/S/M* § 40 Rn A 40.
8 BFH BStBl II 91, 262.
9 *Gosch* FR 91, 6 (7).
10 ZB durch LSt-Anmeldung *K/S/M* § 40 Rn B 22; **aA** *Blümich* § 40 Rn 23.
11 *Blümich* § 40 Rn 21; *H/H/R* § 40 Rn 15.
12 Dieser ist sowohl bei einer Nettolohnvereinbarung (§ 39b Rn 16f) als auch bei einer Pauschalierung nach § 40 I Nr 2 (Rn 17) anzusetzen.
13 BFH BStBl II 82, 710.
14 *Wagner* Die Pauschalierung der Lohn- und Lohnkirchensteuer, S 105.

Außenprüfung für den ArbG auftritt.[1] Ob ein Schreiben einen Pauschalierungsantrag enthält, ist aus die Sicht des FA als Empfänger zu beurteilen. Außer in **Nacherhebungsfällen** kann gem § 41c III 1 der Antrag nach Ausschreibung der LSt-Bescheinigung nicht mehr gestellt werden, wenn nach dem Regelbesteuerungsverfahren abgerechnet wurde. Bei Nacherhebungsfällen kann der ArbG den Antrag bis zum Abschluss der mündlichen Verhandlung vor dem FG gegen den Haftungsbescheid stellen.

Der ArbG ist an seinen Antrag auf Pauschalierung **gebunden**, sobald der Pauschalierungsbescheid wirksam wird.[2] Dies erfolgt bereits wegen § 168 AO mit Anmeldung der LSt.[3] Soweit die Literatur die Bindung erst mit Bestandskraft eintreten lassen will,[4] ist zu entgegnen, dass es sich bei dem Pauschalierungsbescheid um einen rechtsgestaltenden Verwaltungsakt handelt.[5] Im Übrigen ist im Rahmen eines Einspruchsverfahrens ein berechtigtes Interesse des ArbG an einer Rückgängigmachung seines Antrags im Rahmen des Ermessens durch die Behörde zu prüfen.[6] Ein LSt-Pauschalierungsbescheid ist nicht deshalb nichtig, weil der ArbG keinen Pauschalierungsantrag gestellt hat.[7] Zum Antragsrecht eines Dritten iSd § 38 IIIa s § 38 Rn 8b. 6

b) Zulassung durch das Betriebsstättenfinanzamt. Ob der Antrag zugelassen wird, steht im **Ermessen** („kann") des Betriebsstätten-FA.[8] Sind die Voraussetzungen des Abs 1 erfüllt, ist die Pauschalierung im Regelfall zuzulassen.[9] Die Zulassung kann vor einer Anmeldung als Einwilligung oder nach Anmeldung als Genehmigung erfolgen.[10] **Regelungsgegenstand** ist die Feststellung, dass der Verfahrensweg der LSt-Pauschalierung eröffnet ist. Die Zulassung erstreckt sich auch auf die Festsetzung eines bestimmten, uU auch von der Berechnung des ArbG abw,[11] Pauschsteuersatzes. 7

Die Zulassung kann wegen fehlender Bonität des ArbG **verweigert** werden, da der ArbN als Schuldner der LSt dadurch verloren geht.[12] Ebenso ist eine Ablehnung nicht ermessensfehlerhaft, wenn die Antragstellung rechtsmissbräuchlich ist, etwa ein ArbG bewusst vom laufenden Arbeitslohn keine LSt einbehält, die Pauschalierungsgrenzen wiederholt missachtet werden[13] oder bei regelmäßigen Sachbezügen.[14] 8

Im Rahmen einer **Einspruchsentscheidung** hat das FA auch sein Ermessen zu überprüfen, insbes wenn die Antragstellung durch den ArbG irrtümlich erfolgte. Kann der Steueranspruch dann noch durch einen Haftungsbescheid realisiert werden, ist es ermessensfehlerhaft den ArbG an seinem Antrag festzuhalten.[6] Die bloße Anfechtung der Antragserklärung reicht dazu nicht.[15] 9

c) Die Stellung des Arbeitnehmers im Verfahren. Der ArbN ist formal an der Pauschalierung **nicht beteiligt.** Da der ArbG durch Pauschalierung die LSt des ArbN übernimmt, wird dieser zunächst steuerlich entlastet, so dass eine ihn begünstigende Wirkung entsteht. Die Pauschalierung kann deshalb auch gegen den Willen des ArbN beantragt und zugelassen werden.[16] Andererseits kann der ArbG sowohl arbeitsrechtlich[17] als auch steuerlich[18] die **pauschale LSt auf den ArbN überwälzen.** Dies rechtfertigt das BAG damit, dass der ArbN das Recht behalte, die Einzelbesteuerung nach LSt-Karte zu verlangen.[19] Da der ArbG aber an seinen Antrag gebunden ist und die Pauschalierung dazu führt, dass Arbeitslohn und pauschale LSt bei der Veranlagung unbeachtlich bleiben, führt die Überwälzung zu einer Belastung des ArbN, gegen die er derzeit nicht vorgehen kann. Da die Überwälzung der pauschalen LSt dem Gedanken widerspricht, dass der ArbG die LSt „übernimmt", ist eine Überwälzung nur zulässig, wenn die Pauschalierung im Einverständnis mit dem ArbN erfolgt. Der ArbN hat aber auch dann keinen Anspruch auf Pauschalierung, wenn er sich bereit erklärt, die pauschale LSt zu tragen.[20] 10

---

1 BFH BStBl II 03, 156.
2 BFH BStBl II 93, 692 H 40.1 „Bindung des ArbG an den Pauschalierungsbescheid" LStR.
3 *H/H/R* § 40 Rn 15.
4 *K/S/M* § 40 Rn B 28; *Blümich* § 40 Rn 25; *Heuermann* DB 94, 2411.
5 *Thomas* DStR 92, 437.
6 BFH BStBl II 93, 692.
7 BFH BStBl II 02, 438.
8 Dazu § 41a I Nr 1.
9 FG M'ster EFG 98, 822.
10 Dazu ausf *Blümich* § 40 Rn 34–42.
11 *H/H/R* § 40 Rn 16; **aA** *Lademann* § 40 Rn 26.
12 *H/H/R* § 40 Rn 16; **aA** *Blümich* § 40 Rn 44.
13 R 40.1 II 3 LStR; dazu unten Rn 13.
14 FG M'ster EFG 81, 416.
15 So aber *H/H/R* § 40 Rn 16; *L/B/H* § 40 Rn 28.
16 *Schmidt*[26] § 40 Rn 4.
17 BAG NJW 88, 1165.
18 Dazu unten Rn 29.
19 BAG NJW 88, 1165 2. Leitsatz.
20 *H/H/R* § 40a Rn 18; **aA** *Blümich* § 40a Rn 22.

Eisgruber

11 **2. Die Pauschalierungsfälle. – a) Gewährung sonstiger Bezüge (§ 40 I Nr 1).** **Sonstige Bezüge**[1] können nach Nr 1 pauschaliert besteuert werden, wenn sie in einer größeren Zahl von Fällen gewährt werden und dem einzelnen ArbN nicht mehr als 1 000 € gewährt werden. Die Verwaltung lässt ausdrücklich zu,[2] dass sonstige Bezüge nur soweit pauschal besteuert werden, als sie den Freibetrag nach § 8 III[3] übersteigen.

12 Eine **größere Zahl von Fällen** liegt immer vor, wenn **mindestens 20 ArbN** betroffen sind.[4] Sind weniger als 20 ArbN betroffen, ist auf die Verhältnisse des ArbG und die angestrebte Vereinfachung abzustellen.[5] Für sonstige Bezüge in Zusammenhang mit VIP-Logen kann die LSt vereinfacht mit einem Pauschsteuersatz von 30 % des auf eigene ArbN entfallenden Anteils am Gesamtbetrag erhoben werden.[6]

13 Die Pauschalierung ist gem § 40 I 3 ausgeschlossen, soweit der ArbG einem ArbN sonstige Bezüge von mehr als 1 000 € gewährt. Diese **Höchstgrenze** errechnet sich je ArbN und Kj. Höhere sonstige Bezüge unterliegen der Regelbesteuerung. Maßgeblich sind nur die vom jeweiligen ArbG gewährten sonstigen Bezüge, die nicht der Regelbesteuerung unterlegen haben.[7] Dies hat der ArbG anhand des Lohnkontos[8] zu überprüfen.[9]

14 **b) Nacherhebung von Lohnsteuer (§ 40 I Nr 2).** Wurde LSt nicht vorschriftsmäßig einbehalten, erlaubt Nr 2 eine **Korrektur** über eine pauschalierte Besteuerung. Die Rspr[10] will der Gefahr, dass die Schutzwirkung einer Anrufungsauskunft nach § 42e „unterlaufen werden könnte", dadurch vorbeugen, dass sie den Einbehalt entspr einer falschen Anrufungsauskunft wie eine vorschriftsmäßige LSt-Erhebung behandelt (s aber § 42e Rn 6). Eine Pauschalierung ist in diesen Fällen damit nicht mehr möglich, so dass die Korrektur bei den Einzelveranlagungen der jeweiligen ArbN vollzogen werden müssen. Eine unzulässige Pauschalierung ist keine vorschriftsmäßige Erhebung.[11] Die Nacherhebung kommt typischerweise für LSt aufgrund einer LSt Außenprüfung in Betracht. Die 1000-€-Grenze gilt dabei nicht.[12] Im Gegensatz zur Korrektur nach **§ 41c I Nr 2** setzt § 40 I Nr 2 nicht voraus, dass die Korrektur im nächsten Lohnzahlungszeitraum erfolgt; die LSt wird auch nicht nach den §§ 39b bis 39d ermittelt oder nachträglich vom ArbN einbehalten. Liegen die Voraussetzungen beider Normen vor, kann der ArbG zwischen beiden Methoden wählen.[13]

15 Auch das **Haftungsverfahren** nach § 42d betrifft die Korrektur eines nicht ordnungsgemäßen Steuereinbehalts. Bei der Pauschalierung wird der ArbG aber Alleinschuldner, nicht wie nach § 42d III 1 Gesamtschuldner neben dem ArbN. Wegen der eingeschränkten Haftung des ArbN nach § 42d III 4 kommt es in beiden Fällen wirtschaftlich zu einem ähnlichen Ergebnis.[14] Wird ein Pauschalierungsantrag zugelassen, entfallen die Voraussetzungen der Haftung, da dann keine LSt des ArbN mehr einzubehalten ist. Das **Pauschalierungsverfahren** ist deshalb **vorrangig**.

16 **c) Lohnsteuer bei beschränkt steuerpflichtigen Künstlern.** Bei beschränkt stpfl Künstlern lässt die Verwaltung die Erhebung der LSt unabhängig der Voraussetzungen des § 40 I mit einem Pauschsteuersatz von 43,89 % zu.[15] Der Übernahmesatz gilt aber nur bei kurzfristigen Tätigkeiten bis 3 Monaten.[16]

17 **3. Ermittlung des Pauschsteuersatzes.** Die Ermittlung des Pauschsteuersatzes ist in R 40.1 III und H 40.1 LStR ausführlich dargestellt. Der für jedes Kj getrennt zu berechnende[17] Pauschsteuersatz, ermittelt zunächst die Summe der Jahresarbeitslöhne der betroffenen ArbN und unterteilt die ArbN nach LSt-Klassen. Die auf den LSt-Karten der ArbN eingetragenen Kinderfreibeträge werden nicht berücksichtigt.[18] Aus der anteiligen Mehrsteuer bei Annahme einer homogenen Verteilung der Jahreslohnsumme auf die ArbN wird dann gem § 40 I 2 aus einem Durchschnittssteuersatz

---

1 § 38a Rn 5.
2 BMF BStBl I 93, 339; krit dazu *Blümich* § 40 Rn 89 (Gestaltungsmissbrauch).
3 Dazu § 8 Rn 61f.
4 R 40.1 I 1 LStR.
5 HM R 40.1 I 2 LStR; aA *B/B* § 40 Rn 20 (mindestens 5 ArbN).
6 BMF BStBl I 05, 845.
7 *Blümich* § 40 Rn 50.
8 Dort aufzuzeichnen nach § 4 II Nr 8 S 1 LStDV.
9 R 40.1 II 1 LStR.
10 BFH BStBl II 06, 210.
11 BFH BStBl II 94, 557.
12 *Schmidt*[26] § 40 Rn 7.
13 *K/S/M* § 40 A 14.
14 *Blümich* § 40 Rn 58.
15 BMF BStBl I 96, 55 (Höhe der Pauschsteuer, wenn ArbG LSt und SolZ trägt).
16 BMF BStBl I 96, 55 unter Tz 4.2.
17 HM FG M'ster EFG 97, 608 rkr; aA R 40.1 III 4 LStR lässt die Verhältnisse des Vorjahrs als Berechnungsgrundlage zu.
18 BFH v. 26.7.07, VI R 48/03 aA H/H/R § 40 EStG Rn 30.

ein **Nettosteuersatz**[1] errechnet, der berücksichtigt, dass auch in der Übernahme der LSt durch den ArbG ein geldwerter Vorteil liegt.

4. Die Kirchensteuer und Solidaritätszuschlag bei der Pauschalierung. Auf die pauschale LSt wird KiSt erhoben. Voraussetzung ist, dass der ArbN einer Konfession angehört.[2] Die FinVerw[3] bietet eine **Vereinfachungsregelung** mit einem ermäßigten Steuersatz[4] an, der dem Umstand Rechnung trägt, dass nicht alle ArbN einer Konfession angehören. Macht der ArbG Gebrauch von der ihm zustehenden **Nachweismöglichkeit**,[5] dass einzelne ArbN keiner steuererhebenden Religionsgemeinschaft angehören, gilt für die übrigen ArbN der allgemeine KiSt-Satz. Für den SolZ stellt die pauschale LSt ungekürzt die Bemessungsgrundlage dar, weil für sie in § 3 III–V SolZG 95 keine Ausnahmen vorgesehen sind. Insbes ist § 3 III SolZG nicht einschlägig.[6] Zu SolZ und KiSt bei der einheitlichen Pauschsteuer nach § 40a II s § 40a Rn 8g.   18

II. Pauschalierung mit festen Steuersätzen (§ 40 II). – 1. Allgemeines. Die Pauschalierungstatbestände des Abs 2 setzen keinen Antrag voraus. Liegen gleichzeitig die Voraussetzungen des Abs 1 vor, kann der **ArbG** die Pauschalierungsart **wählen**,[7] da Abs 2 keine Mindestpauschsteuersätze für bestimmte Einnahmen enthält. Der Pauschsteuersatz für die Tatbestände des Satzes 1 beträgt 25 %, für S 2 15 %.   19

2. Die einzelnen Pauschalierungstatbestände. – a) Arbeitstägliche Mahlzeiten (§ 40 II Nr 1). Mit einem Pauschsteuersatz von 25 % kann der geldwerte Vorteil der unentgeltlichen oder verbilligten **Abgabe von Mahlzeiten** oder entspr **Barzuschüsse** abgegolten werden. Diese Pauschalierung ist statt oder neben der Freibetragsregelung des § 8 III möglich.[8] Voraussetzung ist, dass der ArbG an jedem Arbeitstag generell Mahlzeiten ausgibt und der ArbN daran teilnehmen kann.[9] Bewertet wird der geldwerte Vorteil dabei nach § 8 II.[10] Barzuschüsse können auch für Essen außerhalb des Betriebs gewährt werden, insbes auch in Form von Essensmarken.[11]   20

b) Betriebsveranstaltungen (§ 40 II Nr 2). Betriebsveranstaltungen sind grds **nicht Arbeitslohn**. Insbes übliche Betriebsveranstaltungen (§ 19 Rn 150 „Betriebsveranstaltungen") sind nicht steuerbar. Von der Pauschalierung umfasst sind deshalb Aufwendungen des ArbG für **unübliche Betriebsveranstaltungen und unübliche Zuwendungen** an ArbN auf Betriebsveranstaltungen.[12] Der Begriff „Betriebsveranstaltung" ist auch in Hinblick auf die Pauschalierung restriktiv auszulegen.[13] Sie liegt nur vor, wenn alle ArbN daran teilnehmen können oder eine Begrenzung sich nicht als Privilegierung einzelner ArbN darstellt.[14] Entspr darf eine im Rahmen der Veranstaltung überreichte Zuwendung keine zusätzliche Entlohnung bestimmter ArbN bezwecken. Pauschaliert werden können nur Leistungen, die untrennbarer Bestandteil der Betriebsveranstaltung sind. Während einer Betriebsveranstaltung überreichte Geldgeschenke, die kein zweckgebundenes Zehrgeld sind,[15] können ebenso wenig pauschaliert werden wie die Zuwendungen von Goldmünzen.[16]   21

c) Erholungsbeihilfen (§ 40 II Nr 3). Erholungsbeihilfen sind als solche bezeichnete zweckgebundene Sach- oder Barzuwendungen, die ausschließlich zur Förderung der Erholung des ArbN verwendet werden dürfen.[17] Der ArbN muss nicht bedürftig sein. Die Höchstgrenzen sind für jede Person gesondert zu betrachten. Werden sie überschritten, kann die Beihilfe insgesamt (Wortlaut: „wenn") nicht mehr pauschaliert werden.[18] Eine Verteilung der Erholungsbeihilfen auf mehrere Jahre ist nicht möglich.   22

d) Verpflegungsmehraufwendungen (§ 40 II Nr 4). Vergütungen des ArbG für Mehraufwendungen für Verpflegung sind gem § 3 Nr 13 und Nr 16 **stfrei** (§ 3 Rn 48 und 55), soweit sie die in § 4 V 1 Nr 5 genannten Beträge nicht übersteigen. Die **übersteigenden Teile** können seit 1997 **bis zu 100 %**   23

---

1 Formel: (1x Durchschnittsteuersatz) : (1- Durchschnittssteuersatz).
2 BFH BStBl II 95, 507.
3 BMF BStBl I 99, 509.
4 Wird jährlich nach Bundesland getrennt in BStBl I veröffentlicht.
5 ArbG trägt Beweislast BFH BStBl II 90, 993.
6 BFH/NV 02, 877.
7 *B/B* § 40 Rn 11; *Blümich* § 40 Rn 87; **aA** (Abs 2 ist lex specialis) *K/S/M* § 40 B 1; *H/H/R* § 40 Rn 34.
8 *H/H/R* § 40 Rn 36 mwN; **aA** *Blümich* § 40 Rn 89 (nur alternativ; sonst Gestaltungsmissbrauch).
9 *H/H/R* § 40 Rn 36.
10 Dazu ausf R 8.1 VII LStR.
11 Dazu R 40.2 I Nr 1 S 2 LStR und H 8.1 VII LStR.
12 BFH BStBl II 92, 700; *MIT* DStR 92, 1131.
13 *K/S/M* § 40 Rn C 6.
14 *H/H/R* § 40 Rn 38.
15 BFH BStBl II 97, 365.
16 BFH v 7.11.06 Az VI R 58/04.
17 FG Kln EFG 97, 110 rkr.
18 *Schmidt*[26] § 40 Rn 14; **aA** *K/S/M* § 40 Rn C 7 „Freibeträge".

dieser Beträge pauschaliert besteuert werden, wenn sie für eine **auswärtige Tätigkeit** des ArbN bezahlt werden (§ 4 Rn 136), nicht aber in Fällen der doppelten Haushaltsführung. Bei einem Zusammentreffen mit einer Einsatzwechsel-/Fahrtätigkeit (§ 19 Rn 160 „Einsatzwechseltätigkeit"), zB bei einer Abwesenheit von mehr als 8 Stunden von der Zweitwohnung, ist eine Pauschalierung möglich.[1] Kann ein Verpflegungsmehraufwand, etwa wegen Unterschreitung der 8-Stundengrenze, schon dem Grunde nach nicht geltend gemacht werden, scheitert auch eine pauschale Besteuerung. Für die **Ermittlung** des stfreien Betrages können nach H 40.2 „Pauschalversteuerung von Reisekosten" LStR alle Aufwendungsarten (Fahrt-, Verpflegungs- und Übernachtungskosten) zusammengerechnet werden und der übersteigende Betrag allein der Vergütung für Verpflegung zugeordnet werden.

23a e) **Personalcomputer und Internetzugang (§ 40 II Nr 5).** Die Pauschalierung umfasst geldwerte Vorteile aus der Übereignung von Personalcomputern und dazu gehörigem Zubehör inklusive Software. Umfasst sind auch Aktualisierungen und der Austausch vorhandener Bestandteile. Voraussetzung, dass er zusätzlich zum ohnehin geschuldeten Arbeitslohn gezahlt wird. Eine Barlohnumwandlung ist nicht begünstigt. Die Pauschalierung beschränkt sich auf Personalcomputer und Zubehör.[2] Hat der ArbN einen Internetzugang, sind Barzuschüsse des ArbG pauschalierungsfähig. Zu den Kosten des Internetzugangs zählen sowohl die laufenden Kosten (Grundgebühr und laufende Gebühren), als auch die Kosten der Einrichtung (ISDN-Anschluss, Modem, PC). Die Verwaltung lässt aus Vereinfachungsgründen zu, dass für die laufende Nutzung ohne Nachweis 50 € pauschalierungsfähig sind,[3] wenn der ArbN erklärt, dass er einen Internetzugang besitzt und im Kalenderjahr durchschnittlich Aufwendungen in dieser Höhe entstehen. Die Erklärung ist als Beleg zum Lohnkonto aufzubewahren. Soll ein höherer Aufwand ersetzt werden, reicht ein Nachweis über einen Zeitraum von drei (repräsentativen) Monaten.[4] Der ArbN kann keine WK aus der Internetnutzung geltend machen, soweit darauf pauschal besteuerte Bezüge entfallen. Bei Zuschüssen bis 50 € soll aus Vereinfachungsgründen eine Anrechnung auf die WK unterbleiben.[5] Zu weiteren Einzelheiten s *Macher* DStZ 02, 315.

24 f) **Fahrten zwischen Wohnung und Arbeitsstätte (§ 40 II 2).** Sachbezüge in Form einer Beförderung **oder Zuschüsse** für die Fahrten zwischen Wohnung und Arbeitsstätte können nach Satz 2 mit einem **Pauschsteuersatz von 15 %** besteuert werden. Die unentgeltliche oder verbilligte Sammelbeförderung oder Nutzungsmöglichkeit von öffentlichen Verkehrsmitteln oder zusätzlich zum Arbeitslohn gezahlte Zuschüsse dafür sind aber gem § 3 Nr 32 bzw 34 stfrei. Die seit 1990 wieder mögliche Pauschalierung betrifft daher die **Gestellung eines Kfz** oder Barzuschüsse für **Fahrten mit dem eigenen Kfz.** Diese müssen seit 1994 zusätzlich zum ohnehin geschuldeten Arbeitslohn geleistet werden **(keine Barlohnumwandlung).** Die Pauschalierung ist nur in den Grenzen des § 9 I 3 Nr 4 und II möglich. Pauschal besteuert werden kann aber auch ein Unfallkostenersatz.[6] Darüber hinaus gezahlte Beträge unterliegen der Regelbesteuerung, eine Pauschalierung nach § 40 I 1 Nr 1 scheitert idR daran, dass es sich insoweit um laufenden Arbeitslohn handelt.[7] Der maßgebliche Wert bei einer Kfz-Gestellung ermittelt sich nach § 8 II 3. Soweit pauschal besteuert wird, mindern sich gem Satz 3 die nach § 9 I 3 Nr 4 und II als WK abziehbaren Pauschalen bzw tatsächlichen Aufwendungen.[8] Der entspr geldwerte Vorteil zählt nicht zum maßgeblichen Arbeitslohn für Teilzeitbeschäftigte im Rahmen des § 40a.

25 **III. Gemeinsame Regeln für alle Pauschalierungsfälle. – 1. Übernahme der Lohnsteuer durch den Arbeitgeber.** Der **ArbG** übernimmt[9] gem § 40 III 1 die LSt des ArbN und wird dadurch gem § 40 III 2 **Schuldner der pauschalen LSt**, ein Anspruch auf Erstattung pauschaler LSt steht dem ArbG zu.[10] Die LSt ändert sich in dessen Person dadurch nicht dem Grund nach, sondern nur in der Höhe. Die pauschale LSt ist Bemessungsgrundlage für den SolZ.[11]

---

1 *Goydke* DStZ 97, 66.
2 Anders § 3 Nr 45: „Personalcomputer und Telekommunikationsgeräte".
3 R 40.2 V LStR.
4 R 40.2 V9 iVm R 3.50 II 5 LStR.
5 R 40.2 V 12 LStR.
6 *Offerhaus* BB 91, 257.
7 *H/H/R* § 40 Rn 46.
8 OFD Bln BB 02, 1686.
9 Nach *Blümich* § 40 Rn 113 ist dies nur Rechtsfolge; **aA** hM BFH BStBl II 94, 715.
10 FinVerw DStR 97, 580.
11 BFH BStBl II 02, 440; zu KiSt s Rn 18; Besonderheiten ergeben sich bei der einheitlichen Pauschsteuer nach § 40a II (§ 40a Rn 8g).

Die pauschale LSt muss gegen den ArbG durch **Steuerbescheid**, nicht durch Haftungsbescheid festgesetzt werden.[1] Zur Auslegung eines Bescheids kann auch ein Prüfungsbericht herangezogen werden. Haftungs- und Pauschalierungsbescheid können auch auf einem Vordruck geltend gemacht werden, wenn die nur äußerliche Zusammenfassung erkennbar ist, der Bescheid als Steuer- und Haftungsbescheid gekennzeichnet ist und sich eindeutig entnehmen lässt, in welcher Höhe die Steuer- bzw die Haftungsschuld festgesetzt werden. Wird in einem solchen Fall nur ein Bescheid angegriffen, erwächst der andere in Rechtskraft. Ein gemeinsamer Nachforderungsbetrag aus Haftung und Pauschalierung führt zur Unwirksamkeit.[2] Eine Umdeutung eines Haftungsbescheids in einen Pauschalierungsbescheid und umgekehrt ist nicht zulässig. Hebt das FA im **Klageverfahren** einen Pauschalierungsbescheid auf und ersetzt ihn durch einen Haftungsbescheid, kann der ArbG einen Antrag nach § 68 FGO stellen.[3]   26

Bereits mit Zufluss des Arbeitslohns beim ArbN entsteht die pauschale LSt.[4] Die **Festsetzungsfrist** beginnt nach § 170 I AO mit Ablauf des Kj des Zuflusses.[5] Für die antragsgebundene Pauschalierung nach § 40 I gilt die Anlaufhemmung nach § 170 III AO, im Übrigen § 170 II Nr 1 AO. Soweit ein Antrag gestellt werden muss, wirkt die Ablaufhemmung nach § 171 III AO. Der Ablauf wird auch gem § 171 IV AO durch eine LSt-Außenprüfung[6] gehemmt. Hat das FA die pauschale LSt formal fehlerhaft in einem Haftungsbescheid festgesetzt, muss bei einem Rechtsbehelf zur Vermeidung einer Verjährung zunächst ein formell korrekter Pauschalierungsbescheid erlassen werden, bevor der Haftungsbescheid aufgehoben wird.[7] Wurde der ArbG hingegen zunächst nur für LSt in Haftung genommen, kann nach Ablauf der Verjährung gegenüber dem ArbN keine pauschalierte LSt mehr festgesetzt werden.   27

2. Auswirkung auf den Arbeitnehmer. Gem § 40 III 3 bleibt pauschal besteuerter Arbeitslohn bei der Veranlagung außer Betracht. Die pauschale LSt kann nicht angerechnet werden. Mit der Pauschalierung ist der Sachverhalt **abgegolten.** Nach der Rspr ist das Wohnsitz-FA aber nicht an den Pauschalierungsbescheid des Betriebsstätten-FA gebunden.[8] Aufgrund der ausdrücklichen gesetzlichen Anordnung in Abs 3, kommt dem Bescheid aber auch **formelle Bindungswirkung** zu,[9] eine Änderung des Pauschalierungsbescheids (zB Wegfall des Pauschalierungsbescheids) deshalb gem § 175 I 1 Nr 1 AO auch in der ESt-Veranlagung umzusetzen.[10]   28

Durch das StEntlG 99/00/02 gilt ab 1.4.99 auch die auf den ArbN **überwälzte pauschale LSt** als zugeflossener Arbeitslohn. Die pauschale LSt ist deshalb aus dem vollen Lohn zu berechnen. Dies gilt auch für überwälzte Annexsteuern.[11]   29

§ 40a Pauschalierung der Lohnsteuer für Teilzeitbeschäftigte und geringfügig Beschäftigte

(1) [1]Der Arbeitgeber kann unter Verzicht auf die Vorlage einer Lohnsteuerkarte bei Arbeitnehmern, die nur kurzfristig beschäftigt werden, die Lohnsteuer mit einem Pauschsteuersatz von 25 Prozent des Arbeitslohns erheben. [2]Eine kurzfristige Beschäftigung liegt vor, wenn der Arbeitnehmer bei dem Arbeitgeber gelegentlich, nicht regelmäßig wiederkehrend beschäftigt wird, die Dauer der Beschäftigung 18 zusammenhängende Arbeitstage nicht übersteigt und

1. der Arbeitslohn während der Beschäftigungsdauer 62 Euro durchschnittlich je Arbeitstag nicht übersteigt oder
2. die Beschäftigung zu einem unvorhersehbaren Zeitpunkt sofort erforderlich wird.

(2) Der Arbeitgeber kann unter Verzicht auf die Vorlage einer Lohnsteuerkarte die Lohnsteuer einschließlich Solidaritätszuschlag und Kirchensteuern (einheitliche Pauschsteuer) für das Arbeitsentgelt aus geringfügigen Beschäftigungen im Sinne des § 8 Abs. 1 Nr. 1 oder des § 8a des Vierten Buches Sozialgesetzbuch, für das er Beiträge nach § 168 Abs. 1 Nr. 1b oder 1c (geringfügig versicherungspflichtig Beschäftigte) oder nach § 172 Abs. 3 oder 3a (versicherungsfrei geringfügig Beschäf-

---

1 HM *Schmidt*[26] § 40 Rn 26.
2 *K/S/M* § 40 Rn A 47.
3 *Schmidt*[26] § 40 Rn 27.
4 BFH BStBl II 94, 715.
5 Eingehend *Thomas* DStZ 94, 545.
6 Dazu § 42f Rn 10.
7 BFH BStBl II 90, 942 und BStBl II 95, 227.
8 BFH BStBl II 89, 1030.
9 *K/S/M* § 40 Rn D 7; *Blümich* § 40 Rn 123 ff; aA *Schmidt*[26] § 40a Rn 13.
10 BFH/NV 02, 784.
11 *Niermann* DB 99, 817 mit entspr Rechenbeispielen.

tigte) des Sechsten Buches Sozialgesetzbuch zu entrichten hat, mit einem einheitlichen Pauschsteuersatz in Höhe von insgesamt 2 Prozent des Arbeitsentgelts erheben.

(2a) Hat der Arbeitgeber in den Fällen des Absatzes 2 keine Beiträge nach § 168 Abs. 1 Nr. 1b oder 1c oder nach § 172 Abs. 3 oder 3a des Sechsten Buches Sozialgesetzbuch zu entrichten, kann er unter Verzicht auf die Vorlage einer Lohnsteuerkarte die Lohnsteuer mit einem Pauschsteuersatz in Höhe von 20 Prozent des Arbeitsentgelts erheben.

(3) ¹Abweichend von den Absätzen 1 und 2a kann der Arbeitgeber unter Verzicht auf die Vorlage einer Lohnsteuerkarte bei Aushilfskräften, die in Betrieben der Land- und Forstwirtschaft im Sinne des § 13 Abs. 1 Nr. 1 bis 4 ausschließlich mit typisch land- oder forstwirtschaftlichen Arbeiten beschäftigt werden, die Lohnsteuer mit einem Pauschsteuersatz von 5 Prozent des Arbeitslohns erheben. ²Aushilfskräfte im Sinne dieser Vorschrift sind Personen, die für die Ausführung und für die Dauer von Arbeiten, die nicht ganzjährig anfallen, beschäftigt werden; eine Beschäftigung mit anderen land- und forstwirtschaftlichen Arbeiten ist unschädlich, wenn deren Dauer 25 Prozent der Gesamtbeschäftigungsdauer nicht überschreitet. ³Aushilfskräfte sind nicht Arbeitnehmer, die zu den land- und forstwirtschaftlichen Fachkräften gehören oder die der Arbeitgeber mehr als 180 Tage im Kalenderjahr beschäftigt.

(4) Die Pauschalierungen nach den Absätzen 1 und 3 sind unzulässig
1. bei Arbeitnehmern, deren Arbeitslohn während der Beschäftigungsdauer durchschnittlich je Arbeitsstunde 12 Euro übersteigt,
2. bei Arbeitnehmern, die für eine andere Beschäftigung von demselben Arbeitgeber Arbeitslohn beziehen, der nach den §§ 39b bis 39d dem Lohnsteuerabzug unterworfen wird.

(5) Auf die Pauschalierungen nach den Absätzen 1 bis 3 ist § 40 Abs. 3 anzuwenden.

(6) ¹Für die Erhebung der einheitlichen Pauschsteuer nach Absatz 2 ist die Deutsche Rentenversicherung Knappschaft-Bahn-See/Verwaltungsstelle Cottbus zuständig. ²Die Regelungen zum Steuerabzug vom Arbeitslohn sind entsprechend anzuwenden. ³Für die Anmeldung, Abführung und Vollstreckung der einheitlichen Pauschsteuer gelten dabei die Regelungen für die Beiträge nach § 168 Abs. 1 Nr. 1b oder 1c oder nach § 172 Abs. 3 oder 3a des Sechsten Buches Sozialgesetzbuch. ⁴Die Deutsche Rentenversicherung Knappschaft-Bahn-See/Verwaltungsstelle Cottbus hat die einheitliche Pauschsteuer auf die erhebungsberechtigten Körperschaften aufzuteilen; dabei entfallen aus Vereinfachungsgründen 90 Prozent der einheitlichen Pauschsteuer auf die Lohnsteuer, 5 Prozent auf den Solidaritätszuschlag und 5 Prozent auf die Kirchensteuern. ⁵Die erhebungsberechtigten Kirchen haben sich auf eine Aufteilung des Kirchensteueranteils zu verständigen und diesen der Deutschen Rentenversicherung Knappschaft-Bahn-See/Verwaltungsstelle Cottbus mitzuteilen. ⁶Die Deutsche Rentenversicherung Knappschaft-Bahn-See/Verwaltungsstelle Cottbus ist berechtigt, die einheitliche Pauschsteuer nach Absatz 2 zusammen mit den Sozialversicherungsbeiträgen beim Arbeitgeber einzuziehen.

R 40a.1 – 40a.2 LStR

A. Grundaussagen und Bedeutung der Vorschrift

1   **I. Inhalt und Verhältnis zu anderen Vorschriften.** § 40a erlaubt die Pauschalierung für Teilzeitbeschäftigte. Die dadurch bezweckte Verfahrensvereinfachung steht zumindest gegenüber einem sich daraus ergebenden Steuervorteil[1] im Vordergrund.[2] Die Vorschrift erlaubt in drei Fallgruppen eine Pauschalierung, in Abs 1 für **kurzfristig Beschäftigte**, in Abs 2 und 2a für **geringfügig Beschäftigte** iSd §§ 8 I Nr 1, 8a SGB IV und in Abs 3 für **Aushilfskräfte in der LuF**. Es gelten wie bei § 40 II feste Steuersätze. Die dazu dargestellten Grundsätze (§ 40 Rn 19 ff) gelten entspr.

2   Im **Verhältnis zur Regelbesteuerung** besteht ein **Wahlrecht** des ArbG.[3] Dabei muss er die Pauschalierung nicht einheitlich für alle Teilzeitbeschäftigte durchführen,[4] sondern kann für jeden ArbN das günstigste Verfahren wählen.[5] Der Lohn des einzelnen ArbN muss aber einheitlich pauschaliert oder regelversteuert werden.[6] Da die Pauschalierung rechtsgestaltend wirkt, kann der ArbG nach

---

1 Blümich § 40a Rn 1; **aA** hM eigener Sozialzweck BFH BStBl II 82, 710; K/S/M § 40a Rn A 1.
2 Blümich § 40a Rn 5; Begr zu Hebung der Steuersätze in BT-Drs 11/2157, 158.
3 BFH VI B 115/95 v 29.9.96 nv.
4 BFH BStBl II 82, 710.
5 Littmann § 40a Rn 11.
6 BFH BStBl II 90, 931.

Ablauf des Kj nicht rückwirkend widerrufen.[1] Soweit die Rspr die Auffassung vertrat, dass für eine Nebentätigkeit beim ArbG der Haupttätigkeit dann pauschaliert werden könne, wenn kein untrennbarer innerer Zusammenhang zwischen den Tätigkeiten bestehe und sie ihrer Art nach unterschiedlich seien,[2] ist dies durch § 40a IV Nr 2 überholt. Ein **Wechsel** zwischen Pauschalierung und Regelbesteuerung ist nur zulässig, wenn dies **durch das Arbeitsverhältnis selbst veranlasst ist**,[3] etwa der ArbN in Ruhestand tritt und das Arbeitsverhältnis im Rahmen der Grenzen des § 40a weiterführt,[4] der Arbeitslohn wegen einer Erhöhung zu einer Überschreitung der Pauschalierungsgrenzen führt oder der Arbeitslohn schwankt.[5] Soll durch den Übergang der Besteuerungsart alleine erreicht werden, durch **Ausnutzung des ArbN-Pauschbetrags** (§ 9a Nr 1) für einen Teil des Lohns der Besteuerung zu entgehen, liegt darin ein **Gestaltungsmissbrauch** gem § 42 AO.[6]

Neben § 40a können auch § 40 I Nr 1 und II anwendbar sein. Gem § 40 II 3 HS 2 sind die Fahrtkostenzuschüsse nach § 40 II 2 nicht auf die Grenzen (Rn 12) des § 40a anzurechnen. Da nach § 40 II 2 pauschal versteuerte Einnahmen gem § 2 I Nr 2 ArEV nicht dem Arbeitsentgelt iSd § 14 SGB IV zuzurechnen sind, wirken sich Fahrtkostenzuschüsse auch nicht auf die für § 40a II maßgeblichen Einnahmegrenzen der §§ 8 I Nr 1, 8a SGB IV aus. Die Pauschalierungen sind daher nebeneinander anwendbar, durch die übrigen Pauschalierungen des § 40 können aber die Grenzen des § 40a nicht unterlaufen werden.[7] Werden die Grenzen nachträglich überschritten, kann der ArbG nach § 40 I Nr 2 pauschalieren.[8] Die Pauschalierung für Zukunftssicherungsleistungen nach § 40b ist auch bei Teilzeit- und Aushilfskräften möglich.[9] Auch innerhalb der Pauschalierungsmöglichkeiten des § 40a steht dem ArbG ein Wahlrecht zu.[10] Zu den Rechten des ArbN s § 40 Rn 10. Hinsichtlich KiSt s § 40 Rn 18.

II. Bemessungsgrundlage der Pauschalierung. Zur Bemessungsgrundlage für die Pauschalierung gehört der gesamte Arbeitslohn aus der Aushilfsbeschäftigung.[11] Wird die pauschale LSt auf den ArbN überwälzt, mindert dies gem §§ 40a V iVm 40 III ab dem 1.4.00 die Bemessungsgrundlage nicht mehr (§ 40 Rn 29). Vom ArbG zu entrichtende Sozialversicherungsbeiträge sind dem Arbeitslohn hinzuzurechnen.[12] Dasselbe gilt für den **Ersatz von Werbungskosten.**[13] Da als Arbeitslohn aber nur stpfl Einnahmen zu verstehen sind, gehören steuerbefreite Einnahmen nicht zur Bemessungsgrundlage,[14] auch dann nicht, wenn das Gesetz den Ersatz von WK steuerbefreit.[15] Die gesetzliche Wertung, bestimmte Einnahmen aus der Besteuerung auszublenden, kann nicht deshalb rückgängig gemacht werden, weil weitere Einnahmen durch eine pauschale Steuer abgegolten werden. Auslagenersatz (§ 19 Rn 115) gehört nicht zum Arbeitslohn. Für die **Abs 2 und 2a** ist das **Arbeitsentgelt** iSd § 14 SGB IV Bemessungsgrundlage. Diese Vorschrift ist durch die Arbeitsentgeltverordnung (ArEV) konkretisiert. Zum Arbeitsentgelt zählen insbes nicht lohnsteuerfreie (§ 1 ArEV) und nach § 40 II pauschal versteuerte Einnahmen (§ 2 I Nr 2 ArEV).

B. Die Pauschalierungstatbestände

I. Die einzelnen Pauschalierungsfälle. – 1. Pauschalierung bei kurzfristiger Beschäftigung (§ 40a I). Bei kurzfristig beschäftigten ArbN kann der Arbeitslohn mit 25 % pauschal besteuert werden. Eine **kurzfristige Beschäftigung** liegt gem § 40a I 2 dann vor, wenn der ArbG den ArbN im Kj nur **gelegentlich** und **nicht regelmäßig wiederkehrend** (zB jeweils an Wochenenden) beschäftigt. Maßgeblich soll sein, dass keine feste Wiederholungsabsicht vorliegt.[16] Eine erneute Tätigkeit ist nur schädlich, wenn sie bereits von vornherein vereinbart wurde.[17] Wie oft der ArbN tatsächlich im Laufe des Jahres tätig wird, ist unerheblich.[18] Diese Abkehr von objektiv überprüfbaren Merkmalen ist bedenklich. Gem § 40a I 2 ist eine **Beschäftigungsdauer** von mehr als 18 zusammenhängenden Arbeitstagen schädlich. Übliche

---

1 FG Hess EFG 99, 474 nrkr.
2 BFH BStBl II 94, 944.
3 *Blümich* § 40 Rn 12.
4 BFH BStBl II 90, 932; zu teilzeitbeschäftigtem Vorruheständler OFD M'ster DStR 91, 1956.
5 *Blümich* § 40 Rn 10; *v Bornhaupt* BB 92, 1835.
6 BFH BStBl II 92, 695; H 40a.2 LStR.
7 *K/S/M* § 40a Rn A 5.
8 *B/B* § 40a Rn 35.
9 BFH BStBl II 90, 398.
10 *Blümich* § 40a Rn 19.
11 R 40a.1 IV 1 LStR.
12 FG Hess EFG 94, 394; *Blümich* § 40a Rn 27; *H/H/R* § 40a Rn 22; **aA** FG Hbg EFG 82, 100; *Schmidt*[26] § 40a Rn 5.
13 *K/S/M* § 40a Rn B 3; zum Begriff § 19 Rn 114.
14 R 40a.1 IV 2 LStR.
15 *K/S/M* § 40a Rn B 3; **aA** *Schmidt*[26] § 40a Rn 4; *Blümich* § 40a Rn 29; *H/H/R* § 40a Rn 22.
16 R 40a.1 II 1 LStR.
17 R 40a.1 II 2 und 3 LStR.
18 R 40a.1 II 4 LStR; **aA** noch OFD Köln DB 74, 215 (nicht mehr als 4x im Kj).

arbeitsfreie Tage unterbrechen den Zeitraum ebenso wenig,[1] wie bezahlte Krankheits- oder Urlaubstage.[2] Der Begriff „Arbeitstag" ist dabei nicht als Kalendertag zu verstehen, sondern umfasst auch eine sich auf zwei Kalendertage erstreckende Nachtschicht.[3]

6 Alternativ setzt die Pauschalierung zudem eine **Begrenzung des durchschnittlichen Tageslohns** auf 62 € bezogen auf die jeweilige Beschäftigungsphase oder eine **sofortige Erforderlichkeit zu einem unvorhersehbaren Zeitpunkt** voraus. Unvorhersehbar muss der Arbeitskräftebedarf hinsichtlich des konkreten Zeitpunkts sein, etwa bei krankheitsbedingten Ausfällen von Personal,[4] bei Mehrbedarf durch Betriebsunfälle oder bei ungewöhnlichen Witterungseinflüssen. Daran fehlt es bei vorhersehbaren Ereignissen, wie Schlussverkäufen oder Messen[5] oder wenn der ArbG regelmäßig mit rufbereiten ArbN arbeitet.[6] Ein Einsatz, zB durch einen zusätzlichen Auftrag, erst in drei Tagen ist nicht „sofort" erforderlich.[7]

7 Daneben ist auch die allg Stundenlohngrenze nach § 40a IV Nr 1 zu beachten (Rn 11).

2. Pauschalierung bei geringfügiger Beschäftigung mit Rentenversicherungsbeitrag des Arbeitgebers (§ 40a II).
8 Durch das 2. Gesetz für moderne Dienstleistungen am Arbeitsmarkt[8] wurde in § 40 II eine einheitliche Pauschsteuer von 2 % für geringfügig Beschäftigte iSd §§ 8 I Nr 1, 8a SGB IV eingeführt. Die Beschäftigung kann anders als in Abs 1 auch eine laufende und wiederkehrende Tätigkeit sein. Die Regelung löst die bisherige St-Befreiung nach § 3 Nr 39 ab. Die einheitliche Pauschsteuer gilt gleichzeitig LSt, KiSt und SolZ ab. Sie wird begleitet durch die Einführung einer Steuerermäßigung nach § 35a (§ 35a Rn 1) bei Aufwendungen für haushaltsnahe Beschäftigungsverhältnisse.

8a Eine **geringfügige Beschäftigung iSv § 8 I Nr 1 SGB IV** liegt vor, wenn das Arbeitsentgelt für die Beschäftigung regelmäßig 400 € im Monat nicht übersteigt. Für Löhne in der sog „Gleitzone" bis 800 € monatlich gibt es nur sozialgesetzliche, keine steuerlichen Besonderheiten.[9] Die bisherige Begrenzung auf 15 Wochenarbeitsstunden wurde aufgehoben. Nach § 8 II SGB IV sind mehrere geringfügige Beschäftigungen nach § 8 I Nr 1 (geringfügig entlohnte Beschäftigungen) zusammenzurechnen. Bei der Zusammenrechnung von geringfügigen Beschäftigungen nach § 8 I Nr 1 und nicht geringfügigen (sozialversicherungspflichtigen Haupt-)Beschäftigungen bleibt hingegen die erste geringfügig entlohnte Beschäftigung unbeachtlich. Es ist unschädlich, wenn der Monatslohn von 400 € ausnahmsweise überschritten wird (vgl „regelmäßig"). Arbeitszeitkonten-Modelle sind nun auch bei geringfügiger Beschäftigung möglich.[10] Eine **geringfügige Beschäftigung in Privathaushalten iSv § 8a SGB IV** liegt vor, wenn diese durch einen privaten Haushalt begründet ist und die Tätigkeit sonst gewöhnlich durch Mitglieder des privaten Haushalts erledigt wird. Da Abs 4 nicht mehr auf Abs 2 verweist, ist in beiden Fällen kein durchschnittlicher Maximalstundenlohn zu beachten. Der Beschäftigte kann für eine andere Beschäftigung auch ArbN desselben ArbG sein. Für geringfügige Beschäftigungen nach § 8 I Nr 2 (kurzfristige Beschäftigungen) gilt die Pauschalierung nicht.

8b Die Pauschalierung besteht für „**Arbeitsentgelt**" (Rn 4). Gemeint ist Arbeitsentgelt iSd § 14 SGB IV (nicht Arbeitslohn nach § 19). Zum Arbeitsentgelt zählt nicht die einheitliche Pauschsteuer. Schuldner der Pauschsteuer ist nach § 40 III 2 der ArbG. Die Pauschsteuer wird daher nicht iSd § 14 III SGB IV durch Abzug vom Lohn einbehalten.

8c Die Pauschalierung nach Abs 2 setzt voraus, dass für das Arbeitsentgelt **Beiträge nach § 168 I Nr 1b, 1c oder § 172 III, IIIa SGB IV** zu entrichten sein müssen, sonst ist nur eine Pauschalierung nach Abs 2a möglich. Diese Beitragspflicht besteht nach §§ 172 III und IIIa SGB VI auch für nach §§ 8, 8a SGB IV versicherungsfreie Beschäftigungsverhältnisse mit Ausnahme von Studierenden, die nach § 5 III SGB VI versicherungsfrei sind. Die Beiträge an die Rentenversicherung betragen bei geringfügig entlohnten Beschäftigten grds 12 % des Arbeitsentgelts (§ 168 I Nr 1b, § 172 III SGB IV), bei geringfügig Beschäftigten in Privathaushalten sogar nur 5 % (§ 168 I Nr 1c, § 172 IIIa SGB IV).

---

1 BFH BStBl II 94, 421.
2 R 40a.1 V LStR.
3 BFH BStBl II 94, 421; H 40a.1 „Arbeitstag" LStR.
4 FG Hbg EFG 91, 755.
5 R 40a.1 III LStR.
6 FG Nds EFG 93, 344.
7 FG BaWü EFG 91, 628.
8 BGBl I 02, 4621.
9 Dazu *Niermann/Plenker* DB 03, 304.
10 *Niermann* DB 01, 2418.

Zusätzlich ist für in der gesetzlichen KV Versicherte – nicht Beamte oder privat versicherte Selbstständige – nach § 249b SGB V ein Pauschalbeitrag von 11 % des Arbeitsentgelts, bei geringfügig Beschäftigten in Privathaushalten von 5 % des Arbeitsentgelts an die Krankenversicherung zu entrichten. Es ergibt sich somit eine **Gesamtbelastung** von 25 % bei geringfügig entlohnten Beschäftigten und von 12 % bei geringfügig Beschäftigten in Privathaushalten. 8d

Der geringfügig Beschäftigte kann nach § 5 II SGB VI zur Rentenversicherungspflicht optieren und sich so eine volle Leistungsberechtigung verschaffen. Der ArbG hat dann nach § 168 I Nr 1b SGB VI weiterhin seinen Beitragsanteil zu zahlen und der ArbN die Differenz zum jeweils geltenden Beitragssatz (ab 1.1.03: 19,5 %). 8e

Für die **Erhebung und Vollstreckung** ist nicht das Betriebsstätten-FA, sondern gem § 40a VI 1 die Deutsche Rentenversicherung Knappschaft-Bahn-See/Verwaltungsstelle Cottbus zuständig. Für die Anmeldung und Abführung gilt nicht § 41a EStG, sondern die Regelungen des SGB insbes die §§ 28 ff SGB IV. Die einheitliche Pauschsteuer für geringfügig Beschäftigte in privaten Haushalten kann gem § 28a VII SGB IV durch Haushaltsscheck gemeldet werden. Gem § 28p X SGB IV werden ArbG wegen der Beschäftigten in privaten Haushalten nicht geprüft. 8f

Die einheitliche Pauschsteuer gilt neben der LSt und dem SolZ auch die **KiSt** ab. Anders als die bisherige Vw-Regelung (§ 40 Rn 18) kann der ArbG keinen Nachweis führen, dass der Beschäftigte keiner erhebungsberechtigten Kirche angehört. Aus dem Wortlaut ergibt sich zwar nicht unmittelbar, dass auch in jedem Fall KiSt erhoben wird. Lediglich in Abs 6 S 4 wird das Gesamtaufkommen zu 5 % als Anteil der KiSt bestimmt. Da sich aber die einheitliche Pauschsteuer nicht vermindert, wenn keine KiSt-Pflicht besteht, belastet die einheitliche Pauschsteuer auch Personen mit KiSt, die keiner steuerberechtigten Kirche angehören.[1] Für eine solche Regelung sprechen deren pragmatische Handhabbarkeit und das Recht des Gesetzgebers pauschalierende Tatbestände zu schaffen.[2] 8g

3. Pauschalierung bei geringfügiger Beschäftigung ohne Rentenversicherungsbeitrag des Arbeitgebers (§ 40a IIa). Ist der ArbG nicht verpflichtet ("hat j zu entrichten") für nach §§ 8 I Nr 1, 8a SGB IV geringfügig Beschäftigten Rentenversicherungsbeiträge zu leisten, kann er gem Abs 2a eine Pauschalbesteuerung von 20 % wählen. IÜ gelten dieselben Tatbestandsvoraussetzungen wie bei Abs 2. Die Pauschalsteuer umfasst nur die LSt. KiSt (§ 40 Rn 18) und SolZ (§ 40 Rn 25) werden zusätzlich erhoben. Die Beschränkungen des Abs 4 (Höchststundenlohn, kein anderes Arbverh) gelten nicht. 9

4. Aushilfskräfte in der Land- und Forstwirtschaft (§ 40a III). Einen Pauschsteuersatz von nur 5 %[3] sieht Abs 3 für die Pauschalierung des Arbeitslohns von Aushilfskräften in der LuF vor. Dadurch sollen die besonderen Verhältnisse in der LuF berücksichtigt werden, die in einem saisonal erhöhten Personalbedarf[4] und der Tatsache liegen, dass überwiegend ansonsten einkommenslose Personen beschäftigt werden.[5] Begünstigt werden nur Arbeitslöhne von **Aushilfskräften.** Diese dürfen gem Satz 2 nur luf Arbeiten verrichten, von denen mindestens 75 % „typische" luf Tätigkeiten sein müssen, die nur saisonal anfallen. Arbeiten fallen nicht ganzjährig an, wenn sie wegen der Abhängigkeit vom Lebensrhythmus der produzierten Pflanzen oder Tiere einen erkennbaren Abschluss in sich tragen. Die Unschädlichkeitsgrenze von 25 vH in S 2 bezieht sich nur auf ganzjährig anfallende luf Arbeiten.[6] **Typische luf Tätigkeiten** sind solche, die üblicherweise in einem Betrieb iSv § 13 I Nr 1–4 anfallen. Dazu kann auch der Wegebau gehören,[7] nicht aber etwa Blumenbinden oder Verkaufstätigkeiten[8] oder Reinigungsarbeiten, die ihrer Art nach während des ganzen Jahres anfallen.[9] Der ArbN darf gem Satz 3 keine luf Fachkraft sein oder länger als 180 Tage im Kj beim ArbG beschäftigt werden. **Fachkraft** ist, wer die Fertigkeiten für eine luf Tätigkeit im Rahmen einer 10

---

1 Keinen Verstoß gegen die Religionsfreiheit bei einer nur mittelbaren Belastung durch KiSt (KiStPfl für jur Pers) sieht die Europäische Kommission für Menschenrechte (EK MR DR 85-A, 29 (43) „Kustannas oy vapaa ajattelija AB ua gg Finnland" und das Schweizerische Bundesgericht (BGer EuGRZ 01, 128 (131) mwN. Nach BVerfGE 19, 216 = BStBl I 66, 219 darf keine nat Pers zu finanziellen Leistungen an eine steuerberechtigte Religionsgemeinschaft verpflichtet werden, der sie nicht angehört.
2 Der KiSt-Anteil beträgt pro Monat und Beschäftigten lediglich 0,40 €.
3 Bis 96 sogar nur 3 %.
4 BFH BStBl II 95, 392.
5 *Schmidt*[26] § 40a Rn 10.
6 BFH BStBl II 06, 206.
7 BFH BStBl II 86, 481.
8 R 40a.1 VI 3 LStR.
9 BFH BStBl II 06, 204: nicht aber das Ausmisten in Zusammenhang mit dem einmal jährlich erfolgenden Vieh-Austrieb (BStBl II 06, 206).

Eisgruber

Berufsausbildung erlernt hat oder anstelle einer Fachkraft eingesetzt ist.[1] Letzteres ist dann der Fall, wenn mehr als 25 vH der zu beurteilenden Tätigkeit Fachkraft-Kenntnisse erfordern. Traktorführer sind jedenfalls dann Fachkräfte, wenn sie den Traktor als Zugfahrzeug mit landwirtschaftlichen Maschinen führen.[2] Die Tätigkeit muss in einem luf Betrieb erbracht werden. Der Begriff ist tätigkeitsbezogen auszulegen. Ist der Betrieb nur kraft Rechtsform gewerblich, schadet dies nicht.[3]

II. Gemeinsame Regeln. – 1. Stundenlohngrenze und Regelarbeitsverhältnis beim selben Arbeitgeber.
11 Für alle Pauschalierungen nach § 40a gilt gem Abs 4 Nr 1 eine generelle Stundenlohngrenze von 12 €. Diese berechnet sich **durchschnittlich bezogen auf die Beschäftigungsdauer.** Diese ermittelt sich für alle Fälle einheitlich bezogen auf die jeweilige Beschäftigungsperiode.[4] Der Begriff „Arbeitsstunde" ist als Zeitstunde zu verstehen.[5] Vorbereitungszeiten sind nur zu berücksichtigen, wenn sie im Dienstvertrag entlohnt werden.[6] In Hinblick auf das mögliche Überschreiten der durchschnittlichen Grenze entsteht die pauschale LSt zunächst auflösend bedingt.[7] Nach Abs 4 Nr 2 darf beim selben ArbG nicht gleichzeitig ein der Regelbesteuerung unterworfenes Arbeitsverhältnis bestehen. Beide Beschränkungen gelten nicht für geringfügig Beschäftigte nach Abs 2 und 2a.

12 **2. Sonstige Bezüge und Pauschalierungsgrenzen.** Für die Berechnung der Pauschalierungsgrenzen sind sonstige Bezüge gleichmäßig auf die Lohnzahlungszeiträume zu verteilen. Wird der sonstige Bezug erst nach Ablauf des Kj gezahlt, in dem die entlohnte Leistung erbracht wurde, ist eine Verteilung nicht vorzunehmen.[8]

Für die Berechnung sind auch nach § 40b pauschalierte Bezüge mit einzubeziehen.[8] Zur konkreten Berechnung s Beispiel in H 40a.1 LStR „sonstige Bezüge"

13 **3. Aufzeichnungspflichten.** Die Aufzeichnungspflichten ergeben sich aus § 4 II Nr 8 LStDV. Sie dienen nur dem Nachweis,[9] müssen dafür aber die Zahl der tatsächlich geleisteten Stunden je Lohnzahlungszeitraum enthalten.[10] Pauschale Angaben über geleistete Arbeitsstunden reichen nicht.[11] Kann der Nachweis nicht erbracht werden, so ist die LSt gem § 162 AO nach den allg Grundsätzen der §§ 39b–39d zu schätzen oder auf Antrag gem § 40 I Nr 2 vorzunehmen. Nach Jahren aus dem Gedächtnis angefertigte Aufzeichnungen sind kein ausreichender Nachweis.[12]

14 **4. Fehlerhafte Pauschalierung.** Liegen die tatbestandlichen Voraussetzungen des § 40a nicht vor, ist die Pauschalierung fehlerhaft. Da dann der ArbN Schuldner der LSt bleibt, ist der ArbG nicht Zinsschuldner iSd § 235 I 2 und 3 AO.[13] Wird die Pauschalierung durch Überschreiten der Pauschalierungsgrenzen fehlerhaft, wirkt dies nur für den jeweiligen Tätigkeitszeitraum. Andere Zeiträume werden dadurch nicht berührt.[14]

§ 40b Pauschalierung der Lohnsteuer bei bestimmten Zukunftssicherungsleistungen

(1) Der Arbeitgeber kann die Lohnsteuer von den Zuwendungen zum Aufbau einer nicht kapitalgedeckten betrieblichen Altersversorgung an eine Pensionskasse mit einem Pauschsteuersatz von 20 Prozent der Zuwendungen erheben.

(2) [1]Absatz 1 gilt nicht, soweit die zu besteuernden Zuwendungen des Arbeitgebers für den Arbeitnehmer 1 752 Euro im Kalenderjahr übersteigen oder nicht aus seinem ersten Dienstverhältnis bezogen werden. [2]Sind mehrere Arbeitnehmer gemeinsam in der Pensionskasse versichert, so gilt als Zuwendung für den einzelnen Arbeitnehmer der Teilbetrag, der sich bei einer Aufteilung der gesamten Zuwendungen durch die Zahl der begünstigten Arbeitnehmer ergibt, wenn dieser Teilbetrag 1 752 Euro nicht übersteigt; hierbei sind Arbeitnehmer, für die Zuwendungen von mehr als 2 148 Euro im Kalenderjahr geleistet werden, nicht einzubeziehen. [3]Für Zuwendungen, die der

---

1 Ob die durchgeführten Arbeiten den Einsatz einer Fachkraft erfordern, ist dann nicht maßgeblich (BFH BStBl II 06, 208).
2 BFH BStBl II 06, 204.
3 BFH BStBl II 06, 92; K/S/M § 40a Rn D 2.
4 K/S/M § 40a E 1; Schmidt[26] § 40 Rn 8; aA H/H/R § 40a Rn 55; Blümich § 40a Rn 51.
5 BFH BStBl II 90, 1092.
6 BFH/NV 86, 492; aA K/S/M § 40a Rn E 1.
7 Schmidt[26] § 40a Rn 8.
8 BFH BStBl II 89, 1032.
9 BFH BStBl II 86, 681.
10 Einschränkend FG RhPf EFG 87, 377 (nicht für jede Woche gesondert).
11 FG BaWü EFG 84, 86.
12 FG Hess EFG 93, 610.
13 BFH BStBl II 94, 557.
14 Blümich § 40 Rn 70a.

Arbeitgeber für den Arbeitnehmer aus Anlass der Beendigung des Dienstverhältnisses erbracht hat, vervielfältigt sich der Betrag von 1 752 Euro mit der Anzahl der Kalenderjahre, in denen das Dienstverhältnis des Arbeitnehmers zu dem Arbeitgeber bestanden hat; in diesem Fall ist Satz 2 nicht anzuwenden. [4]Der vervielfältigte Betrag vermindert sich um die nach Absatz 1 pauschal besteuerten Zuwendungen, die der Arbeitgeber in dem Kalenderjahr, in dem das Dienstverhältnis beendet wird, und in den sechs vorangegangenen Kalenderjahren erbracht hat.

(3) Von den Beiträgen für eine Unfallversicherung des Arbeitnehmers kann der Arbeitgeber die Lohnsteuer mit einem Pauschsteuersatz von 20 Prozent der Beiträge erheben, wenn mehrere Arbeitnehmer gemeinsam in einem Unfallversicherungsvertrag versichert sind und der Teilbetrag, der sich bei einer Aufteilung der gesamten Beiträge nach Abzug der Versicherungsteuer durch die Zahl der begünstigten Arbeitnehmer ergibt, 62 Euro im Kalenderjahr nicht übersteigt.

(4) In den Fällen des § 19 Abs. 1 Satz 1 Nr. 3 Satz 2 hat der Arbeitgeber die Lohnsteuer mit einem Pauschsteuersatz in Höhe von 15 Prozent der Sonderzahlungen zu erheben.

(5) [1]§ 40 Abs. 3 ist anzuwenden. [2]Die Anwendung des § 40 Abs. 1 Satz 1 Nr. 1 auf Bezüge im Sinne des Absatzes 1, des Absatzes 3 und des Absatzes 4 ist ausgeschlossen.

R 40b.1 – 40b.2 LStR

A. Grundaussagen und Bedeutung der Vorschrift

I. Betriebliche Altersversorgung. Die Pauschalierung von Arbeitslohn, in Form von **Zuwendungen an eine Pensionskasse**, steht in Zusammenhang mit der Förderung der betrieblichen Altersversorgung durch die §§ 4b bis 4d. Die Norm dient deshalb vorwiegend nicht der Verwaltungsvereinfachung, sondern der Förderung der betrieblichen Altersversorgung.[1] Dies gewährleistet ein Pauschsteuersatz von nur 20 %. Durch das AltEinkG[2] wurde die Möglichkeit der Pauschalbesteuerung für neue[3] Direktversicherungen gestrichen, weil diese Unterart der vorgelagerten Besteuerung nicht mehr in ein System der nachgelagerten Besteuerung von Versorgungsleistungen passt.[4] Gleichzeitig wurde § 3 Nr 63 entspr erweitert (§ 3 Rn 186). Für die umlagefinanzierte betriebliche Altersversorgung wurde das bisherige System beibehalten und in Abs 2 S 5 sogar erweitert. 1

II. Aufbau der Norm. **Abs 1** erlaubt die Pauschalierung für bestimmte Zukunftssicherungsleistungen. **Abs 2** schränkt die Pauschalierungsmöglichkeit betragsmäßig ein. **Abs 3** gewährt eine Pauschalierung für Beiträge zu einer Unfallversicherung für mehrere ArbN. **Abs 4** enthält eine Pauschalierungspflicht für Sonderzahlungen nach § 19 I Nr 3. **Abs 5** verweist auf § 40 III und enthält eine Konkurrenzklausel zur Pauschalierung nach § 40 I Nr 1. 2

III. Verhältnis zu anderen Vorschriften. Nach Abs 4 ist auf begünstigte Zukunftssicherungsleistungen eine Pauschalierung nach § 40 I Nr 1 ausgeschlossen. Dies gilt auch für die die Höchstbeträge (Rn 9f) übersteigenden Leistungen,[5] nicht aber, wenn die Voraussetzungen des § 40b nicht vorliegen.[6] Die übrigen Pauschalierungsfälle können alternativ vorliegen. 3

§ 40 III ist nach § 40b V 1 entspr anzuwenden. Insoweit kann hinsichtlich der allg Folgen auf die Ausführungen zu § 40 (§ 40 Rn 25ff) verwiesen werden. Daraus folgt, dass auch bei dieser Pauschalierung der ArbG Steuerschuldner wird und die Leistungen bei der Veranlagung insgesamt außer Betracht bleiben, also auch soweit sie dem Grunde nach Sonderausgaben nach § 10 I Nr 2 wären.[7] Die Leistungen gehören nicht zum sozialversicherungspflichtigen Lohn, es sei denn, dass der Beitrag laufend[8] aus einer Barlohnumwandlung (Rn 5) bestritten wird.[9] Die Vereinfachungsregel des § 8 II 9 ist nicht auf Zukunftssicherungsleistungen anzuwenden.[10] 4

---

1 H/H/R § 40b Rn 3.
2 BGBl I 04, 1427.
3 Fortgeltung der bisherigen Rechtslage für Verträge aufgrund einer Versorgungszusage vor dem 1.1.05 (§ 52 LIIa).
4 BT-Drs 2/04, 75.
5 H/H/R § 40b Rn 6.
6 Blümich § 40 Rn 4.
7 H/H/R § 40b Rn 9; aA K/S/M § 40b Rn A 4.
8 Barlohnumwandlungen aus Einmalzahlungen sind sozialversicherungsrechtlich zulässig.
9 H/H/R § 40b Rn 11.
10 BFH BStBl II 03, 492; dazu Anmerkung MIT DStR 03, 732.

B. Die Vorschrift im Einzelnen

5 I. Begünstigte Leistungen (§ 40b I). – 1. Zuwendungen als Arbeitslohn. Mit einem Steuersatz von 20 % können Beiträge des ArbG an Direktversicherungen (§ 4b Rn 3) oder Zuwendungen an Pensionskassen (§ 4c Rn 3) pauschaliert besteuert werden. Diese Leistungen sind **Arbeitslohn** des ArbN.[1] Denn sie sind so zu behandeln, als ob sie der ArbN geleistet und der ArbG einen entspr höheren Barlohn gezahlt habe.[2] Unschädlich für die Pauschalierung ist es deshalb, wenn der ArbN im Rahmen einer **Barlohnumwandlung** auf einen ihm zustehenden höheren Bruttolohn zugunsten einer Zukunftssicherungsleistung verzichtet hat.[3] Die in R 129 V LStR 01 eingefügte Beschränkung auf Herabsetzungen des künftigen Arbeitslohns wurde wieder zurückgenommen.[4] Der Beitrag muss aber direkt vom ArbG an den Versicherer erbracht werden. Eine Barauszahlung, die der ArbN zur Altersversorgung verwendet, kann nicht pauschaliert werden.[5] Kein Arbeitslohn ist der Prämienvorteil aus einer Gruppenversicherung.[6] Auch Zahlungen des ArbG an Unterstützungskassen sind kein Arbeitslohn, da der ArbN dadurch keinen Rechtsanspruch auf Leistungen erwirbt (§ 4c Rn 3). Kein Arbeitslohn liegt vor, wenn ein Dienstverhältnis nach steuerlichen Gesichtspunkten nicht anerkannt wird (§ 4b Rn 6).

6 Wird der Beitrag (anteilig) aus im Rahmen der Versicherung entstandenen Gewinnanteilen erbracht oder verliert ein ArbN sein Bezugsrecht ersatzlos (zB durch Ausscheiden aus dem Dienstverhältnis) nimmt die FinVerw eine Lohnrückzahlung an.[7] Dieser Rückzahlungsbetrag mindert als **negative Einkünfte** die als Bemessungsgrundlage der für die Pauschalierung maßgeblichen anfallenden Beitragsleistungen des ArbG des „Rückzahlungs"-Kj.[8] Ein Übersteigen der negativen Einkünfte über die Summe der Beiträge und Zuwendungen im Rückzahlungsjahr bleibt ab 08 unberücksichtigt.[9] Gegen die Behandlung als Lohnrückzahlung sind im Schrifttum gewichtige Argumente vorgetragen worden,[10] insbes dass diese Auffassung die Annahme enthalte, dass die Gewinnanteile bereits dem ArbN zugestanden hätten. Für die Auffassung der Verwaltung spricht aber, dass dadurch das Versicherungsverhältnis auf der Ebene des ArbG als Versicherungsnehmer insgesamt und in sich konsequent abgewickelt werden kann. Entspr kann der ArbN selbst keine negativen Einnahmen geltend machen, da er nicht in das Pauschalierungsverfahren eingeschaltet war.[11] Nur soweit bisher regelversteuerte Beiträge als Lohnrückzahlung behandelt werden,[12] mindern diese Teile als negative Einnahmen den Arbeitslohn des ArbN.[13] Str ist, ob bei Direktversicherungen mit gespaltenem Bezugsrecht (§ 4b Rn 15) der Prämienanteil, der als Entgelt für die Einräumung einer Gewinnbeteiligung des ArbG zu leisten ist, der LSt unterliegt.[14] Verneint man dies, könnten aus Gewinnanteilen bestrittene Rückzahlungen der Versicherung zu keiner LSt-Erstattung führen.

7 2. Sonstige Pauschalierungsvoraussetzungen. – a) Notwendige Versicherungsvereinbarung. Für Direktversicherungen enthielt § 40b I 2 zusätzliche Einschränkungen (nicht auf den Erlebensfall vor dem 60. Lebensjahr abgeschlossen;[15] vorzeitige Kündigung durch ArbN ausgeschlossen[16]). Eine **Kapitalversicherung mit einer Laufzeit von weniger als 5 Jahren** wird von der FinVerw nur anerkannt, wenn sie nicht nach dem arbeitsrechtlichen Grundsatz der Gleichbehandlung abgeschlossen werden.[17]

8 b) Erstes Dienstverhältnis. Eine Pauschalierung ist gem § 40b II 1 nur im Rahmen des ersten Dienstverhältnisses zulässig. Diese Einschränkung trifft nur Fälle, in denen der ArbN gleichzeitig in mehreren Dienstverhältnissen steht, idR ArbN die nach der StKl VI regellohnbesteuert werden.[18]

---

1 Zur Frage, ob es sich dabei um Barlohn oder einen geldwerten Vorteil handelt *Pust* HFR 03, 577.
2 BMF BStBl I 93, 248 unter Tz 1.
3 BMF BStBl I 01, 343; BFH BStBl II 91, 647; *K/S/M* § 40b Rn B 8; R 40b.1 V LStR.
4 BMF BStBl 01, 342.
5 *Schmidt*[26] § 40b Rn 3.
6 BMF DB 96, 655.
7 R 40b.1 XII–XVI LStR.
8 R 40b.1 VI 1 LStR; *Blümich* § 40b Rn 29.
9 R 40b.1 XIV S 3 LStR; anders noch R 129 XV 2 u 4 LStR 06 (LSt-Erstattungsanspr iHv 20 % des übersteigenden Betrags).
10 *K/S/M* § 40b Rn B 13; *Schmidt*[26] § 40b Rn 5; *H/H/R* § 40b Rn 22.
11 R 40b.1 XIV 4 LStR; *Blümich* § 40b Rn 29; **aA** wohl *H/H/R* § 40b Rn 22.
12 Zur entspr Aufteilung R 40b.1 XV LStR.
13 Nach R 40b.1 XV 4 LStR bereits beim LSt-Abzug zu berücksichtigen; bedenklich s § 39a Rn 7.
14 Bei R 40b.1 VII LStR **aA** FG Hbg DStRE 02, 151 Rev VI R 115/01 (Aufteilung im Schätzwege).
15 S dazu vorformulierte Klausel in R 40b.1 VI 4 LStR.
16 Nicht schädlich war bei Beendigung des Dienstverhältnisses eine Übertragung auf den ArbN (R 40b.1 VI 5, 6 LStR).
17 R 40b.1 II 5,6 LStR; **aA** FG BaWü EFG 03, 883; bestätigt durch BFH v 7.9.07 Az VI R 9/03; *K/S/M* § 40b Rn B 7.
18 BFH BStBl II 97, 143.

Wechselt der ArbN innerhalb eines Kj den ArbG, kann sowohl im späteren Dienstverhältnis pauschaliert werden,[1] als auch nachträglich vom früheren ArbG für Leistungen im zurückliegenden Zeitraum.[2] Bei teilzeitbeschäftigten ArbN ist vom ArbG nachzuweisen, dass es sich um das einzige Arbeitsverhältnis handelt.[3]

II. Pauschalierungsgrenze. – 1. Jährliche Höchstgrenze. Die Pauschalierung ist auf 1 752 € pro Kj und ArbN begrenzt. Der Betrag ist personenbezogen und darf vom ArbG nur einmal jährlich in Anspruch genommen werden, unabhängig davon für welche Jahre die Leistungen erbracht werden.[4] Ob für den ArbN im selben Kj vom früheren ArbG auch schon begünstigte Leistungen erbracht wurden, ist unbeachtlich.[5]

2. Durchschnittsberechnung. Sind mehrere (mindestens zwei)[6] ArbN gemeinsam versichert, können Leistungen für einzelne ArbN bis zu 2 148 € pauschaliert werden, wenn die durchschnittliche Förderung je ArbN den Betrag von 1 752 € nicht übersteigt.[7] Dazu ist gem § 40b II 2 zwingend eine einheitliche Durchschnittsberechnung durchzuführen, bei der die Leistungen für alle ArbN, soweit sie nicht 2 148 € übersteigen, unabhängig von der Art der Leistungen[8] einzuberechnen sind. Dadurch sollen höhere Leistungen für ältere ArbN möglich werden. Soweit für einzelne ArbN höhere Leistungen erbracht wurden, sind diese dennoch einzubeziehen, wenn der als Arbeitslohn zu qualifizierende Anteil 2 148 € nicht übersteigt.[9] Zur konkreten Berechnung s R 40b.1 IX LStR.

3. Vervielfältigung bei Beendigung. Für Leistungen, die der ArbG aus Anlass des Ausscheidens des ArbN erbringt, vervielfältigt sich die Pauschalierungsgrenze gem § 40b II 3 um die Anzahl der Jahre, in denen das Dienstverhältnis bestanden hat. Dies gilt auch für Fälle der Barlohnumwandlung,[10] sofern zwischen Beitragsleistung und Ausscheiden ein enger zeitlicher Zusammenhang besteht, idR 3 Monate.[11] Angefangene Jahre zählen voll, eine Durchschnittsberechnung ist dabei nicht zulässig. Der Betrag vermindert sich gem Abs 2 S 4 um die Leistungen, die in den 6 vorangegangenen Jahren pauschaliert wurden.

III. Gruppenunfallversicherung (§ 40b III). Beiträge für eine Gruppenunfallversicherung (§ 19 Rn 150 „Unfallversicherung") können gem Abs 3 seit 1990 pauschaliert werden, sofern der durchschnittliche Beitrag pro ArbN und Kj 62 € nicht übersteigt. Bei einem höheren Beitrag einsteht kein Pauschalierungswahlrecht. Ist bei Pauschalzuweisungen ein personenbezogener Betrag nicht feststellbar, ist als tatsächlicher Betrag der Durchschnittsbetrages aus der Pauschalzuweisung anzunehmen.[12] Voraussetzung für die Pauschalierung ist, dass der ArbN den Versicherungsanspruch unmittelbar gegenüber der Versicherungsgesellschaft geltend machen kann.[13] Bei einem nur mittelbaren Anspruch der ArbN (nur ArbG als Versicherungsnehmer kann Versicherungsanspruch geltend machen) sind die Beiträge nicht lstpfl.[14]

IV. Gegenwertzahlungen, laufende Zahlungen an Pensionsfonds nach § 112 Ia VAG und Sanierungsgelder (§ 40b IV). Abs 4 bestimmt eine Pflichtpauschalierung für Arbeitslohn iSd § 19 I Nr 3 S 2 (§ 91 Rn 140f). Die Vorschrift ersetzt und erweitert Abs 2 S 5, der nach der Rspr[15] mangels Steuerbarkeit des zu pauschalierenden Betrags leer lief. Der Steuersatz beträgt (nur) 15 %, um eine Systemumstellung der umlagefinanzierten Versorgungssysteme zu erleichtern.[16] Die Begr ist deshalb widersprüchlich, weil die Besteuerung der Zahlungen gleichzeitig überhaupt erst eingeführt wurde. Die Pflicht des ArbG zu pauschalieren ist offensichtlich aus dem Dilemma geboren, dass die Gegenwertzahlungen und die Sanierungsgelder aus einem Verhalten des ArbG resultieren, **ohne die konkret-individuelle Leistungsfähigkeit des ArbN zu erhöhen**. Eine Überwälzung der LSt auf den ArbN wird sich rechtlich nicht umsetzen lassen. Damit trennt die Regelung endgültig Steuersubjekt und Steuerschuld. Das ist mit dem Wesen der ESt nicht vereinbar[17] und lässt sich auch nicht mit dem Argument der Verwaltungsvereinfachung rechtfertigen; das erreicht schon eine Option. Wenn aber die abstrakte Erhöhung der Leistungsfähigkeit des ArbN einer Besteuerung genügt, muss dieser, nicht der ArbG, mit der daraus resultierenden ESt belastet werden.

---

1 *Schmidt*[26] § 40b Rn 7.
2 BFH BStBl II 88, 554.
3 BFH BStBl II 90, 398.
4 BFH BStBl II 88, 379; **aA** *K/S/M* § 40b Rn C 4.
5 R 40b.1 VIII 1 LStR; **aA** *K/S/M* § 40b Rn C 1.
6 FG Nds EFG 80, 453.
7 Diese Durchschnittsberechnung gilt nicht im Sozialversicherungsrecht (SG Berlin DStR 01, 1221).
8 FG M'ster EFG 95, 86.
9 BFH v 12.4.2007, VI R 55/05.
10 R 40b.1 XI 2 LStR.
11 R 40b.1 XI 1 LStR; *Hartmann* Inf 99, 742.
12 R 40b.1 XI 7 LStR.
13 BFH/NV 99, 1590; BMF BStBl I 00, 1204.
14 FG RhPf DStRE 02, 89.
15 BFH v 15.2.06, VI R 92/04; glA *Heger* BB 05, 749.
16 BT-Drs 16/2712.
17 Weitergehend (verfassungswidrig) *Glaser* BB 06, 2217.

§ 41 Aufzeichnungspflichten beim Lohnsteuerabzug

(1) ¹Der Arbeitgeber hat am Ort der Betriebsstätte (Absatz 2) für jeden Arbeitnehmer und jedes Kalenderjahr ein Lohnkonto zu führen. ²In das Lohnkonto sind die für den Lohnsteuerabzug und die Lohnsteuerzerlegung erforderlichen Merkmale aus der Lohnsteuerkarte oder aus einer entsprechenden Bescheinigung zu übernehmen. ³Bei jeder Lohnzahlung für das Kalenderjahr, für das das Lohnkonto gilt, sind im Lohnkonto die Art und Höhe des gezahlten Arbeitslohns einschließlich der steuerfreien Bezüge sowie die einbehaltene oder übernommene Lohnsteuer einzutragen; an die Stelle der Lohnzahlung tritt in den Fällen des § 39b Abs. 5 Satz 1 die Lohnabrechnung. ⁴Ist die einbehaltene oder übernommene Lohnsteuer unter Berücksichtigung der Vorsorgepauschale nach § 10c Abs. 3 ermittelt worden, so ist dies durch die Eintragung des Großbuchstabens B zu vermerken. ⁵Ferner sind das Kurzarbeitergeld, das Schlechtwettergeld, das Winterausfallgeld, der Zuschuss zum Mutterschaftsgeld nach dem Mutterschutzgesetz, der Zuschuss nach § 4a der Mutterschutzverordnung oder einer entsprechenden Landesregelung, die Entschädigungen für Verdienstausfall nach dem Infektionsschutzgesetz vom 20. Juli 2000 (BGBl. I S. 1045) sowie die nach § 3 Nr. 28 steuerfreien Aufstockungsbeträge oder Zuschläge einzutragen. ⁶Ist während der Dauer des Dienstverhältnisses in anderen Fällen als in denen des Satzes 5 der Anspruch auf Arbeitslohn für mindestens fünf aufeinander folgende Arbeitstage im Wesentlichen weggefallen, so ist dies jeweils durch Eintragung des Großbuchstabens U zu vermerken. ⁷Hat der Arbeitgeber die Lohnsteuer von einem sonstigen Bezug im ersten Dienstverhältnis berechnet und ist dabei der Arbeitslohn aus früheren Dienstverhältnissen des Kalenderjahres außer Betracht geblieben, so ist dies durch Eintragung des Großbuchstabens S zu vermerken. ⁸Die Bundesregierung wird ermächtigt, durch Rechtsverordnung mit Zustimmung des Bundesrates vorzuschreiben, welche Einzelangaben im Lohnkonto aufzuzeichnen sind. ⁹Dabei können für Arbeitnehmer mit geringem Arbeitslohn und für die Fälle der §§ 40 bis 40b Aufzeichnungserleichterungen sowie für steuerfreie Bezüge Aufzeichnungen außerhalb des Lohnkontos zugelassen werden. ¹⁰Die Lohnkonten sind bis zum Ablauf des sechsten Kalenderjahres, das auf die zuletzt eingetragene Lohnzahlung folgt, aufzubewahren.

(2) ¹Betriebsstätte ist der Betrieb oder Teil des Betriebs des Arbeitgebers, in dem der für die Durchführung des Lohnsteuerabzugs maßgebende Arbeitslohn ermittelt wird. ²Wird der maßgebende Arbeitslohn nicht in dem Betrieb oder einem Teil des Betriebs des Arbeitgebers oder nicht im Inland ermittelt, so gilt als Betriebsstätte der Mittelpunkt der geschäftlichen Leitung des Arbeitgebers im Inland; im Fall des § 38 Abs. 1 Satz 1 Nr. 2 gilt als Betriebsstätte der Ort im Inland, an dem die Arbeitsleistung ganz oder vorwiegend stattfindet. ³Als Betriebsstätte gilt auch der inländische Heimathafen deutscher Handelsschiffe, wenn die Reederei im Inland keine Niederlassung hat.

§ 4 LStDV; R 41.1 – 41.3 LStR

A. Grundaussagen der Vorschrift

1 **I. Das Lohnkonto.** Abs 1 regelt iVm § 4 LStDV umfassend und abschließend die für das LSt-Verfahren zu führenden Aufzeichnungen. Der ArbG wird verpflichtet als **zentrales Datenblatt** ein Lohnkonto zu führen. Die Angaben des Lohnkontos sind Aufzeichnungen iSd §§ 145 II, 146–148 AO.[1] Ein Verstoß des ArbG gegen die Aufzeichnungspflicht führt zu einer Beweislastumkehr im Haftungsverfahren.[2]

2 **II. Die Betriebsstätte.** Abs 2 definiert einen **eigenständigen lohnsteuerlichen Betriebsstättenbegriff**, der nicht mit dem allg Betriebsstättenbegriff des § 12 AO identisch ist,[3] sondern in seinen Wirkungen darüber hinausgeht.[4]

B. Die Vorschrift im Einzelnen

3 **I. Die Aufzeichnungs- und Aufbewahrungspflichten. – 1. Form und Inhalt des Lohnkontos.** Der ArbG muss für jeden einzelnen ArbN grds ein **gesondertes Lohnkonto**[5] für jedes Kj führen. Nach § 4 II Nr 8 LStDV können nach § 40 I Nr 2 und II pauschal versteuerte Bezüge in einem Sammelkonto aufgezeichnet werden.[6] Eine besondere Form ist nicht vorgeschrieben, auf Antrag kann gem § 4 III mit Genehmigung der OFD auch ein maschinelles Lohnabrechnungsverfahren zugelassen

---

1 *Blümich* § 41 Rn 2; **aA** *K/S/M* § 41 Rn A 16.
2 *K/S/M* § 41 Rn A 16.
3 *Blümich* § 41 Rn 5.
4 *K/S/M* § 41 Rn A 17.
5 Zahlen aus der Buchführung genügen nicht.
6 Dazu *Lademann* § 41 Rn 21 ff.

werden. Aus § 4 III LStDV ergibt sich, dass bei jeder gewählten Form die Kontrolle eines ordnungsgemäßen LSt-Einbehalts gesichert sein muss.[1]

Der ArbG muss in das Lohnkonto gem § 41 I 2 zunächst die **Daten der LSt-Karte** oder der entspr Bescheinigungen nach §§ 39b VI, 39d I 3 oder § 39a VI eintragen. **§ 4 II LStDV** enthält detailliert, wie und welche Angaben entspr § 41 I 3 laufend eingetragen werden müssen. Insbes sind – mit Ausnahme der Trinkgelder[2] – auch stfreie Zuwendungen einzutragen, nicht aber Zuwendungen, die den Lohnbegriff nicht erfüllen.[3] Gem § 41 I 6 ist jeweils ein Großbuchstabe „U" einzutragen,[4] wenn bei Fortbestehen des Dienstverhältnisses kein Anspruch auf Arbeitslohn besteht, um das FA wegen § 32b auf mögliche Lohnersatzleistungen hinzuweisen.[5] Wurde bis 31.12.00 für den ArbN die besondere LSt-Tabelle angewendet, war gem § 41 I 4 aF der Großbuchstabe „B" einzutragen. Dies gilt ab 2001 entspr, wenn die LSt unter Berücksichtigung der Vorsorgepauschale nach § 10c III ermittelt wurde. Für die Lohnsteuerzerlegung ist die LSt-Karte ausstellende Gemeinde im Lohnkonto vermerken. Wenn der ArbG den voraussichtlichen Jahreslohn nach § 39b III vereinfacht ermittelte, ist der Großbuchstabe „S" zu vermerken. 4

2. Betroffener Arbeitgeber und Aufbewahrungspflichten. Die Pflicht des § 41 I treffen als **akzessorische Pflicht**[6] den ArbG, der den LSt-Abzug durchzuführen hat (§ 38 Rn 5 ff.) Das Lohnkonto ist am Ort der Betriebsstätte zu führen und muss gem § 41 I 9 bis zum Ablauf des sechsten Kj aufbewahrt werden. Die Frist beginnt mit dem Tag der Lohnzahlung, nicht der Eintragung.[7] Unterlagen sind als **Belege formell zum Lohnkonto** zu nehmen. Dies ist zT gesetzlich bestimmt (§ 39b VI), iÜ ergibt sich dies aus den §§ 146, 147 AO.[8] 5

II. Betriebsstätte. Mit der Betriebsstätte wird das örtlich zuständige FA und der Ort der Lohnkontenführung bestimmt, nicht aber ob eine Person als inländischer ArbG zu betrachten ist.[9] Als Betriebsstätte gem § 41 II 1 ist der Betrieb oder Teil des Betriebs zu behandeln, in dem **der maßgebende Arbeitslohn ermittelt** wird. Darunter ist die Zusammenstellung der für den LSt-Einbehalt maßgeblichen Lohnteile zu verstehen, nicht die bloß rechnerische Ermittlung oder die Aufbewahrung der LSt-Karten.[10] Verfügt der ArbG über mehrere Teilbetriebe, liegt es in seinem Ermessen, ob er eine zentrale Abrechnungsstelle einrichtet oder mehrere Betriebsstätten entstehen.[9] 6

Wird der Arbeitslohn außerhalb des Betriebs des ArbG (zB von einem Dritten) oder nicht im Inland ermittelt, fingiert Abs 2 S 2 HS 1 eine **Betriebsstätte am Ort der Geschäftsleitung im Inland**.[11] Dieser ist nach den zu § 10 AO entwickelten Grundsätzen zu bestimmen.[12] Zu den Betriebsstätten bei Konzernunternehmen s FinVerw BB 94, 772; zu Wohnungseigentümergemeinschaften s FinVerw DB 97, 1744. 7

Bei einem **ausländischen Verleiher** iSd § 38 I 1 Nr 2 (§ 38 Rn 8) gilt gem Abs 2 S 2 HS 2 der Ort, an dem im Inland die Arbeitsleistung ganz oder vorwiegend erbracht wird, als Betriebsstätte, sofern der Lohn nicht im Inland ermittelt wird.[13] Bei mehreren ArbN-Kolonnen gilt § 25 AO, bei einem Wechsel des Einsatzortes § 26 AO.[14] Für ArbG, die Bauleistungen erbringen (§ 48), gilt § 20a AO. 8

Für deutsche Handelsschiffe[15] gilt neben einer Betriebsstätte nach Abs 2 S 2 HS 1 auch der inländische Heimathafen als Betriebsstätte, wenn die Reederei im Inland keine Niederlassung hat. 9

---

1 Vgl auch *K/S/M* § 41 Rn B 5.
2 § 4 II Nr 4 LStDV.
3 *Schmidt*[26] § 41 Rn 1.
4 Dazu R 41.2 LStR.
5 *Blümich* § 41 Rn 15.
6 *K/S/M* § 41 Rn B 1.
7 *K/S/M* § 41 Rn B 13 mwN.
8 *Blümich* § 41 Rn 26; iErg glA BFH BStBl II 80, 289 (aus allg Beweislastregeln).
9 *Schmidt*[26] § 41 Rn 2.
10 *Blümich* § 41 Rn 27; *Schmidt*[26] § 41 Rn 2; s auch R 41.3 LStR.
11 Zu Wohnungseigentümergemeinschaften OFD Brem DB 97, 1744.
12 *Blümich* § 41 Rn 30; *T/K* § 10 Rn 2.
13 In den Bundesländern wurden zentral zuständige FÄ eingerichtet. H 41.3 LStR.
14 *Blümich* § 41 Rn 32.
15 Zum Begriff *Blümich* § 41 Rn 33.

§ 41a Anmeldung und Abführung der Lohnsteuer

(1) ¹Der Arbeitgeber hat spätestens am zehnten Tag nach Ablauf eines jeden Lohnsteuer-Anmeldungszeitraums

1. dem Finanzamt, in dessen Bezirk sich die Betriebsstätte (§ 41 Abs. 2) befindet (Betriebsstättenfinanzamt), eine Steuererklärung einzureichen, in der er die Summen der im Lohnsteuer-Anmeldungszeitraum einzubehaltenden und zu übernehmenden Lohnsteuer angibt (Lohnsteuer-Anmeldung),
2. die im Lohnsteuer-Anmeldungszeitraum insgesamt einbehaltene und übernommene Lohnsteuer an das Betriebsstättenfinanzamt abzuführen.

²Die Lohnsteuer-Anmeldung ist nach amtlich vorgeschriebenem Vordruck auf elektronischem Weg nach Maßgabe der Steuerdaten-Übermittlungsverordnung zu übermitteln. ³Auf Antrag kann das Finanzamt zur Vermeidung von unbilligen Härten auf eine elektronische Übermittlung verzichten; in diesem Fall ist die Lohnsteuer-Anmeldung vom Arbeitgeber oder von einer zu seiner Vertretung berechtigten Person zu unterschreiben. ⁴Der Arbeitgeber wird von der Verpflichtung zur Abgabe weiterer Lohnsteuer-Anmeldungen befreit, wenn er Arbeitnehmer, für die er Lohnsteuer einzubehalten oder zu übernehmen hat, nicht mehr beschäftigt und das dem Finanzamt mitteilt.

(2) ¹Lohnsteuer-Anmeldungszeitraum ist grundsätzlich der Kalendermonat. ²Lohnsteuer-Anmeldungszeitraum ist das Kalendervierteljahr, wenn die abzuführende Lohnsteuer für das vorangegangene Kalenderjahr mehr als 800 Euro, aber nicht mehr als 3 000 Euro betragen hat; Lohnsteuer-Anmeldungszeitraum ist das Kalenderjahr, wenn die abzuführende Lohnsteuer für das vorangegangene Kalenderjahr nicht mehr als 800 Euro betragen hat. ³Hat die Betriebsstätte nicht während des ganzen vorangegangenen Kalenderjahres bestanden, so ist die für das vorangegangene Kalenderjahr abzuführende Lohnsteuer für die Feststellung des Lohnsteuer-Anmeldungszeitraums auf einen Jahresbetrag umzurechnen. ⁴Wenn die Betriebsstätte im vorangegangenen Kalenderjahr noch nicht bestanden hat, ist die auf einen Jahresbetrag umgerechnete für den ersten vollen Kalendermonat nach der Eröffnung der Betriebsstätte abzuführende Lohnsteuer maßgebend.

(3) ¹Die oberste Finanzbehörde des Landes kann bestimmen, dass die Lohnsteuer nicht dem Betriebsstättenfinanzamt, sondern einer anderen öffentlichen Kasse anzumelden und an diese abzuführen ist; die Kasse erhält insoweit die Stellung einer Landesfinanzbehörde. ²Das Betriebsstättenfinanzamt oder die zuständige andere öffentliche Kasse können anordnen, dass die Lohnsteuer abweichend von dem nach Absatz 1 maßgebenden Zeitpunkt anzumelden und abzuführen ist, wenn die Abführung der Lohnsteuer nicht gesichert erscheint.

(4) ¹Arbeitgeber, die eigene oder gecharterte Handelsschiffe betreiben, dürfen vom Gesamtbetrag der anzumeldenden und abzuführenden Lohnsteuer einen Betrag von 40 Prozent der Lohnsteuer der auf solchen Schiffen in einem zusammenhängenden Arbeitsverhältnis von mehr als 183 Tagen beschäftigten Besatzungsmitglieder abziehen und einbehalten. ²Die Handelsschiffe müssen in einem inländischen Seeschiffsregister eingetragen sein, die deutsche Flagge führen und zur Beförderung von Personen oder Gütern im Verkehr mit oder zwischen ausländischen Häfen, innerhalb eines ausländischen Hafens oder zwischen einem ausländischen Hafen und der Hohen See betrieben werden. ³Die Sätze 1 und 2 sind entsprechend anzuwenden, wenn Seeschiffe im Wirtschaftsjahr überwiegend außerhalb der deutschen Hoheitsgewässer zum Schleppen, Bergen oder zur Aufsuchung von Bodenschätzen oder zur Vermessung von Energielagerstätten unter dem Meeresboden eingesetzt werden. ⁴Ist für den Lohnsteuerabzug die Lohnsteuer nach der Steuerklasse V oder VI zu ermitteln, so bemisst sich der Betrag nach Satz 1 nach der Lohnsteuer der Steuerklasse I.

R 41a.1 – 41a.2 LStR

A. Grundaussagen und Bedeutung der Vorschrift

1 § 41a dient der Erhebung und Durchsetzung[1] des gem § 38 entstandenen und fälligen LSt-Anspruchs. Soweit der ArbG die LSt einbehält und abführt, liegt eine **Entrichtungsschuld** vor, die keine Steuerschuld iSd § 37 I AO ist.[2] **Abs 1** regelt Inhalt, Umfang und Zeitpunkt der LSt-Anmeldung und -Abführung. **Abs 2** definiert den LSt-Anmeldezeitraum. **Abs 3 und 4** enthalten Sonderregelungen zur Zuständigkeit und zum Abführungszeitpunkt bzw für Handelsschiffe.

---

1 Zur Durchsetzung bei Insolvenz s *Blümich* § 41 Rn 45 ff.   2 BFH BStBl II 99, 3; *Blümich* § 41a Rn 2.

B. Die Vorschrift im Einzelnen

I. Anmeldung und Abführung der Lohnsteuer (§ 41a I). – 1. Die Lohnsteueranmeldung als Steuererklärung. Die LSt-Anmeldung ist eine Steuererklärung iSd § 150 I 2 AO, in der der ArbG die **LSt selbst zu berechnen** hat. Gem Abs 1 S 2 ist der ArbG verpflichtet, die Anmeldung elektronisch zu übermitteln. Die Vorgaben der StDÜV[1] sind zu beachten. Für LSt-Anmeldungen kann dabei auf eine qualifizierte elektronischen Signatur iSd § 7 StDÜV verzichtet werden, sofern der ArbG eine besondere Versicherung nach § 6 I Nr 1 StDÜV abgibt. Nur noch in Härtefällen kann das FA gem Abs 1 S 3 auf die elektronische Übertragung verzichten. Ein Härtefall ist jedenfalls dann anzunehmen, wenn der ArbG keine maschinelle Lohnabrechnung einsetzt (§ 41b Rn 3). Der Erwerb einer entspr Hard- und Software für die elektronische Übertragung wird ihm hingegen zuzumuten sein. In anerkannten Härtefällen ist die Anmeldung nach amtlich vorgeschriebenen **Vordruck** oder auf Antrag zugelassenen abweichenden Vordruck[2] abzugeben und vom ArbG oder einer berechtigten Person zu unterschreiben. 2

Anzumelden sind die – vom ArbN nach § 38 II geschuldete – **einzubehaltende** LSt aus regelversteuertem Arbeitslohn einschließlich der LSt aus Nettolohnvereinbarungen und die nach den §§ 40 bis 40b vom ArbG **übernommene** – von ihm nach § 40 III selbst geschuldete – pauschale LSt. Die auszuzahlenden Bergmannsprämien[3] und die Summe des ausgezahlten Kindergeldes[4] sind dem einbehaltenen LSt-Betrag zu entnehmen und mindern die abzuführende LSt.[5] Im Rahmen des LStJA durch den ArbG nach § 42b erstattete LSt ist in der Anmeldung gem § 42b III 2 gesondert auszuweisen. Einzutragen sind zudem die KiSt und der SolZ. Die Anmeldung ist auch abzugeben, wenn im Anmeldungszeitraum keine LSt einzubehalten oder zu übernehmen war.[6] 3

Für jede Betriebsstätte iSd § 41 II und für jeden LSt-Anmeldungszeitraum iSd § 41a II ist **genau eine** gesonderte **Anmeldung** zu übermitteln.[7] Die Anmeldung ist spätestens am 10. Tag nach Ablauf des Anmeldungszeitraums beim Betriebsstätten-FA einzureichen. Die Frist kann – auch rückwirkend – gem § 109 I AO verlängert[8] oder der Anmeldungszeitpunkt nach § 41a III 2 (Rn 9) vorverlagert werden. Die Anmeldung kann mit den Zwangsmitteln der §§ 328 ff AO durchgesetzt werden. Bei einer Verspätung von bis zu 5 Tagen wird von einem Verspätungszuschlag abgesehen, wenn die LSt gleichzeitig entrichtet wird.[9] Von der Abgabe wird der ArbG gem § 41a I 3 nur befreit, wenn er ArbN, für die LSt einzubehalten oder zu übernehmen ist, nicht mehr beschäftigt und dies dem FA mitteilt. 4

2. Die Lohnsteueranmeldung als Steuerbescheid. Die LSt-Anmeldung steht gem § 168 S 1 AO einer **Steuerfestsetzung unter dem Vorbehalte der Nachprüfung** gleich. Sie umfasst alle im Anmeldungszeitraum lohnsteuerrechtlich bedeutsamen Sachverhalte (Sollbetrag).[10] Ergibt sich ein Erstattungsanspruch, ist für den Eintritt der Wirkung noch die Zustimmung des FA gem § 168 S 2 AO notwendig. Gegen die Anmeldung kann der ArbG selbst[11] und der ArbN als Schuldner und Drittbetroffener[12] **Einspruch** einlegen, weil er den Abzug der LSt vom Lohn zu dulden hat.[13] Die LSt-Anmeldung kann aber nur gegenüber dem ArbG vollzogen und infolgedessen auch nur ihm gegenüber ausgesetzt werden.[14] Der ArbG ist zu einem Verfahren des ArbN notwendig beizuladen, nicht aber der ArbN zum Rechtsbehelf des ArbG.[15] Die angefochtene LSt-Anmeldung erledigt sich mit der Bekanntgabe des ESt-Bescheids. Das FA kann bei Nichtabgabe einer Anmeldung durch den ArbG die LSt nach § 162 AO auch **schätzen**.[16] Denn aus § 42d IV Nr 1 folgt nicht, dass bei Nichtanmeldung die LSt nur über einen Haftungsbescheid geltend gemacht werden kann.[17] 5

---

1 BGBl I 03, 139.
2 BMF BStBl I 92, 82; zum Inhalt BStBl I 99, 946 ff.
3 § 3 I 2 BergPG (BStBl I 69, 318).
4 § 72 VIII.
5 R 41a.1 III LStR.
6 *Blümich* § 41a Rn 9.
7 R 41a.1 II 1 LStR; *K/S/M* § 41a Rn B 3.
8 *K/S/M* § 41a Rn B 5.
9 AEAO (BStBl I 98, 630) zu § 152 Tz 7 (sonst missbräuchliche Ausnutzung der Schonfrist).
10 BFH BStBl II 93, 829; **aA** *K/S/M* § 41a Rn A 16 u B 1 (nur tatsächlich einbehaltene LSt).
11 BFH BStBl II 97, 660.
12 BFH BStBl II 05, 890; *Heuermann* StBp 05, 307.
13 BFH BStBl II 06, 94; *Heuermann* DStR 98, 959 u StBp 05, 307.
14 BFH BStBl II 97, 700 (zu § 50a IV).
15 *Blümich* § 41 Rn 25.
16 R 41a.1 IV 3 LStR; *Schmidt*[26] § 41 Rn 6; *Blümich* § 41 Rn 32; **aA** *K/S/M* § 41a Rn A 17.
17 BFH v 7.7.04 Az VI R 171/00 nv.

6 Der Steuerbescheid kann **geändert** werden durch (1) eine Korrektur nach § 41c I Nr 2 (§ 41c Rn 4f), allerdings gem § 41c III zeitlich nur bis Ablauf des Kj und hinsichtlich zum Zeitpunkt der Korrektur noch beschäftigter ArbN, (2) eine gem § 153 AO berichtigte Anmeldung,[1] (3) einen Antrag nach § 164 II AO und (4) inzidenter durch einen abw LSt-Haftungsbescheid (§ 42d Rn 70f).[2] Da die Festsetzung die Entrichtungsschuld des ArbG betrifft, handelt es sich nicht um einen fiktiven Haftungsbescheid.[3] Wird die Anmeldung **bestandskräftig**, kann sie nur unter den Voraussetzungen der §§ 173 ff AO geändert werden. Dies gilt entspr für den Fall, dass ein bislang noch nicht erfasster Sachverhalt erstmals in einem Haftungs-[4] oder Pauschalierungsbescheid[5] geregelt wird. Auch der Vertrauensschutz nach § 176 II AO ist dabei zu beachten. Eine bestandskräftige LSt-Anmeldung erledigt sich durch den ESt-Bescheid „auf andere Weise" iSd § 124 II AO,[6] weil die LSt durch die Festsetzung der ESt als Jahressteuer erlischt.[7] Der LSt-Anmeldung kommt über die Tatbestandswirkung für die einzubehaltende LSt auch **Drittwirkung** zu. Wer in der Lage war, eine LSt-Anmeldung anzufechten, muss die darin festgesetzte LSt im Rahmen einer Haftung nach § 69 AO gegen sich gelten lassen.[8]

7 **3. Die Abführung der Lohnsteuer.** Gem § 41a I 1 Nr 2 ist die (tatsächlich) einbehaltene und übernommene LSt bis zum Fälligkeitszeitpunkt an das Betriebsstätten-FA abzuführen, soweit auf die Schuld nicht gem § 48c I Nr 1 die Bauabzugsteuer angerechnet wird. Der vorschriftswidrig nicht einbehaltene Anteil wird erst mit Festsetzung fällig.[9] **Säumniszuschläge** nach § 240 AO entstehen nicht, bevor die LSt angemeldet worden ist.[10] Auch die Schonfrist gem § 240 III AO beginnt erst ab diesem Zeitpunkt. Stundung oder Erlass der Entrichtungsschuld sind nicht möglich, da es sich um keinen Anspruch nach § 37 I AO handelt (Rn 1). Zur Zahlungs- und Festsetzungsverjährung s *v Groll* DStJG 9, 433 ff. Die verspätete oder unvollständige Abführung kann als Ordnungswidrigkeit gem § 380 AO geahndet werden. Zur Abführung bei Insolvenz des ArbG s § 38 Rn 9.[11]

8 **II. Der Lohnsteueranmeldungszeitraum (§ 41a II).** Der Anmeldungszeitraum ist nur ein **steuertechnischer Zeitraum** für die Anmeldung und Abführung durch den ArbG.[12] Wann LSt einzubehalten ist, regeln die §§ 38 III, 39b V. Maßgeblich ist gem S 1 je nach Höhe der LSt **der Kalendermonat, das Kalendervierteljahr oder das Kj.** Maßstab ist gem S 2 die LSt des Vorjahrs, sofern nicht hochgerechnete Beträge gem S 3 oder andere Zeiträume gem S 4 maßgeblich sind, weil im Vorjahr nicht durchgehend LSt abgeführt wurde.

9 **III. Die Sonderregeln. – 1. Abführung an andere Kasse und Vorverlagerung des Zeitraums (§ 41a III).** Die oberste Finanzbehörde kann nach S 1 eine andere zuständige Kasse bestimmen, das Betriebsstätten-FA kann den Anmeldungs- und Abführungszeitpunkt nach S 2 vorverlegen.

10 **2. Lohnsteuerermäßigung für Seeleute (Abs 4).** Zur Wettbewerbsfähigkeit der deutschen Handelsflotte erlaubt Abs 4 ab dem 1.1.99, dass 40 % der einbehaltenen LSt nicht abgeführt werden muss, wenn der ArbG Handelsschiffe betreibt, die nicht zwischen inländischen oder innerhalb inländischer Häfen Personen und Güter befördern. Bemessungsgrundlage ist die LSt, die auf den für die Tätigkeit an Bord von Schiffen gezahlten Lohn entfällt.[13] Das Handelsschiff muss die deutsche Flagge führen[14] und in das inländische Seeschiffsregister eingetragen sein. Die Vergünstigung gilt nur hinsichtlich des Lohns für Besatzungsmitglieder, die mindestens 183 Tage auf einem solchen Schiff beschäftigt waren.[15] Die Genehmigung der EU-Kommission gem Art 92 ff EGV wurde erteilt.[16] Hinsichtlich des berechtigten Reeders s R 41a.1 V 2–5 LStR.

---

1 HM etwa *v Bornhaupt* StVj 91, 345 (352); **aA** *T/K* § 168 AO Tz 4 (Antrag nach § 164 II AO).
2 FG M'chn EFG 05, 637 rkr.
3 HM etwa *Schmidt*[26] § 41a Rn 6 mwN.
4 BFH BStBl II 93, 840.
5 BFH BStBl II 93, 829.
6 BFH GrS BStBl II 95, 730.
7 *Wüllenkämper* DStZ 98, 458 (464).
8 NFH/NV 98, 824.
9 *Gast-de Haan* DStJG 9, 141 (144).
10 Gegen die Festsetzung von Säumniszuschlägen auf Anmeldungsschulden *Diebold* StB 03, 137.
11 Ausf *Gundlach/Frenzel/Schmidt* DStR 02, 861.
12 BFH BStBl II 88, 480.
13 R 41a.1 V 1 LStR.
14 Gem FlaggenrechtsG.
15 Zu Einzelheiten s BMF DStR 99, 1230 u *Voß/Unbescheid* DB 98, 2341.
16 BGBl I 98, 4023.

§ 41b Abschluss des Lohnsteuerabzugs

(1) ¹Bei Beendigung eines Dienstverhältnisses oder am Ende des Kalenderjahres hat der Arbeitgeber das Lohnkonto des Arbeitnehmers abzuschließen. ²Auf Grund der Eintragungen im Lohnkonto hat der Arbeitgeber spätestens bis zum 28. Februar des Folgejahres nach amtlich vorgeschriebenem Datensatz auf elektronischem Weg nach Maßgabe der Steuerdaten-Übermittlungsverordnung vom 28. Januar 2003 (BGBl. I S. 139), zuletzt geändert durch Artikel 1 der Verordnung vom 20. Dezember 2006 (BGBl. I S. 3380), in der jeweils geltenden Fassung, insbesondere folgende Angaben zu übermitteln (elektronische Lohnsteuerbescheinigung):

1. Name, Vorname, Geburtsdatum und Anschrift des Arbeitnehmers, die auf der Lohnsteuerkarte oder der entsprechenden Bescheinigung eingetragenen Besteuerungsmerkmale, den amtlichen Schlüssel der Gemeinde, die die Lohnsteuerkarte ausgestellt hat, die Bezeichnung und die Nummer des Finanzamts, an das die Lohnsteuer abgeführt worden ist sowie die Steuernummer des Arbeitgebers,
2. die Dauer des Dienstverhältnisses während des Kalenderjahres sowie die Anzahl der nach § 41 Abs. 1 Satz 6 vermerkten Großbuchstaben U,
3. die Art und Höhe des gezahlten Arbeitslohns sowie den nach § 41 Abs. 1 Satz 7 vermerkten Großbuchstaben S,
4. die einbehaltene Lohnsteuer, den Solidaritätszuschlag und die Kirchensteuer sowie zusätzlich den Großbuchstaben B, wenn der Arbeitnehmer für einen abgelaufenen Lohnzahlungszeitraum oder Lohnabrechnungszeitraum des Kalenderjahres unter Berücksichtigung der Vorsorgepauschale nach § 10c Abs. 3 zu besteuern war,
5. das Kurzarbeitergeld, das Schlechtwettergeld, das Winterausfallgeld, den Zuschuss zum Mutterschaftsgeld nach dem Mutterschutzgesetz, die Entschädigungen für Verdienstausfall nach dem Infektionsschutzgesetz vom 20. Juli 2000 (BGBl. I S. 1045), zuletzt geändert durch Artikel 11 § 3 des Gesetzes vom 6. August 2002 (BGBl. I S. 3082), in der jeweils geltenden Fassung, sowie die nach § 3 Nr. 28 steuerfreien Aufstockungsbeträge oder Zuschläge,
6. die auf die Entfernungspauschale anzurechnenden steuerfreien Arbeitgeberleistungen für Fahrten zwischen Wohnung und Arbeitsstätte,
7. die pauschal besteuerten Arbeitgeberleistungen für Fahrten zwischen Wohnung und Arbeitsstätte,
8. *(aufgehoben)*
9. für die steuerfreie Sammelbeförderung nach § 3 Nr. 32 den Großbuchstaben F,
10. die nach § 3 Nr. 13 und 16 steuerfrei gezahlten Verpflegungszuschüsse und Vergütungen bei doppelter Haushaltsführung,
11. Beiträge zu den gesetzlichen Rentenversicherungen und an berufsständische Versorgungseinrichtungen, getrennt nach Arbeitgeber- und Arbeitnehmeranteil,
12. die nach § 3 Nr. 62 gezahlten Zuschüsse zur Kranken- und Pflegeversicherung,
13. den Arbeitnehmeranteil am Gesamtsozialversicherungsbeitrag ohne den Arbeitnehmeranteil an den Beiträgen nach Nummer 11 und die Zuschüsse nach Nummer 12.

³Der Arbeitgeber hat dem Arbeitnehmer einen nach amtlich vorgeschriebenem Muster gefertigten Ausdruck der elektronischen Lohnsteuerbescheinigung mit Angabe des lohnsteuerlichen Ordnungsmerkmals (Absatz 2) auszuhändigen oder elektronisch bereitzustellen. ⁴Wenn das Dienstverhältnis vor Ablauf des Kalenderjahres beendet wird, hat der Arbeitgeber dem Arbeitnehmer die Lohnsteuerkarte auszuhändigen. ⁵Nach Ablauf des Kalenderjahres darf der Arbeitgeber die Lohnsteuerkarte nur aushändigen, wenn sie eine Lohnsteuerbescheinigung enthält und der Arbeitnehmer zur Einkommensteuer veranlagt wird. ⁶Dem Arbeitnehmer nicht ausgehändigte Lohnsteuerkarten ohne Lohnsteuerbescheinigungen kann der Arbeitgeber vernichten; nicht ausgehändigte Lohnsteuerkarten mit Lohnsteuerbescheinigungen hat er dem Betriebsstättenfinanzamt einzureichen.

(2) ¹Für die Datenübermittlung nach Absatz 1 Satz 2 hat der Arbeitgeber aus dem Namen, Vornamen und Geburtsdatum des Arbeitnehmers ein Ordnungsmerkmal nach amtlich festgelegter Regel für den Arbeitnehmer zu bilden und zu verwenden. ²Das lohnsteuerliche Ordnungsmerkmal darf nur erhoben, gebildet, verarbeitet oder genutzt werden für die Zuordnung der elektronischen Lohnsteuerbescheinigung oder sonstiger für das Besteuerungsverfahren erforderlicher Daten zu einem bestimmten Steuerpflichtigen und für Zwecke des Besteuerungsverfahrens. ³Nach Vergabe der Identifikationsnummer (§ 139b der Abgabenordnung) hat der Arbeitgeber für die Datenüber-

§ **41b** Abschluss des Lohnsteuerabzugs

mittlung anstelle des lohnsteuerlichen Ordnungsmerkmals die Identifikationsnummer des Arbeitnehmers zu verwenden. ⁴Das Bundesministerium der Finanzen teilt den Zeitpunkt der erstmaligen Verwendung durch ein im Bundessteuerblatt zu veröffentlichendes Schreiben mit.

(3) ¹Ein Arbeitgeber ohne maschinelle Lohnabrechnung, der ausschließlich Arbeitnehmer im Rahmen einer geringfügigen Beschäftigung in seinem Privathaushalt im Sinne des § 8a des Vierten Buches Sozialgesetzbuch beschäftigt und keine elektronische Lohnsteuerbescheinigung erteilt, hat an Stelle der elektronischen Lohnsteuerbescheinigung eine entsprechende Lohnsteuerbescheinigung auf der Lohnsteuerkarte des Arbeitnehmers zu erteilen. ²Liegt dem Arbeitgeber eine Lohnsteuerkarte des Arbeitnehmers nicht vor, hat er die Lohnsteuerbescheinigung nach amtlich vorgeschriebenem Muster zu erteilen. ³Der Arbeitgeber hat dem Arbeitnehmer die Lohnsteuerbescheinigung auszuhändigen, wenn das Dienstverhältnis vor Ablauf des Kalenderjahres beendet wird oder der Arbeitnehmer zur Einkommensteuer veranlagt wird. ⁴In den übrigen Fällen hat der Arbeitgeber die Lohnsteuerbescheinigung dem Betriebsstättenfinanzamt einzureichen.

(4) Die Absätze 1 bis 3 gelten nicht für Arbeitnehmer, soweit sie Arbeitslohn bezogen haben, der nach den §§ 40 bis 40b pauschal besteuert worden ist.

R 41bLStR

A. Grundaussagen der Vorschrift

1 Der LSt-Abzug und das Lohnkonto sind bei der Beendigung des Dienstverhältnisses oder am Ende des Kj abzuschließen. Durch das StÄndG 03 wurden die Eintragungen auf der LSt-Karte durch die „elektronische LSt-Bescheinigung" ersetzt. (§ 41b EStG). Das technische Verfahren (ElsterLohn) sieht die Übermittlung der LSt-Bescheinigungsdaten auf elektronischem Weg nach Maßgabe der Steuerdaten-Übermittlungsverordnung vor. Elektronisch übermitteln müssen alle ArbG, die die Lohnabrechnung maschinell durchführen oder durchführen lassen. Das StÄndG unterstellt, dass die Datenfernübertragung keine zusätzliche Belastung darstellt und das nicht mehr feste Verbinden der Bescheinigung mit der LSt-Karte zu einer Entlastung führt. Für die Bescheinigung gilt die StDÜV. Zur Beweiskraft elektronisch signierter Daten s § 87a V AO. Die Bescheinigungen sind Beweismittel iSd § 92 S 1 Nr 3 AO, deren Erteilung, Änderung oder Ergänzung vom ArbN nur arbeitsgerichtlich[1] und nur bis zum Abschluss des LSt-Abzugsverfahrens (§ 41c Rn 3, § 42b Rn 7)[2] verfolgt werden können. Für fehlerhafte Angaben haftet der ArbG gem § 42d I Nr 3. Die elektronische Übermittlung erhöht die Kontrollfähigkeit der FinVerw erheblich, insbes kann nun auch ein unzutreffender LSt-Abzug festgestellt und korrigiert werden, obwohl der ArbN nicht veranlagt wird. Für die LSt-Zerlegung ist die die LSt-Karte ausstellende Gemeinde im Lohnkonto zu vermerken und auf der Bescheinigung anzugeben.

B. Die Vorschrift im Einzelnen

2 § 41b I S 3 sieht vor, dass dem ArbN ein Ausdruck der elektronischen LSt-Bescheinigung mit Angabe der eTIN auszuhändigen, ihm elektronisch zu übermitteln oder zum Datenabruf bereitzustellen ist. Diese eTIN muss der ArbG gem Abs 2 aus Namen, Vornamen und Geburtsdatum des ArbN bilden und für die Datenübertragung verwenden. Wenn die Identifikationsnummer nach § 139b AO vergeben wurde, muss der ArbG gem Abs 1 S 7 statt der eTIN die Identifikationsnummer des ArbN verwenden.

3 ArbG, die mangels technischer Ausstattung LSt-Bescheinigungen nicht maschinell erstellen, müssen gem § 41b III 1, die LSt-Bescheinigung wie bisher auf der LSt-Karte zu erteilen. Die **besondere LSt-Bescheinigung** muss der ArbG gem § 41b I 3 dem amtlich vorgeschriebenen Vordruck ausfüllen, wenn bei Beendigung die LSt-Karte nicht vorliegt. Bei ArbN, die nur Bezüge iSd §§ 40 bis 40b erhalten haben, bedarf es gem Abs 4 der Bescheinigung nicht.

4 Die LSt-Karte darf dem ArbN nur ausgehändigt werden, wenn sie eine Eintragung enthält und der ArbN veranlagt wird (§ 41b I 5, III 2) oder bei Beendigung des Arbverh vor Ablauf des Kj (§ 41b I 4, III 2). Sonst kann der ArbG die LSt-Karten nach Ablauf des Kj vernichten, sofern sie nicht wegen einer Eintragung dem Betriebsstättenfinanzamt einzureichen sind.

---

[1] BFH BStBl II 93, 760; FG RhPf EFG 03, 52; *T Müller* EFG 03, 53; offen gelassen in BFH/NV 02, 340; **aA** *Ostrowicz/Künzl/Schäfer* Der Arbeitsgerichtsprozess, Rn 14.   [2] BFH/NV 02, 340.

Bescheinigt der ArbG versehentlich zuviel einbehaltene und abgeführte LSt seinem ArbN und ist eine Korrektur im Rahmen eines LStJA nicht mehr möglich (zB wegen Zeitablauf, § 42b III 1), so bleibt die LSt-Anmeldungsschuld des ArbG nach der Erteilung der Lohnsteuerbescheinigung bestehen.[1] **5**

§ 41c Änderung des Lohnsteuerabzugs

(1) Der Arbeitgeber ist berechtigt, bei der jeweils nächstfolgenden Lohnzahlung bisher erhobene Lohnsteuer zu erstatten oder noch nicht erhobene Lohnsteuer nachträglich einzubehalten,

1. wenn ihm der Arbeitnehmer eine Lohnsteuerkarte mit Eintragungen vorlegt, die auf einen Zeitpunkt vor Vorlage der Lohnsteuerkarte zurückwirken, oder
2. wenn er erkennt, dass er die Lohnsteuer bisher nicht vorschriftsmäßig einbehalten hat; dies gilt auch bei rückwirkender Gesetzesänderung.

(2) [1]Die zu erstattende Lohnsteuer ist dem Betrag zu entnehmen, den der Arbeitgeber für seine Arbeitnehmer insgesamt an Lohnsteuer einbehalten oder übernommen hat. [2]Wenn die zu erstattende Lohnsteuer aus dem Betrag nicht gedeckt werden kann, der insgesamt an Lohnsteuer einzubehalten oder zu übernehmen ist, wird der Fehlbetrag dem Arbeitgeber auf Antrag vom Betriebsstättenfinanzamt ersetzt.

(3) [1]Nach Ablauf des Kalenderjahres oder, wenn das Dienstverhältnis vor Ablauf des Kalenderjahres endet, nach Beendigung des Dienstverhältnisses, ist die Änderung des Lohnsteuerabzugs nur bis zur Übermittlung oder Ausschreibung der Lohnsteuerbescheinigung zulässig. [2]Bei Änderung des Lohnsteuerabzugs nach Ablauf des Kalenderjahres ist die nachträglich einzubehaltende Lohnsteuer nach dem Jahresarbeitslohn zu ermitteln. [3]Eine Erstattung von Lohnsteuer ist nach Ablauf des Kalenderjahres nur im Wege des Lohnsteuer-Jahresausgleichs nach § 42b zulässig.

(4) [1]Der Arbeitgeber hat die Fälle, in denen er von seiner Berechtigung zur nachträglichen Einbehaltung von Lohnsteuer nach Absatz 1 keinen Gebrauch macht oder die Lohnsteuer nicht nachträglich einbehalten werden kann, weil

1. Eintragungen auf der Lohnsteuerkarte eines Arbeitnehmers, die nach Beginn des Dienstverhältnisses vorgenommen worden sind, auf einen Zeitpunkt vor Beginn des Dienstverhältnisses zurückwirken,
2. der Arbeitnehmer vom Arbeitgeber Arbeitslohn nicht mehr bezieht oder
3. der Arbeitgeber nach Ablauf des Kalenderjahres bereits die Lohnsteuerbescheinigung übermittelt oder ausgeschrieben hat,

dem Betriebsstättenfinanzamt unverzüglich anzuzeigen. [2]Das Finanzamt hat die zu wenig erhobene Lohnsteuer vom Arbeitnehmer nachzufordern, wenn der nachzufordernde Betrag 10 Euro übersteigt. [3]§ 42d bleibt unberührt.

R 41c.1 – 41c.3 LStR

A. Grundaussagen und Bedeutung der Vorschrift

§ 41c ermöglicht dem ArbG eine Änderung des LSt-Abzugs. Die Vorschrift bezweckt die zeitnahe Herstellung rechtmäßiger Zustände im Abzugsverfahren.[2] Abs 1 enthält die **Änderungstatbestände**, Abs 2 regelt, aus welchem Betrag eine zu erstattende LSt zu entnehmen ist. Abs 3 bestimmt, bis zu welchem Zeitpunkt die Änderung vorgenommen werden kann und Abs 4 die Rechtsfolgen, wenn kein nachträglicher Einbehalt erfolgte oder möglich war. **1**

Die Vorschrift gewährt dem ArbG ein **Änderungsrecht**, mit dem keine Pflicht zur Änderung, sondern gem Abs 4 nur zur Anzeige bei Nachforderungsfällen korrespondiert. Soweit § 39c II 2 die Überprüfung und Änderung des LSt-Abzugs im Januar anordnet, geht diese Regelung § 41a IV vor.[3] **2**

---

1 BFH BStBl II 02, 300.
2 *K/S/M* § 41c Rn A 1.
3 *K/S/M* § 41c Rn A 4 (lex specialis).

B. Die Vorschrift im Einzelnen

3   I. Die Änderungstatbestände. – 1. Rückwirkende Eintragungen auf der Lohnsteuerkarte. Dass Eintragungen auf der LSt-Karte Rückwirkung entfalten können, bestimmt sich nach den §§ 39, 39a EStG. § 41c I Nr 1 regelt den Zeitpunkt, ab dem eine geänderte Eintragung berücksichtigt werden darf. Die Vorschrift gilt entspr, wenn der ArbN erstmals eine LSt-Karte vorlegt[1] und für Bescheinigungen nach §§ 39 VI, 39c III und 39d I.

4   2. Das Erkennen vorschriftswidrigen Lohnsteuereinbehalts. § 41c I Nr 2 erlaubt eine Änderung, wenn der ArbG erkennt, dass der LSt-Einbehalt **nicht vorschriftsmäßig** war oder – gem § 52 XLVII für seit dem 31.12.98 gezahlte Löhne – aufgrund einer Gesetzesänderung nicht mehr ist. Über den Wortlaut hinaus („einbehalten") ist diese Vorschrift auch auf die pauschalierte LSt entspr anzuwenden.[2]

5   Der Tatbestand setzt ein **eigenes Erkennen des Fehlers** durch den ArbG voraus. Daran fehlt es, wenn der ArbG die LSt vorsätzlich falsch einbehalten hat[3] oder die Kenntnisse durch Feststellungen einer LSt-Außenprüfung vermittelt werden.[4] In beiden Fällen wäre es sinnwidrig, wenn sich der ArbG durch bloße Anzeige nach Abs 4 über § 42d II Nr 1 von seiner Haftung für den zunächst unterlassenen Einbehalt befreien könnte.[5] Der telos des zeitnahen LSt-Einbehalts tritt hinter den Sicherungszweck zurück.[6]

6   3. Das Änderungsverfahren. Die Änderung kann nur in der – der Vorlage der LSt-Karte bzw dem Zeitpunkt des Erkennens – **nächstfolgenden Lohnzahlung** die bisher erhobene LSt erstatten oder noch nicht erhobene LSt nachträglich einbehalten. **Teiländerungen** sind ebenso wenig zulässig[7] wie die teilw Nacherhebung über mehrere Lohnzahlungszeiträume. Reicht der Barlohn nicht für den Einbehalt aus, so ist der Einbehalt insgesamt zu unterlassen und die Anzeige nach Abs 4 zu erstatten.

7   Führt die Änderung zu einer Erstattung, ist sie gem Abs 2 S 1 zunächst dem Betrag zu entnehmen, den der ArbG für seine ArbN an LSt im Anmeldezeitraum einbehalten oder übernommen hat. Kann die Erstattung daraus nicht gedeckt werden, wird gem Abs 2 S 2 der Fehlbetrag auf Antrag vom Betriebsstätten-FA ersetzt. Der ArbN kann selbst die Erstattung nach § 37 II AO beantragen, wenn der ArbG von seinem Recht nach § 41c keinen Gebrauch macht.[8] Nach Ablauf des Kj kann der Antrag nicht mehr gestellt werden.[9]

8   II. Die Änderung nach Ablauf des Kalenderjahres. Der LSt-Abzug darf gem Abs 3 nur bis zur Ausschreibung der LSt-Bescheinigung gem § 41b geändert werden, da ansonsten der Inhalt der LSt-Belege unrichtig würde.[10] Nach Ablauf des Kj kann es nur zu einer Erstattung im Wege des LStJA durch den ArbG nach § 42b kommen. Da dies lediglich bei unbeschränkt stpfl ArbN möglich ist, kommt bei beschränkt stpfl ArbN eine LSt-Erstattung nur nach § 37 II AO durch das FA in Frage.[11]

9   III. Rechtsfolgen bei unterbliebener Änderung. Macht der ArbG von seinem Änderungsrecht keinen Gebrauch, muss er dies **unverzüglich**, dh ohne schuldhaftes Zögern,[12] dem Betriebsstätten-FA **anzeigen**. Die Anzeige muss so erfolgen, dass das FA in der Lage ist, die LSt vom ArbN nachzufordern.[13] Die Anzeige schließt gem § 42d II Nr 1 die Haftung des ArbG aus. Wird die LSt-Erhebung durch eine Gesetzesänderung nachträglich fehlerhaft, ist die Anzeige insoweit bedeutungslos, da die Anzeige nur eine zunächst bestehende Haftung ausschließt, die **Nichtanzeige** aber **keinen Haftungstatbestand** erfüllt (§ 42d Rn 31).[14]

10   Das Betriebsstätten-FA kann gem § 41c IV 2 die zu wenig erhobene LSt vom ArbN nachfordern, sofern der Betrag 10 € übersteigt. Die Anzeige des ArbG ist dafür keine materielle Voraussetzung.[15] Zu den Einzelheiten s R 41c.3 LStR.

---

1 R 41c.1 III 2 LStR.
2 *Blümich* § 41c Rn 12.
3 BFH BStBl II 93, 687; **aA** *K/S/M* § 41c Rn B 3; *Schmidt*[26] § 41c Rn 3.
4 **AA** *Schmidt*[26] § 41c Rn 3; nun auch *Blümich* § 41c Rn 12.
5 IErg glA *K/S/M* § 41c Rn E 2.
6 **AA** *Blümich* § 41c Rn 12.
7 R 41c.1 IV 3 LStR; **aA** *K/S/M* § 41c Rn B 6; *Schmidt*[26] § 41c Rn 1; *Blümich* § 41c Rn 18.
8 R 41c.1 V 3 LStR.
9 BFH BStBl II 83, 584.
10 *Schmidt*[26] § 41c Rn 4.
11 R 41c.1 VIII 2 LStR.
12 § 121 I 1 BGB.
13 R 41c.2 II LStR.
14 IErg zT glA *Schmidt*[26] § 41c Rn 5; **aA hM** *K/S/M* § 42d Rn C 2.
15 v *Bornhaupt* BB 83, 106 (107).

§§ 42 und 42a

(weggefallen)

§ 42b Lohnsteuer-Jahresausgleich durch den Arbeitgeber

(1) ¹Der Arbeitgeber ist berechtigt, seinen unbeschränkt einkommensteuerpflichtigen Arbeitnehmern, die während des abgelaufenen Kalenderjahres (Ausgleichsjahr) ständig in einem Dienstverhältnis gestanden haben, die für das Ausgleichsjahr einbehaltene Lohnsteuer insoweit zu erstatten, als sie die auf den Jahresarbeitslohn entfallende Jahreslohnsteuer übersteigt (Lohnsteuer-Jahresausgleich). ²Er ist zur Durchführung des Lohnsteuer-Jahresausgleichs verpflichtet, wenn er am 31. Dezember des Ausgleichsjahres mindestens zehn Arbeitnehmer beschäftigt. ³Voraussetzung für den Lohnsteuer-Jahresausgleich ist, dass dem Arbeitgeber die Lohnsteuerkarte und Lohnsteuerbescheinigungen aus etwaigen vorangegangenen Dienstverhältnissen vorliegen. ⁴Der Arbeitgeber darf den Lohnsteuer-Jahresausgleich nicht durchführen, wenn

1. der Arbeitnehmer es beantragt oder
2. der Arbeitnehmer für das Ausgleichsjahr oder für einen Teil des Ausgleichsjahres nach den Steuerklassen V oder VI zu besteuern war oder
3. der Arbeitnehmer für einen Teil des Ausgleichsjahres nach den Steuerklassen II, III oder IV zu besteuern war oder
3a. bei der Lohnsteuerberechnung ein Freibetrag oder Hinzurechnungsbetrag zu berücksichtigen war oder
4. der Arbeitnehmer im Ausgleichsjahr Kurzarbeitergeld, Schlechtwettergeld, Winterausfallgeld, Zuschuss zum Mutterschaftsgeld nach dem Mutterschutzgesetz, Zuschuss nach § 4a der Mutterschutzverordnung oder einer entsprechenden Landesregelung, Entschädigungen für Verdienstausfall nach dem Infektionsschutzgesetz vom 20. Juli 2000 (BGBl. I S. 1045) oder nach § 3 Nr. 28 steuerfreie Aufstockungsbeträge oder Zuschläge bezogen hat oder
4a. die Anzahl der im Lohnkonto oder in der Lohnsteuerbescheinigung eingetragenen Großbuchstaben U mindestens eins beträgt oder
5. der Arbeitslohn im Ausgleichsjahr unter Berücksichtigung der Vorsorgepauschale nach § 10c Abs. 2 und der Vorsorgepauschale nach § 10c Abs. 3 zu besteuern war oder
6. der Arbeitnehmer im Ausgleichsjahr ausländische Einkünfte aus nichtselbstständiger Arbeit bezogen hat, die nach einem Abkommen zur Vermeidung der Doppelbesteuerung oder unter Progressionsvorbehalt nach § 34c Abs. 5 von der Lohnsteuer freigestellt waren.

(2) ¹Für den Lohnsteuer-Jahresausgleich hat der Arbeitgeber den Jahresarbeitslohn aus dem zu ihm bestehenden Dienstverhältnis und nach den Lohnsteuerbescheinigungen aus etwaigen vorangegangenen Dienstverhältnissen festzustellen. ²Dabei bleiben Bezüge im Sinne des § 34 Abs. 1 und 2 Nr. 2 und 4 außer Ansatz, wenn der Arbeitnehmer nicht jeweils die Einbeziehung in den Lohnsteuer-Jahresausgleich beantragt. ³Vom Jahresarbeitslohn sind der etwa in Betracht kommende Versorgungsfreibetrag und Zuschlag zum Versorgungsfreibetrag und der etwa in Betracht kommende Altersentlastungsbetrag abzuziehen. ⁴Für den so geminderten Jahresarbeitslohn ist nach Maßgabe der auf der Lohnsteuerkarte zuletzt eingetragenen Steuerklasse die Jahreslohnsteuer nach § 39b Abs. 2 Satz 6 und 7 zu ermitteln. ⁵Den Betrag, um den die sich hiernach ergebende Jahreslohnsteuer die Lohnsteuer unterschreitet, die von dem zugrunde gelegten Jahresarbeitslohn insgesamt erhoben worden ist, hat der Arbeitgeber dem Arbeitnehmer zu erstatten. ⁶Bei der Ermittlung der insgesamt erhobenen Lohnsteuer ist die Lohnsteuer auszuscheiden, die von den nach Satz 2 außer Ansatz gebliebenen Bezügen einbehalten worden ist.

(3) ¹Der Arbeitgeber darf den Lohnsteuer-Jahresausgleich frühestens bei der Lohnabrechnung für den letzten im Ausgleichsjahr endenden Lohnzahlungszeitraum, spätestens bei der Lohnabrechnung für den letzten Lohnzahlungszeitraum, der im Monat März des dem Ausgleichsjahr folgenden Kalenderjahres endet, durchführen. ²Die zu erstattende Lohnsteuer ist dem Betrag zu entnehmen, den der Arbeitgeber für seine Arbeitnehmer für den Lohnzahlungszeitraum insgesamt an Lohnsteuer erhoben hat. ³§ 41c Abs. 2 Satz 2 ist anzuwenden.

(4) ¹Der Arbeitgeber hat im Lohnkonto für das Ausgleichsjahr den Inhalt etwaiger Lohnsteuerbescheinigungen aus vorangegangenen Dienstverhältnissen des Arbeitnehmers einzutragen. ²Im

Lohnkonto für das Ausgleichsjahr ist die im Lohnsteuer-Jahresausgleich erstattete Lohnsteuer gesondert einzutragen. ³In der Lohnsteuerbescheinigung für das Ausgleichsjahr ist der sich nach Verrechnung der erhobenen Lohnsteuer mit der erstatteten Lohnsteuer ergebende Betrag als erhobene Lohnsteuer einzutragen.

R 42b LStR

A. Grundaussagen und Bedeutung der Vorschrift

1 I. Der Lohnsteuerjahresausgleich als Teil des Lohnsteuer-Abzugsverfahrens. Der LStJA ist der Abschluss des LSt-Abzugsverfahrens. Er ist noch Teil des Vorauszahlungsverfahrens und bezweckt den **frühzeitigen Ausgleich** zuviel erhobener LSt. Im Gegensatz zur Antragsveranlagung nach § 46 II Nr 8 wird der Ausgleich auf der Basis der nach § 39b II zu errechnenden Jahres-LSt und nicht nach dem zu versteuernden Einkommen in Verbindung mit § 32a ermittelt. Der ArbG ist an die Eintragungen auf der LSt-Karte gebunden. Der LStJA durch den ArbG **ändert wie § 41c III nur den LSt-Abzug.**[1] Unter den Voraussetzungen des § 39b II 10 kann das Verfahren als **permanenter LStJA** (§ 39b Rn 14) bereits während des Kj durchgeführt werden. Der LStJA ist nur für unbeschränkt stpfl ArbN zulässig.[2]

2 II. Art des Anspruchs. Der Erstattungsanspruch des ArbN ist öffentlich-rechtlich und richtet sich gegen den Steuer-Fiskus. Der ArbG kann daher mit eigenen Ansprüchen gegen den ArbN nicht aufrechnen. Eine Gehaltsabtretung umfasst regelmäßig auch LSt-Erstattungsansprüche[3] und damit auch einen Anspruch aus § 42b. Bei einer Gehaltspfändung ist das Betriebsstätten-FA Drittschuldner.[4] Für die Abtretung und Pfändung sind die Voraussetzungen des § 46 II AO zu beachten.[5]

B. Die Vorschrift im Einzelnen

I. Voraussetzungen des Lohnsteuerjahresausgleichs (§ 42b I). – 1. Zulässigkeitsvoraussetzungen.

3 Der ArbG ist **berechtigt** den LStJA für solche ArbN durchzuführen, die das gesamte abgelaufene Kj (Ausgleichsjahr) unbeschränkt stpfl waren,[6] am 31.12. in seinen Diensten stehen bzw Arbeitslohn aus einem früheren Dienstverhältnis beziehen und während des Ausgleichsjahres ständig in einem Dienstverhältnis gestanden haben.[7] Eine Unterbrechung von bis zu 4 Tagen[8] infolge eines Arbeitsplatzwechsels schadet nichts.[9] Weitere Voraussetzung ist gem S 3, dass die LSt-Karte und sämtliche etwaigen LSt-Bescheinigungen aus vorangegangenen Dienstverhältnissen oder eine Bescheinigung nach § 39c IV vorliegt.[10] Beschäftigt der ArbG am 31.12. mindestens 10 ArbN, wird er gem Satz 2 zum LStJA **verpflichtet.** Als ArbN zählen dabei auch Teilzeitbeschäftigte oder gering entlohnte ArbN, von deren Lohn keine LSt einzubehalten war.[11]

4 2. Durchführungsverbote. In Satz 4 sind 8 Durchführungsverbote normiert, die eine schnelle Veranlagung durch das FA ermöglichen (Nr 1) oder ungerechtfertigte Erstattungen verhindern[12] sollen (Nr 2 bis 6). Ein **Antrag** des ArbN **gegen den LStJA** gem Nr 1 bindet den ArbG.[13] Aufgrund der Verbote in Nr 2 und 3 sind LStJA nur bei den LSt-Klassen I und II möglich und bei den LSt-Klassen III und IV, wenn diese das ganze Kj hindurch für den ArbN bestanden. Hat der ArbN dem **Progressionsvorbehalt** nach § 32b EStG unterliegende Einnahmen bezogen (Nr 4) oder könnten solche Einnahmen bezogen worden sein, etwa Krankengeld (Nr 4a)[14] oder nach DBA stfreier Lohn (Nr 6), wird der LStJA ebenso ausgeschlossen wie bei **Hinzurechnungsbeträgen** nach § 39a I Nr 7 (Nr 3a). Durch das StÄndG ist nun auch bei **eingetragenen Freibeträgen** kein LStJA mehr möglich (Nr 3a). Da die Auswirkungen der begrenzten Vorsorgepauschale bei einem **Wechsel bezüglich der Rentenversicherungspflicht** (Nr 5) für den ArbG nicht nachvollziehbar sind, ist in diesen Fällen ausschließlich eine Veranlagung nach § 46 II Nr 3 durchzuführen.

---

1 *K/S/M* § 42b Rn A 4; *Drenseck* DStJG 9, 377 (386).
2 *Blümich* § 42b Rn 5.
3 BFH BStBl II 80, 488.
4 *Blümich* § 42b Rn 33; *K/S/M* § 42b Rn A 17; **aA** *H/H/R* § 42b Rn 6 (FA und ArbG); *Stöber* Forderungspfändung[13], Rn 381 (nur ArbG).
5 *H/H/R* § 42b Rn 6.
6 R 42b I 3 LStR; *Blümich* § 42b Rn 11; **aA** *K/S/M* § 42b Rn B 2.
7 R 42b I 1 LStR.
8 Entspr § 41 I 6 iVm § 42b I 4 Nr 4a; weitergehend *K/S/M* § 42b Rn B 3 und *Blümich* § 42b Rn 9 („kurze Unterbrechung").
9 *K/S/M* § 42b Rn B 3; *Blümich* § 42b Rn 9; **aA** *H/H/R* § 42b Rn 11.
10 *Blümich* § 42b Rn 10; **aA** *Frerichs* FR 95, 574.
11 *Schmidt*[26] § 42b Rn 2.
12 *Blümich* § 42b Rn 14ff mwN.
13 *Blümich* § 42b Rn 15.
14 Zum Großbuchstaben U s § 41 I 6.

II. Ermittlung des Erstattungsbetrages (§ 42b II). Zunächst muss der ArbG den **Jahresarbeitslohn** 5
ermitteln. Dabei ist er an die LSt-Bescheinigungen der vorangegangenen Dienstverhältnisse gebunden.[1] **Entschädigungen** gem § 24 Nr 1 (zB wegen Auflösung des Dienstverhältnisses s § 24 Rn 26)
und **Vergütungen für mehrjährige Tätigkeiten** gem § 34 II Nr 4 werden gem Satz 2 nur auf Antrag
des ArbN eingerechnet. Dies ist dann günstiger, wenn sich trotz Einbeziehung noch eine Erstattung
ergibt. Von diesem Jahresarbeitslohn sind nur ein etwaiger Versorgungs-Freibetrag nach § 19 II und
ein etwaiger Altersentlastungsfreibetrag nach § 24a abzuziehen. Freibeträge können nur noch bei
der Veranlagung nach § 46 berücksichtigt werden. Aus diesem Betrag ist gem § 39b II 6, 7 die **Jahres-LSt** zu ermitteln. Soweit die einbehaltene LSt diesen Betrag überschreitet, ist die LSt dem ArbN
zu erstatten.

Bei Vorliegen einer **Nettolohnvereinbarung** hat der ArbG die zutr Jahres-LSt durch Hochrechnung 6
des Jahresnettolohns auf den entspr Jahresbruttolohn zu ermitteln und diesen auf der LSt-Bescheinigung zu vermerken. Führt die Durchführung des LStJA zu Steuererstattungen, ist die zu bescheinigende einbehaltene LSt entspr zu vermindern.[2]

III. Zeitpunkt der Durchführung und Refinanzierung der Erstattung (§ 42b III). Der ArbG darf 7
frühestens im letzten im Ausgleichsjahr endenden, spätestens im letzten im folgenden März endenden Lohnzahlungszeitraum (§ 38a Rn 6) den LStJA durchführen. Der Erstattungsbetrag ist dem
Betrag bei Betriebsstätten-FA ersetzt werden oder er wird mit noch an zu erhebender LSt verrechnet.[3]
Da § 42b **nur** eine **Erstattung** von zuviel erhobener LSt erlaubt, darf sich dadurch die LSt für den
aktuellen Lohnzahlungszeitraum auch bei einer vereinfachten Zusammenfassung von LSt-Erhebung und LStJA[4] nicht erhöhen,[5] sofern nicht die Voraussetzungen des § 41c erfüllt sind.

IV. Aufzeichnungspflichten (§ 42b IV). Im Lohnkonto müssen die LSt-Bescheinigungen der vorangegangenen Dienstverhältnisse (S 1) und die erstattete LSt gesondert eingetragen werden (S 2). Auf 8
der LSt-Bescheinigung darf als LSt nur der um die Erstattung geminderte Betrag angegeben werden (S 3).

§ 42c
(weggefallen)

§ 42d Haftung des Arbeitgebers und Haftung bei Arbeitnehmerüberlassung

(1) Der Arbeitgeber haftet
1. für die Lohnsteuer, die er einzubehalten und abzuführen hat,
2. für die Lohnsteuer, die er beim Lohnsteuer-Jahresausgleich zu Unrecht erstattet hat,
3. für die Einkommensteuer (Lohnsteuer), die auf Grund fehlerhafter Angaben im Lohnkonto oder in der Lohnsteuerbescheinigung verkürzt wird,
4. für die Lohnsteuer, die in den Fällen des § 38 Abs. 3a der Dritte zu übernehmen hat.

(2) Der Arbeitgeber haftet nicht, soweit Lohnsteuer nach § 39 Abs. 4 oder § 39a Abs. 5 nachzufordern ist und in den vom Arbeitgeber angezeigten Fällen des § 38 Abs. 4 Satz 2 und 3 und des § 41c Abs. 4.

(3) [1]Soweit die Haftung des Arbeitgebers reicht, sind der Arbeitgeber und der Arbeitnehmer Gesamtschuldner. [2]Das Betriebsstättenfinanzamt kann die Steuerschuld oder Haftungsschuld nach pflichtgemäßem Ermessen gegenüber jedem Gesamtschuldner geltend machen. [3]Der Arbeitgeber kann auch dann in Anspruch genommen werden, wenn der Arbeitnehmer zur Einkommensteuer veranlagt wird. [4]Der Arbeitnehmer kann im Rahmen der Gesamtschuldnerschaft nur in Anspruch genommen werden,
1. wenn der Arbeitgeber die Lohnsteuer nicht vorschriftsmäßig vom Arbeitslohn einbehalten hat,
2. wenn der Arbeitnehmer weiß, dass der Arbeitgeber die einbehaltene Lohnsteuer nicht vorschriftsmäßig angemeldet hat. [2]Dies gilt nicht, wenn der Arbeitnehmer den Sachverhalt dem Finanzamt unverzüglich mitgeteilt hat.

---

1 *K/S/M* § 42b Rn C 1.
2 OFD D'dorf StEK § 39b Nr 47 Tz 2.
3 *K/S/M* § 42b Rn D 3.
4 R 42b III 1 LStR.
5 *H/H/R* § 42b Rn 38 und 13; **aA** R 42b III 3 LStR.

§ 42d Haftung des Arbeitgebers und Haftung bei Arbeitnehmerüberlassung

(4) ¹Für die Inanspruchnahme des Arbeitgebers bedarf es keines Haftungsbescheids und keines Leistungsgebots, soweit der Arbeitgeber
1. die einzubehaltende Lohnsteuer angemeldet hat oder
2. nach Abschluss einer Lohnsteuer-Außenprüfung seine Zahlungsverpflichtung schriftlich anerkennt.

²Satz 1 gilt entsprechend für die Nachforderung zu übernehmender pauschaler Lohnsteuer.

(5) Von der Geltendmachung der Steuernachforderung oder Haftungsforderung ist abzusehen, wenn diese insgesamt 10 Euro nicht übersteigt.

(6) ¹Soweit einem Dritten (Entleiher) Arbeitnehmer gewerbsmäßig zur Arbeitsleistung überlassen werden, haftet er mit Ausnahme der Fälle, in denen eine Arbeitnehmerüberlassung nach § 1 Abs. 3 des Arbeitnehmerüberlassungsgesetzes vorliegt, neben dem Arbeitgeber. ²Der Entleiher haftet nicht, wenn der Überlassung eine Erlaubnis nach § 1 des Arbeitnehmerüberlassungsgesetzes in der Fassung der Bekanntmachung vom 3. Februar 1995 (BGBl. I S. 158), das zuletzt durch Artikel 11 Nr. 21 des Gesetzes vom 30. Juli 2004 (BGBl. I S. 1950) geändert worden ist, in der jeweils geltenden Fassung zugrunde liegt und soweit er nachweist, dass er den nach § 51 Abs. 1 Nr. 2 Buchstabe d vorgesehenen Mitwirkungspflichten nachgekommen ist. ³Der Entleiher haftet ferner nicht, wenn er über das Vorliegen einer Arbeitnehmerüberlassung ohne Verschulden irrte. ⁴Die Haftung beschränkt sich auf die Lohnsteuer für die Zeit, für die ihm der Arbeitnehmer überlassen worden ist. ⁵Soweit die Haftung des Entleihers reicht, sind der Arbeitgeber, der Entleiher und der Arbeitnehmer Gesamtschuldner. ⁶Der Entleiher darf auf Zahlung nur in Anspruch genommen werden, soweit die Vollstreckung in das inländische bewegliche Vermögen des Arbeitgebers fehlgeschlagen ist oder keinen Erfolg verspricht; § 219 Satz 2 der Abgabenordnung ist entsprechend anzuwenden. ⁷Ist durch die Umstände der Arbeitnehmerüberlassung die Lohnsteuer schwer zu ermitteln, so ist die Haftungsschuld mit 15 Prozent des zwischen Verleiher und Entleiher vereinbarten Entgelts ohne Umsatzsteuer anzunehmen, solange der Entleiher nicht glaubhaft macht, dass die Lohnsteuer, für die er haftet, niedriger ist. ⁸Die Absätze 1 bis 5 sind entsprechend anzuwenden. ⁹Die Zuständigkeit des Finanzamts richtet sich nach dem Ort der Betriebsstätte des Verleihers.

(7) Soweit der Entleiher Arbeitgeber ist, haftet der Verleiher wie ein Entleiher nach Absatz 6.

(8) ¹Das Finanzamt kann hinsichtlich der Lohnsteuer der Leiharbeitnehmer anordnen, dass der Entleiher einen bestimmten Teil des mit dem Verleiher vereinbarten Entgelts einzubehalten und abzuführen hat, wenn dies zur Sicherung des Steueranspruchs notwendig ist; Absatz 6 Satz 4 ist anzuwenden. ²Der Verwaltungsakt kann auch mündlich erlassen werden. ³Die Höhe des einzubehaltenden und abzuführenden Teils des Entgelts bedarf keiner Begründung, wenn der in Absatz 6 Satz 7 genannte Prozentsatz nicht überschritten wird.

(9) ¹Der Arbeitgeber haftet auch dann, wenn ein Dritter nach § 38 Abs. 3a dessen Pflichten trägt. ²In diesen Fällen haftet der Dritte neben dem Arbeitgeber. ³Soweit die Haftung des Dritten reicht, sind der Arbeitgeber, der Dritte und der Arbeitnehmer Gesamtschuldner. ⁴Absatz 3 Satz 2 bis 4 ist anzuwenden; Absatz 4 gilt auch für die Inanspruchnahme des Dritten. ⁵Im Fall des § 38 Abs. 3a Satz 2 beschränkt sich die Haftung des Dritten auf die Lohnsteuer, die für die Zeit zu erheben ist, für die er sich gegenüber dem Arbeitgeber zur Vornahme des Lohnsteuerabzugs verpflichtet hat; der maßgebende Zeitraum endet nicht, bevor der Dritte seinem Betriebsstättenfinanzamt die Beendigung seiner Verpflichtung gegenüber dem Arbeitgeber angezeigt hat. ⁶In den Fällen des § 38 Abs. 3a Satz 7 ist als Haftungsschuld der Betrag zu ermitteln, um den die Lohnsteuer, die für den gesamten Arbeitslohn des Lohnzahlungszeitraums zu berechnen und einzubehalten ist, die insgesamt tatsächlich einbehaltene Lohnsteuer übersteigt. ⁷Betrifft die Haftungsschuld mehrere Arbeitgeber, so ist sie bei fehlerhafter Lohnsteuerberechnung nach dem Verhältnis der Arbeitslöhne und für nachträglich zu erfassende Arbeitslohnbeträge nach dem Verhältnis dieser Beträge auf die Arbeitgeber aufzuteilen. ⁸In den Fällen des § 38 Abs. 3a ist das Betriebsstättenfinanzamt des Dritten für die Geltendmachung der Steuer- oder Haftungsschuld zuständig.

R 42d.1 – 42d.3 LStR

§ 42d Haftung des Arbeitgebers und Haftung bei Arbeitnehmerüberlassung

Übersicht

	Rn		Rn
A. Grundaussagen und Bedeutung der Vorschrift	1	a) Ermessen des Finanzamts	40
I. Der Aufbau der Norm	1	b) Einschränkungen der Inanspruchnahme des Arbeitnehmers	41
II. Bedeutung der Vorschrift	2	c) Ausschluss der Inanspruchnahme des Arbeitgebers	45
III. Verhältnis zu anderen Vorschriften	4	d) Ausübung des Auswahlermessens	50
B. Die Haftung des Arbeitgebers im Einzelnen	6	IV. Die Haftung anderer Personen	55
I. Der Haftungstatbestand (§ 42d I)	6	1. Haftung gesetzlicher Vertreter	55
1. Der Arbeitgeber im Lohnsteuerverfahren	6	2. Weitere Haftungstatbestände	63
		3. Ermessen und Verschulden	65
2. Haftungsschuld und Steuerschuld	8	V. Der Rückgriff des Arbeitgebers	68
3. Entstehen und Verjährung des Haftungsanspruchs	11	VI. Das Haftungsverfahren (§ 42d IV)	70
4. Die einzelnen Tatbestände	17	1. Der Haftungsbescheid	70
a) Haftung für die einzubehaltende und abzuführende Lohnsteuer (§ 42d I Nr 1)	17	a) Notwendigkeit und äußere Form	70
		b) Bestimmtheit	71
		c) Notwendige Begründung	72
		d) Änderung des Haftungsbescheids	75
b) Haftung für zu Unrecht erstattete Lohnsteuer (§ 42d I Nr 2)	19	e) Rechtsbehelfe gegen den Haftungsbescheid	77
c) Haftung für verkürzte Einkommensteuer (§ 42d I Nr 3)	20	2. Inanspruchnahme des Arbeitgebers ohne Haftungsbescheid	80
d) Haftung des Arbeitgebers für Lohnsteuer, die der Dritte iSd § 38 IIIa zu übernehmen hat (§ 42d I Nr 4)	20a	VII. Das Nachforderungsverfahren gegen den Arbeitnehmer	81
		VIII. Die Bagatellgrenze (Abs 5)	83
5. Haftender und Verschulden	21	**C. Die Haftung bei Arbeitnehmerüberlassung im Einzelnen**	90
6. Haftungsumfang, Zinsen und Säumniszuschläge	25	I. Die Haftung des Entleihers (§ 42d VI)	90
7. Haftung und Insolvenz	27	1. Bedeutung der Entleiherhaftung	90
II. Ausschluss der Haftung (§ 42d II)	30	2. Haftungstatbestand	91
III. Gesamtschuld von Arbeitgeber und Arbeitnehmer (§ 42d III)	35	3. Der Haftungsausschluss	93
		4. Umfang der Haftung	95
1. Gesamtschuldnerschaft von Arbeitgeber und Arbeitnehmer	35	5. Gesamtschuld und Ermessensausübung	96
		II. Die Haftung des Verleihers (§ 42d VII)	98
2. Inanspruchnahme des Arbeitgebers oder Arbeitnehmers	40	III. Die Sicherungsanordnung (§ 42d VIII)	100
		IV. Die Haftung des Dritten (§ 42d IX)	110

Literatur: *Beermann* BFH-Rechsprechung zur Lohnsteuerhaftung nach § 69 AO, FR 92, 262; *ders* AO-Geschäftsführerhaftung und ihre Grenzen nach der Rechtsprechung des BFH, DStR 94, 805; *von Bornhaupt* Lohnsteuernachforderungen beim Arbeitnehmer, FR 91, 365; *ders* Haftungsausschluss bei schuldlosem und entschuldbarem Handeln, StVj 93, 322; *Depping/Nikolaus* Haftungsschulden im Konkurs, DStZ 96, 176; *Eisgruber* Lohnsteuerhaftung des Arbeitgebers auf Grund einer unterlassenen Anzeige nach § 38 Abs 4 Satz 2 EStG, DStR 03, 141; *Gast de Haan* Lohnsteuerschuld und Arbeitgeberhaftung, DStJG 9, 141; *Geißler* Der Unternehmer im Dienste des Steuerstaats, Diss 2001; *Gersch* Neues zum Arbeitslohn von Dritten, DB 04, 938; *Giloy* Haftung des Arbeitgebers für die Lohnsteuer, NWB Fach 6, 4267; *Herzig* Steuerliche und bilanzielle Probleme bei Stock-Options und Stock Appreciation Rights, DB 99, 1; *Heuermann* Der Lohnsteueranspruch gegenüber dem Arbeitgeber, DB 94, 2411; *ders* Der Lohnsteueranspruch gegen den Arbeitnehmer und sein Verhältnis zur (festgesetzten) Einkommensteuer, DB 96, 1052; *ders* Systematik und Struktur der Leistungspflichten im Lohnsteuerabzugsverfahren, Diss 1998; *ders* Leistungspflichten im Lohnsteuerverfahren, StuW 98, 219; *G Kirchhof* Die Erfüllungspflicht des Arbeitgebers im Lohnsteuerverfahren, Diss 2005; *Krämer* Bestimmtheit und Begründung von Haftungs- und Pauschalierungsbescheiden, Diss 1994; *Lang* Arbeitsrecht und Steuerrecht, RdA 99, 64; *Mösbauer* Möglichkeiten des Haftungsausschlusses, FR 95, 173; *ders* Zur Haftung des Entleihers von Arbeitnehmern für deren Lohnsteuer, FR 96, 281; *H-F Müller* Die steuerrechtliche Haftung des GmbH-Geschäftsführers in der Krise, GmbHR 03, 389; *Olbertz* Die Lohnsteuerhaftung des Arbeitgebers, DB 98, 1787; *Portner* Stock Options – (Weitere) lohnsteuerliche Fragen, insbesondere bei Expatriates, DStR 98, 1535; *Rothenberger* Keine Säumniszuschläge auf Haftungsschulden, DStZ 97, 694; *Schäfer* Dreiecksbeziehungen zwischen Arbeitnehmer, Arbeitgeber und Finanzamt beim Lohnsteuerabzug, Diss 1990; *Seer* Verständigung im Steuerverfahren, Habil 1996; *Thomas* Verfahrensfragen zu Lohnsteuerpauschalierungsbescheiden, DStR 92, 837; *ders* Die Ermittlung der Haftungsschuld bei unterbliebenem Lohnsteuerabzug, DStR 95, 273; *ders* Lohnsteuerabzug auf freiwillige Trinkgelder, KFR F 6 EStG § 38, 1/98, 101; *Völlmeke* Das Entschließungsermessen beim Haftungsbescheid, DStR 91, 1001; *dies.* Probleme bei der Anrechnung von Lohnsteuer, DB 94, 1746; *dies.* Probleme bei der Trinkgeldbesteuerung, DStR 98, 157; *Winter* Der Arbeitgeber im Lohnsteuerrecht, Diss 1998; *Wüllenkemper* Auswirkungen der Bekanntgabe eines Jahressteuerbescheides auf einen Rechtsstreit und einen Vorauszahlungsbescheid, DStZ 98, 458.

A. Grundaussagen und Bedeutung der Vorschrift

1 I. Der Aufbau der Norm. § 42d normiert **zwei unterschiedliche Haftungstatbestände**, die Haftung des ArbG oder Dritte iSd § 38 IIIa (§ 38 Rn 8a f) für LSt (Abs 1–5, 9) und die Haftung bei der ArbN-Überlassung (Abs 6–8). **Abs 1** enthält die **Haftungstatbestände** für den ArbG, **Abs 2** die **Haftungsausschlüsse**. **Abs 3** begründet die **Gesamtschuldnerschaft** zwischen ArbN und ArbG und stellt es in das **Ermessen** des FA, welchen der beiden es in Anspruch nimmt. **Abs 4** regelt die **Verfahrensvereinfachungen** bei der Inanspruchnahme des ArbG und **Abs 5** enthält eine **Bagatellgrenze.** Nach **Abs 6** haftet der **Entleiher** von ArbN bei ArbN-Überlassungen auch dann, wenn der Lohn vom Verleiher gezahlt wird. **Abs 7** lässt den **Verleiher** haften, wenn ausnahmsweise der Entleiher als ArbG anzusehen ist. **Abs 8** regelt spezielle **Verfahrensvorschriften** für die Entleiher- und Verleiherhaftung. Abs 9 regelt die fortgeltende Haftung des ArbG, auch wenn ein Dritter iSd § 38 IIIa seine Pflichten übernimmt und das Haftungsverhältnis zw Dritten und ArbG.

2 II. Bedeutung der Vorschrift. § 42d erlaubt dem FA, den ArbG, den Dritten iSd § 38 IIIa und den Entleiher von Arbeitskräften für nicht erhobene oder nicht abgeführte LSt in Haftung zu nehmen. Die Haftung soll den ordnungsgemäßen LSt-Einbehalt garantieren[1] und die Steuerforderung gegen den ArbN absichern. Sie hat Schadensersatz- aber keinen Strafcharakter.[2] Für gesetzwidrig zu hoch einbehaltene LSt entsteht keine Haftung.

3 Die **Entleiherhaftung** stellt sicher, dass insbes der illegale Entleiher in Anspruch genommen werden kann, wenn der illegale Verleiher, der den ArbN entlohnt, die LSt nicht einbehält und abführt.[3] Da die gesetzliche Vermutung des Art 1 § 10 AÜG nicht für das Steuerrecht gilt,[4] haftet der illegale Entleiher nicht schon nach Abs 1. Die Entleiherhaftung soll Wettbewerbsverzerrungen durch steuerunehrliche Verleiher vermeiden. Zudem steht so dem Fiskus nach der Aufdeckung einer steuerunehrlichen ArbN-Überlassung im Inland ein Schuldner zur Verfügung, den er in Anspruch nehmen kann.[5]

4 III. Verhältnis zu anderen Vorschriften. Die LSt-Haftung ist **verfassungsgemäß**,[6] Soweit der ArbG nach § 40 III die LSt übernimmt, aber nicht abführt, muss das FA gegen ihn einen Pauschalierungsbescheid erlassen. Das **Pauschalierungsverfahren** geht der Haftung vor (§ 40 Rn 15). Die Haftung für die Kirchen-LSt ergibt sich über entspr Verweise aus den jeweiligen KiStG der Länder.[7] Die Entleiherhaftung wird durch § 48 IV Nr 2 eingeschränkt (Rn 94a).

B. Die Haftung des Arbeitgebers im Einzelnen

6 I. Der Haftungstatbestand (§ 42d I). – 1. Der Arbeitgeber im Lohnsteuerverfahren. Der ArbG haftet für die LSt, die er einzubehalten und abzuführen hat, sowie für zu Unrecht erstattete LSt oder die Verkürzung von ESt aufgrund einer Verletzung seiner Aufzeichnungspflichten. Gegenüber dem FA ist er **Steuerschuldner** iSd § 33 I AO. Seine Rechtsstellung gegenüber dem ArbN ist umstritten.[8] Der Streit ist aber für die Praxis nur wenig bedeutsam, da die lohnsteuerrechtlichen Pflichten nicht abbedungen werden können. Das dem Dienstverhältnis zugrunde liegende Dienstrecht wird vom LSt-Recht überlagert;[9] der ArbG nimmt aber keine staatliche Aufgabe wahr, sondern erfüllt mit dem LSt-Abzug eine **eigene öffentlich-rechtliche Verpflichtung** gemeinsam mit dem ArbN, der Schuldner der LSt ist (§ 38 Rn 9). Übernimmt ein Dritter iSd § 38 IIIa die Pflichten des ArbG, übernimmt er auch dessen Haftungsstellung, ohne dass der ArbG insoweit von der Haftung befreit wird.

---

1 BFH BStBl II 93, 169; *K/S/M* § 42d Rn A 1.
2 BFH BStBl II 93, 775.
3 BT-Drs 10/1934, 39.
4 BFH BStBl II 82, 502.
5 BT-Drs 10/4119.
6 BVerfG HFR 77, 295; *H/H/R* § 42d Rn 9; *Blümich* § 42b Rn 9; **aA** *Schick* Besteuerungsverfahren, S 36.
7 *Blümich* § 42d Rn 14.
8 Zum Streitstand ausf *G Kirchhof* S 25 ff.
9 *Birkenfeld* DStJG 9, 233 (264).

Unterlaufen dem ArbG beim LSt-Abzug Fehler, hat der ArbN gegen den ArbG einen **Schadenser-** **satzanspruch** aus positiver Vertragsverletzung.[1] Ein Amtshaftungsanspruch gem § 839 BGB iVm Art 34 S 1 GG gegen den ArbG besteht nicht.[2] Erfüllt der ArbG einen solchen Schadensersatzanspruch, so führt dies nicht zu einer steuerbaren Einnahme beim ArbN.[3]

2. Haftungsschuld und Steuerschuld. Die (nicht pauschalierte) LSt ist eine Vorauszahlung auf die ESt. Letztere entsteht gem § 36 I erst mit Ablauf des Kj. Ab diesem Zeitpunkt ist im Verhältnis zum ArbN nur der ESt-Anspruch maßgebend.[4] Was unter dem Begriff „LSt" iSd § 42d I Nr 1 und 2 zu verstehen ist, hängt deshalb davon ab, zu welchem Zeitpunkt das FA den ArbG in Anspruch nimmt.

Während des laufenden Kj haftet der ArbG für die LSt des einzelnen Lohnzahlungszeitraums. Dies gilt auch dann, wenn zu vermuten ist, dass die Jahreslohnsteuerschuld nicht in entspr Höhe entstehen wird.[5] Da für den LSt-Abzug ausschließlich die LSt-Karte maßgeblich ist (§ 39 Rn 1), sind während des laufenden Kj der Haftungsanspruch und der Steueranspruch gegen den ArbN dem Umfang nach identisch.[6]

Nach Ablauf des Kj richtet sich die Haftung des ArbG nach der Jahres-LSt. Diese errechnet sich nach § 39b II 4–11 nach den Merkmalen der LSt-Karte für den Jahresarbeitslohn.[7] Auch für eine Änderung des LSt-Abzugs nach Ablauf des Kj gem § 41c III wäre diese Größe maßgeblich. Da die Haftung nach § 42d gem § 191 I 1 Nr 1 AO **akzessorisch** ist, ist eine Steuerschuld des ArbN Tatbestandsvoraussetzung für die Haftung.[8] Daraus folgt aber nicht, dass die Haftung durch eine gegenüber der Jahres-LSt niedrigere ESt-Schuld des ArbN begrenzt wird.[9] Dies würde zu einer „Schattenveranlagung" im Haftungsverfahren führen.[10] Die **Haftungsschuld betrifft** aber **ausschließlich** die LSt, die verfahrensmäßig abgetrennt vom Veranlagungsverfahren erhoben wird und für die das Wohnsitz-FA zuständig ist. Das LSt-Abzugsverfahren hat keine Bindungswirkung für die Veranlagung des ArbN und ist nur über die Anrechnung nach § 36 II Nr 2 damit verbunden. Dieser systemimmanenten Trennung der Verfahren widerspräche es, wenn dem ArbG materielle Einwände aus der Person des ArbN, wie das Erlöschen der LSt durch die Festsetzung der ESt,[11] zuzubilligen wären.[12] Die zT hiergegen erhobenen verfassungsrechtlichen Bedenken[13] sind unbegründet, denn eine übermäßige Inanspruchnahme kann zum einen über die Anrechnung und den Regress korrigiert werden,[14] zum anderen ist bei Veranlagungsfällen das Auswahlermessen eingeschränkt.

3. Entstehen und Verjährung des Haftungsanspruchs. Der Haftungsanspruch **entsteht** mit Verwirklichung eines Haftungstatbestandes des § 42d I, ohne dass es des Erlasses eines Haftungsbescheides bedarf.[15] Wird die LSt nicht ordnungsgemäß einbehalten, entsteht der Haftungsanspruch nach § 42d I Nr 1 bereits mit **Zahlung des Lohns**,[16] denn abführen muss der ArbG nur den tatsächlich einbehaltenen Betrag (§ 41a Rn 7). Wird die einbehaltene LSt nicht abgeführt, entsteht der Haftungsanspruch am 10. Tag nach Ablauf des Voranmeldungszeitraums gem § 41a I Nr 2. Fällig wird der Anspruch hinsichtlich der nicht einbehaltenen LSt erst mit Festsetzung der Haftungsschuld gem § 220 II 2 AO, hin- sichtlich der nicht abgeführten LSt gem §§ 220 I AO iVm 41a I Nr 2 bereits mit der Entstehung. Letztere Haftungsschuld kann gem § 222 S 4 AO nicht gestundet werden.

Die **Verjährung** des Haftungsanspruchs regelt § 191 III AO. Die Festsetzungsfrist beträgt gem § 191 III 2 AO 4 Jahre[17] und beginnt gem § 191 III 3 AO mit Ablauf des Kj, in dem der ArbG den Haftungstatbestand verwirklicht hat. **Zugunsten des Haftungsschuldners** kann aber der Bescheid noch nach Ablauf der Verjährungsfrist geändert werden.[18] Im Erlasszeitpunkt muss gem § 191 V Nr 1 AO ein Steuerbescheid gegen den Steuerschuldner noch festgesetzt werden können und die Steuerschuld darf weder erlassen, noch trotz Festsetzung bereits verjährt sein. Ob die Steuerschuld nach dem Erlass des Haftungsbescheides verjährt, ist unbeachtlich.[19] Eine LSt-Außenprüfung hemmt

---

1 BAG DB 60, 642; *Schmidt*[24] § 38 Rn 1; **aA** *K/S/M* § 38 Rn A 40; *Stolterfoth* DStJG 9, 196.
2 *Blümich* § 42d Rn 23; **aA** *K/S/M* § 38 Rn A 13.
3 BFH BStBl II 97, 144.
4 BFH BStBl II 92, 565.
5 BFH BStBl III 62, 37.
6 BFH BStBl II 74, 756; *K/S/M* § 42d Rn A 8.
7 *Thomas* DStR 95, 273 (275).
8 BFH BStBl II 90, 526; *Heuermann* DB 94, 2411.
9 So aber *Schmidt*[26] § 42d Rn 2; *H/H/R* § 42d Rn 118.
10 *K/S/M* § 42d Rn A 13.
11 BFH BStBl II 96, 87.
12 *Blümich* § 42d Rn 37.
13 *Schmidt*[26] § 42d Rn 2.
14 *Blümich* § 42d Rn 40.
15 BFH BStBl II 97, 171.
16 *K/S/M* § 42d Rn A 40; **aA** *Schmidt*[26] § 42d Rn 10.
17 Bei Steuerverkürzung bzw -hinterziehung s aber § 191 III 2 AO.
18 BFH BStBl II 98, 131; AEAO zu § 191.
19 BFH/NV 96, 379.

gegenüber dem ArbG den Ablauf der Festsetzungsfrist nach § 171 IV AO; allerdings nur, wenn sie tatsächlich durchgeführt wird.[1]

13 Hebt das FA im Rahmen eines Rechtsbehelfsverfahrens einen Haftungsbescheid auf, endet die Ablaufhemmung aufgrund der Außenprüfung.[2] Um dies zu vermeiden, muss die Behörde den Haftungsbescheid ändern oder einen neuen Bescheid erlassen, nachdem der alte Bescheid durch das FG aufgehoben wurde.[3]

4. Die einzelnen Tatbestände. – a) Haftung für die einzubehaltende und abzuführende Lohnsteuer
17 **(§ 42d I Nr 1).** Die Haftung für die einzubehaltende und abzuführende LSt knüpft an die Pflichten der §§ 38 II, 41a an. **Richtig einbehalten** ist die LSt, wenn sie gem den Eintragungen der LSt-Karte – bei fehlender LSt-Karte[4] nach LSt-Klasse VI – und der Jahreslohnsteuer nach § 39b II 4–11 ermittelt wurde.[5] Die LSt ist auch dann richtig berechnet (LSt-Kartenprinzip s § 39 Rn 1), wenn die Eintragungen objektiv falsch sind und von den tatsächlichen Verhältnissen des ArbN abweichen.[5] Denn nur der ArbN ist im Rahmen der §§ 39 IV–Va, 39a V verpflichtet, Änderungen der Eintragung herbeizuführen. Bei einer Verletzung dieser Pflicht ist daher gem Abs 2 Nr 1 ausschließlich der ArbN heranzuziehen. Führt der ArbG bei fehlender LSt-Karte entgegen § 39c I 1 den LSt-Abzug nach Steuerklasse I durch, kann er auch nach Ablauf des Kj nach § 42d I 1 in Haftung genommen werden.[6]

18 Der ArbG trägt das Haftungsrisiko hinsichtlich der Frage, ob ein Lohn stpfl ist. Wurde eine verbindliche Zusage nach § 204 AO erteilt, hat der ArbG nur die LSt einzubehalten, die sich nach dieser Zusage ergibt, auch wenn sich deren Unrichtigkeit nachträglich herausstellt.[7] Führt er in Zweifelsfragen eine **Anrufungsauskunft** nach § 42e herbei und folgt ihr, soll nach neuerer Rspr[8] der Tatbestand des Abs 1 nicht erfüllt sein.[9] Lehnt man richtigerweise eine solche rechtsgestaltende Wirkung der Anrufungsauskunft ab (§ 42e Rn 6), wäre eine Inanspruchnahme jedenfalls ermessensfehlerhaft. Weicht der ArbG von einer erteilten Auskunft ab, kann er nicht dadurch einen Haftungsausschluss bewirken, dass er die Abweichung dem FA anzeigt.[10] **Führt der ArbG einbehaltene LSt nicht ab**, haftet er stets.[11] Er trägt die Gefahr des zufälligen Verlusts bis zum Zugang beim FA.[12]

19 **b) Haftung für zu Unrecht erstattete Lohnsteuer (§ 42d I Nr 2).** Da eine zu hohe Erstattung von LSt nach § 42b zugleich einen unzutr Einbehalt von LSt darstellt, ist in diesen Fällen bereits der Tatbestand der Nr 1 erfüllt.[13] Die Nr 2 hat nur klarstellende Bedeutung.[14] Eine konstitutive Bedeutung erlangt die Norm auch nicht für den Fall, dass entgegen den Verboten des § 42b I 4 (§ 42b Rn 4) ein LStJA vorgenommen wurde.

20 **c) Haftung für verkürzte Einkommensteuer (§ 42d I Nr 3).** Voraussetzung für die Haftung nach Nr 3 ist, dass **unrichtige Angaben im Lohnkonto** (§ 41 Rn 3f) oder in der **LSt-Bescheinigung** (§ 41b Rn 2 und 3) zu einer Verkürzung von ESt geführt haben.[15] Die Vorschrift wurde eingeführt, weil der BFH[16] eine Haftung bei fehlerhaften LSt-Bescheinigungen abgelehnt hatte.[17]

20a **d) Haftung des Arbeitgebers für Lohnsteuer, die der Dritte iSd § 38 IIIa zu übernehmen hat (§ 42d I Nr 4).** Diese Haftung unterscheidet sich grds von den Nr 1–3, da hier der Dritte aufgrund einer Pauschalierung selbst LSt-Schuldner ist und der ArbG nicht für LSt eines ArbN, sondern für LSt des Dritten in Anspruch genommen werden kann. Da der Übergang der ArbG-Pflichten auf den Dritten keine Mitwirkung des ArbG voraussetzt, ist diese Haftung für Schulden des Dritten krit.

21 **5. Haftender und Verschulden.** Haftender ist der ArbG (s § 38 Rn 5 und § 19 Rn 63), der die Einbehaltungspflicht gem § 38 III zu erfüllen hat.[18] Die Haftung nach § 42d setzt **kein Verschulden** voraus,[19] das Verschulden ist aber im Rahmen der **Ermessensausübung** zu würdigen.[20] Bei einem

---

1 BFH BStBl II 99, 4.
2 BFH BStBl II 95, 227.
3 BFH BStBl II 93, 581.
4 Oder fehlender Bescheinigung nach § 39d I 3.
5 BFH BStBl II 74, 756.
6 BFH/NV 01, 963.
7 K/S/M § 42d Rn B 1.
8 BFH BStBl II 06, 210; K/S/M § 42d Rn B 1; anders noch BFH BStBl II 93, 166.
9 K/S/M § 42d Rn B 1; Giloy (NWB Fach 6, 4267) sieht zumindest das FA als daran gebunden.
10 BFH BStBl II 93, 687.
11 Blümich § 42d Rn 37.
12 K/S/M § 42d Rn B 3.
13 K/S/M § 42d Rn B 4.
14 BFH BStBl II 83, 60; aA Giloy NWB Fach 6, 4267 (LStJA ist eigenständig konzipierter Akt).
15 BFH BStBl II 93, 775.
16 BStBl II 68, 697.
17 BT-Drs 7/1470; krit dazu Lang StuW 75, 113 (130).
18 BFH BStBl II 86, 768; T/K § 191 AO Rn 8.
19 Giloy NWB Fach 6, 4267; aA K/S/M § 42d Rn B 12 (verschuldensunabhängige Haftung unverhältnismäßig).
20 HM Blümich § 42d Rn 58f; aA Schick BB 83, 1041; Schmidt[26] § 42d Rn 7; K/S/M § 42d Rn B 12.

Nichteinbehalt aufgrund eines entschuldbaren Rechtsirrtums, kann der ArbG nicht in Haftung genommen werden.[1]

Werden **Lohnzahlungen von Dritten** geleistet (§ 19 Rn 126), so setzt der Haftungstatbestand voraus, **22** dass sich der Zufluss im Herrschaftsbereich des ArbG ereignet und dieser dadurch nach entspr Kenntnis in der Lage ist, die LSt einzubehalten.[2] Erbringt eine ausländische Muttergesellschaft für ArbN ihrer inländischen Tochter Leistungen, ist die Tochtergesellschaft Haftungsschuldnerin.[2] Dies gilt etwa auch für die Gewährung von Stock Options (§ 19 Rn 150 „Ankaufsrecht") durch die ausländische Muttergesellschaft.[3] Für den Einbehalt von LSt für Provisionen von Bausparkassen und Versicherungen an ArbN von Kreditinstituten[4] entsteht eine Haftung, wenn der ArbG über die Höhe der Provisionen tatsächlich Kenntnis erlangt.[5]

Die Haftung des ArbG ist nicht subsidiär. § 219 S 2 AO gewährt für das Steuerabzugsverfahren aus- **23** drücklich eine Ausnahme vom Grundsatz einer vorrangigen Vollstreckung gegenüber dem Steuerschuldner.

6. Haftungsumfang, Zinsen und Säumniszuschläge. Der Haftungsumfang[6] berechnet sich aus der **25** gem § 38a **individuell ermittelten LSt**. Soweit der ArbG die LSt nicht selbst berechnet hat, muss das FA die Berechnung selbst durchführen, um die Höhe der Haftungsschuld festzustellen.[7] Maßgebend ist die vom ArbG einzubehaltende und abzuführende LSt, nach Ablauf des Kj die hypothetische LSt-Abzugsschuld.[8] Nur bei **Nettolohnvereinbarungen** (§ 39b Rn 16f) und in den Fällen des § 40 I Nr 2 ist dabei ein Nettosteuersatz (§ 40 Rn 17) anzuwenden. Selbst bei einem Regressverzicht (s Rn 68) Rn 68 bleibt es beim Bruttosteuersatz. Die nicht einbehaltene LSt ermittelt sich nur aus dem bereits zugeflossenen Lohn. Eine **Schätzung** der LSt mit einem durchschnittlichen Steuersatz gem § 40 I Nr 2 ist nur zulässig, wenn der ArbG zustimmt (§ 40 Rn 14) oder die Voraussetzungen für eine Schätzung gem § 162 AO vorliegen.[9]

Als Haftungsschuldner ist der ArbG weder **Zinsschuldner**, noch Zinsgläubiger,[10] da § 235 AO sich **26** ausschließlich auf Steuern bezieht.[11] Soweit er einbehaltene LSt nicht abgeführt, handelt es um eine zinsauslösende Steuerschuld.[12] Wird die Haftungsschuld am Fälligkeitstag nicht entrichtet, entstehen **Säumniszuschläge**, da § 240 I 2 AO seit dem 31.7.98 die Haftungsschuld der Steuerschuld gleichstellt.[13]

7. Haftung und Insolvenz. Das bisher in § 61 I Nr 2 KO geregelte Konkursprivileg für LSt-Beträge **27** ist ab dem 1.1.99 durch die Abschaffung aller Vorrechte gem § 38 InsO[14] beseitigt worden. Zahlt der Insolvenzverwalter nach der Insolvenzeröffnung Löhne aus, hat er auf diese Löhne LSt einzubehalten und abzuführen.[15]

II. Ausschluss der Haftung (§ 42d II). Die in Abs 2 dargestellten Ausschlusstatbestände haben **30** **überwiegend** nur **deklaratorischen** Charakter,[16] weil der Tatbestand des Abs 1 bereits nicht erfüllt ist. Lediglich für die **Anzeige nach § 41c IV**, wenn der ArbG einen vorschriftswidrigen LSt-Einbehalt erkennt (§ 41c Rn 3), wirkt Nr 1 **konstitutiv**. Bei einer vorsätzlich unrichtigen Einbehaltung ist eine haftungsausschließende Anzeige nicht möglich (§ 41c Rn 5).[17] Haftungsausschließend ist neben den im Abs 2 aufgeführten Fällen auch eine Meldung nach § 38 IV 3.[18]

Auch eine Anzeige nach § 38 IV 2 soll von der Haftung befreien. Die Unterlassung einer solchen **31** Anzeige erfüllt aber keinen Haftungstatbestand, da § 38 IV 2 voraussetzt, dass keine LSt einzube-

---

1 BFH BStBl II 81, 801; nach *Giloy* (NWB Fach 6, 4267) der Versuch die Folgen der verschuldensunabhängig konzipierten Haftung durch Treu und Glauben oder wegen Unbilligkeit auszuschließen.
2 BFH BStBl II 86, 768.
3 BFH BStBl II 72, 596; *Herzig* DB 99, 1.
4 OFD M'ster BB 86, 2396.
5 BFH BStBl II 99, 323 (zu Trinkgeldern); aA *Schmidt*[26] § 42d Rn 8.
6 Zur weitergehenden Begrenzung bei Haftung anderer Pers s Rn 64.
7 *Blümich* § 42d R 68.
8 *K/S/M* § 42d Rn A 7; *Giloy* NWB Fach 6, 4267; **aA** *H/H/R* § 42d Rn 18 (Beschränkung auf die endgültige ESt-Schuld des ArbN).
9 BFH BStBl II 94, 536.
10 Etwa hinsichtlich Prozesszinsen nach § 236 I AO.
11 BFH BStBl II 89, 821.
12 BFH BStBl II 91, 781.
13 Anders noch BFH BStBl II 98, 2.
14 Dazu *Pape* NJW 97, 2777.
15 BMF BStBl I 98, 1500.
16 *Blümich* § 42d Rn 75.
17 *Giloy* NWB Fach 6, 4267; iErg glA *Schmidt*[26] § 42d Rn 14 (unzulässige Rechtsausübung); **aA** *H/M/W* Haftung für LSt 2.
18 *Plenker* DB 04, 894 (896); *Gersch* FR 04, 938 (942).

halten und abzuführen ist.[1] Selbst wenn die Anzeige die Einbehaltung ersetzt, mangelt es für eine Haftung an einer Abführungspflicht. Die Auslegung des BFH,[2] dass § 42d I Nr 1 auch für LSt gelte, deren rechtmäßige Nichteinbehaltung nicht rechtzeitig angezeigt wurde, führt zu einer haftungsbegründenden Analogie. Der bloße Mangel eines Haftungsausschlussgrundes führt nicht im Wege des Umkehrschlusses zu einer Haftung.[3] Eine solche Haftung könnte iÜ nur dann erfüllt sein, wenn die unterlassene Anzeige kausal für den Steuerausfall ist.[4] Hat der ArbG ordnungsgemäß angezeigt, ist eine Haftung jedenfalls auch dann ausgeschlossen ist, wenn die LSt deshalb nicht vom ArbN nachzufordern ist, weil der hierfür maßgebliche Mindestbetrag von 10 € nicht überschritten ist oder beim ArbN eine Nachversteuerung, etwa von Versicherungsaufwendungen (§ 30 EStDV), durchzuführen ist, weil nicht LSt, sondern ESt nacherhoben wird.

III. Gesamtschuld von Arbeitgeber und Arbeitnehmer (§ 42d III). – 1. Gesamtschuldnerschaft von
35 **Arbeitgeber und Arbeitnehmer.** Bereits gem § 44 I 1 AO sind Haftungs- und Steuerschuldner **Gesamtschuldner.** § 42d III 1 hat daher nur klarstellende Bedeutung.[5] Da Steuerschuld und Haftungsschuld nicht übereinstimmen müssen (Rn 8 ff), besteht die Gesamtschuld nur, soweit die Haftung des ArbG reicht. Die Zahlung durch einen Gesamtschuldner wirkt gem § 44 II 1 AO auch für den anderen Gesamtschuldner.[6] Die Aufrechnung steht diesbezüglich gem § 44 II 1 AO einer Zahlung gleich. Eine bloße Aufrechnungslage der FA gegenüber dem ArbN hindert eine Inanspruchnahme des ArbG hingegen nicht.[7] Sie ist aber bei der Ermessensentscheidung zu berücksichtigen.[8] Zahlungen, die nach der Bekanntgabe der Einspruchsentscheidung auf die Steuerschuld geleistet werden, haben keinen Einfluss auf die Rechtmäßigkeit des Haftungsbescheides;[9] eine nach diesem Zeit- punkt erfolgte Minderung der Steuerschuld kann aber einen Widerruf nach § 131 I AO veranlassen.[10]

40 **2. Inanspruchnahme des Arbeitgebers oder Arbeitnehmers. – a) Ermessen des Finanzamts.** Dem Betriebsstätten-FA steht gem § 42d III 2 ein Auswahl- und Entschließungsermessen[11] zu, das aber nur besteht, soweit ArbG und ArbN als Gesamtschuldner für die LSt-Schuld des ArbN als einer Vorauszahlungssteuer für die ESt einstehen müssen.[12]

Das Ermessen erstreckt sich auch auf die Inanspruchnahme des ArbN als Steuerschuldner,[13] weil auch Zweckmäßigkeits- und Billigkeitsüberlegungen anzustellen sind, ob die nicht einbehaltene LSt nicht ebenso leicht beim ArbN eingezogen werden kann.[14] Die Frage, ob das FA einen Haftungsanspruch geltend machen will **(Entschließungsermessen)**, setzt voraus, dass ein Haftungstatbestand erfüllt ist.[15] In ihrem **Auswahlermessen** ist die Behörde gem § 42d III 3 nicht eingeschränkt, wenn der ArbN zur ESt veranlagt wird. Nach der ständigen Rspr[16] ist die Inhaftungnahme des ArbG aber nicht mehr zulässig, wenn die Steuer vom ArbN ebenso schnell und einfach erhoben werden kann, weil er zu veranlagen ist.

41 **b) Einschränkungen der Inanspruchnahme des Arbeitnehmers.** Gem § 42d III 4 wird die Inanspruchnahme des ArbN im Rahmen der Gesamtschuld **auf zwei Tatbestände beschränkt.** Erst wenn einer dieser Tatbestände erfüllt ist, kommt ein Auswahlermessen in Betracht. Ob es im Rahmen der ESt-Veranlagung zu einer Erhebung der bisher nicht im Wege der Vorauszahlung erhobenen Steuer kommt, wird durch die Einschränkung des § 42d III 4 nicht berührt.[17] Bei der Veranlagung ist auch eine Anrufungsauskunft nach § 42e nicht bindend.[18]

---

1 *B/B* § 42d Rn 53; **aA** BFH BStBl 02, 884; *K/S/M* § 42d Rn C 2.
2 BFH BStBl 02, 884; **aA** *Eisgruber* DStR 03, 141; *Nacke* DStR 05, 1298.
3 So aber *Blümich* § 42d Rn 49.
4 **AA** BFH BStBl 02, 884; (nur im Rahmen der Ermessensentscheidung zu berücksichtigen).
5 BT-Drs 7/1470.
6 BFH BStBl II 92, 696.
7 *Blümich* § 42d Rn 80 mwN.
8 BFH BStBl II 83, 592; *K/S/M* § 42d Rn D 2.
9 BFH BStBl II 81, 138.
10 BFH BStBl II 98, 131.
11 R 42d.1 V 2 LStR; **aA** *Giloy* NWB Fach 6, 4267 (Geltendmachung des ESt-Anspruchs keine Ermessensentscheidung).
12 *K/S/M* § 42d Rn D 4; *Schmidt*[26] § 42d Rn 16.
13 BFH BStBl II 92, 565; *Giloy* NWB Fach 6, 4267; *v Bornhaupt* FR 91, 365 (368); **aA** *Mösbauer* FR 95, 727; *Schmidt*[26] § 42d Rn 16.
14 BFH BStBl II 92, 969.
15 *Schmidt*[26] § 42d Rn 16.
16 BFH/NV 96, 32; zust *K/S/M* § 42d Rn D 6; *Schmidt*[26] § 42d Rn 32.
17 IErg hM; str ist nur, ob die Formulierung „irreführend" ist (so *Schmidt*[26] § 42d Rn 24; **aA** *Blümich* § 42d Rn 88).
18 BFH BStBl II 93, 166.

Wurde die **LSt nicht vorschriftsmäßig einbehalten (Nr 1),** wurde die LSt des ArbN nicht getilgt. Der ArbN kann daher wegen dieses LSt-Anspruchs in Anspruch genommen werden. Auch die fehlerhafte Erstattung von LSt im Rahmen eines LStJA nach § 42b führt zu einem nicht vorschriftsmäßigen Einbehalt von LSt.[1] Bei einem korrekten Einbehalt erlischt die LSt-Schuld des ArbN gem § 47 AO.[2] Die LSt ist dann erhoben iSd § 36 II Nr 2 und kann angerechnet werden, selbst wenn sie nicht an das Betriebsstätten-FA abgeführt wird.[3] Bei einer **Nettolohnvereinbarung** (§ 39b Rn 16f) gilt die LSt mit dem Auszahlen des Barlohns als vorschriftsmäßig einbehalten.[4] Auch nach Ablauf des VZ kann das FA gegen den ArbN die LSt-Schuld geltend machen. Liegen die Voraussetzungen des § 46 I und II vor, ist der ArbN zu veranlagen und die einbehaltene LSt anzurechnen. Ansonsten kann der ArbN dem LSt-Anspruch sämtliche materiell-rechtlichen Einwendungen entgegenhalten, insbes geltend machen, dass die gem § 36 I geschuldete Steuer die gem § 46 IV 1 nachgeforderte Vorauszahlungsschuld unterschreite. Wurde der ArbN bereits veranlagt, kann der LSt-Anspruch nur noch über eine Änderung des ESt-Bescheides geltend gemacht werden.[5] Der ArbN kann gem § 44 II 3 AO keine arbeitgeberbezogenen Einwendungen erheben oder vortragen, dass eine Inanspruchnahme des ArbG gegen Treu und Glauben verstieße.[6] Der Vortrag, der ArbG sei vorrangig heranzuziehen, begründet kein Leistungsverweigerungsrecht.[7] 42

Wurde die **LSt nicht vorschriftsmäßig angemeldet (Nr 2),** setzt eine Inanspruchnahme die Kenntnis des ArbN voraus. Nur **positives Wissen** führt zu einer **Haftung** des ArbN, der seine LSt-Schuld bereits mit der Duldung des Einbehalts erfüllt hat. Zeigt der ArbN den Sachverhalt ohne schuldhaftes Zögern dem FA an, ist gem § 42d III 4 Nr 2 S 2 seine Inanspruchnahme ausgeschlossen. Maßgeblich ist dabei ausschließlich die Anmeldung der LSt. Dem Abführen der LSt nach § 41a I Nr 2 kommt keine Bedeutung zu. Auch wenn der ArbN weiß, dass eine angemeldete LSt nicht abgeführt wird, kann er nicht in Anspruch genommen werden. 43

c) Ausschluss der Inanspruchnahme des Arbeitgebers. Vor der Inanspruchnahme des ArbG sind die notwendige Begrenzung der Haftungsrisiken für den ArbG[8] und der Zweck der LSt-Verfahrens, den Eingang der Quellensteuer sicherzustellen,[9] gegeneinander abzuwägen. Zu prüfen ist deshalb, ob die Haftung des ArbG nach Treu und Glauben ausgeschlossen ist **(Entschließungsermessen)** oder es unbillig wäre, ihn vor dem ArbN heranzuziehen **(Auswahlermessen)**. 45

Die Inanspruchnahme des ArbG ist nach Treu und Glauben ausgeschlossen, wenn er sich in einem **entschuldbaren Rechtsirrtum** befindet,[10] bzw die Ursache des **Rechtsirrtums in der Sphäre der Verwaltung** liegt.[11] Der Rechtsirrtum ist entschuldbar, wenn der ArbG bei seinem (subjektiven) Kenntnisstand trotz sorgfältiger Prüfung aus guten Gründen (objektiv) überzeugt sein konnte, dass LSt im konkreten Einzelfall nicht einzubehalten sei.[12] Dem ArbG obliegt es aber, sich über die einschlägigen Gesetze, Verordnungen und Richtlinien zu informieren.[13] Verfährt er nach den allg Weisungen der zuständigen Behörden, haftet er auch dann nicht, wenn er keine konkrete Kenntnis der Anordnung hatte.[14] Eine Änderung der Rspr führt ebenso wenig zu einer Haftung des ArbG, wie eine geänderte Verwaltungsanweisung.[15] Da der ArbG idR kein Steuerfachmann ist, darf er auch im Vertrauen auf einen Tarifvertrag Bezüge stfrei auszahlen[16] und die bisherige Rechtslage bei einer Gesetzesänderung fortführen, wenn er die Änderungen zumutbar noch nicht berücksichtigen konnte.[17] 46

In die Sphäre der Verwaltung fällt ein Rechtsirrtum, der **durch Maßnahmen eines LSt-Außenprüfers bestärkt** wurde.[8] Eine Bestärkung ist aber nicht schon das bloße Nichtbeanstanden eines Verfahrens,[18] sondern setzt voraus, dass der streitige LSt-Abzug Gegenstand einer Vorprüfung war[19] 47

---

1 *Gast-de Haan* DStJG 9, 142 (168); **aA** *v Bornhaupt* BB 75, 547.
2 BFH BStBl II 86, 186; *K/S/M* § 38 Rn A 56; **aA** *Völlmeke* DB 94, 1746; *Schmidt*[26] § 42d Rn 19.
3 BFH BStBl II 94, 182.
4 BFH BStBl II 92, 733.
5 BFH BStBl II 92, 565.
6 BFH BStBl II 91, 720.
7 *Blümich* § 42d Rn 93.
8 BFH BStBl II 81, 801.
9 BFH BStBl II 74, 756.
10 BFH BStBl II 92, 969.
11 *Schmidt*[26] § 42d Rn 27.
12 *Offerhaus* StbJb 83/84, 314; *H/H/R* § 42d Rn 96.
13 Aber R 42d.1 IV 2 LStR: keine Inanspruchnahme, wenn wegen kurzer Zeit zw Gesetzesverkündung und folgender Lohnabrechnung Anpassung nicht zumutbar war.
14 BFH BStBl II 97, 413.
15 FG Nds EFG 92, 365.
16 BFH BStBl II 81, 801; aber BFH/NV 86, 372 (fehlerhafte Auslegung von Tarifvertrag schädlich).
17 R 42d.1IV 4 LStR.
18 BFH BStBl III 65, 355.
19 BFH BStBl II 92, 696.

Eisgruber

oder das FA nach der Außenprüfung Kenntnis von dem fehlerhaften LSt-Abzug erlangt und den ArbG nicht auf den Fehler aufmerksam gemacht hat.[1] In die Sphäre der Verwaltung fallen auch Fehler aufgrund von **unklaren oder falschen Auskünften** des FA[2] oder einer unklaren Richtlinie. Dies gilt auch für eine unrichtige Anrufungsauskunft; bei einer Übernahme des Verfahrens[3] für eine andere Betriebsstätte ist der Rechtsfehler entschuldbar.[4] Dem ArbG kann in diesen Fällen nicht vorgeworfen werden, dass er keine Anrufungsauskunft eingeholt hat.[5] Bei offensichtlich zweifelhaften Rechtslagen schützt den ArbG aber nur eine Anrufungsauskunft.[6]

48 Der ArbG muss **nachweisen**, dass der Rechtsirrtum in der Sphäre des FA liegt.[7] Ein Mitverschulden von FA und ArbG ist analog § 254 BGB insoweit zu berücksichtigen,[8] als der Haftungsanspruch dann nicht in voller Höhe geltend gemacht werden kann. Kann eine **bestandskräftige Veranlagung des ArbN** nicht mehr geändert werden, ist eine Nachforderung beim ArbG ermessenfehlerhaft.[9]

50 **d) Ausübung des Auswahlermessens.** Für die Ausübung des Auswahlermessens gibt es **keinen Grundsatz der vorrangigen Inanspruchnahme des ArbN**.[10] Entscheidend sind die tatsächlichen Verhältnisse des Einzelfalls im Zeitpunkt der Einspruchsentscheidung.[11] Der **ArbG** ist **nur nachrangig** in Anspruch zu nehmen, wenn die LSt ebenso schnell wie einfach vom ArbN nacherhoben werden kann,[12] zB weil er ohnehin zu veranlagen ist[13] und insbes dann, wenn der ArbN inzwischen aus dem Betrieb ausgeschieden ist.[14] Entsprechendes gilt, wenn die Berechnung der LSt durch den ArbG wegen Fehlens der LSt-Karten ebenso aufwendig ist, wie die Versendung von Kontrollmitteilungen durch das FA.[12] Der ArbG muss aber in diesen Fällen die erforderlichen Angaben machen[15] und darlegen, dass die Veranlagungen der ArbN noch bevorstehen.[7] Nur nachrangig ist der ArbG auch dann heranzuziehen, wenn das Bestehen des Arbverh zweifelhaft ist,[16] der betroffene ArbN sich selbst den Arbeitslohn ohne LSt ausgezahlt hat[17] oder es sich um wenige ArbN handelt,[18] deren Einkünfte wahrscheinlich unter der stpfl Grenze liegen.[19] Im letzteren Fall muss es sich um langfristig Beschäftigte handeln, deren Anschrift bekannt ist, und das Verhalten des ArbG darf nicht grob leichtfertig gewesen sein. Verläuft die **Erhebung beim ArbN erfolglos**, kann der ArbG anschließend selbst dann in Anspruch genommen werden, wenn ein früherer Haftungsbescheid wegen vorrangiger Inanspruchnahme des ArbN aufgehoben wurde,[20] nicht aber, wenn aufgrund einer LSt-Außenprüfung der Vorbehalt der Nachprüfung der LSt-Anmeldung aufgehoben wurde (s dazu Rn 75). Eine Inanspruchnahme des ArbG ist aber unbillig, wenn die Steuer beim ArbN wegen Bestandskraft des ESt-Bescheids nicht nachgefordert werden kann.[9]

51 **Vorrangig**[21] darf der **ArbG** in Anspruch genommen werden, wenn die LSt bewusst oder grob fahrlässig nicht einbehalten wurde,[22] auch wenn das FA die Anmeldung der LSt durch den ArbG längere Zeit nicht überwacht hat.[23] Dies gilt auch bei einvernehmlich mit dem ArbN geleisteten Schwarzlohnzahlungen.[24] Bei einer **Nettolohnvereinbarung** (§ 39b Rn 16f) haftet der ArbG grds alleine[25] und vorrangig, wenn ausnahmsweise beim ArbN die Voraussetzungen des § 42d III 4 Nr 2 vorliegen (Rn 43). Eine vorrangige Inanspruchnahme ist auch zur Vereinfachung des Verfahrens zulässig, wenn LSt aufgrund einer Vielzahl gleichartiger Sachverhalte nachzuzahlen ist,[26] etwa mehr als 40 ArbN betroffen sind[7] oder eine Vielzahl meist kleiner LSt-Beträge betroffen ist.[27] Entspre-

---

1 BFH BStBl III 63, 23.
2 BFH BStBl III 62, 37.
3 S aber ab 00 § 42e S 2u 3.
4 *Blümich* § 42d Rn 102.
5 *H/H/R* § 42d Rn 96.
6 BFH BStBl II 71, 353; *v Bornhaupt* BB 81, 2129.
7 BFH BStBl II 92, 696.
8 BFH/NV 89, 545.
9 BFH BStBl II 93, 169.
10 *K/S/M* § 42d Rn D 9; **aA** wohl FG Bln EFG 05, 596 (Haftung des ArbG nur subsidiär zur Steuerschuld des ArbN; auch bei Erhöhung des Werts eines geldwerten Vorteils). Die Revisionsentscheidung BFH BStBl II 05, 795) geht auf diesen Problembereich nicht mehr ein.
11 BFH BStBl II 91, 545.
12 BFH/NV 96, 32.
13 BFH BStBl III 67, 331.
14 BFH BStBl III 64, 213.
15 BFH BStBl II 79, 182.
16 BFH BStBl III 58, 384.
17 BFH/NV 86, 256.
18 FG Kln EFG 90, 611 (für 8 ArbN, die bekannt sind und im Bezirk des Betriebsstätten-FA wohnen).
19 BFH BStBl II 82, 710.
20 *Schmidt*[26] § 42d Rn 29.
21 Zum Verhältnis zu anderen Haftungsschuldnern s Rn 66.
22 BFH BStBl II 88, 176.
23 BFH BStBl II 78, 683.
24 FG Nds v 18.1.01 – 11 K 270/99 Rev VI R 26/02 (derzeit nicht fortgeführt BFH/NV 05, 237).
25 BFH BStBl II 86, 186.
26 BFH BStBl II 80, 289.
27 BFH BStBl II 74, 756.

chendes gilt, wenn die individuelle Ermittlung der LSt schwierig ist, keine Einwendungen gegen die Höhe bestehen und vom ArbG nicht beabsichtigt ist, die ArbN mit der LSt weiterzubelasten.[1]

IV. Die Haftung anderer Personen. – 1. Haftung gesetzlicher Vertreter. Neben der Haftung des ArbG nach § 42d können **gesetzliche Vertreter, Vermögensverwalter und Verfügungsberechtigte** nach den Vorschriften der §§ 69, 34, 35 AO für die LSt in Haftung genommen werden. Als gesetzliche Vertreter kommen insbes Geschäftsführer[2] (auch wenn er nur als „Strohmann" eingesetzt ist),[3] Vereinsvorsitzende,[4] auch wenn sie nur ehrenamtlich und unentgeltlich tätig sind,[5] Konkurs-/Insolvenzverwalter, Zwangsverwalter, Nachlassverwalter, Liquidatoren, Testamentsvollstrecker, Prokuristen,[6] Duldungsbevollmächtigte[7] und faktische Geschäftsführer, die mit dem entspr Anschein einer Berechtigung tatsächlich nach außen hin auftreten,[8] in Betracht, **nicht** aber Vergleichsverwalter,[9] Sequester[10] oder Sachwalter.[11] 55

Die Haftung hat Schadenersatzcharakter[12] und setzt gem § 69 eine **vorsätzliche oder grob fahrlässige** Verletzung der steuerlichen Pflichten voraus, die **kausal für den Steuerausfall** sein muss.[13] Die Kausalität richtet sich nach der Adäquanztheorie.[14] Der Geschäftsführer verletzt seine Sorgfaltspflicht, wenn er die LSt nicht abführt, weil er auf einen zukünftigen Mittelzufluss oder das Bestehen einer Aufrechnungslage (zB mit einem vermeintlichen Vorsteuerguthaben) vertraut.[15] Das FA muss gem § 219 S 2 AO nicht vor Inanspruchnahme versucht haben, in das bewegliche Vermögen des ArbN zu vollstrecken. Der Haftende kann auch für die auf den eigenen Lohn entfallende LSt in Anspruch genommen werden.[16] 56

Die **lohnsteuerlichen Pflichten** des Geschäftsführers werden **durch die nominelle Bestellung** begründet.[17] Unmaßgeblich ist, ob die Person die nötige Sachkunde besitzt, die Tätigkeit tatsächlich ausübt oder nur Strohmann ist.[18] Setzt der Geschäftsführer Mitarbeiter ein, muss er diese ausreichend überwachen.[10] Bei mehreren Geschäftsführern ist jeder grds gesamtverantwortlich;[5] durch eine interne verbindliche Aufteilung der Tätigkeitsbereiche, die schriftlich niedergelegt wird, können die Pflichten begrenzt werden.[19] Darauf kann sich der Geschäftsführer aber nicht berufen, wenn an der exakten Erfüllung der Verpflichtung durch den zuständigen Geschäftsführer Anlass zum Zweifel entsteht.[20] Um sich dem Haftungsrisiko zu entziehen, muss der Geschäftsführer zurücktreten oder sein Amt niederlegen.[21] 57

Bei Liquiditätsschwierigkeiten, gilt der **Grundsatz der gleichrangigen Befriedigung** von ArbN und FA.[22] Reichen die Mittel nicht mehr zur Zahlung von Bruttolöhnen inklusive der LSt aus, darf der Lohn nur noch gekürzt ausgezahlt werden,[23] auch wenn die Bank Gelder nur für Nettolohnzahlungen zur Verfügung stellt.[24] Dies gilt auch, wenn der Geschäftsführer die Löhne aus eigenen Mitteln bezahlt.[25] Dieser Grundsatz führt zu einer Begrenzung der Haftung auf die LSt, die bei korrekter Kürzung entstanden wäre.[22] Die objektive Beweislast für die gleichmäßige Befriedigung trägt der Haftungsschuldner.[26] Eine betragsmäßige Beschränkung der LSt-Haftung kommt aber nur für die letzten Monate eines Haftungszeitraums in Betracht, wenn aus den für die letzte Lohnzahlung verwendeten Mitteln die LSt-Rückstände des Vormonats nicht hätten beglichen werden können. 58

Die Nichtabführung der LSt stellt auch dann eine schuldhafte Pflichtverletzung dar, wenn sie im Interesse der Erhaltung des Betriebs und seiner Arbeitsplätze erfolgt.[27] Eine **vorsätzliche Verletzung der Abführungspflicht** liegt vor, wenn die termingerechte Abführung deshalb unterbleibt, weil der Geschäftsführer hofft oder darauf vertraut, dass er die Steuerrückstände nach Behebung der Liquiditätsprobleme ausgleichen kann, etwa in der Hoffnung auf eine Kreditzusage der Bank[28] oder 59

---

1 BFH BStBl II 94, 167.
2 Zur Haftung in der Krise *Müller* GmbHR 03, 389.
3 BFH BStBl II 04, 579.
4 BFH BStBl II 03, 556.
5 BFH BStBl II 98, 761.
6 *Lohmeyer* Inf 88, 268.
7 FG Nds EFG 92, 239.
8 BFH/NV 90, 7.
9 *T/K* § 34 Rn 10.
10 BFH BStBl II 91, 284.
11 FG Nds EFG 82, 386.
12 BFH BStBl II 95, 230.
13 BFH BStBl II 91, 678.
14 BFH BStBl II 93, 471.
15 BFH/NV 04, 1069.
16 BFH BStBl II 88, 167; BFH/NV 01, 1222.
17 *Blümich* § 42d Rn 179.
18 BFH/NV 94, 7.
19 *Blümich* § 42d Rn 180.
20 BFH/NV 97, 641.
21 BFH/NV 88, 220; *Hein* DStR 88, 65 mwN.
22 BFH BStBl II 88, 859.
23 BFH/NV 89, 424.
24 BFH BStBl II 83, 655; **aA** FG D'dorf EFG 84, 378.
25 BFH/NV 87, 286; **aA** FG D'dorf EFG 92, 240.
26 BFH v 12.3.04 Az VII B 368/03 nv.
27 BFH/NV 88, 764.
28 BFH/NV 91, 427.

auf den Erfolg eines Stundungsantrags beim FA[1] oder in der Erwartung, das FA werde aufrechnen.[2] Der Geschäftsführer verletzt seine Pflichten schon dann grob fahrlässig, wenn er nur die Schonfrist des § 240 III AO ausnutzen will und die maßgeblichen Finanzprobleme unerwartet erst nach deren Beginn auftreten.[3] Ein Irrtum über seine ihm obliegenden Pflichten ist ein vermeidbarer Verbotsirrtum.[4]

60 Wäre der Geschäftsführer berechtigt gewesen, eine inzwischen unanfechtbar gewordene LSt-Anmeldung anzufechten, muss er diese gem § 166 AO gegen sich gelten lassen **(Drittwirkung)**.[5] Der **Gesamtrechtsnachfolger** tritt gem § 45 AO in die Rechtsstellung des Rechtsvorgängers ein.

63 **2. Weitere Haftungstatbestände.** Nach § 75 AO haftet der **Betriebsübernehmer** für die LSt, die seit Beginn des letzten vor der Übereignung liegenden Kj entstanden ist (§ 38 Rn 10) und die bis zum Ablauf von einem Jahr nach Anmeldung des Betriebs durch den Erwerber festgesetzt oder angemeldet wird. Der Erwerber haftet gem § 219 S 2 AO nachrangig und beschränkt auf den Bestand des übernommenen Vermögens. Nach § 71 AO haftet für verkürzte LSt derjenige, der eine **Steuerhinterziehung** gem § 370 AO oder eine **Steuerhehlerei** gem § 374 AO begeht oder an einer solchen Tat teilnimmt.[6] Zur Haftung von Gesellschaftern einer GbR und bei einer Vor-GmbH s *Blümich* § 42d Rn 193 mwN.

65 **3. Ermessen und Verschulden.** Der Umfang der Haftung wird durch den Steuerbetrag begrenzt, der bei pflichtgemäßem Verhalten nicht ausgefallen wäre.[7] Das Maß des Verschuldens ist für den Umfang der Haftung bedeutungslos.[8] Das **Entschließungsermessen** ist **vorgeprägt**,[9] wenn das FA bei seiner Entscheidung von einer vorsätzlichen, nicht nur grob fahrlässigen Pflichtverletzung des Haftungsschuldners ausgegangen ist. Auch wenn dann grds von einer stillschweigenden sachgerechten Ermessensausübung durch das FA ausgegangen werden kann,[10] muss in Sonderfällen nach Billigkeits- und Zweckmäßigkeitsgesichtspunkten abgewogen werden.[11] Bei einem Mitverschulden des FA stellt die persönliche Inanspruchnahme des Haftungsschuldners nur dann einen Ermessensfehlgebrauch dar, wenn dessen Verschulden gering ist.[10]

66 Beim **Auswahlermessen** gelten dieselben Grundsätze (Rn 50) wie im Verhältnis zwischen ArbG und ArbN.[12] Sind mehrere Geschäftsführer bestellt, so müssen sich die erkennbaren Ermessenserwägungen des FA beim Erlass des Haftungsbescheids auf sämtliche Geschäftsführer und deren Verursachungsanteile erstrecken.[13] Geht das FA von einem unrichtigen Sachverhalt aus, ist die Ausübung des Auswahlermessens fehlerhaft.[14] Wird ein ArbG nach § 42d in Anspruch genommen, sind nach hM bei der Ermessensausübung auch Ausführungen zu weiteren Haftungsschuldnern zwingend erforderlich.[15] Soweit sich die Haftung nach anderen Vorschriften nur derivativ aus der ArbG-Haftung nach § 42d ableitet, sollte die Spezialvorschrift aber eine vorrangige Inanspruchnahme des ArbG rechtfertigen.[16]

68 **V. Der Rückgriff des Arbeitgebers.** Der ArbG erfüllt mit Zahlung der LSt eine Steuerschuld des ArbN und hat daher gegenüber diesem einen Erstattungsanspruch. Der Regressanspruch ist **privatrechtlicher Natur**,[17] für Rechtsstreitigkeiten sind die Arbeitsgerichte zuständig.[18] Der ArbG muss den ArbN von der geltend gemachten Steuerforderung unterrichten, damit dieser selbst Rechtsmittel einlegen kann.[18] Der Anspruch entsteht mit Abführung der LSt[19] und verjährt in 30 Jahren, sofern keine kürzere tarifvertragliche Ausschlussfrist eingreift.[20] **Verzichtet der ArbG** auf den Rückgriff, wendet er in diesem Zeitpunkt,[21] frühestens aber mit Zahlung der LSt,[22] dem ArbN **Arbeitslohn** zu. Der **Nettosteuersatz** (§ 40 Rn 17) ist **nur bei Nettolohnvereinbarungen** (§ 39b Rn 16f) anzuwenden, nicht aber auch dann, wenn feststeht, dass der ArbG beim ArbN keinen Regress wird nehmen kön-

---

1 BFH/NV 86, 266.
2 BFH/NV 89, 150.
3 BFH BStBl II 91, 282.
4 BFH/NV 88, 764.
5 BFH/NV 96, 285.
6 BFH BStBl II 95, 198.
7 BFH BStBl II 88, 859.
8 BFH BStBl II 89, 979.
9 BFH BStBl II 89, 219.
10 BFH/NV 98, 4.
11 FG D'dorf EFG 98, 1038.
12 BFH/NV 86, 256.
13 BFH BStBl II 90, 1008.
14 BFH/NV 87, 137.
15 BFH/NV 85, 20.
16 **AA** FG M'chn EFG 96, 574 nur iErg bestätigt von BFH BStBl II 03, 160.
17 BFH BStBl II 72, 816; *Schmidt*[26] § 42d Rn 64; **aA** *K/S/M* § 42d Rn A 26.
18 BAG BStBl II 77, 581.
19 BAG NJW 94, 2636.
20 BAG DB 74, 2210.
21 *Schmidt*[26] § 42d Rn 10.
22 *Blümich* § 42d Rn 130.

nen.¹ **Kein Arbeitslohn** soll dann vorliegen, wenn der Rückgriff unmöglich oder der Verzicht unfreiwillig ist, der Rückgriff im ganz überwiegend eigenbetrieblichen Interesse liegt oder für den ArbG unwirtschaftlich ist.² Diese Einteilung widerspricht aber der allg Systematik des Arbeitslohns. Es ist daher zu unterscheiden, ob die **Ursache** für den Verzicht **im Arbeitsverhältnis** liegt (dann Arbeitslohn) **oder ob andere Gründe** für den Verzicht maßgeblich sind. So führt ein Ausfall wegen Unwirtschaftlichkeit des Rückgriffs, insbes bei Kleinbeträgen pro ArbN, oder wegen Zahlungsunfähigkeit des ArbN zu keinem Zufluss von Arbeitslohn. Bei einem Vorteil aufgrund Tarifvertrags oder sonstiger gewerkschaftlicher Arbeit liegt aber auch dann Arbeitslohn vor, wenn dieser in einem Verzicht auf einen Rückgriff liegt.³

VI. Das Haftungsverfahren (§ 42d IV). – 1. Der Haftungsbescheid. – a) Notwendigkeit und äußere Form. Ein Haftungsbescheid⁴ ist vom Betriebsstätten-FA zu erlassen, wenn der ArbG weder die nachzuentrichtende LSt anmeldet (Nr 1), noch die Zahlungsverpflichtung schriftlich anerkennt (Nr 2). Das FA darf eine nach einer Außenprüfung nachträglich angemeldete LSt nicht nach oben korrigieren.⁵ Ein wirksames Anerkenntnis muss sich auf die gesamte Haftungsschuld erstrecken.⁶ Der Bescheid ist gem § 191 I 3 AO **schriftlich** zu erteilen und muss unterschrieben sein. Die fehlende **Unterschrift** führt aber nicht zur Aufhebung.⁷   70

b) Bestimmtheit. Unbestimmte Bescheide sind **nichtig**.⁸ Um dem Bestimmtheitsgebot zu genügen, muss der Haftungsbescheid erkennen lassen, dass der Betroffene nicht **als Steuerschuldner**, sondern als Haftungsschuldner in Anspruch genommen wird.⁹ Werden Haftungs- und Steuerschuld in einem Bescheid zusammengefasst, muss die Höhe des jeweiligen Anspruchs erkennbar sein.¹⁰ Der Haftungsbetrag muss **nach Steuerarten** (LSt, ev und rk KiSt) **aufgegliedert** werden und es muss der **Sachkomplex bezeichnet** werden, für den LSt erhoben wird.¹¹ Dazu reicht es, wenn die Art der Zuwendung und der Zuwendungszeitraum gekennzeichnet werden,¹² eine Aufteilung nach einzelnen Jahren ist nicht erforderlich.¹³ Der inhaltlichen Bestimmtheit genügt es, wenn sich der Regelungswille aus der Begründung oder beigefügten Anlagen ergibt oder das FA auf einen früher oder gleichzeitig übersandten Betriebsprüfungsbericht Bezug nimmt.¹⁴ In einem Haftungsbescheid kann die LSt für mehrere ArbN oder für unterschiedliche Sachkomplexe in einem **Sammelhaftungsbescheid** zusammengefasst werden.¹⁵ Wird der Sammelbescheid nicht nach Zeiträumen oder einzelnen ArbN aufgegliedert, ist der Bescheid nicht unbestimmt,¹¹ kann aber fehlerhaft begründet sein.   71

c) Notwendige Begründung. Der Haftungsbescheid muss gem § 121 I AO **schriftlich** begründet werden. Dabei sind grds die einzelnen ArbN und die anteiligen, nach Kj unterschiedenen Steuerschulden zu benennen.⁸ Diese **Aufgliederung** kann entfallen, wenn der ArbG von vornherein bei seinen ArbN keinen Regress nehmen will oder kann oder wenn der ArbG dem FA die Namen der ArbN vorenthalten hat.¹⁴ Entspr gilt, wenn die Aufteilung dem FA nicht zumutbar ist, weil sich etwa bei einer Vielzahl¹⁶ von ArbN gleichartige Ansprüche mit nur geringer Auswirkung ergeben.¹⁷ Eine Aufgliederung auf die einzelnen Voranmeldungszeiträume braucht nicht zu erfolgen, wenn der Haftungsbescheid erst nach Ablauf der Erhebungsjahre erlassen wurde.¹⁴ Die erforderlichen Angaben müssen nicht im Haftungsbescheid selbst enthalten sein, wenn sie dem ArbG bereits aus einem Betriebsprüfungsbericht bekannt sind.¹⁸   72

Das FA muss spätestens bis zum Ende der mündlichen Verhandlung vor dem FG¹⁹ seine **Ermessenserwägungen** darlegen.²⁰ Regelmäßig besonders zu begründen ist dabei die Ausübung des Auswahlermessens.²¹ Dadurch muss eine gerichtliche Kontrolle der Ermessensentscheidung möglich sein.²⁰ Ist die einbehaltene LSt nicht abgeführt worden, kann stillschweigend von einem sachgerechten Gebrauch des Ermessens ausgegangen werden.²² **Von einer Begründung kann abgesehen werden,**   73

---

1 BFH BStBl II 94, 197.
2 HM s *H/H/R* § 42d Rn 45 mwN.
3 AA *Blümich* § 42d Rn 130.
4 Zu Pauschalierungsbescheid s § 40 Rn 26.
5 *Giloy* NWB Fach 6, 4267.
6 *H/H/R* § 42d Rn 184.
7 BFH BStBl II 86, 169.
8 BFH BStBl II 97, 306.
9 BFH/NV 91, 497.
10 BFH BStBl II 85, 266.
11 BFH BStBl II 94, 536.
12 BFH/NV 91, 665.
13 *Schmidt*²⁶ § 42d Rn 47.
14 BFH/NV 91, 600.
15 BFH BStBl II 86, 921.
16 Mindestens 200 BFH BStBl II 81, 84: noch zumutbar Aufteilung bei 140 bis 160 ArbN FG D'dorf EFG 87, 591.
17 *Schmidt*²⁶ § 42d Rn 46.
18 *Offerhaus* BB 82, 794.
19 Ab 2002 gem § 102 S 2 FGO idF des StÄndG 01.
20 BFH BStBl II 90, 1008.
21 BFH/NV 98, 4; zum Begriff Rn 66.
22 *Schmidt*²⁶ § 42d Rn 48.

wenn dem ArbG die Auffassung des FA bekannt oder doch ohne Weiteres erkennbar ist,[1] der ArbG zum Ausdruck gebracht hat, dass er keinen Regress nehmen will,[2] den Haftungsbescheid selbst beantragt hat[3] oder der ArbG zumindest leichtfertig den LSt-Abzug unterlassen hat.[4] Die Ermessensentscheidung ist nur dann rechtmäßig, wenn das FA den entscheidenden **Sachverhalt einwandfrei und erschöpfend ermittelt** hat.[5] Entspricht die Begründung den dargestellten Anforderungen nicht, ist der Haftungsbescheid rechtswidrig und aufzuheben.[6]

75 d) Änderung des Haftungsbescheids. Für die Änderung des Haftungsbescheides sind die **§§ 130 ff AO** maßgeblich. Der **Vertrauensschutztatbestand** des § 130 II AO erstreckt sich darauf, dass aus einem bestimmten Sachkomplex kein höherer Betrag festgesetzt worden ist;[7] für andere noch nicht erfasste Sachverhaltskomplexe kann ein zusätzlicher Haftungsbescheid ergehen. Wenn Sachverhalte des Haftungsbescheides zunächst in einer LSt-Anmeldung hätten erfasst sein müssen, liegt im Erlass des Haftungsbescheids zugleich eine Änderung der LSt-Anmeldung gem § 164 II AO. Ist eine solche Änderung der LSt-Anmeldung nicht mehr möglich, weil etwa nach einer Außenprüfung der Vorbehalt gem § 164 III 3 AO aufgehoben wurde und die **Änderungssperre des § 173 II AO** greift, kann auch kein Haftungsbescheid mehr ergehen.[8] Wird der Vorbehalt entgegen § 164 III 3 AO nicht aufgehoben, bleibt eine Änderung nach § 164 II AO und deshalb auch ein Haftungsbescheid möglich.[9] Entspr sollen FÄ den Vorbehalt erst mit dem zuletzt ergehenden Nachforderungs- oder Haftungsbescheid aufheben.[10] Hebt das FA einen LSt-Haftungsbescheid ersatzlos auf, ist es am Erlass eines neuen Haftungsbescheids gehindert,[11] wenn die Rücknahme nicht lediglich wegen formeller Gründen[12] erfolgte oder im Aufhebungsbescheid der neue Haftungsbescheid enthalten ist.[13]

77 e) Rechtsbehelfe gegen den Haftungsbescheid. Der **ArbG** kann gegen den Haftungsbescheid **Einspruch** gem § 347 AO einlegen und Anfechtungsklage erheben. Der **ArbN** als Schuldner der LSt ist einspruchsbefugt, soweit er gem § 42d III 4 persönlich für die nachgeforderte LSt in Anspruch genommen werden kann.[14] Der ArbG ist dann zum Verfahren gem § 360 III AO notwendig hinzuziehen. Die Anfechtung durch den ArbN ist bis zum Ablauf der Festsetzungsverjährung, mindestens jedoch bis zum Ablauf der Jahresfrist des § 356 II AO möglich.[15] Ob eine **Zahlungsverpflichtung** aus einem Haftungsbescheid erloschen ist, kann nur durch **Abrechnungsbescheid** nach § 218 II AO geklärt werden.[16]

78 Der ArbG kann nicht einwenden, dass die LSt die ESt-Schuld des ArbN übersteige (Rn 10).[17] Für das FG sind bei der Überprüfung des Ermessens die tatsächlichen Verhältnisse im Zeitpunkt der letzten Verwaltungsentscheidung maßgeblich.[18] Greift der ArbG bei einem Sammelbescheid nur einen bestimmten Haftungsanspruch an, erwächst der Haftungsbescheid im Übrigen in Bestandskraft.[19] Das FA kann dann die Haftungstatbestände nicht mehr auswechseln oder mit anderen Sachverhalten unterlegen,[20] die Anspruchsgrundlage kann aber weiter ausgewechselt werden.[21] Bei einer Teilrücknahme des Haftungsbescheides bedarf es keines Antrags nach § 68 FGO.[22]

80 2. Inanspruchnahme des Arbeitgebers ohne Haftungsbescheid. Eine **vereinfachte Inanspruchnahme** des ArbG ist möglich, wenn er die LSt angemeldet hat (Nr 1) oder die Zahlungsverpflichtung nach einer Außenprüfung schriftlich anerkennt (Nr 2). Aus der Regelung in Nr 1 lässt sich nicht im Umkehrschluss ableiten, dass ein Schätzungsbescheid bei Nichtabgabe der LSt-Anmeldung nicht möglich ist.[23] Eine **nachträgliche Anmeldung** der zu Unrecht nicht einbehaltenen LSt ist im Gegensatz zur Anmeldung nach § 41a nicht zeitraumbezogen und betrifft eine Haftungsschuld.[24] Die Anmeldung steht unter dem Vorbehalt der Nachprüfung[25] und kann zu einer abw Festsetzung gem

---

1 BFH BStBl II 89, 99.
2 BFH BStBl II 85, 170.
3 FG Hbg EFG 80; 342 bestätigt von BFH BStBl II 85, 644.
4 BFH/NV 91, 504.
5 BFH/NV 89, 274.
6 BFH BStBl II 81, 493.
7 T/K § 130 Rn 3 mwN.
8 BFH BStBl II 95, 555.
9 BFH/NV 95, 938; **aA** Blümich § 42d Rn 156.
10 FinMin Sachsen DStR 98, 1307.
11 BFH BStBl II 86, 779.
12 BFH/NV 92, 639 (fehlende Begr); BFH BStBl II 86, 775 (Nichtigkeit).
13 BFH BStBl II 85, 562.
14 BFH BStBl II 73, 780; **aA** K/S/M § 42d Rn A 59.
15 FG M'ster EFG 97, 783; zweifelnd Schmidt[26] § 42d Rn 58.
16 BFH/NV 98, 686.
17 BFH BStBl II 74, 756; s Rn 10; **aA** Schmidt[26] § 42d Rn 59.
18 BFH BStBl II 92, 696.
19 BFH BStBl II 86, 921.
20 BFH/NV 98, 433.
21 BFH/NV 95, 657.
22 BFH BStBl II 97, 79.
23 R 41a.1 IV 3 LStR; **aA** K/S/M § 41a Rn A 17 ff.
24 K/S/M § 42d Rn E 1.
25 Blümich § 42d Rn 166; **aA** Schmidt[26] § 42d Rn 45.

§ 167 I 1 AO führen.¹ Das **schriftliche Anerkenntnis** steht gem § 167 I 3 AO einer LSt-Anmeldung gleich, ist also VA und keine „tatsächliche Verständigung".² Der ArbG kann daher dagegen Einwendungen erheben.³ Die **Nachforderung pauschaler LSt** gem § 42d IV 2 soll deren Erhebung dadurch erleichtern, dass kein Steuerbescheid oder Leistungsgebot notwendig wird, wenn der ArbG die LSt anmeldet oder die Zahlungspflicht nach einer LSt-Außenprüfung schriftlich anerkennt.

VII. Das Nachforderungsverfahren gegen den Arbeitnehmer. Bei Nachforderungsfällen, §§ 38 IV, 39 IV, 39a V, 41c IV und 42d III 4,⁴ ist ein eigenständiger Nachforderungsbescheid gegen den ArbN nur bis zur Veranlagung möglich. Danach gilt der Grundsatz des **Vorrangs der Veranlagung.**⁵ Kommt eine Veranlagung nach § 46 I und II nicht in Betracht, kann der unbeschränkt stpfl ArbN alle Einwendungen erheben, die sich auf die ESt-Schuld beziehen. Aufgrund der Abgeltungswirkung der LSt gem § 50 V 1 steht dieses Recht beschränkt stpfl ArbN nicht zu.⁶

81

Zuständig ist bis zum Ablauf des Kj das Betriebsstätten-FA,⁷ dann das Wohnsitz-FA.⁸ Eine LSt-Außenprüfung beim ArbG hemmt den Ablauf der Verjährungsfrist beim ArbN nicht.⁹

82

VIII. Die Bagatellgrenze (Abs 5). Bei Nachforderungen gegenüber dem ArbG oder dem ArbN gilt gem Abs 5 eine Bagatellgrenze von **10 €**. Diese Grenze bezieht sich auf den jeweils geltend gemachten Gesamtbetrag, unabhängig davon, ob der auf einzelne ArbN entfallende Anteil unter 10 € liegt.¹⁰ Die Grenze gilt nicht für den Regress des ArbG, verzichtet dieser aber darauf, führt dies wegen der gleichsam gesetzlich unterstellten Unwirtschaftlichkeit nicht zu Arbeitslohn (Rn 68).¹¹

83

C. Die Haftung bei Arbeitnehmerüberlassung im Einzelnen

I. Die Haftung des Entleihers (§ 42d VI). – 1. Bedeutung der Entleiherhaftung. Bei Leih-Arbverh ist grds der Verleiher der ArbG iSd § 38 (§ 38 Rn 5f). Dies gilt auch dann, wenn es sich um eine **unerlaubte ArbN-Überlassung** iSd § 1 AÜG handelt. Die Fiktion des Arbverh zwischen Entleiher und ArbN gem Art 1 § 10 I 1 AÜG wirkt nicht für das Steuerrecht.¹² Der Entleiher kann daher auch bei unerlaubter ArbN-Überlassung nicht gem Abs 5 in Haftung genommen werden. Um eine Gesetzeslücke zu vermeiden, bestimmt Abs 6 eine **zusätzliche Haftung** des Entleihers **neben dem (nicht „für den") ArbG**. Die Entleiherhaftung setzt eine Haftung des ArbG voraus und scheidet aus, wenn der ArbG die LSt nach § 40 III schuldet.¹³

90

2. Haftungstatbestand. Der Entleiher haftet gem Satz 1 neben dem ArbG, soweit dieser ihm ArbN gewerbsmäßig überlässt. **Gewerbsmäßig** ist die Überlassung, wenn sie nicht nur gelegentlich erfolgt, sondern auf gewisse Dauer angelegt ist und eine auf die Erzielung wirtschaftlicher Vorteile ausgerichtete selbstständige Tätigkeit darstellt.¹⁴ Die Überschreitung der sechsmonatigen Frist des **§ 1 II AÜG**, die zu einer gesetzlichen Vermutung unzulässiger Arbeitsvermittlung führt, ändert gem § 42d VI 1 HS 2 weder den steuerrechtlichen Status des Entleihers, noch seine Haftung. Der **Tatbestand** ist **nicht erfüllt**, wenn ArbN desselben Wirtschaftszweiges tarifvertraglich geregelt zur Vermeidung von Kurzarbeit bzw Entlassungen (§ 1 III Nr 1 AÜG) oder innerhalb eines Konzerns (§ 1 III Nr 2 AÜG) überlassen werden.

91

Kein Überlassen liegt vor, wenn der Personaleinsatz der Erfüllung eines Dienst- oder Werkvertrages des Unternehmers dient. Bei der Abgrenzung im Einzelfall kommt es auf den Geschäftsinhalt an, nicht auf die gewünschte Rechtsfolge oder eine bloße Bezeichnung des Vertrages.¹⁵ Dabei ist letztlich die tatsächliche Durchführung des Vertrages maßgebend. **Für eine Überlassung** spricht, wenn der Auftraggeber die ArbN nach eigenen betrieblichen Erfordernissen und seinen Weisungen einsetzt,¹⁶ die ArbN in die Betriebsorganisation eingegliedert sind (zB Sozialräume nutzen), die Vergütung nach Zeiteinheiten und für Überstunden und unabhängig vom erzielten Ergebnis erfolgt.¹² Entspr gilt, wenn der Auftraggeber unqualifizierte Kräfte zurückweisen kann. Das FA hat bei der Prüfung die Auffassung der Bundesanstalt für Arbeit zu berücksichtigen.¹⁷

92

---

1 *Blümich*² § 42d Rn 166 (mwN zur Frage ob Verschuldens- oder Ermessenserfordernisse zu beachten sind); **aA** FG M'ster EFG 97, 783.
2 *Mösbauer* FR 95, 893; **aA** *Seer* Verständigungen, S 122.
3 *Blümich* § 42d Rn 168.
4 Einzelfälle s H 41c.3 LStR.
5 BFH BStBl II 92, 565.
6 BFH BStBl II 92, 43.
7 R 41c.3 II LStR.
8 BFH BStBl II 92, 565; *K/S/M* § 42d Rn A 42.
9 BFH BStBl II 90, 526.
10 *Schmidt*²⁶ § 42d Rn 12; *Blümich* § 42d Rn 214; **aA** *Gast-de Haan* DStJG 9, 141 (162).
11 *H/H/R* § 42d Rn 256; **aA** *Blümich* § 42d Rn 214.
12 BFH BStBl II 91, 409.
13 *K/S/M* § 42d Rn G 8; unentschieden *Blümich* § 42d Rn 216; **aA** *Schmidt*²⁶ § 42d Rn 68.
14 R 42d.2 II 6 LStR; BAG DB 77, 1273.
15 BAG DB 90, 1139.
16 BAG DB 91, 2342.
17 R 42d.2 III 4, 5 LStR.

93 **3. Der Haftungsausschluss.** Abs 6 schließt in zwei Fällen die Haftung aus. Gem **Satz 2** muss kumulativ der Überlassung eine **Erlaubnis** nach § 1 AÜG zugrunde liegen und der Entleiher nachweisen, dass er den **Meldepflichten** der §§ 28a-28c SBG IV nachkommt. Die Mitwirkungspflicht des § 51 I Nr 2d läuft derzeit leer, da von der Ermächtigungsnorm noch kein Gebrauch gemacht wurde. Die Erlaubnis nach § 1 I AÜG ist personenbezogen und gilt deshalb auch dann, wenn der Verleiher nebenher weitere ArbN „schwarz" beschäftigt.[1] Soweit allerdings ArbN im Baugewerbe für Tätigkeiten, die üblicherweise von Arbeitern verrichtet werden, überlassen werden, ist dies generell nach § 1b AÜG unzulässig.[2] Die Meldepflichten des SGB IV umfassen die zeitnahe Mitteilung des Beginns und Endes der Überlassung an Krankenkassen und Arbeitsamt. Die Erfüllung dieser Pflichten ist nachzuweisen, eine bloße Glaubhaftmachung reicht nicht aus.[3]

94 Gem **Satz 3** haftet der Entleiher außerdem nicht, wenn er über das Vorliegen einer Überlassung **ohne Verschulden irrte**, etwa von einem Subunternehmerverhältnis oder einer Maschinengestellung mit Bedienungspersonal ausging. Da im Baugewerbe wegen § 1b AÜG meist „Werkverträge" abgeschlossen werden, sind in diesem Bereich strengere Maßstäbe anzulegen.[4] An einem Verschulden fehlt es, wenn die im Verkehr übliche Sorgfalt beachtet wurde.

94a Wie ein Haftungsausschluss wirkt nach § 48 IV Nr 2 die Anmeldung und Abführung der Bauabzugssteuer (§ 48 Rn 30). Die Verknüpfung dieser unterschiedlichen Regelungsbereiche (§ 38 Rn 3) erfolgte aus Gründen der Rechtssicherheit.[5] Der Ausschluss der Anwendung setzt nach dem Wortlaut („wenn") voraus, dass der gesamte zu entrichtende Betrag angemeldet und abgeführt wurde. Unterbleibt die Anmeldung durch den Entleiher aufgrund einer Freistellungsbescheinigung nach § 48b, schützt auch das Vertrauen auf die Richtigkeit der Bescheinigung vor einer Haftungsinanspruchnahme (§ 48a Rn 18). Nach Auffassung der FinVerw[6] ist idR aber davon auszugehen, dass die Fehlerhaftigkeit der Bescheinigung dem Entleiher bekannt ist.

95 **4. Umfang der Haftung.** Die Haftung beschränkt sich gem Satz 4 auf die Zeit, für die der ArbN überlassen wurde. Dazu gehören nicht Urlaubs- oder Krankheitstage.[7] Ist die LSt schwer zu ermitteln, ist gem S 7 die Haftungsschuld mit 15 % des mit dem Verleiher vereinbarten Entgelts ohne USt anzunehmen. Die Vorschrift ist lex specialis gegenüber § 162 AO.[8] Der Entleiher kann glaubhaft machen, dass die Haftungsschuld niedriger ist.

96 **5. Gesamtschuld und Ermessensausübung.** Nach S 5 sind Entleiher, ArbG und ArbN Gesamtschuldner. Der Entleiher haftet im Verhältnis zum ArbG gem S 6 nur subsidiär,[9] neben dem ArbN aber gem S 6 HS 2 gleichrangig. Für die Auswahlentscheidung gegenüber dem ArbN gelten die allg Ermessensabwägungen (Rn 50f). Eines Haftungsbescheides bedarf es gem § 42d VI 8 iVm IV nicht, wenn der Entleiher die Haftungsschuld anmeldet oder die Zahlungspflicht schriftlich anerkennt.[10]

98 **II. Die Haftung des Verleihers (§ 42d VII).** Der Verleiher haftet wie ein Entleiher gem Abs 7, wenn ausnahmsweise der Entleiher ArbG ist, weil er im Rahmen einer unerlaubten ArbN-Überlassung die Löhne im eigenen Namen und auf eigene Rechnung auszahlt.[11] Die Rechtsstellung entspricht dann der des Entleihers, der nicht ArbG ist.[12]

100 **III. Die Sicherungsanordnung (§ 42d VIII).** Die Regelung entspricht § 50a VII. Die Sicherungsanordnung muss **zur Sicherung des LSt-Anspruchs erforderlich** sein. Das ist dann gegeben, wenn beim Verleiher ein Haftungsfall zu befürchten ist. Zahlt der Entleiher aufgrund der Sicherungsanordnung, so erlischt die Abführungsschuld des Verleihers[13] und anteilig die Verbindlichkeit des Entleihers gegenüber dem Verleiher.[14] Die Anordnung richtet sich zwar an den Entleiher,[15] ist aber ein **VA mit Drittwirkung**.[16] Der Verleiher ist daher anfechtungsberechtigt.

101 Die Anordnung kann gem § 42d VIII 2 auch mündlich ergehen. Einer Begründung hinsichtlich der Höhe bedarf es nicht, wenn der Sicherungsbetrag die pauschale Haftsumme nach § 42d VI 7 nicht übersteigt.[17]

---

1 *Becker/Wulfgramm* Art 1 § 1 AÜG Rn 18.
2 R 42d.2 IV 3 LStR.
3 *Blümich* § 42d Rn 225.
4 R 42d.2 IV 8 LStR.
5 BT-Drs 14/4658 S 11.
6 BMF BStBl I 01, 804 Rn 67.
7 *Schmidt*[26] § 42d Rn 72; **aA** *K/S/M* § 42d Rn G 17.
8 *Blümich* § 42d Rn 230.
9 *Schmidt*[26] § 42d Rn 73.
10 *K/S/M* § 42d Rn G 26.
11 BFH BStBl II 82, 502; dazu § 38 Rn 5f.
12 *Reinhart* BB 86, 500 (505).
13 *K/S/M* § 42d Rn I 2; **aA** *H/H/R* § 42d Rn 336.
14 *Littmann* § 42d Rn 71.
15 **AA** *Schmidt*[26] § 42d Rn 74 (auch gegenüber Verleiher auszusprechen).
16 *Blümich* § 42d Rn 238; *Schmidt*[26] § 42d Rn 74.
17 *Blümich* § 42d Rn 239.

IV. Die Haftung des Dritten (§ 42d IX). Übernimmt ein Dritter iSd § 38 IIIa die Pflichten des ArbG, wird der ArbG gem § 38 IIIa 6 HS 2 nur dann und nur soweit von seinen Pflichten befreit, als der Dritte die übernommenen ArbG-Pflichten auch tatsächlich erfüllt. Sofern der Dritte LSt nicht einbehält und abführt, haftet der ArbG neben dem Dritten unmittelbar weiter nach § 42d I Nr 1. Die Stellung des Dritten zum ArbN entspricht der eines ArbG, die Stellung des ArbG gegenüber dem ArbN ändert sich durch die Pflichtenübernahme des Dritten nicht. Das bekräftigt Abs 9 S 4. **110**

Die Haftung des Dritten beschränkt sich auf die Reichweite der Pflichtenübernahme (S 3), sie verlängert sich aber bei der freiwilligen Pflichtenübernahme nach § 38 IIIa 2 bis die Beendigung dem Bestriebsstätten-FA des Dritten angezeigt wird. Er ist Gesamtschuldner mit dem ArbG und ArbN. Ob der ArbN oder der Dritte in Anspruch genommen wird, bestimmt sich nach denselben Maßstäben wie zw ArbN und ArbG. Zw Dritten und ArbG soll zu berücksichtigen sein, wer den Fehlbetrag zu vertreten hat. Der ArbG haftet etwa dann vorrangig, wenn Fehlbeträge auch auf seinen falschen Angaben gegenüber dem Dritten beruhen. **111**

Unklar ist indes der Verweis auf Abs 4. Soweit er den Dritten betrifft, ist er nur deklaratorisch, da sich diese Rechtsfolge bereits aus § 38 IIIa 6 ergibt. Hat der Dritte, nicht aber der ArbG, die LSt angemeldet, kann aus § 42d IX 4 HS 2 nicht geschlossen werden, dass die Anmeldung wie eine eigene Anmeldung des ArbG wirkt. Der Dritte ist nicht Vertreter des ArbG. In diesen Fällen ist auch kein Schätzungsbescheid gegen den ArbG möglich, da seine Erklärungspflicht durch die Anmeldung des Dritten erloschen ist. **112**

Die Gesetzesbegründung geht davon aus, dass § 42d IX haftungsbegründend ist, obwohl die Norm lediglich haftungserhaltend formuliert ist. Da § 38 IIIa nicht die Pflichten des ArbG erweitert, kann bei einer Unterlassung des Einbehalts durch den Dritten eine LSt-Haftung des ArbG nur entstehen, wenn er aufgrund der Lohnzahlung des Dritten zum Einbehalt verpflichtet wäre. Dafür bedarf es gem § 38 IV 3 positive Kenntnis von der Nichteinbehaltung und eine eigene Barlohnzahlung; sonst kommt nur eine Anzeige nach § 38 IV 2 in Betracht. § 38 IIIa schränkt die Pflichten des ArbG aber ein, soweit der Dritte die ArbG-Pflicht erfüllt. Behält der Dritte die LSt ein, führt sie aber nicht ab, ist der ArbG von der Einbehaltungspflicht frei geworden. Dann haftet er nicht nach § 42d I Nr 1, da diese Haftung voraussetzt, dass er die LSt einzubehalten und abzuführen hat. Der ArbG braucht aber nur abführen, was er einbehalten hat. **113**

Hatte der Dritte gem § 38 IIIa 7 den Lohn für mehrere ArbG einzubehalten, ermittelt sich die Haftungsschuld gem § 42d IX 6 aus dem Gesamtlohn des ArbN. Da zw den ArbG untereinander kein Gesamtschuldverhältnis entsteht, ist die Haftungssumme gem S 7 nach dem Verhältnis der Arbeitslöhne. Nach S 7 ist das Betriebsstätten-FA des Dritten für die Geltendmachung der LSt- oder Haftungsschuld gegenüber dem Dritten zuständig. **114**

§ 42e Anrufungsauskunft

¹**Das Betriebsstättenfinanzamt hat auf Anfrage eines Beteiligten darüber Auskunft zu geben, ob und inwieweit im einzelnen Fall die Vorschriften über die Lohnsteuer anzuwenden sind.** ²**Sind für einen Arbeitgeber mehrere Betriebsstättenfinanzämter zuständig, so erteilt das Finanzamt die Auskunft, in dessen Bezirk sich die Geschäftsleitung (§ 10 der Abgabenordnung) des Arbeitgebers im Inland befindet.** ³**Ist dieses Finanzamt kein Betriebsstättenfinanzamt, so ist das Finanzamt zuständig, in dessen Bezirk sich die Betriebsstätte mit den meisten Arbeitnehmern befindet.** ⁴**In den Fällen der Sätze 2 und 3 hat der Arbeitgeber sämtliche Betriebsstättenfinanzämter, das Finanzamt der Geschäftsleitung und erforderlichenfalls die Betriebsstätte mit den meisten Arbeitnehmern anzugeben sowie zu erklären, für welche Betriebsstätten die Auskunft von Bedeutung ist.**

R 42e LStR

A. Grundaussagen und Bedeutung der Vorschrift

1 I. Zweck der Norm. § 42e regelt eine ausschließlich für das LSt-Verfahren (Rn 7) geltende Pflicht des FA auf Anfrage eines Beteiligten über die Anwendung lohnsteuerlicher Vorschriften im Einzelfall Auskunft zu erteilen. Dadurch soll zum einen das **Haftungsrisiko des ArbG** gemindert werden,[1] zum anderen dient es der **Rechtmäßigkeit des LSt-Abzugs** schlechthin, auch im Interesse des ArbN.[2] Vergleichbare Regelungen finden sich, wenn in anderen Gesetzen dem ArbG Aufgaben übertragen werden (§ 29 IV 2 BerlinFG; § 15 IV 5. VermBG; § 9 BergPDV; KiStG der Länder).

2 II. Verhältnis zu anderen Vorschriften. Die Auskunft nach § 89 S 2 AO betrifft nur verfahrensrechtliche Rechte und Pflichten.[3] Soweit eine Auskunft über das LSt-Verfahren begehrt wird, ist § 42e lex specialis.[4] § 204 AO gewährt über eine bloße Auskunft hinaus einen Anspruch auf eine Zusage. Die Zusage betrifft aber nur zukünftige Sachverhalte und setzt eine Außenprüfung voraus.[5] Beide Institute können unabhängig voneinander verfolgt werden. Eine **verbindliche Auskunft gem** dem Schreiben des **BdF**[6] ist nur außerhalb der Regelung des § 42e möglich.

B. Die Vorschrift im Einzelnen

3 I. Auskunftsberechtigung. Eine Anfrage können **alle Beteiligte** des LSt-Verfahrens stellen, neben dem ArbG auch Entleiher oder Verleiher und der ArbN,[1] und Personen, die aus anderen Vorschriften in Haftung genommen werden können[7] oder bei denen fraglich ist, ob sie dem LSt-Verfahren unterliegen.[8] Voraussetzung ist aber ein **Auskunftsinteresse**.[9] Daran fehlt es, wenn eine verbindliche Zusage nach § 204 AO erteilt wurde[10] und nach Ablauf des Kj, sofern weder eine Änderung nach § 41c noch ein LStJA nach § 42b möglich ist.[11] Das FA ist **bei** einer **zulässigen Anfrage** eines Beteiligten **verpflichtet** eine Auskunft zu erteilen.[12]

4 II. Gegenstand und Form der Anfrage. Gegenstand können **nur lohnsteuerrechtliche Vorschriften** sein, die für den Steuereinbehalt, die Abführung der LSt oder die Pauschalierung maßgeblich sind;[1] zB Behandlung geldwerter Vorteile, Ersatzleistungen oder Sonderzuwendungen, Pauschalierungsfragen, Form und Inhalt des Lohnkontos, Vorliegen von Arbeitsverhältnissen bei bestimmten Personen, **nicht aber** Fragen, die nur für die ESt-Veranlagung Bedeutung erlangen; zB WK- und SA-Abzug. Die Auskunft muss sich auf eine **konkrete Rechtsfrage** beziehen und den **Sachverhalt genau und bestimmt** darlegen.[13] Eine besondere Form ist nicht vorgeschrieben. Bei mehreren für den ArbG zuständigen Betriebsstätten-FÄ muss die Anfrage aber gem Satz 4 die Angabe sämtlicher Betriebsstätten-FÄ und die Erklärung, für welche davon die Auskunft von Bedeutung ist, enthalten.

5 III. Zuständigkeit. Zuständig ist das **Betriebsstätten-FA**, bei mehreren für den ArbG zuständigen Betriebsstätten-FÄ dasjenige, in dessen Bezirk sich die Geschäftsleitung des ArbG befindet (S 2), hilfsweise dasjenige, in dessen Bezirk sich die Betriebsstätte mit den meisten ArbN befindet (S 3). Die Anzahl der meisten ArbN ist nach Köpfen zu ermitteln.[14] Die Auskunft des nach den Sätzen 2 bis 4 zuständigen FA wirkt auch für die übrigen Betriebsstätten-FÄ. Die Sätze 2 bis 4 wurden erst durch das StBereinG 99 eingeführt. Für zuvor eingeholte Auskünfte war für jede Betriebsstätte eine eigene Auskunft möglich. Übernahm der ArbG eine Regelung aufgrund einer Auskunft eines für die Betriebsstätte unzuständigen Betriebsstätten-FA, ergab sich dennoch eine haftungsausschließende Wirkung dadurch, dass ein Rechtsirrtum des ArbG dann seine Ursache in der Sphäre der FinVerw hatte.[15]

6 IV. Rechtsnatur und Wirkung der Auskunft. Eine Auskunft ist anders als eine Zusage keine Willens-, sondern eine **Wissenserklärung**.[16] Dies gilt auch für die Auskunft nach § 42e.[17] Sie ist kein VA.[18] Aus dem Gesetzeswortlaut lässt sich ein weitergehender Rechtsbindungswille und dem folgend der Rechtscharakter eines feststellenden VA mit Drittwirkung nicht herleiten. Die Auskunft

---

1 BFH BStBl II 93, 166.
2 K/S/M § 42e A 1; T/K Vor 204 AO Rn 24.
3 T/K § 89 AO Rn 5.
4 K/S/M § 42e A 4; **aA** Schmidt[24] § 42e Rn 12.
5 Im Einzelnen T/K § 204 AO Rn 8.
6 BStBl I 87, 474 und 90, 146.
7 H/H/R § 42e Rn 27.
8 Richter StBp 83, 57.
9 HM Blümich § 42e Rn 17; **aA** v Bornhaupt DStR 80, 5.
10 K/S/M § 42e Rn B 6.
11 Blümich § 42e Rn 17.
12 H/H/R § 42e Rn 30.
13 Blümich § 42e Rn 13.
14 Blümich § 42e Rn 20.
15 Blümich § 42d Rn 102.
16 T/K § 204 AO Rn 3.
17 HM BFH BStBl II 79, 451; K/S/M § 42e Rn B 12; H/H/R § 42e Rn 34; **aA** T/K Vor § 204 AO Rn 25; Schmidt[24] § 42e Rn 7; Blümich § 42e Rn 26.
18 FG D'dorf EFG 03, 1105; FG SachsAnh EFG 96, 32; krit Fumi EFG 03, 1106; unklar insoweit BFH BStBl II 06, 210, der offen formuliert, dass dem ArbG „nicht entgegengehalten werden (kann), er habe die LSt nicht vorschriftsmäßig einbehalten".

wirkt daher nur gegenüber dem Anfragenden.[1] Der BFH[2] geht offenbar davon aus, dass eine unrichtige Auskunft einen zusätzlichen vorschriftsmäßigen LSt-Einbehalt ermöglicht.[3] Diese rechtsgestaltende Wirkung ist weder systematisch gerechtfertigt, noch führt sie zu vernünftigen Ergebnissen.[4] Richtigerweise wird der ArbG durch die Auskunft nur vor einer späteren Haftungsinanspruchnahme geschützt,[5] nicht aber dazu verpflichtet, den LSt-Abzug entspr der Auskunft durchzuführen.[6]

Mit der Auskunft setzt das FA einen **Vertrauenstatbestand**, auf den sich der Auskunftsersuchende verlassen darf.[7] Die Auskunft ist wirkungslos, wenn der Sachverhalt falsch oder unvollständig dargestellt wurde. Die Auskunft wirkt **nur für das LSt-Verfahren** und bindet das Wohnsitz-FA nicht bei der Veranlagung des ArbN,[8] selbst dann nicht, wenn die Auskunft dem ArbN selbst erteilt wurde.[9]

Zeitlich kann sich der ArbG auf die Auskunft verlassen, solange sich der Sachverhalt nicht ändert. Die Auskunft wird für die Zukunft[10] gegenstandslos, wenn das FA die Auskunft durch Mitteilung aufhebt[11] oder sich die gesetzlichen Grundlagen ändern.[12] Eine Änderung der Rspr oder der Verwaltungsauffassung macht die Auskunft nicht ohne weiteres hinfällig.[13] Die Bindungswirkung zeitlich befristeter Auskünfte entfällt mit Ablauf der Frist.

V. Form der Auskunft. Die Auskunft ist **grds formlos** zulässig, soll aber schriftlich erteilt werden.[14] Da der ArbG daran ein berechtigtes Interesse hat, steht ihm eine **schriftliche Bestätigung** gem § 119 II 2 AO zu.[15]

VI. Rechtsbehelfe. Verweigert das FA eine Auskunft dem Grunde nach, ist die Ablehnung ein mit Einspruch gem § 347 AO angreifbarer VA. **Gegen den Inhalt** der erteilten Auskunft steht dem Anfragenden kein förmliches Rechtsmittel zur Verfügung, da die Auskunft kein VA ist (Rn 6) und die gerichtliche Entscheidung über die Rechtsauffassung des FA nur im Steuerfestsetzungs- bzw im Haftungsverfahren herbeigeführt werden kann.[16] Einem **erneuten Antrag** fehlt das Auskunftsinteresse (Rn 3), sofern das FA nicht von einem unzutr Sachverhalt ausgegangen ist oder sich neu rechtliche Gesichtspunkte ergeben.[17]

§ 42f Lohnsteuer-Außenprüfung

(1) Für die Außenprüfung der Einbehaltung oder Übernahme und Abführung der Lohnsteuer ist das Betriebsstättenfinanzamt zuständig.

(2) ¹Für die Mitwirkungspflicht des Arbeitgebers bei der Außenprüfung gilt § 200 der Abgabenordnung. ²Darüber hinaus haben die Arbeitnehmer des Arbeitgebers dem mit der Prüfung Beauftragten jede gewünschte Auskunft über Art und Höhe ihrer Einnahmen zu geben und auf Verlangen die etwa in ihrem Besitz befindlichen Lohnsteuerkarten sowie die Belege über bereits entrichtete Lohnsteuer vorzulegen. ³Dies gilt auch für Personen, bei denen es streitig ist, ob sie Arbeitnehmer des Arbeitgebers sind oder waren.

(3) ¹In den Fällen des § 38 Abs. 3a ist für die Außenprüfung das Betriebsstättenfinanzamt des Dritten zuständig; § 195 Satz 2 der Abgabenordnung bleibt unberührt. ²Die Außenprüfung ist auch beim Arbeitgeber zulässig; dessen Mitwirkungspflichten bleiben neben den Pflichten des Dritten bestehen.

R 148/H 148 LStR

1 BFH BStBl II 92, 107; R 42e II 1 LStR; *H/H/R* § 42e Rn 36; **aA** *Blümich* § 42e Rn 31.
2 BFH BStBl II 06, 210.
3 Die – systematisch konsequente – Auffassung von *Heuermann* (*Blümich* § 42e Rn 31), der – aufgrund einer rechtsgestaltenden Wirkung der Auskunft – von einer Bindung des ArbG ausgeht, wird ausdrücklich als „zu weitgehend" nicht geteilt.
4 In gleichgelagerten Fällen werden in Zukunft die ArbG nur mit einem Rechtsmittelverzicht die Versendung von Kontrollmitteilungen vermeiden können.
5 Bei Abführung dem Anrufungsauskunft hat der ArbG die ihm obliegende Fürsorgepflicht, Lohn und Gehalt des ArbN richtig zu berechnen, erfüllt (LAG Hamm v 15.9.99 Az 18 Sa 378/99 Bibliothek BAG).
6 *Schmidt*[26] § 42e Rn 8; **aA** *Blümich* § 42e Rn 31.

7 BFH BStBl II 93, 166; *H/H/R* § 42e Rn 34.
8 BFH BStBl II 97, 222.
9 BFH BStBl II 93, 166; **aA** *v Bornhaupt* FR 93, 57.
10 BFH BStBl II 79, 451 (nicht für abgeschlossene Sachverhalte).
11 *H/H/R* § 42e Rn 37; **aA** *Blümich* § 42e (da Auskunft VA; Änderung nur soweit nach §§ 130 II, 131 II AO zulässig).
12 BFH BStBl III 65, 426.
13 *H/H/R* § 42e Rn 37.
14 R 42e I 3 LStR.
15 *T/K* § 119 AO Rn 7; *K/S/M* § 42e Rn B 7.
16 *H/H/R* § 42e Rn 16; **aA** *Blümich* § 42e Rn 45; offen *Schmidt*[26] § 42e Rn 13.
17 *H/H/R* § 34 Rn 16.

Eisgruber

§ 42f

A. Grundaussagen und Bedeutung der Vorschrift

1 I. Der Regelungsgehalt. § 42f enthält keine Rechtsgrundlage[1] für die Durchführung einer LSt-Außenprüfung, sondern ergänzt die §§ 193 ff AO in **Abs 1** durch eine Regelung zur örtlichen Zuständigkeit und in **Abs 2** durch eine Ausweitung der Mitwirkungspflichten von ArbN über § 200 I 3 AO hinaus. **Abs 3** betrifft die Fälle der Dritten mit ArbG-Pflichten.

2 II. Verhältnis zu anderen Vorschriften. Gegenüber der AO sind die Vorschriften **lex specialis.** § 195 S 1 AO wird durch Satz 1 verdrängt, die Möglichkeit zur Beauftragung eines anderen FA mit der Prüfung nach § 195 S 2 AO wird allerdings nicht berührt.[2] Die LSt-Außenprüfung ist eine besondere Außenprüfung iSd § 1 II BpO.[3] Die §§ 5–12 BpO sind anzuwenden mit Ausnahme der Bekanntgabefristen des § 5 IV 2 BpO.

B. Die Vorschrift im Einzelnen

3 I. Betroffener Personenkreis. Die Prüfung der LSt kann gem **§ 193 I AO** bei ArbG erfolgen, die einen **Betrieb unterhalten** oder freiberuflich tätig sind und darüber hinaus gem **§ 193 II Nr 1 AO** bei ArbG, die **LSt einzubehalten und abzuführen** haben. Darunter fallen auch Privatpersonen, die ArbN beschäftigen. Sofern sie nur gering entlohnte Kräfte beschäftigen, sollen sie aber in der Regel nicht geprüft werden.[4] Das Ziel einer Prüfung kann auch sein, dem FA Klarheit über eine potentielle Haftungs- oder Steuerschuld zu verschaffen.[5] Soweit **nur pauschalierte LSt** anfällt, kommt außer in den Fällen des § 193 I AO nur **§ 193 II Nr 2 AO** als Rechtsgrundlage für eine Prüfung in Betracht.

4 II. Gegenstand und Umfang der Lohnsteuer-Außenprüfung. Die LSt-Außenprüfung erstreckt sich darauf, ob die LSt zutr einbehalten oder übernommen und an das FA abgeführt wurde.[6] Dabei gilt die Maßgeblichkeit der LSt-Karte. Die LSt-Außenprüfung ist **zeitraumbezogen**.[7] Der Prüfungszeitraum kann auch mehr als drei Jahre umfassen,[8] da § 4 III BpO ausdrücklich nicht gilt. Auch eine **Erweiterung des Prüfungszeitraums** ist deshalb nicht nur in den Grenzen des § 4 III BpO möglich.

5 III. Besondere Zuständigkeit (§ 42f). Gem Abs 1 ist das Betriebsstätten-FA auch für die LSt-Außenprüfung zuständig. Dies ist eine Regelung der **örtlichen Zuständigkeit**, die durch Beauftragung nach § 195 S 2 AO auf ein anderes FA übertragen werden kann.[2]

6 IV. Mitwirkungspflichten (§ 42f II). – 1. Mitwirkungspflicht des Arbeitgebers (§ 42f II 1). Der Umfang der Mitwirkungspflicht des ArbG ergibt sich aus § 200 AO, der spezialgesetzlichen Vorschrift gegenüber den §§ 90 ff AO für Außenprüfungen ist. Auf diesen verweist Satz 1 deklaratorisch. Lohnsteuerliche Besonderheiten ergeben sich gegenüber sonstigen Außenprüfungen nicht.

7 2. Mitwirkungspflicht der Arbeitnehmer (§ 42f II 2). Die Mitwirkungspflichten der ArbN werden durch S 2 gegenüber § 200 I 3 AO **erheblich erweitert.**[9] Da sich die Auskunftspflicht auf eigene Angelegenheiten des ArbN bezieht, gilt die Subsidiaritätsklausel des § 200 I 3 nicht.[10] Die Auskunftspflicht bezieht sich auch auf den Arbeitslohn aus vorangegangenen Dienstverhältnissen, nicht aber auf Einnahmen aus anderen Einkunftsarten.[11]

8 3. Mitwirkungspflicht potentieller Arbeitnehmer (S 3). Die Mitwirkungspflicht betrifft nach S 3 auch Personen, bei denen str ist, ob sie ArbN des geprüften ArbG sind oder waren. Das ist aber nur dann der Fall, wenn sich FA und ArbG darüber uneinig sind.[12] Da die Frage, ob eine ArbN-Eigenschaft vorliegt, gerade Prüfungsgegenstand ist, reicht es für das Entstehen einer Mitwirkungspflicht aus, wenn das FA hinreichend Anhaltspunkte dafür hat, dass der Sachverhalt prüfungsrelevant ist.

---

1 *H/H/R* § 42f Rn 5; **aA** *Blümich* § 42f Rn 9 (lex specialis zu § 195 S 1 AO).
2 *H/H/R* § 42f Rn 16.
3 R 148 I 2 LStR.
4 R 148 II 2 LStR; krit dazu *K/S* § 42f Rn A 3.
5 BFH BStBl II 91, 278.
6 BFH BStBl II 90, 608.
7 *Giloy* NWB Fach 6, 4267; weitergehend *Blümich* § 42f Rn 15 (im Ermessen des FA nur einzelne Sachverhalte zu prüfen; **aA** *v Bornhaupt* BB 90, Beil. Nr 1, S 2 (sachverhaltsbezogen).
8 FG Thür EFG 98, 984; **aA** *H/H/R* § 42f Rn 12.
9 *K/S/M* § 42f Rn C 2; **aA** *Blümich* § 42f Rn 37 (insgesamt konstitutiv).
10 *H/H/Sp* § 200 AO Rn 181; **aA** *Mihatsch* DB 85, 1099 (1101).
11 *Schmidt*[25] § 42f Rn 5.
12 *Blümich* § 42f Rn 23.

V. Verfahrensrechtliche Folgen der Lohnsteuer-Außenprüfung. – 1. Rechtswirkungen beim Arbeitgeber. Das Erscheinen des Beamten[1] zur Prüfung schließt gem § 371 II AO eine strafbefreiende **Selbstanzeige** aus. Durch den Beginn der Prüfung, der sich in der ernsthaften Aufnahme von Prüfungshandlungen verwirklicht,[2] wird die **Festsetzungsverjährung** gem § 171 IV AO unterbrochen. Wird nach Abschluss der Prüfung der Vorbehalt der Nachprüfung für die LSt-Anmeldung gem § 164 III 1 AO aufgehoben, hindert die **Änderungssperre** nach § 173 II AO auch den Erlass eines Haftungsbescheids.[3] Ein Erlass bleibt aber möglich, wenn die Aufhebung des Vorbehalts unterbleibt.[4] Aus der Sperrwirkung erwächst darüber hinaus kein allgemeines Verwertungsverbot. Ehegattenarbeitsverhältnisse[5] oder Lohnbezüge an Gesellschafter von Körperschaften[6] können trotz unbeanstandetem LSt-Abzug bei der Veranlagung der ESt oder KSt nicht anerkannt werden. 9

Im **Anschluss an eine LSt-Außenprüfung** kann der ArbG eine Zusage nach § 204 AO beantragen. Für geprüfte Sachverhalte, die unbeanstandet bleiben, entsteht ein Vertrauensschutz des ArbG (§ 42d Rn 47). 10

2. Rechtswirkungen beim Arbeitnehmer. Die Rechtswirkungen beim ArbG schlagen nicht auf den ArbN durch. So tritt durch den Beginn der Außenprüfung weder eine Verjährungsunterbrechung für die ESt des ArbN ein,[7] noch hindert eine Änderungssperre nach § 173 II AO eine LSt-Nachforderung beim ArbN.[8] Auch ein Verwertungsverbot, das sich aufgrund der Aufhebung einer rechtswidrigen Prüfungsanordnung ergibt, schützt den ArbN nicht vor einer Auswertung der durch eine Prüfung erlangten Kenntnisse.[9] 11

VI. Außenprüfung bei Dritten mit Arbeitgeberpflichten (§ 42f III). Auch ein Dritter mit ArbG-Pflichten nach § 38 IIIa (§ 38 Rn 8a f) ist gem §§ 193 II Nr 1 AO verpflichtet, die LSt einzubehalten und abzuführen, ohne dass zunächst die originäre Pflicht des ArbG erlischt. Es kann daher bei beiden eine LSt-Außenprüfung durchgeführt werden. Auch die Mitwirkungspflichten des ArbG bleiben bei Einschaltung eines Dritten gem § 42f III 2 bestehen. Zuständig ist das Betriebsstätten-FA des Dritten, das aber gem § 195 S 2 AO ein anderes FA mit der Prüfung beauftragen kann. 12

3. Steuerabzug vom Kapitalertrag (Kapitalertragsteuer)

§ 43 Kapitalerträge mit Steuerabzug

(1) [1]Bei den folgenden inländischen und in den Fällen der Nummern 7 Buchstabe a und Nummern 8 sowie Satz 2 auch ausländischen Kapitalerträgen wird die Einkommensteuer durch Abzug vom Kapitalertrag (Kapitalertragsteuer) erhoben:

1. Kapitalerträgen im Sinne des § 20 Abs. 1 Nr. 1 und 2. [2]Entsprechendes gilt für Kapitalerträge im Sinne des § 20 Abs. 2 Satz 1 Nr. 2 Buchstabe a und Satz 2;
2. Zinsen aus Teilschuldverschreibungen, bei denen neben der festen Verzinsung ein Recht auf Umtausch in Gesellschaftsanteile (Wandelanleihen) oder eine Zusatzverzinsung, die sich nach der Höhe der Gewinnausschüttungen des Schuldners richtet (Gewinnobligationen), eingeräumt ist, und Zinsen aus Genussrechten, die nicht in § 20 Abs. 1 Nr. 1 genannt sind. [2]Zu den Gewinnobligationen gehören nicht solche Teilschuldverschreibungen, bei denen der Zinsfuß nur vorübergehend herabgesetzt und gleichzeitig eine von dem jeweiligen Gewinnergebnis des Unternehmens abhängige Zusatzverzinsung bis zur Höhe des ursprünglichen Zinsfußes festgelegt worden ist. [3]Zu den Kapitalerträgen im Sinne des Satzes 1 gehören nicht die Bundesbankgenussrechte im Sinne des § 3 Abs. 1 des Gesetzes über die Liquidation der Deutschen Reichsbank und der Deutschen Golddiskontbank in der im Bundesgesetzblatt Teil III, Gliederungsnummer 7620-6, veröffentlichten bereinigten Fassung, das zuletzt durch das Gesetz vom 17. Dezember 1975 (BGBl. I S. 3123) geändert worden ist;

---

1 OLG Stuttgart MDR 89, 1017.
2 BFH BStBl II 94, 377; AEAO zu § 198.
3 BFH BStBl II 91, 537; BMF BStBl I 93, 922.
4 BFH BStBl II 95, 2; BFH/NV 05, 322; *H/H/R* § 42f Rn 33; *Blümich* § 42d Rn 156; aA *Thomas* DStR 92, 1468; *Schmidt*[25] § 42f Rn 9; noch weitergehend *Giloy* NWB Fach 6, 4267 (4274), der bereits bei einer Mitteilung nach § 202 I 3 AO eine Änderungssperre für Sachverhalte früherer Zeiträume annimmt.
5 BFH/NV 97, 161.
6 FG RhPf EFG 96, 574.
7 BFH BStBl II 90, 526.
8 BFH BStBl II 85, 191.
9 BFH BStBl II 85, 191; *T/K* § 196 Rn 33; aA *H/H/R* § 42f Rn 36.

3. Einnahmen aus der Beteiligung an einem Handelsgewerbe als stiller Gesellschafter und Zinsen aus partiarischen Darlehen (§ 20 Abs. 1 Nr. 4);
4. Kapitalerträgen im Sinne des § 20 Abs. 1 Nr. 6. ²Der Steuerabzug vom Kapitalertrag ist in den Fällen des § 20 Abs. 1 Nr. 6 Satz 4 in der am 31. Dezember 2004 geltenden Fassung nur vorzunehmen, wenn das Versicherungsunternehmen auf Grund einer Mitteilung des Finanzamts weiß oder infolge der Verletzung eigener Anzeigeverpflichtungen nicht weiß, dass die Kapitalerträge nach dieser Vorschrift zu den Einkünften aus Kapitalvermögen gehören;

5., 6. *(weggefallen)*

7. Kapitalerträgen im Sinne des § 20 Abs. 1 Nr. 7, außer bei Kapitalerträgen im Sinne der Nummer 2, wenn
   a) es sich um Zinsen aus Anleihen und Forderungen handelt, die in ein öffentliches Schuldbuch oder in ein ausländisches Register eingetragen oder über die Sammelurkunden im Sinne des § 9a des Depotgesetzes oder Teilschuldverschreibungen ausgegeben sind;
   b) der Schuldner der nicht in Buchstabe a genannten Kapitalerträge ein inländisches Kreditinstitut oder ein inländisches Finanzdienstleistungsinstitut im Sinne des Gesetzes über das Kreditwesen ist. ²Kreditinstitut in diesem Sinne ist auch die Kreditanstalt für Wiederaufbau, eine Bausparkasse, ein Versicherungsunternehmen für Erträge aus Kapitalanlagen, die mit Einlagegeschäften bei Kreditinstituten vergleichbar sind, die Deutsche Postbank AG, die Deutsche Bundesbank bei Geschäften mit jedermann einschließlich ihrer Betriebsangehörigen im Sinne der §§ 22 und 25 des Gesetzes über die Deutsche Bundesbank und eine inländische Zweigstelle eines ausländischen Kreditinstituts oder eines ausländischen Finanzdienstleistungsinstituts im Sinne der §§ 53 und 53b des Gesetzes über das Kreditwesen, nicht aber eine ausländische Zweigstelle eines inländischen Kreditinstituts oder eines inländischen Finanzdienstleistungsinstituts. ³Die inländische Zweigstelle gilt an Stelle des ausländischen Kreditinstituts oder des ausländischen Finanzdienstleistungsinstituts als Schuldner der Kapitalerträge. ⁴Der Steuerabzug muss nicht vorgenommen werden, wenn
      aa) auch der Gläubiger der Kapitalerträge ein inländisches Kreditinstitut oder ein inländisches Finanzdienstleistungsinstitut im Sinne des Gesetzes über das Kreditwesen einschließlich der inländischen Zweigstelle eines ausländischen Kreditinstituts oder eines ausländischen Finanzdienstleistungsinstituts im Sinne der §§ 53 und 53b des Gesetzes über das Kreditwesen, eine Bausparkasse, die Deutsche Postbank AG, die Deutsche Bundesbank oder die Kreditanstalt für Wiederaufbau ist,
      bb) es sich um Kapitalerträge aus Sichteinlagen handelt, für die kein höherer Zins oder Bonus als 1 Prozent gezahlt wird,
      cc) es sich um Kapitalerträge aus Guthaben bei einer Bausparkasse auf Grund eines Bausparvertrags handelt und wenn für den Steuerpflichtigen im Kalenderjahr der Gutschrift oder im Kalenderjahr vor der Gutschrift dieser Kapitalerträge für Aufwendungen an die Bausparkasse eine Arbeitnehmer-Sparzulage oder eine Wohnungsbauprämie festgesetzt oder von der Bausparkasse ermittelt worden ist oder für die Guthaben kein höherer Zins oder Bonus als 1 Prozent gezahlt wird,
      dd) die Kapitalerträge bei den einzelnen Guthaben im Kalenderjahr nur einmal gutgeschrieben werden und 10 Euro nicht übersteigen;

7a. Kapitalerträgen im Sinne des § 20 Abs. 1 Nr. 9;
7b. Kapitalerträgen im Sinne des § 20 Abs. 1 Nr. 10 Buchstabe a;
7c. Kapitalerträgen im Sinne des § 20 Abs. 1 Nr. 10 Buchstabe b;
8. Kapitalerträgen im Sinne des § 20 Abs. 2 Satz 1 Nr. 2 Buchstabe b und Nr. 3 und 4 außer bei Zinsen aus Wandelanleihen im Sinne der Nummer 2. ²Bei der Veräußerung von Kapitalforderungen im Sinne der Nummer 7 Buchstabe b gilt Nummer 7 Buchstabe b Doppelbuchstabe aa entsprechend.

²Dem Steuerabzug unterliegen auch Kapitalerträge im Sinne des § 20 Abs. 2 Satz 1 Nr. 1, die neben den in den Nummern 1 bis 8 bezeichneten Kapitalerträgen oder an deren Stelle gewährt werden. ³Der Steuerabzug ist ungeachtet des § 3 Nr. 40 und des § 8b des Körperschaftsteuergesetzes vorzunehmen.

(2) Der Steuerabzug ist außer in den Fällen des Absatzes 1 Satz 1 Nr. 7c nicht vorzunehmen, wenn Gläubiger und Schuldner der Kapitalerträge (Schuldner) oder die auszahlende Stelle im Zeitpunkt des Zufließens dieselbe Person sind.

(3) ¹Kapitalerträge sind inländische, wenn der Schuldner Wohnsitz, Geschäftsleitung oder Sitz im Inland hat. ²Kapitalerträge im Sinne des Absatzes 1 Satz 1 Nr. 1 Satz 2 sind inländische, wenn der Schuldner der veräußerten Ansprüche die Voraussetzungen des Satzes 1 erfüllt. ³Kapitalerträge im Sinne des § 20 Abs. 1 Nr. 1 Satz 4 sind inländische, wenn der Emittent der Aktien Geschäftsleitung oder Sitz im Inland hat.

(4) Der Steuerabzug ist auch dann vorzunehmen, wenn die Kapitalerträge beim Gläubiger zu den Einkünften aus Land- und Forstwirtschaft, aus Gewerbebetrieb, aus selbstständiger Arbeit oder aus Vermietung und Verpachtung gehören.

A. Grundaussage der Vorschrift

I. Kapitalertragsteuer und Einkommensteuer/Körperschaftsteuer. Der Begriff der KapESt bezeichnet den in den §§ 43 ff geregelten „Steuerabzug von Kapitalertrag". Es handelt sich – wie bei der LSt – um eine besondere Form der **Erhebung der ESt und der KSt (§ 31 I KStG).** Die Kapitalerträge werden, bereits bevor sie dem StPfl zufließen, an der Quelle dem Steuerabzug unterworfen, da sie dem späteren Steuerzugriff zu häufig entzogen werden.¹ Der KapESt-Abzug setzt grds die StPfl der Kapitalerträge voraus,² es werden aber auch stfreie Erträge (zB nach § 3 Nr 40 oder § 8b I KStG) dem Abzug unterworfen.³ Die KapESt wird nach Art einer **Objektsteuer** unabhängig von persönlichen Merkmalen des Gläubigers der Kapitalerträge erhoben. Ausgaben können nicht abgezogen werden, und die KapESt fällt auch an, wenn der StPfl Verluste aus KapVerm erzielt. Die KapESt weist allerdings auch Merkmale einer Personensteuer auf, wenn zB §§ 44a–c mit Rücksicht auf die persönlichen Verhältnisse des Gläubigers eine Abstandnahme vom Steuerabzug oder §§ 44b und 44c eine Erstattung vorsehen. Sie ist Personensteuer in ihrer Eigenschaft als Vorauszahlung auf die persönliche ESt(KSt)-Schuld. Die KapESt knüpft an den **materiellen Steuertatbestand des § 20** an, unterwirft allerdings nicht alle von § 20 erfassten Kapitalerträge dem Abzug. So unterliegen zB Zinsen von Privatschuldnern nicht dem Steuerabzug, nimmt § 43 I 1 Nr 7b S 4 ausdrücklich bestimmte Erträge vom Abzug aus.

II. § 43 im Rahmen der KapESt-Regelung. § 43 regelt den Kreis der abzugspflichtigen Kapitalerträge, §§ 43a und 43b die Bemessung der KapESt, § 44 die Entrichtung der KapESt, § 44a die Abstandnahme vom Steuerabzug, §§ 44b, 44c und 45 die Erstattung der KapESt, § 45a die Anmeldung und Bescheinigung, §§ 45b und 45c die Erstattung aufgrund von Sammelanträgen in Regel- und Sonderfällen und § 45d die Mitteilung an das BZSt. § 43 ist damit Teil einer unübersichtlichen Gesamtregelung. Inhaltlich unterscheiden komplizierte Einzelregelungen nach der Art der Einkünfte, der Person des Schuldners und der des Gläubigers. Sonderregeln zur Entstehung, Einbehaltung, Anmeldung, Abführung und Haftung erschweren das Verständnis der gesetzgeberischen Aussage.

III. Die Systematik des § 43. § 43 I 1 Nr 1 unterwirft Erträge iSv § 20 I Nr 1 und 2 dem KapESt-Abzug, § 43 I 1 Nr 2 Erträge aus Wandelanleihen und Gewinnobligationen, § 43 I 1 Nr 3 Erträge iSv § 20 I Nr 4 und § 43 I 1 Nr 4 Erträge iSv § 20 I Nr 6. § 43 I 1 Nr 7 erfasst Kapitalerträge iSv § 20 I Nr 7 und § 43 I 1 Nr 7a–7c Erträge iSv § 20 I Nr 9, 10a und 10b. § 43 I 1 Nr 8 knüpft in Ergänzung der voraufgehenden Regelungen an § 20 II Nr 2b, Nr 3 und Nr 4 an. Und § 43 I 2, II–IV treffen schließlich allg geltende Aussagen zum KapESt-Abzug.

IV. Abzug bei Investmentfonds. Nach § 7 I 1 InvStG wird KapESt erhoben von
- ausgeschütteten Erträgen iSd § 2 Abs 1 InvStG, soweit sie nicht inländische oder ausländische Dividendenerträge iSd § 43 I (für diese gilt § 7 III InvStG), stfreie Veräußerungsgewinne iSd § 2 Abs 3 InvStG oder stfreie ausländische Einkünfte iSd § 4 I InvStG enthalten,
- Ausschüttungen im Rahmen der Strafbesteuerung nach § 6 InvStG,
- ausschüttungsgleichen Erträgen von ausländischen Investmentfonds, soweit der Steuerabzug von der auszahlenden Stelle vorzunehmen ist, und
- dem Zwischengewinn.

---

1 Zur Rechtsnatur der Entrichtungsverpflichtung: BFH BStBl II 99, 3; zur Prüfung der KapESt bei der Außenprüfung von Kreditinstituten: FinMin NRW, 21.11.01, DStR 02, 858.
2 BFH BStBl II 69, 725.
3 L/B/P § 43 Rn 5.

Nach § 7 I 2 InvStG sollen die für den Steuerabzug von Kapitalerträgen iSd § 43 I 1 Nr 7 und 8 sowie S 2 geltenden Vorschriften des EStG entspr angewandt werden, dh es ist ein **Zinsabschlag von 30 %** vorzunehmen. § 7 I InvStG gilt nach **§ 7 II InvStG** entspr für ausschüttungsgleiche Erträge. Die zu erhebende KapESt ist von den ausgeschütteten Beträgen einzubehalten. Für die von einem inländischen Fonds vereinnahmten inländischen Dividendenerträge bleibt es nach **§ 7 III InvStG** bei einem **KapESt-Abzug von 20 %**. § 7 IV–VI regeln den Zinsabschlag bei thesaurierenden inländischen Investmentvermögen.

11 Bei **ausländischen Fonds** sieht § 7 III InvStG einen KapESt-Abzug auf in der Ausschüttung enthaltene Dividenden nur bei inländischen Vermögen vor. Für thesaurierende ausländische Fonds bleibt es im Fall der Veräußerung oder Rückgabe der Anteilsscheine bei einer Zinsabschlagsteuer auf die dem Anleger als zugeflossen geltenden und noch nicht dem Steuerabzug unterworfenen Erträge gem § 7 I 1 Nr 3 InvStG („nachholender" Steuerabzug bei Rückgabe oder Veräußerung).[1]

B. Die steuerabzugspflichtigen Kapitalerträge

13 **I. Erträge nach §§ 20 I Nr 1, 2, II 1 Nr 2a, S 2 (§ 43 I 1 Nr 1).** Nach § 43 I 1 Nr 1 ist ein Steuerabzug von den (inländischen) Beteiligungserträgen iSv § 20 I Nr 1 S 1 vorzunehmen. Zu den sonstigen Bezügen iSv § 20 I Nr 1 S 1 zählen gem § 20 I Nr 1 S 2 auch vGA, so dass auch diese nach § 43 I Nr 1 dem KapESt-Abzug unterworfen werden. Wird eine vGA aufgedeckt, so wird deren StPfl allerdings regelmäßig im Veranlagungsverfahren des Gläubigers geklärt.[2] Zu den steuerabzugspflichtigen Erträgen gehören auch die Bezüge nach **§ 20 I Nr 2**, die nach Auflösung oder auf Grund einer Kapitalherabsetzung anfallen (§ 20 Rn 100f). Der KapESt-Abzug ist nach § 43 I 3 **„ungeachtet des § 3 Nr 40 und des § 8b KStG"** vorzunehmen. Damit bedarf es keiner Prüfung, ob Anteilseigner eine nat Pers ist, welche die Regelung des § 3 Nr 40 erfüllt. Diese Regelung korrespondiert mit dem KapESt-Satz von 20 % auf die Gesamtdividende, welche dem ESt-Satz von 40 % auf die Hälfte entspricht, der dem Halbeinkünfteverfahren zugrunde liegt. Nach § 8b I KStG bleiben bei einer Körperschaft als Anteilseigner die Bezüge iSd § 20 I Nr 1, 2, 9 und 10a bei der Ermittlung des Einkommens außer Ansatz. § 43 I 3 ordnet dennoch den Steuerabzug an, weil eine Ausnahme von der Abzugspflicht auf praktische Schwierigkeiten stieße.[3] In den Fällen des § 8b KStG ist auch keine Erstattung der KapESt vorgesehen. § 44b ordnet eine Erstattung nur in Freistellungs-, Nichtveranlagungs- und Überhangfällen an. Es kommt nur eine Anrechnung der KapESt im Rahmen der Veranlagung in Betracht. § 31 I KStG iVm § 36 II 2 Nr 2 S 1 sehen eine Anrechnung vor bei unbeschränkt stpfl Körperschaften (vgl § 50 V), während § 32 I Nr 2 KStG eine Abgeltungswirkung bei beschränkt stpfl Körperschaften ohne inländische Betriebsstätte normiert.[4] Das EURLUmsG hat den KapESt-Abzug auf Kapitalerträge iSd **§ 20 II 1 Nr 2a, S 2** ausgedehnt. Es sollte damit der Umgehung der definitiven KapESt-Belastung im Bereich der öffentlichen Hand durch die Veräußerung von Dividendenscheinen begegnet werden. Während Ausschüttungen an steuerbefreite Körperschaften dem hälftigen KapESt-Abzug mit Abgeltungswirkung unterliegen (§ 43 I 1 Nr 1 iVm § 44a VIII), unterlag das Entgelt im Fall der Veräußerung eines Dividendenscheins (§ 20 II 1 Nr 2a) weder der KapESt (§ 43 I 1 Nr 8) noch der KSt (Steuerbefreiung des hoheitlichen Bereichs).[5]

15 **II. Zinsen aus Wandelanleihen, Gewinnobligationen und Genussrechten (§ 43 I 1 Nr 2).** Bei **Wandelanleihen** wird neben der festen Verzinsung ein Recht auf Umtausch in Ges-Anteile eingeräumt. Mit dem Umtausch erlischt das Forderungsrecht und entsteht ein Ges-Verhältnis. Bei **Gewinnobligationen** wird eine Zusatzverzinsung geleistet, die sich nach der Höhe der Gewinnausschüttungen des Schuldners richtet. Zu den Gewinnobligationen zählen nach § 43 I 1 Nr 2 S 2 nicht Teilschuldverschreibungen, bei denen der Zinsfuß nur vorübergehend herabgesetzt und gleichzeitig eine von dem jeweiligen Gewinnergebnis des Unternehmens abhängige Zusatzverzinsung bis zur Höhe des ursprünglichen Zinsfußes festgelegt ist. Der Gesetzgeber geht in diesem Fall davon aus, dass keine Zusatzverzinsung, sondern lediglich eine Stundung hinsichtlich des Unterschiedsbetrages zw dem ursprünglichen festen und dem vorübergehend festgesetzten Zinsfuß vorliegt. Erträge aus **Genussrechten**, mit denen das Recht am Gewinn und Liquidationserlös einer Kap-Ges verbunden ist, unterliegen bereits nach § 43 I 1 Nr 1 iVm § 20 I Nr 1 der KapESt. § 43 I 1 Nr 2 S 1 unterwirft auch sonstige Genussrechte der KapESt, zB solche mit reiner Gewinnbeteiligung. Nicht der KapESt unterliegen nach § 43 I 1 Nr 2 S 3 die dort bezeichneten **Bundesbankgenussrechte**.

---

1 *Sradj/Mertes* DStR 03, 1681 (1684).
2 Vgl auch R 213 m EStR aF.
3 BT-Drs 12/4487, 35.
4 Zur Vereinbarkeit mit EG-Recht: *Dautzenberg* BB 01, 2137.
5 BT-Drs 15/3677, 32.

III. Erträge aus stillen Beteiligungen und partiarischen Darlehen (§ 43 I 1 Nr 3). § 43 I 1 Nr 3 unterwirft (inländische) Einnahmen als stiller G'ter und Zinsen aus partiarischen Darlehen (zu Unterbeteiligungen: § 20 Rn 168) dem KapESt-Abzug. Er verdeutlicht mit dem ausdrücklichen Hinweis auf § 20 I Nr 4, dass nur typische stille G'ter erfasst werden. Er meint mit „Zinsen" aus partiarischen Darlehen alle Entgelte und sonstigen Vorteile für die Gewährung des partiarischen Darlehens, insbes auch die Gewinnanteile.[1] Eine Auszahlung ist nicht Voraussetzung.[2]

IV. Zinsen aus Lebensversicherungen (§ 43 I 1 Nr 4). § 43 I 1 Nr 4 S 1 erklärt (inländische) Kapitalerträge iSv § 20 I Nr 6 für abzugspflichtig. Diese Verweisung meint den Gesamttatbestand des § 20 I Nr 6, dh § 43 I 1 Nr 4 begründet keine Abzugspflicht, soweit § 20 I Nr 6 aF Ausnahmen von der Steuerbarkeit vorsieht. Nach **§ 43 I Nr 4 S 2** ist ein KapESt-Abzug von Zinsen aus sog Finanzierungsversicherungen (vgl zu § 20 Rn 267) nur vorzunehmen, wenn das Versicherungsunternehmen aufgrund einer Mitteilung des FA weiß oder infolge der Verletzung eigener Mitteilungspflichten (vgl § 29 I EStDV) nicht weiß, dass die Kapitalerträge zu Einkünften aus KapVerm gehören. Der Gesetzgeber trägt der Tatsache Rechnung, dass das Versicherungsunternehmen aus eigener Kenntnis nicht beurteilen kann, ob der Ausnahmetatbestand des § 20 I Nr 6 S 4 aF erfüllt ist.

V. Kapitalerträge im Sinne von § 20 I Nr 7 (§ 43 I 1 Nr 7). § 43 I 1 Nr 7 regelt die Erhebung der als **Zinsabschlag** bezeichneten KapESt. Erfasst werden Kapitalerträge iSv § 20 I Nr 7, und zwar nach Bstb a Zinsen aus verbrieften oder registrierten Geldforderungen und nach Bstb b Kapitalerträge aus sog „einfachen" Geldforderungen (zum Abzug nach den InvG: Rn 9).

§ 43 I 1 Nr 7 Bstb a betrifft Kapitalerträge aus Anleihen und Forderungen gegen in- oder ausländische Kapitalschuldner (öffentliche Körperschaften, Unternehmen, Banken, Anlage-Ges), die in ein öffentliches Schuldbuch oder ein ausländisches Register eingetragen oder über die Sammelurkunden iSv § 9a DepotG oder Teilschuldverschreibungen ausgegeben werden. Bei Staatsanleihen wird über die Anleihe keine Urkunde ausgegeben, sondern die Schulden werden in ein „öffentliches Schuldbuch" eingetragen (zB Bundesschatzbriefe). Eine „Sammelurkunde nach § 9a DepotG" ist eine bei einer Wertpapiersammelbank hinterlegte Urkunde, die eine vollständige Wertpapieremission verbrieft. „Teilschuldverschreibungen" werden über eine einheitliche Anleihe ausgestellt und lauten zu einheitlichen Konditionen auf Teile des Gesamtbetrages.

Unter **§ 43 I 1 Nr 7 Bstb b** fallen Erträge aus nicht in Bstb a genannten („einfachen") Kapitalforderungen, deren Schuldner ein inländisches Kredit- oder Finanzdienstleistungsinstitut iSd KWG ist. Nach § 43 I Nr 7 Bstb b S 2 ist Kreditinstitut iSv § 43 I 1 Nr 7 Bstb b S 1 auch die Kreditanstalt für Wiederaufbau, eine Bausparkasse, ein Versicherungsunternehmen für Erträge aus Kapitalanlagen, die mit Einlagegeschäften bei Kreditinstituten vergleichbar sind (Zinsen aus Beitrags- oder Ablaufdepots),[3] die Postbank und die Deutsche Bundesbank. Außerdem werden als inländische Kreditinstitute die inländischen Zweigstellen ausländischer Kreditinstitute oder ausländischer Finanzdienstleistungsinstitute iSv §§ 53, 53b KWG angesehen, denen zugleich durch § 43 I 1 Nr 7 Bstb b S 3 die Schuldnerstellung des ausländischen Kreditinstituts zugerechnet wird. Nach § 43 I 1 Nr 7 Bstb b S 4 muss in vier Fällen der **Steuerabzug nicht vorgenommen** werden (zu weiteren Ausnahmen bei Freistellungsaufträgen, in NV-Fällen und bei steuerbefreiten Körperschaften vgl § 44a Rn 2, 10–15).[4] Aus Vereinfachungsgründen wird bei Interbankengeschäften auf den Steuerabzug verzichtet. Bei Sichteinlagen wird vom Steuerabzug abgesehen, wenn kein höherer Zins oder Bonus als 1 % gezahlt wird. Bei Zinsen aus Bausparguthaben muss kein Abzug erfolgen, wenn eine Arbeitnehmersparzulage oder eine WoP zu gewähren ist (der Gesetzgeber geht davon aus, dass dann der Bezieher mit den Bausparzinsen nicht estpfl ist) oder kein höherer Zins oder Bonus als 1 % gezahlt wird. Außerdem können Kapitalerträge unberücksichtigt bleiben, die einmal im Kj gutgeschrieben werden und 10 € nicht übersteigen (sog kontenbezogene Bagatellbeträge).[5]

VI. Kapitalerträge iSv § 20 I Nr 9, 10a, 10b (§ 43 I 1 Nr 7a–7c). Mit der Einführung des Halbeinkünfteverfahrens sind in § 20 I Nr 9, 10a und 10b auch die „Leistungen" von Körperschaften iSv § 1 I Nr 3–5 KStG sowie Betrieben gewerblicher Art iSv § 4 KStG für steuerbar erklärt worden

---

1 BFH BStBl II 01, 67; **aA** *K/S/M* § 43 Rn 10 mwN.
2 BFH BStBl II 97, 755; BStBl II 91, 147.
3 BR-Drs 622/06, 97; § 52 Abs 53a.
4 Zum Zinsabschlag bei Steuerausländern: *K/S/M* § 43 Rn I 14; BMF BStBl I 92, 693.
5 Zur Bagatellregelung bei Personenzusammenschlüssen: BMF BStBl I 93, 58.

(§ 20 Rn 109–118). § 43 I 1 Nr 7a–7c knüpfen an diese Regelungen mit der Normierung entspr KapESt-Tatbestände an.[1] Nach § 43 I 3 ist der Steuerabzug auch für Bezüge iSd § 20 I Nr 9 und 10a ungeachtet des § 3 Nr 40 und des § 8b KStG vorzunehmen.[2]

31 **VII. Erträge nach § 20 II 1 Nr 2b, 3, 4 (§ 43 I 1 Nr 8).** § 20 II 1 Nr 2b, Nr 3 und Nr 4 ergänzen § 20 I Nr 7 und erklären Einnahmen aus der Veräußerung und Einlösung von Zinsforderungen nach ihrer Trennung vom Stammrecht (§ 20 II 1 Nr 2b – vgl § 20 Rn 361 ff), Stückzinsen (§ 20 II 1 Nr 3 – vgl § 20 Rn 370) sowie Einnahmen aus der Veräußerung oder Abtretung von Kursdifferenzpapieren (§ 20 II 1 Nr 4 – vgl § 20 Rn 380 ff) für stpfl. § 43 I 1 Nr 8 ergänzt ebenso § 43 I 1 Nr 7, indem er die vorgenannten Kapitalerträge (nicht dagegen Dividendenveräußerungserträge iSv § 20 II Nr 2a – zu diesen § 20 Rn 129) auch der KapESt unterwirft. Nach § 43 I 1 Nr 8 S 2 ist bei der Veräußerung von Forderungen iSv § 43 I 1 Nr 7 Bstb b allerdings dessen Doppelbuchstabe aa entspr anzuwenden, dh der Steuerabzug muss bei Interbankengeschäften nicht vorgenommen werden.

33 **VIII. Besondere Entgelte und Vorteile (§ 43 I 2).** Nach § 43 I 2 unterliegen dem Steuerabzug auch Kapitalerträge iSv § 20 II 1 Nr 1, also besondere Entgelte oder Vorteile, die neben den in § 43 I 1 Nr 1–8 bezeichneten Einnahmen oder an deren Stelle gewährt werden. Der Steuerabzug ist nach Maßgabe des § 43 I Nr 1–8 vorzunehmen (zB: nach Nrn 1–6 nur bei inländischen Erträgen).

C. Identität von Gläubiger und Schuldner (§ 43 II)

35 § 43 II ordnet ein Absehen vom Steuerabzug an, wenn Gläubiger und Schuldner der Kapitalerträge oder die auszahlende Stelle im Zeitpunkt des Zufließens dieselbe Person sind. Er setzt Personenidentität im Sinne einer identischen steuerlichen Rechtspersönlichkeit voraus. Dementspr ist § 43 II nicht im Verhältnis von Mutter- und Tochter-Ges, Organträger und Organ-Ges oder Treuhänder und Treugeber anzuwenden. Von der Regelung des § 43 II besteht eine Ausnahme in den Fällen des § 43 I 1 Nr 7c, also in Bezug auf den Gewinn von Betrieben gewerblicher Art ohne eigene Rechtspersönlichkeit oder von wirtschaftlichen Geschäftsbetrieben nach § 20 I Nr 10b.

D. Inländische Kapitalerträge (§ 43 III)

36 Dem KapESt-Abzug unterliegen grds – Ausnahmen: § 43 I 1 Nr 7 Bstb a und 8 und S 2 – nur inländische Kapitalerträge, da nur diese den für die Anordnung eines Steuerabzugs notwendigen Inlandsbezug haben (vgl die Einleitungsworte von § 43 I 1). Inländisch sind Kapitalerträge nach § 43 III 1 dann, wenn der Schuldner (der Kapitalerträge – vgl § 43 II) Wohnsitz, Geschäftsleitung oder Sitz im Inland hat. Ob der Gläubiger im Inland Wohnsitz, Geschäftsleitung oder Sitz hat, ist grds unerheblich. Eine Ausnahme gilt bei Erträgen iSv § 43 I 1 Nr 7. Ist der auszahlenden Stelle bekannt, dass der Gläubiger dieser Erträge nicht unbeschränkt stpfl ist, ist – sofern kein Tafelgeschäft vorliegt – ein KapESt-Abzug grds nicht vorzunehmen (vgl § 49 I Nr 5c).[3] **§ 43 III 2** ist eine Folgeregelung zu § 43 I 1 Nr 1 S 2. Diese dehnt den KapESt-Abzug auf Kapitalerträge iSv § 20 II 1 Nr 2a, 2 aus (Rn 14). § 43 III 2 bestimmt für diesen Fall, dass Kapitalerträge iSv § 43 I 1 Nr 1 S 2 inländisch sind, wenn der Schuldner der veräußerten Anspr die Voraussetzungen des S 1 erfüllt, dh Wohnsitz, Geschäftsleitung oder Sitz im Inland hat. Es soll der KapESt-Abzug nicht dadurch umgangen werden können, dass der Inhaber des Stammrechts den Dividendenschein an einen ausländischen Erwerber veräußert.[4] **§ 43 III 3** trägt der durch das JStG 07 neu eingeführten Regelung des § 20 I Nr 1 S 4 Rechnung, nach der als sonstige Bezüge auch Einnahmen gelten, die anstelle der Bezüge iSv § 20 I 1 von einem anderen als dem Anteilseigner nach § 20 IIa bezogen werden, wenn die Aktien mit Dividendenberechtigung erworben, aber ohne Dividendenanspruch geliefert werden. Er regelt, in welchen Fällen die unter § 20 I Nr 1 S 4 fallenden Einnahmen als inländische Kapitalerträge dem KapESt-Abzug unterliegen, nämlich dann, wenn der Emittent der erworbenen Aktien (die Aktiengesellschaft) die Voraussetzungen des § 43 III 1 erfüllt, also Geschäftsleitung oder Sitz im Inland hat.[5]

---

1 BT-Drs 14/2683, 117.
2 BR-Drs 638/01, 55.
3 FinMin NRW, 21.11.01, DStR 02, 858.
4 BT-Drs 15/3677, 33.
5 BR-Drs 622/06, 97.

E. KapESt bei anderen Einkunftsarten (§ 43 IV)

Gem § 43 IV ist ein KapESt-Abzug – dem Objektsteuercharakter der KapESt entspr – auch dann vorzunehmen, wenn die Kapitalerträge beim Gläubiger zu den Einkünften aus LuF, GewBetr, selbstständiger Arbeit oder VuV gehören. § 43 IV verweist allerdings nicht auf die Einkunftsart des § 19, sondern überlässt hier den Steuerabzug der LSt.

37

IdF ab VZ 2009:

§ 43 Kapitalerträge mit Steuerabzug

(1) ¹Bei den folgenden inländischen und in den Fällen der Nummern 6, 7 Buchstabe a und Nummern 8 bis 12 sowie Satz 2 auch ausländischen Kapitalerträgen wird die Einkommensteuer durch Abzug vom Kapitalertrag (Kapitalertragsteuer) erhoben:

1. *Kapitalerträgen im Sinne des § 20 Abs. 1 Nr. 1 und 2. ²Entsprechendes gilt für Kapitalerträge im Sinne des § 20 Abs. 2 Satz 1 Nr. 2 Buchstabe a und Nr. 2 Satz 2;*
2. *Zinsen aus Teilschuldverschreibungen, bei denen neben der festen Verzinsung ein Recht auf Umtausch in Gesellschaftsanteile (Wandelanleihen) oder eine Zusatzverzinsung, die sich nach der Höhe der Gewinnausschüttungen des Schuldners richtet (Gewinnobligationen), eingeräumt ist, und Zinsen aus Genussrechten, die nicht in § 20 Abs. 1 Nr. 1 genannt sind. ²Zu den Gewinnobligationen gehören nicht solche Teilschuldverschreibungen, bei denen der Zinsfuß nur vorübergehend herabgesetzt und gleichzeitig eine von dem jeweiligen Gewinnergebnis des Unternehmens abhängige Zusatzverzinsung bis zur Höhe des ursprünglichen Zinsfußes festgelegt worden ist. ³Zu den Kapitalerträgen im Sinne des Satzes 1 gehören nicht die Bundesbankgenussrechte im Sinne des § 3 Abs. 1 des Gesetzes über die Liquidation der Deutschen Reichsbank und der Deutschen Golddiskontbank in der im Bundesgesetzblatt Teil III, Gliederungsnummer 7620-6, veröffentlichten bereinigten Fassung, das zuletzt durch das Gesetz vom 17. Dezember 1975 (BGBl. I S. 3123) geändert worden ist;*
3. *Kapitalerträgen im Sinne des § 20 Abs. 1 Nr. 4;*
4. *Kapitalerträgen im Sinne des § 20 Abs. 1 Nr. 6; § 20 Abs. 1 Nr. 6 Satz 2 und 3 in der am 1. Januar 2008 anzuwendenden Fassung bleiben für Zwecke der Kapitalertragsteuer unberücksichtigt. ²Der Steuerabzug vom Kapitalertrag ist in den Fällen des § 20 Abs. 1 Nr. 6 Satz 4 in der am 31. Dezember 2004 geltenden Fassung nur vorzunehmen, wenn das Versicherungsunternehmen auf Grund einer Mitteilung des Finanzamts weiß oder infolge der Verletzung eigener Anzeigeverpflichtungen nicht weiß, dass die Kapitalerträge nach dieser Vorschrift zu den Einkünften aus Kapitalvermögen gehören;*
5. *(weggefallen)*
6. *ausländischen Kapitalerträgen im Sinne der Nummer 1;*
7. *Kapitalerträgen im Sinne des § 20 Abs. 1 Nr. 7, außer bei Kapitalerträgen im Sinne der Nummer 2, wenn*
   a) *es sich um Zinsen aus Anleihen und Forderungen handelt, die in ein öffentliches Schuldbuch oder in ein ausländisches Register eingetragen oder über die Sammelurkunden im Sinne des § 9a des Depotgesetzes oder Teilschuldverschreibungen ausgegeben sind;*
   b) *der Schuldner der nicht in Buchstabe a genannten Kapitalerträge ein inländisches Kreditinstitut oder ein inländisches Finanzdienstleistungsinstitut im Sinne des Gesetzes über das Kreditwesen ist. ²Kreditinstitut in diesem Sinne ist auch die Kreditanstalt für Wiederaufbau, eine Bausparkasse, ein Versicherungsunternehmen für Erträge aus Kapitalanlagen, die mit Einlagegeschäften bei Kreditinstituten vergleichbar sind, die Deutsche Postbank AG, die Deutsche Bundesbank bei Geschäften mit jedermann einschließlich ihrer Betriebsangehörigen im Sinne der §§ 22 und 25 des Gesetzes über die Deutsche Bundesbank und eine inländische Zweigstelle eines ausländischen Kreditinstituts oder eines ausländischen Finanzdienstleistungsinstituts im Sinne der §§ 53 und 53b des Gesetzes über das Kreditwesen, nicht aber eine ausländische Zweigstelle eines inländischen Kreditinstituts oder eines inländischen Finanzdienstleistungsinstituts. ³Die inländische Zweigstelle gilt an Stelle des ausländischen Kreditinstituts oder des ausländischen Finanzdienstleistungsinstituts als Schuldner der Kapitalerträge.*
7a. *Kapitalerträgen im Sinne des § 20 Abs. 1 Nr. 9;*

7b. Kapitalerträgen im Sinne des § 20 Abs. 1 Nr. 10 Buchstabe a;
7c. Kapitalerträgen im Sinne des § 20 Abs. 1 Nr. 10 Buchstabe b;
8. Kapitalerträgen im Sinne des § 20 Abs. 1 Nr. 11;
9. Kapitalerträgen im Sinne des § 20 Abs. 2 Satz 1 Nr. 1 Satz 1 und 2;
10. Kapitalerträgen im Sinne des § 20 Abs. 2 Satz 1 Nr. 2 Buchstabe b und Nr. 7;
11. Kapitalerträgen im Sinne des § 20 Abs. 2 Satz 1 Nr. 3;
12. Kapitalerträgen im Sinne des § 20 Abs. 2 Satz 1 Nr. 8.

²Dem Steuerabzug unterliegen auch Kapitalerträge im Sinne des § 20 Abs. 3, die neben den in den Nummern 1 bis 12 bezeichneten Kapitalerträgen oder an deren Stelle gewährt werden. ³Der Steuerabzug ist ungeachtet des § 3 Nr. 40 und des § 8b des Körperschaftsteuergesetzes vorzunehmen. ⁴Für Zwecke des Kapitalertragsteuerabzugs gilt die Übertragung eines von einer auszahlenden Stelle verwahrten oder verwalteten Wirtschaftsguts im Sinne des § 20 Abs. 2 auf einen anderen Gläubiger als Veräußerung des Wirtschaftsguts. ⁵Satz 4 gilt nicht, wenn der Steuerpflichtige der auszahlenden Stelle mitteilt, dass es sich um eine unentgeltliche Übertragung handelt. ⁶Die auszahlende Stelle hat dies dem für sie zuständigen Betriebsstättenfinanzamt anzuzeigen. ⁷Abweichend von den §§ 13 und 21 des Umwandlungssteuergesetzes gelten für Zwecke des Kapitalertragsteuerabzugs die Anteile an der übertragenden Körperschaft oder die eingebrachten Anteile als mit dem Wert ihrer Anschaffungskosten veräußert.

(2) ¹Der Steuerabzug ist außer in den Fällen des Absatzes 1 Satz 1 Nr. 7c nicht vorzunehmen, wenn Gläubiger und Schuldner der Kapitalerträge (Schuldner) oder die auszahlende Stelle im Zeitpunkt des Zufließens dieselbe Person sind. ²Der Steuerabzug ist außerdem nicht vorzunehmen, wenn in den Fällen des Absatzes 1 Satz 1 Nr. 6, 7 und 8 bis 12 Gläubiger der Kapitalerträge ein inländisches Kreditinstitut oder inländisches Finanzdienstleistungsinstitut nach Absatz 1 Satz 1 Nr. 7 Buchstabe b ist.

(3) ¹Kapitalerträge im Sinne des Absatzes 1 Satz 1 Nr. 1 Satz 1 sowie Nr. 2 bis 4 sind inländische, wenn der Schuldner Wohnsitz, Geschäftsleitung oder Sitz im Inland hat. ²Kapitalerträge im Sinne des Absatzes 1 Satz 1 Nr. 1 Satz 2 sind inländische, wenn der Schuldner der veräußerten Ansprüche die Voraussetzungen des Satzes 1 erfüllt. ³Kapitalerträge im Sinne des § 20 Abs. 1 Nr. 1 Satz 4 sind inländische, wenn der Emittent der Aktien Geschäftsleitung oder Sitz im Inland hat. ⁴Kapitalerträge im Sinne des Absatzes 1 Satz 1 Nr. 6 sind ausländische, wenn weder die Voraussetzungen nach Satz 1 noch nach Satz 2 vorliegen.

(4) Der Steuerabzug ist auch dann vorzunehmen, wenn die Kapitalerträge beim Gläubiger zu den Einkünften aus Land- und Forstwirtschaft, aus Gewerbebetrieb, aus selbstständiger Arbeit oder aus Vermietung und Verpachtung gehören.

(5) ¹Für Kapitalerträge im Sinne des § 20, die der Kapitalertragsteuer unterlegen haben, ist die Einkommensteuer mit dem Steuerabzug abgegolten, soweit nicht der Gläubiger nach § 44 Abs. 1 Satz 7 bis 9 und Abs. 5 in Anspruch genommen werden kann. ²Dies gilt nicht in Fällen des § 32d Abs. 2 und für Kapitalerträge, die zu den Einkünften aus Land- und Forstwirtschaft, aus Gewerbebetrieb, aus selbstständiger Arbeit oder aus Vermietung und Verpachtung gehören. ³Auf Antrag des Gläubigers werden Kapitalerträge im Sinne des Satzes 1 in die besondere Besteuerung von Kapitalerträgen nach § 32d einbezogen.

A. Grundaussage der Neuregelung

40 Das UntStRefG hat mit den Änderungen von § 43 der Ausdehnung der Besteuerungstatbestände in § 20, insbes der Ausdehnung auf Veräußerungsgewinne, Rechnung getragen und unter Anknüpfung an die neuen Besteuerungstatbestände in § 20 **neue KapESt-Tatbestände** geschaffen. Außerdem wurde in § 43 V die **Abgeltungswirkung** des KapESt-Abzugs normiert.

B. Die steuerabzugspflichtigen Kapitalerträge (§ 43 I)

43 § 43 I bestimmt, bei welchen Kapitalerträgen iSd § 20 ein KapESt-Abzug vorzunehmen ist. **§ 43 I 1** wurde dahin ergänzt, dass nicht nur in den Fällen des § 43 I 1 der Nr 7 Bstb. a und Nr 8 sowie Satz 2, sondern auch in den neu hinzugekommenen KapESt-Fällen der **Nrn 6 und 8–12** nicht nur im Fall inländischer, sondern **auch ausländischer Kapitalerträge** grds ein KapESt-Abzug vorzunehmen ist.

47 In § 43 I 1 Nr 1 S 2 und § 43 I 1 Nr 3 wurden nur redaktionelle Anpassungen vorgenommen.

§ 43 I 1 Nr 4 S 1 regelt, dass das Versicherungsunternehmen bei stpfl Versicherungsleistungen als Bemessungsgrundlage für die KapESt den **Unterschiedsbetrag** zw der Versicherungsleistung und der Summe der Beiträge zu Grunde zu legen hat. Ein etwaiger entgeltlicher Erwerb des Anspr auf die Versicherungsleistung bleibt für Zwecke der KapESt unberücksichtigt. Den Ansatz der AK – den *§ 20 I Nr 6 S 3* vorsieht – anstelle der vor dem Erwerb entrichteten Beiträge kann der StPfl nur im Rahmen der Veranlagung nach § 32d IV oder VI geltend machen. Eine Berücksichtigung von etwaigen AK bereits durch das Versicherungsunternehmen hat der Gesetzgeber nicht zugelassen, da das Versicherungsunternehmen idR nicht unmittelbar am Veräußerungsvorgang beteiligt sei und insoweit nicht hinreichend sicher die Höhe der AK feststellen könne, aber für zu gering einbehaltene KapESt haften müsste.[1] Weiterhin regelt *§ 43 I 1 Nr 4 S 1*, dass der Ansatz des hälftigen Unterschiedsbetrages gem *§ 20 I Nr 6 S 2* beim Steuerabzug nicht erfolgt. Der StPfl kann diese Freistellung nur in seiner ESt-Erklärung geltend machen. Der Gesetzgeber wollte der Gefahr begegnen, dass in diesen Fällen – auf Grund fehlender zusätzlicher Kontrollmöglichkeiten durch die Finanzverwaltung – lediglich eine Besteuerung in Höhe von 12,5 % des Wertzuwachses erfolgt, wenn der StPfl die Erträge nicht in seiner ESt-Erklärung angibt.

§ 43 I 1 Nr 6 wurde neu belegt und regelt, dass auch von **ausländischen Kapitalerträgen iSv** *§ 43 I 1 Nr 1* (insbes Dividenden) KapESt erhoben wird. Anders als bei inländischen Dividenden wird der Steuerabzug nicht vom Schuldner der Kapitalerträge, sondern von der auszahlenden Stelle vorgenommen. Die Neuregelung steht im Zusammenhang mit der Neuregelung in *§ 43a III* (von der auszahlenden Stelle zu führender Verlustverrechnungstopf), die vorsieht, dass die auszahlende Stelle schon bei der Erhebung der inländischen KapESt die auf die Dividende entfallende ausländische Quellensteuer berücksichtigt. Dadurch wird erreicht, dass auch bei ausländischen Dividenden eine Abgeltungswirkung eintreten kann.

§ 43 I 1 Nr 7 wurde gestrichen. Es entfallen damit die bisherigen Bagatellregelungen für bestimmte Kapitalerträge, bei denen von einem KapESt-Abzug abgesehen wurde, die aber dennoch nicht steuerbefreit waren, sondern im Rahmen der Veranlagung zur ESt zu erklären waren (Sichteinlagen mit maximal 1 % Verzinsung, bestimmte Bausparverträge, Guthaben mit maximal 10 € Gutschrift). Diese Tatbestände werden nunmehr der KapESt unterworfen, da sie ansonsten häufig nachzuerklären wären.

Die Neuregelung von *§ 43 I 1 Nr 8* unterwirft die nach *§ 20 I Nr 11* steuerbaren **Stillhalterprämien** dem KapESt-Abzug.

§ 43 I 1 Nr 9 – 12 wurden neu in den Katalog des *§ 43 I 1* aufgenommen. Es wird der KapESt-Abzug für Kapitalerträge nach *§ 20 II 1 Nr 1* (insbes Veräußerung von Aktien), Nar 2b und Nr 7 (Veräußerung von Zinsscheinen und Veräußerung oder Einlösung sonstiger Kapitalforderungen jeder Art), Nr 3 (Termingeschäfte) und Nr 8 (insbes Gewinn aus der Übertragung von Anteilen an Körperschaften, die keine KapGes sind) geregelt. Es werden insoweit von *§ 20 II* neu einbezogene Gewinne aus der Veräußerung von Kapitalvermögen der KapESt unterworfen.[2]

Neu angefügt wurden *§ 43 I 4 – 7*. Nach *§ 43 I 4* wird „zur Sicherstellung des Steueraufkommens" im Rahmen des Steuerabzugs bei der **Übertragung von Kapitalanlagen** iSd *§ 20 II* auf einen anderen Gläubiger grds von einem entgeltlichen Geschäft und damit von einer Veräußerung ausgegangen. Dem StPfl als Gläubiger bleibt es allerdings nach *§ 43 I 5* unbenommen, gegenüber der auszahlenden Stelle darzulegen, dass kein stpfl Vorgang (zB eine Schenkung) vorliegt. Damit soll zu Gunsten des StPfl erreicht werden, dass bereits im Rahmen des KapESt-Verfahrens der tatsächliche Sachverhalt aufgeklärt wird. Der StPfl muss nicht erst die KapESt gem *§ 44 I S 7* zur Verfügung stellen und das im folgenden Kj durchzuführende Veranlagungsverfahren abwarten, um die zu seinen Lasten erhobene KapESt erstattet zu bekommen. Nach *§ 43 I 6* hat die auszahlende Stelle dem Betriebsstätten-FA derartige unentgeltliche Rechtsgeschäfte **mitzuteilen**. Damit soll gewährleistet werden, dass die FinVerw über Sachverhalte, die die Erbschaft- und Schenkungsteuer betreffen, Kenntnis erlangt.

§ 43 I 7 soll dem Umstand Rechnung tragen, dass bei Kapitalmaßnahmen iSd UmwStG, insbes bei Verschmelzungen, Spaltungen oder Anteilstausch die den Steuerabzug durchführende Stelle (zB das

---

[1] BT-Drs 16/4841, 66.

[2] Zur Veräußerung von GmbH-Anteilen: *Schönfeld* IStR 07, 850 (851); BT-Drs 16/4841, 58 (61).

*Kreditinstitut) keine Kenntnis besitzt, ob die entspr Kapitalmaßnahme nach dem UmwStG steuerneutral ist, weil dem Anteilseigner die Antragsmöglichkeit nach § 13 II oder nach § 21 II 3 des UmwStG zusteht, oder zu einem Veräußerungsgewinn führt. Daher wird für Zwecke des KapESt-Abzugs zunächst ein **steuerneutraler Übertragungsvorgang** fingiert. Die tatsächliche materiell-rechtliche Würdigung entspr dem UmwStG soll im Veranlagungsverfahren erfolgen. Hinzu kommt, dass die den Steuerabzug durchführende Stelle als Folge dieser Regelung die AK für die erhaltenen Anteile mit den AK der hingegebenen Anteile anzusetzen hat. Damit wird bei einer Veräußerung der erhaltenen Anteile auch der noch nicht realisierte Wertzuwachs der Altanteile im KapESt-Verfahren besteuert.*[1]

C. Absehen vom Steuerabzug (§ 43 II)

78 *Nach § 43 II in seiner bisherigen Fassung war bei Identität von Gläubiger und Schuldner von einem Steuerabzug abzusehen. Diese Regelung wird um einen Satz 2 ergänzt. Danach ist ein Steuerabzug außerdem nicht vorzunehmen, wenn in den Fällen des § 43 AbS I 1 Nr 6, 7 und 8–12 Gläubiger der Kapitalerträge ein inländisches Kreditinstitut oder inländisches Finanzdienstleistungsinstitut nach § 43 AbS I 1 Nr 7b ist. Es wird das bisher in § 43 AbS I 1 Nr 7 Buchst b S 4 enthaltene **Bankenprivileg** hierin übernommen und zugleich auf alle neu hinzukommenden KapESt-Tatbestände ausgedehnt.*

D. Inländische und ausländische Kapitalerträge (§ 43 III)

82 *§ 43 III 1 wurde lediglich redaktionell geändert. Neu angefügt wurde § 43 III 4, der die für die Fälle des § 43 AbS I 1 Nr 6 benötigte Begriffsbestimmung der ausländischen Kapitalerträge enthält.*

E. Abgeltungswirkung (§ 43 V)

86 *Der neue § 43 V 1 bildet die zentrale Vorschrift für die grds Abgeltungswirkung der KapESt. § 43 V 2 regelt, dass die Abgeltungswirkung nicht eintritt in den Fällen des neuen § 32d II (insbes Kapitalerträge unter nahestehenden Personen) und wenn die Kapitalerträge zu den Einkünften aus Land- und Forstwirtschaft, aus GewBetr, aus selbstständiger Arbeit oder aus VuV gehören. § 43 V 3 sieht vor, dass Kapitalerträge, bei denen grds die Abgeltungswirkung eintreten könnte, auf Antrag des StPfl in die besondere Besteuerung von Kapitalerträgen nach § 32d einbezogen werden (vgl zu den in Betracht kommenden Sachverhalten die Beispielsaufzählung in § 32d IV).*

§ 43a Bemessung der Kapitalertragsteuer

(1) Die Kapitalertragsteuer beträgt
1. in den Fällen des § 43 Abs. 1 Satz 1 Nr. 1:
   20 Prozent des Kapitalertrags, wenn der Gläubiger die Kapitalertragsteuer trägt,
   25 Prozent des tatsächlich ausgezahlten Betrags, wenn der Schuldner die Kapitalertragsteuer übernimmt;
2. in den Fällen des § 43 Abs. 1 Satz 1 Nr. 2 bis 4:
   25 Prozent des Kapitalertrags, wenn der Gläubiger die Kapitalertragsteuer trägt,
   33⅓ Prozent des tatsächlich ausgezahlten Betrags, wenn der Schuldner die Kapitalertragsteuer übernimmt;
3. in den Fällen des § 43 Abs. 1 Satz 1 Nr. 7 und 8 sowie Satz 2:
   30 Prozent des Kapitalertrags (Zinsabschlag), wenn der Gläubiger die Kapitalertragsteuer trägt,
   42,85 Prozent des tatsächlich ausgezahlten Betrags, wenn der Schuldner die Kapitalertragsteuer übernimmt;
   in den Fällen des § 44 Abs. 1 Satz 4 Nr. 1 Buchstabe a Doppelbuchstabe bb erhöhen sich der Prozentsatz von 30 auf 35 und der Prozentsatz von 42,85 auf 53,84;
4. in den Fällen des § 43 Abs. 1 Satz 1 Nr. 7a:
   20 Prozent des Kapitalertrags, wenn der Gläubiger die Kapitalertragsteuer trägt,
   25 Prozent des tatsächlich ausgezahlten Betrags, wenn der Schuldner die Kapitalertragsteuer übernimmt;
5. in den Fällen des § 43 Abs. 1 Satz 1 Nr. 7b:
   10 Prozent des Kapitalertrags, wenn der Gläubiger die Kapitalertragsteuer trägt,

---

1 *BT-Drs 16/4841, 66.*

11 ⅑ Prozent des tatsächlich ausgezahlten Betrags, wenn der Schuldner die Kapitalertragsteuer übernimmt;
6. in den Fällen des § 43 Abs. 1 Satz 1 Nr. 7c:
10 Prozent des Kapitalertrags.

(2) ¹Dem Steuerabzug unterliegen die vollen Kapitalerträge ohne jeden Abzug. ²In den Fällen des § 20 Abs. 2 Satz 1 Nr. 4 bemisst sich der Steuerabzug nach dem Unterschied zwischen dem Entgelt für den Erwerb und den Einnahmen aus der Veräußerung oder Einlösung der Wertpapiere und Kapitalforderungen, wenn sie von der die Kapitalerträge auszahlenden Stelle erworben oder veräußert und seitdem verwahrt oder verwaltet worden sind. ³Ist dies nicht der Fall, bemisst sich der Steuerabzug nach 30 Prozent der Einnahmen aus der Veräußerung oder Einlösung der Wertpapiere und Kapitalforderungen. ⁴Hat die auszahlende Stelle die Wertpapiere und Kapitalforderungen vor dem 1. Januar 1994 erworben oder veräußert und seitdem verwahrt oder verwaltet, kann sie den Steuerabzug nach 30 Prozent der Einnahmen aus der Veräußerung oder Einlösung der Wertpapiere und Kapitalforderungen bemessen. ⁵Die Sätze 3 und 4 gelten auch in den Fällen der Einlösung durch den Ersterwerber. ⁶Abweichend von den Sätzen 2 bis 5 bemisst sich der Steuerabzug bei Kapitalerträgen aus nicht für einen marktmäßigen Handel bestimmten schuldbuchfähigen Wertpapieren des Bundes und der Länder oder bei Kapitalerträgen im Sinne des § 43 Abs. 1 Satz 1 Nr. 7 Buchstabe b aus nicht in Inhaber- oder Orderschuldverschreibungen verbrieften Kapitalforderungen nach dem vollen Kapitalertrag ohne jeden Abzug. ⁷Bei Wertpapieren und Kapitalforderungen in einer ausländischen Währung ist der Unterschied im Sinne des Satzes 2 in der ausländischen Währung zu ermitteln.

(3) ¹Von Kapitalerträgen im Sinne des § 43 Abs. 1 Satz 1 Nr. 7 Buchstabe a und Nr. 8 sowie Satz 2 kann die auszahlende Stelle Stückzinsen, die ihr der Gläubiger im Kalenderjahr des Zuflusses der Kapitalerträge gezahlt hat, bis zur Höhe der Kapitalerträge abziehen. ²Dies gilt nicht in den Fällen des § 44 Abs. 1 Satz 4 Nr. 1 Buchstabe a Doppelbuchstabe bb.

(4) ¹Die Absätze 2 und 3 gelten entsprechend für die das Bundesschuldbuch führende Stelle oder eine Landesschuldenverwaltung als auszahlende Stelle, im Fall des Absatzes 3 Satz 1 jedoch nur, wenn die Wertpapiere oder Forderungen von einem Kreditinstitut oder einem Finanzdienstleistungsinstitut mit der Maßgabe der Verwahrung und Verwaltung durch die das Bundesschuldbuch führende Stelle oder eine Landesschuldenverwaltung erworben worden sind. ²Das Kreditinstitut oder das Finanzdienstleistungsinstitut hat der das Bundesschuldbuch führenden Stelle oder einer Landesschuldenverwaltung zusammen mit den im Schuldbuch einzutragenden Wertpapieren und Forderungen den Erwerbszeitpunkt und den Betrag der gezahlten Stückzinsen sowie in Fällen des Absatzes 2 Satz 2 bis 5 den Erwerbspreis der für einen marktmäßigen Handel bestimmten schuldbuchfähigen Wertpapiere des Bundes oder der Länder und außerdem mitzuteilen, dass es diese Wertpapiere und Forderungen erworben oder veräußert und seitdem verwahrt oder verwaltet hat.

A. Grundaussage der Vorschrift

§ 43 ist zu entnehmen, welche Kapitalerträge dem Steuerabzug unterliegen. § 43a knüpft hieran an und regelt, mit welchem Steuersatz der Steuerabzug vorzunehmen ist und beantwortet die – vorrangige – Frage, was im Einzelfall Bemessungsgrundlage für den Steuerabzug ist.

B. Steuersatz (§ 43a I)

Die Steuersätze richten sich danach, ob der Gläubiger die KapESt trägt oder der Schuldner diese übernimmt. Von einer **Übernahme durch den Schuldner** kann allerdings nur bei einer entspr ausdrücklichen oder stillschweigenden Vereinbarung zw Schuldner und Gläubiger ausgegangen werden.[1] **§ 43a I Nr 1** beruht auf dem Halbeinkünfteverfahren. Der Steuersatz auf Dividenden und diesen gleichstehenden Bezüge ist auf 20 % (statt 25 %) abgesenkt. Die KapESt ist mit diesem Satz allerdings auf die Dividende insgesamt zu entrichten, obwohl die Hälfte nach § 3 Nr 40 stfrei ist.[2] Die KapESt entspr so einem ESt-Satz von 40 %, der dem Halbeinkünfteverfahren als Richtsatz zugrunde liegt. In den Fällen des § 43 I 1 Nr 2–4 (Erträge aus Wandelanleihen, stillen Beteiligungen und Lebensversicherungen) gilt nach **§ 43a I Nr 2** ein Steuersatz von 25 % bzw 33 1/3 %. Einbezogen sind auch besondere Entgelte iSv § 43 I 2. Nach **§ 43a I Nr 3** beträgt der „Zinsabschlag" in den

---

1 BFH BStBl II 71, 53.   2 BT-Drs 14/2683, 117.

Fällen des § 43 I 1 Nr 7 und 8 (bei Erträgen iSv §§ 20 I Nr 7, 20 II Nr 2b, 3 und 4) 30 % bzw 42,85 %. Für „Tafelgeschäfte" gilt nach § 43a I Nr 3, 3. Alt ein Steuersatz von 35 %. Allerdings erfasst diese Regelung mit der Verweisung auf § 44 I 4 Nr 1a, bb nur die Tafelgeschäfte, bei denen ein Kapitalertrag nach § 43 I 1 Nr 7 Bstb a und 8 sowie S 2 (nicht ein Ertrag nach Nr 7 Bstb b) von einem inländischen Kreditinstitut (nicht von dem Schuldner selbst) gegen Aushändigung der Zinsscheine oder der Teilschuldverschreibung ausgezahlt oder gutgeschrieben wird. Nach dem Wortlaut von § 43a I Nr 3 ergibt sich für sonstige Vorteile stets ein Steuersatz von 30 %. Es muss jedoch ein niedrigerer Satz gelten, wenn dieser auch auf die regulären Erträge anzuwenden ist.[1] In **§ 43a I Nr 4–6** wird die Höhe des Steuersatzes festgelegt, der auf die Tatbestände des § 43 I Nr 7a–7c anzuwenden ist, die wiederum an § 20 I Nr 9, 10a und 10b anknüpfen. Der Steuersatz entspr im Fall von Nr 7a (Leistungen von Körperschaften iSv § 1 Nr 3–5 KStG) dem Steuersatz für Dividenden. In den Fällen der Nr 7b und 7c (Betriebe gewerblicher Art; wirtschaftliche Geschäftsbetriebe) beträgt er die Hälfte. Der Gesetzgeber ist davon ausgegangen, dass die betroffenen Körperschaften in der Vergangenheit grds die Hälfte der gezahlten KapESt erstattet bekommen haben. Durch die Festlegung des Steuersatzes auf die Hälfte bedarf es einer derartigen Erstattung nicht.[2]

C. Bemessungsgrundlage (§ 43a II–IV)

10 **I. Die Grundregel (§ 43a II 1).** Dem Steuerabzug unterliegen nach § 43a II 1 die vollen Kapitalerträge ohne jeden Abzug (WK, BA, SA, Steuern). Gegenzurechnen sind allerdings **negative Einnahmen** als eine Korrektur der positiven Einnahmen, – jedoch erst im Jahr der Rückzahlung.[3] Bei Einnahmen aus stiller Beteiligung, die nach § 20 I Nr 4 S 2 iVm § 15a II mit Verlusten verrechnet werden, fehlt es an stpfl Einnahmen.[4] **Finanzierungsschätze** werden bei einer längerdauernden Emission mit unterschiedlichen Ausgabepreisen begeben, so dass die Feststellung des Brutto-Kapitalertrags auf praktische Schwierigkeiten stößt. Die Verwaltung lässt es aus Vereinfachungsgründen zu, dass der höchste Ausgabekurs zugrunde gelegt wird.[5] Bei **Kontokorrentkonten** sind nach – umstrittener – Auffassung der Verwaltung die Haben- ohne Saldierung mit Sollzinsen der KapESt zu unterwerfen.[6] Maßgebend dürfte sein, ob die in das Kontokorrent eingestellten Posten selbstständige Forderungen iSv § 20 I Nr 7 – und Schulden – oder bloße Rechnungsposten darstellen.[7]

12 **II. Die Bemessungsgrundlage in den Fällen des § 20 II 1 Nr 4 (§ 43a II 2–7).** Nach § 20 II 1 Nr 4 sind Einnahmen aus der Veräußerung der dort genannten Kapitalforderungen in Höhe der Emissions-, hilfsweise in Höhe der Marktrendite stpfl (zu Wechselkursgewinnen: Rn 13). An diese **Marktrendite** knüpft § 43a II 2 an. Der Gesetzgeber unterstellt, dass die auszahlende Stelle die Marktrendite berechnen kann, wenn sie die Wertpapiere und Forderungen erworben oder veräußert und seitdem verwahrt oder verwaltet hat.

13 Ist dies nicht der Fall – weil zB die Bank gewechselt wurde –, gilt die **Ersatzbemessungsgrundlage** des § 43a II 3: 30 % der Einnahmen aus der Veräußerung oder Einlösung. Da das Kreditgewerbe mangels EDV-Vorbereitung nicht in der Lage war, bei vor dem 1.1.94 erworbenen (bzw veräußerten) Wertpapieren die Marktrendite zu berechnen, räumt § 43a II 4 für diese Fälle ein **Wahlrecht** zw Marktrendite und Ersatzbemessungsgrundlage ein. Nach § 43a II 5 sind § 43a II 3 und 4 auch bei einer Einlösung durch den sog **Durchhalter** anzuwenden. § 43a II 7 schreibt für die Berechnung der Marktrendite vor, dass sich **Wechselkursgewinne** nicht auf die Bemessung des Zinsabschlags auswirken.[8] Die Regelung entspricht § 20 II 1 Nr 4 S 2, 2. HS (zu § 20 Rn 405). Sie gilt allerdings nach § 52 Abs 55 erst für Wertpapiere, die ab 02 erworben wurden.[9] Eine Sonderregelung gilt nach § 43a II 6 für Erträge aus nicht für einen marktmäßigen Handel bestimmten schuldbuchfähigen **Wertpapieren des Bundes und der Länder** (zB Bundesschatzbriefe Typ A und B) und **Erträge iSd § 43 I Nr 7 Bstb b** aus Kapitalforderungen, die nicht in Inhaber- oder Orderschuldverschreibungen verbrieft sind (zB Sparbriefe). Bei diesen erfolgt der Steuerabzug nach § 43a II 1. Es sollte deren Absatz nicht durch den Ansatz der Ersatzbemessungsgrundlage beeinträchtigt werden.[10]

---

1 *L/B/P* § 43a Rn 14.
2 BT-Drs 14/2683, 117.
3 BFH BStBl II 78, 102.
4 *L/B/P* § 43a Rn 31.
5 BMF BStBl II 92, 693 Tz 3.2.
6 BMF BStBl I 92, 613 Tz 3.4; **aA** Blümich § 43a Rn 9.
7 *L/B/P* § 43a Rn 9.
8 BT-Drs 14/7341, 26.
9 BT-Drs 14/7341, 31.
10 Zur Behandlung v Finanzierungsschätzen BMF BStBl I 92, 693; BStBl I 94, 815.

III. Der Abzug von Stückzinsen (§ 43a III). § 43a III sieht die Bildung eines **„Stückzinstopfes"** vor. 17
In diesen werden nach § 43a III gezahlte Stückzinsen und gem § 7 I 2 InvStG gezahlte Zwischengewinne eingestellt. Die so angesammelten Beträge können gem § 43a III mit Kapitalerträgen nach § 43 I 1 Nr 7 Bstb a (nicht Nr 7 Bstb b), nach § 43 I 1 Nr 8 (insbes: vereinnahmte Stückzinsen, Einnahmen iSv § 20 II 1 Nr 2b und iSv Nr 4) sowie nach § 43 I 2 (besondere Entgelte oder Vorteile) und gem § 7 I 2 InvStG mit vereinnahmten Zwischengewinnen nach dem InvStG verrechnet werden. Abgezogen werden nur die Stückzinsen, die der Gläubiger **im Kj** des Zuflusses der Kapitalerträge gezahlt hat. Ein aE des Jahres im Stückzinstopf noch vorhandener Betrag bleibt unberücksichtigt. Hat der StPfl KapESt gezahlt und fallen dann erst Stückzinsen an, so ist die KapESt-Anmeldung zu korrigieren, da § 43a III den Abzug von im Kj gezahlten Stückzinsen unabhängig von der zeitlichen Abfolge fordert.[1] Eine Verrechnung von Erträgen mit gezahlten Stückzinsen ist nur bezogen auf **dies Auszahlungsstelle** möglich. Die Stückzinstopflösung ist **personenbezogen** (vgl § 43a III 1: „der Gläubiger"). Die Bildung eines gemeinsamen Stückzinstopfes für Einzelkonten – anders als für Gemeinschaftskonten – von Ehegatten ist nicht möglich.[2] Bei **Tafelgeschäften** iSv § 44 I 4 Nr 1a, bb ist eine Verrechnung mit Beträgen aus dem Stückzinstopf nach § 43a III 2 ausgeschlossen.

IV. Das Bundesschuldbuch führende Stelle oder Landesschuldenverwaltung als auszahlende Stelle (§ 43a IV). Da die das Bundesschuldbuch führende Stelle und die Landesschuldenverwaltungen 19 keine Wertpapiere veräußern oder für ihre Kunden erwerben, können sie selbst die Bemessungsgrundlage für den Steuerabzug aus ihren Unterlagen nicht entnehmen. Das Kredit- oder das Finanzdienstleistungsinstitut, über das die Wertpapiere erworben werden, muss deshalb nach **§ 43a IV** die erforderlichen Angaben liefern.

IdF ab VZ 2009:

§ 43a Bemessung der Kapitalertragsteuer

(1) [1]Die Kapitalertragsteuer beträgt
1. in den Fällen des § 43 Abs. 1 Satz 1 Nr. 1 bis 4, 6 bis 7a und 8 bis 12 sowie Satz 2:
   25 Prozent des Kapitalertrags;
2. in den Fällen des § 43 Abs. 1 Satz 1 Nr. 7b und 7c:
   15 Prozent des Kapitalertrags.
[2]Im Fall einer Kirchensteuerpflicht ermäßigt sich die Kapitalertragsteuer um 25 Prozent der auf die Kapitalerträge entfallenden Kirchensteuer. § 32d Abs. 1 Satz 4 und 5 gilt entsprechend.

(2) [1]Dem Steuerabzug unterliegen die vollen Kapitalerträge ohne jeden Abzug. [2]In den Fällen des § 43 Abs. 1 Satz 1 Nr. 9 bis 12 bemisst sich der Steuerabzug nach § 20 Abs. 4, wenn die Wirtschaftsgüter von der die Kapitalerträge auszahlenden Stelle erworben oder veräußert und seitdem verwahrt oder verwaltet worden sind. [3]Überträgt der Steuerpflichtige die Wirtschaftsgüter auf ein anderes Depot, hat die abgebende inländische auszahlende Stelle der übernehmenden inländischen auszahlenden Stelle die Anschaffungsdaten mitzuteilen. [4]Satz 3 gilt in den Fällen des § 43 Abs. 1 Satz 5 entsprechend. [5]Handelt es sich bei der abgebenden auszahlenden Stelle um ein Kreditinstitut oder Finanzdienstleistungsinstitut mit Sitz in einem anderen Mitgliedstaat der Europäischen Gemeinschaft oder in einem anderen Vertragsstaat des EWR-Abkommens vom 3. Januar 1994 (ABl. EG Nr. L 1 S. 3) in der jeweils geltenden Fassung, kann der Steuerpflichtige den Nachweis nur durch eine Bescheinigung des ausländischen Instituts führen; dies gilt entsprechend für eine in diesem Gebiet belegene Zweigstelle eines inländischen Kreditinstituts oder Finanzdienstleistungsinstituts. [6]In allen anderen Fällen ist ein Nachweis der Anschaffungsdaten nicht zulässig. [7]Sind die Anschaffungsdaten nicht nachgewiesen, bemisst sich der Steuerabzug nach 30 Prozent der Einnahmen aus der Veräußerung oder Einlösung der Wirtschaftsgüter. [8]In den Fällen des § 43 Abs. 1 Satz 4 gilt der Börsenpreis zum Zeitpunkt der Übertragung als Einnahme aus der Veräußerung. [9]§ 19a Abs. 2 Satz 2 gilt entsprechend. [10]Liegt ein Börsenpreis nicht vor, bemisst sich die Steuer nach 30 Prozent der Anschaffungskosten. [11]Die übernehmende auszahlende Stelle hat als Anschaffungskosten den Börsenpreis zum Zeitpunkt der Einbuchung anzusetzen. [12]§ 19a Abs. 2 Satz 2 gilt

---

1 *L/B/P* § 43a Rn 31; **aA** *Blümich* § 43a Rn 19. 2 BMF FR 94, 324; *Blümich* § 43a Rn 19; zweifelnd: *Schmidt*[26] § 43a Rn 28.

entsprechend. [13]Liegt ein Börsenpreis nicht vor, bemisst sich der Steuerabzug nach 30 Prozent der Einnahmen aus der Veräußerung oder Einlösung der Wirtschaftsgüter. [14]Hat die auszahlende Stelle die Wirtschaftsgüter vor dem 1. Januar 1994 erworben oder veräußert und seitdem verwahrt oder verwaltet, kann sie den Steuerabzug nach 30 Prozent der Einnahmen aus der Veräußerung oder Einlösung der Wertpapiere und Kapitalforderungen bemessen. [15]Abweichend von den Sätzen 2 bis 14 bemisst sich der Steuerabzug bei Kapitalerträgen aus nicht für einen marktmäßigen Handel bestimmten schuldbuchfähigen Wertpapieren des Bundes und der Länder oder bei Kapitalerträgen im Sinne des § 43 Abs. 1 Satz 1 Nr. 7 Buchstabe b aus nicht in Inhaber- oder Orderschuldverschreibungen verbrieften Kapitalforderungen nach dem vollen Kapitalertrag ohne jeden Abzug.

(3) [1]Die auszahlende Stelle hat ausländische Steuern auf Kapitalerträge nach Maßgabe des § 32d Abs. 5 zu berücksichtigen. [2]Sie hat unter Berücksichtigung des § 20 Abs. 6 Satz 5 im Kalenderjahr negative Kapitalerträge einschließlich gezahlter Stückzinsen bis zur Höhe der positiven Kapitalerträge auszugleichen. [3]Der nicht ausgeglichene Verlust ist auf das nächste Kalenderjahr zu übertragen. [4]Auf Verlangen des Gläubigers der Kapitalerträge hat sie über die Höhe eines nicht ausgeglichenen Verlusts eine Bescheinigung nach amtlich vorgeschriebenem Muster zu erteilen; der Verlustübertrag entfällt in diesem Fall. [5]Der unwiderrufliche Antrag auf Erteilung der Bescheinigung muss bis zum 15. Dezember des laufenden Jahres der auszahlenden Stelle zugehen. [6]Überträgt der Gläubiger der Kapitalerträge seine im Depot befindlichen Wirtschaftsgüter vollständig auf ein anderes Depot, hat die abgebende auszahlende Stelle der übernehmenden auszahlenden Stelle auf Verlangen des Gläubigers der Kapitalerträge die Höhe des nicht ausgeglichenen Verlusts mitzuteilen; eine Bescheinigung nach Satz 4 darf in diesem Fall nicht erteilt werden. [7]Die vorstehenden Sätze gelten nicht in den Fällen des § 44 Abs. 1 Satz 4 Nr. 1 Buchstabe a Doppelbuchstabe bb.

(4) [1]Die Absätze 2 und 3 gelten entsprechend für die das Bundesschuldbuch führende Stelle oder eine Landesschuldenverwaltung als auszahlende Stelle, im Fall des Absatzes 3 jedoch nur, wenn die Wertpapiere oder Forderungen von einem Kreditinstitut oder einem Finanzdienstleistungsinstitut mit der Maßgabe der Verwahrung und Verwaltung durch die das Bundesschuldbuch führende Stelle oder eine Landesschuldenverwaltung erworben worden sind. [2]Das Kreditinstitut oder das Finanzdienstleistungsinstitut hat der das Bundesschuldbuch führenden Stelle oder einer Landesschuldenverwaltung zusammen mit den im Schuldbuch einzutragenden Wertpapieren und Forderungen den Erwerbszeitpunkt und die Anschaffungsdaten sowie in Fällen des Absatzes 2 den Erwerbspreis der für einen marktmäßigen Handel bestimmten schuldbuchfähigen Wertpapiere des Bundes oder der Länder und außerdem mitzuteilen, dass es diese Wertpapiere und Forderungen erworben oder veräußert und seitdem verwahrt oder verwaltet hat.

A. Grundaussage der Neuregelung

22 Die Regelungen des § 43a über die Höhe des KapESt-Satzes und die Bemessungsgrundlage der KapESt sind durch das UntStRefG an die neu eingeführte Abgeltungsteuer angepasst worden. Die bisherigen Steuersätze wurden auf den **Sondertarif** des § 32d ausgerichtet. In die Regelung über die Bemessungsgrundlage wurden die **neuen Besteuerungstatbestände** des § 20 einbezogen. Außerdem wurden Regelungen für die Fälle des **Depotwechsels ohne Gläubigerwechsel** und der unentgeltlichen Übertragung getroffen. An die Stelle des sog Stückzinstopfes ist ein sog **Verrechnungstopf** getreten.

B. Steuersatz (§ 43a I)

25 § 43a I 1 bestimmt die Steuersätze für die KapESt. GrdS werden die bisherigen Steuersätze (20, 25, 30 %) durch einen **einheitlichen Satz von 25** % ersetzt. Lediglich für die Fälle des § 43 I 1 Nr 7b und 7c (Leistungen bzw. Gewinn von Betrieben gewerblicher Art mit oder ohne eigene Rechtspersönlichkeit) beträgt der Steuersatz 15 %; dies entspr – wie nach bisherigem Recht – der nach der Entlastung nach § 44a VIII verbleibenden Belastung.

28 § 43a I 2 entspr § 32d I 3. Er regelt, dass sich im Falle der KiStPfl die KapESt um 25 % der auf die Kapitalerträge entfallenden KiSt ermäßigt. Mit dieser Regelung wird die Abziehbarkeit der KiSt als SA nach § 10 I Nr 4 pauschal berücksichtigt.

32 § 43a I 3 verweist zur Berechnung der KapESt bei Berücksichtigung der KiSt sowie der anzurechnenden ausländischen Quellensteuer auf § 32d I 4 und 5 und die dort vorgegebene Berechnungsformel.

C. Bemessungsgrundlage (§ 43a II–IV)

I. Die Grundregel (§ 43a II 1). *§ 43a II 1 enthält unverändert die Grundregel: Dem Steuerabzug unterliegen die vollen Kapitalerträge ohne jeden Abzug (WK, BA, SA, Steuern).* 35

II. Die Bemessungsgrundlage in den Fällen des § 43 I 1 Nr 9–12. *§ 43a II 2 bestimmt wie im bisherigen Recht die Bemessungsgrundlage in Veräußerungs- und Einlösungsfällen und wird auf alle neu hinzugekommenen Veräußerungstatbestände erstreckt. § 43a II 2 verweist auf § 43 I 1 Nr 9–12, die wiederum auf § 20 II 1 Nr 1 (Anteile an Körperschaften), § 20 II 1 Nr 2b, 7 (Zinsscheine, Kapitalforderungen), § 20 II 1 Nr 3 (Termingeschäfte) und § 20 II 1 Nr 8 (Rechtsposition iSv § 20 I Nr 9) Bezug nehmen. § 43a II 2 ordnet den Steuerabzug nach § 20 IV an. Durch diese **Verweisung auf § 20 IV** wird erreicht, dass bei Erhebung der KapESt und bei Ermittlung des Kapitalertrages im finanzamtlichen Verfahren die gleichen Regelungen Anwendung finden.* 38

III. Depotwechsel ohne Gläubigerwechsel und bei unentgeltlicher Übertragung (§ 43a II 3–7). 42
*§ 43a II 3, 5 und 6 regeln an Stelle des bisherigen S 3 die Ermittlung des Kapitalertrags bei **Depotwechsel und identischem Gläubiger** und eröffnen die Möglichkeit der Übermittlung der Anschaffungsdaten von der abgebenden an die übernehmende auszahlende Stelle. Nach § 43a II 3 hat die abgebende inländische auszahlende Stelle der übernehmenden inländischen auszahlenden Stelle die **Anschaffungsdaten mitzuteilen.** Hat die abgebende Stelle ihren Sitz um EU-Ausland, kann der StPfl nach § 43a II 5 den Nachweis nur durch eine **Bescheinigung des ausländischen Instituts** führen. In allen anderen Fällen ist nach § 43a II 6 ein Nachweis der Anschaffungsdaten ausgeschlossen.*

*§ 43a II 4 bestimmt, dass in Fällen der **unentgeltlichen Übertragung** die AK an die auszahlende Stelle* 46
des Neugläubigers übermittelt werden, damit diese im Falle einer Veräußerung die Bemessungsgrundlage für den KapESt-Abzug ermitteln kann.

*Werden beim Depotwechsel nach den S 3–6 (Depotwechsel ohne Gläubigerwechsel sowie Depotwechsel bei unentgeltlicher Übertragung) die Anschaffungsdaten nicht übermittelt, hat nach **§ 43 II 7** im* 49
*Falle der Veräußerung das Kreditinstitut, das die WG in sein Depot übernommen hat, den **Veräußerungsgewinn in Höhe von 30 % der Einnahmen** aus der Veräußerung oder Einlösung anzusetzen.*

IV. Die Ermittlung bei fingierter Veräußerung nach § 43 I 4 (§ 43a II 8–13). *§ 43a II 8–10 regeln die* 54
*Ermittlung des Kapitalertrags in den **Fällen den § 43 I 4**, nach dem für Zwecke des KapESt-Abzugs die Übertragung eines von einer auszahlenden Stelle verwahrten oder verwalteten WG iSv § 20 II auf einen anderen Gläubiger als Veräußerung des WG gilt. Nach § 43a II 8 gilt der Börsenpreis als Einnahme. § 43a II 9 ordnet die entspr Geltung von § 19a II 2 an (Ansatz mit dem niedrigsten notierten Kurs). Und § 43a II 10 bestimmt, dass dann, wenn kein Börsenpreis vorliegt, sich die Steuer nach 30 % der AK bemisst.*

§ 43a II 11–13 regeln die Ermittlung des Kapitalertrags, wenn der neue Gläubiger die WG später veräußert. Dabei entspr § 43a II 11–13 den Regelungen des § 43a II 8–10. 57

§ 43a II 14 schafft eine Sonderregelung für die Fälle des Erwerbs oder der Veräußerung vor dem 01.01.94. Er entspr § 43a II 4 aF. Es wird eine Ersatzbemessungsgrundlage für Fälle des Erwerbs und der Veräußerung vor dem 01.01.94 und einer seitdem erfolgten Verwahrung oder Verwaltung normiert. Der Steuerabzug kann nach 30 % der Einnahmen aus der Veräußerung oder Einlösung der Wertpapiere und Kapitalforderungen bemessen werden.

V. Die Sonderregel für Wertpapiere des Bundes und der Länder (§ 43a II 15). *§ 43a II 15 entspr* 60
*§ 43a II 6 aF. Er enthält eine von § 43a II 2–14 abweichende Sonderregelung für Kapitalerträge aus nicht für zum marktmäßigen Handel bestimmten schuldbuchfähigen **Wertpapieren des Bundes und der Länder** (zB Bundesschatzbriefe Typ A und B) und Kapitalerträge iSd § 43 I 1 Nr 7 Buchst b aus nicht in Inhaber- oder Orderschuldverschreibungen verbrieften Kapitalforderungen (zB Sparbriefe). Bei diesen erfolgt der Steuerabzug nach dem Grundsatz des § 43 II 1. Es soll deren Absatz nicht durch eine Bemessung nach § 43a II 2–14 beeinträchtigt werden.*

VI. Der „Verrechnungstopf" (§ 43a III). *§ 43a III sah bisher die Bildung eines „Stückzinstopfes"* 64
*vor, in den gezahlte Stückzinsen eingestellt und mit Kapitalerträgen, insbes vereinnahmten Stückzinsen, verrechnet wurden. Der Stückzinstopf wurde jeweils für ein Kj geführt. Diese Regelung wurde nunmehr im Zuge der Einführung der Abgeltungsteuer erheblich ausgeweitet und der sog Stückzinstopf in einen **Verlustverrechnungstopf** umgewandelt. Die neue Regelung soll erreichen, dass insbes*

auch bei Bezug von mit ausländischer Quellensteuer vorbelasteten Dividenden, von gezahlten Stückzinsen oder bei Veräußerungsverlusten die KapESt in zutreffender Höhe einbehalten wird und durch die Berücksichtigung dieser Tatbestände im Quellensteuerabzug zusätzliche Veranlagungsfälle vermieden werden.

67 **§ 43a III 1** regelt – durch Verweis auf § 32d V 5 – die Berücksichtigung ausländischer Quellensteuer insbes bei ausländischen Dividenden.[1] Fraglich ist, ob die Berücksichtigung der ausländischen Steuer erst nach Verrechnung der positiven ausländischen Kapitalerträge mit allen in demselben Depot angefallenen negativen Erträgen und Verlusten aus Kapitalanlagen desselben Kj vorzunehmen ist. Die Reihenfolge, dass § 43a III 1 zunächst die Berücksichtigung der ausländischen Steuer anordnet und dann erst § 43a III 2 den Verlustausgleich anweist, spricht dafür, dass die Verrechnung der ausländischen Steuer vor dem Verlustausgleich erfolgt. Ansonsten könnte man Anrechnungsüberhänge nur dadurch vermeiden, dass ausländische Kapitalanlagen in separaten Depots verwahrt werden.[2]

70 **§ 43a III 2–7** regeln den Ausgleich negativer Kapitalerträge durch die auszahlende Stelle und den Verlustvortrag. § 43a III 2 sieht vor, dass negative Kapitalerträge „unter Berücksichtigung des § 20 VI 5" mit positiven Kapitalerträgen auszugleichen sind. Dies bedeutet, dass für Verluste aus Aktienveräußerungen ein zusätzlicher Verrechnungstopf erforderlich ist. Der Ausgleich hat „im Kj" zu erfolgen. Hieraus kann man schließen, dass es auf die zeitliche Abfolge innerhalb des Kj nicht ankommt. Wurden negative Einnahmen oder Verluste aus sonstigen Kapitalanlagen mit einem Aktienveräußerungsgewinn verrechnet und fallen später in demselben Kj Verluste aus der Veräußerung von Aktien an, so können diese nachträglich mit dem Aktienveräußerungsgewinn verrechnet werden und es können die sonstigen negativen Einnahmen oder Verluste in den allgemeinen Verlustverrechnungstopf eingestellt werden.[3] § 43 III 4 und 5 sehen auf Verlangen des Gläubigers alternativ zum Verlustvortrag die Ausstellung einer Verlustbescheinigung zum Jahresende vor.

73 Nach **§ 43a III 6** kann im Fall eines sämtliche Wertpapiere umfassenden **Depotwechsels** das übernehmende Institut den Verlustverrechnungstopf übernehmen. Die abgebende auszahlende Stelle hat die Höhe des nicht ausgeglichenen Verlustes mitzuteilen. Eine Verlustbescheinigung wird in diesem Fall nicht erteilt.

76 **§ 43a III 7** sieht – wie bisher schon § 43a III 2 aF – eine **Ausnahme** von den Regelungen des § 43a III über die Führung eines Verlustverrechnungstopfes vor für die **Fälle des § 44 I 4 Nr 1a, bb**, d. h. bei **Tafelgeschäften** iSv § 44 I 4 Nr 1a, bb soll eine Verrechnung nach den Regeln des § 43a III ausgeschlossen sein.

78 **VII. Das Bundesschuldbuch führende Stelle oder Landesschuldenverwaltungen als auszahlende Stelle (§ 43a IV).** § 43a VI wurde nur redaktionell angepasst.

§ 43b Bemessung der Kapitalertragsteuer bei bestimmten Gesellschaften

(1) [1]Auf Antrag wird die Kapitalertragsteuer für Kapitalerträge im Sinne des § 20 Abs. 1 Nr. 1, die einer Muttergesellschaft, die weder ihren Sitz noch ihre Geschäftsleitung im Inland hat, oder einer in einem anderen Mitgliedstaat der Europäischen Union gelegenen Betriebsstätte dieser Muttergesellschaft, aus Ausschüttungen einer Tochtergesellschaft zufließen, nicht erhoben. [2]Satz 1 gilt auch für Ausschüttungen einer Tochtergesellschaft, die einer in einem anderen Mitgliedstaat der Europäischen Union gelegenen Betriebsstätte einer unbeschränkt steuerpflichtigen Muttergesellschaft zufließen. [3]Ein Zufluss an die Betriebsstätte liegt nur vor, wenn die Beteiligung an der Tochtergesellschaft tatsächlich zu dem Betriebsvermögen der Betriebsstätte gehört. [4]Die Sätze 1 bis 3 gelten nicht für Kapitalerträge im Sinne des § 20 Abs. 1 Nr. 1, die anlässlich der Liquidation oder Umwandlung einer Tochtergesellschaft zufließen.

(2) [1]Muttergesellschaft im Sinne des Absatzes 1 ist jede Gesellschaft, die die in der Anlage 2 zu diesem Gesetz bezeichneten Voraussetzungen erfüllt und nach Artikel 3 Abs. 1 Buchstabe a der Richtlinie 90/435/EWG des Rates vom 23. Juli 1990 über das gemeinsame Steuersystem der Mutter- und Tochtergesellschaften verschiedener Mitgliedstaaten (ABl. EG Nr. L 225 S. 6, Nr. L 266 S. 20, 1997 Nr. L 16 S. 98), zuletzt geändert durch die Richtlinie 2006/98/EG des Rates vom 20. Novem-

---

1 Hierzu: *Schönfeld* IStR 07, 850 (852).
2 *Behrens* DStR 07, 1998 (2001).
3 *Behrens* DStR 07, 1998 (1999).

ber 2006 (ABl. EU Nr. L 363 S. 129), im Zeitpunkt der Entstehung der Kapitalertragsteuer nach § 44 Abs. 1 Satz 2 nachweislich mindestens zu 15 Prozent unmittelbar am Kapital der Tochtergesellschaft (Mindestbeteiligung) beteiligt ist. ²Ist die Mindestbeteiligung zu diesem Zeitpunkt nicht erfüllt, ist der Zeitpunkt des Gewinnverteilungsbeschlusses maßgeblich. ³Tochtergesellschaft im Sinne des Absatzes 1 sowie des Satzes 1 ist jede unbeschränkt steuerpflichtige Gesellschaft, die die in der Anlage 2 zu diesem Gesetz und in Artikel 3 Abs. 1 Buchstabe b der Richtlinie 90/435/EWG bezeichneten Voraussetzungen erfüllt. ⁴Weitere Voraussetzung ist, dass die Beteiligung nachweislich ununterbrochen zwölf Monate besteht. ⁵Wird dieser Beteiligungszeitraum nach dem Zeitpunkt der Entstehung der Kapitalertragsteuer gemäß § 44 Abs. 1 Satz 2 vollendet, ist die einbehaltene und abgeführte Kapitalertragsteuer nach § 50d Abs. 1 zu erstatten; das Freistellungsverfahren nach § 50d Abs. 2 ist ausgeschlossen.

(2a) Betriebsstätte im Sinne der Absätze 1 und 2 ist eine feste Geschäftseinrichtung in einem anderen Mitgliedstaat der Europäischen Union, durch die die Tätigkeit der Muttergesellschaft ganz oder teilweise ausgeübt wird, wenn das Besteuerungsrecht für die Gewinne dieser Geschäftseinrichtung nach dem jeweils geltenden Abkommen zur Vermeidung der Doppelbesteuerung dem Staat, in dem sie gelegen ist, zugewiesen wird und diese Gewinne in diesem Staat der Besteuerung unterliegen.

(3) Absatz 1 in Verbindung mit Absatz 2 gilt auch, wenn die Beteiligung der Muttergesellschaft am Kapital der Tochtergesellschaft mindestens 10 Prozent beträgt und der Staat, in dem die Muttergesellschaft nach einem mit einem anderen Mitgliedstaat der Europäischen Union abgeschlossenen Abkommen zur Vermeidung der Doppelbesteuerung als ansässig gilt, dieser Gesellschaft für Ausschüttungen der Tochtergesellschaft eine Steuerbefreiung oder eine Anrechnung der deutschen Körperschaftsteuer auf die Steuer der Muttergesellschaft gewährt und seinerseits Ausschüttungen an eine unbeschränkt steuerpflichtige Muttergesellschaft ab der gleichen Beteiligungshöhe von der Kapitalertragsteuer befreit.

(4) *(weggefallen)*

Anlage 2
(zu § 43b)

Gesellschaften im Sinne der Richtlinie 90/435/EWG

Gesellschaft im Sinne der genannten Richtlinie ist jede Gesellschaft, die

1. eine der aufgeführten Formen aufweist:
   a) die nach der Verordnung (EG) Nr. 2157/2001 des Rates vom 8. Oktober 2001 über das Statut der Europäischen Gesellschaft (SE) (ABl. EG Nr. L 294 S. 1), zuletzt geändert durch die Verordnung (EG) Nr. 1791/2006 des Rates vom 20. November 2006 (ABl. EU Nr. L 363 S. 1) und der Richtlinie 2001/86/EG des Rates vom 8. Oktober 2001 zur Ergänzung des Statuts der Europäischen Gesellschaft hinsichtlich der Beteiligung der Arbeitnehmer (ABl. EU Nr. L 294 S. 22) gegründeten Gesellschaften sowie die nach der Verordnung (EG) Nr. 1435/2003 des Rates vom 22. Juli 2003 über das Statut der Europäischen Genossenschaft (SCE) (ABl. EG Nr. L 207 S. 1, 2007 Nr. L 49 S. 35) und nach der Richtlinie 2003/72/EG des Rates vom 22. Juli 2003 zur Ergänzung des Statuts der Europäischen Genossenschaft hinsichtlich der Beteiligung der Arbeitnehmer (ABl. EU Nr. L 207 S. 25) gegründeten Genossenschaften;
   b) Gesellschaften belgischen Rechts mit der Bezeichnung „société anonyme"/„naamloze vennootschap", „société en commandite par actions"/„commanditaire vennootschap op aandelen", „société privée à responsabilité limitée"/„besloten vennootschap met beperkte aansprakelijkheid", „société coopérative à responsabilité limitée"/„coöperatieve vennootschap met beperkte aansprakelijkheid", „société coopérative à responsabilité illimitée"/„coöperatieve vennootschap met onbeperkte aansprakelijkheid", „société en nom collectif"/„vennootschap onder firma", „société en commandite simple"/„gewone commanditaire vennootschap", öffentliche Unternehmen, die eine der genannten Rechtsformen angenommen haben, und andere nach belgischem Recht gegründete Gesellschaften, die der belgischen Körperschaftsteuer unterliegen;
   c) Gesellschaften bulgarischen Rechts mit der Bezeichnung „събирателното дружество", „командитното дружество", „дружеството с ограничена отговорност", „акционерното дружество", „командитното дружество с акции", „неперсонифицирано дружество", „кооперации", „кооперативни съюзи", „държавни предприятия", die nach bulgarischem Recht gegründet wurden und gewerbliche Tätigkeiten ausüben;

d) Gesellschaften tschechischen Rechts mit der Bezeichnung „akciová společnost", „společnost s ručením omezeným";
e) Gesellschaften dänischen Rechts mit der Bezeichnung „aktieselskab" oder „anpartsselskab". Weitere nach dem Körperschaftsteuergesetz steuerpflichtige Gesellschaften, soweit ihr steuerbarer Gewinn nach den allgemeinen steuerrechtlichen Bestimmungen für die „aktieselskaber" ermittelt und besteuert wird;
f) Gesellschaften deutschen Rechts mit der Bezeichnung „Aktiengesellschaft", „Kommanditgesellschaft auf Aktien", „Gesellschaft mit beschränkter Haftung", „Versicherungsverein auf Gegenseitigkeit", „Erwerbs- und Wirtschaftsgenossenschaft", „Betrieb gewerblicher Art von juristischen Personen des öffentlichen Rechts", und andere nach deutschem Recht gegründete Gesellschaften, die der deutschen Körperschaftsteuer unterliegen;
g) Gesellschaften estnischen Rechts mit der Bezeichnung „täisühing", „usaldusühing", „osaühing", „aktsiaselts", „tulundusühistu";
h) Gesellschaften griechischen Rechts mit der Bezeichnung: „ανώνυμη εταιρεία", „εταιρεία περιωρισμένης ευθύνης (Ε.Π.Ε.)" und andere nach griechischem Recht gegründete Gesellschaften, die der griechischen Körperschaftsteuer unterliegen;
i) Gesellschaften spanischen Rechts mit der Bezeichnung „sociedad anónima", „sociedad comanditaria por acciones", „sociedad de responsabilidad limitada", die öffentlich-rechtlichen Körperschaften, deren Tätigkeit unter das Privatrecht fällt. Andere nach spanischem Recht gegründete Körperschaften, die der spanischen Körperschaftsteuer („impuesto sobre sociedades") unterliegen;
j) Gesellschaften französischen Rechts mit der Bezeichnung „société anonyme", „société en commandite par actions", „société à responsabilité limitée", „sociétés par actions simplifiées", „sociétés d'assurances mutuelles", „caisses d'épargne et de prévoyance", „sociétés civiles", die automatisch der Körperschaftsteuer unterliegen, „coopératives", „unions de coopératives", die öffentlichen Industrie- und Handelsbetriebe und -unternehmen und andere nach französischem Recht gegründete Gesellschaften, die der französischen Körperschaftsteuer unterliegen;
k) nach irischem Recht gegründete oder eingetragene Gesellschaften, gemäß dem Industrial and Provident Societies Act eingetragene Körperschaften, gemäß dem Building Societies Act gegründete „building societies" und „trustee savings banks" im Sinne des Trustee Savings Banks Act von 1989;
l) Gesellschaften italienischen Rechts mit der Bezeichnung „società per azioni", „società in accomandita per azioni", „società a responsabilità limitata", „società cooperative", „società di mutua assicurazione" sowie öffentliche und private Körperschaften, deren Tätigkeit ganz oder überwiegend handelsgewerblicher Art ist;
m) Gesellschaften zyprischen Rechts mit der Bezeichnung: „εταιρείες" im Sinne der Einkommensteuergesetze;
n) Gesellschaften lettischen Rechts mit der Bezeichnung: „akciju sabiedrība", „sabiedrība ar ierobežotu atbildību";
o) Gesellschaften litauischen Rechts;
p) Gesellschaften luxemburgischen Rechts mit der Bezeichnung „société anonyme", „société en commandite par actions", „société à responsabilité limitée", „société coopérative", „société coopérative organisée comme une société anonyme", „association d'assurances mutuelles", „association d'épargne-pension", „entreprise de nature commerciale, industrielle ou minière de l'Etat, des communes, des syndicats de communes, des établissements publics et des autres personnes morales de droit public" sowie andere nach luxemburgischem Recht gegründete Gesellschaften, die der luxemburgischen Körperschaftsteuer unterliegen;
q) Gesellschaften ungarischen Rechts mit der Bezeichnung „közkereseti társaság", „betéti társaság", „közös vállalat", „korlátolt felelösségü társaság", „részvénytársaság", „egyesülés", „szövetkezet";
r) Gesellschaften maltesischen Rechts mit der Bezeichnung „Kumpaniji ta' Responsabilita' Limitata", „Soċjetajiet en commandite li l-kapital taghom maqsum f'azzjonijiet";
s) Gesellschaften niederländischen Rechts mit der Bezeichnung „naamloze vennootschap", „besloten vennootschap met beperkte aansprakelijkheid", „Open commanditaire vennootschap", „Coöperatie", „onderlinge waarborgmaatschappij", „Fonds voor gemene rekening",

„vereniging op coöperatieve grondslag", „vereniging welke op onderlinge grondslag als verzekeraar of kredietinstelling optreedt" und andere nach niederländischem Recht gegründete Gesellschaften, die der niederländischen Körperschaftsteuer unterliegen;
t) Gesellschaften österreichischen Rechts mit der Bezeichnung „Aktiengesellschaft", „Gesellschaft mit beschränkter Haftung", „Versicherungsvereine auf Gegenseitigkeit", „Erwerbs- und Wirtschaftsgenossenschaften", „Betriebe gewerblicher Art von Körperschaften des öffentlichen Rechts", „Sparkassen" und andere nach österreichischem Recht gegründete Gesellschaften, die der österreichischen Körperschaftsteuer unterliegen;
u) Gesellschaften polnischen Rechts mit der Bezeichnung: „spółka akcyjna", „spółka z ograniczoną odpowiedzialnością";
v) die nach portugiesischem Recht gegründeten Handelsgesellschaften oder zivilrechtlichen Handelsgesellschaften, Genossenschaften und öffentlichen Unternehmen;
w) Gesellschaften rumänischen Rechts mit der Bezeichnung „societăţi pe acţiuni", „societăţi în comandită pe acţiuni", „societăţi cu răspundere limitată"
x) Gesellschaften slowenischen Rechts mit der Bezeichnung „delniška družba", „komanditna družba", „družba z omejeno odgovornostjo";
y) Gesellschaften slowakischen Rechts mit der Bezeichnung „akciová spoločnost'", „spločnost' s ručením obmedzeným", „komanditná spoločnost'";
z) Gesellschaften finnischen Rechts mit der Bezeichnung „osakeyhtiö"/„aktiebolag", „osuuskunta"/„andelslag", „säästöpankki"/„sparbank" und „vakuutusyhtiö"/„försäkringsbolag";
aa) Gesellschaften schwedischen Rechts mit der Bezeichnung „aktiebolag", „försäkringsaktiebolag", „ekonomiska föreningar", „sparbanker", „ömsesidiga försäkringsbolag";
ab) nach dem Recht des Vereinigten Königreichs gegründete Gesellschaften.
2. nach dem Steuerrecht eines Mitgliedstaats in Bezug auf den steuerlichen Wohnsitz als in diesem Staat ansässig und auf Grund eines mit einem dritten Staat geschlossenen Doppelbesteuerungsabkommens in Bezug auf den steuerlichen Wohnsitz nicht als außerhalb der Gemeinschaft ansässig betrachtet wird und
3. ohne Wahlmöglichkeit einer der nachstehenden Steuern
   - vennootschapsbelasting/impôt des sociétés in Belgien,
   - selskabsskat in Dänemark,
   - Körperschaftsteuer in Deutschland,
   - Yhteisöjen tulovero/inkomstskatten för samfund in Finnland,
   - φόρος εισοδήματος νομικών προσώπων κερδοσκοπικού χαρακτήρα in Griechenland,
   - impuesto sobre sociedades in Spanien,
   - impôt sur les sociétés in Frankreich,
   - corporation tax in Irland,
   - imposta sul reddito delle persone giuridiche in Italien,
   - impôt sur le revenu des collectivités in Luxemburg,
   - vennootschapsbelasting in den Niederlanden,
   - Körperschaftsteuer in Österreich,
   - imposto sobre o rendimento das pessoas colectivas in Portugal,
   - Statlig inkomstskatt in Schweden,
   - corporation tax im Vereinigten Königreich,
   - Daň z příjmů právnických in der Tschechischen Republik,
   - Tulumaks in Estland,
   - Φόρος Εισοδήματος in Zypern,
   - uzņēmumu ienākuma nodoklis in Lettland,
   - Pelno mokestis in Litauen,
   - Társasági adó, osztalékadó in Ungarn,
   - Taxxa fuq l-income in Malta,
   - Podatek dochodowy od osób prawnych in Polen,
   - Davek od dobička pravnih oseb in Slowenien,
   - daň z príjmov právnických osôb in der Slowakei,
   - корпоративен данък in Bulgarien,
   - impozit pe profit in Rumänien
oder irgendeiner Steuer, die eine dieser Steuern ersetzt, unterliegt, ohne davon befreit zu sein.

Literatur: *Jesse* Richtlinien-Umsetzungsgesetz-EURLUmsG: Anpassung des § 43b EStG (Kapitalertragsteuerbefreiung) an die geänderte Mutter-Tochter-Richtlinie, DStR 05, 151.

1 A. Grundaussage der Vorschrift. § **43b** regelt eine Entlastung von der KapESt auf Dividenden, die von einer inländischen Tochter-Ges einer Mutter-Ges im EU-Ausland oder einer in einem anderen Mitgliedstaat belegenen Betriebsstätte einer in einem EU-Mitgliedstaat ansässigen Mutter-Ges zufließen.[1] § 43b I und II setzt die EU-Mutter/Tochter-Richtlinie und deren Fortentwicklung in der Richtlinie 2003/123/EG um, mit der die Unterschiede bei der Besteuerung von Gewinnausschüttungen einer Tochter-Ges an ihre Mutter-Ges beseitigt werden sollen. In § 43b III hat der Gesetzgeber über seine Verpflichtung zur Umsetzung der EU-Richtlinien hinaus die KapESt-Befreiung auf Beteiligungen unter 20 % ausgedehnt.[2]

2 B. Grundregelung der KapESt-Entlastung (§ 43b I). § 43b I 1 setzt als Gläubigerin der Kapitalerträge eine **Mutter-Ges** iSv § 43b II voraus (hierzu Rn 6 ff). Diese darf weder ihren Sitz noch ihre Geschäftsleitung im Inland haben (zu der nach der Definition der Mutter-Ges außerdem erforderlichen Ansässigkeit im Ausland vgl Rn 6). Ferner darf es sich nicht um eine sog vorgeschobene Auslands-Ges iSv § 50d III handeln. Die Tochter-Ges muss gem § 43b II 3 eine unbeschränkt stpfl Ges sein, die die in Anlage 2 und in Art 3 I b der Richtlinie 90/435/EWG bezeichneten Voraussetzungen erfüllt. Die KapESt-Befreiung besteht auch, wenn die Gewinnausschüttung einer **Betriebsstätte** (zur Definition: Rn 9) der Mutter-Ges zufließt. Voraussetzung ist, dass die Betriebsstätte in einem anderen EU-Mitgliedstaat liegt. Nach § 43b I 2 gilt die Steuerbefreiung auch dann, wenn es sich um die ausländische Betriebsstätte einer in Deutschland unbeschränkt stpfl Mutter-Ges handelt. Ein Zufluss an die Betriebsstätte wird allerdings nur dann angenommen, wenn die Beteiligung an der Tochter-Ges tatsächlich zu dem BV der Betriebsstätte gehört; es sollen damit Umgehungen verhindert werden.[3] Begünstigt werden **Kapitalerträge iSd § 20 I Nr 1**, die von einer KapGes zufließen können (Gewinnanteile, Ausbeuten und sonstige Bezüge aus Aktien etc). Die Begünstigung besteht darin, dass die KapESt auf Antrag nicht erhoben (bzw – nach § 43b II 3 – erstattet) wird.[4] Nach § 43b I 4 besteht die Begünstigung nicht für Kapitalerträge iSd § 20 I Nr 1, die anlässlich der Liquidation oder Umwandlung einer Tochtergesellschaft zufließen. § 43b I 4 setzt insoweit Art 4 der Richtlinie 90/435/EWG um.

6 C. Mutter- und Tochter-Ges, Beteiligungszeitraum (§ 43b II). Mutter-Ges iSv § 43b I ist eine Ges, welche die in der **Anlage 2 zum EStG** bezeichneten Voraussetzungen erfüllt[5] (vgl vor Rn 1). Hierzu muss sie eine der dort genannten Gesellschaftsformen aufweisen. Es handelt sich dabei bisher im Wesentlichen um KapGes-Formen, die der deutschen AG, KGaA und GmbH entsprechen. Die Ges muss außerdem nach Nr 2 der Anlage in einem anderen EU-Staat steuerlich ansässig sein. Sie darf nicht aufgrund eines DBA als nicht in einem EU-Mitgliedstaat ansässig gelten (zur Ansässigkeit außerhalb des Inlandes vgl bereits Rn 2). Sie muss einer der in Anlage 2 Nr 3 genannten Steuern oder einer Steuer, welche eine der genannten Steuern ersetzt, unterliegen. Es darf für sie keine Steuerbefreiung gelten. Die Ges muss außerdem nach § 43b II 1 im Zeitpunkt der Entstehung der KapESt mindestens zu 20 % (vgl allerdings Rn 10) unmittelbar am Kapital der Tochter-Ges beteiligt sein. Diese Mindestbeteiligungsquote soll für Ausschüttungen, die nach dem 31.12.06 und vor dem 1.1.09 zufließen, 15 % und für Ausschüttungen, die nach dem 31.12.08 zufließen, 10 % betragen.[6] Für die Prüfung der notwendigen Mindestbeteiligung sind Anteile, die über eine nicht im Inland gelegene Betriebsstätte gehalten werden, mit den Anteilen der Mutter-Ges zusammenzurechnen.[7] Die Voraussetzung einer unmittelbaren Beteiligung ist auch dann gegeben, wenn diese im BV einer inländischen Betriebsstätte der EU-Mutter-Ges gehalten wird. Nach § 43b II 1 muss die Mindestbeteiligung im Zeitpunkt der Entstehung der KapESt bestehen. Nach § 43b II 2 ist allerdings, wenn die Mindestbeteiligung zu diesem Zeitpunkt nicht besteht, der Zeitpunkt des Gewinnverteilungsbeschlusses maßgebend. § 43b II 2 trägt damit der Regelung des § 20 IIa Rechnung, die auf den Anteilseigner im Zeitpunkt des Gewinnverteilungsbeschlusses für die Zurechnung von Einkünften auf KapVerm abstellt. Diese Regelung erfordert, dass in den Fällen, in denen im Zeitpunkt der Ent-

---

1 Entspr Anwendung im Verhältnis zur Schweiz nach dem Abkommen EU-Schweiz.
2 *Schimmelschmidt/Otto* Stbg 04, 457.
3 BT-Drs 15/3677, 33; vgl zu dieser Voraussetzung: *Jesse* DStR 05, 151 (156).
4 Zum Verfahren im Einzelnen: BStBl I 94, 203.
5 BStBl I 95, 437, 565.
6 *Schimmelschmidt/Otto* Stbg 04, 457 (458); *Dörr/Schreiber* BB 05, 129 (vor allem auch zum Inkrafttreten der Absenkung).
7 BT-Drs 15/3677, 33.

stehung der KapESt die Mindestbeteiligungsgrenze aufgrund einer zwischenzeitlichen Veräußerung nicht erfüllt wird, der Zeitpunkt des Gewinnverteilungsbeschlusses maßgebend ist.[1]

Tochter-Ges ist nach § 43b II 3 jede unbeschränkt stpfl Ges, die die in Anlage 2 und in Art 3 I b der Richtlinie 90/435/EWG bezeichneten Voraussetzungen erfüllt. Das EURLUmsG hat auch den Kreis der Tochter-Ges erweitert. Es werden nunmehr auch die Europäische Ges (SE), die Europäische Genossenschaft (SCE), nach dem Recht eines anderen Mitgliedstaates gegründete, unbeschränkt stpfl KapGes sowie kstpfl ausländische PersGes[2] erfasst. 7

Nach § 43b II 4 muss die Beteiligung nachweislich ununterbrochen **zwölf Monate** bestehen. Gem § 43b II 5 ist dann, wenn der Beteiligungszeitraum nach dem Zeitpunkt der Entstehung der KapESt vollendet wird, die einbehaltene und abgeführte KapESt nach § 50d I 2 zu erstatten.[3] 8

D. Definition der Betriebsstätte (§ 43b IIa). Nach § 43b II 1 gilt die KapESt-Befreiung auch für Gewinnausschüttungen, die einer in einem anderen Mitgliedstaat belegenen Betriebsstätte einer in einem EU-Mitgliedstaat ansässigen Mutter-Ges zufließen. Betriebsstätte in diesem Sinne ist eine feste Geschäftseinrichtung in einem anderen EU-Mitgliedstaat, durch die die Tätigkeit der Mutter-Ges ausgeübt wird. Voraussetzung ist, dass das Besteuerungsrecht für die Gewinne dieser Geschäftseinrichtung nach dem jeweils geltenden DBA dem Betriebsstättenstaat zugewiesen ist und die Gewinne in diesem Staat der Besteuerung unterliegen. Der Begriff der Betriebsstätte wird im Einklang mit Art 2 II der durch die Richtlinie 2003/123/EG geänderten Mutter-Tochter-Richtlinie definiert. 9

E. Ausdehnung auf Beteiligungen unter 20 % (§ 43b III). § 43b III erweitert die Begünstigung nach § 43b I, II, IIa über die Verpflichtung zur Umsetzung der Mutter-Tochter-Richtlinie und der Richtlinie 2003/123/EG hinaus auf Beteiligungen unter 20 %, allerdings zu mindestens 10 %. Er nimmt die Absenkung der Mindestbeteiligungsquote auf 10 % ab dem 31.12.08 vorweg. Er fordert – über die sonstigen Voraussetzungen des § 43b I und II hinaus –, dass der Mutter-Ges in dem anderen EG-Staat für die Ausschüttung der Tochter-Ges eine Steuerbefreiung oder -anrechnung gewährt wird. Außerdem muss Gegenseitigkeit bestehen, dh der andere Staat muss Ausschüttungen ab der gleichen Beteiligungshöhe von der KapESt befreien. 10

§ 44 Entrichtung der Kapitalertragsteuer

(1) ¹Schuldner der Kapitalertragsteuer ist in den Fällen des § 43 Abs. 1 Satz 1 Nr. 1 bis 7b und 8 sowie Satz 2 der Gläubiger der Kapitalerträge. ²Die Kapitalertragsteuer entsteht in dem Zeitpunkt, in dem die Kapitalerträge dem Gläubiger zufließen. ³In diesem Zeitpunkt haben in den Fällen des § 43 Abs. 1 Satz 1 Nr. 1 bis 4 sowie 7a und 7b der Schuldner der Kapitalerträge, in den Fällen des § 20 Abs. 1 Nr. 1 Satz 4 jedoch das für den Verkäufer der Aktien den Verkaufsauftrag ausführende inländische Kreditinstitut oder Finanzdienstleistungsinstitut im Sinne des § 43 Abs. 1 Satz 1 Nr. 7 Buchstabe b (den Verkaufsauftrag ausführende Stelle), und in den Fällen des § 43 Abs. 1 Satz 1 Nr. 7 und 8 sowie Satz 2 die die Kapitalerträge auszahlende Stelle den Steuerabzug für Rechnung des Gläubigers der Kapitalerträge vorzunehmen. ⁴Die die Kapitalerträge auszahlende Stelle ist

1. in den Fällen des § 43 Abs. 1 Satz 1 Nr. 7 Buchstabe a und Nr. 8 sowie Satz 2
    a) das inländische Kreditinstitut oder das inländische Finanzdienstleistungsinstitut im Sinne des § 43 Abs. 1 Satz 1 Nr. 7 Buchstabe b,
        aa) das die Teilschuldverschreibungen, die Anteile an einer Sammelschuldbuchforderung, die Wertrechte, die Zinsscheine verwahrt oder verwaltet und die Kapitalerträge auszahlt oder gutschreibt,
        bb) das die Kapitalerträge gegen Aushändigung der Zinsscheine oder der Teilschuldverschreibungen einem anderen als einem ausländischen Kreditinstitut oder einem ausländischen Finanzdienstleistungsinstitut auszahlt oder gutschreibt;
    b) der Schuldner der Kapitalerträge in den Fällen des Buchstabens a, wenn kein inländisches Kreditinstitut oder kein inländisches Finanzdienstleistungsinstitut die die Kapitalerträge auszahlende Stelle ist;

---

1 BT-Drs 15/3677, 68 (Finanzausschuss).
2 Vgl hierzu im Verhältnis zu Frankreich *Kessler/Sinz* DStR 04, 789.
3 EuGH IStR 96, 526.

2. in den Fällen des § 43 Abs. 1 Satz 1 Nr. 7 Buchstabe b das inländische Kreditinstitut oder das inländische Finanzdienstleistungsinstitut, das die Kapitalerträge als Schuldner auszahlt oder gutschreibt.

[5]Die innerhalb eines Kalendermonats einbehaltene Steuer ist jeweils bis zum zehnten des folgenden Monats an das Finanzamt abzuführen, das für die Besteuerung

1. des Schuldners der Kapitalerträge,
2. der den Verkaufsauftrag ausführenden Stelle oder
3. der die Kapitalerträge auszahlenden Stelle

nach dem Einkommen zuständig ist; bei Kapitalerträgen im Sinne des § 43 Abs. 1 Satz 1 Nr. 1 ist die einbehaltene Steuer, soweit es sich nicht um Kapitalerträge im Sinne des § 20 Abs. 1 Nr. 1 Satz 4 handelt, in dem Zeitpunkt abzuführen, in dem die Kapitalerträge dem Gläubiger zufließen. [6]Dabei sind die Kapitalertragsteuer und der Zinsabschlag, die zu demselben Zeitpunkt abzuführen sind, jeweils auf den nächsten vollen Euro-Betrag abzurunden. [7]Wenn Kapitalerträge ganz oder teilweise nicht in Geld bestehen (§ 8 Abs. 2) und der in Geld geleistete Kapitalertrag nicht zur Deckung der Kapitalertragsteuer ausreicht, hat der Gläubiger der Kapitalerträge dem zum Steuerabzug Verpflichteten den Fehlbetrag zur Verfügung zu stellen. [8]Soweit der Gläubiger seiner Verpflichtung nicht nachkommt, hat der zum Steuerabzug Verpflichtete dies dem für ihn zuständigen Betriebsstättenfinanzamt anzuzeigen. [9]Das Finanzamt hat die zu wenig erhobene Kapitalertragsteuer vom Gläubiger der Kapitalerträge nachzufordern.

(2) [1]Gewinnanteile (Dividenden) und andere Kapitalerträge, deren Ausschüttung von einer Körperschaft beschlossen wird, fließen dem Gläubiger der Kapitalerträge an dem Tag zu (Absatz 1), der im Beschluss als Tag der Auszahlung bestimmt worden ist. [2]Ist die Ausschüttung nur festgesetzt, ohne dass über den Zeitpunkt der Auszahlung ein Beschluss gefasst worden ist, so gilt als Zeitpunkt des Zufließens der Tag nach der Beschlussfassung. [3]Für Kapitalerträge im Sinne des § 20 Abs. 1 Nr. 1 Satz 4 gelten diese Zuflusszeitpunkte entsprechend.

(3) [1]Ist bei Einnahmen aus der Beteiligung an einem Handelsgewerbe als stiller Gesellschafter in dem Beteiligungsvertrag über den Zeitpunkt der Ausschüttung keine Vereinbarung getroffen, so gilt der Kapitalertrag am Tag nach der Aufstellung der Bilanz oder einer sonstigen Feststellung des Gewinnanteils des stillen Gesellschafters, spätestens jedoch sechs Monate nach Ablauf des Wirtschaftsjahres, für das der Kapitalertrag ausgeschüttet oder gutgeschrieben werden soll, als zugeflossen. [2]Bei Zinsen aus partiarischen Darlehen gilt Satz 1 entsprechend.

(4) Haben Gläubiger und Schuldner der Kapitalerträge vor dem Zufließen ausdrücklich Stundung des Kapitalertrags vereinbart, weil der Schuldner vorübergehend zur Zahlung nicht in der Lage ist, so ist der Steuerabzug erst mit Ablauf der Stundungsfrist vorzunehmen.

(5) [1]Die Schuldner der Kapitalerträge, die den Verkaufsauftrag ausführenden Stellen oder die die Kapitalerträge auszahlenden Stellen haften für die Kapitalertragsteuer, die sie einzubehalten und abzuführen haben, es sei denn, sie weisen nach, dass sie die ihnen auferlegten Pflichten weder vorsätzlich noch grob fahrlässig verletzt haben. [2]Der Gläubiger der Kapitalerträge wird nur in Anspruch genommen, wenn

1. der Schuldner, die den Verkaufsauftrag ausführenden Stelle oder die die Kapitalerträge auszahlende Stelle die Kapitalerträge nicht vorschriftsmäßig gekürzt hat,
2. der Gläubiger weiß, dass der Schuldner, die den Verkaufsauftrag ausführende Stelle oder die die Kapitalerträge auszahlende Stelle die einbehaltene Kapitalertragsteuer nicht vorschriftsmäßig abgeführt hat, und dies dem Finanzamt nicht unverzüglich mitteilt oder
3. das die Kapitalerträge auszahlende inländische Kreditinstitut oder das inländische Finanzdienstleistungsinstitut die Kapitalerträge zu Unrecht ohne Abzug der Kapitalertragsteuer ausgezahlt hat.

[3]Für die Inanspruchnahme des Schuldners der Kapitalerträge, der den Verkaufsauftrag ausführenden Stelle und der die Kapitalerträge auszahlenden Stelle bedarf es keines Haftungsbescheids, soweit der Schuldner, die den Verkaufsauftrag ausführende Stelle oder die die Kapitalerträge auszahlende Stelle die einbehaltene Kapitalertragsteuer richtig angemeldet hat oder soweit sie ihre Zahlungsverpflichtungen gegenüber dem Finanzamt oder dem Prüfungsbeamten des Finanzamts schriftlich anerkennen.

(6) ¹In den Fällen des § 43 Abs. 1 Satz 1 Nr. 7c gilt die juristische Person des öffentlichen Rechts und die von der Körperschaftsteuer befreite Körperschaft, Personenvereinigung oder Vermögensmasse als Gläubiger und der Betrieb gewerblicher Art und der wirtschaftlichen Geschäftsbetrieb als Schuldner der Kapitalerträge. ²Die Kapitalertragsteuer entsteht, auch soweit sie auf verdeckte Gewinnausschüttungen entfällt, die im abgelaufenen Wirtschaftsjahr vorgenommen worden sind, im Zeitpunkt der Bilanzerstellung; sie entsteht spätestens acht Monate nach Ablauf des Wirtschaftsjahres, in den Fällen des § 20 Abs. 1 Nr. 10 Buchstabe b Satz 2 am Tag nach der Beschlussfassung über die Verwendung und in den Fällen des § 22 Abs. 4 des Umwandlungssteuergesetzes am Tag nach der Veräußerung. ³Die Kapitalertragsteuer entsteht in den Fällen des § 20 Abs. 1 Nr. 10 Buchstabe b Satz 3 zum Ende des Wirtschaftsjahres. ⁴Die Absätze 1 bis 4 und 5 Satz 2 sind entsprechend anzuwenden. ⁵Der Schuldner der Kapitalerträge haftet für die Kapitalertragsteuer, soweit sie auf verdeckte Gewinnausschüttungen und auf Veräußerungen im Sinne des § 22 Abs. 4 des Umwandlungssteuergesetzes entfällt.

(7) ¹In den Fällen des § 14 Abs. 3 des Körperschaftsteuergesetzes entsteht die Kapitalertragsteuer in dem Zeitpunkt der Feststellung der Handelsbilanz der Organgesellschaft; sie entsteht spätestens acht Monate nach Ablauf des Wirtschaftsjahrs der Organgesellschaft. ²Die entstandene Kapitalertragsteuer ist an dem auf den Entstehungszeitpunkt nachfolgenden Werktag an das Finanzamt abzuführen, das für die Besteuerung der Organgesellschaft nach dem Einkommen zuständig ist. ³Im Übrigen sind die Absätze 1 bis 4 entsprechend anzuwenden.

A. Grundaussage der Vorschrift

§ 43 bestimmt, welche Kapitalerträge dem Steuerabzug unterliegen, § 43a, mit welchem Steuersatz und auf welcher Bemessungsgrundlage die KapESt zu erheben ist, und § 44 regelt die Entrichtung der KapESt. § 44 ist in seinem Binnenbereich unübersichtlich. § 44 I 1 bestimmt den Schuldner der KapESt – allerdings nur in den Fällen des § 43 I Nr 1–7, 8 sowie S 2 –, § 44 I 2 ihren Entstehungszeitpunkt, § 44 I 3 und 4 knüpfen an § 44 I 1 an und bestimmen den Abzugsverpflichteten. § 44 I 5–9 enthalten Aussagen zur Erhebung der KapESt, bevor dann § 44 II und III mit Regelungen zum Zufluss an § 44 I 2 anschließen. § 44 IV greift auf § 44 I 3 zurück und trifft eine Regelung zum Abzug der KapESt und § 44 V regelt die Haftung. § 44 VI behandelt die in § 44 I 1 ausgenommenen Fälle des § 43 I 1 Nr 7c und ergänzt § 44 I 1, I 2, II, III und IV. 1

B. Schuldner und Abzugsverpflichter (§ 44 I 1, 3–4, VI)

Schuldner der KapESt ist gem § 44 I 1 der Gläubiger der Kapitalerträge. Er ist Gläubiger im Hinblick auf den Kapitalertrag und Schuldner der KapESt gegenüber dem FA, weil er die auf die Kapitalerträge entfallende KapESt schuldet. In den Fällen des § 43 I 1 Nr 7c (Betrieb gewerblicher Art ohne eigene Rechtspersönlichkeit; wirtschaftlicher Geschäftsbetrieb) fallen Gläubiger (jur Pers des öffentlichen Rechts; befreite Körperschaft) und Schuldner (Betrieb) der Kapitalerträge zivilrechtlich zusammen. § 44 VI 1 fingiert deshalb die jur Pers des öffentlichen Rechts und die befreite Körperschaft als Gläubiger und den Betrieb gewerblicher Art (die gleich lautende Regelung für den wirtschaftlichen Geschäftsbetrieb ist ohne ersichtlichen Grund nach dem UntStFG entfallen) als Schuldner der Kapitalerträge.[1] 3

Nicht der Schuldner der KapESt, sondern der Schuldner der Kapitalerträge muss – dem Grundgedanken der KapESt als Quellensteuer entspr – nach § 44 I 3 den KapESt-Abzug vornehmen. Er muss – wie der ArbG bei der LSt – auf eine fremde Steuerschuld leisten. In den Fällen des § 20 I Nr 1 S 4 muss das den Leerverkauf ausführende inländische Kredit- oder Dienstleistungsinstitut den Abzug vornehmen. In den Fällen des § 43 I 1 Nr 7 und 8 sowie des S 2 ist **Abzugsverpflichteter** die auszahlende Stelle, weil ein ausländischer Schuldner nicht verpflichtet werden kann und weil die Schuldner idR die Gläubiger nicht kennen und nicht nach ihren persönlichen Verhältnissen differenzieren können. § 44 I 4 regelt, wer bei den verschiedenen Anlageformen jeweils die auszahlenden Stelle ist. 4

---

1 BT-Drs 14/2683, 117.

C. Entstehung und Steuerabzug (§ 44 I 2, 3, II–IV, VI, VII)

10 Nach § 44 I 2 **entsteht die KapESt** in dem Zeitpunkt, in dem die Kapitalerträge dem Gläubiger zufließen (Zufluss: § 11 I). Erträge, deren Ausschüttung von einer Körperschaft beschlossen wird, fließen nach § 44 II an dem Tag zu, der im Beschluss bestimmt worden ist, ansonsten am Tag nach der Beschlussfassung.[1] Den Zufluss bei stiller Ges und partiarischem Darlehen bestimmt § 44 III. Da in den Fällen des § 43 I 1 Nr 7c (Betrieb gewerblicher Art, wirtschaftlicher Geschäftsbetrieb) eine tatsächliche Vermögensübertragung für das Entstehen des Steueranspr nicht notwendig ist, sondern der erzielte Gewinn als Einnahme gilt, bestimmt § 44 VI 2, dass die KapESt im Zeitpunkt der Bilanzerstellung, spätestens 8 Monate nach Ablauf des Wj entsteht, bei der Auflösung von Rücklagen am Tag nach der Beschlussfassung über die Verwendung und bei der Veräußerung einbringungsgeborener Anteile am Tag nach der Veräußerung. Die KapESt entsteht zum Ende des Wj. Gem § 44 I 3 ist in dem Zeitpunkt, in dem die KapESt entsteht, der **Steuerabzug** für Rechnung des Gläubigers vorzunehmen. Eine Ausnahme gilt nach § 44 IV im Fall der Stundung.[2]

11 Nach § 14 III KStG gelten Mehrabführungen, die ihre Ursache in vororganschaftlicher Zeit haben, als Gewinnausschüttungen der Organ-Ges an den Organträger.[3] **§ 44 VII** regelt die Entstehung und Entrichtung der nach § 43 I Nr 1 zu erhebenden KapESt in diesen Fällen.[4]

D. Erhebung der KapESt (§ 44 I 5–9, VII 2)

14 Die innerhalb eines Kalendermonats einbehaltene Steuer ist nach **§ 44 I 5** bis zum 10. des Folgemonats an das für die Einkommensbesteuerung des Abzugsverpflichteten zuständige FA abzuführen. Hiervon abw ist nach § 44 I 5, 2. HS bei Kapitalerträgen iSv § 43 I 1 Nr 1 (dh Beteiligungserträgen iSv § 20 I Nr 1 und 2) die einbehaltene Steuer (schon) in dem Zeitpunkt abzuführen, in dem die Kapitalerträge dem Gläubiger zufließen. Die frühere Anmeldefrist auch bei Beteiligungserträgen iSv § 20 I Nr 1 und 2 wurde als nicht notwendig gestrichen.[5] Nach § 44 I 6 sind KapESt und Zinsabschlag auf den nächsten vollen Euro-Betrag abzurunden. Wird der Kapitalertrag in Sachwerten geleistet, hat der Gläubiger der Kapitalerträge einen Fehlbetrag nach § 44 I 7 zur Verfügung zu stellen. Entspricht der Gläubiger dem nicht, hat der Abzugsverpflichtete dies dem FA anzuzeigen (§ 44 I 8) und das FA fordert die zuwenig erhobene KapESt nach (§ 44 I 9). Nach § 44 VII 2 ist in den Fällen des § 14 III KStG die KapESt an dem auf den Entstehungszeitpunkt folgenden Werktag abzuführen.

E. Haftung und Nachforderung (§ 44 V, VI)

17 Nach § 44 V 1 haften die **Abzugsverpflichteten** für die KapESt, die sie einzubehalten und abzuführen haben. Für ihre Inanspruchnahme reicht ein objektiver Pflichtenverstoß aus. Die Abzugsverpflichteten müssen dann nachweisen, dass sie ihre Pflichten weder vorsätzlich noch grob fahrlässig verletzt haben. **Der Gläubiger der Kapitalerträge** kann als Steuerschuldner im Wege der Nachforderung nur unter den Voraussetzungen des § 44 V 2 in Anspr genommen werden. Daneben können noch **weitere Personen** (zB gesetzliche Vertreter, Geschäftsführer etc) haften. Das FA hat eine **Ermessensentscheidung** zu treffen, ob es überhaupt einen dieser Haftenden und Schuldner und wen es in Anspr nimmt. Dabei ist der Erlass eines Haftungsbescheides für bestimmte Monate eines Kalenderjahres nicht deshalb ausgeschlossen, weil für vorausgegangene Monate desselben Jahres ebenfalls ein Bescheid ergangen ist.[6] Wird der Gläubiger der Kapitalerträge ohnehin veranlagt, ist für ein Haftungsverfahren im Regelfall kein Raum mehr. Die Inanspruchnahme erfolgt durch **Haftungs- oder Nachforderungsbescheid**. Gegenüber dem Gläubiger der Kapitalerträge besteht insoweit ein Wahlrecht, wobei in beiden Fällen die Exkulpationsmöglichkeit des § 44 V 1 gilt.[7] Eine Ausnahme gilt nach § 44 V 3. Danach bedarf es keines Haftungsbescheides gegenüber dem Abzugsverpflichteten, soweit dieser die KapESt richtig angemeldet hat und er seine Zahlungsverpflichtung schriftlich anerkennt. In den Fällen des § 43 I 1 Nr 7c fallen Gläubiger und Schuldner der Kapitalerträge zivilrechtlich zusammen. **§ 44 VI 4** verzichtet deshalb darauf, § 44 V für entspr anwendbar zu erklären. **§ 44 VI 5** normiert aber eine Haftung des Schuldners der Kapitalerträge für die KapESt, soweit sie auf vGA und auf Veräußerungen iSd § 22 IV UmwStG entfällt.

---

1 BFH BStBl II 98, 672.
2 BFH BStBl II 86, 451 (453); BStBl II 99, 3.
3 Hierzu BFH DStR 03, 412; *Schimmelschmidt/Otto* Stbg 04, 457 (458).
4 BT-Drs 15/3677, 34.
5 BT-Drs 15/3339, 25.
6 BFH BStBl II 06, 530.
7 BFH BStBl II 01, 67.

IdF ab VZ 2009:

§ 44 Entrichtung der Kapitalertragsteuer

(1) ¹Schuldner der Kapitalertragsteuer ist in den Fällen des § 43 Abs. 1 Satz 1 Nr. 1 bis 7b und 8 bis 12 sowie Satz 2 der Gläubiger der Kapitalerträge. ²Die Kapitalertragsteuer entsteht in dem Zeitpunkt, in dem die Kapitalerträge dem Gläubiger zufließen. ³In diesem Zeitpunkt haben in den Fällen des § 43 Abs. 1 Satz 1 Nr. 1 bis 4 sowie 7a und 7b der Schuldner der Kapitalerträge, in den Fällen des § 20 Abs. 1 Nr. 1 Satz 4 jedoch das für den Verkäufer der Aktien den Verkaufsauftrag ausführende inländische Kreditinstitut oder Finanzdienstleistungsinstitut im Sinne des § 43 Abs. 1 Satz 1 Nr. 7 Buchstabe b (den Verkaufsauftrag ausführende Stelle), und in den Fällen des § 43 Abs. 1 Satz 1 Nr. 6, 7 und 8 bis 12 sowie Satz 2 die die Kapitalerträge auszahlende Stelle den Steuerabzug für Rechnung des Gläubigers der Kapitalerträge vorzunehmen. ⁴Die die Kapitalerträge auszahlende Stelle ist

1. in den Fällen des § 43 Abs. 1 Satz 1 Nr. 6, 7 Buchstabe a und Nr. 8 bis 12 sowie Satz 2
   a) das inländische Kreditinstitut oder das inländische Finanzdienstleistungsinstitut im Sinne des § 43 Abs. 1 Satz 1 Nr. 7 Buchstabe b, das inländische Wertpapierhandelsunternehmen oder die inländische Wertpapierhandelsbank,
      aa) das die Teilschuldverschreibungen, die Anteile an einer Sammelschuldbuchforderung, die Wertrechte, die Zinsscheine oder sonstigen Wirtschaftsgüter verwahrt oder verwaltet oder deren Veräußerung durchführt und die Kapitalerträge auszahlt oder gutschreibt,
      bb) das die Kapitalerträge gegen Aushändigung der Zinsscheine oder der Teilschuldverschreibungen einem anderen als einem ausländischen Kreditinstitut oder einem ausländischen Finanzdienstleistungsinstitut auszahlt oder gutschreibt;
   b) der Schuldner der Kapitalerträge in den Fällen des § 43 Abs. 1 Satz 1 Nr. 7 Buchstabe a und Nr. 10 unter den Voraussetzungen des Buchstabens a, wenn kein inländisches Kreditinstitut oder kein inländisches Finanzdienstleistungsinstitut die die Kapitalerträge auszahlende Stelle ist;
2. in den Fällen des § 43 Abs. 1 Satz 1 Nr. 7 Buchstabe b das inländische Kreditinstitut oder das inländische Finanzdienstleistungsinstitut, das die Kapitalerträge als Schuldner auszahlt oder gutschreibt.

⁵Die innerhalb eines Kalendermonats einbehaltene Steuer ist jeweils bis zum zehnten des folgenden Monats an das Finanzamt abzuführen, das für die Besteuerung

1. des Schuldners der Kapitalerträge,
2. der den Verkaufsauftrag ausführenden Stelle oder
3. der die Kapitalerträge auszahlenden Stelle

nach dem Einkommen zuständig ist; bei Kapitalerträgen im Sinne des § 43 Abs. 1 Satz 1 Nr. 1 ist die einbehaltene Steuer, soweit es sich nicht um Kapitalerträge im Sinne des § 20 Abs. 1 Nr. 1 Satz 4 handelt, in dem Zeitpunkt abzuführen, in dem die Kapitalerträge dem Gläubiger zufließen. ⁶Dabei ist die Kapitalertragsteuer, die zu demselben Zeitpunkt abzuführen ist, jeweils auf den nächsten vollen Euro-Betrag abzurunden. ⁷Wenn Kapitalerträge ganz oder teilweise nicht in Geld bestehen (§ 8 Abs. 2) und der in Geld geleistete Kapitalertrag nicht zur Deckung der Kapitalertragsteuer ausreicht, hat der Gläubiger der Kapitalerträge dem zum Steuerabzug Verpflichteten den Fehlbetrag zur Verfügung zu stellen. ⁸Soweit der Gläubiger seiner Verpflichtung nicht nachkommt, hat der zum Steuerabzug Verpflichtete dies dem für ihn zuständigen Betriebsstättenfinanzamt anzuzeigen. ⁹Das Finanzamt hat die zu wenig erhobene Kapitalertragsteuer vom Gläubiger der Kapitalerträge nachzufordern.

(2) ¹Gewinnanteile (Dividenden) und andere Kapitalerträge im Sinne des § 43 Abs. 1 Satz 1 Nr. 1, deren Ausschüttung von einer Körperschaft beschlossen wird, fließen dem Gläubiger der Kapitalerträge an dem Tag zu (Absatz 1), der im Beschluss als Tag der Auszahlung bestimmt worden ist. ²Ist die Ausschüttung nur festgesetzt, ohne dass über den Zeitpunkt der Auszahlung ein Beschluss gefasst worden ist, so gilt als Zeitpunkt des Zufließens der Tag nach der Beschlussfassung. ³Für Kapitalerträge im Sinne des § 20 Abs. 1 Nr. 1 Satz 4 gelten diese Zuflusszeitpunkte entsprechend.

...

20 Bei den Änderungen des § 44 handelt es sich im Wesentlichen nur um **Folgeänderungen** zu Änderungen, die im Zuge der Einführung der Abgeltungsteuer in § 20 und in § 43 vorgenommen wurden.

24 In *§ 44 I 1* wurde eine Folgeänderung zu der in § 43 I geregelten Einbeziehung weiterer Kapitalerträge in die KapESt vorgenommen. Auch bei den **hinzugekommenen Sachverhalten** wird Schuldner der KapESt der Gläubiger der Kapitalerträge.

27 *§ 44 I 3* wurde auf die Fälle des § 43 I Nr 6, 7 und 8–12 erweitert. Bei den hinzugekommenen Sachverhalten hat ebenfalls die die Kapitalerträge auszahlende Stelle den Steuerabzug für Rechnung des Gläubigers der Kapitalerträge vorzunehmen.

32 *§ 44 I 4 Nr 1* wurde durch die Änderung des Eingangssatzes auf die Fälle des § 43 I 1 Nr 6, 7a und Nr 8–12 erstreckt. Mit der Einbeziehung des „inländischen Wertpapierhandelsunternehmens" und „der inländischen Wertpapierhandelsbank" in § 44 I 4 Nr 1a wurde die **Erweiterung der den KapESt-Abzug vornehmenden Stellen** um die inländischen Wertpapierhandelsunternehmen und -handelsbanken berücksichtigt. In § 44 I 4 Nr 1a, aa wurden „sonstige WG" einbezogen und damit eine Folgeänderung zur Änderung von § 43 I vorgenommen. IÜ ist die Ergänzung von § 44 I 4 Nr 1a, aa eine Folgeänderung auf Grund der Erweiterung der den KapESt-Abzug vornehmenden Stellen um die Wertpapierhandelsunternehmen und -handelsbanken.

35 In *§ 44 I 4 Nr 1 Buchstabe b* wurde durch das UntStRefG die Formulierung „in den Fällen des Buchst a" durch die Formulierung „in den Fällen des § 43 I 1 Nr 7a und Nr 10" ersetzt. In der Begr zum UntStRefG wurde davon ausgegangen, dass es sich insoweit nur um eine redaktionelle Folgeänderung handelt. In der Folge sind jedoch Zweifel aufgekommen, ob die Verpflichtung zum Einbehalt von KapESt auf Schuldner von verbrieften Schuldverschreibungen ausgeweitet worden sei. Es ergebe sich zwar aus der Gesetzesbegründung zum UntStRefG, dass es sich nur um eine redaktionelle Folgeänderung handele, bei rein grammatikalischer Auslegung könne man jedoch zu einem anderen Ergebnis kommen. Es wurde deshalb durch das JStG 08 in § 44 I Nr 1 Buchst b der Zusatz aufgenommen „unter den Voraussetzungen des Buchst a". Mit dieser Änderung sollte klargestellt werden, dass keine Ausweitung der Verpflichtung zum Einbehalt der KapESt vorgesehen ist. Wie bisher sei nur in wenigen bestimmten Sonderfällen der Schuldner nach § 44 I 4 Nr 1 Buchst b zum Einbehalt der KapESt verpflichtet (zB bei Verwahrung von Bundeswertpapieren durch die Finanzagentur des Bundes).

38 In *§ 44 I 6* wurde die Regelung für den Zinsabschlag gestrichen, da diesem keine eigenständige Bedeutung mehr zukommt.

42 In *§ 44 II 1* wurde klargestellt, dass die besondere Zuflussfiktion nur für inländische Dividenden und ähnliche Kapitalerträge gilt. Für vergleichbare ausländische Kapitalerträge soll es bei der Grundregel des § 44 I 2 bleiben.

§ 44a Abstandnahme vom Steuerabzug

(1) Bei Kapitalerträgen im Sinne des § 43 Abs. 1 Satz 1 Nr. 3, 4, 6, 7 und 8 bis 12 sowie Satz 2, die einem unbeschränkt einkommensteuerpflichtigen Gläubiger zufließen, ist der Steuerabzug nicht vorzunehmen,
1. soweit die Kapitalerträge zusammen mit den Kapitalerträgen, für die die Kapitalertragsteuer nach § 44b zu erstatten ist, den Sparer-Freibetrag nach § 20 Abs. 4 und den Werbungskosten-Pauschbetrag nach § 9a Satz 1 Nr. 2 nicht übersteigen,
2. wenn anzunehmen ist, dass für ihn eine Veranlagung zur Einkommensteuer nicht in Betracht kommt.

(2) ¹Voraussetzung für die Abstandnahme vom Steuerabzug nach Absatz 1 ist, dass dem nach § 44 Abs. 1 zum Steuerabzug Verpflichteten in den Fällen
1. des Absatzes 1 Nr. 1 ein Freistellungsauftrag des Gläubigers der Kapitalerträge nach amtlich vorgeschriebenem Vordruck oder
2. des Absatzes 1 Nr. 2 eine Nichtveranlagungs-Bescheinigung des für den Gläubiger zuständigen Wohnsitzfinanzamts

vorliegt. ²In den Fällen des Satzes 1 Nr. 2 ist die Bescheinigung unter dem Vorbehalt des Widerrufs auszustellen. ³Ihre Geltungsdauer darf höchstens drei Jahre betragen und muss am Schluss eines Kalenderjahres enden. ⁴Fordert das Finanzamt die Bescheinigung zurück oder erkennt der Gläubiger, dass die Voraussetzungen für ihre Erteilung weggefallen sind, so hat er dem Finanzamt die Bescheinigung zurückzugeben.

(3) Der nach § 44 Abs. 1 zum Steuerabzug Verpflichtete hat in seinen Unterlagen das Finanzamt, das die Bescheinigung erteilt hat, den Tag der Ausstellung der Bescheinigung und die in der Bescheinigung angegebene Steuer- und Listennummer zu vermerken sowie die Freistellungsaufträge aufzubewahren.

(4) [1]Ist der Gläubiger

1. eine von der Körperschaftsteuer befreite inländische Körperschaft, Personenvereinigung oder Vermögensmasse oder
2. eine inländische juristische Person des öffentlichen Rechts,

so ist der Steuerabzug bei Kapitalerträgen im Sinne des § 43 Abs. 1 Satz 1 Nr. 4, 7 und 8 sowie Satz 2 nicht vorzunehmen. [2]Dies gilt auch, wenn es sich bei den Kapitalerträgen um Bezüge im Sinne des § 20 Abs. 1 Nr. 1 und 2 handelt, die der Gläubiger von einer von der Körperschaftsteuer befreiten Körperschaft bezieht. [3]Voraussetzung ist, dass der Gläubiger dem Schuldner oder dem die Kapitalerträge auszahlenden inländischen Kreditinstitut oder inländischen Finanzdienstleistungsinstitut durch eine Bescheinigung des für seine Geschäftsleitung oder seinen Sitz zuständigen Finanzamts nachweist, dass er eine Körperschaft, Personenvereinigung oder Vermögensmasse im Sinne des Satzes 1 Nr. 1 oder 2 ist. [4]Absatz 2 Satz 2 bis 4 und Absatz 3 gelten entsprechend. [5]Die in Satz 3 bezeichnete Bescheinigung wird nicht erteilt, wenn die Kapitalerträge in den Fällen des Satzes 1 Nr. 1 in einem wirtschaftlichen Geschäftsbetrieb anfallen, für den die Befreiung von der Körperschaftsteuer ausgeschlossen ist, oder wenn sie in den Fällen des Satzes 1 Nr. 2 in einem nicht von der Körperschaftsteuer befreiten Betrieb gewerblicher Art anfallen.

(5) [1]Bei Kapitalerträgen im Sinne des § 43 Abs. 1 Satz 1 Nr. 7 und 8 sowie Satz 2, die einem unbeschränkt oder beschränkt einkommensteuerpflichtigen Gläubiger zufließen, ist der Steuerabzug nicht vorzunehmen, wenn die Kapitalerträge Betriebseinnahmen des Gläubigers sind und die Kapitalertragsteuer bei ihm auf Grund der Art seiner Geschäfte auf Dauer höher wären als die gesamte festzusetzende Einkommensteuer oder Körperschaftsteuer. [2]Dies ist durch eine Bescheinigung des für den Gläubiger zuständigen Finanzamts nachzuweisen. [3]Die Bescheinigung ist unter dem Vorbehalt des Widerrufs auszustellen.

(6) [1]Voraussetzung für die Abstandnahme vom Steuerabzug nach den Absätzen 1, 4 und 5 bei Kapitalerträgen im Sinne des § 43 Abs. 1 Satz 1 Nr. 7 und 8 sowie Satz 2 ist, dass die Teilschuldverschreibungen, die Anteile an der Sammelschuldbuchforderung, die Wertrechte, die Einlagen und Guthaben im Zeitpunkt des Zufließens der Einnahmen unter dem Namen des Gläubigers der Kapitalerträge bei der die Kapitalerträge auszahlenden Stelle verwahrt oder verwaltet werden. [2]Ist dies nicht der Fall, ist die Bescheinigung nach § 45a Abs. 2 durch einen entsprechenden Hinweis zu kennzeichnen.

(7) [1]Ist der Gläubiger eine inländische

1. Körperschaft, Personenvereinigung oder Vermögensmasse im Sinne des § 5 Abs. 1 Nr. 9 des Körperschaftsteuergesetzes oder
2. Stiftung des öffentlichen Rechts, die ausschließlich und unmittelbar gemeinnützigen oder mildtätigen Zwecken dient, oder
3. juristische Person des öffentlichen Rechts, die ausschließlich und unmittelbar kirchlichen Zwecken dient,

so ist der Steuerabzug bei Kapitalerträgen im Sinne des § 43 Abs. 1 Satz 1 Nr. 7a bis 7c nicht vorzunehmen. [2]Der Steuerabzug vom Kapitalertrag ist außerdem nicht vorzunehmen bei Kapitalerträgen im Sinne des § 43 Abs. 1 Satz 1 Nr. 1, soweit es sich um Erträge aus Anteilen an Gesellschaften mit beschränkter Haftung, Namensaktien nicht börsennotierter Aktiengesellschaften und Anteilen an Erwerbs- und Wirtschaftsgenossenschaften sowie aus Genussrechten handelt, und bei Kapitalerträgen im Sinne des § 43 Abs. 1 Satz 1 Nr. 2 und 3; Voraussetzung für die Abstandnahme bei Kapitalerträgen aus Genussrechten im Sinne des § 43 Abs. 1 Satz 1 Nr. 1 und Kapitalerträgen im Sinne des § 43 Abs. 1 Satz 1 Nr. 2 ist, dass die die Kapitalerträge auszahlende Stelle nicht Sammelantragsberechtigter im Sinne des § 45b ist. [3]Bei allen übrigen Kapitalerträgen nach § 43 Abs. 1 Satz 1 Nr. 1 und 2 ist § 45b sinngemäß anzuwenden. [4]Voraussetzung für die Anwendung der Sätze 1 und 2 ist, dass der Gläubiger durch eine Bescheinigung des für seine Geschäftsleitung oder seinen Sitz zuständigen Finanzamts nachweist, dass er eine Körperschaft, Personenvereinigung oder Vermögensmasse nach Satz 1 ist. [5]Absatz 4 gilt entsprechend.

(8) [1]Ist der Gläubiger

1. eine nach § 5 Abs. 1 mit Ausnahme der Nummer 9 des Körperschaftsteuergesetzes oder nach anderen Gesetzen von der Körperschaftsteuer befreite Körperschaft, Personenvereinigung oder Vermögensmasse oder

2. eine inländische juristische Person des öffentlichen Rechts, die nicht in Absatz 7 bezeichnet ist,

so ist der Steuerabzug bei Kapitalerträgen im Sinne des § 43 Abs. 1 Satz 1 Nr. 1, soweit es sich um Erträge aus Anteilen an Gesellschaften mit beschränkter Haftung, Namensaktien nicht börsennotierter Aktiengesellschaften und Erwerbs- und Wirtschaftsgenossenschaften handelt, sowie von Erträgen aus Genussrechten im Sinne des § 43 Abs. 1 Satz 1 Nr. 1 und Kapitalerträgen im Sinne des § 43 Abs. 1 Satz 1 Nr. 2 und 3 unter der Voraussetzung, dass die die Kapitalerträge auszahlende Stelle nicht Sammelantragsberechtigter nach § 45b ist, und bei Kapitalerträgen im Sinne des § 43 Abs. 1 Satz 1 Nr. 7a nur in Höhe von drei Fünfteln vorzunehmen. [2]Bei allen übrigen Kapitalerträgen nach § 43 Abs. 1 Satz 1 Nr. 1 ist § 45b in Verbindung mit Satz 1 sinngemäß anzuwenden (Erstattung von zwei Fünfteln der gesetzlich in § 43a vorgeschriebenen Kapitalertragsteuer). [3]Voraussetzung für die Anwendung des Satzes 1 ist, dass der Gläubiger durch eine Bescheinigung des für seine Geschäftsleitung oder seinen Sitz zuständigen Finanzamts nachweist, dass er eine Körperschaft, Personenvereinigung oder Vermögensmasse im Sinne des Satzes 1 ist. [4]Absatz 4 gilt entsprechend.

Literatur: *Mück/Purger* Zinsabschlag bei betrieblichen Kapitalerträgen – Anwendung des § 44a Abs 5 EStG bei Versicherungsunternehmen, die Organgesellschaften sind, DStR 99, 839; *Scheurle* Zinsabschlag: Abstandnahme von Steuerabzug gegen Überbesteuerung (§ 44a Abs 5 EStG), DB 93, 1594.

A. Grundaussage der Vorschrift

1 Nach § 44a wird bei Kapitalerträgen iSv § 43 I 1 Nr 3, 4, 7 und 8 sowie S 2, die unterhalb der Freibeträge liegen, bei Nichtveranlagten, bei bestimmten steuerbefreiten Körperschaften und bei Unternehmen mit dauerhaften KapESt-Überhängen von einem KapESt-Abzug abgesehen. Außerdem wird nach § 44a VII bei bestimmten gemeinnützigen Körperschaften und Erträgen iSv § 43 I 1 Nr 7a–7c auf einen Abzug verzichtet.

B. Abstandnahme in Freistellungs- und Nichtveranlagungsfällen (§ 44a I–III)

2 **I. Freistellungsfälle.** Ein Steuerabzug ist nicht vorzunehmen, solange die in § 44a I Nr 1 bezeichneten („privaten") Kapitalerträge den **Sparerfreibetrag** und den WK-Pauschbetrag nicht übersteigen. Voraussetzung ist nach § 44a II, dass dem Abzugsverpflichteten ein **Freistellungsauftrag** nach amtlich vorgeschriebenem Vordruck vorliegt. Der Gläubiger der Kapitalerträge kann das Freistellungsvolumen auf mehrere auszahlende Stellen verteilen. Zusammen zu veranlagende **Ehegatten** – nicht dagegen Partner einer nichtehelichen Lebensgemeinschaft[1] – können, da ihnen ein gemeinsamer Sparerfreibetrag nach § 20 IV zusteht, nur einen gemeinsamen Freistellungsauftrag erteilen. Auch **körperschaftsteuerpflichtige Personenzusammenschlüsse** können bei Kapitalerträgen iSd § 43 I 1 Nr 7, 8 sowie S 2 den Sparerfreibetrag und den WK-Pauschbetrag geltend machen und einen Freistellungsauftrag erteilen.[2] **Nicht der KSt unterliegende Personenvereinigungen** können grds keinen Freistellungsauftrag erteilen. Ihre Einkünfte werden einheitlich und gesondert festgestellt und unterliegen dem Zinsabschlag. Wird von einer Feststellung nach § 180 III 1 Nr 2 AO abgesehen, teilt der Kontoinhaber die Einnahmen auf die einzelnen G'ter auf, die sich den Zinsabschlag anrechnen lassen können. Die FinVerw lässt zu, dass bei sog losen Personenzusammenschlüssen (zB Schulklassen, Sportgruppen, nicht dagegen Grundstücksgemeinschaften oder Wohnungseigentümergemeinschaften) und Kleinbeträgen das Kreditinstitut vom Zinsabschlag absehen kann.[3] Dividenden werden nur mit ihrem stpfl Anteil auf das Freistellungsvolumen angerechnet.[4]

10 **II. Nichtveranlagungsfälle.** Nach § 44a I Nr 2 ist ein Steuerabzug nicht vorzunehmen, wenn abzusehen ist, dass eine Veranlagung zur ESt **nicht in Betracht kommt.** Dies ist der Fall, wenn weder eine Veranlagung von Amts wegen (§ 56 S 1 Nr 1a und 2a, S 2 EStDV; § 46 II Nr 1–7) noch eine Antrags-

---

1 Zu diesen: OFD Kiel FR 99, 869.
2 BStBl I 93, 58; *van Bebber/Tischbein* DStR 99, 261 (264).
3 BMF BStBl I 93, 58; BMF v 16.5.01, FR 01, 712 (Euro); OFD Ffm DB 94, 16.
4 FinVerw DStR 01, 1481.

veranlagung (§ 46 II Nr 8) zu erwarten ist. Dem Abzugsverpflichteten muss eine **NV-Bescheinigung** des für den Gläubiger zuständigen Wohnsitz-FA vorliegen. Der Gläubiger hat einen Anspr auf die Bescheinigung, wenn die Voraussetzungen des § 44a I Nr 2 erfüllt sind.[1] Nach § 44a II 2 und 3 ist die Bescheinigung auf höchstens 3 Jahre unter dem Vorbehalt des Widerrufs auszustellen.

III. Rechtsfolge und Nebenpflichten. § 44a lässt eine Abstandnahme vom Steuerabzug zu bei Kapitalerträgen iSv § 43 I 1 Nr 3 (stille Beteiligung), Nr 4 (Lebensversicherungen), Nr 7 (sonstige Kapitalforderungen) und Nr 8 (Veräußerungen) sowie S 2 (besondere Entgelte), nicht dagegen bei Kapitalerträgen iSv § 43 I 1 Nr 1 und 2 (Gewinnanteile, Wandelanleihen etc). In den Fällen des § 43 I 1 Nr 1 und 2 wird die einbehaltene und abgeführte KapESt entweder bei der Veranlagung angerechnet oder durch das BZSt erstattet. Der nach § 44a I Abzugsverpflichtete hat nach § 44a III in seinen Unterlagen das FA, das die Bescheinigung erteilt hat, den Tag ihrer Ausstellung und die in der Bescheinigung angegebene Steuer- und Listennummer zu vermerken sowie die Freistellungsaufträge aufzubewahren.

C. Abstandnahme bei steuerbefreiten Körperschaften (§ 44a IV)

§ 44a IV erlaubt eine Abstandnahme vom Steuerabzug bei von der KSt befreiten inländischen Körperschaften und jur Pers des öffentlichen Rechts, vorausgesetzt die Erträge fallen nicht in einem wirtschaftlichen Geschäftsbetrieb, für den die Befreiung ausgeschlossen ist, oder in einem nicht befreiten Betrieb gewerblicher Art an (§ 44a IV 5). § 44a IV trägt der Tatsache Rechnung, dass die steuerbefreiten Körperschaften grds keine Freistellung nach § 44a I–III und mangels Veranlagung auch keine Steueranrechnung erreichen können. Vom Steuerabzug ausgenommen sind Kapitalerträge iSv § 43 I 1 Nr 4 (Lebensversicherungen), Nr 7 (sonstige Kapitalforderungen), Nr 8 (Veräußerung) und S 2 (besondere Entgelte). Die Ausnahme vom Steuerabzug gilt auch, wenn es sich bei den Kapitalerträgen um Bezüge im Sinne von § 20 I Nr 1 und 2 handelt, die der Gläubiger von einer ebenfalls von der KSt befreiten Körperschaft bezieht.[2] Nach § 44a IV 3 muss der Gläubiger dem Abzugsverpflichteten durch eine **Bescheinigung** des FA nachweisen, dass er zum begünstigten Personenkreis zählt. Anstelle dieser Bescheinigung kann eine amtlich beglaubigte Kopie des letzten Freistellungsbescheides oder der vorläufigen Bescheinigung über die Gemeinnützigkeit oder eine bereits nach § 44c erteilte Bescheinigung überlassen werden.[3]

D. Abstandnahme bei KapESt-Überhängen (§ 44a V)

Vom KapESt-Abzug ist abzusehen, wenn die KapESt und die anrechenbare KSt beim Gläubiger aufgrund der Art seiner Geschäfte auf Dauer höher wären als die festzusetzende ESt oder KSt (**Überbesteuerung**).[4] Es soll dann die KapESt nicht erst bei der Veranlagung erstattet werden. § 44a V setzt eine Überbesteuerung **„aufgrund der Art seiner Geschäfte"** voraus. Dieses Tatbestandsmerkmal ist erfüllt, wenn die Überbesteuerungssituation der ausgeübten Geschäftstätigkeit derart wesensimmanent ist, dass ein wirtschaftlich besseres Ergebnis zwangsläufig nicht erzielt werden kann.[5] Das Unternehmen muss aufgrund der abstrakten Art seiner Geschäftstätigkeit übersteuert werden (zB Lebensversicherungsunternehmen, Verwertungsges iSd UrheberrechtswahrnehmungG, auch EVU, die hohe Wertpapiererträge erzielen, diese aber als BA an ihre Kunden weitergeben[6]). Das Tatbestandsmerkmal ist nicht erfüllt, wenn die Überbelastung nicht auf die Art der ausgeübten Geschäfte, sondern auf die Art und Weise, in der diesen Geschäften nachgegangen wird, auf die Marktsituation (schlechte Absatzlage oder Preisverfall), die individuelle Geschäftsentwicklung (Gewinnlosigkeit, Insolvenz[7]), individuelle rechtliche Gestaltungen (GAV, Rückvergütung bei Genossenschaft[8]) oder hohe Verlustvorträge zurückzuführen ist.[9] Eine Abstandnahme vom KapESt-Abzug wurde dementspr abgelehnt bei Holding-Ges[10], bei kommunalen Versorgungs- und

---

1 BFH BStBl II 85, 162; zur Rechtsnatur des NV-Bescheides: BStBl II 92, 322; zur NV-Bescheinigung für kstpfl Personenvereinigungen: BStBl I 93, 58; *van Bebber/Tischbein* DStR 99, 261 (264).
2 Zur Eingrenzung von § 44a IV 2 durch das UntStFG: BR-Drs 638/01, 55.
3 BMF BStBl I 92, 772.
4 Zur Problematik KapESt in Verlustsituationen: *Raber* DB 95, 384; *Neyer* DStR 93, 230.
5 BFH BStBl II 97, 817.
6 BT-Drs 12/2501, 20.
7 BFH BStBl II 95, 255 (257).
8 BFH BStBl II 97, 38 (39).
9 BFH BStBl II 96, 199 (200); *Scheurle* DB 94, 1895 (1897); **aA** *Philipowski* DB 94, 1895.
10 BFH BStBl II 97, 817; FinMin Nds DB 94, 353.

Verkehrsbetrieben[1], bei Wohnungsbau-Ges[2] und bei Kreditinstituten mit hohem Eigenbestand an fremdverwalteten Wertpapieren.[3] Eine Überbesteuerung **„auf Dauer"** meint einen noch nicht feststehenden und nicht absehbaren Zeitraum. Nach § 44a V 2 ist durch eine – unter dem Vorbehalt des Widerrufs auszustellende – **Bescheinigung** des zuständigen FA nachzuweisen, dass eine Überbesteuerung zu erwarten ist.[4]

21 Die Abstandnahme von KapESt-Abzug nach § 44a V gilt nur für Kapitalerträge iSv § 43 I 1 Nr 7 und 8 sowie S 2. Bei anderen Erträgen kommt nur eine Erstattung (bei Kapitalerträgen iSv § 43 I 1 Nr 1 und 2 nach §§ 44b, 45b) oder Anrechnung im Rahmen der Veranlagung in Betracht. Außerdem lässt § 44a V eine Abstandnahme vom Steuerabzug nur zu, wenn die Kapitalerträge **BE** des Gläubigers der Kapitalerträge sind (zur KapESt bei BE: § 43 IV). Der Gesetzgeber geht davon aus, dass nur bei in einer Betriebsprüfung zu überprüfenden BE die Steuererhebung ausreichend sichergestellt ist.[5] § 44a V ist auch auf **beschränkt StPfl** anzuwenden. Es soll die Gründung und der Betrieb von Zweigniederlassungen ausländischer Unternehmen in Deutschland nicht behindert werden.

E. Verwaltung unter dem Namen des Gläubigers (§ 44a VI)

30 § 44a VI verlangt eine Verwahrung oder Verwaltung unter dem Namen des Gläubigers der Kapitalerträge. Der Abzugsverpflichtete soll einen klaren und einfachen Anhalt für die von ihm zu treffende Feststellung haben, wer Gläubiger der Kapitalerträge ist. Diese Voraussetzung ist nicht erfüllt bei Tafelgeschäften, Treuhand-, Nießbrauchs-, Mietkautions-, Notar- und sonstigen Anderkonten sowie Gläubigervorbehaltskonten auf den Namen Dritter.

F. Gemeinnützige Körperschaften (§ 44a VII)

33 Bei gemeinnützigen Körperschaften, gemeinnützigen oder mildtätigen Stiftungen des öffentlichen Rechts und jur Pers des öffentlichen Rechts wird bei Kapitalerträgen iSv § 43 I 1 Nr 7a–c nach § 44a VII 1 auf einen KapESt-Abzug verzichtet. Nach § 44a VII 2 wird – anders als in der Vergangenheit – **auch in weiteren Fällen vom Abzug abgesehen** und ein Einzelerstattungsverfahren erübrigt: Bei Kapitalerträgen iSd § 43 I 1 Nr 1, soweit es sich um Erträge aus GmbH-Beteiligungen, Namensaktien nicht börsennotierter AG und Anteilen an Erwerbs- und Wirtschaftsgenossenschaften sowie aus (aktienähnlichen) Genussrechten[6] handelt, und bei Erträgen iSd § 43 I 1 Nr 2 aus (nicht in § 20 I Nr 1 genannten) Genussrechten, Wandelanleihen und Gewinnobligationen und bei Erträgen iSd § 43 I 1 Nr 3 aus Beteiligungen als stiller G'ter oder in Form von Zinsen aus partiarischen Darlehen. Bei **Ausschüttungen von börsennotierten AG** ist eine Abstandnahme nicht vorgesehen, da diese Aktien meist in inländischen Depots verwahrt werden und in diesen Fällen eine Erstattung im Sammelantragsverfahren nach § 45b unproblematisch ist (vgl § 44a VII 3).[7] Voraussetzung für die Abstandnahme bei Kapitalerträgen aus Genussrechten iSd § 43 I 1 Nr 1 und Kapitalerträgen iSd § 43 I 1 Nr 2 ist, dass die auszahlende Stelle nicht Sammelantragsberechtigter iSd § 45b ist. Gemeint sind damit die Fälle, in denen die Papiere von einem inländischen Kredit- oder Finanzdienstleistungsinstitut verwahrt oder emittiert werden. In diesen Fällen sollen die Ausschüttungen im Sammelantragsverfahren abgewickelt werden[7] (vgl § 44a VII 3). Soweit § 44a VII 2 keine Abstandnahme vom Steuerabzug vorsieht, weist § 44a VII 3 eine sinngemäße Anwendung von § 45b, also eine **Erstattung im Sammelantragsverfahren**, an. Als Erstattungsfälle sind danach zu behandeln: Gewinnanteile aus Aktien börsennotierter AG, Ausbeuten und sonstige Bezüge aus Aktien sowie Kapitalerträge iSd § 43 I 1 Nr 1 und Nr 2, wenn die auszahlende Stelle Sammelantragsberechtigter ist. Voraussetzung für die Abstandnahme vom Steuerabzug ist nach § 44a VII 4, dass der Gläubiger nachweist, dass er eine Körperschaft iSd § 44a VII ist.

G. KSt-befreite Körperschaften (§ 44a VIII)

34 § 44a VIII regelt **eine hälftige Abstandnahme vom Steuerabzug**. Unter § 44a VIII fallen steuerbefreite Körperschaften, für die nicht bereits § 44a VII gilt. Nach § 44a VIII 1 ist bei diesen Körper-

---

1 BFH BStBl II 00, 496; FinMin Bdbg FR 94, 207; **aA** FG SachsAnh EFG 96, 25.
2 FG Mchn EFG 95, 270; FG Bdbg EFG 95, 626; BFH/NV 97, 747.
3 *Scheurle* DB 93, 1596; FG Bdbg DB 94, 353; FG SachsAnh EFG 95, 676; **aA** *Philipowski* DB 94, 1895 (1896).
4 Zum vorläufigen Rechtsschutz: BFH BStBl II 94, 899.
5 *Philipowski* DB 94, 1895 (1896).
6 Zur Erweiterung des Katalogs durch das EURLUmsG: BT-Drs 15/3677, 34.
7 BT-Drs 15/1562, 38.

schaften der Steuerabzug bei den in § 44a VIII aufgezählten Kapitalerträgen nur in Höhe von drei Fünfteln vorzunehmen. Der Steuersatz für die endgültige Belastung der öffentlichen Hand und der steuerbefreite, nicht gemeinnützige Körperschaften, Steuervereinigungen und Vermögensmasse ist mit der Anordnung des Abzugs von drei Fünfteln (zuvor hälftig) an den tariflichen Steuersatz für die KöSt angepasst worden.[1] Nach **§ 44a VIII 2** soll bei allen anderen Arten von Kapitalerträgen iSv § 43 I 1 Nr 1 nicht in Höhe von zwei Fünfteln vom Steuerabzug Abstand genommen, sondern zwei Fünftel der Kapitalertragsteuer **durch das BZSt erstattet** werden. **§ 44a VIII 3** regelt als Voraussetzung für die Abstandnahme die Vorlage einer NV-Bescheinigung. **§ 44a VIII 4** verweist auf die in § 44a IV geregelten allg Grundlagen zur NV-Bescheinigung.[2]

IdF ab VZ 2009:

§ 44a Abstandnahme vom Steuerabzug

(1) Bei Kapitalerträgen im Sinne des § 43 Abs. 1 Satz 1 Nr. 3, 4, 6, 7 und 8 bis 12 sowie Satz 2, die einem unbeschränkt einkommensteuerpflichtigen Gläubiger zufließen, ist der Steuerabzug nicht vorzunehmen,

1. soweit die Kapitalerträge zusammen mit den Kapitalerträgen, für die die Kapitalertragsteuer nach § 44b zu erstatten ist, den Sparer-Pauschbetrag nach § 20 Abs. 9 nicht übersteigen,

2. wenn anzunehmen ist, dass für ihn eine Veranlagung zur Einkommensteuer nicht in Betracht kommt.

...

(4) [1]Ist der Gläubiger

1. eine von der Körperschaftsteuer befreite inländische Körperschaft, Personenvereinigung oder Vermögensmasse oder

2. eine inländische juristische Person des öffentlichen Rechts,

so ist der Steuerabzug bei Kapitalerträgen im Sinne des § 43 Abs. 1 Satz 1 Nr. 4, 6, 7 und 8 bis 12 sowie Satz 2 nicht vorzunehmen. [2]Dies gilt auch, wenn es sich bei den Kapitalerträgen um Bezüge im Sinne des § 20 Abs. 1 Nr. 1 und 2 handelt, die der Gläubiger von einer von der Körperschaftsteuer befreiten Körperschaft bezieht. [3]Voraussetzung ist, dass der Gläubiger dem Schuldner oder dem die Kapitalerträge auszahlenden inländischen Kreditinstitut oder inländischen Finanzdienstleistungsinstitut durch eine Bescheinigung des für seine Geschäftsleitung oder seinen Sitz zuständigen Finanzamts nachweist, dass er eine Körperschaft, Personenvereinigung oder Vermögensmasse im Sinne des Satzes 1 Nr. 1 oder 2 ist. [4]Absatz 2 Satz 2 bis 4 und Absatz 3 gelten entsprechend. [5]Die in Satz 3 bezeichnete Bescheinigung wird nicht erteilt, wenn die Kapitalerträge in den Fällen des Satzes 1 Nr. 1 in einem wirtschaftlichen Geschäftsbetrieb anfallen, für den die Befreiung von der Körperschaftsteuer ausgeschlossen ist, oder wenn sie in den Fällen des Satzes 1 Nr. 2 in einem nicht von der Körperschaftsteuer befreiten Betrieb gewerblicher Art anfallen.

(5) [1]Bei Kapitalerträgen im Sinne des § 43 Abs. 1 Satz 1 Nr. 6, 7 und 8 bis 12 sowie Satz 2, die einem unbeschränkt oder beschränkt einkommensteuerpflichtigen Gläubiger zufließen, ist der Steuerabzug nicht vorzunehmen, wenn die Kapitalerträge Betriebseinnahmen des Gläubigers sind und die Kapitalertragsteuer bei ihm auf Grund der Art seiner Geschäfte auf Dauer höher wären als die gesamte festzusetzende Einkommensteuer oder Körperschaftsteuer. [2]Dies ist durch eine Bescheinigung des für den Gläubiger zuständigen Finanzamts nachzuweisen. [3]Die Bescheinigung ist unter dem Vorbehalt des Widerrufs auszustellen. [4]Ist der Gläubiger eine unbeschränkt steuerpflichtige oder beschränkt steuerpflichtige Körperschaft, die nicht unter Absatz 4 Satz 1 fällt, so ist der Steuerabzug auf Kapitalerträge im Sinne des § 43 Abs. 1 Satz 1 Nr. 6 und 8 bis 12 nicht vorzunehmen. [5]Im Fall des § 1 Abs. 1 Nr. 4 und 5 des Körperschaftsteuergesetzes sind die Sätze 2 und 3 entsprechend anzuwenden.

(6) [1]Voraussetzung für die Abstandnahme vom Steuerabzug nach den Absätzen 1, 4 und 5 bei Kapitalerträgen im Sinne des § 43 Abs. 1 Satz 1 Nr. 6, 7 und 8 bis 12 sowie Satz 2 ist, dass die Teilschuldverschreibungen, die Anteile an der Sammelschuldbuchforderung, die Wertrechte, die Einla-

---

[1] BT-Drs 16/4841, 68. [2] BT-Drs 15/1562, 38 f.

§ 44a VZ 2009

gen und Guthaben oder sonstigen Wirtschaftsgüter im Zeitpunkt des Zufließens der Einnahmen unter dem Namen des Gläubigers der Kapitalerträge bei der die Kapitalerträge auszahlenden Stelle verwahrt oder verwaltet werden. ²Ist dies nicht der Fall, ist die Bescheinigung nach § 45a Abs. 2 durch einen entsprechenden Hinweis zu kennzeichnen.

...

(9) ¹Ist der Gläubiger der Kapitalerträge im Sinne des § 43 Abs. 1 Satz 1 Nr. 1 bis 4 eine beschränkt steuerpflichtige Körperschaft im Sinne des § 2 Nr. 1 des Körperschaftsteuergesetzes, so werden zwei Fünftel der einbehaltenen und abgeführten Kapitalertragsteuer erstattet. ²§ 50d Abs. 1 Satz 3 bis 9 ist entsprechend anzuwenden. ³Der Anspruch auf eine weitergehende Freistellung und Erstattung nach § 50d Abs. 1 in Verbindung mit § 43b oder nach einem Abkommen zur Vermeidung der Doppelbesteuerung bleibt unberührt. ⁴Verfahren nach den vorstehenden Sätzen und nach § 50d Abs. 1 soll das Bundeszentralamt für Steuern verbinden.

A. Grundaussage der Neuregelung

37 § 44a wurde im Hinblick auf die in § 43 neu hinzugekommen KapESt-Tatbestände geändert. Darüber hinaus enthält § 44a Neuregelungen in § 44a V 4 und 5 und in § 44a IX.

B. Abstandnahme in Freistellung- und Nichtveranlagungsfällen (§ 44a I–III)

40 In § 44a I wurde die Verweisung auf § 43 I 1 Nr 3, 4, 7 und 8 durch die Verweisung auf § 43 I 1 Nr 3, 4, 6, 7 und 8–12 ersetzt. Es handelt sich um eine Folgeänderung zur Ausweitung des § 43 I und des § 20 auf weitere Tatbestände. Außerdem wurde der Umwandlung des Sparerfreibetrags und des WK-Pauschbetrags in den **Sparer-Pauschbetrag** Rechnung getragen.

C. Abstandnahme bei steuerbefreiten Körperschaften (§ 44a IV)

44 § 44a IV regelt die Abstandnahme vom KapESt-Abzug insbes für steuerbefreite inländische Körperschaften und die öffentliche Hand. Da die KapESt in diesen Fällen abgeltende Wirkung hat, ist die Abstandnahme von entscheidender Bedeutung. Die Ergänzung des § 44a IV 1 bewirkt, dass auch in den neu hinzugekommen KapESt-Tatbeständen (§ 43 I 1 Nr 6 sowie 8, 9, 11 und 12) der Steuerabzug nicht vorzunehmen ist.

D. Abstandnahme bei KapESt-Überhängen (§ 44a V 1–3)

47 § 44a V enthält die sog **Überzahlerregelung**. Die Ergänzung des § 44a V 1 bewirkt, dass auch in den neu hinzugekommen KapESt-Tatbeständen (§ 43 I 1 Nr 6 sowie 8, 9, 11 und 12) der Steuerabzug nicht vorzunehmen ist.

E. Abstandnahme für Körperschaften bei Kapitalerträgen iSv § 43 I 1 Nr 6, 8–12 (§ 44a V 4, 5)

50 § 43a V 4 und 5 nF sehen bei Körperschaften eine Abstandnahme von der Erhebung der KapESt in bestimmten Fällen vor.[1] § 44a V 5 macht bei Körperschaften, bei denen die Besteuerung nach dem KStG nicht eindeutig feststeht, die Abstandnahme von der Vorlage einer entspr Bescheinigung abhängig.

F. Verwaltung unter dem Namen des Gläubigers (§ 44a VI)

55 In § 44a VI wurden lediglich redaktionelle Folgeänderungen vorgenommen.

G. Beschränkt stpfl Körperschaften bei Kapitalerträgen iSv § 43 I 1 Nr 1–4 (§ 44a IX)

58 Im Sinne einer Gleichbehandlung mit inländischen Körperschaften, Personenvereinigungen und Vermögensmassen, bei denen der KapESt-Abzug abgeltende Wirkung hat, wird der Steuersatz für die endg Belastung der ausländischen Körperschaften mit KapESt ebenfalls an den tariflichen Steuersatz für die KSt angepasst. Im Einzelfall kann sich eine weitergehende Entlastung aus einem DBA ergeben.[2] Die Entlastung erfolgt umfassend durch nachträgliche Erstattung durch das BZSt.

---

1 Hierzu: Schönfeld IStR 07, 850 (851).   2 Schönfeld IStR 07, 850.

§ 44b Erstattung der Kapitalertragsteuer

(1) ¹Bei Kapitalerträgen im Sinne des § 43 Abs. 1 Satz 1 Nr. 1 und 2, die einem unbeschränkt einkommensteuerpflichtigen und in den Fällen des § 44a Abs. 5 auch einem beschränkt einkommensteuerpflichtigen Gläubiger zufließen, wird auf Antrag die einbehaltene und abgeführte Kapitalertragsteuer unter den Voraussetzungen des § 44a Abs. 1, 2 und 5 in dem dort bestimmten Umfang unter Berücksichtigung des § 3 Nr. 40 d, e und f erstattet. ²Dem Antrag auf Erstattung sind

a) der Freistellungsauftrag nach § 44a Abs. 2 Satz 1 Nr. 1 oder die Nichtveranlagungs-Bescheinigung nach § 44a Abs. 2 Satz 1 Nr. 2 sowie eine Steuerbescheinigung nach § 45a Abs. 3 oder

b) die Bescheinigung nach § 44a Abs. 5 sowie eine Steuerbescheinigung nach § 45a Abs. 2 oder Abs. 3 beizufügen.

(2) ¹Für die Erstattung ist das Bundeszentralamt für Steuern zuständig. ²Der Antrag ist nach amtlich vorgeschriebenem Muster zu stellen und zu unterschreiben.

(3) ¹Die Antragsfrist endet am 31. Dezember des Jahres, das dem Kalenderjahr folgt, in dem die Einnahmen zugeflossen sind. ²Die Frist kann nicht verlängert werden.

(4) Die Erstattung ist ausgeschlossen, wenn
1. die Erstattung nach § 45c beantragt oder durchgeführt worden ist,
2. die vorgeschriebenen Steuerbescheinigungen nicht vorgelegt oder durch einen Hinweis nach § 44a Abs. 6 Satz 2 gekennzeichnet worden sind.

(5) ¹Ist Kapitalertragsteuer einbehalten und abgeführt worden, obwohl eine Verpflichtung hierzu nicht bestand, oder hat der Gläubiger im Fall des § 44a dem nach § 44 Abs. 1 zum Steuerabzug Verpflichteten den Freistellungsauftrag oder die Nichtveranlagungs-Bescheinigung oder die Bescheinigungen nach § 44a Abs. 4 oder 5 erst in einem Zeitpunkt vorgelegt, in dem die Kapitalertragsteuer bereits abgeführt war, so ist auf Antrag des nach § 44 Abs. 1 zum Steuerabzug Verpflichteten die Steueranmeldung (§ 45a Abs. 1) insoweit zu ändern; stattdessen kann der zum Steuerabzug Verpflichtete bei der folgenden Steueranmeldung die abzuführende Kapitalertragsteuer entsprechend kürzen. ²Erstattungsberechtigt ist der Antragsteller.

R 44b EStR

A. Grundaussage der Vorschrift. § 44b regelt die Erstattung der KapESt. Es sollen Veranlagungen nicht allein deshalb durchgeführt werden müssen, damit der StPfl die einbehaltene KapESt zurückerhält. Zusätzlich soll eine schnellere Rückgewähr erreicht werden. § 44b ergänzt **§ 44a**. Während § 44a eine Abstandnahme vom Steuerabzug bei Kapitalerträgen iSv § 43 I 1 Nr 3, 4, 7, 7a–7c, 8 sowie S 2 vorsieht, regelt § 44b I in Freistellungs-, NV- und KapESt-Überhangfällen die Erstattung bei Kapitalerträgen iSv § 43 I 1 Nr 1 und 2. Außerdem erlaubt § 44b V die Erstattung, wenn die KapESt rechtsgrundlos oder deshalb geleistet wurde, weil die von § 44a für eine Abstandnahme geforderten Bescheinigungen nicht rechtzeitig vorgelegt wurden. Neben § 44b sieht **§ 44c** eine Erstattung der KapESt an von der KSt befreite Körperschaften vor. **§§ 45b und 45c** regeln die Erstattung von KapESt aufgrund von Sammelanträgen. Liegen die Voraussetzungen nach § 44b und § 45b vor, kann der Anteilseigner zw der Erstattung im Rahmen eines Einzelantrags oder eines Sammelantragsverfahrens wählen.[1] Außerdem ist eine Erstattung der KapESt bei Wertpapiersondervermögen nach dem InvStG, nach DBA (vgl zu § 50d), nach § 37 II AO (soweit nicht § 44b V dem § 37 II AO vorgeht), aus Billigkeitsgründen oder im Wege der Veranlagung möglich.

1

B. Freistellungs-, Nichtveranlagungs- und Überhangfälle (§ 44b I–IV). Während § 44a eine Abstandnahme vom Steuerabzug bei Kapitalerträgen iSv § 43 I 1 Nr 3, 4, 7, 7a–7c, 8 und S 2 anordnet, regelt § 44b – mit denselben Voraussetzungen und in demselben Umfang wie § 44a I und II (§ 44a Rn 2 ff) – die Erstattung von KapESt bei **Kapitalerträgen iSv § 43 I 1 Nr 1 und 2** (bei Gewinnanteilen etc, Bezügen aus einer Kapitalherabsetzung sowie Zinsen aus Wandelanleihen, Gewinnobligationen und Genussrechten). Da der Steuerabzug vom Kapitalertrag von der tatsächlichen Dividende zu erheben ist, die Kapitalerträge nach § 3 Nr 40 aber zur Hälfte befreit sind, stellt der **Hinweis auf § 3 Nr 40** sicher, dass in Fällen der Erstattung von KapESt – zB aufgrund von Freistellungsaufträgen – nur die Hälfte der dem Steuerabzug unterworfenen Dividende zugrunde gelegt wird.[2] Die Erstattung ist

5

---

1 R 44b.1 EStR.   2 BT-Drs 14/2683, 118; FinVerw DStR 01, 1481.

antragsgebunden, dh der StPfl kann auch eine Anrechnung der KapESt im Rahmen der Veranlagung vornehmen lassen. § 44b I 2, II–IV regeln die Formalien der Antragstellung[1] und die Subsidiarität der Erstattung gegenüber derjenigen nach § 45c. Das JStG 07 hat § 44b I 2 erweitert und die Möglichkeit der Erstattung in Fällen der Überzahlung iSv § 44a V auch bei Anteilen an GmbHs begründet, da § 44b I 2 nunmehr neben der Bescheinigung nach § 45a III auch die von der GmbH auszustellende Bescheinigung nach § 45a III ausreichen lässt.[2]

8 **C. Erstattung bei rechtsgrundloser Leistung (§ 44b V).** § 44b V ist in seiner 1. Alt eine Sonderregelung zu § 37 II AO, nach dem die KapESt zu erstatten ist, wenn sie erhoben wurde, obwohl eine Verpflichtung hierzu nicht bestand (zB doppelte Zahlung, Zahlung von 33 1/3 statt 25 %; Einbehaltung trotz vorliegenden Freistellungsauftrags; nicht: nachträgliche Änderung eines Gewinnverteilungsbeschlusses). Erstattungsberechtigt ist der Schuldner der Kapitalerträge – auch wenn die KapESt nicht für seine Rechnung entrichtet wurde.[3] In seiner 2. Alt erfasst § 44b V die Fälle „missglückter" Abstandnahme, in denen der Gläubiger dem Abzugsverpflichteten den Freistellungsauftrag, die NV-Bescheinigung oder die Bescheinigungen nach § 44a IV oder V erst zu einem Zeitpunkt vorgelegt hat, in dem die KapESt bereits abgeführt war. Bei beiden Alt kann die Steueranmeldung korrigiert oder bei der nächsten Steueranmeldung die abzuführende KapESt entspr gekürzt werden.

IdF ab VZ 2009:

§ 44b Erstattung der Kapitalertragsteuer

(1) [1]*Bei Kapitalerträgen im Sinne des § 43 Abs. 1 Satz 1 Nr. 1 und 2, die einem unbeschränkt einkommensteuerpflichtigen und in den Fällen des § 44a Abs. 5 auch einem beschränkt einkommensteuerpflichtigen Gläubiger zufließen, wird auf Antrag die einbehaltene und abgeführte Kapitalertragsteuer unter den Voraussetzungen des § 44a Abs. 1, 2 und 5 in dem dort bestimmten Umfang erstattet.*

...

(4) Die Erstattung ist ausgeschlossen, wenn die vorgeschriebenen Steuerbescheinigungen nicht vorgelegt oder durch einen Hinweis nach § 44a Abs. 6 Satz 2 gekennzeichnet worden sind.

...

10 In *§ 44b I 1* wurde die Angabe „unter Berücksichtigung des § 3 Nr 40 Buchst d, e und f" gestrichen. Es handelt sich insoweit um eine Folgeänderung zur Streichung von § 3 Nr 40 Buchst d, e und f (Abschaffung des Halbeinkünfteverfahrens im nicht betrieblichen Bereich).

14 *§ 44b IV* wurde neu gefasst. Bisher war die Erstattung auch ausgeschlossen, wenn die Erstattung nach *§ 45c* beantragt oder durchgeführt worden ist. Dieser Ausschlussgrund wurde gestrichen, da § 45c aufgehoben wurde.

44c, 44d

(weggefallen)

§ 45 Ausschluss der Erstattung von Kapitalertragsteuer

[1]In den Fällen, in denen die Dividende an einen anderen als an den Anteilseigner ausgezahlt wird, ist die Erstattung von Kapitalertragsteuer an den Zahlungsempfänger ausgeschlossen. [2]Satz 1 gilt nicht für den Erwerber eines Dividendenscheins in den Fällen des § 20 Abs. 2 Satz 1 Nr. 2 Buchstabe a. [3]In den Fällen des § 20 Abs. 2 Satz 1 Nr. 2 Buchstabe b ist die Erstattung von Kapitalertragsteuer an den Erwerber von Zinsscheinen nach § 37 Abs. 2 der Abgabenordnung ausgeschlossen.

1 **A. Grundaussage der Vorschrift.** § 45 befasst sich mit den Fällen, in denen Ertragsanspruch und Stammrecht voneinander getrennt wurden, nunmehr der Inhaber des Ertragsanspruchs den Ertrag bezieht und von dem Ertrag KapESt einbehalten wird.

---

1 Vgl auch R 44b.2 EStR.
2 BR-Drs 622/06, 98.
3 BFH/NV 04, 1688.

B. Die Grundregel des § 45 S 1. Nach § 20 IIa ist die Dividende von demjenigen zu versteuern, dem im Zeitpunkt des Gewinnverwendungsbeschlusses das Stammrecht zuzurechnen ist. § 45 S 1 schließt einen hierauf gestützten Erstattungsanspr des Zahlungsempfängers jedoch aus. Es kann nur der Inhaber des Stammrechts eine Anrechnung der KapESt nach § 36 II Nr 2 erreichen. Der Inhaber des Stammrechts (Anteilseigner) und der Inhaber des Ertragsanspr müssen intern einen Ausgleich vornehmen.

C. Die Erstattung im Fall des § 20 II 1 Nr 2a (§ 45 S 2). Nach § 20 II 1 Nr 2a gehören Einnahmen aus der Veräußerung von Dividendenscheinen und sonstigen Anspr durch den Inhaber des Stammrechts zu den Einkünften aus KapVerm, wenn die Anteile nicht mitveräußert werden. Auf diese Einnahmen wird keine KapESt erhoben (vgl § 43 I Nr 8). KapESt wird jedoch nach § 43 I 1 Nr 1 auf die Dividende selbst einbehalten. Nach der Grundregel des § 45 S 1 wäre diese nicht erstattungsfähig. § 45 S 2 trifft jedoch eine abw Regelung. Er trägt der Vorschrift des § 20 II 1 Nr 2a S 2 Rechnung, nach der die Besteuerung nach § 20 II 1 Nr 2a S 1 an die Stelle der Besteuerung der Dividende nach § 20 I Nr 1 tritt, und schließt die Anwendung von § 45 S 1 aus.

D. Die Regelung für den Zinsscheinerwerber (§ 45 S 3). Nach § 20 II 1 Nr 2b gehören zu den Einkünften aus KapVerm auch Einnahmen aus der Veräußerung von Zinsscheinen und -forderungen durch den Inhaber oder ehemaligen Inhaber der Schuldverschreibungen, wenn die dazugehörigen Schuldverschreibungen nicht mitveräußert werden. Auf diese Einnahmen aus der Veräußerung wird – anders als im Fall des § 20 II 1 Nr 2a – gem § 43 I 1 Nr 8 KapESt einbehalten. Auf die in der Folge gezahlten Zinsen wird ebenfalls KapESt erhoben (§ 43 I 1 Nr 7). Da diese Zinsen – anders als die Dividende im Fall des § 20 II 1 Nr 2a – stpfl sind, schließt § 45 S 3 entspr der Grundregel des § 45 S 1 eine Erstattung aus.

§ 45a Anmeldung und Bescheinigung der Kapitalertragsteuer

(1) ¹Die Anmeldung der einbehaltenen Kapitalertragsteuer ist dem Finanzamt innerhalb der in § 44 Abs. 1 oder Abs. 7 bestimmten Frist nach amtlich vorgeschriebenem Vordruck auf elektronischem Weg nach Maßgabe der Steuerdaten-Übermittlungsverordnung zu übermitteln. ²Satz 1 gilt entsprechend, wenn ein Steuerabzug nicht oder nicht in voller Höhe vorzunehmen ist. ³Der Grund für die Nichtabführung ist anzugeben. ⁴Auf Antrag kann das Finanzamt zur Vermeidung unbilliger Härten auf eine elektronische Übermittlung verzichten; in diesem Fall ist die Kapitalertragsteuer-Anmeldung von dem Schuldner, der den Verkaufsauftrag ausführenden Stelle, der auszahlenden Stelle oder einer vertretungsberechtigten Person zu unterschreiben.

(2) ¹In den Fällen des § 43 Abs. 1 Satz 1 Nr. 1 bis 4, 7a und 7b sind der Schuldner der Kapitalerträge und in den Fällen des § 43 Abs. 1 Satz 1 Nr. 7 und 8 sowie Satz 2 die die Kapitalerträge auszahlende Stelle vorbehaltlich der Absätze 3 und 4 verpflichtet, dem Gläubiger der Kapitalerträge auf Verlangen die folgenden Angaben nach amtlich vorgeschriebenem Muster zu bescheinigen:
1. den Namen und die Anschrift des Gläubigers;
2. die Art und Höhe der Kapitalerträge unabhängig von der Vornahme eines Steuerabzugs;
3. den Zahlungstag;
4. den Betrag der nach § 36 Abs. 2 Nr. 2 anrechenbaren Kapitalertragsteuer getrennt nach
    a) Kapitalertragsteuer im Sinne des § 43a Abs. 1 Nr. 1 und 2,
    b) Kapitalertragsteuer im Sinne des § 43a Abs. 1 Nr. 3 (Zinsabschlag) und
    c) Kapitalertragsteuer im Sinne des § 43a Abs. 1 Nr. 4 und 5;
5. das Finanzamt, an das die Steuer abgeführt worden ist.

²Bei Kapitalerträgen im Sinne des § 43 Abs. 1 Satz 1 Nr. 2 bis 4, 7 bis 7b und 8 sowie Satz 2 ist außerdem die Zeit anzugeben, für welche die Kapitalerträge gezahlt worden sind. ³Die Bescheinigung braucht nicht unterschrieben zu werden, wenn sie in einem maschinellen Verfahren ausgedruckt worden ist und den Aussteller erkennen lässt. ⁴Ist die auszahlende Stelle nicht Schuldner der Kapitalerträge, hat sie zusätzlich den Namen und die Anschrift des Schuldners der Kapitalerträge anzugeben. ⁵§ 44a Abs. 6 gilt sinngemäß; über die zu kennzeichnenden Bescheinigungen haben die genannten Institute und Unternehmen Aufzeichnungen zu führen. ⁶Diese müssen einen Hinweis auf den Buchungsbeleg über die Auszahlung an den Empfänger der Bescheinigung enthalten.

(3) ¹Werden Kapitalerträge für Rechnung des Schuldners durch ein inländisches Kreditinstitut oder ein inländisches Finanzdienstleistungsinstitut gezahlt, so hat an Stelle des Schuldners das Kreditinstitut oder das Finanzdienstleistungsinstitut die Bescheinigung zu erteilen. ²Aus der Bescheinigung des Kreditinstituts oder des Finanzdienstleistungsinstituts muss auch der Schuldner hervorgehen, für den die Kapitalerträge gezahlt werden; die Angabe des Finanzamts, an das die Kapitalertragsteuer abgeführt worden ist, kann unterbleiben. ³Die Sätze 1 und 2 gelten in den Fällen des § 20 Abs. 1 Nr. 1 Satz 4 entsprechend; der Emittent der Aktien gilt insoweit als Schuldner der Kapitalerträge.

(4) ¹Eine Bescheinigung nach Absatz 2 oder 3 ist nicht zu erteilen, wenn in Vertretung des Gläubigers ein Antrag auf Erstattung der Kapitalertragsteuer nach den §§ 44b und 45 gestellt worden ist oder gestellt wird. ²Satz 1 gilt entsprechend, wenn nach § 44a Abs. 8 Satz 1 der Steuerabzug nur nicht in voller Höhe vorgenommen worden ist.

(5) ¹Eine Ersatzbescheinigung darf nur ausgestellt werden, wenn die Urschrift nach den Angaben des Gläubigers abhanden gekommen oder vernichtet ist. ²Die Ersatzbescheinigung muss als solche gekennzeichnet sein. ³Über die Ausstellung von Ersatzbescheinigungen hat der Aussteller Aufzeichnungen zu führen.

(6) ¹Eine Bescheinigung, die den Absätzen 2 bis 5 nicht entspricht, hat der Aussteller zurückzufordern und durch eine berichtigte Bescheinigung zu ersetzen. ²Die berichtigte Bescheinigung ist als solche zu kennzeichnen. ³Wird die zurückgeforderte Bescheinigung nicht innerhalb eines Monats nach Zusendung der berichtigten Bescheinigung an den Aussteller zurückgegeben, hat der Aussteller das nach seinen Unterlagen für den Empfänger zuständige Finanzamt schriftlich zu benachrichtigen.

(7) ¹Der Aussteller einer Bescheinigung, die den Absätzen 2 bis 5 nicht entspricht, haftet für die auf Grund der Bescheinigung verkürzten Steuern oder zu Unrecht gewährten Steuervorteile. ²Ist die Bescheinigung nach Absatz 3 durch ein inländisches Kreditinstitut oder ein inländisches Finanzdienstleistungsinstitut auszustellen, so haftet der Schuldner auch, wenn er zum Zweck der Bescheinigung unrichtige Angaben macht. ³Der Aussteller haftet nicht
1. in den Fällen des Satzes 2,
2. wenn er die ihm nach Absatz 6 obliegenden Verpflichtungen erfüllt hat.

A. Grundaussage der Vorschrift

1 § 45a ergänzt § 44, der die Entstehung, Einbehaltung und Abführung der KapESt regelt. Er enthält Vorschriften über die Anmeldung und die Bescheinigung der KapESt. Die Reihenfolge, zunächst die Abführung und dann erst die Anmeldung der KapESt zu regeln, erscheint nicht plausibel; ebenso, dass zw den §§ 44 und 45a zunächst in den §§ 44b, 44c und 45 die Erstattung der KapESt geregelt wird.

B. Anmeldung der KapESt (§ 45a I)

2 Die Anmeldung der KapESt soll der FinVerw die Überwachung des Steuerabzugs erleichtern. Entspr gilt die Verpflichtung zur Anmeldung grds in allen Fällen des **§ 43 I 1 Nr 1–8 sowie S 2**. Verpflichtet zur Anmeldung der KapESt ist der Schuldner der Kapitalerträge, die den Verkaufsauftrag ausführende Stelle in den Fällen des § 20 I Nr 1 S 4 oder die auszahlende Stelle. Die Verpflichtung zur Anmeldung besteht nach § 45a I 2 auch dann, wenn ein Steuerabzug nicht oder nicht in voller Höhe vorzunehmen ist, zB bei Personenidentität zw Gläubiger und Schuldner der Kapitalerträge (§ 43 II) oder Abstandnahme vom Steuerabzug nach § 44a. Der Grund für die Nichtabführung ist gem § 45a I 3 in der Anmeldung anzugeben (zu den weiteren Formalien vgl § 45a I 4, 5).

C. Bescheinigung der KapESt (§ 45a II–VI)

3 Eine KapESt-Bescheinigung ist nach **§ 45a II, III** in den Fällen des § 43 I 1 Nr 1–4, 7, 7a, 7b und 8 sowie des S 2 auf Verlangen auszustellen. Die Bescheinigung ist in den Fällen des § 43 I 1 Nr 1–4, 7a und 7b der Schuldner der Kapitalerträge zu erteilen. Werden die Kapitalerträge für seine Rechnung durch ein inländisches Kredit- oder Finanzdienstleistungsinstitut gezahlt, so tritt dieses gem § 45a III an seine Stelle. In den Fällen des § 43 I 1 Nr 7, 8 sowie S 2 hat die auszahlende Stelle (vgl § 44 I 4) die Bescheinigung auszustellen. Entsprechendes gilt nach § 45a III 3 in den Fällen des § 20

I Nr 1 S 4. Die Bescheinigung der KapESt bei Einnahmen iSv § 20 I Nr 1 S 4 wird vom Kredit- oder Finanzdienstleistungsinstitut des Aktienerwerbers ausgestellt.[1] In die Bescheinigung sind die in § 45a II, III geforderten Angaben aufzunehmen.[2] Eine KapESt-Bescheinigung ist nach § 45a IV nicht zu erteilen, wenn in Vertretung des Gläubigers ein (Sammel-)Antrag auf Erstattung nach §§ 44b und 45c gestellt worden ist. Es soll so eine zusätzliche Berücksichtigung bei der Veranlagung ausgeschlossen werden. Mit § 45a IV 2 wird auch die Ausstellung von Steuerbescheinigungen in den Fällen des § 44a VIII (KapESt-Abzug nicht in voller Höhe, der abgeltende Wirkung entfaltet) ausgeschlossen. Es soll so die Stellung von Anträgen auf Erstattung beim BZSt verhindert werden.[1] § 45a V sieht die Möglichkeit der Ausstellung einer Ersatzbescheinigung vor, wenn die Urschrift abhanden gekommen oder vernichtet ist.[3] § 45a VI verlangt die Rückforderung und Berichtigung einer unrichtigen Bescheinigung. § 45a VII normiert eine Haftung für unrichtige Bescheinigungen, und zwar für den Aussteller der Bescheinigung, im Fall des § 45a III aber auch für den Schuldner, der unrichtige Angaben gemacht hat.

IdF ab VZ 2009:

§ 45a Anmeldung und Bescheinigung der Kapitalertragsteuer

...

(2) ¹In den Fällen des § 43 Abs. 1 Satz 1 Nr. 1 bis 4, 7a und 7b sind der Schuldner der Kapitalerträge und in den Fällen des § 43 Abs. 1 Satz 1 Nr. 7 und 8 sowie Satz 2 die die Kapitalerträge auszahlende Stelle vorbehaltlich der Absätze 3 und 4 verpflichtet, dem Gläubiger der Kapitalerträge auf Verlangen die folgenden Angaben nach amtlich vorgeschriebenem Muster zu bescheinigen:
1. *den Namen und die Anschrift des Gläubigers;*
2. *die Art und Höhe der Kapitalerträge unabhängig von der Vornahme eines Steuerabzugs;*
3. *den Zahlungstag;*
4. *den Betrag der nach § 36 Abs. 2 Nr. 2 anrechenbaren Kapitalertragsteuer getrennt nach*
   a) *Kapitalertragsteuer im Sinne des § 43a Abs. 1 Nr. 1 und 2,*
   b) *Kapitalertragsteuer im Sinne des § 43a Abs. 1 Nr. 3 (Zinsabschlag) und*
   c) *Kapitalertragsteuer im Sinne des § 43a Abs. 1 Nr. 4 und 5;*
5. *das Finanzamt, an das die Steuer abgeführt worden ist.*

²Bei Kapitalerträgen im Sinne des § 43 Abs. 1 Satz 1 Nr. 2 bis 4, 7 bis 7b und 8 sowie Satz 2 ist außerdem die Zeit anzugeben, für welche die Kapitalerträge gezahlt worden sind. ³Die Bescheinigung braucht nicht unterschrieben zu werden, wenn sie in einem maschinellen Verfahren ausgedruckt worden ist und den Aussteller erkennen lässt. ⁴Ist die auszahlende Stelle nicht Schuldner der Kapitalerträge, hat sie zusätzlich den Namen und die Anschrift des Schuldners der Kapitalerträge anzugeben. ⁵§ 44a Abs. 6 gilt sinngemäß; über die zu kennzeichnenden Bescheinigungen haben die genannten Institute und Unternehmen Aufzeichnungen zu führen. ⁶Diese müssen einen Hinweis auf den Buchungsbeleg über die Auszahlung an den Empfänger der Bescheinigung enthalten.

(3) ¹Werden Kapitalerträge für Rechnung des Schuldners durch ein inländisches Kreditinstitut oder ein inländisches Finanzdienstleistungsinstitut gezahlt, so hat an Stelle des Schuldners das Kreditinstitut oder das Finanzdienstleistungsinstitut die Bescheinigung zu erteilen. ²Satz 1 gilt in den Fällen des § 20 Abs. 1 Nr. 1 Satz 4 entsprechend; der Emittent der Aktien gilt insoweit als Schuldner der Kapitalerträge.

(4) ¹Eine Bescheinigung nach Absatz 2 oder 3 ist auch zu erteilen, wenn in Vertretung des Gläubigers ein Antrag auf Erstattung der Kapitalertragsteuer nach den[4] § 44b gestellt worden ist oder gestellt wird. ²Satz 1 gilt entsprechend, wenn nach § 44a Abs. 8 Satz 1 der Steuerabzug nicht in voller Höhe vorgenommen worden ist.

...

---

1 BR-Drs 622/06, 99.
2 Ausf zu Form und Inhalt der Steuerbescheinigungen nach § 45a II, III: BMF v 5.11.02, DStR 02, 2124.
3 BR-Drs 638/01, 55.
4 **Anm. d. Verlages:** Das Wort „den" wurde bei der Änderung des § 45a Abs. 4 durch Art. 1 Nr. 33 Buchst. c G vom 14.8.2007 (BGBl. I S. 1912) wohl durch ein redaktionelles Versehen nicht gestrichen.

7 *§ 45a I* wurde durch das JStG 08 neu gefasst. Es wurde der Vorschlag des Bundesrates im Rahmen seiner Stellungnahme zum Entwurf des UntStRefG 08 umgesetzt, eine Rechtsgrundlage für die **elektronische Übermittlung der KapESt-Anmeldung** zu schaffen.[1] Der Bundesrat hat seinen Vorschlag damit begründet, es seien Administrierungserschwernisse im Zusammenhang mit der Zerlegung der KapESt und der Weiterleitung der einbehaltenen KiSt an die jeweiligen Religionsgemeinschaften zu erwarten. Die Betriebs-FA müssten die sich hierzu aus den verschiedenen KapESt-Anmeldungen ergebenden Daten bündeln. Eine erhebliche Erleichterung ergäbe sich, wenn die anmeldepflichtigen Stellen verpflichtet würden, die KapESt – wie schon bei den LSt-Anmeldungen – auf elektronischem Wege zu übermitteln.[2]

11 *§ 45a II 1* regelte bisher die inhaltlichen Anforderungen einer Steuerbescheinigung. Die Neuregelung sieht vor, dass die bisherige **Steuerbescheinigung** durch eine Bescheinigung ersetzt wird, die die für die besondere Besteuerung von Kapitalerträgen nach § 32d erforderlichen Angaben enthält. Gleichzeitig wurde die Regelung über die Ausstellung einer Jahresbescheinigung nach § 24c aufgehoben. Diese Bescheinigung wird nicht mehr benötigt, da sich alle für die Besteuerung von Kapitalerträgen erforderlichen Daten aus der neuen Bescheinigung ergeben.

14 *§ 45a II 2 und 4* enthalten bisher Detailregelungen hinsichtlich der Steuerbescheinigung, die künftig in das amtliche Muster der Bescheinigung nach S 1 einzuarbeiten sind; die S 2 und 4 konnten somit entfallen.

17 *§ 45a III 2* wurde aufgehoben, da die erforderlichen Angaben sich aus dem amtlichen Muster der Bescheinigung ergeben. § 45a III 3 aF wurde an die Aufhebung von § 45a III 2 angepasst.

20 Nach *§ 45a IV aF* durfte keine Steuerbescheinigung erstellt werden, wenn ein Antrag auf Erstattung der KapESt gestellt worden ist. Der Umstand, dass ein Erstattungsantrag gestellt worden ist, steht künftig einer Ausstellung der Bescheinigung nach § 45a V 1 nicht entgegen, da es sich um einen Sachverhalt handelt, der durch eine entsprechende Ausgestaltung des amtlichen Musters der Bescheinigung abgefragt werden kann.

§ 45b Erstattung von Kapitalertragsteuer auf Grund von Sammelanträgen

(1) ¹Wird in den Fällen des § 44b Abs. 1 der Antrag auf Erstattung von Kapitalertragsteuer in Vertretung des Anteilseigners durch ein inländisches Kreditinstitut oder durch eine inländische Zweigniederlassung eines der in § 53b Abs. 1 oder 7 des Gesetzes über das Kreditwesen genannten Institute oder Unternehmen gestellt, so kann von der Übersendung des Freistellungsauftrags nach § 44a Abs. 2 Satz 1 Nr. 1, der Nichtveranlagungs-Bescheinigung nach § 44a Abs. 2 Satz 1 Nr. 2 oder der Bescheinigung nach § 44a Abs. 5 sowie der Steuerbescheinigung nach § 45a Abs. 2 oder 3 abgesehen werden, wenn das inländische Kreditinstitut oder die inländische Zweigniederlassung eines der in § 53b Abs. 1 oder 7 des Gesetzes über das Kreditwesen genannten Institute oder Unternehmen versichert, dass
1. eine Bescheinigung im Sinne des § 45a Abs. 2 oder 3 nicht ausgestellt oder als ungültig gekennzeichnet oder nach den Angaben des Gläubigers der Kapitalerträge abhanden gekommen oder vernichtet ist,
2. die Wertpapiere oder die Kapitalforderungen im Zeitpunkt des Zufließens der Einnahmen in einem auf den Namen des Gläubigers lautenden Wertpapierdepot bei dem inländischen Kreditinstitut oder bei der inländischen Zweigniederlassung eines der in § 53b Abs. 1 oder 7 des Gesetzes über das Kreditwesen genannten Institute oder Unternehmen verzeichnet waren,
3. ein Freistellungsauftrag nach § 44a Abs. 2 Satz 1 Nr. 1 oder eine Nichtveranlagungs-Bescheinigung nach § 44a Abs. 2 Satz 1 Nr. 2 oder eine Bescheinigung nach § 44a Abs. 5 vorliegt und
4. die Angaben in dem Antrag wahrheitsgemäß nach bestem Wissen und Gewissen gemacht worden sind.

²Über Anträge, in denen ein inländisches Kreditinstitut oder eine inländische Zweigniederlassung eines der in § 53b Abs. 1 oder 7 des Gesetzes über das Kreditwesen genannten Institute oder Unternehmen versichert, dass die Bescheinigung im Sinne des § 45a Abs. 2 oder 3 als ungültig gekennzeichnet oder nach den Angaben des Anteilseigners abhanden gekommen oder vernichtet ist, haben

---

1 BR-Drs 544/07, 86.   2 BT-Drs 16/5377.

die Kreditinstitute und Zweigniederlassungen eines der in § 53b Abs. 1 oder 7 des Gesetzes über das Kreditwesen genannten Institute oder Unternehmen Aufzeichnungen zu führen.

(2) ¹Absatz 1 gilt entsprechend für Anträge, die
1. eine Kapitalgesellschaft in Vertretung ihrer Arbeitnehmer stellt, soweit es sich um Einnahmen aus Anteilen handelt, die den Arbeitnehmern von der Kapitalgesellschaft überlassen worden sind und von ihr, einem inländischen Kreditinstitut oder einer inländischen Zweigniederlassung eines der in § 53b Abs. 1 oder 7 des Gesetzes über das Kreditwesen genannten Institute oder Unternehmen verwahrt werden;
2. der von einer Kapitalgesellschaft bestellte Treuhänder in Vertretung der Arbeitnehmer dieser Kapitalgesellschaft stellt, soweit es sich um Einnahmen aus Anteilen handelt, die den Arbeitnehmern von der Kapitalgesellschaft überlassen worden sind und von dem Treuhänder, einem inländischen Kreditinstitut oder einer inländischen Zweigniederlassung eines der in § 53b Abs. 1 oder 7 des Gesetzes über das Kreditwesen genannten Institute oder Unternehmen verwahrt werden;
3. eine Erwerbs- oder Wirtschaftsgenossenschaft in Vertretung ihrer Mitglieder stellt, soweit es sich um Einnahmen aus Anteilen an dieser Genossenschaft handelt und nicht die Abstandnahme gemäß § 44a Abs. 8 durchgeführt wurde.

²Den Arbeitnehmern im Sinne des Satzes 1 Nr. 1 und 2 stehen Arbeitnehmer eines mit der Kapitalgesellschaft verbundenen Unternehmens (§ 15 des Aktiengesetzes) sowie frühere Arbeitnehmer der Kapitalgesellschaft oder eines mit ihr verbundenen Unternehmens gleich. ³Den von der Kapitalgesellschaft überlassenen Anteilen stehen Aktien gleich, die den Arbeitnehmern bei einer Kapitalerhöhung auf Grund ihres Bezugsrechts aus den von der Kapitalgesellschaft überlassenen Aktien zugeteilt worden sind oder die den Arbeitnehmern auf Grund einer Kapitalerhöhung aus Gesellschaftsmitteln gehören.

(2a) ¹Sammelanträge auf volle oder hälftige Erstattung können auch Gesamthandsgemeinschaften für ihre Mitglieder im Sinne von § 44a Abs. 7 und 8 stellen. ²Absatz 1 ist entsprechend anzuwenden.

(3) ¹Erkennt der Vertreter des Gläubigers der Kapitalerträge vor Ablauf der Festsetzungsfrist im Sinne der §§ 169 bis 171 der Abgabenordnung, dass die Erstattung ganz oder teilweise zu Unrecht festgesetzt worden ist, so hat er dies dem Bundeszentralamt für Steuern anzuzeigen. ²Das Bundeszentralamt für Steuern hat die zu Unrecht erstatteten Beträge von dem Gläubiger zurückzufordern, für den sie festgesetzt worden sind. ³Der Vertreter des Gläubigers haftet für die zurückzuzahlenden Beträge.

(4) ¹§ 44b Abs. 1 bis 4 gilt entsprechend. ²Die Antragsfrist gilt als gewahrt, wenn der Gläubiger die beantragende Stelle bis zu dem in § 44b Abs. 3 bezeichneten Zeitpunkt schriftlich mit der Antragstellung beauftragt hat.

(5) Die Vollmacht, den Antrag auf Erstattung von Kapitalertragsteuer zu stellen, ermächtigt zum Empfang der Steuererstattung.

(In § 45b I Nr 1 wurden durch G v 14.8.07, BGBl I, 1912 mWv VZ 2009 die Wörter „nicht ausgestellt oder" gestrichen. Es handelt sich insoweit um eine Folgeänderung zur Änderung von § 45a IV.)

R 45b EStR 05

A. Grundaussage der Vorschrift

§ 45b regelt die Erstattung von KapESt aufgrund von Sammelanträgen. Er steht in sachlichem Zusammenhang mit den Erstattungsregelungen der §§ 44b, 44c und 45. § 45b wird ergänzt durch § 45c.

B. Erstattungsanträge von Kreditinstituten (§ 45b I)

§ 45b trifft eine Regelung für die Fälle des § 44b I, in denen die Erstattung von KapESt iSv § 43 I 1 Nr 1 und 2 beantragt wird, weil ein Freistellungs-, ein NV- oder ein Fall des KapESt-Überhangs vorliegt. Wird in diesen Fällen der Erstattungsantrag durch ein inländisches Kreditinstitut oder durch eine der in § 45b I bezeichneten inländischen Zweigniederlassungen gestellt, so kann auf die Vorlage der Freistellungsaufträge, NV-Bescheinigungen, Bescheinigungen nach § 44a V sowie nach § 45a II oder III verzichtet werden, wenn das Institut eine Versicherung mit dem in § 45b I Nr 1–4 bezeichneten Inhalt abgibt.

C. Erstattungsanträge für ArbN und Mitglieder (§ 45b II)

4   Nach § 45b II können auch KapGes in Vertretung ihrer ArbN, die von einer KapGes bestellten Treuhänder in Vertretung der ArbN dieser Ges (Erweiterung: § 45b II 2) sowie Erwerbs- und Wirtschaftsgenossenschaften in Vertretung ihrer Mitglieder Sammelanträge auf Vergütung von KapESt stellen – allerdings grds (Erweiterung: § 45b II 3) nur in Bezug auf Einnahmen aus Anteilen, die dem ArbN von der KapGes überlassen worden sind, und in Bezug auf Einnahmen aus Anteilen an der antragstellenden Genossenschaft (zu Sonderfällen vgl § 45c).

D. Erstattungsanträge von Gesamthandsgemeinschaften (§ 45b II a)

5   § 45b II a schafft für Gesamthandsgemeinschaften die Möglichkeit, Sammelanträge für ihre Mitglieder iSd § 44a VII und VIII (gemeinnützige und sonstige KSt-befreite Körperschaften) zu stellen. § 45b II a trägt der Tatsache Rechnung, dass die in § 44a VII und VIII genannten Anteilseigner häufig an GbR beteiligt sind, deren Einkünfte aus KapVerm mit der darauf entfallenden KapESt gesondert und einheitlich festzustellen und den Beteiligten zuzurechnen sind. Die Abstandnahme vom Steuerabzug ist bei solchen Beteiligungen grds ausgeschlossen. Die PersGes gehörte auch – ohne die Regelung des § 45b II a – nicht zu dem sammelantragsberechtigten Personenkreis nach § 45b.[1] Der Begriff der „Gesamthandsgemeinschaften" soll Körperschaften ausgrenzen, jedoch nicht nur Außen-PersGes, sondern ua auch Erbengemeinschaften erfassen.

E. Anzeigepflicht, Antragsfrist, Erstattungsempfänger (§ 45b III–V)

7   Das Institut iSv § 45b I und die Ges iSv § 44b II sind nach § 44b III zur Anzeige verpflichtet, wenn sie erkennen, dass die Erstattung zu Unrecht erfolgt ist, und haften für die zurückzuzahlenden Beträge. Hinsichtlich der Formalien der Antragstellung (Antragsfrist, Antragsteller) verweist § 45b auf § 44b I–IV. Der zur Antragstellung Bevollmächtigte gilt nach § 45b V auch als zum Empfang der Erstattung ermächtigt.

§ 45c   Erstattung von Kapitalertragsteuer in Sonderfällen

(1) ¹In den Fällen des § 45b Abs. 2 wird die Kapitalertragsteuer an den dort bezeichneten Vertreter unabhängig davon erstattet, ob für den Gläubiger der Kapitalerträge eine Veranlagung in Betracht kommt und ob eine Nichtveranlagungs-Bescheinigung nach § 44a Abs. 2 Satz 1 Nr. 2 vorgelegt wird, wenn der Vertreter sich in einem Sammelantrag bereit erklärt hat, den Erstattungsbetrag für den Gläubiger entgegenzunehmen. ²Die Erstattung nach Satz 1 wird nur für Gläubiger gewährt, deren Bezüge im Sinne des § 20 Abs. 1 Nr. 1 und 2 im Wirtschaftsjahr 51 Euro nicht überstiegen haben.

(2) ¹Werden in den Fällen des § 45b Abs. 2 Satz 1 Nr. 1 oder 2 die Anteile von einem inländischen Kreditinstitut oder einer inländischen Zweigniederlassung eines der in § 53b Abs. 1 oder 7 des Gesetzes über das Kreditwesen genannten Institute oder Unternehmen in einem Wertpapierdepot verwahrt, das auf den Namen des Gläubigers lautet, setzt die Erstattung nach Absatz 1 zusätzlich voraus:

1. Das inländische Kreditinstitut oder die inländische Zweigniederlassung eines der in § 53b Abs. 1 oder 7 des Gesetzes über das Kreditwesen genannten Institute oder Unternehmen hat die Überlassung der Anteile durch die Kapitalgesellschaft an den Gläubiger kenntlich gemacht;
2. es handelt sich nicht um Aktien, die den Arbeitnehmern bei einer Kapitalerhöhung auf Grund ihres Bezugsrechts aus den von der Kapitalgesellschaft überlassenen Aktien zugeteilt worden sind oder die den Arbeitnehmern auf Grund einer Kapitalerhöhung aus Gesellschaftsmitteln gehören;
3. der Gläubiger hat dem inländischen Kreditinstitut oder der inländischen Zweigniederlassung eines der in § 53b Abs. 1 oder 7 des Gesetzes über das Kreditwesen genannten Institute oder Unternehmen für das Wertpapierdepot eine Nichtveranlagungs-Bescheinigung nach § 44a Abs. 2 Satz 1 Nr. 2 nicht vorgelegt und

---

1 BT-Drs 15/3677, 34.

4. die Kapitalgesellschaft versichert, dass
   a) die Bezüge aus den von ihr insgesamt überlassenen Anteilen bei keinem der Gläubiger den Betrag von 51 Euro überstiegen haben können und
   b) das inländische Kreditinstitut oder die inländische Zweigniederlassung eines der in § 53b Abs. 1 oder 7 des Gesetzes über das Kreditwesen genannten Institute oder Unternehmen schriftlich erklärt hat, dass die in den Nummern 1 bis 3 bezeichneten Voraussetzungen erfüllt sind.

²Ist die in Satz 1 Nr. 4 Buchstabe b bezeichnete Erklärung des inländischen Kreditinstituts oder der inländischen Zweigniederlassung eines der in § 53b Abs. 1 oder 7 des Gesetzes über das Kreditwesen genannten Institute oder Unternehmen unrichtig, haften diese für die auf Grund der Erklärung zu Unrecht gewährten Steuervorteile.

(3) ¹Das Finanzamt kann einer unbeschränkt steuerpflichtigen Körperschaft auch in anderen als den in § 45b Abs. 2 bezeichneten Fällen gestatten, in Vertretung ihrer unbeschränkt steuerpflichtigen Gläubiger einen Sammelantrag auf Erstattung von Kapitalertragsteuer zu stellen, wenn
1. die Zahl der Gläubiger, für die der Sammelantrag gestellt werden soll, besonders groß ist,
2. die Körperschaft den Gewinn ohne Einschaltung eines inländischen Kreditinstituts oder einer inländischen Zweigniederlassung eines der in § 53b Abs. 1 oder 7 des Gesetzes über das Kreditwesen genannten Institute oder Unternehmen an die Gläubiger ausgeschüttet hat und
3. im Übrigen die Voraussetzungen des Absatzes 1 erfüllt sind.

²In diesen Fällen ist nicht erforderlich, dass die Anteile von einer der in § 45b bezeichneten Stellen verwahrt werden.

(4) ¹Für die Erstattung ist das Finanzamt zuständig, dem die Besteuerung des Einkommens des Vertreters obliegt. ²Das Finanzamt kann die Erstattung an Auflagen binden, die die steuerliche Erfassung der Kapitalerträge sichern sollen. ³Im Übrigen ist § 45b sinngemäß anzuwenden.

(5) ¹Ist der Gläubiger von Kapitalerträgen im Sinne des § 43 Abs. 1 Satz 1 Nr. 2 ein unbeschränkt einkommensteuerpflichtiger Arbeitnehmer und beruhen die Kapitalerträge auf Teilschuldverschreibungen, die ihm von seinem gegenwärtigen oder früheren Arbeitgeber überlassen worden sind, so wird die Kapitalertragsteuer unter entsprechender Anwendung der Absätze 1 bis 4 an den Arbeitgeber oder an einen von ihm bestellten Treuhänder erstattet, wenn der Arbeitgeber oder Treuhänder in Vertretung des Gläubigers sich in einem Sammelantrag bereit erklärt hat, den Erstattungsbetrag für den Gläubiger entgegenzunehmen. ²Die Erstattung wird nur für Gläubiger gewährt, deren Kapitalerträge im Sinne des Satzes 1 allein oder, in den Fällen des Absatzes 1, zusammen mit den dort bezeichneten Kapitalerträgen im Wirtschaftsjahr 51 Euro nicht überstiegen haben.

(§ 45c wird aufgehoben durch G v 14.8.07, BGBl I, 1912.)

R 45c EStR 05

A. Grundaussage der Vorschrift

§ 45c erweitert die Möglichkeiten der Erstattung von KapESt in den Fällen des § 45b II (Sammelanträge für ArbN und Mitglieder), falls es sich um nur geringe Beträge handelt oder die Zahl der Gläubiger, für die der Sammelantrag gestellt werden soll, besonders groß ist. 1

B. Erstattung bei geringen Bezügen iSv § 20 I Nr 1, 2 (§ 45c I, II, IV)

Nach § 45b II können KapGes oder Treuhänder für die ArbN der KapGes sowie Erwerbs- und Wirtschaftsgenossenschaften für ihre Mitglieder Sammelanträge auf Erstattung der KapESt stellen. § 45c I erweitert diese Möglichkeit, indem er eine Erstattung unabhängig davon vorsieht, ob eine Veranlagung in Betracht kommt oder eine NV-Bescheinigung vorgelegt wird. Voraussetzung ist, dass die Bezüge iSv § 20 I Nr 1 und 2 im Wj 51 € nicht übersteigen. § 45c II stellt zusätzliche Voraussetzungen für die Erstattung auf, falls die Anteile nicht von der KapGes selbst oder ihrem Treuhänder, sondern von einem der in § 45c II bezeichneten Institute in einem Wertpapierdepot verwahrt werden, das auf den Namen des Gläubigers lautet. § 45c IV regelt Einzelheiten des Verfahrens. 3

von Beckerath

C. Erstattung in Massefällen (§ 45c III, IV)

5 Das FA (vgl § 45c IV) kann nach § 45c III auch in anderen als den in § 45b II bezeichneten Fällen gestatten, dass Körperschaften in Vertretung ihrer Gläubiger einen Sammelantrag auf Erstattung stellen, wenn die Zahl der Gläubiger besonders groß ist.

D. Erstattung bei geringen Bezügen iSv § 43 I 1 Nr 2 (§ 45c V)

7 § 45c V überträgt die Regelungen der I–IV auf Erträge iSv § 43 I 1 Nr 2. Er regelt die Erstattung in einem vereinfachten Verfahren für Erträge bis 51 € aus Wandelanleihen und Gewinnobligationen, die vom gegenwärtigen oder früheren ArbG überlassen worden sind.

IdF ab VZ 2009:

§ 45c

(aufgehoben)

10 Nach § 45c wird in bestimmten Fällen von Sammelanträgen die KapESt unabhängig davon erstattet, ob für den Gläubiger eine Veranlagung in Betracht kommt oder eine NV-Bescheinigung (Nichtveranlagungsbescheinigung) vorliegt, wenn die Kapitalerträge den Betrag von 51 € nicht übersteigen. Diese Kapitalerträge sind ggf im Rahmen der Veranlagung zur ESt zu erklären. Diese **Vereinfachungsregelung** wurde **nicht beibehalten**, da dies zu einer Vielzahl von Fällen geführt hätte, die von der Abgeltungsteuer nicht erfasst und nachzuerklären gewesen wären.

§ 45d Mitteilungen an das Bundeszentralamt für Steuern

(1) ¹Wer nach § 44 Abs. 1 dieses Gesetzes und § 7 des Investmentsteuergesetzes zum Steuerabzug verpflichtet ist oder auf Grund von Sammelanträgen nach § 45b Abs. 1 und 2 die Erstattung von Kapitalertragsteuer beantragt, hat dem Bundeszentralamt für Steuern bis zum 31. Mai des Jahres, das auf das Jahr folgt, in dem die Kapitalerträge den Gläubigern zufließen, folgende Daten zu übermitteln:
1. Vor- und Zunamen sowie das Geburtsdatum der Person – gegebenenfalls auch des Ehegatten –, die den Freistellungsauftrag erteilt hat (Auftraggeber),
2. Anschrift des Auftraggebers,
3. bei den Kapitalerträgen, für die ein Freistellungsauftrag erteilt worden ist,
    a) die Zinsen und ähnlichen Kapitalerträge, bei denen vom Steuerabzug Abstand genommen worden ist,
    b) die Dividenden und ähnlichen Kapitalerträge, bei denen die Erstattung von Kapitalertragsteuer beim Bundeszentralamt für Steuern beantragt worden ist,
    c) die Kapitalerträge im Sinne des § 43 Abs. 1 Nr. 2, bei denen die Erstattung von Kapitalertragsteuer beim Bundeszentralamt für Steuern beantragt worden ist,
    d) die Hälfte der Dividenden und ähnlichen Kapitalerträge, bei denen nach § 44b Abs. 1 in der Fassung des Gesetzes vom 23. Oktober 2000 (BGBl. I S. 1433) die Erstattung von Kapitalertragsteuer beim Bundeszentralamt für Steuern beantragt worden ist,
4. Namen und Anschrift des Empfängers des Freistellungsauftrags.

²Die Datenübermittlung hat nach amtlich vorgeschriebenem Datensatz auf amtlich vorgeschriebenen maschinell verwertbaren Datenträgern zu erfolgen. ³Im Übrigen findet § 150 Abs. 6 der Abgabenordnung entsprechende Anwendung. ⁴Das Bundeszentralamt für Steuern kann auf Antrag eine Übermittlung nach amtlich vorgeschriebenem Vordruck zulassen, wenn eine Übermittlung nach Satz 2 eine unbillige Härte mit sich bringen würde.

(2) ¹Das Bundeszentralamt für Steuern darf den Sozialleistungsträgern die Daten nach Absatz 1 mitteilen, soweit dies zur Überprüfung des bei der Sozialleistung zu berücksichtigenden Einkommens oder Vermögens erforderlich ist oder der Betroffene zustimmt. ²Für Zwecke des Satzes 1 ist das Bundeszentralamt für Steuern berechtigt, die ihm von den Sozialleistungsträgern übermittelten Daten mit den vorhandenen Daten nach Absatz 1 im Wege des automatisierten Datenabgleichs zu überprüfen und das Ergebnis den Sozialleistungsträgern mitzuteilen.

§ 45d soll eine mehr als einmalige Inanspruchnahme des Sparerfreibetrags auf Grund von Freistellungsaufträgen verhindern. Es werden deshalb die nach § 44 I, die nach § 7 InvStG zum Steuerabzug Verpflichteten sowie diejenigen, die auf Grund von Sammelanträgen nach § 45b I, II die Erstattung von KapESt beantragen, zu Mitteilungen an das BZSt verpflichtet. **Mitzuteilen** sind Vor- und Zuname, Geburtsdatum und Anschrift des Auftraggebers. Zu übermitteln ist außerdem die Höhe des Betrags, für den vom Abzug Abstand genommen oder eine Erstattung beantragt worden ist (**die „freigestellten" Beträge**).[1] Die Daten sind nach § 45d I 2 grds **auf maschinell verwertbaren Datenträgern**,[2] ausnahmsweise nach § 45d I 4 im Listenverfahren nach amtlich vorgeschriebenem Vordruck zu übermitteln. § 45d II normiert eine § 31a III AO ähnliche Ausnahme vom Steuergeheimnis für **Mitteilungen an Sozialleistungsträger**.

IdF ab VZ 2009:

§ 45d Mitteilungen an das Bundeszentralamt für Steuern

(1) ¹Wer nach § 44 Abs. 1 dieses Gesetzes und § 7 des Investmentsteuergesetzes zum Steuerabzug verpflichtet ist oder auf Grund von Sammelanträgen nach § 45b Abs. 1 und 2 die Erstattung von Kapitalertragsteuer beantragt, hat dem Bundeszentralamt für Steuern bis zum 31. Mai des Jahres, das auf das Jahr folgt, in dem die Kapitalerträge den Gläubigern zufließen, folgende Daten zu übermitteln:

1. Vor- und Zunamen sowie das Geburtsdatum der Person – gegebenenfalls auch des Ehegatten –, die den Freistellungsauftrag erteilt hat (Auftraggeber),
2. Anschrift des Auftraggebers,
3. bei den Kapitalerträgen, für die ein Freistellungsauftrag erteilt worden ist,
   a) die Kapitalerträge, bei denen vom Steuerabzug Abstand genommen worden ist,
   b) die Kapitalerträge, bei denen die Erstattung von Kapitalertragsteuer beim Bundeszentralamt für Steuern beantragt worden ist,
   c), d) (aufgehoben)
4. Namen und Anschrift des Empfängers des Freistellungsauftrags.
²Die Datenübermittlung hat nach amtlich vorgeschriebenem Datensatz auf amtlich vorgeschriebenen maschinell verwertbaren Datenträgern zu erfolgen. ³Im Übrigen findet § 150 Abs. 6 der Abgabenordnung entsprechende Anwendung. ⁴Das Bundeszentralamt für Steuern kann auf Antrag eine Übermittlung nach amtlich vorgeschriebenem Vordruck zulassen, wenn eine Übermittlung nach Satz 2 eine unbillige Härte mit sich bringen würde.

...

Da alle Kapitalerträge dem gleichen Steuersatz unterliegen, konnte die bisherige **Differenzierung in § 45d I 1 Nr 3** insbes zw Dividenden und Zinsen bei den Mitteilungen der zum Steuerabzug verpflichteten Stellen an das Bundeszentralamt für Steuern über die Höhe des ausgeschöpften Freistellungsauftrags entfallen. Künftig ist nur noch zw Kapitalerträgen, bei denen vom Steuerabzug Abstand genommen worden ist, und Kapitalerträgen, bei denen die Erstattung von KapESt beim BZSt beantragt worden ist, zu unterscheiden.

§ 45e Ermächtigung für Zinsinformationsverordnung

¹Die Bundesregierung wird ermächtigt, durch Rechtsverordnung mit Zustimmung des Bundesrates die Richtlinie 2003/48/EG des Rates vom 3. Juni 2003 (ABl. EU L 157 S. 38) in der jeweils geltenden Fassung im Bereich der Besteuerung von Zinserträgen umzusetzen. ²§ 45d Abs. 1 Satz 2 bis 4 und Absatz 2 sind entsprechend anzuwenden.

---

1 StEntlG 99/00/02: BT-Drucks 14/265, 185; zur Mitteilung bei Ehegatten: BMF BStBl I 97, 101.

2 Freistellungsauftrags-Datenträger-VO, BGBl I 94, 768.

§ 45e Ermächtigung für Zinsinformationsverordnung

Literatur: *Müller* Deutschland und EU schieben Steuerflucht den Riegel vor, StBp 04, 287; *Seiler* Transparenz bei Zinseinkünften im europäischen Raum, IStR 04, 781; *Seiler/Lohr* Ausländische Zinseinkünfte von EU-Bürgern sind kein (Bank-) Geheimnis mehr – die EU-Zinsrichtlinie aus Sicht des BMF, DStR 05, 537; *Stahl* Gläserne Bankkonten, Zinsinformationsverordnung und weitere neue Steuerkontrollen, KÖSDI 05, 14707.

1 Die **Zinsrichtlinie** verpflichtet die Mitgliedstaaten ab Juli 05 zu Kontrollmitteilungen über Zinszahlungen an Steuerausländer an die Steuerverwaltungen der jeweiligen Mitgliedsländer. Österreich, Luxemburg und Belgien erheben übergangsweise eine Quellensteuer, und zwar von 15 % bis 07, dann 20 % und ab 11 von 35 %.[1] Dieses Verfahren wenden auch Drittstaaten wie die Schweiz oder Liechtenstein an. Was unter meldepflichtigen bzw quellensteuerabzugspflichtigen Zinszahlungen zu verstehen ist, richtet sich jeweils nach nationalem Recht (Unterschiede zB bei Finanzinnovationen, Erträgen aus Immobilienfonds).[2] Gem Art 15 der Zinsrichtlinie sind bis Ende 2010 Zinsen aus allen vor dem 1.3.01 ausgegebenen Erst-Anleihen unabhängig vom Sitz des Emittenten vom Quellensteuerabzug und Informationsaustausch ausgenommen.

2 Der Gesetzgeber hat mit § 45e S 1 die **Bundesregierung ermächtigt**, die Richtlinie durch Rechtsverordnung mit Zustimmung des Bundesrates umzusetzen.[3] Die BReg hat von dieser Ermächtigung mit der „Verordnung zur Umsetzung der Richtlinie 2003/48/EG des Rates vom 3. Juni 2003 im Bereich der Besteuerung von Zinserträgen (**Zinsinformationsverordnung** – ZIV)" v 26.1.04 Gebrauch gemacht.[4] Die ZIV gilt gem § 7 ZIV für Zinszahlungen (iSv § 6 ZIV) durch eine inländische Zahlstelle (iSv § 4 ZIV) an wirtschaftliche Eigentümer (iSv § 2 ZIV), die ihren Wohnsitz in einem anderen Mitgliedstaat der EG haben. Nach § 2 ZIV ist jede nat Pers, die eine Zinszahlung für sich vereinnahmt oder zu deren Gunsten eine Zinszahlung erfolgt, der wirtschaftliche Eigentümer (im Grundsatz: der Kontoinhaber). KapGes und andere jur Pers sind vom Anwendungsbereich der ZIV ausgenommen. § 4 I 1 ZIV sieht jeden inländischen Wirtschaftsbeteiligten als Zahlstelle an, der – in Ausübung seines Berufes oder Gewerbes – dem wirtschaftlichen Eigentümer Zinsen zahlt oder Zinszahlungen zu dessen unmittelbarem Nutzen einzieht. Die Zahlstelle ermittelt nach § 3 ZIV die Identität des wirtschaftlichen Eigentümers, nämlich seinen Namen und seine Anschrift, seinen Wohnsitz und – für nach dem 1.1.04 begründete Vertragsbeziehungen – auch die ihm erteilte Steuer-Identifikationsnummer. Die Zahlstelle erteilt dem BZSt gem § 8 ZIV folgende Auskünfte: Identität und Wohnsitz des wirtschaftlichen Eigentümers, Name und Anschrift der Zahlstelle, die Kontonummer des wirtschaftlichen Eigentümers sowie den Gesamtbetrag der Zinsen oder Erträge und den Gesamtbetrag des Erlöses aus der Abtretung, Rückzahlung oder Einlösung. Das BZSt erteilt die Auskünfte nach § 9 ZIV der zuständigen Behörde des Mitgliedstaates, in dem der wirtschaftliche Eigentümer ansässig ist, und nimmt die entspr Mitteilungen ausländischer Zahlstellen entgegen und leitet sie an die Landesfinanzverwaltungen weiter. Mit einem umfangreichen BMF-Schreiben hat die FinVerw zur Anwendung der ZIV und zu Zweifelsfragen Stellung genommen.[5]

3 § 45e S 2 erklärt die **Regelung des § 45d** zur Übermittlung der Daten an das BZSt sowie – soweit es um die Verwertung der Mitteilungen der anderen Mitgliedstaaten über ausländische Zinsen unbeschränkt StPfl geht – zu deren Weitergabe an die Sozialleistungsträger für entspr anwendbar. Die Vorschrift des § 45d über Mitteilungen der Kreditinstitute von Kapitalerträgen, für die ein Freistellungsauftrag erteilt worden ist, an das BZSt enthalte – so die Gesetzesbegründung – ein erprobtes und in der Praxis bewährtes Mitteilungssystem. Da vorgesehen sei, das BZSt sowohl als Empfänger der auf Grund der Richtlinie erforderlichen Mitteilungen der Kreditinstitute über Zinsen von Steuerausländern als auch als Empfänger der entspr Mitteilungen der anderen Mitgliedstaaten zu benennen, sei es schon aus Gründen der Kostenbegrenzung geboten, an das bestehende Mitteilungssystem nach § 45d anzuknüpfen.[3]

---

1 *Lohr* DStR 03, 1240.
2 *Stahl* KÖSDI 05, 14707 (14714).
3 BT-Drs 15/1945, 23.
4 BGBl I 04, 128; *Kracht* GStB 04, 294.
5 BMF DB 05, 250; *Seiler/Lohr* DStR 05, 537.

4. Veranlagung von Steuerpflichtigen mit steuerabzugspflichtigen Einkünften

§ 46 Veranlagung bei Bezug von Einkünften aus nichtselbstständiger Arbeit

(1) *(weggefallen)*

(2) ¹Besteht das Einkommen ganz oder teilweise aus Einkünften aus nichtselbstständiger Arbeit, von denen ein Steuerabzug vorgenommen worden ist, so wird eine Veranlagung nur durchgeführt,

1. wenn die positive Summe der einkommensteuerpflichtigen Einkünfte, die nicht dem Steuerabzug vom Arbeitslohn zu unterwerfen waren, vermindert um die darauf entfallenden Beträge nach § 13 Abs. 3 und § 24a, oder die positive Summe der Einkünfte und Leistungen, die dem Progressionsvorbehalt unterliegen, jeweils mehr als 410 Euro beträgt;
2. wenn der Steuerpflichtige nebeneinander von mehreren Arbeitgebern Arbeitslohn bezogen hat; das gilt nicht, soweit nach § 38 Abs. 3a Satz 7 Arbeitslohn von mehreren Arbeitgebern für den Lohnsteuerabzug zusammengerechnet worden ist;
3. wenn für einen Steuerpflichtigen, der zu dem Personenkreis des § 10c Abs. 3 gehört, die Lohnsteuer im Veranlagungszeitraum oder für einen Teil des Veranlagungszeitraums nach den Steuerklassen I bis IV unter Berücksichtigung der Vorsorgepauschale nach § 10c Abs. 2 zu erheben war;
3a. wenn von Ehegatten, die nach den §§ 26, 26b zusammen zur Einkommensteuer zu veranlagen sind, beide Arbeitslohn bezogen haben und einer für den Veranlagungszeitraum oder einen Teil davon nach der Steuerklasse V oder VI besteuert worden ist;
4. wenn auf der Lohnsteuerkarte eines Steuerpflichtigen ein Freibetrag im Sinne des § 39a Abs. 1 Nr. 1 bis 3, 5 oder 6 eingetragen worden ist; dasselbe gilt für einen Steuerpflichtigen, der zum Personenkreis des § 1 Abs. 2 gehört, wenn diese Eintragungen auf einer Bescheinigung nach § 39c erfolgt sind;
4a. wenn bei einem Elternpaar, bei dem die Voraussetzungen des § 26 Abs. 1 Satz 1 nicht vorliegen,
   a) – c) *(weggefallen)*
   d) im Fall des § 33a Abs. 2 Satz 6 das Elternpaar gemeinsam eine Aufteilung des Abzugsbetrags in einem anderen Verhältnis als je zur Hälfte beantragt oder
   e) im Fall des § 33b Abs. 5 Satz 3 das Elternpaar gemeinsam eine Aufteilung des Pauschbetrags für behinderte Menschen oder des Pauschbetrags für Hinterbliebene in einem anderen Verhältnis als je zur Hälfte beantragt.
   ²Die Veranlagungspflicht besteht für jeden Elternteil, der Einkünfte aus nichtselbstständiger Arbeit bezogen hat;
5. wenn bei einem Steuerpflichtigen die Lohnsteuer für einen sonstigen Bezug im Sinne des § 34 Abs. 1 und 2 Nr. 2 und 4 nach § 39b Abs. 3 Satz 9 oder für einen sonstigen Bezug nach § 39c Abs. 5 ermittelt wurde;
5a. wenn der Arbeitgeber die Lohnsteuer von einem sonstigen Bezug berechnet hat und dabei der Arbeitslohn aus früheren Dienstverhältnissen des Kalenderjahres außer Betracht geblieben ist (§ 39b Abs. 3 Satz 2, § 41 Abs. 1 Satz 7, Großbuchstabe S);
6. wenn die Ehe des Arbeitnehmers im Veranlagungszeitraum durch Tod, Scheidung oder Aufhebung aufgelöst worden ist und er oder sein Ehegatte der aufgelösten Ehe im Veranlagungszeitraum wieder geheiratet hat;
7. wenn
   a) für einen unbeschränkt Steuerpflichtigen im Sinne des § 1 Abs. 1 auf der Lohnsteuerkarte ein Ehegatte im Sinne des § 1a Abs. 1 Nr. 2 berücksichtigt worden ist oder
   b) für einen Steuerpflichtigen, der zum Personenkreis des § 1 Abs. 3 oder des § 1a gehört, das Betriebsstättenfinanzamt eine Bescheinigung nach § 39c Abs. 4 erteilt hat; dieses Finanzamt ist dann auch für die Veranlagung zuständig;
8. wenn die Veranlagung beantragt wird, insbesondere zur Anrechnung von Lohnsteuer auf die Einkommensteuer. ²Der Antrag ist durch Abgabe einer Einkommensteuererklärung zu stellen.

(3) ¹In den Fällen des Absatzes 2 ist ein Betrag in Höhe der einkommensteuerpflichtigen Einkünfte, von denen der Steuerabzug vom Arbeitslohn nicht vorgenommen worden ist, vom Einkommen abzuziehen, wenn diese Einkünfte insgesamt nicht mehr als 410 Euro betragen. ²Der Betrag nach Satz 1 vermindert sich um den Altersentlastungsbetrag, soweit dieser den unter Verwendung des nach § 24a Satz 5 maßgebenden Prozentsatzes zu ermittelnden Anteil des Arbeitslohns mit Aus-

§ 46 Veranlagung bei Bezug von Einkünften aus nichtselbstständiger Arbeit

nahme der Versorgungsbezüge im Sinne des § 19 Abs. 2 übersteigt, und um den nach § 13 Abs. 3 zu berücksichtigenden Betrag.

(4) ¹Kommt nach Absatz 2 eine Veranlagung zur Einkommensteuer nicht in Betracht, so gilt die Einkommensteuer, die auf die Einkünfte aus nichtselbstständiger Arbeit entfällt, für den Steuerpflichtigen durch den Lohnsteuerabzug als abgegolten, soweit er nicht für zu wenig erhobene Lohnsteuer in Anspruch genommen werden kann. ²§ 42b bleibt unberührt.

(5) Durch Rechtsverordnung kann in den Fällen des Absatzes 2 Nr. 1, in denen die einkommensteuerpflichtigen Einkünfte, von denen der Steuerabzug vom Arbeitslohn nicht vorgenommen worden ist, den Betrag von 410 Euro übersteigen, die Besteuerung so gemildert werden, dass auf die volle Besteuerung dieser Einkünfte stufenweise übergeleitet wird.

§ 70 EStDV; R 46/H 46 EStR 05

Übersicht

	Rn		Rn
A. Grundaussagen und Bedeutung der Vorschrift	1	5. Amtsveranlagung von Ehegatten bei beiderseitigem Lohnbezug (§ 46 II Nr 3a)	27
I. Der Zweck der Vorschrift	1	6. Amtsveranlagung wegen eingetragenem Freibetrag (§ 46 II Nr 4)	28
II. Verhältnis zu anderen Vorschriften	5	7. Amtsveranlagung bei nicht unter § 26 I fallende Eltern (§ 46 II Nr 4a)	30
1. Verhältnis zu § 25	5	8. Amtsveranlagung bei außerordentlichen Lohneinkünften	35
2. Verhältnis zu den §§ 38 ff	6	9. Amtsveranlagung bei LSt-Schätzung für sonstige Bezüge nach § 39b III 2 (§ 46 II Nr 5a)	36
3. Verhältnis zu § 36 II	7	10. Amtsveranlagung bei Eheauflösung und Wiederverheiratung im gleichen Kalenderjahr (§ 46 II Nr 6)	37
4. Verhältnis zu § 50 V	8	11. Amtsveranlagung bei nicht im Inland Ansässigen (§ 46 II Nr 7)	38
B. Die Vorschrift im Einzelnen	10	III. Die Antragsveranlagung (§ 46 II Nr 8)	45
I. Sachlicher Geltungsbereich	10	1. Allgemeines	45
1. Einkünfte aus nichtselbstständiger Arbeit	10	2. Antragsform	50
2. Vorgenommener Steuerabzug vom Arbeitslohn	11	3. Antragsfrist	52
II. Die Einzeltatbestände der Amtsveranlagungen	15	4. Antragsverbescheidung	55
1. Überblick	15	IV. Der Härteausgleich (§ 46 III und V)	60
2. Amtsveranlagung bei Nebeneinkünften (§ 46 II Nr 1)	17	1. Zweck und Umfang	60
a) Maßgebliche Nebeneinkünfte (§ 46 II Nr 1 Alt 1)	18	2. Voraussetzungen des Härteausgleichs (§ 46 III)	61
b) Dem Progressionsvorbehalt unterliegende Einkünfte (§ 46 II Nr 1 Alt 2)	20	3. Rechtsfolge	62
3. Amtsveranlagung bei mehreren Arbeitsverhältnissen (§ 46 I Nr 2)	22	4. Der erweiterte Härteausgleich (§ 46 V)	63
4. Amtsveranlagung zur Anwendung der begrenzten Vorsorgepauschale (§ 46 II Nr 3)	25	V. Abgeltungswirkung (§ 46 IV)	64

A. Grundaussagen und Bedeutung der Vorschrift

1 **I. Der Zweck der Vorschrift.** § 46 bestimmt, unter welchen Voraussetzungen ein ArbN zu veranlagen ist. Zweck der Vorschrift ist es zum einen die vom Arbeitslohn abgezogene **LSt gegenüber** der nach § 36 I entstandenen **ESt auszugleichen** und zum anderen das Verfahren der Erhebung der ESt durch Ausschluss der Veranlagung zu **vereinfachen.**[1]

2 Die Norm unterscheidet zwischen der **Amtsveranlagung** (§ 46 II Nr 1-7, IIa), wobei es sich um Fälle handelt, in denen Nachzahlungen zu erwarten sind, und der dem gegenüber nachrangigen[2] **Antragsveranlagung** nach § 46 II Nr 8. Innerhalb der Amtsveranlagungen ist § 46 II Nr 1 vorrangig, da Abs 5 den erweiterten Härteausgleich (Rn 60f) auf die Veranlagung nach § 46 II Nr 1 beschränkt. Aus Abs 2 ergibt sich ein **Veranlagungsgebot**, soweit die Tatbestände erfüllt sind, im Übrigen („wird eine Veranlagung nur durchgeführt") besteht für ArbN ein **Veranlagungsverbot**, das durch die Abgeltungswirkung der LSt nach Abs 4 materiell gerechtfertigt wird.

---

1 *Blümich* § 46 Rn 2. 2 *H/H/R* § 46 Rn 65.

II. Verhältnis zu anderen Vorschriften. – 1. Verhältnis zu § 25. § 25 wird durch § 46 **eingeschränkt**, soweit eine Veranlagung tatsächlich unterbleibt,[1] und iÜ durch die abw Rechtsfolge in § 46 IV bei Veranlagungen von ArbN **ergänzt**. § 46 enthält auch bei fristgerechtem Antrag keine Rechtsgrundlage zur Änderung bestandskräftiger Schätzungsbescheide.[2] Er setzt das Grundprinzip um, dass die auf Einkünfte aus nichtselbstständiger Arbeit entfallende ESt durch den LSt-Abzug abgegolten ist.[3] Deshalb unterbleibt die Veranlagung nicht, wenn ein unbeschränkt stpfl ArbN von einem ausländischen ArbG Arbeitslohn bezieht, der nicht der LSt unterliegt.[4] Der Härteausgleich ist auch in diesen Fällen anzuwenden.[5] Ist der sachliche Geltungsbereich des § 46 EStG nicht eröffnet (Rn 10), gelten die Regeln der §§ 25 ff uneingeschränkt.

2. Verhältnis zu den §§ 38 ff. Das LSt-Verfahren erfolgt **unabhängig** von einer späteren Veranlagung.[6] Auch wenn keine Veranlagung durchgeführt werden kann, bleibt gem § 46 IV 2 eine Nachforderung der LSt beim ArbN möglich.[7] Im Veranlagungsverfahren gibt es umgekehrt **keinerlei Bindung** an die im Rahmen der LSt-Erhebung getroffenen Entscheidungen.[8] Dies gilt für Eintragungen auf der LSt-Karte ebenso, wie für bei der LSt stfrei belassene Bezüge oder die Frage, ob unzutreffend pauschal besteuerte Lohnteile in die Veranlagung einzubeziehen sind.[9] Auch eine Anrufungsauskunft nach § 42e bindet das veranlagende Wohnsitz-FA nicht (§ 42e Rn 7).

3. Verhältnis zu § 36 II. Die **Anrechnung der LSt** gem § 36 II Nr 2 auf die festgesetzte ESt ist eine selbstständige Verfügung, die als eigenes Verfahren die ESt-Veranlagung mit dem LSt-Abzug verknüpft.[10] Die anzurechnende LSt tilgt die ESt-Schuld, nicht aber die festgesetzte ESt (§ 36 Rn 10). Unterbleibt eine Veranlagung, kommt es zu keiner Anrechnung, vielmehr ist dann die ESt-Schuld durch die einbehaltene LSt gem § 46 IV 1 abgegolten.

4. Verhältnis zu § 50 V. Für **beschränkt stpfl ArbN** ist § 50 V lex specialis. Eine Veranlagung unterbleibt auch in den Fällen, in denen LSt nicht einbehalten wurde.[11] Soweit sie andere Einkünfte erzielen, kommt eine Veranlagung nach § 25 in Betracht. **Für EU-Bürger** gewährt aber § 50 V 2 Nr 2 einen Anspruch auf die Antragsveranlagung nach § 46 II Nr 8.

B. Die Vorschrift im Einzelnen

I. Sachlicher Geltungsbereich. – 1. Einkünfte aus nichtselbstständiger Arbeit. § 46 II setzt voraus, dass der StPfl **tatsächlich** Einkünfte aus nichtselbstständiger Arbeit erzielt hat. Wurden Einnahmen irrtümlich als Arbeitlohn behandelt (zB verdeckte Gewinnausschüttungen), ist § 46 nicht anzuwenden.[12] **Stfreie Einnahmen** sollen nicht ausreichen.[13] Diese Auffassung ist vom Wortlaut[14] nicht gedeckt, es ergeben sich aber seit Einführung der Antragsveranlagung daraus keine besonderen Auswirkungen.

2. Vorgenommener Steuerabzug vom Arbeitslohn. Nach dem Wortlaut muss ein LSt-Abzug **tatsächlich vorgenommen** worden sein.[15] Dies ist auch dann erfüllt, wenn die LSt nicht in der richtigen Höhe abgezogen wurde[16] oder bei der Höhe des Arbeitslohns keine LSt einzubehalten war.[17] Hat der ArbG **zu Recht keine LSt** einbehalten, kommt nur eine Veranlagung nach § 25 in Betracht, bei die Härteregelungen des § 46 III und V anzuwenden sind.[18] Wurde der **Steuerabzug zu Unrecht unterlassen** (zB nicht anerkannte Nettolohnvereinbarung), ergibt sich aus dem Zweck der Norm, dass auch in diesen Fällen eine Veranlagung nach § 46 nicht ausgeschlossen ist.[19] Zu Unrecht nicht einbehaltene LSt ist außerhalb des Veranlagungsverfahrens nachzufordern. **Vorgenommen** ist der Steuerabzug bereits mit Einbehalt, auf die Abführung an das FA kommt es nicht an.[20] Eine Ausnahme gilt bei der Pflichtveranlagung von geringfügig Beschäftigten nach § 46 IIa.

---

1 BFH BStBl II 06, 912 (nach Schätzungsbescheid ist kein Antrag nach Abs 2 Nr 8 notwendig).
2 BFH BStBl II 06, 806.
3 *Blümich* § 46 Rn 16.
4 BFH BStBl II 75, 642.
5 *H/H/R* § 46 Rn 11.
6 *Schmidt*[26] § 46 Rn 7.
7 Zur Wirkung einer Veranlagung auf die Inanspruchnahme des ArbG § 42d Rn 48.
8 BFH GrS BStBl II 86, 207.
9 BFH BStBl II 89, 1030; **aA** *Blümich* § 46 Rn 21.
10 BFH BStBl II 92, 956.
11 BFH/NV 93, 727.
12 *H/H/R* § 46 Rn 61; *Blümich* § 46 Rn 40.
13 HM FG D'dorf EFG 74, 64; *H/H/R* § 46 Rn 61; *Schmidt*[26] § 46 Rn 14.
14 S dazu insbes § 46 II Nr 1, der entgegen der Formulierung des Einleitungssatzes ausdrücklich die Notwendigkeit der Steuerpflichtigkeit fordert.
15 HM *Blümich* § 46 Rn 42 mwN.
16 *H/H/R* § 46 Rn 62.
17 RFH RStBl 37, 1177.
18 BFH BStBl II 92, 720; **aA** *K/S/M* § 46 Rn A 11.
19 BFH/NV 88, 566; **aA** *K/S/M* § 46 Rn B 4 (Veranlagung nach § 25).
20 *Blümich* § 46 Rn 41.

§ 46 Veranlagung bei Bezug von Einkünften aus nichtselbstständiger Arbeit

15 **II. Die Einzeltatbestände der Amtsveranlagungen. – 1. Überblick.** Die Amtsveranlagungen[1] lassen sich unterteilen in solche

- wegen Nebeneinkünften (II Nr 1),
- wegen mehrerer Arbverh (II Nr 2 und 3a),
- wegen besonderer Umstände bei nur einem Arbverh (II Nr 3, 4, 4a, 6),
- von nicht im Inland Ansässigen (II Nr 7).

17 **2. Amtsveranlagung bei Nebeneinkünften (§ 46 II Nr 1).** Abs 2 Nr 1 enthält **zwei** unabhängig voneinander zu prüfende **Alternativen:** die nicht dem LSt-Abzug zu unterwerfenden stpfl Nebeneinkünfte und die dem Progressionsvorbehalt unterliegenden Einkünfte. Sofern diese jeweils 410 € übersteigen, ist eine Amtsveranlagung durchzuführen. Der Betrag von 410 € ist eine **Freigrenze**,[2] der auch bei Zusammenveranlagung nicht zu verdoppeln ist.[3] Sie ist für jede Alternative getrennt zu prüfen.

18 a) **Maßgebliche Nebeneinkünfte (§ 46 II Nr 1 Alt 1).** Unter die 1. Alt fallen alle **stpfl Einkünfte**, die zu Recht keinem LSt-Abzug unterworfen waren. Der ArbN muss deshalb entweder Einkünfte des § 2 I Nr 1–3 und 5–7 erzielt haben oder Einkünfte aus nichtselbstständiger Arbeit, bei denen der LSt-Abzug zu Recht unterblieb.[4]

19 Für die Berechnung der Freigrenze ist nach dem der Wortlaut die positive Summe der stpfl Einkünfte, von denen der Freibetrag nach § 13 III und der Altersentlastungsbetrag nach § 24a abgezogen werden, maßgeblich. Es soll die **Differenz des Gesamtbetrags der Einkünfte zu** den darin enthaltenen **lohnsteuerpflichtigen Einkünften** dargestellt werden.[5] Das Gesetz ist daher dahingehend anzuwenden, dass zu prüfen ist, ob der gem § 2 III zu ermittelnde Gesamtbetrag der Einkünfte die dem LSt-Abzug unterworfenen Einkünfte übersteigt. Stfreie Einkünfte bleiben daher ebenso unbeachtlich, wie Verluste, die nicht ausgeglichen werden können, oder Verlustabzüge nach § 10d bzw sonstige einkommensmindernde Ausgaben (SA, ag Belastungen; Ausgaben „wie SA"). Die Rspr,[6] dass ein Verlust von über 410 € eine Amtsveranlagung begründet, ist durch die klarstellende Gesetzesänderung überholt.

20 b) **Dem Progressionsvorbehalt unterliegende Einkünfte (§ 46 II Nr 1 Alt 2).** Dem Progressionsvorbehalt unterliegen gem § 32b Lohnersatzleistungen (§ 32b I Nr 1), ausländische Einkünfte (§ 32b I Nr 2) und Einkünfte, die nach einem DBA oder einem anderen zwischenstaatlichen Übereinkommen[7] stfrei sind (§ 32b I Nr 3). Bei der Berechnung der Freigrenze sind dieselben Beschränkungen wie bei der Berechnung des Progressionsvorbehalts (§ 32b Rn 20) zu beachten.

22 **3. Amtsveranlagung bei mehreren Arbeitsverhältnissen (§ 46 I Nr 2).** Voraussetzung ist, dass derselbe ArbN zumindest einige Zeit[8] **von mehreren ArbG gleichzeitig** („nebeneinander") **Arbeitslohn** bezogen hat. Das ist dann der Fall, wenn dem LSt-Einbehalt mehrere LSt-Karten zugrunde gelegen haben. Dabei kann es sich um frühere und/oder gegenwärtige Dienstverhältnisse handeln. Bei ArbN von jur Pers des öffentlichen Rechts kommt es darauf an, ob der Lohn gleichzeitig von verschiedenen öffentlichen Kassen ausbezahlt wurde. Soweit die LSt mehrerer Arbeitsverhältnisse durch einen Dritten iSd § 38 IIIa (§ 38 Rn 8a) nach den Merkmalen einer LSt-Karte ermittelt wurde, bedarf es einer Pflichtveranlagung nicht.

25 **4. Amtsveranlagung zur Anwendung der begrenzten Vorsorgepauschale (§ 46 II Nr 3).** Voraussetzung dieser Veranlagung ist, dass der Arbeitslohn eines ArbN, dem gem § 10c III nur die **beschränkte Vorsorgepauschale** zusteht, wenigstens für einen Teil des Kj einem (verminderten) LSt-Abzug unter Berücksichtigung der Regelvorsorgepauschale nach § 10c II unterfiel. Da die Vorsorgepauschale gem § 39b II 6 Nr 3 nur bei den LSt-Klassen I bis IV mit einberechnet wird, hat die Eingrenzung der LSt-Klassen keinen eigenen Regelungsgehalt. Die begrenzte Vorsorgepauschale findet

---

1 Ausf mit Rechenbeispielen *Richter/Richter* NWB Fach 6, 4351.
2 *H/H/R* § 46 Rn 70.
3 BFH BStBl III 64, 244.
4 BFH BStBl II 03, 496 (die entschiedene Fallkonstellation ist aber mit Einführung des § 38 IIIa 1 überholt).
5 BFH BStBl II 06, 782; *H/H/R* § 46 Rn 76.
6 BFH Urteile v 21.9.06 Az 47/05 u 52/04; in beiden Urteilen vertritt der VI. Senat die Auffassung, dass eine Summe, die einen negativen Betrag ergibt, dann größer als 410 Euro sein könnte, wenn man sie als „negative Summe" bezeichnet.
7 ZB Tätigkeit beim Europäischen Patentamt (BFH BStBl II 91, 84).
8 *Blümich* § 46 Rn 68.

schon dann Anwendung, wenn der ArbN nur einen Teil des Jahres nicht rentenversicherungspflichtig war oder eine sonstige Voraussetzung des § 10c III erfüllte (§ 10c Rn 3). Der ArbG kann daher beim LSt-Abzug die Auswirkung der Vorsorgepauschale nicht zuverlässig beurteilen. Dies kann nur durch eine Veranlagung erfolgen. Dem Veranlagungsgebot entspricht ein Verbot des LStJA nach § 42b gem § 42b I 4 Nr 5.

5. Amtsveranlagung von Ehegatten bei beiderseitigem Lohnbezug (§ 46 II Nr 3a). Das Veranlagungsgebot setzt voraus, dass (1) die Ehegatten **zusammenveranlagt** werden, (2) **beide Arbeitslohn** bezogen haben und (3) der LSt-Abzug von mindestens einem Ehegatten nach der **LSt-Klasse V oder VI** erfolgte. Der Bezug nach der LSt-Klasse VI ist nur dann nicht schon ein Fall der Nr 2, wenn die Besteuerung wegen der Nichtvorlage der LSt-Karte gem § 39c erfolgte.

6. Amtsveranlagung wegen eingetragenem Freibetrag (§ 46 II Nr 4). Voraussetzung dieser Veranlagung ist, dass ein **Freibetrag nach § 39a** in der LSt-Karte eingetragen wurde. **Ausgenommen** ist der Eintrag der Pauschbeträge für Behinderte und Hinterbliebene gem § 39a I Nr 4. Da ein Hinzurechnungsbetrag nach § 39a I Nr 7 ein zweites Dienstverhältnis voraussetzt, sind diese Fälle bereits von § 46 II Nr 2 erfasst. Ab dem VZ 1996 gilt das Veranlagungsgebot auch, wenn der Freibetrag auf der **Bescheinigung nach § 39c III** eingetragen wurde, die für nach § 1 II unbeschränkt stpfl ArbN die LSt-Karte ersetzt.

7. Amtsveranlagung bei nicht unter § 26 I fallende Eltern (§ 46 II Nr 4a). Betroffen von dieser Amtsveranlagung sind Personen, die ein **gemeinsames Kind** haben und bei denen die **Voraussetzungen des § 26 I** nicht vorliegen, weil sie etwa nicht verheiratet sind oder dauernd getrennt leben. Nach Satz 2 entsteht in diesen Fällen eine Veranlagungspflicht immer für beide Elternteile, um eine korrespondierende Handhabung zu ermöglichen.

Nr 4a c sah bis einschließlich 2003[1] eine Pflichtveranlagung vor, wenn ein Haushaltsfreibetrag übertragen wurde. Da der neu eingeführte Entlastungsbetrag für Alleinerziehende (§ 24b) nicht übertragen werden kann, wurde die Pflichtveranlagung ersatzlos gestrichen.

Hinsichtlich des **Ausbildungsfreibetrags** nach § 33a II und der **Pauschbeträge für Behinderte oder Hinterbliebene** entsteht gem Nr 4d bzw e eine Veranlagungspflicht, wenn die Aufteilung der Beträge nicht hälftig erfolgt. Da der Ausbildungsfreibetrag gem § 33a II 5 jedem zunächst zur Hälfte zusteht, setzt dies eine abweichende Beantragung nach § 33a II 6 voraus.

8. Amtsveranlagung bei außerordentlichen Lohneinkünften. Hat der ArbN im Kj einen nach § 34 ermäßigt zu besteuernden Lohnanteil erhalten, ist dieser gem § 39b III 9 einer besonderen LSt zu unterwerfen (§ 39b Rn 12). Die Pflichtveranlagung soll eine Korrektur einer unzutreffenden Anwendung der Steuerermäßigung sicherstellen.[2] Die pauschalen LSt nach § 39c V wird wie die LSt in der StKl VI ermittelt; die Pflichtveranlagung in diesen Fällen entspricht in der Rechtsfolge daher § 46 II Nr 2.

9. Amtsveranlagung bei LSt-Schätzung für sonstige Bezüge nach § 39b III 2 (§ 46 II Nr 5a). Mit Einführung der elektronischen LSt-Bescheinigung (§ 41b Rn 1) sind dem ArbG die Lohnbezüge aus vorangegangenen Dienstverhältnissen nur noch bekannt, wenn der ArbN die LSt-Bescheinigungen vorlegt. Für die LSt für einen sonstigen Bezug sind nach § 39b III 2 die „Vorlöhne" in Höhe des aktuellen Lohns zu schätzen (§ 39b Rn 11). Um auszuschließen, dass die LSt geringer als bei Einbeziehung des realen Arbeitslohns ist, ordnet Abs 5a eine Pflichtveranlagung an. Dafür hat der ArbG bei der Ermittlung aufgrund geschätzter Vorlöhne die LSt-Bescheinigung mit dem Großbuchstaben „S" zu versehen (§ 41 Rn 4). Der ArbN kann die Pflichtveranlagung durch Vorlage der LSt-Bescheinigung für die Vorlöhne vermeiden.

10. Amtsveranlagung bei Eheauflösung und Wiederverheiratung im gleichen Kalenderjahr (§ 46 II Nr 6). In den Fällen des § 26 I 2 bleibt eine erst im Kj **aufgelöste Ehe** für die Anwendung des § 26 I 1 außer Betracht, wenn einer der Ehegatten noch im Kj wieder heiratet (§ 26 Rn 40 ff). Da gem § 39a III Eintragung auf der LSt-Karte den anderen Ehegatten betreffen können, bedarf es einer Veranlagung beider ehemaligen Ehegatten. Für das Veranlagungsgebot ist nicht notwendig, dass der wiederverheiratete Ehegatte zusammenveranlagt wird.[3]

---

1 Die Vorschrift wurde durch das HBeglG 04 (BGBl I 03, 3076) aufgehoben.
2 BT-Drs 14/443, 67.
3 *Schmidt*[26] § 46 Rn 81.

Eisgruber

38 **11. Amtsveranlagung bei nicht im Inland Ansässigen (§ 46 II Nr 7).** Die Veranlagungspflicht besteht nach **Nr 7a** bei EU-ArbN, deren Ehegatte nicht im Inland ansässig ist, wenn die LSt nach LSt-Klasse III erhoben wurde.[1]

39 Hat das Betriebsstätten-FA einem nicht im Inland ansässigen ArbN, der gem § 1 III oder § 1a unbeschränkt stpfl sein kann, eine Bescheinigung nach § 39c IV erteilt, sind gem **Nr 7b** sämtliche Eintragungen im Rahmen einer Pflichtveranlagung vom Betriebsstätten-FA zu überprüfen.[2]

45 **III. Die Antragsveranlagung (§ 46 II Nr 8). – 1. Allgemeines.** Gem § 46 II Nr 8 erfolgt eine Veranlagung, wenn sie vom ArbN beantragt wird. Die Antragsveranlagung ist gegenüber den Amtsveranlagungen **subsidiär** und setzt einen formwirksamen Antrag voraus (Rn 50). Der Antrag auf ESt-Veranlagung enthält regelmäßig auch einen Antrag auf Veranlagung der Zuschlagsteuern gem § 51a.[3]

46 Der Antrag ist eine **Verfahrenshandlung**.[4] Er ändert nicht die materielle Rechtslage. Der Antrag setzt **keinen Antragsgrund** voraus[5] und kann **bis zur Bestandskraft** des ESt-Bescheids **zurückgenommen** werden, da der ArbN nicht an seinen Antrag gebunden ist. Das darin liegende Wahlrecht erlischt nur durch Fristablauf oder Bestandskraft des Bescheids.[6]

47 Ergibt sich durch die Antragsveranlagung eine **Steuernachforderung**, kann der ArbN durch Rücknahme des Antrags eine Nachzahlung vermeiden, sofern keine Amtveranlagung in Betracht kommt. Eine Inanspruchnahme wegen zu wenig erhobener LSt (§ 42d Rn 81) verhindert die Rücknahme indes nicht.

50 **2. Antragsform.** Der Antrag muss gem § 46 II 2 **in Form einer ESt-Erklärung** abgegeben werden. Für einen wirksamen Antrag müssen daher die Voraussetzungen der §§ 149, 150 AO und § 25 III erfüllt sein, insbes muss der Antrag eigenhändig unterschrieben sein[7] und nach amtlichem Vordruck abgegeben werden (§ 25 Rn 13).[8] Sind die verfahrensrechtlichen Voraussetzungen nicht bis zum Ablauf der Antragsfrist erfüllt, ist der **Antrag nicht wirksam gestellt**.[9] Es müssen nicht alle materiell-rechtlichen Angaben enthalten sein,[10] zumindest aber der Bruttoarbeitslohn und die einbehaltene LSt.[11] Einzelne Angaben oder Unterlagen (zB LSt-Karte) können nachgereicht werden.[12] Für einen wirksamen Antrag auf Zusammenveranlagung müssen beide Ehegatten die Steuererklärung unterschrieben haben,[13] für eine getrennte Veranlagung kommt es nicht darauf an, ob auch der andere Ehegatte einen Antrag gestellt hat.[14] Ein Abtretungsempfänger oder Pfändungsgläubiger ist nicht berechtigt einen Antrag für den ArbN zu stellen,[15] sondern muss den ArbN auf Abgabe einer Steuererklärung zivilrechtlich verklagen.[13]

52 **3. Antragsfrist.** Durch das JStG 08 wurde die (nicht verlängerbare) **Ausschlussfrist**[16] ersatzlos gestrichen. Es gelten daher gem § 52 Abs 55j ab dem VZ 05 (und für alle offenen Fälle) die allgemeinen Verjährungsvorschriften. Die Vorlage des BFH zum BVerfG[17] hat damit seine Bedeutung weitgehend verloren.

55 **4. Antragsverbescheidung.** Ist der Antrag form- und fristgerecht gestellt, muss das FA den ArbN veranlagen, ansonsten ergeht ein mit Einspruch angreifbarer Ablehnungsbescheid gem § 155 I 3 AO.[18] Zur Abgrenzung zur NV-Bescheinigung s BFH BStBl II 90, 565.

60 **IV. Der Härteausgleich (§ 46 III und V). – 1. Zweck und Umfang.** Der Härteausgleich des Abs 3 vollzieht eine **Übertragung der in § 46 II Nr 1 gewährten Freigrenze** von 410 € für andere Einkünfte auf die nach Abs 2 zu veranlagenden Fälle. Der Härteausgleich ist nicht auf die dem Progressionsvorbehalt unterliegenden Einkünfte anzuwenden.[19] Bei Nebeneinkünften zwischen 410 € und 820 € ermöglicht der **erweiterte Härteausgleich** nach Abs 5 iVm § 70 EStDV einen stufenlosen Übergang zur vollen Besteuerung.

---

1 BT-Drs 13/1558, 158.
2 *Saß* DB 96, 295 (296).
3 *Giloy* DB 92, 1057.
4 BFH BStBl II 92, 621.
5 Anders noch die Rechtslage bis 1990; dazu ausf *H/H/R* § 46 Rn 150 ff.
6 *Weber-Grellet* DStR 92, 1417.
7 BFH BStBl II 98, 54.
8 Ein einseitig kopierter Vordruck reicht aber aus (BFH BStBl II 07, 2).
9 BFH BStBl II 87, 77.
10 *Schmidt*[26] § 46 Rn 86.
11 FG Bln EFG 03, 398 (kein wirksamer Antrag ohne Anlage N); FG Kln EFG 01, 897 (Rev VI R 61/01); BFH BStBl II 74, 590; *Hoffmann* EFG 03, 399.
12 *Hoffmann* EFG 03, 399.
13 BFH BStBl II 00, 573.
14 BFH BStBl II 91, 451.
15 BFH BStBl II 99, 84.
16 BFH BStBl II 87, 421; FG Kln EFG 05, 446.
17 BFH v 22.5.06 Az VI R 46/05.
18 *T/K* § 155 AO Rn 12.
19 BFH BStBl II 94, 654.

2. Voraussetzungen des Härteausgleichs (§ 46 III). Für den Härteausgleich muss eine **Veranlagung nach Abs 2** vorliegen. Er ist auch dann zu gewähren, wenn ein ausländischer ArbN nach § 25 veranlagt wird, um zutr nicht einbehaltene LSt nach zu erheben.[1] Die **Summe der Einkünfte ohne LSt-Abzug** darf 410 € nicht übersteigen (Freigrenze; s aber Rn 63). Die Summe bestimmt sich wie bei Abs 2 Nr 1(Rn 19) und berechnet sich vor Abzug des Härteausgleichs.[2] Zudem ist der Betrag gem S 2 noch um den Freibetrag nach § 13 III und um den Altersentlastungsbetrag nach § 24a zu vermindern,[3] soweit dieser nicht aus Versorgungsbezügen resultiert.[4] § 46 wurde durch das JStG 08[5] an den geänderten § 24a angepasst. Bei **zusammenveranlagten Ehegatten** verdoppelt sich der Betrag von 410 € nicht (Rn 17). Der Härteausgleich ist von Amts wegen zu berücksichtigen. Er ist nicht auf dem Progressionsvorbehalt unterliegende Lohnersatzleistungen anzuwenden.[6] 61

3. Rechtsfolge. Der ggf nach S 2 geminderte Betrag ist vom Einkommen abzuziehen. Soweit WK mit nicht dem LSt-Abzug unterliegenden Arbeitslohn in Zusammenhang stehen, mindern sie den ArbN-Pauschbetrag nach § 9a Nr 1.[7] 62

4. Der erweiterte Härteausgleich (§ 46 V). Der erweitere Härteausgleich erfolgt gem § 70 EStDV und setzt eine Veranlagung nach § 46 II Nr 1 voraus.[8] Danach vermindert sich der Härteausgleich bei stpfl Nebeneinkünften um den 410 € übersteigenden Betrag. 63

Beispiele:

Nebeneinkünfte (NE)	Ausgleichsbetrag	Zu versteuernde NE
411 €	409 €	2 €
620 €	200 €	420 €
820 €	0 €	820 €

V. Abgeltungswirkung (§ 46 IV). Gem Satz 1 gilt die **ESt des ArbN** als mit dem LSt-Abzug **abgegolten**, wenn eine Veranlagung nach Abs 2 und 2a nicht in Betracht kommt und soweit der ArbN nicht für zu wenig erhobene LSt in Anspruch genommen werden kann. Für die Veranlagungsfälle wirkt die LSt hingegen auch dann nicht abgeltend, wenn sie richtig ermittelt, einbehalten und abgeführt wurde.[9] Die Abgeltungswirkung gilt **nicht für den ArbG**. Der Hinweis in S 2 ist deklaratorisch, da der LStJA durch den ArbG zum LSt-Abzugsverfahren gehört und unabhängig von einer Veranlagung des ArbN erfolgen kann.[10] 64

§ 47

(weggefallen)

VII. Steuerabzug bei Bauleistungen

§ 48 Steuerabzug

(1) [1]Erbringt jemand im Inland eine Bauleistung (Leistender) an einen Unternehmer im Sinne des § 2 des Umsatzsteuergesetzes oder an eine juristische Person des öffentlichen Rechts (Leistungsempfänger), ist der Leistungsempfänger verpflichtet, von der Gegenleistung einen Steuerabzug in Höhe von 15 Prozent für Rechnung des Leistenden vorzunehmen. [2]Vermietet der Leistungsempfänger Wohnungen, so ist Satz 1 nicht auf Bauleistungen für diese Wohnungen anzuwenden, wenn er nicht mehr als zwei Wohnungen vermietet. [3]Bauleistungen sind alle Leistungen, die der Herstellung, Instandsetzung, Instandhaltung, Änderung oder Beseitigung von Bauwerken dienen. [4]Als Leistender gilt auch derjenige, der über eine Leistung abrechnet, ohne sie erbracht zu haben.

---

1 BFH BStBl II 92, 720.
2 BFH BStBl II 72, 278.
3 Berechnungsbeispiel H 46.3 „Allgemeines" EStR.
4 Der gekürzte Abzug wirkt sich derzeit nur bei Versorgungsbezügen unter 4 770 € (davon 40 % = 1 908 €) aus.
5 BGBl I 07, 3150.
6 BFH BStBl II 94, 654.
7 Berechnungsbeispiel bei *Blümich* § 46 Rn 154.
8 Zur Vorrangigkeit dieser Veranlagung s Rn 2.
9 BFH v 23.3.05 VI B 62/04 nv.
10 *Blümich* § 46 Rn 171.

(2) ¹Der Steuerabzug muss nicht vorgenommen werden, wenn der Leistende dem Leistungsempfänger eine im Zeitpunkt der Gegenleistung gültige Freistellungsbescheinigung nach § 48b Abs. 1 Satz 1 vorlegt oder die Gegenleistung im laufenden Kalenderjahr den folgenden Betrag voraussichtlich nicht übersteigen wird:
1. 15 000 Euro, wenn der Leistungsempfänger ausschließlich steuerfreie Umsätze nach § 4 Nr. 12 Satz 1 des Umsatzsteuergesetzes ausführt,
2. 5 000 Euro in den übrigen Fällen.
²Für die Ermittlung des Betrags sind die für denselben Leistungsempfänger erbrachten und voraussichtlich zu erbringenden Bauleistungen zusammenzurechnen.

(3) Gegenleistung im Sinne des Absatzes 1 ist das Entgelt zuzüglich Umsatzsteuer.

(4) Wenn der Leistungsempfänger den Steuerabzugsbetrag angemeldet und abgeführt hat,
1. ist § 160 Abs. 1 Satz 1 der Abgabenordnung nicht anzuwenden,
2. sind § 42d Abs. 6 und 8 und § 50a Abs. 7 nicht anzuwenden.

BMF BStBl I 02, 1399; BStBl I 04, 862; BStBl I 04, 1129; OFD Karlsruhe DB 01, 2321; FinMin Bayern DStR 01, 1979; OFD Erf FR 01, 862; OFD Kiel DB 02, 70; Merkblatt des BMF zum Steuerabzug bei Bauleistungen, abzurufen unter www.bundesfinanzministerium.de

Übersicht

	Rn		Rn
A. Grundaussagen der Vorschrift	1	B. Abzugsvoraussetzungen (§ 48 I)	6
I. Sinn und Zweck	1	C. Ausnahmen vom Steuerabzug (§ 48 II)	15
II. Verfassungsmäßigkeit und Gemeinschaftsrechtmäßigkeit	3	D. Steuersatz (§ 48 I 1), Bemessung des Abzugsbetrages (§ 48 III)	20
III. Zeitlicher Geltungsbereich	5	E. Rechtsfolgen des Steuerabzugs (§ 48 IV)	30

Literatur zu §§ 48–48d: *Apitz* Steuerabzug für Bauleistungen, FR 02, 10; *Beck/Girra* Bauabzugsteuer, NJW 02, 1079; *Cordewener* Europäische Vorgaben für die Verfahrensrechte von Steuerausländern – Formellrechtliche Implikationen der „Fokus Bank" – Entscheidung des EFTA-Gerichtshofs, IStR 06, 113; *Diebold* Der Bausteuerabzug – ein „Steuer"-Abzug ohne Steuer?, DStZ 02, 252; *ders* Die Anrechnung des Bausteuerabzugs – Entstehung, Fälligkeit und Durchführung, DStZ 02, 471; *ders* Haftung für den Bausteuerabzug – zur Dogmatik der Haftung im Steuerrecht, DStR 02, 1336; *ders* Erstattung des Bausteuerabzugs – Entstehung, Fälligkeit, Durchführung, DStZ 03, 413; *Ebling* Der Steuerabzug bei Bauleistungen, DStR Beihefter 51–52/01; *Fuhrmann* Neuer Steuerabzug für Bauleistungen, KÖSDI 01, 13093; *Gehm* Aspekte der Bauabzugsteuer im Licht der Rechtsprechung, D-spezial 05, 3; *Hey* Vereinbarkeit der Bauabzugsteuer (§§ 48ff) mit dem Gemeinschaftsrecht, EWS 02, 153; *Hök* Das Gesetz über die Bauabzugssteuer und die Auswirkungen auf die Durchsetzung von Werklohnansprüchen, ZfBR 02, 113; *Hofmann* Der Abschluss von Werkverträgen mit ausländischen Subunternehmern, BauR 07, 812; *Kahlen* Bauleistungssteuer: Was WEG-Verwalter und Wohnungs-/Teileigentümer beachten müssen, WE 05, 54; *Kleiner* Bauabzugssteuer – Verbleibende Probleme und Lösungsansätze, INF 02, 385; *Lieber* Die neue Steuerabzugspflicht für Leistungen am Bau, DStR 01, 1470; *Litzenburger* Die Steuerabzugspflicht gemäß § 48 beim Bauträgervertrag im Spannungsfeld zwischen Zivilrecht und öffentlichem Recht, NotBZ 02, 15; *Nöcker* Die Freistellungsbescheinigung bei der Bauabzugssteuer – Ein Erfahrungsbereicht aus der Praxis, StuB 03, 494; *Ramackers* Kommentierung des BMF-Schreibens vom 1.11.01 zum Steuerabzug von Vergütungen für im Inland erbrachte Bauleistungen (§§ 48 ff), BB 02, Beil. Nr 2; *Schroen* Kritische Überlegungen zum Gesetz zur Eindämmung illegaler Betätigung im Baugewerbe, NWB Fach 3, 11683; *Schwenke* Steuerabzug im Baugewerbe: Viel Aufwand um nichts?, BB 01, 1553; *Seifert* Die Abzugsbesteuerung bei Bauleistungen im Überblick, INF 01, 577; *Serafini* BMF klärt Zweifelsfragen zur Umkehr der Steuerschuldnerschaft bei Bauleistungen, GStB 05, 97, 131; *Stickan/Martin* Die neue Bauabzugsbesteuerung, DB 01, 1441; *Sydow* Gesetz zur Eindämmung illegaler Betätigung im Baugewerbe, NWB Fach 3, 11639.

A. Grundaussagen der Vorschrift

1 **I. Sinn und Zweck.** §§ 48 bis 48d enthalten die sog Bauabzugsverpflichtungen. Die Vorschriften, die durch das Gesetz zur Eindämmung illegaler Betätigung im Baugewerbe v 30.8.01¹ in das EStG eingefügt (und bereits durch das StÄndG 01 partiell wieder geändert und ergänzt) wurden, zielen darauf ab, deutsche Baustellen von illegaler Beschäftigung (**„Schwarzarbeit"**) und **Dumpinglöhnen** im Baugewerbe zu befreien und dadurch zugleich Wettbewerbsverzerrungen sowie Störungen des

---
1 BGBl I 01, 2267; BStBl I 01, 602.

Sozialversicherungssystems zu begegnen. Zu diesem Zweck war bereits durch das StEntlG 99 ff in § 50a VII ein Steuerabzugsverfahren bei Vergütungen an ausländische Werkvertragsunternehmer eingeführt worden, das aber nach Einleitung eines Vertragsverletzungsverfahrens durch die EG-Kommission wegen gemeinschaftsrechtlicher Diskriminierungen mit dem StBereinG 99 rückwirkend von Beginn an wie- der aufgehoben wurde. Statt dessen werden nunmehr mit vergleichbarer Zielrichtung und zum Zwecke der Sicherung der durch die Bauleistungen ausgelösten Steuerforderungen sowohl die Auftraggeber als auch die im Baugewerbe Tätigen einem technisch, zeit- und verwaltungsaufwendigen und höchst komplexen Verfahren (Abzugs-, Anmeldungs-, Abführungspflichten, Freistellungs-, Anrechnungs-, Erstattungsverfahren) unterworfen.[1]

Ihrer **rechtsdogmatischen Einordnung** nach handelt es sich bei der Bauabzugssteuer um eine **Entrichtungssteuer**, in ihren Wirkungen, aber auch ihrer Rechtsnatur vergleichbar jenen bei der LSt und der KapESt. Dagegen laut gewordener Kritik[2] ist nicht zu folgen. Geltend gemacht wird, es fehle an einer an der Quelle einzubehaltenden Steuer als Voraussetzung für eine solche Entrichtungssteuer-Schuld, auch werde kein eigentlicher, konkret sach- und personenkongruent zuordenbarer Steuertatbestand verwirklicht, auf den sich der Steuerabzug beziehen könne. Der allg Sicherungscharakter der Bauabzugssteuer vermöge diese Defizite nicht zu kompensieren. Mangels „Steuer" fände deswegen weder der Finanzrechtsweg (§ 33 FGO) noch das allg Abgabenverfahrensrecht der AO Anwendung. Auch die Haftung hierfür sei strenggenommen per definitionem ausgeschlossen. Solche Überlegungen verkennen, dass es dem Gesetzgeber freisteht, für bestimmte Leistungen oder sonstige Sachverhalte eine Abzugssteuer vorzusehen und dadurch formell- wie materiell-rechtlich eine Entrichtungssteuer-Schuld zu konstituieren, ohne dass dem konkrete Besteuerungsvorgänge auf Seiten der eigentlich belasteten Person zugrunde liegen müssen. Diese Schuld stellt als solche eine „Steuer" dar und ist den dafür geltenden Regelungswerken uneingeschränkt unterworfen. Begrenzt wird dieses Recht des Gesetzgebers allein durch verfassungsrechtliche Vorgaben (Rn 3). 2

II. Verfassungsmäßigkeit und Gemeinschaftsrechtmäßigkeit. Vor dem Hintergrund des allg **Gleichheitssatzes** (Art 3 I GG) nicht gänzlich unbedenklich ist die abermalige (vgl §§ 38 ff, 43 ff, 50a) „Instrumentalisierung" Privater in die gesetzliche Steuererhebung. Was insoweit insbes bei ArbG und Kreditinstituten, aber auch bei Vergütungsschuldnern beschränkt StPfl wegen der flächendeckenden „Erhebungsbreite" und der andernfalls drohenden Steuerausfälle noch hingenommen werden kann, erscheint bei der (unentgeltlichen und haftungsbewehrten) Inpflichtnahme der Empfänger von Bauleistungen schon problematischer, weil hier ein lediglich beschränkter wirtschaftlicher Tätigkeits- und Leistungsbereich einem Sonderopfer unterworfen wird. Erschwerend kommt hinzu, dass Legitimationsgrund für diese Erhebungsform nicht nur steuer-, sondern auch sozialrechtliche (Veranlassungs-)Gesichtspunkte sind (Rn 1).[3] Indem der Steuerabzug gem § 48 IV (s Rn 30) an die Stelle der andernfalls bestehenden gesetzlichen Wege zur Sicherstellung des Steueranspruchs (das BA- und WK-Abzugsverbot gem § 160 I 1 AO, die Entleiherhaftung gem § 42d VI und VIII, den Steuerabzug auf Anordnung gem § 50a VII) tritt, werden diese Nachteile allerdings zT aufgewogen: Dem Steuerabzug kommt dadurch in weiten Bereichen Abgeltungswirkung zu; der Fiskus gibt sich gewissermaßen mit dem der Höhe nach typisierten Steuerabzug von 15 vH des Brutto-Entgelts (vgl Rn 20) zufrieden. Das wiederum ist indes – umgekehrt – aus gleichheitsrechtlicher Sicht gegenüber StPfl außerhalb des Baugewerbes nicht unproblematisch. 3

Die schon gegen die Vorgängervorschrift des § 50a VII idF des StEntlG 99 ff (s Rn 1) erhobenen **europarechtlichen Bedenken** glaubte man dadurch ausräumen zu können, dass die entspr Pflichten auf Bauleistungen aus- wie inländischer Unternehmer erstreckt werden.[1] Das ist im Ansatz sicherlich sachgerecht.[4] Es ist allerdings zweifelhaft, ob dies gelungen ist:[5] Anders als Steuerinländer werden Steuerausländer oftmals nur unter Schwierigkeiten die den Steuerabzug vermeidende Freistellungsbescheinigung (§ 48c II, § 48b) erlangen können (Erfordernis der Ansässigkeitsbescheinigung gem § 48b I Nr 3 sowie der Erstattung gem § 48d I 4; die generelle Beweislastumkehr; Ausgestaltung von 4

---

1 Vgl FG D'dorf EFG 02, 890; *Schwenke* BB 01, 1553.
2 *Diebold* DStZ 02, 249; 471; DStR 02, 1336.
3 S allg (bezogen auf das LSt-Abzugsverfahren) *K/S/M* § 38 Rn A 95 ff.
4 S das insofern erfolgreiche Vertragsverletzungsverfahren gegen Belgien (EuGH ABlEU Nr C-326/06, ‚Kommission/Belgien') gegen die belgische Bauabzugssteuer, die nur nicht in Belgien registrierte Vertragspartner traf; s auch *Cordewener* IStR 06, 113, 119.
5 Umfassend und zutr *Hey* EWS 02, 153.

§ 48b II als Ermessensvorschrift; die auf einzelne Aufträge beschränkte Erteilung von Freistellungsbescheinigungen an nicht ansässige StPfl). Weitere Erschwernisse für Steuerausländer sind das Erfordernis der Bestellung eines inländischen Empfangsbevollmächtigten (§ 48 I 1, s aber dazu auch § 48b Rn 5) und der Einwendungsausschluss hinsichtlich eines zu sichernden Steuer-Anspr aufgrund DBA im Haftungsverfahren des Leistungsempfängers gem § 48d I 6). Um den administrativen Aufwand des Abzugs zu vermeiden, werden Auftraggeber deshalb uU eher geneigt sein, einen Inländer als einen Ausländer zu beauftragen. IÜ ist – wie stets bei Steuernormen, die zu außersteuerlichen Lenkungszwecken verwendet (besser: missbraucht) werden – die Zielgenauigkeit und Effizienz solcher Vorschriften höchst fragwürdig.[1] Die Vorschriften belegen einmal mehr, dass die konkrete Gesetzgebung den vielfachen Bekundungen im politischen Raum zu einem einfacheren und widerspruchsfreien Steuerrecht zum Trotze bloße Lippenbekenntnisse sind.

5 **III. Zeitlicher Geltungsbereich.** § 48 ist erstmals auf Gegenleistungen (s § 48 III, Rn 20f) für Bauleistungen (s § 48 I 2, Rn 9) anzuwenden, die nach dem 31.12.01 erbracht werden (§ 52 Abs 56). §§ 48a ff traten demgegenüber bereits v 7.9.01 an in Kraft (vgl Art 7 I des Gesetzes zur Eindämmung illegaler Betätigung im Baugewerbe, Rn 1); dadurch sollte es ermöglicht werden, rechtzeitig die Freistellung gem § 48b zu beantragen.[2]

B. Abzugsvoraussetzungen (§ 48 I)

6 § 48 I 1 enthält den **Grundsatz des Steuerabzugs** und legt fest, unter welchen Voraussetzungen dieser Abzug vorzunehmen ist. **Abzugsverpflichtet** ist hiernach der Leistungsempfänger, wenn er **(1)** Unternehmer iSd § 2 UStG oder eine jur Pers des öffentlichen Rechts ist, und wenn an ihn **(2)** von einem anderen als Leistendem **(3)** eine Bauleistung **(4)** im Inland erbracht wird. Sind diese Voraussetzungen erfüllt, ist der Leistungsempfänger verpflichtet, 15 vH der (vertraglich vereinbarten) Gegenleistung im Wege des Steuerabzugs für Rechnung des Leistenden (= idR, jedoch nicht zwingend des Steuerschuldners, s Rn 8) einzubehalten (s Rn 15). Da es sich bei den tatbestandlichen Voraussetzungen sämtlich um besteuerungsauslösende Merkmale handelt, trägt das FA hierfür die objektive **Feststellungslast**.

7 **Leistungsempfänger (§ 48 I 1)** und damit Abzugsverpflichtete sind alle in- und ausländische, unbeschränkt und beschränkt stpfl, jur wie nat Pers, gleich welcher Rechtsform (auch GbR[3]), die als **Unternehmer iSv § 2 UStG** in eine Leistungskette eingeschaltet sind (als General-, Subunternehmer, Endabnehmer[4]). Die Tätigkeit muss also auf Einnahmeerzielung gerichtet sein; Gewinnerzielungsabsicht ist nicht erforderlich. Im Falle einer Organschaft ist Unternehmer der Organträger; die Durchführung des Steuerabzugs durch die Organ-Ges im Namen des Organträgers wird indes nicht beanstandet.[5] Zur Abzugspflicht von Organ-Ges bei Innenumsätzen s Rn 8. Der Beginn und das Ende der Unternehmereigenschaft richtet sich nach den Maßstäben des UStG (vgl A 18, 19 UStR).[6] Ausschlaggebend für die Unternehmereigenschaft ist der **Zeitpunkt der Leistungserbringung** (= Beginn des Leistungsbezugs, vgl auch § 15 I UStG für den Vorsteuerabzug), nicht jener der Auftragserteilung oder jener der Zahlung. Eine Bindung an die umsatzsteuerrechtliche Behandlung besteht nicht. Unternehmer idS ist demnach, wer eine gewerbliche oder berufliche Tätigkeit selbstständig ausübt, und zwar unter Einschluss nicht nur einer Bau-, sondern der gesamten unternehmerischen Tätigkeiten. Einbezogen werden zB auch Kleinunternehmer iSv § 19 UStG, pauschal versteuerte Forst- und Landwirte iSv § 24 UStG. UStPfl ist nicht erforderlich, so dass im Grds vor allem steuerbefreite (vgl § 4 Nr 12 UStG) Vermieter und Verpächter von Wohnungen und Gebäuden Unternehmer iSv § 48 I 1 sind. Es sind dies keine Privatpersonen. Dies ist problematisch, weil Unternehmer gegenüber Nichtunternehmern insoweit benachteiligt werden, wenn sie Leistungen für den nichtunternehmerischen Bereich in Anspr nehmen. Dennoch lässt sich ein einschränkendes Regelungsverständnis, wonach nur Leistungen ‚für das Unternehmen' des Leistungsempfängers der Abzugsbesteuerung unterworfen sein sollen, mit dem Gesetzestext nicht vereinbaren.[7] Begrenzt wird diese „Härte" des Gesetzes nur dadurch, dass bei Vermietung von lediglich einer oder zwei

---

1 So selbst die BReg, vgl BT-Drs 14/4658, 13.
2 Die FinVerw stellte offenbar aber keine amtlichen Vordrucke zur Vfg, s OFD Erf FR 01, 862; OFD Karlsruhe DB 01, 2321.
3 BMF BStBl I 02, 1399 Tz 17; **aA** demgegenüber offenbar OFD Erf FR 01, 862.
4 BMF BStBl I 02, 1399 Tz 17.
5 BMF BStBl I 02, 1399 Tz 21.
6 BMF BStBl I 02, 1399 Tz 23.
7 **AA** *Stickan/Martin* DB 01, 1441 (1445).

Wohnungen (nicht aber Gebäuden) die Abzugspflicht entfällt, § 48 I 2, sog Zweiwohnungsregelung (s Rn 15). Die FinVerw[1] begrenzt die Abzugspflicht allerdings noch weitergehend und contra legem auf den unternehmerischen Bereich. Bei teilw betrieblicher Nutzung des betr Bauwerks soll es abw von A 192 Abs 18 UStR darauf ankommen, ob die Bauleistung dem unternehmerischen oder dem nichtunternehmerischen Teil des Bauwerks zugeordnet werden kann, hilfsweise auf den Zweck, der überwiegt. Dieser überwiegende Zweck wiederum soll anhand des Wohn-/Nutzungsverhältnisses oder anderer sachgerechter Maßstäbe festzustellen sein. Auch dem staatstreuen und freundlich gesonnenen StPfl (und Kommentator) sind solche feinsinnigen Unterscheidungen nicht mehr plausibel zu machen; dem, der solches ausheckt, ist nur mehr komplette Praxisuntauglichkeit zu bescheinigen. Leistungsempfänger sind iÜ kraft ausdrücklicher gesetzlicher Bestimmung und zur Vermeidung von Ungleichbehandlungen **jur Pers des öffentlichen Rechts** (vgl A 4 KStR) – oder auch deren einzelne Organisationseinheiten[2] – nach dem Regelungswortlaut nicht nur mit ihrem unternehmerischen, sondern (insoweit abw von § 2 III UStG) auch mit ihrem nichtunternehmerischen (hoheitlichen) Bereich. Die von der FinVerw[3] vorgenommene Beschränkung auf den Betrieb gewerblicher Art ist vom Gesetz nicht gedeckt. Einrichtungen ausländischer Staaten und Institutionen mit vom Ausländischen Amt anerkannten Sonderstatus (zB nach der Wiener Konvention) sollen allerdings ausgenommen sein.[4]

Leistender ist gem § 48 I 1 derjenige, der im Inland eine Bauleistung erbringt, also der **tatsächlich-** 8 **wirtschaftlich Leistende.** Es kann dies jedwelche in- oder ausländische Pers oder Personenvereinigung („jemand") sein, ebenfalls (Rn 7) gleich welcher Rechtsform und welchen Unternehmenszwecks und gleichviel, ob sie unbeschränkt oder beschränkt stpfl ist, abw vom Leistungsempfänger aber auch unabhängig davon, ob sie Unternehmer iSd § 2 UStG ist[5] und ob sie ausschließlich, überwiegend oder auch nur gelegentlich Bauleistungen erbringt. Unter denselben persönlichen Voraussetzungen ist Leistender darüber hinaus gem expliziter Anordnung („gilt") in **§ 48 I 4** gleichermaßen derjenige, der selbst keine Leistungen erbracht hat, sondern solche lediglich abrechnet (**fiktiv-wirtschaftlich Leistender**; vgl insoweit auch § 14 III 2 UStG). Leistender iSv § 48 I 1 ist also iErg der (zivil-)**rechtlich Leistende** und damit zwar regelmäßig, jedoch nicht unbedingt der eigentliche Steuerschuldner (abw von § 38 II 1, § 44 I 1, § 50a V 2). Einbezogen sind hiernach – neben „vorgeschalteten" Generalunternehmern, Bauträgern iSd § 3 Makler- und BauträgerVO[6] und bloßen Inkassostellen – auch und gerade (ausländische) **Domizil- und Briefkastenfirmen**. Das ist zwar sicher nicht gewollt, jedoch vom Gesetzeswortlaut gedeckt; einen Aktivitätsvorbehalt enthält das Gesetz nicht. Wegen der dadurch ggf bedingten Komplikationen bei Beantragung einer Freistellungsbescheinigung gem § 48b s dort Rn 15 und bei der Steueranrechnung- und -erstattung s § 48c s dort Rn 17. Zu weiteren Schieflagen im Hinblick auf den Regelungsausschluss von § 160 I 1 AO s Rn 30. – In einem die Abzugssteuerpflicht auslösenden Verhältnis stehen ferner **organschaftlich verbundene Unternehmen** zueinander. Die umsatzsteuerrechtliche Beurteilung und der Umstand, dass dort in einem solchen Fall bloße Innenumsätze vorliegen, ändert daran in Anbetracht des klaren Wortlauts des § 48 I nichts. Erneut (Rn 7) kommt eine teleologische Reduktion nicht in Betracht; der insoweit großzügigeren FinVerw[7] ist nicht beizupflichten.[8] **Kein** Leistender iSv § 48 I 1 ist hingegen derjenige, der Leistungen nur vermittelt. Es ist dies auch nicht die Abrechnung des Verwalters einer Wohnungseigentümergemeinschaft mit den Wohnungseigentümern, wohl aber der jeweilige Wohnungseigentümer für Arbeiten an seinem Sondereigentum oder die Eigentümergemeinschaft für Arbeiten am Gemeinschaftseigentum.[9]

Bauleistungen sind nach der Legaldefinition in § 48 I 3 (in inhaltlicher, aber nicht tatbestandlicher 9 Anknüpfung an § 211 I 2 SGB III und §§ 1, 2 der Baubetriebe-VO zu § 216 II SGB III,[10] dort in anderen Zusammenhängen die sozialrechtliche Winterbauförderung betr) alle Leistungen, die der Herstellung, Instandsetzung, Instandhaltung, Änderung oder Beseitigung von Bauwerken und deren bestimmungsgemäßen Nutzung dienen.[11] Die von der FinVerw gemachte Einschränkung, dass

---

1 BMF BStBl I 02, 1399 Tz 16 mit Beispielen.
2 BMF BStBl 02, 1399 Tz 22.
3 BMF BStBl 02, 1399 Tz 24.
4 BMF BStBl 02, 1399 Tz 4.
5 **AA** *Stickan/Martin* DB 01, 1441 (1444).
6 BMF BStBl I 02, 1399 Tz 18, vgl dazu auch *Wagner* ZNotP 02, 101; *Wälzholz* ZNotP 02, 135; *Litzenburger* NotBZ 02, 15.
7 BMF BStBl I 02, 1399 Tz 21.
8 **AA** *Stickan/Martin* DB 01, 1441 (1445).
9 BMF BStBl I 02, 1399 Tz 20; s *Hügel* ZWE 02, 163.
10 V 28.10.80, BGBl I 80, 2033.
11 Vgl BSG SGb 99, 465 mwN.

sich die Leistungen auf die Substanz des Bauwerks auswirken müssten (Substanzerweiterung, -verbesserung, -beseitigung[1]), lässt sich dem Gesetz nicht entnehmen. Die Tätigkeitsmerkmale („alle", „dienen") bedingen ein weites und umfassendes Begriffsverständnis, das jegliche Tätigkeiten ‚am Bau' sowohl mit als auch ohne Personaleinsatz und unabhängig von den vertraglichen Grundlagen (zB Werkverträge gem §§ 631 ff BGB; Werklieferungsverträge gem § 651 BGB) einbezieht: (Jegliche) **handwerkliche Tätigkeiten** wie die eigentlichen Bauarbeiten (zB Maurer-, Dachdecker-, Maler-, Verputz-, Polier- und Dämmarbeiten, Abriss, auch Gerüstbau[2]), aber auch darüber hinausgehende Gewerke (zB Fliesen-, Fußboden- und Parkettlegereien, Klempnerarbeiten, Fenster- und Türeinbauten, Elektriker- und Energieversorgungsarbeiten, Fassadenreinigung, Glasereien, Ofen-, Kamin- und Heizungsbau, Aufzüge und Rolltreppen, gebäudebezogene Innenausbauten, wie zB Ladeneinbauten, Schaufensteranlagen uÄ, auch künstlerische Leistungen, wenn sich solche auf die Gebäudesubstanz auswirken[3], von Tätigkeiten in der (planerischen und technischen) **Vorbereitung** der jeweiligen Maßnahmen (Arbeiten zur Einrichtung der Baustelle, vorangehende Aushub- und Tiefbauarbeiten). Dazu gehören kann auch das Liefern, Zurverfügungstellen und Aufstellen von Baustoffen, Baumaschinen, -fahrzeugen, -gerüsten und sonstigen Bauvorrichtungen, die Werkabnahme (durch Bausachverständige uÄ) und die **Abwicklung** (zB Entsorgungsmaßnahmen, Nacharbeiten[4]), es sei denn, diese Leistungen erfolgen isoliert und unabhängig von der eigentlichen Bauleistung (zB Materiallieferung durch einen Baustoffhändler oder Baumärkte; Transportleistungen bei Abbruch und Aushubarbeiten; Schuttabfuhr).[5] Einzubeziehen sind – allerdings entgegen der FinVerw – auch Instandhaltungsarbeiten, zB aufgrund (laufender oder einmaliger) Wartungs- und Reparaturaufträge, sowie ausschließlich **planerische Leistungen** wie Architekten-, Ingenieur- und Statiker-Tätigkeiten (Vermessung, Bauzeichnungen, Bauberechnungen, Bauleitung, Baubetreuung und -überwachung). Ein Grund dafür, diese Bereiche aus dem Bereich der Bauabzugsbesteuerung auszunehmen oder sie lediglich zu erfassen, wenn sie **Nebenleistungen** einer Bauleistung ieS sind und als solche das ‚Schicksal' der sie prägenden Hauptleistung teilen,[6] ist nicht ersichtlich. Insbes erzwingt die gesetzgeberisch gewollte Anknüpfung an § 211 I SGB III angesichts des weit gefassten Gesetzeswortlauts in § 48 I insoweit keine teleologische Reduktion.[7] Eine Unterscheidung danach, ob die begleitenden Tätigkeiten (Planung, Überwachung usw) von einem anderen Unternehmer geleistet werden als die eigentlichen Bauausführungen, ist unbeachtlich. Zu den Bauleistungen gehören schließlich Strom-, Leitungs- und Mastbau, Klär-, Siel- und Brunnenanlagen, Straßen-, Drainage- und Asphaltarbeiten uÄ. Denn auch solche Bauarbeiten werden an einem „**Bauwerk**" als Sache (vgl § 438 I Nr 2a, § 634a I Nr 2 BGB, § 638 BGB aF, § 12 S 1 ErbbRVO) und als „irgendwie mit dem Erdboden verbundene oder infolge ihrer eigenen Schwere auf ihm ruhende, aus Baustoffen oder Bauteilen mit baulichem Gerät hergestellte Anlagen"[8] vorgenommen. **Nicht** zu den Bauleistungen gehören indessen Tätigkeiten, die lediglich **anlässlich** der eigentlichen Bautätigkeiten oder unabhängig davon auf einem unbebauten Grundstück durchgeführt werden, zB gärtnerische Gestaltungen (jedoch Dachbegrünungen[9]), Raum- und Fensterreinigung, auch Arbeiten an Betriebsvorrichtungen (zB Maschinen, Tischlerarbeiten außerhalb des gebäudebezogenen Innenausbaus, Antennen und Satelliten). Denn solche Arbeiten betreffen nicht ein Bauwerk, sie verändern vielmehr den natürlichen Zustand des Grund und Bodens[10] oder sind Arbeiten eigener Art. Die steuerrechtliche Regelung tritt insoweit hinter die weiterreichende sozialrechtliche Regelung in § 211 I SGB III zurück. **Nicht** zu den einschlägigen Bauleistungen gehören schließlich Fracht-, Beförderungs-, Geschäftsbesorgungsleistungen, Maklerei, auch nicht Finanzierungs- und Rechtsberatung im Zusammenhang mit den Baumaßnahmen, die Überlassung von ArbN.[11]

11 Die betr Bauleistung muss **im Inland** erbracht werden (§ 48 I 1). Allein sachgerecht ist es, hierbei nicht auf die jeweils einzelne Leistungshandlung abzustellen und auf die Frage, wo diese getätigt wird, vielmehr auf den **Ort des Leistungserfolgs** („erbracht"; vgl auch § 50a VII 1 idF des StEntlG 99 ff, s dazu Rn 1). Darauf, ob die tatsächliche Leistungshandlung ganz oder teilw im Ausland stattfindet, kann es schon deswegen nicht ankommen, weil die inländische StPfl sich sowohl aus der Ausübung als auch aus der Verwertung im Inland ergeben kann (vgl zB § 49 I Nr 3, 9). Außerdem wird

---

1 BMF BStBl I 02, 1399 Tz 6.
2 Insoweit aber BMF BStBl I 02, 1399 Tz 12.
3 BMF BStBl I 02, 1399 Tz 8.
4 Insoweit aA *Fuhrmann* KÖSDI 01, 13093 (13095) unter Berufung auf BSG NZS 00, 623.
5 BMF BStBl I 02, 1399 Tz 12.
6 So aber BMF BStBl I 02, 1399 Tz 7 iVm 13.
7 AA *Stickan/Martin* DB 01, 1441 (1444).
8 Vgl BAG AP Nr 27 zu § 1 TVG Tarifverträge Bau.
9 BMF BStBl I 02, 1399 Tz 5.
10 Zutr *Stickan/Martin* aaO.
11 BMF BStBl I 02, 1399 Tz 9.

der Vergütungsschuldner als Abzugsverpflichteter in die tatsächlichen Gegebenheiten der Leistungsvorgänge zumeist keinen Einblick haben. IdR wird der Ort des Leistungserfolges – in gewissem Einklang mit der Grundregel in § 3a II Nr 1 UStG – mit der Belegenheit des betr Bauwerks (Grund und Boden) übereinstimmen.[1] Zwingend ist dies jedoch nicht. Auch Bauleistungen, die vom Inland aus in Bezug auf ein im Ausland belegenes Bauwerk erbracht werden (zB im Inland fertiggestellte und abgeschlossene Architektenleistungen für eine im Ausland belegene, einem Inländer gehörende Ferienanlage; s aber auch Rn 9), können von der Abzugspflicht erfasst sein.

C. Ausnahmen vom Steuerabzug (§ 48 II)

Der Steuerabzug kann in drei **Ausnahmefällen** unterbleiben, nämlich: **(1)** Der Leistende legt dem Empfänger eine – grds nur ex nunc für die Zukunft wirkende (s aber § 48b Rn 10) – Freistellungsbescheinigung gem **§ 48b I 1** vor. Eine erst später nachgereichte Freistellungsbescheinigung lässt zwar nicht die Abzugspflicht,[2] idR aber dennoch eine Haftung entfallen (s § 48a Rn 18). **(2)** Der Leistungsempfänger vermietet nicht mehr als **2 Wohnungen** (**§ 48 I 2, Zwei-Wohnungs-Regelung**, s Rn 7). Zum Wohnungsbegriff s BMF BStBl I 02, 1399 Tz 54 (zu mitvermieteten Garagen s Tz 63), R 31 VI 2–4 LStR 05. Leer stehende Wohnungen bei fortbestehender Vermietungsabsicht schaden nicht.[3] Auch auf den Vermietungszweck oder die Zugehörigkeit der Wohnungen zum PV oder BV kommt es nicht an,[4] ebenso wenig auf die Belegenheit von Wohnungen im Ausland.[5] Die Vermietung von Gebäuden berechtigt **nicht** zum Absehen von Steuerabzug, auch nicht die Vermietung bloß einzelner Zimmer einer sonst selbst genutzten Wohnung[6] oder die unentgeltliche Überlassung von Wohnungen zur Nutzung.[7] Bei Überschreiten der Zwei-Wohnungs-Regelung erstreckt sich der Abzug auf alle Wohnungen.[7] Ein daneben bestehender unternehmerischer Bereich bleibt ohnehin unberührt. **Wem** die Wohnungen zuzurechnen sind, richtet sich nach allg Grundsätzen, bei Grundstücksgemeinschaften oder -Ges diesen als (jeweiligen) einzelnen Unternehmer iSd § 2 UStG und nicht dem Gemeinschafter oder G'ter.[8] Ehegatten sind getrennt zu beurteilen.[9] **(3) Geringfügigkeitsgrenzen** (Bagatellgrenzen), die auf die jeweiligen Gegenleistungen (Rn 20 ff) bezogen sind, werden nicht überschritten. Es sind dies zum einen **15 000 €**, wenn der Leistungsempfänger **ausschließlich** (= ausnahmslos[10]) stfreie Umsätze nach § 4 Nr 12 UStG ausführt, er also Grundstücke und Wohnungen und nicht[11] gem § 9 UStG zur USt optiert vermietet (**§ 48 II 1 Nr 1**), oder – zum anderen **5 000 €** in den übrigen Fällen (**§ 48 II 1 Nr 2**). Abzustellen ist darauf, ob die Grenzwerte „im Zeitpunkt der Gegenleistung", also des Abflusses (§ 11) derselben als dem maßgeblichen **Steuerabzugszeitpunkt** (vgl auch § 48 a I 1) voraussichtlich (und nur) **im laufenden Kj** nicht überschritten werden. Das erfordert eine Prognoseentscheidung, die sich auf **sämtliche Bauleistungen** bezieht, die von demselben jeweiligen Leistenden gegenüber dem Empfänger im laufenden Kj bereits erbracht worden sind und voraussichtlich noch zu erbringen sein werden; diese Leistungen sind für die Ermittlung des maßgeblichen Betrages der voraussichtlichen Gegenleistungen zusammenzurechnen (**§ 48 II 2**). Werden verschiedene Leistungen durch Subunternehmer in einer Leistungskette mit entspr vielen Abrechnungen erbracht, kann dies zu mehrfachem Steuerabzug auf ein und dieselben Leistungen ein und desselben Subunternehmers führen (**Kaskadeneffekt**). Ausschlaggebend für die Prognoseentscheidung ist die Sichtweise des Leistungsempfängers, wobei er sich einschlägiger Unterlagen (zB Kostenvoranschläge, Bauzeitenplanung des Architekten oder Generalunternehmers) bedienen kann. Infolge der Orientierung an den zu erbringenden Bauleistungen ist ggf auf An- oder Abschlagszahlungen abzustellen (s Rn 22), wodurch sich gewisse Einschätzungsspielräume ergeben. Da es sich bei den Grenzwerten um **Freigrenzen** und nicht um Freibeträge handelt, unterfällt der Gesamtbetrag der Abzugssteuer, sobald sie überschritten werden,[12] ggf aber nur noch für das restliche Kj, falls das Überschreiten der Grenzen zuvor nicht vorhersehbar war. Reicht der Betrag, welcher zum Überschreiten der Freigrenze führt, nicht mehr aus, um der Gesamtabzugspflicht zu genügen, soll diese Pflicht in jener Höhe entfallen, in der sie die Gegenleistung übersteigt.[13] – Auf ein Verschulden des Leistungsempfängers kommt es nicht an. Zur Berücksichtigung und Einhaltung der Geringfügigkeitsgrenzen im Organkreis oder durch

---

1 S auch *Stickan/Martin* aaO.
2 BMF BStBl I 02, 1399 Tz 45.
3 BMF BStBl I 02, 1399 Tz 57.
4 BMF BStBl I 02, 1399 Tz 58.
5 BMF BStBl I 02, 1399 Tz 59.
6 BMF BStBl I 02, 1399 Tz 55.
7 BMF BStBl I 02, 1399 Tz 56.
8 BMF BStBl I 02, 1399 Tz 60 f.
9 BMF BStBl I 02, 1399 Tz 62.
10 Vgl aber auch BFH BStBl II 00, 229 im Hinblick auf die sog Abfärbetheorie iSd § 15 III 1 zu einem angeblich allg zu beachtenden Verfassungsgrundsatz der Proportionalität; s dazu krit *Gosch* StBp 00, 57; s auch BFH BStBl II 03, 355.
11 BMF BStBl I 02, 1399 Tz 48.
12 **AA** *Stickan/Martin* DB 01, 1441 (1445).
13 BMF BStBl I 02, 1399 Tz 53 mit Beispielen.

Organisationseinheiten von jur Pers des öffentlichen Rechts s BMF BStBl I 02, 1399 Tz 49 f. Bei lediglich teilw unternehmerischer Nutzung des Bauwerks sind die Freigrenzen aufzuteilen.[1]

D. Steuersatz (§ 48 I 1), Bemessung des Abzugsbetrages (§ 48 III)

20 Der Steuerabzug beträgt – ausgehend von einer gegriffenen durchschnittlich zu erhebenden Ertragsteuer des leistenden Unternehmens von 3,75 vH und einer LSt-Belastung von 11,25 vH des Gesamtauftragsvolumens – **15 vH** der **Gegenleistung**. Es ist dies das (uneingeschränkte) **Brutto-Entgelt** ohne Abzug irgendwelcher BA oder WK und unter Einschluss der USt (**§ 48 III**). Letzteres ist unabhängig von den Fällen des sog Reverse-charge-Verfahrens gem **§ 13b UStG**[2]: Gem § 13b I Nr 1 iVm II 1 UStG ist vom VZ 02 an bei Werklieferungen und sonstigen Leistungen eines ausländischen Leistenden nicht dieser, sondern der inländische Leistungsempfänger alleiniger Steuerschuldner der USt, sofern er Unternehmer oder eine jur Pers des öffentlichen Rechts ist (s auch § 50 Rn 11, 32, dort auch zur früheren Rechtslage gem §§ 51 ff UStDV aF[3]). Gleiches gilt gem § 13b I Nr 4 iVm II 2 UStG vom VZ 04 an allg für Werklieferungen und sonstige Leistungen, die der Herstellung, Instandsetzung, Instandhaltung, Änderung oder Beseitigung von Bauwerken dienen, ausgenommen Planungs- und Überwachungsleistungen, vorausgesetzt, der Leistungsempfänger ist Unternehmer, der seinerseits Leistungen in diesem Sinne erbringt. Beides betrifft auch den Leistungsbezug für den nichtunternehmerischen Bereich (vgl § 13b II 3 UStG). Infolge des Einschlusses der USt ergibt sich iErg sowohl beim inländischen (vgl § 13 I Nr 1a S 1 UStG) als auch beim ausländischen Leistenden tatsächlich eine Abzugssteuer von 17,45 vH der jeweiligen Nettovergütung. Wird die USt (zB infolge Irrtums über die UStPfl) zunächst nicht abgeführt, ist der Abzug später (beim Abfluss der USt) vorzunehmen. Allg zur umsatzsteuerlichen Behandlung der Abzugssteuer s BMF BStBl I 02, 1399 Tz 83 ff. Ein Abzug des SolZ unterbleibt. Maßgeblich ist zwar stets nur der tatsächlich als solcher für die Leistung erbrachte Gegenwert, dies aber unbeschadet der steuerlichen Beurteilung als Gewinnanteile (§ 15 I 1 Nr 2) oder vGA (§ 8 III 2 KStG).

22 In jedem Fall ist Gegenleistung in diesem Sinne nicht allein der im Rahmen der Endabrechnung über die erbrachte Bauleistung abgerechnete **Endbetrag**, es sind dies auch **Abschlags-, An- und Teilzahlungen**[4] sowie die nachträgliche **Auszahlung von Sicherheitseinbehalten.**[5] Maßgeblich für den Steuerabzug und das Entstehen der Abzugspflicht ist der jeweilige Zahlungszeitpunkt als **Abflusszeitpunkt** (§ 11), auch im Falle der Abtretung der Gegenleistung[6] sowie des (echten oder unechten) Factorings,[7] auch bei zivilrechtlichen Zwangsvollstreckungen.[8] Die Zahlungsart und -modalität (Barzahlung, Überweisung, Aufrechnung, Vollstreckung) ist unbeachtlich. Im Falle der Aufrechnung gilt dies auch bei annähern der Gleichwertigkeit von Forderung und Gegenforderung.[9] Schwierigkeiten drohen bei **Korrekturen der Bemessungsgrundlagen**: Ändert sich die Bemessungsgrundlage in der Folgezeit, berechnet sich der Abzugsbetrag im Grundsatz nach der nunmehr maßgeblichen Gegenleistung: Eine Nachzahlung unterliegt mithin gleichermaßen dem Steuerabzug (s § 48a Rn 5), auch eine Minderung (zB bei Geltendmachen nachträglicher Mängelansprüche) kann zu einer Reduzierung des Abzugsbetrages im Zuge der Endabrechnung führen. Die isolierte nachträgliche Herabsetzung der Gegenleistung kann allerdings infolge der nach § 48c vorzunehmenden Anrechnung bzw Erstattung der angemeldeten Abzugsbeträge Einnahmeausfälle nach sich ziehen, die dem Sicherungscharakter des Steuerabzugsverfahrens widersprechen. Nicht zuletzt deshalb sieht § 48 eine ‚interpersonale' Abzugserstattung zw Leistenden und Leistungsempfänger nicht vor. In Einklang hiermit wird das FA der Änderung der Steueranmeldung gem § 48a I bei Herabsetzung der bisher zu entrichtenden Abzugssteuer nur in Ausnahmefällen zustimmen (vgl § 168 S 2 AO).

24 Besteht die Gegenleistung in einer **Sachleistung** (im Falle des Tauschs, einer tauschähnlichen Leistung oder des Tauschs mit Baraufgabe) ist der Gegenwert entspr zu bewerten. Gleiches gilt bei Erbringung einer Dienstleistung. Der Leistungsempfänger muss, um dem Quellenabzug Rechnung tragen zu können, entweder einen Teil der Sachleistung zurückhalten oder aber der Leistende muss ihm entspr Geldmittel zur Erfüllung des Steuerabzugs in bar zur Verfügung stellen (vgl auch § 38 IV 1).

---

1 BMF BStBl I 02, 1399 Tz 51.
2 Vgl dazu allg *Tiedtke* UR 04, 6.
3 BMF BStBl I 02, 1399 Tz 81.
4 BMF BStBl I 02, 1399 Tz 42.
5 BMF BStBl I 02, 1399 Tz 82.
6 BStBl I 02, 1399 Tz 42; BGH WM 05, 1381.
7 BMF BStBl I 02, 1399 Tz 42, 43.
8 BMF BStBl I 02, 1399 Tz 44.
9 BMF BStBl I 02, 1399 Tz 86.

E. Rechtsfolgen des Steuerabzugs (§ 48 IV)

Kommt der Leistungsempfänger (1) seiner Anmeldungs- und Abführungspflicht nach oder hat ihm (2) der Leistende eine Freistellungsbescheinigung vorgelegt (§ 48c V), ist ihm (naturgemäß, wie sonst auch, allerdings nur nach Maßgabe der allg Voraussetzungen der § 4 IV, § 42 AO) der uneingeschränkte BA- und WK-Abzug der getätigten Aufwendungen gewiss, auch dann, wenn er den „wahren" Zahlungsempfänger (zB bei Domizil- oder Briefkastenfirmen, vgl auch § 48 I 3, Rn 8) nicht in der von **§ 160 I 1 AO** geforderten Weise namhaft macht oder machen kann; **§ 48 IV Nr 1** schließt die Anwendung von § 160 I 1 AO aus und bestimmt damit den Vorrang des Steuerabzugs vor der in § 160 AO zum Ausdruck kommenden Gefährdungshaftung. Gleiches gilt gem **§ 48 IV Nr 2** für die LSt-Entleiherhaftung gem § 42d VI und VIII und den Steuerabzug auf Anordnung gem § 50a VII. Durch diese Zugriffsverzichte wird die Abzugsteuer in gewisser Weise zu einer Abgeltungssteuer (s Rn 2). Dabei erweist sich insbes der Anwendungsausschluss von § 160 I 1 AO als recht großzügig, berücksichtigt man, dass der BFH[1] im Rahmen des § 160 AO einen weiten wirtschaftlichen Empfängerbegriff vertritt und nicht nur auf die Domizil-Ges als Auftragnehmer, sondern (auch) auf die von dieser mangels eigenen fach- und branchenkundigen Personals eingeschalteten Subunternehmer zurückgreift. Indem § 48 I 3 iVm IV Nr 1 sich mit dem formal Abrechnenden als Leistenden begnügt, wird diese Rspr unterlaufen. Wegen dadurch ausgelöster gleichheitsrechtlicher Bedenken s Rn 2. Dies alles gilt indes nicht, wenn der Leistungsempfänger seinen Abzugspflichten nicht ordnungsgemäß nachkommt und er deswegen als Haftender in Anspr genommen wird; s dazu § 48a Rn 15 f. Problematisch ist die Gewährung des BA-Abzugs, wenn der Leistungsempfänger § 48 IV Nr 1 gewissermaßen „instrumentalisiert" und sich den Abzug entgegen § 160 AO im Zusammenwirken mit einer als formal Subunternehmer eingeschalteten Domizil-Ges in rechtsmissbräuchlicher Weise erschleicht. Auch bei Versagung der Steueranrechnung gem § 48c III können hier Steuerausfälle drohen, denen nur mit den Mitteln des § 42 AO begegnet werden kann.[2] Gleichermaßen entfällt gem § 42 AO der Anwendungsausschluss von § 42d VI und VIII, wenn ArbN-Entleiher und Leistungsempfänger missbräuchlich zusammenwirken, um der Entleiherhaftung zu entgehen (zB durch Erschleichen einer Freistellungsbescheinigung gem § 48b, s § 48a Rn 18). 30

Der Verstoß gegen den Steuerabzug stellt eine bußgeldbewehrte Ordnungswidrigkeit dar (vgl § 380 II AO). 31

Aus zivilrechtlicher Sicht lässt die Vornahme des Steuerabzugs den Werklohnanspruch des Auftragnehmers prinzipiell unberührt. Anders verhält es sich allerdings nach Zahlung der Steuer. Die Zahlung hat **Erfüllungswirkung**, es sei denn, es bestand keine Abzugspflicht und dies war für den Auftraggeber aufgrund der im Zahlungszeitpunkt bekannten Umstände eindeutig erkennbar.[3] Der Steueranmeldung kommt noch keine Erfüllungswirkung zu.[4] 32

§ 48a Verfahren

(1) ¹Der Leistungsempfänger hat bis zum 10. Tag nach Ablauf des Monats, in dem die Gegenleistung im Sinne des § 48 erbracht wird, eine Anmeldung nach amtlich vorgeschriebenem Vordruck abzugeben, in der er den Steuerabzug für den Anmeldungszeitraum selbst zu berechnen hat. ²Der Abzugsbetrag ist am 10. Tag nach Ablauf des Anmeldungszeitraums fällig und an das für den Leistenden zuständige Finanzamt für Rechnung des Leistenden abzuführen. ³Die Anmeldung des Abzugsbetrags steht einer Steueranmeldung gleich.

(2) Der Leistungsempfänger hat mit dem Leistenden unter Angabe

1. des Namens und der Anschrift des Leistenden,
2. des Rechnungsbetrags, des Rechnungsdatums und des Zahlungstags,
3. der Höhe des Steuerabzugs und
4. des Finanzamts, bei dem der Abzugsbetrag angemeldet worden ist,

über den Steuerabzug abzurechnen.

(3) ¹Der Leistungsempfänger haftet für einen nicht oder zu niedrig abgeführten Abzugsbetrag. ²Der Leistungsempfänger haftet nicht, wenn ihm im Zeitpunkt der Gegenleistung eine Freistellungs-

---

1 BFH BStBl II 99, 121, s dazu aber auch *Gosch* StBp 99, 81.
2 *Stickan/Martin* DB 01, 1441 (1447).
3 BGH WM 05, 1381; WM 07, 558.
4 OLG Mchn BauR 05, 1188.

bescheinigung (§ 48b) vorgelegen hat, auf deren Rechtmäßigkeit er vertrauen konnte. ³Er darf insbesondere dann nicht auf eine Freistellungsbescheinigung vertrauen, wenn diese durch unlautere Mittel oder durch falsche Angaben erwirkt wurde und ihm dies bekannt oder infolge grober Fahrlässigkeit nicht bekannt war. ⁴Den Haftungsbescheid erlässt das für den Leistenden zuständige Finanzamt.

(4) § 50b gilt entsprechend.

A. Grundaussagen der Vorschrift

1 § 48a legt die verfahrensrechtlichen Maßgaben fest, unter denen die Abzugssteuerschuld als (eigene) Entrichtungssteuerschuld des Leistungsempfängers von diesem erhoben und bei diesem durchgesetzt wird.

B. Anmeldung und Abführung (§ 48a I, IV)

5 In verfahrensrechtlicher Hinsicht hat der Leistungsempfänger die einbehaltenen Abzugssteuer für den Anmeldungszeitraum selbst zu berechnen und diesen Betrag sodann bei dem für ihn zuständigen FA auf amtlich vorgeschriebenem Vordruck anzumelden (§ **48a I 1**). Anzumelden ist der Steuerabzug nicht als ‚verdichtete Zahl' in einem kumulierten Betrag, sondern im Hinblick auf **jeden einzelnen Leistenden**. Das gebietet schon die Wechselwirkung zu der Anrechnung und die Erstattung des Abzugsbetrages beim Leistenden gem § 48c, die nur auf diese Weise sichergestellt werden können. **Anmeldungszeitraum** ist jener Kalendermonat, in welchem die „Gegenleistung iSd § 48 erbracht wird", maW: in dem die Gegenleistung beim Unternehmer abfließt (§ 11) und damit der Steuerabzug vorzunehmen ist (vgl zu diesem **Abzugszeitpunkt** auch § 48 II 1, § 48 Rn 10). Maßgeblich ist die jeweilige Einzelzahlung (End-, Abschlags- und Anzahlungen, ggf auch Nachzahlungen bei etwaigen Rechnungserhöhungen, s § 48 Rn 22), nicht erst die abschließende Gegenleistung im Rahmen der Gesamtabrechnung. Die Anmeldung muss spätestens am 10. Tag nach Ablauf dieses Zeitraumes abgegeben werden. Zum gleichen Zeitpunkt muss die einbehaltene und angemeldete Steuer auch spätestens an das für den Leistenden zuständige (s dazu § 48b Rn 16) FA abgeführt werden (§ **48a I 2**). Bei der Anmeldung handelt es sich um eine **Steueranmeldung** (§ 168 AO). Im Einzelnen ist das Verfahren der LSt-Anmeldung und -Abführung in § 41a nachgestaltet worden, so dass auf die dortigen Erläuterungen verwiesen werden kann. Wie dort[1] ist auch hier eine Stundung (§ 222 AO) im Regelfall ausgeschlossen.[2] Inhaltlich verlangt die FinVerw die konkrete Angabe der zugrunde liegenden Bauleistung (Art, Projekt).[3] Zu etwaigen Besonderheiten für den Fall, dass die vom Leistungsempfänger erbrachte Gegenleistung herabgesetzt und deswegen die Anmeldung geändert werden soll, s § 168 S 2 AO und § 48 Rn 22. Zu den Auswirkungen einer nachträglich vorgelegten Freistellungsbescheinigung s § 48b Rn 16. Unterbleibt die Steuerabführung, droht die Haftungsinanspruchnahme gem § 48a III (s dazu Rn 15f). Dem FA steht das Prüfungsrecht gem § 50b zu (§ **48a IV**): Der Anordnung einer besonderen Außenprüfung (§§ 193 ff AO) bedarf es nicht; eine solche ist aber auch nicht ausgeschlossen.

C. Abrechnung (§ 48a II)

10 Der Leistende kann die abgeführte Steuer auf die vom ihm zu entrichtenden Steuern anrechnen, ggf auch ihre Erstattung beantragen (§ 48c, dort Rn 17). Um sicherzustellen, dass tatsächlich nur diejenigen Beträge angerechnet oder erstattet werden, die vom Leistungsempfänger auch an das für ihn zuständige FA (s § 48b Rn 16) abgeführt worden sind, hat der Leistungsempfänger mit dem Leistenden über den Steuerabzug unter Angabe des Namens und der Anschrift des Leistenden, des Rechnungsbetrags, des Rechnungsdatums, des Zahlungstags, der Höhe des Steuerabzugs und des FA, bei dem der Steuerabzug angemeldet worden ist (s ähnlich § 50a V 7, dort Rn 43), abzurechnen (§ **48a II**). Auf die Abrechnung hat der Leistende gegenüber dem Leistungsempfänger einen zivilrechtlichen Anspr.

---

1 Vgl BFH BStBl II 99, 3.
2 BMF BStBl I 02, 1399 Tz 65.
3 BMF BStBl I 02, 1399 Tz 66.

D. Haftung (§ 48a III)

Unterbleibt hingegen der Steuerabzug gem § 48 ganz oder zT und verhält sich der Leistungsempfänger pflichtwidrig, **haftet** er für den nicht oder zu niedrig abgeführten (dh: den Unterschiedsbetrag zu der tatsächlich geschuldeten) Abzugsbetrag gem **§ 48a III 1**. Die Inanspruchnahme als Haftender tritt nicht hinter die Inanspruchnahme des Leistenden als Steuerschuldner zurück; ein entspr Auswahlermessen des FA ist mithin nicht auszuüben. Auf abkommensrechtliche Rechte des Leistenden kann der Leistungsempfänger sich im Haftungsverfahren nicht berufen (vgl § 48d I 6, § 48d Rn 5).

Die Haftung entfällt, wenn dem Leistungsempfänger eine Freistellungsbescheinigung gem § 48b vorlag, auf deren Rechtmäßigkeit er vertrauen konnte (**§ 48a III 2**). Sein Vertrauen ist allerdings insbes nicht schützenswert, wenn die Bescheinigung durch **(1)** unlautere Mittel oder durch falsche Angaben erwirkt wurde und **(2)** dies dem Leistungsempfänger bekannt oder infolge grober Fahrlässigkeit nicht bekannt war (**§ 48b III 3**). Betroffen von dieser Einschränkung sind namentlich **ArbN-Entleiher**, denen idR bekannt sein wird und muss, wenn die Freistellungsbescheinigung für eine ArbN-Überlassung statt für eine Bauleistung erwirkt wurde. Mangels Bauleistung gründet sich die Haftung in diesem Fall aber nicht auf § 48a III, sondern auf § 42d VI und VIII; § 48a III 2 geht insoweit § 48b V iVm § 48 IV Nr 2 vor. Ansonsten kommt es auf ein Verschulden oder einen Verschuldensgrad des Leistungsempfängers regelmäßig nicht an. Ihm obliegt es zwar, die ihm vorgelegte Freistellungsbescheinigung zu überprüfen (Dienstsiegel, Sicherheitsnummer).[1] Vor allem **leichte Fahrlässigkeit** wird ihm **nicht** vorzuwerfen sein. Es ist deshalb idR nicht haftungsauslösend, wenn er auf eine entspr Abfrage im Internet (www.bzst-online.de; www.bff-online.de) auf die beim BZSt (bis 31.12.05: BfF) geführte Zentraldatei über die erteilten Freistellungsbescheinigungen gem § 48b VI oder auch beim auf der Bescheinigung angegebenen FA verzichtet hat.[2] Ggf genügt es allerdings auch, sich beim für den Leistenden zuständigen FA der Richtigkeit der Freistellungsbescheinigung zu vergewissern. Die Bestätigung wird idR nur mündlich oder fernmündlich, nicht schriftlich erteilt.[3] Ein Rechtsanspruch darauf besteht ohnehin nicht.[4] – Unschädlich soll es trotz unterbliebenen Abzugs sein, wenn die im Zeitpunkt der Zahlung gültige Bescheinigung nachgereicht wird.[5]

Die Inanspruchnahme erfolgt idR durch einen Haftungsbescheid (§ 191 AO) des für ihn zuständigen FA (**§ 48a III 4**). Statt dessen kann das FA aber auch gem § 167 I 1 AO vorgehen und die Steuer beim Leistungsempfänger nicht in dessen Funktion als Haftungs-, sondern als Entrichtungssteuerschuldner nachfordern (s auch § 50a Rn 56).[6]

E. Rechtsbehelfe

Gegen die Steueranmeldung (Rn 5) ebenso wie gegen den Haftungs- und ggf den Nachforderungsbescheid (Rn 15) sind Einspruch und Anfechtungsklage gegeben. Rechtsbehelfsbefugt sind sowohl der Leistungsempfänger als auch der Leistende. Unterbleibt die Anfechtung der Anmeldung, stellt diese den Rechtsgrund für das Behaltendürfen der Abzugsteuer dar; eine Erstattung gem § 48c II kommt nicht in Betracht. Im Einzelnen gilt Gleiches wie zu § 50a, s dort Rn 46, § 50d Rn 12. Einstweiliger Rechtsschutz kann durch **AdV** erlangt werden, Aufhebung der Vollziehung (Erstattung, § 361 II 3 AO, § 69 II 7 FGO) wegen der Sonderregelung in § 48c II (s dort Rn 15 ff) allerdings nur an den Leistenden, nicht an den abzugsverpflichteten Leistungsempfänger (insoweit abw von § 50a, s dort Rn 46).

§ 48b Freistellungsbescheinigung

(1) [1]Auf Antrag des Leistenden hat das für ihn zuständige Finanzamt, wenn der zu sichernde Steueranspruch nicht gefährdet erscheint und ein inländischer Empfangsbevollmächtigter bestellt ist, eine Bescheinigung nach amtlich vorgeschriebenem Vordruck zu erteilen, die den Leistungsempfänger von der Pflicht zum Steuerabzug befreit. [2]Eine Gefährdung kommt insbesondere dann in Betracht, wenn der Leistende

---

1 BMF BStBl I 02, 1399 Tz 74.
2 BMF BStBl I 02, 1399 Tz 74; (jedenfalls) keine Pflicht zur „regelmäßigen" Prüfung; anders noch BMF BStBl I 01, 804 Tz 51.
3 BMF BStBl I 02, 1399 Tz 74.
4 *Kleiner* INF 02, 385 (387); *Nöcker* StuB 03, 494 (498).
5 BMF BStBl I 02, 1399 Tz 75.
6 Str; wie hier BFH BStBl II 01, 67; BStBl II 04, 1087 mwN; BMF BStBl I 02, 1399 Tz 78; OFD Stuttgart IStR 03, 646; *K/S/M* § 41a Rn A 17 ff.

1. Anzeigepflichten nach § 138 der Abgabenordnung nicht erfüllt,
2. seiner Auskunfts- und Mitwirkungspflicht nach § 90 der Abgabenordnung nicht nachkommt,
3. den Nachweis der steuerlichen Ansässigkeit durch Bescheinigung der zuständigen ausländischen Steuerbehörde nicht erbringt.

(2) Eine Bescheinigung soll erteilt werden, wenn der Leistende glaubhaft macht, dass keine zu sichernden Steueransprüche bestehen.

(3) In der Bescheinigung sind anzugeben:
1. Name, Anschrift und Steuernummer des Leistenden,
2. Geltungsdauer der Bescheinigung,
3. Umfang der Freistellung sowie der Leistungsempfänger, wenn sie nur für bestimmte Bauleistungen gilt,
4. das ausstellende Finanzamt.

(4) Wird eine Freistellungsbescheinigung aufgehoben, die nur für bestimmte Bauleistungen gilt, ist dies den betroffenen Leistungsempfängern mitzuteilen.

(5) Wenn eine Freistellungsbescheinigung vorliegt, gilt § 48 Abs. 4 entsprechend.

(6) [1]Das Bundeszentralamt für Steuern erteilt dem Leistungsempfänger im Sinne des § 48 Abs. 1 Satz 1 im Wege einer elektronischen Abfrage Auskunft über die beim Bundesamt für Finanzen gespeicherten Freistellungsbescheinigungen. [2]Mit dem Antrag auf die Erteilung einer Freistellungsbescheinigung stimmt der Antragsteller zu, dass seine Daten nach § 48b Abs. 3 beim Bundeszentralamt für Steuern gespeichert werden und dass über die gespeicherten Daten an die Leistungsempfänger Auskunft gegeben wird.

A. Grundaussagen der Vorschrift

1 Werden die Geringfügigkeitsgrenzen des § 48 II überschritten, gibt es für den Leistenden nur die Möglichkeit, den Steuerabzug über die Beantragung einer Freistellungsbescheinigung gem § 48b zu vermeiden (vgl § 48 II 1).

B. Die Vorschrift im Einzelnen (§ 48b I, II, III, V)

5 Die Freistellungsbescheinigung (zum Inhalt s **§ 48b III**, Rn 15) ist **auf Antrag** (nur) des Leistenden (nicht auch des Leistungsempfängers, es sei denn, dieser ist Bevollmächtigter des Leistenden; s dazu im Einzelnen § 48 Rn 8) zu erteilen, vorausgesetzt, **(1)** der zu sichernde Steueranspruch erscheint nicht gefährdet, und **(2)** es ist ein inländischer Empfangsbevollmächtigter (vgl § 123 AO) bestellt (**§ 48b I 1**). Nur die erste der beiden Voraussetzungen trifft sowohl den in- wie den ausländischen Bauleistenden, die zweite Voraussetzung richtet sich nur an den ausländischen als denjenigen, für den das Abzugsverfahren gem §§ 48 ff eigentlich geschaffen worden ist (s auch § 48 Rn 1). Leistende mit Sitz, Wohnsitz, Geschäftsleitung oder gewöhnlichem Aufenthalt in der EU sollen von diesem Erfordernis aber wiederum ausgenommen sein.[1]

6 **Zu sichernde Steueranspruch** iSv § 48b I 1 sind ESt- (einschl LSt-)Anspr, nicht jedoch solche aus anderen Regelungsbereichen außerhalb des EStG, insbes also nicht USt-Anspr.[2] Als eine **Gefährdung des** solcherart zu sichernden **Steueranspruchs** wird es gem § 48b I 2 insbes (und damit nur exemplarisch als **Regelfälle**) angesehen, wenn der Leistende Anzeigepflichten nach § 138 AO nicht erfüllt (**§ 48b I 1 Nr 1**) oder seiner Auskunfts- und Mitwirkungspflicht gem § 90 AO nicht nachkommt (**§ 48b I 1 Nr 2**), oder, dies aber nur für den ausländischen Bauleistenden zur Vermeidung sog weißer Einkünfte (zu deswegen bestehenden europarechtlichen Zweifeln s § 48 Rn 4), wenn er den Nachweis der steuerlichen Ansässigkeit durch Bescheinigung der zuständigen ausländischen Steuerbehörde nicht erbringt (**§ 48b I 1 Nr 3**). Gleichermaßen wird es sich verhalten, wenn der Leistende wiederholt seine steuerliche Pflichten nicht erfüllt hat oder in sonstiger Weise steuerlich unzuverlässig ist (insoweit und indiziell bezogen auf alle, auch solche außerhalb der eigentlich zu sichernden Steueransprüche, also einschl der USt[3]). Beispiele für **weitere Anwendungsfälle** sind nachhaltige (also nicht nur vorübergehende)[4] Steuerrückstände (einschl LSt-Rückstände aufgrund eigener Entrichtungssteuer-

---

1 BMF BStBl I 02, 1399 Tz 29.
2 FG D'dorf EFG 03, 99.
3 Zutr FG D'dorf EFG 03, 99.

4 BMF BStBl I 03, 1399 Tz 33; FinMin Bayern DStR 01, 1979.

schuld des Leistenden),[1] wiederholte Verstöße gegen Anmeldungs- und Erklärungspflichten[2] (Nichtabgabe, unzutr Angaben), auch die rechtsmissbräuchliche (vgl § 42 AO) Zwischenschaltung einer funktionslosen ausländischen **Domizil- oder Briefkastenfirma**, die lediglich kraft Fiktion des § 48 I 3 als Leistende gilt (s Rn 15 und § 48 Rn 8).

I. Gefährdungsprüfung, Glaubhaftmachung. Ergibt die **Prüfung** (ggf durch Rückfragen auch bei den ausländischen Steuerbehörden) keinen Anlass für die Annahme der Gefährdung des Steueranspruchs, ist die Bescheinigung zu erteilen. Ein Ermessen steht dem FA nicht zu („hat ... zu erteilen"). Auf die Gefährdungsprüfung kann **verzichtet** werden, wenn der Leistende **glaubhaft** macht (zB durch Vorlage von Verträgen, anwaltliche Versicherung uÄ, vgl allg § 294 ZPO), dass gegen ihn keine zu sichernden Steueransprüche bestehen, in erster Linie also dann, wenn der Leistende weder unbe- schränkt noch (zB mangels inländischer Betriebsstätte) beschränkt stpfl ist und wenn das einschlägige DBA Deutschland kein Besteuerungsrecht zuweist, ferner bei Vorhandensein hoher Verlustvorträge. – Wenn **§ 48b II** trotz der Glaubhaftmachung dem FA einen Entscheidungsfreiraum (gebundenes Ermessen) belässt („soll"), so deswegen, um die Antragsablehnung zu ermöglichen, falls sich ungeachtet dessen herausstellt, dass stpfl Anspr bestehen. Betroffen sein werden hiervon namentlich ausländische Bauleistende mit zunächst kurzzeitigen **Bauausführungen**, die längere Zeit erfordern, als ursprünglich geplant war, oder die sich durch Unterbrechungen oder sonstige Umstände verzögern und die infolgedessen die Mindest-Zeiträume für die dadurch begründete Betriebsstätte (vgl § 12 II Nr 8 AO: länger als 6 Monate; Art 5 III OECD-MA: länger als 12 Monate) überschreiten.[3] Es kann sich auch erst später ergeben, dass einzelne, als solche voneinander unabhängige Bautätigkeiten (Montagen) wirtschaftlich und geografisch derart verbunden sind, dass sie als eine einheitliche betriebsstättenbegründende Bauausführung zusammenzurechnen sind.[4] Da die bloße Glaubhaftmachung im Allgemeinen genügt, braucht das FA dem allerdings nicht systematisch nachzugehen. Es kann sich regelmäßig mit den Darstellungen des StPfl begnügen und die zunächst erteilte Freistellungsbescheinigung ggf später aufheben oder ändern (s Rn 10). Eine derartige (großzügige) Handhabung erscheint um so gebotener, als die Freistellungsbescheinigung „mittlerweile eine Art zusätzliche Gewerbeerlaubnis mit der Maßgabe (darstellt), dass, wer eine Freistellungsbescheinigung nicht beibringen kann, keinen Auftrag erhält".[5]

II. Beschränkung der Bescheinigung. Das FA kann (und wird idR) die Erteilung der Freistellungsbescheinigung entspr dem gestellten Antrag oder aufgrund der ggf nur zT erfüllten Erteilungsvoraussetzungen zeitlich (Geltungsdauer, zumeist maximal 3 Jahre, ggf aber auch kürzer,[6] idR mit Wirkung vom Tag der Ausstellung an, bei entspr Beantragung frühestens 6 Monate vor Ablauf, aber auch als unmittelbar anschließende Folgebescheinigung[7]), gegenständlich (auftragsbezogen auf bestimmte Baumaßnahmen und -projekte) und/oder persönlich (bezogen nur auf bestimmte und einzelne Leistungsempfänger) beschränken (vgl § 48b III Nr 2 und 3). Das betrifft im Grundsatz gleichermaßen in- wie ausländische Leistende; objektbezogene Beschränkungen sollen aber namentlich bei Ausländern „bei nur vorübergehender Tätigkeit im Inland, insbes wenn nur ein Auftrag im Inland beabsichtigt ist", in Betracht kommen.[8] Besteht für eine derartige Beschränkung kein Anlass, ist die Bescheinigung (als Gesamt- oder Sammelfreistellung) umfassend auszustellen, ggf aber unter dem Vorbehalt des jederzeitigen Widerrufs (vgl § 131 AO; s Rn 16). Bei einer auf eine bestimmte Zeit erteilte Bescheinigung sollen daneben keine auftragsbezogenen Bescheinigungen erteilt werden.[6] Liegt eine Bescheinigung vor, sind ebenso wie bei Anmeldung und Abführung des Steuerabzugsbetrages gem § 48 sowohl § 160 I 1 AO als auch § 42d VI und § 50a VII grds nicht anzuwenden (**§ 48b V iVm § 48 IV**). Vgl dazu und zu Ausnahmen in Missbrauchsfällen § 48 Rn 30, § 48a Rn 18.

III. Insolvenzverfahren. Gerät der Leistende (als Unternehmer) in Vermögensverfall, so kann nach (zwischenzeitlich aufgrund der BFH-Rspr[9] modifizierter) Auffassung der FinVerw[10] grds davon ausgegangen werden, dass der Insolvenzverwalter seine steuerlichen Pflichten erfüllt. Ihm ist folglich die

---

1 FG D'dorf EFG 02, 890.
2 BMF BStBl I 02, 1399 Tz 33.
3 Vgl zB BFH BStBl II 99, 694.
4 Vgl BFH BStBl II 02, 846 = IStR 01, 564 mit Anm *FW*.
5 Zutr *Nöcker* StuB 03, 494 (496); FG Bln EFG 02, 330; einschränkend BFH/NV 02, 313.
6 BMF BStBl I 02, 1399 Tz 36.

7 BMF BStBl I 04, 862.
8 BMF BStBl I 02, 1399 Tz 37.
9 BFH BStBl II 03, 716; *Buciek* HFR 03, 360; *Gundlach/Frenzel/Schirrmeister* DStR 03, 823.
10 BMF BStBl I 03, 431 Tz 33; zur bisherigen Verwaltungspraxis s zB FinMin Saarland DStR 02, 1396 und dazu 3. Aufl § 48b Rn 10.

Freistellungsbescheinigung auszustellen. Gleiches gilt für den vorläufigen Insolvenzverwalter mit Verfügungsbefugnis (vgl § 22 I InsO), vorausgesetzt, die tatsächliche Eröffnung des Insolvenzverfahrens ist erkennbar. Eine Unterscheidung danach, ob die Steuern vor oder nach Insolvenzeröffnung anfallen, ist insoweit nicht (mehr) vorzunehmen. Dies kann sich lediglich auf die Anrechnungsreihenfolge der Steuerabzugsbeträge auch § 48c auswirken, s dort Rn 9. – Dem ist uneingeschränkt beizupflichten (s 3. Aufl): Die Anspruchsgefährdungstatbestände des § 48b I 2 Nr 1–3 sind nicht einschlägig, weil sie sich auf den Gemeinschuldner (= StPfl) beziehen, nicht aber auf den Insolvenzverwalter. Die Bauabzugsteuer ist nicht geeignet, dem FA Befriedigungsvorteile zu verschaffen und Insolvenzrecht zu verdrängen. Auch die FinVerw ist gehalten, ihre Forderungen wie jeder andere Gläubiger zur Tabelle anzumelden.[1] Wurde eine Freistellungsbescheinigung erteilt, jedoch wegen eines drohenden Insolvenzantrages gem § 131 AO widerrufen (Rn 16), soll eine Anfechtung des Widerrufs durch den Insolvenzverwalter (nach wie vor) nur möglich sein, wenn das Verfahren eröffnet worden ist und die Voraussetzungen der §§ 130, 131 InsO vorliegen.[2] Zur Erstattung s § 48c Rn 20.

C. Verfahren, Rechtswirkungen

15 I. Antragsbefugnis. Befugt, den **Antrag** auf Erteilung der Freistellungsbescheinigung (Rn 5) zu stellen, ist der Leistende sowohl iSv § 48 I 1 als auch iSv § 48 I 4 und damit nicht allein der Steuerschuldner, sondern ebenso der nur zivilrechtliche Gläubiger (s § 48 Rn 8; auch § 48c Rn 17). Allerdings wird bei Letzterem der Steueranspruch regelmäßig gem § 48b I 1 gefährdet sein und die Bescheinigung bereits deswegen nicht erteilt werden können (s Rn 6; s auch § 50d I 2, dort Rn 12). Zur Antragstellung durch den Insolvenzverwalter und dessen Antragsbefugnis s Rn 10 und BMF BStBl I 02, 1399 Tz 33.

16 Über die Erteilung der Freistellungsbescheinigung entscheidet das für den Leistenden zuständige FA (§ 48b I 1) durch **Verwaltungsakt** (§ 118 AO), nicht aber durch Steuerbescheid (§ 155 I 3 AO). **Zuständiges FA** ist das jeweilige Betriebsstätten-FA. Von ausländischen Bauleistenden ohne Ansässigkeit im Inland ist der Antrag bei dem nach der USt-ZuständigkeitsVO zuständigen FA zu stellen (§ 20a AO). Zum **obligatorischen Inhalt** der Bescheinigung gehören Name, Anschrift und Steuernummer des Leistenden bzw bei Organschaften diejenige des Organträgers,[3] die Geltungsdauer der Bescheinigung, der Umfang der Freistellung sowie der Leistungsempfänger, wenn sie nur für bestimmte Bauleistungen gilt, sowie das ausstellende FA (**§ 48b III**). Die Bescheinigung ist dem Leistungsempfänger zu überlassen, entweder – bei auftragsbezogenen Bescheinigungen – im Original oder – bei Gesamt- bzw Sammelfreistellungen (Rn 8) – in Kopie[4] sie ist von ihm (6 Jahre lang) aufzubewahren (§ 147 I Nr 5, III AO).[5] Festsetzungs-[6] und **Antragsfristen** bestehen nicht. Die Bescheinigung kann auch nachträglich erteilt werden und stellt dann für eine vorangegangene Steueranmeldung des Leistungsempfängers iSv § 48a I ein rückwirkendes Ereignis gem § 175 I 1 Nr 2 AO dar (vgl auch § 48a Rn 5). Sie kann gem §§ 130 ff AO geändert werden;[7] allerdings bevorzugt die FinVerw bei **Änderung** der in der Bescheinigung eingetragenen **persönlichen Identifikationsmerkmale** (Steuernummer, Name, Anschrift) auf Antrag des StPfl die (Neu-)Erteilung einer weiteren (bei Aufrechterhaltung der alten) Bescheinigung, wohl um missbräuchlicher Benutzung entgegenzuwirken.[8] Bei Verlust der Bescheinigung wird entweder eine neue oder aber eine Ersatzbescheinigung erteilt.[9] Im Gefährdungsfall soll ein Widerruf erfolgen.[2] Wird eine auf eine bestimmte Bauleistungen oder auf mehrere bestimmte Bauleistungen gegenständlich beschränkte Bescheinigung (s Rn 8) aufgehoben, ist dies dem jeweiligen betroffenen Leistungsempfänger – für diesen mit entspr **Haftungsfolgen** (s § 48a III, § 48a Rn 15f) – mitzuteilen (**§ 48b IV**). Andernfalls ist es Sache des Leistenden, die aufgehobene Bescheinigung einzuziehen und sie dem FA zurückzugeben. Vor Kenntniserlangung von der Änderung wird der Leistungsempfänger dann idR nicht haften müssen (Ausnahme: die Freistellungsbescheinigung wird- gem § 130 II Nr 2 AO wegen grob fahrlässig nicht erkannter falscher Angaben zurückgenommen). Unabhängig davon ist die Änderung nicht rückwirkend, sondern nur für noch ausstehende Gegenleistungen zu beachten. Im Einzelnen verhält es sich nicht anders als bei der Freistellungsbescheinigung gem § 50d II (s dazu § 50d Rn 24 ff). Zum Verhältnis zw dem Steuerabzugsverfahren gem § 50d iVm dem jeweiligen DBA einerseits und § 48b andererseits s § 48d.

---

1 BFH BStBl II 03, 716.
2 BMF BStBl I 02, 1399 Tz 80.
3 BMF BStBl I 02, 1399 Tz 33 aE.
4 BMF BStBl I 02, 1399 Tz 41.
5 BMF BStBl I 02, 1399 Tz 47.
6 S BFH BStBl II 01, 291.
7 Zu den Beschränkungen bei lediglich vorbehaltenem Widerruf s aber auch BFH/NV 97, 904.
8 BMF BStBl I 02, 1399 Tz 40.
9 BMF BStBl I 02, 1399 Tz 39.

Mit seinem Antrag auf Erteilung der Bescheinigung stimmt der Antragsteller zu, dass die in § 48b **18**
III aufgeführten Daten beim BZSt (bis 31.12.05: BfF) gespeichert werden und dass dem Leistungsempfänger iSd § 48 I 1 im Wege der elektronischen Abfrage hierüber Auskunft gegeben wird, **§ 48b VI**. Zu den sich daraus ergebenden Folgen für die Haftung s § 48a Rn 15.

Gerichtlichen Rechtschutz erlangt der Antragsteller im vorläufigen Verfahren durch Beantragung **20**
einer einstweiligen Anordnung (§ 114 FGO),[1] ansonsten durch Erhebung einer Verpflichtungsklage (§ 40 I FGO). Für den Antrag auf **einstweilige Anordnung** bedarf es der substantiierten Darlegung und Glaubhaftmachung (§ 155 FGO iVm § 294 ZPO) nicht nur des sog Regelungsanspruchs, sondern vor allem auch des sog Regelungsgrundes, also der andernfalls drohenden Existenzgefährdung, und zwar (ua) – in Anbetracht der Ausnahmen gem § 48 I 1 und 2 – durch Darlegung des Kundenkreises sowie – im Hinblick auf die Möglichkeit der objekt- oder auftragsbezogenen Freistellung (vgl § 48b III Nr 3, IV) – der Auftragsstruktur.[2]

§ 48c Anrechnung

(1) ¹Soweit der Abzugsbetrag einbehalten und angemeldet worden ist, wird er auf vom Leistenden zu entrichtende Steuern nacheinander wie folgt angerechnet:
1. die nach § 41a Abs. 1 einbehaltene und angemeldete Lohnsteuer,
2. die Vorauszahlungen auf die Einkommen- oder Körperschaftsteuer,
3. die Einkommen- oder Körperschaftsteuer des Besteuerungs- oder Veranlagungszeitraums, in dem die Leistung erbracht worden ist, und
4. die vom Leistenden im Sinne der §§ 48, 48a anzumeldenden und abzuführenden Abzugsbeträge.

²Die Anrechnung nach Satz 1 Nr. 2 kann nur für Vorauszahlungszeiträume innerhalb des Besteuerungs- oder Veranlagungszeitraums erfolgen, in dem die Leistung erbracht worden ist. ³Die Anrechnung nach Satz 1 Nr. 2 darf nicht zu einer Erstattung führen.

(2) ¹Auf Antrag des Leistenden erstattet das nach § 20a Abs. 1 der Abgabenordnung zuständige Finanzamt den Abzugsbetrag. ²Die Erstattung setzt voraus, dass der Leistende nicht zur Abgabe von Lohnsteueranmeldungen verpflichtet ist und eine Veranlagung zur Einkommen- oder Körperschaftsteuer nicht in Betracht kommt oder der Leistende glaubhaft macht, dass im Veranlagungszeitraum keine zu sichernden Steueransprüche entstehen werden. ³Der Antrag ist nach amtlich vorgeschriebenem Muster bis zum Ablauf des zweiten Kalenderjahres zu stellen, das auf das Jahr folgt, in dem der Abzugsbetrag angemeldet worden ist; weitergehende Fristen nach einem Abkommen zur Vermeidung der Doppelbesteuerung bleiben unberührt.

(3) Das Finanzamt kann die Anrechnung ablehnen, soweit der angemeldete Abzugsbetrag nicht abgeführt worden ist und Anlass zu der Annahme besteht, dass ein Missbrauch vorliegt.

A. Grundaussagen der Vorschrift

Nicht anders als sonstige Steuern, die an der Quelle abgezogen werden (vgl §§ 38 ff, 43 ff, 50a), dient **1**
auch der Steuerabzug gem §§ 48 ff nur der Sicherung des inländischen Steueranspruchs gegenüber dem leistenden Bauunternehmer. Die ggf einbehaltene und abgeführte Steuer ist bei diesem deswegen auf dessen Steuerschuld steuermindernd anzurechnen, ggf auch an ihn zu erstatten. Eine Doppel- oder Überbesteuerung ist nicht beabsichtigt.

B. Steueranrechnung (§ 48c I, III)

Der Steuerabzug erfolgt gem § 48 I 1 ‚für Rechnung' des Leistenden, gem § 48 I 3 auch für die den **5**
von einem anderen erbrachte Leistung lediglich formal Abrechnenden (§ 48 Rn 8). Bei ordnungsgemäßer Einbehaltung und Anmeldung des Abzugsbetrages durch den Leistungsempfänger erfolgt beim Leistenden deshalb die Anrechnung des betr Betrages auf die von diesem zu entrichtenden Steuern. Die Anrechnung ist **idR zwingend** vorzunehmen. Sie darf nur **ausnahmsweise** nach pflichtgemäßem Ermessen („kann") vom FA – ganz oder auch nur teilweise – **abgelehnt** werden, soweit der Abzugsbetrag zwar angemeldet, jedoch (ggf auch nur im Haftungswege, vgl § 48a III) nicht abgeführt wurde, **und** (additiv) soweit „Anlass zu der Annahme besteht, dass ein Missbrauch vor-

---
1 Vgl BFH BStBl II 94, 899. 2 BFH DStR 02, 2077.

liegt" (§ 48c III). Unter welchen Umständen ein **Missbrauch** vorliegen soll, sagt das Gesetz nicht. Infolge des Kontextes zur Anrechnung ist es aber wohl erforderlich, dass Anhaltspunkte für eine Anrechnungserschleichung im kollusiven Zusammenwirken zw Leistenden und Leistungsempfänger bestehen, insbes dann, wenn es sich bei dem (formal) Leistenden um eine Domizil-Ges handelt (s § 48 Rn 8). Auch wenn der bloße „Anlass zu der Annahme" genügt, so ist doch zu fordern, dass das FA objektiv nachprüfbare (§ 102 FGO) und plausible Gründe für seine Mutmaßung angibt.

8   IÜ obliegt es dem Leistenden, den Einbehalt und die Anmeldung des Abzugsbetrages nachzuweisen, und zwar idR durch die ihm gegenüber erfolgte Abrechnung gem § 48a II.[1] Die Anrechnung erfolgt sodann nach der gesetzlich vorgegebenen („nacheinander") **Anrechnungsreihenfolge** gem **§ 48c I 1** wie folgt auf die vom Leistenden zu entrichtenden Steuern: **(1)** auf die nach § 41a I einbehaltene und angemeldete LSt (als eigene Entrichtungssteuerschuld des Leistenden),[2] (bei mehreren lohnsteuerlichen Betriebsstätten nach Maßgabe der zuvor bestimmten Tilgungsreihenfolge gem § 255 AO),[3] **(2)** auf die Vorauszahlungen auf die ESt oder KSt, dies allerdings nur für Vorauszahlungs-Zeiträume innerhalb des Besteuerungs- oder Veranlagungszeitraums, maW: des jeweiligen Leistungsmonats als Anmeldungszeitraum (**§ 48c I 2**), **(3)** auf die ESt oder KSt des Besteuerungs- oder Veranlagungszeitraums, in dem die Leistung erbracht worden ist und **(4)** auf die vom Leistenden iSd §§ 48, 48a anzurechnende und abzuführenden Abzugsbeträge (falls dieser selbst entspr Beträge einzubehalten hat, zB, weil er Generalunternehmer ist). Eine Anrechnung auf den SolZ und die USt-Vorauszahlungen unterbleibt. Führt die Anrechnung zu einem negativen Betrag, ist der überschießende Betrag im Allgemeinen zu erstatten. Eine Ausnahme hiervon macht das Gesetz – aus Gründen der erneuten Besicherung des Steueranspruchs – lediglich für die Anrechnung auf (nur vorl) ESt- oder KSt-Vorauszahlungen (**§ 48c I 3**). Zur Anrechnung im Insolvenzverfahren s BMF BStBl I 02, 1399 Tz 88, BStBl I 03, 431; s aber auch § 48b Rn 10.

10 **I. Verfahren, Rechtsbehelfe.** Die Anrechnung erfolgt **von Amts wegen** durch das zuständige Betriebsstätten-FA. Bei StPfl ohne Sitz und Geschäftsleitung im Inland bestimmt § 20a AO zentrale Zuständigkeiten von FÄ, zugleich auch für die LSt-Anmeldungen und die ESt- und KSt-Veranlagungen. Die Einhaltung der Anrechnungsreihenfolge (Rn 8) wird dadurch erst ermöglicht. Ist Leistender eine PersGes, müssen die anrechenbaren Abzugsbeträge einheitlich und gesondert festgestellt werden (§ 180 V Nr 2 iVm I Nr 2 und 3 AO); auf die Feststellung kann uU wegen geringer Bedeutung verzichtet werden (§ 180 III 1 Nr 2 AO).[4] Ist Leistender eine Organ-Ges, so ist bei dieser anzurechnen (s aber auch § 48 Rn 8).[5] Wird die Anrechnung ganz oder zT seitens des FA versagt, ist ein **Abrechnungsbescheid** gem § 218 II AO zu beantragen oder amtsseitig zu erlassen, gegen den Einspruch und Anfechtungsklage (des Leistenden, nicht auch des Leistungsempfängers) zu erheben sind.

C. Steuererstattung (§ 48c II)

15 Vorausgesetzt, den Leistenden trifft im Inland weder eine LSt-Anmeldungspflicht (§ 41a) noch ist er zur ESt oder KSt zu veranlagen (§ 46), **oder** er macht glaubhaft (vgl dazu § 48b II), dass im VZ keine zu sichernden Steueransprüche (nur gegen ihn, nicht auch gegen ArbN in Gestalt von LSt-Anspr, s § 48b Rn 6) entstehen werden (**§ 48c II 2**), sind die einbehaltenen und abgeführten Abzugsbeträge gem **§ 48c II 1** zu erstatten (§ 37 AO), und zwar nur an den Leistenden, ggf auch an einen von diesem Bevollmächtigten oder einem Zedenten. Besteht der Verdacht, dass die Erstattung in missbräuchlicher Weise erwirkt werden soll, ist (allein) § 42 AO einschlägig; § 48c III (Rn 5) findet ausdrücklich (und ohne erkennbaren Sinn und Zweck) nur auf die Anrechnung, nicht auf die Erstattung Anwendung; um eine Freistellungsentscheidung handelt es sich hierbei nicht. Eine vorrangige Verrechnung mit etwaigen USt-Rückständen kommt nicht in Betracht. Bei **unberechtigtem Steuerabzug** ist gem § 37 II AO zu erstatten; Einwände des Leistenden sind zivilrechtlich zu verfolgen.[6]

17 Die Erstattung erfordert einen entspr **Antrag** des Leistenden nach amtlich vorgeschriebenem Muster (**§ 48c II 3**). **Antragsberechtigt** ist ‚der Leistende' und damit nach der Regelungssystematik sowohl der tatsächlich-wirtschaftlich Leistende iSv § 48 I 1 (= Steuerschuldner) als auch der nur fiktiv-wirtschaftlich Leistende iSv § 48 I 4 (= zivilrechtlicher Gläubiger, s § 48 Rn 8). Das kann insbes bei Einschaltung bloß funktionsloser (ausländischer) Domizil- und Briefkastenfirmen Ungereimt-

---

1 BMF BStBl I 02, 1399 Tz 88.
2 FG D'dorf EFG 02, 890; **aA** *Fuhrmann* KÖSDI 01, 13092 (13099); *Apitz* FR 02, 10 (16).
3 BMF BStBl I 02, 1399 Tz 89 aE.
4 OFD Kiel DB 02, 70.
5 BMF BStBl I 02, 1399 Tz 91.
6 BMF BStBl I 02, 1399 Tz 95.

heiten und **Antragskollisonen** nach sich ziehen (s auch § 48b Rn 15): Solche ‚Leistenden' sind uU nicht zur LSt-Anmeldung verpflichtet, weil sie ihrerseits Subunternehmer mit entspr ArbN einschalten. Sie sind wegen § 42 AO[1] auch nicht zur ESt oder KSt zu veranlagen; sie sind nicht Steuerschuldner. Eine Erstattung an sie lässt sich folglich wohl nur durch rechtzeitige Steueranrechnung gem § 48c I beim Steuerschuldner vermeiden (s Rn 5). Die gesetzliche Regelung ist unzulänglich.[2]

Fristen: Der Antrag kann bereits **während** des laufenden VZ und ggf während oder unmittelbar nach Erbringung der Bauleistung gestellt werden, er setzt dann aber in besonderem Maße voraus, dass das Entstehen weiterer Steuern im VZ glaubhaft gemacht wird. Dieses Erfordernis wird erleichtert, wenn das VZ bereits abgelaufen ist, was indes wiederum den Nachteil einer länger dauernden Liquiditätsschmälerung beim Leistenden nach sich zieht. Der Antrag kann **bis zum** Ablauf des zweiten Kj gestellt werden, das auf das Jahr folgt, in dem der Abzugsbetrag angemeldet worden ist. Danach ist er nicht mehr statthaft. Da die Anmeldung gem § 48a I 1 bis zum 10. Tag nach Ablauf des Monats anzumelden ist, in dem die Gegenleistung iSd § 48 erbracht wurde, bedeutet dies für Steueranmeldungen, die für den Monat Dezember erfolgen, dass die Frist entspr um ein Kj hinausgedehnt wird. Gleiches kann sich ergeben für den Fall, dass die Steuer pflichtwidrig verspätet angemeldet wird. Die erforderliche Kenntnis über diese in der Sphäre des Leistungsempfängers liegenden Umstände erhält der Leistende aus der gem § 48a II obligatorischen Steuerabrechnung. Ermöglicht **Abkommensrecht** eine längere Frist (zB Art 29 III DBA-USA, Art 44 II DBA-Schweden, Art 28 III DBA-Norwegen; Art 46 III DBA-Dänemark; Art 25b II DBA-Frankreich: 4 Jahre; Art XVIIIA Abs 4 DBA-Großbritannien: 3 Jahre), geht diese vor (**§ 48c II 3 letzter HS**).

Über die Erstattung entscheidet das zentral für die Steuern vom Einkommen bei Bauleistungen bei nicht im Inland Ansässigen gem § 20a AO (vgl auch die ArbN-ZuständigkeitsVO-Bau v 30.8.01[3]) **zuständige FA** (s dazu Rn 10) durch **Erstattungs-(Freistellungs-)bescheid** iSd § 155 I 3 AO (**§ 48c II 1**). Änderungen des Bescheides erfolgen gem § 164 II, §§ 172 ff AO, und zwar vor allem wohl dann, wenn sich später herausstellt, dass gegen den Leistenden doch Steueransprüche entstanden sind oder entstehen werden (s Rn 15). Zu weiteren verfahrensrechtlichen Einzelheiten s die parallele Rechtslage gem § 50d I (§ 50d Rn 14).

I. Rechtsbehelfe. Gegen die (ggf Teil-)Ablehnung der Erstattung ist vom Leistenden als Antragsteller (s Rn 17) Einspruch und Anfechtungsklage zu erheben. Einstweiliger Rechtsschutz erfolgt mangels Vollziehbarkeit nicht durch AdV (§ 361 AO, § 69 FGO), sondern durch einstweilige Anordnung (§ 114 FGO). Begehrt der Insolvenzverwalter (s § 48b Rn 10) vom FA die Erstattung der durch den Auftraggeber einer Bauleistung für Rechnung des Gemeinschuldners einbehaltenen und abgeführten Bauabzugsteuer, soll allerdings der Zivilrechtsweg gegeben sein, wenn der Erstattungsanspruch nicht auf § 48c II, sondern in zivilrechtlichen Anspr (§§ 812 ff BGB) gründet.[4]

18

20

§ 48d Besonderheiten im Fall von Doppelbesteuerungsabkommen

(1) [1]Können Einkünfte, die dem Steuerabzug nach § 48 unterliegen, nach einem Abkommen zur Vermeidung der Doppelbesteuerung nicht besteuert werden, so sind die Vorschriften über die Einbehaltung, Abführung und Anmeldung der Steuer durch den Schuldner der Gegenleistung ungeachtet des Abkommens anzuwenden. [2]Unberührt bleibt der Anspruch des Gläubigers der Gegenleistung auf Erstattung der einbehaltenen und abgeführten Steuer. [3]Der Anspruch ist durch Antrag nach § 48c Abs. 2 geltend zu machen. [4]Der Gläubiger der Gegenleistung hat durch eine Bestätigung der für ihn zuständigen Steuerbehörde des anderen Staates nachzuweisen, dass er dort ansässig ist. [5]§ 48b gilt entsprechend. [6]Der Leistungsempfänger kann sich im Haftungsverfahren nicht auf die Rechte des Gläubigers aus dem Abkommen berufen.

(2) Unbeschadet des § 5 Abs. 1 Nr. 2 des Finanzverwaltungsgesetzes liegt die Zuständigkeit für Entlastungsmaßnahmen nach Absatz 1 bei dem nach § 20a der Abgabenordnung zuständigen Finanzamt.

---

1 Zur Anwendbarkeit von § 42 AO auf ausländische StPfl s BFH BStBl II 98, 163 u 235 gegen BFH BStBl II 82, 150 (sog Monaco-Urteil), s dazu auch § 50d Rn 21.
2 Vgl *Gosch* StBp 01, 332 (334).
3 BGBl I 01, 2267, 2269.
4 OLG Ffm DStZ 04, 280.

A. Grundaussagen der Vorschrift

1 § 48d sichert unilateral das deutsche Quellensteuer-Abzugsrecht gem § 48, falls die zugrunde liegenden Einkünfte nach Abkommensrecht dem anderen Vertragsstaat und nicht der Bundesrepublik zugewiesen werden. Ein völkerrechtlich unzulässiges treaty overriding liegt darin nicht, weil die Abkommensrechte letztlich ungeachtet des Steuerabzuges unberührt bleiben.

B. Die Vorschrift im Einzelnen (§ 48d I, II)

5 Die Vorschrift klärt das Verhältnis der §§ 48 ff zu ggf entgegenstehendem Abkommensrecht und bestimmt, dass das inländische Steuerabzugsrecht (§§ 48 ff) uneingeschränkt vorgeht und vom Leistungsempfänger zu beachten ist (**§ 48d I 1**). Allerdings bleibt der Anspr des Leistenden (= des Gläubigers der Gegenleistung) auf Erstattung der einbehaltenen und abgeführten Steuerbeträge unberührt (**§ 48d I 2**). Er ist durch Antrag gem § 48c II (s dort Rn 15 ff) geltend zu machen (**§ 48d I 3**) und erfordert den Nachweis des Leistenden, dass er in dem anderen Vertragsstaat ansässig ist (**§ 48d I 4** iVm § 48b I 2 Nr 3). Indem **§ 48d I 5** die entspr Anwendung von **§ 48b** insgesamt anordnet, bestimmt das Gesetz zugleich, dass eine Erstattung nur unter den dort angeführten Voraussetzungen in Betracht kommt, namentlich also nur dann, wenn die Gefährdung des inländischen Steueranspruchs ausgeschlossen erscheint und wenn ein inländischer Empfangsbevollmächtigter bestellt ist (vgl § 48b I 1, dort Rn 5), oder wenn glaubhaft gemacht wurde, dass keine weiteren Steueransprüche gegen den betr Leistenden bestehen (vgl § 48b II, dort Rn 6). Die zentrale Zuständigkeit für die Steuererstattung gem § 48d I obliegt unbeschadet des § 5 I Nr 2 FVG nicht dem ansonsten hierfür zuständigen BZSt (bis 31.12.05: BfF), sondern dem gem **§ 20a AO** zuständigen FA (vgl auch § 48c Rn 18). Im Falle der Inanspruchnahme als Haftender (vgl § 48a III) kann sich der Leistungsempfänger – wegen der ihn als Entrichtungssteuerschuldner treffenden eigenen Steuerabzugspflicht – nicht auf die Rechte des Leistenden aus dem Abkommen berufen (**§ 48d I 6**). Der Pflichten des Leistungsempfängers zum Steuerabzug werden durch die dem Leistenden ggf günstigere abkommensrechtliche Rechtslage nicht geschmälert.

VIII. Besteuerung beschränkt Steuerpflichtiger

§ 49 Beschränkt steuerpflichtige Einkünfte

(1) ¹Inländische Einkünfte im Sinne der beschränkten Einkommensteuerpflicht (§ 1 Abs. 4) sind
1. Einkünfte aus einer im Inland betriebenen Land- und Forstwirtschaft (§§ 13, 14);
2. Einkünfte aus Gewerbebetrieb (§§ 15 bis 17),
    a) für den im Inland eine Betriebsstätte unterhalten wird oder ein ständiger Vertreter bestellt ist,
    b) die durch den Betrieb eigener oder gecharterter Seeschiffe oder Luftfahrzeuge aus Beförderungen zwischen inländischen und von inländischen zu ausländischen Häfen erzielt werden, einschließlich der Einkünfte aus anderen mit solchen Beförderungen zusammenhängenden, sich auf das Inland erstreckenden Beförderungsleistungen,
    c) die von einem Unternehmen im Rahmen einer internationalen Betriebsgemeinschaft oder eines Pool-Abkommens, bei denen ein Unternehmen mit Sitz oder Geschäftsleitung im Inland die Beförderung durchführt, aus Beförderungen und Beförderungsleistungen nach Buchstabe b erzielt werden,
    d) die, soweit sie nicht zu den Einkünften im Sinne der Nummern 3 und 4 gehören, durch im Inland ausgeübte oder verwertete künstlerische, sportliche, artistische oder ähnliche Darbietungen erzielt werden, einschließlich der Einkünfte aus anderen mit diesen Leistungen zusammenhängenden Leistungen, unabhängig davon, wem die Einnahmen zufließen,
    e) die unter den Voraussetzungen des § 17 erzielt werden, wenn es sich um Anteile an einer Kapitalgesellschaft handelt,
        aa) die ihren Sitz oder ihre Geschäftsleitung im Inland hat oder
        bb) bei deren Erwerb auf Grund eines Antrags nach § 13 Abs. 2 oder § 21 Abs. 2 Satz 3 Nr. 2 des Umwandlungssteuergesetzes nicht der gemeine Wert der eingebrachten Anteile angesetzt worden ist oder auf die § 17 Abs. 5 Satz 2 anzuwenden war, oder

f) die, soweit sie nicht zu den Einkünften im Sinne des Buchstaben a gehören, durch Veräußerung von inländischem unbeweglichen Vermögen, von Sachinbegriffen oder Rechten, die im Inland belegen oder in ein inländisches öffentliches Buch oder Register eingetragen sind oder deren Verwertung in einer inländischen Betriebsstätte oder anderen Einrichtung erfolgt, erzielt werden. ²Als Einkünfte aus Gewerbebetrieb gelten auch die Einkünfte aus Tätigkeiten im Sinne dieses Buchstabens, die von einer Körperschaft im Sinnes des § 2 Nr. 1 des Körperschaftsteuergesetzes erzielt werden, die mit einer Kapitalgesellschaft oder sonstigen juristischen Person im Sinne des § 1 Abs. 1 Nr. 1 bis 3 des Körperschaftsteuergesetzes vergleichbar ist;

3. Einkünfte aus selbständiger Arbeit (§ 18), die im Inland ausgeübt oder verwertet wird oder worden ist, oder für die im Inland eine feste Einrichtung oder eine Betriebsstätte unterhalten wird;
4. Einkünfte aus nichtselbstständiger Arbeit (§ 19), die
   a) im Inland ausgeübt oder verwertet wird oder worden ist,
   b) aus inländischen öffentlichen Kassen einschließlich der Kassen des Bundeseisenbahnvermögens und der Deutschen Bundesbank mit Rücksicht auf ein gegenwärtiges oder früheres Dienstverhältnis gewährt werden, ohne dass ein Zahlungsanspruch gegenüber der inländischen öffentlichen Kasse bestehen muss,
   c) als Vergütung für eine Tätigkeit als Geschäftsführer, Prokurist oder Vorstandsmitglied einer Gesellschaft mit Geschäftsleitung im Inland bezogen werden;
   d) als Entschädigung im Sinne des § 24 Nr. 1 für die Auflösung eines Dienstverhältnisses gezahlt werden, soweit die für die zuvor ausgeübte Tätigkeit bezogenen Einkünfte der inländischen Besteuerung unterlegen haben;
   e) an Bord eines im internationalen Luftverkehr eingesetzten Luftfahrzeugs ausgeübt wird, das von einem Unternehmen mit Geschäftsleitung im Inland betrieben wird;
5. Einkünfte aus Kapitalvermögen im Sinne des
   a) § 20 Abs. 1 Nr. 1, mit Ausnahme der Erträge aus Investmentanteilen im Sinne des § 2 des Investmentsteuergesetzes, Nr. 2, 4, 6 und 9, wenn der Schuldner Wohnsitz, Geschäftsleitung oder Sitz im Inland hat oder wenn es sich um Fälle des § 44 Abs. 1 Satz 4 Nr. 1 Buchstabe a Doppelbuchstabe bb dieses Gesetzes handelt; dies gilt auch für Erträge aus Wandelanleihen und Gewinnobligationen,
   b) § 20 Abs. 1 Nr. 1 in Verbindung mit den §§ 2 und 7 des Investmentsteuergesetzes,
      aa) bei Erträgen im Sinne des § 7 Abs. 3 Investmentsteuergesetzes,
      bb) bei Erträgen im Sinne des § 7 Abs. 1, 2 und 4 des Investmentsteuergesetzes, wenn es sich um Fälle des § 44 Abs. 1 Satz 4 Nr. 1 Buchstabe a Doppelbuchstabe bb dieses Gesetzes handelt,
   c) § 20 Abs. 1 Nr. 5 und 7, wenn
      aa) das Kapitalvermögen durch inländischen Grundbesitz, durch inländische Rechte, die den Vorschriften des bürgerlichen Rechts über Grundstücke unterliegen, oder durch Schiffe, die in ein inländisches Schiffsregister eingetragen sind, unmittelbar oder mittelbar gesichert ist. ²Ausgenommen sind Zinsen aus Anleihen und Forderungen, die in ein öffentliches Schuldbuch eingetragen oder über die Sammelurkunden im Sinne des § 9a des Depotgesetzes oder Teilschuldverschreibungen ausgegeben sind, oder
      bb) das Kapitalvermögen aus Genussrechten besteht, die nicht in § 20 Abs. 1 Nr. 1 genannt sind, oder
      cc) Kapitalerträge im Sinne des § 43 Abs. 1 Satz 1 Nr. 7 Buchstabe a und Nr. 8 sowie Satz 2 von einem Schuldner oder von einem inländischen Kreditinstitut oder einem inländischen Finanzdienstleistungsinstitut im Sinne des § 43 Abs. 1 Satz 1 Nr. 7 Buchstabe b gegen Aushändigung der Zinsscheine einem anderen als einem ausländischen Kreditinstitut oder einem ausländischen Finanzdienstleistungsinstitut ausgezahlt oder gutgeschrieben werden und die Teilschuldverschreibungen nicht von dem Schuldner, dem inländischen Kreditinstitut oder dem inländischen Finanzdienstleistungsinstitut verwahrt werden.

   ²§ 20 Abs. 2 gilt entsprechend;
6. Einkünfte aus Vermietung und Verpachtung (§ 21), wenn das unbewegliche Vermögen, die Sachinbegriffe oder Rechte im Inland belegen oder in ein inländisches öffentliches Buch oder Register eingetragen sind oder in einer inländischen Betriebsstätte oder in einer anderen Einrichtung verwertet werden;

7. sonstige Einkünfte im Sinne des § 22 Nr. 1 Satz 3 Buchstabe a, die von den inländischen gesetzlichen Rentenversicherungsträgern, den inländischen landwirtschaftlichen Alterskassen, den inländischen berufsständischen Versorgungseinrichtungen, den inländischen Versicherungsunternehmen oder sonstigen inländischen Zahlstellen gewährt werden;
8. sonstige Einkünfte im Sinne des § 22 Nr. 2, soweit es sich um private Veräußerungsgeschäfte handelt, mit
   a) inländischen Grundstücken oder
   b) inländischen Rechten, die den Vorschriften des bürgerlichen Rechts über Grundstücke unterliegen;
   c) Anteilen an Kapitalgesellschaften
      aa) mit Geschäftsleitung oder Sitz im Inland oder
      bb) bei deren Erwerb auf Grund eines Antrags nach § 13 Abs. 2 oder § 21 Abs. 2 Satz 3 Nr. 2 des Umwandlungssteuergesetzes nicht der gemeine Wert der eingebrachten Anteile angesetzt worden ist oder auf die § 17 Abs. 5 Satz 2 anzuwenden war
      bei Beteiligung im Sinne des § 17 Abs. 1 oder Abs. 6;
8a. sonstige Einkünfte im Sinne des § 22 Nr. 4;
9. sonstige Einkünfte im Sinne des § 22 Nr. 3, auch wenn sie bei Anwendung dieser Vorschrift einer anderen Einkunftsart zuzurechnen wären, soweit es sich um Einkünfte aus der Nutzung beweglicher Sachen im Inland oder aus der Überlassung der Nutzung oder des Rechts auf Nutzung von gewerblichen, technischen, wissenschaftlichen und ähnlichen Erfahrungen, Kenntnissen und Fertigkeiten, z. B. Plänen, Mustern und Verfahren, handelt, die im Inland genutzt werden oder worden sind; dies gilt nicht, soweit es sich um steuerpflichtige Einkünfte im Sinne der Nummern 1 bis 8 handelt.

(2) Im Ausland gegebene Besteuerungsmerkmale bleiben außer Betracht, soweit bei ihrer Berücksichtigung inländische Einkünfte im Sinne des Absatzes 1 nicht angenommen werden könnten.

(3) ^{1}Bei Schifffahrt- und Luftfahrtunternehmen sind die Einkünfte im Sinne des Absatzes 1 Nr. 2 Buchstabe b mit 5 Prozent der für diese Beförderungsleistungen vereinbarten Entgelte anzusetzen. ^{2}Das gilt auch, wenn solche Einkünfte durch eine inländische Betriebsstätte oder einen inländischen ständigen Vertreter erzielt werden (Absatz 1 Nr. 2 Buchstabe a). ^{3}Das gilt nicht in den Fällen des Absatzes 1 Nr. 2 Buchstabe c oder soweit das deutsche Besteuerungsrecht nach einem Abkommen zur Vermeidung der Doppelbesteuerung ohne Begrenzung des Steuersatzes aufrechterhalten bleibt.

(4) ^{1}Abweichend von Absatz 1 Nr. 2 sind Einkünfte steuerfrei, die ein beschränkt Steuerpflichtiger mit Wohnsitz oder gewöhnlichem Aufenthalt in einem ausländischen Staat durch den Betrieb eigener oder gecharterter Schiffe oder Luftfahrzeuge aus einem Unternehmen bezieht, dessen Geschäftsleitung sich in dem ausländischen Staat befindet. ^{2}Voraussetzung für die Steuerbefreiung ist, dass dieser ausländische Staat Steuerpflichtigen mit Wohnsitz oder gewöhnlichem Aufenthalt im Geltungsbereich dieses Gesetzes eine entsprechende Steuerbefreiung für derartige Einkünfte gewährt und dass das Bundesministerium für Verkehr, Bau und Stadtentwicklung die Steuerbefreiung nach Satz 1 für verkehrspolitisch unbedenklich erklärt hat.

(*§ 49 Abs. 1 wird durch G v 14.8.07, BGBl I, 1912 mWv VZ 2009 wie folgt geändert: In Nr 5 Buchst c Doppelbuchst bb wird das Wort „oder" gestrichen, Doppelbuchst cc wird Buchst d und darin die Wörter „Kapitalerträge im Sinne des" gestrichen, die Angabe „Nr 8" durch „Nr 8 bis 12" ersetzt und nach den Wörtern „sowie Satz 2" ein Komma und die Wörter „wenn sie" eingefügt. In S 2 wird die Angabe „§ 20 Abs 2" durch „§ 20 Abs 3" ersetzt. In Nr 8 wird in Buchst a das Komma durch das Wort „oder" ersetzt u in Buchst b werden das Komma nach Wort „unterliegen" durch ein Semikolon ersetzt und das Wort „oder" gestrichen. Buchst c wird aufgehoben.*)

R 49.1–49.3/H 49.1–49.2 EStR 05

§ 49 Beschränkt steuerpflichtige Einkünfte

Übersicht

	Rn		Rn
A. Grundaussagen der Vorschrift	1	6. Steuererhebung	87
I. Sinn und Zweck, Verfassungsmäßigkeit	1	7. Verhältnis zu Doppelbesteuerungsabkommen	88
II. Verhältnis zu anderen Vorschriften	7	IV. Inländische Einkünfte aus nicht selbstständiger Arbeit (§ 49 I Nr 4)	90
B. Inländische Einkünfte (§ 49 I)	10	1. Allgemeines	90
I. Inländische Einkünfte aus Land- und Forstwirtschaft (§ 49 I Nr 1)	10	2. Ausübung und Verwertung (§ 49 I Nr 4a)	91
1. Erfasste Einkünfte	10	3. Einkünfte aus öffentlichen Kassen (§ 49 I Nr 4b)	97
2. Steuererhebung	11	4. Tätigkeit von Geschäftsführern, Prokuristen, Vorstandsmitgliedern (§ 49 I Nr 4c)	100
3. Verhältnis zu Doppelbesteuerungsabkommen	12	5. Entschädigung iSd § 24 Nr 1 für die Auflösung eines Dienstverhältnisses (§ 49 I Nr 4d)	104
II. Inländische Einkünfte aus Gewerbebetrieb (§ 49 I Nr 2)	20	6. Tätigkeit an Bord von Luftfahrzeugen (§ 49 I Nr 4e)	106
1. Regelungsinhalt	20	7. Steuererhebung	107
2. Betriebsstätte und ständiger Vertreter (§ 49 I Nr 2a)	24	8. Verhältnis zu Doppelbesteuerungsabkommen	108
a) Betriebsstätte	25	V. Inländische Einkünfte aus Kapitalvermögen (§ 49 I Nr 5)	110
b) Ständiger Vertreter	26	1. Erfasste Einkünfte	110
c) Erfasste Einkünfte	27	2. Inlandsbezug	125
d) Steuererhebung	28	3. Steuererhebung	135
e) Verhältnis zu Doppelbesteuerungsabkommen	29	4. Verhältnis zu Doppelbesteuerungsabkommen	136
3. Seeschiffe und Luftfahrzeuge (§ 49 I Nr 2b und 2c)	30	VI. Einkünfte aus Vermietung und Verpachtung (§ 49 I Nr 6)	140
4. Ausübung und Verwertung künstlerischer, sportlicher, artistischer und sonstiger Darbietungen (§ 49 I Nr 2d)	36	1. Erfasste Einkünfte	140
a) Erfasste Einkünfte	36	2. Inlandsbezug	141
b) Steuererhebung	48	3. Steuererhebung	143
c) Verhältnis zu Doppelbesteuerungsabkommen	49	4. Verhältnis zu Doppelbesteuerungsabkommen	144
5. Veräußerung von Anteilen an Kapitalgesellschaften (§ 49 I Nr 2e)	54	VII. Sonstige Einkünfte (§ 49 I Nr 7 bis 9)	147
a) Erfasste Einkünfte gem § 49 I Nr 2e aa nF (§ 49 I Nr 2e aF)	55	1. Erfasste Einkünfte	147
b) Einkünfte gem § 49 I Nr 2e bb nF	56	a) § 49 I Nr 7 iVm § 22 Nr 1 S 3a aa	148
c) Steuererhebung	58	b) § 49 I Nr 8 iVm § 22 Nr 2, § 23	149
d) Verhältnis zu Doppelbesteuerungsabkommen	59	c) § 49 I Nr 8a iVm § 22 Nr 4: Abgeordnetenbezüge	151
6. Veräußerung von unbeweglichem Vermögen, Sachinbegriffen oder Rechten (§ 49 I Nr 2f)	62	d) § 49 I Nr 9 iVm § 22 Nr 3: Sonstige Einkünfte	152
a) Erfasste Einkünfte	62	2. Inlandsbezug	155
b) Steuererhebung	68	3. Steuererhebung	156
c) Verhältnis zu Doppelbesteuerungsabkommen	70	4. Verhältnis zu Doppelbesteuerungsabkommen	157
III. Inländische Einkünfte aus selbstständiger Arbeit (§ 49 I Nr 3)	75	5. Private Veräußerungsgeschäfte (§ 49 I Nr 8)	158
1. Allgemeines	75	6. Sonstige Bezüge (§ 49 I Nr 9)	160
2. Ausübung	76	**C. Isolierende Betrachtungsweise (§ 49 II)**	161
3. Verwertung	80	**D. Ermittlung der inländischen Einkünfte**	165
4. Betriebsstätte oder feste Einrichtung	83	**E. Besteuerung von Schifffahrt- und Luftfahrtunternehmen (§ 49 III und IV)**	170
5. Inlandsbezug	86		

Literatur: *Bellstedt* Geschäftsführer und Vorstände im Internationalen Steuerrecht, 1996; *Bornheim* Einbeziehung ausländischer Grundstücksverkäufe in gewerblichen Grundstückshandel?, DStR 98, 1773; *Crezelius* Die isolierende Betrachtungsweise, insbesondere die grenzüberschreitende Betriebsaufspaltung, StVj 92, 322; *Enneking/Denk* Ausländische Einkünfte inländischer Sportler und Einkünfte von beschränkt steuerpflichtigen Sportlern, DStR 97, 1911; *Flies* Die Umqualifikation der Einkünfte bei beschränkter Steuerpflicht, DStZ 95, 431; *Fuhrmann* Einkommensbesteuerung ausländischer Künstler und Sportler, KÖSDI 03, 13880; *Gosch* Zur Gewinnermittlung bei Grundstücksveräußerung durch ausländische Kapitalgesellschaft, StBp 00, 220; *ders* Altes und Neues, Bekanntes und weniger Bekanntes zur sog isolierenden Betrachtungsweise, FS Wassermeyer, 2005, S 263; *Grams* Besteuerung von beschränkt steuerpflichtigen Künstlern, 1999; *ders* Zum Recht der Besteuerung international tätiger Künstler, BB 99, 1949; *Grossmann* Die Besteuerung des Künstlers und Sportlers im internationalen Verhältnis, 1992; *Haarmann* (Hrsg) Die beschränkte Steuerpflicht, 1993; *Hendricks* § 49 I Nr 2f – Anwendungsbereich und Einkunftsermittlung, IStR 97, 229; *Kempermann* Besteuerung der Einkünfte internationaler Anwaltssozietäten, FS Wassermeyer, 2005, S 333; *Kessler/Maywald/Peter* Mögliche Auswirkungen des Satelliten-Urteils auf die steuerliche Behandlung von grenzüberschreitenden Internet-Transaktionen, IStR 00, 425; *Koblenzer* Grundfragen der „beschränkten Steuerpflicht", BB 96, 933; *Kramer* Beschränkte Steuerpflicht und Europarecht, RIW 96, 951; *Lüdicke* Auswirkungen des StEntlG 1999 ff, IStR 99, 193; *Maßbaum* Die beschränkte Steuerpflicht der Künstler und Berufssportler unter Berücksichtigung des Steuerabzugsverfahrens, 1991; *Mody* Die deutsche Besteuerung international tätiger Künstler und Sportler, 1994; *dies.* FS Fischer, 1999, S 769; *Mössner* FS Flick, 1997, S 939; *Neyer* Erweiterung des Umfangs der beschränkten Steuerpflicht: § 49 I Nr 4d nF, IStR 04, 403; *Schauhoff* Inländische Einkünfte im Ausland wohnender Sportler, IStR 93, 363; *Schmidt-Heß* Beschränkte Steuerpflicht bei Rechteüberlassung durch den originären Inhaber des Rechts?, IStR 06, 690; *Schnitger* Das Ende der Bruttobesteuerung beschränkt Steuerpflicht, FR 03, 745; *Schwerdtfeger* Änderungen der beschränkten Steuerpflicht für Geschäftsführer, Vorstände und Prokuristen im Rahmen des StÄndG 2001, IStR 02, 361; *Steinhäuser* Die Besteuerung der Einkünfte leitender Angestellter nach § 49 I Nr 4c EStG, FR 03, 652; *Strunk* Ausweitung der beschränkten Steuerpflicht für Geschäftsführer, Vorstände und Prokuristen „inländischer Gesellschaften", IWB Fach 3 Gr 3, 1377; *Trzaskalik* Marginalien zur Einkommensteuer der beschränkt steuerpflichtigen Arbeitnehmer, StuW 90, 380; *Vogel* Künstlergesellschaften und Steuerumgehung, StuW 96, 248; *Wassermeyer* Die beschränkte Steuerpflicht, in Vogel (Hrsg), Grundfragen des Internationalen Steuerrechts, 1985, S 49; *Widmann* Beschränkte Steuerpflicht und DBA bei Umwandlungen, FS Wassermeyer, 2005, S 581.

A. Grundaussagen der Vorschrift

1 I. Sinn und Zweck, Verfassungsmäßigkeit. Das deutsche ESt-Recht unterscheidet zw unbeschränkter und beschränkter StPfl (vgl § 1 I bis III und § 1 IV). Während der unbeschränkt StPfl grds mit seinen gesamten Einkünften (nach Maßgabe des Einkünftekatalogs in § 2 I 1) der StPfl unterfällt (Welteinkommen), hat die beschränkte StPfl den Charakter einer **Objektsteuer:** Sie knüpft nur im Ausgangspunkt an die 7 Einkunftsarten des § 2 I 1, iÜ aber an bestimmte **abschließend** aufgeführte Einkünfte mit Inlandsbezug an (Territorialitätsprinzip); die Zuordnung der Einkünfte bestimmt sich – in gewisser Weise abw von § 2 I – nach den im Inland verwirklichten Sachverhalten (**isolierende Betrachtungsweise**, § 49 II, dazu Rn 161 ff) und aufgrund des Objektsteuercharakters überdies nach dem Wesen der betr Einkunftsart (str, s Rn 163). Persönliche Verhältnisse des StPfl bleiben weitgehend unbeachtet (Abgeltungswirkung des Steuerabzugs, weitgehend kein Abzug von WK, BA und SA, ag Belastungen, vgl im Einzelnen § 50 V). Dennoch handelt es sich auch bei der beschränkten StPfl um eine **Individualsteuer**.

2 Die Unterschiede zur unbeschränkten StPfl sollen grds **verfassungsrechtlich** unbedenklich sein; insbes sollen die gesetzlichen Typisierungen die Besteuerungsgleichheit nicht verletzen.[1] Infolge der erheblichen Eingriffe in das den Grundsatz der Leistungsfähigkeit verbürgende **Nettoprinzip** und auch aus gleichheitsrechtlichen Gründen ist dies indes äußerst zweifelh. Namentlich der zur Rechtfertigung angeführte Gesichtspunkt, nur mittels des Objektbezugs der beschränkten StPfl und des Ausschlusses der Abzugspositionen lasse sich eine wirksame Steuererhebung durchsetzen, erweist sich kaum als tragfähig. Die Auswahl der Besteuerungsobjekte ist mehr oder weniger willkürlich und lässt keine schlüssige Sachkonzeption erkennen; sie nimmt ungereimte Besteuerungslücken in Kauf, etwa bei Gewerbetreibenden ohne Betriebsstätten oder bei Kapitaleinkünften. Letztlich liegen der beschränkten StPfl in ihrer gegenwärtigen Ausgestaltung überkommene Verständnisstrukturen zugrunde, die in einer globalen, zusammenwachsenden Wirtschaft fragwürdig geworden sind.

3 Unabhängig davon bleibt der gesetzgeberische Entscheidungsspielraum, in welchem Umfang auf **sachliche Besteuerungsmerkmale** zurückgegriffen wird, in weiterer Hinsicht **begrenzt**: Zum einen durch das allg völkerrechtliche Willkürverbot, das es verbietet, Einkünfte als inländische zu qualifizieren, die unter keinem denkbaren Gesichtspunkt über einen Inlandsbezug verfügen;[2] zum anderen durch das Diskriminierungsverbot aus Gründen der Staatsangehörigkeit in Art 12 EG.[3] Zum europarechtlich gebotenen Nettoprinzip innerhalb der EU s § 50 Rn 19. Eine weitere (natürliche)

---

1 BVerfGE 19, 119; 43, 1; BFH BStBl II 74, 30; BStBl III 63, 486; BStBl II 75, 497; BStBl II 74, 30; BStBl II 90, 701; zu Recht krit *Schaumburg*[2] Rn 4.5 ff; 5.129, 5.133 ff; 5.277.

2 *Koblenzer* BB 96, 933.

3 *Schaumburg*[2] Rn 4.13 ff; 5.139 ff.

Schranke ergibt sich aus der territorialen Begrenzung der Hoheitsgewalt. Zum abkommensrechtlichen Diskriminierungsverbot s Art 24 I bis III OECD-MA.[1]

Da sich die Steuerbarkeit gem § 49 auf bestimmte inländische Einkunftsquellen und Tätigkeiten bezieht (und beschränkt), richtet sich auch die den beschränkt StPfl treffende **Einkünfteermittlung** nur auf diese (steuerbaren) Einkünfte.[2]   4

II. Verhältnis zu anderen Vorschriften. §§ 49 ff (Inlandsbeziehungen beschränkt StPfl) enthalten die **Gegenregelungen** zu **§§ 34c, 34d** (Auslandsbeziehungen unbeschränkt StPfl). Die Besteuerung beschränkt StPfl richtet sich nach **§§ 50, 50a, 50d** (Einkünfte- und Einkommensermittlung, Steuertarif; Steuerabzugsverfahren). Zur Abgrenzung gegenüber der erweiterten beschränkten StPfl gem **§§ 2, 5 und 6 AStG** (Wegzugsbesteuerung) s Rn 55, § 1 Rn 8. Zum Verhältnis zwischen § 49 (I Nr 2a und f, Nr 6) einerseits und **§ 4h** andererseits s *Bron* IStR 08, 14 (s auch Rn 27), dort auch zum Verhältnis zw § 49 I Nr 2a und **§ 34a**.   7

1. DBA. Bei nicht der unbeschränkt StPfl verzichtet der deutsche Fiskus von vornherein auf eine Besteuerung nach dem Welteinkommensprinzip; er unterwirft nur bestimmte Aktivitäten der ESt. Hinsichtlich dieser Aktivitäten bedarf es aber einer bilateralen Einkommensabgrenzung zw den jeweils beteiligten Staaten durch DBA. Diese begründen oder erweitern die StPfl nicht, sondern schränken diese lediglich ein, indem sie dem einen Vertragsstaat das Besteuerungsrecht belassen und dem anderen nehmen. Demjenigen Staat, dem das Besteuerungsrecht (ganz oder teilw) belassen wird, bleibt das Recht (nicht die Pflicht) zur Besteuerung. Macht er davon für die eine oder andere Aktivität keinen Gebrauch, gehen die DBA-Regelungen ins Leere,[3] es sei denn, das betr DBA oder auch eine unilaterale Vorschrift im Wege eines treaty override (vgl zB § 50d III, VIII, IX) bestimmen eine Rückfallklausel (‚subject to tax'-, ‚switch over'-Klauseln). – Fehlt es an einem DBA, sind allein §§ 49–50a einschlägig. Kein Gegenstand der DBA ist grds die Frage der Einkünftezurechnung. Insoweit bleiben die nationalen Zurechnungsvorschriften und damit auch **§ 42 I AO** vorbehaltlich entspr Sonderregelungen in den DBA prinzipiell uneingeschränkt anwendbar.[4] S dazu im Einzelnen § 50d Rn 45.   8

B. Inländische Einkünfte (§ 49 I)

I. Inländische Einkünfte aus Land- und Forstwirtschaft (§ 49 I Nr 1). – 1. Erfasste Einkünfte. Der **Begriff** der LuF entspricht demjenigen in **§ 13**. Die LuF muss im Inland betrieben werden, dh auf im Inland belegenen Grund und Boden, auch dann, wenn dieser Teil eines ausländischen Betriebs oder Teilbetriebs ist oder wenn er sich nur teilw im Inland befinde. In solchen Fällen unterliegt immer nur der inländische Teil der beschränkten StPfl.[5] Von wem die LuF betrieben wird (Eigentümer, Pächter, Mieter, Nießbraucher) und wo die Betriebsleitung ihren Sitz hat, ist unbeachtlich. Veräußerungsgewinne sind (ggf nur anteilig) zu versteuern (vgl § 14); zum dann ggf begünstigten Steuersatz s § 16 IV, § 14a. Der beschränkt stpfl Landwirt kann seinen Gewinn nach Durchschnittssätzen ermitteln (**§ 13a**), wobei lediglich die Verhältnisse der im Inland betriebenen LuF maßgeblich sind.[5]   10

2. Steuererhebung. Besteuert wird durch **Veranlagung**.   11

3. Verhältnis zu Doppelbesteuerungsabkommen. In DBA stellen LuF-Einkünfte zumeist keine eigene Einkunftsart dar. Es gilt das **Belegenheitsprinzip** (Art 6, 13 OECD-MA), so dass sich für einen inländischen LuF-Betrieb keine Beschränkungen ergeben.   12

II. Inländische Einkünfte aus Gewerbebetrieb (§ 49 I Nr 2). – 1. Regelungsinhalt. Nicht jede gewerbliche Betätigung im Inland führt zur beschränkten StPfl entspr Einkünfte aus GewBetr, sondern nur solche mit besonderem Inlandsbezug. Ein einheitliches Konzept ist nicht erkennbar.[6] Praktisch wichtigster Fall ist die Betriebsstättenbesteuerung gem § 49 I Nr 2a.   20

2. Betriebsstätte und ständiger Vertreter (§ 49 I Nr 2a). Zur Sicherstellung der beschränkten StPfl bei gewerblichen Einkünften (§§ 15 bis 17) knüpft § 49 I Nr 2a an die inländische Betriebsstätte (**Betriebsstättenprinzip**, vgl auch Art 7 OECD-MA) oder an einen für das Inland bestellten ständi-   24

---

1 *Schaumburg*[2] Rn 4.37 ff; 5.142.
2 BFH BStBl II 98, 260; Anm *FW* IStR 98, 213.
3 BFH BStBl II 79, 64; *Blümich* § 49 Rn 15 ff.
4 BFH BStBl II 98, 235 unter ausdrücklicher Aufgabe seiner früheren Rspr, vgl BStBl II 82, 150 (sog Monaco-Urteil).
5 BFH aaO.
6 Krit *Schaumburg*[2] Rn 5.155 ff.

gen Vertreter an (insoweit enger und damit § 49 I Nr 2a begrenzend der „abhängige Vertreter" iSv Art 5 V, VI OECD-MA).

25 **a) Betriebsstätte.** Der Begriff der Betriebsstätte orientiert sich an **§ 12 AO** (nicht: DBA). Es handelt sich sonach um eine feste Geschäftseinrichtung oder Anlage mit nicht nur vorübergehendem räumlichem Bezug zum Inland, die der Tätigkeit eines Unternehmens (und zwar unmittelbar[1]) dient (insbes Stätte der Geschäftsleitung, Zweigniederlassung, Geschäftsstelle, Fabrikations- oder Werkstätten, Warenlager, Ein- oder Verkaufsstellen, Bergwerke, Steinbrüche oder andere stehende, örtlich fortschreitende oder schwimmende Stätten der Gewinnung von Bodenschätzen, eine oder mehrere (auch örtlich fortschreitende oder schwimmende) Bauausführung(en) oder Montage(n), wenn die einzelne oder eine von mehreren zeitlich nebeneinander bestehenden oder mehrerer ohne Unterbrechung[2] aufeinander folgenden Bauausführung(en) oder Montage(n) länger als 6 Monate dauert(n).[3] Die erforderliche feste Verbindung zur Erdoberfläche besteht auch bei fahrbaren Verkaufsständen mit festem Standplatz, bei Marktständen,[4] bei richtigem Verständnis indes nur dann, wenn die betr Tätigkeit zumindest teilw **in** der Betriebsstätte auch ausgeübt wird und sich **darin** vollzieht, woran es bei lediglich vermieteten Grundstücken und Betriebsmitteln (auch im Rahmen einer grenzüberschreitenden BetrAufsp), aber auch bei bloßen Transporteinrichtungen (zB Rohrleitungen) fehlt.[5] Auf Eigentum oder eine vergleichbare unentziehbare Rechtsposition des Gewerbetreibenden kommt es nicht an, eine (auch lediglich faktische) Verfügungsmacht genügt, sofern diese nicht nur ganz vorübergehend ist und dem Gewerbetreibenden nicht gegen dessen Willen entzogen werden kann. **Nicht** um eine Betriebsstätte handelt es sich deswegen zB bei dem in der Wohnung eines ArbN befindlichen Arbeitszimmer, auch nicht im Falle einer entspr arbeitsvertraglichen Verpflichtung.[6] GewBetr ohne Betriebsstätte sind nicht denkbar, weil sie zumindest immer über eine Geschäftsleitung und damit über eine Stätte der Geschäftsleitung (im Zweifel am Wohnsitz des Gewerbetreibenden) verfügen.

26 **b) Ständiger Vertreter.** Ein solcher ist eine Pers, die nachhaltig[7] die Geschäfte eines Unternehmers besorgt und dabei dessen Sachweisungen unterliegt (§ 13 AO; zu DBA s Rn 24), gleichviel, ob angestellte oder selbstständige,[8] nat oder jur Pers, ob auf rechtsgeschäftlicher oder tatsächlicher Grundlage. In erster Linie sind dies Agenten, Spediteure, Bankiers, Pächter (bei Wahrnehmung der Geschäfte des Verpächters),[9] auch Makler, Kommissionäre und Handelsvertreter (§ 84 HGB), ggf auch der Geschäftsführer einer KapGes als deren gesetzliches Organ (s auch Rn 100).[10] Voraussetzung ist allein die **sachliche Weisungsgebundenheit**, die die FinVerw eng versteht.[11] Auch ein nur ganz vorübergehendes oder gelegentliches Tätigwerden genügt nicht,[12] ebenso wenig ein Tätigwerden des Unternehmers für sich selbst und für den eigenen Betrieb.[13] Keine inländischen Einkünfte sind gegeben, wenn sie durch das Tätigwerden der ausländischen Betriebsstätte des inländischen ständigen Vertreters für den ausländischen Unternehmer erzielt werden; erforderlich ist ein Tätigwerden im Inland.[14] Zum (engeren) Begriff des abhängigen Vertreters nach DBA-Recht vgl Art 4 IV OECD-MA.

27 **c) Erfasste Einkünfte.** Besteuert werden (nur) die Gewinne der inländischen Betriebsstätte bzw des inländischen ständigen Vertreters. Eine automatische „Attraktivkraft" der Betriebsstätte für die betr Inlandseinkünfte besteht ungeachtet der unterschiedlichen Formulierung gegenüber der spie-

---

1 BFH BStBl II 88, 653.
2 Übliche Arbeitsunterbrechungen (Urlaub, Feiertage uÄ) und besondere betriebsbedingte Unterbrechungen (Streik, Naturgewalten) werden mitgerechnet, vgl BFH BStBl II 79, 479; BStBl II 82, 241; Einzelheiten zu Beginn und Ende von Montagen s BFH BStBl II 99, 694, zT abw (s *Kempermann* FR 99, 1202) A 24 III GewStR: bis zu 2 Wochen.
3 Zur Abgrenzung gegenüber mehreren parallelen Bauausführungen im abkommensrechtlichen Sinn s BFH BStBl II 02, 846 = IStR 01, 364 mit Anm *FW*.
4 Vgl aber auch abgrenzend zu periodisch wiederkehrenden Ständen auf Weihnachtsmärkten BFH BStBl II 04, 396.
5 *FW* IStR 97, 149; **aA** BFH BStBl II 97, 12 zu festen Rohrleitungen (‚pipeline').
6 Vgl im Einzelnen *Beermann/Gosch* § 12 AO Rn 12f mwN zur umfangreichen Rspr.
7 Wobei auf einen Zeitraum von 6 Monaten abzustellen ist; zu den zeitlichen Voraussetzungen s auch BFH BStBl II 06, 220.
8 BFH BStBl II 72, 785.
9 BFH BStBl II 78, 494.
10 Verneinend zB FG RhPf EFG 98, 576; FG D'dorf EFG 03, 1125; *Strunk/Kaminski/Köhler* AStG/DBA Art 5 OECD-MA Rn 114; bejahend zB FG Mchn EFG 98, 1491; *Buciek* FS Wassermeyer, S 289; *Heißner* IStR 04, 161; offen BFH BStBl II 06, 220.
11 S R 49.1 I 2 u 3 EStR 05.
12 BFH BStBl II 06, 220.
13 BFH BStBl II 91, 395.
14 *Lademann* § 49 Rn 307; **aA** *H/H/R* § 49 Rn 227.

gelbildlichen Vorschrift des § 34 Nr 2a („durch" statt „für") nicht.[1] S § 34d Rn 13. Allerdings erfordert die Einkünfteezuteilung zu der inländischen Betriebsstätte die Existenz eines weiteren Zuordnungspols, was wiederum (schon wegen des andernfalls völlig unbestimmten Schätzschlüssels) nur gelingt, wenn das Unternehmen auch im Ausland über eine (Geschäftsleitungs-)Betriebsstätte (s § 12 S 2 Nr 1 AO) verfügt.[2] Andernfalls gebühren der Inlandsbetriebsstätte dann doch sämtliche Einkünfte des Unternehmens und können gewerbliche Einkünfte daneben nur über den gesonderten Objektzugriffe in § 49 I Nr 2b-f erfasst werden. Auf dieser Basis richtet sich die Gewinnermittlung ausschließlich nach nationalem Recht und hierbei nach Maßgabe der **allg Vorschriften** (§§ 4 ff). Eine (bestätigende, allerdings nur unvollkommen ausgestaltete) Sonderregelung enthält lediglich § 50 I 1, wonach BA nur abziehbar sind, wenn sie mit den inländischen Einkünften im wirtschaftlichen Zusammenhang stehen. Die hiernach gebotene Zuordnung von BA nach Veranlassungsgesichtspunkten erfolgt idR nach der direkten Methode (auf Basis einer Betriebsstättenbuchführung), hilfsweise nach der indirekten Methode (anhand von Aufteilungsschlüsseln, zB für Lohn- und Produktionskosten).[3] S § 50 Rn 23. Praxisüblich ist eine gemischte Methode, weil sich regelmäßig nicht sämtliche Aufwandspositionen eindeutig zuordnen lassen.[4] Problematisch ist die Aufteilung des hiernach ermittelten Betriebsstättengewinns, welche erst eine Zuordnung des Anteils am Gesamtgewinn des (Einheits-)Unternehmens zur Abgrenzung der Besteuerungsrechte zw dem Ansässigkeitsstaat und dem Quellenstaat (Betriebsstättenstaat) ermöglicht. Nur mit dem inländischen Anteil an jenem Gewinn unterfällt das Unternehmen der deutschen beschränkten StPfl. Zur (fiktiven) Entnahme und zur (fiktiven) Einlage von WG beim Ausschluss bzw bei der Beschränkung und bei der Begründung des Besteuerungsrechts Deutschlands hinsichtlich des Gewinns aus der Veräußerung (bzw Nutzung) des WG s **§ 4 I 3 und 7 HS 2**. Bei der Inlandsbetriebsstätte handelt es sich nicht um einen **Betrieb iSv § 4h I**; Betrieb idS ist der Gesamtbetrieb. Allerdings sollen die für die Zinsschranke maßgeblichen Bezugsgrößen (Nettozinsaufwand und – ertrag; das sog EBITDA gem § 4h I 1; Freigrenze des § 4h II 1a) nur insoweit einzubeziehen sein, als sie der Betriebsstätte zuzuordnen sind; der EK-Vergleich gem § 4h II 1c hingegen auf den ganzen Betrieb.[5] In ähnlicher Weise soll bei der Thesaurierungsbegünstigung gem § 34a in Inbound-Fällen ‚Betrieb' iSv **34a I 2** (bei Licht betrachtet contra legem) nur die inländische Betriebsstätte sein.

d) Steuererhebung. Betriebsstättengewinne werden **veranlagt** (s § 50 V 3). Die Gewinnabgrenzung zwischen dem (ausländischen Stammhaus und der (inländischen) Betriebsstätte kann auf Antrag einvernehmlich auf bilateraler Basis nach Maßgabe eines vertraglichen Vorabverständigungsverfahrens (Advance Pricing Agreement -APA) erfolgen; zur dafür konstituierten bes Gebührenpflicht s § 178a AO. 28

e) Verhältnis zu Doppelbesteuerungsabkommen. Die inländische StPfl gem § 49 I Nr 2a korrespondiert mit Art 7 I OECD-MA und wird hierdurch nicht eingeschränkt. Abkommensrechtlich gilt das Quellenstaatsprinzip gem Art 7 II OECD-MA allerdings nach Maßgabe des **Grundsatzes des dealing at arm's length** (= Fremdvergleichsgrundsatz), wonach Stammhaus und Betriebsstätte für die Gewinnzuordnung (s Rn 27) fiktiv als selbständige Unternehmen gegenübergestellt werden. Art 7 II OECD-MA wirkt nach hM[6] lediglich für die Gewinnabgrenzung, nicht jedoch für die Gewinnermittlung als ‚self-executing'. Es bedarf deswegen für fiktive Liefer- und Leistungsbeziehungen zw Stammhaus und Betriebsstätte einer innerstaatlichen Rechtsgrundlage, an der es in Deutschland gegenwärtig aber (noch)[7] fehlt. 29

3. Seeschiffe und Luftfahrzeuge (§ 49 I Nr 2b und 2c). Der beschränkten StPfl unterliegt der Betrieb von Seeschiffen und Luftfahrzeugen (§ 49 I Nr 2b), (vom VZ 86 an) gem Nr 2c auch dann, wenn das Unternehmen selbst keine Beförderungsleistungen erbringt, sondern nur im Rahmen einer **internationalen Betriebsgemeinschaft** oder eines **Poolabkommens** an entspr Beförderungseinkünften beteiligt ist. Seeschiffe sind (zugleich begrifflich sowohl enger als auch weiter als der Begriff 30

---

1 Vgl BFH BStBl Ii 87, 550; *K/S/M* § 49 Rn D 851.
2 BFH BStBl II 94, 148; s auch BStBl II 04, 932 BFH v 19.12.07 I R 19/06 ; *Wassermeyer* IStR 04, 676; *ders* IStR 94, 28; *Schauhoff* IStR 95, 108, 110 f; *Enneking/Denk* DStR 97, 1911, 1916; **aA** *Kramer* IStR 04, 672; unklar *K/S/M* § 49 Rn D 1365 ff.
3 BFH BStBl II 86, 785; BStBl II 93, 63; BMF BStBl II 99, 1076 Tz 2.3.
4 *D/W* Art 7 OECD-MA Rn 190 mwN.

5 ZB *Bron* IStR 08, 14; *Grotherr* IWB 07 G 3 F 3, 1489, 1496; *Middendorf/Stegemann* INF 07, 305.
6 ZB BFH BStBl II 89, 510; *Ditz* IStR 05, 37.
7 Zum Meinungsstand und zu entspr Überlegungen, einen allg Fremdvergleichsgrundsatz bei der Ermittlung der Einkünfte im Verhältnis zu nahe stehenden Pers zu konstituieren s *Förster/Naumann/Rosenberg* IStR 05, 617 (619 ff, 623 f).

der Handelsschiffe in § 5a dort Rn 25 ff) solche, die zum Einsatz auf hoher See bestimmt sind, sofern sie der Beförderung dienen. Beförderndes Unternehmen ist bei Vercharterungen immer nur der Betreiber, der Beförderungseinkünfte erzielt, bei Time- oder Voyage-Charter hingegen der Vercharterer. Voraussetzung der Erfassung durch die beschränkte StPfl ist die Beförderung zw inländischen oder von in- zu ausländischen See- oder Lufthäfen, bei Beförderungen von aus- zu inländischen Häfen deshalb nur der Teilgewinn.[1] Ergänzende Beförderungsleistungen (zB Zubringer) werden, soweit sie sich auf das Inland erstrecken, miterfasst.

31 Die Einkünfte sind unter den Voraussetzungen von **§ 49 IV** (= Betreiberunternehmen mit Geschäftsleitung im Ausland und zwischenstaatlicher Gegenseitigkeit[2]) stfrei. Unterfallen sie **§ 49 I Nr 2b** oder werden sie über eine inländische Betriebsstätte oder einen ständigen Vertreter erzielt, werden sie unter den Voraussetzungen von **§ 49 III** pauschal mit 5 vH der vereinbarten Beförderungsentgelte besteuert, es sei denn, das deutsche Besteuerungsrecht bleibt nach einem DBA auch der Höhe nach aufrechterhalten. Diese unwiderlegliche Gewinnvermutung verstößt gegen Art 3 I GG sowie gegen EG- und DBA-Diskriminierungsverbote, sofern der beschränkt StPfl nachweislich Verluste oder Gewinne unterhalb der gesetzlichen Gewinnfiktion erwirtschaftet.[3] Allerdings steht dem Steueranspruch gem § 49 I Nr 2b regelmäßig **DBA**Recht entgegen, das die Besteuerung aus dem Betrieb von See- und Luftfahrzeugen im internationalen Verkehr dem Staat zuweist, in dem sich der Ort der tatsächlichen Geschäftsleitung befindet **(Art 8 OECD-MA)**.

32 Die Besteuerung der von **§ 49 I Nr 2c** erfassten Pool-Einkünfte setzt (ohne sachliche Rechtfertigung[4]) voraus, dass die Beförderung von einem inländischen Unternehmen durchgeführt wird. Fehlt es daran, wird das Poolergebnis insoweit bei dem poolbeteiligten ausländischen Unternehmen über § 49 I Nr 2b erfasst. Ist am Pool außerdem ein unbeschränkt StPfl beteiligt, kann es folglich zu einer Doppelbesteuerung kommen.[5]

33 **Abkommensrechtlich** liegt das Besteuerungsrecht für den Betrieb von Seeschiffen und Luftfahrzeugen idR dort, wo sich der Ort der tatsächlichen Geschäftsleitung des Unternehmens befindet (Art 8 OECD-MA); § 49 I Nr 2b läuft dadurch weitgehend leer.

4. Ausübung und Verwertung künstlerischer, sportlicher, artistischer und sonstiger Darbietungen

36 **(§ 49 I Nr 2d). – a) Erfasste Einkünfte.** § 49 I Nr 2d besteuert inländische Einkünfte, die „durch"[6] (nicht: „aus")[6] **(1) künstlerische(n), sportliche(n), artistische(n) oä Darbietungen**, die im Inland ausgeübt oder verwertet werden, einschl **(2)** Einkünfte aus anderen, **damit zusammenhängende Leistungen, (3)** unabhängig davon, wem die Einkünfte zufließen. Zweck der ausweitenden Regelung (so Durchgriff) ist es, Besteuerungslücken zu solchen Pers zu schließen, die als Gewerbetreibende in vergleichbarer Weise wie Selbstständige tätig sind (§ 49 I Nr 3) und im Inland nicht über eine Betriebsstätte oder einen ständigen Vertreter verfügen (§ 49 I Nr 2a). Erfasst werden namentlich Künstlerverleih-Ges (sog rent-a-star-company).[7]

37 Anknüpfungsmerkmal ist in erster Linie die Darbietung **der betr gewerblichen Tätigkeit im Inland**, also deren Ausübung, daneben deren Verwertung. Zum Erfordernis der Gewinnerzielungsabsicht von Amateur-Künstlern und -Sportlern s Rn 162. Die **Ausübung** von **Darbietungen** zielten darauf ab, Eigenes oder Fremdes (Werke, Kenntnisse, Fähigkeiten) vorzuführen, zu zeigen, zu Gehör zu bringen, zu präsentieren. Der Begriff setzt den persönlichen (physischen) Auftritt des Darbietenden voraus, sei es öffentlich vor Publikum, sei es nichtöffentlich, zB in einem Studio, vor einer Filmkamera. **Verwertung** ist demgegenüber die – jegliche – finanzielle Ausnutzung einer Darbietung, zB durch die Produktion von Tonträgern, durch die Einräumung von Rechten[8] uÄ. Erfasst werden aufgrund der Neuregelungen durch das StEntlG 99 ff sowohl Inlands- als auch Auslandsdarbietungen, vorausgesetzt, diese werden jedenfalls im Inland verwertet. Die bis zum VZ 99 geltende Regelung

---

1 BFH BStBl II 88, 596.
2 Vgl die Aufstellung BMF IStR 97, 574.
3 *Schaumburg*[2] Rn 5.185; vgl auch BFH DStRE 98, 590 zu Art 25 DBA-Philippinen; **aA** FG Hbg EFG 99, 1230. Die dagegen gerichtete Rev I R 81/99 war unbegründet, weil nach Ansicht des BFH ausländischen jur Pers kein Grundrechtsschutz zusteht, vgl BFH BStBl II 01, 290); die dagegen gerichtete Verfassungsbeschwerde wurde vom BVerfG nicht angenommen (BVerfG v 8.11.01

1 BvR 722/01; s dazu aber auch *sch* DStR 01, 617 (618); *Guckelberger* AöR 4 (4), 618).
4 *Lademann* § 49 Rn 425; *H/H/R* § 49 Rn 486.
5 Im Einzelnen *H/H/R* § 49 Rn 486; *Lademann* § 49 Rn 425.
6 BFH BFH/NV 94, 864, 865.
7 Vgl *Fuhrmann* KÖSDI 03, 13880 (13883); *Molenaar/Grams* IWB Fach 10 Gr 2, 1669 (1685).
8 BFH BStBl II 03, 641 zu Präsentations- und Werbemöglichkeiten bei Sportveranstaltungen.

war insofern unklar und beließ Beurteilungsspielräume.[1] Von wem die (ausländische) Darbietung im Inland verwertet (vermarktet) wird, ob nur von einer oder aber aller beteiligten Pers, ist ebenso unbeachtlich wie der Zeitpunkt, zu dem dies geschieht.[2] Unbeachtlich ist insoweit in zeitlicher, aber auch in geografischer Hinsicht der Vertragsschluss und Vertragsort; maßgeblich ist die letztlich erfolgende Nutzung. Der Verwertungstatbestand erweist sich damit iErg als nahezu uferlos.

Künstlerisch ist eine eigenschöpferische Leistung. Es gilt ein enger Künstlerbegriff.[3] Erfasst werden nur vortragende Kunstdarbietende (Bühnen-, Film-, Rundfunk-, Fernsehkünstler, Tänzer, Musiker, Dirigenten), nicht hingegen werkschaffende Künstler (Maler, Fotografen, Komponisten, Regisseure, Schriftsteller, Kunsthandwerker), es sei denn, auch diese bieten ihre Werke dar (Lesung, Vortrag) oder lassen diese darbieten (ausländische Agenturen, Verleihunternehmen). Es gilt derselbe enge Künstlerbegriff wie in § 49 I Nr 3 sowie iSv Art 17 OECD-MA (s Rn 49).[4] **38**

Sportliche Leistungen sind solche aus körperlicher oder geistiger Tätigkeit, die letztlich um ihrer selbst willen erbracht werden, idR unter Anerkennung bestimmter Regeln und Organisationsformen. Sie können von Berufssportlern ebenso wie von Amateuren erbracht werden, auch dann, wenn sie von ausländischen (Vermittlungs-)Unternehmen inländischen Veranstaltern angeboten werden (Gastspiele und -starts). Einbezogen sind nicht nur traditionelle, sondern alle sportlichen Darbietungen wie Tanzen, Billard, Schach, Bridge uÄ. IÜ gilt auch hier (wie bei den Künstlern, Rn 38) ein enges Begriffsverständnis: Die sportliche Darbietung muss vor Publikum stattfinden. Anderweitige sportliche Aktivitäten wie zB individuelles Bergsteigen, Sporttauchen, Survivalaktionen, Tätigkeiten als Trainer, Betreuer werden nicht einbezogen, ebenso wenig wie Einkünfte aus Werbe- uä Promotionsveranstaltungen, auch aus einer Quizteilnahme, es sei denn, diese sind ein unmittelbarer (Neben-)Effekt der eigentlichen sportlichen Darbietung.[5] **40**

Artistische Darbietungen sind solche unterhaltender Art der Akrobaten, Varieté-, Revue- und Showkünstler, Zauberer, Clowns, Zirkusleute, **nicht** aber jene von Wahrsagern, Hellsehern. Sie können künstlerische wie sportliche Elemente vereinen und enthalten. **41**

Ähnliche Darbietungen sind solche, die den Katalogberufen vergleichbar sind, ohne jedoch diesen qualitativ voll zu entsprechen, zB Showmaster, Büttenredner, Entertainer, Ritterschauspiele und Darstellung handwerklicher Traditionen des Mittelalters,[6] Varieté- oder Revuedarbietende (Eisrevue), ggf auch eine konzeptionelle Bühnenshow[7] (zweifelh, weil die Show idR neben der eigentlichen Darbietung steht und lediglich die Kulisse dafür liefert, dass sich der eigentlich Darbietende entspr in Szene setzen kann), auch erotische Tanzdarbietung sog American Girls,[8] nicht aber zB Talkshowteilnehmer (s aber Rn 43) und sicherlich auch nicht das Show- und Unterhaltungsgeschäft als solches.[9] Angesichts der Begriffsweite ist zT ein Verstoß gegen den Gesetzesvorbehalt (Art 20 III GG) vermutet worden,[10] wohl zu Unrecht.[11] Die gesetzlich aufgelisteten Katalogberufe geben genügend Anhaltspunkte, um einen wertenden Vergleich zu ermöglichen.[12] Ausschlaggebend sollte sein, dass die ähnlichen Darbietungen Schnittstellen zu den künstlerischen, sportlichen oder artistischen Darbietungen ihrerseits einen gewissen eigenschöpferischen Charakter aufweisen; ohne jedoch dem Qualitätsprofil der „eigentlich" erfassten Darbietungen in jeglicher Hinsicht genügen zu müssen; letztlich läuft das auf den Charakter einer Auffangvorschrift hinaus. **42**

Neben den Einkünften im vorgenannten Sinne aus Inlandsdarbietungen und deren Inlandsverwertung erfasst § 49 I Nr 2d auch Leistungen, die selbst keine künstlerischen, sportlichen, artistischen oä Leistungen sind, aber **mit diesen Leistungen zusammenhängen** (im Sinne eines strikten Konnexi- **43**

---

1 Nach Auffassung des BFH waren Auslandsdarbietungen nicht einzubeziehen, vgl BFH BStBl II 98, 440, mit zust Anm *FW* IStR 98, 539; aber str, vgl zB *H/H/R* § 50a Rn 65; **aA** BMF BStBl I 96, 89 Tz 2.2.2.
2 Zweifelnd *Lüdicke* IStR 99, 193.
3 S aber auch SG Kln S 23 KR 3/07 zur angeblich künstlerischen Darbietung von *Dieter Bohlen* als sog Juror der RTL-TV-Sendung „Superstars", s FAZ 264/07 v 13.11.07, 9 und 42.
4 Vgl BFHE 197, 679 (entgegen BFHE 160, 513); BFH BStBl II 02, 410 (dort zu den Besonderheiten des DBA-Österreich und entgegen dem österreichischen VwGH SWI 02, 314, SWI 01, 513: völkerrechtswidrige Auslegung); *D/W* MA Art 17 Rn 21, 36; *Vogel/Lehner*[4] Art 17 Rn 22 ff; vgl auch BMF BStBl I 96, 89 Tz 5.2; BFH BStBl II 00, 254; *F/W/W/K* Art 17 Rn 15; *Kempermann* FR 99, 857.
5 FG M'ster EFG 99, 968; s auch zur Abgrenzung BFH BStBl II 92, 101.
6 FG Thür EFG 01, 74.
7 BFH/NV 05, 892.
8 BFH v 17.10.07 I R 81, 82/06.
9 Insoweit zutr FG M'ster EFG 06, 1166, aber aufgehoben durch BFH v 17.10.07 I R 81, 82/06.
10 *Schmidt*[26] § 49 Rn 28.
11 BFH aaO.
12 *Schaumburg*[2] Rn 5.200; FG Thür EFG 01, 74.

tätserfordernisses). Dies sind vor allem (Neben-)Leistungen des Veranstalters (zB Kartenverkauf, Merchandising, Transportleistungen), Agenten, der technischen, kaufmännischen oder medizinischen Hilfsdienste (Bühnenbild, Beleuchtung, Tontechnik, Kostüme uÄ), Gestellung des (musikalischen, organisatorischen, programmatischen) Rahmens für den Auftritt des Künstlers (zB durch einen Chor, ein Orchester oder durch Sänger),[1] die Tätigkeiten von Regisseuren, Choreographen, Bühnenbildnern, die selbst nicht künstlerisch wirken, außerdem Autogrammstunden, Werbung, Sponsoring, Interviews, Teilnahme an Lesungen oder Talkshows usw, sofern sie unmittelbar (sachlich wie zeitlich) **anlässlich** der eigentlichen Darbietung erfolgen.[2] Ausschlaggebend ist der **tatsächliche Zusammenhang**. Ein rechnerischer Zusammenhang mit den betr Einkünften (oder eine gemeinsame Abrechnung) oder ein gesamtvertraglicher Zusammenhang ist ebenso wenig vonnöten wie schädlich.[3] Andererseits sind die betr Nebenleistungen (vorbehaltlich rechtsmissbräuchlicher ‚Auslagerungen' von BA) **nicht** einzubeziehen, wenn ihnen entspr Kontrakte **mit Dritten** zugrunde liegen und wenn sie von einem anderen als dem Darbietenden oder dem die Darbietung Verwertenden erbracht werden, zB durch eine sog Event- oder Service-Ges.[4] Die gesetzliche Zuordnung der Neben- zu der Hauptleistung ist eindeutig („einschließlich"). Für eine personelle Ausdehnung des Grundtatbestandes gibt § 49 I Nr 2d nichts her. Auch aktive (trennbare) Werbeleistungen (zB Bandenwerbung), die unabhängig von den Darbietungen (vom inländischen Veranstalter oder von einem Dritten[5]) erbracht wer- den, gehören nicht dazu.[6] Sie unterliegen als Dienstleistung der beschränkten StPfl nur im Rahmen einer Betriebsstätte oder eines ständigen Vertreters (§ 49 I Nr 2a).[7] Gleichermaßen verhält es sich bei Warenverkäufen (Eis, Getränke oÄ). Die Einbeziehung auch solcher Aktivitäten widerspräche dem Gleichbehandlungsgebot gegenüber vergleichbaren Leistungen bei anderen als Sportveranstaltungen (zB einer Messe, Ausstellung usw).[8] Davon wiederum zu unterscheiden sind indes Fälle der (ggf abspaltbaren) Überlassung (und Vermarktung) von Persönlichkeitsrechten (Namen, Fotos) des Künstlers und Sportlers, insbes bei zwischengeschalteten Vermittlungs-Ges. Bei den Vergütungen für solche Aktivitäten handelt es sich gemeinhin (uU auch daneben und teilw) nicht um gewerbliche Einkünfte (aus Dienstleistungen), sondern um solche aus der Nutzungsüberlassung von Rechten iSv § 49 I Nr 6.[9] Letzteres ist (trotz § 21 III) eine Folge des durch das Objektsteuerprinzip der beschränkten Stpfl bedingten einkünftespezifischen (und von § 49 II, s dazu Rn 161, abzugrenzenden) isolierenden Betrachtungsweise.[10]

44 **Wem** die Einnahmen **zufließen** (dem Darbietenden, dem Verwertenden oder einem Dritten, einer nat oder einer jur Pers), ist **bedeutungslos** (§ 49 I Nr 2d letzter HS). § 49 I Nr 2d will gerade solchen Gestaltungen begegnen, die darauf abzielen, die beschränkte StPfl durch ein Vertragsgeflecht und eine Aufteilung der verschiedenen zusammenhängenden Leistungen auf jeweils gesonderte Verträge zu vermeiden.[11] Dieses Ziel wird indes erreicht, ohne dass es der Hervorhebung im letzten HS noch bedurft hätte.[12]

48 **b) Steuererhebung.** Besteuert wird grds durch **(Brutto-)Steuerabzug mit Abgeltungswirkung** (§ 50a IV 1 Nr 1 und 2, dort Rn 18 ff). Ausnahmen bestehen für Einkünfte im Rahmen eines inländischen Betriebs (§ 50 V 3).

49 **c) Verhältnis zu Doppelbesteuerungsabkommen.** Art 17 OECD-MA weist das Besteuerungsrecht für Einkünfte aus dem Auftreten von (erneut allerdings grds nur von darbietenden, nicht auch von sog werkschaffenden[13]) Künstlern, Sportlern und Artisten dem Quellenstaat zu **(Arbeitsortprinzip)**, soweit das DBA nicht Sonderbestimmungen über die Besteuerung von Einkünften anderer Pers aus

---

1 *H/H/R* § 49 Rn 549.
2 BMF BStBl I 96, 89 Tz 2.2.3.1; BFH BStBl II 00, 254; krit *Kempermann* FR 99, 857.
3 *H/H/R* § 49 Rn 548; **aA** *Blümich* § 49 Rn 107.
4 BFH BStBl II 03, 641; BFH/NV 05, 892 für Leistungen eines Produktionsmanagement- und Technikerteams; *K/S/M* § 49 Rn E 410 ff; *H/H/R* aaO; *B/H/G/K* Anh Rn 207; BMF BStBl I 96, 89 Tz 2.2.3.2; **aA** FG Mchn EFG 02, 835.
5 BFH aaO; *Blümich* § 49 Rn 107.
6 BFH BStBl II 03, 641; *Lademann* § 49 Rn 478; *H/H/R* § 49 Rn 543.
7 *Schauhoff* IStR 93, 363 (364 f); **aA** *Killius* FR 95, 721 (724): einschlägig sei stets § 49 I Nr 6.
8 *FW* IStR 01, 780.
9 Vgl auch BFH/NV 01, 1563; BFH BStBl II 05, 550 zu Gestattungsrechten an Bild und Namen von Sportlern und Künstlern (dazu BMF BStBl I 05, 844); *Hey* RIW 97, 887 (888); *Wild/Eigelshoven/Reinfeld* DB 03, 1867; **aA** *Schauhoff* IStR 93, 363; FG Bln IStR 03, 496 für Namens- und Sponsorenrechte; diff *Mody* FS Fischer, S 769 (775 f) für den ‚aktiv' präsentierten und den lediglich ‚verwerteten' Künstler oder Sportler.
10 BFH BStBl II 05, 550.
11 FG Mchn IStR 02, 418; *H/H/R* § 49 Rn 549; *Lademann* § 49 Rn 480.
12 *Lademann* § 49 Rn 480.
13 BFH BStBl II 97, 679; BStBl II 02, 410.

einer vom Künstler oder Sportler ausgeübten Tätigkeit mit entspr Zuordnung zum Tätigkeitsstaat enthält (vgl Art 17 II OECD-MA). Allerdings prüft das BZSt (bis 31.12.05: BfF) in solchen Fällen, ob die Zwischenschaltung einer ausländischen Künstler-Ges zur Vermeidung der Quellenbesteuerung nicht rechtsmissbräuchlich ist (§ 42 AO); das ist zu bejahen, wenn der Ges kein eigenständiges Unternehmerrisiko verbleibt.[1] IÜ wird das deutsche Besteuerungsrecht für die Inlandsverwertung von Auslandsdarbietungen häufig ausgeschlossen (vgl Art 7, 12, 13, 21 OECD-MA).

5. Veräußerung von Anteilen an Kapitalgesellschaften (§ 49 I Nr 2e). § 49 I Nr 2e ist im Zuge der 54 ,Europäisierung' des Umwandlungssteuerrechts durch das SEStEG[2] mit erstmaliger Wirkung vom VZ 06 an (vgl § 52 Abs 57) neu gefasst worden; der bisherige Regelungsinhalt findet sich nunmehr in § 49 I Nr 2e aa; § 49 I Nr 2e bb ist gänzlich neu:

a) Erfasste Einkünfte gem § 49 I Nr 2e aa nF (§ 49 I Nr 2e aF). § 49 I Nr 2e aa nF (§ 49 I Nr 2e aF) 55 erfasst die Einkünfte aus der **Veräußerung von Beteiligungen an KapGes** iSv § 17 mit Sitz oder Geschäftsleitung im Inland. Die Vorschrift ist allerdings gegenüber § 49 I Nr 2a subsidiär; sie greift nur dann, wenn die Beteiligung iSv § 17 **nicht** bereits zu einem inländischen BV gehört. Veräußerte Anteile, die zu einem Gesamthandsvermögen ohne BV gehören, sind den G'tern anteilig zuzurechnen (§ 39 II Nr 2 AO; s § 17 Rn 60). Die Zugehörigkeit zu einem ausländischen BV hindert hingegen nicht (isolierende Betrachtungsweise, § 49 II, vgl Rn 161).[3] Bei privaten Veräußerungen innerhalb der Spekulationsfrist (§ 22 Nr 2 iVm § 23 I Nr 1b) ist § 49 I Nr 8 vorrangig (vgl § 23 II 2). **Wo** die betr Einkünfte erzielt werden (im In- oder im Ausland), ist unbeachtlich, ebenso, ob Vertragspartner ein Steuerin- oder -ausländer ist.[4] Im Falle der sog Wegzugsbesteuerung gem **§ 6 I AStG** (Rn 7) erkannte der BFH in einem AdV-Verfahren weder einen Verstoß gegen Art 3 I GG noch gegen das EU-Diskriminierungsverbot.[5] Diese Rechtsauffassung ließ sich nach Ergehen des EuGH-Urteils ,Lasteyrie du Saillant'[6] nicht länger halten und führte zu entspr gesetzlichen Korrekturen in § 6 AStG nF; s § 17 Rn 30. Verlegt die KapGes ihren Sitz oder ihre Geschäftsleitung vom In- in das Ausland zurück, scheiden die steuerverhafteten Anteile aus der inländischen Besteuerung aus. Folgt man jedenfalls für derartige Fälle wegziehender Ges nach wie vor (s aber § 17 Rn 279) der sog Sitztheorie, sind die stillen Reserven aufzudecken und ist vom StPfl gem § 17 IV ein fiktiver Veräußerungsgewinn zu versteuern.[7] Gem § 12 III KStG nF idF des SEStEG[2] (zu dessen erstmaliger Anwendung s § 17 Rn 1, 27) gilt dies allerdings nur noch für Wegzugsfälle in Staaten außerhalb der EG und des EWR-Raums sowie bei einer Beschränkung oder einem Ausschluss des deutschen Besteuerungszugriffs; § 12 I, II KStG nF bestimmt für diese Fälle einen allg Entstrickungstatbestand; ausgenommen hiervon sind Wegzüge innerhalb des EU- und EWR-Raums, die (unbeschadet entgegenstehender DBA, vgl Art 13 V OECD-MA) eine Nachversteuerung späterer tatsächlicher Veräußerungsgewinne auslösen (§ 12 I letzter HS KStG nF iVm § 4 I 4, § 15 Ia nF). S § 17 Rn 279. Als Veräußerungen iSv § 49 I Nr 2e aa nF (§ 49 I Nr 2e aF) gelten auch **verdeckte Einlagen** (§ 17 I 2) sowie Kapitalrückzahlungen bzw -herabsetzungen und Auflösungen von KapGes (§ 17 IV). **Übernahmegewinne**, welche für einen ausländischen Anteilseigner bei Umwandlung einer (inländischen) KapGes in eine (inländische) PersGes kraft der Einlagefiktion des § 5 II UmwStG nF entstehen, sind infolge der Inbezugnahme des § 17 in § 5 II UmwStG nF gem § 49 I Nr 2e aa nF beschränkt stpfl.[8] Dass die verschmelzungsbedingte Einlagefiktion (ohnehin) auch wesentliche Beteiligungen iSv § 17 betrifft, die von einem beschränkt StPfl gehalten werden, entsprach bei richtiger Lesart des Gesetzes bereits bisherigem Recht,[9] ergibt sich aber (spätestens) jetzt zwingend aus § 5 II 1 UmwStG nF (idF des SEStEG).[10] Einkünfte aus der Veräußerung (bisheriger, s § 17 Rn 27) **einbringungsgeborener Anteile** unterliegen hingegen ungeachtet der prinzipiellen Rechtsfolgeverweisung in **§ 21 I UmwStG aF** auf § 17 **nicht** dessen Regelungsbereich und werden damit auch nicht von § 49 I Nr 2e aa nF (§ 49 I Nr 2e aF) erfasst; die entspr Einkünfte können bei Zugehörigkeit zu einem BV aber ggf der Besteuerung nach § 49 I Nr 2a (iVm § 16) unterfallen.[11] – An die Stelle einbringungsgeborener Anteile infolge Anteilstauschs sind infolge des Konzeptionswechsels durch das SEStEG für Umwandlungsvorgänge, deren Eintragung in das

---

1 BFH BStBl III 67, 392; BStBl II 72, 281; BStBl II 72, 697; IStR 94, 239 mit Anm *FW*.
2 V 7.12.06 BGBl I 06, 2782.
3 BFH BStBl II 67, 45; R 49.3 I 2 EStR 05; *Widmann* DStZ 96, 449 (450).
4 *H/H/R* § 49 Rn 575.
5 BFH BStBl II 98, 558.
6 EuGH DStR 04, 551.
7 Zutr *Birk* IStR 03, 469, 473; **aA** *Dautzenberg* StuB 03, 407.
8 *Widmann* FS Wassermeyer, S 581 ff.
9 *W/M* § 5 UmwStG Rn 126.
10 *Prinz zu Hohenlohe/Strauch/Adrian* GmbHR 06, 623 (627).
11 *H/H/R* § 49 Rn 563; *Lademann* § 49 Rn 502; **aA** *Widmann* FS Wassermeyer, S 581 (591 f).

Handelsregister ab dem 12.12.06 beantragt wurde, gem § § 22 UmwStG nF die sog **sperrfristverhafteten Anteile** getreten (s § 17 Rn 27). Kommt es hiernach zu einer steuerschädlichen Veräußerung von Anteilen iSd § 17 I **innerhalb der 7-jährigen Sperrfrist** des § 22 II 1 UmwStG nF, entstehen beim Einbringenden **rückwirkend** beschränkt stpfl Einkünfte entweder iSv § 49 I Nr 2a oder Nr 2e aa; ein Wegzugsgewinn iSv § 6 AStG (s § 17 Rn 30) mindert sich entspr. Tritt der Verlust des deutschen Besteuerungsrechts **nach Ablauf jener 7 Jahre** nach der Einbringung ein, ist für einen beschränkt stpfl Anteilseigner, der die Anteile im PV hält, eine Besteuerung unabhängig von der Höhe seiner Beteiligung nicht vorgesehen. – Zu Veräußerungsgewinnen aus Beteiligungen an sog Portfolio-Ges über **Venture Capital und Private Equity Fonds** s BMF BStBl I 04, 40 Tz 23 (vgl auch § 17 Rn 12).

56 **b) Einkünfte gem § 49 I Nr 2e bb nF.** Beim **Anteilstausch** gilt für den Einbringenden der **gemeine Wert** der eingebrachten Anteile als Veräußerungspreis und als AK der erhaltenen Anteile, wenn für die eingebrachten oder erhaltenen Anteile nach der Einbringung das Recht Deutschlands hinsichtlich des Gewinns aus der Veräußerung dieser Anteile ausgeschlossen oder beschränkt ist (**§ 21 II 2 UmwStG nF**). **Davon abw** tritt jedoch gem § 21 II 3 UmwStG nF an die Stelle des gemeinen Werts **auf Antrag** des Einbringenden und in Einklang mit dem bei der Einbringung gem § 21 I 2 UmwStG nF von der übernehmenden Ges (und auf deren Antrag) angesetzten Wert der **Buchwert** oder ein **Zwischenwert**, höchstens jedoch der gemeine Wert, wenn **(1)** das Recht Deutschlands hinsichtlich der Besteuerung des Gewinns aus der Veräußerung der erhaltenen Anteile nicht ausgeschlossen oder beschränkt ist (§ 21 II 3 Nr 1 UmwStG nF) oder wenn **(2)** der Gewinn aus dem Anteilstausch gem **Art 8 Fusionsrichtlinie** nicht besteuert werden darf (**§ 21 II 3 Nr 2 S 1 UmwStG nF**). Gleiches gilt für die **Verschmelzung** oder **Vermögensübertragung** gem §§ 11 ff UmwStG nF; auch hier wird hinsichtlich des anzusetzenden Werts der Anteile an der übernehmenden Ges ein entspr Antragsrecht in § 13 II UmwStG nF eingeräumt. In beiden Fällen kommt es unbeschadet entgegenstehender DBA (= treaty override) in den Fällen einer späteren Veräußerung zu einer **Nachversteuerung**. Zu einer solchen Nachversteuerung kommt es gem § 21 II 3 Nr 2 letzter HS sowie § 13 II Nr 2 S 2 UmwStG nF, jeweils iVm **§ 15 Ia 2 nF** (s dort Rn 170), ebenso für die Fälle der späteren verdeckten Einlage, der Auflösung, der Kapitalherabsetzung und -rückzahlung oder der Ausschüttung und Rückzahlung von Beträgen aus dem Einlagekonto iSd § 27 KStG. § 49 I Nr 2e bb nF stellt sicher, dass die Nachversteuerung des Einbringungsgewinns in jenen Fällen auch dann gewährleistet ist, wenn der Anteilseigner zu diesem Zeitpunkt im Inland nicht (mehr) ansässig ist.

58 **c) Steuererhebung.** Besteuert wird durch **Veranlagung**. § 17 III (Freibetrag) und § 34 I (Tarifermäßigung) sind zu gewähren. Verluste sind zu berücksichtigen (vgl § 50 Rn 7). BA/WK-Abzüge scheiden regelmäßig aus, nicht anders als bei § 17 (s dort Rn 132); auch Veräußerungsgewinne sind wie dort zu ermitteln.

59 **d) Verhältnis zu Doppelbesteuerungsabkommen.** DBA weisen das Besteuerungsrecht für wesentliche Beteiligungen idR dem **Ansässigkeitsstaat des Veräußerers** zu (vgl Art 13 V OECD-MA). Zu Abweichungen gem Art 13 II und IV OECD-MA s Rn 70.

6. Veräußerung von unbeweglichem Vermögen, Sachinbegriffen oder Rechten (§ 49 I Nr 2f). – a) Erfasste
62 Einkünfte. Der durch das StMBG v 21.12.93[1] (und mit erstmaliger Wirkung vom VZ 94 an) eingefügte § 49 I Nr 2f hat **lückenfüllenden Charakter**; mit ihm sollen stille Reserven auch dann erfasst werden, wenn (und „soweit", also umfänglich begrenzt)[2] sie *nicht* gem § 49 I Nr 2a im Rahmen einer Betriebsstätte oder eines ständigen Vertreters, iErg aber auch im Rahmen der Veräußerung (Kauf, Tausch uÄ, s § 17 Rn 105) von Anteilen iSv § 17 an einer KapGes oder eines Spekulationsgeschäftes aufgedeckt werden. Betroffen sind nach **§ 49 I Nr 2f S 1** Einkünfte aus der Veräußerung von unbeweglichem Vermögen,[3] Sachinbegriffen oder Rechten, die – so § 49 I Nr 2f S 1 nF idF des StÄndG 07 mit Wirkung vom VZ 07 an – im Inland belegen oder in ein inländisches öffentliches Buch oder Register eingetragen sind oder deren Verwertung in einer inländischen Betriebsstätte oder anderen Einrichtung erfolgt (s dazu Rn 141), **nicht** aber solche des laufenden Geschäftsbetriebs, auch nicht aus Anteilsveräußerungen im Gesamthandsvermögen.[4] Bis zum VZ 06 war verkürzend von unbeweglichem Vermögen,[3] Sachinbegriffen oder Rechten **iSv § 49 I Nr 6** (wegen der entspr Begrifflichkeiten s Rn 140) die Rede. Bei der Bezugnahme auf § 49 I Nr 6 handelte es sich um eine bloße Tatbestandsverweisung; gleichzeitiger Einkünfte gem § 49 I

---

1 BGBl I 93, 2310.
2 *K/S/M* § 49 Rn E 631; *H/H/R* § 49 Rn 617.
3 Zur Veräußerung in Abgrenzung zur Einbringung s BFH BStBl II 04, 344.
4 *H/H/R* § 49 Rn 622; *Lüdicke* DB 94, 952.

Nr 6 bedurfte es nicht. Zu der Neuformulierung der Vorschrift kam es, um sicherzustellen, dass Einkünfte aus der Rechteveräußerung auch dann erfasst werden können, wenn sie nicht die Erfordernisse des § 49 I Nr 6 erfüllen, weil das betr Recht mangels einer zeitlichen Begrenzung wirtschaftlich endgültig in das Vermögen des Nutzenden übergeht (s Rn 140). Es bleibt trotz der Neukonzeption aber dabei, dass solche sich „selbst verbrauchenden" (und deswegen nicht unter § 49 I Nr 6 fallenden) Rechtsveräußerungen unbesteuert bleiben, wenn sie außerhalb eines Gewerbebetriebs erzielt werden. **Nicht** erfasst werden Entnahmen,[1] auch nicht die Überführung in eine ausländische Betriebsstätte[2] sowie unentgeltliche Vorgänge, wie zB die Überführung von WG in eine inländische Betriebsstätte[3] oder verdeckte Einlagen.[4] Denn obwohl es an entspr Abgrenzungen zur Unentgeltlichkeit wie in § 17 I 4, II fehlt,[5] und zudem abw zum abkommensrechtlichen Verständnis (vgl Art 13 Nr 5 Musterkommentar zu Art 13 OECD-MA[6]) setzt die Besteuerung ersichtlich **entgeltliche Vorgänge** voraus.[7] Voraussetzung ist iÜ auch hier (vgl § 49 I Nr 2 einleitender Satzteil), dass die Veräußerungstätigkeit nach inländischer Einschätzung als **gewerblich** (§ 15) zu qualifizieren ist. Es finden sonach in erster Linie die allg Abgrenzungen zw Vermögensverwaltung und **gewerblichem Grundstückshandel** (sog Drei-Objekt-Grenze, vgl § 15 Rn 114 ff) Anwendung, wobei nicht nur in-, sondern auch ausländische Grundstücksverkäufe in die Beurteilung einzubeziehen sind. § 49 II steht dem nicht entgegen, weil ausländische Besteuerungsmerkmale hiernach nur dann ausscheiden, wenn bei ihrer Berücksichtigung inländische Einkünfte nicht angenommen werden können.[8] Gerade durch diese Einbeziehung stellt § 49 I Nr 2f S 1 sonach sicher, dass die Veräußerung des inländischen Grundbesitzes besteuert werden kann. Andernfalls wäre dies nicht möglich, da der Zugriff der Bundesrepublik auf den ausländischen Grundbesitz aufgrund des abkommensrechtlichen Belegenheitsprinzips durchweg verschlossen ist. Dadurch kann es in Einzelfällen (vor allem in Nicht-DBA-Fällen) allerdings zu einer doppelten Besteuerung kommen, wenn der Veräußerungsvorgang auch im Ausland der Besteuerung unterfällt. Der StPfl kann sich dem uU entziehen, wenn er zur Abwicklung der inländischen Investitionen eine KapGes einschaltet.[9] Gewerblich iSd § 49 I Nr 2f ist auch die Tätigkeit von **PersGes**, wobei entweder auf die Ges als solche oder aber auch nur den gewerblich tätigen G'ter abzustellen ist.[10] Gewerblich iSv § 49 I Nr 2f ist auch die gem **§ 15 III Nr 2** gesetzlich fiktive, als solche nichtgewerbliche Tätigkeit einer PersGes, an welcher ausländische KapGes beteiligt sind. Ein anderweitiger Regelungsbefehl lässt sich weder § 15 III Nr 2 noch § 49 entnehmen; die Vorschrift ist insoweit vielmehr offen und zieht entspr gewerbliche Tätigkeiten iSd §§ 15–17 insgesamt in den Bereich der beschränkten StPfl hinein (vgl § 49 I Nr 2 einleitender Satzteil).[11]

Einbezogen werden darüber hinaus nach § 49 I Nr 2f S 2 auch **vergleichbare Einkünfte**, die – so die Neuregelung idF des SEStEG[12] – **(1)** von einer Körperschaft iSd § 2 Nr 1 KStG (also Körperschaften, Personenvereinigungen und Vermögensmassen ohne Sitz oder Geschäftsleitung im Inland) erzielt werden, die **(2)** mit einer KapGes oder sonstigen jur Pers iSd § 1 I Nr 1 bis 3 KStG (also KapGes; Rechts- und Wirtschaftsgenossenschaften; Versicherungs- und Pensionsfondsvereine aG) vergleichbar ist. Zuvor war die Rede von einer Körperschaft ohne Sitz und Geschäftsleitung im Inland, die jedoch einer inländischen KapGes oder sonstigen jur Pers des privaten Rechts, die handelsrechtlich zur Führung von Büchern verpflichtet ist (vgl § 6 HGB), gleichsteht. Die gesetzliche Neuformulierung ändert in der Sache im Grunde nichts; sie ist lediglich redaktionell dadurch bedingt, dass nach § 8 II KStG nF bei einem unbeschränkt StPfl iSd § 1 I Nr 1 bis 3 KStG alle Einkünfte als Einkünfte aus GewBetr iSd § 15 zu behandeln sind und zugleich das bisherige Merkmal der Verpflichtung zur Führung von Büchern nach den Vorschriften des HGB ersatzlos aufgegeben worden ist. Die Frage der Vergleichbarkeit der betr Körperschaften mit solchen iSv § 1 I Nr 1 bis 3 KStG richtet sich nach den Maßstäben eines (idR) **abstrakten Typenvergleichs**. S dazu § 17 Rn 42, 278 mwN. Von derartigen Körperschaften erzielte Einkünfte gelten kraft gesetzlicher Fiktion (und unter gesetzestechnischer Verdrängung von § 49 II)[9] als solche aus GewBetr iSd § 49 I Nr 2. – **Grund**[13] für die Ausdehnung der beschränkten StPfl gem § 49 I Nr 2f auch auf ausländische Unter-

63

---

1 *K/S/M* § 49 Rn E 657.
2 *K/S/M* aaO.
3 *Lüdicke* DB 94, 952.
4 BFH BStBl II 04, 344; insofern unterscheidet § 49 I Nr 2f sich von Nr 2e, der – über § 17 I 2 – eine entspr Ausdehnung auf verdeckte Einlagen enthält.
5 Vgl dazu BFH BStBl II 89, 271; BStBl II 90, 615.
6 *D/W* Art 13 MA Rn 22.
7 BFH BStBl II 04, 344; BFH/NV 02, 1433; ebenso *Lüdicke* DB 94, 952 (957); *H/H/R* § 49 Rn 622.
8 *Bornheim* DStR 98, 1773 (1777 f); *Schaumburg*[2] Rn 5 215 Fn 496.
9 *Bornheim* aaO.
10 *K/S/M* § 49 Rn E 626; aA *H/H/R* § 49 Rn 615; FG Nds EFG 05, 1035 (Rev XI R 15/05); *Wachter* GmbHR 05, 1181.
11 *Blümich* § 49 Rn 53; aA *K/S/M* § 49 Rn E 628; *H/H/R* § 49 Rn 615; *Lademann* § 49 Rn 272.
12 V 7.12.06 BGBl I 06, 2782.
13 BT-Drs 12/5630, 64.

nehmen war es, unerwünschte Gestaltungen vornehmlich im Immobilienbereich unter Einschaltung vermögensverwaltender ausländischer KapGes zu begegnen. Anders als inländische (unbeschränkt stpfl) unterfallen ausländische (beschränkt stpfl) KapGes nicht § 8 II KStG nF/aF und ist ihre Tätigkeit deswegen nicht kraft Rechtsform gewerblich. Indem § 49 I Nr 2f S 2 aF aber auch solche jur Pers einbezog, welche im Inland nicht bereits kraft Rechtsform buchführungsverpflichtet waren (vgl § 238 HGB iVm § 6 HGB, § 17 II GenG, § 16 VAG), ging der bisherige Regelungswortlaut über den Willen des Gesetzgebers hinaus und erfasste auch solche ausländischen Ges, die lediglich im Einzelfall infolge gleichartiger nachhaltiger Betätigung der Buchführungspflicht unterlagen.[1] – In der Praxis ist die Ausdehnung gem § 49 I Nr 2f S 2 deswegen bedeutsam, weil von solchen Ges erzielte Veräußerungsgewinne abkommensrechtlich zwar Unternehmensgewinne darstellen, für die der Bundesrepublik kein Besteuerungsrecht zusteht (vgl Art 7 I OECD-MA), diese Zuordnung jedoch aufgrund der Grundstücksbelegenheit regelmäßig zugunsten der Bundesrepublik zurücktritt (vgl Art 13 I OECD-MA).

64 Für die **Ermittlung des Veräußerungsgewinns** (und ggf -verlusts) finden die allg Regeln (§§ 4 ff) Anwendung:[2] Es ist dies der Saldo von Veräußerungspreis nach Abzug der Veräußerungskosten und den AK und HK (§ 6 I Nr 1 S 1,[3] Nr 2), ggf – bei Annahme eines gewerblichen Grundstückshandels – des Teilwertes (§ 6 I Nr 5 S 1),[4] und vermindert um zwischenzeitliche AfA[5] (§ 5 I, § 6 I Nr 1 und 2), nicht jedoch der ausländischen Buchwerte. Eine Analogie von § 17 II 1 oder § 23 III 1 scheidet aus. Die genannten Vorschriften enthalten Sonderregelungen, die auf § 49 I Nr 2f ungeachtet gewisser Ähnlichkeiten des Regelungsgegenstandes in Ermangelung eigener Ermittlungsmaßstäbe gerade nicht anwendbar sind.[6] Eine Regelungslücke besteht nicht, weil sich die Gewinnermittlung ohne weiteres durch die entspr Anwendung der §§ 4 ff bewältigen lässt. Die AfA ist mit der FinVerw[7] ausnahmslos gewinnerhöhend zu berücksichtigen (s aber auch Nr 15 Musterkommentar zu Art 13 I OECD – MA zum AfA-Abzug im Ansässigkeitsstaat), nicht nur für den Fall vorheriger VuV-Einkünfte gem § 49 I Nr 6.[8] Hat die AfA zu Verlusten aus VuV geführt und konnten diese wegen § 2 III aF ggf ihrer Höhe nach nur beschränkt verrechnet werden konnte, ändert sich an diesem Ergebnis der AfA-Berücksichtigung nichts. Die Besteuerung des Veräußerungsgewinns gem § 49 I Nr 2f und der in diesem Zusammenhang erforderlichen Einkünfteermittlung zieht insoweit die (technische) Umqualifizierung der bisherigen Einkünfte aus VuV in gewerbliche nach sich; die Verlustverrechnungsbeschränkungen des § 2 III aF bleiben systemgerecht gewahrt.[9] – Stille Reserven, die vor erstmaliger Anwendung von § 49 I Nr 2f, also vor 1994, zugewachsen sind, sind nicht einzubeziehen. Zwar liegt infolge des zeitpunkt- und nicht zeitraumbezogenen Besteuerungszugriffs streng genommen nur eine sog unechte Rückwirkung vor, die grds verfassungsrechtlich unbedenklich ist. Dennoch handelt es sich um eine verfassungsrechtlich nicht zu akzeptierende rückwirkende Wertzuwachsbesteuerung (vgl auch die parallele Rechtslage in § 17 Rn 79). Das Hineinwachsen in den steuerverstrickten Bereich ist auf gesetzgeberische, vom StPfl nicht beeinflussbare Maßnahmen zurückzuführen, mit denen er auch nicht rechnen musste.[10] Deshalb ist im Wege der verfassungskonformen Auslegung von dem Zeitwert (Teilwert) – als ‚Quasi-Einlage' analog § 6 I Nr 5 S 1 HS 1 – bei Inkrafttreten der Regelung auszugehen.[11] § 6 I Nr 5 S 1 HS 2a, wonach der Einlagewert auf die AK oder HK bei Anschaffung oder Herstellung innerhalb von 3 Jahren *vor* der Steuerverstrickung begrenzt ist (s dazu § 6 Rn 168), ist nicht anzuwenden.[12]

---

1 H/H/R § 49 Rn 630; **aA** Grützner IWB Fach 3 Deutschland Gr 3, 1077 (1082); Lademann § 49 Rn 11.
2 BFH BStBl II 04, 344; BFH/NV 02, 1433; K/S/M § 49 Rn E 691.
3 Krit dazu (mit Blick auf in Einzelfällen unbillige Ergebnisse, denen sich de lege lata jedoch nicht entgehen lässt) H/H/R § 49 Rn 602.
4 Lüdicke DB 94, 954; Schaumburg² Rn 5.217.
5 Schaumburg² Rn 5.217; Blümich § 49 Rn 12; H/H/R § 49 Rn 604; Hendricks IStR 97, 229 (233); BMF BStBl I 94, 883.
6 **AA** H/H/R § 49 Rn 602; Hendricks IStR 97, 229.
7 BMF BStBl I 94, 883 Tz 2.2.
8 BFH BStBl II 04, 344; BStBl II 07, 162; insoweit offenbar einschränkend Lüdicke IStR 02, 673 (674); **aA** H/H/R § 49 Rn 603; K/S/M § 49 Rn E 696 f.
9 **AA** Lüdicke IStR 02, 673 (674): Nichtberücksichtigung der AfA oder uneingeschränkter Verlustausgleich aus VuV.
10 Vgl BFH BStBl II 01, 710, dort allerdings abl für die Ausweitung des Besteuerungszugriffs auf sog Finanzinnovationen (konkret: Optionsanleihen); (zu Unrecht) ebenfalls abl BFH BStBl II 05, 398 (unter II 2 b bb ccc) im Hinblick auf das gesetzlich veranlasste Hineinwachsen in die Beteiligungswesentlichkeit gem § 17 I.
11 BFH BStBl II 04, 344; BFH/NV 02, 1433; BStBl II 07, 162; Gosch StBp 00, 220; vgl auch Lüdicke DB 94, 956.
12 BFH BStBl II 07, 162.

b) Steuererhebung. Die Steuer nach § 49 I Nr 2f wird im Wege der **Veranlagung** erhoben; § 50a IV 1 Nr 3 findet mangels entspr tatbestandlicher Voraussetzungen keine Anwendung.[1]

c) Verhältnis zu Doppelbesteuerungsabkommen. Wegen des **Belegenheitsprinzips** unterfällt die Besteuerung von Veräußerungsgewinnen aus Grundstücksgeschäften dem Recht der Bundesrepublik (Art 6, Art 13 I OECD-MA). Für Schiffe und Luftfahrzeuge (Art 13 III; Art 6 II OECD-MA), Sachinbegriffe und Rechte iSv § 49 I Nr 6 (Art 13 II, Art 23A OECD-MA, vgl Rn 140) gilt dies nicht, so dass für § 49 I Nr 2f kein Raum bleibt. Einkünfte aus der **Veräußerung von Anteilen an KapGes** können nach Art 13 V OECD-MA prinzipiell nur in dem Vertragsstaat besteuert werden, in welchem der Veräußerer ansässig ist, beim Steuerausländer also im Ausland. Abw kann es sich verhalten, wenn die Anteile zum BV einer inländischen Betriebsstätte gehören (Art 13 II OECD-MA) oder wenn der Anteilswert zu mehr als 50 vH auf unbeweglichem, im Inland belegenem Vermögen beruht (Art 13 IV OECD-MA).

III. Inländische Einkünfte aus selbstständiger Arbeit (§ 49 I Nr 3). – 1. Allgemeines. Einkünfte aus selbstständiger Arbeit (Begriff § 18) werden bereits dann erfasst, wenn diese im Inland (nur) **ausgeübt** oder **verwertet** wird. Eine inländische Betriebsstätte oder eine feste Einrichtung (Rn 83) dienen zwar vom VZ 04 an als weitere inländische Anknüpfungsmerkmale für die steuerliche Erfassung, so dass seitdem zB auch ausländische Sozii einer freiberuflichen Sozietät mit ihrem inländischen Gewinnanteil beschränkt stpfl sind, unabhängig davon, ob ihre (konkrete) Tätigkeit im Inland tatsächlich ausgeübt oder verwertet wird. Anders als beim GewBetr (Rn 24 ff) und regelmäßig abw auch von einschränkenden DBA bedarf es dessen aber nicht, um die beschränkte StPfl auszulösen. Das hat zur Folge, dass Einkünfte aus selbstständiger Arbeit nahezu gänzlich der deutschen Besteuerung unterworfen sind (und richtiger, vom OECD-MA aber nicht geteilter, s Rn 83, Auffassung nach auch schon vor dem VZ 04 waren),[2] solche aus GewBetr hingegen nicht, was gleichheitsrechtlich nicht unbedenklich erscheint.[3] (Zwangsläufig) weitere Folge ist, dass in der Praxis zumindest in Grenzfällen und bei fehlender Betriebsstätte versucht wird, die betr Einkünfte als solche aus GewBetr darzustellen; die Tätigkeitsabgrenzungen bestimmen sich insoweit nach denselben Merkmalen wie bei unbeschränkt StPfl (vgl § 18 Rn 65).

2. Ausübung. Die selbstständige Tätigkeit wird in jedem Tätigwerden ausgeübt, das zu ihrem wesentlichen Bereich gehört. Sie wird dann im Inland ausgeübt, wenn sie dort in ihren wesentlichen (= eigentlichen) Merkmalen ausgeübt wird. **Beispiele:** Erstellung eines Kunstwerks als schöpferische Leistung eines Dichters,[4] Prozessvertretung und Beratung durch einen Anwalt,[5] planmäßige Verwirklichung der Idee zu einer Erfindung,[6] ggf auch bereits die Ausübung der Rechte aus einem Lizenzvertrag durch einen Erfinder,[7] das Konzert eines Musikers, die Operation eines Arztes. Passive Leistungen (wie ein Zurverfügunghalten uÄ) werden dort erbracht, wo der Leistende sich aufhält, das Unterlassen einer Konkurrenztätigkeit hingegen dort, wo keine Konkurrenz entfaltet werden darf.[8]

Die Ausübung einer Tätigkeit schließt die **Veräußerung oder Aufgabe** der betr Tätigkeit mit ein; es handelt sich nicht um Verwertungshandlungen.[9] Erfasst werden auch nachträgliche Einkünfte (§ 24).[10]

3. Verwertung. Unter dem gesetzlich nicht definierten Begriff der Verwertung versteht der BFH ein **Nutzbarmachen**, das an einem Ort geschieht, der von der Ausübung verschieden sein kann. Erforderlich ist eine eigenständige Tätigkeit, die sich nicht in der bloßen Arbeitsleistung erschöpft. Verlangt wird vielmehr ein darüber hinausgehender Vorgang, durch welchen ein körperliches oder geistiges Produkt geschaffen und vom StPfl selbst[11] dem Inland zugeführt wird. **Beispiele:** Verkauf oder Vermietung selbst geschaffener Kunstwerke, Überlassung von Urheberrechten, Patenten, Erfindungen oder Erfahrungen durch die jeweiligen Urheber, nicht jedoch die Tätigkeit eines Ingenieurs, Kapitäns, Flugbediensteten.

---

1 HM; BFH BStBl II 03, 641; *H/H/R* § 49 Rn 607; *Schaumburg*[2] Rn 5.217; *Lüdicke* DB 94, 952 (954).
2 Vgl *Lademann* § 49 Rn 545; **aA** *K/S/M* § 49 Rn F 98; s auch *Kempermann* FS Wassermeyer, 2005, S 333 (336 f).
3 Krit zu Recht *Schaumburg*[2] Rn 5.221.
4 BFH BStBl II 73, 660.
5 S auch *Portner/Bödefeld* IWB Fach 3 Gr 3; *Krabbe* FR 95, 692; *Bellstedt* IStR 95, 361.
6 BFHE 114, 530.
7 BFH BStBl II 77, 76; BFH/NV 91, 143.
8 BFH BStBl II 70, 867; s auch BStBl II 78, 195.
9 BFH BStBl II 79, 64.
10 BFH aaO.
11 BFH BStBl II 87, 377 (379); BStBl II 87, 379 (381, 383).

81 Grds tritt das Verwerten einer Leistung hinter deren Ausübung zurück; ihm kommt dann lediglich die Funktion eines **Auffangtatbestandes** zu.[1]

83 4. Betriebsstätte oder feste Einrichtung. Soweit der Inlandsbezug in § 49 I Nr 3 seit dem VZ 04 (Rn 75) zusätzlich durch eine feste Einrichtung oder eine Betriebsstätte hergestellt wird, gilt im Grundsatz Gleiches wie bei § 49 I Nr 2a, s Rn 24 ff, insbes 25. Durch die Verwendung des Begriffs der festen Einrichtung wird der übereinstimmende Terminus in dem (am 29.4.00 im OECD-MA gestrichenen, in deutscherseits abgeschlossenen DBA, jedoch nach wie vor überwiegend vereinbarten) Art 14 I OECD-MA aF aufgegriffen, der im nationalen Recht iÜ keine Entsprechung findet. Inhaltliche Unterschiede zum Begriff der Betriebsstätte (§ 49 I Nr 2a; Art 7 OECD-MA) bestehen insoweit nicht; abkommensrechtlich wurde zw beiden Begriffen nur deswegen unterschieden, um gewerbliche und selbstständige Tätigkeiten voneinander abzugrenzen (vgl Art 14 Nr 4 OECD-MK aF). Zu Einzelheiten der Abgrenzung s *D/W* Art 14 MA Rn 66 ff. Problematischer als bei der Betriebsstätte ist allerdings die Antwort darauf, welche Einkünfte der festen Einrichtung oder Betriebsstätte zuzurechnen sind. Erfasst werden (nur) Einkünfte, „für die" (so § 49 I Nr 3) die Betriebsstätte oder feste Einrichtung unterhalten wird. Häufig werden lediglich einzelne WG wie Patente, Mandate oder Aufträge ins Inland verlagert. Dieser Zuordnung folgt dann die **Einkunftszurechnung**, gleichviel, wo sich der StPfl selbst physisch aufhält. Auch ansonsten richtet sich die Einkunftszurechnung danach, für welche Betriebsstätte oder feste Einrichtung die betr Pers die selbstständige Arbeit gewöhnlich erbringt. Die Zurechnung bestimmt sich also in erster Linie nach **tätigkeitsbezogenen Merkmalen**; in diesem Sinne lokalisiert sie die erbrachte Arbeit und geht dem Ort der tatsächlichen Arbeitsausübung idR vor. Zumindest besteht die entspr (widerlegbare) Vermutung, dass die Tätigkeit der festen Einrichtung oder Betriebsstätte zugehört. Bei Existenz mehrerer fester Einrichtungen oder Betriebsstätten in mehreren Ländern muss ggf aufgeteilt werden; aus der Einkünftezuordnung folgt also iErg zugleich eine quantitative Begrenzung.

84 Einzelfälle: Das Erstellen von Bauplänen durch **Architekten** ist einer festen Einrichtung zuzurechnen; der Ort der Arbeitsausübung kann aber bei Bauausführungen auch auf der Baustelle liegen, die ihrerseits eine feste Einrichtung begründet. Ein **Arzt** verfügt regelmäßig über eine feste Einrichtung in seiner Praxis. Die Zurverfügungstellung eines Behandlungszimmers in einem Krankenhaus stellt nur dann eine feste Einrichtung dar, wenn es stets dasselbe Zimmer ist und die Nutzungsmöglichkeit über länger als 6 Monate besteht.[2] **Berater** (Rechtsanwälte, StB, WP) werden idR dort tätig, wo sie sich aufhalten. Externe Tätigkeiten, Geschäftsreisen oder gedankliche (Vor-)Arbeiten sind einer festen Einrichtung zuzuordnen.[3] **Schriftsteller** üben ihre Tätigkeit dort aus, wo sie ihre schöpferische Leistungen,[4] **Dozenten** dort, wo sie ihre Lehrtätigkeit erbringen.

86 5. Inlandsbezug. Der notwendige Inlandsbezug wird bei der Tätigkeitsausübung regelmäßig durch die persönliche (physische) Anwesenheit des StPfl oder für diesen tätiger Pers[5] hergestellt, seit dem VZ 04 (Rn 75) zusätzlich durch eine feste Einrichtung oder eine Betriebsstätte (Rn 83f).

87 6. Steuererhebung. Die Steuer wird in den Fällen des § 50a durch abgeltenden (§ 50 V 1) **Steuerabzug** erhoben, ansonsten durch Veranlagung.

88 7. Verhältnis zu Doppelbesteuerungsabkommen. Die Besteuerung entspricht vom VZ 04 an Art 14 I OECD-MA aF (Rn 83f), ging und geht infolge der Anknüpfung an die Arbeitsausübung und -verwertung jedoch darüber hinaus.

90 IV. Inländische Einkünfte aus nicht selbstständiger Arbeit (§ 49 I Nr 4). – 1. Allgemeines. Wie bei solchen aus selbstständiger Arbeit wird auch bei der beschränkten StPfl von Einkünften aus nichtselbstständiger Arbeit (Begriff § 19) an deren Ausübung oder Verwertung im Inland angeknüpft, darüber hinaus an deren Bezug aus inländischen öffentlichen Kassen. Sonderregelungen sind durch das StÄndG 01 für Organe von KapGes eingefügt worden (§ 49 I Nr 4c, s Rn 100 ff).

91 2. Ausübung und Verwertung (§ 49 I Nr 4a). Wegen der Begriffe Ausübung und Verwertung s zunächst Rn 37, 76 und 80.

---

1 BFH BStBl II 87, 372 (nachträgliche inländische Einkünfte verdrängen Einkünfte aus einer Verwertung im Inland).
2 Vgl BFH BStBl II 90, 166.
3 Vgl BFH BStBl III 66, 463.
4 BFH BStBl II 73, 660; BStBl II 97, 372; BStBl II 90, 621.
5 *D/W* MA Art 14 Rn 50; *Krabbe* FR 95, 692; **aA** *H/H/R* § 49 Rn 673; *Portner/Bödefeld* IWB Fach 3 Deutschland Gr 3, 1037.

Beispiele zur Tätigkeitsausübung im Inland: Erfasst werden auch Seeleute auf einem im inländischen Schiffsregister eingetragenen und unter deutscher Flagge fahrenden Schiff, vorausgesetzt, dieses befindet sich auf hoher See und nicht im internationalen Hafen.[1] Infolge dieser Einschränkungen kann es zu Steuerausfällen kommen, wenn dem deutschen Fiskus das Besteuerungsrecht aufgrund der inländischen Geschäftsleitung des Schifffahrtsunternehmens zugewiesen ist (vgl Art 15 III OECD-MA).[2] Lieferung von Marktanalyseberichten an den inländischen ArbG;[3] nicht demgegenüber: Kundenberatung im Ausland;[4] Ingenieurtätigkeit bei der Errichtung eines Fabrikgebäudes im Ausland für einen inländischen ArbG;[5] Tätigkeit eines ins Inland entsandten ArbN der ausländischen Tochter-Ges, auch nicht, wenn dies im Interesse der Mutter-Ges geschieht.[6]

92

Die **Verwertung** von Einkünften aus nichtselbstständiger Tätigkeit ist der praktischen Besteuerung weitgehend entzogen; das Arbeitsortsprinzip hat internationalrechtlich eindeutigen Vorrang. Im Einklang hiermit stellt die FinVerw Verwertungseinkünfte aus Billigkeitsgründen weitgehend frei, wenn ein DBA besteht und der LSt-Abzug gem § 39b VI unterbleibt sowie dann, wenn nachgewiesen und glaubhaft gemacht wird, dass von den Einkünften im Tätigkeitsstaat vergleichbare Steuern erhoben werden,[7] bei bestimmten Tätigkeit nach dem Auslandstätigkeitserlass auch ohne entspr Nachweise.[8]

93

Von § 49 I Nr 4 werden bei entspr Veranlassungszusammenhang (und insoweit abw von der unbeschränkten StPfl, für die das strikte Zuflussprinzip gilt, § 11 I)[9] auch **nachträgliche Einkünfte**[10] (Ruhegelder,[11] Tantiemen,[12] Lohnfortzahlung bei Krankheit[13] uÄ) erfasst (s § 1 Rn 47).

94

3. Einkünfte aus öffentlichen Kassen (§ 49 I Nr 4b). Die Einkünfte werden aus **inländischen öffentlichen Kassen** nur dann bezogen, wenn sie aus einem Dienstverhältnis resultieren (sog **Kassenstaatsprinzip**). Dieses **Dienstverhältnis** (mit dem entspr Zahlungsanspruch) kann, muss aber nicht zum Träger der inländischen öffentlichen Kasse bestehen, auch ein ausländischer ArbG reicht aus,[14] nach „klarstellender" Regelung[15] in § 49 I Nr 4 letzter HS und § 50d VII, § 50d IV aF (s dort Rn 52)[16] selbst bei unmittelbarem Zahlungsanspruch nur gegen den ausländischen Dienstherrn.[17] Maßgeblich ist hiernach allein die wirtschaftliche Lastentragung. Zu der davon zu unterscheidenden Rechtslage bei der unbeschränkten StPfl nach § 1 II Nr 2 s dort Rn 18. – Das Kassenstaatsprinzip in § 49 I Nr 4d wirft EG- und gleichheitsrechtliche Bedenken auf.

97

4. Tätigkeit von Geschäftsführern, Prokuristen, Vorstandsmitgliedern (§ 49 I Nr 4c). **Besonderheiten** bestehen vor allem im Hinblick auf die Tätigkeiten der gesetzlichen oder satzungsmäßigen **Organe von KapGes** (**Geschäftsführer**, vgl § 35 GmbHG; **Vorstandsmitglieder**, vgl § 76 AktG, § 24 II GenG, § 34 VAG), die vornehmlich in der Erteilung von Weisungen und dem Treffen von Entscheidungen bestehen, darüber hinaus (rechtsformunabhängig, s Rn 102) von **Prokuristen** (vgl § 48 HGB), nicht jedoch (Art 3 I GG!) von faktisch geschäftsführenden Pers,[18] auch nicht von Handelsbevollmächtigten oÄ; die erwähnten Vollmachts- und Vertretungsverhältnisse bestimmen sich grds nach deutschem (Handels- und Ges-)Recht, eine Organschaftsbestellung nach ausländischem Recht ist aber denkbar. Für diesen Personenkreis stellt § 49 I Nr 4c (idF des StÄndG 01 mit erstmaliger Anwendung vom VZ 02 an) generell darauf ab, dass die betr (Leitungs-)Tätigkeit für eine **Ges mit inländischer Geschäftsleitung** (§ 10 AO) als desjenigen Empfängers erbracht wird, dem die Weisungen übermittelt werden. Die Bezüge des betr Personenkreises aus nichtselbstständiger (nicht aber aus selbstständiger)[19] Tätigkeit (iSd § 19) für diese Ges sind also unabhängig von der Dauer der

100

---

1 BFH BFHE 111, 416; R 39d I 3 LStR 08, 125 I 3 LStR aF; vgl auch zum umgekehrten Fall der Tätigkeit auf einem ausländischen Seeschiff BFH BStBl II 87, 377.
2 S auch BFH BStBl II 97, 432; IStR 02, 164.
3 BFH BStBl II 87, 379.
4 BFH aaO.
5 BFH BStBl II 87, 383.
6 Str; wie hier zB *Blümich* § 49 Rn 143; **aA** *Runge* BB 77, 16.
7 R 39d II LStR 08, R 125 II LStR 05.
8 R 39d II Nr 2 LStR 08, R 125 II Nr 2 S 2 LStR 05.
9 BFH BStBl I 03, 302.
10 Vgl BMF BStBl I 85, 113; **aA** *Lademann* § 49 Rn 599.
11 BFH BStBl III 54, 130.
12 BFH BStBl II 72, 459.
13 FG Kln EFG 07, 1446.
14 BFH BStBl II 89, 351; BStBl II 98, 21.
15 So BT-Drs 13/5952, 49 f.
16 Eingefügt durch das JStG 1997, zum Geltungsbereich s § 52 Abs 31a.
17 Aber zweifelh, s BFH BStBl II 98, 21 mit Anm *FW* IStR 98, 19.
18 S dazu zB BGH DB 05, 1897; *Beermann/Gosch* § 10 AO Rn 17 mwN.
19 Zur Abgrenzung im Einzelfall s allg zB *Schrader/Schubert* DB 05, 1457, sowie umsatzsteuerrechtlicher Sicht BFH BStBl II 05, 730; BMF BStBl I 05, 936; *Widmann* DB 05, 2373: Geschäftsführer als Unternehmer iSd § 2 II Nr 1 UStG.

vorübergehenden Aufenthalte des Leitungsorgans in Deutschland beschränkt stpfl. Damit bestätigt das Gesetz einerseits den GrS des BFH.[1] Es verwirft andererseits diejenige Rspr des BFH, die – allerdings bezogen nur auf neuere DBA und deswegen (angeblich) nicht vom GrS abw[2] – regelmäßig auf den physischen Aufenthaltsort des jeweiligen Organs (idR dessen Wohnsitz) abstellt.[3] Die Abgrenzungen, die der BFH zw den (wenigen) älteren und neueren DBA, welche Sonderregelungen für die Besteuerung der Einkünfte leitender Angestellter enthalten,[4] vornimmt, überzeugen nicht; sie erscheinen gekünstelt.[5] Insofern ist die Gesetzesergänzung zu begrüßen. Unschön ist, dass der Gesetzgeber einmal mehr die Judikative legislativ ‚überspielt‘, und außerdem, dass die Rspr zu § 49 (also den Nicht-DBA-Fällen) und zu den erwähnten DBA künftig voraussichtlich voneinander divergieren wird (s auch Rn 108). (Auch) in Anbetracht dessen wäre es wünschenswert, wenn der BFH seine Rspr noch einmal überdenken würde.[6] Weitere Unabgestimmtheiten können sich im Hinblick auf inländische Gesellschaftsorgane einer ausländischen Ges ergeben, weil § 34d Nr 5 insoweit (und ähnlich § 49 I Nr 4d, s Rn 104) keine mit § 49 I Nr 4c korrespondierende Vorschrift enthält.[7] Gestaltungs-‚Ausweg' kann die Umwandlung der Bezüge in Beraterhonorare sein, wegen der (bislang bestehenden, s aber § 17 Rn 279) Gefahr der Schlussbesteuerung gem §§ 11, 12 KStG jedoch kaum jemals die Verlegung der Geschäftsleitung der Ges.

101 § 49 I Nr 4c findet auf **alle Vergütungen** der erwähnten Art Anwendung, unabhängig davon, wofür diese im Einzelnen geleistet werden. Es bleibt also bei der Maßgeblichkeit der inländischen Geschäftsleitung der Ges, auch wenn im konkreten Einzelfall die geschäftsleitende Tätigkeit nicht (nur) in der Erteilung von Weisungen (zB Ein- oder Verkaufsaktivitäten) besteht. Auch dann kommt es nicht auf den tatsächlichen Tätigkeits- oder Aufenthaltsort an.[8] Von welcher Seite die Vergütungen erbracht werden (zB von Konzern-Obergesellschaften aufgrund von Aktienoptionsplänen), ist unbeachtlich. **Einbezogen** sind gegenwärtige, aber auch nachträgliche Vergütungen, sofern die abgegoltenen Leistungen von dem StPfl nur persönlich erbracht werden bzw wurden, also zB Ausgleichszahlungen für Urlaubs- und Tantiemeansprüche,[9] (anteilige) Vorteile aus der Gewährung von Kaufoptionsrechten im Rahmen von Aktienoptionen,[10] wohl auch Ruhegehälter. Letzteres wirkt sich wegen der Besteuerungszuordnung zum Wohnsitzstaat gem Art 18 OECD-MA aber regelmäßig nur aus, wenn ein Bezug zur laufenden Tätigkeit besteht, zB bei Abfindungen zur Ablösung eines Pensionsanspruchs, **nicht** jedoch bei laufenden Renten oder bei (kapitalisierten) Einmalzahlungen mit Versorgungscharakter bei oder nach Beendigung des Arbeitsverhältnisses.[11] **Nicht einbezogen** sind auch Vergütungen, die dafür gezahlt werden, dass es gerade an einer Tätigkeit fehlt, zB ein Sich-zur-Verfügung-Halten (Bereitschaftsdienst, Zeiträume der Arbeitsfreistellung im Zusammenhang mit der Beendigung des Dienstverhältnisses),[12] Vergütungen für Konkurrenz- und Wettbewerbsverbote,[13] auch Abfindungen, die kein zusätzliches Tätigkeitsentgelt darstellen; hier ist der tatsächliche Aufenthaltsort des Betreffenden ausschlaggebend.[14]

102 Ges iSd § 49 I Nr 4c sind in erster Linie (nur) KapGes, bei der Tätigkeit eines Prokuristen kommen aber auch PersGes in Betracht, **nicht** jedoch Einzelkaufleute, sonstige jur Pers[15]. Nach welcher Rechtsordnung die Ges gegründet worden ist und wo sie ihren (statutarischen) Sitz hat, ist unbeachtlich. Ausschlaggebend ist der inländische Geschäftsleitungsort. Für die Bestimmung der **Geschäftsleitung** und deren **Ort** gelten die allg Regeln des **§ 10 AO**, wonach die Geschäftsleitung der Mittelpunkt der geschäftlichen Oberleitung ist. Das umfasst bei einer KapGes nur die laufende Geschäftsführung ieS („Tagesgeschäft"), nicht aber die Festlegung der Grundsätze der Unternehmenspolitik, der Vornahme ungewöhnlicher Maßnahmen, die Entscheidungen von besonderer wirt-

---

1 BFH BStBl II 72, 68 DBA-Schweiz 1931/1959.
2 BFH BStBl II 95, 95 DBA-Kanada; s auch BMF BStBl I 06, 532 Rn 119.
3 BFH BStBl II 95, 95; vgl auch BFH/NV 98, 18.
4 S dazu den Überblick bei *Schwerdtfeger* IStR 02, 361 (362 f); s auch OFD Ffm GmbHR 03, 553 unter Hinweis auf DBA-Schweiz, -Belgien, -Dänemark, -Japan, -Türkei, -Schweden.
5 Abl zB *Kempermann* FR 95, 158; *Kramer* RIW 95, 742; *Neyer* IStR 97, 33.
6 *Neyer* aaO.
7 Zutr *Neyer* IStR 01, 587 (588 f); *Steinhäuser* FR 03, 652.
8 BFH BStBl II 83, 625; BStBl II 86, 739; BStBl II 95, 95.
9 BMF BStBl I 06, 532 Rn 122, 128; s auch BFH BStBl II 72, 459.
10 S dazu BFH BStBl II 01, 509; BMF BStBl I 06, 532 Rn 129 ff.
11 BMF BStBl I 06, 532 Rn 123; s auch BFH BStBl II 76, 65.
12 BFH BStBl II 70, 867; BMF BStBl I 06, 532 Rn 120, 137 ff.
13 BFH BStBl II 96, 516; s auch BStBl II 95, 95; BMF BStBl I 06, 532 Rn 126 f.
14 BFH BStBl II 88, 819; BStBl II 97, 341; BMF BStBl I 06, 532 Rn 121.
15 Vgl FG BaWü EFG 07, 522 Rev I R 17/07 zu Vereinen (und deren Vorsitzenden) nach Art 15 IV DBA-Schweiz.

schaftlicher Bedeutung.[1] Bei einem Schifffahrtsunternehmen kann sich der Ort der Geschäftsleitung idS auch in den Geschäftsräumen eines ausländischen Managers oder Korrespondenzreeders befinden.[2] Werden die Geschäfte von mehreren Pers geführt, ist nach dem Bedeutungsgrad der von diesen zu treffenden Entscheidungen aufgrund der tatsächlichen Gegebenheiten des Einzelfalles zu gewichten.[3] Nach umstrittener,[4] aber richtiger Auffassung des I. Senats des BFH[5] sind aber auch mehrere Orte der geschäftlichen Oberleitung denkbar.[6]

5. Entschädigung iSd § 24 Nr 1 für die Auflösung eines Dienstverhältnisses (§ 49 I Nr 4d). (Erstmals) vom VZ 04 an werden bei ArbN auch Abfindungszahlungen iSd § 24 Nr 1 (für die Beendigung des Arbeitsverhältnisses, jedoch für dieses Arbeitsverhältnis) von der beschränkten StPfl erfasst, soweit die Einkünfte aus der zuvor ausgeübten Tätigkeit im Inland der Besteuerung unterlegen haben. Die Neuregelung bezweckt, zuvorige Besteuerungslücken zu schließen[7]. Hinsichtlich der Voraussetzungen und Abgrenzungen ist auf § 24 Nr 1 zu verweisen. Erfasst werden nur konkret und final auf die Auflösung des Dienstverhältnisses bezogene Vergütungen, nicht aber anderweitige Vergütungen, die unabhängig davon oder anlässlich der Beendigung gezahlt werden, zB für Wettbewerbsverbote[8] und damit für die Nichtausübung einer Tätigkeit.[9] Um eine inländische Besteuerung der vorangegangenen Tätigkeit handelt es sich dann, wenn die betr Person mit dieser Tätigkeit zu irgendeinem Zeitpunkt und für irgendeinen Zeitraum unbeschränkt oder beschränkt stpfl war, vorausgesetzt aber, es handelte sich um Einkünfte aus nichtselbstständiger Arbeit iSd § 19. Auf eine tatsächliche Besteuerung kommt es (wie zB bei § 1 III, s § 1 Rn 34) nicht an; auch stfreie (einschließlich DBA-befreite) inländische Einkünfte sind sonach einzubeziehen.[10] Ebenso wie bei der beschränkten StPfl aus Geschäftsführertätigkeit (s Rn 100) fehlt eine Korrespondenz zu den ausländischen Einkünften gem § 34d sowie zur DBA-rechtlichen Lage (s Rn 108). Bei Verursachung der Entschädigung durch eine zuvor beschränkte EStPfl kann die Zuordnung der Abfindungsleistungen uU schwierig sein, weil § 49 I Nr 4 nur bestimmte Tätigkeiten erfasst, die Entschädigung aber regelmäßig die gesamte Tätigkeit des StPfl betrifft, auch jene, die im Inland nicht der Besteuerung unterlegen hat. Hier bedarf es regelmäßig der (schätzweisen) Aufteilung. Als Aufteilungsschlüssel kommt nach Regelungswortlaut und -zweck in erster Linie wohl nur das Verhältnis des gesamten und des der inländischen Besteuerung unterliegenden Arbeitslohns in Betracht, eine zeitbezogene Aufteilung allenfalls hilfsweise in praktisch besonders schwierigen Fällen; ansonsten findet eine Zeitaufteilung im Gesetz keine Stütze. Zum Verhältnis einer verursachungsorientierten Zuordnung und Veranlassung als aliud zum Zufluss und Abfluss im Rahmen der beschränkten StPfl s auch Rn 166.[11]

6. Tätigkeit an Bord von Luftfahrzeugen (§ 49 I Nr 4e). Mit erstmaliger Wirkung vom VZ 07 wurde ein neuer Tatbestand für die Tätigkeit an Bord von Luftfahrzeugen geschaffen, die, sofern sie sich im internationalen Verkehrseinsatz befinden, nicht zum Inland gehören. Da **Art 15 III OECD-MA**[12] entspr Einkünfte von der Besteuerung jenem Staat zuweist, in dem sich die Geschäftsleitung des Luftfahrtunternehmens befindet, bestand bislang – bei Vereinbarung der abkommensrechtlichen Freistellungsmethode (Art 23A OECD-MA) mit dem Wohnsitzstaat der Bediensteten – die Gefahr sog weißer Einkünfte; erfasst werden konnten nur die anteiligen Einkünfte des Bordpersonals für die im deutschen Luftraum bzw auf deutschen Flughäfen verrichteten Tätigkeiten. Die notwendige Rechtsgrundlage für den Steuerzugriff soll § 49 I Nr 4e schaffen.

7. Steuererhebung. Die Steuer wird (vom VZ 96 an) im Wege des (abgeltenden, vgl § 50 V 1) LSt-Abzugs (mit WK-Abzug) **erhoben**, sofern ein inländischer ArbG vorhanden ist (§ 38). Fehlt es an einem solchen, kommt es (nur) bei den in § 50a IV Nr 2 genannten Berufsgruppen (Künstler, Berufssportler, Schriftsteller, Journalisten, Bildberichterstatter) zum (ansonsten – vom VZ 96 an – insoweit subsidiären) Steuerabzug gem § 50a (s dort Rn 18), andernfalls zur Veranlagung (§ 46). Ein Erstattungsanspruch nach § 50 V 2 Nr 3 steht ArbN grds nicht zu. Siehe im Einzelnen § 50 Rn 33.

---

[1] BFH BStBl II 99, 437 (438); BFH/NV 99, 372 (373); s auch BFH BStBl II 98, 86 (87).
[2] BFH BStBl II 98, 86; BFH/NV 00, 300.
[3] BFH BStBl II 95, 175 (178); BStBl II 98, 86 (89).
[4] Vgl *Beermann/Gosch* § 10 AO Rn 29; *T/K* § 10 AO Rn 9 mwN.
[5] BFH/NV 98, 434; BStBl II 99, 437 (439).
[6] *Gosch* StBp 98, 106.
[7] FG Hbg v 29.9.07 6 K 94/05 Rev I R 81/07.
[8] *H/H/R* § 49 Rn 742; **aA** *K/S/M* § 49 Rn G 67, G 249 Wettbewerbsverbot.
[9] Vgl BFH BStBl II 96, 516.
[10] **AA** *H/H/R* § 49 Rn 787; *Neyer* IStR 04, 403 (404).
[11] *Neyer* IStR 04, 403 (404).
[12] Ausnahmen bei deutschen DBA: Art 15 I, II DBA-Liberia; Art 15 I DBA-Trinidad und Tobago; s auch BMF BStBl I 05, 821.

108 **8. Verhältnis zu Doppelbesteuerungsabkommen.** DBA-Recht stellt übereinstimmend mit § 49 I Nr 4 auf die Tätigkeit (ihre Ausübung) (Art 15 I OECD-MA) und auf das Kassenstaatsprinzip (Art 19 OECD-MA) ab, die Verwertungsanknüpfung ist hingegen unbekannt. Besteuerungseinschränkungen ergeben sich aus der Freistellung aufgrund der 183-Tage-Klausel (vgl Art 15 II OECD-MA) sowie der Grenzgängerbesteuerung. In beiden Fällen sehen DBA das Besteuerungsrecht des Wohnsitzstaats vor. Zu den Besonderheiten im Hinblick auf die Besteuerung des Bordpersonals von Schiffen und Luftfahrzeugen s Art 15 III OECD-MA (s dazu Rn 104). Im Hinblick auf die Sonderregelungen in § 49 I Nr 4c für die Tätigkeiten als Geschäftsführer, Prokurist oder Vorstandsmitglied einer Ges mit Geschäftsleitung im Inland verbleibt es bei den Regelungen in Art 15 OECD-MA und dem hiernach grds dem Ansässigkeitsstaat zugeordneten Besteuerungsrecht. Zu Ausnahmen s aber Rn 100. Gleiches gilt bezogen auf die in § 49 I Nr 4d bestimmte beschränkte StPfl von Abfindungen für den Verlust des Arbeitsplatzes (Rn 104).[1]

110 **V. Inländische Einkünfte aus Kapitalvermögen (§ 49 I Nr 5). – 1. Erfasste Einkünfte.** Die gem § 49 I Nr 5 von der beschränkten StPfl erfassten Einkünfte aus KapVerm decken sich im Grundsatz mit jenen aus **§ 20 I Nr 1 bis 7. Ausgenommen** sind – mangels praktischer Relevanz – lediglich Diskontbeträge von Wechseln und Anweisungen einschl der Schatzwechsel gem § 20 I Nr 8 sowie Leistungen und Gewinne von Betrieben gewerblicher Art von jur Pers des öffentlichen Rechts und wirtschaftlichen Geschäftsbetriebe KSt-befreiter Körperschaften, Personenvereinigungen oder Vermögensmassen gem § 20 I Nr 10. Letzteres hat zur Folge, dass eine ggf einbehaltene KapESt mangels inländischer Einkünfte als Voraussetzung der beschränkten StPfl zu erstatten ist.[2] **Einbezogen** sind demgegenüber nach dem gesetzlichen Paradigmenwechsel zur Abgeltungssteuer durch das UntStRefG 08 – jedenfalls prinzipiell – die Wertzuwächse, die dem Stpfl durch die Veräußerung der Kapitalanlagen oder nach Abschluß eines Kapitalüberlassungsvertrags gem **§ 20 II 1 Nr 1 S 1 und 2, Nrn 2b, 3, 7 und 8** zufließen und die gem § 43 I Nr 9-12 nF der KapESt unterfallen. Erfasst werden hiernach Wertzuwächse, welche nach dem 31.12.08 zufließen (vgl § 52a XVII idF des UntStRefG 08). – Erforderlich für die beschränkte Stpfl auch der Kapitalerträge ist – wie sonst auch – in jedem Fall ein (persönlicher oder sachlicher) Inlandsbezug.

112 **Im Einzelnen** werden einbezogen:
– **Gewinnanteile**, einschl vGA (**§ 49 I Nr 5 S 1a iVm § 20 I Nr 1**), mit Ausnahme von Erträgen aus Investmentanteilen iSd § 2 InvG (s aber § 49 I Nr 5 S 1b iVm § 2 und § 7 InvStG). Einzubeziehen sind bei entspr Inlandsbezug auch gem § 8a KStG aF in vGA umqualifizierte Zinsen sowie auf den ausländischen G'ter entfallende Kapitalerträge iSd § 7 UmwStG nF/aF;
– Bezüge aus **Kapitalherabsetzungen und Auflösungen** (**§ 49 I Nr 5 S 1a iVm § 20 I Nr 2**);
– bis zur Umstellung des körperschaftsteuerlichen Vollanrechnungs- auf das Halbeinkünfteverfahren: die anzurechnende oder zu vergütende **KSt** (§ 49 I Nr 5 S 1b aF iVm § 20 I Nr 3 aF; zur Übergangsregelung s § 52 Abs 57a S 2, s dazu im Einzelnen § 36 Rn 2);
– Einnahmen aus **stiller Ges** (§ 230 HGB) und **partiarischen Darlehen** (**§ 49 I Nr 5 S 1a iVm § 20 I Nr 4**);
– Erträge aus **Versicherungen** (**§ 49 I Nr 5 S 1a iVm § 20 I Nr 6**);
– Einnahmen aus **Leistungen nicht KSt-befreiter Körperschaften, Personenvereinigungen oder Vermögensmassen** iSd § 1 I Nr 3 bis 5 KStG außerhalb des Regelungsbereichs von § 20 I Nr 1 (**§ 49 I Nr 5 S 1a iVm § 20 I Nr 9**). Die Regelung soll gem § 52 Abs 57a S 1 erstmals für Ausschüttungen anzuwenden sein, für die der 4. Teil des KStG aF nicht mehr gilt. Da § 20 I Nr 9 derartige Ausschüttungen aber gerade nicht betrifft, ist § 49 I Nr 5 S 1a wohl gem der Grundregel des § 52 I erstmals vom VZ 01 an anwendbar;
– Erträge aus **Wandelanleihen und Gewinnobligationen** (**§ 49 I Nr 5 S 1a letzter HS nF**; § 49 I Nr 5 S 1a HS 2 aF). Derartige Erträge gehören an sich zu § 20 I Nr 7, werden indes durch § 49 I Nr 5 S 1a letzter HS nF (§ 49 I Nr 5 S 1a HS 2 aF) der dort bestimmten beschränkten StPfl zugeordnet. Grund dafür ist allein der übereinstimmende Inlandsbezug im HS 1 der Vorschrift. Die in § 49 I Nr 5 HS 2 aF genannten Ausnahmen für Kapitalerträge aus Investmentfonds, die bis zum 31.12.03 zuflossen (§ 52 I Nr 5a idF des InvModG), finden deswegen auf Wandelanleihen und Gewinnobligationen keine Anwendung;[3]

---

1 Zutr *Neyer* IStR 04, 403 (405).
2 BFHE 143, 416; *Wassermeyer* IStR 03, 94, der insoweit (zutr) eine Gesetzeslücke annimmt; aA *Ramackers* IStR 03, 383.
3 *Lademann* § 49 Rn 665; aA *H/H/R* § 49 Rn 833, 846.

- **bis zum 31.12.03 zugeflossene** (vgl § 52 I Nr 5a und b idF d InvModG) **Erträge aus ausländischen Investmentanteilen** bei **Tafelgeschäften**, die mit inländischen Kreditinstituten abgewickelt werden (§ 49 I Nr 5 S 1a aF iVm § 44 I 4 Nr 1a bb). § 49 I Nr 5 S 1a letzter HS aF stellt sicher, dass Erträge aus ausländischen Investmentfonds ansonsten grds nicht der beschränkten StPfl unterfallen, da der Schuldner nicht im Inland ansässig ist. Nicht beschränkt stpfl sind hiernach die in § 37n, § 38b I–IV, § 43a, § 43c, § 44 S 1 bis 3, § 50a, § 50c aF iVm § 38b I–IV KAGG aF erfassten Erträge aus bestimmten inländischen Sondervermögen (Geldmarkt, Wertpapier, Beteiligungen, Investmentfonds, Grundstücke, Altersvorsorge);
- **nach dem 31.12.03 zugeflossene** (vgl § 52 I Nr 5a und b idF d InvModG) **Erträge aus (ausländischen) Investmentanteilen iSd § 2 InvStG, (1)** soweit es sich um inländische Erträge iSd § 43 I 1 Nr 1 und 2 handelt, von denen ein KapESt-Abzug von 20 vH vorgenommen worden ist, (**§ 49 I Nr 5 S 1b aa** idF des InvModG **iVm § 2 und § 7 III InvStG**) und **(2)** soweit es sich um sonstige Erträge iSv § 7 I, II und IV InvStG handelt, die – wie bisher – aus **Tafelgeschäften** resultieren und mit inländischen Kreditinstituten abgewickelt werden (**§ 49 I Nr 5 S 1b bb** idF des InvModG **iVm § 44 I 4 Nr 1a bb**). Einbezogen sind hiernach Teile der Ausschüttungen und teilthesaurierte Erträge von Inlands- und Auslandsfonds, die dem Zinsabschlagsverfahren unterliegen (§ 7 I und II InvStG), ausgeschüttete und thesaurierte Dividenden, die von inländischen KapGes stammen (§ 7 III InvStG) und vollthesaurierte Dividenden (§ 7 IV InvStG; die frühere Unterscheidung zw ausgeschütteten und thesaurierten Erträgen (vgl § 38b, § 39b, § 44 S 2–4 KAGG aF; § 18a AuslInvestmG aF) wurde aufgegeben. **Nicht** zu § 49 I Nr 5 S 1b, sondern zu § 49 I Nr 8 gehören Gewinne, die mittels inländischer Spezial-Sondervermögen aus privaten Veräußerungsgeschäften mit inländischen Grundstücken und grundstücksgleichen Rechten erzielt werden (§ 15 II 2 InvStG);
- Erträge aus **dinglich gesicherten Forderungen** (§ 20 I Nr 5; § 49 I Nr 5 S 1c aa);
- Erträge aus **sonstigen Kapitalforderungen** (§ 20 I Nr 7) aus nicht beteiligungsähnlichen Genussrechten (§ 49 I Nr 5 S 1c bb);
- **bis zum 31.12.08** (vgl § 52a XVII idF des UntStRefG 08) **Zinsen** aus Anleihen und Forderungen iSv § 20 I Nr 7, II Nr 2b, Nr 3 und 4 (außer bei Wandelanleihen iSv § 20 I Nr 2) sowie dazu gem § 20 II 1 Nr 1 gewährte bes Entgelte oder Vorteile, wenn der Stpfl die Geschäfte über eine inländische auszahlende Stelle vornimmt, ohne bei dieser ein Konto oder ein Depot zu unterhalten, also bei sog **Tafelgeschäften** (**§ 49 I Nr 5 S 1c cc aF iVm § 43 I 1 Nr 7 Buchst a, Nr 8 und I 2 aF**);
- **nach dem 31.12.08 zugeflossene** (vgl § 52a XVII idF des UntStRefG 08) Einkünfte aus entspr **Tafelgeschäften**, dies gegenüber der bisherigen Regelungslage allerdings erweitert auf dem KapESt-Abzug unterliegende **Gewinne aus Veräußerungen** gem § 20 II 1 Nr 1 S 1 und 2, Nrn 2b, 3, 7 und 8 (**§ 49 I Nr 5d nF iVm § 43 I 1 Nr 7 Buchst a, Nr 8-12 und I 2 nF**).
- sonstige **Vorteile aus Kapitalnutzungen** (§ 49 I Nr 5 S 2 iVm § 20 III nF, II aF), vorausgesetzt, sie unterfallen den (gegenüber § 20 eingeschränkten) tatbestandlichen Voraussetzungen des § 49 I Nr 5 S 1.

Zwar nimmt § 49 I Nr 5 nicht ausdrücklich auf **§ 20 VIII nF, III aF** Bezug, gleichwohl gilt auch im Rahmen der beschränkten StPfl das **Subsidiaritätsprinzip**.[1] **118**

2. Inlandsbezug. Die Vorschrift stellt den für die beschränkte StPfl erforderlichen Inlandsbezug in § 49 I Nr 5 S 1 in unterschiedlicher Weise her: **125**

Bei den Einkünften gem **§ 20 I Nr 1, 2, 4 und 6** wird der erforderliche Inlandsbezug durch die inländische Ansässigkeit (Wohnsitz, Geschäftsleitung oder Sitz) des Kapitalschuldners (nicht des Haftenden) im Zeitpunkt des Kapitalzuflusses[2] bestimmt (**§ 49 I Nr 5 S 1a**). Bei Gesamtschuldnern genügt es, wenn einer der Schuldner diese Voraussetzungen erfüllt, bei Teilschuldnern kommt es auf die jeweilige Ansässigkeit an. Die Ansässigkeit des Kapitalgläubigers ist unbeachtlich.[3] Darüber hinaus genügt es, dass es sich um bestimmte ausländische Erträge iSd § 7 I, II und IV InvStG, bis zum VZ 03: iSd §§ 17 und 18 AuslInvestmG aF, handelt. Der Inlandsbezug wird hier durch den Verweis auf § 44 I 4 Nr 1a bb ausdrücklich bestimmt, s Rn 112. **126**

---

1 *H/H/R* § 49 Rn 805; *Lademann* § 49 Rn 651.
2 BFH BStBl II 84, 620; BFH/NV 85, 104.
3 *Lademann* § 49 Rn 672; *H/H/R* § 49 Rn 831.

127 Bei der anzurechnenden oder zu vergütenden KSt (**§ 20 I Nr 3 aF**) wird dieses Erfordernis der Ansässigkeit nicht ausdrücklich im Gesetz verlangt (**§ 49 I Nr 5 S 1b aF**). Es ergibt sich jedoch gleichermaßen daraus, dass nur Ausschüttungen unbeschränkt stpfl (also im Inland ansässiger, vgl § 1 I KStG) Körperschaften die Anrechnung nach § 27 KStG aF auslösen können. Praktische Bedeutung hat § 49 I Nr 5 S 1b aF letztlich nur für **KSt-Vergütungsfälle** (aus dem EK 03, vgl § 36e aF), für KSt-Anrechnungsfälle jedoch nicht. Diese unterfallen bereits § 49 I Nr 2 (Einkünfte aus GewBetr), da die KSt-Anrechnung bei beschränkt stpfl Anteilseignern voraussetzt, dass die Anteile zu einem inländischen BV gehören (§ 51 KStG aF).

128 Bei Einkünften gem **§ 20 I Nr 5 und 7** wird der notwendige Inlandsbezug allein durch die **Belegenheit** der dinglich gesicherten Vermögensgegenstände (Grundstücke, grundstücksgleiche Rechte) bzw – bei Schiffen – durch die Eintragung in ein inländisches Schiffsregister[1] hergestellt, auch dann, wenn der Schuldner nicht im Inland ansässig ist (**§ 49 I Nr 5 S 1b aa S 1**). Luftfahrzeuge werden nicht erfasst. Für die dingliche Sicherung der Kapitalforderung (gleichviel, ob aus- oder einschl,[2] jedoch niemals allein der Zinsen als der eigentlichen Einkünfte) genügt neben der unmittelbaren (zB Grundpfandrechte) ausdrücklich eine nur mittelbare (zB Verwertungs- oder Pfandrechte). Die formgerechte Erteilung und Aushändigung einer erforderlichen Eintragungsbewilligung an den Gläubiger steht der eingetragenen Sicherung gleich,[3] unter vergleichbaren Umständen auch die Erteilung einer Vormerkung,[4] nicht aber die Darlehenshingabe gegen dingliche Besicherung durch einen inländischen Gläubiger, der sich die Mittel seinerseits aus dem Ausland beschafft hat.[5] Ausreichend ist auch die Übergabe des Grundschuldbriefs an einen Notar zur treuhänderischen Verwahrung für den Gläubiger[6] sowie bloße Verpfändung eines Grundschuld- oder Hypothekenbriefs.[7] Auf den Sicherungsumfang kommt es nicht an. Sicherungs- und Zuflusszeitpunkte müssen allerdings übereinstimmen, der Zinszeitraum ist hingegen bedeutungslos.[8] **Ausnahmen** (gem **§ 49 I Nr 5 S 1b aa S 2**) bestehen (auch bei inländischer Belegenheit) **(1)** für Zinsen und Forderungen, die in ein öffentliches Schuldbuch eingetragen oder **(2)** die in einer Sammelurkunde gem § 9a DepotG verbrieft oder **(3)** über die Teilschuldverschreibungen ausgegeben sind. – IErg werden damit Zinseinkünfte aus **Sparanlagen** und **Festgeldern nicht** von der beschränkten StPfl erfasst. Gleiches gilt für die Zinsen, die im Rahmen einer **G'ter-Fremdfinanzierung** von inländischen KapGes an ihre ausländischen G'ter gezahlt werden (vgl jedoch § 8a KStG aF).

129 Bei den Einkünften gem **§ 20 I Nr 7** fehlt im Gesetz hinsichtlich der Erträge aus nicht beteiligungsähnlichen Genussrechten ein Inlandsbezug. Erforderlich muss für den inländischen Steuerzugriff aber auch hier (vgl Rn 126) sein, dass der Schuldner Wohnsitz, Geschäftsleitung oder Sitz im Inland hat (teleologische Reduktion).[9] Die Erfassung der gleichermaßen zu den Einkünften aus **Tafelgeschäften** nach § 20 I Nr 7 gehörenden Kapitalerträge gem § 43 I 1 Nr 7 Buchst a, 8 und I 2 (Zinsen), vom 1.1.09 an (vgl § 52a XVII) auch der zu den Gewinnen aus Veräußerungen gem § 20 II Nr 1 S 1 und 2, Nrn 2b, 3, 7 und 8 nF gehörenden Kapitalerträge gem § 43 I 1 Nrn 9-12 nF setzt voraus, dass diese Erträge von dem Schuldner oder von einem **inländischen Kreditinstitut** (§ 43 I Nr 7b) ausbezahlt oder gutgeschrieben werden und dass die Teilschuldverschreibung nicht von dem Schuldner oder dem inländischen Kreditinstitut verwahrt werden.[10] Erfasst werden sonach (nur) Kapitalerträge, bei denen der Gläubiger sich die Erträge selbst auszahlen lässt. Die (stfreie) Auszahlung über ausländische Kredit- und Finanzdienstleistungsinstitute wird nicht einbezogen.

130 Für sonstige Entgelte oder Vorteile iSv **§ 49 I Nr 5 S 2 iVm § 20 III nF, II aF** sieht das Gesetz keinen besonderen Inlandsbezug vor. Maßgeblich sind sonach auch insoweit die in § 49 I Nr 5 S 1 bestimmten Inlandsbezüge.

---

1 Auch bei einem ausländischen und im Ausland ansässigen Eigentümer, RFH RStBl 32, 442.
2 BFH BStBl II 84, 620.
3 BFH BStBl II 94, 743; einschränkend *Lademann* § 49 Rn 682: erst nach Stellung des Eintragungsantrags.
4 *Frotscher* § 49 Rn 30; aA *Blümich* § 49 Rn 165.
5 RFH RStBl 34, 1080; s aber auch RStBl 34, 1205; RStBl 1935, 582, für den Fall, dass die dingliche Besicherung gleichzeitig zugunsten des ausländischen Gläubigers erfolgt.
6 BFH BStBl II 94, 743.
7 BFH/NV 85, 104.
8 BFH BStBl II 84, 620; *Blümich* § 49 Rn 165; *H/H/R* § 49 Rn 847; aA *Lademann* § 49 Rn 676.
9 *H/H/R* § 49 Rn 850; *Lademann* § 49 Rn 684; *Blümich* § 49 Rn 166.
10 *Oho/Behrens* IStR 96, 313 (315).

3. Steuererhebung. Kapitaleinkünfte unterliegen der (grds abgeltenden, vgl § 50 V 1, dort Rn 18) **135**
Abzugsteuer gem §§ 43 ff. Sind die Einkünfte einer inländischen Betriebsstätte zuzuordnen, ist zu veranlagen (§ 50 V 3).

4. Verhältnis zu Doppelbesteuerungsabkommen. Es bestehen erhebliche Einschränkungen der **136** beschränkten StPfl, vgl Art 10 II und 11 II OECD-MA: Sowohl die Dividenden- als auch die Zinsbesteuerung ist weitgehend dem jeweiligen Wohnsitzstaat zugewiesen und belässt dem Quellenstaat nur das (eingeschränkte) Recht zum Steuerabzug (bei Dividenden zw 5 vH und 15 vH, in Ausnahmen bis 25 vH, bei Zinsen bis zu 10 vH, in Ausnahmen bis 25 vH). Bei Zinseinkünften hat die Bundesrepublik auf ihr Quellensteuerrecht zumeist verzichtet.

VI. Einkünfte aus Vermietung und Verpachtung (§ 49 I Nr 6). – 1. Erfasste Einkünfte. Von § 49 I **140** Nr 6 werden alle Einkünfte des § 21 erfasst, also solche aus der VuV von **unbeweglichem Vermögen, Schiffen** uÄ (§ 21 I Nr 1), **Sachinbegriffen** (§ 21 I Nr 2), **Rechten** (§ 21 I Nr 3),[1] auch der Veräußerung von Miet- und Pachtzinsforderungen gem § 21 I Nr 4. **Einzelne WG** unterfallen § 49 I Nr 9. Voraussetzung ist die (auch ihrer Dauer nach unbegrenzte oder ungewisse) **zeitliche** (nicht: örtliche) **Nutzungsüberlassung** eines Gegenstandes oder Rechts, gleichviel auf welcher (obligatorischen oder dinglichen) Grundlage. Um eine solche Rechtsüberlassung (iSv § 21 I Nr 3) handelt es sich zwar nicht bei einer originären Nutzungsüberlassung durch den Inhaber des an seiner Pers bestehenden ‚Nutzungsrechts' als bloßer Gestattung („negatives Verbotsrecht")[2],[3] jedoch auch bei der (derivativen) Nutzungsüberlassung von Persönlichkeitsrechten (Namen, Bilder) zur Durchführung und Verwertung von Werbemaßnahmen (zB von Sportlern) durch einen Dritten (zB ein entspr Vermarktungsunternehmen).[4] Ob damit in Zusammenhang stehende Dienstleistungen, sofern sie nicht von § 49 I Nr 2d erfasst werden, dahinter zurücktreten, ist Sache des Einzelfalles; ggf ist aufzuteilen (str, s Rn 43). **Nicht** erfasst wird hingegen seine **endgültige** Überlassung oder Veräußerung.[5] Die zeitliche Begrenztheit des überlassenen Rechts (zB Patent- oder Markenrechts) steht der Annahme einer zeitlich begrenzten Nutzungsüberlassung nicht entgegen,[6] nicht, dass ungewiss ist, ob und wann die Überlassung zur Nutzung endet,[7] **anders** jedoch die Gewissheit darüber, dass das WG nicht zurückübertragen werden kann oder sich während der Nutzungsüberlassung wirtschaftlich erschöpft,[8] zB die Überlassung veranstaltungsbezogener Rechte (s § 50a Rn 27). Um den steuerlichen Zugriff auch in derartigen Fällen zu ermöglichen, wurde der Besteuerungstatbestand des § 49 I Nr 2f vom VZ 06 an (§ 52 Abs 57)[9] entspr ergänzt (s Rn 62).[10] Da bei (wirtschaftlich selbstständiger) Überlassung des sog **Know-how** zweifelh ist, ob dieses zeitlich begrenzt überlassen werden kann, werden etwaige Besteuerungslücken durch § 49 I Nr 9 geschlossen (Rn 151). Die Besteuerung kann dann nur gem § 49 I Nr 2f oder Nr 9 erfolgen, ansonsten (bei Überlassung des Know-how als unselbstständige Nebenleistung zur Überlassung gewerblicher Schutzrechte) bleibt es bei der Besteuerung über § 49 I Nr 6.[11] – Von § 49 I Nr 6 erfasst werden auch **BetrAufsp über die Grenze**, wenn das ausländische Besitzunternehmen Einkünfte aus der VuV wesentlicher Betriebsgrundlagen an das inländische Betriebsunternehmen erzielt[12] (Rn 25, zur Problematik der isolierenden Betrachtungsweise, s Rn 161).

2. Inlandsbezug. Der Inlandsbezug wird entweder durch die **Belegenheit** im Inland, die (konstitutiv **141** wirkende[13]) Eintragung in ein inländisches Buch oder Register (Grundbuch, Schiffs-, Patent-, Warenzeichen-, Gebrauchsmuster, Sortenschutzregister) **oder** durch die **Verwertung** in einer inlän-

---

1 Abl BFH IStR 00, 438 mit Anm *Kessler/Maywald/Peter* IStR 00, 425 für Satellitennutzung: Dienstleistung (s Rn 151).
2 BGH NJW 90, 2815, für die Erlaubnis des Veranstalters zur Fernsehübertragung einer Sportveranstaltung; NJW 06, 377, für vergleichbare Berichterstattung im Hörfunk; s dazu auch FG Kln EFG 07, 360 Rev I R 6/07, mwN.
3 ZB *K/S/M* § 49 Rn I 201; *Gosch* FS Wassermeyer, S 263 (269); *M Lang* SWI 07, 17, 18; **aA** jetzt jedoch BFH v 19.12.07 I R 19/06 (gegen BStBl II 05, 550; BStBl II 93, 407); BMF BStBl I 05, 844; *Lademann* § 50a Rn 224; *Schmidt-Heß* IStR 06, 690; s auch öVwGH öRdW 06, 716 (mit Anm *Zorn* RdW 06, 787): nur bei entspr Zusammenhang mit der eigentlichen Berufssphäre.
4 BFH BStBl II 05, 550 zu Gestattungsrechten an Bild und Namen von Sportlern und Künstlern (dazu BMF BStBl I 05, 844); **aA** *Wild/Eigelshoven/Hanisch* IStR 06, 181.
5 BFH BStBl II 78, 355; konkret zu § 49 I Nr 3 (jeweils bezogen auf die Übertragung eines Alleinvertriebsrechts): BFH BStBl II 89, 101; BFH/NV 02, 1142.
6 *Schaumburg*[2] Rn 5.253.
7 BFH BStBl II 78, 355.
8 *Blümich* § 49 Rn 174.
9 V 7.12.06 BGBl I 06, 2782.
10 BT-Drs 16/520 zum Entw des Gesetzes zur Verringerung steuerlicher Missbräuche und Umgehungen.
11 BFH BStBl II 77, 623.
12 *Piltz* DB 81, 2044; *Kaligin* WPg 83, 457; *Gebbers* RIW 84, 711.
13 *Blümich* § 49 Rn 177.

dischen Betriebsstätte oder einer anderen Einrichtung hergestellt. Den Inlandsbezügen der **Belegenheit** oder der Eintragung kommt insbes auch Bedeutung für Einkünfte aus der Veräußerung entspr Miet- und Pachtzinsforderungen iSv § 21 I 1 Nr 4 zu, für den in § 49 I Nr 6 eine ausdrückliche Regelung des Inlandsbezugs fehlt.[1] Bei der Eintragung des überlassenen Rechts ist unbeachtlich, für wen diese erfolgt ist. Dies kann, wenn auch mit Einverständnis des ausländischen Überlassenden, auch der inländische Lizenznehmer sein.[2] – **Verwertung** (zum Begriff s Rn 80) wird lediglich bei Sachinbegriffen und Rechten in Betracht kommen (zB Nutzung von Lizenzen[3] oder Medikamentrezepturen[4]). Sie setzt das Vorliegen einer fremden (also nicht dem Vergütungsgläubiger als dem Rechtsinhaber zustehenden) inländischen Betriebsstätte (§ 12 AO) oder anderen Einrichtung voraus, gleichviel, ob es sich hierbei um eine solche eines ausländischen beschränkt StPfl oder eines inländischen unbeschränkt StPfl handelt.[5] Unter einer anderen Einrichtung ist letztlich dieselben Voraussetzungen wie eine Betriebsstätte (= feste Geschäftseinrichtung oder Anlage, Rn 25), allerdings ohne dass sie einem Betrieb dienen muss (zB öffentlich-rechtliche Rundfunk- oder Fernsehanstalten[6]).

143 3. **Steuererhebung.** Grds Veranlagung (§ 50 III), anders aber bei der Überlassung von Rechten und gewerblichen Erfahrungen, bei der die Voraussetzungen für den (abgeltenden) Steuerabzug gem § 50a IV 1 Nr 3 und IV 2 vorliegen.

144 4. **Verhältnis zu Doppelbesteuerungsabkommen.** Bezogen auf das unbewegliche Vermögen herrscht auch im Abkommensrecht das **Belegenheitsprinzip** vor, so dass sich durchweg keine Besteuerungseinschränkungen ergeben (Art 6 OECD-MA). Betr der VuV von Sachinbegriffen liegen abkommensrechtlich Lizenzeinkünfte vor, deren Besteuerung dem Wohnsitzstaat zugewiesen ist (Art 12 OECD-MA).

147 VII. **Sonstige Einkünfte (§ 49 I Nr 7 bis 9). – 1. Erfasste Einkünfte.** Sonstige Einkünfte iSv § 22 werden nicht durchgängig, sondern **nur lückenhaft** von der beschränkten StPfl erfasst, im Einzelnen:

148 a) **§ 49 I Nr 7 iVm § 22 Nr 1 S 3a aa. Leibrenten und andere Leistungen,** die von den gesetzlichen Rentenversicherungsträgern, den landwirtschaftlichen Alterskassen, den berufsständischen Versorgungseinrichtungen, den Versicherungsunternehmen oder sonstigen Zahlstellen gewährt werden, vorausgesetzt immer, die Versorgungsträger oder Zahlstellen sind inländische. Auf diese Weise gilt für (insbes nachgelagerte) Versorgungsbezüge der genannten Art ein unilaterales, spezielles Versorgungs-Kassenstaatsprinzip (vgl Rn 97, 108), das den deutschen Besteuerungszugriff auch dann sicherstellen soll, wenn der Leistungsempfänger (Stichwort: mobiler Rentner) im Ausland lebt. Diese Regelung wurde durch das AltEinkG eingefügt und gilt vom VZ 05 an. Zuvor lief die Regelung des § 49 I Nr 7 iVm § 22 Nr 1 für die dort gleichermaßen bestimmte beschränkte StPfl für wiederkehrende Bezüge (Leibrenten, dauernde Lasten) für solche Einkünfte weitgehend leer. Grund hierfür war das Fehlen einer spezifischen (inländischen) Abzugsbesteuerung für jenen Fall, dass sich Deutschland als Quellenstaat abkommensrechtlich ein entspr Besteuerungsrecht vorbehalten hat.[7] Tatsächlich ist dies gegenwärtig jedoch auf wenige Ausnahmen beschränkt, weil das Besteuerungsrecht für Ruhegehälter nach der Mehrzahl der deutscherseits abgeschlossenen DBA dem Wohnsitzstaat zusteht, der Quellenstaat sie aber freizustellen hat, vgl Art 18, 21 OECD-MA;[8] Ausnahmen bestehen idR nur nach Maßgabe des sog Kassenstaatsprinzips gem Art 19 II OECD-MA. Jedenfalls sind die betr Bezüge unbeschadet eines bestehenden DBA und der danach erfolgten Besteuerungszuordnung gem § 25 III im Inland zu erklären.

149 b) **§ 49 I Nr 8 iVm § 22 Nr 2, § 23. Private Veräußerungsgeschäfte** (Spekulationsgeschäfte). Die Vorschrift ist insoweit – ebenso wie § 49 I Nr 2e (s Rn 55 ff) – im Rahmen der ‚Europäisierung' des Umwandlungssteuerrechts durch das **SEStEG** mit erstmaliger Wirkung vom VZ 06 an (vgl § 52 Abs 57) grundlegend neu gefasst worden. Der bisherige Regelungsinhalt wurde neu gegliedert und im Hinblick auf die Einkünfte aus der Veräußerung privat gehaltener Anteile an KapGes iSv § 49 I Nr 2e ergänzt. Im Einzelnen: Einkünfte aus privaten Veräußerungen unterliegen (nach wie vor) nur dann der beschränkten StPfl, soweit sie aus den Veräußerungsgeschäften **(1)** mit **inländischen Grundstücken** (nunmehr § 49 I Nr 8a nF) oder **(2)** mit **inländischen grundstücksgleichen Rechten**

---

1 *Lademann* § 49 Rn 741; *H/H/R* § 49 Rn 936.
2 *RFH* RStBl 35, 759; RStBl 32, 742.
3 *BFH* BStBl II 74, 287.
4 *BFH* BStBl II 92, 407.
5 *BFH* BStBl II 93, 407; *FW* IStR 93, 228.
6 *Blümich* § 49 Rn 179; *Lademann* § 49 Rn 754.
7 ZB gem Art 18 II DBA-Dänemark.
8 Vgl iErg *Vogel/Lehner*[4] Art 18 Rn 3 ff.

(nunmehr § 49 I Nr 8b nF) (ggf – iVm § 22 Nr 2, bis zum VZ 05 zusätzlich über die Verweisung in § 49 I Nr 8 letzter HS aF auf § 23 I 4 – auch über die Beteiligung an einer PersGes) resultieren. Dazu gehören gem § 15 II 2 InvStG auch Gewinne aus entspr Veräußerungsgeschäften inländischer Spezial-Sondervermögen. Der beschränkten StPfl unterliegen gem § 49 I Nr 8c (zuvor Nr 8 aF) iVm § 23 I 1 Nr 3 (ab VZ 94 und bis VZ 08, vgl § 52a XVII) überdies (3) Einkünfte aus Veräußerungsgeschäften mit **Beteiligungen iSv § 17 I 1 an KapGes,** und zwar übereinstimmend mit § 49 I Nr 2e nF/aF entweder (**§ 49 I Nr 8c aa nF,** § 49 I Nr 8 aF) von KapGes mit Geschäftsleitung oder Sitz im Inland (s auch § 49 I Nr 2e aa nF) oder gem **§ 49 I Nr 8c bb nF** in den Nachversteuerungsfällen des § 49 I Nr 2e bb, s dort Rn 56. Nach wie vor **nicht** einbezogen sind hiernach abw von § 49 I Nr 2e jedoch Vorgänge gem § 17 I 2 (Gleichstellung der verdeckten Einlage) und gem § 17 IV (Auflösung, Kapitalherabsetzung und Ausschüttung aus dem steuerlichen Einlagekonto). § 49 I Nr 8c wurde durch das UntStRefG 08 ersatzlos aufgehoben; Gewinne aus der Veräußerung von Beteiligungen iSv § 17 werden dadurch, dies aber erst für Erträge, die nach dem 31.12.08 zufließen (vgl § 52a XVII), nur noch über § 49 I Nr 2e erfasst. – Private Veräußerungsgeschäfte iSv § 23 mit **anderen WG,** insbes Wertpapieren, blieben bisher (vorbehaltlich § 49 I Nr 2a) unbesteuert: Infolge der Bezugnahme in § 49 I Nr 8 aF auf § 22 Nr 2 entstand zwar zugleich eine (Weiter-)Verweisung auf § 23, allerdings lediglich insoweit, als dies die Begrifflichkeiten der von § 23 erfassten Geschäfte anbelangt. Andernfalls wäre die in dem bisherigen letzten HS von § 49 I Nr 8 aF enthaltene Anwendungsanordnung von § 23 I 2 bis 4 und II nicht verständlich. Dafür, dass diese Anordnung nur deklaratorischen Charakter gehabt hätte, ist nichts ersichtlich. Auswirkungen hatte dies insbes für die Freigrenze gem § 23 III 6 (iHv 512 €), die für beschränkt StPfl nicht galt.[1] Überdies waren veräußerungsgleiche Vorgänge gem § 23 I 5 Nr 1 (Einlage eines Grundstücks oder grundstücksgleichen Rechts in das BV) sowie Nr 2 (verdeckte Einlage in eine KapGes) nicht steuerbar. S auch Rn 149a zur Einkünfteermittlung. Dadurch, dass der Querverweis auf § 23 I 2 bis 4 u II durch das SEStEG mit Wirkung vom VZ 06 an ersatzlos gestrichen worden ist, greift die Bezugnahme auf § 22 Nr 2 in § 49 I Nr 8 (erster Satzteil) nF und damit die dort enthaltene Weiterverweisung auf § 23 nur der Folge einer – nach der amtlichen Gesetzesbegründung offenbar nicht beabsichtigten[2] – Ausdehnung der beschränkten StPfl uneingeschränkt. – Erfasst werden als Veräußerungsgeschäfte auch die Überführung von WG in das PV (Entnahme, Betriebsaufgabe) sowie der Besteuerungsantrag gem § 21 II 1 Nr 1 UmwStG aF und – bei unentgeltlichem Erwerb – entspr Rechtsakte des Rechtsvorgängers. Daran hat sich durch die Streichung des letzten Satzteils in § 49 I Nr 8 aF nichts geändert. Denn auch der bisherige Verweis auf § 23 II (Subsidiarität privater Veräußerungsgeschäfte) hatte zur Folge, dass § 49 I Nr 8 bei Veräußerung von wesentlichen Anteilen an KapGes gegenüber § 49 I Nr 2e iVm § 17 vorrangig ist (§ 23 II 2, Rn 54). Bei der gewerblichen Veräußerung anderer WG inner- oder außerhalb der Sperrfrist (Spekulationsfrist) gehen hingegen § 49 I Nr 1 und Nr 2 vor (§ 23 II 1). Nach zutr Auffassung[3] tritt § 49 I Nr 8 für Gewinne aus einer aufgrund inländischer Besteuerungsmerkmale gewerblichen Veräußerung auch dann zurück, wenn eine Besteuerung nach § 49 I Nr 2 in Ermangelung einer Betriebsstätte oder eines ständigen inländischen Vertreters nicht in Betracht kommt. Das Gebot der isolierenden Betrachtung (§ 49 II, Rn 159) steht dem nicht entgegen, weil danach nur im Ausland, nicht aber im Inland gegebene Besteuerungsmerkmale außer Betracht bleiben. Dass von § 49 I Nr 8 im Grundsatz gleichermaßen PV wie BV erfasst werden, ändert daran nichts.

Ermittlung der Einkünfte. Generell gelten die allg Vorschriften (s a Rn 165 ff). Zweifelh ist die Einkünfteermittlung bei Veräußerungsgeschäften gem § 49 I Nr 8 iVm § 23. Bei Anwendung von § 23 III 1 ist der Unterschiedsbetrag zw Veräußerungspreis und AK/HK und WK zu errechnen, worauf § 49 I Nr 8 letzter HS jedoch gerade nicht verweist. Dennoch bleibt es hierbei mangels anderweitiger Sonderregelung.[4] Für die Verlustabzugsbeschränkungen gem § 23 III 8 und 9 gilt dies jedoch nicht,[5] ebenso wenig wie für die Freigrenze gem § 23 III 6 (str, s Rn 149). Gleichermaßen infolge fehlender Bezugnahme unterbleibt bei Veräußerungen von KapGes-Anteilen die Gewährung des Freibetrags gem § 17 III. 150

c) § 49 I Nr 8a iVm § 22 Nr 4: Abgeordnetenbezüge. Ihre Erfassung (durch Veranlagung) setzt keinen besonderen Inlandsbezug voraus. 151

---

1 H/H/R § 49 Rn 1030; **aA** zB Frotscher § 49 Rn 44.
2 BT-Drs 16/3369, 15 f.
3 Lademann § 49 Rn 791; H/H/R § 49 Rn 1029; **aA** FG Hbg EFG 98, 39.
4 H/H/R § 49 Rn 1021.
5 **AA** H/H/R § 50 Rn 138; Lademann § 49 Rn 791; Blümich § 49 Rn 187.

152 **d) § 49 I Nr 9 iVm § 22 Nr 3: Sonstige Einkünfte.** Es handelt sich (ebenso wie auch § 22 Nr 3) um eine lückenschließende **Auffangvorschrift**, deren Anwendung einerseits hinter die Einkünfte iSv § 49 I Nr 1 bis 8a zurücktritt (vgl letzter HS), bei der es andererseits nicht darauf ankommt, dass auch § 22 Nr 3 bei unmittelbarer Geltung gegenüber unbeschränkt StPfl anwendbar oder bei diesen einer anderen Einkunftsart zuzurechnen wäre (vgl HS 2). Der Sache nach bezieht § 49 I Nr 9 nicht sämtliche Besteuerungstatbestände des § 22 Nr 3 ein, sondern ist auf bestimmte Einkünfte beschränkt, nämlich solche aus der **Nutzung beweglicher Sachen** (zB Mobilien-Leasing; zweifelh bei Software-Überlassung durch Provider;[1] nicht hingegen Satellitentransponder: Dienstleistung,[2] allerdings nur bei Nutzung eines beliebigen, nicht aber eines bestimmten Transponders) oder aus der Überlassung der Nutzung oder des Rechts auf Nutzung von (nur beispielhaft, nicht abschließend) gewerblichen, technischen, wissenschaftlichen und ähnlichen Erfahrungen, Kenntnissen und Fertigkeiten (Plänen, Mustern, Verfahren), also des **Know-how**.[3] **Nicht** um Know-how handelt es sich um verselbstständigte WG, auch wenn diesen ein bestimmtes, als solches nutzbares ‚Wissen' zugrunde liegt, wie zB aufgrund von Recherchen und Auswertungen über das Käuferverhalten bei der Überlassung entspr aufbereiteter und ausgewählter Kundenadressen zur Direktwerbung (vgl § 29 II Nr 1b BDSG); anders als zB bei Plänen oder einer Studie wird hierdurch das Rechercheergebnis nicht nur dokumentiert, sondern davon losgelöst – gleichsam als vorsortierte Ware – vermarktet.[4] **Nicht** darunter fallen auch Alleinvertriebs-[5] oder Autorenrechte iSv § 15 UrhG.[6] Veräußerungen (oder endgültige Nutzungsverzichte) sind – ebenso wie bei § 22 Nr 3[5] – grds ausgeschlossen, solche unterfallen der privaten Vermögenssphäre. Allerdings können sich insoweit erhebliche (praktische) Abgrenzungsschwierigkeiten zur zeitlich unbeschränkten Nutzungsüberlassung ergeben, weil das (rechtlich ungeschützte) Know-how einer derartig nur begrenzten Überlassung oder einer Veräußerung oftmals unzugänglich ist.[7] Um hier Rechtssicherheit zu schaffen, verlangt § 49 I Nr 9 (im Gegensatz zu Nr 6 iVm § 21 I Nr 3, Rn 140) keine zeitlichen Überlassungsgrenzen. § 49 I Nr 9 dehnt den Besteuerungszugriff sonach iErg über jenen des § 22 Nr 3 aus.[8] In jedem Fall muss das betreff Nutzungsrecht dem Geldgeber gezielt als Gegenleistung überlassen werden; fehlt ein solcher Bezug, handelt es sich um ein steuerlich unbeachtliches Sponsoring.[9] – Wegen der Anwendung der Freigrenze in § 22 Nr 3 S 2s Rn 156.

155 **2. Inlandsbezug.** Zum Inlandsbezug für die Besteuerung nach § 49 I Nr 8s Rn 149, nach § 49 I Nr 8a s Rn 150. Für § 49 I Nr 9 wird dieser Bezug durch die (unmittelbare oder mittelbare) **Inlandsnutzung** (auch im Ausland befindlicher Sachen oder Rechte) sichergestellt. Die bloße wirtschaftliche Verwertung im Inland genügt (abw von § 49 I Nr 6) nicht.[10]

156 **3. Steuererhebung.** Die ESt wird idR veranlagt. Ein Steuerabzug ist nur für Einkünfte gem § 49 I Nr 9 vorgesehen (§ 50a IV 1 Nr 3, IV 2). Die ESt ist dem StPfl allerdings zu erstatten, wenn die Freigrenze gem § 22 Nr 3 S 2 iHv 256 € unterschritten wird; infolge der Gesamtverweisung auf § 22 Nr 3 in § 49 I Nr 9 steht die Freigrenze auch beschränkt StPfl zu.[11]

157 **4. Verhältnis zu Doppelbesteuerungsabkommen.** Zu **Leibrenten und anderen Leistungen (§ 49 I Nr 7 iVm § 22 Nr 1 S 3a aa)** s Rn 148.

158 **5. Private Veräußerungsgeschäfte (§ 49 I Nr 8).** Bei der **Veräußerung unbeweglichen Vermögens** iSv Art 6 OECD-MA ergeben sich wegen des prinzipiellen DBA-Belegenheitsprinzips (Art 13 I OECD-MA) keine abkommensrechtlichen Einschränkungen. Zur Besteuerungszuordnung der Einkünfte aus der **Veräußerung von Anteilen an KapGes** nach Art 13 V OECD-MA s Rn 70.

159 Bei **Abgeordnetenbezügen (§ 49 I Nr 8a)** bestehen weitgehende Einschränkungen der Besteuerung durch das Besteuerungsrecht des Wohnsitzstaats (Art 21 OECD-MA).

---

1 *Kessler/Maywald/Peter* IStR 00, 425; umfassend *Portner* Ertragsteuerrechtliche Aspekte des E-Commerce, IFSt Nr 390/01, insbes 76 ff u passim.
2 BFH IStR 00, 438.
3 Zum Begriff BFH BStBl II 71, 235; BStBl II 89, 82.
4 BFH BStBl II 03, 249.
5 BFH BStBl II 89, 101; BFH/NV 89, 393.
6 BFH BStBl II 89, 87.
7 Vgl insoweit die restriktive Rspr des BFH BStBl II 70, 428 u 567.
8 AA *Schmidt*[26] § 49 Rn 94; *Frotscher* § 49 Rn 47.
9 FG Hbg EFG 01, 289.
10 *Lademann* § 49 Rn 813.
11 *H/H/R* § 49 Rn 1030; *Lademann* § 49 Rn 817, auch zu den sich daraus ergebenden unbefriedigenden Ergebnissen; **aA** *Blümich* § 49 Rn 192 mit dem Einwand, die Freigrenze, welche auf Einkünfte abstelle, sei im Rahmen von § 50a IV, der den Steuerabzug vom Bruttoentgelt vorsehe, nicht anwendbar.

6. Sonstige Bezüge (§ 49 I Nr 9). Das Besteuerungsrecht liegt überwiegend beim Wohnsitzstaat, **160** wenn die betr Einkünfte als Lizenzeinkünfte zu erfassen sind (Art 12 OECD-MA); der Bundesrepublik steht dann allenfalls eine Quellensteuerbefugnis zu.

C. Isolierende Betrachtungsweise (§ 49 II)

In § 49 II ist mit der sog isolierenden Betrachtungsweise das **Kernstück des § 49** verankert. Danach **161** bleiben im Ausland gegebene Besteuerungsmerkmale außer Betracht, soweit bei ihrer Berücksichtigung inländische Einkünfte iSv § 49 I nicht angenommen werden können. Anders gewendet: Die Zuordnung von Einkünften gem § 49 I beurteilt sich grds **nach den Verhältnissen im Inland**, gleichermaßen die Bestimmung der jeweiligen Einkunftsart. Im Ausland verwirklichte Merkmale müssen deshalb ausscheiden, wenn bei ihrer Berücksichtigung die inländische Besteuerung entfiele oder wenn sich dadurch die nach inländischem Steuerrecht maßgebliche Einkunftsart verändern würde. Als praktisch bedeutsam erweist sich die fiktive ‚Isolierung' der innerstaatlich verwirklichten Besteuerungsmerkmale namentlich bei den **Subsidiaritätsklauseln** in § 20 VIII (§ 20 III aF), 21 III,[1] § 22 Nr 1 S 1 und Nr 3 S 1, § 23 II: Es bleibt auch dann bei der jeweiligen an sich subsidiären Einkunftsart, wenn die betr Einkünfte bei Berücksichtigung der ausländischen Verhältnisse in solche aus GewBetr umzuqualifizieren wären und als solche – in Ermangelung einer inländischen Betriebsstätte oder eines inländischen ständigen Vertreters – im Inland nicht der beschränkten StPfl unterfielen. **Beispiele:** ausländische KapGes mit inländischen Vermietungseinkünften,[2] mit Gewinnen aus der Veräußerung einer Beteiligung iSd § 17;[3] ausländische Besitz-Ges im Rahmen einer BetrAufsp.[4] Diese ausländischen Verhältnisse werden vielmehr ausgeblendet; die inländische Besteuerung wird in Einklang mit dem Objektcharakter der beschränkten StPfl (Rn 1) auf die maßgeblichen inländischen Besteuerungsmerkmale verengt. Zugleich folgt daraus, dass Einkünfte, die bei Einbeziehung auch ausländischer Merkmale als Gewinneinkünfte zu behandeln wären, als Überschusseinkünfte zu versteuern sind.[5]

Das alles ändert im Grds zwar nichts daran, dass die Tatbestandsmerkmale einer Einkunftsart **162** infolge der isolierenden Betrachtungsweise weder unterdrückt noch fingiert werden dürfen;[6] sie müssen unabhängig von der Frage nach der Einkünftequalifikation erfüllt sein. In Grenzbereichen kann die isolierende Betrachtung dennoch steuerbegründend wirken, zB bei der Ausübung einer inländischen gewerblichen Tätigkeit, die bei Einbeziehung der Verhältnisse im Ausland mangels **Gewinnerzielungsabsicht** als Liebhaberei zu qualifizieren wäre. Die Verhältnisse im Ausland sind nach diesseitiger,[7] vom BFH[8] indes nicht geteilter Auffassung nicht einzubeziehen, weil die Frage nach der Tatbestandsmäßigkeit nach Maßgabe des im Inland verwirklichten Sachverhalts beantwortet werden kann.[9]

Weitergehende Bedeutung kommt der isolierenden Betrachtungsweise ungeachtet der möglicher- **163** weise missverständlich weiten Fassung von § 49 II **nicht** zu.[10] Es bleibt sonach dabei, dass ausländische Besteuerungsmerkmale einzubeziehen sind, wenn und soweit es ihrer bedarf, um die Einkunftsart auch nach inländischem Steuerrecht abschließend zu bestimmen. Das ist vor allem dann der Fall, wenn die Einstufung in die eine oder andere Steuerart von dem Steuersubjekt abhängt, das sie verwirklicht (zB die Abgrenzung zw selbstständiger und gewerblicher Tätigkeit).[11] Unberührt von § 49 II bleiben für die Bestimmung der im Inland verwirklichten Einkunftsart darüber hinaus jene Rechtsfolgen, die sich aus dem objektsteuerartigen Charakter der beschränkten StPfl ergeben: Es kommt hiernach nur auf das objektive Wesen der jeweiligen (im Inland verwirklichten und aus dem Inland bezogenen) Einkünfte an. Das gilt auch für solche Einkunftsarten, die zueinander im Verhältnis der Subsidiarität stehen (Rn 161). Auch dann bleibt es unbeschadet anderweitiger inländischer Einkünfte bei der Zuordnung zu der jeweils verwirklichten Einkunftsart, deren Inlandsbe-

---

1 Insoweit **aA** *Gebbers* RIW 84, 711, 715.
2 BFH BStBl III 59, 133; BStBl II 75, 464.
3 BFH BStBl III 62, 85.
4 *Crezelius* StVj 92, 322.
5 BFH BStBl II 84, 620; BFH/NV 85, 104; *H/H/R* § 49 Rn 1210.
6 *H/H/R* § 49 Rn 1230.
7 *Gosch* FS Wassermeyer, 2005, S 263 (272 ff); ebenso *Mössner* FS Flick, 1997, S 939 (951 f).
8 BFH BStBl II 02, 861, BStBl II 02, 861 = DStR 02, 667 mit abl Anm *Gosch* und zust Anm *Lüdicke* (Pferdeturniere).
9 BMF BStBl I 02, 1394; DStR 90, 151; BStBl I 96, 89, 95 f; FG Hbg EFG 00, 14 (Pferderennen).
10 *Frotscher* § 49 Rn 51; *Schaumburg*[2] Rn 5.150; s auch BFH BStBl II 82, 367: nicht ernstlich zweifelh; **aA** *Blümich* § 49 Rn 31; *Flies* DStZ 95, 431.
11 BFH BStBl II 70, 428; BStBl II 74, 287; BStBl II 74, 511; BStBl II 84, 620.

zug gem § 49 I EStG zur beschränkten StPfl führt. Die betr Einkunftsart ist insoweit zu segmentieren. Die Funktion des § 49 I EStG beschränkt sich darin, die maßgeblichen inländischen Anknüpfungsmerkmale für die beschränkte StPfl zu bestimmen; eine zusätzliche Umqualifizierung der Einkunftsart wird dadurch nicht bewirkt.[1] § 49 II ändert daran nichts; die Vorschrift ist insoweit nicht einschlägig, weil auch bei Berücksichtigung der ausländischen Besteuerungsmerkmale inländische Einkünfte iSd § 49 I angenommen werden können.

D. Ermittlung der inländischen Einkünfte

165 § 49 knüpft mit den in Abs 1 abschließend aufgezählten inländischen Einkünften an die Einkunftsarten des § 2 I an (§§ 13 bis 23) und setzt diese als gegeben voraus, ohne weitergehende Steuertatbestände zu begründen[2] (s aber auch Rn 1). Zur Isolierung der Einkunftsarten in den Fällen der Subsidiarität s Rn 163. Die Entscheidung darüber, ob die Voraussetzungen erfüllt sind, bestimmt sich nach deutschem Steuerrecht, ebenso wie hiernach die beschränkt stpfl Einkünfte im Wege des Einnahme- oder Aufwandsüberschusses ermittelt werden. Es finden also die allg Regelungen Anwendung (§§ 4 ff, 8 ff), deren Bedeutung allerdings insoweit gemindert wird, als es in den Fällen der **abgeltenden Abzugsteuer** gem § 50 V 1 (dort Rn 18) keiner Einkunftsermittlung bedarf; die Abzugsteuer bemisst sich nach den Einnahmen. IÜ sind BA und WK abziehbar, soweit sie in wirtschaftlichem Zusammenhang mit inländischen Einkünften stehen; es gilt das **Veranlassungsprinzip** (§ 4 IV). Zu Besonderheiten bei der Gewinnermittlung von Betriebsstätten s § 50 Rn 23.

166 Zu den (positiven oder negativen) inländischen Einkünften können (vorbehaltlich der auch insoweit zu beachtenden DBA) auch **nachträgliche Einnahmen** (§ 24 Nr 1 und 2) aus ehemaligen inländischen Tätigkeiten und inländischen Besteuerungsmerkmalen gehören (zB Ruhegelder und Renten,[3] Nachzahlungen, Veräußerungsgewinne[4], ggf auch unter Begr eines neuen Besteuerungstatbestandes (zB aus Verwertung nach bisheriger Ausübung). Gleichermaßen sind grds **vorweggenommene**[5] ebenso wie **nachträgliche WK und BA** (zB Ausbildungskosten) einzubeziehen, nach zutr Auffassung[6] selbst dann, wenn es sich um sog vergebliche Aufwendungen handelt, weil die inländische Tätigkeit nicht aufgenommen wird, sondern scheitert.[7] Zwar fehlt es dann letztlich am Anknüpfungspunkt für die Besteuerung und widerspricht in gewisser Weise der Objektbezogenheit der beschränkten StPfl. An dem gleichwohl (fort)geltenden Veranlassungsprinzip (vgl § 50 I 1; § 4 IV) ändert dies jedoch nichts.[8] Ggf bedarf es der schätzweisen Aufteilung. Bei Zuordnung zu (abkommensrechtlich befreiten) Einnahmen ist grds § 3c I zu beachten. Allerdings kollidiert das Veranlassungsprinzip bei den **Überschusseinkünften** (§ 2 II Nr 2) in gewisser Weise mit dem Abflussprinzip (§ 11 II). Der BFH[9] hat diesem Prinzip[10] (ebenso wie dem Zuflussprinzip, § 11 I) namentlich beim Wechsel der unbeschränkten zur beschränkten StPfl (vgl § 2 VII 3) Vorrang eingeräumt und einen (nachträglichen) WK-Abzug nur bei jeweiliger zeitlicher Übereinstimmung mit dem Zahlungszeitpunkt anerkannt. Den dagegen gerichteten Einwendungen[11] ist im Kern nicht beizupflichten. Als Teil der allg Einkommensermittlungsgrundsätze bleibt es bei der uneingeschränkten Anwendung auch des Zu- und Abflussprinzips. Dessen ‚Überlagerung' durch ein generelles Veranlassungsprinzip und damit ein anderes Ergebnis ließe sich nur durch eine Gesetzesänderung erreichen (s in diese Richtung aber § 49 I Nr 4d, Rn 104). Auf der anderen Seite scheidet der Abzug vorweggenommenen oder nachträglichen Aufwands unbeschadet des Abflussprinzips aus, wenn der Aufwand nicht in Zusammenhang mit inländischen Einnahmen steht und diese Einnahmen nach Maßgabe eines DBA von der inländischen Besteuerung freigestellt sind (s zur sog Symmetriethese § 2a Rn 4); die allg Veranlassungs- und Zuordnungsgrundsätze werden insoweit nicht

---

1 So jetzt auch ausdrücklich BFH BStBl II 05, 550, dazu BMF BStBl I 05, 844; *Wassermeyer* DStJG 85 (Bd 8), 49 (61); *Gosch* FS Wassermeyer, 2005, S 263 (277 ff); iErg auch *Mössner* FS Flick, 1997, S 939 (951 f); **aA** die hM, vgl zB *H/H/R* § 49 Rn 1221; *Lademann* § 49 Rn 864.
2 BFH BStBl II 74, 511.
3 BFH BStBl II 64, 551.
4 BFH BStBl II 79, 464; *Blümich* § 49 Rn 41.
5 S FG Mchn EFG 07, 1677.
6 ZB *K/S/M* § 49 Rn G 209.
7 Wobei die bloße Absicht der allg Tätigkeitsaufnahme allerdings nicht ausreicht, vgl BFH/NV 05, 1756; s auch FG Hbg EFG 07, 1440.
8 *Blümich* § 49 Rn 42; vgl ferner zu dem umgekehrten Fall der gescheiterten Gründung einer Betriebsstätte im Ausland BFH BStBl II 83, 567; **aA** *H/H/R* § 49 Rn 53.
9 BFH BStBl II 96, 571; s auch BStBl II 84, 620.
10 S aber auch FG Mchn EFG 07, 1677 zum VZ-übergreifenden Verlustvortrag gem § 10d II.
11 *Schaumburg*[2] Rn 5.145 unter Berufung auf EU-Recht und die Grundsätze des § 3c.

suspendiert, beide Prinzipien stehen als aliud nebeneinander.[1] Dass Erwerbsaufwand infolge dieses wechselseitigen systematischen Verständnisses iErg steuerlich leerlaufen kann, verträgt sich indes nicht mit den europarechtlichen Diskriminierungsverboten.[2]

Zu den Besonderheiten der Einkünfteermittlung bei § 49 I Nr 2f s Rn 64, bei § 49 I Nr 7-9 s Rn 149a. **167**

E. Besteuerung von Schifffahrt- und Luftfahrtunternehmen (§ 49 III und IV)

§ 49 III und IV beinhaltet besondere Regelungen für die Besteuerung von Schiff- und Luftfahrtunternehmen (s § 49 I Nr 2b und 2c, Rn 30 ff). Zum einen werden die zu besteuernden inländischen Einkünfte solcher Unternehmen pauschal mit 5 vH der für die Beförderung vereinbarten Entgelte ermittelt (**§ 49 III 1**), und zwar selbst dann, wenn solche Einkünfte durch eine inländische Betriebsstätte oder einen ständigen Vertreter erzielt werden (**§ 49 III 2**), jedoch nicht im Rahmen sog Pool-Einkünfte gem § 49 I Nr 2c und auch nicht, soweit das deutsche Besteuerungsrecht unbegrenzt nach dem einschlägigen DBA erhalten bleibt (**§ 49 III 3**). Letzteres betrifft vor allem Einkünfte aus Binnenverkehr. Zum anderen entfällt die beschränkte StPfl bei Geschäftsleitung im Ausland, wenn Gegenseitigkeit mit dem anderen Staat verbürgt ist, und wenn das Bundesministerium für Verkehr, Bau- und Wohnungswesen die Steuerbefreiung für verkehrspolitisch unbedenklich hält (**§ 49 IV**). Beide Sonderregelungen sollen iErg Druck auf die jeweiligen anderen Staaten ausüben, schießen dabei aber in der Belastungshöhe über das Ziel hinaus und ziehen ungerechtfertigte Besteuerungsungleichheiten nach sich (s Rn 31). **170**

§ 50 Sondervorschriften für beschränkt Steuerpflichtige

(1) ¹Beschränkt Steuerpflichtige dürfen Betriebsausgaben (§ 4 Abs. 4 bis 8) oder Werbungskosten (§ 9) nur insoweit abziehen, als sie mit inländischen Einkünften in wirtschaftlichem Zusammenhang stehen. ²§ 10d ist nur anzuwenden, wenn Verluste in wirtschaftlichem Zusammenhang mit inländischen Einkünften stehen und sich aus Unterlagen ergeben, die im Inland aufbewahrt werden. ³Die §§ 4f, 9 Abs. 5 Satz 1, soweit er § 4f für anwendbar erklärt, die §§ 9a, 10, 10a, 10c, 16 Abs. 4, §§ 24a, 24b, 32, 32a Abs. 6, §§ 33, 33a und 33b sind nicht anzuwenden. ⁴Abweichend von Satz 4 sind bei beschränkt steuerpflichtigen Arbeitnehmern, die Einkünfte aus nichtselbständiger Arbeit im Sinne des § 49 Abs. 1 Nr. 4 beziehen, § 9a Satz 1 Nr. 1, § 10c Abs. 1 mit der Möglichkeit, die tatsächlichen Aufwendungen im Sinne des § 10b nachzuweisen, sowie § 10c Abs. 2 und 3 jeweils in Verbindung mit § 10c Abs. 5 ohne Möglichkeit, die tatsächlichen Aufwendungen nachzuweisen, anzuwenden. ⁵Die Jahres- und Monatsbeträge der Pauschalen nach § 9a Satz 1 Nr. 1 und § 10c Abs. 1 und § 10c Abs. 2 und 3, jeweils in Verbindung mit § 10c Abs. 5, ermäßigen sich zeitanteilig, wenn Einkünfte im Sinne des § 49 Abs. 1 Nr. 4 nicht während eines vollen Kalenderjahres oder Kalendermonats zugeflossen sind.

(2) ¹Bei Einkünften, die dem Steuerabzug unterliegen, und bei Einkünften im Sinne des § 20 Abs. 1 Nr. 5 und 7 ist für beschränkt Steuerpflichtige ein Ausgleich mit Verlusten aus anderen Einkunftsarten nicht zulässig. ²Einkünfte im Sinne des Satzes 1 dürfen bei einem Verlustabzug (§ 10d) nicht berücksichtigt werden.

(3) ¹Die Einkommensteuer bemisst sich bei beschränkt Steuerpflichtigen, die veranlagt werden, nach § 32a Abs. 1. ²Die Einkommensteuer beträgt mindestens 25 Prozent des Einkommens; dies gilt nicht in den Fällen des Absatzes 1 Satz 4.

(4) *(weggefallen)*

(5) ¹Die Einkommensteuer für Einkünfte, die dem Steuerabzug vom Arbeitslohn oder vom Kapitalertrag oder dem Steuerabzug auf Grund des § 50a unterliegen, gilt bei beschränkt Steuerpflichtigen durch den Steuerabzug als abgegolten. ²Satz 1 gilt nicht, wenn die Einkünfte Betriebseinnahmen eines inländischen Betriebs sind oder

1. nachträglich festgestellt wird, dass die Voraussetzungen der unbeschränkten Einkommensteuerpflicht im Sinne des § 1 Abs. 2 oder 3 oder des § 1a nicht vorgelegen haben; § 39 Abs. 5a ist sinngemäß anzuwenden;

---

1 BFH BStBl II 07, 756.

2 Abgrenzend FG Hbg EFG 07, 1440 (allerdings bei fehlendem Veranlassungszusammenhang).

2. ein beschränkt steuerpflichtiger Arbeitnehmer, der Einkünfte aus nichtselbstständiger Arbeit im Sinne des § 49 Abs. 1 Nr. 4 bezieht und Staatsangehöriger eines Mitgliedstaates der Europäischen Union oder eines Staates ist, auf den das Abkommen über den Europäischen Wirtschaftsraum Anwendung findet, und im Hoheitsgebiet eines dieser Staaten seinen Wohnsitz oder gewöhnlichen Aufenthalt hat, eine Veranlagung zur Einkommensteuer beantragt. ²In diesem Fall wird eine Veranlagung durch das Betriebsstättenfinanzamt, das die Bescheinigung nach § 39d Abs. 1 Satz 3 erteilt hat, nach § 46 Abs. 2 Nr. 8 durchgeführt. ³Bei mehreren Betriebsstättenfinanzämtern ist das Betriebsstättenfinanzamt zuständig, in dessen Bezirk der Arbeitnehmer zuletzt beschäftigt war. ⁴Bei Arbeitnehmern mit Steuerklasse VI ist das Betriebsstättenfinanzamt zuständig, in dessen Bezirk der Arbeitnehmer zuletzt unter Anwendung der Steuerklasse I beschäftigt war. ⁵Absatz 1 Satz 6 ist nicht anzuwenden. ⁶Einkünfte, die dem Steuerabzug vom Kapitalertrag oder dem Steuerabzug auf Grund des § 50a unterliegen, werden nur im Rahmen des § 32b berücksichtigt; oder

3. ein beschränkt Steuerpflichtiger, dessen Einnahmen dem Steuerabzug nach § 50a Abs. 4 Nr. 1 oder 2 unterliegen, die völlige oder teilweise Erstattung der einbehaltenen und abgeführten Steuer beantragt. ²Die Erstattung setzt voraus, dass die mit diesen Einnahmen in unmittelbarem wirtschaftlichen Zusammenhang stehenden Betriebsausgaben oder Werbungskosten höher sind als die Hälfte der Einnahmen. ³Die Steuer wird erstattet, soweit sie 50 Prozent des Unterschiedsbetrags zwischen den Einnahmen und mit diesen in unmittelbarem wirtschaftlichem Zusammenhang stehenden Betriebsausgaben oder Werbungskosten übersteigt, im Fall einer Veranstaltungsreihe erst nach deren Abschluss. ⁴Der Antrag ist bis zum Ablauf des Kalenderjahres, das dem Kalenderjahr des Zuflusses der Vergütung folgt, nach amtlich vorgeschriebenem Muster beim Bundeszentralamt für Steuern zu stellen und zu unterschreiben; die Bescheinigung nach § 50a Abs. 5 Satz 7 ist beizufügen. ⁵Über den Inhalt des Erstattungsantrags und den Erstattungsbetrag kann das Bundeszentralamt für Steuern dem Wohnsitzstaat des beschränkt Steuerpflichtigen Auskunft geben. ⁶Abweichend von § 117 Abs. 4 der Abgabenordnung ist eine Anhörung des Beteiligten nicht erforderlich. ⁷Mit dem Erstattungsantrag gilt die Zustimmung zur Auskunft an den Wohnsitzstaat als erteilt. ⁸Das Bundeszentralamt für Steuern erlässt über den Steuererstattungsbetrag einen Steuerbescheid.

(6) § 34c Abs. 1 bis 3 ist bei Einkünften aus Land- und Forstwirtschaft, Gewerbebetrieb oder selbstständiger Arbeit, für die im Inland ein Betrieb unterhalten wird, entsprechend anzuwenden, soweit darin nicht Einkünfte aus einem ausländischen Staat enthalten sind, mit denen der beschränkt Steuerpflichtige dort in einem der unbeschränkten Steuerpflicht ähnlichen Umfang zu einer Steuer vom Einkommen herangezogen wird.

(7) Die obersten Finanzbehörden der Länder oder die von ihnen beauftragten Finanzbehörden können mit Zustimmung des Bundesministeriums der Finanzen die Einkommensteuer bei beschränkt Steuerpflichtigen ganz oder zum Teil erlassen oder in einem Pauschbetrag festsetzen, wenn es aus volkswirtschaftlichen Gründen zweckmäßig ist oder eine gesonderte Berechnung der Einkünfte besonders schwierig ist.

R 50/H 50 EStR 05
BMF BStBl I 95, 336 (§ 50 VII, Steuerfreiheit für ausländische Kulturorchester, Künstlervereinigungen und Solisten); BStBl I 96, 1500 (§ 50a V 4 Nr 3 aF = V 2 Nr 3); BStBl I 96, 1506 (§ 50 V 4 Nr 2 aF = V 2 Nr 2); BStBl I 99, 1978 (Betriebsstätten-Verwaltungsgrundsätze); BStBl I 03, 553 (§ 50 V 2 Nr 3, Umsetzung des EuGH-Urt ‚Gerritse‚); BStBl I 04, 860 (Mindeststeuersatz)

Übersicht

	Rn		Rn
A. Grundaussage der Vorschrift	1	C. Verlustausgleich und Verlustabzug (§ 50 I 2, II)	13
B. Ermittlung der Einkünfte (§ 50 I)	5	D. Steuerbemessung (§ 50 III)	15
I. Betriebsausgaben und Werbungskosten (§ 50 I 1, 4 bis 6)	5	E. Abgeltungswirkung des Steuerabzugs (§ 50 V)	18
II. Sonderausgaben (§ 50 I 3 bis 5, § 50 I 4 bis 6 aF)	7	I. Regelfall der Abgeltungswirkung (§ 50 V 1, § 50 V 2 aF)	18
III. Außergewöhnliche Belastungen (§ 50 I 3, § 50 I 4 aF)	9	II. Ausnahmen von der Abgeltungswirkung (§ 50 V 2)	23
IV. Steuerbefreiungen, Steuerermäßigungen, Freibeträge (§ 50 I 3, § 50 I 3 und 4 aF)	11	1. Einnahmen aus inländischem Betrieb (§ 50 V 2 HS 2)	23

	Rn		Rn
2. Fehlende Voraussetzung der unbeschränkten Steuerpflicht (§ 50 V 2 Nr 1)	24	c) Materielle Voraussetzungen	34
		d) Rechtsfolgen	35
		e) Verfahren	36
3. Antragsveranlagung bei Arbeitnehmern (§ 50 V 2 Nr 2)	26	F. Steueranrechnung und Steuerabzug bei ausländischen Einkünften (§ 50 VI)	40
4. Erstattung von Quellensteuer (§ 50 V 2 Nr 3)	32	G. Erlass und Pauschalierung (§ 50 VII)	45
a) Allgemeines	32		
b) Erstattungsberechtigung	33		

Literatur: S den Literaturnachweis zu § 49, außerdem *Anzinger* Steuerbefreiung der FIFA anläßlich der Fußball-Weltmeisterschaft 2006 in Deutschland durch Ministererlaß – demokratisch legitimiert und volkswirtschaftlich zulässig?, FR 06, 857; *Balzerkiewicz/Voigt* Kriterien eines Steuererlasses nach § 50 Abs 7 EStG bei Sportereignissen unter Berücksichtigung der Gleichbehandlung verschiedener Sportarten, BB 05, 302; *Cordewener* Das EuGH-Urteil „Gerritse" und seine Umsetzung durch das BMF-Schreiben vom 3.11.03 – Steine statt Brot für die Besteuerungspraxis, IStR 04, 109; *ders* Grenzüberschreitende Verlustberücksichtigung im Europäischen Recht, DStJG 28 (2005), 255 (270 ff); *Daragan* Vergütung der Körperschaftsteuer an Steuerausländer und Doppelbesteuerungsabkommen, IStR 98, 730; *Dautzenberg* Internationale Aspekte des StEntlG, StuB 99, 184; *Grams* Das besondere Erstattungsverfahren nach § 50 Abs 5 Satz 4 Nr 3 EStG, IStR 97, 548; *Eckert* Besteuerung von Dividenden an Steuerausländer, IStR 03, 406; *Enneking/Denk* Ausländische Einkünfte inländischer Sportler und Einkünfte von beschränkt steuerpflichtigen Sportlern, DStR 97, 1911; *Fenzl/Kirsch* Keine Verlustausgleichsbeschränkung im Rahmen der Antragsveranlagung beschränkt steuerpflichtiger EU-/EWR-Arbeitnehmer, FR 06, 17; *Grams* Abweichende Steuerfestsetzung bei der Künstlerbesteuerung nach § 50a Abs 4 EStG, IStR 97, 346; *ders* Umsatzsteuer als Teil der Bemessungsgrundlage des § 50a Abs 4 EStG für die so genannte „Ausländersteuer"?, FR 97, 290; *ders* Das besondere Erstattungsverfahren nach § 50 Abs 5 Satz 4 Nr 3 EStG, IStR 97, 548; *Haase* Die Privilegierung des Kulturaustauschs im nationalen und internationalen Steuerrecht, INF 05, 389; *Kippenberg* International relevante Änderungen durch das „StEntlG 1999 ff", IStR 99, 204; *Lüdicke* StEntlG 1999 ff: Änderungen bei beschränkt Steuerpflichtigen, IStR 99, 193; *Krabbe* Das Grenzpendlergesetz, IStR 94, 377; *Krumpf/Roth* StEntlG 1999 ff: Änderungen für Steuerausländer, DB 99, 1132; *Laasch* Grundzüge des Steuerabzugs nach § 50a EStG, BuW 97, 613; *Miessel* Beschränkte Einkommensteuerpflicht, Das vereinfachte Steuererstattungsverfahren nach § 50 Abs 5 EStG, SteuerStud 99, 225; *Reiffs* Das neue Erstattungsverfahren für ausländische Künstler und Sportler, IWB Fach 3, Deutschland, Gr 3, 1165; *Saß* Zur Rechtsprechung des EuGH und einigen Folgerungen für das deutsche Steuerrecht, FR 98, 1; *Scheuerle* Beschränkte Steuerpflicht – Das vereinfachte Steuererstattungsverfahren gemäß § 50 Abs 5 EStG, IStR 97, 65; *Schnitger* Das Ende der Bruttobesteuerung beschränkt Steuerpflichtiger, FR 03, 745.

A. Grundaussage der Vorschrift

Beschränkt StPfl (§ 49) werden entweder im Wege des Steuerabzugs an der Quelle, im Rahmen einer Veranlagung oder durch ein vereinfachtes Erstattungsverfahren besteuert. § 50 bestimmt, unter welchen Voraussetzungen die eine oder die andere Besteuerungsform in Betracht kommt. Die Vorschrift stellt dabei den **Objektsteuercharakter** der beschränkten StPfl (§ 49 Rn 1) sicher, indem persönliche Verhältnisse der StPfl weitgehend unbeachtet bleiben. Zahlreiche Gesetzesänderungen haben allerdings insbes die Abgeltungswirkung der Quellensteuern (§ 50 V 1) eingeschränkt (§ 50 V 2) und die Unterschiede zur unbeschränkten StPfl dadurch erheblich nivelliert. Dadurch ist zwar insbes den insoweit erhobenen Einwendungen gegen die **Verfassungs- und Gemeinschaftsrechtskonformität**[1] der Regelung Rechnung getragen worden, insbes gegen die Nichtgewährung des Splittingtarifs gem § 32a (s auch 4. Aufl und Rn 19; § 1 Rn 6, § 50a Rn 36). Das ändert jedoch nichts daran, dass insoweit beträchtliche gemeinschaftsrechtliche Bedenken fortbestehen (so zB in den BA-Abzugseinschränkungen des § 50 V 2 Nr 3 S 2, den Nachweiserfordernissen des § 50 I 2 iVm § 10d, den Abzugsausschlüssen des § 50 I 3 (§ 50 I 4 aF), dem Saldierungsausschluss des § 50 II)[2]: Der gebietsfremde Marktbürger bleibt gegenüber dem Gebietsansässigen jedenfalls dann benachteiligt, wenn man diese Nachteile nicht mit anderen Vor- und Nachteilen „verrechnet" (so zB die höhere Tarifprogression beim Gebietsansässigen infolge der Einbeziehung jeglichen Einkommens, der beim Gebietsfremden im Wohnsitzstaat idR berücksichtigte ProgrVorb sowie die diesem nach DBA eingeräumte Steueranrechnung oder -freistellung). Der EuGH hat denn auch zwischenzeitlich den Mindeststeuersatz gem § 50 III 2 als EU-unverträglich angesehen, sofern er hinter dem Steuersatz des Gebietsinländers zurückbleibt (ohne jedoch auch die Gewährung des Grundfreibetrags zu ver-

1

---

[1] Vgl EuGH IStR 96, 329 ‚Asscher'.   [2] Vgl *Cordewener* DStJG 28 (2005), 255 (270 ff).

langen), s iErg § 50a Rn 36. Überdies hat er den Abzug (privater) StB-Aufwendungen als SA gem § 10 in § 50 I 3 (§ 50 I 4 aF) eingefordert (s Rn 7) sowie die quantitativen Erstattungsbegrenzungen in § 50 V 2 Nr 3 S 2 als gemeinschaftsrechtswidrig angesehen (Rn 32). (Zu Recht) nicht beanstandet hat der EuGH jedoch im Grundsatz das Steuerabzugssystem bei der beschränkten StPfl (gem § 50 V 1, § 50d I) als solches (s Rn § 50a Rn 2).[1] Die insofern bislang allg gewährte AdV[2] ist (wohl) zu widerrufen. Unabhängig davon sind Steuerveranlagungen gegenüber beschränkt StPfl generell vorläufig (§ 165 AO) durchzuführen.[3]

B. Ermittlung der Einkünfte (§ 50 I)

5 **I. Betriebsausgaben und Werbungskosten (§ 50 I 1, 4 bis 6).** Die Einkunftsermittlung richtet sich bei beschränkt StPfl im Grundsatz nach denselben Regeln wie bei unbeschränkt StPfl. Insbes gilt das Nettoprinzip; BA und WK sind nach Maßgabe des **Veranlassungsprinzips** (§ 4 IV) abzugsfähig, allerdings nur insoweit, als sie mit inländischen Einkünften (§ 49) in wirtschaftlichem Zusammenhang stehen. Entspr dem Rechtsgedanken des § 3c I werden andere BA und WK ausgeschieden. Einschränkungen ergeben sich überdies aus der Abgeltungswirkung gem § 50 V 1 (Rn 18) sowie bei Anwendung der Pauschbeträge für WK (§ 9a), die nur von beschränkt stpfl ArbN und auch bei diesen nur ggf zeitanteilig (vgl zum Kürzungsumfang § 34c III) gekürzt (§ 50 I 5) beansprucht werden können (§ 50 I 4, § 50 I 5 aF, § 9a S 1 Nr 1). Nicht anwendbar war bislang auch der Sparer-Freibetrag gem § 20 IV aF (§ 50 I 4 aF); der neu geschaffene Sparer-Pauschbetrag gem § 20 IX nF ist hingegen auch beschränkt Stpfl zu gewähren. Da es anders als für § 20 IX nF (§ 52a X 9 idF des UntStRefG) an einer entspr Übergangsvorschrift für § 50 fehlt, wirkt die bisherige Einschränkung zu Lasten des § 20 IV aF aber bereits im VZ 08 (§ 52 I idF des UntStRefG).

7 **II. Sonderausgaben (§ 50 I 3 bis 5, § 50 I 4 bis 6 aF).** SA (§§ 10 bis 10i) werden **grds nicht** berücksichtigt (§ 50 I 3, § 50 I 4 aF), **ausgenommen: Spenden** (§ 10b), **inländische Verluste** (§ 50 I 2 iVm § 10d, im Einzelnen Rn 13). Gegen den Abzugsausschluss von SA bestehen erhebliche **gemeinschaftsrechtliche Bedenken**, namentlich in jenen Fällen, in denen nicht der enge Bereich personen- und familienbezogener Steuermerkmale betroffen ist,[4] wie zB bei den StB-Kosten gem § 10 I Nr 6 (aF)[5], den Kosten für eine Haushaltshilfe gem § 10 I Nr 8 aF,[6] oder dem Abzug von Schulgeld gem § 10 I Nr 9.[7] Beschränkt stpfl **ArbN** mit Einkünften gem § 49 I Nr 4 bleiben darüber hinaus der SA-Pauschbetrag (§ 50 I 4 iVm 10c I) und die Vorsorgepauschale (§ 50 I 4 iVm § 10c II und III). Eine Verdoppelung gem § 10c IV wegen Zusammenveranlagung entfällt. An Stelle des SA-Pauschbetrages können die tatsächlichen Aufwendungen iSd § 10b angesetzt werden. Bei Inanspruchnahme der Vorsorgepauschale besteht diese Möglichkeit zwar nicht (§ 50 I 4). Der ArbN kann vom VZ 04 an aber die von diesem Zeitpunkt an eingeführte Günstigerprüfung gem § 10c V beanspruchen. Sind die Einkünfte aus nichtselbstständiger Arbeit nicht während des ganzen Kj zugeflossen, sind die Jahres- und Monatspauschalen zeitanteilig zu kürzen (§ 50 I 5, § 50 I 6 aF). Schließlich bleiben **Steuerbegünstigungen gem §§ 10e–10i** anwendbar (allerdings nur bei Eigennutzung von Inlandsobjekten[8] und damit praktisch niemals), ebenso § 34g.

9 **III. Außergewöhnliche Belastungen (§ 50 I 3, § 50 I 4 aF).** §§ 33, 33a und 33b; vom VZ 02 an auch § 33c nF (bis zum VZ 2000 § 33c aF), sind nicht anwendbar (§ 50 I 3, § 50 I 4 aF).

11 **IV. Steuerbefreiungen, Steuerermäßigungen, Freibeträge (§ 50 I 3, § 50 I 3 und 4 aF).** Befreiungen, Ermäßigungen, Freibeträge bleiben nur insoweit unanwendbar als sie ausdrücklich ausgeschlossen sind. Das ist der Fall bei **§ 4f** (erwerbsbedingte Kinderbetreuungskosten als BA bzw – über § 9 V 1 – als WK, beides ab VZ 06), **§ 16 IV** (Freibetrag für Veräußerungsgewinne, vom VZ 1999 an, s § 52 Abs 57a), **§ 24a** (Altersentlastungsbetrag), **§ 24b** (Entlastungsbetrag für Alleinerziehende), **§ 32**

---

1 EuGH IStR 06, 743 ‚Scorpio'; dazu *Cordewener/Grams/Molenaar* IStR 06, 739 (742), auf Vorlage BFH BStBl II 04, 773.
2 BFH BStBl II 04, 382 (abgrenzend zu BStBl II 03, 189); s auch BMF BStBl I 01, 594.
3 OFD Koblenz IStR 03, 426.
4 Vgl allg *Schön* IStR 04, 289 (292 f) mwN zur Rspr des EuGH.
5 Vgl EuGH IStR 06, 524-‚Conijn' und das dazu ergangene Schlussurteil BFH BFH/NV 07, 220 (das allerdings womöglich zu Unrecht die Abzugsfähigkeit auch auf gebietsfremde Stpfl ausgedehnt hat, anstatt diese Gebietsansässigen ebenso wie Gebietsfremden zu versagen).
6 Vgl EuGH IStR 04, 60 ‚Schilling'.
7 EuGH DStR 07, 1670-‚Schwarz und Gootjes-Schwarz'; EuGH DStRE 07, 1300 ‚Kommission ./. Bundesrepublik Deutschland', s dazu *Meilicke* DStR 07, 1892; *Gosch* DStR 07, 1895.
8 Kein Verstoß gegen EU-Recht, vgl BFH/NV 98, 1091 u 1097.

(Freibeträge für Kinder, Haushaltsfreibetrag), § 32a VI (Splitting), § 20 IV (Sparer-Freibetrag). Auch die Tarifvergünstigung gem § 34 sind anzuwenden, bis zum VZ 07 allerdings nur für Veräußerungsgewinne iSd § 14 (**nicht:** 14a), § 16, § 17, § 18 III (§ 50 I 3 aF), nicht aber für Entschädigungen oder Vergütungen iSv § 24 Nr 1 und 3, für mehrjährige Tätigkeiten sowie für außerordentliche Holznutzungen iSv § 34b I Nr 1 (§ 50 I 4 aF). Die Änderung wollte erklärtermaßen (BT-Drs 16/7036 S 24) den europarechtlichen Grundfreiheiten Rechnung tragen; sie ist ab VZ 08 anzuwenden, gem § 52 Abs 58 für EG/EWR-Angehörige auf Antrag in den Fällen des § 34 II Nr 2 bis 5 aber auch auf vorherige nicht bestandskräftig veranlagte VZ.

C. Verlustausgleich und Verlustabzug (§ 50 I 2, II)

Ein **Verlustabzug** ist **grds zulässig**, aber **nur**, soweit die Verluste in wirtschaftlichem Zusammenhang mit inländischen Einkünften stehen und sich aus im Inland aufbewahrten Unterlagen ergeben (**§ 50 I 2 iVm § 10d**), und **nicht** bei (auch nicht bei negativen)[1] Einkünften, die dem Steuerabzug unterliegen (§ 50 V, Rn 18) oder bei Einkünften aus KapVerm gem § 20 I Nr 5 und 7 (**§ 50 II 2 iVm 1**). Das gesetzliche Erfordernis von **Inlandsunterlagen** verstößt wegen Diskriminierung Gebietsfremder gegen EU-Recht[2] und erfordert zumindest eine EG-konforme Auslegung. Es genügt deswegen, wenn die Unterlagen in einem anderen EU- oder EWR-Mitgliedstaat aufbewahrt werden, vorausgesetzt, die nach Maßgabe des deutschen Rechts ermittelten und im fraglichen Wj entstandenen Verluste werden klar und eindeutig belegt.[3] **Unterlagen** sind hierbei im weitesten Sinne zu verstehen, also zB Bücher, Aufzeichnungen, Inventare, Jahresabschlüsse, Lageberichte, Belege, Geschäftsbriefe usf.[4] Eine inländische Buchführungspflicht besteht (entgegen § 50 I 3 aF bis zum VZ 75) nicht.[5] Diesen Einschränkungen im Falle des Steuerabzugs unterfällt auch der **Verlustausgleich** mit anderen Einkunftsarten (§ 50 II 1), gleichermaßen der Verlustausgleich für Veranlagungseinkünfte mit entspr Abzugseinkünften. Sonstige allg Einschränkungen des Verlustausgleichs und -abzugs (zB § 2b aF, § 15 IV, § 15a) gelten auch für beschränkt StPfl; zu Ausnahmen s § 22 Nr 3 sowie § 23 III s § 49 Rn 149a. Ein Wechsel von der unbeschränkten zur beschränkten StPfl und umgekehrt berührt die Identität des StPfl nicht und beläßt ihm die (ggf allerdings gem § 50 I 2, II eingeschränkte) Abzugsmöglichkeit.[6] Zum Wechsel der StPfl während des Kj s § 2 VII 3.

13

Die Einschränkungen des vertikalen Verlustausgleichs, des Verlusträck- und -vortrags in § 50 II sind aus Sicht des **Gemeinschaftsrechts** jedenfalls dann bedenklich, wenn die betr anderen Einkunftsarten ihrerseits und gleichermaßen entweder der uneingeschränkten oder der Höhe nach beschränkten inländischen Besteuerung unterfallen.[7] Anders wird des sich hingegen verhalten, wenn die einen Einkünfte uneingeschränkt, die anderen Einkünfte jedoch nur der Höhe nach beschränkt besteuert werden können; hier verbietet sich bereits im Ansatz der Vergleich mit unbeschränkt StPfl.[8]

14

D. Steuerbemessung (§ 50 III)

§ 50 III bestimmt den **Steuertarif** für die Fälle der Steuerveranlagung, nicht den Steuerabzug, für den die Abzugsteuersätze (§ 43a, § 39d, § 50a) gelten. Die tarifliche Mindeststeuer beträgt hiernach – in gemeinschaftsrechtlich bedenklicher Weise (Rn 1) – 25 vH des Einkommens zuzüglich SolZ von 5,5 vH der ESt[9] (**§ 50 III 2 HS 1**), ggf – unter den Voraussetzungen der § 34 II Nr 1, § 34b[10] oder auch der Steueranrechnung nach § 50 VI[11] – weniger, desgleichen bei ArbN in den Fällen der zeitanteiligen Kürzung gem § 50 I 5 (**§ 50 III 2 HS 2**). Die Steuer ist grds nach der **Grundtabelle** zu berechnen (§ 32a I, § 50 III 1). Es gelten vorbehaltlich des Mindeststeuersatzes die allg Steuersätze, nach zutr Auffassung, aber abw zum Abzugsverfahren (s Rn 19, aber str) unter Einbeziehung des Grundfreibetrages gem § 32a 2 Nr 1. Das **Splittingverfahren** (§ 32a V) bleibt hingegen unanwend-

15

---

1 Zutr FG Nds EFG 01, 1136).
2 Vgl EuGH IStR 97, 366 ‚Futura/Singer'.
3 R 50.1 EStR 05 („rückwirkende Bewilligung einer Aufbewahrungserleichterung"); s auch OFD D'dorf DB 97, 1896.
4 FG M'str EFG 06, 1579 mit Anm *Herlinghaus*: nur Originalunterlagen.
5 *H/H/R* § 50 Rn 62; *Blümich* § 50 Rn 11.
6 *Orth* FR 83, 1, 65; *H/H/R* § 50 Rn 60, 100; *Blümich* § 50 Rn 9.

7 Vgl *Herzig/Dautzenberg* DB 97, 8 (13); *H/H/R* § 50 Rn 128; *Schön* StbJb 03/04, 27 (59); *Schnitger* FR 03, 745 (749), Letzterer unter zutr Hinweis auf EuGH Rs C-234/01, BStBl II 03, 859.
8 *Schnitger* FR 03, 745 (749).
9 BFH BStBl II 95, 868.
10 Vgl BFH BStBl III 67, 654.
11 R 50.2 S 4 EStR 05.

bar, da es unbeschränkte StPfl beider Eheleute voraussetzt;¹ das Verwitwetensplitting gem § 32a VI ist gem § 50 I 3 (§ 50 I 4 aF) ausdrücklich ausgeschlossen (Rn 11). Im Falle einer Antragsveranlagung (§ 50 V 2 Nr 2) findet der ProgrVorb Anwendung (§ 32b I Nr 5 nF). Zu den gemeinschafts- und verfassungsrechtlichen Aspekten des Mindeststeuersatzes s § 50a Rn 36.

E. Abgeltungswirkung des Steuerabzugs (§ 50 V)

18 **I. Regelfall der Abgeltungswirkung (§ 50 V 1, § 50 V 2 aF).** Für Einkünfte, die dem Steuerabzug vom Arbeitslohn (§§ 38 ff), vom Kapitalertrag (§§ 43 ff) oder gem § 50a unterliegen, greift grds die **Abgeltungswirkung** gem § 50 V 1. Sie erstreckt sich der Regelungskonzeption nach auch auf die KapESt auf Dividenden (vgl § 43 I 3) und führt bei beschränkt StPfl zur endgültigen Vorenthaltung der nur hälftigen Einnahmeerfassung gem § 3 Nr 40d (vgl auch entspr § 32 I Nr 2 iVm § 8b I KStG); eine Erstattungsmöglichkeit besteht insoweit nicht (str, s § 50d Rn 12; § 43 Rn 14). Die im Zusammenhang mit der Abgeltungswirkung anzuwendende Bruttobesteuerung lässt den Abzug von **BA und WK nicht** zu. **Ausnahmen** bestehen **(1)** für ArbN, bei denen im Rahmen des LSt-Abzugs WK und bestimmte SA gem § 39d zu berücksichtigen sind, **(2)** in Fällen, in denen die Einkünfte BE eines inländischen Betriebs sind (**§ 50 V 2 HS 2**, s Rn 23); **(3)** in den in **§ 50 V 2 HS 3** aufgeführten Fällen (Rn 24 ff).

19 **Folge** der Abgeltungswirkung war unter der Geltung des KSt-Anrechnungsverfahrens der grds Ausschluss der KSt-Anrechnung gem § 36 II 2 Nr 3 aF (**§ 50 V 2 aF**, zur beschränkten Weitergeltung dieser Vorschrift s § 52 Abs 58; § 36 Rn 2), vorausgesetzt, die Einkünfte waren nicht Bestandteil eines inländischen Betriebes (§ 50 V 2 HS 1; § 50 V 3 aF). Allerdings konnte eine KSt-Vergütung gem § 36e aF, § 52 KStG aF in Betracht kommen. Der Ausschluss beschränkt StPfl vom KSt-Anrechnungsverfahren verstößt nach hM weder gegen den Gleichheitssatz noch gegen gemeinschafts- oder abkommensrechtliche Diskriminierungsverbote, da nicht nach der Staatsangehörigkeit oder Ansässigkeit des Anteilseigners unterschieden werde. Das ist abzulehnen (vgl § 36 Rn 20, 24).² Gleiches betrifft das Abzugsverbot für BA und WK: Nachdem der EuGH durch Urteil v 12.6.03 C-234/01 ‚Gerritse'³ das **Bruttoprinzip** für Künstler und Sportler als nicht mit dem Gemeinschaftsrecht vereinbar angesehen hat, dürfte das Abgeltungsprinzip bezogen auf gebietsfremde Marktbürger (nat Pers ebenso wie jur Pers)⁴ innerhalb der EG, ggf⁵ (über das DBA-Diskriminierungsverbot des Art 24 OECD-MA im Sinne einer abkommensrechtlichen⁶ und über Art II Abs 1 GATS = General Agreement on Trade in Services⁷ im Sinne einer überstaatlichen⁸ **Meistbegünstigung**) auch bezogen auf in Drittstaaten Ansässige, jedenfalls uneingeschränkt nicht länger haltbar sein, weder im Hinblick auf § 50 V 1 noch im Hinblick auf § 50a I und III sowie § 50a IV 1 Nr 3. S Rn 1. Dagegen dürfte es hiernach (abw von veranlagten StPfl, s Rn 15) jedenfalls für den Regelfall wohl unbeanstandet bleiben, dass dem Gebietsfremden der **Grundfreibetrag** des § 32a I Nr 1 vorenthalten wird, s auch § 50a Rn 36 zu Ausnahmen. – Um Ausweggestaltungen in der Praxis zu begegnen, sind spezielle Missbrauchsverhinderungsvorschriften geschaffen worden (vgl § 8a KStG, § 50c aF). Zur Abgeltung bei der KapESt s § 49 I Nr 5b iVm § 43 I Nr 4.

II. Ausnahmen von der Abgeltungswirkung (§ 50 V 2). – 1. Einnahmen aus inländischem Betrieb
23 **(§ 50 V 2 HS 2).** Inländische Betriebsgewinne unterliegen keinem Steuerabzug, sondern sind – zusammen mit den übrigen Einkünften – zu **veranlagen** (§ 50 I 1 bis 4, II, III). BA werden angesetzt. Steuerabzüge gem § 43 IV, § 50a sind auf die ESt anzurechnen; der Ausschluss der KSt-Anrechnung gilt nicht (§ 50 V 3 iVm 2). Ein **inländischer Betrieb** kann eine Betriebsstätte oder ein ständiger Vertreter sein⁹ (s dazu § 49 Rn 24). – Die **Gewinnermittlung** der inländischen Betriebsstätte richtet sich

---

1 Was mit Gemeinschaftsrecht grds vereinbar ist, vgl BVerfG BStBl II 77, 190; BFH BStBl III 65, 352; s aber Rn 1.
2 BFH BStBl II 87, 682; *Blümich* § 50 Rn 47; krit zB *Schaumburg*² Rn 5 286 ff.
3 BStBl II 03, 859; *Schnitger* FR 03, 745; s nunmehr auch EuGH IStR 06, 743 ‚Scorpio' zur Berücksichtigung unmittelbaren Aufwands bereits beim Steuerabzug.
4 BFH BStBl II 05, 550.
5 Abl aber BFH/NV 05, 690; BFH/NV 04, 1076.
6 *Schnitger* FR 03, 745; s auch – jeweils zu Art 24 I DBA-USA – BFH BStBl II 04, 1043 (bezogen auf eine Kap-Ges); dazu abgrenzend jedoch BFH BStBl II 04, 560 (bezogen auf eine nat Pers) mit Anm *Schnitger* FR 04, 774; BFH/NV 04, 1444; BFH/NV 05, 1778 (dort auch im Hinblick auf EG-Assoziierungsabkommen); BFH/NV 05, 892; s auch BFH BStBl II 04, 767 (zum DBA-Rußland und der EG-rechtlichen Kapitalverkehrsfreiheit).
7 BGBl IV 94, 1473, 1643.
8 Abl insoweit aber BFH/NV 05, 690; vgl aber auch (allerdings bezogen auf Art 2 II der Richtlinie 86/560/EWG – 13. USt-RL) FG Kln IStR 05, 706 (mit Anm *Nagler/Rehm*).
9 BFH BStBl II 92, 185.

nach den einschlägigen inländischen Vorschriften (§§ 4, 5, auch zB § 13a;[1] s auch § 49 Rn 165), wobei die anteiligen Gewinne (BE und BA) – vorbehaltlich entgegenstehender DBA – nach Maßgabe des wirtschaftlichen Veranlassungszusammenhangs dem Stammhaus als dem persönlich StPfl und der (nach dem Grundsatz des dealing at arm's length wie ein selbstständiges Unternehmen zu behandelnden) Betriebsstätte zuzurechnen sind. Zur Aufteilung nach der sog direkten Methode s § 34d Rn 13. Die Aufteilung des Gewinns auf verschiedene Betriebsstätten richtet sich danach nicht nach der Gewinnverteilungsabrede, vielmehr nach den geleisteten Erfolgsbeiträgen. Es ist darauf abzustellen, auf welche Tätigkeiten oder WG die BE (Vermögensmehrungen) und BA (Vermögensminderungen) zurückzuführen sind, wer die Tätigkeit ausgeübt hat und welcher Betriebsstätte die ausgeübten Tätigkeiten oder die eingesetzten WG tatsächlich zuzuordnen sind.[2] Im Zweifel und bei Nichterfüllung steuerlicher Mitwirkungspflichten (vgl § 90 II AO) entscheidet der Maßstab der größten Wahrscheinlichkeit.[2] Einzelheiten ergeben sich aus den vom BMF erlassenen Betriebsstätten-Verwaltungsgrundsätzen.[3] – Ermittelt der StPfl seinen Betriebsstättengewinn nach Maßgabe des § 4 III, entfällt die Abgeltungswirkung des § 50 V 1 nur dann, wenn die Betriebsstätte im VZ des Zuflusses der in Rede stehenden Einnahmen unterhalten wird; ein VZ-übergreifender Ausschluss der Abgeltungswirkung ist nur nach Maßgabe der Gewinnermittlung nach § 4 I denkbar.[4]

2. Fehlende Voraussetzung der unbeschränkten Steuerpflicht (§ 50 V 2 Nr 1). Lag dem Steuerabzug 24 die **Annahme** zugrunde, der StPfl sei gem § 1 II oder III oder § 1a unbeschränkt stpfl, stellt sich jedoch nachträglich (also nach Ablauf des betr Lohnzahlungszeitraums)[5] heraus, dass dies nicht zutrifft, ist (um die Nacherhebung von ESt zu erleichtern) ebenfalls zu veranlagen; die Abgeltungswirkung wird dann aufgehoben **(§ 50 V 2 Nr 1 HS 1).** Betroffen sind vor allem ArbN, bei deren LSt-Abzug die Splitting- statt der Grundtabelle (vgl § 32a) angewandt wurde. Wegen der Steuernachforderung im Einzelnen ist gem **§ 50 V 2 Nr 1 HS 2** „sinngemäß" **§ 39 Va** (insbes S 4: Nachforderung zu wenig erhobener LSt von mehr als 10 €) anzuwenden, und zwar infolge der Gesamtverweisung auf § 39 Va (wohl) als Rechtsgrund- und nicht als bloße Rechtsfolgenverweisung. Daraus folgt für den Fall der fiktiven unbeschränkten Stpfl gem § 1 III, dass eine Steuernachforderung im Erg nur bei einer Änderung der gem § 1 III 2 maßgeblichen Einkunftsgrenzen nach zunächst zu Recht erteilter LSt-Bescheinigung gem § 39c IV in Betracht kommen kann, hingegen nicht, wenn jene Bescheinigung von Anfang an nicht hätte erteilt werden dürfen.[6] Bei Aufdeckung der beschränkten StPfl erst nach Durchführung einer Veranlagung kommt hingegen nur eine Änderung der Festsetzung nach allg Vorschriften (vgl §§ 172 ff AO) in Betracht.

3. Antragsveranlagung bei Arbeitnehmern (§ 50 V 2 Nr 2). Sachvoraussetzungen. Beschränkt stpfl 26 ArbN mit Staatsangehörigkeit eines **Mitgliedsstaates der EU oder des EWR** (unbeschadet weiterer Staatsangehörigkeiten) und **Ansässigkeit** in einem solchen Staat (auch hier unbeschadet weiterer Wohnsitze in Drittstaaten) und mit **Einkünften aus nichtselbständiger Tätigkeit** gem § 49 I Nr 4 können (vom VZ 96 an und ggf rückwirkend bei nicht bestandskräftigen Steuerbescheiden, vgl § 52 Abs 31 iVm II EStG 96,[7] s auch § 1a Rn 3) die Abgeltungswirkung durch eine Antragsveranlagung verhindern **(§ 50 V 2 Nr 2 S 1).** Grund hierfür ist die Befürchtung, die unterschiedliche Behandlung von in- und ausländischen ArbN verstoße gegen die gemeinschaftsrechtlichen Diskriminierungs- und Freizügigkeitsverbote (Art 12, 39 EG, s auch § 1 Rn 6),[8] zumal ArbN oftmals allein über Lohneinkünfte verfügen und die Berücksichtigung persönlicher Verhältnisse im Ansässigkeitsstaat deshalb scheitert.[9] Die Regelung ist abkommensrechtlich nicht zweifelsfrei, weil sie infolge der Anknüpfung an die Staatsangehörigkeit implizit Angehörige anderer Staaten diskriminiert (Art 24 I OECD-MA); s auch § 1 Rn 6, § 1a Rn 2.[10]

Verfahren. Die Veranlagung erfolgt nur auf **Antrag** mit zweijähriger **Frist** (§ 50 V 2 Nr 2 S 2 iVm 27 § 46 II 1 Nr 8) bis spätestens zum Ablauf der Festsetzungsfristen (§§ 169 ff AO). Die **Zuständigkeit** regelt § 50 V 2 Nr 2 S 2 bis S 4: Betriebsstätten-FA, das die Bescheinigung nach § 39d I 3 erteilt hat.

---

1 BFH BStBl II 98, 260.
2 BFH IStR 03, 388.
3 BStBl I 99, 1076; s dazu zB *Strunk/Kaminiski* IStR 00, 498; *Göttsche/Stangl* DStR 00, 498.
4 Zutr FG Kln EFG 03, 1013.
5 FG D'dorf EFG 03, 979; EFG 07, 1851 (mit Anm *Wüllenkemper*) Rev I R 65/07; *H/H/R* § 50 Rn 339.
6 FG D'dorf EFG 07, 1850 Rev I R 65/07.
7 BFH IStR 00, 624; s auch BMF BStBl I 96, 1506 Tz 2.2; s auch BFH BStBl II 98, 26.
8 Vgl EuGH IStR 95, 126 ‚Schumacker'.
9 BFH DStR 07, 891 (dagegen Verfassungsbeschwerde BVerfG 2 BvR 1178/07), s auch § 50a Rn 36.
10 *Vogel/Lehner* DBA[4] Art 24 Rn 53.

Bei mehreren Betriebsstätten-FA dasjenige FA, in dessen Bezirk der ArbN zuletzt beschäftigt war, im Falle der LSt-Klasse VI dasjenige FA, in dessen Bezirk der ArbN zuletzt unter Anwendung der LSt-Klasse I tätig war.

28 **Rechtsfolgen.** Ausschluss der Abgeltungswirkungen iSd § 50 V 1. § 50 I 5 (Kürzung der Pauschalen bei jahresanteiliger Beschäftigung, Rn 7f) ist nicht anzuwenden (**§ 50 IV 4 Nr 2 S 5**). Für Steuerabzüge gem § 43 I, § 50a bleibt die Abgeltungswirkung bestehen, diese Einkünfte werden allerdings im Rahmen des ProgrVorb berücksichtigt (**§ 50 V 2 Nr 2 S 6**).

32 **4. Erstattung von Quellensteuer (§ 50 V 2 Nr 3). – a) Allgemeines.** Die Abgeltungswirkung des § 50 V 1 entfällt schließlich gem **§ 50 V 2 Nr 3** in bestimmten Erstattungsfällen. **Zweck** dieser Ausnahme ist es, Überbesteuerungen infolge der Bruttobesteuerung nach dem Abgeltungsprinzip (Rn 18) zu vermeiden. In Einzelfällen kann die hiernach eingeräumte Erstattungsmöglichkeit aber infolge ihrer tatbestandlich einengenden Voraussetzungen unzulänglich sein und dem europarechtlich durchgängig gebotenen Nettoprinzip (s § 50a Rn 36) nicht genügen. Das betrifft insbes die Umfangsbegrenzung in § 50 V 2 Nr 3 (s Rn 34), nicht aber die darin enthaltene qualitative Begrenzung auf den Abzug lediglich unmittelbarer BA (s ebenfalls Rn 34).[1] Dass Gebietsfremde dadurch gegenüber Gebietsansässigen ungleich behandelt werden, ändert insofern nichts; die Ungleichbehandlung wird vom EuGH infolge des den Veranlassungsgedanken überlagernden Territorialitätsprinzips als tragendes Abgrenzungsmerkmal des internationalen Steuerrechts als gerechtfertigt angesehen.[2] Eine auf dieser Basis **weiter gehende Erstattung**[3] ist dann bis zu einer gesetzlichen Neuregelung (und in Anbetracht der nunmehr vom EuGH attestierten prinzipiellen Gemeinschaftsrechtmäßigkeit des Abzugsverfahrens, s Rn 1 sowie § 50a Rn 36) auf § 50d I analog zu stützen[4] (s dort Rn 12), ggf auch auf § 50a V 2 Nr 3 analog; ein (alternatives) **Antragswahlrecht auf Veranlagung** mag in rechtspolitischer Hinsicht für die betr Sachverhalte erwägens- und wünschenswert sein,[5] ist jedoch gemeinschaftsrechtlich nicht zwingend geboten und lässt sich de lege lata auch kaum (analog § 46 II Nr 8?) oder allenfalls (zB im Verlustfall)[6] durch (gemeinschaftsrechtskonforme) Verwaltungsentscheidung gem § 163 AO im Billigkeitswege extra legem durchsetzen (s iErg § 50a Rn 36).[7]

33 **b) Erstattungsberechtigung.** **Erstattungsberechtigt** sind (nur) beschränkt StPfl, deren Einnahmen gem § 50a IV Nr 1 oder 2 dem Steuerabzug unterworfen worden sind, in erster Linie also Künstler, Sportler, Artisten, grds unabhängig davon, ob es sich um Gewerbetreibende, Selbstständige oder ArbN handelt. Letztere unterfallen idR jedoch nicht dem Steuerabzug gem § 50a IV Nr 2 und damit auch nicht dem Erstattungsverfahren gem § 50 V 2 Nr 3, ihnen steht vielmehr nur das Veranlagungsverfahren gem § 50 V 2 Nr 2 zur Vfg.

34 **c) Materielle Voraussetzungen.** Die angefallenen **BA** und **WK** müssen de lege lata **(1)** in unmittelbarem wirtschaftlichen Zusammenhang mit den (gem § 4 I zu ermittelnden, str[8]) Einnahmen gem § 50a IV Nr 1 oder 2 stehen (**§ 50 V 2 Nr 3 S 2**) und **(2)** höher sein als die Hälfte der Einnahmen (**§ 50 V 2 Nr 3 S 3**). – Wegen des erforderlichen wirtschaftlichen Zusammenhangs ist auf § 3c I zu verweisen.[9] Bloße Veranlassung (§ 4 IV) genügt ebenso wenig wie ein nur mittelbarer Zusammenhang (= allg, nicht anlassbezogenen Kosten, wie Gehälter für Personal, Büroaufwand, Finanzierungskosten, auch AfA). Andererseits ist ein ausschließlicher Zusammenhang nicht vonnöten, ggf ist verhältnismäßig (nach den Einnahmen) aufzuteilen (zB Produktionskosten). Unbeachtlich ist auch, ob die Kosten im In- oder Ausland anfallen. Allerdings muss es sich um Eigenkosten des StPfl handeln; bei der Übernahme von Kosten des StPfl durch den inländischen Veranstalter handelt es sich hingegen um Einnahmen des StPfl, nicht um dessen Ausgaben (§ 50a Rn 10, 33). Zur europarechtlichen Rechtfertigung des Unmittelbarkeitserfordernisses s Rn 32. Der Zahlungszeitpunkt ist unbeachtlich. Abzugsbeschränkungen (vgl § 4 V, § 12, § 160 AO) sind zu berücksichtigen. Pauschal-

---

1 *Haarmann/Fuhrmann* IStR 03, 558 (559).
2 EuGH IStR 07, 212 ‚Centro Equestro da Leiría'; s aber auch EuGH DStRE 04, 93 ‚Barbier' zum entspr eingeschränkten Schuldenabzug im niederländischen Erbschaft- und Schenkungsteuerrecht.
3 S dazu BMF BStBl I 03, 553 für Fälle des Steuerabzugs gem § 50a IV 1 Nr 1 u 2.
4 Zutr *Schnitger* FR 03, 745 (748 f).
5 So denn auch die Rechtslage zB in Österreich gem § 99 I Nr 3–5 idF des AbgÄG 04; s dazu *W Loukota* EG-Grundfreiheiten und beschränkte Steuerpflicht, 2006, S 147 f.
6 Zutr *Schnitger* FR 03, 745, 755.
7 BFH DStR 07, 891 (= Folgesache zu EuGH BStBl II 03, 859 ‚Gerritse'); aA *Cordewener* IStR 06, 113, 118 ff.
8 Wie hier *Grams* IStR 97, 551; aA *Schmidt*[26] § 50 Rn 16: Zufluss.
9 Zu damit verbundenen Unbestimmtheiten s BFH BStBl II 97, 60.

beträge (Verpflegung, km-Geld) sind anzusetzen. Die BA/WK sollen durch Originalbelege nachzuweisen sein;[1] eine Rechtsgrundlage dafür ist nicht ersichtlich. – Die **Höhe** des Erstattungsbetrages errechnet sich aus dem Unterschiedsbetrag zwischen den BA, ggf auch der WK und der Hälfte der Einnahmen. Diesem Erfordernis liegt die Fiktion zugrunde, dass der Steuersatz von 25 vH (§ 50 III) eine Besteuerung von 50 vH der Einkünfte iHv 50 vH der Einnahmen auslöst. Bei Veranstaltungsreihen (zB von Konzerten) ist das inländische Gesamtergebnis maßgeblich (**§ 50 V 2 Nr 3 S 3 letzter HS**). Die FinVerw[2] wendet diese quantitative Beschränkung allerdings in Reaktion auf das EuGH-Urteil ‚Gerritse'[3] seit 2003 nicht mehr an, und zwar prinzipiell und nicht nur – wie europarechtlich geboten[4] – im EU/EWR-Raum.

d) Rechtsfolgen. Die einbehaltenen Beträge werden in der angeführten (Rn 34) Höhe erstattet, vorausgesetzt, der Steuerabzug ist tatsächlich vorgenommen und die Steuer einbehalten und abgeführt worden (**§ 50 V 2 Nr 3 S 1**). 35

e) Verfahren. Die Erstattung ist **antragsabhängig** ohne Möglichkeit der vorherigen Freistellung. Der Antrag ist auf amtlichem Muster mit Bescheinigung gem § 50a V 7 über den Steuerabzug und (unter zweifelh **Befristung** entgegen § 46 II Nr 8 S 2) bis zum Ablauf des Kj nach dem Kj des Zuflusses beim **BZSt** (bis 31.12.05: BfF) zu stellen (**§ 50 V 2 Nr 3 S 4**). Das BZSt darf ohne Anhörung der Beteiligten („Spontan"-)Auskünfte an den Wohnsitzstaat geben (**§ 50 V 2 Nr 3 S 5–7**). Es entscheidet durch Bescheid (§ 155 AO), gegen den (nur) dem Vergütungsgläubiger (nicht jedoch dem Vergütungsschuldner) Einspruch und Verpflichtungsklage zusteht. Vorläufiger Rechtsschutz erfolgt durch einstweilige Anordnung (§ 114 FGO), nicht durch AdV (§ 361 AO, § 69 FGO), s auch § 50a Rn 46. 36

F. Steueranrechnung und Steuerabzug bei ausländischen Einkünften (§ 50 VI)

Verfügt der beschränkt StPfl über ausländische Einkünfte, mit denen er in dem ausländischen Staat („dort") der Besteuerung unterliegt, droht eine Doppelbesteuerung. Um eine solche zu vermeiden, lässt **§ 50 VI** ausnahmsweise die Anrechnung ausländischer (Ertrag-)Steuern auf die festgesetzte ESt oder wahlweise den Abzug ausländischer Steuer bei der Ermittlung des Gesamtbetrags der Einkünfte **entspr § 34c I bis III** zu, und zwar – da ein Verweis auf § 34c VI fehlt – auch im Verhältnis zu Staaten, mit denen DBA bestehen (und die insoweit idR keine Regelungen enthalten).[5] **Voraussetzung** hierfür sind aber: (1) Einkünfte aus LuF, GewBetr oder selbstständiger Arbeit; (2) keine Erfassung der betr Einkünfte im Quellenstaat nach den Maßstäben der unbeschränkten StPfl. Allein auf die steuerliche Behandlung im Quellenstaat kommt es auch dann an, wenn dies nicht der Ansässigkeitsstaat des beschränkt StPfl ist, dieser Staat aber ebenfalls die Anrechnung oder den Abzug der Steuern des Quellenstaats ermöglicht.[6] IÜ scheidet die inländische Steueranrechnung aus, wenn die betr Einkünfte im Herkunftsstaat ohnehin nicht stpfl sind, zB aufgrund einer DBA-Freistellung. 40

Die ausländische Steuer wird im Wege der **Veranlagung** angerechnet und abgezogen. Zur Berechnung des Höchstbetrags der Anrechnung s § 34c Rn 35. Einzubeziehen sind alle beschränkt stpfl Einkünfte, bei denen die Steuer nicht abgegolten ist.[7] Bei Veranlagung der von § 50 VI erfassten Einkünfte ist die deutsche Gesamtsteuer entspr aufzuteilen.[8] Zur Ermittlung der der deutschen ESt entspr ausländischen Steuern s R 50.2 S 2 EStR 05. Zur entspr Anwendung von § 50 VI auch für die KSt s **§ 26 VI 1 KStG**. 41

G. Erlass und Pauschalierung (§ 50 VII)

§ 50 VII entspricht **§ 34c V**. Die Vorschrift ermöglicht es (als verfassungsrechtlich trotz ihrer tatbestandlichen Weite und Unbestimmtheit[9] unbedenkliche Generalklausel), die ESt ganz oder teilweise zu erlassen oder in einem Pauschbetrag festzusetzen, wenn es **aus volkswirtschaftlichen Gründen** (= besondere außenwirtschaftliche Gründe und damit „Vorgänge, bei denen die Tätigkeit des beschränkt StPfl im Inland gesamtwirtschaftliche Zwecke nachhaltig fördert")[10] zweckmäßig oder 45

---

1 BMF BStBl I 96, 1500.
2 BHF BStBl I 03, 553.
3 EuGH BStBl II 03, 859.
4 EuGH IStR 07, 212 ‚Centro Equestro da Leiría'.
5 R 50.2 S 1 EStR 05.
6 FG D'dorf EFG 93, 447.
7 R 50.2 S 3 EStR 05.
8 *Blümich* § 50 Rn 76.
9 BFH IStR 07, 578; s jedoch zweifelnd *Anzinger* FR 06, 857.
10 BFH IStR 07, 578; vgl auch zur Parallelvorschrift in § 34c V: BVerfGE 48, 201 (226); BFHE 85, 399 (405); krit *Anzinger* FR 06, 857 (866 f); *Balzerkiewicz/Voigt* BB 05, 302 (303).

eine gesonderte Berechnung der Einkünfte besonders schwierig ist. **Beispiele:**[1] Steuerfreiheit von Einkünften aus der Verwertung einer im Ausland ausgeübten nichtselbstständigen Tätigkeit,[2] sowie von Einkünften der FIFA im Zusammenhang mit der Fußball-WM 06 (!),[3] Besteuerung von Artisten mit einem Pauschsteuersatz von 25 vH bzw 33,33 vH des Brutto- bzw Netto-Arbeitslohns,[4] Besteuerung von gastspielverpflichteten Künstlern bei Theater, Funk, Fernsehen mit einem Pauschsteuersatz von 20 vH bzw 25 vH (zuzüglich SolZ) des Brutto- bzw Netto-Arbeitslohns,[5] Regelungen des Auslandstätigkeitserlasses,[6] von öffentlich geförderten ausländischen Kulturvereinigungen,[7] (aus schwerlich nachvollziehbaren Gründen) aber **nicht** von Solisten oder solistisch besetzten Ensembles (= jedenfalls nicht mehr als 5 Mitglieder).[8] Ein vollständiger Erlass kann allenfalls bei Großveranstaltungen (Weltmeisterschaften, Olympiade) in Betracht kommen. – **Zuständig** für die (selbstständige und als solche anfechtbare) Erlass- oder Pauschalierungsentscheidung sind die obersten Finanzbehörden der Länder oder von ihnen beauftragten FÄ mit Zustimmung des BMF (gestufte Verwaltungsentscheidung).[9] **Antragsberechtigt** ist nur der Vergütungsgläubiger, nicht der Vergütungsschuldner.[10] **Anfechtungsberechtigt** sind aber auch drittbetroffene (Mit-)Wettbewerber. Vgl auch die Parallelnorm in § 34c V (dazu § 34c Rn 50).

§ 50a Steuerabzug bei beschränkt Steuerpflichtigen

(1) Bei beschränkt steuerpflichtigen Mitgliedern des Aufsichtsrats (Verwaltungsrats) von inländischen Aktiengesellschaften, Kommanditgesellschaften auf Aktien, Berggewerkschaften, Gesellschaften mit beschränkter Haftung und sonstigen Kapitalgesellschaften, Genossenschaften und Personenvereinigungen des privaten und des öffentlichen Rechts, bei denen die Gesellschafter nicht als Unternehmer (Mitunternehmer) anzusehen sind, unterliegen die Vergütungen jeder Art, die ihnen von den genannten Unternehmungen für die Überwachung der Geschäftsführung gewährt werden (Aufsichtsratsvergütungen), dem Steuerabzug (Aufsichtsratsteuer).

(2) Die Aufsichtsratsteuer beträgt 30 Prozent der Aufsichtsratsvergütungen.

(3) ¹Dem Steuerabzug unterliegt der volle Betrag der Aufsichtsratsvergütung ohne jeden Abzug. ²Werden Reisekosten (Tagegelder und Fahrtauslagen) besonders gewährt, so gehören sie zu den Aufsichtsratsvergütungen nur insoweit, als sie die tatsächlichen Auslagen übersteigen.

(4) ¹Die Einkommensteuer wird bei beschränkt Steuerpflichtigen im Wege des Steuerabzugs erhoben
1. bei Einkünften, die durch im Inland ausgeübte oder verwertete künstlerische, sportliche, artistische oder ähnliche Darbietungen erzielt werden, einschließlich der Einkünfte aus anderen mit diesen Leistungen zusammenhängenden Leistungen, unabhängig davon, wem die Einnahmen zufließen (§ 49 Abs. 1 Nr. 2 Buchstabe d),
2. bei Einkünften aus der Ausübung oder Verwertung einer Tätigkeit als Künstler, Berufssportler, Schriftsteller, Journalist oder Bildberichterstatter einschließlich solcher Tätigkeiten für den Rundfunk oder Fernsehfunk (§ 49 Abs. 1 Nr. 2 bis 4), es sei denn, es handelt sich um Einkünfte aus nichtselbstständiger Arbeit, die dem Steuerabzug vom Arbeitslohn nach § 38 Abs. 1 Satz 1 Nr. 1 unterliegen,
3. bei Einkünften, die aus Vergütungen für die Nutzung beweglicher Sachen oder für die Überlassung der Nutzung oder des Rechts auf Nutzung von Rechten, insbesondere von Urheberrechten und gewerblichen Schutzrechten, von gewerblichen, technischen, wissenschaftlichen und ähnlichen Erfahrungen, Kenntnissen und Fertigkeiten, z. B. Plänen, Mustern und Verfahren, herrühren (§ 49 Abs. 1 Nr. 2, 3, 6 und 9); das Gleiche gilt für die Veräußerung von Rechten im Sinne des § 49 Abs. 1 Nr. 2 Buchstabe f mit Ausnahme von Emissionsberechtigungen im Rahmen des europäischen und internationalen Emissionshandels.

---

1 Im Einzelnen *H/H/R* § 50 Rn 345.
2 R 39d II Nr 2 LStR 08, R 125 II Nr 2 LStR 05.
3 OFD M'ster DB 06, 420; zu Recht krit zB *Anzinger* FR 06, 857; *Balzerkiewicz/Voigt* BB 05, 302.
4 R 125 IV LStR.
5 BMF BStBl I 96, 55.
6 BMF BStBl I 83, 470.
7 BMF BStBl I 83, 382 idF BStBl I 95, 336; dazu eingehend u krit *Holthaus* IStR 03, 120.
8 BFH IStR 07, 478; BMF BStBl I 83, 382 idF BStBl I 95, 336 Tz 4; FG Nds EFG 00, 220.
9 Vgl zum Verfahren und zum Rechtsschutz im Einzelnen *Gosch* DStZ 88, 136.
10 BFH/NV 07, 1905.

²Dem Steuerabzug unterliegt der volle Betrag der Einnahmen einschließlich der Beträge im Sinne des § 3 Nr. 13 und 16. ³Abzüge, z. B. für Betriebsausgaben, Werbungskosten, Sonderausgaben und Steuern, sind nicht zulässig. ⁴Der Steuerabzug beträgt 20 Prozent der Einnahmen, bei beschränkt steuerpflichtigen Körperschaften im Sinne des § 2 des Körperschaftsteuergesetzes 15 Prozent. ⁵Bei im Inland ausgeübten künstlerischen, sportlichen, artistischen oder ähnlichen Darbietungen beträgt er bei Einnahmen

1. bis 250 Euro
   0 Prozent;
2. über 250 Euro bis 500 Euro
   10 Prozent der gesamten Einnahmen;
3. über 500 Euro bis 1 000 Euro
   15 Prozent der gesamten Einnahmen;
4. über 1 000 Euro
   20 Prozent der gesamten Einnahmen.

⁶Satz 5 Nr. 4 gilt nicht bei beschränkt steuerpflichtigen Körperschaften im Sinne des § 2 des Körperschaftsteuergesetzes.

(5) ¹Die Steuer entsteht in dem Zeitpunkt, in dem die Aufsichtsratsvergütungen (Absatz 1) oder die Vergütungen (Absatz 4) dem Gläubiger der Aufsichtsratsvergütungen oder der Vergütungen zufließen. ²In diesem Zeitpunkt hat der Schuldner der Aufsichtsratsvergütungen oder der Vergütungen den Steuerabzug für Rechnung des beschränkt steuerpflichtigen Gläubigers (Steuerschuldner) vorzunehmen. ³Er hat die innerhalb eines Kalendervierteljahres einbehaltene Steuer jeweils bis zum 10. des dem Kalendervierteljahr folgenden Monats an das für ihn zuständige Finanzamt abzuführen. ⁴Der beschränkt Steuerpflichtige ist beim Steuerabzug von Aufsichtsratsvergütungen oder von Vergütungen Steuerschuldner. ⁵Der Schuldner der Aufsichtsratsvergütungen oder der Vergütungen haftet aber für die Einbehaltung und Abführung der Steuer. ⁶Der Steuerschuldner wird nur in Anspruch genommen,

1. wenn der Schuldner der Aufsichtsratsvergütung oder der Vergütungen diese nicht vorschriftsmäßig gekürzt hat oder
2. wenn der beschränkt steuerpflichtige Gläubiger weiß, dass der Schuldner die einbehaltene Steuer nicht vorschriftsmäßig abgeführt hat, und dies dem Finanzamt nicht unverzüglich mitteilt.

⁷Der Schuldner der Vergütungen ist verpflichtet, dem beschränkt steuerpflichtigen Gläubiger auf Verlangen die folgenden Angaben nach amtlich vorgeschriebenem Muster zu bescheinigen:

1. den Namen und die Anschrift des beschränkt steuerpflichtigen Gläubigers;
2. die Art der Tätigkeit und Höhe der Vergütung in Euro;
3. den Zahlungstag;
4. den Betrag der einbehaltenen und abgeführten Steuer nach § 50a Abs. 4;
5. das Finanzamt, an das die Steuer abgeführt worden ist.

(6) Durch Rechtsverordnung kann bestimmt werden, dass bei Vergütungen für die Nutzung oder das Recht auf Nutzung von Urheberrechten (Absatz 4 Nr. 3), wenn die Vergütungen nicht unmittelbar an den Gläubiger, sondern an einen Beauftragten geleistet werden, an Stelle des Schuldners der Vergütung der Beauftragte die Steuer einzubehalten und abzuführen hat und für die Einbehaltung und Abführung haftet.

(7) ¹Das Finanzamt des Vergütungsgläubigers kann anordnen, dass der Schuldner der Vergütung für Rechnung des beschränkt steuerpflichtigen Gläubigers (Steuerschuldner) die Einkommensteuer von beschränkt steuerpflichtigen Einkünften, soweit diese nicht bereits dem Steuerabzug unterliegen, im Wege des Steuerabzugs einzubehalten und abzuführen hat, wenn dies zur Sicherung des Steueranspruchs zweckmäßig ist. ²Der Steuerabzug beträgt 25 Prozent der gesamten Einnahmen, bei beschränkt steuerpflichtigen Körperschaften im Sinne des § 2 des Körperschaftsteuergesetzes 15 Prozent der gesamten Einnahmen, wenn der beschränkt steuerpflichtige Gläubiger nicht glaubhaft macht, dass die voraussichtlich geschuldete Steuer niedriger ist. ³Absatz 5 gilt entsprechend mit der Maßgabe, dass die Steuer bei dem Finanzamt anzumelden und abzuführen ist, das den Steuerabzug angeordnet hat. ⁴§ 50 Abs. 5 Satz 1 ist nicht anzuwenden.

§§ 73a, 73c bis § 73g EStDV; R 50a.1 EStR 05; H 50a EStH 05; BMF BStBl I 96, 100 (Steuerabzug bei Korrespondenten); BStBl I 96, 89 (Steuerabzug bei künstlerischen, sportlichen oä Darbietun-

§ 50a Steuerabzug bei beschränkt Steuerpflichtigen

gen); BStBl I 96, 162 (§ 50a VII); BStBl I 98, 351 (Korrespondenten); BStBl I 02, 521; OFD M'ster IStR 02, 464; BMF BStBl I 02, 709 (jeweils zu § 50a IV); BMF BStBl I 02, 710 (zu § 50a VII) ; BMF BStBl I 07, 449

Übersicht

	Rn		Rn
A. Grundaussagen der Vorschrift	1	D. Durchführung und Verfahren des Steuerabzugs (§ 50a V und VI)	37
B. Aufsichtsratsteuer (§ 50a I bis III)	8	I. Entstehung der Abzugsteuer (§ 50a V 1)	37
C. Steuerabzug bei Vergütungen im Sinne von § 50a IV	16	II. Einbehaltung, Abführung und Anmeldung (§ 50a V 2 bis 4)	38
I. Allgemeine Voraussetzungen	16	III. Abzugsverpflichteter (§ 50a V 2, VI)	39
II. Steuerabzug bei gewerblichen Einkünften (§ 50a IV 1 Nr 1)	18	IV. Erstattungen	43
		1. Erstattungsbescheinigung (§ 50a V 7)	43
III. Steuerabzug bei Künstlern, Berufssportlern, Schriftstellern, Journalisten, Bildberichterstattern (§ 50a IV 1 Nr 2)	20	2. Erstattungen nach anderen Vorschriften	44
		V. Rechtsbehelfe	46
		E. Steuerabzug auf Anordnung (§ 50a VII)	50
IV. Steuerabzug bei Vergütungen aus der Nutzungsüberlassung von Sachen sowie der Nutzungsüberlassung und Veräußerung von Rechten (§ 50a IV 1 Nr 3)	25	F. Durchführung der Besteuerung bei Verstößen gegen die Abzugspflichten	55
		I. Inanspruchnahme des Steuerschuldners (§ 50a V 6)	55
V. Bemessungsgrundlage und Höhe des Steuerabzugs (§ 50a IV 2 bis 6)	32	II. Haftung des Abzugsverpflichteten (§ 50a V 5)	56

Literatur: *Cordewener* Europäische Vorgaben für die Verfahrensrechte von Steuerausländern – Formellrechtliche Implikationen der „Fokus Bank"-Entscheidung des EFTA-Gerichtshofs, IStR 06, 113; *Cordewener/Dörr* Die ertragsteuerliche Behandlung von Lizenzgebühren an ausländische Lizenzgeber: Aktuelle Einflüsse des europäischen Gemeinschaftsrechts, GRURInt 06, 447; *Cordewener/Grams/Molenaar* Neues aus Luxemburg zur Abzugsbesteuerung nach § 50a – Erste Erkenntnisse aus dem EuGH-Urteil vom 3.10.2006, IStR 06, 739; *Grams* Künstlerbesteuerung: Zur Bestimmtheit von Haftungs- und Steuerbescheiden, FR 96, 620; *ders* Außenprüfung im Zusammenhang mit der Besteuerung beschränkt steuerpflichtiger Künstler, DStZ 97, 77; *ders* Umsatzsteuer als Teil der Bemessungsgrundlage des § 50a IV für die sog ‚Ausländersteuer'?, FR 97, 290; *ders* Zum Recht der Besteuerung international tätiger Künstler, BB 99, 1949; *Eicker/Seiffert* EuGH: Haftung des Vergütungsschuldners gem § 50a V 5 trotz Beitreibungsrichtlinie?, BB 07, 358; *Grams/Molenaar* Hat die Entscheidung des EuGH in Sachen Gerritse Auswirkungen auf das Steuerabzugsverfahren nach § 50a Abs 4 EStG und die Haftung nach § 50a V?, DStR 03, 761; *Grams/Schön* Zur Umsetzung des EuGH-Urteils Scorpio (C-290/04) durch BMF-Schr. V. 5.4.2007 – Wird die EU-Kommission ihr Vertragsverletzungsverfahren gegen Deutschland einstellen?, IStR 07, 658; *Holthaus* Steuerabzug bei beschränkt steuerpflichtigen Sportlern und Künstlern: Einführung des Staffeltarifs im § 50a IV (StÄndG 2001), IStR 02, 454; *Kahl* StÄndG 2001 – Auswirkung der Steuerschuldnerschaft des Leistungsempfängers (§ 13b II UStG nF) auf den Steuerabzug nach § 50a, DB 02, 13; *Intemann/Nacke* Die EuGH-Entscheidung in der Rs. Scorpio, DB 07, 1430; *Keßler* Zum Solidaritätszuschlag der Kapitalertragsteuer und bei der Abzugsteuer nach § 50a IV EStG, DStR 91, 1209; *M Lang* Steuerabzug, Haftung und Gemeinschaftsrecht, SWI 07, 17; *Lieven* Ausländische Werkvertragsunternehmen und der Steuerabzug nach § 50a VII, IStR 96, 153; *W Loukota* EG-Grundfreiheiten und beschränkte Steuerpflicht, 2006; *Rabe* Die Auslandssportberichterstattung und § 50a, RIW 91, 317; *Schauhoff* Quellensteuerabzug bei Zahlungen an beschränkt steuerpflichtige Künstler und Sportler, IStR 97, 5; *Schnitger* Das Ende der Bruttobesteuerung beschränkt Steuerpflichtiger, FR 03, 745; *Schroen* Steuerabzug nach § 50a von den Bruttoeinnahmen EU-rechtswidrig – Der Fall „Scorpio", NWB Fach 3, 14255; *Spensberger* Lizenzzahlungen einer Personengesellschaft an ihren ausländischen Mitunternehmer, IStR 00, 50; *Streck* Die Anordnung eines Steuerabzugs für beschränkt Steuerpflichtige nach § 50a VII, BB 84, 846; *Toifl* Der Durchgriff nach § 50a IV Nr 1 dEStG und § 99 I Z 1 öEStG, in Gassner/Lang/Lechner/Schuch/Staringer Die beschränkte Stpfl im ESt- und KSt-Recht, 2004, S 211; *Zacher* Rechtsschutzlücken bei der Besteuerung beschränkt steuerpflichtiger Künstler und Sportler, SAM 07, 22.

A. Grundaussagen der Vorschrift

1 § 50a dient dazu, die Besteuerung bei beschränkt StPfl **sicherzustellen**, indem der Schuldner bestimmter Vergütungen verpflichtet wird, Steuern bei der Auszahlung abzuziehen und diese an das FA auszuzahlen. Die Vorschrift erweitert insoweit für (allerdings nur bestimmte beschränkt StPfl die für alle (grds auch beschränkt) StPfl geltenden Vorschriften über den **Quellensteuerabzug** (LSt, §§ 38 ff; KapESt, §§ 43 ff; 48 ff). Ihre Rechtfertigung erfährt die Vorschrift aus dem Umstand, dass beschränkt StPfl bei den im Gesetz aufgeführten, im Inland stpfl Vorgängen hier über keine dauerhaften Bezüge verfügen, auf die zum Zwecke der Besteuerung Zugriff genommen werden könnte. Wegen dieser Besonderheiten sind die Nachteile, denen jene beschränkt StPfl im Vergleich zu unbeschränkt oder auch anderen (veranlagten) beschränkt StPfl unterliegen, gleichheitsrechtlich unbedenklich[1] (s auch § 1 Rn 5, § 50 Rn 1). Wegen der grds Abgeltungswirkung des Steuerabzugs nach § 50a s § 50 V.

Gemeinschaftsrechtliche Bedenken gegenüber dem Steuerabzug bestehen (wider Erwarten, aber zu Recht) – aber wohl nur vorerst – **nicht**; der EuGH[2] hat das Abzugsprinzip – ebenso wie die Möglichkeit der Inhaftungnahme nach § 50a V 5 (Rn 56) – als „angemessene Weise (...), (um) die Effizienz dieser Erhebung zu gewährleisten" – ausdrücklich als „effizientes" und „verhältnismäßiges Mittel zur Beitreibung steuerlicher Forderungen des Besteuerungsstaates"[3] angesehen und als solches nicht in Frage gestellt. Abgesehen davon, dass dem gebietsfremden StPfl die Möglichkeit eingeräumt wird, vorab eine Freistellungsbescheinigung zu erwirken, ist die unterschiedliche Behandlung von Gebietsfremden und Gebietsansässigen also unbeschadet verfahrens- und liquiditätsmäßiger Nachteile, denen der Gebietsfremde ausgesetzt wird, im Grundsatz gerechtfertigt, weil sich die beschränkte StPfl ansonsten kaum wirksam durchsetzen lässt. Der EuGH fordert lediglich eine (begrenzte) Berücksichtigung des Nettoprinzips ein, dem gegenwärtig zwar weder die Verwaltungspraxis[4] noch der deutsche Gesetzgeber Rechnung getragen hat. Dementspr hat die EG-Kommission dieserhalb gegen Deutschland zwischenzeitlich ein Vertragsverletzungsverfahren gem Art 226 EG eingeleitet.[5] S iÜ Rn 36 sowie § 50 Rn 1. Streitjahre jener Entscheidungen des EuGH waren allerdings 1993 und 1996. Unklar mag angesichts dessen derzeit nach wie vor sein, ob für die Gegenwart (und Vergangenheit ab 1.7.02) vor dem Hintergrund der Erweiterung der EG-Beitreibungsrichtlinie auf Steuern vom Einkommen[6] eine andere Einschätzung gerechtfertigt ist.[7] Überzeugen kann eine derartige Differenzierung nicht; das Abzugssystem stellt ein sachgerechtes und verhältnismäßiges Mittel dar, um die Besteuerung angesichts der Besonderheit der hiervon erfaßten Sachverhalte (einer idR nur einmaligen oder gelegentlichen Inlandstätigkeit) sicherzustellen; Inlands- und Auslandssachverhalte sind insofern eben nicht vollen Umfangs vergleichbar. Die Beitreibungs-RL ändert daran (jedenfalls zZt) nichts: Das politische Ziel der Schaffung eines EG-Binnenmarktes kann die Wirklichkeit nicht überspielen und diese ermöglicht ungeachtet der besagten RL gegenwärtig keine effiziente Beitreibung.[8] Ein grenzüberschreitendes Vollzugsdefizit schafft aber vice versa nur eine gleichheitsrechtlich zweifelhafte ‚umgekehrte' Ungleichbehandlung ‚nach innen'.[9] Zu berücksichtigen ist überdies, dass auch in jenen Jahren 1993 und 1996 bereits die EG-Amtshilfe-RL bestand, was den EuGH gleichwohl nicht zu einer anderweitigen Entscheidung bewogen hat. Der BFH hat es jedenfalls abgelehnt, derzeit AdV zu gewähren.[10] Zu den gleichheits- und gemeinschaftsrechtlichen Bedenken insbes gegenüber dem Mindeststeuersatz gem § 50a IV 4 s Rn 3.[11]

---

1 BFH/NV 94, 864.
2 EuGH IStR 06, 743 ‚Scorpio' (auf Vorlage BFH BStBl II 04, 878); s auch BFH BStBl II 04, 882; BFHRep 05, 802 (AdV-Beschlüsse); vgl auch EuGH IStR 07, 212 ‚Centro Equestro da Lezíria Grande Lda.'
3 Allerdings nur in dem deutschen Urteilsoriginal: In den Übersetzungen in die französische und englische Sprache heißt es „l'application de la retenue à la source représentait un moyen proportionné d'assurer le recouvrement de la créance fiscale de l'áEtat d'imposition" bzw „Moreover, the use of retention at source represented a proportionate means of ensuring the recovery of the tax debts of the State of taxation", maW: es wird das Imperfekt, nicht das Präsens benutzt.
4 BMF BStBl I 07, 449, insoweit noch weitergehend BMF BStBl I 03, 552.
5 Vertragsverletzungsverfahren v 26.3.07 Az. 1999/4852.
6 EG-Richtlinie 2001/44/EG des Rates v 15.6.01 zur Änderung der Richtlinie 76/308/EWG – Beitreibungsrichtlinie – (ABl. L 175 v 28.6.01, 17) iVm dem EG-BeitrG v 3.5.03 (BGBl I 03, 654) – In BFH DStR 07, 891 ist der BFH demgegenüber von der RL 2002/94/EG v 9.12.02 (ABlEG Nr L 337/ 41) ausgegangen; das war falsch (vgl auch *Kempermann* FR 07, 842; *Grams* IStR 07, 408).
7 *Schroen* NWB Fach 3, 14255; *Intemann/Nacke* DB 07, 1430, 1434; *Grams/Schön* IStR 07, 658, 662 f; *Grams* IStR 07, 679; s auch EuGH IStR 07, 665 ‚Kommission vs Belgien' zur belgischen Bauabzugssteuer (dort allerdings zu einer andernfalls im Inland nicht bestehenden Steuerbarkeit und Stpfl, s *-sch* DStR 08, 43); s auch *W Loukota* EG-Grundfreiheiten und beschränkte Steuerpflicht, 2006, S 157f; s auch *M Lang* SWI 07, 17, 24: abzustellen sei auf den Zeitpunkt des Bescheiderlasses (!).
8 Bericht der EG-Kommission an den Rat und das Europäische Parlament vom 8.2.06 KOM(2006)43; dazu OFD M'ster IStR 07, 792.
9 S auch BFH DStR 07, 438.
10 BFH DStR 08, 41 mit Anm – *sch*.
11 *Schroen* NWB Fach 3, 14255; *Intemann/Nacke* BB 07, 1430, 1434; *Grams/Schön* IStR 07, 658, 662 f; FG Bln-Bdbg IStR 07, 679 (mit Anm *Grams*) zur AdV-Gewährung; s auch *W Loukota* EG-Grundfreiheiten und beschränkte Steuerpflicht, 2006, S 157f; s auch *M Lang* SWI 07, 17, 24: abzustellen sei auf den Zeitpunkt des Bescheiderlasses (!).

B. Aufsichtsratsteuer (§ 50a I bis III)

8   Nach § 50a I unterliegen dem Steuerabzug Vergütungen, die inländische Körperschaften an beschränkt stpfl Mitglieder des Aufsichts- oder Verwaltungsrats zahlen. Betroffen sind sämtliche in § 50a I aufgezählte Körperschaften, bei denen die G'ter nicht als MU'er anzusehen sind. Inländisch sind solche Körperschaften, die über Sitz oder Geschäftsleitung im Inland verfügen (**§ 73a I EStDV**). Trotz dieser Übereinstimmung mit den Voraussetzungen der unbeschränkten StPfl nach § 1 I KStG ist eine persönliche StPfl nicht erforderlich; die Körperschaft kann auch eine steuerbefreite sein.

9   Als Aufsichts- oder Verwaltungsrat iSv § 50a werden alle einschlägigen Überwachungsgremien erfasst, wobei die **Überwachungsfunktion** nur die **wesentliche**, nicht die einzige Aufgabe sein muss.[1] Auf die Bezeichnung kommt es nicht an (zB Beirat, Ausschuss). Im Einzelnen decken sich die Begriffe mit jenen in § 10 Nr 4 KStG. Nur die im Rahmen der eigentlichen Überwachungsfunktion[2] ausgeübte Tätigkeit (auch die eines ArbN-Aufsichtsrats[3]) unterfällt dem Steuerabzug nach § 50a, andere Betätigungen (zB Beratungen,[4] Geschäftsführungsaufgaben;[5] Prozessführungen,[6] bloße Repräsentanzen,[7] staatliche Überwachungen[8]) nicht; sie sind abzugrenzen, die dafür gezahlten Vergütungen sind aufzuteilen.[9]

10 **Bemessungsgrundlage** für den Steuerabzug sind nach Maßgabe des **§ 50a III 1** die **Bruttovergütungen** (Sach- und Geldleistungen, auch solche von dritter Seite[10]) unter Einschluss sämtlicher geleisteten Vergütungen ohne Abzug irgendwelcher Ausgaben. Innerhalb der EU ist diese Ausdehnung der inländischen Besteuerung aber nicht länger haltbar, nachdem der EuGH durch Urt v 12.6.03 Rs C-234/01 „Gerritse"[11] für die Besteuerung von Künstlern und Artisten allein das Nettoprinzip als gemeinschaftsrechtskonform angesehen hat (Rn 36). – Werden (im Einzelnen nachgewiesene oder pauschal angesetzte) **Reisekosten** erstattet (s Rn 33), wird allerdings nur der die tatsächlichen Kosten übersteigende Teil erfasst (§ 50a III 2). Aufwendungsersatz nach Auftragsrecht (§§ 669, 670 BGB) wird nicht einbezogen,[12] auch Zinsen auf rückständige Vergütung bleiben unberücksichtigt.

11 Das Abzugsverbot schließt die Aufsichtsratsteuer und **USt** ein, nach Auffassung des BFH[13] auch in den Fällen der Besteuerung im Abzugsverfahren gem §§ 51 ff UStDV aF und hier auch bei Anwendung der Nullregelung nach § 52 II–V UStDV aF, es sei denn, der ausländische Aufsichtsrat ist gem § 19 I UStG als Kleinunternehmer zu behandeln.[14] Diese grds Einbeziehung wird zum einen damit begründet, dass die Befreiung von der USt eine Einnahme iSv § 8 I darstelle, zum anderen damit, dass die Nullregelung keine Steuerbefreiung, vielmehr eine besondere Erhebungsform sei, die mit der tatsächlichen USt-Belastung gleichbehandelt werden müsse. Beides ist nicht tragfähig. Letztlich wird ein fiktiver Zufluss angenommen und ein scheinbarer Vorteil der Besteuerung unterworfen. Das widerspricht dem Leistungsfähigkeitsprinzip[15] und vernachlässigt überdies, dass USt bei Wahl der Nullregelung nicht entstanden ist.[16] – Für Entgeltzahlungen vom 1.1.02 an (vgl § 27 IV UStG) ist gem **§ 13b I Nr 1 iVm II 1 UStG** idF des StÄndG 01 allerdings für stpfl Umsätze ausländischer Unternehmer (alleiniger) Steuerschuldner der inländische Leistungsempfänger, sofern er seinerseits Unternehmer oder jur Pers des öffentlichen Rechts ist (sog Reverse-charge-Verfahren). Die USt gehört infolgedessen seitdem in keinem Fall mehr zu den Einnahmen iSv § 8 I und kann die Bemessungsgrundlage für den Steuerabzug gem § 50a mangels besonderer gesetzlicher Einbeziehung (s dazu § 48 III, dort Rn 20) nicht erhöhen (s auch Rn 32).[17]

12 Der **Steuersatz** für die Aufsichtratsteuer beträgt 30 vH der Bruttovergütung (§ 50a II), bei Übernahme durch den Vergütungsgläubiger erhöht er sich auf 42,85 vH[18] und 43,89 vH bei Einschluss des SolZ.

---

1 RFH RStBl 31, 555.
2 S die Übersicht in BFH BStBl II 79, 193 zu § 12 Nr 3 KStG 1975.
3 BFH BStBl II 70, 379.
4 RFH RStBl 35, 1435.
5 Zu Abgrenzungen zum ArbN s RFH RStBl 34, 138.
6 RFH RStBl 28, 305.
7 BFH BStBl II 78, 352.
8 BFH BStBl III 54, 249.
9 BFH BStBl III 66, 688; BStBl II 79, 193.
10 RFH RStBl 38, 405.
11 BStBl II 03, 859; dazu *Schnitger* FR 03, 745 (747).
12 BFH BStBl II 76, 155.
13 BFH BStBl II 04, 560; BStBl II 90, 967; BStBl II 91, 235; BStBl II 92, 172; BFH/NV 92, 291.
14 BFH BStBl II 92, 172.
15 Zutr *Frotscher* § 50a Rn 7.
16 *Maßbaum* IWB Fach 3 Gr 3, 971 (975, 982 ff).
17 BMF BStBl I 02, 709 unter 4.; *Kahl* DB 02, 13.
18 BMF BStBl I 02, 707.

C. Steuerabzug bei Vergütungen im Sinne von § 50a IV

I. Allgemeine Voraussetzungen. Voraussetzung für den Steuerabzug gem § 50a IV Nr 1 bis 3 ist zum einen, dass der Empfänger entweder beschränkt StPfl ist oder der erweiterten unbeschränkten StPfl unterliegt (§ 1 III 5). In Zweifelsfällen darf der Steuerabzug nur unterlassen werden, wenn vom zuständigen FA die unbeschränkte StPfl bescheinigt wird (**§ 73e S 5 EStDV**).[1]

II. Steuerabzug bei gewerblichen Einkünften (§ 50a IV 1 Nr 1). Gem **§ 50a IV Nr 1** wird Abzugsteuer von bestimmten Einkünften aus künstlerischen, sportlichen, artistischen oder ähnlichen Darbietungen erhoben, die im Inland ausgeübt oder verwertet werden, und zwar unter Einschluss von Einkünften aus anderen mit diesen Leistungen zusammenhängenden Leistungen und unabhängig davon, wem die Einnahmen zufließen (dazu § 49 Rn 36 ff). Es handelt sich um Betätigungen, die **iSv § 49 I Nr 2d** als gewerbliche zu qualifizieren sind. Da solche Einkünfte gegenüber jenen nach § 49 I Nrn 3 und 4 (selbständige und nichtselbständige Arbeit) indes subsidiär sind und da diese Einkünfte (teilw) dem Abzugstatbestand nach § 50a IV Nr 2 unterfallen, geht diese Vorschrift im Kollisionsfall vor, wegen der gestalteten Steuersätze für die Ausübung künstlerischer, sportlicher, artistischer oder ähnlicher Darbietungen gem § 50a IV 5 vom VZ 02 an mit entspr steuerlichen Auswirkungen (s Rn 34f). Vorausgesetzt, seine tatbestandlichen Voraussetzungen sind erfüllt, kommt § 50a IV 1 Nr 1 dann nur noch die Aufgabe einer **Auffangvorschrift** zu, um eine möglichst lückenlose steuerliche Erfassung sicherzustellen. Bei Einschaltung von Künsterverleih-Ges oÄ kann es dabei systemwidrig auch zu doppelten Steuerabzügen gem § 50a IV 1 Nr 1 und 2 kommen, einmal der Ges, einmal des Darbietenden selbst.[2] S dazu auch Rn 39.

III. Steuerabzug bei Künstlern, Berufssportlern, Schriftstellern, Journalisten, Bildberichterstattern (§ 50a IV 1 Nr 2). § 50a IV Nr 2 unterwirft (freiberufliche, gewerbliche oder nichtselbständige) Tätigkeitsvergütungen der Abzugsteuer, die nach **§ 49 I Nr 2, 3, 4, 6 oder 9** der beschränkten StPfl unterliegen. Erfasst werden die Tätigkeiten von Künstlern, Berufssportlern, Schriftstellern,[3] Journalisten oder Bildberichterstattern einschl solcher für Rundfunk und Fernsehen.[4] Voraussetzung ist, dass diese Tätigkeiten im Inland ausgeübt oder verwertet werden. Wegen der unterschiedlichen tatbestandlichen Voraussetzungen von Ausübung und Verwertung s § 49 Rn 80 f. Abw von § 50a IV 1 Nr 1 und § 49 I Nr 2d genügt keine allg Verwertung der beschriebenen Tätigkeiten im Inland, vielmehr muss diese **durch den StPfl selbst** vorgenommen werden. Allerdings kommt der Unterscheidung zw Ausübung und Verwertung nur dann Bedeutung zu, wenn das im Einzelfall anzuwendende DBA entspr differenziert, und bezogen auf die Ausübung künstlerischer und sportlicher Darbietungen (§ 50a IV 5, s Rn 34), ansonsten vom VZ 96 an nicht mehr, nachdem die insoweit unterschiedlichen Steuersätze gem § 50a IV 2 bis 4 aF seitdem abgeschafft worden sind.

In den Steuerabzug einbezogen werden jeweils **nur** die genannten Tätigkeiten, durch solche lediglich **mittelbar** ausgelöste Tätigkeiten, zB aus Werbeverträgen, Interviews, Talkshows uÄ, regelmäßig hingegen nicht; die bloße Ausnützung der Bekanntheit und Beliebtheit des Künstlers usw reicht nicht aus.[5] **Ausnahme**: Die betr Tätigkeit erfolgt im Rahmen der selbständig ausgeübten Tätigkeit und ist Teil derselben. Ansonsten kommt es darauf an, ob solche (Neben-)Tätigkeiten zu gewerblichen Einkünften iSv § 49 I Nr 2d führen (mit der Folge des Steuerabzugs nach § 50a IV 1 Nr 1) oder aber (ohne die Folge der beschränkten StPfl) zu sonstigen Einkünften iSv § 22 Nr 3. Wird die Leistungsvergütung nicht für die eigentliche künstlerische Leistung, sondern für die Übertragung von **Urheberrechten** gezahlt, entfällt der Steuerabzug, es sei denn, es handelt sich um die Verwertung eines Nutzungsrechts im Inland, vgl § 50a IV 1 Nr 3, Rn 25. Da Vergütungen für die Übertragung von Verwertungsrechten nach **DBA** (Art 12 I OECD-MA) regelmäßig der Besteuerung im Wohnsitzstaat unterfallen, bedarf es – aber nur bei Vorlage einer Freistellungsbescheinigung gem § 50d II – ggf der Aufteilung des Gesamtentgeltes in solches für die Tätigkeit und solches für Lizenzübertragung.[6]

In jedem Fall müssen die Einkunftsarten strikt auseinandergehalten werden,[7] da sich hiernach richtet, ob der Steuerabzug nach § 50a IV 1 Nr 1 oder 2 oder nach § 38 vorzunehmen ist: Bei **gewerbli-**

---

1 BMF BStBl I 96, 89.
2 Zum Steuerabzug im Einzelnen s BMF BStBl I 96, 89.
3 Zur Abgrenzung s BFH BStBl II 87, 372.
4 Zum Abzug bei Künstlern, Sportlern und Artisten s BMF BStBl I 96, 89; von Korrespondenten inländischer Rundfunk- und Fernsehanstalten sowie Zeitungen BMF BStBl I 96, 100.
5 BFH BStBl II 00, 254.
6 BMF BStBl I 96, 89, unter Tz 5.4: Regelaufteilungsmaßstab von 1/3 persönliche Tätigkeit, 2/3 Verwertung.
7 Einzelheiten zur Abgrenzung BMF BStBl I 96, 89 Tz 2; *Schauhoff* IStR 97, 5 (7 f).

chen Einkünften kommt es darauf an, ob der StPfl im Inland über eine Betriebsstätte oder einen ständigen Vertreter verfügt. Ist dies der Fall, ist Nr 2, ansonsten nur Nr 1 maßgeblich. Bei **selbstständiger Tätigkeit** ist Nr 2 nur anzuwenden, wenn sie im Inland ausgeübt wird. Bei **nichtselbstständiger Arbeit** ist die Steuer nach Nr 2 abzuziehen, wenn der ArbG im Ausland ansässig ist, andernfalls erfolgt der LSt-Abzug nach § 38 (vgl § 50a IV 1 Nr 2 letzter HS).

25 **IV. Steuerabzug bei Vergütungen aus der Nutzungsüberlassung von Sachen sowie der Nutzungsüberlassung und Veräußerung von Rechten (§ 50a IV 1 Nr 3).** Dem Steuerabzug nach § 50a IV 1 Nr 3 unterliegen Vergütungen für die Nutzung beweglicher Sachen, die Überlassung der Nutzung oder des Rechts auf Nutzung geschützter und ungeschützter Rechte. Im Einzelnen handelt es sich um Einkünfte, die (auch) unter **§ 49 I Nr 2, 3, 6 und 9** fallen, vom VZ 07 an überdies – gem **§ 50a IV 1 Nr 3 letzter HS** – Gewinne aus der Veräußerung (infolge ‚verbrauchender' Nutzung) von Rechten iSv **§ 49 I Nr 2f** (s dazu § 49 Rn 62, 140 und hier Rn 26f): Eine **Ausnahme** von dem hiernach gegebenen prinzipiellen Steuerabzug macht das Gesetz in seinem durch das JStG 08 (rückwirkend für den VZ 07, vgl § 52 Abs 58a) eingefügten **letzten HS** zugunsten von **Emissionsberechtigungen** im Rahmen des europäischen und internationalen Emissionshandel (also für Berechtigungen gem § 3 IV TEHG sowie für Emissionsreduktionseinheiten und zertifizierte Emissionsreduktionen iSv § 2 Nr 20, und 21 Projekt-Mechanismen-G); Sinn und Zweck findet diese Erleichterung in dem (politischen) Ziel der Verbesserung des Klimaschutzes und in der Befürchtung, der CO_2-Preis würde verfälscht – es lebe der Weltenwurf und die hehre Idee Steuervereinfachung!

26 **Nutzung beweglicher Sachen (§ 49 I Nr 6 und 9).** Erfasst werden sowohl die Nutzung von Sachen (§ 49 I Nr 9) als auch von Sachgesamtheiten (§ 49 I Nr 6), wobei im letzteren Fall Nutzungen im Ausland einzubeziehen sein können, wenn sie im Zusammenhang mit einer inländischen Betriebsstätte stehen. Ansonsten bedarf es stets einer Nutzung im Inland. **Veräußerungsvorgänge** (als ‚intensivste' Form der Nutzung) werden erst vom VZ 07 an erfasst (**§ 50a IV 1 Nr 3 letzter HS**, Rn 25).

27 **Überlassung der Nutzung oder des Rechts auf Nutzung geschützter Rechte (§ 49 I Nr 2, 3 und 6).** Solche Rechte sind insbes Urheberrechte und gewerbliche Schutzrechte (vgl **§ 73a II und III EStDV**), also auch Patente, Geschmacks- und Gebrauchsmuster, Warenzeichen. Ob der Nutzungsüberlassung ein (Lizenz-)Vertrag zugrunde liegt oder nicht, ist unbeachtlich, tatsächliche Nutzungen genügen. Betroffen sind erneut (Rn 25f) im Grundsatz nur zeitlich begrenzte Nutzungen, **Veräußerungen** (Vollrechtsübertragungen, s auch § 49 Rn 80, 140)[1] hingegen erst (Rn 25, 26) mit Wirkung vom VZ 07 an. Zur (str) Abgrenzung zw der Erbringung gewerblicher Dienstleistungen und der Nutzungsüberlassung von Persönlichkeitsrechten von Künstlern und Sportlern s § 49 Rn 43. Zur Nichterhebung der Steuer gem § 50a auf Lizenzgebühren innerhalb der EU s § 50g und 50h idF des EG-Amtshilfe-AnpassungsG.[2]

28 **Überlassung der Nutzung oder des Rechts auf Nutzung ungeschützter Rechte** (Know how) **(§ 49 I Nr 9).** Das sind Vergütungen für die Überlassung der Nutzung oder des Rechts auf Nutzung von gewerblichen, technischen, wissenschaftlichen und ähnlichen Erfahrungen. Kenntnissen und Tätigkeiten, vgl im Einzelnen § 49 Rn 151.

32 **V. Bemessungsgrundlage und Höhe des Steuerabzugs (§ 50a IV 2 bis 6).** Der Steuerabzug bezieht sich auf die jeweiligen **Bruttoeinnahmen** iSv § 8 I ohne Abzug von WK oder BA, SA und Steuern (**§ 50a IV 2**, bis zum VZ 01: § 50a IV 3; § 73b EStDV aF).[3] Zur gemeinschaftsrechtlich bedingten Modifikationen s aber Rn 36. Für beschränkt StPfl, die die Einkünfte im Rahmen eines inländischen Betriebs erzielen, oder für solche StPfl, die gem § 1 III, § 1a I Nr 2 als unbeschränkt StPfl behandelt werden, ergeben sich daraus keine Nachteile: die Abgeltungswirkung entfällt hier (§ 50 V 3). Bei beschränkt StPfl (auch soweit es sich um gesamthänderisch erzielte Einkünfte handelt, die auf beschränkt StPfl entfallen) kann die Abgeltungswirkung hingegen Überbesteuerungen zur Folge haben. Bis zum VZ 96 begegnete die FinVerw dem in Einzelfällen mit Billigkeitserweisen. Vom VZ 97 an können in den Fällen des Steuerabzugs gem § 50a IV 1 Nr 1 oder 2 derartige Überbesteuerungen im vereinfachten Erstattungsverfahren gem § 50 V 2 Nr 3 vermieden werden (s auch Rn 43).[4] Jedenfalls dann, wenn die tatbestandlichen Voraussetzungen dieses Verfahrens

---

[1] BFH BStBl II 03, 641; BStBl II 05, 550; *Lüdicke* DB 94, 952 (954); *Frotscher* § 50a Rn 21.
[2] Ausf zu den EG-Einflüssen auf Lizenzgebühren *Cordewener/Dörr* GRURInt 06, 447.
[3] Unter Einbeziehung von Sachvergütungen, vgl BMF DStZ 91, 221; **aA** *Rabe* DStR 92, 703.
[4] FG Mchn IStR 02, 418, 419 f; s auch BFH BStBl II 03, 189; BFH/NV 94, 864.

nicht vorliegen, insbes also beim Steuerabzug gem § 50a IV 1 Nr 3 im Hinblick auf Einkünfte für die Nutzung beweglicher Sachen und für die Überlassung von Rechten, ergeben sich allerdings Benachteiligungen gebietsfremder StPfl, die diese diskriminieren und die sich deswegen nicht mit Gemeinschaftsrecht und dem hiernach zwingend gebotenen **Nettoprinzip** vereinbaren lassen[1] (Rn 36; zu der vergleichbaren Rechtslage bei § 50 III 2 s § 50 Rn 2, 119).[2] – **USt** ist einzubeziehen, nach (abzulehnender, s Rn 11) hM auch dann, wenn von dem bisherigen Abzugsverfahren gem § 51 UStDV aF einschließlich der sog Nullregelung in § 52 UStDV aF Gebrauch gemacht wurde (s Rn 11). Im letzteren Fall war die USt entspr fiktiv hochzurechnen. Vom 1.1.02 an gehört die USt in den Fällen der eigenen Steuerschuldnerschaft des inländischen Leistungsempfängers gem **§ 13b UStG** idF des StÄndG 01 allerdings nicht mehr zu den Einnahmen iSv § 8 I (s Rn 11). Bei Vereinbarung einer Bruttovergütung ist die USt allerdings nicht nochmals aufzuschlagen.[3]

Zu den zu berücksichtigenden Einnahmen (vgl § 8 I) und damit zur Bemessungsgrundlage gehören auch **Reisekosten** und der **Ersatz von Verpflegungsmehraufwendungen** nach § 3 Nr 13 und 16 (**§ 50a IV 2**, bis zum VZ 01: § 50a IV 3),[4] in Gestalt von Barzuwendungen, der Kostenübernahme[5] (ausgenommen Kosten im überwiegend eigenbetrieblichen Interesse des veranstaltenden Vergütungsschuldners;[6] s auch Rn 10) und auch dann, wenn hierin die einzige Gegenleistung für die erbrachten Darbietungen besteht.[7] In Einzelfällen (bei Amateurdarbietungen) sieht die FinVerw aus Gründen der Billigkeit vom Steuerabzug ab.[8] **Entlassungsabfindungen** gem § 3 Nr 9 sind **nicht** in die Bemessungsgrundlage einzubeziehen. **33**

Der **Steuersatz** für den Abzug beträgt für Vergütungen, die **nach dem 31.12.02** zufließen (§ 52 Abs 58a S 2 aF) gem **§ 50a IV 4 HS 1** im Grundsatz **20 vH**, vom VZ 97 bis zum VZ 01 gem § 50a IV 2 aF einheitlich 25 vH, bei Übernahme der Steuer durch den Vergütungsschuldner (wie bei der LSt und KapESt nur in Gestalt einer ausdrücklich vereinbarten Nettovereinbarung[9]) also 25,35 vH für die Abzugsteuer und 1,39 vH für den SolZ,[10] zuvor 33,33 vH, bis zum VZ 96 gem § 50a IV 2 und 3 aF bei den Einnahmen gem § 50a IV 1 Nr 1 und 2 15 vH und bei den Einnahmen gem § 50a IV 1 Nr 3 25vH. Grund für ist die Absenkung des Steuersatzes auf nunmehr 20 vH war die Absenkung des allg ESt-Tarifs auf 42 vH ab 2005, die für die Abzugsteuer in pauschaler Form nachvollzogen wird (vgl § 52 Abs 58a S 2 idF des StÄndG 01). Die Höhe dieses Abzugsteuersatzes von 20 vH beruht nach der Regelungskonzeption auf der typisierenden Annahme von BA/WK von 50 vH der Einnahmen, die ihrerseits einem Steuersatz von 40 vH unterworfen werden (zuvor: BA/WK von 70 vH der Einnahmen und einem Steuersatz von 50 vH auf die verbleibenden 30 vH). Zur gleichwohl vorzunehmenden Kürzung um mitgeteilte tatsächliche BA/WK aus Gründen des EG-Rechts s Rn 36. **34**

Abw von diesem Regel-Abzugsteuersatz wurde aufgrund des vom VZ 08 an auf **15 vH** abgesenkten KSt-Satzes der Steuersatz für **beschränkt stpfl Körperschaften** iSv § 2 KStG vom VZ 08 an in noch weitergehendem Umfang auf 15 vH abgesenkt, **§ 50a IV 4 HS 2**. Davon wiederum abw (und insoweit ohne Sonderregelung für beschränkt stpfl Körperschaften, § 50a IV 6) wird die Steuer für Vergütungen, die **nach dem 31.12.01** zufließen (vgl § 52 Abs 58a S 1)[11] auf Einnahmen bei im Inland **ausgeübten** künstlerischen, sportlichen, artistischen oder ähnlichen Darbietungen iSv § 50a IV 1 Nr 1 und 2 gem **§ 50a IV 5 zur ,Schonung' kleinerer Veranstaltungen** mit **gestaffelten Steuersätzen** erhoben, nämlich bei Einnahmen über 250 € bis 500 € mit 10 vH (**§ 50a IV 5 Nr 2**), über 500 € bis 1 000 € mit 15 vH (**§ 50a IV 5 Nr 3**) und erst darüber hinaus (**§ 50a IV 5 Nr 4**) wieder uneingeschränkt mit 20 vH (bis zum VZ 06: 25 vH), jeweils bezogen auf die gesamten Einnahmen der **35**

---

1 Schnitger FR 03, 745 (747); s auch zu der vergleichbaren Situation in den Niederlanden EuGH IStR 02, 420 mit Anm Grams/Molenaar.
2 EuGH BStBl II 03, 859, ,Gerritse' auf Vorabentscheidungsersuchen FG Bln IStR 01, 3 mit Anm Grams/Molenaar; Schnitger FR 03, 745 (747).
3 FG Kln EFG 02, 1154, (nur) insoweit vom BFH BStBl II 04, 560 bestätigt.
4 S BMF StEK § 50a Nr 37.
5 BFH BStBl II 04, 560; aA Rabe FR 92, 646.
6 Abgrenzend BFH BStBl II 04, 560 mit Anm KB IStR 04, 379 (entgegen FG Kln EFG 02, 1154 und abgrenzend zu BFH BStBl II 89, 449) zu Transport- und Unterbringungskosten; s auch OFD M'ster IStR 03, 646; BFH BStBl II 03, 189; Rabe FR 92, 646; Zimmermann/Könemann IStR 03, 774.
7 S auch OFD Kln StEK § 50a Nr 36; bis zur gesetzlichen Ergänzung von VZ 92 an verhielt sich dies aufgrund der BFH-Rspr anders, vgl BFH BStBl II 89, 449.
8 BMF BStBl I 96, 89.
9 ZB Grützner IStR 03, 346 u 348 mwN im Disput mit Holthaus IStR 02, 664 u 03, 347.
10 OFD M'ster IStR 03, 249.
11 S dazu BMF BStBl I 02, 609; OFD Karlsruhe DStR 02, 807.

jeweiligen (isolierten, als solche aber einheitlichen) Veranstaltung („Darbietung'), nach (großzügiger) Verwaltungspraxis[1] noch weitergehend nur des jeweiligen Tages und bei Personenzusammenschlüssen (nicht: Körperschaften) – contra legem („Darbietungen') – pro Kopf der Darbietenden. Bei Einnahmen unter 250 € wird auf den Steuerabzug verzichtet; der Steuersatz beträgt 0 vH (§ 50a IV 5 Nr 1). Einnahmen aus der **Verwertung** der entspr Darbietungen werden hingegen wiederum einheitlich mit 25 vH abgegolten.[2] Gleiches gilt für Einnahmen aus ansonsten einbezogenen Nebentätigkeiten (s § 49 Rn 43), dies nach dem letztlich zweifelsfreien Gesetzeswortlaut in § 50a IV 5 insoweit nicht nur bei den verwerteten, sondern auch bei den ansonsten begünstigten ausgeübten Darbietungen.

36 **Gemeinschaftsrechtliche Einwendungen** gegen die pauschalen (und definitiven) Steuersätze gem § 50a IV ebenso wie gem § 50 III 2 (s § 50 Rn 15) bestehen so lange nicht, wie der definitive Steuersatz nicht höher ist als jener, der sich für den StPfl aus Anwendung des (allg) progressiven Steuertarifs auf die Nettoeinkünfte (Rn 32) ergeben würde.[3] Der Belastungsvergleich ist im Einzelfall in einer Nebenrechnung anzustellen, wobei der EuGH es für den Regelfall nicht beanstandet hat, dass dem Gebietsfremden die Gewährung des Grundfreibetrages gem § 32a I 2 Nr 1 versagt wird. Wegen der diesem Betrag innewohnenden sozialen Komponente bestünde andernfalls die Gefahr einer ungerechtfertigten Meistbegünstigung, weil der Gebietsfremde eine vergleichbare Vergünstigung auch in seinem Ansässigkeitsstaat erhalten wird.[4] **Ausnahmen** sind nur dann gerechtfertigt, wenn der Gebietsfremde in seinem Ansässigkeitsstaat über keine hinreichenden der ESt unterfallenden Einkünfte verfügt und er deshalb dort den Vorteil des Grundfreibetrages und anderer durch seine persönlichen Verhältnisse bedingten Abzüge nicht beanspruchen kann.[5] Von diesem Ausnahmefall abgesehen ist die Nebenrechnung zur Ermittlung des zutr durchschnittlichen (progressiven) Steuersatzes demnach nach folgender **Formel** vorzunehmen: ESt auf (Nettoeinkünfte + Grundfreibetrag): Nettoeinkünfte. Nachdem sich der BFH dieser Berechnungsweise angeschlossen hat, wird sie auch von der FinVerw für EG- und EWR-Bürger (zu dieser Einschränkung s im Hinblick auf den Grundsatz der abkommensrechtlichen Meistbegünstigung § 50 Rn 19) angewandt, dies bislang aber nur in ESt-Veranlagungsverfahren.[6] Letzteres wird sich so nicht länger halten lassen, nachdem der EuGH[7] (s dazu aber auch Rn 2) auch für das Abzugsverfahren die Verwirklichung des obj Nettoprinzips jedenfalls für **unmittelbar** mit der erbrachten Dienstleistung in Zusammenhang stehende und dem Abzugsverpflichteten mitgeteilte[8] (nicht aber diesem gegenüber nachgewiesene!)[9] BA eingefordert hat. Lediglich für nur mittelbaren **Erwerbsaufwand** genügt danach (ggf) ein späteres **Erstattungsverfahren** (s dazu § 50 V 2 Nr 3);[10] allerdings gebietet das Europarecht die Berücksichtigung solchen Aufwands nicht (s § 50 Rn 32).[11] Gleiches muss für solche Fälle gelten, in denen die Berücksichtigung nicht mitgeteilter, jedoch in unmittelbarem wirtschaftlichem Zusammenhang mit den Einnahmen stehender Aufwendungen im Abzugsstadium zunächst unterblieben ist;[12] die (grds zulässige und mögliche Dritt-)Anfechtung der Steueranmeldung (bzw des Haftungsbescheids) durch den Vergütungsgläubiger ist dazu nicht der richtige Weg. Problematisch wird aus Sicht des Vergütungsschuldners sein, um welchen Aufwand er die Bemessungsgrundlage hiernach beim Steuerabzug kürzt, ohne Gefahr zu laufen, gem § 50a V 5 (s Rn 56) in Haftung genommen zu werden. In keinem Fall dürfte dem vom EuGH (beschränkt) eingeforderten Nettoprinzip aber bereits dadurch genügt sein, dass sich die Höhe des besonderen Steuersatzes des § 50a IV 2 der gesetzgeberischen Intention nach aus der pauschalen Berücksichtigung entspr Erwerbsaufwands berechnet (s Rn 35); diese

---

1 BMF BStBl I 02, 709 unter 2. u 3.; OFD M'ster IStR 02, 464; OFD Karlsruhe DStR 02, 807.
2 BMF BStBl I 02, 709 unter 1.
3 EuGH BStBl II 03, 859 „Gerritse', mit Anm *Grams/Molenaar* IStR 03, 458; BFH BStBl II 04, 773; BFH/NV 04, 766.
4 *Schnitger* FR 03, 745, 753 befürwortet dennoch (und zu Unrecht) die Gewährung des Grundfreibetrages für den Fall, dass dem beschränkt StPfl die Veranlagung eröffnet ist.
5 EuGH IStR 04, 688 „Wallentin'; s auch BFH BStBl I 01, 598.
6 BMF BStBl I 04, 860.
7 EuGH DStR 06, 2071 „Scorpio'; s demzufolge zwischenzeitlich auch der österreichische VwGH öRdW 06, 716; krit dagegen *M Lang* SWI 07, 17.
8 Skeptisch BFH BStBl II 04, 878 in seinem entspr Vorabentscheidungsersuchen an den EuGH; s auch BStBl II 04, 882; FG Mchn IStR 04, 280 mit Anm *Grams* u *Eicher*.
9 **AA** BMF BStBl I 07, 449; skeptisch BFH BStBl II 04, 878 in seinem entspr Vorabentscheidungsersuchen an den EuGH; s auch BStBl II 04, 882; FG Mchn IStR 04, 280 mit Anm *Grams* u *Eicher*; und öVwGH öRdW 06, 716, zur österreichischen Regelungslage in Reaktion auf das EuGH-Urt „Scorpio'.
10 So auch BFH BStBl II 03, 189 für den dort zu beurteilenden Sachverhalt; skeptisch aber *Haarmann/Fuhrmann* IStR 03, 558 (559).
11 EuGH IStR 07, 212 „Centro Equestro da Leiría', BFH BFH/NV 07, 1576.
12 BFH DStR 07, 891; BFH/NV 07, 1576.

Intention mag die Höhe des Steuersatzes beeinflussen, sie kommt in der gesetzlichen Bestimmung selbst, die den Steuersatz absolut fixiert, indes nicht hinreichend zum Ausdruck. Die entgegenstehende Verwaltungspraxis[1] ist abzulehnen (ebenso wie der im novellierten österreichischen EStG[2] gefundene ‚Ausweg' unterschiedlicher Steuersätze, je nachdem, ob ihr ein Brutto- oder aber ein Nettobetrag zugrunde liegt). Auf der anderen Seite ist im (vereinfachten) Abzugsverfahren nicht darauf abzustellen, ob der anzusetzende Steuersatz gegenüber demjenigen, dem ein Gebietsansässiger unterfällt, ungünstiger ist; es kommt in diesem Verfahren also nicht zu einer kupierten „Schattenveranlagung" zur Ermittlung des günstigeren Steuersatzes.[3] **Kritik:** Das Ganze erscheint seltsam unausgegoren; besser wäre es gewesen, der EuGH hätte den gegenwärtigen Rechtszustand vollen Umfangs bestätigt, als über eine ‚kupierte' Verwirklichung des obj Nettoprinzips bereits im Abzugsverfahren iErg doch wieder eine ‚unstimmige' und praktisch nicht beherrschbare Rechtslage zu provozieren. Dadurch wird sich das international jedenfalls für bestimmte Einkünfte, insbes solche von Künstlern uä, durchgängig praktizierte Abzugsverfahren letztlich trotz des insoweit grds zurückhaltenden EG-rechtlichen Plazets auf Dauer kaum aufrechterhalten lassen; eine weitere ‚Durchlöcherung' des Abgeltungsprinzips für EG-Bürger (und womöglich über die erga omnes-Wirkung der Kapitalverkehrsfreiheit gem Art 56 I EG in Ausnahmefällen auch auf Drittstaatenangehörige[4]) dürfte kaum ein belastbares Konzept darstellen. Die radikale Alternativlösung eines unilateralen rule overriding in Anbetracht der derzeit fehlenden Harmonisierung der direkten Steuern würde unweigerlich ein Vertragsverletzungsverfahren gegen Deutschland nach sich ziehen und ist völkerrechtlich nicht tragfähig. – **De lege lata** bleibt zu gewärtigen, dass das Gesetz betroffenen StPfl in § 50 V 2 Nr 3 eine (bislang allerdings immer noch, das aber nur ‚auf dem Papier'[5] tatbestandlich eingeschränkte) Erstattungsmöglichkeit einräumt und die Abzugssteuer insofern nicht (mehr) zwingend definitiv wird.[6] Nur für jene Fälle, in denen die tatbestandlichen Voraussetzungen des § 50 V 2 Nr 3 nicht erfüllt sind, besteht deshalb ein Bedürfnis nach einer weitergehenden Erstattungsmöglichkeit, eine solche wohl in Analogie zu § 50d I (dort Rn 12) oder (ua für Künstler und Sportler) gem § 50 V 2 Nr 3. Für ein Wahlrecht auf eine (förmliche) Veranlagung besteht hingegen jedenfalls gegenwärtig keine Handhabe und in Anbetracht von § 1 III idR auch keine Notwendigkeit. Ein solches Recht wird dementspr derzeit auch vom EuGH nicht verlangt.[7] S dazu § 50 Rn 32 sowie zur Haftung gem § 50a V 5 Rn 56. In diesem Zusammenhang sind aber noch **weitere Aspekte** zu berücksichtigen: **(1)** Der EuGH[8] hat innerhalb der EU jedenfalls einer prinzipiellen **DBA-Meistbegünstigung** (s § 50 Rn 19, dort auch bezogen auf Drittstaatenangehörige) eine Absage erteilt, und zwar mit Blick darauf, dass DBA-Regelungen ihrem „Wesen" nach idR Ergebnis einer bilateralen Reziprozität sind. Überlässt es der EuGH aber der bilateralen Verantwortung, das Steuersubstrat zwischenstaatlich zu verteilen, dann bedeutet das zugleich, dass eine abkommensrechtlich vereinbarte oder zugelassene Quellenbesteuerung (unbeschadet dessen, dass DBA sich ihrerseits an den EG-Grundfreiheiten messen lassen müssen)[9] nicht europarechtswidrig sein kann. **(2)** Vom FG Bln[10] wurde angenommen, es sei ungereimt und gleichheitswidrig (Art 3 I GG), dass dem selbstständig tätigen Künstler anders als dem nichtselbstständig Tätigen die Antragsveranlagung des § 50 V 2 Nr 2 und damit zugleich der Grundfreibetrag vorenthalten werde (s auch § 50 Rn 15). Eine daraus folgende etwaige Verfassungswidrigkeit lasse sich durch ‚verfassungskonforme' analoge Antragsveranlagung gem § 50 V 2 Nr 2 erreichen. Der BFH[11] ist aA: Zw dem über idR über einen längeren Zeitraum nichtselbstständig tätigen ArbN und dem idR nur anlässlich einer einmaligen Veranstal-

---

1 BMF BStBl I 07, 449.
2 § 99 II 2 öEStG idF des öBBG 2007, öBGbL I Nr 134/06; krit zu Recht *Petutschnig/Röthlin/Six* SWI 07, 302, 305 f.
3 Zutr *M Lang* SWI 07, 17 (25 ff); **aA** österreichischer VwGH öRdW 06, 716.
4 S dazu BFH BStBl II 07, 279; s dazu (abgrenzend und zum Verhältnis von Kapitalverkehrs- und Niederlassungsfreiheit) aber auch EuGH DB 07, 2747 „Stahlwerk Ergste-Westig" mwN; einschränkend auch BFH/ NV 05, 1778 (AdV-Beschluss).
5 BFH BFH/NV 07, 1756.
6 So auch BFH BStBl II 03, 189 für den dort zu beurteilenden Sachverhalt; skeptisch aber *Haarmann/Fuhrmann* IStR 03, 558 (559).
7 EuGH DStR 06, 2071 ‚Scorpio' Rn 50 „... anschließendes Erstattungsverfahren ..." und in Anschluss daran

BFH DStR 07, 891. Sofern EuGHE 95, 228 ‚Schumacker' in Rn 58 etwas anderes für ArbN zu entnehmen ist, bezieht sich dies auf die dort gegebene Sondersituation sog Grenzgänger; s zur Abgrenzung auch die Schlussanträge des Generalanwalts Léger v 16.5.06 in der Rs C-290/04 ‚Scorpio', dort Rn 64 ff.
8 EuGH IStR 05, 483 „D" mit krit Anm *Rödder/Schönfeld* IStR 05, 523, *M Lang* SWI 05, 365; *Thömmes* IWB Fach 11a, 887; s aber auch die noch anhängige Sache C-374/04 ‚Test Claimants' (ABlEU 04 Nr C 273/17).
9 ZB EuGH IStR 06, 169 ‚Bouanich' Tz 49 f mwN.
10 FG Bln IStR 03, 740, mit Anm *Grams/Molenaar*; es handelt sich hierbei um die Fortsetzung der Rechtssache EuGH BStBl II 03, 859 ‚Gerritse'.
11 BFH DStR 07, 891; BStBl II 04, 773; BFH/NV 04, 766.

Gosch

tung im Inland auftretenden, selbstständig tätigen Künstler beträchtliche Unterschiede, die eine auch unterschiedliche steuerliche Behandlung rechtfertigen. S auch § 50 Rn 1, 15 und 19. Unabhängig davon stellt sich **(3)** die gleichheitsrechtliche Frage, ob infolge der Beschränkung des Steuersatzes auf die Obergrenze von 25 vH bei gleichzeitiger Beachtung des Nettoprinzips gegenüber EG-Bürgern nicht umgekehrt eine **Inländerdiskriminierung** (vgl Art 3 I GG) droht. Der BFH hat dem allerdings zwischenzeitlich eine Absage erteilt.[1] Und **(4)** bleibt das generelle Problem, ob das Abzugssystem unbeschadet der EG-rechtlichen ‚Einwirkungen' in seiner gegenwärtigen gesetzlichen Struktur ‚normerhaltend' ausgelegt werden kann (also unter Einbeziehung eines beschränkten Nettoprinzips) oder ob damit rechtsmethodische Grenzen der Auslegung überschritten werden. Letzeres scheint der BFH verneinen zu wollen[2] und das dürfte trotz gewisser grds Bedenken (Art 20 III GG!) auch richtig sein: EuGH-Urteile wirken nicht normverwerfend; dem Europarecht kommt nur ein Anwendungsvorrang zu, der bei praeter legem berücksichtigt werden muss, das aber nur insoweit, als er den gebietsfremden ‚Marktbürger' diskriminiert; iÜ bleibt die Norm in ihrem Bestand und in ihrer Anwendung unbeschränkt erhalten.[3]

D. Durchführung und Verfahren des Steuerabzugs (§ 50a V und VI)

37 **I. Entstehung der Abzugsteuer (§ 50a V 1).** Die Abzugsteuer entsteht abw von § 38 AO mit **Zufluss** (vgl § 11) beim Vergütungsgläubiger **(§ 50a V 1)**. Maßgebend für den Zufluss ist bei Geldleistungen abw von § 11 der Zeitpunkt der tatsächlichen Zahlung, der Verrechnung oder der Gutschrift **(§ 73c EStDV)**. Für Sachzuwendungen ist auf die tatsächlichen Verhältnisse abzustellen.

38 **II. Einbehaltung, Abführung und Anmeldung (§ 50a V 2 bis 4).** In diesem Zeitpunkt der tatsächlichen Zahlung oder Zuwendung ist der Steuerabzug vorzunehmen **(§ 50a V 2)**. Die innerhalb eines Kalendervierteljahres einbehaltene Steuer ist jeweils bis zum 10. des Folgemonats an das (zuständige) FA **abzuführen (§ 50a V 3, § 73e S 1 EStDV)**. Bis zu diesem Zeitpunkt sind auch der Vergütungsgläubiger, die Vergütungshöhe und die Steuerabzugshöhe beim FA **anzumelden (§ 73e S 2 EStDV)**, und zwar auch dann, wenn nach DBA ein Steuerabzug nicht oder nicht in voller Höhe vorzunehmen ist **(§ 73e S 3 EStDV)**. Lediglich in den Fällen des § 50a IV ermöglicht § 50d III die vorherige Freistellung, im Falle des § 50a III Nr 2 und 3 auch im Rahmen des Kontrollmeldeverfahrens gem § 50d V. Die Steueranmeldung ist – ebenso wie zB jene bei der LSt gem § 41a I 1 Nr 1 (vgl § 4a Rn 5) – grds nicht sachverhalts-, sondern **zeitraumbezogen**. Da ausweislich des (allerdings nicht ganz eindeutigen) Regelungswortlauts in § 50a V 3 iVm § 73e S 1 und 2 EStDV aber die (tatsächlich) einbehaltene Steuer und – insoweit abw von § 41a I 1 Nr 1– nicht die (objektiv) ein*zu*behaltende Steuer als Sollbetrag anzumelden ist (vgl § 73e S 1 EStDV: „... die einbehaltene Steuer ...", § 73e S 2 EStDV: „... bis zum gleichen Zeitpunkt ..."),[4] bedarf es jedoch keiner mit dem Quartal des Zuflusses (und damit der Steuerentstehung), vielmehr einer mit dem Quartal des Einbehalts zeitkongruenten Anmeldung.[5] Zur Ahndung von Pflichtwidrigkeiten kommt die Haftungsinanspruchnahme in Betracht (Rn 56). Zu bemängeln ist, dass dem Schuldner damit in Zweifelsfällen Unklarheiten über die Qualifizierung der Einkünfte aufgebürdet werden und ihm die Abgabe einer Anmeldung bereits aus Gründen der Vorsicht abverlangt wird.[6] Ggf ist beim FA beizeiten eine verbindliche Auskunft einzuholen. Bei Zahlungen von dritter Seite (zB seitens einer Mutter-Ges) ist zur Vermeidung von Haftungsrisiken überdies Sorge zu tragen, dass die steuerlichen Pflichten erfüllt werden. Zu weiteren Einzelheiten s § 73e S 4–6 EStDV. Wegen der erforderlichen Aufzeichnungen des Abzugsverpflichteten s **§ 73d EStDV**. Einbehaltung, Abführung und Anmeldung der Abzugsteuer unterliegen der Außenprüfung gem § 193 I Nr 1 AO.

39 **III. Abzugsverpflichteter (§ 50a V 2, VI).** Abzugsverpflichteter ist der **Vergütungsschuldner**, der den Steuerabzug für Rechnung des Vergütungsgläubigers (Steuerschuldners) vornimmt und (zivilrechtlich) die Vergütungen schuldet. Vergütungsschuldner ist ggf der für die Veranstaltung Verantwortliche,[7] auch der ausländische (zB Künstlerverleih) bei entspr Inlandsbezug[8] der Darbietung.[9] Des besonderen, tatbestandlich qualifizierten Inlandsbezuges gem § 38 I bedarf es nicht (s auch § 38

---

1 BFH BStBl II 05, 716 betr § 8 Nr 7 S 1 GewStG; s auch BFH BStBl II 07, 838.
2 BFH BStBl II 07, 838; s auch bereits BStBl II 04, 773.
3 S insoweit auch BFH DStR 07, 891 sowie österreichischer VwGH öRdW 06, 716.
4 BFH BStBl II 03, 189.
5 Vgl BFH BStBl II 97, 700 (701); BStBl II 03, 189.
6 Vgl BFH BStBl II 97, 700 (703).
7 BMF BStBl I 96, 89; *Schauhoff* IStR 97, 5.
8 Vgl BFH BB 07, 2719.
9 **AA** *Lademann* § 50a Rn 273.

I 1 Nr 2 für den ausländischen ArbN-Verleiher), auch nicht beim ArbG; dem prinzipiell auch hier bestehenden Inlandserfordernis ist infolge der Inlandsveranstaltung genügt.[1] Gleichermaßen ist wegen § 49 I Nr 2d letzter HS 8 (iVm § 50a IV 1 Nr 1, s Rn 18; § 49 Rn 36) prinzipiell unbeachtlich, wenn (primärer) Vergütungsgläubiger nicht der Darbietende ist, sondern eine (oder auch mehrere) **zwischen** diesem und dem Vergütungsschuldner **geschaltete ausländische** (oder auch inländische)[2] **Ges** (die der Darbietende gemeinhin beherrschen wird; erforderlich ist das für den Quellensteuerabzug jedoch nicht[3]): Es ist für sich genommen auch unbeachtlich, dass in derartigen Fällen häufig zunächst – auf der 1. Ebene – ein (vorgeschalteter) inländischer Vergütungsschuldner abzugsverpflichtet wird und dass der ausländische Vergütungsschuldner im Rahmen des sog Steuerabzugs auf der 2. Ebene zusätzlich in Anspr genommen wird.[4] Die Verpflichtungsgründe unterscheiden sich hier: zum einen geht es um die beschränkte Stpfl der zwischengeschalteten (Künster-/Sportler- uÄ) Verleih-Ges aus der im Inland erbrachten Vermittlungsleistung, zum anderen um die beschränkte Stpfl des im Inland (idR beschränkt, ggf aber auch unbeschränkt stpfl) Auftretenden. Dennoch droht infolge der Orientierung an der jew geschuldeten Bruttovergütung eine wirtschaftliche Doppelinanspruchnahme ('Kaskadeneffekt'), die es (nicht zuletzt aus Gründen der Verhältnismäßigkeit sowie aus EG-rechtlichen Gründen) im Allg erzwingt, entweder die Abzugsverpflichtung auf der 1. Ebene von vornherein auf den (Netto-)Differenzbetrag, der allein der Zwischen-Ges gebührt (s Rn 36), zu beschränken, oder aber auf die Inanspruchnahme auf der 2. Ebene gänzlich zu verzichten.[5] Zum besonders auszuübenden Haftungsermessen in solchen Fällen s auch Rn 56. Ausnahmsweise ist vom Steuerabzug durch den Vergütungsschuldner abzusehen, wenn die Vergütungen nicht unmittelbar an den Gläubiger (StPfl) geleistet werden, sondern an die GEMA oder eine andere Verwertungsgesellschaft als Beauftragter **(§ 50a VI)**. Dieser Beauftragte tritt dann an die Stelle des Vergütungsschuldners (Bemessungsgrundlage sind hier die nach Verteilungsplan zu zahlenden Beträge). Einzelheiten ergeben sich aus **§ 73f EStDV**.[6]

IV. Erstattungen. – 1. Erstattungsbescheinigung (§ 50a V 7). Vom VZ 97 an kommt dem Steuerabzug nur noch eingeschränkte Abgeltungswirkung zu; einbehaltene Steuer kann zu erstatten sein, um **Überbesteuerungen** zu vermeiden, § 50 V 2 Nr 3 (Rn 32). Im Zusammenhang hiermit wird der Abzugsverpflichtete verpflichtet, dem beschränkt stpfl Vergütungsgläubiger auf dessen Verlangen auf amtlichem Muster[7] Einzelheiten zum Steuerabzug (Namen, Tätigkeitsart, Zahlungszeitpunkt uÄ) zu bescheinigen (**§ 50a V 7**; s ebenso § 48a II, dort Rn 10). 43

2. Erstattungen nach anderen Vorschriften. Unabhängig von § 50 V 2 Nr 3 für Fälle der Überbesteuerung (§ 50 Rn 32 ff) bleibt dem Vergütungsgläubiger bei **ohne rechtlichem Grund** (zB fehlende beschränkte StPfl) einbehaltener Abzugsteuer der allg Erstattungsanspruch gem **§ 37 II AO** und entspr dem Rechtsgedanken des **§ 50d I 1**.[8] **Verfahren:** Antrag bei FA innerhalb der Frist (4 Jahre) gem § 169 II Nr 2 AO. Entscheidung durch Freistellungs- oder Abrechnungsbescheid (§§ 157, 218 II AO).[9] **Erstattungszinsen** gem § 233a I 2 AO sind nicht zu zahlen (s demgegenüber aber § 50d Ia nF und dazu § 50d Rn 17); gemeinschaftsrechtliche Einwendungen dagegen sind unbegründet, weil der StPfl zum einen die Möglichkeit hat, dem Vergütungsschuldner seine Aufwendungen beizeiten mitzuteilen und dadurch Zinsnachteilen zu entgehen (s Rn 36), und zum anderen, weil das Abzugsverfahren mit der prinzipiell unverzinslichen anschließenden Erstattung vom EuGH im Grundsatz akzeptiert worden ist.[10] Ggf kommt aber ein entspr (zivilrechtlicher) Entschädigungsanspruch aus Amtshaftung in Betracht.[11] 44

Zur Erstattung im Zusammenhang mit DBA-Befreiungen sowie der §§ 43b und 50g s § 50d Rn 12 ff. 45

---

1 Vgl BFH BB 07, 2719; BFH/NV 94, 864; FG Mchn EFG 98, 1266; s auch BMF BStBl I 96, 89 Tz 3.1; **aA** FG M'ster IStR 04, 349; *Grams* RIW 97, 55; IStR 02, 744 u IStR 04, 350; *Hey* RIW 99, 236; *H/H/R* § 50a Rn 132.
2 Insoweit zutr *Toifl* in Gassner ua, S 211, 227 ff; **aA** offenbar BMF BStBl I 96, 89 Tz 2.5.
3 *D/W* Art 17 MA Rn 58, 71 ff.
4 BMF BStBl I 96, 89 Tz 3.1 ff; BFH/NV 05, 1778 (abgrenzend zum LSt-Abzug, s dazu BStBl II 74, 107); FG Mchn EFG 98, 1266; **aA** *Lademann* § 50a Rn 276; vgl FG M'ster IStR 04, 349 zur Europarechtskonformität, vgl dazu EuGH IStR 06, 743, 'Scorpio' (auf Vorlage BFH BStBl II 04, 878).
5 Zutr *Toifl* in Gassner ua, die beschränkte Stpfl im ESt – v KSt-Recht, S 211, 218 ff.
6 S dazu auch BFH BStBl III 64, 544.
7 BMF BStBl I 97, 1500.
8 BFH BStBl II 84, 828; BStBl II 85, 330; DB 96, 1217.
9 BFH aaO.
10 BFH v 18.9.07 I R 15/05; s auch DStR 07, 891 (Verfassungsbeschwerde BVerfG: 2 BvR 1178/07) sowie FG Bln EFG 03, 1709 (unter 1.c) (= Folgeurteile zu EuGH BStBl II 03, 859 'Gerritse').
11 BFH v 18.9.07 I R 15/05; s auch EuGH EuGHE I 01, 1760 'Metallgesellschaft/Hoechst'.

46 V. Rechtsbehelfe. Die Steueranmeldung (gem § 73e EStDV) ist (abw von der Aufforderung, eine solche abzugeben[1]) **Steuerbescheid** unter Vorbehalt der Nachprüfung (§ 168 S 1 AO). Als solcher kann sie (anders als eine vorangehende Aufforderung zur Abgabe[2]) vom Abzugsverpflichteten (als Entrichtungssteuerschuldner und Adressat), aber auch vom Steuerschuldner (als insoweit duldungsverpflichteten Drittbetroffenen aus eigenem Recht) angefochten werden.[3] In letzterem Fall tritt das Rechtsbehelfsverfahren selbstständig neben das Freistellungsverfahren gem § 50d. Ficht der Steuerschuldner die Anmeldung nicht an, soll zugleich ein Erstattungsanspruch gem § 37 II AO entfallen, weil die Anmeldung wirkt als eigenständiger Rechtsgrund für das Behaltendürfen der Steuer ist[4] (s auch § 50d Rn 12); dem ist nicht beizupflichten, weil Regelungsadressat der Steueranmeldung (nur) der entrichtungssteuerverpflichtete Vergütungsschuldner ist und das ‚Behaltendürfen' sich deswegen auch nur ihm gegenüber verwirklicht. Auch wenn der Steuerschuldner gegen die Steueranmeldung vorgeht, ist Gegenstand des von ihm betriebenen Rechtsbehelfsverfahrens – anders als bei Anfechtung durch den Vergütungsschuldner[5] – deshalb auch immer nur die Rechtsfrage, ob Letzterer berechtigt oder verpflichtet war, die Steuer einzubehalten und abzuführen, was bereits bei greifbaren Zweifeln an der materiellen StPfl des Vergütungsgläubigers (vor allem bei unklarer und ungeklärter Rechtslage) der Fall ist, weil Gegenstand der Steueranmeldung eben lediglich die (eigene) Entrichtungssteuerschuld des Vergütungsschuldners ist, nicht dessen Haftung für die (fremde) Steuerschuld des Vergütungsgläubigers (gem § 50a V 5 iVm § 73g EStDV, Rn 56).[6] Es bedarf infolgedessen im Rechtsbehelfsverfahren des Vergütungsschuldners gegen die Steueranmeldung auch keiner notwendigen Hinzuziehung (vgl § 360 III AO) oder Beiladung (vgl § 60 III FGO) des Vergütungsgläubigers.[7] Diesem gegenüber wird durch die Anmeldung keine Steuer festgesetzt; er ist deshalb zur abschließenden materiell-rechtlichen Klärung seiner StPfl (nach Grund ebenso wie nach Höhe) gehalten, ein Erstattungs- oder Freistellungsverfahren gem § 50d I oder II einzuleiten, ggf auch gem § 50 V 2 Nr 3 oder – allerdings beim FA, nicht aber beim BZSt (bis 31.12.05: BfF) (s § 50d Rn 14) – gem § 50d bzw gem § 50 V 2 Nr 3 analog (s § 50d Rn 12).[8] Diese Regelungslage der (autonomen innerstaatlichen) Rechtsdurchsetzung und Steuererhebung ist aus Sicht des EG-Rechts vom EuGH (durch Urteil v 3.10.06 C-294/04 ‚Scorpio')[9] im Grundsatz bestätigt worden, allerdings mit der (wesentlichen) Einschränkung, dass der Vergütungsschuldner in unmittelbarem Zusammenhang mit den betr Einnahmen stehende und ihm mitgeteilte BA/WK bereits bei der Steueranmeldung und -entrichtung berücksichtigen muss. S Rn 36.[10] Ggf kann vorab der Anspr auf Erteilung einer Freistellungsbescheinigung analog § 50d II in Betracht kommen.[11] Sind keine Aufwendungen mitgeteilt worden, geht wiederum das (nachträgliche) Erstattungsverfahren der Anfechtung der Steueranmeldung vor; ausschlaggebend für die Anmeldung sind nur auf die Verhältnisse beim Steuerabzug.

47 Abzugsverpflichteter und Steuerschuldner können auch die **AdV** (§ 361 AO, § 69 FGO) der Steueranmeldung (bzw eines anschließenden Haftungsbescheides) erreichen, Aufhebung der Vollziehung (Erstattung, vgl § 361 II 3 AO, § 69 II 7 FGO) hingegen grds nur der Abzugsverpflichtete als derjenige, der die Steuer abgeführt hat und gegen den die Anmeldung (allein) vollzogen werden kann. Der Vergütungsgläubiger ist dazu nur unter materiellen Einschränkungen befugt, nämlich bei entspr Zustimmung des Schuldners oder wenn nur auf diesem Wege die Existenz des Vergütungsgläubigers gerettet werden kann.[12] Bei einer Bruttoauszahlung ist er nur beschwert, falls der Vergütungsschuldner ihn rückbelasten will und die erforderlichen Schritte auch tatsächlich bereits eingeleitet hat.[13]

---

1 FG Bdbg EFG 96, 1107; FG Mchn EFG 95, 752; s auch BFH BStBl II 97, 660; BFH/NV 98, 14.
2 FG Mchn EFG 95, 752; FG Bdbg EFG 96, 1107; s auch BFH BStBl II 97, 660; BFH/NV 98, 14.
3 BFH BStBl II 96, 87; s auch BFH BStBl II 97, 700; BFH/NV 05, 892; BFH BStBl II 05, 890, BStBl II 06, 94 (zur LSt-Anmeldung).
4 Vgl BFH BStBl II 96, 87; BStBl II 95, 781; -sch DStR 96, 139; aA *Schmidt*[26] § 41a Rn 5.
5 BFH BStBl II 05, 550.
6 BStBl II 97, 700; BStBl II 03, 189; BFH v 7.11.07 I R 19/04; abgrenzend auch FG Mchn IStR 04, 280; aA *Cordewener* IStR 06, 158 (161 f) aus Sicht des EG-Rechts; s auch *Schauhoff* IStR 04, 706, 708 f einerseits, *Wassermeyer* IStR 04, 709 andererseits.
7 BFH DStR 07, 891; s auch BFH BStBl I 80, 210 (211); aA *Cordewener* IStR 06, 158 (159 ff), erneut aus Sicht des EG-Rechts.
8 BFH BStBl II 97, 700; BStBl II 03, 189; *Wassermeyer* IStR 04, 709; krit *Grams* DStZ 98, 24.
9 EuGH IStR 06, 743 ‚Scorpio'; dazu *Cordewener/Grams/Molenaar* IStR 06, 739 (742).
10 S auch *Schnitger* FR 03, 745 (749); BMF BStBl I 03, 553; aA *Grams/Molenaar* IStR 03, 460 (461).
11 *Schnitger* FR 03, 745 (749).
12 S BFH/NV 99, 1314; FG Mchn EFG 02, 835.
13 BFH/NV 94, 549.

Ansonsten ist der Steuerschuldner erneut auf das Freistellungs- oder das Erstattungsverfahren (§ 50d I oder II) zu verweisen.[1] – IÜ steht ihm kein Recht zu, die Anordnung einer Außenprüfung gem § 193 II Nr 2 AO (Rn 38) beim Vergütungsschuldner anzufechten.[2]

E. Steuerabzug auf Anordnung (§ 50a VII)

Zur Sicherstellung des Steueranspruchs kann bei dessen andernfalls drohender Gefährdung der Steuerabzug auf besondere Anordnung des – für den Vergütungsgläubiger (bis zum VZ 99: Vergütungsschuldner) gem § 19 II 2, § 20 IV AO zuständigen (Betriebs-) FA – bei beschränkt StPfl auch in solchen Fällen erfolgen, in denen die einschlägigen tatbestandlichen Voraussetzungen an sich nicht erfüllt sind (**§ 50 VII 1**). Die Anordnung dieses sog **Sicherungseinbehalts**[3] steht im (gebundenen) Ermessen[4] der Behörde („Sicherstellung', „zweckmäßig'[5]), das fehlerhaft ausgeübt wird, wenn nach DBA von vornherein kein deutsches Besteuerungsrecht besteht.[6] Der Einbehalt kann bei bereits erfolgten **Teilvergütungen** ggf nur für die noch verbleibenden Teilbeträge[7] und iÜ **auch rückwirkend** angeordnet werden, dies allerdings nicht mehr nach vollständiger Auszahlung der Vergütung an den beschränkt StPfl.[8] Nach Ablauf des VZ erlischt die Anordnung, soweit das Zuflussprinzip gilt; ansonsten (Bestandsvergleich) bleibt sie ebenso wie das (dann nachträgliche) Anordnungsrecht bis zum Ablauf der Festsetzungsverjährung (§§ 169 ff AO) erhalten. **50**

Der Steuerabzug beträgt 25 vH, bei beschränkt stpfl Körperschaften iSd § 2 KStG vom VZ 08 an 15 vH (s Rn 35), (nur[9]) der gesamten Einnahmen (einschl USt) aus **dem konkreten Rechtsverhältnis** zw Vergütungsgläubiger und Vergütungsschuldner,[10] es sei denn, der Steuerschuldner macht glaubhaft, dass die voraussichtlich geschuldete Steuer niedriger sein wird (**§ 50a VII 2**). Voraussichtliche Steuerschulden anderer Vergütungsgläubiger bei inländischen Einkünften aus Geschäftsbeziehungen zu mehreren Partnern sind auch dann nicht einzubeziehen, wenn ein einheitliches Vertragswerk zugrunde liegt.[11] Abzüge von der Bemessungsgrundlage sind nicht zulässig[12] Allerdings kommt dem Steuerabzug **keine Abgeltungswirkung** gem § 50a V 1 zu (**§ 50a VII 4**); der angeordnete Steuerabzug hat nur Vorauszahlungscharakter, dem eine Veranlagung mit Anrechnung der abgezogenen Steuer (§ 36 II Nr 2) nachfolgt. Die Regelungen in § 50a V (bis VZ 99: nur S 1, 2, 4, 5) sind entspr anzuwenden (**§ 50a VII 3**).[13] Die Steuer entsteht somit erst in dem **Zeitpunkt**, in dem die Vergütungen, für die der Steuerabzug angeordnet ist, an den beschränkt StPfl gezahlt werden (§ 50a VII 3 iVm V 1, § 73c Nr 1 EStDV). Bei Teilvergütungen vor diesem Zeitpunkt bemisst sich der Sicherungseinbehalt nach der Gesamtvergütung; er kann aber auf die verbleibenden Teilvergütungen angeordnet werden.[14] Der angeordnete Steuerabzug ist zu diesem Zeitpunkt vorzunehmen (§ 50a VII 3 iVm V 2), (auf amtlichem Vordruck) anzumelden (§ 73e S 6 iVm S 1, 2 und 4 EStDV) und (vom VZ 00 an[15]) an das FA abzuführen. Nicht nur die Abführung der Abzugsteuer, sondern auch deren Anmeldung erfolgen (erstmals für Vergütungen, für die der Abzug nach dem 22.12.01 angeordnet worden ist, vgl § 52 Abs 58b idF das StÄndG 01) bei demjenigen FA, das den Steuerabzug angeordnet hat (§ 50a VII 3 iVm V 3, § 73e S 6 EStDV). Der Vergütungsschuldner haftet (§ 50a V 5), ausgenommen bei (ausnahmsweiser) Inanspruchnahme des Vergütungsgläubigers (§ 50a V 6 und 7). **51**

Die Anordnung ist ein Steuer-VA iSd § 118 AO, der gem §§ 130 f AO geändert werden kann. Im Rechtsbehelfsverfahren ist der beschränkt StPfl hinzuzuziehen bzw beizuladen (§ 360 III 1 AO, § 60 III FGO). Hinsichtlich der AdV gilt im Grunde Gleiches wie bei der Steueranmeldung gem § 73e EStDV (s Rn 46); allerdings ist prinzipiell (auch ohne spezifischen Antrag) eine Sicherheitsleistung anzuordnen (§ 361 II 5 AO, § 69 II 3 FGO), es sei denn, der Vergütungsschuldner stimmt dem AdV-Begehren ausdrücklich zu, andernfalls kann die Existenz des Steuerschuldners nicht gewährleistet werden oder die Abzugsanordnung ist zweifelsfrei und ohne jede Heilungsmöglichkeit rechtswidrig.[16] **52**

---

1 BFH BStBl II 98, 700; zu den dabei bestehenden verschiedenen Möglichkeiten des Vorgehens vgl *Schauhoff* IStR 97, 662; *Grams* DStZ 98, 24; *Heuermann* DStR 98, 959.
2 FG Mchn EFG 97, 1286.
3 Im Einzelnen s BMF BStBl I 99, 687.
4 *Lieven* IStR 96, 153.
5 Nicht aber „erforderlich", wie *Streck* DB 84, 846 annimmt.
6 *Blümich* § 17 Rn 139.
7 BMF BStBl I 99, 687.
8 BFH BStBl III 65, 634.
9 *Blümich* § 50a Rn 77; **aA** *Müller* DB 84, 2221.
10 *Blümich* aaO.
11 *B/H/G/K* Anh Rn 282.
12 BMF DStR 99, 1317.
13 Zu Einzelheiten s BMF DStR 99, 1317.
14 BMF BStBl I 02, 710.
15 **AA** BMF aaO: nur für den nach dem 22.12.01 angeordneten Steuerabzug.
16 BFH/NV 99, 1314.

F. Durchführung der Besteuerung bei Verstößen gegen die Abzugspflichten

55 I. Inanspruchnahme des Steuerschuldners (§ 50a V 6). Unterbleibt die Einbehaltung und Abführung der Abzugsteuer, kann das (gem § 73g iVm § 73e I 1 EStDV, § 50a V 3 zuständige) Betriebs-FA des Abzugsverpflichteten[1] den Steuerschuldner – mittels Nachforderungsbescheid – in Anspr nehmen, gem § 50a V 6 allerdings nur unter den dort genannten einschränkenden Voraussetzungen: **(1)** der Schuldner der Vergütung hat diese nicht vorschriftsmäßig gekürzt, oder **(2)** der beschränkt stpfl Gläubiger weiß, dass der Schuldner die einbehaltene Steuer nicht vorschriftsmäßig abgeführt hat, und er hat dies dem FA nicht unverzüglich mitgeteilt. Es gelten die allg Regelungen (§§ 155 ff AO). Der Bescheid ist an den Vergütungsgläubiger zu richten. Ist Gläubiger eine PersGes und tritt diese als solche nach außen hin auf, genügt deren Angabe; ihre G'ter müssen nicht benannt werden, unabhängig davon, dass regelmäßig diese Steuerschuldner sind (Rn 39).[2] Der Nachforderungsbescheid kann (nur) vom Adressaten angefochten werden. – Auch ohne Inanspruchnahme des Steuerschuldners bleibt dieser neben dem Haftenden Gesamtschuldner. Seine Inanspruchnahme kann jederzeit nachgeholt werden, zB bei Widerruf einer erschlichenen Freistellung.[3]

56 II. Haftung des Abzugsverpflichteten (§ 50a V 5). Anstelle des Vergütungsgläubigers (= Steuerschuldners) kann sich das FA – wie nunmehr feststeht, in EG-rechtlich grds (s aber auch nachfolgend sowie § 50d Rn 27) prinzipiell unbedenklicher Weise (s Rn 2) – an den Abzugsverpflichteten als Haftenden halten. Dieser haftet für die richtige Einbehaltung und Abführung der Abzugsteuer (**§ 50a V 5, § 73g I EStDV**);[4] auf die tatsächliche Fälligkeit der Steuerzahlungen und auf den Eintritt eines Schadens auf Seiten der FinVerw kommt es nicht (zusätzlich) an.[5] Die Haftung entspricht ihrer Höhe nach der angemeldeten oder festgesetzten Abzugsteuer, nach dem Grundsatz der Haftungsakzessorietät ggf auf der Basis der gemeinschaftsrechtlich zugrunde zu legenden Nettoeinkünfte (Rn 39).[6] Die Inanspruchnahme erfolgt durch Haftungsbescheid (§ 191 AO), ggf auch (ohne entspr Ermessenserfordernisse) durch Steuerfestsetzung (Nachforderungsbescheid; § 167 I 1 AO; s auch § 48a Rn 20)[7] oder – bei schriftlichem Anerkenntnis oder bei Anmeldung – gänzlich ohne Bescheid (vgl **§ 73g II EStDV**, § 42d IV, § 44 V 3; § 167 I 3 AO). Ergeht ein solcher aber, so muss er allg Bestimmtheitsanforderungen genügen (§ 119 AO), insbes bezeichnen, für welche Vergütung[8] und für welchen Vergütungsgläubiger (Identifizierbarkeit genügt, namentliche Bezeichnung ist nicht vonnöten[9]) Abzugssteuer eingefordert wird; allg Hinweise auf § 50a reichen nicht aus. Im Einzelnen gelten die für die LSt- und KapESt-Haftung entwickelten Grundsätze analog (vgl § 42d; § 44 V Rn 17). Da die Entscheidung über die Inanspruchnahme im Ermessen (Auswahl- und Entschließungsermessen) des FA steht, bedarf es entspr Ermessenserwägungen, die idR zu begründen sind.[10] Vor allem in jenen Fällen, in denen auf den Steuerschuldner keine Zugriffsmöglichkeiten im Inland bestehen (Schwierigkeiten bei Zustellung und Beitreibung), sind solche allerdings idR verzichtbar (vgl § 121 II AO),[11] dies aber dann nicht, wenn auch der Abzugsverpflichtete im Ausland ansässig ist (s dazu Rn 39). Die Inanspruchnahme des Vergütungsschuldners entfällt insbes dann, wenn die betr Einkünfte **stfrei** sind oder der Steueranspruch **verjährt** ist (vgl im Einzelnen zur besonderen Haftungsverjährung § 191 III AO).[12] Allerdings unterfällt dies **2 Einschränkungen: (1)** Die (gänzliche oder teilw) Steuerbefreiung entbindet (seit VZ 02) in den Fällen des § 50d nur dann von der Haftung, wenn der Vergütungsgläubiger vor der Verpflichtung zum Steuerabzug eine Feistellungsbescheinigung gem § 50d II vorlegt. Solange das nicht der Fall ist, droht die Haftung; die Freistellungsbescheinigung gilt gem § 50d II 4 nur für die Zukunft und wirkt nicht zurück. Innerhalb der EU ist diese Geltungsbeschränkung aber diskriminierend und iErg unbeachtlich.[13] **(2)** Hinsichtlich der Ver-

---

1 BFH BStBl II 94, 697; *FW* IStR 94, 438; wegen der Abgeltungswirkung der Abzugsteuer können sich keine Zuständigkeitskollisionen ergeben.
2 Wohl **aA** BFH/NV 96, 311.
3 Vgl FG Mchn EFG 95, 626 dort allerdings fälschlicherweise (ebenso *Frotscher* § 50a Rn 31) auch bereits vor Widerruf der (erschlichenen) Bescheinigung.
4 *Waterkamp* FR 94, 345.
5 BFH BStBl II 03, 223.
6 *Schnitger* FR 03, 745 (749); *Grams/Molenaar* IStR 03, 460, 461; FG D'dorf IStR 04, 90; s aber auch BMF BStBl I 03, 553.
7 Str; wie hier BFH BStBl II 01, 67; BStBl II 04, 1087 mwN; *T/K* § 167 AO Rn 8f; *Gosch* StBp 01, 113; OFD Stuttgart IStR 03, 646; **aA** *K/S/M* § 41a Rn A 17 ff, B 1; *Kempf/Schmidt* DStR 03, 190; *Drüen* DB 05, 299.
8 S BFH/NV 97, 826: „Haftung für Steuern vom Ertrag" soll genügen.
9 BFH BStBl II 97, 306; BFH/NV 97, 826; s aber demgegenüber die str Rechtslage beim Nachforderungsbescheid, Rn 565.
10 BFH BStBl II 89, 99.
11 BFH BStBl II 93, 407; BStBl II 97, 306; BFH/NV 01, 448.
12 Zu Letzterem s BFH BStBl II 03, 223.
13 EuGH IStR 06, 743 ‚Scorpio'; dazu *Cordewener/Grams/Molenaar* IStR 06, 739 (742).

jährung unterscheidet der BFH[1] insoweit zw der Haftungsverjährung einerseits und der Anmeldungsverjährung des Entrichtungssteuerschuldners andererseits, was zu Lasten des Abzugsverpflichteten insbes zu einer eigenen (3-jährigen) Anlaufhemmung der Festsetzungsfristen gem § 170 II 1 Nr 1 AO führt.[2] Dem ist beizupflichten. Zwar ähnelt die Entrichtungssteuerschuld in materieller Hinsicht (teilw) einem Haftungsanspruch.[3] Dennoch stellt diese Schuld eine eigene Schuld des Abzugsverpflichteten dar, die jedenfalls dann auch verjährungsrechtlich eigenen Regeln unterworfen ist, wenn die Inanspruchnahme nicht durch Haftungsbescheid,[4] sondern durch Steuerfestsetzung (§ 167 I 1 AO) erfolgt.[5] – Zur **Anfechtung** des Haftungsbescheides ist neben dem Haftungsschuldner auch der Steuerschuldner berechtigt, dem allerdings insoweit die Beschwer für einen AdV-Antrag fehlt[6] (s auch Rn 55). Zur nur eingeschränkten Überprüfbarkeit des behördlichen Ermessens s § 102 FGO. Einer (notwendigen) Hinzuziehung (§ 360 III AO) oder Beiladung (§ 60 III FGO) des StPfl bedarf es ebenso wie bei der Steueranmeldung (s Rn 46) nicht.[7]

IX. Sonstige Vorschriften, Bußgeld-, Ermächtigungs- und Schlussvorschriften

§ 50b Prüfungsrecht

[1]Die Finanzbehörden sind berechtigt, Verhältnisse, die für die Anrechnung oder Vergütung von Körperschaftsteuer, für die Anrechnung oder Erstattung von Kapitalertragsteuer, für die Nichtvornahme des Steuerabzugs, für die Ausstellung der Jahresbescheinigung nach § 24c oder für die Mitteilungen an das Bundeszentralamt für Steuern nach § 45e von Bedeutung sind oder der Aufklärung bedürfen, bei den am Verfahren Beteiligten zu prüfen. [2]Die §§ 193 bis 203 der Abgabenordnung gelten sinngemäß.

§ 50b enthält eine Rechtsgrundlage für die Prüfung von Sachverhalten und Rechtsverhältnissen, die für die Anrechnung, Vergütung oder Erstattung von KSt oder KapESt, für die Nichtvornahme des Steuerabzugs, für die Ausstellung der Jahresbescheinigung nach § 24c oder die Mitteilungen nach § 45e von Bedeutung sind oder die der Aufklärung bedürfen. § 50b wurde durch das JStG 07 auf die Prüfung der **Jahresbescheinigungen nach § 24c** erweitert. Eine derartige Überprüfung bei der ausstellenden Stelle war bis dahin nicht zulässig. Die Angaben konnten nur bei dem einzelnen StPfl geprüft werden. Nach der Gesetzesbegründung soll nicht der StPfl und dessen Angaben, sondern das Kreditinstitut kontrolliert werden. Dabei wurde allerdings von der Einführung von Sanktionsvorschriften bewusst Abstand genommen mit der Begr, die Bescheinigungen seien erstmals 2005 ausgestellt worden und es sollten zunächst Erfahrungen gesammelt und ausgewertet werden. Nach § 52 Abs 58c gilt das Prüfungsrecht für alle bislang ausgestellten Bescheinigungen.[8] 1

§ 50b erweitert den Kreis der Prüfungsadressaten gegenüber § 193 II AO und regelt den sachlichen Prüfungsumfang gegenüber § 194 AO selbstständig. Die **Prüfungsfelder und -adressaten** bestimmen sich nach dem jeweiligen Verfahren. Zu prüfen sind die tatsächlichen und rechtlichen **Verhältnisse**. § 50b verlangt alternativ, dass diese von Bedeutung sind oder der Aufklärung bedürfen. Die Finanzbehörden dürfen danach prüfen, wenn Verhältnisse nicht unklar, aber bedeutsam sind und auch dann, wenn erst die Prüfung unklarer Verhältnisse zu der Feststellung führen soll, ob diese Bedeutung haben. Die allg Vorschriften über Außenprüfungen der **§§ 193 – 203 AO** gelten gem § 50b S 2 sinngemäß, so zB § 195 AO mit der Folge, dass das Wohnsitz-FA nach § 19 AO, das Geschäftsleitungs-FA nach § 20 AO, aber auch das BZSt zur Prüfung berechtigt sein können. 2

§ 50c

(weggefallen)

---

1 Zur Unterscheidung zw der Haftungs und Anmeldungsverjährung s BFH BStBl II 01, 556.
2 Zutr OFD D'dorf FR 01, 1189; s auch OFD Mchn v 18.12.01 S 0339 – 8 St 312, Lexinform Nr 0576133.
3 Vgl BFH BStBl II 01, 67 (69).
4 S dazu BFH BStBl I 03, 687; BMF BStBl I 03, 427 unter Aufhebung von BMF BStBl I 97, 414.
5 S *Gosch* DStR 01, 2087; StBp 01, 113 (115).
6 S auch BFH/NV 94, 549.
7 **AA** *Cordewener* IStR 06, 158 (159 ff).
8 BR-Drs 622/06, 100.

§ 50d Besonderheiten im Fall von Doppelbesteuerungsabkommen und der §§ 43b und 50g

(1) ¹Können Einkünfte, die dem Steuerabzug vom Kapitalertrag oder dem Steuerabzug auf Grund des § 50a unterliegen, nach den §§ 43b, 50g oder nach einem Abkommen zur Vermeidung der Doppelbesteuerung nicht oder nur nach einem niedrigeren Steuersatz besteuert werden, so sind die Vorschriften über die Einbehaltung, Abführung und Anmeldung der Steuer durch den Schuldner der Kapitalerträge oder Vergütungen im Sinne des § 50a ungeachtet der §§ 43b und 50g und des Abkommens anzuwenden. ²Unberührt bleibt der Anspruch des Gläubigers der Kapitalerträge oder Vergütungen auf völlige oder teilweise Erstattung der einbehaltenen und abgeführten oder der auf Grund Haftungsbescheid oder Nachforderungsbescheid entrichteten Steuer. ³Die Erstattung erfolgt auf Antrag des Gläubigers der Kapitalerträge oder Vergütungen auf der Grundlage eines Freistellungsbescheids; der Antrag ist nach amtlich vorgeschriebenem Vordruck bei dem Bundeszentralamt für Steuern zu stellen. ⁴Der zu erstattende Betrag wird nach Bekanntgabe des Freistellungsbescheids ausgezahlt. ⁵Hat der Gläubiger der Vergütungen im Sinne des § 50a nach § 50a Abs. 5 Steuern für Rechnung beschränkt steuerpflichtiger Gläubiger einzubehalten, kann die Auszahlung des Erstattungsanspruchs davon abhängig gemacht werden, dass er die Zahlung der von ihm einzubehaltenden Steuer nachweist, hierfür Sicherheit leistet oder unwiderruflich die Zustimmung zur Verrechnung seines Erstattungsanspruchs mit seiner Steuerzahlungsschuld erklärt. ⁶Das Bundeszentralamt für Steuern kann zulassen, dass Anträge auf maschinell verwertbaren Datenträgern gestellt werden. ⁷Die Frist für den Antrag auf Erstattung beträgt vier Jahre nach Ablauf des Kalenderjahres, in dem die Kapitalerträge oder Vergütungen bezogen worden sind. ⁸Die Frist nach Satz 7 endet nicht vor Ablauf von sechs Monaten nach dem Zeitpunkt der Entrichtung der Steuer. ⁹Für die Erstattung der Kapitalertragsteuer gilt § 45 entsprechend. ¹⁰Der Schuldner der Kapitalerträge oder Vergütungen kann sich vorbehaltlich des Absatzes 2 nicht auf die Rechte des Gläubigers aus dem Abkommen berufen.

(1a) ¹Der nach Absatz 1 in Verbindung mit § 50g zu erstattende Betrag ist zu verzinsen. ²Der Zinslauf beginnt zwölf Monate nach Ablauf des Monats, in dem der Antrag auf Erstattung und alle für die Entscheidung erforderlichen Nachweise vorliegen, frühestens am Tag der Entrichtung der Steuer durch den Schuldner der Kapitalerträge oder Vergütungen. ³Er endet mit Ablauf des Tages, an dem der Freistellungsbescheid wirksam wird. ⁴Wird der Freistellungsbescheid aufgehoben, geändert oder nach § 129 der Abgabenordnung berichtigt, ist eine bisherige Zinsfestsetzung zu ändern. ⁵§ 233a Abs. 5 der Abgabenordnung gilt sinngemäß. ⁶Für die Höhe und Berechnung der Zinsen gilt § 238 der Abgabenordnung. ⁷Auf die Festsetzung der Zinsen ist § 239 der Abgabenordnung sinngemäß anzuwenden. ⁸Die Vorschriften dieses Absatzes sind nicht anzuwenden, wenn der Steuerabzug keine abgeltende Wirkung hat (§ 50 Abs. 5).

(2) ¹In den Fällen der §§ 43b, 50a Abs. 4, § 50g kann der Schuldner der Kapitalerträge oder Vergütungen den Steuerabzug nach Maßgabe von § 43b oder § 50g oder des Abkommens unterlassen oder nach einem niedrigeren Steuersatz vornehmen, wenn das Bundeszentralamt für Steuern dem Gläubiger auf Grund eines vom ihm nach amtlich vorgeschriebenem Vordruck gestellten Antrags bescheinigt, dass die Voraussetzungen dafür vorliegen (Freistellung im Steuerabzugsverfahren); dies gilt auch bei Kapitalerträgen, die einer nach einem Abkommen zur Vermeidung der Doppelbesteuerung im anderen Vertragsstaat ansässigen Kapitalgesellschaft, die am Nennkapital einer unbeschränkt steuerpflichtigen Kapitalgesellschaft im Sinne des § 1 Abs. 1 Nr. 1 des Körperschaftsteuergesetzes zu mindestens einem Zehntel unmittelbar beteiligt ist und im Staat ihrer Ansässigkeit den Steuern vom Einkommen oder Gewinn unterliegt, ohne davon befreit zu sein, von der unbeschränkt steuerpflichtigen Kapitalgesellschaft zufließen. ²Die Freistellung kann unter dem Vorbehalt des Widerrufs erteilt und von Auflagen oder Bedingungen abhängig gemacht werden. ³Sie kann in den Fällen des § 50a Abs. 4 von der Bedingung abhängig gemacht werden, dass die Erfüllung der Verpflichtungen nach § 50a Abs. 5 nachgewiesen werden, soweit die Vergütungen an andere beschränkt Steuerpflichtige weitergeleitet werden. ⁴Die Geltungsdauer der Bescheinigung nach Satz 1 beginnt frühestens an dem Tag, an dem der Antrag beim Bundeszentralamt für Steuern eingeht; sie beträgt mindestens ein Jahr und darf drei Jahre nicht überschreiten; der Gläubiger der Kapitalerträge oder der Vergütungen ist verpflichtet, den Wegfall der Voraussetzungen für die Freistellung unverzüglich dem Bundeszentralamt für Steuern mitzuteilen. ⁵Voraussetzung für die Abstandnahme vom Steuerabzug ist, dass dem Schuldner der Kapitalerträge oder Vergütungen die Bescheinigung nach Satz 1

§ 50d Besonderheiten im Fall von Doppelbesteuerungsabkommen und der §§ 43b und 50g

vorliegt. ⁶Über den Antrag ist innerhalb von drei Monaten zu entscheiden. ⁷Die Frist beginnt mit der Vorlage aller für die Entscheidung erforderlichen Nachweise. ⁸Bestehende Anmeldeverpflichtungen bleiben unberührt.

(3) ¹Eine ausländische Gesellschaft hat keinen Anspruch auf völlige oder teilweise Entlastung nach Absatz 1 oder Absatz 2, soweit Personen an ihr beteiligt sind, denen die Erstattung oder Freistellung nicht zustände, wenn sie die Einkünfte unmittelbar erzielten, und

1. für die Einschaltung der ausländischen Gesellschaft wirtschaftliche oder sonst beachtliche Gründe fehlen oder
2. die ausländische Gesellschaft nicht mehr als 10 Prozent ihrer gesamten Bruttoerträge des betreffenden Wirtschaftsjahres aus eigener Wirtschaftstätigkeit erzielt oder
3. die ausländische Gesellschaft nicht mit einem für ihren Geschäftszweck angemessen eingerichteten Geschäftsbetrieb am allgemeinen wirtschaftlichen Verkehr teilnimmt.

²Maßgebend sind ausschließlich die Verhältnisse der ausländischen Gesellschaft; organisatorische, wirtschaftliche oder sonst beachtliche Merkmale der Unternehmen, die der ausländischen Gesellschaft nahe stehen (§ 1 Abs. 2 des Außensteuergesetzes), bleiben außer Betracht. ³An einer eigenen Wirtschaftstätigkeit fehlt es, soweit die ausländische Gesellschaft ihre Bruttoerträge aus der Verwaltung von Wirtschaftsgütern erzielt oder ihre wesentlichen Geschäftstätigkeiten auf Dritte überträgt. ⁴Die Sätze 1 bis 3 sind nicht anzuwenden, wenn mit der Hauptgattung der Aktien der ausländischen Gesellschaft ein wesentlicher und regelmäßiger Handel an einer anerkannten Börse stattfindet oder für die ausländische Gesellschaft die Vorschriften des Investmentsteuergesetzes gelten.

(4) ¹Der Gläubiger der Kapitalerträge oder Vergütungen im Sinne des § 50a hat nach amtlich vorgeschriebenem Vordruck durch eine Bestätigung der für ihn zuständigen Steuerbehörde des anderen Staates nachzuweisen, dass er dort ansässig ist oder die Voraussetzungen des § 50g Abs. 3 Nr. 5 Buchstabe c erfüllt sind. ²Das Bundesministerium der Finanzen kann im Einvernehmen mit den obersten Finanzbehörden der Länder erleichterte Verfahren oder vereinfachte Nachweise zulassen.

(5) ¹Abweichend von Absatz 2 kann das Bundeszentralamt für Steuern in den Fällen des § 50a Abs. 4 Satz 1 Nr. 2 und 3 den Schuldner der Vergütung auf Antrag allgemein ermächtigen, den Steuerabzug zu unterlassen oder nach einem niedrigeren Steuersatz vorzunehmen (Kontrollmeldeverfahren). ²Die Ermächtigung kann in Fällen geringer steuerlicher Bedeutung erteilt und mit Auflagen verbunden werden. ³Einer Bestätigung nach Absatz 4 Satz 1 bedarf es im Kontrollmeldeverfahren nicht. ⁴Inhalt der Auflage kann die Angabe des Namens, des Wohnortes oder des Ortes des Sitzes oder der Geschäftsleitung des Schuldners und des Gläubigers, der Art der Vergütung, des Bruttobetrags und des Zeitpunkts der Zahlungen sowie des einbehaltenen Steuerbetrags sein. ⁵Mit dem Antrag auf Teilnahme am Kontrollmeldeverfahren gilt die Zustimmung des Gläubigers und des Schuldners zur Weiterleitung der Angaben des Schuldners an den Wohnsitz- oder Sitzstaat des Gläubigers als erteilt. ⁶Die Ermächtigung ist als Beleg aufzubewahren. ⁷Absatz 2 Satz 8 gilt entsprechend.

(6) Soweit Absatz 2 nicht anwendbar ist, gilt Absatz 5 auch für Kapitalerträge im Sinne des § 43 Abs. 1 Satz 1 Nr. 1 und 4, wenn sich im Zeitpunkt der Zahlung des Kapitalertrags der Anspruch auf Besteuerung nach einem niedrigeren Steuersatz ohne nähere Ermittlungen feststellen lässt.

(7) Werden Einkünfte im Sinne des § 49 Abs. 1 Nr. 4 aus einer Kasse einer juristischen Person des öffentlichen Rechts im Sinne der Vorschrift eines Abkommens zur Vermeidung der Doppelbesteuerung über den öffentlichen Dienst gewährt, so ist diese Vorschrift bei Bestehen eines Dienstverhältnisses mit einer anderen Person in der Weise auszulegen, dass die Vergütungen für der erstgenannten Person geleistete Dienste gezahlt werden, wenn sie ganz oder im Wesentlichen aus öffentlichen Mitteln aufgebracht werden.

(8) ¹Sind Einkünfte eines unbeschränkt Steuerpflichtigen aus nichtselbstständiger Arbeit (§ 19) nach einem Abkommen zur Vermeidung der Doppelbesteuerung von der Bemessungsgrundlage der deutschen Steuer auszunehmen, wird die Freistellung bei der Veranlagung ungeachtet des Abkommens nur gewährt, soweit der Steuerpflichtige nachweist, dass der Staat, dem nach dem Abkommen das Besteuerungsrecht zusteht, auf dieses Besteuerungsrecht verzichtet hat oder dass die in diesem Staat auf die Einkünfte festgesetzten Steuern entrichtet wurden. ²Wird ein solcher Nachweis erst geführt, nachdem die Einkünfte in eine Veranlagung zur Einkommensteuer einbezogen wurden, ist der Steuerbescheid insoweit zu ändern. ³§ 175 Abs. 1 Satz 2 der Abgabenordnung ist entsprechend anzuwenden.

§ 50d Besonderheiten im Fall von Doppelbesteuerungsabkommen und der §§ 43b und 50g

(9) ¹Sind Einkünfte eines unbeschränkt Steuerpflichtigen nach einem Abkommen zur Vermeidung der Doppelbesteuerung von der Bemessungsgrundlage der deutschen Steuer auszunehmen, so wird die Freistellung der Einkünfte ungeachtet des Abkommens nicht gewahrt, wenn

1. der andere Staat die Bestimmungen des Abkommens so anwendet, dass die Einkünfte in diesem Staat von der Besteuerung auszunehmen sind oder nur zu einem durch das Abkommen begrenzten Steuersatz besteuert werden können, oder
2. die Einkünfte in dem anderen Staat nur deshalb nicht steuerpflichtig sind, weil sie von einer Person bezogen werden, die in diesem Staat nicht auf Grund ihres Wohnsitzes, ständigen Aufenthalts, des Ortes ihrer Geschäftsleitung, des Sitzes oder eines ähnlichen Merkmals unbeschränkt steuerpflichtig ist.

²Nummer 2 gilt nicht für Dividenden, die nach einem Abkommen zur Vermeidung der Doppelbesteuerung von der Bemessungsgrundlage der deutschen Steuer auszunehmen sind, es sei denn, die Dividenden sind bei der Ermittlung des Gewinns der ausschüttenden Gesellschaft abgezogen worden. ³Bestimmungen eines Abkommens zur Vermeidung der Doppelbesteuerung, die die Freistellung von Einkünften in einem weitergehenden Umfang einschränken, sowie Absatz 8 und § 20 Abs. 2 des Außensteuergesetzes bleiben unberührt.

H 50d EStH; BMF BStBl I 02, 1386 (Kontrollmeldeverfahren); BStBl I 94, 201 (§ 50a IV); BStBl I 98, 1161 (ausländische Künstler und Sportler); BStBl I 98, 1170 (Lizenzgebühren uä Vergütungen); BStBl I 04, 479 (vorläufige Umsetzung der Zins- und Lizenz-Richtlinie des Rates der EG); BStBl I 05, 821 (Merkblatt zu § 50d VIII); BStBl I 06, 166 (Nichtanwendungserlass); BStBl I 07, 446; IStR 07, 555 (beide zu § 50d III nF)

Übersicht

	Rn		Rn
A. Grundaussagen der Vorschrift	1	2. Verfahren und Wirkung der Kontrollmeldung	31
I. Sinn und Zweck	1	**E. Rückausnahme vom Erstattungs- und Freistellungsverfahren: Missbrauchsverhinderung (§ 50d III, § 50d Ia aF)**	40
II. Überblick über die Vorschrift	3		
III. Anwendungsbereich	4		
1. Sachlicher Anwendungsbereich	4		
2. Zeitlicher Anwendungsbereich	5	I. Zweck, Regelungsinhalt, Anwendungsbereich, Abkommens- und Gemeinschaftsrechtmäßigkeit	40
B. Grundsatz des fortbestehenden Quellensteuerabzugs (§ 50 I 1 und 10, § 50d I 1 und 4 aF)	6		
		II. Voraussetzungen bis zum VZ 06	43
C. Erstattung der einbehaltenen Steuer und Verzinsung des Erstattungsbetrages nach § 50g (Erstattungsverfahren, § 50d I 2 bis 9, Ia, IV, § 50d I 2 und 3, II aF)	12	III. Voraussetzungen vom VZ 07 an	44
		IV. Verhältnis zu § 42 AO	45
		V. Rechtsfolgen	48
I. Erstattung der einbehaltenen Steuer (§ 50d I 2 bis 9, IV, § 50d I 2 und 3, II aF)	12	**F. Mittelbare Leistungen aus öffentlichen Kassen (§ 50d VII, § 50d IV aF)**	52
II. Verzinsung des Erstattungsbetrages nach § 50g (§ 50d Ia)	17	**G. Rückfall des Besteuerungsrechts für Einkünfte aus nichtselbstständiger Arbeit (§ 50d VIII)**	57
D. Ausnahmen vom Steuerabzug (§ 50d II, IV bis VI, § 50d III aF)	20	I. Zweck; Regelungsinhalt und Regelungswirkungen	57
I. Freistellung (Freistellungsverfahren, § 50d II und IV, § 50d III 1, 2, 4 bis 9, II aF)	23	II. Einkunftsermittlung	59
1. Anwendungsbereich und tatbestandliche Voraussetzungen	23	III. Nachweise und Steuerfestsetzung	60
2. Verfahren der Freistellung	24	**H. Wechsel vom Freistellungs- zum Anrechnungsverfahren (§ 50d IX)**	65
II. Kontrollmeldung (Kontrollmeldeverfahren, § 50d V und VI, § 50d III 3 bis 9 aF)	30	I. Zweck; Regelungsinhalt und Regelungswirkungen	65
1. Anwendungsbereich, tatbestandliche Voraussetzungen und Wirkungen	30	II. Einkunftsermittlung	70

Literatur: *Altrichter-Herzberg* Die Neuregelung des § 50d III im Rahmen des JStG 07, AG 07, 443; *ders* Gefährdung der Entlastung von der KapESt bei Zwischenschaltung einer Auslands-Holding, GmbHR 07, 579; *Beußer* Der neue § 50d III bei Nutzungsveräußerungen, IStR 07, 316; *Bron* Die Europarechtswidrigkeit des § 50d III unter Berücksichtigung von Mißbrauchsvorbehalten im Gemeinschaftsrecht, DB 07, 1273; *Buciek* Die Freistellungsbescheinigung nach § 50d III – Anm zum BFH-Urteil v 11.10.00 I R 34/99, IStR 01, 102; *Bünning/Mühle* JStG 07: Der Regierungsentwurf zur Änderung des § 50d III – Rechtsent-

Besonderheiten im Fall von Doppelbesteuerungsabkommen und der §§ 43b und 50g § 50d

wicklung von Hilversum I und II über den Nichtanwendungserlass zur vorgesehenen Rechtsänderung, BB 06, 2159; *Carlé* Treaty Shopping – Erlangung von steuerlichen Vorteilen durch die Einschaltung (inaktiver) ausländischer Gesellschaften, KÖSDI 99, 12056; *Eilers* Substanzerfordernisse an ausländische Finanzierungsgesellschaften, FS Wassermeyer, 2005, S 323; *Elicker* Die Zukunft des deutschen internationalen Steuerrechts, IFSt-Schrift Nr 438, 2006; *Füger/Rieger* Ende des Mythos der Monaco-Entscheidung, IStR 98, 353; *Gosch* § 42 AO – Anwendungsbereich und Regelungsreichweite, Harzburger Steuerprotokoll 1999, 2000, S 225 ff; *ders* Die Zwischengesellschaft nach „Hilversum I und II", „Cadbury Schweppes" und den JStG 07 und 08, FS Reiß, 2008, 597; *Grams* Vorläufiger Rechtsschutz bei Ablehnung eines Antrags auf Freistellung von Quellensteuern, RIW 95, 580; *ders* Ausgewählte Rechtsprobleme im Erstattungs- und Freistellungsverfahren für künstlerische Dienste nach § 50d, IStR 96, 509; *Grotherr* Verfahrensrechtliche Änderungen bei der abkommensrechtlichen Quellensteuerentlastung gem § 50d auf den 1.1.02, IWB Fach 3 Gr 2, 1017; *ders* Keine deutsche Kapitalertragsteuerentlastung bei Einschaltung einer ausstattungslosen Zwischenholdinggesellschaft im Ausland – Nichtanwendungserlass zur Hilversum II-Entscheidung des BFH, IStR 06, 361; *ders* Die Abgrenzung der eigenwirtschaftlich tätigen Kapitalgesellschaft von der funktionslosen Briefkastengesellschaft im Spiegel der neueren BFH-Rechtsprechung, IWB Gr 2, 1301; *ders* Außensteuerrechtliche Bezüge im Entwurf eines JStG 07, RIW 06, 898; *ders* Zum Anwendungsbereich der unilateralen Rückfallklausel gemäß § 50d IX, IStR 07, 265; *Günkel/Lieber* Braucht Deutschland eine Verschärfung der Holdingregelung in § 50d III?, DB 06, 2197; *Hergeth/Ettinger* Nichtanwendungserlass zum Urteil des BFH vom 31.5.2005 zu § 50d III, IStR 06, 307; *Höppner* FS Rädler, 1999, S 305; *Holthaus* Die Änderungen der Freistellungspraxis im StÄndG 2003 beim ausländischen Arbeitslohn in § 50d EStG – Auswirkungen einer globalen Rückfallklausel in allen Anwendungsfällen der DBA, IStR 04, 16; *ders* Besteuerung international tätiger Berufskraftfahrer – aktuelle Praxisprobleme bei der Umsetzung der DBA-rechtlichen Vorgaben, IStR 06, 16; *Kempf/Meyer* Der neu gefasste § 50d III in der Praxis, DStZ 07, 584; *Kessler/Eicke* Treaty-Shopping – Quo vadis? Kritische Anmerkungen zu § 50d III EStG-E, IStR 06, 577; *dies.* Neue Gestaltungsmöglichkeiten im Lichte des „Treaty-Shoppings", PIStB 06, 23; *dies.* Doppel-Holdingstruktur als Schutz vor der Anti-Treaty-Shopping-Regelung des § 50d III?, IStR 07, 526; *dies.* Neue Gestaltungshürden in der Anti-Treaty-Shopping-Regelung des § 50d III, IStR 07, 781; *Kollruss* Weiße und graue Einkünfte bei der Outbound-Finanzierung einer ausländischen EU-Tochter-KapGes nach Europarecht und JStG 07, BB 07, 467; *ders* IStR 07, 870; *ders* Steueroptimale Gewinnrepatriierung unter der verschärften Anti-Treaty-Shopping-Regelung des § 50d III idF JStG 07 unter Berücksichtigung der Zinsschranke, IStR 07, 870; *Krabbe* Mittelbare Abkommensberechtigung nach § 50d Ia, IStR 98, 76; *ders* Zweifelsfragen zu § 50d Ia, IStR 95, 382; *Küsell* Mißbräuchliche Inanspruchnahme von Doppelbesteuerungsabkommen, RIW 98, 217; *Lieber* Ausschluss der Kapitalertragsteuererstattung bei Zwischenschaltung einer funktionslosen Holdinggesellschaft – Zugleich Anmerkung zum BMF-Schreiben v 30.1.2006, IV B 1 – S 2411 – 4/06, IWB Fach 3 Gr 3, 1433; *Loose/Hölscher/Althaus* Jahressteuergesetz 2007: Anwendungsbereich und Auswirkungen der Einschränkung der Freistellungsmethode, BB 06, 2724; *Loukota* Einschaltung ausländischer Basisgesellschaften, SWI 05, 205; *Lüdicke* Entlastungsberechtigung ausländischer Gesellschaften (§ 50d III) bei mehrstufigen Beteiligungsstrukturen, IStR 07, 556; *Menhorn* § 50d III und der stillschweigende Missbrauchsvorbehalt in Doppelbesteuerungsabkommen, IStR 05, 325; *Meretzki* Greift § 50d IX bei nur zum Teil steuerfreien Einkünften? Auch Sondervergütungen und Gewinnanteil bilden eine Einkünfteeinheit, IStR 08, 23; *Musil* Verhütung grenzüberschreitender Steuerumgehung, RIW 06, 287; *Neyer* Die Missbrauchsklausel des § 50d Ia und ihre Anwendung auf Veräußerungsgewinne, IStR 96, 120; *Niedrig* Substanzerfordernisse bei ausländischen Gesellschaften, IStR 03, 474; *Piltz* Wirtschaftliche und sonst beachtliche Gründe in § 50d III, IStR 07, 793; *Reiffs* Das Kontrollmeldeverfahren als Prüfungsfeld der Außenprüfung, StBp 95, 126; *Ritzer/Stangl* Aktuelle Entwicklungen bei den steuerlichen Anforderungen an die Zwischenschaltung ausländischer Kapitalgesellschaften – Anmerkung zu BFH v 31.5.05 – I R 74, 88/04, FR 05, 1094, FR 05, 1063; *dies.* Zwischenschaltung ausländischer Kapitalgesellschaften – Aktuelle Entwicklungen im Hinblick auf § 50d III und § 42 AO, FR 06, 757; *Rosenthal* Die steuerliche Beurteilung von Auslandssachverhalten im Spannungsfeld zwischen Abkommens- und Europarecht, IStR 07, 610; *Salzmann* Abschied vom Verbot der ‚virtuellen' Doppelbesteuerung? § 50d IX als nationale switch over-Klausel, IWB F 3 Gr 3, 1465; *Schön* Gestaltungsmissbrauch im europäischen Steuerrecht, IStR 96 Beiheft Nr 2, S 1; *Schönfeld* Anwendung des § 50d III idF des JStG 07, FR 07, 506; *Stoschek/Peter* § 50d III – erste Rspr zu einer verfehlten Missbrauchsvorschrift (Vereinbarkeit von § 50d III mit Europarecht?), IStR 02, 656; *Stoschek/Sommerfeld* Einschaltung ausländischer Gesellschaften bei Direktinvestitionen in Deutschland, RIW 98, 948; *Strohner/Mennen* Zweifelsfragen zur Anwendung des § 50d VIII bei Arbeitseinkünften im Inland steuerpflichtiger Arbeitnehmer mit Tätigkeit im Ausland, DStR 05, 1713; *Trenkwalder* Mißbrauchsreflex bei funktionslosen Gesellschaften gerechtfertigt?, FS Loukota, 2005, S 569; *Vogel* Neue Gesetzgebung zur DBA-Freistellung, IStR 07, 225; *Weiske* § 50d III – Drohende Rechtsfolgen des „Treaty Shopping", IStR 07, 314; *Wiese/Süß* Verschärfung bei Kapitalertragsteuer-Entlastung für zwischengeschaltete ausländische Kapitalgesellschaften – Änderung des § 50d III durch den Entwurf eines JStG 07, GmbHR 06, 972; *Zacher/Stöcker* § 50d IX im Blickpunkt der europa- bzw völkerrechtlichen Kritik, SAM 07, 86.

§ 50d Besonderheiten im Fall von Doppelbesteuerungsabkommen und der §§ 43b und 50g

A. Grundaussagen der Vorschrift

1 **I. Sinn und Zweck.** § 50d enthält in mehrfacher Hinsicht ein sog **treaty overriding** (rule, directive overriding, Rn 40)[1]: Anliegen der Vorschrift ist es, den Steuerabzug vom Kapitalertrag gem §§ 43 ff und bei Vergütungen nach § 50a auch dann sicherzustellen, wenn das deutsche Besteuerungsrecht durch Abkommensrecht eingeschränkt oder ausgeschlossen ist. Der beschränkt StPfl als Vergütungsgläubiger ist dadurch – jedenfalls im Grds – darauf angewiesen, sein Recht auf einen niedrigeren oder entfallenden Steuerabzug im Erstattungsverfahren gegenüber dem BZSt (bis 31.12.05: BfF) geltend zu machen. Mittels des § 50d wird die Rechtslage nach DBA sonach in gewisser Weise unilateral ‚überspielt'. Gleichermaßen ist in den Fällen des § 43b zu verfahren.

3 **II. Überblick über die Vorschrift.** Die kompliziert aufgebaute Regelung wurde durch das StÄndG 01 v 20.12.01[2] zwar nicht in ihrem inhaltlichen Kern, jedoch in ihrem Aufbau völlig umgestalt (zur aF s 1. Aufl). In ihrer derzeitigen Fassung geht sie von dem Grundsatz des fortbestehenden Quellensteuerabzugs aus (§ 50d I 1), dem der Regelfall des Erstattungsverfahrens zeitlich nachgelagert ist (§ 50d I 2 bis 9, IV). Der Erstattungsbetrag ist infolge der Umsetzung der Zinsen- und Lizenzgebühren-Richtlinie[3] (Richtlinie 2003/49/EG des Rates v 3.6.03) nach Maßgabe des § 50d Ia idF des EG-Amtshilfe-AnpassungsG v 2.12.04[4] zu verzinsen. Von dem Grundsatz des fortbestehenden Quellensteuerabzugs werden allerdings 2 Ausnahmen gemacht, zum einen das Freistellungs-, zum anderen das Kontrollmeldeverfahren (§ 50d II und IV, § 50d V und VI). Beide Verfahren ermöglichen es, von dem Steuerabzug abzusehen und damit die Liquidität des Vergütungsgläubigers zu schonen. Beide Verfahren wirken indes nicht auf eine bereits verwirklichte Abzugspflicht zurück. Diese konzeptionelle Unterscheidung zwischen vergangenheits- und zukunftsbezogenen Verfahren ist neu und auf die entgegenstehende Rspr des BFH[5] zu der früheren Regelungsfassung zurückzuführen.[6] Sowohl das Erstattungs- als auch das Freistellungsverfahren stehen ihrerseits wiederum unter dem Vorbehalt einer Rückausnahme in Missbrauchsfällen (§ 50d III). § 50d VII enthält eine Sonderregelung für mittelbare Leistungen aus öffentlichen Kassen. § 50d VIII und IX sind unilaterale Sondervorschriften zur Vermeidung sog weißer Einkünfte: nach § 50d VIII mittels einer Rückfallklausel für Einkünfte aus nichtselbstständiger Arbeit und nach § 50d IX mittels einer Umschaltklausel vom DBA-Freistellungs- zum Anrechnungsverfahren.

4 **III. Anwendungsbereich. – 1. Sachlicher Anwendungsbereich.** § 50d betrifft alle Einkünfte, die dem Steuerabzug vom Kapitalertrag oder aufgrund von § 50a unterliegen, jedoch nach DBA oder § 43b oder § 50g nicht oder nur beschränkt stpfl sind. Die Vorschrift gilt auch für den SolZ (§ 3 I Nr 5 SolZG). Betroffen sind beschränkt StPfl, nach § 50d VIII und IX (in systemwidriger Weise, s Rn 57, 65) unbeschränkt StPfl. § 50d III und IX enthält ein sog treaty override und geht insofern (jedenfalls im Grds) DBA und bilateralem Recht vor (Rn 40f). Zum Verhältnis von § 50d III zu **§ 42 I AO aF, § 42 I 1 iVm II AO nF** s Rn 45, zu speziellen **DBA-Mißbrauchsvermeidungsvorschriften** s Rn 41, zum (Stufen-)Verhältnis von § 50d I 2 und II zu der KapESt-Befreiung gem **§ 43b** s Rn 34. – § 50d gilt nach **§ 7 VII InvStG** entspr (nur) für die Erstattung der von einer inländischen Investment-Ges und nach **§ 20 IV 1 REITG** für die von einer REIT-AG einbehaltene KapESt; eine Freistellung gem § 50d II ist in beiden Fällen allerdings nicht vorgesehen.[7] Gleichermaßen bestimmt **§ 44a IX 2 nF** die entspr Anwendung von § 50d I 3 bis 9 auf den neu geschaffenen bes KapESt-Erstattungsanspruch für Körperschaften als Gläubiger von Kapitalerträgen, welche der Abgeltung gem § 32d nF unterfallen (s dazu Rn 7). Zur Freistellung im LSt-Abzugsverfahren s § 39d III 4 iVm § 39b VI. Zur vereinfachten Erstattung bei ua Künstlern und Sportlern s als Spezialnorm § 50 V 2 Nr 3, der bei Vorliegen seiner weitergehenden Voraussetzungen § 50d I jedoch nicht ausschließt (s auch Rn 12 aE sowie § 50 Rn 32). Auf Fälle des § 50 VII findet § 50d keine Anwendung.

5 **2. Zeitlicher Anwendungsbereich.** Die Neuregelungen infolge des StÄndG 01 (Rn 3), diese bezogen auf **§ 50d I 2** infolge des StÄndG 03 ergänzt (s Rn 6), sind erstmals vom 1.1.02 an anzuwenden (§ 52 Abs 59a S 2 HS 1 und S 4). Für vor dem 31.12.01 gestellte Anträge auf Erteilung einer Freistellungsbescheinigung gem § 50d III 1 aF findet die Einschränkung in § 50d II 4 keine Anwendung (§ 52 Abs 59a S 2 HS 2). **§ 50d III** in der Neufassung des JStG 07[8] ist erstmals im VZ 07 anzuwenden

---

1 Vgl *Eckert* RIW 92, 386; allg *Schaumburg*[2] Rn 3.26 ff.
2 BGBl I 01, 3794.
3 ABlEU Nr L 157/49.
4 BGBl I 04, 3112.
5 BFH BStBl II 01, 291 (293).
6 BT-Drs 14/7341, 28.
7 S BMF BStBl I 05, 728 Rn 161.
8 BGBl I 06, 2878.

(§ 52 I), zutr Ansicht nach wohl auch bezogen auf Freistellungsanträge gem § 50d I und II, die vor dem 1.1.07 beim BZSt eingegangen sind (allerdings plant die FinVerw hier offenbar die Anwendung noch der alten Regelungsfassung). Zur Fortgeltung erteilter Freistellungsbescheinigungen s Rn 25. **§ 50d VIII** wurde durch das StÄndG 03 eingefügt und ist erstmals vom VZ 04 an anzuwenden (§ 52 I idF des StÄndG 03). Die in § 50d Ia bestimmte Verzinsung des Erstattungsbetrages gem § 50d I ist erstmals auf Zahlungen vorzunehmen, die nach dem 31.12.03 erfolgen (§ 52 Abs 59a S 5 idF des EG-Amtshilfe-AnpassungsG). **§ 50d IX** schließlich wurde durch das JStG 07 neu in das Gesetz eingefügt: 50d IX 1 Nr 1 soll rückwirkend für alle noch nicht bestandskräftigen Steuerbescheide anzuwenden sein (§ 52 Abs 59a S 6 idF des JStG 07), was sich schwerlich mit dem verfassungsrechtlichen Rückwirkungsverbot verträgt (s dazu Rn 67); § 50d IX 1 Nr 2 ist hingegen ebenso wie die weiteren Neuerungen durch das JStG 07 erstmals vom VZ 07 an anzuwenden (§ 52 I idF des StÄndG 07).

B. Grundsatz des fortbestehenden Quellensteuerabzugs (§ 50d I 1 und 10, § 50d I 1 und 4 aF)

§ 50d I 1 stellt den **Grundsatz** auf, dass der Steuerabzug vom Kapitalertrag (§§ 43 ff; § 50a iVm § 73e EStDV) und nach § 50a (nicht jedoch in sonstigen Fällen, insbes nicht bei der LSt, vgl dazu §§ 38 ff[1]) im Grds unabhängig davon durchzuführen ist, ob sich aus § 43b I, aus § 50g oder aus entspr Vorschriften in DBA ein niedrigerer Steuersatz ergibt (idR 15, 10 oder 5 vH bei Dividenden, vgl Art 10 II OECD-MA, und 10 vH bei Zinsen, vgl Art 11 II OECD-MA[2]), oder ob hiernach das inländische Besteuerungsrecht vollends (zB für Lizenzgebühren, vgl Art 12 iVm Art 7 VII, 14 OECD-MA, oder für die Verwertung künstlerischer und sportlicher Leistungen, vgl Art 17 I, II OECD-MA) entfällt. Vgl auch § 50d II 8, § 50d V 7 aF. **Ausnahmen** hiervon ergeben sich nur aus Sondervorschriften, die der allg Regel in § 50d I 1 vorgehen, zB in § 43b I für den Fall einer entspr Antragstellung, § 44a V, § 73f EStDV. Ansonsten und davon unberührt ist der Vergütungsgläubiger gehalten, die (ggf nur teilw) Erstattung der (**1.**) einbehaltenen **und** abgeführten sowie (**2.** und insoweit durch das StÄndG 03 ergänzt, s Rn 4f) der aufgrund Haftungs- oder Nachforderungsbescheid entrichteten Steuer (**§ 50d I 2**) oder (**3.**) die Freistellung vom Steuerabzug (**§ 50d II**; **§§ 50g und 50h**) zu beantragen (s auch § 43b II 3). Die Durchführung einer Veranlagung ist hingegen ausgeschlossen. Diese Grundsätze bleiben aus EG-rechtlicher Sicht prinzipiell unbeanstandet; der EuGH hat durch Urteil v 3.10.06 C-290/04 ‚Scorpio' entschieden, dass es prinzipiell genügt, dem Steuerabzug mittels der nach § 50d II zu erwirkenden Freistellungsbescheinigung zu entgehen.[3] Eine etwaige Gemeinschaftsrechtswidrigkeit müsste also vom Vergütungsgläubiger (= StPfl) in einem (vorangehenden) Freistellungs- oder in5einem (nachfolgenden) Erstattungsverfahren verfolgt werden; dem Vergütungsschuldner ist solches nicht abzuverlangen.[4] Ob sich an dieser Einschätzung nach dem Inkrafttreten der EU-Beitreibungs-RL v 9.12.02,[5] also für Zeiträume **ab dem 1.7.02**), tatsächlich, wie vielfach vermutet und prophezeit, [6] etwas ändern muss, erscheint eher fraglich; der entspr beiläufige Hinweis des EuGH (in Rn 36 des vorgenannten Urt) erscheint als eher überinterpretiert. S § 50a Rn 2.

Besonderheiten im Verhältnis zu § 44a, § 32d. Vor allem gestaltungspraktische Beachtung verdient in diesem Zusammenhang der mit der (vom 1.1.09 an geltenden, vgl § 52a XVII) Systemumstellung auf die **schedulierte Abgeltungssteuer** (**§ 32d**) in **§ 44a V 4 nF** geschaffene **Verzicht auf den KapESt-Einbehalt** bei einer (nicht gem § 44a IV 1 steuerbefreiten) unbeschränkt sowie beschränkt stpfl Körperschaft als Gläubigerin von Kapitalerträgen iSv § 43 I 1 Nr 6 und 8 bis 12. Für § 50d III hat das zur Folge, dass hiervon zwar quellensteuerbelastete Kapitalerträge erfaßt werden, nicht jedoch gem **§ 20 II 1 Nr 1 nF** quellensteuerfreie Gewinne aus der Veräußerung entspr Anteile an KapGes, was wiederum die Möglichkeit eröffnet, Gewinne zunächst zu thesaurieren und sodann über die Veräußerungsgewinne von § 50d III unbehelligt zu realisieren. – Unabhängig davon sieht **§ 44a IX nF** einen

---

1 Vgl BFH BStBl II 89, 755: der LSt-Abzug soll hiernach unbeschadet des Nichtvorliegens einer LSt-Freistellungsbescheinigung gem § 39d III 4 iVm § 39b VI unterbleiben können; **aA** aber (zu Recht) H 123 LStH; s auch BFH BStBl II 97, 660, aber wegen Art 25b I 1 DBA-Frankreich nur im Verhältnis zu Frankreich; ähnlich auch zB Art XVIIIA II 4 1 DBA-Großbritannien.

2 Einzelheiten *Riegler/Salomon* DB 90, 2550; *H/H/R* § 50d Rn 35 ff, dort mit Übersichten zu verschiedenen Einzel-DBA.

3 EuGH IStR 06, 743 ‚Scorpio'; dazu *Cordewener/Grams/Molenaar* IStR 06, 739.

4 **AA** *E/S* KStG, § 50d EStG Rn 91.

5 EG-Richtlinie 2001/44/EG des Rates v 15.6.01 zur Änderung der Richtlinie 76/308/EWG – Beitreibungsrichtlinie – (ABl. L 175 v 28.6.01, 17) iVm dem EG-BeitrG v 3.5.03 (BGBl I 03, 654).

6 Vgl zB *Schroer* NWB Fach 3, 14255; *Thömmes/Nakhai* IWB Fach 11A, 1107.

bes Erstattungsanspruch für gem § 2 I KStG beschränkt stpfl Körperschaften vor. Solchen werden gem **§ 44a IX 1 nF** als Gläubiger von Kapitalerträgen iSv § 43 I 1 Nrn 1 bis 4 zwei Fünftel der einbehaltenen und abgeführten KapESt erstattet, um die KapESt (in gemeinschaftsrechtskonformer Weise) auf das inländische KSt-Niveau von 15 vH abzusenken. § 50d I 3 bis 9 ist gem **§ 44a IX 2** entspr anzuwenden. Weitergehende Erstattungsansprüche gem § 50d bleiben gem **§ 44a IX 3** unberührt; etwaige ‚Doppelverfahren' gem § 44a IX und gem § 50d I sind beim BZSt gem **§ 44a IX 4** zu verbinden. Auch hier bieten sich wieder Gestaltungsmöglichkeiten, weil **§ 50d III** mangels Regelungsbefehls für den bes Erstattungsanspruch gem § 44a IX unanwendbar bleiben dürfte.

8 Unterbleibt der **Steuerabzug** pflichtwidrig, ist die Abzugsteuer entweder beim Vergütungsgläubiger durch **Steuerbescheid** oder beim Vergütungsschuldner durch **Haftungsbescheid** (§ 191 AO) nachzufordern. Regelfall ist die Inanspruchnahme im Haftungswege (§ 44 V 1, § 50a V 5). Dabei ist dem Schuldner der Einwand, dem Gläubiger stehe eine Entlastung nach DBA zu, abgeschnitten (**§ 50d I 10**, § 50d I 4 aF).[1] Aus dem Vorrang des Steuerabzugs nach § 50d I 1 ergibt sich zugleich, dass der Vergütungs-(= Haftungs-)Schuldner sich nicht auf das Ergebnis eines laufenden Erstattungsverfahrens berufen darf. Besonderer Ermessenserwägungen zur vorrangigen Inanspruchnahme des Schuldners anstelle des beschränkt stpfl und im Ausland ansässigen Vergütungsgläubigers sind nicht erforderlich. Nach Erfüllung der Schuld ist der Haftungsschuldner auf zivilrechtliche Rückforderungen gegenüber dem Vergütungsgläubiger zu verweisen. Dem Vergütungsgläubiger steht bei Vorliegen der Voraussetzungen auch dann das Erstattungsverfahren des § 50d I 2 zu.

9 Nur ausnahmsweise – in den Fällen des § 44 V 2 Nr 1 und 3, § 50a V 6 – kann die Steuer auch **unmittelbar** beim Vergütungsgläubiger eingefordert werden. Allerdings hat die Finanzbehörde hier das Ergebnis eines Freistellungs- oder Erstattungsverfahrens zu berücksichtigen.[2]

C. Erstattung der einbehaltenen Steuer und Verzinsung des Erstattungsbetrages nach § 50g (Erstattungsverfahren, § 50d I 2 bis 9, Ia, IV,§ 50d I 2 und 3, II aF)

12 I. Erstattung der einbehaltenen Steuer (§ 50d I 2 bis 9, IV, § 50d I 2 und 3, II aF). Die fortbestehende Abzugspflicht belässt den Anspr des Gläubigers der Vergütungen oder Kapitalerträge[3] auf (volle oder teilw) Erstattung der einbehaltenen Steuer (nach DBA oder § 37 AO iVm § 50d I 2[4]) – auch im Falle einer Nettovergütung[5] – unberührt, **§ 50d I 2**. Die Vorschrift stellt klar, dass der Steuerabzug an sich **rechtsgrundlos** vorgenommen wird und nur infolge der anschließenden Erstattungsmöglichkeit gerechtfertigt ist.[6] Sie enthält einen allg Rechtsgedanken (vgl § 37 II AO),[7] findet indes dennoch keine Anwendung nach Durchführung einer ESt-Veranlagung, die – ebenso wie eine vorangegangene Steueranmeldung[8] – einen eigenen Rechtsgrund für die Steuerzahlung darstellt. – **Voraussetzungen** der Erstattung gem § 50d I 2 sind **(1)** das Vorliegen einer Steuerentlastung gem § 43b, § 50g oder DBA; **(2)** die tatsächliche Einbehaltung und Abführung[9] der Steuerbeträge (ggf im Haftungswege, § 50a V 5, oder mittels Nachforderungsbescheides), **(3)** das Fehlen eines Anspruchsausschlusses gem § 50d III = § 50d Ia aF (s dazu Rn 40 ff); **(4)** die Beantragung auf amtlichem Vordruck (**§ 50d I 3 HS 2**)[10] oder auch auf EDV-Datenträgern (**§ 50d I 6**) durch den (in dem anderen Vertragsstaat ansässigen) Vergütungsgläubiger (**§ 50d I 3 HS 1**)[11] oder dessen Bevollmächtigten (dieser kann auch der Vergütungsschuldner sein) **(5)** unter Beifügung der Bestätigung der ausländischen Steuerbehörde, ebenfalls auf amtlichem Vordruck, über die Ansässigkeit des Erstattungsberechtigten im Ausland (**§ 50d IV 1** = § 50d II 1 aF). Das BMF kann hinsichtlich des Ansässigkeitsnachweises Verfahrenserleichterungen zulassen (§ 50d IV 2); gedacht wird offenbar zB an ein Stichprobenverfahren oder einen nachfolgenden Informationsaustausch.[12] Bei Kapitalerträgen kann grds nur an den Inhaber des Stammrechtes erstattet werden; Ausnahmen bestehen für die Erstattung an den Erwerber von Zins- und Dividendenscheinen gem § 20 II Nr 2 (**§ 50d I 9** = § 50d I 3 aF iVm

---

1 Zum zeitlichen Anwendungsbereich dieser Einschränkung vgl FG M'ster EFG 06, 679.
2 Vgl BFH/NV 93, 27; *Wassermeyer* IStR 92, 27.
3 Deren Zurechnung bestimmt sich auch in DBA-Fällen nach deutschem Recht, s BFH BStBl II 88, 521.
4 ZB BFH/NV 94, 549; *Grams* IStR 96, 509.
5 BFH BStBl II 82, 518.
6 Vgl BFH BStBl II 84, 828; BStBl II 86, 191; BStBl II 96, 87.
7 BFHE 143, 416; BFHE 180, 104.
8 Insoweit zutr abgrenzend BFH BStBl II 96, 87; DB 96, 1217, aber str, s § 50a Rn 46.
9 **AA** *B/H/G/K* Anh Rn 348 unter Hinweis auf BFH DStR 96, 1526; *Grams* BB 97, 70: Einbehaltung genügt.
10 Die beim BfF (seit 1.1.06: BZSt) erhältlich sind; BMF BStBl I 94, 201 (203) Tz 1.4.3.
11 Vgl BFH BStBl II 98, 235; **aA** *Schmidt*[26] § 50d Rn 19: Gläubiger oder Schuldner.
12 Vgl BT-Drs 14/7341, 30.

§ 45). – In analoger Anwendung des § 50d I 1 und entspr des diesem zu Grunde liegenden allg Rechtsgedankens kann eine Erstattung über die engen tatbestandlichen Voraussetzungen hinausgehend auch in vergleichbaren Fällen in Betracht kommen, so zB bei (möglicherweise) zu Unrecht angenommener unbeschränkter oder beschränkter StPfl[1] oder bei Erhebung gemeinschaftsrechtswidrig erhobener Abzugsteuern nach § 50a IV 1 Nr 3, IV 3[2] und damit zur Durchsetzung des objektiven Nettoprinzips (s § 50a Rn 36), de lege lata (und vorbehaltlich gemeinschaftsrechtlicher Einwendungen)[3] aber nicht zur Gewährung der Vorteile des Halbeinkünfteprinzips gem § 3 Nr 40d (s auch § 50 Rn 18; § 43 Rn 14).[4] In diesen (Ausnahme-)Fällen einer Erstattungspflicht analog § 50d I 1, die nicht sondergesetzlich dem BZSt (bis 31.12.05: BfF) überantwortet werden (Rn 14), verbleibt es prinzipiell allerdings bei der Zuständigkeit der FÄ.[5] Bei der Zuständigkeit des BZSt verbleibt es jedoch in dem vereinfachten Erstattungsverfahren für (ua) Künstler und Sportler gem § 50 V 2 Nr 3, und zwar auch dann, wenn dessen (enge) Voraussetzungen nicht vorliegen, eine Erstattung zur Verwirklichung des Nettoprinzips aber aus gemeinschaftsrechtlichen Gründen einzufordern ist (Rn 4; § 50 Rn 32) und deswegen nur eine entspr Anwendung dieses Verfahrens in Betracht kommen kann.

Antragsbefugter Vergütungsgläubiger iSv § 50d I 2 ist gem § 50d I 3 an sich nur der beschränkt stpfl Steuerschuldner, für dessen Rechnung gem § 50a V 2 der Steuerabzug oder die Abführung im Haftungs- oder Nachforderungsverfahren vorgenommen wurde.[6] Es kann dies aber in Ausnahmefällen auch der lediglich formal-zivilrechtliche Vertragspartner des Vergütungsschuldners sein, ungeachtet dessen, dass diesem die betreff Einkünfte aus steuerlicher Sicht (zB gem § 42 AO, § 2 I) nicht zuzuordnen sind. Dies widerspricht zwar den systematischen Sinnzusammenhängen zw § 50a einerseits, § 50d I andererseits, folgt indes auch der grds steuerlichen Akzeptanz der missbräuchlich eingeschalteten Ges durch § 50d III (s Rn 45, vgl auch die entspr Problematik bei § 48c, dort Rn 17).[7] 13

Zuständig für die Erstattung ist das **BZSt** (bis 31.12.05: BfF) (§ 50d I 3; § 5 I Nr 2 FVG),[8] das hinsichtlich der Erstattungsvoraussetzungen, insbes der Abkommensberechtigung des Vergütungsgläubigers ohne Bindung an einen diesem gegenüber ergangenen ESt-Bescheid entscheidet.[9] Über Stattgabe wie Ablehnung des Antrags wird durch rechtsmittelfähigen **Steuerbescheid** (Freistellungsbescheid, § 50d I 3, § 155 I 3 AO) entschieden.[10] Die Antragsfrist (und zugleich spezielle Festsetzungsfrist)[11] beträgt einheitlich und ausnahmslos 4 Jahre, beginnend mit Ablauf des Zuflussjahres (**§ 50d I 7**), aber nicht endend vor Ablauf von 6 Monaten nach dem Zeitpunkt der Entrichtung der Steuer (**§ 50d I 8**). Mit dieser letzteren Einschränkung soll sichergestellt werden, dass der Vergütungsgläubiger seine Rechte auch dann noch geltend machen kann, wenn ein vom Schuldner zunächst unterlassener Steuerabzug noch kurz vor dem Ablauf der Festsetzungsfrist nachgeholt wird. Die frühere Rechtslage, nach welcher es idR und vorbehaltlich abw DBA-Regelungen[12] (Meistbegünstigung) auf die Festsetzungsfrist von 4 Jahren gem § 169 II Nr 2 AO ankam, ist damit hinfällig. DBA-Fristen werden künftig außer Kraft gesetzt. Anders als zuvor[13] löst die Steueranmeldung (§ 168 AO) durch den Vergütungsschuldner nicht mehr die Anlaufhemmung gem § 170 I 1 Nr 2 AO aus. – Zur ausnahmsweisen Zuständigkeit des FA bei Erstattungsanträgen außerhalb des unmittelbaren Anwendungsbereichs des § 50d s Rn 12 aE. 14

Der Erstattungsbetrag wird im Grds (erst, aber auch sobald) **ausbezahlt**, wenn der Freistellungsbescheid bekannt gegeben worden ist (**§ 50d I 4**). Die Auszahlung kann indes zurückgestellt oder von einer Sicherheitsleistung abhängig gemacht werden, wenn der Vergütungsgläubiger gem § 50a seinerseits verpflichtet ist, Abzugsteuer einzubehalten und abzuführen. Er ist dann gehalten, die 15

---

1 BFH BFHE 180, 104.
2 *Schnitger* FR 03, 745 (754f) im Hinblick auf den Einbehalt von Abzugsteuern auf die Brutto- statt die Nettovergütung iSd § 50a IV 3.
3 S dazu aber die entspr ‚Anmahnung' durch die EU-Kommission: Mitteilung KOM 03, 810 endg; s auch *Dautzenberg* BB 01, 2137;
4 *Dautzenberg* BB 01, 2137; *Fock* RIW 01, 108 (113); **aA** *Eckert* IStR 03, 405; *Blümich* § 44b Rn 22.
5 BFH BFHRep 05, 1081.
6 BFH BStBl II 98, 235.
7 Insoweit ist BFH BStBl II 98, 235 durch § 50d III teilw überholt.
8 S auch BfF BStBl I 98, 1161 (1170).
9 BFH BStBl II 88, 600.
10 BFH BStBl II 01, 291 (292); BStBl II 02, 819; vgl auch BStBl II 84, 828; BStBl II 86, 193; BStBl II 88, 600; BStBl II 94, 835.
11 *KB* IStR 03, 536; *K/S/M* § 50d Rn B 84; **aA** *B/B* § 50d Rn 55: bloße Antragsfrist mit der Möglichkeit der Wiedereinsetzung in den vorigen Stand.
12 ZB Art 25b DBA-Frankreich, Art 28 DBA-Schweiz.
13 BFH BStBl II 96, 608; DStR 99, 1484; BStBl II 03, 687; BMF BStBl I 03, 427 unter Aufhebung von BMF BStBl I 97, 414.

Zahlung dieser Abzugssteuer nachzuweisen, hierfür Sicherheit zu leisten oder unwiderruflich die Zustimmung zur Verrechnung des Erstattungsanspruchs mit der Zahlungsschuld zu erklären (§ 50d I 5).

17 **II. Verzinsung des Erstattungsbetrages nach § 50g (§ 50d Ia).** Anspr auf Erstattung von Abzugssteuern sind im Grundsatz unverzinslich (§ 233a I S 2 AO; s auch § 50a Rn 44). Abw davon sind allerdings Erstattungsbeträge auf Lizenzgebühren nach § 50g, welche nach dem 31.12.03 gezahlt werden (vgl Rn 5), gem **§ 50d Ia 1** idF des EG-Amtshilfe-AnpassungsG zu verzinsen. § 50d Ia trägt damit den EG-rechtlichen Verpflichtungen in Art XVI der Zinsen- und Lizenzgebühren-Richtlinie[1] (Richtlinie 2003/49/EG des Rates v 3.6.03) Rechnung, die spätestens zum 1.1.04 in nationales Recht umzusetzen war, seitens der FinVerw aber in Ermangelung einer rechtzeitig ergangenen unilateralen Regelung und im Vorgriff darauf im VZ 04 bereits unmittelbar angewandt wurde.[2] Die Zinspflicht entfällt nur für den Fall, dass der Steuerabzug gem § 50 V 1 keine abgeltende Wirkung hat (vgl **§ 50d Ia 8**); für diesen Fall richtet sich die Zinspflicht unmittelbar nach §§ 233 ff AO und sind die Erstattungszinsen auf die entspr Bemessungsgrundlage nach Maßgabe der festgesetzten ESt oder KSt zu berechnen. Auch im Abgeltungsfall entsprechen die Verzinsungsmodalitäten in § 50d Ia aber jenen der §§ 233 ff AO und sind diesen (teilw durch Rechtsgrundverweis) nachgebildet. **Zinslauf und Zinszeitraum (§ 50d Ia 2 und 3):** Der Zinslauf beginnt gem **§ 50d Ia 2** 12 Monate (wegen der entspr Vorgabe des Jahreszeitraums in Art 1 XVI der EG-Richtlinie abw von § 233a II 1: 15 Monate) nach Ablauf des Monates, in dem der Antrag auf Erstattung und alle für die Entscheidung erforderlichen Nachweise beim BZSt (bis 31.12.05: BfF) vorliegen und steht damit wegen des recht ungewissen Beginns iErg mehr oder weniger im Einschätzungsbelieben des BZSt. Denn welche Nachweise einschlägig sind, richtet sich nach dem jeweiligen Einzelfall und kann nicht allgemeinverbindlich umschrieben werden, zumal nach der Regelungsbegründung[3] hierbei auch die Missbrauchsbestimmungen der § 50d III, § 50g IV und des § 42 AO zu beachten sein sollen, in welcher Weise, bleibt allerdings unklar. Zum Nachweisumfang werden vor allem gehören: Lizenzverträge, Ansässigkeitsbestätigung, Handelsregisterauszüge, Bilanzen, GuV, Rechnungen, Mietverträge, Telefonabrechnungen usw. Wird ein Freistellungsbescheid gem § 50d II beantragt und erteilt, endet der Zinslauf gem **§ 50d Ia 3** mit Erteilung desselben (wirksamer Bekanntgabe, vgl § 122 AO), unter Berücksichtigung der dafür in § 50d II 6 und 7 (und in Art 1 XII 2 der EG-Richtlinie) bestimmten maximalen Bearbeitungsdauer also spätestens innerhalb von 3 Monaten nach Beantragung unter Vorlage besagter für die Entscheidung erforderlicher Nachweise. **Zinshöhe und Zinsberechnung (§ 50d Ia 6 iVm § 238 AO):** Die Zinsen betragen jeden Monat 0,5 vH auf den und die nächsten durch 50 € teilbaren Betrag abgerundeten Erstattungsbetrag (§ 238 I 1, II AO). Die Abrundung erfolgt durch Zusammenrechnung gleichartiger Beträge für denselben Zinstatbestand. Sie sind von dem Tag an, an dem der Zinslauf beginnt, nur für volle Monate zu zahlen; angefangene Monate bleiben außer Ansatz (§ 238 I 2 AO). Die §§ 187 ff BGB sind bei der Zeitberechnung anzuwenden. Erlischt der zu verzinsende Anspr durch Aufrechnung (§ 226 Ia I iVm § 389 BGB), gilt der Tag, an dem die Schuld des Aufrechnenden fällig wird, als Tag der Zahlung (§ 238 I 3 AO). **Zinsfestsetzung (§ 50d Ia 7 iVm § 239 AO):** Die Zinsen sind durch (schriftlichen) Zinsbescheid (§ 155 I 1 AO) innerhalb einer Festsetzungsfrist von 1 Jahr gem § 239 I 1 AO analog festzusetzen, **§ 50d Ia 7.** Die Festsetzungsfrist beginnt folglich gem § 239 I Nr 1 iVm § 233a AO mit Ablauf des Kj, in dem die Erstattung festgesetzt, aufgehoben, geändert oder gem § 129 AO berichtigt worden ist. IÜ sind die festgesetzten Zinsen nach Art und Betrag zu bezeichnen. Sie sind zum Vorteil auf volle Euro zu runden (§ 239 II 1 AO); ihre Festsetzung entfällt bei Beträgen unter 10 € (§ 239 II 2 AO). §§ 172 ff, 179 ff AO[4] finden uneingeschränkte Anwendung. Für die Zahlungsverjährung gelten §§ 288 ff AO (einheitlich 5 Jahre). **Änderung (§ 50d Ia 4 und 5 iVm § 233a V AO):** Bei Aufhebung oder Änderung eines dem Vergütungsgläubiger erteilten Freistellungsbescheides (gem § 164 II, § 165 II, §§ 172 ff AO; auch im Rechtsbehelfsverfahren, vgl § 100 I 1, II 1 FGO)[5] sowie einer Berichtigung wegen offenbarer Unrichtigkeit gem § 129 AO ist auch die bisherige Zinsfestsetzung zu ändern (**§ 50d Ia 4**), und zwar nicht gem § 175 AO, sondern analog § 233a V AO (**§ 50d Ia 5**). Letzteres bedeutet, dass die Zinsen auf den Unterschiedsbetrag zwischen dem nunmehr und dem ursprünglich festgesetzten Erstattungsbetrag zu berechnen und sodann dem sich hiernach ergebenden Zinsbetrag die bisher festgesetzte Zinsen hinzuzurechnen

---

1 ABIEU 03 Nr L 157/49; 04 Nr L 168/35; 04 Nr L 157/33.
2 BMF BStBl I 04, 479; krit dazu *Lausterer* IStR 04, 642.
3 BT-Drs 15/3679, 19.
4 BFH BStBl II 94, 885.
5 Vgl *Klein* AO[9] § 233a Rn 47: ab Rechtskraft des Urteils.

sind. Zuviel festgesetzte Zinsen entfallen und sind ggf zurückzuzahlen, zuwenig festgesetzte Zinsen sind zu erstatten. Auch im Änderungsfall ist die 12-monatige Karenzzeit des § 50d Ia 2 zu beachten. Ein etwaiges Mehrsoll zulasten wie ein Mehrbetrag zugunsten des StPfl bleibt innerhalb dieser Zeit unberücksichtigt. Erstmalige Zinszahlungen können sich ergeben, wenn infolge der Änderung die Bagatellgrenze des § 239 II AO überschritten wird oder bislang gem § 238 I 2 AO unbeachtliche nur angefangene Monate rechnerisch zu vollen Monaten ‚werden'.[1] Wird der Freistellungsbescheid mehrfach geändert, sind entspr Berechnungen für jede Änderung nach Maßgabe des jeweiligen Endes des Zinslaufs (Bekanntgabe des Bescheides) durchzuführen. Sind die Zinsen von Anfang an falsch berechnet worden und war die Zinsfestsetzung deswegen unrichtig, richtet sich deren Änderung allerdings nicht nach § 50d Ia 5 iVm § 233a V AO, sondern nach allg Vorschriften (§§ 172 ff, 129 AO). **Rechtsbehelf:** Einspruch und Anfechtungsklage gegen den Zinsbescheid. Auf den Freistellungsbescheid (Erstattungsbescheid) bezogene Einwendungen können hierbei nicht durchgesetzt werden.

D. Ausnahmen vom Steuerabzug (§ 50d II, IV bis VI, § 50d III aF)

§ 50d II, V und VI belässt **Ausnahmen vom Steuerabzug**. Es sind dies die Fälle des Freistellungs- sowie Kontrollmeldeverfahrens. Die im Grds gleichlautenden Regelungen waren bis zum VZ 02 (Rn 3f) in § 50d III 3–9 aF enthalten. Zur gemeinschaftsrechtlichen Unbedenklichkeit des Freistellungs- im Zusammenwirken mit dem Steuerabzugsverfahren s Rn 6.

I. Freistellung (Freistellungsverfahren, § 50d II und IV, § 50d III 1, 2, 4 bis 9, II aF). – 1. Anwendungsbereich und tatbestandliche Voraussetzungen. Das Freistellungsverfahren ist gem § 50d II 1 – wahlweise – auf die Fälle des § 50a IV sowie der fehlenden bzw reduzierten Besteuerung nach § 43b (s dazu aber § 43b II 5, s Rn 24) oder nach DBA beschränkt (**Freistellung im Steuerabzugsverfahren**, vgl § 50d II 1 HS 1 aE), neuerdings auch auf die Fälle des § 50g idF des EG-Amtshilfe-AnpassungsG. Letzteres ist nur für jene schwer vorstellbaren Fälle schlüssig, in denen zwar die Voraussetzungen des § 50g gegeben sind, der StPfl jedoch keinen rechtzeitigen Antrag gem § 50g I auf Nichterhebung von Quellensteuer, sondern stattdessen einen solchen gem § 50d II gestellt hat. Andernfalls – bei Vorliegen eines Antrags gem § 50g I – ist bereits bei Zahlung von der (deutschen) Quellenbesteuerung abzusehen.[2] Ansonsten bleibt es bei der (ausschließlichen) Geltung des Erstattungsverfahrens gem § 50d I 2 bis 9, ggf – wenn eine Freistellung wegen gänzlichen Fehlens beschränkter und unbeschränkter StPfl geltend gemacht wird – auch des allg Freistellungsverfahrens gem § 155 I 1 und 3 AO (s Rn 12).[3] **Anwendbar** ist das Verfahren sonach auf: **(1)** Vergütungen iSv **§ 50a IV (2)** Kapitalerträge (= offene und vGA) iSv § 20 I Nr 1 und § 43 I Nr 6 an Mutter-Ges im EG-Ausland, wenn die Voraussetzungen des **§ 43b** erfüllt sind; für solche Erträge reduziert § 43b den Abzug der KapESt auf Null (aufgrund deutschrechtlich gemachten Vorbehalts bis zum 30.6.96: auf 5 vH); **(3)** Zinsen und Lizenzgebühren, die iSv **§ 50g** von einem inländischen Unternehmen oder einer inländischen Betriebsstätte an ein Unternehmen oder eine Betriebsstätte in einem anderen EG-Mitgliedstaat gezahlt werden (jeweils **§ 50d II 1 HS 1**); **(4)** entspr Kapitalerträge iSv § 20 I Nr 1, die von einer unbeschränkt stpfl inländischen KapGes iSv § 1 I Nr 1 KStG an eine KapGes in einem DBA- (Nicht-EG)-Staat geleistet werden, vorausgesetzt, es handelt sich um eine unmittelbare Mindestbeteiligung von 10 vH (vgl § 8b V KStG aF), die ausländische Mutter-Ges unterliegt in ihrem Ansässigkeitsstaat den Steuern vom Einkommen und Gewinn, ohne hiervon befreit zu sein, und die Einkünfte werden nach dem **DBA** nicht oder nur mit einem geringeren Steuersatz besteuert (**§ 50d II 1 HS 2**). Bei der zuletzt genannten Freistellung handelt es sich um einen Auffangtatbestand, der zur Wahrung der Verfahrenseinheit und aus Gründen der Gleichbehandlung in das Gesetz eingefügt worden ist. Die insoweit für Direktinvestitionen innerhalb der EG gem § 43b gemachten Einschränkungen gelten hier allerdings nicht, insbes besteht keine Einschränkung auf Kapitalerträge gem § 20 I Nr 1 und § 43 I Nr 6, keine Mindestbesitzzeit von 12 Monaten, der Mutter-Ges muss im Ansässigkeitsstaat weder ein Schachtelprivileg noch eine indirekte Steuerbefreiung gewährt werden. Quellensteuer-Höchstbeträge, welche in dem jeweiligen DBA vorbehalten sind (idR auf 5 bzw 15 vH, s Art 10 II 1 OECD-MA), sind (ebenso wie der in Art 5 III Mutter-/Tochter-Richtlinie aF bis zum 30.6.96 vorbehaltene 5 %-ige Quellensteuervorbehalt) in Einklang mit EG-Recht zu verstehen

---

[1] S auch BFH BStBl II 97, 263.
[2] S BT-Drs 15/3679, 21 zu § 50g I.
[3] BFHRep 05, 1081.

und auszulegen; wird die Quellensteuer für Gebietsfremde abw von Gebietsansässigen iErg definitiv, ist sie deswegen entgegen dem betr Vorbehalt zu erstatten.[1]

24 **2. Verfahren der Freistellung.** Die Freistellung erfolgt (nur[2]) **auf Antrag**[3] (allein[4]) des Vergütungsgläubigers (oder seines Bevollmächtigten[5]) beim **BZSt** (bis 31.12.05: BfF) (**§ 50d II 1 HS 1**, § 50d III 1 aF; s Rn 24), regelmäßig unter Beifügung der Bestätigung der ausländischen Finanzbehörde über die Ansässigkeit in jenem Staat oder ggf der Existenz einer Betriebsstätte in einem anderen EG-Mitgliedstaat iSd § 50g III Nr 5c; dazu ist der andere Mitgliedstaat nach der Zins- und Lizenz-Richtlinie verpflichtet (**§ 50d IV 1**, § 50d II 1 aF) sowie unter Angabe und Nachweis (ggf durch Vertragsvorlage) des Rechtsgrundes der Zahlung. Ebenso wie beim Erstattungsantrag gem § 50d I 2 (Rn 24) kommen als **Antragsbefugte** gleichermaßen der Steuerschuldner (vgl § 50a V 2) wie ggf auch der zivilrechtliche Vergütungsgläubiger (zB in Fällen des Gestaltungsmissbrauchs gem § 42 AO) in Betracht.[6] Der Antragsteller ist auch (alleiniger) Adressat der Freistellungsbescheinigung (s aber auch Rn 28). **Form:** Der Antrag muss ebenso wie der Erstattungsantrag gem § 50d I 3 (und insoweit abw von § 50d III aF[7]) auf amtlich vorgeschriebenem Vordruck gestellt werden (§ 50d II 1 HS 1). **Fristen** (auch Verjährungsfristen) bestehen keine. Da aber einerseits erst (und nur) die Freistellungsbescheinigung und nicht bereits der bloße Antrag zur Abstandnahme vom Steuerabzug berechtigt (vgl § 50d II 5, Rn 25), und andererseits die Geltungsdauer der erteilten Freistellungsbescheinigung frühestens in dem Tag beginnt, an dem der Antrag beim BZSt (früher BfF) eingeht (§ 50d II 4 1. HS, Rn 27), empfiehlt sich die rechtzeitige Antragstellung, spätestens innerhalb der gesetzlichen Bearbeitungszeit von 3 Monaten (vgl **§ 50d II 6**, vgl Art 1 XII 2 der EG-Richtlinie, Rn 17) vor dem Vergütungszufluss. Nur dann kann ein bereits getätigter Steuerabzug ggf noch rückgängig gemacht werden; durch eine nachträgliche Antragstellung lässt sich dies – abw von der früheren Rechtslage (vgl dazu 1. Aufl Rn 31) – nicht erreichen. Die Freistellung vom Steuerabzug ist ausschließlich zukunftsbezogen und findet auf Erträge und Vergütungen, die im Zeitpunkt der Antragstellung bereits zugeflossen sind, keine Anwendung. Das kann allerdings zur Folge haben, dass den Vergütungsschuldner infolge verzögerter Bearbeitungszeiten beim BZSt (früher BfF) eine Zahlungspflicht trifft, obschon der Antrag beizeiten gestellt wurde. S dazu sowie zu den Gefahren, als Vergütungsschuldner bei pflichtwidrig unterbliebenem Abzug in Haftung genommen zu werden, Rn 27. Unabhängig davon kann die Freistellungsbescheinigung **in den Fällen des § 43b** nur erteilt werden, wenn die in § 43b II 1–3 (iVm Art 3 Ia Mutter-/Tochter-Richtlinie der EG) aufgeführten spezifischen Beteiligungsanforderungen innerhalb des Beteiligungszeitraums (von ununterbrochen 12 Mon) gem § 43b II 4 bei Entstehen der KapESt (vgl § 44 I 2) vollendet ist; andernfalls ist das Freistellungsverfahren des § 50d II ausgeschlossen und kommt nur die Erstattung gem § 50d I 2 in Betracht, vgl **§ 43b II 5**.

25 Die (positive) Entscheidung über den Antrag erfolgt (und zwar gegenüber dem Vergütungsgläubiger) durch Erteilung der **Freistellungsbescheinigung**. Der inländische Vergütungsschuldner wird – erst – durch eine Ausfertigung dieser Bescheinigung ermächtigt, den Steuerabzug zu unterlassen (**§ 50d II 5**), je nach Regelungsinhalt entweder für die einzelne Zahlung (Einmalfreistellung) oder für mehrere Zahlungen an einen Gläubiger (**Dauerfreistellung**). So oder so beträgt die Geltungsdauer der erteilten Bescheinigung mindestens 1 Jahr und maximal 3 Jahre (**§ 50d IV 2. HS**);[8] ein etwaiger Wegfall der Freistellungsvoraussetzungen ist innerhalb dieser Geltungsdauer vom Vergütungsgläubiger dem BZSt (bis 31.12.05: BfF) (letztlich zur Vermeidung steuerstrafrechtlicher Konsequenzen, §§ 370 ff AO) unverzüglich (dh: zeitnah nach Kenntniserlangung bei entspr obj Feststellungslast des FA) mitzuteilen (**§ 50d IV 3. HS**). Umgekehrt ist das BZSt berechtigt, einen ggf vorbehaltenen Widerruf (s Rn 26) infolge der Regelungsverschärfungen des § 50d III durch das JStG 07 auszuüben; die Anwendungsvorschrift des § 52 I idF des JStG 07 (s Rn 5) ist insofern eindeutig und sieht keine Übergangsbestimmung vor. Eine andere Frage ist es, ob ein

---

1 Vgl EuGH IStR 07, 62 ‚Denkavit'; auch BFH/NV 07, Beil 4, 173 ‚Test Claimants in the FII Group Litigation' (Leitsatz Nr 4).
2 BFH BStBl II 73, 15.
3 Vgl FG Kln EFG 99, 897; EFG 04, 1053.
4 Vgl BFH BStBl II 98, 235; FG Kln EFG 00, 1189; **aA**, allerdings zur früheren Rechtslage *Schmidt*[26] § 50d Rn 19: Gläubiger oder Schuldner; in diese Richtung tendiert offenbar auch BFH BStBl II 01, 291 (293).
5 BMF BStBl I 94, 201 (203) Tz 1.4.1; dies kann auch der Vergütungsschuldner sein, FG Kln EFG 00, 1189.
6 Vgl demgegenüber noch anders zu § 50d III 1 aF BFH BStBl II 98, 235.
7 Zutr FG Kln EFG 99, 897.
8 BMF aaO Tz 2.3.

Vertrauensschutz bei Ausübung des Widerrufsermessens einbezogen wird. – Die Ausfertigung der Bescheinigung ist als Beleg (für 6 Jahre[1]) aufzubewahren. IÜ bleiben anderweitig bestehende Anmeldeverpflichtungen unberührt (**§ 50d II 8** idF des EG-Amtshilfe-AnpassungsG, s auch Rn 6).

Das BZSt (früher BfF) erteilt die Freistellung (wohl ausschließlich, vgl § 50d II 1 HS 1 aF aE) unter **Widerrufsvorbehalt**, ggf auch unter **Auflagen** oder **Bedingungen** (**§ 50d II 2**, § 50d III 4 und 6 aF, s dazu im Einzelnen auch § 50d V 4, Rn 31), namentlich von besonderen Nachweiserfordernissen (**§ 50d II 3**, § 50d III 2 aF) in den Fällen des § 50d III (Rn 40 ff, s auch Rn 25) sowie in Fällen, in denen der durch die Freistellung begünstigte Vergütungsgläubiger seinerseits Vergütungsschuldner ist und die Beträge an andere (beschränkt stpfl) Dritte weiterleitet (zB zwischengeschaltete ausländische Veranstalter an inländische Künstler). Diese Nachweise können idR im Zeitpunkt des Freistellungsantrag wegen des noch ausstehenden Vergütungszuflusses zumeist noch nicht erbracht werden, was das Freistellungsverfahren iErg ausschließt. Es ist fraglich, ob eine nicht erfüllbare und damit auf eine unmögliche Leistung gerichtete Auflage rechtens ist.[2] **26**

Die Freistellung kann **nachträglich** gewährt werden. Ihre Geltungsdauer (s Rn 24) beginnt allerdings frühestens an dem Tag, an dem der Antrag beim BZSt (bis 31.12.05: BfF) eingeht (**§ 50d II 4 1. HS**). Zu dem deshalb und wegen der fortbestehenden Abzugspflicht bestehenden Erfordernis einer rechtzeitigen Antragstellung s Rn 24. Anders als nach früherer Rechtslage[3] ist eine nachträglich erteilte Bescheinigung also kein rückwirkendes Ereignis iSv § 175 I 1 Nr 2 AO in Hinblick auf eine vorangegangene Steueranmeldung oder (Entrichtungs-)Steuerfestsetzung.[4] Ist der Vergütungsschuldner seiner Abzugspflicht ordnungsgemäß nachgekommen, kann die nachträgliche Gewährung der Freistellung vielmehr lediglich eine auf die Geltungsdauer der Bescheinigung begrenzten Erstattungsanspruch des Gläubigers gem § 50d I 2 auslösen; die Freistellungsbescheinigung hat sich demgegenüber durch Zeitablauf und Abführung der Quellensteuer „verbraucht".[5] Aufgrund der langen Bearbeitungszeiten im BZSt (früher BfF)[6] lässt die FinVerw aber zur „Entlastung von Abzugsteuern" aus Billigkeit eine Berichtigung der Anmeldung zu, eine dadurch ausgelöste Steuererstattung infolge der Gefahr von Doppelerstattungen allerdings nur gegen Vorlage der vom Vergütungsschuldner ausgestellten und vom Vergütungsgläubiger zurückgeforderten Originalsteuerbescheinigung gem § 50a V 7, alternativ nach vorheriger Rückfrage beim BZSt (früher BfF).[7] Ist der Steuerabzug pflichtwidrig in einem solchen (Ausnahme-Fall) ohne Freistellung unterblieben, scheidet auch eine entspr Haftung (§ 44 V, § 50a V 5) aus; die Inanspruchnahme trotz Freistellung wäre ermessenswidrig. Ein bereits erlassener Haftungsbescheid ist zurückzunehmen (§ 130 I AO).[7] Von solchen Ausnahmen abgesehen droht dem Vergütungsschuldner jedoch stets die Inanspruchnahme als Haftender, und zwar grds selbst dann, wenn sich die Steuerbefreiung später herausstellt. Innerhalb der EU lässt sich dies allerdings nicht länger uneingeschränkt aufrechterhalten; der EuGH[8] macht die Haftung davon abhängig, dass (insoweit entgegen § 50d II 4) auch im Haftungsverfahren keine Freistellungsbescheinigung erwirkt und nachgereicht wird (s § 50a Rn 56). **27**

Die Freistellungsbescheinigung ist VA, (in strikter Abgrenzung zu dem Freistellungsbescheid gem § 50d I 3, § 50d I 1 aF, s Rn 24, und entgegen der früheren Verwaltungspraxis des BfF) aber **kein Steuerbescheid**.[9] Er ist deshalb gem §§ 130, 131 AO, nicht aber gem §§ 172 ff AO[10] und auch nach Ablauf der Festsetzungsfristen gem §§ 169 ff AO zu ändern.[11] **Rechtsbehelf** im Falle seiner Ablehnung ist die Verpflichtungsklage (§ 42 FGO), für den vorläufigen Rechtsschutz die einstweilige Anordnung (§ 114 FGO), bei Änderung oder Aufhebung jedoch die Anfechtungsklage bzw der Antrag auf AdV (§ 69 FGO).[12] **Rechtsbehelfsbefugt** ist neben dem Vergütungsgläubiger als Adressat der Bescheinigung (Rn 24) auch der Vergütungsschuldner; er ist als potenzieller Haftungsschuldner Drittbetroffener.[13] Wird von der Bescheinigung kein Gebrauch gemacht und gleichwohl Abzugsteuer einbehalten und abgeführt, erledigt sie sich auf andere Weise. **28**

---

1 BMF aaO Tz 2.2.
2 *G/K/G* Anh Rn 365.
3 S dazu umfassend *H/H/R* § 50d Rn 109; *Gosch* BFH-PR 01, 51; *Buciek* IStR 01, 102 (104).
4 Str, vgl *Gosch* BFH-PR 01, 51; *Buciek* IStR 01, 102 (104).
5 Vgl auch BMF BStBl I 94, 201 Tz 2.5, 3.5.
6 *Holthaus* IStR 04, 199.
7 OFD Chemnitz FR 04, 1082.
8 EuGH IStR 06, 743 ‚Scorpio'; dazu *Cordewener/Grams/Molenaar* IStR 06, 739, 742.
9 BFH BStBl II 01, 291; BFH/NV 01, 881; vgl BFH BStBl II 92, 322 zu § 44a II.
10 BFH/NV 01, 881.
11 BFH BStBl II 01, 291; **aA** FG Kln EFG 99, 897.
12 BFH BStBl II 94, 835; BStBl II 97, 700; *FW* IStR 94, 438; **aA** *Grams* RIW 95, 580.
13 FG Kln EFG 07, 360 Rev I R 6/07.

§ 50d Besonderheiten im Fall von Doppelbesteuerungsabkommen und der §§ 43b und 50g

30 **II. Kontrollmeldung (Kontrollmeldeverfahren, § 50d V und VI, § 50d III 3 bis 9 aF). – 1. Anwendungsbereich, tatbestandliche Voraussetzungen und Wirkungen.** In Fällen **geringer steuerlicher Bedeutung** (**§ 50d V 2**) ermöglicht § 50d V 1 (§ 50d III 3 aF) **statt** des Freistellungsverfahrens das Kontrollmeldeverfahren, durch das der Vergütungsschuldner allg ermächtigt wird, den Steuerabzug zu unterlassen. Die (ermessensregelnden) Verwaltungsrichtlinien sehen Einzelzahlungen bis 5 500 € (brutto) und Gesamtzahlungen von jährlich bis 40 000 € als geringfügig an.[1] Es handelt sich hierbei um **Bruttobeträge** (vgl § 50d V 4), einschließlich Vorschüsse, Teil-, Abschlags- und Abschlusszahlungen sowie Kostenerstattungen.[2] Für darüber hinausgehende Beträge ist die Freistellung zu beantragen, andernfalls ist von diesen Beträgen Abzugssteuer einzubehalten.[3] Abw von der früheren Rechtslage ist das Kontrollmeldeverfahren vom VZ 02 an im Grds allerdings auf die **Fälle des § 50a IV Nr 2 und 3** beschränkt und werden gewerbliche Einkünfte gem § 50a IV Nr 1 ausgespart (**§ 50d V 1**). Die Teilnahme am Kontrollmeldeverfahren ist ausgeschlossen für Zahlungen, die für die Ausübung der Tätigkeit als Künstler oder Sportler im Inland geleistet werden, weil dafür idR nach DBA dem Tätigkeitsstaat das Besteuerungsrecht zusteht.[4] Weitergehend als nach der früheren Rechtslage können in das Kontrollmeldeverfahren gem **§ 50d VI** jedoch auch Kapitalerträge gem **§ 43 I 1 Nr 1** (iVm § 20 I Nr 1 S 1 und 2 und II) sowie – vom VZ 07 an (§ 52 I idF des JStG 07) – **Nr 4** (iVm § 20 I Nr 6u II) einbezogen werden, insbes also Dividenden (§ 43 I 1 Nr 1) sowie neuerdings auch Kapitalerträge im Ausland ansässiger Versicherungsunternehmen (§ 43 I 1 Nr 4), vorausgesetzt, **(1)** das Freistellungsverfahren gem § 50d II ist unanwendbar und **(2)** im Zeitpunkt der Zahlung des Kapitalertrags lässt sich der Anspr auf Besteuerung nach einem niedrigeren Steuersatz ohne nähere Ermittlungen feststellen. Der Gesetzesintention nach soll diese Verfahrenserleichterung in erster Linie Dividenden auf Namensaktien zugute kommen, bei denen anders als bei Inhaberaktien die Identität des Dividendengläubigers und damit dessen Abkommensberechtigung üblicherweise bekannt ist oder sich leichthin ermitteln lässt.[5] Es wird deshalb als verzichtbar angesehen, den Gläubiger in solchen Fällen auf das (nachträgliche) Erstattungsverfahren gem § 50d I 2 zu verweisen.

31 **2. Verfahren und Wirkung der Kontrollmeldung.** Das Kontrollmeldeverfahren erfordert einen (auf amtlichem Vordruck gestellten) **Antrag** des Vergütungsschuldners beim BZSt (bis 31.12.05 BfF). Einer Freistellungs- oder Ansässigkeitsbescheinigung bedarf es nicht (**§ 50d V 3**, § 50d III 5 aF). Der Antrag enthält zugleich das Einverständnis mit der Erstellung und Weitergabe von Kontrollmitteilungen an den Wohnsitz- oder Sitzstaat des Vergütungsgläubiger (**§ 50d V 5**, § 50d III 7 aF). Das BZSt (bis 31.12.05 BfF) tauscht im Rahmen des Kontrollmeldeverfahrens regelmäßig Auskünfte aus.[6] Dieser Umstand ist dem Vergütungsgläubiger vom Vergütungsschuldner zeitnah mitzuteilen.[7] Die Ermächtigung zur Anwendung des Verfahrens (durch Bescheid) erfolgt regelmäßig unbefristet jedoch unter dem Vorbehalt jederzeitigen Widerrufs[8] und kann unter Auflagen erteilt werden (dazu im Einzelnen **§ 50d V 4**, § 50d III 6 aF).[9] Zu den Auflagen gehört auch die Verpflichtung des Vergütungsschuldners, jährlich bis zum 30.4. für jeweils jeden Gläubiger eine **Jahreskontrollmeldung** beim BZSt (bis 31.12.05 BfF) einzureichen; zu den danach zu meldenden Angaben s BMF BStBl I 02, 1386 Tz IV 10. Die Ermächtigung kann mit Wirkung vom **1.1. des Kj der Antragstellung** an erteilt werden.[8] Sie ist auf den einzelnen Gläubiger aber grundsätzlich ex nunc anzuwenden, innerhalb des betr Kalender-Vierteljahr auch rückwirkend, dies allerdings nur im Hinblick auf den Einbehalt der Steuer, nicht deren Abführung.[10] Der Ermächtigungsbescheid ist als Beleg aufzubewahren (**§ 50d V 6**, § 50d III 8 aF; Rn 24). Die Durchführung des Kontrollmeldeverfahrens unterliegt der Prüfung durch die zuständige Finanzbehörde (vgl § 73d II EStDV). Wie beim Freistellungsverfahren (Rn 6) bestehen auch hier die Anmeldepflichten gem § 73e EStDV fort (**§ 50d V 7 iVm II 8**, § 50d V 7 aF, § 50d III 9 aF).

---

1 BMF BStBl I 94, 4; BStBl I 98, 1170 Tz 3.3.
2 BMF BStBl I 02, 1386 Tz III 7.
3 BMF BStBl I 02, 1386 Tz III 6.
4 BMF BStBl I 02, 1386 Tz III 4.
5 S auch BFH BStBl II 04, 582; BFH/NV 04, 1209.
6 BMF BStBl I 94, 4 Tz 12.
7 S auch BMF BStBl I 02, 1386 Tz III 8.
8 BMF BStBl I 02, 1386 Tz II 3.
9 Weitere Auflagen sehen die Ermessensrichtlinien vor, s BMF BStBl I 94, 4.
10 BMF BStBl I 02, 1386 Tz III 9.

E. Rückausnahme vom Erstattungs- und Freistellungsverfahren: Missbrauchsverhinderung (§ 50d III, § 50d Ia aF)

I. Zweck, Regelungsinhalt, Anwendungsbereich, Abkommens- und Gemeinschaftsrechtmäßigkeit. § 50d III enthält eine spezialgesetzliche Vorschrift zur **Missbrauchsverhinderung** durch **ausländische Ges. A**ls solche knüpft sie im Ausgangspunkt (und auch in ihrer ursprünglichen tatbestandlichen Ausgestaltung, anders aber jetzt § 50d III, s Rn 44) an § 42 I AO aF/§ 42 I 1 iVm II AO nF als allg abgabenrechtliche Missbrauchsvermeidungsvorschrift an. Ihre ‚Historie' erklärt sich letztlich allein aus dem Umstand, dass diese allg Vorschrift nach der Rspr des BFH[1] auf beschränkt StPfl nicht anwendbar sein sollte.[2] Nachdem diese Rspr korrigiert worden war,[3] erwies sich § 50d III eigentlich als ‚überflüssig', wurde dennoch nicht nur beibehalten, sondern (mit höchst problematischen Konsequenzen) in der besagten aktuellen Gesetzesfassung sogar noch ausgebaut. S Rn 42, 44. – Vor diesem Hintergrund ist die Vorschrift (jedenfalls in ihrer Regelungskonzeption) weitgehend identisch mit dem bisherigen (s dazu Rn 3f), erstmals vom 1.1.94 an wirkenden § 50d Ia aF. Abw davon trifft die nunmehrige Regelung allerdings eine Ausnahme nicht nur zum Erstattungsverfahren gem § 50d I 2 bis 9 (§ 50d I 2 aF), sondern zusätzlich auch zum Freistellungsverfahren gem § 50d II (§ 50d III 1, 2, 4 bis 9 aF); ausgespart bleibt aber nach wie vor das Kontrollmeldeverfahren gem § 50d V (§ 50d III 3 bis 9 aF): Dem StPfl wird die hiernach ermöglichte Erstattung der im Wege des Quellenabzugs gem § 50a einbehaltenen Steuer ebenso wie die vorherige Freistellung vom Steuerabzug ausnahmsweise versagt, wenn er die Erstattungs- oder Freistellungsvoraussetzungen nur dadurch erfüllt, dass er sich einer funktionslosen ausländischen Ges bedient, die diesen Voraussetzungen ihrerseits (formal) gerecht wird. Vorrangiger Zweck der Zwischenschaltung einer derartigen ausländischen Ges ist es, einen anderweitig nicht erreichbaren DBA-Vorteil (sog **treaty** oder **rule shopping**) oder Vorteil aus der Mutter/Tochter-Richtlinie der EG v 22.12.03 (AblEU 04 Nr L 7, 41) (sog **directive shopping**) zu sichern. § 50d III will derartige Gestaltungen ausschließen (sog **treaty oder directive overriding**, Rn 1).[4] Um diesen erwünschten Ausschluss möglichst umfassend zu erreichen (und zugleich, um entgegenstehende missliebige Rspr des BFH zu ‚brechen'), wurde § 50d III in den an die Auslands-Ges zu stellenden Funktionserfordernissen mit erstmaliger Wirkung vom VZ 07 an durch das JStG 07 beträchtlich (und in gemeinschaftsrechtlich bedenklicher Weise, s Rn 42) verschärft. Zum unabhängig davon bestehenden (problematischen) Verhältnis zw § 50d III und § 42 AO im Einzelnen s Rn 45. Eine vergleichbare (und gem § 50g IV 2 von § 50d III ausdrücklich unabhängige) Regelung zur Missbrauchsverhinderung enthält neuerdings **§ 50g IV 1** (in Umsetzung von Art 5 II der Zins- und Lizenz-Richtlinie der EG, Rn 3); s iÜ auch **§ 34c VI 5.** Zu der (partiellen) **Unanwendbarkeit von § 50d III** auf das parallele bes Erstattungsverfahren gem **§ 44a IX nF** und auch den KapESt-Verzicht gem **§ 44a V 4 nF** und die dadurch ausgelösten Gestaltungsmöglichkeiten s Rn 6.

Die Vorschrift ist (jedenfalls nach bisherigem Verständnis) **abkommensrechtlich** im Grundsatz **zweifelsfrei**, weil es danach dem nationalen Gesetzgeber im Kern unbenommen ist, sich einfachgesetzlich (im Wege des sog treaty override) über abkommensrechtliche Regelungen hinwegzusetzen, vorausgesetzt, dies kommt explizit oder (wie im Falle des § 50d III)[5] in hinreichender Weise zum Ausdruck.[6] Soweit dagegen Einwendungen erhoben werden,[7] widersprechen diese der (herrschend vertretenen) systematischen Unterscheidung („dualistische Theorie")[8] zw einerseits der völkerrechtlichen (zwischenstaatlichen) Verbindlichkeit des DBA und andererseits dem unilateralen Zustimmungsgesetz als Transformationsakt (vgl Art 59 II GG), durch das das DBA gegenüber dem StPfl verbindlich wird und das gem § 2 AO den übrigen innerstaatlichen Steuervorschriften vorgeht, das vom nationalen Gesetzgeber aber jederzeit geändert oder aufgehoben werden kann. IÜ sind (vorbehaltlich[9] ausdrücklicher **DBA-eigener Missbrauchsverhinderungsvorschriften**, zB Art 28 DBA-

---

1 BFH BStBl II 82, 150 (sog Monaco-Urteil).
2 Vgl BT-Drs 12/5630, 65.
3 BFH BStBl II 98, 163 u 235.
4 BT-Drs 12/5630, 65.
5 BFH/NV 02, 774.
6 BFH BStBl II 02, 819 (822); BStBl II 95, 129; BFH/NV 97, 760; *D/W* MA Art 1 Rn 12.
7 ZB *Vogel/Lehner*[4] Einl Rn 193 ff, 205; *Lüdicke* DB 95, 748.
8 BFH BStBl II 71, 379; *D/W* Vor Art 1 MA Rn 9 ff.
9 BMF BStBl I 07, 446 Rn 11.

§ 50d Besonderheiten im Fall von Doppelbesteuerungsabkommen und der §§ 43b und 50g

USA,[1] Art 23 DBA-Schweiz, Art 23 DBA-Kuweit)[2] Fragen der steuerlichen Zurechnung idR ohnehin nicht Gegenstand von DBA,[3] zumal dann nicht, wenn sie sich – wie § 50d III – im Rahmen eines allg völkerrechtlichen Umgehungsvorbehalts halten.[4] Allerdings gilt auch zu berücksichtigen, dass § 50d III sich gerade nicht der Technik einer von den tatsächlichen Gegebenheiten abw steuerlichen Zurechnung bedient, sondern (wie zB §§ 7 ff AStG) die vorgegebene Zurechnung der betr Dividendeneinkünfte zu der ausländischen (Zwischen-)Ges zunächst hinnimmt und jener Ges lediglich die in Rede stehenden Steuerentlastungen in der Sache versagt. Unbeschadet dessen bleiben überdies neuere Entwicklungen in der Rspr des BVerfG zu gewärtigen, das sich in anderem Zusammenhang für eine prinzipielle Bindung an das Völkerrecht und für die Bejahung der internationalen Zusammenarbeit (Art 25 GG) ausgesprochen hat, vorausgesetzt, im konkreten Fall sind die Grundrechte gewahrt. So gesehen stünden das treaty override und die bisherige Dualtheorie aber möglicherweise auf tönernen Füßen.[5] Die bisherigen Positionen sind nicht zuletzt angesichts Art 25 I, Art 59 I GG einerseits und der auf breiter Front zunehmenden Gebrauchmachens des treaty overriding (s zB § 50d III, VIII, IX, § 15 Ia, § 17 V, § 13 II und § 21 II UmwStG) andererseits (endlich) in Frage zu stellen. Es ist Aufgabe der Rspr, dies voranzutreiben.

42 § 50d III ist – jedenfalls in seinem **Kernbereich** und in seiner grundlegenden Zielrichtung – nicht von vornherein **gemeinschaftsrechtlich** bedenklich. Das betrifft nach dem EuGH-Urt v 6.12.07 C-298/05 ‚Columbus Container'[6] zunächst das in Rn 41 angesprochene treaty overriding, das mangels konkreter Ungleichbehandlung von Gebietsfremden und dem derzeitigen Stand der Harmonisierung der direkten Steuern nicht diskriminierend wirken soll. Das betrifft aber auch die staatliche Missbrauchsgegenwehr als solche: Die Mutter/Tochter-Richtlinie des Rates 2003/123/EG v 22.12.03[7] belässt in Art 1 II den Mitgliedstaaten ausdrücklich das (sekundäre) Recht zur Schaffung von Missbrauchsregelungen.[8] Überdies handelt es sich bei § 50d III (jedenfalls seiner ‚Natur' und seinen Rechtswirkungen nach: auch, s aber Rn 45) um eine Regelung der (bloßen) Einkünftezurechnung und der Einkünfteerzielung (vgl § 2 I), die sich im Grundsatz allein nach nationalem Recht beantwortet.[9] Nicht zuletzt deswegen verfängt der Einwand nicht, der in der Richtlinie vorbehaltene Missbrauch unterliege einem autonomen EG-rechtlichen Verständnis und sei einer nationalen Auslegung nicht zugänglich.[10] Solange die direkten Steuern nicht harmonisiert sind, ist der nationale Gesetzgeber prinzipiell darin frei, die Einkünftezurechnung und die Frage der Umgehung dieser Zurechnung einseitig zu bestimmen.[11] In Kollision mit EG-Recht soll der Missbrauchsbegriff insofern höchstens in Randbereiche gelangen können. Das ist in dieser Verallgemeinerung allerdings mehr als zweifelhaft.[12] Auch der EuGH gestattet es zwar nicht, sich in missbräuchlicher und betrügerischer Weise auf Gemeinschaftsrecht zu berufen.[13] Allerdings verdienen nach dem Recht eines anderen Mitgliedstaates errichtete bloße Basis- oder Briefkasten-Ges uU nach der zwischenzeitlichen Entwicklung der **EuGH**-Rspr, vor allem durch das Urteil ‚**Inspire Art**' v 30.9.03 C-167/01, vollen gemeinschaftsrechtlichen Diskriminierungsschutz.[14] Diese Rspr gilt zwar unmittelbar „nur" für das

---

1 Sog Limitation of Benefits-Klausel, deren Bedeutung nach der Revision des DBA-USA (s Ergänzungsprotokoll v 1.6.06) deutlich erweitert worden ist, nachdem gem Art 10 III DBA-USA nF auf die Erhebung von Quellensteuern auf Gewinnausschüttungen von Tochter- an Mutter-Ges zw Deutschland und den USA künftig generell verzichtet werden soll; s dazu umfassend *Wolff/Eimermann* IStR 06, 837.
2 Bei denen allerdings zumindest dann viel für einen „umgekehrten" Regelungsvorrang der spezielleren DBA-Missbrauchsregelung gegenüber § 50d III spricht, gleichviel, ob das DBA tatbestandlich weiter geht als § 50d III oder aber dahinter zurückbleibt, s auch FG Kln EFG 07, 1088 Rev. I R 21/07 (zu Art 23 DBA-Schweiz 71 aF); *H/H/R* § 50d Rn 52; *K/S/M* § 50d Rn G 26; **aA** *Frotscher* § 50d Rn 19; *B/B* § 50d Rn 120; offenlassend BFH/NV 02, 774.
3 BFH BStBl II 98, 113; *K/S/M* § 50d Rn A 23 ff.
4 S dazu *Vogel/Lehner*[4] Art 1 Rn 123.
5 BVerfGE 111, 307, DVBl 05, 175 (177) „Görgülü", sowie BVerfG NVwZ 05, 560 „Alteigentümer".. S dazu zB *Elicker* IFSt-Schrift 438/2006, S 10 ff; *Vogel* IStR 05, 29; *Stein* IStR 05, 505, 508; *Kempf/Brandl* DB 07, 1377;
Hummel IStR 05, 35; **aA** *Bron* IStR 07, 431; *Musil* RIW 06, 287; s auch *Forsthoff* IStR 06, 509.
6 S zum Problem auch *Stein, Bron, Forsthoff*, jew aaO.
7 AblEU 04 Nr L 7/41; s ebenso die vorhergehende Fassung v 23.7.90 (AblEG Nr L 225/6).
8 BFH BStBl II 02, 819.
9 Im Einzelnen *K/S/M* § 50d Rn A 27 ff; einschränkend demgegenüber *Schön* IStR Beihefter 2/96, 6, jew mwN.
10 ZB *Schön* IStR Beihefter 2/96, 6; *Stoschek/Peter* IStR 02, 656 (661 ff); *Niedrig* IStR 03, 474 (479).
11 Zutr *K/S/M* § 50d Rn A 30 ff.
12 BFH BStBl II 02, 819 (823).
13 ZB EuGH Slg I-1459 Rn 24 ‚Centros'; Slg 00, I-1734 Rn 33 ‚Diamantis'; Slg 06, I-01609 ‚Halifax'; BFH BStBl II 02, 819; allg zum Problem des ‚europäischen' Missbrauchsbegriffs einerseits *Hahn* ÖStZ 06, 399; andererseits *M Lang* SWI 06, 273.
14 Vgl insoweit EuGH BB 03, 2195 ‚Inspire Art Ltd'; s auch speziell zur Frage der Nichtabzugsfähigkeit von BA gem § 160 AO *Sedemund* IStR 02, 279; BFH IStR 02, 274 mit Anm *Grams*; FG Mchn EFG 02, 880; FG M'ster v 18.9.02 9 K 5593/98 K, 9 K 5639/98 G, 9 K 5640/98 F nv.

Gesellschaftsrecht. Es spricht einiges dafür, dass für das Steuerrecht abw Grundsätze gelten und gänzlich funktionslose „Briefkästen" als „rein künstliche Konstruktionen" wohl nach wie vor unbeachtlich bleiben. Weder die Rspr des BFH noch jene des EuGH erscheint in diesem Punkt abgeschlossen, die Grenzen sind fließend. Zumindest eine nicht nur kurzfristig, sondern auf Dauer zwischengeschaltete ausländische Zwischen-Ges wird jedenfalls bei (auch nur minimaler) substantieller Ausstattung (Büro, (auch Teilzeit-)[1] Personal, Telefonanschluss, betriebsnotwendige Ausrüstungsgegenstände) innerhalb der EG – im Einklang mit einer vergleichbaren inländischen Ges[2] – aus steuerlicher Sicht kaum noch als rechtsmissbräuchlich angesehen werden dürfen.[3] In diesem Lichte darf die Annahme eines Missbrauchs gem § 50d III sicherlich nicht über jenes Maß hinausgehen, das nach § 42 AO für rein nationale Sachverhalte gilt: Grds darf ein Sachverhalt innerhalb der EG nicht allein aufgrund seiner ‚Grenzüberschreitung' pauschalierend einer Missbrauchsvermutung unterworfen werden. Soweit der EuGH in seinem (zum mit der deutschen Hinzurechnungsbesteuerung nach §§ 7 ff AStG vergleichbaren britischen CFC-Recht[4] ergangenen) Urteil v 12.12.06 C-196/04 in der Sache ‚**Cadbury Schweppes**'[5] jüngst solche pauschalierenden und typisierenden Missbrauchsvermutungen per se nicht in Frage gestellt hat, verlangt er zumindest bei substanzlosen Konstruktionen doch die durchgängige (und unbeschadet von Art 1 II Mutter/Tochter-Richtlinie primärrechtlich fundierte) Möglichkeit, einen Gegenbeweis (den sog **Motivtest**) im Einzelfall erbringen zu können. Im Rahmen dieses Motivtests muss dem StPfl bei sach- gerechtem Verständnis und bei richtiger Lesart (wohl) auch dann die Möglichkeit gegeben werden, die Zwischenschaltung der ausländischen KapGes zu rechtfertigen, wenn dieser gewöhnlich abzuverlangende Substanzerfordernisse fehlen. Denn solche Erfordernisse hängen immer (auch) von den Gegebenheiten des Einzelfalls ab, wozu gerade die besondere Funktion der KapGes gehören kann; bei entspr Funktion zB als **Finanzierungs- oder Kapitalanlage-Ges**, auch als reine Patentverwaltungs-Ges, sind die Substanz- und Ressourcenerfordernisse deswegen spürbar gemindert.[6] Dem hat für die (deutsche) Hinzurechnungsbesteuerung gem §§ 7 ff AStG zunächst die FinVerw[7] und sodann der Gesetzgeber durch **§ 8 II AStG** idF des JStG 08 Rechnung getragen, indem dort für Ges in EU-/EWR-Staaten die Möglichkeit eines Aktivitätsnachweises geschaffen wurde, vorausgesetzt, die Gegenseitigkeit der Amtshilfe ist gewährleistet (also nicht gegenüber Liechtenstein). Soweit in der ersten Reaktion der FinVerw allerdings Kapitalanlage- und Finanzierungs-Ges von dem Motivtest ausgenommen werden sollten,[7] sprach dies den Grundsatz des Urteils, das ja gerade eine solche Finanzierungs-Ges betraf, Hohn. Überdies ist noch **dreierlei zu gewärtigen: (1)** In der Rechtssache ‚Cadbury Schweppes' ging es um eine sog Outbound-Situation, bei § 50d III jedoch um einen sog **Inbound-Fall**, also um die Beurteilung einer die EG-Grundfreiheiten ausübenden und beanspruchenden Auslands-Ges im Inland, mithin um jene Konstellation, welche auch dem EuGH-Urteil ‚Inspire Art'[8] zugrunde lag.[9] **(2)** Der EuGH nimmt lediglich eine Beurteilung vor gemeinschaftsrechtlichem Hintergrund und zu einer speziellen Regelung vor, setzt aber **nicht** zugleich und automatisch einen **innerstaatlichen Anforderungsstandard**; es bleibt der nationalen Rechtspraxis unbenommen, nach Maßgabe des § 42 AO und hiernach im Zusammenspiel mit den Wertungen etwaiger sondergesetzlicher Missbrauchsvermeidungsvorschriften sowie einer prinzipiell gebotenen Gleichbehandlung von in- und ausländischen Zwischen-Ges hinter dem vom EuGH verlangten Substanzprofil des EuGH zurückzubleiben; die zT großzügigere Rspr des BFH wird also keineswegs von vornherein in Frage gestellt oder konterka-

---

1 Zutr *Trenkwalder* FS Loukota, 2005, S 569 (583).
2 BFH BStBl II 98, 90 (91); s auch BStBl II 99, 119; *Gosch* StBp 99, 79; anders demgegenüber uU BFH BStBl II 04, 787 mit Anm *Gosch* StBp 04, 241.
3 So iErg jetzt auch BFH BStBl II 06, 118 ‚Hilversum II' (mit zust Anm *Jacob/Klein* u *Haarmann* IStR 05, 710) unter ausdrücklicher Aufgabe von BFH BStBl II 02, 819 (823) ‚Hilversum I'; im Anschluss daran FG Kln EFG 06, 896 Rev I R 26/06, sog ‚SOPARFI-Fall', im Schrifttum gelegentlich zu Unrecht unter ‚Hilversum III' bekannt geworden, s *Korts* IStR 06, 427; *Herlinghaus* EFG 06, 898; *Keßler* PIStB 06, 898; *Ritzer* FR 06, 757; *Bünning* BB 06, 2159; *Forst* EStB 06, 384 *Schön* FS Reiß, 571; s auch (aus gesellschaftsrechtlicher Sicht) EuGH BB 03, 2195 ‚Inspire Art Ltd' und unter ausdrücklicher Bezugnahme darauf BFH BStBl II 05, 14 (‚Dublin Docks II') mit Anm *Philipowski* IStR 04, 531; *Wolff* IStR 04, 532; *Gosch* StBp 04, 244; *Prinz/v Freeden* Der Konzern 04, 318; dem folgend BMF BStBl I 05, 28; s auch *Gosch* StBp 03, 338; BFH/NV 05, 1016 in Abgrenzung zu BFH BStBl II 98, 163 (Niederländischer Stiftungs-Fall); **aA** *Fischer* FR 04, 1068; FR 05, 457 u FR 05, 585; s auch österreichischer VwGH IStR 05, 206 (dort mit krit Anm *N Schmidt/Theiss*; ebenso *M Lang* IStR 05, 206, zust *Lokouta* SWI 05, 205) u ÖStZ 05, 430.
4 = Controlled Foreign Companies.
5 EuGH FR 06, 987 ‚Cadbury Schweppes' mit Anm *Lieber*; s auch *Schön* FS Reiß, 571; *Gosch* FS Reiß, 597.
6 Zutr *Trenkwalder* FS Loukota, 2005, S 569 (582 ff).
7 BMF BStBl I 07, 99.
8 EuGH BB 03, 2195 ‚Inspire Art Ltd'.
9 Zutr *Lieber* FR 06, 993 (995).

§ 50d Besonderheiten im Fall von Doppelbesteuerungsabkommen und der §§ 43b und 50g

riert.[1] S allg zum Verhältnis zu § 42 AO Rn 45. Und **(3)** Der sog Motivtest erfordert eine ‚**echte**' **Einzelfallprüfung**, nicht aber die bloße (und ohnehin selbstverständliche) Subsumtion unter Tatbestandsmerkmale, gleichviel, ob diese durch Gesetz konstituiert oder durch die Rspr geprägt und geschaffen wurden.[2]

43 **II. Voraussetzungen bis zum VZ 06.** Bis zum VZ 06 verlangte **§ 50d III aF** (bis zum VZ 00, s Rn 3: § 50d Ia aF) **kumulativ** (aber str)[3] die folgenden tatbestandlichen **Voraussetzungen: (1)** Die Beteiligung besteht an einer **ausländischen Ges**. Der Begriff der **Ges** bestimmt sich nach dem einschlägigen DBA bzw § 43b II, § 50g III Nr 5a aa. Ges in diesem Sinne ist nach DBA jene KapGes, der der ausländische Staat die den Abzugssteuern zugrunde liegenden Einkünfte zuordnet. Es kann auch eine PersGes sein, die nach ausländischem Recht wie ein KapGes behandelt wird, nicht aber eine nat Pers. Zu den einschlägigen Rechtsformen bei Anträgen nach § 43b oder § 50g s dort die Anlagen 2 bzw 3a. **Ausländisch** ist die Ges, wenn sie weder Sitz noch Geschäftsleitung im Inland hat[4] oder aus Sicht des betr DBA (vgl Art 4 II, III OECD-MA, sog Tie-breaker-rule) bei Doppelansässigkeit in anderen Vertragsstaaten ansässig ist. **(2)** An der so verstandenen unmittelbar abkommensberechtigten ausländischen Ges sind – ggf auch nur mittelbar über mehrstöckige Konstruktionen[5] – (nat oder jur, unbeschränkt oder auch nur beschränkt stpfl, s Rn 40, 44[6]) **Pers beteiligt**, denen die Steuerentlastung nicht zustände, wenn sie unmittelbar beteiligt wären. Das sind regelmäßig Pers, die in einem anderen Nicht-DBA-Staat oder in einem anderen DBA-Staat ansässig sind, der die Steuerentlastung nicht oder in einem geringeren Umfang gewährt, oder solche, die die Steuervorteile der Mutter/Tochter- sowie der Zins-Richtlinie der EG nicht beanspruchen können. Das kann aber nach dem zweifelsfreien Regelungswortlaut auch der Fall sein, wenn ein Inländer eine ausländische Tochter-Ges seiner Beteiligung an einer wiederum inländischen Enkel-Ges zwischenschaltet. S dazu und zu weiteren mittelbaren Konstruktionen auch Rn 49.[7] Zu Gestaltungsstrategien und Schaffung einer steueroptimierten „Gewinnrepatriierung" durch Vermeidung der KapESt über die atypisch stille Beteiligung an einer Inlands-KapGes s *Kollruss* IStR 07, 870. **(3)** Für die Einschaltung der unmittelbar berechtigten Ges **fehlen wirtschaftliche oder sonst beachtliche Gründe.** Hierzu kann im Ausgangspunkt auf die einschlägige Rspr zu § 42 AO, insbes zur Einschaltung ausländischer Basis-Ges,[8] zurückgegriffen werden: Bloße Briefkastendomizile ohne Geschäftsbetrieb auf eigene Rechnung und Gefahr scheiden im Grundsatz aus. Anspruchberechtigt bleiben nach zwischenzeitlich geläuterter Rspr des BFH aber selbstständige, jedoch als solche passiv tätige und auch substanzlose Ges, die nach Art eines unselbstständigen Holding-Betriebsteils aus Gründen einer gesamtunternehmerischen Konzeption oder des strategischen Konzernaufbaus zwischengeschaltet werden und deswegen keinen Anlass für einen Missbrauchsvorwurf rechtfertigen[9] (s dem entgegentretend jedoch § 50d III 2, dazu Rn 44). Insofern kann durchaus auf jene Beweggründe abgestellt werden, die der BFH (im ‚Hilversum I'-Urteil)[10] seinerzeit noch als unbeachtlich angesehen hat: Gründe der Koordination, der Organisation, des Aufbaus der Kundenbeziehung, der Kosten, der örtlichen Präferenzen, der gesamtunternehmerischen Konzeption. Ein tragfähiger außersteuerlicher Beweggrund für die Zwischenschaltung der Auslands-Ges kann ggf auch in **Steuervorteilen** zu sehen sein, die der StPfl mittels der Zwischenschaltung durch Ausnutzung des Steuergefälles[11] oder des ausländischen Steuerrechts erzielen will; etwaige (Missbrauchs-)Erwägungen im betr Ausland sind innerstaatlich unbeachtlich.[12] Untauglich ist iErg schließlich der häufige Gegeneinwand, eine vergleichbare Tätigkeit, wie die von der ausländischen Zwischen-Ges wahrgenommene, lasse sich ebenso gut von der im

---

1 **AA** offenbar *Wassermeyer* DB 06, 2050; s auch *Lieber* FR 06, 993 (995).
2 Zutr *M Lang* SWI 06, 273 (283).
3 BFH BStBl II 06, 118 ‚Hilversum II'; s auch FG Kln EFG 06, 893 Rev I R 26/06; **aA** BMF BStBl I 06, 166 (Nichtanwendung contra legem und gegen die ursprüngliche Absicht, mit § 50d III die Rspr des BFH zu § 42 AO auf beschränkt StPfl auszudehnen (s Rn 40).
4 S zu einem Fall mit inländischer Geschäftsleitung zB BFH/NV 05, 392.
5 Zutr *Krabbe* IStR 95, 382 u IStR 98, 76; *Carlé* KÖSDI 99, 12056 (12064); *K/S/M* § 50d Rn E 6; **aA** *Frotscher* § 50d Rn 11c; *Schaumburg*[2] Rn 16.155.
6 S auch BFH BStBl II 98, 163 u 235 gegen BFH BStBl II 82, 150 (sog Monaco-Urteil).
7 ZB BFH BStBl II 93, 84; BFH/NV 92, 271; BFH BStBl II 92, 1029.
8 S *B/H/G/K* Anh Rn 400; *Höppner* IWB Fach 3 Gr 3, 1153 (1158).
9 BFH BStBl II 06, 118 (mit Anm *Jacob/Klein* u *Haarmann* IStR 05, 710; *Hergeth/Ettinger* IStR 06, 307; *Grotherr* IStR 06, 361; *Korts* IStR 06, 427; *Keßler* PIStB 06, 167) gegen BFH BStBl II 02, 819 (823) = IStR 02, 597 mit Anm *Jacob* u *Klein; Stoschek/Peter* IStR 02, 656 (659); **aA** BMF BStBl I 06, 166 (Nichtanwendung).
10 BFH BStBl II 02, 819 (823).
11 Vgl BFH BStBl II 03, 50 ‚Delaware'.
12 BFH BStBl II 06, 537: Ausnutzung belgischer Steuervergünstigungen.

Inland ansässigen ausüben; diesen Einwand einer **fiktiv-alternativen Sachverhaltsverwirklichung** lassen weder EuGH noch BFH gelten.[1] Andererseits kommt der zT großzügigeren Rspr des BFH[2] im Zusammenhang mit § 10 VI AStG aF, wonach das bloße Halten und Verwalten von Kapitalbeteiligungen durch eine letztlich funktionslose Ges unter Zuhilfenahme externer Dienstleistungen (sog Outsourcing) steuerunschädlich ist, im Rahmen des § 50d III aF hingegen eine allenfalls tendenzielle, jedoch keine unmittelbare Bedeutung zu. Die aufgrund des § 10 VI AStG aF vorgegebenen sondergesetzlichen Wertungszusammenhänge lassen sich mit jenen des § 50d III aF nicht ohne weiteres und automatisch vergleichen, andernfalls würde das strikt an den Wertungen der Sondervorschriften orientierte Rspr-Konzept missverstanden.[3] Allerdings haben sich die Fragestellungen insoweit innerhalb der EG infolge der weitreichenden (auch steuerlichen) Akzeptanz von innergemeinschaftsrechtlichen Basis-Ges ohnehin entschärft (s Rn 42). **(4)** Die unmittelbar berechtigte Ges entfaltet **keine eigene wirtschaftliche Tätigkeit** (iSv § 8 AStG, § 15 II; zur gemischten Tätigkeit s Rn 49). Das 2. und das 3. tatbestandliche Erfordernis verdeutlichen, dass einerseits die wirtschaftliche Aktivität als solche keinen tauglichen Rechtfertigungsgrund für die Zwischenschaltung der ausländischen Ges darstellt, dass andererseits das Vorliegen auch wirtschaftlich oder sonst beachtlicher Gründe nichts nützt, wenn keine wirtschaftliche Aktivität entfaltet wird. Beide Aspekte müssen zusammenkommen, um die unterstellte Steuerumgehung zu belegen. Darin liegt ein (potenzieller) Unterschied zu § 42 I 1 AO aF, § 42 I 1 iVm II 2 AO nF, bei dem der Nachweis einer wirtschaftlichen Aktivität ggf zur Widerlegung der Missbrauchsvermutung in Folge Fehlens wirtschaftlich beachtlicher Gründe herangezogen werden kann (s auch Rn 45). **Nicht** von § 50d III aF erfasst werden sonach vor allem die praktisch wichtigen Fälle der Einschaltung einer **geschäftsleitenden Holding**[4] (aktive Beteiligungsverwaltung) sowie der Errichtung einer konzerneigenen Finanzierungs-Ges,[5] und zwar an mindestens 2[6] (in- wie ausländischen)[7] Ges. Das bloße Halten einer oder auch mehrerer Gesellschaftsbeteiligung(en) ohne entspr ‚aktive' Tätigkeiten (passive Beteiligungsverwaltung) genügt idR nicht, und zwar grds unabhängig von der Höhe der Kapitalbeteiligung; eine Nominalbeteiligung über 25 vH indiziert indes die Wahrnehmung einer geschäftsleitenden Funktion.[8] Erforderlich hierfür ist jedenfalls eine tatsächliche (strategische) Führung und Einflussnahme auf die geleitete Ges; bloße Pro-forma- und Routine-Aktivitäten reichen nicht aus. (Gewichtige) Ausnahmen bestehen allerdings bei auf Dauer angelegter, konzernstrategischer Auslagerung von Ges mit Holdingfunktionen im ansonsten aktiv tätigen Konzern.[9] IÜ sind jegliche **passive Aktivitäten** begünstigungsschädlich, auch solche nur geringen Umfangs; die ansonsten übliche Unschädlichkeitsgrenze (der Mindestumfang) von 10 vH (zB § 7 VI 2 AStG, § 2a II 1) ist entgegen ursprünglicher gesetzgeberischer Absicht[10] nicht in das Gesetz aufgenommen worden (s aber jetzt – vom VZ 07 an – Rn 44).[11] Nicht erforderlich ist, dass die Zwischen-Ges in ihrem Ansässigkeitsstaat am dortigen Marktgeschehen im Rahmen ihrer gewöhnlichen Geschäftstätigkeit aktiv, ständig und nachhaltig teilnimmt; soweit der EuGH dies in der Rechtssache ‚Cadbury Schweppes' angenommen hat (Rn 42), trägt er der deutschen Regelungslage nicht Rechnung. Auch eine tatsächliche **Niedrigbesteuerung** der ausländischen Ges durch den Ansässigkeitsstaat ist für die Anwendung von § 50d III aF nicht erforderlich. Sie wird zwar oftmals gegeben sein. Es genügt jedoch, dass Einkünfte durch die zwischengeschaltete Ges ‚durchgeleitet' werden und dass auf diesem Wege iErg inländische Steuern erspart werden.[12] Das Gesetz enthält keine **zeitlichen Vorgaben**, insbes keine Mindestfristen für die Zeiten aktiver Tätigkeiten. Erforderlich ist lediglich eine wirtschaftliche Tätigkeit im Zeitpunkt der Einkunftserzielung. Gleichermaßen fehlen gesetzliche Vorgaben dazu, **wo** eine wirt-

---

1 EuGH FR 06, 987 ‚Cadbury Schweppes'; BFH BStBl II 03, 50 (sog „Delaware-Urteil" zu einer Konzern-Finanzierungsgesellschaft), anders aber wohl noch BFH BStBl II 86, 496 (498).
2 BFH BStBl II 01, 222; IStR 00, 182; bestätigt durch BFH BStBl 05, 14 (sog ‚Dublin Docks'Urteile) mit zust Anm *Philipowski* IStR 04, 531; krit *Fischer* FR 04, 1068; abl *Wolff* IStR 04, 532; zust jetzt auch BMF I 05, 28.
3 **AA** *H/H/R* § 50d Rn 79; *Stoschek/Peter* IStR 02, 656 (658f).
4 BFH BStBl II 77, 261 u 263; BStBl II 81, 339 (341); BStBl II 77, 268 (269); *Sieker* IStR 96, 57; *Schaumburg*[2] Rn 16.157.
5 BFH BStBl II 92, 1026; BStBl II 03, 50.
6 BFH BStBl II 70, 554.
7 (wohl) **aA** BMF BStBl I 07, 446 Tz 6.2.
8 Vgl BFH BStBl II 02, 819 (823); vgl BFH BStBl II 77, 261; 263; 265; 268; BStBl II 81, 339.
9 Vgl BFH BStBl II 06, 118 unter Änderung der bisherigen Rspr, vgl BFH BStBl II 02, 819 für eine funktionslose Zwischenholding in den Niederlanden; zur Tätigkeitsabgrenzung nach funktionalen Maßstäben s auch *Eilers* FS Wassermeyer, S 323 ff.
10 BT-Drs 14/6877, 52.
11 Vgl BT-Drs 12/6078, 29, 125; *Blümich* § 50d Rn 39; für eine gleichwohl zu erfolgende Anwendung dieser Grenze demgegenüber *Schmidt*[26] § 50d Rn 33, unter Hinweis auf BFH BStBl II 86, 496 (498).
12 BFH BStBl II 98, 235.

§ 50d Besonderheiten im Fall von Doppelbesteuerungsabkommen und der §§ 43b und 50g

schaftliche Aktivität entfaltet werden muss; es kann folglich auch die Aktivität einer Betriebsstätte in einem Drittstaat ausreichen. – Da § 50d III aF die Umgehungsvermutung bei Vorliegen der tatbestandlichen Voraussetzungen typisierend und allg unterstellt, ermöglicht die Vorschrift insoweit auch keinen Gegenbeweis der fehlenden **Umgehungsabsicht**[1] (was sich nach Maßgabe des EuGH-Urteils in der Sache ‚Cadbury Schweppes' nicht länger halten lässt, s Rn 42). – Die erforderlichen **Nachweise** sind von der ausländischen Ges (und zwar für jede einzelne an ihr beteiligte Pers, s Rn 49[2]) zu erbringen (§ 90 II AO); sie trifft folglich die **objektive Feststellungslast** und zwingt diese aus Gründen der **Beweisvorsorge** zu entspr, beizeiten erstellten Dokumentationen. Wird die Freistellungsbescheinigung unter Widerrufsvorbehalt erteilt (Rn 26), ist der entspr Nachweis uU auch nachträglich zu erbringen.

44 **III. Voraussetzungen vom VZ 07 an.** Vom VZ 07 an (§ 52 I idF des StÄndG 07, s Rn 3f) gelten gem § 50d III die erwähnten (Rn 40) verschärften Anforderungen, mittels derer der Gesetzgeber ersichtlich dem vorangegangenen Nichtanwendungserlass der FinVerw[3] ein gesetzliches Fundament verschaffen wollte. Dieses Fundament ist, das lässt sich a priori festhalten, ein stark schwankendes, weil es **europarechtlichen Anforderungen** in keinem Fall genügen dürfte (s dazu Rn 42); auch in rechtspolitischer Hinsicht schießt es weit über das Ziel der erstrebten Missbrauchsvermeidung hinaus. – Erforderlich sind nunmehr: **(1)** **§ 50d III 1 HS 1**. Wie bisher (Rn 43, 49) müssen an der unmittelbar abkommensberechtigten ausländischen Ges Pers beteiligt sein, denen die Steuerentlastung nicht zustände, wenn sie unmittelbar beteiligt wären. Das ist eine unerlässliche Grundvoraussetzung, welche – fortan aber (nur) **alternativ** („oder"), nicht wie bislang kumulativ („und") – um eines der folgenden Merkmale ergänzt werden muss: **(2a) § 50d III 1 Nr 1**. Für die Einschaltung der ausländischen Ges fehlen wirtschaftliche oder sonst beachtliche Gründe; insoweit gilt das unter Rn 43 Gesagte fort, auch zur Beweislast. Die betreff wirtschaftlichen oder sonst beachtlichen Gründe sind dabei aus der Sicht des G'ters zu bestimmen; § 50d III 2 HS 1 verlangt nichts Gegenteiliges, sondern schließt nur gesellschaftsexterne Abfärbungen im Konzern aus.[4] **(2b) § 50d III 1 Nr. 2, III 3**. Die ausländische Ges erzielt nicht mehr als **10 vH ihrer gesamten Bruttoerträge des betr Wj aus eigener Wirtschaftstätigkeit**. Dieses Merkmal greift das bisher in § 50d III aF enthaltene 3. Merkmal (s Rn 43) auf, quantifiziert dieses jedoch, indem es den Umfang der eigenwirtschaftlichen Betätigung auf **10 vH** des Gesamten (also nicht nur eines Tätigkeitssegments)[5] festlegt und damit zum einen (und positiv gewendet) eine Geringfügigkeits- als Unschädlichkeitsgrenze bestimmt, zum anderen jedoch (und negativ gewendet) iErg eine ins Gewicht fallende aktive Wirtschaftstätigkeit verlangt. Das Gesetz knüpft der Sache nach an das entspr Größenerfordernis für Kapitalanlage-Ges in § 7 VI 2 AStG sowie an das ‚fast ausschließlich' aktive Tun gem § 9 AStG (s auch § 9 Nr 7 S 1 und 4 GewStG, § 26 II KStG aF) an. Was in diesem Sinne ‚**Bruttoerträge**' sind, ist nicht ganz klar. Nach Tz 9.01 des einschlägigen BMF-Schreibens v 14.5.04[6] zu § 9 AStG sind dies „**Solleinnahmen** ohne durchlaufende Posten und ohne eine eventuell gesondert auszuweisende Umsatzsteuer". Darauf wird zurückzugreifen sein. Unklar ist freilich, ob die Bruttoerträge durch BV-Vergleich oder aber Überschussrechnung zu ermitteln sein sollen. Die Orientierung des Vomhundertsatzes an den Bruttoerträgen im betr Wj erschwert überdies jegliche Steuerplanung und kann (Zufalls-)Ergebnisse mit ‚wechselnder Missbräuchlichkeit' im jeweiligen Wj nach sich ziehen; helfen könnte hier nur eine (dem Gesetz nicht zu entnehmende) Betrachtung über einen längeren ‚Vergleichszeitraum'. Das wird von der FinVerw denn auch als Billigkeitserweis praktiziert, wobei sie einen Drei-Jahres-Zeitraum (aber keine 3-Jahres-Durchschnittsbetrachtung) zugrunde legt.[7] Zudem hilft die FinVerw mit einem (verfahrensrechtlichen) Widerrufsvorbehalt der Freistellungsbescheinigung.[8] – Ergänzend bestimmt **§ 50d III 3** zudem, dass es an einer eigenen wirtschaftlichen Tätigkeit **fehlt**, soweit die ausländische Ges ihre Bruttoerträge aus der **Verwaltung von** (eigenen, aber auch fremden und ausländischen)[9] **WG** erzielt **oder** ihre **wesentlichen Geschäftstätigkeiten auf Dritte** (Mittelsmänner) **überträgt**. Eine reine Vermögensverwaltung (einschließlich Holdingtätigkeit) ist

---

1 BFH BStBl II 02, 819; **aA** FG Kln EFG 99, 963; s aber auch BFH BStBl II 98, 235 (238 aE).
2 *Schaumburg*[2] Rn 16.155.
3 BMF BStBl I 06, 361.
4 *F/W/B* § 50d Rn 125.
5 F/W/B § 50d III Rn 133.
6 BMF BStBl I 04 Sondernummer 1 (AStG-Anwendungserlass).
7 BMF BStBl I 07, 446 Tz 7.
8 BMF aaO Tz 15.
9 BMF BStBl I 07, 446 Tz 6.1; **aA** *F/W/B* § 50d III Rn 183: teleologische Reduktion, weil bei fremden und ausländischen WG keine Entlastung von deutscher Abzugsteuer droht.

iErg ebenso schädlich wie die Auslagerung (das ‚Outsourcing') von (wesentlichen) Funktionen auf Management-, Beratungs- oder ähnliche Ges; Letzteres betrifft in erster Linie Kapitalanlage- und Finanzierungs-Ges. Zwar verfügt das Gesetz diese Schädlichkeit nur anteilig („soweit"); in Zusammenhang mit der 10 vH-Grenze des § 50d III 1 Nr 2 wird die KapESt-Erstattung/-Freistellung wohl zumeist in toto versagt werden müssen. Insoweit erweist sich die Unterscheidung zw ‚guten' (= aktiven) und ‚schlechten' (= passiven) Einkünften namentlich bei einer (als solche wohl nach wie vor,-aktiven') geschäftsleitenden Holding (s Rn 43) als misslich: Den ‚guten' Einkünften aus der geschäftsleitenden Tätigkeit sowie den ebenfalls ‚guten' Dividenden stehen ggf die ‚schlechten' Zinseinkünfte gegenüber.[1] Die Holding wäre so gesehen gezwungen, ihre Tätigkeit um andere (und ‚artfremde') Aktivitäten anzureichern, um die 10 %-Hürde zu nehmen; das (zusätzliche) Erfordernis eines Sachzusammenhangs zw den jeweiligen Tätigkeiten lässt sich dem Gesetz dafür nicht entnehmen. **(2c) § 50d III 1 Nr 3.** Die begehrte Erstattung oder Freistellung scheidet aus, wenn die ausländische Ges nicht mit einem für ihren Geschäftszweck angemessen eingerichteten Geschäftsbetrieb am allg wirtschaftlichen Verkehr teilnimmt. Damit wird **(1)** das **Erfordernis einer substantiellen Geschäftsausstattung** konstituiert (Geschäftsräume, Telekommunikation, Personal uÄ, s Rn 42). Hiergegen lässt sich mit einiger Gewissheit die einschlägige EuGH-Rspr in Position bringen[2], die zwar neuerdings ebenfalls ein Substanzgebot verlangt, dies jedoch unter den Vorbehalt eines Motivtests stellt und Ges mit einschlägigen, genuin substanzgeminderten' Geschäftszwecken nicht von vornherein ausklammert und als missbräuchlich ansieht (Rn 42); eine infolge fehlender Substanz ausgelöste Missbrauchsvermutung bestätigt sich danach nicht und ist nicht relevant, wenn Gestaltungen „eine andere Erklärung haben können (!) als nur die Erlangung von Steuervorteilen".[3] Zudem steht in Frage, wie sich das strikte Substanzgebot mit der steuerlichen Behandlung vergleichbarer inländischer Ges vertragen soll, bei denen ein solches Erfordernis bislang fremd (allerdings auch zumeist und abgesehen von etwaigen Fällen bei der GewSt auch nicht vonnöten) ist. Immerhin bedarf die Ges des Substanzerfordernisses (nur) „**für ihren Geschäftszweck**', dem bei gemischten Tätigkeiten die Ausstattung für einen der Geschäftszwecke genügt. Die Ausstattung muss ‚**angemessen**' sein, also ein (quantitatives und qualitatives) Ausmaß haben, das den übernommenen Aufgaben in hinreichender Weise zu entsprechen vermag. Mit diesen personellen und sächlichen Mitteln ist **(2)** eine **Teilnahme am allg wirtschaftlichen Verkehr** vonnöten, welche bereits dann vorliegt, wenn die ausländische Ges Dienstleistungen nur gegenüber einem Auftraggeber erbringt, auch gegenüber einem konzernzugehörigen; es genügt also, rein konzernintern zu leisten.[4] In einer **(3)** weiteren (ergänzenden, aber kumulativen) Voraussetzung verlangt § 50d III 2, dass **ausschließlich die Verhältnisse der ausländischen Ges** maßgebend sind (**§ 50d III 2 HS 1**); organisatorische, wirtschaftliche oder sonst beachtliche Merkmale der Unternehmen, die der ausländischen Ges nahe stehen (§ 1 II AStG), bleiben hiernach außer Betracht (**§ 50d III 2 HS 2**). Mit diesem (sich schon seiner systematischen Stellung nach auf alle 3 Tatbestände des § 50d III Nrn 1–3 beziehenden)[5] Erfordernis zielt die Neuregelung gegen das sog ‚Hilversum II'-Urteil des BFH v 31.5.05 I R 74, 88/04,[6] das die konzernstrategische Ausgliederung einer als solche (weitgehend) substanzlosen Holding-Ges akzeptiert hat, sofern andere (und infolge ihrer Ansässigkeit innerhalb der EU oder in einem anderen DBA-Staat begünstigungsberechtigte) Konzern-Ges (Ober-, Schwester-Ges) aktiv tätig sind und über eigene Substanz verfügen (s Rn 43). Befürchtet wird ausweislich der Gesetzesbegründung ausdrücklich eine andernfalls mangels hinreichender Überprüfungsmöglichkeiten leichthin mögliche missbräuchliche Umgehung der Missbrauchsvermeidungsvorschrift des § 50d III. Auch dieses Verständnis verträgt sich kaum mit dem vom EuGH eingeforderten ‚Motivtest' im Einzelfall (s Rn 42). Es wird überdies der genannten BFH-Rspr nicht gerecht, der es nicht darum ging, substanzlose Zwischen-Ges gesellschaftsübergreifend um Substanzmerkmale konzernverbundener Ges anzureichern. Der Rspr ging es vielmehr allein darum, einen Missbrauch auszuschließen, wenn angesichts aktiver Konzernstrukturen ein Missbrauchsvorwurf gänzlich unangebracht und durch objektive Merkmale nicht indiziert war (s Rn 43). **(4)** § 50d III 4 bestimmt schließlich (abschließend und positiv) **2** (im Zweifelsfall vom StPfl darzutuende und nachzuweisende) **Ausnahmetatbestände** und nimmt diese von dem Anwendungsbereich des § 50d III 1 bis 3 und den darin enthaltenen Ein-

---

1 *Günkel/Lieber* DB 06, 2197 (2199).
2 Zweifelnd *F/W/B* § 50d III Rn 153.
3 So EuGH DStR 06, 420 ‚Halifax', dort Rn 74, zur umsatzsteuerrechtlichen Beurteilung; dazu s aber auch BFH DStR 07, 67.
4 BT-Drs 16/2712, 60; BMF BStBl I 07, 446 Tz 6.1; s aber demgegenüber zum AstG BFH BStBl II 85, 120.
5 F/W/B § 50d III Rn 173; **aA** *Altrichter-Herzberg* GmbHR 07, 580.
6 BStBl II 06, 118.

schränkungen aus: **(4a)** für börsennotierte ausländische Ges, vorausgesetzt, mit der „Hauptgattung der Aktien der ausländischen Ges (findet) ein wesentlicher und regelmäßiger Handel an einer anerkannten Börse statt" (**Börsenklausel**). Zum Verständnis dieser Klausel kann (abermals, wie bei dem Begriff der Bruttoerträge gem § 50d III 1 Nr 2) auf das BMF-Schr v 14.5.04[1] (zu § 7 VI 3 letzter HS AStG) zurückgegriffen werden, dort auf Tz 7.6.2: **Hauptgattung der Aktien** sind ein ‚nicht unbedeutender Teil' der das Aktienkapital ‚repräsentierenden' und idR auch stimmrechtsverleihenden Aktien; **anerkannte Börse** ist eine solche, welcher die Genehmigung der zuständigen staatlichen Aufsichtsbehörde verliehen wurde; **(4b)** für ausländische Ges, für die das **InvStG** gilt, namentlich also Fonds, die als KapGes ausgestaltet sind (vgl § 2 V InvG) und deren Aktivität ohnehin den Bereich reiner Vermögensverwaltung verlässt.[2] Die gesetzliche Vorgabe gem § 3 I InvStG, die Erträge des Investmentvermögens nach § 4 III zu ermitteln, rechtfertigt nichts Gegenteiliges, ebenso wenig wie die (oftmals ‚strategische') Auslagerung von Investmentvermögen auf eine eigene Verwaltungs-Ges. Liegen die Voraussetzungen dieser Ausnahmen vor, sind sämtliche tatbestandliche Beschränkungen des § 50d III exkludiert; insbes für § 42 I AO aF/§ 42 I 1 iVm II AO nF ist dann daneben kein Raum mehr (s auch Rn 45).[3]

45 **IV. Verhältnis zu § 42 AO.** Problematisch ist (nach wie vor) das (Rang- und Konkurrenz-)Verhältnis zw § 50d III und **§ 42 AO** (s auch Rn 41f). Die FinVerw[4] und (bislang) augenscheinlich auch der BFH[5] wenden beide Vorschriften nebeneinander an: § 50d Ia aF diene lediglich dazu, in § 42 AO angelegte Unvollständigkeiten zu beseitigen.[6] Richtigerweise handelt es sich bei § 50d III für seinen Regelungsbereich um eine die allg Vorschrift des § 42 AO ausschließende **spezielle und typisierende Missbrauchsverhinderungsvorschrift**:[7] Nur ein solches Verständnis erklärt, weshalb der Gesetzgeber abw von § 42 AO die Zurechnung der zwischengeschalteten Ges als solche steuerlich anerkennt und konkrete tatbestandliche Voraussetzungen auflistet. Dass es des § 50d III möglicherweise nicht bedurft hätte, nachdem der BFH[8] die Anwendbarkeit von § 42 AO auch auf beschränkt StPfl bejaht hat (Rn 40, 43), ändert daran nichts. Dennoch tritt § 50d III nicht hinter einen ‚logisch vorrangigen' § 42 AO zurück[9] und läuft § 50d III nicht leer; vielmehr tritt § 50d III vollen Umfanges – hinsichtlich seines Tatbestandes, richtigerweise und entgegen der Rspr des BFH auch hinsichtlich seiner Rechtsfolge – an die Stelle des § 42 AO und verdrängt diesen.[10] Bei diesem Rechtsverständnis blieb es trotz der angeblich ‚klarstellenden',[11] tatsächlich aber konstitutiv wirkenden, rechtssystematisch nur schwer einzuordnenden Umformulierung, die **§ 42 AO durch das StÄndG 01** erhalten hatte und die der Vorschrift (in den VZ 01 bis 07) den Charakter einer allumfassenden steuerlichen **Generalklausel** verleihen sollte. Zwar sollte § 42 AO danach stets anwendbar bleiben, „wenn seine Anwendbarkeit gesetzlich nicht ausdrücklich ausgeschlossen ist" (vgl **§ 42 II AO aF**). Tatsächlich scheiterte eine fortbestehende Anwendbarkeit von § 42 AO in Fällen wie hier derjenigen des § 50d III jedoch, weil bereits die tatbestandlichen Voraussetzungen von § 42 AO infolge des spezialgesetzlichen Wertungsvorrangs verdrängt wurden. Dieser Mangel konnte nicht schlicht über eine künstliche ‚Rechtsfolgenverlängerung' in § 42 II AO aF geheilt werden. Es fehlte in solchen Fällen (und damit auch bei § 50d III) vielmehr schlicht an der Tatbestandsmäßigkeit des § 42 I AO aF.[12] So gesehen war § 42 II AO aF wegen seines Charakters als konstitutive Neuregelung einerseits, seines rückwirkenden Inkrafttretens andererseits zwar verfassungsrechtlich zweifelh; diese Verfassungszweifel wirkten sich indes infolge der fehlenden Tatbestandsmäßigkeit jedoch nicht aus, was eine Vorlage gem Art 100 I GG erübrigte. Die Neuregelung des nunmehrigen **§ 42 I 2 AO idF des JStG 08** hat an diesem gesetzgeberischen Fehlverständnis der wechselbezüglichen Wirkungen der spezielleren und der allg Missbrauchsvermeidungsregelungen iErg nichts geändert. Zwar wird jetzt der Vorrang der spe-

---

1 BMF BStBl I 04 Sondernummer 1 (AStG-Anwendungserlass).
2 S auch BT-Drs 16/3368, 46.
3 S ebenso zu § 50c X aF (beim sog Dividenden-Stripping) BFH BStBl II 00, 527; s dazu § 50c Rn 58 mwN.
4 S BMF BStBl I 07, 446 Rn 12.
5 BFH BStBl II 98, 235 (allerdings nur beiläufig und zur Frage einer vorgreiflichen Anwendung von § 50d Ia aF vor dessen gesetzlichem Inkrafttreten, vgl *Gosch* Harzburger Steuerprotokoll 99, S 225 (239 ff, 241)); zust *Höppner* IWB Fach 3a Gr 1, 656; *Carlé* KÖSDI 99, 12056 (12063 f); *K/S/M* § 50d Rn E 29.
6 Zust *Ernst & Young* § 50d III Rn 11 ff.
7 Vgl grds zum Verhältnis von spezieller und allg Missbrauchsverhinderung (bezogen auf § 50c VIII 2 aF): BFH BStBl II 00, 527 (532 f).
8 BFH BStBl II 98, 235 unter ausdrücklicher Aufgabe seiner früheren Rspr, vgl BStBl II 82, 150 (sog Monaco-Urteil).
9 Vgl zu dem insoweit ähnlichen Verhältnis zw § 42 AO und §§ 7 ff AStG zB BFH BStBl II 01, 222; BStBl II 03, 50.
10 Vgl auch grundlegend *T/K* § 42 AO Rn 20 ff mwN; *Musil* RIW 06, 287, 291.
11 Vgl BT-Drs 14/7341, 39 f.
12 BFH BStBl II 03, 50 unter Berufung auf *Crezelius* DB 01, 2214; *Pezzer* FR 02, 279, s auch *T/K* § 42 AO Rn 20b.

zielleren Missbrauchsvermeidungsnorm anerkannt, das jedoch nur iSe Rechtsfolgenvorrangs und nur dann, wenn der Tatbestand der Spezialnorm erfüllt ist; ansonsten soll es bei der Anwendung von § 42 AO verbleiben und die besondere Norm keine Abschirmwirkung auslösen. Dass gerade die Spezialnorm einen (und zwar auch für § 42 I 1, II AO nF abschließenden) Regelungsbefehl dafür gibt, wann ein (oder eben kein) Missbrauch vorliegt, wird abermals ignoriert.[1]– Die **Folgen** dieses systematischen Regelungsverständnisses sind wechselseitig: Sind die Voraussetzungen des § 50d III erfüllt, bleibt die Vorschrift auch dann anwendbar, wenn § 42 AO tatbestandlich nicht zum Zuge käme (was in Anbetracht der weitgehend gleichlautenden Tatbestandsvoraussetzungen allerdings kaum denkbar erscheint). Sind die Voraussetzungen hingegen nicht erfüllt, entfällt im Regelungsbereich des § 50d III umgekehrt jeglicher Missbrauchsvorwurf und jegliche Missbrauchsahndung. Soweit es um den Steuerabzug vom Kapitalertrag oder gem § 50a geht, kann deshalb nicht auf § 42 AO zurückgegriffen werden.[2] Dies gilt selbst dann, wenn § 50d III 1–3 wegen der in § 50d III 4 nF bestimmten Ausnahmen seinerseits unanwendbar bleibt; auch die Ausnahmen sind abschließenden Charakters (s Rn 44). Dies gilt jedoch nicht für andere Fälle des sog treaty, rule oder directive shopping, welche zwar Abkommensvorteile erwirken, welche von § 50d III jedoch nicht erfasst werden.[3] S iÜ auch Rn 51. – Sollte (was nach Lage der Dinge mehr als wahrscheinlich ist, s Rn 42) sich § 50d III speziell in jener Fassung, die die Vorschrift durch das JStG 07 erhalten hat (Rn 44), allerdings als nicht europarechtsfest herausstellen, lebt die allg Regelung des § 42 AO wieder auf. Es gibt keinen Grund und wäre widersprüchlich, § 50d III auch für diesen Fall eine prinzipielle Abschirmwirkung beizumessen; das EG-rechtliche Effektivitätsprinzip und das gleichermaßen EG-rechtliche Frustrationsverbot wie der EG-rechtliche Äquivalenzgrundsatz widersprechen dem nicht. Zu berücksichtigen ist allerdings, dass dem EuGH keine Verwerfungskompetenz zusteht: Solange die betr Norm als solche nicht auf parlamentarischem Wege abgeschafft oder angepasst wird, bleibt sie uneingeschränkt existent und setzt jedenfalls zugunsten des StPfl nach wie vor den „Wertungsstandard" auch für die Anwendung von § 42 I AO aF, § 42 I 1 iVm II AO nF. Das betrifft vor allem die sog Börsenklausel sowie den Investmentfondsvorbehalt gem § 50d III 4.

V. Rechtsfolgen. Bei Vorliegen der tatbestandlichen Voraussetzungen verschiebt sich zwar – abw von § 42 AO – nicht von vornherein die steuerliche Zurechnung der betr Einnahmen (s Rn 43). Es sind der zwischengeschalteten ausländischen Ges aber die Steuerentlastungen gem § 43b sowie nach DBA zu versagen, und zwar nach Ansicht der FinVerw[4] jeglicher DBA-Vorteile über den Steuerabzugsbereich des § 50d I 1 hinaus. Dem ist **nicht zuzustimmen.** Die Vorschrift ist als Ausnahmevorschrift konzipiert und deswegen eng auszulegen.[5] Dafür spricht ungeachtet des weiten Gesetzeswortlauts auch der rechtssystematische Kontext zu § 50d I und II. 48

In jedem Fall werden die nachteiligen Rechtsfolgen des § 50d III (Versagung der Steuerentlastung) ggf nur **anteilig** in jenem Umfang versagt, indem die jeweiligen Tatbestandsvoraussetzungen erfüllt sind („soweit"). Das bezieht sich sowohl auf die personale als auch auf die sachlichen Tatbestandsvoraussetzungen: **(1)** Der Ges steht der Entlastungsanspruch gem § 50d I und II zu, *soweit* an ihr abkommensberechtige G'ter beteiligt sind (**mittelbare Abkommensberechtigung**), wobei die jeweilige Beteiligung eine **unmittelbare** oder uU – falls auch, ggf aber auch nur[6] – dieser betr Anteilseigner iSv § 50d III und nach den dort genannten obj Kumulationserfordernissen funktionslos ist – lediglich eine **mittelbare** sein kann („Two-Tier-Approach"; in beiden Konstellationen ist die Abkommensberechtigung fiktiv zu prüfen.[7] Der Durchgriff durch die Zwischen-Ges ist aber nur gerechtfertigt, wenn zumindest jener Beteiligte seinerseits nach Maßgabe desjenigen DBA abkommensberechtigt wäre, das zw Deutschland und dem Ansässigkeitsstaat der Zwischen-Ges abgeschlossen wurde; ansonsten ist auf tiefer gestaffelte Strukturen („Look Through Appoach") keine Rücksicht zu nehmen.[8] Kommt 49

---

1 Zutreff *Düren* Ubg 08, 31, 32 ff.
2 *Füger/Rieger* IStR 98, 353; *Fischer* SWI 99, 196; *Vogel* StuW 96, 251; *Gosch* Harzburger Steuerprotokoll 99, S 225 (239 ff).
3 *Schaumburg*[2] Rn 16.156; *Blümich* § 50d Rn 34; umfassend *Ernst & Young* § 50d III Rn 84 ff mwN, auch zu § 50d Ia aF.
4 Vgl *Höppner* IWB Fach 3 Gr 3, 1162; *Krabbe* IStR 95, 382.
5 *Ernst & Young* § 50d III Rn 81 ff; s auch *H/H/R* § 50d Rn 82.
6 Zutr *Kessler/Eicke* IStR 07, 526, 529, die an sich dem Verlangen nach den obj Erfordernissen des § 50d III bei der nachgeschalteten Holding-Ges aber skeptisch gegenüberstehen.
7 So jetzt auch BMF IStR 07, 555 mit Anm *Jü Lüdicke*.
8 BFH BStBl II 02, 819 = IStR 02, 597 (599) mit Anm *Jacob/Klein; Roser* GmbHR 02, 869; *Gosch* BFH-PR 02, 365; *Lampe* RIW 02, 864; *K/S/M* § 50d Rn G 6; zT weitergehend zB *H/H/R* § 50d Rn 78; *F/W/B* § 50d Rn 37; *Kessler/Eicke* IStR 07, 526, 529; enger demgegenüber zB *Korn* § 50d Rn 36f.

es hiernach zur teilw abkommensrechtlichen Entlastung, steht diese aber immer nur der zwischengeschalteten Ges zu, nicht dem Hintermann; die Zwischen-Ges ist dementspr auch antragsberechtigt.[1]
(2) Bezogen auf die **sachlichen Entlastungsgründe** bedarf es uU der schätzweisen Aufteilung.[2] Das gilt auch im Hinblick auf das Erfordernis einer eigenen wirtschaftlichen Tätigkeit (Rn 43). Ist diese Tätigkeit eine gemischte passive wie aktive, kann deswegen eine Aufteilung in Betracht kommen. Eine einheitliche Betrachtung ist nur geboten, wenn zwischen beiden Funktionen ein objektiver Zusammenhang existiert.[3] Kaum vorstellbar ist allerdings, dass nur für einen Teil der in Rede stehenden Aktivitäten der Zwischen-Ges plausible wirtschaftliche Gründe vorliegen. Für die neu geschaffenen Tatbestandserfordernisse des § 50d scheidet eine anteilige Berücksichtigung deshalb per definitionem aus. – IÜ ist die Erstattung der KapESt nach § 50d I oder die Freistellung von derselben nach § 50d II aber regelmäßig vollen Umfanges zu versagen. Insbes erfolgt in **personaler Hinsicht** keine teilw Erstattung oder Freistellung in jenem Maße, wie sie ein an der Zwischen-Ges beteiligter Anteilseigner aufgrund des speziell für ihn geltenden (Drittstaaten-) DBA beanspruchen könnte.[4] Wird die Erstattung oder Freistellung von der zwischengeschalteten Ges beantragt, dann hat es damit grds sein Bewenden. Es ist dann auch unbeachtlich, ob die betr Einkünfte bei unmittelbarem Bezug durch die G'ter für diesen stfrei oder nicht steuerbar wären.[5]

50 Da § 50d III nach umstrittener, aber richtiger Auffassung[6] entgegen der Verwaltungspraxis[7] auch Inländer erfasst, die eine ausländische Ges zwischenschalten, und auch insoweit § 42 AO vorgeht (Rn 43), scheidet beim Inländer sowohl die Anrechnung der KapESt gem § 36 II Nr 2 als auch (ggf) die Erstattung gem § 50a IV aus; es verbleibt vielmehr auch dann beim definitiven Steuerabzug.

F. Mittelbare Leistungen aus öffentlichen Kassen (§ 50d VII, § 50d IV aF)

52 Gem § 49 I Nr 4 gehören zu den beschränkt stpfl Einkünften auch Zahlungen aus inländischen öffentlichen Kassen mit Rücksicht auf ein gegenwärtiges oder früheres Dienstverhältnis. Fehlt unter solchen Umständen ein weiterer Inlandsbezug beim ArbN, weisen die in den DBA enthaltenen **Kassenstaatsklauseln** (vgl Art 19 OECD-MA) das Besteuerungsrecht für diese Zahlungen dem Kassenstaat zu. § 50d VII (§ 50d IV aF) gewährleistet, dass dieses Besteuerungsrecht immer erhalten bleibt, wenn die Zahlungen ganz oder im Wesentlichen aus öffentlichen Mitteln aufgebracht werden, unabhängig davon, ob das konkrete Dienstverhältnis, für das die Zahlungen erfolgen, zu dem Kassenträger oder zu einer anderen Pers (zB Auslandsschulen, Goethe-Institute[8]) besteht. Es handelt sich um eine gesetzliche Fiktion, die der Rspr des BFH[9] widerspricht. Aus diesem Grunde handelt es sich nicht um eine ‚Klarstellung',[10] sondern um eine konstitutive Neuregelung (im Sinne eines **treaty overriding**; s auch § 49 I Nr 4b, dort Rn 97), und war die in § 52 Abs 31a idF des JStG 97 angeordnete benachteiligende Rückwirkung der Regelung auf VZ vor 97 verfassungswidrig.[11]

G. Rückfall des Besteuerungsrechts für Einkünfte aus nichtselbstständiger Arbeit (§ 50d VIII)

57 **I. Zweck; Regelungsinhalt und Regelungswirkungen.** Mit erstmaliger Wirkung vom VZ 04 an (§ 52 I idF des StÄndG 03) bestimmt **§ 50d VIII 1** – in Gestalt eines weiteren **treaty overriding** (Rn 1, 40, 52) – eine **Rückfallklausel** (sog subject to tax clause)[12] des deutschen Besteuerungsrechts für die veranlagten Einkünfte eines **unbeschränkt StPfl**, **soweit** (= ggf also anteilig) dessen Einkünfte aus nichtselbstständiger Arbeit (§ 19) nach DBA (vgl Art 15 I iVm Art 23A I OECD-MA) aufgrund des Tätigkeitsortsprinzips im Inland von der ESt freizustellen sind. Die Freistellung wird danach nur

---

1 *G/K/G* Anh Rn 400, 394/1.
2 *Neyer* IStR 96, 120; *H/H/R* § 50d Rn 83f; einschränkend *Krabbe* IStR 95, 382 (383), der die „soweit"-Einschränkung nur auf die persönlichen, nicht aber die sachlichen tatbestandlichen Voraussetzungen bezieht.
3 BFH (VIII. Senat) BStBl II 93, 84; *K/S/M* § 50d Rn E 19f; s aber auch BFH (I. Senat) BStBl II 86, 496; BFH/NV 93, 271 (273); **aA** *Blümich* § 50d Rn 39; *Vogel/Lehner*[4] Art 1 Rn 124.
4 **AA** *Vogel/Lehner*[4] Art 1 Rn 124 unter Berufung auf Sinn und Zweck der Regelung sowie auf völkerrechtliche Prinzipien.
5 *Vogel/Lehner*[4] aaO.
6 *Schaumburg* Internationales Steuerrecht Rn 16.155; *HHR* § 50d 55; *Kempf/Meyer* DStZ 07, 584, 586 f; **aA** *KSM* § 50d Rn G 4; *Frotscher* § 50d Rn 26.
7 BMF BStBl I 07, 446 Tz 4.
8 BFH IStR 06, 601.
9 BFHE 165, 392; BFH BStBl II 98, 21; BFH/NV 99, 458; *FW* IStR 98, 19.
10 So aber BT-Drs 13/5952, 49 f.
11 *Frotscher* § 50d Rn 21; *Blümich* § 50d Rn 43; *G/K/G* Art 19 OECD-MA Rn 62 e.
12 Vgl allg *D/W* Art 1 MA Rn 72; s auch *Kluge* IntStR[4] Rn S 334 abgrenzend zur sog switch-over-Klausel.

gewährt, wenn der StPfl nachweist, dass die betr ESt im Ausland entrichtet wurde oder wenn der Quellenstaat auf sein Besteuerungsrecht verzichtet hat (**Gebot der effektiven Doppelbesteuerung**). Ansonsten sind sie im Inland zu versteuern (Übergang vom Freistellungs- zum abkommensrechtlichen Anrechnungsverfahren). § 50d VIII weicht damit von dem mit der abkommensrechtlichen Freistellungsmethode (Art 23A OECD-MA) verbundenen **Verbot der virtuellen Doppelbesteuerung** ab. **Zweck** dieser Rückfallklausel ist es (ebenso wie vergleichbarer, in DBA enthaltenen Klauseln[1]), sog weiße Einkünfte zu verhindern und die Einmalbesteuerung sicher zu stellen, woran es fehlen kann, wenn der Quellenstaat von den Einkünften mangels Erklärung nichts weiß und sie steuerlich auch nicht mehr erfassen oder durchsetzen kann. Anders als bei anderen Einkunftsarten und deren abkommensrechtlicher Besteuerungszuordnung (wenn auch nicht in gänzlich zweifelsfreier Differenzierung, Art 3 I GG)[2] werden solche Nichtbesteuerungen vor allem bei nichtselbständiger Arbeit befürchtet. Praktischer ‚Auslöser' hierfür waren denn auch Piloten, welche sich in den Vereinigten Arabischen Emiraten niederließen und dort einer ‚Nullbesteuerung' erfreuten[3]. Ein weiteres Bsp bieten die Einkünfte von Berufskraftfahrern, die im Grundsatz im jeweiligen Tätigkeitsstaat zu besteuern sind, tatsächlich zumeist jedoch nur im Wohnsitzstaat mit ihren auf diesen entfallenden Einkunftsteilen besteuert werden.[4] Ähnlich verhält es sich bei Seeleuten, die auf liberianischen Schiffen auf hoher See tätig sind.[5] § 50d VIII will dem entgegenwirken, gerät dabei allerdings in Kollision zu dem (unilateralen) Besteuerungsverzicht gem § 34c V im sog Auslandstätigkeitserlass[6] (s dazu § 34c Rn 51);[7] § 50d VIII soll auf entspr Einkünfte nicht anzuwenden sein, ebenso wenig wie auf solche Einkünfte, für die das einschlägige DBA eine Rückfallklausel bestimmt (neben den Subject to tax-[8] auch sog Remittance base-Klauseln[9]).[10] Als Rückfallklausel ist die Vorschrift in § 50d im Gesetz systemfremd plaziert; sie betrifft unbeschränkt StPfl und gehört deshalb systematisch korrekt zu §§ 34c und 34d.

II. Einkunftsermittlung. Die Einkünfte iSv § 50d VIII sind nach Maßgabe des deutschen Steuerrechts zu ermitteln. Zuordnungs- und Qualifikationskonflikte infolge anderweitiger Ermittlungsgrundlagen im Ausland können zulasten des StPfl gehen, sofern er diese nicht im Rahmen seiner Mit- wirkungspflicht (§ 90 II AO) aufklärt. S Rn 60.   59

III. Nachweise und Steuerfestsetzung. Der geforderte **Besteuerungsnachweis** (vgl § 90 II AO) geht über das hinaus, was im Allgemeinen abkommensrechtlich verlangt wird.[11] Er ist idR (und unter Berücksichtigung der „objektiven Umstände des Einzelfalles und des Grundsatzes der Verhältnismäßigkeit")[12] durch einen Steuerbescheid oder eine Erklärung des ausländischen Fiskus[13] sowie durch einen Einzahlungsbeleg (Überweisungsträger) zu erbringen, nicht aber durch Eigenerklärungen oder durch Bestätigungen des ArbG. Im Falle der Selbstveranlagung genügt der Zahlungsbeleg. Eine bloße ArbG-Bescheinigung soll nur in Ausnahmefällen ausreichen, wenn „der Steuerpflichtige tatsächlich nicht in der Lage ist, geeignete Nachweise zu erbringen".[14] Inhaltlich erstreckt sich der Nachweis in erster Linie auf die ausländische Besteuerung, ggf aber zusätzlich auf Abweichungen zur Einkunftsermittlung (Rn 59).[15] Auch der **Besteuerungsverzicht** im Tätigkeitsstaat ist nachzuweisen und idR durch Vorlage der einschlägigen ausländischen Gesetzes- oder Verwaltungsregelung zu leisten.[16] In Zweifelsfällen sind die erbrachten Nachweise glaubhaft zu machen und in die deutsche Sprache zu übersetzen. Bei fehlenden oder unvollständigen Nachweisen ist die Steuer ohne Freistellung der betr Einkünfte[17] festzusetzen, wobei die FinVerw allerdings billigkeitsweise eine **Bagatell-**   60

---

1 ZB Art 16d DBA-Italien; Art 23 II DBA-USA.
2 *Holthaus* IStR 04, 16.
3 S denn auch zu der nur bis August 08 begrenzten kurzen Verlängerung des DBA-VAE BGBl II 07, 746.
4 ZB BFH/NV 02, 902; BFH/NV 02, 1423.
5 BMF BStBl I 05, 821 (unter 3.3).
6 BMF BStBl I 83, 470.
7 *Holthaus* IStR 04, 16 (17).
8 ZB Art 13 II DBA-Frankreich; Art 15 IV DBA-Österreich; Art 15 III, IV DBA-Schweiz.
9 ZB Art II 2 DBA-Großbritannien; Art II 2 DBA-Irland; Art II 2 DBA-Israel; Art 3 III DBA-Jamaika; Schlussprotokoll Nr 2 DBA-Malaysia; Schlussprotokoll Nr 1a DBA-Trinidad/Tobago.
10 BMF BStBl I 05, 821 (unter 1.).
11 S OFD Ffm v 8.7.03 S-1301 A-55-St II 5; Ausnahmen enthalten derzeit die DBA mit Dänemark, Italien, Kanada, Neuseeland, Norwegen, Schweden, USA und neuerdings Österreich.
12 BMF aaO (unter 2.).
13 Zu Besonderheiten des Besteuerungsverzichts bei ArbN im Rahmen der Entwicklungszusammenarbeit sowie bei Tätigkeit in den Vereinigten Arabischen Emiraten und in Kuwait BMF aaO (unter 3.1. u 3.2.).
14 BMF aaO (unter 2.1.2.).
15 BMF aaO (unter 2.1.1.).
16 BMF aaO (unter 2.1.).
17 Einschränkend *Strohner/Mennen* DStR 05, 1713 (1715): Festsetzung gem § 165 AO unter Freistellungsgewährung (zweifelh).

§ 50d Besonderheiten im Fall von Doppelbesteuerungsabkommen und der §§ 43b und 50g

grenze von 10 000 € im jeweiligen VZ[1] (nicht aber für jeden Tätigkeitsstaat)[2] einräumt.[3] Die entspr Nachweise können nachgereicht werden; eine zu diesem Zeitpunkt ggf bereits erfolgte Steuerveranlagung ist dann gem § 175 I 1 Nr 2 AO analog rückwirkend zugunsten des StPfl zu ändern (**§ 50d VIII 2 und 3**). § 175 II 2 AO nF findet insoweit keine Anwendung. Die Festsetzungsfrist beginnt danach erst mit Ablauf desjenigen Kj, in welchem der Nachweis geführt wird. Die Verzinsung richtet sich nach § 233a I und II AO.

61 Bei hinreichendem Nachweis will die FinVerw regelmäßig weder Auskunftsersuchen stellen noch Spontanauskünfte (Kontrollmitteilungen) im internationalen Informationsaustausch (vgl Art 26 OECD-MA; EGAHG) erteilen, anders jedoch bei Zweifeln hinsichtlich Grund und Höhe der Zahlungen bzw des Besteuerungsverzichts.[4]

62 Die Nachweispflichten gem § 50d VIII betreffen ausschließlich das **Veranlagungsverfahren**; für den LSt-Abzug verbleibt es bei den Freistellungserfordernissen durch das Betriebsstätten-FA gem § 39b VI 1. Ggf ist auf § 50d VIII und die dort bestehende Nachweispflicht besonders hinzuweisen.[5]

H. Wechsel vom Freistellungs- zum Anrechnungsverfahren (§ 50d IX)

65 **I. Zweck; Regelungsinhalt und Regelungswirkungen.** Mit § 50d IX wurde neben § 50d VIII und diesen (ebenso wie § 50d III und entspr DBA-Regelungen) unberührt lassend (vgl **§ 50d IX 3**) eine weitere unilaterale (und im Gesetz systematisch fehlplazierte, s Rn 57) **Umschaltklausel** (sog Switch-over-Klausel) als sog **treaty override** in das Gesetz eingefügt (zur zT fragwürdigen erstmaligen Anwendung der Neuregelungen s Rn 5 und 67), durch die (jew aus Sicht Deutschlands als Ansässigkeitsstaat) eine Nicht- oder Minderbesteuerung von DBA-befreiten Einkünften vorgebeugt werden soll: **Unbeschränkt StPfl** wird die ihnen an sich abkommensrechtlich zugestandene Freistellung von Einkünften versagt und nur die Anrechnung hierauf gezahlter ausländischer Steuern (gem § 34c) zugestanden, wenn der andere Staat (**§ 50d IX 1 Nr 1**) die Bestimmungen des DBA so anwendet, dass **(1)** die Einkünfte in jenem Staat von der Besteuerung auszunehmen sind oder **(2)** nur zu einem durch das DBA begrenzten Steuersatz besteuert werden können, oder **(3)** (**§ 50d IX 1 Nr 2**), wenn die Einkünfte in dem anderen Staat nur deshalb nicht stpfl sind, weil sie von einer Person bezogen werden, die in diesem Staat nicht aufgrund ihres Wohnsitzes, ständigen Aufenthalts, des Orts ihrer Geschäftsleitung, des Sitzes oder eines ähnlichen Merkmals unbeschränkt stpfl sind. Zu Letzterem enthält **§ 50d IX 2** eine Ausnahme für abkommensrechtlich schachtelprivilegierte Dividenden; außerdem trifft **§ 50d IX 3** Anwendungsvorbehalte zugunsten weitergehender DBA-Freistellungen, § 50d VIII und § 20 II AStG. IÜ stehen die Tatbestandsalternativen des § 50d IX im Grds unverbunden nebeneinander und können alternativ verwirklicht werden.

67 **Im Einzelnen: (1)** Ob die abkommensrechtliche Steuerfreistellung iSv **§ 50d IX 1 HS 1** aus einer abkommensrechtlichen Zuteilungsnorm (Art 6 bis 21 OECD-MA) oder aber aus dem sog Methodenartikel (Art 23A OECD-MA) resultiert, ist unbeachtlich. Das mag in systematischer Hinsicht zwar mit Recht bezweifelt werden, weil die ausgeteilte Rechtsfolge – der Übergang von der Freistellung zur Anrechnung (vgl § 34c VI 5) – ‚Sache' (nur) des sog Methodenartikels des Art 23A OECD-MA ist, nicht aber der Verteilungsnormen in Art 6–22 OECD-MA.[6] Dem entspricht es, dass § 50d IX 1 erklärtermaßen den Gedanken des § Art 23A IV OECD-MA aufgreift und sich so gesehen allein auf die Steuerfreistellung im anderen Vertragsstaat aus unterschiedlicher Vertragsqualifikation herrührt. Im Regelungswortlaut des § 50d IX 1 HS 1 hat dieser Regelungsgrund jedoch keinen Niederschlag gefunden. Nicht einschlägig sind in jedem Fall Steuerfreistellungen aus rein innerstaatlichen Vorschriften (s § 8b I KStG).[7] **(2)** **§ 50d IX 1 Nr 1** betrifft in seiner **1. Tatbestandsalternative** Fälle, in denen die Einkünfte in dem anderen Staat infolge Anwendung des DBA „von der Besteuerung auszunehmen sind". Einkünfte sind solche iSv § 2 I und II, nicht solche iS der abkommensrechtlichen Zuordnung. Letzteres ist insbes bezogen auf gewerbliche Einkünfte ausländischer MU'schaften wichtig: Solange (und soweit) diese Einkünfte im Ausland als solche besteuert werden (vgl Art 7 I OECD-MA), sind hierin gem § 15 I aus deutscher Sicht auch etwaige Sondervergütun-

---

1 BMF aaO (unter 4.2.).
2 **AA** Strohner/Mennen DStR 05, 1713 (1716).
3 Zum generellen Nachweisverzicht bei Ortskräften diplomatischer Vertretungen in Deutschland, deren Vergütungen gem Art 19 OECD-MA freigestellt sind, s OFD Rheinland IStR 07, 520.
4 BMF aaO (unter 5.).
5 BMF BStBl I 05, 821.
6 Rosenthal IStR 07, 610, 612.
7 ZB F/W/B § 50d IX Rn 61.

gen (§ 15 I 1 Nr 2) einbezogen und sind diese im Falle ihrer ausländischen Nichtbesteuerung (infolge einer anderweitigen DBA-Besteuerungszuordnung, zB gem Art 10, 11, 12 OECD-MA) nicht als ‚Teilmenge' der gesamten gewerbl Einkünfte dem Besteuerungsrückfall des § 50d IX 1 Nr 1 unterworfen.[1] Auf welcher (abkommensrechtlichen oder innerstaatlichen) Rechtsgrundlage des ausländischen Steuerrechts dies geschieht, ist indes ohne Belang. Ursächlich muss aber die Anwendung der Bestimmungen des Abkommens sein. IdS fußt § 50d IX 1 Nr 1 auf Art 23A IV OECD-MA und umfasst idR sog (negative) **Qualifikations- oder Zurechnungskonflikte** (infolge Annahme unterschiedlicher Sachverhalte, unterschiedlicher Abkommensauslegung oder unterschiedlichem Verständnis von Abkommensbegriffen aufgrund der lex fori des Art 3 II OECD-MA)[2]. Folgt man dem Musterkommentar zum OECD-MA, kann der Wohnsitzstaat in solchen Qualifikationsfällen zur Vermeidung sog weißer Einkünfte von der abkommensrechtlichen Freistellungsverpflichtung unilateral entbunden werden (vgl Tz 32.1 bis 32.7 zu Art 23 OECD-MA), und zwar nach (höchst kritikwürdiger) [3] Ansicht der FinVerw[4] und wohl auch des Steuerausschusses der OECD (vgl Tz 33 bis 36.1 der Einleitung zum OECD-MK) infolge eines dynamischen Verständnisses selbst dann, wenn der Wortlaut des konkreten DBA von jenem in Art 23A (IV) OECD-MA 2000 abweicht. Ein solches dynamisches Verständnis ist aus rechtsstaatlichen Gründen abzulehnen, weshalb die Neuregelung auch keineswegs, wie die Gesetzesmaterialien indes weismachen wollen[5], nur ‚klarstellend', sondern konstitutiv ist und infolgedessen auch nicht ohne Verstoß gegen Art 20 III GG rückwirkend angewendet werden darf.[6] – Umfasst werden nach dem (weiten) Regelungswortlaut ersichtlich auch **negative Einkünfte**, die im anderen Staat infolge dessen Verständnis des DBA keine Berücksichtigung finden;[7] hier greift die Umschaltklausel mangels tatsächlich anzurechnender Steuer allerdings (nur) mit der Folge der Anwendung von § 2a. **(3)** Abkommensrechtlich begrenzten Steuersätzen iSd **2. Tatbestandsalternative des § 50d IX 1 Nr 1** unterliegen in Gestalt von Abzugsteuern in erster Linie Dividenden, Zinsen und Lizenzgebühren (Art 10–12 OECD-MA). **§ 34c VI 5** (s § 34c Rn 15) stellt sicher, dass solche Steuern in Einklang mit § 50d IX 1 angerechnet (§ 34c I), alternativ – auf Antrag – auch abgezogen (§ 34c II, III) werden können; überdies bestimmt § 34c VI 5 die Drittstaatenausdehnung des § 34c VI 6 (s § 34c Rn 10) auf die Fälle des § 50d IX. **(4) § 50d IX 1 Nr 2** ist etwas mystisch verklausuliert. Nach der amtlichen Gesetzesbegründung will der Gesetzgeber hierdurch erreichen, dass die Freistellung von Einkünften aufzuheben ist, die im anderen Staat nach dessen Regelungslage zwar von der unbeschränkten StPfl, jedoch bei dort fehlender Ansässigkeit nicht von der beschränkten StPfl erfasst werden (zB weil der Katalog der hiernach im Ausland zu besteuernden Einkünfte jene Einkünfte nicht einbezieht). Andere Gründe der Steuerbefreiung in dem anderen Staat sind unbeachtlich („nur deshalb"). Einkünfte, die in dem anderen Staat allg nicht besteuert werden, sind folglich ebenso wenig betroffen wie Einkünfte, die zB infolge Verlustausgleichs oder -abzugs konkret keine Steuerlast auslösen. Infolge der **Rückausnahme** in **§ 50d IX 2 (erster Satzteil)** bleiben **Dividenden**, die nach einem DBA von der Bemessungsgrundlage der deutschen Steuer auszunehmen sind, von dieser Umschaltklausel des § 50d IX 1 Nr 2 jedoch weitgehend ausgespart. Das bezieht sich auf Dividenden, die nach einem DBA-Schachtelprivileg von der deutschen KSt (und GewSt) auszunehmen sind, und trägt dem Umstand Rechnung, dass Dividenden jedenfalls auf der Ebene der ausschüttenden Ges der KSt unterlegen haben; § 50d IX 2 (erster Satzteil) gewährleistet iErg (aber wohl nur deklaratorisch)[8], dass die (innerstaatlichen) Steuerbefreiungen für Dividenden gem § 8b I KStG erhalten bleiben. Die Rückausnahme wird indes gem **§ 50d IX 2 (letzter Satzteil)** ihrerseits für den Fall eingeschränkt (**Rück-Rück-Ausnahme**), dass die Dividenden bei der Gewinnermittlung der ausschüttenden Ges abgezogen wurden. Es soll sich bei den Gewinnanteilen aus Sicht des Einkünfteschuldners um Einkommensverwendung, nicht aber um Gewinnermittlung handeln. Das deckt sich mit entspr Regelungen in jüngeren DBA[9] (und gleichermaßen der parallelen, ebenfalls als treaty override geschaffenen KSt-Befreiungssperre in § 8b I 2 und 3 KStG) und soll (wohl) Sachverhalte betreffen, in denen zwar aus Sicht des DBA und nach

---

1 *Meretzki* IStR 08, 23; unter zur Bezugnahme auf BFH BStBl II 98, 58; **aA** BMF Entwurf eines Schreibens zu DBA und PersGes v 10.5.07, dort Tz 4.1.1.2.4, 4.1.3.3.2, 5.1.
2 Ein aktuelles Beispiel könnte der Sachverhalt des Urt des FG Hbg EFG 07, 101 Rev I R 79/06 und II R 73/06 bilden, vgl *Suchanek* IStR 07, 664, 658.
3 ZB *M Lang* IStR 07, 606; *Wassermeyer* IStR 07, 413.
4 BMF BStBl I 99, 1076 Tz 1.2; BStBl I 99, 1121; BStBl I 97, 796; Entwurf eines Schreibens zu DBA und PersGes

v 10.5.07 (abgedruckt im Handbuch des ASt-Rechts 2007, S 963 ff), dort Tz 4.1.3.3.2.
5 BT-Drs 16/2712 S 116 (zu § 52 Abs 59a S 6).
6 ZB *Korn* IStR 07, 890, 892.
7 *Loose/Hölscher/Althaus* BB 06, 2724 (2726).
8 *F/W/B* § 50d IX Rn 123.
9 ZB Art 23 Ia 3 letzter Satzteil DBA-Österreich.

dessen Qualifikation Dividenden vorliegen (was aufgrund entspr Vorbehalts bei deutscherseits abgeschlossenen DBA häufig der Fall ist, um den Abzug von KapESt gem § 43 I Nr 3 zu sichern),[1] die aber (zB als Vergütungen aus typisch stiller Beteiligung) dennoch abzugsfähig sind.[2] **(5) § 50d IX 3** enthält eine **Subsidiaritätsklausel**, wonach **DBA**-Bestimmungen, die die Freistellung von Einkünften in noch weitergehendem Umfang einschränken,[3] sowie die vergleichbaren Switch-over-Klauseln in **§ 50d VIII** (s dort Rn 57) und in dem – in gemeinschaftsrechtlicher Sicht unbedenklichen[4] – **§ 20 II AStG**[5] (beim Bezug von Zwischeneinkünften durch eine ausländische DBA-Betriebsstätte) unberührt und damit neben § 50d IX erhalten bleiben. Ob Gleiches im Verhältnis zu § 8b I 3 KStG gilt, ist unbeachtlich, weil die Freistellung nach § 8b I 1 KStG von § 50d IX so oder so unberührt bleibt.[6]

70 **II. Einkunftsermittlung.** Die Einkünfte iSv § 50d IX sind nach Maßgabe des deutschen Steuerrechts zu ermitteln. Abw von § 50d VIII erfolgt dies im Wege der ausschließlichen Amtsermittlung (vgl aber § 90 II AO); besondere Nachweispflichten treffen den StPfl nicht.

§ 50e Bußgeldvorschriften; Nichtverfolgung von Steuerstraftaten bei geringfügiger Beschäftigung in Privathaushalten

(1) ¹Ordnungswidrig handelt, wer vorsätzlich oder leichtfertig entgegen § 45d Abs. 1 Satz 1, der nach § 45e erlassenen Rechtsverordnung oder den unmittelbar geltenden Verträgen mit den in Artikel 17 der Richtlinie 2003/48/EG genannten Staaten und Gebieten eine Mitteilung nicht, nicht richtig, nicht vollständig oder nicht rechtzeitig abgibt. ²Die Ordnungswidrigkeit kann mit einer Geldbuße bis zu fünftausend Euro geahndet werden.

(2) ¹Liegen die Voraussetzungen des § 40a Abs. 2 vor, werden Steuerstraftaten (§§ 369 bis 376 der Abgabenordnung) als solche nicht verfolgt, wenn der Arbeitgeber in den Fällen des § 8a des Vierten Buches Sozialgesetzbuch entgegen § 41a Abs. 1 Nr. 1, auch in Verbindung mit Abs. 2 und 3 und § 51a, und § 40a Abs. 6 Satz 3 dieses Gesetzes in Verbindung mit § 28a Abs. 7 Satz 1 des Vierten Buches Sozialgesetzbuch das Arbeitsentgelt der Lohnsteuer-Anmeldung und die Anmeldung der einheitlichen Pauschsteuer nicht oder nicht rechtzeitig durchführt und dadurch Steuern verkürzt oder für sich oder einen anderen nicht gerechtfertigte Steuervorteile erlangt. ²Die Freistellung von der Verfolgung nach Satz 1 gilt auch für den Arbeitnehmer einer in Satz 1 genannten Beschäftigung, der die Finanzbehörde pflichtwidrig über steuerlich erhebliche Tatsachen aus dieser Beschäftigung in Unkenntnis lässt. ³Die Bußgeldvorschriften der §§ 377 bis 384 der Abgabenordnung bleiben mit der Maßgabe anwendbar, dass § 378 der Abgabenordnung auch bei vorsätzlichem Handeln anwendbar ist.

1 Die zum KapESt-Abzug verpflichteten Personen und die Personen, die aufgrund von Sammelanträgen nach § 45 I, II die Erstattung von KapESt beantragen, haben nach **§ 45d I 1** dem BZSt bestimmte Mitteilungen zu Freistellungsaufträgen zu machen, damit eine mehr als einmalige Inanspruchnahme des Sparerfreibetrages aufgrund von Freistellungsaufträgen verhindert wird (zu § 45d Rn 1). Zur Durchsetzung dieser Verpflichtung normiert **§ 50e I** eine Bußgeldvorschrift, wobei sowohl vorsätzliches als auch leichtfertiges Handeln ausreicht.

2 § 50e I regelt außerdem als Ordnungswidrigkeit die Verletzung der aufgrund der **Zinsrichtlinie** bestehenden Pflicht zur Fertigung von Mitteilungen über ausgezahlte Zinsen. Zugleich ist auch die Pflicht zur Fertigung von Mitteilungen, die sich nicht unmittelbar aus der Zinsrichtlinie, sondern aus den nach Art 17 dieser Richtlinie abgeschlossenen Verträgen mit anderen Staaten und abhängigen Gebieten ergibt, in den Bußgeldtatbestand einbezogen worden.[7]

---

1 Vgl Art 10 Nr 81 OECD-MK; BMF BStBl I 87, 714; *Vogel/Lehner*[4] Art 10 Rn 165 ff, 208.
2 S dazu FG BaWü EFG 06 167 Rev I R 62/06 (zum DBA-Luxemburg); dazu *Suchanek/Herbst* FR 07, 1112, 1117; *Wagner* Stbg 07, 21; s auch *D/W* Art 10 Rn 115 ff – Allerdings ist die Anwendung von § 50d IX 1 Nr 2 hier ohnehin zweifelhaft, weil die betr Einkünfte in Luxemburg (wenn auch der Höhe nach reduziert) stpfl sind, vgl *F/W/B* § 50d IX Rn 92.
3 Zu Switch-over-Klauseln in deutscherseits abgeschlossenen DBA s zB *Vogel/Lehner*[4] Art 1 Rn 136.
4 EuGH v 6.12.07 C-298/05 ‚Columbus Container'.
5 Dafür, dass tatsächlich das AStG gemeint ist, obschon ein Hinweis darauf im Gesetz zunächst (irrtümlich) unterblieb, schaffte das JStG 08 Klarheit.
6 *F/W/B* § 50d IX Rn 144.
7 BT-Drs 15/3677, 34.

§ 50e II regelt, dass Steuerhinterziehung im Bereich von Mini-Jobs im Privathaushalt nur als Ordnungswidrigkeit geahndet werden kann. Es wird von § 50e II 1 im Hinblick auf die sehr geringe Höhe des staatlichen Steueranspruchs, den regelmäßig geringen Unrechts- und Schuldgehalt und die Abziehbarkeit der Aufwendungen nach § 35a die Nichtanmeldung von solchen geringfügigen Beschäftigungen in Privathaushalten aus der steuerstrafrechtlichen Verfolgung ausgenommen, bei denen der Steueranspruch des Staates durch Erhebung und Abführung eines einheitlichen Pauschsteuersatzes in Höhe von 2 % nach § 40a II befriedigt werden kann. Die Freistellung von der Strafverfolgung gilt nach § 50e II 2 sowohl für den ArbG als auch für den ArbN, der die geringfügige Beschäftigung verschweigt und nicht die erzielten Einkünfte mitteilt. Sie greift auch hier nur in dem Umfang, in dem die nicht gemeldeten Einkünfte aus der geringfügigen Beschäftigung im Privathaushalt durch den Pauschsteuersatz nach § 40a II hätten abgegolten werden können. Sowohl beim ArbG als auch beim ArbN bleibt es nach § 50e II 3 bei der Anwendbarkeit der Bußgeldvorschriften der §§ 377–384 AO. Der Gesetzestext stellt explizit klar, dass eine Ahndung nach § 378 AO (leichtfertige Steuerverkürzung) auch dann möglich ist, wenn der Täter vorsätzlich gehandelt hat.[1]

§ 50f Bußgeldvorschriften

(1) Ordnungswidrig handelt, wer vorsätzlich oder leichtfertig entgegen § 22a Abs. 2 Satz 9 die Identifikationsnummer für andere als die dort genannten Zwecke verwendet.

(2) Die Ordnungswidrigkeit kann mit einer Geldbuße bis zu zehntausend Euro geahndet werden.

Die Vorschrift ist eingefügt worden durch Art 1 Nr 24 AltEinkG v 5.7.04 (BGBl I 04, 1427). § 22a EStG sieht vor, dass bei der Datenübermittlung (Rentenbezugsmitteilung) die Identifikationsnummer nach § 139b AO zu verwenden ist. Mit dieser war durch das StÄndG 2003 die verfassungsrechtlich notwendige Voraussetzung für die Verifikation der Angaben des StPfl in der Steuererklärung zu den Renteneinkünften geschaffen worden. Mit ihr lassen sich die Rentenbezugsmitteilungen künftig eindeutig zuordnen, und sie können zielgerichtet automatisiert ausgewertet werden. Zuwiderhandlungen gegen die in § 22a II 4 EStG normierte strikte Zweckbindung können nach der neuen Vorschrift als Steuerordnungswidrigkeit mit Geldbuße geahndet werden. Zuwiderhandlung ist die zweckwidrige Verwendung jeder einzelnen Identifikationsnummer ohne Zustimmung des Leistungsempfängers (BT-Drs 15/3004, 13).

§ 50g Entlastung vom Steuerabzug bei Zahlungen von Zinsen und Lizenzgebühren zwischen verbundenen Unternehmen verschiedener Mitgliedstaaten der Europäischen Union

(1) ¹Auf Antrag werden die Kapitalertragsteuer für Zinsen und die Steuer auf Grund des § 50a für Lizenzgebühren, die von einem Unternehmen der Bundesrepublik Deutschland oder einer dort gelegenen Betriebsstätte eines Unternehmens eines anderen Mitgliedstaates der Europäischen Union als Schuldner an ein Unternehmen eines anderen Mitgliedstaates der Europäischen Union oder an eine in einem anderen Mitgliedstaat der Europäischen Union gelegene Betriebsstätte eines Unternehmens eines Mitgliedstaates der Europäischen Union als Gläubiger gezahlt werden, nicht erhoben. ²Erfolgt die Besteuerung durch Veranlagung, werden die Zinsen und Lizenzgebühren bei der Ermittlung der Einkünfte nicht erfasst. ³Voraussetzung für die Anwendung der Sätze 1 und 2 ist, dass der Gläubiger der Zinsen oder Lizenzgebühren ein mit dem Schuldner verbundenes Unternehmen oder dessen Betriebsstätte ist. ⁴Die Sätze 1 bis 3 sind nicht anzuwenden, wenn die Zinsen oder Lizenzgebühren an eine Betriebsstätte eines Unternehmens eines Mitgliedstaates der Europäischen Union als Gläubiger gezahlt werden, die in einem Staat außerhalb der Europäischen Union oder im Inland gelegen ist und in der die Tätigkeit des Unternehmens ganz oder teilweise ausgeübt wird.

(2) Absatz 1 ist nicht anzuwenden auf die Zahlung von
1. Zinsen,
  a) die nach deutschem Recht als Gewinnausschüttung behandelt werden (§ 20 Abs. 1 Nr. 1 Satz 2) oder
  b) die auf Forderungen beruhen, die einen Anspruch auf Beteiligung am Gewinn des Schuldners begründen;

---

1 BT-Drs 15/2573, 36.

2. Zinsen oder Lizenzgebühren, die den Betrag übersteigen, den der Schuldner und der Gläubiger ohne besondere Beziehungen, die zwischen den beiden oder einem von ihnen und einem Dritten auf Grund von Absatz 3 Nr. 5 Buchstabe b bestehen, vereinbart hätten.

(3) ¹Für die Anwendung der Absätze 1 und 2 gelten die folgenden Begriffsbestimmungen und Beschränkungen:

1. Der Gläubiger muss der Nutzungsberechtigte sein. ²Nutzungsberechtigter ist
   a) ein Unternehmen, wenn es die Einkünfte im Sinne von § 2 Abs. 1 erzielt;
   b) eine Betriebsstätte, wenn
      aa) die Forderung, das Recht oder der Gebrauch von Informationen, auf Grund derer/dessen Zahlungen von Zinsen oder Linzenzgebühren geleistet werden, tatsächlich zu der Betriebsstätte gehört und
      bb) die Zahlungen der Zinsen oder Linzenzgebühren Einkünfte darstellen, auf Grund derer die Gewinne der Betriebsstätte in dem Mitgliedstaat der Europäischen Union, in dem sie gelegen ist, zu einer der in Nummer 5 Buchstabe a Doppelbuchstabe cc genannten Steuer beziehungsweise im Fall Belgiens dem „impôt des non-résidents/belasting der nietverblijfhouders" beziehungsweise im Fall Spaniens dem „Impuesto sobre la Renta de no Residentes" beziehungsweise zu einer mit diesen Steuern identischen oder weitgehend ähnlichen Steuer herangezogen werden, die nach dem jeweiligen Zeitpunkt des Inkrafttretens der Richtlinie 2003/49/EG des Rates vom 3. Juni 2003 über eine gemeinsame Steuerregelung für Zahlungen von Zinsen und Lizenzgebühren zwischen verbundenen Unternehmen verschiedener Mitgliedstaaten (ABl. EU Nr. L 157 S. 49), zuletzt geändert durch die Richtlinie 2006/98/EG des Rates vom 20. November 2006 (ABl. EU Nr. L 363 S. 129), anstelle der bestehenden Steuern oder ergänzend zu ihnen eingeführt wird.
2. Eine Betriebsstätte gilt nur dann als Schuldner der Zinsen oder Lizenzgebühren, wenn die Zahlung bei der Ermittlung des Gewinns der Betriebsstätte eine steuerlich abzugsfähige Betriebsausgabe ist.
3. Gilt eine Betriebsstätte eines Unternehmens eines Mitgliedstaates der Europäischen Union als Schuldner oder Gläubiger von Zinsen oder Linzenzgebühren, so wird kein anderer Teil des Unternehmens als Schuldner oder Gläubiger der Zinsen oder Linzenzgebühren angesehen.
4. Im Sinne des Absatzes 1 sind
   a) „Zinsen" Einkünfte aus Forderungen jeder Art, auch wenn die Forderungen durch Pfandrechte an Grundstücken gesichert sind, insbesondere Einkünfte aus öffentlichen Anleihen und aus Obligationen einschließlich der damit verbundenen Aufgelder und der Gewinne aus Losanleihen; Zuschläge für verspätete Zahlung und die Rückzahlung von Kapital gelten nicht als Zinsen;
   b) „Lizenzgebühren" Vergütungen jeder Art, die für die Nutzung oder für das Recht auf Nutzung von Urheberrechten an literarischen, künstlerischen oder wissenschaftlichen Werken, einschließlich kinematografischer Filme und Software, von Patenten, Marken, Mustern oder Modellen, Plänen, geheimen Formeln oder Verfahren oder für die Mitteilung gewerblicher, kaufmännischer oder wissenschaftlicher Erfahrungen gezahlt werden; Zahlungen für die Nutzung oder das Recht auf Nutzung gewerblicher, kaufmännischer oder wissenschaftlicher Ausrüstungen gelten als Lizenzgebühren.
5. ¹Die Ausdrücke „Unternehmen eines Mitgliedstaates der Europäischen Union", „verbundenes Unternehmen" und „Betriebsstätte" bedeuten:
   a) „Unternehmen eines Mitgliedstaates der Europäischen Union" jedes Unternehmens, das
      aa) eine der in Anlage 3 Nr. 1 zu diesem Gesetz aufgeführten Rechtsformen aufweist und
      bb) nach dem Steuerrecht eines Mitgliedstaates in diesem Mitgliedstaat ansässig ist und nicht nach einem zwischen dem betreffenden Staat und einem Staat außerhalb der Europäischen Union geschlossenen Abkommen zur Vermeidung der Doppelbesteuerung von Einkünften für steuerliche Zwecke als außerhalb der Gemeinschaft ansässig gilt und
      cc) einer der in Anlage 3 Nr. 2 zu diesem Gesetz aufgeführten Steuern unterliegt und und nicht von ihr befreit ist. ²Entsprechendes gilt für eine mit diesen Steuern identische oder weitgehend ähnliche Steuer, die nach dem jeweiligen Zeitpunkt des Inkrafttretens der Richtlinie 2003/49/EG des Rates vom 3. Juni 2003 (ABl. EU Nr. L 157 S. 49), zuletzt geändert durch die Richtlinie 2006/98/EG des Rates vom 20. November 2006 (ABl. EU Nr. L 363 S. 129), anstelle der bestehenden Steuern oder ergänzend zu ihnen eingeführt wird.

b) „Verbundenes Unternehmen" jedes Unternehmen, das dadurch mit einem zweiten Unternehmen verbunden ist, dass
   aa) das erste Unternehmen unmittelbar mindestens zu 25 Prozent an dem Kapital des zweiten Unternehmens beteiligt ist oder
   bb) das zweite Unternehmen unmittelbar mindestens zu 25 Prozent an dem Kapital des ersten Unternehmens beteiligt ist oder
   cc) ein drittes Unternehmen unmittelbar mindestens zu 25 Prozent an dem Kapital des ersten Unternehmens und dem Kapital des zweiten Unternehmens beteiligt ist.
   Die Beteiligungen dürfen nur zwischen Unternehmen bestehen, die in einem Mitgliedstaat der Europäischen Union ansässig sind.
c) „Betriebsstätte" eine feste Geschäftseinrichtung in einem Mitgliedstaat der Europäischen Union, in der die Tätigkeit eines Unternehmens eines anderen Mitgliedstaates der Europäischen Union ganz oder teilweise ausgeübt wird.
²Ein Unternehmen ist im Sinne von Doppelbuchstabe bb in einem Mitgliedstaat der Europäischen Union ansässig, wenn es der unbeschränkten Steuerpflicht im Inland oder einer vergleichbaren Besteuerung in einem anderen Mitgliedstaat der Europäischen Union nach dessen Rechtsvorschriften unterliegt.

6. *(aufgehoben)*

(4) ¹Die Entlastung nach Absatz 1 ist zu versagen oder zu entziehen, wenn der hauptsächliche Beweggrund oder einer der hauptsächlichen Beweggründe für Geschäftsvorfälle die Steuervermeidung oder der Missbrauch sind. ²§ 50d Abs. 3 bleibt unberührt.

(5) Entlastungen von der Kapitalertragsteuer für Zinsen und der Steuer auf Grund des § 50a nach einem Abkommen zur Vermeidung der Doppelbesteuerung, die weiter gehen als die nach Absatz 1 gewährten, werden durch Absatz 1 nicht eingeschränkt.

(6) ¹Ist im Fall des Absatzes 1 Satz 1 eines der Unternehmen ein Unternehmen der Schweizerischen Eidgenossenschaft oder ist eine in der Schweizerischen Eidgenossenschaft gelegene Betriebsstätte eines Unternehmens eines anderen Mitgliedstaats der Europäischen Union Gläubiger der Zinsen oder Lizenzgebühren, gelten die Absätze 1 bis 5 entsprechend mit der Maßgabe, dass die Schweizerische Eidgenossenschaft insoweit einem Mitgliedstaat der Europäischen Union gleichgestellt ist. ²Absatz 3 Nr. 5 Buchstabe a gilt entsprechend mit der Maßgabe, dass ein Unternehmen der Schweizerischen Eidgenossenschaft jedes Unternehmen ist, das

1. eine der folgenden Rechtsformen aufweist:
   – Aktiengesellschaft/société anonyme/società anonima;
   – Gesellschaft mit beschränkter Haftung/société à responsabilité limitée/società a responsabilità limitata;
   – Kommanditaktiengesellschaft/société en commandite par actions/società in accomandita per azioni, und
2. nach dem Steuerrecht der Schweizerischen Eidgenossenschaft dort ansässig ist und nicht nach einem zwischen der Schweizerischen Eidgenossenschaft und einem Staat außerhalb der Europäischen Union geschlossenen Abkommen zur Vermeidung der Doppelbesteuerung von Einkünften für steuerliche Zwecke als außerhalb der Gemeinschaft oder der Schweizerischen Eidgenossenschaft ansässig gilt, und
3. unbeschränkt der schweizerischen Körperschaftsteuer unterliegt, ohne von ihr befreit zu sein.

Anlage 3
(zu § 50g)

1. Unternehmen im Sinne von § 50g Abs. 3 Nr. 5 Buchstabe a Doppelbuchstabe aa sind:
   a) Gesellschaften belgischen Rechts mit der Bezeichnung:
      „naamloze vennootschap"/„société anonyme", „commanditaire vennootschap op aandelen"/„société en commandite par actions", „besloten vennootschap met beperkte aansprakelijkheid"/„société privée à responsabilité limitée" sowie öffentlich-rechtliche Körperschaften, deren Tätigkeit unter das Privatrecht fällt;
   b) Gesellschaften dänischen Rechts mit der Bezeichnung:
      „aktieselskab" und „anpartsselskab";

c) Gesellschaften deutschen Rechts mit der Bezeichnung:
„Aktiengesellschaft", „Kommanditgesellschaft auf Aktien" und „Gesellschaft mit beschränkter Haftung";
d) Gesellschaften griechischen Rechts mit der Bezeichnung:
„ανώνυμη εταιρια";
e) Gesellschaften spanischen Rechts mit der Bezeichnung:
„sociedad anónima", „sociedad comanditaria por acciones", „sociedad de responsabilidad limitada" sowie öffentlich-rechtliche Körperschaften, deren Tätigkeit unter das Privatrecht fällt;
f) Gesellschaften französischen Rechts mit der Bezeichnung:
„société anonyme", „société en commandite par actions", „société à responsabilité limitée" sowie die staatlichen Industrie- und Handelsbetriebe und -unternehmen;
g) Gesellschaften irischen Rechts mit der Bezeichnung:
„public companies limited by shares or by guarantee", „private companies limited by shares or by guarantee", gemäß den „Industrial and Provident Societies Acts" eingetragene Einrichtungen oder gemäß den „Building Societies Acts" eingetragene „building societies";
h) Gesellschaften italienischen Rechts mit der Bezeichnung:
„società per azioni", „società in accomandita per azioni", „società a responsabilità limitata" sowie staatliche und private Industrie- und Handelsunternehmen;
i) Gesellschaften luxemburgischen Rechts mit der Bezeichnung:
„société anonyme", „société en commandite par actions" und „société à responsabilité limitée";
j) Gesellschaften niederländischen Rechts mit der Bezeichnung:
„naamloze vennootschap" und „besloten vennootschap met beperkte aansprakelijkheid";
k) Gesellschaften österreichischen Rechts mit der Bezeichnung:
„Aktiengesellschaft" und „Gesellschaft mit beschränkter Haftung";
l) Gesellschaften portugiesischen Rechts in Form von Handelsgesellschaften oder zivilrechtlichen Handelsgesellschaften sowie Genossenschaften und öffentliche Unternehmen;
m) Gesellschaften finnischen Rechts mit der Bezeichnung:
„osakeyhtiö/aktiebolag", „osuuskunta/andelslag", „säästöpankki/sparbank" und „vakuutusyhtiö/försäkringsbolag";
n) Gesellschaften schwedischen Rechts mit der Bezeichnung:
„aktiebolag" und „försäkringsaktiebolag";
o) nach dem Recht des Vereinigten Königreichs gegründete Gesellschaften;
p) Gesellschaften tschechischen Rechts mit der Bezeichnung:
„akciová společnost,, „společnost s ruením omezeným", „veřejná obchodní společnost", „komanditní společnost", und „družstovo";
q) Gesellschaften estnischen Rechts mit der Bezeichnung:
„täisühing", „usaldusühing", „osaühing", „aktsiaselts", und „tulundusühistu";
r) Gesellschaften zyprischen Rechts, die nach dem Gesellschaftsrecht als Gesellschaften bezeichnet werden, Körperschaften des öffentlichen Rechts und sonstige Körperschaften, die als Gesellschaft im Sinne der Einkommensteuergesetze gelten;
s) Gesellschaften lettischen Rechts mit der Bezeichnung:
„akciju sabiedrība" und „sabiedrība ar ierobežotu atbildību";
t) nach dem Recht Litauens gegründete Gesellschaften;
u) Gesellschaften ungarischen Rechts mit der Bezeichnung:
„közkereseti társaság", „betéti társaság", „közös vállalat", „korlátolt felelősségű társaság", „részvénytársaság", „egyesülés", „közhasznú társaság" und „szövetkezet";
v) Gesellschaften maltesischen Rechts mit der Bezeichnung:
„Kumpaniji ta' Responsabilita' Limitata", und „Sojetajiet in akkomandita li l-kapital taghom maqsum f'azzjonijiet";
w) Gesellschaften polnischen Rechts mit der Bezeichnung:
„spółka akcyjna" und „spółka z organiczoną odpowiedzialnością";
x) Gesellschaften slowenischen Rechts mit der Bezeichnung:
„delniška družba", „komanditna delsniška družba", „komanditna družba", „druba z omejeno odgovornostjo" und „družba z neomejeno odgovornostjo";

y) Gesellschaften slowakischen Rechts mit der Bezeichnung:
„akciová spoločnos", „spločnost' s ručením obmedzeným", „komanditbá spoločnos", „verejná obchodná spoločnos" und „družstvo";

aa) Gesellschaften bulgarischen Rechts mit der Bezeichnung:
„събиргелното лружество", „командитното дружество", „дружеството с ограничена оттоворност", „акционерното дружество", „командитното дружество с акции", „кооперации", „кооперативни съюзи", „държавни предприятия", die nach bulgarischem Recht gegründet wurden und gewerbliche Tätigkeiten ausüben;

ab) Gesellschaften rumänischen Rechts mit der Bezeichnung:
„societăți pe acțiuni", „societăți în comandită pe acțiuni", „societăți cu răspundere limitată";

2. Steuern im Sinne von § 50g Abs. 3 Nr. 5 Buchstabe a Doppelbuchstabe cc sind:
- impôt des sociétés/vennootschapsbelasting in Belgien,
- selskabsskat in Dänemark,
- Körperschaftsteuer in Deutschland,
- Φόρος εισοδήματος νομικών προσώπων in Griechenland,
- impuesto sobre sociedades in Spanien,
- impôt sur les sociétés in Frankreich,
- corporation tax in Irland,
- imposta sul reddito delle persone giuridiche in Italien,
- impôt sur le revenu des collectivités in Luxemburg,
- vennootschapsbelasting in den Niederlanden,
- Körperschaftsteuer in Österreich,
- imposto sobre o rendimento da pessoas colectivas in Portugal,
- yhteisöjen tulovero/inkomstskatten för samfund in Finnland,
- statlig inkomstskatt in Schweden,
- corporation tax im Vereinigten Königreich,
- Daň z příjmů právnických osob in der Tschechischen Republik,
- Tulumaks in Estland,
- φόρος εισοδήματος in Zypern
- uzņēmumu ienākuma nodoklis in Lettland,
- Pelno mokestis in Litauen,
- Társasági adó in Ungarn,
- Taxxa fuq l-income in Malta,
- Podatek dochodowy od osób prawnych in Polen,
- Davek od dobička pravnih oseb in Slowenien,
- Daň z príjmov právnických osôb in der Slowakei,
- корпоративен данъкin Bulgarien,
- impozit pe profit, impozitul pe veniturile obținute din România de nerezidenți in Rumänien.

Anlage 3a
(zu § 50g)

(aufgehoben)

Literatur: *Dörr* Praxisfragen zur Umsetzung der Zins- und Lizenzrichtlinie in § 50g EStG, IStR 05, 109.

A. Grundaussage der Vorschrift

Die Richtlinie „2003/49/EG des Rates vom 3. Juni 2003 über eine gemeinsame Steuerregelung für Zahlungen von Zinsen und Zinsgebühren zw verbundenen Unternehmen verschiedener Mitgliedstaaten (ABlEU Nr. L 157 vom 26. Juni 2003 S. 49)" – im Folgenden „Richtlinie 2003/49/EG" – soll den **Zinsen- und den Lizenzgebührenfluss zw verbundenen Unternehmen** erleichtern. Mit der Richtlinie „2004/66/EG des Rates vom 26. April 2004 (ABlEU Nr. L 168 vom 1. Mai 2004, S. 35)" – im Folgenden „Richtlinie 2004/66/EG" – wurde der Geltungsbereich der Richtlinie auf die am 1.5.04 beigetretenen Staaten ausgedehnt. Nach den Richtlinien soll im Staat des Vergütungsschuldners, der regelmäßig der Quellenstaat ist, auf die Einkünfte **keine Quellensteuer mehr** erhoben werden, so

1

dass eine doppelte Besteuerung ausgeschlossen ist. Abw hiervon können nach der Richtlinie 2003/49/EG Griechenland, Portugal und Spanien für eine Übergangszeit noch Quellensteuern erheben. Die materiellen Bestimmungen der Richtlinien werden durch Verfahrensregelungen begleitet. Der Verzicht auf die Quellenbesteuerung wird durch den neuen, durch das EG-Amtshilfe-AnpassungsG v 2.12.04[1] eingeführten § 50g umgesetzt. Die erforderlichen Verfahrensregelungen enthalten der geänderte § 50d und der neue § 50h.

B. Die Freistellung nach Abs 1

3 § 50g I enthält die materiellen Bestimmungen zur Umsetzung der Richtlinien 2003/49/EG und 2004/66/EG: Bei Zahlungen zw verbundenen Unternehmen sind im jeweiligen Quellenstaat keine Steuern mehr auf die unter die Richtlinie fallenden Vergütungen zu erheben.

4 Den Richtlinien 2003/49/EG und 2004/66/EG kommt nur im Verhältnis zu den EU-Mitgliedstaaten Bedeutung zu, mit denen Deutschland DBA abgeschlossen hat, die auf Zinsen oder Lizenzgebühren noch eine **Quellensteuer** vorsehen. Soweit danach auf aus Deutschland stammende Zinsen oder Lizenzgebühren noch eine Quellensteuer erhoben werden kann, wird nach deutschem Steuerrecht (§ 49) aber von dem insoweit bestehenden Besteuerungsrecht derzeit bei festverzinslichen Forderungen im Wesentlichen nur noch bei grundpfandrechtlicher Sicherung Gebrauch gemacht. Die Richtlinie 2003/49/EG führt daher vornehmlich bei Lizenzgebührenzahlungen zu sachlichen Änderungen.

5 Das Entlastungsverfahren lehnt sich an die Entlastung von Quellensteuern nach den DBA an. Die Nichtbesteuerung in Deutschland ist daher **antragsabhängig**. Erfolgt die Antragstellung rechtzeitig, wird bereits bei Zahlung eine Freistellung von der deutschen Quellenbesteuerung gewährt. Sieht das deutsche Recht statt eines Steuerabzugs eine Veranlagung vor, wie zB bei grundpfandrechtlich gesicherten Forderungen, werden die unter die Richtlinie 2003/49/EG fallenden Vergütungen nicht als Einkünfte erfasst.

6 Abw von den Anwendungsvoraussetzungen der DBA wird aufgrund der Richtlinie 2003/49/EG auch einer in einem anderen EU-Staat gelegenen **Betriebsstätte** eines Unternehmens eines anderen EU-Mitgliedstaates ein Anspr auf eine Entlastung von der Quellensteuer eingeräumt. Der Zahlung von Zinsen und Lizenzgebühren durch eine in Deutschland gelegene Betriebsstätte eines Unternehmens eines anderen Mitgliedstaates kommt nur insoweit Bedeutung zu, als diese Zahlungen der beschränkten StPfl unterliegen. Erfolgt eine Zahlung an eine Betriebsstätte in einem Staat **außerhalb der EU** oder an eine inländische Betriebsstätte eines Unternehmens eines anderen EU-Mitgliedstaates, so ist die Richtlinie nicht anzuwenden.

8 Die Anwendung der Richtlinien 2003/49/EG und 2004/66/EG auf Zinsen und Lizenzgebühren, die von einer deutschen **PersGes** mit inländischer Betriebsstätte bezogen werden, ist nicht ausdrücklich geregelt. Da PersGes nach deutschem Steuerrecht steuerlich als transparent behandelt werden, ist die Betriebsstätte der Ges in Übereinstimmung mit den Grundsätzen des Doppelbesteuerungsrechts für Zwecke der Richtlinien anteilig den G'tern zuzurechnen.

C. Die Ausnahmen von der Befreiung nach Abs 2

9 § 50g II regelt die Fälle der Zahlung von Zinsen und Lizenzgebühren, auf die die Befreiung nicht anzuwenden ist. Nach § 50g II Nr 1a werden solche Zahlungen nicht erfasst, die nach dem Recht des Staates, aus dem sie stammen, als **Gewinnausschüttungen** angesehen werden. Hierzu zählen Zinsen, die nach §§ 8 III 2, 8a KStG als vGA zu beurteilen sind. Auf derartige Gewinnausschüttungen sind die Bestimmungen der Mutter-Tochter-Richtlinie anzuwenden.

10 § 50g II Nr 1b nimmt **gewinnabhängige Zinsen** von der Quellensteuerbefreiung aus. Namentlich Zinsen aus partiarischen Darlehen und Gewinnobligationen sowie Einnahmen aus der Beteiligung an einem Handelsgewerbe als stiller G'ter und solche aus Genussrechten bleiben damit stpfl. Gewinnabhängig sind auch Zahlungen, die anstelle eines festen Zinssatzes eine vom Gewinn des Schuldners abhängige höhere oder niedrigere Verzinsung vorsehen. Umsatzabhängig bemessene Zinsen sind nicht „gewinnabhängig".

---

[1] BGBl I 04, 3112.

§ 50g II Nr 2 betrifft die Zahlung **unangemessen hoher Zinsen oder Lizenzgebühren**. Es ist der Betrag der Zahlungen, der im Fall besonderer Beziehungen zw dem Zahler und dem Nutzungsberechtigten einen sog Fremdvergleichspreis übersteigt, nicht von der deutschen Quellensteuer zu befreien. 11

Untersagt oder beschränkt ein DBA die nach den Richtlinien 2003/49/EG und 2004/66/EG mögliche Quellenbesteuerung bei gewinnabhängigen Zinszahlungen, verbleibt es bei der ausschließlichen Besteuerung im Sitzstaat des Einkünftebeziehers. 12

D. Die Begriffsdefinitionen des Abs 3

§ 50g III enthält die zur Umsetzung der Richtlinien erforderlichen Definitionen. Der dem DBA entnommene Richtlinienbegriff des **Nutzungsberechtigten** ist dem innerstaatlichen deutschen Steuerrecht fremd. Er wird deshalb in § 50g III Nr 1 gesondert definiert. § 50g III Nr 1 trägt der Vorgabe des Art 1 IV der Richtlinie Rechnung, ein Unternehmen eines Mitgliedstaates nur dann als Nutzungsberechtigten der Zinsen oder Lizenzgebühren zu behandeln, wenn es die Zahlung zu eigenen Gunsten und nicht nur als Vertreter, Treuhänder oder Bevollmächtigter für eine andere Person erhält. 13

Eine in Deutschland gelegene **Betriebsstätte** wird nach § 50g III Nr 2 dann und nur dann als Zahlender von Zinsen oder Lizenzgebühren behandelt, wenn die Zahlungen bei der Ermittlung des Gewinns der Betriebsstätte steuerlich abziehbar sind. 14

§ 50g III Nr 3 stellt klar, dass ein Unternehmen eines Mitgliedstaates, das eine Betriebsstätte in einem anderen Mitgliedstaat unterhält, die Freistellung **nicht neben der Betriebsstätte** beanspruchen kann. Entspr gilt für die Qualifikation als Nutzungsberechtigter. 15

Der in § 50g III Nr 4a definierte **Zinsbegriff** umfasst Einkünfte aus Forderungen jeder Art. Der **Lizenzgebührenbegriff** (§ 50g III Nr 4b) umfasst abw von dem des OECD-Musterabkommens auch Vergütungen für die Überlassung von Computersoftware und von gewerblichen, kfm oder wissenschaftlichen Ausrüstungen. 16

In § 50g III Nr 5 werden die Richtlinienbegriffe „**Unternehmen eines Mitgliedstaates** der Europäischen Union", „**verbundenes Unternehmen**" und „**Betriebsstätte**" definiert. Nach § 50g III Nr 5 wird das Unternehmen durch die in der Anlage 3 Nr 1 aufgeführten Rechtsformen abschließend bezeichnet. Das Unternehmen muss nach dem Steuerrecht eines Mitgliedstaates in diesem ansässig sein und darf nicht als außerhalb der Gemeinschaft ansässig gelten. Die Annahme eines „verbundenen" Unternehmens hängt von einer Mindestbeteiligung ab. Entspr deutscher Praxis wird für die Festlegung von Beteiligungsgrenzen auf die Kapitalbeteiligung und nicht auf die Stimmrechte abgestellt. § 50g III Nr 5 S 2 verlangt, dass sowohl das beherrschte als auch das beherrschende Unternehmen ein Unternehmen eines Mitgliedstaats der EU ist.[1] 17

E. Die Missbrauchsklausel des Abs 4

§ 50g IV übernimmt sachlich Abs 2 des Art 5 der Richtlinie 2003/49/EG in das innerstaatliche Recht. § 50g IV und § 50d III haben unterschiedliche Tatbestandsvoraussetzungen; sie sind deshalb unabhängig voneinander anzuwenden. 19

F. Vorrang von Doppelbesteuerungsabkommen nach Abs 5

§ 50g V stellt klar, dass gegenüber den Richtlinien 2003/49/EG und 2004/66/EG weitergehende Entlastungen von Quellensteuern nach den DBA zw den Mitgliedstaaten der EU auch künftig zu gewähren sind. Die Regelung hat vor allem Bedeutung für gewinnabhängige Zinszahlungen, für die – anders als nach § 50g II – von einigen DBA eine Reduzierung der deutschen Steuer vorgesehen ist. 20

G. Gleichstellung der Schweiz

§ 50g VI setzt Art 15 II des Zinsabkommens mit der Schweiz um. Es sollen im Verhältnis zur Schweiz die gleichen Regelungen wie zwischen den Mitgliedstaaten der EU gelten. Dabei betrifft 21

---

1 Vgl die Klarstellung durch das StÄndG 07: BGBl I 06, 1652; BT-Drs 16/1545, 16.

die Umsetzung in § 50g VI nur Ausnahmefälle, in denen die Regelung des Art 15 II des Zinsabkommens bei Lizenzgebühren günstiger sein kann als die des DBA mit der Schweiz. Eine vollständige Umsetzung war wegen der ohnehin schon bestehenden Regelungen im DBA nicht erforderlich.[1]

§ 50h Bestätigung für Zwecke der Entlastung von Quellensteuern in einem anderen Mitgliedstaat der Europäischen Union oder der Schweizerischen Eidgenossenschaft

Auf Antrag hat das Finanzamt, das für die Besteuerung eines Unternehmens der Bundesrepublik Deutschland oder einer dort gelegenen Betriebsstätte eines Unternehmens eines anderen Mitgliedstaats der Europäischen Union im Sinne des § 50g Abs. 3 Nr. 5 oder eines Unternehmens der Schweizerischen Eidgenossenschaft im Sinne des § 50g Abs. 6 Satz 2 zuständig ist, für die Entlastung von der Quellensteuer dieses Staats auf Zinsen oder Lizenzgebühren im Sinne des § 50g zu bescheinigen, dass das empfangende Unternehmen steuerlich im Inland ansässig ist oder die Betriebsstätte im Inland gelegen ist.

Während § 50g die materiellen Regelungen zur Umsetzung der Richtlinien 2003/49/EG und 2004/66/EG und von Art 15 II des Zinsabkommens mit der Schweiz trifft und den Zinsen- und Lizenzgebührenfluss zw verbundenen Unternehmen von einer Besteuerung im Staat des Vergütungsschuldner befreit, trifft § 50h – neben § 50d – die in diesem Zusammenhang erforderlichen verfahrensrechtlichen Regelungen. § 50h legt fest, dass das FA des Ansässigkeitsstaates oder der Betriebsstätte die Ansässigkeit bzw Belegenheit im Inland bescheinigen muss.[2]

§ 51 Ermächtigungen

(1) [1]Die Bundesregierung wird ermächtigt, mit Zustimmung des Bundesrates

1. zur Durchführung dieses Gesetzes Rechtsverordnungen zu erlassen, soweit dies zur Wahrung der Gleichmäßigkeit bei der Besteuerung, zur Beseitigung von Unbilligkeiten in Härtefällen, zur Steuerfreistellung des Existenzminimums oder zur Vereinfachung des Besteuerungsverfahrens erforderlich ist, und zwar:
   a) über die Abgrenzung der Steuerpflicht, die Beschränkung der Steuererklärungspflicht auf die Fälle, in denen eine Veranlagung in Betracht kommt, über die den Einkommensteuererklärungen beizufügenden Unterlagen und über die Beistandspflichten Dritter,
   b) über die Ermittlung der Einkünfte und die Feststellung des Einkommens einschließlich der abzugsfähigen Beträge,
   c) über die Höhe von besonderen Betriebsausgaben-Pauschbeträgen für Gruppen von Betrieben, bei denen hinsichtlich der Besteuerungsgrundlagen annähernd gleiche Verhältnisse vorliegen, wenn der Steuerpflichtige Einkünfte aus Gewerbebetrieb (§ 15) oder selbstständiger Arbeit (§ 18) erzielt, in Höhe eines Prozentsatzes der Umsätze im Sinne des § 1 Abs. 1 Nr. 1 des Umsatzsteuergesetzes; Umsätze aus der Veräußerung von Wirtschaftsgütern des Anlagevermögens sind nicht zu berücksichtigen. [2]Einen besonderen Betriebsausgaben-Pauschbetrag dürfen nur Steuerpflichtige in Anspruch nehmen, die ihren Gewinn durch Einnahme-Überschussrechnung nach § 4 Abs. 3 ermitteln. [3]Bei der Festlegung der Höhe des besonderen Betriebsausgaben-Pauschbetrags ist der Zuordnung der Betriebe entsprechend der Klassifikation der Wirtschaftszweige, Fassung für Steuerstatistiken, Rechnung zu tragen. [4]Bei der Ermittlung der besonderen Betriebsausgaben-Pauschbeträge sind alle Betriebsausgaben mit Ausnahme der an das Finanzamt gezahlten Umsatzsteuer zu berücksichtigen. [5]Bei der Veräußerung oder Entnahme von Wirtschaftsgütern des Anlagevermögens sind die Anschaffungs- oder Herstellungskosten, vermindert um die Absetzungen für Abnutzung nach § 7 Abs. 1 oder 4 sowie die Veräußerungskosten neben dem besonderen Betriebsausgaben-Pauschbetrag abzugsfähig. [6]Der Steuerpflichtige kann im folgenden Veranlagungszeitraum zur Ermittlung der tatsächlichen Betriebsausgaben übergehen. [7]Wechselt der Steuerpflichtige zur Ermittlung der tatsächlichen Betriebsausgaben, sind die abnutzbaren Wirtschaftsgüter des Anlagevermögens mit ihren Anschaffungs- oder Herstellungskosten, vermindert um die Absetzungen für

---

1 BT-Drs 16/1545, 17.   2 Zur Neufassung durch das StÄndG 07: BT-Drs 16/1545, 17.

Abnutzung nach § 7 Abs. 1 oder 4, in ein laufend zu führendes Verzeichnis aufzunehmen. [8]§ 4 Abs. 3 Satz 5 bleibt unberührt. [9]Nach dem Wechsel zur Ermittlung der tatsächlichen Betriebsausgaben ist eine erneute Inanspruchnahme des besonderen Betriebsausgaben-Pauschbetrags erst nach Ablauf der folgenden vier Veranlagungszeiträume zulässig; die §§ 140, 141 der Abgabenordnung bleiben unberührt,

d) über die Veranlagung, die Anwendung der Tarifvorschriften und die Regelung der Steuerentrichtung einschließlich der Steuerabzüge,

e) über die Besteuerung der beschränkt Steuerpflichtigen einschließlich eines Steuerabzugs;

2. Vorschriften durch Rechtsverordnung zu erlassen

a) über die sich aus der Aufhebung oder Änderung von Vorschriften dieses Gesetzes ergebenden Rechtsfolgen, soweit dies zur Wahrung der Gleichmäßigkeit bei der Besteuerung oder zur Beseitigung von Unbilligkeiten in Härtefällen erforderlich ist;

b) *(weggefallen)*

c) über den Nachweis von Zuwendungen im Sinne des § 10b;

d) über Verfahren, die in den Fällen des § 38 Abs. 1 Satz 1 Nr. 2 den Steueranspruch der Bundesrepublik Deutschland sichern oder die sicherstellen, dass bei Befreiungen im Ausland ansässiger Leiharbeitnehmer von der Steuer der Bundesrepublik Deutschland auf Grund von Abkommen zur Vermeidung der Doppelbesteuerung die ordnungsgemäße Besteuerung im Ausland gewährleistet ist. [2]Hierzu kann nach Maßgabe zwischenstaatlicher Regelungen bestimmt werden, dass

aa) der Entleiher in dem hierzu notwendigen Umfang an derartigen Verfahren mitwirkt,

bb) er sich im Haftungsverfahren nicht auf die Freistellungsbestimmungen des Abkommens berufen kann, wenn er seine Mitwirkungspflichten verletzt;

e) bis m) *(weggefallen)*

n) über Sonderabschreibungen

aa) im Tiefbaubetrieb des Steinkohlen-, Pechkohlen-, Braunkohlen- und Erzbergbaues bei Wirtschaftsgütern des Anlagevermögens unter Tage und bei bestimmten mit dem Grubenbetrieb unter Tage in unmittelbarem Zusammenhang stehenden, der Förderung, Seilfahrt, Wasserhaltung und Wetterführung sowie der Aufbereitung des Minerals dienenden Wirtschaftsgütern des Anlagevermögens über Tage, soweit die Wirtschaftsgüter

für die Errichtung von neuen Förderschachtanlagen, auch in Form von Anschlussschachtanlagen,

für die Errichtung neuer Schächte sowie die Erweiterung des Grubengebäudes und den durch Wasserzuflüsse aus stillliegenden Anlagen bedingten Ausbau der Wasserhaltung bestehender Schachtanlagen,

für Rationalisierungsmaßnahmen in der Hauptschacht-, Blindschacht-, Strecken- und Abbauförderung, im Streckenvortrieb, in der Gewinnung, Versatzwirtschaft, Seilfahrt, Wetterführung und Wasserhaltung sowie in der Aufbereitung,

für die Zusammenfassung von mehreren Förderschachtanlagen zu einer einheitlichen Förderschachtanlage und

für den Wiederaufschluss stillliegender Grubenfelder und Feldesteile,

bb) im Tagebaubetrieb des Braunkohlen- und Erzbergbaues bei bestimmten Wirtschaftsgütern des beweglichen Anlagevermögens (Grubenaufschluss, Entwässerungsanlagen, Großgeräte sowie Einrichtungen des Grubenrettungswesens und der ersten Hilfe und im Erzbergbau auch Aufbereitungsanlagen), die

für die Erschließung neuer Tagebaue, auch in Form von Anschlusstagebauen, für Rationalisierungsmaßnahmen bei laufenden Tagebauen,

beim Übergang zum Tieftagebau für die Freilegung und Gewinnung der Lagerstätte und

für die Wiederinbetriebnahme stillgelegter Tagebaue

von Steuerpflichtigen, die den Gewinn nach § 5 ermitteln, vor dem 1. Januar 1990 angeschafft oder hergestellt werden. [2]Die Sonderabschreibungen können bereits für Anzahlungen auf Anschaffungskosten und für Teilherstellungskosten zugelassen werden. [3]Hat der Steuerpflichtige vor dem 1. Januar 1990 die Wirtschaftsgüter bestellt oder mit ihrer Herstellung begonnen, so können die Sonderabschreibungen auch für nach dem 31. Dezember 1989 und vor dem 1. Januar 1991 angeschaffte oder hergestellte Wirtschaftsgüter sowie für vor dem 1. Januar 1991 geleistete Anzahlungen auf Anschaffungskosten und entstandene Teilherstellungskosten in Anspruch genommen werden. ⁴Voraussetzung für die Inanspruchnahme der Sonderabschreibungen ist, dass die Förderungswürdigkeit der bezeichneten Vorhaben von der obersten Landesbehörde für Wirtschaft im Einvernehmen mit dem Bundesministerium für Wirtschaft und Technologie bescheinigt worden ist. ⁵Die Sonderabschreibungen können im Wirtschaftsjahr der Anschaffung oder Herstellung und in den vier folgenden Wirtschaftsjahren in Anspruch genommen werden, und zwar bei beweglichen Wirtschaftsgütern des Anlagevermögens bis zu insgesamt 50 Prozent, bei unbeweglichen Wirtschaftsgütern des Anlagevermögens bis zu insgesamt 30 Prozent der Anschaffungs- oder Herstellungskosten. ⁶Bei den begünstigten Vorhaben im Tagebaubetrieb des Braunkohlen und Erzbergbaues kann außerdem zugelassen werden, dass die vor dem 1. Januar 1991 aufgewendeten Kosten für den Vorabraum bis zu 50 Prozent als sofort abzugsfähige Betriebsausgaben behandelt werden;

o) *(weggefallen)*

p) über die Bemessung der Absetzungen für Abnutzung oder Substanzverringerung bei nicht zu einem Betriebsvermögen gehörenden Wirtschaftsgütern, die vor dem 21. Juni 1948 angeschafft oder hergestellt oder die unentgeltlich erworben sind. ²Hierbei kann bestimmt werden, dass die Absetzungen für Abnutzung oder Substanzverringerung nicht nach den Anschaffungs- oder Herstellungskosten, sondern nach Hilfswerten (am 21. Juni 1948 maßgebender Einheitswert, Anschaffungs- oder Herstellungskosten des Rechtsvorgängers abzüglich der von ihm vorgenommenen Absetzungen, fiktive Anschaffungskosten an einem noch zu bestimmenden Stichtag) zu bemessen sind. ³Zur Vermeidung von Härten kann zugelassen werden, dass an Stelle der Absetzungen für Abnutzung, die nach dem am 21. Juni 1948 maßgebenden Einheitswert zu bemessen sind, der Betrag abgezogen wird, der für das Wirtschaftsgut in dem Veranlagungszeitraum 1947 als Absetzung für Abnutzung geltend gemacht werden konnte. ⁴Für das Land Berlin tritt in den Sätzen 1 bis 3 an die Stelle des 21. Juni 1948 jeweils der 1. April 1949;

q) über erhöhte Absetzungen bei Herstellungskosten

aa) für Maßnahmen, die für den Anschluss eines im Inland belegenen Gebäudes an eine Fernwärmeversorgung einschließlich der Anbindung an das Heizsystem erforderlich sind, wenn die Fernwärmeversorgung überwiegend aus Anlagen der Kraft-Wärme-Kopplung, zur Verbrennung von Müll oder zur Verwertung von Abwärme gespeist wird,

bb) für den Einbau von Wärmepumpenanlagen, Solaranlagen und Anlagen zur Wärmerückgewinnung in einem im Inland belegenen Gebäude einschließlich der Anbindung an das Heizsystem,

cc) für die Errichtung von Windkraftanlagen, wenn die mit diesen Anlagen erzeugte Energie überwiegend entweder unmittelbar oder durch Verrechnung mit Elektrizitätsbezügen des Steuerpflichtigen von einem Elektrizitätsversorgungsunternehmen zur Versorgung eines im Inland belegenen Gebäudes des Steuerpflichtigen verwendet wird, einschließlich der Anbindung an das Versorgungssystem des Gebäudes,

dd) für die Errichtung von Anlagen zur Gewinnung von Gas, das aus pflanzlichen oder tierischen Abfallstoffen durch Gärung unter Sauerstoffabschluss entsteht, wenn dieses Gas zur Beheizung eines im Inland belegenen Gebäudes des Steuerpflichtigen oder zur Warmwasserbereitung in einem solchen Gebäude des Steuerpflichtigen verwendet wird, einschließlich der Anbindung an das Versorgungssystem des Gebäudes,

ee) für den Einbau einer Warmwasseranlage zur Versorgung von mehr als einer Zapfstelle und einer zentralen Heizungsanlage oder bei einer zentralen Heizungs- und Warmwasseranlage für den Einbau eines Heizkessels, eines Brenners, einer zentralen Steuerungseinrichtung, einer Wärmeabgabeeinrichtung und eine Änderung der Abgasanlage in einem im Inland belegenen Gebäude oder in einer im Inland belegenen Eigentumswohnung, wenn mit dem Einbau nicht vor Ablauf von zehn Jahren seit Fertigstellung dieses Gebäudes begonnen worden ist und der Einbau nach dem 30. Juni 1985 fertig gestellt worden ist; Entsprechendes gilt bei Anschaffungskosten für neue Einzelöfen, wenn keine Zentralheizung vorhanden ist.

²Voraussetzung für die Gewährung der erhöhten Absetzungen ist, dass die Maßnahmen vor dem 1. Januar 1992 fertig gestellt worden sind; in den Fällen des Satzes 1 Doppelbuchstabe aa müssen die Gebäude vor dem 1. Juli 1983 fertig gestellt worden sein, es sei denn, dass der Anschluss nicht schon im Zusammenhang mit der Errichtung des Gebäudes möglich war. ³Die erhöhten Absetzungen dürfen jährlich 10 Prozent der Aufwendungen nicht übersteigen. ⁴Sie

dürfen nicht gewährt werden, wenn für dieselbe Maßnahme eine Investitionszulage in Anspruch genommen wird. ⁵Sind die Aufwendungen Erhaltungsaufwand und entstehen sie bei einer zu eigenen Wohnzwecken genutzten Wohnung im eigenen Haus, für die der Nutzungswert nicht mehr besteuert wird, und liegen in den Fällen des Satzes 1 Doppelbuchstabe aa die Voraussetzungen des Satzes 2 zweiter Halbsatz vor, so kann der Abzug dieser Aufwendungen wie Sonderausgaben mit gleichmäßiger Verteilung auf das Kalenderjahr, in dem die Arbeiten abgeschlossen worden sind, und die neun folgenden Kalenderjahre zugelassen werden, wenn die Maßnahme vor dem 1. Januar 1992 abgeschlossen worden ist;
r) nach denen Steuerpflichtige größere Aufwendungen
   aa) für die Erhaltung von nicht zu einem Betriebsvermögen gehörenden Gebäuden, die überwiegend Wohnzwecken dienen,
   bb) zur Erhaltung eines Gebäudes in einem förmlich festgelegten Sanierungsgebiet oder städtebaulichen Entwicklungsbereich, die für Maßnahmen im Sinne des § 177 des Baugesetzbuchs sowie für bestimmte Maßnahmen, die der Erhaltung, Erneuerung und funktionsgerechten Verwendung eines Gebäudes dienen, das wegen seiner geschichtlichen, künstlerischen oder städtebaulichen Bedeutung erhalten bleiben soll, und zu deren Durchführung sich der Eigentümer neben bestimmten Modernisierungsmaßnahmen gegenüber der Gemeinde verpflichtet hat, aufgewendet worden sind,
   cc) zur Erhaltung von Gebäuden, die nach den jeweiligen landesrechtlichen Vorschriften Baudenkmale sind, soweit die Aufwendungen nach Art und Umfang zur Erhaltung des Gebäudes als Baudenkmal und zu seiner sinnvollen Nutzung erforderlich sind,
auf zwei bis fünf Jahre gleichmäßig verteilen können. ²In den Fällen der Doppelbuchstaben bb und cc ist Voraussetzung, dass der Erhaltungsaufwand vor dem 1. Januar 1990 entstanden ist. ³In den Fällen von Doppelbuchstabe cc sind die Denkmaleigenschaft des Gebäudes und die Voraussetzung, dass die Aufwendungen nach Art und Umfang zur Erhaltung des Gebäudes als Baudenkmal und zu seiner sinnvollen Nutzung erforderlich sind, durch eine Bescheinigung der nach Landesrecht zuständigen oder von der Landesregierung bestimmten Stelle nachzuweisen;
s) nach denen bei Anschaffung oder Herstellung von abnutzbaren beweglichen und bei Herstellung von abnutzbaren unbeweglichen Wirtschaftsgütern des Anlagevermögens auf Antrag ein Abzug von der Einkommensteuer für den Veranlagungszeitraum der Anschaffung oder Herstellung bis zur Höhe von 7,5 Prozent der Anschaffungs- oder Herstellungskosten dieser Wirtschaftsgüter vorgenommen werden kann, wenn eine Störung des gesamtwirtschaftlichen Gleichgewichts eingetreten ist oder sich abzeichnet, die eine nachhaltige Verringerung der Umsätze oder der Beschäftigung zur Folge hatte oder erwarten lässt, insbesondere bei einem erheblichen Rückgang der Nachfrage nach Investitionsgütern oder Bauleistungen. ²Bei der Bemessung des von der Einkommensteuer abzugsfähigen Betrags dürfen nur berücksichtigt werden
   aa) die Anschaffungs- oder Herstellungskosten von beweglichen Wirtschaftsgütern, die innerhalb eines jeweils festzusetzenden Zeitraums, der ein Jahr nicht übersteigen darf (Begünstigungszeitraum), angeschafft oder hergestellt werden,
   bb) die Anschaffungs- oder Herstellungskosten von beweglichen Wirtschaftsgütern, die innerhalb des Begünstigungszeitraums bestellt und angezahlt werden oder mit deren Herstellung innerhalb des Begünstigungszeitraums begonnen wird, wenn sie innerhalb eines Jahres, bei Schiffen innerhalb zweier Jahre nach Ablauf des Begünstigungszeitraums geliefert oder fertig gestellt werden. ²Soweit bewegliche Wirtschaftsgüter im Sinne des Satzes 1 mit Ausnahme von Schiffen nach Ablauf eines Jahres, aber vor Ablauf zweier Jahre nach dem Ende des Begünstigungszeitraums geliefert oder fertig gestellt werden, dürfen bei Bemessung des Abzugs von der Einkommensteuer die bis zum Ablauf eines Jahres nach dem Ende des Begünstigungszeitraums aufgewendeten Anzahlungen und Teilherstellungskosten berücksichtigt werden,
   cc) die Herstellungskosten von Gebäuden, bei denen innerhalb des Begünstigungszeitraums der Antrag auf Baugenehmigung gestellt wird, wenn sie bis zum Ablauf von zwei Jahren nach dem Ende des Begünstigungszeitraums fertig gestellt werden;
dabei scheiden geringwertige Wirtschaftsgüter im Sinne des § 6 Abs. 2 und Wirtschaftsgüter, die in gebrauchtem Zustand erworben werden, aus. ³Von der Begünstigung können außerdem

Wirtschaftsgüter ausgeschlossen werden, für die Sonderabschreibungen, erhöhte Absetzungen oder die Investitionszulage nach § 19 des Berlinförderungsgesetzes in Anspruch genommen werden. [4]In den Fällen des Satzes 2 Doppelbuchstabe bb und cc können bei Bemessung des von der Einkommensteuer abzugsfähigen Betrags bereits die im Begünstigungszeitraum, im Fall des Satzes 2 Doppelbuchstabe bb Satz 2 auch die bis zum Ablauf eines Jahres nach dem Ende des Begünstigungszeitraums aufgewendeten Anzahlungen und Teilherstellungskosten berücksichtigt werden; der Abzug von der Einkommensteuer kann insoweit schon für den Veranlagungszeitraum vorgenommen werden, in dem die Anzahlungen oder Teilherstellungskosten aufgewendet worden sind. [5]Übersteigt der von der Einkommensteuer abzugsfähige Betrag die für den Veranlagungszeitraum der Anschaffung der Herstellung geschuldete Einkommensteuer, so kann der übersteigende Betrag von der Einkommensteuer für den darauf folgenden Veranlagungszeitraum abgezogen werden. [6]Entsprechendes gilt, wenn in den Fällen des Satzes 2 Doppelbuchstabe bb und cc der Abzug von der Einkommensteuer bereits für Anzahlungen oder Teilherstellungskosten geltend gemacht wird. [7]Der Abzug von der Einkommensteuer darf jedoch die für den Veranlagungszeitraum der Anschaffung oder Herstellung und den folgenden Veranlagungszeitraum insgesamt zu entrichtende Einkommensteuer nicht übersteigen. [8]In den Fällen des Satzes 2 Doppelbuchstabe bb Satz 2 gilt dies mit der Maßgabe, dass an die Stelle des Veranlagungszeitraums der Anschaffung oder Herstellung der Veranlagungszeitraum tritt, in dem zuletzt Anzahlungen oder Teilherstellungskosten aufgewendet worden sind. [9]Werden begünstigte Wirtschaftsgüter von Gesellschaften im Sinne des § 15 Abs. 1 Satz 1 Nr. 2 und 3 angeschafft oder hergestellt, so ist der abzugsfähige Betrag nach dem Verhältnis der Gewinnanteile einschließlich der Vergütungen aufzuteilen. [10]Die Anschaffungs- oder Herstellungskosten der Wirtschaftsgüter, die bei Bemessung des von der Einkommensteuer abzugsfähigen Betrags berücksichtigt worden sind, werden durch den Abzug von der Einkommensteuer nicht gemindert. [11]Rechtsverordnungen auf Grund dieser Ermächtigung bedürfen der Zustimmung des Bundestages. [12]Die Zustimmung gilt als erteilt, wenn der Bundestag nicht binnen vier Wochen nach Eingang der Vorlage der Bundesregierung die Zustimmung verweigert hat;

t) *(weggefallen)*

u) über Sonderabschreibungen bei abnutzbaren Wirtschaftsgütern des Anlagevermögens, die der Forschung oder Entwicklung dienen und nach dem 18. Mai 1983 und vor dem 1. Januar 1990 angeschafft oder hergestellt werden. [2]Voraussetzung für die Inanspruchnahme der Sonderabschreibungen ist, dass die beweglichen Wirtschaftsgüter ausschließlich und die unbeweglichen Wirtschaftsgüter zu mehr als $33\frac{1}{3}$ Prozent der Forschung oder Entwicklung dienen. [3]Die Sonderabschreibungen können auch für Ausbauten und Erweiterungen an bestehenden Gebäuden, Gebäudeteilen, Eigentumswohnungen oder im Teileigentum stehenden Räumen zugelassen werden, wenn die ausgebauten oder neu hergestellten Gebäudeteile zu mehr als $33\frac{1}{3}$ Prozent der Forschung oder Entwicklung dienen. [4]Die Wirtschaftsgüter dienen der Forschung oder Entwicklung, wenn sie verwendet werden

aa) zur Gewinnung von neuen wissenschaftlichen oder technischen Erkenntnissen und Erfahrungen allgemeiner Art (Grundlagenforschung) oder

bb) zur Neuentwicklung von Erzeugnissen oder Herstellungsverfahren oder

cc) zur Weiterentwicklung von Erzeugnissen oder Herstellungsverfahren, soweit wesentliche Änderungen dieser Erzeugnisse oder Verfahren entwickelt werden.

[5]Die Sonderabschreibungen können im Wirtschaftsjahr der Anschaffung oder Herstellung und in den vier folgenden Wirtschaftsjahren in Anspruch genommen werden, und zwar

aa) bei beweglichen Wirtschaftsgütern des Anlagevermögens bis zu insgesamt 40 Prozent,

bb) bei unbeweglichen Wirtschaftsgütern des Anlagevermögens, die zu mehr als $66\frac{2}{3}$ Prozent der Forschung oder Entwicklung dienen, bis zu insgesamt 15 Prozent, die nicht zu mehr als $66\frac{2}{3}$ Prozent, aber zu mehr als $33\frac{1}{3}$ Prozent der Forschung oder Entwicklung dienen, bis zu insgesamt 10 Prozent,

cc) bei Ausbauten und Erweiterungen an bestehenden Gebäuden, Gebäudeteilen, Eigentumswohnungen oder im Teileigentum stehenden Räumen, wenn die ausgebauten oder neu hergestellten Gebäudeteile zu mehr als $66\frac{2}{3}$ Prozent der Forschung oder Entwicklung dienen, bis zu insgesamt 15 Prozent, zu nicht mehr als $66\frac{2}{3}$ Prozent, aber zu mehr als $33\frac{1}{3}$ Prozent der Forschung oder Entwicklung dienen, bis zu insgesamt 10 Prozent der Anschaffungs- oder Herstellungskosten. ⁶Sie können bereits für Anzahlungen auf Anschaffungskosten und für Teilherstellungskosten zugelassen werden. ⁷Die Sonderabschreibungen sind nur unter der Bedingung zuzulassen, dass die Wirtschaftsgüter und die ausgebauten oder neu hergestellten Gebäudeteile mindestens drei Jahre nach ihrer Anschaffung oder Herstellung in dem erforderlichen Umfang der Forschung oder Entwicklung in einer inländischen Betriebsstätte des Steuerpflichtigen dienen;

v) *(weggefallen)*

w) über Sonderabschreibungen bei Handelsschiffen, die auf Grund eines vor dem 25. April 1996 abgeschlossenen Schiffbauvertrags hergestellt, in einem inländischen Seeschiffsregister eingetragen und vor dem 1. Januar 1999 von Steuerpflichtigen angeschafft oder hergestellt worden sind, die den Gewinn nach § 5 ermitteln. ²Im Fall der Anschaffung eines Handelsschiffes ist weitere Voraussetzung, dass das Schiff vor dem 1. Januar 1996 in ungebrauchtem Zustand vom Hersteller oder nach dem 31. Dezember 1995 auf Grund eines vor dem 25. April 1996 abgeschlossenen Kaufvertrags bis zum Ablauf des vierten auf das Jahr der Fertigstellung folgenden Jahres erworben worden ist. ³Bei Steuerpflichtigen, die in eine Gesellschaft im Sinne des § 15 Abs. 1 Satz 1 Nr. 2 und Abs. 3 nach Abschluss des Schiffbauvertrags (Unterzeichnung des Hauptvertrags) eingetreten sind, dürfen Sonderabschreibungen nur zugelassen werden, wenn sie der Gesellschaft vor dem 1. Januar 1999 beitreten. ⁴Die Sonderabschreibungen können im Wirtschaftsjahr der Anschaffung oder Herstellung und in den vier folgenden Wirtschaftsjahren bis zu insgesamt 40 Prozent der Anschaffungs- oder Herstellungskosten in Anspruch genommen werden. ⁵Sie können bereits für Anzahlungen auf Anschaffungskosten und für Teilherstellungskosten zugelassen werden. ⁶Die Sonderabschreibungen sind nur unter der Bedingung zuzulassen, dass die Handelsschiffe innerhalb eines Zeitraums von acht Jahren nach ihrer Anschaffung oder Herstellung nicht veräußert werden; für Anteile an einem Handelsschiff gilt dies entsprechend. ⁷Die Sätze 1 bis 6 gelten für Schiffe, die der Seefischerei dienen, entsprechend. ⁸Für Luftfahrzeuge, die vom Steuerpflichtigen hergestellt oder in ungebrauchtem Zustand vom Hersteller erworben worden sind und die zur gewerbsmäßigen Beförderung von Personen oder Sachen im internationalen Luftverkehr oder zur Verwendung zu sonstigen gewerblichen Zwecken im Ausland bestimmt sind, gelten die Sätze 1 bis 4 und 6 mit der Maßgabe entsprechend, dass an die Stelle der Eintragung in ein inländisches Seeschiffsregister die Eintragung in die deutsche Luftfahrzeugrolle, an die Stelle des Höchstsatzes von 40 Prozent ein Höchstsatz von 30 Prozent und bei der Vorschrift des Satzes 6 an die Stelle des Zeitraums von acht Jahren ein Zeitraum von sechs Jahren treten;

x) über erhöhte Absetzungen bei Herstellungskosten für Modernisierungs- und Instandsetzungsmaßnahmen im Sinne des § 177 des Baugesetzbuchs sowie für bestimmte Maßnahmen, die der Erhaltung, Erneuerung und funktionsgerechten Verwendung eines Gebäudes dienen, das wegen seiner geschichtlichen, künstlerischen oder städtebaulichen Bedeutung erhalten bleiben soll, und zu deren Durchführung sich der Eigentümer neben bestimmten Modernisierungsmaßnahmen gegenüber der Gemeinde verpflichtet hat, die für Gebäude in einem förmlich festgelegten Sanierungsgebiet oder städtebaulichen Entwicklungsbereich aufgewendet worden sind; Voraussetzung ist, dass die Maßnahmen vor dem 1. Januar 1991 abgeschlossen worden sind. ²Die erhöhten Absetzungen dürfen jährlich 10 Prozent der Aufwendungen nicht übersteigen;

y) über erhöhte Absetzungen für Herstellungskosten an Gebäuden, die nach den jeweiligen landesrechtlichen Vorschriften Baudenkmale sind, soweit die Aufwendungen nach Art und Umfang zur Erhaltung des Gebäudes als Baudenkmal und zu seiner sinnvollen Nutzung erforderlich sind; Voraussetzung ist, dass die Maßnahmen vor dem 1. Januar 1991 abgeschlossen worden sind. ²Die Denkmaleigenschaft des Gebäudes und die Voraussetzung, dass die Aufwendungen nach Art und Umfang zur Erhaltung des Gebäudes als Baudenkmal und zu seiner sinnvollen Nutzung erforderlich sind, sind durch eine Bescheinigung der nach Landesrecht zuständigen oder von der Landesregierung bestimmten Stelle nachzuweisen. ³Die erhöhten Absetzungen dürfen jährlich 10 Prozent der Aufwendungen nicht übersteigen;

3. die in § 4a Abs. 1 Satz 2 Nr. 1, § 10 Abs. 5, § 22 Nr. 1 Satz 3 Buchstabe a, § 26a Abs. 3, § 34c Abs. 7, § 46 Abs. 5 und § 50a Abs. 6 vorgesehenen Rechtsverordnungen zu erlassen.

(2) ¹Die Bundesregierung wird ermächtigt, durch Rechtsverordnung Vorschriften zu erlassen, nach denen die Inanspruchnahme von Sonderabschreibungen und erhöhten Absetzungen sowie die

§ 51 Ermächtigungen

Bemessung der Absetzung für Abnutzung in fallenden Jahresbeträgen ganz oder teilweise ausgeschlossen werden können, wenn eine Störung des gesamtwirtschaftlichen Gleichgewichts eingetreten ist oder sich abzeichnet, die erhebliche Preissteigerungen mit sich gebracht hat oder erwarten lässt, insbesondere, wenn die Inlandsnachfrage nach Investitionsgütern oder Bauleistungen das Angebot wesentlich übersteigt. ²Die Inanspruchnahme von Sonderabschreibungen und erhöhten Absetzungen sowie die Bemessung der Absetzung für Abnutzung in fallenden Jahresbeträgen darf nur ausgeschlossen werden

1. für bewegliche Wirtschaftsgüter, die innerhalb eines jeweils festzusetzenden Zeitraums, der frühestens mit dem Tage beginnt, an dem die Bundesregierung ihren Beschluss über die Verordnung bekannt gibt, und der ein Jahr nicht übersteigen darf, angeschafft oder hergestellt werden. ²Für bewegliche Wirtschaftsgüter, die vor Beginn dieses Zeitraums bestellt und angezahlt worden sind oder mit deren Herstellung vor Beginn dieses Zeitraums angefangen worden ist, darf jedoch die Inanspruchnahme von Sonderabschreibungen und erhöhten Absetzungen sowie die Bemessung der Absetzung für Abnutzung in fallenden Jahresbeträgen nicht ausgeschlossen werden;
2. für bewegliche Wirtschaftsgüter und für Gebäude, die in dem in Nummer 1 bezeichneten Zeitraum bestellt werden oder mit deren Herstellung in diesem Zeitraum begonnen wird. ²Als Beginn der Herstellung gilt bei Gebäuden der Zeitpunkt, in dem der Antrag auf Baugenehmigung gestellt wird.

³Rechtsverordnungen auf Grund dieser Ermächtigung bedürfen der Zustimmung des Bundestages und des Bundesrates. ⁴Die Zustimmung gilt als erteilt, wenn der Bundesrat nicht binnen drei Wochen, der Bundestag nicht binnen vier Wochen nach Eingang der Vorlage der Bundesregierung die Zustimmung verweigert hat.

(3) ¹Die Bundesregierung wird ermächtigt, durch Rechtsverordnung mit Zustimmung des Bundesrates Vorschriften zu erlassen, nach denen die Einkommensteuer einschließlich des Steuerabzugs vom Arbeitslohn, des Steuerabzugs vom Kapitalertrag und des Steuerabzugs bei beschränkt Steuerpflichtigen

1. um höchstens 10 Prozent herabgesetzt werden kann. ²Der Zeitraum, für den die Herabsetzung gilt, darf ein Jahr nicht übersteigen; er soll sich mit dem Kalenderjahr decken. ³Voraussetzung ist, dass eine Störung des gesamtwirtschaftlichen Gleichgewichts eingetreten ist oder sich abzeichnet, die eine nachhaltige Verringerung der Umsätze oder der Beschäftigung zur Folge hatte oder erwarten lässt, insbesondere bei einem erheblichen Rückgang der Nachfrage nach Investitionsgütern und Bauleistungen oder Verbrauchsgütern;
2. um höchstens 10 Prozent erhöht werden kann. ²Der Zeitraum, für den die Erhöhung gilt, darf ein Jahr nicht übersteigen; er soll sich mit dem Kalenderjahr decken. ³Voraussetzung ist, dass eine Störung des gesamtwirtschaftlichen Gleichgewichts eingetreten ist oder sich abzeichnet, die erhebliche Preissteigerungen mit sich gebracht hat oder erwarten lässt, insbesondere, wenn die Nachfrage nach Investitionsgütern und Bauleistungen oder Verbrauchsgütern das Angebot wesentlich übersteigt.

²Rechtsverordnungen auf Grund dieser Ermächtigung bedürfen der Zustimmung des Bundestages.

(4) ¹Das Bundesministerium der Finanzen wird ermächtigt,

1. im Einvernehmen mit den obersten Finanzbehörden der Länder die Vordrucke für
   a), b) *(weggefallen)*
   c) die Erklärungen zur Einkommensbesteuerung sowie die in § 39 Abs. 3a Satz 4 und § 39a Abs. 2 vorgesehenen Anträge,
   d) die Lohnsteuer-Anmeldung (§ 41a Abs. 1),
   e) die Anmeldung der Kapitalertragsteuer (§ 45a Abs. 1) und den Freistellungsauftrag nach § 44a Abs. 2 Satz 1 Nr. 1,
   f) die Anmeldung des Abzugsbetrags (§ 48a),
   g) die Erteilung der Freistellungsbescheinigung (§ 48b),
   h) die Anmeldung der Abzugsteuer (§ 50a),
   i) die Entlastung von der Kapitalertragsteuer und vom Steuerabzug nach § 50a auf Grund von Abkommen zur Vermeidung der Doppelbesteuerung
   und die Muster der Lohnsteuerkarte (§ 39), der Bescheinigungen nach den §§ 39c und 39d, des Ausdrucks der elektronischen Lohnsteuerbescheinigung (§ 41b Abs. 1), das Muster der Lohn-

steuerbescheinigung nach den § 41b Abs. 3 Satz 2, der Anträge auf Erteilung einer Bescheinigung nach den §§ 39c und 39d, der in § 45a Abs. 2 und 3 und § 50a Abs. 5 Satz 7 vorgesehenen Bescheinigungen und des Erstattungsantrags nach § 50 Abs. 5 Satz 2 Nr. 3 zu bestimmen;

1a. im Einvernehmen mit den obersten Finanzbehörden der Länder auf der Basis der §§ 32a und 39b einen Programmablaufplan für die Herstellung von Lohnsteuertabellen zur manuellen Berechnung der Lohnsteuer aufzustellen und bekannt zu machen. ²Der Lohnstufenabstand beträgt bei den Jahrestabellen 36. ³Die in den Tabellenstufen auszuweisende Lohnsteuer ist aus der Obergrenze der Tabellenstufen zu berechnen und muss an der Obergrenze mit der maschinell berechneten Lohnsteuer übereinstimmen. ⁴Die Monats-, Wochen- und Tagestabellen sind aus den Jahrestabellen abzuleiten;

2. den Wortlaut dieses Gesetzes und der zu diesem Gesetz erlassenen Rechtsverordnungen in der jeweils geltenden Fassung satzweise nummeriert mit neuem Datum und in neuer Paragraphenfolge bekannt zu machen und dabei Unstimmigkeiten im Wortlaut zu beseitigen.

§§ 81–82i EStDV

Übersicht

	Rn			Rn
A. Ergänzung des EStG durch Rechtsverordnung	1	3.	§ 51 I Nr 2d	38
		4.	§ 51 I Nr 2n	39
I. Art 80 I 2 GG als Spezialfall des Parlamentsvorbehaltes	1	5.	§ 51 I Nr 2p	40
		6.	§ 51 I Nr 2q	41
		7.	§ 51 I Nr 2r	42
II. Der Parlamentsvorbehalt im Einkommensteuerrecht	5	8.	§ 51 I Nr 2s	43
		9.	§ 51 I Nr 2u	44
1. Parlamentsgesetz	5	10.	§ 51 I Nr 2w	45
2. Rechtsverordnung	9	11.	§ 51 I Nr 2x	46
3. Verwaltungsvorschrift	12	12.	§ 51 I Nr 2y	47
III. Der Erlass von Rechtsverordnungen	13	III.	§ 51 I Nr 3	48
1. Der Verordnunggeber	13	IV.	§ 51 II	49
2. Das Zitiergebot (Art 80 I 3 GG)	16	V.	§ 51 III	50
B. Die einzelnen Ermächtigungen des § 51	18	VI.	§ 51 IV	51
I. § 51 I Nr 1	19	VII.	Anhang: Weitere Ermächtigungen	52
1. § 51 I Nr 1a	20	C. Das auf der Grundlage von § 51 ergangene Verordnungsrecht	54
2. § 51 I Nr 1b	24			
3. § 51 I Nr 1c	26			
4. § 51 I Nr 1d	27	I. Die Einkommensteuer-Durchführungsverordnung (EStDV)	55
5. § 51 I Nr 1e	30			
II. § 51 I Nr 2	31	II. Die Lohnsteuer-Durchführungsverordnung (LStDV)	100
1. § 51 I Nr 2a	32			
2. § 51 I Nr 2c	33			

Literatur: *Bundesministerium der Justiz* Handbuch der Rechtsförmlichkeit², 1999; *Casser* Die Ermächtigungen des § 51 I Einkommensteuergesetz unter besonderer Berücksichtigung von Art 80 Grundgesetz – Die Einkommensteuer-Durchführungsverordnung und ihre Ermächtigungsgrundlagen, 1990; *Cremer* Art 80 I S 2 GG und Parlamentsvorbehalt – Dogmatische Unstimmigkeiten in der Rechtsprechung des Bundesverfassungsgerichts, AöR 122 (97), 248; *v Danwitz* Die Gestaltungsfreiheit des Verordnungsgebers, 1989; *Geserich* Privater, gemeinwohlwirksamer Aufwand im System der deutschen Einkommensteuer und des europäischen Rechts, 1999; *P Kirchhof* Rechtsquellen und Grundgesetz, in: Starck, Bundesverfassungsgericht und Grundgesetz, Bd II, 1976, S 50; *ders* Die Steuern, in: HStR V 2007, § 118 Rn 90 ff; *ders* Besteuerung nach Gesetz, FS Kruse, 2001, S 17; *Ossenbühl* Rechtsverordnung, in: HStR V 2007, § 103; *Papier* Die finanzrechtlichen Gesetzesvorbehalte und das grundgesetzliche Demokratieprinzip, 1973; *Seiler* Der einheitliche Parlamentsvorbehalt, Diss Heidelberg 2000; *ders* Parlamentarische Einflussnahmen auf den Erlass von Rechtsverordnungen im Lichte der Formenstrenge, ZG 01, 50.

A. Ergänzung des EStG durch Rechtsverordnung

I. Art 80 I 2 GG als Spezialfall des Parlamentsvorbehaltes. Die Regelung des Steuerrechts ist grds Sache des Parlaments.[1] Für die ESt ist der Bundesgesetzgeber zuständig (Art 105 II iVm Art 106 III 1 GG). Der Bundestag regelt mit Zustimmung des Bundesrates (Art 105 II GG) durch Gesetz die Belastungsgründe der ESt, ihre Struktur und ihre Erhebung, kann jedoch nach Art 80 I 1 GG die

---

1 *P Kirchhof* HStR V, § 118 Rn 103.

BReg, einen Bundesminister oder die Landesregierungen ermächtigen, Details und Übergangsvorschriften durch **Rechtsverordnung** zu regeln. Dabei muss nach Art 80 I 2 GG das Regelungsprogramm für die VO im ermächtigenden Gesetz vorgezeichnet sein. Der ESt-Gesetzgeber hat in § 51 von dieser Ermächtigung Gebrauch gemacht. Ermächtigungsadressat ist jeweils die BReg (§ 51 I, II u III), die gem Art 80 II Alt 4 GG und des dieser Vorgabe entspr § 51 für den Erlass der Rechtsverordnung der Zustimmung des Bundesrates bedarf. Darüber hinaus kann die BReg nach Art 108 VII GG allg Verwaltungsvorschriften für den Vollzug des EStG erlassen.

2 Nach Art 80 I 2 GG müssen **„Inhalt, Zweck und Ausmaß"** der erteilten Verordnungsermächtigung im Gesetz bestimmt sein. In diesem Erfordernis kommt der allg Vorbehalt des Parlamentsgesetzes zum Ausdruck, der darüber entscheidet, ob ein förmliches Gesetz erforderlich ist und wie bestimmt dieses zu sein hat.[1] Diese Grundsätze eines rechtsstaatlichen und demokratischen Verfassungssystems sind auch für die Landesgesetzgebung verbindlich, nicht aber auf die Religionsgemeinschaften übertragbar, die nach Art 140 GG iVm Art 137 III WRV ihre Angelegenheiten selbstständig regeln.[2] Art 80 I 2 GG betont die Regelungsverantwortung des Gesetzgebers und verhindert, dass sich dieser durch zu weitreichende Delegationen dieser Verantwortung entzieht.[3] Die Bestimmtheitsanforderungen[4] an § 51 wahren die unverzichtbare parlamentarische Verantwortung für das EStG.[5] Art 80 I 2 GG verlangt eine „hinreichende",[6] durch Auslegung des § 51 iVm dem gesamten EStG zu ermittelnde[7] Bestimmtheit der Ermächtigungsnorm. Dabei gelten die allg – grammatischen, systematischen, historischen, genetischen und teleologischen – Auslegungsgrundsätze. Die Bestimmung von „Inhalt, Zweck und Ausmaß" umschreibt diese Anforderungen in drei Kriterien, die sich nicht exakt voneinander abgrenzen lassen, sich vielmehr gegenseitig „ergänzen, durchdringen und erläutern".[8]

3 Die Verantwortlichkeit des Parlaments für die Regelung der ESt bemisst sich auch bei der Verordnungsermächtigung nach der Wesentlichkeitstheorie.[9] Das Rechtsstaatsprinzip, das Demokratieprinzip und vor allem die Grundrechte behalten dem Parlamentsgesetz die Regelung des „Wesentlichen" vor, ein ausfüllungsbedürftiger Begriff, der dem Gesetzgeber einen Gestaltungsraum eröffnet. Das BVerfG ermittelt die gebotene Regelungsdichte bereichsspezifisch in Abhängigkeit vom jeweiligen Regelungsbereich. Der Steuergesetzgeber muss den **steuerlichen Belastungsgrund** – den Steuerschuldner, den Steuergegenstand, die Bemessungsgrundlage und den Steuersatz – **im Parlamentsgesetz bestimmen**[10] (Rn 10). Die Verantwortung des Parlamentsgesetzgebers für das Wesentliche bleibt gleich, mag die Exekutive gesetzesvollziehend oder – als Verordnunggeber – selbst rechtsetzend tätig werden.[11]

4 Das Steuerrecht lebt somit aus der **Entscheidung des Gesetzgebers**,[12] der jedoch, um alle wirtschaftlich vergleichbaren Fälle erfassen und auch gegenüber der steuerbewussten Sachverhaltsgestaltung die Belastungsgleichheit wahren zu können, in steuereigenen Rechtsbegriffen, Typisierungen und Pauschalierungen die „wesentlichen" Fragen regeln, also die Belastungsprinzipien des Markteinkommens, des im Einkommen verwirklichten Leistungsfähigkeitsprinzips, der erwerbs- und existenzsichernden Abzüge, der Gewinn- und Überschusseinkünfte und des Welteinkommensprinzips begründen kann. Diese strukturbestimmenden Prinzipien geben der näheren Ausgestaltung des EStG in der VO und seiner Auslegung den Maßstab, der in steuerjuristischer Betrachtungsweise (Einl Rn 59)[13] die Begriffe des Einkommensteuerrechts eigenständig zu deuten und insbes die

---

1 *Seiler* Der einheitliche Parlamentsvorbehalt, S 185 ff; aA *Papier* S 67 ff, der zw einem Gebot zur parlamentarischen Sachentscheidung und einem rein formalen Bestimmtheitsgebot aus Art 80 I 2 GG unterscheidet; vgl dazu *Seiler* aaO, S 32 ff.
2 BFH/NV 04, 372.
3 StRspr seit BVerfGE 1, 14 (60); vgl BVerfGE 23, 62 (73); 41, 251 (265 f); 55, 207 (225 f); 58, 257 (277); 78, 249 (272).
4 *P Kirchhof* HStR V, § 118 Rn 199.
5 Zur bereichsspezifischen Bestimmung vgl BVerfGE 1, 14 (60).
6 Seit BVerfGE 8, 274 (307) stRspr; vgl BVerfGE 24, 155 (167); 26, 228 (241); 35, 179 (183); 36, 224 (228); 42, 191 (200); 55, 207 (226); 62, 203 (209 f).
7 StRspr seit BVerfGE 8, 274 (307); s BVerfGE 10, 20 (51); 15, 153 (160 f); 19, 354 (362); 24, 1 (15); 26, 16 (27); hiernach in nahezu jeder Entscheidung zu Art 80 I S 2 GG bestätigt.
8 BVerfGE 38, 348 (357 f); s auch *P Kirchhof* Einkommensteuergesetzbuch, 2003, § 23 Rn 2.
9 S bereits BVerfGE 7, 282 (302); 10, 251 (258); 18, 52 (61) sowie vor allem BVerfGE 58, 257 (264 ff); vgl ferner BVerfGE 34, 52 (59); 40, 237 (249 f); 47, 46 (79); 49, 89 (126 f); 62, 203 (210); 80, 1 (20); 83, 130 (151).
10 *P Kirchhof* HStR V, § 118 Rn 199; *ders* FS Kruse, S 17 (18 f).
11 *Seiler* Der einheitliche Parlamentsvorbehalt, S 185 ff.
12 BVerfGE 13, 318 (328) = BStBl I 62, 506.
13 *K/S/M* § 2 Rn A 222, BVerfG BStBl II 92, 212 (213 f) – GrESt.

Kerntatbestände des Markteinkommens, des Aufwandes, des Wertverzehrs und des existenznotwendigen Bedarfs in ihrer einkommensteuerlichen Eigenart zu erfassen hat.

II. Der Parlamentsvorbehalt im Einkommensteuerrecht. – 1. Parlamentsgesetz. Der Parlamentsgesetzgeber hat demnach alle für die Besteuerung maßstabgebenden Grundentscheidungen des durch den Steuerzugriff bewirkten **Grundrechtseingriffs** selbst zu treffen. Sind der Steuergegenstand und der Steuerschuldner im Gesetz nicht bestimmt, so genügt die gesetzliche Besteuerungsgrundlage nicht den Anforderungen des Verfassungsrechts. Gleiches gilt grds für den Steuersatz, der allerdings in einem gesetzlich begrenzten Rahmen in Sonderfällen der Entscheidung des Verordnungsgebers überlassen bleiben darf (Rn 50). Die Bemessungsgrundlage, das zu versteuernde Einkommen (§ 2 V), muss insoweit im Parlamentsgesetz geregelt werden, als der Steuergegenstand in konstitutiven Teilelementen folgerichtig im Sinne der Belastungsgleichheit[1] (Markteinkommen, erwerbssichernde Abzüge, existenzsichernde Abzüge) verdeutlicht und in Zahlen ausgedrückt wird.   5

Steuervergünstigungen – Verschonungssubventionen – unterfallen ebenfalls dem Vorbehalt des Parlamentsgesetzes.[2] Die grds privilegienfeindliche steuerliche Gemeinlast[3] fordert eine gesetzliche Rechtfertigung jeder Verschonungssubvention vor dem Gleichheitssatz (Art 3 I GG)[4]. Sie setzt eine erkennbare Entscheidung des Einkommensteuergesetzgebers voraus, mit dem Instrument der ESt auch andere als bloße Ertragswirkungen erzielen zu wollen,[5] und verlangt eine Vergewisserung des Einkommensteuergesetzgebers (Art 105 II GG) über die widerspruchsfreie Einwirkung in den Bereich der Verwaltungsgesetzgebung (Art 70 ff).[6] Ebenso veranlasst sie auch die parlamentarische Prüfung, ob statt einer voll aus dem Bundeshaushalt zu erbringenden, vom Haushaltsgesetzgeber zu verantwortenden (Art 110 GG) Leistungssubvention eine Verschonungssubvention hälftig zulasten der Länderhaushalte (Art 106 III 1 GG) gewährt werden soll.[7]   6

Die ESt baut als Veranlagungssteuer grds auf die Steuererklärung des StPfl auf (§ 25), der gem §§ 370, 378 AO für eine vorsätzliche Steuerverkürzung strafbewehrt, für eine leichtfertige bußgeldbewehrt verantwortlich ist. Deshalb gebietet auch **Art 103 II GG**,[8] die Erklärungspflichten in ihren materiellen Voraussetzungen im Text des Parlamentsgesetzes zu verdeutlichen.[9] Dabei erlaubt das Strafrecht zwar unbestimmte Rechtsbegriffe und Generalklauseln,[10] jedoch nicht eine Begründung des Steuertatbestandes durch Rechtsverordnung. Der StPfl muss zumindest aus der Verordnungsermächtigung voraussehen können, was die Voraussetzungen der Strafbarkeit sind.[11] Die Bestimmtheitsanforderungen des Art 103 II GG verlangen allerdings gegenüber dem allg rechtsstaatlichen Bestimmtheitsprinzip kaum eine größere Regelungsdichte, wohl aber eine Verständlichkeit und Voraussehbarkeit aus der Sicht des Erklärungspflichtigen, die vom Verstehenshorizont der FinVerw deutlich abweichen kann.   7

Das Erfordernis der steuerlichen Lastengleichheit fordert, dass das EStG die Gewähr seiner regelmäßigen Durchsetzbarkeit so weit wie möglich in sich selbst trägt und der Gesetzgeber **Erhebungsregeln** bereitstellt, die den tatsächlichen Belastungserfolg entspr dem EStG sichern. Wirkt sich eine Erhebungsregelung gegenüber einem Besteuerungstatbestand in der Weise strukturell gegenläufig aus, dass der Besteuerungsanspruch weitgehend nicht durchgesetzt werden kann und ist dieses Ergebnis dem Gesetzgeber zuzurechnen, so führt die dadurch bewirkte Gleichheitswidrigkeit zur Verfassungswidrigkeit auch der materiellen Norm.[12] Dies gilt insbes, wenn das einkommensteuerliche Deklarationsprinzip nicht durch ein Verifikationsprinzip ergänzt wird.[13] Insoweit trifft den Gesetzgeber bei seinen Verordnungsermächtigungen auch eine Verantwortlichkeit für die Durchsetzung des EStG. Das dem Gesetz vorbehaltene „Regelungsprogramm" umfasst auch die tatsächliche Durchsetzung des Steueranspruchs. Nach Auffassung des BVerfG dürfen jedoch durch Rechtsverordnung die Struktur der Finanzverwaltung verändert und Bundesaufgaben von einer Oberfinanzdirektion auf eine andere verlagert werden.[14]   8

---

1 BVerfGE 84, 239 (271) = BStBl II 91, 654 (665).
2 Vgl BVerfGE 93, 121 (147 f) = BStBl II 95, 655 (664 f).
3 BVerfGE 84, 239 (269 ff) = BStBl II 91, 654.
4 Vgl BVerfGE 84, 239 (268 f) = BStBl II 91, 654 (664 ff).
5 BVerfGE 93, 121 (147 f)) = BStBl II 95, 654 (664 ff).
6 BVerfGE 98, 106 (118 ff) = BGBl 98, 1526.
7 Vgl BVerfGE 93, 121 (147) = BStBl II 95, 655 (664).
8 Zur Anwendung des Art 103 II auch auf Bußgeldvorschriften vgl BVerfG 71, 108 (114); s auch BVerfG wistra 03, 255; DStRE 02, 1415.
9 Hierzu P Kirchhof NJW 85, 2977 (2980 ff).
10 Vgl BVerfGE 26, 41 (42 ff); 28, 175 (183 ff); 41, 314 (319 f); 45, 363 (370 ff).
11 Vgl BVerfGE 14, 174 (185 ff); 78, 374 (382), stRspr.
12 BVerfGE 84, 239 (272) = BStBl II 91, 654 (665).
13 BVerfG aaO.
14 BVerfGE 106, 1.

9 **2. Rechtsverordnung.** Das diesen Vorgaben entspr Steuergesetz darf vom Verordnunggeber **im „Unwesentlichen" ergänzt** werden, sofern die Exekutive hierzu förmlich ermächtigt worden ist. Da sich Inhalt, Zweck und Ausmaß der Ermächtigung aus dem gesamten Gesetz ergeben, kann sich die Ermächtigungsnorm darauf beschränken, die im Verordnungswege zu regelnden Fragen zu bezeichnen, sofern diese in ihren wesentlichen Teilen bereits im übrigen Gesetz beantwortet sind. Unter der Voraussetzung hinreichender Deutlichkeit kann sich die Ermächtigung auch auf einen ganzen Kreis exekutiv zu regelnder Fragen erstrecken.[1]

10 Das **BVerfG** hatte sich bislang kaum mit den Grenzen einkommensteuerrechtlicher[2] Verordnungsermächtigungen zu befassen (vgl aber Rn 15). Nicht den Anforderungen des Art 80 I 2 GG genügt eine Ermächtigung an den Verordnunggeber, die ESt auf Vergütungen für volkswirtschaftlich wertvolle Erfindungen „bis auf die Hälfte der Einkünfte" zu verringern, ohne die Exekutive „an vom Gesetzgeber festgesetzte Grundsätze" zu binden und ohne aufzuzeigen, „wie weit eine Begünstigung (vollständiger oder nur teilw Steuernachlass) gehen kann und durch welche steuertechnischen Mittel sie erreicht werden soll (zB durch Einführung eines Sondertarifs oder durch begünstigte Absetzungsmöglichkeiten)".[3] Stillschweigend vorausgesetzt wurde die Bestimmtheit von § 51 I Nr 2c.[4] Verallgemeinernd gesprochen darf die VO noch unvollständige Gesetze ergänzen, aber keinesfalls Ausdruck „*originären* politischen Gestaltungswillens der Exekutive" sein.[5]

11 Die Rspr des **BFH** zu Art 80 GG[6] steht in Einklang mit jener des BVerfG, hebt aber deutlicher hervor, im Steuerrecht seien „keine überspitzten Anforderungen" zu stellen.[7] Die Auffassung des Gerichts, eine Ermächtigung sei nicht erforderlich, wenn die Rechtsverordnung eine „sinnvolle Auslegung des Gesetzes" enthalte,[8] widerspricht jedoch dem Erfordernis einer ausdrücklichen, zitierfähigen Ermächtigungsnorm.

12 **3. Verwaltungsvorschrift.** Die Einkommensteuerrichtlinien richten sich als **allg Dienstanweisungen** allein an die nachgeordneten Finanzbehörden, binden also weder den StPfl noch die Gerichte unmittelbar.[9] Soweit das Steuergesetz der FinVerw jedoch durch Einräumung eines Beurteilungs- oder Ermessensraumes die Befugnis zur letztverbindlichen Entscheidung der konkreten Einzelfälle zuweist, kann die Verwaltung sich durch die Richtlinien selbst binden, damit dem StPfl einen Gleichbehandlungsanspruch (Art 3 I GG) einräumen und so dem Binnenrecht mittelbare Rechtswirkungen im Außenverhältnis zuweisen. Norminterpretierende Verwaltungsvorschriften haben grds keine Außenwirkung[10] oder binden zumindest die Gerichte nicht.[11] Die FG sind jedoch nicht gehindert, sich der Rechtsauffassung der Exekutive „aus eigener Überzeugung" anzuschließen.[12] Verwaltungsvorschriften können auch einzelne Abzugspositionen durch pauschalierende Regelsätze als „vereinheitlichte Sachverhaltsschätzung" gem § 162 AO konkretisieren und beanspruchen dann auch Außenverbindlichkeit, sofern sie nicht „offensichtlich unzutreffend" sind.[13] Allerdings setzt § 162 AO voraus, dass die Besteuerungsgrundlagen nicht oder nur unter erschwerten Bedingungen festgestellt werden können. Will eine Verwaltungspraxis aus diesen Gründen generell auf eine Sachverhaltsermittlung verzichten oder in solchen Fällen sogar einen Durchschnittswert unterstellen, veranlasst sie die Frage, ob das EStG in der den Abzug begründenden Norm noch die Gewähr seiner regelmäßigen Durchsetzbarkeit in sich selbst trägt.[14] IÜ aber sind im Rahmen der Gesetzestat-

---

1 P *Kirchhof* FS Kruse, S 17 (26 ff); näheres bei *Seiler* Der einheitliche Parlamentsvorbehalt, S 356 ff, der einen verstärkten Gebrauch des Handlungsmittels der Rechtsverordnung vorschlägt.
2 Außerhalb des ESt-Rechts hat das BVerfG in einigen Entscheidungen die Grenzen der Verordnungsermächtigung präzisiert: BVerfGE 7, 282 (302); BVerfGE 18, 52 (60 ff); BVerfGE 31, 145 (176); BVerfGE 35, 179 (183 f); BVerfGE 36, 224 (228 ff).
3 BVerfGE 23, 62 (71 ff) = BStBl II 68, 296 (299).
4 BVerfGE 8, 51 (60 ff).
5 BVerfGE 78, 249 (273) = BGBl 88, 1587.
6 Vgl BFH BStBl III 57, 87; BStBl III 59, 349 (350); BStBl III 61, 55 (55 f); BStBl III 63, 96 (97 f); BStBl III 65, 686 (689); BStBl III 66, 11 (12); BStBl II 71, 726 (728); BStBl II 72, 591 (592 f); BStBl II 73, 484 f; BStBl II 73, 850 (851); BStBl II 77, 635 (636 f); BStBl II 87,
117 (118 ff); BStBl II 88, 674 (676 f); BStBl II 94, 683 (685 f).
7 BFH BStBl III 57, 87.
8 So aber BFH BStBl III 61, 433 (434); BStBl III 63, 123 (124); BStBl II 76, 338 (339); BStBl II 87, 850 (851); BStBl 96, 183 (185).
9 S *Seiler* Der einheitliche Parlamentsvorbehalt, S 202 ff, 371 ff, vgl auch die folgenden Nachweise zur Rspr.
10 BFH BStBl II 76, 795 (796); BStBl II 84, 522 (525); BStBl II 86, 852 (853); BStBl II 98, 292 (293).
11 BFH BStBl II 04, 425 – angemessene Eigenkapitalquote eines Betriebes gewerblicher Art.
12 BVerfGE 78, 214 (226 ff).
13 BFH BStBl II 80, 455 (456); BStBl II 82, 24 (26 f) (Bindung durch Vertrauensschutz); BStBl II 86, 200 (204 f); BStBl II 97, 384 (385 f).
14 BVerfGE 84, 239 (271) = BStBl II 91, 654 (665).

bestände auch Typisierungen und Pauschalierungen durch Verwaltungsvorschrift zulässig.[1] Pauschalierende Verwaltungsvorschriften können das Besteuerungsverfahren vereinfachen und die Gleichmäßigkeit der Besteuerung verbessern,[2] sofern das EStG oder die Rechtsverordnung die Finanzbehörden mit der Verdeutlichung und Konkretisierung der jeweiligen Normen beauftragen.

III. Der Erlass von Rechtsverordnungen. – 1. Der Verordnunggeber. Gem Art 80 I 1 GG kann der Gesetzgeber die Bundes- oder eine Landesregierung sowie einzelne Bundesminister ermächtigen, Rechtsverordnungen zu erlassen. Andere exekutive Stellen bedürfen einer Subdelegation nach Art 80 I 4 GG. § 51 spricht demzufolge in Abs 1 bis 3 die BReg, in Abs 4 das BMF an. In Verordnungsermächtigungen des EStG behält sich der Gesetzgeber nicht selten vor, am Verordnungserlass mitzuwirken.[3] **13**

In jüngerer Zeit hat sich im Steuerrecht, aber auch in anderen Rechtsgebieten immer häufiger die Praxis entwickelt, dass **der Gesetzgeber** die Exekutive nicht mehr zur Rechtsetzung ermächtigt,[4] sondern durch ein Artikelgesetz **selbst die Rechtsverordnung** erlässt oder ändert.[5] Die beiden letzten Neubekanntmachungen der EStDV[6] berücksichtigen insgesamt 13 Änderungen, die mit einer Ausnahme allesamt durch Gesetz eingeführt worden sind.[7] Diese Praxis durchbricht die rechtsstaatlich gebotene Formenstrenge der Rechtsetzung[8] und begegnet deshalb prinzipiellen Bedenken. Dabei blieb bisher nach der Rspr insbes offen, ob die im Gesetzgebungsverfahren (Art 76 ff GG) und in Gesetzesform ergangenen, aber als Rechtsverordnung benannten Vorschriften Gesetzes- oder Verordnungsrang genießen.[9] **14**

Nach der jüngsten Rspr des BVerfG ist es dem Gesetzgeber erlaubt, auch Rechtsverordnungen zu ändern oder zu ergänzen.[10] Ein Bedürfnis für die Änderung einer Verordnung durch den parlamentarischen Gesetzgeber besteht insbes bei Änderung komplexer Regelungsgefüge, in denen förmliches Gesetzesrecht und auf ihm beruhendes Verordnungsrecht ineinander verschränkt sind. Dem parlamentarischen Gesetzgeber steht bei der Rechtssetzung eine freie Formenwahl grds nicht zu. Er darf jedoch im Rahmen der gesetzlichen Verordnungsermächtigung (Art 80 I 2 GG) eine Rechtsverordnung ändern oder ergänzen. Dieses neue Recht wird im Gesetzgebungsverfahren hervorgebracht, schafft aber eine Rechtsverordnung. Die Geltungsvoraussetzungen bestimmen sich nach dem parlamentarischen Entstehungsakt; Rang, Rechtsschutzmöglichkeiten und Verwerfungskompetenzen nach dem Produkt. Der Gesetzgeber darf die Rechtsverordnung im Rahmen einer Änderung eines Sachbereichs anpassen („Begleitänderung"),[11] eine („isolierte") Änderung unabhängig von sonstigen gesetzgeberischen Maßnahmen ist unzulässig. Dabei ist der Gesetzgeber dem Verfahren nach Art 76 ff GG verpflichtet: Ein schlichter Parlamentsbeschluss genügt nicht; die Zustimmungsbedürftigkeit richtet sich nach Art 105 III GG. Materiell ist die parlamentarische Änderungsbefugnis durch die Verordnungsermächtigung begrenzt.[12] Die eingefügten Teile können abermalig durch die Exekutive geändert werden, die dabei allein an die Ermächtigungsgrundlage gebunden ist; die sog „Entsteinerungsklausel"[13] hat insoweit nur klarstellende Bedeutung.[14] Die geänderte Verordnung kann durch jedes damit befasste Gericht überprüft werden, Art 100 I GG ist nicht **15**

---

1 *P Kirchhof* FS Meyding, 1994, S 3–20.
2 Vgl BFH BStBl II 82, 302 (303); BStBl II 82, 498 (499); BStBl II 82, 500 (501); BStBl II 86, 824 (827f); BStBl II 88, 780 (781); BStBl II 90, 777 (779); BStBl II 93, 207 (208).
3 *P Kirchhof* FS Kruse, S 17 (32ff).
4 Krit *Seiler* ZG 01, 50ff; *P Kirchhof* FS Kruse, S 17 (30ff).
5 Auch räumt sich der Bundestag in der Ermächtigungsgrundlage nicht selten selbst Zustimmungs- oder Änderungsvorbehalte ein; krit hierzu *Rupp* NVwZ 93, 756ff.
6 BGBl I 97, 1558; BGBl I 00, 717.
7 Zuvor wurde die EStDV zuletzt am 23.6.92 durch Rechtsverordnung geändert (BGBl I 92, 1165).
8 Zum Verhältnis von Gesetz und Rechtsverordnung vgl *P Kirchhof* Bundesverfassungsgericht und Grundgesetz, Bd II, S 51 (82ff).
9 Gesetzesrang nehmen *Jekewitz* NVwZ 94, 956 (957f), *Lippold* ZRP 91, 254 (255f) sowie das *Bundesministerium der Justiz* Handbuch der Rechtsförmlichkeit, Rn 704, an; für Verordnungsrang *Schneider* Gesetzgebung³, 2002, Rn 358.
10 BVerfGE 114, 196 (234ff) mit Sondervotum *Osterloh* u *Gerhardt*, BVerfGE 114, 196 (250ff) = DVBl 05, 1503 (1506ff); Beschlüsse v 27.9.05 – 2 BvL 11/02, 2 BvL 11/03, 2 BvL 11/04.
11 *Schneider* Gesetzgebung³, 2002, Rn 664 aE.
12 BVerfGE 114, 196 (239) = DVBl 05, 1503 (1508).
13 Vgl *Bundesministerium der Justiz* Handbuch der Rechtsförmlichkeit, Rn 705 f; der Gesetzgeber ermächtigt den Verordnungsgeber, wie vom *Bundesministerium der Justiz* Handbuch der Rechtsförmlichkeit, Rn 704 ff, empfohlen, regelmäßig unter der Überschrift „Rückkehr zum einheitlichen Verordnungsrang", die gesetzlich eingeführten Verordnungsbestimmungen zu ändern; vgl zur EStDV zuletzt: BGBl I 93, 1569 (1592 f); BGBl I 93, 2310 (2351); BGBl I 94, 3082 (3124); BGBl I 95, 1250 (1412); BGBl I 95, 1783 (1791); BGBl I 95, 1959 (1967); BGBl I 96, 2049 (2080); BGBl I 98, 2860 (2867); BGBl I 99, 388 (395); BGBl I 99, 402 (496); BGBl I 00, 1433 (1466); BGBl I 01, 1046 (1138); BGBl I 01, 3794 (3821); BGBl I 02, 3651 (3653); BGBl I 03, 1550 (1552); BGBl I 03, 2645 (2674); BGBl I 03, 2840 (2845); BGBl I 03, 3076 (3091).
14 BVerfGE 114, 196 (240) mwN; **aA** noch *Bundesministerium der Justiz* Handbuch der Rechtsförmlichkeit, Rn 840.

anwendbar, eine Vorlage an das BVerfG unzulässig. Die Rechtsverordnung wird als untergesetzliches Recht ausgelegt, nicht als Teil des Systems des EStG verstanden.

2. Das Zitiergebot (Art 80 I 3 GG). Art 80 I 3 GG verpflichtet den Verordnunggeber, die einschlägige Ermächtigungsgrundlage zu benennen. Sinn und Zweck dieser Formvorschrift ist es, jedermann eine Überprüfung zu ermöglichen, ob die Verordnung auf einer sie rechtfertigenden Ermächtigungsgrundlage beruht.[1] Dabei muss die **ermächtigende Einzelvorschrift**, nicht nur das ermächtigende Gesetz als solches zitiert werden.[2] Bei komplexen Rechtsmaterien genügt es, wenn hinreichend deutlich wird, auf welche der Delegationsnormen der Verordnunggeber Bezug nimmt.[3] Nicht erforderlich sollte es deshalb sein, die jeweils einschlägige Unterermächtigung nach Nummer, Buchstabe, Satz und Fall ausdrücklich zu bezeichnen, sofern die jeweiligen Zusammenhänge eindeutig hervortreten. Insbes braucht nicht zu jeder Bestimmung der Verordnung einzeln angegeben zu werden, auf welcher Ermächtigung sie beruht.[4] In einer Rechtsverordnung ist jedoch nur das zugrunde liegende Parlamentsgesetz, nicht aber eine gemeinschaftsrechtliche Vorschrift, die durch eine inländische Rechtsnorm konkretisiert werden muss, anzugeben.[5] Sofern eine Rechtsverordnung mehrere Einzelregelungen trifft, genügt es mithin, wenn jede einzelne von ihnen auf eine der zitierten Rechtsgrundlagen zurückgeführt werden kann und dieser Zusammenhang hinreichend deutlich wird. Für den fast alle Ermächtigungen des EStG zusammenfassenden § 51 reicht ein bloßer Verweis auf diese äußerst umfangreiche Norm allein nicht aus.

Das Zitiergebot gilt auch für die **Gesetze**, die eine Rechtsverordnung ändern oder ergänzen;[6] das Gesetz bringt eine Rechtsverordnung hervor, die nur im Rahmen des Art 80 I 2 GG Bestand hat. Das Zitiergebot veranlasst insbes die Selbstvergewisserung der Exekutive, ob sie bei ihrer Rechtssetzung noch innerhalb einer gesetzlichen Ermächtigung verbleibt. Diese Vergewisserung sichert zudem die einheitliche formelle Behandlung aller Rechtsverordnungen. Die Mitwirkung des Bundesrats bemisst sich nach dem Gesetzestyp, nicht nach Art 80 II GG (Rn 15).

B. Die einzelnen Ermächtigungen des § 51

§ 51 umfasst verschiedenartige General- und Einzelermächtigungen, aufgrund derer zahlreiche Rechtsverordnungen, insbes die **EStDV** und die **LStDV**, ergangen sind, die sich allerdings zum Teil nur mit Mühe einer bestimmten Rechtsgrundlage zuordnen lassen (s unten C).[7] Ein übersichtlicheres Regelungssystem könnte auf die heute üblichen detaillierten und wechselhaften Einzelregelungen im EStG verzichten, im Gesetz nur das Grundsätzliche und Dauerhafte regeln und die Details und Übergangsregeln der Verordnung überlassen.[8]

I. § 51 I Nr 1. § 51 I Nr 1 ermächtigt zum Erlass von Rechtsvorschriften zur „**Durchführung dieses Gesetzes**", soweit die dort genannten Prinzipien es erforderlich machen. Gemeint ist mithin nur die ergänzende Bestimmung „unwesentlicher" Einzelheiten. Derart eng verstanden begegnen die nachfolgenden, sprachlich weit gefassten Ermächtigungen keinen grds Bedenken aus Sicht des Wesentlichkeitsvorbehaltes,[9] der eine je nach Regelungsbereich und konkreten Auswirkungen der Verordnung unterschiedliche Gesetzesdichte verlangt. Die „Durchführung dieses Gesetzes" umfasst nicht nur den Vollzug des EStG, sondern aller dem Vollzug des EStG dienender Gesetzesregeln, insbes die der AO. Die vor der Enumeration der Einzelermächtigung geregelte Erforderlichkeit behält ihre eigenständige Bedeutung, weil sie die gegenständlich benannten Ermächtigungen inhaltlich einengt, also eine notwendige, wenn auch keine hinreichende Ermächtigungsvoraussetzung benennt.

---

1 Vgl hierzu BVerfGE 101, 1 (41 f) – Hennenhaltung.
2 BVerfGE 101, 1 (42) – Hennenhaltung.
3 Großzügiger als das BVerfG deshalb *Ramsauer* Alternativkommentar, Art 80 GG Rn 73: Nichtigkeit nur, falls die zweifelsfreie Erkennbarkeit ausgeschlossen ist.
4 BVerfGE 20, 283 (292); bestätigt in BVerfGE 101, 1 (42) – Hennenhaltung.
5 BFH/NV 04, 102; BVerwG DVBl 03, 731.
6 Nicht ausdrücklich geklärt durch BVerfGE 114, 196 ff; dafür Sondervoten *Osterloh* u *Gerhardt* aaO (unter 3.).
7 Daneben führt das EStG beispielsweise in den §§ 33b VII, 41 I 8 u 45e S 1 noch weitere Ermächtigungsgrundlagen an.
8 Vgl den Reformvorschlag bei *Seiler* Der einheitliche Parlamentsvorbehalt, S 407 ff.
9 Wie hier *K/S/M* § 51 Rn C 2 ff; *Seiler* aaO, S 374 ff; anders *Littmann/v Reden* § 51 EStG Rn 4 („unbestimmt und inhaltsleer"); *Schmieszek* in: B/B, § 51 Rn 22 („nicht unproblematisch"); *Braun* DStR 85, 729 (730); *Casser* S 52 ff; *Grams* BB 95, 121 ff; krit auch die Einkommensteuerkommission 340 („mit einem Verfassungsrisiko behaftet").

1. § 51 I Nr 1a. § 51 I Nr 1a erlaubt in seiner ersten Alternative, Vorschriften **„über die Abgrenzung der Steuerpflicht"** zu erlassen. Der Verordnunggeber darf die persönliche StPfl konkretisieren, also den Schuldner der ESt näher bestimmen.[1] Die Norm ist im Zusammenhang der §§ 1, 1a, §§ 2, 5 AStG zu sehen, welche die persönliche StPfl derart umfassend regeln, dass eine ergänzende untergesetzliche Rechtsetzung an sich entbehrlich wäre. Der Gesetzgeber hat jedenfalls das „Wesentliche" geregelt.[2] Soweit ersichtlich, werden derzeit keine Verordnungen auf diese Norm gestützt; § 73a I EStDV beruht auf dem spezielleren § 51 I Nr 1e. 20

Die zweite Alternative von § 51 I Nr 1a gestattet, die **Steuererklärungspflicht** im Verordnungswege auf die Fälle zu beschränken, in denen eine Veranlagung in Betracht kommt. Da das Gesetz sowohl die Steuererklärungspflicht selbst (§ 25 III) als auch die Einzelheiten der Veranlagung regelt (§§ 25 I, 26, 26a, 46; vgl auch § 32a I Nr 1 sowie die gesonderte Feststellung nach § 10d III), lässt die Ermächtigung ihr Programm hinreichend deutlich erkennen. Der zu ihrer Umsetzung erlassene § 56 EStDV beachtet diese Vorgaben.[3] 21

Des Weiteren können nach § 51 I Nr 1a Alt 3 Verordnungen „über die den Einkommensteuererklärungen beizufügenden **Unterlagen**" ergehen. Dies setzt jeweils eine gesetzliche Vorlagepflicht voraus (§ 150 IV AO). Eine solche Verpflichtung folgt vor allem aus den zu diesem Zwecke eingeführten gesetzlichen Buchführungs- und Aufzeichnungspflichten (§§ 140 ff AO), auf die sich § 60 EStDV zulässigerweise bezieht. Den Anforderungen von Art 80 I GG ist Rechnung getragen.[4] 22

Der Regelungsgehalt des § 51 I Nr 1a Alt 4 (**„Beistandspflichten Dritter"**) wird durch deren Entstehungsgeschichte hinreichend deutlich.[5] Die Ermächtigung wurde vom Finanzausschuss[6] vorgeschlagen, „damit in die EStDV eine Norm aufgenommen werden kann, die es ermöglicht, dass die in der fortgefallenen Kapitalverkehr(steuer)-Durchführungsverordnung geregelten Beistandspflichten der Notare in erleichterter Form für ertragsteuerliche Zwecke fortgeführt werden können. Sie stellen eine sachlich gebotene Grundlage zur Sachverhaltsfeststellung (insbes in den Fällen des § 17 und § 21 UmwStG) dar." Das Gesetz knüpft hiermit an § 29 I Nr 7 KVStG, § 3 KVStDV an, die „Behörden, Beamte und Notare (Urkundspersonen)" verpflichteten, der FinVerw bei bestimmten, der Gesellschaftsteuer unterworfenen Vorgängen eine beglaubigte Abschrift der Urkunde zu übersenden. Die Vorschrift stützt den auf ihrer Grundlage ergangenen § 54 EStDV, könnte aber auch als Ermächtigungsgrundlage für die Regelung sonstiger Verfahrenshilfen und Unterstützungshandlungen von nicht StPfl dienen. 23

2. § 51 I Nr 1b. Diese **Generalermächtigung zur Konkretisierung** der gesetzlichen Bestimmungen „über die Ermittlung der Einkünfte und die Feststellung des Einkommens einschl der abzugsfähigen Beträge" knüpft an das zu versteuernde Einkommen im Sinne von § 2 an, dessen Ermittlung im 2. Abschnitt des EStG geregelt wird und das nach Maßgabe der gesetzlichen Grundentscheidung für das Leistungsfähigkeitsprinzip untergesetzlich ergänzt werden soll. Die Ermächtigung der Nr 1b beschränkt sich auf reine Durchführungsvorschriften zur Ermittlung der Einkünfte und zur Feststellung des Einkommens, wie sie im Eingangssatz zu § 51 I Nr 1 insbes durch das Ziel der Gleichmäßigkeit der Besteuerung und zur Vereinfachung des Besteuerungsverfahrens vorgezeichnet sind.[7] 24

Die Generalermächtigung des § 51 I Nr 1b wird nur für die Verordnungsbestimmungen benötigt, die sich **nicht auf eine speziellere Delegation zurückführen** lassen. In Betracht kommen insoweit die §§ 6, 8, 8b, 9a, 10, 11c, 11d II, 15 I, 52, 53, 68 EStDV, die jeweils in dem von § 51 I Nr 1b gesetzten Rahmen das EStG in Details näher ausführen. Auch die verbindliche Festlegung von Pauschalsätzen nach § 51 EStDV findet in Nr 1b eine hinreichende Ermächtigungsgrundlage, soweit die mit ihr verbundene Abweichung vom Individualmaßstab in dem Erfordernis der „Gleichmäßigkeit bei der Besteuerung" und „zur Vereinfachung des Besteuerungsverfahrens" gerechtfertigt ist. Rechtspolitisch wünschenswert wäre es, die Ermächtigungen zu Typisierungen und Pauschalierungen in einer Norm zusammenzufassen und zu begrenzen. 25

---

1 Anders ohne Begr BFH BStBl II 72, 645 (647): Nr 1a gestatte, freiwillige Arbeitgeberbeiträge von der LSt zu befreien. Diese nicht überprüfte Auslegung hielt BVerfG HFR 74, 413 konkludent für verfassungskonform, nach hiesiger Auffassung führt Buchstabe b zum gleichen Ergebnis.
2 Ebenso *K/S/M* § 51 Rn C 9 ff; *Seiler* Der einheitliche Parlamentsvorbehalt, S 376 f.
3 Wie hier *K/S/M* § 51 Rn C 13 ff; *Seiler* aaO, S 378.
4 So auch *K/S/M* § 51 Rn C 17 ff; *Seiler* aaO, S 378 f.
5 *K/S/M* § 51 Rn C 21 ff.
6 BT-Drucks 13/1558, 31, 159.
7 *K/S/M* § 51 Rn C 25 ff.

26 **3. § 51 I Nr 1c.** Die BReg darf **besondere BA-Pauschbeträge** für jeweils vergleichbare Gruppen von Betrieben nach Maßgabe der in § 51 I Nr 1c im Einzelnen genau bestimmten Vorgaben festsetzen.[1] Diese Ermächtigung wird nur geringfügige steuerliche Auswirkungen auslösen, weil der StPfl zur Ermittlung der tatsächlichen BA übergehen kann (S 6), der Pauschbetrag nur bei der Gewinnermittlung durch Einnahme-Überschussrechnung (§ 4 III) in Anspruch genommen werden darf (S 2), für die Veräußerung oder Entnahme von Anlagevermögen (S 5) eine Ausnahme und iÜ das Erfordernis annähernd gleicher Verhältnisse der Besteuerungsgrundlagen gilt. Die BReg hat von der Ermächtigung des § 51 I Nr 1c bisher keinen Gebrauch gemacht. Sie könnte jedoch im Satz 1 – ohne die nachfolgenden Einschränkungen – als eine Modellnorm für Vereinfachungspauschbeträge dienen.

27 **4. § 51 I Nr 1d.** Die Rechtsverordnung darf gem § 51 I Nr 1d Alt 1 die gesetzlichen Vorschriften **„über die Veranlagung"** (§§ 25 ff iVm den einschlägigen Normen der AO) ergänzen. Diese Verfahrensvorschriften sichern die Freiheitsrechte des StPfl im Einzelnen ab. Insoweit verlangt der Gleichheitssatz, das Steuerschuldrecht in ein Umfeld formeller Vorschriften einzubetten, die nicht nur eine rechtliche, sondern auch tatsächliche Gleichheit im Belastungserfolg gewährleisten.[2] Diese Grundrechtserheblichkeit des Steuerverfahrensrechts zwingt dazu, die Ermächtigung des § 51 I Nr 1d jeweils eng als Grundlage detaillierender Verdeutlichung der Veranlagung auszulegen. Nicht auf diese Rechtsgrundlage gestützt werden können im Verordnungswege eingeführte Ausschlussfristen für die Stellung des Antrags auf Veranlagung.[3] Hingegen darf die Verordnung bestimmen, dass der Bürger seine Steuererklärung eigenhändig zu unterschreiben hat.[4] So verstanden, begegnet die Ermächtigung keinen rechtsstaatlichen Bedenken.[5] Auf ihrer Grundlage erging § 61 EStDV.

28 § 51 I Nr 1d Alt 2, von dessen Ermächtigung die Exekutive soweit ersichtlich noch keinen Gebrauch gemacht hat, erlaubt den Erlass rein technischer Detailregelungen über die **„Anwendung der Tarifvorschriften"**. Umgesetzt und verdeutlicht werden dürfen die §§ 31 ff einschl der im Gesetz angelegten Berechnungsmethoden. Der Parlamentsvorbehalt steht dem nicht entgegen. Eine Änderung des Steuersatzes könnte allerdings nicht auf diese Rechtsgrundlage gestützt werden.

29 Die dritte Alternative von § 51 I Nr 1d betraut die BReg mit der **„Regelung der Steuerentrichtung einschließlich der Steuerabzüge"**. Das gesetzliche Programm der steuerlichen Zahlungsabwicklung (Erhebungsverfahren nach §§ 218 ff AO) ist jedoch bereits so ausf geregelt, dass es dieser Ermächtigung kaum noch bedürfte. Zu normieren bleiben vor allem einzelne Fragen des Steuerabzugs an der Quelle, insbes für den Lohn und für Erträge aus Kapital, die in §§ 38-42f und §§ 43-45d detaillierte gesetzliche Vorgaben vorfinden. Dem Parlamentsvorbehalt ist hierdurch Genüge getan. Die auf der Ermächtigung beruhenden §§ 1 und 2 LStDV[6] halten sich inhaltlich im gesetzlichen Rahmen. Für den Steuerabzug bei beschränkt StPfl gilt § 51 I Nr 1e.

30 **5. § 51 I Nr 1e.** Die BReg darf Vorschriften „über die **Besteuerung der beschränkt Steuerpflichtigen** einschließlich eines Steuerabzuges" erlassen. Der Ermächtigung liegen umfangreiche gesetzliche Entscheidungen (§§ 49 ff) zugrunde, die nur noch im Einzelnen durch die §§ 73a-73e, 73g EStDV ergänzt werden. Das Vorbehaltsprinzip wird hierdurch nicht verletzt. § 73f EStDV beruht auf § 51 I Nr 3 iVm § 50a VI.

31 **II. § 51 I Nr 2.** verbindet bloße Konkretisierungen des bereits gesetzlich Geregelten mit neu eingeführten **Steuersubventionen** und -begünstigungen. Anders als in Nr 1 werden diese Delegationen sprachlich nicht als „Durchführungsvorschriften", sondern nur allg als „Rechtsverordnung" gekennzeichnet, lassen also einen weitergehenden Regelungsgehalt vermuten. Dementspr sind sie ausführlicher formuliert, um den Bestimmtheitsanforderungen des GG Rechnung zu tragen.[7]

32 **1. § 51 I Nr 2a.** Der sehr knapp gehaltene § 51 I Nr 2a erlaubt der BReg, Vorschriften „über die sich **aus der Aufhebung oder Änderung von Vorschriften dieses Gesetzes ergebenden Rechtsfolgen**" zu erlassen. Voraussetzung dieser Übergangsermächtigung ist, dass dies „zur Wahrung der Gleichmäßigkeit bei der Besteuerung" und zur „Beseitigung von Unbilligkeiten in Härtefällen" erforderlich ist. Auch diese Delegation genügt den Erfordernissen des Art 80 I.[8] Die Verordnung hat ausschließ-

---

1 *K/S/M* § 51 Rn C 31 ff.
2 Vgl BVerfGE 84, 239 (268 ff) = BStBl II 91, 654.
3 BFH BStBl II 73, 484 (484 f); bestätigt BFH BStBl II 75, 11 (12); BStBl 83, 623; zust *H/H/R* § 51 Rn 3.
4 BFH BStBl 01, 629 (631 f).
5 Ebenso *K/S/M* § 51 Rn C 36 f; *Seiler* Der einheitliche Parlamentsvorbehalt, S 383 f.
6 § 4 LStDV beruht auf dem spezielleren § 41 I 8 EStG.
7 Ebenso *K/S/M* § 51 Rn C 101 f; *Schmieszek* in: B/B, § 51 Rn 29; *Seiler* Der einheitliche Parlamentsvorbehalt, S 387.
8 Für Verfassungswidrigkeit *K/S/M* § 51 Rn C 103 ff; *Seiler* aaO, S 387 ff; Bedenken äußern auch *Schmieszek* in: B/B, § 51 Rn 22; *Blümich/Stuhrmann* § 51 Rn 7.

lich die Aufgabe, für einen begrenzten Übergangszeitraum zw der alten und der neuen Regelung zu vermitteln, in diesen Grenzen die Belastungsgleichheit in abgestuften Übergängen zu sichern und übermäßige Härten in Einzelfällen und Fallgruppen auszuschließen. Praktische Konsequenzen hat § 51 I Nr 2a nicht, da die BReg von dieser Ermächtigung keinen Gebrauch gemacht hat. Nicht auf ihr beruhen §§ 15 II, 84 EStDV, die sich auf Änderungen der Verordnung, nicht aber des Gesetzes beziehen und die Rechtsgrundlage der jeweils geänderten Bestimmung teilen.

2. § 51 I Nr 2c. gestattet, das in § 10b geregelte Recht des **Spendenabzugs** untergesetzlich zu ergänzen. Durch die Streichung von §§ 48, 49 und der Anlage 1 zu § 48 EStDV ist der Streit, ob die Vorschrift hinreichend bestimmt ist, vorerst entschärft.[1] 33

Auf dieser Ermächtigungsgrundlage gilt seit dem VZ 00 § 50 EStDV nF. Er verlangt einen Nachweis der zweckentsprechenden Mittelverwendung.[2] Außerdem ist der BReg erlaubt, weitere mögliche Empfänger durch Verwaltungsvorschrift zu benennen. Das ist zulässig,[3] weil die EStDV keine abschließende Regelung trifft, insoweit eine Auslegung der gesetzlichen Regelung durch Verwaltungsvorschrift erlaubt, die sich unmittelbar auf § 10b stützt.[4] 35

§ 51 I Nr 2c Alt 2 ermächtigt zum Erlass von Vorschriften über „den **Ausschluss des Abzugs von Mitgliedsbeiträgen**". Die Norm will die an sich anerkannte Unterstützung gemeinwohldienlicher Zwecke durch Förderbeiträge zu gemeinnützigen Vereinen in jenen Fällen beschränken, in denen der Verein dem Mitglied eigene Vorteile als Gegenleistung gewährt, der Mitgliedsbeitrag also vorrangig eigenen und nicht allgemeinwohlförderlichen Zwecken dient.[5] 36

Gem § 51 I Nr 2c Alt 3 ist die Exekutive berechtigt, Regelungen „**über eine Anerkennung gemeinnütziger Zwecke als besonders förderungswürdig**" zu treffen und dadurch § 10b, § 52 AO zu ergänzen. Die in diesen Normen vorgegebenen, abstrakt-generell kaum detaillierter zu erfassenden Kriterien der Auswahl förderungswürdiger Anliegen sind notwendig untergesetzlich auszugestalten, wobei die jeweiligen Zielsetzungen und Handlungsweisen der Empfänger zu berücksichtigen sind. Diese Aufgabe kommt sinnvoller- und rechtmäßigerweise der Exekutive zu, die hierzu im Sinne von Art 80 I 2 GG hinreichend bestimmt angeleitet worden ist.[6] 37

3. § 51 I Nr 2d. Die Exekutive darf nach § 51 I Nr 2d Regelungen einführen, die Besteuerungslücken **bei der grenzüberschreitenden Arbeitnehmerüberlassung** vermeiden helfen.[7] Zum einen ist der inländische Steueranspruch abzusichern, soweit ein in Deutschland tätiger, einem Inländer von einem ausländischen Verleiher überlassener ArbN in Deutschland Lohnsteuerschuldner ist (§ 38 I 1 Nr 2) und das deutsche Besteuerungsrecht nicht durch ein DBA ausgeschlossen ist. Neben die Lohnsteuerschuld tritt hier regelmäßig die Haftung des ArbG (§ 42d I), die ihrerseits grds durch die an sie anknüpfende Haftung des Entleihers (§ 42d VI) ergänzt wird, weil der Zugriff auf ausländische Verleiher häufig aussichtslos bleibt. Zum anderen soll, soweit das Besteuerungsrecht bei im Ausland ansässigen ArbN deren Wohnsitzstaat zusteht, sichergestellt werden, dass sie dort zur ESt herangezogen werden können, um so Konkurrenzvorteile ausländischer ArbN zu verhindern. In beiden Fällen ist die Verantwortung des Entleihers nach Maßgabe zwischenstaatlicher Regelungen zu verstärken, sei es durch ihm auferlegte verfahrensrechtliche Mitwirkungspflichten (§ 51 I Nr 2d S 2aa), sei es durch gesetzlich bezeichnete Sanktionen bei deren Verletzung (§ 51 I Nr 2d bb). Diese Ermächtigung lässt ihren Regelungsgehalt hinreichend bestimmt erkennen und ist mit Art 80 I 2 GG vereinbar.[8] Die Voraussetzung „nach Maßgabe zwischenstaatlicher Regelungen" ist bisher noch nicht im Zusammenwirken mit dem jeweiligen Vertragspartner geschaffen.[9] 38

4. § 51 I Nr 2n. Die BReg wird durch den iSv Art 80 I 2 GG hinreichend bestimmten § 51 I Nr 2n ermächtigt, genau bezeichnete Investitionen in WG des Anlagevermögens im Bergbau durch **Son-** 39

---

1 Für Verfassungsmäßigkeit BFH BStBl II 73, 850 (851); BStBl II 91, 547; BStBl II 94, 683 (685 f); *K/S/M* § 10b Rn A 300ff; § 51 Rn C 110ff; *Seiler* Der einheitliche Parlamentsvorbehalt, S 389ff; BVerfGE 8, 51 (61 f) sowie BStBl II 87, 814 ff; einen Verstoß gegen Art 80 GG nehmen hingegen an: *BMF* Gutachten der Unabhängigen Sachverständigenkommission zur Prüfung des Gemeinnützigkeits- und Spendenrechts, S 235f; *H/H/R* § 10b EStG Rn 50u 782; *Stolz* FR 78, 475 (477 ff); *Casser* S 74ff; *Schmieszek* in: B/B, § 51 Rn 22 („nicht unproblematisch").
2 Vgl *K/S/M* § 10b Rn A 310f; iErg ähnlich BStBl II 87, 850 (851), § 48 III Nr 2 EStDV aF als „sinnvolle Auslegung des Gesetzes"; BFH/NV 02, 1143.
3 Anders iErg *BMF* Gutachten, S 238f; *Seiler* aaO, S 392; vergleichbar BFH BStBl III 58, 44 f.
4 Vgl *K/S/M* § 10b Rn A 301.
5 Vgl *K/S/M* § 10b Rn B 35 ff.
6 *K/S/M* § 51 Rn C 118 f; anders *BMF* Gutachten, S 236.
7 Zur Arbeitnehmerüberlassung *Reinhart* BB 86, 500 ff.
8 *K/S/M* § 51 Rn C 121 ff.
9 *Reinhart* BB 86, 500 (502).

derabschreibungen zu fördern. Hiervon wurde im weitgehend wortlautgleichen § 81 EStDV Gebrauch gemacht. Diese Normverdoppelung weist der Verordnung lediglich die Aufgabe zu, aus der möglichen eine tatsächliche Abschreibungsregel zu machen.[1] § 51 I Nr 2n wurde durch die 8. ZuständigkeitsanpassungsVO[2] geändert. Eine Gesetzesänderung durch Verordnung ist zwar nicht möglich. Da die Änderung aber nur eine deklaratorische Klarstellung enthält – bloße Umbenennung desselben Ministeriums nunmehr in „Bundesministerium für Wirtschaft und Arbeit" – und der rechtlich erhebliche Inhalt des Gesetzes und mit ihm seine rechtliche Identität nicht berührt wird, ist die Wahrnehmung der durch § 56 III Zuständigkeitsanpassungsgesetz[3] gewährten Ermächtigung zulässig.[4]

40 5. **§ 51 I Nr 2p.** Für nicht zu einem BV gehörende WG, die entweder **vor dem 21.6.48** angeschafft oder hergestellt oder die **unentgeltlich** erworben worden sind, gilt § 51 I Nr 2p. Auf ihm beruhen der seiner Ermächtigung wortlautgleich entspr § 10a EStDV über die Bemessung der Absetzungen für Abnutzung oder Substanzverringerung, der infolge Zeitablaufs kaum noch Bedeutung haben dürfte, sowie Abs 1 von § 11d EStDV.[5] Beide sind mit Art 80 I GG vereinbar.[6]

41 6. **§ 51 I Nr 2q.** gestattet, **erhöhte Absetzungen für HK bestimmter umweltschützender Energieanlagen** einzuführen. Dem folgt § 82a EStDV. Aus der weitgehenden Wortlautidentität beider Normen ergibt sich, dass die gesetzliche Ermächtigung wiederum nicht die nähere Ausgestaltung, sondern nur das Inkraftsetzen betrifft. Inhaltlich begegnet die Förderung jedoch gleichheitsrechtlichen Bedenken, da sie als Abzug von der Bemessungsgrundlage progressionswirksam ist, also Gebäudeeigentümer mit hohem zu versteuerndem Einkommen stärker begünstigt.[7]

42 7. **§ 51 I Nr 2r.** Den StPfl darf im Verordnungswege ermöglicht werden, größere Aufwendungen zum **Erhalt verschiedener Gebäudetypen** wahlweise auf zwei bis fünf Jahre zu verteilen und so die Vorteile der Steuerprogression je nach persönlicher Einkommenssituation bestmöglich auszunutzen. Die sehr detaillierte, insbes die drei Gruppen von Gebäuden (Nichtbetriebsvermögen zu Wohnzwecken, Sanierungsgebiete, Denkmalschutz) betreffende Vorschrift ist hinreichend bestimmt. Umgesetzt wurde sie durch § 82b sowie die mittlerweile aufgehobenen §§ 82h, 82k EStDV.[8]

43 8. **§ 51 I Nr 2s.** Die 1967 durch das **Stabilitätsgesetz** eingeführte, bislang nicht ausgenutzte Ermächtigung des § 51 I Nr 2s erlaubt, im Falle einer nicht unwesentlichen Konjunkturschwäche einen Abzug von der Steuerschuld von bis zu 7,5 vH näher bezeichneter Investitionsaufwendungen zuzulassen. Sie bezweckt, einer etwaigen Störung des gesamtwirtschaftlichen Gleichgewichts antizyklisch entgegenzuwirken, und ist somit Ausdruck einer eindeutigen, in Art 109 III GG angelegten volkswirtschaftlichen Konzeption des Gesetzgebers, die ermöglicht, die ohnehin recht ausführliche Ermächtigung iÜ weiterzudenken. Die Norm ist deshalb hinreichend bestimmt iSv Art 80 I 2 GG. Die in ihr vorbehaltene parlamentarische Zustimmung zum Verordnungserlass (§ 51 I Nr 2s S 11), deren Erteilung nach Ablauf von 4 Wochen fingiert werden kann (S 12), ist zulässig, da der Gesetzgeber das nötige „legitime Interesse"[9] daran hat, eine besonders flexible Rechtsetzung zu ermöglichen und sich zugleich die Letztentscheidung vorzubehalten.[10]

44 9. **§ 51 I Nr 2u.** Investitionen in abnutzbare WG des Anlagevermögens, die der **Forschung oder Entwicklung** dienen, können gem § 51 I Nr 2u durch Sonderabschreibungen gefördert werden, deren Voraussetzungen und Rechtsfolgen so genau benannt werden, dass an der Bestimmtheit dieser (durch den nunmehr überholten § 82d EStDV umgesetzten) Ermächtigung keine Zweifel aufkommen.[11]

45 10. **§ 51 I Nr 2w.** Auch die durch §§ 51 I Nr 2w EStG, 82f EStDV gewährte **Unterstützung der Anschaffung oder Herstellung von Handelsschiffen, der Seefischerei dienenden Schiffen oder Luftfahrzeugen** ist gesetzlich hinreichend deutlich vorgezeichnet.[12] Der BFH setzte die Verfassungsmäßigkeit von Ermächtigung und Verordnung voraus.[13]

---

1 Vgl K/S/M § 51 Rn C 140 ff.
2 V 25.11.03, BGBl I 03, 2304 (2313); ähnlich zuvor die 7. ZuständigkeitsVO v 29.10.01, BGBl I 01, 2785 (2806).
3 V 18.3.75, BGBl I 75, 705.
4 Vgl BVerfGE 18, 389 (391).
5 Zu §§ 11c, 11d II EStDV unten C.
6 Vgl im Einzelnen K/S/M § 51 Rn C 145 ff.
7 Vgl im Einzelnen K/S/M § 51 Rn C 151.
8 Vgl im Einzelnen K/S/M § 51 Rn C 153 ff.
9 BVerfGE 8, 274 (321); NJW 59, 475.
10 Vgl im Einzelnen K/S/M § 51 Rn C 159 ff.
11 Vgl im Einzelnen K/S/M § 51 Rn C 165 ff.
12 Vgl im Einzelnen K/S/M § 51 Rn C 170 ff.
13 BFH BStBl II 81, 55 (56) = BFHE 131, 273 (276); BStBl II 01, 437; s auch FG Brem EFG 04, 504 m Anm Claßen (Rev BFH VIII R 13/04).

11. § 51 I Nr 2x. § 82g EStDV gewährt erhöhte Absetzungen für bestimmte **Modernisierungs- und** **46** **Instandsetzungsmaßnahmen** sowie für genau bezeichnete sonstige Maßnahmen und macht damit von der hinreichend bestimmten Ermächtigung des § 51 I Nr 2x Gebrauch.[1]

12. § 51 I Nr 2y. Weiterhin erlaubt der ausreichend deutliche § 51 I Nr 2y, bei **denkmalgeschützten** **47** **Gebäuden** erhöhte Absetzungen von bis zu 10 vH der HK zuzulassen. Der auf dieser Grundlage ergangene § 82i EStDV gibt weitestgehend nur den Wortlaut seiner Ermächtigung wieder. Ferner fördert er in Abs 1 S 4 auch Aufwendungen für Gebäude, die zwar selbst kein Baudenkmal, aber Teil einer schutzwürdigen Gebäudegruppe sind. Eine an Sinn und Zweck der Ermächtigung orientierte Gesetzesauslegung lässt jedoch auch diese weite Fassung der Rechtsverordnung als gesetzlich gewollt erscheinen.[2]

III. § 51 I Nr 3. zählt die **außerhalb des § 51 im EStG normierten Verordnungsermächtigungen** (mit **48** Ausnahme von §§ 7k III 1 Nr 2, 33b VII, 41 I 8, 45e S 1u 63 II) auf und fügt ihnen, vermittelt über den Eingangssatz zu Abs 1, eine Adressatenregelung – die BReg mit Zustimmung des Bundesrates – hinzu. Die einzelnen dort genannten Ermächtigungen enthalten jeweils eigenständige Verordnungsgrundlagen, die durchgehend hinreichend bestimmt sind.[3] Die einschlägigen Verordnungen beruhen überwiegend auf ihren Ermächtigungen (s Rn 54 ff).

IV. § 51 II. Zur Bekämpfung einer etwaigen Konjunkturüberhitzung darf der Verordnunggeber **49** nach § 51 II, dessen Verfassungsmäßigkeit der BFH[4] stillschweigend voraussetzte, kurzfristig **konjunkturdämpfende Maßnahmen** ergreifen. Er kann zu diesem Zwecke unter den im Gesetz hinreichend deutlich benannten Voraussetzungen die dort näher bezeichneten Sonderabschreibungen und erhöhten Absetzungen ausschließen, um so die private Investitionstätigkeit zu bremsen. Der vom Gesetzgeber gewählte Zweck einer flexiblen Anpassung an die jeweilige Konjunkturlage begründet auch das erforderliche „legitime Interesse"[5] des Parlaments an dem in Satz 3 und 4 vorgesehenen Zustimmungsvorbehalt.

V. § 51 III. § 51 III dient ebenfalls der **Konjunktursteuerung** und erlaubt ausnahmsweise, den **Steu-** **50** **ertarif** im Verordnungswege abzuändern, um kurzfristig auf das private Nachfrageverhalten einwirken zu können. Da die Voraussetzungen und Rechtsfolgen dieser Ausnahme gesetzlich eindeutig erkennbar geregelt sind, kann sie vor dem Parlamentsvorbehalt gerechtfertigt werden.[6] Auch das „legitime Interesse"[5] des Parlaments, sich jeweils die Zustimmung vorzubehalten, ist gegeben.[7]

VI. § 51 IV. Die Ermächtigung, die in § 51 IV Nr 1[8] genannten **Vordrucke** und **Muster** festzulegen **51** (vgl auch Rn 53a) sowie nach § 51 IV Nr 2 den Gesetzestext mitsamt der zugehörigen Rechtsverordnungen **bekannt zu machen**, ist mangels Rechtsetzungsauftrag keine eigentliche Delegation iSv Art 80 GG und unbedenklich mit dem Parlamentsvorbehalt vereinbar. Die Ermächtigung, dabei Unstimmigkeiten im Wortlaut zu beseitigen, ist rechtsstaatlich vertretbar, wenn sie auf die bloße Korrektur von Redaktionsversehen und offensichtlichen Wortlautfehlern beschränkt bleibt.

VII. Anhang: Weitere Ermächtigungen. Das EStG sieht in § **33b VII** eine weitere, auch in § 51 I **52** Nr 3 nicht genannte Ermächtigung vor. Die BReg darf durch Rechtsverordnung mit Zustimmung des Bundesrates regeln, wie der Nachweis über die Voraussetzungen für den gem § 33b den Behinderten, Hinterbliebenen und Pflegepersonen gewährten Pauschbetrag zu erbringen ist. Eine derartige Nachweispflicht könnte auch auf den – jüngeren – § 51 I Nr 1a Alt 3 gestützt werden.

Das EStG enthält in § **41 I 8** eine weitere Ermächtigungsgrundlage, die der BReg in Einklang mit **53** Art 80 I 2 GG gestattet, im Einzelnen festzulegen, was der ArbG im Lohnkonto des ArbN aufzuzeichnen hat. Hierauf beruht § 4 LStDV.

Das EStG sieht in § **99** weitere, mit § 51 nicht abgestimmte Ermächtigungen vor. § 99 I ermächtigt **53a** wie § 51 IV zu Vordrucken, enthält also ebenfalls (Rn 51) keinen Rechtsetzungsauftrag. § 99 II ermächtigt zur Durchführung des Verfahrens bei der Altersvorsorgezulage. Auf der Grundlage von § 99 II erging die Altersvorsorge-Durchführungsverordnung (AltvDV).[9]

---

1 Vgl auch *K/S/M* § 51 Rn C 174 ff.
2 Vgl *K/S/M* § 51 Rn C 178 ff; s auch *Seiler* Der einheitliche Parlamentsvorbehalt, S 236 ff zur Auslegung von Delegationsnormen.
3 *K/S/M* § 51 Rn C 200 ff.
4 BFH BStBl II 77, 635 ff; BStBl II 87, 57 ff; BFH/NV 95, 1054.
5 BVerfGE 8, 274 (321).
6 Hierzu *K/S/M* § 51 Rn C 310 f; *Seiler* Der einheitliche Parlamentsvorbehalt, S 405 f; iErg zust *Littmann/v Reden* § 51 EStG Rn 79.
7 *Ossenbühl* Rechtsverordnung, HStR V, § 103 Rn 57 ff.
8 Geändert durch Gesetz BGBl I 03, 2645 (2651).
9 BGBl I 02, 4544.

C. Das auf der Grundlage von § 51 ergangene Verordnungsrecht

54 Die einzelnen Bestimmungen der auf der Grundlage von § 51 ergangenen Rechtsverordnungen lassen sich oft nur schwer der jeweiligen Ermächtigung zuordnen.[1] Hierdurch wird die Prüfung erschwert, ob eine Verordnungsbestimmung auf ihrer Ermächtigung beruht. Zudem droht eine Umgehung des Zitiergebotes. In der Praxis des Einkommensteuerrechts werden diese Fragen allerdings durch das Problem überlagert, dass die **„Rechtsverordnungen"** im EStG mittlerweile fast ausschließlich[2] durch Artikelgesetz eingeführt oder geändert werden. Auch diese parlamentarischen Änderungen und Ergänzungen müssen an Art 80 GG gemessen werden.[3] Das BVerfG[4] hat gefordert, dass die Verordnung die ermächtigende Einzelvorschrift angeben müsse, ohne dass jeder einzelne Paragraph einer Verordnung der Einzelvorschrift des ermächtigenden Gesetzes zugeordnet werden müsste. Vielfach verweisen die Verordnungen jedoch **nur generell auf § 51**. Die Zitiertechnik ist deshalb allenfalls noch für eine Übergangszeit hinnehmbar. Insgesamt besteht ein grundlegender **Reformbedarf**. Die Verantwortlichkeiten für die Rechtsetzung im EStG zw Gesetzgeber und Verordnunggeber müssen strikt aufgeteilt und die Verordnungen dann in rechtsstaatlicher Prägnanz den Anforderungen des Art 80 GG gerecht werden.

55 **I. Die Einkommensteuer-Durchführungsverordnung (EStDV).** Die zuletzt am 21.12.55[5] komplett neu gefasste **Einkommensteuer-Durchführungsverordnung** (EStDV) vereinigt nach zahlreichen Änderungen vielfältige Ausführungsbestimmungen zum EStG. Nachfolgend sollen einige Vorschriften, deren Ermächtigungsgrundlage nicht eindeutig bestimmbar ist, einer näheren Prüfung unterworfen werden.[6]

56 **§ 4 EStDV**[7] (stfreie Einnahmen) beruht nicht mehr auf einer gültigen Rechtsgrundlage, da § 3 Nr 52 (iVm § 51 I Nr 3) mit Wirkung für den VZ 99 aufgehoben worden ist.[8] Die Vorschrift ist jedoch gegenstandslos geworden, da § 3 LStDV, auf den sie bislang verwies, ebenfalls aufgehoben ist. Auf § 51 I Nr 1b (Ermittlung der Einkünfte) sollte sie nicht gestützt werden, da diese Generalermächtigung auf unwesentliche Einzelaussagen zu beschränken ist (Durchführungsbestimmungen) und keine Steuerbefreiungen umfassen kann.

57 **§§ 6,**[9] **8,**[10] **8b**[11] EStDV können indessen inhaltlich auf § 51 I Nr 1b zurückgeführt werden. Allerdings zitieren die EStDV 55 v 21.12.55[12] (zu § 6 EStDV) und die Änderungsverordnung v 13.12.74[13] (zu § 8b EStDV) nur § 51 I, der bereits in seiner damaligen Fassung zahlreiche Einzelermächtigungen in sich vereinigte. Da die Verordnung die ermächtigende Einzelvorschrift nicht benennt, sind die beiden Bestimmungen nichtig.[14] Für eine Übergangszeit vertretbar erschiene jedoch, den Sachzusammenhang zu den Durchführungsvorschriften mit steuerschuldrechtlichem Gehalt (Gewinnermittlung) genügen zu lassen, um die Normen ihrer Rechtsgrundlage zuzuordnen.

58 **§ 8c EStDV**[15] setzt die in §§ 51 I Nr 3, 4a I 2 Nr 1 und 2 erteilte Ermächtigung um. Ihre ursprüngliche Fassung zitierte ebenfalls nur § 51 I. Die Vorschrift ist mittlerweile in Abs 1 und 2 durch Gesetz (vgl dazu Rn 15) und in Abs 3 durch Rechtsverordnung überholt worden.

59 **§ 9a EStDV**[16] kann auf § 51 I Nr 1b gestützt werden. Auch diese, seither unveränderte Rechtsverordnung benannte nur § 51 I. Angesichts ihres Charakters als unwesentliche Durchführungsvorschrift

---

1 Ebenso *Littmann/v Reden* § 51 EStG Rn 6; ausf zum Folgenden *K/S/M* § 51 Rn D 10 ff.
2 Seit der Neubekanntmachung der EStDV am 10.5.00, BGBl I 00, 717, ist die EStDV zwölfmal durch Gesetz und nur zweimal durch VO (Siebte Zuständigkeitsanpassungs-VO v 29.10.01, BGBl I 01, 2785 und 23. VO zur Änderung der EStDV v 29.12.04, BGBl I 04, 3884) geändert worden.
3 Die nachfolgenden gesetzlichen Änderungen der einschlägigen „Rechtsverordnungen" zitieren ausnahmslos keine Ermächtigungsgrundlage.
4 BVerfGE 101, 1 (42) – Hennenhaltung.
5 BGBl I 55, 756; die EStDV wurde zuletzt am 10.5.00 neu bekannt gemacht, BGBl I 00, 717.
6 Für eine umfassende Übersicht vgl die 6. Aufl, § 51 Rn 55 ff.
7 Eingeführt durch VO, BGBl I 55, 756; § 51 I zitiert.
8 BGBl I 99, 402 (403).
9 Eingeführt durch VO, BGBl I 55, 756 (757), geändert durch Gesetz, BGBl I 99, 710 (711); seither unverändert.
10 Eingefügt durch Gesetz, BGBl I 95, 1250 (1384), geändert durch Gesetz, BGBl I 00, 1790 (1796).
11 Eingeführt durch VO, BGBl I 74, 3537 (3538) (zum Zitiergebot s sogleich); seitdem keine inhaltlichen Änderungen.
12 BGBl I 55, 756 (757).
13 BGBl I 74, 3537 (3538).
14 Vgl BVerfGE 101, 1 (42 f) – Hennenhaltung.
15 § 8c EStDV wurde eingefügt durch VO, BGBl I 74, 3537 (3538) (zum Zitiergebot s sogleich), und im Verordnungswege geändert in BGBl I 84, 385 (Abs 4 wurde zu Abs 3; Zitiergebot gewahrt); Abs 1 und 2 gesetzlich neu gefasst in BGBl I 93, 2310 (2324).
16 Eingefügt durch VO, BGBl I 66, 209.

sowie ihres eindeutigen Zusammenhanges zum Steuerschuldrecht, kann die Zuordnung zu ihrer Rechtsgrundlage gelingen. Dies genügt nach der heutigen Rspr des BVerfG zu Art 80 I 3 GG[1] aber allenfalls für eine Übergangszeit.

Schwierigkeiten bereitet § 10 EStDV.[2] Dessen erster Absatz wird nicht von § 51 I Nr 2p erfasst, der nur *nicht* zu einem BV gehörende WG betrifft. Es bleibt nur ein Rückgriff auf § 51 I Nr 1b. Dies setzt jedoch voraus, dass man § 51 I Nr 2p nicht als abschließende Regelung für vergleichbare Altfälle versteht, der im Umkehrschluss Sperrwirkung für den Verordnunggeber zukommen müsste. Anhaltspunkte für einen entspr Willen des Gesetzgebers sind nicht ersichtlich, so dass ein Rückgriff auf die Generalermächtigung zulässig erscheint. Die dem aktuellen Abs 1 in etwa gemäße erstmalige Fassung von § 10 EStDV durch die EStDV 55 v 21.12.55[3] benannte nur § 51 I. Ob dies dem Zitiergebot genügt, ist ebenso zu entscheiden wie bei §§ 6, 8b EStDV. Die letztmalige Änderung der Vorschrift[4] berief sich dagegen nur auf § 51 I Nr 2p, nicht auf dessen Nr 1b, der im Umkehrschluss als ausgenommen gelten muss. Sie missachtete also das Zitiergebot. Der zweite Absatz von § 10 EStDV (Spezialregelung für das Saarland) lässt sich allenfalls auf § 51 I Nr 1b zurückführen. Angesichts des undeutlichen Zusammenhangs von Verordnungen und Ermächtigungen erweckt es jedoch Bedenken, dass die Änderungsverordnung v 6.4.61[5] nur § 51 I zitierte.

§ 10a EStDV[6] beruht dagegen auf § 51 I Nr 2p. Seine ursprüngliche Fassung verwies nur auf § 51 I; der Funktion von Art 80 I 3 GG ist deshalb allenfalls für eine Übergangszeit entsprochen, da die Nähe zu dessen Nr 2p unverkennbar ist. Die Rechtsgrundlage für die in Abs 3 getroffene, inzwischen aber wohl bedeutungslose Sonderregelung für das Saarland ist schwer auffindbar, wurde aber jedenfalls nicht eindeutig benannt.

§ 11c EStDV[7] ist nicht zuzuordnen. Abs 1 S 1 liefert eine allg Definition. In Abs 1 S 2 Nr 1 und in S 3 trifft er Regelungen, die jenen des § 51 I Nr 2p ähneln, ohne nach der Zugehörigkeit zu einem BV zu differenzieren. Abs 1 S 2 Nr 2 und 3 werden nicht von § 51 I Nr 2p erfasst, da sie den Zeitraum nach dem 20.6.48 regeln. Die Sonderregelung für das Saarland (S 4) kann ebenfalls nicht auf diese Ermächtigung gestützt werden. Abs 2 unterscheidet weder nach der Eigenschaft als BV noch nach Zeiträumen. Damit kann die Norm nicht dem § 51 I Nr 2p unterworfen werden. Es bleibt allein ein Rückgriff auf die Generalklausel des § 51 I Nr 1b. Die Fundstelle des § 11c, die Änderungsverordnung vom 14.4.66,[8] verweist pauschal auf § 51 I, lässt aber durch die gleichzeitige Einführung mit §§ 10a, 11d EStDV erahnen, dass irrtümlich § 51 I Nr 2p gemeint sein könnte. Dies ist jedenfalls nicht mehr hinreichend deutlich.

Auch **§ 11d EStDV**[9] bedarf näherer Betrachtung. Abs 1 kann auf § 51 I Nr 2p gestützt werden. Das Zitiergebot mag hier für eine Übergangszeit trotz eines pauschalen Verweises auf § 51 I gewahrt sein, da die Zuordnung eindeutig gelingen kann. Nr 2p (nur Absetzungen für Abnutzung und Substanzverringerung) kann dagegen die später[10] eingefügten Worte „und erhöhte Absetzungen" in Abs 1 S 3 nicht rechtfertigen. Denkbar bleibt auch hier nur die Anwendung der Generalklausel der Nr 1b. Für die Zuordnung von Abs 2 ist entscheidend, ob man das bloße Entdecken von Bodenschätzen als Erwerb im Rechtssinne ansehen will. Verneint man dies, kommt höchstens die Generalermächtigung in § 51 I Nr 1b in Betracht. In diesem Fall bestehen, da § 11d EStDV ebenfalls durch die Änderungsverordnung v 14.4.66[8] eingeführt wurde, also gleichfalls nur auf § 51 I Bezug nimmt, die gleichen Einwände wie bei § 11c EStDV.

---

1 BVerfGE 101, 1 (44 f) – Hennenhaltung.
2 Ursprüngliche Fassung in BGBl I 55, 756 (758) (VO); im Verordnungswege ergänzt in BGBl I 61, 373 (jeweils nur § 51 I zitiert); zuletzt geändert durch VO, BGBl I 92, 1165 (eingangs dieser Sammel-VO wird § 51 I Nr 2p zitiert).
3 BGBl I 55, 756 (758).
4 BGBl I 92, 1165.
5 BGBl I 61, 373.
6 Eingeführt durch VO in BGBl I 66, 209 f (bloßer Verweis auf § 51 I); letzte Änderung in BGBl I 92, 1165 (VO; Zitiergebot beachten).
7 § 11c I und II EStDV eingefügt durch VO in BGBl I 66, 209 (210); § 11c II 3 EStDV angefügt durch Gesetz, BGBl I 99, 2601 (2609).
8 BGBl I 66, 209 (210).
9 Ursprüngliche Fassung in BGBl I 66, 209 (210) (VO; nur § 51 I zitiert); geändert durch VO in BGBl I 78, 1027 (§ 51 I Nr 1 pauschal ohne den einschlägigen Buchstaben angegeben; § 51 I Nr 2p wird nicht zitiert).
10 VO v 12.7.78, BGBl I 78, 1027 (Zitat von § 51 I Nr 1 sollte genügen).

65 § 29 EStDV[1] führt bei Versicherungsverträgen nach § 10 I Nr 2b, II 2 Anzeigepflichten etwaiger Sicherungsnehmer (S 1) oder des Versicherungsunternehmens (S 2), also Dritter, ein. Als Eingriff in die Rechte dieser Dritten bedarf eine Rechtsverordnung dieses Inhaltes einer gesetzlichen Ermächtigungsgrundlage. Eine solche kann nicht gefunden werden. Insbes §§ 51 I Nr 3, 10 V erfassen nur die Durchführung der Nachversteuerung, ordnen aber keine Rechtspflichten Dritter an. § 51 I Nr 1a 4. Alt erlaubt nur, wie seine Entstehungsgeschichte zeigt, Urkundspersonen zu verpflichten. § 29 EStDV ist deshalb nicht von einer Rechtsgrundlage iSv Art 80 I 2 GG gedeckt und kann als Rechtsverordnung keinen Bestand haben.

73 § 50 EStDV[2] nimmt den ursprünglich in § 48 III geregelten Zuwendungsnachweis auf und ergänzt ihn um sinnvolle Detailregelungen. Insoweit beruht er grds auf dem ordnungsgemäß zitierten § 51 I Nr 2c Alt 1.[3] Allerdings bezieht § 50 I EStDV auch Zuwendungen iSv § 34g des Gesetzes ein, obwohl die Delegationsnorm nur „Ausgaben zur Förderung steuerbegünstigter Zwecke im Sinne des § 10b" anspricht. Die Verordnung beruht folglich nur auf ihrer Rechtsgrundlage, wenn und soweit Zwecke iSd § 34g gleichzeitig solche des § 10b sind. § 10b II regelt Zuwendungen an politische Parteien (§ 2 ParteienG) und entspricht insoweit dem § 34g S 1 Nr 1. Die von § 34g S 1 Nr 2 erfassten unabhängigen Wählergemeinschaften werden dagegen durch § 10b nicht erfasst. Zuwendungen an sie können dennoch „Ausgaben iSd § 10b" sein, weil das BVerfG die Wählergemeinschaften insoweit den Parteien gleichgestellt hat. Allerdings wäre eine Klarstellung in § 51 geboten. IÜ wird der als Rechtsgrundlage erwägenswerte § 51 I Nr 1a Alt 3 (den Steuererklärungen beizufügende Unterlagen) nicht zitiert. IErg gelten auch für die unabhängigen Wählergemeinschaften die in § 50 angeordneten Nachweispflichten.

75 § 51 EStDV[4] führt im Gesetz nicht angelegte Pauschsätze ein. Auch die Generalermächtigung des § 51 I Nr 1b erlaubt nicht, vom Grundsatz der Besteuerung nach der individuellen Leistungsfähigkeit abzuweichen und stattdessen Durchschnittswerte anzusetzen. § 51 EStDV ist deshalb nichtig.[5]

76 § 53 EStDV[6] ist ebenfalls auf die Generalklausel in § 51 I Nr 1b zu stützen. Seine erstmalige Fassung durch die EStDV 55[7] wie auch die Änderungsverordnungen v 6.4.61,[8] v 25.4.62[9] und v 14.4.66[10] benannten jeweils nur § 51 I als Rechtsgrundlage. Auch hier stellt sich die Frage, ob den Anforderungen von Art 80 I 3 GG Genüge getan ist. Mit der strengen jüngeren Rspr des BVerfG[11] muss man dies verneinen. Allein der Charakter von § 53 EStDV als Durchführungsvorschrift mit steuerschuldrechtlichem Gehalt begründet noch keinen hinreichenden Zusammenhang zu § 51 I Nr 1b.

81 § 61 EStDV[12] trifft eine Regelung iSv § 51 I Nr 1d Alt 1. Die Änderungsverordnungen v 7.2.58,[13] v 12.3.59[14] und v 13.12.74[15] zitierten als Rechtsgrundlage nur pauschal den schon damals sehr ausf und dadurch unübersichtlichen § 51 I. Fraglich ist, ob dieser Verweis dem Art 80 I 3 GG genügt, der verlangt, die ermächtigende Einzelvorschrift, nicht nur das ermächtigende Gesetz als solches anzugeben.[11] Vertretbar schiene, die amtliche Überschrift der §§ 61 ff EStDV (heutige, der damaligen insoweit entspr Fassung: „Zu den §§ 26a bis 26c des Gesetzes") heranzuziehen, die einen Bezug zum 3. Abschn des Gesetzes über die Veranlagung und damit zur gleichlautenden Alt 1 von § 51 I Nr 1d herstellt.

---

1 Eingeführt durch VO (BGBl I 55, 756 [762]); seither zahllose Änderungen; letzte Änderung durch Gesetz v 5.7.04, BGBl I 04, 1427 (1440) – Abs 2-4 aufgehoben.
2 Zusammen mit § 48 EStDV neu gefasst (s oben); § 50 II Nr 2 geändert durch Gesetz, BGBl I 00, 1790 (1796).
3 Der BFH sah die Nachweispflicht (§ 48 III EStDV aF) als „sinnvolle Auslegung des Gesetzes", für die es keiner Ermächtigung bedürfe; vgl BFH BStBl II 76, 338 (339); BStBl II 87, 850 (851); BFH/NV 02, 1302. Die Interpretation von Nr 2c (so) ergibt aber, dass genau zu dieser Regelung ermächtigt wird.
4 Ursprünglich eingeführt durch VO in BGBl I 66, 209 (212); geändert im Verordnungswege, BGBl I 74, 3537 (3540) (jeweils nur § 51 I zitiert und auch deshalb fragwürdig).
5 S *Seiler* Der einheitliche Parlamentsvorbehalt, S 368 ff, der eine generelle Ermächtigung zur Pauschalierung geringfügiger Abzugspositionen vorschlägt, um sinnvolle Vereinfachungsregeln wie diese zu ermöglichen.
6 § 53 EStDV beruht auf BGBl I 55, 756 (767) geändert durch VO, BGBl I 61, 373 (375); BGBl I 62, 241 (242); BGBl I 66, 209 (213), jeweils nur § 51 I zitiert.
7 BGBl I 55, 756 (767).
8 BGBl I 61, 373 (375).
9 BGBl I 62, 241 (242).
10 BGBl I 66, 209 (213).
11 BVerfGE 101, 1 (41 f) – Hennenhaltung.
12 § 61 S 1 EStDV geht auf die Neufassung in BGBl I 58, 70 (76) zurück (VO); § 61 S 2 EStDV neu gefasst durch VO in BGBl I 59, 89 (93); § 61 EStDV geändert im Verordnungswege in BGBl I 74, 3537 (3540) (jeweils wurde § 51 I zitiert).
13 BGBl I 58, 70 (76).
14 BGBl I 59, 89 (93).
15 BGBl I 74, 3537 (3540).

§ 62d EStDV[1] stützt sich auf §§ 51 I Nr 3, 26a III. Seine Einführung in der Änderungsverordnung v 7.2.58[2] sowie die Änderungsverordnungen v 12.3.59,[3] v 6.3.70[4] und v 20.12.75[5] zitierten nur § 51 I als Rechtsgrundlage. Auch hier ist zu fragen, ob der Zusammenhang von Ermächtigung und Verordnung hinreichend deutlich geworden ist. Etwaige Nichtigkeitsfolgen hätten jedoch keine Auswirkungen mehr, soweit die dortige Änderung durch spätere wirksame Regelungen überholt ist. Eine weitere Änderungsverordnung von 1986[6] benannte nur § 51 I Nr 3, nicht auch den von ihm einbezogenen § 26a III. Da die §§ 61 ff EStDV aber unter der amtlichen Überschrift „Zu den §§ 26a bis 26c des Gesetzes" stehen, mag man dieses als ausreichend ansehen, um die Rechtsgrundlage erkennen zu können. 82

§ 64 EStDV[7] verpflichtet die zuständigen Gesundheitsbehörden, Nachweise über den Gesundheitszustand des StPfl auszustellen. Die Vorschrift kann nicht auf § 51 I Nr 1a Alt 3 zurückgeführt werden, der nur zur Bestimmung ermächtigt, welche Unterlagen der Steuererklärung beizufügen sind, nicht aber, wer etwaige Bescheinigungen auszustellen hat. Eine andere einschlägige Ermächtigung ist nicht ersichtlich. Diese Bestimmung könnte mithin als Rechtsverordnung nur Bestand haben, falls man der Exekutive ein selbstständiges Verordnungsrecht für unwesentliche Detailfragen zusprechen wollte.[8] Lehnt man ein solches mit der ganz überwiegenden Ansicht ab, wird man eine solche Verordnung für nichtig halten müssen. Zudem ist § 64 EStDV durch ein Artikel*gesetz* eingeführt worden (vgl Rn 15). 85

§ 68 EStDV[9] wird wohl auf die Generalermächtigung des § 51 I Nr 1b zurückzuführen sein. Die Vorschrift verweist ebenfalls nur pauschal auf § 51 I, was auf der Grundlage der verfassungsgerichtlichen Rspr[10] zum Zitiergebot nicht genügt. 87

§ 68a EStDV[11] beruht auf §§ 51 I Nr 3, 34c VII Nr 1, **§ 68b EStDV**[12] auf §§ 51 I Nr 3, 34c VII Nr 2. Wegen dieses eindeutigen Zusammenhanges kann es als unschädlich angesehen werden, dass die ursprüngliche Fassung beider Vorschriften nur § 51 I als Rechtsgrundlage angab. Ebenfalls unbeachtlich dürfte sein, dass die Umbenennung des früheren § 68d in den heutigen § 68b EStDV keine Rechtsgrundlage nannte, da diese rein redaktionelle Änderung den Inhalt der Verordnung unverändert ließ.[13] 88

§ 70 EStDV[14] stützt sich auf §§ 51 I Nr 3, 46 V, soweit er die Fälle des § 46 II Nr 1 anspricht. Soweit die Verordnung die übrigen Fälle (Nr 2-7) regelt, ist sie nicht von ihrer Ermächtigung gedeckt, insoweit also teilnichtig, ohne dass sich hieraus besondere Konsequenzen ergäben, da Nr 1 alle erheblichen Fälle erfassen dürfte. 89

§ 73a EStDV[15] bewegt sich im Rahmen von § 51 I Nr 1e. Seine ursprünglichen Fassungen durch Änderungsverordnung v 12.3.59[16] sowie die Änderungsverordnung v 4.4.68[17] benannten nur § 51 I, nicht aber die ermächtigende Einzelvorschrift. Dies genügt den Erfordernissen des Zitiergebots[10] nicht. 90

---

1 Ursprüngliche Fassung durch VO, BGBl I 58, 70 (77); Änderungen durch VO in BGBl I 59, 89 (93); BGBl I 70, 246 (247); BGBl I 76, 3610 (jeweils nur § 51 I benannt); BGBl I 84, 385 (Ermächtigungsgrundlage genannt), BGBl I 86, 1236 (1237) (zum Zitiergebot s sogleich) sowie in BGBl I 92, 1165 (1166) (Zitiergebot beachtet); § 62d II 2 neu gefasst durch Gesetz BGBl I 03, 2840 (2841).
2 BGBl I 58, 70 (77).
3 BGBl I 59, 89 (93).
4 BGBl I 70, 246 (247).
5 BGBl I 76, 3610.
6 BGBl I 86, 1236 (1237).
7 Eingeführt durch Gesetz, BGBl I 96, 2049 (2072), das konsequenterweise keine Rechtsgrundlage benennt.
8 So *Seiler* Der einheitliche Parlamentsvorbehalt, S 407, auf der Grundlage der dort entwickelten Dogmatik zum Verordnungsrecht.
9 § 68 EStDV eingeführt durch die EStDV 55 v 21.12.55 (Verordnungsrang), BGBl I 55, 756 (771); seither nur Streichungen.
10 BVerfGE 101, 1 (41 f) – Hennenhaltung.
11 Als § 68c EStDV eingeführt durch VO in BGBl I 58, 70 (79) (nur § 51 I benannt); zu § 68a EStDV geworden und S 1 neu gefasst durch VO in BGBl I 81, 526 (Zitiergebot beachtet).
12 Ursprünglich § 68d, eingeführt durch VO, BGBl I 58, 70 (79) (nur § 51 I angegeben); in § 68b EStDV umbenannt (inhaltlich unverändert) durch BGBl I 81, 526; VO, welche die Nr 2 von § 34c VII nicht erwähnte.
13 Nähme man die Nichtigkeit der Änderung an, hieße „§ 68b" noch heute „§ 68d".
14 § 70 EStDV durch VO eingeführt in BGBl I 92, 1165 (1166); die Rechtsgrundlage wurde zitiert; geändert durch Gesetz (Euro-Anpassung), BGBl I 00, 1790 (1796).
15 § 73a EStDV eingefügt durch VO, BGBl I 59, 89 (94 f); Abs 3 neu gefasst durch Rechtsverordnung, BGBl I 68, 257 (259) (jeweils nur § 51 I zitiert); § 73a EStDV geändert durch VO in BGBl I 86, 1236 (1237) (Fälschlicherweise wurden nur §§ 50a VI, 51 I Nr 3 zitiert. Allerdings handelt es sich um eine bloß redaktionelle Anpassung der VO an das Gesetz, die zudem in unmittelbarem Zusammenhang mit § 50a VI steht.); S 6 angefügt durch Gesetz, BGBl I 01, 3794 (3800); Abs 3 neu gefasst durch BGBl I 04, 390 (412).
16 BGBl I 59, 89 (94 f).
17 BGBl I 68, 257 (259).

91 §§ 73c EStDV,[1] § 73d EStDV[2] und § 73e EStDV[3] gehen gleichfalls auf § 51 I Nr 1e zurück. Zum Zitiergebot gilt das soeben zu § 73a EStDV Gesagte.

92 § 73f EStDV[4] basiert auf der (überflüssigen) Spezialermächtigung in den §§ 51 I Nr 3, 50a VI. Ausreichend und vorzugswürdig gewesen wäre eine Regelung des wesentlichen materiellen Gehalts der Vorschrift in § 50a und eine ergänzende, auf § 51 I Nr 1e gestützte Verordnungsgebung. Die Problematik des Zitiergebotes ist die gleiche wie bei § 73a EStDV.

93 § 73g EStDV[5] setzt ebenfalls die Ermächtigung des § 51 I Nr 1e um (zum Zitiergebot bei Einführung der Norm s oben zu § 73a EStDV). Die Neufassung von § 73g I EStDV durch die Änderungsverordnung v 16.7.80[6] zitierte die §§ 51 I Nr 3, 50a VI, die ausschließlich den von der Änderungsverordnung unberührten § 73f EStDV betreffen. Daneben verweist diese Verordnung (offensichtlich für die übrigen Änderungen) pauschal auf § 51 I Nr 1, ohne den hier einschlägigen Buchstaben e zu benennen. Dem Zitiergebot wäre mithin nur Genüge getan, wenn man auch das vom Verordnungsgeber in anderem Zusammenhang angegebene, objektiv jedoch einschlägige Zitat und gleichzeitig die bloße Bezugnahme auf die Durchführungsvorschriften (Nr 1) ausreichen lassen will. Für sich betrachtet könnten beide Mängel im Hinblick auf den gegebenen Sachzusammenhang überwunden werden, kumuliert verwirren sie jedoch und begründen dadurch Zweifel, ob die Funktion von Art 80 I Nr 3 GG erfüllt ist. Gesetz- und Verordnunggeber scheinen hier selbst Opfer ihrer unübersichtlichen Regelungstechnik geworden zu sein.

95 § 82a EStDV[7] macht von der Ermächtigung des § 51 I Nr 2q Gebrauch. Die vielfach durch Gesetz und Rechtsverordnung geänderte Vorschrift hat – abgesehen von Abs 1 – eine „Rückkehr zum einheitlichen Verordnungsrang" erfahren. Dabei wurde neben der eigentlichen Ermächtigungsgrundlage auch die „Entsteinerungsklausel" des insoweit geänderten Gesetzes angegeben.[8]

95a Der neue § 82b EStDV wurde durch Gesetz eingeführt.[9] Die Norm orientiert sich an § 51 I Nr 2r aa, der (wie bei Änderungen durch Gesetz üblich) nicht zitiert wird.

96 § 82f EStDV[10] geht auf § 51 I Nr 2w zurück.[11] Die Norm wahrt das Zitiergebot. Die bloße Bezugnahme auf § 51 I dürfte hier ausreichen, da die inhaltliche Nähe von Ermächtigung und VO deutlich erkennen lässt, welche Einzelbestimmung gemeint ist.

97 § 82g EStDV[12] stützt sich auf § 51 I Nr 2x. Ermächtigung und VO ähneln einander derart, dass eine Zuordnung möglich bleibt, obwohl sich die ursprüngliche Fassung von § 82g EStDV nur auf § 51 I berief.

98 § 82i EStDV[13] beruht auf § 51 I Nr 2y. Problematisch ist, dass die Ermächtigung nur von denkmalgeschützten „Gebäuden" spricht, die VO in Satz 4 aber auch Gebäude einbezieht, die zwar für sich

---

1 Eingefügt durch VO BGBl I 59, 89 (95) (nur § 51 I zitiert; seither unverändert).
2 BGBl I 59, 89 (95) (VO; nur § 51 I zitiert; seither nahezu unverändert); nunmehr durch Gesetz (Euro-Anpassung) geändert, BGBl I 00, 1790 (1796).
3 § 73e EStDV im Verordnungswege eingeführt, BGBl I 59, 89 (95) (nur § 51 I zitiert); geändert in BGBl I 68, 257 (259) (geringfügige Änderung in S 2 durch VO; nur § 51 I genannt); BGBl I 77, 1473 (1475); BGBl I 81, 526 (VO, die nur § 51 I Nr 1 zitieren, ohne den einschlägigen Buchstaben; dennoch wohl hinreichend deutlich); Satz 6 angefügt durch Gesetz, BGBl I 01, 3794 (3800).
4 Eingefügt durch VO, BGBl I 59, 89 (95) (nur § 51 I benannt); S 1 neu gefasst durch Gesetz, BGBl I 95, 1250 (1386).
5 § 73g EStDV eingeführt in BGBl I 59, 89 (95 f) (VO, die nur § 51 I angibt); Abs 1 neu gefasst durch VO, BGBl I 80, 1017 (zum Zitiergebot s sogleich).
6 BGBl I 80, 1017.
7 § 82a EStDV erstmals eingeführt durch BGBl I 59, 89 (96); zahlreiche Änderungen; überholt durch die Neufassung in BGBl I 84, 385 f (VO; Zitiergebot gewahrt); Abs 1, 3 und 4 geändert durch Gesetz in BGBl I 85, 2436 (2450); danach Abs 1 geändert und Abs 4 neu gefasst in BGBl I 86, 1236 (1237 f) sowie Abs 3 neu gefasst in BGBl I 88, 2301 (jeweils VO, die ihre Rechtsgrundlage und die Entsteinerungsklausel benennen; insoweit teilw Rückkehr zum einheitlichen Verordnungsrang).
8 Vgl *Bundesministerium der Justiz* Handbuch der Rechtsförmlichkeit, Rn 840.
9 BGBl I 03, 3076 (3085).
10 § 82f EStDV eingeführt durch VO, BGBl I 66, 209 (241 f); hiernach Änderungen im Verordnungswege (BGBl I 70, 246 [247 f]: insbes Abs 3; BGBl I 74, 3537 [3543]: vor allem Abs 4); jeweils nur § 51 I zitiert; später Abs 1 geändert durch Gesetz, BGBl I 84, 1493 [1502]); Abs 2 und 4 neu gefasst durch Gesetz, BGBl I 95, 1250 (1386). Abs 5 zuletzt neu gefasst durch Gesetz in BGBl I 96, 2049 (2072).
11 BFH BStBl 01, 437.
12 Eingeführt durch VO, BGBl I 72, 45 (47) (zitiert wird allein § 51 Abs 1); geändert durch VO in BGBl I 77, 1473 (1475); BGBl I 78, 1027 (1028); BGBl I 84, 385 (386); BGBl I 86, 1236 (1238); BGBl I 88, 2301; BGBl I 92, 1165 (1167) (Zitiergebot jeweils gewahrt).
13 Eingefügt durch VO, BGBl I 78, 1027 (1029); § 51 Abs 1 Nr 2y wurde zitiert.

allein kein Baudenkmal sind, jedoch als Teil einer erhaltenswerten „Gebäudegruppe" geschützt werden sollen. Da die Ermächtigung nach ihrem Sinn und Zweck wohl auch solche Fälle meint, scheint eine weite Auslegung vertretbar, die VO mithin von ihrer Ermächtigung gedeckt.

Die Schlussvorschriften des § 84 EStDV[1] teilen jeweils die Rechtsgrundlage der betroffenen Verordnungsbestimmungen. **99**

II. Die Lohnsteuer-Durchführungsverordnung (LStDV). § 1 LStDV[2] ist die älteste einkommensteuerrechtliche Verordnungsbestimmung. Sie wurde 1949 nach Inkrafttreten des GG, aber noch vor § 51[3] auf der Grundlage von näher bezeichnetem Übergangsrecht geschaffen. Heute kann sie jedoch als von § 51 aufgenommen betrachtet werden. Ihre Begriffsbestimmungen zu §§ 19, 38 ff werden dem § 51 I Nr 1d Alt 3 gerecht. **100**

§ 2 LStDV[4] liefert ebenfalls untergesetzliche Definitionen zu §§ 19, 38 ff und kann auf § 51 I Nr 1d Alt 3 zurückgeführt werden. Fraglich ist jedoch, ob das Zitiergebot bei der Neufassung von § 2 LStDV durch die Änderungsverordnung v 10.10.89[5] beachtet wurde. Die Vorschrift benannte § 51 I Nr 3 iVm §§ 3 Nr 52, 19a IX sowie § 41 I. Alle drei Ermächtigungen können diese Verordnungsbestimmung nicht rechtfertigen. Sie ist mithin nichtig. **101**

§ 4 LStDV,[6] der die Aufzeichnungspflichten des § 41 konkretisiert, beruht auf der Spezialermächtigung in § 41 I 7, die den allgemeineren § 51 I Nr 1d Alt 3 verdrängt. **102**

§§ 5, 6 und 7 LStDV wurden aufgehoben.[7] **103**

Die Anwendungsregel des § 8 LStDV[8] teilt die jeweiligen Rechtsgrundlagen der einzelnen Verordnungsbestimmungen. **104**

§ 51a Festsetzung und Erhebung von Zuschlagsteuern

(1) Auf die Festsetzung und Erhebung von Steuern, die nach der Einkommensteuer bemessen werden (Zuschlagsteuern), sind die Vorschriften dieses Gesetzes entsprechend anzuwenden.

(2) [1]Bemessungsgrundlage ist die Einkommensteuer, die abweichend von § 2 Abs. 6 unter Berücksichtigung von Freibeträgen nach § 32 Abs. 6 in allen Fällen des § 32 festzusetzen wäre. [2]Zur Ermittlung der Einkommensteuer im Sinne des Satzes 1 ist das zu versteuernde Einkommen um die nach § 3 Nr. 40 steuerfreien Beträge zu erhöhen und um die nach § 3c Abs. 2 nicht abziehbaren Beträge zu mindern. [3]§ 35 ist bei der Ermittlung der festzusetzenden Einkommensteuer nach Satz 1 nicht anzuwenden.

(2a) [1]Vorbehaltlich des § 40a Abs. 2 in der Fassung des Gesetzes vom 23. Dezember 2002 (BGBl. I S. 4621) ist beim Steuerabzug vom Arbeitslohn Bemessungsgrundlage die Lohnsteuer; beim Steuerabzug vom laufenden Arbeitslohn und beim Jahresausgleich ist die Lohnsteuer maßgebend, die sich ergibt, wenn der nach § 39b Abs. 2 Satz 5 zu versteuernde Jahresbetrag für die Steuerklassen I, II und III um den Kinderfreibetrag von 3 648 Euro sowie den Freibetrag für den Betreuungs- und Erziehungs- oder Ausbildungsbedarf von 2 160 Euro und für die Steuerklasse IV um den Kinderfreibetrag von 1 824 Euro sowie den Freibetrag für den Betreuungs- und Erziehungs- oder Ausbildungsbedarf von 1 080 Euro für jedes Kind vermindert wird, für das eine Kürzung der Freibeträge für Kinder nach § 32 Abs. 6 Satz 4 nicht in Betracht kommt. [2]Bei der Anwendung des § 39b für die Ermittlung der Zuschlagsteuern ist die auf der Lohnsteuerkarte eingetragene Zahl der Kinderfreibeträge maßgebend.

---

1 § 84 EStDV ist regelmäßig gleichzeitig mit den entspr VO-Bestimmungen gesetzlich oder im Verordnungswege geändert worden. Inwiefern das im zweiten Fall einschlägige Zitiergebot gewahrt wurde, ist im Einklang mit den jeweiligen Änderungen zu beurteilen.
2 § 1 LStDV eingeführt durch VO v 16.6.1949, WiGBl 157; geändert durch VO, BGBl I 74, 3462 (Abs 1 aF gestrichen).
3 BGBl I 51, 411 (414 f).
4 Neu gefasst durch VO, BGBl I 89, 1845 f; geringfügig geändert durch Gesetz, BGBl I 99, 2601 (2609).
5 BGBl I 89, 1845 f.
6 Neu gefasst durch VO, BGBl I 89, 1845 (1846) (die Rechtsgrundlage wurde zitiert); zuletzt geändert durch Gesetz: BGBl I 92, 297 (311); BGBl I 95, 1250 (1387); BGBl I 99, 402 (483); 2601 (2609); BGBl I 00, 1790 (1796); BGBl I 01, 3794 (3801); BGBl I 03, 2645 (2653); BGBl I 04, 1427 (1442).
7 StÄndG 01 v 20.12.01, BStBl I 01, 3794 (3801).
8 Neu gefasst durch Gesetz, BGBl I 99, 402 (483); BGBl I 00, 1790 (1796); BGBl I 01, 3794 (3801); geändert durch Gesetz, BGBl I 03, 2645 (2653); BGBl I 04, 1427 (1442).

(2b) bis (2d) *(nicht besetzt)*

(2e) ¹Die Auswirkungen der Absätze 2c bis 2d werden unter Beteiligung von Vertretern von Kirchensteuern erhebenden Religionsgemeinschaften und weiteren Sachverständigen durch die Bundesregierung mit dem Ziel überprüft, einen umfassenden verpflichtenden Quellensteuerabzug auf der Grundlage eines elektronischen Informationssystems, das den Abzugsverpflichteten Auskunft über die Zugehörigkeit zu einer Kirchensteuer erhebenden Religionsgemeinschaft gibt, einzuführen. ²Die Bundesregierung unterrichtet den Bundestag bis spätestens zum 30. Juni 2010 über das Ergebnis.

(3) Ist die Einkommensteuer für Einkünfte, die dem Steuerabzug unterliegen, durch den Steuerabzug abgegolten oder werden solche Einkünfte bei der Veranlagung zur Einkommensteuer oder beim Lohnsteuer-Jahresausgleich nicht erfasst, gilt dies für die Zuschlagsteuer entsprechend.

(4) ¹Die Vorauszahlungen auf Zuschlagsteuern sind gleichzeitig mit den festgesetzten Vorauszahlungen auf die Einkommensteuer zu entrichten; § 37 Abs. 5 ist nicht anzuwenden. ²Solange ein Bescheid über die Vorauszahlungen auf Zuschlagsteuern nicht erteilt worden ist, sind die Vorauszahlungen ohne besondere Aufforderung nach Maßgabe der für die Zuschlagsteuern geltenden Vorschriften zu entrichten. ³§ 240 Abs. 1 Satz 3 der Abgabenordnung ist insoweit nicht anzuwenden; § 254 Abs. 2 der Abgabenordnung gilt insoweit sinngemäß.

(5) ¹Mit einem Rechtsbehelf gegen die Zuschlagsteuer kann weder die Bemessungsgrundlage noch die Höhe des zu versteuernden Einkommens angegriffen werden. ²Wird die Bemessungsgrundlage geändert, ändert sich die Zuschlagsteuer entsprechend.

(6) Die Absätze 1 bis 5 gelten für die Kirchensteuern nach Maßgabe landesrechtlicher Vorschriften.

IdF ab VZ 2009:

§ 51a Festsetzung und Erhebung von Zuschlagsteuern

...

(2b) Wird die Einkommensteuer nach § 43 Abs. 1 durch Abzug vom Kapitalertrag (Kapitalertragsteuer) erhoben, wird die darauf entfallende Kirchensteuer nach dem Kirchensteuersatz der Religionsgemeinschaft, der der Kirchensteuerpflichtige angehört, als Zuschlag zur Kapitalertragsteuer erhoben.

(2c) ¹Der zur Vornahme des Steuerabzugs verpflichtete Schuldner der Kapitalerträge oder die auszahlende Stelle im Sinne des § 44 Abs. 1 Satz 3 oder in den Fällen des Satzes 2 die Person oder Stelle, die die Auszahlung an den Gläubiger vornimmt (Abzugsverpflichteter), hat die auf Kapitalerträge nach Absatz 2b entfallende Kirchensteuer auf schriftlichen Antrag des Kirchensteuerpflichtigen hin einzubehalten (Kirchensteuerabzugsverpflichteter). ²Zahlt der Abzugsverpflichtete die Kapitalerträge nicht unmittelbar an den Gläubiger aus, ist Kirchensteuerabzugsverpflichteter die Person oder Stelle, die die Auszahlung für die Rechnung des Schuldners an den Gläubiger vornimmt; in diesem Fall hat der Kirchensteuerabzugsverpflichtete zunächst die vom Schuldner der Kapitalerträge erhobene Kapitalertragsteuer gemäß § 43a Abs. 1 Satz 3 in Verbindung mit § 32d Abs. 1 Satz 4 und 5 zu ermäßigen und im Rahmen seiner Steueranmeldung nach § 45a Abs. 1 die abzuführende Kapitalertragsteuer entsprechend zu kürzen. ³Der Antrag nach Satz 1 kann nicht auf Teilbeträge des Kapitalertrags eingeschränkt werden; er kann nicht rückwirkend widerrufen werden. ⁴Der Antrag hat die Religionsangehörigkeit des Steuerpflichtigen zu benennen. ⁵Der Kirchensteuerabzugsverpflichtete hat den Kirchensteuerabzug getrennt nach Religionsangehörigkeiten an das für ihn zuständige Finanzamt abzuführen. ⁶Der abgeführte Steuerabzug ist an die Religionsgemeinschaft weiterzuleiten. ⁷§ 44 Abs. 5 ist mit der Maßgabe anzuwenden, dass der Haftungsbescheid von dem für den Kirchensteuerabzugsverpflichteten zuständigen Finanzamt erlassen wird. ⁸Satz 6 gilt entsprechend. ⁹§ 45a Abs. 2 ist mit der Maßgabe anzuwenden, dass auch die Religionsgemeinschaft angegeben wird. ¹⁰Sind an den Kapitalerträgen mehrere Personen beteiligt, kann der Antrag nach Satz 1 nur gestellt werden, wenn es sich um Ehegatten handelt oder alle Beteiligten derselben Religionsgemeinschaft angehören. ¹¹Sind an den Kapitalerträgen Ehegatten beteiligt, haben diese für den Antrag nach Satz 1 übereinstimmend zu erklären, in welchem Verhältnis der auf jeden Ehegatten entfallende Anteil der Kapitalerträge zu diesen Erträgen steht. ¹²Die Kapital-

erträge sind entsprechend diesem Verhältnis aufzuteilen und die Kirchensteuer ist einzubehalten, soweit ein Anteil einem kirchensteuerpflichtigen Ehegatten zuzuordnen ist. ¹³Wird das Verhältnis nicht erklärt, wird der Anteil nach dem auf ihn entfallenden Kopfteil ermittelt. ¹⁴Der Kirchensteuerabzugsverpflichtete darf die durch den Kirchensteuerabzug erlangten Daten nur für den Kirchensteuerabzug verwenden; für andere Zwecke darf er sie nur verwenden, soweit der Kirchensteuerpflichtige zustimmt oder dies gesetzlich zugelassen ist.

(2d) ¹Wird die nach Absatz 2b als Zuschlag auf Kapitalerträge zu erhebende Kirchensteuer nicht nach Absatz 2c als Kirchensteuerabzug vom Kirchensteuerabzugsverpflichteten einbehalten, wird sie nach Ablauf des Kalenderjahres nach dem Kapitalertragsteuerbetrag veranlagt, der sich ergibt, wenn die Steuer auf Kapitalerträge nach § 32d Abs. 1 Satz 4 und 5 errechnet wird; wenn Kirchensteuer auf Kapitalerträge als Kirchensteuerabzug nach Absatz 2c erhoben wurde, wird eine Veranlagung auf Antrag des Steuerpflichtigen durchgeführt. ²Der Abzugsverpflichtete hat dem Kirchensteuerpflichtigen auf dessen Verlangen hin eine Bescheinigung über die einbehaltene Kapitalertragsteuer zu erteilen. ³Der Kirchensteuerpflichtige hat die erhobene Kapitalertragsteuer zu erklären und die Bescheinigung nach Satz 2 oder nach § 45a Abs. 2 oder 3 vorzulegen.

...

§ 51a modifiziert das EStG für Zuschlagsteuern, die Zusatzlasten an die ESt-Schuld anknüpfen. § 51a gilt grds für alle Zuschlagsteuern des Bundes, gewinnt aber praktische Bedeutung vor allem für die KiSt. Die Kirchensteuergesetze der Länder verweisen (dynamisch) auf die Mustervorschrift des § 51a und verschaffen dieser damit mittelbar Geltung.¹ Die Bemessungsgrundlage für den SolZ wird in § 3 SolZG² geregelt. Grds sind auf die Festsetzung und Erhebung von Zuschlagsteuern die Vorschriften des EStG entspr anzuwenden **(Abs 1)**. Diese Regelung des Abs 1 hat für die KiSt nur klarstellende Bedeutung; die Landes-KiStG fordern konstitutiv die entspr Anwendung des EStG. **Abs 2 und Abs 2a** stellen sicher, dass die Zuschlagsteuern den Kinderbedarf berücksichtigen, also an die ESt anknüpfen, die sich nach Abzug von Kinderfreibeträgen, Betreuungs- und Erziehungsbedarf ergäbe. Der Kindesbedarf wird also bei der Zuschlagsteuer auch dann berücksichtigt, wenn der StPfl bei der ESt keine Kinderfreibeträge in Anspruch genommen hat, weil er sich mit dem Kindergeld nach den §§ 62 ff besser stellt. Die besondere Berücksichtigung des Kindesunterhalts bei den Zuschlagsteuern ist auf Wunsch der Kirchen eingeführt worden, um – nach Wegfall der Kinderfreibeträge durch das EStRG 1974³ und nach dem späteren Optionsrecht zwischen Kinderfreibeträgen und Kindergeld – die Kirchenbesteuerung auf das Einkommen nach Familienleistungsausgleich zu beschränken.⁴ Da die einheitliche Pauschsteuer nach § 40a II auch die Zuschlagsteuern umfasst (§ 40a Rn 8g), bedurfte es in Abs 2a eines Vorbehalts. Im Anwendungsbereich des § 40a II wird keine weitere Zuschlagsteuer erhoben. **1**

Durch das StSenkG⁵ wurde ab dem VZ 01 eine **pauschalierte Anrechnung der GewSt** auf die ESt-Schuld und das **Halbeinkünfteverfahren** – ab VZ 08: **Teileinkünfteverfahren** – eingeführt, um die Gesamtsteuerlast für die nicht kstpfl ESt-Subjekte der den Körperschaften gewährten, die GewSt (über)kompensierenden Tarifentlastung anzugleichen und außerdem die Mehrfachbelastung ausgeschütteter Gewinne bei der Körperschaft und beim Anteilseigner aufeinander abzustimmen. Diese Kollisionsregeln für das Zusammenwirken von GewSt und ESt sowie KSt und ESt greifen nicht für die ausschließlich an das EStG anknüpfende KiSt. Deswegen korrigiert § 51a EStG die Bemessungsgrundlage der Maßstabsteuer in der Weise, dass weder die GewSt-Anrechnung noch das Halbeinkünfteverfahren die Bemessungsgrundlage der Zuschlagsteuer bestimmt. Diese durch das Gesetz⁶ zur Regelung der Bemessungsgrundlage für Zuschlagsteuern eingeführte Änderung rechtfertigt sich aus der Besonderheit der KiSt, erfasst daher aufgrund einer Sonderregel im SolZG nicht den SolZ. § 51a II begründet folgende fiktive Bemessungsgrundlage, an die die KiSt anknüpft:⁷ **2**

---

1 S allg dazu *Drüen/Rüping* Verfassungs- und Rechtsfragen der Kirchensteuer, StuW 04, 178 (183); *Nabialek/Winzer* BB 04, 1305; *Marré* Die Kirchenfinanzierung in Kirche und Staat der Gegenwart⁴, 2004, S 62 ff.
2 SolZG v 23.6.93 (BGBl I, 944, 975), idF v 15.10.02 (BGBl I 02, 4130), zuletzt geändert durch das Zweite Gesetz für moderne Dienstleistungen am Arbeitsmarkt v 23.12.02 (BGBl I 02, 4621).
3 Gesetz v 5.8.74, BGBl I 74, 1796 = BStBl I 74, 530.
4 *Suhrbier-Hahn* Kirchensteuerrecht, 1999, S 114 ff.
5 Gesetz v 23.10.00, BGBl I 00, 1433 = BStBl I 00, 1428.
6 Gesetz v 21.12.00, BGBl I 00, 1978 = BStBl I 01, 38.
7 *K/S/M* § 51a Rn A 19.

§ 51a Festsetzung und Erhebung von Zuschlagsteuern

1. zu versteuerndes Einkommen (§ 2 V)
2. zuzüglich Beträge nach § 3 Nr 40 (§ 51a II 2)
3. abzgl Beträge nach § 3c II (§ 51a II 2)
4. fiktives zu versteuerndes Einkommen
5. fiktive tarifliche ESt (§ 32a I, V; § 51a II 2 und 3) = Bemessungsgrundlage für die KiSt ohne kindbedingten Aufwand
6. abzgl Freibeträge nach § 32 VI (§ 51a II 1)
7. fiktive festzusetzende ESt (§ 2 VI; § 51a II 1) = Bemessungsgrundlage für die KiSt bei kindbedingtem Aufwand

Die Regelungen der Abs 2b bis 2e sind aufgrund der mit §§ 32d, 43 V 1 eingeführten Abgeltungssteuer erforderlich geworden. Wegen Art 140 GG iVm Art 137 VI WRV entfalten die Regelungen keine Wirkung, sofern nicht die Landeskirchensteuergesetze hierauf verweisen.[1] Dem Kirchensteuerpflichtigen wird ein Wahlrecht eingeräumt, die KiSt als Quellensteuer nach Abs 2c einbehalten oder sich durch das zuständige FA nach Abs 2d zur KiSt veranlagen zu lassen. Diese Option soll eine Übergangslösung sein, bis das in Abs 2e anvisierte elektronische Informationssystem aufgebaut ist.[2] Das komplizierte Verfahren nach Abs 2c S 2, 2. Hs sei erforderlich, weil im Rahmen der Abgeltungssteuer die Kirchensteuerzahlung als SA zu berücksichtigen[3], dem Schuldner der Kapitalerträge die Kirchensteuerpflicht des Anlegers aber nicht bekannt ist; die Kirchensteuerpflicht ist lediglich der Depot führenden Bank bekannt, die dann die Berichtigung vorzunehmen hat. Eine nach Abs 2d mögliche Veranlagung durch das FA führt zum selben Ergebnis.

3 Wird die ESt für Einkünfte durch Steuerabzug abgegolten (LSt, KapESt, beschränkte StPfl), so gilt dieses Abzugsverfahren nach **Abs 3** für die Zuschlagsteuer entspr. Ist zuviel Zuschlagsteuer abgezogen worden, ist der StPfl auf eine Veranlagung verwiesen. Werden diese Einkünfte – wie die pauschale LSt nach § 40 III 2 – beim Veranlagungsverfahren nicht erfasst, gilt dies für die Zuschlagsteuer entspr; Schuldner der Zuschlagsteuer auf die pauschale LSt ist der ArbG (Abs 1).[4]

4 Nach **Abs 4** sind die Vorauszahlungen auf Zuschlagsteuern gleichzeitig mit den ESt-Vorauszahlungen – ohne die Mindestgrenzen des § 37 V – zu entrichten. Die Vorauszahlungen auf die Zuschlagsteuer knüpfen an den ESt-Vorauszahlungsbescheid an, ohne dass es eines gesonderten Vorauszahlungsbescheides für die Zuschlagsteuer bedürfte. **Abs 4 S 3 HS 1** stellt klar, dass Säumnisfolgen ohne Ergehen eines eigenen Vorauszahlungsbescheides zur Zuschlagsteuer eintreten. **Abs 4 S 3 HS 2** erlaubt analog zu § 254 II AO eine Beitreibung der Zuschlagsteuer zusammen mit dem ESt-Vorauszahlungsbescheid. Nach **Abs 5** sind der ESt-Jahressteuerbescheid und der ESt-Vorauszahlungsbescheid Grundlagenbescheide für die Zuschlagsteuer,[5] so dass der Bescheid über die Zuschlagsteuer ein Folgebescheid ist. Ein Rechtsbehelf gegen den Zuschlagsteuer kann weder die Bemessungsgrundlage noch die Höhe des zu versteuernden Einkommens angreifen. Ist der Grundlagenbescheid unanfechtbar geworden, kann der Rechtsbehelf gegen den Folgebescheid Mängel im Grundlagenbescheid nicht mehr rügen. Ändert sich die Bemessungsgrundlage, ändert sich die Zuschlagsteuer entspr **(Abs 5 S 2)**.

5 **Zuschlagsteuern** (Ergänzungsabgaben, Annexsteuern) sind Steuern, die in Form von Hundertsätzen des geschuldeten Betrages der ESt (Maßstabsteuer) berechnet werden. Eine solche Zuschlagsteuer ist der SolZ, der eine Ergänzungsabgabe iSd Art 106 I Nr 6 GG darstellt.[6] Dessen Ertrag steht ausschließlich dem Bund zu, während das Aufkommen aus der ESt – nach Abzug des Gemeindeanteils (Art 106 V GG) – nur hälftig dem Bund zufließt (Art 106 III 2 GG). Die unterschiedlichen Ertragshoheiten erlauben nur die Erhebung einer Ergänzungsabgabe auf eine Steuer, die das finanzielle Ausgleichssystem nicht zu Lasten der Länder ändert und insbes in ihrer Ausgestaltung und Höhe nicht die ESt und KSt aushöhlt.[7] Die Gesetzgebungszuständigkeit des Bundes ergibt sich aus Art 105 II GG.

6 Sodann gewinnt § 51a Bedeutung für die **KiSt**. Zwar hat der Bundesgesetzgeber keine Kompetenz für die KiSt (Art 140 GG iVm Art 137 WRV). Allerdings bestimmen die Landeskirchensteuerge-

---

1 Vgl BT-Drs. 16/4841, 69.
2 Vgl BT-Drs 16/4841 S 71.
3 Vgl § 32d I 3-5.
4 *K/S/M* § 51a Rn D 2.
5 Vgl auch BFH BStBl II 95, 305; BStBl II 96, 619; BStBl II 01, 416.
6 Vgl BFH DStR 06, 1362 (VB 2 BvR 1708/06), der in dieser Entscheidung die Verfassungsgemäßheit des SolZ bestätigt.
7 BVerfGE 32, 333 (338).

1812 Kirchhof

setze, dass die festgesetzte ESt und die Jahres-LSt für die Erhebung der KiSt um bestimmte Abzugsbeträge nach Maßgabe des § 51a zu kürzen sind.[1] Da die KiSt kraft Anordnung der Landeskirchensteuergesetze – nicht des EStG – eine Zuschlagsteuer zur ESt ist, finden die Verfahrensvorschriften des § 51a auf die KiSt keine Anwendung.[2]

§ 52 Anwendungsvorschriften

(1) ¹Diese Fassung des Gesetzes ist, soweit in den folgenden Absätzen und § 52a nichts anderes bestimmt ist, erstmals für den Veranlagungszeitraum 2008 anzuwenden. ²Beim Steuerabzug vom Arbeitslohn gilt Satz 1 mit der Maßgabe, dass diese Fassung erstmals auf den laufenden Arbeitslohn anzuwenden ist, der für einen nach dem 31. Dezember 2007 endenden Lohnzahlungszeitraum gezahlt wird, und auf sonstige Bezüge, die nach dem 31. Dezember 2007 zufließen.

(1a) § 1 Abs. 3 Satz 4 in der Fassung des Artikels 1 des Gesetzes vom 20. Dezember 2007 (BGBl. I S. 3150) ist für Staatsangehörige eines Mitgliedstaates der Europäischen Union oder eines Staates, auf den das Abkommen über den Europäischen Wirtschaftsraum anwendbar ist, auf Antrag auch für Veranlagungszeiträume vor 2008 anzuwenden, soweit Steuerbescheide noch nicht bestandskräftig sind.

(2) § 1a Abs. 1 ist für Staatsangehörige eines Mitgliedstaates der Europäischen Union auf Antrag auch für Veranlagungszeiträume vor 1996 anzuwenden, soweit Steuerbescheide noch nicht bestandskräftig sind; für Staatsangehörige und für das Hoheitsgebiet Finnlands, Islands, Norwegens, Österreichs und Schwedens gilt dies ab dem Veranlagungszeitraum 1994.

(2a) *(aufgehoben)*

(3) ¹§ 2a Abs. 1 Satz 1 Nr. 6 Buchstabe b in der Fassung der Bekanntmachung vom 22. Dezember 1999 (BGBl. I S. 2601) ist erstmals für negative Einkünfte eines Steuerpflichtigen anzuwenden, die er aus einer entgeltlichen Überlassung von Schiffen auf Grund eines nach dem 31. Dezember 1999 rechtswirksam abgeschlossenen obligatorischen Vertrags oder gleichstehenden Rechtsakts erzielt. ²§ 2a Abs. 3 und 4 in der Fassung der Bekanntmachung vom 16. April 1997 (BGBl. I S. 821) ist letztmals für den Veranlagungszeitraum 1998 anzuwenden. ³§ 2a Abs. 3 Satz 3, 5 und 6 in der Fassung der Bekanntmachung vom 16. April 1997 (BGBl. I S. 821) ist für Veranlagungszeiträume ab 1999 weiter anzuwenden, soweit sich ein positiver Betrag im Sinne des § 2a Abs. 3 Satz 3 ergibt oder soweit eine in einem ausländischen Staat belegene Betriebsstätte im Sinne des § 2a Abs. 4 in der Fassung des Satzes 6 in eine Kapitalgesellschaft umgewandelt, übertragen oder aufgegeben wird. ⁴Insoweit ist in § 2a Abs. 3 Satz 5 letzter Halbsatz die Bezeichnung „§ 10d Abs. 3" durch „§ 10d Abs. 4" zu ersetzen. ⁵§ 2a Abs. 4 ist für die Veranlagungszeiträume 1999 bis 2005 in der folgenden Fassung anzuwenden:

„(4) Wird eine in einem ausländischen Staat belegene Betriebsstätte
1. in eine Kapitalgesellschaft umgewandelt oder
2. entgeltlich oder unentgeltlich übertragen oder
3. aufgegeben, jedoch die ursprünglich von der Betriebsstätte ausgeübte Geschäftstätigkeit ganz oder teilweise von einer Gesellschaft, an der der inländische Steuerpflichtige zu mindestens 10 Prozent unmittelbar oder mittelbar beteiligt ist, oder von einer ihm nahe stehenden Person im Sinne des § 1 Abs. 2 des Außensteuergesetzes in der Fassung der Bekanntmachung vom 20. Dezember 1996 (BGBl. I S. 2049) fortgeführt,

so ist ein nach Absatz 3 Satz 1 und 2 abgezogener Verlust, soweit er nach Absatz 3 Satz 3 nicht wieder hinzugerechnet worden ist oder nicht noch hinzuzurechnen ist, im Veranlagungszeitraum der Umwandlung, Übertragung oder Aufgabe in entsprechender Anwendung des Absatzes 3 Satz 3 dem Gesamtbetrag der Einkünfte hinzuzurechnen."

⁶§ 2a Abs. 4 ist für Veranlagungszeiträume ab 2006 in der folgenden Fassung anzuwenden:

„(4) ¹Wird eine in einem ausländischen Staat belegene Betriebsstätte
1. in eine Kapitalgesellschaft umgewandelt oder
2. entgeltlich oder unentgeltlich übertragen oder

---

1 *K/S/M* § 51a Rn A 16 ff.   2 *K/S/M* § 51a Rn A 21.

3. aufgegeben, jedoch die ursprünglich von der Betriebsstätte ausgeübte Geschäftstätigkeit ganz oder teilweise von einer Gesellschaft, an der der inländische Steuerpflichtige zu mindestens 10 Prozent unmittelbar oder mittelbar beteiligt ist, oder von einer ihm nahe stehenden Person im Sinne des § 1 Abs. 2 des Außensteuergesetzes fortgeführt,

so ist ein nach Absatz 3 Satz 1 und 2 abgezogener Verlust, soweit er nach Absatz 3 Satz 3 nicht wieder hinzugerechnet worden ist oder nicht noch hinzuzurechnen ist, im Veranlagungszeitraum der Umwandlung, Übertragung oder Aufgabe in entsprechender Anwendung des Absatzes 3 Satz 3 dem Gesamtbetrag der Einkünfte hinzuzurechnen. ²Satz 1 gilt entsprechend bei Beendigung der unbeschränkten Einkommensteuerpflicht (§ 1 Abs. 1) durch Aufgabe des Wohnsitzes oder des gewöhnlichen Aufenthalts oder bei Beendigung der unbeschränkten Körperschaftsteuerpflicht (§ 1 Abs. 1 des Körperschaftsteuergesetzes) durch Verlegung des Sitzes oder des Orts der Geschäftsleitung sowie bei unbeschränkter Einkommensteuerpflicht (§ 1 Abs. 1) oder unbeschränkter Körperschaftsteuerpflicht (§ 1 Abs. 1 des Körperschaftsteuergesetzes) bei Beendigung der Ansässigkeit im Inland auf Grund der Bestimmungen eines Abkommens zur Vermeidung der Doppelbesteuerung."

(4) § 2b in der Fassung der Bekanntmachung vom 19. Oktober 2002 (BGBl. I S. 4210, 2003 I S. 179) ist weiterhin für Einkünfte aus einer Einkunftsquelle im Sinne des § 2b anzuwenden, die der Steuerpflichtige nach dem 4. März 1999 und vor dem 11. November 2005 rechtswirksam erworben oder begründet hat.

(4a) ¹§ 3 Nr. 9 in der bis zum 31. Dezember 2005 geltenden Fassung ist weiter anzuwenden für vor dem 1. Januar 2006 entstandene Ansprüche der Arbeitnehmer auf Abfindungen oder für Abfindungen wegen einer vor dem 1. Januar 2006 getroffenen Gerichtsentscheidung oder einer am 31. Dezember 2005 anhängigen Klage, soweit die Abfindungen dem Arbeitnehmer vor dem 1. Januar 2008 zufließen. ²§ 3 Nr. 10 in der bis zum 31. Dezember 2005 geltenden Fassung ist weiter anzuwenden für Entlassungen vor dem 1. Januar 2006, soweit die Übergangsgelder und Übergangsbeihilfen dem Arbeitnehmer vor dem 1. Januar 2008 zufließen, und für an Soldatinnen auf Zeit und Soldaten auf Zeit vor dem 1. Januar 2009 gezahlte Übergangsbeihilfen, wenn das Dienstverhältnis vor dem 1. Januar 2006 begründet wurde.

(4b) ¹§ 3 Nr. 40 ist erstmals anzuwenden für
1. Gewinnausschüttungen, auf die bei der ausschüttenden Körperschaft der nach Artikel 3 des Gesetzes vom 23. Oktober 2000 (BGBl. I S. 1433) aufgehobene Vierte Teil des Körperschaftsteuergesetzes nicht mehr anzuwenden ist; für die übrigen in § 3 Nr. 40 genannten Erträge im Sinne des § 20 gilt Entsprechendes;
2. Erträge im Sinne des § 3 Nr. 40 Satz 1 Buchstabe a, b, c und j nach Ablauf des ersten Wirtschaftsjahres der Gesellschaft, an der die Anteile bestehen, für das das Körperschaftsteuergesetz in der Fassung des Artikels 3 des Gesetzes vom 23. Oktober 2000 (BGBl. I S. 1433) erstmals anzuwenden ist.

²§ 3 Nr. 40 Satz 3 und 4 in der am 12. Dezember 2006 geltenden Fassung ist für Anteile, die einbringungsgeboren im Sinne des § 21 des Umwandlungssteuergesetzes in der am 12. Dezember 2006 geltenden Fassung sind, weiter anzuwenden. ³§ 3 Nr. 40 Satz 1 Buchstabe d in der Fassung des Artikels 1 des Gesetzes vom 13. Dezember 2006 (BGBl. I S. 2878) ist erstmals auf Bezüge im Sinne des § 20 Abs. 1 Nr. 1 und auf Einnahmen im Sinne des § 20 Abs. 1 Nr. 9 anzuwenden, die nach dem 18. Dezember 2006 zugeflossen sind.

(4c) § 3 Nr. 40a in der Fassung des Gesetzes vom 30. Juli 2004 (BGBl. I S. 2013) ist auf Vergütungen im Sinne des § 18 Abs. 1 Nr. 4 anzuwenden, wenn die vermögensverwaltende Gesellschaft oder Gemeinschaft nach dem 31. März 2002 gegründet worden ist oder soweit die Vergütungen in Zusammenhang mit der Veräußerung von Anteilen an Kapitalgesellschaften stehen, die nach dem 7. November 2003 erworben worden sind.

(4d) § 3 Nr. 41 ist erstmals auf Gewinnausschüttungen oder Gewinne aus der Veräußerung eines Anteils an einer ausländischen Kapitalgesellschaft sowie aus deren Auflösung oder Herabsetzung ihres Kapitals anzuwenden, wenn auf die Ausschüttung oder auf die Gewinne aus der Veräußerung § 3 Nr. 40 Satz 1 Buchstabe a, b, c und d des Einkommensteuergesetzes in der Fassung des Artikels 3 des Gesetzes vom 23. Oktober 2000 (BGBl. I S. 1433) anwendbar wäre.

(5) *(aufgehoben)*

(6) ¹§ 3 Nr. 63 ist bei Beiträgen für eine Direktversicherung nicht anzuwenden, wenn die entsprechende Versorgungszusage vor dem 1. Januar 2005 erteilt wurde und der Arbeitnehmer gegenüber dem Arbeitgeber für diese Beiträge auf die Anwendung des § 3 Nr. 63 verzichtet hat. ²Der Verzicht gilt für die Dauer des Dienstverhältnisses; er ist bis zum 30. Juni 2005 oder bei einem späteren Arbeitgeberwechsel bis zur ersten Beitragsleistung zu erklären. ³§ 3 Nr. 63 Satz 3 und 4 ist nicht anzuwenden, wenn § 40b Abs. 1 und 2 in der am 31. Dezember 2004 geltenden Fassung angewendet wird.

(7) § 3 Nr. 65 in der Fassung des Artikels 1 des Gesetzes vom 13. Dezember 2006 (BGBl. I S. 2878) ist in allen Fällen anzuwenden, in denen die Einkommensteuer noch nicht bestandskräftig festgesetzt ist.

(8) *(weggefallen)*

(8a) ¹§ 3c Abs. 2 ist erstmals auf Aufwendungen anzuwenden, die mit Erträgen im wirtschaftlichen Zusammenhang stehen, auf die § 3 Nr. 40 erstmals anzuwenden ist. ²§ 3c Abs. 2 Satz 3 und 4 in der am 12. Dezember 2006 geltenden Fassung ist für Anteile, die einbringungsgeboren im Sinne des § 21 des Umwandlungssteuergesetzes in der am 12. Dezember 2006 geltenden Fassung sind, weiter anzuwenden.

(8b) § 4 Abs. 1 in der Fassung des Artikels 1 des Gesetzes vom 7. Dezember 2006 (BGBl. I S. 2782) ist erstmals für nach dem 31. Dezember 2005 endende Wirtschaftsjahre anzuwenden.

(9) § 4 Abs. 2 Satz 2 in der Fassung des Gesetzes vom 22. Dezember 1999 (BGBl. I S. 2601) ist auch für Veranlagungszeiträume vor 1999 anzuwenden.

(10) ¹§ 4 Abs. 3 Satz 4 ist nicht anzuwenden, soweit die Anschaffungs- oder Herstellungskosten vor dem 1. Januar 1971 als Betriebsausgaben abgesetzt worden sind. ²§ 4 Abs. 3 Satz 4 und 5 in der Fassung des Artikels 1 des Gesetzes vom 28. April 2006 (BGBl. I S. 1095) ist erstmals für Wirtschaftsgüter anzuwenden, die nach dem 5. Mai 2006 angeschafft, hergestellt oder in das Betriebsvermögen eingelegt werden. ³Die Anschaffungs- oder Herstellungskosten für nicht abnutzbare Wirtschaftsgüter des Anlagevermögens, die vor dem 5. Mai 2006 angeschafft, hergestellt oder in das Betriebsvermögen eingelegt wurden, sind erst im Zeitpunkt des Zuflusses des Veräußerungserlöses oder im Zeitpunkt der Entnahme als Betriebsausgaben zu berücksichtigen.

(11) ¹§ 4 Abs. 4a in der Fassung des Gesetzes vom 22. Dezember 1999 (BGBl. I S. 2601) ist erstmals für das Wirtschaftsjahr anzuwenden, das nach dem 31. Dezember 1998 endet. ²Über- und Unterentnahmen vorangegangener Wirtschaftsjahre bleiben unberücksichtigt. ³Bei vor dem 1. Januar 1999 eröffneten Betrieben sind im Fall der Betriebsaufgabe bei der Überführung von Wirtschaftsgütern aus dem Betriebsvermögen in das Privatvermögen die Buchwerte nicht als Entnahme anzusetzen; im Fall der Betriebsveräußerung ist nur der Veräußerungsgewinn als Entnahme anzusetzen. ⁴Die Aufzeichnungspflichten im Sinne des § 4 Abs. 4a Satz 6 sind erstmals ab dem 1. Januar 2000 zu erfüllen.

(12) ¹§ 4 Abs. 5 Satz 1 Nr. 1 Satz 2 in der Fassung des Artikels 9 des Gesetzes vom 29. Dezember 2003 (BGBl. I S. 3076) ist erstmals für Wirtschaftsjahre anzuwenden, die nach dem 31. Dezember 2003 beginnen. ²§ 4 Abs. 5 Satz 1 Nr. 2 Satz 1 in der Fassung des Artikels 9 des Gesetzes vom 29. Dezember 2003 (BGBl. I S. 3076) ist erstmals für Wirtschaftsjahre anzuwenden, die nach dem 31. Dezember 2003 beginnen. ³§ 4 Abs. 5 Satz 1 Nr. 6 Satz 3 in der Fassung des Artikels 1 des Gesetzes vom 28. April 2006 (BGBl. I S. 1095) ist erstmals für Wirtschaftsjahre anzuwenden, die nach dem 31. Dezember 2005 beginnen. ⁴§ 4 Abs. 5 Satz 1 Nr. 6a in der Fassung der Bekanntmachung vom 19. Oktober 2002 (BGBl. I S. 4210) ist letztmals für den Veranlagungszeitraum 2002 anzuwenden. ⁵In den Fällen, in denen die Einkommensteuer für die Veranlagungszeiträume bis einschließlich 2002 noch nicht formell bestandskräftig oder hinsichtlich der Aufwendungen für eine betrieblich veranlasste doppelte Haushaltsführung vorläufig festgesetzt ist, ist § 9 Abs. 1 Satz 3 Nr. 5 in der Fassung des Artikels 1 des Gesetzes vom 15. Dezember 2003 (BGBl. I S. 2645) anzuwenden; dies gilt auch für unter dem Vorbehalt der Nachprüfung ergangene Einkommensteuerbescheide für Veranlagungszeiträume bis einschließlich 2002, soweit nicht bereits Festsetzungsverjährung eingetreten ist. ⁶§ 4 Abs. 5 Satz 1 Nr. 11 in der Fassung des Artikels 1 des Gesetzes vom 22. Dezember 2003 (BGBl. I S. 2840) ist erstmals für das Wirtschaftsjahr anzuwenden, das nach dem 31. Dezember 2003 endet. ⁷§ 4 Abs. 5b in der Fassung des Artikels 1 des Gesetzes vom 14. August 2007 (BGBl. I S. 1912) gilt erstmals für Gewerbesteuer, die für Erhebungszeiträume festgesetzt wird, die nach dem 31. Dezember 2007 enden.

§§ 52, 52a Anwendungsvorschriften

(12a) § 4d Abs. 1 Satz 1 Nr. 1 Satz 1 Buchstabe b Satz 2 und Buchstabe c Satz 3 in der Fassung des Artikels 6 des Gesetzes vom 26. Juni 2001 (BGBl. I S. 1310) ist bei Begünstigten anzuwenden, denen das Trägerunternehmen erstmals nach dem 31. Dezember 2000 Leistungen der betrieblichen Altersversorgung zugesagt hat.

(12b) § 4e in der Fassung des Artikels 6 des Gesetzes vom 26. Juni 2001 (BGBl. I S. 1310) ist erstmals für das Wirtschaftsjahr anzuwenden, das nach dem 31. Dezember 2001 endet.

(12c) ¹§ 4f ist erstmals für im Veranlagungszeitraum 2006 geleistete Aufwendungen anzuwenden, soweit die den Aufwendungen zu Grunde liegenden Leistungen nach dem 31. Dezember 2005 erbracht worden sind. ²§ 4f Satz 1 in der Fassung des Artikels 1 des Gesetzes vom 19. Juli 2006 (BGBl. I S. 1652) ist erstmals für Kinder anzuwenden, die im Veranlagungszeitraum 2007 wegen einer vor Vollendung des 25. Lebensjahres eingetretenen körperlichen, geistigen oder seelischen Behinderung außerstande sind, sich selbst zu unterhalten; für Kinder, die wegen einer vor dem 1. Januar 2007 in der Zeit ab Vollendung des 25. Lebensjahres und vor Vollendung des 27. Lebensjahres eingetretenen körperlichen, geistigen oder seelischen Behinderung außerstande sind, sich selbst zu unterhalten, ist § 4f Satz 1 weiterhin in der bis zum 31. Dezember 2006 gültigen Fassung anzuwenden.

(12d) § 4h in der Fassung des Artikels 1 des Gesetzes vom 14. August 2007 (BGBl. I S. 1912) ist erstmals für Wirtschaftsjahre anzuwenden, die nach dem 25. Mai 2007 beginnen und nicht vor dem 1. Januar 2008 enden.

(13) ¹§ 5 Abs. 4a ist erstmals für das Wirtschaftsjahr anzuwenden, das nach dem 31. Dezember 1996 endet. ²Rückstellungen für drohende Verluste aus schwebenden Geschäften, die am Schluss des letzten vor dem 1. Januar 1997 endenden Wirtschaftsjahres zulässigerweise gebildet worden sind, sind in den Schlussbilanzen des ersten nach dem 31. Dezember 1996 endenden Wirtschaftsjahres und der fünf folgenden Wirtschaftsjahre mit mindestens 25 Prozent im ersten und jeweils mindestens 15 Prozent im zweiten bis sechsten Wirtschaftsjahr gewinnerhöhend aufzulösen.

(14) Soweit Rückstellungen für Aufwendungen, die Anschaffungs- oder Herstellungskosten für ein Wirtschaftsgut sind, in der Vergangenheit gebildet worden sind, sind sie in dem ersten Veranlagungszeitraum, dessen Veranlagung noch nicht bestandskräftig ist, in vollem Umfang aufzulösen.

(15) ¹Für Gewerbebetriebe, in denen der Steuerpflichtige vor dem 1. Januar 1999 bereits Einkünfte aus dem Betrieb von Handelsschiffen im internationalen Verkehr erzielt hat, kann der Antrag nach § 5a Abs. 3 Satz 1 auf Anwendung der Gewinnermittlung nach § 5a Abs. 1 in dem Wirtschaftsjahr, das nach dem 31. Dezember 1998 endet, oder in einem der beiden folgenden Wirtschaftsjahre gestellt werden (Erstjahr). ²§ 5a Abs. 3 in der Fassung des Artikels 9 des Gesetzes vom 29. Dezember 2003 (BGBl. I S. 3076) ist erstmals für das Wirtschaftsjahr anzuwenden, das nach dem 31. Dezember 2005 endet. ³§ 5a Abs. 3 Satz 1 in der am 31. Dezember 2003 geltenden Fassung ist weiterhin anzuwenden, wenn der Steuerpflichtige im Fall der Anschaffung das Handelsschiff auf Grund eines vor dem 1. Januar 2006 rechtswirksam abgeschlossenen schuldrechtlichen Vertrags oder gleichgestellten Rechtsaktes angeschafft oder im Fall der Herstellung mit der Herstellung des Handelsschiffs vor dem 1. Januar 2006 begonnen hat. ⁴In Fällen des Satzes 3 muss der Antrag auf Anwendung des § 5a Abs. 1 spätestens bis zum Ablauf des Wirtschaftsjahres gestellt werden, das vor dem 1. Januar 2008 endet. ⁵§ 5a Abs. 5 Satz 3 in der Fassung des Artikels 1 des Gesetzes vom 14. August 2007 (BGBl. I S. 1912) ist erstmals für Wirtschaftsjahre anzuwenden, die nach dem 17. August 2007 enden. ⁶Soweit Ansparabschreibungen im Sinne von § 7g Abs. 3 in der bis zum 17. August 2007 geltenden Fassung zum Zeitpunkt des Übergangs zur Gewinnermittlung nach § 5a Abs. 1 noch nicht gewinnerhöhend aufgelöst worden sind, ist § 5a Abs. 5 Satz 3 in der bis zum 17. August 2007 geltenden Fassung weiter anzuwenden.

(16) ¹§ 6 Abs. 1 in der Fassung des Artikels 1 des Gesetzes vom 7. Dezember 2006 (BGBl. I S. 2782) ist erstmals für nach dem 31. Dezember 2005 endende Wirtschaftsjahre anzuwenden. ²§ 6 Abs. 1 in der Fassung des Gesetzes vom 24. März 1999 (BGBl. I S. 402) ist erstmals für das erste nach dem 31. Dezember 1998 endende Wirtschaftsjahr (Erstjahr) anzuwenden. ³In Höhe von vier Fünfteln des im Erstjahr durch die Anwendung des § 6 Abs. 1 Nr. 1 und 2 in der Fassung des Gesetzes vom 24. März 1999 (BGBl. I S. 402) entstehenden Gewinns kann im Erstjahr eine den steuerlichen Gewinn mindernde Rücklage gebildet werden, die in den dem Erstjahr folgenden vier Wirtschaftsjahren jeweils mit mindestens einem Viertel gewinnerhöhend aufzulösen ist (Auflösungszeitraum).

⁴Scheidet ein der Regelung nach den Sätzen 1 bis 3 unterliegendes Wirtschaftsgut im Auflösungszeitraum ganz oder teilweise aus, ist im Wirtschaftsjahr des Ausscheidens der für das Wirtschaftsgut verbleibende Teil der Rücklage nach Satz 3 in vollem Umfang oder teilweise gewinnerhöhend aufzulösen. ⁵Soweit ein der Regelung nach den Sätzen 1 bis 3 unterliegendes Wirtschaftsgut im Auflösungszeitraum erneut auf den niedrigeren Teilwert abgeschrieben wird, ist der für das Wirtschaftsgut verbleibende Teil der Rücklage nach Satz 3 in Höhe der Abschreibung gewinnerhöhend aufzulösen. ⁶§ 3 Nr. 40 Satz 1 Buchstabe a Satz 2 in der Fassung des Gesetzes vom 23. Oktober 2000 (BGBl. I S. 1433) und § 8b Abs. 2 Satz 2 des Körperschaftsteuergesetzes in der Fassung des Gesetzes vom 23. Oktober 2000 (BGBl. I S. 1433) sind in den Fällen der Sätze 3 bis 5 entsprechend anzuwenden. ⁷§ 6 Abs. 1 Nr. 1a in der Fassung des Artikels 1 des Gesetzes vom 15. Dezember 2003 (BGBl. I S. 2645) ist erstmals für Baumaßnahmen anzuwenden, mit denen nach dem 31. Dezember 2003 begonnen wird. ⁸Als Beginn gilt bei Baumaßnahmen, für die eine Baugenehmigung erforderlich ist, der Zeitpunkt, in dem der Bauantrag gestellt wird, bei baugenehmigungsfreien Bauvorhaben, für die Bauunterlagen einzureichen sind, der Zeitpunkt, in dem die Bauunterlagen eingereicht werden. ⁹Sämtliche Baumaßnahmen im Sinne des § 6 Abs. 1 Nr. 1a Satz 1 an einem Objekt gelten als eine Baumaßnahme im Sinne des Satzes 7. ¹⁰§ 6 Abs. 1 Nr. 3 in der Fassung des Gesetzes vom 24. März 1999 (BGBl. I S. 402) ist auch für Verbindlichkeiten, die bereits zum Ende eines vor dem 1. Januar 1999 endenden Wirtschaftsjahres angesetzt worden sind, anzuwenden. ¹¹Für den Gewinn, der sich aus der erstmaligen Anwendung des § 6 Abs. 1 Nr. 3 bei den in Satz 10 genannten Verbindlichkeiten ergibt, kann jeweils in Höhe von neun Zehnteln eine den Gewinn mindernde Rücklage gebildet werden, die in den folgenden neun Wirtschaftsjahren jeweils mit mindestens einem Neuntel gewinnerhöhend aufzulösen ist (Auflösungszeitraum); scheidet die Verbindlichkeit während des Auflösungszeitraumes aus dem Betriebsvermögen aus, ist die Rücklage zum Ende des Wirtschaftsjahres des Ausscheidens in vollem Umfang gewinnerhöhend aufzulösen. ¹²§ 6 Abs. 1 Nr. 3a in der Fassung des Gesetzes vom 24. März 1999 (BGBl. I S. 402) ist auch auf Rückstellungen, die bereits zum Ende eines vor dem 1. Januar 1999 endenden Wirtschaftsjahres gebildet worden sind, anzuwenden. ¹³Steht am Schluss des Erstjahres der Zeitpunkt des Beginns der Stilllegung des Kernkraftwerkes nicht fest, sind bisher gebildete Rückstellungen bis zu dem Betrag gewinnerhöhend aufzulösen, der sich bei Anwendung des § 6 Abs. 1 Nr. 3a Buchstabe d Satz 2 und Buchstabe e Satz 3 in der Fassung des Gesetzes vom 24. März 1999 (BGBl. I S. 402) ergibt. ¹⁴Satz 11 ist für die in Satz 12 genannten Rückstellungen entsprechend anzuwenden. ¹⁵§ 6 Abs. 1 Nr. 4 Satz 2 in der Fassung des Artikels 1 des Gesetzes vom 28. April 2006 (BGBl. I S. 1095) ist erstmals für Wirtschaftsjahre anzuwenden, die nach dem 31. Dezember 2005 beginnen. ¹⁶§ 6 Abs. 1 Nr. 4 Satz 5 und 6 in der Fassung des Gesetzes vom 14. Juli 2000 (BGBl. I S. 1034) ist auf Entnahmen anzuwenden, die nach dem 31. Dezember 1999 erfolgen. ¹⁷§ 6 Abs. 2 und 2a in der Fassung des Artikels 1 des Gesetzes vom 14. August 2007 (BGBl. I S. 1912) ist erstmals bei Wirtschaftsgütern anzuwenden, die nach dem 31. Dezember 2007 angeschafft, hergestellt oder in das Betriebsvermögen eingelegt werden. ¹⁸§ 6 Abs. 6 Satz 2 und 3 ist erstmals für Einlagen anzuwenden, die nach dem 31. Dezember 1998 vorgenommen werden.

(16a) ¹§ 6 Abs. 5 Satz 3 bis 5 in der Fassung des Gesetzes vom 20. Dezember 2001 (BGBl. I S. 3858) ist erstmals auf Übertragungsvorgänge nach dem 31. Dezember 2000 anzuwenden. ²§ 6 Abs. 5 Satz 6 in der Fassung des Gesetzes vom 20. Dezember 2001 (BGBl. I S. 3858) ist erstmals auf Anteilsbegründungen und Anteilserhöhungen nach dem 31. Dezember 2000 anzuwenden.

(16b) § 6a Abs. 2 Nr. 1 erste Alternative und Abs. 3 Satz 2 Nr. 1 Satz 6 erster Halbsatz in der Fassung des Artikels 6 des Gesetzes vom 26. Juni 2001 (BGBl. I S. 1310) ist bei Pensionsverpflichtungen gegenüber Berechtigten anzuwenden, denen der Pensionsverpflichtete erstmals eine Pensionszusage nach dem 31. Dezember 2000 erteilt hat; § 6a Abs. 2 Nr. 1 zweite Alternative sowie § 6a Abs. 3 Satz 2 Nr. 1 Satz 1 und § 6a Abs. 3 Satz 2 Nr. 1 Satz 6 zweiter Halbsatz sind bei Pensionsverpflichtungen anzuwenden, die auf einer nach dem 31. Dezember 2000 vereinbarten Entgeltumwandlung im Sinne von § 1 Abs. 2 des Betriebsrentengesetzes beruhen.

(17) ¹§ 6a Abs. 4 Satz 2 und 6 ist erstmals für das Wirtschaftsjahr anzuwenden, das nach dem 30. September 1998 endet. ²In 1998 veröffentlichte neue oder geänderte biometrische Rechnungsgrundlagen sind erstmals für das Wirtschaftsjahr anzuwenden, das nach dem 31. Dezember 1998 endet; § 6a Abs. 4 Satz 2 und 6 ist in diesen Fällen mit der Maßgabe anzuwenden, dass die Verteilung gleichmäßig auf drei Wirtschaftsjahre vorzunehmen ist. ³Satz 2 erster Halbsatz ist bei der

Bewertung von anderen Rückstellungen, bei denen ebenfalls anerkannte Grundsätze der Versicherungsmathematik zu berücksichtigen sind, entsprechend anzuwenden.

(18) [1]§ 6b in der Fassung des Gesetzes vom 24. März 1999 (BGBl. I S. 402) ist erstmals auf Veräußerungen anzuwenden, die nach dem 31. Dezember 1998 vorgenommen werden. [2]Für Veräußerungen, die vor diesem Zeitpunkt vorgenommen worden sind, ist § 6b in der im Veräußerungszeitpunkt geltenden Fassung weiter anzuwenden.

(18a) [1]§ 6b in der Fassung des Artikels 1 des Gesetzes vom 20. Dezember 2001 (BGBl. I S. 3858) ist erstmals auf Veräußerungen anzuwenden, die nach dem 31. Dezember 2001 vorgenommen werden. [2]Für Veräußerungen, die vor diesem Zeitpunkt vorgenommen worden sind, ist § 6b in der im Veräußerungszeitpunkt geltenden Fassung weiter anzuwenden.

(18b) [1]§ 6b in der Fassung des Artikels 1 des Gesetzes vom 26. April 2006 (BGBl. I S. 1091) ist erstmals auf Veräußerungen nach dem 31. Dezember 2005 und letztmals auf Veräußerungen vor dem 1. Januar 2011 anzuwenden. [2]Für Veräußerungen, die vor diesem Zeitpunkt vorgenommen werden, ist § 6b in der im Veräußerungszeitpunkt geltenden Fassung weiter anzuwenden. [3]§ 6b Abs. 10 Satz 11 in der am 12. Dezember 2006 geltenden Fassung ist für Anteile, die einbringungsgeboren im Sinne des § 21 des Umwandlungssteuergesetzes in der am 12. Dezember 2006 geltenden Fassung sind, weiter anzuwenden.

(19) [1]§ 6c in der Fassung des Gesetzes vom 24. März 1999 (BGBl. I S. 402) ist erstmals auf Veräußerungen anzuwenden, die nach dem 31. Dezember 1998 vorgenommen werden. [2]Für Veräußerungen, die vor diesem Zeitpunkt vorgenommen worden sind, ist § 6c in der im Veräußerungszeitpunkt geltenden Fassung weiter anzuwenden.

(20) § 6d ist erstmals für das Wirtschaftsjahr anzuwenden, das nach dem 31. Dezember 1998 endet.

(21) [1]§ 7 Abs. 1 Satz 4 in der Fassung des Gesetzes vom 24. März 1999 (BGBl. I S. 402) ist erstmals für Einlagen anzuwenden, die nach dem 31. Dezember 1998 vorgenommen werden. [2]§ 7 Abs. 1 Satz 6 in der Fassung des Gesetzes vom 24. März 1999 (BGBl. I S. 402) ist erstmals für das nach dem 31. Dezember 1998 endende Wirtschaftsjahr anzuwenden. [3]§ 7 Abs. 1 Satz 4 in der Fassung des Artikels 9 des Gesetzes vom 29. Dezember 2003 (BGBl. I S. 3076) ist erstmals bei Wirtschaftsgütern anzuwenden, die nach dem 31. Dezember 2003 angeschafft oder hergestellt worden sind.

(21a) [1]§ 7 Abs. 2 Satz 2 in der Fassung des Gesetzes vom 23. Oktober 2000 (BGBl. I S. 1433) ist erstmals bei Wirtschaftsgütern anzuwenden, die nach dem 31. Dezember 2000 angeschafft oder hergestellt worden sind. [2]Bei Wirtschaftsgütern, die vor dem 1. Januar 2001 angeschafft oder hergestellt worden sind, ist § 7 Abs. 2 Satz 2 des Einkommensteuergesetzes in der Fassung des Gesetzes vom 22. Dezember 1999 (BGBl. I S. 2601) weiter anzuwenden. [3]§ 7 Abs. 2 und 3 in der bis zum 31. Dezember 2007 geltenden Fassung ist letztmalig anzuwenden für vor dem 1. Januar 2008 angeschaffte oder hergestellte bewegliche Wirtschaftsgüter.

(21b) [1]Bei Gebäuden, soweit sie zu einem Betriebsvermögen gehören und nicht Wohnzwecken dienen, ist § 7 Abs. 4 Satz 1 und 2 in der Fassung des Gesetzes vom 22. Dezember 1999 (BGBl. I S. 2601) weiter anzuwenden, wenn der Steuerpflichtige im Fall der Herstellung vor dem 1. Januar 2001 mit der Herstellung des Gebäudes begonnen hat oder im Fall der Anschaffung das Objekt auf Grund eines vor dem 1. Januar 2001 rechtswirksam abgeschlossenen obligatorischen Vertrags oder gleichstehenden Rechtsakts angeschafft hat. [2]Als Beginn der Herstellung gilt bei Gebäuden, für die eine Baugenehmigung erforderlich ist, der Zeitpunkt, in dem der Bauantrag gestellt wird; bei baugenehmigungsfreien Gebäuden, für die Bauunterlagen einzureichen sind, der Zeitpunkt, in dem die Bauunterlagen eingereicht werden.

(22) § 7a Abs. 6 des Einkommensteuergesetzes 1979 in der Fassung der Bekanntmachung vom 21. Juni 1979 (BGBl. I S. 721) ist letztmals für das Wirtschaftsjahr anzuwenden, das dem Wirtschaftsjahr vorangeht, für das § 15a erstmals anzuwenden ist.

(23) [1]§ 7g Abs. 1 bis 4 und 7 in der Fassung des Artikels 1 des Gesetzes vom 14. August 2007 (BGBl. I S. 1912) ist erstmals für Wirtschaftsjahre anzuwenden, die nach dem 17. August 2007 enden. [2]§ 7g Abs. 5 und 6 in der Fassung des Artikels 1 des Gesetzes vom 14. August 2007 (BGBl. I S. 1912) ist erstmals bei Wirtschaftsgütern anzuwenden, die nach dem 31. Dezember 2007 angeschafft oder hergestellt werden. [3]Bei Ansparabschreibungen, die in vor dem 18. August 2007 endenden Wirtschafts-

jahren gebildet worden sind, und Wirtschaftsgütern, die vor dem 1. Januar 2008 angeschafft oder hergestellt worden sind, ist § 7g in der bis zum 17. August 2007 geltenden Fassung weiter anzuwenden. ⁴Soweit Ansparabschreibungen noch nicht gewinnerhöhend aufgelöst worden sind, vermindert sich der Höchstbetrag von 200 000 Euro nach § 7g Abs. 1 Satz 4 in der Fassung des Artikels 1 des Gesetzes vom 14. August 2007 (BGBl. I S. 1912) um die noch vorhandenen Ansparabschreibungen.

(23a) ¹§ 7h Abs. 1 Sätze 1 und 3 in der Fassung des Artikels 9 des Gesetzes vom 29. Dezember 2003 (BGBl. I S. 3076) sind erstmals für Modernisierungs- und Instandsetzungsmaßnahmen anzuwenden, mit denen nach dem 31. Dezember 2003 begonnen wird. ²Als Beginn gilt bei Baumaßnahmen, für die eine Baugenehmigung erforderlich ist, der Zeitpunkt, in dem der Bauantrag gestellt wird, bei baugenehmigungsfreien Bauvorhaben, für die Bauunterlagen einzureichen sind, der Zeitpunkt, in dem die Bauunterlagen eingereicht werden.

(23b) ¹§ 7i Abs. 1 Sätze 1 und 5 in der Fassung des Artikels 9 des Gesetzes vom 29. Dezember 2003 (BGBl. I S. 3076) sind erstmals für Baumaßnahmen anzuwenden, mit denen nach dem 31. Dezember 2003 begonnen wird. ²Als Beginn gilt bei Baumaßnahmen, für die eine Baugenehmigung erforderlich ist, der Zeitpunkt, in dem der Bauantrag gestellt wird, bei baugenehmigungsfreien Bauvorhaben, für die Bauunterlagen einzureichen sind, der Zeitpunkt, in dem die Bauunterlagen eingereicht werden.

(23c) ¹§ 9 Abs. 5 in der Fassung des Gesetzes vom 22. Dezember 1999 (BGBl. I S. 2601) ist erstmals ab dem Veranlagungszeitraum 1999 anzuwenden. ²Für die Anwendung des § 9 Abs. 5 Satz 2 in der Fassung des Artikels 1 des Gesetzes vom 15. Dezember 2003 (BGBl. I S. 2645) gilt Absatz 16 Satz 7 bis 9 entsprechend. ³§ 9 Abs. 5 Satz 1 in der Fassung des Artikels 1 des Gesetzes vom 26. April 2006 (BGBl. I S. 1091) ist erstmals für im Veranlagungszeitraum 2006 geleistete Aufwendungen anzuwenden, soweit die den Aufwendungen zu Grunde liegenden Leistungen nach dem 31. Dezember 2005 erbracht worden sind.

(23d) § 9 Abs. 1 Satz 3 Nr. 5 in der Fassung des Artikel 1 des Gesetzes vom 15. Dezember 2003 (BGBl. I S. 2645) ist erstmals ab dem Veranlagungszeitraum 2003 anzuwenden und in Fällen, in denen die Einkommensteuer noch nicht formell bestandskräftig oder hinsichtlich der Aufwendungen für eine beruflich veranlasste doppelte Haushaltsführung vorläufig festgesetzt ist.

(23e) § 9 Abs. 1 Satz 3 Nr. 7 Satz 2 in der Fassung des Artikels 1 des Gesetzes vom 14. August 2007 (BGBl. I S. 1912) ist erstmals für die im Veranlagungszeitraum 2008 angeschafften oder hergestellten Wirtschaftsgüter anzuwenden.

(23e) ¹ ¹§ 10 Abs. 1 Nr. 1a in der Fassung des Artikels 1 des Gesetzes vom 20. Dezember 2007 (BGBl. I S. 3150) ist auf alle Versorgungsleistungen anzuwenden, die auf nach dem 31. Dezember 2007 vereinbarten Vermögensübertragungen beruhen. ²Für Versorgungsleistungen, die auf vor dem 1. Januar 2008 vereinbarten Vermögensübertragungen beruhen, gilt dies nur, wenn das übertragene Vermögen nur deshalb einen ausreichenden Ertrag bringt, weil ersparte Aufwendungen mit Ausnahme des Nutzungsvorteils eines zu eigenen Zwecken vom Vermögensübernehmer genutzten Grundstücks zu den Erträgen des Vermögens gerechnet werden.

(24) § 10 Abs. 1 Nr. 2 Buchstabe b Satz 1 ist für Vertragsabschlüsse nach dem 31. Dezember 2011 mit der Maßgabe anzuwenden, dass der Vertrag die Zahlung der Leibrente nicht vor Vollendung des 62. Lebensjahres vorsehen darf.

(24a) § 10a Abs. 5 Satz 3 in der Fassung des Artikels 1 des Gesetzes vom 20. Dezember 2007 (BGBl. S. 3150) ist auch für Veranlagungszeiträume vor 2008 anzuwenden, soweit
1. sich dies zugunsten des Steuerpflichtigen auswirkt oder
2. die Steuerfestsetzung bei Inkrafttreten des Jahressteuergesetzes 2008 vom 20. Dezember 2007 (BGBl. I S. 3150) noch nicht unanfechtbar war oder unter dem Vorbehalt der Nachprüfung stand.

(24b) ¹§ 10a in der Fassung des Gesetzes vom 15. Januar 2003 ist erstmals für den Veranlagungszeitraum 2002 anzuwenden. ²§ 10b Abs. 1 und 1a in der Fassung des Artikels 1 des Gesetzes vom 10. Oktober 2007 (BGBl. I S. 2332) ist auf Zuwendungen anzuwenden, die nach dem 31. Dezember 2006 geleistet werden. ³Für Zuwendungen, die im Veranlagungszeitraum 2007 geleistet werden, gilt auf Antrag des Steuerpflichtigen § 10b Abs. 1 in der am 26. Juli 2000 geltenden Fassung.

---

1 Anm. d. Verlages:
Absatz doppelt vergeben durch Art. 1 Nr. 37 Buchst. d G vom 20.12.2007 (BGBl. I S. 3150).

(24c) § 10b Abs. 1 Satz 3 und Abs. 1a in der Fassung des Gesetzes vom 14. Juli 2000 (BGBl. I S. 1034) sind auf Zuwendungen anzuwenden, die nach dem 31. Dezember 1999 geleistet werden.

(25) ¹Auf den am Schluss des Veranlagungszeitraums 1998 festgestellten verbleibenden Verlustabzug ist § 10d in der Fassung des Gesetzes vom 16. April 1997 (BGBl. I S. 821) anzuwenden. ²Satz 1 ist letztmals für den Veranlagungszeitraum 2003 anzuwenden. ³§ 10d in der Fassung des Artikels 1 des Gesetzes vom 22. Dezember 2003 (BGBl. I S. 2840) ist erstmals für den Veranlagungszeitraum 2004 anzuwenden. ⁴Auf den Verlustrücktrag aus dem Veranlagungszeitraum 2004 in den Veranlagungszeitraum 2003 ist § 10d Abs. 1 in der für den Veranlagungszeitraum 2004 geltenden Fassung anzuwenden. ⁵§ 10d Abs. 4 Satz 6 in der Fassung des Artikels 1 des Gesetzes vom 13. Dezember 2006 (BGBl. I S. 2878) gilt für alle bei Inkrafttreten dieses Gesetzes noch nicht abgelaufenen Feststellungsfristen.

(26) ¹Für nach dem 31. Dezember 1986 und vor dem 1. Januar 1991 hergestellte oder angeschaffte Wohnungen im eigenen Haus oder Eigentumswohnungen sowie in diesem Zeitraum fertig gestellte Ausbauten oder Erweiterungen ist § 10e des Einkommensteuergesetzes 1990 in der Fassung der Bekanntmachung vom 7. September 1990 (BGBl. I S. 1898) weiter anzuwenden. ²Für nach dem 31. Dezember 1990 hergestellte oder angeschaffte Wohnungen im eigenen Haus oder Eigentumswohnungen sowie in diesem Zeitraum fertig gestellte Ausbauten oder Erweiterungen ist § 10e des Einkommensteuergesetzes in der durch Gesetz vom 24. Juni 1991 (BGBl. I S. 1322) geänderten Fassung weiter anzuwenden. ³Abweichend von Satz 2 ist § 10e Abs. 1 bis 5 und 6 bis 7 in der durch Gesetz vom 25. Februar 1992 (BGBl. I S. 297) geänderten Fassung erstmals für den Veranlagungszeitraum 1991 bei Objekten im Sinne des § 10e Abs. 1 und 2 anzuwenden, wenn im Fall der Herstellung der Steuerpflichtige nach dem 30. September 1991 den Bauantrag gestellt oder mit der Herstellung begonnen hat oder im Fall der Anschaffung der Steuerpflichtige das Objekt nach dem 30. September 1991 auf Grund eines nach diesem Zeitpunkt rechtswirksam abgeschlossenen obligatorischen Vertrags oder gleichstehenden Rechtsakts angeschafft hat oder mit der Herstellung des Objekts nach dem 30. September 1991 begonnen worden ist. ⁴§ 10e Abs. 5a ist erstmals bei in § 10e Abs. 1 und 2 bezeichneten Objekten anzuwenden, wenn im Fall der Herstellung der Steuerpflichtige den Bauantrag nach dem 31. Dezember 1991 gestellt oder, falls ein solcher nicht erforderlich ist, mit der Herstellung nach diesem Zeitpunkt begonnen hat, oder im Fall der Anschaffung der Steuerpflichtige das Objekt auf Grund eines nach dem 31. Dezember 1991 rechtswirksam abgeschlossenen obligatorischen Vertrags oder gleichstehenden Rechtsakts angeschafft hat. ⁵§ 10e Abs. 1 Satz 4 in der Fassung des Gesetzes vom 23. Juni 1993 (BGBl. I S. 944) und Abs. 6 Satz 3 in der Fassung des Gesetzes vom 21. Dezember 1993 (BGBl. I S. 2310) ist erstmals anzuwenden, wenn der Steuerpflichtige das Objekt auf Grund eines nach dem 31. Dezember 1993 rechtswirksam abgeschlossenen obligatorischen Vertrags oder gleichstehenden Rechtsakts angeschafft hat. ⁶§ 10e ist letztmals anzuwenden, wenn der Steuerpflichtige im Fall der Herstellung vor dem 1. Januar 1996 mit der Herstellung des Objekts begonnen hat oder im Fall der Anschaffung das Objekt auf Grund eines vor dem 1. Januar 1996 rechtswirksam abgeschlossenen obligatorischen Vertrags oder gleichstehenden Rechtsakts angeschafft hat. ⁷Als Beginn der Herstellung gilt bei Objekten, für die eine Baugenehmigung erforderlich ist, der Zeitpunkt, in dem der Bauantrag gestellt wird; bei baugenehmigungsfreien Objekten, für die Bauunterlagen einzureichen sind, der Zeitpunkt, in dem die Bauunterlagen eingereicht werden.

(27) ¹§ 10f Abs. 1 Satz 1 in der Fassung des Artikels 9 des Gesetzes vom 29. Dezember 2003 (BGBl. I S. 3076) ist erstmals für Baumaßnahmen anzuwenden, die nach dem 31. Dezember 2003 begonnen wurden. ²Als Beginn gilt bei Baumaßnahmen, für die eine Baugenehmigung erforderlich ist, der Zeitpunkt, in dem der Bauantrag gestellt wird, bei baugenehmigungsfreien Bauvorhaben, für die Bauunterlagen einzureichen sind, der Zeitpunkt, in dem die Bauunterlagen eingereicht werden. ³§ 10f Abs. 2 Satz 1 in der Fassung des Artikels 9 des Gesetzes vom 29. Dezember 2003 (BGBl. I S. 3076) ist erstmals auf Erhaltungsaufwand anzuwenden, der nach dem 31. Dezember 2003 entstanden ist.

(27a) ¹§ 10g in der Fassung des Artikels 9 des Gesetzes vom 29. Dezember 2003 (BGBl. I S. 3076) ist erstmals auf Aufwendungen anzuwenden, die auf nach dem 31. Dezember 2003 begonnene Herstellungs- und Erhaltungsmaßnahmen entfallen. ²Als Beginn gilt bei Baumaßnahmen, für die eine Baugenehmigung erforderlich ist, der Zeitpunkt, in dem der Bauantrag gestellt wird, bei baugenehmigungsfreien Bauvorhaben, für die Bauunterlagen einzureichen sind, der Zeitpunkt, in dem die Bauunterlagen eingereicht werden.

(28) ¹§ 10h ist letztmals anzuwenden, wenn der Steuerpflichtige vor dem 1. Januar 1996 mit der Herstellung begonnen hat. ²Als Beginn der Herstellung gilt bei Baumaßnahmen, für die eine Baugenehmigung erforderlich ist, der Zeitpunkt, in dem der Bauantrag gestellt wird; bei baugenehmigungsfreien Baumaßnahmen, für die Bauunterlagen einzureichen sind, der Zeitpunkt, in dem die Bauunterlagen eingereicht werden.

(29) ¹§ 10i in der Fassung der Bekanntmachung vom 16. April 1997 (BGBl. I S. 821) ist letztmals anzuwenden, wenn der Steuerpflichtige im Fall der Herstellung vor dem 1. Januar 1999 mit der Herstellung des Objekts begonnen hat oder im Fall der Anschaffung das Objekt auf Grund eines vor dem 1. Januar 1999 rechtswirksam abgeschlossenen obligatorischen Vertrags oder gleichstehenden Rechtsakts angeschafft hat. ²Als Beginn der Herstellung gilt bei Objekten, für die eine Baugenehmigung erforderlich ist, der Zeitpunkt, in dem der Bauantrag gestellt wird; bei baugenehmigungsfreien Objekten, für die Bauunterlagen einzureichen sind, der Zeitpunkt, in dem die Bauunterlagen eingereicht werden.

(30) ¹§ 11 Abs. 1 Satz 3 und Abs. 2 Satz 3 in der Fassung des Artikels 1 des Gesetzes vom 9. Dezember 2004 (BGBl. I S. 3310) sind im Hinblick auf Erbbauzinsen und andere Entgelte für die Nutzung eines Grundstücks erstmals für Vorauszahlungen anzuwenden, die nach dem 31. Dezember 2003 geleistet wurden. ²§ 11 Abs. 2 Satz 4 in der Fassung des Artikels 1 des Gesetzes vom 13. Dezember 2006 (BGBl. I S. 2878) ist erstmals auf ein Damnum oder Disagio im Zusammenhang mit einem Kredit für ein Grundstück anzuwenden, das nach dem 31. Dezember 2003 geleistet wurde, in anderen Fällen für ein Damnum oder Disagio, das nach dem 31. Dezember 2004 geleistet wurde.

(30a) ¹Für die Anwendung des § 13 Abs. 7 in der Fassung des Artikels 1 des Gesetzes vom 22. Dezember 2005 (BGBl. I S. 3683) gilt Absatz 33a entsprechend. ²§ 13 Abs. 7, § 15 Abs. 1a sowie § 18 Abs. 4 Satz 2 in der Fassung des Artikels 1 des Gesetzes vom 7. Dezember 2006 (BGBl. I S. 2782) sind erstmals für nach dem 31. Dezember 2005 endende Wirtschaftsjahre anzuwenden.

(31) ¹§ 13a in der Fassung des Gesetzes vom 19. Dezember 2000 (BGBl. I S. 1790) ist erstmals für das Wirtschaftsjahr anzuwenden, das nach dem 31. Dezember 2001 endet. ²§ 13a in der Fassung des Gesetzes vom 20. Dezember 2001 (BGBl. I S. 3794) ist erstmals für Wirtschaftsjahre anzuwenden, die nach dem 31. Dezember 2001 beginnen.

(32) § 14a in der Fassung des Gesetzes vom 19. Dezember 2000 (BGBl. I S. 1790) ist erstmals für das Wirtschaftsjahr anzuwenden, das nach dem 31. Dezember 2001 endet.

(32a) § 15 Abs. 3 Nr. 1 in der Fassung des Artikels 1 des Gesetzes vom 13. Dezember 2006 (BGBl. I S. 2878) ist auch für Veranlagungszeiträume vor 2006 anzuwenden.

(32b) § 15 Abs. 4 Satz 3 bis 5 ist erstmals auf Verluste anzuwenden, die nach Ablauf des ersten Wirtschaftsjahres der Gesellschaft, auf deren Anteile sich die in § 15 Abs. 4 Satz 4 bezeichneten Geschäfte beziehen, entstehen, für das das Körperschaftsteuergesetz in der Fassung des Artikels 3 des Gesetzes vom 23. Oktober 2000 (BGBl. I S. 1433) erstmals anzuwenden ist.

(33) ¹§ 15a ist nicht auf Verluste anzuwenden, soweit sie

1. durch Sonderabschreibungen nach § 82f der Einkommensteuer-Durchführungsverordnung,
2. durch Absetzungen für Abnutzung in fallenden Jahresbeträgen nach § 7 Abs. 2 von den Herstellungskosten oder von den Anschaffungskosten von in ungebrauchtem Zustand vom Hersteller erworbenen Seeschiffen, die in einem inländischen Seeschiffsregister eingetragen sind,

entstehen; Nummer 1 gilt nur bei Schiffen, deren Anschaffungs- oder Herstellungskosten zu mindestens 30 Prozent durch Mittel finanziert werden, die weder unmittelbar noch mittelbar in wirtschaftlichem Zusammenhang mit der Aufnahme von Krediten durch den Gewerbebetrieb stehen, zu dessen Betriebsvermögen das Schiff gehört. ²§ 15a ist in diesen Fällen erstmals anzuwenden auf Verluste, die in nach dem 31. Dezember 1999 beginnenden Wirtschaftsjahren entstehen, wenn der Schiffbauvertrag vor dem 25. April 1996 abgeschlossen worden ist und der Gesellschafter der Gesellschaft vor dem 1. Januar 1999 beigetreten ist; soweit Verluste, die in dem Betrieb der Gesellschaft entstehen und nach Satz 1 oder nach § 15a Abs. 1 Satz 1 ausgleichsfähig oder abzugsfähig sind, zusammen das Eineinviertelfache der insgesamt geleisteten Einlage übersteigen, ist § 15a auf Verluste anzuwenden, die in nach dem 31. Dezember 1994 beginnenden Wirtschaftsjahren entstehen. ³Scheidet ein Kommanditist oder ein anderer Mitunternehmer, dessen Haftung der eines Kommanditisten vergleichbar ist und dessen Kapitalkonto in der Steuerbilanz der Gesellschaft auf Grund von ausgleichs- oder abzugsfähigen Verlusten negativ geworden ist, aus der Gesellschaft aus oder wird in einem solchen Fall die Gesellschaft aufgelöst, so gilt der Betrag, den der Mitunternehmer nicht ausgleichen muss, als Veräußerungsgewinn im Sinne des § 16. [4]In Höhe der nach Satz 3 als Gewinn zuzurechnenden Beträge sind bei den anderen Mitunternehmern unter Berücksichtigung der für die Zurechnung von Verlusten geltenden Grundsätze Verlustanteile anzusetzen. [5]Bei der Anwendung des § 15a Abs. 3 sind nur Verluste zu berücksichtigen, auf die § 15a Abs. 1 anzuwenden ist.

(33a) [1]§ 15b in der Fassung des Artikels 1 des Gesetzes vom 22. Dezember 2005 (BGBl. I S. 3683) ist nur auf Verluste der dort bezeichneten Steuerstundungsmodelle anzuwenden, denen der Steuerpflichtige nach dem 10. November 2005 beigetreten ist oder für die nach dem 10. November 2005 mit dem Außenvertrieb begonnen wurde. [2]Der Außenvertrieb beginnt in dem Zeitpunkt, in dem die Voraussetzungen für die Veräußerung der konkret bestimmbaren Fondsanteile erfüllt sind und die Gesellschaft selbst oder über ein Vertriebsunternehmen mit Außenwirkung an den Markt herangetreten ist. [3]Dem Beginn des Außenvertriebs stehen der Beschluss von Kapitalerhöhungen und die Reinvestition von Erlösen in neue Projekte gleich. [4]Besteht das Steuerstundungsmodell nicht im Erwerb eines Anteils an einem geschlossenen Fonds, ist § 15b in der Fassung des Artikels 1 des Gesetzes vom 22. Dezember 2005 (BGBl. I S. 3683) anzuwenden, wenn die Investition nach dem 10. November 2005 rechtsverbindlich getätigt wurde.

(34) [1]§ 16 Abs. 1 in der Fassung des Artikels 1 des Gesetzes vom 20. Dezember 2001 (BGBl. I S. 3858) ist erstmals auf Veräußerungen anzuwenden, die nach dem 31. Dezember 2001 erfolgen. [2]§ 16 Abs. 2 Satz 3 und Abs. 3 Satz 2 in der Fassung der Bekanntmachung vom 16. April 1997 (BGBl. I S. 821) ist erstmals auf Veräußerungen anzuwenden, die nach dem 31. Dezember 1993 erfolgen. [3]§ 16 Abs. 3 Satz 1 und 2 in der Fassung des Gesetzes vom 24. März 1999 (BGBl. I S. 402) ist erstmals auf Veräußerungen und Realteilungen anzuwenden, die nach dem 31. Dezember 1998 erfolgen. [4]§ 16 Abs. 3 Satz 2 bis 4 in der Fassung des Gesetzes vom 20. Dezember 2001 (BGBl. I S. 3858) ist erstmals auf Realteilungen nach dem 31. Dezember 2000 anzuwenden. [5]§ 16 Abs. 4 in der Fassung der Bekanntmachung vom 16. April 1997 (BGBl. I S. 821) ist erstmals auf Veräußerungen anzuwenden, die nach dem 31. Dezember 1995 erfolgen; hat der Steuerpflichtige bereits für Veräußerungen vor dem 1. Januar 1996 Veräußerungsfreibeträge in Anspruch genommen, bleiben diese unberücksichtigt. [6]§ 16 Abs. 4 in der Fassung des Gesetzes vom 23. Oktober 2000 (BGBl. I S. 1433) ist erstmals auf Veräußerungen und Realteilungen anzuwenden, die nach dem 31. Dezember 2000 erfolgen. [7]§ 16 Abs. 5 in der Fassung des Gesetzes vom 7. Dezember 2006 (BGBl. I S. 2782) ist erstmals anzuwenden, wenn die ursprüngliche Übertragung der veräußerten Anteile nach dem 12. Dezember 2006 erfolgt ist.

(34a) [1]§ 17 in der Fassung des Artikels 1 des Gesetzes vom 23. Oktober 2000 (BGBl. I S. 1433) ist, soweit Anteile an unbeschränkt körperschaftsteuerpflichtigen Gesellschaften veräußert werden, erstmals auf Veräußerungen anzuwenden, die nach Ablauf des ersten Wirtschaftsjahres der Gesellschaft, deren Anteile veräußert werden, vorgenommen werden, für das das Körperschaftsteuergesetz in der Fassung des Artikels 3 des Gesetzes vom 23. Oktober 2000 (BGBl. I S. 1433) erstmals anzuwenden ist; für Veräußerungen, die vor diesem Zeitpunkt vorgenommen werden, ist § 17 in der Fassung des Gesetzes vom 22. Dezember 1999 (BGBl. I S. 2601) anzuwenden. [2]§ 17 Abs. 2 Satz 4 in der Fassung des Gesetzes vom 24. März 1999 (BGBl. I S. 402) ist auch für Veranlagungszeiträume vor 1999 anzuwenden.

(34b) Für die Anwendung des § 18 Abs. 4 Satz 2 in der Fassung des Artikels 1 des Gesetzes vom 22. Dezember 2005 (BGBl. I S. 3683) gilt Abs. 33a entsprechend.

(34c) Wird eine Versorgungsverpflichtung nach § 3 Nr. 66 auf einen Pensionsfonds übertragen und hat der Steuerpflichtige bereits vor dieser Übertragung Leistungen auf Grund dieser Versorgungsverpflichtung erhalten, so sind insoweit auf die Leistungen aus dem Pensionsfonds im Sinne des § 22 Nr. 5 Satz 1 die Beträge nach § 9a Satz 1 Nr. 1 und § 19 Abs. 2 entsprechend anzuwenden; § 9a Satz 1 Nr. 3 ist nicht anzuwenden.

(35) *(aufgehoben)*

(36) [1]§ 20 Abs. 1 Nr. 1 bis 3 in der Fassung des Gesetzes vom 24. März 1999 (BGBl. I S. 402) ist letztmals anzuwenden für Ausschüttungen, für die der Vierte Teil des Körperschaftsteuergesetzes

nach § 34 Abs. 10a des Körperschaftsteuergesetzes in der Fassung des Artikels 3 des Gesetzes vom 23. Oktober 2000 (BGBl. I S. 1433) letztmals anzuwenden ist. ²§ 20 Abs. 1 Nr. 1 in der Fassung des Gesetzes vom 23. Oktober 2000 (BGBl. I S. 1433) und § 20 Abs. 1 Nr. 2 in der Fassung des Artikels 1 des Gesetzes vom 20. Dezember 2001 (BGBl. I S. 3858) ist erstmals für Erträge anzuwenden, für die Satz 1 nicht gilt. ³§ 20 Abs. 1 Nr. 6 in der Fassung des Gesetzes vom 7. September 1990 (BGBl. I S. 1898) ist erstmals auf nach dem 31. Dezember 1974 zugeflossene Zinsen aus Versicherungsverträgen anzuwenden, die nach dem 31. Dezember 1973 abgeschlossen worden sind. ⁴§ 20 Abs. 1 Nr. 6 in der Fassung des Gesetzes vom 20. Dezember 1996 (BGBl. I S. 2049) ist erstmals auf Zinsen aus Versicherungsverträgen anzuwenden, bei denen die Ansprüche nach dem 31. Dezember 1996 entgeltlich erworben worden sind. ⁵Für Kapitalerträge aus Versicherungsverträgen, die vor dem 1. Januar 2005 abgeschlossen werden, ist § 20 Abs. 1 Nr. 6 in der am 31. Dezember 2004 geltenden Fassung mit der Maßgabe weiterhin anzuwenden, dass in Satz 3 die Angabe „§ 10 Abs. 1 Nr. 2 Buchstabe b Satz 5" durch die Angabe „§ 10 Abs. 1 Nr. 2 Buchstabe b Satz 6" ersetzt wird. ⁶§ 20 Abs. 1 Nr. 1 Satz 4, § 43 Abs. 3, § 44 Abs. 1, 2 und 5 und § 45a Abs. 1 und 3 in der Fassung des Artikels 1 des Gesetzes vom 13. Dezember 2006 (BGBl. I S. 2878) sind erstmals auf Verkäufe anzuwenden, die nach dem 31. Dezember 2006 getätigt werden. ⁷§ 20 Abs. 1 Nr. 6 Satz 1 in der Fassung des Artikels 1 des Gesetzes vom 13. Dezember 2006 (BGBl. I S. 2878) ist auf Erträge aus Versicherungsverträgen, die nach dem 31. Dezember 2004 abgeschlossen werden, anzuwenden. ⁸§ 20 Abs. 1 Nr. 6 Satz 3 in der Fassung des Artikels 1 des Gesetzes vom 13. Dezember 2006 (BGBl. I S. 2878) ist erstmals anzuwenden auf Versicherungsleistungen im Erlebensfall bei Versicherungsverträgen, die nach dem 31. Dezember 2006 abgeschlossen werden, und auf Versicherungsleistungen bei Rückkauf eines Vertrages nach dem 31. Dezember 2006. ⁹§ 20 Abs. 1 Nr. 6 Satz 2 ist für Vertragsabschlüsse nach dem 31. Dezember 2011 mit der Maßgabe anzuwenden, dass die Versicherungsleistung nach Vollendung des 62. Lebensjahres des Steuerpflichtigen ausgezahlt wird.

(36a) Für die Anwendung des § 20 Abs. 1 Nr. 4 Satz 2 in der Fassung des Artikels 1 des Gesetzes vom 22. Dezember 2005 (BGBl. I S. 3683) gilt Absatz 33a entsprechend.

(37) § 20 Abs. 1 Nr. 9 ist erstmals auf Einnahmen anzuwenden, die nach Ablauf des ersten Wirtschaftsjahres der Körperschaft, Personenvereinigung oder Vermögensmasse im Sinne von § 1 Abs. 1 Nr. 3 bis 5 des Körperschaftsteuergesetzes erzielt werden, für das das Körperschaftsteuergesetz in der Fassung des Artikels 3 des Gesetzes vom 23. Oktober 2000 (BGBl. I S. 1433) erstmals anzuwenden ist.

(37a) ¹§ 20 Abs. 1 Nr. 10 Buchstabe a ist erstmals auf Leistungen anzuwenden, die nach Ablauf des ersten Wirtschaftsjahres des Betriebs gewerblicher Art mit eigener Rechtspersönlichkeit erzielt werden, für das das Körperschaftsteuergesetz in der Fassung des Artikels 3 des Gesetzes vom 23. Oktober 2000 (BGBl. I S. 1433) erstmals anzuwenden ist. ²§ 20 Abs. 1 Nr. 10 Buchstabe b ist erstmals auf Gewinne anzuwenden, die nach Ablauf des ersten Wirtschaftsjahres des Betriebs gewerblicher Art ohne eigene Rechtspersönlichkeit oder des wirtschaftlichen Geschäftsbetriebs erzielt werden, für das das Körperschaftsteuergesetz in der Fassung des Artikels 3 des Gesetzes vom 23. Oktober 2000 (BGBl. I S. 1433) erstmals anzuwenden ist. ³§ 20 Abs. 1 Nr. 10 Buchstabe b Satz 3 ist erstmals für den Veranlagungszeitraum 2001 anzuwenden. ⁴§ 20 Abs. 1 Nr. 10 Buchstabe b Satz 1 in der Fassung des Artikels 1 des Gesetzes vom 31. Juli 2003 (BGBl. I S. 1550) ist erstmals ab dem Veranlagungszeitraum 2004 anzuwenden. ⁵§ 20 Abs. 1 Nr. 10 Buchstabe b Satz 1 in der am 12. Dezember 2006 geltenden Fassung ist für Anteile, die einbringungsgeboren im Sinne des § 21 des Umwandlungssteuergesetzes in der am 12. Dezember 2006 geltenden Fassung sind, weiter anzuwenden. ⁶§ 20 Abs. 1 Nr. 10 Buchstabe b Satz 2 zweiter Halbsatz in der Fassung des Artikels 1 des Gesetzes vom 7. Dezember 2006 (BGBl. I S. 2782) ist erstmals auf Einbringungen oder Formwechsel anzuwenden, für die das Umwandlungssteuergesetz in der Fassung des Artikels 6 des Gesetzes vom 7. Dezember 2006 (BGBl. I S. 2782) anzuwenden ist. ⁷§ 20 Abs. 1 Nr. 10 Buchstabe b Satz 2 zweiter Halbsatz ist auf Einbringungen oder Formwechsel, für die das Umwandlungssteuergesetz in der Fassung des Artikels 6 des Gesetzes vom 7. Dezember 2006 (BGBl. I S. 2782) noch nicht anzuwenden ist, in der folgenden Fassung anzuwenden:

„in Fällen der Einbringung nach dem Achten und des Formwechsels nach dem Zehnten Teil des Umwandlungssteuergesetzes gelten die Rücklagen als aufgelöst."

(37b) § 20 Abs. 2 Satz 1 Nr. 4 Sätze 2 und 4 in der Fassung des Gesetzes vom 20. Dezember 2001 (BGBl. I S. 3794) ist für alle Veranlagungszeiträume anzuwenden, soweit Steuerbescheide noch nicht bestandskräftig sind.

(37c) § 20 Abs. 2a Satz 1 in der Fassung des Gesetzes vom 24. März 1999 (BGBl. I S. 402) ist letztmals anzuwenden für Ausschüttungen, für die der Vierte Teil des Körperschaftsteuergesetzes nach § 34 Abs. 10a des Körperschaftsteuergesetzes in der Fassung des Artikels 3 des Gesetzes vom 23. Oktober 2000 (BGBl. I S. 1433) letztmals anzuwenden ist.

(37d) ¹§ 20 Abs. 1 Nr. 4 Satz 2 und Abs. 2b in der Fassung des Artikels 1 des Gesetzes vom 13. Dezember 2006 (BGBl. I S. 2878) ist erstmals für den Veranlagungszeitraum 2006 anzuwenden. ²Absatz 33a gilt entsprechend.

(37e) Für die Anwendung des § 21 Abs. 1 Satz 2 in der Fassung des Artikels 1 des Gesetzes vom 22. Dezember 2005 (BGBl. I S. 3683) gilt Absatz 33a entsprechend.

(38) ¹§ 22 Nr. 1 Satz 2 ist erstmals auf Bezüge anzuwenden, die nach Ablauf des Wirtschaftsjahres der Körperschaft, Personenvereinigung oder Vermögensmasse erzielt werden, die die Bezüge gewährt, für das das Körperschaftsteuergesetz in der Fassung der Bekanntmachung vom 22. April 1999 (BGBl. I S. 817), zuletzt geändert durch Artikel 4 des Gesetzes vom 14. Juli 2000 (BGBl. I S. 1034), letztmalig anzuwenden ist. ²Für die Anwendung des § 22 Nr. 1 Satz 1 zweiter Halbsatz in der Fassung des Artikels 1 des Gesetzes vom 22. Dezember 2005 (BGBl. I S. 3683) gilt Absatz 33a entsprechend. ³§ 22 Nr. 3 Satz 4 zweiter Halbsatz in der Fassung des Artikels 1 des Gesetzes vom 13. Dezember 2006 (BGBl. I S. 2878) ist auch in den Fällen anzuwenden, in denen am 1. Januar 2007 die Feststellungsfrist noch nicht abgelaufen ist.

(38a) ¹Abweichend von § 22a Abs. 1 Satz 1 kann das Bundeszentralamt für Steuern den Zeitpunkt der erstmaligen Übermittlung von Rentenbezugsmitteilungen durch ein im Bundessteuerblatt zu veröffentlichendes Schreiben mitteilen. ²Der Mitteilungspflichtige nach § 22a Abs. 1 kann die Identifikationsnummer (§ 139b der Abgabenordnung) eines Leistungsempfängers, dem in den Jahren 2005 bis 2008 Leistungen zugeflossen sind, abweichend von § 22a Abs. 2 Satz 1 und 2 beim Bundeszentralamt für Steuern erheben. ³Das Bundeszentralamt für Steuern teilt dem Mitteilungspflichtigen die Identifikationsnummer des Leistungsempfängers mit, sofern die übermittelten Daten mit den nach § 139b Abs. 3 der Abgabenordnung beim Bundeszentralamt für Steuern gespeicherten Daten übereinstimmen. ⁴Stimmen die Daten nicht überein, findet § 22a Abs. 2 Satz 1 und 2 Anwendung.

(39), (39a) *(aufgehoben)*

(40) ¹§ 32 Abs. 1 Nr. 2 in der Fassung des Artikels 1 des Gesetzes vom 15. Dezember 2003 (BGBl. I S. 2645) ist in allen Fällen anzuwenden, in denen die Einkommensteuer noch nicht bestandskräftig festgesetzt ist. ²§ 32 Abs. 4 Satz 1 Nr. 2 Buchstabe d ist für den Veranlagungszeitraum 2000 in der folgenden Fassung anzuwenden:

„d) ein freiwilliges soziales Jahr im Sinne des Gesetzes zur Förderung eines freiwilligen sozialen Jahres, ein freiwilliges ökologisches Jahr im Sinne des Gesetzes zur Förderung eines freiwilligen ökologischen Jahres oder einen Freiwilligendienst im Sinne des Beschlusses Nr. 1686/98/EG des Europäischen Parlaments und des Rates vom 20. Juli 1998 zur Einführung des gemeinschaftlichen Aktionsprogramms ‚Europäischer Freiwilligendienst für junge Menschen' (ABl. EG Nr. L 214 S. 1) oder des Beschlusses Nr. 1031/2000/EG des Europäischen Parlaments und des Rates vom 13. April 2000 zur Einführung des gemeinschaftlichen Aktionsprogramms ‚Jugend' (ABl. EG Nr. L 117 S. 1) leistet oder".

³§ 32 Abs. 4 Satz 1 Nr. 2 Buchstabe d in der Fassung des Gesetzes vom 16. August 2001 (BGBl. I S. 2074) ist erstmals für den Veranlagungszeitraum 2001 anzuwenden. ⁴§ 32 Abs. 4 Satz 1 Nr. 2 in der Fassung des Artikels 1 des Gesetzes vom 19. Juli 2006 (BGBl. I S. 1652) ist für Kinder, die im Veranlagungszeitraum 2006 das 24. Lebensjahr vollendeten, mit der Maßgabe anzuwenden, dass an die Stelle der Angabe „noch nicht das 25. Lebensjahr vollendet hat" die Angabe „noch nicht das 26. Lebensjahr vollendet hat" tritt; für Kinder, die im Veranlagungszeitraum 2006 das 25. oder 26. Lebensjahr vollendeten, ist § 32 Abs. 4 Satz 1 Nr. 2 weiterhin in der bis zum 31. Dezember 2006 geltenden Fassung anzuwenden. ⁵§ 32 Abs. 4 Satz 1 Nr. 3 in der Fassung des Artikels 1 des Gesetzes vom 19. Juli 2006 (BGBl. I S. 1652) ist erstmals für Kinder anzuwenden, die im Veranlagungszeitraum 2007 wegen einer vor Vollendung des 25. Lebensjahres eingetretenen körperlichen, geistigen oder seelischen Behinderung außerstande sind, sich selbst zu unterhalten; für Kinder, die wegen

einer vor dem 1. Januar 2007 in der Zeit ab der Vollendung des 25. Lebensjahres und vor Vollendung des 27. Lebensjahres eingetretenen körperlichen, geistigen oder seelischen Behinderung außerstande sind, sich selbst zu unterhalten, ist § 32 Abs. 4 Satz 1 Nr. 3 weiterhin in der bis zum 31. Dezember 2006 geltenden Fassung anzuwenden. [6]§ 32 Abs. 5 Satz 1 in der Fassung des Artikels 1 des Gesetzes vom 19. Juli 2006 (BGBl. I S. 1652) ist für Kinder, die im Veranlagungszeitraum 2006 das 24. Lebensjahr vollendeten, mit der Maßgabe anzuwenden, dass an die Stelle der Angabe „über das 21. oder 25. Lebensjahr hinaus" die Angabe „über das 21. oder 26. Lebensjahr hinaus" tritt; für Kinder, die im Veranlagungszeitraum 2006 das 25., 26. oder 27. Lebensjahr vollendeten, ist § 32 Abs. 5 Satz 1 weiterhin in der bis zum 31. Dezember 2006 geltenden Fassung anzuwenden. [7]Für die nach § 10 Abs. 1 Nr. 2 Buchstabe b und §§ 10a, 82 begünstigten Verträge, die vor dem 1. Januar 2007 abgeschlossen wurden, gelten für das Vorliegen einer begünstigten Hinterbliebenenversorgung die Altersgrenzen des § 32 in der bis zum 31. Dezember 2006 geltenden Fassung. [8]Dies gilt entsprechend für die Anwendung des § 93 Abs. 1 Satz 3 Buchstabe b.

(41) – (43) *(weggefallen)*

(43a) [1]§ 32b Abs. 1 Nr. 5 in der Fassung des Artikels 1 des Gesetzes vom 20. Dezember 2007 (BGBl. I S. 3150) ist bei Staatsangehörigen eines Mitgliedstaates der Europäischen Union oder eines Staates, auf den das Abkommen über den Europäischen Wirtschaftsraum anwendbar ist, die im Hoheitsgebiet eines dieser Staaten ihren Wohnsitz oder gewöhnlichen Aufenthalt haben, auf Antrag auch für Veranlagungszeiträume vor 2008 anzuwenden, soweit Steuerbescheide noch nicht bestandskräftig sind. [2]Abweichend von § 32b Abs. 3 kann das Bundesministerium der Finanzen den Zeitpunkt der erstmaligen Übermittlung der Mitteilungen durch ein im Bundessteuerblatt zu veröffentlichendes Schreiben mitteilen. [3]Bis zu diesem Zeitpunkt sind § 32b Abs. 3 und 4 in der am 20. Dezember 2003 geltenden Fassung weiter anzuwenden.

(44) § 32c in der Fassung des Artikels 1 des Gesetzes vom 13. Dezember 2006 (BGBl. I S. 2878) ist letztmals für den Veranlagungszeitraum 2007 anzuwenden.

(45), (46) *(weggefallen)*

(46a) § 33b Abs. 6 in der Fassung des Artikels 1 des Gesetzes vom 9. Dezember 2004 (BGBl. I S. 3310) ist in allen Fällen anzuwenden, in denen die Einkommensteuer noch nicht bestandskräftig festgesetzt ist.

(47) [1]§ 34 Abs. 1 Satz 1 in der Fassung des Gesetzes vom 23. Oktober 2000 (BGBl. I S. 1433) ist erstmals für den Veranlagungszeitraum 1999 anzuwenden. [2]Auf § 34 Abs. 2 Nr. 1 in der Fassung des Gesetzes vom 23. Oktober 2000 (BGBl. I S. 1433) ist Absatz 4a in der Fassung des Gesetzes vom 23. Oktober 2000 (BGBl. I S. 1433) entsprechend anzuwenden. [3]Satz 2 gilt nicht für die Anwendung des § 34 Abs. 3 in der Fassung des Gesetzes vom 19. Dezember 2000 (BGBl. I S. 1812). [4]In den Fällen, in denen nach dem 31. Dezember eines Jahres mit zulässiger steuerlicher Rückwirkung eine Vermögensübertragung nach dem Umwandlungssteuergesetz erfolgt oder ein Veräußerungsgewinn im Sinne des § 34 Abs. 2 Nr. 1 in der Fassung des Gesetzes vom 23. Oktober 2000 (BGBl. I S. 1433) erzielt wird, gelten die außerordentlichen Einkünfte als nach dem 31. Dezember dieses Jahres erzielt. [5]§ 34 Abs. 3 Satz 1 in der Fassung des Gesetzes vom 19. Dezember 2000 (BGBl. I S. 1812) ist ab dem Veranlagungszeitraum 2002 mit der Maßgabe anzuwenden, dass an die Stelle der Angabe „10 Millionen Deutsche Mark" die Angabe „5 Millionen Euro" tritt. [6]§ 34 Abs. 3 Satz 2 in der Fassung des Artikels 9 des Gesetzes vom 29. Dezember 2003 (BGBl. I S. 3076) ist erstmals für den Veranlagungszeitraum 2004 und ab dem Veranlagungszeitraum 2005 mit der Maßgabe anzuwenden, dass an die Stelle der Angabe „16 Prozent" die Angabe „15 Prozent" tritt. [7]Für die Anwendung des § 34 Abs. 3 Satz 4 in der Fassung des Gesetzes vom 19. Dezember 2000 (BGBl. I S. 1812) ist die Inanspruchnahme einer Steuerermäßigung nach § 34 in Veranlagungszeiträumen vor dem 1. Januar 2001 unbeachtlich.

(48) § 34a in der Fassung des Artikels 1 des Gesetzes vom 14. August 2007 (BGBl. I S. 1912) ist erstmals für den Veranlagungszeitraum 2008 anzuwenden.

(49) [1]§ 34c Abs. 6 Satz 5 in Verbindung mit Satz 1 in der Fassung des Artikels 1 des Gesetzes vom 13. Dezember 2006 (BGBl. I S. 2878) ist für alle Veranlagungszeiträume anzuwenden, soweit Steuerbescheide noch nicht bestandskräftig sind. [2]§ 34c Abs. 6 Satz 2 zweiter Halbsatz ist erstmals für den Veranlagungszeitraum 1996 anzuwenden, wenn das den Einkünften zugrunde liegende Rechtsgeschäft vor dem 11. November 1993 abgeschlossen worden ist.

(50) ¹§ 34f Abs. 3 und 4 Satz 2 in der Fassung des Gesetzes vom 25. Februar 1992 (BGBl. I S. 297) ist erstmals anzuwenden bei Inanspruchnahme der Steuerbegünstigung nach § 10e Abs. 1 bis 5 in der Fassung des Gesetzes vom 25. Februar 1992 (BGBl. I S. 297). ²§ 34f Abs. 4 Satz 1 ist erstmals anzuwenden bei Inanspruchnahme der Steuerbegünstigung nach § 10e Abs. 1 bis 5 oder nach § 15b des Berlinförderungsgesetzes für nach dem 31. Dezember 1991 hergestellte oder angeschaffte Objekte.

(50a) ¹§ 35 in der Fassung des Artikels 1 des Gesetzes vom 23. Dezember 2003 (BGBl. I S. 2922) ist erstmals für den Veranlagungszeitraum 2004 anzuwenden. ²§ 35 in der Fassung des Artikels 1 des Gesetzes vom 20. Dezember 2007 (BGBl. I S. 3150) ist erstmals für den Veranlagungszeitraum 2008 anzuwenden.

(50b) ¹§ 35a in der Fassung des Gesetzes vom 23. Dezember 2002 (BGBl. I S. 4621) ist erstmals für im Veranlagungszeitraum 2003 geleistete Aufwendungen anzuwenden, soweit die den Aufwendungen zu Grunde liegenden Leistungen nach dem 31. Dezember 2002 erbracht worden sind. ²§ 35a in der Fassung des Artikels 1 des Gesetzes vom 13. Dezember 2006 (BGBl. I S. 2878) ist erstmals für im Veranlagungszeitraum 2006 geleistete Aufwendungen anzuwenden, soweit die den Aufwendungen zu Grunde liegenden Leistungen nach dem 31. Dezember 2005 erbracht worden sind. ³§ 35a Abs. 1 Satz 1 und Abs. 2 Satz 1 und 2 in der Fassung des Artikels 1 des Gesetzes vom 20. Dezember 2007 (BGB. I S. 3150) ist in allen Fällen anzuwenden, in denen die Einkommensteuer noch nicht bestandskräftig festgesetzt ist.

(50c) ¹§ 36 Abs. 2 Satz 2 Nr. 2 und 3 und Abs. 3 Satz 1 in der Fassung des Gesetzes vom 24. März 1999 (BGBl. I S. 402) ist letztmals anzuwenden für Ausschüttungen, für die der Vierte Teil des Körperschaftsteuergesetzes nach § 34 Abs. 10a des Körperschaftsteuergesetzes in der Fassung des Artikels 3 des Gesetzes vom 23. Oktober 2000 (BGBl. I S. 1433) letztmals anzuwenden ist. ²§ 36 Abs. 2 Satz 2 Nr. 2 und Abs. 3 Satz 1 in der Fassung des Gesetzes vom 23. Oktober 2000 (BGBl. I S. 1433) ist erstmals für Erträge anzuwenden, für die Satz 1 nicht gilt.

(50d) Die §§ 36a bis 36e in der Fassung des Gesetzes vom 24. März 1999 (BGBl. I S. 402) sind letztmals anzuwenden für Ausschüttungen, für die der Vierte Teil des Körperschaftsteuergesetzes nach § 34 Abs. 10a des Körperschaftsteuergesetzes in der Fassung des Artikels 3 des Gesetzes vom 23. Oktober 2000 (BGBl. I S. 1433) letztmals anzuwenden ist.

(51) ¹§ 38b Satz 2 Nr. 2 in der Fassung des Artikels 9 des Gesetzes vom 29. Dezember 2003 (BGBl. I S. 3076) gilt erstmals für die Ausstellung der Lohnsteuerkarten 2004. ²Für die Ausstellung der Lohnsteuerkarten 2005 von Amts wegen ist § 38b Satz 2 Nr. 2 in der Fassung des Artikels 9 des Gesetzes vom 29. Dezember 2003 (BGBl. I S. 3076) mit der Maßgabe anzuwenden, dass die Lohnsteuerklasse II nur in den Fällen bescheinigt wird, in denen der Arbeitnehmer gegenüber der Gemeinde schriftlich vor dem 20. September 2004 versichert, dass die Voraussetzungen für die Berücksichtigung des Entlastungsbetrags für Alleinerziehende (§ 24b) vorliegen und ihm seine Verpflichtung bekannt ist, die Eintragung der Steuerklasse umgehend ändern zu lassen (§ 39 Abs. 4 Satz 1), wenn diese Voraussetzungen wegfallen. ³Hat ein Arbeitnehmer, auf dessen Lohnsteuerkarte 2004 die Steuerklasse II bescheinigt worden ist, eine Versicherung nach Satz 2 gegenüber der Gemeinde nicht abgegeben, so hat die Gemeinde dies dem Finanzamt mitzuteilen.

(52) *(weggefallen)*

(52a) ¹§ 40b Abs. 1 und 2 in der am 31. Dezember 2004 geltenden Fassung ist weiter anzuwenden auf Beiträge für eine Direktversicherung des Arbeitnehmers und Zuwendungen an eine Pensionskasse, die auf Grund einer Versorgungszusage geleistet werden, die vor dem 1. Januar 2005 erteilt wurde. ²Sofern die Beiträge für eine Direktversicherung die Voraussetzungen des § 3 Nr. 63 erfüllen, gilt dies nur, wenn der Arbeitnehmer nach Absatz 6 gegenüber dem Arbeitgeber für diese Beiträge auf die Anwendung des § 3 Nr. 63 verzichtet hat. ³§ 40b Abs. 4 in der Fassung des Artikels 1 des Gesetzes vom 13. Dezember 2006 (BGBl. I S. 2878) ist erstmals anzuwenden auf Sonderzahlungen, die nach dem 23. August 2006 gezahlt werden.

(52b) § 41b Abs. 1 Satz 2 Satzteil vor Nummer 1 in der Fassung des Artikels 1 des Gesetzes vom 20. Dezember 2007 (BGBl. I S. 3150) ist erstmals anzuwenden für Lohnsteuerbescheinigungen von laufendem Arbeitslohn, der für einen nach dem 31. Dezember 2008 endenden Lohnzahlungszeitraum gezahlt wird, und von sonstigen Bezügen, die nach dem 31. Dezember 2008 zufließen.

(52c) *(weggefallen)*

(53) ¹Die §§ 43 bis 45c in der Fassung des Gesetzes vom 22. Dezember 1999 (BGBl. I S. 2601) sind letztmals anzuwenden für Ausschüttungen, für die der Vierte Teil des Körperschaftsteuergesetzes nach § 34 Abs. 10a des Körperschaftsteuergesetzes in der Fassung des Artikels 3 des Gesetzes vom 23. Oktober 2000 (BGBl. I S. 1433) letztmals anzuwenden ist. ²Die §§ 43 bis 45c in der Fassung des Artikels 1 des Gesetzes vom 23. Oktober 2000 (BGBl. I S. 1433), dieses wiederum geändert durch Artikel 2 des Gesetzes vom 19. Dezember 2000 (BGBl. I S. 1812), sind auf Kapitalerträge anzuwenden, für die Satz 1 nicht gilt. ³§ 44 Abs. 6 Satz 3 in der Fassung des Gesetzes vom 20. Dezember 2001 (BGBl. I S. 3858) ist erstmals für den Veranlagungszeitraum 2001 anzuwenden. ⁴§ 45d Abs. 1 Satz 1 in der Fassung des Gesetzes vom 20. Dezember 2001 (BGBl. I S. 3794) ist für Mitteilungen auf Grund der Steuerabzugspflicht nach § 18a des Auslandinvestment-Gesetzes auf Kapitalerträge anzuwenden, die den Gläubigern nach dem 31. Dezember 2001 zufließen. ⁵§ 44 Abs. 6 in der Fassung des Artikels 1 des Gesetzes vom 13. Dezember 2006 (BGBl. I S. 2878) ist erstmals für Kapitalerträge anzuwenden, für die Satz 1 nicht gilt.

(53a) ¹§ 43 Abs. 1 Satz 1 Nr. 1 Satz 2 und Abs. 3 Satz 2 sind erstmals auf Entgelte anzuwenden, die nach dem 31. Dezember 2004 zufließen, es sei denn, die Veräußerung ist vor dem 29. Juli 2004 erfolgt. ²§ 43 Abs. 1 Satz 1 Nr. 7 Buchstabe b Satz 2 in der Fassung des Artikels 1 des Gesetzes vom 13. Dezember 2006 (BGBl. I S. 2878) ist erstmals auf Verträge anzuwenden, die nach dem 31. Dezember 2006 abgeschlossen werden.

(54) Bei der Veräußerung oder Einlösung von Wertpapieren und Kapitalforderungen, die von der das Bundesschuldbuch führenden Stelle oder einer Landesschuldenverwaltung verwahrt oder verwaltet werden können, bemisst sich der Steuerabzug nach den bis zum 31. Dezember 1993 geltenden Vorschriften, wenn sie vor dem 1. Januar 1994 emittiert worden sind; dies gilt nicht für besonders in Rechnung gestellte Stückzinsen.

(55) § 43a Abs. 2 Satz 7 ist erstmals auf Erträge aus Wertpapieren und Kapitalforderungen anzuwenden, die nach dem 31. Dezember 2001 erworben worden sind.

(55a) Die Anlage 2 (zu § 43b) in der Fassung des Artikels 1 des Gesetzes vom 20. Dezember 2007 (BGBl. I S. 3150) ist auf Ausschüttungen im Sinne des § 43b anzuwenden, die nach dem 31. Dezember 2006 zufließen.

(55b) *(aufgehoben)*

(55c) § 43b Abs. 2 Satz 1 ist auf Ausschüttungen, die nach dem 31. Dezember 2008 zufließen, mit der Maßgabe anzuwenden, dass an die Stelle der Angabe „15 Prozent" die Angabe „10 Prozent" tritt.

(55d) § 43b Abs. 3 ist letztmals auf Ausschüttungen anzuwenden, die vor dem 1. Januar 2009 zugeflossen sind.

(55e) ¹§ 44 Abs. 1 Satz 5 in der Fassung des Gesetzes vom 21. Juli 2004 (BGBl. I S. 1753) ist erstmals auf Ausschüttungen anzuwenden, die nach dem 31. Dezember 2004 erfolgen. ²§ 44 Abs. 6 Satz 2 und 5 in der am 12. Dezember 2006 geltenden Fassung sind für Anteile, die einbringungsgeboren im Sinne des § 21 des Umwandlungssteuergesetzes in der am 12. Dezember 2006 geltenden Fassung sind, weiter anzuwenden.

(55f) Für die Anwendung des § 44a Abs. 1 Nr. 1 und Abs. 2 Satz 1 Nr. 1 auf Kapitalerträge, die nach dem 31. Dezember 2006 zufließen, gilt Folgendes:
¹Ist ein Freistellungsauftrag vor dem 1. Januar 2007 unter Beachtung des § 20 Abs. 4 in der bis dahin geltenden Fassung erteilt worden, darf der nach § 44 Abs. 1 zum Steuerabzug Verpflichtete den angegebenen Freistellungsbetrag nur zu 56,37 Prozent berücksichtigen. ²Sind in dem Freistellungsauftrag der gesamte Sparer-Freibetrag nach § 20 Abs. 4 in der Fassung des Artikels 1 des Gesetzes vom 19. Juli 2006 (BGBl. I S. 1652) und der gesamte Werbungskosten-Pauschbetrag nach § 9a Satz 1 Nr. 2 in der Fassung des Artikels 1 des Gesetzes vom 19. Juli 2006 (BGBl. I S. 1652) angegeben, ist der Werbungskosten-Pauschbetrag in voller Höhe zu berücksichtigen.

(55g) ¹§ 44a Abs. 7 und 8 in der Fassung des Artikels 1 des Gesetzes vom 15. Dezember 2003 (BGBl. I S. 2645) ist erstmals für Ausschüttungen anzuwenden, die nach dem 31. Dezember 2003 erfolgen. ²Für Ausschüttungen, die vor dem 1. Januar 2004 erfolgen, sind § 44a Abs. 7 und § 44c in der Fassung der Bekanntmachung vom 19. Oktober 2002 (BGBl. I S. 4210, 2003 I S. 179) weiterhin anzuwenden. ³§ 44a Abs. 7 und 8 in der Fassung des Artikels 1 des Gesetzes vom 9. Dezember 2004 (BGBl. I S. 3310) und § 45b Abs. 2a sind erstmals auf Ausschüttungen anzuwenden, die nach dem 31. Dezember 2004 erfolgen.

(55h) § 44b Abs. 1 Satz 2 in der Fassung des Artikels 1 des Gesetzes vom 13. Dezember 2006 (BGBl. I S. 2878) ist erstmals auf Kapitalerträge anzuwenden, die nach dem 31. Dezember 2006 zufließen.

(55i) § 45a Abs. 4 Satz 2 in der Fassung des Artikels 1 des Gesetzes vom 13. Dezember 2006 (BGBl. I S. 2878) ist erstmals ab dem 1. Januar 2007 anzuwenden.

(55j) ¹§ 46 Abs. 2 Nr. 1 in der Fassung des Artikels 1 des Gesetzes vom 13. Dezember 2006 (BGBl. I S. 2878) ist auch auf Veranlagungszeiträume vor 2006 anzuwenden. ²§ 46 Abs. 2 Nr. 8 in der Fassung des Artikels 1 des Gesetzes vom 20. Dezember 2007 (BGBl. I S. 3150) ist erstmals für den Veranlagungszeitraum 2005 anzuwenden und in Fällen, in denen am 28. Dezember 2007 über einen Antrag auf Veranlagung zur Einkommensteuer noch nicht bestandskräftig entschieden ist.

(56) § 48 in der Fassung des Gesetzes vom 30. August 2001 (BGBl. I S. 2267) ist erstmals auf Gegenleistungen anzuwenden, die nach dem 31. Dezember 2001 erbracht werden.

(57) § 49 Abs. 1 Nr. 2 Buchstabe e und f sowie Nr. 8 in der Fassung des Gesetzes vom 7. Dezember 2006 (BGBl. I S. 2782) ist erstmals für den Veranlagungszeitraum 2006 anzuwenden.

(57a) ¹§ 49 Abs. 1 Nr. 5 Buchstabe a in der Fassung des Gesetzes vom 22. Dezember 1999 (BGBl. I S. 2601) ist letztmals anzuwenden für Ausschüttungen, für die der Vierte Teil des Körperschaftsteuergesetzes nach § 34 Abs. 10a des Körperschaftsteuergesetzes in der Fassung des Artikels 3 des Gesetzes vom 23. Oktober 2000 (BGBl. I S. 1433) letztmals anzuwenden ist. ²§ 49 Abs. 1 Nr. 5 Buchstabe a in der Fassung des Gesetzes vom 23. Oktober 2000 (BGBl. I S. 1433) ist erstmals für Kapitalerträge anzuwenden, für die Satz 1 nicht gilt. ³§ 49 Abs. 1 Nr. 5 Buchstabe b in der Fassung des Gesetzes vom 22. Dezember 1999 (BGBl. I S. 2601) ist letztmals anzuwenden für Ausschüttungen, für die der Vierte Teil des Körperschaftsteuergesetzes nach § 34 Abs. 10a des Körperschaftsteuergesetzes in der Fassung des Artikels 3 des Gesetzes vom 23. Oktober 2000 (BGBl. I S. 1433) letztmals anzuwenden ist. ⁴Für die Anwendung des § 49 Abs. 1 Nr. 5 Buchstabe a in der Fassung des Gesetzes vom 20. Dezember 2001 (BGBl. I S. 3794) gelten bei Kapitalerträgen, die nach dem 31. Dezember 2000 zufließen, die Sätze 1 und 2 entsprechend. ⁵§ 49 Abs. 1 Nr. 5 Buchstabe a und b in der Fassung des Artikels 1 des Gesetzes vom 9. Dezember 2004 (BGBl. I S. 3310) ist erstmals auf Kapitalerträge, die nach dem 31. Dezember 2003 zufließen, anzuwenden.

(58) § 50 Abs. 1 in der Fassung des Artikels 1 des Gesetzes vom 20. Dezember 2007 (BGBl. I S. 3150) ist bei Staatsangehörigen eines Mitgliedstaates der Europäischen Union oder eines Staates, auf den das Abkommen über den Europäischen Wirtschaftsraum anwendbar ist, die im Hoheitsgebiet eines dieser Staaten ihren Wohnsitz oder gewöhnlichen Aufenthalt haben, auf Antrag auch für Veranlagungszeiträume vor 2008 anzuwenden, soweit Steuerbescheide noch nicht bestandskräftig sind.

(58a) § 50a Abs. 4 Satz 1 Nr. 3 in der Fassung des Artikels 1 des Gesetzes vom 20. Dezember 2007 (BGBl. I S. 3150) ist erstmals auf Vergütungen anzuwenden, die nach dem 31. Dezember 2006 zufließen.

(58b) § 50a Abs. 7 Satz 3 in der Fassung des Gesetzes vom 20. Dezember 2001 (BGBl. I S. 3794) ist erstmals auf Vergütungen anzuwenden, für die der Steuerabzug nach dem 22. Dezember 2001 angeordnet worden ist.

(58c) § 50b in der Fassung des Artikels 1 des Gesetzes vom 13. Dezember 2006 (BGBl. I S. 2878) ist erstmals anzuwenden für Jahresbescheinigungen, die nach dem 31. Dezember 2004 ausgestellt werden.

(59) § 50c in der Fassung des Gesetzes vom 24. März 1999 (BGBl. I S. 402) ist weiter anzuwenden, wenn für die Anteile vor Ablauf des ersten Wirtschaftsjahrs, für das das Körperschaftsteuergesetz in der Fassung des Artikels 3 des Gesetzes vom 23. Oktober 2000 (BGBl. I S. 1433) erstmals anzuwenden ist, ein Sperrbetrag zu bilden war.

(59a) ¹§ 50d in der Fassung des Gesetzes vom 22. Dezember 1999 (BGBl. I S. 2601) ist letztmals anzuwenden für Ausschüttungen, für die der Vierte Teil des Körperschaftsteuergesetzes nach § 34 Abs. 10a des Körperschaftsteuergesetzes in der Fassung des Artikels 3 des Gesetzes vom 23. Oktober 2000 (BGBl. I S. 1433) letztmals anzuwenden ist. ²§ 50d in der Fassung des Gesetzes vom 23. Oktober 2000 (BGBl. I S. 1433) ist erstmals auf Kapitalerträge anzuwenden, für die Satz 1 nicht gilt. ³§ 50d in der Fassung des Gesetzes vom 20. Dezember 2001 (BGBl. I S. 3794) ist ab 1. Januar 2002 anzuwenden; für Anträge auf die Erteilung von Freistellungsbescheinigungen, die bis zum 31. Dezember 2001 gestellt worden sind, ist § 50d Abs. 2 Satz 4 nicht anzuwenden. ⁴§ 50d Abs. 1 in der Fassung des Artikels 1 des Gesetzes vom 15. Dezember 2003 (BGBl. I S. 2645) ist ab 1. Januar 2002 anzuwenden. ⁵§ 50d Abs. 1, 1a, 2 und 4 in der Fassung des Gesetzes vom 2. Dezember 2004 (BGBl. I S. 3112) ist erstmals auf Zahlungen anzuwenden, die nach dem 31. Dezember 2003 erfolgen. ⁶§ 50d Abs. 9 Satz 1 Nr. 1 in der Fassung des Artikels 1 des Gesetzes vom 13. Dezember 2006 (BGBl. I S. 2878) ist für alle Veranlagungszeiträume anzuwenden, soweit Steuerbescheide noch nicht bestandskräftig sind.

(59b) Die Anlage 3 (zu § 50g) in der Fassung des Artikels 1 des Gesetzes vom 20. Dezember 2007 (BGBl. I S. 3150) ist auf Zahlungen anzuwenden, die nach dem 31. Dezember 2006 erfolgen.

(59c) § 51 Abs. 4 Nr. 1 in der Fassung des Gesetzes vom 24. März 1999 (BGBl. I S. 402) ist letztmals anzuwenden für Ausschüttungen, für die der Vierte Teil des Körperschaftsteuergesetzes nach § 34 Abs. 10a des Körperschaftsteuergesetzes in der Fassung des Artikels 3 des Gesetzes vom 23. Oktober 2000 (BGBl. I S. 1433) letztmals anzuwenden ist.

(59d) ¹§ 52 Abs. 8 in der Fassung des Artikels 1 Nr. 59 des Jahressteuergesetzes 1996 vom 11. Oktober 1995 (BGBl. I S. 1250) ist nicht anzuwenden. ²§ 52 Abs. 8 in der Fassung des Artikels 8 Nr. 5 des Dritten Finanzmarktförderungsgesetzes vom 24. März 1998 (BGBl. I S. 529) ist in folgender Fassung anzuwenden:

„(8) § 6b Abs. 1 Satz 2 Nr. 5 und Abs. 4 Satz 1 Nr. 2 ist erstmals auf Veräußerungen anzuwenden, die nach dem Inkrafttreten des Artikels 7 des Dritten Finanzmarktförderungsgesetzes vorgenommen werden."

(60) § 55 in der Fassung des Gesetzes vom 24. März 1999 (BGBl. I S. 402) ist auch für Veranlagungszeiträume vor 1999 anzuwenden.

(61) Die §§ 62 und 65 in der Fassung des Gesetzes vom 16. Dezember 1997 (BGBl. I S. 2970) sind erstmals für den Veranlagungszeitraum 1998 anzuwenden.

(61a) ¹§ 62 Abs. 2 in der Fassung des Gesetzes vom 30. Juli 2004 (BGBl. I S. 1950) ist erstmals für den Veranlagungszeitraum 2005 anzuwenden. ²§ 62 Abs. 2 in der Fassung des Artikels 2 Nr. 2 des Gesetzes vom 13. Dezember 2006 (BGBl. I S. 2915) ist in allen Fällen anzuwenden, in denen das Kindergeld noch nicht bestandskräftig festgesetzt ist.

(62) § 66 Abs. 3 in der Fassung der Bekanntmachung vom 16. April 1997 (BGBl. I S. 821) ist letztmals für das Kalenderjahr 1997 anzuwenden, so dass Kindergeld auf einen nach dem 31. Dezember 1997 gestellten Antrag rückwirkend längstens bis einschließlich Juli 1997 gezahlt werden kann.

(63) § 73 in der Fassung der Bekanntmachung vom 16. April 1997 (BGBl. I S. 821) ist weiter für Kindergeld anzuwenden, das der private Arbeitgeber für Zeiträume vor dem 1. Januar 1999 auszuzahlen hat.

(64) § 86 in der Fassung des Gesetzes vom 15. Januar 2003 ist erstmals für den Veranlagungszeitraum 2002 anzuwenden.

(65) § 91 Abs. 1 Satz 4 in der Fassung des Artikel 1 des Gesetzes vom 20. Dezember 2007 (BGBl. S. 3150) ist ab Veranlagungszeitraum 2002 anzuwenden.

IdF ab VZ 2009:

§ 52 Anwendungsvorschriften

...

(12a) § 4d Abs. 1 Satz 1 Nr. 1 Satz 1 in der Fassung des Artikels 5 Nr. 1 des Gesetzes vom 10. Dezember 2007 (BGBl. I S. 2838) ist erstmals bei nach dem 31. Dezember 2008 zugesagten Leistungen der betrieblichen Altersversorgung anzuwenden.

...

§§ 52, 52a Anwendungsvorschriften

(17) ¹§ 6a Abs. 2 Nr. 1 und Abs. 3 Satz 2 Nr. 1 Satz 6 in der Fassung des Artikels 5 Nr 2 des Gesetzes vom 10. Dezember 2007 (BGBl. I S. 2838) sind erstmals bei nach dem 31. Dezember 2008 erteilten Pensionszusagen anzuwenden.

...

IdF ab VZ 2009:

§ 52a Anwendungsvorschriften zur Einführung einer Abgeltungsteuer auf Kapitalerträge und Veräußerungsgewinne

(1) Beim Steuerabzug vom Kapitalertrag ist diese Fassung des Gesetzes erstmals auf Kapitalerträge anzuwenden, die dem Gläubiger nach dem 31. Dezember 2008 zufließen, soweit in den folgenden Absätzen nichts anderes bestimmt ist.

(2) § 2 Abs. 2 und 5a bis 6 in der Fassung des Artikels 1 des Gesetzes vom 14. August 2007 (BGBl. I S. 1912) ist erstmals ab dem Veranlagungszeitraum 2009 anzuwenden.

(3) ¹§ 3 Nr. 40 Satz 1 und 2 in der Fassung des Artikels 1 des Gesetzes vom 14. August 2007 (BGBl. I S. 1912) ist erstmals ab dem Veranlagungszeitraum 2009 anzuwenden. ²Abweichend von Satz 1 ist § 3 Nr. 40 in der bis zum 31. Dezember 2008 anzuwendenden Fassung bei Veräußerungsgeschäften, bei denen § 23 Abs. 1 Satz 1 Nr. 2 in der bis zum 31. Dezember 2008 anzuwendenden Fassung nach dem 31. Dezember 2008 Anwendung findet, weiterhin anzuwenden.

(4) ¹§ 3c Abs. 2 Satz 1 in der Fassung des Artikels 1 des Gesetzes vom 14. August 2007 (BGBl. I S. 1912) ist erstmals ab dem Veranlagungszeitraum 2009 anzuwenden. ²Abweichend von Satz 1 ist § 3c Abs. 2 Satz 1 in der bis zum 31. Dezember 2008 anzuwendenden Fassung bei Veräußerungsgeschäften, bei denen § 23 Abs. 1 Satz 1 Nr. 2 in der bis zum 31. Dezember 2008 anzuwendenden Fassung nach dem 31. Dezember 2008 Anwendung findet, weiterhin anzuwenden.

(5) § 6 Abs. 1 Nr. 5 Satz 1 Buchstabe c in der Fassung des Artikels 1 des Gesetzes vom 14. August 2007 (BGBl. I S. 1912) ist auf Einlagen anzuwenden, die nach dem 31. Dezember 2008 erfolgen.

(6) § 9a in der Fassung des Artikels 1 des Gesetzes vom 14. August 2007 (BGBl. I S. 1912) ist erstmals ab dem Veranlagungszeitraum 2009 anzuwenden.

(7) § 10 Abs. 1 Nr. 4 in der Fassung des Artikels 1 des Gesetzes vom 14. August 2007 (BGBl. I S. 1912) ist erstmals auf Kapitalerträge anzuwenden, die nach dem 31. Dezember 2008 zufließen und auf die § 51a Abs. 2b bis 2d anzuwenden ist.

(8) § 20 Abs. 1 Nr. 7 in der Fassung des Artikels 1 des Gesetzes vom 14. August 2007 (BGBl. I S. 1912) ist vorbehaltlich der Regelungen in Absatz 10 Satz 6 bis 8 erstmals auf Kapitalerträge anzuwenden, die dem Gläubiger nach dem 31. Dezember 2008 zufließen.

(9) § 20 Abs. 1 Nr. 11 in der Fassung des Artikels 1 des Gesetzes vom 14. August 2007 (BGBl. I S. 1912) ist erstmals auf nach dem 31. Dezember 2008 zufließende Stillhalterprämien anzuwenden.

(10) ¹§ 20 Abs. 2 Satz 1 Nr. 1 in der Fassung des Artikels 1 des Gesetzes vom 14. August 2007 (BGBl. I S. 1912) ist erstmals auf Gewinne aus der Veräußerung von Anteilen anzuwenden, die nach dem 31. Dezember 2008 erworben werden. ²§ 20 Abs. 2 Satz 1 Nr. 2 in der Fassung des Artikels 1 des Gesetzes vom 14. August 2007 (BGBl. I S. 1912) ist erstmals auf Veräußerungen nach dem 31. Dezember 2008 anzuwenden. ³§ 20 Abs. 2 Satz 1 Nr. 3 in der Fassung des Artikels 1 des Gesetzes vom 14. August 2007 (BGBl. I S. 1912) ist erstmals auf Gewinne aus Termingeschäften anzuwenden, bei denen der Rechtserwerb nach dem 31. Dezember 2008 erfolgt. ⁴§ 20 Abs. 2 Satz 1 Nr. 4, 5 und 8 in der Fassung des Artikels 1 des Gesetzes vom 14. August 2007 (BGBl. I S. 1912) ist erstmals auf Gewinne anzuwenden, bei denen die zugrunde liegenden Wirtschaftsgüter, Rechte oder Rechtspositionen nach dem 31. Dezember 2008 erworben oder geschaffen werden. ⁵§ 20 Abs. 2 Satz 1 Nr. 6 in der Fassung des Artikels 1 des Gesetzes vom 14. August 2007 (BGBl. I S. 1912) ist erstmals auf die Veräußerung von Ansprüchen nach dem 31. Dezember 2008 anzuwenden, bei denen der Versicherungsvertrag nach dem 31. Dezember 2004 abgeschlossen wurde; dies gilt auch für Versicherungsverträge, die vor dem 1. Januar 2005 abgeschlossen wurden, sofern bei einem

Rückkauf zum Veräußerungszeitpunkt die Erträge nach § 20 Abs. 1 Nr. 6 in der am 31. Dezember 2004 geltenden Fassung steuerpflichtig wären. [6]*§ 20 Abs. 2 Satz 1 Nr. 7 in der Fassung des Artikels 1 des Gesetzes vom 14. August 2007 (BGBl. I S. 1912) ist erstmals auf nach dem 31. Dezember 2008 zufließende Kapitalerträge aus der Veräußerung sonstiger Kapitalforderungen anzuwenden.* [7]*Für Kapitalerträge aus Kapitalforderungen, die zum Zeitpunkt des vor dem 1. Januar 2009 erfolgten Erwerbs zwar Kapitalforderungen im Sinne des § 20 Abs. 1 Nr. 7 in der am 31. Dezember 2008 anzuwendenden Fassung, aber nicht Kapitalforderungen im Sinne des § 20 Abs. 2 Satz 1 Nr. 4 in der am 31. Dezember 2008 anzuwendenden Fassung sind, ist § 20 Abs. 2 Satz 1 Nr. 7 nicht anzuwenden.* [8]*Bei Kapitalforderungen, die zwar nicht die Voraussetzungen von § 20 Abs. 1 Nr. 7 in der am 31. Dezember 2008 anzuwendenden Fassung, aber die Voraussetzungen von § 20 Abs. 1 Nr. 7 in der Fassung des Artikels 1 des Gesetzes vom 14. August 2007 (BGBl. I S. 1912) erfüllen, ist § 20 Abs. 2 Satz 1 Nr. 7 in Verbindung mit § 20 Abs. 1 Nr. 7 vorbehaltlich der Regelung in Absatz 11 Satz 4 und 6 auf alle nach dem 30. Juni 2009 zufließenden Kapitalerträge anzuwenden, es sei denn, die Kapitalforderung wurde vor dem 15. März 2007 angeschafft.* [9]*§ 20 Abs. 2 Satz 2 und 3 in der Fassung des Artikels 1 des Gesetzes vom 14. August 2007 (BGBl. I S. 1912) ist erstmals auf Veräußerungen, Einlösungen, Abtretungen oder verdeckte Einlagen nach dem 31. Dezember 2008 anzuwenden.* [10]*§ 20 Abs. 3 bis 9 in der Fassung des Artikels 1 des Gesetzes vom 14. August 2007 (BGBl. I S. 1912) ist erstmals auf nach dem 31. Dezember 2008 zufließende Kapitalerträge anzuwenden.*

(11) [1]*§ 23 Abs. 1 Satz 1 Nr. 1 in der am 1. Januar 2000 geltenden Fassung und § 23 Abs. 1 Satz 1 Nr. 2 und 3 in der am 1. Januar 1999 geltenden Fassung sind auf Veräußerungsgeschäfte anzuwenden, bei denen die Veräußerung auf einem nach dem 31. Dezember 1998 rechtswirksam abgeschlossenen obligatorischen Vertrag oder gleichstehenden Rechtsakt beruht.* [2]*§ 23 Abs. 1 Satz 1 Nr. 2 Satz 2 und 3 in der am 16. Dezember 2004 geltenden Fassung ist erstmals für den Veranlagungszeitraum 2005 anzuwenden.* [3]*§ 23 Abs. 1 Satz 1 Nr. 2 in der Fassung des Artikels 1 des Gesetzes vom 14. August 2007 (BGBl. I S. 1912) ist erstmals auf Veräußerungsgeschäfte anzuwenden, bei denen die Wirtschaftsgüter nach dem 31. Dezember 2008 auf Grund eines nach diesem Zeitpunkt rechtswirksam abgeschlossenen obligatorischen Vertrags oder gleichstehenden Rechtsakts angeschafft wurden.* [4]*§ 23 Abs. 1 Satz 1 Nr. 2 in der am 1. Januar 1999 geltenden Fassung ist letztmals auf Veräußerungsgeschäfte anzuwenden, bei denen die Wirtschaftsgüter vor dem 1. Januar 2009 erworben wurden.* [5]*§ 23 Abs. 1 Satz 1 Nr. 3 in der am 1. Januar 1999 geltenden Fassung ist letztmals auf Veräußerungsgeschäfte anzuwenden, bei denen die Veräußerung auf einem vor dem 1. Januar 2009 rechtswirksam abgeschlossenen obligatorischen Vertrag oder gleichstehenden Rechtsakt beruht.* [6]*§ 23 Abs. 1 Satz 1 Nr. 4 ist auf Termingeschäfte anzuwenden, bei denen der Erwerb des Rechts auf einen Differenzausgleich, Geldbetrag oder Vorteil nach dem 31. Dezember 1998 und vor dem 1. Januar 2009 erfolgt.* [7]*§ 23 Abs. 1 Satz 5 ist erstmals für Einlagen und verdeckte Einlagen anzuwenden, die nach dem 31. Dezember 1999 vorgenommen werden.* [8]*§ 23 Abs. 3 Satz 4 ist auf Veräußerungsgeschäfte anzuwenden, bei denen der Steuerpflichtige das Wirtschaftsgut nach dem 31. Juli 1995 anschafft und veräußert oder nach dem 31. Dezember 1998 fertig stellt und veräußert.* [9]*§ 23 Abs. 1 Satz 2 und 3 sowie § 23 Abs. 3 Satz 3 in der am 12. Dezember 2006 geltenden Fassung sind für Anteile, die einbringungsgeboren im Sinne des § 21 des Umwandlungssteuergesetzes in der am 12. Dezember 2006 geltenden Fassung sind, weiter anzuwenden.* [10]*§ 23 Abs. 3 Satz 9 zweiter Halbsatz in der Fassung des Artikels 1 des Gesetzes vom 13. Dezember 2006 (BGBl. I S. 2878) ist auch in den Fällen anzuwenden, in denen am 1. Januar 2007 die Feststellungsfrist noch nicht abgelaufen ist.* [11]*§ 23 Abs. 3 Satz 9 und 10 in der Fassung des Artikels 1 des Gesetzes vom 14. August 2007 (BGBl. I S. 1912) ist letztmals für den Veranlagungszeitraum 2013 anzuwenden.*

(12) *§ 24c ist letztmals für den Veranlagungszeitraum 2008 anzuwenden.*

(13) *§ 25 Abs. 1 in der Fassung des Artikels 1 des Gesetzes vom 14. August 2007 (BGBl. I S. 1912) ist erstmals für den Veranlagungszeitraum 2009 anzuwenden.*

(14) *§ 32 Abs. 4 Satz 4 in der Fassung des Artikels 1 des Gesetzes vom 14. August 2007 (BGBl. I S. 1912) ist erstmals ab dem Veranlagungszeitraum 2009 anzuwenden.*

(15) *§ 32d Abs. 2 in der Fassung des Artikels 1 des Gesetzes vom 20. Dezember 2007 (BGBl. I S. 3150) ist erstmals für den Veranlagungszeitraum 2009 anzuwenden.*

(16) ¹§ 44a Abs. 8 Satz 1 und 2 in der Fassung des Artikels 1 des Gesetzes vom 14. August 2007 (BGBl. I S. 1912) ist erstmals auf Kapitalerträge anzuwenden, die dem Gläubiger nach dem 31. Dezember 2007 zufließen. ²Für Kapitalerträge im Sinne des § 43 Abs. 1 Satz 1 Nr. 1, die nach dem 31. Dezember 2007 und vor dem 1. Januar 2009 zufließen, ist er mit der Maßgabe anzuwenden, dass an die Stelle der Wörter „drei Fünftel" die Wörter „drei Viertel" und an die Stelle der Wörter „zwei Fünftel" die Wörter „ein Viertel" treten. ³§ 44a Abs. 9 in der Fassung des Artikels 1 des Gesetzes vom 14. August 2007 (BGBl. I S. 1912) ist erstmals auf Kapitalerträge anzuwenden, die dem Gläubiger nach dem 31. Dezember 2008 zufließen. ³§ 45a Abs. 4 Satz 2 in der Fassung des Artikels 1 des Gesetzes vom 20. Dezember 2007 (BGBl. I S. 3150) ist erstmals auf Kapitalerträge anzuwenden, die dem Gläubiger nach dem 31. Dezember 2007 zufließen.

(17) § 49 Abs. 1 Nr. 5 Satz 1 Buchstabe d, Satz 2 und Nr. 8 in der Fassung des Artikels 1 des Gesetzes vom 14. August 2007 (BGBl. I S. 1912) ist erstmals auf Kapitalerträge anzuwenden, die nach dem 31. Dezember 2008 zufließen.

(18) § 51a Abs. 2b bis 2d in der Fassung des Artikels 1 des Gesetzes vom 14. August 2007 (BGBl. I S. 1912) ist erstmals auf nach dem 31. Dezember 2008 zufließende Kapitalerträge anzuwenden.

Übersicht

	Rn		Rn
I. Bedeutung der Vorschrift über die zeitliche Geltung des EStG	1	III. Gleichheit in der Zeit und Vertrauensschutz	12
II. Aufbau der §§ 52, 52a	8	IV. Unternehmenssteuerreformgesetz 2008	15

Literatur: *P Kirchhof* Rückwirkung von Steuergesetzen, StuW 00, 221; *Littmann/Bitz/Pust* Das Einkommensteuerrecht (Losebl).

1 I. Bedeutung der Vorschrift über die zeitliche Geltung des EStG. Nach Art 82 II 1 soll jedes Gesetz den Tag seines Inkrafttretens bestimmen. Fehlt eine solche Bestimmung, tritt das Gesetz nach Art 82 II 2 GG mit dem 14. Tage nach Ablauf des Tages in Kraft, an dem das BGBl herausgegeben worden ist. § 52 I 1 entspricht der Regelung des Art 82 II 1 GG, wenn es ausdrücklich anordnet, dass diese Fassung des EStG erstmals für den VZ 08 anzuwenden ist.

2 Das EStG regelt ein Dauerrechtsverhältnis, dessen Maßstäbe ständig – teilw sogar mehrmals in einem VZ – geändert werden. Dadurch wird es notwendig, die erstmalige Anwendung, die Geltungsdauer und das Außerkrafttreten der jeweiligen Neuregelung gesondert zu bestimmen, um den in der jeweiligen Einzelvorschrift angelegten Erfordernissen nach Kontinuitätsgewähr und Vertrauensschutz zu genügen. § 52 I 1 macht deswegen den Vorbehalt, „soweit in den folgenden Absätzen und § 52a nichts anderes bestimmt ist". Dieser Vorbehalt **wendet das Regel-Ausnahme-Verhältnis praktisch in sein Gegenteil**: Das EStG tritt nicht, wie § 52 I 1 es erwarten lässt, in seiner jeweiligen Neufassung für der der Neufassung nachfolgenden VZ in Kraft, sondern einzelne Regelungen des EStG zu unterschiedlichen Zeitpunkten; teilw wirkt eine Neuregelung zurück, teilw gilt sie nach der Regel des § 52 I 1, teilw erst zu einem späteren Zeitpunkt.

3 Jede Regelung des EStG gilt aufgrund ihres eigenen materiellen Gehaltes, nicht aufgrund der §§ 52, 52a. Die Vermutung des Art 82 II 2 GG bestätigt, dass ein Gesetz auch ohne Bestimmung seines Inkrafttretens Verbindlichkeit gewinnt. §§ 52, 52a enthalten damit grds **Regelungen über den Anwendungszeitpunkt**, keine Regelungen in materieller Hinsicht. Allerdings beschränken sich §§ 52, 52a – entgegen ihrer Benennung – nicht allein auf die Funktion von Anwendungsvorschriften, sondern **vermengen zT systemwidrig Anwendungsvorschriften mit Sachvorschriften**. So bestimmt zB § 52 I 2, dass für den laufenden Arbeitslohn entgegen der Regel des § 11 I 4 iVm § 38a I 2 nicht der Zufluss, sondern der Lohnzahlungszeitraum maßgeblich sein soll. Abs 13 S 2 und Abs 14 regeln die Auflösung von Rückstellungen, Abs 16 die Möglichkeit der Rücklagenbildung beim Wegfall von Teilwertberichtigungen, Abs 33 materielle Voraussetzungen von Schiffsbausubventionen und Abs 51 S 2 ff regeln das Ausstellungsverfahren von Lohnsteuerkarten bei Alleinerziehenden.

4 Die Regeln des § 52 über die zeitliche Geltung des EStG werden ergänzt durch § 52a, der die Anwendungsvorschriften für die Abgeltungssteuer enthält. Die achtzehn Absätze des § 52a hätten in § 52 einbezogen werden können. Der Gesetzgeber hielt ihre Bündelung in einem Paragraphen jedoch für übersichtlicher. §§ 56 ff treffen Sonderregelungen für die Anwendung des EStG in den **neuen Bundesländern**.

Sondervorschriften des § 52 über die erstmalige Anwendung neuer Bestimmungen sollen auch dann **weitergelten, wenn sie in späteren Gesetzesfassungen nicht mehr enthalten** sind.[1] Diese Auffassung ist rechtsstaatlich bedenklich. Zwar ist die frühere Anwendungsregel durch die neue Anwendungsregel, die sie im Katalog des § 52 verdrängt, nicht aufgehoben worden, wenn die neu aufgenommene und die entfernte Regelung nicht gegenstandsgleich sind und verschiedene Gesetzesänderungen betreffen.[2] Die Entfernung der früheren Anwendungsregel aus dem Katalog des § 52 bringt jedoch die Regel des § 52 I – die erstmalige Anwendung für den VZ 08 – zur Geltung, weil nunmehr in den folgenden Absätzen nichts anderes bestimmt ist. Die Regel des § 52 I 1 mit dem abschließenden Ausnahmevorbehalt für die folgenden Absätze bietet in der Unübersichtlichkeit der Anwendungsvorschriften ein Mindestmaß an rechtsstaatlich gebotener Systematik und Auffindbarkeit. § 52 I bestimmt in der Formenstrenge der Gesetzesverkündung (Art 82 GG), dass der Gesetzesadressat sich auf die Anwendung des EStG erstmals für den VZ 08 einrichten kann, sofern die folgenden Absätze des § 52 und § 52a nichts anderes bestimmen. Soweit dadurch gesetzlich ungewollte oder auch sachfremde zeitliche Differenzierungen begründet werden, mag der Gesetzgeber diese korrigieren. Sie widerlegen jedoch nicht die ausdrückliche gesetzliche Anordnung. 5

Soweit Änderungen des EStG nicht zugleich eine entspr Anpassung des § 52 vorgesehen haben, hat der BMF den Text des § 52 teilw redigiert.[3] Diese Ermächtigung zur Redaktion wird auf § 51 IV 1 Nr 2 gestützt, wonach das Bundesfinanzministerium „Unstimmigkeiten im Wortlaut" des EStG beseitigen kann. Diese nur zur Korrektur von redaktionellen Versehen und offensichtlichen Wortlautfehlern ermächtigende Vorschrift (§ 51 Rn 51) berechtigt jedoch nicht, Entscheidungen – hier über den Zeitpunkt des Inkrafttretens – zu treffen. Diese Bestimmung ist nach Art 82 II GG dem Gesetz vorbehalten. 6

II. Aufbau der §§ 52, 52a. Nach der **Grundregel** des § 52 I 1 ist „diese Fassung" des EStG erstmals für den VZ 08 anzuwenden. Diese Formulierung schließt die bisherigen Regelungen des EStG einschließlich der schon früher in Kraft getretenen Neuregelungen einzelner Vorschriften ein, gibt ihnen insoweit einen neuen Fortgeltungsstichtag. Der Gesetzesadressat gewinnt damit die Sicherheit, dass – vorbehaltlich der Sonderregelungen in den folgenden Absätzen und § 52a – das EStG insgesamt auf den VZ 08 anzuwenden ist. 8

Durch die dem Abs 1 nachfolgenden Absätze und § 52a **wird allerdings die Ausnahme zur Regel**. Die nachfolgenden Absätze und § 52a enthalten Aussagen über die erstmalige Anwendung des EStG (Inkrafttreten), über die Geltungsdauer einzelner Vorschriften (zeitliche Schranken), über das Geltungsende (Außerkrafttreten) und über die Weitergeltung alten Rechts. 9

Die folgenden Absätze und § 52a wählen als **Anknüpfungspunkt** für die zeitliche Geltung jeweils einen bestimmten Vorgang, in dem der StPfl einen steuererheblichen Tatbestand erfüllt hat. Soweit § 52, wie in Abs 2, danach unterscheidet, dass Steuerbescheide noch nicht bestandskräftig sind, steht das Fehlen solcher Bescheide den noch offenen Bescheiden gleich, weil anderenfalls die Finanzbehörde durch die Wahl ihres Entscheidungszeitpunkts den Geltungszeitpunkt bestimmen könnte, bzw der Geltungszeitpunkt dem Zufall überlassen bliebe.[4] 10

§ 52 und § 52a setzen in der verwirrenden Fülle seiner zeitlichen Differenzierungen **keine Maßstäbe, die eine Gleichheit in der Zeit ersichtlich machen**. Den §§ 52, 52a fehlt ein System, das die Regelbelastung mit der ESt verstetigt und die Steuersubventionen befristet, insbes den Zustandstatbestand (§ 2 Rn 2) als Dauertatbestand aufnimmt, den Handlungstatbestand (§ 2 Rn 3) den Nutzer in seinem Dispositionsvertrauen schützt, das iÜ eine gegenwartsnahe Besteuerung des am gegenwärtigen Markt erwirtschafteten Einkommens gewährleistet (§ 2 Rn 17). 11

III. Gleichheit in der Zeit und Vertrauensschutz. Das EStG regelt ein **Dauerschuldverhältnis**, für dessen gesetzliche Gestaltung der StPfl **eine Gleichheit in der Zeit und eine verlässliche Voraussehbarkeit beansprucht**. Zwar ist der Gesetzgeber gehalten, das geltende Recht im Wechsel der Zeiten fortzubilden und damit auch das EStG zu ändern, dabei auch den Zeitpunkt für die Anwendung der Neuregelung (Stichtagsprinzip) zu bestimmen. Das Prinzip der parlamentarischen Demokratie ist deshalb auf eine stetige Überprüfung und Änderung der Gesetzeslage angelegt, das Rechtsstaatsprinzip allerdings fordert schonende Übergänge. Dabei ist das EStG in besonderer Weise gegen- 12

---

1 BFH BStBl II 92, 26 f.
2 BFH BStBl II 92, 27.
3 *L/B/P* § 52 I Rn 6.
4 BFH BStBl II 00, 657 (659).

wartsgebunden: Es finanziert den gegenwärtigen staatlichen Finanzbedarf durch steuerliche Teilhabe am Erwerbserfolg des StPfl auf der Grundlage des Jährlichkeitsprinzips (Einl Rn 67 ff).

13 Das Rechtsstaatsprinzip sichert die **Kontinuität** der Gesetzesentwicklung und schützt das **Vertrauen** des StPfl, der mit Blick auf das geltende EStG seine Dispositionen getroffen hat.[1] Einzelne Aufwandstatbestände wie Abschreibungen, Rückstellungen und auch stfreie Rücklagen entfalten Dauerwirkungen über Jahre hinaus und erwarten anfänglichen Bestandsschutz für die Gesetzesgrundlage, zumindest schonende Übergänge. Im Rahmen dieser Dispositionen und Sachverhaltsentwicklungen ist die **Verlässlichkeit der Rechtsordnung** „eine Grundbedingung freiheitlicher Verfassungen".[2]

14 Das Grundgesetz erlaubt nach der **Rspr des BVerfG zu rückwirkenden Gesetzen**[3] nur ein steuerbelastendes Gesetz, dessen Rechtsfolgen für einen frühestens mit der Verkündung beginnenden Zeitraum eintreten. Der Gesetzgeber kann also grds nicht anordnen, dass eine Rechtsfolge des EStG schon für einen vor dem Zeitpunkt der Verkündung der Neuregelung liegenden Zeitraum eintrete (Rückbewirkung von Rechtsfolgen, echte Rückwirkung). Erfassen die Rechtsfolgen der Neuregelung einen zukünftigen, aber bereits vor der Verkündung im Vertrauen auf die alte Rechtslage ins Werk gesetzten Sachverhalt (tatbestandliche Rückanknüpfung, unechte Rückwirkung), so berührt diese Rückanknüpfung vorrangig die Grundrechte, trifft also auf einen grundrechtlichen Schutz im Rahmen des gesetzlichen Änderungsvorbehalts (Einl Rn 65). Maßgeblicher Zeitpunkt ist jeweils die steuererhebliche Disposition des StPfl, nicht der Zeitpunkt der ESt-Belastung mit Ablauf des VZ (§ 36 I iVm § 25 I). Vertrauensschutz in die bestehende Rechtslage kann aber nicht eingefordert werden, sofern eine Neuregelungsabsicht des Gesetzgebers öffentlich bekannt geworden ist, zB aufgrund allg Presseberichterstattung.[4]

15 **IV. Unternehmenssteuerreformgesetz 2008.** Das **UntStRefG 2008** vom 14.8.07[5] hat die Besteuerung von KapGes und PersGes sowie von Kapitalerträgen zT grundlegend neu geordnet.[6] Für die einzelnen Regelungen gelten folgende Anwendungsvorschriften: Für **KapGes** wird ab dem VZ 08 der Steuersatz auf 15 % abgesenkt (§ 23 KStG),[7] die Einschränkungen des Verlustabzugs (§ 8c KStG) gelten ebenfalls ab VZ 08.[8] Bei **PersGes** sind die Neuregelungen ab dem VZ 08 anzuwenden: die Thesaurierungsbegünstigung (§ 34a),[9] der Spitzensteuersatz von 45 % auch für gewerbliche Einkünfte[10] sowie die Anrechnung der GewSt auf die ESt mit dem 3,8fachen des GewSt-Messbetrags (§ 35).[11]

Die neuen und geänderten Vorschriften zur **Gewinnermittlung** sind wie folgt anzuwenden: Die GewSt ist keine Betriebsausgabe mehr (§ 4 Abs 5b) für EZ ab 1.1.08.[12] Die Zinsschranke (§ 4h EStG, § 8a KStG) gilt für Wj, die nach dem 25.5.07 begonnen haben.[13] Für WG, die ab dem 1.1.08 angeschafft wurden, entfällt die degressive AfA (§ 7 Abs 2, 3);[14] der Sofortabzug ist auf GWG mit AK bis 150 € beschränkt (§ 6 Abs 2); eine Poolabschreibung für WG mit AK zw 150 € und 1 000 € (§ 6 Abs 2a) wurde neu eingeführt.[15] Die Hinzurechnungen zum Gewerbeertrag bei der **GewSt** (§ 8 Nr 1a-1f GewStG) sind ab dem EZ 08 vorzunehmen.[16] Die GewSt-Messzahl beträgt ab dem EZ 08 für alle Gewerbebetriebe 3,5 % (§ 11 Abs 2 GewStG).[17] Die Vorschriften zur **Funktionsverlagerung** (§ 1 AStG) sind ab dem VZ 08 zu beachten.[18]

Die **Abgeltungssteuer** für private Kapitalerträge von 25 % (§ 32d) ist auf Erträge anzuwenden, die ab dem 1.1.09 zufließen[19]. Betriebliche Dividendenerträge sind ab dem VZ 09 mit 60 % zu versteuern, sog Teileinkünfteverfahren (§ 3 Nr 40)[20]. Die Veräußerung von Anteilen an KapGes ist steuerbar (§ 20 Abs 2 Nr 1) bei Anteilen, die ab dem 1.1.09 erworben werden.[21]

---

1 BVerfGE 97, 67 (80) = BGBl I 98, 725.
2 BVerfGE 97, 67 (78) = BGBl I 98, 725.
3 BVerfGE 72, 200 (241) = BStBl II 86, 628 (641); BVerfGE 97, 67 (78) = BGBl I 98, 725; P Kirchhof StuW 00, 221 u Einl Rn 64 ff.
4 Vgl zB die Stichtagsregelung des „11.11.2005" für die Inanspruchnahme von Steuerstundungsmodellen (s Entw eines Gesetzes zur Beschränkung der Verlustverrechnung im Zusammenhang mit Steuerstundungsmodellen, BT-Drs 16/207, Begr S 7).
5 BGBl 07, 1912.
6 Vgl ausführl *Rödder* DStR 07, Beihefter zu Heft 40.
7 Vgl § 34 Abs 11a KStG.
8 Vgl § 34 Abs 7b KStG.
9 Vgl § 52 Abs 48.
10 Wegfall des § 32c, vgl § 52 Abs 44.
11 Vgl § 52 Abs 1.
12 § 52 Abs 12 S 7.
13 Vgl § 52 Abs 12d.
14 Vgl § 52 Abs 21a S 3.
15 Vgl § 52 Abs 16 S 17.
16 Vgl § 36 Abs 5a GewStG.
17 Vgl § 36 Abs 9a GewStG.
18 Vgl § 21 Abs 15 AStG.
19 Vgl § 52a Abs 1, 15.
20 Vgl § 52a Abs 3, 4.
21 Vgl § 52a Abs 10.

§ 53 Sondervorschrift zur Steuerfreistellung des Existenzminimums eines Kindes in den Veranlagungszeiträumen 1983 bis 1995

¹In den Veranlagungszeiträumen 1983 bis 1995 sind in Fällen, in denen die Einkommensteuer noch nicht formell bestandskräftig oder hinsichtlich der Höhe der Kinderfreibeträge vorläufig festgesetzt ist, für jedes bei der Festsetzung berücksichtigte Kind folgende Beträge als Existenzminimum des Kindes steuerfrei zu belassen:

1983	3 732 Deutsche Mark,
1984	3 864 Deutsche Mark,
1985	3 924 Deutsche Mark,
1986	4 296 Deutsche Mark,
1987	4 416 Deutsche Mark,
1988	4 572 Deutsche Mark,
1989	4 752 Deutsche Mark,
1990	5 076 Deutsche Mark,
1991	5 388 Deutsche Mark,
1992	5 676 Deutsche Mark,
1993	5 940 Deutsche Mark,
1994	6 096 Deutsche Mark,
1995	6 168 Deutsche Mark.

²Im Übrigen ist § 32 in der für den jeweiligen Veranlagungszeitraum geltenden Fassung anzuwenden. ³Für die Prüfung, ob die nach Satz 1 und 2 gebotene Steuerfreistellung bereits erfolgt ist, ist das dem Steuerpflichtigen im jeweiligen Veranlagungszeitraum zustehende Kindergeld mit dem auf das bisherige zu versteuernde Einkommen des Steuerpflichtigen in demselben Veranlagungszeitraum anzuwendenden Grenzsteuersatz in einen Freibetrag umzurechnen; dies gilt auch dann, soweit das Kindergeld dem Steuerpflichtigen im Wege eines zivilrechtlichen Ausgleichs zusteht. ⁴Die Umrechnung des zustehenden Kindergeldes ist entsprechend dem Umfang der bisher abgezogenen Kinderfreibeträge vorzunehmen. ⁵Bei einem unbeschränkt einkommensteuerpflichtigen Elternpaar, bei dem die Voraussetzungen des § 26 Abs. 1 Satz 1 nicht vorliegen, ist eine Änderung der bisherigen Inanspruchnahme des Kinderfreibetrags unzulässig. ⁶Erreicht die Summe aus dem bei der bisherigen Einkommensteuerfestsetzung abgezogenen Kinderfreibetrag und dem nach Satz 3 und 4 berechneten Freibetrag nicht den nach Satz 1 und 2 für den jeweiligen Veranlagungszeitraum maßgeblichen Betrag, ist der Unterschiedsbetrag vom bisherigen zu versteuernden Einkommen abzuziehen und die Einkommensteuer neu festzusetzen. ⁷Im Zweifel hat der Steuerpflichtige die Voraussetzungen durch Vorlage entsprechender Unterlagen nachzuweisen.

Es wird auf die Kommentierung in der 4. Aufl verwiesen.

Ergänzend wird auf Folgendes hingewiesen: Der BFH geht davon aus, dass der Gesetzgeber das sächliche Existenzminimum eines Kindes in § 53 S 1 entspr den Vorgaben des BVerfG[1] in verfassungsgemäßer Weise von der Steuer ausgenommen hat.[2]

§ 54

(weggefallen)

---

[1] BVerfGE 99, 246; 99, 268; 99, 273.
[2] BFH/NV 01, 1110; BFH/NV 02, 781; BFH/NV 04, 1635 (Verfassungsbeschwerde unter Az 2 BvR 1849/04 eingelegt); BFH/NV 07, 1296.

§ 55 Schlussvorschriften
(Sondervorschriften für die Gewinnermittlung nach § 4 oder nach Durchschnittssätzen bei vor dem 1. Juli 1970 angeschafftem Grund und Boden)

(1) ¹Bei Steuerpflichtigen, deren Gewinn für das Wirtschaftsjahr, in das der 30. Juni 1970 fällt, nicht nach § 5 zu ermitteln ist, gilt bei Grund und Boden, der mit Ablauf des 30. Juni 1970 zu ihrem Anlagevermögen gehört hat, als Anschaffungs- oder Herstellungskosten (§ 4 Abs. 3 Satz 4 und § 6 Abs. 1 Nr. 2 Satz 1) das Zweifache des nach den Absätzen 2 bis 4 zu ermittelnden Ausgangsbetrags. ²Zum Grund und Boden im Sinne des Satzes 1 gehören nicht die mit ihm in Zusammenhang stehenden Wirtschaftsgüter und Nutzungsbefugnisse.

(2) ¹Bei der Ermittlung des Ausgangsbetrags des zum land- und forstwirtschaftlichen Vermögen (§ 33 Abs. 1 Satz 1 des Bewertungsgesetzes in der Fassung der Bekanntmachung vom 10. Dezember 1965 – BGBl. I S. 1861 –, zuletzt geändert durch das Bewertungsänderungsgesetz 1971 vom 27. Juli 1971 – BGBl. I S. 1157) gehörenden Grund und Bodens ist seine Zuordnung zu den Nutzungen und Wirtschaftsgütern (§ 34 Abs. 2 des Bewertungsgesetzes) am 1. Juli 1970 maßgebend; dabei sind die Hof- und Gebäudeflächen sowie die Hausgärten im Sinne des § 40 Abs. 3 des Bewertungsgesetzes nicht in die einzelne Nutzung einzubeziehen. ²Es sind anzusetzen:

1. bei Flächen, die nach dem Bodenschätzungsgesetz vom 20. Dezember 2007 (BGBl. I S. 3150, 3176) in der jeweils geltenden Fassung zu schätzen sind, für jedes katastermäßig abgegrenzte Flurstück der Betrag in Deutsche Mark, der sich ergibt, wenn die für das Flurstück am 1. Juli 1970 im amtlichen Verzeichnis nach § 2 Abs. 2 der Grundbuchordnung (Liegenschaftskataster) ausgewiesene Ertragsmesszahl vervierfacht wird. ²Abweichend von Satz 1 sind für Flächen der Nutzungsteile
   a) Hopfen, Spargel, Gemüsebau und Obstbau
      2,05 Euro je Quadratmeter,
   b) Blumen- und Zierpflanzenbau sowie Baumschulen
      2,56 Euro je Quadratmeter
   anzusetzen, wenn der Steuerpflichtige dem Finanzamt gegenüber bis zum 30. Juni 1972 eine Erklärung über die Größe, Lage und Nutzung der betreffenden Flächen abgibt,
2. für Flächen der forstwirtschaftlichen Nutzung je Quadratmeter 0,51 Euro,
3. für Flächen der weinbaulichen Nutzung der Betrag, der sich unter Berücksichtigung der maßgebenden Lagenvergleichszahl (Vergleichszahl der einzelnen Weinbaulage, § 39 Abs. 1 Satz 3 und § 57 des Bewertungsgesetzes), die für ausbauende Betriebsweise mit Fassweinerzeugung anzusetzen ist, aus der nachstehenden Tabelle ergibt:

Lagenvergleichszahl	Ausgangsbetrag je Quadratmeter in Euro
bis 20	1,28
21 bis 30	1,79
31 bis 40	2,56
41 bis 50	3,58
51 bis 60	4,09
61 bis 70	4,60
71 bis 100	5,11
über 100	6,39

4. für Flächen der sonstigen land- und forstwirtschaftlichen Nutzung, auf die Nummer 1 keine Anwendung findet,
   je Quadratmeter 0,51 Euro,
5. für Hofflächen, Gebäudeflächen und Hausgärten im Sinne des § 40 Abs. 3 des Bewertungsgesetzes
   je Quadratmeter 2,56 Euro,
6. für Flächen des Geringstlandes
   je Quadratmeter 0,13 Euro,
7. für Flächen des Abbaulandes
   je Quadratmeter 0,26 Euro,
8. für Flächen des Unlandes
   je Quadratmeter 0,05 Euro.

(3) ¹Lag am 1. Juli 1970 kein Liegenschaftskataster vor, in dem Ertragsmesszahlen ausgewiesen sind, so ist der Ausgangsbetrag in sinngemäßer Anwendung des Absatzes 2 Satz 2 Nr. 1 Satz 1 auf der Grundlage der durchschnittlichen Ertragsmesszahl der landwirtschaftlichen Nutzung eines Betriebs zu ermitteln, die die Grundlage für die Hauptfeststellung des Einheitswerts auf den 1. Januar 1964 bildet. ²Absatz 2 Satz 2 Nr. 1 Satz 2 bleibt unberührt.

(4) Bei nicht zum land- und forstwirtschaftlichen Vermögen gehörendem Grund und Boden ist als Ausgangsbetrag anzusetzen:
1. Für unbebaute Grundstücke der auf den 1. Januar 1964 festgestellte Einheitswert. ²Wird auf den 1. Januar 1964 kein Einheitswert festgestellt oder hat sich der Bestand des Grundstücks nach dem 1. Januar 1964 und vor dem 1. Juli 1970 verändert, so ist der Wert maßgebend, der sich ergeben würde, wenn das Grundstück nach seinem Bestand vom 1. Juli 1970 und nach den Wertverhältnissen vom 1. Januar 1964 zu bewerten wäre;
2. für bebaute Grundstücke der Wert, der sich nach Nummer 1 ergeben würde, wenn das Grundstück unbebaut wäre.

(5) ¹Weist der Steuerpflichtige nach, dass der Teilwert für Grund und Boden im Sinne des Absatzes 1 am 1. Juli 1970 höher ist als das Zweifache des Ausgangsbetrags, so ist auf Antrag des Steuerpflichtigen der Teilwert als Anschaffungs- oder Herstellungskosten anzusetzen. ²Der Antrag ist bis zum 31. Dezember 1975 bei dem Finanzamt zu stellen, das für die Ermittlung des Gewinns aus dem Betrieb zuständig ist. ³Der Teilwert ist gesondert festzustellen. ⁴Vor dem 1. Januar 1974 braucht diese Feststellung nur zu erfolgen, wenn ein berechtigtes Interesse des Steuerpflichtigen gegeben ist. ⁵Die Vorschriften der Abgabenordnung und der Finanzgerichtsordnung über die gesonderte Feststellung von Besteuerungsgrundlagen gelten entsprechend.

(6) ¹Verluste, die bei der Veräußerung oder Entnahme von Grund und Boden im Sinne des Absatzes 1 entstehen, dürfen bei der Ermittlung des Gewinns in Höhe des Betrags nicht berücksichtigt werden, um den der ausschließlich auf den Grund und Boden entfallende Veräußerungspreis oder der an dessen Stelle tretende Wert nach Abzug der Veräußerungskosten unter dem Zweifachen des Ausgangsbetrags liegt. ²Entsprechendes gilt bei Anwendung des § 6 Abs. 1 Nr. 2 Satz 2.

(7) Grund und Boden, der nach § 4 Abs. 1 Satz 5 des Einkommensteuergesetzes 1969 nicht anzusetzen war, ist wie eine Einlage zu behandeln; er ist dabei mit dem nach Absatz 1 oder 5 maßgebenden Wert anzusetzen.

R 55/H 55 EStR 05; BMF BStBl I 72, 102; BStBl I 03, 78

Literatur: *Riegler* Bewertung von mit land- und forstwirtschaftlichem Grund und Boden im Zusammenhang stehenden Milchlieferrechten, DStZ 03, 685.

A. Grundaussagen des § 55

§ 55 regelt (anders als § 6 I Nr 2 und 5) die Wertermittlung bestimmter Betriebsgrundstücke für Zwecke der **Bodengewinnbesteuerung**. In der Praxis betrifft dies wegen der regelmäßig generationenübergreifenden Zugehörigkeit vor allem Grund und Boden eines luf Betriebes. Neben dem Recht, gem § 55 5 den Teilwert zu wählen, fingiert die Bewertungsvorschrift in einem pauschalierten Verfahren (Abs 2–4) die AK oder HK des betr WG als Einlagewert.[1] Hierdurch werden vor 1970 eingetretene Wertsteigerungen iErg (Rn 23) steuerlich nicht erfasst. Soweit etwa Zuckerrübenlieferrechte sich bereits vor dem 1.7.70 zu einem selbstständigen immateriellen WG verfestigt hatten, entfällt bei einem späteren Verkauf eine Abspaltung eines Teilbetrages vom Buchwert.[2] § 55 I regelt die **Erstbewertung** zum 1.7.70 (Bewertungsstichtag). Indem Abs 6 jedoch die Berücksichtigung von Verlusten sowie eine Teilwertabschreibung auf Dauer beschränkt, gewinnt die Vorschrift bei den betr Grundstücken auch zukünftig Bedeutung. Gem § 52 Abs 25 aF galt die Stichtagsregelung des § 55 bei einem Grundstück, das zum Anlagevermögen eines luf Betriebes gehört, für alle Entnahme- und Veräußerungsfälle nach dem **30.6.70**, bei StPfl mit Einkünften gem §§ 15 und 18 hingegen für solche Fälle nach dem **14.8.71**.[3]

1

---

1 Krit auch unter verfassungsrechtlichen Gesichtspunkten: *K/S/M* § 55 Rn A 34 und 51 ff.
2 BFH/NV 07, 1105.
3 BMF BStBl I 72, 102 Nr 1 und 9 mit weiteren Einzelheiten.

B. Besonderes Bewertungsverfahren (§ 55 I bis IV)

3 I. Persönlicher Anwendungsbereich. § 55 entfällt bei StPfl, die ihren Gewinn in dem Wj, in das der 30.6.70 fiel, gem § 5 ermittelt haben, § 55 I 1. Der in § 5 geregelte **Bestandsvergleich** erfasst nämlich stets den dem Anlagevermögen zuzurechnenden Grund und Boden. Folglich berührt § 55 grds Einkünfte, die ein einzelner StPfl iSv §§ 13, 13a, 15 und 18 erzielt; dies gilt unabhängig davon, ob der Gewinn nach § 4 I oder III – ggf durch Schätzung – ermittelt wird. Betroffen sind zB Kleingewerbetreibende, die weder verpflichtet sind, Bücher zu führen, noch dies freiwillig tun. § 55 gilt auch für StPfl, die ihren Gewinn in späteren Jahren erstmals nach § 5 ermitteln. Folglich ist der Ausgangswert des § 55 I beizubehalten, wenn der luf Betrieb nach dem Stichtag in einen GewBetr übergeht oder der StPfl das betr Grundstück in einen GewBetr überführt. Vereine, Stiftungen oder Realgemeinden fallen unter § 55 ebenso wie PersGes,[1] die allein Einkünfte gem §§ 13 oder 18 – also nicht gem § 15 – erzielen. Nur soweit ein einkommensteuerlich relevanter Betrieb nicht vorhanden ist, entfällt die Anwendung des § 55.[2] StPfl in den neuen Ländern hatten in der DM-EB gem **§ 9 I DMBilG** den Grund und Boden mit dem Verkehrswert anzusetzen, § 55 ist insoweit nicht anwendbar.

5 II. Erfasste Vermögenswerte (§ 55 I). § 55 I 1 betrifft **Grund und Boden**, der mit Ablauf des 30.6.70 zum Anlagevermögen des StPfl gehört hat. Erfasst wird im Grundsatz nur der nackte Grund und Boden (Rn 6 und 14), auch wenn dieser im Ausland belegen ist.[3] Teilflächen eines katastermäßig abgegrenzten Flurstücks sind als selbstständige WG zu behandeln, wenn für sie unterschiedliche Teilwerte gem § 55 festgestellt sind.[4] Im Einzelfall ist zw dem gem § 55 I bewerteten Grundstück(-steil) und weiteren Grundstücksteilen (Miteigentumsanteilen) zu trennen.[5] Die **Zugehörigkeit zum Anlagevermögen** richtet sich nach allg Regeln; gewillkürtes BV genügt.[6] Dagegen rechtfertigt allein die vorl Besitzeinweisung und die Bewirtschaftung von Flächen im Rahmen eines Siedlungsverfahrens nicht, diese Grundflächen dem Anlagevermögen zuzurechnen. Insoweit fehlt es an zivilrechtlichem oder auch wirtschaftlichem Eigentum des StPfl.[7] Unzutr Bilanzierung als (notwendiges) BV begründet dagegen nicht die erforderliche Zuordnung zum Anlagevermögen. Soweit allerdings das zuständige FA einen bestandskräftigen Feststellungsbescheid iSv § 55 V erlassen hat, bindet die Regelung auch dann, wenn sie das betr Grundstück in unzutr Weise dem Anlagevermögen zugeordnet hat.[8] Hatte ein StPfl den Betrieb im Ganzen bei Ablauf des 30.6.70 verpachtet und bis zu diesem Zeitpunkt die Betriebsaufgabe erklärt, entfällt die Zugehörigkeit zum Anlagevermögen iSv § 55 I 1. Auch ohne ausdrückliche Aufgabeerklärung kann im Einzelfall privates Grundvermögen vorliegen mit der Folge, dass eine Bodengewinnbesteuerung entfällt.[9]

6 Die mit dem Grund und Boden in Zusammenhang stehenden WG und Nutzungsbefugnisse (zB Feldinventar oder entdeckte Bodenschätze) werden durch den Ausgangsbetrag iSd S 1 nicht erfasst, **§ 55 I 2**. Umstritten ist, inwieweit der Grund und Boden auch **Milchreferenzmengen** oder **Zuckerrübenlieferrechte** betrifft. Vor Einführung des § 55 I 1 im Jahre 1999[10] hatte der BFH entschieden, dass (im Sinne einer Einheitsbetrachtung wegen einer verdeckten Regelungslücke) der einheitliche Ausgangsbetrag gem Abs 1 das Grundstück einerseits und die mit dem Grund und Boden verbundenen immateriellen WG (Milchreferenzmenge, Zuckerrübenlieferrechte) andererseits umfasse.[11] Diese Sicht begrenzte iErg die von der FinVerw beabsichtigte Verlustbegrenzung gem Abs 6; die Verwaltung hatte nämlich die Differenz zw dem auf dem Grund und Boden entfallenden Kaufpreis(anteil) und dem betr Buchwert als nicht ausgleichsfähigen Verlust iSv Abs 6 behandelt, das Entgelt für die Milchquote dagegen in vollem Umfang versteuert. Ausweislich der Gesetzesmaterialien sollte der 1999 eingefügte S 2 (rückwirkend, vgl § 52 Abs 60) klarstellen, dass der Grund und Boden nicht die vorgenannten immateriellen WG umfasst.[12] Demgegenüber geht der BFH (Rn 18) unter zutr Berufung auf den Gesetzeswortlaut auch nach der Gesetzesänderung davon aus, dass die mit dem Grund und Boden verbundenen immateriellen WG im Pauschalwert gem § 55 I ihren Niederschlag gefunden haben.[13] Lieferrechte, die zum 1.7.70 noch nicht als eigenständige WG entstanden waren und

---

1 Ebenso: *Schmidt*[26] § 55 Rn 3; zweifelnd dagegen BFH BStBl II 92, 797 (798).
2 BFH/NV 86, 273.
3 *K/S/M* § 55 Rn B 8 und B 17 f.
4 FG Brem EFG 83, 224.
5 BFH BStBl II 86, 6 (8).
6 BFH BStBl II 86, 516 (517); FG Kln EFG 03, 1156: Aktien einer Zuckerrüben-AG als notwendiges BV.
7 FG Nds EFG 05, 1268 (1269).
8 BFH BStBl II 80, 5 (6); BFH/NV 89, 225 (227).
9 BMF BStBl I 72, 102 Nr 6 mit Einzelbeispielen.
10 StEntlG v 24.3.99, BGBl I 99, 402.
11 BFH/NV 98, 1029; BFH BStBl II 03, 64.
12 Ebenso: *Schmidt*[26] § 55 Rn 5; R 55 EStR.
13 BFH BStBl II 03, 58; BStBl II 03, 64; zum Eigenjagdrecht vgl *v Schönberg* DStZ 01, 145 (153).

mit der Bodennutzung zusammenhängen, sind im Pauschalwert des § 55 I enthalten. Hiernach bilden im Hinblick auf den Ausgangsbetrag iSd § 55 I 1 der Grund und Boden sowie die bodengebundenen Befugnisse eine Einheit. Eine (spätere) Verselbstständigung der aus der Grünflächennutzung folgenden Rechte erfordert die entspr Zuordnung eines Teils des Ausgangsbetrags. In diesem Fall wird vom Buchwert des Bodens der auf das Lieferrecht entfallende Teil abgespalten. Die Abspaltung richtet sich nach dem Verhältnis der Teilwerte von Grund und Boden einerseits und Lieferrecht andererseits und zwar im Zeitpunkt der Abspaltung.[1] Diese Vorgehensweise setzt allerdings voraus, dass das betr Recht sich nicht bereits zum 1.7.70 (Rn 1) in einem selbstständigen immateriellen WG verfestigt hatte.[2] Diese Feststellung hängt von den Umständen des Einzelfalls ab. Im Hinblick auf die vorgenannte Rspr hat das BMF die Grundsätze zusammengestellt, nach denen für alle offenen Fälle Milchlieferrechte von Seiten der FinVerw auch für die Vergangenheit zu bewerten sind.[3] Kommt es zu der angesprochenen Buchwertabspaltung, so ergibt sich, wenn der StPfl das Lieferrecht später entnimmt oder veräußert, ein Gewinn aus der Differenz zwischen (abgespaltenem) Buchwert und Entnahmewert oder Veräußerungspreis.

III. Bedeutung des Ausgangsbetrages (§ 55 I). Der in § 55 I genannte Ausgangswert beruht auf einer (zwingenden) pauschalen Berechnung. Vor allem die schlichte Vervielfältigung der – soweit vorhanden – unstrittigen Ertragsmesszahlen bot ein sehr einfaches, den StPfl zumeist begünstigendes Verfahren. Der zum Bewertungsstichtag 1.7.70 als zweifacher Ausgangsbetrag ermittelte Wert fingiert die der Bodengewinnbesteuerung zugrundeliegenden **AK und HK** unabhängig von den tatsächlichen Wertverhältnissen. Sofern der StPfl nach dem 30.6.70 jedoch Maßnahmen trifft, die den Wert des Grundstücks wesentlich erhöhen (zB grundstücksbezogene Beiträge), werden die nachträglichen Kosten hinzugerechnet.[4]

IV. Ermittlung des Ausgangsbetrages (§ 55 II bis IV). – 1. Land- und forstwirtschaftliches Vermögen (§ 55 II). Abs 2 regelt die Ermittlung des Ausgangsbetrags, sofern für den Grund und Boden, der iSv § 33 I 1 BewG zum luf Vermögen gehört, ein **Liegenschaftskataster** die entspr Ertragsmesszahlen ausweist. Hierbei ist die tatsächliche Nutzung maßgeblich; nicht entscheidend ist demnach – auch bei verpachteten Grundstücksflächen[5] – eine fehlerhafte Katastereintragung.[6] Im Allg wird die dem Kataster entnommene Ertragszahl vervierfacht, § 55 II 2 Nr 1 S 1.[7] Bei Sonderkulturen legt § 55 II 2 Nr 1 S 2 einzelne Euro-Beträge je qm fest, sofern der StPfl eine entspr Flächenmeldung zum 30.6.72 (Ausschlussfrist) erteilt hat.

2. Fehlendes Liegenschaftskataster (§ 55 III). Fehlt ein Liegenschaftskataster (Rn 10), ermittelt der StPfl den Ausgangsbetrag auf der Grundlage der **durchschnittlichen Ertragsmesszahl**, bezogen auf den EW des 1.1.64, § 55 III. Ggf sind zwischenzeitliche Veränderungen bis zum Bewertungsstichtag im Hinblick auf die maßgebliche Nutzung zu berücksichtigen.[8] Bei Sonderkulturen gelten in jedem Falle die in Abs 2 Nr 1 S 2 festgelegten Werte, § 55 III 2.

3. Nicht zur Land- und Forstwirtschaft gehörendes Grundvermögen (§ 55 IV). Der in § 55 IV genannte Grund und Boden, der bewertungsrechtlich nicht iSv Abs 2 und 3 zum luf Vermögen gehört, betrifft Grundstücke, die einem **gewerblich oder freiberuflich** genutzten BV zuzuordnen sind. Abs 4 erfasst gleichermaßen ein landwirtschaftlich genutztes Grundstück, das bewertungsrechtlich als Grundvermögen bewertet war oder als solches hätte bewertet werden müssen.[9] Bei den in Abs 4 Nr 1 genannten **unbebauten Grundstücken** richtet sich der Ausgangsbetrag grds nach dem EW 1.1.64. Fehlt ein derartiger EW oder hat sich der Grundstücksbestand zw dem 1.1.64 und dem Bewertungsstichtag geändert, ist ein EW zu fingieren, dem der Bestand zum Stichtag und die Wertverhältnisse zum 1.1.64 zugrunde liegen. Der solchermaßen hypothetische EW wird nicht durch ein gesondertes Feststellungsverfahren ermittelt; diesbezügliche Ermittlungsfehler können folglich ohne zeitliche Begrenzung noch in späteren Jahren berichtigt werden. Bei **bebauten Grundstücken** verweist § 55 IV Nr 2 auf den Ansatz des zweifachen Ausgangsbetrages entspr den in Nr 1 niedergelegten Grundsätzen.

---

1 BFH/NV 04, 1403 (1404).
2 In diesem Sinne: BFH BStBl II 03, 58; BFH/NV 04, 258 (259 f) zu nicht an Aktien gebundenem Zuckerrübenlieferrecht; BFH/NV 04, 1393 (1394); ausf: *Mahrenholtz* DStZ 02, 294; *Kanzler* FR 04, 172.
3 BMF BStBl I 03, 78 mit ausf Berechnungsbeispielen; vgl hierzu auch: *Riegler* DStZ 03, 685 (687 f).
4 BFH BStBl II 90, 126 (128); BStBl II 93, 392 (393).
5 FG SchlHol EFG 85, 507; **aA** BMF BStBl I 72, 102 Nr 10 Abs 7.
6 *K/S/M* § 55 Rn C 5.
7 Berechnungsbeispiele bei: *K/S/M* § 55 Rn A 44 ff.
8 *K/S/M* § 55 Rn D 3 mit Nachweisen.
9 *K/S/M* § 55 Rn E 1.

C. Bewertung mit Teilwert (§ 55 V)

16 Durch fristgebundenen Antrag, der gem § 55 V 2 bei dem zuständigen FA bis zum **31.12.75** (Ausschlussfrist)[1] einzureichen war, konnte der insoweit darlegungs- und beweispflichtige[2] StPfl erreichen, dass anstelle des zweifachen Ausgangsbetrages iSv Abs 1 der höhere Teilwert anzusetzen war. Der Teilwert war gesondert festzustellen, § 55 V 3; Änderungen des (bestandskräftigen) Grundlagenbescheides richten sich nach § 173 I Nr 1 AO.[3] Das Feststellungsverfahren iSv § 55 V regelt die Höhe des Teilwerts und die Zugehörigkeit des Grundstücks zum Anlagevermögen;[4] dies gilt aber nur unter der Voraussetzung, dass der StPfl bei der Grundstücksverwertung tatsächlich einen luf Betrieb unterhält.[5] Die Höhe des Teilwerts richtet sich nach § 6 I Nr 1 S 3; idR handelt es sich also um die Wiederbeschaffungskosten, die zumeist mit dem erzielbaren Veräußerungserlös übereinstimmen.[6]

D. Beschränkung der Gewinnauswirkung

18 **I. Verlustausschluss (§ 55 VI).** Die mit Hilfe des Ausgangsbetrages fingierten AK oder HK führen zu Verlusten, falls die spätere Veräußerung einen geringeren Erlös erbringt; ein vergleichbarer **Buchverlust** kann durch Entnahme entstehen. § 55 VI schließt die steuerwirksame Berücksichtigung dieses Buchverlustes aus.[7] Umstritten ist der Umfang der Verlustbeschränkung im Hinblick auf die mit dem Grund und Boden verbundenen **immateriellen WG.** Auch nach Einführung von Abs 1 S 2 und Einfügung der Klausel „ausschließlich auf den Grund und Boden entfallende" in Abs 6 S 1 geht der BFH (Rn 6) unter zutr Bezugnahme auf den Gesetzeswortlaut davon aus, dass ggf ein Teil des Pauschalwerts iSv Abs 1 auf die mit dem Grund und Boden entfallenden immateriellen WG Zuckerrübenrecht und Milchlieferungsquote[8] mit der Folge entfällt (sog Buchwertabspaltung), dass bei der Veräußerung des Betriebes ein entspr Teil des (verdoppelten) Ausgangsbetrages sich im Hinblick auf das selbstständige WG verbraucht.[9]

19 Der Verlustausschluss betrifft auch die Abschreibung auf einen niedrigeren Teilwert, **§ 55 VI 2** iVm § 6 I Nr 2 S 2. Innerhalb der durch Abs 1 und 2 vorgegebenen Pauschalwertgrenzen bleiben Wertminderungen jeglicher Art unberücksichtigt; die in Abs 6 vorgesehene Verlustausschlussklausel steht folglich einer Berücksichtigung der Wertminderung von Grund und Boden bei den Einkünften aus VuV entgegen.[10] Strittig ist hingegen, ob Abs 6 auch die Fälle erfasst, in denen der Teilwert gem § 55 V den Ansatz des Ausgangswertes gem Abs 1 verdrängt hat. Jedenfalls nach dem Gesetzeswortlaut erfasst § 55 VI nicht den auf Antrag festgestellten Teilwert gem Abs 5.[11] Die in § 55 VI geregelte Verlustbeschränkung erfasst auch Entnahmefälle. Eine derartige **Entnahme** kommt nach allg Grundsätzen bei schlüssigem Handeln oder entspr Rechtsvorgängen in Betracht, sofern die funktionelle Beziehung des Grundstücks zum Betrieb aufgelöst wird.[12]

20 Verluste sind für jedes einzeln zu bewertende Grundstück **gesondert zu ermitteln**. Ggf ist der Gesamtkaufpreis (zB Grund und Boden, aufstehendes Holz) aufzuteilen.[13]

23 **II. Einlagefiktion (§ 55 VII).** Um die bis 1970 teilw unterbliebene Versteuerung der Bodenveräußerungsgewinne sicherzustellen (Rn 1), fingiert Abs 7 Einlage und Einlagewert der betr Grundstücke. Die Behandlung als Einlage hat zur Folge, dass Wertsteigerungen vor dem Bewertungsstichtag **stfrei** blieben. Die in § 55 I und V vorgesehenen Wertansätze sind zwingend.

---

1 Gegen diesbezügliche Billigkeitsmaßnahme: BFH BStBl II 94, 833 (834).
2 BFH/NV 86, 273 (274).
3 BFH/NV 88, 483 (484); FG M'ster EFG 00, 919.
4 BFH BStBl II 80, 5 (6); BFH/NV 89, 225 (227).
5 BFH BStBl II 83, 324 (326).
6 BFH BStBl II 84, 33; BFH/NV 87, 296 (297).
7 BFH BStBl II 79, 103; BStBl II 03, 61.
8 Ausf zur Milchreferenzmenge: BFH BStBl II 03, 61; BStBl II 03, 64; *Bahrs* Inf 00, 683; *Wienroth* HLBS Report 00, Heft 4, S 6 ff; ausf zur (Berechnung der) Buchwertabspaltung: *Riegler* DStZ 03, 685 (688 ff) unter Bezugnahme auf BMF BStBl I 03, 78.
9 BFH BStBl II 03, 58; BStBl I 03, 61; **aA** *Schmidt*[26] § 55 Rn 14.
10 BFH BStBl II 79, 103 (105); BStBl II 98, 185 (186).
11 BFH BStBl II 79, 103 (105); *K/S/M* § 55 Rn G 4 mN; **aA** BMF BStBl I 72, 102 Nr 13 I.
12 BFH BStBl II 83, 448 (449); BFH/NV 89, 225 (226) mit Einzelheiten.
13 FG Hess EFG 89, 99 (100); *K/S/M* § 55 Rn G 7 und 12.

§ 56 Sondervorschriften für Steuerpflichtige in dem in Artikel 3 des Einigungsvertrages genannten Gebiet

Bei Steuerpflichtigen, die am 31. Dezember 1990 einen Wohnsitz oder ihren gewöhnlichen Aufenthalt in dem in Artikel 3 des Einigungsvertrages genannten Gebiet und im Jahre 1990 keinen Wohnsitz oder gewöhnlichen Aufenthalt im bisherigen Geltungsbereich dieses Gesetzes hatten, gilt Folgendes:

1. § 7 Abs. 5 ist auf Gebäude anzuwenden, die in dem Artikel 3 des Einigungsvertrages genannten Gebiet nach dem 31. Dezember 1990 angeschafft oder hergestellt worden sind.
2. *(weggefallen)*

Nach dem EinigungsvertragsG[1] iVm Anlage I Kap IV Sachgebiet B Abschn II Nr 14 gilt das EStG ab dem 1.1.91 in vollem Umfang auch im Beitrittsgebiet. § 56 soll sicherstellen, dass das EStG auch insoweit **erst ab dem VZ 91 im Beitrittsgebiet** gilt, als einzelne Vorschriften an Sachverhalte vor diesem Zeitpunkt anknüpfen. Vor diesem VZ gilt das Recht der ehemaligen DDR. § 56 Nr 1 beschränkt die Anwendung des § 7 V idF des Gesetzes v 25.6.90,[2] der StPfl aus den alten Bundesländern ermöglichte, bereits für den VZ 90 die degressive AfA geltend zu machen auf diesen Personenkreis.[3] § 56 Nr 2 wurde durch das StBereinG 99 aufgehoben und bestimmte, dass § 52 II bis XXXIII im Beitrittsgebiet nicht anwendbar waren.[4] 1

§ 57 Besondere Anwendungsregeln aus Anlass der Herstellung der Einheit Deutschlands

(1) Die §§ 7c, 7f, 7g, 7k und 10e dieses Gesetzes, die §§ 76, 78, 82a und 82f der Einkommensteuer-Durchführungsverordnung sowie die §§ 7 und 12 Abs. 3 des Schutzbaugesetzes sind auf Tatbestände anzuwenden, die in dem in Artikel 3 des Einigungsvertrages genannten Gebiet nach dem 31. Dezember 1990 verwirklicht worden sind.

(2) Die §§ 7b und 7d dieses Gesetzes sowie die §§ 81, 82d, 82g und 82i der Einkommensteuer-Durchführungsverordnung sind nicht auf Tatbestände anzuwenden, die in dem in Artikel 3 des Einigungsvertrages genannten Gebiet verwirklicht worden sind.

(3) Bei der Anwendung des § 7g Abs. 2 Nr. 1 und des § 14a Abs. 1 ist in dem in Artikel 3 des Einigungsvertrages genannten Gebiet anstatt vom maßgebenden Einheitswert des Betriebs der Land- und Forstwirtschaft und den darin ausgewiesenen Werten vom Ersatzwirtschaftswert nach § 125 des Bewertungsgesetzes auszugehen.

(4) [1]§ 10d Abs. 1 ist mit der Maßgabe anzuwenden, dass der Sonderausgabenabzug erstmals von dem für die zweite Hälfte des Veranlagungszeitraums 1990 ermittelten Gesamtbetrag der Einkünfte vorzunehmen ist. [2]§ 10d Abs. 2 und 3 ist auch für Verluste anzuwenden, die in dem in Artikel 3 des Einigungsvertrages genannten Gebiet im Veranlagungszeitraum 1990 entstanden sind.

(5) § 22 Nr. 4 ist auf vergleichbare Bezüge anzuwenden, die auf Grund des Gesetzes über Rechtsverhältnisse der Abgeordneten der Volkskammer der Deutschen Demokratischen Republik vom 31. Mai 1990 (GBl. I Nr. 30 S. 274) gezahlt worden sind.

(6) § 34f Abs. 3 Satz 3 ist erstmals auf die in dem in Artikel 3 des Einigungsvertrags genannten Gebiet für die zweite Hälfte des Veranlagungszeitraums 1990 festgesetzte Einkommensteuer anzuwenden.

§ 57 regelt die Anwendung von Regelungen der Eigenheimförderung und die Geltung von Steuervergünstigungen in Form von erhöhten Abschreibungen im Beitrittsgebiet. Die in Abs 1 und Abs 2 aufgeführten einkommensteuerrechtlichen Vorschriften über Steuervergünstigungen sollen entspr deren Investitionsanreizfunktion erst auf in der Zukunft verwirklichte Sachverhalte angewandt werden, um **unerwünschte Mitnahmeeffekte** zu **vermeiden**.[5] Abs 3 regelt Besonderheiten bei der Besteuerung der Land- und Forstwirte. Abs 4 bis 6 sehen die Anwendung einzelner Vorschriften auch vor dem 31.12.90 vor. Die Vorschrift hat heute keine Bedeutung mehr. Hinweise zur Auslegung und Anwendung der Vorschrift finden sich in den Vorauflagen. 1

---

1 Gesetz v 23.9.90, BGBl I 90, 885 = BStBl I 90, 654.
2 BGBl I 90, 294.
3 Ausf *Beule* DB 91, 134.
4 Dazu BFH BStBl II 98, 142.
5 BFH/NV 00, 416 mwN.

§ 58 Weitere Anwendung von Rechtsvorschriften, die vor Herstellung der Einheit Deutschlands in dem in Artikel 3 des Einigungsvertrages genannten Gebiet gegolten haben

(1) Die Vorschriften über Sonderabschreibungen nach § 3 Abs. 1 des Steueränderungsgesetzes vom 6. März 1990 (GBl. I Nr. 17 S. 136) in Verbindung mit § 7 der Durchführungsbestimmung zum Gesetz zur Änderung der Rechtsvorschriften über die Einkommen-, Körperschaft- und Vermögensteuer – Steueränderungsgesetz – vom 16. März 1990 (GBl. I Nr. 21 S. 195) sind auf Wirtschaftsgüter weiter anzuwenden, die nach dem 31. Dezember 1989 und vor dem 1. Januar 1991 in dem in Artikel 3 des Einigungsvertrages genannten Gebiet angeschafft oder hergestellt worden sind.

(2) [1]Rücklagen nach § 3 Abs. 2 des Steueränderungsgesetzes vom 6. März 1990 (GBl. I Nr. 17 S. 136) in Verbindung mit § 8 der Durchführungsbestimmung zum Gesetz zur Änderung der Rechtsvorschriften über die Einkommen-, Körperschaft- und Vermögensteuer – Steueränderungsgesetz – vom 16. März 1990 (GBl. I Nr. 21 S. 195) dürfen, soweit sie zum 31. Dezember 1990 zulässigerweise gebildet worden sind, auch nach diesem Zeitpunkt fortgeführt werden. [2]Sie sind spätestens im Veranlagungszeitraum 1995 gewinn- oder sonst einkünfteerhöhend aufzulösen. [3]Sind vor dieser Auflösung begünstigte Wirtschaftsgüter angeschafft oder hergestellt worden, sind die in Rücklage eingestellten Beträge von den Anschaffungs- oder Herstellungskosten abzuziehen; die Rücklage ist in Höhe des abgezogenen Betrags im Veranlagungszeitraum der Anschaffung oder Herstellung gewinn- oder sonst einkünfteerhöhend aufzulösen.

(3) Die Vorschrift über den Steuerabzugsbetrag nach § 9 Abs. 1 der Durchführungsbestimmung zum Gesetz zur Änderung der Rechtsvorschriften über die Einkommen-, Körperschaft- und Vermögensteuer – Steueränderungsgesetz – vom 16. März 1990 (GBl. I Nr. 21 S. 195) ist für Steuerpflichtige weiter anzuwenden, die vor dem 1. Januar 1991 in dem in Artikel 3 des Einigungsvertrages genannten Gebiet eine Betriebsstätte begründet haben, wenn sie von dem Tag der Begründung der Betriebsstätte an zwei Jahre lang die Tätigkeit ausüben, die Gegenstand der Betriebsstätte ist.

1 § 58 regelt die weitere Anwendung von Vorschriften der ehemaligen DDR über den 31.12.90 hinaus und hat heute keine Bedeutung mehr. Hinweise zur Auslegung und Anwendung der Vorschrift finden sich in den Vorauflagen.

§§ 59 bis 61
(weggefallen)

X. Kindergeld

§ 62 Anspruchsberechtigte

(1) Für Kinder im Sinne des § 63 hat Anspruch auf Kindergeld nach diesem Gesetz, wer
1. im Inland einen Wohnsitz oder seinen gewöhnlichen Aufenthalt hat oder
2. ohne Wohnsitz oder gewöhnlichen Aufenthalt im Inland
    a) nach § 1 Abs. 2 unbeschränkt einkommensteuerpflichtig ist oder
    b) nach § 1 Abs. 3 als unbeschränkt einkommensteuerpflichtig behandelt wird.

(2) Ein nicht freizügigkeitsberechtigter Ausländer erhält Kindergeld nur, wenn er
1. eine Niederlassungserlaubnis besitzt,
2. eine Aufenthaltserlaubnis besitzt, die zur Ausübung einer Erwerbstätigkeit berechtigt oder berechtigt hat, es sei denn, die Aufenthaltserlaubnis wurde
    a) nach § 16 oder § 17 des Aufenthaltsgesetzes erteilt,
    b) nach § 18 Abs. 2 des Aufenthaltsgesetzes erteilt und die Zustimmung der Bundesagentur für Arbeit darf nach der Beschäftigungsverordnung nur für einen bestimmten Höchstzeitraum erteilt werden,

c) nach § 23 Abs. 1 des Aufenthaltsgesetzes wegen eines Krieges in seinem Heimatland oder nach den §§ 23a, 24, 25 Abs. 3 bis 5 des Aufenthaltsgesetzes erteilt
oder
3. eine in Nummer 2 Buchstabe c genannte Aufenthaltserlaubnis besitzt und
a) sich seit mindestens drei Jahren rechtmäßig, gestattet oder geduldet im Bundesgebiet aufhält und
b) im Bundesgebiet berechtigt erwerbstätig ist, laufende Geldleistungen nach dem Dritten Buch Sozialgesetzbuch bezieht oder Elternzeit in Anspruch nimmt.

DA-FamEStG BStBl I 04, 743 (749); BfF BStBl I 05, 819

Literatur: *Eichenhofer* Europarechtliche Anforderungen an das deutsche Kindergeld, StuW 97, 341; *Felix* Kindergeldansprüche von Ausländern nach dem Bundeskindergeldgesetz, ZAR 94, 124; *Grube* Ist die Kindergeldregelung für Ausländer verfassungsgemäß?, HFR 06, 584; *Heinke* Kindergeld bei Entsendungen, AuA 06, 478; *Heuermann* Kindergeldanspruch für Ausländer, DStR 97, 1631; *Hildesheim* Der Ausländerbegriff im Kindergeldrecht des EStG, DStZ 00, 25; *Schnath* Verfassungsrechtliche Grenzen der Benachteiligung von Ausländern am Beispiel von Kindergeld, in: Sozialer Schutz von Ausländern in Deutschland, 1997, S 375; *Werner* Anspruchsberechtigung von Ausländern auf Kindergeld, Erziehungsgeld und Unterhaltsvorschuss sowie auf das neu geschaffene Elterngeld, InfAuslR 2007, 112; *Werner* Erziehungsgeld und Kindergeld für Ausländer – Eine unendliche Geschichte, InfAuslR 2006, 237.

A. Allgemeines zum Kindergeld

Unbeschränkt StPfl iSv § 1 I (§ 62 I Nr 1) – s dazu **§ 1 Rn 10 ff** – sowie § 1 II und III (§ 62 I Nr 2)[1] – s dazu **§ 1 Rn 16 ff** und **Rn 25 ff** –[2] erhalten ab 1.1.96 Kindergeld nach dem EStG.[3] Das BKGG[4] regelt den Anspr auf Kindergeld von nicht unbeschränkt StPfl und von Kindern selbst (§ 1 BKGG) sowie – ab 1.1.05 – den Anspr auf den Kinderzuschlag (§ 6a BKGG).[5] Jur Pers sind nicht anspruchsberechtigt.[6] Zum **Verfahren** s §§ 67–72.   **1**

B. Sonderregelungen für Ausländer

Nicht freizügigkeitsberechtigte[7] **Ausländer** (Personen, die nicht Deutsche iSd Art 116 I GG sind; § 2 I AufenthG) sind nur kindergeldberechtigt,[8] wenn sie die in § 62 II genannten Voraussetzungen erfüllen.[9] Durch Gesetz v 13.12.06[10] wurde § 62 II mit Wirkung v 1.1.06[11] vollständig **neu gefasst**, nachdem das BVerfG die gleich lautende Regelung des § 1 III BKGG für nichtig erklärt hatte.[12] Die neue Regelung ist gemäß **§ 52 Abs 61a** in allen Fällen anzuwenden, in denen das Kindergeld noch nicht bestandskräftig festgesetzt ist. Nach Ansicht des BFH ist deshalb zu prüfen, inwieweit die Aufenthaltsrechte nach dem AuslG 1990 den in § 62 II genannten Aufenthaltstiteln **entsprechen**, wobei sich Anhaltspunkte dafür aus § 101 ff AufenthG ergeben.[13] Die rückwirkende Anwendung ist allerdings umstritten; die FG vertreten zT die Auffassung, dass sich § 62 II entgegen § 52 Abs 61a aus verfassungsrechtlichen Gründen nicht auf alle vor dem 1.1.05 verwirklichten Sachverhalte (Altfälle)   **2**

---

1 Vgl dazu auch DA-FamEStG 62.3; hierzu auch BFH/NV 01, 1231.
2 Zum Anspr eines Auslandslehrers vgl FG D'dorf EFG 99, 716.
3 Zur Rechtsentwicklung stellvertretend *K/S/M* § 62 Rn A 12 ff.
4 BGBl I 05, 458.
5 Vgl zum Verhältnis v § 62u § 1 BKGG DA-FamEStG 62.1 II; zum Kinderzuschlag *Wild* ZFSH/SGB 05, 136; die Regelung wurde durch Art 11 des Gesetzes v 20.7.06 (BGBl I 06, 1706) geändert.
6 *K/S/M* § 62 Rn A 2.
7 Vgl das Freizügigkeitsgesetz/EU v 30.7.04 (BGBl I 04, 1950).
8 Zur langen Tradition der Begrenzung des Anspr für Ausländer auch *Felix* ZAR 94, 124.
9 Türkische Arbeitnehmer iSd Beschlusses 3/80 des Assoziationsrates v 19.9.80 müssen die Voraussetzungen des § 62 II nicht erfüllen (str; vgl DA-FamEStG 64.4.3.; EuGHE 99 I-2685; **aA** FG Brem EFG 98, 1069, FG RhPf EFG 98, 1598; FG Mchn EFG 02, 994).
10 Gesetz zur Anspruchsberechtigung von Ausländern wegen Kindergeld, Erziehungsgeld und Unterhaltsvorschuss (BGBl I 06, 2915).
11 Art 6 des Gesetzes zur Anspruchsberechtigung von Ausländern wegen Kindergeld, Erziehungsgeld und Unterhaltsvorschuss (BGBl I 06, 2915, 2918).
12 BVerfGE 111, 160; vgl auch BVerfGE 111, 176 zum Erziehungsgeld.
13 BFH v. 15.3.07 III R 93/03 nv, BFH/NV 07, 1234; FG D'dorf StE 2007, 405; vgl. hierzu auch die Anm von *Grube* HFR 07, 675 und *Siebenhüter* EStB 007, 206.

bezieht.[1] Der BFH ist bislang bei seiner Einschätzung der Rechtslage geblieben;[2] es sind allerdings noch mehrere Fälle anhängig[3], wobei es in erster Linie um die Anspruchsberechtigung von Ausländern geht, die sich im Rahmen einer ausländerrechtlichen Duldung im Inland aufhalten. Während es bislang auf den tatsächlichen Besitz bestimmter Aufenthaltstitel ankam[4] – dies hatte das BVerfG ua kritisiert –, stellt der Gesetzgeber mit der Neufassung vor allem auf die **Integration in den deutschen Arbeitsmarkt** ab, die er als Indiz für einen voraussichtlich dauerhaften Aufenthalt ansieht. Anspr auf Kindergeld besteht gem § 62 II Nr 1 danach zunächst bei Besitz[5] einer **Niederlassungserlaubnis**, die gem § 9 AufenthG als unbefristeter Aufenthaltstitel zur Ausübung einer Erwerbstätigkeit berechtigt und deren Voraussetzungen in § 9 II AufenthG normiert sind. Anspruchsbegründend ist gem § 62 II Nr 2 zudem der Besitz einer **Aufenthaltserlaubnis** (§ 7 AufenthG), die allerdings **zur Ausübung einer Erwerbstätigkeit** berechtigt oder berechtigt haben muss; maßgeblich sind §§ 18 ff AufenthG, wobei der nach § 18 II ausgestellte und nur für einen bestimmten Höchstzeitraum erteilte Titel (zB für Saisonarbeitskräfte) nicht genügt. Nicht genügend ist auch eine Aufenthaltserlaubnis zum Zweck der Ausbildung (§§ 16, 17 AufenthG) oder eine Aufenthaltserlaubnis, die gem § 24 AufenthG zum vorübergehenden Schutz des Ausländers erteilt wurde. Entsprechendes gilt für die gem § 23 I AufenthG wegen eines Krieges im Heimatland, gem § 23a AufenthG (Aufenthaltsgewährung in Härtefällen) oder nach § 25 III-V AufenthG (Aufenthaltsgewährung aus humanitären Gründen) erteilte Aufenthaltserlaubnis. In allen genannten Fällen fehlt es nach Einschätzung des Gesetzgebers am **Kriterium des dauerhaften Aufenthalts**. § 62 II Nr 3 erweitert den Kreis der Anspruchsberechtigten bzgl derjenigen Personen, die einen Aufenthaltstitel gem § 62 II Nr 2c vorweisen können: Anspr auf Kindergeld haben danach diejenigen Ausländer, die sich **seit mindestens drei Jahren rechtmäßig, gestattet oder geduldet im Bundesgebiet aufhalten** und zusätzlich in einer bestimmten Art und Weise (rechtmäßige Erwerbstätigkeit, Bezug von Geldleistungen nach dem SGB III oder Inanspruchnahme von Elternzeit) **in den Arbeitsmarkt integriert** sind. Zur Ausübung einer **Erwerbstätigkeit** berechtigt ist der Ausländer auch dann, wenn ihm die Ausübung einer selbstständigen Erwerbstätigkeit untersagt ist.[6] Eine geringfügige Beschäftigung reicht.[7] Der BFH betont, dass er die Frage der Verfassungsmäßigkeit von § 62 II Nr 3b noch nicht abschließend entschieden hat.[8] Die in § 62 II 2 aF enthaltene Sonderregelung für Saisonarbeitnehmer, Werkvertragsarbeitnehmer und zur vorübergehenden Dienstleistung in das Inland entsandte ArbN ist entfallen;[9] sie dürften idR die Voraussetzungen des neu gefassten § 62 II ohnehin nicht erfüllen.

Neben der Art des erteilten Aufenthaltstitels erscheint eine Berechtigung zur Ausübung einer Erwerbstätigkeit als jedenfalls **grds sinnvoller Anknüpfungspunkt** für die im Hinblick auf die Dauer des Aufenthalts erforderliche Prognose. Die Personengruppen, die nach dem AufenthG uneingeschränkt erwerbstätig sein dürfen, sind häufig gleichzeitig diejenigen, die – mitunter schon aufgrund höherrangigen Rechts – einen Anspruch auf Verlängerung der Aufenthaltserlaubnis haben und sich deshalb voraussichtlich längere Zeit im Bundesgebiet aufhalten werden. Dies betrifft zB **anerkannte Asylberechtigte** (§ 25 I AufenthG).[10] Allerdings werden auch nach der neuen Regelung, die im Laufe des Gesetzgebungsverfahrens zulasten der Betroffenen verschärft wurde,[11] Menschen vom Bezug des Kindergeldes ausgeschlossen, die aus humanitären und aus menschenrechtlichen Gründen nicht abgeschoben werden können und sich deshalb voraussichtlich dauerhaft in Deutschland aufhalten werden. Insofern lässt die jetzt beschlossene Fassung des § 62 II wiederum verfassungsrechtliche Bedenken aufkommen. Daher überrascht es nicht, dass entgegen der hA in der Recht-

---

1 FG Kln EFG 07, 1254 mit interessanten verfassungsrechtlichen Ausführungen zur Fristsetzung durch das BVerfG und der rückwirkenden Inkraftsetzung von insoweit verspätet erlassenen Gesetzen; ebenso FG Kln v 10.5.07 10 K 2341/01, Revision anhängig unter III R 53/07 und FG Kln v. 9.5.07 10 K 3563/05, Revision anhängig unter III R 46/07; aA FG Nds StE 07, 626 sowie FG Kln StE 07, 518 und FG Kln StE 07, 537.
2 BFH v 25.7.07 III S 10/07.
3 Vgl etwa III R 51/07; krit auch *Werner* InfAuslR 07, 112; vgl auch *Siegers* EFG 07, 603, die eine Nachbesserung fordert, sowie die Anm von *Siegers* EFG 07, 1253, in der die unterschiedlichen Rechtsauffassungen gegenüber gestellt werden.
4 Ausf mit Hinweisen zur Rspr die Vorauflage unter § 62 Rn 2.
5 Zum Begriff des Besitzes BFH/NV 98, 696.
6 FG Nds v 9.7.07 16 K 427/05 nv.
7 FG D'Dorf v. 29.5.07 – 10 K 372/06 Kg; FG D'dorf EFG 07, 1452 mit Anm von *Siegers* EFG 07, 1453.
8 BFH v 21.8.07 – III S 23/07; eine planwidrige Lücke sieht der BFH im Übrigen bei ausländischen Mitgliedern des Personals einer Botschaft („gelber Ausweis") – hierzu BFH v 25.07.07 III R 55/02 nv.
9 Ausf hierzu die 6. Aufl unter § 62 Rn 3.
10 Zu anerkannten Flüchtlingen DA-FamEStG 62.4.2; auch FG M'ster EFG 02, 1619.
11 Vgl insoweit den Entw des Gesetzes (BT-Drs 16/1368, 5, 6); verkürzt wurde allerdings die in § 62 II Nr 3a genannte Frist (3 statt 5 Jahre).

sprechung[1] einzelne FG eine kritische Sicht vertreten.[2] Zudem werden sich bei der Anwendung der Regelung trotz ihrer vermeintlich präzisen Fassung eine Vielzahl von Abgrenzungsproblemen ergeben. Der Anspruch **heimatloser Ausländer** richtet sich iÜ nach den für deutsche Staatsbürger geltenden Vorschriften;[3] bzgl **Staatenloser** ist die Rechtslage str.[4]

Das nach den Vorschriften des EStG gezahlte Kindergeld ist eine Familienleistung iSv Art 4 I Buchst h der VO (EWG) Nr 1408/71.[5] **3**

Soweit **Abkommen über soziale Sicherheit** bestehen,[6] sind deren Regelungen zu beachten. Teilw wird der Kreis der kindergeldberechtigten Pers erweitert.[7] Vgl vor allem die Abkommen mit der Schweiz, der Türkei,[8] Tunesien,[9] Marokko und dem ehemaligen Jugoslawien.[10] Zur Berechtigung der Mitglieder der **NATO**-Streitkräfte und deren Angehöriger, der Mitglieder und Beschäftigten **diplomatischer Missionen** sowie **konsularischer Vertretungen** und deren Angehörigen sowie der Bediensteten **internationaler Organisationen** s DA-FamEStG 62.5–7.[11]

§ 63 Kinder

(1) ¹Als Kinder werden berücksichtigt
1. Kinder im Sinne des § 32 Abs. 1,
2. vom Berechtigten in seinen Haushalt aufgenommene Kinder seines Ehegatten,
3. vom Berechtigten in seinen Haushalt aufgenommene Enkel.

²§ 32 Abs. 3 bis 5 gilt entsprechend. ³Kinder, die weder einen Wohnsitz noch ihren gewöhnlichen Aufenthalt im Inland, in einem Mitgliedstaat der Europäischen Union oder in einem Staat, auf den das Abkommen über den Europäischen Wirtschaftsraum Anwendung findet, haben, werden nicht berücksichtigt, es sei denn, sie leben im Haushalt eines Berechtigten im Sinne des § 62 Abs. 1 Nr. 2 Buchstabe a. ⁴Kinder im Sinne von § 2 Abs. 4 Satz 2 des Bundeskindergeldgesetzes werden nicht berücksichtigt.

(2) Die Bundesregierung wird ermächtigt, durch Rechtsverordnung, die nicht der Zustimmung des Bundesrates bedarf, zu bestimmen, dass einem Berechtigten, der im Inland erwerbstätig ist oder sonst seine hauptsächlichen Einkünfte erzielt, für seine in Absatz 1 Satz 3 erster Halbsatz bezeichneten Kinder Kindergeld ganz oder teilweise zu leisten ist, soweit dies mit Rücksicht auf die durchschnittlichen Lebenshaltungskosten für Kinder in deren Wohnsitzstaat und auf die dort gewährten dem Kindergeld vergleichbaren Leistungen geboten ist.

DA-FamEStG BStBl I 04, 743 (755)

§ 63 I bestimmt, für welche Kinder Anspr auf Kindergeld besteht. Dass ein Kind bei einem Berechtigten berücksichtigt wird, führt zunächst zum sog **Zählkindschaftsverhältnis**, das eine notwendige, aber nicht hinreichende Bedingung für die tatsächliche Auszahlung des Kindergeldes ist. Nur Kinder, für die der Anspr nicht aufgrund von §§ 64 und 65 ruht, sind zugleich Zahlkinder. Zählkinder können den Anspr für Zahlkinder erhöhen (sog Zählkindvorteil). § 63 I 1 regelt, wer als Kind in Betracht kommt. § 63 I 2 verweist auf § 32 III-V. § 63 I 3 macht die Berücksichtigung eines Kindes grds von seinem Wohnsitz bzw gewöhnlichen Aufenthalt im Inland oder in einem EU- oder EWR-Staat abhängig (**Territorialprinzip**). § 63 I 4 regelt das Verhältnis von sozial- und steuerrechtlichem Kindergeld. § 63 II enthält eine Ermächtigung für eine Rechtsverordnung. **1**

---

1 BFH/NV 07, 1234: Keine verfassungsrechtlichen Bedenken; ebenso FG Kln StE 07, 537.
2 FG Kln EFG 07, 1247: Vorlage an das BVerfG (bezogen auf § 62 II Nr. 2c und 3); vgl auch FG Kln EFG 07, 1254.
3 FG Mchn EFG 03, 785; vgl auch § 12 HeimatlAuslG.
4 Vgl nur BFH/NV 99, 310; DA-FamEStG 62.4.2.
5 BFH BStBl II 02, 869 u BFH/NV 03, 29.
6 BfF BStBl I 05, 819 sowie die Übersicht bei *Helmke/Bauer* Familienleistungsausgleich, D II.
7 Vgl *K/S/M* § 62 Rn A 3; *Hildesheim* DStZ 00, 25 (29).
8 Dazu FG Mchn EFG 00, 574; FG M'ster EFG 98, 1208; FG Hess EFG 99, 78; vgl zum deutsch-türkischen Abkommen auch BFH/NV 00, 1193 (kein Anspr bei Bezug von Arbeitslosenhilfe); vgl auch DA-FamEStG 62.4.3.
9 Hierzu FG Kln EFG 01, 1152.
10 BFH/NV 07, 1234; BFH/NV 04, 1638; BFH/NV 03, 1423; BFH/NV 03, 168; BFH/NV 02, 1555; zum Anspr jugoslawischer ArbN vgl FG D'dorf EFG 99, 567; u FG Nds EFG 03, 786 zum fehlenden Anspr bei Bezug von Arbeitslosenhilfe BFHE 198, 91 = BStBl II 02, 480; zum Bezug von Verletztenrente FG Hess EFG 03, 49.
11 Vgl auch FG Hess EFG 02, 1313 u FG Nds EFG 03, 868; vgl auch FG Hess v 1.2.07 13 K 2402/06 und BFH v 25.7.07 III R 55/02 nv.

2 Berücksichtigt werden – grds unabhängig von ihrem Familienstand[1] – gem § 63 I 1 Nr 1 iVm § 32 I Nr 1 und 2 **die im ersten Grad mit dem Anspruchsberechtigten (§ 62) verwandten Kinder sowie seine Pflegekinder (dazu § 32 Rn 3 ff)**. Zählkinder sind auch die vom Berechtigten in seinen Haushalt aufgenommenen **Kinder seines Ehegatten (§ 63 I 1 Nr 2)**,[2] die nicht gleichzeitig Kinder (iSd BGB) des Berechtigten (Stiefvater oder -mutter) sind,[3] wobei Kinder des nichtehelichen Lebensgefährten nicht erfasst sind, sowie die vom Berechtigten in seinen Haushalt aufgenommenen **Enkel** (im 2. Grad in absteigender Linie mit dem Berechtigten verwandte Kinder iSd BGB). Nicht erfasst sind Urenkel und Stiefenkel.[4] **Aufnahme in den Haushalt** (nur bedeutsam für Stiefkinder und Enkel sowie für Pflegekinder des Berechtigten)[5] setzt neben dem örtlich gebundenen Zusammenleben[6] Zuwendungen materieller (Versorgung, Unterhaltsgewährung) und immaterieller Art (Fürsorge, Betreuung)[7] voraus, ohne dass eine Unterhaltsgewährung zu einem wesentlichen Teil (§ 32 I Nr 2 aF) erforderlich wäre; maßgeblich sind die tatsächlichen Umstände.[8] Die Haushaltsaufnahme, die nicht zu Erwerbszwecken erfolgen darf, erfordert einen Willensakt des Haushaltsinhabers.[9] Einen **Haushalt** hat der Berechtigte dort, wo er allein oder mit anderen eine Wohnung innehat, in der hauswirtschaftliches Leben herrscht, an dem er sich persönlich und finanziell beteiligt.[10] Der Haushalt, in den das Kind aufgenommen sein muss, kann auch ein gemeinsamer der Großeltern mit den Eltern oder einem Elternteil sein (vgl § 64 II 5, dazu § 64 Rn 5). Die Eigentums- und Besitzverhältnisse an Wohnung und Hausrat sowie die Kostentragung[11] sind nicht entscheidend. Die reine Unterhaltszahlung von Großeltern an Enkel, die außerhalb ihres Haushalts leben, genügt nicht.[12] Der Bezug von Halbwaisenrente ersetzt nicht die Haushaltsaufnahme iSd § 63 I 1 Nr 2.[13] Formale Gesichtspunkte (Sorgerechtsregelung, Eintragung in das Melderegister) können allenfalls unterstützend herangezogen werden.[14] Eine Haushaltsaufnahme durch die Großeltern ist auch gegen den Willen des Sorgeberechtigten möglich.[15] Das Kind muss den örtlichen Mittelpunkt seines Lebensinteresses (auch) im Haushalt des Berechtigten haben.[16] Eine **anderweitige Unterbringung** des Kindes – etwa während eines Studiums – ist unerheblich, wenn sie vorübergehender Natur ist; dies ist anhand objektiver Merkmale zu ermitteln.[17] Wählt ein volljähriger Student einen auswärtigen Studienort, so müssen besondere Umstände hinzutreten, die auf eine dauerhafte Loslösung von den bisherigen räumlichen und örtlichen Verhältnissen schließen lassen.[18] Ob die Haushaltszugehörigkeit bei **widerrechtlicher Entziehung** eines Kindes durch den anderen Elternteil endet, hängt von den Umständen des Einzelfalls ab;[19] bei Entführungen ins Ausland kann auch das Territorialitätsprinzip einem Anspruch entgegenstehen (Rn 4).

3 Die **entspr Anwendung von § 32 III-V (§ 63 I 2)** gewährleistet einheitliche Altersgrenzen für Kindergeld und die Freibeträge für Kinder. **Bis zur Vollendung des 18. Lebensjahres** wird ein Kind allein wegen seiner Existenz berücksichtigt (§ 63 I 2 iVm § 32 III), **danach** nur noch unter den Voraussetzungen von § 63 I 2 iVm § 32 IV und § 32 V. **Dazu im Einzelnen § 32 Rn 9 ff**.

---

1 Ein Kindergeldanspruch für ein verheiratetes Kind besteht jedoch nur in sog Mangelfällen (BFH/NV 07, 1753).
2 Zur engen Auslegung FG BaWü EFG 00, 795 (796); kein Anspruch besteht für das Kind eines gleichgeschlechtlichen Lebenspartners (BFH/NV 05, 695), auch bei eingetragener Lebenspartnerschaft (BFH/NV 06, 1644).
3 K/S/M § 63 Rn B 36 ff.
4 K/S/M § 63 Rn B 44.
5 Hierzu schon BSGE 33, 105 (106); DA-FamEStG 63.2.2.2.
6 Zur Haushaltszugehörigkeit eines behinderten Kindes BFHE 197, 296 = BStBl II 02, 244 zu § 34f III.
7 BFH/NV 01, 441; BFHE 195, 564 = BStBl II 01, 713; vgl auch BSGE 33, 105 (106) u BSGE 39, 207 (208).
8 BFH/NV 01, 444.
9 BFH v 21.12.00 VI B 93/00 nv.
10 BFHE 145, 551 = BStBl II 86, 344.
11 BFH/NV 99, 177 (178).
12 K/S/M § 63 Rn B 42.
13 BFH/NV 01, 907.
14 BFH/NV 01, 441.
15 FG Nds EFG 00, 796.
16 FG BaWü EFG 99, 564.
17 BFH/NV 01, 444 (445); BFHE 195, 564 = BStBl II 01, 713; FG SachsAnh EFG 03, 332; zur Heimunterbringung FG Kln EFG 02, 1181; zu im Heim lebenden Behinderten BFHE 197, 296 = BStBl II 02, 244.
18 Hierzu FG RhPf EFG 98, 1473; vgl auch FG Bln EFG 00, 748 (750) sowie FG BaWü EFG 99, 1039.
19 BFH/NV 03, 464; BFH/NV 02, 1146; BFH/NV 02, 1148; BFHE 188, 403; hierzu auch FG Kln EFG 00, 747, nachfolgend BFH/NV 03, 464; FG Bln EFG 99, 1297; FG D'dorf EFG 99, 1296; vgl auch FG BaWü EFG 99, 787; zur widerrechtlichen Heimunterbringung durch die Verwaltungsbehörde FG RhPf EFG 05, 1546.

4 Der **Wohnsitz oder gewöhnliche Aufenthalt (§§ 8, 9 AO) eines Kindes im Inland oder in einem anderen EU- oder EWR-Staat** ist gem § 63 I 3 Voraussetzung seiner Berücksichtigung;[1] die Vorschrift ist verfassungsgemäß.[2] Insoweit fallen die Regelungen von Kindergeld und Freibeträgen für Kinder (**dazu § 31 Rn 6**) auseinander.[3] Kinder teilen grds den Wohnsitz der Eltern, solange sie sich noch nicht persönlich und wirtschaftlich vom Elternhaus getrennt haben.[4] Kinder von Ausländern und Staatenlosen können einen Wohnsitz oder gewöhnlichen Aufenthalt im Inland unabhängig von den **ausländerrechtlichen Voraussetzungen** begründen.[5] Weilt eine Mutter mit Wohnsitz oder gewöhnlichem Aufenthalt im Inland zur Entbindung vorübergehend im Ausland, so hat das Kind seinen Wohnsitz bzw gewöhnlichen Aufenthalt von Geburt an im Inland, wenn es innerhalb angemessener Zeit dorthin gebracht wird.[6] Kinder, die sich lediglich zu einer **zeitlich begrenzten Schul- oder Berufsausbildung im Ausland**[7] aufhalten, behalten idR ihren Wohnsitz im Inland.[8] Wohnt ein Kind zum Zwecke der Ausbildung im Ausland, wird der Inlandswohnsitz aber nur dann beibehalten, wenn das Kind entweder seinen Lebensmittelpunkt weiterhin am bisherigen Wohnort hat oder zwar keinen einheitlichen Lebensmittelpunkt mehr hat, aber nunmehr über zwei Schwerpunkte seiner Lebensverhältnisse verfügt, von denen einer am bisherigen Wohnort liegt, etwa wenn das Kind in den Ferien bei den Eltern wohnt.[9] Ein ausländisches Kind, das im Heimatland bei Verwandten untergebracht ist, dort die Schule besucht und sich nur während der Schulferien im Inland aufhält, hat hier grds keinen Wohnsitz oder gewöhnlichen Aufenthalt.[10] Das gleiche gilt für ein deutsches Kind, das in Deutschland weder einen Kindergarten noch eine Schule besucht hat und seit seinem 6. Lebensjahr für die Dauer von 9 Jahren bei den Großeltern im Ausland lebt und dort eine Schule besucht.[11] Maßgeblich sind immer die **Umstände des Einzelfalls**,[12] wobei gerade bei langjährigen Auslandsaufenthalten die Dauer des Aufenthalts in der inländischen Wohnung zu berücksichtigen ist.[13] Der Rückkehrwille des Kindes allein ist nicht maßgeblich;[14] die tatsächlichen Umstände haben Vorrang vor den melderechtlichen Angaben.[15] In das Ausland **entführte Kinder** behalten grds den Wohnsitz der Eltern; allerdings kann sich aus den Umständen des Einzelfalls etwas anderes ergeben.[16] Die Prognoseentscheidung des FG ist vom Revisionsgericht nur eingeschränkt überprüfbar. Für vermisste Kinder besteht grds kein Anspr.[17]

5 **Kinder der nach § 1 II unbeschränkt StPfl**[18] sind auch dann zu berücksichtigen, wenn sie zwar keinen Wohnsitz oder gewöhnlichen Aufenthalt im Inland oder einem EU- oder EWR-Staat haben, aber im ausländischen Haushalt dieser Berechtigten leben (**§ 63 I 3 HS 2**). Kinder mit Wohnsitz oder gewöhnlichem Aufenthalt im **ehemaligen Jugoslawien**, in der **Schweiz** oder in der **Türkei**, in **Tunesien** oder **Marokko** sind die nach § 62 Anspr-Berechtigten (vgl § 62 Rn 3) zu berücksichtigen, sofern die Voraussetzungen des jeweiligen Abkommens über soziale Sicherheit erfüllt sind.[19]

6 Kinder iSv § 2 IV 2 BKGG werden nicht berücksichtigt (§ 63 I 4).[20] Damit wird sichergestellt, dass für ein Kind auch weiterhin nur ein Anspr auf Kindergeld entweder nach dem BKGG oder nach dem EStG besteht.[21]

7 Eine Rechtsverordnung zu § 63 II ist noch nicht ergangen.

---

1 BFHE 193, 569 = BStBl II 01, 279; vgl auch BFH/NV 02, 327; zur EU-Osterweiterung *Sodann* JZ 02, 53; zur Arbeitslosmeldung im EU-Ausland auch FG Kln EFG 02, 1179, nachfolgend BFH/NV 03, 1562; zum Beitritt Polens FG Hess v 18.1.07 13 K 1940/05 nv; nicht ausreichend sind Wohnsitz/gewöhnlicher Aufenthalt im Gebiet der Russischen Föderation (FG Kln EFG 07, 1174).
2 BFHE 193, 569 = BStBl II 01, 279 (281); BFH/NV 02, 912 mit Kommentar von *Greite* FR 02, 1086.
3 BFH v 19.1.04 VIII B 193/03 nv.
4 FG BaWü EFG 99, 179; zu minderjährigen Kindern auch BFH v 20.11.01 VI B 123/00 nv.
5 FG Nds EFG 98, 377; DA-FamEStG 63.6.1 IV 1.
6 DA-FamEStG 63.6.1 III 1.
7 Ausf hierzu *K/S/M* § 63 Rn G 3 ff; vgl auch BFH/NV 06, 300; vgl auch FG Hbg v 20.6.07 1 V 81/07 nv.
8 BFHE 174, 523 = BStBl II 94, 887 (890).
9 Ausf hierzu BFHE 193, 558 = BStBl II 01, 294; vgl auch BFH/NV 01, 1018; vgl auch FG Mchn v 15.5.07 9 K 331/07 nv.
10 BFH/NV 99, 285; vgl auch BFH v 8.11.01 VI B 115/01 nv sowie FG BaWü EFG 03, 718; vgl auch BFH/NV 03, 881; zu noch nicht schulpflichtigen Kindern FG D'dorf EFG 04, 1638.
11 BFH BStBl II 01, 279; vgl auch BFHE 193, 558 = BStBl II 01, 294; zu den prozessualen Fragen auch BFH/NV 03, 881; vgl auch FG Kln EFG 07, 1174.
12 BFH/NV 06, 1255.
13 BFHE 193, 558 = BStBl II 01, 294; vgl auch FG Brem EFG 03, 937; zur objektiven Beweislast insoweit FG Mchn v 29.11.06 10 K 4776/05 nv.
14 BFHE 193, 569 = BStBl II 01, 279.
15 FG Mchn v 24.05.07 5 K 1084/06 nv.
16 BFH/NV 02, 1146; BFH/NV 02, 1148; hierzu auch *Gschwendtner* BFH-PR 02, 364; BFH/NV 03, 464.
17 Hierzu aber auch BFHE 188, 403.
18 Dazu FG D'dorf EFG 98, 1015; FG D'dorf EFG 98, 1069.
19 DA-FamEStG 63.6.2 II.
20 Eingefügt durch Zweites Gesetz zur Familienförderung, BGBl I 01, 2074.
21 BT-Drs 14/6160, 25.

§ 64 Zusammentreffen mehrerer Ansprüche

(1) Für jedes Kind wird nur einem Berechtigten Kindergeld gezahlt.

(2) [1]Bei mehreren Berechtigten wird das Kindergeld demjenigen gezahlt, der das Kind in seinen Haushalt aufgenommen hat. [2]Ist ein Kind in den gemeinsamen Haushalt von Eltern, einem Elternteil und dessen Ehegatten, Pflegeeltern oder Großeltern aufgenommen worden, so bestimmen diese untereinander den Berechtigten. [3]Wird eine Bestimmung nicht getroffen, so bestimmt das Vormundschaftsgericht auf Antrag den Berechtigten. [4]Den Antrag kann stellen, wer ein berechtigtes Interesse an der Zahlung des Kindergeldes hat. [5]Lebt ein Kind im gemeinsamen Haushalt von Eltern und Großeltern, so wird das Kindergeld vorrangig einem Elternteil gezahlt; es wird an einen Großelternteil gezahlt, wenn der Elternteil gegenüber der zuständigen Stelle auf seinen Vorrang schriftlich verzichtet hat.

(3) [1]Ist das Kind nicht in den Haushalt eines Berechtigten aufgenommen, so erhält das Kindergeld derjenige, der dem Kind eine Unterhaltsrente zahlt. [2]Zahlen mehrere Berechtigte dem Kind Unterhaltsrenten, so erhält das Kindergeld derjenige, der dem Kind die höchste Unterhaltsrente zahlt. [3]Werden gleich hohe Unterhaltsrenten gezahlt oder zahlt keiner der Berechtigten dem Kind Unterhalt, so bestimmen die Berechtigten untereinander, wer das Kindergeld erhalten soll. [4]Wird eine Bestimmung nicht getroffen, so gilt Absatz 2 Satz 3 und 4 entsprechend.

DA-FamEStG BStBl I 04, 743 (794)

Literatur: *Bilsdorfer* Kindergeldzahlung bei mehreren Berechtigten, SteuerStud 99, 175; *Meyer-Götz* Rückforderung von Kindergeld, ZTE 03, 292; *Summer* Das Jahressteuergesetz 1996 – schlanker Staat?, ZBR 96, 11.

A. Grundsatz der Einmalgewährung (§ 64 I)

1 Gem § 64 I wird das Kindergeld für dasselbe Kind nicht mehrfach gewährt und auch nicht unter mehreren Berechtigten aufgeteilt (Grundsatz der Einmalgewährung). Nur im Verhältnis zu einer Person kann ein Zählkind auch ein Zahlkind sein (§ 63 Rn 1). Maßgebliche Richtlinie ist das **Obhutsprinzip**, wonach das Kindergeld dem zustehen soll, der das Kind betreut, erzieht und versorgt.[1]

B. Anspruchskonkurrenz bei mehreren Berechtigten (§ 64 II)

2 Aufgrund des weiten Kindbegriffs (§ 63) können die Voraussetzungen für den Anspr auf Kindergeld bei mehreren Pers erfüllt sein. Für die Fälle der Konkurrenz von Anspr enthält das Gesetz in § 64 II und III Regelungen, anhand derer sich der letztlich und allein Anspruchsberechtigte bestimmen lässt. Dabei ist unerheblich, wer den erforderlichen Antrag stellt.[2] Erhebt ein Elternteil Klage mit dem Ziel, ihm Kindergeld zu gewähren, ist der andere Elternteil selbst dann nicht notwendig zum Verfahren beizuladen, wenn er bei Stattgabe der Klage das bisher zu seinen Gunsten festgesetzte Kindergeld verliert.[3] Bei einer Konkurrenz von Anspr wird das Kindergeld grds demjenigen ausgezahlt, der das Kind **in seinen Haushalt aufgenommen** (dazu § 63 Rn 2) hat (**§ 64 II 1**).[4] Eine vorübergehende räumliche Trennung beendet die Haushaltsaufnahme nicht.[5] Im Falle der Trennung der Eltern steht das Kindergeld – unabhängig vom Sorgerecht[6] oder einer anders lautenden zivilrechtlichen Vereinbarung (zB gerichtlicher Vergleich)[7] – allein demjenigen Elternteil zu, der das Kind nicht nur vorübergehend versorgt und betreut.[8] Leben Eltern trotz Trennung im familienrechtlichen

---

1 BT-Drs 13/1558, 165 zu § 3 II BKGG; zur Verfassungsmäßigkeit BFHE 208, 220; BFH/NV 04, 320; BFH/NV 05, 346; BFH/NV 05, 337.
2 FG Brem EFG 00, 879.
3 BFHE 198, 300 = BStBl II 02, 578; vgl hierzu auch *Greite* FR 02, 1190; vgl auch BFH/NV 04, 934.
4 Zutr gegen verfassungsrechtliche oder europarechtliche Bedenken BFHE 187, 477 = BStBl II 99, 137 (138); FG BaWü EFG 99, 479; zur Haushaltsaufnahme auch BFHE 208, 220 sowie FG Sachs v 23.11.06 5 K 901/03 nv.
5 FG Bdbg EFG 01, 1559; ausf auch § 63 Rn 2.
6 BFH/NV 01, 441; vgl auch BFH v 8.11.01 VI B 167/00 nv.
7 BFHE 187, 477 = BStBl II 99, 137 (138); FG Kln EFG 02, 1183.
8 BFH/NV 99, 1331 (1332); BFHE 187, 559 = BStBl II 99, 231 (232); vgl auch FG Brem EFG 00, 879 (880); FG Mchn EFG 98, 1656, nachfolgend BFH/NV 04, 934; ein noch nicht endgültiger Wechsel des Kindes genügt BFHE 195, 564 = BStBl II 01, 713; vgl auch FG BaWü EFG 99, 479, nachfolgend BFH/NV 04, 320; zum Wegzug von Mutter und Kind zu den Großeltern BFH/NV 01, 1253; zur Haushaltsaufnahme auch FG D'dorf EFG 03, 401, nachfolgend BFHE 208, 220 mit Anm v *Siegers*; vgl auch FG Kln EFG 06, 201 u FG RhPf EFG 05, 1546.

Sinne (§ 1567 BGB) weiterhin gemeinsam mit den Kindern in der bisherigen Familienwohnung zusammen, besteht die Haushaltszugehörigkeit der Kinder zum Haushalt beider Eltern grds fort, es sei denn, es liegen besondere Umstände vor, aus denen sich ergibt, dass ein Elternteil den Kindern keine Fürsorge mehr zukommen lässt.[1] In Ausnahmefällen kann eine gleichzeitige Zugehörigkeit zu den Haushalten beider Elternteile bestehen, wenn das Kind tatsächlich zeitweise beim Vater und zeitweise bei der Mutter lebt und als in beide Haushalte eingegliedert anzusehen ist.[2] Da der Fall der **gleichwertigen Aufnahme in mehreren Haushalten** in § 64 II und III nicht ausdrücklich geregelt ist, kommt eine analoge Anwendung des § 64 II 2–4 in Betracht.[3] Ein **Berechtigtenwechsel**[4] ist der Familienkasse unverzüglich mitzuteilen (§ 68 I 1);[5] wechselt die Haushaltszugehörigkeit des Kindes während eines laufenden Monats zu einem anderen Berechtigten, so kann der Wechsel erst ab dem Folgemonat berücksichtigt werden.[6] Ggf ist der Bescheid rückwirkend aufzuheben;[7] der ehemals Berechtigte ist zur Erstattung des Kindergeldes verpflichtet (§ 37 II AO). Auf den Wegfall der Bereicherung kann sich der Betroffene nicht berufen.[8] Macht bei einem **Berechtigtenwechsel** der bisher Berechtigte geltend, er habe das Kindergeld an den nunmehr Berechtigten **weitergeleitet**,[9] ist es nicht ermessensfehlerhaft, wenn die Familienkasse eine Erklärung des vorrangig Berechtigten nach Maßgabe der DA-FamEStG 64.4. IV verlangt, bevor sie gegenüber dem nachrangig Berechtigten auf die Rückforderung des zu Unrecht gezahlten Kindergeldes verzichtet;[10] auch im **Billigkeitsverfahren**[11] ist es nicht Sache der Familienkasse, **Unterhaltsvereinbarungen** zu prüfen.[12] Dies gilt selbst dann, wenn diese gerichtlich bestätigt werden.[13] Wird Kindergeld per **Scheck** geleistet und reicht der Empfänger den Scheck an den vorrangig Berechtigten weiter, richtet sich der Anspr auf Rückforderung grds gegen den ursprünglichen Empfänger.[14] Ein Erlass des Rückforderungsanspruchs kommt nicht in Betracht, wenn die Familienkasse das dem nachrangig Berechtigten bewilligte Kindergeld auf seine Anweisung hin auf ein Konto des vorrangig Berechtigten überweist.[15] Die Rückforderung kann ermessensfehlerhaft sein, wenn die Familienkasse von einer Weiterleitung weiß und das Kindergeld dennoch ein weiteres Mal an den vorrangig Berechtigten zahlt.[16] Wurde Kindergeld für den gleichen Zeitraum sowohl an den vorrangig wie an den nachrangig Berechtigten gezahlt, kann sich letzterer nicht auf die Weiterleitung berufen.[17] Keine Weiterleitung liegt vor, wenn die Familienkasse lediglich den Zählkindvorteil (§ 63 Rn 1) auf Anweisung des kindergeldberechtigten Elternteils auf ein Konto des anderen Elternteils zahlt;[18] keine Weiterleitung ist zudem gegeben, wenn die Ehefrau das Kindergeld eigenmächtig vom Konto des Ehemannes abhebt.[19] Zahlt die Behörde aufgrund einer Zahlungsanweisung des Verfügungsberechtigten den geschuldeten Betrag an einen Dritten aus, so ist dieser nicht Leistungsempfänger iSd § 37 II AO.[20]

---

1 FG SchlHol EFG 02, 337; FG Kln EFG 02, 1183 mit Anm v *Siegers.*
2 BFHE 188, 330 = BStBl II 99, 594 (595) zum Begriff der Haushaltszugehörigkeit des § 34f; vgl auch BFH/NV 02, 484 sowie BFH/NV 05, 672 zu § 9 V EigZulG.
3 *K/S/M* § 64 Rn C 11; so nunmehr auch BFHE 209, 338; vgl auch BFH v 19.7.07 III S 31/06 nv.
4 Hierzu DA-FamEStG 64.4; vgl auch *Siegers* EFG 03, 401; FG M'ster EFG 04, 1226 mit Anm v *Siegers.*
5 BFH/NV 99, 1331; hierzu auch FG RhPf v 8.12.97 2 K 1515/97 nv, nachfolgend BFH/NV 03, 1404.
6 BFH/NV 04, 933.
7 BFH/NV 01, 1254; BFH/NV 01, 1117.
8 BFH/NV 01, 1254; BFH/NV 00, 1088; BFH v 8.11.01 VI B 317/00 nv.
9 Die Weiterleitungsbestätigung ist nicht widerruflich (FG Mchn EFG 06, 790); zum Weiterleitungseinwand FG D'dorf EFG 02, 478; zur Frage, ob eine Weiterleitung im Wege der Aufrechnung gem §§ 387 ff BGB möglich ist, FG Bln EFG 99, 850; vgl auch BFH/NV 00, 1192; zur Rückforderung v Kindergeld BFH/NV 03, 606; BFH/NV 03, 1404.
10 BFH/NV 02, 184; BFH/NV 01, 1254; BFH/NV 00, 36; BFH/NV 99, 1592; zum Tod des vorrangig Berechtigten vor Ergehen des Aufhebungs- und Rückforderungsbescheids BFH/NV 00, 835; vgl auch FG Nds EFG 98, 1525 (1526); FG Nds EFG 99, 535; FG Hess EFG 01, 407, nachfolgend BFH/NV 03, 924; zum Charakter der Entscheidung nach DA-FamEStG 64.4.IV vgl BFH/NV 03, 306.
11 Vgl hierzu BFH/NV 01, 423 u BFH/NV 01, 896: Auch im Kindergeldrecht ist zwischen den Regelungen im Festsetzungsverfahren, im Erhebungsverfahren und im Billigkeitsverfahren zu unterscheiden; s auch FG Hess EFG 02, 109, nachfolgend BFH/NV 04, 25; vgl aber auch FG Hess EFG 02, 104, nachfolgend BFH/NV 03, 306 zum Zustandekommen eines Verrechnungsvertrags (mit Anm von *Fumi*). Die verfahrensrechtliche Seite wurde vom BFH noch nicht endgültig geklärt (BFH/NV 00, 1192; BFH/NV 01, 449; BFH/NV 01, 1364); vgl auch FG Kln EFG 02, 995, nachfolgend BFH v 14.10.03 VIII R 35/02 nv u FG Nds EFG 03, 101.
12 BFH/NV 04, 14; BFH/NV 04, 25; BFH/NV 01, 33; BFH/NV 00, 1190; BFH/NV 00, 948; BFH v 19.5.99 VI B 39/99 nv; BFH/NV 03, 306; BFH/NV 03, 1154.
13 BFH/NV 02, 184.
14 BFH/NV 00, 1192; vgl auch BFH/NV 03, 905 sowie BFH/NV 04, 1218.
15 BFH/NV 01, 799.
16 BFH/NV 01, 449.
17 FG Bdbg EFG 00, 954.
18 BFH/NV 01, 1385.
19 BFH/NV 01, 1387; zum Auszug eines Ehegatten bei Überweisung des Kindergeldes auf das gemeinsame Konto FG Nds EFG 03, 470.
20 BFH/NV 07, 858 mwN.

3 Bei **gemeinsamem Haushalt der Berechtigten** bestimmen diese – nicht nur bei verheirateten Eltern[1] – untereinander den Zahlungsempfänger (§ 64 II 2). Gemeinsamer Haushalt bedeutet, dass die Beteiligten, wenn auch jeder auf seine besondere Weise, zum Unterhalt der Familie beitragen und der Haushalt (§ 63 Rn 2) jedem zuzurechnen ist. Nicht allein entscheidend sind die rechtlichen Beziehungen der Beteiligten zum Haushalt, etwa die Frage, wer Mieter der Wohnung ist.[2] Der **vorrangig Berechtigte gem § 64 II 2** wird durch übereinstimmende Willenserklärungen der in dem gemeinsamen Haushalt lebenden Anspruchsberechtigten, die der Familienkasse gegenüber abzugeben sind, bestimmt.[3] Die Berechtigtenbestimmung hat grds nur Auswirkungen für die Zukunft.[4] Ein rückwirkender **Widerruf** ist nur möglich, wenn das Kindergeld für den zurückliegenden Zeitraum an den zuvor Berechtigten noch nicht ausgezahlt wurde.[5]

4 Einer **Entscheidung durch das Vormundschaftsgericht (§ 64 II 3, 4)**[6] bedarf es, wenn der Antragsteller beim Antrag auf Zahlung von Kindergeld keine Einverständniserklärung vorlegen kann oder eine Berechtigtenbestimmung widerrufen wurde. Die Bestimmung des Berechtigten fällt nicht in die Entscheidungsbefugnis der Familienkasse.[7] Diese – und im Streitfall das FG – entscheiden jedoch über die Voraussetzungen für die Entscheidung des Vormundschaftsgerichts.[8] Das Vormundschaftsgericht bestimmt den vorrangig Berechtigten auf **Antrag** einer Pers, die ein **berechtigtes Interesse** an der Zahlung des Kindergeldes hat. Ein berechtigtes Interesse hat, wer als vorrangig Berechtigter nach § 64 II 2 bestimmt werden könnte, wer einem zu berücksichtigenden Kind gegenüber unterhaltspflichtig ist, oder zu wessen Gunsten die Kindergeldauszahlung erfolgen könnte (§§ 74, 76). Bei der Berechtigtenbestimmung ist grds darauf abzustellen, wer tatsächlich für das Kind sorgt.[9] Die Berechtigtenbestimmung wird gegenstandslos, wenn ihre Voraussetzungen entfallen, insbes der vorrangig Berechtigte stirbt,[10] der gemeinsame Haushalt iSv § 64 II 2 nicht mehr besteht oder das Kind den gemeinsamen Haushalt verlässt.

5 Bei **gemeinsamem Haushalt von Eltern und Großeltern** wird das Kindergeld gem **§ 64 II 5** vorrangig einem Elternteil gezahlt, an einen Großelternteil nur bei schriftlichem Verzicht des Elternteils gegenüber der örtlich zuständigen Familienkasse. Für einen gemeinsamen Haushalt (Rn 3) ist nicht ausreichend, dass die Familie in einem Haus, jedoch in getrennten Wohnungen lebt.[11] Der Vorrangverzicht ist jederzeit – mit Wirkung ex nunc – widerruflich.[12]

C. Nicht in den Haushalt eines Berechtigten aufgenommene Kinder (§ 64 III)

6 Für ein Kind, das nicht im Haushalt eines Berechtigten, sondern bei Dritten lebt, erhält das Kindergeld grds derjenige, der dem Kind eine **Unterhaltsrente** (mit einer gewissen Regelmäßigkeit gezahlte Geldleistung)[13] zahlt (**§ 64 III 1**). Relevant ist nur der Barunterhalt, nicht eine etwaige Sach- und Betreuungsleistung.[14] **Zahlen beide Elternteile Unterhalt**, so steht das Kindergeld gem **§ 64 III 2** vorrangig demjenigen zu, der dem Kind laufend den höheren Unterhalt zahlt.[15] Hat derjenige, der das Kindergeld bisher erhalten hat, den Betrag an das Kind als Unterhalt weitergeleitet, bleibt das Kindergeld für die Feststellung der höheren Unterhaltsrente außer Betracht.[16] Einmalige oder gelegentlich höhere finanzielle Zuwendungen an das Kind sind unerheblich. Werden gleich hohe Unterhaltsrenten gezahlt oder zahlt keiner der Berechtigten dem Kind Unterhalt, so bestimmen die Berechtigten untereinander, wer das Kindergeld erhalten soll (**§ 64 III 3**).[17] Eine Berechtig-

---

1 Zu § 3 III 1 BKGG aF BVerfGE 106, 166 mit krit Anm v *Greite* FR 03, 208.
2 *K/S/M* § 64 Rn C 19.
3 BFH/NV 02, 484.
4 FG Nds EFG 98, 1654 (1655).
5 FG SchlHol EFG 99, 786; DA-FamEStG 64.4. II stellt auf die Festsetzung ab.
6 Ausf hierzu *K/S/M* § 64 Rn D 9 ff; vgl auch BFH/NV 01, 896.
7 FG RhPf DStRE 01, 134 (135).
8 *K/S/M* § 64 Rn D 10; vgl auch zur Beiladung BFHE 198, 300 = BStBl II 02, 578.
9 *K/S/M* § 64 Rn D 22.
10 So auch *K/S/M* § 64 Rn D 29.
11 *K/S/M* § 64 Rn C 29.
12 Vgl darüber hinaus DA-FamEStG 64.4 II: mögliche rückwirkende Änderung vor Festsetzung des Kindergeldes.
13 BFH/NV 05, 346.
14 BFH/NV 04, 934; DA-FamEStG 64.3 I 4; vgl auch FG Kln EFG 01, 297: Überlassen einer Wohnung irrelevant.
15 Vgl auch FG Bln EFG 00, 748 (750).
16 BFHE 210, 265 = BStBl II 06, 184.
17 Geändert durch das Gesetz zur Familienförderung, BGBl I 99, 2552; vgl auch DA-FamEStG 64.3 II 2; hierzu BFHE 210, 265 = BStBl II 06, 184.

tenbestimmung wird nicht dadurch gegenstandslos, dass einer der Berechtigten einmalig oder gelegentlich Unterhalt in geringerer Höhe zahlt.[1] Wird keine Berechtigtenbestimmung getroffen, entscheidet entspr § 64 II 3, 4 auf Antrag das Vormundschaftsgericht (**§ 64 III 4**).[2]

§ 65 Andere Leistungen für Kinder

(1) [1]Kindergeld wird nicht für ein Kind gezahlt, für das eine der folgenden Leistungen zu zahlen ist oder bei entsprechender Antragstellung zu zahlen wäre:
1. Kinderzulagen aus der gesetzlichen Unfallversicherung oder Kinderzuschüsse aus den gesetzlichen Rentenversicherungen,
2. Leistungen für Kinder, die im Ausland gewährt werden und dem Kindergeld oder einer der unter Nummer 1 genannten Leistungen vergleichbar sind,
3. Leistungen für Kinder, die von einer zwischen- oder überstaatlichen Einrichtung gewährt werden und dem Kindergeld vergleichbar sind.

[2]Soweit es für die Anwendung von Vorschriften dieses Gesetzes auf den Erhalt von Kindergeld ankommt, stehen die Leistungen nach Satz 1 dem Kindergeld gleich. [3]Steht ein Berechtigter in einem Versicherungspflichtverhältnis zur Bundesagentur für Arbeit nach § 24 des Dritten Buches Sozialgesetzbuch oder ist er versicherungsfrei nach § 28 Nr. 1 des Dritten Buches Sozialgesetzbuch oder steht er im Inland in einem öffentlich-rechtlichen Dienst- oder Amtsverhältnis, so wird sein Anspruch auf Kindergeld für ein Kind nicht nach Satz 1 Nr. 3 mit Rücksicht darauf ausgeschlossen, dass sein Ehegatte als Beamter, Ruhestandsbeamter oder sonstiger Bediensteter der Europäischen Gemeinschaften für das Kind Anspruch auf Kinderzulage hat.

(2) Ist in den Fällen des Absatzes 1 Satz 1 Nr. 1 der Bruttobetrag der anderen Leistung niedriger als das Kindergeld nach § 66, wird Kindergeld in Höhe des Unterschiedsbetrags gezahlt, wenn er mindestens 5 Euro beträgt.

DA-FamEStG BStBl I 04, 743 (798)

Literatur: *Hillmoth* Der Bezug ausländischen Kindergeldes und seine Folgen, Information StW 02, 424.

A. Grundaussagen der Vorschrift

§ 65 regelt das Verhältnis des Kindergeldes zu anderen kindbedingten Leistungen. § 65 I 1 zählt abschließend die dem Kindergeld ähnlichen Leistungen auf, die den Anspr auf Kindergeld für dasselbe Kind – abgesehen von § 65 I 3 – ausschließen. Ein Ausscheiden des Kindes als Zählkind (vgl § 63 Rn 1) ist damit nicht verbunden.[3] § 65 I 2 erstreckt **Steuerermäßigungen, die neben Kindergeld und Freibeträgen nach § 32 VI gewährt werden**, auf die Leistungen nach § 65 I 1. Gem § 65 II besteht ein Anspr auf Teilkindergeld, soweit die Leistungen iSv § 65 I 1 Nr 1 das Kindergeld unterschreiten. **1**

B. Ausschluss von Kindergeld (§ 65 I 1)

Für den Ausschluss der Zahlung von Kindergeld kommt es nicht darauf an, ob die andere Leistung iSv § 65 I 1 Nr 1–3 gerade demjenigen zusteht, der Anspr auf Kindergeld hat,[4] unerheblich ist auch ihre tatsächliche Zahlung.[5] Es muss nur ein Anspr **auf die andere Leistung** bestehen, wobei die rechtzeitige Antragstellung nicht maßgeblich ist. Eine – auch rechtswidrige – **Entscheidung der für die kindergeldähnliche Leistung zuständigen Behörde** über das Bestehen eines Anspr entfaltet gegenüber der Familienkasse grds[6] Tatbestandswirkung.[7] **2**

Kinderzulagen (§ 65 I 1 Nr 1) aus der gesetzlichen Unfallversicherung nach § 217 III SGB VII iVm § 583 RVO[8] sowie **Kinderzuschüsse** aus den gesetzlichen Rentenversicherungen nach § 270 SGB VI iVm § 1262 I 1 RVO werden weiter bezahlt, sofern sie bereits vor dem 1.1.84 gewährt wurden.[9] Sie **3**

---

1 DA-FamEStG 64.3 II 4.
2 Hierzu FG M'ster EFG 07, 1177.
3 *K/S/M* § 65 Rn A 4.
4 BFH/NV 99, 614.
5 FG BaWü EFG 00, 135, nachfolgend BFH/NV 05, 535.
6 Vgl aber auch BFH/NV 02, 1294 zu falschen Angaben des Betroffenen sowie BFHE 200, 205 = BStBl II 02, 869 zur Auslegung von Gemeinschaftsrecht durch eine ausländische Behörde; vgl auch BFH/NV 04, 1649.
7 FG RhPf EFG 99, 481, nachfolgend BFHE 196, 260 = BStBl II 02, 81; FG D'dorf EFG 00, 1139, nachfolgend BFHE 200, 205 = BStBl II 02, 869.
8 BFH v 23.9.04 VIII B 78/04 nv.
9 *K/S/M* § 65 Rn B 1.

müssen **für dasselbe Kind und denselben Zeitraum** zu zahlen sein. Steht die andere Leistung dem Berechtigten nicht für den vollen Monat zu, ist das Kindergeld für den betr Monat in voller Höhe auszuzahlen (§ 66 II).

4 Auch für **vergleichbare Leistungen im Ausland (§ 65 I 1 Nr 2)**[1] ist entscheidend, dass ein Anspr besteht, nicht jedoch, dass die Leistung tatsächlich erbracht wird.[2] Auf die subjektive Kenntnis der Zahlung kommt es nicht an.[3] Beziehier sind insbes Grenzgänger, die im Inland ihren Wohnsitz haben und im Ausland beschäftigt sind, aber auch Pers mit ausländischen Unfall-, Alten- oder Invaliditätsrenten. Die **Vergleichbarkeit** ausländischer Leistungen mit Kindergeld oder Kinderzulage bzw Kinderzuschuss hängt maßgeblich davon ab, ob die Leistungen ebenfalls dem Familienleistungsausgleich zu dienen bestimmt sind.[4] Die ausländische Leistung muss **aufgrund gesetzlicher Vorschriften** zu zahlen sein.[5] § 65 I 1 Nr 2 erfasst etwa den dänischen Kinderzuschuss bzw das dänische Kindergeld,[6] das schwedische Kindergeld,[7] die kantonalen Kinderzulagen,[8] die in der Schweiz lebenden und dort außerhalb der Landwirtschaft erwerbstätigen Pers zustehen, die in einzelnen Kantonen der Schweiz gezahlte Ausbildungszulage, die Kinderrente nach schweizerischem Recht,[9] das luxemburgische Kindergeld,[10] nicht aber Familienbeihilfen, die in der Türkei an Bedienstete des Staates und der staatlichen Betriebe gewährt werden.[11] Die US-Kinderrente ist eine dem Kinderzuschuss vergleichbare Leistung.[12] Im Rahmen ihres Geltungsbereichs regelt die VO (EWG) 1408/71 die Anspruchskonkurrenz von Anspr gegen Träger in verschiedenen Ländern vorrangig.[13]

5 **Vergleichbare Leistungen einer zwischen- oder überstaatlichen Einrichtung (§ 65 I 1 Nr 3)**[14] sind insbes die an die Bediensteten von NATO und EU idR gezahlten kindbezogenen Leistungen, etwa die Kinderzulagen nach Art 67 I b des Statuts der Beamten der EG, die Unterhaltsberechtigtenzulagen nach Art 69 des Statuts der Beamten des Europäischen Patentamts, sowie die nach Art 29 der NATO-Sicherheits- und Personalvorschriften den zivilen Angestellten zustehenden Beihilfen für unterhalts- berechtigte Kinder.[15] Bei den Bediensteten der NATO und der EU besteht eine Vermutung für das Vorliegen des Ausschlusstatbestands des § 65 I 1 Nr 3.[16] § 65 I 3 schränkt die kindergeldausschließende Wirkung in den Fallgestaltungen des § 65 I 1 Nr 3 mit Blick auf die Rechtsprechung des EuGH ein.[17]

C. Teilkindergeld (§ 65 II)

6 Ist die Kinderzulage oder der Kinderzuschuss iSv § 65 I 1 Nr 1 niedriger als das Kindergeld gem § 66 I, so ist gem § 65 II die Differenz als Teilkindergeld zu zahlen, sofern sie mehr als 5 € beträgt. Der Begriff Bruttobetrag ist bedeutungslos, da Kinderzulagen und -zuschüsse iSv § 65 I 1 Nr 1 gem § 3

---

1 Hierzu im Einzelnen BfF BStBl I 02, 241; zur Verfassungsmäßigkeit der Regelung FG BaWü EFG 97, 996 u FG BaWü EFG 97, 998.
2 BFH/NV 99, 614.
3 FG BaWü v 8.3.06 11 K 123/02 nv (Revision eingelegt unter III R 108/06).
4 FG M'ster EFG 00, 694 (695); *K/S/M* § 65 Rn B 38; vgl zum „child benefit" BFH/NV 05, 341; zum österreichischen Kindergeld BFHE 200, 206 = BStBl II 02, 867 mit Anm v *Greite* FR 03, 157; zum niederländischen TOG 2000 FG Kln EFG 05, 1272 (Revision eingelegt unter III R 36/05).
5 FG M'ster EFG 00, 694 (695); FG Kln EFG 01, 1507, nachfolgend BFH/NV 02, 1431.
6 BFH/NV 03, 31.
7 FG D'dorf EFG 05, 548.
8 BFH/NV 05, 2007; vgl auch FG BaWü EFG 06, 54; FG BaWü EFG 00, 135, nachfolgend BFH/NV 05, 535; FG BaWü EFG 00, 22 (23).
9 Die in der Schweiz als Ergänzung zur Invalidenrente gezahlte Kinderrente ist den in § 65 I 1 Nr 1 genannten Leistungen vergleichbar (BFH/NV 02, 491); zu den in der Schweiz gezahlten Leistungen vgl auch „Anlage Schweiz", BfF BStBl I 02, 241 (257); BFH/NV 07, 228 zum Kindergeld für Ehepartner eines Grenzgängers in die Schweiz; vgl auch FG BaWü EFG 06, 747 sowie FG RhPf EFG 00, 1197.
10 FG Bdbg EFG 02, 1314.
11 Vgl im Einzelnen BfF BStBl I 02, 241 sowie DA-FamEStG 65.1.3.
12 BFH/NV 05, 341.
13 FG Kln EFG 05, 1704; FG M'ster EFG 00, 878; FG D'dorf EFG 99, 1140 (1141); s auch DA-FamEStG 65.1.1 I 2 zu zwischenstaatlichen Sonderregelungen; vgl auch FG BaWü EFG 02, 850; zur Anwendung der VO auf das steuerrechtliche Kindergeld BFHE 200, 205 = BStBl II 02, 869; FG BaWü EFG 05, 1785 (Revision anhängig unter III R 32/05) u EFG 05, 1207, nachfolgend BFH/NV 06, 1554; FG BaWü EFG 06, 54; zum Anspruch auf Teilkindergeld eines in Deutschland erwerbstätigen polnischen Staatsbürgers FG Hess EFG 07, 1527.
14 Nach Ansicht des BFH muss es sich um Leistungen handeln, die davon abhängen, dass der Empfänger mit Unterhaltsleistungen für Kinder belastet ist (BFH/NV 02, 1431).
15 DA-FamEStG 65.1.4 III. Nicht hierzu gehören Rentenzahlungen aus der NATO-Gruppenversicherung (FG Kln EFG 01, 1507, nachfolgend BFH/NV 02, 1431).
16 *K/S/M* § 65 Rn B 39.
17 Ausf dazu *K/S/M* § 65 Rn B 42 ff.

Nr 1a, b stfrei sind. Für die Fälle des § 65 I 1 Nr 2, 3 ist Teilkindergeld nicht vorgesehen,[1] ohne dass im Hinblick auf die existenzsichernde Funktion des Kindergeldes ein rechtfertigender Grund ersichtlich wäre (Art 3 I GG).[2] Dem ist durch eine analoge Anwendung von § 65 II zu begegnen.[3] Das BVerfG hat § 65 II allerdings für verfassungsgemäß erklärt.[4] Hat ein Berechtigter Anspr auf **Familienleistungen eines anderen EWR-Staats**, so bestimmt sich der Anspr auf einen Unterschiedsbetrag zum Kindergeld nach der VO (EWG) 1408/71 iVm Nr 574/72.[5]

§ 66 Höhe des Kindergeldes, Zahlungszeitraum

(1) Das Kindergeld beträgt für erste, zweite und dritte Kinder jeweils 154 Euro monatlich und für das vierte und jedes weitere Kind jeweils 179 Euro monatlich.

(2) Das Kindergeld wird monatlich vom Beginn des Monats an gezahlt, in dem die Anspruchsvoraussetzungen erfüllt sind, bis zum Ende des Monats, in dem die Anspruchsvoraussetzungen wegfallen.

DA-FamEStG BStBl I 04, 743 (801)

A. Höhe des Kindergeldes (§ 66 I)

Die Höhe des Kindergeldes ist nach Anzahl und Reihenfolge der Geburten (**Ordnungszahl**) der Kinder gestaffelt.[6] Das erstgeborene, die Voraussetzungen für den Anspr erfüllende Kind ist das erste Kind iSv **§ 66 I**. Die danach geborenen Kinder sind zweites und drittes Kind. Das gilt auch für **Kinder aus verschiedenen Ehen** sowie für **Adoptiv-, Pflege- und Enkelkinder desselben Kindergeldberechtigten**. In der Reihenfolge der Kinder werden auch Zählkinder (vgl § 63 Rn 1) mitgezählt.[7] Das Kindergeld beträgt[8] **ab VZ 97** für das erste und zweite Kind je 220 DM (im VZ 96 200 DM), für das dritte 300 DM (ebenso VZ 96), für das vierte und jedes weitere Kind 350 DM (ebenso VZ 96), im **VZ 99**[9] für das erste und zweite Kind je 250 DM, für das dritte 300 DM, für das vierte und jedes weitere 350 DM. Ab **VZ 00**[10] beträgt das Kindergeld für das erste und zweite Kind je 270 DM, für das dritte 300 DM, für das vierte und jedes weitere Kind 350 DM. Ab **VZ 02** werden für das erste bis dritte Kind einheitlich jeweils 154 € monatlich und für das vierte und jedes weitere Kind jeweils 179 € monatlich gewährt. Die Kindergelderhöhungen in den VZ 00 und 02 dienen der Umsetzung der verfassungsgerichtlichen Vorgaben.[11] **Verfassungsrechtliche Bedenken gegen die Höhe des Kindergeldes bestehen nicht**.[12] Soweit das Kindergeld faktisch **Sozialleistung**[13] ist, besteht keine Pflicht des Gesetzgebers auf Gewährung in einer bestimmten Höhe;[14] insbes verpflichtet Art 3 I GG den Gesetzgeber nicht, Eltern unabhängig von ihrer Bedürftigkeit für jedes Kind staatliche Hilfen in gleicher Höhe zu gewähren.[15] In den Fällen, in denen das Kindergeld geringer ist als der Kinderfreibetrag, können die Zinsverluste, die dem StPfl wegen der erst späteren Berücksichtigung im Veranlagungsverfahren entstehen, vernachlässigt werden.[16] Die Staffelung nach der Kinderzahl wurde ab VZ 02 durch die Vereinheitlichung des Kindergeldes für das erste bis dritte Kind abgemildert. Dadurch verringert sich auch die Zählkinderproblematik.[17] IÜ dürfte es, was die Staffelung des Kindergeldes betrifft, noch im Rahmen der Gestaltungsfreiheit des Gesetzgebers liegen, die im Hinblick auf Art 3 I GG erforderliche Rechtfertigung darin zu sehen, dass mit steigender

1

---

1 Vgl auch DA-FamEStG 65.2 II 1.
2 Zu den verfassungsrechtlichen Bedenken, dass § 65 II ab 96 ein Teilkindergeld als Unterschiedsbetrag zu niedrigeren ausländischen Kinderzulagen nicht mehr vorsieht, BFH/NV 99, 614 (615) sowie Vorlagebeschluss FG BaWü EFG 97, 998.
3 So auch FG BaWü EFG 00, 135 (136) u FG M'ster EFG 02, 150.
4 BVerfGE 110, 412; vgl auch BFH/NV 05, 341 u BFH/NV 05, 535 sowie BFHE 212, 551 (Verfassungsbeschwerde eingelegt unter 2 BvR 1863/06).
5 DA-FamEStG 65.2 II; vgl auch FG BaWü EFG 05, 882.
6 FG Mchn EFG 07, 943.
7 DA-FamEStG 66.1.
8 Ausf hierzu *K/S/M* § 66 Rn A 14 ff mwN.
9 StEntlG 99 v 19.12.98, BGBl I 98, 3779.
10 Gesetz zur Familienförderung, BGBl I 99, 2552.
11 BT-Drs 14/1513, 11.
12 Vgl insoweit auch BFH/NV 07, 904; *K/S/M* § 66 Rn A 20; BFH BStBl II 02, 596; BFH/NV 02, 1456; BFH/NV 02, 908; vgl auch *Helmke/Bauer* Familienleistungsausgleich A § 66 Rn 6; vgl auch FG Hess EFG 98, 1016; FG M'ster EFG 97, 820 u FG BaWü EFG 00, 266.
13 Vgl aber BFH BStBl II 01, 279.
14 Vgl BVerfGE 82, 60 (80) = BStBl II 90, 653 (655) sowie BVerfGE 75, 348 (359).
15 BFH BStBl II 02, 596.
16 *K/S/M* § 66 Rn A 20.
17 BT-Drs 14/6160, 25.

Kinderzahl auch der Aufwand der Familie – das gesamte Kindergeld soll die Familie insgesamt entlasten und allen Kindern gleichmäßig zugute kommen[1] – steigt.[2]

2 Die Sonderregelung für **behinderte Kinder** iSd § 32 VI aF in § 66 I 2 aF[3] wurde ab VZ 02 aufgehoben.[4] Für **Auslandskinder** von StPfl, die die Voraussetzungen des § 62 II erfüllen, gelten die Kindergeld-Sätze des § 66 I, sofern sich nicht aus Europarecht oder Sozialabkommen etwas anderes ergibt.[5]

B. Zahlungszeitraum und Zahlungsrhythmus (§ 66 II)

3 Nach dem **Monatsprinzip (§ 66 II)** wird das Kindergeld für jeden Monat gewährt, in dem wenigstens an einem Tag die Anspruchsvoraussetzungen (§§ 62, 63) vorgelegen haben, dh von Beginn des Monats an, in dem die Anspruchsvoraussetzungen erfüllt sind, bis zum Ende des Monats, in dem sie wegfallen (§ 108 I AO iVm §§ 187 II 2, 188 II BGB).[6] § 66 II ist grds auch auf **Vorliegen/Fortfall der für die Höhe des Kindergeldes geltenden Tatbestandsvoraussetzungen** anzuwenden, insbes bei Veränderung der Ordnungszahl eines Kindes (§ 66 I).[7] Bei Einreise eines Auslandskindes, für das vorher Kindergeld nach einem zwischenstaatlichen Sozialabkommen gezahlt worden ist, ist das uU höhere Kindergeld ab dem Einreisemonat zu zahlen.[8] Bei Überschreiten der auf das Kj bezogenen Einkommensgrenze iSv § 32 IV 2 ist der Anspr für das ganze Kj bzw den Zeitraum ausgeschlossen, für den das Kind nach § 32 IV 1 Nr 1, 2 zu berücksichtigen wäre, auch wenn dem Kind anspruchsschädliche Einkünfte und Bezüge nur während einzelner Monate zugeflossen sind **(vgl auch § 32 Rn 19)**.[9] § 66 II regelt nur Rechtsfolgen; die Anspruchsvoraussetzungen für das Kindergeld sind in den §§ 62 und 63 geregelt.[10] Die sechsmonatige materielle[11] **Ausschlussfrist** nach § 66 III aF[12] wurde mit Wirkung vom 1.1.98 ersatzlos gestrichen.[13] Es gilt die Festsetzungsverjährung nach der AO. Durch Einfügung des Wortes „monatlich" in § 66 II ist § 71 entbehrlich geworden;[14] nunmehr gibt § 66 II auch den Zahlungsrhythmus vor. Unerheblich ist, an welchem Tag im Laufe eines Monats das Kindergeld ausgezahlt wird. Die Zahlungsmodalitäten bestimmen sich nach der AO. Bei der erstmaligen oder erneuten Festsetzung wird mangels Fälligkeit nicht vor Bekanntgabe der Kindergeldfestsetzung (§ 220 I 2 AO) ausgezahlt. Gem § 224 III 1 AO ist das Kindergeld grds unbar zu zahlen.[15] Trotz des Monatsprinzips ist für die eigenen Einkünfte und Bezüge des Kindes ein Jahresgrenzwert **(§ 32 Rn 16)** maßgeblich. Zur Korrektur der Kindergeldfestsetzung vgl § 70 IV. Bei der Günstigerprüfung ist auf den Kalendermonat abzustellen.[16] Nachzahlungen steht § 66 II nicht entgegen; sie sind nicht zu verzinsen.[17]

§ 67 Antrag

[1]**Das Kindergeld ist bei der zuständigen Familienkasse schriftlich zu beantragen.** [2]**Den Antrag kann außer dem Berechtigten auch stellen, wer ein berechtigtes Interesse an der Leistung des Kindergeldes hat.**

DA-FamEStG BStBl I 04, 743 (802)

1 Verfahrensvoraussetzung für die erstmalige Zahlung von Kindergeld ist gem § 67 S 1 ein **Antrag**.[18] Das Antragserfordernis ist verfassungsrechtlich nicht zu beanstanden. Der Anspr entsteht jedoch

---

1 BVerfGE 82, 60 (83) = BStBl II 90, 653 (660).
2 *K/S/M* § 66 Rn A 21; FG BaWü EFG 01, 984 (vgl auch BFH/NV 01, 1138).
3 BStBl I 00, 4 = BGBl I 99, 2552.
4 BStBl I 01, 533 = BGBl I 01, 2074.
5 Hierzu DA-FamEStG 66.2 III.
6 Nachzahlungen sind nicht zu verzinsen (BFHE 212, 416).
7 *H/H/R* § 66 Rn 16.
8 Vgl – auch zu Ausnahmen – DA-FamEStG 66.2 III.
9 DA-FamEStG 66.2 II.
10 BFH BStBl II 00, 462.
11 BFH/NV 02, 1293; BFH BStBl II 01, 109; vgl zur umstrittenen Bewertung der Frist *K/S/M* § 66 Rn D 11 ff mwN.
12 Zur Verfassungsmäßigkeit von § 66 III aF BFH BStBl II 01, 109 (110) mit Anm *Kanzler* FR 01, 92; BFH/NV 01, 775; vgl auch BFH/NV 02, 1293; zum Anwendungsbereich des § 66 III BFH/NV 99, 614; s auch FG Nbg EFG 00, 953; eine Berufung auf § 66 III aF konnte bei Verletzung der Beratungspflicht ausgeschlossen sein (FG RhPf EFG 03, 939).
13 BGBl I 97, 2970 = BStBl I 98, 127.
14 Art 2 Nr 3 des Gesetzes zur Anspruchsberechtigung von Ausländern wegen Kindergeld, Erziehungsgeld u Unterhaltsvorschuss v 13.12.06 (BGBl I 06, 2915).
15 Zu Einzelheiten der Auszahlung s DA-FamEStG 71.2; die Kosten einer ausnahmsweise zulässigen Barauszahlung trägt die Behörde (FG MeVo v 19.1.06 – 1 K 275/02 nv).
16 BFHE 201, 195; BFH/NV 03, 898; hierzu *Greite* FR 03, 312 u *Ruban* HFR 03, 373.
17 BFH/NV 06, 1725.
18 § 67 II aF wurde durch das Gesetz zur Familienförderung (BGBl I 99, 2552) aufgehoben; vgl auch BT-Drs 14/1513, 16.

unabhängig davon.[1] Wird für ein Kind kein Kindergeld beantragt, sind die Freibeträge nach § 32 VI abzuziehen;[2] die Eltern kommen dann nicht in den Genuss der einkommensteuerrechtlichen Förderung der Familie.[3] Der Antrag ist **erforderlich**, wenn die Anspruchsvoraussetzungen (§§ 62, 63) erstmalig erfüllt sind oder nach Wegfall einer Kindergeldfestsetzung – insbes wenn die Kindergeldbewilligung nach Vollendung des 18. Lebensjahres des Kindes förmlich aufgehoben wurde und die Einspruchsfrist abgelaufen ist,[4] der Anspr ohne Bescheiderteilung gem § 70 I Nr 2 weggefallen ist bzw die Voraussetzungen für den Anspr seit Vollendung des 18. Lebensjahrs des Kindes für wenigstens einen vollen Monat weggefallen sind (§ 70 I Nr 3),[5] – erneut vorliegen. Keines neuen Antrags bedarf es etwa bei Änderungen hinsichtlich der zahlenden Stelle oder der Berechtigtenbestimmung (§ 64 II). Der Antrag ist **schriftlich bei der zuständigen Familienkasse** (vgl § 19 AO)[6] zu stellen (§ 67 S 1).[7] Die Verwendung des amtlichen Vordrucks ist nicht zwingend, dient aber der Verfahrensbeschleunigung. Schriftlichkeit setzt nach allg Grundsätzen idR die eigenhändige Unterschrift des Antragstellers voraus.[8] **Minderjährige** Eltern werden durch ihre gesetzlichen Vertreter vertreten.[9] Grds ist **für jedes Kind** ein gesonderter Antrag zu stellen.[10] Bei verspätetem Einspruch gegen die Aufhebung einer Kindergeldfestsetzung muss die Familienkasse prüfen, ob der Rechtsbehelf zugleich einen Antrag auf Neufestsetzung enthält.[11] Einem neuerlichen Antrag für Zeiträume, für die die Familienkasse nach sachlicher Prüfung das Bestehen eines Kindergeldanspruchs verneint hat, steht die Bestandskraft entgegen.[12]

Antragsberechtigt sind die Kindergeldberechtigten (§ 62) sowie diejenigen, die ein berechtigtes 2 Interesse an der Leistung des Kindergeldes haben **(§ 67 S 2)**. Der **Antragsberechtigte** muss nicht zwingend auch Auszahlungsberechtigter sein (vgl §§ 64, 65, 74).[13] Das **berechtigte Interesse**, die Belange des Kindes oder des Anspruchsberechtigten wahrzunehmen, hat jeder, der einen verständlichen Anlass für die Inanspruchnahme staatlicher Leistungen im Rahmen des Familienleistungsausgleichs hat, insbes Pers, die dem zu berücksichtigenden Kind gegenüber unterhaltsverpflichtet sind[14] oder zu seinem Unterhalt tatsächlich wesentlich beitragen[15] oder solche, zu deren Gunsten eine Auszahlung des Kindergeldes in Betracht kommt (vgl § 74).[16] Dies kann etwa bei behinderten Kindern auch ein Sozialhilfeträger sein.[17] Durch § 67 S 2 bekommt der Auszahlungsberechtigte eine Beteiligtenstellung (§ 78 Nr 1 AO).[18] Auch das Kind selbst ist antragsberechtigt.[19]

§ 68 Besondere Mitwirkungspflichten

(1) ¹Wer Kindergeld beantragt oder erhält, hat Änderungen in den Verhältnissen, die für die Leistung erheblich sind oder über die im Zusammenhang mit der Leistung Erklärungen abgegeben worden sind, unverzüglich der zuständigen Familienkasse mitzuteilen. ²Ein Kind, das das 18. Lebensjahr vollendet hat, ist auf Verlangen der Familienkasse verpflichtet, an der Aufklärung des für die Kindergeldzahlung maßgebenden Sachverhalts mitzuwirken; § 101 der Abgabenordnung findet insoweit keine Anwendung.

---

1 K/S/M § 67 Rn B 4.
2 K/S/M § 67 Rn A 6.
3 BFHE 193, 569 = BStBl II 01, 279.
4 K/S/M § 67 Rn B 8.
5 FG BaWü EFG 98, 1689 (1690).
6 Zur örtlichen Zuständigkeit der Familienkasse im Einzelnen DA-FamEStG 67.2.2.
7 Dazu im Einzelnen DA-FamEStG 67.2; vgl zu den Konsequenzen einer Antragstellung durch bevollmächtigte RA FG Mchn EFG 00, 181; zur Beratungspflicht FG D'dorf v 23.8.07 14 K 5328/05 Kg nv.
8 K/S/M § 67 Rn B 11.
9 DA-FamEStG 67.2.1 I; K/S/M § 67 Rn B 13; § 36 I SGB I ist nicht anwendbar, weil es sich beim Kindergeld nicht um eine Sozialleistung handelt (BFHE 193, 569 = BStBl II 01, 279).
10 K/S/M § 67 Rn B 17.
11 BFH/NV 99, 1460.
12 BFHE 197, 387 = BStBl II 02, 296.
13 K/S/M § 67 Rn B 26; zur Unterscheidung zwischen Festsetzungs- und Auszahlungsverfahren im Kindergeldrecht BFH/NV 01, 896.
14 FG Nds EFG 00, 1342.
15 K/S/M § 67 Rn B 29.
16 DA-FamEStG 67.3 I; vgl auch BFH/NV 01, 896, BFHE 194, 368 = BStBl II 01, 443 u BFHE 204, 454 = BStBl II 04, 588 zum Antragsrecht eines Sozialleistungsträgers.
17 Zur Klagebefugnis eines Sozialleistungsträgers bei Aufhebung der Kindergeldfestsetzung BFHE 194, 368 = BStBl II 01, 443 u BFH/NV 01, 1443; der Berechtigte ist in diesem Fall notwendig beizuladen (BFHE 194, 6 = BStBl II 01, 246).
18 BFH/NV 01, 896.
19 Zur Frage ob ein bestandskräftiger Ablehnungsbescheid gegenüber einem Elternteil auch für das Kind bindend ist vgl FG SchlHol StE 07, 565 (Revision anhängig unter III R 67/07).

Felix

(2) Soweit es zur Durchführung des § 63 erforderlich ist, hat der jeweilige Arbeitgeber der in dieser Vorschrift bezeichneten Personen der Familienkasse auf Verlangen eine Bescheinigung über den Arbeitslohn, einbehaltene Steuern und Sozialabgaben sowie den auf der Lohnsteuerkarte eingetragenen Freibetrag auszustellen.

(3) Auf Antrag des Berechtigten erteilt die das Kindergeld auszahlende Stelle eine Bescheinigung über das für das Kalenderjahr ausgezahlte Kindergeld.

(4) Die Familienkassen dürfen den die Bezüge im öffentlichen Dienst anweisenden Stellen Auskunft über den für die jeweilige Kindergeldzahlung maßgebenden Sachverhalt erteilen.

DA-FamEStG BStBl I 04, 743 (810); DA-FamBuStr BStBl I 99, 2

Literatur: *Blesinger* Der Schutz des Familienleistungsausgleichs ab dem 1.1.1996 durch das Steuerstrafrecht, wistra 96, 255; *Kahlen* Erschleichung von Kindergeld als Steuerstraftat, DStR 99, 92.

1 § 68 I, II regeln ergänzend zu §§ 90, 93 ff AO Verfahrenspflichten von Beteiligten, Zählkindern und ArbG. § 68 III, IV statuieren eine Bescheinigungspflicht der Zahlstellen über das für das Kj ausgezahlte Kindergeld sowie ein Recht der Familienkassen zur Auskunftserteilung. § 68 ist im Hinblick darauf erforderlich, dass die AO den VA mit Dauerwirkung nicht kennt und § 48 SGB X nicht anwendbar ist.[1]

2 Nach § 68 I 1 ist derjenige, der Kindergeld beantragt (vgl § 67 Rn 2) oder erhält, verpflichtet, **Änderungen der Verhältnisse** (tatsächliche Umstände),[2] die für den Anspr auf Kindergeld erheblich sind oder über die im Zusammenhang mit der Leistung Erklärungen abgegeben worden sind, unverzüglich, dh ohne schuldhaftes Zögern (§ 121 BGB), **der zuständigen Familienkasse mitzuteilen.**[3] Verhältnisse, die für die Leistung erheblich sind, sind alle sich aus den §§ 62 ff ergebenden Voraussetzungen für die Festsetzung und Auszahlung des Kindergeldes.[4] § 68 I 1 stellt nicht darauf ab, welche Pers die Erklärung abgegeben hat, so dass die Mitteilungspflicht auch den Kindergeldberechtigten selbst trifft, wenn der Antrag von einer Pers mit einem berechtigten Interesse an der Leistung des Kindergeldes (§ 67 S 2) gestellt wurde.[5] Die Mitteilungspflicht beginnt mit der Antragstellung und endet idR mit Ablauf des Monats, für den das Kindergeld letztmalig gezahlt worden ist.[6] Sie erstreckt sich auch auf Veränderungen nach Beendigung des Kindergeldbezugs, die den Anspr rückwirkend beeinflussen.[7] Die **Missachtung der Mitteilungspflicht**[8] steht dem Vertrauensschutz des Betroffenen entgegen;[9] sie kann zudem – soweit es um Änderungen der tatsächlichen Verhältnisse zuungunsten des Antragstellers oder Zahlungsempfängers geht – eine Straftat iSv § 370 I Nr 2 AO oder eine Ordnungswidrigkeit iSv § 378 I iVm § 370 I Nr 2 AO darstellen.[10] Hinsichtlich von Tatsachen, deren Berücksichtigung sich zugunsten des Antragstellers oder Zahlungsempfängers auswirken würde, bedeutet sie keine Obliegenheitsverletzung. Gem **§ 68 I 2 HS 1** sind **volljährige Zählkinder** (§ 63 Rn 1) verpflichtet, auf Verlangen, dh auf **ausdrückliche Aufforderung** der Familienkasse, die zur Feststellung des Sachverhalts notwendigen Auskünfte zu erteilen und Nachweise vorzulegen.[11] Sie haben insoweit kein Auskunftsverweigerungsrecht nach § 101 AO **(§ 68 I 2 HS 2)**.[12]

3 Die **Bescheinigungspflicht des ArbG (§ 68 II)** dient primär der Feststellung, ob das Kind die in § 32 IV genannte Einkommensgrenze überschritten hat. Betroffen sind die ArbG von berücksichtigungsfähigen erwachsenen Kindern (vgl § 32 IV, V; § 32 Rn 9 ff). Eine Inanspruchnahme des ArbG ist nur zulässig, wenn sich die Familienkasse die erforderlichen Informationen nicht anders, insbes nach

---

1 BFH/NV 00, 1447; zur Aufbewahrungspflicht von Belegen BFH/NV 05, 2207; zur Verletzung von Mitwirkungspflichten mit Blick auf § 173 I Nr. 2 AO BFH/NV 07, 643.
2 *K/S/M* § 68 Rn B 6.
3 BFH/NV 99, 1331 (1332) zum Haushaltswechsel des Kindes. Bei der Mitwirkung handelt es sich nicht um eine Anzeige iSd § 170 II 1 Nr 1 AO (BFHE 214, 1).
4 Vgl im Einzelnen *K/S/M* § 68 Rn B 7 ff.
5 *K/S/M* § 68 Rn B 10.
6 *K/S/M* § 68 Rn B 13.
7 DA-FamEStG 68.1 III 2.
8 Ausf zu den Konsequenzen der Missachtung der Mitwirkungspflichten *K/S/M* § 68 Rn B 14 ff.
9 BFH/NV 01, 1117; FG M'ster EFG 03, 472.
10 Ausf dazu DA-FamEStG 68.1 IV-VII; vgl auch DA-FamBuStr, BStBl I 99, 2.
11 BFH/NV 07, 1083; der gegenüber dem Kind ergangene Einkommensteuerbescheid stellt keinen Grundlagenbescheid iSd § 171 Abs 10 AO dar.
12 Vgl auch DA-FamEStG 68.2; zum Umfang der Auskunftspflicht BFHE 193, 528 = BStBl II 01, 439: keine pauschale Mitteilung des Kindes, dass eigene Einkünfte und Bezüge nicht über dem Grenzbetrag des § 32 IV 2 liegen werden. Nach Ansicht des FG M'ster gilt die Norm nur für das Verwaltungsverfahren und führt nicht zum Ausschluss des Auskunftsverweigerungsrechts im finanzgerichtlichen Verfahren (EFG 07, 1180 mit zustimmender Anm von *Wüllenkemper* EFG 07, 1182).

§ 68 I 2 beschaffen kann.[1] Wurde aufgrund einer vom ArbG/Dienstherrn unrichtig ausgestellten Bescheinigung Kindergeld zu Unrecht gezahlt, kommt eine Ordnungswidrigkeit nach § 379 I Nr 1 AO in Betracht.[2]

Gem § 68 III hat die das Kindergeld auszahlende Stelle **auf Antrag** des Kindergeldberechtigten diesem eine Bescheinigung über das für das Kj ausgezahlte Kindergeld zu erteilen.[3] Zu bescheinigen sind die an den Kindergeldberechtigten wie auch die an Dritte (§§ 74, 75) gezahlten Beträge.[4] Die Bescheinigung wird kostenfrei erteilt.[5] 4

Gem § 68 IV dürfen die **Familienkassen**, die als Finanzbehörden an das Steuergeheimnis gebunden sind, den die Bezüge im öffentlichen Dienst anweisenden Stellen **Auskunft** über den für die jeweilige Kindergeldzahlung maßgebenden Sachverhalt erteilen (Befugnis zur Offenbarung nach § 30 IV Nr 2 AO).[6] 5

§ 69 Überprüfung des Fortbestehens von Anspruchsvoraussetzungen durch Meldedaten-Übermittlung

Die Meldebehörden übermitteln in regelmäßigen Abständen den Familienkassen nach Maßgabe einer auf Grund des § 20 Abs. 1 des Melderechtsrahmengesetzes zu erlassenden Rechtsverordnung die in § 18 Abs. 1 des Melderechtsrahmengesetzes genannten Daten aller Einwohner, zu deren Person im Melderegister Daten von minderjährigen Kindern gespeichert sind, und dieser Kinder, soweit die Daten nach ihrer Art für die Prüfung der Rechtmäßigkeit des Bezuges von Kindergeld geeignet sind.

DA-FamEStG BStBl I 04, 743 (813)

§ 69 ermöglicht die Überprüfung der Richtigkeit geltend gemachter Anspr auf Kindergeld, insbes um eine doppelte Zahlung von Kindergeld in verschiedenen Bundesländern für dasselbe Kind zu verhindern.[7] Meldebehörden sind die für das Meldewesen zuständigen Landesbehörden. Die Familienkassen des öffentlichen Dienstes nehmen am Meldedatenabgleich nicht teil.[8] 1

§ 70 Festsetzung und Zahlung des Kindergeldes

(1) Das Kindergeld nach § 62 wird von den Familienkassen durch Bescheid festgesetzt und ausgezahlt.

(2) Soweit in den Verhältnissen, die für den Anspruch auf Kindergeld erheblich sind, Änderungen eintreten, ist die Festsetzung des Kindergeldes mit Wirkung vom Zeitpunkt der Änderung der Verhältnisse aufzuheben oder zu ändern.

(3) ¹Materielle Fehler der letzten Festsetzung können durch Neufestsetzung oder durch Aufhebung der Festsetzung beseitigt werden. ²Neu festgesetzt oder aufgehoben wird mit Wirkung ab dem auf die Bekanntgabe der Neufestsetzung oder der Aufhebung der Festsetzung folgenden Monat. ³Bei der Neufestsetzung oder Aufhebung der Festsetzung nach Satz 1 ist § 176 der Abgabenordnung entsprechend anzuwenden; dies gilt nicht für Monate, die nach der Verkündung der maßgeblichen Entscheidung eines obersten Gerichtshofes des Bundes beginnen.

(4) Eine Kindergeldfestsetzung ist aufzuheben oder zu ändern, wenn nachträglich bekannt wird, dass die Einkünfte und Bezüge des Kindes den Grenzbetrag nach § 32 Abs. 4 über- oder unterschreiten.

DA-FamEStG BStBl I 04, 743 (814); BfF BStBl I 05, 614; BfF BStBl I 04, 1031

Literatur: *Bergkemper* Aufhebung oder Änderung einer Kindergeldfestsetzung, FR 00, 136; *Felix* Korrektur von Kindergeldfestsetzungen, FR 01, 674; *Harenberg/Eschenbach* Können abgeschlossene Kindergeldverfahren wieder aufgerollt werden?, NWB Fach 3, 13551; *Hidien/Anzinger* Familienleistungsausgleich

---

1 K/S/M § 68 Rn C 7.
2 DA-FamEStG 68.3 II.
3 Geändert durch das Gesetz zur Familienförderung, BGBl I 99, 2552; vgl BT-Drs 14/1513, 17.
4 K/S/M § 68 Rn D 4.
5 K/S/M § 68 Rn D 5.
6 Vgl dazu DA-FamEStG 68.5 sowie *Leisner* ZBR 00, 217 (224).
7 Vgl BT-Drs 13/1558, 161; krit zum Umfang der Datenübermittlung *Schild* NJW 96, 2414 (2416).
8 DA-FamEStG 69 II.

und eigene Leistungsfähigkeit des unterhaltsberechtigten erwachsenen Kindes, FR 05, 1016; *Huber* Jahressteuergesetz 1996: Neue Zuständigkeit für die Finanzgerichte?, DStR 95, 1743; *Huhn* Versagender/aufhebender Kindergeldbescheid oder Nullbescheid: Dauerverwaltungsakt und Bestandskraft, FR 00, 141; *Hußmann* Die Rückforderung von Kindergeld, FPR 03, 66; *Schwarz* Verfahrensrechtliche Besonderheiten beim Kindergeld, AO-StB 2003, 377; *Tiedchen* Die Änderung von bestandskräftigen Kindergeldbescheiden, DStZ 00, 237.

A. Kindergeldfestsetzung

1 Das Kindergeld wird von der **örtlich zuständigen Familienkasse** (dazu § 67 Rn 1) festgesetzt und ausgezahlt.[1] Die **Kindergeldfestsetzung** ist ein gegenüber dem ESt-Bescheid selbstständiger begünstigender VA mit Dauerwirkung.[2] Im Hinblick auf §§ 31, 36 II 1 ist die Kindergeldfestsetzung Grundlagenbescheid (§ 171 X AO). Gem § 155 IV AO sind auf das Kindergeld als Steuervergütung (vgl § 31 S 3) die für die Steuerfestsetzung geltenden Vorschriften (§§ 155–177 AO) sinngemäß anzuwenden.[3] Kindergeld wird grds durch schriftlichen Bescheid festgesetzt (§ 70 I 1; § 157 I 1 AO), so insbes wenn der Antrag abgelehnt oder ihm nicht in vollem Umfang entsprochen wird, sowie dann, wenn ein ursprünglich zuerkannter Anspruch wieder aberkannt wird.[4] § 70 I 1 regelt nur die Kindergeldfestsetzung, so dass ein schriftlicher Bescheid nicht erforderlich – wenn auch aus Beweisgründen angebracht – ist, wenn das Kindergeld gem § 74 nicht an den Kindergeldberechtigten ausgezahlt wird.[5] § 70 I 2 regelte Ausnahmen vom Erfordernis eines schriftlichen Bescheids; die Regelung wurde mit Wirkung v 1.1.07 aufgehoben, weil die Bescheiderteilung bei jedem Verwaltungsakt nach Ansicht des Gesetzgebers das Handeln der Familienkasse transparenter macht.[6]

B. Korrektur der Kindergeldfestsetzung

2 Die Korrektur von Kindergeldfestsetzungen[7] richtet sich grds nach §§ 172 ff AO (vgl auch Rn 3 und 4). § 70 II-IV enthalten sonstige Korrekturvorschriften iSv § 172 I 1 Nr 2d AO.[8] Die rechtmäßige Aufhebung einer Kindergeldfestsetzung führt zum Wegfall des rechtlichen Grundes für die Zahlung, so dass ggf zuviel gezahltes **Kindergeld zu erstatten** ist (§ 37 II AO).[9] Zahlt die Behörde aufgrund einer Zahlungsanweisung des Vergütungsberechtigten den geschuldeten Betrag an einen Dritten, so ist nicht dieser Leistungsempfänger, sondern der Rechtsinhaber der Forderung.[10] Der Einwand der Entreicherung (§ 818 III BGB) ist unbeachtlich.[11] Die Aufhebung der Kindergeldfestsetzung kann mit dem Rückforderungsbescheid verbunden werden.[12] Zur Problematik der **Weiterleitungsfälle** vgl § 64 Rn 2. Der Rückforderung kann im Einzelfall der **Grundsatz von Treu und Glauben** entgegenstehen;[13] erforderlich ist aber ein Verhalten der Behörde, das als illoyale Rechtsausübung zu sehen wäre.[14] Die Rechtmäßigkeit der Rückforderung wird nicht dadurch berührt, dass der Rückforderungsbetrag möglicherweise zu erlassen ist.[15] Der Aufhebung der Kindergeldfestsetzung und der Rückforderung des Kindergeldes steht nicht entgegen, dass das Kindergeld beim Kind auf die Sozialhilfe angerechnet worden ist.[16] Eine Entscheidung der Familienkasse, mit der eine Kindergeldfest-

---

1 Eine Auszahlung durch den privaten ArbG ist nicht mehr vorgesehen, vgl StEntlG 99/00/02 v 24.3.99, BGBl I 99, 402.
2 Ausf zu den verfahrensrechtlichen Konsequenzen *Huhn* FR 00, 141; *Tiedchen* DStZ 00, 237.
3 BFH/NV 99, 1597; *Bergkemper* FR 00, 136 (137); krit zur Anwendung der AO *Schild* NJW 96, 2414 (2415).
4 *K/S/M* § 70 Rn B 9; zur Rechtsbehelfsbelehrung BFH/NV 00, 1083.
5 *K/S/M* § 70 Rn B 24.
6 Art 2 Nr 4u Art 6 des Gesetzes zur Anspruchsberechtigung von Ausländern wegen Kindergeld, Erziehungsgeld und Unterhaltsvorschuss (BGBl I 06, 2915), vgl auch BT-Drs 16/1368, 10.
7 Zur Aufhebung oder Änderung der Festsetzung *K/S/M* § 70 Rn C 14; vgl dazu, ob und inwieweit eine rückwirkende Festsetzung v Kindergeld möglich ist, *Greite* DStR 00, 143 (144); *Tiedchen* DStZ 00, 237.
8 BFH BStBl II 99, 231 (232); *Tiedchen* DStZ 00, 237 (238).
9 Zum Erstattungsschuldner bei Zahlung per Scheck vgl BFH/NV 00, 1192; zur Doppelnatur des Bescheids FG Hbg EFG 05, 1250.
10 BFH/NV 07, 858 mwN.
11 BFHE 185, 364; BFH/NV 04, 763; BFH/NV 01, 1117; vgl auch BFH v 8.11.01 VI B 317/00 nv.
12 FG M'ster EFG 96, 1052; zur Doppelnatur des Aufhebungs- und Rückforderungsbescheids FG Hbg EFG 05, 1250.
13 BFH/NV 04, 759; BFH BStBl II 02, 174; BFH v 14.10.03 VIII R 56/01; hierzu auch FG Nds EFG 02, 31; FG Nbg EFG 01, 1456 (nachfolgend BFHE 203, 472) und FG Hess EFG 02, 517.
14 BFH/NV 07, 1120; BFH/NV 04, 759; BFH/NV 05, 449; BFH/NV 05, 153.
15 FG Nds EFG 01, 829 mit Anm von *Fumi* (nachfolgend BFH/NV 03, 905); auch im Kindergeldrecht ist zwischen den Regelungen im Festsetzungsverfahren, im Erhebungsverfahren und im Billigkeitsverfahren zu unterscheiden (BFH/NV 01, 423).
16 FG Nds EFG 02, 31.

setzung aufgehoben wird, erwächst in Bestandskraft, sofern die Familienkasse das Bestehen eines Anspr auf Kindergeld deshalb verneint hat, weil nach sachlicher Prüfung die Anspruchsvoraussetzungen nicht gegeben sind;[1] einem neuen Antrag nach § 67 steht für Zeiträume, für die die Familienkasse den Anspr verneint hat, die Bestandskraft entgegen.[2] Lehnt die Familienkasse bestandskräftig ab, Kindergeld zu gewähren, weil sie sachlich unzuständig ist, bedeutet das regelmäßig auch eine Ablehnung für die Vergangenheit.[3] Eine Kindergeldfestsetzung ist ein **zeitlich teilbarer VA**;[4] die Familienkasse ist daher befugt, eine unrichtige oder unrichtig gewordene Festsetzung in der Weise zu ändern, dass sie für verschiedene Zeitabschnitte gesonderte Änderungsbescheide erlässt.[5] Danach enthält ein für einen oder mehrere Monate ergangener Aufhebungsbescheid nicht ohne weiteres inzidenter die Entscheidung, dass die Kindergeldfestsetzung für vorausgegangene Monate bestehen bleibe.[6] Einem bestandskräftigen, die Gewährung von Kindergeld ablehnenden Bescheid kommt **Bindungswirkung** nur bis zum Ende des Monats seiner Bekanntgabe zu;[7] auf einen später erneut gestellten Antrag kann daher Kindergeld rückwirkend ab dem auf die Bekanntgabe des Bescheides folgenden Monat bewilligt werden.[8] Entsprechendes gilt für einen Bescheid, mit dem eine Kindergeldfestsetzung aufgehoben und Kindergeld auf 0 festgesetzt wurde (sog Nullfestsetzung).[9] Eine Bindungswirkung für die Zukunft haben nach der gesetzlichen Konzeption nur positive Kindergeldfestsetzungen.[10]

§ 70 II, der neben den allg Vorschriften anwendbar ist,[11] verpflichtet zur Aufhebung der Kindergeldfestsetzung als VA mit **Dauerwirkung**[12] bei nachträglicher[13] **Änderung** der persönlichen (tatsächlichen oder rechtlichen)[14] **Verhältnisse**,[15] die der idR ursprünglich rechtmäßigen[16] Kindergeldfestsetzung zugrunde lagen. Die Änderung kann zugunsten wie zuungunsten des Berechtigten wirken;[17] die Feststellungslast bei einem Aufhebungsbescheid trägt grds die Behörde.[18] Es handelt sich um eine gebundene Entscheidung.[19] Die **Aufhebung oder Änderung** der Kindergeldfestsetzung hat vom Zeitpunkt der Änderung der Verhältnisse an zwingend – auch rückwirkend[20] – zu erfolgen.[21] Auf ein

2a

---

1 BFH BStBl II 02, 296.
2 BFH BStBl II 02, 296 (298).
3 BFH/NV 01, 445.
4 BFH/NV 06, 549; BFH/NV 04, 910; BFH/NV 03, 606; BFH/NV 02, 178; BFH v 12.9.01 VI R 25/01 nv; hierzu auch FG RhPf EFG 02, 208; FG Saarl EFG 01, 1220; vgl aber auch FG Kln EFG 01, 1224.
5 BFH/NV 02, 491; BFH BStBl II 02, 174 mit Anm von *Kanzler* FR 02, 225; vgl aber auch FG BaWü EFG 00, 1197 (1198): ändert die Familienkasse die Kindergeldfestsetzung nach § 70 II nicht bereits ab dem Zeitpunkt der Änderung der Verhältnisse, sondern nur für spätere Monate, ist eine Nachholung der Änderung der weiter zurückliegenden Monate ausgeschlossen; vgl auch FG Kln EFG 00, 1394.
6 BFH/NV 02, 1290.
7 BFH/NV 03, 1422; zu Änderungen eines solchen Bescheids nach § 173 I Nr 2 AO BFH DStRE 03, 949; zur Durchbrechung der Bestandskraft eines Ablehnungsbescheids FG BaWü EFG 03, 906; vgl aber auch BFH/NV 04, 786; differenzierend FG Kln EFG 07 1254 mit Hinweis auf BFHE 210, 265: Bei Anfechtung eines Ablehnungsbescheids ist im anschließenden Urteil eine Verpflichtung der Familienkasse auch für Monate nach der Bekanntgabe der letzten Verwaltungsentscheidung möglich (entgegen FG Nds EFG 06, 751); vgl auch FG Kln EFG 07, 1254 sowie die Anm von *Wüllenkemper* EFG 07, 1341. Das FG D'dorf stellt bezüglich der Bindungswirkung maßgeblich auf den Regelungsgehalt des Bescheides ab (v 23.8.07 14 K 5328/05 Kg nv).
8 BFH/NV 07, 1114; BFH/NV 03, 168 mit Hinweisen zur Gleichbehandlungsproblematik und BFH/NV 03, 754; BFH BStBl II 02, 89; **aA** *Felix* FR 01, 674 (679); zur rückwirkenden Bestandskraft von ablehnenden Kindergeldbescheiden bis zur gesetzlichen Verjährung bei erstmaliger Antragstellung auf amtlichem Vordruck FG Mnch EFG 03, 756.
9 BFH BStBl II 02, 88; vgl auch FG Kln EFG 2002, 846.
10 BFH BStBl II 02, 88 (89); BStBl II 02, 89 (90); unklar noch BFH/NV 01, 932; vgl auch FG Bdbg EFG 01, 1227 sowie *Siegers* EFG 01, 83; **aA** FG M'ster EFG 00, 881 sowie *Felix* FR 01, 674 (679f); vgl auch *Huhn* FR 00, 141.
11 BFH BStBl II 02, 81; BFH/NV 02, 1294.
12 Hierzu FG Nds EFG 01, 153 (hierzu auch BFH/NV 03, 927); zur Nichtanwendbarkeit von § 48 SGB X BFH/NV 99, 1597; BFH/NV 00, 1447; BFH BStBl II 99, 231.
13 Maßgeblich ist der Zeitpunkt des Erlasses des VA (BFH/NV 00, 1204); maßgeblich ist zudem der Stichtag des 1.1.96 (BFH/NV 02, 1294).
14 *K/S/M* § 70 Rn C 7 ff; nunmehr auch BFH BStBl II 02, 81; **aA** FG Nds EFG 99, 569, das die Vorschrift bei Veränderung der gesetzlichen Anspruchsvoraussetzungen nicht für anwendbar hält; vgl auch FG Kln EFG 98, 213 und BFH/NV 98, 963.
15 Dazu BFH BStBl II 02, 81; BStBl II 99, 231 (232); FG D'dorf EFG 98, 1072; zum Zeitpunkt der Änderung im Hinblick auf die Verlagerung des Kindergeldrechts in das Steuerrecht BFH/NV 00, 1204 und BFH/NV 01, 21; **aA** FG BaWü EFG 01, 1153.
16 S dazu FG M'ster EFG 00, 694; hierzu *K/S/M* § 70 Rn C 2; bei rechtswidrigen Verwaltungsakten ermöglicht § 70 III eine Änderung oder Aufhebung nur im Hinblick auf die eingetretene Änderung (FG Kln EFG 00, 81); vgl auch FG D'dorf v 23.8.07 14 K 5328/05 nv.
17 FG RhPf EFG 99, 481; *Bergkemper* FR 00, 136 (137); **aA** *Tiedchen* DStZ 00, 237 (239).
18 FG Bdbg EFG 02, 479; zur fehlenden Mitwirkung des Betroffenen in diesem Kontext FG Hbg EFG 98, 1343.
19 BFH BStBl II 99, 231 (232); FG RhPf EFG 99, 481; BFH BStBl II 02, 81.
20 § 70 III 2 gilt nicht im Rahmen des § 70 II (BFH/NV 01, 1112).
21 S zu den Rechtsfolgen einer Aufhebung auch FG Brem EFG 00, 879 (880).

Verschulden der Familienkasse oder des Berechtigten kommt es nicht an.[1] Auf **Vertrauensschutz**[2] kann sich der Beteiligte bei Verletzung der Mitwirkungspflichten grds nicht berufen.[3] Die Änderung muss anspruchserheblich sein, dh zu einem vollständigen oder teilw Wegfall des Anspr führen.[4] § 70 II findet Anwendung auf die Änderung eines – gegenüber dem ursprünglich berechtigten Elternteil ergangenen – Kindergeldbescheids, wenn der andere Elternteil das Kind später in seinen Haushalt aufgenommen hat[5] oder etwa bei Beendigung der Schulausbildung, Beginn oder Ende des Wehr- oder Zivildienstes.[6] **Nicht anwendbar** ist § 70 II, wenn ein Kindergeldantrag abgelehnt worden ist oder wenn – auch bei einer Prognoseentscheidung der Familienkasse über die Höhe der eigenen Einkünfte und Bezüge eines Kindes – die Einkünfte des Kindes dem Betrag entsprechen, der sich aus den der Familienkasse eingereichten Unterlagen ergibt.[7] Der Aufhebungs- und Rückforderungsbescheid muss die aufgehobenen Kindergeldfestsetzungsbescheide benennen, um dem Berechtigten die Rechtmäßigkeitsprüfung des Aufhebungsbescheids zu ermöglichen.[8] Im Laufe eines Monats zugunsten des Berechtigten eingetretene Änderungen sind von diesem Monat an (§ 66 II), im Laufe eines Monats zuungunsten des Berechtigten eingetretene Änderungen erst vom Folgemonat an zu berücksichtigen.[9] Zeichnet sich schon während des Jahres ab, dass die Einkünfte und Bezüge des Kindes die Schädlichkeitsgrenze übersteigen werden, darf die Kindergeldfestsetzung rückwirkend zum Beginn des Kalenderjahres aufgehoben werden;[10] entspr gilt, wenn sich die Überschreitung des Grenzbetrags erst nach Ablauf des Kj herausstellt.[11] Die einschlägige Korrekturvorschrift in diesen Fällen war – bis zum Inkrafttreten des § 70 IV (vgl Rn 4) – umstritten.[12]

3 **§ 70 III, der ebenfalls neben den allgemeinen Korrekturvorschriften**,[13] insbes auch § 173 I Nr 1 AO anwendbar ist,[14] ermächtigt zur Aufhebung und Änderung einer **von Anfang an** – wegen eines Rechtsfehlers (vgl § 177 III AO)[15] oder Zugrundelegung eines unrichtigen oder unvollständigen Sachverhalts[16] – materiell **rechtswidrigen**[17] **Kindergeldfestsetzung** durch Neufestsetzung oder Aufhebung der Festsetzung.[18] Ein etwaiges Verschulden der Beteiligten an einer unzureichenden Sachverhaltsaufklärung ist ohne Bedeutung.[19] Erfasst sind Änderungen zugunsten wie zuungunsten des Berechtigten.[20] Die Fehlerbeseitigung steht nach dem Wortlaut von § 70 III im behördlichen **Ermessen**, das sich jedoch im Hinblick auf Art 3 I GG regelmäßig zugunsten der Korrektur auf Null reduziert.[21] Die Korrektur nach § 70 III 2 ist nur mit Wirkung ab dem auf die Bekanntgabe der Neufestsetzung oder Aufhebung der Festsetzung folgenden Monat **für die Zukunft** möglich. Dies gilt auch, wenn Kindergeld irrtümlich festgesetzt wurde, obwohl kein Anspr bestand.[22] Eine rückwirkende Änderung ist ggf aber nach § 172 I 1 Nr 2c AO möglich. **Vertrauensschutz** ist nach Maßgabe von § 176 AO zu gewähren (§ 70 III 3 HS 1). Dies gilt gem § 70 III 3 HS 2 aber nicht für die Monate, die nach der Verkündung der maßgeblichen Entscheidung eines obersten Gerichtshofs des Bundes beginnen.

4 § 70 IV gewährleistet, dass eine Kindergeldfestsetzung für ein volljähriges Kind während und **auch nach Ablauf des Kj korrigiert** werden kann, wenn die Einkünfte und Bezüge des Kindes den Jahres-

---

1 BFH BStBl II 99, 231 (232).
2 Hierzu *Kanzler* FR 02, 225.
3 BFH/NV 04, 14; BFH/NV 04, 16; BFH/NV 04, 23; BFH/NV 04, 25; BFH/NV 02, 1425; BFH/NV 03, 905; BFH/NV 99, 1331 (1332); BFH/NV 99, 231 (233); FG M'ster EFG 03, 472; vgl aber auch FG Kln EFG 00, 1394 und FG Nds EFG 01, 197; BFH/NV 02, 1425.
4 DA-FamEStG 70.4.2 I 4; *Bergkemper* FR 00, 136 (138).
5 BFH/NV 01, 444; BFH/NV 01, 1254; BFH/NV 99, 1331 (1332); BFH BStBl II 99, 231; FG Brem EFG 00, 879 (880).
6 *Tiedchen* DStZ 00, 237 (238).
7 FG Bdbg EFG 01, 144 (145); *Tiedchen* DStZ 00, 237 (238).
8 FG Brem EFG 00, 955 (956); FG Brem EFG 00, 957 (958).
9 Vgl im Einzelnen DA-FamEStG 70.4.3.
10 BFH BStBl II 02, 85.
11 BFH BStBl II 02, 86 sowie DB 02, 1356 und BFH/NV 02, 178; zum Vertrauen des Berechtigten in die Gesetzgebung BFH/NV 02, 343.
12 Hierzu *K/S/M* § 70 Rn C 12 mwN; vgl auch BFH BStBl II 02, 85 (86); vgl auch FG Nds EFG 01, 1019.
13 *K/S/M* § 70 Rn D 1.
14 BFH BStBl II 02, 81; BStBl II 02, 174; aA FG Kln EFG 00, 81 (82); zust *Tiedchen* DStZ 00, 237 (243); zu den Folgen einer beidseitigen Pflichtverletzung durch Behörde und Kindergeldempfänger im Rahmen des § 173 I Nr 1 AO FG Nds EFG 02, 889; zu § 173 I Nr 2 AO BFH BStBl II 02, 296; vgl auch BFH/NV 04, 910.
15 Vgl dazu auch *Tiedchen* DStZ 00, 237 (240).
16 FG Hess EFG 99, 185.
17 Hierzu FG Kln EFG 00, 81.
18 Krit *Dostmann* DStR 99, 884.
19 FG Hess EFG 99, 185 (186).
20 *K/S/M* § 70 Rn D 4; aA *Tiedchen* DStZ 00, 237 (241).
21 *K/S/M* § 70 Rn D 6; *Bergkemper* FR 00, 136 (138); *Tiedchen* DStZ 00, 237 (241); iErg auch DA-FamEStG 70.5.1 I 6.
22 FG Bdbg EFG 00, 138.

grenzbetrag nach § 32 IV entgegen einer früheren Prognoseentscheidung der Familienkasse[1] über- oder unterschreiten.[2] Damit wird der Konflikt zwischen der monatlichen Zahlung von Kindergeld im laufenden Kj und der rückblickenden Gewährung eines Freibetrags nach § 32 VI beseitigt;[3] der Streit um die einschlägige Ermächtigungsgrundlage für die Korrektur der Kindergeldfestsetzung[4] dürfte sich damit weitgehend erledigt haben. Nach Ansicht des BFH ist die Regelung auch dann anwendbar, wenn die Festsetzung von Beginn an hätte unterbleiben müssen, weil klar war, dass die eigenen Einkünfte und Bezüge des Kindes den maßgeblichen Betrag überschreiten würden.[5] § 70 IV ermöglicht nur die Korrektur von Kindergeldfestsetzungen, die vor Beginn oder während eines Kalenderjahres als Prognoseentscheidung ergehen.[6] Wurde die Festsetzung von Kindergeld bestandskräftig abgelehnt, bleibt die Bestandskraft durch eine spätere **Entscheidung des BVerfG** unberührt, nach der die Einkünfte des Kindes um die von ihm gezahlten **Arbeitnehmerbeiträge zur gesetzlichen Sozialversicherungspflicht** zu mindern sind;[7] entsprechendes gilt bei einer Änderung der Festsetzung im laufenden Kalenderjahr.[8] Der für das Kind ergangene ESt-Bescheid ist kein Grundlagenbescheid iSv § 171 X AO.[9]

C. Rechtsbehelfe

Gegen die Kindergeldfestsetzung wie auch ihre Aufhebung oder Änderung ist der **Einspruch** statthaft (§ 347 I 1 Nr 1 AO).[10] Über den Einspruch[11] entscheidet die Familienkasse (§ 367 I 1 AO; zur Kostenerstattung s § 77).[12] Hiergegen ist der Rechtsweg zu den FG gegeben (§ 33 I Nr 1, II 1 FGO).[13] Die Klage gegen einen den Kindergeldanspruch ablehnenden Bescheid, mit der die Festsetzung von Kindergeld ab einem bestimmten Zeitpunkt begehrt wird, ist keine Anfechtungsklage, sondern eine **Verpflichtungsklage** (§ 101 FGO).[14]

5

§ 71
(weggefallen)

§ 72 Festsetzung und Zahlung des Kindergeldes an Angehörige des öffentlichen Dienstes

(1) ¹Steht Personen, die
1. in einem öffentlich-rechtlichen Dienst-, Amts- oder Ausbildungsverhältnis stehen, mit Ausnahme der Ehrenbeamten, oder
2. Versorgungsbezüge nach beamten- oder soldatenrechtlichen Vorschriften oder Grundsätzen erhalten oder

---

1 Zum Begriff des „nachträglichen Bekanntwerdens" vgl *K/S/M* § 70 Rn E 4 ff; hierzu auch BFH BStBl II 02, 86 und FG Nds EFG 02, 1048 mit Anm v *Siegers* (vgl auch BFH/NV 03, 1158).
2 Zu den bei der Prognoseentscheidung nicht berücksichtigten Sozialversicherungsbeiträgen FG D'dorf v 12.1.06 – 14 K 4078/05 Kg, 14 K 4361/05 Kg und 14 K 4503/05 Kg, alle nv; zum Zeitpunkt der Korrektur BFHE 212, 213.
3 BT-Drs 14/6160, 15.
4 Hierzu *K/S/M* § 70 Rn C 12 mwN; vgl auch BFH/NV 02, 1027, BFH/NV 02, 1090 u BFH BStBl II 02, 84 zum Vorläufigkeitsvermerk; BFH BStBl II 02, 85.
5 BFH/NV 05, 890; ebenso FG Nds EFG 05, 1298 (nachfolgend BFHE 212, 213).
6 BFH BStBl II 07, 714.
7 BFH BStBl II 07, 714; zu dieser strittigen Frage auch FG Kln v 7.6.06 10 K 4621/05 nv; FG Kln StE 2006, 519; FG M'ster EFG 06, 1183.
8 BFH BStBl II 07, 717; vgl auch schon BFH/NV 07, 230, BFH/NV 07, 236 sowie BFH/NV 07, 1581 zu einer sonstigen Änderung der prognostizierten Beträge. Zu Hinweisen auf eine erneute Antragsmöglichkeit im Kindergeldbescheid BFH/NV 07, 2066; zu der darin möglicherweise enthaltenen fehlerhaften Rechtsbehelfsbelehrung BFH/NV 2007, 2064. Zur Wiedereinsetzung in den vorigen Stand auch BFH/NV 07, 1484.
9 BFH/NV 06, 1055.
10 *Mengele* FR 99, 1160 (1164); s auch DA-FamRb, BStBl I 96, 913 sowie DA-FamBuStr, BStBl I 99, 2.
11 Zum verspäteten Einspruch BFH/NV 99, 1460.
12 Zur Jahresfrist nach § 356 II AO im Kindergeldverfahren BFH/NV 00, 1083.
13 Ausf hierzu FG RhPf EFG 96, 1175; zur Vertretungsberechtigung des Landesarbeitsamts BFH BStBl II 98, 118; vgl auch *K/S/M* § 70 Rn E 9 ff; zum vorl Rechtsschutz BFH FR 02, 1318 mit Anm v *Greite*; BFH/NV 02, 1162; zum entscheidungserheblichen Zeitpunkt bei der Anfechtungsklage gegen eine Kindergeldaufhebung FG SachsAnh EFG 03, 332.
14 BFHE 210, 265 = BStBl II 06, 184; zur Bindungswirkung von Bescheiden BFH/NV 04, 786.

3. Arbeitnehmer des Bundes, eines Landes, einer Gemeinde, eines Gemeindeverbandes oder einer sonstigen Körperschaft, einer Anstalt oder einer Stiftung des öffentlichen Rechts sind, einschließlich der zu ihrer Berufsausbildung Beschäftigten,

Kindergeld nach Maßgabe dieses Gesetzes zu, wird es von den Körperschaften, Anstalten oder Stiftungen des öffentlichen Rechts festgesetzt und ausgezahlt. [2]Die genannten juristischen Personen sind insoweit Familienkasse.

(2) Der Deutschen Post AG, der Deutschen Postbank AG und der Deutschen Telekom AG obliegt die Durchführung dieses Gesetzes für ihre jeweiligen Beamten und Versorgungsempfänger in Anwendung des Absatzes 1.

(3) Absatz 1 gilt nicht für Personen, die ihre Bezüge oder Arbeitsentgelt
1. von einem Dienstherrn oder Arbeitgeber im Bereich der Religionsgesellschaften des öffentlichen Rechts oder
2. von einem Spitzenverband der Freien Wohlfahrtspflege, einem diesem unmittelbar oder mittelbar angeschlossenen Mitgliedsverband oder einer einem solchen Verband angeschlossenen Einrichtung oder Anstalt

erhalten.

(4) Die Absätze 1 und 2 gelten nicht für Personen, die voraussichtlich nicht länger als sechs Monate in den Kreis der in Absatz 1 Satz 1 Nr. 1 bis 3 und Absatz 2 Bezeichneten eintreten.

(5) Obliegt mehreren Rechtsträgern die Zahlung von Bezügen oder Arbeitsentgelt (Absatz 1 Satz 1) gegenüber einem Berechtigten, so ist für die Durchführung dieses Gesetzes zuständig:
1. bei Zusammentreffen von Versorgungsbezügen mit anderen Bezügen oder Arbeitsentgelt der Rechtsträger, dem die Zahlung der anderen Bezüge oder des Arbeitsentgelts obliegt;
2. bei Zusammentreffen mehrerer Versorgungsbezüge der Rechtsträger, dem die Zahlung der neuen Versorgungsbezüge im Sinne der beamtenrechtlichen Ruhensvorschriften obliegt;
3. bei Zusammentreffen von Arbeitsentgelt (Absatz 1 Satz 1 Nr. 3) mit Bezügen aus einem der in Absatz 1 Satz 1 Nr. 1 bezeichneten Rechtsverhältnisse der Rechtsträger, dem die Zahlung dieser Bezüge obliegt;
4. bei Zusammentreffen mehrerer Arbeitsentgelte (Absatz 1 Satz 1 Nr. 3) der Rechtsträger, dem die Zahlung des höheren Arbeitsentgelts obliegt oder – falls die Arbeitsentgelte gleich hoch sind – der Rechtsträger, zu dem das zuerst begründete Arbeitsverhältnis besteht.

(6) [1]Scheidet ein Berechtigter im Laufe eines Monats aus dem Kreis der in Absatz 1 Satz 1 Nr. 1 bis 3 Bezeichneten aus oder tritt er im Laufe eines Monats in diesen Kreis ein, so wird das Kindergeld für diesen Monat von der Stelle gezahlt, die bis zum Ausscheiden oder Eintritt des Berechtigten zuständig war. [2]Dies gilt nicht, soweit die Zahlung von Kindergeld für ein Kind in Betracht kommt, das erst nach dem Ausscheiden oder Eintritt bei dem Berechtigten nach § 63 zu berücksichtigen ist. [3]Ist in einem Fall des Satzes 1 das Kindergeld bereits für einen folgenden Monat gezahlt worden, so muss der für diesen Monat Berechtigte die Zahlung gegen sich gelten lassen.

(7) [1]In den Abrechnungen der Bezüge und des Arbeitsentgelts ist das Kindergeld gesondert auszuweisen, wenn es zusammen mit den Bezügen oder dem Arbeitsentgelt ausgezahlt wird. [2]Der Rechtsträger hat die Summe des von ihm für alle Berechtigten ausgezahlten Kindergeldes dem Betrag, den er insgesamt an Lohnsteuer einzubehalten hat, zu entnehmen und bei der nächsten Lohnsteuer-Anmeldung gesondert abzusetzen. [3]Übersteigt das insgesamt ausgezahlte Kindergeld den Betrag, der insgesamt an Lohnsteuer abzuführen ist, so wird der übersteigende Betrag dem Rechtsträger auf Antrag von dem Finanzamt, an das die Lohnsteuer abzuführen ist, aus den Einnahmen der Lohnsteuer ersetzt.

(8) [1]Abweichend von Absatz 1 Satz 1 werden Kindergeldansprüche auf Grund über- oder zwischenstaatlicher Rechtsvorschriften durch die Familienkassen der Bundesagentur für Arbeit festgesetzt und ausgezahlt. [2]Dies gilt auch für Fälle, in denen Kindergeldansprüche sowohl nach Maßgabe dieses Gesetzes als auch auf Grund über- oder zwischenstaatlicher Rechtsvorschriften bestehen.

DA-FamEStG BStBl I 04, 743 (819); BfF BStBl I 04, 296

Literatur: *Leisner* Das Kindergeldverfahren im öffentlichen Dienst, ZBR 00, 217; *Novak* Kindergeldverfahren im öffentlichen Dienst, FPR 03, 72.

A. Festsetzung und Zahlung des Kindergeldes gegenüber Angehörigen des öffentlichen Dienstes (§ 72 I–IV, VIII)

§ 72 regelt die Durchführung des Familienleistungsausgleichs für Angehörige des öffentlichen Dienstes.[1] In § 72 I-IV, VIII wird der betroffene Pers-Kreis und die Familienkasse bestimmt. Gegenüber Angehörigen des öffentlichen Dienstes iSv § 72 I 1 Nr 1–3 wird das Kindergeld von den entspr Körperschaften, Anstalten und Stiftungen des öffentlichen Rechts **als Familienkassen** (§ 72 I 2) festgesetzt und ausgezahlt.[2] Für die Anwendung von § 72 I 1 Nr 1, 3 kommt es weder auf den **Umfang der Beschäftigung** noch darauf an, dass Dienstbezüge oder Arbeitsentgelt gezahlt werden.[3] Lehnt es die Familienkasse bestandskräftig ab, Kindergeld zu gewähren, weil sie sachlich unzuständig ist, bedeutet dies regelmäßig auch eine Ablehnung für die Vergangenheit.[4] § 72 II enthält eine ergänzende Sonderregelung für die Beamten der Post AG, Postbank AG und Telekom AG. § 72 III, IV, VIII schränken den Anwendungsbereich von § 72 I ein.

1

In einem **öffentlich-rechtlichen Dienstverhältnis** iSv **§ 72 I 1 Nr 1**[5] stehen aktive Beamte mit Ausnahme der Ehrenbeamten (§ 3 II BRRG), Richter mit Ausnahme der ehrenamtlichen Richter und Soldaten (Berufssoldaten, Soldaten auf Zeit), in einem **öffentlich-rechtlichen Amtsverhältnis** insbes Minister, parlamentarische Staatssekretäre oder Bundesverfassungsrichter (§ 1 BMinG, § 1 III ParlStG, § 4 I BVerfGG). Beamte iSd Vorschrift sind auch Beamte auf Zeit, auf Widerruf und auf Probe. In einem **öffentlich-rechtlichen Ausbildungsverhältnis** stehen vor allem Beamte im Vorbereitungsdienst (Anwärter, Referendare). **Empfänger von Versorgungsbezügen** iSv **§ 72 I 1 Nr 2** haben in einem öffentlich-rechtlichen Dienst- oder Amtsverhältnis iSv § 72 I 1 Nr 1 gestanden und erhalten deshalb laufende Bezüge.[6] **ArbN einer jur Pers des öffentlichen Rechts iSv § 72 I 1 Nr 3** sind Angestellte und Arbeiter im öffentlichen Dienst (§ 1 LStDV).[7] Nicht hierzu zählen ArbN einer zivilrechtlich organisierten Einrichtung oder eines privaten Unternehmens der öffentlichen Hand sowie ehemalige ArbN des öffentlichen Dienstes, denen Vorruhestandsgeld oder Versorgungsbezüge gezahlt werden.[8] **Sonstige Körperschaften** iSv § 72 I 1 Nr 3 sind etwa Zweckverbände, Innungen oder Kammern. **Anstalten** sind etwa die Bundesanstalt für Arbeit, die Studentenwerke oder die öffentlichen Versicherungsanstalten. Die jur Pers des öffentlichen Rechts iSv § 72 I 1 sind gem § 72 I 2 in vollem Umfang **Familienkasse** und als solche Finanzbehörde (§ 6 AO), die der Fachaufsicht des Bundesamts für Finanzen untersteht.[9] Gegen ihre Kindergeldfestsetzungen ist der Finanzrechtsweg gegeben. Gem **§ 72 II** führen die **Postnachfolgeunternehmen** den Familienleistungsausgleich entspr § 72 I durch und sind insoweit Familienkasse.[10] Auf Pers, die Bezüge oder Arbeitsentgelt von einem Dienstherrn oder ArbG der **öffentlich-rechtlichen Religionsgesellschaften** (Körperschaften des öffentlichen Rechts iSv Art 140 GG iVm Art 137 V WRV, dh die Kirchen samt ihren Untergliederungen und Einrichtungen, zB kirchliche Schulen, Kindergärten und Krankenhäuser) oder der freien **Wohlfahrtspflege** (etwa Arbeiterwohlfahrt, Caritas-Verband, Diakonisches Werk, Rotes Kreuz, diesen angeschlossene Mitgliederverbände oder einem solchen Verband angeschlossene Einrichtungen oder Anstalten)[11] erhalten, ist § 72 I nicht anzuwenden **(§ 72 III)**. Zuständig ist hier die Familienkasse beim Arbeitsamt. Auf **vorübergehend Beschäftigte**, die nach den Verhältnissen im Zeitpunkt des Beginns des Dienstverhältnisses (Prognoseentscheidung) voraussichtlich nicht länger als 6 Monate in den Kreis der in § 72 I, II Bezeichneten eintreten, ist § 72 I, II nicht anzuwenden **(§ 72 IV)**. Relevant ist dies für vorübergehend – insbes aufgrund eines befristeten Arbeitsvertrages – beschäftigte ArbN iSv § 72 I 1 Nr 3. Allein der Vorbehalt einer Probezeit genügt nicht.

2

Anspr auf Kindergeld aufgrund über- oder zwischenstaatlicher Rechtsvorschriften (§ 72 VIII), die sich nicht unmittelbar aus §§ 62, 63 ergeben, werden gem **§ 72 VIII 1** – abw von § 72 I 1 – durch die Familienkasse des Arbeitsamtes festgesetzt und ausgezahlt.[12] Nach § 72 VIII 2[13] ändern konkurrierende Anspr an der Zuständigkeit der Familienkasse des Arbeitsamtes nichts. An sie sind Kindergeldantrag (§ 67) und die Änderungsmitteilungen (§ 68 I) zu richten.

3

---

1 Dazu auch *Leisner* ZBR 00, 217.
2 Bei Festsetzung durch die unzuständige Familienkasse der Agentur für Arbeit kann diese die Festsetzung nach § 172 I Nr 2b) AO aufheben (BFH/NV 07, 864).
3 DA-FamEStG 72.2 VI.
4 BFH/NV 01, 445.
5 DA-FamEStG 72.2 I.
6 Zu Einzelheiten s DA-FamEStG 72.2 II; *K/S/M* § 72 Rn B 8 – B 14.
7 Zu Einzelheiten s DA-FamEStG 72.2 III; *K/S/M* § 72 Rn B 15 – B 22.
8 Vgl DA-FamEStG 72.2 V.
9 DA-FamEStG 72.1 I.
10 *K/S/M* § 72 Rn C 4.
11 *K/S/M* § 72 Rn D 8.
12 DA-FamEStG 72.3.
13 Neu eingefügt durch StEntlG 99 v 19.12.98, BGBl I 98, 3779.

B. Verfahrensfragen und Finanzierung der Kindergeldgewährung (§ 72 V–VII)

4 § 72 V–VII regeln verfahrensrechtliche Besonderheiten. Obliegt in den Fällen von § 72 V Nr 1–4 mehreren Rechtsträgern iSv § 72 I 1 die Zahlung von Bezügen oder Arbeitsentgelt gegenüber einem Kindergeldberechtigten, so legt **§ 72 V** die Zuständigkeit fest. Entspr gilt für die Konkurrenz zw Rechtsträgern iSv § 72 I 1 und den Postnachfolgeunternehmen (§ 72 II).

5 Bei **Ausscheiden** aus dem oder **Eintritt** in den öffentlichen Dienst im Laufe eines Monats bleibt gem **§ 72 VI 1** die ursprüngliche Zuständigkeit für die Zahlung des Kindergeldes – nicht auch die Zuständigkeit für die sonstigen Aufgaben der Familienkasse – für den Monat des Wechsels erhalten. Dies gilt gem **§ 72 VI 2** nicht für die Zahlung von Kindergeld für ein Kind, das erst nach dem Ausscheiden oder Eintritt nach § 63 zu berücksichtigen ist; dann ist der neue Leistungsträger auch für die Kindergeldzahlung zuständig.[1] Wurde bei einem Zuständigkeitswechsel Kindergeld bereits für einen folgenden Monat gezahlt, so ist der **Anspr** für diesen Folgemonat **erfüllt (§ 72 VI 3)**.

6 Der **Kindergeldantrag** ist nach § 67 stets unmittelbar **an die zuständige Familienkasse zu richten**. Gleiches gilt für Rechtsbehelfe gegen die Kindergeldfestsetzung. Der öffentliche ArbG iSv § 72 I, II hat das Kindergeld **zusammen mit den Bezügen oder dem Arbeitsentgelt** monatlich auszuzahlen. In den entspr Abrechnungen ist das Kindergeld nach **§ 72 VII 1 gesondert auszuweisen**; dies gilt allerdings nur, soweit Bezüge und Kindergeld zusammen ausgezahlt werden.[2]

7 Der öffentliche ArbG entnimmt gem **§ 72 VII 2** das gesamte von ihm auszuzahlende Kindergeld der **LSt**, die er für alle ArbN insgesamt einzubehalten (§§ 38 III; 39b III; 41c I) oder zu übernehmen (§§ 40 I, 40a I-III, 40b I) und abzuführen (§ 41a I 1 Nr 2) hat. Der entnommene Betrag ist in der nächsten **LSt-Anmeldung gesondert** abzusetzen, dh **auszuweisen**, mit der die LSt angemeldet wird, aus der das Kindergeld entnommen worden ist **(§ 72 VII 2 letzter HS)**. Kürzt der Rechtsträger die abzuführende LSt zu Unrecht, steht dem FA ein öffentlich-rechtlicher Anspr auf Rückforderung zu (§ 37 II AO).[3] Übersteigt der abzusetzende Kindergeldbetrag insgesamt den anzumeldenden LSt-Betrag, so wird der übersteigende Betrag dem öffentlichen ArbG auf Antrag vom Betriebsstätten-FA ersetzt **(§ 72 VII 3)**.

§ 73
(weggefallen)

§ 74 Zahlung des Kindergeldes in Sonderfällen

(1) ¹Das für ein Kind festgesetzte Kindergeld nach § 66 Abs. 1 kann an das Kind ausgezahlt werden, wenn der Kindergeldberechtigte ihm gegenüber seiner gesetzlichen Unterhaltspflicht nicht nachkommt. ²Kindergeld kann an Kinder, die bei der Festsetzung des Kindergeldes berücksichtigt werden, bis zur Höhe des Betrages, der sich bei entsprechender Anwendung des § 76 ergibt, ausgezahlt werden. ³Dies gilt auch, wenn der Kindergeldberechtigte mangels Leistungsfähigkeit nicht unterhaltspflichtig ist oder nur Unterhalt in Höhe eines Betrages zu leisten braucht, der geringer ist als das für die Auszahlung in Betracht kommende Kindergeld. ⁴Die Auszahlung kann auch an die Person oder Stelle erfolgen, die dem Kind Unterhalt gewährt.

(2) Für Erstattungsansprüche der Träger von Sozialleistungen gegen die Familienkasse gelten die §§ 102 bis 109 und 111 bis 113 des Zehnten Buches Sozialgesetzbuch entsprechend.

DA-FamEStG BStBl I 04, 743 (825)

A. Abzweigung (§ 74 I)

1 § 74 I regelt Konstellationen, in denen das Kindergeld **nicht an den Kindergeldberechtigten**, sondern an andere Pers oder Stellen ausgezahlt wird.[4] **§ 74 I 1** ermöglicht die sog **Abzweigung** des Kindergel-

---

1 *K/S/M* § 72 Rn G 4.
2 Die Neufassung durch das Gesetz zur Anspruchsberechtigung von Ausländern wegen Kindergeld, Erziehungsgeld und Unterhaltsvorschuss (BGBl I 06, 2915) dient der geplanten Konzentration der Familienkassen.
3 Zur Berlinzulage BFH BStBl II 86, 886.
4 Zum Verhältnis von Kindergeldberechtigung und Auszahlungsanordnung gem § 74 I vgl FG Kln EFG 03, 101; zur Abzweigung an eine ausländische Stelle FG Hbg EFG 04, 1620.

des nach § 66 I **an das Kind**,[1] um diesem ohne Beschreiten des Zivilrechtswegs (vgl Rn 3) das Kindergeld zugute kommen zu lassen. Das festgesetzte Kindergeld nach § 66 I wird an das Kind ausgezahlt, wenn der Kindergeldberechtigte seinen gesetzlichen – nicht auch vertraglichen[2] – Unterhaltspflichten gegenüber dem Kind (§§ 1601 ff, 1615a ff BGB) andauernd nicht nur unwesentlich nicht nachkommt.[3] Der strafrechtliche Tatbestand des § 170b StGB braucht nicht erfüllt zu sein. Keine gesetzliche Unterhaltspflicht besteht gegenüber Pflege- oder Stiefkindern.[4] Als **Auszahlungsempfänger** kommen das (volljährige)[5] Kind (Zahl- oder Zählkind; § 63 Rn 1)[6] sowie die Pers (etwa der andere Elternteil, Ver- wandte, Freunde oder Nachbarn) oder Stellen (Freie Wohlfahrtsverbände oder Sozialhilfeträger)[7] in Betracht, die neben dem Berechtigten oder an dessen Stelle dem Kind Unterhalt gewähren (**§ 74 I 1 4**).[8] Jede Form der Unterhaltsgewährung durch einen Dritten kann grds eine Auszahlungsanordnung zu seinen Gunsten rechtfertigen; der **Umfang der Unterhaltsgewährung** ist bei der Ermessensausübung (Rn 2) sowie bei der Bestimmung der Höhe des abzuzweigenden Betrags zu berücksichtigen.[9] Zugunsten von Zahl- und Zählkindern kann das Kindergeld bis zu dem auf diese Kinder entfallenden Anteil iSv § 76 ausgezahlt werden (**§ 74 I 2**);[10] auch hier müssen die Abzweigungsvoraussetzungen erfüllt sein.[11] Eine Abzweigung kann auch erfolgen (**§ 74 I 3**), wenn mangels Leistungsfähigkeit des Berechtigten kein oder ein unterhalb des Kindergeldes liegender Anspr auf Unterhalt besteht. Das Kindergeld, das zugunsten eines Vaters einer Tochter, die eine Zweitausbildung absolviert, festgesetzt ist, kann in analoger Anwendung des § 74 I 1 und 3 an die Tochter ausgezahlt werden, wenn der Vater tatsächlich keinen Unterhalt leistet und zivilrechtlich auch nicht dazu verpflichtet ist.[12] § 74 I 1, 2, 3 sind auch bei Auszahlung des Kindergeldes an andere Pers oder Stellen (**§ 74 I 4**) anzuwenden.[13] Jede potentiell abzweigungsberechtigte Pers oder Stelle ist antragsberechtigt iSv § 67 S 2. Hebt die Familienkasse festgesetztes Kindergeld auf, das an einen Sozialleistungsträger ausbezahlt wurde, so ist Letzterer klagebefugt;[14] derjenige, zu dessen Gunsten das Kindergeld bisher festgesetzt war, ist – auch in der Revisionsinstanz – notwendig beizuladen.[15] Dies gilt auch dann, wenn sich die an das Kind zu zahlende Sozialhilfe aufgrund der Anrechnung des Kindergeldes als Einkommen des Kindes gemindert hat.[16]

Die Abzweigung steht im **pflichtgemäßen Ermessen** der Familienkasse.[17] Bei Vorliegen der gesetzlichen Voraussetzungen wird grds bereits von Amts wegen abgezweigt.[18] Gegen die Auszahlungsanordnung der Familienkasse ist der **Einspruch** (§ 347 AO) statthaft. 2

Die Auszahlungsanordnung nach § 74 I steht als selbstständige und unabhängige Maßnahme neben den **zivilrechtlichen Möglichkeiten** der Durchsetzung von Anspr.[19] Durch die Auszahlungsanord- 3

---

1 BFH/NV 06, 736; FG D'dorf EFG 05, 1787; zur Bindungswirkung von ablehnenden Entscheidungen der Familienkasse gegenüber den Eltern für das Kind FG SchlHol EFG 07, 565.
2 BFH/NV 06, 1653.
3 Maßgeblich sind die Vorschriften des bürgerlichen Rechts (BFHE 199, 105 = BStBl II 02, 575); zur Berücksichtigung von Betreuungsleistungen FG Sachs v 20.11.06 5 K 875/03 nv; DA-FamEStG 74.1.1 I; zur Nichtbeteiligung an den Kosten einer Zweitausbildung FG RhPf EFG 01, 224, nachfolgend BFHE 199, 105 = BStBl II 02, 575. Nach Ansicht des FG Mchn setzt die Abzweigung an Dritte nicht voraus, dass der Kindergeldberechtigte seinen gesetzlichen Unterhaltspflichten nicht nachkommt (EFG 03, 1025). Zur Nichtzahlung von Kosten für die Leistungen der Jugendhilfe FG Mchn EFG 07, 1178.
4 DA-FamEStG 74.1.1 I 6.
5 DA-FamEStG 74.1.2 I 2.
6 BFH/NV 01, 896.
7 BFHE 212, 480; BFHE 206, 1 = BStBl II 06, 130; BFH/NV 04, 1106; BFH v 23.3.06 III R 65/04 nv; FG Bln EFG 05, 1219; BFH v 18.3.03 VIII B 233/02 nv; zur Unterbringung von Mutter und Kind gem § 19 SGB VIII FG Mchn EFG 03, 1025.
8 Hierzu FG Nbg 1.2.01 IV 134/2000 nv.
9 *K/S/M* § 74 Rn B 23; vgl zur Abzweigung an den Sozialhilfeträger auch FG Bln v 15.9.06 10 K 10029/06 nv (Revision anhängig unter III R 38/07).
10 FG Thür EFG 02, 1462; FG D'dorf EFG 05, 1787.
11 BFH/NV 05, 171; BFH/NV 05, 538.
12 BFHE 199, 105 = BStBl II 02, 575; *Gschwendtner* BFH-PR 02, 328; *Völlmeke* HFR 02, 808.
13 *K/S/M* § 74 Rn B 28; zur Unterbringung eines Kindes in einem Internat und Abzweigung zugunsten des Sozialleistungsträgers trotz Unterhaltsleistung der Eltern BFH/NV 02, 482; vgl auch FG M'ster EFG 05, 792; vgl auch BFH/NV 05, 692.
14 Hierzu BFHE 194, 368 = BStBl II 01, 443.
15 BFHE 194, 6 = BStBl II 01, 246; zur Beiladung auch BFH/NV 05, 692 sowie BFH v 20.8.07 III B 194/06 nv.
16 Hierzu FG M'ster EFG 02, 415.
17 Zum Ermessen BFH/NV 05, 171; FG Bdbg EFG 02, 1315; FG Hmb v 20.6.07 1 K 118/07 nv; *K/S/M* § 74 Rn B 29 ff; zur Ermessensreduktion auf null BFHE 206, 1 = BStBl II 06, 130 u BFH/NV 05, 538 u BFH/NV 05, 691; FG Bln EFG 05, 1219; zur Berücksichtigung von Naturalleistungen BFH/NV 06, 1285.
18 FG D'dorf EFG 99, 613 (614); nachfolgend BFHE 196, 278 = BStBl II 02, 47; bei unterbliebener Ermessensausübung ist der Bescheid aufzuheben (BFH/NV 05, 171). Nach Ansicht des FG Bdbg setzt die Entscheidung über die Abzweigung ein eindeutig geäußertes Abzweigungsbegehren voraus (EFG 06, 907).
19 *K/S/M* § 74 Rn B 43.

nung wird das Rechtsschutzbedürfnis für eine Unterhaltsklage nicht ausgeschlossen.[1] Andererseits begrenzt ein rechtskräftiges zivilgerichtliches Unterhaltsurteil die Unterhaltspflicht nach § 74 I, so dass eine weitergehende Abzweigung nicht in Betracht kommt. Eine Auszahlungsanordnung nach § 74 I ist nicht mehr möglich, wenn der Kindergeldberechtigte nicht mehr Anspruchsinhaber des Anspr ist, weil dieser wirksam **abgetreten** oder durch Aufrechnung **erloschen** ist.[2] Inhaber des Anspr bleibt im Fall der Abzweigung der Berechtigte selbst; die Abzweigung steht daher einer Aufrechnung des Kindergeldanspruchs mit einem Rückzahlungsanspruch nach § 75 nicht entgegen. Zahlt die Familienkasse an einen **Dritten** aus, so ist allerdings nur dieser nach § 37 II AO **zur Erstattung verpflichtet**, wenn die Zahlung ohne rechtlichen Grund erfolgte.[3]

B. Erstattungsansprüche der Träger von Sozialleistungen (§ 74 II)

4   Gem § 74 II gelten §§ 102–109, 111–113 SGB X für Erstattungsanspruch[4] der Träger von Sozialleistungen gegen die Familienkasse entspr,[5] nicht jedoch für Anspr der Familienkasse gegen Sozialleistungsträger.[6] Die Abzweigung nach § 74 I besteht selbstständig neben den Erstattungsansprüchen nach § 74 II iVm §§ 102 ff SGB X.[7] Im Erstattungsverfahren kann die Familienkasse einwenden, dass die Festsetzung des Kindergeldes bestandskräftig abgelehnt worden sei.[8] Der Finanzrechtsweg ist eröffnet.[9] Die Klage, mit der der nachrangige Leistungsträger seinen (vermeintlichen) Anspr auf Erstattung gem § 104 SGB X geltend macht, ist eine ohne Vorverfahren zulässige allg Leistungsklage iSv § 40 I FGO.[10] Zahlt die Familienkasse das Kindergeld aufgrund eines geltend gemachten Erstattungsanspruchs an den Sozialhilfeträger aus, ist dieser im finanzgerichtlichen Verfahren des Kindergeldberechtigten gegen den Abrechnungsbescheid notwendig beizuladen.[11] Ein Erstattungsanspruch nach § 74 II iVm § 104 I 1–3 und II SGB X verlangt die Gleichartigkeit der Leistungen des Leistungsträgers[12] mit dem Kindergeld. Andernfalls kommt nur ein Anspruch nach § 104 I 4 SGB X in Betracht;[13] dieser setzt einen anfechtbaren Kostenbeitragsbescheid voraus.[14]

§ 75   Aufrechnung

(1) Mit Ansprüchen auf Rückzahlung von Kindergeld kann die Familienkasse gegen Ansprüche auf laufendes Kindergeld bis zu deren Hälfte aufrechnen, wenn der Leistungsberechtigte nicht nachweist, dass er dadurch hilfebedürftig im Sinne der Vorschriften des Zwölften Buches Sozialgesetzbuch über die Hilfe zum Lebensunterhalt oder im Sinne der Vorschriften des Zweiten Buches Sozialgesetzbuch über die Leistungen zur Sicherung des Lebensunterhalts wird.

(2) Absatz 1 gilt für die Aufrechnung eines Anspruchs auf Erstattung von Kindergeld gegen einen späteren Kindergeldanspruch eines mit dem Erstattungspflichtigen in Haushaltsgemeinschaft lebenden Berechtigten entsprechend, soweit es sich um laufendes Kindergeld für ein Kind handelt, das bei beiden berücksichtigt werden kann oder konnte.

DA-FamEStG BStBl I 04, 743 (829)

---

1 K/S/M § 74 Rn B 44.
2 DA-FamEStG 74.1.1 IV.
3 BFHE 196, 278 = BStBl II 02, 47 mit Hinweis auf die wirtschaftliche Bereicherung des Abzweigungsempfängers und in Abgrenzung zur Rspr des BSG; sowie FG RhPf EFG 01, 837 zum Anspr auf Rückforderung gegenüber dem abzweigungsbegünstigten Kind, nachfolgend BFH v 24.8.01 VI R 39/01 nv; ebenso FG Bdbg EFG 02, 121 vgl aber auch K/S/M § 74 Rn A 30 mwN.
4 Zu den Voraussetzungen eines Anspr auf Erstattung FG SachsAnh EFG 00, 324; zur Konkretisierung des Anspr FG Kln EFG 02, 1181; FG Nds EFG 02, 1534; vgl auch K/S/M § 74 Rn C 1 ff.
5 S im Einzelnen DA-FamEStG 74.3; FG SachsAnh EFG 00, 324; BFHE 206, 1 = BStBl II 06, 130.
6 Hierzu FG D'dorf EFG 99, 613 (615); nachfolgend BFH BStBl II 02, 47.
7 BFH/NV 01, 898; vgl auch FG Nds EFG 05, 1720.
8 BFH/NV 02, 1156; vgl auch schon FG D'dorf EFG 01, 1561; zur Frage der Klärung der Leistungsverpflichtung im Kindergeldverfahren FG M'ster EFG 02, 991, nachfolgend BFHE 204, 454 = BStBl II 04, 588.
9 FG D'dorf EFG 01, 1561 sowie FG D'dorf EFG 00, 225 (226) für den Fall, dass neben dem Anspr auf Erstattung zugleich ein Anspr auf Abzweigung nach § 74 I geltend gemacht wird; **aA** FG Brem EFG 97, 991.
10 BFH/NV 02, 1156; zur Erteilung eines Abrechnungsbescheids FG Nds EFG 02, 1570.
11 BFH/NV 07, 720; vgl auch BFH/NV 07, 1160 bei Rückforderung von Kindergeld wegen doppelter Zahlung.
12 BFH/NV 05, 171; BFH/NV 05, 862.
13 DA-FamEStG 74.3.1.
14 BFH/NV 05, 171; BFH/NV 05, 862; BFH/NV 05, 864.

§ 75 I begrenzt die **Aufrechnung von Anspr auf Rückzahlung von Kindergeld gegen Anspr auf laufende Kindergeldzahlungen**[1] auf die Hälfte des Anspr auf laufendes Kindergeld und die ggf vorher eintretende Hilfebedürftigkeit iSd Sozialhilferechts. Soweit § 75 nichts anderes vorgibt, sind §§ 47, 226 AO, 387 ff BGB maßgeblich.[2] Die Aufrechnung einer Erstattungsforderung gegen den Anspr auf Kindergeld setzt voraus, dass im Zeitpunkt der Aufrechnung die aufrechnende Familienkasse Gläubigerin eines Anspr auf Erstattung von Kindergeld ist und der Schuldner dieser Erstattungsverpflichtung einen Anspr auf Kindergeld hat. Erstattungs- und Anspruch auf Kindergeld müssen sich auf dasselbe Kind beziehen.[3] Die Aufrechnung steht im **Ermessen** der Familienkasse und erfolgt durch formfreie empfangsbedürftige **Willenserklärung**. Die Aufrechnungserklärung hat keine Steuerverwaltungsaktsqualität.[4] Über **Einwendungen** gegen die Rechtmäßigkeit der Aufrechnung entscheidet die Familienkasse durch Abrechnungsbescheid (§ 218 II AO). Eine Aufrechnung ist bei Eintritt von **Hilfebedürftigkeit** (§§ 27 ff SGB XII sowie §§ 19 ff SGB II) ausgeschlossen; bis Ende 04 waren die Vorschriften des BSHG maßgeblich. Hilfebedürftigkeit kann als Folge der Aufrechnung erstmalig eintreten oder durch die Aufrechnung erhöht werden;[5] die Norm wurde jüngst an die Rechtslage im Sozialrecht angepasst.[6] Steht dem Anspr auf Kindergeld eine EStG-Nachforderung gegenüber, die durch Wegfall eines Kinderfreibetrags oder durch eine nachträgliche Anrechnung von Kindergeld entstanden ist, wird eine – nicht unbedenkliche – analoge Anwendung von § 75 I vorgeschlagen.[7]

1

§ 75 II[8] enthält für die Aufrechnung nach § 75 I eine **Ausnahme vom Gegenseitigkeitserfordernis**, die im Hinblick auf die Möglichkeit der Eltern erforderlich ist, den Berechtigten für die Auszahlung des Kindergeldes untereinander zu bestimmen (§ 64 II 2).[9] Die Aufrechnungsbefugnis der Familienkasse wird auf spätere Kindergeldansprüche aller in Haushaltsgemeinschaft (dazu § 64 Rn 3) lebenden Kindergeldberechtigten erweitert, soweit es sich um laufendes Kindergeld für ein Kind handelt, das beim Erstattungspflichtigen und beim anderen Berechtigten berücksichtigt werden kann oder konnte.[10] Die Aufrechnung nach § 75 II ist begrenzt durch die Hilfebedürftigkeit (vgl Rn 1) der betroffenen Kindergeldberechtigten.

2

§ 76 Pfändung

[1]Der Anspruch auf Kindergeld kann nur wegen gesetzlicher Unterhaltsansprüche eines Kindes, das bei der Festsetzung des Kindergeldes berücksichtigt wird, gepfändet werden. [2]Für die Höhe des pfändbaren Betrages gilt:

1. [1]Gehört das unterhaltsberechtigte Kind zum Kreis der Kinder, für die dem Leistungsberechtigten Kindergeld gezahlt wird, so ist eine Pfändung bis zu dem Betrag möglich, der bei gleichmäßiger Verteilung des Kindergeldes auf jedes dieser Kinder entfällt. [2]Ist das Kindergeld durch die Berücksichtigung eines weiteren Kindes erhöht, für das einer dritten Person Kindergeld oder dieser oder dem Leistungsberechtigten eine andere Geldleistung für Kinder zusteht, so bleibt der Erhöhungsbetrag bei der Bestimmung des pfändbaren Betrages des Kindergeldes nach Satz 1 außer Betracht.
2. Der Erhöhungsbetrag nach Nummer 1 Satz 2 ist zugunsten jedes bei der Festsetzung des Kindergeldes berücksichtigten unterhaltsberechtigten Kindes zu dem Anteil pfändbar, der sich bei gleichmäßiger Verteilung auf alle Kinder, die bei der Festsetzung des Kindergeldes zugunsten des Leistungsberechtigten berücksichtigt werden, ergibt.

DA-FamEStG BStBl I 04, 743 (831)

Literatur: *Harder* Ausgewählte Fragen zur Pfändung und Abtretung von Steuererstattungs- und Steuervergütungsansprüchen unter Berücksichtigung aktueller Rechtsänderungen, DB 96, 2409; *von Zwehl* Pfändung von Kindergeld, ZTR 96, 545.

---

1 Zu Kindergeldnachzahlungen FG Hbg EFG 05, 1250.
2 Vgl auch FG Hess v 7.9.06 13 K 3592/04 nv.
3 *K/S/M* § 75 Rn B 10; aA *H/H/R* § 75 Rn 4.
4 BFH BStBl II 87, 536 (539); ebenso BVerwGE 66, 218; aA BSGE 53, 208.
5 *K/S/M* § 75 Rn B 18.
6 Art 1 Nr 44 des JStG 07 (BGBl I 06, 2878, 2887); die Beweislast trägt nunmehr der Leistungsberechtigte selbst.
7 FG Mchn EFG 02, 1351 mit Anm v *Braun*.
8 Geändert durch das Gesetz zur Familienförderung, BGBl I 99, 2552.
9 Hierzu *K/S/M* § 75 Rn C 2.
10 Zur Erweiterung des Anwendungsbereichs des § 75 vgl *K/S/M* § 75 Rn A 11 mwN.

Felix

1 § 76 begrenzt den **Umfang der Pfändbarkeit des Kindergeldes** nach § 66 I als Anspr auf eine Steuervergütung (vgl § 31 S 3) in Abweichung von § 46 I AO, um sicherzustellen, dass das Kindergeld tatsächlich dem Kind zugute kommt.[1] Soweit der Anspr auf Kindergeld der Pfändung unterliegt, kann er an einen Dritten abgetreten werden (§§ 46 AO, 400 BGB).[2] Gem **§ 76 S 1** ist der Anspr nach § 66 I ausschließlich **wegen gesetzlicher Unterhaltsansprüche eines Kindes iSv § 63**, das bei der Festsetzung des Kindergeldes berücksichtigt wird (Zahl- und Zählkind; § 63 Rn 1), pfändbar. Die **Höhe des pfändbaren Kindergeldes** legt **§ 76 S 2** fest.[3] Gem **§ 76 S 2 Nr 1 S 1** ist eine **Pfändung durch ein Zahlkind** bis zu dem Betrag möglich, der bei gleichmäßiger Verteilung des Kindergeldes auf jedes Zahlkind entfällt.[4] Ist die Kindergeldzahlung an den Berechtigten durch die Berücksichtigung eines weiteren Kindes erhöht, für das ein Dritter – insbes der andere Elternteil, dem das Kindergeld vorrangig zusteht (§ 64) – Kindergeld oder dieser bzw der Leistungsberechtigte eine andere Leistung für Kinder erhält (§ 65), so bleibt der Erhöhungsbetrag bei der Bestimmung des pfändbaren Kindergeldbetrags außer Betracht (**§ 76 S 2 Nr 1 S 2**). Dieser **Erhöhungsbetrag** (sog Zählkindervorteil) ist gem **§ 76 S 2 Nr 2** zugunsten eines bei der Festsetzung des Kindergeldes berücksichtigten unterhaltsberechtigten Kindes (Zahl- oder Zählkind) pfändbar, jedoch nur zu dem Anteil, der sich bei der gleichmäßigen Verteilung auf alle Kinder, die bei der Festsetzung des Kindergeldes zugunsten des Leistungsberechtigten berücksichtigt werden, ergibt.[5]

2 Die **Familienkasse ist Drittschuldner** (§ 46 VII AO), auch wenn nach § 850e Nr 2a ZPO das Arbeitseinkommen des Berechtigten nach Zusammenrechnung mit dem pfändbaren Teil des Kindergeldes gepfändet worden ist.[6] Gem § 46 VI AO kann der Pfändungs- und Überweisungsbeschluss wirksam erst nach **Entstehen des Anspr** gem §§ 62, 63 erlassen werden.

§ 76a Kontenpfändung und Pfändung von Bargeld

(1) [1]Wird Kindergeld auf das Konto des Berechtigten oder in den Fällen des § 74 Abs. 1 Satz 1 bis 3 bzw. § 76 auf das Konto des Kindes bei einem Geldinstitut überwiesen, ist die Forderung, die durch die Gutschrift entsteht, für die Dauer von sieben Tagen seit der Gutschrift der Überweisung unpfändbar. [2]Eine Pfändung des Guthabens gilt als mit der Maßgabe ausgesprochen, dass sie das Guthaben in Höhe der in Satz 1 bezeichneten Forderung während der sieben Tage nicht erfasst.

(2) [1]Das Geldinstitut ist dem Schuldner innerhalb der sieben Tage zur Leistung aus dem nach Absatz 1 Satz 2 von der Pfändung nicht erfassten Guthaben nur soweit verpflichtet, als der Schuldner nachweist oder als dem Geldinstitut sonst bekannt ist, dass das Guthaben von der Pfändung nicht erfasst ist. [2]Soweit das Geldinstitut hiernach geleistet hat, gilt Absatz 1 Satz 2 nicht.

(3) [1]Eine Leistung, die das Geldinstitut innerhalb der sieben Tage aus dem nach Absatz 1 Satz 2 von der Pfändung nicht erfassten Guthaben an den Gläubiger bewirkt, ist dem Schuldner gegenüber unwirksam. [2]Das gilt auch für eine Hinterlegung.

(4) Bei Empfängern laufender Kindergeldleistungen sind die in Absatz 1 genannten Forderungen nach Ablauf von sieben Tagen seit der Gutschrift sowie Bargeld insoweit nicht der Pfändung unterworfen, als ihr Betrag dem unpfändbaren Teil der Leistungen für die Zeit von der Pfändung bis zum nächsten Zahlungstermin entspricht.

1 Der Anspruch des Berechtigten auf das Kindergeld kann gem § 76 nur wegen gesetzlicher Unterhaltsansprüche eines Zählkindes gepfändet werden. Wird der Anspruch durch Überweisung auf ein Konto des Berechtigten erfüllt, gibt es im Hinblick auf den gegenüber dem Geldinstitut bestehenden Auszahlungsanspruch dagegen keinen besonderen Pfändungsschutz; der Berechtigte wäre auf die allg Schutzvorschriften der ZPO angewiesen. Das als Sozialleistung nach dem BKGG gewährte Kindergeld wird dagegen durch § 55 SGB I geschützt. Für eine **unterschiedliche Behandlung von sozial- und steuerrechtlichem Kindergeld gibt es letztlich keine Rechtfertigung**, zumal auch das gem §§ 62 ff gewährte Kindergeld sozi-

---

1 Hierzu *K/S/M* § 76 Rn A 3 f; zu den Einzelheiten der Pfändung s DA-FamEStG 76.1-4; zu den Rechtsbehelfen der Familienkasse gegen Pfändungs- und überweisungsbeschlüsse DA-FamEStG 76.5; zur analogen Anwendung FG Mchn EFG 02, 1351; zur analogen Anwendung von § 55 I SGB I auch LG Hagen NJW-RR 06, 1087; vgl auch LG Erfurt v 14.5.07 2 T 131/07 nv.
2 *K/S/M* § 76 Rn A 23.
3 Hierzu DA-FamEStG 76.3.
4 Ausf Berechnungsbeispiele bei *K/S/M* § 76 Rn B 16 ff.
5 *K/S/M* § 76 Rn B 32.
6 DA-FamEStG 76.1 IV.

alrechtliche Komponenten enthält.[1] Durch die Einfügung[2] des § 76a, **der weitgehend § 55 SGB I entspricht**, wird sichergestellt, dass entspr Forderungen gegenüber einem Geldinstitut und Bargeld grds den gleichen Pfändungsschutz genießen wie die Geldleistung selbst. Der Gesetzgeber hat insoweit letztlich die bis Ende 1995 geltende Rechtslage wieder hergestellt. § 76a I begründet den Pfändungsschutz für die Gutschrift auf dem Konto für die Dauer von sieben Tagen (**Schonfrist**) und wird ergänzt durch Abs 4, der den Zeitraum nach Ablauf dieser Frist betrifft und zusätzlich das Bargeld erfasst. § 76a II und III regeln das Innenverhältnis zwischen dem Kontoinhaber und dem Geldinstitut. § 76a findet auch dann uneingeschränkt Anwendung, wenn unterhaltsberechtigte Kinder selbst im Wege der Pfändung auf das Konto bzw Bargeld zugreifen wollen. Die Kinder sind durch die §§ 74 und 76 hinreichend geschützt; nach Erfüllung des Anspruchs sind sie den sonstigen Gläubigern gleichgestellt.

Das Kindergeld wird idR monatlich unbar gezahlt (§ 66 Rn 3). § 76a I begründet für das bei einem **Geldinstitut** (Banken und Sparkassen; Post) geführte **Konto des Berechtigten** einen siebentägigen Pfändungsschutz. Der Berechtigte muss selbst über das Konto verfügen können; auch gemeinschaftliche Konten sind solche iSv § 76a I. Geschützt ist zudem das Guthaben auf dem **Konto der Kinder**, an die das Kindergeld im Rahmen einer Auszahlungsanordnung (§ 74 I 1–3; S 4 ist im Rahmen des § 76a ohne Bedeutung) oder einer Pfändung (§ 76 Rn 1) überwiesen wurde. Durch die Überweisung des Kindergeldes muss auf dem maßgeblichen Konto ein **Guthaben** entstanden sein; bei einem Kontokorrentkonto ist als Guthaben der jeweilige Saldo anzusehen.[3] Hat das Konto vor der Überweisung einen Schuldensaldo, darf die Bank in den ersten sieben Tagen nach der Gutschrift aufgrund des Pfändungsschutzes nicht aufrechnen (§ 394 BGB).[4] Die Frist von sieben Tagen wird nach **§ 108 I AO iVm §§ 187 ff BGB** berechnet; der Tag der Gutschrift wird nicht mitgerechnet. Erfolgt innerhalb der Frist eine Pfändung, ist diese nicht unwirksam; vielmehr gilt sie lediglich als mit der Maßgabe ausgesprochen, dass sie das geschützte Guthaben nicht erfasst (§ 76a I 2). § 76a I schützt sowohl die laufende Kindergeldzahlung als auch entspr Nachzahlungen.

Der Leistungsberechtigte bzw das Kind (§§ 74, 76) können innerhalb der Schutzfrist von sieben Tagen über das Guthaben **frei verfügen**, dh sie können das Geld abheben oder Überweisungsaufträge erteilen. Das Geldinstitut ist zur Leistung aus dem von der Pfändung nicht erfassten Guthaben jedoch nur soweit verpflichtet, als der Berechtigte **nachweist**, dass das Guthaben von der Pfändung nicht erfasst ist; er muss also darlegen, dass es sich um die Zahlung von Kindergeld handelt. Von dieser Verpflichtung ist der Berechtigte allerdings befreit, wenn das Geldinstitut **positive Kenntnis vom Pfändungsschutz** hat, wobei es ausreicht, wenn ein mit der Kontoführung betrauter Mitarbeiter über die entspr Information verfügt. Soweit der Berechtigte über das Guthaben verfügt hat, vermindert sich der geschützte Betrag (§ 76a II 2).

Leistet das Geldinstitut als Drittschuldner innerhalb der Schutzfrist trotz Unpfändbarkeit an den Gläubiger, ist diese dem Kindergeldberechtigten bzw seinem Kind (§§ 74, 76) gegenüber **unwirksam**. Diese können also trotz der Auszahlung des Geldes an Dritte noch einmal die Leistung an sich selbst verlangen. Das entspr Risiko kann die Bank nur dadurch vermeiden, dass sie innerhalb der Sieben-Tage-Frist keinerlei Zahlungen vornimmt. Gem § 76a III 2 gilt dies auch für eine Hinterlegung.

Nach Ablauf der Schutzfrist wird der Teil des Guthabens, über den der Berechtigte nicht verfügt hat, von der Pfändung erfasst. Der Pfändungsschutz setzt sich jedoch nach Maßgabe des § **76a IV** fort, wobei dies nur noch für die laufenden Kindergeldzahlungen gilt. Weiterhin unpfändbar ist der Teil des Guthabens auf dem Konto, der **dem unpfändbaren Anteil an der laufenden Sozialleistung zwischen der Pfändung bis zum nächsten Zahlungstermin** entspricht. Es muss also innerhalb des laufenden Monats jeweils auf kürzere Zeiträume der unpfändbare Betrag festgestellt werden; bei einem Zugriff auf den insoweit unpfändbaren Betrag muss der Schuldner den Pfändungsschutz mit der Erinnerung nach § 766 ZPO durchsetzen.

Die Ermittlung des Betrags, über den der Berechtigte bereits verfügt hat, kann in der Praxis Probleme bereiten, wenn **das Guthaben auf dem Konto – auch – durch weitere Überweisungen entstanden** ist und der Berechtigte innerhalb der Schonfrist einen Teil des Geldes abgehoben oder für

---

1 BT-Drs 16/2940, 15.
2 Art 2 Nr 7 des Gesetzes zur Anspruchsberechtigung von Ausländern wegen Kindergeld, Erziehungsgeld und Unterhaltsvorschuss (BGBl I 06, 2915); die Regelung ist am 14.12.06 in Kraft getreten.
3 OVG Münster NJW 88, 156.
4 Vgl aber auch OVG Münster NJW 87, 90.

Überweisungen verwendet hat. Hier stellt sich die Frage, ob zunächst über die „Sozialleistung" oder das sonstige Guthaben verfügt wurde oder ob ein anteiliger Zugriff zu unterstellen ist.[1] Da das Vollstreckungsrecht eine Pflicht des Schuldners, die Interessen des Gläubigers zu wahren, nicht kennt, wird man davon ausgehen müssen, dass ihm noch am Ende der Schonfrist der durch die Gutschrift des Kindergeldes entstandene volle unpfändbare Betrag zur Verfügung steht.

7 § 76a IV schützt in Entsprechung zu § 811 Ziff 8 ZPO auch **Bargeld**; auch insoweit erstreckt sich der Schutz auf den anteiligen Betrag zwischen Pfändung und dem nächsten Zahlungstermin. Der Schuldner muss nicht beweisen, dass das mitgeführte Bargeld aus einer Sozialleistung stammt; maßgeblich ist allein, ob das Geld bei einem Empfänger laufender Kindergeldleistungen vorgefunden wird.

§ 77 Erstattung von Kosten im Vorverfahren

(1) [1]**Soweit der Einspruch gegen die Kindergeldfestsetzung erfolgreich ist, hat die Familienkasse demjenigen, der den Einspruch erhoben hat, die zur zweckentsprechenden Rechtsverfolgung oder Rechtsverteidigung notwendigen Aufwendungen zu erstatten.** [2]**Dies gilt auch, wenn der Einspruch nur deshalb keinen Erfolg hat, weil die Verletzung einer Verfahrens- oder Formvorschrift nach § 126 der Abgabenordnung unbeachtlich ist.** [3]**Aufwendungen, die durch das Verschulden eines Erstattungsberechtigten entstanden sind, hat dieser selbst zu tragen; das Verschulden eines Vertreters ist dem Vertretenen zuzurechnen.**

(2) Die Gebühren und Auslagen eines Bevollmächtigten oder Beistandes, der nach den Vorschriften des Steuerberatungsgesetzes zur geschäftsmäßigen Hilfeleistung in Steuersachen befugt ist, sind erstattungsfähig, wenn dessen Zuziehung notwendig war.

(3) [1]**Die Familienkasse setzt auf Antrag den Betrag der zu erstattenden Aufwendungen fest.** [2]**Die Kostenentscheidung bestimmt auch, ob die Zuziehung eines Bevollmächtigten oder Beistandes im Sinne des Absatzes 2 notwendig war.**

DA-FamEStG BStBl I 04, 743 (834); DA-FamRb BStBl I 00, 761 (775).

1 Abw vom Grundsatz der Kostenfreiheit des außergerichtlichen Rechtsbehelfsverfahrens nach der AO[2] werden gem § 77 I im **Einspruchsverfahren** gegen Kindergeldfestsetzungsbescheide (§ 70)[3] dem erfolgreichen Rechtsbehelfsführer die zur zweckentsprechenden Rechtsverfolgung oder -verteidigung **notwendigen Aufwendungen** erstattet, begrenzt durch das **Ausmaß des Obsiegens** (entspr Antragsbegehren und endgültiger Erfolg).[4] Bei teilweisem Obsiegen werden die Kosten gequotelt. Notwendig sind alle Kosten, die ein verständiger Beteiligter unter Berücksichtigung der Bedeutung der Streitsache für sachdienlich und erforderlich halten durfte (zB Reise-, Telefon-, Portokosten).[5] Aufwendungen, die durch das Verschulden eines Erstattungsberechtigten oder seines Vertreters entstanden sind, werden nicht erstattet (§ 77 I 3).[6] Bei **erfolglosem Einspruch** erfolgt grds keine Kostenerstattung. Aufwendungen werden ausnahmsweise **erstattet**, wenn der Einspruch nur deshalb keinen Erfolg hat, weil die Verletzung einer Verfahrens- oder Formvorschrift nach § 126 AO unbeachtlich ist (§ 77 I 2). Dabei werden die Kosten nicht gequotelt.[7] § 77 ist auch bei erfolgreichem Einspruch gegen die Aufhebung einer Kindergeldfestsetzung anwendbar,[8] nicht aber bei nichtförmlichen außergerichtlichen Rechtsbehelfen oder bei Billigkeitsentscheidungen[9] in Kindergeldsachen.

2 Gebühren und **Auslagen** eines **Bevollmächtigten** oder **Beistandes**, der nach StBerG zur geschäftsmäßigen Hilfeleistung in Steuersachen befugt ist, sind erstattungsfähig, wenn seine **Zuziehung**[10] – aus der Sicht eines verständigen Dritten, insbes im Hinblick auf die Schwierigkeit des Streitstoffs und den Bildungsstand der Beteiligten – **notwendig** ist (§ 77 II).[11] Dies kann im Einzelfall auch zu

---

1 Zu dieser im Sozialrecht heftig diskutierten Frage *Mrozynski* SGB I, 3. Aufl 2003, § 55 Rn 10 mwN.
2 Zur Verfassungsmäßigkeit und Bedeutung des § 77 BFHE 180, 529 = BStBl II 96, 501.
3 Zu anderen Verwaltungsakten in Kindergeldsachen FG D'dorf EFG 06, 909.
4 *K/S/M* § 77 Rn B 6.
5 Zu Einzelheiten vgl *T/K* § 139 FGO Rn 8 ff.
6 Zum Tatbestandsmerkmal des Verschuldens FG Hess EFG 00, 447 sowie *K/S/M* § 77 Rn B 17 mwN.
7 DA-FamRb 20.4., BStBl I 00, 761 (775).
8 BFH/NV 03, 25; vgl auch FG Brem EFG 00, 273 als Vorinstanz; zur Erledigung des Rechtsstreits im Klageverfahren BFH/NV 03, 1432.
9 FG M'ster EFG 07, 1533.
10 Hierzu FG Mchn v 25.7.07 4 K 29/04 nv.
11 Hierzu – auch zur Selbstverteidigung eines RA – FG Mchn v 28.9.05 – 10 K 3486/05 nv; FG Brem EFG 00, 273, nachfolgend BFH/NV 03, 25; FG Nds EFG 99, 905 (906); vgl auch FG Hbg EFG 04, 1621; zur Erledigungsgebühr BFH/NV 07, 1109.

bejahen sein, wenn der Bevollmächtigte seinen Einspruch nicht begründet, dem Rechtsbehelf aber gleichwohl seitens der Familienkasse stattgegeben wird.[1] Ob der sich selbst vertretende RA oder Steuerberater Gebührenerstattung verlangen kann, hat der BFH offen gelassen.[2] IÜ kann auf die zu § 139 III 3 FGO entwickelten Grundsätze verwiesen werden.[3]

Die Familienkasse regelt **von Amts wegen** durch die **Kostenentscheidung**,[4] welcher Beteiligte mit welchem Anteil die Kosten des Einspruchsverfahrens dem Grunde nach zu tragen hat. Bei ganzem oder teilw Obsiegen ist in der Kostenentscheidung auch darüber zu befinden, ob die Zuziehung eines Bevollmächtigten oder Beistandes notwendig war (**§ 77 III 2**). **Auf Antrag** setzt die Familienkasse den Betrag der zu erstattenden Aufwendungen der Höhe nach fest (**§ 77 III 1**). Gegen Kostenentscheidung und -festsetzung[5] (VA iSd § 118 AO)[6] ist der **Einspruch** (§ 347 AO) statthaft.[7]

§ 78 Übergangsregelungen

(1) bis (4) *(weggefallen)*

(5) [1]Abweichend von § 64 Abs. 2 und 3 steht Berechtigten, die für Dezember 1990 für ihre Kinder Kindergeld in dem in Artikel 3 des Einigungsvertrages genannten Gebiet bezogen haben, das Kindergeld für diese Kinder auch für die folgende Zeit zu, solange sie ihren Wohnsitz oder gewöhnlichen Aufenthalt in diesem Gebiet beibehalten und die Kinder die Voraussetzungen ihrer Berücksichtigung weiterhin erfüllen. [2]§ 64 Abs. 2 und 3 ist insoweit erst für die Zeit vom Beginn des Monats an anzuwenden, in dem ein hierauf gerichteter Antrag bei der zuständigen Stelle eingegangen ist; der hiernach Berechtigte muss die nach Satz 1 geleisteten Zahlungen gegen sich gelten lassen.

DA-FamEStG BStBl I 04, 743 (835)

Literatur: *Felix* Das neue Kindergeldrecht, ZBR 96, 101; *Kreusel* Änderungen im Steuerrecht durch das Steuerentlastungsgesetz 1999/2000/2002, DStZ 99, 431.

§ 78 I – III sind durch Zeitablauf ohne Bedeutung und wurden durch das StEntlG 99/00/02[8] aufgehoben.[9] Mit Wirkung v 1.1.07[10] wurde auch § 78 IV, der klar gestellt hatte, dass Anspr auf Nachzahlung oder Rückforderung von Kindergeld bzw Zuschlag zum Kindergeld auch nach der Verlagerung des Kindergeldes in das EStG erfüllt werden müssen,[11] gestrichen. **§ 78 V** enthält – entspr § 44d II BKGG aF – **Sonderregelungen für Kindergeldberechtigte in den neuen Bundesländern** in Abweichung zu § 64 II und III. Diese ist nur solange gerechtfertigt, als die Anspruchsvoraussetzungen bei diesen Kindern nach Dezember 90 ununterbrochen erfüllt bleiben; § 78 V ist also nur so lange anwendbar, wie sich die tatsächlichen Verhältnisse nicht ändern.[12]

XI. Altersvorsorgezulage

§ 79 Zulageberechtigte

[1]Nach § 10a Abs. 1 begünstigte unbeschränkt steuerpflichtige Personen haben Anspruch auf eine Altersvorsorgezulage (Zulage). [2]Liegen bei Ehegatten die Voraussetzungen des § 26 Abs. 1 vor und ist nur ein Ehegatte nach Satz 1 begünstigt, so ist auch der andere Ehegatte zulageberechtigt, wenn ein auf seinen Namen lautender Altersvorsorgevertrag besteht.

Literatur: S den Literaturnachweis zu § 10a.

---

1 FG Nds EFG 99, 905 (906); **aA** FG Mchn EFG 92, 210.
2 BFH/NV 03, 25.
3 Zu Einschränkungen s FG Brem EFG 00, 273 (275), nachfolgend BFH/NV 03, 25; vgl auch BFH/NV 03, 1432.
4 Zum zweistufigen Verfahren FG D'dorf EFG 06, 909.
5 Hierzu *K/S/M* § 77 Rn D 1 ff.
6 DA-FamRb 21.1, BStBl I 00, 761 (776).
7 FG Brem EFG 00, 273 (274); *K/S/M* § 77 Rn D 7 f.
8 Gesetz v 24.3.99, BGBl I 99, 402.
9 Zur bisherigen Rechtslage s DA-FamEStG 78.1–7, BStBl I 96, 723; vgl auch *K/S/M* § 78 Rn A 5 ff; vgl auch BFH/NV 03, 460: für Bezugszeiträume vor dem 1.1.96 gilt stets das bis Ende 95 geltende Recht; zur analogen Anwendung des § 78 III auf § 2 IV BKGG aF FG Nds EFG 01, 904; zur nachträglichen Aufhebung der Gewährung des sozialrechtlichen Kindergeldes und die Bedeutung für § 78 I vgl BFH/NV 01, 1018; vgl auch BFH/NV 01, 775 zu § 66 III aF; zu § 78 I und seine Bedeutung für § 70 II BFH/NV 01, 21.
10 Gesetz zur Anspruchsberechtigung von Ausländern wegen Kindergeld, Erziehungsgeld und Unterhaltsvorschuss (BGBl I 06, 2915).
11 *K/S/M* § 78 Rn B 1 ff.
12 FG Bdbg EFG 98, 751; DA-FamEStG 78.2.I.

1 **Alle Berechtigten** (s auch § 10a)[1] erhalten aufgrund ihres Antrags **zunächst die Zulage.** Nur der über die Zulage hinausgehende Steuervorteil aus dem zusätzlichen SA-Abzug wird bei der Veranlagung zur ESt gewährt. Das „modifizierte Anbieterverfahren" unterstellt, dass der Berechtigte bereits seine Zulage erhalten hat.

Das Zulagensystem sieht vor, dass der StPfl entspr seinem beitragspflichtigen Einkommen einen – nunmehr von der Kinderzahl unabhängigen **Mindesteigenbeitrag**, der einheitlich mit einem Sockelbetrag von 60 € bemessen ist, zu seiner zusätzlichen Eigenversorgung leistet und der Staat diese Eigenleistung um die Zulage erhöht. Ziel ist, dass ab dem VZ 08 grds 4 vH der beitragspflichtigen Einnahmen in eine kapitalgedeckte Altersversorgung fließen.

2 Gehört nur ein **Ehegatte**[2] zum begünstigten Personenkreis, hat der andere nach Maßgabe des § 79 S 2 eine **abgeleitete** (mittelbare) **Zulagenberechtigung.** Der nicht originär begünstigte Ehegatte hat den Anspruch auf ungekürzte Zulage, wenn der andere den von ihm geforderten Mindesteigenbeitrag auf seinen Altersvorsorgevertrag geleistet hat. Das Gesetz berücksichtigt hiermit, dass auch der andere Ehegatte von der Absenkung des Rentenniveaus seines Partner betroffen ist, dies auch dann, wenn er selbst zB als Beamter ausreichende Versorgungsansprüche hat. Ein zusätzlicher Mindesteigenbeitrag des nicht originär begünstigten Ehegatten ist nicht erforderlich. Wird der Mindesteigenbeitrag nicht in voller Höhe erbracht, wirkt sich der für den Pflichtversicherten ermittelte Kürzungsfaktor in gleicher Weise auf die dem nicht Rentenversicherungspflichtigen zu gewährende Zulage aus.

§ 80 Anbieter

Anbieter im Sinne dieses Gesetzes sind Anbieter von Altersvorsorgeverträgen gemäß § 1 Abs. 2 des Altersvorsorgeverträge-Zertifizierungsgesetzes sowie die in § 82 Abs. 2 genannten Versorgungseinrichtungen.

BMF BStBl I 05, 83 – Datenübermittlung zwischen der zentralen Stelle und dem Anbieter iSd § 80

§ 81 Zentrale Stelle

Zentrale Stelle im Sinne dieses Gesetzes ist die Deutsche Rentenversicherung Bund.

1 Der zentralen Zulagenstelle für Altersvermögen (ZfA), einer Abteilung der Deutschen Rentenversicherung Bund (DRV-Bund), obliegt es, die Altersvorsorgezulage nach § 10a und Abschnitt XI EStG zu ermitteln, festzusetzen und auszuzahlen. Machen die Anleger im Antrag auf Altersvorsorgezulage einen Anspruch auf Kinderzulage geltend, ist die Anspruchsberechtigung durch die ZfA zu prüfen. Die Überprüfung erfolgt durch Datenabgleich mit den Familienkassen nach § 91 I. S hierzu BZSt v 29.10.07 – St II 2-O 1008-3/2007.

§ 81a Zuständige Stelle

[1]**Zuständige Stelle ist bei einem**

1. **Empfänger von Besoldung nach dem Bundesbesoldungsgesetz oder einem Landesbesoldungsgesetz die die Besoldung anordnende Stelle,**
2. **Empfänger von Amtsbezügen im Sinne des § 10a Abs. 1 Satz 1 Nr. 2 die die Amtsbezüge anordnende Stelle,**
3. **versicherungsfrei Beschäftigten sowie bei einem von der Versicherungspflicht befreiten Beschäftigten im Sinne des § 10a Abs. 1 Satz 1 Nr. 3 der die Versorgung gewährleistende Arbeitgeber der rentenversicherungsfreien Beschäftigung und**
4. **Beamten, Richter, Berufssoldaten und Soldaten auf Zeit im Sinne des § 10a Abs. 1 Satz 1 Nr. 4 der zur Zahlung des Arbeitsentgelts verpflichtete Arbeitgeber.**

[2]**Für die in § 10a Abs. 1 Satz 1 Nr. 5 genannten Steuerpflichtigen gilt Satz 1 entsprechend.**

BMF BStBl 05, 83 – Bestimmung von Inhalt und Aufbau der für die Durchführung des Zulageverfahrens zu übermittelnden Datensätze

---

1 Zum begünstigten Personenkreis BMF BStBl I 04, 1165 Rn 1 ff.

2 Zu „mittelbar zulageberechtigten Personen" BMF BStBl I 04, 1165 Rn 10 ff.

Die nähere Bestimmung der Stelle, die bei einem Empfänger von Besoldung oder Amtsbezügen und bei den in § 10a I 1 Nr 3–5 genannten Personengruppen zur Entgegennahme der Einwilligung nach § 10a I 1 HS 2 und zur Datenübermittlung mit der zentralen Stelle verpflichtet ist, ist erforderlich, da die die Besoldung oder die Amtsbezüge auszahlende Stelle nicht immer mit der Stelle identisch ist, die die Auszahlung der Besoldung oder der Amtsbezüge anordnet. Zur Datenübermittlung primär verpflichtet ist die Stelle, die die Zahlung der Besoldung oder der Amtsbezüge anordnet, da diese Stelle über alle erforderlichen Daten verfügt. Bei den in § 10a I 1 Nr 3 Genannten ist dies der die Versorgung gewährleistende ArbG der rentenversicherungsfreien Beschäftigung oder bei den in § 10a I 1 Nr 4 Genannten der zur Zahlung verpflichtete ArbG. In den Fällen des § 10a I 1 Nr 5 ist jeweils die Stelle verpflichtet, die zuständige Stelle wäre, wenn Besoldung, Amtsbezüge oder Arbeitsentgelt für den zu berücksichtigenden Zeitraum zu zahlen wäre.

§ 82 Altersvorsorgebeiträge

(1) ¹Geförderte Altersvorsorgebeiträge sind im Rahmen der in § 10a genannten Grenzen Beiträge, die der Zulageberechtigte (§ 79) zugunsten eines auf seinen Namen lautenden Vertrags leistet, der nach § 5 des Altersvorsorgeverträge-Zertifizierungsgesetzes zertifiziert ist (Altersvorsorgevertrag). ²Die Zertifizierung ist Grundlagenbescheid im Sinne des § 171 Abs. 10 der Abgabenordnung.

(2) ¹Zu den Altersvorsorgebeiträgen gehören auch

a) die aus dem individuell versteuerten Arbeitslohn des Arbeitnehmers geleisteten Beiträge an einen Pensionsfonds, eine Pensionskasse oder eine Direktversicherung zum Aufbau einer kapitalgedeckten betrieblichen Altersversorgung und

b) Beiträge des Arbeitnehmers und des ausgeschiedenen Arbeitnehmers, die dieser im Fall der zunächst durch Entgeltumwandlung (§ 1a des Betriebsrentengesetzes) finanzierten und nach § 3 Nr. 63 oder § 10a und diesem Abschnitt geförderten kapitalgedeckten betrieblichen Altersversorgung nach Maßgabe des § 1a Abs. 4 und § 1b Abs. 5 Satz 1 Nr. 2 des Betriebsrentengesetzes selbst erbringt,

wenn eine Auszahlung der zugesagten Altersversorgungsleistung in Form einer Rente oder eines Auszahlungsplans (§ 1 Abs. 1 Nr. 4 des Altersvorsorgeverträge-Zertifizierungsgesetzes) vorgesehen ist. ²Die §§ 3 und 4 des Betriebsrentengesetzes stehen dem vorbehaltlich des § 93 nicht entgegen.

(3) Zu den Altersvorsorgebeiträgen gehören auch die Beitragsanteile, die zur Absicherung der verminderten Erwerbsfähigkeit des Zulageberechtigten und zur Hinterbliebenenversorgung verwendet werden, wenn in der Leistungsphase die Auszahlung in Form einer Rente erfolgt.

(4) Nicht zu den Altersvorsorgebeiträgen zählen

1. Aufwendungen, die vermögenswirksame Leistungen nach dem Fünften Vermögensbildungsgesetz in der Fassung der Bekanntmachung vom 4. März 1994 (BGBl. I S. 406), zuletzt geändert durch Artikel 19 des Gesetzes vom 29. Dezember 2003 (BGBl. I S. 3076), in der jeweils geltenden Fassung darstellen,
2. prämienbegünstigte Aufwendungen nach dem Wohnungsbau-Prämiengesetz in der Fassung der Bekanntmachung vom 30. Oktober 1997 (BGBl. I S. 2678), zuletzt geändert durch Artikel 5 des Gesetzes vom 29. Dezember 2003 (BGBl. I S. 3076), in der jeweils geltenden Fassung,
3. Aufwendungen, die im Rahmen des § 10 als Sonderausgaben geltend gemacht werden, oder
4. Rückzahlungsbeträge nach § 92a Abs. 2.

BMF BStBl I 04, 1065 – Steuerliche Förderung der privaten Altersvorsorge und betrieblichen Altersversorgung (Rn 14 ff – Altersvorsorgebeiträge)

Altersvorsorgebeiträge (§ 82 I) sind die zugunsten eines nach § 5 AltZertG zertifizierten Vertrags (Altersvorsorgevertrags) geleisteten Beiträge[1] sowie solche, die über den Mindesteigenbeitrag hinausgehen.[2] Die dem Vertrag gutgeschriebenen Zulagen sind – anders als im AltZertG – keine Altersvorsorgebeiträge und daher nicht zulagefähig. Die Beiträge können auch durch Dritte mittels abgekürzten Zahlungswegs erbracht werden.[3] Auch Beiträge, die über den Mindesteigenbeitrag

---

1 BMF BStBl I 04, 1065 Rn 14 ff; zu Beiträgen im Rahmen der betrieblichen Altersversorgung wird auf BMF BStBl I 04, 1065 Rn 170 ff und 192 ff hingewiesen.

2 BMF BStBl I 04, 1065 Rn 16 f.

3 OFD Mchn DB 03, 68, unter Bezugnahme auf BMF.

hinausgehen, sind, soweit zivilrechtlich geschuldet, Altersvorsorgebeiträge. Wegen der zeitlichen Zuordnung gilt § 11 einschl dessen Abs 2 S 2.[1]

2 Die Regelung zur **Zertifizierung gilt nicht für die betriebliche Altersversorgung**, weil sich hier die Mindeststandards aus dem BetrAVG ergeben. Altersvorsorgeverträge können mit einer Hinterbliebenenversicherung sowie einer Versicherung gegen den Eintritt der verminderten Erwerbsfähigkeit verbunden werden. Will der StPfl die Förderung nach Maßgabe des § 82 II – Zulage oder SA-Abzug – in Anspruch nehmen, muss er auf die Steuerfreiheit nach § 3 Nr 63 verzichten und die volle Beitragspflicht in der Sozialversicherung in Kauf nehmen. Die Zertifizierung bindet die FinVerw.

3 Zahlungen im Rahmen der **betrieblichen Altersversorgung** an einen Pensionsfonds, eine Pensionskasse oder eine DirektVers können als Altersvorsorgebeiträge durch SA-Abzug nach § 10a und Zulage nach Abschn XI EStG gefördert werden (§ 82 II). Die zeitliche Zuordnung der Altersvorsorgebeiträge iSd § 82 II richtet sich grds nach den für die Zuordnung des Arbeitslohns geltenden Vorschriften (§ 38a III; R 115, 118 und 119 LStR).[2]

§ 83 Altersvorsorgezulage

In Abhängigkeit von den geleisteten Altersvorsorgebeiträgen wird eine Zulage gezahlt, die sich aus einer Grundzulage (§ 84) und einer Kinderzulage (§ 85) zusammensetzt.

Wegen der Einzelfragen der Vorsorgeaufwendungen und der Ermittlung der Altersvorsorgeaufwendungen wird verwiesen auf die informative vom BMF herausgegebene Schrift „Vorsorgen und Steuern sparen – Förderung der zusätzlichen kapitalgedeckten Altersvorsorge" (Juli 05), auch mit weiterführenden Beispielen zur Ermittlung der Zulagen. Download über das Internet-Portal des BMF www.bundesfinanzministerium.de/cln_03/nn_4140/DE/Service/Downloads/20162.html.

§ 84 Grundzulage

Jeder Zulageberechtigte erhält eine Grundzulage; diese beträgt

in den Jahren 2002 und 2003	38 Euro,
in den Jahren 2004 und 2005	76 Euro,
in den Jahren 2006 und 2007	114 Euro,
ab dem Jahr 2008 jährlich	154 Euro.

§ 85 Kinderzulage

(1) [1]Die Kinderzulage beträgt für jedes Kind, für das dem Zulageberechtigten Kindergeld ausgezahlt wird,

in den Jahren 2002 und 2003	46 Euro,
in den Jahren 2004 und 2005	92 Euro,
in den Jahren 2006 und 2007	138 Euro,
ab dem Jahr 2008 jährlich	185 Euro.

[2]Für ein nach dem 31. Dezember 2007 geborenes Kind erhöht sich die Kinderzulage nach Satz 1 auf 300 Euro. [3]Der Anspruch auf Kinderzulage entfällt für den Veranlagungszeitraum, für den das Kindergeld insgesamt zurückgefordert wird. [4]Erhalten mehrere Zulageberechtigte für dasselbe Kind Kindergeld, steht die Kinderzulage demjenigen zu, dem für den ersten Anspruchszeitraum (§ 66 Abs. 2) im Kalenderjahr Kindergeld ausgezahlt worden ist.

(2) [1]Bei Eltern, die die Voraussetzungen des § 26 Abs. 1 erfüllen, wird die Kinderzulage der Mutter zugeordnet, auf Antrag beider Eltern dem Vater. [2]Der Antrag kann für ein abgelaufenes Beitragsjahr nicht zurückgenommen werden.

BMF BStBl I 04, 1065 – Steuerliche Förderung der privaten Altersvorsorge und betrieblichen Altersversorgung (Rn 18 ff – Kinderzulage)

Literatur: S den Literaturnachweis zu § 10a.

---

1 FinMin Bayern DB 03, 477.
2 Zur Förderung durch SA-Abzug nach § 10a und Zulage nach Abschn XI EStG s BMF BStBl I 04, 1065 Rn 191 ff.

Die Altersvorsorgezulage setzt sich zusammen aus einer (zeitlich gestaffelten) **Grund- und einer Kinderzulage**.[1] Das Gesetz will dem Umstand Rechnung tragen, dass Eltern wegen der Kindererziehung nur eingeschränkte Möglichkeiten zur Erzielung von Erwerbseinkommen und damit zum Aufbau einer zusätzlichen privaten Altersvorsorge haben. Erfüllen Eltern die Voraussetzungen des § 26 I, erhält grds die Mutter die Kinderzulage. Die Eltern können gemeinsam für das jeweilige Beitragsjahr beantragen, dass der Vater die Zulage erhält. Anderenfalls erhält der Elternteil die Kinderzulage, dem das **Kindergeld** für das Kind ausgezahlt wird (§ 85 I 3). Wurde während des Beitragsjahrs mehreren Zulageberechtigten für unterschiedliche Zeiträume Kindergeld ausgezahlt, hat gem § 85 I 3 grds derjenige den Anspruch auf die Kinderzulage, dem für den zeitlich frühesten Anspruchszeitraum im Beitragsjahr Kindergeld ausgezahlt wurde. Die Berechtigung knüpft an den tatsächlichen Bezug von Kindergeld – ggf auch von Großelternteilen (§ 62 II) – an. § 85 II 1 will dem Umstand Rechnung tragen, dass die Kindererziehung hauptsächlich von der Mutter geleistet wird.

Für den Anspruch auf Kinderzulage reicht es aus, dass in dem Beitragsjahr, für das Kindergeld beansprucht wird, pro Kind mindestens **für einen Monat Kindergeld** an den Zulageberechtigten gezahlt worden ist. Dies gilt auch, wenn sich zu einem späteren Zeitpunkt herausstellt, dass das Kindergeld teilweise zu Unrecht gezahlt worden ist und für die übrigen Monate zurückgefordert wird. Maßgeblich ist der tatsächliche Bezug. Darf das zu Unrecht ausgezahlte Kindergeld aus verfahrensrechtlichen Gründen nicht zurückgefordert werden, bleibt der Anspruch auf die Zulage für das entspr Beitragsjahr bestehen.

Bei § 85 II 2 handelt es sich hierbei um eine **Verfahrensvereinfachung**. Für den StPfl entfällt die Verpflichtung, jährlich einen Antrag auf Zuordnung der Kinderzulage zu stellen.

§ 86 Mindesteigenbeitrag

(1) ¹Die Zulage nach den §§ 84 und 85 wird gekürzt, wenn der Zulageberechtigte nicht den Mindesteigenbeitrag leistet. ²Dieser beträgt

in den Jahren 2002 und 2003	1 Prozent,
in den Jahren 2004 und 2005	2 Prozent,
in den Jahren 2006 und 2007	3 Prozent,
ab dem Jahr 2008 jährlich	4 Prozent

der Summe der in dem dem Kalenderjahr vorangegangenen Kalenderjahr
1. erzielten beitragspflichtigen Einnahmen im Sinne des Sechsten Buches Sozialgesetzbuch,
2. bezogenen Besoldung und Amtsbezüge und
3. in den Fällen des § 10a Abs. 1 Satz 1 Nr. 3 und Nr. 4 erzielten Einnahmen, die beitragspflichtig wären, wenn die Versicherungsfreiheit in der gesetzlichen Rentenversicherung nicht bestehen würde,

jedoch nicht mehr als die in § 10a Abs. 1 Satz 1 genannten Beträge, vermindert um die Zulage nach den §§ 84 und 85; gehört der Ehegatte zum Personenkreis nach § 79 Satz 2, berechnet sich der Mindesteigenbeitrag des nach § 79 Satz 1 Begünstigten unter Berücksichtigung der den Ehegatten insgesamt zustehenden Zulagen. ³Auslandsbezogene Bestandteile nach den §§ 52 ff. des Bundesbesoldungsgesetzes oder entsprechender Regelungen eines Landesbesoldungsgesetzes bleiben unberücksichtigt. ⁴Als Sockelbetrag sind ab dem Jahr 2005 jährlich 60 Euro zu leisten. ⁵Ist der Sockelbetrag höher als der Mindesteigenbeitrag nach Satz 2, so ist der Sockelbetrag als Mindesteigenbeitrag zu leisten. ⁶Die Kürzung der Zulage ermittelt sich nach dem Verhältnis der Altersvorsorgebeiträge zum Mindesteigenbeitrag.

(2) ¹Ein nach § 79 Satz 2 begünstigter Ehegatte hat Anspruch auf eine ungekürzte Zulage, wenn der zum begünstigten Personenkreis nach § 79 Satz 1 gehörende Ehegatte seinen geförderten Mindesteigenbeitrag unter Berücksichtigung der den Ehegatten insgesamt zustehenden Zulagen erbracht hat. ²Werden bei einer in der gesetzlichen Rentenversicherung pflichtversicherten Person beitragspflichtige Einnahmen zu Grunde gelegt, die höher sind als das tatsächlich erzielte Entgelt, die Entgeltersatzleistung oder der nach § 19 des Zweiten Buches Sozialgesetzbuch als Arbeitslosengeld II ausgezahlte Betrag, ist das tatsächlich erzielte Entgelt, der Zahlbetrag der Entgeltersatzleis-

---

1 Zu Einzelfragen BMF BStBl I 02, 757 Rn 20 ff.

tung oder der nach § 19 des Zweiten Buches Sozialgesetzbuch als Arbeitslosengeld II ausgezahlte Betrag für die Berechnung des Mindesteigenbeitrags zu berücksichtigen. ³Satz 2 gilt auch in den Fällen, in denen im vorangegangenen Jahr keine der in Absatz 1 Satz 2 genannten Beträge bezogen wurden.

(3) ¹Für Versicherungspflichtige nach dem Gesetz über die Alterssicherung der Landwirte ist Absatz 1 mit der Maßgabe anzuwenden, dass auch die Einkünfte aus Land- und Forstwirtschaft im Sinne des § 13 des zweiten dem Beitragsjahr vorangegangenen Veranlagungszeitraums als beitragspflichtige Einnahmen des vorangegangenen Kalenderjahres gelten. ²Negative Einkünfte im Sinne des Satzes 1 bleiben unberücksichtigt, wenn weitere nach Absatz 1 oder Absatz 2 zu berücksichtigende Einnahmen erzielt werden.

(4) Wird nach Ablauf des Beitragsjahres festgestellt, dass die Voraussetzungen für die Gewährung einer Kinderzulage nicht vorgelegen haben, ändert sich dadurch die Berechnung des Mindesteigenbeitrags für dieses Beitragsjahr nicht.

BMF BStBl I 04, 1065 – Steuerliche Förderung der privaten Altersvorsorge und betrieblichen Altersversorgung (Rn 31 ff – Mindesteigenbeitrag); zu beitragspflichtigen Einnahmen nach § 86 III bei Einkünften aus LuF s OFD Mchn DB 03, 2203

Literatur: S den Literaturnachweis zu § 10a.

1 **I. Grundaussage der Vorschrift.** In der Vorschrift[1] kommt zum Ausdruck, dass die private Altersvorsorge gefördert, nicht aber eine staatliche Grundrente gewährt werden soll. Die Sparleistung setzt sich zusammen aus den Eigenbeiträgen des Zulageberechtigten auf maximal zwei Verträge (§ 87) und den staatlichen Zulagen. Für die Bemessung des Mindesteigenbeitrags wird zwecks Erhöhung der Planungssicherheit abgestellt auf alle (ggf Addition) nach § 162 S 1 Nr 1 SGB VI iVm § 14 SGB IV (unselbstständig Beschäftigte), § 162 S 1 Nr 5 SGB VI (Scheinselbstständige), § 165 SGB VI (selbstständig Tätige) **beitragspflichtigen** (die jeweils gültige Beitragsbemessungsgrundlage nicht übersteigenden) **Einnahmen**[2] (im Rahmen der Beitragsbemessungsgrenze; ohne WK) des dem Sparjahr vorangehenden Kj sowie auf die in § 86 I 2 Nr 2 genannten Bezüge und Einnahmen.[3] Im Falle von Altersteilzeit ist das aufgrund der abgesenkten Arbeitszeit erzielte Arbeitsentgelt maßgebend.[4] Gehören beide Ehegatten zum unmittelbar begünstigten Personenkreis, ist für jeden Ehegatten anhand seiner eigenen maßgebenden Einnahmen ein eigener Mindesteigenbeitrag zu berechnen.[5] Der Mindesteigenbeitrag ist auch dann in der angegebenen Weise zu ermitteln, wenn die Einnahmen im Sparjahr unter denen des Vorjahres liegen. Waren im Vorjahr keine beitragspflichtigen Einnahmen erzielt worden, sind für die Mindesteigenleistung zumindest die beitragspflichtigen Einnahmen in Höhe der Mindestbeitragsbemessungsgrenze bei einer geringfügigen Beschäftigung zugrunde zu legen (§ 86 II 2, 3), zur Zeit 155 € monatlich = 1 869 € jährlich (§ 163 VIII SGB VI). Dies bedeutet iErg, dass von diesen Zulageberechtigten der **Sockelbetrag nach § 86 I 4** als Mindesteigenbeitrag zu entrichten ist. Durch die Einführung eines einheitlichen Sockelbetrages wird die Berechnung des Mindesteigenbeitrags für Zulageberechtigte, die nur den Sockelbetrag zu leisten haben, vereinfacht. Wird der individuell ermittelte Eigenbeitrag – mindestens der Euro-**Sockelbetrag – nicht erbracht, werden Grund- und Kinderzulage nach dem Verhältnis der tatsächlichen Altersvorsorgebeiträge zum Mindesteigenbeitrag gekürzt (§ 86 I 5).**[6] IÜ wird Bezug genommen auf BMF BStBl I 04, 1065 Rn 31 ff (mit instruktiven Beispielen; dort insbes zu den Berechnungsgrundlagen).

2 **II. Sonderregelungen für bestimmte Personengruppen.** Unter die **Sonderregelung des § 86 II 2** fallen bestimmte Behinderte (§ 1 S 1 Nr 2 Buchst a, b SGB IV), Bezieher von Lohnersatzleistungen (§ 166 I SGB VI), Wehr- und Ersatzdienstleistende, die keine Verdienstausfallentschädigung nach dem USG erhalten sowie Kindererziehende. In den durch § 86 I S 2 Nr 3 geregelten Sonderfällen ist das tatsächlich erzielte Entgelt oder die Entgeltersatzleistung (zB das Kranken- oder Arbeitslosengeld) zugrunde zu legen. Die Sonderregelung des § 86 III ist erforderlich, weil es bei dem Pflichtversicherten im Alterssicherungssystem der Landwirte keine den beitragspflichtigen Einnahmen entspr

---

1 Ausf BMF BStBl I 04, 1065 Rn 31 ff.
2 Ausf BMF BStBl I 04, 1065 Rn 37 ff.
3 Ausf BMF BStBl I 04, 1065 Rn 36 ff, 40 ff – Besoldung und Amtsbezüge; Rn 43 – Land- und Forstwirte; Rn 44 ff – Sonderfälle, insbes Entgeltersatzleistungen.
4 BMF BStBl II 04, 1065 Rn 44 ff.
5 Ausf BMF BStBl II 04, 1065 Rn 48 ff.
6 Berechnungsbeispiel bei BMF BStBl I 04, 1065 Rn 54.

Größe gibt; bei Zugehörigkeit zu mehreren Alterssicherungssystemen ist die Summe der Einkünfte aus § 13 und die entspr beitragspflichtigen Einnahmen des Vorjahres anzusetzen.

Durch das JStG 2007 ist vor dem Hintergrund, dass das Arbeitslosengeld II im Gegensatz zu der bisherigen Arbeitslosenhilfe nicht mehr den Charakter einer Entgeltersatzleistung hat, zur Vermeidung unbilliger Härten § 86 II um das Arbeitslosengeld II ergänzt. In den Fällen, in denen der tatsächlich als Arbeitslosengeld II ausgezahlte Betrag niedriger ist, als die beitragspflichtigen Einnahmen nach § 166 I Nr 2a SGB IV, soll der tatsächlich ausgezahlte Betrag bei der Berechnung des Mindesteigenbeitrags berücksichtigt werden. Unter dem als Arbeitslosengeld II ausgezahlten Betrag ist der ausgezahlte Gesamtbetrag zu verstehen. Er umfasst sämtliche in den §§ 19 bis 27 SGB II aufgeführten Leistungen. Durch die Änderung wird das Arbeitslosengeld II im Hinblick auf die Mindesteigenbeitragsberechnung wie eine Entgeltersatzleistung behandelt.

III. Ehegatten. S zunächst § 10a Rn 8. Bei Ehegatten[1] kommt es darauf an, ob beide oder nur einer von ihnen – der andere hat dann einen abgeleiteten Anspruch – pflichtversichert ist. Im ersten Fall ist für jeden der Ehegatten anhand seiner jeweils maßgebenden Einnahmen der Mindesteigenbeitrag zu errechnen. Gehört nur ein Ehegatte zum nach § 10a I begünstigten Personenkreis bei abgeleiteter Zulagenberechtigung des anderen (§ 79 S 2), wird nur für ersteren ein Mindesteigenbeitrag berechnet. Bei der Berechnung der Mindesteigenbeiträge sind die beiden Ehegatten zustehenden Zulagen in Abzug zu bringen; hier berücksichtigt das Gesetz die zwischen den Eheleuten bestehende Wirtschaftsgemeinschaft. Der abgeleitet berechtigte Ehegatte erhält dann eine ungekürzte Zulage, wenn der andere den von ihm geforderten Mindesteigenbeitrag erbracht hat. Leistet der nach § 10a I begünstigte Ehegatte diesen Beitrag nicht, werden sowohl seine als auch die Zulage des abgeleitet Berechtigten gekürzt. 3

IV. Abgeleitete Zulagenberechtigung. Besteht für einen Ehegatten eine abgeleitete Zulagenberechtigung (§ 79 Rn 2), wird nur für den nach § 10a I begünstigten Ehegatten einen Mindesteigenbeitrag berechnet. Dabei sind die beiden Ehegatten zustehenden Zulagen zu berücksichtigen. Der nach § 79 S 2 begünstigte Ehegatte erhält dann eine ungekürzte Zulage, wenn der andere den von ihm geforderten Mindesteigenbeitrag erbracht hat; andernfalls werden sowohl seine als auch die Zulage des nach § 79 2 Begünstigten gekürzt. Ein sog Sockelbeitrag (Jahresbetrag) muss entrichtet werden, wenn bereits der Betrag der staatlichen Zulage der geforderten Sparleistung entspricht oder sie übersteigt (§ 86 I 3–4); auch Bezieher geringer Einkommen sollen wenigstens einen kleinen Eigenbeitrag leisten. 4

V. Berücksichtigung von Kindern. § 86 IV ist insbes anwendbar, wen ein Kind aufgrund von eigenen Einkünften/Bezügen nicht mehr im Rahmen der Kinderzulage berücksichtigt werden kann. Die Bestimmung trägt dem Umstand Rechnung, dass der StPfl oft nicht in der Lage sein wird, seinen Mindesteigenbeitrag für das zurückliegende Jahr anzupassen. 5

Mit § 86 III 2 wird klargestellt, dass bei negativen Einkünften aus LuF und weiteren nach Abs 1 oder 2 zu berücksichtigenden Einnahmen bei der Berechnung des Mindesteigenbeitrags keine Saldierung vorzunehmen ist. Bei den anderen StPfl, deren Einnahmen nach Abs 1 oder 2 zu berücksichtigen sind, ist eine Verrechnung mit negativen Einkünften ebenfalls nicht möglich. 6

§ 87 Zusammentreffen mehrerer Verträge

(1) [1]Zahlt der nach § 79 Satz 1 Zulageberechtigte Altersvorsorgebeiträge zugunsten mehrerer Verträge, so wird die Zulage nur für zwei dieser Verträge gewährt. [2]Der insgesamt nach § 86 zu leistende Mindesteigenbeitrag muss zugunsten dieser Verträge geleistet worden sein. [3]Die Zulage ist entsprechend dem Verhältnis der auf diese Verträge geleisteten Beiträge zu verteilen.

(2) [1]Der nach § 79 Satz 2 Zulageberechtigte kann die Zulage für das jeweilige Beitragsjahr nicht auf mehrere Altersvorsorgeverträge verteilen. [2]Es ist nur der Altersvorsorgevertrag begünstigt, für den zuerst die Zulage beantragt wird.

BMF BStBl I 04, 1065 – Steuerliche Förderung der privaten Altersvorsorge und betrieblichen Altersversorgung (Rn 76 ff – Zusammentreffen mehrerer Verträge)

Literatur: S den Literaturnachweis zu § 10a.

---

1 Ausf BMF BStBl I 04, 1065 Rn 48 ff.

1 Der Zulageberechtigte kann Beiträge sowohl auf mehrere Produkte der betrieblichen Altersversorgung als auch auf mehrere zertifizierte Altersvorsorgeverträge einzahlen. Aus Gründen der Praktikabilität sind nur zwei dieser Verträge zulagenbegünstigt (anders als beim SA-Abzug). Zum diesbezüglichen Antragserfordernis s § 89 I 2, 3. Der Berechtigte kann bzw muss sich jedes Jahr neu entscheiden, welche Verträge gefördert werden sollen; er muss den Mindesteigenbeitrag (§ 86) auf die jeweils zu begünstigenden Verträge leisten. Wurde nicht der gesamt nach § 86 erforderliche Mindesteigenbeitrag zugunsten dieser Verträge geleistet, wird die Zulage entspr gekürzt (§ 86 I 6). Mit den Änderungen durch das AltEinkG wird klargestellt, dass eine anteilige Verteilung der Zulage nur bei dem in § 79 S 1 genannten Personenkreis (Begünstigter nach § 10a I), nicht dagegen für den nach § 79 S 2 mittelbar begünstigten Ehegatten zulässig ist, da dieser keine eigenen Altersvorsorgebeiträge leisten muss, um die Zulage zu erhalten. Wird die Zulage dennoch für mehrere Altersvorsorgebeiträge beantragt, ist eine gesetzliche Bestimmung erforderlich, auf welchen dieser Altersvorsorgeverträge die Zulage zu zahlen ist. Diese Bestimmung wird aus Gründen der Praktikabilität in der Weise getroffen, dass der Altersvorsorgevertrag begünstigt ist, für den die Zulage zuerst beantragt wird. Erfolgt bei mehreren Verträgen keine Bestimmung oder wird die Zulage für mehr als zwei Verträge beantragt, wird die Zulage nur für die zwei Verträge gewährt, für die im Beitragsjahr die höchsten Altersvorsorgebeiträge geleistet wurden (§ 89 I 3).[1] Für den SA-Abzug nach § 10a I ist keine Begrenzung der Anzahl der zu berücksichtigenden Verträge vorgesehen.[2]

§ 88 Entstehung des Anspruchs auf Zulage

Der Anspruch auf die Zulage entsteht mit Ablauf des Kalenderjahres, in dem die Altersvorsorgebeiträge geleistet worden sind (Beitragsjahr).

§ 89 Antrag

(1) [1]Der Zulageberechtigte hat den Antrag auf Zulage nach amtlich vorgeschriebenem Vordruck bis zum Ablauf des zweiten Kalenderjahres, das auf das Beitragsjahr (§ 88) folgt, bei dem Anbieter seines Vertrages einzureichen. [2]Hat der Zulageberechtigte im Beitragsjahr Altersvorsorgebeiträge für mehrere Verträge gezahlt, so hat er mit dem Zulageantrag zu bestimmen, auf welche Verträge die Zulage überwiesen werden soll. [3]Beantragt der Zulageberechtigte die Zulage für mehr als zwei Verträge, so wird die Zulage nur für die zwei Verträge mit den höchsten Altersvorsorgebeiträgen gewährt. [4]Sofern eine Zulagenummer (§ 90 Abs. 1 Satz 2) durch die zentrale Stelle (§ 81) oder eine Versicherungsnummer nach § 147 des Sechsten Buches Sozialgesetzbuch für den nach § 79 Satz 2 berechtigten Ehegatten noch nicht vergeben ist, hat dieser über seinen Anbieter eine Zulagenummer bei der zentralen Stelle zu beantragen. [5]Der Antragsteller ist verpflichtet, dem Anbieter unverzüglich eine Änderung der Verhältnisse mitzuteilen, die zu einer Minderung oder zum Wegfall des Zulageanspruchs führt.

(1a) [1]Der Zulageberechtigte kann den Anbieter seines Vertrages schriftlich bevollmächtigen, für ihn abweichend von Absatz 1 die Zulage für jedes Beitragsjahr zu beantragen. [2]Absatz 1 Satz 5 gilt mit Ausnahme der Mitteilung geänderter beitragspflichtiger Einnahmen entsprechend. [3]Ein Widerruf der Vollmacht ist bis zum Ablauf des Beitragsjahres, für das der Anbieter keinen Antrag auf Zulage stellen soll, gegenüber dem Anbieter zu erklären.

(2) [1]Der Anbieter ist verpflichtet,
a) die Vertragsdaten,
b) die Versicherungsnummer nach § 147 des Sechsten Buches Sozialgesetzbuch, die Zulagenummer des Zulageberechtigten und dessen Ehegatten oder einen Antrag auf Vergabe einer Zulagenummer eines nach § 79 Satz 2 berechtigten Ehegatten,
c) die vom Zulageberechtigten mitgeteilten Angaben zur Ermittlung des Mindesteigenbeitrags (§ 86),
d) die für die Gewährung der Kinderzulage erforderlichen Daten,
e) die Höhe der geleisteten Altersvorsorgebeiträge und
f) das Vorliegen einer nach Absatz 1a erteilten Vollmacht

---

1 BMF BStBl I 04, 1065 Rn 76 ff.   2 BMF BStBl I 04, 1065 Rn 81 f.

als die für die Ermittlung und Überprüfung des Zulageanspruchs und Durchführung des Zulageverfahrens erforderlichen Daten zu erfassen. ²Er hat die Daten der bei ihm im Laufe eines Kalendervierteljahres eingegangenen Anträge bis zum Ende des folgenden Monats nach amtlich vorgeschriebenem Datensatz durch amtlich bestimmte Datenfernübertragung an die zentrale Stelle zu übermitteln. ³Dies gilt auch im Fall des Absatzes 1 Satz 5.

(3) ¹Ist der Anbieter nach Absatz 1a Satz 1 bevollmächtigt worden, hat er der zentralen Stelle die nach Absatz 2 Satz 1 erforderlichen Angaben für jedes Kalenderjahr bis zum Ablauf des auf das Beitragsjahr folgenden Kalenderjahres zu übermitteln. ²Liegt die Bevollmächtigung erst nach dem im Satz 1 genannten Meldetermin vor, hat der Anbieter die Angaben bis zum Ende des folgenden Kalendervierteljahres nach der Bevollmächtigung, spätestens jedoch bis zum Ablauf der in Absatz 1 Satz 1 genannten Antragsfrist, zu übermitteln. ³Absatz 2 Satz 2 und 3 gilt sinngemäß.

BMF BStBl I 04, 951 – Bekanntmachung der Vordruckmuster für den Antrag auf Altersvorsorgezulage für 2004; BMF BStBl I 04, 1065 – Steuerliche Förderung der privaten Altersvorsorge und betrieblichen Altersversorgung (Rn 31 ff – Mindesteigenbeitrag; Rn 143 ff – Zulageantrag); BMF BStBl I 2007, 612 – Vordruckmuster für Antrag auf Altersvorsorge für 2007

Literatur: S den Literaturnachweis zu § 10a.

Die Zulage wird im Rahmen des sog **modifizierten Anbieterverfahrens** gewährt. Der Zentralen Stelle/dem Anbieter obliegt die Ermittlung und Festsetzung der Zulage; das FA führt das Veranlagungsverfahren mit dem SA-Abzug und der damit verbundenen Günstigerprüfung durch. Durch das AltEinkG ist ein vereinfachtes Antragsverfahren mittels Dauerzulageantrag eingeführt worden. Durch eine Datenerhebung bei dem zuständigen Träger der gesetzlichen Rentenversicherung kann die zentrale Stelle die beitragspflichtigen Einnahmen selbst ermitteln, so dass idR entspr Angaben im Zulageantrag künftig entfallen können. Liegt eine entspr schriftliche Bevollmächtigung vor, entfällt beim Anbieter die jährliche Übersendung eines Antragsformulars an den Zulageberechtigten sowie nach Rücksendung des Zulageantrags dessen datenmäßige Verarbeitung. Die Bevollmächtigung kann auch im Rahmen eines vom Anleger gestellten Antrags auf Zulage erfolgen. Mit der Bevollmächtigung sind dem Anleger die Antragshandlungen des Anbieters zuzurechnen. IdR erhält der Zulagenberechtigte seine Zulage automatisch. Er ist nur verpflichtet, Änderungen, die sich auf den Zulageanspruch auswirken (zB Beendigung der Zugehörigkeit zum berechtigten Personenkreis, Familienstand, Anzahl der Kinder, Zuordnung der Kinder, Zuordnung bei mehreren Verträgen), dem Anbieter unverzüglich mitzuteilen (Satz 2). 1

Mit **§ 89 II 1b** wird sichergestellt, dass der Anbieter der zentralen Stelle, sofern ein nach § 79 S 2 zulageberechtigter Ehegatte mit seinem Antrag auf Zulage auch den Antrag auf Vergabe einer Zulagenummer stellt, die entspr Daten zu übermitteln hat. In dem für die Übermittlung des Zulageantrages bestimmten Datensatz (Satz 2) sind entspr Felder vorgesehen, so dass hiermit für den Anbieter kein zusätzlicher Aufwand verbunden ist, da kein zusätzlicher Datensatz zu übermitteln ist. **§ 89 II 1c** steht im Zusammenhang mit den Änderungen im § 90 I, § 91. Die beitragspflichtigen Einnahmen werden bei einem Zulageberechtigten, der in der gesetzlichen Rentenversicherung pflichtversichert ist, grds von der zentralen Stelle bei dem zuständigen Träger der gesetzlichen Rentenversicherung abgefragt, so dass eine entspr Angabe zur Bemessungsgrundlage nach § 86 I 2 im Antrag auf Zulage entfällt. Gibt der Zulageberechtigte gegenüber seinem Anbieter die beitragspflichtigen Einnahmen an, so sind diese vom Anbieter zu übermitteln und werden für die Berechnung der Zulage zugrunde gelegt. Dies kann in Einzelfällen sinnvoll oder erforderlich sein, wenn die Berechnung der Zulage nach § 86 II 2 oder § 86 III erfolgt. 2

§ 90 Verfahren

(1) ¹Die zentrale Stelle ermittelt auf Grund der von ihr erhobenen oder der ihr übermittelten Daten, ob und in welcher Höhe ein Zulageanspruch besteht. ²Soweit der zuständige Träger der Rentenversicherung keine Versicherungsnummer vergeben hat, vergibt die zentrale Stelle zur Erfüllung der ihr nach diesem Abschnitt zugewiesenen Aufgaben eine Zulagenummer. ³Die zentrale Stelle teilt im Falle eines Antrags nach § 10a Abs. 1a der zuständigen Stelle, im Falle eines Antrags nach § 89 Abs. 1 Satz 4 dem Anbieter die Zulagenummer mit; von dort wird sie an den Antragsteller weitergeleitet.

(2) ¹Die zentrale Stelle veranlasst die Auszahlung an den Anbieter zugunsten der Zulageberechtigten durch die zuständige Kasse. ²Ein gesonderter Zulagenbescheid ergeht vorbehaltlich des Absatzes 4 nicht. ³Der Anbieter hat die erhaltenen Zulagen unverzüglich den begünstigten Verträgen gutzuschreiben. ⁴Zulagen, die nach Beginn der Auszahlungsphase für das Altersvorsorgevermögen von der zentralen Stelle an den Anbieter überwiesen werden, können vom Anbieter an den Anleger ausgezahlt werden. ⁵Besteht kein Zulageanspruch, so teilt die zentrale Stelle dies dem Anbieter durch Datensatz mit. ⁶Die zentrale Stelle teilt dem Anbieter die Altersvorsorgebeiträge im Sinne des § 82, auf die § 10a oder dieser Abschnitt angewendet wurde, durch Datensatz mit.

(3) ¹Erkennt die zentrale Stelle nachträglich, dass der Zulageanspruch ganz oder teilweise nicht besteht oder weggefallen ist, so hat sie zu Unrecht gutgeschriebene oder ausgezahlte Zulagen zurückzufordern und dies dem Anbieter durch Datensatz mitzuteilen. ²Bei bestehendem Vertragsverhältnis hat der Anbieter das Konto zu belasten. ³Die ihm im Kalendervierteljahr mitgeteilten Rückforderungsbeträge hat er bis zum zehnten Tag des dem Kalendervierteljahr folgenden Monats in einem Betrag bei der zentralen Stelle anzumelden und an diese abzuführen. ⁴Die Anmeldung nach Satz 3 ist nach amtlich vorgeschriebenem Vordruck abzugeben. ⁵Sie gilt als Steueranmeldung im Sinne der Abgabenordnung.

(4) ¹Eine Festsetzung der Zulage erfolgt nur auf besonderen Antrag des Zulageberechtigten. ²Der Antrag ist schriftlich innerhalb eines Jahres nach Erteilung der Bescheinigung nach § 92 durch den Anbieter vom Antragsteller an den Anbieter zu richten. ³Der Anbieter leitet den Antrag der zentralen Stelle zur Festsetzung zu. ⁴Er hat dem Antrag eine Stellungnahme und die zur Festsetzung erforderlichen Unterlagen beizufügen. ⁵Die zentrale Stelle teilt die Festsetzung auch dem Anbieter mit. ⁶Im Übrigen gilt Absatz 3 entsprechend.

BStBl I 04, 1065 – Steuerliche Förderung der privaten Altersvorsorge und betrieblichen Altersversorgung (Rn 143 ff – Verfahrensfragen; Rn 148 ff – Festsetzungsfrist)

1 Die Zulage wird nur auf Antrag (§ 89) gewährt. Wird in dem Antrag auf Zulage keine maßgebende Bemessungsgrundlage zur Ermittlung des Mindesteigenbeitrags angegeben (§ 89 II 1c), werden die diesbezüglichen Daten von der zentralen Stelle bei dem zuständigen Träger der gesetzlichen Rentenversicherung erhoben und der Berechnung des Mindesteigenbeitrags zugrunde gelegt (§ 91 I 1). Die Änderung in § 90 ist insoweit eine Folgeänderung zu der neu eingefügten Regelung in § 91 I 1.

2 Die Festsetzungsfrist für die Rückforderung der Zulage nach § 90 III sowie für die Aufhebung, Änderung oder Berichtigung der Zulagefestsetzung nach einer Festsetzung iSd § 90 IV beginnt nach § 170 III AO nicht vor Ablauf des Jahres, in dem der Antrag nach § 89 gestellt worden ist.[1]

§ 90a

(weggefallen)

§ 91 Datenerhebung und Datenabgleich

(1) ¹Für die Berechnung und Überprüfung der Zulage sowie die Überprüfung des Vorliegens der Voraussetzungen des Sonderausgabenabzugs nach § 10a übermitteln die Träger der gesetzlichen Rentenversicherung, die Bundesagentur für Arbeit, die Meldebehörden, die Familienkassen und die Finanzämter der zentralen Stelle auf Anforderung die bei ihnen vorhandenen Daten nach § 89 Abs. 2 durch Datenfernübertragung; für Zwecke der Berechnung des Mindesteigenbeitrags für ein Beitragsjahr darf die zentrale Stelle bei den Trägern der gesetzlichen Rentenversicherung die beitragspflichtigen Einnahmen erheben, sofern diese nicht vom Anbieter nach § 89 übermittelt worden sind. ²Für Zwecke der Überprüfung nach Satz 1 darf die zentrale Stelle die ihr übermittelten Daten mit den ihr nach § 89 Abs. 2 übermittelten Daten automatisiert abgleichen. ³Führt die Überprüfung zu einer Änderung der ermittelten oder festgesetzten Zulage, ist dies dem Anbieter mitzuteilen. ⁴Ergibt die Überprüfung eine Abweichung von dem in der Steuerfestsetzung berücksichtigten Sonderausgabenabzug nach § 10a oder der gesonderten Feststellung nach § 10a Abs. 4, ist dies dem Finanzamt mitzuteilen; die Steuerfestsetzung oder die gesonderte Feststellung ist insoweit zu ändern.

---

[1] BMF BStBl I 04, 1065 Rn 148 ff.

(2) ¹Die zuständige Stelle hat der zentralen Stelle die Daten nach § 10a Abs. 1 Satz 1 zweiter Halbsatz bis zum 31. März des dem Beitragsjahr folgenden Kalenderjahres durch Datenfernübertragung zu übermitteln. ²Liegt die Einwilligung nach § 10a Abs. 1 Satz 1 zweiter Halbsatz erst nach dem in Satz 1 genannten Meldetermin vor, hat die zuständige Stelle die Daten spätestens bis zum Ende des folgenden Kalendervierteljahres nach Erteilung der Einwilligung nach Maßgabe von Satz 1 zu übermitteln.

BMF BStBl I 05, 83 – Datenübermittlung zwischen der zentralen Stelle und der Familienkasse

§ 91 I 1 ist Voraussetzung für die Umsetzung des vereinfachten Zulageverfahrens nach § 89 Ia. Im Rahmen dieses Verfahrens wird dem Zulageberechtigten die **Möglichkeit** eingeräumt, **auf einen jährlich zu stellenden gesonderten Zulageantrag zu verzichten**. Der Zulageberechtigte beauftragt insoweit seinen Anbieter, für ihn per Datensatz die Zulage zu beantragen. Für die Ermittlung der zutr Zulage ist grds erforderlich, dass die zentrale Stelle Kenntnis von der Höhe der vom Zulageberechtigten im Vorjahr erzielten beitragspflichtigen Einnahmen hat. Im bisher geltenden Zulageverfahren hat der Zulageberechtigte diesen Wert in seinem Zulageantrag anzugeben. Entscheidet sich der Zulageberechtigte für das vereinfachte Zulageverfahren, entfällt die Abgabe eines gesonderten Zulageantrags und damit auch die Ergänzung des Zulageantrags um die Höhe der jeweiligen beitragspflichtigen Einnahmen durch den Zulageberechtigten. Ein Abruf der entspr Daten durch die zentrale Stelle (ZfA) bei den Trägern der gesetzlichen Rentenversicherung erfolgt nur, wenn der vom Anbieter übermittelte „Zulageantrag" keine Angaben zur Höhe der beitragspflichtigen Einnahmen enthält. Will der Zulageberechtigte, dass das geltende Zulageverfahren für ihn weiter zur Anwendung kommt, so braucht er lediglich einen entspr Zulageantrag auszufüllen und seinem Anbieter zu übersenden oder auf andere Weise seinem Anbieter die Höhe der von ihm erzielten beitragspflichtigen Einnahmen mitzuteilen; dh werden vom Zulageberechtigten im Zulageantrag weiterhin Eintragungen zur Höhe der beitragspflichtigen Einnahmen vorgenommen, erfolgt keine Datenerhebung durch die ZfA bei den gesetzlichen Rentenversicherungsträgern. Die Inanspruchnahme des vereinfachten Zulageverfahrens steht dem Berechtigen somit fakultativ offen.

1

Mit der **Verlängerung der Meldefrist** in § 92 II 1 wird eine praxisgerechtere Meldefrist festgelegt. Die Einfügung des neuen Satzes 2 ist eine Folgeänderung durch die Fristverlängerung zur Erteilung einer Einwilligung in § 10a I 1 HS 2, wonach diese nunmehr bis zum Ablauf des zweiten Kj, das auf das Beitragsjahr folgt, erteilt werden kann. Mit der Regelung wird sichergestellt, dass auch in diesen Fällen eine zeitnahe Datenübermittlung von der zuständigen Stelle vorgenommen wird.

2

§ 92 Bescheinigung

Der Anbieter hat dem Zulageberechtigten jährlich eine Bescheinigung nach amtlich vorgeschriebenem Vordruck zu erteilen über
1. die Höhe der im abgelaufenen Beitragsjahr geleisteten Altersvorsorgebeiträge,
2. die im abgelaufenen Beitragsjahr getroffenen, aufgehobenen oder geänderten Ermittlungsergebnisse (§ 90),
3. die Summe der bis zum Ende des abgelaufenen Beitragsjahres dem Vertrag gutgeschriebenen Zulagen,
4. die Summe der bis zum Ende des abgelaufenen Beitragsjahres geleisteten Altersvorsorgebeiträge und
5. den Stand des Altersvorsorgevermögens.

§ 92a Verwendung für eine eigenen Wohnzwecken dienende Wohnung im eigenen Haus

(1) ¹Der Zulageberechtigte kann das in einem Altersvorsorgevertrag gebildete und nach § 10a oder diesem Abschnitt geförderte Kapital in Höhe von insgesamt mindestens 10 000 Euro unmittelbar für die Anschaffung oder Herstellung einer zu eigenen Wohnzwecken dienenden Wohnung in einem im Inland belegenen eigenen Haus oder einer im Inland belegenen, zu eigenen Wohnzwecken dienenden, eigenen Eigentumswohnung verwenden (Altersvorsorge-Eigenheimbetrag). ²Insgesamt dürfen höchstens 50 000 Euro nach Satz 1 verwendet werden.

§ 92a

Eigenen Wohnzwecken dienende Wohnung

(2) ¹Der Zulageberechtigte hat den Altersvorsorge-Eigenheimbetrag bis zur Vollendung seines 65. Lebensjahres beginnend mit dem zweiten auf das Jahr der Verwendung folgenden Jahr auf einen von ihm im Zeitpunkt der Verwendung zu bestimmenden Altersvorsorgevertrag in monatlich gleichen Raten jeweils am ersten Tag eines Monats zurückzuzahlen. ²Zahlungen auf diesen Altersvorsorgevertrag gelten bis zur Höhe dieser Monatsraten als zur Erfüllung der Rückzahlungsverpflichtung geleistet. ³Eine darüber hinausgehende Rückzahlung ist zulässig. ⁴Als Zeitpunkt der Verwendung im Sinne des Satzes 1 gilt der Zeitpunkt der Auszahlung des Altersvorsorge-Eigenheimbetrags.

(3) Gerät der Zulageberechtigte mit der Rückzahlung von mehr als zwölf Monatsraten im Sinne des Absatzes 2 Satz 1 in Rückstand, sind die auf den nicht zurückgezahlten Altersvorsorge-Eigenheimbetrag entfallenden Zulagen und die nach § 10a Abs. 4 gesondert festgestellten Beträge zurückzuzahlen.

(4) ¹Dient die Wohnung dem Zulageberechtigten nicht nur vorübergehend nicht mehr zu eigenen Wohnzwecken, bevor er den Altersvorsorge-Eigenheimbetrag vollständig zurückgezahlt hat, ist Absatz 3 entsprechend anzuwenden. ²Dies gilt auch, wenn der Zulageberechtigte verstirbt, bevor er den Altersvorsorge-Eigenheimbetrag vollständig zurückgezahlt hat. ³Die Sätze 1 und 2 sind nicht anzuwenden, wenn

1. der Zulageberechtigte den nicht zurückgezahlten Altersvorsorge-Eigenheimbetrag innerhalb eines Jahres vor und eines Jahres nach Ablauf des Veranlagungszeitraums, in dem ihm die Wohnung letztmals zu eigenen Wohnzwecken gedient hat, für eine weitere Wohnung im Sinne des Absatzes 1 verwendet,
2. der Zulageberechtigte den nicht zurückgezahlten Altersvorsorge-Eigenheimbetrag innerhalb eines Jahres nach Ablauf des Veranlagungszeitraums, in dem ihm die Wohnung letztmals zu eigenen Wohnzwecken gedient hat, auf einen auf seinen Namen lautenden zertifizierten Altersvorsorgevertrag zurückzahlt oder
3. der Ehegatte des verstorbenen Zulageberechtigten Eigentümer der Wohnung im Sinne des Absatzes 1 ist, sie ihm zu eigenen Wohnzwecken dient und die Ehegatten im Zeitpunkt des Todes des Zulageberechtigten die Voraussetzungen des § 26 Abs. 1 erfüllt haben. ²In diesem Fall tritt der überlebende Ehegatte für die Anwendung der Absätze 2 bis 4 in die Rechtsstellung des Zulageberechtigten. ³Er hat einen Altersvorsorgevertrag für die weitere Rückzahlung zu bestimmen.

BMF BStBl I 04, 1065 – Steuerliche Förderung der privaten Altersvorsorge und betrieblichen Altersvorsorgung (Rn 131 ff – Altersvorsorge-Eigenheimbetrag)

Literatur: *Rieckhoff* Regulierungserfordernisse für die Einbindung der Wohnimmobilie in die zusätzliche Altersversorgung, DRV 07, 590; s auch den Literaturnachweis zu § 10a.

1 Der – und sei es zu einem früheren Zeitpunkt, zB auch der Ehegatte (§ 79 S 2) – Zulageberechtigte kann (s § 1 I 1 Nr 10c AltZertG) bei einem **Altersvorsorgevertrag zur privaten** (nicht zur betrieblichen) **Vorsorge** das nach § 10a oder Abschn XI EStG geförderte Kapital einschl der erwirtschafteten Erträge, Wertsteigerungen und Zulagen in bestimmtem betragsmäßigen Umfang **für wohnungswirtschaftliche Zwecke verwenden**.¹ Mit Blick auf eine sonst förderungsschädliche Auszahlung wird eine begünstigte Verwendung fingiert. Für die Beurteilung, ob der Mindestauszahlungsbetrag nach § 92a I (10 000 €) oder der höchstmögliche Auszahlungsbetrag (50 000 €) erreicht wurde, ist nur auf das geförderte Altersvorsorgevermögen abzustellen. Der entnommene Betrag ist unverzinst bis zur Vollendung des 65. Lebensjahres in monatlichen Raten zurückzuzahlen (§ 92a III), was den Anleger nicht hindert, daneben die Förderung nach § 10a oder mittels Zulage in Anspruch zu nehmen. Nicht gefördertes Kapital kann unbegrenzt ausgezahlt werden, wenn der Vertrag dies zulässt; in diesem Fall können die in der Auszahlung enthaltenen Erträge nach § 22 Nr 5 S 3 zu besteuern sein.

2 Das aus ein oder mehreren Altersvorsorgeverträgen (nicht: aus Pensionsfonds, Pensionskasse oder nicht zertifizierte Direktversicherung) entnommene Altersvorsorgekapital (mindestens 10 000 €, höchstens begrenzt auf 50 000 €), für das der StPfl die staatliche Förderung erhalten hat, muss unmittelbar – unverzüglich, ohne Zwischenanlage – zur **Anschaffung oder Herstellung eines begünstigten Objekts** – eine im Inland belegene, vom Zulageberechtigten zu eigenen Wohnzwecken genutzte Woh-

---

1 BMF BStBl I 04, 1065 Rn 131 ff.

nung, ein Haus oder eine Eigentumswohnung, auch entspr Miteigentum, das „aus eigenem Recht" bewohnt werden kann – verwendet werden: Der Zusammenhang mit der Anschaffung oder Herstellung eines Objekts fehlt bei der Entschuldung eines „Altobjekts".[1] Mit der Verwendung des Tatbestandsmerkmals „eigen" verweist das Gesetz auf das Erfordernis zivilrechtlichen oder wirtschaftlichen Eigentums; es gelten dieselben Rechtsgrundsätze wie bei der Auslegung des § 2 EigZulG. Die Wohnung darf nicht in vollem Umfang betrieblich oder beruflich genutzt oder unentgeltlich überlassen werden. Anders als in § 4 S 2 EigZulG ist die unentgeltiche Überlassung der Wohnung unentgeltlich an Angehörige iSd § 15 AO nicht erwähnt. Gleichwohl ist die Wohnnutzung durch ein einkommensteuerrechtlich zu berücksichtigendes Kind dem Eigentümer zuzurechnen.[2]

Der entnommene Betrag ist unverzinst in monatlichen gleich bleibenden Raten bis zur Vollendung des 65. Lebensjahres auf einen geförderten Altersvorsorgevertrag zurückzuzahlen; nicht notwendigerweise auf den Vertrag, aus dem der Altersvorsorge-Eigenheimbetrag entnommen worden war. Den Beginn der **Rückzahlung** regelt § 92a II.[3] Die Rückzahlungsbeträge können nicht erneut steuerlich gefördert werden (§ 82 IV). **Zahlungsverzug** mit mehr als 12 Monatsraten gilt als schädliche Verwendung (**§ 92a III**). 3

Beendet der Zulageberechtigte vor der vollständigen Rückzahlung des Altersvorsorge-Eigenheimbetrags die **Nutzung zu eigenen Wohnzwecken**, wird dies als schädliche Verwendung des noch nicht zurückgezahlten Betrags behandelt. Die auf den noch ausstehenden Rückzahlungsbetrag entfallenden Zulagen sowie die nach § 10a IV gesondert festgestellten Steuerermäßigungen sind zurückzuzahlen (§ 92a III). Die im noch ausstehenden Rückzahlungsbetrag enthaltenen Zuwächse (zB Zinserträge und Kursgewinne) sind als sonstige Einkünfte zu versteuern (§ 22 Nr 5 S 5 HS 1). Außerdem hat der Zulageberechtigte den Vorteil zu versteuern, der sich aus der zinslosen Nutzung des noch nicht zurückgezahlten Betrags ergibt. Zugrunde gelegt wird hierbei eine Verzinsung von 5 vH (Zins und Zinseszins) für jedes volle Kalenderjahr der Nutzung (§ 22 Nr 5 S 5 HS 2). Diese Folgen treten nicht ein, wenn er den noch nicht zurückgezahlten Betrag in ein Folgeobjekt investiert (**§ 92a IV S 3 Nr 1**) oder zugunsten eines auf seinen Namen lautenden zertifizierten Altersvorsorgevertrags einzahlt (§ 92a IV S 3 Nr 2). 4

Wird das **selbstgenutzte Objekt verkauft**, vermietet oder hat die **Aufgabe der Selbstnutzung** andere Gründe, kann der StPfl den noch nicht zurückgezahlten Betrag entweder innerhalb einer gesetzlichen Frist in ein Folgeobjekt investieren oder in einer Summe in einen frei bestimmbaren Altersvorsorgevertrag einzahlen (**§ 92a IV**). Ist der förderschädliche Tatbestand verwirklicht, wird der Zulageberechtigte so behandelt, als ob er den noch nicht zurückgezahlten Betrag förderschädlich aus einem Altersvorsorgevertrag entnommen hätte (§ 92a III, § 22 Nr 5 S 5). Auch der bislang genutzte Zinsvorteil ist „nachzuversteuern". 5

Beim **Tod des Zulageberechtigten** ist grds der Teil der staatlichen Förderung zurückzuzahlen, der auf den noch offenen Rückzahlungsbetrag entfällt (**§ 92a IV 2**). Diese Verpflichtung des Zulageberechtigten geht auf den Erben über. Wie im Falle der Vererbung eines Teils des Altersvorsorgekapitals unterbleiben Rückzahlung und Versteuerung (§ 92a IV 3 Nr 3), wenn der **überlebende Ehegatte** Eigentümer der vom Verstorbenen selbst genutzten Wohnung wird, die Wohnung auch vom überlebenden Ehegatten zu eigenen Wohnzwecken genutzt wird, im Zeitpunkt des Todes die Voraussetzungen des § 26 I vorgelegen haben und der überlebende Ehegatte den Altersvorsorge-Eigenheimbetrag weiter in einen Altersvorsorgevertrag zurückzahlt (im Einzelnen § 92a IV Nr 3 S 4). 6

§ 92b Verfahren bei Verwendung für eine eigenen Wohnzwecken dienende Wohnung im eigenen Haus

(1) ¹Der Zulageberechtigte hat die Verwendung nach § 92a bei der zentralen Stelle zu beantragen und dabei die notwendigen Nachweise zu erbringen. ²Er hat zu bestimmen,
1. aus welchen Altersvorsorgeverträgen welche Beträge ausgezahlt werden sollen und
2. auf welchen Altersvorsorgevertrag die Rückzahlung nach § 92a Abs. 2 erfolgen soll.

---

[1] BMF BStBl I 04, 1065 Rn 134.
[2] Vgl – zu § 10e – BFH BStBl II 94, 544; **aA** BMF BStBl I 04, 1065 Rn 135: die unentgeltliche Überlassung an Angehörige iSd § 15 AO dient ebenfalls nicht den eigenen Wohnzwecken des Zulageberechtigten; zu § 4 S 2 EigZulG Wacker EigZulG³ § 4 Rn 6f.
[3] Zu Einzelheiten BMF BStBl I 04, 1065 Rn 137 ff.

(2) ¹Die zentrale Stelle teilt dem Zulageberechtigten und den Anbietern der in Absatz 1 Nr. 1 genannten Altersvorsorgeverträge mit, welche Beträge förderunschädlich ausgezahlt werden können. ²Sie teilt dem Zulageberechtigten und dem Anbieter des in Absatz 1 Nr. 2 genannten Altersvorsorgevertrages mit, welche Beträge der Zulageberechtigte nach § 92a Abs. 2 zurückzuzahlen hat.

(3) ¹Die Anbieter der in Absatz 1 Nr. 1 genannten Altersvorsorgeverträge dürfen den Altersvorsorge-Eigenheimbetrag auszahlen, sobald sie die Mitteilung nach Absatz 2 erhalten haben. ²Sie haben der zentralen Stelle nach amtlich vorgeschriebenem Datensatz durch amtlich bestimmte Datenfernübertragung Folgendes anzuzeigen:
1. den Auszahlungszeitpunkt,
2. die Summe der bis zum Auszahlungszeitpunkt dem Altersvorsorgevertrag gutgeschriebenen Zulagen,
3. die Summe der bis zum Auszahlungszeitpunkt geleisteten Altersvorsorgebeiträge und
4. den Stand des geförderten Altersvorsorgevermögens im Zeitpunkt der Auszahlung.

(4) Der Anbieter des in Absatz 1 Nr. 2 genannten Altersvorsorgevertrages hat die zentrale Stelle unverzüglich zu benachrichtigen, wenn der Zulageberechtigte mit der Rückzahlung des Altersvorsorge-Eigenheimbetrags mit mehr als zwölf Monatsraten in Rückstand geraten ist, und ihr den nicht zurückgezahlten Betrag mitzuteilen.

(5) ¹Die zentrale Stelle unterrichtet das für den Zulageberechtigten zuständige Finanzamt darüber, für welche Wohnung im Sinne des § 92a Abs. 1 der Zulageberechtigte einen Altersvorsorge-Eigenheimbetrag verwendet hat. ²Das Finanzamt benachrichtigt die zentrale Stelle, wenn die Voraussetzungen des § 92a Abs. 1 nicht oder nicht mehr erfüllt sind. ³In den Fällen des § 92a Abs. 3 und 4 Satz 1 und 2 unterrichtet die zentrale Stelle das zuständige Finanzamt über die Besteuerungsgrundlagen. ⁴Im Übrigen gilt § 94 Abs. 2 entsprechend.

1 S hierzu BMF BStBl I 04, 1065 Rn 136: Der Zulageberechtigte hat dem Antrag auf Auszahlung von gefördertem Altersvorsorgevermögen für eine Verwendung iSd § 92a Unterlagen beizufügen, aus denen insbes Eigentumsverschaffung, Art und Lage der begünstigten Wohnung (zB Grundstückskaufvertrag) sowie der zeitliche Zusammenhang der beantragten Auszahlung mit der Anschaffung oder Herstellung der Wohnung (zB Finanzierungsplan) ersichtlich sind. Beizufügen ist auch eine Erklärung über die Nutzung der Wohnung zu eigenen Wohnzwecken.

§ 93 Schädliche Verwendung

(1) ¹Wird gefördertes Altersvorsorgevermögen nicht unter den in § 1 Abs. 1 Satz 1 Nr. 4 und 10 Buchstabe c des Altersvorsorgeverträge-Zertifizierungsgesetzes oder § 1 Abs. 1 Satz 1 Nr. 4, 5 und 10 Buchstabe c des Altersvorsorgeverträge-Zertifizierungsgesetzes in der bis zum 31. Dezember 2004 geltenden Fassung genannten Voraussetzungen an den Zulageberechtigten ausgezahlt (schädliche Verwendung), sind die auf das ausgezahlte geförderte Altersvorsorgevermögen entfallenden Zulagen und die nach § 10a Abs. 4 gesondert festgestellten Beträge (Rückzahlungsbetrag) zurückzuzahlen. ²Dies gilt auch bei einer Auszahlung nach Beginn der Auszahlungsphase (§ 1 Abs. 1 Nr. 2 des Altersvorsorgeverträge-Zertifizierungsgesetzes) und bei Auszahlungen im Falle des Todes des Zulageberechtigten. ³Eine Rückzahlungsverpflichtung besteht nicht für den Teil der Zulagen und der Steuerermäßigung,
a) der auf nach § 1 Abs. 1 Satz 1 Nr. 2 des Altersvorsorgeverträge-Zertifizierungsgesetzes angespartes gefördertes Altersvorsorgevermögen entfällt, wenn es in Form einer Hinterbliebenenrente an die dort genannten Hinterbliebenen ausgezahlt wird; dies gilt auch für Leistungen im Sinne des § 82 Abs. 3 an Hinterbliebene des Steuerpflichtigen;
b) der den Beitragsanteilen zuzuordnen ist, die für die zusätzliche Absicherung der verminderten Erwerbsfähigkeit und eine zusätzliche Hinterbliebenenabsicherung ohne Kapitalbildung verwendet worden sind;
c) der auf gefördertes Altersvorsorgevermögen entfällt, das im Falle des Todes des Zulageberechtigten auf einen auf den Namen des Ehegatten lautenden Altersvorsorgevertrag übertragen wird, wenn die Ehegatten im Zeitpunkt des Todes des Zulageberechtigten die Voraussetzungen des § 26 Abs. 1 erfüllt haben.

(1a) ¹Die Verpflichtung nach Absatz 1 Satz 1 entfällt auch, soweit im Rahmen der Regelung der Scheidungsfolgen eine Übertragung des geförderten Altersvorsorgevermögens auf einen Altersvorsorgevertrag des ausgleichsberechtigten Ehegatten erfolgt, zu Lasten des geförderten Vertrages mit einem öffentlich-rechtlichen Versorgungsträger für den ausgleichsberechtigten Ehegatten Rentenanwartschaften in der gesetzlichen Rentenversicherung begründet werden oder das Kapital aus einem geförderten Vertrag entnommen und von dem ausgleichsberechtigten Ehegatten unmittelbar auf einen auf seinen Namen lautenden Altersvorsorgevertrag eingezahlt wird. ²Einer Übertragung steht die Abtretung des geförderten Altersvorsorgevermögens im Rahmen der Regelung der Scheidungsfolgen gleich. ³Wird von dem berechtigten früheren Ehegatten dieses Altersvorsorgevermögen schädlich verwendet, gilt Absatz 1 Satz 1 sinngemäß für die darin enthaltenen Zulagen und die anteilig nach § 10a Abs. 4 gesondert festgestellten Beträge.

(2) ¹Die Übertragung von gefördertem Altersvorsorgevermögen auf einen anderen auf den Namen des Zulageberechtigten lautenden Altersvorsorgevertrag (§ 1 Abs. 1 Satz 1 Nr. 10 Buchstabe b des Altersvorsorgeverträge-Zertifizierungsgesetzes) stellt keine schädliche Verwendung dar. ²Dies gilt sinngemäß in den Fällen des § 4 Abs. 2 und 3 des Betriebsrentengesetzes, wenn das geförderte Altersvorsorgevermögen auf eine der in § 82 Abs. 2 Buchstabe a genannten Einrichtungen der betrieblichen Altersversorgung zum Aufbau einer kapitalgedeckten betrieblichen Altersversorgung übertragen und eine lebenslange Altersversorgung im Sinne des § 1 Abs. 1 Satz 1 Nr. 4 des Altersvorsorgeverträge-Zertifizierungsgesetzes oder § 1 Abs. 1 Satz 1 Nr. 4 und 5 des Altersvorsorgeverträge-Zertifizierungsgesetzes in der bis zum 31. Dezember 2004 geltenden Fassung vorgesehen wird. ³In den übrigen Fällen der Abfindung von Anwartschaften der betrieblichen Altersversorgung gilt dies, soweit das geförderte Altersvorsorgevermögen zugunsten eines auf den Namen des Zulageberechtigten lautenden Altersvorsorgevertrages geleistet wird.

(3) ¹Auszahlungen zur Abfindung einer Kleinbetragsrente zu Beginn der Auszahlungsphase gelten nicht als schädliche Verwendung. ²Eine Kleinbetragsrente ist eine Rente, die bei gleichmäßiger Verrentung des gesamten zu Beginn der Auszahlungsphase zur Verfügung stehenden Kapitals eine monatliche Rente ergibt, die 1 Prozent der monatlichen Bezugsgröße nach § 18 des Vierten Buches Sozialgesetzbuch nicht übersteigt. ³Bei der Berechnung dieses Betrags sind alle bei einem Anbieter bestehenden Verträge des Zulageberechtigten insgesamt zu berücksichtigen, auf die nach diesem Abschnitt geförderte Altersvorsorgebeiträge geleistet wurden.

BMF BStBl I 04, 1065 – Steuerliche Förderung der privaten Altersvorsorge und betrieblichen Altersversorgung (Rn 103 ff – Schädliche Verwendung von Altersvorsorgevermögen)

Literatur: S den Literaturnachweis zu § 10a.

Soweit gefördertes – Gegensatz: nicht gefördertes[1] – Altersvorsorgevermögen **nicht** gem § 1 I AltZertG entsprechend ausgezahlt wird, liegt eine **schädliche Verwendung** vor[2]. In § 93 I 1, 2 ist geregelt, wann es zu einer schädlichen Verwendung kommt; ab S 3 ist bestimmt, wie eine schädliche Verwendung vermieden werden kann. Rechtsfolgen sind die Rückzahlung der Förderung und die Besteuerung nach § 22 Nr 5 S 3, 4.[3] Eine Ausnahme von der Rückzahlungsverpflichtung normiert das AltEinkG hinsichtlich der Beitragsanteile, die für die zusätzliche **Absicherung der verminderten Erwerbsfähigkeit** und eine zusätzliche Absicherung von Hinterbliebenen ohne Kapitalbildung verwendet worden sind (sog Risikobeiträge). Die für den **Altersvorsorge-Eigenheimbetrag** förderschädlichen Tatbestände (Aufgabe der Selbstnutzung und Zahlungsverzug) sind in **§ 92a** geregelt. Keine schädliche Verwendung ist die Übertragung von Kapital auf einen anderen Altersvorsorgevertrag (§ 93 I 3). Sie liegt aber vor, wenn das steuerlich geförderte Altersvorsorgevermögen nicht an den Zulageberechtigten als Leibrente, im Rahmen eines – ggf modifizierten (§ 1 I 1 Nr 5 AltZertG) – Auszahlungsplans oder zur Verwendung für eine selbst genutzte Wohnung ausgezahlt wird. **Schädlich** ist (vorbehaltlich des § 92a) insbes die **kapitalisierte Auszahlung** des Altersvorsorgevermögens. Der Zulageberechtigte hat die auf das ausgezahlte Altersvorsorgevermögen entfallenden Zulagen sowie den entspr Anteil der gesondert festgestellten Steuerermäßigung zurückzuzahlen. Außerdem sind die im ausgezahlten Kapital enthaltenen Erträge und – systemwidrig (s § 22 Rn 40) – Wertsteigerungen zu versteuern (§ 22 Nr 5 S 4). Wird nur ein Teil des Altersvorsorgekapi-

---

1 BMF BStBl I 04, 1065, Rn 88 ff, 109, 125 f.
2 Beispiele BMF BStBl I 04, 1065, Rn 110.
3 Zu den Möglichkeiten und Folgen der schädlichen Verwendung ausf BMF BStBl I 02, 767 Rn 107 ff.

tals schädlich verwendet, treten die genannten Rechtsfolgen anteilig ein. Einen besonderen Tarif gibt es für die steuerliche Nachbelastung nicht.

2 Eine schädliche Verwendung mit der Rechtsfolge der Rückzahlungsverpflichtung und der Versteuerung nach § 22 Nr 5 S 5 ff liegt vor, wenn der Zulageberechtigte die **Selbstnutzung des Objekts aufgibt** und nicht gem. § 92a verfährt. Die selben Rechtsfolgen treten ein, wenn der Zulageberechtigte mit der Rückzahlung des Altersvorsorge-Eigenheimbetrags mir mehr als 12 Monatsraten in Rückstand gerät (§ 92a III). Er wird so behandelt, als wenn er den noch nicht zurückgezahlten Betrag aus einem Altersvorsorgevertrag entnommen hätte. Der noch nicht zurückgezahlte Betrag wird fiktiv mit 5 vH verzinst; den sich daraus ergebenden fiktiven Ertrag hat der Zulageberechtigte als sonstige Einkünfte zu versteuern.

2a § 93a idF des AltEinkG berücksichtigt die Übertragung des geförderten Altersvorsorgevermögens im Rahmen der Regelung von **Scheidungsfolgen**. Wird das übertragene Altersvorsorgevermögen später vom ausgleichsberechtigten Ehegatten schädlich verwendet, hat dieser die darin enthaltenen Zulagen und Steuervorteile zurückzuzahlen; es kommt nicht darauf an, ob er selbst die Fördervoraussetzungen erfüllt hat oder nicht.

3 Wird beim **Tod des Zulageberechtigten** vertragsgemäß das noch vorhandene Kapital an die Erben ausgezahlt, ist dies eine schädliche Verwendung (§ 93 I 5). Indes kann der überlebende Ehegatte (wohl auch miterbende Kinder, str; nicht aber andere Erben) das Altersvorsorgekapital auf einen auf seinen Namen lautenden Altersvorsorgevertrag übertragen (§ 93 I 6).[1] Keine schädliche Verwendung liegt vor bei der Auszahlung einer vom Zulageberechtigten abgeschlossenen Hinterbliebenenversicherung.

4 Keine schädliche Verwendung liegt nach näherer Maßgabe des § **93 III** (vgl § 3 II BetrAVG) vor, wenn eine sog **Kleinbetragsrente**[2] zu Beginn der Auszahlungsphase in einem Betrag abgefunden wird. Diese Vorschrift trägt dem Umstand Rechnung, dass die lebenslange Auszahlung kleiner Beträge mit einem unverhältnismäßigen Aufwand für die Anbieter verbunden ist. § 93 III 3 soll Missbrauch verhindern.

§ 94 Verfahren bei schädlicher Verwendung

(1) [1]In den Fällen des § 93 Abs. 1 hat der Anbieter der zentralen Stelle vor der Auszahlung des geförderten Altersvorsorgevermögens die schädliche Verwendung nach amtlich vorgeschriebenem Datensatz durch amtlich bestimmte Datenfernübertragung anzuzeigen. [2]Die zentrale Stelle ermittelt den Rückzahlungsbetrag und teilt diesen dem Anbieter durch Datensatz mit. [3]Der Anbieter hat den Rückzahlungsbetrag einzubehalten, mit der nächsten Anmeldung nach § 90 Abs. 3 anzumelden und an die zentrale Stelle abzuführen. [4]Der Anbieter hat die einbehaltenen und abgeführten Beträge der zentralen Stelle nach amtlich vorgeschriebenem Datensatz durch amtlich bestimmte Datenfernübertragung mitzuteilen und diese Beträge sowie die dem Vertrag bis zur schädlichen Verwendung gutgeschriebenen Erträge dem Zulageberechtigten zu bescheinigen. [5]In den Fällen des § 93 Abs. 3 gilt Satz 1 entsprechend.

(2) [1]Eine Festsetzung des Rückzahlungsbetrags erfolgt durch die zentrale Stelle auf besonderen Antrag des Zulageberechtigten oder sofern die Rückzahlung nach Absatz 1 ganz oder teilweise nicht möglich oder nicht erfolgt ist. [2]§ 90 Abs. 4 Satz 2 bis 6 gilt entsprechend. [3]Im Rückforderungsbescheid sind auf den Rückzahlungsbetrag die vom Anbieter bereits einbehaltenen und abgeführten Beträge nach Maßgabe der Bescheinigung nach Absatz 1 Satz 4 anzurechnen. [4]Der Zulageberechtigte hat den verbleibenden Rückzahlungsbetrag innerhalb eines Monats nach Bekanntgabe des Rückforderungsbescheids an die zuständige Kasse zu entrichten. [5]Die Frist für die Festsetzung des Rückzahlungsbetrags beträgt vier Jahre und beginnt mit Ablauf des Kalenderjahres, in dem die Auszahlung im Sinne des § 93 Abs. 1 erfolgt ist.

BMF BStBl I 04, 1065 – Steuerliche Förderung der privaten Altersvorsorge und betrieblichen Altersversorgung (Rn 111 ff – Folgen der schädlichen Verwendung)

Literatur: S den Literaturnachweis zu § 10a.

Änderung im Verfahren der Datenübermittlung durch das JStG 2008

---

1 Zur Übertragung begünstigten Altersvorsorgevermögens auf den überlebenden Ehegatten BMF BStBl I 04, 1065 Rn 121 ff.

2 Ausf BMF BStBl I 04, 1065, Rn 105 ff.

§ 95 Beendigung der unbeschränkten Einkommensteuerpflicht des Zulageberechtigten

(1) Endet die unbeschränkte Steuerpflicht des Zulageberechtigten durch Aufgabe des inländischen Wohnsitzes oder gewöhnlichen Aufenthalts oder wird für das Beitragsjahr kein Antrag nach § 1 Abs. 3 gestellt, gelten die §§ 93 und 94 entsprechend.

(2) ¹Auf Antrag des Zulageberechtigten ist der Rückzahlungsbetrag (§ 93 Abs. 1 Satz 1) zunächst bis zum Beginn der Auszahlung (§ 1 Abs. 1 Nr. 2 des Altersvorsorgeverträge-Zertifizierungsgesetzes) zu stunden. ²Die Stundung ist zu verlängern, wenn der Rückzahlungsbetrag mit mindestens 15 Prozent der Leistungen aus dem Altersvorsorgevertrag getilgt wird. ³Stundungszinsen werden nicht erhoben. ⁴Die Stundung endet, wenn das geförderte Altersvorsorgevermögen nicht unter den in § 1 Abs. 1 Satz 1 Nr. 4 des Altersvorsorgeverträge-Zertifizierungsgesetzes genannten Voraussetzungen an den Zulageberechtigten ausgezahlt wird. ⁵Der Stundungsantrag ist über den Anbieter an die zentrale Stelle zu richten. ⁶Die zentrale Stelle teilt ihre Entscheidung auch dem Anbieter mit.

(3) ¹Wird in den Fällen des Absatzes 1 die unbeschränkte Steuerpflicht erneut begründet oder der Antrag nach § 1 Abs. 3 gestellt, ist bei Stundung des Rückzahlungsbetrags dieser von der zentralen Stelle zu erlassen. ²Wird die unbeschränkte Steuerpflicht des Zulageberechtigten nach einer Entsendung im Sinne des § 4 des Vierten Buches Sozialgesetzbuch, nach überstaatlichem oder zwischenstaatlichem Recht oder nach einer Zuweisung im Sinne des § 123a des Beamtenrechtsrahmengesetzes erneut begründet, ist die Zulage für die Kalenderjahre der Entsendung unter den Voraussetzungen der §§ 79 bis 87 und 89 zu gewähren. ³Die Zulagen sind nach amtlich vorgeschriebenem Vordruck bis zum Ablauf des zweiten Kalenderjahres zu beantragen, das auf das Kalenderjahr folgt, in dem letztmals keine unbeschränkte Steuerpflicht bestand.

BStBl I 04, 1065 – Steuerliche Förderung der privaten Altersvorsorge und betrieblichen Altersversorgung (Rn 127 ff – Beendigung der beschränkten StPfl); BStBl I 07, 709 – Vordruckmuster für den Zulageantrag Entsendung

Literatur: S den Literaturnachweis zu § 10a.

Bei **Beendigung der unbeschränkten EStPfl** treten grds die Folgen der schädlichen Verwendung ein, unabhängig davon, ob es zur Auszahlung aus dem Altersvorsorgevertrag kommt oder nicht. Die Vorschrift fingiert vorbehaltlich der Antragstellung nach § 1 III für den Fall der Beendigung der unbeschränkten Steuerpflicht – nach hM auch beim Wegzug in der Auszahlungsphase[1] – eine schädliche Verwendung unabhängig davon, ob es zur Auszahlung aus dem Altersvorsorgevertrag kommt oder nicht. Der Rückforderungsbetrag wird bis zum Beginn der Auszahlungsphase zinslos gestundet, wenn Altersvorsorgevermögen nicht vorzeitig ausgezahlt wird (§ 95 II). Mit Beginn der Auszahlung hat der Stpfl die gestundete Rückzahlungsverpflichtung mit 15 vH der ausgezahlten Altersvorsorgeleistungen zu tilgen.[2] Damit wird der endgültige Wechsel ins Ausland nicht schlechter behandelt als ein Verbleib im Inland. Bei Wiederbegründung des Wohnsitzes im Inland wird der Rückforderungsbetrag erlassen (§ 95 III 1). Für den Fall der **Entsendung** (§ 4 SGB IV) trifft § 95 III 2, 3 eine Sonderregelung.[3] 1

Die Regelung ist EU-rechtlich unter dem Gesichtspunkt der Freizügigkeit (Art 18 EV) ungeachtet der Auffassung des EuGH in der Rechtssache *Wielockx*[4] sowie ungeachtet des von der EU-Kommission eingeleiteten Vertragsverletzungsverfahrens[5] vertretbar.[6] Dem Gesetzgeber muss für eine Übergangsfrist die Möglichkeit belassen werden, für neuartige Fördermechanismen eine grenzüberschreitende Kohärenz herzustellen. Man kann schwerlich argumentieren, mit dem Abschluss des jeweiligen DBA sei jeweils auch – uU vor langer Zeit – die internationale Verteilungsgerechtigkeit in Bezug auf neue sozialpolitisch motivierte Steuervergünstigungen geregelt worden. Es ist eine sehr schlichte Fiktion zu behaupten, mit dem Abschluss dieser DBA hat die Bundesrepublik „auf die spätere Besteuerung aller im Ausland bezogenen Einkünfte verzichtet". Es ist 2

---

[1] BMF BStBl I 04, 1065 Rn 123; aA *Furtmayr* Das neue Altersvermögensgesetz, 2002, S 154 ff.
[2] S das Rechenbeispiel BMF BStBl I 04, 1065 Rn 127.
[3] Zur Möglichkeit des rückwirkenden Antrags BMF BStBl I 04, 1065 Rn 145.
[4] EuGHE 1995 I-2493.
[5] Kommission Mitteilung IP/06/21 v 13.1.06; hierzu *Wachter* ZErb 06, 288.
[6] **AA** *Schnitger* DStR 02, 1197; *Dautzenberg/Rinker* BB 02, 1945; zweifelnd *Pohl* IStR 02, 541. S auch *Wernsmann* FR 05, 1123.

indes fraglich, ob sich die Bundesrepublik hiermit und mit einer Berufung auf das Kohärenzprinzip vor dem EuGH durchsetzen könnte.[1] Allerdings ist die geltende Regelung problematisch, wenn und soweit die Förderung zurückgezahlt werden muss und der neue Wohnsitzstaat im EU-Inland die Altersrente besteuert.[2]

§ 96 Anwendung der Abgabenordnung, allgemeine Vorschriften

(1) [1]Auf die Zulagen und die Rückzahlungsbeträge sind die für Steuervergütungen geltenden Vorschriften der Abgabenordnung entsprechend anzuwenden. [2]Dies gilt nicht für § 163 der Abgabenordnung.

(2) [1]Der Anbieter haftet als Gesamtschuldner neben dem Zulageempfänger für die Zulagen und die nach § 10a Abs. 4 gesondert festgestellten Beträge, die wegen seiner vorsätzlichen oder grob fahrlässigen Pflichtverletzung zu Unrecht gezahlt, nicht einbehalten oder nicht zurückgezahlt worden sind. [2]Für die Inanspruchnahme des Anbieters ist die zentrale Stelle zuständig.

(3) Die zentrale Stelle hat auf Anfrage des Anbieters Auskunft über die Anwendung des Abschnitts XI zu geben.

(4) [1]Die zentrale Stelle kann beim Anbieter ermitteln, ob er seine Pflichten erfüllt hat. [2]Die §§ 193 bis 203 der Abgabenordnung gelten sinngemäß. [3]Auf Verlangen der zentralen Stelle hat der Anbieter ihr Unterlagen, soweit sie im Ausland geführt und aufbewahrt werden, verfügbar zu machen.

(5) Der Anbieter erhält vom Bund oder den Ländern keinen Ersatz für die ihm aus diesem Verfahren entstehenden Kosten.

(6) [1]Der Anbieter darf die im Zulageverfahren bekannt gewordenen Verhältnisse der Beteiligten nur für das Verfahren verwerten. [2]Er darf sie ohne Zustimmung der Beteiligten nur offenbaren, soweit dies gesetzlich zugelassen ist.

(7) [1]Für die Zulage gelten die Strafvorschriften des § 370 Abs. 1 bis 4, der §§ 371, 375 Abs. 1 und des § 376 sowie die Bußgeldvorschriften der §§ 378, 379 Abs. 1 und 4 und der §§ 383 und 384 der Abgabenordnung entsprechend. [2]Für das Strafverfahren wegen einer Straftat nach Satz 1 sowie der Begünstigung einer Person, die eine solche Tat begangen hat, gelten die §§ 385 bis 408, für das Bußgeldverfahren wegen einer Ordnungswidrigkeit nach Satz 1 die §§ 409 bis 412 der Abgabenordnung entsprechend.

1 Die amtliche Überschrift kennzeichnet die Vorschrift als **Verweisungs- und Generalnorm**. Die allg Vorschriften der AO über Steuervergütungen (§§ 37, 155 VI AO) werden – nach dem Vorbild insbes der § 15 EigZulG, des § 6 InvZulG 99, des § 14 II 5. VermBG – für „entsprechend" anwendbar erklärt. Da die AO auch für Steuervergütungen gilt, finden **sämtliche Bestimmungen der AO** Anwendung, insbes die Vorschriften über die örtliche Zuständigkeit, die Rückforderung (§ 37 II AO), Mitwirkungspflichten (§§ 150 ff AO), das Festsetzungs- und Feststellungsverfahren (§§ 155 ff AO), die Festsetzungsfrist[3] und das außergerichtliche Rechtsbehelfsverfahren. Für die Vollstreckung von Rückforderungsansprüchen gelten §§ 249 ff AO. Die Zulagen können nicht aus Billigkeitsgründen gewährt werden (vgl zB auch § 15 I 2 EigZulG). Dies schließt freilich die Stundung oder den Erlass eines Rückforderungsanspruchs insbes aus Gründen persönlicher Unbilligkeit nicht aus. § 96 II–VI regelt die verfahrensrechtliche Stellung des Anbieters. § 96 VII verweist zwecks Strafbewehrung der auf das materielle Steuerstrafrecht und diesbezügliche Verfahrensrechts der AO. Den Steuerstraftaten gleichgestellte Straftaten ist die ungerechtfertigte Erlangung von Altersvorsorgezulagen und der Versuch dazu.[4] Steuerordnungswidrigkeiten sind auch Ordnungswidrigkeiten nach § 97 VII.

---

1 Vgl *Richter* DVR 03, 488: die Zulässigkeit der Wegzugsbesteuerung ist ungewiss; *dies* IStR 06, 429; zum Problem einer Anpassung der DBA *Straub/Zwick* PiStB 04, 151; zur Frage grenzüberschreitender Beiträge bzw Rentenzahlungen *Risthaus* DB 04, 1383 (1385); *Näth* IStR 04, 284. Grundlegend Mitteilung der EU-Kommission KOM(2006) 825: Wegzugsbesteuerung und die Notwendigkeit einer Koordinierung der Steuerpolitiken der Mitgliedstaaten.
2 *Dorenkamp* StuW 01, 268.
3 BMF BStBl I 04, 1065, Rn 148 ff.
4 FinMin BadWü Nr 14 AStBV (St) 2006.

§ 97 Übertragbarkeit

¹Das nach § 10a oder Abschnitt XI geförderte Altersvorsorgevermögen einschließlich seiner Erträge, die geförderten laufenden Altersvorsorgebeiträge und der Anspruch auf die Zulage sind nicht übertragbar. ²§ 93 Abs. 1a und § 4 des Betriebsrentengesetzes bleiben unberührt.

BStBl I 04, 1065 – Steuerliche Förderung der privaten Altersvorsorge und betrieblichen Altersversorgung (Rn 141 f – Pfändungsschutz)

Gem § 97 sind das geförderte Altersvorsorgevermögen einschl der hierauf entfallenden Erträge und Wertzuwächse, die geförderten laufenden Altersvorsorgebeiträge und der Anspruch auf Zulage nicht übertragbar. Dieses Vermögen ist daher unpfändbar (§ 851 I ZPO). Der Pfändungsschutz erstreckt sich nicht auf Kapital, das auf nicht geförderten Beiträgen einschl der hierauf entfallenden Erträge und Wertzuwächse beruht. Der Pfändung des steuerlich nicht geförderten Altersvorsorgevermögens steht ein vertragliches Abtretungs- und Übertragungsverbot nicht entgegen. Im Fall einer Pfändung tritt insoweit keine schädliche Verwendung iSd § 93 ein. Eine Abtretung ist ausgeschlossen (§ 400 BGB). Die im Gesetz genannten Rechte (anders die nicht im Rahmen des § 10a geförderten Eigenbeträge) sollen – wie bei der gesetzlichen Rentenversicherung auch – dem Pfändungsschutz unterliegen. Die Hinzufügung des S 2 hat der Gesetzgeber des AltEinkG für notwendig erachtet, um für die in § 4 BetrAVG vorgesehenen Übertragungsmöglichkeiten klarzustellen, dass eine Übertragung von Altersvorsorgevermögen in diesen Fällen gesetzlich zulässig ist. **1**

Die in der Auszahlungsphase an den Vertragsinhaber zu leistenden Beträge unterliegen nicht dem Pfändungsschutz nach § 97. Insoweit sind ausschließlich die zivilrechtlichen Regelungen (zB §§ 850 ff ZPO) maßgeblich. **2**

§ 98 Rechtsweg

In öffentlich-rechtlichen Streitigkeiten über die auf Grund des Abschnitts XI ergehenden Verwaltungsakte ist der Finanzrechtsweg gegeben.

§ 99 Ermächtigung

(1) Das Bundesministerium der Finanzen wird ermächtigt, die Vordrucke für die Anträge nach den §§ 89 und 95 Abs. 3 Satz 3, für die Anmeldung nach § 90 Abs. 3 und für die in den §§ 92 und 94 Abs. 1 Satz 4 vorgesehenen Bescheinigungen und im Einvernehmen mit den obersten Finanzbehörden der Länder die Vordrucke für die nach § 10a Abs. 5 Satz 1 und § 22 Nr. 5 Satz 5 vorgesehenen Bescheinigungen und den Inhalt und Aufbau der für die Durchführung des Zulageverfahrens zu übermittelnden Datensätze zu bestimmen.

(2) ¹Das Bundesministerium der Finanzen wird ermächtigt, im Einvernehmen mit dem Bundesministerium für Arbeit und Soziales und dem Bundesministerium des Innern durch Rechtsverordnung mit Zustimmung des Bundesrates Vorschriften zur Durchführung dieses Gesetzes über das Verfahren für die Ermittlung, Festsetzung, Auszahlung, Rückzahlung und Rückforderung der Zulage sowie die Rückzahlung und Rückforderung der nach § 10a Abs. 4 festgestellten Beträge zu erlassen. ²Hierzu gehören insbesondere

1. Vorschriften über Aufzeichnungs-, Aufbewahrungs-, Bescheinigungs- und Anzeigepflichten des Anbieters,
2. Grundsätze des vorgesehenen Datenaustausches zwischen den Anbietern, der zentralen Stelle, den Trägern der gesetzlichen Rentenversicherung, der Bundesagentur für Arbeit, den Meldebehörden, den Familienkassen, den zuständigen Stellen und den Finanzämtern und
3. Vorschriften über Mitteilungspflichten, die für die Erteilung der Bescheinigungen nach § 22 Nr. 5 Satz 5 und § 92 erforderlich sind.

Auf der Rechtsgrundlage des § 99 II ist die VO zur Durchführung der steuerlichen Vorschriften des EStG zur Altersvorsorge (AltvDV) v 17.12.02 (BGBl I 02, 4544) ergangen. Diese richtet sich schwerpunktmäßig an die mit der praktischen Umsetzung der „Riester-Rente" befassten Institutionen wie die ZfA, die Anbieter von steuerliche geförderten Altersvorsorgeprodukten, bestimmte Verwaltungsbehörden (Besoldungsstelle/Familienkasse) und in eingeschränktem Umfang auch die **1**

Arbeitgeber.[1] Sie regelt die Grundsätze der Datenübermittlung (zu den zu übermittelnden Datensätzen BMF BStBl I 07, 700), Mitteilungs- und Anzeigepflichten, Einzelheiten über die Ermittlung, Festsetzung, Auszahlung, Rückforderung und Rückzahlung von Zulagen sowie Bescheinigungs-, Aufzeichnungs- und Aufbewahrungspflichten. Die Schreiben BMF BStBl I 05, 1017, BStBl I 06, 250, BStBl I 06, 513 betr Vordrucke für den Antrag auf Altersvorsorge.

---

1 *Myßen/Pieper* NWB Fach 3, 12473.

Stichwortverzeichnis

Die fetten Ziffern verweisen auf die Paragraphen,
die mageren auf die Randnummern; Einl = Einleitung.

Abbauberechtigung
– Absetzung für Substanzverringerung **7** 196
Abbaugenehmigung
– Absetzung für Substanzverringerung **7** 197
Abbauland 13 8; **13a** 10
– Entnahme **13** 56
– Nebenbetrieb **13** 19
Abbruchabsicht 6 123
– Absetzung für außergewöhnliche Abnutzung **7** 160
– Nutzungsdauer **7** 67
Abbruchkosten 24 62
– Betriebsausgaben **4** 252
– Gebäude **6** 122; **7** 140
– Herstellungskosten **6** 123
– Veräußerung **6b** 10
– Werbungskosten **21** 125
Abfallentsorgung
– Passivierung **5** 165
Abfärbetheorie 15 140; **18** 31, 34
– Betriebsaufspaltung **15** 87a; **18** 36
– Erbengemeinschaft **15** 236
– gemischte Tätigkeit **15** 68
– Gesellschafter **21** 161
– Gewerbesteuer **15** 140
– Halten einer Beteiligung **15** 140a
– Personengesellschaft **15** 3
– Rückwirkung **15** 140a
– Sachverhaltsgestaltung **Einl** 30
– Urlaubsvertreter **19** 100
– Verfassungsmäßigkeit **18** 35
Abfindung 3c 83; **15** 394; **17** 196; **34** 35; s.a. Kapital-abfindung
– Ablösung einer betrieblichen Rentenzahlungsverpflichtung **34** 18
– Altersteilzeit **3** 39
– Änderungskündigung **24** 11
– Anschaffungskosten **6** 51
– Arbeitnehmer **3** 38
– Arbeitszeitkonto **3** 191
– atypisch stille Gesellschaft **5** 77
– Auflösung des Dienstverhältnisses **24** 12
– Ausscheiden **16** 330
– Bergbau **3** 177
– Betriebsausgaben **4** 252
– Betriebseinnahmen **4** 251
– entgehende Mieteinnahmen **24** 18
– Entlassungsentschädigung **34** 18
– Erbe **17** 158
– Freibetragsanrechnung **14a** 10
– Geschäftsführer einer Komplementär-GmbH **24** 17
– Gesellschafter
  – Pensionsanspruch **24** 16
– Höfeordnung **16** 105
– Hoferbe/-übernehmer **14a** 8
– Kleinbetragsrente
  – schädliche Verwendung **93** 4
– lästiger Gesellschafter **16** 229; **17** 240

– Mietvertrag **24** 16
– Miterbe **16** 240
– Mitunternehmeranteil **16** 217
– Pensionsanspruch **49** 101
– Pensionsanwartschaft **6a** 20; **34** 45
– Pensionszusage **24** 16
– Rückzahlung **3c** 83; **14a** 8
– sonstige Bezüge **38a** 5
– Sozialplan **3** 27, 28; **34** 19
– Steuerabzug **50a** 33
– stille Gesellschaft **20** 186
– Umorientierungshilfe **24** 17
– Unterstützungskasse **4d** 40
– Veräußerung der stillen Beteiligung **20** 188
– Veräußerungsgewinn **4** 251
– verbilligte Miete **34** 19
– Versorgungsanspruch **24** 17
– Verzicht **16** 218
– Vorkaufsrecht **17** 240
– weichender Erbe **14a** 8
  – Freibetrag **14a** 6
– Witwen-/Witwerrente **3** 28
– Zuflusszeitpunkt **3** 39; **19** 131
Abfluss 11 63
– Aufwendungen **9** 12
– bargeldloser Zahlungsverkehr **11** 25
– Einnahme-Überschuss-Rechnung **4** 111
– Kreditkarte **11** 31
– Rückzahlung von Bestechungsgeldern **22** 37
– Scheck **11** 29
– Veräußerungskosten **6c** 6
– Verlustanteil **20** 189
– Vertreter **11** 21
– Wechsel **11** 33
Abflussprinzip 23 20; **33** 16
– Ausgaben **11** 2
– außergewöhnliche Belastung **33** 9
– Einnahme-Überschuss-Rechnung **4** 156
– regelmäßig wiederkehrende Ausgaben **11** 9
– Sonderausgaben **10** 2
– Überschusseinkünfte **49** 166
– Werbungskosten **19** 10
Abgekürzte Leibrente
– Begriff **22** 3
– Bemessungsgrundlage **22** 27b
– private Versorgungsrente **22** 14
Abgeltungsteuer 2 150a; **17** 1; **35** 5; **49** 110; **50d** 4, 7; **52** 4, 15
– Anrechnung ausländischer Steuern **32d** 10
– Anwendungszeitpunkt **32d** 3
– Back-to-Back-Finanzierung **32d** 19
– Beteiligung im Privatvermögen **20** 593, 671
– Beteiligungserträge **3** 139a
– Beteiligungsveräußerung **20** 551
– Darlehen/stille Gesellschaft **32d** 16
– Einkunftsart **43** 86
– frühere Verluste **20** 431
– Geleichheitssatz **20** 529
– Günstigerprüfung **32d** 38

Abgeordnete

- Investmentfonds **20** 681
- Kapitaleinkünfte **Einl** 14
- Kirchensteuer **20** 629; **32d** 12; **51a** 2
- Lebensversicherungsleistungen **32d** 20
- Management buy out **32d** 21
- missbräuchliche Gestaltungen **32d** 2
- nicht entnommener Gewinn **34a** 15
- Option **32d** 15, 22
- Option zum Teileinkünfteverfahren **20** 893
- Pauschalierung **37b** 31
- Pflichtveranlagung **32d** 26
- Sachzuwendungen **37b** 1
- Steuerbescheinigung **20** 626
- Steuersatz **43a** 22
- Subsidiaritätsregel **32d** 10
- Thesaurierungsbegünstigung **34a** 79
- unternehmerische Beteiligung **32d** 21
- Veräußerungsgewinn **17** 5, 20; **20** 728
- Verfassungsmäßigkeit **20** 542, 617
- Verlustausgleichsverbot **20** 516
- Wahlveranlagung **32d** 30
- Werbungskosten **32d** 1
- Werbungskosten-Abzugsverbot **20** 525
- Wertpapiere **17** 24
- wesentliche Beteiligung **32d** 18
- zusammenveranlagte Ehegatten **32d** 41

Abgeordnete
- Diäten **19** 150
- Dienstverhältnis **19** 100

Abgeordnetenbezüge 22 38
- beschränkte Steuerpflicht **49** 151
- DBA **49** 159

Ablaufhemmung
- Investitionsabzugsbetrag **7g** 59
- Lohnsteuer-Außenprüfung **42d** 12

Ablösung
- Erbbaurecht **21** 125
- Versorgungsrente **22** 18

Abnutzung s. Abschreibung

Abraumbeseitigung
- Aufwandsrückstellung **5** 165

Abrechnungsbescheid
- Anrechnungsverfügung **36** 39
- Bauabzugssteuer **48c** 10
- Einkommensteuer **36** 38
- Einkommensteuerbescheid **36** 40
- Einspruch **36** 38

Abrechnungsverpflichtung
- Passivierung **5** 165

Absatzbetrieb 13 16

Abschlagszahlung 11 53
- Bauabzugssteuer **48** 22
- Lohnsteuerabzug **39b** 13
- mehrjährige Tätigkeit **34** 47

Abschlussgebühr
- Anschaffungskosten **21** 113
- Bausparvertrag **5** 165; **9** 102; **19** 150; **20** 480; **21** 125
- Personenversicherung **10** 11a

Abschlusspfleger
- Minderjährige **15** 257

Abschlusszahlung
- Einkommensteuer **36** 33

Abschreibung s. a. Absetzung für Abnutzung; Teilwertabschreibung
- abnutzbare Wirtschaftsgüter **7** 51
- abschreibungsfähige Wirtschaftsgüter **7** 50
- Betriebsausgaben **4** 19, 252
- Forderungen **34c** 21
- Geschäftswert **6** 126
- Gestaltungsempfehlung **7** 5
- Nachholverbot **4** 243
- Praxiswert **18** 27
- Steueraufkommen **7** 10
- Tiere **13** 58

Abschreibungsgesellschaft Einl 31

Abschreibungsmethode
- Wahlrecht **7** 30, 180

Absetzung für Abnutzung 20 480; **23** 20; s. a. Abschreibung; Teilwertabschreibung
- AfA-Bemessungsgrundlage nach Einlage **7** 88
- Anlagevermögen **4** 157
- Anschaffungskosten **7** 59
- Arbeitsmittel **9** 326
- Aufwendungen **4** 143
- Ausbildungskosten **10** 34
- Bauten auf fremdem Grund und Boden **7** 17
- bebautes Grundstück **7** 61
- Beginn **7** 41
- Bemessungsgrundlage **7** 58
  - Rechtsnachfolger **7** 24
  - Überschussrechner **6** 194
- betriebsgewöhnliche Nutzungsdauer **7** 2, 67
- Betriebsvermögensvergleich
  - Tonnagesteuer **5a** 44
- Bewertungsfreiheiten **7** 4
- Bruchteils-/Quotennießbrauch **21** 65
- Buchnachweis **7** 32
- derivativer Geschäftswert **5** 80
- dingliches Nutzungsrecht **7** 13
- Eigentumswechsel bei Gebäude **7** 145
- Einheitlichkeit **7** 53
- Einkünfteermittlung **7** 1
- Einlage **6** 169
- Einnahme-Überschuss-Rechnung **4** 120
- Einzelbewertung **7** 34
- Ende **7** 44
- Erbbaurecht **7** 15
- fehlende Abnutzung **7** 46
- Fehlerberichtigung **7** 36
- Festbewertung **6** 113
- Gebäude **7** 61
  - Entnahme **4** 98
- Gemeinschaft **7** 14
- Gesellschafter **7** 14
- Halbjahres-AfA **7** 42
- Herstellungskosten **7** 59
- immaterielle Wirtschaftsgüter **7** 54, 76
- Investitionszuschuss **7** 64
- Leasing **7** 18
- Methodenwahlrecht **7** 180
- Miet- und Pachtvertrag **7** 16
- Mietereinbauten **7** 16
- Mietkaufvertrag **7** 19
- Nachholung **7** 36
- nachträgliche Anschaffungs-/Herstellungskosten **7** 63
- Nießbrauch **7** 20; **21** 61

– Nießbrauchsvermächtnis **16** 108
– obligatorisches Nutzungsrecht **7** 13
– private Lebensführung **7** 50
– pro rata temporis **7** 42
– Regelabschreibung **7** 3
– Reinvestitionsrücklage **6b** 34
– Rentenbarwert **22** 4
– Rentenstammrecht **22** 30
– Restwert **7** 60
– Schrottwert **7** 60
– Sonderabschreibung **7** 30; **7a** 27
– Sonderausgaben **10** 2
– Stilllegung **7** 52
– Teilwertabschreibung **7** 48
– Tiere **13** 58
– Überschusseinkünfte **9** 341
– unzutreffende Nutzungsdauer **7** 38
– Veräußerungsgewinn **16** 411; **49** 64
– Verlust **49** 64
– Werbungskosten **9** 340
– Wertvermittlungsverordnung **7** 61
– Wiederbeschaffungskosten **7** 59
– wirtschaftlicher Eigentümer **7** 13
– Wirtschaftsgut **7** 51
– Zuschuss **7** 60
Absetzung für außergewöhnliche Abnutzung 11 65
– Gebäude **7** 101
– Höhe **7** 102
– merkantiler Minderwert **7** 102
– technische Abnutzung
 – wirtschaftlicher Verbrauch **7** 100
– Teilwertabschreibung bei Gebäuden **7** 160
– Wahlrecht **7** 103
– Werbungskosten **9** 342
– Wertaufholung **7** 104
Absetzung für Substanzverringerung 7 196
– Abbaugenehmigung **7** 197
– abschreibungsfähiges Wirtschaftsgut **7** 197
– Anwendungsbereich **7** 195
– Beginn der Substanzausbeute **7** 206
– Bemessungsgrundlage **7** 205
– Kaufpreisaufteilung
 – Schätzung **7** 206
– Kiesvorkommen **6** 165
– persönliche Berechtigung **7** 200
– Wahlrecht **7** 200
Abspaltung
– Einbringung **16** 28
– Ergänzungsbilanz **15** 332
– Steuerverstrickung **17** 330
– Verlustverrechnungsverbot **15a** 76
Abstandszahlung 17 155; **21** 90, 125
– Aktivierung **5** 165
– Betriebsausgaben **4** 252
– Betriebseinnahmen **4** 251
– Mietvertrag **24** 18
– Nießbrauchsverzicht **17** 158
– Vertragsauflösung **24** 26
– vorweggenommene Erbfolge **14** 10; **16** 139
Abtastverfahren
– Nettolohnvereinbarung **39b** 18
Abtretung 20 405, 415
– Anschaffung
 – Rückübertragung **6** 34

– Anteilsveräußerung **20** 748
– Begriff **11** 43; **20** 383
– Direktversicherung **4b** 21, 23
– Einnahmen **8** 18
– Forderung **4** 251; **15** 404
– Gehaltsforderung **19** 150
– Gesellschaftsanteil **16** 221
– Kindergeldanspruch **74** 3
– Lohnsteuer-Jahresausgleich **42b** 2
– Miet-/Kapitalzinsforderungen **24** 60
– Veräußerung **20** 765, 790, 820
Abwasserbeseitigungsanlage
– Aktivierung **5** 165
– Erschließungskosten **6** 43
Abwehrkosten
– Betriebsausgaben **4** 252
– Werbungskosten **9** 68
Abweichendes Wirtschaftsjahr 11 65
– Betriebseinstellung **4** 7
– Gewerbebetrieb **4a** 7
– Gewinnaufteilung **4a** 15
– Halbeinkünfteverfahren **36** 2
– Investitionsabzugsbetrag **7g** 6
– Land- und Forstwirtschaft **4a** 6
– Missbrauch **4** 7
– Tarifbegrenzung **32c** 3
– Tarifermäßigung **35** 6
– Veräußerungsgewinn **4a** 15
Abwicklungsgesellschaft
– Fortsetzung der Gesellschaft **16** 238
Abwicklungsgewinn
– Auflösung **20** 101
Abzinsung 20 395
– Abschlussgebühr
 – Bausparvertrag **5** 165
– Begriff der Zinsen **4h** 32
– Darlehen **6** 148
– Fälligkeit **6** 148
– Forderung aus gekündigtem Bankdarlehen **6** 136
– Forderungen **6** 138
– Kaufpreisforderung **17** 184
– Kompensation **6** 140
– Rückstellung **5** 136; **6** 157, 158
– Schadensersatzforderung **5** 165
– Verbindlichkeiten **6** 148
– vorzeitige Kaufpreiszahlung **20** 480
Abzugsfähige Betriebsausgaben 4 142
Abzugssteuer 11 7
– Billigkeit **50d** 27
– Kapitaleinkünfte **49** 135
– Nettovereinbarung **50a** 35
– Steuersatz **50a** 34
– Zahlungsnachweis **50d** 15
Abzugsverbot 3c 1, 14; **12** 1; **20** 881
– Arbeitnehmer **4** 185
– Arbeitszimmer **4** 194
– Aufsichtsratsteuer
 – Umsatzsteuer **50a** 1
– Aufwandsersatz/Zuschüsse **3c** 83
– Ausbildungskosten **10** 27
– Belastungsprinzip **3c** 7
– Bestechungsgeld **4** 209
– dauernde Last **22** 20
– Dividende **3c** 2

1893

- Geldbuße 4 203
- gemischte Aufwendungen 4 23; 12 3
- Geschenke 4 172
  - Freigrenze 4 174
- Gewinnerzielungsabsicht 4 185
- GmbH & atypisch Still 3c 83
- Hinterziehungszinsen 4 207
- nebenberufliche Tätigkeit 3c 83
- negative Einkünfte
  - ESt-Vorauszahlung 37 31
- Ordnungs-/Verwarnungsgeld 4 203
- Organschaft 3c 83
- Pauschalierung 37b 31
- Privataufwendungen 4 214
- Repräsentationsaufwand 4 171
- Sachleistungen
  - Vorteilszuwendungen 4 211
- Schmiergeld 4 209
- Schuldzinsen 4 161
- Sparer-Pauschbetrag 20 534, 899
- steuerfreie Einnahmen 3c 5; 4 14
- steuerfreie Ersatzleistungen 3c 15
- Tageszeitung 4 252
- Veranlassungszusammenhang 3c 7
- verdeckte Gewinnausschüttung 20 72
- Verwarnungsgeld 4 204
- Werbungskosten/Sparer-Pauschbetrag 20 525
- Wertpapierleihgeschäft 3c 61
- Zeitpunkt 3c 38; 4 213
- Zwangsgeld 4 204

Adoption 33 100

Adoptivkind 32 2, 7
- Kinderbetreuungskosten 4f 22
- Kindergeldhöhe 66 1

Advance Pricing Agreement s. Verrechnungspreis

AfA s. Absetzung für Abnutzung; Teilwertabschreibung

AfA-Bemessungsgrundlage
- Erbauseinandersetzung 7 24
- Rechtsnachfolger 7 24
- vorweggenommene Erbfolge 7 24

AfA-Berechtigung
- Drittaufwand 7 26
- Hilfswert 7 62
- Vermächtnisnießbrauch 7 20
- Zuwendungsnießbrauch 7 20

AGG
- Entschädigung/Schadensersatz 24 17

Agio
- Kapitaleinkünfte 20 360
- Kapitalrücklage 17 43
- Lastenausgleich 3 61

AIDS 33 100
- Hilfen 3 224

Akkumulationsrücklage 6 177

Aktentasche
- Arbeitsmittel 9 327

Aktien 20 61; s.a. Belegschaftsaktien
- Anteilsveräußerung 6b 36
- Arbeitslohn 19 150
  - Zufluss 19 131
- Begriff 17 41
- Bewertung 6 134
- Bezugsrecht 6 51; 19a 28

- Dividendenkompensation 20 94
- Einziehung 17 141
  - Kapitalherabsetzung 17 205
- Gewinnverteilungsbeschluss 20 93
- Hedging 15 611
- Leerverkäufe 20 93
- Lohnsteuerhaftung
  - Stock Options 42d 22
- Übertragung gegen Versorgungsleistungen 22 11
- Veräußerung/Kapitalertragsteuer 43 68
- Veräußerungsverlust 20 521, 886
- Vermögensbeteiligung 19a 17
- wirtschaftlicher Eigentümer 20 92

Aktienfonds
- carried interest 15 129a

Aktiengesellschaft
- Anteilsveräußerung 17 40
- Gewerbebetrieb 15 135
- Vorsorgeaufwendungen
  - Vorstandsmitglied 10 20

Aktienoption 19 150; 34 51
- Lohnsteuerabzug 38 12
- mehrjährige Tätigkeit 34 45
- Veranlassungsprinzip
  - Zusammenhang, Zeitpunkt 19 120

Aktienrückkaufgarantie 20 121

Aktive Rechnungsabgrenzung 5 93
- Damnum/Disagio 6 145
- wesentliche Betriebsgrundlagen 16 57

Aktivierung 5 60
- Abfindung
  - lästiger Gesellschafter 16 229
- Abtretung
  - Beleihung 4b 21
- Anliegerbeiträge 5 166
- Anspruch
  - Rückdeckungsversicherung 5 165
- Betriebsgutachten
  - Betriebswerk 34b 5
- Betriebsverpachtung 5 162
- Dauerkultur 13 59
- Einzelnachweise 5 165
- Forstwirtschaft 13 65
- Kalamitätsholz 13 66
- nicht synallagmatische Forderung 5 85
- Sondervergütungen 15 393
- Steuerrecht 5 21
- Trägerunternehmen 4c 12
- Umsatzsteuer 9b 2
- Zeitpunkt 5 154
- Zeitverlust 6 139

Aktivierungsgebot
- derivativer Geschäftswert 5 77
- Dividendenansprüche 5 87
- Rechnungsabgrenzung 5 96
- Steuerrecht 5 13

Aktivierungsverbot 4b 1; 5 50, 60
- Direktversicherung 4b 21
- immaterielle Wirtschaftsgüter 5 21
- Sicherstellungsverpflichtung 4b 23

Aktivitätsklausel 2a 55

Aktivitätsvorbehalt
- Bauabzugssteuer **48** 8
- Betriebsstätte **2a** 25, 66
- stille Beteiligung **2a** 41

Alarmanlage
- Herstellungskosten **6** 60a

Alkohol
- Verzicht auf Schadensersatz **19** 150

Allein-Gesellschafter-Geschäftsführer 24
12; s.a. Gesellschafter-Geschäftsführer

Alleinerziehende 24b 2
- Entlastungsbetrag **2** 7; **24b** 1
- Kinderbetreuungskosten **4f** 1
- Lohnsteuerkarte **52** 3

Alleingesellschafter
- Vorwegabzug **10c** 4

Alleinstehende 35a 11; s.a. Ledige

Alleinvertriebsrecht
- Entschädigung **24** 16

Almosen 2 47

Altenheim 33a 8, 75
- Pflege-Pauschbetrag **33b** 21

Altenhilfe 33a 31

Altenpflegeheim 33 100

Altenteil
- Unterhaltsleistungen **22** 23
- Versorgungsleistungen **22** 13

Altenteilerwohnung 13 20
- Objektbegrenzung **13** 22
- Übertragung gegen Versorgungsleistungen **22** 11
- Unterhaltsleistungen **22** 16

Altenteilsleistungen
- Ehegatte **13** 43
- Ehegatten als Empfänger **22** 13a
- Hoferbe **13** 41
- Sonderausgaben **13** 43
- unentgeltliche Hofübergabe **13** 42
- Wirtschaftsüberlassungsvertrag **13** 39

Altenwohnheim 33a 75

Alternative Behandlungsmethode
- sittliche Verpflichtung **33** 56

Alterseinkünfte
- nachgelagerte Besteuerung **22** 40; **24** 1
- Vorsorgeaufwendungen **22** 27

Altersentlastungsbetrag 13 71; **24a** 1; **39b** 7
- außerordentliche Einkünfte **34** 57
- Bemessungsgrundlage **24a** 3
- beschränkte Steuerpflicht **24a** 2
- Ehegatten **24a** 8
- Ermittlung **24a** 7
- Freibeträge **24a** 6
- Leibrente **22** 27
- Zusammenveranlagung **26b** 10

Altersgrenze
- Betriebsaufgabe **34** 74
- Kinderbetreuungskosten **4f** 3, 12, 23
- Pensionsrückstellung **6a** 35

Altershilfe für Landwirte
- Beitrag **10** 13

Altersrente
- Hinterbliebenenrente **22** 27b
- Pensionsfonds **4e** 8
- Vorsorgepauschale **10c** 3

Altersteilzeit 3 82; **3b** 3; **86** 1
- Abfindungszeitpunkt **3** 39
- betriebliche Altersversorgung **3** 203
- Drohverlustrückstellung **5** 165
- gegenwärtiges Dienstverhältnis **19a** 11

Altersübergangsgeld 3 22
- Ausgleichsbetrag **3** 22

Altersvermögensgesetz
- Arbeitgeberbeitrag **3** 186

Altersversorgung 19 150
- Anwartschaft **10** 20
- Arbeitszeitkonto **3** 191
- Lohnsteuerpauschalierung **40b** 5
- nachgelagerte Besteuerung **3** 168
- Unisex-Tarif **10a** 4

Altersvorsorge
- Altverträge **10a** 8
- Arbeitgeber
  - juristische Person **10a** 3
- Arbeitgeberbeitrag
  - mehrere Dienstverhältnisse **3** 187
- begünstigte Produkte **10a** 4
- Berechnungsbeispiele **10a** 8
- Datenabgleich **10a** 3
- Ehegatten **10a** 7, 8
- Einkommensgrenze **10a** 1
- Erbe **10a** 4
- EU-Parlamentsmitglied **22** 38
- Grund-/Kinderzulage **83**
- Günstigerprüfung **10a** 6
- Herstellungskosten **6** 74
- Höchstbetrag **10** 23
- Lebensversicherung **20** 270
- nachgelagerte Besteuerung **10** 12
- Personenkreis **10a** 3
- Portabilität **22** 27
- regelmäßig wiederkehrende Ausgaben **10a** 6
- Selbstständige **10** 20
- Sonderausgaben
  - Zulage **10a** 1
- Übertragbarkeit
  - Vererbbarkeit **10** 14
- unbeschränkte Steuerpflicht **10a** 3
- Verfassungsmäßigkeit **10** 11
- Zertifizierung **10a** 1
- Zusatzversicherung **10** 14

Altersvorsorge-Eigenheimbetrag
- Auszahlung **92b** 1
- förderschädliche Tatbestände **93** 1
- schädliche Verwendung **22** 45; **93** 2

Altersvorsorge-Zertifizierung 4e 3
- Auszahlungsplan **3** 170
- schädliche Verwendung **22** 43

Altersvorsorgebeitrag 82 1, 3
- Bescheinigung **92**
- Ehegatten **97** 1

Altersvorsorgevermögen
- Altvertrag **22** 46
- Auszahlung **22** 45
- Ehescheidung **93** 2a
- Pfändungsschutz **97** 1
- schädliche Verwendung **22** 44
- Übertragbarkeit **97** 1

Altersvorsorgevertrag
– Ertragsanteil **22** 41a
– Halbeinkünfteverfahren **3** 132
– Lebensversicherung **22** 43
– nachgelagerte Besteuerung **22** 41
Altersvorsorgezulage 79 1
– Antrag **89** 1; **90** 1
– Anwendung der Abgabenordnung **96**
– Aufgabe der Selbstnutzung **92a** 5
– Beamte **79** 2
– Beendigung der unbeschränkten Steuerpflicht **95** 1
– Behinderte **86** 2
– Bescheinigung **92**
– Datenerhebung/-abgleich **91** 1
– Datenübermittlung **99** 1
– Ehegatten **79** 2; **86** 3
– Entstehung des Anspruchs **88**
– Ermächtigung **99**
– Festsetzungsfrist **96** 1
– geringfügige Beschäftigung **86** 1
– Hinterbliebenenversicherung **82** 2
– Kind **86** 5
– Kinderzulage **85** 1
– Landwirt **86** 2
– Lohnersatzleistungen **86** 2
– mehrere Verträge **87** 1
– Meldefrist **91** 2
– Mindesteigenbeitrag **86** 1
– Pfändungsschutz **97** 2
– Rechtsverordnung **51** 53a
– Rechtsweg **98**
– Rückzahlung **92a** 3
– Sozialversicherung **82** 2
– Steuerstraftat **96** 1
– Tod des Berechtigten **92a** 6; **93** 3
– Veräußerung/Vermietung des selbstgenutzten Objekts **92a** 5
Altfahrzeug
– Rücknahmeverpflichtung **6** 157
Altlasten
– Teilwertabschreibung **6** 133
Altlastensanierung
– Verbindlichkeitsrückstellung **5** 165
Altschulden
– Freibetrag **14a** 11
Amateursportler 19 100
Amtshaftung
– Schadensersatz **24** 17
Amtshaftungsgrundsatz
– Schadensersatz **39b** 6
Amtshilfe 50d 42
– Auskunft
  – Unterhaltsleistungen **33a** 18
– Wegzug **16** 315
Amtstracht
– Berufskleidung **9** 325
Amtsveranlagung 46 2
– Arbeitgeber
  – Dritte **46** 22
– Ausbildungsfreibetrag **46** 32
– außerordentliche Lohneinkünfte **46** 35
– begrenzte Vorsorgepauschale **46** 25
– Begriff **46** 15

– Behinderten-Pauschbetrag **46** 32
– Ehegatten **46** 27
– EU-Staatsangehörige **46** 38
– Freigrenze **46** 17
– Haushaltsfreibetrag **46** 31
– Hinterbliebenen-Pauschbetrag **46** 32
– Kind **46** 30
– Lohnsteuerfreibetrag **46** 28
– Lohnsteuerschätzung
  – sonstige Bezüge **46** 36
– mehrere Arbeitsverhältnisse **46** 22
– Nebentätigkeit **46** 17
– Progressionsvorbehalt **46** 20
– Wiederverheiratung **46** 37
Amtsverwalter 15 17
Anbauverzeichnis 13 52
Änderung
– Anrechnungsverfügung **36** 33
– Anrufungsauskunft **42e** 8
– ausländische Kapitaleinkünfte **36** 41
– Ehegatten-Veranlagung **26** 75
– Einbringung
  – Steuerbescheid **15** 136
– elektronische Lohnsteuerabzugsmerkmale **39e** 6
– Feststellungsbescheid **15b** 56
– Gemeinschaftsrecht **36** 40
– Investitionsabzugsbetrag **7g** 59
– Kindergeld **31** 12; **70** 2a
– Kindergeld-Festsetzung **70** 2
– Lohnsteuerabzug **41c** 1
– Lohnsteuerhaftungsbescheid **42d** 75
– Lohnsteuerkarte **39** 9
– Nachversteuerung **34a** 89
– Realsplitting **10** 8
– Rechtsfehler **14a** 8
– Steueranrechnung **34c** 55
– Steuerbescheid **6b** 26
– steuerfreie Einnahmen **3c** 22
– Veräußerungspreis **17** 192
– Verlustfeststellung **10d** 39
– Vorauszahlungsbescheid **37** 46
Änderungskündigung
– Entschädigung **24** 17
Änderungssperre
– Lohnsteuer-Außenprüfung **42f** 9
– Lohnsteuerhaftungsbescheid **42d** 75
Anfechtung
– nachträgliche Anschaffungskosten **21** 125
– Rückstellung **5** 154
– Zusammenveranlagung **26b** 45
Anfechtungsklage
– Ablehnung der Erstattung **48c** 20
– Abrechnungsbescheid **48c** 10
– Bauabzugsteuer **48a** 25
– Freistellungsbescheinigung
  – einstweilige Anordnung **50d** 28
– Kindergeld **70** 5
– Lohnsteuerhaftungsbescheid **42d** 77
– Vorauszahlungsbescheid **37** 51
Angehörige 12 1; **21** 31; **35a** 6
– Altenheim **33** 100
– Arbeitsvertrag **4** 252
– Aufmerksamkeit **19** 125

- Ausland **33a** 92
  - Mitwirkungspflicht **33a** 91
- beherrschender Gesellschafter **11** 44
- Besuchsfahrten **33** 100
- Beteiligung am allgemeinen wirtschaftlichen Verkehr **15** 28
- Betriebsausgaben **4** 252
- Dienstverhältnis **19** 52
- disquotale verdeckte Sacheinlage **15** 108
- doppelte Haushaltsführung
  - Wohnungsvermietung **21** 36
- Einkommensverlagerung **2** 64
- Erziehungsheim **33** 100
- familienbezogene Entlastung **Einl** 8
- Familienpersonengesellschaft **15** 255
- Fremdvergleich **12** 1
- Haushaltshilfe **33a** 72
- Kapitaleinkünfte **20** 9
- Kinderbetreuungskosten **4f** 10
- partiarisches Darlehen **20** 210
- Pflegekosten **33** 56
  - Heimunterbringung **33** 100
- Pflegeleistungen **2** 47
- Pflegetätigkeit **19** 100
- Reisekosten **4** 252; **12** 17
- Sozialhilfe **33a** 18
- Spekulationsgeschäft **23** 6
- stille Gesellschaft **20** 175
- unentgeltliche Anteilsübertragung **15** 110
- Unterhaltsleistungen **33** 56
- Unterhaltspflicht **33a** 16
- Vermietung **21** 17
- Vermögensübergabe **22** 12
- Versicherungsbeiträge **12** 23
- Versorgungsleistungen **16** 92; **22** 13
- Verträge **Einl** 8
- wesentliche Beteiligung **17** 60

Angemessenheit 33 60
- Anschaffungs-/Herstellungskosten **6** 28
- Arbeitsverträge mit Angehörigen **4** 252
- Aufwandsspende **10b** 89
- Aufwendungen **4** 143, 200
- Betriebsausgaben **4** 137
- Bewirtungsaufwendungen **4** 176, 178, 192
- doppelte Haushaltsführung **9** 275
- Einkünfteerzielung **21** 152
- Entschädigung **24** 7
- Fahrtkosten **33** 100
- Fremdvergleich **2** 64; **4** 202
- Gemeinkosten **6** 73
- Gewinnverteilung **15** 262, 443; **18** 33; **20** 73
  - verdeckte Gewinnausschüttung **15** 447
- Hausrat **33** 100
- Kaufpreis
  - Unterhaltsleistungen **16** 141
- Lizenzgebühren
  - Zinsen **50g** 11
- Mietvertrag zwischen Angehörigen **21** 155
- Nutzungsvergütungen **15** 105
- Obergrenze **33** 62
- Repräsentationsaufwand **4** 201
- stille Gesellschaft **20** 175
  - an Kapitalgesellschaft **20** 180
- Veräußerungspreis **17** 189
- Verträge mit Angehörigen **4** 252

- Werbe-/Verwaltungsausgaben **10b** 22
- Werbungskosten **9** 438; **21** 114; **22** 30
- Zinsaufwand **4h** 20

Ankaufsrecht 19 150
- gewerblicher Grundstückshandel **15** 120

Anlagevermögen 13 53
- Absetzung für Abnutzung **4** 157
- Begriff **6** 21; **6b** 16
- Beispiele **6** 22
- Bewertungsfreiheit **7f** 3
- dauernde Wertminderung **6** 108
- Einlage **6** 169
  - Teilwertvermutung **6** 169
- Einnahme-Überschuss-Rechnung **4** 121
- Flaschen/Kästen (Leergut) **5** 165
- Geschäftswert **6** 125
- Grund und Boden **55** 5
- immaterielle Wirtschaftsgüter **5** 70
- Niederstwertprinzip **6** 107
- Reinvestitionsgüter **6b** 1, 20
- Sonderabschreibung **7g** 69
- Teilbetrieb **16** 62
- Teilwertvermutung **6** 102
- Umwidmung **6** 21
- Verzeichnis **4** 109
- wesentliche Betriebsgrundlagen **15** 97
- wirtschaftlicher Eigentümer **13** 38

Anlaufkosten
- Betriebsausgaben **4** 252

Anlaufverlust 13 29
- Existenz-/Firmengründer **15b** 39
- Gewinnerzielungsabsicht **15** 43
- Teilwertabschreibung **6** 134

Anleger
- Prospekt **15b** 47

Anleihe
- ratingabhängige Verzinsung **20** 405

Anliegerbeiträge
- Aktivierung **5** 166

Anmeldung
- Kapitalertragsteuer **45a** 2

Annehmlichkeiten
- Aufenthaltsraum **19** 150
- Betriebsausgaben **4** 252

Annuitätshilfe 3c 83

Anrechnung *s. a. Gewerbesteuer-Anrechnung*
- Ablehnung **48c** 5
- Abzugssteuern **36** 10
- Änderung **36** 33
- Ausbildungsbeihilfe **33a** 82
- ausländische Steuern **32d** 1, 10, 34; **34c** 5, 20, 32; **50** 40
  - Gemeinschaftsrecht **34c** 30
- ausländische Vermietungseinkünfte **34d** 30
- Bauabzugsteuer **48c** 1
- DBA **34c** 14
- Domizilgesellschaft **48c** 5
- Drittstaatensteuern **34c** 46
- eigene Einkünfte
  - Verfassungsmäßigkeit **33a** 3
- Einkommensteuer-Vorauszahlung **36** 8
- Erstattung **36** 11
- Euro-Referenzkurs **34c** 29
- fiktive Quellensteuer **34c** 13

1897

Anrechnungsbescheid

- Gemeinschaftsrecht **34c** 39
- Gewerbesteuer **34a** 31
- Gewinnermittlung **34c** 21
- Höchstbetrag **34c** 37
  - Berechnung **34c** 35
- Höchstbetragsgrundlage **34c** 6
- Insolvenzverfahren **48c** 8
- Investmentanteil **34c** 8, 14
- Kapitalertragsteuer **36** 13; **43** 13; **44a** 12
- Körperschaftsteuer
  - Aktivierung **5** 165
- Lohnsteuer **36** 11; **38** 1; **46** 7
- Nachweis **34c** 55; **36** 15
- negative Einkünfte **2a** 15
- Organschaft **48c** 10
- per-country-limitation **34c** 36
- Quellensteuer **34c** 7
- Rechtsbehelfe **48c** 10
- Reichensteuer **34c** 38
- Reihenfolge **48c** 8
- Thesaurierungsbegünstigung **34a** 20
- Verfahren **34c** 55
- Wahlrecht **34c** 40; **36** 13
- Zeitraumidentität **34c** 28
- Zuständigkeit **48c** 10
- Zwischengesellschaft **35** 10

Anrechnungsbescheid
- Lohnsteuer **42d** 77

Anrechnungsbetriebsstätte
- Veräußerungsgewinn **4** 106d

Anrechnungsüberhang
- ausländische Steuern **34c** 40

Anrechnungsverfahren 34c 10; *s.a. Gewerbesteuer-Anrechnung*
- beschränkt steuerpflichtiger Mitunternehmer **34a** 60
- beschränkte Steuerpflicht **50** 19
- Billigkeitsmaßnahme **35** 20
- Entnahme **4** 106c
- Halbeinkünfteverfahren **3** 115; **20** 42
- Körperschaftsteuer
  - Übergang zum Halbeinkünfteverfahren **36** 2
- Rundungsregelung **36** 30
- steuerbefreite Körperschaft **36** 20
- Thesaurierungsbegünstigung **34a** 50
- Tonnagesteuer **35** 14
- Veräußerungsgewinn **17** 300

Anrechnungsverfügung
- Abrechnungsbescheid **36** 39
- Einspruch **36** 38
- Steuerbescheid **36** 38

Anrufungsauskunft 42e 1
- Änderung
- Bindung **42e** 8
- Berechtigung **42e** 3
- Bindung **42d** 41
- konkrete Rechtsfrage **42e** 4
- Lohnsteuerhaftung **42d** 18
- Rechtsbehelfe **42e** 10
- schriftliche Bestätigung **42e** 9
- Vertrauensschutz **42e** 7
- Wissenserklärung **42e** 5
- Zuständigkeit **42e** 5

Ansammlungsrückstellung 6 157

Ansässigkeit
- Bescheinigung **50h**
- Freistellungsverfahren **50d** 24
- Nachversteuerung **2a** 100
- Sitzverlegung **16** 315

Anschaffung
- Beginn der AfA **7** 41
- Begriff **6** 34; **6b** 12; **23** 11
- Bewertungsfreiheit **7f** 12
- Einbringung **6b** 12
- Entnahme **17** 235; **23** 14
- Erbe **23** 15
- nachträgliche Herstellungsmaßnahmen **23** 11
- Personengesellschaft **6b** 12
- Sozialwohnung **7k** 3
- Verzeichnis **6c** 4

Anschaffungskosten 3c 44; **6** 25; **20** 480
- Abbruchkosten **6** 122
- Abfindung **6** 51
- Absetzung für Abnutzung **7** 59
- additive/retrograde Methode **6** 29
- Aktivierung **5** 60
- Angemessenheit **6** 28
- Aufteilung **6** 47
- Ausscheiden
  - Gesellschafter **7h** 4
- Bauherrenmodell **6** 38
- Bausparvertrag **6** 51
- Beendigung
  - wesentliche Beteiligung **17** 201
- Beteiligung **6** 51
- Betriebsausgaben **4** 19
- Bodenschätze **6** 51; **13** 67
- Depotwechsel **43a** 42
- eigene Anteile **17** 206
- Eigenkapitalvermittlungsprovision **4** 252; **15** 393
- eingelegte Anteile **17** 20
- Einlage **6** 168
- Einnahme-Überschuss-Rechnung **4** 157
- Einzelkosten **6** 27
- entgeltliche Übertragung **6** 189
- Erbbaurecht **6** 51
- Erbfallschulden **16** 105
- erhöhte Gebäudeabsetzungen **7h** 3
- Erschließungskosten **6** 43
- Erwerber **21** 113
- Finanzierungskosten **6** 46
- Forderungen **6** 136
- Forstwirtschaft **13** 65
- Fremdwährung **6** 51; **17** 206
- Gasanschlussbeiträge **9** 140
- Gebäude **7** 140; **10f** 4
  - im Sanierungsgebiet **11a** 1
- geldwerter Vorteil **23** 18
- Gemeinkosten **6** 38
- Gestaltungshinweise **17** 224
- gewerblicher Grundstückshandel **15** 128
- Gewinnbezugsrecht **6** 51
- Grundpfandgläubiger **21** 40
- Gründung **17** 205
- Handelsrecht **6** 26
- Immobilienfonds **6** 38
- Investitionsabzugsbetrag **7g** 48

- Kauf
  - Tausch **17** 206
- Kaufpreisverbindlichkeit **6** 37
- Mischnachlass **16** 129
- mittelbare Grundstücksschenkung **6** 2
- nachträgliche **6** 41
- nachträgliche Minderung **6** 44
- negative Ergänzungsbilanz **16** 231
- Nutzungsrecht **6** 38
- Prozesskosten **6** 51
- Rabatte, Skonti, Boni **6** 45
- Rentenversicherung/Versicherungsleistungen **20** 275
- Rücklage für Ersatzbeschaffung **5** 108
- Rückstellung **5** 147
- Sachbezugswert **8** 46
- Schadensersatz **7** 59
- Software-System **6** 39
- Sondervergütung **15** 302
- Spekulationsgeschäft **23** 18
- Stromanschlussbeiträge **9** 140
- Stückzinsen **20** 373
- Teilwertvermutung **6** 101
- Umfang **6** 38
- Umsatzsteuer **4** 175
- unentgeltlicher Erwerb **17** 240
- Veräußerungspreis **16** 86
- Verbindlichkeiten **5** 118; **6** 145; **7** 59
- versicherungsmathematischer Barwert **16** 95
- Vorauszahlungen/Anzahlungen **6** 37
- Vorsteuerabzug **9b** 1
- vorweggenommene **6** 40
- Warenrückvergütung **6** 45
- Wasseranschlussbeiträge **9** 140
- Wechsel **6** 136
- Wertmehrung **17** 207
- Wertpapiere **6** 135
- Wertsicherungsklausel **16** 95
- wesentliche Beteiligung **17** 201
- Zeitpunkt **6** 36
- Zuschuss **6** 30

Anschaffungsnaher Aufwand **6** 63; **21** 101
- 15%-Regel **6** 64
- Anschaffungskosten
  - Herstellungskosten **7** 59
- Betriebsbereitschaft **6** 63
- Dreijahreszeitraum **6** 64
- Feststellungslast **6** 62
- Gebäude **6** 59; **7** 140
- Modernisierungsmodell **21** 115
- Sonder-/Wohnungseigentum **6** 64
- Überschusseinkünfte **9** 441

Anschaffungsnebenkosten **6** 39; **17** 245; **20** 480; **23** 18

Anschaffungswertprinzip **5** 47

Anscheinsbeweis **6** 162e
- Gewinnerzielungsabsicht **15** 43
- Nutzungsentnahme
  - Fahrtenbuch **6** 162
- private Kfz-Nutzung **8** 51

Anschlusskosten
- Herstellungskosten **6** 121

Ansiedlungsbeiträge
- Herstellungskosten **9** 140

Ansparabschreibung **5a** 10

Ansparrücklage
- Übergangsgewinn **13a** 6
- veräußerungsbedingte Auflösung **34** 28

Anspruchskonkurrenz
- Kindergeld **64** 2

Anstalt **20** 110

Anteile
- Ausland
  - Teilwertabschreibung **2a** 2
- ausländische Gesellschaft **3c** 2
- ausländische Körperschaft **2a** 30
- Betriebsaufspaltung
  - Teilwertabschreibung **15** 104
- Betriebskapitalgesellschaft **15** 101
- Eignerwechsel **4h** 42
- Einbringung **16** 28
- Einlage **6** 171a
- entgeltlicher Erwerb
  - Ergänzungsbilanz **15** 319
- Gemeinschaft **16** 204
- Gesellschafter-Fremdfinanzierung **4h** 103; **15** 363a
- Gewährung von Gesellschaftsrechten **16** 31
- gewerblich geprägte Personengesellschaft **15** 137
- Gewinnausschüttung **20** 109
- Halbeinkünfteverfahren **16** 347a
- Kapitalgesellschaft **17** 40
- Kommanditgesellschaft
  - Schenkung **15** 262
- Mitunternehmerschaft **14** 5
- Nießbrauch **15** 239
- notwendiges Betriebsvermögen **15** 99
- notwendiges Sonderbetriebsvermögen II **15** 410
- Personengesellschaft
  - Nachlass **15** 237
- Reinvestitionsobjekt **6b** 11
- Spiegelbildmethode **16** 203
- Tausch **5** 158
- Teilwert **6** 134
- unentgeltliche Übertragung **15** 327
- verdeckte Einlage **16** 22
- Werterhöhung
  - Zufluss **8** 28
- Zebra-Gesellschaft **16** 204

Anteilsbewertung
- Stuttgarter Verfahren **6** 135

Anteilsentnahme
- Halbeinkünfteverfahren **3** 119

Anteilsrotation **17** 1

Anteilsschein
- Arbeitnehmer **19a** 19

Anteilstausch **49** 55
- gemeiner Wert **17** 27; **49** 56
- Kapitalertragsteuer **43** 75
- Steuerverstrickung **17** 330

Anteilsübertragung
- Altfonds **15b** 14
- Arbeitnehmer **19a** 4
- beschränkte Steuerpflicht **17** 30
- Betriebsaufspaltung **15** 110
- Entnahme **6** 182a
  - Teilwert **6** 186a
- Freibetrag **19a** 3
- Gesamthandsvermögen **6** 182

1899

- Halbeinkünfteverfahren 6 188c
- Kapitalgesellschaft
  - Personengesellschaft 6 188c
- Körperschaft 20 787
- Nachversteuerung 34a 85
- Sonderbetriebsvermögen 16 212
- Tausch 6 190
- Treuhänder 15b 14
- Unentgeltlichkeit 19a 14

Anteilsveräußerung 2a 73; 3 139d; 16 18, 200; 20 638; 23 25; 50d 7; 52 15; s.a. Mitunternehmeranteil
- Abgeltungsteuer 20 728
- Abtretung/Einlösung/Rückzahlung 20 748
- Anteil eines Mitunternehmers 16 220
- atypisch stille Gesellschaft 16 219
- atypische Unterbeteiligung 16 219
- ausländische Einkünfte 17 11
- ausländische Personengesellschaft 17 12
- Ausscheiden
  - Abfindung 16 331
  - Anwachsung 16 216
- Außensteuerrecht 17 30
- Bareinlage
  - Beteiligungsänderung 15 330
- Begriff 16 215
- Bemessungsgrundlage 43a 38
- beschränkte Steuerpflicht 17 11; 49 54, 149
- Beteiligungshöhe 17 48
- Betriebsvermögen 3 138
- DBA 17 11; 49 70
- Entstrickung 15 2a
- Ergänzungsbilanz 15 423
- Europäische Genossenschaft
  - Europäische Gesellschaft 15 170
- Formmangel
  - nahestehende Person 17 60
- Fünf-Jahres-Zeitraum 17 75
- Gesamthandanteil 20 799
- Gesamthandsvermögen 17 61
- Gestaltungshinweise 17 312
- Gewerbesteueranrechnung 17 20
- gewerbliche Einkünfte 17 20
- gewerblicher Grundstückshandel 15 124
- Gewinnerzielungsabsicht 17 20
- Halbeinkünfteverfahren 3 118, 121, 125; 16 19, 93, 511
- Höhe des Veräußerungsgewinns 16 223
- Immobilienfonds 15 124
- juristische Person des öffentlichen Rechts 20 119
- kapitalersetzendes Darlehen 17 222
- Kapitalgesellschaft 17 13, 40
- Kapitalrückzahlung 17 272
- Kaufpreisrate
  - Leibrente 3 125
- KGaA 16 258
- Körperschaft 20 731
- Leibrente 17 172
- Mitunternehmer 6b 8; 14 5
- Mitunternehmerschaft 3c 83
- Personengesellschaft 17 12
- Personenvereinigung 6b 36
- Realgemeinde 14 5
- Realteilung 16 2, 347a
- Reinvestition 6b 1
- Rücklagenübertragung 3 122

- Sitzverlegung 17 320
- Spekulationsgeschäft 17 24; 23 8
- Sperrfrist 49 55
- Tarifbegünstigung 6 182a; 34 25, 28
- Teilbetriebsveräußerung 18 170
- Teileinkünfteverfahren 3 139e
- Teilwert 3 119
- Teilwertabschreibung 17 20
- Veranlagung 49 58
- Veräußerungskosten 17 195
- verdeckte Einlage 49 55
- Verfassungsmäßigkeit 17 5
- Verlust 16 230; 17 20
- Werbungskosten 17 172
- wesentliche Beteiligung 34 29
- Zeitpunkt 16 221; 17 34

Anti-D-Hilfsgesetz 3 223

Antiquitäten
- Absetzung für Abnutzung 7 46
- Arbeitsmittel 9 327

Antizipative Posten 5 91

Antrag 33 35; 33a 90
- Altersvorsorgezulage 89 1; 90 1
- Anwendung des Thesaurierungssteuersatzes 34a 4
- Ausgleichsposten 4g 10
- Behinderte 33b 26
- Bemessungsgrundlage
  - Mindesteigenbetrag 90 1
- Berechtigte 67 2
- Bescheinigung 68 4
  - Strukturverbesserung 14a 4
- Bestandskraft 5a 43
- Ehegatten-Veranlagung 26 70
- erstattungsfähige Aufwendungen 77 3
- Familienkasse 72 6
- fiktive unbeschränkte Steuerpflicht 1 1
- Form/Frist/Zuständigkeit 34a 27
- Freiberufler 16 511
- Freibetrag 14a 2, 5; 16 507
- Freistellungsbescheinigung 48b 5, 15
  - Frist 50d 14
- Freistellungsverfahren 50d 24
- Gewerbebetrieb 15 132
- Gewinnermittlungsart 13a 5
- halber Steuersatz 34 71
- Handelsschiff 5a 40
- Kapitalertragsteuererstattung 44b 5; 45a 20; 45b 7
- Kindergeld 31 4; 64 4; 67 1; 74 1
- Kontrollmeldeverfahren 50d 31
- Lohnsteuer-Jahresausgleich 42b 4
- Lohnsteuer-Pauschalierung 37b 47
- Mitunternehmer 34a 25
- Nachversteuerung 34a 82, 84
- Pauschalierung 34c 51; 37a 7
- Pensionsfonds 4e 27
- Quellensteuerfreistellung 50g 5
- Realsplitting 10 8
- Schriftform 67 1
- Sonderausgaben 10 6
- Sondertarifierung 34a 26
- Steuererstattung 48c 17; 50 36
- Tarifbegünstigung 34 78, 90
- Thesaurierungsbegünstigung 34a 24
- Übertragung des Kinderfreibetrags 32 33

- Unterstützungskasse
  - Pensionsfonds **4d** 80
- Vergütungsgläubiger **50d** 13
- verlängerte Rücknahmemöglichkeit **34a** 28
- Verlustausgleich **15** 622
- Verlustfeststellung **10d** 36
- Verlustverrechnung **20** 873
- Vorauszahlungsanpassung **37** 19
- Wahlrecht **6b** 26
- Wegzugsbesteuerung **1** 26

Antragsveranlagung 46 2
- Ablehnungsbescheid **46** 55
- Arbeitnehmer **46** 45; **50** 26
- Billigkeit **50** 32
- Ehegatten **46** 50
- Einkommensteuererklärung **46** 50
- fingierte unbeschränkte Steuerpflicht **1** 40
- Frist **46** 52; **50** 27
- Künstler **50a** 36
- Nichtveranlagungs-Bescheinigung **46** 55
- Progressionsvorbehalt **50** 15
- Verfassungsmäßigkeit **1** 40
- Zuständigkeit **50** 27

Anwachsung
- Anteilsübertragung **16** 216
- Ausscheiden
  - Gesellschafter **7h** 4

Anwaltskosten 17 196
- Abzugsverbot **4** 206
- Anschaffungskosten **17** 240
- Entschädigung **24** 7

Anwärterbezüge 19 150

Anwartschaft *s. a. Pensionsanwartschaft; Versorgungsanwartschaft*
- Altersversorgung **10** 20
- Anteil einer Körperschaft **20** 745
- Anteilsveräußerung **6b** 36
- Beteiligung **17** 43
- Zusatzversorgung **10a** 3

Anwendungszeitpunkt
- Einkommensteuergesetz **52** 3

Anzahlungen
- Abschreibungsvergünstigungen **7a** 20
- Aktivierung **5** 165
- Anschaffungskosten **6** 37
- Bauabzugsteuer **48** 22
- Bewertungsfreiheit **7f** 10
- degressive AfA **7** 166
- Reinvestitionsgüter **6b** 28
- Umsatzsteuer **5** 150
- Verbindlichkeiten **6** 148
- Zeitpunkt der Leistung **7a** 22

Anzeigepflicht
- Arbeitgeber **39** 11
- Bezüge von Dritten **38** 20
- Ausgleichsposten **4g** 19
- Bauabzugsteuer **48b** 6
- Kapitalertragsteuererstattung **45b** 7
- Lohnsteuerabzug **38** 16
- Versicherungsvertrag
  - Rechtsverordnung **51** 65

Anzeigspflicht
- elektronische Lohnsteuerabzugsmerkmale **39e** 6

APA *s. Verrechnungspreis*
Apotheker
- Notdienstbereitschaft **3b** 3
- Zuschuss der Gehaltsausgleichskasse **19** 150

Apothekervertreter 19 100
Apparategemeinschaft 18 33
Arbeiterwohlfahrt
- Kindergeld **72** 2

Arbeitgeber
- Aktivierungsverbot **4b** 21
- Anscheinsbeweis
  - private Kfz-Nutzung **8** 51
- Anzeigepflicht
  - Bezüge von Dritten **38** 20
- Arbeitszimmer **21** 163
- Aufwandsentschädigung **3** 52
- Ausgleichszahlung **24** 17
- Bauleistungen **41** 8
- Begriff **19** 63; **38** 5
- Beiträge zur Sozialversicherung **19** 150
- Bescheinigung **68** 3
- Darlehen **8** 64
- Dienstverhältnis **19** 65
- Direktversicherungsabschluss **4b** 9
- Dritte **38** 8
  - Lohnsteuerhaftung **42d** 110
- Dritter
  - Zustimmung **38** 8b
- Einnahmen
  - Konzern **8** 31
- Einstandspflicht **4d** 1
- Endpreis am Abgabeort **8** 48
- Forderungsverzicht **19** 150
- formaler Wechsel **24** 12, 17
- Garage **8** 51
- Haftung **40** 15; **42d** 23
- Identifkationsnummer **39e** 4
- Informationspflicht **39e** 2
- Inland **38** 7
- Insolvenz **38** 9
- Insolvenzverwalter **19** 66
- Leiharbeitsverhältnis **38** 5, 6
- Lohnkonto **41** 5
- Lohnsteuer-Jahresausgleich **42b** 1, 3
- Lohnsteuerabzug **19** 63, 67
- Lohnsteuereinbehaltungspflicht **38** 14
- Lohnsteuerhaftung **42d** 1
- Lohnsteuerschuldner **42d** 6
- Mitwirkungspflicht
  - Lohnsteuer-Außenprüfung **42f** 6
- öffentlich-rechtliche Pflicht **38** 9
- Pensionsfonds
  - Fondszusage **4e** 10
- Rechtsnachfolger **19** 66
- Rückgriff auf Arbeitnehmer **42d** 68
- studentische Arbeitsvermittlung **38** 8b
- Teambildungsmaßnahme **19** 150
- Testamentsvollstrecker **19** 66
- Übernahme von Verwarnungsgeldern **19** 124
- Unterstützungskasse **4d** 1
- Wahlrecht
  - Lohnsteuerpauschalierung **40a** 2
- Werbungskostenersatz **8** 16
- Zuwendungen **3** 169

1901

Arbeitgeber-Darlehen 19 150
– Zinsersparnis 8 22
Arbeitgeber-Pool 35a 9
Arbeitnehmer 19 17; 38a 6
– Abfindung 3 38; 24 12
– Abgrenzung 15 20
– Abzugsverbot 4 185
– Anteilsüberlassung 19a 3
– Anteilsübertragung
 – Freibetrag 19a 3
– Antragsveranlagung 50 26
– Arbeits-/Sozialrecht 15 18
– Arbeitsessen 12 11
– Arbeitszimmer
 – Garage 21 162
– Arzt 18 91
– Auslagenersatz
 – durchlaufende Gelder 3 159
– Ausland 34d 25
– Ausscheiden wegen Altersgrenze 34 51
– Begriff 15 18; 19 55
– Berufsausübungsfreiheit Einl 72
– beschränkte Steuerpflicht 49 90
– Computerarbeitsbrille 8 10
– direkt versicherte Person 4b 6
– Ehrenamt 19 31
– Eingliederung 19 40
– Einkünfteübertragung 19 58
– Einsatzwechseltätigkeit s. dort
– Endpreis am Abgabeort 8 47
– Entfernungspauschale s. dort
– Entschädigung 24 8, 17
– Entsendung 62 2
– Erbe 19 60
– Fahrten zwischen Wohnung und Arbeitsstätte
 s. dort
– Fahrtkosten 3c 83
– geldwerter Vorteil 8 24
– Gesamtbild der Tätigkeit 19 46
– GmbH-Geschäftsführer 19 39
– grenzüberschreitende Arbeitnehmerüberlassung
 51 38
– Günstigerprüfung 50 7
– Identifikationsnummer 39e 4
– Infomationspflicht 39e 2
– Insolvenzgeld
 – Werbungskosten 3c 83
– job-sharing 19 56
– Kapitalertragsteuererstattung 45c 3
 – Sammelantrag 45b 5
– Kassenstaatsprinzip 34d 25; 49 97
– Lohnnachzahlung 24 55
– Lohnsteuer-Außenprüfung 42f 11
– Lohnsteueranmeldung
 – Einkommensteuerbescheid 41a 5
– Lotterie 8 31
– mehrjährige Tätigkeit 34 50
– Mitwirkungspflicht
 – Lohnsteuer-Außenprüfung 42f 7
– Nebentätigkeit 19 70
– Nutzungsrecht 8 10
– partiarisches Rechtsverhältnis 20 167
– Pauschalierung 37b 1
– Personalcomputer
 – private Nutzung 3 153

– Rechtsanwalt 18 96
– Rechtsnachfolger 19 56, 60
– Rückfallklausel 50d 3, 57
– Sachlohn 8 66
– Schadensersatzanspruch
 – Lohnsteuerabzug 42d 6
– Schulden der Arbeitskraft 19 35
– Schuldner der Lohnsteuer 38 13
– Sonderausgaben-Pauschbetrag, Vorsorgepauschale
 50 7
– Sozialversicherungsentgeltverordnung 8 57
– Speditionskostenerstattung 3c 83
– Sphärentheorie 15 18
– Steuerabzug 50a 22
– Tätigkeitsausübung im Inland 49 92
– tatsächliche Entgegennahme des Vorteils 8 30
– Überschusseinkunftsart 2 37
– Umsetzungsabfindung 24 17
– Unternehmer 19 6
– Unternehmerrisiko 19 43
– Untreue 19 100
– Veranlagung 46 1; s.a. Pflichtveranlagung
– verbesserte Erwerbsbedingungen 8 26
– Verkehrsauffassung 19 53
– Vermögensbeteiligung 19a 6
– Verwertung im Inland 49 93
– Vorsorgeuntersuchung 8 10
– weitere Leistungen für Arbeitgeber 19 71
Arbeitnehmer-Darlehen 11 65; 19 150; 19a 24; 20 454
Arbeitnehmer-Ehegatte
– Abfindung 3 38
– Betriebsausgaben 4 252
– Direktversicherung 4b 6
– Oder-Konto Einl 8
– Überversorgung 6a 42
Arbeitnehmer-Pauschbetrag 3c 83; 9a 15; 32b 31
– außerordentliche Einkünfte 34 56
– beschränkte Steuerpflicht 9a 15
– Gestaltungsmissbrauch
 – Lohnsteuerpauschalierung 40a 2
– Verfassungsmäßigkeit 9a 10
– Versorgungsbezüge 9a 16
Arbeitnehmer-Sparzulage 19 150
Arbeitnehmerüberlassung 19 100
– Ausland
 – Freistellungsbescheinigung 39b 19
– ausländische Verleiher 38 8
– Entleiherhaftung 42d 90
– Freistellungsbescheinigung 48a 18
– grenzüberschreitende 51 38
– Haftung des Verleihers 42d 98
– illegale Entleiher 42d 3
– Lohnkonto 41 8
– Lohnsteuerabzug 38 6
– Lohnsteuerhaftung 42d 1
Arbeitnehmervertreter
– Aufsichtsrat 18 157
Arbeitsamt
– Arbeitslosengeld 3 22
– Arbeitslosengeld II 3 22
– Familienkasse 72 2
– Gleichstellungsbescheid 32 15
– Insolvenzgeld 3 22

Arbeitsessen 19 150
– Arbeitnehmer **12** 11
Arbeitsförderung 3c 83
Arbeitsgemeinschaft
– Gewerbesteuer **15** 218
– Mitunternehmerschaft **15** 218
Arbeitsgericht
– Herausgabe der Lohnsteuerkarte **39b** 3
Arbeitskosten 35a 9
– Rechnung **35a** 3
Arbeitslohn 11 53; **19** 17
– Ablösung der Pensionszusage **6a** 48
– Abschlagszahlung **39b** 13
– Abtretung **19** 150
– Aktien
    – Zufluss **19** 131
– Aktienoption
    – Wertentwicklung **19** 120
– Altersentlastungsbetrag **24a** 4, 7
– ärztliche Betreuung **19** 150
– Aufmerksamkeit **19** 125
– Aufwandsspende **10b** 86
– Begriff **19** 111
– Betriebsausgaben **4** 252
– Betriebssport **19** 160
– Direktversicherung **4b** 2; **40b** 5
– Direktversicherung/Pensionsfonds/Pensionskasse **19** 142
– Dritte **19** 140
– eigenbetriebliches Interesse **8** 24; **19** 122
– Gruppenversicherung **40b** 5
– Jahreswagen **8** 65
– Kapitaleinkünfte **20** 454
– kapitalgedeckte Altersversorgung **19** 141
– laufender Arbeitslohn
    – sonstige Bezüge **38a** 4
– Lohnkonto **41** 6
– Lohnsteuerabzug **38** 11
– Lohnsteuerpauschalierung **40a** 4, **8b**
– Lohnzahlungszeitraum **38a** 5
– Miete
    – Revierförster **19** 121
– Nachzahlung **10** 22; **19** 172
– Nachzahlung/Vorauszahlung **38a** 4; **39b** 9
– nichtsteuerbare Einnahmen **19** 125
– Rabatte von Fremdfirmen **19** 129
– Rückzahlung **19** 130; **24a** 4; **38** 10; **39b** 15
– Sanierungsgeld **19** 142
– Schätzung **19** 150
– Sonn-/Feiertags-/Nachtarbeit **3b** 2
– Streikgeld **19** 64
– Übernahme durch Dritten **38** 8b
– Umfang des Grundlohns **3b** 2
– Veranlassungszusammenhang **19** 120
– Versorgungszusage **19** 140
– Verzicht **8** 6
    – Schadensersatz **19** 150
– Verzicht auf Regressanspruch **42d** 68
– vorgelagerte Besteuerung **19** 140
– Vorschuss **39b** 13
– Vorteilsgewährung durch Dritte **19** 128
– Zahlung durch Dritte **19** 126; **38** 12
– Zufluss **11** 59; **19** 130

Arbeitslosengeld 3 22, 26; **19** 150; **33a** 30
– Entlassungsentschädigung **34** 62
– Rückzahlung **32b** 10
– Zuschuss **34** 19
Arbeitslosengeld II 86 2
Arbeitslosenhilfe 3 22, 26; **19** 150; **33** 58; **33a** 30
– eheähnliche Gemeinschaft **33a** 18
– Soldatenversorgungsgesetz **3** 25
Arbeitslosenversicherung 10 17
– Arbeitgeberanteil **3** 180
– Beitrag **10** 13
Arbeitslosigkeit
– Arbeitszimmer **4** 199
– Bildungsmaßnahmen **10** 29
– doppelte Haushaltsführung **9** 310
– Fortbildungskosten **10** 31a
– Kind **32** 10
– Kinderbetreuungskosten **4f** 25
– Kürzungsmonate **32** 19
– mangelnde Verfügbarkeit **32** 10
– vorab entstandene Werbungskosten **10** 32
Arbeitsmittel 12 7; **19** 150
– Absetzung für Abnutzung **9** 326
– Arbeitszimmer **4** 196
    – Ausstattung **9** 327
– Betriebsausgaben **4** 252
– private Mitbenutzung **9** 320
– Tier **9** 327
– Werbungskosten **9** 320
– Werkzeug **9** 324
Arbeitsortprinzip
– DBA **49** 49
Arbeitsplatzschutzgesetz 3 156
Arbeitsrecht
– Arbeitnehmer **15** 18
– Arbeitsverhältnis **19** 7
– Passivierung **6a** 5
Arbeitsschutzkleidung
– Werbungskosten **9** 325
Arbeitsstätte
– Begriff **9** 366
– Nachhaltigkeit **9** 366
Arbeitsverhältnis
– Auflösung **3** 38; **24** 17
– Rückstellung **5** 165
Arbeitszeitkonto 11 65; **19** 150
– Abfindung
    – Altersversorgung **3** 191
– Einnahmen
    – Zeitgutschrift **8** 32
– Pensionsrückstellung **6a** 5
– wertpapierorientierte Verzinsung **3c** 83
Arbeitszimmer 3c 83; **12** 24
– Abzugsverbot **4** 194
– Arbeitgeber **21** 162, 163
– Arztpraxis **4** 195
– Ausbildung **10** 27
– Ausbildungskosten **10** 27, 34
– Außendienstmitarbeiter **4** 199
– Ausstattung **4** 196; **9** 327
– Betriebsstätte **49** 25
– Dachgeschoss **4** 195
– Dienstwohnung **19** 150

- Drittaufwand **7** 27
- Ehegatten **21** 163
  - Gestaltungsmissbrauch **19** 150
  - Miteigentum **4** 148
  - Vorsteuerabzug **9b** 13
- Einfamilienhaus **4** 195
- Einkünfteerzielungsabsicht **10f** 1
- Erwerbslosigkeit **4** 199
- gemischte Nutzung **12** 6
- Lager **4** 195
- lineare AfA **7** 175
- mehrere Arbeitszimmer **4** 199
- Mehrfamilienhaus **4** 195
- Mieter
  - Revierförster **19** 121
- Mietzahlung durch Arbeitgeber **19** 150
- Schallschutz **6** 60
- Schulleiter **4** 195
- Spekulationsgeschäft **23** 6
- Tätigkeitsmittelpunkt **4** 199
- Telearbeitsplatz **4** 199
- unbegrenzter Abzug **4** 194
- Werkstatt **4** 195
- Wohnung **4** 195

Architekt
- Entschädigung **24** 16

Architektenhonorar 23 19

Archiv
- Verlagsarchiv **5** 165

Argentinienbonds
- Veräußerungsverlust **20** 405

Artist 15 22
- Pauschsteuersatz **50** 45
- Steuerabzug **1** 39
- Steuererstattung **50** 33

Arzneimittel 19 150; **33** 100
- immaterielle Wirtschaftsgüter **5** 165
- Nachanalyse
  - Rückstellung **5** 130
- Zulassungsabschreibung **7** 51
- Zulassungskosten **5** 165

Arzt 19 100
- Arbeitnehmer **19** 100
- Bereitschaftsdienstvergütung **3b** 3
- Berufskleidung **9** 325; **12** 4
- Berufskrankheit **4** 252
- Gutachten **19** 100
- Honorar **11** 65
- Kongressreise **12** 19
- Nebentätigkeit **19** 100
- Pilotenschein **12** 10

Ärztemuster
- Rückstellung **5** 165
- Teilwert **6** 99
- Umlaufvermögen **6** 22

Arzthaftungsprozess 33 100

Arztvertreter 19 100

Assekuradeur
- Provision **5** 165

Assessor
- Rechtsanwaltsvertreter **19** 100

Asset Backed Securities
- Bilanzierung **5** 165
- Zinsschranke **4h** 64

ASTA
- Arbeitnehmer **19** 100

Asylbewerber 33 52
- doppelte Haushaltsführung **9** 310
- Kindergeld **62** 2

Atypisch stille Gesellschaft 13 44; **17** 42; **50d** 43
- angemessene Gewinnverteilung **15** 443
- Anteilsveräußerung **16** 219
- Ausscheiden **5** 77
- Begriff **15** 223
- beschränkte Steuerpflicht **15** 386
- Betriebsvermögen **15** 233
- eigene Steuerbilanz **15** 232
- einheitliche und gesonderte Feststellung **15** 234
- Einkunftsart **15** 229
- Familien-GmbH & atypisch Still **15** 261
- Gesamthandsvermögen **15** 461
- Geschäftswert **15** 226
- Gewerbebetrieb **15** 208
- Gewerbesteuer-Anrechnung **35** 38
- gewerbliche Einkünfte **15** 224
- GmbH
  - Sonderbetriebsausgaben **3c** 83
- Investitionsabzugsbetrag **7g** 12
- Personengesellschaft **15** 145
- Prozessstandschaft **15** 234
- stille Reserven **15** 226
- Tod eines Gesellschafters **16** 233
- Unterbeteiligung **15a** 166
- Zurechnung **15** 154

Atypische Unterbeteiligung
- Anteilsveräußerung **16** 219
- Handelsregistereintragung **15a** 131
- persönliche Haftung **15** 137

Au-pair-Mädchen 35a 4
- Arbeitnehmer **19** 100
- Nachweis **4f** 11, 50

Auditing
- Aufwendungen **10** 29

Aufbaustudium 10 30, 31a
- Fortbildungskosten **10** 31b

Aufbewahrungspflicht
- Abzinsung
  - Rückstellung **6** 158
- Kontrollmeldeverfahren **50d** 31
- Lohnkonto **41** 5
- Lohnsteuerkarte **39b** 5
- Rückstellung **5** 166
- Zinsabrede **6** 148

Aufenthaltsbestimmungsrecht 64 2

Aufenthaltserlaubnis
- ausländischer Lebenspartner
  - Unterhaltsleistungen **33a** 18
- doppelte Haushaltsführung **9** 310
- Kindergeld **62** 2

Aufenthaltsraum
- Annehmlichkeiten **19** 150

Aufforstungskosten 13 65

Aufgabe eines Betriebes *s. Betriebsaufgabe*

Aufgabegewinn 14 14; 16 2; 18 165
- Abfindung 16 335
- Abschnittsbesteuerung 16 511
- außerordentliche Einkünfte 14 18
- Betriebsaufgabe über 2 Jahre 34 72
- Betriebsumstellung 13a 14
- Betriebsvermögensvergleich 16 400
- Erbauseinandersetzung 16 116
- Freibetrag 14 18; 14a 1; 16 4, 501
- gemeiner Wert 16 342
- Gewerbesteuer 16 13
- Handelsschiff 5a 35
- KGaA 16 260
- Land- und Forstwirtschaft 14 1; 16 310
- Mischnachlass 16 121
- Miterbe 16 117
- Mitunternehmeranteil 16 408
- nachträgliche Einkünfte 24 44
- Realteilung 16 341
- Subjektsteuerprinzip 16 7
- Teilbetrieb 16 502
- Zeitpunkt 14 16

Aufgabekosten 16 412

Aufgeld
- Fondsanteil 20 480
- Kapitalrücklage 17 43
- Lastenausgleich 3 61
- stille Gesellschaft 23 18

Auflösend bedingte Verbindlichkeiten 5 115

Auflösung 2a 73; 17 271; 20 91; *s.a. Liquidation*
- Abwicklungsgewinn 20 101
- Ausgleichsposten 4g 12
- ausländische Kapitalgesellschaft 17 280
- ausländische Körperschaft 2a 31
- Bezüge 49 112
- Ergänzungsbilanz 15 423
- Euroumrechnungsrücklage 6d 17
- Gesellschaft 16 235
- Handelsregistereintragung 17 278
- Kapitalgesellschaft 6b 8
- Nachversteuerung 49 56
- Organschaft 4h 108
- Pensionsrückstellung 6a 1, 48
- Rechnungsabgrenzung 5 99
- Reinvestitionsrücklage 6b 31; 6c 9
- Rücklage 13a 16; 16 513; 20 118
  - Überschussrechner 4 127
- Rücklage für Ersatzbeschaffung 5 110
- Schuldzinsen 4 252
- Sitzverlegung 17 320
- Teilbetriebsveräußerung 16 72
- Veräußerungspreis 17 287
- Verbindlichkeitsrückstellung 5 142
- Werbungskosten
  - wesentliche Beteiligung 17 172

Auflösungsgewinn
- Gewerbeertrag 5a 16
- Liquidation 17 34

Auflösungsverlust 17 34
- Liquidation 17 34
- wesentliche Beteiligung 17 284

Aufmerksamkeit 8 24; 19 125, 150

Aufnahmegebühr
- Spenden 10b 13, 69

Aufrechnung 11 37
- Bauabzugssteuer 48 22
- Einkommensteuer 36 35
- Gegenseitigkeitserfordernis 75 2
- Kindergeldanspruch 74 3
- Lohnsteuer 42d 35
- Sozialhilfe 75 2

Aufschiebend bedingte Verbindlichkeiten 5 115

Aufsichtsrat 18 157
- Arbeitnehmervertreter 18 157
- Begriff 50a 9
- GmbH-Beirat 18 157
- Rechtsanwalt 18 97
- Steuerabzug 1 39

Aufsichtsratsmitglied
- Selbstständigkeit 19 100

Aufsichtsratssteuer
- beschränkte Steuerpflicht 36 16

Aufsichtsratsvergütung
- Abzugsverbot
  - Umsatzsteuer 50a 11
- beschränkte Steuerpflicht 50a 8
- Reisekosten 50a 10

Aufspaltung
- Einbringung 16 28
- Ergänzungsbilanz 15 332
- Steuerverstrickung 17 330
- Verlustverrechnungsverbot 15a 76

Aufstockung
- Ergänzungsbilanz 15 333

Aufteilungsverbot 4 23; 10 1; 12 1, 3, 11
- Ausbildungskosten 10 27
- Computer 12 9
- Einnahmen 4 131
- gemischt genutzte Wirtschaftsgüter 4 37
- Reisekosten 12 3
- Spenden 10b 17

Aufteilungsverfahren
- Ehegatten 26b 30

Auftragnehmer
- Direktversicherung 4b 6
- Steuerabzug 48 32

Auftragsbestand
- Aktivierung 5 165

Auftragsforschung
- Spende 10b 16

Auftragsproduktion
- Umlaufvermögen 6 22

Auftragsrecht
- Aufwendungsersatz 50a 10

Aufwandseinlage 4 102; 6 166; 15 374, 428, 436

Aufwandsentnahme 15 428, 436

Aufwandsentschädigung 3c 83; 18 157; 19 32, 150
- Bundes-/Landeskasse 3 45
- Deutsches Rotes Kreuz 19 150
- Ehrenamt 19 30
- Nebentätigkeit 18 8
- öffentliche Kasse 3 44, 46
- Zuschuss 3c 83

Aufwandsrückstellung 5 54, 125
- Abraumbeseitigung 5 165

Aufwandsspende 10b 85; 34g 47
- Höhe 10b 89

- Verzichtserklärung **10b** 87
- Zuwendungsbestätigung **10b** 90

Aufwendungsersatz
- Auftragsrecht **50a** 10
- außergewöhnliche Belastung **33** 13
- nebenberufliche Tätigkeit **3c** 83

Aufwuchs 6b 11; **13** 53, 54
- Veräußerungsgewinn **6c** 5
- Vorratsvermögen **13** 59

Aufzeichnungspflicht 5 7; **6** 179; **51** 22
- Abschreibungsvergünstigungen **7a** 40
- Ausgleichsposten **4g** 18
- Beginn/Ende **13** 50
- Betriebsausgaben **4** 141
- Bewirtungsaufwendungen **4** 176
- Buchführungspflicht **5** 23
- Einnahme-Überschuss-Rechnung **4** 109
- geringwertige Wirtschaftsgüter **6** 178
- Geschenke **37b** 26
- Lohnkonto **41** 1
- Lohnsteuerbescheinigung **42b** 8
- Lohnsteuerpauschalierung **40a** 13
- Sachbezüge **8** 68
- Schätzung **7a** 40; **13** 47
- Schuldzinsen **4** 168
- Spendennachweis **10b** 37
- Steuerabzug **50a** 38

Aufzinsung 20 395
- Begriff der Zinsen **4h** 32

Aufzug 33 100
- Behinderte **33** 100

Augen-Laser-Operation
- Attest **33** 100

Ausbau
- degressive AfA **7** 167
- erhöhte Absetzungen **7c** 2
- Gebäude **6b** 13

Ausbeute 20 62

Ausbeutevertrag 13 67

Ausbildung
- Begriff **3** 42
- Betriebswirt **18** 104
- Dienstverhältnis **19** 100
- fehlender Ausbildungsplatz **32** 13
- Freiberufler
  - ähnliche Berufe **18** 124
- Kind **32** 11
  - Lebensführungskosten **12** 2
- Kinderbetreuungskosten **10** 25a
- künstlerische Tätigkeit **18** 73
- Nachweis **18** 126
- private Fachhochschule **33** 100
- private Interessen **10** 29
- Vergleichbarkeit **18** 126

Ausbildungsbeihilfe 33a 32
- Anrechnung **33a** 82

Ausbildungsdarlehen 3c 83

Ausbildungsförderung 10 27

Ausbildungsfreibetrag 33a 50
- Amtsveranlagung **46** 32
- Aufteilung **33a** 63
- Aufwendungen **33a** 70
- Ausbildungszuschuss **33a** 61

- auswärtige Unterbringung **33a** 50
- Kinderbetreuungskosten **4f** 6
- konkludenter Antrag **33a** 90
- Sonderbedarf
  - Kind **33a** 52
- Stiefeltern
  - Großeltern **33a** 56
- Übergangszeit **33a** 53

Ausbildungskosten 10 27, 28; **12** 8; **33** 100
- Abzugsverbot
  - Aufteilungsverbot **10** 27
- Berufspilot **12** 10
- Betriebsausgaben **4** 252
- Darlehen
  - Rückzahlungsverzicht **19** 150
- Drohverlustrückstellung **5** 165
- Kind **32** 18
- Lebensführungskosten **10** 28a
- Promotion **4** 252; **10** 28
- Umfang **10** 34

Ausbildungszuschuss 19 150
- Ausbildungsfreibetrag **33a** 61
- ausländische Hochschule **33a** 61
- negative Einkünfte **33a** 61

Auseinandersetzung
- Realteilung **16** 343
- stille Gesellschaft **20** 186

Ausfinanzierungsgarantie 4d 34

Ausgabeaufgeld s. *Aufgeld*

Ausgaben 3c 19
- Abflussprinzip **11** 2
- Begriff **11** 8
- wirtschaftlicher Geschäftsbetrieb
  - Zweckbetrieb **3c** 83

Ausgleichsanspruch
- Bauten auf fremdem Grund **4** 83
- Gesellschafter **21** 48
- Handelsvertreter **5** 165; **7** 76; **16** 411
- Mitunternehmerschaft **15** 313

Ausgleichsfonds
- Rücklage **13** 66

Ausgleichsgeld 3 80

Ausgleichsgesetz
- steuerfreie Leistungen **3** 36

Ausgleichsposten
- Antrag **4g** 10
- Anzeigepflicht **4g** 19
- Beendigung der unbeschränkten Steuerpflicht **4g** 14
- Entnahme **4g** 2
- Ergänzungsbilanz **15** 322
- gemeiner Wert **4g** 10
- Gemeinschaftsrecht **4g** 7
- gewinnerhöhende Auflösung **4g** 12
- Körperschaftsteuer **4g** 4
- Nachversteuerung **34a** 45
- nicht entnommener Gewinn **34a** 44
- rechtssystematische Einordnung **4g** 11
- Rückführungswert **4g** 16
- Rumpfwirtschaftsjahr **4g** 12
- Umwandlungssteuerrecht **4g** 12
- Verzeichnis **4g** 18

Ausgleichszahlung 13 62; **17** 196; s.a. *Spitzenausgleich*

- Arbeitgeber **24** 17
- Dividendengarantie **4** 208
- Ehegatten **19** 160
- Gemeinde **6** 43
- Gesellschafter **4** 62; **16** 218
- Handelsvertreter **4** 251; **24** 30
- Minderheitsgesellschafter **20** 121
- Miterbe **14a** 7
- Teilbeendigung **24** 31

Ausgliederung
- Einbringung **16** 28
- Schwestergesellschaft **15** 146

Aushilfskraft
- Dienstverhältnis **19** 100
- Direktversicherung **19** 150
- Land- und Forstwirtschaft **40a** 1, 10

Aushilfstätigkeit 15 20; **40a** 4

Auskunft *s. a. Anrufungsauskunft*
- Besteuerungsverzicht **50d** 61
- elektronische Abfrage **48b** 18
- Empfänger von Ausgaben **4** 141
- Lohnsteuerhaftung **42d** 47
- Steuergeheimnis **68** 5
- Unterhaltsleistungen **33a** 18

Auskunftspflicht
- Bauabzugsteuer **48b** 6

Auslagen
- Erstattung **77** 2

Auslagenersatz 19 113
- Abgrenzung zum Werbungskostenersatz **19** 115
- Arbeitnehmer **3** 159
- Betriebsrat **19** 150
- Einnahmen **8** 16
- Pauschale **19** 116

Ausland 33 41
- Anteil
  - Teilwertabschreibung **2a** 2
- Anteilsübertragung
  - Erbe **17** 30
- Anteilsveräußerung **17** 11
- Arbeitnehmerentsendung **38a** 6
- Arbeitnehmerüberlassung
  - Lohnkonto **41** 8
- Arbeitnehmerverleiher **38** 8
- Aufsichtsrat
  - Kleinunternehmer **50a** 11
- Ausbildung **32** 11
  - Zuschuss **33a** 61
- ausländische Gewinnausschüttungen **36** 14
- auswärtige Unterbringung **33a** 54
- Bauleistungen **48** 11
- Begriff **34d** 4
- Bemessungsgrundlage **34c** 6
- Bereederung **5a** 22
- Bestechungsgeld **4** 209
- Besteuerungsnachweis **50d** 60
- Beteiligung **20** 61
  - Erträge **20** 42
- Betriebsstätte **2a** 25; **10** 10; **15** 8; **34d** 13
  - Entnahme **4** 106c
  - fiktive Entnahme **4g** 3
- Betriebsverlegung **3** 121
  - Entstrickung **16** 315
- Beweis
  - Unterhaltsleistungen **33a** 92
- DBA
  - Kapitalertragsteuer **17** 20
- Direktversicherung **4b** 3
- Ehegatte **26** 30
- Ehegatte/Zusammenveranlagung **1a** 7
- Entsendung **62** 2
- Entstrickung **4g** 1
- erhöhte Mitwirkungspflicht **33a** 91
- Expatriates **19** 100
- Familienheimfahrt **33a** 92
- fingierte unbeschränkte Steuerpflicht **1** 29
- Flüchtling **33** 52
- Geldstrafe **12** 29
- Gemeinschaftsrecht
  - Sprachkurs **4** 252
- gewerblicher Grundstückshandel **15** 118
- Gewinnausschüttung **36** 14
- Gewinnerzielungsabsicht **49** 162
- Gleichheitssatz
  - Zusammenveranlagung **1a** 14
- GmbH-Stammeinlage **19a** 2
- grenzüberschreitende Verlustverrechnung **10d** 4
- Grund und Boden **55** 5
- Grundstück deutscher Gebietskörperschaften **1** 11
- Investmentfonds **20** 142
- Kind **32** 14, 22
  - Schulausbildung **33** 100
- kindbedingte Zahlungen **65** 4
- Kinderbetreuungskosten **4f** 20
- Konzern
  - Lohnsteuerabzug **38** 12
- Körperschaftsteuer-Anrechnung **36** 20
- land- und forstwirtschaftliche Betriebe **2a** 20
- Lohnersatzleistungen **1** 34
- Mitunternehmerschaft **34c** 51
- Muttergesellschaft **43b** 2
  - Lohnsteuerhaftung **42d** 22
- Nachweis **33a** 92
- notarielle Beurkundung
  - Mitteilungspflicht **17** 101
- partiarisches Darlehen **2a** 41
- Pauschbetrag
  - Kind **33b** 15
- Personengesellschaft **4g** 8
- Rechtsform
  - Steuerstundungsmodell **15b** 36
- Rückführungswert **4g** 16
- Rückumzugskosten **12** 25
- Schiffseigner
  - Verlust **21** 71
- Schulgeld **10** 37; **33** 100
- Sitzverlegung **17** 278; **49** 55
- soziale Dienste **32** 14
- Sozialversicherungsleistungen **3** 22
- Spenden **10b** 34
- Sprachkurs **12** 20; **32** 11; **33a** 55
- ständiger Vertreter **34d** 13
- stille Gesellschaft **2a** 41
- Studium **10** 37
- Umzugskosten **3c** 83
- Unterhaltsleistungen **33** 57; **33a** 18, 35

1907

- Veräußerungsgewinn **16** 41; **34d** 22
  - Währung **17** 173
- Verbringung eines Wirtschaftsguts **6** 186
- Verlust **34c** 37
- Wohnsitz **63** 4
  - Verlegung **18** 175
- Wohnung **1** 12
- Zinsabschlag **20** 32
- Zinsschranke **4h** 1

Ausländer
- Freistellungsbescheinigung **48b** 8
- Kindergeld **62** 2

Ausländische Arbeitnehmer
- Freistellungsbescheinigung **39b** 19
- Kindergeld **62** 2

Ausländische Betriebskasse 3 10

Ausländische Betriebsstätte
- direkte/indirekte Gewinnermittlungsmethode **34d** 13
- Gewinnermittlung **5** 28
- Investitionsabzugsbetrag **7g** 19
- Mitunternehmerschaft **34a** 60
- nicht entnommener Gewinn **34a** 43
- Thesaurierungsbegünstigung **34a** 50
- Übertragung von Wirtschaftsgütern **34a** 81
- Umwandlung **2a** 100
- Zinsschranke **4h** 25

Ausländische Einkünfte 3c 23, 83; **32b** 20; s.a. *Ausländische Steuern*
- Anteilsveräußerung **17** 11
- Auslandstätigkeits-/Pauschalierungserlass **34c** 51
- Einkünfteermittlung **34d** 7
- Fremdwährung **34d** 7
- Gewerbesteuer-Anrechnung **35** 14
- gewerbliche Einkünfte **34d** 12
- Halbeinkünfteverfahren **3** 115
- isolierende Betrachtungsweise **34d** 4
- Kapitaleinkünfte
  - Sparerfreibetrag **20** 471
- Kapitalertragsteuer **43** 55
- Kapitalvermögen **34d** 28
- Land- und Forstwirtschaft **34d** 10
- Meistbegünstigung **34c** 13
- Nachversteuerung **34a** 71
- negative Einnahmen **34d** 7
- Organschaft **32b** 25
- Progressionsvorbehalt **32b** 15
- selbstständige Tätigkeit **34d** 20
- sonstige Einkünfte **34d** 32
- Treuhand **34c** 5
- Vermietung und Verpachtung **34d** 30
- Zurechnung **34c** 5

Ausländische Gesellschaft 34c 7
- einheitliche und gesonderte Gewinnfeststellung **15** 421
- Hinzurechnungsbesteuerung **3** 145
- Rechtsform **15** 135
- Typenvergleich **15** 211

Ausländische Investmentfonds 20 146; **34d** 5
- Arbeitnehmer **19a** 19
- Zinsabschlag **43** 11

Ausländische Kapitaleinkünfte
- Änderung bestandskräftiger ESt-Bescheide **36** 41
- Begriff **43** 82

- Gemeinschaftsrecht **36** 40
- Kapitalertragsteuer **43** 43
- Pflichtveranlagung **32d** 26
- Quellensteuer **32d** 34; **43a** 67

Ausländische Kapitalgesellschaft 17 42; **49** 63
- Anteil **3c** 9
  - Übertragung **17** 30
- Auflösung **17** 280
- Beteiligungsveräußerung **1** 43
- direkte Steueranrechnung **34c** 39
- gewerbliche Einkünfte **15** 131
- gewerbliche Tätigkeit **49** 62
- private Beteiligung **2a** 38

Ausländische Körperschaft
- Anteilsveräußerung **20** 731
- Begriff **2a** 32
- Kapitalertragsteuer **44a** 58
- Spenden **10b** 28a
- Wertminderung aus Beteiligung **2a** 30

Ausländische Kulturvereinigung
- Pauschbetrag **50** 45

Ausländische Personengesellschaft
- Anteilsveräußerung **17** 12
- Sondervergütungen **15** 386
- Verlustausgleich **15a** 335
- wesentliche Beteiligung **17** 63

Ausländische Rentenversicherung 3 181; **10** 13

Ausländische Steuern 34c 1, 7
- Anrechnung **32d** 1, 10, 34; **34c** 5, 20, 32
  - Gemeinschaftsrecht **34c** 30
  - Investmentfonds **34c** 8
  - Zwischengesellschaft **35** 10
- Anrechnungsbetriebsstätte **4** 106d
- Arbeitnehmer **34d** 25
- Dividendeneinkünfte **34c** 42
- Drittstaat **34c** 26
- Erlass **34c** 17
- Euro-Referenzkurs **34c** 29
- fiktive Anrechnung **34c** 13
- Gemeinschaftsrecht **34c** 39
- Höchstbetragsberechnung **34c** 35
- negative Einkünfte **2a** 15
- Quellensteuer **34c** 45
- Steueranrechnung **50** 40
- Thesaurierungsbegünstigung **34a** 50
- Veranlagung **50** 41
- Wahlrecht **34c** 36, 40
- Zeitraumidentität **34c** 28
- Zuzug **17** 191

Ausländische Studenten
- wiederkehrende Bezüge **22** 6

Ausländische Verluste
- Progressionsvorbehalt **15b** 48

Ausländische Versicherungsgesellschaft 10 19
- Kontrollmeldeverfahren **50d** 30

Ausländischer Arbeitgeber
- Arbeitnehmerveranlagung **46** 5

Ausländisches Kindergeld
- Kinderfreibetrag **33a** 21
- Verrechnung **31** 10

Auslandsbedienstete 3 200
- beschränkte Steuerpflicht **1** 20
- Ehegatte **26** 30
- Lohnsteuerabzug ohne Lohnsteuerkarte **39c** 4

Auslandsbeteiligung
− Liquidation **17** 34
Auslandsbonds
− Entschädigung **3** 163
Auslandseinkünfte
− (negativer) Progressionsvorbehalt **15b** 48
− DBA **15b** 48
− fiktive unbeschränkte Steuerpflicht **1** 34
− Lohnersatzleistungen **1** 33
Auslandskind 33a 62; **66** 2
− Einkommensgrenze **32** 16
− Ländergruppeneinteilung **32** 16, 32
− Zeitpunkt **66** 3
Auslandskorrespondent
− Kassenstaatsprinzip **1** 18
Auslandskredit
− Rückstellung **5** 166
Auslandslehrer
− Kassenstaatsprinzip **1** 18; **1a** 26
Auslandsreise 12 18
− Arbeitgeberersatz **19** 150
− Pauschalierung **4** 186
− Übernachtungskosten **9a** 34
Auslandsrente 34c 6
Auslandsschule
− öffentliche Kasse **50d** 50
Auslandstätigkeitserlass 34c 50
Auslandstrennungsgeld
− doppelte Haushaltsführung **3c** 83
Auslandsverlust
− Verlustausgleichsverbot **15b** 8
− Welteinkommensprinzip **2a** 3
Auslandsversetzung
− Entschädigung **24** 16
Auslandszulage 3c 83
Ausschank
− Getränke **13** 16
Ausscheiden
− Abfindung **16** 330
  − Zufluss **19** 131
− Anteilsveräußerung **16** 216
− atypisch stille Gesellschaft **5** 77
− Ausgleichsposten **4g** 12
− betriebliche Altersversorgung **4b** 19
− Erbengemeinschaft **16** 239
− Ergänzungsbilanz **15** 323
− Gesellschafter **4** 223; **6** 181; **16** 217
− KGaA **16** 260
− Kommanditist **16** 218
− Miterbe **16** 130
− Mitunternehmer **4h** 42
  − Rechtsnachfolger **16** 217
− Mitunternehmerschaft
  − Sonderbilanz **6b** 1
− Nachholverbot **6a** 46
− Realteilung **16** 133, 340
− Sachabfindung **16** 132
− Tod eines Gesellschafters **16** 233
− Verlustkonto **15** 399
− wesentliche Betriebsgrundlagen **16** 134
Ausschluss
− Gesellschafter **17** 148

Ausschlussfrist 46 52
Ausschüttung 49 112
− disquotale Gewinnausschüttung **20** 9
− Einlagekonto **49** 56
− Halbeinkünfteverfahren **3** 127
− inländische Investmentfonds **20** 141
− Kapitalertragsteuer
  − Zeitpunkt **44** 14
− Organschaft **3c** 83
− Sitzverlegung **17** 320
− Umwandlung **15** 332
Ausschüttungsbedingte Teilwertabschreibung 2a 31; **6** 111
Ausschüttungsbelastung
− Körperschaftsteuer-Anrechnung **36** 20
Außenanlagen
− Herstellungskosten **6** 121
− Spekulationsgeschäft **23** 5
Außendienst
− Arbeitsstätte **9** 366
− Arbeitszimmer **4** 199
− Verpflegungsmehraufwand **3c** 83
Außengesellschaft
− Gewerbebetrieb **15** 208
− OHG, KG und BGB-Gesellschaft **15** 214
Außenhaftung
− GmbH **15** 441
− Mitunternehmer **15** 249
Außenprüfung *s. a. Betriebsprüfung*
− betriebliche Größenmerkmale **7g** 20
− Haftungsbescheid **42d** 70
− Investitionsabzugsbetrag **7g** 26
− Lohnsteuerpauschalierung **40** 27
− Rückstellung **5** 165
− Spendenbescheinigung **10b** 32
− Steuerabzug **50a** 38
− Thesaurierungsbegünstigung **34a** 87
− verbindliche Auskunft **42e** 2
Außensteuerrecht 3c 83
− Anteilsveräußerung **17** 30
− erweiterte beschränkte Steuerpflicht **1** 8
− Hinzurechnungsbesteuerung **3** 142
− Wegzugsbesteuerung **4g** 6; **49** 55
Außergewöhnliche Belastungen 11 65; **35a** 4
− Abflussprinzip **33** 9
− Allergie
  − Wohnungseinrichtung **33** 100
− Aufwendungsersatz **33** 13
− außerordentliche Einkünfte **34** 56
− Begriff **33** 7
− Belastungsminderungen **11** 19
− beschränkte Steuerpflicht **50** 9
− Besuchsfahrten **33** 100
− Betrug **33** 100
− Bürgschaft **33** 100
− Darlehen **33** 10, 100
− Ehegatte **26** 54
− Ehescheidung **33** 100
− Einkommensermittlung **2** 136
− Einkommensteuer-Vorauszahlung **37** 25
− Entbindungskosten **33** 100
− Entführung
  − Lösegeld **33** 100
− ersparte Aufwendungen **33** 13

1909

- Fahrstuhl **33** 100
- Fahrtkosten **33** 100
- Familienheimfahrt **33** 100
- Führerscheinkosten des Kindes **33** 100
- Gegenwerttheorie **33** 11
- geschenkte Mittel **33** 10
- gesundheitsgefährdende Baumängel **33** 21
- getrennte Veranlagung **26a** 6; **33** 72
- Gruppentherapie **33** 100
- Haarersatz **33** 100
- Hausrat **33** 100
- Hausratversicherung **33** 45
- Hochzeitskosten **33** 100
- Insolvenzverfahren **33** 100
- Kind **32** 15, 17
- Kinderbetreuungskosten **4f** 6; **32** 28
- Kleidung
  - Trauerkleidung **33** 100
- Krankheitskosten **33** 100
- Kur **33** 100
- Legasthenie **33** 100
- Lohnsteuer-Ermäßigungsverfahren **39a** 7
- Mediation **33** 100
- Nachlassverbindlichkeiten **33** 100
- Pflegekosten **33** 100
- Privatschule **33** 100
- Prozesskosten **33** 100
- Schadensersatzzahlungen **33** 100
- Schönheitsoperation **33** 100
- Schuldzinsen **33** 100
- Sorgerechtsverfahren **33** 100
- Spielsucht **33** 100
- Sport **33** 100
- Umzugskosten **33** 100
- Unfallkosten **33** 100
- Unterhaltsleistungen **33** 100
- Vermögensbelastung **33** 12
- Versorgungsausgleich **33** 100
- Zusammenveranlagung **26b** 15
- Zwischenheimfahrt **33** 100

Außerordentliche Einkünfte 32b 32; *s.a. Mehrjährige Tätigkeit*
- Altersentlastungsbetrag **34** 57
- Begriff **34** 10
- Einkunftsart **34** 20
- Entschädigung **34** 35
- Freiberufler **18** 8
  - Veräußerungsgewinn **34** 29
- getrennte Veranlagung **26a** 24; **34** 96
- Land- und Forstwirtschaft **33** 36
  - Veräußerungsgewinn **34** 29
- mehrjährige Tätigkeit **34** 40
- Mindestbesteuerung **34** 82
- Personengesellschaft **34** 91
- Steuerplanung **34** 95
- Tarifbegrenzung **34** 97
- Tarifbegünstigung **34** 1
- Teilbeträge **34** 18
- Veräußerungs-/Aufgabegewinn **14** 18; **16** 8; **34** 25
- Verlustausgleich **34** 57, 58
- Verrechnung **2a** 72
- Verteilungswirkung auf fünf Jahre **34** 60
- Wahlrecht **34** 78
- Zusammenballung von Einkünften **34** 15
- Zusammenveranlagung **34** 95

Außerordentliche Holznutzung 13a 13
- Begriff **34b** 3
- Nachholung **34b** 11
- Tarifbegünstigung **34** 55

Aussetzender Forstbetrieb 13 5
- Entnahme **13** 56

Aussetzungszinsen
- Kirchensteuer **10** 25

Aussiedler
- doppelte Haushaltsführung **9** 310

Aussperrungsunterstützung 19 150

Ausstehende Einlage
- Haftung **15a** 107

Ausstellerhaftung
- Spenden **10b** 106
- subjektive Fahrlässigkeit **10b** 109
- Verschulden **10b** 107

Ausstellungsstücke
- Anlagevermögen **6** 22

Aussteuer 2 47; **33** 100

Austauschmotor
- private Kfz-Nutzung **6** 162b

Auswanderung 33 100

Auswärtige Unterbringung 33 100
- Ausbildungsfreibetrag **33a** 50
- Ausbildungskosten **10** 34
- Ausland **33a** 54
- Begriff **33a** 54
- Dauerhaftigkeit **33a** 55
- Haushaltszugehörigkeit **33a** 55
- Kind **32** 18; **33a** 81; **63** 2
- Praktikum **33a** 55
- Sprachkurs im Ausland **33a** 55

Auswärtiges Amt
- Spendenempfänger **10b** 28

Auswärtstätigkeit 9 359
- Verpflegungsmehraufwand **12** 22

Auszahlungsanordnung
- Einspruch
  - Familienkasse **74** 2
- Unterhaltsklage **74** 3

Auszubildende 19 100

Automatenlieferant
- Fahrtenbuch **6** 162d

Autoradio
- Arbeitsmittel **9** 327

Avalprovision 15 398; **34d** 16
- Rückstellung **5** 165

Back-to-Back-Finanzierung
- Abgeltungsteuer **32d** 19
- Kapitaleinkünfte **20** 569

Bäcker
- Arbeitszeit **3b** 3

BAföG
- Unterhaltsgeld **10** 34

Bagatellbetrag
- Kapitalertragsteuer **43** 27
- Wegfall **43** 59

Bagatellgrenze
- Antrag auf Thesaurierungssteuersatz **34a** 4
- Besteuerungsnachweis **50d** 60

- Entnahme 4 100
- Lohnsteuernachforderungsbescheid 42d 83
- Mitunternehmerschaft 34a 25
- Zinsen 50d 17

Bahn
- Netzkarte 19 150
- Schichtzulage 3b 3

Bahn-Card 19 150

Bahnversicherungsanstalt
- Bundeszuschuss 19 150
- Zusatzrente 19 150

Baisse-Spekulation 23 9

Bandenwerbung 49 43

Bank
- Absehen vom Kapitalertragsteuerabzug 43 78
- Aktienerwerb 20 92
- Back-to-Back-Finanzierung 32d 19
- Bürgschafts-/Avalprovision 34d 16
- Eigenhandel 20 43
  - Halbeinkünfteverfahren 3 139
- Einlagensicherungsfonds 5 130
- Pfändungsschutz 76a 3
- Steuergeheimnis 20 24
- Überweisung 35a 10

Bankett
- Spendengelder 10b 22

Bankspesen 9 102; 20 480

Bare-boat-Vercharterung 2a 45
- Jacht 2a 47

Bargebotszinsen 21 125; 24 80

Barlohnumwandlung 6a 8; *s.a. Gehaltsumwandlung*
- Fahrten zwischen Wohnung und Arbeitsstätte 40 24
- Kapitalgesellschaft
  - Organ 6a 42
- Pensionskasse 4c 5
- Pensionsrückstellung 6a 42
- Sachzuwendungen 37b 17
- unentgeltliche Anteilsüberlassung 19a 14
- Unterstützungskasse 4d 8
- Versorgungszusage 6a 42
- Zukunftssicherungsleistungen 40b 4, 5

Barwert
- Anwartschafts- 6a 33
- Gehaltsumwandlung 6a 35
- Pensionsrückstellung 6a 31
- Rente 17 187

Basisgesellschaft
- Diskriminierungsverbot 50d 42
- Gestaltungsmissbrauch 34c 5; 50d 43

Basisrente
- Höchstbetrag 10 23

Bauabzugsteuer
- Abrechnung 48a 10
- Abschlags-/An-/Teilzahlungen 48 22
- Aktivitätsvorbehalt 48 8
- Anmeldungszeitraum 48a 5
- Anrechnung 48c 1
- Antragsbefugnis
  - Frist 48b 15
- Aufrechnung 48 22
- Bauleistungen 48 9
- Bemessungsgrundlage 48 22

- Betrieb gewerblicher Art 48 7
- Betriebsausgaben
  - Werbungskosten 48 30
- Bußgeld 48 31
- DBA 48d 5
- Domizil-/Briefkastengesellschaft 48 8, 30
- einstweiliger Rechtsschutz 48a 25
- Erstattung 48c 15
  - Antragsfrist 48c 17
- fiktiv-wirtschaftlich Leistender 48 8
- Freistellungsbescheinigung 48 15; 48b 5
- Gemeinschaftsrecht 48 1, 4
- Geringfügigkeitsgrenze 48 15
- Gestaltungsmissbrauch 48 30
- Haftung 48a 5, 15
- Haftungsbescheid 48a 20
- Insolvenzverwalter
  - Rechtsweg 48c 20
- juristische Person 48 15
- Kaskadeneffekt 48 15
- Kleinunternehmer 48 7
- Leistender 48 8
- Nullregelung 48 20
- objektive Feststellungslast 48 6
- Organschaft 48 7, 8, 15
- Rechtsbehelfe 48a 25
- Rechtsweg 48 2
- Reserve-charge-Verfahren 48 20
- Sachleistung als Gegenleistung 48 24
- Sicherheitseinbehalt 48 22
- Steuersatz 48 20
- Subunternehmer 48 30
- tatsächlich-wirtschaftlich Leistender 48 8
- Tausch 48 24
- Umsatzsteuer 48 20
- Unternehmereigenschaft 48 7
- Verfassungsmäßigkeit 48 3
- Verwalter einer Wohnungseigentümergemeinschaft 48 8
- Werklieferung 48 20
- Wiener Konvention 48 7
- Zeitpunkt 48 5
- zivilrechtlich Leistender 48 8
- Zwei-Wohnungs-Regelung 48 7, 15

Bauantrag
- Bewertungsfreiheit 7f 12
- degressive AfA
  - Wirtschaftsgebäude 7 171
- erhöhte Absetzungen 7c 10
- lineare AfA bei Wirtschaftsgebäuden 7 135
- Reinvestitionsrücklage 6b 30
- Zeitpunkt 7 140

Baubetreuungsgebühr
- Anschaffungskosten 21 113

Baudenkmal 13 20
- Begünstigungszeitraum 7i 6
- Bescheinigung
  - Grundlagenbescheid 7i 10; 11a 5
  - Wahlrecht 7i 4
- Ensembleschutz 7i 3
- Erhaltungsaufwand 11b 1
- erhöhte Absetzungen 7i 1
- Neubau 7i 3
- Sanierung 21 143

1911

Bauerwartungsland

- Steuerbegünstigung **10f** 1
- Steuerstundungsmodell **15b** 43

Bauerwartungsland
- Entnahme **13** 56
- Finanzierungskosten **21** 125

Baugenehmigungskosten 23 19
- Anschaffungskosten **21** 125

Baugewerbe
- Urlaubsanspruch **24** 17

Bauherr
- Begriff **21** 112
- dritter Förderweg
  - Einnahmen **8** 14
- Hersteller **6** 53

Bauherrenfonds 21 116

Bauherrengemeinschaft
- Gestaltungsmissbrauch **21** 36
- Rechtsanwalt **18** 97
- Steuerberater **18** 65, 102

Bauherrenmodell
- Anschaffungskosten **6** 38
- Begriff **21** 111
- Eigentümerwohnung **15b** 45
- Hamburger Modell **21** 115
- Kölner Modell **21** 115
- Steuerstundungsmodell **15b** 45
- Überschusserzielung **21** 18
- Werbungskosten **21** 110

Bauland
- Entnahme **13** 56
- Erschließung
  - gewerblicher Grundstückshandel **15** 119

Baulast 21 90

Bauleistungen
- Arbeitgeber **41** 8
- Begriff **48** 9
- Inland **48** 11
- Nebenleistungen **48** 9

Baumängel
- Beseitigung **6** 121
- Gesundheitsgefährdung **33** 21
- Herstellungskosten **6** 79
- Wiederbeschaffungskosten **33** 23

Baumaterialien
- Aktivierung **5** 165

Baumkultur
- Betriebsausgaben **13** 63

Baumschule 13a 10
- Gartenbau **13** 6

Bauschutt
- Aufbereitungskosten **5** 166

Bausparbeitrag 11 53

Bausparguthaben
- Zinsen **20** 316, 453

Bausparkasse
- Provision **42d** 22

Bausparkassenvertreter
- Ausgleichsanspruch **24** 33

Bausparrisikoversicherung 10 17

Bausparvertrag
- Abschlussgebühr **9** 102; **20** 480; **21** 125
- Anschaffungskosten **6** 51

- Einlage **6** 172
- Risikolebensversicherung **10** 13

Bausparvorratsverträge
- Umlaufvermögen **6** 22

Bausparzinsen
- Guthabenzinsen **21** 90

Bausperre
- Entschädigung **21** 90; **24** 80

Bauten auf fremdem Grund und Boden 4 83
- AfA-Befugnis **7** 17
- Ausgleichsanspruch **4** 83
- Zurechnung **4** 154

Bauträgermodell 21 143

Bauwesenversicherung
- Beitrag **21** 125
- Betriebsausgaben **4** 252

Bauzeitzinsen 21 125

Beamte 19 100
- Altersvorsorgeförderung **10a** 3
- Altersvorsorgezulage **79** 2
- Ausgleichszahlung an Ehegatten **19** 160
- Kapitalabfindung **3** 27, 28
- Kindererziehungszuschlag **3** 221
- Kindergeld **72** 2
- Mutterschaftsgeld **3** 20

Beamtenanwärter
- Unterhaltszuschuss **19** 150

Bedienungshandbuch 18 78

Beerdigung 33 100
- Arbeitgeberaufwendungen **19** 150

Beförderungsleistungen 49 30

Befruchtungskosten 33 100

Begleitperson
- Kur **33** 100
- Urlaubsreise **33b** 3

Beherbergung 13a 15

Beherrschender Gesellschafter
- gewerblicher Grundstückshandel **15** 127
- GmbH & Still **15** 228
- Sozialversicherung **3** 180
- Vorsorgepauschale **10c** 4
- Zufluss **11** 44; **20** 13

Beherrschungsidentität
- Betriebsaufspaltung **15** 89
- Konzern **4h** 63

Behinderte
- Altersvorsorgezulage **86** 2
- Antrag
  - Sozialhilfeempfänger **68** 2
- Art der Behinderung **33b** 6
- Aufzug **33** 100
- Ausbildungskosten **10** 34
- auswärtige Unterbringung **33** 100
- Ausweis **33b** 26
- automatisches Garagentor **33** 100
- Begleitperson **33** 100
  - Urlaubsreise **33b** 3
- Begriff **32** 15
- behindertengerechte Bauausführung **33** 100
- behinderungsbedingter Mehrbedarf **32** 15
- Berufsausbildung des Kindes **32** 11
- Entfernungspauschale **9** 401
- Erwerbsunfähigkeitsrente **33b** 6

- Fahrstuhl **33** 100
- Fahrtkosten **33** 62, 100
- Feststellungsbescheid des Versorgungsamtes **33b** 25
- Förderbeiträge **4** 251
- Grad der Behinderung **9** 430
- Haushaltshilfe **33a** 72
  - Höchstbetrag **33a** 74
- Kfz als Arbeitsmittel **9** 327
- Kfz-Kosten **33** 100; **33a** 85
- Kinderbetreuungskosten **4f** 23; **10** 25a
- Kindergeld **66** 2
- Leistungen **3** 22
- Nachweis **4f** 23; **33b** 26
- Pflegegeld **32** 15
- Pflegekind **32** 3
- Taxikosten **33** 62
- Unterhaltsleistungen **33** 57
- vollstationäre Heimunterbringung **33** 100
- Wahlrecht **33** 5
- Wegekosten **9** 430
- Wohngemeinschaft **33** 100

Behinderten-Pauschbetrag 1a 21
- Amtsveranlagung **46** 32
- Anspruchsberechtigte **33b** 5
- Blinde
  - Hilflose **33b** 7
- Höhe **33b** 10
- Lohnsteuer-Ermäßigungsverfahren **39a** 8
- Rechtsverordnung **51** 52
- typischer Mehraufwand **33b** 3
- Verfassungsmäßigkeit **33b** 11
- vorläufige Veranlagung **33b** 11
- Wahlrecht **33** 5; **33b** 4

Beihilfe *s. a. Eingliederungsbeihilfe*
- Anrechnung **33** 14
- Aufräumen von Windbrüchen **13** 69
- Ausbildung **3** 42
- Flächenstilllegungsgesetz **13** 62
- Geburt **6a** 5
- Hochwasser **19** 150
- Krankheit
  - Tod **6a** 5
- Pflegeleistungen **3** 103

Beirat
- Begriff **50a** 9

Beistand
- Erstattung von Auslagen/Gebühren **77** 2
- Notwendigkeit der Zuziehung **77** 3

Beistandspflicht
- Notar **51** 23

Beitrag *s. a. Mitgliedsbeiträge*
- Berufsverband **9** 150; **12** 26
- Bilanzierung **5** 165
- Erstattung
  - Rentenversicherung **3** 28
- Hinzurechnung **10** 14a
- Krankenversicherung **10** 11
- Personenversicherung **10** 11a
- Umfang **9** 150
- Verein **12** 26
- Versicherung **10** 13

Beitragsbemessungsgrenze
- Arbeitgeberbeitrag **3** 188
- Pauschalbesteuerung **3** 171
- Sozialversicherung **10** 13

Beitragsrückerstattung 22 35
- Krankenversicherung **3** 43

Beitreibungsrichtlinie 50a 1

Beitrittsgebiet
- abschreibungsbezogene Investitionshilfen **7a** 5
- Bewertungsfreiheit **7f** 1
- Buchführungspflicht **13** 49
- Eigenheimförderung **57** 1
- Einkommensteuergesetz **52** 4
- erhöhte Absetzungen **7a** 3; **7k** 1
- Gebäude-AfA **7** 145
- Grundwehrdienst **32** 22
- Kindergeld **78**
- Parteispende **10b** 70; **34g** 17
- Sonderabschreibung **7a** 4
- Sondervorschriften **56** 1
- stehendes Holz **13** 59
- Unterhaltsleistungen **33** 57
- Verlustabzug **10d** 1

Beitrittsspende 10 3
Belastungsprinzip 3c 1
- Abzugsverbot **3c** 7

Belegenheitsprinzip 34d 10; **49** 128, 157
- DBA **49** 70, 144
- Vermietung und Verpachtung **49** 141

Belegprinzip 5 43
Belegschaftsaktien 11 65
Belegschaftsrabatt 19 150; *s.a. Personalrabatt*
- Freigrenze **8** 60

Beleihung
- Direktversicherung **4b** 21, 23

Belgien
- Euro **6d** 11
- Quellensteuer **45e** 1

Belieferungsrecht 6 130
- Abschreibung **7** 51
- Aktivierung **5** 165

Beliehene Unternehmer 15 21
Belohnung 19 127, 150
Beratervertrag
- Entschädigung **24** 16

Beratungsgebühr 3c 83
- Anschaffungskosten **21** 113

Beratungskosten 20 480
- fehlgeschlagene Gründung
  - Kapitalgesellschaft **17** 245

Bereicherungsprinzip 3c 1
- negative Einnahmen **3c** 9

Bereitschaftsdienstvergütung
- Arzt **3b** 3

Bereitstellungszinsen 9 102; **21** 125
Bergbau
- Abfindung **3** 178
- Sonderabschreibung **51** 39

Bergbauberechtigung 21 72
Bergbauunternehmen
- Absetzung für Substanzverringerung **7** 196
- Entschädigung **24** 16

Bergbauwagnisse
- Verbindlichkeitsrückstellung 5 165

Bergmannsprämie 3 155; 19 150
- Lohnsteueranmeldung 41a 3

Bergwerkseigentum 21 77
Berlin-Darlehen 12 23
Berufsausbildung 10 27
- Ausland 32 11
- Begriff 33a 12, 53
- behindertes Kind 32 11
- erstmalige 12 30
- fehlender Ausbildungsplatz 32 13
- Hauswirtschafter 35a 6
- Kind 32 11; 63 2
- Kinderfreibetrag 32 28
- Krankheit 33a 53
- Kürzungsmonate 32 19
- Prüfungsanordnung 32 11
- Übergangszeit 33a 53
  - zwischen zwei Ausbildungsabschnitten 32 12
- Untersuchungshaft 32 11
- Zweitausbildung/-studium 32 11

Berufsausbildungskosten 33 66
Berufsausübungsfreiheit Einl 72
Berufsfeuerwehr
- steuerfreie Leistungen 3 29

Berufsfreiheit Einl 68
Berufshaftpflichtversicherung 10 17; 12 6
- Beitrag 10 13
- Beitragsübernahme 19 150

Berufskleidung 3 87; 3c 83; 19 150
- Arztkittel 12 4
- Betriebsausgaben 4 252
- Briefträger 9 325
- typische 9 325
- Werbungskosten 9 325

Berufskonsul 3 84
Berufskrankheit 4 252
- Behinderten Pauschbetrag 33b 6
- Freiberufler 12 26
- Krankenversicherungsleistungen 3c 83

Berufspilot 12 10
Berufssoldat
- steuerfreie Leistungen 3 29

Berufssportler
- Steuerabzug 50a 20
- Steuererhebung 49 107

Berufsunfähigkeit
- Erbe 16 505
- Freibetrag 16 504
- Tarifbegünstigung 34 74

Berufsunfähigkeitsrente
- Leistungen 22 42

Berufsunfähigkeitsversicherung 4b 3; 10 14, 17
Berufsverband 9 150
- Aufwendungen für ehrenamtliche Tätigkeit 9 150
- Begriff 9 150
- Beitrag 4 252; 9 150; 12 26
- wirtschaftlicher Geschäftsbetrieb 9 150

Berufswechsel 10 28
Besatzungssoldat
- Ehefrau 3 158

Beschaffungsmarkt
- Teilwert 6 91

Beschäftigungsort 9 255; s.a. Doppelte Haushaltsführung

Bescheinigung s. Anrechnungsbescheinigung; Jahresbescheinigung

Beschlagnahme
- Entschädigung 21 90

Beschränkte Steuerpflicht 2a 7; 33b 1
- Abgeltungswirkung
  - des Steuerabzugs 50 18
  - von Kapitalertragsteuer 43 13
- Abgeordnetenbezüge 49 151
- Abgrenzung 1 44
- Altersentlastungsbetrag 24a 2
- Anteilseigner 20 42
- Anteilsübertragung 17 30
- Anteilsveräußerung 17 11; 49 55, 149
- Antragsveranlagung 50 26
- Arbeitnehmer 49 90
  - Pauschbetrag 9a 15
  - Veranlagung 46 8
- atypisch stille Gesellschaft 15 386
- Aufsichtsratsvergütung 50a 8
- Auslandsbedienstete 1 20
- Auslandstätigkeits-/Pauschalierungserlass 34c 51
- Ausscheiden
  - stille Reserven 16 315
- außergewöhnliche Belastung 50 9
- Beiladung 50a 52
- Besteuerungsumfang 1 43
- Bildberichterstatter 50a 20
- Buchführungspflicht 50 13
- dauernde Last 49 148
- DBA 49 8
- Diskriminierungsverbot 1 6
- Einkünfteermittlung 49 150; 50 5
- Entstrickung 16 315a
- Ermittlung der inländischen Einkünfte 49 165
- Ermittlung des Veräußerungsgewinns 49 64
- erweiterte unbeschränkte Steuerpflicht 1 16
- Freizügigkeit 1 6
- Gemeinschaftsrecht 16 315d
  - Sonderausgaben 50 5
  - Steuerabzug 50 5
- Gesellschafter 15 8
- Gewerbebetrieb 49 20
- gewerbliche Einkünfte 15 131
  - Steuerabzug 50a 18
- Gewinnermittlung 5 28; 50 23
- Gleichheitssatz 4g 7
- Holznutzung 34b 1
- inländischer Betriebsgewinn 50 23
- Inlandsbezug 1 45
- isolierende Betrachtungsweise 11 4; 49 1, 161
- Kapitaleinkünfte 49 110
- Kapitalertragsteuer 20 21; 44a 21
- Kind
  - Pauschbetrag 33b 15
- Kinderbetreuungskosten 4f 35, 45; 10 25a
- Know-how 49 140, 152
- Körperschaft 50a 35
- Körperschaften 20 23
- Körperschaftsteuer-Anrechnungsverfahren 50 19

– Künstler
  – Berufssportler **50a** 20
  – Lohnsteuer **40** 16
  – Lohnsteuerabzug **39d** 3
– Lizenzgebühren
  – Zinsen **50g** 6
– Lohnsteuerabzug **38** 7; **39d** 1
– Lohnsteuererstattung **41c** 8
– Meldepflicht **17** 42
– Mindeststeuer **50** 15
– Mindeststeuersatz **32a** 10
– Mitunternehmer **34a** 60
– nachgelagerte Besteuerung **49** 148
– nachträgliche Einkünfte **49** 94
– nachträgliche Einnahmen **49** 166
– Niederlassungsfreiheit **1** 6
– Objektsteuer **49** 1; **50** 1
– private Veräußerungsgeschäfte **49** 149
– Quellensteuerabzug **50a** 1
– Rechtsverordnung **51** 30
– Ruhegehalt **49** 148
– Schriftsteller
  – Journalist **50a** 20
– Seeschiffe
  – Luftfahrzeuge **49** 30
– Selbstständige **18** 15; **49** 75
– Sonderausgaben **50** 7
– Sonderausgaben-Pauschbetrag
  – Vorsorgepauschale **50** 7
– sonstige Bezüge **49** 147
– sonstige Einkünfte **49** 152
– Sparer-Freibetrag/Pauschbetrag **50** 5
– Spekulationsgeschäft **49** 149
– Spenden **50** 7
– Splitting **50** 15
– Steuerabzug **36** 16
– Steuerbefreiungen **50** 11
– Steuererklärungspflicht **25** 11
– Steuerstundungsmodell **15b** 13
– stille Reserven **49** 62
– Subsidiaritätsprinzip **49** 118
– Tarifbegünstigung **34** 5
– Tätigkeiten der gesetzlichen Organe **49** 100
– Territorialitätsprinzip **1** 1
– Thesaurierungsbegünstigung **34a** 50
– Tonnagesteuer **5a** 8
– treaty overriding **50d** 1
– Unterhaltsleistungen **10** 7
– Veranlagung **49** 55, 68
– Veräußerungsgewinn **16** 41; **34** 5
– Verfassungsmäßigkeit **33a** 35; **49** 2
  – Gemeinschaftsrechtskonformität **1** 5
– Vergütungen **49** 101
– Verlustabzug **50** 7
– Verlustabzug/-ausgleich **50** 13
– Vermietung und Verpachtung **49** 140
– Versorgungsbezüge **49** 148
– Versorgungsleistungen **1a** 13
– vorläufige Veranlagung **1** 1
– Wechsel zur unbeschränkten Steuerpflicht **2** 155
– Wegzug **32b** 16
– wesentliche Beteiligung **17** 151
– wiederkehrende Bezüge **49** 148
– Zufluss **49** 104

Besitzunternehmen s. Betriebsaufspaltung
Besitzzeit
– Betriebsaufspaltung **6b** 18
– Gesamthandsvermögen **6b** 16
– Rechtsnachfolger **6b** 16
– Rechtsvorgänger **6b** 18
– Umwandlung
  – Verschmelzung **6b** 19
Besondere Lohnsteuerbescheinigung 41b 3
Besondere Veranlagung
– Ehegatten **26** 50, 54
– Eheschließung **26c** 1
– Grundtabelle **26c** 2
– Haushaltsfreibetrag **26c** 6
– Kind **26c** 6
– Kinderfreibetrag **32** 27
– Kindergeld **31** 6
– Verfahren **26c** 8
– Vorzüge **26c** 10
Besserungsscheine
– Bilanzierung **5** 165
Bestandsaufnahme 4 29; **13** 52
Bestandskraft 33 35
– Änderung **4** 238; **33a** 90
  – Veranlagungsart **26** 76
– Antrag **5a** 43
– Antragserweiterung **10** 8
– Bilanzberichtigung **4** 237, 238
– Ehegatten
  – Veranlagungswahlrecht **25** 12
– Ehegatten-Veranlagung **26** 75
– Grundlagenbescheid **15b** 56
– Lohnsteueranmeldung **41a** 6
– Lohnsteuerhaftungsbescheid **42d** 78
– Verlust **10d** 39
– Verlustrücktrag **34a** 28
Bestandsschutz 52 13
Bestandsverzeichnis
– Abschreibungsvergünstigungen **7a** 41
– Einnahme-Überschuss-Rechnung **4** 112
Bestechungsgeld 4 173; **19** 150; **22** 34
– Abzugsverbot **4** 209
– Einkunftsart **19** 5
– Rückzahlung **8** 17
  – später **22** 37
Bestellung
– Bewertungsfreiheit **7f** 12
– Investitionsabzugsbetrag **7g** 27
Besuchsfahrten 33 100
– Angehörige **33** 100
– berufstätige Ehegatten **9** 310
– Gefängnis **33** 100
– Kur **33** 100
Beteiligung 20 61; **21** 45, 48
– Abgeltungsteuer **32d** 21
– Abgeltungsteuer/Option **32d** 22
– Abschreibungsvergünstigungen **7a** 36
– ähnliches Modell **17** 42
– Aktivierung **5** 165
– Anschaffungskosten **6** 51, 135
– Anwartschaft **17** 43
– Anwendungszeitpunkt **20** 657
– ausländische Kapitalgesellschaft **2a** 38
– Betriebs-/Privatvermögen **20** 659, 677

1915

- Betriebsvermögen **16** 71; **18** 19
- Betriebsvermögen/Teileinkünfteverfahren **20** 546
- Bewertung **19a** 28
- Bruchteilsbetrachtung
  - Venture Capital/Private Equity Fonds **17** 12
- Bürgschaft **4** 252
- Dividende **3c** 2
- Drei-Objekt-Grenze **15** 122
- Ergänzungsbilanz **15** 338
- Fondskonstruktion **15b** 46a
- Freibetrag **16** 510
- Gemeinschaft
  - Einkommensteuer-Vorauszahlung **37** 35
- Geschäftsführungskosten **3c** 83
- Gesellschafter-Fremdfinanzierung **15** 345a
- Gesellschafterdarlehen
  - Schuldzinsen **3c** 83
- Höchstbetrag **19a** 27
- Kapitaleinkünfte **20** 40
- Kapitalgesellschaft **4** 56; **6** 134; **15** 463
- Maschinen-/Transportgemeinschaft **13** 27
- Mitunternehmerschaft **15** 140a
- Mutter-/Tochter-Richtlinie **43b** 10
- nachträgliche Anschaffungskosten **17** 260
- notwendiges Betriebsvermögen **4** 40, 56
- Option/Teileinkünfteverfahren **20** 560
- Personengesellschaft **6** 134
- private Vermögensverwaltung **15** 129
- Privatvermögen/Abgeltungsteuer **20** 593
- Realteilung **16** 345
- Schuldzinsen **24** 63
- Selbstständige **18** 35
- Sonderbetriebsvermögen I und II **15** 306
- Spekulationsgeschäft **23** 8
- Steuerstundungsmodell **15b** 21
- Tausch **16** 70
- Teilbetrieb **16** 69, 99
- Teileinkünfteverfahren **3** 139a
- Teilwertabschreibung **6** 134; **34c** 21
- Übertragung **20** 129
- unmittelbare **43b** 6
- Veräußerung **20** 796; **24** 49; **49** 149
- Veräußerungsgewinn **20** 638; **49** 149
  - Gewerbesteuer **16** 13
- Veräußerungspreis **3c** 52
- verdeckte Einlage **4** 104; **6** 181
- Verlustausgleichsverbot **15** 622
- Verlustzuweisungsgesellschaft **21** 19
- Vermögensmehrung **20** 121
- Vorteilsgewährung **3c** 83
- Wirtschaftsgut **15** 339

Beteiligung am allgemeinen wirtschaftlichen Verkehr
- Gewerbebetrieb **15** 27
- gewerblicher Grundstückshandel **15** 127

Beteiligungsänderung
- Anteilsveräußerung
  - Einbringung **15** 330

Beteiligungsfonds
- Leistungsvergütungen **18** 157

Beteiligungsidentität
- Betriebsaufspaltung **15** 89

Betreuer **3** 73; **18** 30
- Hilfsbedürftigkeit **3** 42
- Vergütung **33** 65

Betreuungsleistungen s. Kinderbetreuungskosten
Betrieb gewerblicher Art **20** 109, 115, 116; **44** 3
- Anteilsveräußerung **20** 119
- Bauabzugssteuer **48** 7
- einbringungsgeborene Anteile **20** 118
- Einkunftsart **15** 130
- Gewerbebetrieb **15** 32
- Kapitalertragsteuersatz **43a** 25
- Spenden **10b** 20

Betriebliche Altersversorgung **3** 169; **19** 150
- Altersteilzeit **3** 203
- betriebliche Pensionskasse **4c** 1
- Betriebsschließung **3** 165
- Direktversicherung **4b** 1, 18
- Gehaltsverzicht **19** 140
- Insolvenz **3** 203
- nachgelagerte Besteuerung **22** 27, 41
- Pensionsfonds **3** 164; **82** 3
- Pensionskasse **3** 170
- Pensionsrückstellung **6a** 1
- Treuhand **3** 203
- Übertragungswert **3** 163, 165
- Unterstützungskasse **3** 208; **4d** 1
- Versorgungsgrund **4b** 19
- Wahlrecht **3** 210
- Zertifizierung **82** 2
- Zusatzversorgungseinrichtung **3** 189

Betriebliche Pensionskasse s. a. Pensionskasse
- Zuwendungen **4c** 1

Betriebliche Versorgungsrente
- Betriebsausgaben **4** 252

Betriebliche Wohnung
- Nutzungsentnahme **6** 161

Betriebsabwicklung **14** 12

Betriebsanlage
- wesentliche Verbesserung **6** 57

Betriebsaufgabe **14** 11; **15** 5; **16** 51; **18** 175
- anschaffungsähnlicher Vorgang **6** 35
- Anteilsübertragung **16** 211
- Ausgleichsanspruch
  - Handelsvertreter **24** 32
- außerordentliche Einkünfte **34** 25
- Begriff **16** 301
- Betriebsaufspaltung **16** 314
  - Gewerbesteuer **15** 113
- Betriebsunterbrechung **16** 319
- Betriebsveräußerung **16** 308; **23** 13
- Betriebsverlegung **16** 312
- Betriebsverpachtung **15** 74
- Buchwertprivileg **6** 172
- Einnahme-Überschuss-Rechnung **4** 123
- Eintritt einer Befreiung
  - Körperschaft **16** 303
- Ende der Betriebsaufspaltung **15** 113
- Entnahme **23** 14
- Entstrickung **16** 315
- Erbauseinandersetzung **16** 116
- Erbe **16** 101; **24** 41, 71
- Erklärung
  - Rückwirkung **14** 12
- Freibetrag **14a** 2
- gemeiner Wert **16** 6
- Geschäftswert **16** 416
- gewerblich geprägte Gesellschaft **15** 139

- Gewinnermittlungsart **4** 229
- Gewinnverwirklichung
  - Zeitpunkt **16** 400
- Halbeinkünfteverfahren **3** 121
- halber Steuersatz **34** 70
- nachherige Veräußerung eines Wirtschaftsguts **20** 833
- nachträgliche Einkünfte **16** 416
- Nachversteuerung **34a** 9, 83
- Realteilung **16** 307
- Schuldzinsen **24** 51
- Strukturwandel **16** 303
- Strukturwechsel **16** 313
- Totalentnahme **4** 92; **16** 8
- Überführung ins Privatvermögen **16** 306
- Umlaufvermögen **34** 28
- unentgeltliche Betriebsübertragung **16** 97
- unentgeltliche Übertragung **6** 182c
- Veräußerung an Dritte **16** 237
- Veräußerung an verschiedene Erwerber **16** 305
- Veräußerung von Anlagevermögen **16** 411
- Veräußerung von wesentlichem Sonderbetriebsvermögen **16** 59
- Veräußerungspreis **16** 405
- verdeckte Einlage **6** 183a
- verdeckte Sacheinlage **16** 21
- Wahlrecht
  - Betriebsunterbrechung **16** 318
- wesentliche Betriebsgrundlagen **13** 35; **16** 302, 310
- Zeitpunkt **16** 322
- Zerschlagung des Betriebs **16** 308
- Zinsvortrag **4h** 41

Betriebsaufgabegewinn 14 14; **16** 2
- außerordentliche Einkünfte **14** 18
- Freibetrag **14** 18; **14a** 1; **16** 4
- Veräußerungsgewinn **16** 302
- Zeitpunkt **14** 16

Betriebsaufspaltung 2a 45; **14** 11; **15** 75; **18** 46
- Abfärbetheorie **15** 87a; **18** 36
- Anteil
  - Teilwert **6** 134
- Aufgabegewinn **16** 310
- Auflösung **5** 163
- Beendigung
  - Halbeinkünfteverfahren **3** 121
- Begriff **15** 75
- Begründung
  - Beendigung **15** 111
- Berherrschungsidentität **15** 89
- Besitzzeit **6b** 18
- Beteiligungsidentität **15** 89
- Betriebsaufgabe **16** 314
  - Gewerbesteuer **15** 113
- Betriebsunterbrechung **15** 113
- Betriebsverpachtung **15** 113
- Bewertungsfreiheit **7f** 3
- Billigkeitsregelung **15** 81
- Bruchteilsgemeinschaft **15** 145
- Buchwertfortführung **15** 111
- Darlehen **4** 44
- Dauerschuldzinsen **15** 106
- disquotale Einlage **15** 110
- doppelstöckige Personengesellschaft **15** 80
- Durchgriff **15** 77
- echte/unechte **15** 78
- eigenkapitalersetzende Darlehensforderungen **15** 102
- Einbringung **15** 108
- einheitlicher geschäftlicher Betätigungswille **15** 75
- Einzelrechtsübertragung **15** 111
- Erbe **16** 101
- faktische Beherrschung **15** 90, 93
- Forderungsverzicht **15** 105
- Geschäftsführungsbefugnis **15** 90
- Geschäftswert **15** 105
- Gewerbesteuer **15** 87, 104
  - Anrechnung **35** 4, 8
- gewerbesteuerliche Organschaft **15** 106
- gewerbliche Prägung **15** 134
- gewillkürtes Betriebsvermögen **15** 102
- Gewinnerzielungsabsicht **15** 86
- Grundstück **15** 96
- Investitionsabzugsbetrag **7g** 12
- Kapitalerhöhung **15** 110
- kapitalersetzendes Darlehen **15** 104
  - Teilwert **6** 134
- Konzern **4h** 63
- Kündigungsbefugnis **15** 95
- Miet- und Pachtvertrag **15** 86
- mittelbare Beteiligung **15** 94
- Nießbrauch **15** 86
- notwendiges Betriebsvermögen **15** 98
- Nutzungsüberlassung **15** 86
  - mittelbare **15** 95
- Pachterneuerungsrückstellung **15** 104
- personelle Verflechtung **15** 75, 88
- Personengruppentheorie **15** 89
- phasengleiche Bilanzierung **15** 104
- Rechtsform **15** 79
- sachliche Verflechtung **15** 75, 95
- Schwestergesellschaft **15** 81
- Sonderbetriebsvermögen **15** 80, 409
- Sonderbetriebsvermögen II **15** 102
- Spaltung
  - Verschmelzung **15** 111
- Steuervergünstigungen **15** 85
- Stiftung **15** 84
- stille Reserven **15** 95
- Stimmrechtsverbot **15** 90
- Tarifbegrenzung **15** 104
- Teilbetrieb **16** 66, 67
- Teilwertabschreibung **15** 104
- Totalentnahme **4** 92
- über die Grenze **49** 140
- Übergangsregelung **15** 81
- Übertragung von Wirtschaftsgütern **15** 107
- umgekehrte **15** 84
- unangemessen hohe Nutzungsvergütungen **15** 105
- unentgeltliche Anteilsübertragung **15** 110
- Veräußerung **15** 112
- verdeckte Sacheinlage **15** 108
- vorweggenommene Erbfolge **16** 256
- wesentliche Betriebsgrundlagen **15** 95; **16** 57
- Wiesbadener Modell **15** 92

Betriebsausflug 19 150

Betriebsausgaben 33 65; **35a** 4
- Abbruchkosten **4** 252
- Abfindung **4** 252
- Abflusszeitpunkt **4** 111

1917

- Abschreibung 4 19, 252
- Abwehrkosten 4 252
- abzugsfähige 4 142
- Abzugsverbot 3c 5
- Angemessenheit 4 137
- Anlaufkosten 4 252
- Annehmlichkeiten 4 252
- Anteilsveräußerung 17 172
- Arbeitslohn 4 252
- Arbeitsmittel 4 252
- Arten 4 18
- Ausbildungskosten 4 252
- Ausgaben 3c 19
- Auskunft über Empfänger 4 141
- ausländische Einkünfte 34d 7
- außerordentliche Einkünfte 34 56
- Bargelddiebstahl 4 252
- Bauabzugssteuer 48 30
- Bauwesenversicherung 4 252
- Begriff 4 16, 135
- Beiträge für Berufsverbände 4 252
- Berufskleidung 4 252
- beschränkte Steuerpflicht 50 5
- betriebliche Veranlassung 4 6
- betriebliche Versorgungsrente 4 252
- Betriebssteuern 4 207
- Betriebsverlegungskosten 4 252
- Betriebsverpachtung
  - Dacherneuerung 4 252
- Bewirtungsaufwendungen 4 176
- Bildungsverbesserung 13 63
- Bodenuntersuchung 4 252
- Bürgschaft 4 252
- Damnum 4 252
- Diebstahl
  - Unterschlagung, Zerstörung 4 252
- Direktversicherung 4b 1
- Ehescheidung 4 252
- Eigenkapitalvermittlungsprovision 4 252
- Einbürgerungskosten 4 252
- Einnahme-Überschuss-Rechnung 4 116
- Erstattung 4 251
- Fachliteratur 4 252
- fehlgeschlagene Aufwendungen 4 252
- Festsetzung von Pauschbeträgen 51 26
- Feststellungslast 4 21
- Finanzierungskosten 4 252
- Fluglizenz 4 252
- Forderungserlass 4 252
- Forstwirtschaft 13 65; 13a 13
- Fortbildungskosten 4 252; 10 31a
- Geldstrafe 4 252
- gemischte Aufwendungen 4 23
- gesonderte Aufzeichnung 4 141
- Gewerbesteuer 4 216
- Gewinnermittlung 34b 10
- Halbabzugsbegrenzung 3c 74
- Halbeinkünfteverfahren 20 42
- Hundekosten 4 252
- Investitionszulage 3c 83
- Jubiläum 4 252
- Kind 32 17
- Kinderbetreuungskosten 4f 2, 33
- Konzeptionskosten 4 252
- Kraftfahrzeug 4 252
- Krankheitskosten 4 252
- Kundschaftsessen 4 252
- Land- und Forstwirtschaft 13 63
- Lohnsteuer-Pauschalierung 37b 51
- Lösegeld 4 252
- Maklerkosten 4 252
- objektive Beweislast 4 252
- objektiver betrieblicher Zusammenhang 4 136
- objektives Nettoprinzip 4 139
- Pauschalierung 37b 5
- Pauschbeträge 4 252
- periodengerechter Abzug 4 158
- Personenversicherung 10 11a
- Pfandgelder
  - Rückzahlung 4 252
- Privataufwendungen 4 13
- private Lebensführung 4 140
- Promotionskosten 4 252
- Prozesskosten 4 252
- Schadensersatzleistungen 4 252
- Schuldzinsen 4 140, 252
- Selbstständige 18 25
- Sicherheitsmaßnahme 4 252
- Sittenwidrigkeit 4 140
- Spieleinsätze 4 252
- Sprachkurs 4 252
- Steuererstattung 50 34
- steuerfreie Einnahmen 4 140
- Strafverteidigungskosten 4 252
- Straßenkostenbeiträge 6 43
- Strukturverbesserung 14a 4
- Studienkosten 10 28
- Tageszeitung 4 252
- Telefonkosten 4 252
- Umschulung 10 31
- Umwandlungskosten 3c 83
- Umzugskosten 4 252
- Urlaubskosten 4 252
- Veranlassungszusammenhang 4 20
- Veräußerung 3c 3
- Veräußerungsrente 4 252
- verschmelzungsbedingte Kosten 4 252
- Verträge mit Angehörigen 4 252
- Vorfälligkeitsentschädigung 4 252; 5 165
- Wahlkampfkosten 4 252; 10b 69
- Werbungskosten 4 252; 9 3
- wirtschaftlicher Zusammenhang 34c 21
- Zinsschranke 4h 2
- Zuwendungen 4c 12; 4e 19

Betriebsbereitschaft
- Anschaffungskosten 6 40
- anschaffungsnaher Aufwand 6 63
- Gebäude 6 40
- Grundstücksteil 6 40
- leer stehendes Haus 6 64

Betriebseinnahmen
- Abfindung 4 251
- Abstandszahlung 4 251
- Agenturgeschäfte 4 251
- Auslandsreise
  - Angehörige 4 130
- Begriff 4 127
- betriebliche Veranlassung 4 129
- Betriebsbeginn/-beendigung 4 133
- Betriebskostenzuschuss 6 30

– Einlage **4** 134
– Einnahme-Überschuss-Rechnung **4** 113
– Entschädigung **4** 251
– Erbbaurecht **4** 251
– Erziehungsgeld **4** 251
– Freiberufler **18** 23
– Geschenke **4** 251
– gewinnwirksame Vermögensmehrung **4** 128
– Hilfsgeschäfte **4** 251
– Holznutzung **34b** 9
– Incentive-Reise **4** 251
– Land- und Forstwirtschaft **13** 62
– Lebensversicherung **4** 251
– Mobilfunkverträge **4** 251
– Nebentätigkeit **4** 130, 251
– Optionsgeschäft **4** 251
– Pfandgelder **4** 251
– Praxisgebühr **4** 251
– Preisnachlass **4** 251
– Schadensersatz **4** 251
– Schenkung **4** 130
– Trinkgelder **4** 251
– Umsatzsteuer **4** 117; **9b** 2
– Versicherungsleistungen **4** 251
– Wetteinnahmen **4** 130
– Zuflusszeitpunkt **4** 111
– Zuschüsse
  – Zulagen **4** 251
Betriebseinstellung 14 11
– abweichendes Wirtschaftsjahr **4** 7
Betriebseröffnung
– Durchschnittssatzgewinnermittlung **13a** 3
– Einlage **6** 173
– gewerblich geprägte Gesellschaft **15** 139
– Investitionsabzugsbetrag **7g** 27
– Unterentnahme **4** 161
Betriebsfest 12 11
Betriebsfortführung
– Betriebsverpachtung **13** 34
Betriebsgesellschaft s. a. Betriebsaufspaltung
– Anteil
  – Teilwert **6** 134
Betriebsgewöhnliche Nutzungsdauer s. Nutzungsdauer
Betriebsgrundstück 55 1
– Anschaffungskosten **6** 133
– Betriebsbereitschaft **6** 40
– Vorsteuerabzug **9b** 16
Betriebsgutachten
– Kalamitätsnutzung **34b** 5
Betriebskostenzuschuss
– Betriebseinnahmen **6** 30
Betriebskrankenkasse 3 10
Betriebsleiterwohnung
– Objektbegrenzung **13** 22
Betriebspensionskasse 4c 3
Betriebsprüfer
– Aktentasche **9** 327
Betriebsprüfung s. a. Außenprüfung
– Bilanzänderung
  – Bilanzwahlrecht **4d** 72

Betriebsrat
– Aufwendungsersatz **19** 150
– Sozialplan **3** 28
Betriebsrente
– Übertragungswert **3** 163
– Versorgungsausgleich **19** 58
Betriebsschließung
– Übertragungswert **3** 165
Betriebsschuld 15 355
– Erbfallschulden **16** 105
– Schuldzinsen **4** 159
Betriebssport 8 22; **19** 150
Betriebsstätte 49 43
– Aktivitätsklausel **2a** 55
– Aktivitätsvorbehalt **2a** 25, 66
– Ansässigkeitsbescheinigung **50h**
– Arbeitszimmer **49** 25
– Aufgabe **2a** 101
– Ausland **10** 10; **15** 8; **34d** 13
  – Entnahme **4** 106c
  – fiktive Entnahme **4g** 3
  – Gewinnermittlung **5** 28
  – Umwandlung **2a** 100
– außerhalb der EU **50g** 6
– Begriff **49** 25
– Dotationskapital
  – Währungsverlust **2a** 25
– Einbringung **2a** 101
– Entstrickung **4g** 1
– EU-Ausland/nicht entnommener Gewinn **34a** 44
– Europäische Union **50g** 15, 17
– Freistellungsverfahren **50d** 24
– Fremdvergleichsgrundsatz **49** 29
– Fremdwährung **34d** 7
– Gewerbebetrieb **15** 8; **49** 24
– gewerbliche Einkünfte **2a** 25
– Gewinnermittlung **49** 27
– grenzüberschreitende Verlustverrechnung **10d** 4
– Handelsschiff **41** 9
– inländischer Betriebsgewinn **50** 23
– Investitionsabzugsbetrag **7g** 28
– Kapitalertragsteuerbefreiung **43b** 9
– Konzern **41** 7
– Land- und Forstwirtschaft **2a** 20
– Lizenzgebühren/Zinsen **50d** 23; **50g** 6, 14
– Lohnkonto **41** 6
– Lohnsteuerabzug **38** 7
– Lohnsteueranmeldung **41a** 4
– lohnsteuerlicher Begriff **41** 2
– Mitunternehmer **15** 8
– Nachversteuerung
  – Verlust **2a** 7
– Ort der Geschäftsleitung **41** 7
– Pauschalierung **37b** 20
– Personengesellschaft **50g** 8
– Quellensteuer **50g** 6
– Reinvestitionsgüter **6b** 20
– Rückführung **4g** 15
– Selbstständige **49** 75
– Sondervergütungen **15** 386
– Steuerabzug **50a** 22
– Subunternehmer **2a** 25
– Veranlagung **49** 28
– Veräußerung **2a** 101

Betriebsstättenfinanzamt   *Stichwortverzeichnis*

- Veräußerungsgewinn **16** 41
- Verlagerung **24** 23
- Vorbehalt **2a** 17
- wirtschaftliche Tätigkeit **50d** 43
- Wohnungseigentümergemeinschaft **41** 7
- Zinsschranke **4h** 25
- Zugehörigkeit **6b** 15

Betriebsstättenfinanzamt
- Anrufungsauskunft **42e** 5
- Dritte
  - Zuständigkeit **42d** 114
- Kindergeld **72** 7
- Lohnsteuer-Außenprüfung
  - Zuständigkeit **42f** 5
- Lohnsteuerabzug **50d** 62
- Lohnsteuernachforderung **41c** 10
- Pauschalsteuer **37b** 42
- Zuständigkeit **15b** 57; **38** 8b
  - Nachforderungsbescheid **42d** 82

Betriebssteuern
- Betriebsausgaben **4** 207
- Erstattung **4** 251

Betriebsstilllegung 14 12

Betriebsteilung
- Land- und Forstwirtschaft **13** 74

Betriebsübergabe 22 11
- Gewinnzuschlag
  - Rumpfwirtschaftsjahr **6b** 32
- Mitunternehmerschaft **6** 183b
- ohne positiven Ertragswert **22** 11a
- private Versorgungsrente **22** 10

Betriebsübernehmer
- Lohnsteuerhaftung **42d** 63

Betriebsübertragung
- ausreichende Erträge **22** 23a
- Ehegatten
  - Prognosezeitraum **2** 49b
- Erbschaft/Schenkungsteuer:Nachversteuerung **34a** 80
- Rechtsnachfolger
  - Wahlrecht **13** 36
- Versorgungsbezüge **16** 140
- Weiterveräußerung **16** 141a
- Zinsvortrag **4h** 41

Betriebsumstellung
- Entnahme **13a** 14
- Veräußerungsgewinn **13a** 14

Betriebsunterbrechung 4 92; **14** 12; **16** 317
- Betriebsaufgabe **16** 303, 319
- Betriebsaufspaltung **15** 113
- Pächterwechsel **16** 325
- Wahlrecht **16** 318

Betriebsunterbrechungsversicherung 4 251

Betriebsveranstaltung 19 150
- Eintrittskarte **19** 150
- Freigrenze **19** 150
- Lohnsteuerpauschalierung **40** 21
- Übernachtungs-/Fahrtkosten **19** 150
- Zuzahlung **19** 150

Betriebsveräußerung 14 6; **18** 48; **24** 49; *s.a. Teilbetriebsveräußerung*
- Anteilsveräußerung **3** 122
- Auflösung einer Reinvestitionsrücklage **6b** 31
- Ausschlagung der Erbschaft **16** 103

- Betriebsaufgabe **16** 308
- einheitlicher Vorgang **16** 82
- Einnahme-Überschuss-Rechnung **4** 123
- Einstellung der bisherigen Tätigkeit **16** 53
- Erbengemeinschaft **16** 113
- Erbfallschulden **16** 105
- Freibetrag **6b** 37; **14a** 2
- Gegenleistungsrente **16** 92
- Gewinnermittlungsart **4** 229
- halber Steuersatz **34** 70
- Holznutzung **34b** 3
- Kaufvermächtnis **16** 106
- Land- und Forstwirtschaft **14** 1
- nachträgliche Einkünfte **16** 416
- Nachversteuerung **34a** 9, 13, 83
- Ortswechsel
  - neuer Kundenkreis **16** 53
- Personengesellschaft **16** 59
- Schuldzinsen **24** 51
- stille Reserven **16** 56
- unentgeltliche Übertragung **6** 182c
- Veräußerungspreis **16** 85
- Verbindlichkeiten **4** 59
- Weiterveräußerung **16** 141
- wesentliche Betriebsgrundlage **16** 55
- wiederkehrende Bezüge **16** 92

Betriebsverkleinerung 14 12

Betriebsverlegung
- Abfindung **24** 26
- Ausland **3** 121; **16** 315
- Betriebsaufgabe **16** 303, 312
- EG-Staat **16** 315
- Entschädigung **24** 16
- Praxisveräußerung **18** 164
- Rückstellung **5** 165

Betriebsverlegungskosten
- Betriebsausgaben **4** 252

Betriebsvermögen *s.a. Gewillkürtes Betriebsvermögen; Notwendiges Betriebsvermögen*
- Anteile an ausländischen Körperschaften **2a** 30
- Anteilsveräußerung **3** 138
- Arzt
  - Beteiligung **18** 19
- atypisch stille Gesellschaft **15** 233
- Aufgabegewinn **16** 310
- Begriff **4** 31
- Beteiligung/Teileinkünfteverfahren **20** 546
- Darlehen
  - Pachtvertrag **13** 53
- Darlehensforderung **15** 100
- Ehegatten **4** 82a
- Einlage **23** 12
- Einnahme-Überschuss-Rechnung **4** 108, 111
- Entnahme **4** 63
- Gästehäuser **4** 182
- gemisch genutztes Gebäude **4** 89
- Gesamthandsvermögen **4** 85
- Gesellschafterschulden **15** 355
- GmbH & Still **6** 165
- Insassenunfallversicherung **4** 251
- Kapitalgesellschaft **4** 63
- Kapitalvermögen **20** 510
- Land- und Forstwirtschaft **13** 53
- Lebensversicherung **18** 19

- Mitunternehmer **15** 346
- Personengesellschaft **4** 63
- Privatvermögen **4** 32
- sachliche Zurechnung **15** 348
- sachlicher Bezug **4** 33
- Schuldzinsen **15** 358
- Selbstständige **18** 18
- stille Beteiligung **15** 100
- Teilwertabschreibung **17** 222
- unentgeltliche Übertragung **6** 184
- Veranlassungsprinzip **4** 36
- Veräußerung **15** 449
- Verbindlichkeiten **4** 57
- Versicherung **4** 54
- wesentliche Beteiligung **17** 62

Betriebsvermögensvergleich **2** 80; **13** 53
- begünstigungsfähiger nicht entnommener Gewinn **34a** 40
- Grundsätze ordnungsmäßiger Buchführung **4** 158
- nicht entnommener Gewinn **34a** 5
- Thesaurierungsbegünstigung **34a** 21
- Tonnagesteuer **5a** 44
- Veräußerungs-/Aufgabegewinn **16** 400
- Wechsel der Gewinnermittlungsart **4** 123

Betriebsverpachtung **14** 12
- Betriebsaufgabe **15** 74
- Betriebsaufspaltung **15** 113
- Betriebsfortführung **13** 34
- Dacherneuerung **4** 252
- Durchschnittssatzgewinnermittlung **13a** 3
- Einkunftsart **13** 33; **15** 74
- Flächenpacht **13** 34
- freiberufliche Praxis **18** 45
- goodwill **16** 324
- Hoferbe **13** 41
- Miet- und Pachtzinsen **13a** 9
- Mitunternehmerschaft **13** 36
- notwendiges Betriebsvermögen **13** 54
- Nutzungsüberlassung **16** 326
- Substanzerhaltungspflicht **5** 161; **13** 37
- Teilbetrieb **16** 66, 323
- Veräußerungsgewinn **13a** 14
- Vorbesitzzeit **6b** 17
- vorweggenommene Erbfolge **13** 38
- Wahlrecht **5** 160; **13** 36; **16** 318, 322
- wesentliche Betriebsgrundlagen **16** 324
- § 6b-Rücklage **6b** 21

Betriebsversammlung
- Auslagenersatz **19** 150

Betriebsvorrichtung **5** 65; **6** 57; **6b** 4; **7** 136
- Absetzung für Abnutzung **7** 186

Betrug **33** 100

Bewährungsauflage
- Spende **10b** 18

Bewegliches Anlagevermögen **6** 22

Beweis s. *Anscheinsbeweis; Beweislast ; Feststellungslast; Nachweis*

Beweisführungslast
- Haftung **15a** 135

Beweiskraft
- elektronische Lohnsteuerbescheinigung **41b** 1

Beweislast **4** 6; **6** 162e; **12** 1; **20** 405; **33a** 91
- Aufzeichnungspflicht **41** 1
- Auslandsfahrt
  - Unterhaltsleistungen **33a** 92
- Bauabzugssteuer **48** 4
- Betriebsausgaben **4** 252
- Eigenkapitalquote **4h** 83

Bewertung
- Beteiligung **19a** 28
- eingelegte Anteile **17** 20
- Einlage **6** 165
- Entnahme **6** 160
- geldwerter Vorteil
  - Anschaffungskosten **8** 46
- gemeiner Wert **6** 7; **17** 27
- gewillkürtes Deckungskapital **4b** 21
- Grundstück **6** 88
- kompensatorische **5** 55
- Maßgeblichkeitsgrundsatz **5** 36
- Mitunternehmeranteil **15** 340
- Nutzungsentnahme **6** 161
- Pensionsverpflichtung **6** 153
- Rückstellung **5** 135; **6** 152
- Sachbezüge **8** 44
- Sachspende **6** 163; **10b** 82
- Schulden **4** 71
- unternehmenseigene Sachzuwendungen **8** 63
- Vorsichtsprinzip **5** 51
- zulässiges/tatsächliches Kassenvermögen **4d** 57

Bewertungseinheit **4** 71; **6** 12
- Devisenkontrakt **6d** 21
- Drohverlustrückstelllung **5** 145
- Gebäude **7** 136
- Kreditinstitut **5** 55a

Bewertungsfreiheit **7a** 1
- Abschreibungserleichterungen **7** 4
- Anlagevermögen **7f** 3
- Anschaffung **7f** 12
- Anzahlungen
  - Teilherstellungskosten **7f** 10
- Bauantrag **7f** 12
- Befristung **7f** 12
- begünstigtes Krankenhaus **7f** 8
- Beitrittsgebiet **7f** 1
- Bestellung **7f** 12
- Betriebsaufspaltung **7f** 3
- Fertigstellung **7f** 12
- Herstellung **7f** 12
- immaterielle Wirtschaftsgüter **7f** 4
- Kumulationsverbot **7a** 30
- private Krankenhäuser **7f** 1
- Sonderabschreibung **7a** 4

Bewertungsidentität **6** 17

Bewertungsstetigkeit **5** 43; **6** 18
- Feldinventar
  - stehende Ernte **13** 59
- Festbewertung **6** 113
- Tiere **13** 58
- Wahlrecht **6** 74

Bewertungsstichtag
- Teilwert **6** 87

Bewertungsvereinfachungsverfahren **6** 112

Bewertungsvorbehalt **6** 6

Bewertungswahlrecht 6 18
– Aktivierungsgebot 5 13
– Bilanzänderung 4 246
Bewirtschaftungsvertrag 13 75
Bewirtung
– Begriff 4 177
– Geburtstagsfeier 4 177
– Spendengelder 10b 22
Bewirtungsaufwendungen 9 435; 12 11; 37b 16
– Angemessenheit 4 176, 178
– Aufzeichnungspflicht 4 176
– Einnahme-Überschuss-Rechnung 4 176
– Geschenke 4 179
– Pauschalierung 37b 15
– Pressegeheimnis
 – Schweigepflicht 4 176
– Vorsteuerabzug 9b 16
Bewirtungsvordruck 4 176
Bezirksprovision
– Entschädigung 24 16
Bezugsrecht 17 43, 52
– Aktien 6 51; 19a 28
– Aktivierung 5 165
– Direktversicherung 19 131; 40a 6
– GmbH-Anteil 23 18
– Halbeinkünfteverfahren 3c 83
– Spekulationsgeschäft 23 7
– Veräußerung 17 135
BGB-Gesellschaft 11 23; 15 211, 426
– Abfärbetheorie 21 161
– Ausgleichsanspruch 21 48
– Außengesellschaft 15 214
– Ehegatten
 – Mietvertrag 21 33
– formwechselnde Umwandlung 15a 77
– Haftung 15 136, 218
– Innengesellschaft 15 231
– Joint Ventures 15 218
– Kapitalgesellschaft als Gesellschafter 15 138
– Klagebefugnis 21 49
– Kommanditist 15a 45
– Lohnsteuerhaftung 42d 63
– Mitunternehmer 15 247
– notwendiges Privatvermögen 15 351
– Personengesellschaft 15 145
– Steuerstundungsmodell 15b 36
– Tod eines Gesellschafters 16 233
– Unterbeteiligung 15 235
– Unwahrscheinlichkeit der Haftung 15a 324
– Verlustausgleich 15a 306, 321
– Verlustausgleichspotenzial 15a 325
– Vermögensverwaltung 15 136
– vertraglicher Haftungsausschluss 15a 323
– Vorgründungsgesellschaft 15 219
BGB-Gesellschafter
– Mitunternehmer 15a 320
Bibliothek
– Sachinbegriff 21 75
Biersteuer
– Aktivierung 5 149
Bilanzänderung
– Begriff 4 246
– Bewertungswahlrecht 4 247
– Bilanzberichtigung 4 248

– Bilanzenzusammenhang 4 250
– Einbringung 15 328
– Investitionsabzugsbetrag 7g 16
– Nachholung
 – Zuwendungen 4d 72
– Rücklagenbildung 6b 26
– Zeitpunkt 4 248
Bilanzberichtigung
– Änderung der Rechtsprechung 4 236
– Begriff 4 235
– Bestandskraft 4 237, 238
– Bilanzänderung 4 248
– Bilanzenzusammenhang 4 232
– Fehler 4 239
– Nachholverbot 6a 46
– Pensionszusage 6a 46
– Steuererklärung 4 237
Bilanzbündeltheorie 15 202, 207, 449
– Veräußerungsgewinn 16 84
Bilanzenzusammenhang 4 231
– Bilanzänderung 4 250
– Bilanzberichtigung 4 232
– fehlerhafte Eröffnungsbilanz 4 244
– Schätzung 6b 26
– Veräußerungsgewinn 16 407
– Verfassungsmäßigkeit 4 234
Bilanzierung 4 2
– Beteiligung
 – Gesellschafter 15 339
– Fremdwährungsgeschäft 6d 2
– Handelsbilanz 4 249
– Mitunternehmer 15 308, 377
– Verteilung der Zuwendungen 4d 80
– Vorlagepflicht an EuGH 5 19
Bilanzierungshilfe 5 61
– Ausgleichsposten 4g 11
– Geschäftswert 5 78
– Ingangsetzungskosten 5 165
– Steuerbilanz 5 37
Bilanzierungskonkurrenz
– mehrere Betriebsvermögen 5 29
Bilanzierungswahlrecht 6 23
– Bilanzänderung 4 246
– Zinsvortrag 4h 43
Bilanzklarheit
– Begriff 5 45
Bilanzkontinuität 6 18
– formelle 5 46
– Zweischneidigkeit der Bilanz 5 46
Bilanzstichtag
– Direktversicherung 4b 11
– Entnahme
 – Rückwirkung 4 91
– Handelsregistereintragung 15a 131
– Liquidation 17 284
– Pensionsrückstellung 6a 35
– Rückstellung 6 153
– Sicherstellungsverpflichtung 4b 23
– Stichtagsprinzip 6 19
– Verbindlichkeiten 5 114
Bilanzwahrheit
– Begriff 5 44
– Wahlrecht 5 34

Bildberichterstatter
- Steuerabzug **50a** 20
- Steuererhebung **49** 107

Bilder
- Arbeitsmittel **9** 327

Bildschirmarbeitsplatz 8 24; **19** 150

Bildungsurlaub 12 15

Billigkeit
- Abzugssteuer **50d** 27
- Anrechnung **34d** 30
- Antragserfordernisse **5a** 40
- Antragsveranlagungswahlrecht **50** 32

Billigkeitserlass 11 48

Billigkeitsmaßnahme 33 31
- Anrechnungsverfahren **35** 20
- Ausgleichsposten **4g** 11
- Betriebsaufspaltung **15** 81
- Buchwerteinbringung
  - Übergangsgewinn **4** 226
- ermäßigter Steuersatz **34b** 5
- Kindergeld **64** 2; **77** 1
- Kulturgut **10g** 1
- Steuererlass **34c** 50
- Veräußerungsgewinn **34** 4

Bindung
- Anrufungsauskunft **42d** 41; **42e** 8
- Bescheinigung **7h** 6
  - Baudenkmal **11a** 5
  - Grundlagenbescheid **7i** 10
- Familienkasse **31** 12
- Feststellungsbescheid des Versorgungsamtes **33b** 25
- Freistellungsbescheinigung **39b** 19
- gesonderte Feststellung **2a** 86
- Gewerbesteuer
  - Grundlagenbescheid **15** 126
- Gewinnermittlungsart **4** 217
- Grundlagenbescheid **34a** 89
- Lohnsteuerpauschalierung **37b** 47; **40** 28
- Mitunternehmerantrag **34a** 25
- Selbstbindung der Verwaltung **51** 12
- Sozialversicherungsentgeltverordnung **8** 59
- Steuerbescheid
  - Anrechnung **36** 40
- Verlustfeststellungsbescheid **15a** 282

Binnenschiff
- Reinvestition **6b** 1
- Reinvestitionsobjekt **6b** 11
- Zubehör **6b** 6

Biogas
- Nebenbetrieb **13** 18

Blinde
- Ausweis **33b** 26
- Behinderten-Pauschbetrag **33b** 7, 10

Blindenhund 9 327

Blindpool 15b 37

Blutspende 10b 81

Bodengewinnbesteuerung 55 1

Bodenschatz 6 131; **13** 53
- Abbaugenehmigung **7** 197
- Absetzung für Substanzverringerung **7** 195
- Aktivierung **5** 165
- Anschaffungs-/Herstellungskosten **13** 67

- Anschaffungskosten **6** 51
- Einlage **6** 165
- Land- und Forstwirtschaft **21** 161
- Nebenbetrieb **13** 67
- negative Einkünfte **2a** 64
- Nutzungsüberlassung **21** 8
- Oberflächenentschädigung **24** 16
- private Veräußerungsgeschäfte **23** 4
- Privatvermögen **7** 197
- selbstständige Bewertungsfähigkeit **7** 197
- Spekulationsgeschäft **23** 11
- Veräußerungsgewinn **7** 197
- Zuführung **7** 205

Bodenuntersuchung
- Betriebsausgaben **4** 252

Bodenverbesserungskosten 13a 13

Bohrinsel
- unbeschränkte Steuerpflicht **1** 11

Boni 3 108; **20** 121
- Anschaffungskosten **6** 45
- Beteiligungsertrag **20** 125
- Verbindlichkeitsrückstellung **5** 165
- Zinsaufwendungen **4h** 30

Bonusaktion
- Zufluss **11** 65

Bordell
- Gewerbebetrieb **15** 33
- Prostituierte **19** 100

Bordpersonal
- Luftfahrzeug **49** 106
- Luftfahrzeug/schiff **49** 108
- Schichtzulage **3b** 3

Börsenklausel 50d 43
- Gemeinschaftsrecht **50d** 44

Börsenumsatzsteuer 20 480

Bösgläubiger Eigenbesitzer
- wirtschaftliches Eigentum **4** 76

Böswilligkeit
- Haftung **10b** 114

Brachland 13 8, 54

Brand 33 23, 51; **33a** 9
- außergewöhnliche Belastung **33** 8
- Einnahme-Überschuss-Rechnung **4** 122

Brandschaden 21 125

Brandschutzversicherung
- Leistungen **4** 251
- Werbungskosten **9** 140

Brauchwassererwärmung
- Erhaltungsaufwand
  - Solaranlage **6** 59

Brauerei
- Anlagevermögen
  - Leergut **6** 22

Breitbandkabel 21 125
- Erhaltungsaufwand **6** 60

Brennrecht 6 131

Briefkastengesellschaft
- Bauabzugsteuer **48** 8
- Diskriminierungsverbot **50d** 42
- Erstattungsantrag **48c** 17
- Freistellungsbescheinigung **48b** 6
- Gemeinschaftsrecht **50d** 42

1923

Brieftaube 13 7
Brille 12 26
– Arbeitsmittel 9 327
Bruchteilseigentum
– Abschreibungsvergünstigungen 7a 35
– Gesellschaftsanteil 6 182b
Bruchteilsgemeinschaft 15 212, 426; 21 47
– Drei-Objekt-Grenze 15 122
– Klagebefugnis 15 203; 21 49
– notwendiges Betriebsvermögen 15 350
– Personengesellschaft 15 145
– Sondervergütungen
– Vermögensverwaltung 15 375
– Steuerstundungsmodell 15b 36
Bruchteilsnießbrauch
– AfA-Berechtigung 21 65
Bruchteilsveräußerung
– Tarifbegünstigung 34 28
Brüterei
– Gewerbebetrieb 13 7
Bruttoinlandsprodukt Einl 29
Bruttonießbrauch 21 60
BSE-Krise
– Rücklage 13 73
Bücher
– Arbeitsmittel 9 327
Bücherschrank 4 196
Buchführung
– Einlage/Entnahme 15a 42
– gewillkürtes Betriebsvermögen 4 46
– Ordnungsmäßigkeit 5 24
– Rückstellung 5 165
– Steuerberater 18 102
Buchführungserleichterungen 13 52
Buchführungspflicht 4 27; 5 7; 13 48; 51 22
– Abschreibungsvergünstigungen 7a 33
– Befreiung 13 52
– Beginn/Ende 13 50
– Beitrittsgebiet 13 49
– beschränkte Steuerpflicht 49 63; 50 13
– Gewerbebetrieb 5 4; 15 6
– kraft Rechtsform 15 130
– Gewerbetreibende 5 23
– Grenzwerte 13 49
– Mindestgröße 5 8
– Mitteilung 13a 4
– Mitunternehmer 15 309
– Nutzungsberechtigter 13 51
– Personenhandelsgesellschaft 15 310
– Selbstständige 18 8
– Wirtschaftsüberlassungsvertrag 13 51
– Zweigniederlassung 5 28
Buchgemeinschaft 15 21; 19 100
Buchnachweis
– Absetzung für Abnutzung 7 32
– Euroumrechnungsrücklage 6d 25
– Reinvestitionsrücklage 6b 33
Buchwert
– Einbringung 17 27
– Gesellschafter-Fremdfinanzierung 15 345a
– gewerblicher Grundstückshandel 15 128
– Veräußerung 6b 10

Buchwertabspaltung 55 18
Buchwertfortführung
– Anteil 17 27
– Anteilsveräußerung 16 29
– Betriebsaufgabe 16 313
– Betriebsaufspaltung 15 111
– Betriebsveräußerung 16 56
– Einbringung 15 465; 16 256
– Mitunternehmeranteil 16 210
– Einheitstheorie 16 137
– Eintritt einer Befreiung
– Körperschaft 16 303
– Erbauseinandersetzung 16 115
– Erbe
– Eintrittsklausel 16 246
– Ergänzungsbilanz 15 454
– für eingebrachten Teil 16 34
– Hofübergabe 13 43
– immaterielle Wirtschaftsgüter 5 75
– interpersonelle Übertragung stiller Reserven 16 15
– Mischnachlass 16 121, 131
– Miterbe 16 116
– Mitunternehmeranteil 6 186a, 188a; 16 349
– negative Ergänzungsbilanz 15 331, 449
– Realteilung 6b 22; 16 307, 340, 351
– Teilbetrieb 16 346
– Rechtsnachfolger 6 183
– Sachwertabfindung 16 337
– Sonderbetriebsvermögen 15 461; 16 344
– Spitzenausgleich 16 124
– Teilauseinandersetzung 16 127
– Teilbetriebsaufgabe 16 502
– Übergangsgewinn 4 226
– Übertragung zwischen Schwestergesellschaften 15 461
– Umwandlung 16 18
– unentgeltliche Anteilsübertragung 15 327
– unentgeltliche Betriebsübertragung 16 24, 96
– unentgeltliche Übertragung 6 182a
– unentgeltlicher Erwerb 15 320
– Verbindlichkeiten 16 343
– verdeckte Sacheinlage 15 458; 16 22
– Vorausvermächtnis 16 106
– Wahlrecht 15 454; 16 26
– wesentliche Betriebsgrundlagen 16 68
Buchwertprivileg
– Betriebsaufgabe 6 172
– Sachspende 6 163; 10b 82
– Übertragung von Wirtschafsgütern 6 188
Bundesbankgenussrechte
– Kapitalertragsteuer 43 15
Bundesberggesetz
– Bodenschatz 7 196
Bundesgrenzschutz
– Gemeinschaftsunterkunft 19 150
Bundesknappschaft
– Lohnsteuerpauschalierung 40a 8f
Bundespolizei
– Hinterbliebenen-Pauschbetrag 33b 14
Bundesschatzbrief 20 318, 382; 43 26; 43a 60
– Typ B 20 323; 34 41
– Typ B/Abgeltungsteuer 20 632
– Übertragung gegen Versorgungsleistungen 22 11

Bundesschuldenbuch 43a 78
Bundestagsabgeordnete
– Abgeordnetenbezüge **22** 38
Bundeswehr
– Gefahrenzulage **19** 150
– Gemeinschaftsunterkunft **19** 150
– Sachbezug **19** 150
– sonstige Bezüge **19** 150
– steuerfreie Leistungen **3** 29
– Übergangsgeld **19** 150
Bundeszentralamt für Steuern
– elektronische Lohnsteuerabzugsmerkmale **39e** 3
– Freistellungsbescheinigung
 – Verwaltungsakt **50d** 28
– Kapitalertragsteuererstattung **44a** 58
– Mitteilungspflicht **45d** 1
– REIT-AG/Vor-REIT **3** 236
– Zuständigkeit **50d** 14
Bürgschaft 6 14; **17** 196, 230; **33** 100
– Anschaffungskosten **21** 113
– Arbeitnehmer **24** 55
– Avalprovision **15** 398
– Beteiligung **4** 252
– Betriebsausgaben **4** 252
– Drittaufwand **4** 153
– Freiberufler **4** 44, 252
– Gesellschafter **6** 172
– negatives Sonderbetriebsvermögen **15** 102
– Passivierung **4** 61
– Privatvermögen **15** 355
– Provision **34d** 16
– Rechtsanwalt **18** 97
– Rückgriffsforderung **15** 403
– Rückstellung **15** 313
Bürgschaftsverpflichtung
– passives Sonderbetriebsvermögen **15** 412
– Rückstellung **5** 165
Bürogemeinschaft 18 33
– Teilveräußerung **34** 29
Bürokosten 20 480
Büroschrank
– Arbeitsmittel **9** 327
Busfahrer
– Arbeitsstätte **9** 366
Bußgeld 45d 1
– Bauabzugsteuer **48** 31
– Kapitalertragsteuer **50e** 1
– Kartellamt **4** 203
– Zinsen **50e** 2
Buy-Out-Vergütung
– Entschädigung **24** 10

Capital Venture Fonds 15b 48
Capped warrants 20 328
Caritas-Verband
– Kindergeld **72** 2
Carried Interest
– Aufwendungen **3c** 83
– disproportionale Gewinnausschüttung **3** 141a
– Fonds **17** 12
– Halbeinkünfteverfahren **3** 140, 141a; **15** 129a
– Kapitalgesellschaft **3** 141b

– Leistungsvergütungen **18** 157
– Private Equity Fonds **3** 140
– Thesaurierungsbegünstigung **34a** 23
– Venture Capital Fonds **3** 140
– vermögensverwaltende Gesellschaft **3** 141a
Cash-Pool
– Schuldzinsen **9** 106; **21** 125
Chartervertrag
– ausländische Arbeitnehmerverleiher **38** 8
Chefarzt
– Geschenke **12** 11
Computer
– Abschreibung
 – Programm **7** 51
– Absetzung für Abnutzung **10** 34
– Arbeitsbrille **8** 10
– Arbeitsmittel **4** 196; **9** 322, 327
– Ausbildung **10** 29
– gemischte Nutzung **12** 6
– geringwertige Wirtschaftsgüter **6** 175, 178
 – Programm **6** 178
– Kinderbetreuungskosten **10** 25a
– Privatnutzung **12** 9
– Software **50g** 16
– Spielcomputer **12** 4
Container
– Steuersparmodell **23** 25
Contractual Trust Arrangements 4e 8
Cool-Optionsschein 23 10
Courtage 17 196
– Anschaffungskosten **21** 113
Croupier
– Tronc **3** 161

Dachgeschossausbau
– anschaffungsnaher Aufwand **6** 59
Dachsanierung
– Betriebsverpachtung **4** 252
– Herstellungskosten **6** 60a
Dachverband
– Wählervereinigung **34g** 29
Damnum 11 65; **21** 125
– aktive Rechnungsabgrenzung **5** 96; **6** 145
– Betriebsausgaben **4** 252
– passive Rechnungsabgrenzung **6** 136
– Tilgungsstreckungsdarlehen **11** 65
– Vorauszahlung **11** 65
Dänemark
– Kindergeld **65** 4
Darlegung 10 31a; s.a. Nachweis
Darlehen 5 165; **11** 65; **20** 210; **33** 100; s.a. Ausbildungsdarlehen; Gesellschafterdarlehen; Partiarisches Darlehen; Sachdarlehen; Wertpapierdarlehen
– Abgeltungsteuer **32d** 16
– Abzinsung **6** 148
– Arbeitgeber **8** 64; **19** 150; **19a** 24
– Aufwandsspende **10b** 86
– Ausbildungskosten
 – Rückzahlungsverzicht **19** 150
– außergewöhnliche Belastung **33** 10
– Befreiung von Darlehensschulden **20** 121
– Besitzpersonengesellschaft **15** 100

1925

- Betriebsaufspaltung 4 44
- Betriebsvermögen 18 19
- Bewertung 6 137; 17 221
- Ehegatten 4 151
  - Arbeitszimmer 4 148
- Einnahme-Überschuss-Rechnung 4 114, 119
- Einnahmen 8 14
- Entnahme 15 354
- Erbfallschulden 16 105
- Finanzierungskosten 19 150
- Freiberufler 4 44; 15 67
- Gestaltungshinweise 17 224
- Insolvenz 20 793
- Kind 21 36
  - Schenkung 15 355
- Mitunternehmer 20 317
- notwendiges Betriebsvermögen 15 98
- Nutzungsvergütungen 15 398
- Pachtvertrag 13 53
- Privatvermögen 15 352
- Rechtsanwalt 18 97
- Regionalförderung 6 148
- Rückzahlung 4 252
- Schwestergesellschaft 15 402
- Sonderbetriebsvermögen 15 303, 402
- Sonderbetriebsvermögen II 15 102
- Sondervergütungen 15 300, 382
- Spender 10b 12
- Steuerberater 18 23
- tatsächliche Mittelverwendung 9 106
- Teilwertabschreibung 6 140
- Trägerunternehmen 4d 1
- Umwidmung 24 50
- unentgeltliche Gewährung 15 429, 438
- Unterhaltsleistungen 33 61
- Verlust 19 160
- Verzicht auf Rückzahlung 17 220
- Werbungskosten 9 103
- Wertpapierleihgeschäft 3c 59
- Zinsersparnis 19 150
- Zinserträge 20 317
- Zinslosigkeit 3c 83

Datenschutz Einl 46

Datenübermittlung 50f 1
- Altersvorsorgezulage 99 1
- Identifikationsnummer 50f 1
- Sozialleistungen 32b 35
- Zinsen 45e 2

Datenverarbeitung
- elektronische Lohnsteuerabzugsmerkmale 39e 1

Dauerergänzungspfleger
- Minderjährige 15 257

Dauerkultur 13 53
- Aktivierung 13 59

Dauernde Last 12 27; 13a 17
- Abzugsverbot 22 20
- Altenteilsleistungen 13 43
- Anschaffungskosten 6 149
- Begriff 9 123
- beschränkte Steuerpflicht 49 148
- Mietvertrag
  - Wohnrecht 21 36
- Rente 10 10a
- Versorgungsleistungen 22 7

- vorweggenommene Erbfolge 22 18
- Werbungskosten 9 100
- wirtschaftlicher Zusammenhang 9 123

Dauerschuldverhältnis
- Einkommensteuergesetz 52 12
- Gewinnrealisierung 5 156
- rückwirkende Rechtshandlungen **Einl** 80

Dauerschuldzinsen
- Betriebsaufspaltung 15 106

Dauerwohnrecht
- Gebäude 10f 3
- Spekulationsgeschäft 23 4

DAX
- Index-Anleihe 20 322

DAX-Futures 23 10

DBA 11 65; s.a. *Doppelbesteuerungsabkommen*
- Anrechnung ausländischer Steuern 50 40
- ausländische Quellensteuer 32d 34
- Betriebsverlegung 16 315
- Entstrickung 4g 1
- Erstattungsantragsfrist 48c 17
- Progressionsvorbehalt 32b 7, 20
- Sitzverlegung 15 170
- wiederkehrende Bezüge 22 11d

DBA-Schweiz
- Zinsabkommen 50g 21

Dealing at arm's length
- DBA 49 29
- inländischer Betriebsgewinn 50 23

Defferred compensation 4d 8

Degressive AfA 7 8, 166; 52 15
- Anschaffung 7 166
- Anzahlungen 7 166
- Arbeitszimmer 7 175
- Bemessungsgrundlage 7 174
- Dachgeschossausbau 7 190
- Entnahme 7 166
- erhöhte Absetzungen 7c 14
- Erstjahr 7 170
- Gebäude 7 165
- Gebäudeteile 7 184
- Mietwohngebäude 7 173
- nachträgliche Anschaffungs-/Herstellungskosten 7 174
- Neubau 7 190
- notwendiges/gewillkürtes Betriebsvermögen 7 137
- Privatvermögen 7 137, 172
- Sonderabschreibung 7a 27
- Veräußerung 7 170
- Wahlrecht 7 180
- Wechsel 7 180
- Wirtschaftsgebäude 7 171

Deklarationsprinzip 51 8

Dekontaminierung
- Grundstück 6 133

Delkredere
- Forderungen 6 137

Delkredereversicherung 6 14

Demokratieprinzip
- Verordnungsermächtigung 51 3

Denkmalschutz
- Einkünfteerzielung 21 152
- Rechtsverordnung 51 47, 98

– Unabgeschlossenheit der Wohnung **21** 16
– Verteilung von Erhaltungsaufwand **51** 42
Dentalgold
– Zahnarzt **4** 120
Deponie
– Nachsorge
 – Rückstellung **6** 153
– Stilllegungskosten **5** 166
Depot
– Bewertung **17** 165
Depotgebühr 3c 83; **20** 480
Depotwechsel
– Ermittlung des Kapitalertrags **43a** 42
– Veräußerungsgewinn **43a** 49
Derivativer Geschäftswert
– Aktivierungspflicht **5** 77
– Nutzungsdauer **5** 80
Derivatives Devisengeschäft
– Gewinnrealisierung **6d** 21
Deutsche Künstlerhilfe
– Ehrensold **3** 150
Deutsche Post AG 3 100
Deutsche Postbank AG 3 100
Deutsche Rentenversicherung Bund
– zentrale Stelle **81**
Deutsche Telekom AG 3 100
Deutsches Rotes Kreuz
– Aufwandsentschädigung **19** 150
– Dienstverhältnis **19** 100
– Sanitätshelfer **15** 22
– Vorabzug **19** 150
Deutschkurs 12 26
– Fortbildungskosten **19** 150
Devisen-Futures
– Gewinnrealisierung **6d** 21
Devisengeschäft
– Einkunftsart **21** 162
– Rücklage **6d** 20
Devisenswaps
– Gewinnrealisierung **6d** 21
Devisentermingeschäft 22 35
– Gewinnrealisierung **6d** 21
Diakonieschwester 19 100
Diakonisches Werk
– Kindergeld **72** 2
Diäten 19 150
– Volksvertreter **19** 150
Diätkosten 33 68
Diebstahl 12 26; **15** 366; **19** 150, 160; **33a** 9
– außergewöhnliche Belastung **33** 8
– Bargeld **4** 252
– Betriebsausgaben **4** 136, 252
– Dienstreise **9** 67
– Einnahme-Überschuss-Rechnung **4** 116, 122
– Kaskoversicherungsleistungen **4** 251
– Kraftfahrzeug **4** 252; **9** 67
– Versicherungsleistungen **4** 251
Diebstahlversicherung 9 140; **10** 18
Dienstbarkeit
– Einräumung **4** 251
– Entgelt **21** 90
– Entschädigung **21** 12

Dienstgang
– Verpflegungsmehraufwand **9** 436
Dienstjubiläum s. *Jubiläum*
Dienstkleidung 3 29; s.a. *Berufskleidung*
Dienstleistungsfreiheit 37a 2
Dienstmädchenprivileg 35a 1
Dienstreise 9 366
– Angehörige **19** 160
– Begriff **9** 359
– Betriebsversammlung **19** 150
– Diebstahl **9** 67; **19** 150
– Dreimonatsfrist **19** 160
– Exkursion **10** 34
– Ferienhelfer **19** 150
– Flugzeug **19** 150
– Garagengeld **19** 150
– Incentive-Reise **19** 150
– Kostenersatz **19** 150
– Reisekosten **19** 160
– Reisekostenerstattung **3** 53
– Unfallkosten **19** 150
– Verpflegungsmehraufwand **9** 436
– weitere regelmäßige Arbeitsstätte **19** 160
– Werbungskosten **3c** 83; **19** 160
Dienstverhältnis 19 18
– Abgrenzung zu Selbstständigkeit **19** 25
– Angehörige **19** 52
– Arbeitgeber **19** 65
– Arbeitsleistung **19** 56
– Aushilfskraft **19** 100
– Begriff **19** 25
– Eingliederung **19** 40
– Einzelnachweise **19** 100
– faktisches **19** 27
– Gefälligkeit **19** 29
– Gesellschafter **19** 100
– job-sharing **19** 56
– mehrere **9** 401; **38** 8b
– Opernsänger **19** 41
– Parteiwille **19** 52
– Schulden der Arbeitskraft **19** 35
– Selbstständigkeit **19** 50
– Sittenwidrigkeit **19** 27
– Tarifvertrag **19** 48
– Weisungsgebundenheit **19** 37
Dienstwagen 19 150
Dienstwohnung 19 150
– Arbeitszimmer **19** 150
– Erbbaurecht **19** 150
Dienstzimmer
– Ausstattung **19** 160
Differenzgeschäft 15 129; **22** 35; **23** 10
– Gewerbebetrieb **15** 29
Diktiergerät
– Arbeitsmittel **9** 327
Dingliches Nutzungsrecht 21 55, 60
– AfA-Befugnis **7** 13
Dingliches Wohnrecht s. *Wohnrecht*
Diplomat 3 84; **19** 150
– Ehegatte **26** 30
– Kassenstaatsprinzip **1** 18
– Kindergeld **62** 3

Direktversicherung

- WÜD
- WÜK **1** 8

Direktversicherung 4e 27; **19** 150; **82** 3
- Abschluss durch Arbeitgeber **4b** 9
- Abtretung/Beleihung **4b** 23
- Aktivierungsverbot **4b** 1, 21
- Arbeitnehmer als Versicherter **4b** 6
- Arbeitslohn **4b** 2; **19** 142; **40b** 5
- Aushilfskraft **19** 150
- ausländische Versicherung **4b** 3
- Begriff **4b** 3
- Berufsverband **19** 160
- betriebliche Altersversorgung **4b** 1
- Betriebsausgaben **4b** 1
- Bewertung
  - gewillkürtes Deckungskapital **4b** 21
- Bezugsberechtigung **4b** 15
- Bilanzstichtag **4b** 11
- Einahme-Überschuss-Rechnung **4b** 22
- erstes Dienstverhältnis **40b** 8
- Ertragsanteil **22** 41a
- Gehaltsumwandlung **4b** 2, 18
- Gesellschafter-Geschäftsführer **4b** 17
- gespaltenes Bezugsrecht **4b** 15; **40a** 6
- Gewinnbeteiligung **40a** 6
- Gruppenversicherung **4b** 9
- Hinterbliebene **4b** 15
- Insolvenz **19** 131
- Insolvenzschutz **4b** 23
- Lebensgefährte **4b** 15
- Leistungen **22** 42
- Lohnsteuer-Pauschalierung **4b** 17; **40b** 1
- Pauschalierungsvoraussetzungen **40b** 7
- Pensionsrückstellung
  - Wechsel **4e** 29
- Policendarlehen **4b** 23
- Probezeit **4b** 17
- Rückdeckungsversicherung **6a** 49
- Rückzahlung **40a** 6
- Übertragungswert **3** 164
- Unverfallbarkeit **4b** 16
- Versicherungsleistungen **4b** 4
- Versicherungsnehmer **4b** 10
- widerrufliches Bezugsrecht **4b** 15
- Witwe **4b** 15

Disagio 20 318
- aktive Rechnungsabgrenzung **5** 96; **6** 145
- Betriebsausgaben **4** 252
- Kapitaleinkünfte **20** 360
- Verlust **20** 430

Diskont
- Kapitaleinkünfte **20** 280

Diskriminierungsverbot Einl 60; **4g** 7; **49** 3; **50** 19
- Anrechnungsbeschränkung **34c** 39
- Anteilsveräußerung **17** 30
- Arbeitnehmer **50** 26
- ausländische Körperschaft
  - Spenden **10b** 28a
- Ausschluss der Körperschaftsteuer-Anrechnung **50** 19
- Basisgesellschaft **50d** 42
- beschränkte Steuerpflicht **1** 6
- Briefkastengesellschaft **50d** 42
- Erstattung **50** 32

Stichwortverzeichnis

- Inlandsunterlagen **50** 7, 13
- Nachversteuerung **2a** 4
- negative Einkünfte **2a** 30
- nicht entnommener Gewinn **34a** 45
- Pauschalierung
  - Sachprämien **37a** 5
- Schulgeld **10** 37
- Schumacker-Urteil **1** 25
- Steuersatz **50a** 36
- Verlustabzug **2a** 65
- Wegzugsbesteuerung **49** 55

Disproportionale Gewinnausschüttung 17 49; **18** 157; **20** 9
- Carried Interest **3** 141a
- Gestaltungsmissbrauch **20** 62

Disquotale Einlage
- Erwerb eigener Anteile **17** 145
- verdeckte Sacheinlage **15** 108

Disziplinarstrafverfahren 19 160

Dividende 20 62
- Abgeltungsteuer **32d** 21
- Abzugsverbot **3c** 2
- Aktivierungsgebot **5** 87
- Anrechung der Kapitalertragsteuer **36** 13
- ausländische Steuern **34c** 42
- Beteiligung **34c** 21
- DBA **50d** 67
- Gewerbesteuer
  - Streubesitz **3c** 83
- Gewinnverteilungsbeschluss **20** 92
- Halbabzugsverbot **3c** 76
- Halbeinkünfteverfahren **3** 129; **20** 94
- Kapitalertragsteuer **43a** 2; **50** 18
- Kompensationszahlungen **20** 92, 94
- Versicherung **10** 4
- Wertpapierdarlehen **20** 130
- Wertpapierleihgeschäft **3c** 59
- Wertpapierpensionsgeschäft **20** 129
- Zurechnung **20** 850
- Zwischengesellschaft **50d** 41

Dividendengarantie 20 121
- Ausgleichszahlung **4** 208

Dividendenschein
- Veräußerung **20** 135, 641, 753; **45** 3

Doktorand
- doppelte Haushaltsführung **9** 310

Dokumentation
- geringwertige Wirtschaftsgüter **6** 179
- Zuschläge **4** 252

Domain-Name 7 51

Domizilgesellschaft 34c 10
- Anrechnungserschleichung **48c** 5
- Bauabzugsteuer **48** 8, 30
- Erstattungsantrag **48c** 17
- Freistellungsbescheinigung **48b** 6
- Gestaltungsmissbrauch **34c** 5; **48** 30

Doppelbesteuerung
- Anrechnungsüberhang **34c** 40
- Gemeinschaftsrecht **34c** 16
- Rückführung **4g** 16
- Steuererlass **34c** 50

Doppelbesteuerungsabkommen 3c 83
- Abgeordnetenbezüge **49** 159
- abhängiger Vertreter **49** 26

- Anrechnung **34c** 10, 14
- Anteilsveräußerung **17** 11; **49** 70
- Arbeitnehmer **49** 108
- Arbeitsortprinzip **49** 49
- Aufteilung der Besteuerungsrechte **16** 315a
- ausländische Betriebsstätte
  - Entnahme **4** 106c
- ausländische Investmentanteile **34d** 5
- Auslandsansässigkeit
  - Kapitalertragsteuer **17** 20
- Auslandtätigkeits-/Pauschalierungserlass **34c** 51
- Bauabzugsteuer **48d** 5
- Belegenheitsprinzip **49** 70, 144, 157
- beschränkte Steuerpflicht **49** 8
- Besteuerungsrecht **1** 8
- Betriebsstätte **10** 10
- Billigkeitsmaßnahmen **34c** 50
- Einkünftezurechnung **49** 8
- Entstrickung **15** 2a
- Erstattung **44a** 58
- Erstattungsanspruch **50d** 12
- fiktive unbeschränkte Steuerpflicht **1** 32
- Freistellungen **50d** 65
- Freistellungsbescheinigung **39b** 19
- Freistellungsverfahren **50d** 20
- Fremdvergleichsgrundsatz **49** 29
- Halbeinkünfteverfahren **20** 43
- internationale Verteilungsgerechtigkeit **96** 1
- Kapitaleinkünfte **49** 136
- Kassenstaatsklausel **50d** 50
- Kassenstaatsprinzip **1** 18
- Land- und Forstwirtschaft **2a** 21; **49** 10, 12
- Missbrauchsvermeidung **50d** 4, 41
- Mutter-/Tochter-Richtlinie **50d** 41
- Nachversteuerung **2a** 89
- negative Einkünfte **2a** 1
- Pauschalierung **34c** 17
- Progressionsvorbehalt **2a** 84
- Quellensteuer **50g** 4, 12
- Rückfallklausel **50d** 57
- Ruhegehalt **49** 148
- Seeschiffe
  - Luftfahrzeuge **49** 32
- selbstständige Tätigkeit **49** 84
- Sondervergütungen **15** 386
- sonstige Bezüge **49** 160
- Steuerabzug **50a** 21
- Steuerfreistellung **50d** 67
- subject-to-tax-Klausel **2a** 72
- Symmetriethese **49** 166
- Tätigkeiten der gesetzlichen Organe **49** 100
- Thesaurierungsbegünstigung **34a** 50
- treaty overriding **49** 56; **50d** 1
- Veräußerungsgewinn **6b** 24
- Verbringung eines Wirtschaftsguts **6** 186
- Verlustausgleich **2a** 3
- Verlustbeschränkung **2a** 26
- Verständigungsverfahren **34c** 16
- Verstrickung **4** 106f
- wesentliche Beteiligung **49** 59

Doppelehe
- doppelte Haushaltsführung **9** 310

Doppelförderung
- Gebäude **10f** 2
- schutzwürdige Kulturgüter **10g** 1, 6

Doppelstöckige Kommanditgesellschaft
- Verlustausgleich **15a** 47

Doppelstöckige Mitunternehmerschaft
- Thesaurierungsbegünstigung **34a** 62
- Trägerunternehmen
  - Verschmelzung **4d** 10
- Übertragung von Wirtschaftsgütern **34a** 81

Doppelstöckige Personengesellschaft
- Betriebsaufspaltung **15** 80
- Erbengemeinschaft **16** 236
- Freibetrag **16** 510
- Gesellschafter **15** 2
- gewerbliche Einkünfte **15** 133
- Mitunternehmeranteil **16** 205
- Realteilung **15** 462; **16** 349
- Untergesellschaft **15** 137

Doppelte Gewinnfeststellung **15 420
Doppelte Haushaltsführung
- 2-Jahres-Frist **9** 275
- Angehörigenwohnung **21** 36
- Angemessenheit **4** 192; **9** 275
- Arbeitgeberentschädigung **3** 52
- Ausbildungskosten **10** 34
- Auslandstrennungsgeld **3c** 83
- Beendigung **9** 310
- berufliche Veranlassung **9** 262
- Beschäftigungsort **9** 255
- Ehegatte
  - Verfassungswidrigkeit **9** 264
  - Vermietung **Einl** 8
- Eheschließung **9** 262
- eigener Hausstand **9** 245
- Eigenheimzulage **9** 271
- Exkursion **10** 34
- Familienhausstand **9** 247
- Familienheimfahrt **3** 55; **9** 359
- Fernsehapparat **9** 274
- Firmenwagen **8** 56
- gelegentliche Hotelübernachtung **9** 257
- lediger Arbeitnehmer **9** 246
- Mehraufwendungen **9** 241
- nichteheliche Lebensgemeinschaft **9** 310
- Spekulationsgeschäft **23** 6
- Stereoanlage **9** 274
- Studienkosten **3c** 83
- Telefonkosten **9** 273
- Überschusseinkünfte **9** 433
- Umzug **9** 273; **12** 25
- Unterbringungsaufwendungen **9** 271
- Unterhaltung des Hausstandes **9** 249
- Verpflegungsmehraufwand **3** 55; **4** 186; **9** 272, 436
- Werkstorprinzip **9** 405
- Wohnen am Beschäftigungsort **9** 255
- Wohnungswechsel **9** 248
- zeitliche Begrenzung **4** 192; **9** 264

Dotationskapital
- Rückfluss **4e** 29
- Währungsverlust **2a** 25

Dow Jones
- Index-Anleihe **20** 322

Down-rating-Anleihe
- Kursgewinn **20** 385, 405

Dozent 19 100
– Konservatorium
  – Arbeitsmittel 9 327
Dread-desease-Versicherung 10 17
Drei-Meilen-Zone
– Inland 1 11
Drei-Objekt-Grenze
– Beteiligung 15 122
– Gesellschafter 15 123
– Gewerbesteuer 15 125
– gewerblicher Grundstückshandel 2 49a
– Mitunternehmerschaft 15 125
– Nachhaltigkeit 15 116
– Veräußerung durch Kapitalgesellschaft 15 127
Dreijahreszeitraum
– anschaffungsnaher Aufwand 6 64
Dressurpferd 13 7
Drittaufwand 2 66; 9 24; 19 160
– Abkürzung des Zahlungsweges 4 152
– AfA-Befugnis 7 26
– Arbeitszimmer 7 27
– Aufwendungen 4 102
– Ausbildungskosten 10 28
– Begriff 4 146
– Bürge 4 153
– Ehegatte 4 148, 149; 7 27
– Eigenaufwand 7 28
– Fremdvergleich 4 153
– nahestehende Person 17 231
– Nutzungseinlage 15 374
– Schuldzinsen 21 125
– Zurechnung 4 145
Drittschuldner
– Arbeitgeberpflichten
  – Zustimmung 38 8b
– Familienkasse 76 2
Drittstaat 50d 67
– ausländische Steuern 34c 26
– fiktive unbeschränkte Steuerpflicht 1 34
– Steuerabzug 50a 36
– Thesaurierungsbegünstigung 34a 51
Drohverlustrückstellung 5 55a, 145, 146; 6 14
– Altersteilzeit 5 165
– Ausbildungskosten 5 165
– Imparitätsprinzip 5 124, 145
– Kreditlinien 5 165
– Niederstwertprinzip 5 53
– Passivierungspflicht 5 121
– Steuerrecht 5 21
– Teilwertabschreibung 5 145; 6 107
– Verbindlichkeitsrückstellung 5 145
Druckbeihilfe 4 251
Drucker
– Schichtzulage 3b 3
Dualismus
– Einkunftsart 2 79
Duldung
– Bauvorhaben auf Nachbargrundstück 21 12
– Einkünfte aus Leistungen 22 33
– hoheitlicher Eingriff 21 11
Duldungsbevollmächtigter
– Lohnsteuerhaftung 42d 55

Düngung
– Kalamitätsnutzung 34b 4
Durchgriff
– Betriebsaufspaltung 15 77
– Drei-Objekt-Grenze 15 123
– Erstattung 50d 49
– freiberufliche Mitunternehmerschaft 15 435
– Gesellschafter 15 201
– Schwestergesellschaft 15 431
Durchlaufende Gelder 19 113
– Arbeitnehmer 3 159
– Einnahmen 8 16
Durchlaufende Posten 11 65
– Betriebsausgaben 4 117
– Einnahme-Überschuss-Rechnung 4 115
– Gerichtskosten 4 117
– Praxisgebühr 4 251
– Umsatzsteuer 9b 3
Durchlaufspende 10b 27, 28, 28a
– Mitgliedsbeiträge 10b 29
– Parteispende 34g 10
Durchschnittsbewertung 6 116; 13 59
– Beteiligung 6 135
– Pauschalierung 37b 3
– Verbindlichkeiten 6 143
– Wertpapiere 17 165
Durchschnittssätze
– Vorsteuerabzug 9b 23
Durchschnittssatzgewinn 13 47
– Auflösung der Rücklage 6c 9
– dauernde Last 13a 17
– Dienstleistungen 13a 15
– Ermittlung 13a 7
– Flächenstilllegungsprämie 13a 9
– gesondert zu ermittelnde Gewinne 13a 12
– Grundbetrag 13a 8
– Miet- und Pachtzinsen 13a 9
– Nebenbetrieb 13a 10
– Pachtzinsen 13a 17
– Schuldzinsen 13a 17
– Sondernutzungen 13a 10
– Veräußerungsgewinn 6c 2
– Verlust 13a 10
– Verlustausschluss 13a 17
– Wechsel der Gewinnermittlung 6b 3
Durchschnittssatzgewinnermittlung
– Begünstigung 13 73
– Betriebsverpachtung 13a 3
– Gewinnermittlungsart 13a 1
– Mitteilung über Buchführungspflicht 13a 4
– Mitunternehmerschaft 13a 2
– Neueröffnung 13a 3
– Sondernutzungen 13a 2
– Tierbestand 13a 2
– Übergangsbilanz 13 64
– Veräußerungs-/Aufgabebilanz 14 17
– Vierjahreszeitraum 13a 5
– Voraussetzungen 13a 2
Düsseldorfer Tabelle
– Kinderbetreuungskosten 4f 6, 11
Dynamische Bilanzauffassung 5 89

EBITDA
- Zinsabzug **4h** 22
- Zinsschranke **4h** 2

Echte Betriebsaufspaltung 15 78

Economic Value Added-Zertifikat s. *EVA-Zertifikat*

Ehe
- Begriff **26** 12
- Erwerbsgemeinschaft **Einl** 7; **2** 58
- Trennung **26** 18
- Vertrauensschutz **Einl** 71

Eheähnliche Lebensgemeinschaft s. *Nichteheliche Lebensgemeinschaft*

Ehegatten 86 1
- Abfindung weichender Erben **14a** 6
- Altenteilsleistungen **13** 43
- Altersentlastungsbetrag **24a** 8
- Altersvorsorgebeitrag **87** 1
- Altersvorsorgezulage **79** 2; **89** 2
- Amtsveranlagung **46** 27
  - Freigrenze **46** 17
- Antrag
  - Veranlagung **26** 70
- Antragsveranlagung **46** 50
- Arbeitszimmer **21** 163
  - Gestaltungsmissbrauch **19** 150
- Aufenthaltserlaubnis **9** 310
- Aufteilung der Kinderbetreuungskosten **4f** 31
- Aufwendungen **9** 23
- Ausbildung **10** 27
- Ausbildungsfreibetrag **33a** 63
- Ausgleichszahlung **19** 160
- Ausland **33a** 92
- außergewöhnliche Belastung **26** 54; **33** 4
- außerordentliche Einkünfte **34** 96
- Begrenzung des Tarifabzugs **34g** 37
- Beherrschungsidentität **15** 92
- Beiladung **26b** 45
  - Verpflichtungsklage **26** 91
- Besatzungssoldat
  - Zuwendungen **3** 158
- beschäftigte Person **35a** 2
- besondere Veranlagung **26** 54
- Besuch
  - doppelte Haushaltsführung **9** 310
- Besuchsfahrten **9** 310; **33** 100
- Betriebsübertragung
  - Prognosezeitraum **2** 49b
- Betriebsvermögen **4** 82a
- BGB-Gesellschaft
  - Mietvertrag **21** 33
- Dauer der Erwerbstätigkeit
  - Kinderbetreuungskosten **4f** 38
- Diplomat **26** 30
- doppelte Haushaltsführung **9** 246, 264, 310
- Drittaufwand **4** 148, 149; **7** 27
- Einkommensteuererstattung **36** 35
- Einkünfte **26** 52
- Einkünftezurechnung **13** 41
- Entfernungspauschale **9** 401
- Erstattungsansprüche **26b** 35
- erweiterte unbeschränkte Steuerpflicht **1** 22
- Erwerbstätigkeit
  - Kinderbetreuungskosten **4f** 37
- EU-Staatsangehörige **46** 38

- Familienrecht **26** 2
- Festsetzungsverjährung **26b** 40
- fiktive unbeschränkte Steuerpflicht
  - Splittingtarif **1** 42
- fortgesetzte Gütergemeinschaft **15** 238; **28** 1
- Freibetrag **13** 71; **16** 506
- Freigrenze **23** 24
- gebietsfremde EU-Bürger **26** 32
- gemeinsame Finanzierung **4** 150
- Gemeinschaftsrecht
  - Lohnersatzleistungen **1a** 14
- Gesamtschuldner **26b** 30
- gesamtschuldnerisches Darlehen **4** 151
- gesonderte Feststellung **10a** 7
- Gestaltungsmissbrauch **21** 36
- getrennte Veranlagung **26** 70; **26a** 3
- Gewerbesteuer-Anrechnung **35** 19
- Grundstücksüberlassung
  - Zugewinnausgleich **21** 90
- Günstigerprüfung **10a** 7
- Güterrecht **26** 16
- Haftung **26b** 30
- Härteausgleich **46** 61
- Haushaltshilfe
  - Höchstbetrag **33a** 76
- haushaltsnahes Beschäftigungsverhältnis
  - Höchstbetrag **35a** 11
- Heimunterbringung **33a** 75
- Hinterbliebenen-Pauschbetrag **33b** 18
- Hinterbliebenenversicherung **10** 14
- Hinterbliebenenversorgung **6a** 8
- Höchstbetrag
  - Sonderausgaben **10** 22
  - Vorsorgeaufwendungen **10** 20
- im Ausland lebend/Zusammenveranlagung **1a** 7
- Incentive-Reise **19** 150
- Innengesellschaft **13** 45
- Insolvenz **26** 85
- Kapitalabfindung
  - Unterhaltsleistungen **33** 100
- Kapitaleinkünfte
  - Werbungskosten-Pauschbetrag **9a** 20
- Kindergeld **62** 2
- Kirchensteuer **26b** 25
- Klagebefugnis **26** 90
- Konsularbeamter **26** 30
- Lebens- und Wirtschaftsgemeinschaft **26** 14
- Lohnsteuerfreibetragseintragung **39a** 10
- Lohnsteuerklasse **38b** 3
  - Wahlrecht **38b** 2
- Mindesteigenbeitrag **86** 3
- Missbrauchsvorbehalt **26** 80
- Miteigentümer
  - Objektverbrauch **10f** 10
- Mitunternehmerschaft **4** 82a; **13** 44; **15** 238, 254
- NATO-Truppenstatut **26** 30
- Objektbeschränkung **10f** 8
- Oder-Konto **4** 252
- Öffnungsklausel
  - Versorgungsausgleich **22** 27e
- örtliche Zuständigkeit **39** 5
- Parteispende **10b** 59, 74
- Pensionszusage
  - Tantieme **4** 252
- private Altersvorsorge **10a** 8

Ehescheidung

- Rechtsschutz **26b** 45
- Reisekosten **4** 252; **12** 17
- Renteneinkauf **22** 29
- Rückzahlung der Abfindung **14a** 8
- Sonderausgaben **10** 5; **26** 54
- Sonderbetriebsvermögen **13** 45
- Sparer-Pauschbetrag **20** 899
- Sparerfreibetrag **20** 472; **24a** 8; **44a** 2
- Splitting **32a** 4, 22
- Steuererklärungspflicht **25** 12
- Steuerhinterziehung **26b** 50
- Steuerschuldner **26** 56
- Stiftung **10b** 57
- Tarifbegrenzung **32c** 27
- Tarifbegünstigung **34** 73
- Tod **26** 40
  - Veranlagungswahlrecht **26** 80
- Übertragung des Kinderfreibetrags **32** 33
- Übertragung stiller Reserven **6b** 21
- Umzugskosten **12** 25
- unbenannte Zuwendung **16** 135
- unbeschränkte Steuerpflicht **1** 10; **26** 30
- Unterarbeitsverhältnis **19** 160
- Unterhaltsleistungen **33a** 28, 30
- Unterhaltspflicht **33a** 16
- Unterschrift
  - Steuererklärung **25** 13
- Veranlagung
  - Splitting **Einl** 9
- Veranlagungswahlrecht **26** 4, 42, 50
  - Zeitpunkt **25** 12
- Veräußerungsgewinn **32d** 17
- Veräußerungsverlust **17** 100
- Verfassungsmäßigkeit **26** 5
- Verfassungsrecht **26** 1
- Verlustabzug **10d** 10
- Verlustausgleichsverbot **15** 618
- Vermächtnis
  - Versorgungsleistungen **16** 107
- Vermietung **Einl** 8; **10** 7
- Versicherungsbeiträge **10** 23
- Versorgungsausgleich **22** 29
- Versorgungsleistungen **22** 13
- Verspätungszuschlag **26b** 40
- vertikaler Verlustvortrag **10d** 27
- Vollstreckung **26b** 30
- Vorsorgepauschale **10c** 4
- Wahlrecht **33b** 18; **34c** 55
- Werbungskosten-Pauschbetrag **22** 30
- wesentliche Beteiligung **17** 60
- Wiederverheiratung **26** 40; **46** 37
- zumutbare Belastung **33** 72
- Zurechnung **2** 58; **4** 82a
- Zusammenveranlagung **26** 54; **26b** 1

Ehescheidung 12 26
- Altersvorsorgevermögen **93** 2a
- Amtsveranlagung **46** 37
- Betriebsausgaben **4** 252
- Prozesskosten **33** 100
- Realsplitting **1a** 11; **10** 7; **33a** 17
- Sondersplitting **32a** 22
- Unterhaltsänderungsklage **33** 100
- Unterhaltsleistungen **10** 7
- Veranlagung **26** 40

- Versorgungsausgleich **19** 58
- zwangsläufige Aufwendungen **33** 100

Eheschließung
- besondere Veranlagung **26** 50; **26c** 1
- doppelte Haushaltsführung **9** 262
- gültige Ehe **26** 12
- Hochzeitskosten **33** 100
- Kind **32** 8
- Umzugskosten **12** 25
- Veranlagungswahlrecht **26** 4
- Zuwendung **19** 120

Ehevermittler 5 165

Ehrenamt 19 30
- Arbeitnehmer **19** 31
- Aufwandsentschädigung **19** 30
- Berufsverband **9** 150
- Tageegeld **22** 34

Ehrenamtliche Tätigkeit 19 160
- Aufwendungen **3c** 83
- Berufskammer **24** 16
- Betriebseinnahmen **4** 251
- Gemeinschaftsrecht **3** 72

Ehrenpreise 2 47

Ehrensold 3 66
- Künstlerhilfe **3** 150

Eigenaufwand
- Drittaufwand **7** 28

Eigenbesitzer
- Anteile **20** 130
- Beteiligung **20** 129
- wirtschaftliches Eigentum **4** 76

Eigenbetrieb
- Spendenempfänger **10b** 25

Eigene Anteile 17 50
- Aktivierung **5** 165
- Anschaffungskosten **17** 206
- Bewertung **6** 134
- Erwerb **17** 145

Eigene Einkünfte
- Anrechnung
  - Verfassungsmäßigkeit **33a** 3
- Euro **32** 21
- Kind **32** 8, 16
  - Zuflussprinzip **32** 19
- Schädlichkeitsgrenze **32** 8
- Zeitraum **33a** 81

Eigener Hausstand
- doppelte Haushaltsführung **9** 245

Eigengenutzte Wohnung s. a. Selbstgenutzte Wohnung
- Einkommensteuer-Vorauszahlung **37** 27
- notwendiges Privatvermögen **4** 51
- Nutzungswert **13** 20
- Steuerbegünstigung **10f** 3
- Vermögensübergabe **22** 11c

Eigengesellschaft
- Pensionsverpflichtung **6a** 5

Eigenhandel
- Bank **20** 43
- Halbeinkünfteverfahren **3** 139

Eigenheimbeitrag
- zentrale Stelle **92b** 1

1932

Eigenheimförderung
- Altersvorsorge
  - Rückzahlung **92a** 3
- Altersvorsorgezulage **92a** 2
- Beitrittsgebiet **57** 1
- getrennte Veranlagung **26a** 28
- schädliche Verwendung **93** 2

Eigenheimzulage 23 20
- doppelte Haushaltsführung **9** 271

Eigenjagdbezirk 13 13, 53

Eigenkapital
- Begriff **5** 102
- Einlage des stillen Gesellschafters **15** 232
- Einzelunternehmen **5** 103
- Gesellschafterdarlehen **17** 222
- Gewinnvorab **15** 399
- Kapitalgesellschaft **5** 105
- Nachversteuerung **34a** 76
- Pensionskasse **4c** 8
- Personengesellschaft **5** 103
- Rechtsform **5** 103
- Steuerstundungsmodell **15b** 37, 55

Eigenkapitalersetzende Darlehen s. *Kapitalersetzende Darlehen*

Eigenkapitalquote
- Gesellschafter-Fremdfinanzierung **15** 345a
- Konzern **4h** 72
- Nachweis **4h** 83

Eigenkapitalvergleich 4 15, 30; **5** 29
- Escape-Klausel
  - Rückausnahme **4h** 106
- Gestaltungsempfehlung **4h** 71
- Gewinnermittlungsart **5** 1
- Hinzurechnungen/Kürzungen **4h** 77
- konzerninterner **4h** 70
- Maßgeblichkeitsgrundsatz **4** 75
- Organkreis **4h** 107
- Übergangsbilanz **4** 222
- Wechsel der Gewinnermittlungsart **4** 123
- Wechsel von Einnahme-Überschuss-Rechnung **4** 220
- Wechsel zur Einnahme-Überschuss-Rechnung **4** 225

Eigenkapitalvermittlungsprovision
- Anschaffungskosten **4** 252; **21** 116
- Bilanzierung **5** 165
- Immobilienfonds **15** 393

Eigenleistung 21 125

Eigentümer 13 32
- Aktien **20** 93
- Gewerbebetrieb **15** 152
- Mitunternehmerschaft **13** 45
- Nießbrauch **21** 65
- wesentliche Beteiligung **17** 60

Eigentümer-Vermietergemeinschaft 15 212

Eigentümerfreiheit Einl 68

Eigentumsgarantie Einl 71

Eigentumsvorbehalt
- Zurechnung **4** 78

Eigentumswohnung 15b 42
- Absetzung für Abnutzung **7** 187
- Bauherrenmodell **15b** 45
- Drittaufwand **4** 149

- gewerblicher Grundstückshandel **15** 118
- Kaufpreisaufteilung **6** 48
- schutzwürdige Kulturgüter **10g** 10
- Spekulationsgeschäft **23** 5
- Steuerbegünstigung **10f** 12
- Übertragung gegen Versorgungsleistungen **22** 11
- Wirtschaftsgut **7** 136

Eigenverbrauchseinkommen 2 47

Einbaumöbel 6 121, 178

Einbringung 17 116; **23** 12
- Änderung
  - Steuerbescheid **15** 136
- Anschaffung **6b** 12
- Anteilstausch **49** 56
- Anteilsveräußerung **6** 182a; **16** 215
- auf fremde Rechnung **16** 35
- Aufgabegewinn **16** 502
- aus Privatvermögen **15** 459
- Bareinlage
  - Beteiligungsänderung **15** 330
- Beteiligung
  - Aktivierung **5** 165
  - Gewinnrealisierung **4** 104
- Betriebsaufspaltung **15** 108
- Betriebsstätte **2a** 101
- Buchwertfortführung **6** 188; **15** 448, 465; **16** 256
- entgeltliche Übertragung **16** 88
- Ergänzungsbilanz **15** 328
- gegen Gesellschaftsrechte und Kaufpreis **16** 32
- gemeiner Wert **16** 18; **17** 27
- geringwertige Wirtschaftsgüter **6** 176
- Gesamthandsvermögen **6** 165
- Gesellschafter **16** 27
- Gesellschaftsanteil **16** 212
- Gewährung von Gesellschaftsrechten **16** 31
- Gewerbebetrieb, Teilbetrieb
  - Mitunternehmeranteil **16** 28
- gewerblicher Grundstückshandel **15** 121
- Halbeinkünfteverfahren **15** 465; **16** 347a
  - Teilbetrieb **3** 138
- immaterielle Wirtschaftsgüter **5** 75
- interpersonelle Übertragung stiller Reserven **16** 19
- Kapitalgesellschaft **16** 16
- Maßgeblichkeit **15** 345
- Mitunternehmeranteil **15a** 77; **16** 39, 210
- Mitunternehmerschaft **16** 16; **34** 16
- Nachversteuerung **34a** 9, 10, 13, 83, 86
- Personengesellschaft **16** 26
- Realteilung
  - Wahlrecht **16** 346
- Rücklagenauflösung **20** 118
- Sacheinlage **20** 119
- Sozietätserweiterung **18** 165
- Steuersubjekte **16** 30
- Tarifbegünstigung **34** 28
- tauschähnliches Veräußerungsgeschäft **16** 17
- Teilbetrieb **16** 20
- teils auf eigene/fremde Rechnung **16** 36
- Teilwert **6** 83
- unentgeltliche Betriebsübertragung **16** 97
- Veräußerung **6b** 7; **15** 372; **23** 16
- Veräußerungsgewinn **16** 12
- Veräußerungsverlust **17** 127
- verdeckte Einlage **16** 40

1933

- Wahlrecht **15** 328, 456
- § 6b-Rücklage **6b** 23

Einbringungsgeborene Anteile 3 134; **6b** 1; **17** 1, 27, 62
- Aufwendungen **3c** 3
- Bewertung **17** 278
- Halbeinkünfteverfahren **3** 135
- Schwestergesellschaft
  - Verschmelzung **3** 136
- Steuerverstrickung **17** 330
- Übernahmegewinn/-verlust **15** 332
- Veräußerung **6b** 36; **49** 55
- Veräußerungsgewinn **16** 18

Einbringungsgewinn
- Anteil **17** 27
- Nachversteuerung **49** 56

Einbruchversicherung 9 140; **10** 18
Einbürgerungskosten 12 26; **19** 160
- Betriebsausgaben **4** 252

Einfache Nachfolgeklausel
- Personengesellschaft **15** 237

Einfamilienhaus
- behindertengerechte Ausstattung **33** 100
- Ehegatten
  - Vorsteuerabzug **9b** 13
- gewerblicher Grundstückshandel **15** 118
- Privatvermögen **15** 352
- Übertragung gegen Versorgungsleistungen **22** 11
- Umbau **6** 54
- Vorfälligkeitsentschädigung **33** 100

Eingliederung
- Arbeitnehmer **19** 40

Eingliederungsbeihilfe 3 26, 29
Eingliederungshilfe
- Kind **32** 15
- Spätaussiedler **3** 22

Einheitliche und gesonderte Feststellung 35 44
- doppel(mehr)stöckige Mitunternehmerschaft **34a** 62
- doppelte Gewinnfeststellung **15** 421
- Gesellschafter **18** 42
- Gesellschafter-Fremdfinanzierung **15** 363a
- Gewerbesteuer-Anrechnung **35** 43
- KGaA **15** 501
- Klagebefugnis **21** 49
- Mitunternehmerschaft
  - nachträgliche Einkünfte **16** 418
- Sanierung **7i** 5
- Sondervergütungen **15** 389
- Steuergeheimnis **15** 470
- Steuerstundungsmodell **15b** 5
- stille Gesellschaft **15** 234
- Veräußerungsgewinn **16** 515
- Veräußerungsgewinn/-verlust **17** 248
- Verlust **15b** 58
- Verlustvortrag **10d** 36
- Zebragesellschaft **15** 470
- Zuständigkeit **15b** 57

Einheitliche und gesonderte Gewinnfeststellung
- Ausgleichsanspruch
  - BGB-Gesellschaft **21** 48
- ausländische Gesellschaft **15** 421

Einheitsbewertung 6b 26
- Gewerbebetrieb **15** 7

Einheitsbilanz 5 31
- Mitunternehmer **15** 307

Einheitstheorie
- Steuersubjektfähigkeit
  - Personengesellschaft **15** 203
- teilentgeltliche Betriebsübertragung **16** 137
- teilentgeltliche Übertragung **6b** 9; **15** 449
- teilentgeltliche Veräußerung **16** 227, 230
- Teilwertabschreibung **6** 126
- vorweggenommene Erbfolge **16** 139, 256

Einkommen
- ausbildungsbedingte Mehraufwendungen **32** 18
- Auslandskind **32** 16
- Begriff **2** 136, 137
- Einkünfteverzicht **32** 20
- Erfolgstatbestand **2** 4
- Freibetrag **14a** 11
- Handlungstatbestand **2** 3
- individuelle Lebensgestaltung **Einl** 6
- Kind **32** 16
- Kürzungsmonate **32** 19
- Sozialhilfe **2** 24
- Veräußerungsfreibetrag **14a** 9
- zu versteuerndes **2** 9
  - Ermittlungsschema **2** 26
- Zustandstatbestand **2** 2

Einkommens 10 1
Einkommensteuer 12 28
- Abschlusszahlung **36** 33
- Anrechnungsverfügung
  - Abrechnungsbescheid **36** 38
- Anwendungszeitpunkt **52** 3
- Bemessungsgrundlage **2** 8, 78, 143
- Bestimmtheitsanforderungen **Einl** 48
- Eingriffsrecht **Einl** 36
- Entstehung **36** 1
- Fälligkeit **Einl** 54
- Erhebungsregeln **51** 8
- Ermittlungsschema **2** 27
- Erstattung **36** 35
- Fälligkeit **36** 36
- Freiheit zur ökonomischen Vernunft **Einl** 24
- Gesetzgebung **Einl** 38
- Individualbesteuerung **Einl** 7; **2** 68
- individuelle Leistungsfähigkeit **2** 25
- Jahressteuer **2** 17
- Jahressteuerprinzip **2** 153
- Markteinnahme **Einl** 14
- Marktzuwachssteuer **Einl** 4
- Nominalwertprinzip **2** 77
- Progression **Einl** 5, 15
- Rechtfertigung **Einl** 4
- Steuergegenstand/-subjekt **2** 67
- Steuersatz **Einl** 74
- Vorauszahlung **36** 8
- Verfahren **37** 5
- Zahlschuld **2** 150

Einkommensteuer-Durchführungsverordnung 51 55
Einkommensteuer-Richtlinien
- allgemeine Dienstanweisung **51** 12

Einkommensteuererklärung 25 7
- Antragsveranlagung **46** 50
- beizufügende Unterlagen **51** 22
- Pflicht **25** 10

- strafrechtliche Verantwortlichkeit **Einl** 18
- Telefax **25** 10
- Unterschrift **25** 13

Einkommensteuergesetz
- Beitrittsgebiet **52** 4
- Dauerschuldverhältnis **52** 12
- Inkrafttreten **52** 1
  - Außerkrafttreten alten Rechts **52** 9
- Rechtsstaatsprinzip **52** 12
- Stichtagsprinzip **52** 12
- Vertrauensschutz **52** 2

Einkommensteuertarif 32a 1

Einkünfte 2 23
- Anteilsveräußerung **17** 20
- Begriff **33a** 28
- Dualismus der Einkünfteermittlung **2** 5
- Kind **32** 17

Einkünfte aus Leistungen 22 32
- Duldung **22** 33
- Einkünfteermittlung **22** 37
- Tätigkeiten/Unterlassen **22** 34

Einkünfte aus selbstständiger Arbeit 50d 3
- vermögensverwaltende Gesellschaft **3** 141a

Einkünfteermittlung 50d 59, 70
- Absetzung für Abnutzung **7** 1
- beschränkte Steuerpflicht **49** 150
- Personengesellschaft **21** 47
- Steuerstundungsmodell **15b** 7, 50

Einkünfteerzielungsabsicht 18 16; **20** 3; **21** 15; **23** 2
- Angemessenheit **21** 152
- Arbeitszimmer **10f** 1
- Bauherrenmodell
  - Mietkaufmodell **21** 18
- Darlehen **21** 16
- Dauersachverhalt **2** 49b
- Einzelrechtsnachfolger **2** 54
- Erwerbsgrundlage **2** 49c, 54
- Ferienwohnung **21** 19
- Finanzierungskosten **22** 1
- Fremdfinanzierung **21** 16
- Gegenindizien **21** 17
- Gewerbebetrieb **15** 34
- Grundstücksveräußerung **21** 15
- mehrere Objekte **21** 20
- Nutzungszeitraum **21** 25
- Personenmehrheit **21** 48
- Prognose **21** 25
- teilweise unentgeltliche Wohnungsüberlassung **21** 154
- Veräußerungszeitpunkt **2** 53
- Verlustzuweisungsgesellschaft **21** 19
- Vermietung **2** 50c
- Weiterbildung **10** 32
- Werbungskosten **21** 110
- Zweitwohnung **21** 19
- § 2b EStG **15** 48

Einkünfteverlagerung
- Angehörige **20** 9

Einkunftsart Einl 42; **2** 22, 33; **2a** 17, 45
- Abgeltungsteuer **17** 20; **20** 891; **43** 86
- Arbeitnehmer **38** 5
- atypisch stille Gesellschaft **15** 229
- außerordentliche Einkünfte **34** 20
- Betriebsarzt **18** 91
- Betriebsverpachtung **15** 74; **16** 327
  - im Ganzen **13** 33
- Bewertung **6** 5
- BGB-Gesellschaft **21** 161
- Carried Interest **3** 141a
- Dualismus **2** 79
- Einkünfteermittlungsart **4** 8
- Einnahmen **8** 4, 40
- Entschädigung **34** 36
- Erbe **19** 61
- fiktive unbeschränkte Steuerpflicht **1** 29
- gemischte Tätigkeit **18** 31
- Geschäftsführergehalt **15** 99
- Gewerbebetrieb **15** 6
  - kraft Rechtsform **15** 130
- gewerbliche Einkünfte **6** 175
- gewerblicher Grundstückshandel
  - Zuständigkeit **15** 126
- Halten einer Beteiligung **15** 140a
- Hoferbe **13** 41
- isolierende Betrachtungsweise **34d** 13
- Kapitaleinkünfte **20** 614
- Kapitalvermögen **20** 502
- KG
  - OHG **15** 142
- Kinderbetreuungskosten **4f** 4
- Knappschaftsarzt **18** 91
- mehrjährige Tätigkeit **34** 41
- nichtselbstständige Arbeit **19** 1
- Nießbrauch **13** 40
- Personengesellschaft **15** 132, 140; **20** 804
- Rechtsnachfolger **19** 61; **24** 71
- Rente **19** 150
- Sachverhaltsgestaltung **Einl** 30
- Sondervergütungen **15** 388
- Steuerabzug **50a** 22
- Steuerstundungsmodell **15b** 23
- Strukturwechsel **16** 313
- Teileinkünfteverfahren **3** 139a
- Umqualifizierung **15** 39; **49** 64
- Verlustabzug **10c** 1
- Verlustausgleich **20** 879
- Versorgungsleistungen **3** 167
- Vertrauensarzt **18** 91
- vorrangiger Verlustverrechnungskreis **15b** 26
- Werbungskosten **9** 80
- wirtschaftlicher Zusammenhang **9** 102
- Zebragesellschaft **15** 229

Einlage 3c 83; **15** 448
- Absetzung für Substanzverringerung **7** 206
- AfA-Bemessungsgrundlage **7** 88
- Agio **17** 43
- Anlagevermögen **6** 169
- Anschaffungs-/Herstellungskosten **6** 168; **17** 214
- Anteile **6** 171a
- Auseinandersetzung der stillen Gesellschaft **20** 186
- Begriff **4** 102; **15** 369
- beschränkt steuerpflichtiger Mitunternehmer **34a** 60
- Betriebsaufspaltung **15** 110
- Betriebseinnahmen **4** 134
- Betriebseröffnung **6** 173
- Bewertung **6** 165
- Bodenschatz **7** 205

Einlagefiktion

- Buchwertfortführung 6 188
- Eigenkapital
  - stille Gesellschaft 15 232
- Einnahme-Überschuss-Rechnung 4 118
- Einzelunternehmen 17 132
- entgeltlicher Betriebserwerb 6 174
- entnommene Wirtschaftsgüter 6 170
- Erhöhung 15a 261
- geldwerter Vorteil 4 103
- geleistete Einlage 15a 43
- gemeiner Wert 17 216
- geringwertige Wirtschaftsgüter 6 176
- Gesamthandsvermögen 23 12
- gesellschaftsrechtliche 15 453
- Gewerbesteuer 15 366
- gewerblicher Grundstückshandel 15 121, 128
- Gewinnermittlung 4 26
- Grundstück 23 12
- Haftung 15a 102
- Kiesvorkommen 6 165
- Kommanditist 15a 103
- Minderung des Haftungsbetrags 15a 236
- Mitunternehmer 34a 59
- Mitunternehmeranteil 15 262
- Mitunternehmerschaft 15 457; 16 23
- nahestehende Person 17 216
- nicht entnommener Gewinn 34a 41, 54
- Nutzungsrecht 4 103
- Personengesellschaft 16 88
- Privatvermögen 15 371
- Rückgewähr 20 91
- Rücklage für Ersatzbeschaffung 5 109
- Rückzahlung 17 271, 298; 20 206
- Saldierung mit nicht abziehbaren Betriebsausgaben 34a 53
- Sonderbetriebsvermögen 17 127
- Steuerbilanz 15 305
- Steuerstundungsmodell 15b 55
- stille Gesellschaft
  - Angehörige 20 175
- stille Reserven 7 89
- Teilwert 4 106; 15 371
- Über-pari-Beteiligung 17 125
- unentgeltliche Betriebsübertragung 16 97
- Verlust 20 189
- Verlustausgleich 15a 161
- Verlustausgleichsvolumen 15a 166
- wesentliche Beteiligung 4 106; 6 171; 17 115
- Wirtschaftsgut 4 65

Einlagefiktion 55 23

Einlagekonto 20 101
- Ausschüttung
  - Rückzahlung 49 56
- § 27 KStG 15 332

Einlagen
- Entstrickung
  - gemeiner Wert 4 106g
- Verstrickung 4 106f

Einlagenminderung 21 134
- Verlustausgleich 15b 31

Einlagensicherungsfonds
- Rückstellung 5 130

Einlagerückgewähr
- Haftung 15a 135

Einmalzahlung
- Ablösung
  - wiederkehrende Bezüge 16 94
- Personenversicherung 10 11a
- Rentenversicherung 10 24
- Risikoversicherung 10 13; 22 5
- Ruhegeld 19 150
- Steuerstundungsmodell 15b 42
- Übergangsgeld 24 12

Einnahme-Überschuss-Rechnung 2 80; 13 47, 69
- Abflussprinzip 4 156
- Abflusszeitpunkt 4 111
- Absetzung für Abnutzung
  - Bemessungsgrundlage 6 194
  - Substanzverringerung 4 120
- Anlage-/Umlaufvermögen 4 121
- Antrag 13a 5
- Anwendungsbereich 4 107
- Auflösung
  - Rücklage 4 127
- Aufzeichnungspflichten 4 109
- Bestandsverzeichnis 4 112
- Betriebsausgaben 4 116
- Betriebseinnahmen 4 113
- Betriebsveräußerung/-aufgabe 4 123
- Betriebsvermögen 4 108, 111
- Bewirtungsaufwendungen 4 176
- Brand
  - Diebstahl 4 122
- Darlehen 4 114, 119
- Direktversicherung 4b 22
- durchlaufende Posten 4 115
- Einbringung 4 126
- Entnahmen
  - Einlagen 4 118
- Entstrickung 4g 17
- erneuter Wechsel 4 217
- fiktive Betriebsausgaben 6c 7
- fiktive Einnahmen 4 127
- Forderungen 4 114
- Geldverluste
  - Kursverluste 4 116
- geringwertige Wirtschaftsgüter 4 120; 6 175; 9 343
- Gewerbebetrieb 15 6
- gewerblicher Grundstückshandel 15 128
- gewillkürtes Betriebsvermögen 4 100, 112
- Gewinnermittlung 4 11
- Gewinnkorrekturen 4 123
- Investitionsabzugsbetrag 7g 22
- Korrekturen 4 221
- mehrjährige Tätigkeit 34 41
- Nachholverbot 6a 46
- Nachversteuerung 34a 84
- nicht entnommener Gewinn 34a 22
- private Vermögensmehrungen 4 115
- Rechtsnachfolger 4 125
- Reinvestitionsobjekt 6c 3
- Schätzung 4 109
- Schuldzinsen 4 168
- selbstständige Tätigkeit 18 17
- Totalgewinn 4 108
- Übertragung stiller Reserven 6c 2
- Umlaufvermögen 4 120a
- Umsatzsteuer 9b 3
- unentgeltliche Betriebsübertragung 4 125; 6 181

- Veräußerung **4** 122
- Veräußerungs-/Aufgabebilanz **14** 17
- Veräußerungsgewinn **16** 226; **18** 178
- Verzeichnis **6c** 4
- Wechsel der Gewinnermittlungsart **4** 123; **6b** 3; **13a** 6
  - Zeitpunkt **18** 17
- Wechsel vom Eigenkapitalvergleich **4** 225
- Wechsel zum Eigenkapitalvergleich **4** 220
- Zebragesellschaft **15** 470
- Zuflusszeitpunkt **4** 111

Einnahmen Einl 12; **3c** 19; **20** 5; **21** 90
- Abtretung **8** 18
- Arbeitgeber
  - Konzern **8** 31
- Arbeitszeitkonto
  - Zeitgutschrift **8** 32
- aufwandslose Zuwendung **8** 15
- Aufwendungen zur Substanzerhaltung **8** 14
- Auslagenersatz **8** 16
- Begriff **8** 1; **11** 6
- Besteuerungsgrundlage **8** 42
- Darlehen **8** 14
- durchlaufende Gelder **8** 16
- Einkunftsart **8** 4, 40
- Entschädigung **8** 14
- Entstrickung **4** 106a
- Forstwirtschaft **13a** 13
- geldwerter Vorteil
  - Bewertung **8** 45
- Güter **8** 5, 19, 22
- Incentive-Reisen **8** 22
- Kindergeldveruntreuung
  - Mitunternehmerschaft **15** 366
- Körperschaft **20** 109
- Korrespondenzregel **8** 15
- Leistungen an Dritte **8** 32
- Leistungen Dritter **8** 31
- Nutzungshandlung **8** 43
- Nutzungsüberlassung **8** 22
- Schadensersatz **8** 14
- teilweise betrieblich und privat **4** 131
- Überschusseinkünfte **8** 2
- Veräußerung **8** 14
  - Kosten **3c** 51
- Verrechnung **8** 18
- Verzicht **8** 6
- Werbungskostenersatz **8** 16
- Wertsteigerung **8** 14
- zeitliche Zuordnung **11** 1

Einrichtung
- geringwertige Wirtschaftsgüter **6** 178

Einrichtungsgebühren 20 480

Einsatzwechseltätigkeit 19 160
- Arbeitnehmer **9** 359
- Entfernungspauschale **19** 160
- Fahrtkosten **9** 359
- Reisekostenerstattung **3** 53
- Verpflegungsmehraufwand **4** 186; **9** 436

Einschlagsbeschränkung
- Kalamitätsnutzung **34b** 11

Einspruch
- Ablehnung der Antragsveranlagung **46** 55
- Ablehnung der Erstattung **48c** 20
- Abrechnungsbescheid **48c** 10
- Anrechnungsverfügung **36** 38
- Auszahlungsanordnung der Familienkasse **74** 2
- Bauabzugssteuer **48a** 25
- Kindergeld-Festsetzung **70** 5
- Kosten **77** 1
- Kostenentscheidung **77** 3
- Kostenfestsetzung **77** 3
- Lohnsteuerhaftungsbescheid **42d** 77
- Lohnsteuerkarteneintragungen **39** 3
- Steuererstattung **50** 36
- Veräußerungsgewinn/-verlust **17** 248
- Verlustabzug **10d** 39
- Vorauszahlungsbescheid **37** 51

Einstandspflicht
- Arbeitgeber **4d** 1

Einstiegsgeld 3 25

Einstweilige Anordnung 48b 20
- Freistellungsbescheinigung **50d** 28
- Gemeinnützigkeit **10b** 26
- Steuererstattung **50** 36
- Vorauszahlungsbescheid **37** 52

Einstweiliger Rechtsschutz *s. Vorläufiger Rechtsschutz*

Eintragung
- Handelsregister **15a** 131

Eintrittsgeld
- Berufsverband **9** 150
- Kreditgenossenschaft **3c** 83
- Personenversicherung **10** 11a

Eintrittskarte
- Betriebsveranstaltung **19** 150
- Sportveranstaltung **19** 150

Eintrittsklausel
- Personengesellschaft **16** 246

Eintrittsspende 10b 18

Einzelbewertung 4 71; **5** 55; **6** 11
- Ausnahmen **6** 12
- Boden-/Gebäudewert **6** 48
- Einzelabsetzung **7** 34
- Pensionsrückstellung **6a** 1
- Rücklage **6b** 33
- Sicherungsgeschäft **5** 55a
- Tiere **13** 58

Einzelgeschäftsführung 15 138

Einzelkosten
- Begriff **6** 71
- Herstellungskosten **6** 70

Einzelrechtsnachfolger
- Einkunftsart **24** 72
- Erwerbsgerichtetheit **2** 54

Einzelunternehmen
- Betriebsaufspaltung **15** 79
- Eigenkapital **5** 103
- Einbringung teils auf eigene/fremde Rechnung **16** 38
- Einlage **17** 132
- EuGH-Vorabentscheidung **5** 20
- formwechselnde Umwandlung **15a** 77
- gemischte Tätigkeit **18** 34
- Gesellschafter **15** 425
- gewillkürtes Betriebsvermögen **15** 102
- Mitunternehmerschaft **6** 181

1937

- Steuerstundungsmodell **15b** 39
- unentgeltliche Aufnahme **6** 181
- Zinsschranke **4h** 10
- Zurechnungsobjekt **15** 244

Einzelveranlagung
- Entlastungsbetrag **24b** 5
- Kinderfreibetrag **32** 27
- Kindergeld **31** 6

Einzelveräußerungspreis
- Teilwert **6** 95

Einzelwertberichtigung
- Forderungen **6** 141

Einziehung
- Aktien
  - GmbH-Anteil **17** 141
  - Kapitalherabsetzung **17** 205

Eisernes Inventar
- Verpachtung **13** 37
- Wirtschaftsüberlassungsvertrag **13** 39

Elektroinstallation
- anschaffungsnaher Aufwand **6** 59

Elektronische Abfrage
- Auskunft **48b** 18

Elektronische Lohnsteuerabzugsmerkmale 39e 1
- Änderung **39e** 6
- Anwendungszeitpunkt **39e** 8
- Ausnahmen **39e** 7
- Bundeszentralamt für Steuern **39e** 3

Elektronische Lohnsteueranmeldung
- Lohnsteuerschätzung **46** 36

Elektronische Lohnsteuerbescheinigung
s. a. *Lohnsteuerbescheinigung*
- Beweiskraft **41b** 1
- qualifizierte elektronische Signatur **41a** 2
- sonstige Bezüge **39b** 11

Elektronisches Fahrtenbuch 4 191
Elementarversicherung 33 24
Elterngeld
- Progressionsvorbehalt **26a** 20

Emissionshandel
- Steuerabzug **50a** 25

Emissionsrendite 43a 12
Emissionsvergleich
- Begriff **20** 385

Empfängernachweis
- Betriebsausgaben **4** 141
- Pauschalierung **37b** 6

Empfangsbevollmächtigter 48 4
Endpreis
- Arbeitgeber **8** 48
- Begriff **8** 70
- Sachbezugswert **8** 47
- Sozialversicherungsentgeltverordnung **8** 57
- übliche Preisnachlässe **8** 50
- Zuflusszeitpunkt **8** 49

Energieerzeugung 13 28
Enkel 63 2
- Ausbildungsfreibetrag **33a** 56
- auswärtige Unterbringung **33a** 54
- gemeinsamer Haushalt von Eltern/Großeltern **64** 5
- Haushaltszugehörigkeit **63** 2

- Kinderbetreuungskosten **4f** 22
- Kindergeld **31** 7; **66** 1
- Kinderzulage **85** 1
- Übertragung des Hinterbliebenen-Pauschbetrags **33b** 15
- Übertragung des Kinderfreibetrags **32** 35
- Unterhaltspflicht **33a** 16

Ensembleschutz
- Baudenkmal **7i** 3

Enteignung 17 110
- betriebsgewöhnliche Nutzungsdauer **7** 67
- Entschädigung **13** 62

Enteignungsentschädigung 21 90
Entfernungspauschale
- Abgeltungswirkung **9** 381
- An-/Abfahrt zum Flughafen **9** 376
- Aufwendungen **9** 368
- Behinderte **9** 401, 430
- Ehegatten **9** 401
- Einsatzwechseltätigkeit **19** 160
- Fahrgemeinschaft **9** 389, 400, 401
- Familienheimfahrt **9** 405, 410
- Fernpendler **9** 350
- Flugkosten **9** 376, 386
- Flugstrecke **9** 411, 419
- Flugstrecken **9** 377
- Freibetrag
  - Lohnsteuerkarte **9** 401
- Freifahrten **9** 398
- Höchstbetrag **9** 385, 399
- Höhe **9** 389
- Inkrafttreten **52** 1
- Jobticket **9** 401
- kürzeste Straßenverbindung **9** 377, 389, 420
- mehrere Dienstverhältnisse **9** 395, 401
- mehrere Wohnungen **9** 388
- Mehrfachfahrkarten **9** 401
- Motorschaden **9** 401
- öffentliche Verkehrsmittel **9** 382
- Sammelbeförderung **9** 377, 387
- Steuervereinfachung **9** 356
- Umwegstrecke **9** 401
- Verfassungsmäßigkeit **9** 356
- verkehrsmittelunabhängige Pauschalierung **9** 375
- verschiedene Verkehrsmittel **9** 400
- Werkstorprinzip **3** 55; **4** 188

Entführung 33 100; **63** 4
- Lösgeld **19** 150
- Territorialprinzip **63** 2

Entgangene Einnahmen 10 7; **24** 10
- Abfindung
  - Untervermietung **24** 18
- Grundstückseigentümer **24** 18
- Nießbrauch **24** 18

Entgangener Gewinn 24 16
Entgeltliche Übertragung
- Schuldübernahme **6** 189; **16** 335
- Veräußerung **6** 189

Entgeltliche Veräußerung
- vorweggenommene Erbfolge **14** 10

Entgeltlicher Erwerb
- Maßgeblichkeit **15** 345

Entlassung
- Übergangsgeld **3** 40

Entlassungsentschädigung 19 150; **34** 18, 35
- Arbeitslosengeld **34** 62
- Erhöhung **34** 19
Entlassungsgeld
- Wehrdienst **32** 19
Entlastungsbetrag 34b 1
- Alleinerziehende **2** 7; **24b** 1
- Einzelveranlagung **24b** 5
- erweiterte unbeschränkte Steuerpflicht **24b** 11
- Erziehungsgemeinschaft **24b** 1
- EU-Staatsangehöriger **24b** 11
- gemeldeter Wohnsitz **24b** 12
- Haushaltsgemeinschaft **24b** 6
- Höhe **24b** 15
- Kinderfreibetrag
  - Kindergeld **24b** 6
- Lohnsteuerkarte
  - Veranlagung **24b** 17
- Minderjährige **24b** 11
- Monatsprinzip **24b** 12, 16
- Progressionsvorbehalt **32c** 32
- Tarifbegrenzung **32c** 21
- unbeschränkte Steuerpflicht **24b** 2
Entleiherhaftung 42d 90
- Ermessen **42d** 94
- Gesamtschuldner **42d** 94
- Haftungsausschluss **42d** 93
- Lohnsteuer **42d** 1, 3
- Sicherungsanordnung **42d** 100
- Verschulden **42d** 94
Entnahme 13a 14; **15** 448
- Absetzung für Abnutzung **7** 44
- Anrechnungsverfahren **4** 106c
- Anschaffung **17** 235
- anschaffungsähnlicher Vorgang **6** 35
- Anteil
  - Betriebsvermögen **17** 207
  - Halbeinkünfteverfahren **3** 119
- Anteile an ausländischen Körperschaften **2a** 31
- Anteilsübertragung **6** 182a, 186a
- Ausgleichsposten **4g** 2
- ausländische Betriebsstätte
  - DBA **4** 106c
- Bagatellgrenze **4** 100
- Bebauung **13** 22
- Begriff **4** 88; **15** 361; **15a** 195
- beschränkt steuerpflichtiger Mitunternehmer **34a** 60
- Betriebsaufgabe **23** 13, 14
- Betriebsaufspaltung **15** 110
- betriebsfremde Zwecke **4** 93
- Betriebsvermögen **4** 63; **13** 56
- Bewertung **6** 160
- Darlehen **15** 354
- Einlage **6** 170
- Einnahme-Überschuss-Rechnung **4** 118
- Entstrickung **4** 106a; **4g** 1; **15** 171
  - gemeiner Wert **16** 315a
- Erbe
  - Geldvermächtnis **16** 106
  - Sachvermächtnis **16** 106
- Fahrten Wohnung/Betrieb **34a** 57
- Feststellungslast **4** 99
- Flächenpacht **13** 34

- Forderungsverzicht der Gesellschaft **15** 405
- Gebäude **14a** 3
- gemeiner Wert **4** 106d
- Gesamthandsvermögen **15a** 195
- Geschäftswert **15** 105
- Gesellschaftsvermögen **15** 460
- Gewerbesteuer **15** 366; **34a** 56
- gewillkürtes Betriebsvermögen **18** 21
- Gewinnermittlung **4** 26
- Gewinnrealisierung **4** 30a
- Gewinnverteilungsschlüssel **15** 367
- Grundstück **18** 180
- Handels-/Steuerrecht **15** 366
- Hausgarten **13** 23
- Hoferbfolge **14** 9
- Irrtum **4** 91
- Kraftfahrzeug **6** 162b
- Lebensführung **15** 365
- Mitunternehmer **34a** 59
- Mitunternehmeranteil **6** 182
- Nachversteuerung **34a** 45
- nicht abziehbare Schuldzinsen **34a** 57
- nicht entnommener Gewinn **34a** 41
- Nichtanwendung der Nutzungswertbesteuerung **13** 21
- notwendiges Privatvermögen **15** 364
- Nutzungsänderung **18** 21
- Pächterwohnung **13** 22
- Realteilung **16** 352
- s. auch nicht entnommener Gewinn **34a** 48
- Saldierung mit steuerfreien Betriebseinnahmen **34a** 53, 54
- Schenkung **15** 367
- Sonderbetriebsvermögen **15** 414; **16** 253
- stille Reserven **4** 94, 97
- Teilauseinandersetzung **16** 128
- Teilwert **4** 95; **13** 57; **15** 451; **55** 19
- Überentnahme **4** 163; **15** 360
- Überführung von Wirtschaftsgütern **6** 186
- unentgeltliche Betriebsübertragung **16** 97
- Veräußerung **4** 91; **6b** 7
- Verlustanteil **15a** 196
- Verlustausgleichsvolumen **15a** 166
- vor Veräußerung **20** 833
- wesentliche Betriebsgrundlagen **16** 100
- Wirtschaftsgut **4** 65
- Zuckerrübenlieferrecht **55** 6
- Zurechnung **4** 101
Entnahmehandlung 4 89, 92; **18** 21
Entnahmeüberhang
- Altrücklagen/Verwendungsreihenfolge **34a** 76
- Gesamtbetrag der Einkünfte **34a** 15
- Nachversteuerung **34a** 6, 31, 67
- steuerfreie Betriebseinnahmen **34a** 54
Entnahmewillen 4 91
Entreicherung
- Kindergeld **70** 2
Entschädigung 13a 16; **24** 1; **50** 11
- Ablösung einer betrieblichen Rentenzahlungsverpflichtung **34** 18
- AGG **24** 17
- Allein-Gesellschafter-Geschäftsführer **24** 12
- Anwaltsgebühren
  - Prozesskosten **24** 7

Entschädigungsgesetz

- Arbeitnehmer **24** 8, 17
- Aufgabe einer Tätigkeit **24** 23
- Auslandsbonds **3** 163
- außergewöhnliches Ereignis **24** 13
- außerordentliche Einkünfte **34** 35
- Bausperre **21** 90
- Begriff **24** 5
- Beschlagnahme **21** 90
- Betriebsausgaben **4** 252
- Betriebseinnahmen **4** 251
- Buy-Out-Vergütung **24** 10
- Dienstbarkeit **21** 12
- Einkunftsart **24** 24; **34** 36
- Einnahmen **8** 14
- Enteignung **13** 62
- entgangene Einnahmen **24** 20
  - Nießbrauch **24** 18
- Folgeschäden **24** 6
- Geschäftsführer **49** 104
- Gewinnbeteiligung **24** 25
- Gewinneinkünfte **24** 15
- Grundstücksnutzung **21** 90
- Höhe **24** 7
- hoheitlicher Eingriff **21** 11
- Infektionsschutzgesetz **3** 71
- Kalamitätsnutzung **34b** 4
- Kriegsgefangene **3** 62
- Kündigung **24** 11
- Lohnsteuer-Jahresausgleich
  - Arbeitgeber **42b** 5
- Milchaufgabevergütung **13** 62
- Prozesskosten **24** 7
- sonstige Bezüge **38a** 5
- Überspannungsrecht **21** 12
- Unterlassung künftiger Einkünfte **24** 21
- Verdienstausfall **19** 30
- Verkehrslärm **2** 47
- Verlust von Einnahmen **24** 10
- Verschmelzung **19** 150
- Vertragsstörung **24** 15
- Verzugsschaden **24** 17
- Werkzeug **3** 85
- Wettbewerbsverbot **24** 22
- Wiedergutmachungsgesetz **3** 37
- Wirtschaftserschwernisse **13** 62
- Zeitverlust **19** 150
- Zusatzleistungen **24** 8; **34** 19
- Zwangslage **24** 12

Entschädigungsgesetz
- steuerfreie Leistungen **3** 36

Entschließungsermessen
- Haftung **10b** 115
- Lohnsteuerhaftung **42d** 40, 45, 65

Entsendung
- Arbeitnehmer
  - Kindergeld **62** 2
- Arbeitnehmer eines anderen Unternehmens **6a** 8
- Ausland **38a** 6

Entsorgungsrückstellung **5** 148; **6** 157

Entstrickung **4** 106a; **17** 279; **34c** 7; **49** 55
- Anteilsveräußerung **17** 30
- Anzeigepflicht **4g** 19
- Betriebsaufgabe **16** 315

- Entnahme
  - gemeiner Wert **16** 315a
- Europäische Genossenschaft
  - Europäische Gesellschaft **15** 170
- fiktive Entnahme **4g** 1
- Gemeinschaftsrecht **16** 315a
- gewerbliche Einkünfte **15** 2a
- Halbeinkünfteverfahren **3** 133
- Pensionsrückstellung **6a** 5
- Rückführung **4g** 15, 16
- Sitz-/Wohnsitzverlegung **2a** 100
- Sitzverlegung
  - Europäische Genossenschaft **4** 106e
  - Europäische Gesellschaft **4** 106e
- stille Reserven **4** 106b
- treaty overriding **15** 171
- Veräußerungsgewinn **4** 106c

Entwicklungshilfe
- Kind **32** 12
- Leistungen **3** 179

Entwicklungsland
- fiktive Anrechnung **34c** 13

Erbauseinandersetzung **6** 181
- AfA-Bemessungsgrundlage **7** 24
- Aufteilung unter Miterben **16** 116
- Barabfindung **16** 130
- Betriebsaufgabegewinn **16** 116
- Fortsetzung der Gesellschaft unter Altgesellschaftern **16** 243
- Gewerbebetrieb und Privatvermögen **16** 115
- Holznutzung **34b** 3
- isolierte Übertragung von Sonderbetriebsvermögen **16** 249
- mehrere Gewerbebetriebe **16** 118
- Mischnachlass **16** 121
- reale Nachlassteilung **16** 114
- spätere Realteilung **16** 122
- Spitzenausgleich **16** 127
- stille Reserven **16** 118
- Teilbetrieb
  - Mitunternehmeranteil **16** 117
- Teilungsanordnung **16** 248
- unentgeltliche Anteilsübertragung **16** 241
- Veräußerungsgewinn **18** 50

Erbbaurecht **15** 118; **21** 72
- Absetzung für Abnutzung **7** 15
- Anschaffungskosten **6** 51, 133
- Betriebseinnahmen **4** 251
- Bilanzierung **5** 165
- Dienstwohnung **19** 150
- gewerblicher Grundstückshandel **15** 121
- Gutachterkosten **21** 125
- Land- und Forstwirtschaft **13** 55
- Nutzungsüberlassung **15** 86
- Nutzungsvergütungen **15** 397
- Spekulationsgeschäft **23** 4
- wirtschaftliches Eigentum **5** 67
- Zufluss **19** 150

Erbbauzinsen **10** 9; **21** 90; **23** 18
- Werbungskosten **21** 125

Erbe **17** 158; **23** 15; **33** 50; *s.a. Hoferbe*
- Abfindung
  - Freibetrag **14a** 6

- Abfindungsanspruch
  - Gesellschafter **18** 172
- Altersvorsorge **10a** 4
- Anteilsübertragung **17** 30
- Antrag **33** 35
- Arbeitnehmer **19** 60
- Ausschlagung der Erbschaft **16** 103
- Beerdigungskosten **19** 150
- Betriebsaufspaltung **16** 101
- Betriebsveräußerung **18** 164
- Ehegatte
  - Verlustabzug **10d** 10
- Ehegatten-Veranlagung **26** 80
- Einkünfteerzielung
  - Freiberufler **24** 41
- Einkunftsart **13** 41; **19** 61
- Eintrittsklausel
  - Personengesellschaft **16** 246
- Entnahme
  - Sachvermächtnis **16** 106
- Erbfallschulden **16** 105
- Erwerb sämtlicher Erbteile **16** 129
- fortgesetzte Erbengemeinschaft **16** 112
- Freiberufler **15** 64; **18** 145
- Freibetrag **14a** 5, 10
  - Berufsunfähigkeit **16** 505
- Geldvermächtnis
  - Entnahme **16** 106
- Gesellschaftsvertrag **16** 234
- gewerbliche Einkünfte **16** 101
- GmbH-Anteil **24** 16
- Individualbesteuerung **2** 69
- Mischnachlass **16** 121
- Mitunternehmerschaft **13** 45
- Nachfolgeklauseln
  - Gesellschaftsvertrag **16** 235
- Nachversteuerung **2a** 89
- negative Einkünfte **2a** 72
- Nießbrauch am Gewerbebetrieb **16** 104
- Nießbrauchsvermächtnis **16** 108
- qualifizierte Nachfolgeklausel **16** 250
- Reinvestitionsgüter **6b** 22
- Selbstständige **18** 50
- Sonderausgaben **10** 5
- Spenden **10b** 45
- Spitzenausgleich **16** 123
- Tarifbegünstigung **34** 5
- Teilauseinandersetzung **16** 128
- Teilnachfolgeklausel **16** 254
- Teilungsanordnung **16** 111
- Umstellung des Wirtschaftsjahres **4a** 8
- unbeschränkte Steuerpflicht **1** 10
- Unternehmer **15** 150
- Veräußerungs-/Aufgabegewinn **16** 101
- Veräußerungsgewinn **18** 50
- Verlustabzug **10d** 6
- Verlustausgleich **2** 110
- Verlustverrechnung **15a** 77
- Verlustvortrag/-abzug **14** 102
- Vermächtnisnießbrauch **15** 239
- vorübergehende Verpachtung **18** 175
- wiederkehrende Leistungen **10** 9
  - Versorgungsleistungen **16** 107

Erbengemeinschaft **11** 23; **14** 9; **15** 212, 426; **21** 46
- Auflösung der Gesellschaft **16** 236
- Ausscheiden der Erben gegen Abfindung **16** 239
- berufsfremde Gesellschafter **18** 39
- Betriebsveräußerung **16** 113
- doppelstöckige Personengesellschaft **16** 236
- Drei-Objekt-Grenze **15** 122
- Fortsetzung der Gesellschaft **16** 238
- Freiberufler **15** 64
- Gesellschaftsanteil **16** 232
- Gewerbebetrieb **15** 236
- gewerbliche Prägung **15** 135
- gewillkürtes Betriebsvermögen **15** 102
- Höfeordnung **14a** 7
- Miterbe **21** 46
- Mitunternehmerschaft **13** 44
- Nachfolgeklauseln
  - Gesellschaftsvertrag **16** 235
- notwendiges Betriebsvermögen **15** 350
- Personengesellschaft **15** 145
- spätere Realteilung **16** 122
- stille Reserven **6b** 3
- unentgeltliche Betriebsübertragung **16** 110
- Verfügungsbefugnis **16** 201

Erbersatzanspruch
- Anschaffung **23** 11
- nichteheliche Kinder **16** 105

Erbfall **17** 93, 158
- Anteilsveräußerung **6b** 37
- Beratungs-/Prozesskosten **4** 252
- Betriebsübertragung **16** 24
- gemeiner Wert
  - Sonderbetriebsvermögen **16** 243
- Individualbesteuerung **2** 69
- Privatbereich **4** 251
- unentgeltliche Betriebsübertragung **16** 101

Erbfallschulden
- Darlehen
  - Novation **16** 105
- Erbe eines Gesellschaftsanteils **16** 255
- Schuldzinsen **16** 105
- Tilgung durch Betriebsvermögen **16** 106
- unentgeltliche Betriebsübertragung **16** 105

Erbschaft **2** 47
- Einnahme-Überschuss-Rechnung **4** 115
- Kapitalgesellschaft **6** 181a

Erbschaftsteuer **10** 10
- Entnahme/Nachversteuerung **34a** 7
- gewerbliche Einkünfte **15** 7
- Lebenseinkommen **2** 154
- Nachversteuerungsbetrag **34a** 80

Erdarbeiten
- Herstellungskosten **6** 121

Erdgas-/Erdölbestand
- Absetzung für Substanzverringerung **7** 196

Erdöllagerung **21** 12
- Grundstück **4** 70

Erdwärme
- Absetzung für Substanzverringerung **7** 196

Erfinder **18** 151; **19** 150
- Erbe **18** 50
- Ingenieur **18** 111
- Nachhaltigkeit **18** 111

1941

- private Vermögensverwaltung **18** 71
- wissenschaftliche Tätigkeit **18** 70

Erfindervergütung 34 51

Erfindung 6 131
- Aktivierung **5** 165
- Förderung der Verwertungsreife
  - Nachhaltigkeit **15** 24

Erfolgstatbestand Einl 13
- Zufluss **8** 27

Erfüllungsrückstand
- Bilanzierung **5** 165

Ergänzungsabgabe 51a 1

Ergänzungsbilanz
- aktiver Ausgleichsposten **15** 323
- Anteilserwerber **16** 228, 231
- Anteilsveräußerung **15** 423
- Auf-/Abspaltung **15** 332
- Auflösung **15** 326, 423
- Aufstockung **15** 333
- Ausscheiden **15** 323
- Bewertung
  - Mitunternehmeranteil **15** 340
- Bilanzierung einer Beteiligung **15** 338
- Buchwertfortführung **15** 454
- Einbringung **15** 328
- entgeltlicher Anteilserwerb **15** 319
- Firmenwert **15** 321
- Gesellschafter **15** 316
- Gesellschafter-Fremdfinanzierung **15** 345a
- Gewinnverteilungsschlüssel **15** 321
- immaterielle Wirtschaftsgüter **15** 321
- KGaA **15** 504
- Minderaufwendungen **15** 321
- Mitunternehmerschaft **16** 16
- negative **15** 331
- negatives Kapitalkonto **15** 323
- nicht entnommener Gewinn(anteil) **34a** 61
- Obergesellschaft **15** 423
- passiver Ausgleichsposten **15** 322, 324
- personenbezogene Steuerbegünstigungen **15** 334
- Realteilung **16** 351
- Sonderabschreibung **15** 325
- Sonderbilanz **15** 336
- stille Reserven **6** 188c
- Teilwert **6** 134
- Thesaurierungsbegünstigung **34a** 58
- Überentnahme **15** 359
- umgekehrte Maßgeblichkeit **15** 341
- Umwandlung **15** 332
  - Wahlrecht **15** 345
- Untergesellschaft **15** 423
- Veräußerung **15** 325, 423
- Veräußerungsgewinn **16** 223
- Verlustanteil **15a** 25
- Verschmelzung **15** 332

Ergänzungspfleger 21 56
- Mietvertrag mit Kind **21** 30
- Minderjährige **15** 257
- Verträge mit Kindern **4** 252

Ergänzungsstudium 10 30, 31a, 31b

Erhaltungsaufwand 6 60b; **11** 9; **23** 20; **35a** 9
- anschaffungsnaher Aufwand **6** 64
- Baudenkmal **9b** 1
- Begriff **11a** 3; **21** 102

- Brauchwassererwärmung
  - Solaranlage **6** 59
- Einzelfälle **6** 60
- erhöhte Absetzungen **7i** 4
- Erschließungsbeiträge **6** 43
- Gebäude **10f** 6
  - im Sanierungsgebiet **11a** 1
  - Zuschuss **11a** 3
- Herstellungskosten **6** 54, 61
- Miteigentümer **11a** 5
- Nachholung **11a** 5
- Nutzungsentnahme
  - Wohnung **6** 161
- Sanierungsgebiet
  - Denkmalschutz **51** 42
  - schutzwürdige Kulturgüter **10g** 1
  - Veräußerung **11a** 5
  - Verteilung **11b** 3
- Werbungskosten **21** 100
- Zeitraum **21** 103

Erhöhte Absetzung für Abnutzung 21 125
- Aufzeichnungspflicht **7a** 40
- Ausscheiden von Gesellschaftern **7h** 4
- Bauantrag **7c** 10
- begünstigte Wohnungen **7c** 10
- Begünstigungszeitraum **7i** 6; **7k** 3
- Beitrittsgebiet **7a** 3; **7k** 1
- Bemessungsgrundlage **7c** 12; **7i** 4
- Bescheinigung **7h** 4
  - Wahlrecht **7h** 6
- Beteiligung **7a** 36
- Bruchteilseigentum **7a** 35
- degressive AfA **7c** 14
- Ersteigerung **7i** 4
- Erwerb **7i** 4
- Gebäude **7h** 1
- Gebäudeteile **7c** 14; **7h** 8; **7i** 12
- Gesamthandseigentum **7a** 35
- Höchstbeträge **7h** 4
- Kumulationsverbot **7a** 30
- Leerstandszeiten **7c** 16
- mehrere Beteiligte **7c** 6
- Mieterwechsel **7c** 16
- Mindest-AfA **7a** 25
- Miteigentum **7c** 6
- Nachholung **7h** 4
- nachträgliche Änderung **7c** 17
- nachträgliche Anschaffungs-/Herstellungskosten **7a** 31
- nachträgliche Anschaffungskosten **7c** 6
- neu geschaffene Wohnungen **7c** 1
- Rechtsnachfolger **7c** 17
- Restwert **7h** 4; **7i** 6
- Restwertabschreibung **7c** 20
- Sanierungsgebiet **7h** 1
- schädliche Nutzung **7c** 17
- Sozialwohnung **7k** 3
- Teilherstellungskosten **7a** 18; **7c** 12; **7h** 3; **7i** 4
- Totalgewinn **15** 40
- Überschussprognose **21** 26
- Umlaufvermögen **7c** 17
- Veräußerung **7c** 17; **7h** 4
- Wahlrecht **7c** 6
- wirtschaftliche Miteigentümer **7a** 35
- Zuschuss **7h** 6

Erholungsbeihilfe 19 150
– Lohnsteuerpauschalierung **40** 22
Erinnerung
– Pfändungsschutz **76a** 5
Erklärungspflicht 25 2
Erlass 11 39, 48
– Altersvorsorgezulage **96**
– Arbeitgeber
 – Schadensersatzforderung **8** 6
– Aufwandsspende **10b** 86
– ausländische Steuern **34c** 17
– außenwirtschaftliche Gründe **34c** 50
– beschränkte Steuerpflicht **50** 45
– Betriebsschuld **4** 251
– Forderung **4** 252
– Lohnsteuer **41a** 7
 – Verfassungsmäßigkeit **38** 4
– Veräußerungsgewinn **17** 30
Ermessen 64 2
– Ablehnung der Anrechnung **48c** 5
– Entleiherhaftung **42d** 94
– Familienkasse **74** 2
 – Aufrechnung **75** 1
– Freistellungsbescheinigung **48b** 6
– Haftung **50a** 56
– Haftungsbescheid **10b** 115
– Lohnsteuerhaftung **42d** 40
– Pauschalierung **37a** 7
– Selbstbindung der Verwaltung **51** 12
– Teilwert **6** 94
– Vorauszahlung **37** 12
– Widerrufsvorbehalt **6a** 20
Ermessensentscheidung
– Bauabzugssteuer **48** 4
– Haftung **44** 17
– Haftungsbescheid **50a** 56
– Umstellung des Wirtschaftsjahres **4a** 9
Erneuerungsrückstellung 5 161
Ernteteilungsvertrag 13 75
Eröffnungsbilanz
– Fehler **4** 244
Erpressung 33 51
– Lösegeld **33** 100
Ersatzanspruch
– Aufwendungen **9** 28
Ersatzbeschaffung
– Betriebsverpachtung **13** 38
– Gegenwerttheorie **33** 23
Ersatzdienstleistende 19 100
Ersatzflächenpool
– Auflage
 – Naturschutz **13** 54
– Einnahmen **13** 62
Ersatzleistungen 24 1
Erschließungskosten 21 125
– Anschaffungskosten **6** 43
– Privatstraße **6** 43
– Sickergrube **6** 43
– Werbungskosten **9** 140
Erschwerniszulage 19 150
– Grundlohn **3b** 2
Ersparte Aufwendungen 3 65; **3c** 83
– verdeckte Gewinnausschüttung **20** 72

Ersparte Betriebsausgaben 4 251
Erstattung
– Ablehnung
 – Rechtsbehelfe **48c** 20
– Abzugssteuer **50a** 36; **50d** 12
– Anrechnung **36** 11
– Anschaffungsnebenkosten **6** 44
– Antrag **48c** 17; **50** 36
 – Kapitalertragsteuer **44b** 5
– Aufwandsspende **10b** 85
– Auslagen
 – Gebühren **77** 2
– Auszahlung **50d** 15
– Bauabzugssteuer **48c** 15
 – Rechtsweg **48c** 20
– Betriebsausgaben **4** 251
– Bundeszentralamt für Steuern **44a** 58; **50d** 14
– Durchgriff **50d** 49
– Einkommensteuer **36** 35
 – Vorauszahlung **37** 47
– Einspruchsverfahren
 – Kosten **77** 1
– Fälligkeit **36** 36
– Freistellungsauftrag **44b** 8
– Freistellungsverfahren **50d** 20
– Gemeinschaftsrecht **50** 32
 – Halbeinkünfteverfahren **50d** 12
– Kapitalertragsteuer **36** 13; **44a** 12; **44b** 1; **49** 110; **50** 18
 – Gemeinnützigkeit **44a** 33
 – Sammelantrag **45b** 1
– Kindergeld **74** 3, 4
– Kirchensteuer **10** 25
– Kompensationsgebot **6** 156
– Körperschaftsteuer
 – Vermögensaufstellung **5** 165
– Krankenversicherungsbeitrag **3** 43
– Lohnsteuer **41c** 7
– Lohnsteuer-Jahresausgleich **42b** 7
– negative Sonderausgaben **8** 17
– negative Werbungskosten **8** 17
– privater Steuern **4** 132
– Quellensteuer **34c** 32
– Rechtsbehelfe **50** 36; **50d** 17
– Reisekosten
 – Zeitpunkt **3c** 83
– REIT-AG **50d** 4
– Rentenversicherungsbeitrag **3** 28
– Sammelantrag **45b** 5
– Sammelantragsverfahren **44a** 33
– Sonderausgaben **10** 4; **11** 19, 65
– Speditionskosten **3c** 83
– Steuerabzug **50** 33
– steuerpflichtige Einnahmen **33** 15
– unrichtige Lohnsteuererstattung **42d** 19
– Vergütungsgläubiger **50a** 44
– Verzinsung **50d** 3, 17
– vorläufiger Rechtsschutz **50** 36
– Werbungskosten **21** 90
– Zuständigkeit **48c** 18
Erstattungsbescheinigung
– Steuerabzug **50a** 43
Erstaufforstungskosten 13 65

1943

Ersteigerung
– erhöhte Absetzungen 7i 4
Erststudium 10 28; 12 30
– Ausbildungsstudium 10 31b
– Betriebsausgaben 4 252
– Fortbildungskosten 10 31a
– Lebensführungskosten 10 28a
Ertragsanteil
– Altervorsorgevertrag 22 41a
– Bemessungsgrundlage
  – Leibrente 22 27b
– Direktversicherung 22 41a
– Lebensversicherung 20 270
– Leibrente 9 115; 10 10; 22 3
– Pensionsfonds/-kasse 22 41a
– Rente 22 27d
  – Verfassungsmäßigkeit 22 27f
– schuldrechtlicher Versorgungsausgleich 10 10b
Ertragsausfall 24 16
Ertragskapital
– Leibrente 33a 28
Ertragsnießbrauch 13 40
– Gesellschaftsanteil 15 239
– Gewinnsteuerrecht 15 152
Ertragswert 17 172; s.a. Rente
– Geschäftswert 6 128
Erweiterte beschränkte Steuerpflicht
– Anteilsübertragung 17 30
– Außensteuerrecht 1 8
Erweiterte unbeschränkte Steuerpflicht 1 16
– Ehegatte 1 22
– Entlastungsbetrag 24b 11
– Kindergeld 31 7
– Verfassungsmäßigkeit 1 1
– Welteinkommensprinzip 1 22
Erweiterung
– Gebrauchswert 6 59
Erwerb
– schutzwürdige Kulturgüter 10g 4
Erwerber
– Anschaffungskosten 21 113
– Begriff 21 112
Erwerberfonds 21 116
Erwerbermodell
– Überschusserzielung 21 18
Erwerbsgenossenschaft 17 40; 20 61, 109
Erwerbsgrundlage
– Einkünfteerzielungsabsicht 2 49c
Erwerbslosigkeit s. Arbeitslosigkeit
Erwerbssphäre 12 1
Erwerbsunfähigkeitsrente 33b 6
– Leistungen 22 42
Erwerbsunfähigkeitsversicherung 10 14, 17
Erzieher 3 73
– Kinderbetreuungskosten 4f 12
Erziehung 3 42
Erziehungsgeld 33a 31
– Betriebseinnahmen 4 251
Erziehungsgemeinschaft
– Entlastungsbetrag 24b 1

Erziehungsurlaub
– Kind 32 10
– nichteheliche Lebensgemeinschaft 9 246
– Weiterbildung 10 32
Escape-Klausel
– Eigenkapitalvergleich 4h 106
Essensmarken 19 150
EU-Beamter
– Tagegeld 32b 21
EU-Parlament
– Altersvorsorgesystem 22 38
EU-Staatsangehörige 32b 24
– Amtsveranlagung 46 38
– Arbeitnehmerveranlagung 46 8
– Bescheinigung 1 37
– familienbezogene Entlastung 1a 5
– Kindergeld 63 1
  – Sätze 66 2
– Kinderzulage 65 5
– Lohnsteuerklasse 39 6
– Progressionsvorbehalt 32b 7
– unbeschränkte Steuerpflicht 26 32
– Veranlagung 36 16
EuGH
– Vorlagepflicht 5 19
Euro
– Jahresabschluss 6 10; 6d 1
– Kindesbezüge 32 21
– Lohnsteueranmeldung 41a 2
– Nominalismus Einl 58
– Nominalwertprinzip 2 77
– realisierter Gewinn 6d 13
– Umrechnungsgewinn 6d 2
– Umrechnungskurs 6d 2
Euro-Stoxx 23 10
Europäische Gemeinschaft 16 315
– Betriebsstätte 50g 15
– Betriebsverlegung 16 315
– Dienstpflicht 32 22
– einbringungsgeborene Anteile
  – stille Reserven 3 135
– Entlastungsbetrag 24b 11
– Freistellungsbescheinigung 48b 5
– Geldbuße
  – Rückstellung 5 166
  – Wettbewerbsverstoß 4 203
– Hedging 15 613
– Kindergeld 31 7
– Österreich
  – Realsplitting 10 7
– Zinsrichtlinie 45e 1
– Zulage 3c 3
– § 6b-Rücklage 6b 1
Europäische Genossenschaft
– Anteilsveräußerung 17 40
– DBA 15 171
– Land- und Forstwirtschaft
  – Selbstständige 15 172
– Sitzverlegung 4 106e; 15 2a, 170
Europäische Gesellschaft
– Land- und Forstwirtschaft
  – Selbstständige 15 172
– Sitzverlegung 4 106e; 15 2, 170

Europäische Sozialfonds
– Überbrückungsgeld **3** 22
Euroumrechnungsrücklage
– Auflösung **6d** 17
– beteiligte Staaten **6d** 11
– Buchnachweis **6d** 25
– Fremdwährungsgeschäft **6d** 6
– Rücklagenbildung **6d** 15
– Tonnagesteuer **6d** 4
Euroumstellung
– Bilanzierung **5** 165
EVA-Zertifikat
– Einlösungsbetrag **24** 17
EWIV
– Gewerbesteuer **15** 221
– Mitunternehmerschaft **15** 221
EWR-Staatsangehörige 32b 24
– Bescheinigung **1** 37
– familienbezogene Entlastung **1a** 5
– Familienleistungen **65** 6
– Kind **32** 10
– Kindergeld **31** 7; **63** 1
– Progressionsvorbehalt **32b** 7
– Veranlagung **36** 16
Existenzgefährdung
– einstweilige Anordnung **48b** 20
Existenzgründer
– Anlaufverlust **15b** 39
– Ich-AG **3** 22
– Investitionsabzugsbetrag **7g** 3
Existenzminimum
– Gleichheitssatz **Einl** 11
– Kind **Einl** 7; **31** 1; **32** 17, 23
– Kindergeldentlastung **37** 40
– Tarif **2** 150
– Unterhaltsleistungen **33a** 3, 25
– zumutbare Belastung **33** 70
Expatriates 19 100
Explorationsaufwendungen
– Bilanzierung **5** 165

Fachhochschule
– Studiengebühren **33** 100
Fachkongress
– Reisekosten **12** 16
Fachliteratur 19 160
– Arbeitsmittel **9** 327
– Betriebsausgaben **4** 252
– Weiterbildung **10** 32
– Werbungskosten **20** 480
Factoring
– echtes **4** 81
– Gewerbebetrieb **15** 29
– unechtes **4** 81
Fahrausweis
– Vorsteuerabzug **9b** 15
Fahrergestellung 19 150
Fährgelder
– Entfernungspauschale **9** 401
Fahrgemeinschaft 19 160
– Entfernungspauschale **9** 401
– Höchstbetrag **9** 400
– kürzeste Straßenverbindung **9** 389

Fährgerechtigkeit 21 77
Fahrkarte 8 22, 47
Fahrlässigkeit 33 43
– Ausstellerhaftung **10b** 109
– Freistellungsbescheinigung **48a** 18
Fahrstuhl
– Gehbehinderung **33** 100
Fahrtätigkeit
– Arbeitnehmer **9** 359
– Reisekostenerstattung **3** 53
– Verpflegungsmehraufwand **4** 186; **9** 436
Fahrten zwischen Wohnung und Arbeitsstätte
s. a. Entfernungspauschale; Fahrtenbuch
– begrenzter Abzug wie Werbungskosten **9** 350
– Begriff der Arbeitsstätte **9** 366
– betriebliche Kfz **8** 52
– eigene Wohnung **9** 365
– Fahrgemeinschaft **9** 389
– Fahrtkostenersatz **19** 150
– gemischte Aufwendungen **9** 352
– Insolvenz-/Konkursausfallgeld **3c** 83
– Lohnsteuerpauschalierung **40** 24
– mehrere Arbeitsstätten **9** 365
– regelmäßige Arbeitsstätte **9** 366
– steuerfreie Reisekostenvergütung **3c** 83
– Trinkgeld **3c** 83
– Überschusseinkünfte **9** 430, 433
– Verfassungsmäßigkeit **9** 352
Fahrten zwischen Wohnung und Betriebsstätte
– Abzugsbeschränkung **4** 188
– Fahrtenbuch **4** 191
– nicht entnommener Gewinn **34a** 57
Fahrtenbuch 8 54
– berufsspezifische Erleichterung **6** 162d
– elektronisches **4** 191
– Fahrten zwischen Wohnung und Betriebsstätte **4** 191
– private Kfz-Nutzung **6** 162b
– Zeugnisverweigerungsrecht **6** 162d
Fahrtkosten 19 160; **20** 480; **21** 125; **33** 100
– Angemessenheit **33** 100
– Arbeitnehmer **3c** 83
– Aufwandsspende **10b** 86
– Behinderte **33** 62; **33a** 85
– Betriebsveranstaltung **19** 150
– Einsatzwechseltätigkeit **9** 359; **19** 160
– Fortbildungskosten **4** 252
– Geschäftsreise **4** 252
– Herstellungskosten **6** 121
– Kinderbetreuungskosten **4f** 11
– Krankheitskosten **33** 61, 100
– Mediation **33** 100
– Pauschale **9a** 34
– Zuschuss
  – Grundlohn **3b** 2
– zwischen Wohnung und Betriebsstätte **4** 188
Fahrtkostenersatz 19 150
– Lohnsteuerpauschalierung **40a** 3
Faktische Beherrschung
– Betriebsaufspaltung **15** 90, 93
Faktische Mitunternehmerschaft 15 213, 252
Faktisches Dienstverhältnis 19 27
Fälligkeit 11 12
– Abzinsung **6** 148

1945

- Einkommensteuer **Einl** 54; **36** 36
  - Vorauszahlung **37** 42
- Forderungen **11** 65
- Novation **11** 41

Familie
- Lebensführungskosten **12** 2
- Unterhaltsbedarf **Einl** 7

Familien-GmbH & atypisch Still 15 261

Familien-GmbH & Co KG 15 261

Familienbeihilfe
- Türkei **65** 4

Familienhaftpflichtversicherung
- Beitrag **10** 13

Familienhausstand 9 247

Familienheimfahrt 9 241, 270, 405, 408; **33** 100
- Arbeitgeberentschädigung **3** 52
- Ausland **33a** 92
- Behinderte **9** 430
- betriebliche Kfz **8** 56
- doppelte Haushaltsführung **3** 55; **9** 359
- Entfernungspauschale **9** 405, 410
- Höchstbetrag **9** 418
- Kfz-Nutzungswert **9** 412
- nicht abziehbarer Betrag **4** 190
- öffentliche Verkehrsmittel **9** 413
- pro Woche **9** 422
- Schwangerschaft **33** 100
- Wehrsold **3c** 83

Familienhilfe 19 29

Familienkasse
- Arbeitsamt **72** 2
- Aufrechnung
  - Ermessen **75** 1
- Bescheinigungspflicht des Arbeitgebers **68** 3
- Bindung **31** 12
- Drittschuldner **76** 2
- Einspruchsverfahren **77** 2
- Ermessen **74** 2
- juristische Person des öffentlichen Rechts **72** 2
- Kindergeld **31** 2
  - Antrag **67** 1
  - Bescheinigung **36** 6
  - Überprüfung **69**
- Kostenentscheidung **77** 3
- Mitteilungspflicht **68** 2
- öffentlicher Dienst **72** 1
- Steuergeheimnis **68** 5

Familienleistungsausgleich 36 6
- Einkommensteuerveranlagung **31** 12
- Kind **31** 1
- Kindergeld **31** 2
- Kürzungsmonate **32** 19
- öffentlicher Dienst **72** 1
- unbeschränkte Steuerpflicht **31** 3

Familienpersonengesellschaft 15 443
- Mitunternehmerschaft **15** 255
- Zurechnung **15** 255

Familienstiftung
- Zuwendungen **22** 7

Fassadenverkleidung
- Erhaltungsaufwand **6** 60b

Faxgerät 19 150

Fehler
- Bilanzberichtigung **4** 239

Fehlerberichtigung
- Absetzung für Abnutzung **7** 36

Fehlgeldentschädigung 19 150

Fehlgelder 19 160

Fehlgeschlagene Vermögensübergabe 22 20

Fehlmaßnahme
- Beispiele **6** 98
- Geschäftswert **6** 127
- Nachweis **6** 104
- Teilwert **6** 88, 97

Feiertagsarbeit
- Geschäftsführer **3b** 3
- Höchstgrenze **3b** 2
- Insolvenzgeld **3b** 3
- Zuschlag **3b** 2

Feldinventar 14 15
- Bestandsaufnahme **13** 52
- Bilanzierung **13** 59
- Umlaufvermögen **6** 22
- wirtschaftlicher Eigentümer **13** 37

Fenster
- anschaffungsnaher Aufwand **6** 59

Ferienhelfer 19 150

Ferienwohnung
- Einkünftebereich **2** 50c
- Einkünfteerzielungsabsicht **21** 19
- erhöhte Absetzungen **7c** 16
- Leerstandszeiten **21** 19
- Werbungskosten **21** 125
- Wohnzweck **7** 138
- Zweifamilienhaus **21** 19

Fernsehapparat 12 4, 26
- doppelte Haushaltsführung **9** 274

Fernsehen
- freie Mitarbeiter **19** 100
- Gewinn **19** 150
- künstlerische Leistung **49** 38
- Regisseur **19** 100
- Steuerabzug **50a** 20

Fernsehfonds
- Mitunternehmerschaft **15** 254

Fernsehgerät
- Arbeitsmittel **9** 327
- Sachbezug **19** 150

Fernsehübertragungsrecht
- Sportveranstaltung **21** 77

Fertigstellung
- Baumaßnahme **7c** 12
- Bewertungsfreiheit **7f** 12
- Mietwohngebäude **7c** 1

Festbewertung
- Absetzung für Abnutzung **6** 113; **7** 34
- Begriff **6** 113
- Bewertungsstetigkeit **6** 113
- Teilwertabschreibung **6** 113

Festlandsockel 1 11
- Inland **1** 11

Festsetzungsfrist 50d 57
- Altersvorsorgezulage **90** 2; **96** 1
- Änderung
  - Veranlagungsart **26** 76

– Freistellungsbescheinigung **50d** 14
– Investitionsabzugsbetrag **7g** 55
– Lohnsteuerhaftung **42d** 12
– Lohnsteuerpauschalierung **40** 27
Festsetzungsverjährung
– Abschlusszahlung **36** 33
– Anordnungsrecht **50a** 50
– Ausbildungskosten **10** 34
– Ehegatte **26b** 40
– Einkommensteuer **36** 3
– Kindergeld **66** 3
– Lohnsteuer **41a** 7
– Lohnsteuer-Außenprüfung **42f** 9
– Lohnsteuerhaftungsbescheid **42d** 77
– Verlustvortrag **10d** 40
Feststellung **18** 42; s.a. Einheitliche und gesonderte Feststellung; Gesonderte Feststellung
– Berechnung des Verrechnungsvolumens **15a** 271, 280
– Buchführungspflicht **13** 50
– Einkünfte
  – Verlustverrechnung **15a** 286
– gewerbliche Tierzucht **15** 607
– Holznutzung **34b** 1
– Lohnsteuerkarteneintragungen **39** 3
– mehrere Gesellschafter **21** 49
– Mitunternehmerschaft **13** 44
– Nutzungssatz **34b** 5
– Sondervergütungen **15** 389
– Spekulationsgewinn **23** 1
– Steuerstundungsmodell **15b** 5
– stille Gesellschaft **15** 234
– Tarifbegrenzung **32c** 11
– Teilwert **55** 16
– Unterbeteiligung **15** 235
– Veräußerungsgewinn **16** 515
– Veräußerungsgewinn/-verlust **17** 248
– verbleibender Verlustvortrag **10d** 35
– Verlust **32b** 5
– Verlustabzug **10d** 2
  – Zuständigkeit **10d** 37
– Verlustausgleich **20** 206
– verrechenbarer Verlust **15a** 270
– Verrechnungsvolumen **15a** 271
– Zuständigkeit **15a** 281
Feststellungsbescheid
– Änderung **15b** 56
– Anfechtung **15a** 282
– Bindungswirkung **15a** 282
– Klagebefugnis **15a** 284
– Lohnsteuerfreibetragseintragung **39a** 2
– Nachversteuerung **34a** 12
– nachversteuerungspflichtiger Betrag **34a** 89
– Steuerstundungsmodell **15b** 56
– Verlustvortrag **10d** 40
– Versorgungsamt **33b** 25
– vorläufiger Rechtsschutz **15a** 284
– Zebragesellschaft **15** 471
– Zinsvortrag **4h** 45
Feststellungslast **2a** 55, 95; **4** 6; **12** 4; **18** 58; **33a** 91
– anschaffungsnaher Aufwand **6** 62
– Ausbildungsplatz **32** 13
– Einkünfteerzielungsabsicht **2** 49b
– Entnahme **4** 99

– Gebäude
  – Herstellungskosten **6** 62
– Gesellschafter
  – Immobilien-BGB-Gesellschaft **21** 136
– gewillkürtes Betriebsvermögen **18** 21
– Gewinnerzielungsabsicht **4** 21
– Grundstücksveräußerung **14** 6
– Kindergeld **31** 4
– Krisenfinanzierungsdarlehen **17** 222
– Neubau **7** 167
– Ordnungsmäßigkeit der Buchführung **5** 24
– Teilwertabschreibung **6** 110
– Teilwertvermutung **6** 103
– Ursächlichkeit der Kinderbetreuungskosten **4f** 26
– Werbungskosten **9a** 1
Festwert
– Anhaltewert **6** 114
– Niederstwertprinzip **6** 114
– Restnutzungsdauer **6** 114
– Umlaufvermögen **6** 114
Feuerversicherung **10** 18; s.a. Brandschutzversicherung
Feuerwehr
– Einsatzwechseltätigkeit **19** 160
– steuerfreie Leistungen **3** 29
FIBOR-Floater **20** 318
Fifo-Verfahren
– Girosammeldepot **17** 165
– Sammelverwahrung **20** 848
– Wertpapiere **20** 638; **23** 25
Fiktive Anrechnung **34c** 13
– ausländische Steuern **34c** 13
Fiktive Einnahmen
– Überschussrechnung **4** 127
Fiktive unbeschränkte Steuerpflicht **50** 24
– absoluter Grenzwert **1** 36
– Antrag **1** 1
– Auslandseinkünfte **1** 34
– Drittstaat **1** 34
– Ehegatten
  – Splittingtarif **1** 42
– Einkunftsart **1** 29
– Gemeinschaftsrecht
  – Gleichheitssatz **1** 34
– Lohnsteuerkartenersatz
  – durch Bescheinigung **39c** 5
– Währungsumrechnung **1** 33
Filialbetrieb
– Teilbetrieb **16** 63
Film
– Aktivierung **5** 165
– Anlagevermögen **6** 22
– freie Mitarbeiter **19** 100
– Umlaufvermögen **6** 22
Filmfonds
– ausländische Subunternehmer **2a** 25
– Mitunternehmerschaft **15** 254
Finanzdienstleistungsinstitut
– Jahresbescheinigung **24c** 1
Finanzierungskosten **15** 415; **17** 196; **21** 125
– Anschaffungskosten **6** 39, 46
– Arbeitnehmer **19** 150
– Ausbildungskosten **10** 34

- Bauerwartungsland **21** 125
- Betriebsausgaben **4** 252
- Bilanzierung **5** 165
- Einkünfteerzielungsabsicht **22** 1
- Herstellungskosten **6** 76
- Organschaft **3c** 83
- Sozialversicherungsrente **22** 30
- Umzugskosten **12** 25
- Vorteilsgewährung **3c** 83

Finanzierungsleasing 4 79

Finanzierungsschatz 20 323
- Steuerabzug **43a** 10

Finanzierungsvermittlungsgebühr
- Anschaffungskosten **21** 113

Finanzinnovation 20 33, 651
- Veräußerungsgewinn **20** 503

Finanzplandarlehen 17 224
- Gesellschafter **15a** 42

Finanzrechtsweg
- Altersvorsorgezulage **98**
- Bauabzugssteuer **48** 2
- Kindergeld **72** 2
- Sozialleistungsträger **74** 4

Finanztermingeschäft
- Verlustabzug **15** 609
- Verlustausgleich **15** 614

Finanzunternehmen
- Eigenhandel
  - Halbeinkünfteverfahren **3** 139
- Gemeinschaftsrecht **3** 139

Finanzverfassung Einl 3

Finderlohn 22 35

Fingierte unbeschränkte Steuerpflicht
- Doppelentlastung **1a** 15
- inländische Einkünfte **1** 31
- Lohnsteuerbescheinigung **1** 42
- Schumacker-Urteil (EuGH) **1** 25
- Steuerabzug **1** 39
- Veranlagung **1a** 28
- Wahlrecht **1** 40
- Zweijahresfrist **1** 40

Firmengründer
- Anlaufverlust **15b** 39

Firmenjubiläum
- Rückstellung **5** 144

Firmenpensionskasse 4c 3; **5** 8

Firmenwagen
- Entlassungsentschädigung **34** 19
- Familienheimfahrt **8** 56
- Nutzungswert **8** 53
- Pauschalierung **37b** 3
- Privatnutzung **8** 51

Firmenwert
- (modifizierte) Stufentheorie **15** 321
- Ergänzungsbilanz **15** 321
- Konzern **4h** 77
- Nutzungsdauer **7** 74

Fischerei 4 185

Fischereirecht 21 77

Fischzucht 13 12

Flächenpacht
- Betriebsfortführung **13** 34

Flächenstilllegungsprämie 13 62
- Durchschnittssatzgewinn **13a** 9

Flaschenpfand
- Rückstellung **5** 165

Fleischhenne
- Umlaufvermögen **6** 22

Floater 20 318, 405

Flüchtling 33 52
- Kindergeld **62** 2
- steuerfreie Leistungen **3** 36

Flugbegleiterin
- Abfindung **24** 26

Flugführerschein 12 10

Fluggesellschaft
- Schichtzulage **3b** 3

Flugingenieur 18 134

Flugkapitän
- Reisekoffer **9** 327
- Vereinigte arabische Emirate **50d** 57

Flugkosten
- An-/Abfahrt zum Flughafen **9** 376
- doppelte Haushaltsführung **9** 310
- Entfernungspauschale **9** 376, 386

Fluglizenz
- Betriebsausgaben **4** 252

Fluglotsen
- Pilotenschein **12** 10
- Schichtzulage **3b** 3

Flugstrecke
- Entfernungspauschale **9** 377, 411, 419

Flugzeug 4 185; **21** 75
- Chartervertrag **38** 8
- Dienstreise **19** 150
- Luftfahrzeugrolle **2a** 45
- Luftfahrzeugrolleneintragung **21** 71
- Miles and More **19** 150

Flurbereinigung
- Teilnehmergemeinschaft **13a** 15

Flurbereinigungsverfahren
- Grundstück **13** 56

Flutopferentschädigungsgesetz 35 22

Folgebescheid
- gesonderte Feststellung **15b** 56
- Verlustfeststellung **10d** 38

Folgebescheinigung
- Freistellungsbescheinigung **48b** 8

Folgekosten
- Anschaffungskosten **6** 39
- nachträgliche **6** 41

Folgeschaden 24 6

Fonds *s. a. Thesaurierende Fonds; Venture Capital Fonds*
- Ausgabeaufschläge **20** 480
- Eigenkapital **15b** 55
- Modernisierung **15b** 43
- private Equity Fonds **15** 129a
- Steuerstundungsmodell **15b** 14, 46a
- Verlustanteil **15b** 35

Fondsgebundene Lebensversicherung 10 18; **20** 270, 272

Fondsvermögen 20 480

Fondszusage
– Gehaltsumwandlung **4e** 8
Forderung 11 65
– Abschreibung **34c** 21
– Abtretung **4** 251; **15** 404
– Abzinsung **6** 138
– Aktivierung **5** 85
  – Zeitpunkt **5** 154
– bestrittene **5** 86
– Betriebsvermögen **4** 52
– Bewertung **5** 55; **6** 136
– Delkredere **6** 137
– dingliche Sicherung **49** 112
– echtes Factoring **15** 29
– Einnahme-Überschuss-Rechnung **4** 114
– Einzelwertberichtigung **6** 141
– Erlass **4** 252
– Laufzeit **6** 138
– Liquidation **6** 137
– pauschale Wertberichtigung **6** 12, 141
– Privatvermögen **4** 52
– schwebendes Geschäft **5** 81
– Teilwertvermutung **6** 137
– Umlaufvermögen **6** 22
– Unverzinslichkeit **6** 138, 148
– Währung **6** 136
– Wertsicherungsklausel **6** 138
– wesentliche Betriebsgrundlagen **16** 57
Forderungsausfall
– korrespondierende Bilanzierung **15** 403
Forderungspfändung
– Einnahmen **8** 18
Forderungsverluste
– außergewöhnliche Belastung **33** 8
Forderungsverzicht
– Arbeitgeber **19** 150
– Betriebsaufspaltung **15** 105
– der Gesellschaft **15** 405
– kapitalersetzendes Darlehen **4** 104
– korrespondierende Bilanzierung **15** 403
– Rangrücktritt **5** 166
– Sonderbilanz **15** 404
Forfaitierung
– Bilanzierung **4** 80
Formeller Bilanzenzusammenhang
6 17; *s.a. Bilanzenzusammenhang*
– Fehlertransportfunktion **4** 231
– Korrektur **6a** 46
– Kritik **4** 233
– ungerechtfertigte Steuervorteile **4** 243
– Veräußerungsgewinn **16** 407
Formen
– Anlagevermögen **6** 22
– Umlaufvermögen **6** 22
Formmangel *s.a. Schriftform*
– Geschäftsanteilsveräußerung
  – nahestehende Person **17** 60
Formwechselnde Umwandlung 16 215; **17** 279; *s.a. Umwandlung*
– Nachversteuerung **34a** 9
– Personengesellschaft **15a** 77
– Vermögensübergabe **22** 18

Forschung
– Sonderabschreibung **51** 44
– Spende **10b** 16
– Zuschuss **3c** 83
Forschungskosten
– Herstellungskosten **5** 165; **6** 70
– Professur **9** 65
Förster
– Arbeitsmittel **9** 327
– Berufskleidung **9** 325
– Hund **9** 327
Forstfläche
– Liebhaberei **13** 30
Forstfrevel
– Kalamitätsnutzung **34b** 4
Forstrecht 21 77
Forstwirtschaft *s.a. Land- und Forstwirtschaft*
– Aktivierung
  – Betriebsausgaben **13** 65
– Begriff **13** 5
– Betriebsausgaben **13a** 13
– Einnahmen **13a** 13
– Freibetrag **13a** 13
– Teilbetrieb **14a** 3
– Gewinnerzielungsabsicht **13** 5, 29
– Holznutzung
  – Tarifbegünstigung **34b** 1
– Nachhaltsbetrieb **13** 5
– Nebenbetrieb **13a** 13
– Nutzungssatz **34b** 5
– Rücklage **13** 66
– Teilbetrieb **13** 5; **14** 4
– Teilfläche
  – Veräußerung **14** 4
– Tierhaltung **13** 11
Fortbildung
– Arbeitgeberaufwendungen **19** 150
– Arbeitsloser **10** 31
– Kind **12** 8
– Unterhaltsgeld **3** 22
Fortbildungskosten 19 160
– Betriebsausgaben **4** 252
  – Werbungskosten **10** 31a
– Darlegungs-/Nachweis **10** 31a
– Deutschkurs **19** 150
– Psychoanalyse **12** 15
– Werbungskosten **10** 30
Fortführungsprognose 5 47
Fortgesetzte Erbengemeinschaft 16 112
Fortgesetzte Gütergemeinschaft
– Ehegatten **28** 1
– Mitunternehmer **13** 46; **15** 238
Fortsetzungsfeststellungsklage
– Lohnsteuer-Ermäßigungsverfahren **39a** 3
– Lohnsteueranmeldung **41** 5
Franchisenehmer
– Ausgleichsanspruch **24** 33
Frankreich
– Sprachkurs **12** 20
Freiaktien 20 125
Freiberufler 15 64
– Abgrenzung **18** 65
  – zum Gewerbebetrieb **15** 60

1949

Freibetrag

- Aufgabe der Tätigkeit **18** 175
- Ausbildung **18** 1
- Autodidakt **18** 126
- Beiträge
  - Versorgungswerk **4** 252
- berufsfremder Gesellschafter **18** 34
- Berufskrankheit **12** 26
- Betriebsausgaben-Pauschbeträge **4** 252
- Betriebseinnahmen **18** 23
- Betriebseinstellung **18** 165
- Bilanzierung **4** 2
- Bürgschaft **4** 252
- Bürgschaft/Darlehen **4** 44
- eigene Fachkenntnisse **18** 140
- eigenverantwortliche Leistung **15** 66
- eigenverantwortliche Tätigkeit **18** 142
- Einnahme-Überschuss-Rechnung **6c** 2; **18** 17
- Erbe **18** 145; **24** 41, 71
- Gemeindefinanzierung **18** 2
- gemischte Tätigkeit **15** 67; **18** 30
- Gesellschaftsvertrag **18** 36
- Gewerbesteuer **15** 62
- gewillkürtes Betriebsvermögen **18** 21
- Hilfs- oder Nebengeschäfte **18** 23
- Honorarordnung **18** 130
- Informatiker **18** 134
- Kapitalgesellschaft **18** 36
- leitende Tätigkeit **18** 141
- mehrjährige tätigkeit **18** 8
- Mitarbeit von Hilfspersonen **18** 138
- Mitunternehmeranteil
  - Veräußerungsgewinn **34** 29
- Mitunternehmerschaft **15** 430
- Nebengeschäft **18** 23
- Partnerschaft **15** 220
- Personengesellschaft **15** 140
- persönliche Qualifikation **18** 1
- persönlicher Einsatz **18** 2
- Praxisverpachtung **18** 45
- Praxiswert **6** 125
- Preisnachlass **8** 61a
- Rentenversicherung **22** 27f
- Schwestergesellschaft **15** 87
- Selbstständigkeit **18** 60
- Sozietätsgründung **18** 166
- stichprobenartige Überprüfung **18** 142
- technischer Redakteur **18** 134
- Umsatzsteuerbefreiung **18** 124
- unentgeltliche Betriebsübertragung **18** 162
- Unternehmerinitiative/-risiko **18** 60
- Veräußerungsgewinn **18** 48, 162, 178; **34** 29
- Vergleichbarkeit der Berufsausübung **18** 130
- Vermietung und Verpachtung **18** 44
- Versorgungskasse **10** 13
- Vervielfältigungstheorie **18** 138, 147
- vorübergehende Verhinderung **18** 145
- wesentliche Betriebsgrundlage **18** 44
- Zusammenballung von Einkünften **34** 42

Freibetrag 13a 12
- Abfindung weichender Erben **14a** 6
- Antrag **14a** 2; **16** 507
- Arbeitnehmer
  - Anteilsüberlassung **19a** 3
- Aufgabegewinn **14** 18
- Auflösung einer Rücklage **13a** 16
- Begrenzung **17** 256
- beschränkte Steuerpflicht **50** 11
- Betriebsaufgabegewinn **16** 4
- Betriebsveräußerung/-aufgabe **14a** 2
- dauernde Berufsunfähigkeit **16** 504
- doppelstöckige Personengesellschaft **16** 510
- Durchgriff **16** 510
- Ehegatten **16** 506
- Einkommensgrenze **14a** 9
- Ermäßigung **16** 514
- Forstwirtschaft **13a** 13
- forstwirtschaftlicher Teilbetrieb **14a** 3
- geldwerter Vorteil **8** 71
- gemeinnützige Tätigkeit **3** 75, 76
- Gewerbesteuer-Anrechnung **35** 39
- kapitalgedeckte Altersvorsorge **10** 14
- Konkurrenzen **14a** 12
- Land- und Forstwirtschaft **13** 71
- Lohnsteuer-Jahresausgleich
  - Arbeitgeber **42b** 5
- Lohnsteuerkarte **9** 401; **10** 6
  - Amtsveranlagung **46** 28
- Mitunternehmeranteil **16** 508
- mitunternehmerische Beteiligung **16** 510
- Mitunternehmerschaft **14a** 2, 5, 10
  - Zuständigkeit **16** 515
- nachträgliche Einkünfte **16** 512
- Personalrabatt **8** 61
- personenbezogen **14a** 10
- Personengesellschaft **14a** 10; **16** 509
- Personenkreis **17** 253
- Rechtsfehler **14a** 8
- Rechtsnachfolger **14a** 11
- Reinvestitionsrücklage **6c** 9
- Rücklage **14a** 11
- Schuldentilgung **14a** 11
- Sondervergütungen **15** 388
- Tatbestandsvoraussetzungen **16** 503
- teilweise entgeltliche Veräußerung/Einbringung **16** 33
- Veräußerung an unterschiedliche Erwerber **17** 255
- Veräußerungs-/Aufgabegewinn **14a** 1
- Veräußerungsgeschäft **49** 150
- Veräußerungsgewinn **5a** 35; **6b** 37; **16** 4, 10, 501; **17** 251; **18** 48, 178; **34** 30
- Veräußerungsverlust **16** 511
- Verhältnis der Anteile **17** 254
- Voraussetzungen **14a** 5
- vorweggenommene Erbfolge **14a** 7
- Wahlrecht **16** 510
- weichende Erben **14a** 10

Freie Mitarbeiter
- Direktversicherung **4b** 6
- Fernsehen **19** 100
- Freiberufler **18** 138

Freifahrt
- Deutsche Bahn **19** 150
- Entfernungspauschale **9** 398

Freiflug 19 150

Freigrenze
- Amtsveranlagung
  - Nebentätigkeit **46** 17

- Arbeitgeber
  - Mitgliedsbeiträge **8** 22
- Bauabzugssteuer **48** 15
- Belegschaftsrabatt **8** 60
- Betriebsbezogenheit **4h** 51
- Geschenke **4** 174
- getrennte Veranlagung **26a** 26
- Härteausgleich **46** 60
- Jahresbetrag **4h** 54
- kumulierter Zinsvortrag **4h** 55
- private Veräußerungsgeschäfte **23** 25
- Sachbezüge **8** 44, 60
- Spekulationsgeschäft **23** 24
- Verlustausgleich/-abzug **23** 24
- Vorsteuerabzug **9b** 4
- Zinsbegriff **4h** 53
- Zinsschranke **4h** 50
- Zukunftssicherungsleistungen **8** 60

Freihafen
- Inland **1** 11

Freikarte 19 150
Freistellung vom Wehrdienst 12 26
Freistellungsauftrag
- Bundeszentralamt für Steuern **45d** 1
- Bußgeld **50e** 1
- Erstattung **44b** 8
- Sparer-Pauschbetrag **20** 623

Freistellungsbescheid 44a 2
- Folgebescheinigung **48b** 8
- gemeinnützige Körperschaft **10b** 26
- Kindergeldantrag **70** 2

Freistellungsbescheinigung 50a 46; **50d** 5, 25
- Antrag **48b** 5
- Ausländer **48b** 8
- ausländischer Arbeitnehmerverleiher **39b** 19
- Bauabzugssteuer **48** 4, 15
- Beschränkung **48b** 8
- Bindung **39b** 19
- DBA **39b** 19
- Domizil-/Briefkastengesellschaft **48b** 6
- Ermessen **48b** 6
- Ersatzbescheinigung **48b** 16
- Erschleichen **48** 30
- Europäische Union **48b** 5
- Gefährdungsprüfung **48b** 6
- Gemeinschaftsrecht **39b** 19
- geringfügige Beschäftigung **39a** 12
- Haftung **48a** 18; **48b** 16
- Insolvenzverfahren **48b** 10
- Internet **48a** 18
- nachträgliche Erteilung **50d** 26
- Organschaft **48b** 16
- Quellensteuer **50d** 27
- Rechtsbehelfe
  - vorläufiger Rechtsschutz **50d** 28
- Rückwirkung **39a** 12
- Steuerabzug **50a** 56
- Verschulden **48a** 18
- Verwaltungsakt **50d** 28
  - Zuständigkeit **48b** 16
- Widerruf **50d** 25
- Zeitpunkt **50d** 4
- Zuständigkeit **48c** 18

Freistellungsverfahren 34c 10
- Antrag
  - Wohnsitzbestätigung **50d** 24
- Auflagen **50d** 26
- beschränkt steuerpflichtiger Mitunternehmer **34a** 60
- DBA **50d** 20
- Frist
  - Verjährung **50d** 24
- nachträgliche Bescheinigung **50d** 26
- Quellensteuer **50d** 3, 23; **50g** 5
- Tätigkeit an Bord von Luftfahrzeugen **49** 106
- Thesaurierungsbegünstigung **34a** 50
- Widerrufsvorbehalt **50d** 26

Freitabakwaren 19 150
Freitrunk 19 150
Freiwillige Zuwendungen 12 27
Freiwilliges ökologisches Jahr
- Kind **32** 14

Freiwilliges soziales Jahr
- Berufsausbildung **33a** 12
- Kind **32** 14

Freiwilligkeit 33 42
- Spenden **10b** 18

Freizeitgestaltung
- Kinderbetreuungskosten **4f** 15; **10** 25a

Freizügigkeitsgebot
- Anrechnungsbeschränkung **34c** 39
- Arbeitnehmer **34** 5; **50** 26
- beschränkte Steuerpflicht **1** 6
- Wegzugsbesteuerung **95** 1

Fremdenbeherbergung 13a 15
Fremdfinanzierung 15 345a; *s.a. Gesellschafter-Fremdfinanzierung*
- Begriff der Zinsaufwendungen **4h** 30
- Einkünfteerzielungsabsicht **21** 15, 16
- fehlendes Finanzierungskonzept **21** 17
- Gestaltungsmissbrauch **20** 430
- Kaufpreisaufteilung **3c** 83
- Sonderausgaben **10** 2
- Steuerstundungsmodell **15b** 42
- Zinsschranke **4h** 11

Fremdkapitalvergütung
- Gesellschafter-Fremdfinanzierung **15** 363a

Fremdsprachenkurs 10 29
- Ausland **12** 20

Fremdvergleich
- Angemessenheit **2** 64; **4** 202
- DBA **49** 29
- Drittaufwand **4** 153
- Ehegatten **4** 82a
- Gesellschaftsvertrag **4** 82a
- Mietvertrag **21** 32
  - zwischen Angehörigen **21** 155
- nahe Angehörige **21** 48
- Nießbrauchsablösung **21** 66
- Scheingeschäft **21** 31
- stille Gesellschaft
  - Angehörige **20** 175
- unangemessene Lizenzgebühren/Zinsen **50g** 11
- Verträge zwischen Angehörigen **Einl** 8; **4** 252; **12** 1; **21** 30

1951

Fremdwährungsforderungen
– Aktivierung **5** 165
– Spekulationsgeschäft **23** 7
Fremdwährungsgeschäft 23 25
– Euroumrechnungsrücklage **6d** 6
– Rücklage
  – schwebende Geschäfte **6d** 20
– Umrechnung **6d** 2
Fremdwährungsverbindlichkeiten 5a 44
Friedhofsgärtnerei
– Gartenbau **13** 6
Früheres Dienstverhältnis 19 150
Führerschein 10 29; **12** 10; **19** 160
– Arbeitgeberaufwendungen **19** 150
– Behinderten-Pauschbetrag **33b** 3
– Kinderbetreuungskosten **4f** 15
– Polizeibeamter **19** 150
Fuhrleistung 13a 15
Fuhrpark 21 75
Fulbright-Abkommen 3 149
Fundraising-Dinners
– Spenden **10b** 17
Fünftelregelung
– Billigkeitsmaßnahme **34** 4
– sonstige Bezüge **39b** 12
– Tarifermäßigung **34** 98
– Veräußerungsgewinn **16** 9
Funktionsverlagerung 52 15
Fusionsrichtlinie 17 320; **49** 56
– Entstrickung **15** 171
  – Wohnsitzverlegung **2a** 100
Fußballschuhe
– Arbeitsmittel **9** 327
Fußballspieler
– Transfer **22** 34
Fußgängerzone
– Werbungskosten **9** 140
– Zuschuss **6** 43
Futures 23 10
– Glattstellungsgeschäft **20** 762

Gamefonds 15b 35
Ganztagespflegestelle
– Kinderbetreuungskosten **4f** 12
Ganztagspflegestelle 35a 7
Garage
– Arbeitgeber **8** 51
– Arbeitnehmer **21** 162
– gewerblicher Grundstückshandel **15** 118
Garagengeld 19 150
Garantierückstellung
– Kundendienstverpflichtungen **5** 165
Garantieverpflichtung
– Passives Sonderbetriebsvermögen **15** 412
Gartenanlage 21 125
– Herstellungskosten **6** 121
– Wohngebäude **7** 136
Gartenbau
– Begriff **13** 6
– Friedhofsgärtnerei **13** 6
– Tierhaltung **13** 11

Gartengestaltung 13 27
Gas
– Verbindlichkeiten **6** 156
Gästehaus 4 180; **9** 435
– Betriebsvermögen **4** 182
– Gewinnerzielungsabsicht **15** 49
– Kostenersatz **4** 183
Gaststätte
– Musiker **15** 22
Gaststättengewerbe 3b 3
Gebäude 4 70; **6b** 11
– Abbruchkosten **6** 122
– Absetzung für Abnutzung **7** 61
– Absetzung für außergewöhnliche Abnutzung **7** 101
– AfA-Bemessungsgrundlage nach Teilwertabschreibung **7** 65
– Anhebung des Wohnstandards **6** 58
– Ansammlungsrückstellung **6** 157
– Anschaffungs-/Herstellungskosten **7** 140
– anschaffungsnaher Aufwand **6** 59, 63
– Anteilsveräußerung **6b** 36
– Baudenkmal
  – Neubau **7i** 3
– Baumängelbeseitigung **6** 121
– Begriff **6b** 4; **7** 136; **9** 140; **10f** 3
– Beispiele für Erhaltungsaufwand **6** 60
– Beitrittsgebiet **7** 145
– Bestandteile **5** 65
– Betriebsbereitschaft **6** 40
– Betriebsvorrichtung **7** 136
– Bewertungseinheit **7** 136
– degressive AfA **7** 165
– Denkmalschutz
  – Rechtsverordnung **51** 47, 98
– Doppelförderung **10f** 6
– Eigentumswohnung **7** 136
– Einnahme-Überschuss-Rechnung **4** 120a
– Entnahme **14a** 3
  – Absetzung für Abnutzung **4** 98
– Erbbaurecht **6** 133
– Erhaltungsaufwand **10f** 6
– erhöhte Absetzungen **7h** 1
– Erstellung **8** 43
– Erweiterung **6** 56
– Feuerversicherungsleistungen **8** 14
– Gebrauchswert **6** 58
– Generalüberholung **6** 57
– gewillkürtes Betriebsvermögen **4** 43
– Grund und Boden **13** 54
– Hausanschlusskosten **5** 165
– Herstellungskosten **5** 165; **6** 121
– Kaufpreisaufteilung **6** 48
– lineare AfA **7** 135
– negative Einkünfte **2a** 45
– Neubau
  – Sanierungsgebiet **10f** 3
– notwendiges Privatvermögen **4** 51
– Nutzungsrecht **7** 136
– Objektbeschränkung **10f** 8
– Reinvestitionsfrist **6b** 30
– Restnutzungsdauer **7** 151
– Sanierungsgebiet **11a** 1
– Spekulationsgeschäft **23** 5

– tatsächliche Nutzungsdauer **7** 150
– teilweise unentgeltlicher Erwerb **6** 52
– Teilwertabschreibung **6** 124
– typisierte Nutzungsdauer **7** 145
– Veräußerung **9b** 31
– Verlängerung der Gesamtnutzungsdauer **6** 58
– Vollverschleiß **6** 54
– Wahlrecht
  – Zuschuss **11a** 3
– Wasserversorgung **6** 43
– Wohnungsbegriff **7c** 5
– Wohnzweck **7** 138
Gebäudeinvestition
– Steuerbegünstigung **10f** 4
Gebäudesanierung
– Steuerbegünstigung **10f** 1
Gebäudeteile **4** 70; **21** 71
– Betriebsbereitschaft **6** 40
– degressive AfA **7** 184
– erhöhte Absetzungen **7c** 14; **7h** 8; **7i** 12
– gewillkürtes Betriebsvermögen **4** 43, 48
– Steuerbegünstigung **10f** 12
– Wandmalerei **7i** 3
Gebietskörperschaft
– Spendenempfänger **10b** 25
Gebrauchsmuster
– Steuerabzug **50a** 27
Gebrauchte Lebensversicherung **10** 16
Gebrauchtwagen
– private Kfz-Nutzung **6** 162d
Gebühren
– Erstattung **77** 2
Geburt
– Beihilfe **6a** 5; **19** 150
Geburtskosten **33** 51, 100
Geburtstag **12** 11; **19** 160
– Zuwendung **19** 120
Geburtstagsfeier **4** 177
– Arbeitgeberaufwendungen **19** 150
– Gesellschafter **15** 365
Gedächtnistraining
– Kurs **12** 15
Geduldetes Betriebsvermögen **13** 53
Gefährdungshaftung
– Veranlasserhaftung **10b** 110
Gefahrenzulage **19** 150
– Bundeswehr **19** 150
Gefälle **21** 77
Gefälligkeit **19** 30
– Dienstverhältnis **19** 29
Gefangene **19** 100
Gefängnis
– Berufsausbildung **32** 11
– Besuchsfahrten **33** 100
Gegenleistungsrente **10** 3; **22** 22
– Betriebsveräußerung **16** 92
– private Versorgungsrente **10** 9
Gegenstandsentnahme **15** 367
Gegenwerttheorie **33** 14, 65
– außergewöhnliche Belastung **33** 11
– Ersatzbeschaffung **33** 23
– Verfassungsmäßigkeit **33** 20

Gehaltsfortzahlung *s. a. Lohnfortzahlung*
– Passivierung **5** 165
Gehaltsumwandlung *s. a. Barlohnumwandlung*
– Barwert **6a** 35
– Direktversicherung **4b** 2
– Fondszusage **4e** 8
– Gestaltungsmissbrauch **4b** 18
– negative Einnahmen **4b** 17
– Pensionsfonds **4e** 3
– Pensionskasse **4c** 3
– Pensionsrückstellung **6a** 11
– Teilwert der Pensionsrückstellung **6a** 31
Gehaltsverzicht
– betriebliche Altersversorgung **19** 140
Geheimdienst
– Entgelt **22** 34
Gehörlose **33b** 10
Geistliche Genossenschaft
– Altersvorsorge **10a** 3
Geistlicher **12** 19; **19** 100
– Berufskleidung **9** 325
– Gehaltsverzicht **19** 150
– Haushälterin **19** 150
Geldbeschaffungskosten **9** 102
– Betriebsausgaben **4** 252
Geldbestand
– Betriebsvermögen **4** 53
Geldbuße **9** 438; **19** 150; **33** 43
– Abzugsverbot **4** 203
– Auflagenspende **4** 205
– Europäische Union
  – Rückstellung **5** 166
  – Wettbewerbsverstoß **4** 203
– Identifikationsnummer **50f** 1
– Kartellamt **4** 203
– Verfahrenskosten **4** 206
Geldeinlage
– Einnahme-Überschuss-Rechnung **4** 118
Geldentnahme
– Einnahme-Überschuss-Rechnung **4** 118
Geldgeschäft
– Rechtsanwalt **18** 97
Geldstrafe **12** 29; **19** 150; **33** 43
– Ausland **12** 29
– Betriebsausgaben **4** 252
– Gesellschafter **15** 365
Geldverlust
– Einnahme-Überschuss-Rechnung **4** 116
Geldvermächtnis
– Tilgung durch Betriebsvermögen **16** 106
Geldvermögen
– Vermögensübergabe **22** 11c
Geldwerter Vorteil **8** 22
– Aktienoption **19** 150
– Anschaffungskosten **23** 18
– Bewertung **19** 8
– Einlage **4** 103
– Familienheimfahrt **8** 56
– Freibetrag **8** 71
– Geburtstagsfeier **19** 150
– Gemeinschaftsverpflegung **19** 150
– ideelle Vorteile **8** 24
– Kundenbindungsprogramm **19** 150

1953

- Lohnsteuerpauschalierung **8** 67
- Netzkarte **8** 47
- Pauschalierung **37a** 4
- Provisionsverzicht **8** 31
- Rabatt **8** 61a
- Reise **8** 63
- tatsächliche Entgegennahme **8** 30
- Zufluss **8** 26
- Zurechnung **8** 26

Gelegenheitsarbeiter 15 20, 22; **19** 100
Gelegenheitsgeschenk 19 160
Gelegentliche Tätigkeit
- Nachhaltigkeit **15** 25

Gelegentliche Vermittlung 22 32
GEMA
- Steuerabzug **50a** 39

Gemäldesammlung 21 75
Gemeinde
- Ausgleichszahlung **6** 43
- Finanzierung
  - Freiberufler **18** 2
- Lohnsteuerklasse
  - Kinderfreibetrag **39** 6
- örtliche Zuständigkeit **39** 5
- Weisungsrecht des Finanzamts **39** 12

Gemeindevertreter
- Diäten **19** 150

Gemeiner Wert 3c 53; **6b** 8
- anschaffungsähnlicher Vorgang **6** 35
- Anteil **17** 278
- Anteilstausch **49** 56
- Aufgabegewinn **16** 342
- Ausgleichsposten **4g** 10
- Betriebsaufgabe **16** 6
  - Privatvermögen **16** 306
- Einbringung **16** 36, 39; **17** 27, 330
- Einbringungsgewinn **16** 18
- Einlage **6** 165; **17** 216
- Einzelveräußerungspreis **6** 94
- Entnahme **4** 106d
- Entstrickung **16** 315a
- fiktive Einlage **4** 106g
- Gemeinschaftsrecht **4g** 7
- Gewinnverteilungsschlüssel **16** 345
- Grundstück **6** 133
- Krisendarlehen **17** 222
- Pensionsrückstellung **6a** 5
- Realteilung **16** 2, 405
- Rentenbarwert **17** 187
- Rückführungswert **4g** 16
- Sacheinlage **20** 119
- Sachwertabfindung **16** 335
- Sitzverlegung **17** 320
- stille Reserven **16** 56
- Tausch **5** 157; **6b** 10; **17** 185
- Teilwert **6** 7
- unentgeltliche Betriebsübertragung **16** 25
- unentgeltliche Übertragung **6** 184
- Veräußerungspreis **17** 120, 287
- verdeckte Einlage **20** 830
- Verkehrswert **6** 8, 83
- wesentliche Betriebsgrundlagen **16** 310
- Zuzug **17** 191

Gemeinkosten
- Angemessenheit **6** 73
- Anschaffungskosten **6** 38
- Begriff **6** 72
- Einbeziehungswahlrecht **6** 73
- Herstellungskosten **6** 70

Gemeinnützigkeit
- altes Spendenrecht **10b** 47a
- ausländische Körperschaft
  - Spenden **10b** 28a
- Durchlaufspende **10b** 28a
- einstweilige Anordnung **10b** 26
- Freibetrag **3** 75, 76
- Freistellungsbescheid **10b** 26
- Kapitalertragsteuer **44a** 33
- Konkurrentenklage **10b** 21
- Preise
  - Stipendien **10b** 22
- Spendenabzug **51** 37
- Spendenempfangsberechtigung **10b** 26
- Spendenverwendung **10b** 21
- steuerbegünstigte Zwecke **10b** 62
- Übungsleiterfreibetrag **3** 72
- Vertrauensschutz **10b** 97
- vorläufige Bescheinigung **10b** 26
- Werbe-/Verwaltungsausgaben **10b** 22
- wirtschaftlicher Geschäftsbetrieb **16** 303

Gemeinschaft 21 45
- AfA-Befugnis **7** 14
- Anteil **16** 204
- Beteiligung
  - negative Einkünfte **37** 35
- Drei-Objekt-Grenze **15** 122
- Investitionsabzugsbetrag/Sonderabschreibung
  7g 84
- Mitunternehmerschaft **13** 44
- Steuerstundungsmodell **15b** 5
- Vorsteuerabzug **9b** 12, 13

Gemeinschaftspraxis
- Arzt **18** 90
- Teilveräußerung **34** 29

Gemeinschaftsrecht 2a 2; **4g** 7; **50** 11; **50d** 67
- Abzugssteuererstattung **50a** 44
- Änderung **36** 40
- Anrechnung
  - ausländische Steuern **34c** 30
- Anrechnungsbeschränkung **34c** 39
- Antragsveranlagungswahlrecht **50** 32
- Ausland
  - Sprachkurs **4** 252
  - Zusammenveranlagung **1a** 14
- ausländische Betriebsstättenverluste **2a** 4
- ausländische Körperschaft
  - Spenden **10b** 28a
- ausländische Lohnersatzleistungen **1** 33
- Auslandseinkünfte **1** 34
- Bauabzugssteuer **48** 1, 4
- beschränkte Steuerpflicht **1** 5; **50** 1
  - Sonderausgaben **50** 5, 7
- Börsenklausel/Investmentfondsvorbehalt **50d** 44
- Buchwertfortführung **16** 25
- Darlehensausfall **17** 220
- Doppelbesteuerung **34c** 16

- Dotationskapital
  - Währungsverlust **2a** 25
- Effektivitätsgrundsatz **36** 41
- ehrenamtliche Tätigkeit **3** 72
- Entstrickung **16** 315a
- Erstattung
  - Halbeinkünfteverfahren **50d** 12
  - Nettoprinzip **50** 32
- fiktive unbeschränkte Steuerpflicht **1** 34
- Finanzunternehmen **3** 139
- Freistellungsbescheinigung **39b** 19
- grenzüberschreitende Verlustverrechnung **10d** 4
- Harmonisierungsgebot **Einl** 60
- haushaltsnahes Beschäftigungsverhältnis **35a** 1
- Hinzurechnungsbesteuerung **50d** 42
- Kapitalertragsteuer **50d** 7
- Maßgeblichkeitsgrundsatz **5** 16
- Meistbegünstigungsprinzip
  - Quellensteuer **50a** 36
- Mindeststeuer **50** 5, 15
- Missbrauchsabwehr **2a** 65
- Missbrauchsvermeidung **50d** 40, 43
- Mutter-/Tochter-Richtlinie **50d** 41
- negativer Progressionsvorbehalt **2a** 84
- Nettoeinkünfte **50a** 56
- Nettoprinzip **50a** 10, 32
- per-country-limitation **34c** 39
- Quellensteuervorbehalt **50d** 23
- Rechtsverordnung **51** 16
- Spendenempfänger **10b** 28
- Sprachkurs **12** 20
- Steuerabzug **50** 5; **50a** 1; **50d** 6
- Steuersatz **50a** 36, 46
- Territorialitätsprinzip **16** 315
- Thesaurierungsbegünstigung **34a** 44
- Tonnagesteuer **5a** 1
- treaty overriding **15** 171
- Unterhaltsleistungen **1a** 11
- Verlustausgleichsverbot **15b** 11
- Verlustrücktrag **50** 14
- Verlustvortrag **50** 14
- vertikaler Verlustausgleich **50** 14
- Zinsschranke **4h** 8
- Zuzug **17** 191
- § 6b-Rücklage **6b** 1

Gemeinschaftsunterkunft 19 150
- erhöhte Absetzungen **7c** 16

Gemeinschaftsverpflegung 19 150

Gemischt genutztes Gebäude
- fremde Wohnzwecke **4** 89
- gewillkürtes Betriebsvermögen **4** 49

Gemischte Nutzung
- Gebäude **4** 70
- Wirtschaftsgut **4** 65

Gemischte Schenkung 17 93, 155; **23** 11
- Anschaffung **23** 11
- Einheitstheorie **16** 137
- Kaufpreisaufteilung **21** 125

Gemischte Tätigkeit
- Selbstständige **18** 30
- Sozietät **18** 35

Gemüsebau 13a 10

Generalüberholung 21 101
- Herstellungskosten **6** 57

Generalunternehmer
- Anrechnung **48c** 8
- Bauabzugssteuer **48** 7

Genossenschaft 20 61, 109
- Anteilsveräußerung **17** 40
- Geschäftsguthaben **19a** 21
  - Bewertung **19a** 28
- Gewerbebetrieb kraft Rechtsform **15** 130
- Körperschaftsteuer-Anrechnung **36** 20
- Rechtsform **15** 135
- Sitzverlegung **17** 320
- Zinseinnahme **13** 31

Genossenschaftsanteil
- notwendiges Betriebsvermögen **4** 40

Genussmittel 19 125

Genussrecht 20 61
- Arbeitnehmer **19a** 25
- Bilanzierung **5** 165
- Finanzierungskosten **19** 150
- Kapitalertragsteuer **43** 15
- Veräußerung **20** 738
- Zinsen **50g** 9

Genussschein
- Anteilsveräußerung **6b** 36
- Begriff **17** 41
- Wertpapier **19a** 20
- wesentliche Beteiligung **17** 52

Geprägerechtsprechung 18 31

Gerichtskosten 12 29
- Abzugsverbot **4** 206
- durchlaufende Posten **4** 117
- Finanzierungskosten **4** 252

Gerichtsvollzieher
- freihändiger Verkauf **17** 110

Geringfügige Beschäftigung
- Altersvorsorgezulage **86** 1
- Begriff **40a** 8
- elektronische Lohnsteuerabzugsmerkmale **39e** 7
- Freistellungsbescheinigung **39a** 12
- Haushaltsscheckverfahren **35a** 5
- Kind **32** 10
- Kinderbetreuungskosten **4f** 25
  - Nachweis **4f** 50
- Kindergeld **62** 2
- Krankenversicherung **40a** 8d
- Lohnsteuerpauschalierung **40a** 1, 8a
- Privathaushalt **40a** 8a; **50e** 3
- Regelarbeitsverhältnis **40a** 11
- Rentenversicherung **40a** 8c, 8e

Geringfügigkeitsgrenze
- Bauabzugssteuer **48** 15
- notwendiges Sonderbetriebsvermögen **34** 28
- Zinsschranke **4h** 27

Geringstland 13 8, 54; **13a** 10

Geringwertige Wirtschaftsgüter 52 15
- Aufzeichnungspflicht **6** 178
- Computerprogramm **6** 178
- Dokumentationspflicht **6** 179
- Einkunftsart **6** 175
- Einlage **6** 176
- Neuregelung **4** 120
- Poolbewertung/Sammelposten **6** 179
- selbstständige Nutzung **6** 178
- Sonderabschreibung **6** 175

1955

- Umsatzsteuer **6** 177
- Versorgungsunternehmen **6** 178
- Verzeichnis **4** 109
- Vorsteuerabzug **9b** 4
- Wahlrecht **6** 175
- Werbungskosten **9** 343

Gesamtgut
- Gewerbebetrieb **15** 238

Gesamthandseigentum
- Abschreibungsvergünstigungen **7a** 35
- Betriebsvermögen **4** 63
- Mitunternehmer **34a** 59

Gesamthandsgemeinschaft 11 23; **21** 47
- Kommanditist **15a** 45
- Sammelantrag **45b** 5

Gesamthandsvermögen 6b 8; **17** 61
- Anschaffung **6b** 12
- Anteilsübertragung **6** 182
- Anteilsveräußerung **20** 799
- Besitzzeit **6b** 16
- Buchwertfortführung **6** 188
- Einbringung **6** 165
- Einlage **23** 12
- Entnahme **4** 95; **15a** 195
- Gewinnanteil **15** 301
- immaterielle Wirtschaftsgüter **5** 75
- Mitunternehmerschaft **15** 454
    - Übertragung **6** 189
- offene Sacheinlage **6** 188a
- Reinvestitionsgüter **6b** 21
- Reinvestitionsrücklage **6b** 36
- Rücklage **6b** 22
- Schwestergesellschaft **15** 461
- stille Reserven **6b** 3
- Teilanteilsübertragung **6** 182a
- Teilwert **6** 188c
- Überentnahme **15** 361
- Veräußerung **6b** 1, 7; **23** 16
- Vorbesitzzeit **6b** 19
- wesentliche Beteiligung **17** 248

Gesamtrechtsnachfolger 20 9
- Arbeitnehmer **19** 60
- Besitzzeit des Rechtsvorgängers **17** 90
- Einkommensteuer **36** 3
- Einkunftsart **24** 72
- Erbe **6b** 22
- gewerblicher Grundstückshandel **15** 121
- Handelsregistereintragung **15a** 131
- Lohnsteuerhaftung **42d** 60
- negative Einkünfte **2a** 72
- Totalerfolgsprognose **2** 76
- unbeschränkte Steuerpflicht **1** 10

Gesamtschuldner
- Ehegatten **26b** 30
- Entleiherhaftung **42d** 94
- Lohnsteuer **38** 15
    - Haftung **42d** 35

Gesamtvollstreckungsverfahren
- Sozialleistungen **3** 22
- Verwalter **18** 155

Geschäftsanteil 17 60; *s. a. Anteile*

Geschäftsfähigkeit
- unbeschränkte Steuerpflicht **1** 10

Geschäftsfreundebewirtung 12 11; **19** 150
- Nachtlokal **9** 438
- Pauschalierung **37b** 1

Geschäftsführer 19 100; **49** 108
- Abfindung von KG **24** 17
- Arbeitgeber **19** 66
- Arbeitnehmer **19a** 9
- beschränkte Steuerpflicht **49** 100
- Entschädigung **49** 104
- Gehalt
    - Einkunftsart **15** 99
- Gesellschafter **15** 154
- Haftung **19** 160
- Komplementär-GmbH **19** 100
- Lohnsteuerhaftung **42d** 55, 56, 57
    - Strohmann **42d** 55
- Personengesellschaftsholding **3c** 83
- Rechtsanwalt **18** 97
- schuldhafte Pflichtverletzung **42d** 59
- Sonn-/Feiertags-/Nachtarbeit **3b** 3

Geschäftsführungsbefugnis
- atypisch stille Gesellschaft **15** 229
- Betriebsaufspaltung **15** 90
- BGB-Gesellschaft **15** 138
- BGB-Gesellschafter
    - Komplementär **15** 247
- Gesellschaftsvertrag **15** 138
- GmbH & Still **15** 228
- Kommanditist **15** 138
    - Kapitalgesellschaft **15** 138
- Unterbeteiligung **15** 230

Geschäftsleitung
- Ausland **49** 55
- Lohnkonto **41** 7
- Sitzverlegung **17** 279

Geschäftsreise
- Betriebsausgaben **4** 252
- Verpflegungsmehraufwand **4** 186

Geschäftsunterlagen *s. Aufbewahrungspflicht*

Geschäftswert *s. a. Negativer Geschäftswert*
- Abfindung
    - lästiger Gesellschafter **16** 229
- Abschreibung **6** 126
- Aktivierungsverbot **5** 77
- Anlagevermögen **6** 125
- atypisch stille Gesellschaft **15** 226
- Betriebsaufgabe **16** 329, 416
- Betriebsaufspaltung **15** 105
- Betriebserwerb **6** 48
- Bilanzierungshilfe **5** 78
- derivativer Erwerb **6** 125
- direkte Methode **6** 128
- Faktoren **6** 14
- Fehlmaßnahme **6** 127
- Gewinnchance **6** 125
- Handelsrecht **6** 125
- immaterielle Wirtschaftsgüter **5** 78
- indirekte Methode **6** 128
- Mitunternehmerrisiko **15** 246
- negativer **6** 129
- Nutzungsdauer **7** 74
- Teilbetrieb **16** 62
- Teilwertabschreibung **6** 126
- Unternehmenswert **15** 264

– Veräußerung
  – verdeckte Einlage **15** 105
Geschenke 9 435; **12** 11; **33a** 9; **37b** 5
– Abzugsverbot **4** 172
– Betriebseinnahmen **4** 251
– Betriebsveranstaltung **19** 150
– Bewirtungsleistungen **4** 179
– Freigrenze **4** 174
– Nachweis **37b** 26
– Pauschalierung **37b** 15
– Vorsteuerabzug **9b** 4
– Wahl der Pauschalierung **37b** 45
Geschlossene Fonds
– Steuerstundungsmodell **15b** 14, 24
– Verlustanteil **15** 35
Geschlossene Immobilienfonds 21 116, 130, 140
– Provisionen **5** 165
– Reinvestitionsobjekt **6b** 11
– Überschussrechnung **5** 26
Geschmacksmuster
– Steuerabzug **50a** 27
Gesellschaft
– Auflösung **16** 235
– Drei-Objekt-Grenze **15** 122
– Geschäftsleitung **49** 102
– partielles Steuersubjekt **15** 202
– Rechtsfähigkeit **15** 202
– Steuerstundungsmodell **15b** 5
– Vorsteuerabzug **9b** 13
Gesellschaft bürgerlichen Rechts 15 136
Gesellschafter 15 2; **21** 45, 47
– Abfärbetheorie **21** 161
– Abfindung
  – Erbe **18** 172
– Abschreibungsvergünstigungen **7a** 35
– AfA-Befugnis **7** 14
– Ausgleichsanspruch **21** 48
– Ausgleichszahlung **4** 62; **16** 218
– Ausscheiden **4h** 42; **6** 181; **7h** 4; **16** 217
  – aus Mitunternehmerschaft **4** 223
– Austritt/Ausschluss **17** 148
– beschränkte Steuerpflicht **15** 8
– Beteiligung
  – Bilanzierung **15** 339
– Beteiligungsübertragung **20** 129
– BGB-Gesellschaft
  – Mitunternehmer **15** 247
– Bürgschaft **6** 172
– Darlehensverzicht
  – Zufluss **17** 221
– Dienstverhältnis **19** 100
– disproportionale Gewinnausschüttung **20** 62
– disquotale Gewinnausschüttung **20** 9
– Drei-Objekt-Grenze **15** 122, 123
– Durchgriff **15** 201
– Einbringung **16** 27
– einheitliche und gesonderte Feststellung **18** 42
– Einkünfte aus selbstständiger Arbeit
  – Vermögensverwaltung **3** 141a
– Einkünfteerzielungsabsicht **21** 48
– Einkünftezurechnung **15** 201
– Einzelunternehmer **15** 425
– Entnahme **4** 101; **6b** 7
– Erbengemeinschaft **18** 39

– Erblasser
  – Schenker **16** 25
– Ergänzungsbilanz **15** 316
  – Sonderbilanz **15** 336
– Feststellung **21** 49
– Finanzplandarlehen **15a** 42
– Flugzeug **15** 50
– Freiberufler **15** 64; **18** 34
– Freibetrag **16** 509
– gemeinsame Erwerbsgrundlage **2** 55
– gemeinsamer Gewerbebetrieb **15** 208
– Gesamthandsaußengesellschaft **16** 201
– Geschäftsführung **15** 154
– geschlossene Immobilienfonds **21** 116
– Gewerbesteuer-Anrechnung **35** 9
– gewerblicher Grundstückshandel **15** 127
– Gewinnerzielungsabsicht **15** 210
– Grundstück **15** 102
– Halbeinkünfteverfahren **20** 72
– Kapitalerhöhung **16** 29
– kapitalersetzende Darlehen **17** 220
– Kapitalertragsteuer
  – Körperschaftsteuer-Anrechnung **4** 251
– Land- und Forstwirtschaft **13** 3
– Lebensführungskosten **15** 348
– Lizenzgebühren
  – Zinsen **50g** 8
– mehrere Personengesellschaften **15** 125
– notwendiges Sonderbetriebsvermögen **15** 101
– Nutzungseinlage **15** 374
– Nutzungsüberlassung **6** 166; **15** 375
– persönliche Haftung **15** 136
– private Kfz-Nutzung **6** 162c
– private Lebensführung **4** 63
– Privatsphäre **12** 1
– Sonderausgaben **10** 5
– Sonderbetriebsvermögen **2** 57
– Sozietät
  – Veräußerungsgewinn **18** 163
– Spenden **10b** 49
– Steuererklärung **15** 365
– Steuersubjekt **15** 200, 204
– stille Gesellschaft an Kapitalgesellschaft **20** 180
– Tod **16** 233
– Überentnahme **4** 169
– Umstellung des Wirtschaftsjahres **4a** 8
– unbeschränkte Steuerpflicht **1** 10
– unentgeltliche Betriebsübertragung **16** 25
– unentgeltliche Übertragung **6** 181
– Unternehmerinitiative **15** 154
– Unterschlagung **4** 62
– Verbindlichkeiten **5** 166
– verdeckte Einlage **4** 104; **5** 74; **6** 167, 191; **16** 40
– verdeckte Gewinnausschüttung **3** 127; **20** 71
– Verlustabzugsbegrenzung **21** 136
– Verlustanteil **2a** 42
– Verlustausgleich **15a** 77
– Verrechnungskonto **20** 13
– Versorgungsbezüge **15** 392
– Versorgungsleistungen
  – Witwe **24** 73
– Veruntreuung **15** 366
– Zahlungsunfähigkeit **17** 230
– Zurechnungsobjekt **15** 244
– zurückgewährte Einlagen **20** 91

Gesellschafter-Fremdfinanzierung
- Buchwert **15** 345a
- einheitliche und gesonderte Feststellung **15** 363a
- nahestehende Person **4h** 103, 111
- Personengesellschaft
  - Zwischengesellschaft **15** 363a
- Rückausnahme **4h** 101
- Voraussetzungen **4h** 102
- Zinsschranke **4h** 1

Gesellschafter-Geschäftsführer 19 150
- Abfindung
  - Pensionszusage **24** 16
- Barlohnumwandlung **6a** 42
- betriebliche Altersversorgung **3** 189
- Direktversicherung **4b** 17
- Entschädigung **24** 12
- Haftung **20** 454
- Management buy out **24** 11
- Pensionszusage **6a** 8
- Sozialversicherung **3** 180
- Überversorgung **6a** 42
- verdeckte Gewinnausschüttung **4d** 14; **4e** 19
- Vorsorgepauschale
  - Vorwegabzug **10c** 4

Gesellschafterdarlehen 4 104
- Beteiligungserwerb
  - Schuldzinsen **3c** 83
- Bilanzierung **5** 165
- Eigenkapitalersatz **17** 222
- Gestaltungsmissbrauch **20** 9
- Rangrücktritt **5** 166
- Regressverzicht **17** 224
- Rückzahlung **15** 356

Gesellschafterschulden 15 355

Gesellschafterversammlung
- personelle Verflechtung **15** 88

Gesellschafterwechsel
- Obergesellschaft **15** 422
- Steuervergünstigung **15** 379

Gesellschaftliche Veranstaltung 12 11

Gesellschaftsanteil *s. a. Anteile*
- Abtretung **16** 221
- Bruchteilseigentum **6** 182b
- Einbringung **16** 212
- einfache Nachfolgeklausel **16** 247
- Erbfallschulden **16** 255
- Schuldzinsen **19** 160
- Tod eines Mitunternehmers **16** 232
- Veräußerung **16** 215
- Werterhöhung
  - Zufluss **8** 28

Gesellschaftsrecht 6 188a

Gesellschaftsvertrag 15 211
- Freiberufler **18** 36
- Fremdvergleich **4** 82a
- Geschäftsführungsbefugnis **15** 138
- Haftung **15a** 137
- Steuerstundungsmodell **15b** 37, 39
- Tod eines Gesellschafters **16** 234

Gesetzesbindung Einl 359

Gesetzesvorbehalt Einl 36

Gesetzliche Krankenversicherung
10 12; *s.a. Krankenversicherung*
- Leistungen **3** 10

Gesetzliche Pflegeversicherung 10 12; *s.a. Pflegeversicherung*
- Leistungen **3** 10

Gesetzliche Rentenversicherung 10 12; *s.a. Rentenversicherung*
- Altersvorsorgeförderung **10a** 3
- Kapitalabfindung **3** 27
- Versorgungsausgleich **19** 58
- Zuschuss **3** 50

Gesetzliche Unfallversicherung 10 12; *s.a. Unfallversicherung*
- Kinderzulage **65** 3
- Leistungen **3** 10

Gesetzlicher Vertreter 15 17
- Kapitalgesellschaft **19** 100

Gesonderte Feststellung 18 42, 58; **35** 44
- Anfechtung durch Ehegatten **26b** 45
- Ehegatte **10a** 7
- Gewerbesteuer-Anrechnung **35** 35
- Gewinn **34a** 6
- Hinzurechnungsbesteuerung **2a** 97
- Nachversteuerungsbetrag **6** 70, 88; **34a** 70
- negative Einkünfte **2a** 86
- Steuerstundungsmodell **15b** 5
- Verbindung mit Einkommensteuerfestsetzung **34a** 90
- Verlustausgleich **21** 135
- Verlustverrechnung **23** 23
- verrechenbarer Verlust **15a** 270
- Zinsvortrag **4h** 45
- Zuständigkeit **15b** 57

Gesonderte Veranlagung
- Kinderfreibetrag **32** 27

Gesonderte Verlustfeststellung 10d 35
- Steuerstundungsmodell **15b** 56

Gespaltenes Bezugsrecht
- Direktversicherung **40a** 6

Gestaltungsmissbrauch 5 55a; **17** 100; *s.a. Steuerumgehung*
- Abgeltungsteuer **32d** 2
- Angehörige **17** 60
- Anrechnung
  - Bauabzugsteuer **48c** 5
- Arbeitnehmer-Abfindung **3** 38
- Arbeitszimmer
  - Ehegatte **19** 150
- Auslegung **Einl** 59
- Basisgesellschaft **34c** 5
- Bauherrengemeinschaft **21** 36
- Bauherrenmodell **21** 113
- DBA
  - Einkünftezurechnung **49** 8
- disquotale Ausschüttung **20** 62
- Domizilgesellschaft **48** 30
- Ehegatten **21** 36
  - Vermietung **Einl** 8
- Forderungseinziehung **17** 224
- Gehaltsumwandlung **4b** 18
- Gesellschafterdarlehen **20** 9
- gewerblicher Grundstückshandel **15** 127
- Kapitalerhöhung **17** 80
- Kfz-Gestellung **19** 121
- Kind **21** 36

- konkurrierende Missbrauchsverhinderungsvorschriften **50d** 44
- Künstler-Zwischengesellschaft **49** 49
- Lohnsteuerpauschalierung **40a** 2
- Mutter-/Tochter-Richtlinie **50d** 41
- Nießbrauchsablösung **21** 66
- Nutzungsrecht **21** 57
- Quellensteuer **50d** 40
- Realteilung **16** 345
- Schenkung **17** 60
- Sozietät
  - Veräußerungsgewinn **18** 163
- Stuttgarter Modell **21** 36
- unentgeltlicher Anteilserwerb **17** 90
- Vermietung an Ehegatten **10** 7
- Verträge zwischen Angehörigen **4** 252; **21** 33
- Vorauszahlung **11** 65
- Werbungskosten **21** 114

Gestaltungsmöglichkeiten
- Verlustpotenzial **10d** 6

Gestaltungstherapie
- Seminar **12** 15

Gestüt
- Privatvermögen **15** 352

Gesundheitsbehörde 51 85

Gesundheitsgefährdung
- Baumängel **33** 21
- Mobilfunkwellen **33** 100
- Wiederbeschaffungskosten **33** 23

Gesundheitspflege
- Zweithaushalt **9** 263

Getränke 19 125
- Ausschank **13** 16
- Freitrunk **19** 150

Getrennte Veranlagung
- außergewöhnliche Belastung **26a** 6; **33** 72
- außerordentliche Einkünfte **26a** 24; **34** 96
- Beiladung
  - Verpflichtungsklage **26** 91
- Ehegatten **26** 70
- Eigenheimförderung **26a** 28
- Einkünftezurechnung **26a** 3
- Freigrenze **26a** 26
- Grundtabelle **26a** 8
- Hinterbliebenen-Pauschbetrag **33b** 18
- Höchstbetrag
  - Vorsorgeaufwendungen **26a** 18
- Insolvenz eines Ehegatten **26** 85
- Kinder-Pauschbeträge **26a** 6
- Kindergeld **31** 6
- Progressionsvorbehalt **26a** 20
- Rechtsmissbrauch **26** 71
- Sonderausgaben **10** 5; **26a** 6
- Steuererklärungspflicht **25** 12
- Tarifbegrenzung **26a** 22
- Übertragung des Kinderfreibetrags **32** 33
- Verfahren **26** 10
- Verfassungsmäßigkeit **26a** 1
- Verlustabzug **26a** 4, 16
- Verlustrücktrag **26a** 16
- Vorwegabzug bei Vorsorgeaufwendungen **26a** 18
- Vorzüge **26a** 14
- Wahlrecht **26a** 1
- Werbungskosten-Pauschbeträge **26a** 4

Getrenntleben
- Ehegatte **26** 18
- Versöhnungsversuch **26** 20

Gewährleistungsverpflichtung
- Rückstellung **5** 165

Gewalttat
- Hinterbliebenen-Pauschbetrag **33b** 14

Gewerbebetrieb
- Abgrenzung **15** 6, 11
  - zu Vermietung und Verpachtung **15** 69
  - zum Freiberufler **15** 60
  - zur Land- und Forstwirtschaft **15** 54
- abweichendes Wirtschaftsjahr **4a** 17
- Amtsverwalter **15** 17
- Asylheim **15** 71
- auf Antrag **15** 132
- Begriff **6** 181; **16** 50
- beschränkte Steuerpflicht **49** 20; **50** 23
- Beteiligung am allgemeinen wirtschaftlichen Verkehr **15** 27
- Betrieb gewerblicher Art **15** 32
- Betriebsstätte **2a** 25
- Betriebsunternehmen **15** 87
- Betriebsverpachtung **15** 74
- Buchführungspflicht **5** 4, 23; **15** 6
- Eigentumsverhältnisse **15** 152
- Einbringung **16** 28
- Einheitsbewertung **15** 7
- einkommensteuerlicher Begriff **15** 10
- einmalige Tätigkeit **15** 24
- Erbengemeinschaft **15** 236
  - spätere Realteilung **16** 122
- Erbschaftsteuer **15** 7
- gemeinsame Rechnung **15** 212
- gemischte Tätigkeit **15** 67
- Gewerbetreibender **5** 26
- Gewinnermittlung **2** 35
- Gewinnerzielungsabsicht **15** 34
- Gütergemeinschaft **15** 236, 238
- Handelsregister **15** 15
- Handlungsunfähigkeit **15** 17
- Hilfspersonen **15** 31
- hoheitliche Tätigkeit **15** 32
- Immobilienfondsanteil **15b** 25
- inländische Betriebsstätte **15** 8
- Insolvenzverwalter **15** 17
- kraft Rechtsform **15** 130
- künstlerische Tätigkeit **15** 65
- Land- und Forstwirtschaft **13** 25
- laufender Gewinn **15** 5
- Liebhaberei **15** 34
- Marktteilnehmer **15** 30
- mehrere Betriebe **35** 17
- Nachhaltigkeit **15** 23
- Nachlassverwalter **15** 17
- nachträgliche Einkünfte **16** 416
- negative Abgrenzungsmerkmale **15** 51
- nicht steuerbarer Bereich **15** 53
- Nießbrauchsvermächtnis **16** 108
- Partnerschaft **15** 220
- Personengesellschaft **15** 208
- private Vermögensverwaltung **15** 11
- Realgemeinde **13** 14
- Scheinselbständigkeit **15** 18
- Selbstständigkeit **15** 17

- Strohmann **15** 31, 151
- Strukturwandel **13** 68
- Teilbetrieb **16** 61
- Teilungsanordnung **16** 111
- Testamentsvollstrecker **15** 17
- Treuhand **15** 151
- verbotene unsittliche Leistungen **15** 33
- Verfügungsbefugnis **15** 17
- Vieheinheitsgrenze **13** 10
- Wertpapierhandel **15** 129
- Wirtschaftsjahr **4a** 7
- Zukauf fremder Erzeugnisse **13** 17, 26

Gewerbeertragsteuer 15 7
Gewerbesteuer 52 15
- Abfärbetheorie **15** 140
- Abzugsverbot **35** 2
- Anrechnung **35** 5
- Anrechnungsüberhänge **34a** 31
- Anteilsveräußerung **15** 125; **17** 20
- Arbeitsgemeinschaft **15** 218
- Beginn **15** 139
- Betriebsaufgabe
  - Betriebsaufspaltung **15** 113
- Betriebsaufspaltung **15** 87, 104
- Betriebsausgaben **4** 216
- Bilanzierung **5** 165
- Bindung
  - Grundlagenbescheid **15** 126
- Dauerschuldzinsen **15** 106
- Drei-Objekt-Grenze **15** 125
- Entnahme
  - Einlage **15** 366
- EWIV **15** 221
- Freiberufler **15** 62
- Gesellschafter-Fremdfinanzierung **15** 363a
- gewerblicher Grundstückshandel **15** 128
- Gewinnermittlung **34a** 55
- Gleichheitssatz **15** 7
- Halbeinkünfteverfahren **3** 114
- Herstellungskosten **6** 74
- Investmentfonds **20** 141
- Kapitalgesellschaft
  - Veräußerungsgewinn **16** 13
- Land- und Forstwirtschaft **15** 55
- Liquidationsgewinn **16** 13
- Miet- und Pachtzinsen **15** 106
- Mitunternehmer **15** 302
- Mitunternehmeranteil
  - Veräußerungsgewinn **16** 13
- Mitunternehmerschaft **15** 312
- Nebenleistungen **4** 216
- nicht entnommener Gewinn **34a** 56
- nichtselbstständige Arbeit **19** 6
- Objektcharakter **15** 13
- Organschaft
  - Betriebsaufspaltung **15** 106
- Personengesellschaft
  - Veräußerung **15** 125
- Reinvestitionsrücklage **6b** 31
- Selbstständige **18** 8
- Sondervergütungen **15** 388
- Spenden **10b** 49
- Spendenvortrag **10b** 46
- Stille Gesellschaft **15** 234
- stille Reserven **4** 96

- Streubesitzdividenden **3c** 83
- Tarifbegrenzung **32c** 2
- Tonnagesteuer **5a** 16
- Umwandlung
  - Veräußerungsgewinn **16** 13
- Veräußerungsgewinn **15** 13; **16** 13
- Verfassungsmäßigkeit **16** 14
- Zinsschranke **4h** 120

Gewerbesteuer-Anrechnung 35 44; **52** 15
- Anrechnungsumfang **35** 20
- atypisch stille Gesellschaft **35** 38
- ausländische Einkünfte **35** 14
- Bemessungsgrundlage **35** 12
- Betriebsaufspaltung **35** 8
- Freibetrag **35** 39
- gesonderte Feststellung **35** 35
- gewerbliche Einkünfte **35** 1
- Gewinnverteilungsschlüssel **35** 36
- Hebesatz **35** 22
- horizontaler Verlustausgleich **35** 17
- KGaA **35** 10
- mehrere Gewerbebetriebe/Mitunternehmerschaften **35** 17
- Mitunternehmerschaft **35** 35
- Nachversteuerung **34a** 71
- natürliche Person **35** 9
- negative Einkünfte **35** 15
- Organschaft **35** 32
- Pauschalierung **35** 23
- Solidaritätszuschlag **35** 5
- Sondervergütung **35** 37
- Tarifermäßigung **35** 18
- Umwandlung **35** 38
- Verfassungsmäßigkeit **35** 2
- Verlustrücktrag **35** 15
- Vorabgewinn **35** 37
- Zusammenveranlagung **35** 19
- Zuschlagsteuern **51a** 2

Gewerbesteuer/Anrechnung
- Anteilsveräußerung **17** 20

Gewerbeverlust
- ausländische Betriebsstätte **2a** 17
- Steuerstundungsmodell **15b** 12
- Tonnagesteuer **5a** 16

Gewerbliche Einkünfte 18 31; **20** 452
- Abgrenzung zur selbstständigen Tätigkeit **15** 63
- Anteilsveräußerung **17** 20
- Architekt **18** 114
- ausländische Einkünfte **34d** 12
- ausländische Kapitalgesellschaft **15** 131
- Betriebsaufspaltung **18** 46
- BGB-Gesellschaft **21** 161
- Entstrickung **15** 2a
- Erbe **16** 101; **18** 50
- Gewerbesteuer-Anrechnung **35** 1, 14
- GmbH & Co KG **15** 133
- Ingenieur **18** 109
- Internat **18** 86
- Land- und Forstwirtschaft **13** 3
- mittelbare Mitunternehmer **15** 418
- Mitunternehmerschaft **15** 440
- nachträgliche Einkünfte **16** 416
- negative Einkünfte **2a** 25
- nicht entnommener Gewinn **34a** 22

- Personengesellschaft **49** 62
- Personenkreis **5** 27
- Rechtsanwalt **18** 95
- Steuerabzug **50a** 18, 22
- Tarifbegrenzung **26a** 22; **32c** 1, 14
- Tarifbegünstigung **34** 97
- Thesaurierungsbegünstigung **34a** 4
- Umqualifizierung **15** 388
- Veräußerungsgewinn **16** 1; **17** 167
- Vieheinheitsgrenze **13** 10
- Zebragesellschaft **15** 468
- Zurechnung **15** 147

Gewerbliche Immobilienfonds 21 116

Gewerbliche Leistungen
- negative Einkünfte **2a** 65

Gewerbliche Prostitution
- Gewerbebetrieb **15** 33

Gewerbliche Schutzrechte
- Steuerabzug **50a** 27

Gewerbliche Tierzucht 15 59, 603
- gesonderte Feststellung **15** 607
- Verfassungsmäßigkeit **15** 602
- Verlustausgleichsverbot **15** 4; **15b** 9
- Verlustverrechnung **15b** 34

Gewerblicher Grundstückshandel 7h 1
- Abgrenzung zur Vermögensverwaltung **15** 114
- Ankaufsrecht des Mieters **15** 120
- Anschaffungs-/Herstellungskosten **15** 128
- Anteilsveräußerung **15** 124
- Ausland
  - Inland **15** 118
- Bauantrag **15** 128
- bedingte Verkaufsabsicht **15** 115
- Beginn
  - Beendigung **15** 128
- beschränkte Steuerpflicht **49** 62
- Buchwert **15** 128
- Drei-Objekt-Grenze **2** 49a; **13** 28; **15** 116
- Einbringung **15** 121
- Einlage **15** 121
  - Teilwert **15** 128
- enger zeitlicher Zusammenhang **15** 117
- Erbbaurecht **15** 121
- Garage **15** 118
- Gesamtrechtsnachfolger **15** 121
- Gewerbesteuer **15** 128
- Gewinnermittlungsart **15** 128
- Großbauten **15** 118
- Land- und Forstwirtschaft **15** 128
- Landwirt **15** 119
- Miteigentum **15** 118
- Modernisierung **15** 128
- Realteilung **15** 121
- Sanierung **15** 119, 128
- Schenkung **15** 121
- Schwestergesellschaft **15** 122
- Tarifermäßigung **15** 128
- Umlaufvermögen **4** 120a; **6** 20; **6b** 16
- unbebautes Grundstück **15** 119
- unentgeltliche Übertragung **15** 121
- Veräußerung **15** 121
- Veräußerungsabsicht **15** 120
- Veräußerungsgewinn **16** 411
- verdeckte Einlage **15** 121
- verdeckte Sacheinlage **15** 121
- vorweggenommene Erbfolge **15** 121
- Zeitpunkt **15** 128
- Zuständigkeit **15** 126
- Zwischengesellschaft **15** 127

Gewerkschaft
- Beitragskassierer **19** 100

Gewillkürtes Betriebsvermögen
- Begriff **4** 35, 42
- Beteiligung **4** 56
- Betriebsaufspaltung **15** 102
- Buchführung **4** 46
- degressive AfA **7** 137
- Einnahme-Überschuss-Rechnung **4** 100, 112
- Entnahme **4** 89
- Entnahme-/Veräußerungsgewinn **18** 21
- Feststellungslast **18** 21
- gemischt genutzte Wirtschaftsgüter **4** 45
- geschuldetes Betriebsvermögen **13** 55
- Land- und Forstwirtschaft **13** 55
- Nachweis **18** 21
- Selbstständige **18** 21
- Termin-/Optionsgeschäfte **15** 129
- Verbindlichkeiten **4** 57
- Wahlrecht **18** 17
- Wechsel zur Einnahme-Überschuss-Rechnung **4** 225
- wesentliche Betriebsgrundlagen **16** 58

Gewillkürtes Sonderbetriebsvermögen 15 400, 407, 412
- Betriebsaufspaltung **15** 102
- Entnahme **15** 414

Gewinnabführung
- Organträger **3c** 83
- Thesaurierungsbegünstigung **34a** 63

Gewinnanspruch
- Veräußerungspreis **17** 179

Gewinnanteil 15 300; **20** 62; **49** 112
- Angemessenheit **15** 443
- Antrag auf Thesaurierungssteuersatz **34a** 4
- Antrag/nicht entnommener Gewinn **34a** 25
- Gesamthandsvermögen **15** 301
- Gesellschafter-Fremdfinanzierung **15** 363a
- Halbeinkünfteverfahren **3** 140
- isolierte Übertragung **20** 135
- KGaA **15** 501
- Komplementär **15** 2
- Liquidation **20** 101
- nicht entnommener Gewinn(anteil) **34a** 61
- Sondervergütungen **15** 384
- stille Gesellschaft **11** 65; **20** 186
- Tarifbegrenzung **32c** 15
- Veräußerungsgewinn **16** 502
- Versicherung **10** 4
- Zufluss **20** 13
- Zurechnung **15** 201

Gewinnausschüttung 17 272
- Auflösung **20** 102
- Ausland **36** 14
- Betriebsstätte **50g** 9
- disquotale Gewinnausschüttung **20** 9
- faktisches Wahlrecht **5** 87
- Halbeinkünfteverfahren **20** 42; **36** 2
- Hinzurechnungsbesteuerung **3** 143

1961

Gewinnbeteiligung

- Mutter-/Tochter-Richtlinie **43b** 1
- Nettoertrag **22** 23a
- Veräußerungspreis **17** 179
- Zeitpunkt **43** 5

Gewinnbeteiligung 18 33
- angestellter Komplementär **15** 215
- atypisch stille Gesellschaft **15** 225
- Direktversicherung **40a** 6
- Entschädigung **24** 25
- Haftungsvergütung **15** 247
- Mitunternehmerschaft **15** 247
- partiarisches Rechtsverhältnis **20** 167
- stille Gesellschaft **15** 222, 225; **20** 142
- Unterbeteiligung **15** 263; **20** 168
- Zufluss **19** 150

Gewinnbezugsrecht
- Anschaffungskosten **6** 51
- Anteilsveräußerung
  - Formmangel **17** 60
- Bilanzierung **5** 165

Gewinnchance
- Arbeitnehmer **11** 65
- Geschäftswert **6** 125
- Zufluss **19** 131

Gewinneinkünfte 2 33; **4** 1; **20** 502
- Abschreibungsvergünstigungen **7a** 1
- Absetzung für Substanzverringerung **7** 200
- betriebliche Veranlassung **37b** 19
- Einkünfterzurechnung **15** 148
- Einnahmen **11** 5
- Entschädigung **24** 15
- Erwerbsaufwendungen **4** 20
- geringwertige Wirtschaftsgüter **6** 175
- nachträgliche Einkünfte **24** 42
- nichtselbstständige Arbeit **19** 3
- Thesaurierungsbegünstigung **34a** 4, 22
- Veräußerungsgewinn **16** 5
- Zebragesellschaft **15** 469

Gewinnermittlung
- Absetzung für Abnutzung **7** 2
- ausländische Einkünfte **34c** 21
- außerbilanzielle Hinzurechnungen/Abrechnungen **34a** 55
- Betriebsstätte
  - ständiger Vertreter **49** 27
- Entnahme/Einlagen **4** 26
- Gewerbebetrieb **15** 6
- Handelsschiff **5a** 35
- Höchstbetragsberechnung **34d** 13
- Land- und Forstwirtschaft **13** 47
- Lizenz **34c** 21
- Mitunternehmer **15** 311
- Neuregelungen **52** 15
- nicht entnommener Gewinn **34a** 5
- nicht kodifizierte Grundsätze ordnungsmäßiger Buchführung **5** 57
- Refinanzierungskosten **34c** 21
- Veräußerungsgewinn **49** 64
- Zuwendung an Pensionskasse **4c** 1

Gewinnermittlungsart 2 80; **4** 1; **5** 29
- Abschreibungsvergünstigungen **7a** 1
- Antrag **13a** 5
- beschränkte Steuerpflicht **50** 23
- Bestandsvergleich **4** 10
- Bindung **4** 217
- Durchschnittssatzgewinnermittlung **13a** 1
- Eigenkapitalvergleich **5** 1
- gewerblicher Grundstückshandel **15** 128
- Gewinnkorrekturen beim Wechsel **13a** 6
- Gleichmäßigkeit der Besteuerung **4** 3; **5** 1
- Kalamitätsnutzung **34b** 8
- Mitunternehmerschaft **13** 70
- negative Einkünfte **2a** 18
- Rücklage für Ersatzbeschaffung **4** 251
- Schätzung **4** 228
- Steuererklärungspflicht **25** 14
- Tonnagesteuer **5a** 1
- Übergangsbilanz **13** 64
- Wahlrecht **5** 4; **13a** 4
- Wechsel **4** 112, 123, 217; **6b** 3; **6c** 2
  - Korrekturen **4** 218
  - zur Einnahme-Überschuss-Rechnung **4** 225
  - zur Tonnagesteuer **5a** 44
- wesentliche Beteiligung **17** 168
- zeitliche Zuordnung von Aufwendungen **4** 155

Gewinnermittlungszeitraum
- Gewerbebetrieb **4a** 7
- Land- und Forstwirtschaft **4a** 6

Gewinnerzielungsabsicht 2 48, 49a; **13** 2; **15** 15; **18** 65, 180
- Abzugsverbot **4** 185
- Änderungen **15** 45
- Anlaufverlust **15** 43
- Anscheinsbeweis **15** 43
- Anteilsveräußerung **17** 20
- Architekt **18** 16
- Ausland **49** 162
- Betriebsaufspaltung **15** 86
- Einzelfälle **15** 49, 50
- Feststellungslast **4** 21; **18** 58
- Forstwirtschaft **13** 5; **14** 4
- Gewerbebetrieb **15** 34
  - kraft Rechtsform **15** 130
- horizontaler/vertikaler Verlustausgleich **15** 37
- Kapitalgesellschaft **15** 130
- Koproduktionsgemeinschaft **15** 218
- Liebhaberei **15** 44
- mitunternehmerische Betriebsaufspaltung **15** 439
- Nebenzweck **15** 36
- OHG und KG **15** 217
- Personengesellschaft **15** 132, 210
- Personenzusammenschluss **18** 33
- Strukturwandel **15** 45
- Tonnagesteuer **5a** 15
- Totalerfolg **2** 76
- Totalgewinn **15** 38
- Verlust **2** 76; **17** 100
- Verlustausgleichsbeschränkung **15a** 22
- Verlustperiode **15** 34
- Verlustzuweisungsgesellschaft **15** 46

Gewinnfeststellung s. *Einheitliche und gesonderte Gewinnfeststellung*

Gewinnfeststellungsbescheid
- Einbringung **15** 328

Gewinnkorrekturen
- Wechsel der Gewinnermittlungsart **13a** 6

Gewinnobligationen 45c 7
- Erträge **49** 112

- Kapitalertragsteuer **43** 15
- Zinsen **50g** 9

Gewinnrealisierung **4** 30, 30a; **13** 72; **17** 125; *s.a. Gewinnverwirklichung*
- Ausgleichsposten **4g** 14
- Ausscheiden
  - Sachwertabfindung **16** 339
- Beteiligung
  - verdeckte Einlage **4** 104
- Betriebsverpachtung **13** 37
- Dauerschuldverhältnis **5** 156
- Devisenkontrakt **6d** 21
- Dienst-/Werkvertrag **5** 155
- Euro **6d** 13
- Kaufvertrag **5** 155
- Lieferungen
  - Leistungen **5** 154
- Mischnachlass **16** 121, 131
- Niederlassungsfreiheit **16** 315
- Realteilung **16** 342, 352
- Schadensersatzanspruch **5** 159
- Sitzverlegung **4g** 8
- Spitzenausgleich
  - Realteilung **16** 353
- Tausch **5** 157
- Teilauseinandersetzung **16** 128
- Teilbetrieb
  - Realteilung **16** 347
- Teileinkünfteverfahren **3** 139a
- Übertragung von Wirtschaftsgütern **15** 448
- Veräußerung **6b** 7
- verbundene Unternehmen **5** 164
- wesentliche Betriebsgrundlagen **16** 134

Gewinnrücklage **5** 106

Gewinnschuldverschreibung
- Arbeitnehmer **19a** 18

Gewinnstammrecht
- Nießbrauch **15** 239

Gewinnvermächtnis
- Unternehmer **15** 152

Gewinnverteilung
- Angemessenheit **15** 262
- Pensionsrückstellung **15** 396
- Steuerbilanzgewinn **15** 380
- Unternehmenswert **15** 264
- verdeckte Gewinnausschüttung **15** 447

Gewinnverteilungsbeschluss **20** 62
- Aktienerwerb **20** 93
- Aktienerwerbszeitpunkt **20** 92
- Kapitalertragsteuererstattung **44b** 8

Gewinnverteilungsschlüssel
- Änderung **15** 381
- anteilige Beteiligungsquote **17** 61
- Entnahmegewinn **15** 367
- Ergänzungsbilanz **15** 321
- Gesellschafterwechsel **35** 38
- Gewerbesteuer-Anrechnung **35** 36
- Veräußerungsgewinn **16** 12
- verdeckte Sacheinlage **15** 458

Gewinnverwirklichung *s.a. Gewinnrealisierung*
- Betriebsaufgabe
  - Zeitpunkt **16** 400
- entgeltliche Übertragung **6** 189
- Entstrickung **4g** 1; **16** 315a

- Mitunternehmer **16** 20
- Mitunternehmeranteil **6** 182a
- passiver Ausgleichsposten **15** 322
- Periodenabgrenzung **5** 54
- Tausch **6** 190
- teilentgeltliche Übertragung **15** 449
- verdeckte Einlage **6** 167
- Wahlrecht **16** 27
- Wertzuwächse **5** 151
- Zeitpunkt **4** 11

Gewinnzuschlag
- Betriebsübergabe
  - Rumpfwirtschaftsjahr **6b** 32

Gewöhnlicher Aufenthalt
- Begriff **1** 13
- Inland **63** 4
- Lohnsteuerabzug **38** 7

Giro
- Kapitalanlage **20** 327, 405

Girosammeldepot
- Bewertung **17** 165

Giroverkehr **11** 27

Glasbruchversicherung
- Werbungskosten **9** 140

Glaubhaftmachung *s.a. Nachweis*
- einstweilige Anordnung **48b** 20
- Obergrenze **37b** 26

Gleichbehandlungsanspruch **51** 12
- Arbeitsrecht **40b** 7
- Rechtsform **Einl** 30

Gleichgeschlechtliche Lebensgemeinschaft
- Kind **32** 23
- Kinderbetreuungskosten **4f** 39
- Verfassungsrecht **26** 1

Gleichheitssatz **Einl** 60; **33** 32; **51** 8
- Abgeltungsteuer **Einl** 14; **20** 529
- Ausland
  - Zusammenveranlagung **1a** 14
- Auslandseinkünfte **1** 34
- Ausschluss der Körperschaftsteuer-Anrechnung **50** 19
- Bauabzugsteuer **48** 3
- beschränkte Steuerpflicht **33a** 35
- Erhebungsdefizit Kapitaleinkünfte **20** 25
- Existenzminimum **Einl** 11
- fiktive unbeschränkte Steuerpflicht **1** 34
- Gewerbesteuer **15** 7
- Kinderbetreuungskosten **4f** 4
- Steuerabzug **50a** 1
- Stiftung **10b** 51
- Typisierung **Einl** 44
- Vermögensübergabe gegen Versorgungsbezüge **16** 141
- Zinsschranke **4h** 5

Gleichmäßigkeit der Besteuerung
- Verwaltungsvorschriften **9a** 33

Gleichstellungsbescheid
- Arbeitsamt **32** 15

Gleichstellungsgeld **22** 14
- vorweggenommene Erbfolge **16** 139, 256

Globale Katastrophe **33** 33

Glücksspiel
- Gewerbebetrieb **15** 33

1963

GmbH 20 61
- Anteilsveräußerung 17 40
- Arbeitgeber
  - entsandter Geschäftsführer 38 5
- Gewerbebetrieb 15 135
- Stammeinlage 19a 22

GmbH & atypisch Still
- Sonderbetriebsausgaben 3c 83

GmbH & Co KG
- Arbeitgeber
  - GmbH-Geschäftsführer 38 5
- Familienpersonengesellschaft 15 261
- gewerbliche Einkünfte 15 133
- Sonderbetriebsvermögen 15 445
- Sonderbetriebsvermögen II 15 406
  - notwendiges 15 410
- Steuerstundungsmodell 15b 41
- Unternehmerrisiko 15 441
- verdeckte Gewinnausschüttung 15 447
- Verlustzuweisungsgesellschaft 15 46

GmbH & Still 15 228
- Betriebsvermögen 15 233
- Mitunternehmer 15 442
- notwendiges Sonderbetriebsvermögen 15 410
- persönliche Haftung 15 137

GmbH-Anteil
- Begriff 17 41
- Bezugsrecht 23 18
- Einziehung 17 141
- Erbe 24 16
- Veräußerung 6b 36; 20 734
- Verlust 19 160

GmbH-Beirat 18 157

GmbH-Geschäftsführer *s. a. Gesellschafter-Geschäftsführer*
- Arbeitnehmer 19a 9
  - GmbH & Co KG 38 5
- Obergesellschaft 38 5
- Selbstständigkeit 19 39
- Vorsorgeaufwendungen 10 20

Going-concern-Prinzip
- Teilwert 6 90

Gold
- Betriebsvermögen 18 20

Goldmünze
- Betriebsveranstaltung 40 21

Golfplatz 4 185

Grabpflege 13 27

Grafiker 18 134

Grasnutzung 21 77

Gratifikation
- Grundlohn 3b 2
- sonstige Bezüge 38a 5

Grenzbetrag
- Kind 32 15
- Tarifbegrenzung 32c 9

Grenzpendler 49 108
- Gemeinschaftsrecht 1 6
- Nachweis 1 37
- Progressionsvorbehalt 32b 7, 23
- Steuervergünstigungen 1a 1

Grenzsteuersatz 2 150

Grenzüberschreitende Arbeitnehmerüberlassung 51 38

Grenzüberschreitende Beteiligung
- Halbeinkünfteverfahren 20 43

Grobe Fahrlässigkeit 33 43

Grois
- Kapitalanlage 20 327, 405

Großeltern 63 2
- gemeinsamer Haushalt mit Eltern 64 5
- Kinderfreibetrag 32 27
- Kindergeld 31 7
- Übertragung des Kinderfreibetrags 32 35

Großspende 10b 49
- Sonderausgaben 10b 58

Großtilgungsabgabe Zucker 13 63

Grund und Boden 4 70; 6b 11; 13 53; 14 15; 55 6
- Anschaffungskosten 5 165; 6 133
- Aufwuchs 6b 4
- Bestandsvergleich 55 3
- Einnahme-Überschuss-Rechnung 4 120a
- Erschließungskosten 6 43
- Herstellungskosten 6 133
- Holz 13 65
- Kaufpreisaufteilung 6 48
- notwendiges Betriebsvermögen 13 54
- Objektbegrenzung 13 22
- Zuckerrübenlieferrecht 55 6

Grunddienstbarkeit
- Entschädigung 24 81

Gründergesellschaft 17 42

Grunderwerbsteuer 12 25
- Anschaffungskosten 6 39; 17 240; 21 125

Grundfreibetrag 1 6, 36; 32a 2, 11

Grundgesetz
- Steuerrecht Einl 2

Grundlagenbescheid
- Baudenkmal 11a 5
- Bescheinigung 7i 10
  - Kulturgut 10g 8
  - Werkswohnung 7k 5
- Bestandskraft 15b 56
- einheitliche und gesonderte Feststellung 35 45
- Feststellungsbescheid des Versorgungsamtes 33b 25
- Kindergeld 70 4
  - Festsetzung 70 1
- Körperschaftsteuerbescheid 20 72
- Lohnsteuerfreibetragseintragung 39a 2
- Nachversteuerung 34a 89
- Pauschalierung 37a 10
- Tarifbegrenzung 32c 11
- Verlustabzug 10d 38
- Verlustfeststellung 10d 38
- Zertifizierung 82 2

Grundpfandgläubiger
- Mieterträge 21 40

Grundrechtseingriff Einl 3
- Parlamentsgesetz 51 5

Grundsätze ordnungsmäßiger Buchführung 5 9
- Begriff 5 38
- Betriebsvermögensvergleich 4 148
- Einzelfälle 5 43
- materielle Rechnungslegungsvorschriften 5 32

- Sonderabschreibung 5 58
- Sonderbetriebsvermögen
  - Gewinnermittlung 5 27
- unbestimmter Rechtsbegriff 5 40
- wirtschaftliche Betrachtungsweise 5 41
- Zurechnung 4 77

Grundschuld
- Begriff 20 231
- Übertragung 20 768

Grundsteuer 15 415
- Land- und Forstwirtschaft 15 55
- Werbungskosten 9 140; 21 125

Grundstück 4 70
- Absetzung für Abnutzung 7 61
- Arbeitgeber 19 150
- Architekt 18 114
- Aufteilung der Anschaffungskosten 6 47
- Ausgangsbetrag 55 8
- ausländische Gebietskörperschaft 1 11
- bedingte Kaufabsicht 15 115
- Belegenheit 49 128
- Betriebsaufspaltung 15 96
- Betriebsausgaben/Werbungskosten 6 43
- Betriebsverpachtung 16 323
- Bewertung 6 88
- Bodenschätze 13 67; 21 8
- Dekontaminierung 6 133
- deutsche Gebietskörperschaften 1 11
- Ehegatten-BGB-Gesellschaft
  - Mietvertrag 21 33
- Einkunftsart 55 14
- Einlage 15 128; 23 12
  - bei Betriebseröffnung 6 173
- Einzelbewertung 6 48
- entgangene Einnahmen 24 18
- Entnahme 18 180
- Erschließungskosten 6 43
- Erwerb
  - Veräußerung 13 28
- Erwerber-Haftung 3 238
- Erwerbsgerichtetheit 2 50c
- Gebäude 4 47
- gewillkürtes Sonderbetriebsvermögen 15 407
- goodwill 16 324
- Mietwohnhaus 13 55
- negative Einkünfte 2a 45
- notwendiges Betriebsvermögen 15 98
- notwendiges Sonderbetriebsvermögen 15 102
- Nutzungsüberlassung 15 70
- Nutzungsvergütungen 15 397
- Privatstraße 6 43
- Residualverfahren 6 133
- Spekulationsgeschäft 23 4
- Teilbetrieb 16 68
- Teilwert 55 16
- Übertragung gegen Versorgungsleistungen 22 11
- Umlaufvermögen 6 22
- unbebautes 4 47
- Veräußerung 6 188b; 20 564; 49 149
- verdeckte Einlage 23 13
- Verlustverrechnung 20 865
- Vermögensübergabe 22 10a
- wesentliche Betriebsgrundlage 14 8
- Wiederbeschaffungskosten
  - Verkehrswert/gemeiner Wert 6 133
- Zwangsversteigerung 6 51

Grundstücksgemeinschaft 11 23
- Mietvertrag mit Miteigentümer 21 45
- Werbungskosten 9 25

Grundstücksgleiche Rechte 21 72

Grundstücksschenkung
- Abfindung weichender Erben 14a 6
- Anschaffungskosten
  - mittelbare Grundstücksschenkung 6 2
- Mietvertrag 21 36
- Zugewinnausgleich 21 90

Grundstücksteil
- Betriebsbereitschaft 6 40

Grundstücksunternehmen
- Teilbetriebsveräußerung 34 28
- § 6b-Rücklage 6b 25

Grundstücksverwaltungs-KG
- Geschäftswert 7 74

Gründung
- Anschaffungskosten 17 205
- Freigrenze/Zinsschranke 4h 54
- Organschaft 4h 108
- Stiftung 10b 61

Gründungskosten 15 415
- Beratungskosten 20 480
- fehlgeschlagene Gründung 17 245
- Verlust 17 284

Grundwasserschäden 33 23

Grundzulage 10a 1
- Altersvorsorgezulage 84
- Kinderzulage 83

Gruppenbewertung 6 116
- Tiere 13 58

Gruppenpensionskasse 4c 3

Gruppenreise 12 18

Gruppenunfallversicherung
- Lohnsteuerpauschalierung 40b 12

Gruppenversicherung
- Arbeitslohn 40b 5
- Direktversicherung 4b 9

Günstigkeitsprinzip
- Verlustausgleich 34 57

Gussformen
- Umlaufvermögen 6 22

Gut
- aufgedrängte Bereicherung 8 10
- Begriff 8 9
- Zufluss 8 5

Gutachten
- angestellter Arzt 19 100
- Asbestsanierung 33 100
- Birkenpollenallergie 33 100
- Kalamitätsnutzung 34b 5
- Kind
  - Schwerstpflegebedürftigkeit 32 15
- Mobilfunkwellen 33 100
- Teilwert 6 133

Gutachter 15 21; **19** 100, 160
- Betriebswirt 18 133
- Boden-Verunreinigung 21 125
- Direktversicherung 4b 6

1965

Gutachterausschuss

- Erbbaurecht **21** 125
- freiberufliche Tätigkeit **18** 50

Gutachterausschuss
- Mitglieder **19** 100

Güter in Geld **8** 19

Güter in Geldeswert **8** 22

Güterfernverkehrsgenehmigung **6** 130
- immaterielle Wirtschaftsgüter **5** 165

Gütergemeinschaft **11** 23; **15** 212, 426; s.a. Fortgesetzte Gütergemeinschaft
- Drei-Objekt-Grenze **15** 122
- Gewerbebetrieb **15** 236, 238
- gewerbliche Prägung **15** 135
- gewillkürtes Betriebsvermögen **15** 102
- Mischnachlass **16** 121
- notwendiges Betriebsvermögen **15** 350
- Personengesellschaft **15** 145
- stille Reserven **6b** 3
- Übertragung der Gemeinschafterstellung **16** 201

Güterrecht
- Ehegatte **26** 16
- Mischnachlass **16** 121
- Mitunternehmeranteil **16** 340

Gutschrift **11** 13, 27, 65; **20** 13
- stiller Gesellschafter
  - Zufluss **20** 186
- Versicherungsbeiträge **10** 4
- Zufluss **8** 27

Habilitationskosten **19** 160

Häftlingshilfegesetz
- Hinterbliebenen-Pauschbetrag **33b** 14
- Leistungen **3** 67

Haftpflichtversicherung **10** 17
- Beitrag **10** 13
- Leistungen **4** 251

Haftung **34g** 49
- Anfechtung der Lohnsteueranmeldung **41a** 6
- angestellter Komplementär **15** 215
- Anrufungsauskunft **42d** 18
- Anzeige nach § 38 Abs 4 **42d** 31
- Arbeitgeber **19** 67; **40** 15; **42d** 1, 23
- Auskunft **42d** 47
- ausländische Muttergesellschaft **42d** 22
- ausländische Personengesellschaft **15a** 335
- Ausschluss durch Vertrag **15a** 137
- außenstehende Einlage **15a** 103
- Auswahl/Entschließungsermessen **42d** 45
- Auswahlermessen **42d** 50, 66
- Bauabzugssteuer **48a** 5, 15
- Betriebsübernehmer **42d** 63
- BGB-Gesellschaft **15a** 323; **42d** 63
- BGB-Gesellschafter **15** 218
- DBA **48d** 5
- Ehegatten **26b** 30
- Einkommensteuer **36** 3
- Einlagerückgewähr **15a** 200
- Entschließungsermessen **42d** 65
- Entstehen/Verjährung **42d** 11
- Ermessen **50a** 56
- Ermessensentscheidung **44** 17
- Erweiterung **15a** 262
- Festsetzungsfrist **42d** 12
- Freistellungsbescheinigung **48a** 18; **48b** 16; **50d** 27
- Gesamtrechtsnachfolger **42d** 60
- Geschäftsführer **19** 160; **42d** 57
- Gesellschafter **15** 136
- Gesellschafter-Geschäftsführer **20** 454
- Gesellschaftsrecht **15a** 102
- Gesellschaftsvertrag **15a** 137
- Grundstückserwerber **3** 238
- Handelsregistereintragung **15a** 131
- Insolvenz **42d** 27
- kapitalersetzende Darlehen **15a** 103
- Kapitalertragsteuer **44** 17
- Kommanditist **15a** 103
- Korrespondenzprinzip **10b** 114
- Liquidität **42d** 58
- Lohnsteuer **24** 55
- Lohnsteuerkarte **42d** 17
- Minderung des Haftungsbetrags **15a** 236
- Mitunternehmerschaft **15** 215
- nach Ablauf des Kalenderjahres **42d** 10
- Nachversteuerung **42d** 31
- Nachweis **15a** 135
- Nettolohnvereinbarung **42d** 25, 42, 51
- Personenkreis **42d** 55
- Rechtsirrtum **42d** 46
- Reederei **15a** 361
- Rückgriff **10b** 116
- Rückstellung **15** 313
- Schadensersatz **42d** 56
- schuldhafte Pflichtverletzung **42d** 59
- Spenden **10b** 106
- Spendenbescheinigung **10b** 111
- Steueranmeldung **50a** 38
- Steuerhinterziehung/-hehlerei **42d** 63
- Stock Options **42d** 22
- Treu und Glauben **42d** 46
- Trinkgeld **42d** 22
- Umfang **10b** 113
- unrichtige Lohnsteuererstattung **42d** 19
- Unwahrscheinlichkeit **15a** 161
- Verbotsirrtum **42d** 59
- Vergütungsschuldner **50a** 56
- Verjährung **50a** 56
- verkürzte Lohnsteuer **42d** 20
- Verlustausgleich **15a** 1
- Verlustausgleichsbegrenzung **21** 134
- Vermögensminderung **15a** 165
- Verschulden **42d** 65
  - Arbeitgeber **42d** 21
- Vor-GmbH **42d** 63
- Zinsen
  - Säumniszuschläge **42d** 26

Haftungsbescheid **50a** 47
- Änderung **42d** 75
- Anfechtungsbefugnis **50a** 56
- Außenprüfung **42d** 70
- Bauabzugssteuer **48a** 20
- Begründung **42d** 72
- Bestandskraft **42d** 78
- Bestimmtheit **42d** 72
- Lohnsteuerpauschalierung **40** 26
- Nichtanmeldung der Lohnsteuer **41a** 5
- Rechtsbehelfe **42d** 77
- Rücknahme **50d** 27
- Spenden **10b** 115

- Steuerabzug **50d** 6, 8
- Unterschrift **42d** 70

Haftungsvergütung
- Gewinnbeteiligung **15** 247
- Gewinnvorab **15** 383
- Umsatzsteuer **15** 383

Hagelversicherung 10 18

Halbabzugsbegrenzung
- Betriebsausgabe/-vermögensminderungen/Veräußerungskosten **3c** 74
- REIT-AG **3c** 80
- REIT-AG/Vor-REIT **3c** 72
- rückwirkender Wegfall **3c** 82
- Veräußerungsgewinn **3c** 81

Halbabzugsverbot 20 43
- Dividende **3c** 76
- Unterbeteiligter **3c** 83

Halbabzugsverfahren
- Organschaft **3c** 57

Halbeinkünfteverfahren 2 145; **3** 112; **3c** 34; **15** 464, 611; **17** 1; **20** 23, 33, 41, 480; **43** 5, 28; **45d** 1
- abweichendes Wirtschaftsjahr **36** 2
- Altersvorsorgeverträge **3** 132
- Anrechnungsverfahren **3** 115
- Anteilsentnahme **3** 119
- Anteilsübertragung **6** 188c
- Anteilsveräußerung **3** 118, 121, 125; **6b** 36; **16** 19, 93; **34** 25, 28
- ausländische Einkünfte **3** 115
- ausländische Gesellschaft
  - Hinzurechnungsbesteuerung **3** 145
- ausländische Steuern **34c** 8
- Bank
  - Eigenhandel **3** 139
- Betriebsaufgabe **3** 121
- Bezüge aus Beteiligungen **3** 127
- Bezugsrecht **3c** 83; **17** 43
- Carried Interest **3** 140, 141a; **15** 129a
- Dividende **3** 129
- Dividendenkompensation **20** 94
- Eigenhandel der Banken **20** 43
- Einbringung **15** 465; **16** 347a
  - Teilbetrieb **3** 138
- einbringungsgeborene Anteile **3** 135
- Entstrickung **3** 133
- Erstattung
  - Gemeinschaftsrecht **50d** 12
- fiktiver Veräußerungsgewinn **17** 320
- Gemeinschaftsrecht **20** 43
- Gesellschafter **20** 72
- Gewerbeertrag **3** 114
- Gewinnanteil **3** 140
- Gewinnausschüttung
  - Hinzurechnungsbesteuerung **3** 143
- grenzüberschreitende Beteiligung **20** 43
- Hinzurechnungsbesteuerung **3** 125, 143
- Investmentfonds **3** 114
- Kapitalertragsteuer **43a** 2
- Kapitalherabsetzung **3** 129
- Kirchensteuer **3** 114
- Missbrauch **3** 137
- mittelbare Anteilsveräußerung **3** 124
- Mitunternehmerschaftsanteils-Veräußerung **3c** 83
- Optionsrecht **19** 150

- Organschaft **3** 118; **3c** 83
- Personengesellschaft **3** 128
- Private Equity Fonds **15** 129a
- Realteilung **3** 121; **16** 345
- REIT-AG **3** 227
- Rückgängigmachung
  - Teilwertabschreibung **3** 119
- Rumpfwirtschaftsjahr **36** 2
- Spekulationsgeschäft **23** 7
- steuerbefreite Körperschaft **3** 131
- stille Reserven **3** 121
- Tarifbegünstigung **3** 123
- Teilbetriebsveräußerung **16** 72
- Teileinkünfteverfahren **3** 4, 139
- Thesaurierungsbegünstigung **34a** 23
- Übergang vom Anrechnungsverfahren **36** 2
- Veräußerungsgewinn **3c** 35; **16** 511; **17** 20, 251; **34** 31
- Veräußerungsgewinnbesteuerung **20** 659
- Veräußerungspreis **3** 121
- verdeckte Einlage **3** 125
- Verfassungsmäßigkeit **3c** 2
- Vorabausschüttung **3** 127
- Wandelanleihe **3** 133
- Wechsel in REIT-Status **3** 231
- wesentliche Beteiligung **17** 248; **34** 29
- wiederkehrende Bezüge **17** 187
- Zuschlagsteuern **51a** 2

Halbfertige Bauten
- Aktivierung **5** 165

Halbteilungsgrundsatz 32a 3
- Ausbildungsbedarf **31** 2
- Kirchensteuer **26b** 25

Hamburger Modell 21 115

Hand- und Spanndienst 13a 15

Handelsbevollmächtigter 49 100

Handelsbilanz
- Alt-/Neuzusage **6a** 5
- Betriebsvermögen **4** 63
- Bilanzänderung **4** 249
- formelle Maßgeblichkeit **5** 22
- Konzern **4h** 81
- materielle Maßgeblichkeit **5** 21
- richtlinienkonforme Auslegung **5** 17
- Sondervergütungen **15** 302
- Steuerbilanz **5** 10, 31
- Trägerunternehmen **4d** 72

Handelsregister
- Eintragung **15a** 131
- Gewerbebetrieb **15** 15
- Kapitalgesellschaft **15** 135
- Personengesellschaft **15** 15
- vermögensverwaltende Personengesellschaft **15** 136

Handelsschiff
- Auflösung von Rücklagen **5a** 35
- Bereederung **5a** 22
- Betriebsstätte
  - Lohnkonto **41** 9
- Charter **5a** 26
- Gewerbesteuer **5a** 16
- Hilfs-/Nebengeschäfte **5a** 27
- Lohnsteuerermäßigung **41a** 8
- Mischbetrieb **5a** 35

1967

Handelsvertreter

- Personengesellschaft **5a** 37
- Rechtsverordnung **51** 45
- Seeschiffsregister **5a** 26
- Veräußerungs-/Aufgabegewinn **5a** 35
- Verlust **5a** 40
- Verlustabzug **2a** 47

Handelsvertreter
- Abschreibung **7** 51
- Arbeitnehmer **19** 100
- Architekt **18** 114
- Ausgleichsanspruch **5** 165; **16** 411
- Ausgleichszahlung **4** 251; **24** 30
- ausländisches Recht **24** 32
- Direktversicherung **4b** 6
- Nachfolgevertreter **24** 31
- Provision **5** 165
- Rabatt **8** 61a
- Selbstständigkeit **15** 21
- Teilbetrieb **16** 65
- Vertreterrecht **5** 165; **7** 76

Handlungstatbestand Einl 13
Handlungsunfähigkeit **15** 17
Handwerkliche Leistungen **35a** 6, 9
- Höchstbetrag **35a** 10

Handy **19** 150
Harmonisierungsgebot Einl 60
Härteausgleich
- Ehegatte **46** 61
- erweiterter **46** 63
- Freigrenze **46** 60

Härtefonds
- Entschädigungszusatzleistungen **34** 19

Hauptversammlung
- Kosten **20** 480
- Rückstellung **5** 165

Hausanschlusskosten
- Herstellungskosten **5** 165

Hausgarten **13** 8
- Entnahme **13** 23

Hausgehilfin **12** 12
Hausgewerbetreibende **15** 21
- Direktversicherung **4b** 6

Haushälterin
- Geistliche **19** 150

Haushaltsersparnis **12** 22; **33** 14, 15
Haushaltsfreibetrag
- Amtsveranlagung **46** 31
- besondere Veranlagung **26c** 6
- Entlastungsbetrag für Alleinerziehende **24b** 1
- Kindergeld **1a** 18

Haushaltsgemeinschaft
- Entlastungsbetrag **24b** 6
- Mietvertrag mit Kind **21** 37

Haushaltshilfe **19** 100; **33a** 71
- Alters-/Krankheitsbedarf **33a** 73
- Angehörige **33a** 72
- Behinderte **33a** 72, 74
- Beschäftigungsverhältnis **35a** 2
- Ehegatten
  - Höchstbetrag **33a** 76
- Kinderbetreuungskosten **4f** 12
- nichteheliche Lebensgemeinschaft **33a** 72
- Stiefkind **33a** 73

Haushaltsnahe Dienstleistungen
- Haushaltsführung **35a** 6

Haushaltsnahes Beschäftigungsverhältnis
- außergewöhnliche Belastung
  - Betriebsausgaben, Werbungskosten **35a** 4
- begünstigte Aufwendungen **35a** 3
  - Nachweis **35a** 3
- beschäftigte Person **35a** 2
- Gemeinschaftsrecht **35a** 1
- Höchstbetrag **35a** 11
- Kinderbetreuungskosten **4f** 5
- Lohnsteuerkarte **35a** 1
- Sozialversicherung **35a** 5, 8

Haushaltsscheckverfahren
- geringfügige Beschäftigung **35a** 5; **40a** 8f
- Kinderbetreuungskosten
  - Nachweis **4f** 50

Haushaltszugehörigkeit
- auswärtige Unterbringung **33a** 55
- Enkel **63** 2
- Kind **63** 2
- Kinderbetreuungskosten **4f** 20
- Kindergeld **64** 2
- Pflegekind **32** 3

Häusliches Arbeitszimmer s. Arbeitszimmer
Hausmeister
- Hund **9** 327

Hausmeisterwohnung
- Absetzung für Abnutzung **7** 138

Hausrat **33** 21, 23, 61, 100
- doppelte Haushaltsführung **9** 310
- notwendiges Privatvermögen **4** 51
- Obergrenze **33** 62

Hausratversicherung **10** 18
- außergewöhnliche Belastung **33** 45

Hausstand **9** 255; s.a. Doppelte Haushaltsführung
Haustrunk **19** 150
Hausverwalter
- Wohnungseigentümerschaft **19** 100

Hedginggeschäfte **15** 610
- EU **15** 613

Heilberuf **18** 128
- Ähnlichkeit mit Katalogberufen **18** 132
- Begriff **18** 88
- Hilfsgeschäft **18** 89

Heilerzieher
- Shiatsu-Praxis **12** 15

Heilfürsorge
- Leistungen **3** 29
- Soldat **3** 32
- Wiedergutmachungsgesetz **3** 37

Heimarbeiter **15** 22; **19** 100, 160
Heimatpflege **10b** 13
Heimbügler **9** 327
Heimfallverpflichtung
- Rückstellung **5** 165

Heimunterbringung **33a** 75
- behinderte Kinder **33** 100
- Kind **32** 15
- Pflegebedürftigkeit **33** 100
- Pflegekind **32** 4

Heißluftballon 21 75
Heizungsanlage
- anschaffungsnaher Aufwand 6 59
- degressive AfA 7 185
- Erhaltungsaufwand 6 60, 60b

Heizungswartung
- anschaffungsnaher Aufwand 6 64

Helfer von Wohlfahrtsverbänden 19 100

Herstellung 2a 63; 6 53
- Beginn 6b 30
- Beginn der AfA 7 41
- Begriff 6b 13
- Bewertungsfreiheit 7f 12
- Zeitraum 6 68

Herstellungskosten 3c 44; 6 25; 21 101
- Abbruchkosten 6 122
- Absetzung für Abnutzung 7 59
- additive/retrograde Methode 6 29
- Altersvorsorgeleistungen 6 74
- Angemessenheit 6 28
- anschaffungsnaher Aufwand 6 59
- Ansiedlungsbeiträge 9 140
- Begriff 6 52
- Betriebsbereitschaft
  - leer stehendes Haus 6 64
- Bodenschätze 13 67
- Ehegatten
  - Vorsteuerabzug 9b 13
- Eigenkapitalvermittlungsprovision 4 252
- Einlage 6 168
- Einnahme-Überschuss-Rechnung 4 157
- Einzel-/Gemeinkosten 6 70
- Erhaltungsaufwand 6 54, 61
- erhöhte Gebäudeabsetzungen 7h 3
- Erweiterung 6 56
- fertigungsbezogene Vorbereitungskosten 6 71
- Forschungskosten 6 70
- Forstwirtschaft 13 65
- Fremdkapitalzinsen 6 76
- Funktions-/Nutzungsänderung 6 55
- Garagenablösebeiträge 9 140
- Gebäude 5 165; 7 140; 10f 4
  - in Sanierungsgebiet 11a 1
- Gemeinkosten 6 27
- Generalüberholung 6 57
- Gewerbeertragsteuer 6 74
- gewerblicher Grundstückshandel 15 128
- Handelsrecht 6 26
- Hausanschlusskosten 9 140
- Investitionsabzugsbetrag 7g 48
- Leerkosten 6 77
- Mängelbeseitigung 6 79
- Planungskosten 21 125
- Rücklage für Ersatzbeschaffung 5 108
- Rückstellung 5 147
- Sanierung 6 63
- Sondervergütungen 15 393
- Spekulationsgeschäft 23 4, 18
- Teilwertvermutung 6 101
- Toiletteneinbau 6 60a
- Umbau 6 54
- Umfang 6 70
- Umsatzsteuer 4 175
- vergebliche Planungskosten 6 78
- Verlängerung der Gesamtnutzungsdauer 6 58
- verlorene Vorauszahlungen 6 78
- Versicherungsleistungen 7 60
- Vertriebskosten 6 75
- Verwaltungskosten 6 74
- Vorsteuerabzug 9b 1
- Wertverzehr des Anlagevermögens 6 72
- wesentliche Verbesserung 6 57
- Zuschuss 6 30
- Zwangsräumung 21 125

Hilflose
- Ausweis 33b 26
- Behinderten-Pauschbetrag 33b 7, 10
- Nachweis 33b 25
- Pflege-Pauschbetrag 33b 22
- Pflegekind 32 3

Hilfsbedürftigkeit 3 42
- Aufrechnung
  - Kindergeld 75 1

Hilfsgeschäft
- Betriebseinnahmen 4 251
- Einnahme-Überschuss-Rechnung 4 115
- Freiberufler 18 23
- Grundstücksveräußerung 13 28

Hinterbliebene
- Abschmelzung des Versorgungs-Freibetrags 19 174
- Direktversicherung 4b 15
- Insolvenz 3 203
- Wehrdienstbeschädigte 3 34
- Zivildienstbeschädigte 3 34
- Zuwendungen des Bundespräsidenten 3 63

Hinterbliebenen-Pauschbetrag 33b 14
- Amtsveranlagung 46 32
- getrennte Veranlagung 33b 18
- Lohnsteuer-Ermäßigungsverfahren 39a 8
- Rechtsverordnung 51 52
- Übertrag 33b 15
- Übertragung bei mehreren Berechtigten 33b 18
- Wahlrecht 33b 16

Hinterbliebenenrente
- Altersrente 22 27b
- Aufeinanderfolge verschiedener Renten 22 27c
- Leistungen 22 42

Hinterbliebenenversicherung
- Altersvorsorgezulage 82 2
- Ehegatte
  - Kind 10 14

Hinterlegung 11 65

Hinterziehungszinsen
- Abzugsverbot 4 207

Hinzurechnung
- Begrenzung 2a 93
- Beitrag 10 14a
- Dauerschuldzinsen 15 106
- Eigenkapitalvergleich 4h 77
- Kindergeld 36 6
- Miet- und Pachtzinsen 15 106
- Umwandlung 2a 100
- Wegfall 2a 95

Hinzurechnungsbesteuerung 2a 86, 92; 3 142
- Gemeinschaftsrecht 50d 42
- gesonderte Feststellung 2a 97
- Gewinnausschüttung 3 143

Hitzezuschläge

- Halbeinkünfteverfahren 3 125, 143
- nicht entnommener Gewinn 34a 55
- Niedrigsteuerland 3 125
- Zahlungsverjährung 3 143

Hitzezuschläge 19 150

Hochschule
- private Trägerschaft 10 36
- Zuwendungsbestätigung 10b 33

Hochschullehrer
- Prozessbevollmächtigter 18 133

Hochschulstudium 4 252
- Kind 32 11
- Werbungskosten 10 28

Hochspannungsleitung 21 12; 24 16

Höchstwertprinzip
- Fremdwährungsverbindlichkeiten 6 150
- Verbindlichkeiten 6 146

Hochwasser 33 23, 51; 33a 9
- Beihilfe 19 150
- Entschädigung 3c 83

Hochzeit
- Zuwendung 19 120

Hof- und Betriebsübergabe 10 10

Höfeordnung
- vorweggenommene Erbfolge 14 10

Hoferbe
- Abfindung 14a 8
- Einkunftsart 13 41
- Freibetrag 14a 5

Hoferbfolge 14 9

Höferolle
- Löschung 14 12

Hoffläche 13 8

Hofstelle
- Mitunternehmerschaft 13 45
- wesentliche Betriebsgrundlagen 13 35
- Wohnhaus 13 55

Hofübergabe 13 42; 22 11
- Buchwertfortführung 13 43
- private Versorgungsrente 22 10
- Rumpfwirtschaftsjahr 13 43
- Versorgungsleistungen 13 42

Hofübernehmer
- Abfindung 14a 8
- Freibetrag 14a 5

Hoheitliche Tätigkeit
- Gewerbebetrieb 15 32

Hoheitlicher Eingriff
- Entschädigung 21 12

Höhere Gewalt
- Kalamitätsnutzung 34b 7

Holding 50d 43
- EBITDA 4h 22
- Geschäftsführungskosten 3c 83
- Gesellschafter-Fremdfinanzierung 15 345a
- Kapitalertragsteuer 44a 20
- negative Einkünfte 2a 65

Holz 13 65; 14 15
- Beitrittsgebiet 13 59
- Einschlagsbeschränkung 13 66
- Gewinnermittlung 13 69
- Teilwert 13 65

- Umlaufvermögen 13 65
- Veräußerung 13a 13

Holzeinschlagskosten 13a 13

Holznutzung 50 11
- Begriff 34b 2
- Betriebsausgaben 34b 10
- Betriebseinnahmen 34b 9
- Kalamitätsnutzung 34b 4
- Nachweis 34b 6
- Rücklage 34b 10
- Tarifbegünstigung 34b 1

Honorarkonsul 12 26

Hörfunk
- freie Mitarbeiter 19 100

Hörgerät 12 26
- Arbeitsmittel 9 327

Horizontaler Verlustabzug 10d 15

Horizontaler Verlustausgleich 15 37; 22 37
- Gewerbesteuer-Anrechnung 35 17
- nicht entnommener Gewinn 34a 17
- Segementierung 15 42
- Steuerstundungsmodell 15b 1, 26

Horizontales Verlustausgleichsverbot
- Steuerstundungsmodell 15b 6

Hotel
- Wohnen am Beschäftigungsort 9 257

Hotelgewerbe 3b 3

Hotelzimmer
- Wohnzweck 7 138

Hubschrauber
- Privatvermögen 15 352

Hund
- Arbeitsmittel 9 327
- Betriebsausgaben 4 252

Hypothek
- Begriff 20 231
- Übertragung 20 768

Ich-AG
- Existenzgründungszuschuss 3 22

Ideeller Bereich
- Spendenverwendung 10b 21

Identifikationsnummer 41b 2
- Arbeitgeberwechsel 39e 4
- Datenübermittlung 50f 1

IFRS
- Konzern 4h 80

Iglu
- Kapitalanlage 20 327, 405

Imkerei 13 12

Immaterielle Wirtschaftsgüter 6 20, 130; 7 42; 13 33
- abgeleiteter Anschaffungsvorgang 6 35
- Absetzung für Abnutzung 7 54, 76
- Absetzung für Substanzverringerung 7 196
- Aktivierungsverbot 5 21
- Arzneimittel 5 165
- Auftragsbestand 5 165
- Begriff 5 69
- Betriebsgutachten
  - Betriebswerk 34b 5
- Bewertungsfreiheit 7f 3
- degressive AfA 7 186

1970

– Eigenjagdrecht **13** 13
– Einbringung
  – Buchwertfortführung **5** 75
– Einlage **6** 165
– Ergänzungsbilanz **15** 321
– Filme **5** 165
– Geschäftswert **5** 78
– Grund und Boden **55** 18
– Güterfernverkehrsgenehmigung
  – immaterielle Wirtschaftsgüter **5** 165
– Konzeptionskosten **5** 165
– Mandantenstamm **5** 165; **18** 27
– Marke **5** 165
– Mitunternehmerschaft **5** 75
– Praxiswert **18** 27
– selbstgeschaffene im Umlaufvermögen **5** 76
– Treibhausgasemissionshandel
  – Umlaufvermögen **5** 165
– unentgeltlicher Erwerb **5** 72
– Veräußerung **18** 164
– verdeckte Einlage **5** 71
– verdeckte Gewinnausschüttung **5** 74
– Verlagsrecht **5** 165
– Vorsichtsprinzip **5** 70
– wesentliche Betriebsgrundlagen **15** 97; **16** 57
– Wettbewerbsverbot **5** 165

Immissionsschaden
– Kalamitätsnutzung **34b** 4

Immobilien
– REIT-AG **3** 231
– REIT/Vor-REIT **3** 229

Immobilien-Aktiengesellschaft *s. REIT-AG*

Immobilienfonds 15b 35
– Anschaffungskosten **6** 38
– Anteilsveräußerung **15** 124
– Begriff **21** 111
– Eigenkapitalvermittlungsprovision **15** 393
– Gewerbetreibender **15b** 25
– Kick-Back-Zahlungen **21** 90
– Werbungskosten **21** 110

Imparitätsprinzip 5 43; **6** 11, 16
– Begriff **5** 53
– Drohverlustrückstellung **5** 124, 145
– Fremdwährungsverbindlichkeiten **6** 150
– Personengesellschaft **15** 315
– Rückstellung **5** 119, 131

Incentive-Reise 12 16; **19** 121, 150
– Betriebseinnahmen **4** 251
– Einnahmen **8** 22
– Zufluss **19** 131

Incentives 6 184

Index-Anleihe 20 322

Index-Optionsgeschäfte 23 10

Individualbesteuerung Einl 7

Infektionsschutzgesetz
– Entschädigung **3** 71
– Hinterbliebenen-Pauschbetrag **33b** 14

Informatiker
– Freiberufler **18** 134

Informationsaustausch
– Zinsrichtlinie **45e** 1

Informationsentgelt 22 34

Informationspflicht
– Arbeitgeber/-nehmer **39e** 2

Informationsreise 13 63

Ingangsetzungskosten
– Bilanzierungshilfe **5** 165

Ingenieur
– Betriebsveräußerung **18** 164
– Kfz als Arbeitsmittel **9** 327

Inkongruente Gewinnausschüttung 17 49

Inland
– Arbeitgeber **38** 7, 8b
– Baudenkmal
  – erhöhte Absetzungen **7i** 4
– Bauleistungen **48** 11
– Begriff **1** 11
– Bewertungsfreiheit **7f** 4
– erhöhte Absetzungen **7c** 5
– erhöhte Gebäudeabsetzungen **7h** 3
– Gewerbebetrieb **15** 8
– gewöhnlicher Aufenthalt **1** 13
– Grundstück ausländischer Gebietskörperschaften **1** 11
– Handelsschiff **1** 11
– Holznutzung **34b** 1
– Kapitalertragsteuer **43** 36
– Kindergeld **63** 1
– Land- und Forstwirtschaft **49** 10
– Lohnkonto **41** 7
– Pflege-Pauschbetrag **33b** 21
– schutzwürdige Kulturgüter **10g** 3
– wiederkehrende Bezüge **22** 11d
– Wohnsitz **1** 12
– § 6b-Rücklage **6b** 3

Inländische Einkünfte
– fiktive unbeschränkte Steuerpflicht **1** 31

Inländischer Vertreter
– ausländische Investmentfonds **20** 142

Inlandsunterlagen
– Diskriminierungsverbot **50** 13

Innengesellschaft 15 222; **18** 34
– Ehegatten **13** 45
– Gesellschaftsvermögen **16** 201
– Gewerbebetrieb **15** 208
– Mehrmütterorganschaft
  – Verlustausgleichsverbot **15** 624
– Verlustausgleichsverbot **15** 619

Innung
– Kindergeld **72** 2

Insassenunfallversicherung
– Betriebsvermögen **4** 251
– Privatvermögen **15** 352

Insektenbekämpfung
– Kalamitätsnutzung **34b** 4

Insolvenz
– Bauunternehmer **7** 140
– betriebliche Altersversorgung **3** 203
– Darlehen **6** 137
– Direktversicherung **4b** 23; **19** 131
– Ehegatte **26** 85
– Hinterbliebene **3** 203
– Lohnsteuerverfahren **38** 9
– Pensionsrückstellung **6a** 20
– Untergang einer Darlehensforderung **20** 793

1971

- Unternehmer **15** 150
- Verlustausgleich **10d** 7
- Versorgungsleistungen **3** 203
- Vorauszahlungen **6** 78
- Zahlungsunfähigkeit **11** 44

Insolvenzdarlehen 17 222

Insolvenzgeld 3 22
- Arbeitnehmer
  - Werbungskosten **3c** 83
- Progressionsvorbehalt **3b** 3
- Sonn-/Feiertags-/Nachtarbeitszuschläge **3b** 3

Insolvenzverfahren 33 100
- Anrechnung **48c** 8
- Freistellungsbescheinigung **48b** 10
- Personengesellschaft **2** 112
- Sozialleistungen **3** 22
- Verlustausgleich **2** 111

Insolvenzversicherung
- Leistungen **3** 202

Insolvenzverwalter 18 133, 151, 155
- Arbeitgeber **19** 66
- Bauabzugsteuer
  - Rechtsweg **48c** 20
- freihändiger Verkauf **17** 110
- Gewerbebetrieb **15** 17
- Lohnsteuerhaftung **42d** 27, 55
- Rechtsanwalt **18** 97
- Tarifbegünstigung **34** 52

Instandhaltungsrücklage 11 65; **21** 125

Instandhaltungsverpflichtung
- Rückstellung **5** 165

Instandsetzung
- erhöhte Gebäudeabsetzungen **7h** 3
- Halbabzugsbegrenzung **3c** 74
- Rechtsverordnung **51** 46

Instrumentengeld 19 115

Intensivlohn 19 150

Interbankengeschäft
- Kapitalertragsteuer **43** 27

Internat 33a 85
- Kinderbetreuungskosten **4f** 20

Internet 19 150
- Absetzung für Abnutzung **7** 48, 51
- Bilanzierung **5** 165

Interview 49 43

Invaliditätsentschädigung 24 16

Inventar
- Handelsrecht **6** 112

Inventur 4 29

Inventurstichtag
- Pensionsrückstellung **6a** 44

Investitionsabzugsbetrag 5a 35; **7g** 1
- abweichendes Wirtschaftsjahr **7g** 6
- Änderung/Ablaufhemmung **7g** 59
- Außenprüfung **7g** 26
- begünstigte Wirtschaftsgüter **7g** 10
- betriebliche Größenmerkmale **7g** 18
- betriebliche Nutzung **7g** 29
- Betriebseröffnung **7g** 27
- Bilanzänderung/Maßgeblichkeitsgrundsatz **7g** 16
- Einkünfte-Höchstbetrag **7g** 21
- Einsatz des Wirtschaftsguts **7g** 25
- Festsetzungsfrist **7g** 55

- Finanzierungszusammenhang **7g** 26
- Funktionsbenennung **7g** 32
- Hinzurechnung **7g** 45
- Höchstbetrag **7g** 39
- Höhe/Bemessungsgrundlage **7g** 14
- inländische Betriebsstätte **7g** 19, 28
- Investitionsabzugsbetrag **7g** 45
- Minderung der Anschaffungs-/Herstellungskosten **7g** 48
- Nachweis **7g** 31
- Organschaft **7g** 19
- Personengesellschaft **7g** 19
- Personenkreis **7g** 12
- Rückgängigmachung **7g** 53, 58
- Sonderabschreibung **7g** 65
- unterbliebene Investition **7g** 54
- Verlust **7g** 36
- Verzinsung **7g** 55

Investitionszulage 4 251; **23** 20; **24** 16
- Akkumulationsrücklage **6** 177
- Anschaffungs-/Herstellungskosten **6** 30
- Aufwendungen **3c** 83
- Betriebsaufspaltung **15** 85, 106
- Verein **10b** 18

Investitionszuschuss
- AfA-Bemessungsgrundlage **7** 64
- Anschaffungs-/Herstellungskosten **6** 30
- Krankenhausträger **5** 165
- Sonderabschreibung **7g** 74

Investmentanteil
- Anrechnung **34c** 8, 14
- Ausland **34d** 5
- Rückgabe/Veräußerung **20** 691

Investmentfonds 20 480
- Abgeltungsteuer **20** 681
- Anrechnung ausländischer Steuern **34c** 8
- Arbeitnehmer **19a** 19
- Ausland **20** 142
- Ausschüttung **20** 141
- Ertragsnachweis **20** 142
- Gemeinschaftsrecht **50d** 44
- Halbeinkünfteverfahren **3** 114
- Inland **20** 141
- Steuerabzug **43** 10
- Strafbesteuerung **20** 144
- Transparenzprinzip **20** 141
- Veräußerung **20** 142
- Veräußerung von Wertpapieren **20** 683
- Veräußerungsgewinn **20** 145
- Zwischengewinn **20** 141, 145

Isolierende Betrachtungsweise 2a 17; **49** 1, 43, 149
- Anteilsveräußerung **49** 55
- ausländische Einkünfte **34d** 4
- beschränkte Steuerpflicht **11** 4; **49** 161
- Einkunftsart **34d** 13
- Kapitalgesellschaft **15** 131

Israel
- Kind **32** 14

Jacht 4 185
- bare-boat-Vercharterung **2a** 47

Jagd 4 185; **9** 435; **19** 150
- Aufwendungen **10** 29
- Begriff **13** 13

– Entnahme **15** 365
– Verlust **13** 13
Jagdgenossenschaft 13 13
Jagdpacht 13a 13
Jagdschein 12 10
Jagdwaffe
– Arbeitsmittel **9** 327
Jahresbescheinigung 45a 11
– Finanzdienstleistung/Kreditinstitut **24c** 1
– Kapitalerträge **24c** 1
– Kapitalerträge/Veräußerungsgeschäft **20** 21
– Prüfungsrecht **50b** 1
– Termingeschäft **24c** 1
– Wertpapierhandelsunternehmen **24c** 1
– Zeitpunkt **24c** 1
Jahressteuerbescheinigung 20 626
Jahressteuerprinzip 2 153
– Wechsel von der unbeschränkten zur beschränkten Steuerpflicht **2** 155
Jahreswagen
– Arbeitslohn **8** 65
Job-sharing 19 56, 100
Job-Ticket 8 22; **19** 150, 160
– Entfernungspauschale **9** 401
Joint Venture
– BGB-Gesellschaft **15** 218
Journalist 18 78; **19** 100
– Berufsbild **18** 120
– Steuerabzug **1** 39
– Steuererhebung **49** 107
– Werbeberater **18** 120
– Werbungskosten **19** 160
Jubiläum 12 11
– Betriebsausgaben **4** 252
– Dienstjubiläum **34** 51
– mehrjährige Tätigkeit **34** 46
– Rückstellung **5** 142
Jubiläumszuwendung
– Grundlohn **3b** 2
Jugoslawien 63 5
Juristische Person 20 110
– Altersvorsorge **10a** 3
– Anteilsveräußerung **20** 119
– Bauabzugssteuer **48** 7, 15
– Betriebsaufspaltung **15** 83
– Kapitalertragsteuer **44** 3
– Liquidation **20** 100
– Organ **15** 17
– pauschalierungsberechtigt **37b** 20
– unbeschränkte Steuerpflicht **1** 10

Kabelanschlusskosten 21 125
– Herstellungskosten **6** 60a
Kalamitätsholz
– Aktivierung **13** 66
– Überschussrechner **13** 69
Kalamitätsnutzung 13a 13
– Begriff **34b** 4
– Einschlagsbeschränkung **34b** 11
– Gewinnermittlungsart **34b** 8
– Nachholung **34b** 11
– Nachweis **34b** 6
– Nutzungssatz **34b** 5

Kanalanschlussgebühren
– Erschließungskosten **6** 43
– Werbungskosten **9** 140
Kantine s. Gemeinschaftsverpflegung
Kapitalabfindung
– Beamte **3** 28
– berufsständische Versorgungseinrichtung **3** 27
– gesetzliche Rentenversicherung **3** 27
– Rentenbezüge **3c** 83
– Unterhaltsleistungen **33** 100
Kapitaldeckungsverfahren
– Unterstützungskasse **4d** 1
Kapitaleinkünfte 13a 17; **17** 20, 306
– Abgeltungsteuer **32d** 1
– Teileinkünfteverfahren **Einl** 14
– Abzugssteuer **49** 135
– andere Einkunftsarten **20** 450
– Anrechnung ausländischer Steuern **32d** 1
– Anwendungszeitpunkt **20** 655
– Arbeitnehmer-Darlehen **20** 454
– Aufwendungen **34d** 28
– Ausland **34d** 28
– Sparerfreibetrag **20** 471
– ausländische Rechtsgebilde **20** 61
– beschränkte Steuerpflicht **49** 110
– besondere Entgelte und/oder Vorteile **20** 121, 125
– Darlehen/stille Gesellschaft **32d** 16
– DBA **49** 136
– Depotwechsel **43a** 42
– Differenzgeschäfte **15** 129
– Dividendenschein **20** 135
– Einkunftsart **20** 614
– Einzelrechtsnachfolger **20** 9
– Erhebungsdefizit
– Gleichheitsgrundsatz **20** 25
– Ersatzbemessungsgrundlage **43a** 57
– erweiterter Umfang **15** 129
– fingierte Veräußerung **43a** 54
– Gesamtrechtsnachfolger **20** 9
– Inlandsbezug **49** 125
– Jahresbescheinigung **20** 21; **24c** 1
– Kaufpreisrate **17** 187
– Körperschaften **20** 23
– Lebensversicherung **20** 250
– Leistungsempfänger **20** 455
– Liquidation **16** 72
– Lohnsteuer-Ermäßigungsverfahren **39a** 8
– minderjährige Kinder **20** 9
– Nießbrauch **20** 9
– partiarisches Darlehen **20** 210
– Personengesellschaft **20** 804
– persönliche Zurechnung **20** 9
– Rückzahlung von Einnahmen **20** 3
– Schedulensystem **20** 542
– sonstige Bezüge **20** 62
– sonstige Kapitalforderungen **20** 301
– Steuergeheimnis **20** 24
– Steuerstundungsmodell **15b** 12, 48
– stille Gesellschaft **20** 161, 186
– Teileinkünfteverfahren **3** 139e
– Treuhand **20** 9
– Überschusseinkunftsart **2** 38
– Überschusserzielungsabsicht **20** 3
– Übertragung der Beteiligung **20** 129
– Veräußerungsgewinn **20** 765; **43** 68

1973

Kapitalerhöhung

- verdeckte Gewinnausschüttung **20** 71
- Verlagerung auf Angehörige **20** 9
- Verlustausgleichsbeschränkung **20** 430
- Verlustausgleichsverbot **20** 516
- Verlustverrechnung **20** 854
- Verlustvortragsgebot **20** 883
- Werbungskosten **20** 480
  - Pauschbetrag **9a** 20
- Wertpapier-Pensionsgeschäft **20** 9
- wirtschaftlicher Eigentümer **20** 9
- Zinsabschlag **20** 32
- Zufluss **20** 13
- Zurechnung **20** 5

Kapitalerhöhung 17 80
- Anschaffungskosten **17** 205
- Betriebsaufspaltung **15** 110
- Bezugsrecht
  - GmbH-Anteil **23** 18
- Gesellschafter **16** 29

Kapitalersetzende Darlehen 17 42, 220
- Besitzunternehmen **15** 104
- Betriebsaufspaltung **15** 102
  - Teilwert **6** 134
- Bilanzierung **5** 165
- Forderungsverzicht **4** 104
- Haftung **15a** 107
- nachträgliche Anschaffungskosten **17** 260
- Nutzungsvergütungen **15** 398
- Teilwertabschreibung **17** 223
- Verlust **17** 100

Kapitalertragsteuer 11 7; **20** 21; **43a** 2
- Abgeltungswirkung **43** 86
- Absehen vom Steuerabzug **43** 78
- Abzugsverpflichteter **44** 4
- Anmeldung **45a** 2
- Anrechnung **36** 13; **44a** 12
- Anrechnungsanspruch **15** 411
- ausländische Investmentfonds **43** 11
- ausländische Kapitaleinkünfte **43** 43, 55
- ausländische Körperschaft **44a** 58
- ausländische Quellensteuer **43a** 32
- Auslandsansässigkeit
  - DBA **17** 20
- Bemessungsgrundlage **43a** 35
- Bescheinigung **45a** 3
- besondere Entgelte **43** 33
- Betriebsstätte **43b** 8
- Bundesbankgenussrechte **43** 15
- Bußgeld **50e** 1
- Dividende **50** 18
- Einkunftsart **43** 37
- Erhebung **44** 10
- Erstattung **44a** 12; **44b** 1; **49** 110
  - Gemeinnützigkeit **44a** 33
  - Sammelantrag **45b** 1
- Erstattung bei geringen Beträgen **45c** 3, 7
- Erstattung in Massefällen **45c** 5
- Finanzierungsschatz **43a** 10
- fingierte Veräußerung **43a** 54
- Freistellungsverfahren **50d** 20
- Gemeinschaftsrecht **50d** 7
- Genussrechte **43** 15
- Gesellschafter **4** 251
- Gewinnobligationen **43** 15
- Haftung **44** 17

- Identität von Gläubiger und Schuldner **43** 35
- Inland **43** 36
- inländische Kreditinstitute **43** 27
- Interbankengeschäft **43** 27
- Kapitalherabsetzung **43** 13
- Kirchensteuer **10** 25; **43a** 28
- Kontokorrentkonto **43a** 10
- körperschaftsteuerbefreite Körperschaft **44a** 15
- Leerverkauf **44** 4
- Leerverkäufer **20** 93
- Mutter-/Tochtergesellschaft **43** 35
- Nettovereinbarung **50a** 35
- Objektsteuer **43** 1
- Organschaft **43** 35
- REIT-AG **50d** 4
- Sammelantrag **45b** 5
- Schuldner **44** 3
- Sichteinlagen **43** 27
- steuerbefreite Körperschaften **20** 118
- Steuerbefreiung nach § 8b KStG **43** 13
- Steuersätze **43a** 25
- stille Gesellschaft **43** 17
- Stillhalteprämie **43** 64
- Teilschuldverschreibung **43** 15
- Termingeschäft **43** 68
- Treuhand **43** 35
- Überbesteuerung **44a** 20
- Übertragung von Kapitalanlagen **43** 72
- Umwandlung von Rücklage **43** 13
- Unterbeteiligung **20** 168
- Versicherungsleistungen **43** 50
- Wandelanleihen **43** 15
- Wertpapier-Pensionsgeschäft **36** 13
- Zeitpunkt **36** 3; **44** 14
- Zinsen
  - Lebensversicherung **43** 19
  - partiarisches Darlehen **43** 17
- Zufluss **44** 10

Kapitalertragsteuer-Anmeldung
- elektronische Übermittlung **45a** 7

Kapitalforderung
- Abzinsung
  - Aufzinsung **20** 382
- Begriff **20** 329
- Erträge **20** 704

Kapitalgedeckte Altersvorsorge
- Zusatzversicherung **10** 14

Kapitalgesellschaft
- 100%ige Beteiligung
  - Teilbetrieb **16** 99
- Aktivierung der eigenen Anteile **5** 165
- Anteilsveräußerung **17** 13
- Barlohnumwandlung
  - Organ **6a** 42
- Begriff **17** 40
- Beratungskosten
  - fehlgeschlagene Gründung **17** 245
- Besitzunternehmen
  - vermögensmäßige Verbindung **15** 84
- Beteiligung **4** 56; **6** 134
  - Aktivierung **5** 165
- Beteiligung als Mitunternehmer **15** 463
- Betriebsaufspaltung **15** 79
- Betriebsvermögen **4** 63

- Carried Interest **3** 141b
- Drei-Objekt-Grenze **15** 127
- Durchgriff
  - Betriebsaufspaltung **15** 77
- eigene Anteile **17** 50
- Eigenkapital **5** 105
- Einbringung **16** 16
- Eintragung im Handelsregister **15** 135
- Erbschaft **6** 181a
- EuGH-Vorabentscheidung **5** 20
- fehlgeschlagene Gründung
  - Verlust **17** 284
- Freiberufler **18** 36
- Geschäftsführungsbefugnis **15** 138
- Gesellschafter **19** 100
- Gewerbebetrieb **15** 135
- Gewerbesteuer
  - Veräußerungsgewinn **16** 13
- Gewinnausschüttung **20** 109
- Gewinnerzielungsabsicht **15** 130
- Gründungskosten **20** 480
- Kapitaleinkünfte **20** 23
- Kapitalherabsetzung **6b** 8
- Körperschaftsteuer-Anrechnung **36** 20
- Land- und Forstwirtschaft **13** 3
- Liebhaberei **4** 86
- mittelbare Beteiligung **15** 620
- Mitunternehmer **6** 188c
- Mitunternehmeranteilseinbringung **15a** 77
- Neuregelungen **52** 15
- nicht entnommener Gewinn **34a** 2
- notwendiges Betriebsvermögen **4** 86
- Nutzungsentnahme **15** 368
- Privatsphäre **2** 49c; **4** 63, 86; **12** 1
- Realteilung **16** 347a
- Sitzverlegung **17** 320
- Sozietätserweiterung **18** 165
- stille Gesellschaft **20** 180
  - Verlustausgleichsverbot **15** 620
- Teilbetriebsveräußerung **16** 60
- Überentnahme **15** 363
- unentgeltliche Betriebsübertragung **16** 21
- Unterbeteiligung **20** 168
- Veräußerungsgewinn
  - Gewerbesteuer **16** 13
- verdeckte Einlage **6** 167
- verdeckte Gewinnausschüttung **4** 104; **20** 71
- Verfassungsmäßigkeit
  - Verlustausgleichsverbot **15** 624
- Vorgesellschaft **15** 219

Kapitalherabsetzung **2a** 73; **6b** 8; **17** 93, 138, 271, 294; **20** 100
- Anteilsveräußerung **16** 18
- Auflösung **6b** 8
- ausländische Körperschaft **2a** 31
- Bezüge **20** 102; **49** 112
- Einlagerückgewähr **17** 299
- Einziehung von Aktien **17** 141, 205
- Halbeinkünfteverfahren **3** 129
- Kapitalertragsteuer **43** 13
- Nachversteuerung **49** 56
- Sitzverlegung **17** 320
- Teilbetriebsveräußerung **16** 72
- Veräußerung **15** 171
- Verlust **20** 480

Kapitalistische Betriebsaufspaltung **15** 83
Kapitalkonto
- Begriff **15a** 193
- Gewinnvorab **15** 399
- Unterentnahme **4** 161
- Verlustanteil **15a** 42

Kapitallebensversicherung *s. Lebensversicherung*
Kapitalrücklage **5** 106; **17** 43, 125
Kapitalrückzahlung
- Sitzverlegung **17** 320
- Zusage **20** 302

Kapitalverkehrsfreiheit **36** 41
- ausländische Stiftung
  - Spenden **10b** 28a
- Liquidation **17** 34
- Sitzverlegung **16** 315
- Steuerabzug **50a** 36
- Steueranrechnung **34c** 39
- Veräußerungsgewinn **16** 315d

Kapitalvermögen
- Betriebs-/Privatvermögen **20** 510
- Rückzahlung **20** 781
- Veräußerung **43** 68
- Veräußerungsgewinn **20** 502
- Verwaltung **15** 129

Kapitalversicherung **10** 13
- Rentenzahlung **22** 5

Karenzentschädigung
- Wettbewerbsverbot **19** 36

Karnevalssitzung
- Entnahme **15** 365

Kartellamt
- Geldbuße **4** 203

Kaskoversicherung **10** 18
- Diebstahl
  - Versicherungsleistung **4** 251

Kassenarzt
- Praxisveräußerung **18** 166
- Sonderzahlung **34** 52

Kassenstaatsklausel
- DBA **50d** 50

Kassenstaatsprinzip **1** 18; **1a** 24; **49** 108, 148
- Arbeitnehmer **34d** 25; **49** 97

Kassenvermögen
- Unterstützungskasse
  - Überdotierung **4d** 52
- zulässiges/tatsächliches **4d** 57

Katalogberuf **18** 65
- ähnliche Berufe **18** 124
- ähnliche Darbietungen **49** 42
- freiberufliche Tätigkeit **18** 5
- selbstständige Tätigkeit **18** 1

Katastrophe
- vereinfachter Spendennachweis **10b** 36

Katastrophenschäden **21** 125
Kaufkraftausgleich **19** 150
- Auslandsbedienstete **3** 200

Kaufoption
- Optionsprämie **3c** 83

Kaufpreis **24** 47
- Absetzung für Substanzverringerung **7** 206

Kaufpreisforderung

- Angemssenheit
  - Unterhaltsleistungen **16** 141
- Anschaffungskosten **17** 206
- Aufteilung
  - Gebäudewert **6** 48
  - gemischte Schenkung **21** 125
  - Mitunternehmerschaftsanteils-Veräußerung **3c** 83
- Ausfall **16** 414
- nachträgliche Änderung **17** 192
- Preisnachlass **6** 45
- Ratenzahlung **24** 47
- teilentgeltliche Übertragung **6** 188b

Kaufpreisforderung
- Stundungszinsen **20** 329
- zinslose Stundung **17** 184

Kaufpreisrate
- Anteilsveräußerung **3** 125
- Betriebsweiterveräußerung **16** 141
- Bewertung **6** 138
- Kapitaleinkünfte **17** 187
- wesentliche Beteiligung **17** 172

Kaufpreisverbindlichkeit
- Anschaffungskosten **6** 37

Kaufpreisvermächtnis
- entgeltliche Betriebsveräußerung **16** 106

Kaufvertrag 17 105
- Gewinnrealisierung **5** 155
- Provision **22** 34
- Reugeld
  - Rücktritt **22** 35
- Rückabwicklung **5** 165; **33** 52

Kaution 11 65; **21** 90

Kellner
- Berufskleidung **9** 325

Kernkraftwerk
- Ansammlungsrückstellung **6** 157
- Entsorgungsrückstellung **5** 148
- Rückstellung **5** 131
- Stilllegung
  - Abzinsung **6** 158

Kettenveräußerung
- Anteil **16** 18

Kfz-Sachverständiger 18 134

KG
- Anteilsschenkung **15** 262
- Außengesellschaft **15** 214
- beschränkter Geschäftszweck **15a** 162
- Einkunftsart **15** 142
- fehlende Gewinnabsicht **15** 217
- Gesellschafter **15** 3
- gewerbliche Prägung **15** 135
- Haftung **15** 136
- Handelsregister **15** 15
- Kommanditist **15a** 45
- Verlustverrechnungsverbot **15a** 73
- Vermögensverwaltung **15** 217

KGaA
- AnteilsveräuQerung **17** 40
- Anteilsveräußerung **16** 258
- Begriff **15** 500
- einheitliche und gesonderte Feststellung **15** 501
- Einkünfte der persönlich haftenden Gesellschafter **15** 503

- Ergänzungsbilanz
  - Sonderbilanz **15** 504
- Gewerbebetrieb **15** 135
- Gewerbesteuer-Anrechnung **35** 10
- Gewinnanteil **15** 501
- Gewinnermittlung **5** 27
- Pensionszusage **15** 505
- Sonderbetriebsvermögen **15** 506; **16** 259

Kick-Back-Zahlungen 21 90

Kiesgrube
- Kippgebühren **4** 251
- Nebenbetrieb **13** 19
- Rekultivierung **4** 251

Kiesvorkommen
- Absetzung für Substanzverringerung **7** 196
- Einlage **6** 165
- Hauptbetriebsplan **7** 197
- Verpachtung zum Abbau **21** 125

Kind
- Abschlusspfleger **15** 257
- Abzweigung des Kindergeldes **74** 1
- Amtsveranlagung **46** 30
- angemessene Gewinnverteilung **15** 443
- Anspruchsberechtigung **63** 2
- Arbeitslosigkeit **32** 10
- Aufenthaltsbestimmungsrecht **64** 2
- Ausbildung
  - Lebensführungskosten **12** 2
- Ausbildungsbedarf
  - Halbteilungsgrundsatz **31** 2
- ausbildungsbedingte Mehraufwendungen **32** 18
- Ausbildungsdienstverhältnis **12** 8
- Ausbildungsfreibetrag **33a** 50
  - Aufteilung **33a** 64
- Ausland **32** 22
  - Pauschbetrag **33b** 15
- außergewöhnliche Belastungen **32** 15
- auswärtige Unterbringung **32** 18; **33a** 81; **63** 2
- Begleitperson
  - Behinderte **33** 100
- Begriff **32** 2
- Beherrschungsidentität **15** 92
- Behinderten-Pauschbetrag **1a** 21; **33b** 10
- Behinderung
  - Heimunterbringung **33** 100
  - Voraussetzungen **32** 15
- behinderungsbedingter Mehrbedarf **32** 15
- Berufsausbildung **10** 27; **32** 11
- besondere Veranlagung **26c** 6
- Besuchsfahrten **33** 100
- Betreuungs-/Erziehungsbedarf **32** 23
- Darlehen **21** 36
  - Schenkung **15** 355
- Dienst im Ausland **32** 14
- Eheschließung **32** 8
- eigene Einkünfte **32** 8, 16, 17; **33a** 60
- Einbringung teils auf eigene/fremde Rechnung **16** 38
- Einkommen **32** 16
- Entlassungsgeld
  - Wehrdienst **32** 19
- Entlastungsbetrag **24b** 1
  - Haushaltsgemeinschaft **24b** 10
- Ergänzungspfleger **4** 252

- Ermittlung der Bezüge **32** 17
- Erziehungszeit
  - zusätzliche Altersvorsorge **10a** 3
- Existenzminimum **Einl** 7; **32** 17, 23
- Fahrtkosten **33** 100
- Familienbesteuerung **Einl** 10
- Familienleistungsausgleich **31** 1
- fehlender Ausbildungsplatz **32** 13
- Ferienarbeit **19** 100
- Führerschein **33** 100; **33b** 3
- gemeinsamer Haushalt **64** 3
- geringfügige Beschäftigung **32** 10
- Gestaltungsmissbrauch **21** 36
- getrennte Veranlagung
  - Pauschbeträge **26a** 6
- gewöhnlicher Aufenthalt
  - Wohnsitz **63** 4
- gleichgeschlechtliche Lebensgemeinschaft **32** 23
- Grenzbetrag **32** 15
- Haushaltshilfe **33a** 73
- haushaltsnahes Beschäftigungsverhältnis **35a** 6
- Heimunterbringung **32** 15
- Hinterbliebenenversicherung **10** 14
- Hinterbliebenenversorgung **6a** 8
- Höchstbetrag
  - Vorsorgeaufwendungen **10** 22
- Holznutzung **34b** 3
- Kapitaleinkünfte **20** 9
- Kur **33** 100
- Legasthenie **33** 100
- Lohnsteuerkarte **32** 8; **39** 7
- Mietvertrag **21** 30
- Minderjährigkeit **32** 8
- Mindesteigenbeitrag **86** 5
- Mitunternehmerschaft **13** 46
- nichteheliche Lebensgemeinschaft **9** 246; **63** 2
- Nießbrauch **21** 57
- Pflegebedürftigkeit **33** 5
- Pflegegeld **32** 15
- Pflegekind **32** 7
- Pfleger **21** 56
- Prozesskosten **33** 100
- Schulgeld **10** 36
- Schulkosten **10b** 16; **33** 100
- Schwerbehindertenausweis **32** 15
- Sorgerechtsverfahren **33** 100
- Spekulationsgeschäft **23** 6
- stille Reserven **15** 260
- Strafverteidigungskosten **33** 100
- Studium **63** 2
- Trennung der Eltern **64** 2
- Übergangszeit zwischen zwei Ausbildungsabschnitten **32** 12
- Übertragung des Behinderten-Pauschbetrags **33b** 15
- Umgangsrechtsstreit **33** 100
- unbeschränkte Steuerpflicht **1** 10
- Unterbringung **10b** 82
- Unterhaltsleistungen **33a** 41
- Unterhaltspflicht **33a** 16
- Unterhaltsrente **64** 6
- Unterhaltsrückzahlung **33a** 7
- Unternehmer **15** 153
- Veräußerungsgewinn **32d** 17
- Vermögen **32** 16
- Versorgungsleistungen **16** 92; **22** 13
- Verzicht auf Teile der Einkünfte **32** 20
- Wehrdienst **32** 22
- zumutbare Belastung **33** 72

Kinderbeihilfe 19 150

Kinderbetreuungskosten 1a 20; **9a** 15; **19** 160; **32** 24; **33** 66; **35a** 4, 7, 8; **50** 11
- Abzugsfähigkeit der Kosten **4f** 30
- Alleinerziehende
  - Erwerbstätigkeit **4f** 1
- Altersgrenze **4f** 3, 12, 23
  - behindertes Kind **4f** 23
- Arbeitslosigkeit **4f** 25
- Arbeitszeit **4f** 25
- Au-pair/Nachweis **4f** 11
- Aufteilung bei Ehegatten **4f** 31
- Ausbildung der Eltern **10** 25a
- Ausbildungsfreibetrag
  - Kinderfreibetrag **4f** 6
- Ausgaben in Geld/Geldeswert **4f** 11
- ausgeschlossene Aufwendungen **4f** 15
- Ausland
  - Internat **4f** 20
- außergewöhnliche Belastungen **4f** 6; **32** 28
- begünstigte Aufwendungen **4f** 10
- Behinderung/Krankheit der Eltern **10** 25a
- berücksichtigungsfähige Kinder **4f** 22
- beschränkte Steuerpflicht **4f** 35, 45; **10** 25a
- Betriebsausgaben **4f** 33
- Betriebsausgaben/Werbungskosten **4f** 2
- Dauer der Erwerbstätigkeit **4f** 38
- Dienstleistung **10** 25a
- Düsseldorfer Tabelle **4f** 6
- eheähnliche Lebensgemeinschaft/Lebenspartnerschaft **4f** 10
- Einkunftsart **4f** 4
- Erwerbstätigkeit **4f** 25
  - beider Elternteile **4f** 37
- Erzieher **4f** 12
- Fahrschulkosten **4f** 15
- Feststellungslast **4f** 26
- Freizeitbeschäftigung **4f** 15
- Freizeitbeschäftigung/Unterricht **10** 25a
- Ganztagespflegestelle **4f** 12
- geringfügige Beschäftigung **4f** 25
- gleichgeschlechtliche Lebensgemeinschaft **4f** 39
- Haushaltshilfe **4f** 12
- haushaltsnahes Beschäftigungsverhältnis **4f** 5
- Haushaltszugehörigkeit **4f** 20
- Höchstbetrag **4f** 30
- Kinderbetreuungskosten **4f** 30
- Kindergarten **4f** 5
- Kindergarten/Tagesmutter **4f** 12
- Kindschaftsverhältnis **4f** 10
- Klassenfahrt **4f** 15
- Liebhaberei/Studium **4f** 25
- mehrfache Inanspruchnahme für ein Kind **4f** 36
- Nachhilfe **4f** 15
- Nachweis
  - Rechnung **4f** 50; **10** 25a
- negative Einkünfte **4f** 33
- reduzierte Arbeitszeit **4f** 11
- Sonderausgaben **4f** 2
- Tanzkurs **4f** 15
- Teilzeittätigkeit **4f** 25

1977

Kindererziehungszuschlag

- Überschusseinkünfte **4f** 4, 35; **9** 440
- Ursächlichkeit der Erwerbstätigkeit **4f** 26
- Verfassungsmäßigkeit **4f** 30, 40
- Wochenendmutter **4f** 12

Kindererziehungszuschlag 3 221

Kinderfreibetrag Einl 10; **33a** 21
- Aufteilung **33a** 63
- Entlastungsbetrag **24b** 6
- Gemeinde **39** 6
- Günstigerprüfung **31** 4, 8
- halber oder voller **32** 27
- Hinterbliebenen-Pauschbetrag **33b** 15
- Kinderbetreuungskosten **4f** 6
- Kirchensteuer **51a** 1
- Lohnsteuer-Pauschalierung **40** 17
- Lohnsteuerkarte **32** 24
- Übertragung
  - Zustimmung **32** 33
- Zusammenveranlagung **26b** 20

Kindergarten 3 91; **19** 150
- Arbeitgeber **8** 22
- geldwerter Vorteil **8** 24
- Kinderbetreuungskosten **4f** 5, 12
- Kindergeld **72** 2
- Nachweis **4f** 50

Kindergeld Einl 10; **3** 69; **33a** 21
- Abkommen über soziale Sicherheit **62** 3
- Abtretung
  - Aufrechnung **74** 3
- Abzweigung an Kind **74** 1
- Änderung **70** 2
  - Einkünfteprognose **70** 4
- Anrechnung
  - Verfassungsmäßigkeit **31** 11
- Anspruchskonkurrenz **64** 2
- Antrag **64** 4; **67** 1
- Aufenthaltserlaubnis **62** 2
- Aufrechnung **75** 1
- Ausländer **62** 2
- ausländische Arbeitnehmer
  - Entsendung **62** 2
- Ausscheiden aus öffentlichem Dienst **72** 5
- Ausschluss **65** 2
- Auszahlungsempfänger **74** 4
- Beitrittsgebiet **78**
- Billigkeitsentscheidung **77** 1
- Einkommensteuer-Vorauszahlung **37** 40
- Einspruchsverfahren
  - Kosten **77** 1
- Eintritt in öffentlichen Dienst **72** 5
- Entlastungsbetrag **24b** 6
- Entreicherung **70** 2
- Entsendung **62** 2
- Erstattung **74** 3
- Erstattungsanspruch **74** 4
- erweiterte unbeschränkte Steuerpflicht **31** 7
- EU/EWR **31** 7
- Familienkasse **31** 2
- Familienleistungsausgleich **31** 1
- Fehlerbeseitigung **70** 3
- Festsetzung **70** 1
- Festsetzungsverjährung **66** 3
- Grundlagenbescheid **70** 4
- Günstigerprüfung **31** 4, 7, 8

- Hinterbliebenen-Pauschbetrag **33b** 15
- Hinzurechnung **36** 6
- Höhe **66** 1
- Kinderfreibetrag **31** 7
- Kirchensteuer **51a** 1
- Lohnsteueranmeldung **41a** 3; **72** 7
- Mitwirkungspflicht **68** 2
- Monatsprinzip **66** 3
- Obhutsprinzip **64** 1
- Pfändbarkeit **76** 1
- Pfändung **76a** 1
- Rechtsbehelf **70** 5; **72** 6
- Rückforderung **65** 6; **70** 2; **85** 1
- rückwirkender Widerruf **64** 3
- Staatenlose **62** 2
- Teilkindergeld **65** 6
- über-/zwischenstaatliche Regelungen **72** 3
- Übergangsregelungen **78**
- Überprüfung **69**
- unbeschränkte Steuerpflicht **32** 1; **62** 1
- vergleichbare ausländische Zahlungen **65** 4
- Verrechnung **31** 4
  - mit ausländischem Kindergeld **31** 10
- Veruntreuung **15** 366
- Vollzeiterwerbstätigkeit **32** 8
- Vormundschaftsgericht **64** 4
- Wehrdienst **32** 22
- zivilrechtlicher Ausgleichsanspruch **31** 11
- Zusammenveranlagung **31** 6
- Zuschlagsteuern **31** 13
- zuständige Stelle **81a** 1

Kinderzulage 10a 1
- Altersvorsorgezulage **85** 1
- Anspruchsberechtigter **85** 1
- Europäische Union **65** 5
- gesetzliche Unfallversicherung **65** 3
- NATO-Bedienstete **65** 5
- Rückforderung **85** 2
- Schweiz **65** 4

Kinderzuschlag 3 42

Kinderzuschuss 3 15

Kirche
- altes Spendenrecht **10b** 47a
- Pfarrer **19** 100

Kirchenbeamte
- freiwillige Rentenversicherung **19** 150

Kirchensteuer 51a 5
- Abgeltungsteuer **32d** 12; **51a** 2
- Erstattung **10** 4, 25
- Gewerbesteuer-Anrechnung **35** 5
- Halbeinkünfteverfahren **3** 114
- Halbteilungsgrundsatz **26b** 25
- Kapitaleinkünfte/Abgeltungsteuer **20** 629
- Kapitalertragsteuer **10** 25; **43a** 28
- Kindergeld **31** 13; **51a** 1
- Lohnsteueranmeldung **41a** 3
- Lohnsteuerpauschalierung **40** 18; **40a** 8g
- Nebenkosten **10** 25
- Pauschalierung **37b** 40
- Sonderausgaben **10** 25
- Thesaurierungsbegünstigung **34a** 30
- Zusammenveranlagung **26b** 25

Kirchliche Schule
- Kindergeld **72** 2

1978

Kirchliche Zwecke
− Spenden **10b** 23
Kläranlage
− Beiträge **6** 43
Klärschlamm 13 4
Klassenfahrt 19 160
− Kinderbetreuungskosten **4f** 15
− Lehrer **12** 18; **19** 160
Klavier
− Arbeitsmittel **9** 327
Kleidergeld 3c 83
Kleidung 8 22; **12** 3, 4; **33** 21, 23, 61, 100
− Betriebsausgaben **4** 252
− Lebensführungskosten **12** 2, 3
− notwendiges Privatvermögen **4** 51
Kleinbeträge
− Vorsteuerabzug **9b** 15
Kleinbetrieb
− Wirtschaftsjahr **4a** 10
Kleingewerbetreibender
− Einnahme-Überschuss-Rechnung **4** 107
Kleinunternehmer
− ausländischer Aufsichtsrat **50a** 11
− Bauabzugsteuer **48** 7
− Vorsteuerabzug **9b** 17
Klientenstamm
− Veräußerung **18** 164
Klimaheilbehandlung 33 100
Klimaschutz
− Emissionshandel/Steuerabzug **50a** 25
Klischees
− Umlaufvermögen **6** 22
Knappschaftsversicherung
− Beitrag **10** 13
Know-how 21 77
− beschränkte Steuerpflicht **49** 140, 152
− sonstige Einkünfte **34d** 32
− Steuerabzug **50a** 28
Koffer
− Arbeitsmittel **9** 327
Kohlevorkommen
− Absetzung für Substanzverringerung **7** 196
Kölner Modell 21 115
Kombizins-Anleihe 20 318
Kommanditist
− Abspaltung **15a** 76
− Ausscheiden **16** 218
− Betrag der Haftungsminderung **15a** 242
− BGB-Gesellschaft **15a** 45
− Einlage **15a** 103
− Gesamthandsgemeinschaft **15a** 45
− Geschäftsführungsbefugnis **15** 138
− gesellschaftsrechtliche Haftung **15a** 102
− Haftungsbeschränkung **15** 136
− handelsrechtliche Gesellschafterstellung **15a** 45
− Handelsregistereintragung **15a** 131
− Klagebefugnis **15a** 284
− Mitunternehmer **15** 442
− Mitunternehmerrisiko **15a** 23
− negatives Kapitalkonto **15a** 2
− OHG **15a** 45
− Personengesellschaft **15a** 45

− Steuerstundungsmodell **15b** 28
− Unwahrscheinlichkeit der Haftung **15a** 161
− Vergleichbarkeit der Haftung **15a** 303
− Verlustausgleichsbeschränkung **15a** 2
− Verlustausgleichsverbot **15b** 10
− Verlustzuweisungsgesellschaft **15a** 11
− Zukunftssicherungsleistungen **3** 180
Kommissionsgut
− Ausgleichsanspruch **24** 33
Kommunale Wählervereinigung 34g 19
Kommunaler Eigenbetrieb
− Spendenempfänger **10b** 25
Kompensationsgeschäft
− Fremdwährung **5** 55
Komplementär
− Arbeitgeber
  − GmbH-Geschäftsführer **38** 5
− Arbeitnehmer **15** 215
− Außenhaftung **15** 441
− Geschäftsführer-Abfindung **24** 17
− Gewinnanteil
  − Sondervergütungen **15** 2
− Haftung **15** 136
− KGaA **15** 501, 506
− Mitunternehmer **15** 247
− Verlustausgleich **15a** 304
Kongressreise 12 19
Konkurrentenklage
− Gemeinnützigkeit **10b** 21
Konkurrenzverzicht 24 16; **49** 101
Konsolidierte Bilanz
− Eigenkapitalvergleich/Escape Klausel **4h** 106
Konsolidierte Gesamtbilanz
− Mitunternehmerschaft **15** 312
Konstrukteur 18 134
Konsul 1 8
Konsularbeamter
− Ehegatte **26** 30
Konsulatsangehörige 3 84; **19** 150
Kontaktlinsen 12 26
Kontoauszug
− Nachweis **10b** 36
Kontoführungsgebühren 12 6; **19** 150, 160; **20** 480
Kontokorrentkonto
− gemischte Nutzung **12** 6
− Kapitalertragsteuer **43a** 10
− Pfändungsschutz **76a** 1
− private Schuldzinsenanteile **4** 159
Kontrollmeldeverfahren
− Antragsfrist **50d** 31
− ausländische Versicherungsunternehmen **50d** 30
− Steuerabzug **50d** 30
Kontrollmeldungen
− Steuerabzug **50d** 20
Kontrollmitteilung
− Lohnsteuer **42d** 50
− Quellensteuer **50d** 3
− Spontanauskunft **50d** 61
− Steuergeheimnis **20** 24
− Zinsen **45e** 1
Konzeptionskosten 6 131
− Anschaffungskosten **21** 113

1979

Konzern

- Betriebsausgaben 4 252
- Bilanzierung 5 165

Konzern
- anteilige Zugehörigkeit 4h 64
- Arbeitgeber
  - Einnahmen 8 31
- Ausland
  - Lohnsteuerabzug 38 12
- ausländische Verluste 2a 4
- Begrenzung des Zinsaufwands 4h 33
- Begriff 4h 61
- Berherrschungsverhältnis 4h 63
- Betriebsaufspaltung 4h 63
- Betriebsstätte 41 7
- Bilanzierungswahlrecht 4h 76
- Eigenkapitalquote 4h 72
- Eigenkapitalvergleich 4h 70
- Expatriates 19 100
- Handelsbilanzrecht 4h 81
- internationale Rechnungsstandards 4h 80
- Konsolidierungsmöglichkeit 4h 62
- Mehrfacharbeitsvertrag 19 70
- Missbrauchsvorbehalt 4h 60
- Organkreis 4h 107
- Rabatt 8 61a; 19 129
- Reichweite des Konzernabschlusses 4h 74
- Sonderbetriebsvermögen 4h 79
- Sonderzahlungen/keine Trinkgelder 19 127
- Trinkgeld 3 161
- vorteilsgewährende Dritte 38 12
- Zinsschranke 4h 6

Konzernklausel
- Vermögensbeteiligung 19a 16

Konzernpensionskasse 4c 3

Körperschaft 20 110
- Anteil
  - Realteilung 16 347a
- Anteilseigner
  - Korrespondenzprinzip 20 72
- Anteilsübertragung 20 787
- Anteilsveräußerung 6b 36; 20 731
- Anwartschaft auf Beteiligung 20 745
- beschränkte Steuerpflicht 49 63; 50a 35
- Betriebsaufgabe
  - Eintritt einer Befreiung 16 303
- Bezüge
  - Halbeinkünfteverfahren 3 131
- Einnahmen 20 109
- Freigrenze/Zinsschranke 4h 51
- Gewerbebetrieb kraft Rechtsform 15 130
- Kapitaleinkünfte 20 23
- keine Erhebung der Kapitalertragsteuer 44a 50
- Körperschaftsteuer-Anrechnung 36 20
- Liquidation 20 100
- Schlussbesteuerung 3 232
- Steuerstundungsmodell 15b 13
- verdeckte Gewinnausschüttung 20 71
- Wertpapierleihgeschäft 3c 59
- wiederkehrende Bezüge 22 7
- Zinsschranke 4h 10
- Zinsvortrag/-schranke 4h 100

Körperschaft des öffentlichen Rechts
- Betriebsaufspaltung 15 83

Körperschaftsteuer
- Anrechnungsanspruch
  - Aktivierung 5 165
  - Gesellschafter 4 251
- Ausgleichposten 4g 4
- Erstattungsanspruch 5 165
- Freistellungsbescheid 10b 26
- Halbeinkünfteverfahren 20 41
- inländische Investmentfonds 20 141
- Organschaft 32c 3

Körperschaftsteuer-Anrechnung
- Sonderbetriebsvermögen II 15 411

Körperschaftsteuerbefreiung
- Spendenbescheinigung 10b 34
- Steuerabzug 44a 15

Korrespondierende Bilanzierung
- Forderungsausfall/-verzicht 15 403
- Mitunternehmerschaft 15 313
- Pensionsrückstellung 15 395

Korridor-Optionsschein 23 10

Kosmetika 9 327; 12 4

Kostenentscheidung
- Einspruch 77 3
- Familienkasse 77 3

Kostenersatz 19 32
- Ausbildungskosten 10 28

Kostenfestsetzung
- Einspruch 77 3

Kostenunterdeckung
- Schülerbeförderung 24 16

Kraftfahrzeug
- 1%-Regel
  - Überschusseinkünfte 6 162
- Arbeitsmittel 9 327
- Aufteilung
  - Vorsteuerabzug 9b 20
- Aufwandseinlage 6 166
- Behinderte 33 100; 33a 85
- Betriebsausgaben 4 252
- Diebstahl 4 252; 9 67
- Entnahme 6 162
- Fahrten zwischen Wohnung und Betriebsstätte 4 188
- Familienheimfahrt 3 52
- gemischte Nutzung 12 6
- Kaskoversicherung 10 18
- Nutzungsentnahme 6 161
- Nutzungsüberlassung 9 376, 400
- Nutzungswert 9 412
- Privatfahrt
  - Unfall 4 5
- Privatnutzung 8 51
  - 1%-Regel 6 162
- Unfallkosten 9 381
- Vorsteuerabzug 9b 16, 26
- Werbungskosten 19 160

Kraftfahrzeuggestellung 18 155; 19 121, 150
- Entschädigungsergänzungsleistung 34 19

Krankengeld 33a 30

Krankengeldzuschuss 19 150

Krankenhaus
– Bewertungsfreiheit **7f** 1
– Inland
  – Bewertungsfreiheit **7f** 4
– Kindergeld **72** 2
– Nachtschwester **3b** 3
Krankenhaustagegeldversicherung 3 10
– Leistungen **4** 251
Krankenhausträger
– Investitionszuschüsse **5** 165
Krankenhilfe 33a 31
Krankenkasse
– Leistungen **3** 10
Krankenversicherung 10 17
– Arbeitgeberanteil **3** 180
– Beitrag **10** 11, 11a
– Beitragsermäßigung / Prämienrückzahlung **3** 43
– geringfügige Beschäftigung **40a** 8d
– Höchstbetrag
  – Sonderausgaben **10** 22
– Kind **32** 17
– Leistungen **3** 10; **4** 251
– selbstständiger Generalagent **15** 21
– Verfassungsmäßigkeit **10** 11
– Versicherungsleistungen **3c** 83
– Versicherungsprämien **3c** 83
– Zuschuss **3** 50
Krankheit 33 51; *s.a. Lohnfortzahlung*
– Arbeitnehmer **19** 35
– Behinderten-Pauschbetrag **33b** 3
– Beihilfe **6a** 5
– Berufsausbildung **33a** 53
– Betriebsunterbrechung **16** 320
– Freiberufler **12** 26
– Haushaltshilfe **33a** 73
– Schulgeld **10** 36
– Umbaumaßnahmen **33** 21
– Zuschläge **3b** 3
Krankheitskosten 10 17; **19** 160; **33** 100; **33a** 85
– alternative Behandlungsmethode **33** 100
– Behinderte **33** 5
– Berufskrankheit **3c** 83
– Besuchsfahrten **33** 100
– Betriebsausgaben **4** 252
– Fahrtkosten **33** 61, 100
– Folgekosten **33** 100
– Mobiliar **33** 100
– Sport **33** 100
– Zwangsläufigkeit **33** 52
Kreditgenossenschaft
– Eintrittsgeld **3c** 83
Kreditinstitut
– Absehen vom Kapitalertragsteuerabzug **43** 78
– Bewertungseinheit **5** 55a
– Eigenhandel
  – Halbeinkünfteverfahren **3** 139
– Jahresbescheinigung **24c** 1
– Kapitalertragsteuer **43** 27
– Kapitalertragsteuererstattung **45b** 1
– Offenmarktgeschäft **10b** 41
– Steuergeheimnis **20** 24
– Termingeschäfte **15** 610
– Verlustbescheinigung **20** 889

Kreditkarte
– Abfluss **11** 11, 31
– Zufluss **11** 31
Kreditkartengebühr 19 150
Kreditlinien
– Drohverlustrückstellung **5** 165
Kreditrisiko
– Forderungen **6** 137
  – pauschale Wertberichtigung **6** 12
Krieg 33 23
Kriegsfolgengesetz
– Zinsen **3** 65
Kriegsgefangene
– Entschädigung **3** 62
Kriminalbeamter
– Verpflegungsmehraufwand **3c** 83
Krisenfinanzierungsdarlehen 17 220, 222
– Gestaltungshinweise **17** 224
– Verzicht **17** 223
Krisengebiet
– Bescheinigung **33a** 91
Kulanzleistung
– Rückstellung **5** 123
Kulturgut
– Bescheinigung **10g** 8
– Billigkeitsmaßnahme **10g** 1
– Erhaltungsaufwand **10g** 1, 3
– Gebäude **7i** 1
– Wahlrecht **10g** 4
Kulturvereinigung 50 45
Kumulationsverbot 7c 13
– Abschreibungsvergünstigungen **7a** 30
– Bewertungsfreiheit **7a** 30
– Doppelförderung **10f** 1
Kundenadressen 49 152
Kundenbindungsprogramm 19 150; **37a** 4
– Lohnsteuerpauschalierung **8** 31
– Pauschalierung **37b** 3
Kundendienstmonteur
– Arbeitsstätte **9** 366
Kundendienstverpflichtungen
– Garantierückstellung **5** 165
Kundenstamm 6 130
– Beteiligung am allgemeinen wirtschaftlichen Verkehr **15** 30
– Teilbetrieb **16** 62
Kündigung
– Abfindung **24** 11
  – Arbeitnehmer **3** 38
– Betriebsaufspaltung **15** 95
Kündigungsschutzklage
– Abfindungszeitpunkt **3** 39
Kundschaftsessen
– Betriebsausgaben **4** 252
Kunst 3 151
– Begriff **3** 42
– Gemäldesammlung **21** 75
Kunstgegenstand
– Absetzung für Abnutzung **7** 46
– Arbeitsmittel **9** 327
– Stiftung **6** 163

Künstler 15 21; **19** 100
- Abgrenzung **18** 73
- Antragsveranlagung **50a** 36
- Arbeitsortprinzip **49** 49
- Begriff **49** 38
- beschränkte Steuerpflicht **49** 36
  - Lohnsteuer **40** 16
  - Lohnsteuerabzug **39d** 3
- Bühnen⁻ **49** 38, 42
- Ehrensold **3** 150
- Erbe **18** 50; **24** 41, 71
- Erstattung **50d** 4
- Gerritse-Fall **50** 19
- gestaffelte Steuersätze **50a** 35
- gewerbliche Tätigkeit **15** 65
- Gewinnerzielungsabsicht **15** 49; **18** 16
- Kunstbegriff **18** 74
- Leistungen des Veranstalters **49** 43
- Nettoprinzip **50a** 10
- Pauschsteuersatz **50** 45
- Preis **4** 251
- Reisekosten **12** 16
- Schiffsminiatur **18** 75
- Steuerabzug **1** 39; **50a** 20, 39
- Steuererhebung **49** 107
- Steuererstattung **50** 33
- Talkshow **18** 75
- vereinfachte Erstattung **50d** 12
- Verteilgesellschaft **50a** 18
- Zwischengesellschaft **49** 49

Künstlersozialversicherung
- Beitrag **10** 12
- Leistungen **10** 22
- Zuschuss **3** 175

Kunstwerk
- Sachwert **10b** 81

Kur 33 100
- Begleitperson **33** 100
- Behinderten-Pauschbetrag **33b** 3
- Besuchsfahrten **33** 100

Kursdifferenzpapier 20 381

Kursgewinn 20 318
- Devisenkontrakt **6d** 21
- down-rating-Anleihe **20** 385, 405

Kursschwankung
- Verbindlichkeiten **6** 150

Kursverlust 20 385, 480; **21** 125
- ausländische Kapitaleinkünfte **34d** 28
- Einnahme-Überschuss-Rechnung **4** 116
- Versicherung **20** 480

Kurzarbeitergeld 3 22

Kurzfristig Beschäftigte
- Begriff **40a** 5
- Lohnsteuerpauschalierung **40a** 1

Laborgemeinschaft 18 33
Ladeneinbauten 5 65; **6b** 4
Ladenlokal
- Land- und Forstwirtschaft **13** 16

Lampe
- Arbeitsmittel **9** 327

Land- und Forstwirtschaft 4 27; **13** 8; **19** 100
- Abgrenzung zum Gewerbebetrieb **15** 54
- Absatzbetrieb **13** 16
- Alterssicherungsleistungen **3** 17
- Altersvorsorgezulage **86** 2
- Aufwuchs **6b** 11
- Aushilfskräfte **40a** 1, 10
- Ausland **49** 10
- ausländische Einkünfte **34d** 10
- Be-/Verarbeitung **13** 17
- Begriff **13** 2
- Betriebsabwicklung **14** 12
- Betriebsaufgabe **14** 11
- Betriebsaufgabegewinn **14** 14
- Betriebsausgaben **13** 63
- Betriebseinnahmen **13** 62
- Betriebsteilung **13** 74
- Betriebsunterbrechung **14** 12
- Betriebsvermögen **13** 53
- Betriebsverpachtung im Ganzen **13** 33
- Bodenschätze **21** 161
- DBA **49** 12
- Dienstleistung **13** 27
- Doppelbesteuerungsabkommen **2a** 21
- Ehegatten
  - Mitunternehmerschaft **13** 45
- Einnahme-Überschuss-Rechnung **6c** 2
- Erbbaurecht **13** 53
- Europäische Genossenschaft **15** 172
- Europäische Gesellschaft **15** 172
- Freibetrag **13** 71
- gemischte Tätigkeit **15** 58
- Gewerbebetrieb **13** 25
- gewerbliche Einkünfte kraft Rechtsform **13** 3
- gewerblicher Grundstückshandel **15** 119, 128
- gewillkürtes Betriebsvermögen **13** 55
- Gewinnermittlung **2** 34; **13** 47
- Handel mit fremderzeugten Produkten **15** 57
- Hofübergabe **13** 42
- Holznutzung
  - Tarifbegünstigung **34b** 1
- Jagdgemeinschaft **13** 13
- Ladenlokal **13** 16
- Liebhaberei **13** 29; **14** 12
- Liegenschaftskataster **55** 10
- Mitunternehmerschaft **13** 44
- Nebenbetrieb **15** 58
- negative Einkünfte **2a** 20
- nicht entnommener Gewinn **34a** 22
- Nießbrauch **13** 40
- notwendiges Betriebsvermögen **13** 54
- Nutzungsüberlassung **15** 57
- Nutzungswert der Wohnung **13** 20
- Oberflächenentschädigung **24** 16
- private Pkw-Nutzung **6** 162
- Produktionsaufgaberente **13** 24
- Sondereinnahme **13** 31
- Sozialversicherung **3** 60
- Steuerstundungsmodell **15b** 12
- Strukturwandel **13** 68
- Teilbetrieb **14** 3
- Thesaurierungsbegünstigung **34a** 4
- Tierzucht **13** 7
- Veräußerungs-/Aufgabegewinn **14a** 2
- Veräußerungsgewinn **4a** 16; **6c** 9; **14** 1, 13; **34** 29

– vorweggenommene Erbfolge **14** 10
– Wechsel der Gewinnermittlungsart **4** 227
– Wirtschaftsjahr **4a** 6
– Wirtschaftsüberlassungsvertrag **13** 39
– Wohngebäude **6b** 11
– zeitanteilige Aufteilung der außerordentlichen Einkünfte **34** 36

Landarzt
– Hund **9** 327

Landeskasse
– Aufwandsentschädigung **3** 45

Landesschuldenverwaltung 43a 78

Landschaftspflege
– Land- und Forstwirtschaft **15** 57

Landwirtschaft
– Begriff **13** 4
– Bilanzierung **4** 2
– Pachtaufhebungsentschädigung **24** 16

Lärmschutzwand
– Straßenverkehrslärm **33** 100

Lästiger Gesellschafter 15 321, 416; **17** 189
– Abfindung **16** 229; **17** 240

Lastschrift 11 65

Leasing 2a 63
– AfA-Befugnis **7** 18
– Anlagevermögen **6** 22
– Aufwandsspende **10b** 86
– doppelte Haushaltsführung **9** 310
– Flugzeug **2a** 25
– Forfaitierung **4** 80
– Nutzungsvergütungen **15** 397
– Vermietung und Verpachtung **21** 9
– Zeitwertkonto
  – Zufluss **19** 131
– Zurechnung **4** 79

Lebendes und totes Inventar
– Teilbetrieb **14** 3

Lebensalter
– Pensionszusage **6a** 34

Lebenseinkommen 2 17, 154

Lebensführungskosten 4 138, 171; **15** 416
– Gesellschafter **15** 348
– Gewerbebetrieb **15** 34
– Vorsteuerabzug **9b** 16

Lebenspartnerschaft
– Kinderbetreuungskosten **4f** 10
– Öffnungsklausel
  – Versorgungsausgleich **22** 27e
– Unterhaltsleistungen **33a** 16
– Zusammenveranlagung **33a** 16

Lebensversicherung 10 13; **15** 394
– Abgeltungsteuer **32d** 20
– Altersvorsorgevertrag **22** 43
– Arbeitgeber **19** 66
– Arbeitgeberzuschuss **3** 181
– Betriebseinnahmen **4** 251
– Betriebsvermögen **18** 19
– Darlehen
  – Einkünfteerzielungsabsicht **21** 16
– Direktversicherung **4b** 3
– Einkunftsart **3** 167
– Ertragsanteil **20** 270; **22** 5
– gebrauchte **10** 16

– Lebensalter **20** 274
– Leistungen **4** 251
– Nachbetreuung
  – Vertreter **5** 166
– Nachlassverbindlichkeiten **33** 100
– Neuregelung **20** 250
– Sparanteil **20** 271
– Steuerprivileg **20** 273
– Steuerstundungsmodell **15b** 42
– Überbesteuerung **44a** 20
– Übergangsregelung **10** 16
– Veräußerung **10** 13
– Veräußerung eines Anspruchs **20** 836
– Vertragsänderung **10** 13
– Vertrauensschutz **20** 273
– Zinsen **43** 19
  – aus Sparanteilen **20** 250

Lebensversicherungszweitmarktfonds 15b 35

Ledige
– doppelte Haushaltsführung **9** 246, 310
– Haushaltsfreibetrag **26c** 6

Leerfahrt
– Behinderte **9** 430

Leergut
– Anlagevermögen **5** 165; **6** 22
– Pfandrückstelllung **5** 166
– Rückstellung **6** 154

Leerkosten
– Herstellungskosten **6** 77

Leerstandszeiten
– erhöhte Absetzungen **7c** 16
– Ferienwohnung **21** 19

Leerverkauf
– Aktien **20** 93
– Steuerabzug **44** 4

Legehenne
– Anlagevermögen **6** 22

Lehmvorkommen
– Absetzung für Substanzverringerung **7** 196

Lehrer
– Arbeitsmittel **9** 327; **12** 4
– Ausgleichszulage
  – Ausland **3c** 83
– Auslandsreise **12** 18, 20
– Berufskleidung **9** 325
– Einsatzwechseltätigkeit **19** 160
– Fachliteratur **9** 327
– Klassenfahrt **12** 18; **19** 160
– Musik-CD **12** 26
– regelmäßige Arbeitsstätte **19** 160
– Schulausflug **3c** 83
– Skileiterkurs **12** 19
– Supervision **12** 15
– Tageszeitung **12** 26
– Teleskop **9** 327; **19** 160
– Videorecorder/-kamera **9** 327; **12** 26

Lehrgang
– Auslandszulage **3c** 83

Lehrtätigkeit 19 100
– Selbstständigkeit **18** 61

Leibgedingevertrag
– vorweggenommene Erbfolge **16** 140

1983

Leibrente 12 27
- Ablösung 22 3
- Alterseinkünfte 22 27
- Anschaffungskosten 6 149
- Anteilsveräußerung 3 125; 17 172
- Bahnversicherungsanstaltszusatzrente 19 150
- Begriff 22 3
- Bemessungsgrundlage 22 27b
- beschränkte Steuerpflicht 49 148
- Bewertung 6 138
- eigene Einkünfte 33a 28
- Einmalzahlung 19 150
- Erfinder 18 50
- Ertragsanteil 9 115; 22 3
- nachgelagerte Besteuerung 22 27
- schuldrechtlicher Versorgungsausgleich 10 10b
- Veräußerungsgewinn 16 94
- Vorsorgeaufwendungen 10 12
- Werbungskosten 9 100

Leichenbestatter
- Berufskleidung 9 325

Leiharbeit
- Arbeitgeber
  - Lohnsteuerabzug 38 5
- Arbeitgeberwechsel 38 6
- Arbeitsstätte 9 366

Leiharbeitnehmer 19 100

Leistungs-AfA 7 92
- Sonderabschreibung 7a 27
- Überschusseinkünfte 7 93

Leistungsentnahme 4 90

Leistungssubvention Einl 28; 51 6

Leistungsvergütung
- Wagniskapitalgesellschaft 18 157

Lenkungsteuer Einl 25

LIBOR
- Floater 20 318

Liebhaberei 2 48, 49a, 75; 4 251; 14 12; 19 30, 160
- Ausbildung 10 29
- Forstfläche 13 30
- Gewerbebetrieb 15 34
- Gewinnerzielungsabsicht 15 44
- Indizien 21 17
- Kapitalgesellschaft 4 86; 15 130
- Kinderbetreuungskosten 4f 25
- Land- und Forstwirtschaft 13 29
- Musikverlag/Tonstudio 18 16
- Privatvermögen 15 352
- Schuldzinsen 4 252; 24 49
- Segmentierung 2 50a
- Strukturwechsel 16 313
- Umqualifizierung 4 92
- Vermietung und Verpachtung 21 16

Liechtenstein 50d 42

Liefergewinnbesteuerung 34d 22

Lifo-Methode 6 117
- Girosammeldepot 17 165
- Stetigkeitsgrundsatz 6 119
- Vorratsvermögen 6 20
- Wahlrecht 6 118

Lineare AfA 7 83
- Gebäude 7 135
- Sonderabschreibung 7a 27, 28
- Wahlrecht 7 180

Liquidation 17 93, 138, 271; 20 100
- Beteiligung 17 34
- Bilanzstichtag 17 284
- Einlagerückgewähr 17 299
- Erbe
  - GmbH-Anteil 24 16
- Forderung 6 137
- Gewinnausschüttung 20 102
- Gründungskosten 20 480
- Kapitaleinkünfte 16 72
- Nennkapitalrückzahlung 20 102
- Raten 20 101
- Sitzverlegung 17 322
- Tochtergesellschaft 43b 2
- Veräußerungsgewinn 16 3
- Veräußerungspreis 17 287

Liquidationsgewinn 17 286
- Gewerbesteuer 16 13

Liquidator
- Lohnsteuerhaftung 42d 55

Liquidität
- Lohnsteuerhaftung 42d 58

Literaturwissenschaftler
- Fachliteratur 9 327

Lithographie
- Anlagevermögen 6 22

Lizenz
- Angemessenheit 50g 11
- Begriff 50g 16
- Betriebsstätte 50d 23; 50g 6, 14
- Bilanzierung 5 165
- Einkunftsart 15 73
- Gewinnermittlung 34c 21
- Nutzungsvergütungen 15 397
- Personengesellschaft 50g 8
- Quellensteuer 50g 4
- Rückstellung 5 165
- Steuerabzug 50a 27
- Zinsabkommen mit der Schweiz 50g 21

Lkw-Fahrer
- Arbeitsstätte 9 366

Lohnabzug
- Einkommensteuerveranlagung 42d 10

Lohnersatzleistungen 32b 10
- Altersvorsorgezulage 5 34; 86 2
- ausländische 1 33
- Ehegatten
  - Gemeinschaftsrecht 1a 14
- eigene Einkünfte 33a 30
- Lohnkonto 41 4
- Progressionsvorbehalt 46 20

Lohnfortzahlung 3 10; 19 49; s.a. Gehaltsfortzahlung
- nachträgliche Einkünfte 49 94
- Rückstellung 5 165

Lohnkonto
- Aufbewahrungspflicht 41 5
- Aufzeichnungspflicht 41 1; 42b 8
- Begriff 41 1
- Betriebsstätte 41 6
- Handelsschiff 41 9

- gesondert für jeden Arbeitnehmer **41** 3
- Lohnersatzleistungen **41** 4
- Ort der Geschäftsleitung **41** 7
- Rechtsverordnung **51** 53
- steuerfreie Zuwendungen **41** 4

Lohnnachzahlung 34 51

Lohnpfändung
- Lohnsteuerabzug **38** 14

Lohnsteuer
- Anrechnung **36** 11; **42d** 77; **46** 7
- Aufrechnung **42d** 35
- beschränkt steuerpflichtige Künstler **40** 16
- Entstehen **38** 10
- Erlass
  - Verfassungsmäßigkeit **38** 4
- Erstattung **41c** 7
- Jahresarbeitslohn **38a** 2
- laufender Arbeitslohn **38a** 4
- Lohnzahlungszeitraum **38a** 5
- Schätzung **42d** 25
- Schuldner
  - Arbeitgeber **42d** 6
- Stundung **38** 4
  - Erlass **41a** 7
- Zahlungs-/Festsetzungsverjährung **41a** 7

Lohnsteuer-Außenprüfung
- Ablaufhemmung **42d** 12
- Änderung des Lohnsteuerabzugs **41c** 5
- Änderungssperre **42f** 9
- Arbeitgeberpflichten
  - Dritte **42f** 12
- Arbeitnehmer **42f** 11
- Festsetzungsverjährung **42f** 9
- Lohnsteuerpauschalierung **40** 27
- Mitwirkungspflicht
  - des Arbeitgebers **42f** 6
  - des Arbeitnehmers **42f** 7
- Nachprüfungsvorbehalt **42d** 50
- Personenkreis **42f** 3
- Prüfungszeitraum **42f** 4
- Rechtsirrtum **42d** 47
- rechtswidrige Prüfungsanordnung **42f** 11
- Selbstanzeige **42f** 9
- verbindliche Zusage **42f** 10
- Verjährungsunterbrechung **42f** 11
- Verwertungsverbot **42f** 11
- Zuständigkeit **42f** 1, 5

Lohnsteuer-Durchführungsverordnung 51 100

Lohnsteuer-Ermäßigungsverfahren 35a 1; **39a** 1
- Amtsveranlagung **46** 28
- Ehegatten **39a** 10
- eintragbare Einkommensminderung **39a** 6
- Feststellungsbescheid **39a** 2
- Fortsetzungsfeststellungsklage **39a** 3
- Kapitaleinkünfte **39a** 8
- Klage
  - Streitgegenstand **38a** 3
- Lohnsteuer-Nachforderung **39a** 11
- mehrere Arbeitsverhältnisse **39a** 9
- Mindestgrenze **39a** 6
- politische Zuwendungen **34g** 39
- Rechtsbehelfsbelehrung **39a** 3
- Vermietungsverluste **39a** 8

Lohnsteuer-Jahresausgleich
- Abtretung
  - Pfändung **42b** 2
- Arbeitgeber **42b** 1
- Entschädigung **42b** 5
- Erstattung **42b** 7
- Freibetrag **42b** 5
- Lohnsteuerbescheinigung **41b** 5
- Nettolohnvereinbarung **42b** 6
- permanenter Jahresausgleich **39b** 14
- Progressionsvorbehalt **42b** 4
- Vergütung für mehrjährige Tätigkeit **42b** 5
- Vorsorgepauschale **42b** 4

Lohnsteuer-Pauschalierung 11 62; **37b** 3; *s.a. Pauschalierung*
- Altersentlastungsbetrag **24a** 4
- Anlaufhemmung **40** 27
- Arbeitsentgelt **40a** 8b
- arbeitstägliche Mahlzeiten **40** 20
- Aufzeichnungspflicht **40a** 13
- Aushilfskräfte
  - Land- und Forstwirtschaft **40a** 1, 10
- Betriebsausgaben **37b** 51
- Betriebsstättenfinanzamt **37b** 42
- Betriebsveranstaltung **40** 21
- Bewirtung **19** 160
- Bindung **40** 28
- Direktversicherung **4b** 17
  - Zuwendungen an eine Pensionskasse **40b** 1
- Durchschnittsberechnung **40b** 10
- Erholungsbeihilfen **40** 22
- Fahrten zwischen Wohnung und Arbeitsstätte **40** 24
- Fahrtkostenzuschüsse **40a** 3
- Festsetzungsfrist **40** 27
- Gegenwertzahlungen/Sanierungsgelder **40b** 13
- geringfügige Beschäftigung **40a** 1, 8a, 8b
- Gestaltungsmissbrauch **40a** 2
- Grenzwertberechnung **1** 34
- Gruppenunfallversicherung **40b** 12
- Kinderfreibetrag **40** 17
- Kirchensteuer **40** 18
  - Solidaritätszuschlag **40a** 8g
- Klageverfahren **40** 26
- Kundenbindungsprogramm **8** 31
- kurzfristig Beschäftigte **40a** 1
- Lohnsteuerhaftung **42d** 4
- Miles and More **8** 31
- Pauschalierungsgrenze **40b** 9
  - sonstige Bezüge **40a** 12
- Pauschsteuersatz **40** 17
- Personalcomputer
  - Internetzugang **40** 23a
- Rabattfreibetrag **8** 71
- Schuldner der Lohnsteuer **38** 13
- Solidaritätszuschlag **40** 17
- Sozialkasse des Baugewerbes **39d** 3
- Sozialversicherung **40a** 8c
- Steuerbescheid **40** 6
- Stundenlohngrenze **40a** 11
- Teilzeitbeschäftigte **40a** 1
- Verjährung **40** 27
- Verpflegungsmehraufwand **40** 23
- Versorgungszusage **3** 190
- Vervielfältigung bei Beendigung **40b** 11

Lohnsteuerabzug

- Wahlrecht **8** 67
  - des Arbeitgebers **40a** 2
- Zufluss des Arbeitslohns **40** 27, 29
- Zukunftssicherungsleistung **40b** 3
- Zuständigkeit **40a** 8f

Lohnsteuerabzug
- Abgeltungswirkung **46** 64
- Aktienoption **38** 12
- Änderung **41c** 1
  - Verfahren **41c** 6
- Anzeigepflicht **38** 16
- Arbeitgeber
  - Leiharbeit **38** 5
- Arbeitnehmerüberlassung **38** 6
- ausländische Arbeitnehmerverleiher **38** 8
- ausländischer Konzern **38** 12
- Auslandsbedienstete **39c** 4
- Beendigung des Dienstverhältnisses **41b** 1
- Berechnungsanleitung **39b** 10
- beschränkt steuerpflichtiger Künstler **39d** 3
- beschränkte Steuerpflicht **38** 7; **39d** 1; **49** 107
- DBA **39b** 19
- Freistellungserfordernisse **50d** 62
- Grenzpendler
  - Nachweis **1** 37
- hohe Sachbezüge **38** 16
- inländischer Arbeitgeber **38** 7
- Insolvenz **38** 9
- Jahresarbeitslohn **39b** 7
- Lohnpfändung **38** 14
- Lohnsteuerkarte **39b** 4
- Lohnsteuertabellen **39b** 8
- Lohnzahlung durch Dritte **38** 12
- maßgeblicher Arbeitslohn **38** 11
- Nach-/Vorauszahlungen **39b** 9
- nachträgliche Anmeldung **42d** 80
- Nachweis **36** 15
- Nettolohnvereinbarung **39b** 16
- ohne Lohnsteuerkarte **39c** 1
- Organschaft **38** 11
- permanenter Jahresausgleich **39b** 14
- Quellenabzug **38** 1
- Rückzahlung von Arbeitslohn **38** 10; **39b** 15
- Schadensersatzanspruch **42d** 6
- Schwarzlohn **39b** 17
- Trinkgeld **38** 12
- unbeschränkte Steuerpflicht **39b** 2
- unterbliebene Änderung **41c** 9
- Unterlassung **46** 11
- Veranlagungsverfahren **46** 6
- Verfahren bei sonstigen Bezügen **39b** 11
- Vorauszahlung **37** 7

Lohnsteueranmeldung
- Abführung der Lohnsteuer **41a** 7
- Änderung **41a** 6
- Ausübung des Wahlrechts **37b** 47
- Bekanntgabe des Einkommensteuerbescheids **41a** 5
- Bergmannsprämien **41a** 3
- Bestandskraft **41a** 6
- Betriebsstättenfinanzamt **41a** 4
- Fortsetzungsfeststellungsklage **41** 5
- Kindergeld **41a** 3; **72** 7
- Kirchensteuer **41a** 3
- Lohnsteuerbescheinigung **41b** 4

- Lohnsteuerjahresausgleich **41b** 5
- Nachprüfungsvorbehalt **41a** 5
- nachträgliche **42d** 80
- Nettolohnvereinbarung **41a** 3
- Pauschalierung **37a** 8; **37b** 41
- Säumniszuschläge **41a** 7
- Schätzung **41a** 5
- Seeleute **41a** 8
- Solidaritätszuschlag **41a** 3
- Steuerbescheid **41a** 5
- Steuererklärung **41a** 2
- Verspätungszuschlag **41a** 4
- Vertrauensschutz **41a** 6
- Zeitraum **41a** 8

Lohnsteuerbescheinigung **50** 24; s.a. Elektronische Lohnsteuerbescheinigung
- Aufzeichnungspflicht **42b** 8
- Beendigung des Dienstverhältnisses **41b** 1
- besondere **41b** 3
- fingierte unbeschränkte Steuerpflicht **1** 42
- Lohnsteuerkarte **41b** 2
- Nachweis **36** 15

Lohnsteuerhaftung **24** 55
- Änderung des Haftungsbescheids **42d** 75
- Anrufungsauskunft **42d** 18
- Anzeige nach § 38 Abs. 4 **42d** 31
- Arbeitgeber **19** 67; **42d** 1
- Arbeitnehmerüberlassung **42d** 1
- Auskunft **42d** 47
- ausländische Muttergesellschaft **42d** 22
- Auswahl-/Entschließungsermessen **42d** 45, 50, 66
- Bagatellgrenze **42d** 83
- Bestandskraft **42d** 78
- Betriebsübernehmer **42d** 63
- BGB-Gesellschaft **42d** 63
- Dritte **42d** 1, 6, 20a, 110
- Entschließungsermessen **42d** 65
- Entstehen/Verjährung **42d** 11
- Ermessen **42d** 40
- Festsetzungsfrist **42d** 12
- Gesamtrechtsnachfolger **42d** 60
- Gesamtschuldner **42d** 35
- Geschäftsführer **42d** 57
  - Strohmann **42d** 55
- Haftungsbescheid **42d** 70
  - Begründung **42d** 72
  - Bestimmtheit **42d** 72
- Insolvenz **42d** 27
- Liquidität **42d** 58
- Lohnsteuer-Pauschalierung **42d** 4
- Lohnsteuerkarte **42d** 17
- nach Ablauf des Kalenderjahres **42d** 10
- Nachforderungsbescheid **42d** 80
- Nettolohnvereinbarung **42d** 25, 42, 51
- objektive Beweislast **42d** 58
- Personenkreis **42d** 55
- Rechtsbehelf **42d** 77
- Rechtsirrtum **42d** 46
- Sammelhaftungsbescheid **42d** 71
- Schadensersatz **42d** 4
- schuldhafte Pflichtverletzung **42d** 59
- Steuerhinterziehung/-hehlerei **42d** 63
- Stock Options **42d** 22
- Treu und Glauben **42d** 46
- Trinkgeld **42d** 22

- unrichtige Anrufungsauskunft **42e** 6
- unrichtige Steuererstattung **42d** 19
- Verbotsirrtum **42d** 59
- Verfassungsmäßigkeit **42d** 4
- verkürzte Steuer **42d** 20
- Verschulden **42d** 21, 65
- Vor-GmbH **42d** 63
- Zinsen
  - Säumniszuschläge **42d** 26

Lohnsteuerhilfeverein
- Beratungsstellenleiter **15** 21; **18** 133

Lohnsteuerkarte 39 1
- Alleinerziehende **52** 3
- Änderung
  - Ergänzung **39** 9
- Aufbewahrungspflicht **39b** 5
- Entlastungsbetrag **24b** 2, 17
- Freibetrag **9** 401
  - Amtsveranlagung **46** 28
- Gemeinde **39** 4
- gesonderte Feststellung von Besteuerungsgrundlagen **39** 3
- haushaltsnahes Beschäftigungsverhältnis **35a** 1
- Herausgabeanspruch **39b** 3
- Kartenwechsel **39b** 5
- Kind **32** 8
  - Pflegekind **39** 7
- Kinderfreibetrag **32** 24
- Lohnsteuer-Nachforderung **39a** 11
- Lohnsteuerabzug **39b** 4
- Lohnsteuerbescheinigung **41b** 2
- Lohnsteuerhaftung **42d** 17
- maßgebliche Verhältnisse **39** 8
- Nichtvorlage **39c** 3
- Offenbarungs-/Verwertungsverbot **39b** 6
- Rechtsbehelf für Eintragungen **39** 3
- Religionszugehörigkeit **39** 6
- rückwirkende Eintragungen **41c** 3
- Sonderausgaben **10** 6

Lohnsteuerklassen 38b 2
- beschränkte Steuerpflicht **39d** 2
- Ehegatten **38b** 3
- EU-Staatsangehörige **39** 6
- Gemeinde **39** 6

Lohnsteuerschätzung
- elektronische Lohnsteueranmeldung **46** 36

Lohnsteuertabellen
- Lohnsteuerabzug **39b** 8

Lohntierhaltung 13 9

Lohnunternehmer 13 75

Lösegeld 19 150, 160; **33** 100
- Betriebsausgaben **4** 252

Losgewinn 8 43; **19** 150

Lotterie
- Arbeitnehmer **8** 31
- fehlender Leistungsaustausch **22** 35

Lotteriegewinn 8 43

Lotteriespiel 15 129

Lotto
- Bezirksstellenleiter **15** 21

Luftfahrzeug 2a 45
- beschränkte Steuerpflicht **49** 30
- Bordpersonal **49** 106, 108

- inländische Einkünfte **49** 170
- Rechtsverordnung **51** 45
- Registereintragung **21** 71

Luxemburg
- Quellensteuer **45e** 1

Luxus 2 150a

Mahlzeiten im Betrieb 19 150
- Lohnsteuerpauschalierung **40** 20

Mahlzeitenzubereitung 35a 6

Maklerkosten 9 102; **20** 480; **23** 18
- Aktivierung **5** 165
- Anschaffungskosten **17** 240
- Betriebsausgaben **4** 252
- Umzugskosten **12** 25

Management buy out
- Abgeltungsteuer **32d** 21
- Gesellschafter-Geschäftsführer **24** 11

Mandantenstamm
- immaterielle Wirtschaftsgüter **5** 165
- Praxiswert **18** 27
- Veräußerung **18** 162, 164; **34** 29

Mängelbeseitigung
- Herstellungskosten **6** 79

Mängelrüge
- Rückstellung **5** 154

Mankogeld 19 150, 160

Marke
- Abschreibung **7** 51
- immaterielles Wirtschaftsgut **5** 165

Marktrendite 20 385; **43a** 12

Marktschlussschein 13 48

Marktzins 20 405

Marktzuwachssteuer Einl 4

Marokko 63 5

Maschinengemeinschaft 13 27

Maschinenvermietung
- Land- und Forstwirtschaft **15** 57

Massage
- Bildschirmarbeitsplatz **19** 150

Masseur
- Berufskleidung **9** 325

Maßgeblichkeitsgrundsatz 5 10; **6** 4, 6
- Ansatzwahlrecht **5** 13, 34
- Bewertung **5** 36
- Bilanzänderung **4** 249
- Eigenkapitalvergleich **4** 75
- Einbringung
  - entgeltlicher Erwerb **15** 345
- Ergänzungsbilanz **15** 341
- formelle Maßgeblichkeit **5** 22
- Gemeinschaftsrecht **5** 16
- internationale Standards **5** 14
- Investitionsabzugsbetrag **7g** 16
- materielle Maßgeblichkeit **5** 21
- negatives Kapitalkonto **15a** 41
- Privatsphäre **4** 63
- Rückstellung **5** 119; **6** 152
- sämtliche Bilanzpositionen **5** 32
- Sonderbilanz **15** 310
- Teilwertabschreibung **6** 107
- teleologische Einschränkung **5** 13

1987

- Trägerunternehmen
  - Zuwendungen **4d** 72
- umgekehrte Maßgeblichkeit **5** 58
- Umwandlung **15** 345

Mastvieh
- Umlaufvermögen **6** 22

Material- und Fertigungsgemeinkosten
- Herstellungskosten **6** 72

Materialermüdung
- Nutzungsdauer **7** 68

Materialwert
- Teilwert **6** 95

Materieller Bilanzenzusammenhang
  4 233; s.a. Bilanzenzusammenhang

Medienfonds 15b 35

Medikament 19 150

Medizinische Hilfsmittel 33 21

Meeresgrund
- Inland **1** 11

Mehrentnahme
- negativer Korrekturposten **15a** 261

Mehrfachfahrkarten
- Entfernungspauschale **9** 401

Mehrfamilienhaus
- gewerblicher Grundstückshandel **15** 118

Mehrheitsbeteiligung
- Betriebsaufspaltung **15** 90

Mehrjährige Tätigkeit
- Abfindung **34** 45
- Aktienoptionsrecht **34** 45
- Arbeitnehmer **34** 50
- Einkunftsart **34** 41
- Freiberufler **18** 8
- Lohnsteuer-Jahresausgleich **42b** 5
- Selbstständige **34** 52
- Tarifbegünstigung **34** 40
- Teilbeträge **34** 47
- Verbesserungsvorschlag **34** 46

Mehrkapital
- Gesellschafter-Fremdfinanzierung **15** 345a

Mehrmütterorganschaft
- Verlust **20** 195
- Verlustausgleichsverbot **15** 601, 621, 624

Mehrstöckige Personengesellschaft
- gewerbliche Einkünfte **15** 133
- Tarifbegrenzung **32c** 11
- Tarifermäßigung **35** 6
- Thesaurierungsbegünstigung **34a** 62

Meistbegünstigungsprinzip 35 15; **37b** 27
- ausländische Einkünfte **34c** 13
- EuGH **1** 6
- Gemeinschaftsrecht **50a** 36
- Steuerabzug **50a** 36
- Zusammenveranlagung **26b** 6

Meisterlehrgang 10 32

Meldebehörde
- Entlastungsbetrag **24b** 12
- Kindergeld-Überprüfung **69**

Meldefrist
- Altersvorsorgezulage **91** 2

Meldepflicht
- beschränkte Steuerpflicht **17** 42

Mergelvorkommen
- Absetzung für Substanzverringerung **7** 196

Merkantiler Minderwert
- Absetzung für außergewöhnliche Abnutzung **7** 102

Messe
- Reisekosten **12** 16

Metergeld
- Möbeltransportarbeiter **19** 150

Miet- und Pachtvertrag 11 53
- AfA-Befugnis **7** 16
- Betriebsaufspaltung **15** 86

Miet- und Pachtzinsen 13a 9
- Gewerbesteuer
  - Betriebsaufspaltung **15** 106

Miet- und Pachtzinsforderungen
- Veräußerung **21** 79

Mietausfallversicherung 21 90
- Werbungskosten **9** 140

Miete
- Arbeitslohn **19** 121
- Arbeitszimmer **19** 150
- Aufwandsspende **10b** 86

Mieter
- Schäden **21** 125

Mieterein- und -umbauten 4 83; **5** 65; **7** 136; **21** 90; **33** 21
- AfA-Befugnis **7** 16
- behindertengerechte **33** 100

Mieterwechsel
- erhöhte Absetzungen **7c** 16

Mieterzuschuss 11 48; **21** 90; **23** 18

Mietkaufmodell
- Überschusserzielung **21** 18
- Werbungskosten **21** 110

Mietkaufvertrag
- AfA-Befugnis **7** 19
- Nutzungsüberlassung **21** 9

Mietkaution 11 65; **21** 90; **44a** 30

Mietkostenzuschuss 19 150

Mietspiegel 21 153

Mietvertrag
- Abstandszahlung **24** 18
- Ehegatten-BGB-Gesellschaft **21** 33
- Entschädigung **24** 16
- Fremdvergleich **21** 32
- Grundstücksschenkung **21** 36
- Miteigentümer **21** 45
- Wohnrecht **21** 36

Mietvorauszahlungen 11 48; **21** 90

Mietwohngebäude 13 55
- degressive AfA **7** 173
- erhöhte Absetzungen **7c** 1
- Fertigstellung **7c** 1
- Umzäunung **7** 136

Mietzinsforderung
- Veräußerungsverlust **2a** 45

Milchabgabe 13 63

Milchaufgabevergütung 24 16, 45
- Entschädigung
  - passive Rechnungsabgrenzung **13** 62

Milchlieferungsrecht
– Teilbetrieb **16** 65
– Verkaufserlös **24** 26
Milchquote 13 53
– wesentliche Betriebsgrundlagen **13** 33
Milchreferenzmenge 14 15; **55** 6
– Buchwert **13** 60
– Rechtsnachfolger **13** 60
– Teilwertabschreibung **13** 60
Miles and More 3 108; **19** 150
– Lohnsteuerpauschalierung **8** 31
Minderheitsgesellschafter
– Ausgleichszahlung **20** 121
Minderjährige
– Abschlusspfleger **15** 257
– Adoption **32** 2
– auswärtige Unterbringung **33a** 57
– Betriebsaufspaltung **15** 92
– Ergänzungspfleger **4** 252
– Familienpersonengesellschaft **15** 443
– Kapitaleinkünfte **20** 9
– Mietvertrag **21** 30
– Miterbe **14a** 7
– Pfleger **15** 17; **21** 56
– Unternehmer **15** 150
– wesentliche Beteiligung **17** 60
Minderkapital
– Gesellschafter-Fremdfinanzierung **15** 345a
Mindestabzug 15 361
– Mitunternehmerschaft **15** 359
Mindestbesteuerung 2 82; **34** 82
– Altersentlastungsbetrag **24a** 5
– Tarifbegünstigung **34** 58
– Teilleistungen
 – Verlustvortrag **5** 84
– Verlustabzug **10d** 3, 4
Mindestbeteiligung
– wesentliche Beteiligung **17** 79
Mindesteigenbeitrag
– Altersvorsorgezulage **86** 1
– Antrag
 – Bemessungsgrundlage **90** 1
– Ehegatten **86** 3
– Kind **86** 5
– mehrere Verträge **87** 1
– Saldierung **86** 4
Mindeststeuer 50 15
– beschränkte Steuerpflicht **32a** 10; **50** 15
– Gemeinschaftsrecht **50** 5
Mindestzeitrente 20 270; **22** 14
Mineralgewinnungsrecht 21 72
– Spekulationsgeschäft **23** 4
Mineralölsteuer
– Aktivierung **5** 149
Mineralvorkommen
– Absetzung für Substanzverringerung **7** 196
Mini-Jobs 35a 8
– Kinderbetreuungskosten
 – Nachweis **4f** 50
– Nachweis **4f** 50
– Ordnungswidrigkeit **50e** 3
Mischausgaben 12 3

Mischnachlass
– Aufteilung **16** 129
– Erbauseinandersetzung **16** 121
– Güterstand **16** 121
– Spitzenausgleich **16** 126
– stille Reserven **16** 126
– Veräußerung
 – Gewinnrealisierung **16** 131
Missbrauch 2a 65; **34c** 15; **50d** 42; **50g** 19
– abweichendes Wirtschaftsjahr **4** 7
– Aufteilung
 – Anschaffungskosten **6** 47
– beschränkte Steuerpflicht **33a** 35
– DBA **50d** 4, 41
– Ehegatte **26** 80
– Gemeinschaftsrecht **50d** 42, 43
– gewerblicher Grundstückshandel **15** 127
– Halbeinkünfteverfahren **3** 137
– Konzernbegriff **4h** 61
– schädliche Verwendung **93** 4
– Steuerstundungsmodell **15b** 7
– Zinsschranke **4h** 1
– Zweistufenmodell **16** 220
Miteigentum 21 45, 48
– Ehegatten **4** 148
– erhöhte Absetzungen **7c** 6
– Gebäude **4** 70
– gewerblicher Grundstückshandel **15** 118
– Spekulationsgeschäft **23** 4, 6
Miteigentümer
– AfA-Wahlrecht **7** 180
– Ehegatten
 – Objektverbrauch **10f** 10
– Erhaltungsaufwand **11a** 5
– erhöhte Gebäudeabsetzungen **7h** 4
– Mietvertrag **21** 45
– Objektverbrauch **10f** 10
– Vorsteuerabzug **9b** 13
Miterbe 21 46
– Ausgleichszahlung **14a** 7
– Ausscheiden **16** 130
 – gegen Sachabfindung **16** 132
– Erbengemeinschaft **21** 46
– Freibetrag **14a** 5
– Mitunternehmer **16** 111
– Nachversteuerung **34a** 85
– Veräußerungsgewinn **18** 50
– wesentliche Betriebsgrundlagen **16** 134
Mitgliedsbeiträge 12 26; **19** 150
– Begriff **34g** 8
– Betriebsausgaben **4** 252
– Industrieclub **19** 123
– Nachweis **10b** 73
– Parteispende **4** 216
– politische Partei **10b** 72; **34g** 1
– Spenden **10b** 12, 13, 15, 18, 38, 60
– Spendenabzug **51** 36
– Steuerberaterkammer **19** 150
– Steuerermäßigung **34g** 34
– Zahlungsnachweis **34g** 32
Mitteilungspflicht
– Altersvorsorgeleistungen **22** 47
– Gericht
 – Staatsanwaltschaft **4** 212

- Notar **17** 101
- zentrale Stelle **22a** 1

Mittelbare Anteilsveräußerung
- Halbeinkünfteverfahren **3** 124

Mittelbare Beteiligung 17 70; **20** 802
- Betriebsaufspaltung **15** 94
- Kapitalgesellschaft **15** 620

Mittelbare Grundstücksschenkung
- Anschaffungskosten **6** 2

Mittelbare Nutzungsüberlassung
- Betriebsaufspaltung **15** 95

Mitunternehmer
- additive Gewinnermittlung **15** 311
- angestellter Kommanditist **15** 442
- Anteil
  - Einlage **15** 262
- Anteilserwerb
  - Ergänzungsbilanz **15** 319
- Anteilsveräußerung **6b** 8
- Antrag auf Thesaurierungssteuersatz **34a** 4
- Antragsbefugnis **34a** 27
- Arbeitnehmer **19a** 9
- ausländische Personengesellschaft **4g** 8
- Ausscheiden **4h** 42
  - Rechtsnachfolger **16** 217
- Begriff **15** 243
- Beteiligung von Kapitalgesellschaft **15** 463
- Betriebsstätte **15** 8
- Betriebsveräußerung **16** 59
- Betriebsvermögen **15** 346
- BGB-Gesellschafter **15a** 320
- Bilanzierung **15** 377
- Bilanzierungspflicht **15** 308
- Buchführungspflicht **15** 309
- doppelte Gewinnfeststellung **15** 420
- einheitliche und gesonderte Feststellung **35** 43
- Einheitsbilanz **15** 307
- Einkünftezurechnung **15** 147
- Einkunftsart
  - Verfassungsmäßigkeit **15** 143
- Einlagen/Entnahmen **34a** 59
- entgeltliche Übertragung **6** 189
- Erbauseinandersetzung **16** 129
- fortgesetzte Erbengemeinschaft **16** 112
- fortgesetzte Gütergemeinschaft **15** 238; **28** 3
- Gesellschafter-Fremdfinanzierung **15** 363a
- gesellschaftsrechtliche Beitragsleistungen **15** 304
- Gewerbeertragsteuer **15** 302
- Gewerbesteuer-Anrechnung **35** 9
- gewerbliche Einkünfte **5** 27; **15** 137
- Gewinnermittlung **15** 302
- GmbH & Still **15** 442
- Kapitalgesellschaft **6** 188c
- KGaA **16** 259
- Lebensführung **15** 365
- Lebensführungskosten **15** 348
- Minderjährige **15** 257
- mittelbar **17** 70
- negatives Kapitalkonto **15** 315
- nicht abziehbare Betriebsausgaben **34a** 58
- Nießbrauch **15** 240, 241
- notwendiges Privatvermögen **15** 351
- Nutzungsüberlassung **16** 20
- Objektbegrenzung **13** 22

- Pensionsrückstellung **15** 391
- qualifizierte Nachfolgeklausel **16** 250
- Rechtsstellung des Kindes **15** 260
- Sacheinlage **16** 16
- Sachverhaltsgestaltung **16** 59
- Sachwertabfindung **6b** 22
- Schenkung **15** 258
- Sonderbetriebsausgaben **15** 303
- Sonderbetriebseinnahmen/-ausgaben **34a** 59
- Sonderbetriebserträge **15** 413
- Sonderbetriebsvermögen **15** 303
- Sonderbetriebsvermögen I und II **15** 306
- Sonderbilanzen **15** 307
- Sondervergütungen **15** 446
- sozialversicherungsrechtliche Arbeitnehmer **19** 7
- Steuersubjekt **15** 204; **16** 209
- stille Gesellschaft **15** 620; **20** 166
- stiller Gesellschafter **15a** 314
- Tarifbegrenzung **32c** 1
- Teilauseinandersetzung **16** 128
- Teilungsanordnung **16** 111, 248
- Tod **16** 232
- Treuhand **15** 215
- unentgeltliche Anteilsübertragung **6** 181
- unentgeltliche Übertragung **6** 181b
- Unternehmerinitiative **15** 153
- Veräußerung **15** 382; **16** 84
- Veräußerungsgewinn **16** 1
  - Gewerbesteuer **16** 13
- Verlust **15** 315
- Verlustausgleich **15a** 302
- Verlustausgleichsverbot **15** 4, 621, 624; **20** 200
- Versicherungsbeiträge **12** 23
- Vertrag **15** 256
- Veruntreuungen **15** 366
- Vorgründungsgesellschaft **15** 219
- Wahlrecht **37b** 46
- weichende Miterben **16** 111
- wesentliche Betriebsgrundlagen **16** 207
- wesentliches Sonderbetriebsvermögen **16** 20
- Zinsschranke **4h** 26
- Zurechnung von Wirtschaftsgütern **15** 347

Mitunternehmeranteil
- Abfindung **16** 217, 240
  - mit Nachlassgegenständen **16** 241
- Anwachsung des Vermögens **6** 181c
- Aufgabe **16** 134
- Aufgabe/Veräußerung **16** 411
- Ausscheiden
  - Abfindung **16** 331
- Betriebsübertragung **6** 183b
- Bewertung **15** 340
- Bruchteilsveräußerung **16** 214
- Buchwertfortführung **6** 186a; **16** 349
- doppelstöckige Personengesellschaft **16** 205
- Einbringung **16** 28, 39, 210
- Entnahme **6** 182
- Freiberufler
  - Veräußerungsgewinn **34** 29
- Freibetrag **16** 508, 510
- gesondert unterhaltener Betrieb **34a** 25
- Gewinnverwirklichung **6** 182a
- Nachversteuerung **34a** 10, 69
- Nachversteuerung bei Übertragung **34a** 85

- nachversteuerungspflichtiger nicht entnommener Gewinn **34a** 6
- Realteilung **16** 349
- Sachabfindung **16** 133
- Sonderbetriebsvermögen **6** 182
- Steuerbilanzgewinnanteil **34a** 58
- Tausch **16** 340
- Treuhand **15** 154
- Überführung eines Wirtschaftsguts **6** 186
- Übertragung **4h** 42
- Übertragung gegen Versorgungsleistungen **22** 11
- unentgeltliche Übertragung **6** 181c; **16** 38
  - auf Altgesellschafter **16** 244
- Veräußerung **16** 113, 200, 207, 215
  - Barabfindung **16** 130
  - Realteilung **16** 131
- Veräußerungsgewinn **4a** 17; **16** 408; **34** 28; **35** 14, 39
- Versorgungsleistungen **16** 140
- vorweggenommene Erbfolge **16** 139, 256
- Zugewinngemeinschaft **16** 340

Mitunternehmerinitiative 15 419
- Begriff **15** 250
- Familienpersonengesellschaft **15** 255
- verdeckte Mitunternehmerschaft **15** 253

Mitunternehmerische Betriebsaufspaltung 15 85, 434
- unentgeltliche Nutzungsüberlassung **15** 86
- unentgeltliche Übertragung **6** 181
- unentgeltliche/verbilligte Überlassung **15** 439

Mitunternehmerrisiko 15 419
- Außenhaftung **15** 249
- Begriff **15** 246
- Familienpersonengesellschaft **15** 255
- Geschäftsort **15** 246
- Kommanditist **15a** 23
- stille Reserven **15** 246
- verdeckte Mitunternehmerschaft **15** 253
- Verlustbeteiligung **15** 248

Mitunternehmerschaft 15 210, 324; **18** 33, 37; **44** 3
- Abfärbetheorie **15** 3
- Angemessenheit der Gewinnverteilung **15** 262
- Anteil
  - verdeckte Einlage **6** 183a
- Anteilseinbringung **15a** 77
- Anteilserwerb **6b** 12
- Anteilsveräußerung **3c** 83; **18** 172
- Arbeitsgemeinschaft **15** 218
- Ausgleichsanspruch **15** 313
- ausländische Betriebsstätte **34a** 60
- Ausscheiden eines Gesellschafters **4** 223
- Betriebsveräußerung/-aufgabe **14a** 2; **16** 113
- Betriebsverpachtung **13** 36
- doppel(mehr)stöckige **34a** 62
- doppelstöckige **15** 235
- Drei-Objekt-Grenze **15** 125
- Durchschnittssatzgewinnermittlung **13a** 2
- Ehegatten **4** 82a; **15** 254
  - nahe Angehörige **13** 44
- Einbringung **15** 465; **16** 16; **34** 16
- einheitliche und gesonderte Feststellung
  - nachträgliche Einkünfte **16** 418
- Einlage **15** 457; **16** 23
- Einzelunternehmen **6** 181

- Einzelunternehmer **15** 425
- Entnahme **4** 101
- Erbengemeinschaft **16** 110
- EWIV **15** 221
- Familienpersonengesellschaft **15** 255
- Feststellungsverfahren
  - Freibetrag **16** 515
- Film-/Fernsehfonds **15** 254
- fortgesetzte Gütergemeinschaft **13** 46
- freiberufliche **15** 430
- Freibetrag **14a** 5, 10
- Freigrenze/Zinsschranke **4h** 51
- Genussschein **19a** 20
- Gesamthandsvermögen **15** 454
  - Übertragung **6** 189
- Gesamthandsvermögen/Übertragung **34a** 8
- Gesellschafter **15** 2
- Gesellschaftsrecht
  - Veräußerung **6** 188b
- Gesellschaftsverhältnis **15** 213
- Gewerbesteuer **15** 312
- Gewerbesteuer-Anrechnung **35** 20, 35
- gewerbliche Einkünfte **15** 440
- Gewinnbeteiligung **15** 247
- Gewinnermittlungsart **13** 70
- Gütergemeinschaft **15** 238
- Halten einer Beteiligung **15** 140a
- Hoferbfolge **14** 9
- Holznutzung **34b** 1
- Identität des Anteils **15a** 76
- immaterielle Wirtschaftsgüter **5** 75
- Kind **13** 46
- Kindergeldveruntreuung **15** 366
- konsolidierte Gesamtbilanz **15** 312
- Kooperation **13** 75
- korrespondierende Bilanzierung **15** 313
- mehrere **35** 17
- Nachversteuerung **34a** 59
- Niedrigbesteuerung **13** 26
- personenbezogene Sondertarifierung **34a** 25
- persönliche Haftung **15** 215
- Realgemeinde **13** 14
- Realteilung **6b** 8, 12; **16** 307, 340, 347a
- Rechtsfähigkeit **15** 202
- Reederei **15a** 361
- Reinvestitionsgüter **6b** 21
- Schuldzinsen/Mindestabzug **15** 359
- Sonderbetriebsvermögen
  - unentgeltliche Übertragung **6** 188a
- Sonderbilanz **6b** 1
- Sozietätsgründung **18** 166
- Steuerstundungsmodell **15b** 24, 30, 39
- stille Reserven **15** 457
- Teilanteilsveräußerung **14** 5
- Teilbetriebsveräußerung **16** 60
- Thesaurierungsbegünstigung **34a** 58
- Überentnahme **4** 170
- Übertragung
  - Wirtschaftsgüter **15** 457
- Übertragung von Wirtschaftsgütern **6** 188; **15** 448
- unentgeltliche Leistungen **15** 426
- Unterbeteiligung **15** 235
- Veräußerung **16** 54, 305
- Veräußerungsgewinn **15a** 71
- verdecktes Geschäftsverhältnis **15** 253

1991

- Verlustausgleichsbeschränkung **15a** 22
- Verlustzuweisungsgesellschaft **15** 46
- Zebragesellschaft **15** 468
- Zinsschranke **4h** 10, 109
- Zurechnungsobjekt **15** 244
- § 6b-Rücklage **6b** 1

Mitverantwortungsabgabe Getreide 13 63

Möbel
- Gebrauchsüberlassung **15** 70

Möbeltransportarbeiter
- Metergeld **19** 150

Mobilfunkverträge
- Betriebseinnahmen **4** 251

Mobiliar
- Krankheitskosten **33** 100
- Zimmervermietung **21** 75

Mobilitätshilfe 3 22

Mobiltelefon 19 150

Modernisierung 35a 9
- erhöhte Gebäudeabsetzungen **7h** 3
- Fonds **15b** 43
- Gebäude **7** 140
- gewerblicher Grundstückshandel **15** 128
- Nutzungsentnahme
  - Wohnung **6** 161
- Rechtsverordnung **51** 46

Modernisierungsfonds
- Verlustausgleichsbeschränkung **15a** 162

Modernisierungsmodell 21 115

Monetäre Bilanzposten
- Euro **6d** 8

Montagebetriebsstätte
- ausländische Steuern **34c** 46

Motorschaden
- Entfernungspauschale **9** 381, 401

Mülldeponie 4 251

Museum 10b 13

Musik
- Aufwendungen **10** 29
- Kinderbetreuungskosten **10** 25a

Musiker 12 4; **15** 22; **19** 47, 100; **49** 38
- Arbeitsmittel **9** 327
- Auslagenersatz **19** 115
- Tonbandgerät **9** 327

Musikinstrument 19 160
- Arbeitsmittel **9** 327

Musiklehrer 12 4

Musikschule 10b 13

Musterhaus
- Anlagevermögen **6** 22

Mutter-Tochter-Richtlinie 50d 43
- Beteiligung **43b** 10
- Gestaltungsmissbrauch **50d** 41
- Gewinnausschüttung **43b** 1; **50g** 9

Muttergesellschaft
- Ausland **4g** 8; **43b** 2
- ausländische Kapitalgesellschaft **43b** 6
- Kapitalertragsteuer **43** 35

Mutterschaftsgeld 3 20; **19** 150; **33a** 30

Mutterschutz
- Rückstellung **5** 165

Nachaufforstungskosten 13a 13

Nachbargrundstück
- Bebauung **21** 12
- Duldung **22** 33

Nachbarschaftshilfe 19 29

Nacherbe
- unentgeltliche Betriebsübertragung **16** 103

Nachfolgeklausel 16 254
- Gesellschaftsanteil **16** 247
- Personengesellschaft **16** 235

Nachforderungsbescheid 44 17
- Abzugssteuer **50a** 55
- Einkommensteuer **75** 1
- Lohnsteuer **42d** 80
  - Zuständigkeit **42d** 82
- Rechtsbehelfe **48a** 25
- Steuerabzug **50d** 6

Nachgelagerte Besteuerung
- Altersbezüge **22** 40
- Alterseinkünfte **24** 1
- beschränkte Steuerpflicht **49** 148
- betriebliche Altersversorgung **22** 27, 41
- Direktversicherung
  - Lohnsteuerpauschalierung **40b** 1
- Leibrente **22** 27
- Öffnungsklausel **22** 27e
- Öffnungsklausel für berufsständische Versorgungswerke **22** 27e
- schädliche Verwendung **22** 43
- umlagefinanzierte Altersversorgung **3** 168
- Verfassungsmäßigkeit **22** 27f
- Vorsorgeaufwendungen **10** 12
- Zeitpunkt **22** 41a

Nachhaltigkeit 18 65
- Arbeitsstätte **9** 366
- Drei-Objekt-Grenze **15** 116
- einmalige Tätigkeit **15** 24
- Erfinder **18** 111
- Erfindung
  - Förderung der Verwertungsreife **15** 24
- gelegentliche Betätigung **15** 25
- Gewerbebetrieb **15** 23
- gewerblicher Grundstückshandel **15** 120

Nachhilfe 19 100
- Kinderbetreuungskosten **4f** 15

Nachholung
- Abschreibungsvergünstigungen **7a** 14
- Absetzung für Abnutzung **7** 36, 142
- Erhaltungsaufwand **11a** 5
- erhöhte Gebäudeabsetzungen **7h** 4
- Kulturgut **10g** 6
- nachträgliche Aktivierung **7** 38
- Schriftform **6a** 22
- Sozialwohnung **7k** 3
- Teilwertabschreibung **6** 109
- Zuwendungen **4d** 72

Nachholverbot
- Abschreibung **4** 243
- Ausscheiden **6a** 46
- Bilanzberichtigung **6a** 46
- Pensionskasse **4c** 8
- Pensionsrückstellung **6a** 25, 46
- Rechtsirrtum **6a** 46
- Rückdeckungsversicherung **4d** 31

- Übergang von Einnahme-Überschuss-Rechnung **6a** 46
- Unterstützungskasse **4d** 40
- Zuwendungen **4d** 21

Nachlass
- Anteil an Personengesellschaft **15** 237

Nachlassinsolvenzverfahren
- Verlustausgleich **2** 110

Nachlassverbindlichkeiten 33 50, 100

Nachlassverwalter
- Lohnsteuerhaftung **42d** 55
- Unternehmer **15** 150

Nachlaufende Gewinnermittlung
- Zinsvortrag **4h** 43

Nachprüfungsvorbehalt
- Lohnsteueranmeldung **41a** 5
- Lohnsteuerfreibetragseintragung **39a** 2

Nachschuss
- Anschaffungskosten **17** 214

Nachschusspflicht
- Reeder **15a** 360
- Versorgungsverpflichtung **4e** 28

Nachtarbeit 3b 3
- Geschäftsführer **3b** 3
- Höchstgrenze **3b** 2
- Insolvenzgeld **3b** 3
- Raumausstatter **3b** 3
- Zeitungszusteller **3b** 3
- Zuschlag **3b** 2

Nachtlokal 9 438

Nachträgliche Anschaffungskosten 6 27, 41; **17** 205, 212
- Abschreibungsvergünstigungen **7a** 11, 31
- AfA-Bemessungsgrundlage **7** 63
- Änderung des Steuerbescheids **17** 290
- Anfechtung eines Grundstückskaufvertrages **21** 125
- Anliegerbeiträge **5** 166
- degressive AfA **7** 174
- Drittaufwand **17** 231
- erhöhte Absetzungen **7c** 6
- Gebäude **7** 140
- kapitalersetzende Darlehen **17** 260
- Nachholung der AfA **7** 38
- private Versorgungsrente
  – Wohnrecht **6** 41
- Teilwertabschreibung **6** 135
- Verzicht auf Darlehensrückzahlung **17** 220
- Vorsteuerberichtigung **9b** 31

Nachträgliche Betriebsausgaben 4 137, 252
- Schuldzinsen **16** 417

Nachträgliche Betriebseinnahmen
- Überbrückungsgelder eines Seelotsen **24** 16
- Zinsvortrag **4h** 43

Nachträgliche Einkünfte 24 1, 41
- Ausland **34d** 7
- beschränkte Steuerpflicht **49** 94
- Betriebsveräußerung **16** 416
- Betriebsweiterveräußerung **16** 141
- einheitliche und gesonderte Feststellung
  – Mitunternehmerschaft **16** 418
- Einkunftsarten **24** 60
- Erbe **18** 50

- Freibetrag **16** 512
- früheres Dienstverhältnis **19** 150
- Produktionsaufgaberente **13** 24
- Rechtsnachfolger **15** 2
- Sondervergütungen **15** 392
- Veräußerung gegen wiederkehrende Bezüge **16** 222
- Veräußerungsgewinn **24** 43
- Wahlrecht **17** 187
- Zinsen **16** 94

Nachträgliche Einnahmen
- beschränkte Steuerpflicht **49** 166

Nachträgliche Herstellungskosten 6 27
- Abschreibungsvergünstigungen **7a** 11, 31
- AfA-Bemessungsgrundlage **7** 63
- Anliegerbeiträge **5** 166
- Anschaffung **23** 11
- anschaffungsnaher Aufwand **6** 63
- degressive AfA **7** 174
- Dekontaminierungsaufwendungen **6** 133
- Gebäude **7** 140
  – Absetzung für Abnutzung **7** 151
- Vorsteuerberichtigung **9b** 31

Nachträgliche Schuldzinsen 9 65; **21** 125

Nachträgliche Vergütungen 49 101

Nachträgliche Werbungskosten 9 65; **17** 172; **24** 61

Nachtschwester
- Schichtzulage **3b** 3

Nachversteuerung 2a 86, 89; **10** 4; **34c** 28
- Altrücklagen/Verwendungsreihenfolge **34a** 76
- Ansässigkeitswechsel **2a** 100
- Antrag **34a** 82, 84
- Auflösung **49** 56
- Ausgleichsposten **34a** 45
- ausländische Einkünfte **34a** 71
- Bemessungsgrundlage **34a** 67, 72
- Betriebsveräußerung/-aufgabe **34a** 9, 83
- Betriebsveräußerung/Einbringung **34a** 13
- Diskriminierungsverbot **2a** 4
- Einbringung **34a** 9
- Einbringung in Personengesellschaft **34a** 86
- Einbringung/Formwechsel **34a** 83
- Einbringungsgewinn **49** 56
- Einlagekonto **49** 56
- Entnahme für Erbschaftsteuer **34a** 7
- Entnahmeüberhang **34a** 31
- Erbfall **34a** 85
- Erbschaft-/Schenkungsteuer **34a** 80
- Feststellungsbescheid **34a** 12, 89
- gesonderte Feststellung **34a** 88
- gesonderte Feststellung des nichtentnommenen Gewinns **34a** 6
- Gestaltungsempfehlungen **34a** 78
- Gewerbesteuer-Anrechnung **34a** 71
- Haftung **42d** 31
- Höhe **34a** 73
- Höhe/gesonderte Feststellung **34a** 70
- Kapitalherabsetzung **49** 56
- Mehrentnahme **15a** 251
- Mitunternehmeranteil **34a** 69
- Mitunternehmerschaft **34a** 59
- nicht entnommener Gewinn **34a** 1, 66
- Rechtsnachfolger **34a** 10, 85
- Rentenversicherung **10** 13

1993

- Solidaritätszuschlag **34a** 13
- Thesaurierungsbegünstigung **34a** 50, 71
- treaty overriding **49** 56
- Übertragung eines Mitunternehmeranteils **34a** 85
- Übertragung/Mitunternehmerschaft **34a** 8
- Übertragung/Überführung von Wirtschaftsgütern **34a** 75
- unentgeltliche Betriebsübertragung **34a** 81
- verdeckte Einlage **49** 56
- Vorsorgeaufwendungen **10** 24
- vorweggenommene Erbfolge **34a** 85
- Wechsel der Gewinnermittlungsart **34a** 84
- Wechsel der Rechtsform **34a** 86
- zinslose Stundung **34a** 9, 83
- Zuständigkeit **34a** 12

Nachweis 33 35
- Abzugsverbot **12** 4
- Aktivitätsklausel **2a** 55
- Anrechnung **36** 15
- Arbeitsmittel **9** 327
- Au-pair **4f** 11
- Auskunftsersuchen **50d** 61
- Ausland **33a** 92
- ausländische Besteuerung **50d** 60
- ausschließliche Fremdvermietung **21** 19
- Ausweis **33b** 26
- behindertes Kind **4f** 23
- Behinderung **33a** 74
- Bereederung im Inland **5a** 22
- Bescheinigung
  - der ausländischen Finanzbehörde **1** 37
- Eigenkapitalquote **4h** 83
- Empfänger von Ausgaben **4** 141
- Entleiherhaftung **42d** 93
- Erstattung
  - Verzinsung **50d** 17
- fiktive Quellensteuer **34c** 13
- Fortbildungskosten **10** 31a
- Freistellungsverfahren **50d** 24
- Gesundheitsbehörde
  - Rechtsverordnung **51** 85
- gewillkürtes Betriebsvermögen **18** 21
- Grenzpendler **1** 37
- Haftung **15a** 135
- haushaltsnahes Beschäftigungsverhältnis **35a** 10
- Hilflosigkeit **33b** 25
- Holznutzung **34b** 6
- Investitionsabzugsbetrag **7g** 31
- Kind
  - Schwerstpflegebedürftigkeit **32** 15
- Kinderbetreuungskosten
  - Rechnung **4f** 50; **10** 25a
- Kirchensteuer
  - Lohnsteuerpauschalierung **40** 18
- Kontoauszug **10b** 36
- Krankheitskosten **33** 100
- Lohnsteuerabzug **36** 15
- Modellrechnung **3b** 2
- nichteheliche Lebensgemeinschaft **33** 100
- Obergrenze **37b** 26
- Pauschalwertberichtigung **6** 141
- private Kfz-Nutzung **6** 162b
- Rechtsirrtum **42d** 48
- Rechtsnachfolger des Behinderten **33b** 26
- Rückfallklausel **50d** 57

- Schwerstpflegebedürftigkeit **32** 15
- Sonderausgaben **10** 6
- Spenden **10b** 32
- Steuerabzug **48c** 8
- Steueranrechnung **34c** 55
- Teilwertvermutung **6** 104
- Treuhänder
  - Unternehmer **15** 151
- Unterhaltsleistungen **1a** 11
- Veranlagungsverfahren **50d** 62
- Verbindlichkeiten **5** 118
- vereinfachter Spendennachweis **10b** 36
- Verträge zwischen Angehörigen **21** 32
- Werbungskosten **9a** 1
- wirtschaftliche Aktivität **50d** 43
- wissenschaftliche Ausbildung **18** 126
- Zuwendungsbestätigung **10b** 35

Nachzahlung
- Arbeitslohn **10** 22; **11** 60; **19** 172; **24** 55; **38a** 4
- erfolgreicher Rechtsstreit **34** 52
- Lohnsteuerabzug **39b** 9
- mehrjährige Tätigkeit **34** 45
- Nutzungsvergütung **34** 38
- Ruhegehalt **34** 51
- Rente **34** 41
- Unterhalt **33a** 9
- Unterhaltsleistungen **10** 7

Nachzahlungszinsen
- Verfassungsmäßigkeit **10** 1

Nahe Angehörige
- beschäftigte Person **35a** 2
- Fremdvergleich **12** 1; **21** 48
- Mitunternehmerschaft **13** 44
- stille Gesellschaft **13** 75
- Zeuge **33a** 91

Nahe stehende Person
- Anteilsveräußerung
  - Formmangel **17** 60
- Bürgschaft
  - Sicherheitsleistung **17** 231
- disquotale Ausschüttung **20** 62
- Einlage **17** 216
- Gesellschafter **16** 25
- Gesellschafter-Fremdfinanzierung **4h** 103, 111
- Kapitaleinkünfte **20** 569
- Veräußerungsgewinn **32d** 17
- verdeckte Gewinnausschüttung **3** 127; **20** 71
- wesentliche Beteiligung **17** 60

Nahverkehrsbetriebe
- Zuschläge **3b** 3

NATO-Truppenstatut
- Ehegatte **26** 30
- Kindergeld **62** 3
- Kinderzulage **65** 5
- Steuerfreiheit **1** 8

Naturkatastrophe 33 23, 33

Naturschutz
- Auflage **13** 54

Navigationsgerät
- Privatnutzung **6** 162c

Nebenbetrieb 13 15; **13a** 10
- Be-/Verarbeitung **13** 17
- Biogas **13** 18
- Bodenschätze **13** 67

– Brüterei **13** 7
– Forstwirtschaft **13a** 13
– Mitunternehmerschaft **13** 26
– Substanzbetrieb **13** 19
– Zukauf fremder Erzeugnisse **13** 17
Nebenkosten 21 90
– Verbindlichkeit **6** 145
– Verträge zwischen Angehörigen **21** 33
Nebenleistungen 49 43
– Gewerbesteuer **4** 216
Nebentätigkeit 3 74; **15** 20
– Abzugsverbot **3c** 83
– Amtsveranlagung **46** 17
– Arbeitnehmer **19** 70
– Aufwandsentschädigung **18** 8
– Betriebsausgaben-Pauschbeträge **4** 252
– Betriebseinnahmen **4** 130, 251
– Einnahme-Überschuss-Rechnung **4** 115
– erweiterter Härteausgleich **46** 63
– Freibetrag im gemeinnützigen Bereich **3** 75, 76
– Freigrenze **46** 17
– Gefängnisarzt **19** 150
– Selbstständigkeit **18** 61
– Vertragsarzt **18** 91
Negative Einkünfte 1 34; **2** 7; **33a** 28
– Altersentlastungsbetrag **24a** 5
– Anrechnung ausländischer Steuern **2a** 15
– Anteile an ausländischen Kapitalgesellschaften **2a** 38
– Ausbildungszuschuss **33a** 61
– Beteiligung an Gemeinschaften **37** 35
– Bodenschatzgewinnung **2a** 64
– DBA **2a** 1; **50d** 67
– Diskriminierungsverbot **2a** 30
– Einkommensteuer-Vorauszahlung **37** 27
– Erbe **2a** 72
– Ermittlung **2a** 25
– Gemeinschaftsrecht **2a** 2
– gesonderte Feststellung **2a** 86
– Gewerbesteuer-Anrechnung **35** 15
– gewerbliche Einkünfte **2a** 25
– gewerbliche Leistungen **2a** 65
– Gewinnermittlungsart **2a** 18
– Holdingprivileg **2a** 65
– Kinderbetreuungskosten **4f** 33
– Land- und Forstwirtschaft **2a** 20
– Lohnrückzahlung **40b** 6
– Mindesteigenbetrag **86** 4
– Nachversteuerung **2a** 89
– Progressionsvorbehalt **2a** 84
– Steuererstattung **39b** 17
– Steuerstundungsmodell **15b** 49
– Verfassungsmäßigkeit **2a** 2
– Verlustabzug **10d** 13
– Verlustausgleichsbegrenzung **21** 132
– Verlustausgleichsbeschränkung **15a** 22
– Verlustverrechnungstopf **43a** 70
– Verlustvortrag **2a** 78
– Vermietung und Verpachtung **2a** 45; **21** 2; **37** 29
– Versorgungs-Freibetrag **19** 176
– Warengeschäfte **2a** 62
– Welteinkommensprinzip **2a** 1
– Zeitpunkt **2a** 9

Negative Einnahmen 8 17; **20** 3
– Bereicherungsprinzip **3c** 9
– Direktversicherung **4b** 17
– Lohnsteuerpauschalierung **40b** 6
– rückgezahlter Arbeitslohn **19** 131
– Rückzahlung von Arbeitslohn **4b** 21; **38** 10
– Steuerabzug **43a** 10
– Stückzinsen **20** 373, 516, 784
– Verlustverrechnungstopf
  – Verlustbescheinigung **43a** 70
Negative Ergänzungsbilanz
– Anteilserwerber **16** 231
– Buchwertfortführung **15** 449
– stille Reserven **15** 451
– Verkehrswert **15** 454
Negative Sonderausgaben 8 17
Negative Werbungskosten 8 17
Negativer Geschäftswert 5 79; **6** 129
– Realisationsprinzip **15** 322
Negativer Progressionsvorbehalt 2a 1; **32b** 10, 24
– Arbeitslosengeldrückzahlung **32b** 10
– ausländische Verluste **15b** 48
– Gemeinschaftsrecht **2a** 84
– Verlust **32b** 21
Negativer Teilwert 6 89
Negatives Einlagekonto
– stille Gesellschaft **20** 204
– Verlustanteil **2a** 42
Negatives Kapitalkonto
– entgeltliche Übernahme **16** 91
– Ergänzungsbilanz **15** 323
– Kommanditist **15a** 2
– maßgebender Kapitalkontenstand **15a** 44
– Maßgeblichkeitsgrundsatz **15a** 41
– Mitunternehmer **15** 315
– Schenkung **6** 181
– Sonderbetriebsvermögen **15a** 41
– Steuerstundungsmodell **15b** 28
– Übertragung **15a** 73
– Veräußerungsgewinn **16** 223
– Verlustausgleichsbeschränkung **15a** 2
– Verlustausgleichsverbot **15** 623; **20** 201
– Verlustzurechnung **16** 228
– Verlustzuweisungsgesellschaft **15a** 8
Negatives Sonderbetriebsvermögen
– Bürgschaft **15** 102
– Verlustausgleich **15a** 41
Nennwert
– Forderungen **6** 137
Nettolohnvereinbarung 19 150; **42d** 68
– Abtastverfahren **39b** 18
– Lohnsteuer-Jahresausgleich
  – Arbeitgeber **42b** 6
– Lohnsteuerabzug **39b** 16
– Lohnsteueranmeldung **41a** 3
– Lohnsteuerhaftung **42d** 25, 42, 51
– Schuldner des Lohnsteuer **38** 13
Nettoprinzip 3c 1, 7
– Betriebsausgaben **4** 139
– Gemeinschaftsrecht **50** 32; **50a** 10
– Mindestbesteuerung **10d** 4
– Steuerabzug **50a** 32
– Umsatzsteuer **50a** 32

Netzkarte
- Arbeitslohnzufluss **19** 150

Neubau
- Baudenkmal **7i** 3
- degressive AfA **7** 165, 167, 190
- Feststellungslast **7** 167
- Sanierungsgebiet **10f** 3

Neugründung
- Buchführungspflicht **13** 49
- Teilwert **16** 313

Neurolinguistisches Programm
- Kurs **12** 15

New Energy Fonds **15b** 35

Nicht abzugsfähige Betriebsausgaben
- Mitunternehmer **34a** 58
- nicht entnommener Gewinn **34a** 52
- Saldierung mit Einlagen **34a** 53
- Tarifbegünstigung **34a** 46
- Überentnahme **4** 164
- Überhang der steuerfreien Betriebseinnahmen **34a** 54

Nicht entnommener Gewinn **34c** 38
- Abgeltungsteuer **34a** 15
- Antrag auf Sondertarifierung **34a** 24
- Antragsrücknahme **10d** 15
- Ausgleichsposten **34a** 44
- ausländische Betriebsstätte **34a** 50
- ausländische Betriebsstätte/Mitunternehmerschaft **34a** 60
- Begünstigungsbetrag **34a** 65
- Betriebsstätte im EU-Ausland **34a** 44
- Betriebsvermögensvergleich **34a** 22, 40
- Einlage **34a** 54
- Ermittlung **34a** 5
- Fahrten zwischen Wohnung/Betrieb **34a** 57
- Gesamtbetrag der Einkünfte **34a** 15
- gesonderte Feststellung **34a** 6
- Gewerbesteuer **34a** 56
- Gewinn abzüglich Entnahmeüberschuss **34a** 48
- Hinzurechnungen **34a** 55
- horizontaler Verlustausgleich/Verlustabzug **34a** 17
- Mitunternehmer-Gewinnanteil **34a** 61
- Mitunternehmeranteil **34a** 25
- Nachversteuerung **34a** 1
- nachversteuerungspflichtiger Betrag **34a** 66
- nicht abziehbare Schuldzinsen **34a** 57
- nicht abzugsfähige Betriebsausgaben/steuerfreie Betriebseinnahmen **34a** 52
- Solidaritätszuschlag **34a** 13, 29
- steuefreie Betriebseinnahmen **34a** 46
- Steuerbilanzgewinn **34a** 47
- Tarifbegünstigung **34a** 1
- Überführung in ausländische Betriebsstätte **34a** 43
- vertikaler Verlustausgleich **34a** 17
- Zinsschranke **34a** 55

Nichtabziehbare Steuern **12** 28

Nichtaufgriffsgrenze **15b** 4; **21** 144
- Steuerstundungsmodell **15b** 53

Nichteheliche Kinder
- Erbersatzanspruch **16** 105
- Unterhaltspflicht **33a** 16

Nichteheliche Lebensgemeinschaft **33a** 16; **35a** 2; **44a** 2
- beschäftigte Person **35a** 2
- Direktversicherung **4b** 15
- doppelte Haushaltsführung **9** 310
- Entlastungsbetrag **24b** 1
- Haushaltshilfe **33a** 72
- Hausstand **9** 246
- Kind **63** 2
- Kinderbetreuungskosten **4f** 10
- Unterhaltsleistungen **33** 58; **33a** 18
- Verfahrenskosten zur Auseinandersetzung **33** 100
- Verfassungsrecht **26** 1

Nichtrechtsfähiger Verein **20** 109, 110
- Organ **15** 17

Nichtselbstständige Arbeit
- andere Überschusseinkünfte **19** 4
- Arbeits-/Sozialrecht **19** 7
- Einkunftsart **19** 1
- Einnahmen **19** 15
- Gewerbesteuer **19** 6
- Gewinneinkünfte **19** 3
- Umsatzsteuer **19** 6

Nichtunternehmer
- Vorsteuerabzug **9b** 13

Nichtveranlagungs-Bescheinigung **44a** 10, 34
- Antragsveranlagung **46** 55
- Kapitalertragsteuererstattung **44b** 8

Niederlande
- Quellensteuer **45e** 1

Niederlassungsfreiheit
- Anrechnungsbeschränkung **34c** 39
- beschränkte Steuerpflicht **1** 6
- Gewinnrealisierung **16** 315
- Veräußerungsgewinn **16** 315d

Niederstwertprinzip **5** 43
- Anlagevermögen **6** 107
- Festwert **6** 114
- Forderungen **6** 137
- Imparitätsprinzip **5** 53
- Umlaufvermögen **6** 20, 107

Niedrigsteuerland
- Außensteuerrecht **3** 142
- erweiterte beschränkte Steuerpflicht **1** 8
- Hinzurechnungsbesteuerung **3** 125

Nießbrauch **2** 60; **13** 32, 40; **20** 9; **21** 55; **44a** 30; s.a. Ertragsnießbrauch; Sicherungsnießbrauch; Totalnießbrauch; Unternehmensnießbrauch
- Absetzung für Abnutzung **21** 61
- AfA-Befugnis **7** 20
- Ausschlagung der Erbschaft **16** 104
- Befristung **21** 56
- Beteiligung **20** 129
- Betriebsaufspaltung **15** 86
- Betriebsverpachtung **16** 326
- Bilanzierung **5** 165
- entgangene Einnahmen **24** 18
- Entgelt **11** 48
- Gesellschaftsanteil **15** 239
- Gewinnstammrecht **15** 239
- Kind **21** 57
- Mitunternehmer **15** 240
- Mitunternehmerinitiative **15** 241
- Nutzungsvergütungen **15** 397

Stichwortverzeichnis **Nutzungsrecht**

- Spekulationsgeschäft **23** 4
- stille Reserven **15** 241
- Veräußerungsgewinn **14** 10
- Verlustabzug **10d** 9
- Vermietergemeinschaft **15** 212
- Vermögensübergabe **22** 11
- vorweggenommene Erbfolge **14** 10
- Wertpapier **20** 129
- Zurechnung **20** 131

Nießbrauchsvermächtnis
- Absetzung für Abnutzung **16** 108
- Erbe **16** 108

Nießbrauchsverzicht
- Abstandszahlung **17** 158

Nießbrauchsvorbehalt 10 10; **16** 136; *s.a. Vorbehaltsnießbrauch*
- unentgeltliche Vermögensübertragung **17** 158
- vorweggenommene Erbfolge **17** 93

Nominalismus Einl 58
Nominalwertprinzip 2 77, 150a; **6** 10
- Geldeinnahmen **8** 20
- Pensionsrückstellung **6a** 42
- Zinserträge **20** 505

Notar-Anderkonto 11 65; **44a** 30
Notarielle Beurkundung
- Anschaffungskosten **6** 39
- Finanzierungskosten **4** 252
- minderjährige Gesellschafter **15** 258
- Veräußerung
  - Mitwirkungspflicht **17** 101
- Zufluss **19a** 22

Notarkosten 9 102; **12** 25; **17** 196; **21** 125
- Anschaffungskosten **17** 240

Notdienstbereitschaft
- Apotheker **3b** 3

Notebook
- Arbeitsmittel **9** 327

Notopfer Krankenhaus 10 17
Notwendiges Betriebsvermögen 4 70; **13a** 14
- Anteile **15** 99
- Begriff **4** 35, 51
- Beteiligung **4** 40, 56
- Betriebsaufspaltung **15** 98
  - Darlehen **4** 44
- branchenübliche Geschäfte **4** 40
- degressive AfA **7** 137
- Entnahme **4** 89
- Genossenschaftsanteil **4** 40
- Kapitalgesellschaft **4** 86
- Land- und Forstwirtschaft **13** 54
- Personengesellschaft **15** 350
- Selbstständige **18** 18
- überwiegend betriebliche Nutzung **4** 41
- unmittelbarer Einsatz **4** 39

Notwendiges Privatvermögen
- Darlehen **15** 354
- eigengenutzte Wohnung **4** 51
- Entnahme **15** 364
- Gebäude **4** 70
- Mitunternehmer **15** 351
- Selbstständige **18** 20

Notwendiges Sonderbetriebsvermögen 15 406
- Betriebsaufspaltung **15** 101
- Geringfügigkeitsgrenze **34** 28
- Grundstück **15** 102

Novation 11 41
- Erbfallschulden **16** 105
- Verbindlichkeiten **6** 144

NS-Verfolgtenentschädigung 3 36
Nutzungsänderung
- Entnahme **13** 56; **18** 21
- Gewinnermittlungsart **13** 69
- Wohnung **13** 22

Nutzungsberechtigter 50g 13
- Gebäudeerstellung **8** 43

Nutzungsbeschränkung
- Entgelt **21** 90

Nutzungsdauer
- Abbruchabsicht **7** 67
- Absetzung für Abnutzung **7** 2, 67
  - Ausbildungskosten **10** 34
- Anlagevermögen **6** 21
- Austausch von Wirtschaftsgütern **15** 72
- Bauauflage **7** 67
- derivativer Geschäftswert **5** 80
- drohende Enteignung **7** 67
- Eigentumswechsel bei Gebäude **7** 145
- fehlerhafte Annahme **7** 38
- Gebäude **7** 145
- Geschäfts- und Firmenwert **7** 74
- Marke **5** 165
- Neufestsetzung **7** 78
- Pkw **8** 54
- Praxiswert **7** 75; **18** 28
- Rechtsposition **7** 69
- Schätzungsfehler **7** 79
- Substanzschaden **6** 54
- technischer Verbrauch **7** 68
- Überschusseinkünfte **7** 67
- Verkürzung bei Gebäude **7** 150
- Verlängerung **6** 58
- Wiederveräußerung **7** 67
- Zerstörung **7** 67

Nutzungseinlage
- Gesellschafter **15** 374

Nutzungsentnahme 4 33; **15** 366
- Anscheinsbeweis
  - Fahrtenbuch **6** 162b
- Begriff **4** 90
- betriebliche Wohnung **6** 161
- Bewertung **6** 161
- Einnahme-Überschuss-Rechnung **4** 118
- Selbstkosten **15** 368
- stille Reserven **6** 161
- Umsatzsteuer **6** 161
- verdeckte Gewinnausschüttung **15** 368
- Verfassungsmäßigkeit **6** 162c

Nutzungsrecht 13 32; **21** 55; **49** 140; **50a** 27
- Ablösung **6** 41; **21** 66; **22** 17
- Absetzung für Substanzverringerung **7** 196
- AfA-Befugnis **7** 16
- AfA-Bemessungsgrundlage **7** 58
- Anschaffungskosten **6** 38
- Bauten auf fremdem Grund **4** 84
- Bestellung **21** 56

1997

- Bodenschatz **7** 195
- Einlage **4** 103
- Gebäude **7** 136
- gleitende Vermögensübergabe **22** 17
- Mitunternehmerschaft **13** 45
- Steuerabzug **50a** 21
- Vorbehalt **16** 136
- wirtschaftliches Eigentum **5** 67
- Wirtschaftsüberlassungsvertrag **13** 39
- Wohnung **22** 16, 23

Nutzungsüberlassung **2** 46; **11** 65; **21** 90; **22** 32; **49** 43
- Auslandsbetriebsstätte **4** 106d
- beschränkte Steuerpflicht **49** 140
- Betriebsaufspaltung **15** 86, 90
- Betriebsverpachtung **16** 326
- Bodenschätze **21** 8
- dauernde Last **13** 43
- Drittaufwand **4** 146
- Einnahmen **8** 22
- entgeltliche Wohnung **13** 21
- Erbbaurecht **15** 86
- Gesellschafter **6** 166; **15** 102, 375
- Grundstück **15** 70, 75
- Kraftfahrzeug **9** 376, 400
- Land- und Forstwirtschaft **15** 57
- Mietkaufvertrag **21** 9
- Mitunternehmer **16** 20
- Möbel **15** 70
- Privatfahrten **8** 51
- Sonderbetriebsvermögen **15** 303
- Sondervergütungen **15** 300, 382
- Steuerabzug **50a** 25
- Veräußerungsgeschäft **21** 8
- verbilligte **15** 437
- verdeckte Einlage **17** 215
- verdeckte Gewinnausschüttung **3c** 83
- Vergütungen **15** 397
- Vermietung und Verpachtung **21** 5, 40
- vermögensverwaltende Personengesellschaft **15** 426
- Wahlrecht **16** 328

Nutzungsvergütungen **15** 397; **24** 80
- Angemessenheit **15** 105
- Betriebsaufspaltung **15** 105
- Darlehen **15** 398
- Leasing **15** 397
- Lizenzen
  - Patente **15** 397
- Tarifbegünstigung **34** 38

Nutzungswert
- betriebliche Kfz **8** 52
- eigengenutzte Wohnung **13** 20
- Familienheimfahrt/Kfz **9** 412
- Mautgebühr
  - Vignette **6** 162b
- Werbungskosten **8** 53
- Wohnung **13a** 7

Oberflächenentschädigung **24** 16

Obergesellschaft
- Arbeitgeber
  - entsandter Geschäftsführer **38** 5
- Beteiligung
  - Mitunternehmerschaft **15** 140a

- doppelte Gewinnfeststellung **15** 421
- Ergänzungsbilanz **15** 423
- Gesellschafterwechsel **15** 422

Obhutsprinzip
- Kindergeld **64** 1

Objektbegrenzung
- Wohnung **13** 22

Objektbeschränkung
- Ehegatten **10f** 8
- Gebäude **10f** 8

Objektive Darlegungslast
- Baudenkmal
  - erhöhte Absetzungen **7i** 1
  - Gebäudesanierung **10f** 1
- Bewertungsfreiheit **7f** 1
- erhöhte Absetzungen **7c** 2
  - Gebäude **7h** 1
- schutzwürdige Kulturgüter **10g** 1
- Sozialwohnung **7k** 1

Objektive Feststellungslast **2a** 55; **37** 5; **50d** 43
- Bauabzugssteuer **48** 6
- Beteiligungsverlust **2a** 69

Objektsteuer
- Einkommensteuer **Einl** 4a
- Kapitalertragsteuer **43** 1

Objektverbrauch
- Ehegatte
  - Miteigentümer **10f** 10
- Miteigentümer **10f** 10

Obligatorisches Nutzungsrecht **21** 55, 60
- AfA-Befugnis **7** 13
- AfA-Bemessungsgrundlage **7** 58

Obstbau **13a** 10

Oder-Konto
- Arbeitnehmer-Ehegatte **Einl** 8
- Ehegatte **4** 252

Offenmarktgeschäft
- Kreditinstitut **10b** 41

Offensichtlich unzutreffende Besteuerung
- s. Pauschbetrag

Öffentlich-rechtliche Religionsgemeinschaft
- Kindergeld **72** 2

Öffentliche Abgaben
- Werbungskosten **9** 140

Öffentliche Investitionszuschüsse
- Anschaffungs-/Herstellungskosten **6** 30
- Sonderabschreibung **7g** 74

Öffentliche Kasse **50d** 50
- Arbeitgeber **19** 66
- Arbeitnehmer **49** 97
- Aufwandsentschädigung **3** 44, 46; **19** 32
- Kassenstaatsprinzip **1** 18; **34d** 25
- Reisekostenvergütung **3** 48
- Trennungsgeld **3** 48
- Umzugskostenvergütung **3** 48

Öffentliche Mittel
- erhöhte Absetzungen **7c** 10
- steuerfreie Leistungen **3** 34

Öffentliche Verkehrsmittel
- Entfernungspauschalen-Höchstbetrag **9** 399
- Familienheimfahrt **9** 413
- höhere Aufwendungen **9** 382
- kürzeste Straßenverbindung **9** 389
- Werkstorprinzip **3** 55

Öffentlicher Dienst
- Familienleistungsausgleich **72** 1
- Passivierung **6a** 5
- Zusatzversorgung **6a** 8

Öffentliches Schuldbuch
- Eintragung **20** 370

Offshore-Windkraftanlage 1 11

OHG
- Außengesellschaft **15** 214
- Einkunftsart **15** 142
- fehlende Gewinnabsicht **15** 217
- formwechselnde Umwandlung **15a** 77
- Gesellschafter **15** 3; **15a** 304
- gewerbliche Prägung **15** 135
- Handelsregister **15** 15
- Kommanditist **15a** 45
- persönliche Haftung **15** 136
- Vermögensverwaltung **15** 217

Opernsänger
- Dienstverhältnis **19** 41

Opfergrenze
- Höhe **33a** 37
- Unterhaltsleistungen **33a** 35

Option
- Abgeltungsteuer **32d** 15, 22
- Leasing **4** 79
- Teileinkünfteverfahren **20** 546, 560, 607, 668, 899
- Vorsteuerabzug **9b** 16
- Widerruf **32d** 22
- zusammenveranlagte Ehegatten **32d** 41

Optionsanleihe 17 43; **20** 324

Optionsgeschäft 20 324; **23** 7, 10
- Betriebseinnahmen **4** 251
- gewillkürtes Betriebsvermögen **4** 43
- Glattstellunggeschäft **20** 722
- Glattstellungsgeschäft **20** 842
- Optionsprämie
  - Rückstellung **5** 166
- Stillhalteprämie **15** 129
- Stillhalterprämie **20** 718
- Veräußerung **20** 762

Optionsmodell 20 327, 405

Optionsprämie
- Veräußerungskosten **20** 823
- Veräußerungspreis **3c** 83

Optionsrecht 11 65; **17** 43, 52; **19** 150; **19a** 28
- Optionskosten **19** 150

Ordensangehörige 19 100

Ordnungsgeld
- Abzugsverbot **4** 203

Ordnungswidrigkeit
- Bauabzugsteuer **48** 31
- Mini-Jobs **50e** 3
- Steuerordnungswidrigkeit **96** 1

Ordre public 33 41
- Geldstrafe **12** 29

Organ
- juristische Person
  - nicht rechtsfähiger Verein **15** 17

Organschaft 49 100
- Anrechnung **48c** 10
- ausländische Einkünfte **32b** 25
- Bauabzugsteuer **48** 7, 8, 15

- Dividendengarantie **4** 208
- Freistellungsbescheinigung **48b** 16
- Gewerbesteuer
  - Betriebsaufspaltung **15** 106
- Gewerbesteuer-Anrechnung **35** 32
- Gewinnabführung **3c** 83
- Gründung
  - Auflösung **4h** 108
- Halbabzugsverfahren **3c** 57
- Halbeinkünfteverfahren **3** 118
  - Personengesellschaft **3** 128
- Investitionsabzugsbetrag **7g** 19
- Kapitalertragsteuer **43** 35
- Körperschaftsteuer **32c** 3
- Lohnsteuerabzug **38** 11
- Sonderbetriebsvermögen **15** 400
- Spendenhöchstbetrag **10b** 48
- Tarifermäßigung **34** 91
- Teilwertabschreibung **3c** 57
- Thesaurierungsbegünstigung **34a** 63
- Veräußerung **3c** 83
- Veräußerungsgewinn **16** 41
- Verlustabzug **10d** 9
- Verlustübernahme **5** 165
- Wahlrecht **37b** 46
- Zinsschranke **4h** 25, 107

Originärer Geschäftswert
- Aktivierungsverbot **5** 77

Ort der Geschäftsleitung
- Begriff **49** 102
- Entstrickung **2a** 100
- Lohnkonto **41** 7
- Personengesellschaft **15** 8
- Schifffahrtsbetrieb **5a** 20

Ortsübliche Miete
- Ermittlung **21** 153

Österreich
- Realsplitting **10** 7

Outsourcing
- Pensionsfonds **4e** 10

Pachtaufhebungsentschädigung
- landwirtschaftlicher Betrieb **24** 16

Pächter 6b 4

Pachterneuerungsanspruch 13 38

Pachterneuerungsrückstellung 5 165; **6** 145; **13** 38
- Betriebsaufspaltung **15** 104

Pächterwohnung
- Entnahme **13** 22

Pachtvertrag
- Darlehen **13** 53
- Substanzerhaltungsanspruch **5** 165

Pachtzinsen 13a 17
- Durchschnittssatzgewinn **13a** 7

Parkplatz 19 150
- geldwerter Vorteil **8** 24

Parteispende 2 150a; **10b** 3
- Beitrittsgebiet **10b** 70; **34g** 17
- Durchlaufspende **34g** 10
- Ehegatten **10b** 59
- Höchstbetrag **10b** 68
- Lohnsteuer-Ermäßigungsverfahren **39a** 7

1999

- Mitgliedsbeiträge **10b** 69, 72
- Obergrenze **10b** 75
- Prüfungsrecht **10b** 72
- Publizitätsgrenze **10b** 75
- Rechtsverordnung **51** 73
- Sachspende **10b** 73
- Sonderausgaben **4** 216
- Spendenempfänger **10b** 70
- Steuerermäßigung nach § 34g **10b** 74
- vereinfachter Spendennachweis **10b** 73
- Zuwendungsbestätigung **10b** 73

Partenreederei 15 211, 212
- gewerbliche Prägung **15** 135
- mit beschränkter Haftung **15a** 360
- Verlustausgleich **15a** 306

Partiarisches Darlehen 20 210; **49** 112
- Erträge **20** 317
- Verlust **2a** 41
- Zinsen **43** 17; **50g** 9

Partiarisches Rechtsverhältnis 13 75
- Begriff **20** 167
- Verlustbeteiligung **20** 167

Partnerschaft 18 33; **33a** 16
- Gewerbebetrieb **15** 220
- Verlustausgleich **15a** 304

Partnerschaftsgesellschaft
- Wirtschaftsjahr **4a** 10

Partnerschaftsvertrag
- Lebenspartnerschaft **33a** 16

Passive Einkünfte
- Hinzurechnungsbesteuerung **3** 125, 142

Passive Rechnungsabgrenzung 5 90
- Begriff **5** 97
- Damnum **6** 136
- Milchaufgabevergütung **13** 62
- Realisationsprinzip **5** 98

Passiver Ausgleichsposten
- Ergänzungsbilanz **15** 322

Passivierung 5 100
- Betriebsverpachtung **5** 162
- Bürgschaftsverpflichtung **4** 61
- Einzelnachweis **5** 165
- Rückabwicklung **5** 154
- sonstige Leistungen **5** 116
- Umsatzsteuer **9b** 2

Passivierungspflicht
- Pensionszusage **6a** 5, 46
- Rückstellung aus ungewissen Verbindlichkeiten **5** 121

Passivierungsverbot 5 120
- Drohverlustrückstellung **5** 145
- Pensionszusage **6a** 5
- Rückstellung für Jubiläumszuwendungen **5** 143
- Steuerrecht **5** 13
- Verbindlichkeitsrückstellung **5** 134

Passivierungswahlrecht
- Pensionszusage **6a** 5

Patenschaftsabonnement
- Zeitung **10b** 28

Patente
- Abschreibung **7** 51
- Aktivierung **5** 165
- Einkunftsart **15** 73

- gewerbliche Leistungen **2a** 65
- Ingenieur **18** 111
- notwendiges Betriebsvermögen **15** 98
- Nutzungsvergütungen **15** 397
- Steuerabzug **50a** 27
- Veräußerung **22** 36
- Verbindlichkeitsrückstellung **5** 142
- wesentliche Betriebsgrundlagen **15** 97

Patronatserklärung
- Passivierung **5** 165

Pauschalierung 2 150a
- Abgeltung **37b** 10
- Abgeltungswirkung **37a** 10; **37b** 31
- Abzugsverbot **37b** 31
- Anfechtungsberechtigte **50** 45
- Antrag **37a** 7
- Arbeitnehmer/Geschäftsfreund **37b** 1
- Auslandsreise **4** 186
- Ausübung des Wahlrechts **37b** 47
- Bemessungsgrundlage **37b** 31
- Berechtigte **37b** 20
- beschränkte Steuerpflicht **50** 45
- betriebliche Kfz **8** 52
- betriebliche Veranlassung **37b** 18
- Betriebsausgaben **37b** 5
- Betriebsstättenfinanzamt **37b** 42
- betroffene Zuwendungen **37b** 15
- DBA **34c** 17
- Empfängernachweis **37b** 6
- Ermessen **37a** 7
- fiktive Lohnsteuer **37b** 40
- Gewerbesteuer-Anrechnung **35** 23
- inländische Betriebsstätte **37b** 20
- Inlandsreise **4** 186
- Kirchensteuer/Solidaritätszuschlag **37b** 40
- Lohnsteuer-Voranmeldungszeitraum **37b** 41
- Lohnsteueranmeldung **37b** 8
- nebenberufliche Tätigkeit **3c** 83
- Obergrenze **37b** 25
- Olympische Spiele **50** 45
- private Kfz-Nutzung **6** 162b
- Rechtsanspruch **4** 186
- Sachprämien **37a** 1
- Steuersatz **37b** 30
- stille Gesellschaft **5a** 37
- Unterrichtung des Empfängers **37b** 50
- Verpflegungsmehraufwand **4** 186
- Versorgungszusage **4b** 2
- Verwaltungsvorschrift **51** 12
- Wahlrecht **37b** 45, 46

Pauschalierungserlass 34c 50

Pauschalwertberichtigung 6 108
- Forderungen **6** 141
  - Kreditrisiko **6** 12

Pauschbetrag
- Auslagenersatz **19** 116
- Ausland
  - Kind **33b** 15
- ausländische Kulturvereinigung **50** 45
- Betriebsausgaben **4** 252; **51** 26
- offensichtlich unzutreffende Besteuerung **19** 160
- Sachentnahme **6** 160
- Verpflegungsmehraufwand **3** 52; **9** 272, 436

Pelztierzucht 13 7
Pensionsabfindung 24 17, 26
Pensionsanwartschaft 6a 42
– Abfindung 6a 20; 34 45; 49 101
– Gesellschafter 24 16
– Aktivierung 5 165
– Teilwert 6a 35
Pensionsfonds 3 208; 4b 4; 4e 1; 10 14; 82 3
– Altersvorsorge-Zertifizierung 4e 3
– Arbeitgeberbeitrag 3 186
– Arbeitslohn 19 142
– Ausschluss der Doppelförderung 4e 3
– Beiträge 4e 15
– Einkunftsart 3 167
– Ertragsanteil 22 41a
– Gegenwertzahlungen 40b 13
– Gehaltsumwandlung 4e 3
– Leistungen 22 42; 24a 1, 7
– Rechtsform 4e 8
– Übertragungswert 3 163
– Unterstützungskasse 4d 80; 4e 27
– unwiderruflicher Antrag 4e 27
– Versorgungsanwartschaft 3 203
– Zeitpunkt 4e 4, 27
– Zuwendungen 4e 16
Pensionsgeschäft 20 9, 129
– echtes 4 82
– fristunterbrechende Veräußerung 6b 17
– unechtes 4 82
Pensionskasse 19 150; 82 3
– Arbeitgeber 19 66
– Arbeitgeberbeitrag 3 186
– Arbeitslohn 19 142
– Begriff 4c 3
– Eigenkapitalausstattung 4c 8
– Einkunftsart 3 167
– Ertragsanteil 22 41a
– Leistungen 22 42
– Lohnsteuerpauschalierung 40b 1
– nachgelagerte Besteuerung 3 168
– Nachholverbot 4c 8
– Solvabilität 4c 8
– Sterbegeld 4c 3
– Trägerunternehmen 4c 5
– Übertragungswert 3 163
– Unterstützungskasse 4b 4
– Versicherungsnehmer 4c 5
– Zuwendungen 3 170
Pensionsrückstellung 15 392
– Altersgrenze 6a 35
– Anspruch
– Rückdeckungsversicherung 5 165
– Anwartschaftsbarwert 6a 33
– Arbeitszeitkonto 6a 5
– Auflösung 6a 1, 48
– Barlohnumwandlung 6a 42
– Bemessungsgrundlage 6a 18, 22
– betriebliche Altersversorgung 6a 1
– betriebliche Teilrente 6a 26
– betriebliche Veranlassung 6a 8
– Bewertung
– Teilwert 6a 26
– Bilanzberichtigung 6a 46
– Deckungslücke 4e 28

– Doppelfinanzierung 6a 15
– Einzelbewertung 6a 1
– Entstrickung
– Umwandlung 6a 5
– Erhöhungszusage 6a 46
– erstmalige Bildung 6a 25
– formeller Bilanzenzusammenhang
– Korrektur 6a 46
– gemeiner Wert 6a 5
– Gewinnverteilungsabrede 15 396
– Gleichverteilungszeitraum 6a 34
– Insolvenzschutz 6a 20
– korrespondierende Bilanzierung 15 395
– Mitunternehmer 15 391
– Nachdotierung 6a 15
– Nachholverbot 6a 25, 46
– Nominalwertprinzip 6a 42
– Passivierungspflicht 6a 46
– persönlicher Anwendungsbereich 6a 8
– Rechtsanspruch 6a 15
– Rückdeckungsanspruch 6 14
– Rückdeckungsversicherung 15 396
– Rumpfwirtschaftsjahr 6a 25
– sachlicher Anwendungsbereich 6a 9
– Scheingeschäft 6a 15
– Schriftform 6a 22
– schwankende Bemessungsgrundlage 6a 39
– Sittenwidrigkeit 6a 15
– Sondervergütungen 15 395
– Sozialversicherungsrente 6a 33
– Stichtag/Inventurstichtag 6a 39, 44
– technischer Rentner 6a 34
– Teilwert 6a 11
– überhöhte Versorgungsanwartschaften 6a 42
– Überversorgung 6a 42
– Unterstützungskasse 4d 1
– Pensionsfonds 6a 20
– Vergleichsberechnung 6a 32
– Wahlrecht 6a 34
– wahrscheinliche Inanspruchnahme 6a 20
– Widerrufsvorbehalt 6a 20
– zeitlicher Anwendungsbereich 6a 11
– Zusagezeitpunkt 6a 25
Pensionstierhaltung 13a 15
Pensionsversicherungsverein
– Rückstellung 5 130, 165
Pensionszusage 6a 1; 19 150
– Abfindung 24 16
– Ablösung 6a 48; 19 140; 24 12
– Betriebserwerb 6a 33
– Ehegatten 4 252
– Eindeutigkeitserfordernis 6a 22
– Invaliditäts-/Hinterbliebenenversorgung 6a 34
– KGaA 15 505
– Lebensalter 6a 34
– Leistungsanpassung 6a 33
– Pensionsfonds 3 203
– Rückdeckungsversicherung 6a 49
– Umwandlung 6a 33
– Vordienstzeiten 6a 33
Per-country-limitation 2a 47; 34c 14, 37, 41
– ausländische Steuern 34c 36
– Gemeinschaftsrecht 34c 39
– negative Einkünfte 2a 1

2001

- Pauschalierung **34c** 51
- Verlust **2a** 72

Permanenter Lohnsteuer-Jahresausgleich 39b 14; **42b** 1

Personalcomputer 19 150
- Arbeitnehmer
  - private Nutzung **3** 153

Personalrabatt 8 44; **19** 124, 150, 160; *s.a. Belegschaftsrabatt*
- Begriff **8** 61
- Verlag **8** 61

Personelle Verflechtung
- Betriebsaufspaltung **15** 75, 88
- Treuhand **15** 89
- Wegfall **15** 113

Personenaufzug
- degressive AfA **7** 185

Personengesellschaft
- Anschaffung **6b** 12
- Anteilsveräußerung **17** 12
- Ausland **4g** 8
- ausländische **15a** 335
- außerordentliche Einkünfte **34** 91
- äußerst geringfügige gewerbliche Tätigkeit **15** 144
- Begriff **15** 145
- berufsfremder Gesellschafter **18** 34
- Beteiligung **4** 56; **6** 134
  - Aktivierung **5** 165
  - Sonderbetriebsvermögen **16** 71
- Beteiligungsveräußerung **23** 8
- Betriebsaufspaltung **15** 79
- Betriebsstätte **50g** 8
- Betriebsveräußerung **16** 59
- Betriebsvermögen **4** 63
- Bilanzbündeltheorie **15** 202
- Buchführungspflicht **15** 310
- Drei-Objekt-Grenze **15** 122
- Eigenkapital **5** 103
- Einbringung **15a** 77; **16** 26
  - Gesamthandsvermögen **6** 165
- einheitlich zu beurteilende Gesamttätigkeit **15** 141
- einheitliche Einkunftsart **15** 140
- Einkünfteermittlung **21** 47
- Einkunftsart **20** 804
- Eintrittsklausel **16** 246
- EuGH-Vorabentscheidung **5** 20
- formwechselnde Umwandlung **15a** 77
- Fortsetzung unter Altgesellschaftern **16** 243
- Freiberufler **15** 64
- freiberufliche Tätigkeit **15** 140
- Freibetrag **14a** 10; **16** 509
- gemeinsamer Gewerbebetrieb **15** 208
- Geschäftsführungskosten
  - Holding **3c** 83
- Gesellschafter **15** 2; **19** 100
- Gesellschafter-Fremdfinanzierung
  - Zwischengesellschaft **15** 363a
- gewerbliche Prägung **15** 132
- gewerbliche Tätigkeit **49** 62
- Gewinnerzielungsabsicht **15** 210
- Halbeinkünfteverfahren
  - Organschaft **3** 128
- Handelsschiff **5a** 37

- Imparitätsprinzip **15** 315
- Insolvenzverfahren **2** 112
- Investitionsabzugsbetrag **7g** 19
- Investitionsabzugsbetrag/Sonderabschreibung **7g** 84
- Klagebefugnis **15** 203
- Kommanditist **15a** 45
- Land- und Forstwirtschaft **13** 3
- Nachlass
  - Nachfolgeklausel **15** 237
- Nachversteuerung **34a** 10
- nicht entnommener Gewinn **34a** 2
- notwendiges Betriebsvermögen **15** 350
- Nutzungsüberlassung **6** 166
- partielles Steuersubjekt **15** 202
- pauschalierungsberechtigt **37b** 20
- Praxisanteilsveräußerung **18** 172
- private Kfz-Nutzung **6** 162c
- Privatsphäre **4** 85; **12** 1
- Realteilung **16** 340, 347a
  - Vermögensübergabe **22** 18
- Reinvestitionsrücklage **6b** 36
- Rückausnahme **4h** 110
- Schuldzinsen **15** 359
- Sitz der Geschäftsleitung **15** 8
- Sondervergütungen
  - Vermögensverwaltung **15** 375
- Sozietätserweiterung **18** 165
- Spenden **10b** 49
- Steuerschuldner **15** 312
- Steuersubjekt **15** 200
- stille Gesellschaft **20** 199
- stille Reserven **6b** 3
- Tarifbegrenzung **32c** 11
- Thesaurierungsbegünstigung **34a** 58
- Überentnahme **4** 169
- Übertragung einer wesentlichen Beteiligung **17** 125
- Umwandlung **15a** 77
  - Anteilsveräußerung **16** 215
- Unterbeteiligung **20** 168
- Unternehmerinitiative **15** 154
- Veräußerung an Mitunternehmer **16** 84
- Veräußerung einer Beteiligung **20** 796
- verdeckte Einlage **16** 40
- Verlustabzug **10d** 8
- Vermögensverwaltung **15** 205, 426; **15b** 46a
- Vieheinheitsgrenze **13** 9
- wesentliche Beteiligung **17** 62
- Zurechnungsobjekt **2** 56

Personengruppentheorie
- Betriebsaufspaltung **15** 89

Personenidentität
- Verlustabzug **10d** 6

Personensteuer
- Einkommensteuer **Einl** 4a

Personenvereinigung 20 110
- Anteilsveräußerung **6b** 36
- beschränkte Steuerpflicht **49** 63
- Gewinnerzielungsabsicht **18** 33
- Vorsteuerabzug **9b** 13

Personenversicherung
- Beitrag **10** 11a

Persönlichkeitsentfaltung
- Aufwendungen 10 29
- Kurse 12 15

Persönlichkeitsrecht 49 43, 140

Pfand
- Betriebsausgaben
  - Rückzahlung 4 252
- Betriebseinnahmen 4 251
- Rückstellung 5 165

Pfandflasche
- Rückstellung 5 166
- Sachdarlehen 5 165

Pfandgläubiger
- Anteilseigner 20 131
- Beteiligung 20 129

Pfandrecht 6 14

Pfandrückstellung
- Leergut 5 166

Pfändung 11 65
- Arbeitslohn
  - Lohnsteuerabzug 38 14
- Forderungen 8 18
- Kindergeld 76 1; 76a 1
- Lohnsteuer-Jahresausgleich 42b 2

Pfändungsbeschluss 76 2

Pfändungsschutz
- Altersvorsorgevermögen 97 1
- Altersvorsorgezulage 97 2
- Erinnerung 76a 5
- Kindergeld 76a 1
- positive Kenntnis 76a 3
- Schonfrist 76a 1

Pfarrer 19 100
- Haushälterin 19 150, 160

Pferd 4 185; 13 7
- Arbeitsmittel 9 327

Pferdezucht 2 49a; 13 29

Pflanzen
- Pflegekosten 13 59

Pflege-Pauschbetrag 33b 20
- Hilflosigkeit 33b 20
- Inland 33b 21
- Pflege durch mehrere Personen 33b 23
- Pflegegeld 33b 20

Pflegebedürftigkeit
- Kind 33 5

Pflegegeld
- Kind 32 15
- Pflege-Pauschbetrag 33b 20

Pflegeheim 33a 75

Pflegekind 63 2
- Begriff 32 3
- besondere Veranlagung 26c 6
- Haushaltszugehörigkeit 32 3
- Heimunterbringung 32 4
- Kind 32 7
- Kinderbetreuungskosten 4f 22
- Lohnsteuerkarte 39 7
- Obhuts-/Pflegeverhältnis 32 6
- Übertragung des Hinterbliebenen-Pauschbetrags 33b 15
- Unterhaltung 32 5
- Volljährigkeit 32 3

Pflegekosten 33 100
- Angehörige 33 56

Pflegeleistungen 3 102; 10 10
- Angehörige 2 47
- Hilflosigkeit 33b 22

Pfleger
- minderjähriges Kind 21 56

Pflegetätigkeit
- Angehörige 19 100

Pflegeversicherung 10 17
- Arbeitgeberanteil 3 180
- Kind 32 17
- Leistungen 3 10, 103
- Vorsorgepauschale 10c 3
- Zuschuss 3 50

Pflichtspende 10b 18

Pflichtteil 9 68
- Anschaffung 23 11
- wiederkehrende Leistungen 10 9

Phasengleiche Aktivierung
- Dividendenansprüche 5 87

Phasengleiche Bilanzierung
- Betriebsaufspaltung 15 104

Pilotenschein 10 28, 29; 12 10

Planungsaufwand
- Gebäude 7 140

Planungskosten 21 125; 23 19
- Herstellungskosten 6 78; 21 125

Platzbefestigung 5 65

Platzierungsgarantiegebühren
- Anschaffungskosten 21 113

Policendarlehen
- Direktversicherung 4b 23
- Rückdeckungsversicherung 4d 30

Politische Partei
- Begriff 34g 17
- Lohnsteuer-Ermäßigung 34g 39
- Mitgliedsbeiträge
  - Spenden 34g 1
- Spendenbescheinigung 34g 32
- Zahlungsnachweis 34g 32

Politische Verfolgung 33 23, 51

Polizei
- Führerscheinerwerb 19 150
- Gemeinschaftsunterkunft 19 150
- Rennrad 9 327

Pool-Einkünfte 49 30

Poolbewertung 6 179

Poolung von Einnahmen
- Chefärzte 19 100

Portabilität
- Altersvorsorge 22 27

Post AG
- Kindergeld 72 1
- Schichtzulage 3b 3

Postbank AG
- Kindergeld 72 1

Postbedienstete
- Reisekosten 19 150

Praktikum mit auswärtiger Unterbringung 33a 55

Prämienrückzahlung
- Krankenversicherung 3 43

Praxisaufgabe 18 175
Praxisgebühr
– Betriebseinnahmen 4 251
– durchlaufende Posten 4 251
Praxisveräußerung 18 164
– Betriebsverlegung 18 164
– Wettbewerbsklausel 18 164
Praxisverpachtung 18 45
Praxiswert
– Abschreibung 18 27
– Freiberufler 6 125; 18 27
– Nutzungsdauer 7 75; 18 28
  – Teilwert 18 28
Preis
– Abschlag 8 50
– Sachbezugswert 8 47
Preisausschreiben
– Gewinn 22 35
Preise 2 49a
– Arbeitslohn 19 150
– Film 4 251
– Künstler 4 251
– Lebensleistung 8 43
– Spenden 10b 22
Preisnachlass 8 61a
– Betriebseinnahmen 4 251
Pressegeheimnis
– Bewirtungsaufwendungen 4 176
Privataufwendungen
– Abzugsverbot 4 214
Private Altersvorsorge 10a 1
– Altverträge 10a 8
– begünstigte Produkte 10a 4
– Ehegatten 10a 8
– Personenkreis 10a 3
Private Equity Fonds 15b 39, 48
– Bruchteilsbetrachtung 17 12
– Carried Interest 3 140
– Leistungsvergütungen 18 157
– Rechtsform 15 129a
– Veräußerungsgewinn 49 55
Private Lebensführung
– Absetzung für Abnutzung s. a. Lebensführungskosten
– Ausbildung 10 29
– Betriebsausgaben 4 140
– Gesellschafter 4 63
Private Vermögensverwaltung 20 452
– Abgrenzung zum gewerblichen Grundstückshandel 15 114
– Gewerbebetrieb 15 11
– Kapitalvermögen 15 129
Private Versorgungsrente 22 9
– abgekürzte Leibrente 22 14
– Abgrenzung zur Gegenleistungsrente 22 22
– Abgrenzung zur Unterhaltsrente 22 23
– Ablösung 22 18
– Beendigung 22 18
– Bestandsschutz für Altverträge 22 10a
– Ertragsanteil 4 251
– Gegenleistungsrente 10 9
– korrespondierender Sonderausgabenabzug 22 19
– nachträgliche Anschaffungskosten 6 41

– nachträgliche Umschichtung 22 18
– Neuverträge ab 2008 10 10a
– Reinvestitionsgüter 22 11b
– Sonderausgaben 4 252
– Vermögensübergabe 10 10
Privathochschule
– Schulgeld 10 36
Privatkredit
– Schuldzinsenabzug 4 159
Privatnutzung
– 1%-Regel 6 162
– Anscheinsbeweis
  – Fahrtenbuch 6 162
  – Kfz 8 51
– Arbeitnehmer
  – Personalcomputer 3 153
– Arbeitsmittel 9 320
– Aufteilung der Aufwendungen 9 322
– betriebliche Kfz 8 51
– Computer 12 9
– Fahrtenbuch 8 54
– gemischte Aufwendungen 12 5
– gewillkürtes Betriebsvermögen 6 162a
– Kfz-Unfall 4 5; 6 161
– Kombifahrzeug 6 162
– Reinvestitionsgüter 6b 20
– Schätzung 6 162b; 12 6
– Überschusseinkünfte 6 162
– Wirtschaftsgut 4 65
Privatschule 33 100
– Schulgeld 10 36
– Spenden 10b 16
Privatsphäre 12 1
– Erstattung privater Steuern 4 132
– Kapitalgesellschaft 2 49c; 4 63
– Personengesellschaft 4 85; 12 1
– Typisierung **Einl** 46
Privatstraße 21 125
– Erschließungskosten 6 43
Privatvermögen 4 52; 20 510
– Beteiligung/Abgeltungsteuer 20 593
– Betriebsvermögen 4 32
– Bodenschatz 7 197
– Bürgschaftsverbindlichkeiten 15 355
– Darlehensverlust 17 222
– degressive AfA 7 137, 172
– Einlage 15 371; 23 13
– Erbauseinandersetzung 16 115
– Forderung 4 52
– Liebhaberei 15 352
– Personengesellschaft 4 85
– Selbstständige 18 20
– Steuerschulden 15 355
– Verbindlichkeiten 4 57, 160
– Verlust 4 252
– Versicherungsverträge 15 352
– wesentliche Beteiligung 17 62
– wesentliche Betriebsgrundlagen 16 100
Pro rata temporis
– Absetzung für Abnutzung 7 42
Probezeit
– Direktversicherung 4b 17
Produkthaftpflicht 6 14

Produkthaftung
- Rückstellung 5 165

Produktionsanlagen 6 22

Produktionsaufgaberente 3 80; 13 24, 73
- Veräußerungsgewinn 14 15

Produktionsausfall
- Entschädigung 24 16

Produktionseinstellung
- Abfindung 24 16

Produktivitätsklausel 2a 55

Professor
- Emeritierung 19 160
- Fachliteratur 9 327

Prognose
- Einkünfteerzielungsabsicht 21 25
- Steuerstundungsmodell 15b 46
- Subventions-/Lenkungsnormen 21 26
- unrichtige Rechnung 15b 54

Prognosezeitraum
- Betriebsübertragung
  - Ehegatte 2 49b

Progression Einl 5; 2 16, 150a; 11 48
- Erhaltungsaufwand 11b 1
- negatives zu versteuerndes Einkommen 34 65
- Spitzensteuersatz Einl 15
- Tarif 2 150

Progressionsvorbehalt 32a 12; 32b 1; 34c 17; s.a. Negativer Progressionsvorbehalt
- Anrechnung 34c 39
- Antragsveranlagung 50 15
- ausländische Einkünfte 32b 15
- Bemessungsgrundlage 32b 30
- beschränkte Steuerpflicht 32b 7
- DBA 2a 84; 32b 21
- Elterngeld 26a 20
- Entlastungsbetrag 32c 32
- getrennte Veranlagung 26a 20
- Insolvenzgeld 3b 3
- Lohnersatzleistungen 46 20
- Lohnsteuer-Jahresausgleich
  - Arbeitgeber 42b 4
- multilaterale Vereinbarungen 32b 22
- negative Einkünfte 2a 84
- Sozialleistungen 32b 10
- Tarifbegünstigung 34 62
- Thesaurierungsbegünstigung 34a 16
- Verfassungsmäßigkeit 32b 4
- Verlust 2a 3, 78

Projektmanager
- Videorecorder/-kamera 12 26

Prokurist
- beschränkte Steuerpflicht 49 100
- Lohnsteuerhaftung 42d 55
- Rechtsanwalt 18 97
- Vorstandsmitglied 49 108

Promotion 4 252; 10 28, 30; 12 26; 19 160

Prostituierte 19 100; 22 34

Prototyp
- Maschine 6 22

Provision 9 102; 17 196; 23 18
- Anschaffungskosten 17 240
  - nachträgliche Minderung 6 44
- Assekuradeur 5 165

- Ausgleichsanspruch
  - Handelsvertreter 24 31
- Bausparkasse 42d 22
- Finanzierungskosten 4 252
- Handelsvertreter 5 165
- Kaufvertrag 22 34
- Nachbetreuung
  - Versicherungsvertreter 5 166
- Preisnachlass 19 150
- Rückstellung 5 166
- Versicherungsnehmer 8 31
- Versicherungsvertreter
  - Weiterleitung 2 47
- Verzicht 8 31
- Werbungskosten 20 480

Prozesskosten 15 415; 19 160; 20 480; 33 100
- Anschaffungskosten 6 51; 17 240
- Betriebsausgaben 4 252
- Entschädigung 24 7
- Erbanfall 4 252
- Herstellungskosten 6 60a
- Rückstellung 5 130, 165
- steuerfreie Einnahmen 3c 83
- Strafprozess 33 43
- Umzugskosten 12 25
- Vertragsauflösung 21 125
- Werbungskosten 22 30
- Zivilprozess 33 42

Prozessstandschaft
- atypisch stille Gesellschaft 15 234

Prüfertätigkeit
- Selbstständigkeit 18 61

Prüfungsanordnung
- Berufsausbildung 32 11
- Lohnsteuer-Außenprüfung 42f 11
- Vergütungsgläubiger 50a 46

Prüfungsrecht
- Anrechnung Körperschaftsteuer 50b 1
- Erstattung Körperschaftsteuer 50b 1
- Jahresbescheinigung 50b 1
- Parteispende 10b 72
- Vergütung Körperschaftsteuer 50b 1

Prüfungszeitraum
- Lohnsteuer-Außenprüfung 42f 4

Psychoanalyse
- Attest 33 100
- Fortbildungskosten 12 15

Publizist
- Fachliteratur 9 327

Publizitätsgrenze
- Parteispende 10b 75

Qualifikationskonflikt
- DBA 50d 67

Qualifizierte Beteiligung 17 268

Qualifizierte Nachfolgeklausel
- Erbe 16 250
- Personengesellschaft 15 237; 16 235
- Zurückbehaltung wesentlichen Sonderbetriebsvermögens 16 252

Quasi-Splitting 22 29

Quellensteuer
- Anrechnung **34c** 7
- ausländische Dividende **43** 55
- ausländische Kapitaleinkünfte **32d** 34
- ausländische Kapitalerträge **43a** 67
- ausländische Steuern **34c** 45
- beschränkte Steuerpflicht **50a** 1
- Betriebsstätte **50g** 6
- DBA **50g** 4, 12
- Erstattung **34c** 32
- Europäische Union **50g** 1
- fiktive Anrechnung **34c** 13
- Freistellung **50g** 5
- Freistellungs-/Kontrollmitteilungsverfahren **50d** 3, 23
- Freistellungsbescheinigung **50d** 27
- Gemeinschaftsrecht **50a** 36; **50d** 23
- Gestaltungsmissbrauch **50d** 40
- Höchstbeträge **50d** 23
- Kapitalertrag **50d** 6
- Kapitalertragsteuer **43a** 32
- Leerverkäufer **20** 93
- verdeckte Gewinnausschüttung **50g** 9
- Verlustverrechnungstopf **43a** 64
- Zinsrichtlinie **45e** 1

Quotenleasing 13 62

Quotennießbrauch
- AfA-Berechtigung **21** 65

Rabatt
- Anschaffungskosten **6** 45
- Fremdfirma **19** 129
- geldwerter Vorteil **8** 61a
- Konzern **19** 129
- Pauschalierung **37b** 3
- Teilwert **6** 137
- Verbindlichkeitsrückstellung **5** 165

Rabattfreibetrag 8 61, 61a, 71

Rabattmarken
- Rückstellung **5** 165

Ratenkaufvertrag 21 9

Ratenzahlung 11 52
- Veräußerungspreis **3** 135
- Zinserträge **20** 329

Rathausparteien 34g 22

Räucherei 13 12

Räumungsprozess 33 100

Räumungsverkauf
- Veräußerungsgewinn **16** 411

Reaktorunfall 33 33

Realgemeinde 13 14
- Anteilsveräußerung **14** 5

Realisationsprinzip 5 43; **6** 11; **17** 284
- Begriff **5** 52
- interpersonelle Übertragung stiller Reserven **16** 15
- negativer Geschäftswert **15** 322
- passive Rechnungsabgrenzung **5** 98
- Periodenabgrenzung **5** 54
- Rückstellung **5** 131
- Subjektsteuerprinzip **16** 7
- Teilgewinn **5** 84
- Teilwertsteigerung **6** 87

- Veräußerungsgewinn **16** 6
- Verbindlichkeiten **5** 114
- Wertzuwächse **5** 151

Realsplitting 10 7; **22** 28
- Änderung **10** 8
- Antrag **10** 8
- Ehescheidung **33a** 17
- Unterhaltsleistungen **33** 65, 100

Realteilung 14 9; **15** 462
- Abfindung
  - Teilbetrieb **16** 340
- Anschaffung **23** 11
- Anteil an Körperschaft **16** 347a
- Anteilsveräußerung **16** 2
- Aufgabegewinn **16** 341
- Beteiligung **16** 345
- Betriebsaufgabe **16** 307
- Buchwertfortführung **15** 327; **16** 340, 349
- doppelstöckige Personengesellschaft **16** 349
- Drei-Objekt-Grenze **15** 122
- Einbringung
  - Wahlrecht **16** 346
- Einzelwirtschaftsgüter **16** 341
- Entnahme **16** 352
- Erbauseinandersetzung **16** 114
- gemeiner Wert **16** 2
- Gestaltungsmissbrauch **16** 345
- gewerblicher Grundstückshandel **15** 121
- Gewinnrealisation **16** 342, 352
- Halbeinkünfteverfahren **3** 121; **16** 345
- Mitunternehmeranteil **16** 134, 349
- Mitunternehmerschaft **6b** 8, 12
- Naturalteilung **16** 340
- Personengesellschaft **16** 340
- Rückwirkung **16** 342
- Sachabfindung **16** 133
- Sachwertabfindung **16** 340
- Sonderbetriebsvermögen **16** 343
- Sperrfrist **16** 343
- Spitzenausgleich **16** 124, 353
- stille Reserven **6** 181b
- Tarifbegünstigung **34** 28
- Teilauseinandersetzung **16** 128
- Teilbetrieb **16** 2, 346
- Teilwert **16** 342
- Veräußerung **16** 2
- Veräußerung des Mitunternehmeranteils **16** 131
- Veräußerungspreis
  - gemeiner Wert **16** 405
- Verbindlichkeiten **16** 343
- verdeckte Einlage **16** 352
- verdeckte Gewinnausschüttung **16** 352
- Verfassungsmäßigkeit **16** 351
- Vermögensübergabe **22** 18
- Vorbesitzzeit **6b** 19
- § 6b-Rücklage **6b** 22

Rechnung 35a 10
- Arbeitskosten **35a** 3
- Kinderbetreuungskosten **4f** 50; **10** 25a
- Vorsteuerabzug **9b** 12, 15

Rechnungsabgrenzung
- antizipative Posten **5** 91
- Höhe
  - Auflösung **5** 99
- Sinn und Zweck **5** 89

- Überdotierung 4d 75
- Urlaubsgeld 5 165
Rechtsanwalt
- Berufskrankheit 4 252
- Haftpflichtversicherungsleistungen 4 251
- Sozietät
  - Teilanteilsveräußerung 34 29
Rechtsberatungskosten
- Werbungskosten 22 30
Rechtsfähigkeit
- Gesellschaft 15 202
- Sitztheorie 2a 38
Rechtsform
- ausländische Körperschaften 49 63
- Belastungsneutralität 34a 2
- Betriebsaufspaltung 15 79
- Eigenkapital 5 103
- Gewerbebetrieb 15 87, 130
- gewerbliche Einkünfte 13 3
- Pensionsfonds 4e 8
- Private Equity Fonds 15 129a
- Steuerstundungsmodell 15b 36
- Zinsschranke 4h 10
Rechtsirrtum
- Lohnsteuer-Außenprüfung 42d 47
- Lohnsteuerhaftung 42d 46
- Nachweis 42d 48
- Treu und Glauben 4 243
Rechtsmissbrauch
- Gemeinschaftsrecht 50d 42
- Gestaltungsmissbrauch 11 47
- getrennte Veranlagung 26 71
- Vorauszahlung 11 65
Rechtsnachfolger 11 22; 23 15; s.a. Einzelrechtsnachfolger
- AfA-Bemessungsgrundlage 7 24
- Arbeitgeber 19 66
- Arbeitnehmer 19 56, 60
- Behaltensfrist 6 182a
- Behinderte
  - Nachweis 33b 26
- Beibehaltung der Einkunftsart 24 71
- Besitzzeit des Rechtsvorgängers 17 90
- Besitzzeitanrechnung 6b 16
- Bruchteil des Gesellschaftsanteils 6 182b
- Buchwertverknüpfung 6 183
- Einbringung 16 256
- einbringungsgeborene Anteile 6b 36
- Einnahme-Überschuss-Rechnung 4 125
- Erbe
  - Individualbesteuerung 2 69
- erhöhte Absetzungen 7c 17
- Freibetrag 14a 11
- Gebäude 10f 4
- gewerblicher Grundstückshandel 15 121
- Gewinnermittlungsart 4 230
- interpersonelle Übertragung stiller Reserven 16 15
- Kapitaleinkünfte 20 9
- Komplementär
  - Mitunternehmer 15 2
- Milchreferenzmenge 13 60
- Mitunternehmer 16 217
- nachträgliche Einkünfte 24 1, 70

- Nachversteuerung 34a 10, 85
- Realteilung 16 351
- Reinvestitionsgüter 6b 23
- schutzwürdige Kulturgüter 10g 4
- Sonderausgaben 10 5
- Sondervergütungen 15 392
- Totalerfolgsprognose 2 76
- Totalgewinn 15 41
- unentgeltliche Betriebsübertragung 6 181
- unwiderruflicher Antrag 4e 27
- Verpächterwahlrecht 13 36
- Versorgungsbezüge 19 160
Rechtsposition
- Nutzungsdauer 7 69
Rechtsschutz
- Ehegatten-Veranlagung 26 90
- einstweilige Anordnung 48b 20
- Zusammenveranlagung 26b 45
Rechtsschutzversicherung 10 18
- Leistungen 4 251
Rechtsstaatsprinzip Einl 67
- Einkommensteuergesetz 52 12
- Verordnungsermächtigung 51 3
Recycling s. Umweltschutz
Reederei
- Lohnkonto 41 9
- Mitunternehmerschaft 15a 361
- Partenreeder mit beschränkter Haftung 15a 360
- Verlustausgleich 15a 304
Referendar
- Kind 32 11
Refinanzierungskosten 34c 21
- Darlehen 15 354
- Gesellschafterdarlehen 3c 83
- wesentliche Beteiligung 24 63
Regelmäßig wiederkehrende Ausgaben 11 53
- ABC-Übersicht 11 65
- Abflussprinzip 11 9
- Altersvorsorge 10a 6
Regelmäßig wiederkehrende Einnahmen 11 7
- ABC-Übersicht 11 65
- Begriff 11 53
Regiebetrieb
- Spendenempfänger 10b 25
Regionalförderung
- Darlehen 6 148
Regisseur 49 43
Regress
- Bürgschaft
  - Rückstellung 15 102
- Gesellschafterdarlehen 17 224
- Haftung 10b 116
Regressmöglichkeiten
- Rückstellung 5 165
- Verzicht des Arbeitgebers 42d 68
Rehabilitationsgesetz
- Leistungen 3 67
Reichensteuer 32a 2
- Anrechnung 34c 38
Reinigungskosten 19 160
- Arbeitsmittel 9 320
Reinvermögenszugangstheorie 16 8

2007

Reinvestitionsfrist 6b 30
- Anteilsveräußerung 6b 36
- Gebäude 6b 30
- Rücklagenauflösung 6b 31

Reinvestitionsgüter 6b 11
- AfA-Bemessungsgrundlage 6b 34
- Anlagevermögen 6b 1
 - einer inländischen Betriebsstätte 6b 20
- Anzahlungen 6b 28
- Einbringung 6b 23
- Erbe 6b 22
- private Versorgungsrente 22 11b
- stille Reserven 6b 1
- Teilherstellungskosten 6b 28
- teilweise private Nutzung 6b 20
- Umlaufvermögen 6b 20
- Wirtschaftsjahr der Veräußerung 6b 28

Reinvestitionsrücklage
- Absetzung für Abnutzung 6b 34
- Auflösung 6b 31
- Beginn der Herstellung 6b 30
- Bildung 6b 29
- Buchnachweis 6b 33
- Einzelbewertung 6b 33
- Frist 6b 30
- Gewerbesteuer 6b 31
- Rücklage für Ersatzbeschaffung 6b 37
- Übertragungsfrist 6c 7
- Unternehmenssteuerfortentwicklungsgesetz 6b 36
- Verzeichnisse 6c 4
- Wahlrecht 6c 6

Reinvestitionszeitpunkt 6b 14

Reisegepäckversicherung 10 18; 19 150

Reisekoffer
- Flugkapitän 9 327

Reisekosten 12 16; 13 63; 19 150; 21 125
- Angehörige 12 17
 - Ehegatte 4 252
- Arbeitgebererstattung 3 52
- Arbeitnehmer 8 63
- Aufsichtsratsvergütung 50a 10
- Aufwandsspende 10b 86
- Begleitpersonal 4 252
- Begriff 3 53
- Bescheinigung 12 17
- Diebstahl 19 150
- Dienstreise 19 160
- Ehegatte 12 17
- Einsatzwechseltätigkeit 9 359
- Erstattung
 - Zeitpunkt 3c 83
- Kapitaleinkünfte 20 480
- Kreditbesorgung 9 102
- Künstler 12 16
- Pauschalierung 4 186
- Postbedienstete 19 150
- private Mitveranlassung 12 17
- schwer behindertes Kind 33 100
- Steuerabzug 50a 33
- Urlaub 12 17
- Vergütung aus öffentlichen Kassen 3 48
- Verpflegungsmehraufwand 40 23
- Vorsteuerabzug 4 252

Reisenebenkosten 19 160

Reiseverkehrskaufmann
- Italien-Reise 12 20

Reisevertreter
- Arbeitsstätte 9 366

REIT-AG 3 229
- Betriebsveräußerung/-aufgabe 3 230
- Betriebsvermögensmehrungen/-minderungen 3c 75
- Bundeszentralamt für Steuern 3 236
- Erwerber-Haftung 3 238
- Grundstücksveräußerung 3 228
- Halbabzugsverfahren 3c 72
- Halbeinkünfteverfahren 3 227
- Kapitalertragsteuer 50d 4
- rückwirkende Steuerpflicht 3 236
- Sale-and-lease-back-Leasing 3 237
- Schlussbilanz 3 236
- Schlussbilanz der Vorgesellschaft 3 232
- stille Reserven 3c 80
- Teilwertabschreibung 3 235

Reitpferd 13 7
- Arbeitsmittel 9 327

Rekultivierungsverpflichtung
- Rückstellung 5 165

Religionsgemeinschaft
- Kindergeld 72 2
- Spenden 10 25
- Spendenempfänger 10b 25
- Verfassungsmäßigkeit 51 2

Religionszugehörigkeit
- Lohnsteuerkarte 39 6

Rennwette 15 129
- fehlender Leistungsaustausch 22 35

Rente 11 53
- Anpassung 22 27b
- Aufeinanderfolge verschiedener Arten 22 27c
- Barwert 17 187
- Begriff 9 113
- beschränkte Steuerpflicht 49 148
- dauernde Last 10 10a
- Einkunftsart 18 50; 19 150
- Ertragsanteil 22 27d
- Identifikationsnummer 50f 1
- Kapitalabfindung 3c 83
- Kapitaleinkünfte 20 231
- Leistungen 22 42
- nachgelagerte Besteuerung
 - Verfassungsmäßigkeit 22 2
- Nachzahlung 34 41
- Veräußerungspreis 3 135
- Versorgungsbezüge 19 171
- Werbungskosten 9 100, 114
- Wiedergutmachungsgesetz 3 37
- Zuwendungsvolumen 4d 13

Rentenbarwert
- Berechnung 22 4

Rentenbescheid
- Behindertennachweis 33b 26

Rentenbezugsmitteilung 50f 1
- zentrale Stelle 22a 1

Renteneinkauf
- Ehegatte 22 29

Rentenfreibetrag 22 27a
- Anpassung der Rentenhöhe 22 27b
- Bemessungsgrundlage 22 27b
- Leibrente 22 27, 27b

Rentennachzahlung 22 27; 24 18

Rentenschuld
- Ablösung 34 18
- Begriff 20 231

Rentensplitting 22 29

Rentenversicherung
- Altersvorsorgeförderung 10a 3
- Altersvorsorgezulage 89 2
- Arbeitgeberanteil 3 180
- ausländische 3 181
- Beitrag 10 12
- Beitragserstattung 3 28
- Einmalbetrag
  - Nachversteuerung 10 24
- geringfügige Beschäftigung 40a 8c, 8e
- Hinzurechnung 10 14a
- Kapitalabfindung 3 27
- kapitalbildende Lebensversicherung
  - Übergangsregelung 10 16
- Kapitalwahlrecht 10 13; 20 270
- Kirchenbeamte 19 150
- Krankenversicherung 10 22
- Nachentrichtung
  - Schuldzinsen 3c 83
- nachgelagerte Besteuerung 10 12
- Nachversteuerung 10 13
- Rückkauf 20 272
- Steuerstundungsmodell 15b 42
- Versorgungsausgleich 19 58
- Vorsorgepauschale
  - Lohnsteuer-Jahresausgleich 42b 4
- Zuschuss 3 50

Repräsentationsaufwand 4 171, 184; 12 11; 19 150
- Angemessenheit 4 201
- Spendengelder 10b 22
- Vorsteuerabzug 9b 16

Reserve-charge-Verfahren 48 20; 50a 11
- Bauabzugsteuer 48 20

Reservepolster
- Unterstützungskasse 4d 20, 45

Residualverfahren
- Grundstück 6 133

Restaurantkritiker 12 22

Restaurantscheck 19 150

Restitutionsentgelt
- VermG 24 18

Restitutionsverfahren
- Anschaffungskosten 21 125

Restnutzungsdauer 7 150
- Festwert 6 114
- Gebäude 7 151
- Sonderabschreibung 7a 43
- Teilwertabschreibung 6 108

Restwert
- Absetzung für Abnutzung 7 60
  - Tonnagesteuer 5a 44
- erhöhte Absetzungen 7c 20; 7i 6
- erhöhte Gebäudeabsetzungen 7h 4
- Sonderabschreibung 7a 43; 7g 76

- Sozialwohnung 7k 3
- Teilwertabschreibung 7 65

Restwertforfaitierung 4 80

Retuscheur 18 134

Reugeld 22 35

Reverse Floater 20 405

Revierförster
- Arbeitslohn
  - Miete 19 121

Revisionsverfahren
- Änderung 26 72
- Spendenbescheinigung 10b 32

Rhetorikkurs 12 15

Richter
- Berufskleidung 9 325

Richtsatzschätzung 13 47

Riester-Rente 10a 1; 22 27d; 99 1
- Unisex-Tarif 10a 4

Risikogeschäft 22 34
- Nebentätigkeit 4 130

Risikolebensversicherung
- Versicherungsprämien 21 125

Risikoversicherung 10 13, 17, 18
- Einmalzahlung 22 5

Roh-, Hilfs- und Betriebsstoffe
- Umlaufvermögen 6 22

Rohbau
- Vermögensübergabe 22 11a

Rotes Kreuz
- Kindergeld 72 2

Rübenlieferungsrecht
- wesentliche Betriebsgrundlagen 13 33

Rückabwicklung
- Kaufvertrag 5 165
- Passivierung 5 154
- verdeckte Gewinnausschüttung 5 165

Rückausnahme
- Eigenkapitalvergleich 4h 106
- nachgeordnete Mitunternehmerschaft 4h 110
- Zinsschranke 4h 101

Rückdeckungsanspruch
- Pensionsrückstellung 6 14

Rückdeckungsversicherung 11 65; 19 150
- Aktivierung
  - Anspruch 5 165
- Beiträge 4d 29
- Direktversicherung 6a 49
- Pensionsrückstellung 15 396
- Pensionszusage 6a 49
- Policendarlehen 4d 30
- Unterstützungskasse 4d 11, 58
- Witwenversorgung 6a 49

Rückfallklausel 49 8; 50d 57
- Arbeitnehmer 50d 3
- DBA 34c 15

Rückforderung
- Kindergeld 64 2; 70 2; 72 7; 85 2
- Kinderzulage 85 2
- schädliche Verwendung 22 44

Rückforderungsanspruch
- Aufwendungen 9 28

Rückgängigmachung
- Investitionsabzugsbetrag **7g** 53, 58
- Vorbesitzzeit **6b** 17

Rückkaufangebot
- Bauherrenmodell **21** 18

Rückkaufsrecht
- Spekulationsgeschäft **23** 7
- Veräußerung **17** 100

Rücklagen 20 100, 117
- Anteilsveräußerung **3** 122
- Auflösung **5a** 35; **16** 513; **20** 118
  - Überschussrechner **4** 127
- Auflösungsgewinn **13a** 16
- Ausschüttung **15** 332
- Bilanzänderung **6b** 26
- BSE-Krise **13** 73
- Forstwirtschaft **13** 66
- Freibetrag **14a** 11
- für Ersatzbeschaffung **4** 251; **5** 107
  - Anschaffungs-/Herstellungskosten **5** 108
  - Auflösung **5** 110
  - Einlage **5** 109
  - Gewinnermittlungsart **13** 69
  - Reinvestitionsrücklage **6b** 37
- gesamthänderische **15** 455
- Holznutzung **34b** 10
- Kapital-/Gewinnrücklage **5** 106
- Kapitalertragsteuer **43** 13
- nach § 6b **24** 45
  - Einzelbewertung **6b** 33
  - Tarifbegünstigung **34** 30
- Reinvestitionsgüter **6b** 20
- Rückstellung **6** 152
- schwebende Devisengeschäfte **6d** 20
- Teilwertberichtigung **52** 3
- Veräußerungsgewinn **16** 411
- verschiedene Betriebsstätten **6b** 16
- Vorbesitzzeit **6b** 17
- wesentliche Betriebsgrundlagen **16** 58

Rückstellung 5 166; *s.a. Pfandrückstellung*
- abgelehnte Einzelfälle **5** 130
- Abrechnungsverpflichtungen **5** 165
- Abzinsung **6** 158
- Abzinsungsgebot **6** 157
- Altfahrzeuge **6** 157
- Anliegerbeiträge **5** 166
- Anschaffungs-/Herstellungskosten **5** 147
- arbeitsrechtliche Verpflichtungen **5** 137
- Arbeitsverhältnis **5** 165
- Aufbewahrungspflicht **5** 166
- Auflösung **4e** 27
- Ausgleichsanspruch
  - Handelsvertreter **5** 165
- Auslandskredit **5** 166
- Außenprüfung **5** 165
- Avalprovisionen **5** 165
- Bergbauwagnisse **5** 166
- Betriebsverlegung **5** 165
- Bewertung **5** 55, 135; **6** 152
- Bilanzstichtag **6** 153
- Bürgschaft **5** 165; **15** 102
- Eintrittswahrscheinlichkeit **5** 136
- Einzel-/Pauschalrückstellung **5** 138

- Entsorgung
  - radioaktiver Stoffe **5** 148
- erfolgsabhängige Verpflichtungen **5** 139
- EU-Geldbuße **5** 166
- Firmenjubiläum **5** 144
- Garantie-/Gewährleistungsverpflichtung **5** 165
- gesetzliche Beschränkungen **5** 21
- Gewährleistungen ohne rechtliche Verpflichtung **5** 123
- gewinnerhöhende Auflösung **5** 142
- Heimfallverpflichtung **5** 165
- Höhe **5** 134
- Instandhaltungsverpflichtung **5** 165
- Jahresabschluss-/Prüfungskosten **5** 165
- Jubiläum **6** 153
- Jubiläumszuwendungen **5** 143
- Kompensation **6** 155
- Kosten der Hauptversammlung **5** 165
- künftige Beiträge für Pensionsversicherungsverein **5** 165
- Leergut **6** 154
- Lizenzgebühren **5** 165
- Mängelrüge **5** 154
- Maßgeblichkeitsgrundsatz **5** 119; **6** 152
- öffentliche Verpflichtungen **5** 122
- Optionsprämie **5** 166
- Pfandflaschenrücknahme **5** 166
- Produkthaftung **5** 165
- Provisionszahlungen **5** 166
- Prozesskostenrisiko **5** 165
- Rabattmarken **5** 165
- Realisationsprinzip **5** 131
- Regressmöglichkeiten **5** 165
- Rekultivierungsverpflichtung **5** 165
- Risiken der Inanspruchnahme **6** 154
- rückständige Buchführungsarbeiten **5** 165
- Sachleistungsverpflichtung **6** 155
- Schadensersatz **6** 154
- Sonderbilanz **15** 313, 322
- Sozialversicherungsbeiträge **5** 165
- Steuererklärung **5** 165
- Steuerschulden **5** 165, 166
- Stilllegung **6** 153
  - Kosten **5** 166
- Tantieme **5** 165, 166
- Treibhausgasemissionshandel **5** 166
- Umweltschutzverpflichtungen **5** 165
- ungewisse Verbindlichkeiten **5** 121, 132
- unterlassene Instandhaltung **5** 126
- Unternehmerrisiko **5** 165, 166
- Veräußerungsgewinn **16** 411
- Verbindlichkeiten **5** 111
- Verletzung fremder Schutzrechte **5** 142
- Wahlrecht **6** 152
- Wahrscheinlichkeit **5** 128
- Warenumschließungen **5** 165
- Wechselobligo **5** 165
- Werkzeugkostenzuschüsse **5** 165
- wertpapiergebundene Pensionszusagen **3c** 83
- wesentliche Betriebsgrundlagen **16** 57
- wirtschaftliche Verursachung **5** 129
- Wirtschaftslast **4** 72
- Zuschüsse **5** 165

Rückübertragung
- Abtretung
  - Anschaffung **6** 34
- Grundstück **21** 125

Rückvergütung
- Anschaffungskosten **6** 45

Rückzahlung
- (verdeckte) Einlage **17** 271
- Altersvorosrgezulage **92a** 3
- Anschaffungsnebenkosten **6** 44
- Anteilsveräußerung **20** 748
- Arbeitslohn **19** 130, 131; **24a** 4; **38** 10; **39b** 15
- Arbeitslosengeld **32b** 10
- Bestechungsgeld **8** 17
- Darlehen
  - Verzicht **19** 150
- Direktversicherung **40a** 6
- Einlagekonto **49** 56
- Investitionszulage
  - Zinsen **3c** 83
- Kapitalvermögen **20** 781
- Kindesunterhalt **33a** 7
- negative Einnahmen **8** 17
- Nennkapital **20** 102
- Pfandgelder **4** 252
- schädliche Verwendung des selbstgenutzten Objekts **92a** 4
- Sitzverlegung **17** 320
- steuerfreie Abfindung **3c** 83
- steuerfreie Einnahmen **3c** 9, 16
- Veräußerung **20** 790, 820

Rufbereitschaft
- Arzt **3b** 3
- doppelte Haushaltsführung **9** 310

Ruhegehalt 49 101
- DBA **49** 148
- Nachzahlung **34** 41, 51

Ruhegeld 19 150

Ruhender Betrieb
- Nießbrauchsvermächtnis **16** 108

Ruhender Gewerbebetrieb 15 74

Ruhendes Arbeitsverhältnis 19a 11

Rumpfwirtschaftsjahr 4a 3
- Auflösung einer Reinvestitionsrücklage **6b** 31
- Ausgleichsposten **4g** 12
- Betriebsübergabe
  - Gewinnzuschlag **6b** 32
- Entstehung der Einkommensteuer **36** 3
- Freigrenze/Zinsschranke **4h** 54
- Halbeinkünfteverfahren **36** 2
- Hofübergabe **13** 43
- Pensionsrückstellung **6a** 25
- Verlustabzug **4a** 8

Rundfunk
- freie Mitarbeiter **19** 100

Rürup-Versicherung 10 14

Saatzucht
- Begriff **13** 12

Sachabfindung
- Ausscheiden **16** 132
- Realteilung **16** 133

- Teilbetrieb **16** 132
- wesentliche Betriebsgrundlagen **16** 134

Sachbezüge 3 45; **9** 398, 423; **11** 6
- Aufzeichnungspflicht **8** 68
- Beitrag
  - Sportverein **8** 22
- Bewertung **8** 44
- Bewertungsausnahmen **8** 69
- Bundeswehr **19** 150
- Dritte **38** 8
- Durchschnittswerte **8** 59
- Endpreis am Abgabeort **8** 47
- Entlassungszusatzleistungen **34** 19
- Fernsehgerät **19** 150
- Freigrenze **8** 44, 60
- Fremdwährung **8** 19
- Kundenbindung **37a** 4
- Lohnsteuerabzug **38** 16
- Pauschalierung **37b** 3
- Steuerbefreiung **19a** 7
- übliche Preisnachlässe **8** 50
- unentgeltliche Anteilsüberlassung **19a** 14
- unternehmerische Leistungen **8** 62

Sachbezugsverordnung
- Bindung **8** 59
- Dienstwohnung **19** 150
- Kind
  - Unterbringungskosten **10b** 82

Sachdarlehen
- Pfandflasche **5** 165

Sacheinlage 17 125
- (Teil-)Betrieb
  - Mitunternehmeranteil **6** 181
- Anteile **16** 22
- Betriebsaufspaltung **15** 107
- Einbringung **6** 183a
- gemeiner Wert **17** 27; **20** 119
- geringwertige Wirtschaftsgüter **6** 176
- Gesamthandsvermögen **6** 188a
- gesellschaftsrechtliche **15** 453
- Gewährung von Gesellschaftsrechten **15** 455
- Haftungsbefreiende Einlage **15a** 103
- Steuerverstrickung **17** 330
- tauschähnlicher Vorgang **6** 190
- tauschähnliches Veräußerungsgeschäft **15** 457
- Teilwert **15** 107
- Umwandlung **16** 16
- unentgeltliche Übertragung **6** 188b
- wesentliche Beteiligung **17** 27

Sachentnahme
- Begriff **4** 89
- Einnahme-Überschuss-Rechnung **4** 118
- Pauschbetrag **6** 160
- Überentnahme **4** 163

Sachgesamtheit
- Verstrickung **4** 106g

Sachinbegriff 21 75

Sachleistungen 3 15; **11** 65
- Bauabzugsteuer **48** 24
- Kinderbetreuungskosten **4f** 11

Sachleistungsverpflichtung
- Abzinsung **6** 158
- Rückstellung **6** 155

2011

Sachliche Verflechtung
- Betriebsaufspaltung **15** 75, 95, 96
- mittelbare Nutzungsüberlassung **15** 95
- Wegfall **15** 113

Sachlohn 8 19, 66

Sachprämien 3 108
- Kundenbindung **37a** 4
- Pauschalierung **37a** 1

Sachspende 34g 46
- Begriff **10b** 81
- Bewertung **6** 163; **10b** 82
- buchmäßiger Nachweis **10b** 37
- politische Partei **10b** 73
- Sozialversicherungsentgeltverordnung **10b** 82
- Teilwert
  - Buchwert **10b** 82
- Wahlrecht **6** 163
- Zuwendungsbestätigung **10b** 34, 83

Sachverhaltsirrtum 33 41

Sachvermächtnis
- Entnahmen des Erben **16** 106

Sachversicherung 10 18
- Leistungen **4** 251

Sachwalter
- Lohnsteuerhaftung **42d** 55

Sachwertabfindung 6b 8
- Anschaffung **6b** 12
- Anteil
  - Mitunternehmerschaft **16** 347a
- Ausscheiden der Gesellschafter **16** 333
- Buchwertfortführung **16** 337
- Mitunternehmer **6b** 22
- Teilbetrieb **16** 338
- Übernahme in Betriebsvermögen **16** 336

Sachwertdarlehen
- Betriebsverpachtung **13** 37
- fristunterbrechende Veräußerung **6b** 17

Sachwertverfahren 14 9
- Kaufpreisaufteilung **6** 48

Sachzuwendungen
- Abgeltungsteuer **37b** 1
- Barlohnumwandlung **37b** 17
- betriebliche Veranlassung **37b** 18
- Betriebsstättenfinanzamt **37b** 42
- Obergrenze **37b** 25
- übersteigender Betrag beim Empfänger **37b** 27
- Wahl der Pauschalierung **37b** 45

Safemiete 20 480

Saisonbetrieb 16 320
- Betriebsunterbrechung **16** 317

Saldierungsverbot 5 56
- Sicherungsgeschäft **5** 55a
- Teilwert **6** 89

Sale-and-lease-back-Leasing 4 79
- REIT-AG **3** 237

Salzstock 21 12

Sammelantrag
- Arbeitnehmer **45b** 5
- Erstattung **44a** 33; **45c** 10
- Gesamthandsgemeinschaft **45b** 5
- hälftige Erstattung **44a** 34
- Kapitalertragsteuererstattung **45b** 1; **45c** 3, 5

Sammelbeförderung 3 89
- Entfernungspauschale **9** 377, 385, 387, 398

Sammelbewertung 6 116
- Absetzung für Abnutzung **7** 34

Sammeldepot
- Bewertung **17** 165
- Fifo-Methode **20** 848
- Spekulationsgeschäft **23** 7

Sammelhaftungsbescheid 42d 71

Sammelposten
- geringwertige Wirtschaftsgüter **4** 120; **6** 179

Sandgrube
- Nebenbetrieb **13** 19

Sanierung
- auf Raten **6** 64
- Baudenkmal **7i** 6
- Gebäude **11a** 1
- gewerblicher Grundstückshandel **15** 119, 128
- kapitalersetzendes Darlehen **17** 220
- Luxus⁻ **6** 63
- Teilwertabschreibung **6** 133
- Wohnrecht **6** 38

Sanierungsgebiet 21 143
- Bescheinigung **7h** 6
- erhöhte Absetzungen **7h** 1
- Neubau **10f** 3
- Reinvestitionsrücklage **6b** 35
- Steuerstundungsmodell **15b** 43
- Verteilung von Erhaltungsaufwand **51** 42

Sanierungsgeld 40b 13
- Arbeitslohn **19** 142

Sanierungsgewinn 4 251

Sanitäreinrichtung
- Bezugsfertigkeit **7c** 10

Satzungsklausel
- verdeckte Gewinnausschüttung **5** 165

Satzungszweck
- Spenden **34g** 10
- Wählervereinigung **34g** 20

Säumniszuschläge 12 28
- Einkommensteuer **36** 33
- Erlass **37** 27
- Gewerbesteuer **4** 216
- Kirchensteuer **10** 25
- Lohnsteueranmeldung **41a** 7
- Lohnsteuerhaftung **42d** 26

Saurer Regen
- Kalamitätsnutzung **34b** 4

Save haven
- Nichtaufgriffsgrenze **15b** 4

SCE s. *Europäische Genossenschaft*

Schachtelprivileg 50d 65
- Freistellungsverfahren **50d** 20
- Halbabzugsverbot **3c** 76
- Verwaltungskosten **3c** 83

Schadensersatz 19 160; **33** 44
- Absetzung für außergewöhnliche Abnutzung **7** 103
- Abzinsung **5** 165
- Amtshaftung **24** 17
- Anschaffungskosten **6** 44; **7** 59
- Arbeitgeber **19** 150
- Arbeitnehmer **24** 55

- Einnahmen 8 14
- Erlass durch Arbeitgeber 8 6
- Gewinnrealisierung 5 159
- Kfz-Unfall
  - Privatfahrt 4 5
- Lohnsteuerabzug 42d 6
- Lohnsteuerhaftung 42d 56
- Privatvermögen 24 6
- Rückstellung 6 154
- unbefugte Offenbarung 39b 6
- Verzicht 19 150
- Werbungskosten 9 48
- Wiedereinstellungsklausel 24 17

Schadensersatzleistungen 9 67; 12 26; 21 90
- AGG 24 17
- Anrechnung 33 14
- Betriebsausgaben 4 252
- Betriebseinnahmen 4 251
- Kindsbezüge 32 17

Schadensersatzrente 24 18

Schadensersatzverpflichtung
- Passivierung 5 113

Schadensersatzzahlungen 33 100

Schadensmeldung
- Kalamitätsnutzung 34b 7

Schadensrente 3 10

Schadstoffbeseitigung 33 22
- Gutachtenkosten 21 125
- Teilwertabschreibung 6 133

Schätzung
- AfA-Bemessungsgrundlage 7 140
- Anteilsveräußerungsgewinn 16 226
- Arbeitslohn 19 150
- Auflösung einer Reinvestitionsrücklage 6b 31
- Aufteilung der Anschaffungskosten 6 47
- Aufteilung Herstellungskosten/Erhaltungsaufwand 6 61
- Aufzeichnungspflicht 7a 40
- Bemessungsgrundlage für erhöhte Absetzungen 7c 12
- betriebsgewöhnliche Nutzungsdauer 7 2
- Bilanzenzusammenhang 4 245
- Bodenschatz
  - Kaufpreisaufteilung 7 206
- Durchschnittssatzgewinnermittlung 13a 1
- Einnahme-Überschuss-Rechnung 4 109; 6c 7
- Erhaltungsaufwand
  - eigengenutzte Wohnung 21 103
- Finanzgericht 51 12
- gemischte Aufwendungen 35a 4
- gemischte Nutzung 12 6, 9
- gemischte Tätigkeit 15 67
- Kalamitätsnutzung 34b 6
- Kinderbetreuungskosten 4f 11
- Lohnsteuer 42d 25
- Lohnsteueranmeldung 41a 5
- nicht ordnungsmäßige Buchführung 5 25
- Nutzungsdauer 7 79
- Pauschbetragsregelungen 9a 33
- private Kfz-Nutzung 6 162b
- private Mitbenutzung 9 322
- Sachleistungsverpflichtung 6 155
- Sondergewinn 13a 12
- Steuererklärungspflicht 25 10

- Teilwert 6 94
- unrichtige Prognoserechnung 15b 54
- Verletzung der Aufzeichnungspflicht 13 47
- Versicherungsbeiträge 12 23
- Vorsichtsprinzip 6 16
- Wechsel der Gewinnermittlungsart 4 228; 13 64; 13a 6

Schatzwechsel
- Diskont 20 280

Schaufensteranlagen 7 136
- Gaststätteneinbauten
  - Schalterhalle 6b 4

Schaumweinsteuer
- Aktivierung 5 149

Schausteller
- Wohnwagen 12 24

Scheck
- Abfluss 11 11
- Zufluss 11 29

Schein-KG
- Haftung 15 136

Scheinbestandteile 5 65; 7 136

Scheingeschäft 17 100
- Pensionsrückstellung 6a 15
- Verträge zwischen Angehörigen 21 31

Scheingewinn
- Rückstellung 5 165

Scheinkaufmann 15 15
- Umstellung des Wirtschaftsjahres 4a 10

Scheinselbstständigkeit 15 18; 19 7

Schenkung 2 47; 17 93, 155
- Anschaffung 23 11
- Anschaffungskosten
  - mittelbare Grundstücksschenkung 6 2
- Auflage 6b 7
- außergewöhnliche Belastung 33 10
- Betriebseinnahmen 4 130
- Betriebsübertragung 16 24
- Darlehen
  - Kind 15 355
- Einnahme-Überschuss-Rechnung 4 115
- Gesellschafter 15 367
- Gestaltungsmissbrauch 17 60
- gewerblicher Grundstückshandel 15 121
- Grundstück 10 9
- KG-Anteil 15 262
- Mitunternehmer 15 258
- Nachversteuerung 34a 85
- negatives Kapitalkonto 6 181
- Sonderausgaben 10 5
- stille Gesellschaft 15 258; 20 175
- unentgeltliche Betriebsübertragung 16 135
- unentgeltliche Übertragung 6 181a
- Unterbeteiligung 15 263
- Widerruflichkeit 15 260

Schenkungsteuer
- Nachversteuerungbetrag 34a 80

Schenkungsvertrag
- Abfindung weichender Erben 14a 6

Schichtzulage
- Bordpersonal 3b 3

Schiedsübereinkommen Einl 60

2013

Schiff
- Anteil **6b** 11
- Arbeitsstätte **9** 366
- Ausland
  - Verlust **21** 71
- Belegenheit
  - Schiffsregister **49** 128
- Binnenschiff
  - Zubehör **6b** 6
- Bordpersonal **49** 108
- Gewerbeertrag
  - Veräußerungsgewinn **5a** 16
- inländische Einkünfte **49** 170
- negative Einkünfte **2a** 45
- Ort der Geschäftsleitung **5a** 20; **49** 102
- Ort der Tätigkeitsausübung **49** 92
- Rechtsverordnung **51** 45
- Registereintragung **21** 71
- Teilbetrieb **16** 64, 65
- unbeschränkte Steuerpflicht **5a** 8
- Verlustausgleichsbeschränkung **2a** 47
- Vermietung **49** 140

Schiffsreise **12** 19
Schiffssachverständiger **18** 134
Schlechtwettergeld **3** 22
Schlechtwetterversicherung
- Vermittler **19** 100

Schließfach
- Aufwendungen **20** 480

Schmerzensgeld
- Betriebseinnahmen **4** 251

Schmerzensgeldrente **22** 5
Schmiergeld **4** 173; **6** 184; **9** 439; **15** 413; **19** 150, 160; **22** 34
- Abzugsverbot **4** 209
- Betriebseinnahmen **4** 251

Schmuck
- notwendiges Privatvermögen **4** 51

Schmutzzulage **19** 150
Schonfrist
- Pfändungsschutz **76a** 1

Schönheitsoperation **33** 100
Schönheitsreparatur **6** 64; **24** 62
- haushaltsnahe Dienstleistungen **35a** 6
- Vermieter **8** 22

Schornsteinfeger
- Versorgungskasse **10** 13

Schreibtisch
- Arbeitsmittel **4** 196; **9** 327

Schriftmetall
- Umlaufvermögen **6** 22

Schriftsteller **19** 100
- Begriff **18** 77
- Erbe **24** 41, 71
- Reisekosten **12** 16
- Steuerabzug **1** 39
- Steuererhebung **49** 107

Schrott
- Verkaufserlös **19** 150

Schrottwert
- Absetzung für Abnutzung **7** 60
- Teilwert **6** 95

Schuldbuch
- Eintrag **20** 370

Schuldbuchforderung
- Kriegsfolgengesetz
- Zinsen **3** 65

Schuldscheindarlehen **11** 65
Schuldübernahme **15** 449
- entgeltliche Übertragung **6** 189; **16** 335
- Teilbetrieb **16** 338
- teilentgeltliche Veräußerung **16** 337

Schuldumwandlung **11** 41, 65
Schuldverschreibung **11** 65; **20** 135, 318, 324
- Veräußerung **20** 370, 745
- Veräußerung von Zinsschein **20** 756
- Wertpapierleihgeschäft **3c** 61
- Zinsscheinveräußerung **20** 363

Schuldzinsen **10** 9; **11** 65; **13a** 17; **23** 19; **24** 45; **33** 100
- Abzugsverbot **4** 161
- Abzugsverbot/Sparer-Pauschbetrag **20** 525
- Annuitätshilfe **3c** 83
- Aufgabe der Vermietungsabsicht **24** 63
- Auflösung **4** 252
- Aufzeichnungspflichten **4** 168
- Ausgleichszahlung an Ehegatten **19** 160
- Begriff **9** 102
- Bemessungsgrundlage **4** 166
- Beteiligungseinkünfte **24** 63
- Beteiligungserwerb **17** 172
  - Gesellschafterdarlehen **3c** 83
- Betriebsausgaben **4** 140, 252
- Betriebsschuld **4** 159
- Betriebsvermögen **15** 358
- Cash-Pool **9** 106; **21** 125
- Durchschnittssatzgewinn **13a** 7
- Einnahme-Überschuss-Rechnung **4** 168
- Erbfallschulden **16** 105
- Erwerb von Gesellschaftsanteilen **19** 160
- Erwerb von Wertpapieren **3c** 83
- gemischtes Kontokorrentkonto **4** 159
- gescheitertes Bauvorhaben **21** 125
- Gesellschafter-Fremdfinanzierung **15** 363a
- Kapitaleinkünfte **20** 480
- Liebhaberei **4** 252; **24** 49
- nachträgliche Betriebsausgaben **4** 252; **16** 417
- Neuregelung **15** 357; **24** 51
- nicht entnommener Gewinn **34a** 57
- private Versorgungsrente **10** 10
- Privatvermögen **15** 358
- Rentenversicherungsbeitrags-Nachentrichtung **3c** 83
- Überentnahme **4** 161; **15** 359
- Veräußerung **24** 47
- Veräußerungskosten **17** 196
- Verfassungsmäßigkeit **10** 3
- Werbungskosten **9** 100; **21** 125
- Zuordnung **21** 125
- Zwei-Konten-Modell **4** 160

Schule
- Ausbildung **10** 28
- Zeitpunkt der Leistung **7a** 22

Schüler
- Aushilfskräfte **19** 100

Schulgeld 33 66, 100
- ausländische Schule 10 36
- beschränkte Steuerpflicht 50 7
- Diskriminierungsverbot 10 37
- Ergänzungsschule 10 36
- Ersatzschule 10 36
- Europäische Schule 10 37
- Highschool (USA) 10 37
- Kinderbetreuungskosten 10 25a
- Privathochschule 10 36
- Privatschule 10 36
- Sonderausgaben 10 36
- Verfassungsmäßigkeit 10 36

Schulkosten
- Kind 33 100
- Spenden 10b 16
- Umzugskosten 12 25

Schumacker-Urteil (EuGH) 1a 1
- fiktive unbeschränkte Steuerpflicht 1 25

Schutzbriefkosten
- Privatnutzung 6 162b

Schutzpolizei
- steuerfreie Leistungen 3 29

Schutzrecht 7 51
- Freiberufler 18 75
- Verbindlichkeitsrückstellung 5 142

Schwangerschaft
- Familienheimfahrt 33 100

Schwarzarbeit 19 100, 150
- Bauabzugssteuer 48 1
- Selbstständigkeit 15 21

Schwarzlohn
- Lohnsteuerabzug 39b 17

Schwebende Geschäfte
- Drohverlustrückstellung 5 145
- Fremdwährungsrisiko 6d 20
- nach Betriebsveräußerung 24 45
- synallagmatische Forderungen 5 81
- Vorleistungen 5 82

Schweiz 63 5
- Grenzgänger
  - Lohnsteuerabzug 39d 3
- Kind 32 10
- Sprachkurs 4 252

Schwerbehindertenausweis
- Kind 32 15

Schwestergesellschaft
- Ausgliederungsmodell 15 146
- Betriebsaufspaltung 15 80, 81
- Darlehen 15 402
- entgeltliche Leistungen 15 433
- freiberufliche Tätigkeit 15 87
- gewerblicher Grundstückshandel 15 122
- mitunternehmerische Betriebsaufspaltung 15 85
- Nachversteuerung 34a 78
- Sonderbetriebsvermögen 15 86
- Übertragung von Wirtschaftsgütern 15 461
- unentgeltliche Übertragung 6 188a
- unentgeltliche/verbilligte Leistungen 15 436
- Unterstützungskasse 4d 10
- Veräußerung 6 189; 15 449
- verbilligter Wareneinkauf 38 11
- Vermögensübertragung 16 340
- Vermögensverwaltung 15 474

- Verschmelzung 3 136
- Zurechnung 15 424

Schwimmbad 4 185

Scientology-Kurs 12 15

SE *s. Europäische Gesellschaft*

Seefischerei
- Rechtsverordnung 51 45

Seeleute
- Lohnsteuerermäßigung 41a 8

Seeschiff
- beschränkte Steuerpflicht 49 30
- Ort der Tätigkeitsausübung 49 92
- Vercharterung 5a 29
- Verlust 15a 2

Seeschiffsregister
- Handelsschiff 5a 26

Segeljacht 4 185

Selbsterfahrung
- Aufwendungen 10 29
- Kurs 12 15

Selbstgenutzte Wohnung 2a 45; 10e 1; *s.a. Eigengenutzte Wohnung*
- Altersvorsorgezulage 92a 2
- Nutzungswert 13a 7
- schädliche Verwendung 93 2

Selbstmordabsicht
- Unfallkosten 4 252

Selbstständige
- Abgrenzung zum Gewerbebetrieb 15 60
- andere Einkunftsarten 18 7
- Aufgabe der Tätigkeit 18 175
- Ausbildung 18 1
- ausländische Einkünfte 34d 20
- Ausübung im Inland 49 76
- beschränkte Steuerpflicht 49 75
- Beteiligung 18 35
- Betriebsvermögen 18 18
- Buchführungspflicht 18 8
- DBA 49 84
- eigenverantwortliche Arbeitseinteilung 18 10
- Einnahme-Überschuss-Rechnung 4 107
- Erbe 18 50
- Europäische Genossenschaft
  - Europäische Gesellschaft 15 172
- gemischte Tätigkeit 18 30
- Gewerbesteuer 18 8
- gewillkürtes Betriebsvermögen 18 21
- Gewinnermittlung 2 36; 18 17
- Höchstbetrag
  - Vorsorgeaufwendungen 10 20
- mehrjährige Tätigkeit 34 52
- nicht entnommener Gewinn 34a 22
- notwendiges Privatvermögen 18 20
- sonstige Tätigkeiten 18 150
- Steuerabzug 49 84; 50a 21, 22
- Steuerstundungsmodell 15b 12
- Thesaurierungsbegünstigung 34a 4
- Überbrückungsgeld 3 22
- Verwertung 49 80
- Vorsorgepauschale 10c 3, 4
- wesentliche Betriebsgrundlage 18 44
- Wiederholungsabsicht 18 160
- Zusammenballung von Einkünften 34 42

2015

Selbstständigkeit 15 17
– Aufsichtsratsmitglied 19 100
– Begriff 15 18; 19 6
– Dienstverhältnis 19 25, 50
– Einzelfälle 15 21
    – für Unselbstständigkeit 15 22
– Flugkapitän 19 100
– gelegentliche Dienstleistungen 18 61
– Gesamtbild der Verhältnisse 15 19
– GmbH-Geschäftsführer 19 39
– Heimarbeiter 19 100
– Kraftfahrer 19 100
– Unselbstständigkeit 15 19
– unterrichtende Tätigkeit 18 82
– Weisungsgebundenheit 15 19
Sequester
– Lohnsteuerhaftung 42d 55
Sicherheitsaufwendungen 19 150
Sicherheitsbeauftragter
– Arbeitsmediziner 18 89
Sicherheitseinbehalt
– Bauabzugssteuer 48 22
Sicherheitshinterlegung 11 65
Sicherheitsleistung 17 230
– Aussetzung der Vollziehung 50a 52
– Auszahlung der Erstattung 50d 15
Sicherungsanordnung
– Entleiherhaftung 42d 100
Sicherungseinbehalt
– Steuerabzug 50a 50
Sicherungsgeber
– Anteile 20 130
– Beteiligung 20 129
Sicherungsgeschäft
– Einzelbewertung/Saldierungsverbot 5 55a
Sicherungshypothek
– Löschungskosten 33 100
Sicherungsnießbrauch 21 57
– Unterhaltsleistungen 22 11
Sicherungsübereignung 17 110
– wesentliche Beteiligung 17 60
– Zurechnung 4 78; 5 66
Sichteinlagen
– Steuerabzug 43 27
Sittenwidrigkeit
– Betriebsausgaben 4 140
– Dienstverhältnis 19 27
– Pensionsrückstellung 6a 15
Sittliche Gründe 33 55
– Unterhaltsleistungen 33a 85
Sitzverlegung
– Anteilsveräußerung 17 320
– Ausland 17 279; 49 55
– Entstrickung 2a 100; 15 2a
    – Europäische Genossenschaft 4 106e
    – Europäische Gesellschaft 4 106e
– Europäische Genossenschaft
    – Europäische Gesellschaft 15 170
– Gewinnrealisierung 4g 8
– Liquidation 17 322
– Spekulationsfrist 17 321
– stille Reserven 15 171; 16 315
– treaty overriding 15 171

Skilehrer
– Arbeitsmittel 9 327
Skileiterkurs
– Sportlehrer 12 19
Skonti
– Anschaffungskosten 6 45
– Teilwert 6 137
– Zinsaufwendungen 4h 30
Sofortbesteuerung
– wiederkehrende Bezüge 17 172
Software
– Anschaffungskosten 6 39
– Entwicklung 18 105
– Lizenzgebühren 50g 16
Software-Berater 19 100
Softwarelernprogramm 18 78
Solarenergie 13 28
– Brauchwassererwärmung
    – Erhaltungsaufwand 6 59
Soldat 10 30
– Arbeitsmittel 9 327
– Arbeitsstätte 9 366
– steuerfreie Leistungen 3 29, 32
Soldatenversorgungsgesetz
– Hinterbliebenen-Pauschbetrag 33b 14
– Leistungen 3 25
Solidaritätszuschlag
– Begriff 51a 5
– Bemessungsgrundlage 40 18, 25
– DBA-Schweiz
    – Grenzgänger 39d 3
– Gewerbesteuer-Anrechnung 35 5
– Kindergeld 31 13
– Lohnsteueranmeldung 41a 3
– Lohnsteuerpauschalierung 40 17; 40a 8g
– Nachversteuerung 34a 88
– Nettovereinbarung 50a 35
– nicht entnommener Gewinn 34a 29
– Pauschalierung 37b 40
– Thesaurierungsbegünstigung 34a 13
Solvabilität 4c 8
Sonderabschreibung 7g 1; 23 20; 33a 30
– Absetzung für Abnutzung 7 30
– Änderung der Gewinnverteilungsabrede 15 381
– Aufzeichnungspflicht 7a 40
– begünstigte Wirtschaftsgüter 7g 69
– Begünstigungsumfang 7g 74
– Begünstigungszeitraum 7g 72
– Beitrittsgebiet 7a 4
– Bergbau 51 39
– Beteiligung 7a 36
– betriebliche Größenmerkmale 7g 78
– betriebliche Nutzung 7g 80
– degressive AfA 7a 27
– Ergänzungsbilanz 15 325
– Forschung/Entwicklung 51 44
– geringwertige Wirtschaftsgüter 6 175
– Gesellschaft/Gemeinschaft 7g 84
– Grundsätze ordnungsmäßiger Buchführung 5 58
– Investitionsabzugsbetrag 7g 65
– Investitionszuschuss 7g 74
– nachträgliche Anschaffungs-/Herstellungskosten 7a 31
– persönliche Voraussetzungen 7g 67

Stichwortverzeichnis **Sonderbetriebsvermögen**

- private Krankenhäuser **7f** 1
- Regel-AfA **7a** 27
- Restwert **7g** 76
- Restwertabschreibung **7a** 43
- Teilherstellungskosten **7a** 18
- Totalgewinn **15** 40
- Überschussprognose **21** 26
- Veräußerungsgewinn **16** 411
- Verbleibensvoraussetzung **7g** 80
- Wahlrecht **7a** 2
- Zebragesellschaft **15** 472

Sonderausgaben **11** 19, 65; **33** 65; **35a** 4
- (Groß)Spenden **10b** 58
- Abfluss **10** 2
- Absetzung für Abnutzung **10** 2
- Altenteilsleistungen **13** 43
- Altersvorsorgeverträge **87** 1
- Antrag **10** 6
- Aufwendungen **10** 3
- außerordentliche Einkünfte **34** 56
- Baudenkmal **10f** 3
- begrenztes Realsplitting **10** 7
- beschränkte Steuerpflicht **1a** 13; **50** 7
  - Gemeinschaftsrecht **50** 5
- Ehegatten **26** 54
- Einkommensermittlung **2** 136; **10** 1
- Einkommensteuer-Vorauszahlung **37** 25
- Erhaltungsaufwand
  - schutzwürdige Kulturgüter **10g** 1
- Erstattung **10** 4
- EU-Ausland
  - Unterhaltsleistungen **1a** 11
- Freibetrag auf Lohnsteuerkarte **10** 6
- Fremdfinanzierung **10** 2
- Gebäudesanierung **10f** 3
- Gegenleistungsrente **10** 3
- gemeinnützige Zuwendungen **10b** 11
- Gemeinschaftsrecht
  - Steuerberatungskosten **50** 7
- getrennte Veranlagung **26a** 6
- Günstigerprüfung **10a** 7
  - Sozialversicherung **10** 23
  - Zulage **10a** 6
- Höchstbetrag
  - Vorsorgeaufwendungen **10** 22
- Kind **32** 17
- Kinderbetreuungskosten **4f** 2
- Kirchensteuer **10** 25
- Kirchensteuer/Abgeltungstuer **32d** 12
- korrespondierende private Versorgungsrente **22** 19
- Nachversteuerung **10** 24
- Nachweis **10** 6
- Parteispende **4** 216
- Pauschbetrag **10c** 2
- private Altersvorsorge **10a** 1
- private Versorgungsrente **22** 10a
- Rückgewähr **8** 17
- Schenkung **10** 5
- schuldrechtlicher Versorgungsausgleich **10** 10b
- Schulgeld **10** 36
- Sozialversicherung **19** 150
- Spendenabzug **10b** 50
- Steuerberatungskosten **10** 26
- Stiftung **10b** 1

- Verlustabzug **10d** 14
- Zukunftssicherungsleistungen **40b** 4
- Zusammenveranlagung **26b** 15
- Zuwendungen **10b** 63

Sonderausgaben-Pauschbetrag
- beschränkte Steuerpflicht **50** 7

Sonderausstattung
- Privatnutzung **6** 162c

Sonderbetriebsaufwendungen **15** 431
- Begriff **15** 415

Sonderbetriebsausgaben
- Ausgleichszahlungen **4** 62
- GmbH & atypisch Still **3c** 83
- Mitunternehmer **15** 303
- Steuerstundungsmodell **15b** 46a
- Tätigkeitsvergütung
  - Zinsen **15a** 271
- Versorgungsbezüge **16** 142

Sonderbetriebseinnahmen **15** 413
- Mitunternehmer **34a** 59
- Veruntreuung **15** 366

Sonderbetriebsvermögen **15** 431; **18** 180
- Abfindung
  - weichende Miterben **16** 241
- Anteile an Betriebsgesellschaft **15** 101
- Anteilsübertragung **16** 212
- ausländische Personengesellschaft **4g** 8
- Begriff **16** 206
- begünstigte Veräußerung **16** 211
- Beteiligung
  - Teilbetriebsveräußerung **16** 71
- Betriebsaufspaltung **15** 80, 100, 101, 102, 409
- Betriebsveräußerung **16** 59
- Buchwertfortführung **15** 461; **16** 344
- doppelstöckige Personengesellschaft **15** 445
- Durchschnittssatzgewinnermittlung **13a** 2
- Ehegatte **13** 45
- Einbringung **16** 39
- einfache Nachfolgeklausel **16** 247
- Einlage **23** 12
- Entnahme **4** 95, 101
  - Erblasser **16** 253
- Entnahmegewinn **15** 414
- Erblasser
  - gemeiner Wert **16** 243
- Freigrenze/Zinsschranke **4h** 51
- Geringfügigkeitsgrenze **34** 28
- Gesellschafter **2** 57
  - Wahlrecht **15** 309
- Gesellschafter-Fremdfinanzierung **4h** 111; **15** 363a
- Gesellschafterdarlehen **15** 356
- Gewinnermittlung **5** 27
- GmbH & Co KG **15** 406, 445
- KGaA **15** 506; **16** 259
- Konzernvermögen **4h** 79
- Körperschaftsteuer-Anrechnung **15** 411
- Mitunternehmer **15** 303
  - mittelbare **15** 417
- Mitunternehmeranteil **6** 182
- Mitunternehmerschaft **16** 340
  - unentgeltliche Übertragung **6** 188a
- negatives Kapitalkonto **15a** 41
- nicht entnommener Gewinn(anteil) **34a** 61
- Organschaft **15** 400

2017

Sonderbilanz

- Realteilung 16 343
- Rückgriffsforderung aus Bürgschaftsinanspruchnahme 15 403
- Schwestergesellschaft 15 86
- Sondervergütungen 15 400
- Spiegelbildmethode 16 203
- Steuerstundungsmodell 15b 24
- Teilbetrieb 15 452
- Teilungsanordnung 16 249
- Übertragung 6b 16
- unentgeltliche Übertragung 6 182a; 16 211
- Veräußerung 15 387; 16 208
- Veräußerungsgewinn 16 224
- Verbindlichkeiten 15 412; 16 410
- vorweggenommene Erbfolge 16 256
- weichende Miterben
  - eigenes Betriebsvermögen 16 242
- wesentliche Beteiligung 17 126
- wesentliche Betriebsgrundlagen 16 207
- wesentliche Grundlage eines Mitunternehmeranteils 16 253
- Zinsschranke 4h 26
- Zinsvortrag 4h 42

Sonderbilanz
- Ergänzungsbilanz 15 336
- Gesellschafter
  - Wahlrecht 15 309
- KGaA 15 504
- korrespondierende Bilanzierung 15 395
- Mitunternehmer 15 307
- Rückstellung 15 313, 322
- Überentnahme 15 359
- § 6b-Rücklage 6b 1

Sonderbilanzgewinn
- Thesaurierungsbegünstigung 34a 58
- Verlustausgleichsverbot 15a 71
- Verlustverrechnungsverbot 15a 73

Sondererbfolge
- Gesellschaftsvertrag 16 234

Sonderkultur 13a 10
- Veräußerungsgewinn 6c 5

Sondernutzung
- Durchschnittssatzgewinn 13a 10
  - Ermittlung 13a 2
- Übergangsgewinn 13a 11

Sonderposten aus der Währungsumstellung auf den Euro
- Wahlrecht 6d 2

Sonderposten mit Rücklageanteil
- umgekehrte Maßgeblichkeit 5 58

Sonderschullehrer
- Arbeitsmittel 9 327

Sonderumlage
- Parteispende 10b 69

Sondervergütungen 15 300
- Abfindung
  - Pensionsanspruch 24 16
- Anschaffungskosten 15 302
- Dienstleistungen 15 393
- einheitliche und gesonderte Gewinnfeststellung 15 389
- Entnahme 15 360
- Freibeträge 15 388
- Gesellschafter 2 56

- Gesellschafter-Fremdfinanzierung 15 363a
- Gewerbesteuer-Anrechnung 35 37
- gewerbliche Einkünfte 15 387
- Gewinnanteil 15 384
- Gewinnvorab 15 383, 394
- Handels-/Steuerbilanz 15 302
- Handelsschiff 5a 37
- Herstellungsaufwand 15 393
- internationale Mitunternehmerschaft 15 386
- KGaA 15 501
- Komplementär 15 2
- korrespondierende Bilanzierung 15 314
- Mehrfachbegünstigung 5a 15
- Mitunternehmer 15 446
  - mittelbare 15 417
- nachträgliche Einkünfte 15 392
- Nutzungsüberlassung 15 375
- Pensionsrückstellung 15 395
- Rechtsnachfolger 15 2, 392
- Schwestergesellschaft 15 431
- Sonderbetriebsausgaben 15 303
- Sonderbetriebsvermögen I und II 15 400
- Tätigkeitsvergütung 15 446
- Tonnagesteuer 5a 15
- Veranlassung in Gesellschaftsverhältnis 15 385
- Vermögensverwaltung 15 375
- Werkleistungen 15 393
- zeitliche Zurechnung 15 390
- Zuordnung 15 424

Sonntagsarbeit
- Geschäftsführer 3b 3
- Höchstbetrag 3b 2
- in Wohnung 3b 3
- Insolvenzgeld 3b 3
- Zuschlag 3b 2

Sonstige Bezüge
- Amtsveranlagung
  - Lohnsteuerschätzung 46 36
- Arbeitslohn 11 61
- Begriff 38a 5
- Bundeswehr 19 150
- DBA 49 160
- Dritte 39d 3
- elektronische Lohnsteuerbescheinigung 39b 11
- Fünftelregelung 39b 12
- Höhe der Lohnsteuer 38a 3
- Lohnsteuerabzug 39b 11
- Pauschalierungsgrenze 40a 12
- Zufluss 19 130
- Zuflussprinzip 38a 5

Sonstige Einkünfte 22 1
- Ausland 34d 32
- Bemessungsgrundlage 22 27a
- beschränkte Steuerpflicht 49 147, 152
- Ertragsanteilsbesteuerung 24a 7
- freiwillige Leistungen 22 6
- Steuerabzug 49 156
- Überschusseinkunftsart 2 40
- Unterlassen 19 36
- Versorgungs-/Werbungskosten-Pauschbetrag 22 48
- wiederkehrende Leistungen 22 16

Sorgerecht
- Pflegekind 32 6

Sorgerechtsverfahren 33 100
Sozialgeld 3 25
Sozialhilfe 33 58; **33a** 31
– Angehörige **33a** 18
– Aufrechnung **75** 2
– eheähnliche Gemeinschaft **33a** 18
Sozialkasse des Baugewerbes
– Arbeitgeber **38** 8
– Lohnsteuer-Pauschalierung **39d** 3
Sozialleistung 11 65; **32b** 35
– Bescheinigung **32b** 35
– Kind
    – Rückzahlung **33a** 7
– Progressionsvorbehalt **32b** 10
Sozialplan
– Abfindung **3** 28; **34** 19
– Abfindungszeitpunkt **3** 39
Sozialversicherung 15 394
– Altersvorsorgezulage **82** 2
– Arbeitgeberanteil **3** 180
– Arbeitgeberbeiträge **19** 150
– Arbeitgeberzuschuss **19** 150
– Arbeitnehmerbeitrag **19** 150
– Beitragsbemessungsgrenze **10** 12
– Gesellschafter-Geschäftsführer **3** 180
– Günstigerprüfung
    – Sonderausgaben **10** 23
– haushaltsnahes Beschäftigungsverhältnis **35a** 5, 8
– Kind **32** 17
– Land- und Forstwirtschaft **3** 60
– Leistungen **3** 22
– Lohnsteuerpauschalierung **40a** 4, 8c
– Pensionsrückstellung **6a** 33
– Rückstellung **5** 165
– Rückzahlung **10** 4
– Zukunftssicherungsleistungen **40b** 4
Sozialversicherungsentgeltverordnung 8 44
– Bewertung **8** 57
– Bewertung/Sachzuwendungen **10b** 82
– Bindung **8** 59
Sozialwohnung
– Begünstigungszeitraum **7k** 3
– erhöhte Absetzungen **7k** 1
Sozietät 18 33
– Einbringung **18** 165
– gemischte Tätigkeit **18** 35
– gesonderte Feststellung **18** 42
– Gründung **18** 166
– Praxiswert **18** 28
– Veräußerungsgewinn **18** 163
Spaltung
– Betriebsaufspaltung **15** 111
– entgeltlicher Erwerb **17** 267
– Kapitalertragsteuer **43** 75
– wesentliche Beteiligung **17** 234
Sparanteil
– Lebensversicherung **20** 250
Sparbrief 20 318; **43a** 60
– Abzinsung **20** 323
    – Aufzinsung **20** 382
Sparbuch
– Übertragung gegen Versorgungsleistungen **22** 11

Sparer-Pauschbetrag 9a 50; **44a** 40
– Begrenzung **20** 901
– beschränkte Steuerpflicht **50** 5
– Ehegatten **20** 899
– Freistellungsauftrag **20** 623
– tatsächliche Werbungskosten **20** 896
– Werbungskosten-Abzugsverbot **20** 525, 534
– Werbungskostenabzugsverbot **20** 899
Sparerfreibetrag 9a 20; 20 471; 24a 6; **44a** 2
– andere Einkunftsarten **20** 450
– ausländische Kapitaleinkünfte **20** 471
– beschränkte Steuerpflicht **50** 5
– Bundeszentralamt für Steuern **45d** 1
– Bußgeld **50e** 1
– Ehegatten **20** 472; **24a** 8; **44a** 2
– Herabsetzung **20** 33
– Höhe **20** 33
– Kaufpreisrate **24** 47
– Kindsbezüge **32** 17
– nichteheliche Lebensgemeinschaft **44a** 2
Sparguthaben
– Zinsen **20** 315
Spätaussiedler
– Eingliederungshilfe **3** 22
– Kindergeld **62** 2
Speditionskosten
– Arbeitgebererstattung **3c** 83
Spekulationsgeschäft Einl 70; 23 24
– Anteilsveräußerung **17** 24; **23** 8
– Arbeitszimmer **23** 6
– Außenanlagen **23** 5
– Belegenheitsprinzip **49** 157
– beschränkte Steuerpflicht **49** 149
– Beteiligung an Personengesellschaft **23** 8
– Bezugsrecht **23** 7
– Bodenschatz **23** 11
– Dauerwohnrecht **23** 4
– Differenzgeschäft **23** 10
– Erbbaurecht **23** 4
– Freigrenze **23** 24
– Halbeinkünfteverfahren **23** 7
– Herstellungsmaßnahmen
    – Identität **23** 4
– Miteigentum **23** 6
– Nießbrauch **23** 4
– Rückkaufsrecht **23** 7
– Sammeldepot **23** 7
– Sitzverlegung **17** 321
– Termingeschäft **23** 10
– Veräußerungsfrist **23** 5, 17
– Veräußerungsgewinn **23** 18
– Verfassungsmäßigkeit
    – Verlustausgleich **23** 1
– Verfassungswidrigkeit **Einl** 11
– Verlustausgleich **23** 23
– Verlustrücktrag-/vortrag **23** 3
– Vorkaufsrecht **23** 4
– vorläufige Veranlagung **23** 3
– Werbungskosten **23** 19
– Wertpapiere **23** 7
– Wertpapierveräußerung **23** 2
– Zweitwohnung **23** 6
Spenden Einl 12
– abzugsberechtigte Personen **10b** 59

- Alternativgrenze **10b** 41
- altruistisches Vermögensopfer **10b** 1
- Aufnahmegebühr
  - Umlagen **10b** 13
- Aufteilungsverbot **10b** 17
- Auftragsforschung **10b** 16
- Aufwandsspende **10b** 85
- ausländische Körperschaft **10b** 28, 28a
- Begriff **34g** 8
- begünstigte Zwecke **10b** 23
- beschränkte Steuerpflicht **50** 7
- Betrieb gewerblicher Art **10b** 20
- Bewährungsauflage **10b** 18
- Deckungs-/Trennungsprinzip **10b** 17
- Einkommensermittlung **2** 136
- einstweilige Anordnung **10b** 26
- Empfänger **10b** 25
- Empfangsberechtigung **51** 35
- Entnahmewert **6** 163
- Erbe **10b** 45
- Fehlverwendung **10b** 111
- Freiwilligkeit **10b** 18
- frühere Rechtslage **10b** 47
- Fundraising-Dinners **10b** 17
- Gegenleistung **10b** 15
- Geld-/Sachzuwendungen **10b** 12
- Geldbuße **4** 205
- gemeinnützige Spendenempfänger **10b** 21
- gemeinnützige Zwecke **51** 37
- Gesamtbetrag der Einkünfte **10b** 38
- Gesellschafter **15** 365
- Großspende **10b** 49
  - Verlustrücktrag **10b** 42
- Haftung **10b** 106
- Haftungsbescheid **10b** 115
- Haftungsschuldner **10b** 108
- Haftungsumfang **10b** 113
- Höchstbetragermittlung **10b** 48
- Hochwasser **19** 150
- Investitionszulage eines Vereins **10b** 18
- Kirchensteuer **10** 25
- Mitgliedsbeiträge **10b** 12, 13, 15, 18, 38; **51** 36
- Nachweis **10b** 32
  - Rechtsverordnung **51** 73
- natürliche Person **10b** 28
- Organschaft **10b** 48
- Patenschaftsabonnement **10b** 28
- Personengesellschaft **10b** 49
- Pflicht-/Eintrittsspende **10b** 18
- politische Partei **34g** 1
- Privatschule **10b** 16
- Rechtsverordnung **51** 33
- Repräsentationsaufwendungen **10b** 22
- satzungsmäßige Zwecke **34g** 10
- Schulkosten **10b** 18
- schutzwürdige Kulturgüter **10g** 3
- Sponsoring **10b** 16
- Steuerermäßigung **34g** 34
- Stiftung **10b** 50, 51, 55
- Stiftungs-Vermögensstock **10b** 54
- Stiftungsgeschäft **10b** 18
- Strafverfahren **10b** 16
- tatsächliche Verwendung **10b** 19
- Teilentgeltlichkeit **10b** 17
- Unentgeltlichkeit **10b** 15
- vereinfachter Nachweis **10b** 98
- Verfassungsmäßigkeit **10b** 5
- Vermächtniszuwendungen **10b** 18
- Vermögensverwaltung **10b** 21
- Vertrauensschutz **10b** 97; **34g** 48
- Wählergemeinschaft **51** 73
- Wählervereinigung **10b** 74
- Wahlrecht **10b** 58
- Warengutschein
  - Kollektenbons **10b** 12
- wirtschaftlicher Geschäftsbetrieb **10b** 21
- Wohltätigkeitsveranstaltung **10b** 17
- Zusammenveranlagung **26b** 15
- zusätzlicher Sonderausgabenabzug **10b** 50
- Zustiftungen **10b** 21
- Zuwendungsbestätigung **10b** 32

Spendenbescheinigung **10b** 32
- AStA **10b** 25
- Haftung **10b** 111
- Revisionsverfahren **10b** 32
- vereinfachter Spendennachweis **10b** 36
- Vertrauensschutz **10b** 19

Spendenbestätigung
- Muster **34g** 32
- Parteispende **10b** 73

Spendenrücktrag **10b** 45

Spendenvortrag
- Gewerbesteuer **10b** 46

Spender
- Darlehen **10b** 12

Sperrfrist **19a** 26
- Anteil **17** 1
- Anteilseinbringung **17** 27
- Anteilsveräußerung **17** 62; **49** 55
- Einbringung
  - Rechtsnachfolger **16** 256
- Realteilung **16** 343
- stille Reserven **6** 188c
- Stock Options **19** 150
- Verfügungsbeschränkung **19a** 28
- wesentliche Beteiligung **17** 265
- wirtschaftliche Verfügungsmacht **19a** 29

Sperrkonto **11** 65

Spezialleasing **4** 79

Spezialwerkzeug
- private Mitnutzung **12** 4

Spiegelbildmethode
- Steuerbilanz **15** 343

Spiel- oder Wettgewinne
- Betriebseinnahmen **4** 251

Spielbank **19** 150

Spielecomputer **12** 26

Spieleinsätze
- Betriebsausgaben **4** 252

Spielschulden
- Ablösung **22** 11c

Spielsucht **33** 100

Spitzenausgleich
- Buchwertfortführung **16** 124
- Erbe **16** 123
- Mischnachlass **16** 126
- Realteilung **16** 124, 353
- stille Reserven **16** 125

- Teilauseinandersetzung **16** 127
- teilentgeltliche Veräußerung **16** 123

Spitzensteuersatz Einl 15; **34a** 3
- Reichensteuer **32a** 2; **34c** 38

Splitting 1a 14; **2** 150; **32a** 4
- außerordentliche Einkünfte **34** 96
- beschränkte Steuerpflicht **50** 15
- erweiterte unbeschränkte Steuerpflicht **1** 22
- fiktive unbeschränkte Steuerpflicht **1** 42
- gebietsfremde EU-Bürger **26** 32
- Lohnsteuerklasse III **38b** 3
- Tarifbegrenzung **32c** 27
- Tod **32a** 22
- Verfassungsmäßigkeit **26** 5
- Verwitwete **26** 48; **26c** 4
- Zusammenveranlagung **26b** 20, 60; **32a** 22

Sponsoring 12 26; **49** 43
- Spende **10b** 16

Spontanauskunft
- Kontrollmitteilung **50d** 61
- Steuererstattung **50** 36

Sport 33 100
- Betriebssport **19** 150
- Fitnesscenter **12** 26
- Kinderbetreuungskosten **10** 25a

Sportlehrer
- Skikurs **12** 19

Sportler 19 100
- Amateur **15** 22
- Arbeitsortprinzip **49** 49
- Begriff **49** 40
- beschränkte Steuerpflicht **49** 36
- Erstattung **50d** 4
- Gerritse-Fall **50** 19
- gestaffelte Steuersätze **50a** 35
- Leistungen des Veranstalters **49** 43
- Persönlichkeitsrecht **49** 140
- Steuerabzug **50a** 39
- Steuererstattung **50** 33
- vereinfachte Erstattung **50d** 12

Sportveranstaltung
- Eintrittskarte **19** 150
- Fernsehübertragungsrecht **21** 77

Sportverein
- Kassierer **19** 100

Sprachaufenthalt im Ausland 32 11; **33a** 55

Sprachkurs 19 160
- Ausland **12** 20
  - Gemeinschaftsrecht **4** 252
- Betriebsausgaben **4** 252
- Frankreich **12** 20
- Großbritannien **12** 20

Squeeze-out
- Veräußerung **23** 16

Staatenlose
- Kindergeld **62** 2
- Wohnsitz **63** 4

Staatsangehörigkeit
- Eheschließung **26** 12
- Kassenstaatsprinzip **1** 18
- unbeschränkte Steuerpflicht **1** 10

Staatspolitische Zwecke
- Aufwendungen **4** 215; **9** 439

Städtebauliche Maßnahme 6b 35

Stammrecht
- Erstattungsanspruch **50d** 12
- Gewinnanteil **20** 135
- Kapitalertragsteuererstattung **45** 2
- Veräußerung **20** 129

Ständiger Vertreter 49 43
- Ausland **34d** 13
- Begriff **49** 26
- Gewerbebetrieb **49** 24
- Gewinnermittlung **49** 27
- inländischer Betriebsgewinn **50** 23
- Lohnsteuerabzug **38** 7
- Steuerabzug **50a** 22

Stehende Ernte 14 15
- Bestandsaufnahme **13** 52
- Bilanzierung **13** 59
- wirtschaftlicher Eigentümer **13** 37

Stehendes Holz 13 65; **14** 15
- Bestandsaufnahme **13** 52

Steinbruch
- Absetzung für Substanzverringerung **7** 196

Stellensuche
- Anzeige **19** 160

Stempeltheorie
- Laborarzt **18** 143

Step-down-Anleihe 20 415

Step-up-Anleihe 20 318, 415

Sterbegeld 4c 3; **4d** 45; **19** 150

Sterbegeldumlage
- Rechtsanwaltskammer **9** 150

Sterbekasse 10 17

Stereoanlage
- Arbeitsmittel **9** 327
- doppelte Haushaltsführung **9** 274

Stetigkeitsgrundsatz
- Lifo-Methode **6** 119

Steuerabzug 11 7
- Abführung
  - Anmeldung **50a** 38
- Abgeltungsteuer **25** 7
- Abgeltungswirkung **49** 48; **50** 18; **50a** 51
- Anrechnung **36** 10
- Aufsichtsratsvergütung **50a** 9
- Aufzeichnungspflicht **50a** 38
- Ausnahme **50d** 20
- Außenprüfung **50a** 38
- Beauftragter **50a** 39
- Beiladung **50a** 52
- Bemessungsgrundlage **50a** 10, 32
- besondere Anordnung **50a** 50
- Einkunftsart **50a** 22
- Emissionshandel **50a** 25
- Entlassungsabfindung **50a** 33
- Erlass
  - Pauschalierung **50** 45
- Erstattung **50** 33
- Erstattungsbescheinigung **50a** 43
- fingierte unbeschränkte Steuerpflicht **1** 39
- Freistellungsbescheinigung **50a** 56; **50d** 25
- Gemeinschaftsrecht **50** 5; **50a** 1
- Gesamthandsgemeinschaft **45b** 5
- gewerbliche Einkünfte **50a** 18

2021

- Gleichheitssatz **50a** 1
- Haftung **50a** 56
- hälftige Abstandsnahme **44a** 34
- Investmentfonds **43** 10
- Kapitalertragsteuer **43** 1; **43a** 2
  - Zufluss **44** 10
- Know-how **50a** 28
- körperschaftsteuerbefreite Körperschaft **44a** 15
- Künstler **50a** 20
- Mitteilung an das Bundeszentralamt für Steuern **45d** 1
- Nachforderungsbescheid **50a** 55
- negative Einkünfte **2a** 15
- negative Einnahmen **43a** 10
- Nettoprinzip **50a** 32
- Nutzungsvergütung **50a** 25
- Rechtsbehelfe **50a** 46
- Rechtsverordnung **51** 29
- Reisekosten **50a** 33
- s. auch Kapitalertragsteuer **43** 72
- Selbstständige **49** 84
- Sicherungseinbehalt **50a** 50
- sonstige Einkünfte **49** 156
- Steuerbescheid
  - Haftungsbescheid **50d** 8
- Steuersatz **50a** 35, 51
- treaty overriding **50d** 1
- Umsatzsteuer **50a** 32
- Verfahren **34c** 55
- Vergütungsschuldner **50a** 39
- Vermietung und Verpachtung **49** 141
- Verpflegungsmehraufwand **50a** 33
- Wahlrecht **34c** 47
- Werklohnanspruch **48** 31
- Zeitpunkt **50a** 51
- Zufluss **50a** 37

Steueranmeldung
- Aussetzung der Vollziehung **50a** 46
- Bauabzugsteuer **48a** 5
- Haftung **50a** 38
- Rechtsbehelfe **48a** 25; **50a** 46
- Zeitpunkt **50a** 38

Steueranrechnung *s. a. Anrechnung*
- Gemeinschaftsrecht **34c** 39
- Gewinnermittlung **34c** 21
- Wahlrecht **34c** 47

Steueraufkommen
- Verteilung **Einl** 3

Steuerbeamte
- Studium **10** 28

Steuerbefreiung **3c** 21; **19a** 2
- ausländische Einkünfte **3c** 23
- beschränkte Steuerpflicht **50** 11
- Beteiligungshöchstbetrag **19a** 27
- Halbeinkünfteverfahren **3c** 34
- rückwirkender Wegfall/REIT-AG **3** 236
- Sachbezüge **19a** 7

Steuerbegünstigung **Einl** 20
- Land- und Forstwirtschaft **13** 71
- negative Ergänzungsbilanz **15** 334
- Parlamentsvorbehalt **51** 6
- politische Partei **34g** 1
- Veräußerungs-/Aufgabegewinn **14** 18; **16** 10

Steuerberater
- Direktversicherung **4b** 6

Steuerberaterkammer
- Mitgliedsbeiträge **19** 150

Steuerberatungskosten **19** 160
- beschränkte Steuerpflicht
  - Gemeinschaftsrecht **50** 7
- Sonderausgaben **10** 26
- Steuerfachliteratur **10** 26
- Strafverteidigerkosten **10** 26
- Unfallkosten **10** 26

Steuerbescheinigung **45a** 11

Steuerbilanz
- atypisch stille Gesellschaft **15** 232
- Bewertung
  - Mitunternehmeranteil **15** 340
- Bilanzierungshilfe **5** 37
- Einlage **15** 305
- Ergänzungsbilanz **15** 336
- Gesellschafter
  - Zebragesellschaft **15** 473
- Gewinnverteilung **15** 380
- Handelsbilanz **5** 10, 31
- Passivierungsverbot **5** 120
- Sondervergütungen **15** 302
- Umwandlung
  - Wahlrecht **15** 345
- verdeckte Einlage **15** 373
- Wechsel der Gewinnermittlungsart **5a** 48
- Zurechnung **4** 73

Steuerentstrickung **4** 30a; *s. a. Entstrickung*

Steuererklärung **25** 2
- Bilanzberichtigung **4** 237
- Gesellschafter **15** 365
- Jahresbescheinigung **24c** 1
- Lohnsteueranmeldung **41a** 2
- Rückstellung **5** 165
- Zusammenveranlagung **26b** 40

Steuererklärungspflicht **Einl** 47
- Rechtsverordnung **51** 21

Steuererlass *s. Erlass*

Steuerermäßigung
- Billigkeitsweg **34b** 5
- Holznutzung **34b** 1
- Veräußerungsgewinn **16** 72

Steuererstattung
- negativer Arbeitslohn **39b** 17
- Zusammenveranlagung **26b** 35

Steuerfahndung
- Spendenbescheinigung **10b** 32

Steuerhehlerei
- Lohnsteuerhaftung **42d** 63

Steuerhinterziehung
- Ehegatte **26b** 50
- Lohnsteuerhaftung **42d** 63

Steuerklassen
- Nichtvorlage der Lohnsteuerkarte **39c** 3

Steuerklausel **Einl** 79

Steuerliche Nebenleistungen **12** 28

Steuerliches EBITDA *s. EBITDA*

Steuern
- Werbungskosten **20** 480

Steuerordnungswidrigkeit
– Altersvorsorgezulage **96** 1
– Identifikationsnummer **50f** 1
Steuerpause
– Umstellung des Wirtschaftsjahres **4a** 9
Steuersatz Einl 74
– Abzugssteuer **50a** 34
– Gemeinschaftsrecht **50a** 36, 46
– gestaffelt **50a** 35
– Kapitalertragsteuer **43a** 25
– Pauschalierung **37b** 30
– Steuerabzug **50a** 35
– Veräußerungsgewinn **20** 505
– Zeitpunkt **50a** 35
Steuerschulden
– Abzinsung
 – Rückstellung **6** 157
– Privatvermögen **15** 355
– Verbindlichkeitsrückstellung **5** 165
Steuersparmodell 2a 65; **7g** 25
– Container-Vermietung **23** 25
– Steuerstundungsmodell **15b** 7
Steuerstrafverfahren
– Altersvorsorgezulage **96** 1
– Steuerberatungskosten **10** 26
Steuerstundung
– Veräußerungsgewinn **17** 30
Steuerstundungsmodell 21 130
– alleiniger Anleger **15b** 40
– Anfangsphase **15b** 54
– Baudenkmal/Sanierungsgebiet **15b** 43
– Bauherrenmodell **15b** 45
– Begriff **15b** 3
– beschränkter Verlustvortrag **15b** 2
– Beteiligung **15b** 21
– Betriebsstättenfinanzamt **15b** 57
– CapitalVenture/Private Equity Fonds **15b** 48
– Eigenkapital **15b** 37, 55
– Einkünfteermittlungsart **15b** 50
– Einkunftsart **15b** 23
– Einkunftsquelle **15b** 22
– Feststellungsbescheid **15b** 56
– Filmherstellung **15b** 21
– Fonds **15b** 14
– Fondskonstruktion **15b** 46a
– fremdfinanzierte Einmalzahlung **15b** 42
– Gemeinschaft
 – Gesellschaft **15b** 5
– geschlossene Fonds **15b** 14, 24; **21** 140
– Gesellschaftsvertrag **15b** 37, 39
– gesonderte Verlustfeststellung **15b** 56
– gewerbliche Verluste **15b** 12
– GmbH & Co KG **15b** 41
– horizontales/vertikales Verlustausgleichsverbot **15b** 6
– Initiatoren **15b** 38
– Kapitaleinkünfte **15b** 12, 48
– Kommanditist **15b** 28
– Körperschaft **15b** 13
– Lebens-/Rentenversicherung **15b** 42
– mehrfaches Gebrauchmachen **15b** 42
– Mitunternehmerschaft **15b** 24, 30
– modellhafte Gestaltung **15b** 39
– negative Einkünfte **15b** 49

– Nichtaufgriffsgrenze **15b** 53; **21** 142
– Obergesellschaft **15b** 21
– Prognose **15b** 46
– Rechtsform **15b** 36
– Rückwirkung **15b** 15
– Sonderbetriebsvermögen **15b** 24
– steuerlicher Vorteil **15b** 46
– Treuhandkonstruktion **15b** 37
– unbeschränkte Steuerpflicht **15b** 13
– Verfassungsmäßigkeit **15b** 7, 52
 – Vertrauensschutz **15b** 15
– Verlust aus Landwirtschaft **15b** 12
– Verlust aus selbstständiger Arbeit **15b** 12
– Verlustausgleichs-/abzugsverbot **15b** 1
– Verlustprognose **15b** 4
– Verlustrücktrag **15b** 2, 20
– Verlustverrechnung **15b** 7, 17
– Verlustzuweisungsgesellschaft **15b** 16
– Vermarktung **15b** 47
– Vermietung und Verpachtung **15b** 12
– Vermögensverwaltung **15b** 24, 46a
– vorgefertigtes Konzept **15b** 37
– vorgefertigtes Modell **15b** 43
– vorrangiger Verrechnungskreis **15b** 26
– wiederkehrende Bezüge **15b** 12
– Zebragesellschaft **15b** 24
– zeitlicher Anwendungsbereich **15b** 14
Steuersubvention Einl 18, 26
– Rechtsverordnung **51** 31
– Überschussprognose **21** 26
Steuerumgehung s. a. Gestaltungsmissbrauch
– Steuerstundungsmodell **15b** 55
Steuervergünstigung
– Gesellschafterwechsel **15** 379
– Überschussprognose **21** 26
Steuerverkürzung
– Lohnsteuerhaftung **42d** 20
Steuerzinsen
– Einkommensteuer **36** 3, 33
Steursparmodell
– Wertpapierleihgeschäft **3c** 59
Stichprobe
– eigenverantwortliche Tätigkeit **18** 142
Stichtagsprinzip 4d 21; **5** 43; **6** 19
– Begriff **5** 48
– Einkommensteuergesetz **52** 12
– Pensionsrückstellung **6a** 39, 44
Stiefkind 33 57; **63** 2
– Ausbildungsfreibetrag **33a** 56
– Haushaltshilfe **33a** 73
– Kinderbetreuungskosten **4f** 22
– Kindergeld **31** 7
– Kindergeldhöhe **66** 1
– Übertragung des Hinterbliebenen-Pauschbetrags **33b** 15
– Übertragung des Kinderfreibetrags **32** 35
Stiftung 20 110; **44a** 33
– Ausland **10b** 28
 – Spenden **10b** 28a
– Begriff **10b** 52
– Betriebsaufspaltung **15** 84
– Ehegatten **10b** 57
– Gemeinnützigkeit **10b** 63
– Kunstgegenstand **6** 163

- Neugründung **10b** 61
- politische Partei **10b** 70
- Rechtsform **15** 135
- Sonderausgaben **10b** 1, 50
- Spende **10b** 18, 50
- Spenden **10b** 51, 55
- Spenden in den Vermögensstock **10b** 54
- Spendenbescheinigung **10b** 34
- Spendenempfänger **10b** 25
- Vermögensstock **10b** 56
- Zuwendungen **10b** 60; **22** 7

Stiftung & Co KG
- Rechtsform **15** 135

Stiftungs-GmbH **10b** 53

Stiftungs-Verein **10b** 53

Stille Beteiligung
- Verlustausgleichsbeschränkung **20** 430

Stille Gesellschaft **11** 65; **15** 211; **17** 42; **19a** 23; **49** 112
- Abfindung **20** 188; **24** 17, 26
- Abgeltungsteuer **32d** 16
- Angehörige **20** 175
- Auseinandersetzung **20** 187
- Begriff **15** 222
- Betriebsvermögen **15** 100
- Bilanzierung **5** 165
- einheitliche und gesonderte Feststellung **15** 234
- Einkunftsart **15** 224
- Einlage als Eigenkapital **15** 232
- Feststellungsbescheid
  - Verlustausgleich **20** 206
- gemischte Tätigkeit **15** 68
- Gesellschaftsvermögen **16** 201
- Gewerbesteuer **15** 234
- gewerbliche Prägung **15** 135
- gewerbliches Unternehmen **15** 231
- Gewinnbeteiligung **20** 142
- Kapitaleinkünfte **20** 161, 186
- Kapitalertragsteuer **43** 17
- Kapitalgesellschaft **20** 180
- Mindestverzinsung **20** 186
- Mitunternehmer **15** 620; **15a** 314; **20** 166
- nahe Angehörige **13** 75
- negatives Einlagekonto **20** 204
- Nutzungsvergütungen **15** 398
- partiarisches Rechtsverhältnis **20** 167
- Pauschalbesteuerung **5a** 37
- Personengesellschaft **20** 199
- persönliche Haftung **15** 137
- Rückzahlung der Einlage **20** 206
- Schenkung **15** 258
- Unterbeteiligung **3c** 83
- Veräußerung **20** 188, 765
- Verbindlichkeiten **15** 334
- Verlust **2a** 41
- Verlustanteil **11** 65
- Verlustausgleich **15a** 315
- Verlustausgleichsverbot **15** 619; **20** 198, 205, 206
- Vermögenseinlage **20** 142
- Werbungskosten **20** 189
- Zinsen **50g** 9
- Zufluss **20** 186

Stille Reserven **17** 116
- Anteilsveräußerung **6b** 36
- atypisch stille Gesellschaft **15** 226
- Ausgleichsposten **4g** 2
- Ausland
  - Betriebsverlegung **16** 315
- Ausscheiden gegen Sachabfindung **16** 132
- beschränkte Steuerpflicht **49** 62
- Betriebsaufspaltung **15** 95, 110
- Betriebseinnahmen **4** 251
- Betriebsveräußerung **16** 56
- BGB-Gesellschaft **15** 136
- Binnenschiff **6b** 6
- Buchwertfortführung **15** 454; **16** 18
- Ehegatten **6b** 21
- Einbringung **15** 465; **17** 27
  - Gesellschaftsanteil **16** 212
- Einbringung teils auf eigene/fremde Rechnung **16** 36
- einbringungsgeborene Anteile **17** 27
  - Europäische Union **3** 135
- Einlage **7** 89; **17** 127
- Einlage von Anteilen **6** 171a
- Einnahme-Überschuss-Rechnung **6c** 2
- Ende der Betriebsaufspaltung **15** 113
- Entnahme **4** 94, 97
- Entstrickung **4** 106b; **4g** 1; **16** 315a
- Erbauseinandersetzung **16** 118
- Ergänzungsbilanz **6** 188c
- Gemeinschaftsrecht **17** 191
- Gesamthandsvermögen **6** 188a
- Gewerbesteuer **4** 96
- gewillkürtes Sonderbetriebsvermögen **15** 407
- Gewinnrealisierung **4** 30
- Halbeinkünfteverfahren **3** 121
- interpersonelle Verlagerung **16** 15
- Kind **15** 260
- Konzern **4h** 77
- Land- und Forstwirtschaft **14** 1
- mehrjährige Tätigkeit **34** 41
- Mischnachlass **16** 126
- Mitunternehmerrisiko **15** 246
- Mitunternehmerschaft **15** 457
- negative Ergänzungsbilanz **15** 451
- Nießbrauch **15** 241
- Nutzungsentnahme **6** 161
- OECD-Musterabkommen **16** 315d
- Personenidentität **6b** 21
- Realteilung **6** 181b; **16** 345
  - Teilbetrieb **16** 349
- Reinvestitionsobjekt **6b** 1
- REIT-AG/Vor-REIT **3c** 72
- REIT-Status **3c** 80
- Rückführung **4g** 15
- rückwirkende Aufdeckung **16** 19
- Sachwertabfindung **16** 335
- Sitzverlegung **15** 171; **17** 320; **49** 55
- spätere Realteilung **16** 122
- Sperrfrist **6** 188c
- Spitzenausgleich **16** 125
- Strukturwandel **13** 68
- Tausch **5** 158
- Teilbetriebsveräußerung **16** 71
- teilentgeltliche Übertragung **15** 449
- Teilwertabschreibung **6** 107

- Totalgewinnprognose **13** 29
- Überführung von Wirtschaftsgütern **6** 186
- unentgeltliche Betriebsübertragung **16** 96
- unentgeltliche Übertragung **6** 181
- Veräußerung des Mitunternehmeranteils
  - Realteilung **16** 131
- Veräußerung durch Personengesellschaft **16** 59
- Veräußerung von Anteilen **17** 1
- Veräußerungsgewinn **34** 16, 25
- Verbrauchsfolgeverfahren **6** 117
- Verlustausgleichsbeschränkung **15a** 162
- Vorsichtsprinzip **5** 49
- Wahlrecht **17** 125
- Wechsel der Gewinnermittlungsart **5a** 44
- Wechsel in REIT-Status **3** 231
- wesentliche Beteiligung
  - Einlage **6** 171
- wesentliche Betriebsgrundlagen **16** 310
- Zeitpunkt **16** 6
- § 6b-Rücklage **6b** 1

Stillhalteabkommen **17** 224

Stillhalteprämie
- Kapitalertragsteuer **43** 64

Stillhalterprämie **20** 635, 687, 714
- Glattstellungsgeschäft **20** 722
- Optionsgeschäft **20** 718

Stilllegung
- Absetzung für Abnutzung **7** 52
- Rückstellung **5** 166; **6** 153

Stimmrecht
- Anteilsveräußerung
  - Formmangel **17** 60
- Kapitalbeteiligung **17** 40
- stimmrechtlose Anteile **17** 49

Stimmrechtsbindungsvertrag
- Betriebsaufspaltung **15** 91

Stimmrechtsmehrheit
- Betriebsaufspaltung **15** 91

Stimmrechtsverbot
- Betriebsaufspaltung **15** 90

Stimmrechtsvollmacht **17** 43

Stipendium **3** 151; **3c** 83; **10** 27
- doppelte Haushaltführung **3c** 83
- Spenden **10b** 22

Stock Options **19** 150
- Lohnsteuerhaftung **42d** 22

STOXX
- Index-Anleihe **20** 322

Strafbesteuerung
- Investmentfonds **20** 144

Strafgefangene **19** 100

Strafprozess
- Geldstrafe **12** 29

Strafverfahren **45d** 1
- Spende **10b** 16

Strafverteidigungskosten **4** 252; **19** 160
- Kind **33** 100

Straßenanliegerbeiträge
- Werbungskosten **9** 140

Straßenbenutzungsgebühren
- Entfernungspauschale **9** 381

Straßenreinigungsgebühren
- Werbungskosten **9** 140

Straßenverkehrslärm
- Lärmschutzwand **33** 100

Streikgeld **19** 150
- Arbeitslohn **19** 64

Streikunterstützung **22** 35; **24** 17

Streubesitzaktionär **17** 1
- Dividende
  - Gewerbesteuer **3c** 83

Strohmann
- Geschäftsführer
  - Lohnsteuerhaftung **42d** 55
- Gewerbebetrieb **15** 31, 151

Stromableser **19** 100

Stromanschlussbeiträge
- Anschaffungskosten **9** 140

Strukturverbesserung
- Bescheinigung **14a** 4
- Betriebsausgaben **14a** 4

Strukturwandel **4** 92
- Betriebsaufgabe **16** 303, 313
- Gewerbebetrieb **13** 68
- Gewinnerzielungsabsicht **15** 45
- Liebhaberei **16** 313

Stückzinsen **20** 370, 405; **43a** 17
- negative Einnahmen **20** 373, 516, 784
- Veräußerer
  - Erwerber **20** 373
- Vereinnahmung **20** 784
- Verlustverrechnungstopf **43a** 64

Studentenwerk
- Kindergeld **72** 2

Studienbeihilfe **3** 151

Studienfahrt **12** 18, 20

Studiengebühren
- private Fachhochschule **33** 100

Studium **4** 252; **12** 26; **19** 100
- Ausland **10** 37
- Berufsausbildung **10** 33
- doppelte Haushaltführung **3c** 83
- Kind **63** 2
- Kinderbetreuungskosten **4f** 25
- vorweggenommene Betriebsausgaben **4** 252
- Werbungskosten **10** 28
- Zivildienst **32** 11

Stufenzinsanleihe
- Step-up-Anleihe **20** 318

Stuhl
- Arbeitsmittel **9** 327

Stundungszinsen **11** 65; **12** 28
- Kirchensteuer **10** 25

Sturmschaden **33** 33

Sturmschadenversicherung
- Werbungskosten **9** 140

Stuttgarter Modell
- Gestaltungsmissbrauch **21** 36

Stuttgarter Verfahren
- Anteilsbewertung **6** 135

Subject-to-tax-Klausel **2a** 72; **49** 8; **50d** 57
- DBA **34c** 15

Substanzausbeuteverträge **21** 8
- Bilanzierung **5** 165
- Land- und Forstwirtschaft **15** 57

2025

Substanzbesteuerung
- Zinsschranke **4h** 7

Substanzbetrieb
- Nebenbetrieb **13** 19

Substanzerhaltung
- Aufwendungen **8** 14
- Ersatzbeschaffung **13** 38
- Pächter **5** 161
- Verpachtung **13** 37

Substanzerhaltungsanspruch
- Pachtvertrag **5** 165

Substanzschaden
- Nutzungsdauer **6** 54

Substanzverringerung
- Einnahme-Überschuss-Rechnung **4** 120

Substanzverzehr
- Absetzung **7** 195

Subunternehmer 18 150
- Bauabzugsteuer **48** 7, 30
- Betriebsstätte **2a** 25

Subventionen Einl 65

Sucht
- Gruppentherapie **33** 100

Sukzessivlieferungsvertrag
- Abfindung **24** 16

Supervision
- Lehrer **12** 15

Surfbrett
- Arbeitsmittel **9** 327

SWAPS 23 10
- Devisen **6d** 21
- Verlust **15** 609

Switch over-Klausel 49 8; **50d** 62

Synchronsprecher 19 100

Syndikus 19 100

Systemberechtigung 3 3

Systemsoftware-Entwickler 18 134

Tabaksteuer
- Aktivierung **5** 149

Tafelgeschäft 43a 17; **44a** 30; **49** 129
- ausländische Investmentanteile **49** 112
- Verlustverrechnungstopf **43a** 76
- Zinsabschlag **43a** 2

Tagegeld 24 16
- Ehrenamt **22** 34
- EU-Beamter **32b** 21

Tagesmutter 18 151; **35a** 7
- Kinderbetreuungskosten **4f** 12

Tageszeitung 19 150
- Abzugsverbot **4** 252
- Fachliteratur **9** 327
- Gesellschafter **15** 365
- Lehrer **12** 26
- Werbungskosten **20** 480

Tankstellenverwalter 19 100

Tantieme 34 51
- Abfindung für Verzicht **24** 26
- Ehegatten **4** 252
- Rückstellung **5** 166
- sonstige Bezüge **38a** 5

- Verbindlichkeitsrückstellung **5** 165
- verdeckte Gewinnausschüttung **20** 73

Tanzkurs
- Kinderbetreuungskosten **4f** 15

Tarif 2 16, 150; **32a** 3
- Rechtsverordnung **51** 50
- Veräußerungsgewinn **34a** 20
- Verfassungsmäßigkeit **32a** 3

Tarifabzug
- Begrenzung **34g** 37

Tarifbegrenzung 2 150a; **32c** 1
- Aufhebung **32c** 3
- außerordentliche Einkünfte **34** 97
- Betriebsaufspaltung **15** 104
- gewerbliche Einkünfte **26a** 22
- Progressionsvorbehalt **32c** 32
- Splitting **32c** 27
- Verfassungsmäßigkeit **32c** 3
- Zeitpunkt **35** 6
- Zusammenveranlagung **32c** 27

Tarifbegünstigung 3c 83
- Abschlagszahlung **34** 47
- Altersgrenze **34** 74
- Anteilsveräußerung **6** 182a; **34** 28
- Antrag **34** 90
- außerordentliche Einkünfte **34** 1, 10
- außerordentliche Holznutzung **34** 55
- begünstigungsfähige Einkünfte **34** 56
- Berechnung **34** 60, 81
- Berufsunfähigkeit **34** 74
- beschränkte Steuerpflicht **34** 5
- Bruchteilsveräußerung **34** 28
- Bundesschatzbrief Typ B **34** 41
- Ehegatten **34** 73
- einmaliger Anspruch **34** 75
- Erbe **34** 5
- Firmenjubiläum **34** 51
- Freibetrag
  - Veräußerungsgewinn **34** 30
- Gewinnrealisierung **34b** 8
- Halbeinkünfteverfahren **3** 123
- Holznutzung **34b** 1
- mehrjährige Tätigkeit **34** 40
- Mindestbesteuerung **34** 58, 82
- nicht entnommener Gewinn **34a** 1
- Nutzungsvergütung **34** 38
- personenbezogene **34** 73
- Personengesellschaft **34** 91
- Praxisveräußerung **18** 164
- Progressionsvorbehalt **34** 62
- Realteilung **34** 28
- Rückwirkung **34** 4
- Steuerplanung **34** 95
- Tarifbegrenzung **34** 97
- Teilbetriebsveräußerung **34** 28
- Übergangsregelung **34** 4
- Veräußerungsgewinn **34** 25
- Verfassungsmäßigkeit **34** 4
- Verrechnung **2a** 72
- Wahlrecht **34** 78
- § 6b-Rücklage **34** 30

Tarifermäßigung
- abweichendes Wirtschaftsjahr **35** 6
- Altersgrenze **34** 74

- Fünftelregelung **34** 98
- Gewerbesteuer-Anrechnung **35** 18
- gewerblicher Grundstückshandel **15** 128
- mehrstöckige Personengesellschaft **35** 6
- Organschaft **34** 91
- Zebragesellschaft **35** 8

Taschengeld
- Kind **32** 15

Taschenrechner
- Arbeitsmittel **9** 327

Tätigkeitsmittelpunkt
- Arbeitszimmer **4** 199

Tätigkeitsvergütung
- Gesellschafter **19** 100
- Sonderbetriebsausgaben **15a** 271

Tausch 23 11
- Anschaffungskosten **17** 206
- Anteil **5** 158
- Anteilsübertragung **17** 30
- Anteilsveräußerung **6b** 36
- Bauabzugssteuer **48** 24
- Beteiligung **16** 70
- Einbringung **16** 17, 26
- gemeiner Wert **5** 157
- Gewinnrealisierung **4** 30a; **5** 157
- Gewinnverwirklichung **6** 190
- Mitunternehmeranteil **16** 340
- Sachleistung **48** 24
- Veräußerungspreis **6b** 10; **16** 85; **17** 185
- verdeckte Einlage **6** 191; **16** 23

Tauschähnliche Vorgänge
- Nutzungseinlage **15** 374
- Sacheinlage **6** 190

Tauschgutachten 5 158; **6** 190; **16** 70; **17** 105

Taxi
- Behinderte **33** 100
- Entfernungspauschale **9** 382

Teambildungsmaßnahme
- Arbeitgeber **19** 150

Technische Nutzungsdauer
- Anlagevermögen **6** 21

Technischer Fortschritt
- Teilwertabschreibung **6** 108

Technischer Redakteur 18 134
- Freiberufler **18** 134

Technischer Verbrauch
- Nutzungsdauer **7** 68

Teichwirtschaft 13 12

Teilanteilsübertragung
- Gesamthandsvermögen **6** 182a

Teilanteilsveräußerung
- Rechtsanwaltssozietät **34** 29

Teilarbeitslosengeld 3 22

Teilauseinandersetzung
- Entnahme **16** 128
- Miterbe **16** 128
- Mitunternehmer **16** 128
- Realteilung **16** 128
- Spitzenausgleich **16** 127
- Zuweisung von Einzelwirtschaftsgütern **16** 128

Teilbetrieb
- 100%ige Beteiligung an Kapitalgesellschaft **16** 99
- Anlagevermögen **16** 62

- Anteil an Körperschaft **16** 347a
- Aufgabegewinn **16** 502
- Begriff **16** 62
- Beteiligung **16** 69
- Betriebsaufspaltung **16** 67
- Betriebsverpachtung **16** 323
- Buchwertfortführung **15** 327
- Einbringung **16** 20, 28
  - Halbeinkünfteverfahren **3** 138
- Einzelfälle **16** 64
- Erbauseinandersetzung **16** 117
- Filialbetrieb **16** 63
- Forstwirtschaft
  - Veräußerung **14** 4
- Gesamtbild der Verhältnisse **16** 63
- Geschäftswert **16** 62
- Gewerbebetrieb **16** 61
- Grundstück **16** 68
- Kundenstamm **16** 62
- Land- und Forstwirtschaft **14** 3
- Mischnachlass **16** 121
- nicht entnommener Gewinn **34a** 24
- Realteilung **16** 2, 340, 346
- Sachabfindung **16** 132
- Sachwertabfindung **16** 338
- Schuldübernahme **16** 338
- Sonderbetriebsvermögen **15** 452
- Umwandlung **16** 16
- unentgeltliche Übertragung **6** 181
- Veräußerungsgewinn **16** 1
- verneint **16** 65
- Versorgungsleistungen **16** 140
- wesentliche Betriebsgrundlagen **16** 67, 348
- Zeitpunkt **16** 66

Teilbetriebsaufgabe
- Veräußerungsgewinn **16** 316

Teilbetriebsveräußerung 14 6; **16** 60
- Auflösung
  - Liquidation **16** 72
  - Reinvestitionsrücklage **6b** 31
- Betriebsveräußerung **6b** 8
- Halbeinkünfteverfahren **16** 72
- Holznutzung **34b** 3
- Kapitalherabsetzung **16** 72
- Tarifbegünstigung **34** 28

Teilbetriebsverpachtung 13 33

Teileigentum
- Spekulationsgeschäft **23** 5

Teileinkünfteverfahren 2 150a; **2a** 39; **3** 4; **15** 611; **17** 1, 20, 187, 247, 284, 308, 320; **35** 14; **51a** 2; **52** 15
- Anteilsveräußerung **3** 139e
- Beteiligung im Betriebsvermögen **20** 659, 671
- Beteiligung in Betriebsvermögen **20** 546
- betriebliche Einkünfte **3** 139a
- Gewinnrealisierung aus Anteilen an Körperschaften **3** 139a
- Halbeinkünfteverfahren **3** 139
- Kapitaleinkünfte **Einl** 14
- Kapitaleinkünfte im betrieblichen Bereich **3** 139e
- Option **20** 560, 668, 899
- Thesaurierungsbegünstigung **34a** 21, 23
- Veranlagungsoption **20** 607
- Veräußerungsgewinn **20** 893
- wesentliche Beteiligung **20** 728

Teilentgeltliche Betriebsübertragung 14 7
– Buchwertfortführung **16** 137
– Einheitstheorie **16** 137
– vorweggenommene Erbfolge **16** 139
Teilentgeltliche Erbbaurechtsbestellung
– gewillkürtes Betriebsvermögen **13** 53
Teilentgeltliche Übertragung 6b 9
– Anschaffung **23** 11
– Dividendenschein **20** 135
– Einheitstheorie **15** 449
– Kaufpreis **6** 188b
– private Versorgungsrente **22** 10
– Spitzenausgleich **16** 123
– Teilwert **15** 449
– Veräußerung **6b** 7
– Vorbesitzzeit **6b** 17
– vorweggenommene Erbfolge **14** 10
Teilentgeltlicher Erwerb 17 93
– Rechtsnachfolger
 – Wahlrecht **13** 36
Teilerbauseinandersetzung 16 238
Teilfertigstellung
– erhöhte Absetzungen **7c** 5
Teilherstellungskosten
– Abschreibungsvergünstigungen **7a** 18
– Begriff **7a** 19
– Bewertungsfreiheit **7f** 10
– erhöhte Absetzungen **7c** 12; **7i** 4
– erhöhte Gebäudeabsetzungen **7h** 3
– Reinvestitionsgüter **6b** 28
Teilkindergeld 65 6
– Verfassungsmäßigkeit **65** 6
Teilkostenmodell 3 43
Teilleistungen
– Mindestbesteuerung
 – Verlustvortrag **5** 84
– Teilgewinnrealisierung **5** 84
Teilliquidation
– Einziehung von Aktien **17** 141
Teilnachfolgeklausel
– Erbe **16** 254
Teilpraxisaufgabe 18 175
Teilpraxisveräußerung 18 168; **34** 29
Teilschuldverschreibung
– Kapitalertragsteuer **43** 15
Teilungsanordnung
– Gewerbebetrieb **16** 111
– Mitunternehmer **16** 248
– Rückwirkungsverbot **16** 111
Teilungsversteigerung
– Bargebotszinsen **24** 80
Teilweise unentgeltliche Überlassung
– Wohnung **21** 151
Teilweise unentgeltlicher Erwerb
– Gebäude
 – Herstellungskosten **6** 52
Teilwert
– anschaffungsähnlicher Vorgang **6** 35
– Anteil einer Kapitalgesellschaft **15** 464
– Anteilsübertragung **6** 186a
– Anteilsveräußerung **3** 119
– Aufteilung der Anschaffungskosten **6** 47
– Barwert **6a** 31

– Beendigung des Dienstverhältnisses **6a** 35
– Begriff **6** 83
– Beschaffungsmarkt **6** 91
– Bewertungsstichtag **6** 87
– Bodenschatz **7** 205
– Bodenschätze **5** 165
– Darlehen **17** 221
– Durchschnittsbewertung **6** 116
– Einbringung **4** 126; **6** 83; **15** 448; **17** 330
 – Mitunternehmeranteil **16** 39
– Einlage **4** 106; **6** 165, 168; **15** 371; **17** 127
 – bei Betriebseröffnung **6** 173
 – entnommener Wirtschaftsgüter **6** 171
 – wesentlicher Beteiligungen **6** 171
– entgeltlicher Betriebserwerb **6** 174
– Entnahme **4** 95; **6** 160; **13** 57; **15** 451
– Ermessen **6** 94
– Fehlmaßnahme **6** 88
– Gebäudeentnahme **14a** 3
– gemeiner Wert **6** 7
 – Einzelveräußerungspreis **6** 94
– Gesamthandsvermögen **6** 188c
– gesellschaftsrechtliche Entnahme **15** 460
– gewerblicher Grundstückshandel **15** 128
– going-concern-Prinzip **6** 90
– Grund und Boden **13** 61; **55** 1
– Grundstück **55** 16
– Gutachten **6** 133
– Handelsrecht
 – Anschaffungs-/Herstellungskosten **6** 26
– Holz **13** 65
– immaterielle Wirtschaftsgüter **5** 71
– Material-/Schrottwert **6** 95
– Neugründung **16** 313
– Nutzungsentnahme
 – Wohnung **6** 161
– offene Einlage aus Privatvermögen **15** 457
– Pensionsanwartschaft **6a** 35
– Pensionsrückstellung **6a** 11, 26
– Praxiswert **18** 28
– Realteilung **16** 342
– Rücklagenbildung **52** 3
– Sacheinlage **15** 107
– Sachspende **10b** 82
– Saldierungsverbot **6** 89
– Schätzung **6** 94
– siebenjährige Behaltensfrist **15** 454
– siebenjährige Rückwirkung **15** 465
– Skonti
 – Rabatte **6** 137
– teilentgeltliche Übertragung **6b** 9; **15** 449
– unentgeltliche Vereinnahmung eines Wirtschaftsguts **6** 181
– Veräußerungsgewinn **49** 64
– Verbindlichkeiten **5** 118; **6** 146
– verdeckte Einlage **6** 167; **15** 373, 465; **16** 23
– verdeckte Sacheinlage **15** 108
– Verkehrswert **6** 8, 94
– Verlustausschluss **55** 19
– Verlustprodukte **6** 99
– Vorratsvermögen **6** 96
– Wahlrecht **6** 107
– Wiederbeschaffungskosten **6** 94
– Zuckerrübenlieferrecht **55** 6
– Zusagezeitpunkt **6a** 33

Teilwertabschreibung 2a 45, 47, 49; 3c 51; 17 222
– Absetzung für Abnutzung 7 48
– Absetzung für außergewöhnliche Abnutzung 7 160
– Abzugsausschluss 2a 30
– AfA vom Restwert 7 65
– Altlasten 6 133
– Anlaufverlust 6 134
– Anteilsveräußerung 17 20, 172
– ausländische Anteile 2a 2
– ausschüttungsbedingte 2a 31
– Beteiligung 6 134; 34c 21
– Betriebsaufspaltung 15 104
– Betriebsgebäude 6 124
– Betriebsgrundstück 6 133
– Bilanzstichtag 6 87
– Darlehen 6 140
– dauernde Wertminderung 6 108
– Drohverlustrückstellung 5 145; 6 107
– eigene Anteile 6 134
– fehlende Rentabilität 6 89
– Fehlmaßnahme 6 97
– Festbewertung 6 113
– Feststellungslast 6 110
– Forderungsausfall 15 403
– Forderungsverzicht 15 404
– Geschäftswert 6 126, 127
– Grund und Boden 13 61
– Halbeinkünfteverfahren 3 119
– kapitalersetzende Darlehen 5 165; 17 223
– Maßgeblichkeitsgrundsatz 6 107
– Milchreferenzmenge 13 60
– Mitunternehmer 15 315
– Nachholung 6 109
– nachträgliche Anschaffungskosten 6 135
– Organschaft 3c 57
– REIT-AG 3 235
– Restnutzungsdauer 6 108
– Sammelposten 6 179
– stille Beteiligung 5 165
– technischer Fortschritt 6 108
– Überschusseinkünfte 6 107
– unentgeltliche Darlehensgewährung 15 429
– Vorsteuerabzug 9b 32
– Zebragesellschaft 15 472
– Zeitpunkt 6 19
Teilwertvermutung 6 83
– Anlagevermögen
  – Einlage 6 169
– Beteiligung 6 134
– Darlegungs-/Feststellungslast 6 103
– Einlage bei Betriebseröffnung 6 173
– Forderungen 6 137
– Nachweis einer Fehlmaßnahme 6 104
– Verbindlichkeiten 6 146
– Widerlegung 6 101
Teilwertzuschreibung 2a 73
Teilzahlung
– Bauabzugsteuer 48 22
Teilzeitbeschäftigte
– Kinderbetreuungskosten 4f 25
– Lohnsteuer-Jahresausgleich 42b 3
– Lohnsteuerpauschalierung 40a 1

Telearbeit 19 100
– Arbeitszimmer 4 199
Telefax
– Einkommensteuererklärung 25 10
Telefon 12 25
– gemischte Aufwendungen 12 21
– gemischte Nutzung 12 6
Telefonhilfe 33a 31
Telefonkosten 20 480
– Betriebsausgaben 4 252
– doppelte Haushaltsführung 9 273, 310
Telekom AG
– Kindergeld 72 1
Telekommunikationsberater 18 134
Telekommunikationsgerät
– Arbeitnehmer
  – private Nutzung 3 153
– Arbeitsmittel 9 322
– Leistungsentnahme 6 161
Teleskop
– Lehrer 9 327
Tennisplatz 4 185
– Betriebssport 19 150
Teppich
– Arbeitsmittel 9 327
Teppichboden
– Erhaltungsaufwand 6 60b
Termingeschäft 15 129; 20 687, 759; 22 34; 23 10, 25
– Anwendungszeitpunkt 20 645
– Differenzausgleich 20 839
– gewillkürtes Betriebsvermögen 4 43
– Gewinnermittlung 23 18
– Jahresbescheinigung 24c 1
– Kapitalertragsteuer 43 68
– Kapitalertragsteuer-Bemessungsgrundlage 43a 38
– Kreditinstitut 15 610
– Privatvermögen 15 352
– Veräußerung 20 762, 842
– Verfassungsmäßigkeit 15 614
– Verlustausgleichsverbot 15 4, 601, 609; 15b 9
Territorialitätsprinzip
– beschränkte Steuerpflicht 1 1; 49 1
– Gemeinschaftsrecht 16 315
– Kindergeld 63 1
– negative Einkünfte 2a 3
– unbeschränkte Steuerpflicht 1 1
Testamentserrichtung 12 26
Testamentsvollstrecker 15 17; 18 153
– Arbeitgeber 19 66
– Lohnsteuerhaftung 42d 55
– Tarifbegünstigung 34 52
– Unternehmer 15 150
– wiederkehrendes Honorar 10 9
Testamentsvollstreckung
– treuhänderische 15 151
Testessen 12 22
Theater 10b 13
Thesaurierende Fonds
– Zuflussfiktion 22 41
Thesaurierungsbegünstigung 34 61; 35 5; 49 27; 52 15; s.a. Nicht entnommener Gewinn
– (un-)beschränkte Steuerpflicht 34a 50
– Abgeltungsteuer 34a 79

2029

- Anrechnungs-/Freistellungsmethode **34a** 50
- Anrechnungsvorschriften **34a** 20
- ausgeschlossene Gewinnteile **34a** 23
- ausländische Betriebsstätte **34a** 50
- Außenprüfung **34a** 87
- Betriebsvermögensvergleich **34a** 21
- DBA **34a** 50
- doppel(mehr)stöckige Mitunternehmerschaft **34a** 62
- Halb-/Teileinkünfteverfahren **34a** 23
- internationale Wettbewerbsfähigkeit **34a** 3
- Kirchensteuer **34a** 30
- Nachversteuerung **34a** 71
- nicht abzugsfähige Betriebsausgaben/steuerfreie Betriebseinnahmen **34a** 52
- Organschaft **34a** 63
- Progressionsvorbehalt **34a** 16
- Steuerermäßigungen **34a** 29
- Teileinkünfteverfahren **34a** 21
- Verlustabzug/-ausgleich **34a** 18
- Verlustausgleich/-abzug **34a** 87
- Verlustausgleichsverbot/-abzugsverbot **34a** 10
- Verlustrücktrag **34a** 18
- Verlustrücktrag/-vortrag **34a** 87

Tiefspeicher 21 12
Tierbestand 13 8
- Durchschnittssatzgewinnermittlung **13a** 2

Tiere 13 7
- Abschreibung **13** 58
- Arbeitsmittel **9** 327
- Einzel-/Gruppenbewertung **13** 58
- Umlaufvermögen **13** 58

Tierhaftpflichtversicherung 10 17
Tierhaltung 13 12
- Begriff **13** 7
- Mitgliedschaftsrecht **13** 72
- Verlustausgleich **13** 11, 12

Tierzucht 13 7, 12
- Begriff **13** 7
- Privatvermögen **15** 352
- Verlustausgleichsverbot **15** 600

Tilgungshypothek 20 231
Tilgungsstreckungsdarlehen
- Damnum **11** 65

Tochtergesellschaft
- ausländische Verluste **2a** 4
- Kapitalertragsteuer **43** 35
- Liquidation/Umwandlung **43b** 2
- stille Reserven **4g** 2
- Trinkgeld **3** 161
- unbeschränkte Steuerpflicht **43b** 2

Tod 33 51
- Altersvorsorgezulage **92a** 6; **93** 3
- Beihilfe **6a** 5
- Ehegatte **26** 40
  - Mitunternehmerschaft **13** 45
  - Wiederverheiratung **26** 44
- Erbe
  - Verlustabzug **10d** 10
- fortgesetzte Gütergemeinschaft **28** 1
- Gesellschafter **16** 233
- Mitunternehmer **16** 232
- Splitting **32a** 22

- unbeschränkte Steuerpflicht **1** 10
- unentgeltliche Betriebsübertragung **4** 230

Tonbandgerät
- Musiker **9** 327

Tonnagesteuer 5 4; **5a** 1; **35** 5
- Anrechnungsverfahren **35** 14
- Euroumrechnungsrücklage **6d** 4
- Gewerbesteuer **5a** 16
- Sondervergütungen **5a** 15, 37
- Vor-Verluste **5a** 15
- Wechsel der Gewinnermittlungsart **5a** 44
- § 15a **5a** 15

Torfstich
- Nebenbetrieb **13** 19

Torfvorkommen
- Absetzung für Substanzverringerung **7** 196

Totalentnahme
- Betriebsaufgabe **4** 92; **16** 8

Totalgewinn 2 49a
- Bilanzenzusammenhang **4** 231
- Einnahme-Überschuss-Rechnung **4** 108
- erhöhte Absetzungen
  - Sonderabschreibung **15** 40
- Gewinnerzielungsabsicht **15** 38
- Personengesellschaft **15** 210
- Rechtsnachfolger **15** 41

Totalgewinnprognose 2 76
- Forstwirtschaft **13** 5
- Gewinnerzielungsabsicht **18** 16
- stille Reserven **13** 29

Totalitätsprinzip
- unbeschränkte Steuerpflicht **1** 1

Totalnießbrauch
- Unterhaltsleistungen **22** 11

Totalüberschuss
- Einkünfteerzielungsabsicht **21** 15
- Prognose **2** 49c

Totes und lebendes Inventar 13 54
- wesentliche Betriebsgrundlage **13** 33; **14** 8
- Wirtschaftsüberlassungsvertrag **13** 39

Trabpferdezucht 13 29
Trabrennfahrer
- Betriebseinnahmen **4** 130

Trägerunternehmen 20 115, 117
- Abfindung/Auslösung **4d** 40
- Aktivierung **4c** 12
- Beiträge an Pensionsfonds **4e** 15
- Darlehen **4d** 1
- Handelsbilanz **4d** 72
- mehrere Unterstützungskassen **4d** 68
- Mindestabzug **4d** 45
- Pensionskasse **4c** 5
- privat veranlasste Zuwendungen **4d** 61
- Reservepolster **4d** 21
- Unterstützungskassenmitglied **4d** 5
- verdeckte Einlage **4c** 12
- Verschmelzung **4d** 10
- Verteilungsantrag **4d** 85
- zeitliche Abzugsvoraussetzungen **4d** 70

Transfer
- Fußballspieler **22** 34

Transistorische Posten 5 90, 93

Transportgemeinschaft 13 27
Transsexuelle
- Kleidungskosten 33 100
Trauerkleidung 33 100
Treaty overriding 17 320; 49 8; 50d 41, 57, 65
- DBA 50d 1
- Europäische Genossenschaft
  - Sitzverlegung 4 106e
- Europäische Gesellschaft
  - Sitzverlegung 4 106e
- Nachversteuerung 49 56
- öffentliche Kasse 50d 50
- Sitzverlegung 15 171
Treaty shopping 50d 40
Treibhausgasemissionshandel
- Rückstellung 5 166
- Umlaufvermögen 5 165
Trennungsgeld 19 150
- aus öffentlichen Kassen 3 48
Trennungstheorie
- teilentgeltliche Übertragung 6b 9
Treu und Glauben
- bewusst falsche Bilanzansätze 4 243
- Lohnsteuerhaftung 42d 46
Treueaktie 20 121, 125; 23 17
Treuhand 15 216; 19 100; 20 9; 44a 30
- Anteile 20 130
- Anteilsübertragung 15b 14
- ausländische Einkünfte 34c 5
- Bauherrengemeinschaft 15 67
- Beteiligung 20 129
- betriebliche Altersversorgung 3 203
- Bilanzierung 5 165
- Contractual Trust Arrangements 4e 8
- Handelsregistereintragung 15a 131
- Kapitalertragsteuer 43 35
- KG-Anteil 15a 48
- Mitunternehmer 15 215
- Mitunternehmeranteil 15 154
- Nießbrauch 15 240
- personelle Verflechtung 15 89
- Steuerberater 18 102
- Steuerstundungsmodell 15b 37
- Testamentsvollstreckung 15 151
- Unternehmer 15 150
- Verlustverrechnung 15a 77
- Vermietung und Verpachtung 21 41
- Zurechnung 4 78
Treuhandgebühren
- Anschaffungskosten 21 113
Treuhandkonto 11 65
Trinkgeld 3 160; 3c 23; 4 173; 19 127; 33 100
- Betriebseinnahmen 4 251
- Einnahmen 8 31
- Fahrten zwischen Wohnung und Arbeitsstätte 3c 83
- Lohnsteuerabzug 38 12
- Lohnsteuerhaftung 42d 22
- Metergeld 19 150
- Poolung von Einnahmen 19 150
- Schätzung 19 150
- Sonderzahlungen einer Konzernmutter 3 161

Trinkwasserversorgung 33 100
Trivialsoftware 18 105, 134
Tunesien 63 5
Türkei 63 5
Typisierung
- Freiberufler 18 10
- Gleichheitssatz Einl 44
- Markteinkommen Einl 43
- Schutz der Privatsphäre Einl 46

U-Bahn-Bau
- Grundstück 4 70
Überbesteuerung
- Kapitalertragsteuer 44a 20
Überbrückungsgeld 3 26
- Landwirt 3 17
- Selbstständige 3 22
Überdotierung
- Rechnungsabgrenzungsposten 4d 75
- Unterstützungskasse 4d 52
Überentnahme
- Begriff 4 163
- Bemessungsgrundlage 4 166
- Gesamthandsvermögen 15 361
- Kapitalgesellschaft 15 363
- Personengesellschaft 4 169
- Sachentnahme 4 163
- Schuldzinsen 4 161; 15 359
Übergangsbilanz
- Wechsel der Gewinnermittlungsart 4 218; 13a 6
Übergangsgeld 3 15, 22, 40; 24 26; 34 51
- Arbeitnehmer 24 17
- Einmalzahlung 24 12
- Zeitsoldat 24 55
Übergangsgewinn
- Berechnungsfehler
  - Rechtsbehelf 4 226
- Buchwertfortführung 4 226
- Sondernutzungen 13a 1
- Wechsel zum Eigenkapitalvergleich 4 223
Übernachtungskosten 19 160
- Auslandsreise 9a 34
- Betriebsveranstaltung 19 150
- Fortbildungskosten 4 252
- Geschäftsreise 4 252
Übernahmegewinn
- Umwandlung 15 332
- Umwandlungskosten 3c 83
- Verschmelzungskosten 3c 83
Übernahmeverlust 17 151
- Umwandlung 15 332
Überschussanteil
- Versicherung 10 4
Überschusseinkünfte 2 33; 4 9; 20 502
- Abfluss-/Zuflussprinzip 11 2; 49 166
- Abgrenzung zum Gewerbebetrieb 15 52
- Abschreibungsvergünstigungen 7a 1
- Absetzung für Abnutzung 9 341
- Absetzung für Substanzverringerung 7 200
- anschaffungsnaher Aufwand 9 441
- Arbeitnehmer 19 8
- betriebsgewöhnliche Nutzungsdauer 7 67

2031

- doppelte Haushaltsführung 9 433
- Einnahmen 8 2
- Fahrten zwischen Wohnung und Arbeitsstätte 9 369, 430, 433
- Gebäude 7 141
- gewerbliche Einkünfte 6 175
- Kapitaleinkünfte 20 21
- Kinderbetreuungskosten 4f 4, 35; 9 440
- Leistungs-AfA 7 93
- mehrjährige Tätigkeit 34 41
- nicht steuerbare Vermögensmehrung 15 39
- Nutzungshandlung 8 43
- private Kfz-Nutzung 6 162
- Quellentheorie 20 3
- Teilwertabschreibung 6 107
- Verlustzuweisungsgesellschaft 15 47
- Werbungskosten 9 42
- Zufluss von Einnahmen 8 41
- Zuwendungen 37b 19

Überschussermittlung 2 78
Überschusserzielungsabsicht 2 50b; 9 47; 20 3
Überschussprognose
- verbilligte Miete 21 154

Überschussrechner
- Auflösung
  - Rücklage 4 127
- fiktive Einnahmen 4 127

Überschussrechnung s. a. Einnahme-Überschuss-Rechnung

Überschwemmung 33 33
Überseering-Urteil
- Geschäftsleitung 17 11

Überspannungsrecht
- Entschädigung 21 12

Überstundenvergütung 19 49, 150
Übertragung
- ausländische Betriebsstätte 34a 81
- Kapitalanlagen 43 72
- Mitunternehmerschaft 15 457; 34a 8
- Wirtschaftsgüter
  - Betriebsaufspaltung 15 107
- Wirtschaftsgüter/Nachversteuerung 34a 75

Übertragungswert
- betriebliche Altersversorgung 3 165
- Unterstützungskasse 3 166

Überversorgung
- Arbeitnehmer-Ehegatte 6a 42
- Gesellschafter-Geschäftsführer 6a 42
- Pensionsrückstellung 6a 42

Überweisung 11 13, 27
- Bank 35a 10

Überweisungsbeschluss 76 2
Überzahlerregelung 44a 47
Übungsleiter 19 100
Übungsleiterfreibetrag 3 72; 19 150
Umbau 33 100
- degressive AfA 7 167
- Gebäude 6b 13; 7 140
- Herstellungskosten 6 54

Umbaukosten
- Behinderten-Pauschbetrag 33b 3
- Krankheit 33 21

Umgangsrechtsstreit
- Kind 33 100

Umgekehrte Betriebsaufspaltung 15 84
Umgekehrte Maßgeblichkeit
- Wahlrecht 6b 26

Umlage
- Altersversorgung
  - nachgelagerte Besteuerung 3 168
- Berufsverband 9 150
- Parteispende 10b 69
- Spenden 10b 13

Umlaufvermögen
- Abgrenzung 6b 16
- Anschaffungskosten
  - Veräußerungsgewinn 4 116
- Begriff 6 21
- Beispiele 6 22
- Betriebsaufgabe 34 28
- dauernde Wertminderung 6 108
- Direktversicherungsanspruch 4b 22
- Einnahme-Überschuss-Rechnung 4 120a, 121
- erhöhte Absetzungen 7h 1
- Fehlmaßnahme 6 97
- Festwert 6 114
- gewerblicher Grundstückshandel 6 20
- Holz 13 65
- immaterielle Wirtschaftsgüter 5 70
- Niederstwertprinzip 6 20, 107
- Reinvestitionsgüter 6b 20
- selbstgeschaffene immaterielle Wirtschaftsgüter 5 76
- Teilwert 6 96
- Teilwertvermutung 6 102
- Tiere 13 58
- Treibhausgasemissionshandel 5 165
- Wahlrecht 6 110
- wesentliche Betriebsgrundlagen 16 57
- wirtschaftlicher Eigentümer 13 37

Umlegungsverfahren 23 16
- Grundstück 13 56

Umorientierungshilfe 24 17; 34 18
Umrechnungsgewinn
- Euro 6d 2
- Euroumrechnungsrücklage 6d 22

Umrechnungskurs
- Euro 6d 2

Umsatzsteuer 11 65; 12 28
- Aktivierung
  - Passivierung 9b 2
- Anschaffungs-/Herstellungskosten 4 175
- Anzahlungen 5 150
- Aufsichtsratssteuer
  - Abzugsverbot 50a 11
- Bauabzugssteuer 48 20
- Befreiung
  - Erfinder 18 124
- Betriebseinnahmen 4 117; 9b 2
- geringwertige Wirtschaftsgüter 6 177
- Haftungsvergütung 15 383
- Nettoprinzip 50a 32
- nichtselbständige Arbeit 19 6
- Nutzungsentnahme 6 161
- Option 9b 16
- Steuerabzug 50a 32

- Vorauszahlung **11** 53, 65
- Zuflussprinzip **11** 65

Umschuldung
- Verbindlichkeiten **6** 144
- Vorfälligkeitsentschädigung **33** 100

Umschulung 4 252; **10** 30, 31; **33** 100
- vorweggenommene Betriebsausgaben **4** 252

Umtauschanleihe 20 325

Umwandlung 17 151, 279
- Anteilsveräußerung **6** 182a; **16** 215
- Besitzzeit **6b** 19
- Betriebsausgaben **3c** 83
- Buchwertfortführung **16** 18
- Einbringung **16** 28
  - in Kapitalgesellschaft **16** 16
- einbringungsgeborene Anteile **17** 1, 27
- Ergänzungsbilanz **15** 332
  - Wahlrecht **15** 345
- Gewerbesteuer-Anrechnung **35** 38
- Hinzurechnung **2a** 100
- Maßgeblichkeit **15** 345
- Nachversteuerung **34a** 83, 86
- Pensionsrückstellung **6a** 5
- Pensionszusage **6a** 33
- Personengesellschaft **15a** 77
- Steuerverstrickung **17** 330
- Tochtergesellschaft **43b** 2
- Veräußerungsgewinn
  - Gewerbesteuer **16** 13
- wesentliche Beteiligung **17** 234
- § 8b KStG **15** 332

Umwegstrecke
- Entfernungspauschale **9** 401

Umweltschutz 5 166
- Aufbereitungskosten
  - Bauschutt **5** 166
- Auflage **13** 54
- Erhaltungsaufwand **21** 102
- erhöhte Absetzungen **51** 41
- Rückstellung **5** 165

Umwidmung
- Anlagevermögen **6** 21
- Kredit **24** 50

Umzäunung
- Herstellungskosten **6** 121
- Mietwohngrundstück **7** 136

Umzugskosten 19 150; **33** 100
- Arbeitgeberentschädigung **3** 54
- Arbeitgebererstattung **3** 52
- Arbeitsplatzwechsel **12** 25
- Ausland **3c** 83
- Begriff **3** 54
- Behinderten-Pauschbetrag **33b** 3
- Betriebsausgaben **4** 252
- doppelte Haushaltsführung **9** 273
- Eheschließung **12** 25
- Fahrzeitersparnis **12** 25
- Finanzierungskosten **12** 25
- Maklerkosten **12** 25
- Pauschalen **9a** 34
- Prozesskosten **12** 25
- Rückumzug **12** 25
- Schulkosten **12** 25

- Vergütung aus öffentlichen Kassen **3** 48
- Vorfälligkeitsentschädigung **12** 25

Unbenannte Zuwendung
- Ehegatten **16** 135

Unbeschränkte Steuerpflicht 2a 7; **4f** 35
- Altersvorsorge **10a** 3
- Altersvorsorgezulage **95** 1
- Anrechnung **36** 20
- Ansässigkeitsfiktion **1** 26
- Arbeitnehmer-Pauschbetrag **9a** 15
- Ausland
  - Veräußerungsgewinn **16** 41
- DBA **1** 8
- Ehegatten **26** 30
- Entlastungsbetrag **24b** 2
- Entstrickung **16** 315a
  - Betriebsaufgabe **16** 315
- Erbe **1** 10
- Ermittlungszeitraum **25** 6
- Familienleistungsausgleich **31** 3
- gebietsfremde EU-Bürger **26** 32
- Gemeinschaftsrecht **16** 315d
- Gesamtrechtsnachfolger **1** 10
- juristische Person **1** 10
- Kindergeld **32** 1; **62** 1
- Körperschaft **20** 110
- Lohnsteuerabzug **39b** 2
- NATO-Truppenstatut **1** 8
- Personenkreis **1** 10
- Progressionsvorbehalt **32b** 7
- Schifffahrtsunternehmen **5a** 8
- Steuererklärungspflicht **25** 11
- Steuerstundungsmodell **15b** 13
- Territorialprinzip **1** 1
- Thesaurierungsbegünstigung **34a** 50
- Tochtergesellschaft **43b** 2
- Wechsel zur beschränkten Steuerpflicht **2** 155
- Wegzug **32b** 16
- Welteinkommensprinzip **1** 1; **34c** 1
- WÜD
  - WÜK **1** 8
- Zuzug **17** 191

Unechte Betriebsaufspaltung 15 78

Unentgeltliche Anteilsübertragung
- Betriebsaufspaltung **15** 110

Unentgeltliche Betriebsübertragung 6 181; **14** 7; **16** 90; **18** 162
- Ausschlagung der Erbschaft **16** 103
- Begriff **16** 301
- Besitzzeit des Rechtsvorgängers **6b** 18
- Betriebsaufgabe **16** 97
- Buchwertfortführung **16** 24, 96
- Einbringung **16** 97
  - auf fremde Rechnung **16** 35
- Einnahme-Überschuss-Rechnung **4** 125
- Entnahme
  - Einlage **16** 97
- Erbengemeinschaft **16** 110
- Erbfall **16** 101
- Erbfallschulden **16** 105
- Gesellschafter **16** 57
- Gewinnermittlungsart **4** 229
- interpersonelle Übertragung stiller Reserven **16** 15

- Kapitalgesellschaft **16** 21
- Kaufvermächtnis **16** 106
- Nachversteuerung **34a** 81, 85
- Nießbrauch des ausschlagenden Erben **16** 104
- reale Nachlassteilung **16** 114
- Schenkung **16** 135
- Spitzenausgleich **16** 123
- stille Reserven **16** 96
- teils auf eigene/fremde Rechnung
  - zugunsten von Kindern **16** 38
- unbenannte Zuwendung unter Ehegatten **16** 135
- Vor-/Nacherbschaft **16** 103
- wesentliche Betriebsgrundlagen **16** 100
- § 6b-Rücklage **6b** 22

Unentgeltliche Übertragung **15** 450; **20** 365
- Anschaffungskosten **43a** 46
- Anteilsveräußerung **16** 18
- Aufgabe
  - Veräußerung **6** 182c
- Betriebsvermögen **6** 184
- Buchwertfortführung **6** 182a
- Gesamthandsvermögen **6** 188a
- Kapitalertrag **43a** 42
- Mitunternehmeranteil **6** 181c; **16** 38
- Nießbrauchsvorbehalt **17** 158
- Sacheinlage **6** 188b
- Schwestergesellschaft **6** 188a
- Sonderbetriebsvermögen **6** 182a, 188a; **16** 211
- Veräußerungsgewinn **17** 61
- verdeckte Einlage **6** 183a
- Versorgungsbezüge **16** 142
- vorweggenommene Erbfolge **14** 10

Unentgeltlicher Erwerb
- Anschaffungskosten **17** 240
  - mittelbare Grundstücksschenkung **6** 2
- Besitzzeit des Rechtsvorgängers **17** 90
- Bilanzierung **5** 165
- Buchwertfortführung **15** 320
- Gebäude
  - Herstellungskosten **6** 52
- Gewinnermittlung **20** 845
- reale Nachlassteilung **16** 114
- Veräußerungsverlust **17** 262
- wesentliche Beteiligung **17** 93

Unfallkosten **19** 150; **33** 100
- Ausbildungskosten **10** 34
- außergewöhnliche Belastung **33** 8
- Betriebsausgaben **4** 252
- Entfernungspauschale **9** 381
- Privatfahrt **4** 5
- Verdienstausfall **19** 150

Unfallversicherung **4b** 3; **10** 17
- Beiträge **19** 150
- Ertragsanteil **22** 5
- Leistungen **3** 10; **4** 251; **19** 150
- Vermittler **19** 100
- Versicherungsbeiträge **3c** 83

Unfreiwillige Aufwendungen **9** 67

Uniform
- Berufskleidung **9** 325

Unisex-Tarif
- Altersversorgung **10a** 4

Universität
- Gastvorlesung **19** 100

Unrentabilität
- wirtschaftliche Abnutzung **7** 69

Unterbeteiligung **20** 168; **21** 45
- Anteil an Personengesellschaft **15** 137
- Anteilsveräußerung **17** 12
- atypische **15** 419; **15a** 166
  - Anteilsveräußerung **16** 219
- BGB-Innengesellschaft **15** 235
- doppelstöckige Personengesellschaft **15** 137
- einheitliche und gesonderte Feststellung **15** 235
- Feststellungsverfahren **17** 248
- Geschäftsführungsbefugnis **15** 230
- Handelsregistereintragung **15a** 131
- Kapitalertragsteuer **20** 168
- KG-Anteil **15a** 48
- Personengesellschaft **15** 145
- Schenkung **15** 263
- stille Gesellschaft **3c** 83; **15** 222
- Verlustausgleichsverbot **15** 4, 619
- Zurechnung **15** 154

Unterentnahme
- Betriebseröffnung **4** 161

Untergesellschaft
- doppelte Gewinnfeststellung **15** 421
- Ergänzungsbilanz **15** 423

Untergrundbahn **21** 12

Unterhaltsänderungsklage
- Ehescheidung **33** 100

Unterhaltsanspruch
- Abzweigung des Kindergeldes **74** 1
- Pfändbarkeit des Kindergeldes **76** 1

Unterhaltserklärung
- amtliche Bescheinigung **33a** 91

Unterhaltsgeld
- berufliche Fortbildung **3** 22

Unterhaltsklage
- Rechtsschutzbedürfnis **74** 3

Unterhaltsleistungen **11** 53, 65; **33** 100; **33a** 7
- Altenteilerwohnung **22** 16
- altenteilsähnliche Leistungen **22** 23b
- Angehörige **33** 56
- Aufstiegsfortbildungsförderungsgesetz **3** 104
- Auskunft
  - Bescheinigung **33a** 18
- Ausland **33** 57; **33a** 35
- ausländischer Lebenspartner **33a** 18
- Auslandsfahrt
  - Beweiserleichterung **33a** 92
- Behinderte **33** 57
- Beitrittsgebiet **33** 57
- beschränkte Steuerpflicht **10** 7
- Betriebsweiterveräußerung **16** 141a
- Darlehen **33** 61
- durch mehrere Personen **33a** 42
- Ehegatte **33a** 28
- Ehescheidung **10** 7
- eigene Kindeseinkünfte **33a** 60
- eigenes Vermögen **33a** 22
- Europäische Union
  - Europäischer Wirtschaftsraum **1a** 5
- Existenzminimum **33a** 18
- Gelegenheitsgeschenke **33a** 9
- gesetzliche Unterhaltspflicht **33a** 16
- Höchstbetrag **33a** 25

- Kapitalabfindung 33 100
- keine Angehörigen 33 57
- Kinder 32 24; 33a 7, 41
- Kinderfreibetrag/-geld 33a 21
- Lebenspartnerschaft 33a 16
- mehrere Unterhaltsempfänger 33a 41
- Nach-/Vorauszahlungen 10 7; 33a 9
- Nachweis 1a 11
- Opfergrenze 33a 35
- Realsplitting 1a 11; 33 65, 100
- Sicherungsnießbrauch
  - Totalnießbrauch 22 11
- sittliche Gründe 33 55; 33a 85
- Sonderausgaben 10 7
- Umfang 22 16
- Verlustabzug des Unterhaltsberechtigten 33a 28
- Vermögensübergabe gegen Versorgungsleistungen 16 141
- Versorgungsleistungen 16 141
- von Dritten 33a 30
- Wehrdienst 33a 21
- Zwangsläufigkeit 33 46

Unterhaltspflicht
- Düsseldorfer Tabelle 4f 6
- Übertragung des Kinderfreibetrags 32 33

Unterhaltsrente 12 27
- Abgrenzung zur privaten Vorsorgerente 22 23
- ausreichende Erträge
  - Betriebsübertragung 22 23a
- Kind 64 6
- Nutzungsrecht 22 23
- Werbungskosten 9 114

Unterhaltssicherungsgesetz 3 157
Unterhaltszuschuss 19 150
Unterhaltungselektronik 12 26; 33a 9
Unterlassen
- Einkünfte aus Leistungen 22 34

Unterlassene AfA
- Nachholung 7 37

Unterlassene Instandhaltung
- Rückstellung 5 126

Unternehmensbeteiligung
- Handel 15 129

Unternehmenskauf 16 50
Unternehmensnachfolge
- Versorgungsleistungen 13 42

Unternehmensnießbrauch 13 40; 15 152
- Mitunternehmer 15 240

Unternehmenswert
- Versorgungsleistungen 22 23

Unternehmer
- Arbeitnehmer 19 6
- Bauabzugsteuer 48 7
- Begriff 15 14
- haftungslose Verbindlichkeiten 15a 350
- Vorsteuerabzug 9b 12

Unternehmerfreiheit Einl 68
Unternehmerinitiative 15 17
- Begriff 15 153
- Einzelunternehmer 15 244
- Ertragsnießbrauch 15 152
- Freiberufler 18 60

- Personengesellschaft 15 154
- Steuersubjekt 15 148

Unternehmerische Tätigkeit 18 80
Unternehmerlohn
- Vermögensübergabe 22 23a

Unternehmerrisiko 15 17; 19 26
- Arbeitnehmer 19 43
- Außenhaftung
  - Komplementär-GmbH 15 441
- Begriff 15 149
- Einzelunternehmen 15 244
- Ertragsnießbrauch 15 152
- Freiberufler 18 60
- gewillkürtes Betriebsvermögen 4 43
- Künstler-Zwischengesellschaft 49 49
- Rückstellung 5 165, 166
- Steuersubjekt 15 148
- Verlustbeteiligung 15 248

Unterrichtende Tätigkeit
- gewerbliche Einkünfte 18 81

Unterschlagung 15 366; 19 150
- Betriebsausgaben 4 252
- Gesellschafter 4 62

Unterstützungskasse 19 150
- Abfindung/Auslösung 4d 40
- Abzugsfähigkeit der Zuwendungen 4d 14
- Barlohnumwandlung 4d 8
- Begriff 4d 3
- betriebliche Altersversorgung 4d 1
- Deckungskapital 4d 13
- Direktzusage 3 208
- Einkunftsart 3 167
- gute/schlechte Rückdeckungsversicherung 4d 31
- kongruente Deckung
  - partielle Rückdeckung 4d 58
- mehrere 4d 68
- Notfallleistungen 4d 45
- Pensionsfonds 4d 80; 4e 27
- Pensionsrückstellung 4d 1
- Reservepolster 4d 20
- Rückdeckungsversicherung 4d 11, 29, 58
- Trägerunternehmen 4d 10
- Überdotierung
  - zulässiges Kassenvermögen 4d 52
- Übertragungswert 3 163, 166
- Verbot der Doppelfinanzierung 4d 1
- Versorgungsanwartschaft 4d 20
- Verwaltungskosten 4d 7
- wiederkehrende Leistungen 4d 11
- Zufluss 4d 8
- Zuwendungen 4d 1

Untersuchungshaft
- Berufsausbildung 32 11

Untervermietung 21 40
- Abfindung 24 18

Untreue 19 100
- Ausgleichszahlung 4 62

Unverzinslichkeit
- Forderungen 6 138, 148

Unwetter 33 23, 33, 51
- Versicherungsleistungen 4 251

Unwirksamkeit 17 60; *s.a. Formmangel; Schriftform*

2035

Urheberrechte 21 77
– Abschreibung 7 51
– Einkunftsart 15 73
– schriftstellerische Tätigkeit 18 78
– Steuerabzug 50a 21, 27
– Verbindlichkeitsrückstellung 5 142
– Vergütung 19 150
Urlaub
– Baugewerbe
  – Entschädigung 24 17
– Betriebsunterbrechung 16 320
– Reisekosten 12 17
– Umorientierungshilfe 34 18
Urlaubsgeld 19 150
– Grundlohn 3b 2
– Rechnungsabgrenzung 5 165
Urlaubskosten
– Betriebsausgaben 4 252
Urlaubsreise
– Begleitperson 33b 3
US-GAAP
– Konzernbilanz 4h 81

Vaterschaftsfeststellungsverfahren 33 100
Venture Capital Fonds 15 129a; 15b 39, 48
– Bruchteilsbetrachtung 17 12
– Carried Interest 3 140
– Leistungsvergütungen 18 157
– Veräußerungsgewinn 49 55
Veränderungsanzeige
– Kindergeld 72 3
Veranlagung 50d 6
– Änderung
  – Ehegatten 26 76
  – Revisionsverfahren 26 75
– Anrechnung ausländischer Steuern 50 41
– Anteilsveräußerungsgewinn 49 58
– Antragswahlrecht 50 32
– Arbeitnehmer 46 1
– Bemessungsgrundlage 32a 10
– beschränkte Steuerpflicht 46 8; 49 55, 68
– Bestandskraft
  – Ehegatten 26 75
– Betriebsstättengewinn 49 28
– Ehegattenwahlrecht 26 4
  – Zeitpunkt 25 12
– Entlastungsbetrag 24b 17
– Familienleistungsausgleich 31 12
– Jahressteuer 25 1
– Lohnsteuerabzug 46 6
– Option/Teileinkünfteverfahren 20 607
– optionale Günstigerprüfung 32d 39
– Rechtsschutz 26 90
– Rechtsverordnung 51 27
– Rückzahlung von Arbeitslohn 38 10
– Steuerabzug 25 7
– Steuerbescheid 25 7
– Verwitwete 26 48
– Widerruf 26 75
Veranlagungszeitraum 2 18
– Entstehung der Einkommensteuer 36 1
– Veräußerungsgewinn 16 83

Veranlasserhaftung
– Fehlverwendung 10b 111
– Gefährdungshaftung 10b 110
– Haftungsschuldner 10b 112
– Spenden 10b 106
– Spendenbescheinigung 10b 111
Veranlassungsprinzip 3c 7, 13; 5 29; 19 120
– Abwehrkosten 9 68
– Betriebsausgaben
  – Werbungskosten 50 5
– Betriebsvermögen 4 36
– Halbeinkünfteverfahren 3c 35
– inländischer Betriebsgewinn 50 23
– Verbindlichkeiten 4 58
Veräußerung 18 164; 20 405, 415
– Absatzbetrieb 13 16
– Absetzung für Abnutzung 7 44
– Abtretung/Einlösung/Rückzahlung 20 790, 820
– an einen anderen Rechtsträger 16 84
– Anspruch aus Lebensversicherung 10 13
– Anteil
  – ausländische Gesellschaft 3c 2
– Anteil an Körperschaft 16 347a
– Anteil an Mitunternehmeranteil 16 214
– Anteile an ausländischen Körperschaften 2a 31
– Anteilsveräußerung 6b 36
– Antragsbindung 5a 40
– Architekt
  – Grundstück 18 114
– Ausscheiden gegen Sachabfindung 16 133
– Ausschlagung der Erbschaft 16 103
– Beendigung der privaten Versorgungsrente 22 18
– Begriff 6b 7; 16 80; 17 100; 20 365, 383; 23 16
– beschränkte Steuerpflicht 15 131
– Beteiligung an Personengesellschaft 20 796
– Beteiligung 20 129
– Beteiligung an ausländischer Kapitalgesellschaft 1 43
– Beteiligung/Privatvermögen 20 728
– Betriebsausgaben 3c 3
– betriebsgewöhnliche Nutzungsdauer 7 67
– Betriebsstätte 2a 101
– Betriebsvermögen 15 449
– Bezugsrecht 3c 83; 17 135
– Binnenschiff 6b 1
– degressive AfA 7 170
– Dividenden-/Zinsschein 20 641, 753
– Dividendenschein 20 135; 45 3
– Einbringung 6b 7; 15 372
  – Wahlrecht 15 456
– Einbringung auf fremde Rechnung 16 35
– einbringungsgeborene Anteile 49 55
– einheitliches Geschäftskonzept 15 72
– Einnahme-Überschuss-Rechnung 4 122; 6c 2
– Einnahmen 8 14
– Einstellung der bisherigen Tätigkeit 16 53
– Ende der Betriebsaufspaltung 15 112
– entgeltliche Übertragung 6 189
– Entnahme 6b 7
– Ergänzungsbilanz 15 325, 423
– Erhaltungsaufwand 11a 5
– erhöhte Absetzungen 7c 17
– erhöhte Gebäudeabsetzungen 7h 4
– Ersatzbemessungsgrundlage 43a 57
– Erwerb eigener Anteile 17 145

- Flächenpacht **13** 34
- forstwirtschaftliche Teilfläche **14** 4
- Gebäude **10f** 4
- gegen wiederkehrende Bezüge **24** 47
- Gesamthandanteil **20** 799
- Gesamthandsvermögen **6b** 7; **23** 16
- Geschäftswert **15** 105
- Gesellschaftsanteil **16** 20, 215
- Gesellschaftsrecht
  - Mitunternehmerschaft **6** 188b
- Gewerbebetrieb **15** 5; **16** 50
- gewerblicher Grundstückshandel **15** 121
- gewinnrealisierende Entnahme **4** 91
- Gewinnrealisierung **4** 30a; **6b** 7
- Grundbesitz
  - Sachinbegriffe, Rechte **49** 62
- Grundstück **6** 188b; **13** 28; **20** 564
- inländische Investmentfonds **20** 141
- Investmentanteil **20** 691
- isolierte Kapital- oder Zinsforderung **20** 395
- Jahresbescheinigung **24c** 1
- Kapitalanlagen **49** 110
- kapitalbildende Lebensversicherung **20** 836
- Kapitalertragsteuer-Bemessungsgrundlage **43a** 38
- Kapitalgesellschaft **15** 127
- Kapitalvermögen **43** 68
- Mandantenstamm **34** 29
- Miet-/Pachtzinsforderung **21** 79
- Mitunternehmer **15** 382
- Mitunternehmeranteil **16** 113, 130
  - Realteilung **16** 131
- Mitunternehmerschaft **16** 54
- nach Betriebsaufgabe **20** 833
- Nachhaltigkeit **15** 25
- notarielle Beurkundung **17** 101
- Organbeteiligung **3c** 83
- Patente **22** 36
- Pfandflaschen
  - Schrott **19** 150
- privater Bereich **22** 32
- Realteilung **16** 2
- Reinvestitionsobjekt **6c** 3
- Rückkaufrecht **17** 100
- Schuldbuchforderung **20** 405
- Schuldverschreibung **20** 405
- Schuldzinsen **24** 47
- Schwestergesellschaft **6** 189; **15** 449
- Selbstständige **49** 77
- siebenjährige Behaltensfrist **15** 454
- Sonderbetriebserträge **15** 413
- Sonderbetriebsvermögen **15** 387; **16** 211
- sonstige Kapitalforderungen **20** 405, 774
- Spekulationsgeschäft **23** 2
- Steuerabzug **50a** 26
- stille Beteiligung **20** 188
- stille Gesellschaft **20** 188
- teilentgeltliche Übertragung **6b** 7; **15** 449
- Termingeschäft **20** 762, 842
- Übernahme von Schulden **16** 89
- unentgeltliche Übertragung **6** 182c; **15** 450
- verdeckte Einlage **15** 372; **16** 23; **20** 790, 820
- verdeckte Entnahme **15** 376
- Vollrechtsübertragung **50a** 27
- vorherige Entnahme **20** 833
- Vorsteuerabzug **9b** 31
- Wertpapier **20** 370
- wesentliche Betriebsgrundlage **16** 52
- wiederkehrende Bezüge
  - Wahlrecht **16** 222
- Wirtschaftsgut **4** 65
- Wirtschaftswert **14a** 2
- Wohnung **13** 21
- Zeitpunkt **6b** 7; **17** 163, 169
- Zinsschein **20** 360; **45** 4
- Zuckerrübenlieferrecht **24** 10
- Zufallserfindung **22** 36
- § 6b-Rücklage **6b** 1

Veräußerungsgeschäft 21 7
- Jahresbescheinigung **20** 21
- Nutzungsüberlassung **21** 8

Veräußerungsgewinn 3c 2; **6b** 10; **11** 7; **15** 329; **18** 162, 178; **23** 18; **43** 40; **50d** 7
- Abfindung
  - Miterbe **16** 240
- Abgeltungsteuer **17** 5, 20
- Abschnittsbesteuerung **16** 511
- Absetzung für Abnutzung **49** 64
- abweichendes Wirtschaftsjahr **4a** 15
- Aktien/Zinsscheine **43** 68
- Altersgrenze **34** 74
- Altverlustverrechnung **20** 868, 875
- Anrechnungsbetriebsstätte **4** 106d
- Anteil **6b** 36; **20** 748
- Anteilsveräußerung **17** 20, 222
- Anwendungszeitpunkt **20** 651
- Anwendungszeitraum **34** 85
- Arbeitnehmer **19** 150
- Aufgabe einer Gewinnbeteiligung **24** 25
- Auflösung
  - Rücklage **16** 513
- Auflösung der Gesellschaft **16** 236
- Ausgleichsanspruch
  - Handelsvertreter **16** 411
- Ausland **34d** 22
- Ausscheiden eines Gesellschafters **4** 223
- Ausscheiden gegen Sachabfindung **16** 132
- außerordentliche Einkünfte **16** 8
- Begriff **6c** 5
- begünstigte Objekte **6b** 4
- beschränkte Steuerpflicht **34** 5
- Beteiligung **20** 551, 638; **49** 149
- Betriebsaufgabe/-veräußerung **16** 308
- Betriebsaufgabegewinn **16** 302
- Betriebsumstellung **13a** 14
- Betriebsvermögensvergleich **16** 400
- Betriebsverpachtung **13a** 14
- Bilanzänderung **6b** 26
- Bodenschatz **7** 197
- DBA **6b** 24
- Depotwechsel **43a** 49
- Durchschnittswerte
  - Wertpapiere **17** 165
- Ehegatten/Kind **32d** 17
- Einbringung **15** 328; **16** 12
- Einbringung teils auf eigene/fremde Rechnung **16** 36
- einbringungsgeborene Anteile **16** 18
- Einlagerückgewähr **17** 300
- Einnahme-Überschuss-Rechnung **16** 226
- Entstrickung **4** 106c; **17** 279

- Erbauseinandersetzung **18** 50
- Erbe **16** 101
- Ermittlung **14** 13; **16** 3; **20** 815; **49** 64
- Finanzinnovationen **20** 503
- fortbestehende Außenhaftung **16** 225
- Freiberufler **34** 29
  - Mitunternehmeranteil **34** 29
- Freibetrag **6b** 37; **14** 18; **14a** 1; **16** 4, 10, 501; **18** 48, 178; **34** 30
- Fremdwährung **17** 173
- Fünf-Jahres-Zeitraum **17** 75
- Fünftelregelung **16** 9
- Gesamthandsvermögen **6b** 21; **17** 61
- Gewerbeertrag
  - Schiff **5a** 16
- Gewerbesteuer **15** 13; **16** 13
  - Verfassungsmäßigkeit **16** 13
- gewerbliche Einkünfte **16** 1; **17** 167
- gewerblicher Grundstückshandel **16** 411
- gewillkürtes Betriebsvermögen **18** 21
- Gewinnanteil **16** 502
- Gewinneinkünfte **16** 5
- Gewinnermittlungsart **17** 168
- Gewinnverteilungsschlüssel **16** 12
- Halbabzugsbegrenzung **3c** 72, 81
- Halbeinkünfteverfahren **3** 112; **16** 511; **17** 20; **20** 659; **34** 31
- halber Steuersatz **34** 70
- Handelsschiff **5a** 35
- Investmentfonds **20** 145
- Kalamitätsholz **13** 66
- Kapitaleinkünfte **15** 129; **20** 765
- Kapitalerträge **49** 129
- Kapitalvermögen **20** 502, 813
- KGaA **16** 259
- Land- und Forstwirtschaft **4a** 16; **34** 29
- laufender Gewinn **16** 411
- mehrere Veranlagungszeiträume **16** 83
- Mitunternehmeranteil **4a** 17; **15a** 71; **16** 129, 408; **35** 14, 39
- Mitunternehmerschaft **16** 84
- nachträgliche Einkünfte **24** 43
- nachträgliche Veränderung **6b** 10
- nahestehende Person **32d** 17
- Niederlassungs-/Kapitalverkehrsfreiheit **16** 315d
- Nießbrauch **14** 10
- Optionsprämie **3c** 83
- Organschaft **16** 41
- Pflichtveranlagung **32d** 26
- Produktionsaufgaberente **14** 15
- Räumungsverkauf **16** 411
- Realisationsprinzip **16** 6
- Reinvestition **6b** 1
- REIT-AG **3** 235
- Rücklage **16** 58
- Rücktritt **17** 192
- rückwirkende Ereignisse **16** 413
- Sachabfindung **16** 133
- Schätzung **16** 226
- Schlussbilanz **16** 407
- Sitzverlegung **15** 171
- Sozietät **18** 163
- Steuerbegünstigung **16** 10
- Steuererlass **17** 30
- Steuersatz **20** 505
- Steuerstundung **17** 30
- stille Reserven **34** 16
- Stundung **17** 191
- Tarifbegrenzung **34** 97
- Tarifbegünstigung **34** 25
  - Halbeinkünfteverfahren **17** 251
- Tarifvorschriften **34a** 20
- Teilbetrieb **34** 28
- Teileinkünfteverfahren **20** 893
- teilentgeltliche Betriebsübertragung **16** 137
- teilentgeltliche Veräußerung **16** 227
- Teilnachfolgeklausel **16** 254
- Teilwert **49** 64
- Thesaurierungsbegünstigung **34a** 4, 23
- Überschussprognose **21** 26
- Umwandlung **15** 332
- Venture Capital und Private Equity Fonds **49** 55
- Veranlagung **49** 58
- Verfassungsmäßigkeit **17** 5
- Verlustausleich **15a** 161
- Verlustverrechnung **5a** 15
- Verlustverrechnungsverbot **15a** 73
- Vermietung und Verpachtung **20** 504; **21** 2
- Verstrickung **4** 106a
- Verteilung **4** 229
- vorweggenommene Erbfolge **16** 139
- Wahlrecht **6b** 26; **17** 187; **34** 96
- Wechsel zum Eigenkapitalvergleich **4** 223
- Werbungskostenzurechnung **20** 480
- wesentliche Beteiligung **17** 247; **34** 72
- wesentliche Betriebsgrundlage **34** 26
- wiederkehrende Bezüge **16** 93; **17** 187
- Zeitpunkt **17** 34, 280
- zurückbehaltene Wirtschaftsgüter **16** 409
- Zwischenbilanz **16** 407

Veräußerungskosten **3c** 44, 51; **6b** 10; **6c** 6; **17** 195; **20** 480, 823; **23** 18
- Begriff **16** 412
- Fremdwährung **17** 173
- Halbabzugsbegrenzung **3c** 73
- Organschaft **3c** 83
- rückwirkende Ereignisse **16** 413
- Umfang **17** 196
- Veranlassungszusammenhang **3c** 74
- Vorfälligkeitsentschädigungen **20** 480
- wesentliche Beteiligung **17** 172

Veräußerungspreis **6b** 10; **16** 402
- Angemessenheit **17** 189
- Anschaffungskosten **16** 86
- Anteil
  - Halbeinkünfteverfahren **3** 125
- Ausfall **16** 414
- Begriff **16** 85; **17** 178
- Beteiligung **3c** 52
- Fremdwährung **17** 184
- gemeiner Wert **17** 120, 287
- Gewinnanspruch **17** 179
- Halbeinkünfteverfahren **3** 121
- nachträgliche Änderung **17** 192
- Optionsprämie **3c** 83
- Ratenzahlung
  - Rentenzahlung **3** 135
- rückwirkende Ereignisse **16** 413
- Tausch **17** 185
- übernommene Verbindlichkeiten **16** 410

- Umwandlung **16** 16
- Veräußerungsgewinn **16** 8
- verdeckte Einlage **17** 190
- Wettbewerbsverbot **17** 180

Veräußerungsrente
- Betriebsausgaben **4** 252

Veräußerungsverlust 2a 47, 49
- Aktien **20** 521
- Anteil **16** 230
- Argentinienbonds **20** 405
- Ausgleichsverbot **20** 516
- Einbringung **17** 127
- Ermittlung **17** 260
- Freibetrag **16** 511
- Mietzinsforderung **2a** 45
- Optionsprämie **3c** 83
- privates Veräußerungsgeschäft **20** 886
- Rechtsvorgänger **17** 260
- unentgeltlicher Erwerb **17** 262
- Verlustausgleichsverbot **15** 622
- Verlustverrechnung **15b** 25
- wesentliche Beteiligung **17** 247
- Zeitpunkt **17** 280

Verbesserungsvorschlag 19 150
- mehrjährige Tätigkeit **34** 46

Verbilligte Miete
- Abfindung **34** 19
- Einkünfteerzielungsabsicht **21** 154

Verbindliche Auskunft 42e 2

Verbindliche Zusage
- Lohnsteuer-Außenprüfung **42f** 10

Verbindlichkeiten 4 65; **24** 50
- Änderung der Veräußerungskosten **16** 415
- anfechtbare/nichtige/bestrittene **5** 112
- Anliegerbeiträge **5** 166
- Anschaffungskosten **6** 145; **7** 59
  - Teilwert **5** 118
- aufschiebend/auflösend bedingt **6** 143
- Betriebsveräußerung **4** 59
- Betriebsvermögen **4** 57
- Bewertung **6** 141
- Bewertungsuntergrenze **6** 147
- Brutto-Erfüllungsbetrag **5** 117
- Buchwertfortführung **16** 343
- Durchschnittsbewertung **6** 143
- Erfüllungsrückstand **6** 144
- Gesellschafter **5** 166
- haftungslose Schulden **15a** 350
- Höchstwertprinzip **6** 146
- Kompensationsgebot **6** 156
- Kursschwankung **6** 150
- Nachweis **5** 118
- Nebenkosten **6** 145
- passives Sonderbetriebsvermögen **15** 412
- Privatvermögen **4** 160
- Realisationsprinzip **5** 114
- Rückstellung für ungewisse Verbindlichkeiten **5** 122
- Rückstellungsbegriff **5** 111
- Sachleistungsverpflichtung **6** 148
- Schuldzinsen **4** 159
- Sonderbetriebsvermögen **15** 412; **16** 410
- stille Gesellschaft **15** 334
- Stilllegungsmaßnahmen **6** 153

- Teilwert **6** 146
- Teilwertvermutung **6** 146
- Übernahme **16** 89
- Umschuldung/Novation **6** 144
- Unverzinslichkeit **6** 148
- Veranlassungsprinzip **4** 58
- Veräußerungspreis **16** 410
- Verjährung **4** 60
- vorweggenommene Erbfolge **16** 139
- Wahrscheinlichkeit **5** 128
- Währung **5** 118; **6** 150
- Wertaufholungsgebot **5** 118; **6** 146
- wesentliche Betriebsgrundlagen **16** 57
- Zahlungsunfähigkeit **6** 143
- Zwei-Konten-Modell **4** 160

Verbotsirrtum
- Lohnsteuerhaftung **42d** 59

Verbrauchsfolgeverfahren 6 117
- stille Reserven **6** 117

Verbrauchsteuern
- Aktivierung **5** 149

Verbundene Unternehmen
- Begriff **50g** 17
- Eigenkapitalvergleich **4h** 70
- Gewinnrealisierung **5** 164
- Zinsschranke **4h** 52

Vercharterung
- Seeschiff **5a** 29

Verdeckte Einlage 4 104; **17** 93; **23** 12
- Anteile **16** 22
  - an ausländischen Körperschaften **2a** 31
  - einer Kapitalgesellschaft **15** 465
- Anteilsveräußerung **49** 55
- Anwachsung des Vermögens **6** 181c
- Begriff **15** 369
- Beteiligung **4** 104; **5** 165; **6** 181
- Betriebsaufgabe **6** 183a
- Buchwertfortführung **6** 188
- gemeiner Wert **20** 830
- Gesamthandsvermögen **23** 12
- Geschäftswert **15** 105
- Gesellschafter **5** 74
- Gesellschafterforderung **6** 167
- gewerblicher Grundstückshandel **15** 121
- Gewinnverwirklichung **6** 167
- Halbeinkünfteverfahren **3** 125
- immaterielle Wirtschaftsgüter **5** 71
- Mitunternehmerschaftsanteil **6** 183a
- Nachversteuerung **49** 56
- Nutzungsüberlassung **17** 215
- Personengesellschaft **16** 40
- Realteilung **16** 352
- Rückzahlung **17** 271
- Sitzverlegung **17** 320
- Steuerbilanz **15** 373
- Stundung **17** 30
- Tausch **6** 191; **16** 23
- Teilwert **6** 167; **15** 373, 459; **16** 23
- Trägerunternehmen **4c** 17
- überhöhte Leistungsentgelte **15** 436
- Veräußerung **15** 171, 372; **16** 23; **20** 790, 820
- Veräußerungspreis **17** 190
- wesentliche Beteiligung **17** 120

Verdeckte Entnahme 15 376
Verdeckte Gewinnausschüttung 4 104; 11 65; 17 93; 20 71
– Abzugsverbot 20 72
– Angemessenheit der Gewinnverteilung 15 262
– Aufwendungen 3c 83
– Gesellschafter-Fremdfinanzierung 15 363a
– Gesellschafter/nahestehende Person 3 127
– Gewinntantieme 20 73
– GmbH & Co KG 15 447
– immaterielle Wirtschaftsgüter 5 74
– nahestehende Person 20 71
– Nutzungsentnahme 15 368
– Pauschalierung 37b 18
– Pensionsfonds 4e 19
– Realteilung 16 352
– Rückabwicklung 5 165
– Rückgewähr 20 71
– unangemessen hohe Nutzungsvergütungen 15 105
– Zinsen 50g 9
Verdeckte Mitunternehmerschaft 15 253
– Familiengesellschaft 15 261
– Hintermann 15 151
Verdeckte Sacheinlage 15 458
– Betriebsaufgabe 16 21
– Betriebsaufspaltung 15 108
– disquotale Einlage 15 108
– gewerblicher Grundstückshandel 15 121
– Teilwert 15 108
Verdienstausfall
– Entschädigung 19 30
– Unfallkosten 19 150
Vereinigte Arabische Emirate
– Pilot 50d 57
Vereinigungsfreiheit Einl 68
– Rechtsform Einl 30
– Unternehmenssteuerreform Einl 72
Vereinsmitgliedschaft
– Gesellschafter 15 365
Vereinsordnung
– Erstattungsanspruch
  – Aufwandsspende 10b 86
Vereinsvorsitzender
– Lohnsteuerhaftung 42d 55
Vereinte Nationen
– Immunität
  – Steuerfreiheit 1 8
– unbeschränkte Steuerpflicht 1 18
Verfassungsmäßigkeit 2a 2; 50d 41
– Abfärbetheorie 18 35
– Abgeltungsteuer 20 542, 617
– Anrechnung
  – eigene Einkünfte 33a 3
  – Kindergeld 31 11
– Antragsveranlagung 1 40
– Arbeitnehmer-Pauschbetrag 9a 10
– Aufwandsentschädigung 3 44
– Ausbildungskosten 33a 50
– Ausländer/Kindergeld 62 2
– Bauabzugsteuer 48 3
– Behinderten-Pauschbetrag 33b 11
– beschränkte Steuerpflicht 1 5; 49 2
– Bilanzenzusammenhang 4 234
– Bindung durch das Grundgesetz Einl 59

– doppelte Haushaltsführung 9 264
– Ehegatten
  – Vorsorgeaufwendungen 10 22
– Ehegatten-Splitting 26 5
– Einkünfteermittlungsart 4 9
– Entfernungspauschale 9 356
– Ergänzungs-/Ersatzschule 10 37
– Erhebungsdefizit Kapitaleinkünfte 20 25
– Ermächtigungsnorm 51 10
– erweiterte unbeschränkte Steuerpflicht 1 1
– Fahrten zwischen Wohnung und Arbeitsstätte 9 352
– Gegenwerttheorie 33 20
– Gesetzesauftrag zur Analogie Einl 48
– Gesetzesrückwirkung 52 14
– getrennte Veranlagung 26a 1
– Gewerbesteuer
  – Veräußerungsgewinn 16 13
– Gewerbesteuer-Anrechnung 35 2
– gewerblich geprägte Personengesellschaft 15 143
– gewerbliche Tierzucht
  – Termingeschäft 15 602
– Halbeinkünfteverfahren 3c 2
– Höchstbetrag
  – Vorsorgeaufwendungen 10 20
– Kapitalgesellschaft
  – Verlustausgleichsverbot 15 624
– Kinderbetreuungskosten 4f 40
– Kindergeldausschluss
  – Wehrdienst 32 22
– Kindesunterhalt 33a 21
– Krankenversicherung 10 11
– Lohnsteuerhaftung 42d 4
– Lohnsteuerstundung 38 4
– nachgelagerte Besteuerung 22 27f
– Nachzahlungszinsen 10 1
– negative Einkünfte
  – Einkommensteuer-Vorauszahlung 37 30
– private Kfz-Nutzung 6 162c
– Progressionsvorbehalt 32b 4
– Realsplitting 10 7
– Realteilung 16 351
– Religionsgemeinschaft 51 2
– rückwirkende Gesetzgebung Einl 65
– Rückwirkung
  – Vorsorgeaufwendungen 10 21
– Schuldzinsen 10 3
– Schulgeld 10 36
– Spekulationsgeschäft Einl 11
  – Verlustausgleich 23 1
– Spenden 10b 5
– Steuerrecht Einl 2
– Steuerstundungsmodell 15b 7, 15, 52
– Tarifbegrenzung 32c 3
– Tarifbegünstigung 34 4
– Teilkindergeld 65 6
– Termingeschäfte 15 614
– unentgeltliche Übertragung
  – Zeitpunkt 6 185
– Veräußerung von Anteilen 17 5
– Veräußerungsgewinn
  – Gewerbesteuer 16 14
– Verlustabzug 10d 4
– Verlustabzugsbeschränkungen 10d 4
– Verlustausgleichsverbot 15 614; 22 37

Stichwortverzeichnis **Verlustabzug**

- Vermögensübergabe gegen Versorgungsbezüge **16** 141
- vorläufiger Rechtsschutz **37** 52
- Vorsorgeaufwendungen **10** 11
- Werbungskosten-Abzugsverbot **20** 534
- Werkstorprinzip **9** 353
- Wertzuwachsbesteuerung **17** 79; **49** 64
- wesentliche Beteiligung **17** 75
- Zinsschranke **4h** 7
- zumutbare Belastung **33** 70
- Zusammenveranlagung **26b** 1
- Zuwendungen an politische Parteien **34g** 1

Verflechtung
- Betriebsaufspaltung **15** 78

Verfügungsbefugnis
- Gewerbebetrieb **15** 17

Verfügungsbeschränkung **11** 16; **17** 43

Verfügungsmacht 20 9
- Lieferung **2a** 63
- Zufluss **8** 27

Vergebliche Werbungskosten 9 48, 66
- Bauvorhaben **21** 125
- Optionskosten **19** 150

Vergleichsverwalter 18 151
- Lohnsteuerhaftung **42d** 55

Vergütungen
- beschränkte Steuerpflicht **49** 101
- Freistellungsverfahren **50d** 20
- Gesellschafter-Fremdfinanzierung **15** 363a

Vergütungsgläubiger 50a 47; **50d** 9
- Antragsbefugnis **50d** 13
- Aussetzung der Vollziehung **50a** 52

Vergütungsschuldner 50 36; **50a** 47
- Rechtsbehelf **50a** 46

Verkäufer
- Berufskleidung **9** 325

Verkaufsgarantie
- Bauherrenmodell **21** 18

Verkehrsanschauung
- Freiberufler **18** 10
- Selbstständige **18** 30
- Veräußerungsgegenstand **14** 2

Verkehrsauffassung 13 25
- Arbeitnehmer **19** 53
- Freiberufler **15** 67
- freiberufliche Tätigkeit **18** 2

Verkehrsbetrieb
- Kapitalertragsteuer **44a** 20

Verkehrslärm
- Entschädigung **2** 47

Verkehrswert
- eigenes Vermögen **33a** 22
- gemeiner Wert **6** 8
- gemeiner Wert/Teilwert **6** 83
- Grundstück **6** 133
- negative Ergänzungsbilanz **15** 454
- Teilwert **6** 94

Verlagsarchiv
- immaterielle Wirtschaftsgüter **5** 165

Verlagsrecht 6 130
- Aktivierung **5** 165

Verleasen 2a 63

Verlobte 33 57

Verlorene Vorauszahlungen
- Herstellungskosten **6** 78

Verlorener Aufwand
- Vorauszahlungen **21** 125

Verlorener Zuschuss
- Anschaffungskosten **17** 214

Verlust 3c 56; **11** 65
- Abgeltungsteuer **20** 431
- Absetzung für Abnutzung **49** 64
- Anteilsveräußerung **16** 230; **17** 20
- Ausland **2a** 46; **34c** 37
- Bestandskraft **10d** 39
- Betriebsstätte
  - Nachversteuerung **2a** 4
- Darlehen **19** 160
- Devisenoptionsgeschäft **21** 162
- Durchschnittssatzgewinn **13a** 10
- Ehegatten
  - Sparerfreibetrag **20** 472
- Eigenkapitalvergleich **4** 15
- Erwerbsgrundlage **2** 52
- fehlgeschlagene Gründung
  - Kapitalgesellschaft **17** 284
- gesonderte Feststellung **15a** 270; **21** 135
- Gewinnerzielungsabsicht **2** 76; **17** 100
- GmbH-Beteiligung **19** 160
- Großspende **10b** 42
- Handelsschiff **5a** 40
- im Ausland belegenes Schiff **21** 71
- Investitionsabzugsbetrag **7g** 36
- Jagd **13** 13
- kapitalersetzendes Darlehen **17** 100
- Kapitalgesellschaft
  - Liebhaberei **15** 130
- Kapitalherabsetzung **20** 480
- Liebhaberei **15** 34
- Mitunternehmer **15** 315
- negativer Progressionsvorbehalt **32b** 21
- per country limitation **2a** 72
- privates Veräußerungsgeschäft **20** 886
- Progressionsvorbehalt **2a** 3, 78
- schwebende Geschäfte **5** 82
- stille Gesellschaft **2a** 41; **20** 480
- Teileinkünfteverfahren **2a** 39
- Totalgewinn **15** 40
- Vermietung und Verpachtung
  - Lohnsteuer-Ermäßigungsverfahren **39a** 8
- Verrechnungsfolge **5a** 15
- Verrechnungsverbot **15a** 73
- Vollbeendigung der Mitunternehmerschaft **15** 403
- Währung **34d** 28
- Währungsumrechnung **6d** 2
- Zurechnung
  - negatives Kapitalkonto **16** 228

Verlustabzug 17 264; **23** 23; **24a** 6
- Abschnittsbesteuerung **10d** 1
- Begrenzung **21** 130
- Beitrittsgebiet **10d** 1
- beschränkte Steuerpflicht **50** 7, 13
- Diskriminierungsverbot **2a** 65
- Ehegatten **10d** 10
- Einkommensermittlung **2** 136
- Einkunftsart **10c** 1

2041

Verlustabzugsverbot

- Einspruch **10d** 39
- Erbe **2** 69; **10d** 6; **16** 102
- Feststellung **10d** 2
- Finanztermingeschäft **15** 609
- Freigrenze **23** 24
- Gesellschafter **21** 136
- Gestaltungsmöglichkeiten **10d** 6
- getrennte Veranlagung **26a** 4, 16
- Grundlagenbescheid **10d** 38
- Höchstbetrag **10d** 14
- horizontal **10d** 15
- Kind **32** 17
- Mehrmütterorganschaft **20** 195
- Mindestbesteuerung **10d** 3, 4
- nicht entnommener Gewinn **34a** 17
- Nießbrauch **10d** 9
- Organschaft **10d** 9
- Personengesellschaft **10d** 8
- Personenidentität **10d** 6
- Sonderausgaben **10d** 14
- Steuerstundungsmodell **15b** 2
- Thesaurierungsbegünstigung **34a** 18, 87
- Übertragbarkeit **10d** 9
- Übertragungsgrenze **10d** 16
- Umstellung des Wirtschaftsjahres **4a** 8
- Unterhaltsberechtigter **33a** 28
- Verfassungsmäßigkeit **10d** 4, 14
- vertikal **10d** 16
- Vertrauensschutz **2a** 72
- Zusammenveranlagung **26b** 10

Verlustabzugsverbot
- Steuerstundungsmodell **15b** 1
- Thesaurierungsbegünstigung **34a** 10

Verlustanteil
- Begriff **15a** 25
- Genussscheininhaber **20** 480
- geschlossene Fonds **15b** 35
- Gesellschafter **2a** 42
- Kapitalkonto **15a** 42
- stille Gesellschaft **11** 65
- stiller Gesellschafter **11** 65

Verlustausgleich **2** 7; **18** 180; **23** 23
- Änderung der Gewinnfeststellung **15a** 190
- atypische Unterbeteiligung **15a** 166
- Aufgabegewinn **15a** 161
- ausländische Steuer **43a** 67
- außerordentliche Einkünfte **34** 57, 58
- beschränkte Haftung **15a** 1
- beschränkte Steuerpflicht **50** 13
- beschränkter Geschäftszweck **15a** 162
- DBA **2a** 3
- Einkunftsart **20** 879
- Einlage
  - Entnahme **15a** 166
- Einlageerhöhung **15a** 261
- Einlagenminderung **15b** 31
- Erbe **2** 110
- erweiterter **15a** 100
- fiktiver Gewinn **15a** 221
- Finanztermingeschäft **15** 614
- Gegenstand der Feststellung **15a** 271
- geleistete Einlage **15a** 43
- Gemeinschaftsrecht **10d** 4
- gewerbliche Tierzucht **15** 600
- Grundstücksveräußerungsgewinn **20** 865
- Günstigkeitsprinzip **34** 57
- Handelsregistereintragung **15a** 131
- horizontaler/vertikaler **15** 37
- Insolvenzverfahren **2** 111
- Kapitaleinkünfte **20** 854
- Kind **32** 17
- Klagebefugnis **15a** 284
- Konkurs **10d** 7
- maßgebender Kapitalkontenstand **15a** 44
- Mehrmütterorganschaft **20** 195
- Nachlassinsolvenzverfahren **2** 110
- negative Einkünfte **2a** 1; **10d** 13
- negatives Kapitalkonto **15a** 2
- negatives Sonderbetriebsvermögen **15a** 41
- partieller Risikoausschluss **15a** 162
- private Veräußerungsgeschäfte **23** 25
- privates Veräußerungsgeschäft **20** 860
- Rückgängigmachung **15a** 190
- Saldierung **15a** 190, 223
- Spekulationsgeschäft
  - Verfassungsmäßigkeit **23** 1
- Thesaurierungsbegünstigung **34a** 18, 87
- Tierhaltung **13** 11, 12
- Vermietung und Verpachtung **21** 132
- Verrechnungsreihenfolge **2a** 74
- Wahlrecht **15a** 168
- wirtschaftlicher Geschäftsbetrieb **10b** 21

Verlustausgleichsbeschränkung **2a** 14, 77; **20** 430; **21** 141; **49** 150
- Aktienveräußerung **20** 521
- aktive Tätigkeit **2a** 32
- nicht registrierte Schiffe **2a** 47
- ungeplante Verluste **15b** 51
- Zwischengesellschaft **2a** 54

Verlustausgleichsverbot **15** 4; **20** 881; **22** 37
- Anteil an Kapitalgesellschaft **20** 202
- Auslandsverlustt **15b** 8
- außerbilanzielle Hinzurechnung **34a** 55
- Auswirkungen **15** 618
- Beteiligung **15** 622
- Finanztermingeschäft **15** 609
- Gemeinschaftsrecht
  - Verfassungswidrigkeit **15b** 11
- gewerbliche Tierzucht **15b** 9
- Hedging **15** 15
- Kapitaleinkünfte **20** 516
- Kapitalgesellschaft
  - stille Gesellschaft **15** 620
  - Verfassungsmäßigkeit **15** 624
- Kommanditist **15b** 10
- Mehrmütterorganschaft **15** 624
- Mitunternehmer **15** 624; **20** 200
- mitunternehmerische Beteiligung **15** 4
- negatives Kapitalkonto **15** 623; **20** 201
- Steuerstundungsmodelle **15b** 1
- stille Gesellschaft **15** 619; **20** 198, 205
- Termingeschäft **15** 601, 609, 614; **15b** 9
- Thesaurierungsbegünstigung **34a** 10
- unechte Rückwirkung **15** 619
- Unterbeteiligung **15** 4, 619
- Veräußerungsverlust **15** 622
- Verfassungsmäßigkeit **15** 614

Verlustausschluss **13a** 17; **55** 18

Verlustbescheinigung 43a 73
Verlustbeteiligung
– angestellter Komplementär 15 215
– Mitunternehmer 15 248
– partiarisches Rechtsverhältnis 20 167
– stille Gesellschaft 15 222; 20 175
  – Werbungskosten 20 189
Verlustfeststellung 10d 40
– Änderung 10d 39
– Ausbildungskosten 10 28
– Folge-/Grundlagenbescheid 10d 38
– Gesamtbetrag der Einkünfte 10d 36
– Veranlagung 10c 1
– Zuständigkeit 10d 37
Verlustkonto
– Ausscheiden 15 399
Verlustprognose
– Steuerstundungsmodell 15b 4
Verlustrücktrag
– Gemeinschaftsrecht 50 14
– getrennte Veranlagung 26a 16
– Gewerbesteuer-Anrechnung 35 15
– gewerbliche Tierzucht 15b 34
– negative Einkünfte 10d 13
– Sondertarifierungsantrag 34a 28
– Steuerstundungsmodell 15b 6, 20
– Thesaurierungsbegünstigung 34a 18, 87
– Verlustvortrag 10d 2
– Zusammenveranlagung 26b 10
Verlustübernahme
– Anschaffungskosten 17 214
– Thesaurierungsbegünstigung 34a 63
Verlustverrechnungstopf 20 870
– Bescheinigung 20 889
– negative Kapitalerträge 43a 70
– Stückzinsen 43a 64
– Tafelgeschäft 43a 76
Verlustvortrag 2a 78; 10d 25
– einheitliche und gesonderte Feststellung 10d 36
– Erbe 16 102
– Gemeinschaftsrecht 50 14
– gesonderte Feststellung 10d 35
– Kapitaleinkünfte 20 883
– Mindestbesteuerung
  – Teilleistungen 5 84
– Spekulationsgeschäft 23 3
– Steuerstundungsmodell 15b 2
– Thesaurierungsbegünstigung 34a 87
– Verjährung 10d 36
– Verlustfeststellungsbescheid 10d 40
– Verlustrücktrag 10d 2
Verlustzuweisungsgesellschaft Einl 31; 15a 8, 300
– Gewinnerzielungsabsicht 15 46; 15a 22; 21 19
– Kommanditist 15a 11
– Mitunternehmerschaft 15 46
– Steuerstundungsmodell 15b 16
Vermächtnis 17 158
– Anschaffung 23 11
– Spenden 10b 18
– unentgeltliche Betriebsübertragung 16 105
– Unternehmer 15 152
– wiederkehrende Leistungen 16 107
Vermächtnisnehmer
– Einkunftsart 24 72

Vermächtnisnießbrauch
– AfA-Berechtigung 7 20
– Gesellschaftsanteil 15 239
Vermächtnisrente 22 13
Vermietergemeinschaft 15 212
Vermieterinitiative 21 41
Vermietung 49 140
– Betriebsaufspaltung 15 87
– Ehegatte Einl 8
– Einkünfteerzielungsabsicht 2 50c
– Flugzeug 2a 25
– private Vermögensverwaltung 15 70
– Segelyacht
  – Gewinnerzielungsabsicht 15 50
– Veräußerung 15 72
– Wohnmobil
  – Gewinnerzielungsabsicht 15 50
Vermietung und Verpachtung 15b 12
– Abgrenzung zum Gewerbebetrieb 15 69
– Angehörige 21 17
– Annuitätshilfe 3c 83
– ausländische Einkünfte 34d 30
– beschränkte Steuerpflicht 49 140
– Ehegatten
  – Darlehen 4 151
– Einkünftezurechnung 21 40
– Freiberufler 18 44
– geborenes Verlustgeschäft 21 16
– Gegenstand 21 70
– Inlandsbezug 49 141
– Leasing 21 9
– Liebhaberei 21 16
– negative Einkünfte 2a 45; 21 2
  – Einkommensteuer-Vorauszahlung 37 29
– Nutzungsüberlassung 21 5
– Sachinbegriff 21 75
– Steuerabzug 49 141
– Subsidiarität der Einkunftsart 21 160
– Treugeber 21 41
– Überlassung von Rechten 21 76
– Überschusseinkunftsart 2 39
– Umlagen 21 90
– unbewegliches Vermögen 21 71
– Veräußerungsgewinn 20 504; 21 2; 49 64
– Verlust 49 64
  – Freibetragseintragung 39a 8
– Verlustabzugsbegrenzung 21 130
– Zinseinnahme 20 453
– Zinsen 21 162
Vermisste 63 4
Vermittlungstätigkeit 18 65; 19 100
Vermögen
– Kind 32 16
– Unterhaltsleistungen 33a 22
Vermögensaufteilung
– gegenwärtiges Dienstverhältnis 19a 10
Vermögensauseinandersetzung
– wiederkehrende Leistungen 10 9
Vermögensbestandsvergleich 13 47
Vermögensbeteiligung
– Aktien 19a 17
– Arbeitnehmer 19a 6
– Bewertung 19a 28
– Konzernklausel 19a 16

2043

Vermögenseinlage

- Pauschalierung **37b** 3
- Überlassung durch Dritte **19a** 13
- wirtschaftliche Verfügungsmacht **19a** 29

Vermögenseinlage
- stille Gesellschaft **20** 142
- Verlustausgleich **20** 205

Vermögensentschädigung 21 90
- Restitutionsentgelt **24** 18

Vermögenslosigkeit
- Werbungskosten
  - wesentliche Beteiligung **17** 172

Vermögensmasse 20 110
- Anteilsveräußerung **6b** 36
- beschränkte Steuerpflicht **49** 63

Vermögensrecht 20 4

Vermögenssphäre
- Werbungskosten **9** 43

Vermögensstock
- Stiftung **10b** 56
- Stiftungsspende **10b** 54

Vermögensübergabe
- Begriff **22** 11
- Bestandsschutz für Altverträge **22** 10a
- Beteiligte **22** 12
- eigengenutzte Immobilie **22** 11c
- fehlgeschlagene **22** 20
- Geldvermögen **22** 11c
- Gestaltungshinweise **22** 26
- gleitende **22** 17
- konkursbefreiter Betrieb **22** 11
- nachträgliche Umschichtung **22** 18
- Objekte **22** 11a
- Restvermögen **22** 18
- Rohbau **22** 11
- Unternehmerlohn **22** 23a
- Versorgungsleistungen **9** 123; **10** 10; **12** 27; **13** 42; **23** 11
- Vertrauensschutz **22** 15
- vorweggenommene Erbfolge **16** 141

Vermögensübertragung 20 109; **49** 56
- Anwendungszeitraum **34** 85
- Unterstützungskasse **4d** 10

Vermögensverlust 11 65; **19** 160; **20** 480

Vermögensverwaltung 2 50b; **15** 65; **20** 117
- Abgrenzung zum gewerblichen Grundstückshandel **15** 114
- Beteiligung am allgemeinen wirtschaftlichen Verkehr **15** 30
- BGB-Gesellschaft **15** 136
- Einkünfte aus selbstständiger Arbeit
  - Gesellschaft **3** 141a
- Holding **50d** 43
- OHG und KG **15** 217
- Personengesellschaft **15** 136, 426; **15b** 46a
  - Steuersubjekt **15** 205
- Private Equity Fonds **15** 129a
- Schwestergesellschaft **15** 474
- Sondervergütungen **15** 375
- Spendenverwendung **10b** 21
- Steuerstundungsmodell **15b** 24
- Teilbetrieb **16** 66
- Zebragesellschaft **15** 466

Vermögensverwaltungsgebühren 3c 83
- Werbungskosten **20** 480

Verpächter 6b 20

Verpfändung 11 65; **17** 110

Verpflegung
- Lebensführung **12** 22

Verpflegungsmehraufwand
- Arbeitgeberentschädigung **3** 52
- Aufwandsspende **10b** 86
- Außendienst **3c** 83
- begrenzter Abzug **3** 53
- doppelte Haushaltsführung **3** 55; **9** 272
- Exkursion **10** 34
- Fortbildungskosten **4** 252
- Geschäftsreise **4** 252
- Kriminalbeamter **3c** 83
- Lehrer
  - Schulausflug **3c** 83
- Lohnsteuerpauschalierung **40** 23
- Pauschalierung **4** 186
- Pauschbetrag **9** 272, 436
- Steuerabzug **50a** 3
- Werbungskosten **9** 436

Verpflegungszuschuss 3 29

Verpflichtungsklage
- Anspruch auf Veranlagung **25** 7
- Beiladung
  - Ehegatten **26** 91
- Ehegatten-Veranlagung **26** 90
- Freistellungsbescheid **50d** 28
- Kindergled **70** 5
- Steuererstattung **50** 36

Verpflichtungszuschlag 3 32

Verrechnung
- außerordentliche Einkünfte **2a** 72
- Einkommensteuer **36** 35
- Einnahmen **8** 18

Verrechnungskonto
- Gesellschafter **20** 13

Verschleierte Sachgründung 16 21; **17** 205, 215

Verschmelzung 49 56
- Besitzzeit **6b** 19
- Betriebsaufspaltung **15** 111
- Betriebsausgaben **4** 252
- Einbringung **16** 28
- entgeltlicher Erwerb **17** 267
- Entschädigung **19** 150
- Ergänzungsbilanz **15** 332
- Kapitalertragsteuer **43** 75
- Schwesterkapitalgesellschaft **3** 136
- Steuerverstrickung **17** 330
- Trägerunternehmern **4d** 10
- Übernahmegewinn **3c** 83
- Verlustverrechnungsverbot **15a** 76
- Vermögensübergabe **22** 18
- wesentliche Beteiligung **17** 234

Verschmelzungsgeborene Anteile 17 1, 27, 62
- Besitzzeit des Rechtsvorgängers **17** 90

Verschonungssubvention Einl 28; **51** 6

Verschulden 33 24, 43
- Ausstellerhaftung **10b** 107
- Bauabzugsteuer **48** 15
- Entleiherhaftung **42d** 94
- Freistellungsbescheinigung **48a** 18
- Kindergeld-Festsetzung **70** 3

2044

- Lohnsteuerhaftung **42d** 21, 65
- Wiederbeschaffungskosten **33** 23

Versendungskauf
- Gewinnrealisierung **5** 155

Versicherung 6 14
- Beitrag **20** 480
- Betriebsvermögen **4** 54
- Erträge **49** 112
- gemischte Nutzung **12** 4
- Kapitalertragsteuer **43** 50
- Privatvermögen **15** 352
- Provision
  - Weiterleitung **8** 31
- Provisionsverzicht **8** 31
- Vermittler **19** 100
- Werbungskosten **9** 140
- Zwangsläufigkeit **33** 45

Versicherungsanstalt
- Kindergeld **72** 2

Versicherungsbeiträge 11 53; **12** 23
- Aufteilung **10** 11
- Ehegatte **10** 23
- eigene Verpflichtung **10** 5
- Gutschrift **10** 4
- Unfallversicherung **19** 150
- Versicherungsleistungen **3c** 83

Versicherungsberater
- Honorar **22** 30

Versicherungsentschädigung
- Absetzung für außergewöhnliche Abnutzung **7** 103

Versicherungsleistungen 21 90
- Abgeltungsteuer **32d** 20
- Anrechnung **33** 14
- Anspruchsveräußerungen **20** 771
- Berufskrankheit **3c** 83
- Betriebseinnahmen **4** 251
- Diebstahl
  - Kaskoversicherung **4** 251
- Direktversicherung **4b** 4
- Herstellungskosten **7** 60
- Kapitalertragsteuer **43** 50
- Krankenversicherungsbeiträge **3c** 83
- Versicherungsprämien **3c** 83

Versicherungssteuer
- Aufteilung **10** 17

Versicherungsvertreter 18 151
- Abfindung **24** 26
- Ausgleichsanspruch **24** 33
- Nachbetreuungsprovision **5** 166
- Provision
  - Weiterleitung **2** 47

Versöhnungsversuch
- Ehegatten **26** 20

Versorgungs-Freibetrag 10 12; **19** 9, 173; **39a** 7; **39b** 7
- Abgeordnetenbezüge **22** 38
- Abschmelzung **19** 174
- Ermittlung **19** 174
- Leibrente **22** 48
- sonstige Einkünfte **22** 48
- Zuschlag **9a** 16; **19** 176

Versorgungsamt
- Feststellungsbescheid **33b** 25

Versorgungsanwartschaft 3 164, 211; **6a** 42
- Abfindung **6a** 20; **24** 17
- Insolvenz **3** 203
- Nachschuss **4e** 28
- Pensionsfonds **3** 203
- Überversorgung **6a** 42
- Unterstützungskasse **4d** 20

Versorgungsausgleich 33 100
- Betriebsrente **19** 58
- Ehegatte **22** 29
- Öffnungsklausel **22** 27e
- Rentenversicherung **19** 58
- Sonderausgaben **10** 10b

Versorgungsbezüge 19 160
- Abschmelzung des Versorgungs-Freibetrags **19** 174
- Altersentlastungsbetrag **24a** 7
- Arbeitnehmer-Pauschbetrag **9a** 16
- Begriff **19** 160
- beschränkte Steuerpflicht **49** 148
- Betriebsübertragung **16** 140
- Betriebsweiterveräußerung **16** 141
- des ausschlagenden Erben **16** 104
- Freibetrag **19** 9
- Gesellschafter **15** 392
- Kindergeld **72** 2
- Rechtsnachfolger **19** 160
- schuldrechtlicher Versorgungsausgleich **10** 10b
- unentgeltliche Übertragung **16** 142
- Vermögensübergabe **16** 141
- vorweggenommene Erbfolge **16** 140
- Witwe/Waise **15** 392

Versorgungsfreibetrag
- Zuschlag **39b** 8

Versorgungskasse 10 17
- Kapitalabfindung **3** 27
- Selbstständige **10** 13

Versorgungsleistungen 11 65; **24** 17
- Abänderbarkeit **22** 15
- auf Lebenszeit **22** 14
- Bemessungsgrundlage **22** 27a
- beschränkte Steuerpflicht **1a** 13
- Betriebsübergabe ohne positiven Ertragswert **22** 11a
- dauernde Last **22** 7
- Durchführung des Versorgungsvertrags **22** 21
- Einkunftsart **3** 167
- einzelne Unterhaltsleistungen **22** 16
- Empfänger **22** 13
- Gegenleistungsrente **10** 9
- Gesellschafterwitwe **24** 73
- Hofübergabe **13** 42
- Insolvenz **3** 203
- Mindestzeitrente **22** 14
- Mitunternehmeranteilsübertragung **16** 140
- private Versorgungsrente **22** 9
- Teilbetriebsübertragung **16** 140
- Unterhaltsleistungen **16** 141
- Unternehmenswert **22** 23
- Veräußerung unter Angehörigen **16** 92
- Vermächtnis **16** 107
- Vermögensübergabe **9** 123; **10** 10; **12** 27
- vorweggenommene Erbfolge **14** 10; **16** 140
- Werbungskosten **9** 114

- Wertsicherungsklausel **22** 15
- Wiederverheiratungsklausel **22** 14

Versorgungsrente
- Betriebseinnahmen **4** 251

Versorgungsrückstellung 11 65

Versorgungswerk
- Beiträge
  - Freiberufler **4** 252

Versorgungszusage
- Barlohnumwandlung **6a** 42
- Insolvenzschutz **6a** 20
- Lohnsteuer-Pauschalierung **3** 190
- Pauschalbesteuerung **4b** 2
- Verzicht **17** 196
- Zahlungen **24** 55

Verspätungszuschlag 12 28; **25** 10
- Gewerbesteuer **4** 216
- Kirchensteuer **10** 25
- Lohnsteueranmeldung **41a** 4
- Zusammenveranlagung **26b** 40

Verstrickung
- fiktive Einlage **4** 106f
- Rückführung **4g** 15
- Sachgesamtheit **4** 106g
- Veräußerungsgewinn **4** 106a

Vertikaler Verlustabzug 10d 16
- anteilige Verlustverteilung **10d** 30

Vertikaler Verlustausgleich 15 37
- Gemeinschaftsrecht **50** 14
- Gewerbesteuer-Anrechnung **35** 15
- nicht entnommener Gewinn **34a** 17
- Steuerstundungsmodell **15b** 1, 26

Vertikaler Verlustvortrag
- Ehegatten **10d** 27

Vertikales Verlustausgleichsverbot
- Steuerstundungsmodell **15b** 6

Verträge zwischen Angehörigen 21 30
- Betriebsausgaben **4** 252
- Betriebsverpachtung im Ganzen **13** 33
- Fremdvergleich **12** 1; **21** 30, 154
- Gestaltungsmissbrauch **21** 35
- Nachweis **21** 32
- Nebenkostenvereinbarung **21** 33
- partiarisches Darlehen **20** 210
- teilweise unentgeltliche Wohnungsüberlassung **21** 154

Vertragshändler
- Ausgleichsanspruch **24** 33

Vertragsstörung
- Entschädigung **24** 15

Vertragsstrafe 19 160
- Ausbildungsverhältnis **10** 34
- Werbungskosten **9** 48

Vertrauensschutz Einl 70
- Anrufungsauskunft **42e** 7
- Böswilligkeit **10b** 114
- Einkommensteuergesetz **52** 2
- Einkommensteuergesetzgebung **Einl** 64
- Grundgesetz **Einl** 68
- Grundrecht **Einl** 71
- Kindergeldfestsetzung **70** 2, 2a
- Kontinuität der Gesetzesentwicklung **52** 13
- Lebensversicherung **20** 273

- Leibrentenvereinbarung **22** 15
- Lohnsteueranmeldung **41a** 6
- Lohnsteuerhaftung **42d** 46
- Neuregelungsabsicht **52** 14
- rückwirkende Gesetzgebung **Einl** 65
- Spenden **34g** 48
- Spendenbescheinigung **10b** 19
- Steuerbescheid **10b** 100
- Steuerstundungsmodell **15b** 15
- unlautere Mittel **10b** 99
- verbindliche Zusage **42f** 10
- Verlustabzug **2a** 72
- Widerrufsvorbehalt **50d** 25

Vertreibung 33 23, 51

Vertreter
- Arbeitsstätte **9** 366
- Lohnsteuerhaftung **42d** 55

Vertreterrecht
- Handelsvertreter **5** 165; **7** 76

Vertriebene
- Kindergeld **62** 2
- steuerfreie Leistungen **3** 36

Vertriebskosten
- Herstellungskosten **6** 75

Veruntreuung 15 366

Vervielfältigungstheorie 18 118, 147, 150

Verwaltungskosten
- Personengesellschaftsholding **3c** 83
- Rückstellung **5** 165
- Schachteldividende **3c** 83
- Unterstützungskasse **4d** 7
- Vorteilsgewährung **3c** 83
- Werbungskosten **20** 480

Verwaltungsrat
- Begriff **50a** 9
- beschränkte Steuerpflicht **50a** 8

Verwarnungsgeld 12 29
- Abzugsverbot **4** 203, 204
- Ersatz durch Arbeitgeber **8** 16
- Übernahme ohne Arbeitgeber **19** 124

Verwenderhaftung
- Spendenbescheinigung **10b** 111

Verwendungseigenverbrauch 6 162e

Verwerfungskompetenz
- Dispositionskompetenz **51** 14

Verwertungsgesellschaft
- Steuerabzug **50a** 39
- Überbesteuerung **44a** 20

Verzicht
- Einnahmen **8** 6
- Erlass **11** 39
- Erzielung von Einnahmen **4** 127
- Kindeseinkünfte **32** 20
- Schadensersatz **19** 150
- Wohnrecht **24** 17

Verzinsung
- Erstattung **50d** 3, 17
- Investitionsabzugsbetrag **7g** 55
- Kapitalüberlassung **6** 148
- wertpapierorientierte **3c** 83

Verzinsungsgarantie 20 121

Verzugszinsen 20 453; **21** 90; **24** 17
- Werbungskosten **9** 48

Videokamera 12 26
– Arbeitsmittel 9 327
Videorecorder 12 26
Viehbestand
– Bewertungsstetigkeit 13 58
Viehdurchschnittsbewertung 13 58
Vieheinheitsgrenze 13 8
– Gewerbebetrieb 13 10
– Personengesellschaft 13 9
VIP-Loge
– Betriebsausflug 19 160
– Pauschalsteuer 37b 2
Völkerrecht 17 320; 50d 41
– Fusionsrichtlinie 15 171
Volkshochschule
– Lehrtätigkeit 19 100
Vollamortisation
– Leasing 4 79
Vollverschleiß
– Gebäude 6 54
– Herstellungskosten 21 101
Vollziehungsbeamter
– freihändiger Verkauf 17 110
Volontariat
– Kind 32 11
Vor-GmbH
– Lohnsteuerhaftung 42d 63
Vor-REIT
– Bundeszentralamt für Steuern 3 236
– Erwerber-Haftung 3 238
– Grundstücksveräußerung 3 228
– Halbabzugsbegrenzung 3c 72
– Schlussbilanz der Vorgesellschaft 3 232
– steuerbegünstigte Immobilienveräußerung 3 229
Vorab entstandene Werbungskosten 9 48, 64
– Arbeitslosigkeit 10 32
– Auslandstätigkeit 3c 83
– Umschulung 10 31
Vorabausschüttung
– Halbeinkünfteverfahren 3 127
Vorabgewinn
– Gewerbesteuer-Anrechnung 35 37
Vorausvermächtnis
– Miterbe 16 106
Vorauszahlung 11 12, 65
– 5. Vorauszahlung 37 16
– Abschlusszahlung 36 33
– Anpassung 37 11
– Anpassungsantrag 37 19
– Anpassungsvoraussetzungen 37 15
– Anschaffungskosten 6 37
– Arbeitslohn 11 60; 38a 4
– Beteiligung an Gemeinschaften 37 35
– Betragsgrenzen 37 17
– Einkommensteuer 36 8; 37 1
– Entstehung
  – Fälligkeit 37 42
– Erhöhung 37 16
– Ermäßigungsbetrag gem. § 34a 37 26
– Ermessen 37 12
– Familienleistungsausgleich 31 12
– Festsetzung 37 46
– Gestaltungsmissbrauch 11 47

– Grundpfandgläubiger 21 40
– Insolvenz eines Ehegatten 26 85
– Jahressteuerbescheid 37 47
  – Rechtsbehelf 37 53
– Kindergeldentlastung 37 40
– Konkurs 6 78
– letzte Einkommensteuer-Veranlagung 37 6
– Lohnsteuerabzug 37 7; 39b 9
– mehrjährige Tätigkeit 34 45
– Mindestbetrag 37 8
– nachträgliche Erhöhung
  – Fälligkeit 37 43
– nachträgliche Herabsetzung 37 16
– negative Einkünfte
  – Vermietung und Verpachtung 37 29
– Rechtsbehelfe 37 51
– Rückausnahme 37 34
– Sonderausgaben
  – außergewöhnliche Belastungen 37 25
– Umsatzsteuer 11 53, 65
– Unterhalt 33a 9
– Unterhaltsleistungen 10 7
– verlorener Aufwand 21 125
– Vorkosten 37 27
– vorläufiger Rechtsschutz 37 52
– Zuschlagsteuern 51a 3
Vorbehaltsnießbrauch 21 62; 22 9
– Einkunftsart 13 40
– private Versorgungsrente 22 10
– Wertpapier 20 129
– Zurechnung 20 131
Vorbesitzzeit 6b 17
– Realteilung 6b 19
Vordruck
– Rechtsverordnung 51 51
Vorerbe
– unentgeltliche Betriebsübertragung 16 103
Vorfälligkeitsentschädigung 9 48, 102; 21 125; 23 19; 24 26, 48
– Betriebsausgaben 4 252; 5 165
– Einfamilienhaus
  – Umschuldung 33 100
– Umzugskosten 12 25
– Veräußerungskosten 20 480
Vorführwagen
– Anlagevermögen 6 22
Vorgesellschaft 17 42; 20 61
– Anteilsveräußerung 20 731
– Beteiligungsveräußerung 20 742
– Kapitalgesellschaft 15 219
Vorgründungsgesellschaft
– BGB-Gesellschaft 15 219
– Verlust 17 284
Vorkaufsrecht 17 43
– Abfindung 17 240
– Bestellung 21 12
– Spekulationsgeschäft 23 4
Vorkosten
– Einkommensteuer-Vorauszahlung 37 27
– Säumniszuschläge 37 27
Vorläufige Bescheinigung
– Gemeinnützigkeit 10b 26
Vorläufige Veranlagung
– Ausgabenersatz 33 16

2047

- Behinderten-Pauschbetrag **33b** 11
- beschränkte Steuerpflicht **50** 1
- Leibrente **22** 27f
- Spekulationsgeschäft **23** 3

Vorläufiger Rechtsschutz
- Ablehnung der Erstattung **48c** 20
- Bauabzugsteuer **48a** 25
- Freistellungsbescheid **50d** 28
- Steuererstattung **50** 36
- Verlustfeststellungsbescheid **15a** 284
- Vorauszahlungsbescheid **37** 52

Vormundschaftliche Genehmigung 23 17
- Mitunternehmer **15** 257

Vormundschaftsgericht
- Kindergeld **64** 4, 6

Vorratsvermögen
- Aufwuchs **13** 59
- Durchschnittsbewertung **6** 116
- Lifo-Verfahren **6** 20
- retrograde Wertermittlung **6** 108
- Teilwert **6** 96
- Umlaufvermögen **6** 22

Vorruhestandsleistung 24 11
- Arbeitnehmervertreter
  - Gewerkschaftsaufwendungen **19** 160

Vorschuss
- Lohnsteuerabzug **39b** 13

Vorsichtsprinzip 6 16
- aktive Rechnungsabgrenzung **5** 95
- Begriff **5** 49
- Bewertung **5** 51
- immaterielle Wirtschaftsgüter **5** 70
- Periodenabgrenzung **5** 54
- Rückstellung **5** 131

Vorsorgeaufwendungen 10 11
- Besteuerung von Alterseinkünften **22** 27
- Höchstbetrag **10** 20
- nachgelagerte Besteuerung **10** 12
- Nachversteuerung **10** 24
- steuerfreie Einnahmen **10** 19
- Veranlagungsart **26a** 18
- Verfassungsmäßigkeit **10** 11

Vorsorgepauschale 10c 1
- Abgeordnete **10c** 3
- Amtsveranlagung **46** 25
- Beamte **10c** 4
- Beamte, Richter, Soldaten **10c** 3
- beherrschender Gesellschafter-Geschäftsführer **10c** 4
- Berufs-/Zeitsoldat **10c** 4
- Ehegatten **10c** 4
- Geistliche **10c** 3, 4
- Günstigerprüfung **10** 23
- Günstigerrechnung **10c** 5
- Lohnsteuer-Jahresausgleich
  - Arbeitgeber **42b** 4
- Selbstständige **10c** 3
- Vorstandspauschale **10c** 4

Vorsorgeuntersuchungen 19 123
- Arbeitnehmer **8** 10

Vorstand
- Familienstiftung **19** 100
- Genossenschaft **19** 100

Vorstandsmitglied 15 22
- Sicherungsmaßnahmen **19** 150
- Vorsorgeaufwendungen **10** 20
- Vorsorgepauschale **10c** 4

Vorsteuerabzug 11 65
- Anschaffungs-/Herstellungskosten **4** 175; **9b** 1
- Aufteilung **9b** 20
- Berichtigung **9b** 1, 30
- Betriebsgebäude **9b** 16
- Bewirtungsaufwendungen **9b** 16
- Durchschnittssätze **9b** 23
- Ehegatten **9b** 13
- Fahrausweis **9b** 15
- Fahrzeugaufwendungen **9b** 16, 26
- Gemeinschaft
  - Gesellschaft **9b** 13
- Gemeinschafter **9b** 12
- gemischte Verwendung **9b** 21
- geplante Verwendung **9b** 21
- geringwertige Wirtschaftsgüter **9b** 4
- Kleinbeträge **9b** 15
- Kleinunternehmer **9b** 17
- Kraftfahrzeug **9b** 20
- Miteigentümerschaft **9b** 13
- Nichtunternehmer **9b** 13
- nichtunternehmerische Zwecke **9b** 14
- Option **9b** 16
- Personenvereinigung **9b** 13
- Rechnung **9b** 12
- Repräsentationsaufwendungen **9b** 16
- Teilwertabschreibung **9b** 32
- Unternehmer **9b** 12
- Veräußerung **9b** 31
- Wahlrecht **9b** 26, 32
- Zeitpunkt **9b** 25

Vorsteuerberichtigung 9b 30
- Fahrzeugaufwendungen **9b** 20
- nachträgliche Anschaffungs-/Herstellungskosten **9b** 31

Vorteilsausgleich 6 13
- Gegenwertlehre **33** 14

Vorwegabzug 10 11; **10c** 4

Vorweggenommene Anschaffungskosten 6 40

Vorweggenommene Betriebsausgaben 4 137, 252
- Ausbildungskosten **4** 252
- beschränkte Steuerpflicht **49** 166
- erstmalige Berufsausbildung/Erststudium **12** 30
- Umschulung **10** 31

Vorweggenommene Erbfolge 6b 7; **10** 10; **14** 10; **16** 135; **17** 155
- Abstandszahlungen **14** 10
  - Gleichstellungsgelder **16** 139
- AfA-Bemessungsgrundlage **7** 24
- Anschaffung **23** 11
- Begriff **16** 138
- Betriebsaufspaltung **16** 256
- Betriebsteilung **13** 74
- Betriebsverpachtung **13** 38
- Bruchteil des Gesellschaftsanteils **6** 182b
- dauernde Last **22** 18
- Freibetrag **14a** 7
- gewerblicher Grundstückshandel **15** 121
- Mitunternehmeranteil **16** 139, 256
- Nachversteuerung **34a** 85

- Nießbrauch **14** 10
- Nießbrauchsvorbehalt **17** 93
- teilentgeltliche Betriebsübertragung **16** 139
- Übernahme von Verbindlichkeiten **16** 139
- unentgeltliche Vermögensübertragung **17** 158
- Verfassungsmäßigkeit **16** 141
- Vermögensübertragung **22** 18
- Versorgungsleistungen **16** 140
- Zinsvortrag **4h** 41

Vorweggenommene Werbungskosten
- beschränkte Steuerpflicht **49** 166
- erstmalige Berufsausbildung/Erststudium **12** 30

Wachhund 9 327; **19** 160
Wagniskapitalgesellschaft
- Leistungsvergütungen **18** 157

Wählergemeinschaft
- Spenden **51** 73

Wählervereinigung
- ausschließlicher Satzungszweck **34g** 20
- Ausschließlichkeitsgebot **34g** 23
- Begriff **34g** 19
- Dachverband **34g** 29
- errungenes Mandat
   - Teilnahme an der nächsten Wahl **34g** 24
- Rathausparteien **34g** 22
- Spenden **10b** 74
- Spendenbescheinigung **34g** 32
- Sperrklausel **34g** 25
- Wahlvorschlag **34g** 21
- zeitliche Begrenzung **34g** 25
- Zuwendungen **34g** 1
   - Nachweis **34g** 30

Wahlkampfkosten 19 160
- Betriebsausgaben **4** 252
- Werbungskosten **10b** 69

Wahlkonsul 3 84

Währung
- Anschaffungskosten **6** 51; **17** 206
- ausländische Einkünfte **34d** 7
- ausländische Steuern **34c** 29
- Bilanzierung **5** 43
- fiktive unbeschränkte Steuerpflicht **1** 33
- Forderungen **6** 136
- Nominalismus **Einl** 58
- Sachbezüge **8** 19
- Veräußerungsgewinn **17** 173
- Veräußerungspreis **17** 184
- Verbindlichkeiten **5** 117; **6** 150
- Zeitbezugsverfahren
   - Stichtagsmethode **6** 10

Währungsgewinn 20 318
Währungsoption
- Gewinnrealisierung **6d** 21

Währungsumrechnung 20 827
- Verlust **6d** 2

Währungsverlust
- ausländische Kapitaleinkünfte **34d** 28
- Betriebsstätte
   - Dotationskapital **2a** 25

Waisenkasse 10 17

Waisenrente 15 392
- Unterstützungskasse **4d** 45

Waldanschaffungskosten 13 65
Waldorfschule
- Spenden **10b** 16

Waldverkauf
- Holznutzung **34b** 3

Wandelanleihe 20 325, 326, 405
- Erträge **49** 112
- Halbeinkünfteverfahren **3** 133
- Kapitalertragsteuer **43** 15
- Kapitalertragsteuererstattung **45c** 7

Wandeldarlehen
- Zufluss **11** 65

Wandelschuldverschreibung 17 43, 53; *s.a. Optionsrecht*
- Arbeitnehmer **19a** 18
- Zufluss **11** 65

Wanderschäferei 13 12
Wandlungsrecht 17 52
- Schuldverschreibung **20** 745

Wandmalerei
- Gebäudeteil **7i** 3

Warenausgangsbuch 13 52
Warengeschäft
- negative Einkünfte **2a** 62

Warengutschein
- Arbeitnehmer **8** 19
- Spende **10b** 12

Warenrückvergütung
- Anschaffungskosten **6** 45

Warenumschließungen
- Rückstellung **5** 165

Warenvorräte
- Nominalwertprinzip **6** 10
- Teilwert **6** 104

Warenzeichen 6 130
- Abschreibung **7** 51
- Steuerabzug **50a** 27

Wärmeschutz
- Erhaltungsaufwand **6** 60b

Wärmeversorgung
- Erhaltungsaufwand
- Solaranlage **6** 59

Wartegeld
- Arbeitszimmer **19** 160

Waschmaschine 33a 9
Wasseranschlussbeiträge
- Anschaffungskosten **9** 140

Wasserkraft 13 28
Wasserschadenversicherung
- Werbungskosten **9** 140

Wasserversorgung 33 100
- Gebäude **6** 43

Wasservorrat
- Absetzung für Substanzverringerung **7** 196

Wechsel
- Aktivierung **5** 165
- Anschaffungskosten **6** 136
- Diskont **20** 280
- Diskontverträge **20** 280
- Zeitpunkt der Leistung **7a** 22

Wechsel der Gewinnermittlungsart
- Aufgabegewinn **16** 400
- Gewinnkorrekturen **13a** 6
- Nachversteuerung **34a** 9, 84
- Zeitpunkt **18** 17

Wechselkurs
- Euroumrechnungsrücklage **6d** 8

Wechselobligo
- Rückstellung **5** 165

Wechselschichtzulage **3b** 2, 3

Wegzugsbesteuerung **4g** 6; **17** 30
- Antrag **1** 26
- Diskriminierungsverbot **49** 55
- Rückzahlung der Altersvorsorgezulage **95** 1
- Zuzug **17** 191

Wehrdienst
- Berufsausbildung **33a** 12
- Familienheimfahrt **3c** 83
- Freistellung **12** 26; **19** 160
- Kind **32** 12
  - über 27 Jahre **32** 22
- Kindergeldausschluss
  - Verfassungsmäßigkeit **32** 22
- Unterhaltsleistungen **33a** 21
- Unterhaltssicherungsgesetz **3** 157

Wehrdienstbeschädigte **3** 34

Wehrdienstzuschlag **3** 32

Wehrpflichtiger
- steuerfreie Leistungen **3** 29

Weichender Erbe
- Abfindung **14a** 8

Weideland
- notwendiges Betriebsvermögen **13** 54

Weihnachtsfeier **12** 11

Weihnachtsgeld
- Grundlohn **3b** 2

Weihnachtsgratifikation
- sonstige Bezüge **38a** 5

Weinbau **14** 12
- Begriff **13** 6
- Tierhaltung **13** 11

Weisungsgebundenheit **15** 19
- Dienstverhältnis **19** 37

Weiterbildung **10** 27
- Ausbildungsdarlehen **19** 160
- Einkünfteerzielungsabsicht **10** 32
- in nicht ausgeübtem Beruf **10** 29

Welteinkommensprinzip **34c** 1; **51** 4
- Auslandsverlust **2a** 3
- DBA **49** 8
- erweiterte unbeschränkte Steuerpflicht **1** 22
- negative Einkünfte **2a** 1
- unbeschränkte Steuerpflicht **1** 1

Weltmeisterschaft
- Pauschalierung **50** 45

Werbegeschenk **6** 184; **37b** 16

Werbung **49** 43
- Anschaffungskosten **21** 113
- Betriebsausgaben **4** 252
- künstlerische Tätigkeit **18** 75
- Sportler **19** 100
- Steuerabzug **50a** 21

Werbungskosten **9** 1; **33** 65; **35a** 4
- ABC-Übersicht **21** 125
- Abflussprinzip **19** 10
- Abgeltungsteuer **32d** 1
- Absetzung für Abnutzung **9** 340
- Abzugsverbot **3c** 5
- Angemessenheit **9** 438; **21** 114; **22** 30
- Anteilsveräußerung **17** 172
- Arbeitnehmer
  - Insolvenz-/Konkursausfallgeld **3c** 83
- Arbeitnehmer-Pauschbetrag **32b** 32
- Aufwendungen für Arbeitsmittel **9** 320
- Ausbildungsdienstverhältnis **10** 33
- Ausgaben **3c** 19
- ausländische Einkünfte **34d** 7
- außerordentliche Einkünfte **34** 56
- Bauabzugsteuer **48** 30
- Bauherrenmodell **21** 110
- Beendigung der Tätigkeit **9** 48
- Begriff **9** 2
- Berufskleidung **9** 325
- beschränkte Steuerpflicht **50** 5
- Betriebsausgaben **9** 3
- Brandschutzversicherung **9** 140
- dauernde Last **9** 100
- Dienstreise **3c** 83
- Ehegatten **4** 151
- Einkunftsart **9** 80
- Einnahmeerzielung **9** 42
- Einzelnachweis **19** 160
- Erbbauzinsen **21** 125
- Erhaltungsaufwand **21** 100
- Erschließungskosten **9** 140
- Erstattung **8** 17; **21** 90
- Fahrten zwischen Wohnung und Arbeitsstätte **9** 350
- Finalität **9** 61
- Fortbildungskosten **10** 30
- Fußgängerzone **9** 140
- geringwertige Wirtschaftsgüter **9** 343
- Glasbruchversicherung **9** 140
- Grundsteuer **9** 140
- Gründungskosten **20** 480
- Halbeinkünfteverfahren **20** 42
- Hausbesitzerhaftpflichtversicherung **9** 140
- höherer Nutzungswert **8** 53
- Hotelkosten **19** 160
- Immobilienfonds **21** 110
- Kanalanschlussgebühren **9** 140
- Kapitaleinkünfte **20** 480
- Kind **32** 17
- Kinderbetreuungskosten **4f** 2
- Leibrente **9** 100
- Lohnsteuerfreibetragseintragung **39a** 7
- Mietausfallversicherung **9** 140
- neuer wirtschaftlicher Zusammenhang **9** 107
- nichtabziehbare **9** 434
- öffentliche Abgaben **9** 140
- Option/Abgeltungsteuer **32d** 15
- Personenmehrheiten **9** 25
- Personenversicherung **10** 11a
- Promotionskosten **4** 352
- Rente **9** 100, 114
- Schadensersatz **9** 48
- Schuldzinsen **9** 100

- Sozialversicherungsrente 22 30
- Sparer-Pauschbetrag 20 534, 896
- Spekulationsgeschäft 23 19
- Steuererstattung 50 34
- steuerfreie Einnahmen 3 78
- stille Gesellschaft 20 189
- Straßenanliegerbeiträge 9 140
- Straßenkostenbeiträge 6 43
- Straßenreinigungsgebühren 9 140
- Sturmschadenversicherung 9 140
- Umschulung 10 28a
- Unterhaltsrente 9 114
- Verlustausgleichsbegrenzung 21 133
- Vermietung und Verpachtung 21 90
- Vermögenssphäre 9 43
- Versicherungen 9 140
- Versorgungsleistungen 9 114
- Vertragsstrafe 9 48
- Verzugszinsen 9 48
- Wahlkampfkosten 10b 69
- Wasserschadenversicherung 9 140
- Weiterbildungskosten 10 29
- wirtschaftlicher Zusammenhang 9 103

Werbungskosten-Pauschbetrag 9a 1; 24a 6
- Ehegatte 9a 20; 22 30
- getrennte Veranlagung 26a 4
- Kapitaleinkünfte 9a 20; 20 480
- nebenberufliche Tätigkeit 3c 83
- Opfergrenze 33a 37
- Pauschalen für bestimmte Berufe 9a 35
- Pauschalierungen der Verwaltung 9a 33
- sonstige Einkünfte 22 48
- wiederkehrende Bezüge 9a 25

Werbungskostenersatz 19 114
- Abgrenzung zum Auslagenersatz 19 115
- Einnahmen 8 16
- Lohnsteuerpauschalierung 40a 4

Werkleistung
- Sondervergütungen 15 393

Werklieferung
- Bauabzugsteuer 48 20

Werkstorprinzip
- doppelte Haushaltsführung 9 405
- Entfernungspauschale 3 55; 4 188
- Fahrtenzwischen Wohnung und Betriebsstätte 4 189
- Verfassungsmäßigkeit 9 353

Werkswohnung
- Absetzung für Abnutzung 7 138
- Begünstigungsvoraussetzung 7k 5
- erhöhte Absetzungen 7k 1

Werkvertrag
- abgekürzter Vertragsweg 21 125
- Gewinnrealisierung 5 155

Werkzeug
- Anlagevermögen 6 22
- Arbeitsmittel 9 324
- Umlaufvermögen 6 22

Werkzeuggeld 3 85; 19 115
- Ausbildungskosten
  - Darlehen 19 160

Werkzeugkosten
- Zuschüsse 5 165

Wertaufhellende Tatsache 5 48; 6 19
Wertaufholung 6 11
- Absetzung für außergewöhnliche Abnutzung 7 104

Wertaufholungsgebot 6 110
- Verbindlichkeiten 5 118; 6 146

Wertaufholungsrücklage 6 110
Wertbeeinflussende Tatsache 5 48
Wertbegründende Tatsache 6 19
Wertberichtigung
- Forderungen 6 137

Wertermittlungsverordnung
- Absetzung für Abnutzung 7 61

Wertfortschreibung
- Wirtschaftswert 14a 2

Wertpapier-Pensionsgeschäft 20 9
- Kapitalertragsteuer 36 13

Wertpapierdarlehen 20 94, 129, 130
Wertpapiere 20 129
- Abgeltungsteuer 17 24
- Anlagevermögen 6 22
- Anschaffungskosten 6 135
- Arbeitnehmer 19a 18
- Betriebsvermögen 13 53
- Bewertung 6 134
  - Girosammeldepot 17 165
- Börsenkurs 17 185
- Depotwechsel 43a 73
- des Bundes und der Länder 43a 60
- Einnahme-Überschuss-Rechnung 4 120a
- Fifo-Methode 20 638, 848
- gewillkürtes Betriebsvermögen 4 43
- niedrig verzinsliche 20 382
- Nießbrauch 20 129
- private Vermögensanlage 15 129
- Privatvermögen 15 352
- Schließfachgebühren 20 480
- Schuldzinsen 3c 83
- Spekulationsgeschäft 23 2, 7
- Stillhalter 15 25
- Übertragung gegen Versorgungsleistungen 22 11
- Veräußerung 20 370; 23 25
- Währung 20 827
- Zurechnung 20 129

Wertpapiergebundene Pensionszusage 3c 83
Wertpapiergeschäft 22 34
- Bilanzierung 5 165
- Darlehen 3c 59
- private Vermögensverwaltung 20 452
- Spekulationsgeschäft
  - Verfassungswidrigkeit Einl 11

Wertpapierhandel
- Gewerbebetrieb 15 129
- Jahresbescheinigung 24c 1
- private Vermögensverwaltung 15 129

Wertpapierhandelsfonds 15b 35
Wertpapierleihgeschäft
- hälftiges BA-Abzugsverbot 3c 61
- Steuersparmodell 3c 59

Wertpapierorientierte Verzinsung
- Arbeitszeitkonten 3c 83

Wertsicherungsklausel 6 10
- Anschaffungskosten 16 95

Wertverzehr
– Forderungen **6** 138
– Kapitaleinkünfte **20** 360
– Rente **9** 113
– wiederkehrende Leistungen **6** 149

Wertverzehr
– Absetzung für Abnutzung **7** 6

Wertzuwachsbesteuerung
– Verfassungsmäßigkeit **17** 79

Wesentliche Bestandteile
– Wirtschaftsgut **5** 65

Wesentliche Beteiligung
– Abgeltungsteuer **32d** 18
– Absenkung der Beteiligungsquote **17** 79
– Angehörige
  – nahestehende Person **17** 60
– Anschaffungskosten **17** 201
– Auflösungsverlust **17** 284
– ausländische Personengesellschaft **17** 63
– Bagatellgrenze **17** 166
– Beteiligungshöhe **17** 48
– Betriebsvermögen einer Personengesellschaft **17** 62
– DBA **49** 59
– Eigentümer
  – wirtschaftlicher **17** 60
– Einbringung **17** 116
– Einlage **4** 106; **17** 115
  – Teilwert **6** 171
– Einlage in Einzelunternehmen **17** 132
– Einlagefiktion **17** 151
– Fremdwährung **17** 173
– Fünf-Jahres-Zeitraum **17** 75
– Gesamthandsvermögen **17** 61, 248
– Gestaltungsmissbrauch **17** 80
– Gründungskosten
  – Liquidationsverlust **20** 480
– Halbeinkünfteverfahren **17** 248; **34** 29
– Herabsetzungsgewinn **17** 297
– Kapitalerhöhung **17** 80
– Kapitalrückzahlung **17** 307
– mehrere Veräußerungsvorgänge **17** 255
– mittelbare Beteiligung **17** 70
– Nennkapital **17** 49
– Rechtsnachfolger **17** 90
– Refinanzierungsdarlehen **24** 63
– Renditebetrachtung **20** 3
– Sacheinlage **17** 27
– Sonderbetriebsvermögen **17** 126
– Sperrfrist **17** 265
– stimmrechtslose Anteile **17** 49
– teilentgeltlicher Erwerb **17** 93
– Teilwertabschreibung **17** 222
– Treuhand
  – Sicherungseigentum **17** 60
– Übertragung **22** 23a
  – auf Personengesellschaft **17** 125
– Umwandlung **17** 234
– unentgeltlicher Hinzuerwerb **17** 91
– Veräußerung **17** 100, 168
– Veräußerungsgewinn **20** 728; **34** 29, 72
– Veräußerungsgewinn/-verlust **17** 247
– Veräußerungsgewinnermittlung **17** 168
– Veräußerungskosten **17** 195
– verdeckte Einlage **17** 120

– Verfassungsmäßigkeit **17** 5, 75
– Verlustausgleich/Wesentlichkeitsschwelle **17** 35
– Verschmelzung
  – Spaltung **17** 234
– verschmelzungsgeborene Anteile **17** 27
– Wertmehrung **17** 207
– Zeitpunkt **17** 34
– Zwerganteil **17** 71

Wesentliche Betriebsgrundlagen 13 33
– Begriff **14** 8
– Betriebsaufgabe **13** 35; **16** 302, 310
– Betriebsaufgabegewinn **14** 16
– Betriebsaufspaltung **14** 11; **15** 95
– Betriebsunterbrechung **14** 12
– Betriebsveräußerung **16** 55
– Betriebsverpachtung **16** 324
– bewegliches Anlagevermögen **15** 97
– Buchwertfortführung **16** 68
– funktional wesentlich **16** 57
– Gütergemeinschaft **15** 238
– Hofstelle **13** 35
– Hofübernahme **14a** 8
– immaterielle Wirtschaftsgüter **15** 97; **16** 57
– notwendiges Betriebsvermögen **15** 98
– Patente **15** 97
– Privatvermögen **16** 100
– Sachabfindung **16** 134
– Selbstständige **18** 44
– Sonderbetriebsvermögen **16** 207, 213
– Teilbetrieb **16** 67, 348; **34** 29
– Teilbetriebsaufgabe **16** 316
– Übertragung
  – Verpachtung **15** 105
– Umlaufvermögen **16** 57
– unentgeltliche Betriebsübertragung **16** 100
– Veräußerung **6b** 37; **14** 6; **16** 52
– Veräußerungsgewinn **34** 26
– Zurückbehaltung **6** 181

Wettbewerbspensionskasse 4c 3

Wettbewerbsverbot 6 131; **19** 100
– Abschreibung **7** 51
– Aktivierung **5** 165
– Entschädigung **24** 22
– Europäische Union
  – Geldbuße **4** 203
– Karenzentschädigung **19** 36
– Praxisveräußerung **18** 164
– Veräußerungspreis **17** 180
– Vergütung **49** 101

Wetteinnahmen
– Betriebseinnahmen **4** 130

Widerrufsvorbehalt
– Freistellungsbescheinigung **50d** 25
– Freistellungsverfahren **50d** 26
– Pensionsrückstellung **6a** 20
– Schenkung **15** 260

Wiederaufforstungsverpflichtung 13 65

Wiederbeschaffungskosten 33 23, 61
– Absetzung für Abnutzung **7** 59
– Beteiligung **6** 134
– Grundstück **6** 133
– Obergrenze **33** 62
– Teilwert **6** 94
– Vorratsvermögen **6** 96

2052

Wiedereingliederungshilfe 24 17
Wiedergutmachungsleistungen 3 37; 12 29
Wiederkehrende Ausgaben
– ABC-Übersicht **11** 65
– Begriff **11** 52
Wiederkehrende Bezüge
– Ablösung
  – Einmalzahlung **16** 94
– Altenteilsleistungen **13** 43
– Anteilsveräußerung **16** 222
– Ausland **34d** 32
– beschränkte Steuerpflicht **49** 148
– Betriebsveräußerung **16** 92
– Bezüge von Körperschaften **22** 7
– DBA
  – Inland **22** 11d
– freiwillige Leistungen **22** 6
– Halbeinkünfteverfahren **17** 187
– Sofortbesteuerung **17** 172
– Steuerstundungsmodell **15b** 12
– Teilentgeltlichkeit **17** 188
– Veräußerung **24** 47
– Veräußerungsgewinn **17** 187
– Vermächtnisnehmer **16** 107
– vorweggenommene Erbfolge **16** 140
– Werbungskosten-Pauschbetrag **9a** 25
Wiederkehrende Einnahmen
– ABC-Übersicht **11** 65
– Begriff **11** 52
Wiederkehrende Leistungen
– Bewertung **6** 149
– Erbe
  – Pflichtteilsrecht **10** 9
– Vermächtnis **16** 107
– Vermögensauseinandersetzung **10** 9
– Vermögensübergabe **22** 11a
– Versorgungslücke **22** 14
– Wahlrecht **6** 149
– Wertsicherungsklausel **6** 149
Wiederkehrende Sachleistungen 22 16
Wiederverheiratung
– Ehegatte **26** 40
Wiederverheiratungsklausel
– Versorgungsleistungen **22** 14
Wiener Konvention
– Bauabzugsteuer **48** 7
Wiesbadener Modell
– Betriebsaufspaltung **15** 92
Willenserklärung
– Aufrechnung **75** 1
Willkürverbot 49 3
Windbruch
– Aufräumungshilfe **13** 69
Windkraftanlage 1 11; 13 28
Winterausfallgeld 3 22
Wintergeld 3 22
Wirtschaftliche Abnutzung
– Unrentabilität **7** 69
Wirtschaftliche Verfügungsmacht 11 11
– späterer Verlust **11** 18
– Vermögensbeteiligung **19a** 29

Wirtschaftlicher Eigentümer 20 9
– Absetzung für Abnutzung **7** 13
– Anlagevermögen
  – Verpachtung **13** 38
– Beteiligung **20** 129
– entgeltlicher Unternehmensnießbrauch **13** 40
– Gebäude **10f** 3
– Leasing **21** 9
– Umlaufvermögen
  – Verpachtung **13** 37
– Vorbehaltsnießbrauch **13** 40
– Wertpapierpensionsgeschäft **20** 129
Wirtschaftlicher Geschäftsbetrieb 20 115, 118; 44 3
– Ausgaben
  – Zweckbetrieb **3c** 83
– Berufsverband **9** 150
– gemeinnütziger Bereich **16** 303
– Spendenverwendung **10b** 21
Wirtschaftliches Eigentum
– Aktien **20** 92
– Anteile **20** 130
– Anteilsveräußerung
  – Formmangel **17** 60
– Bauten auf fremdem Grund **4** 82a
– Eigenbesitzer **4** 76
– Erbbaurecht **5** 67
– Mitunternehmer **15** 347
– Nutzungsrecht **5** 67
– Pfandflasche **5** 165
– Treuhand **3** 203
– Veräußerung **6b** 7
– Veräußerungsfristen **23** 17
– wesentliche Beteiligung **17** 60
– Zeitpunkt **17** 77, 170
– Zurechnung **4** 73; **5** 66, 165
Wirtschaftsberater
– Direktversicherung **4b** 6
Wirtschaftseinheit
– fehlgeschlagene Vermögensübergabe **22** 20
– Wirtschaftsüberlassungsvertrag **22** 11
Wirtschaftserschwernisse
– Entschädigung **13** 62
Wirtschaftsgebäude 13 54
– degressive AfA **7** 171
Wirtschaftsgenossenschaft 17 40; 20 61, 109
– beschränkte Steuerpflicht **49** 63
Wirtschaftsgut
– Abnutzung **7** 51
– Abschreibungsfähigkeit **7** 50
– Begriff **4** 65; **5** 62
– Beteiligung **15** 339
– Einlage
  – Entnahme **4** 65
– Funktionsbenennung **7g** 32
– gemischte Nutzung **4** 65
– Investitionsabzugsbetrag **7g** 11
– materielles **5** 68
– Privatnutzung **4** 65
– Sonderabschreibung **7g** 69
– Veräußerung **4** 65
– wesentliche Bestandteile **5** 65
– Zurechnung **5** 66

Wirtschaftsjahr
- Auflösung einer Reinvestitionsrücklage **6b** 31
- Erbe **4a** 8
- Gesellschafter **4a** 8
- Gewerbebetrieb **4a** 7
- Land- und Forstwirtschaft **4a** 6
- Umstellung **4a** 8
- Verlustabzug **4a** 8

Wirtschaftslast
- Rückstellungen **4** 72

Wirtschaftsüberlassungsvertrag 13 39; **22** 23b
- Buchführungspflicht **13** 51

Wirtschaftswert 14a 2
- Wertfortschreibung **14a** 2

Wirtschaftszeitung
- Fachliteratur **9** 327
- Werbungskosten **20** 480

Wissenschaft 3 151
- Begriff **3** 42

Wissenschaftler
- Erbe **24** 41, 71

Wissenschaftliche Tätigkeit
- Begriff **18** 69

Witwe/r
- Direktversicherung **4b** 15
- Gesellschafter
  - Versorgungsleistungen **24** 73
- Pensionszusage **6a** 3
- Rentenabfindung **3** 28
- Rückdeckungsversicherung **6a** 49
- Splitting **26c** 4; **32a** 22
- Veranlagung **26** 48
- Verlustabzug **10d** 10
- Versorgungsbezüge **15** 392

Witwenkasse 10 17

Wochenendhaus
- erhöhte Absetzungen **7c** 16

Wochenendmutter 35a 7
- Kinderbetreuungskosten **4f** 12

Wochenzeitung
- Fachliteratur **9** 327

Wohlfahrtsverband
- Helfer **15** 22
  - ehrenamtliche **19** 100

Wohltätigkeitsveranstaltung
- Spenden **10b** 17

Wohngebäude
- Kanalanschlussgebühren **6** 43
- Land- und Forstwirtschaft **6b** 11

Wohngeld 3 176

Wohngemeinschaft
- Behinderte **33** 100

Wohnmobil 21 75

Wohnrecht
- Ablösung
  - nachträgliche Anschaffungskosten **6** 41
- Gebäude
  - Sanierung **6** 38
- Grundstücksanschaffung **21** 65
- Mietvertrag **21** 36
- Spekulationsgeschäft **23** 4
- Überlassung **21** 40

- Verzicht **24** 17
- Zufluss **11** 65

Wohnsitz
- Ausland **63** 5
- Begriff **1** 12
- Entlastungsbetrag **24b** 12
- Entstrickung **2a** 100
- Inland **63** 4
- Lohnsteuerabzug **38** 7
- örtliche Zuständigkeit **39** 5
- unbeschränkte Steuerpflicht **1** 1
- Verlegung
  - Entstrickung **16** 315
- Verlegung ins Ausland **18** 175

Wohnsitzbestätigung
- Freistellungsverfahren **50d** 24

Wohnung *s. a. Betriebliche Wohnung*
- Ausland **1** 12
- Ausstattung
  - Umzug **12** 25
- Begriff **7c** 5; **9** 365; **21** 152
- Betriebswirtschaft **21** 101
- Denkmalschutz **21** 16
- Ehegatte
  - Arbeitszimmer **4** 148
- eigener Hausstand **9** 245
- Entnahme **13** 21
- erhöhte Absetzungen **7c** 1
- Förderungshöchstbetrag **7c** 13
- Förderzusage **3** 177
- Fremdvermietung **7c** 16
- Inland **7c** 5
- Kinderbetreuungskosten **4f** 11, 20
- Land- und Forstwirtschaft **13** 20
- Lebensführung **12** 24
- Lebensführungskosten **12** 2
- mehrere Wohnungen **9** 388
- Nutzungsänderung **13** 22
- Nutzungsrechtsvorbehalt **22** 16
- Nutzungswert **13a** 7
- Sonntagsarbeit **3b** 3
- teilweise unentgeltliche Überlassung **21** 151
- Umzug **12** 25

Wohnungsbaugesellschaft
- Kapitalertragsteuer **44a** 20

Wohnungsbauunternehmen
- § 6b-Rücklage **6b** 25

Wohnungseigentümergemeinschaft 11 23; **35a** 9
- Bauabzugsteuer **48** 8
- beschäftigte Person **35a** 2
- Betriebsstätte **41** 7
- Hausverwalter **15** 21; **19** 100

Wohnungseinrichtung 33 100

Wohnungskosten-Pauschbetrag
- Sozialversicherungsrente **22** 30

Wohnwagen
- Schausteller **12** 24

Wohnzweck
- Gebäude **7** 138

Zählkind 63 1; **68** 2
- Abzweigung des Kindergeldes **74** 1
- Pfändung **76** 1; **76a** 1

Zahlkind
– Abzweigung des Kindergeldes **74** 1
Zahlungsunfähigkeit
– Forderungen **6** 137
– Gesellschafter **17** 230
– Verbindlichkeit **6** 143
Zahlungsverjährung
– Hinzurechnungsbesteuerung **3** 143
– Lohnsteuer **41a** 7
Zahnarzt
– Dentalgold **4** 120
Zaun 5 65
Zebragesellschaft
– Anteil **16** 204
– Begriff **15** 466
– Beteiligung **5** 165
– einheitliche und gesonderte Feststellung **15** 470
– Einkunftsart **15** 229
– gemeinsame Steuerbilanz **15** 469
– Mitunternehmerschaft **15** 468
– Sonderabschreibung
  – Teilwertabschreibung **15** 472
– Steuerstundungsmodell **15b** 24
– Tarifermäßigung **35** 8
Zedent 11 43
Zeichengerät
– Arbeitsmittel **9** 327
Zeitbezugsverfahren
– Währung **6** 10
Zeitrente 22 2
– Veräußerungsgewinn **16** 94
Zeitsoldat
– Übergangsgebührnisse **24** 55
Zeitungsanzeige 21 125
Zeitungsausträger
– Nachtzustellung **3b** 3
Zeitverlust
– Auswärtstätigkeit
  – Dienstreise **19** 160
Zeitwertkonto 19 131
Zentrale Stelle
– Deutsche Rentenverischerung Bund **81**
– Eigenheimbeitrag **92b** 1
– Mitteilungspflicht **22a** 1
Zerobonds 20 318, 323
– Verlust **20** 430
Zerstörung
– Betriebsausgaben **4** 136, 252
– betriebsgewöhnliche Nutzungsdauer **7** 67
Zertifizierung
– Altersvorsorgevertrag **10a** 1
– Altersvorsorgezulage **82** 2
– Grundlagenbescheid **82** 2
– kapitalgedeckte Altersvorsorge **10** 14
Zession
– Forderungsbewertung **6** 136
Zessionar 11 43
Zeuge
– naher Angehöriger **33a** 91
Zeugengebühr
– Auswärtstätigkeit
  – weitere regelmäßige Arbeitsstätte **19** 160

Zeugnisverweigerungsrecht
– Fahrtenbuch **6** 162d
Zinsabschlag 20 32; **43** 22; **43a** 2
– ausländische Investmentfonds **43** 11
– Personenvereinigung **44a** 2
Zinsen 11 53, 65
– Abzug/Zinserträge **4h** 21
– Abzugsobergrenzen **4h** 20
– Angemessenheit **50g** 11
– Auslandsbonds **3** 163
– Bahn-Card
  – Ausbildungskosten **19** 160
– Begriff **4h** 30; **20** 308; **50g** 16
– Begriff der Zinserträge **4h** 31
– Betriebsstätte **50d** 23; **50g** 6, 14
– Bußgeld **50e** 2
– Datenübermittlung **45e** 2
– Erstattung
  – Rechtsbehelf **50d** 17
– Genossenschaft **13** 31
– Genussrecht **50g** 9
– Gewerbesteuer **4** 216
– Gewinnobligationen **50g** 9
– Hypothek **20** 231
– Kaufpreisrate **17** 172
– Lebensversicherung **43** 19
– Lohnsteuerhaftung **42d** 26
– Mietkaution **21** 90
– nachträgliche Einkünfte **16** 94
– partiarisches Darlehen **43** 17; **50g** 9
– Personengesellschaft **50g** 8
– Quellensteuer **50g** 4
– Schuldbuchforderung **3** 65
– Sonderbetriebsausgaben **15a** 271
– sonstige Erträge **20** 308
– Spareinteile von Lebensversicherungen **20** 250
– stiller Gesellschafter **50g** 9
– verdeckte Gewinnausschüttung **50g** 9
– Vermietung und Verpachtung **21** 162
– zurückzuzahlende Investitionszulage **3c** 83
– Zuwendungen **4d** 7
Zinsen- und Lizenzgebühren-Richtlinie 50g 1
– Erstattung
  – Verzinsung **50d** 3, 17
– Freistellungsverfahren **50d** 24
Zinsersparnis
– Arbeitgeberdarlehen **8** 22
– Beamtenpension
  – Rechtsnachfolger **19** 160
Zinsgarantie
– Anschaffungskosten **21** 113
Zinsinformationsverordnung
– Kontrollmitteilung **45e** 1
Zinsrichtlinie 50d 43
– Jahresbescheinigung **20** 21
– Zinsinformationsverordnung **45e** 1
Zinsschein
– Kapitalertragsteuer-Bemessungsgrundlage **43a** 38
– Veräußerung **20** 360, 641, 753; **43** 68; **45** 4
Zinsschranke Einl 14; **49** 27; **52** 15
– anteilige Konzernzugehörigkeit **4h** 64
– Begriff des Betriebs **4h** 25
– Betriebsausgaben **4h** 2
– Betriebsstätte **4h** 25

2055

- EBITDA **4h** 2
- Freigrenze **4h** 50
- Gemeinschaftsrecht **4h** 8
- Gewerbeertrag **4h** 120
- Gleichheitssatz **4h** 6
- Konzernbegriff **4h** 6
- Körperschaft **4h** 100
- mehrere Betriebe **4h** 27
- Missbrauchsklausel **4h** 1
- Mitunternehmer/Sonderbetriebsvermögen **4h** 26
- nicht entnommener Gewinn **34a** 55
- Organschaft **4h** 25, 107
- Rückausnahme **4h** 101
- Sanktionszuschlag **4h** 84
- Soll-Besteuerung **Einl** 4a
- Substanzbesteuerung **4h** 7
- Unternehmens-Organisationsform **4h** 10
- verbundene Unternehmen **4h** 52

Zinsvortrag 4h 5, 40
- Ausscheiden eines Mitunternehmers **4h** 42
- Betriebsaufgabe/-übertragung **4h** 41
- Bilanzierungswahlrecht **4h** 43
- Freigrenze **4h** 55
- gesonderte Feststellung **4h** 45
- Gründung/Auflösung einer Organschaft **4h** 108
- nachlaufende Gewinnermittlung **4h** 43
- nicht entnommener Gewinn **34a** 55
- Sonderbetriebsvermögen **4h** 42
- vorweggenommene Erbfolge **4h** 41

Zinszuschlag
- Reinvestitionsrücklage **6c** 8

Zinszuschuss
- Beitrag **19** 160

Zivildienst 32 11
- Kind **32** 12; **33a** 16
  - über 27 Jahre **32** 22

Zivildienstbeschädigte 3 34

Zivildienstgesetz
- Hinterbliebenen-Pauschbetrag **33b** 14

Zivilprozesskosten
- Betriebsausgaben **4** 252

Zivilrechtsweg
- Bauabzugssteuer
  - Insolvenzverwalter **48c** 20

Zollausschlussgebiet
- Inland **1** 11

Zollbeamter 18 133

Zolldeklarant 18 133

Zölle
- Aktivierung **5** 149

Zu versteuerndes Einkommen
- Bemessungsgrundlage **2** 143

Zubehör
- Binnenschiff **6b** 6

Zuchttiere
- Umlaufvermögen **6** 22

Zucker
- Großtilgungsabgabe **13** 63

Zuckerrüben-Lieferungsrecht 6 130; **55** 1, 6
- Grund und Boden **55** 6
- Veräußerung **24** 10

Zufallserfindung 18 111
- Veräußerung **22** 36

Zufallsgewinn 2 49a

Zufluss 19a 8; **20** 13; **25** 5
- Abfindung **3** 39; **19** 131
- Ablösung einer Pensionszusage **19** 140
- Abzugssteuer **50a** 37
- Aktien
  - Arbeitslohn **19** 131
- Anzahlungen **7a** 22
- Arbeitslohn **11** 59; **19** 130
- ausländische Kapitaleinkünfte **34d** 28
- bargeldloser Zahlungsverkehr **11** 25
- Begriff **11** 10
- beherrschender Gesellschafter **11** 44
- Berufsfeuerwehr
  - Einsatzwechseltätigkeit **19** 160
- Berufskleidung **19** 160
- Berufskrankheit **19** 160
- beschränkte Steuerpflicht **49** 104
- Bonusaktion **11** 65
- Darlehensverzicht **17** 221
- Dritter Förderweg **21** 90
- Einnahme **11** 2
- Einnahme-Überschuss-Rechnung **4** 111
- Einnahmen **11** 63
- Endpreis am Abgabeort **8** 49
- Erfolgstatbestand **8** 27
- ersparte Ausgaben **8** 7
- geldwerter Vorteil **8** 26
- Gesellschafteranteil
  - Werterhöhung **8** 28
- Gut **8** 5
- Güter in Geld **8** 19
- Güter in Geldeswert **8** 22
- Gutschrift **8** 27
- Incentive-Reise **19** 131
- Kapitalertragsteuer **44** 10, 14
- Kaufpreisrate **17** 172
- Kindsbezüge **32** 17
- Kreditkarte **11** 31
- Leasing
  - Zeitwertkonto **19** 131
- Lohnsteuerpauschalierung **40** 27
- notarielle Beurkundung **19a** 22
- regelmäßig wiederkehrende Einnahmen **11** 7
- Scheck **7a** 22; **11** 29
- sonstige Bezüge **19** 130
- stille Gesellschaft **20** 186
- thesaurierende Fonds **22** 41
- Unterstützungskasse **4d** 8
- Veräußerungserlös **4** 120a
- Veräußerungsgewinn
  - wiederkehrende Bezüge **16** 94
- Verfügungsbeschränkung **11** 16
- Verrechnung **8** 18
- Versorgungs-Freibetrag **19** 174
- Vertreter **11** 21
- Wechsel **7a** 22; **11** 33
- wirtschaftliche Verfügungsmacht **11** 11
- Zeitpunkt **8** 27
- Zuschuss **21** 90

Zuflussprinzip 23 20; **49** 94
- eigene Einkünfte
  - Kind **32** 17, 19
- Freibetrag **16** 512
- sonstige Bezüge **38a** 5

Zugaben 4 173
Zugewinnausgleich 9 68
– Grundstücksüberlassung **21** 90
Zugewinngemeinschaft
– Mischnachlass **16** 121
– Mitunternehmeranteil **16** 340
– Prognosezeitraum **2** 49b
Zukauf fremder Erzeugnisse 13 17
– Umsatzgrenze **13** 26
Zukunftssicherungsleistungen 10 5; **11** 65
– Arbeitgeberanteil **3** 180
– Barlohnumwandlung **40b** 4, 5
– Berufskleidung **19** 160
– betriebliche Pensionskasse **4c** 1
– Freigrenze **8** 60
– Kommanditist **3** 180
– Lohnsteuerpauschalierung **40b** 3
– Sozialversicherung **40b** 4
Zulage s. a. Altersvorsorgezulage; Investitionszulage
– EU **3c** 83
– Günstigerprüfung **10a** 6
– private Altersvorsorge **10a** 1
Zumutbare Belastung 33 70; **33a** 2
– Bemessungsgrundlage **33** 71
– Verfassungsmäßigkeit **33** 72
Zurechnung
– Anteilseigner **20** 130
– atypische Unterbeteiligung **15** 154
– Aufwendungen **4** 145, 148
– ausländische Einkünfte **34c** 5
– Bauten auf fremdem Grund **4** 154
– DBA **49** 8
– Dividende **20** 850
– Ehegatte **2** 58
– Eigentumsvorbehalt **4** 78
– Einzelunternehmen **15** 244
– Entnahme **4** 101
– Erbe
  – Veräußerungs-/Aufgabegewinn **16** 101
– Familienpersonengesellschaft **15** 255
– geldwerter Vorteil **8** 26
– gewerbliche Einkünfte **15** 147
– Gewinnanspruch **17** 179
– Gewinnanteil **15** 201
– Grundsätze ordnungsmäßiger Buchführung **4** 77
– Leasing **4** 79
– Mitunternehmer **15** 243
– Nießbrauch/Pfandgläubiger **20** 131
– Personengesellschaft **2** 56
– sachliche **15** 348
– Sicherungsübereignung **4** 78; **5** 66
– Sondervergütungen **15** 424
  – Zeitpunkt **15** 390
– Steuerbilanz **4** 73
– Treuhand **4** 78; **15** 151
– Treuhand/Mitunternehmeranteil **15** 154
– Veräußerung einer Beteiligung **20** 796
– Verlust
  – negatives Kapitalkonto **16** 228
– Vorbehalts-/Zuwendungsnießbrauch **20** 131
– Wertpapiere **20** 129
– wirtschaftliche Betrachtungsweise **5** 66
– wirtschaftliches Eigentum **4** 73; **5** 66, 165
– Wirtschaftsgüter **15** 347

Zurechnungskonflikt
– DBA **50d** 67
Zusammenveranlagung 1a 14; **26** 50
– Abgeltungsteuer/Option **32d** 41
– Altersentlastungsbetrag **26b** 10
– ausdrückliche Erklärung **26** 72
– Ausland
  – Gleichheitssatz **1a** 14
– außergewöhnliche Belastung **26b** 15; **33** 4
– außerordentliche Einkünfte **34** 95
– Begrenzung des Tarifabzugs **34g** 37
– Ehegatten **26** 54
– Einkünftezurechnung **26b** 4
– Erstattungsansprüche **26b** 35
– erweiterte unbeschränkte Steuerpflicht **1** 22
– EU-Ausland
  – Gemeinschaftsrecht **1a** 14
– Freibetrag **14a** 9
– Freigrenze **23** 24
– Gesamtschuldnerhaftung **26b** 12
– Gewerbesteuer-Anrechnung **35** 19
– Günstigerprüfung **31** 9
– Haftung **26b** 30
– Härteausgleich **46** 61
– Höchstbetrag
  – Vorsorgeaufwendungen **26a** 18
– im Ausland lebender Ehegatte **1a** 7
– Insolvenz eines Ehegatten **26** 85
– Kinderfreibetrag **26b** 20; **32** 27
– Kindergeld **31** 6
– Kirchensteuer **26b** 25
– Lebenspartnerschaft **33a** 16
– Meistbegünstigungsprinzip **26b** 6
– Parteispende **10b** 74
– Rechtsschutz **26b** 45
– Sonderausgaben **26b** 15
– Spenden **26b** 15
– Spendenabzug **10b** 59
– Splitting **26b** 20; **32a** 22
– Steuererklärungspflicht **25** 12
– Steuerhinterziehung **26b** 50
– Tarifbegrenzung **32c** 27
– Unterschrift **25** 13
– Verfahren **26b** 40
– Verfassungsmäßigkeit **26b** 1
– Verlustabzug **26b** 10
– Verlustrücktrag **26b** 10
– Verspätungszuschlag **26b** 40
– Vorsorgepauschale **10c** 4
– Vorzüge **26b** 60
– Zuschlagsteuern **26b** 25
Zusatzversorgung
– Anwartschaft **10a** 3
– Arbeitgeberbeitrag **3** 189
– nachgelagerte Besteuerung **22** 41
– öffentlicher Dienst **6a** 8
– Passivierung **6a** 5
Zusatzversorgungskasse
– Mitglied **10a** 3
Zuschlagsteuern 51a 1
– Begriff **51a** 5
– Kindergeld **31** 13
– Rechtsbehelf **51a** 3
– Vorauszahlungen **51a** 3

Zuschreibung

- Zusammenveranlagung **26b** 25

Zuschreibung
- Absetzung für außergewöhnliche Abnutzung **7** 104
- Wertaufholungsgebot **6** 110

Zuschuss 21 90
- Absetzung für Abnutzung **7** 60
- Alterssicherung der Landwirte **3** 60
- Anschaffungs-/Herstellungskosten **6** 30
- Arbeitslosengeld **34** 19
- Aufwandsersatz **3c** 83
- Baudenkmal
  - Bescheinigung **7i** 10
- Betriebseinnahmen **4** 251
- Bilanzierung **5** 165
- erhöhte Absetzungen **7h** 6
- Forschung **3c** 83
- Gebäude
  - Wahlrecht **11a** 3
- gesetzliche Rentenversicherung **3** 50
- Künstlersozialkasse **3** 175
- Rückzahlungsverpflichtung **5** 165
- Wahlrecht **6** 30
- Werkswohnung **7k** 5
- Werkzeugkosten
  - Rückstellung **5** 165
- Zufluss **21** 90

Zuständigkeit
- Altersvorsorgezulage **96**
- Änderung der Lohnsteuerkarte **39** 9
- Anrechnung **48c** 10
- Anrufungsauskunft **42e** 5
- Antrag **34a** 27
- Antragsveranlagung **50** 27
- Bescheinigung
  - Strukturverbesserung **14a** 4
- Betriebsstättenfinanzamt **38** 8b
  - Dritte **42d** 114
- DBA
  - Steuererstattung **48d** 5
- Feststellung **15a** 281
- Freibetrag
  - Mitunternehmerschaft **16** 515
- Freistellungsbescheinigung **48b** 16; **48c** 18
- Gemeinde
  - Lohnsteuerkarte **39** 5
- gesonderte Feststellung **4h** 45; **15b** 57
- gewerblicher Grundstückshandel **15** 126
- Kindergeld **72** 4; **81a** 1
- Lohnsteuer-Außenprüfung **42f** 1, 5
- Lohnsteuernachforderungsbescheid **42d** 82
- Lohnsteuerpauschalierung **40a** 8f
- Nachversteuerung **34a** 12
- Ort der Lohnkontenführung **41** 6
- Steuererlass
  - Pauschalierung **50** 45
- Steuererlass/-pauschalierung **34c** 50
- Steuererstattung **50d** 14
- vereinfachte Erstattung **50d** 12
- Verlustfeststellung **10d** 37
- Vollstreckung **40a** 8f

Zustandstatbestand Einl 13

Zustiftungen
- Spenden **10b** 21

Zustimmung
- Arbeitgeber
  - Dritter **38** 8b
- Arbeitgeberpflichten **38** 8b
- Übertragung des Kinderfreibetrags **32** 33, 35

Zuwendungen *s. a. Sachzuwendungen*
- Abzugsfähigkeit **4c** 8; **4d** 14
- Arbeitgeber **3** 169
- Begriff **4c** 7
- betriebliche Pensionskasse **4c** 1
- Betriebsausgaben **4c** 12
- buchmäßiger Nachweis **10b** 37
- Deckungskapital **4d** 13
- gemischte Kassen **4d** 61
- Höchstbetrag **3** 171
- ideeller Bereich
  - Zweckbetrieb **10b** 21
- Nachholung **4d** 72
- Nachholverbot **4d** 21
- Pensionsfonds **4e** 16
- Pensionskasse **3** 170
  - Lohnsteuerpauschalierung **40a** 1
- politische Partei **34g** 1
- Reservepolster **4d** 21
- Sonderausgaben **10b** 63
- Spenden **10b** 60
- Stiftungsneugründung **10b** 61
- tatsächliche Verwendung **10b** 19
- Unterstützungskasse **4d** 1
- verschiedene Parteien **4** 215
- Verteilungswahlrecht **4d** 75
- zeitliche Abzugsvoraussetzungen **4d** 70
- Zinsen **4d** 7

Zuwendungsbestätigung 10b 32
- Aufwandsspende **10b** 90
- Hochschule **10b** 33
- Nachweis **10b** 35
- Parteispende **10b** 73
- Sachspende **10b** 83
- unlautere Mittel **10b** 99
- Vertrauensschutz **34g** 48
- Verwendung im Ausland **10b** 34
- Vordruck **10b** 33

Zuwendungsnachweis
- Wählervereinigung **34g** 30

Zuwendungsnießbrauch
- Ablösung **21** 66
- Absetzung für Abnutzung **7** 20
- Einkunftsart **13** 40
- Zurechnung **20** 131

Zuzug
- ausländische Steuern **17** 191

Zwangsarbeiter 19 28

Zwangsgeld 12 28
- Abzugsverbot **4** 204
- Gewerbesteuer **4** 216
- Steuererklärungspflicht **25** 10

Zwangsläufigkeit 33 30, 42
- Aufwendungen zugunsten Dritter **33** 46
- Ausland **33** 41
- Begriff **33** 35
- Krankheitskosten **33** 52
- Notwendigkeit
  - Angemessenheit **33** 60

2058

– rechtliche Gründe **33** 50
– sittliche Gründe **33** 55
– tatsächliche Gründe **33** 51
– Verschulden **33** 43
– Vorbeugung durch Versicherung **33** 45
Zwangsumung
– Herstellungskosten **6** 121; **21** 125
Zwangsversteigerung 17 110
– Grundstück **6** 51
– Schuldzinsen **24** 63
– Zuschlag **22** 34
Zwangsverwalter 18 155
– Lohnsteuerhaftung **42d** 55
Zweckbetrieb 20 117
– Ausüben
  – wirtschaftlicher Geschäftsbetrieb **3c** 83
– Spendenverwendung **10b** 21
Zweckverband
– Kindergeld **72** 2
Zweckvermögen 20 110
Zwei-Konten-Modell 4 160
Zweifamilienhaus
– Ferienwohnung **21** 19
– gewerblicher Grundstückshandel **15** 118
– Umbau **6** 54
Zweigniederlassung
– Betriebsstätte **5** 28
Zweitausbildung
– Berufsausbildung **32** 11
Zweitstudium 10 31b
– Berufsausbildung **32** 11
– Fortbildungskosten **10** 31b
Zweitwagen
– private Kfz-Nutzung **6** 162e

Zweitwohnung *s. a. Doppelte Haushaltsführung*
– Ehegatte **9** 246
– Einkünfteerzielungsabsicht **21** 19
– Fahrten zwischen Wohnung und Arbeitsstätte **9** 365
– Spekulationsgeschäft **23** 6
Zweitwohnungssteuer
– Werbungskosten **21** 125
Zweiwohnungsregelung
– Bauabzugsteuer **48** 7, 15
Zwerganteil
– wesentliche Beteiligung **17** 71
Zwischenbilanz
– Veräußerungsgewinn **16** 407
Zwischenerwerber
– Sozialwohnung **7k** 3
Zwischengesellschaft 2a 73; **50d** 43
– Anrechnung **35** 10
– Dividende **50d** 41
– Gesellschafter-Fremdfinanzierung
  – Personengesellschaft **15** 363a
– Gestaltungsmissbrauch **50d** 40
– gewerblicher Grundstückshandel **15** 127
– Künstler **49** 49
– Steuerabzugsbereich
  – DBA-Vorteile **50d** 48
– Verlustausgleichsbeschränkung **2a** 54
Zwischengewinn 43a 17
– Investmentfonds **20** 145, 687
– inländische **20** 141
Zwischenwand
– Erhaltungsaufwand **6** 60b
Zwischenwert
– Einbringung **6b** 23; **17** 27